Gordian N. Hasselblatt (Hrsg.)
Münchener AnwaltsHandbuch
Gewerblicher Rechtsschutz

Münchener Anwalts Handbuch
Gewerblicher Rechtsschutz

Herausgegeben von

Prof. Dr. Gordian N. Hasselblatt LL. M.

Rechtsanwalt in Köln
Professor für Gewerblichen Rechtsschutz an der McGeorge School of Law,
University of the Pacific, Sacramento/California
Professor für Internationales Designrecht am Chicago-Kent College of Law, Chicago/Illinois

Bearbeitet von:

Prof. Dr. Sönke Ahrens, Rechtsanwalt in Hamburg; *Dr. Heike Blank,* Rechtsanwältin in Köln; *Dr. Rudolf Böckenholt* LL. M., Rechtsanwalt in Bremen; *Dr. Christian Böhler,* Rechtsanwalt in Frankfurt a. M.; *Prof. Dr. Christian Czychowski,* Rechtsanwalt in Berlin; *Markus Deck* M. C. J., Rechtsanwalt in Düsseldorf; *Gert Dittert,* Rechtsanwalt in Köln; *Dr. Heiko Dobel,* Rechtsanwalt und Sachverständiger für Rechtsdemoskopie in München; *Dr. Andreas Ebert-Weidenfeller,* Rechtsanwalt in Bremen; *Prof. Dr. Matthias Eck,* Rechtsanwalt in Stuttgart; *Dr. Christofer Eggers,* Rechtsanwalt in Frankfurt a. M.; *Cathérine Elkemann* LL. M., Rechtsanwältin in Hamburg; *Dr. Martin Gerecke* M. Jur. Rechtsanwalt in Hamburg; *Dr. Leopold von Gerlach,* Rechtsanwalt in Hamburg; *Dr. Nikolas Gregor* LL. M., Rechtsanwalt in Hamburg; *Ulf H. Grundmann,* Rechtsanwalt in Frankfurt a. M.; *Prof. Dr. Gordian N. Hasselblatt* LL. M., Rechtsanwalt in Köln; *Dr. Dennis Heinson* LL. M., Attorney-At-Law (New York), Rechtsanwalt in Hamburg; *Dr. Ulrike Helling* LL. M., Rechtsanwältin in München; *Susanne Karow,* Rechtsanwältin in Hamburg; *Jan F. Krekel* LL. M., Rechtsanwalt in München; *Dr. Hubertus Labes,* Rechtsanwalt in Hamburg; *Dr. Malte Lieckfeld* LL. M., Rechtsanwalt in Hamburg; *Dr. Torsten Lörcher,* Rechtsanwalt in Köln; *Philipp Lotze,* Rechtsanwalt in Hamburg; *Dr. Markus Lubitz* LL. M., Dipl.-Kfm., Rechtsanwalt in Pullach; *Dr. Thomas Manderla,* Rechtsanwalt in Meerbusch; *Dr. Carsten Menebröcker* LL. M., Rechtsanwalt in Köln; *Dr. Katja Middelhoff,* Rechtsanwältin in Köln; *Dr. Claudia Milbradt,* Rechtsanwältin in Düsseldorf; *Christian Musiol,* Rechtsanwalt in Köln; *Prof. Dr. Axel Nordemann,* Rechtsanwalt in Berlin; *Dr. Almut Pflüger,* Rechtsanwältin und allg. beeidete und gerichtl. zertifizierte Sachverständige für Rechtsdemoskopie in München; *Dr. Johann Pitz,* Rechtsanwalt in München; *Thomas Raab,* Rechtsanwalt in München; *Dr. Jan Phillip Rektorschek,* Rechtsanwalt in München; *Dr. Sascha Sajuntz,* Rechtsanwalt in Hamburg; *Gerd Schoenen,* Rechtsanwalt in Köln; *Dr. Thomas Schulte-Beckhausen,* Rechtsanwalt in Köln; *Dr. Dirk Smielick,* Rechtsanwalt in Köln; *Alexander Späth,* Rechtsanwalt in Düsseldorf; *Dr. Oliver Spuhler,* Rechtsanwalt in München; *Dr. Nina Stolzenburg,* Rechtsanwältin in Hamburg, *Dr. Robert Straßer,* Rechtsanwalt in München; *Dr. Christian Tenkhoff* LL. M., Rechtsanwalt in München; *Dr. Tobias Timmann,* Rechtsanwalt in Düsseldorf; *Valeska Töbelmann* LL. M., Rechtsanwältin in Köln; *Dr. Swen Vykydal,* Rechtsanwalt in Frankfurt a. M.; *Prof. Dr. Harald Wiggenhorn,* Hochschullehrer in Aschaffenburg, Adrian Zarm LL. M., Rechtsanwalt in Köln.

6., überarbeitete Auflage 2022

C.H.BECK

Zitiervorschlag:
MAH GewRS/Bearbeiter § … Rn. …

www.beck.de

ISBN 978 3 406 77665 6

Wilhelmstraße 9, 80801 München
Satz, Druck und Bindung: Druckerei C. H. Beck, Nördlingen
(Adresse wie Verlag)
Umschlaggestaltung: Kunst oder Reklame, München

CO_2 neutral
chbeck.de/nachhaltig

Gedruckt auf säurefreiem, alterungsbeständigem Papier
(hergestellt aus chlorfrei gebleichtem Zellstoff)

Vorwort zur 6. Auflage

Das Rechtsgebiet des *Grünen Bereichs* erfreut sich im Wirtschaftsleben anhaltend großer, wenn nicht gar zunehmender Beliebtheit. Angesichts des Facettenreichtums dieser ebenso spannenden wie komplexen Materie und deren immenser kommerzieller Bedeutung vermag dies nicht wirklich zu überraschen. Die Praxis in der faszinierenden, aber auch anspruchsvollen Welt des *Geistigen Eigentums* erfordert notwendig, mit den zahlreichen Veränderungen und Neuerungen auf den verschiedenen Märkten sowie namentlich der teils rasant voranschreitenden Rechtsentwicklung Schritt zu halten. Dabei soll das vorliegende Handbuch in bewährt fundierter und zugleich praxisorientierter Manier gewissermaßen als täglicher Wegbegleiter zur Verfügung stehen. Seit der 5. Auflage sind fünf Jahre vergangen, so dass das Erscheinen der jetzigen Auflage keinen längeren Aufschub duldete.

Die Neuauflage trägt den umfangreichen gesetzlichen Änderungen der vergangenen Jahre Rechnung. Im Lauterkeitsrecht sei exemplarisch verwiesen auf das Inkrafttreten des Gesetzes zum Schutz von Geschäftsgeheimnissen vom 26.4.2019, des Gesetzes zur Stärkung des fairen Wettbewerbs zum 2.12.2020 sowie zuletzt des Gesetzes zur Stärkung des Verbraucherschutzes im Wettbewerbs- und Gewerberecht zum 28.5.2022, das die Umsetzung der EU-Verbraucherrechterichtlinie in deutsches Recht verfolgt. Im Bereich des nationalen Markenrechts galt es insbesondere das am 14.12.2018 verkündete Markenrechtsmodernisierungsgesetz zu berücksichtigen, und im nationalen Designrecht die Hinzufügung der bis zuletzt äußerst kontrovers diskutierten Reparaturklausel, ebenfalls zum 2.12.2020. Die Liste der seit 2017 verabschiedeten Gesetzesänderungen, die in der vorliegenden Auflage sämtlichst berücksichtigt sind, ließe sich für etliche Felder des Gewerblichen Rechtsschutzes fortsetzen. Darüber hinaus ist die Fülle der zwischenzeitlich ergangenen Entscheidungen auf nationaler wie auch auf Unionsebene in die Kommentierung eingearbeitet worden. Insgesamt befindet sich die vorliegende Auflage auf dem Stand Mai 2022; teils konnte jüngere Judikatur noch berücksichtigt werden.

Der Verlag wie auch der Herausgeber wissen es sehr zu schätzen, dass es im Team der Autor:inn:en nur wenige Veränderungen gab. Mithin bleibt es dabei, dass der Großteil der Autorinnen und Autoren gewissermaßen seit der ersten Stunde an diesem Handbuch mitwirken. Mit Erscheinen der vorliegenden Auflage scheiden auf eigenen Wunsch aus Dr. Andrea Jaeger-Lenz, Dr. Andrea Lensing-Kramer, Dr. Sabine Rojahn, Dr. Klaus Ikas, Dr. Leopold von Gerlach, Philipp Lotze und Dr. Jens Wagner; neu im Autorenteam begrüßen dürfen wir Cathérine Elkemann, Dr. Katja Middelhoff, Dr. Christian Böhler, Dr. Martin Gerecke, Dr. Christian Tenkhoff und Adrian Zarm. Allen ausgeschiedenen, amtierenden und neu hinzugetretenen Autorinnen und Autoren sei an dieser Stelle herzlichst gedankt für ihr Engagement und ihren damit verbundenen Beitrag zum Erfolg dieses Handbuches. Besonderer Dank gebührt an dieser Stelle auch Dr. Thomas Schäfer, Dr. Burkhard Schröder und Frau Gabriele Atzenhofer für die über Jahre hinweg exzellente Betreuung und besser nicht vorstellbare Lektorierung dieses Werkes.

Einmal mehr danken der Verlag, die Autorinnen und Autoren sowie der Herausgeber für die überaus positive Aufnahme dieses Anwaltshandbuches seit inzwischen mehr als zwei Jahrzehnten und nehmen weiterhin Ergänzungs- und Änderungswünsche sehr gern entgegen. Möge auch die vorliegende Ausgabe dieses Werkes ihren festen Platz in der täglichen Beratungspraxis finden.

Köln, im Juli 2022 Prof. Dr. Gordian N. Hasselblatt LL.M.

Aus dem Vorwort zur 1. Auflage

Der Schutz geistigen Eigentums einschließlich der Bekämpfung unlauteren Wettbewerbs ist in aller Munde. Neue Technologien, das Zusammenwachsen der Märkte, zusätzliche Vertriebswege und veränderte, teils aggressivere Marketingstrategien der Mitbewerber zwingen Unternehmen zu größerer Diversifizierung der eigenen Produkte. Im Idealfall gilt es, ohne Sonderschutz- oder sonstige Rechte Dritter zu verletzen, auf fremden Leistungsergebnissen, insbesondere gestiegenem Fortschritt in Wissenschaft und Technik, aufzubauen und zugleich die eigenen Leistungen einschließlich Werbe- und Absatzmethoden vor Abkupferung, Ausbeutung oder Schädigung zu schützen. All dies vollzieht sich in zunehmendem Maße in einem internationalen Umfeld, sei es durch Vertrieb eigener Leistungen im Ausland oder der Auseinandersetzung im fairen Wettbewerb mit ausländischen Konkurrenzerzeugnissen im Inland.

Entsprechend groß ist die Bedeutung der weiten Gebiete des Wettbewerbsrechts und Gewerblichen Rechtsschutzes für die forensische und beratende Praxis. In jedem dieser Bereiche erfordert die kompetente Beratung die sichere Kenntnis des materiellen Rechts und ggf. besonderer Verfahrensabläufe. Dabei hat der Praktiker – oftmals auch bei nicht grenzüberschreitenden Rechtsangelegenheiten – neben zahlreichen nationalen Vorschriften eine Vielzahl internationaler Bestimmungen zu beachten. Zudem erfordert die Tätigkeit im *grünen Bereich* vielfach, wenn nicht gar regelmäßig, interdisziplinäres Denken. Nicht selten berühren wettbewerbsrechtliche Fragestellungen patent-, marken-, geschmacksmuster- oder urheberrechtliche Problemkreise, die es parallel oder typischerweise vorrangig zu überprüfen gilt; auch führt etwa die Beurteilung der Einführung eines neuen Produktes – über das reine Unlauterkeitsrecht hinaus – schnell in Spezialmaterien des Lebensmittel-, Heilmittelwerbe- oder Kosmetikrechts. Die Kette weiterer interdisziplinärer Aufgabenstellungen ließe sich fast beliebig erweitern.

Diesem breit angelegten Spektrum trägt das vorliegende Handbuch Rechnung, indem es – in prozeduraler und materieller Hinsicht – alle für die tägliche Praxis im Wettbewerbsrecht und Gewerblichen Rechtsschutz relevanten Bereiche abdeckt. Einer knappen Einführung folgt ein ausführlicher Verfahrensteil, an den sich Darstellungen zum Unlauterkeitsrecht, zu verwandten Rechtsgebieten (inklusive Presse- und Rundfunkrecht, internetbezogene Rechtsprobleme, Heilmittelwerbe-, Lebensmittel- und Kosmetikrecht) und zum Gewerblichen Rechtsschutz anschließen. Im Marken-, Patent-, Geschmacksmuster- und Urheberrecht werden neben dem nationalen Recht auch die Schutzmöglichkeiten der jeweiligen internationalen Abkommen anschaulich erläutert.

Das Handbuch ist von Praktikern für Praktiker geschrieben, und richtet sich gleichermaßen an den Newcomer wie den erfahrenen Anwalt und Unternehmensjuristen. Zahlreiche Praxistipps, Formulierungsbeispiele und Checklisten sowie die im Rahmen des möglichen vereinheitlichte Struktur der einzelnen Darstellungen erlauben einen leserfreundlichen und schnellen Zugriff auf Problemstellungen und -lösungen.

Köln, im Juli 2001 Dr. Gordian N. Hasselblatt LL. M.

Inhaltsübersicht

Inhaltsübersicht

Teil F. Markenrecht, Gewerblicher Rechtsschutz und Urheberrecht

1. Abschnitt. Markenrecht

2. Abschnitt. Technische Schutzrechte

3. Abschnitt. Nichttechnische Schutzrechte

Teil G. Lizenz- und F&E-Verträge, Kartellrecht

Teil H. Besonderheiten in der Insolvenz

Inhaltsverzeichnis

Teil A. Allgemeiner Teil

§ 1 Einführung in die Besonderheiten des Gewerblichen Rechtsschutzes

§ 2 Grundlagen des Wettbewerbsrechts und des Gewerblichen Rechtsschutzes

Teil B. Verfahrensfragen

§ 3 Wettbewerbs- und sonderschutzrechtliche Ansprüche

Teil D. Unlauterkeitsrecht

§ 12 Verbot unlauterer geschäftlicher Handlungen (§ 3 Abs. 1–Abs. 4 S. 1 UWG)

§ 13 Ausnutzen besonderer Schutzbedürftigkeit von Verbrauchern (§§ 3 Abs. 4 S. 2, 4a Abs. 2 S. 2 UWG)

§ 14 Lehre vom Rechtsbruch (§ 3a UWG)

2. Abschnitt. Technische Schutzrechte

§ 35 Patentrecht

Teil G. Lizenz- und F&E-Verträge, Kartellrecht

Teil H. Besonderheiten in der Insolvenz

Bearbeiterverzeichnis

Prof. Dr. Sönke Ahrens, Rechtsanwalt und
Fachanwalt für Gewerblichen Rechtsschutz
Ahrens IP
Hamburg

Dr. Heike Blank, Rechtsanwältin
CMS Hasche Sigle
Köln

Dr. Rudolf Böckenholt LL. M., Rechtsanwalt und
Fachanwalt für Gewerblichen Rechtsschutz
Boehmert & Boehmert
Bremen

Dr. Christian Böhler, Rechtsanwalt
Squire Patton Boggs
Frankfurt a. M.

Prof. Dr. Christian Czychowski, Rechtsanwalt
Nordemann Czychowski & Partner
Berlin

Markus Deck M. C. J., Rechtsanwalt
CMS Hasche Sigle
Düsseldorf

Gert Dittert, Rechtsanwalt
Oppenhoff & Partner
Köln

Dr. Heiko Dobel, Rechtsanwalt und Dipl-Medienwiss.,
Sachverständiger für Rechtsdemoskopie
Pflüger Rechtsforschung
München

Dr. Andreas Ebert-Weidenfeller, Rechtsanwalt
Eisenführ Speiser
Bremen

Prof. Dr. Matthias Eck, Rechtsanwalt
CMS Hasche Sigle
Stuttgart

Dr. Christofer Eggers, Rechtsanwalt
Squire Patton Boggs
Frankfurt a. M.

Cathérine Elkemann LL.M., Rechtsanwältin
HARTE-BAVENDAMM Rechtsanwälte
Hamburg

Dr. Martin Gerecke, M.Jur. (Oxford), Rechtsanwalt,
Fachanwalt für Urheber- und Medienrecht,
Fachanwalt für Gewerblichen Rechtsschutz,
Lehrbeauftragter an der Christian-Albrechts-Universität zu Kiel
CMS Hasche Sigle
Hamburg

Dr. Nikolas Gregor LL. M., Rechtsanwalt
CMS Hasche Sigle
Hamburg

Ulf H. Grundmann, Rechtsanwalt
King & Spalding
Frankfurt a. M.

Prof. Dr. Gordian N. Hasselblatt LL. M., Rechtsanwalt
Professor für Gewerblichen Rechtsschutz an der McGeorge School of Law,
University of the Pacific, Sacramento/California
Professor für Internationales Designrecht am Chicago-Kent College of Law, Chicago/Illinois
CMS Hasche Sigle
Köln

Dr. Dennis Heinson LL. M. (UCLA), Rechtsanwalt (Syndikusrechtsanwalt)
Attorney-at-Law (New York)
Olympus Europa SE & Co. KG

Dr. Ulrike Helling LL. M., Rechtsanwältin
Grub Brugger
München

Susanne Karow, Rechtsanwältin
Hogan Lovells
Hamburg

Jan F. Krekel, Rechtsanwalt
Zirngibl Rechtsanwälte
München

Dr. Hubertus Labes, Rechtsanwalt
Hamburg

Dr. Malte Lieckfeld LL. M., Rechtsanwalt
HARTE-BAVENDAMM Rechtsanwälte
Hamburg

Dr. Torsten Lörcher, Rechtsanwalt
CMS Hasche Sigle
Köln

Philipp Lotze, Rechtsanwalt
CMS Hasche Sigle
Hamburg

Dr. Dipl.-Kfm. Markus Lubitz LL. M., Rechtsanwalt und Diplom-Kaufmann
Linde Gesellschaft mit beschränkter Haftung
Pullach

Dr. Thomas Manderla, Rechtsanwalt
Meerbusch

Dr. Carsten Menebröcker LL. M., Rechtsanwalt
CMS Hasche Sigle
Köln

Dr. Katja Middelhoff, Rechtsanwältin
CMS Hasche Sigle
Köln

Dr. Claudia Milbradt, Rechtsanwältin
Clifford Chance
Düsseldorf

Christian Musiol, Rechtsanwalt und
Fachanwalt für Urheber- und Medienrecht
DuMont Mediengruppe GmbH & Co. KG
Köln

Prof. Dr. Axel Nordemann, Rechtsanwalt
Nordemann Czychowski & Partner
Berlin

Dr. Almut Pflüger, Rechtsanwältin,
allg. beeidete und gerichtl. zertifizierte Sachverständige für Rechtsdemoskopie
Pflüger Rechtsforschung
München

Dr. Johann Pitz, Rechtsanwalt
Vossius & Partner
München

Thomas Raab, Rechtsanwalt
Taylor Wessing
München

Dr. Jan Phillip Rektorschek, Rechtsanwalt
Taylor Wessing
München

Dr. Sascha Sajuntz, Rechtsanwalt
Spiegel-Verlag
Hamburg

Gerd Schoenen, Rechtsanwalt
CMS Hasche Sigle
Köln

Dr. Thomas Schulte-Beckhausen, Rechtsanwalt und
Fachanwalt für Gewerblichen Rechtsschutz
Loschelder Rechtsanwälte
Köln

Dr. Dirk Smielick, Rechtsanwalt
CMS Hasche Sigle
Köln

Alexander Späth, Rechtsanwalt
Lehrbeauftragter der hhu Heinrich-Heine-Universität Düsseldorf
Lehrbeauftragter der HTW Hochschule für Technik und Wirtschaft Berlin
Kleiner Rechtsanwälte
Düsseldorf

Dr. Oliver Spuhler, Rechtsanwalt
LS-IP Loth & Spuhler
München

Dr. Nina Stolzenburg, Rechtsanwältin
CMS Hasche Sigle
Hamburg

Bearbeiterverzeichnis

Dr. Robert Straßer, Rechtsanwalt
Straßer Ventroni Freytag
München

Dr. Christian Tenkhoff LL. M., Rechtsanwalt
Taylor Wessing
München

Dr. Tobias Timmann, Rechtsanwalt
Freshfields Bruckhaus Deringer
Düsseldorf

Valeska Többelmann LL. M., Rechtsanwältin
Haesemann IP
Köln

Dr. Swen Vykydal, Rechtsanwalt und
Fachanwalt für Gewerblichen Rechtsschutz
Schiedermair Rechtsanwälte
Frankfurt a. M.

Prof. Dr. Harald Wiggenhorn
Technische Hochschule Aschaffenburg
Aschaffenburg

Adrian Zarm LL. M., Rechtsanwalt
CMS Hasche Sigle
Köln

Abkürzungsverzeichnis

a.	auch
aA	andere(r) Ansicht/Auffassung
aaO	am angegebenen Ort
abgedr.	abgedruckt
abl.	ablehnend
ABl.	Amtsblatt
Abs.	Absatz
Abschn.	Abschnitt
Abt.	Abteilung
abw.	abweichend
aE	am Ende
aF	alte Fassung
AfP	Archiv für Presserecht
AG	Aktiengesellschaft; Amtsgericht; Ausführungsgesetz
AGB	Allgemeine Geschäftsbedingungen
AGBG	Gesetz zur Regelung des Rechts der Allgemeinen Geschäftsbedingungen
AIPPI	Association Internationale pour la Protection de la Propriété Industrielle = Internationale Vereinigung für gewerblichen Rechtsschutz
AktG	Aktiengesetz
AktO	Aktenordnung
allg.	allgemein
allgM	allgemeine Meinung
Alt.	Alternative
aM	andere Meinung
AMG	Arzneimittelgesetz
AMRadVO	Verordnung über radioaktive oder mit ionisierenden Strahlen behandelte Arzneimittel
amtl.	amtlich
Änd.	Änderung
ÄndG	Änderungsgesetz
AnfG	Anfechtungsgesetz
Anh.	Anhang
Anm.	Anmerkung
AnwBl.	Anwaltsblatt
Anz.	Anzeiger
AO	Anordnung; Abgabenordnung; Amtsordnung
Apetz	Das Verbot aggressiver Geschäftspraktiken, 2011
ArbEG	Gesetz über Arbeitnehmererfindungen
ArbG	Arbeitgeber; Arbeitsgericht
ArbGG	Arbeitsgerichtsgesetz
arg.	argumentum (siehe zum Beweis)
Art.	Artikel
Aufl.	Auflage
AusfG	Ausführungsgesetz
AWD	Außenwirtschaftsdienst des Betriebs-Beraters
Az.	Aktenzeichen
AZO	Arbeitszeitordnung
B	Bundes-
Bad.-Württ.	Baden-Württemberg
BAG	Bundesarbeitsgericht, auch Entscheidungen des Bundesarbeitsgerichts

Abkürzungsverzeichnis

BAnz.	Bundesanzeiger
Bay	Bayern
bay	bayerisch
BayObLG	Bayerisches Oberstes Landesgericht, auch Entscheidungssammlungen in Zivilsachen
BayVBl.	Bayerisches Verwaltungsblatt
BB	Betriebs-Berater (Zeitschrift)
Bd.	Band
begl.	beglaubigt
Begr.	Begriff, Begründung
Beil.	Beilage
Ber.	Berufung, Berichtigung
bes.	besonders
Beschl.	Beschluss
Beschw.	Beschwerde
BGB	Bürgerliches Gesetzbuch
BGBl.	Bundesgesetzblatt
BGH	Bundesgerichtshof
BGHZ	Entscheidungen des Bundesgerichtshofs in Zivilsachen
Bl.	Blatt
BMJV	Bundesministerium der Justiz und für Verbraucherschutz
BMWi	Bundesminister(ium) für Wirtschaft und Energie
BPatGE	Entscheidungen des Bundespatentsgerichts
BRAO	Bundesrechtsanwaltsordnung
BR-Drs.	Bundesrats-Drucksache
BSHG	Bundessozialhilfegesetz
BSozG	Bundessozialgericht
Bsp.	Beispiel(e)
BT	Bundestag; Besonderer Teil
BT-Drs.	Bundestags-Drucksache
BtMG	Betäubungsmittelgesetz
Buchst.	Buchstabe
BVerfG	Bundesverfassungsgericht
BVerfGE	Bundesverfassungsgerichtsentscheidungen
BVerfGG	Bundesverfassungsgerichtsgesetz
BVerwG	Bundesverwaltungsgericht
BVerwGE	Bundesverwaltungsgerichtsentscheidungen
bzgl.	bezüglich
bzw.	beziehungsweise
ca.	circa
cic	culpa in contrahendo
CR	Computer und Recht
D	Bundesrepublik Deutschland
DB	Der Betrieb
DE-AS	Deutsche Auslegeschrift
DE-BP	Deutsches Bundespatent
DE-GM	Deutsche Bundesgebrauchsmuster
DE-OS	Deutsche Offenlegungsschrift
DE-PS	Deutsche Patentschrift
ders.	derselbe
DE-WZ	Deutsches Warenzeichen
dgl.	dergleichen, desgleichen
DGVZ	Deutsche Gerichtsvollzieher-Zeitung
dh	das heißt
DIN	Deutsche Industrienorm
dingl.	dinglich

Dipl.-Ing.	Diplom-Ingenieur
DJ	Deutsche Justiz
DPA	Deutsches Patentamt
DPMA	Deutsches Patent- und Markenamt
DNotZ	Deutsche Notar-Zeitschrift
DÖV	Die Öffentliche Verwaltung
DRiG	Deutsches Richtergesetz
DRiZ	Deutsche Richterzeitung
DS-GVO	Datenschutz-Grundverordnung
DVBl.	Deutsches Verwaltungsblatt
DVO	Durchführungsverordnung

e.	eines
EA	Einstweilige Anordnung
ebd.	ebenda
EDV	Elektronische Datenverarbeitung
EG	Einführungsgesetz; Europäische Gemeinschaft
EGBGB	Einführungsgesetz zum Bürgerlichen Gesetzbuch
EGGVG	Einführungsgesetz zum Gerichtsverfassungsgesetz
EGStGB	Einführungsgesetz zum StGB
EGV	Vertrag zur Gründung der Europäischen Gemeinschaft
Einf.	Einführung
Einl.	Einleitung
einschl.	einschließlich
einstw.	einstweilig
EntlG	Entlastungsgesetz
entspr.	entsprechend, entspricht
EP	Europäisches Patent; Europäisches Parlament
EPA	Europäisches Patentamt
EPGÜ	Übereinkommen über ein Einheitliches Patentgericht
E-PS	Europäische Patentschrift
EPÜ	Europäisches Patentübereinkommen
ER	Einzelrichter; Europäischer Rat
ErstrG	Erstreckungsgesetz
etc	et cetera
EU	Europäische Union
EuG	Europäisches Gericht erster Instanz
EuGH	Europäischer Gerichtshof
EuGÜbk	Übereinkommen der Europäischen Gemeinschaft über die gerichtliche Zuständigkeit und die Vollstreckung gerichtlicher Entscheidungen in Zivil- und Handelssachen
EuGVÜ	Brüsseler Übereinkommen über die gerichtliche Zuständigkeit und die Vollstreckung von Entscheidungen in Zivil- und Handelssachen (1968)
EuGVVO	Verordnung (EG) Nr. 44/2001 des Rates über die gerichtliche Zuständigkeit und die Anerkennung und Vollstreckung in von Entscheidungen in Zivil- und Handelssachen
EuR	Europarecht
EUTMR	European Trade Mark Regulation
EUV	Vertrag über die Europäische Union
EuZW	Europäische Zeitschrift für Wirtschaftsrecht
eV	eingetragener Verein; einstweilige Verfügung
evtl.	eventuell
EWG	Europäische Wirtschaftsgemeinschaft
EWGV	Vertrag zur Gründung der Europäischen Wirtschaftsgemeinschaft
EWiR	Entscheidungen zum Wirtschaftsrecht
EWR	Europäischer Wirtschaftsraum

EWS .... Europäisches Wirtschafts- und Steuerrecht, Europäisches Währungssystem

f., ff. .... folgende Seite bzw. Seiten
Fa. .... Firma
FG .... Finanzgericht; Festgabe
FGO .... Finanzgerichtsordnung
Fn. .... Fußnote
FR-PS .... Französische Patentschrift
Form. .... Formular
FS .... Festschrift

GbR .... Gesellschaft bürgerlichen Rechts
GebrMG .... Gebrauchsmustergesetz
GebVerz .... Allgemeines Gebührenverzeichnis
Gem. .... Gemeinde, gemeines, gemischtes, gemeinsam, Gemeinschafts-
gem. .... gemäß
GerNov .... Gerichtsstandsnovelle
GerVollz. .... Gerichtsvollzieher oder Der Gerichtsvollzieher
Ges. .... Gesetz
GesBl. .... Gesetzblatt
GeschGehG....................... Gesetz zum Schutz von Geschäftsgeheimnissen
GeschmMG .... Geschmacksmustergesetz
GewO .... Gewerbeordnung
gez. .... gezeichnet
GG .... Grundgesetz
ggf. .... gegebenenfalls
GKG .... Gerichtskostengesetz
GmbH .... Gesellschaft mit beschränkter Haftung
GmbHG .... Gesetz betr. die Gesellschaften mit beschränkter Haftung
GNotKG.......................... Gerichts- und Notarkostengesetz
GoA .... Geschäftsführung ohne Auftrag
GPÜ .... Gemeinschaftspatentübereinkommen
GRUR .... Gewerblicher Rechtsschutz und Urheberrecht
GRUR Ausl. .... Gewerblicher Rechtsschutz und Urheberrecht – Ausländischer Teil
GRUR-Beil. .... Gewerblicher Rechtsschutz und Urheberrecht – Beilage
GRUR-Int .... Gewerblicher Rechtsschutz und Urheberrecht – International
GRUR-Prax .... Gewerblicher Rechtsschutz und Urheberrecht – Praxis im Immaterialgüter- und Wettbewerbsrecht
GRUR-RR .... Gewerblicher Rechtsschutz und Urheberrecht – Rechtsprechungs-Report
GRUR-RS .... Gewerblicher Rechtsschutz und Urheberrecht – Digitale Rechtsprechungssammlung
GrZS .... Großer Senat in Zivilsachen
GS .... Großer Senat; Gedenkschrift; Gedächtnisschrift
GStW .... Gebührenstreitwert
GVG .... Gerichtsverfassungsgesetz
GVGA .... Geschäftsanweisung für Gerichtsvollzieher
GVKostG .... Gerichtsvollzieherkostengesetz
GV NW .... Gesetz- und Verordnungsblatt für das Land Nordrhein-Westfalen
GVO .... Gerichtsvollzieherordnung; Gruppenfreistellungsordnung; Grundverordnung
GVOBl. .... Gesetz- und Verordnungsblatt
GWB .... Gesetz gegen Wettbewerbsbeschränkungen

hA .... herrschende Ansicht/Auffassung
Hdb .... Handbuch
h L .... herrschende Lehre

hM .... herrschende Meinung
HMA .... Haager Abkommen über die internationale Hinterlegung gewerblicher Muster und Modelle
HReg. .... Handelsregister
HRR .... Höchstrichterliche Rechtsprechung
Hrsg. .... Herausgeber
HZPÜ .... Haager Übereinkommen über den Zivilprozess (1954)
HZÜ .... Haager Übereinkommen über die Zustellung gerichtlicher und außergerichtlicher Schriftstücke im Ausland in Zivil- und Handelssachen (1965)

idF .... in der Fassung
idR .... in der Regel
iE .... im Ergebnis
IHK .... Industrie- und Handelskammer
iL .... in Liquidation
insbes. .... insbesondere
int. .... international
IntPatÜG .... Gesetz über internationale Patentübereinkommen
Iprax. .... Praxis des Internationalen Privat- und Verfahrensrechts (Zeitschrift)
iRd .... im Rahmen des/der
iS .... im Sinne
iSd .... im Sinne des/der
iSv .... im Sinne von
iÜ .... im Übrigen
iVm .... in Verbindung mit
iW .... in Worten; in Worten

jew. .... jeweils
JMBl. .... Justizministerialblatt
JR .... Juristische Rundschau (Zeitschrift)
jur. .... juristisch
JurA .... Juristische Analysen
JurBüro .... Das juristische Büro (Zeitschrift)
JuS .... Juristische Schulung (Zeitschrift)
Justiz .... Die Justiz (Zeitschrift)
JVBl. .... Justizverwaltungsblatt
JVEG .... Justizvergütungs- und -entschädigungsgesetz
JW .... Juristische Wochenschrift
JZ .... Juristen-Zeitung

Kap. .... Kapitel, Kapital
Kfb .... Kostenfestsetzungsbeschluss
KfH .... Kammer für Handelssachen
Kfv .... Kostenfestsetzungsverfahren
Kfz .... Kraftfahrzeug
KG .... Kammergericht; Kommanditgesellschaft
KGaA .... Kommanditgesellschaft auf Aktien
KGJ .... Jahrbuch für Entscheidungen des Kammergerichts
Komm. .... Kommentar
KostO .... Kostenordnung
krit. .... kritisch
KTS .... Konkurs-, Treuhand- und Schiedsgerichtswesen
KUG .... Gesetz betreffend des Urheberrechts an Werken der bildenden Künste und der Photographie

LAG .... Landesarbeitsgericht
lfd. .... laufend

Abkürzungsverzeichnis

LG .... Landgericht
Lit. .... Literatur
lit. .... litera
LJM .... Landesjustizministerium
LJV .... Landesjustizverwaltung
LKartB .... Landeskartellbehörde
LM .... Das Nachschlagewerk des Bundesgerichtshofs in Zivilsachen, herausgegeben von Lindenmaier und Möhring
LMBG .... Lebensmittel- und Bedarfsgegenständegesetz
LPG .... Landespressegesetz
Ls. .... Leitsatz
LSG .... Landessozialgericht
LuftfzRG .... Gesetz über Rechte an Luftfahrzeugen
LuftVG .... Luftverkehrsgesetz

m. .... mit
MA .... Markenartikel
MarkenG .... Gesetz über den Schutz von Marken und sonstigen Kennzeichen (Markengesetz)
MarkenR .... Markenrecht
MarkenV .... Markenverordnung
MDR .... Monatsschrift für Deutsches Recht
Min. .... Ministerium
Mio. .... Million(en)
Mitt. .... Mitteilungen der deutschen Patentanwälte
MittPräs-EPA .... Mitteilungen des Präsidenten des Europäischen Patentamts
MittPräsPA .... Mitteilung des Präsidenten des Deutschen Patentamts
MMA .... Madrider Markenabkommen
MMP .... Protokoll zum MMA
MusterAnmV .... Musteranmeldeverordnung
MusterRegV .... Musterregisterverordnung
MuW .... Markenschutz und Wettbewerb
mwN .... mit weiteren Nachweisen
MWSt .... Mehrwertsteuer

Nachf. .... Nachfolger
Nachw. .... Nachweise
nF .... neue Fassung
NJW .... Neue Juristische Wochenschrift
NJW-Cor .... Computerreport der NJW
NJWE-WettbR .... Neue Juristische Wochenschrift – Entscheidungsdienst Wettbewerbsrecht
NJW-RR .... Neue Juristische Wochenschrift – Rechtsprechungs-Report Zivilrecht
Nr. .... Nummer
NRW .... Nordrhein-Westfalen
NZB .... Nichtzulassungsbeschwerde

o. .... oben, oder
oa .... oben angegeben(e/es/er)
oÄ .... oder Ähnliche/s
OFD .... Oberfinanzdirektion
OHG .... Offene Handelsgesellschaft
OH Telemedien .... Orientierungshilfe der Aufsichtsbehörden für Anbieter:innen von Telemedien
OLG .... Oberlandesgericht
OLGZ .... Entscheidungen der Oberlandesgerichte in Zivilsachen
OVG .... Oberverwaltungsgericht
OWiG .... Gesetz über Ordnungswidrigkeiten

PA	Patentamt; Patentanwalt
PAngV	Preisangabenverordnung
PartG	Parteiengesetz
PatÄndG	Gesetz zur Änderung des Patentgesetzes
PatAnm	Patentanmeldung
PatAnmVO	Verordnung über die Anmeldung von Patenten (Patentanmeldeverordnung)
PatAnwO	Patentanwaltsordnung
PatBl.	Patentblatt
PatG	Patentgesetz
PatGebG	Gesetz über die Gebühren des Patentamts und des Patentgerichts
PatGebZV	Verordnung über die Zahlung der Gebühren des deutschen Patentamts und des Patentgerichts
PCT	Patent Cooperation Treaty (Vertrag über die internationale Zusammenarbeit auf dem Gebiet des Patentwesens)
PharmBetrV	Betriebsverordnung für pharmazeutische Unternehmen
PMZ	Blatt für Patent-, Muster- und Zeichenwesen (herausgegeben vom Deutschen Patentamt)
PräsPA	Präsident des Patentamts
PrPG	Produktpirateriegesetz
PrüfRichtl.	Richtlinien für das Prüfungsverfahren
PVÜ	Pariser Verbandsübereinkunft zum Schutz des gewerblichen Eigentums
RA	Rechtsanwalt
RabattG	Rabattgesetz
RabelsZ	Rabels Zeitschrift für ausländisches und internationales Privatrecht
RBerG	Rechtsberatungsgesetz
RdA	Recht der Arbeit (Zeitschrift)
RegE	Regierungsentwurf
RegNr.	Registernummer
Rev.	Revision
RG	Reichsgericht
RGBl.	Reichsgesetzblatt
RGSt	Entscheidungen des Reichsgerichts in Strafsachen
RGZ	Entscheidungen des Reichsgerichts in Zivilsachen
Richtl.EPA	Richtlinien für die Prüfung im Europäischen Patentamt, Loseblattausgabe
RIW/AWD	Recht der internationalen Wirtschaft, Außenwirtschaftsdienst des „Betriebs-Berater“ (Zeitschrift)
RL	Richtlinie
RMBeschrG	Rechtsmittelbeschränkungsgesetz
Rn.	Randnummer
Rpfleger	Der Deutsche Rechtspfleger (Zeitschrift)
RPflG	Rechtspflegergesetz
RPS	Recht und Praxis der Schiedsgerichtsbarkeit (Zeitschrift)
Rs.	Rechtssache
Rspr.	Rechtsprechung
RVG	Rechtsanwaltsvergütungsgesetz
RVO	Rechtsverordnung; Reichsversicherungsordnung (SozR)
S.	Seite(n), Satz
s.	siehe
SchiedsVZ	Zeitschrift für Schiedsverfahren
SGB	Sozialgesetzbuch
SGG	Sozialgerichtsgesetz
SJZ	Süddeutsche Juristenzeitung
Slg.	amtliche Sammlung der Entscheidungen des EuGH
s. o.	siehe oben

Abkürzungsverzeichnis

sog	so genannt(e)
SortenSchG	Sortenschutzgesetz
Sp.	Spalte
spät.	spätestens
städt.	städtisch(e)
StGB	Strafgesetzbuch
StPO	Strafprozessordnung
str.	strittig
stRspr.	ständige Rechtsprechung
StraÜ	Straßburger Übereinkommen zur Vereinheitlichung gewisser Begriffe des materiellen Rechts der Erfindungspatente
teilw.	teilweise
TRIPS	Agreement on trade-related aspects of intellectual property rights = Übereinkommen über handelsbezogene Aspekte der Rechte des geistigen Eigentums
Tz.	Textziffer
u.	und, unter, unten
ua	und andere, unter anderem
uÄ	und Ähnliches
Überbl.	Überblick
Übers.	Übersicht
UFITA	Archiv für Urheber-, Film-, Funk- und Theaterrecht (Zeitschrift)
UMV	Unionsmarken-Verordnung
unstr.	unstreitig
UPOV	Internationales Übereinkommen zum Schutz von Pflanzenzüchtungen
UrhDaG	Gesetz über die urheberrechtliche Verantwortlichkeit von Diensteanbietern für das Teilen von Online-Inhalten (Urheberrechts-Diensteanbieter-Gesetz)
UrhG	Urheberrechtsgesetz
UrhSchiedsVO	Urheberrechtsschiedsstellenverordnung
UR	Urkundenrolle
URNr.	Urkundenrollennummer
Urt.	Urteil
usw	und so weiter
uU	unter Umständen
UWG	Gesetz gegen den unlauteren Wettbewerb
v.	vom, von
verb.	verbunden
VerfGH	Verfassungsgerichtshof
VerglO	Vergleichsordnung
VerlG	Verlagsgesetz
VersR	Versicherungsrecht
VG	Verwaltungsgericht
VGH	Verwaltungsgerichtshof
vgl.	vergleiche
vH	von Hundert
VO	Verordnung
vollst.	vollständig
Vorbem.	Vorbemerkung
VU	Versäumnisurteil
VV-RVG	Vergütungsverzeichnis zum RVG
VwGO	Verwaltungsgerichtsordnung
VwKostV	Verwaltungskostenverordnung
VwVfG	Verwaltungsverfahrensgesetz

VwVG	Verwaltungsvollstreckungsgesetz
VwZG	Verwaltungszustellungsgesetz
VZS	Vereinigte Zivilsenate
Wahrn V	Urheberrechtswahrnehmungsverordnung
WiB	Wirtschaftsrechtliche Beratung
WIPO	Weltorganisation für geistiges Eigentum (auch: OMPI)
WM	Wohnungswirtschaft- und Mietrecht; Wertpapiermitteilungen
WPM	Wertpapier-Mitteilungen
WRP	Wettbewerb in Recht und Praxis
WuW/E	Wirtschaft und Wettbewerb. Entscheidungssammlung zum Kartellrecht
WZG	Warenzeichenrecht
zahlr.	zahlreich
ZAP	Zeitschrift für die Anwaltspraxis
zB	zum Beispiel
ZHR	Zeitschrift für das gesamte Handelsrecht und Wirtschaftsrecht
Ziff.	Ziffer
ZIP	Zeitschrift für die gesamte Insolvenzpraxis
ZKostV	Zollkostenverordnung
ZLR	Zeitschrift für das gesamte Lebensmittelrecht
ZPO	Zivilprozessordnung
ZRHO	Rechtshilfeordnung in Zivilsachen
Zs.	Zeitschrift
ZSEG	Gesetz über die Entschädigung von Zeugen und Sachverständigen
zT	zum Teil
ZSEG	Zeugen- und Sachverständigen-Entschädigungs-Gesetz
ZUM	Zeitschrift für Urheber-, Film-, Funk- und Theaterrecht
ZVG	Zwangsversteigerungsgesetz
ZZP	Zeitschrift für Zivilprozess
zzt.	zurzeit

Literaturverzeichnis

Achenbach/Ransiek/Rönnau Wirtschafts-StrafR-HdB	Achenbach/Ransiek/Rönnau, Handbuch Wirtschaftsstrafrecht, Handbuch, 5. Aufl. 2019
Ahrens Wettbewerbs-prozess-HdB	Ahrens, Der Wettbewerbsprozess, Handbuch, 9. Aufl. 2021
Ahrens/Spätgens EinstwRS	Ahrens/Spätgens, Einstweiliger Rechtsschutz und Vollstreckung in UWG-Sache, Monografie, 4. Aufl. 2001
Anders/Gehle	Anders/Gehle, ZPO, Kommentar, 80. Aufl. 2022
Andres/Leithaus	Andres/Leithaus, Insolvenzordnung, Kommentar, 4. Aufl. 2018
Ann PatR	Ann, Patentrecht, Lehrbuch, 8. Aufl. 2022
Ann/Loschelder/Grosch Know-how-Schutz-HdB	Ann/Loschelder/Grosch, Praxishandbuch Know-how-Schutz, Handbuch, 1. Aufl. 2010
Apetz Geschäfts-praktiken	Apetz, Das Verbot aggressiver Geschäftspraktiken, Monografie, 1. Aufl. 2011
Auer-Reinsdorff/Conrad IT- und DatenschutzR-HdB	Auer-Reinsdorff/Conrad, Handbuch IT- und Datenschutzrecht, Handbuch, 3. Aufl. 2019
Barber Schiedsfähigkeit	Barber, Objektive Schiedsfähigkeit und ordre public in der internationalen Schiedsgerichtsbarkeit, Monografie, 1. Aufl. 1993
Bartenbach Arbeitneh-mererfindungen	Bartenbach, Arbeitnehmererfindungen im Konzern, Handbuch, 4. Aufl. 2018
Bartenbach Patentlizenz	Bartenbach, Patentlizenz- und Know-how-Vertrag, Handbuch, 7. Aufl. 2013
Bartenbach/Volz ArbEG	Bartenbach/Volz, Arbeitnehmererfindungsgesetz ArbEG, Kommentar, 6. Aufl. 2019
Baudenbacher	Baudenbacher, Lauterkeitsrecht – Kommentar zum Gesetz gegen den unlauteren Wettbewerb (UWG), Kommentar, 1. Aufl. 2001
Beater Unl. Wettbewerb	Beater, Unlauterer Wettbewerb, Lehrbuch, 1. Aufl. 2002
Bechtold/Bosch	Bechtold/Bosch, GWB, Kommentar, 10. Aufl. 2021
Bechtold/Bosch/Brinker	Bechtold/Bosch/Brinker, EU-Kartellrecht, Kommentar, 3. Aufl. 2014
Beck RundfunkR	Binder/Vesting, Beck'scher Kommentar zum Rundfunkrecht, Kommentar, 4. Aufl. 2018
BeckFormB IT-R	Weitnauer/Mueller-Stöfen, Beck'sches Formularbuch IT-Recht, Formularbuch, 5. Aufl. 2020
BeckOK BGB	Hau/Poseck, BeckOK BGB, Kommentar, 60. Aufl. 2021
BeckOK GeschGehG	Fuhlrott/Hiéramente, BeckOK GeschGehG, Kommentar, 10. Aufl. 2022
BeckOK StPO	Graf, BeckOK StPO mit RiStBV und MiStra, Kommentar, 40. Aufl. 2021
BeckOK ZPO	Vorwerk/Wolf, BeckOK ZPO, Kommentar, 43. Aufl. 2022
Benkard EPÜ	Benkard, Europäisches Patentübereinkommen, Kommentar, 3. Aufl. 2019
Benkard PatG	Benkard, Patentgesetz, Kommentar, 11. Aufl. 2015

Literaturverzeichnis

Berger/Wündisch
Urh-VertrR-HdB .... Berger/Wündisch, Urhebervertragsrecht, Handbuch, 3. Aufl. 2022
Berlit WettbR .... Berlit, Wettbewerbsrecht, Handbuch, 10. Aufl. 2017
Berneke/Schüttpelz
Einstw. Verfügung .... Berneke/Schüttpelz, Die einstweilige Verfügung in Wettbewerbssachen, Monografie, 4. Aufl. 2018
Bettinger
DomainR-HdB .... Bettinger, Handbuch des Domainrechts, Handbuch, 2. Aufl. 2017
Beucher/Leyendecker/
v. Rosenberg .... Beucher/Leyendecker/v. Rosenberg, Mediengesetze, Kommentar, 2. Aufl. 2005
Beutelmann Selektive
Vertriebssysteme .... Beutelmann, Selektive Vertriebssysteme im europäischen Kartellrecht, Monografie, 1. Aufl. 2004
Boemke/Kursawe .... Boemke/Kursawe, Gesetz über Arbeitnehmererfindungen, Kommentar, 1. Aufl. 2015
Böhm Beweismittel in
Wettbewerbsprozessen .. Böhm, Demoskopische Gutachten als Beweismittel im Wettbewerbsprozessen, Handbuch, 1. Aufl. 1985
Borck Anwaltliche
Praxis .... Borck, Die anwaltliche Praxis in Wettbewerbssachen, Monografie, 1. Aufl. 1992
Braitmayer/van Hees ..... Braitmayer/van Hees, Verfahrensrecht in Patentsachen, Handbuch, 5. Aufl. 2019
Brammsen/Apel .... Brammsen/Apel, GeschGehG, Kommentar, 1. Aufl. 2022
Brechmann Auslegung .. Brechmann, Die richtlinienkonforme Auslegung, Monografie, 1. Aufl. 1994
Bröcker/Czychowski/
Schäfer Geistiges
Eigentum-HdB .... Bröcker/Czychowski/Schäfer, Praxishandbuch Geistiges Eigentum im Internet, Handbuch, 1. Aufl. 2003
Bücking/Angster
DomainR .... Bücking/Angster, Domainrecht, Handbuch, 2. Aufl. 2010
Bühring/Braitmayer/
Haberl GebrMG .... Bühring/Braitmayer/Haberl, Gebrauchsmustergesetz, Kommentar, 9. Aufl. 2021
Bulling/Langöhrig/
Heller/Müller Designschutz .... Bulling/Langöhrig/Heller/Müller, Designschutz: in Deutschland und Europa mit USA, Japan, China und Korea, Handbuch, 4. Aufl. 2017
Bülow/Ring/Artz/Brixius
HWG .... Bülow/Ring/Artz/Brixius, Heilmittelwerbegesetz – HWG, Kommentar, 5. Aufl. 2015
Bumiller Gemeinschaftsmarke .... Bumiller, Durchsetzung der Gemeinschaftsmarke in der Europäischen Union, Monografie, 1. Aufl. 1997
Büscher .... Büscher, Gesetz gegen den unlauteren Wettbewerb, Kommentar, 1. Aufl. 2019
Büscher/Dittmer/Schiwy
GewRS .... Büscher/Dittmer/Schiwy, Gewerblicher Rechtsschutz, Urheberrecht, Medienrecht, Kommentar, 4. Aufl. 2021
Busse/Keukenschrijver .. Busse/Keukenschrijver, Patentgesetz, Kommentar, 9. Aufl. 2020

Calliess/Ruffert .... Calliess/Ruffert, EUV/AEUV, Kommentar, 6. Aufl. 2022
Chrocziel GewRS .... Chrocziel, Einführung in den Gewerblichen Rechtsschutz und das Urheberrecht, Monografie, 3. Aufl. 2019
Cohausz GewRS .... Cohausz, Gewerblicher Rechtsschutz und angrenzende Gebiete, Monografie, 2. Aufl. 2014

Corbin/Gill Survey Evidence .... Corbin/Gill, Survey Evidence and the Law Worldwide, Handbuch, 1. Aufl. 2008

Craig/Park/Paulsson Commerce Arbitration .. Craig/Park/Paulsson, International Chamber of Commerce Arbitration, Handbuch, 3. Aufl. 2000

Czychowski UrhVertrR . Czychowski, Das Urhebervertragsrecht als wesentlicher Bestandteil des Urheberrechts in den Staaten Zentral- und Osteuropas, Monografie, 1. Aufl. 1997

Däbritz/Jesse/Bröcher Patente .... Däbritz/Jesse/Bröcher, Patente, Monografie, 3. Aufl. 2009

Dauses/Ludwigs EU-WirtschaftsR-HdB .. Dauses/Ludwigs, Handbuch des EU-Wirtschaftsrechts, Handbuch, 54. Aufl. 2021

Delp Geistiges Schaffen . Delp, Das Recht des geistigen Schaffens in der Informationsgesellschaft, Monografie, 2. Aufl. 2003

Delp Verlagsvertrag ...... Delp, Der Verlagsvertrag, Handbuch, 8. Aufl. 2007

Dieners Gesundheitswesen-Compliance-HdB .... Dieners, Handbuch Compliance im Gesundheitswesen, Handbuch, 4. Aufl. 2022

Dobel Demoskopische Gutachten .... Dobel, Verkehrsauffassung und demoskopische Gutachten im Marken- und Wettbewerbsrecht, Monografie, 1. Aufl. 2014

Doepner/Reese .... Doepner/Reese, Heilmittelwerbegesetz, Kommentar, 3. Aufl. 2018

Dowd Copyright Litigation .... Dowd, Copyright Litigation Handbook, Handbuch, 1. Aufl. 2010

Dreher/Kulka WettbR ... Dreher/Kulka, Wettbewerbs- und Kartellrecht, Lehrbuch, 11. Aufl. 2021

Dreier/Schulze .... Dreier/Schulze, Urheberrechtsgesetz, Kommentar, 7. Aufl. 2022

Dreyer/Kotthoff/Meckel/Hentsch .... Dreyer/Kotthoff/Meckel/Hentsch, Heidelberger Kommentar Urheberrecht, Kommentar, 4. Aufl. 2018

Dybdahl-Müller EurPatR .... Dybdahl-Müller, Europäisches Patentrecht, Handbuch, 3. Aufl. 2008

Eichmann/Jestaedt/Fink/Meiser .... Eichmann/Jestaedt/Fink/Meiser, Designgesetz, Gemeinschaftsgeschmacksmusterverordnung, Kommentar, 6. Aufl. 2019

Eichmann/Kur DesignR-HdB .... Eichmann/Kur, Designrecht, Handbuch, 2. Aufl. 2016

Eisenführ/Schennen .... Eisenführ/Schennen, Unionsmarkenverordnung, Kommentar, 5. Aufl. 2016

Eisenmann/Jautz GewRS .... Eisenmann/Jautz, Grundriss Gewerblicher Rechtsschutz und Urheberrecht, Lehrbuch, 10. Aufl. 2015

Ekey WettbR .... Ekey, Grundriss des Wettbewerbs- und Kartellrechts – Mit Grundzugen des Marken-, Domain- und Telekommunikationsrechts, Handbuch, 5. Aufl. 2016

Ekey/Bender/Fuchs-Wissemann .... Ekey/Bender/Fuchs-Wissemann, Heidelberger Kommentar Markenrecht, Kommentar, 4. Aufl. 2019

Ekey/Klippel/Kotthoff/Meckel/Plaß .... Ekey/Klippel/Kotthoff/Meckel/Plaß, Heidelberger Kommentar zum Wettbewerbsrecht, Kommentar, 2. Aufl. 2005

Elskamp Gesetzesverstoß .... Elskamp, Gesetzesverstoß und Wettbewerbsrecht, Monografie, 1. Aufl. 2008

Literaturverzeichnis

Emmerich/Lange Unl. Wettbewerb .... Emmerich/Lange, Unlauterer Wettbewerb, Lehrbuch, 11. Aufl. 2019

Erbersdobler/Meyer Functional Food-HdB ... Erbersdobler/Meyer, Praxishandbuch Functional Food, Handbuch, 60. Aufl. 2013

ErfK .... Müller-Glöge/Preis/Schmidt, Erfurter Kommentar zum Arbeitsrecht, Kommentar, 22. Aufl. 2022

Erman .... Erman, BGB, Kommentar, 16. Aufl. 2020

FA-GewRS .... Erdmann/Rojahn/Sosnitza, Handbuch des Fachanwalts Gewerlicher Rechtsschutz, Handbuch, 3. Aufl. 2018

Fabry/Trimborn ArbeitnehmererfindungsR ...... Fabry/Trimborn, Arbeitnehmererfindungsrecht im internationalen Vergleich, Handbuch, 2. Aufl. 2020

Fezer Markenpraxis-HdB .... Fezer, Handbuch der Markenpraxis, Handbuch, 3. Aufl. 2015

Fezer MarkenR .... Fezer, Markenrecht, Kommentar, 4. Aufl. 2009

Fezer/Büscher/Obergfell Fezer/Büscher/Obergfell, UWG, Kommentar, Band 1, 2, 3. Aufl. 2016

Fitzner/Lutz/Bodewig .... Fitzner/Lutz/Bodewig, Patentrechtskommentar, Kommentar, 4. Aufl. 2012

Fromm/Nordemann ...... Fromm/Nordemann, Urheberrecht, Kommentar, 12. Aufl. 2018

Frost Schiedsgerichtsbarkeit .... Frost, Schiedsgerichtsbarkeit im Bereich des geistigen Eigentums nach deutschem und US-amerikanischem Schiedsrecht, Monografie, 1. Aufl. 2001

FS Beier, 1996 .... Straus, Aktuelle Herausforderungen des geistigen Eigentums – Festgabe von Freunden und Mitarbeitern für Friedrich-Karl Beier zum 70. Geburtstag, Festschrift, 1. Aufl. 1996

FS Fezer, 2016 .... Büscher/Glöckner/Nordemann/Osterrieth/Rengier, Festschrift für Karl-Heinz Fezer zum 70. Geburtstag – Marktkommunikation zwischen geistigem Eigentum und Verbraucherschutz, Festschrift, 1. Aufl. 2016

FS Piper, 1996 .... Erdmann/Gloy/Herber, Festschrift für Henning Piper zum 65. Geburtstag, Festschrift, 1. Aufl. 1996

FS Tilmann, 2003 .... Keller, Festschrift für Winfried Tilmann, Festschrift, 1. Aufl. 2003

FS Traub, 1994 .... Löwenheim/Raiser, Festschrift für Fritz Traub zum 65. Geburtstag, Festschrift, 1. Aufl. 1994

FS Ullmann, 2006 .... Ahrens/Bornkamm/Kunz-Hallstein, Festschrift für Eike Ullmann, Festschrift, 1. Aufl. 2006

FS Vieregge, 1995 .... Baur, Festschrift für Ralf Vieregge zum 70. Geburtstag, Festschrift, 1. Aufl. 1995

Furrer Sperrwirkung ..... Furrer, Die Sperrwirkung des sekundären Gemeinschaftsrechts auf die nationalen Rechtsordnungen, Monografie, 1. Aufl. 1994

Gall EurPatAnmeldung . Gall, Die europäische Patentanmeldung und der PCT in Frage und Antwort, Handbuch, 8. Aufl. 2011

Geiger/Khan/Kotzur ...... Geiger/Khan/Kotzur, EUV/AEUV, Kommentar, 6. Aufl. 2017

Geimer/Schütze Int. Rechtsverkehr .... Geimer/Schütze, Internationaler Rechtsverkehr in Zivil- und Handelssachen, Kommentar, 63. Aufl. 2021

Geppert/Schütz .... Geppert/Schütz, Beck'scher TKG-Kommentar, Kommentar, 4. Aufl. 2013

Gerold/Schmidt .... Gerold/Schmidt, RVG-Kommentar, Kommentar, 25. Aufl. 2021

Gerstenmaier Wettbewerbsrechtl. Praxis .... Gerstenmaier, Umfrageforschung in der wettbewerbsrechtlichen Praxis, Monografie, 1. Aufl. 2003

Gielen/v. Bomhard Concise European Trade Mark	Gielen/von Bomhard, Concise European Trade Mark and Design Law, Kommentar, 2. Aufl. 2017
Gloy/Loschelder/Danckwerts UWG-HdB	Gloy/Loschelder/Danckwerts, Handbuch des Wettbewerbsrecht, Handbuch, 5. Aufl. 2019
Gloy/Loschelder/Erdmann UWG-HdB	Gloy/Loschelder/Erdmann, Handbuch des Wettbewerbsrechts, Handbuch, 4. Aufl. 2010
Gola/Heckmann	Gola/Heckmann, Bundesdatenschutzgesetz, Kommentar, 13. Aufl. 2019
Götting GewRS	Götting, Gewerblicher Rechtsschutz, Lehrbuch, 11. Aufl. 2020
Götting/Schertz/Seitz PersönlichkeitsR-HdB	Götting/Schertz/Seitz, Handbuch Persönlichkeitsrecht, Handbuch, 2. Aufl. 2019
Grabitz/Hilf/Nettesheim	Grabitz/Hilf/Nettesheim, Das Recht der Europäischen Union, Kommentar, 74. Aufl. 2021
Graf Lambsdorff WettbVerfR	Graf Lambsdorff, Handbuch des Wettbewerbsverfahrensrechts, Handbuch, 1. Aufl. 2000
Greger/Unberath/Steffek	Greger/Unberath/Steffek, Recht der alternativen Konfliktlösung, Kommentar, 2. Aufl. 2016
Gröning/Mand/Reinhart	Gröning/Mand/Reinhart, Heilmittelwerberecht, Kommentar, 1. Aufl. 2015
Groß Forschungs-/Entwicklungsvertrag	Groß, Forschungs- und Entwicklungsvertrag, Ratgeber, 5. Aufl. 2020
Gruber/von Zumbusch/Haberl/Oldekop PatR	Gruber/von Zumbusch/Haberl/Oldekop, Europäisches und internationales Patentrecht, Monografie, 7. Aufl. 2012
Grüneberg	Grüneberg, Bürgerliches Gesetzbuch, Kommentar, 81. Aufl. 2022
Günther/Beyerlein	Günther/Beyerlein, DesignG: Designgesetz, Kommentar, 3. Aufl. 2015
Haberstumpf UrhR-HdB	Haberstumpf, Handbuch des Urheberrechts, Handbuch, 2. Aufl. 2000
Haft/Schlieffen Mediation-HdB	Haft/Schlieffen, Handbuch Mediation, Handbuch, 3. Aufl. 2016
Harte-Bavendamm/Henning-Bodewig	Harte-Bavendamm/Henning-Bodewig, UWG, Kommentar, 5. Aufl. 2021
Harte-Bavendamm/Ohly/Kalbfus	Harte-Bavendamm/Ohly/Kalbfus, GeschGehG, Kommentar, 1. Aufl. 2020
Hartung/Schons/Enders	Hartung/Schons/Enders, Rechtsanwaltsvergütungsgesetz, Kommentar, 3. Aufl. 2017
Hartwig Designschutz II	Hartwig, Designschutz in Europa, Band 2: Entscheidungen europäischer nationaler Gerichte, Entscheidungssammlung, 1. Aufl. 2008
Hasselblatt CDR	Hasselblatt, Community Design Regulation, Kommentar, 2. Aufl. 2018
Hasselblatt EUTMR	Hasselblatt, European Union Trade Mark Regulation, Kommentar, 2. Aufl. 2018
Hassemer PatR	Hassemer, Patentrecht – mit Arbeitnehmererfindungsrecht, Gebrauchsmusterrecht, Sortenschutzrecht und Patentmanagement, Handbuch, 2. Aufl. 2015
Heermann Warenverkehrsfreiheit	Heermann, Warenverkehrsfreiheit und deutsches Unlauterkeitsrecht, Kommentar, 1. Aufl. 2004
Henke Erfindergemeinschaft	Henke, Die Erfindergemeinschaft, Monografie, 1. Aufl. 2005

Literaturverzeichnis

Henn Lizenzvertrag-HdB .... Henn, Patent- und Know-how-Lizenzvertrag – Handbuch für die Praxis, Handbuch, 5. Aufl. 2003

Henn/Pahlow PatVertrR Henn/Pahlow, Patentvertragsrecht, Handbuch, 6. Aufl. 2016

Henning-Bodewig/Kur Marke I .... Henning-Bodewig/Kur, Marke und Verbraucher – Funktionen der Marke in der Marktwirtschaft Bd. 1: Grundlagen, Monografie, 1. Aufl. 2000

Henssler/Prütting .... Henssler/Prütting, Bundesrechtsanwaltsordnung: BRAO, Kommentar, 5. Aufl. 2019

Hertin/Wagner UrhR .... Hertin/Wagner, Urheberrecht, Monografie, 3. Aufl. 2019

Hildebrandt Strafvorschriften UrheberR .... Hildebrandt, Die Strafvorschriften des Urheberrechts, Monografie, 1. Aufl. 2001

Himmelsbach/Mann PresseR .... Himmelsbach/Mann, Presserecht, Monografie, 1. Aufl. 2022

HK-ArbNErfR .... Schwab, Arbeitnehmererfindungsrecht, Kommentar, 4. Aufl. 2018

HK-MStV .... Hartstein/Ring/Kreile/Dörr/Stettner/Cole/Wagner, Rundfunkstaatsvertrag Jugendmedienschutz-Staatsvertrag, Kommentar, 86. Aufl. 2020

HK-UrhG .... Schmid/Wirth/Seifert, Urheberrechtsgesetz, Kommentar, 2. Aufl. 2008

HK-UWG .... Götting/Nordemann, UWG, Kommentar, 3. Aufl. 2016

Hoeren/Münker .... Hoeren/Münker, GeschGehG, Kommentar, 1. Aufl. 2021

Hoeren/Sieber/Holznagel MMR-HdB .... Hoeren/Sieber/Holznagel, Handbuch Multimedia-Recht, Handbuch, 57. Aufl. 2021

Hölder Europäische Patente .... Hölder, Grenzüberschreitende Durchsetzung Europäischer Patente, Monografie, 1. Aufl. 2004

Hoppe/Oldekop Geschäftsgeheimnisse .... Hoppe/Oldekop, Geschäftsgeheimnisse, Handbuch, 2021

Immenga/Mestmäcker .. Immenga/Mestmäcker, Wettbewerbsrecht, Band 1: EU/Teil 1; Kommentar zum Europäischen Kartellrecht, Kommentar, Band 1/1, 5. Aufl. 2012

Immenga/Mestmäcker .. Immenga/Mestmäcker, Wettbewerbsrecht, Kommentar, Band 1, 2, 3, 4, 6. Aufl. 2019

Ingerl/Rohnke .... Ingerl/Rohnke, Markengesetz: MarkenG, Kommentar, 3. Aufl. 2010

Jaeschke Ambush Marketing .... Jaeschke, Ambush Marketing – Schutzstrategien gegen assoziatives Marketing für Veranstalter von (Sport-)Großereignissen und Markenartikler, Monografie, 1. Aufl. 2008

Jestaedt WettbR .... Jestaedt, Wettbewerbsrecht – ein fallbezogenes Lehrbuch, Lehrbuch, 1. Aufl. 2007

jurisPK-InternetR .... Heckmann, juris PraxisKommentar Internetrecht, Kommentar, 7. Aufl. 2021

jurisPK-UWG .... Ullmann, juris Praxiskommentar UWG, Kommentar, 5. Aufl. 2021

Keukenschrijver Patentnichtigkeitsverfahren .... Keukenschrijver, Patentnichtigkeitsverfahren, Handbuch, 7. Aufl. 2020

Knaak Demoskopische Umfragen....................... Knaak, Demoskopische Umfragen in der Praxis des Wettbewerbs- und Warenzeichenrechts, Monografie, 1. Aufl. 1986

Köhler/Bornkamm/Feddersen .... Köhler/Bornkamm/Feddersen, UWG, Kommentar, 40. Aufl. 2022

Köllner PCT-HdB .... Köllner, PCT-Handbuch, Handbuch, 16. Aufl. 2021

Kopp/Schenke	Kopp/Schenke, Verwaltungsgerichtsordnung: VwGO, Kommentar, 27. Aufl. 2021
Korte PresseR	Korte, Praxis des Presserechts, Handbuch, 2. Aufl. 2019
Kreindler/Schäfer/Wolff Schiedsgerichtsbarkeit	Kreindler/Schäfer/Wolff, Schiedsgerichtsbarkeit – Kompendium für die Praxis, Handbuch, 1. Aufl. 2006
Kropholler/v. Hein EurZivilProzR	Kropholler/von Hein, Europäisches Zivilprozessrecht, Kommentar, 9. Aufl. 2011
Kübler/Prütting/Bork	Kübler/Prütting/Bork, InsO, Kommentar zur Insolvenzordnung, Kommentar, 90. Aufl. 2022
Kügel/Müller/Hofmann	Kügel/Müller/Hofmann, Arzneimittelgesetz, Kommentar, 3. Aufl. 2022
Kühnen Patentverletzung-HdB	Kühnen, Handbuch der Patentverletzung, Handbuch, 12. Aufl. 2019
Kümmerlein-OK GeschGehG	Kümmerlein, Online-Kommentar zum Geschäftsgeheimnisgesetz, Kommentar, 1. Aufl. 2019
Kurz Vertraulichkeitsvereinbarungen	Kurz, Vertraulichkeitsvereinbarungen und andere Vorfeldverträge, Handbuch, 4. Aufl. 2019
Küttner Personalbuch 2021	Küttner, Personalbuch 2022, Lexikon, 29. Aufl. 2022
Lachmann Schiedsgerichtspraxis-HdB	Lachmann, Handbuch für die Schiedsgerichtspraxis, Handbuch, 4. Aufl. 2016
Lange MarkenR	Lange, Marken- und Kennzeichenrecht, Handbuch, 2. Aufl. 2012
Lehmann Computerprogramme	Lehmann, Rechtsschutz und Verwertung von Computerprogrammen, Handbuch, 2. Aufl. 1993
Lendvai/Rebel Gewerbliche SchutzR	Lendvai/Rebel, Gewerbliche Schutzrechte: Anmeldung – Strategie – Verwertung, Handbuch, 7. Aufl. 2016
Lettl Irreführende Werbung	Lettl, Der lauterkeitsrechtliche Schutz vor irreführender Werbung in Europa, Monografie, 1. Aufl. 2004
Lettl Neues UWG	Lettl, Das neue UWG, Handbuch, 1. Aufl. 2004
Liebscher/Flohr/Petsche Gruppenfreistellungs-VO-HdB	Liebscher/Flohr/Petsche, Handbuch der EU-Gruppenfreistellungsverordnungen, Kommentar, 2. Aufl. 2012
Lionnet/Lionnet Int-Schiedsgerichtsbarkeits HdB	Lionnet/Lionnet, Handbuch der internationalen und nationalen Schiedsgerichtsbarkeit, Handbuch, 3. Aufl. 2004
Litke Projektmanagement	Litke, Projektmanagement, Lehrbuch, 6. Aufl. 2015
Loewenheim UrhR-HdB	Loewenheim, Handbuch des Urheberrechts, Handbuch, 3. Aufl. 2021
Loewenheim/Meessen/Riesenkampff/Kersting/Meyer-Lindemann	Loewenheim/Meessen/Riesenkampff/Kersting/Meyer-Lindemann, Kartellrecht, Kommentar, 4. Aufl. 2020
Löffler	Löffler, Presserecht, Kommentar, 6. Aufl. 2015
Lörcher Internationale Streiterledigung	Lörcher, Neue Verfahren der internationalen Streiterledigung in Wirtschaftssachen, Handbuch, 1. Aufl. 2001

Lörcher/Lörcher Schiedsverfahren	Lörcher/Lörcher, Das Schiedsverfahren – national/international – nach neuem Recht, Handbuch, 2. Aufl. 2001
Lorenzen Designschutz	Lorenzen, Designschutz im europäischen und internationalen Recht, Handbuch, 1. Aufl. 2002
Loth	Loth, Gebrauchsmustergesetz, Kommentar, 2. Aufl. 2017
Mäger Abtretung urheberrechtl. Vergütungsansprüche	Mäger, Die Abtretung urheberrechtlicher Vergütungsansprüche in Verwertungsverträgen, Monografie, 1. Aufl. 2000
MAH Insolvenz	Nerlich/Kreplin, Münchener Anwaltshandbuch Insolvenz und Sanierung, Handbuch, 3. Aufl. 2019
MAH UrhR	Raue/Hegemann, Münchener Anwaltshandbuch Urheber- und Medienrecht, Handbuch, 2. Aufl. 2017
MAH VerwR	Johlen/Oerder, Münchener Anwaltshandbuch Verwaltungsrecht, Handbuch, 4. Aufl. 2017
Maier/Schlötelburg Gemeinschafts-geschmacksmuster	Maier/Schlötelburg, Leitfaden Gemeinschaftsgeschmacksmuster, Monografie, 1. Aufl. 2002
Melullis Wettbewerbs-prozess-HdB	Melullis, Handbuch des Wettbewerbsprozesses, Handbuch, 3. Aufl. 2000
Mes	Mes, Patentgesetz, Gebrauchsmustergesetz: PatG, GebrMG, Kommentar, 5. Aufl. 2020
Mestmäcker/Schulze	Mestmäcker/Schulze, Kommentar zum deutschen Urheberrecht, Kommentar, 1. Aufl. 1989
Mestmäcker/Schweitzer EuWettbR	Mestmäcker/Schweitzer, Europäisches Wettbewerbsrecht, Lehrbuch, 3. Aufl. 2014
Meyer/Streinz	Meyer/Streinz, LFGB BasisVO HCVO, Kommentar, 2. Aufl. 2012
Möffert FuE-Vertrag	Möffert, Forschungs- und Entwicklungsvertrag, Monografie, 4. Aufl. 2019
Möhring/Nicolini	Möhring/Nicolini, Urheberrechtsgesetz: UrhG, Kommentar, 4. Aufl. 2018
Moser/Scheuermann/ Drücke Musikwirtschaft-HdB	Moser/Scheuermann/Drücke, Handbuch der Musikwirtschaft, Handbuch, 7. Aufl. 2018
MPFormB GewRS	Mes, Münchener Prozessformularbuch, Band 5: Gewerblicher Rechtsschutz, Urheber- und Presserecht, Formularbuch, 5. Aufl. 2018
MüKoBGB	Säcker/Rixecker/Oetker/Limperg, Münchener Kommentar zum Bürgerlichen Gesetzbuch, Kommentar, Band 1, 9. Aufl. 2021
MüKoInsO	Stürner/Eidenmüller/Schoppmeyer, Münchener Kommentar zur Insolvenzordnung, Kommentar, Band 1, 2, 3, 4, 4. Aufl. 2019
MüKoUWG	Heermann/Schlingloff, Münchener Kommentar zum Lauterkeitsrecht, Kommentar, Band Sonderband, 1, 2, 3. Aufl. 2019
MüKoZPO	Krüger/Rauscher, Münchener Kommentar zur ZPO, Kommentar, Band 1, 2, 3, 6. Aufl. 2020
Müller Demoskopische Ermittlung	Müller, Die demoskopische Ermittlung der Verkehrsauffassung im Rahmen des § 4 UWG, Monografie, 1. Aufl. 1978
Musielak/Voit	Musielak/Voit, ZPO, Kommentar, 19. Aufl. 2022
MVHdB III WirtschaftsR II	Grützmacher/Rieder/Schütze/Weipert, Münchener Vertragshandbuch, Band 3: Wirtschaftsrecht II, Handbuch, 8. Aufl. 2021

MVHdB IV WirtschaftsR III .... Schütze/Weipert/Rieder, Münchener Vertragshandbuch, Band 4: Wirtschaftsrecht III, Handbuch, 8. Aufl. 2018

Nagel/Gottwald IntZivilProzR .... Nagel/Gottwald, Internationales Zivilprozessrecht, Handbuch, 8. Aufl. 2020
Nicklisch FuE-Verträge Nicklisch, Forschungs- und Entwicklungsverträge in Wissenschaft und Technik, Monografie, 1. Aufl. 2004
Nirk/Ullmann PatR .... Nirk/Ullmann, Patentrecht – Mit Gebrauchsmuster- und Sortenschutzrecht, Lehrbuch, 4. Aufl. 2018
Noelle-Neumann/Petersen Methoden Demoskopie .... Noelle-Neumann/Petersen, Alle, nicht jeder – Einführung in die Methoden der Demoskopie, Handbuch, 4. Aufl. 2005
Noelle-Neumann/Schramm Umfrageforschung .... Noelle-Neumann/Schramm, Umfrageforschung in der Rechtspraxis, Monografie, 1. Aufl. 1961
Nordemann Neues UrhVertrR .... Nordemann, Das neue Urhebervertragsrecht, Monografie, 1. Aufl. 2002
Nordemann Urheberrechtl. geschütztes Werk Nordemann, Die künstlerische Fotografie als urheberrechtlich geschütztes Werk, Handbuch, 1. Aufl. 1992
Nordemann WettbR/MarkenR .... Nordemann, Wettbewerbsrecht Markenrecht, Handbuch, 11. Aufl. 2012
Nordemann/Vinck/Hertin/Meyer .... Nordemann/Vinck/Hertin/Meyer, International copyright and neighboring rights law, Kommentar, 1. Aufl. 1990

Ohly/Sosnitza .... Ohly/Sosnitza, Gesetz gegen den unlauteren Wettbewerb, Kommentar, 7. Aufl. 2016
Osterrieth PatR .... Osterrieth, Patentrecht, Lehrbuch, 6. Aufl. 2021

Pagenberg/Beier Lizenzverträge .... Pagenberg/Beier, Lizenzverträge/License Agreements, Handbuch, 6. Aufl. 2008
Paterson European Patent System .... Paterson, The European Patent System, Kommentar, 2. Aufl. 2001
Peifer .... Peifer, UWG, Kommentar, Band 1, 2, 3, 3. Aufl. 2021
Pfaff/Osterrieth .... Pfaff/Osterrieth, Lizenzverträge, Kommentar, 4. Aufl. 2018
Piper/Ohly/Sosnitza ...... Piper/Ohly/Sosnitza, Gesetz gegen den unlauteren Wettbewerb, Kommentar, 5. Aufl. 2010
Pitz Patentverletzungsverfahren .... Pitz, Patentverletzungsverfahren, Handbuch, 2. Aufl. 2010
Prinz/Peters/MedienR .... Prinz/Peters, Medienrecht, Handbuch, 1999
Prütting MedR .... Prütting, Medizinrecht, Kommentar, 6. Aufl. 2020

Raeschke-Kessler/Berger Schiedsverfahren .... Raeschke-Kessler/Berger, Recht und Praxis des Schiedsverfahrens – Gesellschafterforderungen in der Insolvenz nach neuem Recht, Handbuch, 4. Aufl. 2012
Reese Grenzüberschreitende Werbung .... Reese, Grenzüberschreitende Werbung in der Europäischen Gemeinschaft, Monografie, 1. Aufl. 1994

Literaturverzeichnis

Rehbinder/Peukert UrhR	Rehbinder/Peukert, Urheberrecht, Lehrbuch, 18. Aufl. 2018
Rehmann	Rehmann, Arzneimittelgesetz: AMG, Kommentar, 5. Aufl. 2020
Reich EurPatR	Reich, Materielles Europäisches Patentrecht, Lehrbuch, 1. Aufl. 2009
Reimer/Schade/Schippel	Reimer/Schade/Schippel, Arbeitnehmererfindergesetz, Kommentar zum ArbNErfG und den Vergütungsrichtlinien, Kommentar, 8. Aufl. 2007
Reinfeld Neues GeschGehG	Reinfeld, Das neue Gesetz zum Schutz von Geschäftsgeheimnissen, Monografie, 1. Aufl. 2019
Reinhart	Reinhart, KosmetikVO, Kommentar, 1. Aufl. 2014
Ring MedienR	Ring, Medienrecht – Bundes- und Landesrecht, EU-Recht, europäisches Recht und internationale Rechtsquellen, Vorschriftensammlung, Materialiensammlung, 160. Aufl. 2020
Rippe Patentanmeldungen	Rippe, Europäische und internationale Patentanmeldungen – Praxis Leitfaden, Handbuch, 4. Aufl. 2006
Rosenberger/Wündisch Forschung und Entwicklung	Rosenberger/Wündisch, Verträge über Forschung und Entwicklung, Handbuch, 3. Aufl. 2017
Ruhl/Tolkmitt	Ruhl/Tolkmitt, Gemeinschaftsgeschmacksmuster, Kommentar, 3. Aufl. 2018
Sambuc Nachahmungsschutz	Sambuc, Der UWG-Nachahmungsschutz, Handbuch, 1. Aufl. 1996
Sauberschwarz Gutachten Markt- und Meinungsforschungsinstitute	Sauberschwarz, Gutachten von Markt- und Meinungsforschungsinstituten als Beweismittel im Wettbewerbs- und Warenzeichenprozess, Monografie, 1. Aufl. 1969
Schack UrhR/UrhVertragsR	Schack, Urheber- und Urhebervertragsrecht, Lehrbuch, 9. Aufl. 2019
Schaefer Verbot nichttarifärer Hindernisse	Schaefer, Die unmittelbare Wirkung des Verbots der nichttarifären Handelshemmnisse (Art. 30 EWGV) in den Rechtsbeziehungen zwischen Privaten, Monografie, 1. Aufl. 1987
Schneider Mediation GewRS	Schneider, Mediation im Gewerblichen Rechtsschutz, Monografie, 1. Aufl. 2002
Schramm Patentverletzungsprozess	Schramm, Der Patentverletzungsprozess, Handbuch, 7. Aufl. 2012
Schricker VerlagsR	Schricker, Verlagsrecht, Kommentar, 3. Aufl. 2001
Schricker/Loewenheim	Schricker/Loewenheim, Urheberrecht, Kommentar, 6. Aufl. 2020
Schulte PatG	Schulte, Patentgesetz mit Europäischem Patentübereinkommen, Kommentar, 10. Aufl. 2017
Schulze UrhG I	Schulze, Materialien zum Urheberrechtsgesetz, Band 1: Urheberrechtsgesetz, Produktpiraterie, Opferschutzgesetz, Kostenermächtigungs-Änderungsgesetz, Einigungsvertrag u. a., Materialiensammlung, 2. Aufl. 1997
Schulze UrhG II	Schulze, Materialien zum Urheberrechtsgesetz, Band 2: Urheberrechtsgesetz, Produktpiraterie, Opferschutzgesetz, Kostenermächtigungs-Änderungsgesetz, Einigungsvertrag u. a., Materialiensammlung, 2. Aufl. 1997
Schulze UrhG III	Schulze, Materialien zum Urheberrechtsgesetz, Band 3: Urheberrechtsgesetz, Produktpiraterie, Opferschutzgesetz, Kostenermächtigungs-

Änderungsgesetz, Einigungsvertrag u. a., Materialiensammlung, 1. Aufl. 2003
Schulze/Janssen/Kadelbach EuropaR-HdB ...... Schulze/Janssen/Kadelbach, Europarecht, Handbuch, 4. Aufl. 2020
Schuschke/Walker/Kessen/Thole .... Schuschke/Walker/Kessen/Thole, Vollstreckung und Vorläufiger Rechtsschutz, Kommentar, 7. Aufl. 2020
Schütze/Thümmel Schiedsgericht .... Schütze/Thümmel, Schiedsgericht und Schiedsverfahren, Monografie, 7. Aufl. 2021
Schwab/Walter .... Schwab/Walter, Schiedsgerichtsbarkeit, Kommentar, 7. Aufl. 2005
Seitz Gegendarstellungsanspruch .... Seitz, Der Gegendarstellungsanspruch – Presse, Film, Funk, Fernsehen und Internet, Monografie, 5. Aufl. 2017
Singer/Stauder/Luginbühl EPÜ .... Singer/Stauder/Luginbühl, Europäisches Patentübereinkommen, EPÜ, Kommentar, 8. Aufl. 2019
Smit WIPO .... Smit, Wipo Arbitration Rules – Commentary and Analysis, Kommentar, 1. Aufl. 2000
Soehring/Hoene PresseR Soehring/Hoene, Presserecht, Lehrbuch, 6. Aufl. 2019
Soergel .... Soergel, Bürgerliches Gesetzbuch mit Einführungsgesetz und Nebengesetzen (BGB), Kommentar, Band 11, 32, 33, 14. Aufl. 2021
Speckmann WettbR ...... Speckmann, Wettbewerbsrecht, Handbuch, 3. Aufl. 2000
Spindler/Schuster .... Spindler/Schuster, Recht der elektronischen Medien, Kommentar, 4. Aufl. 2019
Stadler/Gehring Verfahren Patentamt ..... Stadler/Gehring, Verfahren vor dem Patentamt, Handbuch, 1. Aufl. 2017
Stein/Jonas .... Stein/Jonas, Kommentar zur Zivilprozessordnung, Kommentar, Band 1, 2, 3, 4, 5, 6, 8, 9, 10, 11, 23. Aufl. 2014
Stiel Verkehrsdurchsetzung von Marken .... Stiel, Die Verkehrsdurchsetzung von Marken nach § 8 Abs. 3 MarkenG unter dem Blickwinkel der Demoskopie, Monografie, 1. Aufl. 2015
Stöckel MarkenR-HdB Stöckel, Handbuch Marken- und Designrecht, Handbuch, 3. Aufl. 2013
Straub Rechtswegabgrenzung .... Straub, Die Rechtswegabgrenzung in der Rechtsprechung des BGH, Monografie, 1. Aufl. 1988
Strecker .... Strecker, Kommentar Fertigpackungsrecht, Kommentar, 146. Aufl. 2019
Ströbele/Hacker/Thiering .... Ströbele/Hacker/Thiering, Markengesetz, Kommentar, 13. Aufl. 2020
Teplitzky Wettbewerbsrechtliche Ansprüche ..... Teplitzky, Wettbewerbsrechtliche Ansprüche und Verfahren, Handbuch, 12. Aufl. 2018
Teplitzky/Peifer/Leistner Teplitzky/Peifer/Leistner, UWG, Kommentar, Band 1, 2, 3, 2. Aufl. 2014
Teubel/Schons Erfolgshonorar .... Teubel/Schons, Erfolgshonorar für Anwälte, Handbuch, 1. Aufl. 2008
Thomas/Putzo .... Thomas/Putzo, ZPO, Kommentar, 43. Aufl. 2022
Toussaint .... Toussaint, Kostenrecht, Kommentar, 52. Aufl. 2022
Traub Wettbewerbsrechtl. Verfahrenspraxis Traub, Wettbewerbsrechtliche Verfahrenspraxis, Örtliche Besonderheiten in der Rechtsprechung der Oberlandesgerichte, Handbuch, 2. Aufl. 1991

Trinks PCT	Trinks, PCT in der Praxis, Handbuch, 4. Aufl. 2013
Tritton Intellectual Property	Tritton, Tritton on Intellectual Property in Europe, Kommentar, 4. Aufl. 2016
Uhlenbruck	Uhlenbruck, Insolvenzordnung: EuInsVO, Kommentar, Band 1, 2, 15. Aufl. 2019
Ulsenheimer Zwischenbetriebliche Forschungs- und Entwicklungskooperation	Ulsenheimer, Die zwischenbetriebliche Forschungs- und Entwicklungskooperation, Monografie, 1. Aufl. 2001
v. Dietze/Janssen KartellR	von Dietze/Janssen, Kartellrecht in der anwaltlichen Praxis, Monografie, 5. Aufl. 2015
v. Gamm UWG	von Gamm, Gesetz gegen den unlauteren Wettbewerb, Kommentar, 3. Aufl. 1993
v. Hartlieb/Schwarz FilmR-HdB	von Hartlieb/Schwarz, Handbuch des Film-, Fernseh- und Videorechts, Handbuch, 5. Aufl. 2011
v. Welser/González Produktpiraterie	von Welser/González, Marken- und Produktpiraterie, Lehrbuch, 2. Aufl. 2020
Vohwinkel Verkehrsdurchgesetzte Marke	Vohwinkel, Die verkehrsdurchgesetzte Marke – Tatbestand des § 8 Abs. 3 MarkenG, Monografie, 1. Aufl. 2017
von der Groeben/Schwarze/Hatje	von der Groeben/Schwarze/Hatje, Europäisches Unionsrecht, Kommentar, 7. Aufl. 2015
Wabnitz/Janovsky/Schmitt Wirtschafts-StrafR-HdB	Wabnitz/Janovsky/Schmitt, Handbuch Wirtschafts- und Steuerstrafrecht, Handbuch, 5. Aufl. 2020
Walter EurUhrR	Walter, Europäisches Urheberrecht, Satelliten- und Kabel-Richtlinie, Kommentar, 1. Aufl. 2001
Wanckel FotoR	Wanckel, Foto- und Bildrecht, Handbuch, 5. Aufl. 2017
Wandtke/Bullinger	Wandtke/Bullinger, Urheberrecht, Kommentar, 5. Aufl. 2019
Wegner/Wallenfels/Kaboth VerlagsR	Wegner/Wallenfels/Kaboth, Recht im Verlag, Handbuch, 2. Aufl. 2010
Wehlau Schutzschrift	Wehlau, Die Schutzschrift, Handbuch, 2. Aufl. 2014
Weigand/Baumann Arbitration-HdB	Weigand/Baumann, Practitioner's Handbook on International Commercial Arbitration, Handbuch, 3. Aufl. 2019
Weiss/Ungler EurPatAnmeldung	Weiss/Ungler, Die europäische Patentanmeldung und der PCT in Frage und Antwort, Handbuch, 9. Aufl. 2016
Wenzel Wort-/BildberichterstattungR-HdB	Wenzel, Das Recht der Wort- und Bildberichterstattung, Handbuch, 6. Aufl. 2018
Westermann Know-how-HdB	Westermann, Handbuch Know-how-Schutz, Handbuch, 1. Aufl. 2007
Wiedemann KartellR-HdB	Wiedemann, Handbuch des Kartellrechts, Kommentar, 4. Aufl. 2020
Wiedemann Lizenzen	Wiedemann, Lizenzen und Lizenzverträge in der Insolvenz, Monografie, 1. Aufl. 2006

WiKo .... Hill/Schmitt, WiKo – Wiesbadener Kommentar zum Medizinproduktegesetz, Kommentar, 7. Aufl. 2002

Wilke/Jungeblut Abmahnung .... Wilke/Jungeblut, Abmahnung, Schutzschrift und Unterlassungserklärung im gewerblichen Rechtsschutz, Monografie, 2. Aufl. 1994

Winzer FuE-Verträge .... Winzer, Forschungs- und Entwicklungsverträge, Handbuch, 2. Aufl. 2011

WIPO Intellectual Property .... World Intellectual Property Organization, Introduction to Intellectual Property, Handbuch, 2. Aufl. 2017

Witte/Vollrath Patent- und Gebrauchsmusteranmeldung .... Witte/Vollrath, Praxis der Patent- und Gebrauchsmusteranmeldung, Handbuch, 6. Aufl. 2008

Zipfel/Rathke LebensmittelR .... Zipfel/Rathke, Lebensmittelrecht, Kommentar, 180. Aufl. 2021

Zöller .... Zöller, ZPO – Zivilprozessordnung, Kommentar, 34. Aufl. 2022

Teil A. Allgemeiner Teil

§ 1 Einführung in die Besonderheiten des Gewerblichen Rechtsschutzes

Übersicht

I. Bedeutung des Wettbewerbsrechts und Gewerblichen Rechtsschutzes für die Praxis

1 Die vielschichtigen und weitreichenden Materien des Gewerblichen Rechtsschutzes und des Wettbewerbsrechts sind aus dem modernen Wirtschaftsleben nicht mehr wegzudenken. Entsprechend groß ist der Beratungsbedarf in diesen Rechtsgebieten. Dies wird umso deutlicher, wenn man die nach vorherrschendem Verständnis zwar nicht begrifflich, so aber inhaltlich und wirtschaftlich zugehörigen Bereiche des Urheberrechts, des Rundfunk- und Presserechts bis hin zum Lebensmittel-, Heilmittelwerbe- und Kosmetikrecht hinzunimmt. Dabei ist etwa seit Anfang der 80er Jahre des letzten Jahrhunderts ein anhaltender Boom zu beobachten; ein Ende ist nicht in Sicht. Die Gründe dafür sind vielfältig. Neue Technologien, Kommunikations- und Vertriebswege bedeuten für die Marktteilnehmer erweiterte Möglichkeiten, aber auch neue Herausforderungen. Natürliche Ressourcen werden knapper, so dass immaterielle Leistungen schon als Reflex auf dieses Phänomen unternehmerisch in einem anderen Licht zu sehen sind. Zudem zwingen die Gesetzmäßigkeiten immer schneller zusammenwachsender Marktwirtschaften die Unternehmen dazu, verstärktes Augenmerk gleichermaßen auf Sicherung und Neuerung bzw. Ausweitung der eigenen Angebotspalette zu richten, sei es in inhaltlicher oder territorialer Hinsicht. Mittel hierzu sind, nach wie vor, die klassischen Attribute des Wettbewerbs, also Qualität und Preis der eigenen Leistung; Mittel hierzu sind ferner Schutz des Bestandes, etwa vor Nachahmung oder Produktpiraterie, sowie Innovation, aufbauend auf eigenen Leistungen und Forschungsergebnissen und solchen Dritter, mithin denjenigen Schutzgütern, die seit jeher das Rückgrat des Gewerblichen Rechtsschutzes und des Wettbewerbsrechts gebildet haben.

1. Nationale Beratungspraxis

2 Traditionell war die Beratungspraxis im Gewerblichen Rechtsschutz und Wettbewerbsrecht **national** geprägt, und ist es zu Teilen auch heute noch. Dies hat in allererster Linie eine **wirtschaftliche Ursache.** Unternehmen starten zunächst regional und müssen sich erst am Markt „vor Ort" behaupten, bevor sie überregional und schließlich international operieren können. Hier mögen Ausnahmen ins Feld geführt werden, wie die Unternehmen von Apple und Microsoft, die von Steve Jobs bzw. Bill Gates in kürzester Zeit von „Garagenbetrieben" zu international tätigen Konzernen ausgebaut wurden. Der Regel entspricht es jedoch, dass – sei es mit Blick auf das Vertriebsnetz, die Natur des eigenen Produktes und/oder die Abnehmerkreise – unternehmerische Aktivitäten vielfach über Jahre hinweg national ausgerichtet sein müssen. Weite Bereiche des zu Recht als Herzstück der deutschen Wirtschaft gepriesenen Mittelstandes geben davon ein gutes Zeugnis ab.

3 In **rechtlicher** Hinsicht ist zu berücksichtigen, dass Gewerblicher Rechtsschutz und Wettbewerbsrecht gewissermaßen von Hause aus territorial begrenzt sind.[1] Hintergrund ist schlicht, dass die nationale Gesetzgebungskompetenz an den Staatsgrenzen endet, so dass diese Rechtsbereiche schon immer und primär eine Angelegenheit nationalen Rechts waren.

4 Die nationale Beratungspraxis im hier interessierenden Bereich umfasst **sämtliche Facetten** des Gewerblichen Rechtsschutzes und Wettbewerbsrechts. Entsprechend vielfältig und – zumindest auf den ersten Blick – komplex können die rechtlichen Fragestellungen sein, sei es die Überprüfung der korrekten Etikettierung eines neuen kosmetischen oder pharmazeutischen Produktes, die Überprüfung einer Werbekampagne auf wettbewerbsrechtliche Zulässigkeit, die Herbeiführung und spätere Verteidigung von Marken-, Design- und Patentschutz, die Abfassung von Gegendarstellungen im Pressebereich, der Entwurf von TV-Produktions- oder Filmlizenzverträgen bis hin zu Kunst- oder Sportsponsoring, um nur einige Beispiele zu nennen. Angesichts dieser Vielfalt der möglichen Fragestellungen verlangt die sichere und kompetente Beratungspraxis Kenntnis der speziellen Rechtsmaterie *und* teils besonders ausgestalteter Abläufe gegenüber Behörden und Gerichten. Darauf soll das vorliegende Handbuch einen schnellen Zugriff bieten.

2. Multinationale Beratungspraxis

5 Die unternehmerischen Aktivitäten machen nicht an Ländergrenzen halt. Die Nachteile der territorialen Begrenzung des – wie ausgeführt zwangsläufig – national ausgestalteten Wettbewerbs-

[1] Zur Territorialität der gewerblichen Schutzrechte sowie weiterer gemeinsamer Schutzprinzipien → Rn. 41–47.

rechts und Gewerblichen Rechtsschutzes wurden entsprechend frühzeitig erkannt. Erste Bemühungen, hier in prozeduraler und materieller Hinsicht Abhilfe zu leisten, reichen bis weit ins 19. Jahrhundert zurück. So datiert die **Pariser Verbandsübereinkunft** zum Schutz des gewerblichen Eigentums auf den 20.3.1883,[2] der nur wenige Jahre später die **Berner Übereinkunft** zum Schutz von Werken der Literatur und Kunst (1886) und das **Madrider Abkommen** über die internationale Registrierung von Marken (1891) nachfolgten.[3] Dieses frühzeitig in Gang gesetzte Bestreben, das über den Gewerblichen Rechtsschutz und das Urheberrecht geschützte geistige Eigentum sowie wettbewerbsrechtlich geschützte Leistungen (wie etwa Betriebsgeheimnisse) auch über Ländergrenzen hinweg schützen zu können, hat noch längst keinen Abschluss gefunden. Das TRIPS-Abkommen[4] aus dem Jahr 1989, die vergleichsweise recht junge Unionsmarke[5] ebenso wie das erst 2002 ins Leben gerufene Gemeinschaftsgeschmacksmuster[6] sind weitere Belege dafür, dass sich das Bemühen um rechtliche Vereinfachung im grünen Bereich,[7] und zwar auch auf europäischer und internationaler Ebene, noch im Fluss befindet. Dabei geht es nicht nur um eine Anpassung der materiellen Gesetzesanforderungen, beispielsweise zur Erlangung und Aufrechterhaltung von gewerblichen Schutzrechten,[8] sondern auch um eine Stärkung der Position der Rechteinhaber durch Angleichung und Anhebung des Schutzniveaus bezüglich der Rechtsdurchsetzung.[9]

Hintergrund für dieses Bedürfnis nach harmonisierter und damit erleichterter Schutzerlangung und -verteidigung ist das Interesse der Wirtschaftsunternehmen, ihr **global product** – teilweise fast buchstäblich – rund um den Globus vermarkten. Internationale Abkommen wie die soeben angeführten helfen dabei, Ländergrenzen – auch in rechtlicher Hinsicht – zunehmend stärker in den Hintergrund treten zu lassen. Hierfür stehen auf internationaler Ebene letztlich (nur) zwei Wege zur Verfügung, die beide dasselbe Ziel verfolgen, nämlich eine möglichst **weitgehende Vereinheitlichung** des **materiellen und formellen Rechtsrahmens.** Diese beiden Wege lassen sich anschaulich anhand des europäischen Markenrechts nachzeichnen: die Harmonisierungsrichtlinie des Rates 2008/95/EG (ex RL 89/104/EG)[10] ist adressiert an die Mitgliedstaaten, die die materiellen und verfahrenstechnischen Vorgaben der Richtlinie in nationales Recht zu transformieren haben. Hier wird mithin ein Rechtsrahmen vorgegeben, der von den Mitgliedstaaten der Europäischen Gemeinschaft in ihr nationales Recht umzusetzen ist. Nichts anderes geschieht letztlich bei Abkommen wie der bereits angesprochenen Pariser Verbandsübereinkunft, dem Madrider Markenabkommen oder der revidierten Berner Übereinkunft, da sich (völkerrechtlich) die Zeichnerstaaten dazu verpflichten, nach Ratifizierung des jeweiligen Abkommens ihr nationales Recht, soweit notwendig, anzupassen. Dadurch wird die gewünschte Harmonisierung bis zu einem bestimmten Grad herbeigeführt. Der zweite Weg, der mit Blick auf die Zielsetzung effektiver ist, weil er zu einer noch weitreichenderen Rechtsangleichung führt, ist derjenige eines verbindlich vorgegebenen, dh nicht erst noch in nationales Recht umzusetzenden, Rechtsrahmens. Im europäischen Marken- 6

[2] Abrufbar unter www.wipo.int treaties text.

[3] S. ferner das Abkommen von Den Haag für die internationale Hinterlegung von Geschmacksmustern aus dem Jahre 1925 und das Patentübereinkommen aus dem Jahre 1975, um zwei weitere Beispiele zu nennen.

[4] Das Übereinkommen ist als Anhang 1 C des Übereinkommens zur Errichtung der Welthandelsorganisation (WTO) zum 1.1.1995 in Kraft getreten (Übereinkommen über handelsbezogene Aspekte der Rechte des geistigen Eigentums vom 15.4.1993, BGBl. II 1730); ausführlich zu TRIPS, WIPO, Introduction to Intellectual Property, S. 475–488.

[5] Die Unionsmarke (ab 1.10.2017 nach der VO (EU) 2017/1001 vom 14.6.2017, ABl L 154 vom 16.6.2017, S. 1 ff.) kann seit 1.4.1996 beim EUIPO registriert werden; siehe dazu ausführlich unten § 34.

[6] Verordnung (EG) Nr. 6/2002 des Rates vom 12.12.2001 über das Gemeinschaftsgeschmacksmuster (ABl. 2002 L 3 vom 5.1.2002, 1 ff.), in Kraft getreten am 6.3.2002, geändert durch VO (EG) Nr. 1891/2006 des Rates vom 18.12.2006, ABl. 286, 14, Zuletzt geändert durch Anh. III 2. III. ÄndEU-BeitrAkt2013 vom 9.12.2011 (ABl. 2012 L 112 S. 21).

[7] Die Bezeichnung „grüner Bereich" geht zurück auf die (grüne) Farbgebung des Einbandes der Zeitschriften GR und GRUR (und später auch der GRUR Int.).

[8] So etwa die in der PVÜ und TRIPS festgelegten Standards, beispielsweise für den Patent-, Gebrauchsmuster-, Geschmacksmuster- und Markenschutz, um nur einige Beispiele zu nennen; im TRIPS kommen noch hinzu materielle Schutzvoraussetzungen für Topografien und insbesondere Urheberrechte und verwandte Rechte.

[9] Beredtes Beispiel dafür ist die RL 2004/48/EG zur Durchsetzung der Rechte des geistigen Eigentums vom 19.4.2004, ABl. 2004 Nr. L 157, 45 ff. Jetzt neu (ber. ABl. 2007 Nr. L 204, S. 27), iÜ. aber auch – und darin ist ein nicht unmaßgeblicher Unterschied zur PVÜ zu erkennen – durch die Bestimmungen gemäß Teil III in TRIPS, der sich mit der Durchsetzung der Rechte des geistigen Eigentums befasst.

[10] Erste Richtlinie des Rates vom 21.12.1988 zur Angleichung der Rechtsvorschriften der Mitgliedstaaten über die Marken, ABl. 1989 L 40, 1 ff., aufgehoben durch RL 2008/95/EG vom 22.10.2008, ABl. L 299, S. 25 ff., neugefasst durch RL (EU) 2015/2436 vom 16.12.2015 zur Angleichung der Rechtsvorschriften der Mitgliedsstaaten über die Marken, ABl. L 336, 1 ff.

recht ist dies mit der Unionsmarke geschehen, mit der ein **unionsweit einheitlich** geltendes Markenrecht geschaffen wurde.[11] Dabei darf freilich nicht übersehen werden, dass sich dieser zweite, mit Blick auf den Harmonisierungsgrad effektivere Weg nur dann beschreiten lässt, wenn die entsprechenden Gesetzgebungskompetenzen gegeben sind (innerhalb der EU über den EUV und AEUV).

7 Spiegelbildlich dazu gestaltet sich die über die Grenzen hinweg praktizierte Rechtsberatung. Von einheitlichen Schutzrechten, die über Ländergrenzen hinweg Geltung beanspruchen, einmal abgesehen, haben sich die Unternehmen ebenso wie deren Berater in beachtlichem Umfang mit **ausländischem (nationalen) Recht** zu befassen. Vereinfacht wird dies durch die in Teilbereichen schon weit vorangetriebene Harmonisierung. Erleichtert wird dies aber auch dadurch, dass den meisten Schutzsystemen – trotz ihrer unterschiedlichen nationalen Ausgestaltung – gleiche oder zumindest **ähnliche Schutzvoraussetzungen und -grenzen** wesensimmanent[12] sind.

8 Im Vordergrund unternehmerischer Aktivitäten in mehr als nur einem Land stehen aber nicht die dort vorzufindenden **rechtlichen,** sondern die **wirtschaftlichen Rahmenbedingungen** und die damit verbundenen Absatz- und Umsatzchancen. Ziel der Beratungspraxis sollte demgemäß stets sein, das, was wirtschaftlich gewollt ist, auch rechtlich umzusetzen. Von ganz wenigen Ausnahmen abgesehen, lässt sich diese Vorgabe regelmäßig erreichen. Auch hierzu mag das vorliegende Handbuch als Richtschnur dienen.

3. Besondere Herausforderungen für die Beratungspraxis

9 Die Materien des gewerblichen Rechtsschutzes und des Wettbewerbsrechts mussten schon immer mit sich ändernden wirtschaftlichen Bedingungen,[13] bislang unbekannten Werbeformen[14] und neuen Absatzwegen[15] Schritt halten. Dazu gesellen sich weitere Phänomene, mit der die Rechtspraxis umzugehen hat; davon seien einige nachfolgend genannt:

10 **a) Kreativität bedingt Veränderung.** Die wohl anspruchsvollste Herausforderung für die Beratungspraxis folgt aus der Materie selbst. Der Schutz geistigen Eigentums ist vornehmlich gerichtet auf die Förderung von Innovation und kreativem Schaffen.[16] Kreativität und Innovation wiederum implizieren Veränderung. Nur das, was eben nicht in allen Facetten vorbekannt ist, mag sich als wirtschaftlich schützenswert und rechtlich schutzfähig erweisen; dies trifft gleichermaßen auf technische und ästhetische Schutzrechte, aber auch beispielsweise den ergänzenden wettbewerbsrechtlichen Leistungsschutz zu. Getreu dem römischen Rechtssatz *da mihi factum, dabo tibi ius* gilt es sehr genau herauszuarbeiten, worin in tatsächlicher Hinsicht das eigentlich Neue bzw. Andere zu erkennen ist, um den bestmöglichen Schutz zu bewirken. Nur infolge dieser exakten Tatsachenanalyse lässt sich feststellen, ob lediglich eine oder alternativ – uU auch kumulativ – mehrere Schutzmöglichkeiten bestehen. So kann beispielsweise ein (Produkt-)Design Urheberrechtsschutz genießen, gleichwohl kann es nach Lage der Dinge sinnvoll erscheinen, (alternativ oder kumulativ) registrierten Design- und/oder Markenschutz herbeizuführen. Gleiches gilt für die präzise rechtliche Beurteilung von neuen Werbeformen, beispielsweise dem Ambush-Marketing oder Ingame-Advertising.[17] Der Berater betritt hier oftmals „rechtliches Neuland", was gleichermaßen Reiz und besondere Herausforderung der Tätigkeit im grünen Bereich ausmacht. Das Unternehmen kann es sich nicht erlauben, auf eine endgültige Klärung durch den BGH und/oder den EuGH Jahre später zu warten; Entscheidungen sind „jetzt" zu treffen, wobei gleichermaßen exakte Sachverhaltsarbeit, ein ausgeprägtes Judiz und wirtschaftliches Verständnis gefragt sind.

---

[11] Ein weiteres Beispiel für ein solches Vorgehen ist etwa das Benelux-Markensystem, das einheitlich für die Länder Belgien, Niederlande und Luxemburg gilt.

[12] → Rn. 37 ff.

[13] Beispielhaft sei hier die Einführung des Halbleiterschutzgesetzes oder des Gentechnikgesetzes als Reflex auf neue Technologien genannt.

[14] Exemplarisch verwiesen sei hier auf vergleichsweise junge Werbephänomene wie Guerilla- oder Ambush-Marketing, „Pop-Up-Internetwerbung", virales Marketing oder getarnte kommerzielle Kommunikation in privaten Chatrooms.

[15] Etwa über das Internet, sei es im Wege des „normalen" E-Commerce oder Formen sogen. „Powershoppings"; siehe zu internetbezogenen Fragestellungen Lotze/Heinson → § 27.

[16] S. etwa Erwägungsgrund 1 in der Enforcement RL 2004/48/EG: „Der Schutz geistigen Eigentums ist nicht nur für die Förderung von Innovationen und kreativem Schaffen wichtig, sondern auch für die Entwicklung des Arbeitsmarkts und die Verbesserung der Wettbewerbsfähigkeit", ABl. 2004 Nr. L 195 v. 2.6.2004, S. 16 ff.

[17] S. dazu Götting/Nordemann/Hasselblatt UWG § 5a Rn. 297–310.

11 b) **Zusammenwachsen der Märkte.** Eine weitere Herausforderung für die Beratungspraxis ist in dem rapide fortschreitenden Zusammenwachsen der Märkte zu erkennen. Marketing- und Vertriebsmöglichkeiten haben sich teils erheblich vereinfacht und tragen dadurch zu einer Ausweitung und Beschleunigung des Absatzes bei. Angebote werden deshalb vielfach von vornherein, mitunter auch sukzessive, auf die Bedürfnisse der Marktteilnehmer des **global village** ausgerichtet. Sei es die Fertigung eines bereits vermarkteten oder neu entwickelten Erzeugnisses, oder auch die Konzeption eines neuen Leistungsangebotes, gilt es oftmals zu beachten, dass die **Zielmärkte länder- und kontinentübergreifend** disloziert sind. Damit einher geht die Notwendigkeit, die jeweils nationalen Rechtsordnungen zu berücksichtigen, die trotz teils schon weit vorangeschrittener Harmonisierung voneinander abweichen. Was in einem Land erlaubt ist, kann im anderen nur eingeschränkt zulässig oder insgesamt verboten sein und vice versa, sei es mit Blick auf die Zusammensetzung bestimmter Erzeugnisse, die Zulässigkeit und/oder Deklarierung bestimmter Inhaltsstoffe, die Wahl eines bestimmten Vertriebssystems oder grenzüberschreitend eingesetzter Werbemaßnahmen und vieles mehr.

12 c) **Neue Technologien.** Insbesondere in technischer Hinsicht muss sich die Rechtsberatungspraxis oft mit neuen Technologien auseinandersetzen. Dabei ist nicht nur die Kenntnis der Rechtsmaterie, sondern vielfach auch technisches Verständnis notwendig. Wie zügig sich in zahlreichen Bereichen der technische Fortschritt vollzieht, lässt sich beispielsweise an der äußerst kurzen Generationenfolge von Smartphones oder Geräten der Unterhaltungselektronik ablesen. Was gestern noch „brandneu" war, kann morgen bereits technisch überholt sein. Dies wirkt sich nicht nur auf rein technische Aspekte aus, sondern kann sich auch in neuen Absatzformen niederschlagen, mit entsprechenden Reflexen auf die Beratungspraxis. Exemplarisch sei hier verwiesen auf das so genannte digital rights management (DRM), das es im Rahmen der Nutzung von urheberrechtlich geschützten Werken erlaubt, die Vergütung individuell nach Dauer, Inhalt und Umfang der Nutzung auszurichten.

13 Paradebeispiel für die auch wirtschaftliche Dimension und Aktualität neuer Technologien ist nach wie vor der Bereich der Biotechnologie, meist kurz **Biotech** genannt. Substantiell ist der Hintergrund naturwissenschaftlich, je nachdem mit spezifisch mikrobiologischem, chemischem und/oder pharmazeutischem Schwerpunkt; in rechtlicher Hinsicht überlappen hier vielfach die Gebiete des Patent-, Gebrauchsmuster-,[18] Lebensmittel-[19] und des Wettbewerbsrechts, hier wiederum mit Schwerpunkt beim Schutz von Know-how.[20] Nicht fehlen darf an dieser Stelle schließlich der Hinweis auf die **Blockchain-Technologie** sowie die aus IP-Sicht besonders interessanten non-fungible tokens, sog. **NFTs**, die einen ganzen Reigen an marken-, design und urheberrechtlichen Fragestellungen mit sich bringen.

14 d) **Digitalisierung, globale Vernetzung.** Ein ganzes Bündel von Fragen rankt sich um das Internet, über das länderübergreifende – und damit grenzenlose – Kommunikation (einschließlich Internet-Telefonie) sehr zeiteffizient und praktisch kostenlos möglich ist. Die über das Internet neu, und teilweise erstmals, eröffneten Möglichkeiten prägen nachhaltig das Kommunikations- und Konsumverhalten der Verbraucher. Lexika in gebundener Form sind den meisten *digital natives* unbekannt, zunächst schaut man schnell bei „Wikipedia" nach; Informationen gleich welcher Art werden im ersten Schritt *gegoogelt;* Bücher besorgt man sich bei *Amazon*®, Musik wird heruntergeladen oder gestreamt bei *Spotify*® oder *Apple*® Music und infolge des immer beliebter werdenden „Uploadings" hat man freien Zugang zu jeder Menge Podcasts, Videos und vielem mehr.

15 Die sich um diesen Strauß an Möglichkeiten knüpfenden Rechtsfragen sind vielfältig. Mit Blick auf die globale Zugänglichkeit von Websites aus buchstäblich jedem Land dieser Erde stellt sich bei über das Internet begangenen Wettbewerbsverstößen oder Schutzrechtsverletzungen oft die Frage der **internationalen Zuständigkeit** nationaler Gerichte.[21] Bei Online Shops, Internetauktionen sowie anderen Verkaufsplattformen stellen sich daneben klassisch bürgerlich-rechtliche Fra-

[18] Zum Patent- und Gebrauchsmusterschutz siehe Schoenen/Smielick in → §§ 35–38.

[19] Dazu Eggers/Böhler in → § 30.

[20] Zum Schutz von Geschäftsgeheimnissen (GeschGehG) und weitergehenden Know-how-Schutz Blank/Musiol unten § 24.

[21] S. etwa GRUR 2005, 431 – Hotel Maritime: für die Begründung der internationalen Zuständigkeit deutscher Gerichte reicht es nach Art. 5 Nr. 3 EuGVÜ aus, dass die Verletzung des geschützten Rechtsguts im Inland behauptet wird und nicht von vornherein ausgeschlossen ist; demgegenüber wurde im konkreten Fall die Markenverletzung mangels wirtschaftlich relevanten Inlandsbezuges verneint (Hinweis auf Dienstleistungen eines dänischen Hotels, so dass die auch in deutscher Sprache ausgelobten Leistungen nur in Kopenhagen, nicht aber in Deutschland, erbracht werden konnten).

gestellungen wie die nach der Wirksamkeit des „virtuellen" Vertragsschlusses über das Internet;[22] zu beachten ist ferner, trotz des im Zuge der E-Commerce-Richtlinie eingeführten Herkunftslandsprinzips, uU die Anwendbarkeit EU-ausländischen Wettbewerbsrechts. Aus markenrechtlicher Sicht sei hier nur beispielhaft auf die Fälle des **Domaingrabbings** verwiesen.[23] Aus der Perspektive des Urheberrechts gilt es den Blick zu richten auf die fortschreitende Perfektionierung der Vervielfältigungs- und Verbreitungstechnologie, etwa in Form der **Digitalisierung** von urheberrechtlich geschützten Marken.[24] Über diese intelligente Technologie ist es möglich, beliebig viele Kopien eines Werkes – beispielsweise in Form einer Musikdatei – mit minimalem Zeit- und Kostenaufwand ohne Qualitätsverlust zu fertigen.[25] Nicht erst seit den auch öffentlich ausgetragenen Streitigkeiten um die Website eines kalifornischen Studenten, über die Musiktitel kostenfrei über das Internet heruntergeladen werden konnten,[26] sind es solche urheberrechtliche Hürden, die es gleichermaßen für Wirtschaft und Rechtsberatung zu nehmen gilt.[27] Freilich ist die soeben angesprochene Komplexität der sich um das Internet rankenden Fragestellungen keinesfalls dahin zu verstehen, dass die Rechtspraxis vor unlösbare Probleme gestellt wäre. Diese nicht selten geäußerte Wehklage, oftmals gepaart mit einem Ruf nach einem „internationalen Internetrecht", ist im Kern unbegründet; alle im Zusammenhang mit den (inzwischen größtenteils nicht mehr ganz so) neuen Medien aufgeworfenen Rechtsfragen lassen sich auch **de lege lata** zufriedenstellend lösen. Zu deren Beantwortung und Handhabe in der Praxis sei auf die jeweils einschlägigen Kapitel in diesem Handbuch verwiesen.

16 **e) Inter- und multidisziplinäre Problemstellungen.** Einen ihrer Reize bezieht die Beratung im Gewerblichen Rechtsschutz und Wettbewerbsrecht aus den nicht selten anzutreffenden Konstellationen **inter- und multidisziplinärer Problemstellungen.** Was es damit auf sich haben kann, soll an zwei Beispielen verdeutlicht werden: in Zielmärkten in Nordamerika, Europa und Südostasien sollen gleichzeitig ein neu entwickeltes Nahrungsergänzungsmittel und ein Pharmazeutikum (nach Abschluss klinischer und toxikologischer Tests) über ein selektives Vertriebssystem abgesetzt werden; neben den jeweiligen lebensmittel-[28] und pharmarechtlichen Bestimmungen sind hier gegebenenfalls Beschränkungen und Besonderheiten aus Sicht des Heilmittelwerberechts,[29] produktspezifischer oder allgemeiner Werbebeschränkungen sowie kartellrechtliche[30] Aspekte in Rücksicht zu ziehen. Als weiteres Beispiel sei auf einen virtuellen Marktplatz verwiesen, über den der Besucher der Website Zutritt zu visuell und musikalisch ausgeschmückten Räumen eröffnet, die Zugang zu realen und nicht fungiblen Artefakten verschiedener Anbieter gewähren. Hier überschneiden sich IT-bezogene Rechtsfragen mit solchen aus dem Bereich vergleichender Werbung,[31] Marken-,[32] Design-[33] und Urheberrecht[34] bis hin zum ergänzenden wettbewerbsrechtlichen Leistungsschutz.[35]

II. Materien des Wettbewerbsrechts und angrenzende Gebiete

17 Die Rechtsquellen des Wettbewerbsrechts und des gewerblichen Rechtsschutzes lassen sich nur schwerlich exakt voneinander und untereinander abgrenzen. Eine abschließende Definition oder zumindest eine einhellige Meinung über den Umfang dieser Rechtsgebiete gibt es

[22] S. dazu Lotze/Heinson in → § 27.
[23] Dazu ausführlich Lieckfeld/Elkemann in → § 28.
[24] Ausf. zu den Herausforderungen durch Digitalisierung und Vernetzung, Dreier/Schulze/Dreier Einl. UrhG Rn. 23 ff.
[25] Dreier, Einl. UrhG Rn. 23, der darin völlig zu Recht einen markanten Technologiesprung erkennt gegenüber den traditionellen Vervielfältigungshandlungen über Fotokopierer, Tonbandgerät oder Videorekorder.
[26] Die Webadresse lautet: www.napster.com; diese Streaming-Plattform ist nach wie vor aktiv, allerdings inzwischen mit Download-Möglichkeiten gegen Entgelt (nach kostenfreiem Testabo von 30 Tagen).
[27] S. dazu A. Nordemann/Czychowski in → § 40.
[28] Ausführlich zum Lebensmittelrecht Eggers/Böhler in → § 30.
[29] Dazu im Einzelnen U. Grundmann in → § 29.
[30] Zum Schutz selektiver Vertriebssysteme nach deutschem Recht, Krekel in → § 15; s. ferner Lubitz in → § 47.
[31] Zur vergleichenden Werbung siehe Eck → § 22.
[32] Zum nationalen Markenrecht Raab → § 32, zum internationalen Markenschutz Karow → § 33, zum Unionsmarkenrecht Hasselblatt § 34.
[33] Ausführlich zum nationalen und internationalen Geschmacksmusterschutz von Gerlach → § 42 sowie → § 43, zum Gemeinschaftsgeschmacksmusterrecht Späth in → § 44.
[34] Dazu A. Nordemann/Czychowski in → § 41 f.
[35] Ausführlich dazu Deck in → § 17.

nicht.[36] Nach wohl vorherrschender Ansicht ist das Wettbewerbsrecht sogar dem Gewerblichen Rechtschutz zugehörig.[37] Für die Richtigkeit dieser Sichtweise lässt sich ins Feld führen, dass Art. 1 Abs. 2 PVÜ zum Schutz des gewerblichen Eigentums ausdrücklich auch „die Unterdrückung des unlauteren Wettbewerbs" zählt; dagegen ließe sich neben der historischen Entwicklung des Lauterkeitsrechtes – insbesondere der früheren Theorie von einem angeblichen Numerus Clausus der Immaterialgüterrechte und dem abschließenden Charakter der Sonderschutzrechte[38] – anführen, dass Art. 1 Abs. 2 des Übereinkommens über handelsbezogene Aspekte der Rechte des geistigen Eigentums (TRIPS)[39] nur Ausschnitte des Wettbewerbsrechts, nämlich den Schutz nicht offenbarter Informationen, als vom Begriff des „geistigen Eigentums" umfasst ansieht. Trotz dieser begrifflichen Randunschärfen und insbesondere ohne materielle Wertung soll nachfolgend der besseren Übersichtlichkeit halber zwischen Wettbewerbsrecht auf der einen und Gewerblichem Rechtsschutz auf der anderen Seite differenziert werden, wie es im Übrigen auch sprachüblich ist.

1. Wettbewerbsrecht

Das Herzstück des deutschen Wettbewerbsrechts ist geregelt im **Gesetz gegen den unlauteren Wettbewerb,** dem **UWG.**[40] Das UWG hat in den letzten Jahren zahlreiche umfassende Reformen durchlaufen und dadurch signifikante Änderungen erfahren. Zunächst erfolgte die Neufassung vom 3.7.2004,[41] mit dem das über fast ein ganzes Jahrhundert geltende[42] und mit seinen Vorläufern bis ins 19. Jahrhundert zurückreichende[43] UWG von 1909 abgelöst wurde. Damit waren durchaus materielle Änderungen verbunden, die sich jedoch nicht ausschließlich aus dem Gesetzesvorhaben selbst ergaben, sondern in weiten Teilen vorgezeichnet waren durch Änderungen in der jüngeren Rechtsprechung des BGH. Allerdings musste das neu kodifizierte UWG von 2004 nur wenige Jahre später aufgrund gemeinschaftsrechtlicher Bestimmungen erneut weitreichend reformiert werden. Insbesondere galt es die RL 2005/29/EG über unlautere Geschäftspraktiken[44] sowie Art. 13 der RL 2002/58/EG über die Verarbeitung personenbezogener Daten und den Schutz der Privatsphäre in der elektronischen Kommunikation[45] umzusetzen. Allerdings genügte die in der UWG-Novelle erfolgte Umsetzung nicht den Anforderungen des EuGH und wurde seitens der Kommission moniert, so dass der Gesetzgeber erneut tätig werden musste.[46] Dies führte zur erneuten Neufassung des UWG.[47] 2016 folgte dann eine Änderung des § 8 UWG durch das „Gesetz zur Verbesserung der zivilrechtlichen Durchsetzung von verbraucherschützenden Vorschriften des Datenschutzrechts."[48] Durch das „Gesetz zur Änderung des Telemediengesetzes und weiterer Gesetze"[49] vom 19. November 2020 wurde § 8 UWG durch § 8a UWG er- 18

[36] Neben den Begrifflichkeiten aus Art. 1 Abs. 2 PVÜ (Schutz des „gewerblichen Eigentums") und Art. 1 Abs. 2 TRIPS („geistiges Eigentum") heißt es in Art. 1 der Durchsetzungsrichtlinie (RL 2004/48/EG) freilich ohne nähere Differenzierung und Begründung: „Im Sinne dieser Richtlinie umfasst der Begriff „Rechte des geistigen Eigentums" auch die gewerblichen Schutzrechte".

[37] Ohly/Sosnitza/Ohly UWG Einf. A Rn. 3; ausf. zum Verhältnis Lauterkeitsrecht und den gewerblichen Schutzrechten MüKoUWG/Hauck Grundl. Rn. 219 ff.

[38] S. die ebenso exakte wie lesenswerte Darstellung der Geschichte des Lauterkeitsrechts, insbesondere dem (aus Frankreich kommenden) Recht der Concurrence déloyale und der diesbezüglichen ablehnenden Haltung des RG, bei Fezer/Büscher/Obergfell/Fezer UWG Einl. A Rn. 6 ff.

[39] Das Übereinkommen über handelsbezogene Aspekte der Rechte des geistigen Eigentums (TRIPS) ist als Anhang 1 C des Übereinkommens zur Errichtung der Welthandelsorganisation (WTO) zum 1.1.1995 in Kraft getreten (BGBl. II 1625; TRIPS vom 15.4.1994, BGBl. II 1730); abgedruckt bei Ströbele/Hacker Anhang 22, S. 2666 ff.

[40] Gesetz vom 3.7.2004 (BGBl. I 1414), zuletzt geändert durch das Gesetz zur Stärkung des Verbraucherschutzes im Wettbewerbs- und Gewerberecht vom 10. August 2021 (BGBl. 2021 I 3504), tritt am 28. Mai 2022 in Kraft.

[41] BGBl. I 1414, in Kraft getreten am 8.7.2004.

[42] UWG vom 7.6.1909, RGBl. S. 449.

[43] Gesetz zur Bekämpfung unlauteren Wettbewerbs vom 27.5.1896, RGBl. S. 145, das seinerseits letztlich aus dem Gesetz zum Schutz von Warenbezeichnungen von 1894 (RGBl. S. 441) hervorgegangen ist; einen guten Überblick über die Entwicklung bis hin zum UWG gibt Ohly/Sosnitza/Ohly UWG Einf. A Rn. 24 ff.

[44] RL 2005/29/EG des Parlaments und des Rates vom 11.5.2005 über unlautere Geschäftspraktiken, ABl. 2005 L 149/22, abgedr. in GRUR Int. 2005, 569 ff.

[45] ABl. L 201 vom 31.7.2002, S. 37, zuletzt geändert durch S. 2 Nr. 7 der RL 2009/136/EG, ABl. L 337 v. 18.12. 2007, S. 11, ber. 2013 ABl. Nr. L 241 S. 9.

[46] S. dazu etwa Köhler/Bornkamm/Köhler, Einleitung UWG, Rn. 2.28 ff.

[47] Zweites Gesetz zur Änderung des Gesetzes gegen den unlauteren Wettbewerb vom 2.12.2015, BGBl. 2015 I 2158.

[48] Gesetz zur Verbesserung der zivilrechtlichen Durchsetzung von verbraucherschützenden Vorschriften des Datenschutzrechts vom 17. Februar 2016, BGBl. 2016 I 233.

[49] Gesetz zur Änderung des Telemediengesetzes und weiterer Gesetze vom 19. November 2020, BGBl. 2020 I 2456.

gänzt. Dem folgte das Anfang Dezember 2020 in Kraft getretene „Gesetz zur Stärkung des fairen Wettbewerbs“,[50] mit dem die Vorschriften des UWG zur Rechtsverfolgung an zahlreichen Stellen geändert wurden. Auch § 8 UWG erfuhr hierdurch erneut Beschränkungen. Durch das „Gesetz für faire Verbraucherverträge“[51] wurde der § 7a UWG eingeführt. Darüber hinaus hat die Bundesregierung im August 2021 ihr „Gesetz zur Stärkung des Verbraucherschutzes im Wettbewerbs- und Gewerberecht“[52] verabschiedet. Das Gesetz setzt eine EU-Richtlinie zur Verbesserung des Verbraucherschutzes um und sieht zahlreiche Neuerungen wie die Einführung neuer Unlauterkeitstatbestände und Änderungen auf Rechtsfolgenseite vor (Inkrafttreten am 28. Mai 2022). Angesichts dieser erheblichen Änderungen werden die wichtigsten Eckpunkte der Entstehungsgeschichte des Wettbewerbsrechts bis hin zum heutigen UWG nachfolgend knapp skizziert.

19 **a) UWG von 1909.** Das **UWG von 1909** war geprägt durch die große Generalklausel in § 1, die den im Geschäftsverkehr zu Zwecken des Wettbewerbs begangenen Verstoß gegen die „guten Sitten“ sanktionierte.[53] Bewusst hatte sich der Gesetzgeber für diesen unbestimmten Rechtsbegriff entschieden, um den Richter anhand der Einzelfallumstände die Wertausfüllung und damit die Festlegung der Un-/Lauterkeit vornehmen zu lassen.[54] Dieser großen Generalklausel stellte das „alte“ UWG in § 3 eine kleine Generalklausel zur Seite, die den Schutz vor Irreführung regelte. Damit waren die gesetzgeberischen Weichen auf ein *Case Law* gestellt worden. Das Resultat war ein Instrumentarium, das es dem Richter erlaubte, einerseits auf vielfältige und in immer neuen Gewändern erscheinende Wettbewerbsverstöße zu reagieren und andererseits sensibel auf Änderungen wirtschaftlicher und sozialer Verhältnisse einzugehen. Damit war die Möglichkeit gegeben, das Unlauterkeitsrecht dem dynamischen Wandlungsprozess des rechtsstaatlichen Hintergrundes anzupassen.[55] Die damit gegebene Flexibilität war sicherlich ein Grund dafür, dass bis zuletzt an der Praxistauglichkeit der Generalklausel des UWG 1909 niemand ernstlich zweifelte, wenngleich die fein verästelte Kasuistik für Außenstehende kaum noch zu überschauen, geschweige denn in allen Nuancen zu erfassen war. Zudem galt es in zunehmendem Maße unionsrechtliche Vorgaben zu erfüllen. Nicht ganz zu Unrecht wurde das „alte“ UWG deshalb auch schon Ende der 90er Jahre des letzten Jahrhunderts als modernisierungsbedürftig angesehen.

20 **b) UWG von 2004.** Mit Blick auf veränderte Tendenzen der höchstrichterlichen Spruchpraxis, aber auch unter unionsrechlichen Gesichtspunkten wurde mit dem **UWG 2004** eine Liberalisierung des deutschen Lauterkeitsrechts verfolgt. Ferner erlangten der Verbraucherschutz sowie das Interesse der Allgemeinheit an einem „unverfälschten Wettbewerb“ einen höheren Stellenwert in einem insgesamt moderner ausgestalteten Lauterkeitsrecht.[56] Entsprechend dieser Zielrichtung des „neuen“ UWG wurden die Verbraucherinnen und Verbraucher als gleichberechtigte Partner in den Schutzbereich des Gesetzes aufgenommen. Weiter sind überholte Werbebeschränkungen, etwa die starren Regelungen über Schlussverkäufe der §§ 7, 8 UWG 1909, ersatzlos gestrichen worden, um „das Lauterkeitsrecht an die Erfordernisse eines flexiblen Wirtschaftsstandortes“ anzupassen.[57] Zugleich wurde die Systematik des Gesetzes im Vergleich zum UWG 1909 geändert, jedoch an den Grundprinzipien wie beispielsweise der Verpflichtung zu lauterem Wettbewerb und dem Irreführungsverbot festgehalten.[58] Insgesamt erschien damit das umfassend neu kodifizierte UWG von 2004, an dessen grundsätzlicher Systematik auch das UWG von 2008 festhielt, in modernerem Gewande. In § 1 UWG wurde die weitere Zielrichtung, also die Trias der Schutzobjekte, verankert. Nach dem Definitionenkatalog einiger wettbewerbsrechtlicher Begriffe (§ 2) folgte die neue Generalklausel des Verbots unlauteren Wettbewerbs in § 3 UWG. Danach waren unlautere Wettbewerbshandlungen unzulässig, die geeignet sind, den Wettbewerb zum Nachteil der Mitbewerber, der Verbraucher oder der sonstigen Marktteilnehmer spürbar zu beeinträchti-

---

[50] Gesetz zur Stärkung des fairen Wettbewerbs vom 26. November 2020, BGBl. 2020 I 2568.

[51] Gesetz für faire Verbraucherverträge vom 10.8.2021, BGBl. 2021 I 3433.

[52] Gesetz zur Stärkung des Verbraucherschutzes im Wettbewerbs- und Gewerberecht vom 10.8.2021, BGBl. 2021 I 3504.

[53] S. zur Preisgabe des Begriffs der „guten Sitten“ Ebert-Weidenfeller in → § 12.

[54] Ohly/Sosnitza/Ohly UWG Einf. A Rn. 30.

[55] Treffend Abels S. 739: „Law at its best reflects the social and economic state of agreement within the population of a nation“.

[56] So ausdrücklich die Amtl. Begr. zum Entwurf des UWG, s. etwa BT-Drs. 15/1487 vom 22.8.2003 S. 1; ferner BT-Drs. 15/2795 vom 26.3.2004 S. 1; ausführlich dazu unten im Einzelnen §§ 12–28, zu den Begriffen der Lauterkeit, der Wettbewerbshandlung sowie der Schutzzwecktrias des § 1 UWG insbesondere Ebert-Weidenfeller in § 12.

[57] So ausdrücklich die Amtl. Begr. BT-Drs. 15/1487 vom 22.8.2003 S. 1.

[58] BT-Drs. 15/1487 S. 1.

gen.[59] Die UWG-Fassung vom 2.12.2015 ließ das Spürbarkeitskriterium dann vollständig entfallen.[60]

21 In § 4 UWG 2004 wurde die Generalklausel anhand eines nicht abschließenden Beispielkataloges in typische Unlauterkeitshandlungen aufgefächert. Damit verfolgte der Gesetzgeber das Ziel, die Generalklausel zu präzisieren und zugleich eine größere Transparenz zu schaffen.[61] Schon der Beispielskatalog als solcher, insbesondere aber auch die Amtliche Begründung, ließen erkennen, dass bei fast allen der nunmehr als Einzeltatbestände geregelten Unlauterkeitshandlungen die hierzu ergangene Spruchpraxis Pate gestanden hat.[62] Es folgten – im UWG 2008 im Wesentlichen beibehalten – in §§ 5 und 6 UWG Regelungen zur irreführenden und vergleichenden Werbung sowie in § 7 UWG eine eigenständige Regelung zu „unzumutbaren Belästigungen". In §§ 17 bis 19 UWG (2004 und 2008) wurden die Ansprüche zum Verrat von Geschäfts- und Betriebsgeheimnissen, der Vorlagenreiterei sowie dem Verleiten und Erbieten zum Verrat geregelt. Besonders hervorzuheben war die erstmalige Normierung des Gewinnabschöpfungsanspruches in § 10 UWG sowie das als Sollbestimmung ausformulierte Gebot der vorangehenden Abmahnung (§ 12 Abs. 1 S. 1 UWG). Die zuvor schon richterrechtlich in gefestigter Spruchpraxis anerkannte Erstattungsbefugnis für berechtigte Abmahnungen wurde nunmehr in § 12 Abs. 1 S. 2 UWG ausdrücklich normiert.[63]

22 c) **UWG von 2008.** Nur wenige Jahre nach Inkrafttreten des UWG von 2004 musste der deutsche Gesetzgeber erneut auf unionsrechtliche Vorgaben reagieren. Insbesondere galt es, Art. 13 der RL 2002/58/EG des Europäischen Parlamentes und des Rates vom 12.7.2002 über die Verarbeitung personenbezogener Daten und den Schutz der Privatsphäre in der elektronischen Kommunikation sowie die zwingenden Maßstäbe der RL 2005/29/EG des Europäischen Parlaments und des Rates v. 11.5.2005 über unlautere Geschäftspraktiken im binnenmarktinternen Geschäftsverkehr zwischen Unternehmen und Verbrauchern (**UGP RL**)[64] in nationales Recht umzusetzen. Dieser Verpflichtung ist der deutsche Gesetzgeber – wenn auch nicht fristgerecht – mit der Neubekanntmachung des UWG 2004 in der ab 4.8.2009 geltenden Fassung nachgekommen.[65]

23 Mit der Umsetzung der UGP RL in nationales Recht waren eine ganze Reihe von Änderungen verbunden, die von der Handhabe des früheren Lauterkeitsrechts – etwa im Bereich b2c – signifikant abwichen. So wurde etwa an dem Begriff der Wettbewerbshandlung nicht mehr festgehalten. An ihre Stelle rückte nun die „geschäftliche Handlung", die nach § 2 Abs. 1 Nr. 1 UWG jedes Verhalten einer Person zugunsten des eigenen oder des fremden Unternehmens *vor, während oder nach* einem Geschäftsabschluss erfasste, das mit der Förderung des Absatzes oder des Bezugs von Waren oder Dienstleistungen oder mit dem Abschluss oder der Durchführung eines Vertrages über Waren oder Dienstleistungen objektiv zusammenhängt. Der Begriff der geschäftlichen Handlungen weicht somit inhaltlich von dem der „Wettbewerbshandlung" ab und geht im – insbesondere zeitlichen – Umfang darüber hinaus. Aus deutscher Sicht als Novum zu bezeichnen war ferner die Einführung eines Kataloges von im Anhang zu § 3 Abs. 3 UWG aufgeführten ***per se***-Verboten, die im Verhältnis gegenüber Verbrauchern „stets unzulässig" waren. Gleiches

---

[59] Vorschrift neugefasst durch das Zweite Gesetz zur Änderung des Gesetzes gegen den unlauteren Wettbewerb vom 2.12.2015 (BGBl. I S. 2158). In § 3 Abs. 1 UWG 2010 heißt es „… spürbar zu beeinträchtigen"; in § 3 Abs. 1 UWG von 2004 war noch von einer „… nicht nur unerheblichen …" Beeinträchtigung die Rede; zuvor hieß es noch im Entwurf von August 2003 zum Ende der Vorschrift noch „… oder der sonstigen Marktteilnehmer nicht unerheblich zu verfälschen, sind unzulässig"; geändert in die jetzige Formulierung, s. Beschlussempfehlung und Bericht des Rechtsausschusses, BT-Drs. 15/2795 vom 26.3.2004 S. 4 sowie S. 21: damit wurden lediglich sprachliche Verbesserungen verfolgt, insbesondere mit der Einfügung des Wortes „nur" zum Ausdruck gebracht werden, dass nicht unlautere Wettbewerbshandlungen zu einem beachtlichen Teil legalisiert werden, sondern lediglich die Verfolgung von Bagatellfällen ausgeschlossen wird; mit dem Rekurs auf die „Spürbarkeit" der Beeinträchtigung soll auch im UWG 2010 gesetzgeberisch zum Ausdruck gebracht werden, dass die Beeinträchtigung von einem nicht nur als belanglos einzustufenden Gewicht für das Wettbewerbsgeschehen und die Interessen der über § 1 UWG geschützten Personenkreise sein muss, BT Drs. 15/1487, S. 17, allg. Ans., s. etwa Ohly/Sosnitza/Sosnitza § 3 UWG Rn. 45.

[60] Vorschrift neugefasst durch das Zweite Gesetz zur Änderung des Gesetzes gegen den unlauteren Wettbewerb vom 2.12.2015 (BGBl. I 2158).

[61] Amtl. Begr. zu § 4 UWG BT-Drs. 15/1487, S. 17, linke Spalte.

[62] An etlichen Stellen nimmt der Gesetzgeber ausdrücklich Bezug auf die vorangegangene Spruchpraxis, insbesondere auf Entscheidungen des BVerfG und des BGH aus jüngerer Zeit, s. etwa BT-Drs. 15/1487, S. 18 linke Spalte, S. 19 linke und rechte Spalte; BT Drs. 15/2795 S. 21 rechte Spalte.

[63] S. dazu im einzelnen Spuhler/Vykydal in → § 3 sowie Pitz in → § 4, ferner Ebert-Weidenfeller in → § 12.

[64] RL über unlautere Geschäftspraktiken, ABl. L 49 S. 22.

[65] Nunmehr in der Fassung der Bekanntmachung v. 2.12.2020, BGBl. 2020 I 2568.

galt für die Neufassung des § 7 Abs. 2 UWG, dessen Tatbestände ebenfalls „stets" als unzumutbare Belästigung anzusehen waren. Da die UGP RL auf eine vollständige Harmonisierung abzielte, durften die darin enthaltenen Schutzstandards von den Mitgliedsstaaten weder unter- noch überschritten werden.[66]

24 d) **UWG von 2015.** Nachdem die Kommission die korrekte Umsetzung der unionsrechtlichen Vorgaben (insbesondere mit Blick auf die Umsetzung der UGP-RL) beanstandet hatte, verabschiedete der deutsche Gesetzgeber am 2.12.2015 das Zweite Gesetz zur Änderung des Gesetzes gegen Unlauteren Wettbewerb.[67] Verfolgt wurde damit insbesondere die verbesserte Umsetzung der Richtlinie über unlautere Geschäftspraktiken. Allerdings wurde zugleich der Definitionenkatalog des § 2 Abs. 1 UWG sowie die Generalklausel des 3 Abs. 1 UWG neugefasst. In § 3 Abs. 2 UWG wurde die sogenannte „Verbrauchergeneralklausel" stärker dem Wortlaut des Art. 5 Abs. 2 UGP-RL angepasst. Gleiches galt letztlich für die Formulierung des Anhangs zu § 3 Abs. 3 UWG in Bezug auf die Tatbestände der sogenannten „Schwarzen Liste".[68]

25 § 4 UWG 2008 wurde gewissermaßen „entkernt"[69] und zugleich wesentlich umgestaltet. Die Bestimmungen nach § 4 Nr. 1 und Nr. 2 UWG 2008 fanden sich nunmehr in § 4a UWG 2015. § 4 Nr. 3 UWG 2008 entfiel, wobei sich materiell-rechtlich nichts daran änderte, dass die Tarnung des kommerziellen Charakters werblicher Ansprache weiterhin verboten blieb.[70] Ersatzlos gestrichen wurden §§ 4 Nr. 4–6 UWG 2008. Der Rechtsbruchtatbestand, zuvor geregelt in § 4 Nr. 11 UWG in 2008, war nunmehr in § 3a UWG 2015 verselbständigt und mit einer Spürbarkeitsklausel versehen worden.[71] Mithin ist der § 4 UWG durch die UWG-Novelle 2015 völlig umgestaltet und verkürzt worden auf die Regelungen über den Mitbewerberschutz; die „alten" §§ 4 Nr. 7–10 UWG 2008 finden sich nun in § 4 Nr. 1–4 UWG 2015. Insgesamt ließ die UWG-Novelle 2015 die Grundstrukturen und den Geltungsbereich des UWG sowohl für den Bereich B2C- als auch für den B2B-Sektor unberührt, was zu begrüßen war. Kritisch gesehen wurde hingegen die zentrale Rolle, die dem Begriff der „fachlichen Sorgfalt" in der neuen Gesetzesfassung beigemessen wurde.[72]

26 e) **UWG von 2016.** Durch das „Gesetz zur Verbesserung der zivilrechtlichen Durchsetzung von verbraucherschützenden Vorschriften des Datenschutzrechts"[73] von 2016 wurden am UWG einige kleinere Änderungen vorgenommen. So wurde § 8 UWG neu gefasst bzw. ergänzt. Darüber sollten von diesem Zeitpunkt an auch die nach § 4 UKLaG bzw. Unionsvorschriften eingetragenen Einrichtungen die Möglichkeit zur Klage bekommen.

27 f) **Geheimnisschutzgesetz.** Das „Gesetz zum Schutz von Geschäftsgeheimnissen" (Geheimnisschutzgesetz – GeschGehG) von 2019[74] ersetzt die bisherigen §§ 17–19 UWG a.F.. Im Ersten Teil (§§ 1–5 GeschGehG) sind allgemeine Begriffsbestimmungen enthalten. Darauf folgen in §§ 6–14 die möglichen Rechtsansprüche die sich aus Verletzungen ergeben. In §§ 15–22 sind insbesondere gerichtliche Geheimhaltungsmaßnahmen geregelt. § 23 enthält strafrechtliche Regelungen, die grundsätzlich nicht von denen der ehemaligen §§ 17–19 UWG abweichen. Ein besonderes Augenmerk liegt auf der Bestimmung, dass Unternehmer und damit auch Arbeitgeber erst in den Genuss der schützenden Bestimmungen kommen, wenn angemessene Geheimhaltungsmaßnahmen durch die Unternehmen ergriffen werden (§ 2 Nr. 1b GeschGehG). Damit unterscheidet sich die neue gesetzliche Lage von dem bisherigen Schutz nach § 17 UWG. Zuvor reichte bereits, dass ein erkennbarer subjektiver Geheimhaltungswillen bestand. Damit verschiebt sich zudem die Beweislast auf den Unternehmer, der nachweisen muss, inwieweit er die Geheimnisse deklariert und geschützt hat. Somit ist nicht mehr jedes Geheimnis an sich schützenswert, welches als ein solches eingeordnet werden kann, sondern erst dann, wenn der Geheimhaltungswille auch nach

[66] Unter Bezugnahme auf die Formulierung in Art. 1 sowie die Erwägungsgründe 6, 8, 11, 12, 13 und 15 der UGP-Richtlinie, so auch ausdrücklich der deutsche Gesetzgeber, s. BT-Drs. 16/10145, S. 13; ausf. zur UWG-Novelle von 2008 Köhler WRP 2009, 109 ff.

[67] BGBl. 2015 I 2158 ff.

[68] S. dazu etwa Köhler/Bornkamm/Köhler Einl. UWG Rn. 2.28–2.32.

[69] Köhler/Bornkamm/Köhler Einl. UWG Rn. 2.35.

[70] Nunmehr geregelt in § 5 Abs. 6 UWG nF; ausf. dazu Götting/Nordemann/Hasselblatt UWG § 5a Rn. 201–313.

[71] Köhler/Bornkamm/Köhler Einl. WWG Rn. 2.34.

[72] S. etwa Redeker/Pres GRUR-Prax 2015, 99 (101), die „erhebliche Rechtsunsicherheit und damit eine Unvorhersehbarkeit gerichtlicher Entscheidungen" befürchten.

[73] Gesetz zur Verbesserung der zivilrechtlichen Durchsetzung von verbraucherschützenden Vorschriften des Datenschutzrechts, BGBl. 2016 I 233.

[74] Gesetz zum Schutz von Geschäftsgeheimnissen (GeschGehG) vom 18. April 2019, BGBl. 2019 I 466.

außen getragen wurde. Die Art der Geheimhaltungsmaßnahme ist von den konkreten Geschäftsgeheimnissen abhängig und im Einzelfall zu klären.[75]

28 **g) UWG von 2020.** 2020 wurden durch zwei weitere Gesetze Änderungen am UWG vorgenommen. Durch das „Gesetz zur Änderung des Telemediengesetzes und weiterer Gesetze" vom 19. November 2020 wurde § 8 UWG durch § 8a UWG ergänzt und damit wurde Art. 14 Abs. 3 und 4 der Verordnung (EU) 2019/1150 in das UWG eingebettet. Bei Lauterkeitsverstößen sollen die dort genannten Verbände, Organisationen und öffentlichen Stellen umfassend anspruchsberechtigt sein. Dem folgte das Anfang Dezember 2020 in Kraft getretene „Gesetz zur Stärkung des fairen Wettbewerbs", mit dem das Gesetz an zahlreichen Stellen geändert wurde. Das UWG erfuhr hierdurch erneut nicht wenige Einschränkungen. So wurde der zuvor in § 14 Abs. 2 S. 1 geregelte fliegende Gerichtsstand abgeschafft sowie weitere Maßnahmen zur Reduzierung des – weit über Gebühr beklagten – Abmahnmissbrauchs in § 8, § 8b bzw. § 8c UWG eingeführt.[76] Danach sind grundsätzlich Ansprüche dort geltend zu machen, wo der Beklagte seinen allgemeinen Gerichtsstand hat.[77] Ausnahmen für Mitbewerber gelten nur für Rechtsstreitigkeiten wegen Zuwiderhandlungen außerhalb des elektronischen Geschäftsverkehrs oder in Telemedien.[78] § 8b statuiert eine Liste für qualifizierte Wirtschaftsverbände. § 8c UWG führt einen Tatbestand der missbräuchlichen Geltendmachung von Ansprüchen ein. In solchen Fällen soll die Geltendmachung von Ansprüchen unzulässig sein. Durch diese Veränderungen sollen kleine Unternehmen davor geschützt werden von Abmahnungen wegen nur formaler Rechtsverstöße überzogen zu werden, ohne dass die Abmahnmöglichkeiten unbillig eingeschränkt werden.[79]

29 **h) UWG von 2021.** Schließlich wurde mit dem „Gesetz für faire Verbraucherverträge" die Bestimmung des § 7a UWG neu eingeführt; darüber sollen Verbraucherinnen und Verbraucher vor telefonisch aufgedrängten oder untergeschobenen Verträgen geschützt werden.[80] Das „Gesetz zur Stärkung des Verbraucherschutzes im Wettbewerbs- und Gewerberecht" bringt zudem eine Reihe weiterer Neuregelungen mit sich. Überwiegend stellt das Gesetz eine Umsetzung der Richtlinie (EU) 2019/2161 dar. Verbraucher erhalten zunächst einen Schadensersatzanspruch, für weitverbreitete Verstöße in der EU werden neue Bußgeldregelungen eingeführt und die Transparenzanforderungen an Online-Marktplätze werden konkretisiert.[81] Darüber hinaus führt das Gesetz ein praktisch sehr bedeutsames, leider nicht sehr klar gefasstes Dual Quality-Verbot in § 5 III Nr. 2 UWG-RefE ein. Unabhängig von der Richtlinie enthält das Gesetz Klarstellungen zum Influencer-Marketing. Mit § 9 Abs. 2 UWG bekommen Verbraucher erstmalig einen Anspruch auf Schadensersatz wegen eines Verstoßes gegen das UWG.[82] Ausgenommen von dieser Regelung sind die nach der Begründung des Gesetzgebers nicht verbraucherschützenden Vorschriften §§ 3a, 4 und 6 UWG.[83] Die neuen Regelungen zum Influencer-Marketing stellen klar, dass eine Nichtkenntlichmachung zugunsten eines fremden Unternehmens nach dem geplanten § 5a Abs. 4 nur dann unlauter ist, wenn eine Gegenleistung erlangt wurde.

2. Benachbarte Rechtsgebiete

30 Neben diesem **klassischen Wettbewerbsrecht**[84] werden im vorliegenden Handbuch auch **kartellrechtliche Aspekte** dargestellt, soweit sie auf die Tätigkeit im *grünen Bereich* ausstrahlen.[85] Dies ist etwa der Fall beim Schutz selektiver Vertriebssysteme[86] oder bei der Ablassung von Lizenzverträgen.[87] Zu den kartellrechtlichen Implikationen, etwa bei Unternehmenszusammenschlüssen und übernahmen, wird auf die einschlägige Literatur verwiesen. Während in der

---

[75] S. dazu ausführlich Blank/Musiol in → § 24.

[76] BGBl. I 2568; s. die umfassende zu den vorangehenden Gesetzesentwürfen zu dieser „überdimensionierten Reform" bei Hasselblatt, NJW-Aktuell 38/2018, 12, 13.

[77] Fries/Podszun/Windau: Virtuelle Verhandlung statt fliegendem Gerichtsstand, RDi 2020, 49.

[78] Fries/Podszun/Windau: Virtuelle Verhandlung statt fliegendem Gerichtsstand, RDi 2020, 49.

[79] BGBl. I 2568, Fries/Podszun/Windau: Virtuelle Verhandlung statt fliegendem Gerichtsstand, RDi 2020, 49.

[80] BGBl. I 3433.

[81] Birk, UWG-Novelle 2022 – Klagerechte für Verbraucher! GRUR-Prax 2020, 605.

[82] Ebd.

[83] Ebd.

[84] Bisweilen wird das UWG, teils zusammen mit dem Markenrecht, als das klassische Wettbewerbsrecht bzw. Wettbewerbsrecht im engeren Sinne bezeichnet.

[85] Ausführlich dazu Lubitz in → § 47; s. ausführlich zum „nicht spannungsfreien" Verhältnis des Lauterkeitsrechts zum Gewerblichen Rechtsschutz einschließlich des Kennzeichnungsrechts, Hauck in MüKoUWG Grundl. Rn. 219 ff.

[86] S. dazu Krekel in → § 15.

[87] Zu den Grundzügen des Lizenzvertrages s. die Ausführungen von Strasser in → § 45.

1. Auflage noch die das Wettbewerbsrecht ergänzenden Vorschriften des **Rabattgesetzes** und der **Zugabeverordnung** dargestellt wurden, da sie für einen gewissen Übergangszeitraum nach deren Wegfall für Altfälle relevant blieben,[88] wird darauf seit der 2. Auflage verzichtet, da diese Bestimmungen allenfalls noch rechtshistorisch von Bedeutung sind. Traditionell zählte zu den Aufgaben des Wettbewerbsrechts ferner der **Schutz geographischer Herkunftsangaben,** der früher über das wettbewerbsrechtliche Irreführungsverbot erfasst wurde. Seit 1.1.1995 ist der Schutz geographischer Herkunftsangaben in den §§ 126 ff. des Markengesetzes inkorporiert worden.[89]

31 Die tägliche Praxis im *grünen Bereich* führt sehr oft in angrenzende Rechtsgebiete, die nicht notwendig mit dem Wettbewerbsrecht (oder auch dem Gewerblichen Rechtsschutz) verwandt sind, von denen mit Blick auf ihre Praxisrelevanz die wichtigsten Gebiete im vorliegenden Handbuch dargestellt werden. Neben den bereits skizzierten Gebieten des klassischen Wettbewerbsrechts und des sogleich darzustellenden gewerblichen Rechtsschutzes sind dies das **Presse-, Rundfunk-, Heilmittelwerbe-, Lebensmittel- und Kosmetikrecht.**[90] In vielen dieser Bereiche sind wiederum Landesregelungen zu beachten, etwa im Presse- und Rundfunkrecht die jeweiligen Landespresse- und Mediengesetze sowie Staatsverträge;[91] darauf wird in den jeweiligen Kapiteln im Detail eingegangen. Das **Internet** ist aus dem heutigen Wirtschaftsleben nicht mehr wegzudenken. Gewissermaßen ist das *World Wide Web* allgegenwärtig. So begegnet es uns in Form von virtuellen Marktplätzen, Verkaufsplattformen wie „ebay“ oder schlicht der Präsentation des Leistungskatalogs über die eigene Homepage. Entsprechend vielfältig sind die damit verbundenen Rechtsfragen, die sich um internetbezogene Leistungen ranken, beginnend mit dem Domain-Grabbing bis hin zum „framing“, dem Setzen von „deep links“ oder sogenannter Popup-Werbung.[92] Schon mit Rücksicht auf die enorme Bedeutung dieser Fragestellungen werden **internetbezogene Rechtsprobleme** ausführlich dargestellt.[93] Zudem sind in nahezu allen Rechtsgebieten **unionsrechtliche Bestimmungen** zu beachten, sei es in Form von primärem oder sekundärem Gemeinschaftsrecht; neben der ausführlichen Darstellung des Unionsrechts in § 11 geben die jeweiligen Sachkapitel hinsichtlich Gesetzgebungsstand, Umsetzung und Auslegung zuverlässig Auskunft.

III. Materien des gewerblichen Rechtsschutzes

1. Schutz gewerblichen und geistigen Eigentums

32 Sucht man nach dogmatischen Grundlagen für eine inhaltliche Ausfüllung der Begriffe des gewerblichen und des geistigen Eigentums, so stößt man insbesondere auf zwei Vorschriften, nämlich jeweils Art. 1 Abs. 2 PVÜ und TRIPS. Nach Art. 1 Abs. 2 PVÜ hat der Schutz des **gewerblichen Eigentums** zum Gegenstand „die Erfindungspatente, die Gebrauchsmuster, die gewerblichen Muster oder Modelle, die Fabrik- oder Handelsmarken, die Dienstleistungsmarken, den Handelsnamen und die Herkunftsangaben oder Ursprungsbezeichnungen sowie die Unterdrückung des unlauteren Wettbewerbs“. Dabei soll der Begriff des gewerblichen Eigentums in der weitesten Bedeutung verstanden werden (Art. 1 Abs. 3 PVÜ). Gleichwohl fällt an dieser recht umfassenden Aufzählung schon bei erster Betrachtung auf, dass dort das **Urheberrecht** nicht genannt ist. Dies dürfte wohl – zumindest auch – historische Gründe haben, da den Gründungsmitgliedern der Pariser Verbandsübereinkunft im März 1883 bekannt war, dass die Berner Übereinkunft zum Schutz von Werken der Literatur und Kunst bereits verhandelt und wenig später – unter dem 9.9.1886 – verabschiedet werden sollte.

33 Allerdings gibt es nach herrschender Ansicht auch sachliche Gründe dafür, dass das Urheberrecht nicht dem Oberbegriff des „gewerblichen Eigentums“ zuzurechnen sein soll. Zwar weist das Urheberrecht sehr weitreichende Übereinstimmungen etwa mit dem Patent-, dem Muster- und Kennzeichenrecht auf, indem es dem Inhaber einen ebenfalls ausschließlichen, absoluten Schutz gewährt; während jedoch das Patent-, Muster- und Markenrecht erst durch einen Eintragungs- bzw. Hinterlegungsakt zur Entstehung gelangt, entsteht das Urheberrecht schlicht durch die Werkschöpfung; zudem wird im Urheberrecht, anders als bei vorgenannten Schutzrechten,

[88] S. dazu die ausführliche Kommentierung von Musiol in der 1. Aufl. in §§ 24, 25.

[89] Siehe zum nationalen Markenrecht sowie zum Schutz geographischer Herkunftsangaben ausführlich Raab in § 32.

[90] Siehe hierzu die ausführlichen Darstellungen von Sajuntz/Wiggenhorn, Helling, Lotze/Heinson, Lieckfeld/Elkemann, U. Grundmann, Eggers/Böhler und Schulte-Beckhausen in → §§ 25 bis 31.

[91] Siehe die Übersicht unten → § 2 Rn. 14 ff.

[92] S. zu diesen Punkten ausführlich unten Lotze/Heinson und Lieckfeld/Elkemann in §§ 27, 28.

[93] Einschließlich des so genannten ICANN-Verfahrens, ausführlich Lieckfeld/Elkemann in → § 28, umfassend zu Rechtsfragen der Telemedien Lotze/Heinson in → § 27.

über das – nicht übertragbare – Urheberpersönlichkeitsrecht die besondere Beziehung des Urhebers zu seinem Werk unter gesetzlichen Schutz gestellt (§§ 12 bis 14 UrhG).

Demgegenüber umfasst der Begriff des **geistigen Eigentums** im gut hundert Jahre jüngeren Übereinkommen über handelsbezogene Aspekte der Rechte des geistigen Eigentums (TRIPS) aus dem Jahre 1994 auch das Urheberrecht, das dort sogar an erster Stelle genannt wird. Nach Art. 1 Abs. 2 TRIPS umfasst das geistige Eigentum das Urheberrecht und verwandte Schutzrechte, Marken, geographische Angaben, gewerbliche Muster und Modelle (also Geschmacksmuster nach deutschem Verständnis), Patente, Layout-Designs (Topographien) integrierter Schaltkreise sowie den Schutz nicht offenbarter Informationen. 34

Dogmatische Unschärfen weisen letztlich sowohl der Begriff des „gewerblichen Eigentums" als auch der des „geistigen Eigentums" auf, da sich das Herrschaftsrecht an einem Geisteswerk grundsätzlich unterscheidet von dem Herrschaftsrecht des Eigentümers an einer Sache.[94] Nicht zuletzt deshalb ist für das vorliegende Handbuch der Begriff des **Gewerblichen Rechtsschutzes** gewählt worden, und zwar in einem weiten, den Schutz gewerblichen und geistigen Eigentums umfassenden Verständnis. Davon werden die für die Praxis wichtigsten Gebiete im vorliegenden Handbuch dargestellt, einschließlich dazugehöriger internationaler Abkommen. In der Reihenfolge ihrer Darstellung sind dies die Gebiete des **nationalen Markenrechtes** (§ 32), des **internationalen Markenschutzes** (§ 33), des **Unionsmarkenrechtes** (§ 34), des **nationalen und internationalen Patent- und Gebrauchsmusterrechtes** (einschließlich des Rechts der Arbeitnehmererfindungen, §§ 35 bis 39), des **nationalen und internationalen Urheberrechtes und verwandter Schutzrechte** (§§ 40, 41) sowie des **nationalen, internationalen Designrechts und Gemeinschaftsgeschmacksmusterrechtes** (§§ 42 bis 44). Nicht dargestellt, obwohl zum Gewerblichen Rechtsschutz zählend, werden wegen der vergleichsweise geringeren praktischen Bedeutung der Schutz von Topographien und der Sortenschutz, zu denen auf die einschlägige Kommentarliteratur verwiesen werden muss. 35

Begrifflich werden das Patent- und das Gebrauchsmusterrecht häufig als die **technischen Schutzrechte** bezeichnet,[95] während das Designrecht wegen des ästhetischen Schutzaspektes eine engere Verwandtschaft zum Urheberrecht aufweist.[96] Das Markenrecht führt in vielerlei Hinsicht ein gewisses Eigenleben, da – anders als bei den vorgenannten Schutzrechten – die Schutzdauer theoretisch unbegrenzt ist und die Schutzentstehung weder das Erreichen einer bestimmten erfinderischen oder gestalterischen Schöpfungshöhe noch eine wie auch immer geartete Neuheit erfordert.[97] Ebenfalls eine Sonderstellung hat der Halbleiterschutz (der Schutz von Topographien) inne, da er sich weder eindeutig den technischen noch den ästhetischen Schutzrechten zurechnen lässt. Mit Blick auf die formellen Schutzanforderungen ist der Halbleiterschutz eher den technischen Schutzrechten zuzuordnen, während die materiellen Schutzanforderungen eher den nichttechnischen Schutzrechten vergleichbar sind. 36

2. Gemeinsame Schutzprinzipien

Die Tätigkeit im Gewerblichen Rechtsschutz bringt es mit sich, dass man sich mit einer Vielzahl verschiedener Gesetze einschließlich dazu ergangener Ausführungsvorschriften zu befassen hat. Gleiches gilt namentlich für die Auseinandersetzung mit ausländischen Rechtsordnungen, sei es im Zuge der Vermarktung sonderschutzrechtlich geschützter Leistungen im In- wie im Ausland, grenzüberschreitender Lizenzverträge oder im Zuge einer Akquisition, die sich über mehrere Länder erstreckt. Das schnelle und sichere Verständnis neuer und damit zunächst unbekannter (nationaler wie ausländischer) Gesetze aus dem Bereich des Gewerblichen Rechtsschutzes wird erleichtert, wenn man sich die vorhandenen **gemeinsamen Schutzprinzipien** vor Augen führt, von denen die wichtigsten nachfolgend skizziert werden. 37

a) **Ausschließlichkeit der Rechtsposition.** *aa) Exklusive Rechte.* Gewerbliche Schutzrechte zeichnen sich durch die Exklusivität der Rechtsposition aus. Dies trifft zu auf die technischen und 38

[94] In dieser Richtung auch der Ansatz von Dreier/Schulze/Dreier Einl. Rn. 29, der mit Blick auf Begrifflichkeiten im internationalen Sprachgebrauch (World Organization for Intellectual Property und Trade-Related Intellectual Property Aspects andererseits) darauf hinweist, dass sich auch in Deutschland der Begriff des „geistigen Eigentums" als Oberbegriff zunehmend durchsetzt.

[95] Teil F. 2. Abschnitt „Technische Schutzrechte (Patent- und Gebrauchsmusterrecht, Arbeitnehmererfindungsrecht)", → §§ 35 bis 39.

[96] S. unten Teil F., 3. Abschnitt „Nichttechnische Schutzrechte (Urheberrecht, verwandte Schutzrechte, Designrecht)", → §§ 40 bis 44.

[97] S. unten Teil F., 1. Abschnitt „Markenrecht", → §§ 32 bis 34.

die ästhetischen Schutzrechte sowie das Markenrecht. So hat nach § 9 PatentG das Patent die Wirkung, dass allein der Patentinhaber befugt ist, die patentierte Erfindung zu benutzen. Sinngleiche Bestimmungen finden sich in § 11 Abs. 1 GebrauchsmusterG, § 6 Abs. 1 HalbleiterschutzG, § 14 Abs. 1 MarkenG für den Markenschutz, § 15 Abs. 1 MarkenG für den Schutz geschäftlicher Bezeichnungen, § 38 Abs. 1 DesignG und § 15 Abs. 1, Abs. 2 UrhG. Zwar ist der Inhalt der erlangten Rechtsposition unterschiedlich; gemeinsam ist jedoch die **Ausschließlichkeit des Rechts,** das allein dem Inhaber zusteht und allein von ihm ausgeübt werden kann. Bisweilen ist deshalb auch von kleinen „gesetzlichen Monopolrechten" die Rede. Dieser Grundsatz der Ausschließlichkeit der Rechtsstellung des Inhabers des fraglichen gewerblichen Schutzrechtes kennt so gut wie keine Ausnahme, sieht man beispielsweise von dem in §§ 12 PatentG, 13 Abs. 3 GebrauchsmusterG geregelten Vorbenutzungsrecht[98] ab.

39 Aber auch im Bereich des UWG sind, wenngleich inhaltlich anders ausgestaltet, Rechtspositionen bekannt, die einer Exklusivität nahe kommen. Verwiesen sei hier auf den ergänzenden wettbewerbsrechtlichen Leistungsschutz, der grundsätzlich nur demjenigen zusteht, in dessen Person er entstanden ist.[99] Auch hierher zu zählen ist der Schutz von Geschäftsgeheimnissen nach dem GeschGehG, da das geheime Know-how zunächst einmal – so lange es geheim bleibt – ausschließlich zugunsten des Inhabers vor widerrechtlicher Aufdeckung durch Dritte geschützt wird.[100]

40 *bb) Nichtexklusive Rechte.* Dem hier zugrunde gelegten weiten Verständnis folgend umfasst der Gewerbliche Rechtsschutz auch den Schutz geographischer Herkunftsangaben. Dabei handelt es sich um ein Beispiel **nichtexklusiver** Rechte, da sie nicht ausschließlich in einer natürlichen oder juristischen Person entstehen. Berechtigt zur Verwendung geographischer Herkunftsangaben sind all diejenigen, die die Voraussetzung des § 127 MarkenG – bzw. einschlägiger zweiseitiger Abkommen oder gemeinschaftsrechtlicher Bestimmungen[101] – erfüllen. Mit Blick auf die Ausgestaltung der §§ 127 ff. MarkenG besteht Uneinigkeit darüber, ob die geografischen Herkunftsangaben „klassischen" gewerblichen Schutzrechten entsprechen.[102] Bei weiten Teilen der Literatur werden die §§ 127–129 MarkenG als spezielle Irreführungstatbestände angesehen.[103] Der BGH, der diese These lange Zeit selbst vertrat,[104] folgt dieser Einschätzung nicht mehr und wendet stattdessen den individuellen markenrechtlichen Schutz neben dem lauterkeitsrechtlichen Schutz an.[105] Begründet wird diese Abkehr der früheren st.Rspr. mit der Fortentwicklung der geografischen Herkunftsangabe zu einem kennzeichenrechtlichen Schutz.[106] So steht etwa im Gegensatz zu § 9 UWG der Schadensersatzanspruch nach § 128 Abs. 2 S. 1 MarkenG nur den berechtigten Nutzer der geografischen Herkunftsangabe zu.

41 **b) Territoriale Begrenzung der Rechtsposition.** *aa) Grundsatz der Territorialität.* Der Gewerbliche Rechtsschutz wird ferner gekennzeichnet durch das **Prinzip der Territorialität.** Patente, Gebrauchsmuster, Geschmacksmuster, Urheber- und Markenrechte wirken zunächst nur **national.** Der Hintergrund ist letztlich völkerrechtlicher Natur, da die Gesetzgebungskompetenz des nationalen Gesetzgebers an den Landesgrenzen aufhört.

42 Im Ergebnis, freilich aus anderem Grunde, verhält es sich ähnlich mit Kennzeichenrechten nach §§ 5, 15 MarkenG, die durch bloße Benutzungsaufnahme entstehen. Die exklusiven Verbietungsrechte entstehen im Geltungsbereich des Markengesetzes durch Benutzungsaufnahme lediglich in dem geographischen Raum, in den die geschäftliche Tätigkeit ausstrahlt, so dass auch diese Rechte **regional** oder **territorial** begrenzt sind.[107]

---

[98] Dazu Schoenen/Smielick in → §§ 35, 38.

[99] Ausführlich dazu Deck in → § 17.

[100] Ausführlich zum Schutz von Geschäftsgeheimnissen unten → § 24.

[101] Insbesondere Verordnung (EG) Nr. 510/2006 des Rates v. 20.3.2006 zum Schutz von geographischen Angaben und Ursprungsbezeichnungen für Agrarerzeugnisse und Lebensmittel, ABl. L 93 v. 31.3.2006 S. 12, Aufgehoben mWv 3.1.2013 durch Art. 58 Abs. 2 EU-Qualitätsregelungen-Verordnung v. 21.11.2012 (ABl. Nr. L 343 S. 1); s. den Überblick bei Ströbele/Hacker/Hacker § 126 Rn. 5 ff.

[102] S. dazu etwa Fezer/Büscher/Obergfell/Marx UWG (S 10) Rn. 32 ff.

[103] Ohly/Sosnitza/Sosnitza UWG § 5 Rn. 331.

[104] BGH GRUR 1999, 252, 253 – Warsteiner II; BGH GRUR 2001, 73 – Warsteiner III.

[105] BGH GRUR 2013, 1161.

[106] BGH GRUR 2016, 741.

[107] Insoweit ist zu differenzieren zwischen bundesweiter und regional begrenzter Geltung eines (unterscheidungskräftigen) Unternehmenskennzeichens; Beispiele für typischerweise territoriale Begrenzung von Unternehmenskennzeichen sind die Geschäftsbezeichnungen (Etablissementbezeichnungen) von Apotheken, Fahrschulen, Gaststätten, Friseuren etc.; weitere Beispiele bei Ströbele/Hacker/Hacker § 5 Rn. 63 ff.; ausführlich dazu Raab in → § 32.

bb) Ausnahmen. Wirkliche Ausnahmen zum Grundsatz der Territorialität, die diese Bezeichnung auch verdienen, gibt es nicht und es kann sie auch nicht geben. In gewisser Hinsicht ließen sich hier allenfalls die Unionsmarke und das Gemeinschaftsgeschmacksmuster anführen.[108] Das Unionsmarken- wie das Gemeinschaftsgeschmacksmusterrecht gilt einheitlich in der gesamten Europäischen Union, und damit über Ländergrenzen hinweg. Ähnlich verhält es sich mit dem Benelux-Markenschutzsystem, das einheitlich für alle drei Länder gilt. Allerdings handelt es sich hierbei nicht um echte Ausnahmen vom Territorialitätsgrundsatz, da sich in diesen Fällen die Erstreckung des Schutzrechts über die Grenzen mehrerer politischer Länder hinweg lediglich daraus ergibt, dass die Gesetzgebungskompetenz insoweit über Ländergrenzen hinweg „gebündelt" wurde.[109] 43

cc) Territoriale Schutzausdehnung. Über mehrseitige Abkommen lässt sich der von Hause aus auf bestimmte Ländergrenzen beschränkte Schutz **territorial erstrecken.** Im Patentrecht geschieht dies beispielsweise über die Patent Cooperation Treaty (PCT), im Markenrecht über das Madrider Markenabkommen und das dazu ergangene Protokoll und im Designrecht über das Haager Abkommen.[110] Dabei handelt es sich letztlich jedoch lediglich um Vereinfachungsvorschriften, die dazu dienen, das nationale Schutzrecht – auf entsprechenden Antrag hin – auf das Territorium anderer Mitgliedstaaten des jeweiligen Abkommens auszudehnen. Der jeweilige Rechtsschutz richtet sich dann wiederum nach nationalem Recht. 44

Eine gewisse Eigendynamik erfährt insoweit das Urheberrecht, das bereits mit der Werkschöpfung zur Entstehung gelangt. Sowohl das Welturheberrechtsabkommen als auch die praktisch viel bedeutsamere revidierte Berner Übereinkunft sehen – von wenigen Ausnahmen einmal abgesehen – im Grundsatz vor, dass mit der Schöpfung und Veröffentlichung eines Werkes in einem Vertragsstaat der jeweilige Inhaber, ohne dass ein weiterer formeller Akt notwendig ist, *in jedem anderen Vertragsstaat* den gleichen Schutz genießen soll.[111] 45

dd) Problem: grenzenlose Kommunikation über Internet. Zu besonderen Problemstellungen kann die **grenzenlose Kommunikation über das Internet,** *Twitter®*, *facebook®*, *TikTok®* oder vergleichbaren Diensten führen. Das mag folgendes Beispiel verdeutlichen: 46

Beispiel:

Der Verlag C. H. BECK bietet sein Verlagsprogramm mehrsprachig ua unter www.beck.de an; in Brasilien ist ein gleichnamiger Verlag ansässig, der die Bezeichnung „Beck" nach lokalem (brasilianischen) Recht ua für Druckereierzeugnisse und Verlagsdienstleistungen als Marke geschützt hat und der in keinerlei Geschäftsverbindung zum hiesigen Beck Verlag steht; verletzt der Verlag C. H. BECK mit seiner soeben beschriebenen Internet-Präsenz die Markenrechte des brasilianischen Verlagsunternehmens? Die sich aus dieser – in der Praxis nicht seltenen Sachverhaltskonstellation ergebenden Schwierigkeiten resultieren gewissermaßen aus der (technischen) „Aufhebung" des Territorialitätsprinzips durch das Internet, da die Webpräsenz www.beck.de weltweit abgerufen werden kann.[112]

Inzwischen besteht weitgehend Einigkeit, dass ein über die bloße Abrufbarkeit über das Internet hinausgehender **Inlandsbezug** gegeben sein muss, um nach dem Schutzlandprinzip eine Verletzungshandlung festzustellen.[113] Dafür wird – den Empfehlungen der WIPO, die auch zunehmend von den nationalen Gerichten befolgt werden, folgend – ein so genannter **„commercial effect"** gefordert.[114] 47

c) Schutzdauer. *aa) Zeitliche Begrenzung des Sonderschutzes.* Charakteristisch für die gewerblichen Schutzrechte ist ferner **deren zeitliche Begrenzung.** So beträgt die Schutzdauer beim Patent zwanzig Jahre (§ 16 PatentG), des Gebrauchsmusters bis zu maximal zehn Jahre (§ 23 Ge 48

[108] Ausführlich dazu Hasselblatt in → § 34 und Späth in → § 44.

[109] Dies gilt in gleicher Form etwa für das afrikanische Schutzsystem OAPI, so dass die nach diesem Abkommen erlangten Rechte Schutz in allen Zeichnerstaaten beanspruchen.

[110] S. zum Patentrecht Schoenen/Smielick in → §§ 35 bis 38, zum Designrecht von Gerlach in → § 43 und zum internationalen Markenschutz Karow in → § 33.

[111] Dazu ausführlich A. Nordemann/Czychowski in → §§ 40, 41.

[112] Zur Lösung solcher und vergleichbarer Fälle s. Lotze/Heinson in → § 27, zur (internationalen) Zuständigkeit der Gerichte Rektorschek in → § 6; s. zur Begründung der internationalen Zuständigkeit deutscher Gerichte in derartigen Konstellationen BGH GRUR 2005, 431 (433) – Hotel Maritime.

[113] Mithin genügt die bloße Abrufbarkeit eines Internetangebots im Inland nicht aus, s. etwa BGH GRUR 2020, 647, 649 (Rn. 25) – Club Hotel Robinson.

[114] Die WIPO Empfehlungen sind abgedr. in WRP 2001, 833 s. zu dem notwenigen Inlandsbezug beispielsweise Ströbele/Hacker/Hacker § 14 Rn. 80 ff. sowie für Geschäftsbezeichnungen § 5 Rn. 65; BGH GRUR 2005, 431 (433) – Hotel Maritime.

brauchsmusterG), des Urheberrechts bis siebzig Jahre nach dem Tode des Urhebers (§ 64 UrhG),[115] für Designs maximal 25 Jahre (§ 27 Abs. 2 DesignG)[116] und zehn Jahre für Topographien (§ 5 HalbleiterschutzG). Abgesehen von der eng begrenzten Ausnahme der Verlängerung des Patentschutzes für bestimmte pharmazeutische Erzeugnisse in einigen Rechtsordnungen (begründet mit Unbilligkeiten wegen Nichtnutzbarkeit des Patentes während der Durchführung klinischer und toxikologischer Testreihen) ist diesen Schutzfristen gemeinsam, dass sie **nicht verlängert** werden können.

49 *bb) Zeitlich unbefristeter Schutz.* Eine Sonderstellung nimmt insoweit das **Markenrecht** ein. Dieses ist zwar zunächst auf eine Schutzdauer von zehn Jahren begrenzt (§ 47 Abs. 1 MarkenG; für IR-Marken: §§ 107 ff. MarkenG; für Unionmarken: Art. 46 UMV). Allerdings lässt sich der Markenschutz – jeweils rechtzeitige Zahlungen der Verlängerungsgebühren und fortdauernde Nutzung vorausgesetzt – **zeitlich unbegrenzt** aufrechterhalten. Gleiches gilt für die Benutzungsmarke nach §§ 4 Nr. 2, 14 MarkenG und geschäftliche Bezeichnungen nach §§ 5, 15 MarkenG, solange diese benutzt werden.

50 In gewisser Weise ähnlich verhält es sich bei dem wettbewerbsrechtlichen Schutz von Geschäftsgeheimnissen und Know-how, da der Schutz andauert, so lange die geschützte Geschäftsinformation geheim gehalten wird. Dass damit nicht nur eine theoretisch unbegrenzte Schutzdauer begründet wird, mag die seit etlichen Jahrzehnten geheim gehaltene „Coca Cola-Formel" belegen.

51 **d) Entstehung der Rechtsposition.** *aa) Entstehung durch formelle Verfahren (Anmeldung, Hinterlegung, Registrierung).* Die meisten gewerblichen Schutzrechte entstehen **ausschließlich** nach **Durchlaufen formeller Verfahren** (Anmeldung, Hinterlegung). Dies trifft zu auf das Patent, das Gebrauchsmuster, das Design (mit Ausnahme des nicht eingetragenen Gemeinschaftsgeschmacksmusters), die Unionsmarke und den Schutz von Topographien. Nur auf **Antrag** des Inhabers hin werden die Rechte bei Vorliegen der formellen und (teils auch) materiellen Voraussetzungen registriert bzw. erteilt.

52 Eine gewisse Sonderrolle nimmt hier das **nationale Markenrecht** ein. Dieses gelangt nicht ausschließlich qua Anmeldung und Registrierung, sondern auch durch **bloße Benutzung** zur Entstehung, wenn und soweit infolge der Benutzung „das Zeichen innerhalb beteiligter Verkehrskreise als Marke Verkehrsgeltung erworben hat" (§ 4 Nr. 2 MarkenG).[117] Rein numerisch bilden die Fälle der so genannten Benutzungsmarke im Wirtschaftsverkehr jedoch die Ausnahme, auch wenn sie im Einzelfall von entscheidender Bedeutung sein können. Schon mit Blick auf die an den Nachweis der Verkehrsgeltung gestellten Darlegungsanforderungen empfiehlt sich für die Praxis regelmäßig die Registrierung des Markenrechts.

53 Zu beachten ist, dass die materielle Schutzfähigkeit amtlicherseits nicht bei allen Schutzrechten überprüft wird. Demgemäß lassen sich diese Schutzrechte danach differenzieren, ob es sich um **geprüfte oder ungeprüfte** Rechte handelt. Ungeprüfte Rechte sind etwa das Gebrauchsmuster und das (registrierte) Design, da hier amtlicherseits lediglich das Vorliegen **formeller Voraussetzungen** überprüft wird; nicht hingegen überprüft das Amt das Erreichen einer hinreichenden Erfindungs-

[115] Zu beachten sind die kürzeren Schutzfristen etwa bei wissenschaftlichen Ausgaben (25 Jahre, § 70 Abs. 3 UrhG sowie der Fall des § 82 S. 1 2. Alt. UrhG) und dem Schutz von Lichtbildern (50 Jahre, § 72 Abs. 1, Abs. 3 UrhG).

[116] DesignG vom 12.3.2004, BGBl. I 390 ff., neugefasst durch Beschluss vom 24.2.2014 (BGBl. I 122), zuletzt geändert durch Artikel 26 des Gesetzes vom 23. Juni 2021 (BGBl. I S. 1858) – ehemals Geschmacksmustergesetz; anders noch nach § 9 GeschmacksmusterG aF (maximal 20 Jahre); zu beachten sind ferner die unterschiedlichen Schutzfristen für das nicht eingetragene Gemeinschaftsgeschmacksmuster (Art. 11 GeschmacksmusterVO: 3 Jahre, beginnend mit dem Tag, an dem das Geschmacksmuster der Öffentlichkeit innerhalb der Gemeinschaft erstmals zugänglich gemacht wurde) und des eingetragenen Geschmacksmusters (Art. 12 GemeinschaftsgeschmacksmusterVO: Gesamtlaufzeit von 25 Jahren ab dem Anmeldetag); zwischen dem deutschen und dem Gemeinschaftsgeschmacksmusterschutz bestehen hinsichtlich der Laufzeit unterschiedliche formale Anforderungen, während nach § 28 Abs. 1 DesignG zur Aufrechterhaltung des Schutzes die Zahlung der Verlängerungsgebühr für das 6.–10., 11.–15., 16.–20. und 21.–25. Jahr der Schutzdauer genügt, setzt die Verlängerung der Schutzdauer des eingetragenen Gemeinschaftsgeschmacksmusters die Zahlung der Verlängerungsgebühr und einen entsprechenden Antrag für die den ersten 5-Jahreszeitraum nachfolgenden 5-Jahresabschnitte voraus; s. dazu im Einzelnen von Gerlach für das deutsche Designrecht in → § 42 und Späth für das eingetragene Gemeinschaftsgeschmacksmuster in → § 44.

[117] Dies ist mit Blick auf die historische Entwicklung des deutschen Markenrechts durchaus keine Selbstverständlichkeit; nach dem Markenschutzgesetz aus dem Jahre 1874 war lediglich die angemeldete Marke geschützt; selbst Fälle einer böswilligen Schädigung eines Konkurrenten und auf Publikumstäuschung angelegten Benutzung einer fremden Marke wurden vom RG nicht als unerlaubte Handlung angesehen (anders als beispielsweise nach dem französischen Recht der concurrence déloyale, Art. 1392 ff. code civil), dazu Fezer/Büscher/Obergfell/Fezer UWG Einl. A Rn. 6 f.

oder Schöpfungshöhe, also die materielle Schutzfähigkeit des Gebrauchs- oder Geschmacksmusters. Für die **Durchsetzbarkeit** solcher (ungeprüfter) Rechte **im Prozess** bedeutet dies, dass diese materielle Prüfung von den angerufenen Gerichten im Streitfall noch nachzuholen ist. Demgegenüber handelt es sich etwa bei dem Patent, der Unionsmarke wie auch der nationalen Marke um geprüfte Schutzrechte, dh amtlicherseits werden nicht nur formelle Anforderungen, sondern auch die materielle Schutzfähigkeit überprüft. Demgemäß muss in Verletzungsstreitigkeiten das angerufene Gericht die Eintragungs- bzw. Schutzfähigkeit des fraglichen Schutzrechtes nicht mehr untersuchen; im Gegenteil, typischerweise haben die Gerichte von der Eintragungs- bzw. Schutzfähigkeit des Rechtes auszugehen (siehe etwa die Vermutung der Rechtsgültigkeit nach Artikel 127 Abs. 1 UMV für Unionsmarken).

bb) Entstehung durch bloße Benutzung bzw. Werkschöpfung. Demgegenüber gibt es eine Reihe von Gewerblichen Schutzrechten,[118] die durch bloße Benutzung bzw. Schöpfung des Werkes entstehen. Hinzuweisen ist zunächst auf das **Urheberrecht,** das bereits mit Schaffung eines Werkes entsteht, welches eine persönliche Schöpfung im Sinne des § 2 Abs. 2 UrhG darstellt und die nötige Schöpfungshöhe aufweist.[119] Weiterer Schritte, um das Urheberrecht zur Entstehung gelangen zu lassen, bedarf es nicht. Dies gilt inzwischen übrigens auch für die USA, seitdem diese 1989 der revidierten Berner Übereinkunft beigetreten sind; folglich bedarf es der früher zwingend notwendigen Beantragung eines „Copyright Certificate" nicht mehr.[120] Eine weitere, für die Praxis wichtige Ausnahme der Schutzentstehung ohne Registrierungserfordernis bildet das **nicht eingetragene Gemeinschaftsgeschmacksmuster** nach Art. 4 ff., Art. 11 GGV, welches eine Schutzdauer von drei Jahren genießt, gerechnet ab dem Tage, an dem es der Öffentlichkeit innerhalb der EU erstmals zugänglich gemacht wurde.[121] 54

Durch bloße Benutzung entsteht ferner das Markenrecht nach § 4 Nr. 2 MarkenG, entsprechende Verkehrsgeltung vorausgesetzt.[122] Anders als das Markenrecht, das auch (und in praxi ganz überwiegend) durch Anmeldung und Registrierung entsteht, gelangen ferner die Exklusivrechte an **geschäftlichen Bezeichnungen** nach §§ 5, 15 MarkenG **ausschließlich** durch Benutzung zur Entstehung.[123] Während dieser Schutz regelmäßig schon mit der Benutzungsaufnahme beginnt, erfordert der Schutz sonstiger betrieblicher Unterscheidungszeichen nach § 5 Abs. 2 S. 2 MarkenG infolge Benutzung erworbene **Verkehrsgeltung.**[124] 55

cc) Entstehung ohne Benutzung oder Registrierung. Eine in der Praxis freilich äußerst seltene Ausnahme zu eben Gesagtem ergibt sich aus §§ 4 Nr. 3, 10 MarkenG. Danach sind jüngere Marken von der Eintragung ausgeschlossen, wenn sie mit einer im Inland iSd Art. 6bis PVÜ **notorisch bekannten ausländischen Marke** mit älterem Zeitrang verwechslungsähnlich sind. Hier ist zumindest theoretisch der – kaum jemals praktisch werdende – Fall denkbar, dass ein im Inland **nicht registriertes** und **nicht benutztes Schutzrecht** sich gegenüber jüngeren Markenanmeldungen durchsetzt.[125] 56

e) **Prioritätsgrundsatz.** Schon im germanischen Recht kannte man den Rechtssatz „Wer zuerst zur Mühle kommt, mahlt zuerst". Letztlich verhält es sich ähnlich in weiten Bereichen des Gewerblichen Rechtsschutzes. Es gilt das **Prioritätsprinzip.** Vereinfacht gesagt ist damit im Ergebnis gemeint, dass sich das ältere gegenüber dem jüngeren Recht durchsetzt. Materiell wird dieses Ergebnis freilich auf unterschiedliche Weise erreicht. Im Patent-, Gebrauchsmuster- und Designrecht bewirkt das ältere Schutzrecht bei gegebener (hinreichender) substantieller Übereinstimmung bis hin zur Identität, dass der jüngeren Anmeldung die zur Annahme der Schutzfähigkeit notwendige Neuheit bzw. bei nicht identischen Designs gegebenenfalls die Eigenart abzusprechen ist. Im Markenrecht ist das jüngere Kennzeichen nach entsprechendem Tätigwerden des Inhabers des äl- 57

[118] Zum hier zugrunde gelegten weiten Verständnis des Begriffes „Gewerblicher Rechtsschutz" → Rn. 32–36.

[119] S. dazu ausführlich A. Nordemann/Czychowski in → § 41.

[120] Allerdings sei hier darauf hingewiesen, dass die – im Übrigen nicht kostspielige (ca. US-$ 100, amerikanische Anwaltsgebühren nicht eingerechnet) – Beantragung eines Copyright Certificate gleichwohl sinnvoll ist, nicht zuletzt um vor den Federal Courts klagen zu können, wegen der mit dem Copyright Certificate einhergehenden Urheberrechtsvermutung, der Durchsetzung der im US Copyright Act geregelten Ansprüche (einschließlich Erstattung von Anwaltskosten und „Damages") etc.

[121] Dazu ausf. Späth in → § 44.

[122] Anders verhält es sich im Unionsmarkenrecht; die Unionsmarke kommt ausschließlich durch Anmeldung/Registrierung zur Entstehung, nicht aber infolge Benutzung erlangter Verkehrsgeltung, s. Art. 6 UMV.

[123] S. dazu ausführlich Raab in → § 32.

[124] Ströbele/Hacker/Hacker § 5 Rn. 54 f.

[125] Dazu Raab in → § 32.

teren Rechts (im Wege des Widerspruches oder der Löschungs-(Wider-)Klage) zu löschen oder seine Eintragung zu verweigern (Unionsmarke).[126]

58 Damit in Zusammenhang steht auch das praktisch sehr wichtige **Prioritätsrecht,** das sich aus Art. 4 PVÜ ergibt und in nationales Recht umgesetzt wurde (§§ 14 Abs. 1, 15 Abs. 4 DesignG,[127] § 6 GebrauchsmusterG, § 34 MarkenG etc.). Danach kann der Inhaber (oder sein Rechtsnachfolger) einer früheren ausländischen Anmeldung innerhalb bestimmter Fristen die ausländische Priorität seiner Anmeldung im Inland zugrunde legen, und vice versa. Diese Prioritätsfristen betragen **zwölf Monate** für Patente und Gebrauchsmuster und **sechs Monate** für Designs und Marken (Art. 4 C PVÜ).[128]

59 f) **Grundsatz der freien Übertragbarkeit.** Gemeinsam ist den gewerblichen Schutzrechten schließlich das Prinzip der **freien Übertragbarkeit.** Grundsätzlich können gewerbliche Schutzrechte formfrei übertragen und Rechte daran eingeräumt werden. Bisweilen wird von dieser Regel abgewichen, etwa durch das Erfordernis der Schriftform, beispielsweise nach Art. 20 Abs. 3 UMV, wonach die rechtsgeschäftliche Übertragung schriftlich zu erfolgen hat, soweit die Unionsmarke nicht von der Übertragung des fraglichen Unternehmens in seiner Gesamtheit erfasst ist (Art. 20 Abs. 2 UMV). Insbesondere bei dem Erwerb ausländischer Schutzrechte ist jeweils nach nationalem Recht zu überprüfen, ob die Übertragung oder die Rechtseinräumung an bestimmte formelle Voraussetzungen wie etwa die Schriftform geknüpft ist. Abgesehen davon empfiehlt es sich schon aus Beweisgründen, die Übertragung oder Lizenzierung von gewerblichen Schutzrechten stets schriftlich vorzunehmen.

IV. Verfahrensbesonderheiten

1. Verfahren vor speziellen Ämtern, Behörden und Gerichten

60 a) **Zuständigkeit spezieller Ämter und Behörden.** Im Bereich des nationalen wie des internationalen Gewerblichen Rechtsschutzes ist vielfach die Zuständigkeit spezieller Ämter und Behörden zu beachten. Soweit dies der Fall ist, wird hierauf in den einzelnen Kapiteln ausdrücklich hingewiesen. Auf nationaler Ebene sei hier exemplarisch angeführt die Zuständigkeit des Deutschen Patent- und Markenamtes für Patent-, Gebrauchsmuster- und Markenanmeldungen sowie die Hinterlegung von Designs. Als Beispiele für die Zuständigkeit internationaler Behörden und Ämter seien hier genannt das Europäische Patentamt in München für europäische Patentanmeldungen, das inzwischen umbenannte Amt der Europäischen Union für geistiges Eigentum mit Sitz in Alicante[129] für die Anmeldung von Unionsmarken und Gemeinschaftsgeschmacksmustern sowie das internationale Büro der World Intellectual Property Organization (WIPO) in Genf für die Entgegennahme von internationalen Marken- und Geschmackmusterregistrierungen nach dem Madrider Markenschutzsystem[130] und dem Haager Abkommen.[131] Trotz der Zuständigkeit der „internationalen" Behörden ist bisweilen in Rücksicht zu ziehen, dass (auch) die jeweiligen nationalen Behörden für die Entgegennahme bestimmter Anmeldungen zuständig sein können.[132] *Vor* Einreichung von Anmeldungen, Schriftsätzen etc. muss sich die Anwältin/der Anwalt mithin Klarheit darüber verschaffen, ob die angerufene Behörde für die Entgegennahme bestimmter Anträge und Schriftstücke überhaupt zuständig ist.

---

[126] Anders verhält es sich im Urheberrecht im Falle der so genannten „unabhängigen Doppelschöpfung", dazu ausführlich A. Nordemann/Czychowski in → § 40.

[127] DesignG vom 12.3.2004, BGBl. I 390 ff., neugefasst durch Beschluss vom 24.2.2014 (BGBl. I 122), zuletzt geändert durch Artikel 26des Gesetzes vom 23. Juni 2021 (BGBl. I 1858); ausf. dazu von Gerlach und Späth in → §§ 42, 44.

[128] Allerdings ist aus Sicht des deutschen Patentrechtes zu beachten, dass jede Veröffentlichung (also auch eigene) zum Patentgegenstand im In- oder Ausland neuheitsschädlich sein können; deshalb gilt der Grundsatz: erst anmelden, dann zeigen; ausführlich dazu Schoenen in → § 35.

[129] Zu beachten ist, dass das Amt der Europäischen Union für geistiges Eigentum in allen Sprachen abgekürzt wird mit EUIPO (European Union Intellectual Property Office).

[130] Madrider Markenabkommen und Protokoll zum Madrider Markenabkommen, dazu ausführlich Karow in → § 33.

[131] Dazu ausführlich von Gerlach in → § 43.

[132] So etwa bei IR-Marken (s. dazu Karow in → § 33), auch ist die Anmeldung von Gemeinschaftsmarken unter Wahrung des Prioritätstages beim Deutschen Patent- und Markenamt möglich (Art. 25 Abs. 1 lit. b GMV, siehe dazu Hasselblatt in → § 34), um nur zwei Beispiele zu nennen.

Aber nicht nur auf internationaler Ebene begegnen der/dem Praktiker/in besondere Zuständigkeiten von Behörden und Ämtern. Beispielhaft sei hier verwiesen auf die Zuständigkeit bestimmter nationaler Behörden im kosmetik- und lebensmittelrechtlichen Überwachungsverfahren. Auch auf solche behördlichen Spezialzuständigkeiten wird in den jeweiligen Kapiteln detailliert eingegangen.[133] 61

b) Spezialzuständigkeit von Gerichten. Sehr häufig ist zu berücksichtigen, dass bei Streitigkeiten des Wettbewerbsrechts und des Gewerblichen Rechtsschutzes Spezialzuständigkeiten bei den Gerichten bestehen. Solche meist als „Konzentration" bezeichneten Sonderzuständigkeiten finden sich beispielsweise bei Patent- und Unionsmarkenverletzungsverfahren,[134] des Weiteren auch im Bereich des nationalen Marken-, Design- und Wettbewerbsrechts, was im Interesse einer höheren Sachkunde der anzurufenden Gerichte zu begrüßen ist.[135] Selbstverständlich ist weiter die Frage der nationalen bzw. internationalen Zuständigkeit in jedem Einzelfalle zu überprüfen.[136] 62

2. Behördliche Verfahren

Die Verfahren vor den spezialzuständigen Behörden und Ämtern bringen vielfach eine Reihe von Verfahrensbesonderheiten mit sich. Darüber hinaus ist es oftmals sehr hilfreich, besondere Usancen im Vorhinein zu kennen. So ist es in vielen Situationen „taktisch" sinnvoll, mit den jeweiligen Prüfungsstellen oder Beamten direkten – telefonischen – Kontakt aufzunehmen und dergleichen. All diese Besonderheiten werden in den einschlägigen Kapiteln des vorliegenden Handbuches eingehend skizziert. 63

3. Außergerichtliches Verfahren

Sehr viele Streitigkeiten im *grünen Bereich* werden außergerichtlich erledigt. Dabei folgt die typische Auseinandersetzung weitgehend gleich laufenden Verhaltensmustern und Regeln, die sich im Laufe der Jahrzehnte eingespielt haben. Nachdem der/die Rechtsinhaber/in von dem Wettbewerbsverstoß oder der Verletzung gewerblicher Schutzrechte Kenntnis erlangt hat, mahnt er/sie den/die Verletzer/in in aller Regel zunächst schriftlich ab.[137] Mit dieser **Abmahnung** wird der/die Anspruchsgegner/in zumeist aufgefordert, ein bestimmtes Verhalten zu unterlassen, teils darüber hinaus auch über den Umfang der Verletzungshandlung sowie die Bezugsquellen und Vertriebswege Auskunft zu erteilen und dem Grunde nach die Verpflichtung zur Schadensersatzleistung anzuerkennen. Ist der Angriff begründet, so wird der/die Anspruchsgegner/in meist die geforderte **strafgesicherte Unterlassungserklärung** abgeben.[138] Soweit ausschließlich der Unterlassungsanspruch geltend gemacht wurde, ist mit der Abgabe der strafbewehrten Unterlassungsverpflichtungserklärung und gegebenenfalls dem Ausgleich der angefallenen Anwaltskosten[139] die Angelegenheit beendet. 64

Auch in Fällen begründeter Abmahnungen ist es dem/der Anspruchsgegner/in bisweilen nicht oder nur unter Inkaufnahme erheblicher wirtschaftlicher Nachteile möglich, die Unterlassungsverpflichtung mit sofortiger Wirkung einzugehen. In einer solchen Situation können mit dem Gegner auszuhandelnde **Aufbrauchsfristen** das Gebot der Stunde sein. 65

Erweist sich der behauptete Anspruch aus Sicht der/des Adressatin/en der Abmahnung als unbegründet oder geht der/die Anspruchsteller/in ersichtlich von einer falschen Tatsachengrundlage aus, so sollte auf (potentieller) Anspruchsgegnerseite in Erwägung gezogen werden, bei den ein 66

---

133 Zum Lebensmittelrecht s. Eggers/Bohler in → § 30, zum Kosmetikrecht Schulte-Beckhausen in § 31.

134 S. zu Patentverletzungsstreitigkeiten ausführlich Schoenen/Smielik in → §§ 35 f.; zum nationalen Markenrecht Raab in → § 32; zu Gemeinschaftsmarkenverletzungsverfahren Hasselblatt in → § 34.

135 Zu den Sonderzuständigkeiten nationaler Markengerichte s. Raab in → § 32, die Zuständigkeiten der Konzentrationen in bestimmten OLG-Bezirken, soweit dies geschehen ist, sind abrufbar unter www.grur.de.

136 Dazu ausführlich Rektorschek in → § 6.

137 In bestimmten Situationen kann es taktisch sinnvoll, trotz der Sollvorschrift des § 12 Abs. 1 S. 1 UWG und des Kostenrisikos im Falle eines sofortigen Anerkenntnisses durch den Gegner, von einer vorherigen Abmahnung abzusehen; allerdings fordern die Gerichte mit Blick auf das aus § 12 Abs. 1 S. 1 UWG folgende Gebot jedenfalls vor dem Ausspruch eines Vertriebsverbotes durch einstweilige Verfügung eine vorherige Abmahnung (regelmäßig auch in Fällen, in denen kein Wettbewerbsverstoß, sondern die Verletzung von Sonderschutzrechten geltend gemacht wird); dazu ausführlich Timmann in → § 5.

138 Zu Einzelheiten s. Pitz in → § 4.

139 Dazu ausführlich Rektorschek in → § 10.

schlägigen Gerichten **Schutzschriften** zu hinterlegen. Dabei handelt es sich um ein von der Rechtsprechung im Zwiegespräch mit der Anwaltschaft entwickeltes und längst etabliertes Instrumentarium, mit dem sich der/die Anspruchsgegner/in rechtliches Gehör verschaffen kann, wenn er/sie fürchten muss, ohne vorherige mündliche Verhandlung mit einer einstweiligen Verfügung überzogen zu werden.[140]

67 Diese wenigen Beispiele mögen als Beleg dafür dienen, dass der/die Adressat/in einer Abmahnung regelmäßig über eine Reihe von Antwort- und Verhaltensmöglichkeiten verfügt. Dies gilt sowohl in prozeduraler als auch in materieller Hinsicht, worauf in den jeweiligen Kapiteln vertieft eingegangen wird.

4. Gerichtliches Verfahren

68 a) **Verfügungsverfahren.** Der **Verfügungsprozess** ist für die praktische Tätigkeit im Wettbewerbsrecht und Gewerblichen Rechtsschutz von **immenser Bedeutung.** Typischerweise ist der Unterlassungsanspruch der wirtschaftlich wichtigste Anspruch, den es durchzusetzen gilt. Ca. 60–70 % der Unterlassungsansprüche werden – soweit nicht außergerichtlich, insbesondere auch im Wege der **Mediation** oder eines **Schiedsverfahrens,** eine gütliche Einigung herbeigeführt werden konnte[141] – im Wege der einstweiligen Verfügung durchgesetzt. Anders als in ausländischen Rechtsordnungen entspricht es dabei in Deutschland nach wie vor der Regel, dass die einstweilige Verfügung ohne vorauslaufende mündliche Verhandlung ergeht (sog. „Beschlussverfügung"), so dass die auf Grund mündlicher Verhandlung ergehende Verfügung eher die Ausnahme bildet (sog. „Urteilsverfügung"). In der Mehrzahl der Fälle erledigen sich die Verfahren durch Abgabe der sog. Abschlusserklärung,[142] so dass ein Großteil der gerichtlich ausgetragenen Streitigkeiten sich auf das Verfügungsverfahren begrenzt und die Durchführung des sog. Hauptsacheverfahrens – zumindest mit Blick auf den Unterlassungsanspruch – vielfach entbehrlich ist. Dabei ist zu beachten, dass es lange Zeit in Deutschland *nicht* erforderlich war, vor Beantragung einer einstweiligen Verfügung den fraglichen Verstoß abzumahnen. Dieser Praxis hat das BVerfG durch mehrere Entscheidungen im Jahr **2018** unter dem Gesichtspunkt der Verletzung des **grundrechtsgleichen Rechts auf prozessuale Waffengleichheit** einen Riegel vorgeschoben. Um dem Anspruch auf rechtliches Gehör zu genügen, ist deshalb der (identische) Verstoß zuvor im Wege der **Abmahnung** geltend zu machen.[143]

69 Das somit praktisch äußerst wichtige Verfügungsverfahren bringt einige **Besonderheiten** mit sich. Schon mit Blick auf den **Verfügungsgrund** gilt es die durchaus unterschiedliche Haltung der Gerichte zur Frage der Dringlichkeit zu beachten; während beispielsweise das Landgericht München I (maximal vier Wochen) und das Landgericht Köln (maximal ein Monat) bekanntermaßen streng sind, ist die Spruchpraxis etwa des LG Hamburg insoweit großzügiger (je nach Lage der Dinge bis zu zwei oder drei Monaten). Die Darlegung und Glaubhaftmachung des Verfügungsgrundes – als Ausdruck des besonderen Rechtsschutzbedürfnisses für das Beschreiten des summarischen Verfahrens – obliegt dem Antragsteller, dem in **Wettbewerbsangelegenheiten** die widerlegliche Vermutung des § 12 Abs. 1 UWG zugute kommt. Während diese Dringlichkeitsvermutung noch bis vor wenigen Jahren von den Instanzgerichten auch recht großzügig entsprechend auf nicht-lauterkeitsrechtliche Ansprüche (insbesondere aus dem Markengesetz) angewendet wurde, scheidet nach inzwischen herrschender Meinung eine analoge Anwendung des § 12 Abs. 1 UWG auf Ansprüche nach dem Urheber-, Patent-, Gebrauchsmuster- oder Designrecht aus; für das Markenrecht hat sich die lange kontrovers geführte Diskussion durch die Einführung der entsprechenden Vorschrift in § 140 Abs. 3 MarkenG erledigt.[144] Für Unterlassungsansprüche nach dem Unterlassungsklagengesetz gilt die Dringlichkeitsvermutung gemäß ausdrücklichem Verweis entsprechend, § 5 UKlaG. Bei der Geltendmachung von vertraglich oder sonderschutzrechtlich begründeten Unterlassungsansprüchen ist der Verfügungsgrund hingegen darzulegen und glaubhaft zu machen.

[140] Ausführlich zu Abmahnung, Aufbrauchsfristen und der Hinterlegung von Schutzschriften Pitz in → § 4.

[141] S. ausf. zu Voraussetzungen sowie Vor- und Nachteilen der Mediation und des Schiedsverfahrens, Labes/Lörcher in → § 7.

[142] Mit der Abschlusserklärung erkennt der Verfügungsbeklagte die einstweilige Verfügung als endgültige Regelung an und verzichtet auf seine Rechte aus §§ 924, 926 und 927 ZPO; ausf. hierzu Timmann in → § 5.

[143] S. nur BVerfG GRUR 2018, 1288 – Die F.-Tonbänder sowie GRUR 2018, 1291 – Steuersparmodell eines Fernsehmoderators.

[144] S. zum Sachstand etwa Ohly/Sosnitza UWG § 12 Rn. 115 sowie Feddersen/Köhler/Feddersen UWG § 12 Rn. 2.14.

In Rücksicht zu ziehen sind ferner die unterschiedlichen Vollziehungsfristen, je nachdem, ob es sich um eine Beschluss- oder Urteilsverfügung handelt. Während die Einmonatsfrist nach §§ 936, 929 Abs. 2 ZPO bei der Beschlussverfügung mit der Zustellung an den Gläubiger beginnt, bemisst sich der Fristlauf für die **Vollziehung** der Urteilsverfügung nach dem Verkündungstermin. Besonderer Erwähnung verdient ferner, dass die Urteilsverfügung, obgleich sie das Gericht von Amts wegen zuzustellen hat, nochmals vom Antragsteller zuzustellen ist, sofern die einstweilige Verfügung im Widerspruchs- oder Berufungsverfahren inhaltlich geändert oder erweitert wird. Wird die im Beschlusswege erlassene und zuvor bereits vollzogene einstweilige Verfügung im Widerspruchs- oder Berufungsverfahrens erheblich beschränkt, so ist ebenfalls eine erneute Vollziehung erforderlich. Entbehrlich wird die erneute Vollziehung der einstweiligen Verfügung mithin nur, wenn diese im Widerspruchs-/Berufungsverfahren vollumfänglich bestätigt oder inhaltlich nur unwesentlich geändert wird.[145] 70

Hervorzuheben ist weiter, dass die Zustellung (des Antrags) der einstweiligen Verfügung nach § 204 Abs. 1 Nr. 9 BGB **verjährungshemmende Wirkung** hat;[146] gem. § 204 Abs. 2 S. 1 BGB endet die Hemmungswirkung sechs Monate nach der rechtskräftigen Entscheidung oder anderweitigen Verfahrensbeendigung.[147] Freilich lassen sich nicht alle Ansprüche im Verfügungsverfahren durchsetzen. Oftmals ist der Verfügungsprozess begrenzt auf den Unterlassungsanspruch, in Fällen offensichtlicher Rechtsverletzung wird zudem regelmäßig zumindest der Auskunftsanspruch – etwa nach § 19 Abs. 7 MarkenG, § 37b Abs. 7 SortSchG oder § 140b Abs. 7 PatG im summarischen Verfahren durchgesetzt. Einige spezialgesetzlich geregelte Ansprüche, die erst 2018 durch das Gesetz zur Verbesserung der Durchsetzung von Rechten des geistigen Eigentums weitergefasst worden sind,[148] können ebenfalls im summarischen Verfahren durchgesetzt werden, etwa Auskunftsansprüche sowie die erstmals spezialgesetzlich ausgestalteten Verpflichtungen zur Vorlage einer Urkunde oder zur Duldung der Besichtigung einer Sache.[149] 71

Wird die einstweilige Verfügung richtig eingesetzt, erweist sie sich als eine durchaus gefährliche Waffe. Deutlich wird dies namentlich in Messesachen, in denen zwischen erster Kontaktaufnahme zum Mandanten und der Zustellung der (zwischenzeitlich beantragten und erwirkten) Verfügung oftmals weniger als 24 Stunden liegen. Allerdings sollte schon mit Blick auf die möglichen Rechtsfolgen aus § 945 ZPO mit dem „Schwert" der einstweiligen Verfügung nicht leichtfertig umgegangen werden. 72

b) Ordentliches Verfahren. Im ordentlichen Verfahren sind gegebenenfalls die oben bereits angesprochenen Sonderzuständigkeiten der Gerichte zu beachten. Gleiches gilt für die (inter-)nationale Zuständigkeit des jeweiligen Gerichtes. Im Übrigen unterscheidet sich das ordentliche Verfahren nicht so nachhaltig von „normalen" Zivilprozessen, wie dies im Verfügungsverfahren zu beobachten ist. 73

Hervorzuheben ist freilich, dass vielfach Besonderheiten bei den geltend zu machenden Ansprüchen bestehen, namentlich können Ansprüche vom Kläger durchgesetzt werden, die im „normalen" Zivilprozess gänzlich unbekannt sind. Neben den typischen Ansprüchen, gerichtet auf Unterlassung, Auskunftserteilung und Schadensersatz, seien hier stellvertretend der in § 10 UWG geregelte Gewinnabschöpfungsanspruch, die Ansprüche auf Herausgabe bzw. Vernichtung rechtsverletzender Plagiate sowie der Anspruch auf Urteilsveröffentlichung genannt. Darüber hinaus können sich Besonderheiten ergeben bei der Aktiv- und der Passiv- 74

[145] Der erneuten Vollziehung bedarf im Übrigen auch eine zuvor im Beschlusswege erlassene Verfügung, die nach Einlegung des Widerspruches aufgehoben und sodann vom Berufungsgericht wieder bestätigt wird, OLG Frankfurt WRP 2002, 334; s. unten Timmann in → § 5.

[146] § 204 BGB wurde neu gefasst durch Art. 1 SchuModG v. 26.11.2001 (BGBl. I 3138); zuvor – also bis 31.12.2001 – war es unerlässlich, innerhalb nicht rechtsverjährter Zeit das Hauptsacheverfahren anhängig zu machen.

[147] S. etwa Grüneberg/Ellenberger BGB § 201 Rn. 24 ff.; zu allen diesen und weiteren Besonderheiten im Verfügungsprozess siehe ausführlich Timmann in → § 5.

[148] Im Einzelnen sind dies: der Rückrufanspruch in §§ 18 Abs. 2 MarkenG, 140a PatG, 24a GebrMG, 98 UhrG, 43 DesignG, 37a SortSchG, der deutlich ausgeweitete Auskunftsanspruch in §§ 19 MarkenG, 140b PatG, 24b GebrMG, 101 UrhG, 46 DesignG, 37b SortSchG, der neu eingeführte Vorlage- und Besichtigungsanspruch in §§ 19a MarkenG, 140d PatG, 24d GebrMG, 101a UrhG, 46a DesignG, 37c SortSchG, der ausführlicher geregelte Schadensersatzanspruch in §§ 14 Abs. 6 MarkenG, 139 Abs. 2 PatG, 24 Abs. 2 GebrMG, 97 Abs. 2 UrhG, 42 Abs. 2 DesignG; s. ferner zum Anspruch auf Urteilsbekanntmachung etwa § 97e SortSchG, § 47 DesignG, § 103 UrhG, § 19c MarkenG.

[149] Gesetz zur Verbesserung der Durchsetzung von Rechten des geistigen Eigentums vom 7.7.2008, BGBl. I 1191, ber. S. 2070, zu den einzelnen Ansprüchen auf Auskunft, Rückruf, Vorlage und/oder Besichtigung s. allgemein Spuhler/Vykydal in → § 3 sowie die vertiefte Darstellung in den einzelnen Kapiteln zu den jeweiligen Schutzrechten.

legitimation, was für jeden geltend zu machenden Anspruch anhand der Einzelfallumstände zu untersuchen ist.[150]

V. Generelle Erwägungen für die Mandatsannahme und -bearbeitung

75 Es käme der „Quadratur des Kreises" gleich, umfassend alle prozedural, materiell wie strategisch erheblichen Aspekte der breiten Gebiete des Wettbewerbsrechts und Gewerblichen Rechtsschutzes in wenigen Sätzen zusammenzufassen. Jedoch gibt es eine Reihe von Besonderheiten, die sich als mögliche „Problemzonen" gewissermaßen vor die Klammer ziehen lassen und über die man sich **vor Mandatsannahme** Klarheit verschaffen sollte. Die nachfolgenden, bewusst knappen Ausführungen sollen lediglich das Problembewusstsein sensibilisieren, zur Vertiefung wird jeweils auf die einschlägigen Kapitel in dem vorliegenden Handbuch verwiesen.

1. Prozedurale Aspekte

76 In vielfacher Hinsicht sind Besonderheiten bei Verfahrensabläufen zu beachten. Dies beginnt mit dem **außergerichtlichen Verfahren,** das typischerweise mit der Aufforderung zur Abgabe einer strafgesicherten Unterlassungserklärung in Gang gesetzt wird. Allerdings ist vor einem „stereotypen" Ausspruch einer Abmahnung zu warnen. Vielmehr ist in jedem Fall anhand der Einzelfallumstände zu untersuchen, ob nicht – im Interesse eines Überraschungsschlags und unter Inkaufnahme des Kostenrisikos – die sofortige Anrufung der zuständigen Gerichte vorzugswürdig erscheint.[151] Werden Rechtsverletzungen auf Messeveranstaltungen festgestellt und ist der Verletzer nur für wenige Tage im Inland, so bleibt schon zeitlich für eine ausführliche außergerichtliche Korrespondenz kein Raum und mag die sofortige Erwirkung und Zustellung einer einstweiligen Verfügung – bei EU-ausländischen Rechtsverletzern verbunden mit einem dinglichen Arrest hinsichtlich der Verfahrenskosten – angezeigt sein. Verwiesen sei auch auf den Verzicht einer vorauslaufenden Abmahnung trotz des damit verbundenen Kostenrisikos in Situationen, in denen der Überraschungseffekt ausgenutzt und/oder einem sog. „Italian Torpedo" begegnet werden soll.[152]

77 Zu beachten sind ferner die **Sonderzuständigkeiten** von inländischen und ausländischen **Ämtern und Behörden,** etwa für die Entgegennahme von Anträgen für die Registrierung oder Hinterlegung gewerblicher Schutzrechte. Im **gerichtlichen** Verfahren sind **Konzentrationen für Patent-, Marken-, Design-, Urheberrechts- und UWG-Streitigkeiten** zu berücksichtigen.[153] In sehr vielen Konstellationen sind antragsteller- bzw. klägerseits die Möglichkeiten eines **Forumshopping** unter taktischen Gesichtspunkten zu untersuchen. Der besonderen Erwähnung verdient, dass die Zuständigkeiten der Gerichte im Verfügungs- und Hauptsacheverfahren nicht notwendig deckungsgleich sein müssen; so ist anerkannt, dass im summarischen Verfahren über Unionsmarkenverletzungen nicht nur die Unionsmarkengerichte, sondern auch die ansonsten zuständigen Kennzeichenstreitkammern angerufen werden können.[154] Auf potentieller Antragsgegnerseite ist zu erwägen, ob einer möglichen einstweiligen Verfügung durch Hinterlegung einer **Schutzschrift** begegnet werden soll. Dabei ist zu beachten, dass die Schutzschriften nunmehr bundesweit über das beim OLG Frankfurt geführte Zentrale Schutzschriftenregister (online) zu hinterlegen sind.[155]

---

[150] Ausführlich zu den wettbewerbsrechtlichen Ansprüchen und den dabei zu beachtenden Besonderheiten s. Spuhler sowie Vykydal in → § 3; soweit sich Besonderheiten bei einzelnen Anspruchsgrundlagen ergeben, wird darauf jeweils gesondert eingegangen, s. etwa Deck in → § 17 zu den Besonderheiten beim Anspruchsteller und -gegner bezüglich Ansprüchen nach § 4 Nr. 3 UWG unter dem Gesichtspunkt des wettbewerbsrechtlichen Nachahmungsschutzes.

[151] Ausf. dazu Köhler/Bornkamm/Feddersen/Bornkamm/Feddersen UWG § 13 Rn. 56 ff.

[152] S. dazu Pitz in → § 4; ausf. ferner Timmann → § 5, der treffend von einer „Pearl Harbour"-Verfügung spricht; mit „Italian Torpedo" wird allgemein schlagwortartig eine Situation umschrieben, in der der Abgemahnte auf Grund der Abmahnung eine negative Feststellungsklage in solchen Jurisdiktionen (typischerweise Italien oder Belgien) anhängig macht, die das Verfahren insgesamt verzögern und/oder materiell-rechtlich für ihn günstiger sind; das später angerufene Gericht hat sich dann zugunsten des zuerst angerufenen Gerichts für unzuständig zu erklären, da es sich bei der negativen Feststellungsklage und dem Unterlassungsanspruch (mit umgekehrtem Rubrum) um eine „Klage wegen desselben Anspruchs zwischen denselben Parteien" iSd Art. 29 Abs. 1 EuGVVO handelt; das spätere Verfahren wird durch das frühere blockiert; zunächst wird das Verfahren durch das später angerufene Gericht ausgesetzt; gem. Abs. 3 erklärt sich das später angerufene Gericht erst dann für unzuständig, sobald die Zuständigkeit des zuerst angerufenen Gerichts feststeht; im Einzelnen dazu: Zöller/Geimer EuGVVO Art. 29 Rn. 3 ff., dort auch zu dem einheitlich zu bestimmenden Verfahrensgegenstandsbegriffs.

[153] Die Konzentrationen sind aktuell unter www.grur.de abrufbar.

[154] S. dazu Hasselblatt in → § 34.

[155] Dazu ausf. Pitz in → § 4.

Ein Verfahren eigener Art bildet das **Grenzbeschlagnahmeverfahren** nach der – mehrfach modifizierten – Produktpiraterieverordnung.[156] Zunächst hatte sich der Europäische Gesetzgeber mit seiner ersten „Produktpiraterieverordnung" aus dem Jahr 1986 auf Markenverletzungen beschränkt und dabei die Verletzung anderer gewerblicher Schutzrechte, wie etwa Geschmacksmuster oder auch Urheberrechte außer Betracht gelassen.[157] In der Praxis wurde diese Beschränkung einhellig als wenig sachdienlich angesehen. Der Anwendungsbereich der Produktpiraterieverordnung wurde daher kontinuierlich erweitert: zunächst auf Urheberrechte, verwandte Schutzrechte und geschützte Designs,[158] später auf Erzeugnispatente und ergänzende Schutzzertifikate und schließlich auf geographische Herkunftsangaben, Ursprungsbezeichnungen und Sorten.[159] Weitere Stärkungen der Rechteinhaber sind verbunden mit der Enforcement Richtlinie vom 29.4. 2004.[160] Die Richtlinie basiert auf der zutreffenden Erkenntnis, dass ohne wirksame Instrumente zur Durchsetzung der Rechte des geistigen Eigentums kreatives Schaffen und Innovation gebremst und Investitionen verhindert werden. Um dies zu vermeiden, werden dem Inhaber von gewerblichen Schutzrechten weitere Verbesserungen zuteil, nicht zuletzt in Form eines weiter gefassten Kataloges von Ansprüchen; explizit geregelt ist nunmehr der Vorlage- und Besichtigungsanspruch, ebenso der Anspruch auf Rückruf, weiter gefasst sind die Ansprüche auf Auskunft, Schadensersatz und Urteilsbekanntmachung.[161] Umgesetzt ist diese Richtlinie in das nationale Recht durch das Gesetz zur Verbesserung der Durchsetzung von Rechten des geistigen Eigentums vom 7.7.2008.[162] Trotz des weitreichenden Schutzes der Rechteinhaber wächst der Anteil von gefälschten und unerlaubt hergestellten Waren an Importen in die EU.[163] Um dem entgegenzuwirken, nahm die EU die **Bekämpfung der Marken- und Produktpiraterie** als eine von fünf Herausforderungen in ihren **Aktionsplan für geistiges Eigentum** aus dem Jahr 2020 auf.[164] Wegen der besonderen praktischen Bedeutung der Grenzbeschlagnahme als wirksames Instrument zur Bekämpfung von **Produktpiraterie** werden die Besonderheiten dieses Verfahrens sowie der Umgang mit den ebenso kompetenten wie hilfsbereiten Zollbeamten in einer zusammenhängenden Darstellung ausführlich behandelt.[165] 78

2. Materielle Aspekte

Trotz der oben dargestellten Gemeinsamkeiten[166] sind bei vielen der Rechtsgebiete **spezifische materielle Besonderheiten** zu berücksichtigen, die in den jeweiligen Sachdarstellungen behandelt 79

[156] Ausf. zur Grenzbeschlagnahme, sowie insbesondere den Verfahrensvorschriften Stolzenburg in → § 8.

[157] VO (EWG) Nr. 3842/86 des Rates über Maßnahmen zum Verbot der Überführung nachgeahmter Waren in den zollrechtlich freien Verkehr, ABl. 1986 L 357.

[158] VO (EG) Nr. 3295/94 des Rates über Maßnahmen, welche das Verbringen von Waren, die bestimmte Rechte am geistigen Eigentum verletzen, in die Gemeinschaft sowie ihre Ausfuhr und Wiedereinfuhr aus der Gemeinschaft betreffen („Produktpiraterieverordnung") vom 22. Dezember 1994, (ABl. EG Nr. L 341 vom 30.12.1994, S. 8, geänd. durch ABl. EG Nr. L 27 vom 2.2.1999, S. 1 ff.).; ausf. zur Grenzbeschlagnahme Stolzenburg in → § 8.

[159] VO (EG) Nr. 1383/2003 des Rates vom 22.7.2003 über das Vorgehen der Zollbehörden gegen Waren, die in Verdacht stehen, bestimmte Rechte geistigen Eigentums zu verletzen, und die Maßnahmen gegenüber Waren, die erkanntermaßen derartige Rechte verletzen, ABl. L 196 vom 2.8.2003, 7 ff., Zuletzt geändert durch Art. 38 Abs. 1 ÄndVO (EU) 608/2013 vom 12.6.2013 (ABl. Nr. L 181 S. 15).

[160] RL 2004/48/EG des Europäischen Parlaments und des Rates vom 29.4.2004 zur Durchsetzung der Rechte des geistigen Eigentums, ABl. L 195, S. 16, ber. ABl. 2007 L 204 S. 27; umgesetzt in nationales Recht durch „Gesetz zur Verbesserung der Durchsetzung von Rechten des geistigen Eigentums" v. 7.7.2008, BGBl. I 1191, zuletzt geändert durch Gesetz v. 16.10.2008, BGBl. I 2008 S. 2070.

[161] Im Einzelnen sind dies folgende Ansprüche: der Rückrufanspruch in §§ 18 Abs. 2 MarkenG, 140a Abs. 3 PatG, 24a GebrMG, 98 UhrG, 43 DesignG, 37a SortSchG, der deutlich ausgeweitete Auskunftsanspruch in §§ 19 MarkenG, 140b PatG, 24b GebrMG, 101 UrhG, 46 DesignG, 37b SortSchG, der neu eingeführte Vorlage- und Besichtigungsanspruch in §§ 19a MarkenG, 140c, 140d PatG, 24c, 24d GebrMG, 101a UrhG, 46a DesignG, 37c SortSchG, der ausfuhrlicher geregelte Schadensersatzanspruch in §§ 14 Abs. 6 MarkenG, 139 Abs. 2 PatG, 24 Abs. 2 GebrMG, 97 Abs. 2 UrhG, 42 Abs. 2 DesignG, 37 SortSchG; s. ferner zum – nicht vorläufig vollstreckbaren – Anspruch auf Urteilsbekanntmachung etwa §§ 19c MarkenG, 140e PatG, 24e GebrMG, 103 UrhG, 47 DesignG, § 37e SortSchG; zu den einzelnen Ansprüchen s. ausf. Spuhler/Vykydal in → § 3, vertiefend zu den jeweiligen Schutzrechten s. unten → §§ 32 ff.

[162] In Kraft getreten am 1.9.2008, s. Art. 10, BGBl. I 1191 zuletzt geändert durch Gesetz v. 16.10.2008, BGBl. I 2008, 2070.

[163] S. dazu den Bericht: „Der weltweite Handel mit Fälschungen: Eine ernsthafte Bedrohung" des EUIPO in Zusammenarbeit mit der OECD; abrufbar unter www.euipo.europa.eu → Beobachtungsstelle → Fakten und Daten zu geistigem Eigentum → Forschung und Daten zu geistigen Eigentum.

[164] COM (2020) 760 final, EU Action Plan IP.

[165] Stolzenburg in → § 8.

[166] → Rn. 37–59.

werden. Hinzu kommen oftmals unionsrechtliche Bestimmungen, sei es in Form unmittelbar in allen EU-Mitgliedstaaten geltender Verordnungen oder über in nationales Recht umzusetzende Richtlinien. Sowohl bei unionsrechtlichen Verordnungen als auch den Richtlinien ist zu beachten, dass die jeweilige Rechtsmaterie nicht immer abschließend behandelt wird, so dass ergänzend nationales Recht zur Anwendung gelangt.[167]

3. Überlappung der Rechtsgebiete

80 In vielen Fragestellungen aus dem Gewerblichen Rechtsschutz und dem Wettbewerbsrecht ist eine **Überlappung der Rechtsgebiete** im Auge zu behalten. Im Grundsatz gilt der alte römische Rechtssatz *lex specialis derogat legi generali*. Allerdings darf es in concreto nicht bei der Überprüfung der Spezialvorschriften verbleiben, vielmehr sind Vorschriften, die möglicherweise subsidiär oder parallel anwendbar sind, ebenfalls zu überprüfen. So kann etwa die (teilweise) Übernahme von Designelementen urheber- oder geschmackmusterrechtlich, aber ergänzend auch nach § 4 Nr. 3 UWG sanktioniert sein. Erweisen sich ausgelobte Preisvorteile als einwandfrei iSd § 1 PreisAngVO, ist weiter zu überprüfen, ob nicht eine Irreführung nach § 5 UWG oder eine aggressive geschäftliche Handlung gem. § 4a UWG vorliegt. Denkbar ist auch ein Werbehinweis unter Verwendung einer fremden Marke außerhalb bestehender Lizenz- oder sonstiger geschäftlicher Beziehungen, der zwar markenrechtlich einwandfrei, aber nach § 5 oder § 6 UWG zu beanstanden sein kann.

4. Exakte Sachverhaltsfeststellung

81 Insbesondere bei der Beurteilung der wettbewerbsrechtlichen Einwandfreiheit von Werbemaßnahmen, der Auswahl von Produkt- oder Unternehmensbezeichnungen (Marken und Unternehmenskennzeichen) sowie der Etikettierung neuer Produkte (Pharmaka, Kosmetika, Lebensmittel, Spirituosen) ist die **exakte Sachverhaltserfassung** unerlässlich. In den vorstehend (exemplarisch) angeführten Fällen kann bisweilen die Hinzufügung oder Weglassung einer Silbe oder eines Wortes für die rechtliche Un-/Zulässigkeit den Ausschlag geben. So kann beispielsweise aus einer Spitzengruppenbehauptung wie „Keiner wäscht reiner“ durch vergleichsweise simple sprachliche Änderung eine Alleinstellungsbehauptung werden, etwa „XY wäscht am reinsten“. Gleiches gilt für das Herausarbeiten dessen, was es als „Leistungsergebnis“ kreativen Schaffens zu schützen gilt; dies mag auf den ersten Blick profan klingen, ist jedoch in der praktischen Bedeutung nicht zu unterschätzen. Dabei ist, wie oben ausgeführt, die Überlappung der Schutzmöglichkeiten nach den einzelnen gewerblichen Schutzrechten sowie des Urheber- und Wettbewerbsrechts ebenso in Rücksicht zu ziehen[168] wie der Umstand, dass es durchaus Konstellationen gibt, in denen das den eigentlichen „Pfiff“ ausmachende Element als solches nicht schützbar ist.

Praxistipp:

Erweist sich in einer konkreten Situation ein Element, das wirtschaftlich für den Erfolg eines Produktes oder einer Kampagne verantwortlich ist, als aus sich heraus nicht schützbar, so ist zu erwägen, durch möglichst geringe Modifizierung des „Schutzgutes“ die materiellen Schutzgrenzen zu überwinden. So kann beispielsweise ein aus sich heraus nicht schützbarer generischer Begriff, der als eine reine Wortmarke nicht schutzfähig wäre, farbig, grafisch und/oder in sonstiger Weise geringfügig modifiziert werden, damit ihm die nötige Unterscheidungskraft zukommt. Allerdings ist hier Vorsicht geboten, da – je nach Lage der Dinge und Ausgestaltung der fraglichen Wort-/Bildmarke – der vermeintliche Verletzer argumentieren wird, das eigene Anmeldeverhalten des Markeninhabers belege bereits, dass er selbst von der Schutzunfähigkeit des Wortelementes ausgeht.[169]

5. Vieraugenprinzip

82 In vielen Situationen muss der Berater **Wertungen** vornehmen. Exemplarisch sei verwiesen auf die Beurteilung der Unlauterkeit im Sinne der §§ 3 bis 6 UWG, das Erreichen der hinreichenden

[167] S. im Einzelnen Milbradt in → § 11.
[168] Dazu oben bereits → Rn. 10.
[169] Weitere Beispiele unten bei Raab in → § 32 sowie Hasselblatt in → § 34.

Erfindungshöhe im Patentrecht oder der Schöpfungshöhe zur Bestimmung der Werksqualität im Sinne des § 2 Abs. 2 UrhG. Insoweit bedarf es regelmäßig einiger Erfahrung, um ein hinreichend zuverlässiges Judiz zu entwickeln.

In solchen Fällen, in denen wertausfüllungsbedürftige Begriffe oder das allgemeine Verbraucherverständnis zu beurteilen sind, sollte das **Vieraugenprinzip** gewahrt werden. Es erweist sich vielfach als sinnvoll, den möglichen Irreführungsgehalt einer Werbeaussage, die Verwechslungsähnlichkeit zweier Zeichen, den Grad der Übereinstimmung von Original und vermeintlichem Plagiat bis hin zur individuellen Eigenart eines Designs etc. im Mitarbeiterkreis zu erörtern, um ein besseres Gefühl für die Reaktion des „allgemeinen Rechtsverkehrs" zu gewinnen. 83

6. Technisches Verständnis, Marktkenntnisse

Bisweilen erfordert die rechtliche Bearbeitung spezifische technische oder markt- bzw. fachbezogene Kenntnisse. Exemplarisch sei verwiesen auf die Materien des Patentrechts, der Biotechnologie, urheberrechtlich zu beurteilender Softwarefragen, Know-how-Transfer, Blockchain-Technologie, NFTs, bis hin zum Lebensmittel- und Heilmittelwerberecht. In (fast) gleichem Maße trifft dies auch zu auf die rechtliche Bewertung von internetbezogenen Problemkreisen, die über schlichte Fälle des „Domaingrabbing" hinausgehen. Hier muss der Berater für sich selbst entscheiden, ob er die nötige **technische Expertise** mitbringt, um das Mandat kompetent und effizient bearbeiten zu können. Unter Umständen wird sich der Bearbeiter zunächst umfassend in die Sachmaterie einarbeiten müssen; dabei kann und sollte von der auf Unternehmensseite regelmäßig vorhandenen Expertise Gebrauch gemacht werden. Bei dem in diesen Konstellationen anzustrebenden „Know-how-Transfer" ist eine reibungslose Kommunikation sicherzustellen, um zu vermeiden, dass Ratsuchender und Ratgeber gewissermaßen über verschiedene Röhren kommunizieren. 84

7. Aktivlegitimation

Vielfach besteht Anlass, auf Antragsteller- bzw. Klägerseite zu überprüfen, wer von mehreren Beteiligten anspruchsberechtigt sein soll. In Lizenzvertragsverhältnissen ist zu überprüfen, ob die Anspruchsberechtigung für das Vorgehen gegenüber Schutzrechtsverletzungen beim Lizenzgeber und/oder beim Lizenznehmer liegt. Für Wettbewerbsstreitigkeiten ist zu beachten, dass nicht nur der unmittelbar Verletzte anspruchsberechtigt ist. Vielmehr ist auf die erweiterte Berechtigung zur Geltendmachung von Wettbewerbsverstößen für die in § 8 Abs. 3 Nr. 1 bis 4 UWG genannten Mitbewerbern, Verbände oder Kammern hinzuweisen. Bei der Klageberechtigung (Aktivlegitimation) nach § 8 Abs. 3 UWG sind sachliche Schranken der Anspruchsberechtigung bei Fällen der Zuwiderhandlung gegen §§ 3 oder 7 UWG zu beachten;[170] Gläubiger des Gewinnabschöpfungsanspruches sind die gem. § 8 Abs. 3 Nr. 2 bis 4 UWG klagebefugten Verbände und Kammern, § 10 Abs. 1 iVm § 8 Abs. 3 Nr. 2 bis 4 UWG. Für die Geltendmachung des Unterlassungs- und gegebenenfalls des Widerrufsanspruches gegenüber nach §§ 307 bis 309 BGB unwirksamen AGB und verbraucherschutzgesetzwidrigen Praktiken sind die sich aus § 3 UKlaG[171] ergebenden Anforderungen für die Anspruchsberechtigung der darin genannten Stellen zu beachten. 85

8. Ansprüche, Antragsfassungen

In Verletzungsstreitigkeiten aus dem Bereich des Gewerblichen Rechtsschutzes werden **üblicherweise zumindest drei Ansprüche** durchgesetzt, nämlich der Anspruch auf Unterlassung, auf Auskunftserteilung und Feststellung der Schadensersatzverpflichtung dem Grunde nach. Bei dem Auskunftsanspruch ist wiederum zu differenzieren nach der Auskunft über begangene Rechtsverletzungen einerseits und Mitteilung der Bezugsquellen und Abnehmer andererseits. Nach (rechtskräftiger) Verurteilung des Beklagten zur Auskunftserteilung und festgestellter Schadensersatzverpflichtung dem Grunde nach einigen sich die Parteien unter Zugrundelegung der erteilten Auskunft häufig über die Höhe des zu leistenden Schadensersatzes außergerichtlich; soweit es zu einer solchen Einigung nicht kommt, ist der Schadensersatzanspruch auf der Basis der erteilten 86

170 Köhler/Bornkamm/Feddersen/Köhler/Feddersen UWG § 8 Rn. 3.5 ff.

171 Gesetz über Unterlassungsklagen bei Verbraucherrechts- und anderen Verstößen (UKlaG) in der Fassung der Bekanntmachung vom 27.8.2002, BGBl. I 3422, ber. S. 4346, zuletzt geändert durch Artikel 3 des Gesetzes zur Umsetzung der Richtlinie über bestimmte vertragsrechtliche Aspekte der Bereitstellung digitaler Inhalte und digitaler Dienstleistungen vom 25. Juni 2021 (BGBl. I 2123).

Auskunft in einem zweiten Verfahren durchzusetzen, dem sogenannten „Betrags-" oder „Höheverfahren". Je nach Lage der Dinge stehen dem Kläger weitere Ansprüche zur Seite; stellvertretend sei hier verwiesen auf Löschungs-, Herausgabe-, Vernichtungsansprüche sowie den Anspruch auf Urteilsveröffentlichung. Durch die Umsetzung der Vorgaben der Enforcement Richtlinie neu hinzugekommen sind die nunmehr kodifizierten Ansprüche auf Rückruf, auf Vorlage einer Urkunde oder Duldung der Besichtigung eines Gegenstandes sowie die weiter gefassten Ansprüche auf Auskunft, Schadensersatz und Urteilsbekanntmachung.[172]

87 Demgegenüber geht es in der Mehrzahl der Wettbewerbsprozesse lediglich um die Durchsetzung des Unterlassungsanspruches. Schadensersatzansprüche bilden hier eher die Ausnahme, da Konstellationen selten sind, in denen aus einer unlauteren oder irreführenden Werbung – sieht man einmal von den Rechtsverfolgungskosten ab – adäquat kausal Schäden entstehen und nachweisbar sind. Eine Ausnahme hierzu bilden Fälle des wettbewerbsrechtlichen Nachahmungsschutzes, in denen in aller Regel neben dem Unterlassungs- zugleich auch der Auskunfts- und Schadensersatzanspruch geltend gemacht wird.[173] Der Schadensersatzanspruch ist nach § 9 S. 1 UWG verschuldensabhängig. Zu beachten ist gegebenenfalls das Presseprivileg nach § 9 S. 2 UWG, wonach der Schadensersatzanspruch gegen verantwortliche Personen von periodischen Druckschriften nur bei vorsätzlichen Zuwiderhandlungen geltend gemacht werden kann. Für das „anspruchsrechtliche Novum" des Instituts der Gewinnabschöpfung gilt die Regelung des § 10 UWG.[174]

88 Besonderes Augenmerk ist zu richten auf die **Antragsfassungen.** Dies gilt vor allem bei der Formulierung des Unterlassungsanspruches, der einerseits nicht zu eng, andererseits nicht zu weit formuliert werden sollte; im erstgenannten Fall wird es dem Beklagten zu leicht gemacht, aus dem Kern des Verbotsbereiches durch abweichendes Verhalten heraus zu gelangen, im zuletzt genannten Fall droht die teilweise bis hin zur völligen Klageabweisung. Für den in der Praxis besonders wichtigen Unterlassungsanspruch hat sich die Beschränkung auf die sogenannte **konkrete Verletzungsform** eingebürgert.[175]

9. Zeitfaktor

89 In vielerlei Hinsicht spielt der Zeitfaktor eine bisweilen entscheidende Rolle. Zu beachten sind die **abgekürzten Verjährungsfristen,** die in Wettbewerbssachen sechs Monate (§ 11 UWG) und im Gewerblichen Rechtsschutz drei Jahre (vgl. etwa § 141 PatentG, § 20 MarkenG, § 49 GeschmMG, § 102 UrhG) betragen. Die dreijährige Verjährungsfrist entspricht inzwischen der regelmäßigen Verjährung nach § 195 BGB.[176] Zu begrüßen ist die vom Gesetzgeber in § 11 Abs. 2 Nr. 2 UWG sowie § 199 Abs. 1 Nr. 2 BGB nunmehr ausdrücklich erfolgte Klarstellung, dass für den Lauf der Verjährung nicht ausschließlich die positive Kenntnis von Verletzungshandlung und Antragsgegner maßgeblich ist; ausreichend ist vielmehr, dass der Gläubiger von den anspruchsbegründenden Umständen grob fahrlässig keine Kenntnis erlangt hat. Durch jede neue

---

[172] Im Einzelnen sind dies folgende Ansprüche: der Rückrufanspruch in §§ 18 Abs. 2 MarkenG, 140a Abs. 3 PatG, 24a GebrMG, 98 UhrG, 43 DesignG, 37a SortSchG, der deutlich ausgeweitete Auskunftsanspruch in §§ 19 MarkenG, 140b PatG, 24b GebrMG, 101 UrhG, 46 DesignG, 37b SortSchG, der neu eingeführte Vorlage- und Besichtigungsanspruch in §§ 19a MarkenG, 140c, 140d PatG, 24c, 24d GebrMG, 101a UrhG, 46a DesignG, 37c SortSchG, der ausführlicher geregelte Schadensersatzanspruch in §§ 14 Abs. 6 MarkenG, 139 Abs. 2 PatG, 24 Abs. 2 GebrMG, 97 Abs. 2 UrhG, 42 Abs. 2 DesignG 37 SortSchG; s. ferner zum Anspruch auf Urteilsbekanntmachung § 19c MarkenG, 140e PatG, 24e GebrMG, 103 UrhG, 47 DesignG, 37e SortSchG; zu diesen Ansprüchen allgemein Spuhler/Vykydal → § 3 sowie die detaillierten Ausführungen in den einzelnen Sachkapiteln; vorgegeben wurde die Umsetzung des erweiterten Anspruchskataloges durch die RL 2004/48/EG zur Durchsetzung der Rechte des geistigen Eigentums vom 29.4.2004, ABl. v. 30.4.2004 L 157, 45, umgesetzt durch den deutschen Gesetzgeber mit dem „Gesetz zur Verbesserung der Durchsetzung der Rechte des geistigen Eigentums" vom 7.7.2008, BGBl. I 1191, zuletzt geändert durch Gesetz vom 16.10.2008, BGBl. I 2070.

[173] Ausführlich zu den wettbewerbsrechtlichen Ansprüchen siehe Spuhler und Vykydal in → § 3; zum ergänzenden wettbewerbsrechtlichen Leistungsschutz Deck in → § 17.

[174] Der Gewinnabschöpfungsanspruch war im Vorfeld der UWG-Reform sehr heftig und kontrovers S. 23 bis 25 sowie BT-Drs. 15/2795 v. 26.3.2004 S. 21 f; weitere Nachweise sowie zum Streitstand s. Ohly/Sosnitza/Ohly UWG § 10 Rn. 2 f.; Ohly/Sosnitza/Ohly UWG § 10 Rn. 1 bezeichnet den Gewinnabschöpfungsanspruch nicht ganz zu Unrecht als eine „genuin zivilrechtliche, Ansprüchen wegen angemaßter Eigengeschäftsführung und ungerechtfertigter Bereicherung vergleichbare Vorschrift".

[175] Siehe dazu die ausführlichen Darstellungen bei Spuhler/Vykydal, Pitz und Timmann in → §§ 3 bis 5.

[176] Abschnitt 5 von Buch 1 (§§ 194 bis 218 BGB), neu gefasst durch Art. 1 SchuModG v. 26.11.2001, BGBl. I 3138; in jüngeren Gesetzen wird schlicht auf den 5. Abschnitt des 1 Buches BGB verwiesen, so etwa in § 49 DesignG oder in § 20 S. 1 MarkenG.

(bzw. fortdauernde) Handlung wird ein neuer Fristlauf der Verjährung in Gang gesetzt; allerdings können bei Dauerverletzungshandlungen die Ansprüche auf Auskunftserteilung und Schadensersatzleistung für solche Handlungen verjähren, die länger als drei Jahre (bzw. in Wettbewerbsstreitigkeiten länger als sechs Monate) zurückliegen. In solchen Fällen ist jedoch stets zu prüfen, ob nicht ein Anspruch unter dem Gesichtspunkt der ungerechtfertigten Bereicherung nach §§ 812, 818 in Betracht kommt, mit entsprechend längerem Verjährungslauf.

Erheblich ist die Zeitkomponente auch für den **Verwirkungseinwand.** Dieser wird allgemein 90 auf § 242 BGB gestützt, und ist nur vereinzelt spezialgesetzlich geregelt (§ 21 MarkenG).

Maßgebliche Bedeutung erlangt der Zeitfaktor im **summarischen Verfahren** hinsichtlich des 91 Vorliegens eines Verfügungsgrundes. Zu beachten sind insoweit die regional bedingten Abweichungen bei der Beurteilung der Dringlichkeitsfristen.[177]

Eine wesentliche, mitunter entscheidende Rolle spielt der Zeitfaktor schließlich bei der **Entstehung Gewerblicher Schutzrechte.** Eines der diese Rechtsgebiete kennzeichnenden Prinzipien 92 ist der Prioritätsgrundsatz: derjenige, der sein Patent, sein Gebrauchs- oder Geschmacksmuster oder seine Marke zuerst anmeldet, setzt sich gegenüber späteren, im Wesentlichen ähnlichen oder gar identischen Anmeldungen durch. Zügiges Handeln ist deshalb gerade bei Anmeldungen von Schutzrechten essentiell.

10. Strategische Aspekte

Fast ausnahmslos stehen auf der Angreifer- und der Verteidigerseite in jeder außergerichtlichen 93 und gerichtlichen Verfahrenssituation mehrere Optionen zur Verfügung. Diese sind jeweils sorgfältig bezüglich damit einhergehender Vor- und Nachteile abzuwägen. Dies soll anhand von zwei Beispielen verdeutlicht werden, während im Übrigen auf die Sachkapitel verwiesen wird:

Beispiele:

- Oftmals ist ein Vorgehen gegen mehrere Verletzer möglich, etwa den Hersteller mit Sitz in Südostasien, den 94 Großimporteur sowie den Einzelhändler mit Sitz in der Bundesrepublik Deutschland; hier ist es aus Sicht des angreifenden Wettbewerbers oftmals sinnvoll, den „Angriff" zunächst auf den Großimporteur zu beschränken (etwa im Klagewege und parallel über das Grenzbeschlagnahmeverfahren), da die Rechtsdurchsetzung gegenüber einem Hersteller mit Sitz in Taiwan rechtlich wie praktisch problematisch sein kann und der Kläger trotz Obsiegens in der Sache letztlich seine eigenen Anwaltskosten zu tragen hat und für die Gerichtskosten – mangels Beitreibungsmöglichkeit durch die Gerichtskasse – als Zweitschuldner haftet; ein Vorgehen gegen die Einzelhändler verbietet sich vielfach aus *rein wirtschaftlichen Gründen,* da der Verletzte damit oftmals gegen solche Einzelhändler vorgehen müsste, über die er seine eigenen Leistungen und Produkte vertreibt;
- Nicht selten werden Rechtsverletzungen nicht nur in einem Land, sondern in mehreren Jurisdiktionen be- 95 gangen; hier kann es ratsam sein, Unterlassungs-, Auskunfts- und Schadensersatzansprüche zunächst in dem Land geltend zu machen, in dem die *besondere Expertise des Gerichts* oder die schnelle und *effiziente Entscheidungspraxis* bekannt ist; darüber hinaus wird, und zwar auch in Fällen, in denen eine echte Bindungswirkung im Rechtssinne nicht gegeben ist, ein *Präzedenzfall* für ein erfolgreiches Vorgehen in weiteren Ländern geschaffen.

VI. Ziele des vorliegenden Handbuches

Das vorliegende Handbuch ist gezielt auf die Bedürfnisse der Rechtspraxis zugeschnitten. Ge- 96 schrieben ist es ausschließlich **von Praktikern für Praktiker.** Adressiert ist es nicht nur an den im Gewerblichen Rechtsschutz und Wettbewerbsrecht bereits erfahrenen Anwalt und Unternehmensjuristen, sondern gerade auch an diejenigen, die sich diesem spannenden Bereich erstmals nähern oder für sich neue Facetten des weiten *grünen Bereiches* erarbeiten müssen. Besonderer Wert wurde darauf gelegt, dass die für die Rechtsberatung sensiblen und wichtigen Aspekte herausgearbeitet und deutlich gemacht werden, sei es in verfahrenstechnischer oder materieller Hinsicht.

Inhaltlich geht das Spektrum dieses Handbuches weit darüber hinaus, was der – insoweit zu 97 knappe – Titel erwarten lässt: materiell werden nicht nur der **Gewerbliche Rechtsschutz,** sondern sämtliche Aspekte des **nationalen Wettbewerbsrechts** sowie des (nationalen wie internationalen) **Urheberrechts** dargestellt. Typisch für die forensische sowie namentlich die beratende Praxis sind jedoch interdisziplinäre Fragestellungen, die beispielsweise aus dem Wettbewerbsrecht hinaus- und etwa in das **Lebensmittel-, Kosmetik-** oder **Presserecht** hineinreichen. Deshalb werden die

---

[177] S. dazu bereits oben → Rn. 61; ausführlich Timmann in → § 5.

vorgenannten Bereiche ebenso wie das **Rundfunkrecht** ausführlich behandelt, da sie aus der täglichen Beratungspraxis nicht hinweg zu denken sind. Im Detail dargestellt werden ebenfalls **internetbezogene Rechtsprobleme.** Im Umfang deutlich erweitert worden ist die Darstellung des Gewerblichen Rechtsschutzes und des Urheberrechts; dabei ist insbesondere der Fokus auf die grenzüberschreitenden und internationalen Aspekte verstärkt worden.[178] Ebenfalls ausführlich behandelt wird das erst am 6.3.2002 ins Leben gerufene **Gemeinschaftsgeschmacksmuster.**[179] Es folgt eine übersichtliche Darstellung der Grundzüge des **Lizenzvertragsrechtes** sowie der für den *grünen Bereich* besonders relevanten **kartellrechtlichen Aspekte.** Wegen der Nähe zum geistigen Eigentum und der besonderen praktischen Bedeutung ist eine eigene Darstellung der Forschungs- und Entwicklungsverträge aufgenommen worden.[180] Nicht minder groß ist die Praxisrelevanz von Aspekten im Zusammenhang mit **IP-Rechten** in der **Insolvenz,** die deshalb in einem eigenen Kapitel umfassend behandelt werden.[181]

98 Im Verfahrensteil werden zunächst die wettbewerbsrechtlichen Ansprüche skizziert; die dortigen Ausführungen gelten gleichermaßen für Ansprüche im Gewerblichen Rechtsschutz. Es folgen Ausführungen über das außergerichtliche und das gerichtliche Verfahren sowie die Zuständigkeit der Gerichte. Ergänzt wird der Verfahrensteil um eine eigene Darstellung der **außergerichtlichen Streitbeilegung,** in der die Praxis im Gewerblichen Rechtsschutz besonders relevanten Verfahren erläutert werden. Wegen der immer stärker zunehmenden Bedeutung der **Grenzbeschlagnahme** folgen sodann Ausführungen über das zentrale Tätigwerden der Zollbehörden. Der Verfahrensteil wird abgerundet durch die Darstellung der Grundzüge der **Demoskopie** sowie **Gebühren-** und **Kostenfragen.** Das **Unionsrecht** beeinflusst nachhaltig sowohl das nationale Unlauterkeitsrecht als auch die Regelungsmaterien des Gewerblichen Rechtsschutzes, so dass es übergreifend als eigener Abschnitt vor den materiell-rechtlichen Kapiteln dargestellt wird.[182]

99 Mit dieser prozedural wie materiell breiten Ausrichtung soll das vorliegende Anwaltshandbuch dem Praktiker gewissermaßen ein **täglicher Begleiter** sein. Relevante Problemkreise werden übersichtlich und umfassend dargestellt, so dass Fragen vielfach unter ausschließlicher Zuhilfenahme des vorliegenden Werkes beantwortet werden können. In jedem Fall aber werden zur weiteren Vertiefung auch Fundstellen der einschlägigen Judikatur und Literatur angeführt.

VII. Hinweise zur Benutzung

100 Um das Ziel zu erreichen, ein täglicher Begleiter für die Rechtsberatungspraxis zu sein, ist das vorliegende Handbuch nicht nur inhaltlich, sondern auch „strukturell" auf die Bedürfnisse des Anwenders zugeschnitten. Soweit möglich, sind die Kapitel im Aufbau einander angenähert, so dass dem Leser der schnelle Zugriff auf den gerade gesuchten Problemkreis gewährt wird. Für die Praxis besonders wertvolle Empfehlungen sind als **Praxistipps** sowie auch drucktechnisch im Text gekennzeichnet. Zudem finden sich in fast allen Kapiteln **Beratungschecklisten,** die dem Nutzer des Handbuches einerseits einen schnellen Überblick verschaffen, andererseits aber auch – nomen est omen – als Checkliste für mit dem Mandanten abzuklärende Fragen, die Überprüfung der Vollständigkeit und richtigen Formulierung bestimmter Anträge, der Zulässigkeit einer Werbeaussage oder Etikettierung dienen können. Schließlich sind zahlreiche Formulierungsvorschläge und Textmuster eingestreut. Mit diesen knappen Benutzerhinweisen wollen wir es bewenden lassen und Ihnen bei der Lektüre und Handhabe des *Münchener Anwaltshandbuches Gewerblicher Rechtsschutz* viel Spaß und selbstverständlich viel Erfolg wünschen!

---

[178] → §§ 36 und 37 zum Europäischen und Internationalen Patentrecht, → § 41 zum Internationalen Urheberrecht, → § 44 zum Internationalen Geschmacksmusterrecht.

[179] S. dazu ausführlich Späth in → § 44.

[180] S. dazu Smilieck in → § 46.

[181] S. dazu Töbelmann in → § 48.

[182] S. unten Milbradt in → § 11.

§ 2 Grundlagen des Wettbewerbsrechts und des Gewerblichen Rechtsschutzes

Übersicht

I. Einführung

1 Die Tätigkeit im Bereich des Gewerblichen Rechtsschutzes und des Wettbewerbsrechts bringt es mit sich, dass der Praktiker sich mit einer auf den ersten Blick kaum überschaubaren Fülle an Rechtsgrundlagen auseinander zu setzen hat. Dies gilt schon auf rein nationaler Ebene, und nimmt graduell in dem Maße zu, in dem die Praxis über die Grenzen hinweg ausgeweitet wird. Unerlässlich ist es dabei, mit Neuerungen und Änderungen in der Gesetzgebung auf nationaler, europäischer und internationaler Ebene Schritt zu halten. Allein in den letzten Jahren sind eine Reihe von Gesetzgebungsakten erlassen worden, die den jeweiligen Rechtsrahmen teilweise nachhaltig beeinflussen oder gar signifikant verändern.

2 Auf **nationaler Ebene** sei exemplarisch verwiesen auf das zuletzt 2021 geänderte Designgesetz[1] sowie das am 26.4.2019 in Kraft getretene **GeschGehG,**[2] welches unter anderem die §§ 17 ff. UWG a. F. aufgehoben hat. Neben dem GeschGehG erfolgten durch das Gesetz zur Stärkung des fairen Wettbewerbs vom 26.11.2020[3] und dem Gesetz für faire Verbraucherverträge vom 10.8.2021[4] weitere substantielle Änderungen im Lauterkeitsrecht.[5] Die jüngst erfolgte Änderung mit dem Gesetz zur Stärkung des Verbraucherschutzes im Wettbewerbs- und Gewerberecht[6] dient der Umsetzung der Richtlinie (EU) 2019/2161 und nimmt sich insbesondere der äußerst praxisrelevanten Fragestellung der „Doppelqualität von Waren" und dem „Influencer-Marketing an". Auch das MarkenG erfuhr zuletzt durch Art. 1 des Markenrechtsmodernisierungsgesetzes vom 11.12.2018[7] eine umfassende Überarbeitung. Ebenfalls der besonderen Erwähnung verdient das Gesetz über die urheberrechtliche Verantwortlichkeit von Diensteanbietern für das Teilen von

[1] Das Gesetz über den rechtlichen Schutz von Mustern und Modellen (Geschmacksmustergesetz) vom 12.3.2004 (BGBl. I 390), zuletzt geändert durch Art. 18 des Gesetzes vom 24.11.2011, BGBl. I 2302, ist mit Wirkung vom 1.1.2016 in Designgesetz umbenannt worden. Designgesetz, neu gefasst durch Beschl. v. 24.2.2014, BGBl. I 122, zu letzt geändert durch Artikel 10 des Gesetzes vom 10.8.2021 BGBl. I 3490, dazu ausführlich von Gerlach in → § 42.

[2] Das Gesetz zum Schutz von Geschäftsgeheimnissen (GeschGehG) vom 18.4.2019 (BGBl. I 466) dient der Umsetzung der Richtlinie (EU) 2016/943 des Europäischen Parlaments und des Rates vom 8. Juni 2016 über den Schutz vertraulichen Know-hows und vertraulicher Geschäftsinformationen (Geschäftsgeheimnisse) vor rechtswidrigem Erwerb sowie rechtswidriger Nutzung und Offenlegung (ABl. L 157 vom 15.6.2016, S. 1).

[3] BGBl. I 2568.

[4] BGBl. I 3433.

[5] Gesetz gegen den unlauteren Wettbewerb vom 3.7.2004, BGBl. I 1414, neu gefasst durch Beschl. v. 3.3.2010, BGBl. I 254, zuletzt geändert durch Art. 1 des Gesetzes vom 10.8.2021, BGBl. I 3504. Zur Entwicklung des UWG: MüKo Lauterkeitsrecht/Sosnitza Vorb. Rn. 25 ff.; Harte-Bavendamm/Henning-Bodewig/Keller UWG Einl. A Rn. 11 ff.; Köhler/Bornkamm/Feddersen UWG Einl. Rn. 2.3 ff.

[6] BGBl. I 3504.

[7] BGBl. I 2357, zuletzt geändert durch Art. 5 des Gesetzes vom 10.8.2021, BGBl. I 3490.

Online-Inhalten (UrhDaG).[8] Dem UrhDaG ging eine auch in der Öffentlichkeit aufgeregt geführte Diskussion voraus, in deren Kern es um die Zulässigkeit sogenannter Upload-Filter ging. Denn mit Inkrafttreten des UrhDaG am 1. August 2021 haften die Diensteanbieter der großen Upload-Plattformen (wie YouTube, Instagram, TikTok) vollumfänglich für das Speichern und öffentliche Zugänglichmachen von durch Dritte hochgeladenen, urheberrechtlich geschützten Inhalten. Eine Haftungsbefreiung ist unter anderem durch die Verwendung von automatisierten Verfahren („Upload-Filtern") möglich. Befürchtet wurde, dass dies zu einem „Overblocking" führt, dass also mehr Inhalte gelöscht werden als rechtlich zulässig. Der Gesetzgeber hat darauf reagiert und das Herausfiltern von Werken von geringem Umfang oder bei gesetzlich erlaubten Verwendungen wie etwa im Rahmen von Satire untersagt. Der Rechteinhaber wird im Rahmen einer solchen gesetzlich oder mutmaßlich erlaubten Nutzung durch die Möglichkeit eines Vergütungsanspruchs geschützt.

3 Die EU-Gesetzgebungsakte der jüngeren Zeit widmeten sich vermehrt der Regelung des digitalen Binnenmarktes. Die sogenannte Omnibus-Richtlinie dient der transparenteren Gestaltung von Online-Marktplätzen, insbesondere zum Schutz der Verbraucher bei Online-Käufen.[9] So sollen Online-Händler die Produktbewertungen verifizieren und sicherstellen, dass sogenannte Fake-Bewertungen nicht veröffentlicht und verbreitet werden. Im Urheberrecht sind beispielhaft die Verordnung zur grenzüberschreitenden Portabilität von Online-Inhaltediensten im Binnenmarkt[10] sowie die EU-Urheberrechtsrichtlinie vom 17.4.2019, die für die Verwendung urheberrechtlich geschützter Inhalte auf Online-Plattformen eine faire Vergütung vorsieht,[11] zu nennen. Ferner erfolgte durch die Unionsmarkenverordnung[12] aus Gründen der Übersichtlichkeit und Klarheit eine Kodifizierung und Aufhebung aller vorherigen Verordnungen der EG/EU über die Gemeinschaftsmarke/Unionsmarke.

4 Auf **internationaler Ebene** seien hier stellvertretend erwähnt die zuvor lange erwarteten Beitritte der USA und der Europäischen Union als Zeichnerstaaten des Protokolls zum Madrider Markenabkommen mit Wirkung zum 2.11.2003 bzw. 1.10.2004.[13] Bemerkenswert ist sicherlich, dass dem Madrider Schutzsystem gerade in jüngerer Zeit eine ganze Reihe afrikanischer Staaten beigetreten sind, etwa Algerien, Gambia und Simbabwe (2015), Malawi (2018) sowie, auf der anderen Seite des Atlantik, etwa Trinidad & Tobago (2021).[14]

5 Das vorliegende Kapitel dient lediglich dem Zweck, dem Leser einen Überblick über die nationalen, unionsrechtlichen und internationalen Bestimmungen zu verschaffen, so dass zur Anwen-

[8] BGBl. I 1204, 1215; dient der Umsetzung der Richtlinie (EU) 2019/790 des Europäischen Parlaments und des Rates vom 17. April 2019 über das Urheberrecht und die verwandten Schutz-rechte im digitalen Binnenmarkt und zur Änderung der Richtlinien 96/9/EG und 2001/29/EG (ABl. L 130 S. 92, ber. L 259 S. 86) sowie der Richtlinie (EU) 2019/789 des Europäischen Parlaments und des Rates vom 17. April 2019 mit Vorschriften für die Ausübung von Urheberrechten und verwandten Schutzrechten in Bezug auf bestimmte Online-Übertragungen von Sendeunternehmen und die Weiterverbreitung von Fernseh- und Hörfunkprogrammen und zur Änderung der Richtlinie 93/83/EWG des Rates (ABl. L 130 S. 82, ber. ABl. L 296 S. 63).

[9] Richtlinie (EU) 2019/2161 des Europäischen Parlaments und des Rates vom 27. November 2019 zur Änderung der Richtlinie 93/13/EWG des Rates und der Richtlinien 98/6/EG, 2005/29/EG und 2011/83/EU des Europäischen Parlaments und des Rates zur besseren Durchsetzung und Modernisierung der Verbraucherschutzvorschriften der Union, ABl . L 328 S. 7; umgesetzt durch das Gesetz zur Stärkung des Verbraucherschutzes im Wettbewerbs- und Gewerberecht vom 10.8.2021 und dem Gesetz zur Änderung des Bürgerlichen Gesetzbuches und der Einführungsgesetze zum Bürgerlichen Gesetzbuche in Umsetzung der EU-Richtlinie zur besseren Durchsetzung und Modernisierung der Verbraucherschutzvorschriften der Union und zur Aufhebung der Verordnung zur Übertragung der Zuständigkeit für die Durchführung der Verordnung (EG) 2006/2004 auf das Bundesministerium der Justiz und für Verbraucherschutz vom 10.8.2021.

[10] VO (EU) 2017/1128 des Europäischen Parlaments und des Rates vom 14. Juni 2017 zur grenzüberschreitenden Portabilität von Online-Inhaltediensten im Binnenmarkt, ABl. L 168 S. 1, ber. L 198 S. 42.

[11] Richtlinie (EU) 2019/790 des Europäischen Parlaments und des Rates vom 17. April 2019 über das Urheberrecht und die verwandten Schutzrechte im digitalen Binnenmarkt und zur Änderung der Richtlinien 96/9/EG und 2001/29/EG, ABl. L 130 S .92, ber. L 259 S. 86; umgesetzt durch das Gesetz zur Anpassung des Urheberrechts an die Erfordernisse des digitalen Binnenmarktes vom 31. Mai 2021, BGBl. I 1204.

[12] VO (EU) 2017/1001 des Europäischen Parlaments und des Rates vom 14. Juni 2017 über die Unionsmarke, ABl. L 154 S. 1.

[13] S. zu den hierzu ergangenen Rechtsakten der Union die Auflistung unter: https://www.wipo.int/treaties/en/registration/madrid/, die aktuelle Mitgliederliste der Zeichnerstaaten des Madrider Markenabkommens und des Madrider Protokolls kann eingesehen werden unter: https://www.wipo.int/export/sites/www/treaties/en/documents/pdf/madrid_marks.pdf; ausführlich zur internationalen Registrierung von Marken Karow in → § 33, zum Unionsmarkenrecht Hasselblatt in → § 34.

[14] Sämtliche derzeit 110 Zeichnerstaaten des Madrider Protokolls sowie Markenschutzsystems (Madrider Markenabkommen sowie Protokoll) sind einsehbar unter www.wipo.int.

dung, Interpretation und sachlichen Diskussion auf die einschlägigen Kommentierungen in diesem Handbuch verwiesen wird.

1. Nationales Recht

6 Bei den nationalen Vorschriften ist zwischen **Bundes- und Landesgesetzgebungsakten** zu unterscheiden.[15] Die Gesetze im Bereich des Gewerblichen Rechtsschutzes sind durchweg Bundesgesetze und -verordnungen, die demgemäß bundesweit einheitlich gelten und auszulegen sind. Dies gilt im Grundsatz auch für das Wettbewerbsrecht und die verwandten Rechtsgebiete. Als auffälligste Ausnahme ist hier der Bereich des Rundfunk- und Presserechts zu nennen, der neben Staatsverträgen stark durch die – inhaltlich weitgehend ähnlichen – Landesmedien- und Pressegesetze geprägt wird.[16]

7 Bei der Anwendung nationaler Regelungen ist zu beachten, dass diese vielfach im Lichte unionsrechtlicher Gesetzgebungsakte oder hierzu ergangener Spruchpraxis des Europäischen Gerichtshofes zu interpretieren sind. Evident ist dies bei solchen (nationalen) Bestimmungen, durch die sekundäres Unionsrecht in Form von Richtlinien von den Mitgliedstaaten in lokales Recht umgesetzt wird. Zunächst sei hier verwiesen auf das unter dem Einfluss der Rechtsprechung des EuGH veränderte und inzwischen fest etablierte Verbraucherleitbild. Nach Sicht des EuGH ist abzustellen auf die Verständnismöglichkeiten des „durchschnittlich informierten, aufmerksamen und verständigen Durchschnittsverbrauchers".[17] Dies gilt es bei der Rechtsanwendung entsprechend in Rücksicht zu ziehen.[18]

2. Europäisches Unionsrecht

8 Nach herkömmlichem Verständnis wird das Unionsrecht in **Primär- und Sekundärrecht** unterteilt. Zu den Rechtsquellen des unionsrechtlichen Primärrechts zählen in erster Linie die Gründungsverträge, namentlich also der Vertrag über die Arbeitsweise der Europäischen Union (AEUV), der aufgrund des Vertrages von Lissabon am 1.12.2009 an die Stelle des Vertrages zur Gründung der Europäischen Gemeinschaft (EG-Vertrag) vom 25.3.1957 trat, sowie die hierzu später ergangenen Änderungen und Ergänzungen.[19] Von besonderer Bedeutung für das (nationale) Wettbewerbsrecht sind insbesondere die Bestimmungen über den freien Waren- und Dienstleistungsverkehr gemäß Art. 34 AEUV (ex-Artikel 28 ff. EGV) und Art. 56 AEUV (ex-Artikel 49 ff. EGV) sowie ferner das Diskriminierungsverbot des Art. 18 AEUV (ex-Artikel 12 EGV). Das Unionsrecht hat gem. Art. 288 AEUV (ex-Artikel 249 EGV) Vorrang vor dem staatlichen Recht.[20]

---

[15] Unterhalb der Ebene der Landesgesetzgebung gibt es so gut wie keine Bestimmungen, die für den grünen Bereich relevant wären; dies gilt für den Gewerblichen Rechtsschutz uneingeschränkt und für das Wettbewerbsrecht fast ausnahmslos; Fälle, in denen beispielsweise Gemeinderecht zum Tragen kommen kann, sind etwa denkbar bei einem Verstoß gegen §§ 3, 3a UWG unter dem Gesichtspunkt der Verletzung gesetzlicher Normen, s. etwa BGH GRUR 2002, 825 – Elektroarbeiten; BGH GRUR 2003, 167 – Kommunaler Schilderprägebetrieb; BGH GRUR 2003, 164 – Altautoverwertung; dazu ausführlich in diesem Handbuch Dittert in → § 14.

[16] S. dazu die auf Landesebene erlassenen Rundfunk-, Presse- und Mediengesetze, unten im weiteren Text → Rn. 17 f.

[17] EuGH WRP 1998, 848 (850) – Gut Springenheide, zur Auslegung der Irreführungsrichtlinie 84/450; aus der jüngeren Rechtsprechung: EuGH GRUR 2018, 940 Rn. 56 – Dyson/BSH; EuGH GRUR 2015, 701 Rn. 36 – Himbeer-Vanille-Abenteuer; dabei ist nach hM das Wort „durchschnittlich" nicht nur auf das nachfolgende Adjektiv „informiert" zu beziehen, sondern ebenso auf die weiteren Adjektive „aufmerksam" sowie „verständig", s. dazu die Nachweise bei Ohly/Sosnitza UWG § 2 Rn. 114 ff. mwN, zu Recht insoweit kritisch Ohly/Sosnitza UWG § 2 Rn. 114 ff., der hervorhebt, dass das Abstellen auf den Verständnishorizont des normativen – den „durchschnittlichen" – Verbraucherhorizont Nachteile mit sich bringt gegenüber einem Verbraucherleitbild, das wie das frühere deutsche auf tatsächlichen Feststellungen aufbaut, vorausgesetzt natürlich, dass die Grundlage der Entscheidungsfindung zutreffend ist; siehe auch Köhler/Bornkamm/Feddersen UWG Einl. Rn. 3.29; Harte-Bavendamm/Henning-Bodewig/Podszun UWG § 3 Rn. 101 ff.

[18] Ausführlich zum Unionsrecht Milbradt in → § 11; zu den angeführten Beispielen des § 6 UWG und der §§ 69a ff. UrhG siehe die ausführlichen Kommentierungen von Eck zur vergleichenden Werbung in → § 22 und von A. Nordemann/Czychowski zum Urheberrecht in → § 40.

[19] Vertrag über die Arbeitsweise der Europäischen Union (AEUV), in der Fassung des am 1.12.2009 in Kraft getretenen Vertrages von Lissabon, konsolidierte Fassung bekanntgemacht im ABl. C 115 vom 9.5.2008 S. 47, zuletzt geändert durch Art. 2 ÄndBeschl. 2012/419/EU vom 11.7.2012, ABl. L 204 S. 131; siehe hierzu Milbradt in → § 11 Rn. 12; Ohly/Sosnitza UWG Einf. A Rn. 9, Einf. C; s. auch Köhler/Bornkamm/Feddersen UWG Einl. Rn. 3.2;

[20] EuGH Slg. 1978, 629 (644); BGH GRUR 1994, 794 (796) – Rolling Stones; Ohly/Sosnitza UWG Einf. A Rn. 9, Einf. B Rn. 4, ausf. Einf. C; Köhler/Bornkamm/Feddersen UWG Einl. Rn. 3.1.

9 Unter dem Begriff des sekundären Unionsrechts sind **Verordnungen** sowie **Richtlinien** des Rats oder der Kommission zusammengefasst. Gemäß Art. 288 Abs. 2 AEUV (ex-Artikel 249 Abs. 2 EGV) hat die Verordnung allgemeine Geltung; sie ist – ohne dass es einer Umsetzung in nationales Recht bedürfte – in ihren Teilen verbindlich und **gilt unmittelbar** in jedem Mitgliedstaat. Richtlinien sind adressiert an die Mitgliedstaaten und sind hinsichtlich des zu erreichenden Ziels verbindlich. Richtlinien entfalten grundsätzlich[21] erst nach deren **Umsetzung in nationales Recht** Wirkung, wobei die Wahl der Form und Mittel zur Umsetzung den Mitgliedstaaten überlassen bleibt gemäß Art. 288 Abs. 3 AEUV (ex-Art. 249 Abs. 3 EGV). Das aus dem Grundsatz des Vorrangs des Unionsrechts folgende Gebot der nach Wortlaut und Normzweck richtlinienkonformen Auslegung unionsrechtlicher Bestimmungen gilt für die nationalen Gerichte auch dann, wenn die Umsetzungsfrist vom Gesetzgeber bezüglich einer ihrem Inhalt nach unzweideutigen Richtlinie nicht gewahrt wurde;[22] dies bedeutete etwa für die Richtlinie über **unlautere Geschäftspraktiken (RL 2005/29/EG)**, dass diese mangels rechtzeitiger Umsetzung durch den nationalen Gesetzgeber bereits ab Dezember 2007 (Art. 19 Abs. 2 UGP RL) bei der Auslegung nationalen Rechts unmittelbar zu berücksichtigen war. Ebenfalls zu den Rechtsquellen sekundären Unionsrechts zählen die für die Adressaten in allen ihren Teilen verbindlichen Entscheidungen sowie schließlich die nicht verbindlichen Empfehlungen und Stellungnahmen des Rats oder der Kommission gemäß Art. 288 Abs. 4, Abs. 5 AEUV (ex-Art. 249 Abs. 4, Abs. 5 EGV).

3. Internationale Abkommen

10 Im Bereich des **Wettbewerbsrechts** spielen internationale Abkommen eher eine untergeordnete Rolle. Zwar ist auch die Unterdrückung des unlauteren Wettbewerbs im wohl bedeutsamsten mehrseitigen Abkommen ausdrücklich erwähnt (Art. 1 Abs. 2 PVÜ).[23] Jedoch beschränkt sich der Lauterkeitsschutz nach der PVÜ im Kern auf Verstöße gegen die „anständigen Gepflogenheiten in Gewerbe und Handel" und die verbotene Irreführung (Art. 10bis Abs. 2 und Abs. 3 Nr. 1 bis 3 PVÜ). Diesem Schutzzweck der PVÜ trugen in Deutschland bereits seit 1909 die große und die kleine Generalklausel der §§ 1, 3 UWG aF Rechnung, seit Juli 2004 bzw. Dezember 2008 geregelt in §§ 3, 5 UWG nF bzw. §§ 3, 5, 5a UWG nF. Auch soweit Art. 1 Abs. 2 TRIPS[24] den „Schutz nicht offenbarter Informationen" fordert, bestand für die Bundesrepublik Deutschland bei Inkrafttreten von TRIPS[25] zunächst kein Handlungsbedarf, da der Schutz vertraulicher Informationen mit den Vorschriften der §§ 17 ff. UWG a. F. in Deutschland bereits auf eine jahrzehntelange Tradition zurückblicken konnte.

11 Nunmehr wurde der bis dato über §§ 17 ff. UWG a. F. bloß strafrechtlich ausgestaltete Geheimnisschutz mit dem Gesetz zum Schutz von Geschäftsgeheimnissen (GeschGehG) vom 18.4.2019[26] zur Umsetzung der Richtlinie (EU) 2016/943 des Europäischen Parlaments und des Rates vom 8.6.2016 über den Schutz vertraulichen Know-hows und vertraulicher Geschäftsinformationen (Geschäftsgeheimnisse) vor rechtswidrigem Erwerb sowie rechtswidriger Nutzung und Offenlegung[27] in einem eigenen Gesetz umfassend neu geregelt. Weitere für die wettbewerbsrechtliche Praxis wirklich erhebliche internationale Abkommen gibt es nicht.[28]

---

[21] Zu der ausnahmsweise unmittelbaren Wirkung von RL siehe Milbradt in → § 11.

[22] Zur RL 97/55/EG, aufgehoben und ersetzt durch RL 2006/114/EG vom 12.12.2006 über irreführende und vergleichende Werbung, ABl. L 376 v. 27.12.2006 S. 21 ff. s. etwa BGH GRUR 1998, 824 (827) – Testpreis-Angebot; zuvor schon BGH GRUR 1993, 825 (826) – Dos; Ohly/Sosnitza UWG § 5 Rn. 40; Köhler/Bornkamm/Feddersen UWG Einl. Rn. 3.13 ff.

[23] Die Bedeutung der PVÜ im internationalen Rechtsverkehr lässt sich schon an der hohen Zahl an Zeichnerstaaten ablesen: inzwischen ist die Pariser Verbandsübereinkunft von über 178 Staaten ratifiziert worden; abrufbar unter http://www.wipo.int/treaties/en/ip/paris/.

[24] Der Bezug auf den „Schutz nicht offenbarter Informationen" wird in Art. 1 Abs. 2 TRIPS – etwas umständlich – über eine Referenz auf den „Gegenstand der Abschnitte 1–7 des Teils II" vorgenommen, wobei Teil II 7 Art. 39 eben „den Schutz nicht offenbarter Informationen" betrifft.

[25] Das Übereinkommen ist als Anhang 1 C des Übereinkommens zur Errichtung der Welthandelsorganisation (WTO) zum 1.1.1995 in Kraft getreten (Übereinkommen über handelsbezogene Aspekte der Rechte des geistigen Eigentums vom 15.4.1993, BGBl. II 1730 bzw. ABl. L 336 S. 213).

[26] Verkündet als Art. 1 des Gesetzes vom 18.4.2019 (BGBl. I 466); Inkrafttreten gem. Art. 6 dieses Gesetzes am 26.4.2019.

[27] ABl. L 157 vom 15.6.2016, S. 1

[28] So spielt etwa das Madrider Abkommen über die Unterdrückung falscher oder irreführender Herkunftsangaben vom 14.4.1891 (nebst der hierzu ergangenen Stockholmer Zusatzvereinbarung vom 14.4.1967; zum Madrider Abkommen siehe das Gesetz vom 23.3.1961, BGBl. II 273, sowie die Bekanntmachung vom 7.2. und 15.3.1963, BGBl. II 153, 1076) in der Praxis keine nennenswerte Rolle.

Daneben gibt es eine ganze Reihe **schutzrechtsspezifischer Abkommen:** im Patentrecht ist namentlich hinzuweisen auf den **Vertrag über die Internationale Zusammenarbeit** auf dem Gebiet des **Patentwesens** vom 19.6.1970 sowie das Übereinkommen über die Erteilung Europäischer Patente (**EPÜ**); im Markenrecht sind zu nennen das **Madrider Abkommen** über die Internationale Registrierung von Marken vom 14.4.1891, das knapp 100 Jahre später dazu ergangene **Protokoll** zum Madrider Abkommen über die Internationale Registrierung von Marken, angenommen in Madrid am 27.6.1989, sowie das **Abkommen von Nizza** über die Internationale Klassifizierung von Waren und Dienstleistungen vom 15.6.1957; im Bereich des Urheberrechts sind vornehmlich zu nennen die (revidierte) **Berner Übereinkunft** zum Schutz von Werken der Literatur und Kunst vom 9.9.1886 sowie das **Welturheberrechtsabkommen** vom 6.9.1952; die Möglichkeit der internationalen Hinterlegung von Geschmacksmustern eröffnet das **Haager Abkommen** über die Internationale Hinterlegung Gewerblicher Muster und Modelle vom 6.11.1925, revidiert in London am 2.6.1934. Zum Madrider Markenschutzsystem (Madrider Abkommen und Protokoll) ist hervorzuheben, dass dieses in der Praxis ohnehin vielgenutzte Schutzsystem insbesondere in jüngerer Zeit erheblich an Attraktivität gewonnen hat. Derzeit umfasst die Madrider Union **110 Mitglieder (insgesamt 126 Länder)**, die wirtschaftlich weit über 80 % des Welthandels abdecken. Sehr zu begrüßen ist der Umstand, dass dem Madrider Schutzsystem nach den USA (2003) sowie der EU (2004) eine ganze Reihe wichtiger Länder und Organisationen beigetreten ist, etwa die African Intellectual Property Organization (2015), Brasilien und Kanada (2019), die Vereinigten Arabischen Emirate (2021) sowie zuletzt Jamaika (2022).[29] Mit Blick auf ihren Regelungscharakter sind diese internationalen Abkommen ähnlich strukturiert. Geschaffen wird ein weitgehend harmonisierter Rechtsrahmen für die Hinterlegung, Erteilung bzw. Registrierung bestimmter Schutzrechte, die in **einer Anmeldung** für beliebig viele Zeichnerstaaten des jeweiligen Schutzsystems **gebündelt** werden können. Die **materielle Schutzerteilung** richtet sich allerdings jeweils nach **nationalem Recht.** So kann es durchaus sein, dass ein Patent oder eine (IR-)Marke in dem einen Land zuerkannt und in anderen Ländern die Schutzfähigkeit negativ beschieden oder nur teilweise zugesprochen wird. Auch richten sich die Rechtsmittel, die Zuerkennung der Schutzrechte sowie die Bemessung des jeweiligen Schutzumfanges nach nationalem Recht.[30] 12

Bisweilen stellt sich im internationalen Rechtsverkehr die bis heute kontrovers beantwortete Frage, ob internationale Abkommen im Bereich des Gewerblichen Rechtsschutzes noch der Umsetzung in nationales Recht bedürfen oder vielmehr unmittelbare Anwendung finden. Dies gilt namentlich für Bestimmungen der PVÜ und des TRIPS-Abkommens. Die unmittelbare praktische Bedeutung des Problems sei anhand eines Beispiels aus dem Markenrecht verdeutlicht: Art. 6^{septies} der PVÜ regelt die Problematik der sogen. „Agentenmarke", wie sie etwa im deutschen Markenrecht in §§ 11, 17 MarkenG umgesetzt und zuvor auch schon in jahrzehntelanger Spruchpraxis des BGH gehandhabt worden ist. Obwohl die USA bereits 1887 der PVÜ beigetreten sind, fehlt eine entsprechende Vorschrift im amerikanischen Markenrecht; die einzige Bestimmung, die in solchen Fällen herangezogen werden kann, ist § 14 des Lanham Trademark Acts, nach der registrierte Marken ua dann zu löschen sind, wenn ihre Registrierung betrügerisch herbeigeführt wurde (§ 14 Abs. 3 S. 1 Lanham Act: „... was obtained fraudulently ..."). Diese Regelung bleibt mithin weit hinter Sinn und Zweck von Art. 6^{septies} PVÜ zurück; demgemäß sind Fälle der Markenregistrierung durch einen ungetreuen Agenten in den USA erheblich schwieriger zu bereinigen als dies etwa nach §§ 11, 17 MarkenG in Deutschland der Fall ist. Allerdings bilden solche Fälle die Ausnahme. Typischerweise ist recht weitgehend Verlass darauf, dass die Beitrittsländer die Vorschriften des jeweiligen internationalen Abkommens auch in nationales Recht umgesetzt haben. Dabei ist freilich zu beachten, dass in den jeweiligen Abkommen regelmäßig die Umsetzung bestimmter Bereiche *optional* ausgestaltet ist. 13

Praxistipp:

Um sich etwa bei dem Erwerb Gewerblicher Schutzrechte im Rahmen von grenzüberschreitenden Transaktionen einen ersten Überblick über das materielle Recht des jeweiligen Landes zu verschaffen, erweist es sich oftmals als sinnvoller erster Schritt, anhand des einschlägigen internationalen Abkommens

[29] S. dazu unten Hasselblatt in → § 34 Rn. 26 ff.

[30] Zu den einzelnen Schutzsystemen wird verwiesen auf die Ausführungen von Karow in → § 33 (Internationaler Markenschutz), Schoenen/Smielick in → §§ 35 f. (EPÜ und Patent Cooperation Treaty), A. Nordemann/Czychowski für das internationale Urheberrecht in → § 40 und von Gerlach in → § 42 (Designrecht).

zu überprüfen, ob die von der Transaktion betroffenen Länder Zeichnerstaaten und ob nach dem Regelungswerk des Übereinkommens beispielsweise bestimmte materielle Schutzanforderungen (etwa bezüglich der Inhaberschaft) oder Formerfordernisse für die Übertragung von Schutzrechten vorgesehen sind.

II. Rechtsgrundlagen des Wettbewerbsrechts und des Gewerblichen Rechtsschutzes

14 Die nachfolgende Übersicht der Rechtsquellen des Wettbewerbsrechts und des Gewerblichen Rechtsschutzes ist keineswegs abschließend. Gerade im Bereich des Lebensmittel-, Wein- und Arzneimittelrechts finden sich zahllose weitere Gesetze und Verordnungen, die es zu beachten gilt.[31] Demgemäß musste schon aus Platzgründen eine Auswahl getroffen werden, die sich auf diejenigen – nationalen wie internationalen – Bestimmungen beschränkt, die für die tägliche Praxis besonders relevant sind:

1. Nationale Gesetze/Verordnungen/Staatsverträge

15 **a) Unlauterkeitsrecht und verwandte Rechtsgebiete.** *aa) Wettbewerbsrecht.* Aus dem Bereich des Wettbewerbsrechts sind hervorzuheben:

- Gesetz gegen den unlauteren Wettbewerb (**UWG**) vom 7.6.1909;[32]
- Zweites Gesetz zur Änderung des Gesetzes gegen den unlauteren Wettbewerb;[33]
- Gesetz zum Schutz von Geschäftsgeheimnissen vom 18.4.2019;[34]
- Gesetz zur Stärkung des fairen Wettbewerbs vom 26.11.2020;[35]
- Gesetz für faire Verbraucherverträge vom 10.8.2021;[36]
- Gesetz zur Stärkung des Verbraucherschutzes im Wettbewerbs- und Gewerberecht vom 10.8.2021;[37]
- Gesetz zur Förderung verbrauchergerechter Angebote im Rechtsdienstleistungsmarkt vom 10.8.2021;[38]
- Gesetz gegen Wettbewerbsbeschränkungen (**GWB**) vom 26.8.1998;[39]
- Preisangabengesetz vom 3.12.1984;[40]
- Preisangabenverordnung (**PAngV**) in der Fassung und Bekanntmachung vom 12.11.2021;[41]
- Preisklauselgesetz (**PrKG**) vom 7.9.2007;[42]

---

[31] Zum Arzneimittelrecht siehe die umfassende Darstellung bei Kloesel/Cyran Arzneimittelrecht Texte und Kommentierung; zum Lebensmittel-, Wein- und Arzneimittelrecht sei ferner verwiesen auf Zipfel Lebensmittelrecht Band I (Gesetzestexte) und Bände II–IV (Kommentierungen); im vorliegenden Handbuch sei verwiesen auf die Kommentierungen von U. Grundmann, Eggers/Böhler und Schulte-Beckhausen in → §§ 29 bis 31.

[32] RGBl. S. 499, neu gefasst durch Beschl. v. 3.3.2010, BGBl. I 254; zuletzt geändert durch Art. 1 des Gesetzes vom 10.8.2021, BGBl. I 3504.

[33] Zweites Gesetz zur Änderung des Gesetzes gegen unlauteren Wettbewerb vom 2.12.2015 BGBl. I 2158 (Nr. 49).

[34] BGBl. I 466, dient der Umsetzung der Richtlinie (EU) 2016/943 des Europäischen Parlaments und des Rates vom 8. Juni 2016 über den Schutz vertraulichen Know-hows und vertraulicher Geschäftsinformationen (Geschäftsgeheimnisse) vor rechtswidrigem Erwerb sowie rechtswidriger Nutzung und Offenlegung (ABl. L 157 vom 15.6.2016, S. 1).

[35] BGBl. I 2568; Geltung ab 2.12.2020.

[36] BGBl. I 3433; Geltung ab 1.10.2021.

[37] BGBl. I 3504, dient der Umsetzung der Richtlinie (EU) 2019/2161 des Europäischen Parlaments und des Rates vom 27. November 2019 zur Änderung der Richtlinie 93/13/EWG des Rates und der Richtlinien 98/6/EG, 2005/29/EG und 2011/83/EU des Europäischen Parlaments und des Rates zur besseren Durchsetzung und Modernisierung der Verbraucherschutzvorschriften der Union (ABl. L 328 vom 18.12.2019, S. 7); Geltung ab 28.5. 2022.

[38] BGBl. I 3415; Geltung ab 1.10.2021.

[39] BGBl. I 2521, 2546, neu gefasst durch Beschl. v. 26.6.2013, BGBl. I 1750, 3245, zuletzt geändert durch Art. 10 Abs. 2 des Gesetzes vom 27.7.2021, BGBl. I 3274.

[40] BGBl. I 1429, zuletzt geändert durch Artikel 296 der Verordnung vom 31.8.2015, BGBl. I 1474.

[41] BGBl. I 4921, dient der Umsetzung der Richtlinie (EU) 2019/2161 des Europäischen Parlaments und des Rates vom 27. November 2019 zur Änderung der Richtlinie 93/13/EWG des Rates und der Richtlinie 98/6/EG, 2005/29/EG und 2011/83/EU des Europäischen Parlaments und des Rates zur besseren Durchsetzung und Modernisierung der Verbraucherschutzvorschriften der Union (ABl. L 328 vom 18.12.2019 S. 7); Geltung ab 28.5.2022; ersetzt die Preisangabenverordnung (PAngV) vom 18.10.2002, BGBl. I 4197.

[42] BGBl. I 2246, 2247, zuletzt geändert durch Art. 8 Abs. 8 des Gesetzes vom 29.7.2009, BGBl. I 2355.

- Jugendschutzgesetz (**JuSchG**) vom 23.7.2002;[43]
- **Gesetz über den Ladenschluss (LadenschlussG)** in der Fassung der Bekanntmachung vom 2.6. 2003, wobei zu beachten ist, dass – mit Ausnahme von Bayern – inzwischen sämtliche Länder die **Ladenöffnungszeiten auf Landesebene geregelt** haben;[44]
- Staatsvertrag zum Glücksspielwesen in Deutschland (Glücksspielstaatsvertrag 2021 – **GlüStV 2021**) in der Fassung vom 29.10.2020;[45]
- **Gesetz über Unterlassungsklagen bei Verbraucherrechts- und anderen Verstößen** (Unterlassungsklagengesetz – **UKlaG**) in der Fassung der Bekanntmachung vom 27.8.2002;[46]
- Bürgerliches Gesetzbuch (**BGB**) in der Fassung der Bekanntmachung vom 2.1.2002,[47] hier insbesondere § 823 Abs. 1 BGB, § 823 Abs. 2 BGB iVm Schutzgesetzen sowie namentlich § 826 BGB; zu beachten sind ferner die zahlreichen Hinweis-, Informations- und Belehrungspflichten, etwa nach §§ 312c), 312d), 312e), 355, 482, 485, 495 BGB;
- Einführungsgesetz zum Bürgerlichen Gesetzbuche in der Fassung der Bekanntmachung vom 21. September 1994,[48] insbesondere Art. 238 – 253 zu den Informationspflichten;
- Handelsgesetzbuch (**HGB**) vom 10.5.1897;[49]
- Strafgesetzbuch (**StGB**) in der Fassung der Bekanntmachung vom 13.11.1998,[50] insbesondere die **Straftaten gegen den Wettbewerb** gem. §§ 298 bis 302 StGB.

bb) Lebensmittel-, Kosmetik-, Arzneimittel- und Heilmittelwerberecht. Hinzuweisen ist hier insbesondere auf: 16

- Lebensmittel-, Bedarfsgegenstande- und Futtermittelgesetzbuch (**LFGB**) in der Fassung der Bekanntmachung vom 15.9.2021;[51]
- Verordnung zur Durchführung unionsrechtlicher Vorschriften betreffend die Information der Verbraucher über Lebensmittel (**LMIDV**) in der Fassung der Bekanntmachung vom 5.7.2017;[52]
- Verordnung über diätetische Lebensmittel (**DiätVO**) in der Fassung der Bekanntmachung vom 28.4.2005;[53]
- Lebensmittelzusatzstoff-Durchführungsverordnung (**LMZDV**) in der Fassung vom 2.6. 2021;[54]
- Verordnung über Tabakerzeugnisse und verwandte Erzeugnisse vom 27.4.2016 (Tabakerzeugnisverordnung);[55]
- Gesetz über die Werbung auf dem Gebiet des Heilwesens (**HWG**) in der Fassung der Bekanntmachung vom 19.10.1994;[56]

---

[43] BGBl. I 2730, zuletzt geändert durch Art. 1 zur Änd. des JugendschutzG vom 9.4.2021, BGBl. I 742.

[44] BGBl. I 744, neu gefasst durch Beschl. v. 2.6.2003, BGBl. I 744, zuletzt geändert durch Artikel 430 der Verordnung vom 31.8.2015, BGBl. I 1474. Siehe die Nachweise in Fn. 1 des Ladenschlussgesetzes des Bundes.

[45] GVBl. S. 97, 288, BayRS 02-30-I.

[46] BGBl. I 3422, ber. S. 4346, neu gefasst durch Beschl. v. 27.8.2002, BGBl. I 3422, 4346, zuletzt geändert durch Art. 3 des Gesetzes vom 25.6.2021, BGBl. I 2123.

[47] BGBl. I 42, 2909, 2003 I S. 738, neu gefasst durch Beschl. v. 2.1.2002, BGBl. I 42, 2909; 2003, 738, zuletzt geändert durch Art. 2 des Gesetzes vom 21.12.2021, BGBl. I 5252.

[48] BGBl. I 2494, ber. 1997 I S. 1061, zuletzt geändert durch Art. 3 des Gesetzes vom 21.12.2021, BGBl. I 5252; hat mit Ablauf des 30.6.2018 durch Art. 7 Satz 2 des Gesetzes vom 17.7.2017, BGBl. I 2394, die BGB-Informationspflichten-Verordnung, BGBl. I 3002, endgültig aufgehoben; ein Verstoß gegen Informations-, Hinweis- und Belehrungspflichten kann wettbewerbsrechtlich nach § 3a UWG geahndet werden; dazu ausführlich Dittert in → § 14.

[49] RGBl. S. 219, zuletzt geändert durch Art. 51 des Gesetzes vom 10.8.2021, BGBl. I 3436.

[50] BGBl. I 3322, zuletzt geändert durch Art. 2 des Gesetzes vom 22.11.2021, BGBl. I 4906.

[51] BGBl. I 4253, neu gefasst durch Beschl. v. 15.9.2021, BGBl. I 4253, BGBl. I 28; zuletzt geändert durch Art. 7 des Gesetzes vom 27.9.2021, BGBl. I 4530; siehe dazu ausführlich Eggers/Böhler in → § 30.

[52] BGBl. I 2272, zuletzt geändert durch Art. 4 der Verordnung vom 18.11.2020, BGBl. I 2504; ersetzt die Verordnung über Kennzeichnung von Lebensmitteln (LMKV), BGBl. I 2464, zuletzt geändert durch Artikel 2 der Verordnung vom 25.2.2014, BGBl. I 218 und die Nährwertkennzeichnungsverordnung (NKV), BGBl. I 3526, zuletzt geändert durch Art. 1 der Verordnung vom 1.10.2009, BGBl. I 3221.

[53] BGBl. I 1161, zuletzt geändert durch Artikel 2 der Verordnung vom 2.6.2021, BGBl. I 1362.

[54] BGBl. I 1362, ersetzt die Verordnung über die Zulassung von Zusatzstoffen zu Lebensmitteln zu technologischen Zwecken (ZZulV), BGBl. I 230, 231, und die Verordnung über Anforderungen an Zusatzstoffen und das Inverkehrbringen von Zusatzstoffen für technologische Zwecke (ZVerkV), BGBl. I 230, 269.

[55] BGBl. I 980 (Nr. 20), zuletzt geändert durch Artikel 4 des Gesetzes vom 23.10.2020, BGBl. I 2229, ersetzt die Verordnung über Tabakerzeugnisse (TabakVO) vom 20.12.1977, BGBl. I 2831, sowie die Tabakprodukt-Verordnung vom 20.11.2002, BGBl. I 3068; beide ab 20.5.2016 außer Kraft getreten.

[56] BGBl. I 3068, zuletzt geändert durch Artikel 6 des Gesetzes vom 27.9.2021, BGBl. I 4530; siehe dazu ausführlich U. Grundmann in → § 29.

- Gesetz über den Verkehr mit Arzneimitteln (AMG) in der Fassung der Bekanntmachung vom 12.12.2005;[57]
- **Weingesetz** in der Fassung der Bekanntmachung vom 18.1.2011;[58]
- Verordnung über kosmetische Mittel (**KosmetikVO**) vom 16.7.2014.[59]

17 *cc) Rundfunk-, Presse- und Landesmedienrecht.* Das Rundfunk-[60] und Presserecht[61] ist stark landesrechtlich geprägt. Im Einzelnen gelten:

- **Baden-Württemberg:** Landespressegesetz in der Fassung vom 14.1.1964;[62] Landesmediengesetze in der Fassung der Bekanntmachung vom 19.7.1999;[63]
- **Bayern:** Bayerisches Pressegesetz in der Fassung der Bekanntmachung vom 19.4.2000;[64] Bayerisches Mediengesetz in der Fassung der Bekanntmachung vom 22.10.2003;[65]
- **Berlin:** Berliner Pressegesetz vom 15.6.1965;[66]
- **Brandenburg:** Pressegesetz des Landes Brandenburg vom 13.5.1993;[67]
- **Bremen:** Gesetz über die Presse (Pressegesetz) vom 16.3.1965;[68] Bremisches Landesmediengesetz in der Fassung der Bekanntmachung vom 12.1.2021;[69]
- **Hamburg:** Hamburgisches Pressegesetz vom 29.1.1965;[70] Staatsvertrag über das Medienrecht in Hamburg und Schleswig-Holstein (Medienstaatsvertrag HSH) in der Fassung des Achten Medienänderungsstaatsvertrages vom 2.12.2020;[71]
- **Hessen:** Hessisches Gesetz über Freiheit und Recht der Presse in der Fassung vom 12.12.2003;[72] Gesetz über den privaten Rundfunk in Hessen in der Fassung der Bekanntmachung vom 25.1.1995;[73]
- **Mecklenburg-Vorpommern:** Landespressegesetz für das Land Mecklenburg-Vorpommern vom 6.6.1993;[74] Rundfunkgesetz für das Land Mecklenburg-Vorpommern vom 20.11.2003;[75]
- **Niedersachsen:** Niedersächsisches Pressegesetz vom 22.3.1965;[76] Niedersächsisches Mediengesetz in der Neufassung vom 11.10.2010;[77]
- **Nordrhein-Westfalen:** Pressegesetz für das Land Nordrhein-Westfalen vom 24.5.1966;[78] Landesmediengesetz für das Land Nordrhein-Westfalen vom 2.7.2002;[79]
- **Rheinland-Pfalz:** Landesmediengesetz für das Land Rheinland-Pfalz vom 19.12.2018;[80]
- **Saarland:** Saarländisches Mediengesetz vom 27.2.2002;[81]

---

[57] BGBl. I 3394, zuletzt geändert durch Artikel 2, 3 des Gesetzes vom 27.9.2021, BGBl. I 4530.

[58] BGBl. I 66, zuletzt geändert durch Artikel 12 des Gesetzes vom 10.8.2021, BGBl. I 3436.

[59] BGBl. I 1054 (Nr. 32), zuletzt geändert durch Artikel 9 des Gesetzes vom 27.7.2021, BGBl. I 3274; ersetzt alte KosmetikVO in der Fassung der Bekanntmachung vom 7.10.1997, BGBl. I 2410, ab 24.7.2014 außer Kraft getreten; dazu ausführlich Schulte-Beckhausen in → § 31.

[60] Ausführlich zum Rundfunkrecht siehe Helling in → § 26.

[61] Zum Presserecht ausführlich Sajuntz/Wiggenhorn in → § 25.

[62] GBl. S. 11, zuletzt geändert durch Art. 3 des Gesetzes vom 24.4.2018, GBl. S. 129, 131, mit Wirkung vom 25.5.2018.

[63] GBl. S. 273, ber. S. 387, zuletzt geändert durch Art. 1 des Gesetzes vom 26.5.2020, GBl. S. 306.

[64] GVBl. S. 340, zuletzt geändert durch § 1 Abs. 256 der Verordnung vom 26. März 2019, GVBl. S. 98.

[65] GVBl. S. 799, BayRS 2251-4-S, zuletzt geändert durch das Gesetz vom 23. Dezember 2020, GVBl. S. 674.

[66] GVBl. S. 744, zuletzt geändert durch Art. 9 des Gesetzes vom 27.9.2021, GVBl. S. 1117.

[67] GVBl. I S. 162, zuletzt geändert durch Art. 31 des Gesetzes vom 8.5.2018, GVBl. I Nr. 8.

[68] Brem.GBl. S. 63, zuletzt geändert durch Nummer 2e in Verbindung mit Anlage 5 der Bekanntmachung vom 20.10.2020, Brem.GBl. S. 1172.

[69] Brem.GBl. S. 42.

[70] HambGVBl. S. 15, zuletzt geändert durch § 1 des Gesetzes vom 18.5.2018, HmbGVBl. S. 184.

[71] HmbGVBl. S. 133, Bek. v. 11.3.2021 HmbGVBl. S. 144; GVOBl. Schl.-H. S. 305, Bek. v. 30.3.2021 GVOBl. Schl.-H. S. 507 .

[72] GVBl. 2004 S. 2, zuletzt geändert durch Art. 14 des Gesetzes vom 3.5.2018, GVBl. S. 82.

[73] GVBl. I S. 87, zuletzt geändert durch Art. 2 des Gesetzes vom 30.9.2020, GVBl. S. 606.

[74] GVOBl. M-V S. 541, zuletzt geändert durch Art. 8 des Gesetzes vom 22.5.2018, GVOBl. M-V S. 193.

[75] GVOBl. M-V S. 510, zuletzt geändert durch Art. 1 des Gesetzes vom 15.6.2021, GVOBl. M-V S. 954, ber. S. 1305.

[76] Nds. GVBl. S. 9, zuletzt geändert durch Art. 5 des Gesetzes vom 16.5.2018, Nds. GVBl. S. 66.

[77] Nds. GVBl. Nr. 25/2010 S. 480 ff, zuletzt geändert durch Art. 2 des Gesetzes vom 12.5.2020, Nds. GVBl. S. 112.

[78] GV. NRW S. 340, zuletzt geändert durch Art. 4 des Gesetzes vom 4.5.2021, GV. NRW. S. 597.

[79] GV. NRW 2002 S. 334, zuletzt geändert durch Art. 10 des Gesetzes vom 14.9.2021, GV. NRW. S. 1072.

[80] GVBl. 2018, 431, zuletzt geändert durch Artikel 1 des Gesetzes vom 17.12.2020, GVBl. S. 718.

[81] ABl. S. 498, zuletzt geändert durch Art. 13 des Gesetzes vom 8.12.2021, ABl. I S. 2629.

- **Sachsen:** Sächsisches Gesetz über die Presse vom 3.4.1992;[82] Gesetz über den Privaten Rundfunk und neue Medien in Sachsen in der Fassung der Bekanntmachung vom 9.1.2001;[83]
- **Sachsen-Anhalt:** Pressegesetz für das Land Sachsen-Anhalt in der Fassung vom 2.5.2013;[84] Mediengesetz des Landes Sachsen-Anhalt in der Fassung vom 2.1.2013;[85]
- **Schleswig-Holstein:** Landespressegesetz für das Land Schleswig-Holstein vom 31.1.2005;[86] Staatsvertrag über das Medienrecht in Hamburg und Schleswig-Holstein (Medienstaatsvertrag HSH) in der Fassung des Achten Medienänderungsstaatsvertrages vom 2.12.2020;[87]
- **Thüringen:** Thüringer Pressegesetz vom 31.7.1991;[88] Thüringer Landesmediengesetz in der Fassung der Bekanntmachung vom 15.7.2014.[89]

Zu beachten sind ferner eine Reihe von **Rundfunk- und Medienstaatsverträgen und Richtlinien der Landesfunk- und -medienanstalten:** 18

- Medienstaatsvertrag (MStV) in der Fassung vom 23.4.2020;[90]
- **Staatsvertrag über die Errichtung einer gemeinsamen Rundfunkanstalt der Länder Berlin und Brandenburg** vom 25.6.2002;[91]
- Staatsvertrag der Länder **Baden-Württemberg, Bayern und Rheinland-Pfalz** vom 12.5.1986 über die gemeinsame Nutzung eines Fernseh- und eines Hörfunkkanals auf Rundfunksatelliten;[92]
- **Staatsvertrag über den Norddeutschen Rundfunk (NDR)** vom 9.3.2021;[93]
- **Gesetz zum Staatsvertrag über den Mitteldeutschen Rundfunk (MDR)** vom 22.12.2020;[94]
- **Staatsvertrag über den Südwestrundfunk (SWR)** in der Neufassung vom 3.7.2014;[95]
- Staatsvertrag über die Körperschaft des öffentlichen Rechts **„Deutschlandradio"** in der Fassung der Bekanntmachung vom 27.7.2001;[96]
- **ZDF-Richtlinien für Werbung, Sponsoring, Gewinnspiele und Produktionshilfe** vom 12.3.2010;[97]
- **ARD-Richtlinien für Werbung, Sponsoring, Gewinnspiele und Produktionshilfe** in der Fassung vom 12.3.2010.[98]

---

[82] SächsGVBl. S. 125, zuletzt geändert durch Art. 13 des Gesetzes vom 11.5.2019, SächsGVBl. S. 358.

[83] SächsGVBl. S. 69, zuletzt geändert durch Art. 1 des Gesetzes vom 11.12.2018, SächsGVBl. S. 810.

[84] GVBl. LSA S. 198, zuletzt geändert durch Art. 3 des Gesetzes vom 29.3.2018, GVBl. LSA S. 22, ersetzt altes Pressegesetz für das Land Sachsen-Anhalt in der Fassung vom 26.4.2010, GVBl. LSA S. 299; ab dem 6.4.2013 außer Kraft getreten.

[85] GVBl. LSA S. 2, zuletzt geändert durch Art. 12 des Gesetzes vom 18.2.2020, GVBl. LSA S. 25, ersetzt altes Mediengesetz des Landes Sachsen-Anhalt in der Neufassung vom 26.4.2010, GVBl. LSA Nr. 12/2010 S. 301; ab dem 1.1.2013 außer Kraft getreten.

[86] GVOBl. Schl.-H. S. 105, zuletzt geändert durch Gesetz vom 11.6.2019 GVOBl. Schl.-H. S. 145.

[87] HmbGVBl. S. 133, Bek. v. 11.3.2021 HmbGVBl. S. 144; GVOBl. Schl.-H. S. 305, Bek. v. 30.3.2021 GVOBl. Schl.-H. S. 507.

[88] Thür. GVBl. S. 271, zuletzt geändert durch Art. 22 des Gesetzes vom 6.6.2018, GVBl. S. 229.

[89] GVBl. Nr. 4/2014, S. 385, zuletzt geändert durch Art. 2 des Gesetzes vom 23.7.2020, GVBl. S. 369; ersetzt Thüringer Landesmediengesetz in der Fassung der Bekanntmachung vom 5.3.2003, Thür. GVBl. S. 117, ab 15.7.2014 außer Kraft getreten.

[90] GVBl. S. 450, 451, BayRS 02–33-S, ersetzt Rundfunktstaatsvertrag (RStV), Gbl. S. 95, in Kraft getreten am 1.1.2016; Die Anlage (zu § 11b Abs. 1 Nr. 2 des Rundfunkstaatsvertrages) gilt als Anlage (zu § 28 Abs. 1 Nr. 2 des Medienstaatsvertrages), die Anlage (zu § 11b Abs. 3 Nr. 2 des Rundfunkstaatsvertrages) gilt als Anlage (zu § 28 Abs. 3 Nr. 2 des Medienstaatsvertrages) und die Anlage (zu § 11c Abs. 3 Nr. 3 des Rundfunkstaatsvertrages) als Anlage (zu § 29 Abs. 3 Nr. 3 des Medienstaatsvertrages) fort.

[91] GVBl. Bbg. I S. 138, zuletzt geändert durch Ersten Staatsvertrag (Artikel 1 des Gesetzes vom 5.12.2013) vom 11.9.2013, GVBl. I/13, [Nr. 41], S. 2.

[92] Bad.-Wü. GBl. S. 242; Bay. GVBl. S. 158; RhPf. GVBl. S. 170.

[93] Bekanntmachung ua in HmbGVBl. S. 497, S. 558; GVOBl. M-V S. 79, S. 1324; Nds. GVBl. S 487; GVOBl. Schl.-H. S. 691.

[94] Bekanntmachung ua in SächsGVBl. S. 396, S. 657; GVBl. LSA S. 208; GVBl. Thür S. 216, S. 366.

[95] Staatsvertrag über den Südwestrundfunk ist ab dem 31.12.2013 durch Gesetz vom 20.12.2013, RhPf. GVBl. S. 557, und durch Gesetz vom 3.12.2013, Bad.-Wü. GBl. S. 314 aufgehoben und neu gefasst worden mit Wirkung vom 1.1.2014; geändert durch SWR-Änderungsstaatsvertrag vom 1/9.4.2015, RhPf. GVBl. S. 108; Bad.-Wü. GBl. S. 332.

[96] GVBl. S. 529, zuletzt geändert durch Art. 4 des Vertrages vom 17. November 2017, GVBl. 2018 S. 210, 2020 S. 203.

[97] Abgedruckt unter http://www.zdf.de/ZDF/zdfportal/blob/26076940/1/data.pdf; ersetzt ZDF-Richtlinien für Werbung und Sponsoring vom 19.3.1993, abgedruckt in Ring Medienrecht, Band I, C V 1.201.

[98] Abgedruckt unter http://www.ard.de/download/553234/index.html; ersetzt ARD-Richtlinien für die Werbung, zur Durchführung der Trennung von Werbung und Programm und für das Sponsoring in der Fassung vom 6.6.2000, abgedruckt in Ring Medienrecht, Band I, C IV 1.201.

19 *dd) Neue Medien.* Aus dem Bereich der Bundesgesetze zu den „Neuen Medien“[99] ist namentlich hinzuweisen auf:

- Telemediengesetz (TMG) vom 26.2.2007;[100]
- Gesetz zur Regelung der Rahmenbedingungen für Informations- und Kommunikationsdienste (IuKDG) vom 22.7.1997;[101]
- Vertrauensdienstegesetz (VDG) vom 18.7.2017.[102]

20 *ee) Untergesetzliche Bestimmungen, Richtlinien.* Namentlich im Bereich des **nationalen Wettbewerbsrechts** gibt es eine Reihe von **Richtlinien, Empfehlungen und Erklärungen,** die keinen Gesetzescharakter haben, gleichwohl für die Praxis von Bedeutung sind. Dies ist jeweils im Einzelfall zu überprüfen. Die Gerichte orientieren sich insbesondere dann an solchen Erklärungen und Verlautbarungen, wenn darin die Überzeugung und/oder besondere Bräuche eines bestimmten Berufsstandes zum Ausdruck kommen. Es ist zudem damit zu rechnen, dass zukünftig **Verhaltenskodizes** größere Beachtung finden. Gem. Art. 17 der Enforcement Richtlinie haben die Mitgliedsstaaten darauf hinzuwirken, dass Verhaltenskodizes ausgearbeitet werden, die zum Schutz der Rechte des geistigen Eigentums beitragen, namentlich in dem die Anbringung eines Codes auf optischen Speicherplatten empfohlen wird, der den Ort ihrer Herstellung erkennen lässt.[103] Diesbezüglich gilt es die weitere Entwicklung zu beobachten.

21 Verwiesen sei hier insbesondere auf folgende Erklärungen:

- **Beispielskatalog des Bundeswirtschaftsministeriums** zu Wettbewerbsverzerrungen vom 17.11.1974[104] (so genanntes „Sündenregister“);
- gemeinsame **Erklärung von Spitzenorganisationen** der gewerblichen Wirtschaft vom November 1975/Juni 1984;[105]
- Richtlinien des Zentralverbandes der Werbewirtschaft (ZAW), ua betreffend **redaktionell gestalteter Anzeigen** (in der Fassung vom Januar 2003) sowie zu Werbung mit Zeitungs- und Zeitschriftenanalysen (20.11.1970);[106]
- Richtlinien der Verlegerorganisationen für **redaktionelle Hinweise** in Zeitungen und Zeitschriften;[107]
- Wettbewerbsregeln des Markenverbandes vom 10.5.1976;[108]
- Wettbewerbsrichtlinien der Versicherungswirtschaft vom 1.9.2006.[109]

22 **b) Gewerblicher Rechtsschutz.** Aus dem weiten Feld der **nationalen Bestimmungen** im **Gewerblichen Rechtsschutz** sind insbesondere zu nennen:

aa) Patentrecht

23
- Patentgesetz (**PatG**) in der Fassung der Bekanntmachung vom 16.12.1980;[110]
- Patentverordnung (**PatV**) vom 1.9.2003;[111]
- Patentkostengesetz (**PatKostG**) vom 13.12.2001;[112]

---

[99] Ausführlich dazu, einschließlich Haftungsregelungen, Lotze/Heinson und Lieckfeld/Elkemann in → § 27 und → § 28.

[100] BGBl. I 179, zuletzt geändert durch Artikel 3 des Gesetzes vom 12.8.2021, BGBl. I 3544.

[101] BGBl. I 1870.

[102] BGBl. I 2745, zuletzt geändert durch Art. 2 eIDAS-DurchführungsG vom 18.7.2017, BGBl. I 2745, ersetzt ehemaliges Signaturgesetz (SigG), BGBl. I 876, zuletzt geändert durch Art. 2, Art. 4 Abs. 106 des Gesetzes zur Aktualisierung der Strukturreform des Gebührenrechts des Bundes vom 18.7.2016, BGBl. I 1666, das am 1. Juli 2016 weitgehend durch die Verordnung (EU) Nr. 910/2014 über elektronische Identifizierung und Vertrauensdienste für elektronische Transaktionen im Binnenmarkt (eIDAS-Verordnung) verdrängt wurde.

[103] S. ferner Erwägungsgrund 29 zur Präambel der Enforcement Richtlinie, RL 2004/48/EG des Europäischen Parlaments und des Rates vom 29.4.2004 zur Durchsetzung der Rechte des geistigen Eigentums, ABl. 157, S. 45, 58, 82, Berichtigung der RL ABl. L 204 vom 4.8.2007, S. 27.

[104] Abgedr. in WRP 1975, 24 ff.

[105] November 1975: WRP 1976, 9 ff., Juni 1984: MA 1984, 398 ff.

[106] Im Internet verfügbar unter http://www.zaw.de/index.php?menuid=130.

[107] Abrufbar unter: https://www.vdz.de/fileadmin/vdz/upload/print-digital/Regelwerke/37_Richtlinie_fuer_redaktionelle_Hinweise.pdf.

[108] Abgedr. in WRP 1976, 576 ff.

[109] Im Internet verfügbar unter https://kvoptimal.de/download/Wettbewerbsrichtlinien.pdf.

[110] BGBl. I 1, zuletzt geändert durch Artikel 1 des Gesetzes vom 30.8.2021, BGBl. I 4074.

[111] BGBl. I 1702, zuletzt geändert durch Artikel 71 des Gesetzes vom 10.8.2021, BGBl. I 3436. Die Patentverordnung hat mit Wirkung zum 1.9.2003 die Patentanmeldeverordnung (PatAnmV) vom 29.5.1981 sowie die Verordnung über die Benennung des Erfinders (ErfBenVO) – ebenfalls vom 29.5.1981 – ersetzt.

[112] BGBl. I 3656, zuletzt geändert durch Artikel 2 des Gesetzes vom 30.8.2021, BGBl. I 4074. Das PatKostG ersetzt mit Wirkung vom 1.1.2002 das Patentgebührengesetz (PatGebG).

- Verordnung über die Zuständigkeit des Deutschen Patentamtes für die Übermittlung von Rechtshilfeersuchen des Europäischen Patentamts vom 22.6.1979;
- Verordnung über die Übersetzungen der Ansprüche europäischer Patentanmeldungen (**Anspr-ÜbersV**) vom 18.12.1978;[113]
- Verordnung über die Übersetzungen europäischer Patentschriften (**ÜbersV**) vom 2.6.1992;[114]
- Gesetz über internationale Patentübereinkommen (**IntPatÜbkG**) vom 21.6.1976.[115]

bb) Gebrauchsmusterrecht 24

- Gebrauchsmustergesetz (**GebrMG**) in der Fassung der Bekanntmachung vom 28.8.1986;[116]
- Gebrauchsmusterverordnung (**GebrMV**) vom 11.5.2004.[117]

cc) Arbeitnehmererfinderrecht 25

- **Gesetz über Arbeitnehmererfindungen** vom 25.7.1957;[118]
- Zweite Verordnung zur Durchführung des Gesetzes über Arbeitnehmererfindungen vom 1.10. 1957.[119]

dd) Topographien 26

- Gesetz über den Schutz der Topographien von mikroelektronischen Halbleitererzeugnissen (**HalbleiterschutzG**) vom 22.10.1987;[120]
- Halbleiterschutzverordnung (**HalblSchV**) vom 11.5.2004.[121]

ee) Sortenschutzrecht 27

- **Sortenschutzgesetz** in der Fassung der Bekanntmachung vom 19.12.1997;[122]
- **Saatgutverkehrsgesetz** in der Fassung der Bekanntmachung vom 16.7.2004;[123]
- Verordnung über das Artenverzeichnis zum Saatgutverkehrsgesetz in der Fassung der Bekanntmachung vom 27.10.2004.[124]

ff) Markenrecht 28

- Gesetz über den Schutz von Marken und sonstigen Kennzeichen (Markengesetz – **MarkenG**) vom 25.10.1994;[125]
- Verordnung zur Ausführung des Markengesetzes (**MarkenV**) vom 11.5.2004;[126]
- Gesetz über den Beitritt des Reiches zu dem Madrider Abkommen über die internationale Registrierung von Fabrik- oder Handelsmarken vom 12.7.1922;[127]
- Verordnung zum Schutz des Namens Solingen (Solingenverordnung – SolingenV) vom 16.12. 1994.[128]

gg) Urheber- und Verlagsrecht 29

- Gesetz über Urheberrecht und verwandte Schutzrechte (**UrheberrechtsG**) vom 9.9.1965;[129]
- Gesetz betreffend das **Urheberrecht an Werken der bildenden Künste und der Photographie** vom 9.1.1907;[130]
- Gesetz über die Wahrnehmung von Urheberrechten und verwandten Schutzrechten durch Verwertungsgesellschaften (Verwertungsgesellschaftengesetz – VGG) vom 1.6.2016;[131]
- Gesetz über das Verlagsrecht (**VerlagsG**) vom 19.6.1901.[132]

---

[113] BGBl. II 1469, zuletzt geändert durch Artikel 2 der Verordnung vom 12.12.2018, BGBl. I 2446.

[114] BGBl. II 395, aufgehoben durch Artikel 8b Nr. 3 des Gesetzes vom 7.7.2008, BGBl. I 1191.

[115] BGBl. II 649, zuletzt geändert durch Artikel 1 des Gesetzes vom 20.8.2021, BGBl. I 3914.

[116] BGBl. I 1455, zuletzt geändert durch Artikel 3 des Gesetzes vom 10.8.2021, BGBl. I 3490.

[117] BGBl. I 890, zuletzt geändert durch Artikel 4 des Gesetzes vom 10.8.2021, BGBl. I 3490; Die Gebrauchsmusterverordnung ersetzt mit Wirkung vom 1.6.2004 die Gebrauchsmusteranmeldeverordnung vom 12.11.1986.

[118] BGBl. I 756, zuletzt geändert durch Artikel 25 des Gesetzes vom 7.7.2021, BGBl. I 2363.

[119] BGBl. I 1680, zuletzt geändert durch Artikel 8 des Gesetzes vom 31.7.2009, BGBl. I 2521.

[120] BGBl. I 2294, zuletzt geändert durch Artikel 9 des Gesetzes vom 10.8.2021, BGBl. I 3490.

[121] BGBl. I 894, zuletzt geändert durch Artikel 74 des Gesetzes vom 10.8.2021, BGBl. I 3436.

[122] BGBl. I 3164, zuletzt geändert durch Art. 100 des Gesetzes vom 10.8.2021, BGBl. I 3436.

[123] BGBl. I 1673, zuletzt geändert durch Art. 99 des Gesetzes vom 10.8.2021, BGBl. I 3436.

[124] BGBl. I S. 2696 zuletzt geändert durch Art. 1 der Verordnung vom 28.9.2021, BGBl. I 4595.

[125] BGBl. I 3082 zuletzt geändert durch Art. 5 des Gesetzes vom 10.8.2021, BGBl. I 3490.

[126] BGBl. I 872, zuletzt geändert durch Art. 6 des Gesetzes vom 10.8.2021, BGBl. I 3490.

[127] RGBl. II S. 669, geändert durch Gesetz vom 25.10.1994, BGBl. I 3082.

[128] BGBl. I 3833, ist bislang die einzige auf der Grundlage von § 137 MarkenG erlassene Rechtsverordnung.

[129] BGBl. I 1273, zuletzt geändert durch Art. 25 des Gesetzes vom 23.6.2021, BGBl. I 1858.

[130] RGBl. S 7, zuletzt geändert durch Artikel 3 § 31 des Gesetzes vom 16.2.2001, BGBl. I 266.

[131] BGBl. I 1190 (Nr. 24), zuletzt geändert durch Art. 2 G des Gesetzes vom 31.5.2021, BGBl. I 1204; ersetzt Gesetz über die Wahrnehmung von Urheberrechten und verwandten Schutzrechten (UrhWahrnG) vom 9.9.1965, BGBl. I 1294, aufgehoben durch Artikel 7 des Gesetzes vom 24.5.2016, BGBl. I 1190.

[132] RGBl. I 217, zuletzt geändert durch Gesetz vom 22.3.2002, BGBl. I 1155, 1158.

30 *hh) Designrecht*

- **Designgesetz (DesignG) in der Neufassung** vom 24.2.2014;[133]
- Verordnung zur Ausführung des Designgesetzes (Designverordnung – DesignV) vom 2.1. 2014;[134]
- Gesetz zum Wiener Abkommen vom 12.6.1973 über den Schutz typographischer Schriftzeichen und ihre internationale Hinterlegung (**Schriftzeichengesetz**) vom 6.7.1981.[135]

31 *ii) Allgemeine Vorschriften.* Die territoriale Erstreckung von am 1.5.1992 in den „alten" bzw. „neuen" Bundesländern bestehenden gewerblichen Schutzrechten und Anmeldungen unter Beibehaltung ihres Zeitranges auf das gesamte Bundesgebiet regelt das im Zuge des Einigungsvertrages verabschiedete

- Gesetz über die **Erstreckung von gewerblichen Schutzrechten** (ErstrG) vom 23.4.1992.[136]

2. Europäisches Unionsrecht

32 **a) Primäres Unionsrecht.** Im hier interessierenden Bereich ist von den **Gründungsverträgen** (AEUV, EGKS V und EAGV) insbesondere folgende Rechtsquelle hervorzuheben:

- **Vertrag über die Arbeitsweise der Europäischen Union (AEUV) in der Fassung des am 1.12. 2009 in Kraft getretenen Vertrages von Lissabon.**[137]

33 **b) Sekundäres Unionsrecht.** Von den **wettbewerbsrechtlich** relevanten Bestimmungen sei insbesondere verwiesen auf:

- **Richtlinie 2006/114/EG** des Europäischen Parlaments und des Rates über **irreführende und vergleichende Werbung** vom 12.12.2006;[138]
- **Richtlinie 98/6/EG** des Europäischen Parlaments und des Rates über den Schutz der Verbraucher bei der **Angabe der Preise** der ihnen angebotenen Erzeugnisse vom 16.2.1998;[139]
- **Richtlinie 2000/31/EG** über bestimmte rechtliche Aspekte der Dienste der Informationsgesellschaft, insbesondere des elektronischen Geschäftsverkehrs, im Binnenmarkt vom 8.6.2000 (**„E-Commerce-Richtlinie"**);[140]
- **Richtlinie 2002/58/EG** des Europäischen Parlaments und des Rates vom 12.7.2002 der elektronischen Kommunikation (**Datenschutz-Richtlinie für elektronische Kommunikation**);[141]
- **Verordnung (EG) Nr. 1/2003** des Rates vom 16.12.2002 zur Durchführung der in den Art. 81 und 82 EG niedergelegten Wettbewerbsregeln (KartellverfahrensVO);[142]
- **Verordnung (EG) Nr. 1924/2006** des Europäischen Parlaments und des Rates vom 20.12.2006 über **nährwert- und gesundheitsbezogene Angaben über Lebensmittel;**[143]
- **Richtlinie 2005/29/EG** des Europäischen Parlaments und des Rates vom 11.5.2005 über unlautere Geschäftspraktiken im binnenmarktinternen Geschäftsverkehr zwischen Unternehmen und Verbrauchern und zur Änderung der Richtlinie 84/450/EWG des Rates, der Richtlinien 97/7/EG, 98/27/EG und 2002/65/EG des Europäischen Parlaments und des Rates sowie

---

[133] BGBl. I 122; zuletzt geändert durch Art. 10 des Gesetzes vom 10.8.2021, BGBl. I 3490; ersetzt Geschmacksmustergesetz vom 2.3.2010, BGBl. I 390 ff. Siehe hierzu auch Fußnote 1.

[134] BGBl. I 18 (Nr. 2), zuletzt geändert durch Art. 11 Abs. 2 des Gesetzes vom 10.8.2021, BGBl. I 3490; ersetzt Geschmacksmusterverordnung (GeschMV) vom 11.5.2010, BGBl. I 884, aufgehoben durch Artikel 6 der Verordnung vom 2.1.2014, BGBl. I 18.

[135] BGBl. II 382, zuletzt geändert durch Artikel 2 Abs. 16 des Gesetzes vom 12.3.2004, BGBl. I 390.

[136] BGBl. I 938, zuletzt geändert durch Artikel 14 Abs. 2 des Gesetzes vom 4.4.2016, BGBl. I 558.

[137] Vertrag über die Arbeitsweise der Europäischen Union (AEUV), in der Fassung des am 1.12.2009 in Kraft getretenen Vertrages von Lissabon, konsolidierte Fassung bekanntgemacht im ABl. C 115 v. 9.5.2008, S. 47, zuletzt geändert durch Art. 2 ÄndBeschl. 2012/419/EU vom 11.7.2012. ABl. L 204 S. 131.

[138] Dadurch wurden die Richtlinien 84/450/EWG des Rates über Irreführende Werbung vom 10.9.1984 sowie die Richtlinie 97/55/EG des Europäischen Parlamentes und des Rates zur Änderung der Richtlinie 84/450/EWG über irreführende Werbung zwecks Einbeziehung der vergleichenden Werbung vom 6.10.1997 aufgehoben und durch die konsolidierte Fassung der RL 2006/114/EG abgelöst, ABl. L 376 S. 21; ausf. zum Verbot irreführender Werbung Ahrens in § 20, zur vergleichenden Werbung Eck in → § 22.

[139] ABl. L 80 S. 27, zuletzt geändert durch Art. 2 der Richtlinie (EU) 2019/2161 vom 27.11.2019, ABl. L 328 S. 7.

[140] ABl. L 178 S. 1; seit der Fassung der Bekanntmachung vom 2.1.2002 in § 312e des BGB modifiziert.

[141] ABl. L 201 S. 37, zuletzt geändert durch Richtlinie 2009/136/EG vom 25.11.2009, ABl. L 337 S. 11.

[142] ABl. L vom 4.1.2003 S. 1, zuletzt geändert durch Anh. I ÄndVO (EG) 487/2009 vom 25.5.2009, ABl. L 148 S. 1.

[143] Berichtigte Fassung, ABl. 2007 Nr. L 198, S. 87, zuletzt geändert durch Art. 1 ÄndVO (EU) 1047/2012 vom 8.11.2012, ABl. L 310 S. 36.

der Verordnung (EG) Nr. 2006/2004 des Europäischen Parlaments und des Rates (**Richtlinie über unlautere Geschäftspraktiken**).[144]

Von den auf den Gebieten des **Gewerblichen Rechtsschutzes** und des **Urheberrechts** ergangenen Verordnungen und Richtlinien sind folgende hervorzuheben: 34

- **Erste Richtlinie 89/104/EG** zur Angleichung der Rechtsvorschriften der Mitgliedstaaten über die Marken (**Markenrechts-RL**) vom 21.12.1988, nunmehr abgelöst durch **RL** (EU) 2015/2436 v. 16.12.2015;[145]
- **Verordnung** (EG) **Nr. 40/94** des Rates über die Gemeinschaftsmarke (**GMV**) vom 20.12.1993, zunächst geändert durch **VO 207/2009** und durch **Unionsmarkenverordnung** (EU) **2015/2424** (**UMV**) **und nun abgelöst durch Unionsmarkenverordnung** (EU) **2017/1001 des Europäischen Parlamens und des Rates vom 14. Juni 2017**;[146]
- **Verordnung** (EU) **Nr. 2018/625** der Kommission zur zur Ergänzung der Verordnung (EU) 2017/1001 des Europäischen Parlaments und des Rates über die Unionsmarke und zur Aufhebung der Delegierten Verordnung (EU) 2017/1430 (DUMV);[147]
- **Richtlinie 98/71/EG** des Europäischen Parlaments und des Rates über den rechtlichen **Schutz von Mustern und Modellen** vom 13.10.1998;[148]
- **Verordnung** (EG) **Nr. 6/2002** des Rates über das Gemeinschaftsgeschmacksmuster vom 12. Dezember 2001 (**GemeinschaftsgeschmacksmusterVO**);[149]
- **Verordnung** (EG) **Nr. 2245/2002** der Kommission zur Durchführung der Verordnung (EG) Nr. 6/2002 des Rates über das Gemeinschaftsgeschmacksmuster vom 21.10.2002 (GGV-DV);[150]
- **Verordnung** (EG) **Nr. 2100/94** des Rates über den **gemeinschaftlichen Sortenschutz** vom 27.7.1994;[151]
- **Verordnung** (EU) **Nr. 1151/2012** des Europäischen Parlaments und des Rates **über Qualitätsregelungen** für Agrarerzeugnisse und Lebensmittel (Qualitätsregelungen-VO) vom 21.11. 2012;[152]
- **Richtlinie 2009/24/EG** des Europäischen Parlaments und des Rates über den **Rechtsschutz von Computerprogrammen** vom 23.4.2009;[153]
- **Richtlinie 93/83/EWG** des Rates zur Koordinierung bestimmter **urheber- und leistungsschutzrechtlicher Vorschriften betreffend Satellitenfunk und Kabelweiterverbreitung** vom 27.9. 1993;[154]
- **Richtlinie 2006/116/EG** des Europäischen Parlaments und des Rates über die **Schutzdauer des Urheberrechts** und bestimmter verwandter Schutzrechte vom 12.12.2006;[155]

---

[144] ABl. L 149, 22, berichtigt ABl. 2009 Nr. L 253, S. 18 zuletzt geändert durch Art. 3 der Richtlinie (EU) 2019/2161 vom 27.11.2019, ABl. L 328 S. 7.

[145] ABl. 1989 L 40, 1, aufgehoben durch Richtlinie (EU) 2015/2436 vom 16.12.2015, ABl. L 336 S. 1, ber. ABl. 2016 Nr. L 110, S. 6.

[146] ABl. L 154 S. 1; ausf. zu den gesetzgeberischen Reformen des Unionsmarkenrechts Hasselblatt/Hasselblatt CTMR Art. 1 Rn. 42–59; ferner unten Hasselblatt in → § 34; s. auch Eisenführ/Schennen/Schennen UMV Einl. Rn. 1 ff.; Ströbele/Hacker/Thiering MarkenG Einl Rn. 9 ff.

[147] ABl. L 104 S. 1; hat die Delegierte Verordnung (EU) 2017/1430 der Kommission vom 18. Mai 2017 zur Ergänzung der Verordnung (EG) Nr. 207/2009 des Rates über die Unionsmarke und zur Aufhebung der Verordnung (EG) Nr. 2868/95 der Kommission und der Verordnung (EG) Nr. 216/96 der Kommission, ABl. L 205 S. 1 abgelöst, die wiederum die Verordnung (EG) Nr. 2868/95 ABl. 1995 L 303 abgelöst hat.; dazu ausf. unten Hasselblatt in → § 34.

[148] ABl. 1998 L 289 S. 28.

[149] ABl. L 3 vom 5.1.2002, 1 ff., zuletzt geändert durch Anh. III 2. III. ÄndEU-BeitrAkt2013 vom 9.12.2011, ABl. 2012 Nr. L 112 S. 21.

[150] ABl. L 341 S. 28, geändert durch die Verordnung (EG) Nr. 876/2007 der Kommission vom 24.7.2007, ABl. L 193 S. 13.

[151] ABl. 1994 L 227 S. 1, geändert durch Verordnung (EG) Nr. 15/2008 des Rates vom 20.12.2007, ABl. L 8 S. 2.

[152] ABl. L 343 S. 1 v. 14.12.2012, zuletzt geändert durch Art. 3 VO (EU) 2021/2117 vom 2.12.2021, ABl. L 435, 262, hat Verordnung (EG) Nr. 510/2006 zum Schutz von geografischen Angaben und Ursprungsbezeichnungen für Agrarerzeugnisse und Lebensmittel, ABl. L 93 v. 31.3.2006, S. 12, durch Art. 58 Abs. 2 ÄndVO (EU) 1151/2012 vom 21.11.2012, ABl. L 343 S. 1 mit Wirkung vom 3.1.2013 aufgehoben.

[153] ABl. L 111 S. 16, hat die Richtlinie 91/250/EWG, ABl. L 122 S. 42, aufgehoben.

[154] ABl. L 248 S. 15, zuletzt geändert durch die Richtlinie (EU) 2019/789 des Europäischen Parlaments und des Rates vom 17.4.2019, ABl. L 130 S. 82.

[155] ABl. L 372 S. 12, zuletzt geändert durch Art. 1 ÄndRL 2011/77/EU vom 27.9.2011, ABl. L 265 S. 1, ber. 2013 L 117 S. 23; hat die Richtlinie 93/98/EWG, ABl. L 290 S. 9, geändert durch die Richtlinie 2001/29/EG des Europäischen Parlaments und des Rates vom 22.5.2001, ABl. L 167 S. 10, aufgehoben.

- **Richtlinie 96/9/EG** des Europäischen Parlaments und des Rates über den **rechtlichen Schutz von Datenbanken** vom 11.3.1996.[156]

35 Aus dem Kreise der Gruppenfreistellungsverordnungen (GVO) und hierzu ergangenen Bekanntmachungen seien wegen der besonderen praktischen Bedeutung insbesondere für die Vertragsgestaltung lediglich folgende genannt, wobei zu beachten ist, dass diese teilweise nicht mehr in Kraft stehen (für ältere Verträge jedoch nach wie vor von Bedeutung sein können):

- **Verordnung** (EG) **Nr. 330/2010** der Kommission über die Anwendung von Artikel 101 Absatz 3 des Vertrags über die Arbeitsweise der Europäischen Union auf Gruppen von vertikalen Vereinbarungen und abgestimmten Verhaltensweisen vom 20.4.2010;[157]
- **Verordnung** (EG) **Nr. 316/2014** über die Anwendung von Artikel 101 Absatz 3 des Vertrags über die Arbeitsweise der Europäischen Union auf Gruppen von Technologietransfer-Vereinbarungen vom 21.3.2014,[158] die die Verordnung (EG) Nr. 772/2004 der Kommission über die Anwendung von Art. 81 Abs. 3 des Vertrages auf Gruppen von Technologietransfer-Vereinbarungen ersetzt, welche am 1.5.2004 in Kraft getreten ist und die alte Gruppenfreistellungsverordnung über Technologietransfer-Vereinbarung aus dem Jahr 1996[159] ablöste;
- Leitlinien der Europäischen Kommission zur Anwendung von Art. 101 AEUV auf Technologietransfer-Vereinbarungen;[160]
- Verordnung (EU) **Nr. 1218/2010** der Kommission über die Anwendung von Art. 101 Abs. 3 AEUV auf Gruppen von **Spezialisierungsvereinbarungen;**[161]
- Verordnung (EU) **Nr. 1217/2010** der Kommission über die Anwendung von Art. 101 Abs. 3 AEUV auf Gruppen von **Vereinbarungen über Forschung und Entwicklung;**[162]
- Bekanntmachung der Kommission über **Vereinbarungen von geringer Bedeutung,** die nicht unter Art. 101 Abs. 1 des Vertrags über die Arbeitsweise der Europäischen Union fallen.[163]

36 Wegen der besonderen Bedeutung für das Tätigwerden der Zollbehörden ist schließlich die **Produktpiraterieverordnung** einschließlich im Zusammenhang damit erlassener Gesetzgebungsakte sowie die **Enforcement Richtlinie** hervorzuheben, also

- **Verordnung** (EU) **Nr. 608/2013** des Europäischen Parlaments und des Rates vom 12.6.2013 zur Durchsetzung der Rechte geistigen Eigentums durch die Zollbehörden und zur Aufhebung der Verordnung (EG) Nr. 1383/2003 des Rates;[164]
- **Richtlinie 2004/48/EG** des Europäischen Parlaments und des Rates zur **Durchsetzung der Rechte des geistigen Eigentums** vom 29.4.2004.[165]

3. Multilaterale Abkommen

37 Wie ausgeführt[166] lassen sich die internationalen mehrseitigen Abkommen nach ihrem nichtschutzrechtsspezifischen bzw. schutzrechtsspezifischen Charakter differenzieren. Zu nennen sind insbesondere:

---

[156] ABl. L 77, 20, zuletzt geändert durch Art. 24 ÄndRL (EU) 2019/790 vom 17.4.2019, ABl. L 130 S. 92.

[157] ABl. L 102 S. 1, ersetzt Verordnung (EG) Nr. 2790/1999 der Kommission über die Anwendung von Art. 81 Abs. 3 des Vertrages auf Gruppen von vertikalen Vereinbarungen und aufeinander abgestimmten Verhaltensweisen vom 22.12.1999, ABl. L 336 S. 21; seit 31.5.2010 außer Kraft.

[158] ABl. Nr. L 93 S. 17; ersetzt Verordnung (EG) Nr. 772/2004 der Kommission über die Anwendung von Art. 81 Abs. 3 des Vertrages auf Gruppen von Technologietransfer-Vereinbarungen vom 1.5.2004, ABl. L 123 S. 11, Berichtigung ABl. 2004 Nr. L 127, S. 158, seit 30.4.2014 außer Kraft.

[159] Verordnung Nr. 240/1996 der Kommission über die Anwendung von Art. 85 Abs. 3 EG auf Gruppen von Technologietransfer-Vereinbarungen, ABl. L 31 S. 2.

[160] ABl. 2014 C 89 S. 03.

[161] ABl. 2010 L 335 S. 43.

[162] ABl. 2010 L 335 S. 36.

[163] ABl. C 291 S. 01 vom 30.8.2014.

[164] ABl. L 181 S. 15; ausführlich zur Grenzbeschlagnahme und zum Tätigwerden der Zollbehörden Stolzenburg in → § 8.

[165] ABl. L 195 S. 16, ber. ABl. 2007 Nr. L 204 S. 27; umgesetzt in nationales Recht durch „Gesetz zur Verbesserung der Durchsetzung von Rechten des geistigen Eigentums", verabschiedet vom deutschen Gesetzgeber vom 7.7.2008, BGBl. I 1191, zuletzt geändert durch Gesetz vom 16.10.2008, BGBl. I 2070.

[166] → Rn. 7, 8.

a) Nichtschutzrechtsspezifisch 38

aa) PVÜ

- **Pariser Verbandsübereinkunft** (PVÜ) vom 20.3.1883 zum Schutze des Gewerblichen Eigentums, in der in Stockholm am 14.7.1967 beschlossenen und am 2.10.1979 geänderten Fassung.[167]

bb) TRIPS 39

- **Übereinkommen über handelsbezogene Aspekte der Rechte des geistigen Eigentums (TRIPS)** vom 15.4.1994.[168] TRIPS ist als Anhang 1 C des Übereinkommens zur Errichtung der Welthandelsorganisation (WTO) zum 1.1.1995 in Kraft getreten.[169]

cc) Andere. Nach den jeweiligen nationalen Bestimmungen kann das in Art. 4 PVÜ geregelte **Prioritätsrecht** nicht nur für frühere Anmeldungen, sondern in den genannten Zeiträumen (sechs Monate für Patente und Gebrauchsmuster und zwölf Monate für Geschmacksmuster und Marken) auch für patentfähige Erfindungen, Gebrauchsmuster, gewerbliche Muster oder Modelle sowie Marken beansprucht werden, die „in einem Verbandsland auf den amtlichen oder amtlich anerkannten internationalen Ausstellungen **zur Schau gestellt**" wurden (Art. 11 Abs. 1, Abs. 2 iVm Art. 4 PVÜ). In diesem Kontext ist hinzuweisen auf das **Übereinkommen über internationale Ausstellungen** vom 22.11.1928, in der Fassung der Änderungs- und Ergänzungsprotokolle vom 10.5.1948, 16.11.1966, 30.11.1972 und 31.5.1988.[170] 40

b) Schutzrechtsspezifisch 41

aa) Patentrecht

- Vertrag über die **internationale Zusammenarbeit auf dem Gebiet des Patentwesens** vom 19.6. 1970;[171]
- **Ausführungsordnung zum Vertrag über die internationale Zusammenarbeit** auf dem Gebiet des Patentwesens in der Fassung der Bekanntmachung vom 29.6.1992;[172]
- Übereinkommen über die Erteilung europäischer Patente (EPÜ) vom 5.10.1973 in der Fassung der Akte zur Revision des Übereinkommens über die Erteilung Europäischer Patente vom 29.11.2000;[173]
- **Ausführungsordnung zum Übereinkommen über die Erteilung europäischer Patente** vom 5.10. 1973 in der Fassung des Beschlusses des Verwaltungsrats vom 7.12.2006.[174]

bb) Markenrecht 42

- **Madrider Abkommen über die internationale Registrierung von Marken** (MMA) vom 14.4. 1891;[175]
- **Protokoll zum Madrider Abkommen** (PMMA) über die internationale Registrierung von Marken, angenommen in Madrid am 27.6.1989;[176]
- **Gemeinsame Ausführungsordnung zum Madrider Abkommen** über die internationale Registrierung von Marken und zum Protokoll zu diesem Abkommen vom 26.3.2003;[177]

---

[167] BGBl. 1970 II 293, 391, ber. 1971 II 1015, ber. 1985 II 975, zuletzt geändert am 20.8.1984, BGBl. II 799.

[168] BGBl. II 1730, zuletzt geändert durch Beschluss des Rates vom 19.11.2007 über die Annahme – im Namen der Europäischen Gemeinschaft – des am 6.12.2005 in Genf unterzeichneten Protokolls zur Änderung des TRIPS-Übereinkommens [2007/768/EG], ABl. L 311 vom 29.11.2007 S. 35; die Abkürzung „TRIPS" kommt von der engl. Bezeichnung „Agreement on Trade Related Aspects of Intellectual Property Rights".

[169] BGBl. II 1625; TRIPS ist abgedr. ua bei Fezer S. 2433 bis 2458.

[170] BGBl. 1974 II 273, geändert durch Gesetz vom 12.2.1991, BGBl. II 426.

[171] BGBl. 1976 II 664, zuletzt geändert durch Änderung des Patentzusammenarbeitsvertrages (PCT) vom 2.10.2001, BGBl. 2002 II 728.

[172] BGBl. II 627, zuletzt geändert durch Änd. der AusführungsO zum Vertrag über die internationale Zusammenarbeit auf dem Gebiet des Patentwesens vom 9.10.2019, BGBl. 2021 II 162, 163.

[173] BGBl. II 1976 826, geändert durch Akte zur Revision von Artikel 63 des Übereinkommens vom 17.12.1991 und der Beschlüsse des Verwaltungsrats der Europäischen Patentorganisation vom 21. Dezember 1978, vom 13. Dezember 1994, vom 20. Oktober 1995, vom 5. Dezember 1996, vom 10. Dezember 1998 und vom 27. Oktober 2005, in der ab 13.12.2007 geltenden Fassung; vgl. Bek. v. 19.2.2008, BGBl. II 179.

[174] BGBl. 2007 II 1083 ff., zuletzt geändert durch Art. 1, 2 Beschl. vom 15.12.2020, ABl. EPA 2021 Nr. 1 A3.

[175] Zuletzt revidiert in Stockholm am 14.7.1967, BGBl. 1970 II 418, geändert am 2.10.1979, BGBl. 1984 II 799.

[176] BGBl. 1995 II 1016, zuletzt geändert durch Beschluss der 38. Versammlung der Madrider Union vom 24.9.–3.10.2007 in Genf, BGBl. 2008 II 822.

[177] BGBl. II 828, zuletzt geändert durch § 1 der Verordnung zu den Änd. der Gemeinsamen AusführungsO vom 18.1.1996 zum Madrider Abk. über die internationale Registrierung von Marken und zum Prot. zu diesem Abk. vom 6.12.2017, BGBl. II 1522.

- **Abkommen von Nizza über die internationale Klassifikation** von Waren und Dienstleistungen für die Eintragung von Marken vom 15.6.1957, zuletzt geändert in Genf am 28.9.1979, nunmehr in der 11. Ausgabe, gültig ab 1. Januar 2017.[178]

43 *cc) Urheberrecht*

- **Berner Übereinkunft** zum Schutze von Werken der Literatur und Kunst vom 9.9.1886, zuletzt revidiert in Paris am 24.7.1971;[179]
- **Welturheberrechtsabkommen** vom 6.9.1952;[180]
- Internationales Abkommen über den **Schutz der ausübenden Künstler, der Hersteller von Tonträgern und der Sendeunternehmen** vom 26.10.1961.[181]

44 *dd) Geschmacksmusterrecht*

- **Haager Abkommen** über **die internationale Hinterlegung gewerblicher Muster und Modelle** vom 6.11.1925;[182]
- Gemeinsame **Ausführungsordnung zu den Fassungen des Haager Abkommens von 1999 und 1960** in der ab 1. Januar 2015 geltenden Fassung.[183]

4. Bilaterale Abkommen

45 Deutschland hat mit zahlreichen Ländern **bilaterale Abkommen** abgeschlossen, ua auf den Gebieten des internationalen Wettbewerbs- und Markenrechts. Besonders hervorgehoben sei wegen der praktischen Bedeutung insbesondere im Markenrecht Art. 5 Abs. 1 des Übereinkommens zwischen dem Deutschen Reich und der Schweiz betreffend den gegenseitigen Patent-, Muster- und Markenschutz vom 13.4.1892.[184] Nach dieser Bestimmung gilt die rechtserhaltende Markenbenutzung im Heimatstaat auch für das Gebiet des jeweiligen anderen Vertragsstaates, und vice versa.[185] Im Zusammenhang mit dem Schutz von geografischen Herkunftsangaben sind die bilateralen **Herkunftsabkommen** zu beachten, über die der Schutz der Herkunftsangabe auf das Gebiet des jeweiligen Vertragsstaates ausgedehnt wird.[186] Im Übrigen ist die praktische Bedeutung der zweiseitigen Abkommen vergleichsweise gering. Nicht zuletzt aus Raumgründen wird hier auf die einschlägige Kommentarliteratur verwiesen.[187]

---

[178] Abrufbar unter: https://www.wipo.int/classifications/nice/en/.

[179] BGBl. 1973 II 1071, zuletzt geändert durch Änderungsbeschluss vom 2.10.1979, BGBl. 1985 II 81.

[180] Revidiert in Paris am 24.7.1971, BGBl. 1973 II 1111.

[181] BGBl. 1965 II 1245.

[182] Revidiert in London am 2.6.1934, RGBl. 1937 II 617, zuletzt geändert durch die Genfer Akte 1999; in Kraft seit 23.12.2003, BGBl. 2003 II 508.

[183] BGBl. II 2016 71.

[184] Bl. 895, S. 70, neu gefasst Bl. 1903, 132, Bestätigung Bl. 1955, 292; Art. 5 Abs. 1 dieses Übereinkommens lautet: „Die Rechtsnachteile, welche nach den Gesetzen der vertragsschließenden Teile eintreten, wenn eine Erfindung, ein Muster oder ein Modell, eine Handels- oder Fabrikmarke nicht innerhalb einer bestimmten Frist ausgeführt, nachgebildet oder angewendet wird, sollen auch dadurch ausgeschlossen werden, dass die Ausführung, Nachbildung oder Anwendung in dem Gebiet des anderen Teils erfolgt".

[185] Ausführlich dazu Ströbele/Hacker/Thiering MarkenG § 26 Rn. 271; Kur/v. Bomhard/Albrecht/Bogatz MarkenG § 26 Rn. 98 ff.

[186] Spezielle bilaterale Herkunftsabkommen bestehen zwischen Deutschland und den Ländern Frankreich, Italien, Griechenland, Spanien und der Schweiz; Schutz durch Staatsverträge besteht überdies im Verhältnis zu Portugal und Kuba; s. hierzu die Nachweise bei Ströbele/Hacker/Thiering MarkenG § 126 Rn. 23 ff.; Kur/v. Bomhard/Albrecht/Schulteis MarkenG § 126 Rn. 3 mwN; ausf. zu geografischen Herkunftsangaben Raab in → § 32.

[187] Siehe etwa Ströbele/Hacker/Thiering MarkenG § 8 Rn. 1016 zu den bilateralen Herkunftsabkommen.

Teil B. Verfahrensfragen

§ 3 Wettbewerbs- und sonderschutzrechtliche Ansprüche

Übersicht

I. Der Unterlassungsanspruch

1. Grundlagen

1 Der Unterlassungsanspruch dient allgemein der Verhinderung von Rechtsgutverletzungen in der Zukunft. Im Rahmen des Wettbewerbsrechts ist der Unterlassungsanspruch die „magna charta" des Schutzes vor unlauterem Wettbewerb.[1] Die Gewährung erfolgt **verschuldensunabhängig.**

2 Die Durchsetzung des Unterlassungsanspruchs vollzieht sich im Wege der Unterlassungsklage bzw. im einstweiligen Verfügungsverfahren oder aber außergerichtlich infolge Abmahnung und strafbewehrter Unterlassungserklärung.

3 Voraussetzung für den wettbewerbsrechtlichen Unterlassungsanspruch ist entweder das Vorliegen einer bereits begangenen Verletzungshandlung, die zukünftig wiederholt wird oder aber die bevorstehende, erstmalige Begehung einer Verletzungshandlung (**vorbeugender Unterlassungsanspruch**).

4 Zur Geltendmachung ist zunächst gemäß § 8 Abs. 3 Nr. 1 UWG jeder Mitbewerber aktivlegitimiert. Mitbewerber ist auf Grund der Legaldefinition in § 2 Abs. 1 Nr. 4 UWG jeder Unternehmer,[2] der mit einem oder mehreren Unternehmern als Anbieter oder Nachfrager von Waren oder Dienstleistungen in einem konkreten Wettbewerbsverhältnis steht. Der Wettbewerb bezieht sich somit auf Absatz und Bezug von Produkten. Darüber hinaus ist der Begriff des Mitbewerbers untrennbar verbunden mit dem Vorliegen eines konkreten Wettbewerbsverhältnisses. Das konkrete Wettbewerbsverhältnis umfasst zwei Fallgruppen, nämlich das unmittelbare Wettbewerbsverhältnis (gleiche oder gleichartige Produkte werden innerhalb desselben Abnehmerkreises angeboten, auch auf unterschiedlichen Vertriebsebenen/Handelsstufen) und das mittelbare Wettbewerbsverhältnis (zB in der Konstellation zwischen Produkt und Vorprodukt).[3] Weggefallen ist die Anspruchsberechtigung des lediglich abstrakt betroffenen Mitbewerbers gemäß § 13 Abs. 2 Nr. 1 UWG aF. Gemäß § 8 Abs. 3 Nr. 2 UWG sind auch bestimmte Verbände aktivlegitimiert, nämlich rechtsfähige Verbände zur Förderung gewerblicher oder selbstständiger beruflicher Interessen. Aktivlegitimiert sind damit insbesondere auch die Fachverbände der Selbstständigen und der freien Berufe (zB die Rechtsanwaltskammern oder die Patentanwaltskammer).[4] Des Weiteren sind gemäß § 8 Abs. 3 Nr. 3 UWG qualifizierte Einrichtungen zum Schutz von Verbraucherinteressen[5] sowie gemäß § 8 Abs. 3 Nr. 4 UWG die Industrie- und Handelskammern oder die Handwerkskammern sowie die Gewerkschaften[6] aktivlegitimiert.

[1] Näher zur praktischen Bedeutung des wettbewerbsrechtlichen Unterlassungsanspruchs Speckmann Wettbewerbsrecht Rn. 195.

[2] Zum Begriff des Unternehmers vgl. § 2 Abs. 2 UWG, § 14 BGB; BGH GRUR 2016, 828 – Kundenbewertung im Internet.

[3] Vgl. allgemein zum konkreten Wettbewerbsverhältnis Ohly/Sosnitza/Sosnitza UWG § 2 Rn. 57 ff.; Köhler/Bornkamm/Feddersen/Bornkamm UWG § 2 Rn. 96 ff.; BGH GRUR 2016, 1187 – Stirnlampen; Eckel, Online-Plattformbetreiber als Mitbewerber im UWG GRUR 2021, 125 ff.

[4] Vgl. zur Frage, wer Schuldner eines Unterlassungsanspruchs sein kann, Gloy/Loschelder/Danckwerts UWG-HdB/Gloy § 79 Rn. 100 ff.; Ingerl/Rohnke vor §§ 14 bis 19d Rn. 25 ff.; Beier S. 202 ff. Zur Haftung des Einzelhändlers für die Werbeanzeige einer Einkaufsgemeinschaft, vgl. OLG Hamburg GRUR-RR 2004, 87; zur Haftung verschiedener, selbständiger Filialen eines Konzernunternehmens, BGH GRUR 2004, 70; BGH Mitt. 2021, 522 – Influencer I.

[5] Vgl. Köhler/Bornkamm/Feddersen/Köhler UWG § 8 Rn. 3.52 ff.

[6] Vgl. Köhler/Bornkamm/Feddersen/Köhler UWG § 8 Rn. 3.65, 3.66.

Seine **Rechtsgrundlage** findet der wettbewerbsrechtliche Unterlassungsanspruch in der Praxis **vor allem** in den Generalklauseln des **§ 3 UWG.**[7] Nach der „großen" Generalklausel[8] des § 3 Abs. 1 UWG sind unlautere geschäftliche Handlungen unzulässig. Die bislang in § 3 Abs. 1 UWG vorgesehene allgemeine Bagatellgrenze wurde gestrichen.[9] § 3 UWG umfasst nicht nur vergangene Verstöße, sondern ist gemäß § 8 Abs. 1 Satz 2 UWG auch dann anwendbar, wenn eine Zuwiderhandlung droht (sogenannte **Erstbegehungsgefahr**). Beispielskataloge unlauterer geschäftlicher Handlungen im Sinne des § 3 UWG finden sich in § 3a, §§ 4, 4a und dem Anhang zu § 3 Abs. 3 UWG. Wettbewerbsrechtliche Unterlassungsansprüche folgen zudem aus §§ 5, 5a UWG (irreführende geschäftliche Handlungen und Irreführung durch Unterlassen), § 6 UWG (vergleichende Werbung) sowie § 7 UWG (unzumutbare Belästigungen), jeweils in Verbindung mit §§ 3, 8 UWG. Mit der Umsetzung der Richtlinie über unlautere Geschäftspraktiken können Unterlassungsansprüche aus § 5a UWG (Irreführung durch Unterlassung) und aus dem Anhang zu § 3 Abs. 3 UWG folgen. Darüber hinaus sind die Straf- und Bußgeldvorschriften der §§ 16, 20 UWG zu nennen. 5

Neben den Vorschriften des UWG finden sich im Rahmen des Gewerblichen Rechtsschutzes eine Vielzahl von Tatbeständen, die sondergesetzliche Unterlassungsansprüche statuieren. Zu nennen sind in diesem Zusammenhang vor allem §§ 14 Abs. 5, 15 Abs. 4 MarkenG, § 42 Abs. 1 DesignG, § 97 Abs. 1 UrhG, § 139 Abs. 1 PatG, § 24 Abs. 1 GebrMG und § 6 GeschGehG. 6

2. Wiederholungsgefahr

Die Wiederholungsgefahr als materiell-rechtliche Voraussetzung des Unterlassungsanspruchs ist dann gegeben, wenn eine in der Vergangenheit begangene Rechtsgutverletzung die Besorgnis begründet, dass zukünftig dieselbe oder eine im Wesentlichen gleichartige[10] Verletzungshandlung vom Täter und/oder Störer begangen wird. Ob eine Wiederholungsgefahr im Einzelfall gegeben ist, beurteilt sich regelmäßig anhand der äußerlich erkennbaren Umstände. 7

Im Rahmen des Wettbewerbsrechts entspricht es der ständigen Rechtsprechung, eine **Vermutung der Wiederholungsgefahr** anzunehmen, wenn ein Wettbewerbsverstoß bereits begangen wurde. Diese Vermutung ist widerlegbar.[11] 8

Praxistipp:

In der Praxis lässt sich diese Vermutung der Wiederholungsgefahr – außer in den Fällen einer erfolgreichen Widerlegung der Vermutung – nur durch die Abgabe einer auf den Anspruchsgegenstand bezogenen, eindeutigen und unwiderruflichen strafbewehrten Unterlassungserklärung ausschließen.[12] Die bloße Beendigung der Verletzungshandlung oder aber die Abgabe von Erklärungen ohne Vertragsstrafeversprechen reichen regelmäßig nicht aus.[13]

Eine Bedingung der strafbewehrten Unterlassungserklärung ist nur dann anerkannt, wenn der Adressat der Unterlassungserklärung nicht als Haupttäter, sondern lediglich als Störer in Anspruch genommen wird, sofern als auflösende Bedingung der Ausgang eines parallelen Verletzungsprozesses desselben Verletzten gegen den Haupttäter wegen derselben Verletzungshandlung vereinbart wird.[14] Eine auflösende Bedingung ist auch zulässig, wenn die tatbestandliche Rechts- 9

[7] Der Wortlaut des § 3 UWG wurde zuletzt durch das Gesetz zur Änderung des Gesetzes gegen den unlauteren Wettbewerb vom 2.12.2015 neu gefasst; vgl. Köhler/Bornkamm/Feddersen/Köhler UWG § 3 Rn. 1.1 ff.

[8] Vgl. Köhler/Bornkamm/Feddersen/Köhler UWG Einl Rn. 2.24, § 3 Rn. 1.2, 2.1, 2.20.

[9] Köhler/Bornkamm/Feddersen/Köhler UWG § 3 Rn. 1.8 ff.; Zur früheren Bagatellgrenze vgl. Heermann GRUR 2004, 94 ff.; Engels/Salomon WRP 2004, 32 ff.; OLG Hamburg MMR 2007, 438 (440).

[10] BGH GRUR 1996, 781 (783) – Verbrauchsmaterialien; BGH WRP 1996, 284 (285) – Wegfall der Wiederholungsgefahr II.

[11] Vgl. näher dazu Ohly/Sosnitza/Ohly UWG § 8 Rn. 7 ff.

[12] Näher dazu unten → § 4 Rn. 157 ff.; Ohly/Sosnita/Ohly UWG § 8 Rn. 10 ff.; Köhler/Bornkamm/Feddersen/Köhler UWG § 8 Rn. 1.48 ff., § 12 Rn. 1.20 ff.; vgl. BGH GRUR 2016, 1316 – Notarielle Unterlassungserklärung.

[13] Köhler/Bornkamm/Feddersen/Köhler § 12 Rn. 1.20 ff.; 2.35; vgl. OLG München WRP 2015, 378 – Kein Ausschluss der Wiederholungsgefahr bei zeitlicher Befristung des Lizenzvertrages; OLG Frankfurt a. M. WRP 2015, 231 – Wegfall der Wiederholungsgefahr durch Veränderung der tatsächlichen Umstände.

[14] BGH GRUR 1986, 248 (251) – Sporthosen: Geschäftsführer der verletzenden GmbH als Störer; BGH GRUR 1973, 208 (210) – Neues aus der Medizin: Werbeagentur des Verletzers als Störerin.

grundlage des Unterlassungsanspruchs aufgrund einer absehbaren Gesetzesänderung in Zukunft wegfällt, wie zB bei den früheren Eingriffstatbeständen des Rabattgesetzes und der Zugabeverordnung.[15]

10 Als Alternative zur strafbewehrten Unterlassungserklärung räumt die Errichtung einer notariellen Urkunde über den Unterlassungsanspruch („notarielle Unterlassungserklärung") durch den Schuldner, in der sich dieser der sofortigen Zwangsvollstreckung gemäß § 794 Abs. 1 Nr. 5 ZPO unterwirft, die Wiederholungsgefahr nur aus, wenn der Gläubiger sich auf die Streitbeilegung mittels notarieller Unterlassungserklärung einlässt und auch dann erst mit Zustellung des Beschlusses über die Androhung von Ordnungsmitteln gemäß § 890 ZPO Abs. 2 ZPO beim Schuldner.[16]

3. Erstbegehungsgefahr

11 Aus Gründen einer effektiven Rechtsdurchsetzung ist anerkannt, dass ein Unterlassungsanspruch auch dann besteht, wenn ein rechtswidriger Eingriff in das geschützte Rechtsgut erstmals unmittelbar drohend bevorsteht.[17]

12 Als typische Beispiele einer Erstbegehungsgefahr werden sowohl **Vorbereitungshandlungen** als auch die sog. **Berühmung** angesehen. Insofern ist anerkannt, dass Drohungen, Warnungen, Absichtserklärungen, Ankündigungen eines bestimmten Verhaltens und sonstige vorbereitende Maßnahmen jeweils Erstbegehungsgefahren begründen. Im Rahmen des Markenrechts begründet beispielsweise die **Einreichung** einer **Markenanmeldung** beim DPMA regelmäßig die Erstbegehungsgefahr hinsichtlich der Benutzung dieses angemeldeten Zeichens im geschäftlichen Verkehr.[18] Die Anmeldung einer Unionsmarke führt allein grds. noch nicht zu einer Erstbegehungsgefahr. Insofern ist das Hinzutreten weiterer Vorbereitungsmaßnahmen erforderlich.[19] Auch die bloße Registrierung einer Internet-Domain, ohne einen konkreten Bezug zu benutzten Waren oder Dienstleistungen, zieht keine Erstbegehungsgefahr nach sich.[20]

13 In Bezug auf die sog. Berühmung ist anerkannt, dass sich die Erstbegehungsgefahr hier aus der Behauptung ableiten lässt, zur betreffenden Handlung berechtigt zu sein und sie jederzeit und gegenüber jedermann vornehmen zu dürfen.[21] Dies gilt nach der Rechtsprechung auch dann, wenn eine solche Berühmung im Rahmen der Rechtsverteidigung in einem Prozess erfolgt.[22]

14 Während sich der Wegfall der Wiederholungsgefahr in der Praxis nahezu ausschließlich durch die Abgabe einer strafbewehrten Unterlassungserklärung vollzieht, stellt die Rechtsprechung grundsätzlich geringere Anforderungen an die Beseitigung der Erstbegehungsgefahr.[23] In Bezug auf Vorbereitungshandlungen genügt in der Regel deren **Rückgängigmachung** oder **Einstellung.** Hinsichtlich der Berühmung wird ein „glaubhaftes Fallenlassen" als ausreichend angesehen. Erforderlich ist hier regelmäßig eine uneingeschränkte und eindeutige Erklärung, die fragliche Handlung nicht vorzunehmen.[24]

Praxistipp:

In Bezug auf Berühmungen während eines laufenden Prozesses obliegt es dem Verletzer, durch ausdrückliche Erklärung zweifelsfrei darzulegen, dass die entsprechenden Ausführungen ausschließlich zur Rechtsverteidigung im laufenden Prozess erfolgen und nicht der beabsichtigten künftigen Fortsetzung des früheren Verhaltens dienen.[25]

[15] Köhler/Bornkamm/Feddersen/Köhler UWG § 8 Rn. 1.54 ff.; BGH GRUR 1993, 677 (679) – Bedingte Unterwerfung; Hoffmann, Die Bindungswirkung einer strafbewehrten Unterlassungserklärung, GRUR 2021, 1029.

[16] BGH GRUR 2016, 1316 – Notarielle Unterlassungserklärung; vgl. auch Kessen, Die notarielle Unterlassungserklärung – der Vorhang zu und kaum noch Fragen offen, GRUR 2017, 141.

[17] St. Rspr., vgl. zB BGH GRUR 1970, 465 (467) – Prämixe; BGH GRUR 1994, 57 – Geld-Zurück-Garantie, BGH GRUR 2001, 1174 (1175) – Berühmungsaufgabe; BGH GRUR 2017, 79 – Segmentstruktur.

[18] So Ingerl/Rohnke MarkenG vor §§ 14 bis 19d Rn. 103 ff.

[19] So auch Ingerl/Rohnke MarkenG vor §§ 14–19d Rn. 119 ff.; LG Hamburg GRUR-RR 2002, 99 (100) – Foris; BGH GRUR 2008, 254 – THE HOME STORE.

[20] BGH GRUR 2002, 898 (900) – defacto.de; Lange § 9 Rn. 3156; Ingerl/Rohnke MarkenG nach § 15 Rn. 112 ff.

[21] BGH GRUR 1987, 125 (126) – Berühmung; zum Patentrecht Benkard/Grabinski UWG § 139 Rn. 28 ff.

[22] So BGH GRUR 1993, 53 (55) – Ausländischer Inserent; BGH GRUR 2001, 1174 (1175) – Berühmungsaufgabe. Näher zur Berühmung im Rahmen von Vergleichsgesprächen, BGH GRUR 1992, 627 (630) – Pajero.

[23] So zB BGH GRUR 1992, 116 (117) – Topfgucker-Scheck.

[24] So BGH GRUR 1992, 404 – Systemunterschiede; BGH GRUR 1993, 53 (55) – Ausländischer Inserent.

[25] So BGH GRUR 1995, 595 (598) – Kinderarbeit; BGH GRUR 2001, 1174 (1175) – Berühmungsaufgabe.

So kann beispielsweise im Schriftsatz wie folgt formuliert werden: „Die nachfolgenden Ausführungen erfolgen lediglich zur Rechtsverteidigung und nicht zur Berühmung irgendwelcher Rechte."

4. Unterlassungsklage

a) Klageantrag. *aa) Bestimmtheitsgrundsatz.* Wie bereits dargelegt, erfolgt die Durchsetzung des Unterlassungsanspruchs im Falle der Weigerung des Verletzers, eine strafbewehrte Unterlassungserklärung abzugeben, im Wege der Unterlassungsklage bzw. der einstweiligen Verfügung. 15

In der Praxis gelangt regelmäßig der vorläufige Rechtsschutz zur Anwendung, sofern im Einzelfall noch der Verfügungsgrund, nämlich die Dringlichkeit,[26] gegeben ist. Im Rahmen der Durchsetzung des wettbewerbsrechtlichen Unterlassungsanspruchs hilft dem Antragsteller insofern die **Dringlichkeitsvermutung des § 12 Abs. 1 UWG.**[27] Im Übrigen bedarf es keiner näheren Erläuterung, dass der wettbewerbsrechtliche Unterlassungsanspruch einen tauglichen und zulässigen Verfügungsanspruch im Rahmen des vorläufigen Rechtsschutzes darstellt. Dies folgt bereits unmittelbar aus dem Wortlaut des § 12 Abs. 1 UWG. In gleicher Weise kommen auch die sondergesetzlichen Unterlassungsansprüche als Verfügungsanspruch für den Erlass einer einstweiligen Verfügung in Betracht. 16

Gemäß § 253 Abs. 2 Nr. 2 ZPO ist ein **bestimmter** Klageantrag bzw. Verfügungsantrag erforderlich, um den Streitgegenstand und den Umfang der Prüfungs- und Entscheidungsbefugnis des Gerichts gemäß § 308 Abs. 1 ZPO festzulegen. 17

Nach der neueren Rechtsprechung des Bundesgerichtshofes verstößt eine alternative Klagehäufung, bei der der Kläger ein einheitliches Klagebegehren aus mehreren prozessualen Ansprüchen (Streitgegenständen) herleitet und dem Gericht die Auswahl überlässt, auf welchen **Klagegrund** es die Verurteilung stützt, gegen das Gebot des § 253 Abs. 2 Nr. 2 ZPO, wonach der Klagegrund bestimmt zu bezeichnen ist. Streitgegenstand und Klagegrund in diesem Sinne sind beispielsweise im Markenverletzungsstreit die jeweils geltend gemachte Marke bzw. das geltend gemachte Schutzrecht und im Wettbewerbsprozess die jeweilige konkrete Verletzungsform.[28] Hat der Kläger mehrere Klagegründe im Wege einer alternativen Klagehäufung verfolgt, kann er die gebotene Bestimmung der Reihenfolge, in der er die prozessualen Ansprüche geltend machen will, noch in der Berufungs- oder der Revisionsinstanz nachholen.[29] 18

Der Verbotsantrag darf nicht so unbestimmt abgefasst sein, dass es im Ergebnis dem Vollstreckungsgericht überlassen wäre, darüber zu befinden, was dem Beklagten verboten ist oder nicht.[30] Gerade vor diesem Hintergrund hat der anwaltliche Vertreter des Klägers hinsichtlich der Abfassung des Unterlassungsantrags einen größtmöglichen Sorgfaltsmaßstab anzulegen. Allerdings ist zu beachten, dass das Gericht den Kläger gem. § 139 ZPO ausdrücklich auf Antragsmängel hinweisen und ihm Gelegenheit zu Korrektur oder Stellung eines Hilfsantrags geben muss.[31] Diese Hinweispflicht geht jedoch im Einzelfall nicht so weit, dass das Gericht quasi anstelle des Klägers den Klageantrag in eine zulässige Form gießt.[32] 19

In der Praxis bereitet die Abfassung des Unterlassungsantrags – nicht nur bei wettbewerbsrechtlichen Unterlassungsansprüchen – insbesondere dann erhebliche Schwierigkeiten, wenn eine verbale Formulierung der zu unterlassenden Handlung nur unzureichend oder überhaupt nicht möglich ist. Um die auch in diesen Einzelfällen notwendige Bestimmtheit zu gewährleisten, ist es notwendig, **fotografische oder zeichnerische Darstellungen der konkreten Verletzungsform** in den Antrag mit 20

[26] Eine Übersicht zur Dringlichkeit in der Einzelfallrechtsprechung der Oberlandesgerichte findet sich bei Köhler/Bornkamm/Feddersen/Köhler UWG § 12 Rn. 2.22 und bei Spuhler VPP-Rundbrief Nr. 3, 2007, 111, 112, 113.

[27] Zur Widerlegung dieser Dringlichkeitsvermutung anhand von Einzelfällen aus der Rechtsprechung, Ohly/Sosnitza/Sosnitza UWG § 12 Rn. 115 ff., Teplitzky Kap. 54 Rn. 24 ff.; KG GRUR-RR 2017, 128 – Selbstwiderlegung im Beschwerdeverfahren.

[28] BGH GRUR 2012, 621 – Oscar; BGH GRUR 2013, 401 – Biomineralwasser; BGH GRUR 2016, 1187 – Stirnlampen; Kodde, Die Entwicklung des Streitgegenstands im Wettbewerbs- und Markenverletzungsprozess unter besonderer Berücksichtigung des Streitwerts, GRUR 2015, 38; BGH GRUR 2020, 755 – WarnWetter-App; BGH GRUR 2020, 886 – Preisänderungsregelung.

[29] BGH GRUR 2011, 1043 – TÜV II.

[30] BGH WRP 1994, 822 (824) – Rotes Kreuz.

[31] BGH GRUR 1996, 796 (797) – Setpreis; BGH GRUR 2005, 692 (693) – „statt"-Preis.

[32] BGH GRUR 1991, 254 (257) – Unbestimmter Unterlassungsantrag I; BGH GRUR 2002, 187 (188) – Lieferstörung.

aufzunehmen.[33] Im Rahmen der wettbewerbsrechtlichen Praxis hat sich diese Ergänzung des verbalen Unterlassungsantrags durch die Aufnahme von Abbildungen, insbesondere hinsichtlich unlauterer Werbekampagnen und unlauterer Nachahmungsprodukte etabliert. In Bezug auf die Verletzung von Computerprogrammen kann die Bestimmtheit des Antrags beispielsweise nur durch einen Ausdruck des Programms und dessen Beifügung zum Antrag selbst erreicht werden.[34]

21 Liegt bereits eine Verletzungshandlung vor, so muss der Unterlassungsantrag auf diese konkrete Verletzung gerichtet sein.[35]

Praxistipp:

Allgemein hat der anwaltliche Vertreter des Antragstellers im Rahmen des einstweiligen Verfügungsverfahrens darauf zu achten, dass dem Antrag eine ausreichende Anzahl von Abbildungen der konkreten Verletzungsform beigefügt wird, damit in der Ausfertigung der erlassenen einstweiligen Verfügung diese konkrete Verletzungsform für jedermann klar ersichtlich ist. Anderenfalls könnten sich Probleme im Rahmen des Vollstreckungsverfahrens ergeben.

Nach Auffassung des OLG Hamburg ist eine Beschlussverfügung mangels wirksamer Vollziehung aufzuheben, wenn die Ausfertigung der einstweiligen Verfügung farbige Kopien enthält, dem Schuldner aber innerhalb der Vollziehungsfrist nur schwarz-weiß-Kopien in der beglaubigten Abschrift zugestellt werden.[36] Die beglaubigte Abschrift muss daher bei dieser Sachverhaltskonstellation zur Vermeidung von Rechtsnachteilen ebenfalls farbige Kopien enthalten.

22 Zur Umschreibung des zu unterlassenen Verhaltens ist jedoch im Einzelfall die Verwendung **unbestimmter** oder **mehrdeutiger Begriffe** nicht zu vermeiden. Auch **Verallgemeinerungen** sind oftmals notwendig, um das Charakteristische der konkreten Verletzungsform für das Gericht und den Gegner darzustellen.

23 Welche allgemeinen und generalisierenden Begriffe oder Formulierungen im Einzelfall noch als zulässig anzusehen sind, kann nicht universal beantwortet werden, sondern nur mit Hilfe eines Rückgriffs auf die konkreten Umstände des zu entscheidenden Einzelfalls.[37] Von besonderer Bedeutung ist daher, ob die im Einzelfall gewählte Formulierung im Wege der Auslegung einen noch ausreichend bestimmten Inhalt aufweist. Darüber hinaus ist zu beachten, dass die bislang von der Rechtsprechung entschiedenen Einzelfälle hinsichtlich der Bestimmtheit des Klageantrags nicht unbesehen auf andere Fälle übertragen werden dürfen. Dennoch soll im Folgenden eine kurze Analyse gängiger Formulierungen dargestellt werden.

24 Zunächst ist anerkannt, dass Allgemeinbegriffe der Rechts- oder Alltagssprache eingesetzt werden können, wenn sie zwar auslegungsfähig sind, ihr Sinngehalt im konkreten Einzelfall jedoch nicht zweifelhaft und zwischen den Parteien nicht streitig ist.[38]

25 Als **hinreichend bestimmt** wurden zB angesehen: „im geschäftlichen Verkehr";[39] „markenmäßig";[40] „wörtlich oder sinngemäß";[41] „Sportartikel".[42] Für die Auslegung des Antrags ist im Übrigen auch die **Antragsbegründung** heranzuziehen.[43]

[33] Vgl. dazu BGH GRUR 1981, 517 – Rollhocker; BGH GRUR 1986, 673 – Beschlagprogramm; BGH GRUR 1988, 690 – Kristallfiguren; BGH GRUR 2016, 730 – Herrnhuter Stern.

[34] So zutreffend Großkomm UWG/Jacobs vor § 13 Rn. 118 mwN.

[35] St. Rspr. BGH GRUR 1957, 606 (608) – Heilmittelvertrieb; BGH GRUR 1996, 57 (58 f.) – Spielzeugautos (für Geschmacksmusterverletzungen); BGH GRUR 2000, 228 – Musical Gala (für Urheberrechtsverletzungen); BGH GRUR 2011, 152 – Kinderhochstühle im Internet; Köhler/Bornkamm/Feddersen/Köhler UWG § 12 Rn. 1.43.

[36] Vgl. OLG Hamburg MD 2007, 553, differenzierender OLG Köln GRUR-RR 2010, 175 – Farbige Lichtbilder im Beschlusstenor; OLG Frankfurt a. M. GRUR-RR 2015, 495 – Farbbild.

[37] Vgl. BGH GRUR 2016, 1073 – Geo-Targeting.

[38] BGH GRUR 1991, 251 (256) – Unbestimmter Unterlassungsantrag I; BGH GRUR 2000, 616 (617) – Auslaufmodelle III; BGH GRUR 2016, 946 – Freunde finden.

[39] BGH GRUR 1962, 310 (313) – Gründerbildnis.

[40] BGH GRUR 1991, 138 – Flacon.

[41] BGH GRUR 1977, 114 (115) – VUS, vgl. jedoch OLG Koblenz GRUR 1988, 142 (143) und BGH GRUR 1991, 254 (257) – Unbestimmter Klageantrag I.

[42] BGH GRUR 1984, 593 (394) – adidas-Sportartikel; weitere Beispiele finden sich bei Ohly/Sosnitza/Sosnitza UWG § 12 Rn. 63 ff. und Ahrens/Jestaedt Kap. 22 Rn. 17; weitere Formulierungsbeispiele bei Nirk/Kurtze Wettbewerbsstreitigkeiten Rn. 220 ff.

[43] St. Rspr. BGH GRUR 1992, 561 (562) – Unbestimmter Unterlassungsantrag II; BGH GRUR 1994, 191 – Asterix-Persiflagen; vgl. auch BGH GRUR 1994, 305 – Zigarettenwerbung in Jugendzeitschriften.

Ein Verstoß gegen den Bestimmtheitsgrundsatz ist jedoch dann gegeben, wenn sich die Parteien im konkreten Einzelfall über die Bedeutung des Begriffs streiten und gleichzeitig auch objektive Kriterien zur Abgrenzung des zulässigen vom unzulässigen Verhalten des Störers fehlen.[44] 26

Vor diesem Hintergrund hat die Rechtsprechung folgende Formulierungen **als zu unbestimmt** bewertet: „ähnliche Behauptungen“;[45] Anzeigen „ähnlich wie“;[46] „zum Verwechseln ähnlich“;[47] „Bestellungen, auf die wie in den mit der Klage beanstandeten Fällen deutsches Recht anwendbar ist“;[48] Benutzung „in sonstiger Weise“;[49] Abwerbung durch „planmäßige Handlungen“;[50] „Beiträge, die inhaltlich Werbung sind“.[51] 27

Im Rahmen der Grenzen des Bestimmtheitsgrundsatzes ist abschließend darauf hinzuweisen, dass im Einzelfall geringere Anforderungen an die Bestimmtheit des Unterlassungsantrags zu stellen sind, falls im Rahmen des Klageantrags Betriebsgeheimnisse iSd § 17 UWG offenbart werden müssten, an denen jedoch ein schutzwürdiges Geheimhaltungsinteresse besteht.[52] 28

bb) Konkretisierungsgebot. Liegt im Einzelfall bereits eine Verletzungshandlung vor, muss sich – wie bereits erwähnt – der Antrag auf die konkrete Verletzung beziehen.[53] Dies gilt sowohl für den wettbewerbsrechtlichen Unterlassungsanspruch als auch für den Unterlassungsanspruch aus Spezialgesetzen. 29

Die **konkrete Verletzungshandlung** muss so umschrieben werden, dass der Streitgegenstand eindeutig gekennzeichnet wird und damit eine zweifelsfreie Grundlage für das Vollstreckungsverfahren bietet.[54] Vor diesem Hintergrund sind Formulierungen, die den Verbotsumfang unscharf beschreiben, zB nicht eindeutig bezeichnete ähnliche Verletzungsformen miteinbeziehen, oder aber Verletzungsformen aufweisen, die eine neue rechtliche Prüfung erfordern, unzulässig.[55] 30

Allerdings hat die Rechtsprechung im Einzelfall im Rahmen des Konkretisierungsgebots auch sprachliche Verallgemeinerungen als zulässig angesehen. Hintergrund hierfür ist, dass die auf einer konkreten Verletzungshandlung beruhende Wiederholungsgefahr auch in Bezug auf sonstige künftige, leicht abgewandelte Verletzungshandlungen, die im „Kern“ oder „Wesen“ der konkreten Verletzungshandlung entsprechen, anwendbar ist.[56] 31

cc) Zusätze im Unterlassungsantrag. In der Praxis stellt sich oftmals das Problem der Zulässigkeit sog. einschränkender Zusätze und sog. „insbesondere“-Zusätze. 32

Der **einschränkende Zusatz** im Antrag „es sei denn, …“ ist regelmäßig nicht notwendig, da es nicht die Aufgabe des Antragstellers ist, dem Antragsgegner durch die Antragsformulierung aufzuzeigen, welche Änderungsformen aus dem gerichtlichen Verbot herausführen.[57] Die Aufnahme eines einschränkenden Zusatzes ist jedoch im Einzelfall dann sinnvoll, wenn der Beklagte eine Bedingung zu erfüllen hat, zB eine Lizenznahme. 33

---

[44] Ohly/Sosnitza/Sosnitza UWG § 12 Rn. 65.
[45] RG MuW 39, 137 (141) – Ovalglas.
[46] BGH GRUR 1991, 254 (257) – Unbestimmter Unterlassungsantrag I.
[47] BGH WRP 1994, 822 (824) – Rotes Kreuz.
[48] BGH GRUR 1992, 561 (562) – Unbestimmter Unterlassungsantrag II.
[49] BGH GRUR 1977, 260 – Friedrich Karl Sprudel; BGH GRUR 1981, 60 (64) – Sitex.
[50] OLG München WRP 1971, 534; OLG Köln GRUR 1990, 536.
[51] BGH GRUR 1993, 564 (566) – Faltenglätter; weitere Beispiele bei Ohly/Sosnitza/Sosnitza UWG § 12 Rn. 67 und Ahrens/Jestaedt Kap. 22 Rn. 20.
[52] Vgl. BGH GRUR 1961, 40 (42) – Wurftaubenpresse.
[53] St. Rspr. BGH GRUR 1957, 606 (608) – Heilmittelvertrieb; BGHZ 34, 1 (13) – Mon Chérie I; BGH GRUR 1996, 57 (58 f.) – Spielzeugautos; BGH GRUR 2000, 228 – Musical Gala; BGH GRUR 1984, 593 (594) – adidas-Sportartikel.
[54] BGH GRUR 1992, 561 – Unbestimmter Klageantrag II; BGH GRUR 1992, 527 – Plagiatsvorwurf II; BGH GRUR 2013, 1229 – Kinderhochstühle im Internet II. Wird eine Äußerung beanstandet, weil diese vom Verkehr in einer bestimmten Weise verstanden werden kann, braucht der Unterlassungsantrag nur die zu untersagende Äußerung zu umfassen. Aus dem Antrag muss sich nicht ergeben, dass das Verbot unter der Voraussetzung eines bestimmten Verkehrsverständnisses ausgesprochen werden soll, BGH Urt. v. 6.12.2007 – I ZR 184/05 – nv.
[55] So Teplitzky Kap. 51 Rn. 1 f., 4 f., 8, 13 ff.; Köhler/Bornkamm/Feddersen/Köhler UWG § 12 Rn. 1.43 ff.; Gloy/Loschelder/Danckwerts UWG-HdB/Spätgens § 88 Rn. 4 ff.
[56] St. Rspr. BGH GRUR 1989, 445 (446) – „Professorenbezeichnung in der Arztwerbung I“; BGH WRP 1998, 42 (45) – Unbestimmter Unterlassungsantrag III; vgl. dazu auch Köhler/Bornkamm/Feddersen/Köhler UWG § 12 Rn. 1.44; Gloy/Loschelder/Danckwerts UWG-HdB/Spätgens § 88 Rn. 4; Ohly/Sosnitza/Sonsnitza UWG § 12 Rn. 63; Ahrens/Jestaedt Kap. 22 Rn. 33 ff.; Melullis Rn. 328; Borck WRP 2000, 824; Kurtze, FS für Nirk, 1992, S. 573; Teplitzky WRP 1999, 75.
[57] St. Rspr. BGH GRUR 1991, 860 (862) – Katovit; BGH GRUR 1989, 445 (446) – Professorenbezeichnung in der Arztwerbung I.

34 In der Praxis wird oftmals versucht, das Spannungsverhältnis zwischen den Anforderungen an die konkrete Antragsformulierung einerseits und dem Interesse des Klägers an der effektiven Verhinderung der Umgehung des erlangten Titels andererseits dadurch aufzulösen, dass in einem Obersatz der allgemein formulierte Unterlassungsanspruch quasi vor die Klammer gezogen und die konkrete Verletzungsform mit der Einleitung „insbesondere" nachgeordnet wird.

35 Diese Art der Antragsformulierung wird von den Gerichten akzeptiert.[58] Nach der herrschenden Meinung ist ein solcher **„insbesondere"-Antrag** nicht als ein Hilfsantrag anzusehen, sondern lediglich als eine beispielhafte Verdeutlichung des allgemeinen Obersatzes des Unterlassungsantrags durch eine oder mehrere konkrete Verletzungsformen.[59]

36 Demgegenüber hat das LG Köln[60] entschieden, dass Unterlassungsanträge wegen der **mehrmaligen Verwendung des Begriffs „insbesondere"** nicht ausreichend bestimmt seien, weil hierdurch Auslegungsschwierigkeiten verursacht werden. Dieser Rechtsansicht ist jedoch das OLG Köln nicht gefolgt und hat die Anträge vielmehr als ausreichend bestimmt angesehen.[61]

37 Aufgrund der Einordnung sog. „insbesondere"-Zusätze als beispielhafte Verdeutlichungen der Verletzung können diese Handlungsbeispiele auch noch im Laufe des gerichtlichen Verfahrens ausgetauscht oder zum Teil gestrichen werden, ohne dass dies weder eine Klageänderung noch eine Klageerweiterung oder aber eine (teilweise) Klagerücknahme darstellen würde.[62] Dies gilt selbstverständlich nur, wenn der „insbesondere"-Zusatz bereits selbst in ausreichender Form die konkrete Verletzungshandlung wiedergibt, da ansonsten insgesamt ein zu unbestimmter Antrag vorliegt.[63] Dies gilt auch dann, wenn der „insbesondere"-Zusatz ein aliud gegenüber dem Antrag darstellt, weil der Antrag insofern insgesamt perplex und damit unbestimmt ist.[64] Als Lösung bietet sich hier die Stellung eines Hilfsantrags an, der die konkrete Verletzungsform bezeichnet.[65]

38 **b) Reichweite des Unterlassungsantrags.** Nach ständiger Rechtsprechung erfasst der gerichtliche Verbotsausspruch nicht nur solche Handlungen, die mit der im Tenor enthaltenen konkreten Verletzungsform identisch sind, sondern auch Abwandlungen, die den Kern der Verbotsform unberührt lassen.[66] Hintergrund hierfür ist, dass Abwandlungen als schon im Erkenntnisverfahren mitgeprüft gelten, sofern der Titel das „Charakteristische" oder den „Kern" der Verletzungsform zweifelsfrei zum Ausdruck bringt, und die Abwandlungen im konkreten Einzelfall denselben „Kern" der im Titel enthaltenen Handlungsformen erfassen. Dies gilt nach der jüngeren Rechtsprechung, wenn die kerngleichen Verletzungshandlungen in das Erkenntnisverfahren und die Verurteilung einbezogen sind, wobei das rechtlich Charakteristische der konkreten Verletzungsform, das für die Bestimmung des Kerns der verbotenen Handlung und die Reichweite des Vollstreckungstitels maßgeblich ist, also beispielsweise auf die Schutzrechte beschränkt ist, die Prüfungsgegenstand im Erkenntnisverfahren gewesen sind.[67] Insofern besteht daher auch eine Vermutung der Widerholungsgefahr. Eine weitergehende Auslegung des Titels ist jedoch wegen des strafähnlichen Charakters der Ordnungsmittelandrohung gem. § 890 ZPO nicht möglich.[68]

39 Im Schrifttum wird diese vom BGH vertretene **sog. Kerntheorie** jedoch teilweise unter Hinweis auf eine Verlagerung der Streitpunkte vom Erkenntnisverfahren in das Vollstreckungsverfahren

---

[58] Vgl. BGH GRUR 1991, 772 (773) – Anzeigenrubrik I.

[59] BGH GRUR 1957, 606 (608) – Heilmittelvertrieb; BGH GRUR 1996, 793 – Fertiglesebrillen; BGH GRUR 1996, 502 – Energiekosten-Preisvergleich; Teplitzky Kap. 51 Rn. 36 ff.; Ahrens/Jestaedt Kap. 22 Rn. 46 ff.; aA OLG Koblenz GRUR 1988, 555, das den „insbesondere"-Zusatz als Hilfsantrag einordnet.

[60] LG Köln 24.5.2006 – 28 O 358/05 – nv.

[61] OLG Köln LMRR 2006, 35.

[62] BGH GRUR 1991, 772 (773) – Anzeigenrubrik I.

[63] BGH GRUR 1993, 565 (566) – Faltenglätter.

[64] Teplitzky Kap. 51 Rn. 38.

[65] Näher dazu Ohly/Sosnitza/Sosnitza UWG § 12 Rn. 70; zur Zulässigkeit von „insbesondere"-Zusätzen im Rahmen des Kennzeichenrechts, Ingerl/Rohnke MarkenG vor §§ 14 bis 19d Rn. 174 und im Patentrecht, Meier-Beck GRUR 1998, 276 ff.; Benkard/Grabinski PatG § 139 Rn. 32 ff.; hier muss das Verbot klar besagen, welche Handlungen unterlassen werden sollen.

[66] St. Rspr. BGH GRUR 1954, 70 (72) – Rohrbogen; BGH GRUR 1994, 844 (846) – Rotes Kreuz; BGH GRUR 1996, 290 – Wegfall der Wiederholungsgefahr I; BGH GRUR 1997, 379 – Wegfall der Wiederholungsgefahr II; BGH GRUR 2013, 1235 – Restwertbörse II; vgl. zum Kernbereich OLG Frankfurt a. M. GRUR-RR 2013, 302 – Zählrate.

[67] BGH WRP 1989, 527 (574) – Bioäquivalenz-Werbung; BGH WRP 2003, 1116 (1117) – Olympiasiegerin; vgl. auch OLG München GRUR-RR 2004, 63; BGH GRUR 2014, 706 – Reichweite des Unterlassungsgebots.

[68] BGH WRP 1989, 527 (574) – Bioäquivalenz-Werbung.

kritisiert.[69] Insofern wird vorgeschlagen, als Ersatz für die Anwendung der Kerntheorie eine hinreichende Verallgemeinerung des Unterlassungsantrags zuzulassen.[70]

Allerdings sind auch der Zulässigkeit von Verallgemeinerungen – wie bereits oben ausgeführt – Grenzen gesetzt. So ist es zB im Kennzeichenrecht nicht möglich, alle denkbaren, rechtswidrigen Abwandlungen einer Zeichenverletzung schon im Klageantrag zu erfassen. Hier wird regelmäßig ein neuer Prozess erforderlich sein, auch wenn der Verbotsumfang im Vollstreckungsverfahren, ausgehend vom Tenor sowie anhand der Entscheidungsgründe und des Tatbestands einschließlich des dort in Bezug genommenen Parteivorbringens ausgelegt werden kann.[71] 40

Abschließend ist darauf hinzuweisen, dass mehrere Einzelakte eine einzige Zuwiderhandlung darstellen, wenn sie eine **natürliche Handlungseinheit** bilden oder sich zu einer **rechtlichen Einheit** zusammenfassen lassen.[72] 41

Eine natürliche Handlungseinheit ist dann gegeben, wenn sich das gesamte Tätigwerden des Verletzers objektiv auch für einen Dritten als ein einheitlich zusammengefasstes Tun darstellt. Erforderlich ist insofern, dass die Einzelakte gleichartig sind und in einem räumlichen und zeitlichen Kontext stehen und auf einem einheitlichen Willensentschluss beruhen.[73] 42

Als Beispiele werden insofern der Versand eines Rundschreibens oder eines Katalogs an verschiedene Empfänger, sowie die Veröffentlichung einer Anzeige in verschiedenen Publikationsorganen genannt. 43

In diesem Zusammenhang kann die früher anwendbare Rechtsfigur des Fortsetzungszusammenhangs nicht mehr herangezogen werden. Im Rahmen der Ordnungsgeldfestsetzung hat das Gericht einen Ermessensspielraum, ob und in welcher Weise verschiedene Einzelakte bei der Festsetzung des Ordnungsgeldes für die Gesamtaktion zu berücksichtigen sind oder nicht. 44

Im Rahmen des Rechts der Vertragsstrafe kann die Frage, ob mehrere Handlungen auch mehrere Vertragsstrafen verwirken, nur durch eine Auslegung des Unterlassungsvertrags im Einzelfall beantwortet werden.[74] 45

Eine Zuwiderhandlung gegen einen Unterlassungstitel besteht schon dann und kann das gesetzlich vorgesehene Ordnungsmittel auslösen, wenn nach Verkündung aber vor Zustellung des Titels gegen eine Verbotsverfügung verstoßen wird. Verschulden iSd § 890 ZPO liegt vor, wenn der Schuldner das Verbot kannte oder schuldhaft nicht kannte. Letzteres ist dann der Fall, wenn im Anschluss an den von den Parteivertretern wahrgenommen Verhandlungstermin eine Entscheidung über den Antrag zu erwarten war und die Entscheidung abgefragt werden konnte.[75] 46

II. Der Auskunftsanspruch

1. Allgemeines

Dem deutschen Zivilrecht ist eine **allgemeine Auskunftspflicht,** die nicht aus einem besonderen Rechtsgrund abgeleitet ist, fremd. Mehrfach hat der BGH diese grundsätzliche Aussage bestätigt und zudem ausdrücklich klargestellt, dass es auch nicht Aufgabe des Prozessrechtes ist, sie einzuführen.[76] So führt insbesondere der zivilprozessuale Grundsatz der Wahrheitspflicht nicht dazu, dass eine Partei der anderen Partei Wissen und Material für den Prozesssieg verschaffen muss.[77] 47

[69] Vgl. die Nachweise bei Teplitzky Kap. 57 Rn. 13 ff.

[70] So Teplitzky Kap. 57 Rn. 16 ff.

[71] Vgl. BGH GRUR 1987, 172 (173) – Unternehmensberatungsgesellschaft I.

[72] BGH 2001, 758 (759) – Trainingsvertrag, OLG Nürnberg WRP 1999, 1184 (1186 f.); OLG München MMR 2015, 111 – Vertragsstrafen bei eigenständigen Rechtsverstößen auf mehreren Online-Plattformen; BGH GRUR 2015, 1021 – Kopfhörer-Kennzeichnung.

[73] Näher dazu Köhler WRP 1993, 666 (667 ff.), vgl. auch OLG Köln WRP 2004, 387 zur Frage eines „Massenverstoßes".

[74] BGH GRUR 2001, 758 (759, 760) – Trainingsvertrag; Köhler/Bornkamm/Köhler UWG § 12 Rn. 1.204 ff.; Ohly/Sosnitza/Sosnitza UWG § 12 Rn. 38 f.; Zur Zuständigkeit bei wettbewerblichen Vertragsstrafeansprüchen BGH MMR 2017, 169 – Ausschließliche Zuständigkeit bei Vertragsstrafeansprüchen.

[75] OLG Hamm MD 2007, 1210 ff.

[76] Vgl. etwa BGH NJW 1980, 2463; NJW 1990, 3151; MüKoBGB/Krüger § 260 Rn. 1 ff.

[77] BGH NJW 1990, 3151.

Praxistipp:

Es empfiehlt sich in der Regel, den unselbständigen Auskunftsanspruch gemeinsam mit dem Anspruch einzuklagen, zu dessen Vorbereitung die Auskunft dient. Durch die isolierte Erhebung einer Auskunftsklage wird die Verjährung des Hauptanspruchs nicht unterbrochen.

Ist der Kläger an einer schnellen Kostenentscheidung interessiert, empfiehlt sich die Verbindung des Auskunftsantrages mit einem Schadensersatzfeststellungsantrag.

Der Beklagte sollte gegebenenfalls die (hilfsweise) Beantragung eines Wirtschaftsprüfervorbehalts erwägen. Zwar ist das Gericht bei der Prüfung des Auskunftsanspruchs gehalten, im Rahmen der vorzunehmenden Interessenabwägung auch von sich aus die Möglichkeit der Tenorierung eines Wirtschaftsprüfervorbehalts zu berücksichtigen. Die Erfahrung hat jedoch gezeigt, dass dies ohne entsprechenden Antrag oder Hinweis des Schuldners eher selten geschieht.

Nicht selten verteidigt sich der Beklagte gegen eine Auskunftsklage und erteilt aber gleichwohl (teilweise) die geforderte Auskunft. Der Kläger muss in diesen Fällen darauf achten, die Klage (zum Teil) für erledigt zu erklären, um nicht unnötiger Weise mit Verfahrenskosten belastet zu werden.

Zur Vermeidung der zwangsweisen Durchsetzung eines nur vorläufig vollstreckbaren Auskunftsanspruchs empfiehlt es sich für den Schuldner, neben dem Klageabweisungsantrag vorsorglich einen Vollstreckungsschutzantrag zu stellen.

Macht der Gläubiger einen Rechnungslegungsanspruch geltend, sollte er zur Vermeidung späterer Auseinandersetzungen im Vollstreckungsverfahren die verlangten Belege im Klageantrag möglichst genau bezeichnen.

48 a) **Rechtsgrundlagen des Auskunftsanspruches.** Während der Geschädigte im allgemeinen Zivilrecht den Umfang seines Schadens in der Regel ohne Hilfe des Verletzers bestimmen kann, hat der durch unlauteres Wettbewerbshandeln oder durch Verletzung eines Sonderschutzrechtes Geschädigte häufig keine Kenntnis darüber, welchen Umfang die ihn schädigende Verletzungshandlung hat. Ohne Auskunft des Schädigers kann er seinen Schaden meist lediglich grob und häufig nur willkürlich schätzen, denn alleine der Verletzer weiß beispielsweise, wie häufig, in welchen Medien und mit welcher Verbreitung eine unzulässige Werbung geschaltet wurde, wie viele Mailings mit wettbewerbswidrigem Inhalt er an welche Adressaten verschickt oder wie viele markenrechtsverletzende Produkte er verkauft hat. Es fehlt ihm auch in aller Regel die Möglichkeit, dies anhand eigener Erkenntnisquellen zuverlässig in Erfahrung zu bringen. Er ist deshalb auf die Mithilfe des naturgemäß unwilligen Verletzers angewiesen. Regelmäßig wird der Verletzte auch keine Kenntnis darüber haben, woher ein Händler beispielsweise ein markenverletzendes Produkt bezogen hat. Nur mit dieser Kenntnis ist es ihm jedoch möglich, die Quelle rechtsverletzender Ware zu verstopfen. Diese für den Verletzten unbefriedigende Situation wurde von Gesetzgeber und Rechtsprechung als solche erkannt. Auf zahlreichen Gebieten des gewerblichen Rechtsschutzes hat der Gesetzgeber Abhilfe durch die Normierung von speziellen Auskunftstatbeständen geschaffen.[78] Im UWG fehlt allerdings eine entsprechende Regelung. Die Vorschriften des BGB zur Auskunftspflicht[79] gewähren dem Auskunftsgläubiger in aller Regel keine ausreichenden Auskunftsansprüche, insbesondere nicht zur Vorbereitung eines Schadensersatzanspruches. In einer richtungsweisenden Entscheidung hat das Reichsgericht deshalb bereits am 4.5.1923 unter Rückgriff auf den **Grundsatz von Treu und Glauben** grundsätzlich entschieden, dass dem Verletzten, der unverschuldet keine Kenntnis über den Umfang einer Verletzungshandlung hat, ein Auskunftsanspruch zustehen kann.[80]

49 Der BGH sieht in dem Anspruch auf Auskunftserteilung und Rechnungslegung über alle zur Schadensberechnung erforderlichen Angaben einen **Hilfsanspruch zum Schadensersatzanspruch,** der als Ausprägung des Grundsatzes von Treu und Glauben **gewohnheitsrechtlich anerkannt** ist.[81] Daneben kann der Auskunftsanspruch auch Bestandteil des Schadensersatzanspruches selbst sein und als Teil der Naturalrestitution unmittelbar aus § 249 BGB folgen.[82]

[78] Vgl. zB § 19 MarkenG, § 140b PatG, § 24b GebrMG, § 46 DesignG, § 9 Abs. 2 HalbleiterschutzG, § 101 UrhG.
[79] ZB § 666, § 260 BGB.
[80] RGZ 108, 1, 7.
[81] BGH GRUR 1962, 398, 400 – Kreuzbodenventilsäcke II; GRUR 1980, 227, 232 – Monumenta Germaniae Historica.
[82] BGH GRUR 1964, 320, 323 f. – Maggi; GRUR 1974, 351, 352 – Frisiersalon.

b) **Arten des Auskunftsanspruches.** Zwei Arten des Auskunftsanspruchs sind nach seiner jeweiligen Zielrichtung zu unterscheiden: man spricht vom sogenannten **unselbständigen und vom selbständigen Auskunftsanspruch.** Die in der Rechtspraxis relevantere Form ist der unselbständige oder akzessorische Auskunftsanspruch. Bei ihm handelt es sich um einen Hilfsanspruch[83] zu einem Hauptanspruch, der ohne die begehrte Auskunft unbilligerweise entweder gar nicht oder nur unzureichend durchgesetzt werden kann. Der unselbständige Auskunftsanspruch dient alleine der Verschaffung der erforderlichen Kenntnis zur Durchsetzung des Hauptanspruches. Demgegenüber dient der selbständige oder nicht akzessorische Auskunftsanspruch zwar auch der Vorbereitung eines unabhängigen Hauptanspruchs, allerdings nicht gegen den Auskunftspflichtigen, sondern gegen einen Dritten. Im Verhältnis zum Auskunftspflichtigen spricht man gleichwohl von einem selbständigen Auskunftsanspruch. Daneben kann auch der vom BGH für bestimmte Bereiche bestätigte **Besichtigungsanspruch nach § 809 BGB** zur Erlangung von Informationen eingesetzt werden.[84] 50

2. Allgemeine Grenzen der Auskunftspflicht

Da die Auferlegung einer Auskunftspflicht den Auskunftspflichtigen in seinen Rechten beeinträchtigt, kann der Auskunftsgläubiger nicht jede Auskunft in jedem Umfang verlangen. Diese allgemeine Schranke ergibt sich aus dem zivilprozessualen Verbot des Ausforschungsbeweises und dem Grundsatz, dass niemand verpflichtet ist, seinem Gegner die Waffen in die Hand zu geben.[85] In mehreren Spezialgesetzen sind die **Grenzen der Auskunftspflicht** ansatzweise normiert. Nach § 19 Abs. 4 MarkenG sind Auskunftsansprüche ausgeschlossen, wenn die Inanspruchnahme im Einzelfall **unverhältnismäßig** ist.[86] Ergibt sich der Auskunftsanspruch bei einer allgemeinen Wettbewerbsverletzung aus § 242 BGB, gilt der Grundsatz der Verhältnismäßigkeit gleichermaßen. Zwar richtet sich der Umfang der Auskunft in erster Linie nach den Bedürfnissen des Verletzten, jedoch nur unter schonender Rücksichtnahme auf die Belange des Verletzers.[87] Bei der Abwägung der beteiligten Interessen sind insbesondere Art und Schwere der Rechtsverletzung sowie die Intensität der Belastung des Verletzers durch die Auskunftspflicht zu gewichten. Der Grundsatz der Verhältnismäßigkeit gebietet, dass die begehrte Auskunft nach Art und Umfang zur Durchsetzung des verfolgten Hauptanspruches erforderlich ist.[88] Ferner muss die Auskunftserteilung für den Verletzer zumutbar sein und darf diesen nicht unbillig belasten.[89] 51

a) **Erforderlichkeit der begehrten Auskunft.** Welche Angaben für die Durchsetzung des Hauptanspruchs erforderlich sind, richtet sich nach dessen Inhalt. Nur solche Auskünfte sind geschuldet, die für den Hauptanspruch von **konkretem Erkenntniswert** sind. Darüber hinausgehende Angaben mögen zwar mit dem Hauptanspruch in irgendeinem Zusammenhang stehen oder für den Verletzten sonst von Interesse sein, sie sind jedoch nicht erforderlich im Rechtssinne. 52

Ist beispielsweise ein eingetretener **Marktverwirrungsschaden** auf Grund einer unzulässigen Werbung schon durch die Auskunft über Art und Inhalt der Werbung, durch ihren Umfang, Zeitpunkt und Dauer sowie die Effektivität der eingesetzten Werbemedien konkret bezifferoder – wie in aller Regel – schätzbar, ist die Bekanntgabe der Kosten der Werbung mangels zusätzlichem Erkenntniswert nicht erforderlich.[90] Für die Berechnung des Schadens im Falle einer **Kennzeichenverletzung** wird der Verletzte in der Regel zwar die Angabe der Verletzerumsätze, nicht jedoch eine Auskunft über Lieferanten und Abnehmer benötigen.[91] Demgegenüber kann die vollständige und genaue Auskunft über Lieferanten zur Beseitigung einer wettbewerbswidrigen Störung durch den Vertrieb nicht verkehrsfähiger Ware zur Vorbereitung eines **Beseitigungsanspruches** erforderlich sein.[92] In den Fällen einer exakten Berechnung des Verletzer- 53

[83] So zB BGH GRUR 1994, 630, 632 – Cartier-Armreif.
[84] BGH GRUR 1985, 518 – Druckbalken. GRUR 2002, 1046, 1047 – Faxkarte; siehe zum Besichtigungsanspruch Spuhler/Vykydal unten → Rn. 179 ff.
[85] Anders/Gehle/Anders ZPO Vor § 284 Rn. 27 ff.
[86] Ebenso in § 101a Abs. 1 UrhG, § 46 Abs. 1 DesignG, § 24b Abs. 1 GebrMG, § 9 Abs. 2 HalblSchG, § 37b Abs. 1 SortSchG und § 140b Abs. 1 PatG.
[87] BGH GRUR 1978, 52, 53 – Fernschreibverzeichnisse.
[88] BGH GRUR 1977, 491, 494 – ALLSTAR.
[89] BGH GRUR 1986, 62, 64 – GEMA-Vermutung I.
[90] BGH GRUR 1987, 364, 365 – Vier-Streifen-Schuh.
[91] BGH GRUR 1995, 50, 54 – Indorektal/Indohexal.
[92] OLG Köln WRP 1997, 597, 603 – Seriennummer.

gewinns oder der entgangenen Stücklizenzen kann auch eine umfassende **Rechnungslegung** erforderlich sein.[93]

54 b) **Zumutbarkeit der Auskunftserteilung.** Die begehrte Auskunftserteilung muss dem Auskunftsschuldner zumutbar sein. Die Frage der Erforderlichkeit der Auskunft und der **Zumutbarkeit der Auskunftserteilung** für den Verletzer stehen dabei in einer sich gegenseitig bedingenden Wechselbeziehung. Je dringender der Verletzte auf die Auskunft angewiesen ist, desto erforderlicher sie für ihn ist, umso mehr wird dem Verletzer an Auskunftspflichten zuzumuten sein.

55 Die Frage der Zumutbarkeit der begehrten Auskunft stellt sich im Rahmen der gebotenen **Interessenabwägung** ganz besonders, wenn dem Schuldner Auskünfte abverlangt werden, die einerseits zur Durchsetzung des gegen ihn gerichteten Anspruchs dringend erforderlich sind, dem Verletzten zugleich aber auch sonst nützliche **Auskünfte über Betriebsinterna** eines Wettbewerbers verschaffen. Das Ergebnis der Abwägung von begründetem Auskunftsinteresse und unzumutbarer Preisgabe von Betriebsinterna hängt stets von den konkreten Umständen des Einzelfalls ab. Allgemein lässt sich nur sagen, dass die Auskunft auf jeden Fall nicht dazu führen darf, dem Verletzten ohne ein begründetes Bedürfnis Einblicke in die geschäftlichen Verhältnisse des Verletzers zu gewähren. Andererseits darf die Auskunft aber nicht versagt werden, wo sie dem Verletzten für die Ermittlung des Schadens von Nutzen ist und den Verletzer nicht unbillig belastet.[94] Ist die Auskunft zur Durchsetzung eines Schadensersatzanspruchs aber zwingend erforderlich, müssen die Interessen des Verletzers zurückstehen und er muss auch seine Betriebsinterna offen legen.

56 **Unzumutbar** wird die Auskunftserteilung dann, wenn Art und Umfang der geforderten Auskunft nicht mehr in einem **angemessenen und sinnvollen Verhältnis** zu dem Wert stehen, den die begehrten Angaben für die Schätzung des geltend gemachten Schadens haben.[95] Da beispielsweise im Falle einer wettbewerbswidrigen Werbung in aller Regel ohnehin nur eine Schätzung des Schadens möglich ist, wird zwar regelmäßig ein Anspruch auf Auskunft über Zeit und Umfang der Verletzungshandlung, gegebenenfalls auch über die Empfänger der beanstandeten Werbung bestehen,[96] in den meisten Fällen ist eine Auskunft über die Verletzerumsätze jedoch unzumutbar, weil diesen für die Schätzung des Schadens kein weiterführender Erkenntniswert zukommt.[97]

57 Auch die Frage, welcher Aufwand dem Verletzer für die Auskunftserteilung zumutbar ist, bestimmt sich nach dem **Grundsatz der Verhältnismäßigkeit.** In erster Linie richtet sich der zumutbare Umfang der Auskunftserteilung nach dem festgestellten oder mit großer Wahrscheinlichkeit bestehenden Ausmaß der Rechtsverletzung. Hat der Verletzer in zahlreichen Fällen und in erheblichem Umfang die Rechte eines anderen verletzt, so ist dem Schädiger ein größerer Aufwand zuzumuten als bei einem einmaligen weniger schweren Eingriff.[98] Der Verletzte muss sich nach Treu und Glauben aber nicht auf eine der anerkannten Schadensberechnungsarten verweisen lassen, nur weil diese für den Verletzer weniger aufwändig ist.[99] Das Wahlrecht des Gläubigers unter den verschiedenen Schadensberechnungsarten wird insoweit nicht durch den mit der Auskunft verbundenen Aufwand beschränkt. Sofern der Schuldner selbst nicht über die erforderlichen Informationen verfügt, kann es ihm zumutbar sein, bei Dritten nachzufragen.[100]

58 Ganz besonders sträubt sich der Verletzer regelmäßig, seine Abnehmer und Lieferanten bekannt zu geben, da es sich hierbei um wertvolle Betriebsgeheimnisse handelt. Auch hier stellt sich in aller erster Linie die Frage, welche der beteiligten Interessen schutzwürdiger sind. Das Geheimhaltungsinteresse des Verletzers hat auch in diesem Falle zurückzustehen, wenn ihm eine besonders grobe Verletzungshandlung vorzuwerfen ist. Dies hat die Rechtsprechung zum Beispiel im Falle eines groben Vertrauensbruchs im Rahmen eines Vertragsverhältnisses angenommen.[101] In manchen Fällen wird der Interessenkonflikt sachgerecht durch einen **Wirtschaftsprüfervorbehalt** zu lösen sein. Im Rahmen der umfassenden Interessenabwägung kann dem Verletzer – auch ohne entsprechenden Antrag, aber unter Darlegung des dafür sprechenden Sachverhaltes –

[93] Vgl. BGH GRUR 1973, 478, 480 – Modeneuheit.
[94] BGH GRUR 1965, 313, 315 – Umsatzauskunft; siehe auch OLG Düsseldorf GRUR-RR 2011, 81 – Gleitsattelscheibenbremse II (LS).
[95] BGH GRUR 1965, 313, 314 – Umsatzauskunft.
[96] BGH GRUR 1978, 52, 53 – Fernschreibverzeichnis.
[97] BGH GRUR 1965, 313, 314 – Umsatzauskunft; OLG Köln GRUR-RR 2015, 215.
[98] BGH GRUR 1986, 62, 64 – GEMA-Vermutung I.
[99] BGH GRUR 1982, 723, 726 – Dampffrisierstab.
[100] BGH GRUR 2006, 504, 506 – Parfümtestverkäufe; OLG Frankfurt NJW-RR 2016, 960.
[101] BGH GRUR 1958, 346, 348 f. – Spitzenmuster.

aufgegeben werden, nach seiner Wahl die Auskunft über sensible Daten über den Umweg eines zur Verschwiegenheit verpflichteten Wirtschaftsprüfers zu erteilen.[102]

Macht der Verletzte den Auskunftsanspruch geltend, um einen Schadensersatzanspruch vorzu- 59
bereiten, ist er daran interessiert, eine möglichst vollständige Auskunft über sämtliche Verletzungshandlungen des Verletzers zu erhalten. Der Auskunftsanspruch unterliegt **keinen zeitlichen Begrenzungen.** Der Verletzte muss den Auskunftsanspruch deshalb zeitlich nicht auf Verletzungshandlungen einschränken, die nach der ersten als anspruchsbegründend vorgetragenen Handlung stattfanden.[103]

Um dem Verletzten die Möglichkeit zu geben, die Quellen etwaiger Rechtsverletzungen zu- 60
verlässig und nachhaltig zu verschließen, ist er häufig gerade auch auf Informationen über frühere nicht aufgedeckte Verletzungshandlungen angewiesen.[104] Dementsprechend ist der Drittauskunftsanspruch auch nicht auf die Herkunft des konkret festgestellten Verletzerproduktes zu beschränken. Die **Auskunftspflicht umfasst stets sämtliche im Kern identischen, nicht aber nur ähnliche Verletzungsfälle.**[105] Stellt der Hersteller von Markenkosmetika beispielsweise die Verletzung seiner Marke durch den Vertrieb nicht erschöpfter Ware einer Unterlinie seiner Marke fest, richtet sich sein Anspruch nicht nur auf Auskunft über Produkte der konkret betroffenen Unterlinie, sondern auf die verletzte Marke insgesamt. Im Bereich der Markenkosmetika ist der Verletzte häufig Inhaber mehrerer geschützter Marken. Vertreibt er diese über dieselben Vertriebswege und handelt der Verletzer, wie in aller Regel, auch mit Produkten anderer als der konkret festgestellten Marke des Markeninhabers, umfasst der Auskunftsanspruch mangels Erstbegehungsgefahr aber nicht auch die anderen Marken des Verletzten.[106] Stellt der Gläubiger die Verletzung seiner Rechte hinsichtlich eines Rings aus einer Schmuckserie fest, soll er hingegen auskunftspflichtig über alle Verletzungshandlungen sein, die die Serie insgesamt betreffen.[107] Verwendet ein Dritter ohne Erlaubnis Fotos aus dem Gutachten eines Kfz-Sachverständigen auf den Seiten einer Internet-Restwertbörse, so kann er auch auskunftspflichtig über die Verwendung anderer Fotos aus sich in seinem Besitz befindlichen weiteren Gutachten desselben Sachverständigen sein.[108]

Eine weitere Frage betrifft die Begrenzung des Anspruchs am anderen Ende der Zeitskala. 61
Ist der Verletzte einmal erfolgreich gerichtlich gegen einen Verletzer vorgegangen, ist er für die Zukunft durch einen titulierten Unterlassungsanspruch gesichert. Die Möglichkeit, dem Unterlassungstitel durch einen Bestrafungsantrag im Verstoßfalle Nachdruck zu verleihen, bietet dem Verletzten in der Regel ausreichenden Schutz vor weiteren Verletzungshandlungen. Für die Vergangenheit kann er Ersatz des ihm entstandenen Schadens verlangen. Im Falle einer Verletzung nach Urteilsverkündung wird sich dem Verletzen aber erneut die Frage stellen, ob der festgestellte Verletzungsfall der erste seit Urteilsverkündung war, oder ob es nicht eine Vielzahl weiterer Verstöße gegen den Unterlassungstenor gegeben hat. Fraglich ist hier, ob er die begehrte Auskunft über weitere Verletzungsfälle auf Grund des bereits vorliegenden Auskunftstenors verlangen kann, oder ob er erneut auf Auskunft klagen und ein weiteres Erkenntnisverfahren durchlaufen muss. Der BGH hat dazu in einer patentrechtlichen Entscheidung festgestellt, dass jede Verletzungshandlung die Verpflichtung des Verletzers begründet, **über alle – vergangenen und künftigen – gleichartigen Verletzungshandlungen Auskunft zu erteilen.**[109] Demnach kann der Auskunftsgläubiger auch nach Abschluss eines Verfahrens aus dem erwirkten Titel vollstrecken und Auskunft über alle nach Abschluss des Verfahrens begangenen weiteren Verletzungshandlungen verlangen, auch wenn er bereits umfänglich Auskunft über alle Verletzungshandlungen bis zum Erlass des Urteils erhalten hat.[110] Auf das Vorliegen der Voraussetzungen des § 259 ZPO kommt es nicht an, da es bei der Erstreckung der Auskunft über den Schluss der mündlichen Verhandlung hinaus nicht um einen künftigen Anspruch geht. Der Anspruch ist vielmehr bereits mit der oder den im Urteil festgestellten Verletzungshandlungen entstanden.[111]

---

[102] BGH GRUR 1981, 535 – Wirtschaftsprüfervorbehalt.
[103] BGH GRUR 1988, 307 – Gaby; GRUR 2007, 877, 879 – Windsor Estate.
[104] Eichmann GRUR 1990, 575, 578; Fezer § 19 MarkenG Rn. 12; Ingerl/Rohnke MarkenG § 19 Rn. 34.
[105] BGH GRUR 1992, 612, 614 – Nicola; WRP 2006, 749, 754 – Parfümtestkäufe; WRP 2010, 927, 932 – Restwertbörse.
[106] BGH GRUR 2002, 709, 711 – Entfernung der Herstellungsnummer III.
[107] OLG Zweibrücken GRUR 1997, 827 – Pharaon-Schmucklinie.
[108] BGH WRP 2010, 927, 932 f. – Restwertbörse.
[109] BGH GRUR 2004, 755, 756 – Taxameter.
[110] So schon Meier-Beck GRUR 1998, 276, 280.
[111] BGH GRUR 2004, 755, 756 – Taxameter; zustimmend Schwippert in Teplitzky Kap. 52 Rn. 5; aA: Fezer/Büscher UWG § 8 Rn. 271.

3. Der unselbstständige Auskunftsanspruch

62 **a) Anspruchsvoraussetzungen.** Die Berechtigung des unselbständigen Auskunftsanspruchs ist auf Grund der eindeutigen Aussagen des BGH[112] zu dessen gewohnheitsrechtlicher Anerkennung heute nicht mehr bestritten. Er spielt in der Praxis bei Wettbewerbs- und Schutzrechtsverletzungen eine wichtige Rolle. In seiner Zielrichtung ist er nicht auf eine bestimmte Auskunft beschränkt. Vielmehr richtet er sich auf jede Information, deren Erlangung nach den Grundsätzen von Treu und Glauben zur Durchsetzung eines Hauptanspruchs erforderlich ist. Neben der **Vorbereitung eines Schadensersatzanspruchs**[113] kann der Auskunftsanspruch auch zur **Vorbereitung und Durchsetzung eines Störungsbeseitigungsanspruchs**[114] oder eines **Bereicherungsanspruchs**[115] dienen. Stets müssen für das Bestehen des Auskunftsanspruchs die folgenden Voraussetzungen vorliegen.

63 *aa) Rechtsbeziehung zwischen Auskunftspflichtigem und Auskunftsberechtigten.* Der Auskunftsanspruch setzt eine **besondere rechtliche Beziehung** zwischen dem zur Auskunft Verpflichteten und dem Auskunftsberechtigten voraus.[116] Nach allgemeiner Meinung reicht dazu ein gesetzliches Schuldverhältnis, beispielsweise aus einer unerlaubten Handlung, aus.[117] In aller Regel ergibt sich dieses gesetzliche Schuldverhältnis aus der Verletzung wettbewerbs- oder sonderschutzrechtlicher Vorschriften. In eher seltenen Fällen kann sich die Auskunftspflicht auch aus einem Vertragsverhältnis ergeben.[118]

64 *bb) Bestehen eines Hauptanspruchs.* Der Auskunftsanspruch ist ein sogenannter unselbständiger oder akzessorischer Anspruch, weil er zumindest dem Grunde nach das **Vorliegen eines Hauptanspruchs** voraussetzt, dessen Vorbereitung und Durchsetzung er dienen soll.[119] Dies bedeutet zugleich, dass der Auskunftsanspruch nicht dazu dient, dem Verletzten ein Instrument an die Hand zu geben, mit dessen Hilfe er vom Verletzer erst die Voraussetzungen für das Vorliegen einer schädigenden Handlung erfährt.[120] Dies ist – wie stets im Zivilprozess – nicht Aufgabe des potenziellen Verletzers. Gleichwohl hat die Rechtsprechung in engen Grenzen Ausnahmen von diesem Grundsatz zugelassen. Besteht auf Grund einer konkret festgestellten Rechtsverletzung eine große Wahrscheinlichkeit dafür, dass auch in zahlreichen anderen Fällen in erheblichem Umfang in die Rechte des Verletzten eingegriffen wurde, so kann der Verletzer zur vollständigen Auskunft verpflichtet sein, die sich dann auf sämtliche zur Rechtsdurchsetzung benötigten Angaben erstreckt.[121] Ferner hat der BGH im Falle des Verstoßes gegen eine vertragliche Unterlassungspflicht aus dem Grundsatz von Treu und Glauben die vertragliche Nebenpflicht hergeleitet, Auskunft darüber zu erteilen, ob weitere Verstöße gegen die vertragliche Unterlassungspflicht begangen wurden.[122]

65 *cc) Unmöglichkeit oder Unzumutbarkeit der Informationsbeschaffung ohne Auskunft des Schuldners.* Dem Auskunftsgläubiger ist es grundsätzlich zumutbar, zunächst alle ihm zur Verfügung stehenden rechtmäßigen[123] **eigenen Informationsmöglichkeiten** auszuschöpfen. Nur wenn er damit nicht weiterkommt, kann er sich an den Auskunftsschuldner wenden.[124]

66 *dd) Unverschuldete Unkenntnis des Gläubigers.* Der Auskunftsanspruch setzt ferner voraus, dass die **Unkenntnis des Auskunftsgläubigers unverschuldet** ist. Der Gläubiger hat seine Unkenntnis schuldhaft verursacht, wenn er es beispielsweise versäumt, eine Erfolg versprechende Auskunft von einem Dritten einzuholen und ihm dies auch zumutbar war.[125] Der Gläubiger darf, was anhand der Umstände des Einzelfalles festzustellen ist, nicht vor Anspruchsstellung gegen-

[112] BGH GRUR 1962, 398, 400 – Kreuzbodenventilsäcke II; GRUR 1980, 227, 232 – Monumenta Germaniae Historica.
[113] Vgl. zB BGH GRUR 1965, 313, 314 – Umsatzauskunft.
[114] Vgl. zB BGH GRUR 1972, 558, 560 – Teerspritzmaschinen; GRUR 1987, 647 – Briefentwürfe.
[115] Vgl. zB BGH GRUR 1982, 299, 307 f. – Kunststoffhohlprofil II.
[116] Köhler/Bornkamm/Feddersen/Köhler UWG § 9 Rn. 4.8; MüKoBGB/Krüger § 260 Rn. 13 ff.
[117] Vgl. zB BGH GRUR 1986, 62, 64 – GEMA-Vermutung I.
[118] BGH GRUR 1958, 346, 348 – Spitzenmuster.
[119] BGH GRUR 1986, 62, 64 – GEMA-Vermutung I; Teplitzky/Löffler Kap. 38 Rn. 7.
[120] BGH GRUR 1988, 307, 308 – Gaby; WRP 1991, 575, 578 – Betonsteinelemente; GRUR 1995, 50, 54 – Indorektal/Indohexal.
[121] BGH GRUR 1986, 62 – GEMA-Vermutung I; GRUR 1986, 66 – GEMA-Vermutung II.
[122] BGH GRUR 1992, 61, 64 – Preisvergleichsliste.
[123] Streitig ist zB, ob die Bespitzelung durch einen Detektiv dem Gläubiger zugemutet werden kann; so LAG Baden-Württemberg AP § 260 Nr. 1; aA: MüKoBGB/Krüger § 260 Rn. 18.
[124] BGH NJW 1980, 2463, 2464.
[125] BGH NJW 1980, 2463, 2464.

über der Möglichkeit der Kenntniserlangung „die Augen verschlossen und von einer sich aufdrängenden Möglichkeit zur Information keinen Gebrauch gemacht haben".[126] Auch hier dürfen die Anforderungen an den Gläubiger aber nicht zu hoch geschraubt werden.

ee) Zumutbarkeit der Auskunftserteilung für den Schuldner. Der zur Auskunft Verpflichtete muss schließlich **unschwer in der Lage sein, die begehrte Auskunft zu erteilen.** Wichtiges – aber keinesfalls alleiniges – Bemessungskriterium ist der dem Schuldner zur Auskunftserteilung **abverlangte Arbeitsaufwand.** Dieser muss zum Umfang des Hauptanspruchs in einem vernünftigen und angemessenen Verhältnis stehen.[127] Auch **das eigene Verhalten des Schuldners** ist zu berücksichtigen. So ist ihm ohne weiteres ein höherer Aufwand zumutbar, wenn er auf Grund früherer widersprüchlicher Angaben einen höheren Aufwand selbst zu vertreten hat.[128] 67

b) Gegenstand des Auskunftsanspruchs. Gegenstand des Auskunftsanspruchs ist die **Bekanntgabe von Tatsachen** und damit eine **Wissenserklärung.**[129] Inhalt und Umfang der geschuldeten Auskunft orientieren sich auf Grund der akzessorischen Natur des Anspruchs nach Inhalt und Zielsetzung des Hauptanspruchs. Nur was zur Vorbereitung und Durchsetzung des Hauptanspruchs erforderlich ist, ist geschuldet.[130] Weitergehende Informationen mögen zwar von Interesse für den Gläubiger sein, sind aber nicht Gegenstand der geschuldeten Auskunft.[131] Allerdings ist anerkannt, dass der Anspruch nicht nur dann bestehen kann, wenn der Gläubiger über den Umfang seines Rechts im Ungewissen ist, sondern auch dann, wenn er sich entschuldbar über das Bestehen seines Rechts im Ungewissen befindet.[132] 68

aa) Vorbereitung eines Schadensersatzanspruches. In den meisten Fällen dient die Auskunft dazu, dem Verletzten, dem ein Schadensersatzanspruch dem Grunde nach zusteht, die **Berechnung seines Schadens** zu ermöglichen. Dazu benötigt er regelmäßig Kenntnis über Art, Zeitpunkt und Umfang der begangenen Rechtsverstöße.[133] Wie detailliert die Auskunft des Verletzers dabei im Einzelfall sein muss, bestimmt sich danach, welche Informationen erforderlich sind, um den vom Verletzten geltend gemachten Schaden der Höhe nach zu bestimmen. 69

Grundsätzlich kann der Schaden auf **unterschiedliche Arten durch den Verletzten berechnet werden,** wobei die Art der Schadensberechnung in der Praxis weitgehend durch die Art der schädigenden Handlung vorgegeben ist. Der Schaden auf Grund einer unzulässigen vergleichenden Werbung wird vom Verletzten in aller Regel anders berechnet werden müssen, als der Schaden auf Grund des unberechtigten Vertriebs einer patentverletzenden Ware. In Abhängigkeit von der jeweils gewählten Form der Schadensberechnung ist die vom Verletzer zu erteilende Auskunft zu konkretisieren. Dabei reicht die Spannbreite des Auskunftsanspruches bis hin zur umfassenden **Rechnungslegungspflicht,** die die Berechnung des konkreten Schadens ermöglichen soll. Die Rechtsprechung war bisher mit der Zuerkennung des Anspruchs auf Rechnungslegung allerdings sehr zurückhaltend. Ist der Verletzer mit einer derart weitreichenden Auskunftsverpflichtung belastet, muss auch der Verletzte hinsichtlich der Konkretisierung seines Auskunftsbegehrens größeren Anforderungen gerecht werden. Beispielsweise muss der Kläger dem Verletzer genau mitteilen, welche Belege er vorlegen soll und diese in einem zumutbaren Umfang genau bezeichnen. Darüber hinaus muss der Kläger den Zeitraum für die begehrte Auskunft benennen. 70

In den meisten Fällen kommt nur eine **Schadensschätzung** im Sinne des § 287 ZPO in Betracht. Die Auskunftspflicht ist dann weniger weitreichend. In der Regel genügt die Mitteilung solcher Informationen, die Art, Zeitpunkt und Umfang der Verletzungshandlung konkretisieren.[134] Angaben zu seinem Umsatz muss der Verletzer im Falle einer markt- und nicht mitbewerberbezogenen Wettbewerbsrechtsverletzung in der Regel nicht machen, da sie für eine Schadensschätzung nur sehr bedingt tauglich sind, für den Auskunftsschuldner aber einen erheblichen Eingriff in seine Unternehmenssphäre bedeuten.[135] Gleiches gilt für Angaben zum Verletzergewinn. Demgegenüber ist 71

---

[126] BGH WM 1959, 206, 208, NJW 1990, 1358.
[127] BGH GRUR 1986, 62 – GEMA-Vermutung I; GRUR 1986, 66 – GEMA-Vermutung II.
[128] BGH GRUR 1982, 723, 726 – Dampffrisierstab.
[129] BGH GRUR 1961, 288, 290 – Zahnbürsten.
[130] BGH GRUR 1977, 491, 494 – ALLSTAR, GRUR 1994, 635, 636 – Pulloverbeschriftung.
[131] BGH GRUR 1973, 375, 377 f. – Miss Petite; GRUR 1987, 364, 365 – Vier-Streifen-Schuh; GRUR 1991, 921, 924 – Sahnesiffon.
[132] BGH GRUR 1986, 62, 64 – GEMA-Vermutung I.
[133] BGH GRUR 1961, 288, 293 – Zahnbürsten; GRUR 1981, 286, 288 – Goldene Karte I; GRUR 1987, 647, 648 – Briefentwürfe.
[134] BGH GRUR 1965, 313, 314 – Umsatzauskunft; GRUR 1987, 647, 648 – Briefentwürfe.
[135] BGH GRUR 1981, 286, 288 – Goldene Karte I.

eine Umsatzauskunft in Fällen einer Kennzeichenrechtsverletzung oder der Verletzung eines anderen Schutzrechtes häufig die maßgebliche Grundlage für eine Schadensschätzung. Im Falle einer Urheberrechtsverletzung durch die unberechtigte Ausstrahlung von Filmmaterial in einer Nachrichtensendung kann der Fernsehsender verpflichtet sein, Auskunft über die am Sendetag erzielten Werbeerlöse anhand einer Gegenüberstellung der Einnahmen und Ausgaben zu erteilen, um dem Verletzten eine Schadensberechnung nach den Grundsätzen der Herausgabe des Verletzergewinns zu ermöglichen.[136] Auch hier gilt aber, dass die Gewinnauskunft einen sehr weitgehenden Eingriff in die Rechte des Verletzers darstellt und deshalb nicht in Betracht kommt, wenn auch diese nur eine grobe Schätzung des Schadens ermöglicht und der Verletzte seinen Schaden gleichermaßen auch über eine Umsatzauskunft oder auf Grundlage grob ermittelter Gewinne schätzen kann.[137]

72 Gelegentlich stellt sich in der Praxis erst nach Auskunftserteilung heraus, dass die mitgeteilten Informationen zur Schadensberechnung nicht ausreichen. Dies kann seine Ursachen auch darin haben, dass der Gläubiger sich zum Zeitpunkt des Auskunftsverlangens – wie in aller Regel – noch nicht endgültig auf eine bestimmte Art der Schadensberechnung festgelegt hat. Korrespondierend mit dem **Wahlrecht bei der Art der Schadensberechnung,** das erst durch Erfüllung oder durch rechtskräftige Zuerkennung des Ersatzanspruchs erlischt,[138] steht dem Auskunftsgläubiger auch bezüglich des Inhalts des Auskunftsanspruchs ein Wahlrecht zu. Häufig macht der Gläubiger einen Auskunftsanspruch zunächst nur hinsichtlich solcher Informationen geltend, die zur Berechnung des Schadens nach der Methode dienen, die ihm am vorteilhaftesten erscheint. Kommt er auf Grund der erteilten Auskunft dann zu dem Schluss, dass eine andere Berechnungsart für ihn günstiger ist, kann er die für diese Berechnung erforderlichen Auskünfte auch zu diesem Zeitpunkt noch verlangen.[139]

73 Für die Prozesspraxis bedeutet das, dass dem Verletzten, der noch nach Erhebung der Auskunfts- und Schadensersatzfeststellungsklage und sogar noch während des Schadensersatzleistungsprozesses von einer Berechnungsart auf eine andere wechseln kann,[140] auch nach Erteilung der zunächst verlangten Auskunft ein über die bereits erteilten Informationen hinausgehender Auskunftsanspruch zustehen kann, wenn die erhaltenen Informationen zur Schadensberechnung nach der neuen Methode nicht ausreichen.

74 *bb) Vorbereitung eines Störungsbeseitigungsanspruches.* Auch zur **Vorbereitung und Durchsetzung eines Beseitigungsanspruchs** ist der Verletzte häufig auf die Auskunft des Verletzers über die näheren Umstände der Verletzungshandlung angewiesen. Mit eigenen Erkenntnismöglichkeiten ist der Auskunftsberechtigte in der Regel nicht in der Lage, beispielsweise in Erfahrung zu bringen, an welche Abnehmer der Verletzer von ihm hergestellte Maschinen nach Verfälschung der Herstellerkennzeichnung geliefert hat. Diese Information kann jedoch notwendig sein, um die andauernde Störung durch die langlebigen Maschinen zu beseitigen.[141] Ferner kann die Auskunft darauf gerichtet sein, den Adressatenkreis einer wettbewerbswidrigen Aussage in einer Postsendung zu erfahren, um dem Verletzten selbst die Richtigstellung falscher Angaben zu ermöglichen oder um die Richtigstellung durch den Verletzer gegenüber allen Adressaten durchzusetzen.[142] Ist die Veröffentlichung des vom Verletzten erstrittenen Unterlassungsurteils jedoch ausreichend, die geschaffene Störung zu beseitigen, wäre die Verurteilung zur Auskunft zumindest zur Vorbereitung eines Störungsbeseitigungsanspruchs **unverhältnismäßig.**[143] Im Falle einer wettbewerbswidrigen Zeitungswerbung besteht in der Regel keine Notwendigkeit der Bekanntgabe der Abonnenten. Erforderlich aber auch ausreichend zur Störungsbeseitigung ist die Kenntnis der Auflagenhöhe, des Verbreitungsgebietes und der angesprochenen Verkehrskreise.[144] Im Falle einer Anschwärzung durch die Verbreitung einer geschäftsschädigenden „schwarzen Liste" ist der Verteiler der Liste zur Auskunft über den Hersteller der Liste verpflichtet, denn nur ein Vorgehen gegen diesen gewährleistet eine endgültige Störungsbeseitigung.[145]

---

[136] BGH GRUR 2010, 1090, 1091 – Werbung eines Nachrichtensenders.
[137] GRUR 2006, 419, 420 – Noblesse.
[138] BGH GRUR 1974, 53, 54 – Nebelscheinwerfer; GRUR 1993, 55, 57 – Tchibo/Rolex II.
[139] BGH GRUR 1974, 53, 54 – Nebelscheinwerfer.
[140] BGH GRUR 1966, 375, 379 – Messner-Tee II; GRUR 1974, 53, 54 – Nebelscheinwerfer.
[141] BGH GRUR 1972, 558, 560 – Teerspritzmaschinen.
[142] RG GRUR 39, 394, 400 f. – Wegengagieren; BGH GRUR 1974, 351, 352 – Frisiersalon.
[143] RG MuW 1938, 221.
[144] BGH GRUR 1961, 288, 293 – Zahnbürsten; GRUR 1987, 647, 648 – Briefentwürfe.
[145] BGH GRUR 1995, 427 – Schwarze Liste; in vielen Fällen ist die Abgrenzung zum selbständigen Auskunftsanspruch nicht eindeutig.

cc) Vorbereitung eines Bereicherungsanspruches. Neben Schadensersatz- und Störungsbeseitigungsansprüchen kann der Auskunftsanspruch auch einen Bereicherungsanspruch nach § 812 BGB vorbereiten.[146] Der Bereicherungsanspruch kommt ua bei Urheberrechtsverletzungen[147] und bei Verletzungen technischer Schutzrechte[148] in Betracht. 75

4. Der selbstständige Auskunftsanspruch

Im Gegensatz zum unselbständigen Auskunftsanspruch soll der **selbständige Auskunftsanspruch** nicht ein Vorgehen gegen den Auskunftsschuldner selbst, sondern **gegen einen Dritten** ermöglichen. In der Praxis spielt der selbständige Auskunftsanspruch häufig bei der Auskunft über den **Lieferanten eines Außenseiters** im gebundenen Vertrieb oder über die **gewerblichen Abnehmer** des gebundenen Verletzers innerhalb eines Vertriebsbindungssystems eine Rolle. Anerkannt ist der Auskunftsanspruch als Teil des Schadensersatzes nach § 249 BGB.[149] Für den Auskunftsgläubiger ist die Herleitung des selbständigen Auskunftsanspruches als Teil des Schadensersatzes jedoch häufig unbefriedigend, da der Anspruch verschuldensabhängig ist. Die verschuldensunabhängige Haftung des Verletzers wettbewerbsrechtlicher Vorschriften auf Drittauskunft, wie sie bei der Verletzung von Sonderschutzrechten ausdrücklich gesetzlich normiert ist,[150] ist heute ebenfalls anerkannt und folgt aus § 242 BGB iVm § 3 UWG.[151] Hierbei handelt es sich um einen **verschuldensunabhängigen Störungsbeseitigungsanspruch.**[152] Die Rechtsprechung wendet diese Grundsätze konsequent auf den Vertrieb von systemgebundener Ware mit entfernter Herstellungskennzeichnung an. Steht dem Vertriebsbinder ein Unterlassungsanspruch zu, ist der Verletzer als Störer darüber hinaus auch zur Mitwirkung an der Beseitigung der eingetretenen Störung durch die Nennung seiner Lieferanten und gewerblichen Abnehmer verpflichtet, und zwar unabhängig davon, ob ihn ein Verschulden trifft.[153] Der Anspruch auf Drittauskunft kann auch, im Gegensatz zum unselbständigen Auskunftsanspruch, in der Insolvenz des (Dritt-)Auskunftsschuldners durchgesetzt werden, da er bezogen auf die Insolvenzmasse vermögensmäßig neutral ist.[154] In Fällen, in denen beispielsweise der Inhaber einer Marke oder einer geschäftlichen Bezeichnung gegen den Verletzer Klage erhoben hat, besteht der Auskunftsanspruch über den Vertriebsweg markenrechtsverletzender Produkte gemäß § 19 Abs. 2 MarkenG auch gegen einen Dritten, der in gewerblichem Ausmaß rechtsverletzende Ware in Besitz hatte, rechtsverletzende Dienstleistungen in Anspruch nahm, für rechtsverletzende Tätigkeiten genutzte Dienstleistungen erbrachte[155] oder nach den Angaben einer solchen Person an der Herstellung, Erzeugung oder am Vertrieb solcher Waren oder der Erbringung solcher Dienstleistungen beteiligt war. Die Auskunftspflicht kann trotz bestehenden Bankgeheimnisses auch eine kontoführende Bank betreffen, wenn ein Markenverletzer sein Konto zur Abwicklung markenrechtswidriger Geschäfte nutzt und die Bank auf Auskunft über Namen und Anschrift des Kontoinhabers in Anspruch genommen wird.[156] Auf Antrag kann ein Gericht im Rahmen einer Verletzungsklage den Rechtsstreit bis zur Erledigung eines wegen des Auskunftsanspruchs geführten Rechtsstreites aussetzen. Der in diesem Rahmen zur Auskunft Verpflichtete kann die für die Auskunftserteilung erforderlichen Aufwendungen vom Verletzer ersetzt verlangen. Im Urheberrecht erleichtert der Anspruch gegen Dritte insbesondere im Hinblick auf eine Auskunftspflicht von Internet-Service-Providern über den Inhaber einer Internet IP-Adresse das Vorgehen gegen Rechteverletzer im Internet und kann das umständliche und durchaus fragwürdige Vorgehen über den „Umweg" der Staatsanwaltschaften überflüssig machen. 76

[146] BGH GRUR 1982, 301 – Kunststoffhohlprofil II.
[147] BGHZ 15, 338, 348 – GEMA.
[148] BGH GRUR 1977, 250 – Kunststoffhohlprofil I.
[149] BGH GRUR 1964, 320, 323 f. – Maggi; GRUR 1968, 272, 277 – Trockenrasierer III
[150] Vgl. § 19 MarkenG, § 46 DesignG.
[151] BGH GRUR 1994, 630, 632 – Cartier-Armreif.
[152] BGH GRUR 1995, 427, 429 – Schwarze Liste.
[153] BGH GRUR 2001, 841 – Entfernung der Herstellungsnummer II; WRP 2010, 527, 529 – Oracle; OLG Köln WRP 1997, 597, 603 – Seriennummer; OLG Nürnberg, Urt. v. 26.10.1999 – 3 U 681/99 – nv.
[154] BGH WRP 2010, 527, 528 – Oracle.
[155] LG Braunschweig, MMR 2019, 555, zur Auskunftspflicht eines Internet-Marktplatz-Betreibers.
[156] EuGH GRUR 2015, 894 – Davidoff Hot Water; BGH GRUR 2016, 497 – Davidoff Hot Water II.

5. Der Rechnungslegungsanspruch

77 Der Rechnungslegungsanspruch gilt gemeinhin als die weitestgehende Form des Auskunftsanspruchs.[157] Er soll der **Kontrolle der mitzuteilenden Tatsachen** dienen. Besondere gesetzliche Regelungen hat der Gesetzgeber etwa mit den §§ 666, 675 und 681 BGB und den Ansprüchen in verschiedenen Spezialgesetzen des gewerbliche Rechtsschutzes[158] geschaffen. Aber auch ohne spezielle Regelung ist der Rechnungslegungsanspruch wie der Auskunftsanspruch auch ein aus § 242 BGB begründetes, **gewohnheitsrechtlich anerkanntes Institut.**[159]

78 a) **Anspruchsvoraussetzungen.** In den nicht spezialgesetzlich geregelten Fällen müssen für den Rechnungslegungsanspruch zunächst die **Voraussetzungen des Auskunftsanspruchs** vorliegen. Dies ergibt sich aus dem Charakter der Rechnungslegung als spezielle Form der Auskunft. Damit ist entsprechend den vorstehenden Ausführungen zum Auskunftsanspruch eine Rechtsbeziehung zwischen dem Auskunftsschuldner und dem Auskunftsgläubiger erforderlich, für deren Vorliegen ein gesetzliches Schuldverhältnis auf Grund der Verletzung wettbewerbsrechtlicher Vorschriften ausreicht.[160] Zudem ist das Bestehen eines Hauptanspruchs notwendig, dessen Vorbereitung und Durchsetzung die Auskunft dienen soll.[161] Ferner darf die Auskunft dem Verletzer nicht unmöglich oder unzumutbar sein und der Gläubiger darf seine Unkenntnis nicht verschuldet haben. Sind diese Voraussetzungen gegeben, so steht dem Verletzten grundsätzlich ein Auskunftsanspruch zu.

79 Für einen Rechnungslegungsanspruch bedarf es darüber hinaus des Vorliegens weiterer Voraussetzungen, da die Interessen des Verletzers durch die Rechnungslegung deutlich stärker beeinträchtigt werden als durch den Auskunftsanspruch. Der Schuldner muss dem Gläubiger, der häufig ein Wettbewerber ist, seine internen Geschäftsvorgänge sehr weitgehend offen legen. Dies stellt nicht nur einen tiefen Eingriff in die Unternehmenssphäre des Betroffenen dar, sondern ist zugleich mit einem schwerwiegenden Demütigungseffekt verbunden, was bei der vorzunehmenden Interessenabwägung zu berücksichtigen ist.[162] Nur wenn die **Rechnungslegung erforderlich und zumutbar** ist, besteht der Anspruch. Der Rechnungslegungsanspruch dient auf jeden Fall nur der Bezifferung eines Schadens und darf nicht zur Ausforschung der Kundenbeziehungen des Verletzers missbraucht werden.[163] Ist die Rechnungslegung zur Bezifferung des Schadens aber erforderlich und stehen dem keine schutzwürdigen Geheimhaltungsinteressen des Schuldners entgegen, ist die Pflicht zur Rechnungslegung zu bejahen.[164]

80 Zur Sicherung von Schadensersatzansprüchen sind in verschiedenen Sonderschutzgesetzen Ansprüche auf **Vorlage von Bank-, Finanz- oder Handelsunterlagen** vorgesehen.[165] Der Anspruch besteht bei einer in gewerblichem Ausmaß begangenen Rechtsverletzung, wenn der Zugang zu diesen Unterlagen für die Durchsetzung von Schadensersatzansprüchen erforderlich und deren Erfüllung sonst fraglich ist. Die Vorschrift dient demnach nicht der Gewinnung von Beweismitteln, sondern ausschließlich der Sicherung der Erfüllung des Schadensersatzanspruchs und setzt deshalb dessen Bestehen voraus. Sie greift erst dann ein, wenn der Verletzer den Schadensersatzanspruch nicht erfüllt und der Verletzte keine ausreichende Kenntnis über die Vermögensverhältnisse des Verletzers hat, um die Durchsetzung seines Anspruchs wirksam betreiben zu können. Erfasst werden von dem Anspruch nur solche Dokumente, die einen Hinweis auf die Vermögenswerte des Verletzers geben und auch nur in einem solchen Umfang, wie ihre Bekanntgabe zur Erfüllung des Anspruchs erforderlich ist. Der Anspruch auf Vorlage der Urkunden muss nach dem Gesetzeswortlaut verhältnismäßig sein.

81 Dient der Auskunfts- und Rechnungslegungsanspruch nicht der Berechnung des entstandenen Schadens oder der Sicherung des Schadensersatzanspruchs, sondern der **Vorbereitung eines**

[157] RGZ 108, 1, 7.
[158] Vgl. etwa § 19 MarkenG, § 46 DesignG, § 101 UrhG.
[159] BGH GRUR 1962, 398, 400 – Kreuzbodenventilsäcke II; GRUR 1980, 227, 232 – Monumenta Germaniae Historica.
[160] BGH GRUR 1986, 62, 64 – GEMA-Vermutung I.
[161] BGH GRUR 1986, 62, 64 – GEMA-Vermutung I.
[162] BGH GRUR 1974, 53, 54 – Nebelscheinwerfer.
[163] BGH GRUR 1980, 227, 233 – Monumenta Germaniae Historica.
[164] BGH GRUR 2002, 709, 712 – Entfernung der Herstellungsnummer III.
[165] § 19b MarkenG, § 140d PatG, § 24d GebrMG, § 46b DesignG, § 101b UrhG, § 37d SortSchG.

Störungsbeseitigungsanspruchs, sind auch bei „einfachen" Wettbewerbsverstößen Belege vorzulegen, aus denen sich Lieferanten und Abnehmer ergeben. Diese Informationen ermöglichen dem Verletzten ein mit Beweismitteln abgesichertes Vorgehen gegen Vorlieferanten und Abnehmer wettbewerbsverletzender Ware. Der Verletzer wird in der Regel durch die Preisgabe seiner Geschäftsbeziehungen nach § 242 BGB auch nicht unbillig in seinen Rechten verletzt, da ein schutzwürdiges Interesse an der Geheimhaltung von Quellen und Abnehmern rechtsverletzender Ware nicht besteht. Allerdings ist dem Schuldner zu gestatten, auf den Belegen enthaltene sonstige Angaben, die nicht zur Störungsbeseitigung erforderlich sind, etwa Einkaufspreise oder Einkäufe nicht verletzender Ware, zu schwärzen.[166]

b) Inhalt und Umfang des Rechnungslegungsanspruches. Der Inhalt des Rechnungslegungsanspruchs ist durch **§ 259 Abs. 1 BGB** bestimmt. Über die bloße Auskunftserteilung hinaus umfasst der Rechnungslegungsanspruch die Pflicht zur Erteilung einer Abrechnung mit einer **geordneten Zusammenstellung der Einnahmen und der Ausgaben** einschließlich Belegen, soweit Belege üblicherweise erteilt werden. Ist der Schuldner nach Abwägung der betroffenen Interessen gemäß § 242 BGB[167] zur Rechnungslegung verpflichtet, so muss er regelmäßig nicht nur die Namen und Adressen seiner Lieferanten und Abnehmer, sondern darüber hinaus auch Liefertermine, Liefermengen und die Höhe der Umsätze für jede Lieferung angeben. Dem Gläubiger muss es möglich sein, die gesamte Geschäftsabwicklung nachzuvollziehen. Ist der Schuldner zur Vorlage von Belegen verpflichtet, kann er – gegebenenfalls beglaubigte – Kopien vorlegen, in denen solche Daten geschwärzt sind, hinsichtlich derer er einerseits ein berechtigtes Geheimhaltungsinteresse besitzt und andererseits keine Offenbarungspflicht besteht.[168] 82

In der Praxis ist es sinnvoll, zur Vermeidung späteren Streits über den geschuldeten **Umfang der Rechnungslegung** bereits bei Stellung des Antrags auf Rechnungslegung die geforderten Belege möglichst detailliert zu benennen. 83

6. Prozessuale Fragen

Die Auskunftsklage ist eine **Leistungsklage,** für die im Wettbewerbsrecht und im gewerblichen Rechtsschutz keine Besonderheiten gelten. Die Vollstreckung erfolgt nach den §§ 888, 889 ZPO. In der Regel wird die Auskunftsklage mit dem Anspruch verknüpft, den sie vorbereiten soll. Dies ist schon aus Verjährungsgründen zu empfehlen, da die selbständige Erhebung der Auskunftsklage die Verjährung des Hauptanspruchs nicht unterbricht. Handelt es sich bei dem Hauptanspruch um einen Schadensersatzanspruch, kann der Auskunftsantrag im Wege der Stufenklage (§ 254 ZPO) mit dem Antrag auf Leistung desjenigen verbunden werden, was sich aus der Auskunftserteilung ergibt. Daneben ist auch die Verknüpfung des Auskunftsantrages mit einem Schadensersatzfeststellungsantrag möglich, was den Vorteil bietet, schon mit der erstinstanzlichen Entscheidung eine Kostenentscheidung zu erhalten. 84

Der **Klageantrag** muss **Inhalt und Umfang der begehrten Auskunft** genau angeben. Als Hilfsanspruch muss sich der Antrag am Hauptanspruch orientieren. Es empfiehlt sich deshalb, die Formulierung des Hauptantrages in den Auskunftsantrag zu übernehmen. Wird, wie häufig, neben einem Unterlassungsantrag ein Auskunfts- und Schadensersatzantrag gestellt, bietet es sich an, im Auskunftsantrag auf den Unterlassungsantrag zu verweisen. Auskunft wird dann verlangt über „sämtliche Handlungen gemäß vorstehendem Antrag Ziffer 1." (Unterlassungsantrag). Allerdings ist zu beachten, dass die Reichweite des Unterlassungsanspruchs und diejenige der Ansprüche auf Auskunft und Schadensersatz nicht zwingend deckungsgleich sind. Letztere können nur bei Vorliegen einer Wiederholungsgefahr, nicht aber bei Vorliegen der für den Unterlassungsanspruch bereits ausreichenden Erstbegehungsgefahr im Umfang der Verallgemeinerung des Unterlassungsantrages gegeben sein.[169] Es empfiehlt sich ferner, den Inhalt der geforderten Auskunft und Rechnungslegung möglichst genau im Antrag wiederzugeben. Ein vollständiger Antrag konnte deshalb wie folgt lauten: 85

---

[166] OLG Nürnberg 26.10.1999 – 3 U 681/99 – nv; siehe auch OLG Zweibrücken GRUR 1997, 827 – Pharaon-Schmucklinie.

[167] BGHZ 10, 385, 386 f.; Ahrens/Loewenheim Kap. 72 Rn. 21.

[168] BGH GRUR 2002, 709, 712 – Entfernung der Herstellungsnummer III.

[169] BGH GRUR 2000, 907 – Filialleiterfehler.

Formulierungsvorschlag:

Der Beklagte wird verurteilt, dem Kläger vollständige Auskunft über sämtliche Handlungen gemäß vorstehender Ziffer 1. des Urteilstenors zu erteilen, und zwar unter Vorlage einer geordneten rechnungsmäßigen Aufstellung sämtlicher Lieferungen einschließlich Lieferzeiten, Liefermengen, Lieferpreisen sowie unter Nennung der Namen und Anschriften der Lieferanten und gewerblichen Abnehmer und unter Vorlage von Lieferscheinen, Quittungen, Rechnungen und sonstigen Lieferbelegen.

86 Insbesondere aus Kostengründen muss der Gläubiger darauf achten, seinen Auskunftsantrag teilweise oder ganz **für erledigt zu erklären,** wenn der Schuldner im Prozess Auskunft erteilt. Häufig erfolgt die Auskunftserteilung in Schriftsätzen quasi nebenbei und unter Aufrechterhaltung der Verteidigung, dass eine Auskunftspflicht nicht besteht.

87 Die Auskunftserteilung hat einen endgültigen Charakter. Eine einmal erteilte Auskunft kann nicht mehr zurück genommen werden. Es kann deshalb die Gefahr bestehen, dass die Auskunftserteilung für den Schuldner einen nicht zu ersetzenden Nachteil bedeutet. Für den Schuldner empfiehlt es sich deshalb einen **Vollstreckungsschutzantrag nach § 712 ZPO** zu stellen, damit er im Erfolgsfalle die Zwangsvollstreckung des Auskunftstenors durch Hinterlegung einer Sicherheit bis zur Rechtskraft der Entscheidung abwenden kann. Eine Durchsetzung des Auskunftsanspruchs im Wege der einstweiligen Verfügung ist wegen der Endgültigkeit der Auskunftserteilung nur ausnahmsweise möglich. Die mit dem ProduktpiraterieG eingeführten Auskunftsansprüche, beispielsweise in § 19 MarkenG, können in Fällen einer offensichtlichen Rechtsverletzung auch im Wege der **einstweiligen Verfügung** durchgesetzt werden (vgl. § 19 Abs. 3 MarkenG). Eine analoge Anwendung dieser Vorschriften auf die Fälle des ergänzenden wettbewerbsrechtlichen Leistungsschutzes ist möglich, da bei offensichtlichen Rechtsverletzungen die Interessenlage in diesen Fällen identisch ist.[170]

88 Ist die erteilte Auskunft nach Auffassung des Gläubigers falsch oder unvollständig, steht diesem ein Anspruch auf **Abgabe einer eidesstattlichen Versicherung** über die Richtigkeit der gemachten Angaben zu. Allerdings muss der Gläubiger gemäß § 259 Abs. 2 BGB Umstände vortragen, die die Annahme rechtfertigen, dass die gemachten Angaben falsch oder unvollständig sind.[171] Im Wege der Stufenklage kann der Antrag, die Richtigkeit der erteilten Auskunft eidesstattlich zu versichern, aus Gründen der Prozesswirtschaftlichkeit mit den Anträgen auf Auskunftserteilung und auf Feststellung der Schadensersatzpflicht verbunden werden.[172]

89 Der **Streitwert der Auskunftsklage** ist nach dem wirtschaftlichen Interesse des Auskunftsgläubigers an der Erfüllung der Auskunftspflicht zu bemessen. Als Hilfsanspruch zum Schadensersatzanspruch wird er je nach den Umständen Einzelfalls, insbesondere in Abhängigkeit davon, wie dringend der Gläubiger die Auskunft benötigt, mit ca. 10–50 % des Streitwertes des Ersatzanspruchs bewertet. Wird kein Schadensersatzanspruch geltend gemacht, geht man in der Regel von ca. 5–10 % des Wertes des Unterlassungsanspruchs aus.[173] Der Streitwert des selbständigen Auskunftsanspruchs ist hingegen deutlich höher zu bewerten, weil er zB unmittelbar der Erhaltung eines aufwändig etablierten Vertriebsbindungssystems dient. Es wird vorgeschlagen, ihn nach dem Gesamtwert aller Unterlassungs- und Schadensersatzansprüche gegen Dritte zu bemessen, zu deren Vorbereitung die Auskunft dienen soll.[174] Zum Teil wird ein Bruchteil in Höhe von 25 % von diesem Wert als angemessen angesehen.[175]

Checkliste
für die Prüfung eines Auskunftsanspruchs

- ☐ Was für ein Hauptanspruch soll vorbereitet werden? Welche Informationen benötigt der Gläubiger zur Durchsetzung dieses Anspruchs?
- ☐ Bestehen einer Rechtsbeziehung zwischen Gläubiger und Schuldner?

[170] LG Düsseldorf WRP 1997, 253; für eine analoge Anwendung in engen Grenzen auch Feddersen in Teplitzky Kap. 54 Rn. 11c.
[171] Vgl. etwa BGH GRUR 1994, 630, 633 f. – Cartier-Armreif.
[172] BGH GRUR 2000, 226, 227 – Planungsmappe.
[173] Ingerl/Rohnke MarkenG vor § 19 Rn. 48; vgl. auch Teplitzky/Feddersen Kap. 49 Rn. 37 ff.
[174] Ingerl/Rohnke MarkenG § 19 Rn. 48; siehe auch Teplitzky/Feddersen Kap. 49 Rn. 37 ff.
[175] Eichmann GRUR 1990, 575, 590.

- ☐ Bestehen des Hauptanspruchs?
- ☐ Verhältnismäßigkeit?
  - Erforderlichkeit der Auskunft
  - Zumutbarkeit der Auskunft
- ☐ Antrag auf einstweilige Verfügung bei offensichtlicher Rechtsverletzung möglich?
- ☐ Kann Rechnungslegung verlangt werden?

III. Der Schadensersatzanspruch

1. Allgemeines

Praxistipp:
Aus prozesstaktischen Gründen kann es für den Kläger von Vorteil sein, neben dem Unterlassungs- auch einen Schadensersatzanspruch einzuklagen, da ein rechtshängiger Schadensersatzanspruch nicht selten die Bereitschaft des Beklagten fördert, den Unterlassungsanspruch gegen Verzicht auf den Schadensersatzanspruch anzuerkennen.

Die Vereinbarung einer Aufbrauchfrist betrifft in der Regel nur den Unterlassungsanspruch und führt nicht zu einer Beschränkung des Schadensersatzanspruchs. Es empfiehlt sich deshalb für den Verletzer, auch eine Vereinbarung über etwaige Schadensersatzansprüche während des Umstellungszeitraums herbeizuführen.

Ist sich der Rechteinhaber nicht ganz sicher, ob eine Verletzung seines Sonderschutzrechts vorliegt, empfiehlt es sich zur Vermeidung von Schadensersatzansprüchen wegen einer unberechtigten Schutzrechtsverwarnung, dem vermeintlichen Verletzer zunächst eine sogenannte Schutzrechtsanfrage zu senden.

In einer Abwehrsituation kann dem Verletzten ein Handeln gestattet sein, das unter anderen Umständen gegen die guten Sitten verstoßen würde. Da der Verletzte aber das Risiko trägt, selbst auf Schadensersatz in Anspruch genommen zu werden, sollte das Abwehrhandeln sorgfältig geprüft und nur in eindeutigen Fällen in Betracht gezogen werden.

Wird die Wettbewerbswidrigkeit einer Werbung durch ein Gericht festgestellt, wird es dem Werbenden in aller Regel nicht gelingen, sich vom Fahrlässigkeitsvorwurf zu befreien. Nur wenn er sich auf eine höchstrichterliche Entscheidung stützen konnte, hat er nicht fahrlässig gehandelt. Liegt eine solche nicht vor, muss der anwaltliche Berater dem Werbenden im Zweifelsfall raten, von einer Werbeidee Abstand zu nehmen oder die Werbung im erforderlichen Umfange abzuändern.

Nach Erhalt einer Abmahnung empfiehlt es sich für den vermeintlichen Verletzer, die Rechtslage besonders gründlich zu prüfen. Er darf in dieser Situation weder unbedacht sein Handeln fortsetzen noch sollte er voreilig einer möglicherweise unbegründeten Abmahnung nachgeben.

Der in der Praxis wichtigste Anspruch im gewerblichen Rechtsschutz ist der Unterlassungsanspruch. Er spielt vor allem im Wettbewerbsrecht eine weitaus größere Rolle als der **Schadensersatzanspruch,** obwohl er nur in die Zukunft wirkt und eine bereits eingetretene Wettbewerbsverletzung nicht kompensieren kann.[176] Nicht selten, häufig sogar routinemäßig,[177] wird die Unterlassungsklage mit einem Schadensersatzfeststellungsanspruch verbunden. Aus prozesstaktischen Gründen ist dies oft sehr vernünftig, da die Rechtsprechung mit den Anforderungen an den Nachweis der Wahrscheinlichkeit des Schadenseintritts sehr großzügig verfährt. Es genügt, dass bei verständiger Würdigung die nicht fernliegende Möglichkeit eines Schadenseintritts besteht. Eine hohe Wahrscheinlichkeit ist nicht erforderlich.[178] Weniger beim anwaltlichen Berater als beim Verletzer selbst, insbesondere wenn es sich um Wettbewerber aus dem angelsächsischen Rechtskreis handelt, führt ein rechtshängiger Schadensersatzanspruch häufig zu einer spürbaren **Förderung der Vergleichsbereitschaft.** Das „Erkaufen“ eines Verzichts auf den Schadensersatzan- 90

[176] Vgl. etwa Teplitzky GRUR 1987, 215.
[177] So Borck WRP 86, 1, 3.
[178] BGH GRUR 1954, 457 – Irus/Urus; GRUR 1974, 735, 736 – Pharmamedan; GRUR 1984, 741, 742 – Patented; GRUR 2000, 907, 911 – Filialleiterfehler.

spruch durch die Anerkennung des Unterlassungsanspruchs bei Übernahme der entstandenen Kosten ist keine seltene Ausnahme. In Fällen der Verletzung von Sonderschutzrechten ist die (wirtschaftliche) Bedeutung des Schadensersatzanspruches, insbesondere bei Patent- oder Markenverletzungen, wesentlich größer.

91 Die gegenüber dem Unterlassungsanspruch **geringere praktische Bedeutung des Schadensersatzanspruchs** lässt sich auf mehrere Gründe zurückführen. Zunächst setzt der Schadensersatzanspruch im Gegensatz zum Unterlassungsanspruch ein Verschulden voraus. Im Wettbewerbsrecht ist der Kreis potentieller Unterlassungsgläubiger (vgl. § 8 Abs. 3 UWG) weitaus größer, als der Kreis möglicher Inhaber eines Schadensersatzanspruchs (§ 9 UWG). Schließlich – und das mag der Hauptgrund sein – lässt sich ein Schaden in wettbewerbsrechtlichen Auseinandersetzungen oft gar nicht (zum Beispiel bei irreführenden Werbeaussagen) und in Streitigkeiten über Schutzrechtsverletzungen häufig nur schwer konkret beziffern und beweisen. Oft steht der Verletzte vor dem Problem, dass er zwar einen Teil des Schadens genau beziffern kann, ein mindestens ebenso großer Teil des von ihm reklamierten Schadens ist aber nur schwer oder gar nicht greifbar. Um dem Verletzer nicht einen von der Rechtsordnung nicht beabsichtigten Vorteil zukommen zu lassen, hat die Rechtsprechung bei der Verletzung besonderer Schutzrechte und denen gleichgestellter Leistungspositionen schon früh Methoden der so genannten objektiven Schadensberechnung zusätzlich zur Geltendmachung des konkreten Schadens zugelassen.[179]

2. Die Anspruchsgrundlagen

92 **Schadensersatzansprüche** sind sowohl im UWG wie auch in allen Spezialgesetzen zu Sonderschutzrechten geregelt. Schadensersatzansprüche können sich etwa ergeben aus § 3 iVm § 9 UWG. Daneben kommen als Anspruchsgrundlagen außerhalb des UWG unter anderem §§ 14 Abs. 6, 15 Abs. 5 MarkenG, § 97 Abs. 1 UrhG, § 139 Abs. 2 PatG und § 42 Abs. 2 DesignG in Betracht.

93 Grundsätzlich kann neben diesen Spezialvorschriften auch eine Schadensersatzhaftung aus dem **allgemeinen zivilrechtlichen Deliktsrecht** eingreifen. Zwar sind auch beispielsweise die Vorschriften des UWG gemäß § 1 UWG Schutzgesetze zu Gunsten der Mitbewerber, Verbraucherinnen und Verbraucher und sonstiger Marktteilnehmer. Allerdings haben die Normen des UWG als speziellere Regelungen abschließenden Charakter und schließen einen Rückgriff auf § 823 Abs. 2 BGB mit Ausnahme des Straftatbestandes in § 16 UWG aus.[180]

94 Schadenersatzansprüche können sich ferner aus **§ 823 Abs. 1 BGB** bei Eingriffen in das **Recht am eingerichteten und ausgeübten Gewerbebetrieb** ergeben. Allerdings ist auch hier der Grundsatz der Subsidiarität gegenüber den spezielleren Vorschriften des UWG und der anderen Spezialgesetze zu beachten. Nur wenn diese keinen ausreichenden Schutz bieten, kommt die Anwendung des § 823 BGB als eine Art Auffangtatbestand mit lückenausfüllendem Charakter in Betracht.[181] Daneben kann ein Schadensersatzanspruch aus § 823 Abs. 1 BGB bei der Verletzung **absoluter Rechte,** wie Namens- und Firmenrechte sowie Kennzeichenrechte, begründet sein. Ferner gehören zu den nach § 823 Abs. 1 BGB geschützten absoluten Rechten die gewerblichen Sonderschutzrechte wie Patente, Gebrauchs- und Geschmacksmuster und denen weitgehend gleichgestellte Rechtspositionen.[182]

95 Größere Bedeutung kommt der Vorschrift des **§ 824 BGB** und insbesondere **§ 826 BGB** zu. Sie sind im Gegensatz zu § 823 Abs. 1, Abs. 2 BGB neben den Vorschriften des UWG und der anderen Spezialgesetze uneingeschränkt anwendbar, da ihr Regelungsgegenstand ein anderer ist.[183] Dementsprechend gilt auch hier nicht die kurze Verjährung nach § 11 UWG, sondern die regelmäßige Verjährungsfrist nach den Vorschriften des BGB. Insbesondere im Zusammenhang mit dem sogenannten **„Domain-Grabbing"**, der unlauteren Registrierung von Domain-Namen mit dem Zweck, diese gewinnbringend an die berechtigten Namensinhaber, die berechtigten Nutzer einer geschäftlichen Bezeichnung usw. zu verkaufen, greift die Rechtsprechung auf die Vorschrift des § 826 BGB zurück.[184]

---

[179] Vgl. RGZ 64, 14, 17 f.; RGZ 50, 111, 115 f.; RGZ 156, 65, 67 – Scheidenspiegel.

[180] BGH GRUR 1975, 150, 151 – Prüfzeichen; zustimmend GroßkommUWG/Köhler vor § 13 B Rn. 247; Köhler/Bornkamm/Feddersen/Köhler UWG Einl Rn. 7.5.

[181] BGH GRUR 1962, 310 – Gründerbildnis; GRUR 1988, 826, 827 f. – Entfernung von Kontrollnummern II.

[182] BGH GRUR 1994, 630, 632 – Cartier-Armreif, für den Fall des ergänzenden wettbewerblichen Leistungsschutzes.

[183] BGH GRUR 1964, 218, 220 – Düngekalk-Handel; GRUR 1977, 539 – Prozessrechner.

[184] Vgl. etwa OLG Frankfurt ZUM-RD 2000, 330; im konkreten Fall wurde zwar „nur" ein Unterlassungsanspruch wegen Verstoßes gegen § 826 BGB zugesprochen, ein Schadensersatzanspruch wäre aber ebenfalls begründet gewesen.

Daneben spielt im gewerblichen Rechtsschutz und im Wettbewerbsrecht der **prozessuale Schadenersatzanspruch aus § 945 ZPO** eine wichtige Rolle. Danach ist die Partei, die eine einstweilige Verfügung erwirkt hat und deren Anordnung sich als von Anfang an ungerechtfertigt herausstellt, dem Gegner zum Ersatz des Schadens verpflichtet, der diesem aus der Vollziehung der Verfügung entstanden ist. 96

Schließlich kommen **Schadenersatzansprüche aus vertraglichen Abreden** in Betracht. Hier ist an allererster Stelle an den Verstoß gegen eine vertraglich übernommene Unterlassungsverpflichtung zu denken. Der Verstoß gegen einen Unterlassungsvertrag kann Schadenersatzansprüche nach § 280 BGB begründen. Weitaus bedeutender ist in der Praxis allerdings der pauschalierte Schadenersatzanspruch aus einer vereinbarten Vertragsstrafe. 97

3. Anspruchsvoraussetzungen

a) **Verletzungshandlung und Haftung für Dritte.** Wie im allgemeinen Deliktsrecht auch setzt die Schadensersatzhaftung im gewerblichen Rechtsschutz und im Wettbewerbsrecht das Vorliegen einer **schuldhaften Verletzungshandlung** voraus. Ist ein Handeln wettbewerbswidrig aber nicht schuldhaft, kann dies einen Unterlassungs- und Beseitigungsanspruch jedoch keinen Schadensersatzanspruch begründen.[185] Eine Handlung setzt ein vom Willen und Bewusstsein getragenes menschliches Verhalten voraus.[186] Handlungen unter Zwang und nicht beherrschbare Reflexhandlungen fallen nicht unter den Handlungsbegriff. Auch insoweit gelten hier keine wettbewerbsrechtlichen Besonderheiten. Theoretisch kann auch ein Tun durch Unterlassen zum Schadensersatz verpflichten, wenn eine entsprechende Garantenpflicht besteht. In der wettbewerbsrechtlichen Praxis spielt diese Konstellation allerdings keine Rolle. 98

Grundsätzlich hat **jeder im Wettbewerb Handelnde** für sein eigenes Tun auch durch die Pflicht zur Schadensersatzleistung einzustehen, sofern er schuldhaft und rechtswidrig einen Schaden verursacht hat. Im Wettbewerb stehende Unternehmen begehen Wettbewerbsverstöße oft nicht durch ihre gesetzlichen Vertreter, sondern durch ihre **Angestellten oder durch beauftragte Dritte.** Zwar haftet der Geschäftsherr gemäß § 8 Abs. 2 UWG ohne die Möglichkeit eines Entlastungsbeweises auch für Wettbewerbsverstöße seiner Angestellten und Beauftragten, deren eigene Haftung ausgeschlossen ist, wenn sie weisungsgebunden in untergeordneter Stellung gehandelt haben.[187] Jedoch betrifft diese Haftung zum einen nicht die Organe einer Gesellschaft und zum anderen nur Unterlassungs- und Beseitigungsansprüche, nicht hingegen Schadensersatzansprüche.[188] Mit Einführung des Markengesetzes hat der Gesetzgeber für markenrechtliche Ansprüche eine Sonderregelung in § 14 Abs. 7 und § 15 Abs. 6 MarkenG geschaffen, wonach der Betriebsinhaber für vorsätzliche und fahrlässige Verletzungshandlungen seiner Angestellten und Beauftragten auch auf Schadensersatz in Anspruch genommen werden kann. Eine entsprechende Regelung fehlt im UWG. Die Schadensersatzhaftung des Geschäftsherrn für das Handeln von Angestellten und Beauftragten richtet sich im Wettbewerbsrecht deshalb **nach allgemeinem Zivilrecht,** insbesondere nach § 831 BGB und § 31 BGB. Das Organ einer juristischen Person, in erster Linie der Geschäftsführer einer GmbH, haftet nach der neueren, restriktiveren Rechtsprechung des BGH bei Wettbewerbsverstößen der von ihm vertretenen Gesellschaft nur noch dann persönlich, wenn er daran entweder durch positives Tun beteiligt war oder wenn er die Wettbewerbsverstöße aufgrund einer nach allgemeinen Grundsätzen des Deliktsrechts begründeten Garantenstellung hätte verhindern müssen.[189] Ob diese Grundsätze auch im Falle der Verletzung absoluter Rechte gelten, ist in der Rechtsprechung umstritten. Während das OLG Köln eine Übertragbarkeit auf das Urheberrecht verneint,[190] hat das OLG Düsseldorf die Übertragbarkeit dieser Grundsätze auf das Markenrecht bejaht und eine automatische eigene **Haftung des Geschäftsführers** ausgeschlossen.[191] 99

Nach **§ 31 BGB** ist der Verein für den Schaden verantwortlich, den ein **verfassungsgemäß berufener Vertreter** durch eine in Ausführung der ihm zustehenden Verrichtungen begangene, zum Schadensersatz verpflichtende Handlung einem Dritten zugefügt hat. Diese Vorschrift gilt für alle juristischen Personen, also auch für die OHG und KG und den nicht rechtsfähigen Verein sowie 100

[185] BGH GRUR 1958, 593 – Ankerzeichen; GRUR 1967, 596, 597 – Kuppelmuffenverbindung.
[186] BGH NJW 1963, 953.
[187] BGH GRUR 1964, 88 – Verona-Gerät; OLG Nürnberg WRP 1981, 166, 167; OLG Hamm MDR 1963, 600.
[188] BGH GRUR 1980, 116, 117 – Textildrucke; GRUR 1995, 427, 428 – Schwarze Liste.
[189] BGH GRUR 2014, 883 – Geschäftsführerhaftung.
[190] OLG Köln, GRUR-RS 2014, 22762.
[191] OLG Düsseldorf GRUR-RS 2015, 20135; ebenso LG Hamburg GRUR-Prax 2015, 534.

für die BGB-Gesellschaft.[192] Der Begriff des verfassungsmäßigen Vertreters wird dahingehend weit ausgelegt, dass jeder Vertreter davon erfasst ist, dem durch eine allgemeine Betriebsregelung und Handhabung bedeutsame wesensmäßige Funktionen der juristischen Personen zur selbständigen, eigenverantwortlichen Erfüllung zugewiesen sind, und der die juristische Person insoweit repräsentiert.[193] Als verfassungsmäßiger Vertreter kommt beispielsweise in Betracht der Leiter einer Rechtsabteilung,[194] der Filialleiter,[195] der Sachbearbeiter, wenn ihm wirtschaftlich wichtige Angelegenheiten zur selbständigen eigenverantwortlichen Erledigung übertragen wurden.[196] Die juristische Person haftet aber nur für die in Ausführung der ihm zugewiesenen Verrichtungen vom Vertreter begangenen Handlungen. Zwischen dem Aufgabenkreis des Vertreters und der schädigenden Handlung muss ein sachlicher, nicht bloß ein zufälliger zeitlicher und örtlicher Zusammenhang bestehen.[197]

101 Ist überhaupt kein Vertreter bestellt oder ist ein bestellter Vertreter nicht mit den erforderlichen Aufgaben betraut, kann ein Verschulden auch aus der **unzureichenden Organisation des Betriebes** herrühren.[198] Eine Exkulpationsmöglichkeit wie in § 831 BGB besteht nicht. Der verfassungsgemäße Vertreter haftet neben der juristischen Person für eigenes Verschulden.[199]

102 Während bei § 31 BGB die Haftung der juristischen Person für unerlaubte Handlungen ihrer verfassungsgemäß berufenen Vertreter ohne Entlastungsmöglichkeit geregelt ist, ist in **§ 831 BGB** die Haftung der juristischen Person für diejenigen Personen geregelt, die ihren dienstlichen Auftrag direkt oder unmittelbar von den von § 31 BGB erfassten Personen erhalten. Nach § 831 Abs. 1 S. 1 BGB ist der Geschäftsherr zum Ersatze des Schadens verpflichtet, den sein **Verrichtungsgehilfe** in Ausführung der Verrichtung einem Dritten widerrechtlich zufügt. Der typische Fall des Verrichtungsgehilfen ist der Angestellte. Auch der leitende Angestellte und der Handelsvertreter können im Einzelfall weisungsgebundene Tätigkeiten verrichten und als Verrichtungsgehilfen betrachtet werden.[200] Der Schaden muss nicht nur gelegentlich der Verrichtung, sondern gerade in Ausführung der Verrichtung zugefügt worden sein. Dies bedeutet, dass ein unmittelbarer innerer Zusammenhang zwischen der dem Gehilfen aufgetragenen Verrichtung nach ihrer Art und ihrem Zweck und der schädigenden Handlung bestehen muss.[201]

103 Die Ersatzpflicht des Geschäftsherrn entfällt gemäß **§ 831 Abs. 1 S. 2 BGB,** wenn dieser nachweist, dass er den Gehilfen sorgfältig ausgewählt und überwacht hat oder wenn der Schaden auch bei Anwendung dieser Sorgfalt eingetreten wäre. Die Anforderungen an die **Auswahl- und Überwachungssorgfalt** richten sich nach den Umständen des Einzelfalls. Je schwieriger und verantwortungsvoller die dem Verrichtungsgehilfen übertragene Tätigkeit ist, desto höhere Anforderungen sind an die Auswahl und Überwachung zu stellen.

104 Während § 831 BGB die Haftung für Verrichtungsgehilfen außerhalb eines Schuldverhältnisses regelt, erfasst **§ 278 BGB** die Haftung innerhalb eines bestehenden Schuldverhältnisses. Die wettbewerbsrechtlich relevanten Anwendungsfälle des § 278 BGB sind begrenzt. Die Rechtsprechung hat eine Zurechnung des Verschuldens nach § 278 BGB im Falle des Verstoßes gegen eine Unterlassungsverpflichtung angenommen.[202] Auch die durch eine wettbewerbsrechtliche Abmahnung geschaffene Sonderbeziehung zwischen den Parteien kann zum Beispiel Aufklärungspflichten über eine Drittunterwerfung begründen,[203] so dass auch hier Raum für die Anwendung des § 278 BGB ist.[204]

105 **b) Kausaler Schaden.** Wie im allgemeinen Zivilrecht setzt auch die Schadensersatzhaftung im Wettbewerbsrecht voraus, dass der Ersatzpflichtige den zu ersetzenden **Schaden durch sein Handeln verursacht** hat. Nur solche Schäden sind zu ersetzen, die auf der konkreten Verletzungshand-

[192] Grüneberg/Ellenberger BGB § 31 Rn. 3.
[193] BGHZ 49, 19, 21; Grüneberg/Ellenberger BGB § 31 Rn. 6.
[194] BGHZ 24, 213.
[195] BGH NJW 1977, 2260; NJW 1984, 921, 922.
[196] RGZ 162, 166; Grüneberg/Ellenberger BGB § 31 Rn. 9.
[197] BGHZ 49, 19; 98, 148, 151 f.
[198] RGZ 157, 235; BGH NJW 1980, 2810.
[199] BGH NJW 1996, 1535, 1536.
[200] BGH GRUR 1956, 553, 556 – Coswig; GRUR 1971, 119 – Branchenverzeichnis; GRUR 1980, 116, 117 – Textildrucke.
[201] BGH NJW-RR 1989, 723, 725.
[202] BGH GRUR 1985, 1065 – Erfüllungsgehilfe; GRUR 1987, 648 – Anwaltseilbrief; GRUR 1990, 534 – Abruf-Coupon.
[203] BGH GRUR 1990, 381 f. – Antwortpflicht des Abgemahnten.
[204] Großkomm UWG/Köhler vor § 13 B Rn. 258.

lung beruhen. Der Prüfungsaufbau der Kausalität ist üblicherweise zweistufig. Zunächst ist zu fragen, ob zwischen dem haftungsbegründenden Ereignis und der Rechtsgutverletzung ein ursächlicher Zusammenhang besteht (**haftungsbegründende Kausalität**). Die zweite Stufe betrifft die Frage, ob zwischen dem Haftungsgrund und dem eingetretenen Schaden ein ursächlicher Zusammenhang besteht (**haftungsausfüllende Kausalität**). Nach der **Bedingungslehre** ist Kausalität zu bejahen, wenn das schädigende Ereignis nicht hinweggedacht werden kann, ohne dass der Erfolg entfiele (conditio sine qua non).[205] Es ist anerkannt, dass darüber hinaus eine Adäquatsbetrachtung zu erfolgen hat. Gänzlich unwahrscheinliche und nicht vorhersehbare Kausalverläufe sollen ausgeschieden werden. Nach der **Adäquanzlehre** ist deshalb zusätzlich zu dem Kausalitätserfordernis der Bedingungslehre erforderlich, dass der Schadenseintritt nach der allgemeinen Lebenserfahrung unter Berücksichtigung aller einem verständigen Menschen zur Verfügung stehenden Erfahrungen und Kenntnisse zum Zeitpunkt der schädigenden Handlung nicht außerhalb aller Wahrscheinlichkeit lag.[206] Maßgeblich ist dabei die nachträgliche, objektive Prognose eines „optimalen Beobachters".[207] Der adäquate Zusammenhang kann fehlen, wenn ein Dritter oder der Geschädigte selbst, in völlig ungewöhnlicher und unsachgemäßer Weise in den schadensträchtigen Geschehensablauf eingreift und eine weitere Ursache setzt, die den Schaden erst endgültig herbeiführt.[208] Daneben wird zur sachgerechten Begrenzung der Zurechnung des Schadens der **Schutzzweck der verletzten Norm** herangezogen. Danach ist Kausalität nur dann zu bejahen, wenn es sich bei dem geltend gemachten Schaden um einen solchen handelt, der vom Schutzzweck der verletzten Norm gerade verhindert werden sollte.[209]

c) **Rechtswidrigkeit.** Neben der Verwirklichung sämtlicher Tatbestandsmerkmale einer haftungsbegründenden Norm erfordert der Eintritt der Schadensersatzpflicht auch die **Rechtswidrigkeit** der Handlung. Grundsätzlich indiziert die Tatbestandsmäßigkeit einer Handlung deren Rechtswidrigkeit. Insofern gelten im Bereich der Sonderschutzrechte und im Bereich des Wettbewerbsrechts keine Besonderheiten. Verstößt ein Handeln gegen die guten Sitten im Wettbewerb und erfolgte dies auch mit der objektiven Zielsetzung der Wettbewerbsförderung, liegt ein tatbestandsmäßiger und rechtswidriger Verstoß gegen § 3 UWG vor. Hingegen ist nicht jede tatbestandsmäßige Verletzung des Rechts am eingerichteten und ausgeübten Gewerbebetrieb und des allgemeinen Persönlichkeitsrechts zwingend rechtswidrig. Nur solche Eingriffe, die die Rechts- und Sittenordnung missbilligt, sind rechtswidrig. Eine wettbewerbskonforme Störung der Absatzchancen eines Unternehmens, zB mit den Mitteln einer lauteren Werbung, kann zwar erhebliche schädigende Auswirkungen bei den Wettbewerbern verursachen, gleichwohl ist diese Folge nicht zu missbilligen. Die Rechtswidrigkeit muss hier stets auf Grund einer gesonderten Pflichten- und Güterabwägung geprüft werden.[210] Die Rechtswidrigkeit einer tatbestandsmäßigen Handlung entfällt, wenn dem Verletzer ein **Rechtfertigungsgrund** zur Seite steht. Es kommen grundsätzlich alle Rechtfertigungsgründe des allgemeinen Zivilrechts in Betracht. Das tatbestandsmäßige Handeln kann durch Notwehr (§ 227 BGB), Notstand (§ 228 BGB), erlaubte Selbsthilfe (§ 229 BGB) oder durch die Einwilligung des Verletzten gerechtfertigt sein. Auch die Wahrnehmung berechtigter Interessen kann ein tatbestandsmäßiges Handeln rechtfertigen. Da das tatbestandsmäßige Handeln zunächst die Rechtswidrigkeit indiziert, obliegt es dem Verletzer, den Nachweis des Vorliegens eines Rechtfertigungsgrundes zu führen. In der anwaltlichen Praxis im gewerblichen Rechtsschutz kommt den Rechtfertigungsgründen allerdings kaum eine Bedeutung zu. 106

Die Vereinbarung einer sogenannten **Aufbrauchfrist,** die dem Verletzer die Umstellung und endgültige Aufgabe einer Verletzungshandlung erleichtern soll, stellt in der Regel keine rechtfertigende Einwilligung dar, die den Schadensersatzanspruch beschränkt, wenn der Verletzer schuldhaft gehandelt hat.[211] Es empfiehlt sich deshalb für den Verletzer, zu versuchen, bei der Vereinbarung einer Aufbrauchfrist auch den Verzicht auf Schadensersatz für den Umstellungszeitraum ausdrücklich zu vereinbaren. 107

d) **Abwehr.** An anderer, früherer Stelle in der Prüfungssystematik des Schadensersatzanspruchs setzt der **Abwehreinwand** an. Lässt das Vorliegen eines Rechtfertigungsgrundes die Tatbestands- 108

[205] BGHZ 96, 157, 170.
[206] Vgl. zB BGH NJW 1986, 1329, 1331.
[207] Vgl. BGHZ 3, 261, 265 ff.
[208] BGH NJW 1986, 1329, 1331; WRP 1965, 97, 101 – Kaugummikugeln.
[209] BGHZ 27, 137, 140; NJW 1986, 1329, 1332.
[210] Vgl. zB BGHZ 65, 325, 331 – Warentest II.
[211] BGH GRUR 1974, 735, 737 – Pharmamedan.

mäßigkeit des Handels unberührt, ist bei einem berechtigten Abwehrhandeln schon die Wettbewerbswidrigkeit des Handelns nicht gegeben, der Verbotstatbestand ist nicht erfüllt.[212] Voraussetzung eines zulässigen Abwehrhandelns ist das Vorliegen eines rechtswidrigen Angriffs. Dieser muss nicht zwingend noch andauern, jedenfalls muss er aber fortwirken. So ist es im Falle einer irreführenden Werbung nicht erforderlich, dass beispielsweise Werbematerialien noch verteilt oder ein Werbespot noch gesendet wird. Ausreichend ist, dass sich die erzeugte falsche Vorstellung beim Verbraucher noch anhält. Bei der Abwehr muss es sich um eine gezielte Maßnahme zur Beseitigung des Angriffs handeln, die objektiv erforderlich und verhältnismäßig ist.[213] Zwar sind die Grenzen dessen, was als gegen die guten Sitten verstoßend anzusehen ist, in einer Verteidigungslage weiter zu ziehen als bei Fehlen einer Verteidigungslage,[214] an der Erforderlichkeit einer Abwehrmaßnahme kann es jedoch fehlen, wenn der Verletzte rechtzeitig gerichtliche Hilfe hätte erlangen können.[215] Auf gerichtliche Hilfe muss sich der Verletzte insbesondere aber dann nicht verweisen lassen, wenn zu befürchten ist, dass der Verletzer sich an ein gerichtliches Verbot ohnehin nicht halten wird oder wenn mit dem gerichtlichen Verbot einer bereits eingetreten und noch fortdauernden Schadensentwicklung nicht hinreichend begegnet werden kann.[216] Gleichwohl ist dem Verletzten nur zurückhaltend zu Abwehrmaßnahmen zu raten, da er allein das Risiko trägt, selbst wegen eines Wettbewerbsverstoßes in Anspruch genommen zu werden.

109 e) **Verschulden.** *aa) Vorsatz und Fahrlässigkeit.* Ein Unterlassungsanspruch kann allein auf Grund der tatbestandsmäßigen Handlung begründet sein. Der Schadensersatzanspruch setzt darüber hinaus ein **Verschulden** voraus.[217] Neben **Vorsatz** genügt mit Ausnahme von § 826 BGB gemäß § 276 BGB auch **Fahrlässigkeit.** Auch im Wettbewerbsrecht ist der Anspruchsteller beweispflichtig für das schuldhafte Handeln des Anspruchsgegners.

110 Vorsatz liegt vor, wenn der Verletzer in **Kenntnis aller Tatumstände,** auch der Rechtswidrigkeit,[218] gehandelt und den **Erfolg vorausgesehen und gebilligt** hat. Hat er den Erfolg lediglich billigend in Kauf genommen, liegt ein Handeln mit bedingtem Vorsatz vor, was ebenfalls ausreichend für den Schuldvorwurf ist. Auf die Sittenwidrigkeit des Handelns muss sich der Vorsatz nicht beziehen. Ausreichend ist die Kenntnis des Täters von den Tatumständen, die das Urteil der Sittenwidrigkeit tragen.[219] Es ist zudem ausreichend, wenn der Täter sich der Tatsachenkenntnis bewusst entzogen hat.[220]

111 Fahrlässiges Handeln liegt vor, wenn der Täter den Erfolg nicht voraussah, obwohl er voraussehbar war oder er sah den Erfolg voraus, rechnete aber nicht damit, dass er wirklich eintritt. Der Täter hat dann die im Verkehr unter den gebotenen Umständen **erforderliche Sorgfalt außer Acht gelassen** und deshalb schuldhaft gehandelt.[221] Im Gegensatz zum vorsätzlich handelnden Täter hat der fahrlässig handelnde Täter den Erfolg nicht gebilligt. Auf die subjektiven Fähigkeiten des Handelnden kommt es nicht an. Der konkrete Sorgfaltsmaßstab bestimmt sich nach objektiven Kriterien. Grundsätzlich stellt die Rechtsprechung hier hohe Anforderungen an den Handelnden. Maßgeblich sind die **Sorgfaltspflichten des jeweiligen Gewerbebereichs und der jeweiligen Berufsgruppe.** Grundsätzlich bildet im geschäftlichen Verkehr die von einem durchschnittlich ordentlichen Kaufmann zu erwartende Sorgfalt die Mindestanforderung. Die Zugehörigkeit zu einer Gruppe mit besonderen Gebräuchen, Anforderungen oder Kenntnissen kann den Sorgfaltsmaßstab erhöhen.[222] Ging der Verletzer irrtümlich von der Rechtmäßigkeit seines Handelns aus, hat er zwar nicht vorsätzlich gehandelt. Eine Schadensersatzhaftung kommt aber dennoch wegen Fahrlässigkeit in Betracht, wenn der Irrtum des Handelnden vermeidbar war. Nur wenn der Verletzer bei Anwendung der im Verkehr erforderlichen Sorgfalt nicht damit rechnen musste, dass die Gerichte von einem rechtswidrigen Verhalten ausgehen, war sein Rechtsirrtum unverschuldet.

---

212 BGH GRUR 1960, 193 – Frachtenrückvergütung; GRUR 1967, 138, 140 – Streckenwerbung; GRUR 1971, 259, 260 – W. A. Z.

213 BGH GRUR 1960, 193 – Frachtenrückvergütung; GRUR 1989, 572, 576 – Bioäquivalenz-Werbung.

214 BGH GRUR 1971, 259, 260 – W. A. Z.

215 BGH GRUR 1960, 193, 196 – Frachtenrückvergütung; GRUR 1968, 382, 385 – Favorit II.

216 BGH GRUR 1968, 382, 385 – Favorit II; GRUR 1971, 259, 260 – W. A. Z.

217 Eine Ausnahme bildet § 14 Abs. 1 UWG, vgl. BGH GRUR 1957, 93, 95, – Jugendfilmverleih und der prozessuale Schadensersatzanspruch aus § 945 ZPO.

218 Vgl. GroßKomm UWG/Köhler vor § 13 B Rn. 276.

219 BGH GRUR 1955, 411, 414 – Zahl 55; GRUR 1991, 609, 613 – SL; aA: Großkomm UWG/Köhler vor § 13 B Rn. 278.

220 Köhler/Bornkamm/Feddersen/Köhler UWG § 9 Rn. 1.19.

221 Vgl. zB BGH GRUR 1960, 186, 189 – Arctos.

222 BGH GRUR 1974, 290, 292 – Maschenfester Strumpf.

Da es jedoch unbillig wäre, dem Verletzten das Risiko etwaiger Unklarheiten über die Rechtslage im konkreten Fall anzulasten, legt die Rechtsprechung bei der Überprüfung der Sorgfalt des Verletzers einen strengen Maßstab an.[223] Versäumt der Verletzer rechtzeitig geeigneten Rechtsrat einzuholen, hat er stets schuldhaft gehandelt. Da es sich bei wettbewerbsrechtlichen Fragestellungen um eine Spezialmaterie handelt, erfordert die Sorgfalt zudem, den Rechtsrat bei einem auf diesem Gebiet erfahrenen Rechtsanwalt oder einem sonstigen ausgewiesenen Fachmann einzuholen.[224] Der Verletzer darf sich zudem nicht „blind“ auf eine Rechtsauskunft verlassen. Vielmehr muss er diese entsprechend seinen Möglichkeiten und seinen Erfahrungen gewissenhaft hinterfragen. Unterlässt er dies, kann ihn auch der von einem Fachmann eingeholte Rechtsrat nicht vom Schuldvorwurf befreien.[225]

bb) Einzelfälle. (1) Falsche rechtliche Beurteilung von Werbeaussagen. Nicht selten steht der wettbewerbsrechtliche Berater vor dem schwierigen Problem, das **Verbraucherverständnis** einer bestimmten werblichen Aussage im Vorfeld abschätzen zu müssen, um seinem Mandanten eine Einschätzung der Zulässigkeit der geplanten Werbung zu geben. Da die Rechtsprechung sehr strenge Maßstäbe an die Sorgfalt des Werbenden anlegt, schützt auch eine noch so gewissenhafte Überprüfung der Rechtslage den Werbenden in der Regel nicht von dem Fahrlässigkeitsvorwurf, sollte ein Gericht später eine Werbeaussage für unzulässig erachten. So hat der BGH die Einholung von Rechtsrat schon als Indiz dafür gewertet, dass der Verletzer die wettbewerbsrechtliche Bedenklichkeit seines Handels erkannt hatte.[226] Letztlich muss der Werbende entweder bereit sein, das Risiko der Unzulässigkeit seiner Werbung auf sich zu nehmen oder er muss sich für eine eindeutig zulässige Werbung entscheiden. Auf der sicheren Seite ist er nur dann, wenn er im Zweifel auf eine Werbeaussage verzichtet.[227] Werden Rechtsfragen von den Instanzgerichten unterschiedlich beurteilt, kann der Verletzer sich nicht auf die ihm günstige Auffassung verlassen.[228] Selbst wenn zu einer Rechtsfrage überhaupt nur eine Entscheidung eines Instanzgerichts vorliegt, die zudem für den Verletzer günstig ist, beseitigt dies den Fahrlässigkeitsvorwurf nicht zwingend, wenn sich letztlich doch die Wettbewerbswidrigkeit seines Handelns herausstellt.[229] Nur wenn eine Werbeaussage bereits höchstrichterlich für zulässig erachtet wurde, kann sich der Verletzer darauf verlassen, sofern sich nicht die tatsächlichen Gegebenheiten ersichtlich geändert haben. 112

Zusammenfassend ist festzustellen, dass es in der Praxis dem unlauter Werbenden in der Regel nicht gelingen wird, sich erfolgreich gegen den Vorwurf zu verteidigen, er habe die im Verkehr erforderliche Sorgfalt nicht beachtet. 113

(2) Unberechtigte Schutzrechtsverwarnung. Einen weniger strengen Maßstab legt die Rechtsprechung im Falle der **unberechtigten Schutzrechtsverwarnung** an, die einen Schadensersatzanspruch aus § 823 BGB begründen kann.[230] Begründet wird dies damit, dass der (formale) Schutzrechtsinhaber schutzwürdiger ist als der Werbende, der sich ohne Not einer rechtlich unsicheren Werbung bedient. In Anknüpfung an seine „Kindernähmaschinen“ Entscheidung[231] hat der BGH wiederholt die generellen Kriterien für die Beurteilung der Verschuldensfrage bestätigt,[232] die Sorgfaltspflichten des Verwarnenden aber in mehreren Entscheidungen deutlich reduziert.[233] Der BGH knüpft dabei an die allgemeine Überlegung des Reichsgerichts an, dass den Verwarner kein Verschulden trifft, wenn er sich seine Überzeugung auf Grund einer gewissenhaften Überprüfung der Sach- und Rechtslage gebildet hat[234] oder wenn er sich bei seinem Vorgehen von vernünftigen und billigen Überlegungen hat leiten lassen.[235] Allein die generell bestehende Möglichkeit, dass ein Schutzrecht keinen Bestand haben könnte, genügt nicht, einen Verschuldensvorwurf zu be- 114

223 BGH GRUR 1960, 200, 202 – Abitz II; BGH WuW/E 2341, 2345 – Taxizentrale.

224 BGH NJW 1970, 463, 464; BGH WuW/E 2341, 2345 – Taxizentrale; GroßKomm UWG/Köhler vor § 13 B Rn. 281.

225 BGH GRUR 1959, 478, 480 – Laux-Kupplung; GRUR 1965, 198, 202 – Küchenmaschine.

226 BGH WRP 1981, 265, 266 – Goldene Karte I.

227 Vgl. auch Großkomm UWG/Köhler vor § 13 B Rn. 282.

228 Dies kann bei anderen Wettbewerbsverstößen jedoch anders zu beurteilen sein; vgl. BGH GRUR 1958, 549, 553 – Box-Programmheft für den Fall des Schmarotzens an fremder Leistungen und der sittenwidrigen Absatzbehinderung.

229 KG GRUR 1988, 223 – Bio-Lottoprogramm; aA: Gloy/Lohschelder/Erdmann/Melullis UWG § 80 Rn. 54.

230 BGH GRUR 1974, 29, 291 – Maschenfester Strumpf; GRUR 1979, 332, 336 – Brombeerleuchte.

231 BGH GRUR 1963, 255 – Kindernähmaschinen.

232 BGH GRUR 1974, 290, 292 – Maschenfester Strumpf.

233 BGH GRUR 1974, 290 – Maschenfester Strumpf; GRUR 1976, 715, 716 – Spritzgießmaschine.

234 RGZ 94, 271, 276 – Sprechmaschine.

235 BGH GRUR 1974, 290, 292 – Maschenfester Strumpf.

gründen. Vielmehr muss der Verwarnende einen konkreten Anhaltspunkt für einen Zweifel am Bestand des Schutzrechts gehabt haben.[236] Grundsätzlich gilt ferner, dass das Vorgehen aus ungeprüften Schutzrechten dem Verwarner ein höheres Maß an Nachprüfung abverlangt als bei einem Vorgehen aus einem geprüften Schutzrecht.[237] Im Gegensatz zum unlauter Werbenden ist dem Schutzrechtsinhaber, der eine unberechtigte Verwarnung ausspricht, kein Schuldvorwurf zu machen, wenn er sich auf den Rat erfahrener Rechts- oder Patentanwälte verlassen hat und im Rahmen seiner Möglichkeiten auch keinen Anlass hatte, an dem Rat seiner Berater zu zweifeln.[238] Die Schutzrechtsverwarnung von Abnehmern beanstandeter Waren bedarf einer sorgfältigeren Prüfung der Rechtslage als eine entsprechende Herstellerabmahnung, da der Abnehmer eher als der Hersteller bereit sein wird, sich zu unterwerfen, um einem Rechtsstreit aus dem Weg zu gehen. Dies gilt umso mehr, wenn er auf Konkurrenzprodukte ausweichen kann.[239] Im Zweifel sollte der Rechteinhaber zur Vermeidung von Schadensersatzansprüchen zunächst den vermeintlichen Verletzer mit einer sogenannten Schutzrechtsanfrage auf die Rechtslage aus seiner Sicht und den möglichen Rechtsverstoß hinweisen und ihn auffordern, sich dazu zu erklären.

115 *(3) Verschulden nach Abmahnung.* Handelt ein Verletzer zunächst ohne Verschulden, weil er trotz Beachtung der im Verkehr erforderlichen Sorgfalt nicht erkannte, dass sein Handeln wettbewerbswidrig ist, kann ihm ein **nachträgliches Verschulden** vorzuwerfen sein, wenn er trotz Abmahnung sein rechtswidriges Handeln fortsetzt. Er handelt dann zumindest fahrlässig.[240] Je nach den Umständen des Einzelfalls kann der Schuldvorwurf bereits mit Zugang der Abmahnung oder erst nach einer angemessenen Überlegungsfrist, gegebenenfalls auch erst nach einer längeren Beseitigungsfrist, greifen.[241] Auf jeden Fall muss der Verletzer aber unverzüglich alle geeigneten und zumutbaren Maßnahmen ergreifen, um die Rechtsverletzung zu beenden.[242] Hat der Verletzer schon vor Aufnahme der Wettbewerbshandlung alles ihm Zumutbare zur Prüfung der Rechtmäßigkeit seines Handelns getan, kann die Abmahnung allein oder auch eine Klageerhebung noch keinen Verschuldensvorwurf begründen.[243] Dies gilt jedoch nicht, wenn sich aus der Abmahnung für den Verletzer neue Erkenntnisse ergeben, die er trotz sorgfältiger Prüfung bisher nicht bedacht hat und die eine andere Beurteilung rechtfertigen können.

116 *cc) Mitverschulden.* Die Vorschrift des **§ 254 BGB** zum **Mitverschulden** gilt auch im gewerblichen Rechtsschutz und im Wettbewerbsrecht uneingeschränkt. Hat bei der Entstehung oder Entwicklung des Schadens ein Verschulden des Geschädigten mitgewirkt, kann die Ersatzpflicht des Verletzers gemäß § 254 BGB gemindert sein. Verschulden in § 254 BGB ist das **„Verschulden gegen sich selbst"**. Der Verletzte muss die Sorgfalt außer Acht gelassen haben, die jeder ordentliche Mensch walten lässt, um sich vor Schaden zu bewahren.[244] Nach § 254 BGB ist das Mitverschulden des Verletzten bei der Schadensverursachung (Abs. 1) und bei der Schadensentwicklung (Abs. 2) zu berücksichtigen.

117 Das **Mitverschulden bei der Schadensverursachung** kann beispielsweise bei Aussprache einer unbegründeten Abmahnung relevant werden. Stellt der Verwarnte beispielsweise voreilig, ohne die Rechtslage gründlich zu überprüfen, eine bereits produzierte und für bestimmte Zeiten gebuchte Fernsehwerbung oder gar die Produktion und Auslieferung eines Produktes ein,[245] kann ihn ein Mitverschulden treffen.[246] Die Anforderungen an den Abgemahnten richten sich auch hier nach den Umständen des Einzelfalls. Eine Rolle können die Marktposition des abmahnenden Unternehmens, die Funktion des Abgemahnten als Hersteller oder Abnehmer eines Produktes oder auch die Art und Weise der Abmahnung spielen.[247] Ferner kommt ein Mitverschulden in Be-

[236] BGH GRUR 1974, 290, 292 – Maschenfester Strumpf.

[237] BGH GRUR 1974, 290, 292 – Maschenfester Strumpf; zu den unterschiedlichen Anforderungen der Rechtsprechung GroßKomm UWG/Köhler vor § 13 B Rn. 284 ff.

[238] BGH GRUR 1974, 290, 293 – Maschenfester Strumpf.

[239] BGH GRUR 1979, 332, 336 – Brombeerleuchte.

[240] BGH GRUR 1973, 375, 376 – Miss Petite.

[241] Der BGH hat eine Prüfungs- und Umstellungsfrist von ca. 3½ Monaten hinsichtlich der Nutzung einer in fremde Rechte eingreifenden Firma nicht beanstandet, vgl. BGH GRUR 1974, 735, 737 – Pharmamedan.

[242] BGH GRUR 1974, 735, 737 – Pharmamedan; siehe auch GroßKomm UWG/Köhler vor § 13 B Rn. 289 f.

[243] Schaub in Teplitzky Kap. 30 Rn. 23.

[244] BGHZ 3, 49; 9, 318; Grüneberg/Grüneberg BGB § 254 Rn. 1.

[245] BGH GRUR 2020, 322 – Chickenwings.

[246] BGH GRUR 1963, 255, 259 f. – Kindernähmaschinen; WRP 1965, 97, 101 – Kaugummikugeln; GRUR 1979, 332, 337 – Brombeerleuchte.

[247] BGH GRUR 1963, 255, 259 f. – Kindernähmaschinen; GRUR 1979, 332, 337 – Brombeerleuchten.

tracht, wenn der Verletzer, zum Beispiel auf Grund einer Provokation des Verletzten irrtümlich glaubt, sich in einer Abwehrlage zu befinden oder in einer bestehenden Abwehrlage das zulässige Maß der Abwehr überschreitet.[248]

Dem Verletzten kann ein **Mitverschulden auch bei der Schadensentwicklung** zum Vorwurf gemacht werden, wenn er es vorwerfbar unterlässt, den Verletzer auf die Gefahr eines ungewöhnlich hohen Schadens aufmerksam zu machen oder den Schaden abzuwenden (§ 254 Abs. 2 S. 1 BGB). Auch Gegenmaßnahmen zur Schadensminderung können vom Verletzten im Einzelfall verlangt werden. Wirkt eine irreführende Werbung oder eine falsche Berichterstattung in der Presse im Markt fort, kann es zu den Sorgfaltspflichten des Verletzten gehören, dem durch eine angemessene Reaktion, wie der Schaltung einer aufklärenden Gegenwerbung oder der Durchsetzung einer Gegendarstellung, entgegenzuwirken.[249] 118

4. Inhalt und Umfang des Schadensersatzanspruches

a) Der Schaden und die Art der Ersatzleistung. Nach **§ 249 S. 1 BGB** ist der Schadensersatzanspruch grundsätzlich auf **Naturalherstellung** gerichtet. Danach ist der Zustand wieder herzustellen, der ohne das schädigende Ereignis bestehen würde.[250] Dem Integritätsinteresse des Geschädigten wird auch insoweit im Wettbewerbsrecht Vorrang vor dem Kompensationsinteresse eingeräumt.[251] Die Naturalherstellung ist in ihrer praktischen Bedeutung jedoch gering. Besteht die wettbewerbswidrige Beeinträchtigung des Verletzten fort, ist es für ihn stets einfacher, die Wiederherstellung des schadensfreien Zustandes im Wege der Störungsbeseitigung als durch den Schadensersatzanspruch zu erreichen, da der Störungsbeseitigungsanspruch verschuldensunabhängig ist. In der Rechtsprechung hat die Naturalherstellung in Form eines Unterlassungsgebotes insbesondere bei Beschäftigungsverboten eine Rolle gespielt.[252] Die Dauer des verhängten Beschäftigungsverbotes wurde dabei stets einzelfallorientiert unter besonderer Berücksichtigung des Zweckes der Naturalrestitution bestimmt. Gleiches gilt für ausgesprochene Belieferungsverbote. Zum Teil wurde ein Belieferungsverbot von zwei Jahren bei einer unlauteren Kundenabwerbung als gerechtfertigt angesehen.[253] Von diesen Fällen abgesehen ist es für den Verletzten aber häufig nahezu unmöglich, darzulegen, welcher Zustand eingetreten wäre, wenn beispielsweise in einer irreführenden Werbung der vergessene aufklärende Hinweis hinzugefügt worden wäre.[254] 119

In aller Regel ist der wettbewerbsrechtliche Schadensersatzanspruch deshalb auf **Geldersatz** gerichtet. Soweit der Geschädigte einen konkret fassbaren Schaden reklamiert, beispielsweise seinen entgangenen Gewinn, gelten im Wettbewerbsrecht keine Besonderheiten. Wie im allgemeinen Zivilrecht auch ist als Schaden jede nachteilige Einwirkung auf die Vermögenslage, das heißt jede in Geld auszudrückende Einbuße, anzusehen. Zu vergleichen ist dabei nach der **Differenzmethode** der tatsächliche Vermögensbestand nach dem schädigenden Ereignis mit dem, der ohne das schädigende Ereignis bestehen würde.[255] In den meisten Fällen ist es dem Verletzten allerdings nicht möglich, einen konkreten Schaden darzulegen. Die Fälle der konkreten Schadensberechnung stellen vielmehr die Ausnahme dar. Eine wettbewerbswidrige Handlung schlägt sich nicht zwingend unmittelbar in einem konkret fassbaren Vermögensschaden nieder. Vertreibt der Verletzte beispielsweise seine Produkte unter einer im Markt gut eingeführten Marke, besteht kein Zweifel daran, dass der Vertrieb eines Billigproduktes mit einer verwechslungsfähigen Bezeichnung den guten Ruf des Produktes des Verletzten schädigen kann und die Gefahr einer Marktverwirrung besteht.[256] Obwohl dieser Schaden nicht exakt messbar ist, kann gleichwohl in aller Regel auch der Verletzer nicht ernsthaft bestreiten, dass ein Schaden entstanden ist oder noch entstehen wird. Die Rechtsprechung erkennt deshalb seit langem verschiedene Methoden der Schadensberechnung an, die den Schwierigkeiten des Verletzten zumindest teilweise Rechnung tragen. Jedoch führen auch diese anerkannten Methoden nicht immer zu befriedigenden Ergebnissen, so 120

[248] BGH GRUR 1994, 447, 449 – Sistierung von Aufträgen.
[249] BGH GRUR 1979, 421, 423 – Exdirektor; GroßKomm UWG/Köhler vor § 13 B Rn. 295.
[250] ZB das Nutzungsverbot für eine wettbewerbswidrig erlangte Maschine, RG MuW 29, 170.
[251] Vgl. BGHZ 92, 85, 90 – Unikat.
[252] BGH GRUR 1976, 306, 307 – Baumaschinen; GRUR 1971, 358, 359 – Textilspitzen; GRUR 1970, 182, 184 – Bierfahrer.
[253] GRUR 1970, 182, 184 – Bierfahrer.
[254] Vgl. zB BGH GRUR 1966, 92, 94 – Bleistiftabsätze.
[255] Vgl. BGH GRUR 1966, 92, 94 f. – Bleistiftabsätze.
[256] BGH GRUR 1954, 457, 458 – Irus/Urus; GRUR 1987, 364, 365 – Vier-Streifen-Schuh.

dass in der Literatur zu Recht eine nicht zu kleinliche Anwendung der §§ 287 ZPO und 252 S. 2 BGB gefordert wird.[257]

121 b) **Die Schadensberechnung.** Der Verletzte hat nicht nur die Möglichkeit, seinen **„konkreten" Schaden** zu beziffern. Die Rechtsprechung hat daneben in Fällen des Eingriffs in Imaterialrechtsgüter und vergleichbare Rechtspositionen zwei **„objektive" Arten der Schadensberechnung** anerkannt. Man spricht von der dreifachen Schadensberechnung. Danach kann der Verletzte sowohl seinen konkreten Schaden beziffern als auch Schadensersatz im Wege der sogenannten **Lizenzanalogie** oder durch die **Herausgabe des Verletzergewinns** verlangen. Mit dem **Gesetz zur Verbesserung der Durchsetzung von Rechten des geistigen Eigentums** hat der Gesetzgeber die von der Rechtsprechung entwickelten Grundsätze der Schadensberechnung in den einzelnen Sonderschutzgesetzen ausdrücklich normiert. Danach kann bei der Bemessung des Schadenersatzes der Gewinn, den der Verletzer durch die Rechteverletzung erzielt hat, heraus verlangt werden. Ferner kann der Schaden auf Grundlage des Betrages berechnet werden, den der Verletzer als angemessene Vergütung hätte entrichten müssen, wenn er die Erlaubnis zur Benutzung beispielsweise einer Erfindung oder einer Marke eingeholt hätte.[258] Abgesehen von den Fällen der sittenwidrigen Leistungsübernahme hat der BGH die „objektiven" Berechnungsarten nach der Lizenzanalogie und der Herausgabe des Verletzergewinns im Wettbewerbsrecht nicht zugelassen. Auch der Gesetzgeber sah für das Wettbewerbsrecht keinen Handlungsbedarf.

122 *aa) Konkreter Schaden.* Will und kann der Verletzte seinen Schaden konkret berechnen, muss er die durch das schädigende Ereignis eingetretene Verschlechterung seiner Vermögenslage beziffern. Die Möglichkeit, den **konkreten Schaden** ersetzt zu verlangen, ist sowohl bei der Verletzung von Immaterialgüterrechten und vergleichbaren Rechtspositionen sowie bei „einfachen" Wettbewerbsverstößen gleichermaßen gegeben. Vom konkreten Schaden ist sowohl der entgangene Gewinn (lucrum cessans) als auch der positive Schaden (damnum emergens) erfasst.

123 *(1) Entgangener Gewinn.* Erleidet der Verletzte auf Grund der schädigenden Handlung **Gewinneinbußen,** sind diese gemäß **§ 252 BGB** zu ersetzen.[259] Nach § 252 S. 2 BGB gilt der Gewinn als entgangen, der nach dem gewöhnlichen Lauf der Dinge oder nach den besonderen Umständen des Falles mit Wahrscheinlichkeit erwartet werden konnte. Die Gerichte können die Gewinneinbuße gemäß § 287 ZPO nach **freiem Ermessen** schätzen.[260] Im Falle einer irreführenden Werbung wird der anwaltliche Berater kaum in der Lage sein, dem Mandanten eine verlässliche Vorhersage zur Höhe des Schadensersatzanspruchs auf Grund des entgangenen Gewinns machen zu können. In der Regel sind die Vorgänge auf einem bestimmten Markt so komplex, dass ein eindeutiger Kausalzusammenhang zwischen Verletzungshandlung und entgangenem Gewinn schwer zu belegen ist. Der Verletzer wird stets eine Vielzahl ebenso plausibler Alternativursachen anführen, die den behaupteten Umsatzrückgang verursacht haben können. Die **Umsatzentwicklung beim Verletzer** kann dabei zwar als Anhaltspunkt nicht jedoch als alleiniges Kriterium für die Schadensschätzung herangezogen werden.[261] Der in seiner immaterialgüterrechtlich geschützten Position Verletzte muss aber zumindest darlegen, dass ohne die Verletzungshandlung eine entsprechende Benutzung durch ihn selbst oder durch berechtigte Dritte erfolgt wäre.[262] Da dies nach allgemeinen Grundsätzen der Lebenserfahrung für die Annahme ausreicht, die Verletzungshandlung habe zur Beeinträchtigung der Gewinnerwartungen beim Verletzten geführt, obliegt es dann dem Verletzer, darzulegen, dass die behauptete Einbuße auf andere Umstände zurückzuführen ist.[263] Je kleiner und überschaubarer ein Markt und die konkrete Wettbewerbssituation ist, desto eher scheiden Alternativursachen aus und desto eher wird man davon ausgehen können, dass eine konkrete Gewinnerwartung mit Wahrscheinlichkeit ohne das schädigende Ereignis hätte realisiert werden können. Im Falle der Nichtaufnahme der Herstellung und des Vertriebs eines Produktes wegen der angeblichen Verletzung von Schutzrechten, kann der nach Herstellungs- und Vertriebsaufnahme erzielte Umsatz die tatsächliche Grundlage für die Schätzung des entgangenen

[257] Vgl. Schaub in Teplitzky Kap. 33 Rn. 3; Teplitzky GRUR 1987, 215 ff.; GroßKomm UWG/Köhler vor § 13 B Rn. 246.

[258] Vgl. § 139 Abs. 2 PatG, § 14 Abs. 6 MarkenG, § 24 Abs. 2 GebrMG, § 97 Abs. 2 UrhG, § 37 Abs. 2 SortSchG, § 42 Abs. 2 DesignG.

[259] BGH GRUR 1964, 392, 396 – Weizenkeimöl.

[260] BGH GRUR 1979, 869, 870 – Oberarmschwimmringe.

[261] BGH GRUR 1982, 489, 490 – Korrekturflüssigkeit.

[262] BGH GRUR 1993, 757, 758 – Kollektion Holiday.

[263] BGH GRUR 1993, 757, 758 f. – Kollektion Holiday.

Gewinns bilden.[264] Der Anspruch geht aber nur auf Ersatz des entgangenen Gewinns und nicht auf den entgangenen Umsatz insgesamt. Der Verletzte muss sich anrechnen lassen, was er an Aufwendungen erspart hat.[265]

(2) Positiver Schaden. Neben dem entgangenen Gewinn können als ersatzfähige „konkrete" Schäden insbesondere dem Verletzten entstandene **Rechtsverfolgungskosten** und der sogenannte Marktverwirrungsschaden in Betracht kommen.[266] Vor allem die einem Verletzten entstandenen Rechtsanwaltskosten für eine vorprozessuale Abmahnung spielen in der Praxis regelmäßig eine Rolle.[267] Die **Abmahnkosten** sind dann als Schaden zu erstatten, wenn sie notwendig waren, und zwar unabhängig davon, ob der Verletzer sich unterwirft oder nicht.[268] Abmahnkosten sind daneben aus dem Gesichtspunkt der Geschäftsführung ohne Auftrag gemäß §§ 683 S. 1, 677, 670 BGB[269] und im Falle von Wettbewerbsverletzungen gemäß § 12 Abs. 1 S. 2 UWG zu erstatten. Diese Anspruchsgrundlagen bieten den Vorteil, dass es auf ein Verschulden des Abgemahnten nicht ankommt. Gelegentlich gibt ein Verletzer zwar die geforderte Unterlassungserklärung ab, weigert sich jedoch, die entstandenen Abmahnkosten zu erstatten. Er verlässt sich darauf, dass es dem Verletzten zu mühsam ist, ein Klageverfahren mit geringem Streitwert, in der Regel auch noch am Sitz des Beklagten, zu führen. Hier kann leider nur die konsequente Anrufung der Gerichte helfen. Zu den ersatzfähigen Kosten gehören ferner die Kosten für die Vorbereitung einer Schadensersatzklage. Dazu zählen Aufwendungen, die durch Nachforschungen über den Verletzungsfall entstanden sind, zum Beispiel die Überprüfung der örtlichen Verbreitung einer unzulässigen Werbung,[270] Testkaufkosten[271] und Kosten für die Einholung eines Sachverständigengutachtens, soweit diese erforderlich waren.[272] Die Kosten eigener Schadensbearbeitung sind nur ausnahmsweise erstattungsfähig, wenn der Aufwand so groß ist, dass er durch den üblichen Arbeitseinsatz der zuständigen Mitarbeiter nicht bewältigt werden kann.[273] 124

Während die Kosten für die Rechtsverfolgung noch relativ leicht zu bestimmen sind, lässt sich der sogenannte **Marktverwirrungsschaden** nur schwer fassen. Anerkannt sind zunächst alle Kosten, die für konkrete Gegenmaßnahmen zur Marktentwirrung aufgewandt wurden. Dazu gehören richtigstellende Rundschreiben an die Adressaten einer unzulässigen Behauptung ebenso wie Gegenwerbeanzeigen und gegebenenfalls auch eine Gegenwerbung im Radio oder im Fernsehen. Ersatzfähig sind solche Kosten aber nur, wenn sie zur Marktentwirrung erforderlich waren und ein erkennbarer Bezug der aufklärenden Werbemaßnahme zur Verletzungshandlung gegeben ist.[274] Über das Erforderliche hinausgehende Werbeaufwendungen sind vom Verletzer nicht zu erstatten.[275] Anerkannt ist, dass der Geschädigte auch Anspruch auf Ersatz von solchen Schäden hat, die durch eine Minderung des geschäftlichen Ansehens oder eine ähnliche Beeinträchtigung entstanden sein können.[276] Der Anspruch besteht neben dem Ersatzanspruch wegen erlittener Gewinneinbußen[277] und neben dem Anspruch auf eine angemessene Lizenzgebühr.[278] Der Begriff der Marktverwirrung erfasst damit alle Einbußen, die der Geschädigte durch die Entwertung seines Unternehmens, seines Namens und guten Rufs sowie seiner Produkte erleidet.[279] So entspricht es der allgemeinen Lebensauffassung, dass eine unrichtige Alleinstellungs- bzw. Neuheitsbehauptung das geschäftliche Ansehen desjenigen Unternehmens beeinträchtigt, das diese Posi- 125

---

264 BGH GRUR 1979, 869, 870 – Oberarmschwimmringe.
265 BGH GRUR 1979, 869, 870 – Oberarmschwimmringe; Gloy/Loschelder/Erdmann/Melullis UWG § 80 Rn. 97.
266 BGH GRUR 1982, 489, 490 – Korrekturflüssigkeit.
267 BGH GRUR 1982, 489, 490 – Korrekturflüssigkeit.
268 BGH GRUR 1984, 129, 131 – Shop-in-the-Shop I.
269 Ständige Rechtsprechung seit BGHZ 52, 393, 399 f. – Fotowettbewerb.
270 Leisse/Traub GRUR 1980, 1, 6.
271 OLG Frankfurt GRUR 1988, 791; OLG Düsseldorf WRP 1986, 33; OLG Stuttgart Jur. Büro 1995, 37; OLG München GRUR 1996, 56.
272 GroßKomm UWG/Köhler vor § 13 B Rn. 311.
273 GroßKomm UWG/Köhler vor § 13 B Rn. 33; Leisse/Traub GRUR 1980, 1, 6 mwN.
274 BGH GRUR 1982, 489, 490 – Korrekturflüssigkeit.
275 Eine Ausnahme kann gelten, wenn eine Richtigstellung schädigender Äußerungen auf der Ebene rationaler Argumente nicht mehr möglich ist, vgl. BGH GRUR 1978, 187, 189 – Alkoholtest; GRUR 1982, 489, 490 – Korrekturflüssigkeit.
276 BGH GRUR 1965, 92, 95 – Bleistiftabsätze; GRUR 1982, 489, 490 – Korrekturflüssigkeit; GRUR 1991, 921, 923 – Sahnesiphon.
277 BGH GRUR 1982, 489, 490 – Korrekturflüssigkeit.
278 BGH GRUR 1966, 375, 378 – Messmer-Tee II.
279 Köhler spricht vom Merkantilen Minderwert, GroßKomm UWG/Köhler vor § 13 B Rn. 318; vgl. auch Teplitzky/Schaub Kap. 34 Rn. 5 ff.

tion zu Recht für sich beansprucht.[280] Da der sich nicht unmittelbar in Gewinneinbußen ausdrückende Schaden nur schwer zu fassen ist, greift die Rechtsprechung auch hier auf § 287 ZPO zurück und schätzt den Schaden. Die Intensität der Verletzungshandlung ist dabei ein wichtiges Indiz für die Beurteilung der Auswirkungen der schädigenden Handlung. Im Falle einer unlauteren Werbung können insbesondere Art und Inhalt, Zeitpunkt und Dauer sowie die Effektivität der eingesetzten Werbemedien zur Schadensschätzung herangezogen werden.[281]

126 *bb) Objektiver Schaden.* Die dreifache Schadensberechnung ist bei Verletzung aller **Immaterialrechtsgüter**[282] sowie in den Fällen **wettbewerbswidriger Leistungsübernahme,**[283] nicht hingegen bei allgemeinen Wettbewerbsverletzungen,[284] zulässig. Die objektive Schadensberechnung lässt dem Geschädigten die Wahl, die Höhe des Schadens unter Zugrundelegung einer angemessenen Lizenzgebühr zu berechnen oder den vom Verletzer erzielten Gewinn herausverlangen.

127 *(1) Die Lizenzanalogie.* Die Berechnungsmethode der **„fiktiven" Lizenz oder Lizenzanalogie** eröffnet dem Geschädigten die Möglichkeit, ohne Darlegung seines konkreten Schadens den Schadensersatzanspruch in Höhe eines üblichen und angemessenen Entgeltes für die Nutzung seines Rechtes zu beziffern. Die Schadensberechnung auf Grundlage einer angemessenen Lizenzgebühr ist überall dort zulässig, wo die Überlassung von Ausschließlichkeitsrechten zur Benutzung durch Dritte gegen Entgelt rechtlich möglich und verkehrsüblich ist.[285] Der Sache nach handelt es sich bei der Lizenzanalogie um einen dem Bereicherungsrecht (§§ 812 Abs. 1 S. 1, 2. Alt., 818 Abs. 2 BGB) angelehnten Anspruch.[286] Die Berechnungsmethode beruht auf der Erwägung, dass der Verletzer nicht besser dastehen soll, als er im Falle einer ordnungsgemäß erteilten Erlaubnis dagestanden hätte.[287] Der Verletzer kann auch nicht mit dem Einwand gehört werden, er hätte tatsächlich überhaupt keine Lizenz erhalten, weil der Verletzte beispielsweise grundsätzlich keine Lizenzen vergebe oder weil seine Produkte qualitativ deutlich geringwertiger als die Originalprodukte seien. Entscheidend ist vielmehr, dass der Verletzte die Nutzung seines Rechtes nicht ohne Gegenleistung gestattet hätte. Er soll deshalb so gestellt werden, als nehme er die irreversible Verletzung seines Rechtes hin und liquidiere die übliche Vergütung.[288]

128 Die Höhe der zu zahlenden Lizenz ist rein objektiv zu bestimmen und richtet sich danach, was ein vernünftiger Lizenzgeber für den beabsichtigten Gebrauch gefordert und ein vernünftiger Lizenzgeber gezahlt hätte.[289] Mit anderen Worten ist die **marktübliche Lizenz** für das betroffene Recht im konkreten Fall zu ermitteln.[290] Erzielt der Rechteinhaber höhere als marktübliche Lizenzgebühren, sind die tatsächlich erzielten Lizenzsätze zugrunde zu legen.[291] Maßgeblich ist für die Betrachtung der Zeitpunkt der gerichtlichen Entscheidung.[292] Der angemessene Wert der Lizenz unterliegt der Schätzung des Gerichts gemäß § 287 ZPO, wobei sämtliche Umstände im Sachverhalt zu berücksichtigen sind, die die Höhe der Lizenz beeinflussen können.[293] Ob die Lizenz als Pauschal- oder Stücklizenz zu berechnen ist, richtet sich ebenfalls danach, was verkehrsüblich ist. In der Regel wird der Schaden nach einer Stücklizenz[294] und nur selten nach einer Pauschallizenz[295] berechnet. Für die Berechnung der Stücklizenz bilden die Verkaufspreise des Verletzers zwar eine praktisch gut handhabbare Bemessungsgrundlage. Im Ergebnis führt dies jedoch häufig zu einer ungerechtfertigten Bevorzugung des Verletzers, da dieser günstiger kalkulieren kann und deshalb die Verletzerprodukte nicht selten zu einem Bruchteil des Preises des

[280] BGH GRUR 1882, 489, 490 – Korrekturflüssigkeit.
[281] BGH GRUR 1987, 364, 365 – Vier-Streifen-Schuh.
[282] Vgl. § 139 Abs. 2 PatG, § 14 Abs. 6 MarkenG, § 24 Abs. 2 GebrMG, § 97 Abs. 2 UrhG, § 37 Abs. 2 SortSchG, § 42 Abs. 2 DesignG.
[283] BGH GRUR 1972, 189 – Wandsteckdose II, GRUR 1993, 757, 759 – Kollektion Holiday.
[284] BGH GRUR 1972, 189, 190 – Wandsteckdose II.
[285] BGH GRUR 2006, 143, 145 – Catwalk.
[286] BGH GRUR 2006, 143, 145 – Catwalk.
[287] BGH GRUR 1980, 1008, 1009 – Lizenzanalogie; GRUR 1993, 899, 900 f. – Dia-Duplikate; GRUR 2006, 143, 145 – Catwalk.
[288] BGH GRUR 1966, 375, 377 – Messmer-Tee II; GRUR 1993, 55, 58 – Tchibo/Rolex II; GRUR 2006, 143, 145 – Catwalk.
[289] BGH GRUR 2006, 136, 137 – Pressefotos; GRUR 2010, 239, 240 – BTK; GRUR 2022, 82, 84 – Layher.
[290] BGH GRUR 2006, 136, 138 – Pressefotos.
[291] BGH GRUR 2009, 660, 663 – Resellervertrag.
[292] BGH GRUR 1966, 375, 378 – Messmer-Tee II; kritisch Pietzcker GRUR 1975, 55, 56 f.
[293] BGH GRUR 1980, 841, 844 – Tolbutamid; GRUR 2006, 136, 138 – Pressefotos; GRUR 2009, 407, 409 – Whistling for a train; GRUR 2010, 239, 240 – BTK.
[294] BGH GRUR 1966, 375, 378 – Messmer-Tee II; GRUR 1972, 189, 191 – Wandsteckdose II.
[295] Vgl. zB BGH GRUR 1993, 899, 901 – Dia-Duplikate.

Rechteinhabers abgibt.[296] Der rechtstreue Lizenznehmer wird sich zu Recht benachteiligt fühlen, da der Verletzer nur im ungünstigsten Falle dieselbe Lizenzgebühr wie er zahlen muss. Einen auf diesen Erwägungen beruhenden generellen Verletzerzuschlag lehnt der BGH mangels rechtlicher Grundlage ausdrücklich ab.[297] Er hat jedoch andererseits eine deutliche Überschreitung des durchschnittlichen Lizenzsatzes auf dem betreffenden Gebiet nicht beanstandet,[298] so dass sich die Benachteiligung des ordentlichen Lizenznehmers relativiert und die Vorteile der eindeutigen Bemessungsgrundlage überwiegen. Eine Alternative wäre es, die Lizenzgebühr nach den Verkaufspreisen des Rechteinhabers zu berechnen, wenn dieser auf derselben Handelsstufe wie der Verletzer tätig ist. Zu einem angemessenen Ergebnis würde auch die Zugrundelegung der Verkaufspreise eines ordentlichen Lizenznehmers führen. Die Rechtsprechung ist in der Vergangenheit dennoch bei der Berechnung der Lizenzgebühren häufig von den Abgabepreisen des Verletzers ausgegangen.[299] Hat sich zur Zeit der Verletzungshandlung am Markt eine eigene Lizenzierungspraxis des Rechteinhabers durchgesetzt, soll jedenfalls dieser eine maßgebliche Bedeutung zukommen.[300] Dabei kommt es nicht darauf an, ob die vom Rechteinhaber verlangten Lizenzsätze üblich und objektiv angemessen sind, maßgeblich ist vielmehr, dass der Lizenzgeber diese verlangt und tatsächlich auch erhält, selbst wenn sie über dem Durchschnitt vergleichbarer Vergütungen liegen.[301] Hat der Rechteinhaber Lizenzen in der Vergangenheit stets unentgeltlich erteilt, so muss er sich daran festhalten lassen und kann seinen Schaden nicht im Wege der Lizenzanalogie, eventuell aber anhand des Verletzergewinns, berechnen.[302] Nach einer Verletzungshandlung gezahlte Lizenzgebühren sind nicht ohne Weiteres geeignet, den objektiven Wert der Lizenz für zukünftige Fälle zu belegen, da diese in der Regel nicht nur eine Vergütung für die einfache Nutzung, sondern auch eine Gegenleistung fur die einvernehmliche Einigung über mögliche Ansprüche aus der vergangenen Rechtsverletzung darstellen.[303] Vernünftig handelnden Parteien würden ferner das Risiko eines Marktverwirrungsschadens[304] oder einer Minderung des Prestigewertes der Produkte eines Markeninhabers bei der Bemessung einer angemessenen Lizenzgebühr berücksichtigen.[305]

Zur konkreten **Höhe der Lizenzgebühr** lassen sich allenfalls sehr allgemeine Feststellungen treffen. Sie hängt stets von den Umständen des Einzelfalls ab. Die Berechnung setzt an dem wirtschaftlichen Vorteil an, den der Verletzer sich eigenmächtig verschafft hat. Das Gericht steht dabei vor der schwierigen Aufgabe, den Verkehrswert des betroffenen Rechts zutreffend zu ermitteln. Beispielsweise bewegen sich die Lizenzsätze bei Kennzeichenverletzungen in der Regel zwischen 1 % und 5 % des Abgabepreises des Verletzers, zum Teil liegen sie allerdings auch deutlich höher.[306] Angesichts der vielfältigen, im Einzelfall gegebenenfalls zu berücksichtigenden Umstände lassen sich lediglich – ohne Anspruch auf Vollständigkeit – einzelne immer wieder eine Rolle spielende Gesichtspunkte aufführen, die sich lizenzerhöhend oder lizenzmindernd auswirken können. 129

Generell wird die geschuldete **Lizenz umso höher** zu bemessen sein, je bekannter und je besser der Ruf einer Marke ist, je wirtschaftlich bedeutender ein Patent oder sonstiges Schutzrecht ist und je größer der Schutzumfang und die wettbewerbliche Eigenart eines Produktes ist.[307] Gleichzeitig steigt die Höhe der Lizenz mit dem Grad der Annäherung an eine nachgeahmte Marke oder ein nachgebildetes Produkt.[308] Die Rechtsprechung[309] hat zum Beispiel zu Gunsten des Verletzten lizenzerhöhend berücksichtigt, dass bei einer Zeichenverletzung – bei der die Lizenzgebühr im allgemeinen niedriger ist als bei einem entsprechenden Eingriff in Urheber- und Patentrechte – 130

[296] Teplitzky/Schaub Kap. 34 Rn. 28 ff.

[297] BGH GRUR 1980, 841, 844 – Tolbutamid.

[298] Im konkreten Fall um 60 %, vgl. BGH GRUR 1990, 841, 844 – Tolbutamid.

[299] BGH GRUR 1975, 85, 87 – Clarissa; GRUR 1980, 841, 844 – Tolbutamid.

[300] BGH GRUR 2019, 292 – Sportwagenfoto, GRUR 2020, 990 – Nachlizenzierung.

[301] BGH GRUR 2009, 660 – Resellervertrag; GRUR 2020, 990 – Nachlizenzierung.

[302] BGH GRUR 2022, 229 (237 f.) – ÖKO TEST III.

[303] BGH GRUR 2020, 990 – Nachlizenzierung.

[304] BGH GRUR 2010, 239, 240 – BTK.

[305] BGH GRUR 2022, 82, 84 – Layher.

[306] So kann bei der billigen Nachahmung eines Luxusproduktes eine angemessene Lizenz zwischen 12,5 % und 20 % betragen, BGH GRUR 1993, 55, 58 – Tchibo/Rolex II.

[307] GRUR 2010, 239, 241 – BTK; der Wert der Lizenz für eine Filmmusik steigt mit der künstlerischen und wirtschaftlichen Bedeutung von Musik und Film gleichermaßen, vgl. BGH GRUR 1990, 1008, 1010 – Lizenzanalogie.

[308] BGH GRUR 1975, 85, 87 – Clarissa.

[309] Zahlreiche Beispiele bei GroßKomm UWG/Köhler vor § 13 B Rn. 339 ff.

eine Lizenzerteilung und die damit verbundene gleichzeitige Benutzung des Zeichens durch mehrere Unternehmen das Zeichen regelmäßig in seinem Wert mindert und dessen Kennzeichnungskraft schwächt.[310] Ebenfalls lizenzerhöhend ist zu berücksichtigen, dass der Prestigewert eines nachgeahmten Produktes in der Regel gemindert wird.[311] Lizenzerhöhend wurde ferner berücksichtigt, dass der Verletzer im Gegensatz zum Lizenznehmer kaum Gefahr läuft, für nicht rechtsbeständige Schutzrechte eine Lizenz zu zahlen.[312] Der Verletzer erlangt zudem durch die gegenüber dem Lizenznehmer spätere Zahlung des Schadensersatzes als fiktive Lizenz Zinsvorteile, die berücksichtigt werden können.[313] Ferner unterliegt der Verletzer nicht den vertraglichen Verpflichtungen einer Nichtangriffsabrede, einer Beteiligung an Entwicklungskosten und anderen typischen Lizenznehmerpflichten.[314] Auch kann bereits das Bewerben eines rechtsverletzenden Gegenstandes einen nach den Grundsätzen der Lizenzanalogie zu berechnenden Schadensersatzanspruch begründen. Dem Bewerben kommt dabei gegenüber dem Inverkehrbringen ein eigener Unrechtsgehalt zu, so dass bei der Berechnung der Lizenzgebühr neben der Anzahl der beispielsweise designrechtsverletzenden Produkte auch die Anzahl der Kataloge zu berücksichtigen ist, in denen das nachgeahmte Produkt beworben wurde.[315]

131 Demgegenüber kann sich **lizenzmindernd** auswirken, dass sich der Verletzer nicht in einer vertraglich gesicherten Rechtsposition befindet und jederzeit mit der Untersagung seiner Tätigkeit rechnen und Schadensersatzansprüche befürchten muss.[316] Lizenzmindernd kann sich ferner auswirken, dass ein Zeichen oder ein Produkt nicht identisch übernommen und in der Werbung nicht besonders herausgestellt wurde.[317] Die rechtsverletzende Nutzung einer Marke ausschließlich in der Werbung schließt die Berechnung eines Schadensersatzanspruchs im Wege der Lizenzanalogie nicht von vornherein aus, kann sich aber wegen einer möglicherweise geringeren Intensität der Verletzung lizenzmindernd auswirken.[318] Ist das unerlaubt mit einem geschützten Zeichen versehene Produkt hochwertig, wird dies für die Kaufentscheidung in der Regel ebenfalls ein maßgebliches Kriterium sein und sich deshalb lizenzmindernd auswirken.[319] Lizenzmindernd kann es sich auswirken, wenn der Rechteinhaber die Nutzung seines Rechtes nicht nur einem sondern mehreren Lizenznehmern gestattet und die Benutzung durch Dritte einen erheblichen Umfang erreicht oder eine unerlaubte Nutzung durch Dritte vom Rechtsinhaber geduldet wird.[320] Sind die Umsatzrenditen in einer Branche üblicherweise besonders niedrig, kann sich das wertmindernd auf den wirtschaftlichen Wert einer Lizenz auswirken und zu einer niedrigeren Lizenzgebühr führen.[321] Nicht lizenzmindernd wirken sich Zahlungen des Verletzers an seine Abnehmer wegen deren Inanspruchnahme durch den Verletzten aus. Solche Zahlungen können zu einer Minderung des Verletzergewinns führen, wirken sich aber nicht auf die Höhe der Lizenzgebühr aus.[322]

132 *(2) Herausgabe des Verletzergewinns.* Die dritte Methode der Schadensberechnung besteht in der Geltendmachung des **Verletzergewinns.** Da nach allgemeiner Lebenserfahrung regelmäßig ein unmittelbarer Zusammenhang zwischen dem entgangenen Gewinn auf Seiten des Geschädigten und dem Gewinn auf Seiten des Verletzers besteht, soll auch diese Methode zu einem billigen Ausgleich des Vermögensnachteils führen, den der verletzte Rechteinhaber erlitten hat. Zugleich soll die Abschöpfung des Verletzergewinns der Prävention gegen eine Verletzung besonders schutzbedürftiger Immaterialgüterrechte dienen.[323] Fehlt es jedoch im konkreten Fall ausnahmsweise an einem solchen Zusammenhang, weil beispielsweise ein Konkurrenzverhältnis zwischen den Parteien nicht besteht und die Verdienstmöglichkeiten des Verletzten durch die Verletzungshandlung sogar steigen, ist diese Berechnungsmethode ausgeschlossen.[324] Die Herausgabe des

[310] BGH GRUR 1966, 375, 378 – Messmer-Tee II.
[311] BGH GRUR 2006, 143, 146 – Catwalk.
[312] BGH GRUR 1982, 286, 287 – Fersenabstützvorrichtung.
[313] BGH GRUR 1982, 286, 288 – Fersenabstützvorrichtung.
[314] BGH GRUR 1982, 286, 288 – Fersenabstützvorrichtung; GRUR 1980, 841, 844 – Tolbutamid.
[315] BGH GRUR 2006, 143, 146 – Catwalk.
[316] BGH GRUR 1980, 841, 844 – Tolbutamid.
[317] BGH GRUR 2006, 143, 146 – Catwalk.
[318] BGH GRUR 2022, 82 – Layher.
[319] OLG Frankfurt GRUR-RR 2003, 274, 277 – Vier-Streifen-Kennzeichnung.
[320] BGH GRUR 2006, 136, 138 – Pressefotos; GRUR 2010, 239, 241 – BTK.
[321] GRUR 2010, 239, 243 – BTK.
[322] BGH GRUR 2009, 660, 664 – Resellervertrag.
[323] BGH GRUR 2009, 856 – Tripp-Trapp-Stuhl; GRUR 2010, 1090, 1092 – Werbung eines Nachrichtensenders.
[324] BGH GRUR 1995, 349, 352 – Objektive Schadensberechnung.

Verletzergewinns ist praktisch weit weniger bedeutsam, als die Berechnung des Schadens nach der Lizenzanalogie. Schwierigkeiten bereitet diese Berechnungsmethode insbesondere deshalb, weil der Verletzte nachweisen muss, dass der Verletzer durch die Rechtsverletzung einen Gewinn in bestimmter Höhe erzielt hat.[325] In der Regel ist schon kaum feststellbar und beweisbar, welcher Gewinn dem Verletzten durch die Verletzungshandlung entgangen ist. Um dem Ausgleichsgedanken Rechnung zu tragen, fingiert die Rechtsprechung deshalb, dass der Rechteinhaber durch die Verwertung seines Schutzrechtes den gleichen Gewinn wie der Verletzer erzielt hätte.[326] Zwar kann und wird das Gericht auch hier gemäß § 287 ZPO im Wege der Schätzung vorgehen. Da der Verletzer jedoch nur die Herausgabe des Nettogewinns schuldet und deshalb Aufwendungen abzusetzen sind, ist das Gericht regelmäßig auf Angaben zu den innerbetrieblichen Verhältnissen des Verletzers angewiesen.[327] Abzugsfähig bei der Berechnung des herauszugebenden Gewinns sind nur die variablen Kosten für die Herstellung und den Vertrieb der rechtsverletzenden Produkte. Nicht hingegen die Fixkosten des Verletzers, wie Mieten, allgemeine Marketingkosten und zeitabhängige Abschreibungen für Anlagevermögen, denn dem Verletzer soll nicht die Erwirtschaftung eines Deckungsbeitrages zu seinen Fixkosten zugestanden werden.[328] Sind Fixkosten und variable Gemeinkosten aber ausnahmsweise unmittelbar den schutzrechtsverletzenden Gegenständen zuzurechnen (weil beispielsweise eine Maschine ausschließlich für deren Herstellung angeschafft wurde), sind diese auch bei der Berechnung des Verletzergewinns zu berücksichtigen.[329] Die Beweislast trägt der Verletzer. Auch ist nicht ohne weiteres der volle Gewinn aus dem Verkauf eines rechtsverletzenden Produkts herauszugeben, sondern nur der Teil, der gerade auf die Verletzungshandlung zurückzuführen ist.[330] Ist hingegen beispielsweise bei Merchandisingprodukten oder Prestigemarken davon auszugehen, dass die Verletzerprodukte ohne die Rechtsverletzung gar nicht oder nicht mit Gewinn hätten abgesetzt werden können, so kann auch einmal der volle Gewinn auf die Verletzungshandlung zurückzuführen sein.[331] Bei der Beurteilung des herauszugebenden prozentualen Anteils am Verletzergewinn sind die gleichen Kriterien maßgeblich, die sich bei Berechnung im Wege der Lizenzanalogie lizenzerhöhend oder -mindernd auswirken.[332] Hat der Verletzer neben den beanstandeten Schutzrechten berechtigt oder unberechtigt Rechte sonstiger Dritter oder auch eigene Rechte benutzt, bleibt dem Gericht nur die Möglichkeit, die einzelnen Handlungen zu gewichten und den herauszugebenden Gewinnanteil zu schätzen, sofern nicht ausnahmsweise jeglicher tatsächlicher Anhaltspunkt fehlt.[333]

Ausreichend ist die **Wahrscheinlichkeit eines Schadenseintritts** beim Verletzen. Deshalb ist es 133
nicht erforderlich, dass dieser den vom Verletzer erzielten Gewinn tatsächlich selbst erzielt hätte.[334] Da der Verletzer nur den tatsächlich erzielten Gewinn herauszugeben hat, kann der Verletzte auch nicht darüber hinaus den Gewinn beanspruchen, den der Verletzer theoretisch hätte erzielen können oder bei normalem Lauf der Dinge hätte erzielen müssen. Erzielt der Verletzer keinen Gewinn, entfällt ein Anspruch nach dieser Berechnungsmethode.

cc) Wahlrecht des Verletzten. Der Verletzte kann grundsätzlich **zwischen den Berechnungsme-** 134
thoden frei wählen. Da es sich nicht um verschiedene Ansprüche mit unterschiedlichen Rechtsgrundlagen, sondern um verschiedene Liquidationsformen desselben Schadens handelt, stellt der Wechsel von einer Berechnungsart auf eine andere keine Klageänderung dar.[335] Dies gilt nicht nur für den Fall einer Schadensersatzfeststellungs- sondern auch für die Leistungsklage.[336] Das Wahlrecht des Gläubigers kann jederzeit während eines laufenden Zahlungsklageverfahrens aus-

[325] BGH GRUR 1962, 509, 512 – Dia-Rähmchen II.
[326] BGH GRUR 1995, 349, 351 – Objektive Schadensberechnung.
[327] BGH GRUR 1962, 509, 512 – Dia-Rähmchen II.
[328] BGH GRUR 2001, 329, 331 – Gemeinkostenanteil (zu Geschmacksmusterrechten); GRUR 2006, 419, 420 – Noblesse (zu Kennzeichenrechten); GRUR 2007, 431, 433 f. – Steckverbindergehäuse (zum wettbewerbsrechtlichen Leistungsschutz).
[329] BGH GRUR 2001, 329, 331 f. – Gemeinkostenanteil.
[330] BGH GRUR 1993, 55, 59 – Tchibo/Rolex II; GRUR 2010, 1090, 1092 – Werbung eines Nachrichtensenders; OLG Frankfurt GRUR-RR 2011, 201 – Getränketräger.
[331] OLG Hamburg GRUR-RR 2005, 258, 260 – Ahoj-Brause.
[332] Vgl. OLG Frankfurt GRUR-RR 2003, 274, 278 – Vier-Streifen-Kennzeichnung.
[333] BGH GRUR 1973, 75, 78 – Miss Petite; GRUR 1993, 55, 59 – Tchibo/Rolex II; GRUR 2006, 419, 420 – Noblesse; OLG Frankfurt GRUR-RR 2003, 274, 277 – Vier-Streifen-Kennzeichnung.
[334] BGH GRUR 1973, 478, 480 – Modeneuheit.
[335] BGH GRUR 1993, 55, 57 – Tchibo/Rolex II; GRUR 2022, 229 (236) – ÖKO-TEST III.
[336] BGH GRUR 1993, 55, 57 – Tchibo/Rolex II.

geübt werden und erlischt erst dann, wenn der nach einer bestimmten Berechnungsweise geltend gemachte Anspruch rechtskräftig zuerkannt oder erfüllt wurde.[337] Das Wahlrecht des Verletzten erlischt auch dann, wenn zwar nicht rechtskräftig aber für ihn selbst unangreifbar nach einer Berechnungsmethode entschieden wurde.[338]

135 Das **Wahlrecht** darf aber nicht zu einer **unzulässigen Vermengung der drei Berechnungsmethoden** führen. Der zuzusprechende Schadensersatzbetrag ist nur nach einer Methode zu berechnen, wobei der Gläubiger die für ihn günstigste auswählen darf.[339] Demgegenüber ist es zulässig neben der objektiven Berechnungsmethode den konkreten Marktverwirrungsschaden geltend zu machen, wenn dieser nicht schon bei der fiktiven Lizenzberechnung oder beim Verletzergewinn berücksichtigt wurde.[340]

5. Prozessuale Fragen

136 Der Schadensersatzanspruch kann im Wege der Leistungs- oder der Feststellungsklage geltend gemacht werden.

137 a) **Schadensersatzfeststellungsklage.** Das für die Zulässigkeit der **Feststellungsklage** erforderliche Feststellungsinteresse liegt vor, wenn ein Schadenseintritt wahrscheinlich ist und der Kläger zum Zeitpunkt der Klageerhebung seinen Schaden noch nicht beziffern kann. Dies ist in Wettbewerbssachen der Regelfall, so dass über die Frage des Vorliegens eines Feststellungsinteresses nur ausnahmsweise gestritten werden muss. Der Feststellungsantrag ist nach ständiger Rechtsprechung des BGH bereits dann begründet, wenn die **Wahrscheinlichkeit eines Schadenseintritts** vorliegt, wobei diese Wahrscheinlichkeit noch nicht einmal hoch sein muss.[341] Es genügt, dass der Eintritt des Schadens nach der Lebenserfahrung mit einiger Sicherheit zu erwarten ist.[342] Es ist deshalb ausreichend, wenn der Kläger, gegebenenfalls auch recht pauschal, die Wahrscheinlichkeit eines Schadenseintritts vorträgt.[343] In Fällen der Irreführung ist die Wahrscheinlichkeit eines Schadenseintritts aber nicht generell gegeben, so dass der Kläger dazu Näheres, beispielsweise aufgrund der besonders großen Anlockwirkung eines Angebotes, darlegen muss.[344] In der Regel kann die Schadensersatzpflicht wegen der Verletzung eines Markenrechts durch gleich liegende Handlungen bereits dann festgestellt werden, wenn mindestens ein Verletzungsfall nachgewiesen ist. Allerdings muss auch hier die Wahrscheinlichkeit einer Schädigung durch rechtlich gleich zu beurteilende Handlungen gegeben sein.[345]

138 Bei der **Antragsformulierung** sind keine wettbewerbs- oder sonderschutzrechtlichen Besonderheiten zu beachten. Der Schadensersatzfeststellungsantrag muss die Verletzungshandlung genau bezeichnen, was im Falle der Verknüpfung mit einem Unterlassungsantrag unter Hinweis auf diesen geschehen kann:

> **Formulierungsvorschlag:**
> Es wird festgestellt, dass der Beklagte verpflichtet ist, dem Kläger all den Schaden zu ersetzen, der ihm aus Handlungen gemäß vorstehender Ziff. 1 (Unterlassungsantrag) [oder: ...... aus der [(genaue Beschreibung der Handlung)] bereits entstanden ist und noch entstehen wird.

139 b) **Leistungsklage.** Die Leistungsklage ist in bezifferter und unbezifferter Form zulässig. Die **bezifferte Leistungsklage** ist allerdings im Wettbewerbsrecht die Ausnahme.[346] Neben der Feststellungsklage eröffnet die **unbezifferte Leistungsklage** dem Gläubiger ebenfalls die Möglichkeit, einen Schadensersatzanspruch einzuklagen, ohne seinen Anspruch genau beziffern zu müssen.

[337] BGH GRUR 1966, 375, 379 – Messmer-Tee II; GRUR 1993, 55, 57 – Tchibo/Rolex II.
[338] BGH GRUR 2008, 93, 95 – Zerkleinerungsvorrichtung.
[339] BGH GRUR 1962, 509, 512 – Dia-Rähmchen II.
[340] BGH GRUR 1973, 375, 378 – Miss Petite.
[341] Vgl. zB BGH GRUR 1974, 735, 736 – Pharmamedan; GRUR 2000, 907 – Filialleiterfehler.
[342] BGH GRUR 1974, 735, 736 – Pharmamedan; GRUR 2000, 907 – Filialleiterfehler.
[343] Teplitzky GRUR 1987, 215, 216.
[344] BGH GRUR 2001, 78 – Falsche Herstellerpreisempfehlung; GRUR 2002, 715 – Scanner-Werbung.
[345] BGH WRP 2006, 590, 594 – Markenparfümverkäufe.
[346] Siehe zB BGH GRUR 1993, 55 – Tchibo/Rolex II.

Dem Kläger steht es dabei frei, die Schätzung des Schadens uneingeschränkt in das Ermessen des Gerichts zu stellen oder in seinem Antrag einen bestimmten Mindestschaden zu beziffern. Steht erst einmal mit der erforderlichen (geringen) Wahrscheinlichkeit fest, dass dem Kläger ein Schaden entstanden ist, ist das Gericht selbst dann zur Schadensschätzung verpflichtet, wenn der Kläger unverschuldet[347] keine tatsächlichen Anhaltspunkte für die Schätzung der Höhe seines Schadens vorgetragen hat.[348] Der Kläger sollte jedoch schon im eigenen Interesse bemüht sein, dem Gericht alle Informationen zur Schadensschätzung an die Hand zu geben, über die er selbst verfügt.

Auch hinsichtlich der Formulierung des Schadensersatzleistungsantrages gelten im Wettbe- 140
werbsrecht keine Besonderheiten. Der **bezifferte Antrag** kann lauten:

Formulierungsvorschlag:

Der Beklagte wird verurteilt, an den Kläger € ... nebst ... % Zinsen [oder: ... nebst Zinsen in Höhe von 5 % über dem Basiszinssatz nach § 247 BGB] seit Klagezustellung zu zahlen.

Der **unbezifferte Antrag** einschließlich der Angabe eines Mindestbetrages kann lauten: 141

Formulierungsvorschlag:

Der Beklagte wird verurteilt, an den Kläger einen vom Gericht gemäß § 287 Abs. 1 ZPO zu schätzenden Betrag, mindestens jedoch € ... zu zahlen.

Checkliste
für die Prüfung eines Schadensersatzanspruchs

- ☐ Welche Anspruchsgrundlagen kommen in Betracht? Liegen die Voraussetzungen etwaiger Spezialnormen vor?
- ☐ Ist der Gläubiger nach der Anspruchsgrundlage aktivlegitimiert?
- ☐ Liegt eine Verletzungshandlung des Schuldners vor?
- ☐ Hat der Schuldner nicht selbst gehandelt, muss er für das Handeln Dritter einstehen?
- ☐ Besteht zumindest die Wahrscheinlichkeit eines Schadenseintrittes?
- ☐ War die schädigende Handlung adäquat kausal für die Rechtsgutverletzung und den eingetretenen Schaden?
- ☐ Hat der Schuldner in einer Abwehrlage gehandelt?
- ☐ Hat der Schuldner rechtswidrig gehandelt?
- ☐ Hat der Schuldner schuldhaft gehandelt?
- ☐ Liegt ein Mitverschulden des Gläubigers vor? Hat der Gläubiger gegen seine Schadensminderungspflicht verstoßen?
- ☐ Kann der Schaden (schon) beziffert werden?
- ☐ Kann der Gläubiger seinen Schaden konkret berechnen? Sind alle negativen Auswirkungen auf seine Vermögenslage berücksichtigt?
- ☐ Kann der Gläubiger seinen Schaden nach einer objektiven Methode berechnen?

[347] Vgl. etwa BGH GRUR 1980, 841, 843 – Tolbutamid.
[348] Teplitzky GRUR 1987, 215, 217.

IV. Weitere Ansprüche

1. Der Beseitigungsanspruch

Praxistipp:

Im Klageantrag sollte eine Frist zur Störungsbeseitigung aufgenommen werden. Die Frist sollte nicht zu kurz bemessen sein, da sonst die Gefahr besteht, dass sie bei Zustellung des Urteils schon abgelaufen ist. Sie sollte deshalb auch erst mit Zustellung und nicht schon mit Verkündung des Urteils zu laufen beginnen.

142 Der **Beseitigungsanspruch** ist **gewohnheitsrechtlich** als Abwehranspruch neben dem Unterlassungs- und Schadensersatzanspruch anerkannt und wird unmittelbar aus der verletzten Norm hergeleitet.[349] Im UWG ist der Beseitigungsanspruch ausdrücklich in § 8 Abs. 1 UWG geregelt. Daneben finden sich weitere Beseitigungsansprüche mit unterschiedlichem Regelungsgehalt beispielweise im MarkenG und im UrhG.[350] Grundsätzlich kann der Beseitigungsanspruch neben dem Unterlassungsanspruch mit gleichem Rechtsschutzziel gegen ein wettbewerbswidriges Verhalten vom Verletzten geltend gemacht werden, wenn die Nichtbeseitigung gleichbedeutend mit der Fortsetzung der Verletzungshandlung ist. Dies ist beispielsweise der Fall, wenn die rechtsverletzende Nutzung einer Marke in deren Anbringung und dem Belassen an einer Gebäudefassade besteht.[351] Gleichwohl sind die Ansprüche nicht zwingend deckungsgleich. Mit dem Unterlassungsanspruch kann dem Verletzer im vorgenannten Fall auch die zukünftige Nutzung der geschützten Kennzeichnung beispielsweise auf seinem Firmenbriefpapier, auf Werbematerialien und anderen Formen des Außenauftritts untersagt werden, während der Beseitigungsanspruch nur die konkret beanstandete Verletzung an der Gebäudefassade erfasst. Die Ansprüche unterscheiden sich auch in der Vollstreckung. Während der Unterlassungsanspruch nach § 890 ZPO vollstreckt wird, erfolgt die Vollstreckung des Beseitigungsanspruchs nach den §§ 887 ff. ZPO. In der neueren Rechtsprechung des BGH hat der Beseitigungsanspruch eine Annäherung an den Unterlassungsanspruch erfahren. Wurde durch eine Handlung ein fortdauernder Störungszustand geschaffen, ist ein Tenor, der den Schuldner zur zukünftigen Unterlassung dieser Handlung verpflichtet, mangels abweichender Anhaltspunkte regelmäßig dahin auszulegen ist, dass dieser nicht nur die Unterlassung derartiger Handlungen, sondern auch die Vornahme möglicher und zumutbarer Handlungen zur Beseitigung des Störungszustands umfasst.[352]

143 **a) Anspruchsvoraussetzungen.** *aa) Kausale, fortdauernde Störung auf Grund der Verletzungshandlung.* Die Verletzungshandlung muss **kausal zu einem noch fortdauernden Störungszustand geführt haben.** Voraussetzung des Beseitigungsanspruchs ist damit zum einen, dass die bereits realisierte **Verletzungshandlung ursächlich für den Störungszustand** war. Zum anderen muss die **eingetretene Störung** noch andauern. Der Wegfall des Störungszustandes führt zwingend zum Erlöschen des Beseitigungsanspruchs.[353] Mangels Störungszustandes kann es deshalb auch keinen vorbeugenden Beseitigungsanspruch geben. Die Rechtsprechung lässt allerdings im Einzelfall ausnahmsweise einen vorbeugenden Beseitigungsanspruch zu, wenn damit eine konkrete Handlung, beispielsweise die Rücknahme einer Zeichenanmeldung, die zu dem Störungszustand einer unberechtigten Eintragung führen kann, begehrt wird. In einem solchen Fall braucht der Betroffene den Eintritt des Störungszustandes nicht erst abzuwarten, um dann dagegen vorgehen zu können. Er kann dessen Entstehung vielmehr vorbeugend entgegentreten.[354]

144 *bb) Rechtswidrigkeit und Verschulden.* Der Zustand der Störung – nicht hingegen die zur Störung führende Handlung – muss **rechtswidrig** sein. Es darf auch keine Duldungspflicht, zB auf Grund gesetzlicher Vorschriften oder auf Grund einer Einwilligung, vorliegen. Ein **Verschulden**

---

349 Teplitzky/Kessen Kap. 22 Rn. 2.

350 Vgl. zB § 18 MarkenG, § 97 Abs. 1 UrhG.

351 BGH GRUR 1977, 614, 616 – Gebäudefassade; BGH GRUR 1990, 522, 528 – HBV-Familien- und Wohnrechtsschutz.

352 BGH GRUR 2017, 208 – Rückruf von RESCUE-Produkten.

353 BGH WRP 1993, 396, 398 – Maschinenbeseitigung.

354 BGH GRUR 1990, 687, 689 – Anzeigenpreis II; WRP 1993, 399, 402 – TRIANGLE.

des Störers ist nicht erforderlich. Allerdings kann das Verschulden im Rahmen der Beurteilung der Verhältnismäßigkeit einer Beseitigungsmaßnahme eine Rolle spielen. So kann der Vernichtungsanspruch auch davon abhängen, ob der Verletzer schuldhaft oder schuldlos gehandelt hat.[355]

cc) Gläubiger und Schuldner des Beseitigungsanspruches. **Gläubiger des Beseitigungsanspruchs** ist grundsätzlich der in seinen Rechten Verletzte und bei Wettbewerbsverstößen gemäß § 8 Abs. 3 Nr. 1 UWG sogar jeder Mitbewerber. Daneben sind auch die Verbände, Einrichtungen und Kammern nach § 8 Abs. 3 Nr. 2 bis 4 UWG zur Geltendmachung des Beseitigungsanspruchs berechtigt. 145

Schuldner des Beseitigungsanspruchs ist der als Handlungs- oder Zustandsstörer Verantwortliche. Grundsätzlich ist der Störerbegriff weit auszulegen, so dass Störer auch sein kann, wer eine unzulässige Wettbewerbshandlung eines aus eigenem Antrieb und selbstverantwortlich handelnden Dritten unterstützt und es trotz bestehender Möglichkeit unterlässt, den Dritten an der Störerhandlung zu hindern.[356] 146

b) Inhalt und Umfang des Beseitigungsanspruches. Inhalt und Umfang des Beseitigungsanspruchs richten sich nach der Art der eingetretenen Störung. Es wird zwischen Ansprüchen auf Beseitigung körperlicher und unkörperlicher Störungen unterschieden. Als **körperliche Störungszustände** kommen beispielsweise widerrechtlich hergestellte oder gekennzeichnete Waren, markenverletzende oder irreführende Firmenschilder oder rechtswidrige Markeneintragungen in Betracht. **Unkörperliche Störungszustände** zeichnen sich dadurch aus, dass der Störungszustand auch ohne körperliche Quelle besteht. Beispiele sind ehrverletzende Äußerungen, irreführende Angaben uä, die ohne körperliche Manifestation im Bewusstsein des Adressaten fortbestehen. Je nach den konkreten Umständen kann die Beseitigung bei körperlichen Störungen auf Rückruf der Waren, Vernichtung, Zerstörung, Unkenntlichmachung oder Entfernung der Anzeigen und bei unkörperlichen Störungen beispielsweise auf Widerruf der Äußerung gerichtet sein. Die tatsächliche Ausgestaltung ist in der Praxis vielfältig und hängt davon ab, was im Einzelfall für eine wirksame Störungsbeseitigung erforderlich ist. Zunehmende Bedeutung hat der Beseitigungsanspruch in den letzten Jahren im Zusammenhang mit falschen oder ehrverletzenden Äußerungen im Internet erlangt. In verschiedenen Spezialgesetzen ist der **Rückrufanspruch** als besondere Form des Beseitigungsanspruchs ausdrücklich normiert.[357] Danach kann beispielsweise der Inhaber einer Marke, der Urheber oder Patentinhaber den Verletzer auf Rückruf oder auf endgültiges Entfernen der rechtsverletzenden Waren aus den Vertriebswegen in Anspruch nehmen, wenn dies im Einzelfall nicht unverhältnismäßig ist. Bei der Prüfung der Verhältnismäßigkeit sind nach dem Gesetzeswortlaut auch die berechtigten Interessen Dritter zu berücksichtigen. 147

Auch der Beseitigungsanspruch steht unter dem **Gebot der Verhältnismäßigkeit** des verlangten Mittels zum angestrebten Erfolg. Nur solche Beseitigungsmaßnahmen können vom Schuldner verlangt werden, die geboten sind. Geboten ist eine Maßnahme nur dann, wenn der Erfolg nicht durch weniger einschneidende Maßnahmen ebenso schnell und zuverlässig erreicht werden kann.[358] Insbesondere lassen sich nicht die Voraussetzungen gesetzlich normierter Vernichtungsansprüche, wie beispielsweise in § 18 MarkenG, § 140a PatG, § 43 DesignG, verallgemeinern und auf den allgemeinen Beseitigungsanspruch übertragen. Als Unterfall des Beseitigungsanspruches ist der allgemeine **Vernichtungsanspruch** nur unter strengeren Voraussetzungen als im Markenrecht und den anderen Spezialgesetzen zu bejahen.[359] Anders als der Auskunftsanspruch kann der Vernichtungsanspruch aufgrund des damit verbundenen Eingriffs in das durch Art. 14 GG geschützte Eigentum auch nicht über die konkret festgestellten Verletzungshandlungen hinaus verallgemeinert werden.[360] So kann die Löschung – oder im Falle der Veröffentlichung auf den Webseiten Dritter – das Hinwirken auf die Löschung von Tatsachenbehauptungen im Internet im Rahmen des Beseitigungsanspruchs verlangt werden, wenn die beanstandeten Behauptungen nachweislich falsch sind und die begehrte Löschung unter Abwägung der beiderseitigen Rechtspositionen, insbesondere der Schwere der Beeinträchtigung, zur Beseitigung des Störungszustands geeignet, erforderlich und dem Störer zumutbar ist.[361] 148

---

355 BGH WRP 2006, 749, 756 – Parfümtestkäufe.
356 Vgl. etwa BGH GRUR 1990, 463, 464 – Firmenrufnummer; OLG Frankfurt ZIP 1994, 323, 325 – Opel/VW.
357 ZB § 140a Abs. 3 PatG, § 18 Abs. 2 MarkenG, § 98 Abs. 2 UrhG; siehe zum Rückrufanspruch unten → Rn. 202 ff.
358 Vgl. BGH GRUR 1995, 424, 426 – Abnehmerverwarnung.
359 BGH GRUR 2002, 709, 711 – Entfernung der Herstellungsnummer III.
360 BGH WRP 2006, 749, 756 – Parfümtestkäufe.
361 BGH GRUR 2016, 104 – Artikel auf Internetportal „recht§billig“.

149 c) **Prozessuale Fragen.** Die Beseitigungsklage dient der Beseitigung eines andauernden Störungszustandes und ist mithin eine **Leistungsklage.** Wettbewerbsrechtliche Besonderheiten bestehen nicht.

150 Probleme kann allerdings die **Formulierung des Klageantrages** aufwerfen. Zum Teil wird die Auffassung vertreten, der Beseitigungsanspruch sei nur darauf gerichtet, den Beseitigungserfolg herbeizuführen, die Art und Weise der Störungsbeseitigung müsse dem Schuldner überlassen bleiben.[362] Dem steht jedoch schon das Bestimmtheitsgebot des § 253 Abs. 2 Nr. 2 ZPO entgegen. Im Übrigen wird zutreffend darauf hingewiesen, dass der Tenorierung eines allgemeinen Beseitigungsgebotes die Gefahr der praktischen Wertlosigkeit innewohnt. Letztlich werden dadurch bestehende Probleme nicht gelöst, sondern in das Vollstreckungsverfahren verlagert.[363] Der Gläubiger muss deshalb die Beseitigungsmaßnahme konkret benennen, um den Bestimmtheitsanforderungen mit seinem Klageantrag zu genügen.[364] Kommen mehrere Erfolg versprechende Handlungsalternativen in Betracht, muss der Gläubiger die Beseitigungsmaßnahmen alternativ im Klageantrag mit der Maßgabe benennen, dass der Schuldner nach seiner Wahl entweder die eine oder die andere Maßnahme vornimmt.[365]

151 Der Beseitigungsanspruch kann im Wege der **einstweiligen Verfügung** durchgesetzt werden. Allerdings kann die (vorläufige) Beseitigung des Störungszustandes leicht zu einer Vorwegnahme der Hauptsache führen. Eine einstweilige Verfügung gerichtet auf Beseitigung eines Störungszustandes wird deshalb nur dann in Betracht kommen, wenn die Anordnung nach einer Interessenabwägung unter Berücksichtigung des Grundsatzes der Verhältnismäßigkeit notwendig erscheint.[366]

152 Der Klageantrag kann lauten:

Formulierungsvorschlag:

Der Beklagte wird verurteilt, in die Löschung der im Handelsregister des Amtsgerichts (…) eingetragenen Firma (Name) (Registerzeichen) innerhalb von 14 Tagen ab Zustellung des Urteils einzuwilligen.

Der Beklagte wird verurteilt, gegenüber der DENIC eG, Kaiserstr. 75, 60329 Frankfurt, innerhalb von 14 Tagen ab Zustellung des Urteils die Löschung der Domain (…) zu beantragen.

2. Der Widerrufsanspruch

153 Der **Widerrufsanspruch** ist eine wichtige Unterart des Beseitigungsanspruchs. Er dient der Abwehr ruf-, geschäfts- und kreditschädigender Behauptungen. Im Wettbewerbsrecht kann insbesondere der Widerruf irreführender Werbeaussagen verlangt werden.[367]

Praxistipp:

Im Klageantrag sollte eine Frist für den Widerruf aufgenommen werden. Die Frist sollte nicht zu kurz bemessen sein, da sonst die Gefahr besteht, dass sie bei Zustellung des Urteils schon abgelaufen ist. Sie sollte deshalb auch erst mit Zustellung und nicht schon mit Verkündung des Urteils zu laufen beginnen.

Zur Vermeidung späterer Streitigkeiten sollten zudem weitere Spezifizierungen im Klageantrag formuliert werden, wie zB der Ort, die Größe, der genaue Inhalt des Widerrufs usw.

154 a) **Anspruchsvoraussetzungen.** Als Unterfall des Beseitigungsanspruchs unterliegt der Widerrufsanspruch denselben Voraussetzungen wie dieser. Er setzt demnach einem **fortdauernden Störungszustand** voraus, der **rechtswidrig,** aber nicht zwingend **schuldhaft** herbeigeführt wurde.

362 von Gamm Kap. 48 Rn. 35.
363 Ahrens/Loewenheim Kap. 73 Rn. 13; Teplitzky/Löffler Kap. 24 Rn. 1 ff.
364 Piper/Ohly/Sosnitza/Sosnitza UWG § 12 Rn. 76 f.
365 Vgl. zB BGH GRUR 1954, 337, 342 – Radschutz.
366 OLG Frankfurt GRUR 1989, 370 – Folgenbeseitigungsanspruch; OLG Hamburg NJW-RR 1996, 1449 – Patienten-Information.
367 BGH GRUR 1962, 315 – Deutsche Miederwoche.

Der Widerrufsanspruch setzt zudem voraus, dass der Störungszustand durch eine **unwahre Tatsachenbehauptung** hervorgerufen wurde. Liegt keine Tatsachenbehauptung, sondern ein Werturteil vor, kann ein Unterlassungsanspruch, nicht aber ein Anspruch auf Widerruf begründet sein.[368] Die Abgrenzung von Tatsachenbehauptungen und Werturteilen bereitet in der Praxis regelmäßig Schwierigkeiten. Sehr allgemein lässt sich sagen, dass eine Tatsachenbehauptung dadurch gekennzeichnet ist, dass sie dem Beweis zugänglich ist.[369] Bei der Abgrenzung sind nicht allein Wortlaut und Form der Erklärung zu berücksichtigen, auch die Bedeutung und der Gesamtzusammenhang der Äußerung sind zu beachten.[370]

Die **Tatsachenbehauptung** muss unwahr sein, was der Anspruchsgläubiger gegebenenfalls beweisen muss. Ist eine Behauptung nur zum Teil unwahr, kommt ein Widerruf nur hinsichtlich des unwahren Teils in Betracht.[371] Die unwahre Tatsachenbehauptung muss gegenüber Dritten erfolgt sein. Wird sie nur gegenüber dem Verletzten getätigt, kann eine Rufschädigung nicht eintreten.[372] 155

Wie auch beim allgemeinen Beseitigungsanspruch muss der durch die unwahre Tatsachenbehauptung geschaffene **Störungszustand** zum Zeitpunkt der letzten mündlichen Verhandlung noch fortwirken. Insbesondere bei schnell in Vergessenheit geratenden Werbeaussagen kann die Fortdauer des Störungszustandes fraglich sein. Erfahrungsgemäß bleiben ehrverletzende Äußerungen, insbesondere wenn sie in Massenmedien erfolgen, dem Empfänger länger im Gedächtnis haften.[373] Grundsätzlich kommt es auch hier sehr auf die Umstände des Einzelfalls an, wobei ua der Zeitablauf, aber auch die Art und Schwere des Vorwurfs sowie die Form und der Umfang der Verbreitung und die Eigenschaften des angesprochenen Personenkreises eine Rolle spielen.[374] 156

b) Inhalt und Umfang des Widerrufsanspruchs. Auch der Widerrufsanspruch ist stets am **Grundsatz der Verhältnismäßigkeit** zu messen. Überwiegen die dem Verletzer durch den Widerruf erwachsenden Nachteile gegenüber den Vorteilen, die sich der Verletzte von einem Widerruf versprechen kann, wäre der Widerruf unverhältnismäßig.[375] Der begehrte Widerruf muss deshalb überhaupt geeignet sein, die fortdauernde Ehrverletzung oder Kreditschädigung zu beseitigen oder zumindest zu mildern.[376] Der Widerruf muss zudem **erforderlich** und dem Verletzer **zumutbar** sein. Hier ist insbesondere zu beachten, dass ein Widerruf immer auch demütigenden Charakter hat und nicht dazu dienen soll, dem Verletzten Genugtuung zu verschaffen.[377] Das Begehren eines Widerrufs kann insbesondere dann unverhältnismäßig sein, wenn der Verletzer bereits rechtskräftig zur Unterlassung verurteilt ist und die Befugnis zur Urteilsveröffentlichung zugesprochen wurde.[378] Je nach Erforderlichkeit und Zumutbarkeit kann die Pflicht zum Widerruf uneingeschränkt oder eingeschränkt zugesprochen werden. Der uneingeschränkte Widerruf besteht in der Rücknahme der falschen Behauptung bzw. in der Erklärung, dass die Behauptung falsch war. Häufig genügt ein eingeschränkter Widerruf zur Wahrung der Interessen des Verletzten. Dann muss der Verletzer die Unwahrheit seiner Behauptung nicht ausdrücklich eingestehen, sondern er muss seine Behauptung nur richtig stellen. 157

Ist der Verletzer zum Widerruf verpflichtet, muss er diesen inhaltlich so gestalten, dass die **Störung sicher und vollständig beseitigt** wird. Auch bei der Bestimmung des Inhalts des Widerrufsanspruchs ist der Grundsatz der Verhältnismäßigkeit zu beachten. Der Widerrufende darf einerseits das Gewicht des Widerrufs nicht dadurch abschwächen, dass er der Erklärung den Zusatz hinzufügt, er selbst halte seine Behauptung trotz des Widerrufs weiterhin für zutreffend,[379] andererseits braucht der Widerruf aber auch nicht mit einer Erklärung verbunden sein, dass der Verletzer seine Überzeugung geändert habe. Dem Verletzer ist auch gestattet, im Zusammenhang mit dem Widerruf zum Ausdruck zu bringen, dass er den Widerruf auf Grund eines gegen ihn er- 158

[368] BGH GRUR 1988, 402, 403 – Mit Verlogenheit zum Geld; kritisch GroßKomm UWG/Köhler vor § 13 B Rn. 152.
[369] Vgl. etwa BGH GRUR 1975, 89, 91 – Brüning-Memoiren I; siehe zu der Abgrenzung zwischen Tatsachenbehauptungen und Werturteilen ausführlich → § 25 Rn. 2 ff.
[370] BGH GRUR 1992, 527, 529 – Plagiatsvorwurf II; GRUR 1994, 915, 916 – Börsenjournalist.
[371] BGH GRUR 1987, 397, 399 – Insiderwissen.
[372] BGH GRUR 1984, 301 – Aktionärsversammlung.
[373] Vgl. BGH GRUR 1969, 555, 558 – Cellulitis.
[374] BGH GRUR 1970, 254, 256 – Remington; GRUR 1962, 315, 319 – Deutsche Miederwoche.
[375] BGH GRUR 1962, 315, 319 – Deutsche Miederwoche.
[376] BGH GRUR 1970, 254, 256 – Remington.
[377] BGH GRUR 1984, 301, 303 – Aktionärsversammlung.
[378] BGH GRUR 1992, 527, 529 f. – Plagiatsvorwurf II.
[379] BGH GRUR 1977, 674 – Abgeordnetenbestechung.

gangene Urteils erklärt.[380] Der Widerruf hat in der Form zu erfolgen, in der die verletzende Äußerung getätigt wurde. Bei Presseveröffentlichungen hat der Verletzer einen Anspruch darauf, dass der Widerruf an derselben Stelle und in gleicher Größe wie die verletzende Äußerung veröffentlicht wird.[381] Zu widerrufende Werberundschreiben werden in der Regel gegenüber dem gesamten ursprünglichen Adressatenkreis durch ein entsprechendes Rundschreiben zu widerrufen sein. Die **Kosten des Widerrufs** trägt grundsätzlich der Verletzer.

159 c) **Prozessuale Fragen.** Die Art der Durchführung des Widerrufs, insbesondere Inhalt, Form, Zeitpunkt und Adressatenkreis müssen sowohl im **Klageantrag** als auch im Urteilstenor wiedergegeben werden. Umstritten ist, wie ein Widerrufsurteil zu vollstrecken ist. Die herrschende Meinung verlangt eine persönliche Erklärung des Verletzers und geht demnach von einer **Vollstreckung nach § 888 ZPO** aus.[382] Nach anderer Meinung soll § 894 ZPO entsprechend angewendet werden.[383] Für die Anwendung des § 888 ZPO spricht, dass eine wirksamere Störungsbeseitigung vom eigenen Widerruf des Verletzers zu erwarten ist.[384]

160 Die Durchsetzung des Widerrufsanspruchs im **einstweiligen Verfügungsverfahren** kommt nur ausnahmsweise in Betracht, da hier regelmäßig die Gefahr der Vorwegnahme der Hauptsache besteht. Ausnahmen von diesem Grundsatz sind allerdings dann möglich, wenn die begehrte Störungsbeseitigung sonst zu spät kommt oder der Widerruf selbst ohne weiteres rückgängig gemacht werden kann. Der Grundsatz der Verhältnismäßigkeit gebietet es, der Vorläufigkeit der Entscheidung durch ergänzende Formulierungen wie „vorerst“, „kann gegenwärtig nicht aufrechterhalten werden“ oder „bis zur endgültigen Entscheidung“ Rechnung zu tragen.[385]

Formulierungsvorschlag:

161 Die Beklagte wird verurteilt, die in ihrem Rundschreiben vom (…) aufgestellte Behauptung, das von ihr vertriebene Finanzprodukt (…) sei weltweit das erfolgreichste seiner Art, gegenüber sämtlichen Adressaten innerhalb von 14 Tagen seit Zustellung des Urteils schriftlich zu widerrufen.

oder

Alternative:

Die Beklagte wird verurteilt, an sämtliche Adressaten Ihres Rundschreibens vom (…) innerhalb von 14 Tagen seit Zustellung des Urteils ein Schreiben mit folgendem Inhalt zu senden:

Anrede

in unserem Schreiben vom (…) haben wir behauptet, mit unserem Finanzprodukt (…) hätten Sie im Jahre 1999 eine Nettorendite von 8,75 % erzielen können. Richtig ist, dass Sie im Jahre 1999 eine Nettorendite von 7,80 % erzielen konnten.

Grußformel

3. Der Anspruch auf Urteilsveröffentlichung

Praxistipp:

Zur Vermeidung eines späteren Streites über den Umfang der Veröffentlichungsbefugnis empfiehlt es sich, die geplante Veröffentlichung im Klageantrag möglichst genau zu bezeichnen, zB Name der Tageszeitung, Größe der Veröffentlichung, Wochentag der Veröffentlichung usw.

162 Dem Zweck der Störungsbeseitigung dient auch der Anspruch auf Urteilsveröffentlichung. In der Praxis geschieht es nicht selten, dass der Mandant mit der Frage an seinen Prozessvertreter herantritt, ob er die gerade erlangte Unterlassungsverfügung im Markt bekannt machen darf, ob er eine Kopie potentiellen Kunden überlassen darf usw. Hier ist stets Vorsicht geboten, da die Be-

380 BGH GRUR 1977, 674 – Abgeordnetenbestechung.
381 BGH GRUR 1969, 555, 558 – Zellulitis.
382 BGH NJW 1962, 1438; Köhler/Bornkamm/Feddersen/Bornkamm UWG § 8 Rn. 1.143.
383 OLG Frankfurt JZ 1974, 62.
384 Vgl. zu den einzelnen Meinungen GroßKomm UWG/Köhler vor § 13 B Rn. 183 f., der selbst eine vermittelnde Lösung vertritt.
385 OLG Köln AFP 1972, 331; OLG Hamburg AFP 1971, 35.

kanntgabe einer Beschluss- oder einer Urteilsverfügung selbst wettbewerbswidrig sein kann. Andererseits kann die Veröffentlichung einer gerichtlichen Entscheidung aber auch ein wirksames Mittel zur Störungsbeseitigung sein. Dem hat der Gesetzgeber zB in § 12 Abs. 2 UWG Rechnung getragen. Nach § 12 Abs. 2 UWG kann in einem Unterlassungsurteil der obsiegenden Partei die Befugnis zugesprochen werden, das Urteil auf Kosten der unterliegenden Partei öffentlich bekannt zu machen, wenn sie ein berechtigtes Interesse dartut. Entsprechende Ansprüche finden sich in § 19c MarkenG, § 140c PatG, § 24e GebrMG, § 103 UrhG, § 47 DesignG, § 37e SortSchG und § 21 GeschGehG.

a) **Anspruchsvoraussetzungen.** Zu den Voraussetzungen des Anspruchs auf Urteilsbekanntmachung lässt sich aus dem Wortlaut der Anspruchsgrundlagen wenig entnehmen. Nach § 12 Abs. 2 UWG muss zunächst **Unterlassungsklage erhoben sein.** Dies bedeutet jedoch nicht, dass der Antrag auf Zusprechung der Befugnis zur Urteilsveröffentlichung nicht gleichzeitig mit dem Unterlassungsantrag bereits in der Klageschrift angekündigt werden kann. Der Unterlassungsklage steht eine Klage auf Schadensersatz oder Beseitigung nicht gleich.[386] Demgegenüber erfordern die Ansprüche in den oben genannten Regelungen in verschiedenen Sonderschutzgesetzen wie beispielsweise § 19c MarkenG lediglich, dass eine Klage aufgrund des jeweiligen Gesetzes erhoben sein muss. Der Anwendungsbereich dieser Vorschriften ist deshalb weiter und umfasst alle Klagearten.[387] Die Klage muss auf Grund des jeweiligen Gesetzes erhoben worden sein. Urteile im Verfügungsverfahren sind grundsätzlich nicht veröffentlichungsfähig. Hat der Unterlassungsschuldner eine Abschlusserklärung zur einstweiligen Verfügung abgegeben, kann dem Unterlassungsgläubiger aber ein materiell-rechtlicher Veröffentlichungsanspruch zustehen.[388] Der Gesetzgeber hat in § 12 Abs. 2 S. 4 UWG ausdrücklich geregelt, dass der Ausspruch über die Befugnis zur öffentlichen Bekanntmachung nicht vorläufig vollstreckbar ist. Gleiches gilt wiederum für die Regelungen in den oben genannten Sonderschutzgesetzen wie beispielsweise § 19c S. 4 MarkenG. Voraussetzung des Anspruchs ist ferner, dass die obsiegende Partei, dies kann auch der Beklagte sein,[389] **ein berechtigtes Interesse** an der öffentlichen Bekanntmachung dartut. Ob die obsiegende Partei ein berechtigtes Interesse an der Veröffentlichung des Urteils hat, entscheidet das Gericht nach pflichtgemäßem Ermessen und nach Anhörung der betroffenen Partei. Der Gesetzeswortlaut gibt keine Hinweise, wann vom Vorliegen eines berechtigten Interesses auszugehen ist. Das Gericht wird letztlich die Interessen der obsiegenden Partei an einer effektiven Störungsbeseitigung durch die Urteilsveröffentlichung bewerten müssen. Dabei wird insbesondere die Frage eine Rolle spielen, ob gerade die Veröffentlichung des Urteils zur Störungsbeseitigung erforderlich ist, oder ob andere Maßnahmen der Störungsbeseitigung genauso effektiv sind und die unterlegene Partei weniger in ihren Rechten beeinträchtigen.[390] Die Veröffentlichungsbefugnis wird **nur auf Antrag** der obsiegenden Partei zuerkannt, obwohl dies der Wortlaut der Vorschriften in den oben genannten Sondergesetzen ebenso wenig wie der Wortlaut des § 12 Abs. 2 UWG ausdrücklich verlangt.[391] 163

b) **Inhalt und Umfang des Veröffentlichungsanspruchs.** Das Gericht entscheidet über die Veröffentlichungsbefugnis nach **pflichtgemäßem Ermessen** unter Abwägung der beteiligten Interessen. Die Veröffentlichung muss zur wirksamen und schnellen Störungsbeseitigung erforderlich und geeignet sein. Zu berücksichtigen sind im Rahmen der Interessenabwägung ua die Art, Schwere und Dauer der Verletzung einerseits und die mit der Veröffentlichung verbundene Belastung der unterlegenen Partei andererseits.[392] Maßgebend sind die Umstände zum Zeitpunkt der Urteilsveröffentlichung. 164

Der Inhalt der Veröffentlichungsbefugnis ergibt sich aus § 12 Abs. 2 S. 1, 2 UWG beziehungsweise aus den genannten sonderschutzgesetzlichen Vorschriften. Der Anspruch ist nach § 12 Abs. 2 S. 1 UWG auf die **Befugnis zur öffentlichen Bekanntmachung des Urteils** gerichtet. Nach § 12 Abs. 2 S. 2 UWG sind **Art und Umfang der Bekanntmachung** im Urteil zu bestimmen. Unter der Art der Bekanntmachung sind Angaben zu einem bestimmten Medium, zur konkreten Form, 165

[386] Köhler/Bornkamm/Feddersen/Köhler/Feddersen UWG § 12 Rn. 3.4.
[387] Ingerl/Rohnke MarkenG § 19c Rn. 5.
[388] Köhler/Bornkamm/Feddersen/Köhler/Feddersen UWG § 12 Rn. 3.9.
[389] Piper/Ohly/Sosnitza/Sosnitza UWG § 12 Rn. 217.
[390] Begründung der Bundesregierung zum Gesetzentwurf, BT-Drucks. 15/1487, S. 25.
[391] Piper/Ohly/Sosnitza/Sosnitza UWG § 12 Rn. 216; Fezer MarkenG § 19c Rn. 7.
[392] Vgl. mit zahlreichen Rechtsprechungshinweisen Köhler/Bornkamm/Feddersen/Köhler/Feddersen UWG § 12 Rn. 3.7; Piper/Ohly/Sosnitza/Sosnitza UWG § 12 Rn. 218.

Größe und Ausgestaltung der Veröffentlichung zu verstehen.[393] Die Bekanntmachungsbefugnis kann das gesamte Urteil umfassen, wenn dies zur effektiven Störungsbeseitigung erforderlich ist. Die Veröffentlichung geschieht auf Kosten der unterliegenden Partei. Der Gläubiger muss innerhalb von drei Monaten nach Eintritt der Rechtskraft von der Befugnis Gebrauch machen. Sonst erlischt die Befugnis gemäß § 12 Abs. 2 S. 3 UWG oder entsprechend den Vorschriften in den jeweiligen Sonderschutzgesetzen.

166 c) **Prozessuale Fragen.** Um dem Bestimmtheitsgebot des § 253 Abs. 2 Nr. 2 ZPO zu genügen und insbesondere um späteren Streit über die konkrete Umsetzung der Veröffentlichungsbefugnis zu vermeiden, sollte der Klageantrag die vom Gläubiger begehrte Art der Veröffentlichung so genau wie möglich bezeichnen. Der Kläger kann dies zwar auch dem Gericht überlassen. Dies empfiehlt sich in der Praxis aber nicht, da der Kläger sich so seiner Einflussnahmemöglichkeit auf die konkrete Ausgestaltung des Tenors ohne Not begibt. Dazu gehören etwa Angaben zum konkreten Publikationsorgan und zur Größe und Aufmachung der Veröffentlichung. Auch Angaben zum Zeitpunkt der Veröffentlichung können wichtig sein. So kann beispielsweise die Veröffentlichung in einer Tageszeitung an bestimmten Wochentagen einen größeren Störungsbeseitigungserfolg versprechen als an anderen Tagen.

167 Der Klageantrag kann lauten:

Formulierungsvorschlag:

Dem Kläger wird die Befugnis zugesprochen, das Urteil auf Kosten des Beklagten in der Zeitung (oder: in der Mittwochsausgabe im Immobilienteil der Zeitung) „Frankfurter Allgemeine Zeitung" im Format 10 mal 15 cm zu veröffentlichen.

4. Der Bereicherungsanspruch

168 Die **bereicherungsrechtlichen Ansprüche nach §§ 812ff. BGB** sind grundsätzlich auch im Wettbewerbsrecht und im gewerblichen Rechtsschutz als Teil des Zivilrechts anwendbar. Der Bereicherungsanspruch besteht neben dem Schadensersatzanspruch.[394]

169 a) **Anspruchsvoraussetzungen.** Der praktisch häufigere Anwendungsfall im Rahmen des § 812 Abs. 1 BGB ist die **Eingriffskondiktion** nach § 812 Abs. 1 S. 1, 2. Alt. BGB. Danach ist das herauszugeben, was in sonstiger Weise ohne rechtlichen Grund auf Kosten eines anderen erlangt wurde. Verschulden des Bereicherten ist nicht erforderlich. Anspruchsvoraussetzung ist demnach zunächst, dass ein vermögenswerter Vorteil auf sonstige Weise, also nicht durch die Leistung eines anderen erlangt wurde. Dem Erwerb des Vorteils darf kein rechtlicher Grund, also beispielsweise keine Gestattung des Entreicherten und auch sonst kein Rechtsgrund, zugrundeliegen. Die Bereicherung muss ferner auf Kosten eines anderen erlangt worden sein. Ob der Vorteil auf Kosten eines anderen erlangt wurde, ist unter Zugrundelegung der Lehre vom Zuweisungsgehalt zu beurteilen.[395] Rechtlicher Anknüpfungspunkt für die Bereicherungshaftung ist danach die von der Rechtsordnung missbilligte Verletzung einer Rechtsposition, die einem Berechtigten zu dessen ausschließlicher Verfügung zugewiesen ist.[396]

170 Im gewerblichen Rechtsschutz sind **Bereicherungsansprüche** vom BGH für viele Bereiche anerkannt. Dies gilt ausdrücklich für Eingriffe in das Markenrecht,[397] das Namens- und Firmenrecht,[398] das Patent- und Gebrauchsmusterrecht[399] und das Urheber- und Geschmacksmusterrecht[400] sowie das allgemeine Persönlichkeitsrecht.[401] Ausdrücklich offengelassen hat der BGH allerdings bisher die Entscheidung der Frage, ob Bereicherungsansprüche auch auf Herausgabe des durch einen „einfachen" Wettbewerbsverstoß Erlangten gerichtet sein können.[402] Problema-

[393] Vgl. BGH GRUR 1954, 337, 339 – Radschutz.
[394] BGH GRUR 1982, 301 – Kunststoffhohlprofil II.
[395] BGH GRUR 1982, 301, 303 – Kunststoffhohlprofil II.
[396] BGH GRUR 1982, 301, 303 – Kunststoffhohlprofil II; BGH GRUR 1990, 221, 222 – Forschungskosten.
[397] BGH GRUR 1987, 520, 523 – Chanel No. 5; GRUR 2001, 1156 – Der Grüne Punkt.
[398] BGH GRUR 1984, 684, 685 – Mordoro.
[399] BGH GRUR 1992, 599, 600 – Teleskopzylinder.
[400] BGH NJW 1971, 2023 – Gasparone II.
[401] BGH GRUR 1981, 846, 848 – Rennsportgemeinschaft.
[402] BGH WRP 1993, 91, 94 – Kastanienmuster.

tisch ist dabei insbesondere, ob der Bereicherte durch den Wettbewerbsverstoß etwas „auf Kosten" seiner Wettbewerber erlangt hat. Zwar werden die Mitbewerber des Verletzers durch einen Rechtsverstoß in ihren Rechten beeinträchtigt, das bedeutet jedoch nicht automatisch, dass der rechtswidrig Handelnde die Rechtsposition Dritter zu seinem Vorteil ausnutzt. Die hM in der Literatur sieht deshalb nur dann die Voraussetzungen der Eingriffskondiktion als verwirklicht an, wenn in solche Rechtspositionen eingegriffen wird, denen eine dem Immaterialgüterrecht vergleichbare Bedeutung zukommt. Dies gilt für alle Fälle des ergänzenden wettbewerbsrechtlichen Leistungsschutzes sowie für Fälle der Verletzung fremder Betriebsgeheimnisse, für andere Verstöße gegen wettbewerbsrechtliche Vorschriften ist dies noch nicht abschließend geklärt.[403]

b) **Inhalt und Umfang des Bereicherungsanspruches.** Liegen die Anspruchsvoraussetzungen vor, hat der Schuldner gemäß § 812 Abs. 1 BGB **das Erlangte** herauszugeben. Umstritten ist jedoch, was unter dem Erlangten zu verstehen ist.[404] Der BGH geht davon aus, dass der unberechtigte Nutzer eines Rechtes den tatsächlichen Gebrauch des Immaterialgutes erlangt hat.[405] Da dieser seiner Natur nach aber nicht herausgegeben werden kann, ist **Wertersatz nach § 818 Abs. 2 BGB** zu leisten. Für den Umfang des zu ermittelnden Wertersatzes ist der objektive Verkehrswert des Erlangten maßgeblich.[406] Dieser bestimmt sich im Falle der unberechtigten Nutzung eines Immaterialgüterrechtes wiederum nach der Höhe einer angemessenen und üblichen Lizenzgebühr. Da die beteiligten Verkehrskreise den Wert des Erlangten nicht nach dem erzielten Verletzergewinn messen, kann dieser nicht mit dem Bereicherungsanspruch herausverlangt werden.[407] 171

In der Regel wird ein **Wegfall der Bereicherung** (§ 818 Abs. 3 BGB) nicht in Betracht kommen.[408] Auf jeden Fall trägt der Schuldner nach allgemeinen Regeln die Beweislast für einen angeblichen Wegfall der Bereicherung. 172

c) **Prozessuale Fragen.** Der Bereicherungsanspruch wird im Wege der **Leistungsklage** auf Zahlung geltend gemacht. Wettbewerbsrechtliche Besonderheiten bestehen hier nicht. Der Gläubiger kann zur Bezifferung seines Anspruchs auf die zur objektiven Schadensberechnung entwickelten Grundsätze zurückgreifen. 173

Der Klageantrag kann lauten: 174

Formulierungsvorschlag:

Der Beklagte wird verurteilt, an den Kläger € … nebst … % Zinsen [oder: … nebst Zinsen in Höhe von 5 % über dem Basiszinssatz nach 247 BGB] seit Klagezustellung zu zahlen.

5. Der Gewinnabschöpfungsanspruch gemäß § 10 UWG

Erstmals enthält das UWG seit der Novelle im Januar 2004 in § 10 einen **Gewinnabschöpfungsanspruch.**[409] Nach § 10 Abs. 1 UWG kann derjenige, der vorsätzlich (dolus eventualis reicht aus)[410] eine nach § 3 oder § 7 unzulässige geschäftliche Handlung vornimmt und hierdurch zu Lasten einer Vielzahl von Abnehmern einen Gewinn erzielt, von den Verbänden, qualifizierten Einrichtungen und Kammern gemäß § 8 Abs. 3 Nr. 2–4 UWG auf Herausgabe dieses Gewinns in Anspruch genommen werden. Mitbewerber können den Anspruch nicht geltend machen. Der Gewinn ist nicht an den Kläger, sondern an den Bundeshaushalt herauszugeben. 175

Die Bundesregierung sah in der Einführung eines Gewinnabschöpfungsanspruches eine Verbesserung der Durchsetzung des Lauterkeitsrechtes im Bereich der sogenannten „**Streuschäden**", bei denen durch wettbewerbswidriges Verhalten eine Vielzahl von Abnehmern geschädigt wird, die Schadenshöhe beim Einzelnen jedoch so gering ist, dass er von einer Rechtsverfolgung ab- 176

403 Piper/Ohly/Sosnitza/Ohly UWG § 9 Rn. 31 f.; Köhler/Bornkamm/Feddersen/Köhler UWG § 9 Rn. 3.2 mwN.
404 Zu den verschiedenen Ansichten GroßKomm UWG/Köhler vor § 13 B Rn. 371 ff.
405 BGH GRUR 1982, 301, 303 – Kunststoffhohlprofil II.
406 BGH GRUR 1982, 301, 303 – Kunststoffhohlprofil II; GRUR 1987, 520, 523 – Chanel No. 5.
407 BGH GRUR 1982, 301, 303 – Kunststoffhohlprofil II.
408 BGH NJW 1971, 2023 – Gasparone II.
409 Zum internationalen Rechtsvergleich Fezer/v. Braunmühl § 10 UWG Rn. 43 ff.
410 OLG Stuttgart GRUR 2007, 435, 436 – Veralteter Matratzentest; OLG Frankfurt GRUR-RR 2010, 482 – Heute gratis.

sieht. Ausdrücklich sind in der Gesetzesbegründung beispielhaft die Einziehung geringer Beträge ohne Rechtsgrund, Vertragsschlüsse auf Grund irreführender Werbung,[411] gefälschte Produkte sowie Mogelpackungen als häufig vorkommende Fallgruppen angesprochen.[412]

177 Der Gewinnabschöpfungsanspruch begegnet einer **erheblichen Zahl von praktischen und rechtlichen Problemen** bis hin zu verfassungsrechtlichen Bedenken.[413] Der Kläger im Gewinnabschöpfungsverfahren wird zunächst in der Regel keine Leistungsklage erheben können, da er seinen Anspruch mangels Kenntnis des erzielten Gewinns nicht wird beziffern können. Er muss deshalb im Wege der Stufenklage vorgehen.[414] Hierbei wird er schon auf der ersten Stufe erhebliche Schwierigkeiten haben, die Kausalität zwischen Verletzungshandlung und erzieltem Gewinn zu Lasten einer Vielzahl von Abnehmern zu belegen, denn zum Beispiel Werbewirkungen sind in der Regel nicht eindeutig quantifizierbar und können nicht einem bestimmten Mehrerlös zugerechnet werden.[415] Grundsätzlich ist vom Vorliegen eines Gewinns bereits dann auszugehen ist, wenn der Handelnde einen Kostendeckungsbeitrag erzielt hat.[416] Es ist nur der Gewinn abzuschöpfen, der gerade durch die wettbewerbswidrige Handlung erzielt wurde.[417] Allenfalls bei eklatanten Verstößen wird dem Kläger der Kausalitätsnachweis gelingen. Auf der sich der Auskunftsstufe anschließenden Leistungsstufe wird das Gericht oft nicht um eine Schadensschätzung herumkommen. Hier wird sich der Kläger mit den auch schon bisher bekannten Problemen in einem Schadensersatzprozess wegen einer wettbewerbswidrigen Handlung konfrontiert sehen. Da nur der aufgrund der wettbewerbswidrigen Handlung erzielte Gewinn herauszugeben ist, sind zudem alle Kosten abzuziehen, die die Verletzungshandlung beim Schuldner verursacht hat. Nach § 10 Abs. 2 UWG fallen darunter auch die Leistungen, die der Schuldner auf Grund der Zuwiderhandlung an Dritte oder an den Staat erbracht hat. Zu den abzugsfähigen Posten gehören beispielsweise alle Kosten der Durchführung (und auch Beseitigung) einer Werbeaktion, ebenso wie Abmahnkosten, Verluste wegen Schadensersatzansprüchen Dritter und Geldstrafen.[418] Schwierigkeiten bereitet in der Praxis zudem das Tatbestandsmerkmal der Gewinnerzielung zu Lasten einer Vielzahl von Abnehmern. Zu Lasten der Abnehmer wird ein Gewinn nur erzielt, wenn dem Vorteil beim Verletzer ein entsprechender Vermögensnachteil bei seinen Vertragspartnern gegenüber steht.[419] Die klageberechtigten Verbände werden zudem auch deshalb kein gesteigertes Interesse an der Führung eines Gewinnabschöpfungsprozesses haben, weil sie zwar das Kostenrisiko tragen, der im Obsiegensfalle abzuschöpfende Gewinn aber nicht an den klagenden Verband, sondern gemäß § 10 Abs. 1 UWG an den Bundeshaushalt herauszugeben ist.[420]

178 Aufgrund der genannten rechtlichen und praktischen Schwierigkeiten und Bedenken spielt der Gewinnabschöpfungsanspruch in der Praxis keine große Rolle.[421] Es besteht aber die Gefahr, dass die klageberechtigten Verbände und Kammern den Anspruch **in Vergleichsverhandlungen als Druckmittel** einsetzen und gegebenenfalls gegen die Zahlung einer bestimmten Summe an sich selbst anstatt an die Staatskasse auf die gerichtliche Geltendmachung des Anspruchs verzichten. Die Gerichte waren in den wenigen bisher bekannt gewordenen Fällen mit der Zuerkennung eines Gewinnabschöpfungsanspruches zurückhaltend und stellten zum Teil hohe Anforderungen an das Tatbestandsmerkmal des Vorsatzes.[422] Trotz der wenigen Verfahren sind dem Bundeshaushalt gleichwohl in mehreren Fällen recht hohe Beträge zugeflossen. Nach Informationen des Bundesamtes für Justiz haben im Zeitraum 2012 bis einschließlich 2021 zehn Verfahren zu einer Gewinnabschöpfung zugunsten des Bundeshaushaltes geführt. In drei Verfahren wurden die Beklagten zur Gewinnabführung in Höhe von ca. 490.000, 20.000 und 12.000 Euro verurteilt.

[411] Zu einer Kostenfalle im Internet OLG Frankfurt GRUR-RR 2010, 482 – Heute gratis.

[412] Gesetzentwurf der Bundesregierung, BT-Drucks. 15/1487, S. 23.

[413] Zu den Kritikpunkten ausführlich Fezer/v. Braunmühl § 10 UWG Rn. 105 ff.; zu den verfassungsrechtlichen Bedenken Wimmer-Leonhardt GRUR 2004, 12, 16 ff.

[414] OLG Stuttgart GRUR 2007, 435 – Veralteter Matratzentest.

[415] Sack WRP 2003, 549, 553.

[416] Ein Gewinn kann auch durch die Berechnung unzulässig überhöhter Mahn- und Rücklastschriftgebühren erzielt werden, OLG Köln GRUR-RR 2018, 431.

[417] Köhler/Bornkamm/Feddersen/Köhler UWG § 10 Rn. 7 ff.; OLG Frankfurt GRUR-RR 2010, 482, 483; LG München GRUR-RR 2015, 255.

[418] Vgl. Sack WRP 2003, 549, 554.

[419] Köhler/Bornkamm/Feddersen/Köhler UWG § 10 Rn. 9; LG München GRUR-RR 2015, 255, 256.

[420] Zur Unzulässigkeit der Einschaltung eines Prozessfinanzierers gegen Beteiligung am abzuschöpfenden Gewinn BGH GRUR 2018, 1166 – Prozessfinanzierer.

[421] Vgl. auch Stellungnahme des Bundesrates, BT-Drucks. 15/1487, S. 34; Wimmer-Leonhardt GRUR 2004, 12 ff.; Engels/Salomon WRP 2004, 32, 42 f.; Sack WRP 2003, 549 ff.

[422] LG Berlin CR 2008, 192; siehe aber auch OLG Stuttgart GRUR 2007, 435 – Veralteter Matratzentest.

Sieben Verfahren endeten durch einen Vergleich, in dem sich die jeweiligen Beklagten zur Zahlung von Beträgen zwischen 710.000 und 12,5 Mio Euro verpflichteten. Insgesamt wurden im genannten Zeitraum mehr als 20 Mio Euro zugunsten des Bundeshaushaltes abgeschöpft.

6. Der Besichtigungsanspruch

Unter den Voraussetzungen des § 809 BGB steht auch im Gewerblichen Rechtsschutz einem Berechtigten ein Anspruch auf Besichtigung einer Sache gegen den Besitzer zwecks Vorbereitung eines Hauptanspruches zu.[423] Der Besichtigungsanspruch findet insbesondere in Bezug auf die Verletzung fremder Betriebs- oder Geschäftsgeheimnisse Anwendung.[424] 179

a) **Anspruchsvoraussetzungen.** Voraussetzung des Besichtigungsanspruchs ist zunächst, dass ein Anspruch „in Ansehung einer Sache" gegen den Besitzer der Sache besteht. Dies ist nicht nur dann der Fall, wenn die Sache selbst Gegenstand des Anspruchs ist, sondern es genügt, dass der Anspruch von dem **Bestand der Sache oder ihrer Beschaffenheit** abhängt.[425] Anerkannt ist, dass § 809 BGB auch dann anwendbar ist, wenn geprüft werden soll, ob eine Schutzrechtverletzung überhaupt vorliegt.[426] 180

Ferner muss die Besichtigung der Sache im Hinblick auf die Durchsetzung etwaiger Ansprüche für den Gläubiger von Interesse sein. Das ist dann der Fall, wenn er auf die Besichtigung angewiesen ist, um eine unterstellte Rechtsverletzung nachweisen zu können. Dem Interesse des Gläubigers kann ein Interesse des Schuldners gegenüberstehen, dass der Besichtigungsanspruch nicht zu einer Ausspähung von Informationen führt.[427] 181

Der BGH hat in den grundlegenden Entscheidungen „Druckbalken"[428] und „Faxkarte"[429] die Voraussetzungen für den Besichtigungsanspruch aus § 809 BGB postuliert. In der „Druckbalken"-Entscheidung aus dem Jahre 1985 war eine mögliche Patentverletzung Gegenstand des Besichtigungsanspruchs. Der X. Zivilsenat verlangte hier die erhebliche Wahrscheinlichkeit einer Verletzung. Ferner wurde nicht der Anspruchssteller selbst, sondern nur ein von ihm beauftragter „neutraler" Sachverständiger zur Besichtigung zugelassen, weil der Anspruchsgegner glaubhaft machte, dass seine Betriebsgeheimnisse durch die Besichtigung gefährdet werden können. Substanzeingriffe durch den Sachverständigen waren nach dieser Entscheidung unzulässig. 182

In der „Faxkarten"-Entscheidung aus dem Jahre 2002, die eine mögliche Urheber- bzw. Wettbewerbsrechtsverletzung zum Gegenstand hatte, wich der I. Zivilsenat von den strengen Voraussetzung der „Druckbalken"-Entscheidung teilweise ab. So muss lediglich eine **gewisse Wahrscheinlichkeit** für das Bestehen eines Hauptanspruchs gegeben sein; also ein durch bestimmte Anhaltspunkte begründeter Verdacht einer Rechtsverletzung vorliegen. **Substanzeingriffe** sind nach dieser Entscheidung nicht von vornherein unzulässig. Im jeweiligen Einzelfall muss eine **Interessenabwägung** vorgenommen werden. Hierbei ist insbesondere zu berücksichtigen, ob die Besichtigung zur Durchsetzung des Hauptanspruchs erforderlich ist und inwiefern Geheimhaltungsinteressen des Besichtigungsschuldners beeinträchtigt werden. Die bloße Gefahr einer Beeinträchtigung reicht nicht aus, um den Besichtigungsanspruch abzuwenden, zumal der Schuldner die Vorlage der Sache gemäß § 811 Abs. 2 Satz 1 BGB von einer Sicherheitsleistung abhängig machen und bei Beschädigung Ersatz verlangen kann.[430] 183

b) **Inhalt des Anspruchs.** Der Anspruch richtet sich auf die **Vorlage der Sache zum Zweck der Besichtigung.** Dies schließt ggf. eine Untersuchung der Sache durch Inbetriebnahme, Zerlegung, Ein und Ausbau von Teilen, Probeentnahmen und beschränkte Substanzeingriffe ein. 184

c) **Prozessuales.** Aktivlegitimiert ist, wer als Gläubiger des Hauptanspruchs ein Interesse an der Besichtigung hat. Der Anspruch richtet sich gemäß § 809 BGB gegen den Besitzer[431] der Sache, unabhängig von der Eigentumslage.[432] § 809 BGB setzt nicht voraus, dass die geltend 185

[423] BGH GRUR 2002, 1047 (1048) – Faxkarte; Köhler/Bornkamm/Köhler UWG § 9 Rn. 4.43 ff.
[424] Vgl. OLG Hamm GRUR-RR 2013, 306 – Vorbereitender Besichtigungsanspruch.
[425] MüKoBGB/Habersack § 809 Rn. 5.
[426] MüKoBGB/Habersack § 809 Rn. 6, 11 ff.
[427] Köhler/Bornkamm/Köhler UWG § 9 Rn. 4.45.
[428] BGH GRUR 1985, 512 – Druckbalken.
[429] BGH GRUR 2002, 1046 – Faxkarte.
[430] Köhler/Bornkamm/Köhler UWG § 9 Rn. 4.46.
[431] Auch gegen den mittelbaren Besitzer, sofern ein mittelbares Besitzverhältnis iSd § 868 BGB gegeben ist, vgl. LG Nürnberg-Fürth 23.2.2005 – 3 O 4156/04 – nv.
[432] Köhler/Bornkamm/Köhler UWG § 9 Rn. 4.44.

gemachten Ansprüche dinglicher Natur sind. Auch anderweitige Ansprüche kommen in Betracht. Erforderlich ist allein, dass Ansprüche in Ansehung der Sache bestehen, was bedeutet, dass das Bestehen des Anspruchs in irgendeiner Weise von der Existenz oder Beschaffenheit der Sache abhängt.

186 Bisher wird ein solcher Beweissicherungs- und Beweisbeschaffungsanspruch verfahrensrechtlich in der Regel nach der sog. **Düsseldorfer Praxis**[433] durchgesetzt. Sie beruht auf einer gemeinsamen Anwendung der Regeln des selbstständigen Beweissicherungsverfahrens und der einstweiligen Verfügung. Die Gerichte ordnen nicht nur die Besichtigung des Gegenstandes an, sondern regeln das gesamte Verfahren von der Besichtigung durch den Sachverständigen über die Erstellung eines Sachverständigengutachtens bis zur Frage, unter welchen Bedingungen das Gutachten an den Antragsteller ausgehändigt werden darf.[434]

187 Der Besichtigungsanspruch kann im Wege der einstweiligen Verfügung nach den §§ 935 ff. ZPO tituliert und im Wege der Zwangsvollstreckung durchgesetzt werden.

188 Der nachfolgende Formulierungsvorschlag stammt aus dem Aufsatz von *Kühnen* GRUR 2005, 185, 187:

Formulierungsvorschlag:

189 I. Auf Antrag der Ast. vom … wird, da ein Rechtsstreit noch nicht anhängig ist und die Ast. ein rechtliches Interesse daran hat, dass der Zustand einer Sache festgestellt wird, die Durchführung des selbstständigen Beweisverfahrens gem. §§ 485 ff. ZPO angeordnet.

II. 1. Es soll durch Einholung eines schriftlichen Sachverständigengutachtens Beweis darüber erhoben werden, ob die in der Betriebsstätte der Ag. (…) befindlichen … des Typs „…" dazu geeignet sind, das Verfahren nach Anspruch 1 des europäischen Patents … auszuführen, welches durch die Kombination folgender Merkmale gekennzeichnet ist: … (es folgt die Merkmalsgliederung des geltend gemachten Patentanspruchs).

2. Zum Sachverständigen wird … bestellt.

3. Dem Sachverständigen wird – im Interesse der Wahrung etwaiger Betriebsgeheimnisse der Ag., die bei der Begutachtung zu Tage treten könnten – aufgegeben, jeden unmittelbaren Kontakt mit der Ast. zu vermeiden und notwendige Korrespondenz entweder über das Gericht oder mit den nachfolgend unter III 1 bezeichneten anwaltlichen Vertretern der Ag. zu führen. Der Sachverständige hat darüber hinaus auch gegenüber Dritten Verschwiegenheit zu wahren.

4. Die Begutachtung soll – wegen der besonderen Eilbedürftigkeit – ohne vorherige Ladung und Anhörung der Ag. erfolgen.

III. Im Wege der einstweiligen Verfügung werden darüber hinaus folgende weitere Anordnungen getroffen:

1. Neben dem Sachverständigen hat die Ag. folgenden anwaltlichen Vertretern der Ast. die Anwesenheit während der Begutachtung zu gestatten:

Patentanwalt:

Rechtsanwalt:

2. Patentanwalt … und Rechtsanwalt … werden verpflichtet, Tatsachen, die im Zuge des selbstständigen Beweisverfahrens zu ihrer Kenntnis gelangen und den Geschäftsbetrieb der Ag. betreffen, geheim zu halten, und zwar auch gegenüber der Ast. und deren Mitarbeitern.

3. Der Ag. wird – mit sofortiger Wirkung und für die Dauer der Begutachtung – untersagt, eigenmächtig Veränderungen an den zu begutachtenden … vorzunehmen, insbesondere ….

4. Für jeden Fall der Zuwiderhandlung gegen das unter 3. bezeichnete Verbot werden der Ag. ein Ordnungsgeld bis zu 250.000,– Euro – ersatzweise Ordnungshaft – oder eine Ordnungshaft bis zu sechs Monaten angedroht, wobei die Ordnungshaft an dem Geschäftsführer der Ag. zu vollstrecken ist.

5. Die Ag. hat es zu dulden, dass der Sachverständige die zu begutachtenden Vorrichtungen in Augenschein nimmt und, sofern der Sachverständige dies für geboten hält, im laufenden Betrieb untersucht.

433 Kühnen GRUR 2005, 185 ff.

434 Eck/Dombrowski GRUR 2008, 387 (390).

IV. Nach Vorlage des schriftlichen Gutachtens wird die Ag. Gelegenheit erhalten, zu etwaigen Geheimhaltungsinteressen, die auf ihrer Seite bestehen, Stellung zu nehmen. Die Kammer wird alsdann darüber entscheiden, ob der Ast. das Gutachten zur Kenntnis gebracht wird.

V. Die Durchführung des selbstständigen Beweisverfahrens ist davon abhängig, dass die Ast. vorab einen Auslagenvorschuss von … Euro bei der Gerichtskasse in … einzahlt.

VI. Der Wert des Streitgegenstandes für das selbstständige Beweisverfahren wird auf … Euro festgesetzt, derjenige für das einstweilige Verfügungsverfahren auf … Euro.

VII. Die Kosten des einstweiligen Verfügungsverfahrens trägt die Ag.

d) **Sondergesetze.** In Umsetzung der Art. 6 und Art. 7 der Richtlinie zur Durchsetzung der Rechte des geistigen Eigentums vom 29.4.2004 (2004/48/EG) und entsprechend Art. 50 Abs. 1 und Art. 43 Abs. 1 TRIPS wurde in § 140c PatG, § 24c GebrMG, § 19a MarkenG, § 101a UrhG, § 46a DesignG, § 37c SortSchG, § 9 Abs. 2 HalbLSchG ein sogenannter **Vorlage- und Besichtigungsanspruch** aufgenommen. Eine entsprechende Regelung ist im UWG nicht vorgesehen. 190

Eine vergleichbare Regelung zum kodifizierten Besichtigungsanspruch existierte im deutschen Recht vor dieser Umsetzung nicht. Der Anspruch auf Beweissicherung ist der englischen Anton-Piller-Order und der französischen Saisie-Contrefaçon nachempfunden. Die Umsetzung ist zudem dem „Düsseldorfer Besichtigungsverfahren" nachgebildet. Der Besichtigungsanspruch dient der Aufklärung des Sachverhalts. Der Schutzrechtsinhaber soll hierdurch in die Lage versetzt werden, eine Verletzung schlüssig darzulegen.[435] 191

Das Verfahren gemäß §§ 809 ff. BGB wird neben diesen Vorschriften weiterhin Anwendung finden und ist somit nach wie vor für das UWG, insbesondere für Ansprüche aus dem ergänzenden wettbewerbsrechtlichen Leistungsschutz (§ 4 Nr. 3 UWG) nutzbar. 192

Insbesondere sieht die Neuregelung eine Ausnahme vom Verbot der Vorwegnahme der Hauptsache im einstweiligen Rechtsschutz vor. Beispielhaft für alle Besichtigungsansprüche formuliert § 140c Abs. 1 PatG, dass bei *hinreichender* Wahrscheinlichkeit einer Patentverletzung der Berechtigte die Vorlage einer Urkunde oder Besichtigung einer Sache oder Besichtigung eines Verfahrens, das Gegenstand des Patents ist, verlangen kann. Urkunde, Sache oder Verfahren müssen sich in der Verfügungsgewalt des Verletzers befinden und die Besichtigung muss zur Begründung von Ansprüchen des Berechtigten erforderlich sein. Insofern haben die Gerichte – wie bisher auch – eine **Interessenabwägung** nach dem Verhältnismäßigkeitsgrundsatz vorzunehmen. Eine Aushändigung der Unterlagen an den Schutzrechtsinhaber scheitert wohl regelmäßig an dem Grundsatz der Verhältnismäßigkeit.[436] 193

Die *Besichtigung* ist nicht nur Einnahme des Augenscheins sondern prinzipiell jede Maßnahme, die in Abhängigkeit von der Eigenart der zu besichtigenden Sache und in Abhängigkeit von denjenigen aufklärungsbedürftigen Tatsachen, die für die Beurteilung des Vorliegens eines (vermuteten) Anspruchs wegen der (Patent-)Verletzung notwendig sind, Gewissheit über die Verletzung zu erlangen.[437] 194

Gemäß § 140c Abs. 1 Satz 2 PatG besteht bei hinreichender Wahrscheinlichkeit einer in *gewerblichem Ausmaß* begangenen Rechtsverletzung ferner ein Anspruch auf Vorlage von Bank-, Finanz- oder Handelsunterlagen. 195

Das Gericht trifft die erforderlichen Maßnahmen um den im Einzelfall gebotenen Schutz des vermeintlichen Verletzers zu gewährleisten, wenn es sich um vertrauliche Informationen handelt, § 140c Abs. 1 Satz 3 PatG. 196

Im Wege der **einstweiligen Verfügung** gemäß §§ 935–945 ZPO kann die Verpflichtung zur Vorlage einer Urkunde oder zur Duldung der Besichtigung einer Sache angeordnet werden, § 140c Abs. 3 PatG. Der Erlass einer einstweiligen Verfügung iSd §§ 935 ff. ZPO ist entgegen den Grundsätzen des vorläufigen Rechtschutzes auch dann möglich, wenn hierdurch die Hauptsache vorweggenommen wird. Dies befreit den Rechtsinhaber nach Ansicht des Gesetzesgebers allerdings nicht davon, die weiteren Voraussetzungen für den Erlass einer einstweiligen Verfügung glaubhaft zu machen.[438] Das Gericht trifft auch hier die erforderlichen Maßnahmen, um den 197

[435] Ingerl/Rohnke MarkenG § 19a Rn. 2
[436] Schulte/Kühnen PatG § 140c Rn. 13
[437] Schulte/Kühnen PatG § 140c Rn. 31 ff.
[438] BT-Drs. 16/5048 – Gesetzesbegründung S. 41.

Schutz vertraulicher Informationen zu gewährleisten, § 140c Abs. 3 Satz 2 PatG. Diese Vorschrift ist erforderlich, weil die einstweilige Verfügung im Einzelfall auch ohne Anhörung des Schuldners erlassen werden kann (sog. Schubladen- oder Vorratsverfügung),[439] so dass der Gegner sein Geheimhaltungsinteresse nicht unmittelbar geltend machen kann.

198 Die Regelungen in § 811 BGB zum Vorlegungsort, zur Gefahr- und Kostentragung sowie § 140b Abs. 8 PatG zu den Verwertungsverboten gelten gemäß § 140c Abs. 4 PatG entsprechend.

199 § 140c Abs. 5 PatG ermöglicht dem vermeintlichen Verletzer gegenüber demjenigen, der die Vorlage oder Besichtigung begehrt hat, den Ersatz des durch das Begehren entstandenen Schadens, wenn keine Verletzung vorlag oder drohte. Weil der Vorlage- und Besichtigungsanspruch nur die hinreichende Wahrscheinlichkeit einer Rechtverletzung voraussetzt, war die Anordnung der einstweiligen Verfügung, wenn später eine in der Verletzungsfrage abweisende Entscheidung ergeht, nicht von Anfang an ungerechtfertigt. Daher greift § 945 ZPO nicht ein. Zum Schutz des vermeintlichen Verletzers sieht § 140c Abs. 5 PatG mithin einen eigenständigen Schadenersatzanspruch vor.

200 Umstritten ist, ob der Verfügungsgrund dann nicht gegeben ist, wenn es an der für die Besichtigungsverfügung erforderlichen Dringlichkeit fehlt. Der Gesetzesentwurf geht davon aus, dass die Richtlinie 2004/48/EG einem Dringlichkeitserfordernis entgegenstünde, dass also für den Erlass der Besichtigungsverfügung die Dringlichkeit der Angelegenheit nicht erforderlich ist.[440] Diese Auffassung ist im Interesse eines effektiven Rechtsschutzes zutreffend.

201 Die Neuregelungen werden teilweise kritisiert, weil Art. 7 der Richtlinie 2004/48/EG der Beweis*sicherung* dient. Sie werden daher teilweise als überschießende Umsetzung der Beweiserhebungsansprüche in Art. 6, 7 der Richtlinie 2004/48/EG angesehen.[441]

7. Der Rückrufanspruch

202 **a) Allgemeines.** Im UWG war der Rückrufanspruch bislang nicht ausdrücklich vorgesehen, sondern als **Spezialfall** des Beseitigungsanspruchs einschlägig. Beseitigungs- und Rückrufanspruch gehören neben dem Unterlassungsanspruch zu den weiteren Abwehransprüchen, die sich gegen bereits eingetretene Beeinträchtigungen richten. Der wettbewerbsrechtliche Anspruch auf Rückruf von Waren kann im Wege des **Beseitigungsanspruches** gemäß § 8 Abs. 1 Satz 1 UWG geltend gemacht werden. Ein vorbeugender Beseitigungsanspruch scheidet grundsätzlich aus.[442] Auch im Rahmen des sonderrechtlichen Gewerblichen Rechtsschutzes ist ein Rückruf denkbar, so beispielsweise im Markenrecht, wenn markenverletzende Ware vorliegt, die zugleich von schlechter (und damit erheblich rufschädigender) Qualität ist.[443] Der Bundesgerichtshof geht in seiner jüngeren Rechtsprechung – trotz Kritik an dieser Rechtsprechung – davon aus, dass der Rückruf vom Unterlassungsanspruch erfasst wird.[444]

203 Zur Beseitigung fortdauernder und schwerwiegender Störungszustände gewährt die Rechtsprechung dem Gläubiger auch nach geltendem Recht, abgeleitet aus dem Beseitigungsanspruch, einen selbstständigen Auskunftsanspruch (Drittauskunft) für Fälle des wettbewerbsrechtlichen Leistungsschutzes, § 4 Nr. 3 UWG, der Verbreitung geschäftsschädigender Äußerungen, § 4 Nr. 1, Nr. 2, Nr. 4, § 6 Abs. 2 Nr. 5 UWG und des Vertriebs von vertriebsgebundenen Waren, bei denen die Herstellernummern entfernt worden sind, § 4 Nr. 4 UWG.[445] Bei diesen Fallgruppen ist grundsätzlich kein Hinderungsgrund dafür ersichtlich, warum nicht auch ergänzend ein Rückrufanspruch in Betracht kommen sollte.

204 **b) Voraussetzung und Inhalt des Anspruchs.** Inhaltlich wird der Beseitigungsanspruch durch den Grundsatz der Verhältnismäßigkeit und das Übermaßverbot begrenzt.[446] Erforderlich ist da-

[439] Vgl. allgemein dazu Ahrens/Scharen Kap. 51 Rn. 3 ff.; Spuhler VPP-Rundbrief Nr. 3, 2007, 111 ff.

[440] BT-Drs. 16/5048 – Gesetzesbegründung S. 28.

[441] Peukert/Kur GRUR Int. 2006, 292 (300, 301).

[442] Ohly/Sosnitza/Ohly UWG § 8 Rn. 69.

[443] So Ströbele/Hacker UWG § 18 Rn. 52.

[444] BGH GRUR 2016, 406 Rn. 28 f. – Piadina-Rückruf; BGH GRUR 2016, 720 Rn. 35 – Hot Sox; BGH GRUR 2017, 208 Rn. 24 – RESCUE-Tropfen; BGH GRUR 2017, 823 Rn. 28 f. – Luftentfeuchter; BGH GRUR 2018, 292 – Produkte zur Wundversorgung; BGH GRUR 2020, 548 – Diätetische Tinnitusbehandlung; Köhler/Bornkamm/Feddersen/Bornkamm UWG § 8 Rn. 1.75 ff.; Hermanns, GRUR 2017, 977 – Der Unterlassungsanspruch als verkappter Rückrufanspruch.

[445] Köhler/Bornkamm/Köhler UWG § 8 Rn. 1.91 ff.

[446] BGH GRUR 2002, 709 (711) – Entfernung der Herstellungsnummer III; BGH GRUR 2016, 720 – Hot Sox.

her eine **Interessenabwägung** unter Berücksichtigung der schutzwürdigen Belange des Verletzten und des Verletzers sowie des Gewichts und der Bedeutung der Sache.[447]

Dem Rückrufanspruch unterliegen zB irreführende oder sonst wettbewerbswidrige Werbematerialien, Firmenschilder, Reklametafeln sowie Gegenstände, deren Herstellung an sich bereits wettbewerbswidrig ist, wie etwa unter Verstoß gegen ein Betriebsgeheimnis erstellte Pläne, Entwürfe oder Maschinen.[448] 205

Bisher setzte ein Rückrufanspruch nach deutschem Recht voraus, dass das verletzende Material noch der Verfügungsgewalt des Schuldners unterliegt. Nach Auffassung des BGH fehlt dem Verletzer eine Handhabe zum Eingriff in die Rechte unbeteiligter Dritter.[449] Ein Rückrufanspruch kam deshalb nicht in Betracht, wenn die verletzenden Gegenstände zwischenzeitlich in den Besitz eines Dritten übergegangen waren. 206

Auch der Vernichtungsanspruch, der im Rahmen des ProduktpiraterieG in allen Sonderschutzgesetzen eingeführt wurde, beschränkt sich nur auf Erzeugnisse, die sich noch im Eigentum oder Besitz des Verletzers befinden. Diese Einschränkung führt jedoch insbesondere im Bereich der Produktpiraterie zu erheblichen Problemen für die Hersteller der Originalware. 207

Vor diesem Hintergrund hat die jüngere Rechtsprechung Wege aufgezeigt, vorhandene Schutzlücken dadurch zu schließen, dass dem Verletzer weitere Handlungspflichten auferlegt wurden. Das OLG Hamburg hat in seinem Urteil vom 29.11.2006 (Az.: 5 U 99/06)[450] beispielsweise entschieden, dass der Schuldner zur Verwirklichung einer von ihm übernommenen Unterlassungsverpflichtung dazu angehalten ist, **alles in seiner Macht Stehende** zu unternehmen, um sicher zu stellen, dass die Störungsquelle nachhaltig beseitigt wird und bleibt. Bedient sich der Unterlassungsschuldner zur Umsetzung dieser Verpflichtung selbstständiger Dritter, deren Handeln in seinem Einflussbereich liegt und das ihm wirtschaftlich zu Gute kommt, so hat er auf diese – in Abhängigkeit von den Besonderheiten des Einzelfalls – wirksam und nachhaltig einzuwirken, um die Erfüllung der Unterlassungsverpflichtung zu gewährleisten. Der Schuldner ist darüber hinaus dazu verpflichtet, die **Einhaltung des Verbots** zu überwachen. 208

Die Reichweite der Unterlassungsverpflichtung und die danach geschuldeten Maßnahmen sind im Wege der Auslegung der Unterlassungserklärung unter Heranziehung aller maßgeblichen Umstände zu ermitteln. Den Schuldner trifft bereits dann ein eigenes Verschulden, wenn er nicht unverzüglich nach Kenntnis des Unterlassungstitels alle ihm zumutbaren Maßnahmen ergreift, um Zuwiderhandlungen zu vermeiden. Dazu gehört – je nach den Umständen des Einzelfalls – insbesondere eine eingehende **Belehrung** und **Überwachung** der **Mitarbeiter, Rückruf und ggf. Vernichtung** von Produkten/Werbematerialien, jedenfalls solange sich dieses noch im tatsächlichen Einflussbereich des Verletzers befinden. Alle diese Maßnahmen müssen im Weiteren auch kontrolliert werden.[451] 209

Nach der Rechtsprechung[452] zum Wettbewerbsrecht, muss der Schuldner, dem der Vertrieb eines bestimmten Produkts untersagt worden ist, auch dafür Sorge zu tragen, dass von ihm bereits veräußerte, aber von seinen Abnehmern noch nicht abgesetzte Vertriebsstücke vom Markt genommen werden. Dies gilt für solche Exemplare der streitgegenständlichen Ware, die sich bereits auf dem **Absatzweg befinden,** aber auf der letzten Handelsstufe noch nicht abgesetzt sind, damit diese dem Endverbraucher nicht mehr angeboten werden können. 210

c) **Prozessuales.** Aktivlegitimiert zur Geltendmachung des Rückrufanspruchs ist der Verletzte; passivlegitimiert ist der für die Beseitigung der rechtswidrigen Störung haftende Verursacher. Die geforderte Beseitigung bzw. der verlangte Rückruf müssen inhaltlich ausreichend iSd § 253 Abs. 2 Nr. 2 ZPO bestimmt sein. Es muss daher regelmäßig eine konkrete Beseitigungsmaßnahme bzw. eine konkrete Rückrufaktion beantragt werden. 211

---

[447] Köhler/Bornkamm/Feddersen/Köhler UWG § 8 Rn. 1.113 ff.

[448] Köhler/Bornkamm/Feddersen/Köhler UWG § 8 Rn. 1.104 ff.

[449] BGH GRUR 1974, 666 (669) – Reparaturversicherung.

[450] OLG Hamburg LMRR 2006, 54.

[451] Die Überwachung und Kontrolle umfasst nach der Rechtsprechung sogar eigene Testbestellungen bzw. Testanrufe durch den Schuldner bei seinen Mitarbeitern sowie das vom Schuldner initiierte Einschleusen rechtsverletzender Ware in den Bearbeitungsvorgang seines Betriebs, um nachweisbar sicherzustellen, dass sich seine Mitarbeiter an die eingegangenen Verpflichtungen halten.

[452] OLG Köln Urt. v. 12.3.2008 – 6 W 21/08 – nv; BGH GRUR 2017, 208 – Rückruf von RESCUE-Produkten; BGH GRUR 2016, 720 – Hot Sox; BGH ZUM-RD 2015, 80 – Reichweite eines vertraglich vereinbarten Unterlassungsgebots; siehe auch OLG Frankfurt a. M. BB 2016, 2497, wonach ein auf den Vertrieb von Waren gerichteter Unterlassungstenor nicht die Verpflichtung des Schuldners umfasst, diese Produkte von Händlern, die nicht in seine Vertriebsstruktur eingebunden sind, zurückzurufen.

212 Die Durchsetzung von Beseitigungsansprüchen bzw. Rückrufansprüchen im Wege der einstweiligen Verfügung, §§ 935 ff. ZPO, ist grundsätzlich nicht ausgeschlossen.[453] Die Beseitigung darf die Hauptsache allerdings nicht vorwegnehmen. Der praktische Anwendungsbereich der Durchsetzung eines Beseitigungs- bzw. Rückrufanspruchs im Rahmen des einstweiligen Rechtsschutzes ist daher relativ gering. Im Wege der einstweiligen Verfügung können dem Verletzer nur solche Maßnahmen aufgegeben werden, die zur vorläufigen Störungsbeseitigung erforderlich sind und keine endgültigen Verhältnisse schaffen.[454] Auch hier ist der Bestimmtheitsgrundsatz zu beachten.

213 **d) Sondergesetze.** In Umsetzung des Art. 10 Abs. 1a der Richtlinie zur Durchsetzung der Rechte der geistigen Eigentums (2004/48/EG) wurde ausdrücklich und erstmalig der Rückrufanspruch in § 140a Abs. 3 PatG, § 24a Abs. 2 GebrMG, § 18 Abs. 2 MarkenG, § 98 Abs. 2 UrhG, § 43 Abs. 2 DesignG, § 37a Abs. 2 SortG und § 9 Abs. 2 HalbLSchG im deutschen Recht normiert. Eine entsprechende Vorschrift im UWG ist nicht vorgesehen.

214 Die Voraussetzungen des Rückrufanspruchs werden beispielhaft anhand von § 140a PatG dargestellt.[455] Passivlegitimiert ist der Verletzer.[456] Der Verletzer muss zunächst eine patentierte Erfindung ohne Zustimmung des Rechteinhabers benutzt haben. Des Weiteren muss dem Verletzer der Rückruf oder die Entfernung aus dem Vertriebsweg noch möglich sein.

215 Rückruf ist die ernsthafte Aufforderung an den gewerblichen Besitzer des schutzrechtsverletzenden Erzeugnisses, entweder dieses zur Verfügung zu halten und nicht weiterzuvertreiben oder das Erzeugnis freiwillig zurückzugeben. Der Rückruf muss dem Verletzer möglich sein.[457]

216 Gemäß § 140a Abs. 4 PatG ist der Rückrufanspruch ausgeschlossen, wenn die Inanspruchnahme im Einzelfall unverhältnismäßig ist. Ebenso wie nach der bisherigen Rechtslage müssen die Gerichte somit eine **Interessenabwägung** der sich gegenüberstehenden Schutzbelange vornehmen. Ein Rückruf ist danach ausgeschlossen, wenn im Einzelfall weniger einschneidende Maßnahmen zur Verfügung stehen, um dasselbe Ziel zu erreichen.

217 Der Rückrufanspruch ist in Art. 10 der Richtlinie 2004/48/EG als **Abhilfemaßnahme** ausgestaltet worden. Gemäß Art. 10 Abs. 2 der Richtlinie 2004/48/EG können die Gerichte im Einzelfall anordnen, dass der Rückruf auf Kosten des Verletzers durchzuführen ist, es sei denn, es werden besondere Gründe geltend gemacht, die dieser Kostentragung entgegenstehen.

218 Auch nach der neuen Rechtslage setzt die Durchsetzung des Rückrufanspruchs regelmäßig voraus, dass dem Verletzer der Rückruf aus den Vertriebswegen noch möglich ist. Kritisiert wird in diesem Zusammenhang, dass insofern keine entscheidende Verbesserung zur bisherigen Rechtslage gegeben ist, weil zukünftige Rechtsverletzungen auch nach altem Recht durch eine Kombination von Unterlassungs- und Vernichtungsansprüchen verhindert werden konnten.[458] Der Rückrufanspruch nach neuem Recht wird darauf gerichtet sein, dass der Verletzer sämtliche Abnehmer seiner Produkte darüber zu informieren hat, dass diese die bei ihnen noch vorhandene, rechtsverletzende Ware aus dem Vertrieb zu entfernen und an den Verletzer auf seine Kosten auszuhändigen haben.

219 Dieser weitreichende Inhalt des Rückrufanspruchs zeigt zugleich seine begrenzte Anwendbarkeit in der Praxis auf. Wie bereits ausgeführt, setzt der Rückrufanspruch auch nach neuem Recht eine Verhältnismäßigkeitsprüfung voraus. Insofern kann nahtlos an die bisherige Rechtsprechung des BGH dahingehend angeknüpft werden, dass ein Rückruf nur dann geschuldet ist, wenn dieser dazu geeignet und erforderlich ist, den widerrechtlichen Störungszustand zu beseitigen, und wenn darüber hinaus diese Aktion verhältnismäßig und dem Störer zumutbar ist.[459]

220 Die bisherige Rechtsprechung ist insbesondere auch vor dem Hintergrund anwendbar, dass Art. 10 Abs. 3 der Richtlinie 2004/48/EG ausdrücklich vorsieht, dass die Gerichte bei der Prüfung eines Antrags auf Anordnung von Abhilfemaßnahmen die Notwendigkeit eines angemesse-

---

[453] Vgl. Weber, Rückruf markenrechtsverletzender Ware durch einstweilige Verfügung, GRUR-Prax 2016, 545.
[454] Ohly/Sosnitza/Ohly UWG § 8 Rn. 84.
[455] Vgl. Benkard/Grabinski/Zülch PatG § 140a Rn. 17 ff.
[456] BT-Drs. 16/5048 – Gesetzesbegründung Seite 38; LG Mannheim Mitt. 14, 235 – Abdichtsystem.
[457] Vgl. Schulte/Kühnen PatG § 140a Rn. 32.
[458] Peukert/Kur GRUR Int. 2006, 292 (295).
[459] Vgl. zu diesen bisherigen Anforderungen im Rahmen des Beseitigungsanspruchs BGH GRUR 1994, 630 (633) – Cartier-Armreif; BGH GRUR 1995, 424 (426) – Abnehmerverwarnung; BGH GRUR 1998, 415 (416) – Wirtschaftsregister; BGH GRUR 2002, 709 (711) – Entfernung der Herstellungsnummer III; vgl. zur Reichweiter des Rückrufsansanspruchs GRUR-RS 2021, 28722 – Rückrufvollstreckung II.

nen Verhältnisses zwischen der Schwere der Verletzung und den angeordneten Abhilfemaßnahmen sowie die Interessen Dritter zu berücksichtigen haben.[460]

221 Ein völlig uneingeschränkter Rückrufanspruch ist daher auch nach neuer Rechtslage in der Regel unverhältnismäßig. Teilweise wird daher die Auffassung vertreten, der Rückruf nach neuem Recht sei in der Praxis irrelevant.[461]

Formulierungsvorschlag:

222 Die Beklagte wird verurteilt, die vorstehend unter Ziffer I. (Unterlassungsanspruch) bezeichneten, im Besitz gewerblicher Abnehmer befindlichen Erzeugnisse zurückzurufen, indem diejenigen gewerblichen Abnehmer, die sich im Besitz dieser Erzeugnisse befinden, darüber schriftlich informiert werden, dass die Kammer mit dem hiesigen Urteil auf [......] erkannt hat, ihnen ein Angebot zur Rücknahme dieser Erzeugnisse durch die Beklagten unterbreitet wird und den gewerblichen Abnehmern für den Fall der Rückgabe der Erzeugnisse eine Erstattung des ggf. bereits gezahlten Kaufpreises bzw. eines sonstigen Äquivalents für die zurückgerufenen Erzeugnisse sowie die Übernahme der Verpackungs- und Transport- bzw. Versendungskosten für die Rückgabe zugesagt wird, sowie die zurückgerufenen und an sie zurückgegebenen Erzeugnisse wieder an sich zu nehmen (vgl. OLG Düsseldorf, Urteil vom 5.5.2011, Az. I-2 U 10/10).

V. Verjährung

223 Die Ansprüche im gewerblichen Rechtsschutz verjähren grundsätzlich nach den allgemeinen Vorschriften des BGB, sofern keine speziellere Regelung einschlägig ist. Die **regelmäßige Verjährungsfrist** nach § 195 BGB beträgt drei Jahre. Mit dem Schuldrechtsmodernisierungsgesetz vom 26.11.2001[462] wurde in zahlreiche Spezialgesetze eine Verweisung auf die Verjährungsvorschriften des BGB aufgenommen. So findet sich beispielsweise in § 20 MarkenG, § 49 DesignG, § 24c GebrMG, § 102 UrhG, § 141 PatG, § 9 Abs. 3 HalblSchG und in § 37c SortSchG eine gleichlautende Regelung, wonach auf die Verjährung der Ansprüche wegen Verletzung eines nach diesen Gesetzen geschützten Rechts die Vorschriften des Abschnitts 5 des Buches 1 des BGB entsprechende Anwendung finden. Im UWG findet sich eine entsprechende Verweisungsvorschrift auf die Verjährungsregelung im BGB hingegen nicht. Das UWG sieht eine nach Ansprüchen abgestufte Verjährung zwischen 6 Monaten und maximal 30 Jahren vor. Ein im Wege der Lizenzanalogie berechneter Schaden kann eventuell auch nach Eintritt der Verjährung des Schadensersatzanspruches noch über das Bereicherungsrecht geltend gemacht werden.[463]

224 Die dreijährige regelmäßige Verjährungsfrist beginnt gemäß § 199 Abs. 1 BGB mit dem Schluss des Jahres in dem (Nr. 1) der Anspruch entstanden ist und (Nr. 2) der Gläubiger von den den Anspruch begründenden Umständen und der Person des Schuldners Kenntnis erlangt oder ohne grobe Fahrlässigkeit erlangen müsste. Für Unterlassungsansprüche regelt § 199 Abs. 5 BGB, dass an die Stelle der Entstehung des Anspruchs die Zuwiderhandlung tritt. Abweichend davon hat der Gesetzgeber in § 11 Abs. 2 UWG wiederum entsprechend der Regelung in § 199 Abs. 1 BGB den Beginn des Verjährungslaufes (auch für Unterlassungsansprüche) an die **Entstehung des Anspruchs** und nicht an die Zuwiderhandlung geknüpft. Zwar wird die Zuwiderhandlung in aller Regel mit der Entstehung des Anspruchs zusammen fallen, dies muss aber nicht immer der Fall sein. Der Unterlassungsanspruch entsteht bereits bei Vorliegen einer Erstbegehungsgefahr, obwohl eine Zuwiderhandlung noch nicht stattgefunden hat. Ob auch der vorbeugende Unterlassungsanspruch der Verjährung unterliegt, ist streitig. Da der Unterlassungsanspruch sowohl aufgrund einer Verletzungshandlung als auch aufgrund deren bloßen Ankündigung entstehen kann, ist der vorbeugende Unterlassungsanspruch ebenfalls der Verjährung zu unterwerfen.[464]

225 Im Falle einer einmaligen **Verletzungshandlung** beginnt die Verjährung mit dem Abschluss der Einzelhandlung. Begeht der Verletzer mehrere selbstständige Einzelhandlungen hintereinander, so

[460] Vgl. zur bisherigen Verhältnismäßigkeitsprüfung im Wettbewerbsrecht Köhler/Bornkamm/Feddersen/Köhler UWG § 8 Rn. 1.104 mit zahlreichen Nachweisen aus der Rechtsprechung.

[461] Peukert/Kur GRUR Int. 2006, 292 (296); BT-Drs. 16/5048 – Gesetzesbegründung (sic!), Seite 38.

[462] BGBl. I, S. 3138.

[463] BGH GRUR 2016, 1280 – Everytime we touch.

[464] Str., wie hier OLG Stuttgart WRP 1993, 351 (353); Köhler/Bornkamm/Feddersen/Köhler UWG § 11 Rn. 1.3; Bacher in Teplitzky Kap. 16 Rn. 5; aA noch BGH GRUR 1979, 121 – Verjährungsunterbrechung.

läuft für jede Einzelhandlung eine eigene Verjährungsfrist. Dies kann dazu führen, dass mehrere zeitlich nacheinander folgende gleichartige Verletzungshandlungen vorliegen, für die unterschiedliche Verjährungsfristen laufen. Bei Dauerhandlungen beginnt die Verjährung des Unterlassungsanspruchs erst mit vollständiger Beendigung der Handlung.[465] Demgegenüber hält es der BGH beim Schadensersatzanspruch für sachgerecht, eine Dauerhandlung in einzelne schädigende Handlungsabschnitte zu unterteilen, für die jeweils die Verjährungsfrist gesondert zu laufen beginnt.[466]

226 Neben der Entstehung des Anspruchs ist weitere Voraussetzung für den Beginn des Verjährungslaufes, dass der Gläubiger von den anspruchsbegründenden Umständen und der Person des Schuldners **Kenntnis erlangt** hat (§ 199 Abs. 1 Nr. 2 BGB). Der positiven Kenntnis steht die grob fahrlässige Unkenntnis gleich. Der Gläubiger hat grob fahrlässig gehandelt, wenn ihm der Vorwurf gemacht werden kann, die im Verkehr erforderliche Sorgfalt besonders schwerwiegend vernachlässigt zu haben.[467] Die Kenntnis des Gläubigers muss alle wesentlichen Tatumstände umfassen, so dass eine Klage für ihn zwar nicht ganz risikolos, aber doch hinreichend aussichtsreich ist.[468] Die Kenntnis muss auch nicht zwingend beim Gläubiger selbst vorliegen, insbesondere in Unternehmen findet eine Wissenszurechnung nach den allgemeinen Vorschriften statt. Die gesetzlichen Vertreter von juristischen Personen werden in der Regel, insbesondere bei Großunternehmen kann dies jedoch anders sein, Wissensvertreter sein. Im übrigen kommt es auf die innerbetriebliche Organisation des Unternehmens und die Funktion des Beschäftigten im Unternehmen an.[469]

227 Abweichend von den allgemeinen Vorschriften verjähren Unterlassungs-, Beseitigungs- und Schadensersatzansprüche sowie der Anspruch auf Ersatz von Abmahnkosten nach dem UWG gemäß § 11 Abs. 1 UWG innerhalb von **sechs Monaten.** Entsprechend der Regelung in § 199 Abs. 1 BGB beginnt die Verjährungsfrist gemäß § 11 Abs. 2 UWG mit Entstehung des Anspruchs und Kenntniserlangung oder bei grob fahrlässiger Unkenntnis von den anspruchsbegründenden Tatsachen und der Person des Schuldners. Allerdings beginnt die Verjährungsfrist im Unterschied zu den Regeln des BGB sofort mit Vorliegen dieser Umstände und nicht erst mit dem Schluss des Jahres, in dem die Voraussetzungen vorliegen, zu laufen. Schadensersatzansprüche nach dem UWG verjähren darüber hinaus ohne Rücksicht auf die Kenntnis oder grob fahrlässige Unkenntnis gemäß § 11 Abs. 3 UWG in **zehn Jahren** von ihrer Entstehung, spätestens aber in **dreißig Jahren** von der den Schaden auslösenden Handlung an. Andere Ansprüche, hierunter fällt der Gewinnabschöpfungsanspruch, verjähren gemäß § 11 Abs. 4 UWG ohne Rücksicht auf die Kenntnis oder grob fahrlässige Unkenntnis in **drei Jahren** von ihrer Entstehung an.

---

465 BGH GRUR 1974, 99 (100) – Brünova.
466 BGH GRUR 1978, 492 (495) – Fahrradgepäckträger II.
467 Grüneberg/Ellenberger BGB § 199 Rn. 39.
468 Grüneberg/Ellenberger BGB § 199 Rn. 28.
469 Grüneberg/Ellenberger BGB § 199 Rn. 25.

§ 4 Außergerichtliches Verfahren

Übersicht

I. Abmahnung

1. Begriff und rechtliche Grundlagen

1 **a) Rechtliche und praktische Bedeutung.** Die Schutzrechtsabmahnung hat sich ursprünglich in der Praxis des gewerblichen Rechtsschutzes entwickelt und ist dort gewohnheitsrechtlich anerkannt. Ausdrücklich gesetzlich geregelt ist die Abmahnung im Wettbewerbsrecht (§§ 13, 13a UWG) sowie im Urheberrecht (§ 97a UrhG). Durch die im Dezember 2020 in Kraft getretene gesetzliche Neuregelung[1] hat sich die wettbewerbsrechtliche Abmahnung zu einem eigenständigen Rechtsinstitut entwickelt, für das die gesetzlich festgelegten Anforderungen gelten, um eine rechtsmissbräuchliche Abmahnpraxis zu vermeiden. Im Bereich wettbewerbsrechtlicher Auseinandersetzungen dient die Abmahnung primär der außergerichtlichen Streitbeilegung bei **Wettbewerbsverstößen.**[2] Im Bereich gewerblicher Schutzrechte dient sie in Gestalt einer Schutzrechtsverwarnung der Geltendmachung von **Schutzrechten,** wie zB Patent-, Gebrauchsmuster- und Markenrechten.[3]

---

[1] Gesetz zur Stärkung des fairen Wettbewerbs vom 26.11.2020, BGBl. 2020 I 2568 ff.

[2] Köhler/Bornkamm/Feddersen/Bornkamm/Feddersen UWG § 13 Rn. 4; Schmitz/Strecker, PharmR 2021, 411.

[3] Vgl. BGH GRUR 1995, 424 ff.; OLG Frankfurt GRUR 1991, 687; BGH GRUR 2011, 995 – Besonderer Mechanismus; Teplitzky FS Ullmann 2006, 999 ff. mwN.

2 Nach der Legaldefinition des § 59 Abs. 2 S. 2 PatG 1981 handelt es sich bei der Abmahnung um die „Aufforderung des Patentinhabers, eine angebliche Patentverletzung zu unterlassen". Nicht selten führt die Abmahnung zu Vergleichsverhandlungen, deren Ergebnis ein Lizenzvertrag sein kann. Die Abmahnung ist **keine Prozessvoraussetzung,** sondern eine Obliegenheit des Klägers. Er vermeidet mit der Abmahnung, dass der Verletzer durch ein sofortiges Anerkenntnis die Kostenfolge des § 93 ZPO auslösen kann.[4]

3 Abgesehen von ihrer ursprünglichen Funktion als (ein) Mittel zur Vermeidung gerichtlicher Auseinandersetzungen begründet die Abmahnung als geschäftsähnliche Handlung nach Zugang beim Adressaten eine **wettbewerbsrechtliche Sonderbeziehung** zwischen den Parteien, aus der sich insbesondere Informations- und Aufklärungspflichten ergeben können.[5] Der Abgemahnte kann grundsätzlich aus Treu und Glauben verpflichtet sein, den Abmahnenden über anspruchshemmende oder -vernichtende Umstände zu unterrichten, die der Abmahnende nicht kennen kann, vor allem über eine vorangegangene Drittunterwerfung, die die Wiederholungsgefahr und damit den Unterlassungsanspruch des Abmahnenden beseitigt.[6]

4 Etwaige Einwendungen muss der Abgemahnte mit zutreffenden Angaben begründen. Macht der Abgemahnte falsche Angaben, kann der Abmahnende wegen der Auskunftspflichtverletzung Ersatz des daraus entstehenden Schadens verlangen, insbesondere die Kosten der auf die unzutreffenden Angaben gestützten gerichtlichen Maßnahmen. Der zu Unrecht Abgemahnte unterliegt hingegen grundsätzlich keiner Aufklärungspflicht.[7]

5 **b) Erforderlichkeit der Abmahnung.** Der Abmahnende sollte zunächst die eigene Rechtsposition prüfen, insbesondere Rechtsbeständigkeit und Schutzumfang des Schutzrechts sowie Umfang und Nachweisbarkeit der Verletzungshandlung. Dabei muss der Abmahnende auch die Reaktionsmöglichkeiten des Abgemahnten berücksichtigen. Der Abgemahnte kann während der ihm gesetzten Frist Reaktionsmöglichkeiten überlegen und Gegenmaßnahmen vorbereiten. Er kann beispielsweise ohne weitere Gegenabmahnung negative Feststellungsklage erheben oder Schutzschriften gegen etwaige Verfügungsanträge hinterlegen. Zu beachten ist allerdings, dass nach den vom BVerfG definierten Grundsätzen zur prozessualen Waffengleichheit in Eilverfahren eine ex-parte Verfügung ohne Anhörung des Antragsgegners grundsätzlich nur möglich bleibt, wenn eine vorprozessuale Abmahnung vorliegt, deren Inhalt mit dem Verfügungsantrag nach geltend gemachten Ansprüchen und deren Begründung kongruent ist.[8]

Praxistipp:

Soweit auf Grund der jeweiligen Fallkonstellation nicht mit einem Anerkenntnis zu rechnen ist und kein Interesse an einer außergerichtlichen Streitbeilegung besteht, ist zu erwägen, zugunsten eines taktisch günstigen Überraschungseffekts auf eine Abmahnung zu verzichten.

Die Angaben in der Abmahnung müssen zutreffend sein und sollten nicht über das hinausgehen, was für deren inhaltliche Bestimmtheit (siehe Rn. 11 ff.) notwendig ist.

Bei der Entscheidung für oder gegen die Abmahnung sind die Vorteile für den Anspruchsteller zu berücksichtigen. Das mit der Abmahnung verfolgte Ziel, nämlich eine Unterwerfungserklärung des Verletzers ohne gerichtliche Auseinandersetzung schnell und kostengünstig zu erreichen, ist ein wichtiger Gesichtspunkt. Nicht selten sind die abgemahnten Anspruchsgegner auch in rechtlich zweifelhaften Fällen bereit, sich zu unterwerfen. Ein weiterer Vorteil der Abmahnung ist die Informationsgewinnung auf Grund von Aufklärungs- und Antwortpflichten des Abgemahnten (siehe oben Rn. 3).

Eine Abmahnung kann im Einzelfall entbehrlich sein, zB, wenn sie von vornherein offensichtlich und gesichert zwecklos erscheint, weil das verletzende Verhalten nur einmalig, zeitlich begrenzt vorlag oder es der Unternehmenspolitik des Abgemahnten entspricht, sich nicht freiwillig zu unterwerfen.

6 **c) Schutzrechtshinweise.** Häufig empfiehlt es sich, vor Einleitung rechtlicher Schritte den vermeintlichen Rechtsverletzer zu einem Meinungsaustausch über die **Schutzrechtslage** aufzufordern.

[4] Vgl. OLG Düsseldorf GRUR 1980, 135; OLG Düsseldorf GRUR-RR 2014, 315 – Bestattungsverhältnis; Teplitzky/Bacher Kap. 41 Rn. 21 ff.

[5] BGH GRUR 1988, 313 (314); GRUR 1990, 381; BGH GRUR 2021, 714 (717) – Saints Row.

[6] BGH GRUR 1983, 186; BGH GRUR 2021, 714 (717) – Saints Row.

[7] BGH GRUR 1995, 167; aA Ulrich WRP 1995, 282, 284 mwN.

[8] BVerfG NJW 2020, 2021.

Ein solches Schreiben enthält den Hinweis auf eigene Schutzrechte und verdeutlicht, aus welchen Gründen – aus der Sicht des Hinweisenden – eine Schutzrechtsverletzung vorliegt. Nicht selten lassen sich durch die vorprozessuale Korrespondenz die jeweiligen Standpunkte aufklären und etwaige Fehlbeurteilungen ausräumen.[9]

Im Gegensatz zur Verwarnung wegen einer Schutzverletzung enthält der Schutzrechtshinweis keine unbedingte Unterlassungsaufforderung. Schadensersatzansprüche wegen rechtswidrigen Eingriffs in den eingerichteten und ausgeübten Gewerbebetrieb werden durch bloße Schutzrechtshinweise gegenüber dem Schutzrechtsverletzer nicht begründet. Derartige Schutzrechtshinweise lösen insbesondere keine Kostenerstattungsansprüche wegen unberechtigter Abmahnung aus. 7

Praxistipp:

Wenn sich der Schutzrechtsinhaber bzw. Schutzrechtsanmelder über Bestand und Umfang seiner Schutzrechtsposition noch nicht im Klaren ist, sollte er den bloßen Schutzrechtshinweis einer schutzrechtlichen Verwarnung vorziehen.[10]

Checkliste: Vorbereitung einer Abmahnung 8

- ☐ Überprüfung der eigenen Rechtsposition (Rechtsbeständigkeit und Umfang des Schutzrechts).
- ☐ Überprüfung des Verletzungstatbestandes und seine Nachweisbarkeit.
- ☐ Abwägung der Vor- und Nachteile einer Abmahnung (Vorteile: Prozessvermeidung, Ausschluss der Kostenfolge des § 93 ZPO, Auskunfts- und Informationspflicht des Abgemahnten; Nachteile: Vorabinformation der Gegenseite, mögliche Schutzschrift, mögliche negative Feststellungsklage mit Gerichtsstandsbindung im Ausland, Zeitverlust).

2. Inhalt der Abmahnung

a) **Schutzrechtsabmahnung.** Der Abmahnende muss das Schutzrecht selbst, dessen Inhalt und die Verletzungshandlung einschließlich der (technischen) Merkmale im Einzelnen sowie **richtig** und **vollständig** angeben, um dem Abgemahnten die Möglichkeit zu geben, den Vorwurf und die Risikolage eigenständig nachzuprüfen und Möglichkeiten und Folgen der Unterwerfung auszuloten. Eine Abmahnung, die allein die konkrete Verletzungsform bezeichnet, ohne die tatsächlichen Grundlagen der Beanstandung zu kennzeichnen, ist in der Regel mit der Folge unzureichend, dass das Kostenrisiko aus § 93 ZPO bestehen bleibt. 9

Praxistipp:

Pauschalhinweise auf eine Rechtsverletzung sind unzulässig, da sie den Empfänger verunsichern und ihm praktisch nur die Alternative lassen, dem angedrohten Rechtsstreit durch Abkehr von dem angegriffenen Erzeugnis aus dem Weg zu gehen.[11]

Die **Beschreibung** des Gegenstandes und des Schutzbereiches zB des Patents muss richtig und vollständig sein.[12] Wenn der Gegenstand der Erfindung aus sich heraus verständlich ist, genügt ein Verweis auf die beizulegende Patentschrift. 10

---

[9] Vgl. BGH GRUR 1995, 424, 425; LG Frankfurt a. M. GRUR-RR 2007, 377 – Berodual ® N.

[10] Vgl. Benkard/Scharen PatG vor §§ 9 bis 14 Rn. 14.

[11] OLG Düsseldorf Mitt. 1996, 60; GRUR 2003, 814 (815); LG Düsseldorf Mitt. 1996, 57 (58); BGH GRUR 2015, 403 Rn. 44 – Monsterbacke II.

[12] OLG Düsseldorf WRP 1988, 107; OLG Hamburg WRP 1996, 773; OLG Düsseldorf, Beschluss v. 14.11.2011 – I-20 W 132/11.

Formulierungsvorschlag:

11 Sehr geehrte Damen und Herren,

wir zeigen an, dass uns die Firma B mit der Wahrnehmung ihrer Interessen beauftragt hat. Namens und in Vollmacht unserer Mandantin haben wir Ihnen das Folgende mitzuteilen:

Unsere Mandantin ist ausschließliche und alleinverfügungsberechtigte Inhaberin des deutschen Patents DE. Das Patent wurde am 4.4.1999 beim Europäischen Patentamt angemeldet. Die Patentanmeldung wurde am 17.10.1999 offengelegt. Die Patenterteilung in deutscher Sprache wurde am 2.12.2000 veröffentlicht. Das Patent steht in Kraft. Die Patentschrift ist als **Anlage** beigefügt.

Die patentgeschützte Erfindung betrifft gem. dem Oberbegriff von Anspruch 1 einen Schneideinsatz zur Verwendung in einem rotierenden Umfangsfräser mit einem im Wesentlichen zylindrischen Halter, in dem eine oder mehr Umfangsvertiefungen ausgebildet sind, in denen eine entsprechende Anzahl austauschbarer Hartmetallschneideinsätze jeweils lösbar angebracht ist. Der Gegenstand der Erfindung ist aus sich heraus verständlich, so dass keine weiteren Erläuterungen angezeigt sind.

Unsere Mandantin hat Kenntnis davon erlangt, dass Ihr Unternehmen Schneideinsätze in der Bundesrepublik Deutschland anbietet und vertreibt, die unter das Patent unserer Mandantin fallen.

12 Der **Verletzungstatbestand** ist **genau** zu bezeichnen, so dass der Verwarnte prüfen kann, wie er die Verwarnung befolgen könnte.[13]

Formulierungsvorschlag:

13 Die in Ihrem Produktkatalog von 2000, Seite 9, angebotene Fräswendeplatte verwirklicht wortlautgemäß sämtliche Merkmale des Anspruchs 1 des Streitpatents.

Bei den von Ihnen angebotenen Fräswendeplatten handelt es sich um Schneideinsätze für Fräswerkzeuge. Ihre Verwendung in einem rotierenden Umfangfräser mit einem zylindrischen Halter und mindestens einem austauschbaren, am Umfang angeordneten Schneideinsatz ergibt sich aus den S. 9, 48 und 49 Ihres Produktkatalogs.

Bei dem von Ihnen angebotenen Schneideinsatz wird demnach wortlautgemäß von dem Hauptanspruch 1 des Patents DE Gebrauch gemacht.

14 **b) Wettbewerbsrechtliche Abmahnung.** Die inhaltlichen Anforderungen für eine Abmahnung im Wettbewerbsrecht sind in § 13 Abs. 2 UWG geregelt.[14] Demnach muss die Abmahnung klar und vollständig formuliert sein und insbesondere folgende Angaben enthalten:

- Name oder Firma des Abmahnenden sowie im Falle einer Vertretung zusätzlich Name und Firma des Vertreters,
- Voraussetzungen der Anspruchsberechtigung nach § 8 Abs. 3 UWG,
- Angaben über die tatsächlichen Umstände der Rechtsverletzung sowie Darlegung der Voraussetzungen des konkret vorliegenden Wettbewerbsverhältnisses.

15 Als vorprozessuale Handlung unterliegt die Abmahnung allerdings nicht dem strengen Bestimmtheitsgrundsatz des § 253 II Nr. 2 ZPO.[15] Entspricht die Abmahnung nicht den Voraussetzungen des § 13 Abs. 2 UWG hat der Abmahnende keinen Anspruch auf Erstattung der Abmahnkosten (§ 13 Abs. 3 UWG). Im Falle einer Abmahnung durch Mitbewerber (§ 8 Abs. 3 Nr. 1 UWG) ist ein Aufwendungsersatzanspruch des Abmahnenden ausgeschlossen bei Verstößen gegen gesetzliche Informations- und Kennzeichnungspflichten im Internet/digitalen Bereich (zB Angaben im Impressum, Widerrufsbelehrung, Informationen nach § 312d BGB im Onlinehandel) sowie bei Verstößen gegen die Datenschutz-Grundverordnung sowie das Bundesdatenschutzgesetz durch Unternehmen sowie gewerblich tätige Vereine, sofern sie in der Regel weniger als 250 Mitarbeiter beschäftigen (§ 13 Abs. 4 UWG). Der Abmahnende muss damit rechnen, dass der Abgemahnte im Fall einer unberechtigten Abmahnung ihm gegenüber die für seine Rechtsverteidigung erforderlichen Aufwendungen geltend macht (§ 13 Abs. 5 UWG). Dieser Anspruch ist allerdings ausge-

[13] OLG Hamburg WRP 1995, 125; OLG Düsseldorf BeckRS 2012, 105.
[14] Köhler/Bornkamm/Feddersen/Bornkamm/Feddersen UWG § 13 Rn. 12.
[15] BGH GRUR 2021, 752, 754 – Berechtigte Gegenabmahnung.

schlossen, wenn die fehlende Berechtigung der Abmahnung für den Abmahnenden zum Zeitpunkt der Abmahnung nicht erkennbar war (§ 13 Abs. 5 S. 3 UWG).

c) **Unbedingte Unterlassungsaufforderung. Generelles:** Kennzeichnend für die Abmahnung ist das **ernsthafte** und **endgültige Unterlassungsbegehren.** Dieses kann sich auch aus den Begleitumständen ergeben und muss nicht unbedingt ausdrücklich verlangt werden.[16] Darin unterscheidet sie sich von einem bloßen Meinungsaustausch über die Schutzrechtslage bzw. vom bloßen Schutzrechtshinweis.[17] 16

Formulierungsvorschlag:

… 17

Aufgrund dessen macht unsere Mandantin Ansprüche auf Unterlassung (§ 139 Abs. 1 PatG), Rechnungslegung (§§ 242 BGB, 140b PatG), Entschädigung (§ 33 Abs. 1 PatG), Schadensersatz (§ 139 Abs. 2 PatG) und Vernichtung Ihrer Erzeugnisse (§ 140a PatG) geltend.

Unsere Mandantin gibt Ihnen die Gelegenheit, die streitige Auseinandersetzung durch Abgabe klaglosstellender Erklärungen außergerichtlich zu bereinigen. Namens und in Vollmacht unserer Mandantin fordern wir Sie daher auf, die beigefügte Unterlassungs-/Verpflichtungserklärung abzugeben. Wir sehen dem Eingang der anliegenden Verpflichtungserklärung – rechtsverbindlich unterzeichnet und unverändert – bis zum

…

entgegen.

d) **Ausdrückliche Androhung gerichtlicher Schritte.** Im Hinblick auf § 93 ZPO müssen ausdrücklich **gerichtliche Schritte** für den Fall der Nichtunterwerfung angedroht werden. Nicht erforderlich ist dafür, dass der Rechtsanwalt des Abmahnenden in diesem Stadium bereits einen Prozessauftrag erhalten hat. 18

Formulierungsvorschlag:

Wenn Sie die gesetzte Frist ungenutzt verstreichen lassen, werden wir unserer Mandantin empfehlen, gerichtliche Schritte gegen Sie einzuleiten. 19

3. Formalien

a) **Aktivlegitimation.** Zur Abmahnung berechtigt sind bei Schutzrechtsverwarnungen grundsätzlich die Inhaber gewerblicher Schutzrechte. Für die Abmahnung nach Wettbewerbsrecht sind zur Vermeidung missbräuchlicher Abmahnungen nur diejenigen Mitbewerber abmahnberechtigt, die regelmäßig und in erheblichen Maß am Marktgeschehen teilnehmen. Verbände (zB Abmahnvereine) sind nur dann berechtigt für ihre Mitglieder abzumahnen, wenn sie in einer beim Bundesamt für Justiz geführten Liste eingetragen sind, ihnen eine erhebliche Zahl von Unternehmen angehört und aufgrund ihrer personellen, sachlichen oder finanziellen Ausstattung gewährleistet ist, dass sie ihre satzungsgemäßen Aufgaben dauerhaft wirksam ausüben können (§§ 8, 8b, 13 UWG). 20

b) **Adressat der Abmahnung.** Als Adressat der Abmahnung kommt grundsätzlich jeder Störer in Betracht, also jeder, dem ein **Wettbewerbsverstoß** bzw. eine **Schutzrechtsverletzung** vorgeworfen werden kann. Der Abmahnende wird in erster Linie gegen Hersteller und Vertreiber der verletzenden Produkte vorgehen. Der Abmahnende kann aber auch gegen andere Abnehmer verletzender Produkte vorgehen, weil auch die (gewerbsmäßige) Benutzung einer patentgeschützten Erfindung verboten ist (§ 9 PatG). Bei so genannten Abnehmerverwarnungen sind an die Sorgfaltspflichten des Abmahnenden strengere Anforderungen zu stellen als bei Herstellerverwarnungen. Da Abnehmer erfahrungsgemäß häufig auf Konkurrenzprodukte ausweichen, um uner- 21

[16] OLG Düsseldorf BeckRS 2011, 27019.
[17] → Rn. 6.

wünschte Wettbewerbsstreitigkeiten zu vermeiden, treffen Abnehmerverwarnungen die Hersteller besonders hart. Insofern sollte eine Abnehmerverwarnung grundsätzlich erst dann ausgesprochen werden, wenn eine Herstellerverwarnung erfolglos geblieben ist.[18]

22 Der zu **Unrecht Abgemahnte** kann die Abmahnung zurückweisen oder unbeantwortet lassen. Nach der Rechtsprechung des BGH[19] besteht grundsätzlich keine Antwortpflicht, da bei fehlendem Verstoß kein Schuldverhältnis entstanden sein kann. Eine Gegenabmahnung ist nur ausnahmsweise veranlasst, wenn die Abmahnung in tatsächlicher oder rechtlicher Hinsicht auf offensichtlich unzutreffenden Annahmen beruht, bei deren Richtigstellung mit einer Änderung der Auffassung des vermeintlich Verletzten gerechnet werden kann. Soweit die Gefahr einstweiliger Verfügungen droht, sollte der Abgemahnte die Abmahnung mit einer entsprechenden Begründung zurückweisen und ggf. Schutzschriften einreichen, um die Gerichte vorab zu informieren. Nach hM kann der zu Unrecht Abgemahnte ohne Gegenabmahnung **negative Feststellungsklage** erheben.[20]

23 **c) Form der Abmahnung.** Es empfiehlt sich, die Abmahnung in **schriftlicher Form** auszusprechen und das Abmahnschreiben per Einschreiben mit Rückschein zuzustellen. Notfalls reicht auch ein einfacher, vorab per Fax übermittelter Brief, weil der Sendebericht zumindest im Verfügungsprozess als Zugangsnachweis ausreicht. Bei dringenden Messesachen kann die Abmahnung auch auf einem Messestand unter Anwesenden ausgesprochen oder überbracht werden, wenn andere Möglichkeiten nicht zur Verfügung stehen.[21] Mahnt der Verletzte telefonisch ab, muss er mit besonderer Sorgfalt darauf achten, dass seine Abmahnung den inhaltlichen Anforderungen genügt, damit sie die Funktion der Prozessvermeidung erfüllen kann.[22]

24 **d) Zugang.** Die Beweislast für den Zugang des Abmahnschreibens liegt grundsätzlich beim Verletzten. Dieser trägt das Risiko des Zugangs der Abmahnung nur dann nicht, wenn er alles nach den Umständen Erforderliche getan hat, dass das Abmahnschreiben den Verletzer auch tatsächlich erreichen kann.[23] Kann der Verletzte den Zugang des Abmahnschreibens im Bestreitensfalle nicht beweisen, fallen ihm die Prozesskosten zur Last, wenn der Verletzer im folgenden Prozess den Anspruch sofort anerkennt, weil dann nicht feststeht, ob der Verletzer die Klageerhebung iSd § 93 ZPO veranlasst hat.

25 **e) Fristen.** Bei Wettbewerbsstreitigkeiten wird in der Regel eine **Frist von 1 bis 2 Wochen** angemessen sein. Im Rahmen von Schutzrechtsauseinandersetzungen kann die angemessene Frist nach Fallkonstellation erheblich kürzer (etwa bei Messesachen), aber auch erheblich länger sein. Im Bereich patentrechtlicher Streitigkeiten sind Fristen von 2 bis 6 Wochen üblich. Der Abmahnende sollte darauf achten, dass die Dringlichkeit für eine etwaige einstweilige Verfügung, welche ab der ersten Kenntnis von der Verletzungshandlung zu laufen beginnt, nicht verloren geht. Dies gilt insbesondere dann, wenn der Abgemahnte Verlängerungen der festgesetzten Frist fordert. Die zu kurz bemessene Frist setzt eine angemessene Frist in Lauf.[24] Es ist jedoch grundsätzlich Sache des Verletzers, auf die zu kurze Frist hinzuweisen und eine Erklärung in angemessener Frist anzukündigen[25] bzw. sich um eine Fristverlängerung zu bemühen.[26]

4. Unberechtigte Abmahnung[27]

26 Die **unberechtigte Schutzrechtsverwarnung** stellt nach ständiger Rechtsprechung des BGH einen Eingriff in den eingerichteten und ausgeübten Gewerbebetrieb des Verwarnten dar.[28] Dem-

---

18 BGH GRUR 1979, 332 (337); weniger streng 1995, 424 (425); ablehnend Ullmann GRUR 2001, 1027 (1029); ebenso Deutsch WRP 1999, 25 f.; LG Düsseldorf Beck-RS 2011, 2571; OLG Hamburg GRUR-RS 2020, 25379.

19 BGH GRUR 1995, 167 (169), BGH GRUR 2004, 790 (793) – Gegenabmahnung.

20 BGH GRUR 1995, 697 (699), BGH GRUR 2004, 790 (793) – Gegenabmahnung; Menebröcker/Blanck/Smielick UWG 2022 § 4 Rn. 481.

21 Vgl. OLG Frankfurt GRUR 1995.

22 Vgl. OLG München NJWE-WettbwR, 1998.

23 OLG Düsseldorf WRP 1996, 1111; BGH GRUR 2007, 629 (630) – Zugang des Abmahnschreibens.

24 OLG Hamburg, GRUR 1991, 80; OLG Köln LSK 1997, 250, 260; BGH GRUR 1990, 381 (382) – Antwortpflicht des Abgemahnten.

25 OLG Hamburg GRUR 1989, 297.

26 OLG Köln WRP 1984, 164, vgl. zur Angemessenheit der Frist Wilke/Jungeblut S. 38 f.

27 Köhler/Bornkamm/Feddersen/Bornkamm/Feddersen UWG § 13 Rn. 84; Teplitzky GRUR 2005, 9.

28 BGH GRUR 2011, 995; BGH GRUR 2005, 882; BGH GRUR 2006, 433; BGH GRUR 1995, 424 (425); GRUR 1997, 741 (742); BGH GRUR 1976, 715; Busse/Keukenschrijver PatG § 139 Rn. 233; Benkard/Mellulis vor §§ 9 bis 14 Rn. 16 mwN.

nach ist die Verwarnung objektiv unberechtigt, wenn kein Schutzrecht verletzt ist, dh wenn das Schutzrecht nicht besteht, nachträglich vernichtet wird oder die beanstandete Handlung nicht erfasst.[29] Eine sachlich nicht berechtigte Schutzrechtsverwarnung ist nicht durch das Recht der freien Meinungsäußerung gemäß Art. 5 GG gedeckt und verpflichtet grundsätzlich zum Schadensersatz, wenn sie schuldhaft, dh ohne sorgfältige Prüfung durch erfahrene Berater erfolgt und ein ernsthaftes und ausdrückliches Unterlassungsbegehren beinhaltet.[30] Die Rechtswidrigkeit der Schutzrechtsverwarnung ist nach objektiven Kriterien zu beurteilen und kann auch bei Gutgläubigkeit des Verwarnenden vorliegen.[31] Der Verwarnende muss daher Rechtsbeständigkeit und Umfang seines Schutzrechts **gewissenhaft prüfen.**[32] Dabei kommt es insbesondere darauf an, ob er wegen eines geprüften oder ungeprüften Schutzrechts verwarnt und ob er an den Hersteller oder den Abnehmer herantritt. Auf den Bestand eines geprüften Schutzrechts (etwa ein erteiltes Patent) darf sich der Abmahnende eher verlassen als auf den Bestand eines nicht geprüften Schutzrechts (etwa ein Geschmacks- oder Gebrauchsmuster).[33] Schließlich ist eine Abmahnung selbst bei voller materieller Berechtigung auch dann rechtswidrig, wenn sie den oben dargestellten strengen formalen und inhaltlichen Ansprüchen nicht genügt.[34]

Die Grundsätze der unberechtigten Schutzrechtsverwarnung sind auf die **unberechtigte wettbewerbsrechtliche Abmahnung** nicht übertragbar.[35] Eine wettbewerbsrechtliche Abmahnung ist dann objektiv ungerechtfertigt, wenn der behauptete Anspruch nicht durchsetzbar ist oder dem Abmahner nicht zusteht. War die fehlende Berechtigung für den Abmahnenden erkennbar oder verschließt er sich bewusst dieser Kenntnis,[36] steht dem Abgemahnten gemäß § 13 Abs. 5 UWG ein Anspruch auf Ersatz der für seine Rechtsverteidigung erforderlichen Kosten zu. Liegt eine missbräuchliche Abmahnung vor (§ 8c Abs. 2 UWG nennt Regelbeispiele und Voraussetzungen unter denen eine missbräuchliche Abmahnung vermutet wird), bestehen außerdem Ansprüche auf Ersatz der erforderlichen Anwaltskosten (§ 8c Abs. 3 UWG) sowie Ansprüche auf Unterlassung, Beseitigung (§§ 3 Abs. 1 iVm § 4 Nr. 4 UWG, § 8 UWG) und Schadensersatz (§ 9 Abs. 1 UWG, § 4 Nr. 4 UWG).[37] Die rechtsmissbräuchliche Abmahnung führt außerdem dazu, dass keine Abmahnkosten zu erstatten sind und der geltende Unterlassungsanspruch nicht besteht.[38] 27

Wer eine nicht gerechtfertigte Abmahnung ausspricht, gibt regelmäßig Veranlassung zur Erhebung einer **negativen Feststellungsklage.** Dies gilt nicht, wenn der Abmahnende offensichtlich von falschen tatsächlichen Voraussetzungen ausgeht und bei Aufklärung des Irrtums voraussichtlich von dem Anspruch absehen wird.[39] 28

Unabhängig von ihrer inhaltlichen Berechtigung verstößt eine Verwarnung gegen § 3 UWG, wenn sie irreführend und unvollständig ist. Der Anwendungsbereich des § 3 UWG ist dabei nicht auf wahrheitswidrige Angaben beschränkt. 29

Bei **Abnehmerverwarnungen** sind an die Sorgfaltspflicht des Abmahnenden **strengere Anforderungen** zu stellen als bei Herstellerverwarnungen. Eine Abnehmerverwarnung darf grundsätzlich erst dann ausgesprochen werden, wenn eine Herstellerverwarnung erfolglos geblieben ist.[40] Die Rechtslage ist besonders sorgfältig zu prüfen. Mit dem Rat eines Patent- oder Rechtsanwalts kann sich der Abmahnende entlasten, wenn sich die Beratung detailliert auf alle relevanten Aspekte erstreckt hat.[41] Eine Abnehmerverwarnung trifft den Hersteller meist besonders hart, weil sich die Abnehmer häufig fügen und auf Konkurrenzprodukte ausweichen werden. Deshalb legt die Rechtsprechung bei Abnehmerverwarnungen gegenüber der Herstellerverwarnung einen strengeren Verschuldensmaßstab an.[42] Bei unbegründeter Abnehmerverwarnung stehen auch dem 30

[29] Brandi-Dohrn GRUR 1981, 679.
[30] BGH GRUR 1969, 479 (481); Benkard/Scharen PatG vor §§ 9–14 Rn. 20 ff.
[31] BGH GRUR 2011, 995; BGH GRUR 2005, 882; Benkard/Scharen PatG vor §§ 9–14 Rn. 17.
[32] BGH GRUR 1974, 290 (292).
[33] BHG GRUR 1976, 715 (717).
[34] OLG Düsseldorf InstGE 9, 123.
[35] BGH GRUR 2011, 152 Rn. 63 – Kinderhochstühle im Internet; BGH GRUR RR 2011, 343 – unberechtigte Abmahnung; BeckOK UWG 2022 Menebröcker/Blank/Smielick § 4 Rn. 474–485; Köhler/Bornkamm/Feddersen/Bornkamm/Feddersen UWG § 13 Rn. 35.
[36] GRUR 2010, 1133 Rn. 24 – Bonuspunkte.
[37] Gloy/Loschelder/Danckwerts/Hasselblatt/Witschel § 4 Rn. 172 ff.
[38] BGH GRUR 2002, 357 – Missbräuchliche Mehrfachabmahnung.
[39] OLG München NJWE-WettbR 1998, 41.
[40] BGH GRUR 1979, 332 (337); weniger streng BGH GRUR 1995, 424 (425); ablehnend Ullmann GRUR 2001, 1027 (1029); ebenso Deutsch WRP 1999, 25 (26).
[41] BGH GRUR 1979, 332 (336); Köhler/Bornkamm/Köhler UWG § 9 Rn. 1.19.
[42] Vgl. LG Düsseldorf GRUR 1968, 156 (158).

Hersteller der vermeintlich schutzrechtsverletzenden Erzeugnisse – nicht aber dessen Zulieferern – Schadensersatzansprüche gegen den Verwarnenden zu.[43] Die Versendung eines nicht rechtskräftigen Patentverletzungsurteils an gewerbliche Abnehmer ist nach der Rechtsprechung des BGH grundsätzlich zulässig und nur dann als unzulässige Verwarnung gem. § 3 UWG zu beanstanden, wenn das Verwarnungsschreiben den unzutreffenden Eindruck vermittelt, das Urteil sei rechtskräftig.[44] Bei fahrlässig unzutreffender Rechtsberatung kommt eine Haftung des Rechtsanwalts auf Schadensersatz wegen unberechtigter Abmahnung in Betracht.[45]

5. Abmahnkosten

31 **Abmahnkosten** sind bei der Schutzrechtsverwarnung nach den Grundsätzen der **Geschäftsführung ohne Auftrag gem. §§ 683, 677, 670 BGB** verschuldensunabhängig zu erstatten.[46] Der Erfolg der Abmahnung ist dafür nicht Voraussetzung.[47] Gibt der Verletzer keine Unterlassungserklärung ab, muss er die Pauschale dennoch erstatten, wenn er anschließend zur Unterlassung verurteilt wird. Die Kosten für das Abmahnschreiben sind **bei Verschulden** außerdem als **Schadensersatz nach § 823 Abs. 1 BGB** zu erstatten.[48]

32 Bei Verschulden des Abmahnenden können unberechtigte Abmahnungen Schadensersatz- und Unterlassungsansprüche auslösen. Erstattungsfähig sind grundsätzlich Kosten des Abgemahnten für die Inanspruchnahme anwaltlicher Beratung sowie Aufwendungen für Produktionseinstellung bzw. -umstellung. Als Haftungsgrundlage kommt die Geschäftsführung ohne Auftrag gemäß § 678 BGB bei vorliegendem Übernahmeverschulden sowie ggf. die culpa in contrahendo in Betracht.[49]

33 Im Fall einer **wettbewerbsrechtlichen Abmahnung** schuldet der Abgemahnte ebenfalls Aufwendungsersatz, sofern es sich um eine berechtigte Abmahnung handelt.[50] In der Regel sind die erforderlichen Rechtsanwaltskosten des Abmahnenden erstattungsfähig.[51]

Praxistipp:

Bei Klagen auf Erstattung der Abmahnkosten auf Basis gewerblicher Schutzrechte ist zu beachten, dass je nach Anspruchsgrundlage (§ 823 Abs. 1 BGB oder Geschäftsführung ohne Auftrag) der Gerichtsstand verschieden sein kann. Bei einem deliktischen Anspruch ist der Ort der unerlaubten Handlung einschlägig, während bei einem Anspruch aus GoA der allgemeine Gerichtsstand, also regelmäßig der Sitz des Beklagten maßgeblich ist. Zur Vermeidung einer Inanspruchnahme wegen unberechtigter Schutzrechtsverwarnung sollte von der Möglichkeit einer bloßen Berechtigungsanfrage Gebrauch gemacht werden.

Für Ansprüche nach dem UWG, einschließlich der Inanspruchnahme für Aufwendungsersatz des Abmahnenden bei berechtigter Abmahnung ist das Gericht zuständig, an dem der Abgemahnte seinen allgemeinen Gerichtsstand (Wohnsitz/ Unternehmenssitz) hat.

II. Strafbewehrte Unterlassungsverpflichtung

1. Rechtliche Bedeutung

34 Zur Erleichterung der angestrebten außergerichtlichen Streitbeilegung empfiehlt es sich, der Abmahnung eine vorformulierte **Unterlassungsverpflichtungserklärung** mit Vertragsstrafeversprechen beizufügen, um den Streit möglichst rasch einvernehmlich und außergerichtlich beizulegen. Um im Streitfall bei der **Schutzrechtsabmahnung** die sachliche Zuständigkeit des Landgerichts gemäß §§ 23 Nr. 1, 71 Abs. 1 GVG zu begründen, sollte der Betrag über EUR 5.000,– liegen. Es hat sich eingebürgert, einen Betrag von EUR 5.001,– oder EUR 5.010,– anzusetzen. Bei der **wett-**

[43] BGH GRUR 2007, 313; Fortführung von BGH GRUR 1977, 805.
[44] BGH NJW-RR 1995, 810.
[45] BGH GRUR 2016, 63; BGH GRUR 2020, 1116.
[46] BGH WRP 19[illegible]6, 1999; BGH WRP 1970, 20.
[47] BGH WRP 199[illegible], 159 (161).
[48] BGH GRUR 1973, 384 (385); BGH GRUR 1985, 924.
[49] Chudziak GRUR 2012, 133; OLG Hamburg NJW-RR 2003, 847; OLG München GRUR-RR 2008, 461.
[50] Köhler/Bornkamm/Feddersen/Bornkamm/Feddersen UWG § 13 Rn. 138.
[51] BGH GRUR 2010, 1120 – Vollmachtsnachweis; BGH GRUR 2008, 928 – Abmahnkostenersatz.

bewerbsrechtlichen Abmahnung ist die Festlegung einer angemessenen Vertragsstrafe in § 13a UWG gesetzlich geregelt und ihre Vereinbarung bei der erstmaligen Abmahnung unter bestimmten Voraussetzungen sogar ausgeschlossen (§ 13a Abs. 2 UWG).

Die vorbehaltlose und **strafbewehrte Unterlassungserklärung** des Rechtsverletzers beseitigt die konkrete Gefahr einer künftigen Rechtsverletzung, so dass die Anspruchsvoraussetzung der Wiederholungs-/Begehungsgefahr entfällt. Die Wiederholungsgefahr entfällt erst, wenn der Verletzer uneingeschränkt, bedingungslos und unwiderruflich sowie unter Übernahme einer angemessenen Vertragsstrafe für jeden Fall der Zuwiderhandlung erklärt, weitere Verletzungshandlungen zu unterlassen.[52] Dagegen braucht der Verletzer nach höchstrichterlicher Rechtsprechung nicht auf die Einrede des Fortsetzungszusammenhangs zu verzichten.[53] Der uneingeschränkte Verzicht auf die Einrede des Fortsetzungszusammenhangs in Allgemeinen Geschäftsbedingungen stellt im Regelfall sogar eine unangemessene Benachteiligung des Schuldners dar und ist daher gem. § 9 Abs. 2 AGBG unwirksam. Nach dem Urteil des OLG Frankfurt vom 23.7.2020[54] führt der Ausschluss des Fortsetzungszusammenhangs in vorformulierten Unterlassungserklärungen zur Unwirksamkeit der gesamten Unterlassungs- und Verpflichtungserklärung gemäß § 307 Abs. 1 BGB und sollte daher vermieden werden. 35

Der Verletzer braucht sich der vorformulierten Erklärung aber nicht zu bedienen; er kann auch eine eigene Erklärung verfassen, solange diese inhaltlich ausreicht und die Wiederholungsgefahr beseitigt. Eine strafbewehrte Unterlassungserklärung ist regelmäßig in jeder Lage des Rechtsstreits, also auch während des laufenden Prozesses, geeignet, die entsprechende Begehungsgefahr zu beseitigen.[55] 36

Mit Abgabe der Unterwerfungserklärung erkennt der Verletzer den geltend gemachten Anspruch nicht zwingend iSd § 307 ZPO an. Dem Verletzer steht es frei, die Abgabe einer Unterlassungserklärung „ohne Anerkenntnis einer Rechtspflicht, aber dennoch rechtsverbindlich" abzugeben, um eine gerichtliche Auseinandersetzung zu vermeiden. Auch ohne derartiges Anerkenntnis beseitigt die unbedingte Unterwerfungserklärung die Begehungs-/Wiederholungsgefahr und verpflichtet den Erklärenden zum Ersatz der Abmahnkosten. 37

2. Inhalt

In der vorformulierten Unterlassungserklärung muss der **Gegenstand** der Verpflichtung zur Unterlassung **klar und eindeutig festgelegt werden.**[56] Die Auslegung der Erklärung richtet sich nach allgemeinen Auslegungsgrundsätzen der §§ 133, 157 BGB.[57] Auslegungszweifel können zur Unwirksamkeit der Erklärung führen. 38

Muster einer Unterlassungsverpflichtung:

Unterlassungs-/Verpflichtungserklärung 39

Die Firma A
verpflichtet sich gegenüber
der Firma B

1. es bei Meidung einer für jeden Fall der Zuwiderhandlung fällig werdenden Vertragsstrafe in Höhe von EUR 5.001,– (in Worten: fünftausendundeinen Euro) zu unterlassen,
Schneideinsätze zur Verwendung in einem rotierenden Umfangsfräser mit einem zylindrischen Halter und mindestens einem austauschbaren, am Umfang angeordneten Schneideinsatz im Geltungsbereich des deutschen Patents DE herzustellen, anzubieten, in den Verkehr zu bringen oder zu gebrauchen oder zu den genannten Zwecken entweder einzuführen oder zu besitzen, bei denen zwei Schneidkanten vorhanden sind, die zwischen der unebenen Schneidbrustfläche und der daran anschließenden Hinterflankenfläche angeordnet sind und die Schneidkante in Bezug zu der entsprechende Kante der Einsatzbasis schräg liegt.

---

[52] Köhler/Bornkamm/Bornkamm UWG § 12 Rn. 1.138.
[53] BGH WRP 1993, 240 (243); inzwischen hat der BGH, den Fortsetzungszusammenhang praktisch zugunsten einer einzelfallbezogenen Vertragsauslegung abgeschafft, die am Begriff der „rechtlichen Einheit" der Verletzungshandlung anknüpft, welche der BGH im entschiedenen Fall bejahte (GRUR 2001, 758); aus Sicht des Gläubigers ist es daher auch weiterhin ratsam, ausdrücklich zu regeln, dass die Vertragsstrafe für jeden Einzelfall verwirkt sein soll.
[54] OLG Frankfurt GRUR-Prax 2020, 495.
[55] OLG Hamburg NJW-RR 2000, 271.
[56] OLG Frankfurt GRUR 1988, 563.
[57] BGH MDR 1993, 635.

2. der Firma B für den Umfang der vorstehend in Ziff. 1 bezeichneten Handlungen Rechnung zu legen, und zwar
   a) für die Zeit seit dem 2.1.2004 unter Angabe
      aa) der Herstellungsmengen und -zeiten
      bb) der Mengen der erhaltenen oder bestellten Erzeugnisse sowie der Namen und Anschriften der Hersteller, Lieferanten und anderer Vorbesitzer der vorstehend in Ziff. 1 beschriebenen Erzeugnisse
      cc) der einzelnen Lieferungen, aufgeschlüsselt nach Liefermengen, -zeiten und -preisen nebst Produktbezeichnungen sowie Namen und Anschriften der Abnehmer
      dd) der einzelnen Angebote, aufgeschlüsselt nach Angebotsmengen, -zeiten und -preisen nebst Produktbezeichnungen sowie der Namen und Anschriften der Angebotsempfänger
      ee) der Art und des Umfangs der betriebenen Werbung, aufgeschlüsselt nach Werbeträgern, deren Auflagenhöhe, Verbreitungszeitraum und Verbreitungsgebiet
      ff) der nach den einzelnen Kostenfaktoren aufgeschlüsselten Gestehungskosten sowie
      gg) des erzielten Gewinns,
   b) wobei
      ihr vorbehalten bleibt, die Namen und Anschriften der nicht gewerblichen Abnehmer und Angebotsempfänger statt der Firma B einem von dieser zu bezeichnenden, ihr gegenüber zur Verschwiegenheit verpflichteten vereidigten Wirtschaftsprüfer mitzuteilen, sofern sie dessen Kosten trägt und ihn ermächtigt und verpflichtet, der Firma B auf konkrete Anfrage mitzuteilen, ob ein bestimmter Abnehmer oder Angebotsempfänger in der Aufstellung enthalten ist,
3. der Firma B
   allen Schaden zu ersetzen, der ihr auf Grund der Verletzungshandlungen gem. Ziff. 1 seit dem 2.1.2004 entstanden ist und künftig entstehen wird,
4. die in ihrem mittelbaren oder unmittelbaren Besitz oder Eigentum befindlichen, vorstehend in Ziff. 1 beschriebenen Erzeugnisse auf eigene Kosten zu vernichten,
5. der Firma B die für die Inanspruchnahme anwaltlicher Hilfe entstandenen Kosten auf der Grundlage eines Gegenstandswerts von EUR 250.000,– in Höhe einer 1,3 Geschäftsgebühr jeweils für einen Patent- und Rechtsanwalt zuzüglich Auslagen zu erstatten.

…, den …
…
(Firma A)

3. Rechtsfolgen

40 Der Unterlassungsvertrag kommt grundsätzlich erst zustande, wenn der Unterlassungsgläubiger die Unterlassungs-/Verpflichtungserklärung – etwa durch Bestätigungsschreiben – annimmt. Ob und wann ein solcher Vertrag zustande gekommen ist, richtet sich grundsätzlich nach dem allgemeinen Vertragsrecht des BGB (§§ 145 ff.). In der Regel kann die Abmahnung bereits als Angebot zum Abschluss eines Unterlassungsvertrags entsprechend der beigefügten vorformulierten Unterlassungsverpflichtungserklärung gesehen werden, so dass die Annahme durch die Abgabe der Unterlassungserklärung in inhaltlich unveränderter Fassung erklärt wird.[58] In diesem Fall bedarf es daher, anders als wenn die Unterwerfungserklärung verändert wurde, **keiner ausdrücklichen Annahme** oder sonstigen Bestätigung der Unterlassungserklärung, damit diese Wirksamkeit entfaltet.

41 Ein **Unterlassungsvertrag** kommt auch dann zustande, wenn der Unterlassungsschuldner eine ihm mit der Abmahnung übermittelte vorbereitete Unterwerfungserklärung abändert und im Begleitschreiben ausführt, der ursprüngliche Entwurf gehe zu weit. Der Unterlassungsschuldner verzichtet aber nur dann konkludent auf den Zugang der Annahmeerklärung des Gläubigers, wenn die Unterwerfungserklärung jedenfalls nicht wesentlich von dem Entwurf des Gläubigers abweicht.[59]

42 Wer eine strafbewehrte Unterlassungserklärung abgegeben hat, muss sicherstellen, dass die darin enthaltene Handlung nicht wiederholt wird. Der Schuldner muss durch präzise Anordnungen sicherstellen, dass die beanstandete Benutzungshandlung oder das beanstandete Werbemate-

[58] BGH GRUR 2002, 824.
[59] BGH GRUR 2002, 824 (825).

rial nicht mehr verwendet wird.[60] Das gilt unter Umständen sogar in Bezug auf seine Abnehmer.[61]

43 Das rechtliche Interesse an einer gerichtlichen Geltendmachung des Unterlassungsanspruchs kann nach der Rechtsprechung[62] wieder neu entstehen, wenn bei Unterwerfungserklärung gleichartige Verstöße des Verletzers nachfolgen.

44 Bei Verstößen gegen die Unterwerfungserklärung ist die **gleichzeitige** klageweise **Geltendmachung von Unterlassungs- und Vertragsstrafeansprüchen,** die aus einer strafbewehrten Unterwerfungserklärung hergeleitet werden, prozessual zulässig und zweckmäßig.[63] Dem Verletzten kann die gerichtliche Geltendmachung des Unterlassungsanspruchs und die nachfolgende Unterlassungsvollstreckung nicht mit Hinweis auf seinen Vertragsstrafeanspruch versagt werden.

45 Anders als bei einer Vollstreckung gemäß § 890 ZPO braucht der Gläubiger bei einem Verstoß gegen die Unterlassungsverpflichtung nicht das Verschulden des Schuldners zu **beweisen.** Der Unterwerfungsschuldner haftet, im Gegensatz zu dem Titelschuldner, auch gem. § 278 BGB für seine Erfüllungsgehilfen. Außerdem kann der Gläubiger die Vertragsstrafe selbst vereinnahmen, während Ordnungsgelder der Staatskasse zufließen.

46 Seit Inkrafttreten des § 140b PatG am 1.7.1990 steht dem Inanspruchgenommenen nur noch ein **eingeschränkter Wirtschaftsprüfervorbehalt** zur Seite. Wäre die Auskunftserteilung unverhältnismäßig, hat der Gläubiger einen eingeschränkten Rechnungslegungsanspruch mit der Möglichkeit, den Wirtschaftsprüfervorbehalt auf die Namen und Anschriften der gewerblichen Abnehmer und Angebotsempfänger zu erstrecken.[64]

47 Ein Unterlassungsvertrag kann, wie jedes andere Dauerschuldverhältnis, aus wichtigem Grund **gekündigt** werden.[65] Bei veränderter Rechtslage, etwa nach Vernichtung oder Einschränkung des geltend gemachten Schutzrechts, kommt eine Vertragsanpassung oder ein Rücktritt nach § 313 BGB (Störung der Geschäftsgrundlage) in Betracht.

III. Aufbrauchsfristen

1. Rechtliche Bedeutung

48 Bei der vorprozessualen Streitbeilegung ist auch an **Aufbrauchsfristen** zu denken. Während Aufbrauchsfristen in gerichtlichen Urteilen die absolute Ausnahme bilden, sind Aufbrauchfristen sowie Umstellungs-, Auslauf- und Beseitigungsfristen bei der außergerichtlichen Streitbeilegung üblich und wichtig. Die Aufbrauchsfrist erlaubt dem Verletzer – je nach Art und Umfang der Vereinbarung mit dem Rechtsinhaber – streitgegenständliche Waren bis zu einem festgesetzten Zeitpunkt „aufzubrauchen“, dh zu vertreiben bzw. zu verwenden, ohne gegen eine Unterlassungsverpflichtung zu verstoßen. Eine Aufbrauchsfrist kann je nach Fallkonstellation den beiderseitigen Interessen der Beteiligten dienen. So kann der Unterlassungsschuldner etwa ohnehin planen, in absehbarer Zeit seine Produkte zu modifizieren oder die angegriffenen Handlungen ein- oder umzustellen, so dass sich der Aufwand und Kosten für Vorbereitung und Durchführung gerichtlicher Verfahren nicht lohnt. Aufbrauchsfristen können ein **wesentlicher Anreiz** für eine vergleichsweise Streitbeilegung bilden und damit erheblich schneller zur Unterlassung führen als die gerichtliche Durchsetzung.

49 Schließlich kann eine Aufbrauchsfrist oft die sinnlose und wirtschafts- wie gesellschaftspolitisch unerwünschte Vernichtung von Wirtschaftsgütern und schwere wirtschaftliche Belastungen für den Unterlassungsschuldner verhindern.[66] Deshalb ist sie gerade für Parteien interessant, die anerkennen, dass jeder einmal trotz größter Umsicht in die Position des Verletzers geraten kann.

2. Einräumung und Inhalt

50 Die Aufbrauchsfrist wird **vertraglich vereinbart** und in der Regel durch ein **Vertragsstrafeversprechen abgesichert.** Aufbrauchsfristen können im Rahmen der Vertragsfreiheit vereinbart wer-

[60] Vgl. OLG Köln GRUR 1986, 195.
[61] KG Berlin 30.3.1999 – 5 U 63/98, BeckRS 1999, 4852, in Bezug auf Einzelhändler, denen der Verletzer Werbematerial an die Hand gegeben hatte.
[62] GRUR 1980, 241.
[63] OLG Köln GRUR 1988, 241.
[64] BGH GRUR 1995, 338 (341).
[65] BGH GRUR 1997, 382.
[66] Spätgens WRP 1994, 693.

den und sich je nach Fallkonstellation auf den Aufbrauch vorhandener Materialien, Ausverkauf von Lagerbeständen, Umstellung auf andere Formen der Werbung, der Waren sowie deren Verpackung beziehen.[67] Bei einer **Aufbrauchsfrist im engeren Sinne** wird dem Verletzer gestattet, noch vorhandene Waren bis zu deren Aufbrauch zu verwenden bzw. zu veräußern, nicht jedoch neue Waren der angegriffenen Art zu beschaffen.[68] Bei der **Umstellungs- oder Auslauffrist** ist es dem Verletzer erlaubt, das beanstandete Verhalten solange fortzusetzen, wie dies zur Umstellung unbedingt erforderlich ist.[69] Weiter ermöglicht sie dem Verletzer, bestehende Verträge mit unbeteiligten Dritten zu ändern oder zu kündigen und somit nicht vertragsbrüchig werden zu müssen.

51 Bietet der Unterlassungsschuldner eine Unterlassungserklärung unter der Bedingung einer Aufbrauchsfrist an, so sollte er sich mit dem Unterlassungsgläubiger, der sich nicht zwingend auf eine solche Frist einzulassen braucht, in Verbindung setzen und ihm seine Beweggründe schildern. Der Unterlassungsgläubiger sollte sich nur auf eine Aufbrauchsfrist einlassen, wenn der Schuldner bereit ist, **Schadensersatz** in bestimmter Höhe für die gestatteten Handlungen zu leisten. Diese Vereinbarung stellt keinen nach § 138 BGB sittenwidrigen „Abkauf" dar.[70] Die Gewährung der Aufbrauchsfrist kann auch von der Leistung einer Sicherheit bezüglich des Schadenersatzanspruches des Verletzten abhängig gemacht werden.[71]

52 Die Parteien können die Aufbrauchsfrist auch nach Einleitung **gerichtlicher Verfahren** vereinbaren. Der Schuldner sollte bereits in seiner Schutzschrift eine Aufbrauchsfrist beantragen.[72] Der Gläubiger sollte dagegen nicht schon in der Abmahnung eine Aufbrauchsfrist anbieten, weil ein solches Angebot die Dringlichkeit zerstören könnte.[73] Können sich die Parteien nicht außergerichtlich einigen, kann der Schuldner die Aufbrauchsfrist im gerichtlichen Verfahren beantragen. Allerdings lehnen vereinzelte Gerichte die Aufbrauchsfrist grundsätzlich ab. So meint etwa das OLG München, dass eine Aufbrauchsfrist enteignungsgleichen Charakter habe, weil dem Gläubiger damit für bestimmte Zeit die Durchsetzung seines Rechts verwehrt werde.[74] Außerdem veranlasse die Frist den Schuldner während ihres Laufs zur besonders intensiven Verletzung der Gläubigerrechte.[75]

53 Manche halten Aufbrauchsfristen auch im Eilverfahren für zulässig,[76] unter anderem deshalb, weil der Antragsgegner in Anbetracht des schnellen und summarischen Verfahrens und der Gefahr unverhältnismäßiger Nachteile besonders schutzbedürftig sei.[77] Nach überzeugender Ansicht soll eine solche Frist nur dann eingeräumt werden, wenn der Antragsteller hiergegen ausdrücklich keine Einwände erhebt.[78]

54 Das Gericht darf dem Beklagten gegen den Willen des Klägers eine Aufbrauchsfrist nur aufgrund einer Abwägung aller konkret betroffenen Interessen einräumen. Dabei gebührt dem **Interesse des Verletzten** an der sofortigen Durchsetzung der gerichtlichen Unterlassungsverfügung grundsätzlich der **Vorrang** und muss nur ausnahmsweise dann zurücktreten, wenn dem Verletzer aus der sofortigen Durchsetzung des Verbotes unverhältnismäßige oder unzumutbare Nachteile erwachsen würden und andererseits dem Verletzten die Einräumung einer Aufbrauchsfrist zuzumuten ist.[79] Mit anderen Worten muss das Interesse des Verletzers an einer Aufbrauchsfrist die sonst beteiligten Interessen derart übersteigen, dass eine sofortige Durchsetzung des gerichtlichen Unterlassungsgebots unbillig erscheint.[80]

3. Wirkung und Rechtsfolgen

55 Die **Wirkung der Aufbrauchsfrist** besteht vor allem darin, dass ein gerichtlicher oder außergerichtlicher Unterlassungsanspruch während der Frist nicht durchsetzbar ist. Das bedeutet, dass

[67] Ahrens/Pastor Rn. 892.
[68] Gloy/Loschelder/Danckwerts § 91 Rn. 3.
[69] → Fn. 48.
[70] Berlit WRP 1998, 250 (252).
[71] Vgl. Gloy/Loschelder/Erdmann/ Danckwerts § 91 Rn. 4.
[72] Mittelstaedt Anwaltshandbuch Wettbewerbspraxis, „Aufbrauchsfrist" Rn. 22.
[73] Vgl. Gloy/Loschelder/ Danckwerts § 91 Rn. 13.
[74] OLG München WRP 1967, 32 (32).
[75] OLG München WRP 1985, 364 f.
[76] Berlit WRP 1998, 250 f.; Ulrich GRUR 1991, 26 (31).
[77] Ulrich GRUR 1991, 26 (29).
[78] OLG Koblenz GRUR 1995, 499 ff.
[79] BGH GRUR 2016, 1031 – Wärmetauscher; BGH GRUR 2007, 1079 (1082) – Bundesdruckerei; Ahrens/Bähr Kap. 38 Rn. 3.
[80] vom Feld/ Hozuri, FS für Sabine Rojahn zum 70. Geburtstag, S. 209, 214.

Zuwiderhandlungen, die allerdings in Art und Dauer genau bestimmt sein müssen, bis zum Fristablauf mangels Rechtschutzbedürfnis nicht eingeklagt werden können[81] – sie bleiben aber nach herrschender Meinung mit der Folge rechtswidrig, dass der Verletzte für die Handlungen Auskunft und Schadensersatz verlangen kann.[82]

Eine Unterlassungserklärung mit Aufbrauchsfrist beseitigt die Begehungsgefahr gegenüber einem Dritten nur dann, wenn die Aufbrauchsfrist auch gegenüber dem Dritten in Bezug auf Dauer, Umfang und Schadensfolge wegen gleicher Interessenlage bewilligt werden müsste.[83] Daher sollte der Unterlassungsschuldner, um während des Laufs der Aufbrauchsfrist nicht erneut von einem Dritten in Anspruch genommen zu werden, sämtliche Umstände berücksichtigen, die gegenüber einem Dritten gegen die Aufbrauchsfrist sprächen. Der Unterlassungsschuldner sollte die Frist daher im eigenen Interesse so kurz wie möglich bemessen. 56

IV. Schutzschrift

1. Begriff und rechtliche Grundlagen

Die Schutzschrift ist ein **vorbeugendes Verteidigungsmittel** gegen einen erwarteten Antrag auf Erlass einer einstweiligen Verfügung. Die Schutzschrift hat den Zweck, das Gericht bereits vor Eingang des Verfügungsantrages über die Sachlage und ihre rechtliche Würdigung aus der Sicht des Antragsgegners zu informieren. Das Gericht hat die Schutzschrift **zur Wahrung des rechtlichen Gehörs** bei seiner Entscheidung zu beachten und darin enthaltene Anträge zu bescheiden, wenn tatsächlich ein Verfügungsantrag gestellt wird. Die Formalien der Schutzschrift wurden zwischenzeitlich in §§ 945 ff. ZPO sowie der Schutzschriftenregisterverordnung gesetzlich geregelt. An der sonstigen Anerkennung durch die wettbewerbsrechtliche Praxis hat sich dadurch nichts geändert.[84] 57

Ziel der Schutzschrift ist es, den Erlass einer einstweiligen Verfügung zu verhindern oder wenigstens zu erreichen, dass das Gericht nicht ohne mündliche Verhandlung entscheidet. Die Anberaumung einer mündlichen Verhandlung liegt im Ermessen des Gerichts (§ 937 Abs. 2 ZPO). 58

Die Schutzschrift begründet kein Prozessrechtsverhältnis zwischen dem möglichen Antragsteller und dem möglichen Antragsgegner. Der mögliche Antragsteller wird vom Gericht nicht automatisch über das Vorliegen einer Schutzschrift informiert. In der Praxis ist der Antrag üblich, die Schutzschrift dem möglichen Antragsteller nur zugänglich zu machen, wenn dieser die Verfügung auch tatsächlich beantragt. 59

2. Bedeutung und Inhalt der Schutzschrift

Es gibt keine Vorschriften über den **Inhalt der Schutzschrift.** Ihre inhaltliche Konzeption entspricht im Wesentlichen der einer Erwiderung gegenüber einem fiktiven Antrag auf Erlass einer einstweiligen Verfügung wegen Wettbewerbs- bzw. Schutzrechtsverletzung. Der mögliche Antragsgegner sollte zunächst darlegen, auf Grund welcher Umstände er mit einem Verfügungsantrag rechnet. Im Mittelpunkt der Begründung steht sodann die **Auseinandersetzung** mit der **Verletzungsfrage.** Der mögliche Antragsgegner legt dar, warum er das betreffende Recht nicht verletzt haben will. Meist trägt der mögliche Antragsgegner auch dringlichkeitsschädliche Umstände vor, die den **Verfügungsgrund** entfallen lassen. 60

Der mögliche Antragsgegner sollte sich eingehend mit dem Bestand des betreffenden Schutzrechts auseinandersetzen. Hinweise auf anhängige Nichtigkeitsverfahren und die entsprechende Darlegung der dort vorgetragenen Argumente sind in der Regel geeignet, den Erlass einstweiliger Verfügungen zu verhindern. 61

Die Schutzschrift sollte den gegenwärtigen Stand der sachlichen Auseinandersetzung beschreiben. Der mögliche Antragsgegner muss darlegen, warum er mit einem Verfügungsantrag rechnet, worauf dieser gestützt sein wird und warum Verfügungsanspruch/Verfügungsgrund nicht bestehen. 62

---

[81] Umstritten ist, ob die Aufbrauchfrist eine prozess- bzw. vollstreckungsrechtlicher Maßnahme oder eine materiellrechtliche Beschränkung des Unterlassungsanspruchs selbst darstellt: Teplitzky Kap. 8 Rn. 10 mwN.

[82] BGH WRP 1960, 238 (241); GRUR 1974, 735 (737); Berlit WRP 1998, 250 (254); Gloy/Loschelder/Danckwerts § 91 Rn. 5.

[83] GroßkommUWG/Kreft vor § 13 Rn. 128.

[84] Vgl. Pastor 229 ff.; Deutsch GRUR 1990, 327 ff.; Teplitzky NJW 1980, 1667 ff.; Köhler/Bornkamm/Bornkamm UWG § 12 Rn. 3.40 ff.; Gloy/Loschelder/Danckwerts § 97 Rn. 30.

63 Um dem Gericht eine umfangreiche und ausreichende Beurteilung des Sachverhaltes zu ermöglichen, sind sämtliche anspruchsbegründenden Tatsachen vorzutragen und alle infrage kommenden Dokumente bei Schutzrechtsverletzungen, insbesondere die relevanten Spezifikationen, Vorveröffentlichungen, Muster, Beschreibungen und Abbildungen des eigenen Produktes, vorzulegen.

Praxistipp:

Vorsicht bei Fehlen durchschlagender Argumente. Andererseits ist eine zu weitgehende Information des möglichen Antragstellers zu vermeiden, da ein späteres Abrücken bzw. Richtigstellen in einem nachfolgenden Verfügungs- bzw. Hauptsacheverfahren die Glaubwürdigkeit des Antragsgegners beeinträchtigt.

Muster einer Schutzschrift:

64

Datum

Schutzschrift

In einem etwaigen einstweiligen Verfügungsverfahren der

Firma A, vertreten durch ihren Geschäftsführer G

– mutmaßliche Antragstellerin –

gegen

die Firma B, vertreten durch ihren Geschäftsführer H

– mutmaßliche Antragsgegnerin –

Verfahrensbevollmächtigte: Rechtsanwälte C

wegen: angeblicher Gebrauchsmusterverletzung

Hiermit bestellen wir uns zu Verfahrensbevollmächtigten der Firma B für den Fall, dass die Firma A wegen des nachstehend wiedergegebenen Sachverhaltes einen Antrag auf Erlass einer einstweiligen Verfügung stellen sollte.

Wir beantragen,

1. einen etwaigen Antrag auf Erlass einer einstweiligen Verfügung zurückzuweisen,
   hilfsweise
2. über einen etwaigen Antrag auf Erlass einer einstweiligen Verfügung nicht ohne mündliche Verhandlung zu entscheiden,
3. für den Fall der Zurückweisung des Verfügungsantrags oder seiner Zurücknahme der Antragstellerin die Kosten des Verfügungsverfahrens einschließlich derjenigen aufzuerlegen, die durch die Hinterlegung der Schutzschrift entstanden sind.

Wir sind damit einverstanden, dass

der Antragstellerin die vorliegende Schutzschrift zugänglich gemacht wird, sofern diese einen Antrag auf Erlass einer einstweiligen Verfügung stellen sollten.

Begründung

1. Die mögliche Antragsgegnerin ist durch die mögliche Antragstellerin mit Schreiben der Rechtsanwälte vom (Datum) verwarnt worden. Die Verwarnung stützt sich auf das deutsche Gebrauchsmuster G, dessen Kopie wir als Anlage A 1 überreichen.
2. Die mögliche Antragstellerin behauptet zu Unrecht eine Verletzung des Gebrauchsmusters G und stützt sich in unzutreffender Weise auf zwei Gutachten, die sie bereits in einem Parallelverfahren in Dänemark eingeführt hat. Abgesehen davon, dass diese Gutachten ausweislich ihres Inhaltes lediglich mit Wahrscheinlichkeitsannahmen arbeiten, sind das Ergebnis und die daraus gezogene Schlussfolgerung auch nachweislich unrichtig. Wir überreichen hierzu eine eidesstattliche Versicherung unseres Privatgutachters, Herrn Professor D, als Anlage A 2.

   Ausweislich der vorgelegten eidesstattlichen Versicherung fallen die von der mutmaßlichen Antragsgegnerin angebotenen Hautabdeckungen nicht unter den Schutzumfang des Gebrauchsmusters. Ein wasserdichter, elastischer Film nach Art des Gebrauchsmusters ist bei der angegriffenen Ausführungsform nicht vorhanden. Darüber hinaus stimmen die chemischen Eigenschaften der verwendeten Klebstoffkomponenten nicht überein.

Im Übrigen wird auf den Inhalt der eidesstattlichen Versicherung Bezug genommen. Daraus ergibt sich, dass die notwendige Klärung der Verletzungsfrage wegen der Komplexität der zu prüfenden chemischen Zusammenhänge nicht im Rahmen eines einstweiligen Verfügungsverfahrens erfolgen kann.

3. Darüber hinaus ist das geltend gemachte Gebrauchsmuster nicht schutzfähig. Wir überreichen hierzu eine Ablichtung des beim Deutschen Patent- und Markenamt eingereichten Löschungsantrags als Anlagenkonvolut A 3 und verweisen auf dessen Inhalt.

Rechtsanwalt

3. Hinterlegung der Schutzschrift

Nach offizieller Einführung des elektronischen Schutzschriftenregisters (vgl. Schutzschriftenregisterverordnung vom 24. November 2015), muss und darf die Schutzschrift nur noch zentral beim elektronischen Schutzschriftenregister eingereicht werden. 65

a) **Einführung des elektronischen Schutzschriftenregisters.** Zum 1.1.2016 trat § 945a ZPO in Kraft. Seitdem gibt es für die relevanten Bundesländer ein zentrales, länderübergreifendes elektronischen Register für Schutzschriften (Schutzschriftenregister). Sobald eine Schutzschrift nunmehr in dieses zentrale elektronische Schutzschriftenregister eingestellt ist, gilt sie als bei allen ordentlichen Gerichten der Länder (§ 945a Abs. 2 S. 1 ZPO) und damit auch allen potenziellen Patentverletzungsgerichten eingereicht. 66

b) **Zentrale Hinterlegung der Schutzschrift.** Das Schutzschriftenregister ist zentral online abrufbar unter: https.//schutzschriftenregister.hessen.de/.de. Dort können die entsprechenden Schutzschriften nunmehr auch für sämtliche ordentliche Gerichte hinterlegt werden. 67

c) **Bezeichnung der Parteien.** Die Parteien des möglicherweise bevorstehenden Verfahrens sind genau zu benennen. Es empfiehlt sich, neben der Firma auch die jeweiligen Geschäftsführer als Antragsgegner zu benennen. Unter Umständen, für den Fall, dass nicht feststeht, durch welchen mutmaßlichen Gegner ein Antrag erfolgen wird, sind mehrere mögliche Antragsteller zu benennen. Gleichzeitig ist auch an mehrere mögliche Antragsgegner (Kooperationsunternehmen, Abnehmer, etc.) zu denken. 68

d) **Kein Anwaltszwang.** Nachdem auch im Verfahren über den Antrag auf Erlass einer einstweiligen Verfügung kein Anwaltszwang besteht, kann die Schutzschrift durch den möglichen Antragsgegner selbst eingereicht werden. Selbstverständlich besteht jedoch auch die Möglichkeit, bereits einen bevollmächtigten Rechtsanwalt zu benennen. 69

4. Kosten

Die **Kostenerstattungspflicht** des möglichen Antragstellers gegenüber dem Einreicher der Schutzschrift ist umstritten. Sie kommt nur dann gemäß § 91 ZPO in Betracht, wenn die Schutzschrift von einem Rechtsanwalt eingereicht wurde und wenn das Verfahren tatsächlich eingeleitet wird und somit die Schutzschrift tatsächlich vom Gericht berücksichtigt wurde. Grundsätzlich geben die Gerichte dem Kostenantrag statt.[85] Die Kosten einer Schutzschrift sind – wenn der Verfügungsantrag bereits eingegangen ist oder noch eingeht – verfahrensbezogen und somit grundsätzlich erstattungsfähig. Weder ist hierfür eine vorangegangene Abmahnung erforderlich noch muss die Schutzschrift erkennbar vom Gericht bei seiner Entscheidung einbezogen worden sein. 70

[85] Vgl. OLG Düsseldorf WRP 1986, 331 und OLG Düsseldorf GRUR 1988, 404; OLG Köln GRUR 1988, 725; Deutsch S. 327, 331

§ 5 Wettbewerbsprozess – Gerichtliches Verfahren

Übersicht

I. Vorüberlegungen

1. Einleitung

Die wettbewerbsrechtliche Auseinandersetzung zeichnet sich in der Praxis regelmäßig durch Zeitgebundenheit des Marktgeschehens und einer Dringlichkeit der Reaktion hierauf aus. Soweit diesem nicht durch eine außergerichtliche Klärung Rechnung getragen werden kann,[1] kommt dem Verfügungsverfahren wegen der Eilbedürftigkeit eine besondere Bedeutung zu. Die in keinem anderen Rechtsgebiet erreichte praktische Relevanz des Verfügungsverfahrens resultiert im Wettbewerbsrecht außer aus den spezifischen Markterfordernissen aus folgenden Charakteristika, die die besondere Effizienz des Instruments einstweiliger Verfügungen kennzeichnen: Zu der materiell-rechtlichen Vermutung für das Vorliegen einer Wiederholungsgefahr tritt im Eilverfahren die Vermutung der Dringlichkeit und eine ohne Weiteres gegebene Vollstreckbarkeit der einstweiligen Verfügung hinzu. Dem Gläubiger wird außerdem – soweit es sich um Unternehmen handelt – ein forensisches Vorgehen häufig durch die Möglichkeit eines gewissen „Forum-Shoppings"[2] nach § 14 Abs. 2 UWG erleichtert. Bevor sich der Verletzte jedoch auf diese Art eines forensischen Vorgehens einlässt, gilt es, die wirtschaftlichen Zielsetzungen klar zu definieren, die materiell-rechtlichen und prozessualen Risiken zu erfassen und mögliche Gegenreaktionen abzuwägen. 1

2. Checklisten

a) **Allgemeine Vorüberlegungen.** Folgende **Fragen** sollten **vor Einleitung jeder Art von Wettbewerbsprozessen** mit dem Mandanten ausführlich erörtert und (erforderlichenfalls im Laufe des Verfahrens stets erneut) abgestimmt werden: 2

Checkliste
zu den allgemeinen Vorüberlegungen

- ☐ Welches wirtschaftliche Ziel verfolgt der Mandant und inwieweit ist dieses gerichtlich durchsetzbar?
- ☐ Wo liegen die eigenen Wettbewerbsschwächen und wie hoch ist die Wahrscheinlichkeit von Gegenangriffen?
- ☐ Ist eine offene oder eine verdeckte gerichtliche Auseinandersetzung (zB durch Einschaltung eines Wettbewerbsverbandes) gewollt?
- ☐ Empfiehlt sich die Einleitung eines Verfügungs- und/oder eines Hauptsacheverfahrens?
- ☐ Was wären akzeptable Einigungsmöglichkeiten bzw. Kompromisslösungen?

[1] → § 4.
[2] → Rn. 10 f.

3 Schließlich ist in besonderen Situationen, etwa zwecks Aufklärung und Sicherung von Beweismaterialien wegen vermuteter Verstöße gegen § 4 Nr. 3 Buchst. c) UWG (iVm dem GeschGehG) die Frage einer vorherigen oder gleichzeitigen Zuhilfenahme der Staatsanwaltschaft zu prüfen.

4 **b) Möglichkeit/Sachgerechtigkeit einer einstweiligen Verfügung.** Will der Verletzte seine wettbewerblichen Interessen gerichtlich wahren, so ist vorab zu klären, ob in der gegebenen Konstellation ein **einstweiliges Verfügungsverfahren** möglich und sinnvoll ist:

Checkliste
zur Möglichkeit/Sachgerechtigkeit einer einstweiligen Verfügung

- ☐ Besteht überhaupt Bedarf für eine kurzfristige – aber nur vorläufige – Entscheidung?
- ☐ Welche vorprozessualen Schritte sind sinnvoll, um die eigene Position zu verbessern?
- ☐ Seit wann weiß der Mandant von dem Wettbewerbsverstoß, dh ist die Angelegenheit noch eilbedürftig iSv § 12 Abs. 1 UWG?
- ☐ Kann der Sachverhalt ausreichend glaubhaft gemacht werden?
- ☐ Welches Gericht ist zuständig und sind dort örtliche Besonderheiten zu berücksichtigen?
- ☐ Wer ist/sind der/die richtige(n) Antragsgegner? Ist es zB sachgerecht, den Geschäftsführer einer GmbH persönlich neben der Gesellschaft in Anspruch zu nehmen, um eine Umgehung eines etwaigen Verbots zu vermeiden?
- ☐ Welche Risiken ist der Mandant bereit einzugehen, insbes. mit Blick auf das Schadenersatzrisiko nach § 945 ZPO?

5 **c) Taktische Varianten des Vorgehens mit einer einstweiligen Verfügung.** In taktischer Hinsicht lassen sich folgende vier **„klassische Varianten" der Eröffnung einer wettbewerbsrechtlichen Auseinandersetzung** unterscheiden:

Checkliste
zu taktischen Varianten

- ☐ Abmahnung; bei Erfolglosigkeit: Antrag auf Erlass einer einstweiligen Verfügung
- ☐ Erwirken einer einstweiligen Verfügung ohne mündliche Verhandlung mit nachfolgender Abmahnung ohne Erwähnung der bereits erwirkten einstweiligen Verfügung (verdeckte „Taschenverfügung")
- ☐ Erwirken einer einstweiligen Verfügung ohne mündliche Verhandlung mit nachfolgender Abmahnung unter Beifügung derselben ohne Zustellung oder mit Zustellung bei gleichzeitigem einstweiligen Verzicht auf Vollstreckung aus der einstweiligen Verfügung (offene „Taschenverfügung")
- ☐ Erwirken einer einstweiligen Verfügung ohne mündliche Verhandlung und Zustellung ohne oder bei gleichzeitiger Abmahnung

6 Dabei ist jedoch darauf hinzuweisen, dass ein Vorgehen im Wege der „Taschenverfügung" mittlerweile von Teilen der Literatur und Rechtsprechung kritisch betrachtet wird. Einhellige Meinung ist, dass für eine nachgelagerte Abmahnung kein Anspruch auf Kostenersatz besteht.[3] Daneben wird vertreten, dass der Verfügungsgrund entfallen kann, wenn die Beschlussverfügung dem Antragsgegner nicht spätestens mit ergebnislosem Fristablauf zugestellt wird.[4] Darüber hinaus besteht das Risiko, dass eine nach einer nachgelagerten Abmahnung abgegebene Unterlassungs- und Verpflichtungserklärung wegen arglistiger Täuschung nach § 123 BGB angefochten werden kann, wenn in dem Abmahnschreiben der Eindruck erweckt wird, erst nach Fristablauf würden die Ansprüche gerichtlich durchgesetzt, obwohl tatsächlich bereits eine Verbotsverfügung im Beschlussverfahren ergangen war.[5]

[3] BGH 7.10.2009 – I ZR 216/07, GRUR 2010, 257 – Schubladenverfügung.
[4] Köhler/Bornkamm/Feddersen/Köhler UWG § 12 Rn. 2.16b mwN.
[5] OLG Frankfurt a M. 19.2.2015 – 16 U 141/14, BeckRS 117593.

II. Einstweiliges Verfügungsverfahren

1. Zuständiges Gericht

a) Allgemeines. Nach § 937 Abs. 1 ZPO ist für den Erlass einer einstweiligen Verfügung das **Gericht der Hauptsache** zuständig. Sollte bei Einreichung des Verfügungsantrages die Hauptsache also bereits anhängig sein, wäre das Gericht, bei dem die Hauptsache anhängig ist, auch für den Erlass der einstweiligen Verfügung zuständig. 7

Wenn die Hauptsache bei Einreichung des Verfügungsantrages jedoch **noch nicht anhängig** ist, kann der Antrag **bei jedem Gericht** gestellt werden, bei dem eine Zuständigkeit für die Hauptsache gegeben ist.[6] Die Zuständigkeit des angerufenen Gerichts entfällt dann auch nicht dadurch, dass nach Einreichung des Antrags andernorts Hauptsacheklage erhoben wird.[7] Zudem wird durch die Wahl des Gerichts, bei dem der Verfügungsantrag gestellt wird, das Hauptsachegericht noch nicht bindend festgelegt.[8] 8

Es kann ausnahmsweise nach § 942 Abs. 1 ZPO auch eine **amtsgerichtliche Zuständigkeit** begründet sein, wenn die Inanspruchnahme des Gerichts der Hauptsache und die dadurch zu befürchtende Verzögerung einen nicht hinnehmbaren Rechtverlust oder Nachteil begründen würde.[9] In Wettbewerbssachen spielt diese Zuständigkeit jedoch nur eine untergeordnete Rolle.[10] 9

b) „Forum Shopping". In den Fällen, in denen der Antragsteller in der Wahl des Gerichtsstands frei ist, kann es im einstweiligen Verfügungsverfahren zu besonderen Konstellationen kommen. In der Praxis kommt es nämlich regelmäßig vor, dass der Antragsteller von dem von ihm zunächst für einen Antrag auf einstweilige Verfügung ausgewählten Gericht einen telefonischen Hinweis erhält, in dem ihm Bedenken mitgeteilt werden, die gegen den Erlass der begehrten einstweiligen Verfügung – zumindest ohne mündliche Verhandlung – sprechen, bzw. ihm sogar nahegelegt wird, den Antrag zurückzunehmen. Nimmt der Antragsteller den Antrag daraufhin zurück, ist er wegen § 263 Abs. 3 S. 1 ZPO grundsätzlich frei, den Antrag an einem anderen Gericht nochmals zu stellen (sog. „Forum Shopping"). Dabei weiß der Antragsgegner oftmals nicht einmal, dass der Antrag bereits bei einem anderen Gericht gestellt wurde. 10

Diese früher verbreitete Praxis sieht sich **zunehmender Kritik** ausgesetzt. Zumindest wenn der Antragsteller den Antrag ohne triftigen Grund (zB Unzuständigkeit des Gerichts) in identischer Form bei einem anderen Gericht nochmals stellt, wird vertreten, dass ihm hierfür das Rechtsschutzinteresse fehle,[11] für den zweiten Antrag keine Dringlichkeit mehr bestehe[12] oder ein solches Vorgehen gegen den Grundsatz des fairen Verfahrens verstoße.[13] Das Gleiche soll gelten, wenn der Antragsteller seinen Antrag bei einem Gericht deshalb zurücknimmt, weil dieses einen rechtlichen Hinweis auf die Erfolgsaussichten des Antrags verweigert.[14] Ein fehlendes Rechtsschutzinteresse soll jedenfalls dann anzunehmen sein, wenn der Antragsteller erkennbar eine Beteiligung des Gegners an der Entscheidungsfindung vereiteln will und dem Zweitgericht verheimlicht, dass er den Antrag bei einem anderen Gericht bereits erfolglos gestellt hat.[15] Folglich ist in der Praxis durchaus Vorsicht geboten, wenn sich der Antragsteller für die beschriebene Art des „Forum Shopping" entscheidet. 11

---

[6] Teplitzky/Feddersen Kap. 54 Rn. 7.

[7] OLG Karlsruhe 14.4.2010 – 6 U 5/10, MD 2010, 618 (619); Berneke/Schüttpelz Rn. 262; Fezer/Büscher UWG § 12 Rn. 109.

[8] OLG Karlsruhe 28.3.1973 – 6 U 3/72, NJW 1973, 1509 (1510); Teplitzky/Feddersen Kap. 54 Rn. 8 mwN; Ahrens/Ahrens Kap. 50 Rn. 12.

[9] Vgl. Teplitzky/Feddersen Kap. 54 Rn. 9.

[10] Zu den Gründen hierfür Teplitzky/Feddersen Kap. 54 Rn. 9.

[11] OLG Frankfurt a. M. 14.7.2005 – 16 U 23/05, GRUR 2005, 972 – Forum Shopping; OLG Hamburg 6.12.2006 – 5 U 67/06, GRUR 2007, 614 (615) – forum shopping; OLG München 27.12.2010 – 6 U 4816/10, BeckRS 110558; OLG Düsseldorf 31.1.2019 – I-20 U 87/18, GRUR 2019, 438 Rn. 7 ff.

[12] OLG Frankfurt a. M. 14.7.2005 – 16 U 23/05, GRUR 2005, 972 – Forum Shopping; OLG Hamburg 6.12.2006 – 5 U 67/06, GRUR 2007, 614 (615) – forum shopping.

[13] Teplitzky GRUR 2008, 34 (38).

[14] OLG Düsseldorf 31.1.2019 – I-20 U 87/18, GRUR 2019, 438, Rn. 13.

[15] KG 11.10.2016 – 5 U 139/15, GRUR-RR 2017, 128.

2. Verfügungsanspruch

12 a) **Anspruchsarten.** Bei den Anspruchsarten sind in erster Linie die **Unterlassungsansprüche** zu nennen. Diesen kommt im Wettbewerbsrecht schon im Allgemeinen[16] und im Verfügungsverfahren erst recht besondere Bedeutung zu. Im Vordergrund steht wirtschaftlich das gerade in wettbewerbsrechtlichen Auseinandersetzungen häufig gegebene dringende Bedürfnis des Gläubigers, seinen Anspruch auf Unterbindung einer wettbewerbswidrigen Konkurrenzaktivität kurzfristig durchgesetzt zu sehen und damit zu sichern.[17] Ein vorläufig durchsetzbares Prozessziel kann – in gewissen Grenzen – allerdings auch in Beseitigungsansprüchen liegen.[18] Nach hM können auf die Herbeiführung eines endgültigen Zustands gerichtete Ansprüche grds. nicht Gegenstand einer einstweiligen Verfügung sein. Das gilt insbes. für den Widerruf einer unrichtigen Tatsachenbehauptung,[19] den Feststellungsanspruch,[20] den Anspruch auf Abgabe einer Willenserklärung,[21] den Anspruch auf Vernichtung sowie auf Auskunft oder Rechnungslegung und den Anspruch auf Schadenersatz.[22]

13 **Besichtigungsansprüche** nach § 809 BGB können ebenfalls im Eilverfahren verfolgt werden.[23] Im Interesse einer praxisgerechten Beweissicherung reicht hierbei eine gewisse Wahrscheinlichkeit für das Vorliegen einer Rechtsverletzung aus.[24]

14 Nach § 938 Abs. 2 ZPO kommt eine **Sequestration** derjenigen Gegenstände in Betracht, in denen sich die wettbewerbswidrige Handlung manifestiert.[25] Voraussetzung für eine Sequestration ist, neben der Geltendmachung von Unterlassungsansprüchen,[26] die Glaubhaftmachung eines Herausgabe- oder Vernichtungsanspruchs bezüglich der streitbefangenen Gegenstände, die im Antrag und im Tenor genau bezeichnet sein müssen. Sie werden in der Praxis regelmäßig durch den Gerichtsvollzieher sichergestellt.

Praxistipp:

Wenn eine Sequestration beabsichtigt ist, empfiehlt es sich regelmäßig, auf eine Abmahnung vor dem Verfügungsantrag zu verzichten (sogar unter Inkaufnahme des Kostenrisikos nach § 93 ZPO), um zu vermeiden, dass der Antragsgegner Zeit hat, die Gegenstände beiseite zu schaffen und damit der Sequestration zu entziehen.

In aller Regel empfiehlt es sich, den Gerichtsvollzieher zur Sicherstellung der Gegenstände im Rahmen der Sequestration persönlich zu begleiten oder durch einen Vertreter des Mandanten begleiten zu lassen.

15 b) **Verfügungsantrag.** Bei der **Abfassung des Antrags** für eine Unterlassungsverfügung ist das **Bestimmtheitsgebot** des § 253 Abs. 2 ZPO zu beachten.[27] Werden mit einer Klage Verbote ver-

[16] Vgl. Spuhler/Vykydal in → § 3.

[17] Vgl. OLG München 17.4.1986 – 6 U 6192/85, WRP 1986, 507 (508); Teplitzky/Feddersen Kap. 53 Rn. 2; Lambsdorff Rn. 172 mwN; aA Pastor S. 258 ff.

[18] Vgl. OLG Koblenz 16.7.1987 – 6 U 765/87, GRUR 1987, 730 (731); OLG Naumburg 2.2.1996 – 2 W 1/96, NJWE-WettbR 1996, 155; OLG Stuttgart 24.3.2000 – 2 U 202/99, NJW-RR 2001, 257 (258); Teplitzky/Feddersen Kap. 54 Rn. 11 mwN; Fezer/Büscher UWG § 8 Rn. 34.

[19] So die hM, vgl. Nachweise bei Stein/Jonas/Grunsky Vorb. § 935 Rn. 52; Teplitzky/Feddersen Kap. 54 Rn. 11d; aA OLG Stuttgart 10.6.1988 – 2 U 62/88 WRP 1989, 202 (204); Ohly/Sosnitza/Sosnitza UWG § 12 Rn. 111; diff. Fezer/Büscher UWG § 12 Rn. 34.

[20] Teplitzky/Feddersen Kap. 54 Rn. 11a, b; Lambsdorff Rn. 173, jew. mwN.

[21] OLG Hamburg 20.6.1990 – 12 U 37/90, NJW-RR 1991, 382; Ahrens/Spätgens Rn. 45; Teplitzky/Feddersen Kap. 54 Rn. 11a, b mwN auch zur aA.

[22] Teplitzky/Feddersen Kap. 54 Rn. 11a, b; Lambsdorff Rn. 173, jew. mwN.

[23] Berneke/Schüttpelz Rn. 91.

[24] BGH 2.5.2002 – I ZR 45/01, GRUR 2002, 1046 (1048 f.); OLG Frankfurt a. M. 17.1.2006 – 11 W 21/05, GRUR-RR 2006, 295 (296); für die Anwendbarkeit dieser Grundsätze im Patentprozess: König Mitt. 2002, 153 ff.; Tilmann/Schreibauer GRUR 2002, 1015 ff.

[25] OLG Frankfurt a. M. 13.6.1983 – 6 W 34/83, GRUR 1983, 753 (756); Zöller/Vollkommer § 938 Rn. 7; Ahrens/Jestaedt Kap. 58 Rn. 16 mwN.

[26] Vgl. KG 10.7.1983 – 5 W 2286/83, WRP 1984, 325 (326); OLG Hamburg 4.10.1977 – 3 W 126/77, WRP 1978, 146; OLG WRP 1984, 641 (642).

[27] BGH 12.7.2001 – I ZR 40/99, GRUR 2002, 86 (89) – Laubhefter; BGH GRUR 2007, 795 (796) – Handtaschen; vgl. ua Ahrens/Jestaedt Kap. 53 Rn. 48 auch zur aA; Köhler/Bornkamm/Feddersen/Köhler UWG § 12 Rn. 1.35; Harte/Henning/Retzer UWG § 12 Rn. 134; Melullis Rn. 343; Teplitzky/Feddersen Kap. 54 Rn. 38, jew. mwN auch zur Rspr.

schiedener Handlungen begehrt, deren Anspruch jeweils von unterschiedlichen tatsächlichen und rechtlichen Voraussetzungen abhängt, ist es erforderlich, dass der Antragsteller die einzelnen Handlungen in gesonderten Anträgen als konkrete Verletzungsformen umschreibt.[28] Hierbei ist auch zu berücksichtigen, dass es am Verfügungsgrund fehlt, wenn im Laufe eines einstweiligen Verfügungsverfahrens der gegen die konkrete Verletzungsform gerichtete Unterlassungsantrag erstmals auf eine weitere Beanstandung gestützt wird, die bereits in der Antragsschrift hätte geltend gemacht werden können.[29] Werden der Streitgegenstand und der daraus resultierende Umfang der Prüfungs- und Entscheidungsbefugnis des Gerichts durch den Antrag nicht klar umrissen, wird der Antrag als unzulässig abgewiesen. Auch die bloße Wiederholung von Gesetzestexten führt idR zur Unzulässigkeit des Antrages.[30] Etwas anderes kann lediglich dann gelten, wenn bereits der gesetzliche Verbotstatbestand selbst entspr. eindeutig und konkret gefasst oder der Anwendungsbereich einer Rechtsnorm durch eine gefestigte Auslegung geklärt ist. Die Bejahung der Bestimmtheit setzt in solchen Fällen allerdings grds. voraus, dass zwischen den Parteien kein Streit besteht, dass das beanstandete Verhalten das fragliche Tatbestandsmerkmal erfüllt.[31]

Das Gebot der Bestimmtheit ist prozessual wie verfassungsrechtlich begründet und gilt gleichermaßen für den Unterlassungsantrag wie für den daraus folgenden Titel. Nur danach besteht für den Antragsgegner während des Verfahrens die Möglichkeit einer sachgerechten Verteidigung und möglichst weitgehende Klarheit, was zu unterlassen ist, um den Sanktionen des § 890 ZPO zu entgehen.[32] Die Entscheidung darüber, was der Antragsgegner zu unterlassen hat, darf nicht dem Vollstreckungsgericht überlassen werden.[33] Für den Antragsteller ist dies auch im Hinblick auf die Beantragung eines Ordnungsgeldes in einem späteren Vollstreckungsverfahren relevant. Nur wenn der Titel hinreichend bestimmt ist, kann wegen einer erneuten Zuwiderhandlung gegen den Titel ein Ordnungsmittel beantragt werden,[34] da andernfalls die Gefahr besteht, dass die Verhängung eines Ordnungsmittels mangels Verschuldens des Handelnden nicht in Betracht kommt.[35] 16

Im Wettbewerbsprozess war lange Zeit die **alternative Klagehäufung,** also die alternative Begründung eines einheitlichen Klagebegehrens, in stRspr als zulässig erachtet worden. Von dieser umstrittenen Praxis ist der BGH abgerückt und sieht in der alternativen Klagehäufung nunmehr einen Verstoß gegen das Bestimmtheitsgebot und eine erhebliche Benachteiligung d es Beklagten, die mit dem Gebot der Waffengleichheit unvereinbar ist.[36] Für die Antragsfassung bedeutet dies, dass sobald ein Anspruch auf mehrere Streitgegenstände gestützt wird, durch **Haupt- und Hilfsanträge** eine Reihenfolge anzugeben ist, in welcher diese geprüft werden sollen. 17

Große Bedeutung kommt infolgedessen der genauen **Bestimmung des Streitgegenstandes** zu.[37] Der BGH ging in der Vergangenheit von einem eher engen Streitgegenstandsbegriff aus, bei dem er nicht auf den gesamten historischen Sachverhalt der vorgetragenen Verletzungshandlung abstellte, sondern die für die Subsumtion unter einen einzelnen Tatbestand wesentlichen Elemente 18

[28] BGH 17.7.2003 – I ZR 259/00, GRUR 2003, 958 (960) – Paperboy.

[29] OLG Frankfurt a. M. 8.11.2018 – 6 U 77/18, BeckRS 2018, 30032 Rn. 15.

[30] BGH 24.11.1999 – I ZR 189/97, GRUR 2000, 438 (441) – Gesetzeswiederholende Unterlassungsanträge; BGH 12.7.2001 – I ZR 261/98, GRUR 2002, 77 (78) – Rechenzentrum; in den genannten Entsch. hat der BGH jedoch unter Berufung auf den besonderen Vertrauensschutz des Klägers und Hinweis auf § 139 ZPO von einer Abweisung als unzulässig abgesehen und das Verfahren zurückverwiesen, vgl. dazu zuletzt BGH 4.10.2007 – I ZR 143/04, GRUR 2008, 84 (86) – Versandkosten und BGH 4.11.2010 – I ZR 118/09, GRUR 2011, 539 (540) – Rechtsberatung durch Lebensmitteltechniker; Teplitzky GRUR 2008, 34.

[31] BGH 5.10.2010 – I ZR 46/09, WRP 2011, 576 (577) – Verbotsantrag bei Telefonwerbung; BGH 29.4.2010 – I ZR 202/07, GRUR 2010, 749 (751) – Erinnerungswerbung im Internet.

[32] BGH 17.7.2003 – I ZR 259/00, GRUR 2003, 958 (960) – Paperboy; es ist allerdings weder Sache des Antragstellers noch des Gerichts, in den Antrag bzw. in den Tenor Einschränkungen aufzunehmen, die dem Verurteilten den Weg aus dem Verbotsbereich herausweisen. Diesen Weg zu suchen, ist allein Sache des Verpflichteten (s. BGH 29.9.1988 – I ZR 57/87, GRUR 1989, 110 – Synthesizer; BGH 15.7.1999 – I ZR 204/96, WRP 1999, 1035 (1036) – Kontrollnummernbeseitigung).

[33] BGH 17.7.2003 – I ZR 259/00, GRUR 2003, 958 (960) – Paperboy; BGH 13.3.2003 – I ZR 143/00, WRP 2003, 1103 (1105) – Erbenmittler; BGH 4.9.2003 – I ZR 23/01, NJW-RR 2004, 251 (252) – Farbmarkenverletzung I; BGH 4.5.2005 – I ZR 127/02, GRUR 2005, 692 (693) – „statt“-Preis; BGH 4.10.2007 – I ZR 143/04, GRUR 2008, 84 (85) – Versandkosten.

[34] Dazu → Rn. 137 ff.

[35] Wie der Titel gefasst werden muss, um auch vergleichbare Verletzungshandlungen zu erfassen → Rn. 12 ff.

[36] BGH GRUR 24.3.2011 – I ZR 108/09, 2011, 521 ff. – TÜV I mwN zum Streitstand; BGH 17.8.2011 – I ZR 108/09, GRUR 2011, 1043 ff. – TÜV II.

[37] Eingehend dazu v. Ungern-Sternberg GRUR 2009, 901 ff. und GRUR 2009, 1009 ff.; Teplitzky WRP 2010, 181 ff.

heranzog.[38] In der Biomineralwasser-Entscheidung gab der BGH dieses enge Verständnis jedoch ausdrücklich auf und bekannte sich zu einer **Erweiterung des Streitgegenstandsbegriffs.**[39] In Fällen, in denen sich die Klage gegen die konkrete Verletzungsform richtet, ist in dieser Verletzungsform der Lebenssachverhalt zu sehen, durch den der Streitgegenstand bestimmt wird.[40] Beanstandet der Kläger in einem solchen Fall etwa eine Werbeanzeige unter mehreren Gesichtspunkten, überlässt er es bei einem Erfolg der Klage dem Gericht zu bestimmen, auf welchen Aspekt das Unterlassungsgebot gestützt wird.[41] Dem Kläger ist es allerdings nicht verwehrt, in Fällen, in denen er eine konkrete Werbemaßnahme unter verschiedenen Aspekten jeweils gesondert angreifen möchte, diese verschiedenen Aspekte im Wege der kumulativen Klagehäufung zu jeweils getrennten Klagezielen zu machen.[42] Entsprechendes gilt für den Fall, in dem das Klagebegehren nicht auf das Verbot einer bestimmten Verletzungsform beschränkt ist, sondern sich gegen die Verwendung einer bestimmten Bezeichnung richtet, deren Verbot losgelöst vom konkreten wettbewerblichen Umfeld begehrt wird.[43] Entscheidet ein Gericht über etwas anderes als beantragt ist, indem es seinem Urteilsausspruch über einen Unterlassungsantrag einen anderen Klagegrund zugrunde legt, als denjenigen mit dem der Kläger seinen Antrag begründet hat, liegt hierin ein Verstoß gegen § 308 Abs. 1 ZPO.[44]

Praxistipp:

Kommt es dem Antragsteller beim Vorgehen gegen eine konkrete Verletzungsform darauf an, dem Antragsgegner verschiedene Aspekte untersagen zu lassen, sollte unbedingt im Wege einer kumulativen Antragshäufung vorgegangen werden. Anderenfalls besteht das Risiko, dass sich das Gericht für ein Verbot nur auf einen Aspekt beschränkt und sich zu anderen nicht äußert.

Geht der Antragsteller gestaffelt in Haupt- und Hilfsanträge vor, empfiehlt es sich auf Seiten des Antragsgegners, sich so früh und so umfassend wie möglich gegen sämtliche vorgetragene Streitgegenstände zu verteidigen. Auf diese Weise lässt sich einer Auseinandersetzung um Hinweispflichten und Verspätungsrügen vorbeugen.

Wird in erster Instanz nur einem Hilfsantrag stattgegeben und legt der Antragsgegner Berufung ein, so empfiehlt sich für den Antragsteller die Anschlussberufung, da ansonsten das Berufungsgericht nur über den vom Erstgericht zuerkannten Hilfsantrag entscheiden kann.[45] Ohne die Anschlussberufung setzt sich der Antragsteller dem Risiko aus, den Prozess vollständig zu verlieren, falls das Berufungsgericht den Hilfsantrag zwar abweist, den Hauptantrag hingegen bejaht hätte.

19 Der Antragsteller sieht sich in der Praxis bei der – häufig schwierigen – Formulierung des Unterlassungsantrags folgenden, nicht immer deutlich voneinander unterschiedenen Gefahren ausgesetzt:[46]

- Die Formulierung kann die konkrete Verletzungsform verfehlen und damit den Antrag insgesamt unbegründet machen;
- die Formulierung kann zu weit greifen, also über den materiellen Unterlassungsanspruch hinausgehen und ihn damit teilw. unbegründet machen;
- die Formulierung kann zu vage und der Antrag damit wegen mangelnder Bestimmtheit unzulässig sein.

20 Im Nachhinein ist diesbzgl. nicht mehr viel zu verbessern (vgl. §§ 263 ff. ZPO), zumal die Anwendbarkeit von § 938 ZPO in wettbewerbsrechtlichen Verfahren sehr umstritten ist und dem

[38] Vgl. Teplitzky/Schwippert Kap. 46 Rn. 2a ff. BGH 26.1.2006 – I ZR 121/03, GRUR 2006, 429 (431) – Schlank-Kapseln; BGH 13.7.2006 – I ZR 222/03, GRUR 2007, 161 (162) – Dentalästhetika II; BGH 20.9.2007 – I ZR 171/04, GRUR 2008, 443 (445) – Saugeinlagen.

[39] BGH 13.9.2012 – I ZR 230/11, GRUR 2013, 401 – Biomineralwasser.

[40] BGH 13.9.2012 – I ZR 230/11, GRUR 2013, 401 (403) Rn. 24 – Biomineralwasser.

[41] BGH 25.6.2020 – I ZR 96/19, GRUR 2020, 1226 – LTE-Geschwindigkeit; BGH 13.9.2012 – I ZR 230/11, GRUR 2013, 401 (403) Rn. 24 – Biomineralwasser.

[42] BGH 13.9.2012 – I ZR 230/11, GRUR 2013, 401 (403) Rn. 25 – Biomineralwasser.

[43] BGH 13.9.2012 – I ZR 230/11, GRUR 2013, 401 (403) Rn. 26 – Biomineralwasser.

[44] BGH 5.10.2017 – I ZR 184/16, GRUR 2018, 203 – Betriebspsychologe.

[45] Vgl. Zöller/Heßler ZPO § 528 Rn. 21.

[46] Vgl. ua BGH 10.12.1998 – I ZR 141/96, GRUR 1999, 509 (511) – Vorratslücken; Teplitzky/Schwippert Kap. 51 Rn. 5 ff.

Gericht einen – wenn überhaupt – nur sehr geringen Spielraum für Korrekturen lässt.[47] Hinzu kommt, dass Änderungen oder Ergänzungen des Antrags zwar im Rahmen des prozessual vorgesehenen Rahmens grds. möglich sind, dann jedoch die Dringlichkeit zweifelhaft werden könnte.[48] Schließlich kann in einer Antragsmodifikation auch eine partielle Antragsrücknahme mit der Kostenfolge des § 269 Abs. 3 S. 2 ZPO liegen.

Es gilt, das Verbot an der **konkreten Verletzungshandlung** auszurichten, denn nur insoweit ist die für einen Unterlassungsanspruch erforderliche Wiederholungsgefahr[49] gegeben. Je mehr der Antragsteller versucht, den Verfügungsantrag von der konkreten Verletzungshandlung zu abstrahieren, desto eher besteht das Risiko, dass der Antrag wegen Unbestimmtheit als unzulässig[50] oder – weil zu weitgehend – als (zumindest teilweise) unbegründet[51] abgewiesen wird.[52] Bei einer zu engen Antragsfassung besteht dagegen die Gefahr, dass der Schuldner bereits durch geringe Modifikationen der streitgegenständlichen Handlung dem Verbotstenor entgehen kann. Bei der Formulierung des Antrags ist von der konkreten Handlung auszugehen, die begangen wurde und die in Zukunft unterlassen werden soll, entkleidet von unwesentlichen Begleitumständen (**„konkrete Verletzungsform“**). Dabei ist in Abstimmung mit dem Mandanten genau zu definieren, was der „Kern“ der Verletzungshandlung ist, also was genau den Mandanten an der zu beanstandenden Handlung des Antragsgegners stört und was materiell-rechtlich unzulässig ist. In der konkreten Verletzungshandlung muss auf jeden Fall das „Charakteristische“ bzw. der **„Kern“ des Wettbewerbsverstoßes** zum Ausdruck kommen.[53] 21

Bei komplexen Verstößen ist bei der Antragsformulierung bes. darauf zu achten, ob man die einzelnen Elemente der Verletzungshandlung mit „und“ (Verbot der Elemente nur in ihrer Kumulation) oder mit „oder“ (eigenständiges Verbot jedes einzelnen Elements) verknüpft. Vorsicht ist also insbes. geboten hins. eines leichtfertigen Umgangs mit der Formulierung „und/oder“, wenn lediglich die Kumulierung der angegriffenen Verhaltensweisen ein wettbewerbsrechtliches Verbot rechtfertigt.[54] 22

Um einem materiell-rechtlich zu weit gefassten oder auslegungsbedürftigen Antrag vorzubeugen, werden häufig **Zusätze** wie „..., es sei denn, ...“, „ohne dass ...“ oder „sofern nicht ...“ verwendet. Mit derartigen Formulierungen, die den Antrag einschränken und/oder konkretisieren und damit letztlich dem Verletzer indirekt Vorgaben für den Rahmen seines zulässigen Handelns geben, soll ein ansonsten zu weitgehender Antrag eingeschränkt und zugleich bestimmt werden. Eine solche Formulierung ist zwar zulässig,[55] aber stets bes. kritisch darauf zu überprüfen, ob die konkrete Verletzungsform konkret genug und damit bestimmt erfasst ist oder ob eine unzulässige Verallgemeinerung gewählt wurde. 23

Wenn man bei der abstrahierenden Verbalisierung des Antrags auf Grenzen stößt, kann es sich empfehlen, eine zusätzliche Konkretisierung vorzunehmen. In Betracht kommt häufig ein **„insbesondere“-Antrag** und/oder die Hinzufügung einer **Anlage.** 24

---

47 OLG Koblenz 21.1.1993 – 6 U 1489/92, WRP 1993, 343 (344); Melullis Rn. 343; Ahrens/Jestaedt Kap. 53 Rn. 42; gänzlich abl. Pastor S. 286, 354; Borck WRP 1977, 457 (459); ohne Bedenken gegen die Anwendung des § 938 ZPO zuletzt aber OLG Hamburg 6.5.2004 – 3 U 116/03, GRUR-RR 2005, 125 (126) – „Standards setzen“; OLG Brandenburg 27.6.2006 – 6 U 71/05, WRP 2007, 354 (Ls.); OLG Hamburg 16.11.2009 – 3 W 120/09, GRUR-RR 2010, 201 (201) – Springender Pudel.

48 S. dazu → Rn. 35 ff.

49 Vgl. dazu Spuhler/Vykydal → § 3.

50 BGH 11.11.2004 – I ZR 156/02, GRUR 2005, 171 (172) – Ausschreibung von Ingenieurleistungen; BGH 4.5.2005 – I ZR 127/02, NJW 2005, 2550 (2551) – „statt“-Preis mwN; BGH 4.10.2007 – I ZR 143/04, GRUR 2008, 84 (85) – Versandkosten.

51 BGH 14.11.2002 – I ZR 137/00, GRUR 2003, 446 (447) – Preisempfehlung für Sondermodelle; BGH 4.9.2003 – I ZR 44/01, GRUR 2004, 154 (156) – Farbmarkenverletzung II.

52 Vgl. dazu insbes. Teplitzky/Schwippert Kap. 51 Rn. 4 bis 18; Harte-Bavendamm/Henning-Bodewig/Brüning UWG Vorb. § 12 Rn. 79 ff., jew. mit Formulierungsbeispielen.

53 St. Rspr. vgl. ua BGH 11.10.1990 – I ZR 35/89, GRUR 1991, 254 (257) – Unbestimmter Unterlassungsantrag I; BGH 9.5.1996 – I ZR 107/94, GRUR 1996, 800 (802) – EDV-Geräte; BGH 4.9.2003 – I ZR 32/01, GRUR 2004, 72 (72) – Coenzym Q 10; Melullis Rn. 328; Teplitzky/Schwippert Kap. 51 Rn. 14, jew. mwN; den engen Bezug zur Verletzungshandlung hebt BGH 23.2.2006 – I ZR 272/02, NJW-RR 2006, 1118 (1121) – Markenparfümverkäufe hervor, dazu kritisch Teplitzky WRP 2007, 1 ff.

54 Vgl. zB BGH 15.3.1984 – I ZR 74/82, GRUR 1984, 593 (594) – adidas-Sportartikel; BGH 4.10.1990 – I ZR 39/89, GRUR 1991, 550 (552) – Zaunlasur.

55 Vgl. BGH 15.7.1999 – I ZR 204/96, GRUR 1999, 1017 (1017 f.) – Kontrollnummernbeseitigung; BGH 20.10.1999 – I ZR 167/97, GRUR 2000, 619 (620) – Orient–Teppichmuster; BGH 4.5.2005 – I ZR 127/02, GRUR 2005, 692 (693 f.) – „statt“-Preis.

25 Nach hM stellt der – richtig formulierte – „insbesondere“-Zusatz weder eine Einschränkung noch eine Erweiterung des im Obersatz formulierten Klagebegehrens dar.[56] Ihm kommt grds. nicht die Funktion eines Hilfsantrags zu.[57] Ein solcher Zusatz hat vor allem die Bedeutung, beispielhaft zu verdeutlichen, was genau mit der zuvor gewählten, abstrakteren Formulierung gemeint ist.[58] Gerade bei Abstraktionen von der konkreten Verletzungshandlung empfiehlt sich ein „insbesondere“-Zusatz. Bei einem zu weit gefassten Unterlassungsantrag, dem eine konkrete Werbemaßnahme zugrunde liegt und die durch einen „insbesondere“-Zusatz in den Antrag einbezogen ist, wird der Klage entnommen, dass jedenfalls die konkret beanstandete Werbemaßnahme untersagt,[59] dieses eingeschränkte Verbot aber im Lichte eines „Obersatzes“ verstanden und ausgelegt werden soll.

Praxistipp:

Häufig empfiehlt es sich, die konkrete Verletzungsform dadurch anschaulich und damit gleichzeitig antragsbestimmend zu machen, indem man die beanstandete Werbeanzeige/ein Bild des streitgegenständlichen Produkts etc. als Anlage nicht nur dem Schriftsatz beifügt, sondern die Anlage auch in den Antrag einbezieht. Dies könnte etwa durch folgende Formulierung erfolgen:

„… wenn dies in der aus der

Anlage

ersichtlichen Art und Weise erfolgt.“

26 Die Einbeziehung in den Antrag und damit auch in den angestrebten Tenor ist nach hM erforderlich, weil ein Verweis auf außerhalb des Tenors liegende Umstände diesen zu einem unvollständigen Titel macht. Wichtig ist also, dass derartige Anlagen eindeutig und gut lesbar sind.[60]

27 Es **reicht nicht aus,** einen Unterlassungsantrag lediglich auf das Verbot einer Werbung *„mit Anzeigen der nachfolgend eingeblendeten Art“* auszurichten,[61] wenn ein solches Verbot nicht nur die konkret abgebildete Anzeige, sondern auch ähnliche Anzeigen erfassen soll. Die mehrdeutige Formulierung steht einer hinreichenden Bestimmtheit entgegen. Dagegen ist ein Unterlassungsantrag, der die Verletzungshandlung mit den Formeln *„wie geschehen in“* oder *„wenn dies geschieht wie“* unter Vorlage der Veröffentlichung umschreibt, hinreichend bestimmt. Der Bezug auf die konkrete Verletzungshandlung ermöglicht eine ausreichende Bestimmung der zu beurteilenden Handlung. Der Antrag ist dann auf das Verbot der konkreten Verletzungsform gerichtet.[62]

28 Weiterhin ist zu beachten, dass das in einem Unterlassungstitel enthaltene Verbot den Schuldner außer zum Unterlassen weiterer Vertriebshandlungen auch dazu verpflichtet, aktiv Maßnahmen zu ergreifen, die den Weitervertrieb der rechtsverletzend aufgemachten Produkte verhindern. Diese Handlungspflicht des Schuldners beschränkt sich allerdings darauf, im Rahmen des Möglichen, Erforderlichen und Zumutbaren auf Dritte einzuwirken. Nach der Recht-

[56] BGH 25.4.1991 – I ZR 134/90, GRUR 1991, 772 (773) – Anzeigenrubrik I; BGH 20.3.1997 – I ZR 241/94, GRUR 1997, 672 (673) – Sonderpostenhändler; BGH 8.10.1998 – I ZR 94/97, WRP 1999, 509 (511) – Kaufpreis je nur 1,– DM; Borck WRP 1981, 248 ff.; Ohly/Sosnitza/Sosnitza UWG § 12 Rn. 68; Teplitzky/Schwippert Kap. 51 Rn. 36 ff.

[57] In der Praxis ist allerdings durchaus zu beobachten, dass sich unter diesem „Etikett“ ein Hilfsantrag verbirgt.

[58] Vgl. BGH 12.7.2001 – I ZR 40/99, GRUR 2002, 86 (88) – Laubhefter.

[59] Vgl. BGH 23.6.1994 – I ZR 15/9, BGHZ 126, 287 (296) – Rotes Kreuz; BGH 17.10.1996 – I ZR 153/94, GRUR 1997, 308 (311) – Wärme fürs Leben; BGH 3.12.1998 – I ZR 74/96, GRUR 1999, 760 (760) – Auslaufmodelle II; BGH 8.10.1998 – I ZR 107/97, WRP 1999, 512 (515) – Aktivierungskosten; BGH 16.11.2000 – I ZR 186/98, GRUR 2001, 446 (447) – Ein-Pfennig-Farbbild; diff. Harte-Bavendamm/Henning-Bodewig/Brüning UWG Vorb. § 12 Rn. 111.

[60] BGH 28.11.1996 – I ZR 197/94, GRUR 1997, 767 (768) – Brillenpreise II; OLG Düsseldorf 24.5.1993 – 20 W 16/93 – nv.

[61] BGH 26.10.2000 – I ZR 180/98, GRUR 2001, 453 (454) – TCM-Zentrum; BGH 2.10.2003 – I ZR 76/01, GRUR 2004, 70 (71) – Preisbrecher.

[62] BGH 2.6.2005 – I ZR 252/02, GRUR 2006, 164 (165) – Aktivierungskosten II; BGH 7.4.2011 – I ZR 34/09, GRUR 2011, 742 (744) – Leistungspakete im Preisvergleich.

sprechung des BGH ist bei einer Handlung, die einen fortdauernden Störungszustand geschaffen hat, der die Handlung verbietende Unterlassungstitel mangels abweichender Anhaltspunkte regelmäßig dahin auszulegen, dass er außer zur Unterlassung derartiger Handlungen auch zur **Vornahme möglicher und zumutbarer Handlungen zur Beseitigung des Störungszustands** verpflichtet.[63] Sind rechtsverletzend gekennzeichnete oder aufgemachte Produkte bereits weiter vertrieben worden, umfasst die Unterlassungspflicht neben der Einstellung des weiteren Vertriebs regelmäßig auch den **Rückruf** der bereits gelieferten Produkte.[64]

Eine positive Handlungspflicht des Unterlassungsschuldners setzt dabei nicht voraus, dass bereits die Entscheidungsformel erkennen lässt, dass der Unterlassungsschuldner auch zu einem aktiven Handeln verpflichtet ist. Im Wege der Auslegung zu bestimmende, die titulierte Unterlassungspflicht nur ergänzende Handlungspflichten müssen **nicht gesondert tituliert** sein.[65] Dabei ist die auf dem Unterlassungstitel beruhende Pflicht des Schuldners, Maßnahmen zur Beseitigung des fortdauernden Störungszustands zu ergreifen, nicht dadurch begrenzt oder ausgeschlossen, dass der Gläubiger gegen ihn neben dem materiell-rechtlichen Unterlassungsanspruch außerdem Ansprüche auf Beseitigung und Rückruf aus spezialgesetzlichen Vorschriften hat.[66] 29

Bei der Vollstreckung aus einem in einem **Verfügungsverfahren** erlassenen Titel muss bei dessen Auslegung allerdings berücksichtigt werden, dass die Hauptsache durch eine einstweilige Verfügung nur unter besonderen, engen Voraussetzungen vorweggenommen werden darf und dass außerdem die Verteidigungsmöglichkeiten des Schuldners vor der Titulierung eingeschränkt sein können.[67] Diese Besonderheiten des Verfügungsverfahrens sprechen auch aus Sicht des BGH dagegen, aus einer Unterlassungsverfügung zugleich eine Verpflichtung zum Rückruf abzuleiten.[68] Eine entsprechende Auslegung komme daher bei einem im Verfügungsverfahren ergangenen Unterlassungstitel nur beim Vorliegen der Voraussetzungen einer Leistungsverfügung in Betracht.[69] Auch ohne das Vorliegen solcher Umstände sei es dem Schuldner, der von der Unterlassungsverfügung betroffene Waren bereits weiterveräußert hat, aber regelmäßig zuzumuten, die Abnehmer aufzufordern, die **Waren vorläufig nicht weiterzuvertreiben.**[70] Sollte der Antragsteller – insbes. mit Blick auf die Schadenersatzpflicht des § 945 ZPO – mit seinem Unterlassungsbegehren eine solch weitgehende Beseitigungsverpflichtung des Schuldners nicht verbinden wollen, empfiehlt es sich, den Antrag insoweit explizit zu begrenzen. 30

Praxistipp:

Regelmäßig wird der Unterlassungsantrag mit dem Ordnungsmittelantrag nach § 890 Abs. 2 ZPO verbunden. Dies gilt jedenfalls solange, wie der Unterlassungstitel im Inland oder in der Europäischen Union[71] zugestellt werden soll. Bei einer Zustellung in anderen Staaten darf keine Unterlassungsmittelandrohung vorgesehen sein. Zu beachten ist auch, dass zahlreiche Mitgliedstaaten der Europäischen Union in Beschlussverfügungen eine Verletzung des Grundsatzes des rechtlichen Gehörs sehen, so dass dann ein Vollstreckungshindernis besteht.

[63] BGH 19.11.2015 – I ZR 109/14 , GRUR 2016, 720 Rn. 34 – Hot Sox; BGH 29.9.2016 – I ZB 34/15, GRUR 2017, 208 Rn. 24 – Rückruf von RESCUE-Produkten; BGH 4.5.2017 – I ZR 208/15, GRUR 2017, 823 Rn. 26 – Luftentfeuchter

[64] BGH 19.11.2015 – I ZR 109/14, GRUR 2016, 720 Rn. 35 – Hot Sox. Darüber hinaus geht das OLG Frankfurt a. M. (1.8.2018 – 6 W 53/18, GRUR 2018, 1085 – kennzeichnunsfrei) sogar davon aus, dass der Schuldner eines auf das Verbot einer Werbeaussage gerichteten Unterlassungstitels über die Entfernung der Aussage in seinem Werbeauftritt hinaus gehalten sei, die Werbeadressaten über das ergangene Verbot zu informieren, wenn nach den Gesamtumständen davon ausgegangen werden kann, dass die Aussage auch nach ihrer Entfernung aus dem Werbeauftritt im Gedächtnis Dritter geistig fortlebt; dies sei etwa dann der Fall, wenn die Werbeaussage über längere Zeit verwendet wurde und ein zentrales Verkaufsargument fur das beworbene Produkt war.

[65] BGH 19.11.2015 – I ZR 109/14, GRUR 2016, 720 Rn. 29 – Hot Sox.

[66] BGH 11.10.2017 – I ZB 96/16, GRUR 2018, 292 Rn. 27 – Produkte zur Wundversorgung.

[67] BGH 11.10.2017 – I ZB 96/16, GRUR 2018, 292 Rn. 34 – Produkte zur Wundversorgung.

[68] BGH 11.10.2017 – I ZB 96/16, GRUR 2018, 292 Rn. 34 – Produkte zur Wundversorgung.

[69] BGH 11.10.2017 – I ZB 96/16, GRUR 2018, 292 Rn. 34 ff. – Produkte zur Wundversorgung.

[70] BGH 11.10.2017 – I ZB 96/16, GRUR 2018, 292 Rn. 34, 39 – Produkte zur Wundversorgung; bestätigt durch BGH 17.10.2019 – I ZB 19/19, GRUR 2020, 548 Rn. 19 – Diätische Tinnitusbehandlung.

[71] Vgl. VO (EG) Nr. 44/2001 (EuGVVO).

Formulierungsvorschlag:

31 … den Antragsgegner unter Androhung eines für jeden Fall der Zuwiderhandlung festzusetzenden Ordnungsgeldes bis zu 250.000 EUR, ersatzweise Ordnungshaft bis zu 6 Monaten, oder einer Ordnungshaft bis zu 6 Monaten, zu vollstrecken an dem Geschäftsführer (oder Vorstand), zu verurteilen, …

Praxistipp:

In den meisten Fällen empfiehlt es sich, direkt einleitend zu beantragen, dass die Entscheidung wegen besonderer Dringlichkeit der Angelegenheit ohne mündliche Verhandlung und durch den/die Vorsitzende(n) allein getroffen werden soll (§§ 937 Abs. 2, 944 ZPO). Der dringende Fall iSv § 944 ZPO geht über die Dringlichkeit des Verfügungsgrundes und die besondere Dringlichkeit nach § 937 Abs. 2 ZPO, die das Gericht zur Entscheidung ohne mündliche Verhandlung ermächtigt, hinaus.[72]

32 Schließlich sollte noch an die **Streitwertangabe** nach § 61 GKG mit dem Zusatz „vorläufig geschätzt" gedacht werden.

33 **Checkliste für die Antragsfassung**

- Welcher Lebenssachverhalt wird beanstandet und welches wirtschaftliche Ziel wird verfolgt?
- Wie sind diese materiell-rechtlich zu bewerten und prozessual zu fassen?
- Wie definiert sich danach der „Kern" der Verletzungshandlung?
- Was sind nahe liegende Erweiterungen und sind diese vom Kern der konkreten Verletzungsform erfasst?
- Kann man das Charakteristische der konkreten Verletzungshandlung verallgemeinern und bedarf es (dann) ggf. einer Einschränkung durch einen „sofern"-Zusatz oä oder einer Erläuterung durch einen „insbesondere"-Zusatz und/oder einer Anlage?
- Soll von einem Unterlassungsantrag auch eine Verpflichtung des Schuldners zum Rückruf von rechtsverletzenden Produkten umfasst sein? Soll zumindest die Verpflichtung zur Aufforderung an die Abnehmer umfasst sein, rechtverletzende Produkte nicht weiterzuvertreiben?
- Kontrollüberlegungen:
  – Wäre ein entsprechender Tenor vollstreckbar?
  – Wird durch die gewählte Formulierung dem unternehmerischen Ziel des Mandanten Rechnung getragen?
  – Ist eine etwaige Anlage deutlich lesbar?

3. Verfügungsgrund (insbes. Dringlichkeit)[73]

34 a) **Dringlichkeitsvermutung.** Der Gesetzgeber hat mit **§ 12 Abs. 1 UWG** dem Umstand Rechnung getragen, dass wettbewerbsrechtliche Angelegenheiten ihrer Natur nach eilbedürftig sind und dem Antragsteller regelmäßig nur dann wirksam geholfen werden kann, wenn sich Wettbewerbsverstöße kurzfristig ahnden lassen. Danach gilt jedenfalls für den Unterlassungsanspruch aus dem UWG eine **widerlegbare Dringlichkeitsvermutung,** dh der Antragsteller wird von der Darlegung und Glaubhaftmachung des Verfügungsgrundes nach §§ 935, 936, 917 ZPO befreit.[74]

[72] Zöller/Vollkommer ZPO § 944 Rn. 1.

[73] Die Dringlichkeit bildet auch nach Inkrafttreten der Richtlinie 2004/48/EG zur Durchsetzung der Rechte des Geistigen Eigentums einen zulässigen und wichtigen Prüfungspunkt im einstweiligen Verfügungsverfahren, vgl. OLG Düsseldorf 22.8.2008 – I-2 W 43/08, GRUR-RR 2009, 157 (158).

[74] Ganz hM; vgl. Köhler/Bornkamm/Feddersen/Köhler UWG § 12 Rn. 2.13; Teplitzky/Feddersen Kap. 54 Rn. 18; Melullis Rn. 80; Lambsdorff Rn. 175, jew. mwN.

Trotz der Vermutung des § 12 Abs. 1 UWG sollte man die Dringlichkeit im Antrag auf Erlass einer einstweiligen Verfügung vorsorglich immer begründen, erst recht, wenn das Unterlassungsbegehren neben dem UWG auch auf Immaterialgüterrechte gestützt wird, für die die Dringlichkeitsvermutung nicht gilt. Außerdem ist ein Sachvortrag zur besonderen Dringlichkeit iSd § 937 Abs. 2 ZPO erforderlich, aufgrund derer eine Entscheidung ohne mündliche Verhandlung möglich ist.[75]

b) **Widerlegung der Vermutung.** Die Dringlichkeitsvermutung ist widerlegt, wenn der Antragsteller durch sein zögerliches Verhalten zu erkennen gegeben hat, dass ihm die Angelegenheit nicht eilig ist.[76] Das ist insbes. dann der Fall, wenn er in **Kenntnis der Verletzungshandlung** und des Störers längere Zeit zuwartet, bevor er sich zur Verfolgung des Anspruchs bzw. zu dessen gerichtlicher Durchsetzung entscheidet oder das Verfahren nicht zügig betreibt, indem er nicht alles in seiner Macht stehende tut, um einen möglichst baldigen Erlass der begehrten einstweiligen Verfügung zu erlangen. Die Bewertung erfolgt über eine Gesamtbetrachtung des prozessualen und vorprozessualen Verhaltens des Antragstellers.[77] Die Konkretisierung des allgemein anerkannten Grundsatzes wird von den Gerichten zum Teil sehr unterschiedlich gehandhabt, so dass der Antragsteller gut beraten ist, sich mit den Gepflogenheiten der zuständigen Gerichte vertraut zu machen. 35

Umstritten ist, ab wann ein dringlichkeitsschädliches Zuwarten vorliegt, dh ob positive Kenntnis vom Wettbewerbsverstoß und dem Anspruchsgegner oder die Möglichkeit der Kenntnisnahme zu einer Widerlegung der Dringlichkeitsvermutung führt. Die hM postuliert **keine Marktbeobachtungspflicht.**[78] Dass grds. keine Marktbeobachtungspflicht besteht, darf allerdings nicht darüber hinwegtäuschen, dass im konkreten Fall von einem Gericht durchaus unterstellt werden kann, dass der Antragsteller seinen – vielleicht sogar sehr überschaubaren – Markt typischerweise regelmäßig beobachtet oder aber die zu beanstandende Wettbewerbshandlung in einem Umfang prominent erfolgte, dass der Antragsteller sie im Zuge seines regelmäßigen Geschäftsverkehrs erkennen musste, sich der Kenntnis also bewusst verschlossen hat.[79] Eine deutliche Erkennbarkeit des Verstoßes, insbes. über längere Zeit, kann also – unter Berücksichtigung der Unternehmensstruktur des Antragstellers und der Marktgepflogenheiten[80] – eine **Kenntnisnahme indizieren** mit der Folge, dass der Antragsteller gehalten ist, diese Indiztatsachen durch die Glaubhaftmachung zu einer Unkenntnis zu entkräften. In dieser Konstellation findet eine Umkehr der Glaubhaftmachungslast statt.[81] Nach wohl hM ist die **grob fahrlässige Unkenntnis** eines Wettbewerbsverstoßes mit Blick auf die Verjährungsregelungen in § 11 Abs. 2 Nr. 2 UWG und § 199 Abs. 1 Nr. 2 BGB der positiven Kenntnis gleichzusetzen.[82] Insofern trifft den Antragsteller zumindest eine Marktbeobachtungslast.[83] Nicht widerlegt soll die Dringlichkeitsvermutung hingegen dann sein, wenn nicht gegen gleichartige Verstöße Dritter vorgegangen wurde, da es dem Anspruchsinhaber freisteht, gegen welchen Verletzer er vorgeht.[84] In 36

---

75 Näher dazu → Rn. 38.

76 Ohly/Sosnitza/Sosnitza UWG § 12 Rn. 115.

77 OLG Hamburg 21.3.2019 – 3 U 105/18, GRUR-RS 2019, 9190.

78 OLG Stuttgart 25.10.1985 – 2 U 215/85, WRP 1986, 177 (178); OLG Hamm 19.3.1987 – 4 U 3/87, GRUR 1988, 717 (717); OLG Frankfurt a. M. 16.1.1990 – 6 W 146/89, GRUR 1991, 67 (67); OLG München 12.7.1990 – 29 U 3161/90, WRP 1991, 51 (93); OLG Saarbrücken 4.3.1992 – 1 U 175/91, WRP 1992, 510 (510); OLG Köln 13.12.1996 – 6 U 191/96, NJW 1997, 3179 (3179); OLG Düsseldorf 21.6.2005 – 20 U 70/05, OLGR Düsseldorf 2007, 93; OLG München 23.3.2006 – 29 U 5108/09, MD 2006, 916 (922); OLG Hamburg 20.9.2007 – 3 U 30/07, WRP 2008, 149 (150); OLG Frankfurt a. M. 13.9.2018 – 6 U 74/18, GRUR-RR 2019, 63 – Mastschellen. Köhler/Bornkamm/Feddersen/Köhler § 12 UWG Rn. 2.15a; Melullis Rn. 168; Teplitzky/Feddersen Kap. 54 Rn. 28 f., jew. mwN; aA OLG Koblenz 30.3.1973 – 2 U 8/73, WRP 1973, 484 (485) (2. Senat), anders als 17.5.1985 – 6 U 302/89, WRP 1985, 578 (579) (6. Senat); Gloy/Loschelder/Danckwerts UWG-HdB/Spätgens § 100 Rn. 37 ff. mwN.

79 OLG Frankfurt a. M. 13.9.2018 – 6 U 74/18, GRUR-RR 2019, 63 – Mastschellen.

80 OLG Oldenburg 21.12.1995 – 1 U 125/95, WRP 1996, 461 (464); OLG Hamburg 29.1.2009 – 3 U 107/08, MD 2009, 935 (938 f.).

81 OLG Düsseldorf 4.10.1984 – 2 U 120/84, WRP 1985, 266 (267).

82 OLG München 13.8.2007 – 29 W 2073/07, MD 2007, 973 (975); OLG Karlsruhe 14.4.2010 – 6 U 5/10, MD 2010, 618 (620); OLG Köln 10.12.2010 – 6 U 112/10, MD 2011, 266 (269); KG 14.12.2010 – 5 W 295/10, MD 2011, 803; Köhler/Bornkamm/Feddersen/Köhler UWG § 12 Rn. 2.15a; Teplitzky/Feddersen Kap. 54 Rn. 28.

83 Kehl FS Loschelder 2010, S. 139; Teplitzky/Feddersen Kap. 54 Rn. 29; Gloy/Loschelder/Danckwerts UWG-HdB/Spätgens § 100 Rn. 37 ff.

84 OLG Frankfurt a. M. 22.11.2001 – 6 U 153/01, GRUR 2002, 236; OLG Hamburg 4.7.2013 – 3 U 161/11, WRP 2013, 1209.

dem Fall, dass in einem einstweiligen Verfügungsverfahren nur eine GmbH auf Unterlassung in Anspruch genommen und verurteilt worden ist, soll es hingegen für einen späteren Verfügungsantrag gegen den Geschäftsführer der GmbH an der Dringlichkeit fehlen, wenn es nach Zustellung des Verfügungsurteils an die GmbH zu einer weiteren Verletzungshandlung gekommen ist; dies gelte zumindest dann, wenn der Geschäftsführer der GmbH von Anfang an neben der GmbH hätte in Anspruch genommen werden können.[85]

37 Bes. sorgfältig muss auch stets geprüft werden, wessen Kenntnis sich der Anspruchsteller ggf. zurechnen lassen muss. So kommt es nicht darauf an, wann die Geschäftsleitung Kenntnis des Verstoßes hat, wenn die entspr. Fachabteilungen oder andere Vertretungsberechtigte Kenntnis von der fraglichen Wettbewerbshandlung hatten.[86] Überwiegend beantwortet sich die Frage unter Berücksichtigung der sog **Wissensvertretung** nach der Zuständigkeit der kenntnisnehmenden Person. Analog § 166 BGB ist Wissensvertreter derjenige, der die Wettbewerbsrelevanz des Verstoßes entweder selbst beurteilen kann oder von dem man seiner Funktion nach erwarten darf, dass er die Angelegenheit zuständigkeitshalber weitergibt. Von besonderer Relevanz ist also regelmäßig eine Kenntnisnahme in der Rechts- und Marketingabteilung sowie des Anwalts, den der Anspruchsinhaber eingeschaltet hat.[87]

38 Hins. des **dringlichkeitsschädlichen Zeitraums** zwischen Kenntnis vom Wettbewerbsverstoß und der Einreichung eines Verfügungsantrags[88] besteht eine recht unterschiedliche Entscheidungspraxis der Gerichte. Als „Daumenregel" werden Zeiträume des Zuwartens zwischen einem Monat und sechs Monaten als die Dringlichkeit widerlegend angesehen. Eine Frist über sechs Monate wird in aller Regel die Dringlichkeit entfallen lassen, schon wegen der Verjährungsregelung des § 11 Abs. 1 UWG.

39 Auch wenn die Beurteilung des dringlichkeitsschädlichen Zeitraums stark vom Einzelfall abhängt, lassen sich – bei aller gebotenen Vorsicht – die Oberlandesgerichte auf der Grundlage ihrer Entscheidungspraxis[89] in folgende Kategorien einteilen:

- Großzügige Entscheidungspraxis (zwei Monate und mehr): Kammergericht,[90] OLG Bremen,[91] OLG Rostock,[92] OLG Schleswig[93]
- Durchschnittliche Entscheidungspraxis (je nach Einzelfall ein bis zwei Monate): OLG Brandenburg,[94] OLG Dresden,[95] OLG Düsseldorf,[96] OLG Frankfurt,[97] OLG Hamburg,[98] OLG Saarbrücken,[99] OLG Stuttgart[100]

[85] OLG Köln 29.5.2020 – 6 U 288/19, GRUR-RS 2020, 14478.

[86] Vgl. Teplitzky/Feddersen Kap. 54 Rn. 29b mit Verweis auf die Grundsätze zur sog Wissensvertretung; Lambsdorff Rn. 192, jew. mwN; OLG Frankfurt a. M. 27.3.2014 – 6 U 243/13, WRP 2014, 981 ff.

[87] OLG Frankfurt a M. 11.6.2013 – 6 W 61/13, WRP 2013, 1068.

[88] Ist ein – möglicherweise schon seit längerer Zeit bekanntes – Verhalten durch eine Gesetzesänderung oder eine veränderte höchstrichterliche Rspr. erst wettbewerbswidrig geworden, so beginnt die Dringlichkeitsfrist nicht schon mit Tatsachenkenntnis, sondern erst mit dem Eintritt der Wettbewerbswidrigkeit, vgl. Melullis Rn. 170; Ahrens/Singer Kap. 47 Rn. 41 ff. mwN.

[89] Vgl. auch die Übersicht bei Köhler/Bornkamm/Feddersen/Köhler UWG § 12 Rn. 2.15b; Berneke/Schüttpelz Rn. 154 ff.; Ahrens/Singer Kap. 47 Rn. 46 ff.; Harte-Bavendamm/Henning-Bodewig/Retzer UWG § 12 Rn. 71.

[90] KG 7.11.1997 – 5 U 4717/97, NJWE-WettbR 1998, 269 (270); KG 29.5.2001 – 5 U 10150/0, GRUR-RR 2001, 244 (246); KG 14.12.2010 – 5 W 295/10, MD 2011, 803.

[91] OLG Bremen 18.12.1986 – 2 U 100/86, GRUR 1987, 241 (241); OLG Bremen 6.9.1990 – 2 U 67/90, NJW-RR 1991, 44 (44).

[92] OLG Rostock 16.6.1993 – 2 U 28/93 – nv.

[93] OLG Schleswig 29.12.1995 – 6 U 53/95, OLGR 1996, 102.

[94] OLG Brandenburg 18.9.1997 – 6 W 58/97, WRP 1998, 97 (98).

[95] OLG Dresden 20.1.1998 – 14 U 1217/97, NJWE-WettbR 1998, 98 (98 f.).; OLG Dresden 29.9.1998 – 14 U 433/98, NJWE-WettbR 1999, 130 (131).

[96] OLG Düsseldorf 24.10.1991 – 2 U 199/90, GRUR 1992, 187 (187); OLG Düsseldorf 21.4.1998 – 20 U 155/97, NJWE-WettbR 1999, 15 (15 f.); OLG Düsseldorf 19.9.2000 – 20 U 120/00, MMR 2001, 111 (112); OLG Düsseldorf 19.4.2005 – 20 U 212/04, MD 2005, 757 (758).

[97] OLG Frankfurt a. M. 21-11-1985 - 6 W 345/85, NJW-RR 1986, 1163 (1164); OLG Frankfurt a. M. 11.11.1988 – 24 U 218/88, WRP 1990, 340 (340); OLG Frankfurt a. M. 31.5.2001 – 6 U 240/00, WRP 2001, 951 (952). OLG Frankfurt a. M. 11.6.2013 – 6 W 61/13, BeckRS 2013, 10880.

[98] OLG Hamburg 27.7.2007 – 5 U 147/06, NJOZ 2008, 2145 (2147) – Zitrus-Aktiv-Formel; OLG Hamburg 15.8.2007 – 5 U 173/06, WRP 2007, 1251 (1252) – Simyo Industries; OLG Hamburg 12.2.2007 – 5 U 189/06, GRUR-RR 2007, 302 (304) – Titelseite.

[99] OLG Saarbrücken 18.10.2000 – 1 U 480/00, GRUR-RR 2001, 71 (Ls.).

[100] OLG Stuttgart 10.2.1978 – 2 U 196/77, GRUR 1978, 539 (540); OLG Stuttgart 29.9.1995 – 2 U 135/95, WRP 1996, 147 (150); OLG Stuttgart 6.3.1996 – 2 W 18/96, NJWE-WettbR 1996, 223 (223); OLG Stuttgart 25.2.2009 – 4 U 204/08, ZUM-RD 2009, 455 (457).

- Strenge Entscheidungspraxis (regelmäßig Widerlegung nach einem Monat): OLG Hamm,[101] OLG Köln,[102] OLG München,[103] OLG Nürnberg,[104] OLG Karlsruhe,[105] OLG Koblenz,[106] OLG Celle,[107] OLG Bamberg,[108] OLG Dresden.[109]

Eine schematische Handhabung des dringlichkeitsschädlichen Zeitraums durch die Anwendung starrer Fristen wird indes der Vielschichtigkeit des Wettbewerbsgeschehens und der Notwendigkeit, sorgfältige, nicht nur materiell-rechtliche, sondern auch prozessuale Vorbereitungen zu treffen, nicht gerecht.[110] Daher berücksichtigen die Gerichte letztlich alle Umstände des jeweiligen Einzelfalls, anstatt von starren Regelfristen auszugehen[111] – jedenfalls sollten sie es tun. Dies führt zwar zu mitunter schwerlich vorhersehbaren Ergebnissen, stellt aber die einzige Möglichkeit dar, dem Charakter des § 12 Abs. 2 UWG als tatsächlicher Vermutung gerecht zu werden. 40

Folgende Faktoren sind von den Oberlandesgerichten insbes. auch berücksichtigt worden: 41

- Rechtliche[112] und tatsächliche[113] Komplexität des Wettbewerbsverstoßes
- Notwendigkeit von (umfangreichen) Ermittlungen[114]
- Reaktion des Gegners auf die Abmahnung[115]
- Inanspruchnahme verfassungsrechtlich garantierter prozessualer Rechte[116]
- Umstände einer im Verfügungsverfahren beantragten Terminsverlegung[117]
- Einreichen des Verfügungsantrags erst nach Einreichen einer Hauptsacheklage[118]
- Möglichkeiten für den Antragsteller, sich Kenntnis von dem Wettbewerbsverstoß und der Person des Störers bzw. Verletzers zu verschaffen[119]
- Vorgehen gegen alle Verletzer, insbes. auch gegen den Hersteller[120]
- Vorgehen zunächst nur gegen das Unternehmen und erst später gegen die Geschäftsführung[121]
- Zurückhalten einer Beschwerdebegründung[122]
- Unterbliebenes Einschreiten bei einem früheren Wettbewerbsverstoß[123]
- Unterbliebene Geltendmachung eines zusätzlichen Antragsgrundes bereits in der Antragsschrift[124]

---

[101] OLG Hamm 25.3.1993 – 4 U 36/93, GRUR 1993, 855 (Ls.); OLG Hamm 14.11.1995 – 4 U 124/95, NJWE-WettbR 1996, 164 (164); OLG Hamm 13.2.2014 – 4 U 172/13, BeckRS 2015, 8290.

[102] OLG Köln 30.7.1997 – 6 U 70/97, NJWE-WettbR 1998, 145 (146); OLG Köln 22.1.2010 – 6 W 149/09, GRUR-RR 2010, 493 (493); OLG Köln 13.5.2015 – 6 W 16/15, GRUR-RS 2015, 11926.

[103] OLG München 18.3.1993 – 6 U 6756/92, MDR 1994, 152 (153); OLG München 22.4.2008 – 29 W 1211/08, GRUR-RR 2008, 310 (312).

[104] OLG Nürnberg 13.11.2001 – 3 U 3189/01, MD 2002, 197 (198).

[105] OLG Karlsruhe 25.4.2007 – 6 U 43/07, WRP 2007, 822 (823).

[106] OLG Koblenz 23.2.2011 – 9 W 698/10, WRP 2011, 506 (507) unter ausdrücklicher Aufgabe seiner bisher großzügigeren Rspr.

[107] OLG Celle 20.1.2014 – 13 W 100/13, WRP 2014, 477.

[108] OLG Bamberg 12.2.2014 – 3 U 192/13, WRP 2014, 609.

[109] OLG Dresden 29.9.1998 – 14 U 433/98, NJWE-WettbR 1999, 130.

[110] Zu den widerstreitenden Interessen Harte-Bavendamm/Henning-Bodewig/Retzer UWG § 12 Rn. 71; Doepner WRP 2011, 1384 (1390 f.).

[111] OLG Jena 26.11.2010 – 2 U 190/10, MD 2011, 755 (755).

[112] OLG Jena 26.11.2010 – 2 U 190/10, MD 2011, 755 (755); OLG Hamburg 15.8.2007 – 5 U 173/06, WRP 2007, 1251 (1252) – Simyo Industries; für den Beginn des zu berücksichtigenden Zeitraums reicht die Kenntnisnahme der maßgeblichen Tatsachen – nicht auch der rechtlichen Bewertung – aus, OLG Hamburg 12.2.2007 – 5 U 189/06, GRUR-RR 2007, 302 (303) – Titelseite.

[113] OLG Hamburg 27.7.2007 – 5 U 147/06, NJOZ 2008, 2145 (2147) – Zitrus-Aktiv-Formel.

[114] OLG Oldenburg 15.2.2007 – 1 U 97/06, WRP 2007, 460 (463); OLG Hamburg 23.11.2006 – 5 W 167/06, WRP 2007, 811 (812); OLG Hamburg 15.11.2006 – 5 U 185/05, MD 2007, 125 (127 f.).

[115] OLG Hamburg 23.11.2006 – 5 W 167/06, WRP 2007, 811 (812); vgl. OLG Karlsruhe 25.4.2007 – 6 U 43/07, WRP 2007, 822 (823).

[116] OLG München 20.12.2006 – 29 W 2904/06, WRP 2007, 349 (350).

[117] OLG Düsseldorf 5.3.2007 – 20 U 149/06, BeckRS 2007, 12842; OLG Hamm 15.3.2011 – 4 U 200/10, BeckRS 2011, 08079; OLG Frankfurt a. M. 9.8.2012 – 6 U 91/12, WRP 2013, 385 f.

[118] OLG Köln 21.12.2007 – 6 U 143/07, MD 2008, 1167 (1169).

[119] OLG Hamburg 5.9.2005 – 5 W 90/05, MD 2006, 475 (476) (staatsanwaltschaftliches Ermittlungsverfahren); OLG München 13.8.2007 – 29 W 2073/07, MD 2007, 973 (975).

[120] OLG Frankfurt a. M. 4.12.2014 – 6 U 141/14, GRUR 2015, 279 f.

[121] OLG Köln 29.5.2020 – 6 U 288/19, GRUR-RS 2020, 14478.

[122] KG 4.4.2008 – 5 W 51/08, GRUR-RR 2008, 368 (Ls.).

[123] OLG Celle 1.2.2007 – 13 U 195/06, ZUM 2007, 540 (544); OLG Köln 10.12.2010 – 6 U 112/10, MD 2011, 266 (268); OLG Hamburg 11.8.2005 – 5 U 19/05, WRP 2005, 1301; OLG Köln 10.12.2010 – 6 U 112/10, WRP 2011, 362 (363).

[124] OLG Frankfurt a. M. 8.11.2018 – 6 U 77/18, BeckRS 2018, 30032 Rn. 15.

- Rechtsmissbräuchliches „Forum-Shopping“[125]
- Hinnahme eines Versäumnisurteils[126]
- Unterbliebene Geltendmachung eines vorbeugenden Unterlassungsanspruchs[127]
- Verzögerung[128] oder Absehen von der Vollstreckung nach Erwirken einer einstweiligen Verfügung.[129]

42 Falls aufwändige und umfangreiche Vorbereitungsmaßnahmen dazu geführt haben, dass zwischen dem Zeitpunkt der Kenntnisnahme und der Einreichung des Verfügungsantrags mehr als ein Monat liegt, empfiehlt es sich stets, die Besonderheiten des Einzelfalls ausführlich darzulegen und glaubhaft zu machen.[130]

Praxistipp:

Soweit die Dringlichkeitsvermutung auch durch ein zögerliches Betreiben des Verfahrens entfallen kann, ist darauf zu achten, dass Rechtsmittelfristen, insbes. also eine Berufungsfrist und auch die Berufungsbegründungsfrist, vom Antragsteller möglichst nicht voll ausgeschöpft werden sollten, jedenfalls von einer Schriftsatzfristverlängerung abzusehen ist. Nach heute hA führt zwar das Ausschöpfen der Berufungs- und Berufungsbegründungsfrist nicht zur Selbstwiderlegung der Dringlichkeitsvermutung.[131] Gleichwohl ist Vorsicht geboten. Ein Antrag auf Terminsverlegung kann – von ganz besonderen Fallkonstellationen abgesehen (zB ernsthafte Vergleichsgespräche) – jedenfalls auf eine dringlichkeitsschädliche Verzögerung schließen lassen. Daher sollte man auch einem Antrag auf Vertagung nicht zustimmen; dies schließt im Einzelfall nicht aus, dass man sich insbes. auf Drängen des Gerichts diesbzgl. „geschlagen“ gibt.

43 Zu beachten ist zudem, dass die Dringlichkeitsvermutung des § 12 Abs. 1 UWG auch noch **nach Erlass einer einstweiligen Verfügung** entfallen kann. Verzichtet der Antragsteller ohne einleuchtenden Grund auf die Vollstreckung aus der einstweiligen Verfügung, so geht die Dringlichkeit nachträglich verloren.[132] Dabei ist es zwar grundsätzlich nicht zu beanstanden, wenn die Frist des § 929 Abs. 2 ZPO ausgeschöpft wird. Eine Dringlichkeit besteht aber dann nicht mehr, wenn der Antragsteller trotz der Kenntnis, dass gegen eine Unterlassungsverfügung verstoßen wurde, fast drei Monate zuwartet, bis ein Vollstreckungsantrag gestellt wird.[133] Hingegen soll die Dringlichkeit dann nicht entfallen, wenn der Gläubiger keine Erkenntnisse darüber hat, ob und inwieweit sich der Schuldner bemüht hat, die Weiterverbreitung rechtsverletzender Waren oder Veröffentlichungen durch Kontaktaufnahme mit Dritten zu unterbinden oder jedenfalls den Versuch dazu zu unternehmen.[134]

44 Sämtliche vorgenannten Überlegungen sind letztlich Ausdruck des Grundsatzes, dass über den Verfügungsgrund nach einer Abwägung der sich gegenüberstehenden Parteiinteressen zu entscheiden ist. Im Rahmen dieser **Interessenabwägung**[135] ist vom Interesse des Antragstellers auszugehen, den Verfügungsanspruch nicht schon dadurch zu gefährden, dass bis zu einer Hauptsache-

[125] OLG Hamburg 6.12.2006 – 5 U 67/06, GRUR 2007, 614 (615) (5. Senat); aA OLG Hamburg 7.3.2002 – 3 U 325/01, GRUR-RR 2002, 226 (227) (3. Senat), der aber zumindest bei einer erneuten Beantragung einer einstweiligen Verfügung während Rechtshängigkeit der Sache bei einem anderen Gericht einen unheilbaren Verfahrensmangel annimmt, 26.11.2009 – 3 U 60/09, WRP 2010, 790 (792).

[126] OLG Hamm 31.8.2006 – 4 U 124/06, GRUR 2007, 173 (174) – interoptik.de.

[127] OLG Stuttgart 25.2.2009 – 4 U 204/08, ZUM-RD 2009, 455 (458).

[128] KG 30.3.2009 – 24 U 145/08, GRUR-RR 2010, 22 (24 f.).

[129] OLG Frankfurt a. M. 25.3.2010 – 6 U 219/09, ZLR 2010, 458 (459); OLG Köln 29.1.2010 – 6 U 177/09, GRUR-RR 2010, 448 (449 f.); KG 11.5.2010 – 5 U 64/09, NJOZ 2010, 1562 (1562).

[130] OLG München 9.2.2005 – 29 W 798/05, MD 2005, 560 (562); OLG Hamburg 23.11.2006 – 5 W 167/06, WRP 2007, 811 (812); OLG Karlsruhe 25.4.2007 – 6 U 43/07, WRP 2007, 822 (823).

[131] Vgl. ua OLG Hamm 30.6.1992 – 4 U 72/92, WRP 1992, 723; OLG Hamm 25.6.1992 – 4 U 112/92, WRP 1992, 802; OLG München 9.8.1990 – 6 U 3296/90, GRUR 1992, 328 unter Aufgabe zuvor gegenteiliger Ansicht; OLG Hamburg 3.12.2003 – 5 U 36/03, GRUR-RR 2004, 198 – Benutzungsmarke „Gelb“; Teplitzky/Feddersen Kap. 54 Rn. 27; Melullis Rn. 177; Gloy/Loschelder/Danckwerts UWG-HdB/Spätgens § 100 Rn. 29; Ahrens/Singer Kap. 47 Rn. 54 mwN; aA OLG Nürnberg 14.7.1987 – 3 U 1135/87, GRUR 1987, 727.

[132] OLG Köln 7.4.2017 – 6 U 135/16, GRUR-RR 2018, 95 Rn. 21 – Bester Internet-Provider.

[133] OLG Köln 7.4.2017 – 6 U 135/16, GRUR-RR 2018, 95 Rn. 23 – Bester Internet-Provider.

[134] OLG Hamburg 20.8.2018 – 3 U 141/17, BeckRS 2018, 41654 Rn. 9.

[135] Vgl. Berneke/Schüttpelz Rn. 109 ff. mwN.

entscheidung viel Zeit vergeht. Dieser Aspekt ist abzuwägen gegen die dem Antragsgegner drohenden Nachteile. Das Interesse des Antragstellers muss also so sehr überwiegen, dass der beantragte und zumeist nachhaltige Eingriff in die Interessen des Antragsgegners auf der Basis eines bloß summarischen Verfahrens gerechtfertigt ist. Daraus ergibt sich gleichzeitig, dass eine Eilentscheidung umso eher in Betracht kommt, je gesicherter die Tatsachenfeststellung ist, und dass Verfahren mit komplexen tatsächlichen und/oder rechtlichen Fragestellungen in aller Regel für ein Verfügungsverfahren nicht geeignet sind.

c) **Wiederaufleben der Dringlichkeit.** Ein Wiederaufleben der Dringlichkeit ist möglich, wenn sich die Umstände des Einzelfalls wesentlich ändern,[136] zB der Anspruchsgegner sein Wettbewerbsverhalten nachhaltig intensiviert[137] oder das Hauptsacheverfahren ausgesetzt wird.[138] 45

d) **§ 937 Abs. 2 ZPO.** Die Dringlichkeitsvermutung des § 12 Abs. 2 UWG ist grds. zu trennen von der Frage, ob ein dringender Fall iSd § 937 Abs. 2 ZPO gegeben ist, also eine Entscheidung **ohne mündliche Verhandlung** möglich ist oder sogar ein dringender Fall, in dem eine Entscheidung **durch den/die Kammervorsitzende(n)** gem. **§ 944 ZPO allein** erfolgen kann. Wenn also ein nachhaltiges Interesse an einer Beschlussverfügung besteht, was in der Praxis häufig der Fall ist, dann ist dies nicht nur zu beantragen, vielmehr müssen die Voraussetzungen der gesteigerten Eilbedürftigkeit dargelegt und ggf. glaubhaft gemacht werden. Dabei war in der Vergangenheit die Neigung der Gerichte festzustellen, in Wettbewerbssachen wegen der Schnelligkeit des Marktgeschehens – gelegentlich etwas unkritisch[139] – regelmäßig auch die Voraussetzungen der §§ 937 Abs. 2 und 944 ZPO zu bejahen. 46

e) **Vorherige Anhörung des Antragsgegners.** Als Folge der verbreiteten Praxis der Gerichte, einstweilige Verfügungen im Regelfall ohne Anhörung des Antragsgegners zu erlassen, kam es jüngst zu einer ganzen Reihe von Entscheidungen des BVerfG[140] zu den Anforderungen an die Gewährung rechtlichen Gehörs im einstweiligen Verfügungsverfahren.[141] 47

Die Entscheidungen des BVerfG beruhen auf der Feststellung, dass ein Beschluss im einstweiligen Verfügungsverfahren unter bestimmten Voraussetzungen das **grundrechtsgleiche Recht auf prozessuale Waffengleichheit** aus Art. 3 Abs. 1 iVm Art. 20 Abs. 3 GG verletzen könne. Als prozessuales Urrecht gebiete der Grundsatz der Waffengleichheit, in einem gerichtlichen Verfahren der Gegenseite grundsätzlich vor einer Entscheidung Gehör und damit die Gelegenheit zu gewähren, auf eine bevorstehende gerichtliche Entscheidung Einfluss zu nehmen. Entbehrlich sei eine vorherige Anhörung nur in Ausnahmefällen. In den besonderen Verfahrenslagen des einstweiligen Rechtsschutzes sei eine vorherige Anhörung verzichtbar, wenn sie den Zweck des Verfahrens vereiteln würde. In diesen Fällen reiche es aus, nachträglich Gehör zu gewähren. Voraussetzung der Verweisung auf eine nachträgliche Anhörung sei jedoch, dass ansonsten der Zweck des einstweiligen Verfügungsverfahrens verhindert würde.[142] 48

Daraus folge, dass ein Gericht der Gegenseite vor einer stattgebenden Entscheidung über den Antrag einer Partei im Zivilrechtsstreit Recht auf Gehör gewähren muss.[143] Ein Absehen von der 49

[136] Zum Ganzen Teplitzky/Feddersen Kap. 54 Rn. 37; Fezer/Büscher § 12 Rn. 68; OLG Hamburg 4.7.2013 – 3 U 161/11, WRP 2013, 1209.

[137] OLG Koblenz 31.8.1978 – 6 U 537/78, WRP 1978, 835 (837); KG 5.1.1979 – 5 U 4454/78, WRP 1979, 305 (307).

[138] OLG Köln 25.6.1976 – 6 U 122/75, GRUR 1977, 220 (221).

[139] Vgl. Teplitzky/Feddersen Kap. 55 Rn. 2; Teplitzky WRP 2016, 1183, Harte-Bavendamm/Henning-Bodewig/Retzer UWG § 12 Rn. 142; Koch/Vykydal WRP 2005, 688 ff.

[140] BVerfG 30.9.2018 – 1 BvR 1783/17, NJW 2018, 3631; BVerfG 30.9.2018 – 1 BvR 2421/17, NJW 2018, 3634; BVerfG 3.6.2020 – 1 BvR 1246/20, NJW 2018, 3634; BVerfG, 17.6.2020 – 1 BvR 1380/20, ZUM RD 2020, 421; BVerfG 27.7.2020 – 1 BvR 1379/20, NJW 2020, 3023; BVerfG 30.7.2020 – 1 BvR 1422/20, GRUR 2020, 1236; BVerfG 3.12.2020 – 1 BvR 2575/20, GRUR-RS 2020, 37381; BVerfG 11.1.2021 – 1 BvR 2681/20, NJW 2021, 1587; BVerfG 22.1.2021 – 1 BvR 2793/20, NJW 2021, 2018.

[141] Die beiden grundlegenden Entscheidungen zu dieser Thematik wurden vom BVerfG im Hinblick auf das Presse- und Äußerungsrecht gefasst. Kurz darauf stellte das BVerfG jedoch ausdrücklich fest, dass die dort entwickelten Maßstäbe zur Handhabung der prozessualen Waffengleichheit und des rechtlichen Gehörs im zivilrechtlichen einstweiligen Verfügungsverfahren im Grundsatz auch für einstweilige Verfügungsverfahren im Bereich des Lauterkeitsrechts gelten, BVerfG 27.7.2020 – 1 BvR 1379/20, NJW 2020, 3023 Rn. 6, hierzu auch OLG Düsseldorf 27.2.2019 – 15 U 45/18, BeckRS 2019, 5570 Rn. 5.

[142] BVerfG 30.9.2018 – 1 BvR 1783/17, NJW 2018, 3631 Rn. 14 f.; BVerfG 30.9.2018 – 1 BvR 2421/17, NJW 2018, 3634 Rn. 27 f.

[143] BVerfG 30.9.2018 – 1 BvR 1783/17, NJW 2018, 3631 Rn. 18; BVerfG 30.9.2018 – 1 BvR 2421/17, NJW 2018, 3634 Rn. 31.

Gewährung rechtlichen Gehörs komme – auch in eilbedürftigen Fällen wie denen des einstweiligen Verfügungsverfahrens – nur in Ausnahmefällen in Betracht.[144] Davon zu unterscheiden sei die Frage, wann über den Erlass einer einstweiligen Verfügung ohne mündliche Verhandlung entschieden werden kann; hier stehe den Fachgerichten ein weiter Wertungsrahmen zu.[145] Der Verzicht auf eine mündliche Verhandlung berechtigte allerdings nicht ohne Weiteres dazu, die Gegenseite bis zur Entscheidung über den Verfügungsantrag generell aus dem Verfahren herauszuhalten.[146]

50 Danach sei dem Antragsgegner vor Erlass einer einstweiligen Verfügung **grundsätzlich rechtliches Gehör zu gewähren.** Dies habe jedoch nicht zwingend im gerichtlichen Verfahren zu geschehen. Auch **vorprozessuale Äußerungsmöglichkeiten,** zB im Rahmen einer Erwiderung auf eine dem Verfügungsverfahren vorausgehende Abmahnung oder die Hinterlegung einer Schutzschrift, könnten ausreichend sein. Zudem seien, sofern dem Antragsteller richterliche Hinweise erteilt werden, diese dem Antragsgegner ebenfalls mitzuteilen.[147]

51 Im Hinblick auf vorprozessuale Äußerungsmöglichkeiten des Antragsgegners hat das BVerfG zu den **Anforderungen, die eine vorprozessuale Abmahnung erfüllen muss,** um die Notwendigkeit einer Anhörung des Antragsgegners im Verfügungsverfahren entfallen zu lassen, ausgeführt, dass die abgemahnte Äußerung sowie die Begründung für die begehrte Unterlassung mit dem bei Gericht geltend gemachten Unterlassungsbegehren **identisch** sein müssten.[148] Im Lauterkeitsrecht könne bei der Beurteilung der Abweichungen zwischen dem außergerichtlich geltend gemachten Unterlassungsverlangen und dem gestellten Verfügungsantrag jedoch von Bedeutung sein, dass es sich um **kerngleiche Verstöße** handelt.[149] Es sei für den Antragsgegner nämlich grundsätzlich zumutbar, im Erwiderungsschreiben auf eine außergerichtliche Abmahnung, auch zu kerngleichen, nicht-identischen Verstößen, Stellung zu nehmen.[150] Zudem geht das BVerfG davon aus, dass es ausreichend ist, wenn der **Tenor** der erlassenen einstweiligen Verfügung mit dem Unterlassungsbegehren aus der Abmahnung übereinstimmt, selbst wenn der Verfügungsantrag zwischenzeitlich anders lautete.[151] Weiterhin könnten Abweichungen zwischen dem in der Abmahnung geltend gemachten Unterlassungsbegehren und dem gestellten Verfügungsantrag unbeachtlich sein, wenn die Abweichungen **gering und nicht gravierend** sind.[152] Schließlich hat das BVerfG auch ausdrücklich ausgeführt, dass eine **Identität der rechtlichen Begründung nicht erforderlich** sei.[153]

52 In der Praxis wird sich daher häufig die Frage stellen, wann das Unterlassungsbegehren in Abmahnung und Verfügungsantrag „identisch" sind und ob eine erneute Anhörung des Antragsgegners im Rahmen des einstweiligen Verfügungsverfahrens angezeigt ist. Dabei hat das BVerfG die Voraussetzung der Identität zwischen Unterlassungsbegehren und Verfügungsantrag an einer Vielzahl von Stellen aufgeweicht, so dass stets im Einzelfall geprüft werden muss, ob die notwendige „Identität" noch gegeben ist. Jedenfalls wenn der gerichtliche Verfügungsantrag den im Rahmen der außergerichtlichen Abmahnung geltend gemachten Streitgegenstand verlässt oder

[144] BVerfG 30.9.2018 – 1 BvR 1783/17, NJW 2018, 3631 Rn. 18; BVerfG 30.9.2018 – 1 BvR 2421/17, NJW 2018, 3634 Rn. 31; BVerfG 3.6.2020 – 1 BvR 1246/20, Rn. 16.

[145] BVerfG 30.9.2018 – 1 BvR 1783/17, NJW 2018, 3631 Rn. 19; BVerfG 30.9.2018 – 1 BvR 2421/17, NJW 2018, 3634 Rn. 32; BVerfG 3.6.2020 – 1 BvR 1246/20, Rn. 17.

[146] BVerfG 30.9.2018 – 1 BvR 1783/17, NJW 2018, 3631 Rn. 21; BVerfG 30.9.2018 – 1 BvR 2421/17, NJW 2018, 3634 Rn. 33; BVerfG 3.6.2020 – 1 BvR 1246/20, Rn. 18; BVerfG 17.6.2020 – 1 BvR 1380/20, ZUM-RD 2020, 421 Rn. 14.

[147] BVerfG 30.9.2018 – 1 BvR 1783/17, NJW 2018, 3631 Rn. 21 ff.; vgl. auch BVerfG 30.9.2018 – 1 BvR 2421/17, NJW 2018, 3634 Rn. 33 ff.; BVerfG 3.6.2020 – 1 BvR 1246/20, NJW 2020, 2021 Rn. 18 f.; BVerfG 17.6.2020 – 1 BvR 1380/20, ZUM-RD 2020, 421 Rn. 14; BVerfG 27.7.2020 – 1 BvR 1379/20, NJW 2020, 3023 Rn. 13 ff.; BVerfG 30.7.2020 – 1 BvR 1422/20, GRUR 2020, 1236 Rn. 17 f.

[148] BVerfG 30.9.2018 – 1 BvR 1783/17, NJW 2018, 3631 Rn. 21 ff.; vgl. auch BVerfG 30.9.2018 – 1 BvR 2421/17, NJW 2018, 3634 Rn. 33 ff.; BVerfG 3.6.2020 – 1 BvR 1246/20, NJW 2020, 2021 Rn. 18 f.; BVerfG 17.6.2020 – 1 BvR 1380/20, ZUM-RD 2020, 421 Rn. 14; BVerfG 27.7.2020 – 1 BvR 1379/20, NJW 2020, 3023 Rn. 13 ff.; BVerfG 30.7.2020 – 1 BvR 1422/20, GRUR 2020, 1236 Rn. 17 f.

[149] BVerfG 27.7.2020 – 1 BvR 1379/20, NJW 2020, 3023 Rn. 20 ff.

[150] BVerfG 27.7.2020 – 1 BvR 1379/20, NJW 2020, 3023 Rn. 20 ff.

[151] BVerfG 30.7.2020 – 1 BvR 1422/20, GRUR 2020, 1236 Rn. 21.

[152] BVerfG 3.12.2020 – 1 BvR 2575/20, GRUR-RS 2020, 37381 Rn. 22; ähnlich auch BVerfG 22.1.2021 – 1 BvR 2793/20, NJW 2021, 2018 Rn. 23.

[153] BVerfG 3.12.2020 – 1 BvR 2575/20, GRUR-RS 2020, 37381Rn. 23. Hingegen geht das OLG Düsseldorf davon aus, dass eine erneute Anhörung des Antragsgegners notwendig sei, wenn der Antrag auf Erlass einer einstweiligen Verfügung gegenüber der Abmahnung umfangreiche Ausführungen zur Auslegung einer Norm umfasst, OLG Düsseldorf 16.2.2021 – 20 W 11/21, GRUR 2021, 984 Rn. 17.

weitere Streitgegenstände und Sachverhaltsumstände neu eingeführt werden,[154] muss der Antragsgegner erneut vom Gericht angehört werden.

Praxistipp:
Wenn auf Antragstellerseite das Ziel verfolgt wird, eine einstweilige Verfügung ohne Anhörung des Antragsgegners zu erreichen, sollte sichergestellt werden, dass Abmahnung und Antrag auf Erlass der einstweiligen Verfügung möglichst weitgehend übereinstimmen und auch im Hinblick auf den Umfang keine allzu großen Unterschiede aufweisen. In jedem Falle sollten keine neuen Fakten aufgenommen werden, die in der Abmahnung noch zurückgehalten wurden.

Das BVerfG geht davon aus, dass die Erwiderungsmöglichkeiten auf eine Abmahnung dem verfassungsrechtlichen Grundsatz der prozessualen Waffengleichheit nur dann genügen, wenn der Antragsteller ein etwaiges **Zurückweisungsschreiben** des Antragsgegners zusammen mit seiner Antragsschrift **bei Gericht eingereicht** hat.[155] Dabei stellt sich die Frage, wie es rechtlich zu bewerten ist, wenn der Antragsteller dem Gericht eine Erwiderung des Antragsgegners auf eine vorprozessuale Abmahnung nicht mitteilt, vielleicht sogar absichtlich verschweigt. Nach dem BVerfG handelt es sich hierbei nicht mehr um eine Frage der Verletzung des Grundsatzes der Waffengleichheit, sondern um eine Frage des **Rechtsmissbrauchs** durch den Antragsteller.[156] Hiervon geht auch das OLG München aus.[157] Es hat entschieden, dass auch der Antragsteller alles ihm Zumutbare und Mögliche zu unternehmen habe, um das Gericht in die Lage zu versetzen, eine sachgerechte Entscheidung darüber zu treffen, ob, wann und wie der Antragsgegner vor einer Entscheidung in der Sache einzubeziehen ist. Dazu gehöre regelmäßig das **unaufgeforderte und unverzügliche Einreichen eines die Streitsache betreffenden Schriftsatzes** der bislang nicht am Verfahren beteiligten Gegenseite auch dann, wenn das Verfahren bereits in Gang gesetzt wurde und der außergerichtliche Schriftsatz der Gegenseite erst danach, aber vor einer Entscheidung des Gerichts die Antragstellerseite erreicht. Anderenfalls handele der Antragsteller rechtsmissbräuchlich.[158] 53

f) **Schutzschrift.** Angesichts der Rechtsprechung des BVerfG könnte der Schutzschrift[159] in Zukunft etwas weniger Bedeutung zukommen: Zum einen dürfte die Notwendigkeit, eine Schutzschrift zu hinterlegen, abnehmen, da die Zahl der Fälle, in denen der Antragsgegner vor Erlass einer einstweiligen Verfügung angehört wird, steigen dürfte. Im Falle einer vorherigen Abmahnung könnte die Antwort auf diese Abmahnung zudem die Funktion einer Schutzschrift bis zu einem gewissen Grad ersetzen. Zum anderen könnte sich die Hinterlegung einer Schutzschrift sogar als kontraproduktiv erweisen, da hierdurch die Notwendigkeit der vorherigen Anhörung durch das Gericht entfällt. Nichtsdestotrotz bleibt die Schutzschrift für den möglichen Antragsgegner zunächst ein wichtiges Mittel, um dem Gericht seine Argumente zugänglich zu machen, einschließlich die Gewährung rechtlichen Gehörs für den Fall anzuregen, dass das Gericht trotz der Schutzschrift eine Beschlussverfügung erwägen sollte. 54

4. Glaubhaftmachung

a) **Umfang der Glaubhaftmachung.** Verfügungsgrund und Verfügungsanspruch sind – soweit nicht § 12 Abs. 2 UWG eingreift – vom Antragsteller darzulegen und glaubhaft zu machen (§§ 936, 920 Abs. 2, 294 ZPO). Nach hM wird zum Umfang der Glaubhaftmachung im Verfü- 55

[154] BVerfG 3.12.2020 – 1 BvR 2575/20, GRUR-RS 2020, 37381 Rn. 23; BVerfG 22.1.2021 1 BvR 2793/20, NJW 2021, 2018Rn. 24.

[155] BVerfG 30.9.2018 – 1 BvR 1783/17, NJW 2018, 3631 Rn. 21 ff.; vgl. auch BVerfG 30.9.2018 – 1 BvR 2421/17, NJW 2018, 3634 Rn. 33 ff.; BVerfG 3.6.2020 – 1 BvR 1246/20, NJW 2020, 2021 Rn. 18 f.; BVerfG 17.6.2020 – 1 BvR 1380/20, ZUM-RD 2020, 421 Rn. 14; BVerfG 27.7.2020 – 1 BvR 1379/20, NJW 2020, 3023 Rn. 13 ff.; BVerfG 30.7.2020 – 1 BvR 1422/20, GRUR 2020, 1236 Rn. 17 f.

[156] BVerfG 3.12.2020 – 1 BvR 2575/20, GRUR-RS 2020, 37381 Rn. 18 f.

[157] OLG München 5.8.2021 – 29 U 6406/20, GRUR-RS 2021, 24559 – Du sollst nicht verschweigen Deines Gegners Schriftsatz.

[158] OLG München 5.8.2021 – 29 U 6406/20, GRUR-RS 2021, 24559 – Du sollst nicht verschweigen Deines Gegners Schriftsatz.

[159] Zum Begriff siehe § 945a Abs. 1 S. 2 ZPO.

gungsverfahren differenziert zwischen dem (einseitigen) Antrags-/Beschlussverfahren und dem (streitigen) Verfahren nach Widerspruch oder Anberaumung eines Termins zur mündlichen Verhandlung.[160]

56 Soweit den Antragsteller keine Darlegungslast trifft, da Wiederholungsgefahr und Dringlichkeit vermutet werden, bedeutet dies für die **Antragsschrift** nicht, dass man hierzu nicht auch vortragen muss und sollte. Im Hinblick auf die Dringlichkeit ist daher im Zweifel vorsorglich der Zeitpunkt der Kenntnisnahme glaubhaft zu machen. Regelmäßig wird man zur „Historie" des Falles, insbes. der Kenntnisnahme und der daraufhin erfolgten Schritte (zB Abmahnung und Reaktion der Gegenseite) vortragen sowie den Anspruch materiell-rechtlich begründen und die dazu erforderlichen Glaubhaftmachungsmittel vorlegen. Dabei gilt der Grundsatz, dass die Wiederholungsgefahr vermutet wird, wenn eine rechtswidrige Handlung begangen wurde und keine die Wiederholungsgefahr ausräumende Unterwerfungserklärung bzw. ein entspr. Titel vorliegt.[161] Hins. der Erstbegehungsgefahr ist darzulegen und glaubhaft zu machen, dass konkrete Vorbereitungshandlungen für die Verletzungshandlung getroffen wurden bzw. eine aktuelle Berühmung vorliegt.[162]

57 Im Einzelnen ist str., ob und inwieweit der Antragsteller das Fehlen von Einwendungen und Einreden schon für den Zeitpunkt vor förmlicher Einbeziehung des Antragsgegners, also in der Antragsschrift, glaubhaft machen muss. Insoweit wird man sich einerseits von der Wahrheitspflicht leiten lassen müssen, so dass auch tatsächliche Umstände, die dem Anspruch entgegenstehen können und die dem Antragsteller – etwa aus der Vorkorrespondenz – positiv bekannt sind, abgehandelt werden sollten. Andererseits gilt die Maxime, dass nur zu solchen Einwendungen und Einreden Stellung zu nehmen ist, die auf Grund des Einzelfalls naheliegend sind.[163]

58 Im **Urteilsverfahren** gelten für die Glaubhaftmachung die Beweislastregeln eines Hauptsacheverfahrens.[164]

59 **b) Glaubhaftmachungsmittel.** Mittel der Glaubhaftmachung sind alle **präsenten Beweismittel des Zivilprozesses** (§ 294 Abs. 2 ZPO), also insbes. Augenschein, Vorlage von Urkunden, Zeugen- und Sachverständigenvernehmung im Termin zur mündlichen Verhandlung, amtliche Auskünfte und – von besonderer Bedeutung – eidesstattliche Versicherungen.[165] Der Antragsschrift ist das erforderliche Material zur Glaubhaftmachung der anspruchsbegründenden Tatsachen beizufügen, aus denen das Gericht nicht nur die beanstandete Handlung – möglichst anschaulich – erkennen kann, sondern mit denen auch die Historie sowie die relevanten Rahmenbedingungen, zB die Marktgegebenheiten, belegt werden. Grds. muss der Kläger alle anspruchsbegründenden Tatsachen vortragen und glaubhaft machen. Nur ausnahmsweise kann ihm eine Darlegungs- und Beweiserleichterung zugute kommen, wenn es um die Aufklärung von Tatsachen geht, die in den Verantwortungsbereich des Beklagten fallen.[166]

Praxistipp:

Da das Zusammenstellen der Glaubhaftmachungsmittel, insbes. auch das Herbeischaffen geeigneter eidesstattlicher Versicherungen zeitaufwändig sein kann, sollte dem Mandanten möglichst frühzeitig mitgeteilt werden, welche Unterlagen und Dokumente man von ihm zur Glaubhaftmachung benötigt.

Zum Termin zur mündlichen Verhandlung ist mit dem Mandanten sorgfältig abzustimmen, ob noch weitere Glaubhaftmachungsmittel oder Materialien zur Veranschaulichung des Sachverhalts für den Termin zu beschaffen sind (zB durch Vorlage von Originalprodukten) und ob sich die Anwesenheit präsenter Zeugen anbietet.

5. Gerichtliche Entscheidung

60 Nach Erhalt eines Antrags auf Erlass einer einstweiligen Verfügung hat das Gericht grundsätzlich **drei Möglichkeiten** mit dem Antrag zu verfahren: den Erlass der einstweiligen Verfügung

[160] OLG Karlsruhe 10.11.1982 – 6 U 105/82, WRP 1983, 170 (171); Stein/Jonas/Grunsky ZPO § 920 Rn. 11; Teplitzky/Feddersen Kap. 54 Rn. 45 mwN.

[161] Vgl. dazu Spuhler/Vykydal → § 3.

[162] Vgl. zB BGH 11.7.1991 – I ZR 31/90, GRUR 1992, 116 (117) – Topfgucker-Scheck; Lambsdorff Rn. 209 mwN.

[163] Vgl. Lambsdorff Rn. 211 ff.

[164] Teplitzky/Feddersen Kap. 54 Rn. 45 mwN.

[165] Zur Vorlage von Privatgutachten im Verfügungsverfahren vgl. Krüger WRP 1991, 68 ff.

[166] BGH 27.11.2003 – I ZR 94/01, GRUR 2004, 246 (247) – Mondpreise.

durch **Beschluss,** die Anberaumung eines Termins zur mündlichen Verhandlung mit anschließender Entscheidung durch **Urteil** sowie die sofortige **Zurückweisung** des Antrags **durch Beschluss.** Eine einstweilige Verfügung kann daher durch Beschluss oder durch Urteil ergehen. Den gesetzlichen Regelfall stellt das Urteilsverfahren dar (§ 937 Abs. 1 ZPO). Regelmäßig wird der Antragsteller jedoch ein Interesse daran haben, seinen Anspruch im Beschlusswege durchzusetzen. Dadurch gelangt er nicht nur schneller ans Ziel, sondern ihm gelingt damit häufig auch ein „Überraschungsangriff" mit der Folge, dass die Gegenpartei ganz erheblich unter Druck gelangen kann. Dieser taktische Vorteil kann ausschlaggebend für den unternehmerischen Erfolg des Angriffs sein.

a) **Beschlussverfügung.** Eine Beschlussverfügung, dh **eine Entscheidung ohne mündliche Verhandlung,** kann das Gericht (oder der Vorsitzende allein, § 944 ZPO) in bes. dringenden Fällen[167] 61
gem. § 937 Abs. 2 ZPO erlassen. Die Gerichte nehmen einen derartigen dringenden Fall insbes. dann an, wenn der materielle Rechtsverstoß eindeutig ist und durch den Zeitablauf, dh durch Anberaumung und Durchführung einer mündlichen Verhandlung, der Zweck des Antrags gefährdet, also zB der Gegner gewarnt und ihm damit die Möglichkeit zum Abverkauf streitgegenständlicher Produkte gegeben werden würde. Das Vorliegen einer **Schutzschrift** steht dem Erlass einer Beschlussverfügung nicht grds. entgegen.[168]

Die Beschlussverfügung bedarf keiner Begründung, wenn dem Antrag vollumfänglich statt- 62
gegeben wird.[169] Die Zurückweisung eines Verfügungsantrags im Beschlusswege ist zulässig, aber zu begründen.[170]

Eine Beschlussverfügung wird dem Antragsteller vom Gericht zugestellt (§§ 329 Abs. 2 Nr. 2, 63
929 Abs. 2 ZPO) und ist von diesem im **Parteibetrieb** dem Antragsgegner ordnungsgemäß zuzustellen (§ 922 Abs. 2 ZPO).[171] Die Zustellung hat insofern eine Doppelfunktion: Es bedarf ihrer, um den Gegner dem Vollstreckungsdruck auszusetzen; zugleich dient die Zustellung auch dem Titelerhalt, da dieser anderenfalls nach Ablauf der Vollziehungsfrist (1 Monat) der Aufhebung unterliegt (§ 929 ZPO).

Praxistipp:

Nach Erlangung einer Beschlussverfügung sind folgende Aspekte von besonderer praktischer Relevanz:
- Fristenkontrolle, dh Vollziehungsfrist notieren
- Parteihinweis bezüglich der Risiken nach § 945 ZPO
- Abwägung zwischen sofortiger förmlicher Zustellung mit oder ohne gleichzeitige Abmahnung (letzteres eventuell mit vorläufigem Verzicht auf die Vollstreckung), oder Abmahnung ohne Erwähnung der erwirkten Beschlussverfügung.[172]

Ein den Verfügungsantrag **zurückweisender Beschluss** ist dem Antragsteller nur formlos (§ 329 64
Abs. 2 Nr. 1 ZPO) und dem Antragsgegner nicht (§§ 936, 922 Abs. 3 ZPO) mitzuteilen, es sei denn, durch das Vorliegen einer Schutzschrift ist ein Prozessverhältnis zwischen den Parteien zustande gekommen.[173] Das bedeutet für die Praxis konkret, dass der Antragsgegner von einem gescheiterten Versuch einer Beschlussverfügung zumeist nichts erfährt. Dies ist einer der Gründe, warum in bestimmten Fällen allein eine Beschlussverfügung erstrebenswert ist. Str. besteht darüber, ob diese Praxis eine Gefährdung der Verfahrensgrundrechte des Antragsgegners darstellt. Nach der hM sollte diese mögliche Gefährdung durch Gelegenheit zur schriftlichen Stellungnahme in teleologischer Reduktion des § 922 Abs. 3 ZPO minimiert werden.[174]

---

167 Zum (in der Praxis häufig vernachlässigten) Unterschied zwischen der Dringlichkeitsvermutung des § 12 Abs. 2 UWG und der bei § 937 Abs. 2 ZPO erforderlichen besonderen Dringlichkeit vgl. → Rn. 24.

168 Deutsch GRUR 1990, 327 (328); Ohly/Sosnitza/Sosnitza UWG § 12 Rn. 139.

169 HM Stein/Jonas/Grunsky ZPO § 922 Rn. 5; Melullis Rn. 209 mwN; aA Anders/Gehle/Becker ZPO § 922 Rn. 1.

170 Einhellige Auffassung, vgl. zB Stein/Jonas/Grunsky § 922 Rn. 7; Melullis Rn. 209a, jew. mwN.

171 → Rn. 70 ff.

172 → Rn. 5 zu den klassischen „Eröffnungsvarianten".

173 Das OLG München geht darüber hinaus davon aus, dass die Bekanntgabe des die Beschwerde zurückweisenden Beschlusses an den Antragsgegner jedoch erforderlich sein kann, um dem verfassungsrechtlichen Gebot der Waffengleichheit auch im Hinblick auf etwaige zukünftige Verfahren Rechnung zu tragen, OLG München 8.8.2019 – 29 W 940/19, GRUR-RR 2019, 443 – Medizinisches Fachpersonal.

174 Teplitzky WRP 2016, 1181 (1183 f.); OLG Frankfurt a. M. 28.6.2010 – 6 W 91/10, GRUR-RR 2011, 31; aA Ahrens/Scharen, Kap. 53 Rn. 75.

Praxistipp:

Hängt der Wille zur Rechtsverfolgung maßgeblich von der Erlangung einer Beschlussverfügung ab, empfiehlt es sich, am Ende des Schriftsatzes ggü dem Gericht nicht nur zu begründen, warum ein bes. dringender Fall iSv § 937 Abs. 2 ZPO vorliegt, sondern auch um Benachrichtigung durch das Gericht zu bitten, falls – wider Erwarten – nicht ohne mündliche Verhandlung entschieden werden soll. Faktisch lässt sich so die Rücknahme des Verfügungsantrags vorbehalten, so dass der Antragsgegner im Falle eines „Fehlschlags" nicht erfährt, dass überhaupt ein Gericht angerufen wurde. In der Praxis ist jedoch vermehrt zu beobachten, dass Gerichte dem Wunsch um Benachrichtigung nicht nachkommen.

65 **b) Urteilsverfügung.** Fehlt die besondere Dringlichkeit nach § 937 Abs. 2 ZPO bzw. bedarf die Sache aus Sicht des Gerichts der weiteren Aufklärung, so bestimmt das Gericht einen **Termin zur mündlichen Verhandlung** und die Antragsschrift wird dem Antragsgegner vom Gericht zugestellt. Gegen die Terminierung gibt es für den Antragsteller nur dann den Rechtsbehelf der sofortigen Beschwerde, wenn der Termin so spät angesetzt ist, dass dies faktisch einer Rechtsverweigerung gleichkommt.[175]

66 Bis zum Schluss der mündlichen Verhandlung können die Parteien neue Tatsachen vortragen und glaubhaft machen. Daher müssen beide Parteien stets damit rechnen, dass die Gegenseite – und sei es aus taktischen Gründen – erst kurz vor oder in der mündlichen Verhandlung Entscheidendes vorträgt und glaubhaft macht. Ggf. sollte man den Vorsitzenden um kurze Unterbrechung der mündlichen Verhandlung bitten.

67 Nach der mündlichen Verhandlung ergeht eine Entscheidung durch **Endurteil** (§§ 936, 922 Abs. 1 Nr. 1 ZPO). Das Urteil ist nach der hM bereits **mit seiner Verkündung wirksam,**[176] so dass der Antragsgegner schon unmittelbar nach Schluss der mündlichen Verhandlung dem Vollstreckungsdruck ausgesetzt ist, wenn das Gericht seine Entscheidung im Anschluss an die mündliche Verhandlung sofort verkündet (sog „Stuhlurteil"). Hierauf wird der Antragsteller in bes. dringenden Fällen drängen. In der Lit. wird aber – insbes. mit Blick auf die Schutzfunktion des § 945 ZPO und das Gebot der prozessualen „Waffengleichheit" – argumentiert, dass aus einem Verfügungsurteil erst ab dem **Zeitpunkt der Zustellung** im Parteibetrieb vollstreckt werden kann.[177] Für diese Argumentation spricht ua, dass der Antragsgegner insbes. bei komplexen Tenorierungen nur anhand des vollständigen Urteils hinreichende Klarheit über Inhalt und Schutzumfang des Tenors erlangen kann, nicht aber durch eine Anfrage bei der Geschäftsstelle des Gerichts am Tag der Verkündung. In der Praxis muss man sich allerdings gleichwohl auf die Wirksamkeit ab Verkündung einstellen.[178]

Praxistipp:

Sofort nach der mündlichen Verhandlung und einem etwaigen Stuhlurteil bzw. nach Abfrage des Verkündungstermins sollte auf Seiten des Antragstellers die Vollziehungsfrist notiert werden. Auf Seiten des Antragsgegners ist sofort der Mandant zu instruieren, für den Fall des Unterliegens die notwendigen Maßnahmen zu ergreifen und schriftlich zu dokumentieren, um eine Respektierung des Titels sicherzustellen und belegen zu können.

6. Vollstreckungsschutz/Aufbrauchsfristen

68 Das Gericht kann die Vollstreckung/Vollziehung sowohl bei der Beschluss- als auch bei der Urteilsverfügung von einer **Sicherheitsleistung** abhängig machen (§§ 936, 921 Abs. 2 ZPO). Zwar wird auf Grund von Sinn und Zweck einer einstweiligen Verfügung, die ihrer Natur nach ohne

[175] OLG Stuttgart WRP 1983, 711 (711); Zöller/Stöber § 216 Rn. 16; Lambsdorff Rn. 296; Ohly/Sosnitza/Sosnitza UWG § 12 Rn. 142; Berneke/Schüttpelz Rn. 318.

[176] BGH 22.1.2009 – I ZB 115/07,GRUR 2009, 890 (891) – Ordnungsmittelandrohung; OLG Hamm 28.8.2007 – 4 W 48/07, GRUR-RR 2007, 407 (407) – Synthetisch hergestelltes Vitamin C; Teplitzky/Feddersen Kap. 55 Rn. 35a; Ahrens/Bähr Kap. 54 Rn. 38; Ohly/Sosnitza/Sosnitza UWG § 12 Rn. 171; Köhler/Bornkamm/Feddersen/Köhler UWG § 12 Rn. 2.29.

[177] Vgl. Melullis Rn. 947; v. der Groeben GRUR 1999, 674 (675); Ahrens/Spätgens Rn. 691 ff.; Anders/Gehle/Becker ZPO § 936 Rn. 9.

[178] Zum Beginn der Schadenersatzpflicht nach § 945 ZPO → Rn. 92.

Weiteres vorläufig vollstreckbar ist, von der Möglichkeit von den Gerichten nur sehr zurückhaltend Gebrauch gemacht. Bei sehr weitreichenden Verboten wie zB einem Vertriebsstopp oder gar einer Produktionseinstellung und unter Berücksichtigung etwaiger wirtschaftlicher Stärken und Schwächen der Parteien sollte sich ein Gericht zur Anordnung einer Sicherheitsleistung bewegen lassen.[179]

Auch **Aufbrauchsfristen** werden nur in Ausnahmefällen gewährt,[180] stellen jedoch eine häufig unterschätzte Möglichkeit dar, unzumutbare Härten zu vermeiden. Das Gericht kann Aufbrauchsfristen sogar ohne Antrag des Gegners einräumen.[181] 69

Praxistipp:

Aus Sicht des Antragsgegners sollte jedenfalls stets geprüft werden, ob und inwieweit es sachgerecht ist, Anträge auf Einräumung von Aufbrauchsfristen oder Vollstreckungsschutz zu stellen.

Die Gewährung einer Aufbrauchsfrist ist im Verfügungsverfahren nur selten zu erreichen, da sie regelmäßig im Widerspruch zur Eilbedürftigkeit der begehrten Maßnahme stehen wird.[182] Bei der Antragstellung sind daher besondere Gründe dafür darzulegen und glaubhaft zu machen, dass dem Antragsgegner eine Befolgung des Unterlassungsgebots nur nach einer – angesichts der Eilbedürftigkeit der Sache eher kurz zu bemessenden – Umstellungsfrist zuzumuten ist.

Für die Gewährung von Vollstreckungsschutz ist der Antragsgegner gehalten, die ihm drohenden erheblichen wirtschaftlichen Belastungen und Risiken einer einstweiligen Verfügung darzustellen, diese glaubhaft zu machen und zu betonen, dass die zu erleidenden Nachteile nicht einmal durch einen etwaigen Schadenersatz nach § 945 ZPO für den Fall einer späteren Aufhebung der einstweiligen Verfügung adäquat kompensiert werden können.

7. Vollziehung/Zustellung einer einstweiligen Verfügung

a) Allgemeines. Die einstweilige Verfügung bedarf der **Vollziehung.** Sie ist eine besondere Form der Vollstreckung (§§ 928 ff. ZPO) und zwingt den Gläubiger, sich binnen der Monatsfrist des § 929 Abs. 2 ZPO – in Kenntnis des Schadenersatzrisikos nach § 945 ZPO – zu entscheiden, ob die einstweilige Verfügung durchgesetzt werden soll. Dies ist bei der **Beschlussverfügung** schon deshalb der Fall, da der Antragsgegner erst durch die Vollziehung, dh Zustellung auf dem Parteiwege, Kenntnis von dem Verfügungsverfahren und der gegen ihn ergangenen Entscheidung erlangt. Auch bei einer **Urteilsverfügung** muss man in der Praxis dafür Sorge tragen, dass sie binnen der Monatsfrist des § 929 Abs. 2 ZPO ab Verkündung dem Gegner im Parteiwege zugestellt wird.[183] Daran ändert auch die Tatsache nichts, dass der BGH die Androhung von Ordnungsmitteln in einer Urteilsverfügung bereits als ersten Schritt der Vollziehung im Sinne des § 945 ZPO ansieht, da diese anderen Voraussetzungen unterliegt als die Vollziehung nach § 929 Abs. 2 ZPO.[184] 70

b) Vollziehungsfrist. Die einmonatige Vollziehungsfrist des § 929 Abs. 2 ZPO beginnt bei **Beschlussverfügungen** mit der **Amtszustellung** der Verfügung **an den Gläubiger** (§ 329 Abs. 2 Nr. 2 ZPO) und nach hM[185] bei **Urteilsverfügungen mit der Verkündung** (!), also nicht erst mit 71

---

[179] Vgl. KG 25.3.1986 – 5 U 6150/85, NJW-RR 1986, 1127 (1127); KG 29.8.1994 – 25 U 5213/94, WRP 1995, 24 (25); OLG Köln 14.4.1989 – 4 W 7/89, MDR 1989, 920 (920).

[180] Zum Meinungsstand in Rspr. und Lit. Harte-Bavendamm/Henning Bodewig/Brüning UWG § 12 Rn. 234 mwN.

[181] OLG Stuttgart 16.1.1989 2 W 149/88, WRP 1989, 832 (833); Ohly/Sosnitza/Ohly § 8 Rn. 45; Teplitzky/Feddersen Kap. 57 Rn. 19; Ulrich GRUR 1991, 26 ff. mwN; aA OLG Frankfurt a. M. 3.3.1989 – 6 U 20/89, GRUR 1989, 456 (457); OLG Koblenz 28.3.1991 – 6 W 65/91, WRP 1991, 599 (600); OLG Düsseldorf 10.10.1985 – 2 U 114/85, GRUR 1986, 197 (198).

[182] Vgl. Harte-Bavendamm/Henning-Bodewig/Brüning UWG § 12 Rn. 234; Teplitzky/Feddersen Kap. 57 Rn. 23; Berneke/Schüttpelz Rn. 354.

[183] Vgl. ua BVerfG 27.4.1988 – 1 BvR 549/87, NJW 1988, 3141 (3141); inzwischen auch BGH 22.1.2009 – I ZB 115/07, GRUR 2009, 890 (891) – Ordnungsmittelandrohung; BGH 22.10.1992 – IX ZR 36/92, NJW 1993, 1076 (1077 f.); OLG Hamburg 24.10.1996 – 3 U 106/96, WRP 1997, 53 (54); OLG Hamburg 30.6.2005 – 3 U 221/04, NJOZ 2007, 2691 (2693 f.); OLG Düsseldorf 31.10.2000 – 20 U 126/00, GRUR-RR 2001, 94 (94 f.); OLG Hamm 28.8.2007 – 4 W 48/07, GRUR-RR 2007, 407 (407); Ohly/Sosnitza/Sosnitza UWG § 12 Rn. 165; Melullis Rn. 228; Fezer/Büscher § 12 Rn. 126; Harte-Bavendamm/Henning-Bodewig/Retzer UWG § 12 Rn. 307; Teplitzky/Feddersen Kap. 55 Rn. 38 mwN.

[184] BGH 22.1.2009 – I ZB 115/07, GRUR 2009, 890 (891) – Ordnungsmittelandrohung.

[185] → Rn. 67.

der Amtszustellung des Urteils. Letzteres ist ein in der Praxis häufig übersehener Aspekt. Die Frist zur Vollziehung wird auch dann noch durch Zustellung im Parteibetrieb gewahrt, wenn der Zustellungsantrag innerhalb der Frist gestellt wird, die Zustellung selbst jedoch erst nach Fristablauf erfolgt.[186]

Praxistipp:

Um die Monatsfrist zu wahren, kann sich der Antragsteller nach Verkündung des Urteils umgehend eine **abgekürzte Urteilsausfertigung** vom Gericht erteilen lassen. Dies ist zwingend in all denjenigen Fällen erforderlich, in denen mit einer vollständigen Urteilsausfertigung innerhalb der Monatsfrist nicht gerechnet werden kann.

72 Wird eine Beschlussverfügung im Widerspruchsverfahren ohne Änderung oder mit nur geringfügiger Modifikation bestätigt, so wird dadurch nach hM keine neue Frist in Gang gesetzt.[187] Davon zu unterscheiden ist der Fall, dass nicht nur sprachliche, sondern wesentliche inhaltliche Modifikationen oder Erweiterungen erfolgen.[188] Da sich die Abgrenzung im Einzelfall schwierig gestalten kann, sollte man vorsorglich bei jeder Abänderung der Verfügung durch Urteil diese erneut zustellen.

73 Eine neuerliche Zustellung ist auch dann erforderlich, wenn eine zunächst durch Beschluss erlassene Verfügung im Widerspruchsverfahren aufgehoben wird, dann aber durch Berufungsurteil unter Abänderung der Aufhebungsentscheidung bestätigt wird.[189]

74 c) **Formalien der Zustellung.** Die **Parteizustellung** (§§ 936, 922 Abs. 2 ZPO) ist nach §§ 191, 166 ff. ZPO zu bewirken, und zwar unmittelbar an den **Antragsgegner.** Falls dieser bereits durch einen **Verfahrensbevollmächtigten** vertreten ist, muss die Zustellung ggü diesem erfolgen (§ 172 Abs. 1 ZPO).[190] Dabei ist zu beachten, dass als Verfahrensbevollmächtigter auch ein solcher Anwalt anzusehen ist, der eine Schutzschrift für den Antragsgegner eingereicht hatte, wenn der Antragsteller davon Kenntnis hat.[191] Eine Nachforschungspflicht besteht diesbzgl. aber nicht.[192]

Praxistipp:

Ist die Zustellungsvollmacht zweifelhaft, sollte man dem Antragsgegner direkt und einem in dem Verfahren bereits aufgetretenen Verfahrensbevollmächtigten ggü die Verfügung zur Zustellung bringen. Eine doppelte Zustellung ist unschädlich, vermeidet aber eine unwirksame Zustellung und damit den Verlust der einstweiligen Verfügung.

Bei einer **Zustellung von Anwalt zu Anwalt** ist zu beachten, dass der Adressatenanwalt ggf seine Mitwirkung bei der Zustellung verweigern könnte, insbes. kein Empfangsbekenntnis ausstellt.[193] Wenn bis zum

[186] OLG Celle 26.6.1996 – 13 U 67/96, OLGR Celle 1996, 226; OLG Frankfurt a. M. 10.9.1999 – 24 U 58/99, NJW-RR 2000, 1236 (1236); OLG Düsseldorf 31.10.2000 – 20 U 126/00, GRUR-RR 2001, 94 (94 f.); OLG Hamburg 30.6.2005 – 3 U 221/04, NJOZ 2007, 2691 (2693); Ahrens/Büttner Kap. 59 Rn. 52.

[187] Vgl. ua OLG Düsseldorf 17.3.1995 – 20 U 1/95, WRP 1995, 639 (641); OLG Karlsruhe 23.10.1985 – 6 U 155/85, WRP 1986, 232 (233 f.); OLG Hamm 10.1.1991 – 4 U 275/90, WRP 1991, 406 (408); OLG Frankfurt a. M. 18.12.1990 – 6 U 204/90, WRP 1991, 405 (405); Köhler/Bornkamm/Feddersen/Köhler § 12 Rn. 2.67; Ohly/Sosnitza/Sosnitza UWG § 12 Rn. 170; Berneke/Schüttpelz Rn. 573; Melullis Rn. 219 mwN.

[188] OLG Saarbrücken 25.9.2013 – 1 U 42/13, GRUR-RR 2014, 91; OLG Koblenz 21.3.2013 – 9 U 1156/12, GRUR-RR 2013, 496.

[189] OLG Frankfurt a. M. 20.12.2001 – 6 U 79/01, WRP 2002, 334 (334); Köhler/Bornkamm/Feddersen/Köhler § 12 Rn. 2.66; Ahrens/Büttner Kap. 59 Rn. 26; Harte-Bavendamm/Henning-Bodewig/Retzer UWG § 12 Rn. 305.

[190] OLG Hamburg 15.5.1997 – 3 U 225/96, GRUR 1998, 175 (Ls.); OLG Frankfurt a. M. 12.1.2000 – 11 W (Kart) 32/99, WRP 2000, 411 (411); OLG Köln 20.12.2000 – 6 U 131/00, GRUR 2001, 456 (456); OLG Jena 19.1.2011 – 2 W 17/11, MD 2011, 753 (754); OLG Hamburg 28.12.2000 – 3 U 171/00, NJOZ 2001, 652.

[191] Vgl. Köhler/Bornkamm/Feddersen/Köhler UWG § 12 Rn. 2.63; Teplitzky/Feddersen Kap. 55 Rn. 43.

[192] OLG Köln 11.7.2014 – 6 U 214/13, BeckRS 2015, 03474.

[193] Nach alter Gesetzeslage war der Adressatenanwalt bei einer Zustellung von Anwalt zu Anwalt zur Mitwirkung bei der Zustellung nicht verpflichtet und musste daher kein Empfangsbekenntnis ausstellen, BGH 26.10.2015 – AnwSt (R) 4/15, NJW 2015, 3672. Zwischenzeitlich hat der Gesetzgeber mit § 59b Abs. 2 Nr. 8 BRAO nF zwar eine neue Rechtsgrundlage für § 14 S. 1 BORA geschaffen, der eine Mitwirkungspflicht des Adressatenanwalts normiert. Ob diese Regelung Bestand haben wird oder wiederum verfassungsrechtlichen Bedenken begegnet, wird sich noch zeigen müssen.

Ablauf der Vollziehungsfrist nicht mehr ausreichend Zeit für einen weiteren Zustellungsversuch verbleibt, sollte die Zustellung daher vorsorglich über den Gerichtsvollzieher an den Prozessbevollmächtigten des Antragsgegners erfolgen.

Die Zustellung einer vom Gericht beglaubigten Abschrift eines Verfügungsbeschlusses reicht 75 zur Vollziehung aus;[194] die Zustellung einer unbeglaubigten Abschrift jedoch nicht.[195] Soweit eine Unterlassungsverfügung auf eine farbige Anlage Bezug nimmt, ist darauf zu achten, dass diese ebenfalls in Farbe und nicht bloß als Schwarz-Weiß-Kopie in der zuzustellenden Ausfertigung enthalten ist, da nur dann der konkrete Umfang der geschuldeten Unterlassungsverpflichtung ersichtlich wird und ansonsten grds. keine wirksame Vollziehung vorliegt.[196]

d) **Heilung von Zustellungsmängeln.** Zustellungsmängel werden gem. **§ 189 ZPO** mit dem 76 tatsächlichen Zugang des Schriftstückes an den Zustellungsempfänger geheilt. Die ganz überwiegende Meinung sieht eine Heilung dabei unabhängig davon, ob es sich um eine Beschluss- oder eine Urteilsverfügung handelt, als zulässig an.[197] Die Heilungsmöglichkeit erstreckt sich lediglich auf Mängel des Zustellungsvorgangs, nicht jedoch auf Mängel, die dem zuzustellenden Schriftstück selbst anhaften.[198]

Ist eine einstweilige Verfügung zu Unrecht dem Schuldner persönlich anstatt seinem Verfah- 77 rensbevollmächtigten zugestellt worden, so reicht der tatsächliche Zugang einer (elektronischen) Kopie bei letzterem innerhalb der Vollziehungsfrist für die Heilung des Mangels gem. § 189 ZPO aus. Der Zugang des Original-Schriftstückes ist hierfür nicht erforderlich.[199] Die bloße mündliche Überlieferung oder eine handschriftliche oder maschinenschriftliche Abschrift des zuzustellenden Originals führen dagegen wegen der Fehleranfälligkeit einer solchen Übermittlung nicht zur Heilung des Zustellungsmangels.[200]

8. Rechtsbehelfe

a) **Beschwerdeverfahren.** Wird ein Antrag auf Erlass einer einstweiligen Verfügung ohne münd- 78 liche Verhandlung durch Beschluss **zurückgewiesen,** kann der **Antragsteller** gegen diese Entscheidung sofortige **Beschwerde** nach § 567 Abs. 1 ZPO einlegen. Dafür gilt die **2-Wochen-Frist** des § 569 Abs. 1 ZPO.

Die Beschwerde ist grds. beim **erstinstanzlichen Gericht** einzulegen (§ 569 Abs. 1 ZPO), in 79 dringenden Fällen aber auch unmittelbar beim **Beschwerdegericht.** Das Gericht erster Instanz kann der Beschwerde abhelfen (§ 572 ZPO) und anderweitig entscheiden. Hilft das erstinstanzliche Gericht nicht ab, so wird die Sache an das OLG zur Entscheidung weitergeleitet. Dieses kann die einstweilige Verfügung, wenn es den Verfügungsantrag für begründet hält, selbst erlassen.

Ob das Beschwerdegericht seinerseits **mit oder ohne mündliche Verhandlung** über die Be- 80 schwerde entscheidet, richtet sich – ebenso wie in der ersten Instanz – danach, ob das Beschwerdegericht den Fall als bes. dringend iSv § 937 Abs. 2 ZPO beurteilt.[201] Ein die Beschwerde

[194] OLG Düsseldorf 7.2.2019 – 20 U 101/18, GRUR-RR 2019, 401 Rn. 12 ff. – Anzeige der Interessenwahrnehmung.

[195] OLG Düsseldorf 29.5.2018 – I-20 U 159/17, GRUR-RR 2019, 240 Rn. 17 – Beglaubigungskette.

[196] OLG Hamburg 30.1.2007 – 3 W 239/06, GRUR-RR 2007, 406 (406); OLG Frankfurt a. M. 7.4.2009 – 11 U 74/08, GRUR 2009, 995 (996); aA OLG Köln 1.9.2009 – 6 W 85/09, GRUR-RR 2010, 175 (176); soweit die Ermittlung des Verbotsumfangs durch die Schwarz-Weiß-Kopie nicht erschwert wird. Zur Zustellung einer Ausfertigung mit unvollständigen Anlagen, s. OLG Frankfurt a. M. 1.6.2011 – 6 W 12/11, GRUR-RR 2011, 340 (340); OLG Frankfurt a. M. 2.4.2014 – 11 W 10/14, WRP 2014, 726; OLG Frankfurt a. M. 1.4.2020 – 6 W 34/20, WRP 2020, 770.

[197] OLG Dresden 13.5.2003 – 11 W 586/03, NJW-RR 2003, 1721 (1722); Berneke/Schüttpelz Rn. 585; Zöller/Vollkommer ZPO § 929 Rn. 14; Ahrens/Büttner Kap. 59 Rn. 40; Fezer/Büscher ZPO § 12 Rn. 132.

[198] Berneke/Schüttpelz Rn. 315; Anders/Gehle/Vogt-Beheim ZPO § 189 Rn. 7; Melullis Rn. 234a; Zöller/Stöber ZPO § 189 Rn. 8 mwN.

[199] BGH 12.3.2020 – I ZB 64/19, GRUR 2020, 776 – Übermittlung per E-Mail; OLG Frankfurt a. M. 6.2.2017 – 19 U 190/16, BeckRS 2017, 102284 Rn. 15; KG 31.1.2011 – 5 W 274/10, MD 2011, 431 (431).

[200] BGH 12.3.2020 – I ZB 64/19, GRUR 2020, 776 – Übermittlung per E-Mail.

[201] HM siehe ua Teplitzky/Feddersen Kap. 55 Rn. 6; Melullis Rn. 281; aA OLG Frankfurt a. M. 12.2.1987 – 6 W 24/87, MD 1987, 394; OLG Karlsruhe 15.4.1987 – 6 W 30/87, NJW-RR 1987, 1206 (1206); kritisch zu Recht Traub WRP 1980, 684 (685) (stets rechtliches Gehör in der Beschwerdeinstanz).

zurückweisender Beschluss ist **unanfechtbar;** der zurückgewiesene Verfügungsantrag kann nicht wiederholt werden.[202] Gleiches gilt für den Fall, dass das Beschwerdegericht nach mündlicher Verhandlung durch Urteil entschieden hat.[203]

81 Wird auf Grund einer Beschwerdeentscheidung eine **einstweilige Verfügung** erlassen, so ist gegen den Erlass die Rechtsbeschwerde nicht statthaft.[204] Zum einen findet gegen den Beschluss, durch den eine Verfügung angeordnet wird, der Widerspruch statt.[205] Zum anderen scheitert die Rechtsbeschwerde an dem durch § 542 Abs. 2 S. 1 ZPO begrenzten Instanzenzug.[206] Die Vorschrift des § 574 Abs. 2 ZPO, wonach die Rechtsbeschwerde statthaft ist, wenn sie zugelassen worden ist, findet im Verfahren der §§ 916 ff. ZPO keine Anwendung. Die den Instanzenzug im Verfahren auf Erlass einer einstweiligen Verfügung regelnde Vorschrift des § 542 Abs. 2 S. 1 ZPO ist vorrangig ggü § 574 Abs. 2 ZPO. An eine dennoch erfolgte Zulassung der Rechtsbeschwerde durch das Beschwerdegericht ist der BGH nicht gebunden.[207]

82 Erklären die Parteien den Rechtsstreit übereinstimmend für **erledigt** und ergeht daraufhin eine Kostenentscheidung des Gerichts gem. § 91a ZPO, so ist auch gegen die nach § 91a Abs. 2 ZPO ergehende Beschwerdeentscheidung im Hinblick auf den in Verfügungsverfahren gesetzlich vorgesehenen begrenzten Instanzenzug (vgl. § 542 Abs. 2 S. 1 ZPO) die Rechtsbeschwerde nicht statthaft.[208]

83 Bejaht das erstinstanzliche Gericht in einer Beschlussverfügung zu Unrecht seine örtliche Zuständigkeit, kann der Antragsgegner dies nicht mit der sofortigen Beschwerde, sondern nur im Wege des Widerspruchs angreifen.[209]

84 **b) Widerspruchsverfahren.** Gegen den Erlass einer einstweiligen Verfügung ohne mündliche Verhandlung, also eine **Beschlussverfügung,** kann der **Antragsgegner** nach §§ 936, 924 Abs. 1 ZPO **Widerspruch** bei dem Gericht einlegen, das die Verfügung erlassen hat.[210] Der Widerspruch ist auch statthaft, wenn das Gericht erster Instanz den Antrag auf Erlass einer Verfügung abgelehnt hat und das Beschwerdegericht die Verfügung durch Beschluss angeordnet hat.[211]

85 Der – grds. unbefristet zulässige[212] – Widerspruch führt zur mündlichen Verhandlung, auf Grund derer das Gericht dann – mit Urteil – über die Zulässigkeit und Begründetheit des Verfügungsantrags entscheidet (§§ 936, 925 ZPO). Vor Einlegung des Widerspruchs ist zu entscheiden, ob ein **Voll- oder Teilwiderspruch** sachgerecht ist. Ein Vollwiderspruch richtet sich gegen die ergangene Beschlussverfügung insges. und zielt auf Zurückweisung des Verfügungsantrags und Aufhebung der einstweiligen Verfügung ab. Will der Antragsgegner nur einzelne Teile der Beschlussverfügung angreifen, gibt es die Möglichkeit eines entspr. **Teilwiderspruchs.**[213]

Formulierungsvorschlag:

86 In Sachen …

zeigen wir an, dass wir die Antragsgegnerin vertreten. Namens und in Vollmacht der Antragsgegnerin erheben wir

[202] Berneke/Schüttpelz Rn. 387; Lambsdorff Rn. 317.
[203] Berneke/Schüttpelz Rn. 387.
[204] BGH 27.2.2003 – I ZB 22/02, GRUR 2003, 548 – Rechtsbeschwerde; Berneke/Schüttpelz Rn. 388; Anders/Gehle/Becker ZPO § 922 Rn. 32.
[205] Dazu → Rn. 48 ff.
[206] BGH 27.2.2003 – I ZB 22/02, GRUR 2003, 548 – Rechtsbeschwerde; Berneke/Schüttpelz Rn. 388; Anders/Gehle/Becker ZPO § 922 Rn. 32.
[207] BGH 27.2.2003 – I ZB 22/02, GRUR 2003, 548.
[208] BGH 8.5.2003 – I ZB 40/02, GRUR 2003, 724 (724) – Rechtsbeschwerde II; Anders/Gehle/Nober ZPO § 542 Rn. 7.
[209] OLG Düsseldorf 16.2.2021 – 20 W 11/21, GRUR 2021, 984 Rn. 11 ff.
[210] Str., ob Verweisung nach § 281 ZPO möglich, wenn Widerspruch beim unzuständigen Gericht erhoben wurde, vgl. LG Arnsberg 22-10-1992 – 8 O 48/92, NJW-RR 1993, 318 (319); Stein/Jonas/Grunsky ZPO § 924 Rn. 19; Zöller/Vollkommer ZPO § 924 Rn. 6; Gloy/Loschelder/Danckwerts UWG-HdB/Spätgens ZPO § 105 Rn. 2, jew. mwN.
[211] Zöller/Vollkommer ZPO § 922 Rn. 14; Musielak/Huber ZPO § 922 Rn. 10b; Stein/Jonas/Grunsky ZPO § 922 Rn. 11; Berneke/Schüttpelz Rn. 390.
[212] Nur ausnahmsweise sind Verwirkungsgesichtspunkte relevant, vgl. OLG Celle 18.7.1980 – 9 U 93/80, GRUR 1980, 945 (945 f.); KG 2.10.1984 – 5 W 4650/84, GRUR 1985, 237 (237); Berneke/Schüttpelz Rn. 394; Teplitzky/Feddersen Kap. 55 Rn. 8 mwN.
[213] Vgl. BGH 13.12.1984 – I ZR 107/82, NJW 1986, 1815 (1815); OLG Hamm 25.9.1990 – 4 U 199/90, GRUR 1991, 633 (634); Gloy/Loschelder/Danckwerts UWG-HdB/Spätgens § 105 Rn. 7f mwN.

Widerspruch

gegen die einstweilige Verfügung der Kammer vom ... und bitten um Anberaumung eines möglichst frühzeitigen Verhandlungstermins. Wir beantragen,

1. unter Aufhebung der einstweiligen Verfügung vom ... den Antrag der Antragstellerin vom ... zurückzuweisen und
2. der Antragstellerin die Kosten des einstweiligen Verfügungsverfahrens aufzuerlegen.

Begründung

(Es folgen Ausführungen zum Verfügungsgrund und/oder Verfügungsanspruch nebst Vorlage und/oder Ankündigung geeigneter Glaubhaftmachungsmittel.)

Im Übrigen hat sich in der Praxis ein sog **Kostenwiderspruch** entwickelt,[214] dh ein Widerspruch, der sich entgegen der sonst geltenden Regel, dass der Kostentenor nur zusammen mit der Sachentscheidung angegriffen werden kann, ausschließlich gegen die Kostenentscheidung einer Beschlussverfügung richtet. Der Antragsgegner beantragt damit (lediglich) eine Entscheidung nach § 93 ZPO. Ein Kostenwiderspruch stellt deswegen zugleich ein Anerkenntnis der einstweiligen Verfügung dar.[215] Ein daraufhin ergehendes Kostenurteil ist mit der **sofortigen Beschwerde** (§ 99 Abs. 2 ZPO analog) anfechtbar.[216] 87

Formulierungsvorschlag:

In Sachen ... 88

zeigen wir an, dass wir die Antragsgegnerin vertreten. Namens und mit Vollmacht der Antragsgegnerin erheben wir hiermit

Kostenwiderspruch

gegen die Beschlussverfügung des Gerichts vom ...

Wir beantragen,

der Antragstellerin die Kosten des einstweiligen Verfügungsverfahrens aufzuerlegen.

Begründung

1. Der Antragsgegnerin wurde die og einstweilige Verfügung ... zugestellt. Zuvor wurde sie von der Antragstellerin nicht gem. § 13 Abs. 1 UWG abgemahnt.[217]
2. Eine Einschaltung des Gerichts wäre in dieser Angelegenheit nicht erforderlich gewesen. Die Antragsgegnerin hätte sich in Reaktion auf eine antragsgemäße vorprozessuale Abmahnung entsprechend unterworfen, dh eine ausreichend strafbewehrte Unterlassungserklärung gem. der Beschlussverfügung abgegeben ... (ggf. nähere Begründung).
3. Es lagen auch keine Umstände vor, die eine Abmahnung ausnahmsweise entbehrlich machten (...).[218]
4. (Es folgen Ausführungen zum materiellen Anspruch, aus denen sich ergibt, ob dieser anerkannt wird oder – da im summarischen Verfahren nicht nachweisbar – eine Verteidigung im Hauptsacheverfahren erfolgen soll.)[219]

[214] HM vgl. ua BGH 13.12.1984 – I ZR 107/82, NJW 1986, 1815 (1815); Köhler/Bornkamm/Feddersen/Köhler UWG § 12 Rn. 2.42; Melullis Rn. 246 mwN.

[215] KG 17.5.2011 – 5 W 75/11, MD 2011, 607 (607).

[216] OLG Hamburg 13.11.1975 – 3 U 187/75, WRP 1976, 180 (180 f.); OLG Köln 21.6.1982 – 6 U 66/82, WRP 1983, 43 (43); OLG München 17.1.1990 – 29 W 3006/89, GRUR 1990, 482; KG 17.5.2011 – 5 W 75/11, MD 2011, 607 (608); Ohly/Sosnitza/Sosnitza UWG § 12 Rn. 150; Melullis Rn. 255; Gloy/Loschelder/Danckwerts UWG-HdB/Spätgens § 105 Rn. 13a; Teplitzky/Feddersen Kap. 55 Rn. 13 mwN.

[217] In § 12 UWG ist gesetzlich geregelt, dass der Schuldner vor der Einleitung eines gerichtlichen Verfahrens abgemahnt und ihm Gelegenheit gegeben werden soll, den Streit durch die Abgabe einer vertragsstrafebewehrten Unterlassungsverpflichtung beizulegen. Zwar begründet die Regelung des § 12 UWG keine gesetzliche Verpflichtung zur Abmahnung, allerdings kann eine unterlassene Abmahnung eine entspr. Kostentragungspflicht nach Maßgabe des § 93 ZPO begründen.

[218] → § 4.

[219] Nach hM kann dem Kostenwiderspruch zwar häufig, aber nicht immer die Bedeutung einer Anerkennung der Sachentsch. zugebilligt werden, so dass es sich empfiehlt, sich ausdrücklich dazu zu äußern, welche Tragweite ihm zukommen soll; vgl. eingehend Teplitzky/Feddersen Kap. 55 Rn. 11 f.; Ahrens/Scharen Kap. 56 Rn. 23 ff.; Harte/Henning/Retzer UWG § 12 Rn. 270 f.; Lambsdorff Rn. 350, jew. mwN.

89 Mit dem Widerspruch kann ein Antrag auf **Einstellung der Zwangsvollstreckung** verbunden werden, und zwar sowohl zur Sache als auch beschränkt auf die Kosten. Dies kommt allerdings nur in Ausnahmefällen (eindeutige Fehlerhaftigkeit der Entscheidung auf Grund von Tatsachen, die dem Gericht bekannt waren) in Betracht, da es im Wesen der einstweiligen Verfügung liegt, dass sie vorläufig vollstreckbar ist. Darüber hinaus kommt eine Einstellung der Zwangsvollstreckung bei einem Verstoß gegen das Recht auf prozessuale Waffengleichheit des Antragsgegners in Betracht.[220] In der Sache kann auch eine **Aufbrauchs- oder Umstellungsfrist** beantragt werden.

90 Für die Wettbewerbspraxis von entscheidender Bedeutung ist die **Wirkung eines Urteils, durch das eine einstweilige Verfügung aufgehoben wird,** mit Blick auf zwischenzeitliche Zuwiderhandlungen und Ordnungsmittelverfahren und eine eventuell abweichende Entscheidung des Berufungsgerichts. Der Antragsgegner steht nämlich regelmäßig vor der Frage, ob er auf Grund eines eine einstweilige Verfügung aufhebenden Urteils bereits von der einstweiligen Verfügung befreit ist, also für den Fall einer Zuwiderhandlung insbes. nicht die Sanktionen des § 890 ZPO befürchten muss oder ob er zunächst die Berufungsfrist des Antragstellers, also die Rechtskraft des Urteils abwarten muss. Damit einher geht die Frage, ob das Berufungsgericht die einstweilige Verfügung erforderlichenfalls erneut erlassen oder lediglich das die Verfügung aufhebende Urteil aufheben muss. Die hM lässt die Verfügung **mit Erlass** des sie aufhebenden Urteils entfallen, dh es besteht auch keine Grundlage für ein Bestrafungsverfahren.[221] Das Berufungsgericht muss dementspr. die einstweilige Verfügung ggf. neu erlassen und der Antragsteller muss sie neu vollziehen. „Zuwiderhandlungen" nach Aufhebung und vor Neuerlass einer einstweiligen Verfügung können daher nicht vollstreckungsrechtlich sanktioniert werden.

91 **c) Berufungsverfahren.** Ein auf Grund angeordneter mündlicher Verhandlung oder nach Widerspruch ergangenes Urteil der ersten Instanz kann – von beiden Parteien – mit der **Berufung** angefochten werden. Da die allgemeinen Vorschriften der §§ 511 ff. ZPO gelten, ist insbes. die Monatsfrist für die Berufung und die Berufungsbegründung (§§ 517, 520 ZPO) zu beachten.

92 Wenn der Antragsteller gegen ein ihn belastendes Urteil Berufung einlegt, ist bei der Ausschöpfung der Fristen und erst recht mit einer etwaigen Verlängerung der Berufungsbegründungsfrist (§ 520 Abs. 2 S. 2, 3 ZPO) besondere Vorsicht geboten. Eine insoweit zögerliche Handlung kann – wie in jedem Stadium des Verfahrens – die Eilbedürftigkeit und damit den Verfügungsgrund im Einzelfall entfallen lassen.[222]

93 **d) Andere Rechtsmittel (§§ 926, 927, 936 ZPO).** In Wettbewerbsverfahren kommt auch **anderen Rechtsmitteln** besondere Bedeutung zu, namentlich der Aufhebung wegen veränderter Umstände (§§ 927, 936 ZPO) und der Möglichkeit, eine Frist zur Klageerhebung setzen zu lassen (§§ 926, 936 ZPO). Grds. hat der Antragsgegner die Wahl zwischen den verschiedenen Rechtsbehelfen.[223] Der Antragsgegner sollte bei der Auswahl des Rechtsbehelfs berücksichtigen, dass Widerspruch und Berufung weiter reichen als das Aufhebungsverfahren, da mit den erstgenannten Rechtsbehelfen zugleich geltend gemacht werden kann, dass die Verfügung von Anfang an nicht gerechtfertigt gewesen sei.[224] Dennoch steht die Möglichkeit, einen – vom Prüfungsumfang weitergehenden – Widerspruch bzw. Berufung einzulegen, dem Rechtsschutzbedürfnis für ein Aufhebungsverfahren nicht entgegen. Wenn ein Widerspruchs- oder Berufungsverfahren jedoch anhängig gemacht worden ist, fehlt das Rechtsschutzbedürfnis für ein Aufhebungsverfahren, ein bereits eingeleitetes Aufhebungsverfahren wird unzulässig.[225] Ferner sollte der Antragsgegner bei der Wahl des Rechtsmittels berücksichtigen, dass die Wirkung der Aufhebung in Abhängigkeit von dem eingelegten Rechtsmittel unter vollstreckungsrechtlichen Gesichtspunkten erheblich sein kann: Die Aufhebung erfolgt bei erfolgreichem Widerspruch, einer Berufung oder im Falle des § 926 ZPO ex tunc, nach erfolgreichem Aufhebungsverfahren dagegen ex nunc.[226]

---

220 → Rn. 103.

221 OLG Hamburg 24.10.1996 – 3 U 106/96, WRP 1997, 53 (54); OLG Düsseldorf 11.7.1995 – 20 U 100/95, WRP 1995, 732 (735); OLG Celle 11.5.1989 – 13 U 12/89, GRUR 1989, 541 (541); Köhler/Bornkamm/Feddersen/Bornkamm § 12 UWG Rn. 2.42; Harte-Bavendamm/Henning-Bodewig/Retzer UWG § 12 Rn. 292; Melullis Rn. 252; Teplitzky/Feddersen Kap. 55 Rn. 14 f. mwN; Ahrens/Ahrens Kap. 56 Rn. 4; Berneke/Schüttpelz Rn. 409.

222 S. Rn. 42.

223 Zöller/Vollkommer ZPO § 926 Rn. 3, § 924 Rn. 2; Berneke/Schüttpelz Rn. 539; Anders/Gehle/Becker ZPO § 924 Rn. 6.

224 Berneke/Schüttpelz Rn. 539.

225 Berneke/Schüttpelz Rn. 539; Anders/Gehle/Becker ZPO § 924 Rn. 6.

226 Zu den vollstreckungsrechtlichen Konsequenzen einer ex nunc bzw. ex tunc Aufhebung, insbes. im Hinblick auf Zuwiderhandlungen des Antragsgegners vor Aufhebung des Titels → Rn. 152 ff.

aa) Fristsetzung zur Klageerhebung. Um die Prüfung des materiellen Anspruchs im Hauptsacheverfahren zu erzwingen, kann der Antragsgegner beantragen, durch Beschluss – und damit ohne mündliche Verhandlung – dem Antragsteller eine **Frist zur Erhebung der Klage in der Hauptsache** zu setzen (§§ 926 Abs. 1, 936 ZPO). Leistet der Antragsteller einer entspr. Anordnung keine Folge, so kann der Antragsgegner allein deshalb die Aufhebung der einstweiligen Verfügung beantragen (§ 926 Abs. 2 ZPO). 94

Praxistipp:

Dieses Rechtsmittel ist für den Antragsgegner insbes. interessant, wenn keine Glaubhaftmachungsmittel zur Verfügung stehen oder es sich um einen äußerst komplexen Sachverhalt handelt.

Formulierungsvorschlag:

In Sachen … 95

zeigen wir an, dass wir die Antragsgegnerin vertreten
und beantragen,

der Antragstellerin gem. § 926 Abs. 1 ZPO eine Frist zur Erhebung der Klage zu setzen.

Die Frist sollte einen Zeitraum von … (meist ein Monat)[227] nicht überschreiten.

Ein entspr. Antrag kann schon vor Erlass der einstweiligen Verfügung gestellt werden.[228] Str. ist allerdings, ob dies schon in der Schutzschrift möglich sein soll.[229] Der Anordnungsantrag ist mangels Rechtsschutzbedürfnis jedenfalls unzulässig, wenn ein Verfügungsanspruch nicht (mehr) besteht.[230] Sinn und Zweck der Vorschrift des § 926 ZPO verbieten es, den Gläubiger in ein überflüssiges Hauptsacheverfahren zu zwingen.[231] Ein Rechtsschutzbedürfnis besteht nach wohl hM insbes. dann nicht, wenn der Schuldner eine entspr. strafbewehrte Unterlassungserklärung abgegeben hat.[232] Gleiches soll gelten, wenn der Antragsteller auf die Rechte aus der Verfügung verzichtet und den Titel an den Antragsgegner herausgegeben hat,[233] bei einer befristeten einstweiligen Verfügung nach Fristablauf[234] sowie bei einer übereinstimmenden Erledigungserklärung.[235] 96

Bei der nach § 926 Abs. 1 ZPO angeordneten **Klageerhebung** ist insbes. folgendes zu beachten: 97

- Der Streitgegenstand der Hauptsacheklage muss den durch das einstweilige Verfügungsverfahren geltend gemachten Anspruch erfassen, kann jedoch auch über diesen hinausgehen.[236]
- Zuständig ist das Gericht der Hauptsache nach § 937 ZPO.
- Die Klage muss innerhalb der in der Anordnung genannten Frist erhoben werden.

bb) Aufhebung wegen veränderter Umstände. Wenn sich die Umstände, die zum Erlass – oder zur Bestätigung – einer einstweiligen Verfügung geführt haben, verändern, kann der Antrags- 98

[227] Für eine Mindestfrist von zwei Wochen s. Berneke/Schüttpelz Rn. 507 mwN; für längere Fristen von drei bis vier Wochen vgl. Pastor S. 483, Teplitzky/Feddersen Kap. 56 Rn. 17; Ohly/Sosnitza/Sosnitza UWG § 12 Rn. 152.
[228] S. ua Köhler/Bornkamm/Feddersen/Köhler UWG § 12 Rn. 2.45.
[229] So Lambsdorff Rn. 359; Melullis Rn. 262; aA Teplitzky/Feddersen Kap. 56 Rn. 4.
[230] BGH 27.11.1973 – VI ZR 171/72, NJW 1974, 503 (503); OLG Stuttgart 6.2.1981 – 2 U 177/80, WRP 1981, 231 (231); OLG München 14.1.1982 – 6 U 4279/81, GRUR 1982, 321 (321); anders für einen Verfügungsanspruch aus § 809 BGB. OLG Nürnberg MD 2006, 346 (346).
[231] Teplitzky/Feddersen Kap. 56 Rn. 11; Lambsdorff Rn. 361 ff. mit Nachweisen zu verschiedenen Fallgruppen.
[232] Anders/Gehle/Becker ZPO § 926 Rn. 5.
[233] OLG Karlsruhe 28.6.1978 – 6 U 6/78, WRP 1979, 223 (224); OLG Düsseldorf 8.10.1987 – 2 U 175/87, NJW-RR 1988, 696 (696 f.); Zöller/Vollkommer ZPO § 926 Rn. 12.
[234] OLG Karlsruhe 22.7.1987 – 6 U 76/87, NJW-RR 1988, 251 (252); OLG Celle OLGR 1995, 1329.
[235] OLG Hamburg 16.7.1970 – 6 U 38/70, MDR 1970, 935 (935 f.); BGH 27.11.1973 – VI ZR 171/72, NJW 1974, 503 (503); OLG München 14.1.1982 – 6 U 4279/81, GRUR 1982, 321 (321); Stein/Jonas/Grunsky ZPO § 926 Rn. 7.
[236] OLG Koblenz 28.10.1982 – 6 U 1033/82, WRP 1983, 108 (109); OLG Düsseldorf 13.4.1988 – 17 U 284/87, MDR 1988, 976 (976); OLG Naumburg OLGR Naumburg 2002, 260; Lambsdorff Rn. 370; s. zu einem Klageantrag, der in dem weiter gefassten Verfügungsantrag als Minus enthalten war, OLG Köln 18.9.2009 – 6 U 79/09, MD 2010, 410 (413).

gegner gem. § 927 ZPO **Aufhebung wegen veränderter Umstände** beim Verfügungsgericht erster Instanz (auch bei Erlass der Verfügung erst in der Berufungsinstanz) beantragen bzw. beim Gericht der Hauptsache, falls diese anhängig ist.

99 Als **„veränderte Umstände"** kommen im Wettbewerbsprozess insbes. folgende in Betracht:
- Versäumung der Vollziehungsfrist (§ 929 Abs. 2 ZPO)
- Versäumung der Klageerhebungsfrist (§ 926 Abs. 1 ZPO)
- Wegfall der Wiederholungsgefahr insbes. durch Abgabe einer strafbewehrten Unterwerfungsverpflichtungserklärung
- Verjährung
- Nichthinterlegung einer Sicherheitsleistung[237]
- Rechtskräftiges Leistungsurteil in der Hauptsache[238]
- Änderung der gesetzlichen Grundlage oder der höchstrichterlichen Rspr.[239]

100 Dagegen begründet ein im Hauptsacheverfahren noch nicht rechtskräftig ergangenes Urteil, das dem durch eine einstweilige Verfügung gesicherten Unterlassungsanspruch stattgibt, keinen Aufhebungsgrund.[240] Da die Vollstreckungsmöglichkeiten aus einem Urteil und einer Verfügung für den Gläubiger insbes. im Hinblick auf die Erbringung einer Sicherheitsleistung nicht gleichwertig sind, muss die Möglichkeit der Vollstreckung aus der Verfügung für den Antragssteller bestehen bleiben.[241]

Formulierungsvorschlag:

101 In Sachen …
zeigen wir an, dass wir die Antragsgegnerin vertreten.
Namens und mit Vollmacht der Antragsgegnerin beantragen wir,

1. die einstweilige Verfügung des Landgerichts … vom … (Az.) aufzuheben,
2. der Antragstellerin die Kosten des Aufhebungsverfahrens einschl. der Kosten des vorausgegangenen Verfügungsverfahrens aufzuerlegen und
3. die Zwangsvollstreckung aus der in Ziff. 1 bezeichneten einstweiligen Verfügung bis zur Rechtskraft des Aufhebungsurteils einstweilen einzustellen.

Begründung

(Darstellung zur Vorgeschichte unter Beifügung des Urteils in Kopie und Ausführungen nebst Glaubhaftmachungsmitteln zu den veränderten Umständen.)

Praxistipp:

Darüber hinaus kann nach § 707 Abs. 2 ZPO beantragt werden, über den Antrag auf Einstellung der Zwangsvollstreckung vorab zu entscheiden.

102 *cc) Negative Feststellungsklage.* Nicht übersehen sollte der Antragsgegner auch die Möglichkeit der Erhebung einer (negativen) Feststellungsklage. Sie kann nicht nur als Reaktion auf eine

[237] OLG Frankfurt a. M. 28.2.1980 – 6 U 122/79, WRP 1980, 423 (424); Berneke/Schüttpelz Rn. 534.

[238] Berneke/Schüttpelz Rn. 535; Zöller/Vollkommer ZPO § 927 Rn. 6, jew. ablehnend im Hinblick auf Feststellungsurteile; OLG Hamburg 28.9.1978 – 3 U 81/78, WRP 1979, 135 (135); anders, wenn noch Ordnungsmittelverfahren anhängig sind, so OLG Düsseldorf 3.5.1990 – 2 U 10/90, GRUR 1990, 547 (547); aA Stein/Jonas/Grunsky ZPO § 927 Rn. 8; Schuschke/Walker ZPO § 927 Rn. 16, unter Berufung darauf, dass dem Schuldner für den Aufhebungsantrag das Rechtsschutzbedürfnis fehle, da er ohnehin mit einer Vollstreckung rechnen müsse.

[239] BGH 21.4.1988 – I ZR 129/86, GRUR 1988, 787 (788); KG 24.1.1989 – 5 U 3165/87, WRP 1990, 330 (331 f.); KG MD 1993, 831 (832); Ohly/Sosnitza/Sosnitza § 12 Rn. 160; Teplitzky/Feddersen Kap. 56 Rn. 34.

[240] Teplitzky/Feddersen Kap. 56 Rn. 33; KG 16.3.1979 – 5 U 4481/78, WRP 1979, 547 (547 f.); OLG Frankfurt a. M. 23.9.1980 – 5 U 110/80, ZIP 1980, 922; Köhler/Bornkamm/Feddersen/Köhler UWG § 12 Rn. 2.56; Zöller/Vollkommer ZPO § 927 Rn. 7, Berneke/Schüttpelz Rn. 535; anders unter Hinweis auf das freie Ermessen des Aufhebungsgerichts: OLG Hamburg OLGR Hamburg 2004, 316.

[241] Zwar kann auch die Vollstreckung einer Verfügung von der Erbringung einer Sicherheitsleistung abhängig gemacht werden, allerdings machen die Gerichte davon nur sehr selten Gebrauch, s. Rn. 37; Berneke/Schüttpelz Rn. 120 und 535.

Abmahnung, sondern auch auf eine einstweilige Unterlassungsverfügung als Alternative in Betracht kommen, wenn dem Antragsgegner an einer möglichst raschen Klärung in einem nicht nur summarischen Verfahren gelegen ist.[242]

103 e) **Rechtsbehelfe bei Verletzung des Rechts auf prozessuale Waffengleichheit.** Verletzt das Gericht beim Erlass einer Beschlussverfügung das Recht des Antragsgegners auf prozessuale Waffengleichheit,[243] was in der Praxis noch immer erschreckend häufig geschieht, stellt sich für den Antragsgegner die Frage, mit welchem Rechtsbehelf er diese Rechtsverletzung angreifen kann. Hierbei ist zunächst zu berücksichtigen, dass ein nach mündlicher Verhandlung über den Widerspruch ergangenes Urteil, das die Beschlussverfügung bestätigt, in der Berufungsinstanz nicht mit Erfolg unter Hinweis auf den Gehörsverstoß angefochten werden kann, da die angegriffene Entscheidung nicht mehr auf dem ursprünglichen Verstoß beruht.[244] Insoweit stellt auch das BVerfG fest, dass es nicht möglich ist, die Verletzung des Rechts auf prozessuale Waffengleichheit vor den Fachgerichten wirksam anzugreifen.[245] Sachgerecht kann es jedoch sein, dass das erstinstanzliche Gericht bis zur Entscheidung über einen Widerspruch die Zwangsvollstreckung aus der rechtswidrig zustande gekommenen Beschlussverfügung auf Antrag des Antragsgegners einstellt, um den Rechtsverstoß bis zur mündlichen Verhandlung nicht weiter zu vertiefen. Ansonsten kommen nur Rechtsbehelfe zum BVerfG in Betracht.

104 *aa) Einstweilige Anordnung nach § 32 BVerfGG.* Nach § 32 Abs. 1 BVerfGG kann das BVerfG im Streitfall einen Zustand durch einstweilige Anordnung vorläufig regeln, wenn dies zur Abwehr schwerer Nachteile, zur Verhinderung drohender Gewalt oder aus einem anderen wichtigen Grund zum gemeinen Wohl dringend geboten ist. Nachdem die Anforderungen, die sich aus der prozessualen Waffengleichheit in einstweiligen Verfügungsverfahren ergeben, nunmehr eingehend verfassungsgerichtlich geklärt sind, führt die vom BVerfG im Rahmen der Entscheidung nach § 32 Abs. 1 BVerfGG vorzunehmende Folgenabwägung bei Vorliegen eines Verstoßes gegen das Recht auf prozessuale Waffengleichheit grundsätzlich zu dem Ergebnis, dass die für den Erlass einer einstweiligen Anordnung sprechenden Gründe überwiegen.[246]

105 Allerdings hat das BVerfG zwischenzeitlich klargestellt, dass von der Darlegung eines besonderen Eilbedürfnisses in Gestalt eines **grundrechtlich erheblichen schweren Nachteils** im Sinne des § 32 Abs. 1 BVerfGG auch bei offenkundigen Erfolgsaussichten der Verfassungsbeschwerde nicht abgesehen werden könne.[247] Der Beschwerdeführer müsse konkrete schwere Nachteile – etwa in Gestalt von drohenden Vollstreckungsmaßnahmen – vortragen.[248] Der Erlass einer einstweiligen Anordnung ist folglich selbst bei offensichtlichen Erfolgsaussichten der Verfassungsbeschwerde wegen Verletzung des Rechts auf prozessuale Waffengleichheit kein Automatismus. Es muss stets dargelegt werden, worin die zu erwartenden schweren Nachteile im Einzelfall bestehen.

106 In den Fällen, in denen das Bundesverfassungsgericht dem Antrag auf Erlass einer einstweiligen Anordnung stattgegeben hat, wurde der **stattgebende Beschluss** des jeweiligen Landgerichts im einstweiligen Verfügungsverfahren bis zu einer Entscheidung über die Verfassungsbeschwerde in der Hauptsache oder bis zu einer erneuten Entscheidung des Landgerichts, längstens jedoch für die Dauer von sechs Monaten, **ausgesetzt.**[249]

107 *bb) Verfassungsbeschwerde nach §§ 13 Nr. 8 Buchst. a), 90 ff. BVerfGG.* Nach § 90 Abs. 1 BVerfGG kann jedermann mit der Behauptung, durch die öffentliche Gewalt in einem seiner Grundrechte oder in einem seiner grundrechtsgleichen Rechte verletzt zu sein, die Verfas-

---

[242] BGH 13.12.1984 – I ZR 107/82, GRUR 1985, 571 (572) – Feststellungsinteresse; OLG Frankfurt a. M. 28.6.1982 – 6 W 72/82, WRP 1982, 590 (591); OLG Frankfurt a. M. 15.7.2003 – 6 U 204/02, GRUR-RR 2004, 64 (64); OLG Hamm 20.9.1979 – 4 V 119/79, WRP 1980, 87 (88); OLG Köln 6.1.1986 – 6 W 70/85, WRP 1986, 428 (428), OLG Nürnberg 26.2.1980 – 3 U 37/80, WRP 1980, 443 (443); Borck WRP 1980, 1 ff.

[243] → Rn. 47 ff.

[244] OLG Düsseldorf 27.2.2019 – 15 U 45/18, BeckRS 2019, 3370 Rn. 12; OLG Köln 14.8.2020 – 6 U 4/20, GRUR 2021, 505 Rn. 51 ff. – Dairygold.

[245] BVerfG 30.9.2018 – 1 BvR 1783/17, NJW 2018, 3631 Rn. 10; BVerfG 30.9.2018 – 1 BvR 2421/17, NJW 2018, 3634 Rn. 23.

[246] BVerfG 3.6.2020 – 1 BvR 1246/20, NJW 2020, 2021 Rn. 10 f.; vgl. auch BVerfG 17.6.2020 – 1 BvR 1380/20, ZUM-RD 2020, 421 Rn. 9 ff.

[247] BVerfG 17.6.2020 – 1 BvR 1380/20, ZUM-RD 2020, 421 Rn. 4; BVerfG 16.7.2020 – 1 BvR 1617/20, BeckRS 2020, 17682 Rn. 5.

[248] BVerfG 17.6.2020 – 1 BvR 1380/20, ZUM-RD 2020, 421 Rn. 4.

[249] BVerfG 3.6.2020 – 1 BvR 1246/20, NJW 2020, 2021; BVerfG 17.6.2020 – 1 BvR 1380/20, ZUM-RD 2020, 421.

sungsbeschwerde zum BVerfG erheben. Da es sich bei dem Recht auf prozessuale Waffengleichheit um ein grundrechtsgleiches Recht handelt, ist die Verfassungsbeschwerde bei einer Verletzung dieses Rechts grundsätzlich **statthaft.** Nach § 90 Abs. 2 S. 1 BVerfGG kann, wenn gegen die Verletzung der Rechtsweg zulässig ist, die Verfassungsbeschwerde erst nach **Erschöpfung des Rechtswegs** erhoben werden. Dies führt nach dem BVerfG allerdings nicht dazu, dass die Verfassungsbeschwerde wegen eines noch fortdauernden Ausgangsverfahrens nicht erhoben werden kann. Denn es sei nicht möglich, die Verletzung des Rechts auf prozessuale Waffengleichheit vor den Fachgerichten wirksam anzugreifen.[250] Die Verfassungsbeschwerde kann damit ausnahmsweise **unmittelbar gegen die einstweilige Verfügung** selbst erhoben werden.

108 Die Verletzung des Rechts auf prozessuale Waffengleichheit kann der Verfassungsbeschwerde jedoch nicht in allen Fällen zum Erfolg gereichen; erforderlich ist das Vorliegen eines **hinreichend gewichtigen Feststellungsinteresses.**[251] Für die Prüfung des Feststellungsinteresses bedarf es näherer Darlegungen. Ein auf eine Wiederholungsgefahr gestütztes Feststellungsinteresse setzt nach dem BVerfG voraus, dass die Zivilgerichte die aus dem Grundsatz der prozessualen Waffengleichheit folgenden Anforderungen grundsätzlich verkennen und sie ihre Praxis hieran unter Missachtung der verfassungsrechtlichen Maßstäbe nicht ausrichten.[252] Wird die Zulässigkeit einer Verfassungsbeschwerde hingegen inzident im Rahmen der Erfolgsaussichten eines Antrags auf Erlass einer einstweiligen Anordnung geprüft, so hält das BVerfG die Geltendmachung eines besonders gewichtigen Feststellungsinteresses nicht für erforderlich; das Fortdauern der Rechtsbeeinträchtigung in Gestalt eines weiterhin vollstreckbaren Unterlassungstitels reiche insoweit aus.[253]

109 Im Zusammenhang mit den Zulässigkeitsvoraussetzungen der Verfassungsbeschwerde sei noch auf die **Frist** des § 93 Abs. 1 BVerfGG verwiesen. Nach § 93 Abs. 1 S. 1 BVerfGG ist die Verfassungsbeschwerde **binnen eines Monats** zu erheben und zu begründen. Der Beginn der Frist richtet sich nach § 93 Abs. 1 S. 3 und S. 4 BVerfGG, da die Zustellung der im Beschlusswege erlassenen einstweiligen Verfügung nach §§ 936, 922 Abs. 2 ZPO nicht von Amts wegen erfolgt.

110 In den Fällen, in denen das BVerfG eine Verfassungsbeschwerde zur Entscheidung angenommen und ihr stattgegeben hat, wurde die Verletzung des Rechts auf prozessuale Waffengleichheit durch den stattgebenden Beschluss des jeweiligen Landgerichts im einstweiligen Verfügungsverfahren lediglich festgestellt.[254] Es handelt sich folglich um eine **„Fortsetzungsfeststellungsbeschwerde"**.[255]

9. Schadenersatzanspruch nach § 945 ZPO

111 **a) Allgemeines.** Als Korrektiv für die dem Antragsteller im Verfügungsverfahren zukommenden Erleichterungen gewährt **§ 945 ZPO** dem Antragsgegner einen **verschuldensunabhängigen Schadenersatzanspruch** in folgenden Fällen:

- eine erlassene und vom Gläubiger vollzogene einstweilige Verfügung erweist sich als von Anfang an ganz oder teilw. ungerechtfertigt;
- eine einstweilige Verfügung wird nach § 926 Abs. 2 ZPO aufgehoben, weil der Antragsteller der Aufforderung zur Erhebung der Hauptsacheklage nicht oder nicht fristgemäß Folge geleistet hat;
- wenn die von einem AG nach § 942 Abs. 1 ZPO erlassene einstweilige Verfügung aufgehoben wird, weil der Antragsteller nicht bzw. nicht rechtzeitig die Ladung des Antragsgegners zur mündlichen Verhandlung beim Gericht der Hauptsache beantragt hat (§ 942 Abs. 3 ZPO).

---

[250] BVerfG 30.9.2018 – 1 BvR 1783/17, NJW 2018, 3631 Rn. 10; BVerfG 30.9.2018 – 1 BvR 2421/17, NJW 2018, 3634Rn. 23.

[251] BVerfG 30.9.2018 – 1 BvR 1783/17, NJW 2018, 3631 Rn. 11; BVerfG 30.9.2018 – 1 BvR 2421/17, NJW 2018, 3634 Rn. 24; BVerfG 8.10.2019 – 1 BvR 1078/19 und 1 BvR 1260/19, BeckRS 2019, 30365 Rn. 3; BVerfG 27.7.2020 – 1 BvR 1379/20, NJW 2020, 3023 Rn. 9 f.; BVerfG 30.7.2020 – 1 BvR 1422/20, GRUR 2020, 1236 Rn. 14 f.

[252] BVerfG 8.10.2019 – 1 BvR 1078/19 und 1 BvR 1260/19, BeckRS 2019, 30365 Rn. 3; BVerfG 27.7.2020 – 1 BvR 1379/20, NJW 2020, 3023 Rn. 10; BVerfG 30.7.2020 – 1 BvR 1422/20, GRUR 2020, 1236 Rn. 15.

[253] BVerfG 3.6.2020 – 1 BvR 1246/20, NJW 2018, 3634Rn. 13; BVerfG 17.6.2020 – 1 BvR 1380/20, ZUM-RD 2020, 421Rn. 12.

[254] BVerfG 30.9.2018 – 1 BvR 1783/17, NJW 2018, 3631; BVerfG 30.9.2018 – 1 BvR 2421/17, NJW 2018, 3634.

[255] So Bornkamm GRUR 2020, 715 (717 f.).

112 Damit wird auch gleichzeitig einem allzu mutigen oder unbedachten Erwirken und Vollstrecken von einstweiligen Verfügungen Einhalt geboten.[256]

113 Die in § 945 ZPO geregelten Schadenersatzansprüche sind **verschuldensunabhängig** und werden daher als Gefährdungshaftung aus unerlaubter Handlung[257] bzw. besondere Risikohaftung[258] qualifiziert.

Praxistipp:

Gerade in Fällen, in denen sich der Antragsteller nachhaltig Sorgen über den Bestand einer einstweiligen Verfügung macht bzw. machen muss, gleichzeitig der Antragsgegner aber nur durch den Druck einer gerichtlichen Entscheidung überhaupt zu einer Änderung seines Wettbewerbsverhaltens veranlasst werden kann, sind mit dem Mandanten nach Erwirken einer einstweiligen Verfügung unter Berücksichtigung der Schadenersatzrisiken des § 945 ZPO folgende Handlungsoptionen abzuwägen:

- vorläufiger Verzicht auf die Vollziehung (aber Vollziehungsfrist notieren!) und Aufnahme einer außergerichtlichen Korrespondenz mit dem Antragsgegner bzw. seinem Verfahrensbevollmächtigten unter (lediglich) Androhung der Zustellung der einstweiligen Verfügung;
- sofortige Vollziehung bei gleichzeitiger Aufnahme außergerichtlicher Korrespondenz mit dem Antragsgegner bzw. seinem Verfahrensbevollmächtigten mit der Ankündigung, vorläufig auf die Vollstreckung zu verzichten;
- Aufnahme außergerichtlicher Korrespondenz ohne Hinweis auf die einstweilige Verfügung (Vollziehungsfrist notieren!);[259]
- sofortige Vollstreckung.

114 **b) § 945 1. Alt. ZPO.** Der in der Praxis wichtigste Fall ist der der Schadenersatzleistung wegen einer **von Anfang an ungerechtfertigten einstweiligen Verfügung.** Entscheidend ist also, ob im Zeitpunkt des Erlasses der einstweiligen Verfügung Verfügungsanspruch oder Verfügungsgrund fehlten. Diese Fragen hat das mit der Entscheidung über den Schadenersatz befasste Gericht selbständig, auch unter Berücksichtigung neuen Sachvortrags und neuer Beweismittel, zu prüfen.[260] Dies gilt jedenfalls solange keine das Gericht bindende Feststellung des Gegenteils besteht. **Bindend** ist insbes. eine **Sachentscheidung im Hauptsacheverfahren** im Umfang ihrer Rechtskraft, dh bezogen auf den Verfügungsanspruch,[261] wobei die Parteien sich auf Änderungen der Rechtslage dann berufen können, wenn die Änderung zwischen Erlass der Verfügung und Rechtskraft der Hauptsacheentscheidung eingetreten ist.[262] Gleiches sollte bei einer Änderung der höchstrichterlichen Rechtsprechung gelten.[263]

115 Bei der Prüfung der Bindungswirkung von Entscheidungen **im Verfügungsverfahren** ist zu differenzieren:

- Keine Bindungswirkung entfaltet eine Beschlussverfügung.[264]

[256] Sofern dem Verfügungsantrag von vornherein nicht stattgegeben wird, steht dem Antragsgegner ein Verfahrenskostenerstattungsanspruch gem. § 91 ZPO zu. Zu den nach § 91 ZPO erstattungsfähigen Kosten zählen auch die Kosten einer Schutzschrift, die vom Antragsgegner vorsorglich zur Verteidigung gegen eine erwartete Verfügung eingereicht worden ist, wenn und soweit bei diesem Gericht ein Antrag auf Erlass einer Verfügung eingegangen ist. Dies gilt selbst dann, wenn der Verfügungsantrag später wieder zurückgenommen wird. Auch in diesem Fall besteht gem. § 2 Abs. 2 RVG iVm Nr. 3100 VV ein Anspruch auf eine 1,3 Gebühr, da die Schutzschrift bereits Sachvortrag iSv Nr. 3101 VV enthält; BGH 13.3.2008 – I ZB 20/07, GRUR 2008, 640 (640) – Kosten einer Schutzschrift III; erstattungsfähig sind auch die Kosten einer beim Zentralen Schutzschriftenregister eingereichten Schutzschrift bei allen ordentlichen Gerichten im Verfügungsverfahren, OLG Hamburg 4.7.2016 – 8 W 68/16, MMR 2016, 815.

[257] Vgl. BGH 14.1.1988 – IX ZR 265/86, NJW 1988, 1268 (1269), Köhler/Bornkamm/Feddersen/Kohler UWG § 12 Rn. 2.78; Lambsdorff Rn. 427; Gloy/Loschelder/Danckwerts UWG-HdB/Spätgens § 113 Rn. 1.

[258] Teplitzky/Schwippert Kap. 36 Rn. 4 mwN.

[259] Zu den Risiken eines solchen Vorgehens s. → Rn. 6.

[260] BGH 28.11.1991 – I ZR 297/89, GRUR 1992, 203 (205) – Roter mit Genever.

[261] BGH 28.11.1991 – I ZR 297/89, GRUR 1992, 203 (205) – Roter mit Genever; BGH 21.4.1988 – I ZR 129/86, GRUR 1988, 787 (788) – Nichtigkeitsfolgen der Preisangabenverordnung; Teplitzky/Schwippert Kap. 36 Rn. 15.

[262] Teplitzky/Schwippert Kap. 36 Rn. 14; Bernecke Rn. 412.

[263] Teplitzky/Schwippert Kap. 36 Rn. 14 mit Verweis auf BGH 2.7.2009 – I ZR 146/07, GRUR 2009, 1096 (1097 f.) – Mescher weis; aA Anders/Gehle/Becker ZPO § 945 Rn. 11.

[264] BGH 28.11.1991 – I ZR 297/89, GRUR 1992, 203 (205) – Roter mit Genever.

- Gleiches gilt für die rechtskräftige Bestätigung einer einstweiligen Verfügung, soweit der Verfügungsanspruch betroffen ist.[265]
- Problematisch ist die Bindungswirkung einer rechtskräftigen Entscheidung im Verfügungsverfahren bezüglich der Annahme des Verfügungsgrundes (und anderer Prozessvoraussetzungen) sowie die Bindungswirkung einer rechtskräftigen Aufhebung einer einstweiligen Verfügung. Insoweit ist zwar vieles umstritten,[266] allerdings hat dieser Meinungsstreit seine praktische Bedeutung in vielen Fällen dadurch verloren, dass dahingehend Übereinstimmung besteht, dass bei der Feststellung des Umfangs der Schadenersatzpflicht die Entscheidung im Verletzungsverfahren keine Bindungswirkung entfaltet.[267]

116 **c) § 945 2. Alt. ZPO.** In zwei Fällen der Fristversäumnis sieht § 945 2. Alt. ZPO Schadenersatzansprüche vor, nämlich im Falle **nicht fristgemäßer Erhebung der Klage zur Hauptsache** nach § 926 ZPO und **nicht rechtzeitiger Beantragung des sog Rechtfertigungsverfahrens** nach § 942 ZPO.

117 In beiden Fällen ist die Aufhebung der einstweiligen Verfügung Voraussetzung des Schadenersatzanspruchs (vgl. §§ 926 Abs. 2, 942 Abs. 3 ZPO). An die Aufhebungsentscheidung ist das für die Entscheidung über den Schadenersatz zuständige Gericht nach hM gebunden.[268] Zu beachten ist allerdings, dass ein ersatzfähiger Schaden nur dann anzunehmen ist, wenn kein materiell-rechtlicher Anspruch bestand, was der Schadenersatzrichter selbst prüfen muss.[269]

118 Eine analoge Anwendung von § 945 2. Alt. ZPO ist weder im Falle des Verzichts des Antragstellers auf die Rechte aus der einstweiligen Verfügung noch im Falle der Versäumung der Vollziehungsfrist nach § 929 Abs. 2 ZPO möglich.[270]

119 **d) Schadensumfang.** Von besonderer praktischer Relevanz ist – schon bei der Abwägung der Chancen und Risiken der Durchführung eines Eilverfahrens und der Zustellung einer einstweiligen Verfügung – die Frage des **Umfangs des Schadenersatzes.** Maßgeblich ist nach allgemeinen zivilrechtlichen Grundsätzen jeder durch die Vollziehung der einstweiligen Verfügung adäquat verursachte Schaden. Dazu gehören auch alle Aufwendungen, die erforderlich waren, um Schäden abzuwenden oder zu mindern, wie zB eine Sicherheitsleistung.[271] Der Vollziehung der einstweiligen Verfügung steht – unter bestimmten Voraussetzungen – die freiwillige Befolgung einer einstweiligen Verfügung gleich.[272] Wird eine einstweilige Verfügung jedoch befolgt, obwohl der Antragsgegner davon lediglich informell Kenntnis erlangt hat oder aber der Gläubiger zu erkennen gegeben hat, dass er nicht zu vollstrecken beabsichtigt, ist § 945 ZPO nicht anwendbar.[273]

120 Eine mit einer Ordnungsmittelandrohung versehene Urteilsverfügung muss der Schuldner ab Verkündung und nicht erst ab der Zustellung beachten.[274] Ab diesem Zeitpunkt ist er auch durch den Schadenersatzanspruch nach § 945 ZPO davor geschützt, dass sich die Verfügung im Nachhinein als unberechtigt erweist. Die Ordnungsmittelandrohung stellt bereits den ersten Schritt zur Vollziehung iSd § 945 ZPO dar. Will sich der Verfügungskläger also nicht dem Risiko einer Schadenersatzpflicht aussetzen, sollte er entweder keine Ordnungsmittelandrohung mit dem Urteil beantragen oder dem Verfügungsbeklagten rechtzeitig mitteilen, dass er für einen bestimmten Zeitraum, zB bis zur Zustellung, auf Vollstreckungsmaßnahmen aus dem Titel verzichten wird.[275]

---

[265] Stein/Jonas/Grunsky § 945 Rn. 31; Teplitzky/Schwippert Kap. 36 Rn. 16; Lambsdorff Rn. 434; Ohly/Sosnitza/Sosnitza UWG § 12 Rn. 200.

[266] Vgl. ausführlich Teplitzky/Schwippert Kap. 36 Rn. 17 ff.; Ahrens/Ahrens Kap. 64 Rn. 23; Berneke/Schüttpelz Rn. 730 ff.

[267] Vgl. BGH 13.4.1989 – IX ZR 148/88, NJW 1990, 122 (123); BGH 7.7.1994 – I ZR 63/92, GRUR 1994, 849 (851) – Fortsetzungsverbot.

[268] OLG Karlsruhe 9.11.1983 – 6 U 252/82, WRP 1984, 102 (104); Ohly/Sosnitza/Sosnitza § 12 Rn. 201; Teplitzky/Schwippert Kap. 36 Rn. 22 mwN; aA Zöller/Vollkommer ZPO § 945 Rn. 9.

[269] BGH 28.11.1991 – I ZR 297/89, GRUR 1992, 203 (206) – Roter mit Genever; Ohly/Sosnitza/Sosnitza UWG § 12 Rn. 206; Teplitzky/Schwippert Kap. 36 Rn. 22; aA Stein/Jonas/Grunsky ZPO § 945 Rn. 33.

[270] BGH 28.11.1991 – I ZR 297/89, GRUR 1992, 203 (205) – Roter mit Genever; Köhler/Bornkamm/Feddersen/Köhler § 12 UWG Rn. 2.81.

[271] BGH 1.4.1993 – I ZR 70/91, NJW 1993, 2685 (2687) – Verfügungskosten.

[272] BGH 4.12.1973 – VI ZR 213/71, GRUR 1975, 390 (392) – Schaden durch Gegendarstellung; Ulrich WRP 1999, 82 ff.; aA Ahrens/Ahrens Kap. 64 Rn. 28.

[273] Teplitzky/Schwippert Kap. 36 Rn. 28 mwN.

[274] BGH 22.1.2009 – I ZB 115/07, GRUR 2009, 890 ff. – Ordnungsmittelandrohung.

[275] BGH 22.1.2009 – I ZB 115/07, GRUR 2009, 890 (891) – Ordnungsmittelandrohung; Teplitzky/Schwippert Kap. 36 Rn. 32.

Von praktischer Relevanz sind Fälle wie Vertriebsstopp, Rückruf von Produkten,[276] Produktionsein- oder -umstellung, Auftragsausfälle, Verlust von Marktanteilen, Rufschädigung (schwierig zu beziffern) sowie der Verlust eines Wettbewerbsvorsprungs. 121

Praxistipp:

Der Antragsgegner, der eine einstweilige Verfügung zu befolgen hat und sich Chancen auf eine spätere Aufhebung der einstweiligen Verfügung ausrechnet, sollte mit Blick auf einen möglichen Schadenersatzanspruch nach § 945 ZPO unverzüglich mit der Dokumentation seiner Schäden beginnen und diese sorgfältig nachhalten.

Bes. schwierig ist die Berechnung von Schäden im Falle des per einstweiliger Verfügung erwirkten Vertriebsstopps bei einer **Markteinführung.** Dann nämlich wird es dem Antragsgegner in einem etwaigen Schadenersatzverfahren schwer fallen, den Verlust von geplantem Gewinn und Marktchancen zu beziffern. Im Umkehrschluss bedeutet dies, dass ein Antragsteller häufig bes. mutig mit der Vollziehung von einstweiligen Verfügungen sein kann, die einen Wettbewerber in der ohnehin heiklen Phase der Markteinführung treffen. Dieser Aspekt ist bei der Beratung aus Sicht der jeweiligen Partei von besonderer Relevanz. **Nutzlos gewordene Aufwendungen,** die unabhängig von der Vollziehung der ungerechtfertigten einstweiligen Verfügung gemacht worden und nicht durch diese entstanden sind, stellen grundsätzlich keinen ersetzbaren Vermögensschaden dar, insbesondere ist die sog. Rentabilitätsvermutung im Rahmen des § 945 ZPO nicht anwendbar.[277] 122

Als erstattungsfähiger Schaden kommen auch **Verfahrenskosten** in Betracht, allerdings lediglich Kosten des Antragstellers, die der Antragsgegner erstattet hat.[278] Seine eigenen Kosten kann der Antragsgegner nicht über § 945 ZPO zurückverlangen, da sie nicht durch die Vollziehung, sondern durch die Anordnung der einstweiligen Verfügung entstanden sind.[279] Eine Erstattung kommt insoweit allein über die Kostenentscheidungen im Widerspruchsverfahren oder in einem Aufhebungsverfahren nach § 927 ZPO in Betracht. Daneben können sich Ansprüche nach Maßgabe der §§ 823 ff. BGB ergeben, soweit ein Verschulden vorliegt.[280] 123

Gezahlte Ordnungsgelder nach § 890 ZPO sind kein Schaden iSv § 945 ZPO,[281] da dieser „Schaden“ allein auf dem Verhalten des Antragsgegners beruht. 124

Ein etwaiges **Mitverschulden** (§ 254 BGB) ist stets zu berücksichtigen.[282] Ein solches kann sich insbes. aus einer Verletzung der Schadensminderungspflicht ergeben, zB aus übertriebener/überobligationsmäßiger Reaktion auf die Vollziehung,[283] nicht jedoch aus fehlendem Widerspruch. Anspruchsmindernd kann darüber hinaus noch der Umstand sein, dass der Antragsgegner den Gläubiger nicht warnend auf besondere, unübliche und daher für diesen nicht erkennbare Schadensfolgen der Vollziehung hingewiesen hat.[284] 125

e) **Grenzen des Schutzbereichs.** Der Antragsgegner darf sich über § 945 ZPO keine Vorteile verschaffen, die auf einer materiell-rechtlich nicht schutzwürdigen Position beruhen.[285] Insoweit spricht man von einer **normzweckorientierten Schadensermittlung.**[286] So kann es also im Scha- 126

[276] Nach dem BGH umfasst die Unterlassungsverpflichtung grds. auch die Pflicht zur Vornahme möglicher und zumutbarer Handlungen zur Störungsbeseitigung, vgl. BGH 29.9.2016 – I ZB 34/15, GRUR 2017, 208 – Rückruf von RESCUE-Produkten.

[277] OLG Düsseldorf 4.9.2003 – 2 U 24/02, BeckRS 2003, 152744 Rn. 49 ff.

[278] BGHZ 45, 251 (252) mwN; Köhler/Bornkamm/Feddersen/Köhler UWG § 12 Rn. 2.83.

[279] HM vgl. BGH 1.4.1993 – I ZR 70/91, GRUR 1993, 998 (999) – Verfügungskosten; OLG Köln 18.1.1991 – 6 U 2/90, WRP 1991, 507 (508); Teplitzky/Schwippert Kap. 36 Rn. 36 mwN; aA Ahrens/Ahrens Kap. 64 Rn. 32 ff.

[280] So Teplitzky/Schwippert Kap. 36 Rn. 36.

[281] KG 14.10.1986 – 5 U 4035/85, GRUR 1987, 571 (571 f.) mwN; Zöller/Vollkommer ZPO § 945 Rn. 14b; Ohly/Sosnitza/Sosnitza UWG § 12 Rn. 205; Harte-Bavendamm/Henning-Bodewig/Retzer UWG § 12 Rn. 500; zur Problematik der Rückerstattung von Ordnungsmitteln vgl. OLG Celle 10.1.1991 – 13 U 185/90, WRP 1991, 586 (587).

[282] BGH 1.4.1993 – I ZR 70/91, GRUR 1993, 998 (1000) – Verfügungskosten; Zöller/Vollkommer ZPO § 945 Rn. 13.

[283] Teplitzky/Schwippert Kap. 36 Rn. 40.

[284] Vgl. BGHZ 120, 262 (270); BGH 1.4.1993 – I ZR 70/91, GRUR 1993, 998 – Verfügungskosten.

[285] BGHZ 15, 356 (359) – Progressive Kundenwerbung; BGH 28.11.1991 – I ZR 297/89, GRUR 1992, 203 (206) – Roter mit Genever.

[286] Vgl. BGH 28.1.1986 – VI ZR 151/84, NJW 1986, 1486 (1487).

denersatzverfahren zu einer erneuten Prüfung der Rechtmäßigkeit des Wettbewerbsverhaltens kommen.[287] Von besonderer Relevanz sind in diesem Zusammenhang die Fälle, in denen eine einstweilige Verfügung materiell-rechtlich zu Recht ergangen, aus prozessualen Gründen jedoch aufgehoben wurde.

127 f) **Verjährung.** Der Anspruch nach § 945 ZPO verjährt innerhalb der regelmäßigen Verjährungsfrist von 3 Jahren (§§ 195, 199 Abs. 1 BGB).

III. Abschlussverfahren

128 Ein Verfügungstitel gibt dem Antragsteller nur vorläufigen Rechtsschutz. Dem Antragsteller ist daher an einer endgültigen Entscheidung gelegen, die bestandskräftig wird. Um einem **Verfügungstitel die Bedeutung eines Hauptsachetitels** zu verschaffen, wurde schon sehr früh in der Praxis das sog **Abschlussverfahren** entwickelt.[288] Das Abschlussverfahren besteht aus dem sog **Abschlussschreiben** (oder auch Anschlussabmahnung) des Antragstellers und/oder der sog **Abschlusserklärung** des Antragsgegners.

1. Sinn des Abschlussschreibens/der Anschlussabmahnung

129 Um die Auseinandersetzung nach der Durchführung des Verfügungsverfahrens gem. des Inhalts einer einstweiligen Verfügung zum Abschluss zu bringen[289] (und sei es in erster Linie mit Blick auf die kurze Verjährungsfrist des § 11 UWG), kann der Antragsteller den Antragsgegner schriftlich auffordern, eine sog **Abschlusserklärung** abzugeben. Damit wird der Antragsteller regelmäßig sogleich das Ziel verfolgen (eventuell nochmals), eine **Abmahnung zur Hauptsache** (daher auch der Begriff **„Anschlussabmahnung"**) auszusprechen, um für den Fall der Notwendigkeit eines Hauptsacheverfahrens nicht § 93 ZPO gegen sich gelten lassen zu müssen.[290]

2. Erforderlichkeit des Abschlussschreibens/der Anschlussabmahnung

130 Ein solches Schreiben ist entbehrlich, wenn Verfügungs- und Klageverfahren gleichzeitig in Gang gebracht werden.[291] Wenn während der Abmahnfrist aufgrund des Widerspruchs des Antragsgegners ein die einstweilige Verfügung bestätigendes Urteil ergeht, sollte allerdings vorsorglich ein zweites Abschlussschreiben versandt werden, um dem Antragsgegner die Möglichkeit des Einlenkens nach dieser Gerichtsentscheidung zu geben.[292]

3. Inhalt des Abschlussschreibens/der Anschlussabmahnung

131 Notwendiger **Inhalt** des Abschlussschreibens/der Anschlussabmahnung ist die eindeutige Aufforderung des Antragstellers an den Antragsgegner, innerhalb einer bestimmten Frist die einstweilige Verfügung als einem **Hauptsachetitel gleichwertig** anzuerkennen, insbes. **auf die möglichen Rechtsbehelfe** gegen eine einstweilige Verfügung zu **verzichten,** also auf das Recht zum Widerspruch nach §§ 923, 924 ZPO bzw. das Recht zur Berufung nach § 511 ZPO, das Recht zur Fristsetzung nach §§ 936, 926 ZPO sowie die Rechte aus §§ 936, 927 ZPO.

132 Dem Antragsgegner sollte eine angemessene **Frist** zur Abgabe der Abschlusserklärung gesetzt werden. Da der Antragsteller durch den Verfügungstitel – vorläufig – gesichert ist, ist diese Frist auch regelmäßig länger zu bemessen als die Abmahnungsfrist. Nach der Rechtsprechung des BGH sollte eine Mindestfrist von einem Monat nach Zustellung der einstweiligen Verfügung verbleiben.[293] Ist die Frist zu kurz bemessen, tritt eine angemessene an ihre Stelle.

---

[287] BGH 28.11.1991 – I ZR 297/89, GRUR 1992, 203 – Roter mit Genever; Ahrens/Ahrens Kap. 64 Rn. 30 ff.

[288] Vgl. Ahrens/Ahrens Kap. 60; Teplitzky/Bacher Kap. 43 Rn. 1 f. mwN.

[289] Wegen der nur vorläufigen Wirkung der einstweiligen Verfügung bleibt – bis zur Abgabe der Abschlusserklärung – trotz der (rechtskräftigen) einstweiligen Verfügung das Rechtsschutzinteresse in der Hauptsache bestehen, vgl. BGH 4.3.2008 – VI ZR 176/07, NJW 2008, 1744 (1745).

[290] BGH 2.3.1973 – I ZR 5/72, GRUR 1973, 384 (384 f.) – Goldene Armbänder; BGH 4.3.2008 – VI ZR 176/07, NJW 2008, 1744 (1745).

[291] BGH 26.4.1957 – I ZR 35/57, GRUR 1957, 506 (506) – Doppel-Export; OLG Köln 20.10.1986 – 6 W 62/86, WRP 1987, 188 (190); aA OLG Hamm 17.9.1985 – 43 W 105/85, WRP 1986, 111 (112).

[292] Vgl. OLG Düsseldorf 30.5.1983 – 2 W 41/83 GRUR 1984, 81 (81 f.); OLG Hamburg 23.10.1985 3 W 108/85, WRP 1986, 289 (290); OLG Köln 20.10.1986 – 6 W 62/86, WRP 1987, 188 (190); aA KG 21.6.1983 – 5 W 1735/83, WRP 1984, 545 ff.; OLG Hamburg 13.2.1989 – 3 W 19/89, GRUR 1989, 458 (Ls.).

[293] BGH 22.1.2015 – I ZR 59/14, GRUR 2015, 822 – Kosten für Abschlussschreiben II; BGH 19.5.2010 – I ZR 177/07, GRUR 2010, 855 – Folienrollos; OLG Frankfurt a. M. 12.9.2005 – 6 W 122/05, GRUR-RR 2006, 111.

Praxistipp:

Als unverbindliche „Daumenregel" lässt sich festhalten, dass man dem Antragsgegner zumindest zwei Wochen nach Zustellung/Verkündung der einstweiligen Verfügung Gelegenheit geben sollte, von sich aus ohne Aufforderung eine Abschlusserklärung abzugeben und dann erforderlichenfalls in der Anschlussabmahnung eine Frist von weiteren zwei Wochen setzt.[294]

Regelmäßig wird die **Schriftform** gewählt, allein schon zu Beweiszwecken. Zur Vermeidung der Kostenfolge des § 93 ZPO ist im Streitfall der Nachweis des **Zugangs** erforderlich,[295] wobei die Vorlage eines Fax-Sendeberichts nicht ausreichend ist.[296] Str. ist, ob das Abschlussschreiben mit Blick auf seine Warnfunktion die **Androhung der Klageerhebung** enthalten muss.[297] In der Praxis ist es in jedem Fall empfehlenswert, diesen Hinweis aufzunehmen. 133

Die Angabe der **Gründe für das Verlangen** nach einer Abschlusserklärung ist nicht zwingend, regelmäßig jedoch zweckmäßig, nicht nur um das Ziel einer außergerichtlichen, kurzfristigen Beilegung der Angelegenheit zu erreichen, sondern auch um den Kostennachteilen des § 93 ZPO für den Fall eines Hauptsacheverfahrens zu entgehen.[298] Außerdem sollte ein Hinweis auf die **Vorläufigkeit einer einstweiligen Verfügung** erfolgen. 134

Nicht zwingender, aber empfehlenswerter Inhalt des Abschlussschreibens sind die **„Abmahnungskomponenten"**. Dies gilt insbes. für den in Wettbewerbssachen in der Praxis am häufigsten vorkommenden Fall des Unterlassungsanspruchs, der regelmäßig von den Annexansprüchen auf Auskunftserteilung/Rechnungslegung und Schadenersatz – jedenfalls im Hauptsacheverfahren – begleitet wird.[299] Will der Antragsteller also, wie auch sonst mit einer Abmahnung, eine außergerichtliche und vollumfassende Regelung erlangen, so reicht ihm nicht die Anerkennung der einstweiligen Verfügung als endgültige Regelung, da sie lediglich den Unterlassungsanspruch umfasst, sondern ihm ist darüber hinaus an einer Anerkennung etwaiger Auskunfts-/Rechnungslegungs- und Schadenersatzansprüche gelegen. Er wird also erwarten, dass sich die (Abschluss-)Erklärung auch auf diese Aspekte erstreckt. Folglich muss dies auch ggü dem Antragsgegner konkret zum Ausdruck gebracht werden. Insoweit sind dann auch die formellen Voraussetzungen des § 13 Abs. 2 UWG zu berücksichtigen. 135

Gleiches gilt für den Hinweis, dass der Antragsgegner die **Kosten** des Abschlussschreibens/der Anschlussabmahnung zu tragen hat, und zwar nach den Grundsätzen der Geschäftsführung ohne Auftrag[300] bzw. als notwendige Vorbereitungskosten des Hauptsacheverfahrens.[301] Dabei ist anerkannt, dass die Kosten des Abschlussschreibens/der Anschlussabmahnung nicht zu den **Kosten des Verfügungsverfahrens** gehören, sondern Kosten des (vermiedenen) Hauptsacheverfahrens sind.[302] Folglich sind die Kosten des klägerischen Rechtsanwalts nicht durch die Prozessgebühr des Verfügungsverfahrens abgegolten. Die für ein Abschlussschreiben entstandene Geschäftsgebühr ist im Allgemeinen auf der Grundlage von Nr. 2300 RVG VV zu berechnen.[303] 136

[294] Vgl. Teplitzky/Bacher Kap. 43 Rn. 22 f. mwN; BGH 22.1.2015 – I ZR 59/14, GRUR 2015, 822 – Kosten für Abschlussschreiben II.

[295] Ohly/Sosnitza/Sosnitza § 12 Rn. 185; aA Ahrens/Ahrens Kap. 60 Rn. 46.

[296] OLG Schleswig 25.4.2007 – 6 W 10/07, GRUR-RR 2008, 138 (139) – Sendeprotokoll; vgl. zum Zugang eines Faxschreibens grdl. BGH 7.12.1994 – VIII ZR 153/93, NJW 1995, 665 (666 f.).

[297] So (zutreffend) Ohly/Sosnitza/Sosnitza UWG § 12 Rn. 184; Teplitzky/Bacher Kap. 43 Rn. 24 mwN; Harte-Bavendamm/Henning-Bodewig/Retzer UWG § 12 Rn. 459; Köhler/Bornkamm/Feddersen/Köhler UWG § 12 Rn. 2.71; aA Gloy/Loschelder/Danckwerts UWG-HdB/Spätgens § 111 Rn. 4; Fezer/Boscher/Obergfell/Büscher UWG § 12 Rn. 151.

[298] Vgl. ua Ohly/Sosnitza/Sosnitza UWG § 12 Rn. 184; Teplitzky/Bacher Kap. 43 Rn. 20 mwN.

[299] › § 3.

[300] BGH 2.3.1973 – I ZR 5/72, GRUR 1973, 384 (385) – Goldene Armbänder; BGH 4.2.2010 – I ZR 30/08, WRP 2010, 1169 (1171) – Geschäftsgebühr für Abschlussschreiben, Ohly/Sosnitza/Sosnitza UWG § 12 Rn. 186; Teplitzky/Bacher Kap. 43 Rn. 30 mwN; Gloy/Loschelder/Danckwerts UWG-HdB/Spätgens § 111 Rn. 13; Ahrens/Ahrens Kap. 60 Rn. 50.

[301] Köhler/Bornkamm/Feddersen/Köhler UWG § 12 Rn. 2.73, ziehen wegen der Nähe zur Abmahnung § 13 Abs. 3 UWG analog als Anspruchsgrundlage heran; ebenso Ahrens/Ahrens Kap. 60 Rn. 50 (Abschlussschreiben als „Abmahnung für das Hauptsacheverfahren").

[302] BGH 2.3.1973 – I ZR 5/72, GRUR 1973, 384 (385) – Goldene Armbänder; BGH 4.3.2008 – VI ZR 176/07, NJW 2008, 1744 (1745); OLG Hamburg 25.2.1982 – 3 U 105/81, WRP 1982, 477 (477); OLG Frankfurt a. M. 24.1.1989 – 6 W 8/89, GRUR 1989, 374 (374); Teplitzky/Bacher Kap. 43 Rn. 30; Ahrens/Ahrens Kap. 60 Rn. 50 mwN.

[303] BGH 4.2.2010 – I ZR 30/08, GRUR 2010, 1038 (1040) – Kosten für Abschlussschreiben; Str. besteht über die Höhe der Kostenerstattung. Entgegen der früheren Praxis, eine 1,3 Gebühr zu berechnen, haben das OLG Hamburg

137 Häufig ist str., wann solche Kosten „notwendig" sind bzw. keine Veranlassung für ein Abschlussschreiben besteht. Regelmäßig wird eine solche Veranlassung angenommen, wenn der Antragsteller dem Antragsgegner ausreichend Gelegenheit gelassen hat, die einstweilige Verfügung von sich aus durch Abgabe einer Abschlusserklärung bestandskräftig werden zu lassen.[304] Teilt der Schuldner vor Ablauf der angemessenen Wartefrist mit, dass er innerhalb der Monatsfrist unaufgefordert darauf zurückkommen werde, ob die einstweilige Verfügung als endgültige Regelung anerkannt werden wird und es eines Abschlussschreibens nicht bedürfe, sind die Kosten eines gleichwohl übersandten Abschlussschreibens nicht ersatzfähig.[305]

Muster eines Abschlussschreibens

138 X ./. Y
LG … – Az.: …

Sehr geehrte Damen und Herren,

in og Angelegenheit haben wir für unsere Mandantin, die …, gegen Sie am … vor dem Landgericht …, Az.: … eine einstweilige Verfügung erwirkt, die Ihnen ausweislich der uns vorliegenden Zustellungsurkunde am … zugestellt wurde.

Da ein solcher Verfügungstitel lediglich vorläufigen Charakter hat, insbes. weder die Wiederholungsgefahr abschließend beseitigt noch die Verjährung unterbricht, hat unsere Mandantin ein Rechtsschutzinteresse an der Erlangung eines endgültigen Titels (vgl. ua BGH 4.3.2008 – VI ZR 176/07, NJW 2008, 1744 (1745)). Darüber hinaus stehen unserer Mandantin Auskunfts-, Rechnungslegungs- und Schadenersatzansprüche zu (es folgen einige Sätze der Begründung unter Beachtung von § 13 Abs. 2 UWG).

Zur Vermeidung der Erhebung der Klage zur Hauptsache stellen wir Ihnen anheim, bis spätestens zum

[2 Wochen nach Versand des Schreibens]

die nachfolgenden Erklärungen abzugeben:

1. Sie verpflichten sich, die einstweilige Verfügung des LG … (Az.: …) als endgültige und zwischen den Parteien verbindliche Regelung zu akzeptieren und insbes. auf das Recht des Widerspruchs, das Recht, unserer Mandantin eine Frist zur Erhebung der Klage zur Hauptsache setzen zu lassen sowie auf die Erhebung aller Einreden und Einwendungen zu verzichten, die der Rechtskraft eines einem Hauptsachetitel vergleichbaren Titels entgegenstehen könnten (§§ 924, 926, 927 ZPO);
2.[306] Sie verpflichten sich ggü unserer Mandantin zum Ersatz allen Schadens, der ihr durch die im Verfügungstenor bezeichneten Wettbewerbshandlungen entstanden ist und zukünftig entstehen wird;
3.[307] Sie verpflichten sich ggü unserer Mandantin, Auskunft über die im Verfügungstenor bezeichneten Wettbewerbshandlungen zu erteilen, insbes. unter Angabe …;
4. Sie verpflichten sich zur Zahlung der Kosten unserer Inanspruchnahme bezüglich dieser Anschlussabmahnung in Höhe einer 1,3 Geschäftsgebühr[308] aus dem Streitwert der Hauptsache (… EUR) nebst Kostenpauschale und gesetzlicher Mehrwertsteuer.

Zur Übernahme der Kosten dieses Abschlussschreibens sind Sie nach stRspr verpflichtet (vgl. BGH 4.3.2008 – VI ZR 176/07, NJW 2008, 1744).

Rechtsanwalt

23.4.2009 – 3 U 151/07, WRP 2009, 1152 (1152), das OLG Düsseldorf 30.10.2007 – 20 U 52/07, Mitt. 2008, 561 (563) und das LG Hamburg 18.5.2007 – 324 S 6/06, BeckRS 2009, 07435 lediglich einen Gebührensatz von 0,8 zugesprochen; hins. der Höhe sehr zurückhaltend auch Ahrens/Ahrens Kap. 60 Rn. 51; grds. gegen die Notwendigkeit der Hinzuziehung eines Anwalts für das Abschlussschreiben OLG Brandenburg 4.4.2007 – 7 U 175/06, WM 2008, 418 (419).

[304] OLG Frankfurt a. M. 22.5.2003 – 6 U 6/03, GRUR-RR 2003, 294 (294 f.) – Wartefrist; LG Hamburg 2.2.1983 – 15 O 692/82, WRP 1983, 449 (451); Teplitzky/Bacher Kap. 43 Rn. 31.

[305] OLG München 13.8.2020 – 29 U 1872/20, GRUR-RS 2020, 26444 – Abbestelltes Abschlussschreiben.

[306] Fakultativ zu ergänzen.

[307] Fakultativ zu ergänzen.

[308] Zur Höhe der Kostenerstattung → Rn. 108.

4. Abschlusserklärung

a) Inhalt der Verzichtserklärung. Die Abschlusserklärung muss den Antragsteller so stellen, als hätte er statt des vorläufigen Titels einen rechtskräftigen (Hauptsache-)Titel. Dazu bedarf es eines **Verzichts auf die möglichen Rechtsbehelfe** gegen eine einstweilige Verfügung. Es empfiehlt sich daher eine Formulierung entspr. dem obigen Formulierungsbeispiel zum Abschlussschreiben. Um den Antragsteller nicht besser zu stellen als beim rechtskräftigen Hauptsachetitel (was bei einem Verzicht auf die Rechte des § 927 ZPO der Fall wäre), ist die Abschlusserklärung ggf. einschränkend auszulegen.[309] Zur Klarstellung empfiehlt sich aber eine Formulierung, die verdeutlicht, dass man auf alle Rechte verzichtet, „soweit auch ein Vorgehen gegen einen rechtskräftigen Hauptsachetitel ausgeschlossen wäre".[310] Dies sind insbes. Einwendungen, die mit der Vollstreckungsgegenklage nach § 767 ZPO geltend gemacht werden können. Soweit es um in die Zukunft gerichtete wettbewerbliche Unterlassungsansprüche geht, gehören dazu auch eine Änderung der Rechtslage und der höchstrichterlichen Rspr., da es dem Unterlassungsschuldner nicht zumutbar wäre, wenn ihm Werbemöglichkeiten dauerhaft verwehrt wären, die seinen Mitbewerbern nunmehr erlaubt sind.[311] 139

Wenn die geltend gemachten Ansprüche begründet sind und keine anderen Erwägungen entgegenstehen, sollten auch die oben genannten **Erklärungen zu den Folgeansprüchen** einschl. der Erklärung zur Übernahme der **Kosten** des Abschlussschreibens abgegeben werden. 140

Praxistipp:

Aus Sicht des Antragsgegners kann es sachgerecht sein, die Abschlusserklärung, dh die Anerkennung der einstweiligen Verfügung als endgültigen Titel, für den Fall anzubieten, dass er mit dem Antragsteller ein für ihn günstiges Ergebnis bezüglich der Annexansprüche sowie der Kosten des Abschlussschreibens verhandelt. Bestenfalls lässt sich auf diesem Wege ein Verzicht des Antragstellers diesbzgl. heraushandeln.

Dessen ungeachtet gilt, dass eine Abschlusserklärung grds. nur dann ihre Wirkung entfaltet, wenn sie **unbedingt und vorbehaltlos** abgegeben wird.[312] 141

b) Form der Erklärung. Die Abschlusserklärung muss dem Antragsteller zugehen (§ 130 BGB). Die Beweislast trifft den Antragsgegner. Auf eine Annahme der Abschlusserklärung durch den Antragsteller kommt es nicht an.[313] Nach hM bedarf die Abschlusserklärung der **Schriftform.**[314] 142

c) Wirkung der Erklärung. Durch die Abschlusserklärung entfällt für den Antragsteller das Rechtsschutzbedürfnis für die Hauptsacheklage.[315] Gleiches gilt für eine entspr. negative Feststellungsklage oder Unterlassungsklage, die Verletzungshandlungen betrifft, welche als kerngleich bereits von dem mit der Abschlusserklärung gesicherten Titel mit erfasst sind.[316] Auch Schadenersatzansprüche nach § 945 ZPO sind dann ausgeschlossen.[317] Eine Abschlusserklärung räumt die Wiederholungsgefahr regelmäßig auch im Verhältnis zu Dritten aus, da eine Abschlusserklärung einem rechtskräftigen Unterlassungsurteil im Wesentlichen gleichstehen soll.[318] Dies gilt nur dann 143

[309] BGH 2.7.2009 – I ZR 146/07, GRUR 2009, 1096 (1098) – Mescher weis.

[310] Vgl. Teplitzky/Bacher Kap. 43 Rn. 8 mwN.

[311] BGH 2.7.2009 – I ZR 146/07, GRUR 2009, 1096 (1097) – Mescher weis.

[312] BGH 5.7.1990 – I ZR 148/88, GRUR 1991, 76 (77) – Abschlusserklärung; BGH 4.5.2005 – I ZR 127/02, GRUR 2005, 692 (694) – „statt"-Preis; zulässig ist jedoch der Vorbehalt von Einwendungen, die auch gegen einen Hauptsachetitel im Wege der Vollstreckungsgegenklage nach § 767 ZPO geltend gemacht werden können, da hierdurch lediglich verhindert wird, dass der Gläubiger besser steht, als er mit einem rechtskräftigen Hauptsachetitel stünde, vgl. BGH 2.7.2009 – I ZR 146/07, GRUR 2009, 1096 (1097) – Mescher weis.

[313] LG Hamburg 1.3.1995 – 315 O 615/94, WRP 1995, 432 (432); Ohly/Sosnitza/Sosnitza UWG § 12 Rn. 189.

[314] KG 11.10.1990 – 25 U 2746/90, GRUR 1991, 258 (258).

[315] BGH 5.7.1990 – I ZR 148/88, GRUR 1991, 76 (77) – Abschlusserklärung; 2.7.2009 – I ZR 146/07, GRUR 2009, 1096 (1096 f.) – Mescher weis.

[316] BGH 19.5.2010 – I ZR 177/07, GRUR 2010, 855 (856) – Folienrollos.

[317] Ohly/Sosnitza/Sosnitza UWG § 12 Rn. 190.

[318] Vgl. Köhler/Bornkamm/Feddersen/Köhler UWG § 12 Rn. 2.77; Teplitzky/Bacher Kap. 43 Rn. 11a; OLG Hamm 12.6.1990 – 4 U 59/90, NJW-RR 1991, 236 (237); OLG Frankfurt a. M. 15.8.1996 – 6 U 74/96, MD 1996, 1179 (1180 f.); OLG Zweibrücken 20.11.1998 – 2 U 10/98, NJWE-WettbR 1999, 66 (67).

nicht, wenn der Vollstreckungsgläubiger im Einzelfall an der Durchsetzung des Titels nicht interessiert ist oder sich der Verurteilte in der laufenden wettbewerbsrechtlichen Auseinandersetzung nicht auf seine Verurteilung beruft und dadurch nicht zu erkennen gibt, dass das bestehende Urteil auch das laufende Verfahren regelt.

144 **d) Alternative: Abgabe einer Unterlassungserklärung.** Eine **Abschlusserklärung** nimmt der weiteren Rechtsverfolgung das Rechtsschutzbedürfnis. Dagegen lässt eine **Unterwerfung** das Rechtsschutzbedürfnis unberührt, befriedigt aber den materiellen Anspruch. Es kann durchaus im Interesse des Antragsgegners liegen, statt an einen Titel an eine strafbewehrte Unterlassungserklärung gebunden zu sein. Die Ersetzbarkeit ist heute weitgehend anerkannt.[319] Zugunsten des Antragsgegners ist davon auszugehen, dass der Antragsteller auch durch Abgabe einer ausreichend strafbewehrten Unterlassungserklärung gesichert wird und der Antragsgegner nach Abgabe der Erklärung Anspruch auf Herausgabe des Verfügungstitels hat bzw. Antrag auf Aufhebung der einstweiligen Verfügung gem. §§ 936, 927 ZPO stellen kann (kein Anspruch auf **Doppelsicherung** durch Titel und Unterlassungsvollstreckung).

IV. Wettbewerbsrechtliche Klagearten

145 Ungeachtet der überragenden praktischen Bedeutung der einstweiligen Verfügung in wettbewerbsrechtlichen Streitigkeiten darf nicht ihr formal und inhaltlich beschränkter Charakter übersehen werden.[320] Da sich die Verfügung im Übrigen weitgehend auf den Unterlassungsanspruch beschränken muss, sind darüber hinausgehende Ansprüche prozessual meist allein im Klageverfahren durchsetzbar.

Praxistipp:

Da Gegenstand des Verfügungsverfahrens idR ein Unterlassungsanspruch ist, werden gleichzeitig bestehende Schadenersatz- oder Auskunftsansprüche nicht gehemmt. Da diese Ansprüche kumulativ zu einem Unterlassungsanspruch bestehen, scheidet eine **Verjährungshemmung** entspr. der Regelung des § 213 BGB aus. Sofern also die Verjährung dahingehender Ansprüche zu befürchten ist, sollte zeitgleich mit dem Verfügungsantrag Klage im Hauptsacheverfahren eingereicht werden. Sofern der Antragsteller – bspw. aus Kostengründen – von der gleichzeitigen Anhängigmachung eines Hauptsacheverfahrens absieht, sollte er jedenfalls versuchen, eine Verzichterklärung des Antragsgegners hins. der Erhebung der Verjährungseinrede zu erwirken.

1. Unterlassungsklage

146 Der **Unterlassungsanspruch** ist als **Leistungsklage** in einem Hauptsacheverfahren durchsetzbar. Es handelt sich um einen Fall des vorbeugenden Rechtsschutzes, mit dem dem Kläger ein auf Dauer durchsetzbarer Unterlassungstitel verschafft wird.

Praxistipp:

Für die Unterlassungsklage und gegen die (vorläufige) Durchsetzung eines Unterlassungsanspruchs im einstweiligen Rechtsschutz können in tatsächlicher und/oder rechtlicher Hinsicht insbes. folgende Erwägungen sprechen:

- Die Sache ist wegen der (partiellen) Anwendbarkeit ausländischen Rechts für ein Verfügungsverfahren ungeeignet, es sei denn, ein eilig eingeholtes Rechtsgutachten zu dem ausländischen Recht liegt vor und ist überzeugend;
- die Tatsachen sind in rechtlicher, technischer oder naturwissenschaftlicher Hinsicht derart komplex, dass es einer Detailprüfung bedarf;

[319] OLG Hamm 1.10.1985 – 4 U 52/85, NJW-RR 1986, 922 (922); OLG Karlsruhe 4.8.1997 – 6 W 64/97, NJWE-WettbR 1998, 140 (140); Teplitzky/Bacher Kap. 43 Rn. 37; Gloy/Loschelder/Danckwerts UWG-HdB/Spätgens § 111 Rn. 11; aA OLG Köln 24.11.1995 – 6 U 4/95, WRP 1996, 333 (338); Ahrens/Ahrens Kap. 60 Rn. 8; Kolb WRP 2014, 522.

[320] → Rn. 93 ff.

- die (präsenten) Glaubhaftmachungsmittel reichen für ein Verfügungsverfahren ersichtlich nicht aus;
- die Schadenersatzrisiken des § 945 ZPO sind zu hoch;
- die prozessualen Vorbereitungen können nicht mit der notwendigen Eilbedürftigkeit getroffen werden;
- unternehmerisch ist nicht ein kurzfristiger Erfolg gewollt.

Das **Rechtsschutzbedürfnis** für eine Unterlassungsklage entfällt durch die Abgabe einer wirksamen Abschlusserklärung.[321] Im Gegensatz dazu berührt die Abgabe einer strafbewehrten Unterlassungserklärung das Rechtsschutzbedürfnis nicht. Zwar lässt eine solche materiell-rechtlich die **Wiederholungsgefahr** und damit den Unterlassungsanspruch entfallen,[322] aber die Notwendigkeit einer gerichtlichen Überprüfung wird dadurch nicht genommen.[323] Im Falle der Abgabe einer ausreichend strafbewehrten und unbedingten Unterwerfungserklärung wird also die Klage nicht als unzulässig, sondern als unbegründet abgewiesen. Bei einer **Teilunterwerfungserklärung** bleibt der nicht erfasste Anspruchsteil bestehen, da eine unbedingte Teilunterwerfungserklärung nicht ohne weiteres als Angebot eines Erlassvertrages hins. des Anspruchrestes zu verstehen ist.[324] 147

Zur Problematik der Bestimmtheit des Unterlassungsantrags, dem Konkretisierungsgebot sowie etwaigen Zusätzen, Hilfsanträgen und dem Ordnungsmittelantrag sei auf die Ausführungen an anderer Stelle verwiesen.[325] 148

2. Schadenersatzfeststellungsklage

Die Unterlassungsklage wird typischerweise ergänzt um die **Schadenersatzfeststellungsklage.** Diese Klageart ist die im Wettbewerbsprozess am häufigsten vorkommende Feststellungsklage. Das Feststellungsurteil schützt den Verletzten insbes. vor der Verjährung im Umfang des gesamten Schadens. Die Subsidiarität der Feststellungsklage zur Leistungsklage steht der Erhebung einer Feststellungsklage nicht entgegen, denn regelmäßig fehlen dem Antragsteller noch viele Angaben für eine ausreichende Bezifferung seines ihm infolge eines Wettbewerbsverstoßes zustehenden Schadenersatzanspruchs.[326] Von praktischer Relevanz ist dabei insbes. das Fehlen der Auskünfte bzw. der Rechnungslegung des Verletzers. Auch die Möglichkeit einer Stufenklage steht nicht entgegen, da diese nicht schutzäquivalent ist. 149

Zur Begründung muss der Kläger eine **Schadenswahrscheinlichkeit nach allgemeiner Lebenserfahrung** dartun.[327] Das Feststellungsinteresse nach § 256 Abs. 1 ZPO wird auch hins. künftiger Schadensfolgen angenommen, soweit diese auch nur möglich sind, vielleicht sogar ihre Art, ihr Umfang oder sogar ihr Eintritt noch ungewiss sind.[328] Das Rechtsschutzbedürfnis kann im Einzelfall fehlen, wenn der Kläger wegen desselben Verstoßes auf eine bestimmte Leistung, zB also auf Zahlung einer Vertragsstrafe, klagen könnte.[329] 150

Das erforderliche Interesse an einer **„alsbaldigen" Feststellung** nach § 256 Abs. 1 ZPO ergibt sich regelmäßig daraus, dass auch der wettbewerbsrechtliche Schadenersatzanspruch der kurzen Verjährung des § 11 UWG unterliegt. Ein Unterlassungsantrag wird also typischerweise in der Klageschrift wie folgt ergänzt: 151

---

[321] → Rn. 144.

[322] → § 3.

[323] Teplitzky/Schwippert Kap. 51 Rn. 57; Teplitzky WRP 2015, 527; OLG Köln 10.4.2015 – 6 U 149/14, WRP 2015, 623.

[324] BGH 19.10.2000 – I ZR 89/98, GRUR 2001, 422 (424) – ZOCOR; BGH 31.5.2001 – I ZR 82/99, GRUR 2002, 180 (181) – Weit-Vor-Winter-Schlussverkauf; BGH 25.4.2002 – I ZR 296/99, GRUR 2002, 824 (824 f.) – Teilunterwerfungserklärung.

[325] → Rn. 15 ff.

[326] → § 3 Rn. 12 ff.

[327] BGH 29.6.2000 – I ZR 29/98 , GRUR 2000, 907 (911) – Filialleiterfehler; BGH 6.4.2000 – I ZR 114/98, WRP 2000, 1266 – Neu in Bielefeld II.

[328] BGH 23.4.1991 – X ZR 77/89, GRUR 1992, 559 (559) – Mikrofilmanlage; Ohly/Sosnitza/Sosnitza UWG § 12 Rn. 78.

[329] BGH 6.5.1993 – I ZR 144/92, GRUR 1993, 926 (926 f.) – Apothekenzeitschriften; vgl. Teplitzky/Schwippert Kap. 52 Rn. 17 mwN.

Formulierungsvorschlag:

152 … festzustellen, dass die Beklagte verpflichtet ist, der Klägerin allen Schaden zu ersetzen, der dieser durch die unter Ziff. 1 bezeichnete(n) Wettbewerbshandlung(en) entstanden ist und künftig noch entstehen wird.

3. Klage auf Auskunftserteilung/Rechnungslegung

153 Um Schadenersatzklagen der Höhe nach vorzubereiten, bedarf es nicht nur der Erhebung der die Verjährung unterbrechenden Schadenersatzfeststellungsklage, sondern in aller Regel ergänzend der **Klage auf Auskunftserteilung und** – erforderlichenfalls – auch auf **Rechnungslegung.** Die Auskunfts-/Rechnungslegungsklage kann selbständig erhoben werden;[330] idR wird sie aber mit der Unterlassungsklage und der Schadenersatzfeststellungsklage oder – im Wege der Stufenklage nach § 254 ZPO – mit der Klage auf Zahlung von Schadenersatz verbunden.

154 Bei der **Formulierung des Auskunftsantrags** muss unter Bezugnahme auf die konkrete Verletzungshandlung genau definiert werden, welchen Inhalt die Auskunft haben soll, dh Gegenstand, Zeitraum sowie Art und Umfang der Auskunft müssen spezifiziert werden. Ein Auskunftsanspruch besteht allerdings nicht in allgemeiner Form, sondern ist auf den konkreten Verletzungsfall beschränkt.[331] Dabei kann auch in wettbewerbsrechtlichen Streitigkeiten Auskunft über Verletzungshandlungen verlangt werden, die noch **vor der ersten unter Beweis gestellten Handlung** liegen.[332]

155 Unter Umständen kann auch ein Anspruch auf **Vorlage von Belegen** bestehen, wenn der Gläubiger darauf angewiesen ist und dem Schuldner diese zusätzliche Verpflichtung zugemutet werden kann.[333] Diese Voraussetzungen sind im Hinblick auf die Offenlegung der Lieferanten und gewerblichen Abnehmer im Regelfall erfüllt, da ein Bedürfnis des Gläubigers besteht, die Verlässlichkeit der Angaben des Schuldners zu überprüfen und so oftmals auf die Abgabe einer eidesstattlichen Versicherung verzichtet werden kann. Soweit seitens des Auskunftspflichtigen hins. einzelner Daten ein berechtigtes Geheimhaltungsinteresse besteht, kann diesem durch Vorlage beglaubigter Kopien, bei denen die entsprechenden Daten geschwärzt oder abgedeckt werden, Rechnung getragen werden.

156 Der **Rechnungslegungsantrag** muss zur Erfüllung des Bestimmtheitsgebotes bezeichnen, für welchen Zeitraum und worüber Rechnung gelegt werden soll, insbes. sollte der Antrag durch das Verlangen nach der Angabe von Mengen, Preisen, Lieferdaten und eventuell auch Kalkulationsgrundlagen und der Vorlage von Belegen konkretisiert werden.[334]

157 Bei strenger Betrachtungsweise würde es nahe liegen, den Antrag durch die Formulierung „begrenzt auf die letzten sechs Monate vor Klageeinreichung" auf den Zeitraum zu beschränken, für welchen noch keine Verjährung eingetreten ist. In der Praxis geschieht dies regelmäßig nicht, zumal vor Klageeinreichung gar nicht feststeht, ob sich der Beklagte auf Verjährung berufen wird. Sobald die Einrede erhoben wird, sollte jedoch eine „Konkretisierung" des Antrags erfolgen.

Formulierungsvorschlag:

158 … die Beklagte zu verurteilen, der Klägerin Auskunft darüber zu erteilen, in welchem Umfang die Beklagte

- die unter Ziff. 1 bezeichnete(n) Wettbewerbshandlung(en) begangen hat, und zwar unter Angabe der Art, des Zeitpunkts, des Orts und der Anzahl der Werbemaßnahmen
- die Bezeichnung „…" für … verwendet hat, und zwar unter Angabe der Stückzahlen, Umsatzerlöse und Gestehungskosten sowie des Umfangs der betriebenen Werbung unter Angabe der Art, des Zeitpunkts und der Anzahl der Werbemaßnahmen
- (…, alles aufgeschlüsselt nach …).

---

[330] BGH 21.12.1973 – I ZR 161/71, GRUR 1974, 351 (352) – Frisiersalon.

[331] BGH 17.5.2001 – I ZR 291/98, GRUR 2001, 841 (844) – Anspruch auf Drittauskunft.

[332] BGH 19.7.2007 – I ZR 93/04, GRUR 2007, 877 (879) – Windsor Estate, unter Aufgabe von BGH 26.11.1987 – I ZR 123/85, GRUR 1988, 307 (308) – Gaby; ebenso Ingerl/Rohnke MarkenG § 19 Rn. 65 ff.; aA Teplitzky/Löffler Kap. 38 Rn. 7a; Ohly/Sosnitza/Ohly UWG § 9 Rn. 36; Fezer/Büscher UWG § 8 Rn. 332.

[333] BGH 21.2.2002 – I ZR 140/99, GRUR 2002, 709 (712) – Entfernung der Herstellungsnummer III; bei einem gesetzlichen Auskunftsanspruch besteht grds. ein Anspruch auf Belegvorlage, BGH aaO.

[334] Zu den materiell-rechtlichen Voraussetzungen sowie Art, Inhalt und Umfang der Rechnungslegungspflicht, → § 3 Rn. 78 ff.

4. Beseitigungsklage

Relevant ist darüber hinaus die **Beseitigungsklage.** Diese Klage kann selbständig sowie parallel zu einer Unterlassungsklage erhoben oder auch mit dieser verbunden werden, wenn die Beseitigung eines Störungszustandes für die Erfüllung eines Unterlassungsanspruchs erforderlich ist und eine unmittelbare Beseitigung über § 890 ZPO erzwungen werden soll. Auch eine vorbeugende Beseitigungsklage etwa zur Verhütung einer Störung ist möglich.[335] Es gibt allerdings auch Ansprüche, die nur über den Weg der Beseitigungsklage durchgesetzt werden können, wie insbes. Ansprüche auf Widerruf oder Urteilsveröffentlichung.[336] Die Beseitigungsklage ist auch das Mittel der Wahl zur Beseitigung der sog Marktverwirrung.[337] Gleiches gilt für Löschungsansprüche bei der Verwendung einer irreführenden Firma. 159

Auch der **Beseitigungsantrag** muss dem Bestimmtheits- und Konkretisierungsgebot genügen. Es müssen also einerseits die zu beseitigende Störung und andererseits die hierfür erforderlichen Maßnahmen genau bezeichnet werden. Der Antrag darf nicht über das hinausgehen, was zur Beseitigung der Beeinträchtigung erforderlich ist und muss dem Verhältnismäßigkeitsgrundsatz genügen.[338] 160

Formulierungsvorschlag:

... die Beklagte zu verurteilen, 161

- binnen einer angemessenen, vom Gericht festzusetzenden Frist, ... [genaue Bezeichnung der Verletzungshandlung] zu beseitigen.
- die Behauptung ... ggü ... zu widerrufen.
- die mit der Bezeichnung „...“ gekennzeichneten Produkte, Werbeträger und Geschäftspapiere zu vernichten.[339]
- beim Handelsregister des Amtsgerichts ..., HRB ..., die Löschung der eingetragenen Firma „...“ zu beantragen.

5. Negative Feststellungsklage

Im Wettbewerbsrecht kommt der **negativen Feststellungsklage** besondere Bedeutung zu, insbes. in Gestalt einer Klage auf **Feststellung des Nichtbestehens eines Unterlassungsanspruchs.** Sie wird zB vom Empfänger einer Abmahnung erhoben, wenn ihm daran gelegen ist, die fehlende Grundlage für die Abmahnung feststellen zu lassen. In solchen Fällen liegt auch regelmäßig das Feststellungsinteresse nach § 256 ZPO vor. Dies gilt jedenfalls solange, wie die Leistungsklage zur Durchsetzung des Anspruchs (meist also die Unterlassungsklage oder eine entsprechende Beseitigungsklage) nicht rechtshängig ist. Dabei steht die negative Feststellungsklage einer später erhobenen Leistungsklage unter dem Gesichtspunkt der anderweitigen Rechtshängigkeit nicht entgegen.[340] Aufgrund des im deutschen Recht bestehenden Vorrangs der Leistungsklage ist diese weiterhin zulässig. Sobald die Leistungsklage nicht mehr einseitig zurückgenommen werden kann, entfällt für die negative Feststellungsklage das Rechtsschutzbedürfnis, so dass diese unzulässig wird.[341] Dies kann vor der mündlichen Verhandlung bereits 162

335 BGH 4.2.1993 – I ZR 42/91, GRUR 1993, 556 (558) – TRIANGEL; BGH 6.4.2000 – I ZR 67/98, GRUR 2001, 82 (83) – Neu in Bielefeld; 18.10.2001 – I ZR 22/99, GRUR 2002, 618 (619) – Meißner Dekor.

336 Vgl. BGH 25.11.1986 – VI ZR 57/86, GRUR 1987, 189 (190) – Veröffentlichungsbefugnis beim Ehrenschutz; BGH 12.3.1992 – I ZR 58/90, GRUR 1992, 527 (529) – Plagiatsvorwurf II.

337 BGH 17.5.2001 – I ZR 291/98, GRUR 2001, 841 (845) – Entfernung der Herstellungsnummer II.

338 BGH 26.9.1980 – I ZR 69/78, GRUR 1981, 60 (64) – Sitex; BGH 21.2.2002 – I ZR 140/99, GRUR 2002, 709 (711) – Entfernung der Herstellungsnummer III.

339 ZB im MarkenG (§ 18) ist die Vernichtung ausgeschlossen, wenn der rechtsverletzende Zustand der Gegenstände auf andere Weise beseitigt werden kann und die Vernichtung für den Verletzer unverhältnismäßig ist. Die Darlegungs- und Beweislast für diesen Ausnahmetatbestand trägt allerdings der Verletzer, so dass der Antrag zunächst einmal unbeschränkt gestellt werden kann, jedenfalls soweit die Vernichtung nicht offensichtlich unverhältnismäßig und die Beseitigung auch durch mildere Mittel offensichtlich möglich ist.

340 BGH 22.1.1987 – I ZR 230/85, GRUR 1987, 402 (402 f.) – Parallelverfahren I; BGH 7.7.1994 – I ZR 30/92, GRUR 1994, 846 (847 f.) – Parallelverfahren II; vgl. OLG Braunschweig 12.7.2007 – 2 U 24/07, GRUR-RR 2007, 392 (Ls.) – Adword bananabay.

341 BGH 20.6.1984 – I ZR 61/82, GRUR 1985, 41 (44) – REHAB; BGH 7.7.1994 – I ZR 30/92, GRUR 1994, 846 (848) – Parallelverfahren II; ebenso BGH 21.12.2005 – X ZR 17/03, GRUR 2006, 217 (218) – Detektionseinrichtung I, unter Hinweis auf eine mögliche Ausnahme bei früher Entscheidungsreife der Feststellungsklage.

dadurch erreicht werden, dass der Leistungskläger einseitig auf sein Recht zur Klagerücknahme verzichtet.[342]

163 Die negative Feststellungsklage ist bei demjenigen Gericht zu erheben, das für die Leistungsklage mit umgekehrtem Rubrum zuständig wäre.[343] Der Abgemahnte kann aber durch Einreichung der negativen Feststellungsklage die **Zuständigkeit** nicht auch für die gegenläufige (Leistungs-) Klage auf Unterlassung festlegen, dh dem Abmahnenden die Möglichkeit einer etwaigen Wahl zwischen mehreren möglichen Gerichtsständen nehmen.[344] Da dies die Funktion der Abmahnung gefährden würde, hindert eine negative Feststellungsklage den Verletzten nicht daran, die entspr. Leistungsklage bei einem anderen zuständigen Gericht anhängig zu machen.[345]

Praxistipp:

Nach hM ist vor Erhebung der negativen Feststellungsklage zur Vermeidung der Kostenfolge des § 93 ZPO zumeist keine (Gegen-)Abmahnung erforderlich.[346] Zur Begründung wird darauf abgestellt, dass der Abmahnende mit einer negativen Feststellung schon allein deshalb rechnen muss, da er durch die Abmahnung die Streitfrage aufgeworfen hat. Eine Abmahnung ist allerdings dann geboten, wenn der Abgemahnte erkennen kann, dass der Abmahnende offensichtlich von falschen rechtlichen und/oder tatsächlichen Voraussetzungen ausgegangen ist und erwartet werden kann, dass er in Kenntnis des richtigen Sachverhalts nicht abgemahnt hätte bzw. diese nicht aufrechterhalten wird.[347] Dasselbe gilt, wenn seit der Abmahnung ein längerer Zeitraum verstrichen ist und der Abmahnende in dieser Zeit – entgegen seiner Androhung – keine gerichtlichen Schritte eingeleitet hat.[348]

V. Vollstreckungsverfahren

1. Allgemeine Grundsätze und Voraussetzungen der Zwangsvollstreckung

164 Zu den von Amts wegen zu prüfenden Vollstreckungsvoraussetzungen gehört zunächst die Frage, ob ein **vollstreckbarer Titel** vorliegt. In Betracht kommen insbes.:

- Rechtskräftige oder vorläufig vollstreckbare Urteile (bei vorläufiger Vollstreckbarkeit gegen Sicherheitsleistung muss diese vor der Vollstreckung erbracht sein)[349]
- Einstweilige Verfügungen (einer vollstreckbaren Ausfertigung bedarf es nicht, jedoch ist die ordnungsgemäße Vollziehung innerhalb der Monatsfrist zu prüfen, §§ 936, 929 Abs. 1, 2 ZPO)
- Prozessvergleiche (nicht, wenn die Unterlassungsverpflichtung strafbewehrt ist; § 794 Abs. 1 Nr. 1 ZPO)
- Vergleiche vor Einigungsstellen (§ 15 Abs. 7 S. 2 UWG)
- Notarielle Unterwerfungserklärungen (§ 794 Abs. 1 Nr. 5 ZPO)

165 Im Übrigen setzt die Vollstreckung eine **Ordnungsmittelandrohung** durch das Gericht, die **Zustellung des Titels** und der Ordnungsmittelandrohung an den Schuldner sowie eine nachfolgende **schuldhafte Zuwiderhandlung** des Schuldners voraus.

[342] BGH 15.7.2010 – I ZR 168/09, BeckRS 2010, 20763 mwN; OLG Hamm 24.9.2009 – 4 U 104/09, MD 2011, 49 (53); Keller WRP 2000, 908 (912).

[343] So die hM, vgl. OLG Köln 7.4.1978 – 6 U 179/77, GRUR 1978, 658 (658); Teplitzky/Bacher Kap. 41 Rn. 71 mwN; Melullis Rn. 1165.

[344] Vgl. insbes. die Darstellung zum früheren Meinungsstreit bei Borck WRP 1997, 265 ff.

[345] BGH 7.7.1994 – I ZR 30/92, GRUR 1994, 846 (848) – Parallelverfahren II; OLG Frankfurt a. M. 6.3.1997 – 6 W 1/97, GRUR 1997, 485 (485); OLG Braunschweig 12.7.2007 – 2 U 24/07, GRUR-RR 2007, 392 (Ls.) – Adword bananabay; Melullis Rn. 186 u. 1165.

[346] BGH 29.4.2004 – I ZR 233/01, GRUR 2004, 790 (792) – Gegenabmahnung; BGH 6.10.2005 – I ZB 37/05, GRUR 2006, 168 (169) – Unberechtigte Abmahnung; Melullis Rn. 1167 mwN; Ohly/Sosnitza/Sosnitza UWG § 12 Rn. 28; Teplitzky/Bacher Kap. 41 Rn. 72 ff. mwN.

[347] BGH 29.4.2004 – I ZR 233/01, GRUR 2004, 790 (792) – Gegenabmahnung; vgl. OLG Köln 11.10.1982 – 6 W 96/82, WRP 1983, 172 (173); OLG München 24.7.1997 – 29 W 1879/97, WRP 1997, 979 (980); Teplitzky/Bacher Kap. 41 Rn. 74; Köhler/Bornkamm/Feddersen/Köhler UWG § 12 Rn. 1.20 f. mwN.

[348] BGH 29.4.2004 – I ZR 233/01, GRUR 2004, 790 (792) – Gegenabmahnung.

[349] OLG München 13.3.1990 – 29 W 856/90, GRUR 1990, 638 (638); Krieger GRUR 1993, 598 (598).

2. Unterlassungsvollstreckung (§ 890 ZPO)

Unterlassungstitel werden immer nach § 890 ZPO vollstreckt, auch dann, wenn dem Unterlassungsgebot durch eine positive Handlung genüge getan wird.[350] 166

a) **Bestrafungsantrag.** Nicht nur die Ordnungsmittelandrohung, sondern insbes. auch die Festsetzung eines Ordnungsmittels setzt einen **Antrag des Gläubigers** voraus und zwar ausschließlich (§ 802 ZPO) beim Prozessgericht erster Instanz (§ 890 Abs. 1 S. 1 ZPO). 167

Formulierungsvorschlag:

In Sachen … 168

zeigen wir an, dass wir die Gläubigerin vertreten. Namens und mit Vollmacht der Gläubigerin beantragen wir,

gegen die Schuldnerin wegen Zuwiderhandlung(en) gegen das Unterlassungsgebot gem. Ziff. 1 des Urteils vom … (Az…) ein empfindliches Ordnungsgeld zu verhängen, ersatzweise Ordnungshaft, die an dem Geschäftsführer, Herrn …, der Schuldnerin zu vollziehen ist.

Begründung

(Darstellung zur Vorgeschichte unter Beifügung des Urteils in Kopie und Ausführungen zu der/den Zuwiderhandlung/en nebst Beweisantritten sowie Ausführungen zum Verschulden und der Angabe einer als sachgerecht erachteten Mindesthöhe des Ordnungsgeldes, zB mit der Formulierung „Es bedarf daher der Verhängung eines empfindlichen Ordnungsgeldes. Die Höhe des Ordnungsgeldes wird in das Ermessen des Gerichts gestellt, sollte jedoch einen Betrag von … EUR nicht unterschreiten." Eventuell ergänzende Ausführungen zur Bemessungsgrundlage, insbes. auch um einer zumindest teilw. negativen Kostenfolge zu entgehen.)

Praxistipp:

Da Gegenstand des Verfahrens nur die Zuwiderhandlung/en ist/sind, auf die sich der Antrag bezieht, können später erfolgte oder später bekannt gewordene Verletzungshandlungen durch neue Anträge nach den Grundsätzen der Klageänderung in das Verfahren einbezogen werden. Dies gilt erforderlichenfalls auch noch in der Berufungsinstanz.[351]

Nach hM besteht Anwaltszwang, auch wenn aus einer Beschlussverfügung vollstreckt werden soll.[352] Da das Zwangsvollstreckungsverfahren zum ersten Rechtszug gehört, können Zustellungen in diesem Verfahren nach § 87 ZPO auch nach Erlöschen der Vollmacht an den Prozessbevollmächtigten des ersten Rechtszuges vorgenommen werden.[353] Der Antrag auf Festsetzung eines Ordnungsmittels kann bis zur Rechtskraft des Festsetzungsbeschlusses zurückgenommen werden. Erforderlichenfalls muss der Festsetzungsbeschluss für wirkungslos erklärt werden, analog § 269 Abs. 3 Satz 1 ZPO.[354] 169

b) **Zuwiderhandlung.** Eine Zuwiderhandlung liegt nur dann vor, wenn die beanstandete Handlung vom **Verbotsumfang des Titels** erfasst ist. 170

aa) Auslegung des Verbots/Kerntheorie. Regelmäßig bedarf es also der **Auslegung** des Unterlassungstitels.[355] Maßgeblich sind insoweit Urteilsformel, Tatbestand und Entscheidungsgründe, 171

[350] Köhler/Bornkamm/Feddersen/Köhler UWG § 12 Rn. 5.1; Teplitzky/Feddersen Kap. 57 Rn. 1; Fezer/Büscher UWG § 12 Rn. 297.

[351] OLG Stuttgart 25.1.1989 – 2 W 28/88, WRP 1990, 134 (135 f.).

[352] OLG Hamm 14.8.1984 – 4 W 95/84, WRP 1985, 173 (173); Köhler/Bornkamm/Feddersen/Köhler UWG § 12 Rn. 5.9; Gloy/Loschelder/Danckwerts UWG-HdB/Spätgens § 112 Rn. 33; Teplitzky/Feddersen Kap. 57 Rn. 30; aA Lambsdorff Rn. 1287.

[353] OLG Frankfurt a. M. 22.1.2020 – 6 W 105/19, WRP 2020, 1068.

[354] OLG Düsseldorf 2.3.1988 – 2 W 7/88, WRP 1988, 374 (375); kritisch Lambsdorff Rn. 1290.

[355] BGH 9.10.1986 – I ZR 138/84, GRUR 1987, 172 (174) – Unternehmensberatungsgesellschaft I; Köhler/Bornkamm/Feddersen/Köhler § 12 UWG Rn. 5.4 mwN; Ohly/Sosnitza/Sosnitza UWG § 12 Rn. 242.

auch die höherer Instanzen.[356] Zum Teil wird bei Beschlussverfügungen die Auffassung vertreten, dass bei Auslegung die Antragsschrift herangezogen werden kann.[357] Häufig scheitert dies jedoch schon daran, dass die Antragsschrift nicht mit zugestellt wird und auch nicht mit zugestellt werden musste.

172 Bei der Ermittlung des **Schutzumfangs** muss festgestellt werden, ob die – vermeintliche – Zuwiderhandlung den **„Kern" des Verbots** berührt.[358] Durch Auslegung des Unterlassungsantrages muss das für die konkrete Verletzungsform Charakteristische festgestellt werden, um die wiederholte Verletzung des bestehenden Unterlassungstitels von einer neuen eigenständigen Verletzungshandlung abzugrenzen.[359] In der Praxis stellt sich in diesem Zusammenhang häufig die Frage, ob eine in Konsequenz des ergangenen Unterlassungsgebots vorgenommene Änderung zB der Werbung/des Produkts ausreichend ist. Diese Bestimmung des Schutzumfangs ist ein „Korrektiv",[360] denn der Urteils- oder Beschlusstenor stellt, insbes. mit Blick auf den Bestimmtheitsgrundsatz, meist sehr eng auf die ganz konkrete Verletzungsform ab. Der Verbotsumfang/Schutzumfang soll sich jedoch auch auf solche Handlungen erstrecken, die von der ursprünglichen Verbotsform nur unbedeutend abweichen[361] und damit dem **„Kern der Verletzungshandlung"** entsprechen. Dabei geht es nicht um eine Titelerweiterung, sondern um die Erfassung einer „im Kern", dh dem Unrechtsgehalt der ursprünglich erfassten Verletzungshandlung entsprechender und damit implizit mitgeprüfter und ebenfalls verbotener Handlung.[362] Verfassungsrechtlich begegnen der Kerntheorie im Hinblick auf Art. 103 Abs. 2 GG keine Bedenken.[363] Allerdings kann eine zeitlich zurückliegende Wettbewerbshandlung auch über die Kerntheorielehre nicht Grundlage eines Bestrafungsverfahrens sein, wenn insoweit ein Verbot im vorangegangenen Eilverfahren wegen Dringlichkeitsverlustes nicht mehr hätte erstritten werden können.[364] Andernfalls würde das Erfordernis der Dringlichkeit, bei deren Nichtvorliegen der Gläubiger auf das Hauptsacheverfahren angewiesen ist, unterlaufen.

173 Str. ist nach wie vor, ob bei neuen Verletzungsformen, die nicht ausdrücklich von dem Unterlassungstitel erfasst werden, wohl aber nach der Kerntheorie hierunter fallen können, neben einem Bestrafungsverfahren auch ein zweites Erkenntnisverfahren zulässig ist.[365] Zumindest bei ungewissem Ausgang des Zwangsvollstreckungsverfahrens und einer drohenden Verjährung der aufgrund des neuerlichen Verstoßes geltend zu machenden wettbewerbsrechtlichen Ansprüche lässt der BGH ein weiteres Erkenntnisverfahren zu.[366]

174 Dagegen kann eine Handlung, die nicht die Charakteristika der vom Titel erfassten Handlung aufweist, keinesfalls mit einer weitergehenden Titelauslegung erfasst und damit einer Vollstreckung zugänglich gemacht werden. Dies verbietet sich schon auf Grund des (auch) strafähnlichen Charakters des Ordnungsmittels des § 890 ZPO.

---

[356] BGH 16.2.1989 – I ZR 76/87, GRUR 1989, 445 (445); BGH 9.4.1992 – I ZR 240/90, GRUR 1992, 525 (525 f.) – Professorenbezeichnung in der Arztwerbung I und II.

[357] BGH 19.5.2010 – I ZR 177/07, GRUR 2010, 855 (856) – Folienrollos; Ohly/Sosnitza/Sosnitza UWG § 12 Rn. 242; Teplitzky/Feddersen Kap. 57 Rn. 5 Fn. 16.

[358] BGH 9.9.2004 – I ZR 93/02, GRUR 2005, 443 (446) – Ansprechen in der Öffentlichkeit II mwN; zur Verfassungsmäßigkeit der „Kerntheorie": BVerfG 4.12.2006 – 1 BvR 1200/04, GRUR 2007, 618 (619) – Organisationsverschulden.

[359] OLG Nürnberg 1.10.2003 – 3 W 2509/03, MD 2004, 249 (250); BGH 6.2.2013 – I ZB 79/11, GRUR 2013, 1071 – Umsatzangaben.

[360] So Teplitzky/Feddersen Kap. 57 Rn. 12.

[361] OLG Köln 21.9.1988 – 6 W 81/88, WRP 1989, 334 (335) mAnm Teplitzky; Köhler/Bornkamm/Feddersen/Köhler UWG § 12 Rn. 5.4.

[362] BGH 30.3.1989 – I ZR 85/87, WRP 1989, 572 (574) – Bioäquivalenz-Werbung; OLG München 27.4.2010 – 29 W 1209/10, GRUR-RR 2011, 32 (33); Teplitzky/Feddersen Kap. 57 Rn. 14; Ohly/Sosnitza/Sosnitza UWG § 12 Rn. 242; Gloy/Loschelder/Danckwerts UWG-HdB/Spätgens § 112 Rn. 17 f. mwN.

[363] BVerfG 4.12.2006 – 1 BvR 1200/04, GRUR 2007, 618.

[364] BGH 6.2.2013 – I ZB 79/11, GRUR 2013, 1071 – Umsatzangaben; BGH 20.6.2013 – I ZR 55/12, GRUR 2013, 1235 – Restwertbörse II; BGH 3.4.2014 – I ZB 42/11, GRUR 2014, 706 – Reichweite des Unterlassungsgebots.

[365] Bejahend OLG Düsseldorf 10.12.1992 – 2 U 149/92, WRP 1993, 487 (488 f.); OLG Frankfurt a. M. 12.11.1996 – 6 W 145/96, WRP 1997, 51 (51 f.); KG 29.3.2003 – 5 W 99/03 – nv; dagegen OLG Köln 19.11.2001 – 6 W 81/01, MD 2002, 293 (294); Ahrens/Ahrens Kap. 35 Rn. 142 ff.; Teplitzky/Feddersen Kap. 57 Rn. 16 ff.

[366] BGH 7.4.2011 – I ZR 34/09, GRUR 2011, 742 (744) – Leistungspakete im Preisvergleich (in Abgrenzung zu BGH 19.5.2010 – I ZR 177/07, GRUR 2010, 855 (857) – Folienrollos).

Praxistipp:

Die Abgrenzung zwischen noch vom Titel erfassten und schon außerhalb des Kerns der Verletzungshandlung liegenden Verhaltensformen ist häufig schwierig. Wenn kein Verlust der Eilbedürftigkeit für ein einstweiliges Verfügungsverfahren zu befürchten steht, kann es sich aus Sicht des Gläubigers empfehlen, zunächst einen Vollstreckungsversuch zu unternehmen, bevor ein neues Erkenntnisverfahren eingeleitet wird.

bb) Beweislast. Die **Beweislast** für die Zuwiderhandlung trifft den Gläubiger. Eine Glaubhaftmachung reicht nicht aus, der Nachweis ist im Wege des Vollbeweises zu führen.[367] Geht es allerdings um die Frage, ob ein nach dem Unterlassungstitel vorgenommener Zusatz zu einer Werbung die im Unterlassungstitel festgestellte Irreführung nach § 5 UWG ausräumt, so ist diesbzgl. der Schuldner beweisbelastet.[368] 175

c) **Verschulden.** Wegen des strafähnlichen Charakters eines Ordnungsmittels ist ein Verschulden erforderlich. 176

aa) Eigenes Verschulden. Aus dem strafähnlichen Charakter folgt, dass es auf ein **eigenes Verschulden** ankommt, dh ein Verschulden des Schuldners selbst bzw. bei jur. Personen ein Verschulden der Organe. Dem Schuldner muss auf Grund des ergangenen Titels klar sein, was er nicht tun darf. Insoweit wirken sich wiederum das Bestimmtheitserfordernis und die Kerntheorie aus. Nur wenn in dem Verfahren unmissverständlich herausgearbeitet worden ist, was das für die Wettbewerbswidrigkeit Charakteristische ausmacht, kann ein Verschulden des Verletzers angenommen werden.[369] 177

bb) Fremdes Verschulden. Ein **fremdes Verschulden** reicht grds. nicht aus, auch dann nicht, wenn der Schuldner für diese Personen materiell-rechtlich nach §§ 278, 831 BGB oder insbes. auch nach § 8 Abs. 2 UWG einstehen müsste.[370] Ausreichend ist jedoch jedes eigene Verschulden, dh es genügt einfache Fahrlässigkeit und insbes. auch **Organisationsverschulden** bzw. **unzureichende Überwachung** der Mitarbeiter. Konkret bedeutet dies, dass den Schuldner immer schon dann eigenes Verschulden trifft, wenn er nicht unverzüglich nach **Kenntnis** oder vermeidbarer Unkenntnis des Unterlassungstitels **alle ihm zumutbaren Maßnahmen** in Form eines Tuns und Unterlassens ergreift, um Zuwiderhandlungen zu vermeiden.[371] Dazu gehört insbes. eine eingehende Belehrung und Überwachung der Mitarbeiter,[372] Rückruf und ggf. Vernichtung von Produkten/Werbematerial[373] oder auch die Stornierung von Werbeanzeigen. All diese Maßnahmen müssen im Weiteren **auch kontrolliert** werden. 178

Praxistipp:

Nach Eingang eines Unterlassungstitels beim Schuldner ist diesem nachdrücklich anzuraten, sämtliche von ihm ergriffenen Maßnahmen zur Respektierung des Unterlassungstitels sorgfältig durchzuführen und zu dokumentieren. Die vom Mandanten erteilten betrieblichen und außerbetrieblichen Anweisungen sollten vorsorglich miteinander abgestimmt werden, ebenso wie Kontrollmaßnahmen.

Eine (unrichtige) anwaltliche Auskunft zu der Frage, ob eine neue Verletzungshandlung vom Unterlassungstitel erfasst sei, entlastet den Schuldner grds. nicht.[374] 179

---

367 OLG Frankfurt a. M. 5.8.2013 – 6 W 67/13, MMR 2013, 791.

368 BGH 9.4.1992 – I ZR 240/90, GRUR 1992, 525 (526) – Professorenbezeichnung in der Arztwerbung II.

369 OLG Nürnberg 1.10.2003 – 3 W 2509/03, MD 2004, 249 (250).

370 BVerfGE 20, 323 (324 f.); BGH 30.4.1987 – I ZR 8/85, GRUR 1987, 648 (649) – Anwaltseilbrief; OLG Stuttgart 1.10.1998 – 2 W 59/98, WRP 1999, 1072 (1073); OLG Schleswig 28.9.2000 – 6 W 22/00, OLGR Schleswig 2001, 235; Melullis Rn. 950; Gloy/Loschelder/Danckwerts UWG-HdB/Spätgens § 112 Rn. 19 mwN.

371 OLG Frankfurt a. M. 12.5.1987 – 6 W 101/87, GRUR 1987, 652 (655).

372 OLG Hamburg 10.3.1993 – 3 W 40/93, NJW-RR 1993, 1392 (1392); OLG Köln 12.8.2004 – 6 W 81/04, WRP 2004, 1519 (1519 f.); OLG Schleswig 18.2.2005 – 6 W 7/05, MMR 2005, 854 (855).

373 BGH 29.9.2016 – I ZB 34/15, GRUR 2017, 208 – Rückruf von RESCUE-Produkten.

374 BGH 28.10.1970 – I ZR 39/69, GRUR 1971, 223 (225) – Clix-Mann; Melullis Rn. 952.

180 *cc) Beweislast.* Die Beweislast für ein fehlendes Verschulden obliegt dem Schuldner, dh er hat nachzuweisen, dass ihn kein Verschulden an dem objektiv vorliegenden und vom Gläubiger nachgewiesenen Wettbewerbsverstoß trifft.[375]

181 **d) Titelfortfall.** Fällt ein Titel – etwa wegen Klagerücknahme vor Rechtskraft, Aufhebung des Urteils oder einer einstweiligen Verfügung – **vor der Zuwiderhandlung** weg, ist eine Ordnungsmittelfestsetzung in Ermangelung eines wirksamen Titels nicht möglich.

182 Fällt der Titel **nach der Zuwiderhandlung** weg, sind verschiedene Fallgestaltungen zu unterscheiden. Wird der Vollstreckungstitel ***ex tunc*** aufgehoben oder die Vollstreckung aus ihm eingestellt, so ist die Festsetzung eines Ordnungsmittels auch für bereits begangene Zuwiderhandlungen unzulässig (§§ 775 Nr. 1, 776 ZPO).[376] Gleiches gilt für den Fall einer Zuwiderhandlung gegen eine einstweilige Verfügung, wenn die Verfügung rückwirkend aufgehoben wird, zB im Widerspruchsverfahren, mangels Erhebung der Hauptsacheklage oder mangels fristgemäßer Vollziehung (§§ 926 Abs. 2, 929 Abs. 2, 936 ZPO).

183 Wird der Titel ***ex nunc*** hinfällig (insbes. in Folge einer nach strafbewehrter Unterwerfung erklärten Erledigung in der Hauptsache oder bei einer Aufhebung gem. § 927 ZPO), so hat der BGH mit Blick auf § 775 ZPO entschieden, dass im Falle einer übereinstimmenden Erledigungsklärung grds. aus dem Titel nicht mehr vollstreckt werden kann, auch wenn die Zuwiderhandlung gegen das ausgesprochene Unterlassungsgebot zuvor begangen worden ist.[377] Andernfalls würde dem Schuldner die Verteidigungsmöglichkeit gegen den Titel abgeschnitten, die ihm bei Fortsetzung des Verfahrens zugestanden hätte. Allerdings besteht für den Gläubiger die Möglichkeit, die Erledigungserklärung auf die Zeit nach dem erledigenden Ereignis zu beschränken und dadurch zu verhindern, dass ein von ihm erwirkter Titel wegen der Erledigungserklärung als Grundlage für Vollstreckungsmaßnahmen wegen Zuwiderhandlungen, die vor dem erledigenden Ereignis begangen worden sind, entfällt.[378] Eine solche beschränkte Erledigungserklärung, nach der der Gegenstand des anhängigen Verfahrens das Bestehen des Anspruchs für die Zeit bis zum Eintritt der Erledigungserklärung bleibt, ist rechtlich möglich.[379]

Praxistipp:

Aus Sicht des Gläubigers empfiehlt es sich im Falle der Abgabe einer strafbewehrten Unterlassungserklärung nach Zuwiderhandlung, die Hauptsache ausdrücklich erst von dem Tag an für erledigt zu erklären, an dem er die strafbewehrten Unterlassungserklärungen angenommen hat und zu beantragen, den Titel bis zu diesem Zeitpunkt aufrechtzuerhalten.[380]

184 Fällt ein Titel **nach Ordnungsmittelfestsetzung** weg, ist dieser Beschluss nach §§ 775 Nr. 1, 776 ZPO aufzuheben, auch nach Rechtskraft.[381] Ein bereits bezahltes Ordnungsgeld kann der Schuldner nach verbreiteter Meinung von der Staatskasse zurückverlangen.[382]

[375] So OLG Celle 9.1.1973 – 13 W 70/72, WRP 1973, 101 (102); OLG Köln 10.6.1981 – 6 W 23/81, WRP 1981, 546 (546 f.); OLG Zweibrücken 1.2.1988 – 3 W 156/87, WRP 1989, 63 (64); Gloy/Loschelder/Danckwerts UWG-HdB/Spätgens § 112 Rn. 21 mwN; Nirk/Kurtze Rn. 600 f.; aA OLG Nürnberg 19.8.1998 – 3 W 106-98, WRP 1999, 1184 (1185); OLG Schleswig 28.9.2000 – 6 W 22/00, OLGR Schleswig 2001, 235; Ohly/Sosnitza/Sosnitza UWG § 12 Rn. 242; Fezer/Büscher UWG § 12 Rn. 307; Melullis Rn. 954; Teplitzky/Feddersen Kap. 57 Rn. 28, wobei diese Autoren anerkennen, dass die Beweislast des Gläubigers in der Praxis meist durch eine tatsächliche Vermutung bzw. einen Anscheinsbeweis für das Vorliegen schuldbegründender Umstände dazu führt, dass sich die Meinungen in der Praxis angleichen.

[376] OLG München 27.9.1984 – 6 W 858/84, WRP 1984, 713 (714); OLG Frankfurt a. M. 23.11.1981 – 6 W 67/81, NJW 1982, 1056 (Ls.); Jestaedt WRP 1981, 433 (435); Teplitzky/Feddersen Kap. 57 Rn. 38; aA Borck WRP 1980, 670 (676).

[377] BGH 23.10.2003 – I ZB 45/02, GRUR 2004, 264 (267) – Euro-Einführungsrabatt; hierzu Ruess NJW 2004, 485 ff.

[378] BGH 23.10.2003 – I ZB 45/02, GRUR 2004, 264 (267) – Euro-Einführungsrabatt; demnach kann eine solche Beschränkung auch aus den Begleitumständen und der gegebenen Interessenlage zu entnehmen sein.

[379] OLG Hamm 18.4.1989 – 4 W 117/89, WRP 1990, 423 (424) mAnm Münzberg; KG 31.7.1998 – 5 W 4012-98, NJW-RR 1999, 790 (791); Stein/Jonas/Brehm § 890 Rn. 28; Köhler/Bornkamm/Feddersen/Köhler/Feddersen UWG § 12 Rn. 5.16.

[380] Vgl. OLG Hamm 18.4.1989 – 4 W 117/89, WRP 1990, 423 (425); 30.12.1991 – 4 W 134/91, WRP 1992, 338 (338), zum Fall des Titelverzichts; OLG Stuttgart 11.8.1995 – 2 U 23/95, NJWE-WettbR 1996, 83 (83); vgl. Ahrens/Bornkamm Kap. 32 Rn. 34; Teplitzky/Feddersen Kap. 57 Rn. 38.

[381] OLG Köln 2.8.1991 – 6 W 79/86, GRUR 1992, 476 (477).

[382] Vgl. OLG Hamm 18.4.1989 – 4 W 117/89, GRUR 1990, 306 (306 f.); OLG Köln 2.8.1991 – 6 W 79/86, GRUR 1992, 476 (478) mwN; Köhler/Bornkamm/Feddersen/Köhler UWG Einl. Rn. 5.17.

e) **Ordnungsgeld.** Das Ordnungsgeld beträgt mindestens 5 EUR (Art. 6 Abs. 1 EGStGB) und höchstens 250.000 EUR (§ 890 Abs. 1 S. 2 ZPO). Bei der Bemessung sind insbes. die Intensität des Verstoßes und der Grad des Verschuldens des Schuldners maßgeblich. Ein Ordnungsgeld soll so bemessen sein, dass sich eine (erneute) Zuwiderhandlung nicht lohnt. Daraus folgt gleichzeitig, dass frühere Sanktionen des gleichen Verstoßes ebenso zu berücksichtigen sind wie die Frage, ob mehrere Einzelhandlungen eine natürliche Handlungseinheit bilden.[383] Die Lehre vom „Fortsetzungszusammenhang" ist hingegen im Ordnungsmittelverfahren nicht mehr anzuwenden,[384] zumal sich das Ordnungsgeld auch ohne diese Rechtsfigur sachgerecht bemessen lässt.[385] 185

f) **Ordnungshaft.** Ordnungshaft darf das Gericht nur androhen, wenn Ordnungsgeld als Sanktion nicht ausreicht. Soweit diese Ersatzordnungshaft gegen Organe einer jur. Person festgesetzt werden, bedarf es des Verschuldens gerade des betreffenden Organs.[386] Die Ordnungshaft beträgt mind. einen Tag (Art. 6 EGStGB) und höchstens 6 Monate (§ 890 Abs. 1 S. 1 ZPO). Ordnungsgeld und Ordnungshaft dürfen gem. § 890 Abs. 1 und Abs. 2 ZPO nur alternativ angedroht werden. Die kumulative Androhung von Ordnungsgeld und Ordnungshaft steht allerdings der Vollstreckung nicht entgegen.[387] 186

g) **Rechtsmittel.** Gegen eine Ordnungsmittelfestsetzung gibt es das **Rechtsmittel** der **sofortigen Beschwerde** nach § 793 ZPO, und zwar sowohl für den Schuldner als auch für den Gläubiger.[388] 187

3. Handlungsvollstreckung

Die Vollstreckung von Beseitigungstiteln und anderen Titeln, die vom Schuldner die Vornahme einer Handlung verlangen, richtet sich nach **§§ 887, 888 ZPO** sowie nach **§ 894 ZPO** in den Fällen der Störungsbeseitigung durch Einwilligung in die Löschung einer Registereintragung, insbes. bei Firmen. 188

a) **Antrag.** In den Fällen der Vollstreckung nach §§ 887 und 888 ZPO bedarf es der Antragstellung. Ausschließlich zuständig (§ 802 ZPO) ist das Prozessgericht der ersten Instanz. Sollte es ausnahmsweise schwierig sein zu entscheiden, ob eine vertretbare oder unvertretbare Handlung verlangt wird, ist dies in Zweifelsfällen unter Berücksichtigung der Interessen des Gläubigers zu bestimmen.[389] 189

Der Gläubiger muss lediglich darlegen, dass sein Anspruch bisher nicht erfüllt wurde. Die **Darlegungs- und Beweislast** für die Erfüllung trägt der Schuldner. Der Einwand rechtzeitiger Erfüllung ist aber zu berücksichtigen.[390] Dies gilt jedenfalls bis zur Rechtskraft des Beschlusses. Nach Rechtskraft des Beschlusses kann Erfüllung nur noch im Wege der Vollstreckungsgegenklage nach § 767 ZPO geltend gemacht werden.[391] 190

b) **Vertretbare Handlung. § 887 ZPO** gibt dem Gläubiger die Möglichkeit, sich vom Prozesgericht ermächtigen zu lassen, auf Kosten des Schuldners die Handlung vorzunehmen bzw. vornehmen zu lassen. Zu diesen Fällen der **Ersatzvornahme** gehören im Wettbewerbsrecht typischerweise Fälle wie die Entfernung oder Vernichtung von Produkten, Werbung oder Veröffentlichung einer richtigstellenden Anzeige. Kann die Handlung nur mit Zustimmung eines Dritten erfolgen, wie zB die Beseitigung eines Plakates am Haus eines Dritten, so bedarf es dessen Zustimmung.[392] 191

---

383 Melullis Rn. 906, 946; Gloy/Loschelder/Danckwerts UWG-HdB/Spätgens § 112 Rn. 31.

384 BGH 18.12.2008 – I ZB 32/06, GRUR 2009, 427 (428) – Mehrfachverstoß gegen Unterlassungstitel; Fezer/Büscher § 12 Rn. 313; Kohler/Bornkamm/Feddersen/Köhler/Feddersen UWG § 12 Rn. 5.4; Harte-Bavendamm/Henning-Bodewig/Brüning UWG Vorb. § 12 Rn. 296 mwN; Gloy/Loschelder/Danckwerts UWG-HdB/Spätgens § 112 Rn. 31 mwN.

385 Dazu Teplitzky/Feddersen Kap. 57 Rn. 35 mwN.

386 BGH 16.5.1991 – I ZR 218/89, GRUR 1991, 929 (931) – Fachliche Empfehlung II.

387 BGH 23.10.2003 – I ZB 45/02, GRUR 2004, 264 (266) – Euro-Einführungsrabatt; aA Ahrens Kap. 34 Rn. 12; Melullis Rn. 939.

388 Stein/Jonas/Münzberg ZPO § 890 Rn. 43.

389 Teplitzky/Löffler Kap. 58 Rn. 8 mwN.

390 BGH 5.11.2004 – IXa ZB 32/04, NJW 2005, 367 (368) mwN zum Streitstand.

391 Stein/Jonas/Münzberg ZPO § 887 Rn. 27 mwN; Teplitzky/Löffler Kap. 58 Rn. 13b; ohne eine solche Einschränkung aber BGH aaO.

392 OLG Frankfurt a. M. 15.4.1982 – 20 W 125/82, OLGZ 83, 97; Zöller/Stöber § 887 Rn. 7; Köhler/Bornkamm/Feddersen/Köhler/Feddersen UWG § 12 Rn. 5.21; Harte-Bavendamm/Henning-Bodewig/Brüning UWG Vorb. § 12 Rn. 346; aA OLG Koblenz 14.1.1982 – 6 W 549/81, WRP 1982, 427 (427).

Praxistipp:
Nach § 887 Abs. 2 ZPO kann beantragt werden, den Schuldner zur Vorauszahlung der Kosten zu verurteilen, die durch die Ersatzvornahme entstehen, und zwar unbeschadet einer Nachforderung im Falle eines höheren Kostenaufwandes.

192 **c) Unvertretbare Handlung.** Unvertretbare Handlungen, wie klassischerweise Auskunftserteilung, Rechnungslegung und Widerruf,[393] sind nach § 888 ZPO zu vollstrecken. Der Schuldner soll zur Vornahme der ihm allein möglichen Handlung durch die Festsetzung von Zwangsmitteln angehalten werden. Zwangsmittel sind jedoch unzulässig, wenn der Schuldner zur Vornahme der Handlung außerstande ist.[394]

Formulierungsvorschlag:

193 In Sachen …

zeigen wir an, dass wir die Gläubigerin vertreten. Namens und mit Vollmacht der Gläubigerin beantragen wir,

gegen die Schuldnerin wegen … (zB fehlender Rechnungslegung/Auskunftserteilung/Abgabe eines Widerrufs) gem. Ziff. … des Urteils der Kammer vom … ein empfindliches Zwangsgeld zu verhängen, ersatzweise Zwangshaft, die an dem Geschäftsführer der Schuldnerin, Herrn …, zu vollziehen ist.

Begründung

(Darstellung der Vorgeschichte unter Beifügung des Urteils in Kopie und Ausführungen zur fehlenden Befolgung des Urteils, eventuell unter Vorlage weiterer Korrespondenz. Möglich sind auch Ausführungen zur als sachgerecht erachteten Mindesthöhe des Zwangsgeldes.)

194 **d) Rechtsmittel.** Als Rechtsmittel gegen einen zurückweisenden ebenso wie einen anordnenden Beschluss gibt es die **sofortige Beschwerde nach § 793 ZPO,** und zwar sowohl für den Schuldner als auch den Gläubiger.

VI. Muster

Muster eines Antrags auf Erlass einer einstweiligen Verfügung

195 An das
Landgericht …
…
…

Antrag auf Erlass einer einstweiligen Verfügung

der …

– Antragstellerin –

Verfahrensbevollmächtigte: …

gegen

die …

– Antragsgegnerin –

Verfahrensbevollmächtigte: …

wegen: Unterlassung (UWG)
Streitwert: vorläufig geschätzt …

[393] So die hM vgl. OLG Frankfurt a. M. 15.3.1993 – 6 W 11/93, GRUR 1993, 697 (697 f.); Teplitzky/Löffler Kap. 26 Rn. 16; Köhler/Bornkamm/Feddersen/Köhler/Bornkamm UWG § 12 Rn. 5.22.
[394] OLG Saarbrücken 31.10.1990 – 5 W 191/90, OLGZ 1991, 225; Melullis Rn. 1022.

Wir zeigen an, dass wir die Interessen der Antragstellerin vertreten. Namens und mit Vollmacht derselben beantragen wir – wegen besonderer Dringlichkeit ohne mündliche Verhandlung und durch den/die Vorsitzende(n) allein – den Erlass der nachfolgenden

einstweiligen Verfügung:

I.

Die Antragsgegnerin wird verurteilt,

es bei Meidung eines für jeden Fall der Zuwiderhandlung festzusetzenden Ordnungsgeldes bis zu 250.000,– EUR ersatzweise Ordnungshaft bis zu sechs Monaten, oder Ordnungshaft bis zu sechs Monaten, im Wiederholungsfalle bis zu insgesamt zwei Jahren, es zu unterlassen,

1. …

und/oder

2. …, insbesondere wenn dies wie aus

Anlage ASt 1

ersichtlich, geschieht;

II

Die Antragsgegnerin trägt die Kosten des Verfahrens.

III.

Der Streitwert wird festgestellt.

Begründung

I. Sachverhalt

[Einleitung in die Sache
- Vorstellung der Antragstellerin einschl. der für das Verfahren erforderlichen Hintergründe
- Vorstellung der Antragsgegnerin nebst relevanter Hintergrundinformation
- Erläuterung der Verletzungshandlung]

II. Zur Rechtslage

Unterlassung
- Anspruchsgrundlage(n) mit Subsumtion unter Bezugnahme auf geeignete Glaubhaftmachungsmittel

III. Prozessuales

1. Die Angelegenheit ist in hohem Maße eilbedürftig. Neben der in Wettbewerbssachen grds. zu vermutenden Dringlichkeit des Unterlassungsbegehrens nach § 12 Abs. 1 UWG ist hier bes. zu berücksichtigen, dass …

   Die Antragstellerin hat seit dem … Kenntnis von dem Verstoß.

   Glaubhaftmachung:

   Sie hat daraufhin die Antragsgegnerin unverzüglich abgemahnt

   Glaubhaftmachung: Vorlage des Abmahnschreibens vom … in

   Anlage ASt …

   Auf diese Abmahnung hat die Antragsgegnerin nicht reagiert/mit dem aus

   Anlage ASt …

   ersichtlichen Schreiben reagiert, so dass nunmehr gerichtliche Hilfe geboten ist.
2. Die Zuständigkeit des angerufenen Gerichts ergibt sich aus …
3. Den Streitwert beziffert die Antragstellerin vorläufig mit … [Hintergrundinformation].

Sollte das Gericht wider Erwarten nicht ohne mündliche Verhandlung entscheiden, bitten wir um vorherige telefonische Mitteilung.

Rechtsanwalt

Muster für eine wettbewerbsrechtliche Klage

196 An das
Landgericht …
…
…

Klage

der …

– Klägerin –

Prozessbevollmächtigte: …

gegen

die …

– Beklagte –

Prozessbevollmächtigte: …

wegen: Unterlassung/Schadenersatz (UWG)
[ggf. auch auf Auskunft und Sequestration]

Streitwert: vorläufig geschätzt …

Wir zeigen an, dass wir die Interessen der Klägerin vertreten. Namens und mit Vollmacht derselben erheben wir Klage und werden beantragen:

I.

Die Beklagte wird verurteilt,

1. es bei Meidung eines für jeden Fall der Zuwiderhandlung festzusetzenden Ordnungsgeldes bis zu 250.000,– EUR ersatzweise Ordnungshaft bis zu sechs Monaten, oder Ordnungshaft bis zu sechs Monaten, im Wiederholungsfalle bis zu insgesamt zwei Jahren, wobei die Ordnungshaft an ihrem jeweiligen gesetzlichen Vertreter zu vollziehen ist, zu unterlassen,

   a) …,

   und/oder

   b) …, insbesondere wenn dies wie aus

   Anlage K 1

   ersichtlich, geschieht;

2. der Klägerin Auskunft darüber zu erteilen, in welchem Umfang die Beklagte die vorstehend unter Ziff. I. 1. bezeichnete Wettbewerbshandlung begangen hat, und zwar

- unter Angabe der Art, des Zeitpunkts und der Anzahl der Werbemaßnahmen
- unter Angabe von Stückzahlen sowie Einkaufs- und Verpackungspreisen jeder einzelnen Lieferung, aufgeschlüsselt nach …
- unter Angabe der Namen des Herstellers, der Lieferanten und/oder anderer Vorbesitzer, der gewerblichen Abnehmer oder der Auftraggeber.

II.

Es wird festgestellt, dass die Beklagte verpflichtet ist, der Klägerin allen Schaden zu ersetzen, der dieser durch die unter Ziff. I. 1. bezeichnete(n) Wettbewerbshandlung(en) entstanden ist und künftig noch entstehen wird.

III.

Die Kosten des Rechtsstreits trägt die Beklagte.

IV.

Das Urteil ist – notfalls gegen Sicherheitsleistung – vorläufig vollstreckbar.

Begründung

I. Sachverhalt

[Einleitung in die Sache
- Vorstellung der Klägerin einschl. der für das Verfahren erforderlichen Hintergründe
- Vorstellung der Beklagten nebst relevanter Hintergrundinformation
- Erläuterung der Verletzungshandlung]

Die Klägerin hat die Beklagte mit Anwaltsschreiben vom … abgemahnt. Mit Antwortschreiben vom … wurde jedoch die Abgabe der strafbewehrten Unterlassungserklärung abgelehnt, so dass Klage geboten ist (Beweis: Vorlage der Korrespondenz).

II. Zur Rechtslage

1. Unterlassungsanspruch
   - Anspruchsgrundlage(n) mit Subsumtion und Beweisantritten
2. Schadenersatzanspruch
   - Anspruchsgrundlage und Subsumtion einschl. dem Hinweis darauf, dass durch das Verhalten der Beklagten bei der Klägerin ein Schaden entstanden ist und weiterhin entsteht.
   - Ausführungen zum Verschulden
3. Auskunftsanspruch
   - Anspruchsgrundlage nach spezialgesetzlicher Regelung oder unter Hinweis auf § 242 BGB
4. Feststellungsantrag
   Da die Klägerin die Höhe des Schadens ohne die geforderte Auskunft noch nicht beziffern kann, ist das für den Feststellungsantrag erforderliche Feststellungsinteresse nach § 256 Abs. 1 ZPO gegeben.

III. Prozessuales

1. Die Zuständigkeit des angerufenen Gerichts ergibt sich aus …
2. Der Streitwert wird vorläufig mit … EUR beziffert [Erläuterungen hierzu].

Rechtsanwalt

§ 6 Zuständigkeiten der Gerichte

Übersicht

I. Rechtsweg

1. Ordentlicher Rechtsweg

1 Rechtsstreitigkeiten auf dem Gebiet des gewerblichen Rechtsschutzes, des Urheberrechts und des Wettbewerbsrechts sind bürgerliche Rechtsstreitigkeiten im Sinne des § 13 GVG. Damit ist grundsätzlich der **Rechtsweg zu den ordentlichen Gerichten** eröffnet, sofern keine spezielle Rechtswegzuweisung existiert. Eine solche spezielle Rechtswegzuweisung zu den Sozialgerichten ergibt sich für (die häufigen) Streitigkeiten der gesetzlichen Krankenversicherung (SGB V) aus der Regelung des **§ 51 Abs. 1 Nr. 2, Abs. 2 SGG.**[1] Dies gilt auch insoweit, als sie aus Entscheidungen und Verträgen entstehen, die die Angelegenheiten Dritter betreffen.[2] Nach § 51 Abs. 3 SGG wurden Streitigkeiten in Verfahren nach dem GWB ausdrücklich ausgenommen, die Rechtsbeziehungen nach § 69 SGB V betreffen.[3] Nicht entscheidend ist danach, ob die Streitigkeit öffentlich-rechtlicher oder privatrechtlicher Natur ist.[4] Maßgebend ist vielmehr, ob das Klagebegehren in einem unmittelbaren Sachzusammenhang mit den im SGB V geregelten Rechtsbeziehungen steht und diese nach ihrer rechtlichen Ausgestaltung dem öffentlichen

[1] Vgl. dazu BGH GRUR 2004, 444 (445) – Arzneimittelsubstitution. Zur Entwicklung und Auseinandersetzung in Rspr. und Lit. bis zur Einführung der Regelung durch das Gesundheitsreformgesetz (mit Wirkung zum 2.1.2002), siehe Teplitzky Wettbewerbsrechtliche Ansprüche/Schaub Kap. 45 Rn. 1 und 2 und BGHZ 82, 375 (381 f.) – Brillenselbstabgabe sowie BGH GRUR 1986, 905 (907) – Innungskrankenkassenwesen.

[2] Vgl. BGH WRP 1997, 1199 (1200) – Hilfsmittellieferungsvertrag; WRP 2000, 98 (99) – Arzneimittelversorgung und 636 – Hörgeräteakustik und 1303 – Sondenernährung; OLG Zweibrücken NJW 1999, 875.

[3] Der Gesetzgeber hat im Übrigen die umfassende Geltung des allgemeinen Wettbewerbsrechts und Vergaberechts angeordnet. In den §§ 82 bis 95 GWB wird die Zuständigkeit jedenfalls für vertikale wettbewerbsrechtliche Streitigkeiten den Zivilgerichten zugewiesen, soweit diese nicht konkret von § 69 Abs. 2 S. 2 und 3 SGB V vom Anwendungsbereich des GWB ausgenommen werden (vgl. hierzu ausführlich Prütting/Engelmann SGB V § 69 Rn. 12 ff., 22 ff.; Roth GRUR 2007, 645 (655); Stumpf WRP 2008, 286. Zum Ausschluss des UWG BGH GRUR 2006, 517 (518) – Blutdruckmessungen mAnm Keßler WRP 2006, 1283).

[4] BGH GRUR 2012, 94 – Wettbewerbsrechtlicher Anspruch und Sozialrechtsweg; BGH GRUR 2009, 700 (701) – Integrierte Versorgung; BGH GRUR 2008, 447 (448) – Treuebonus; BGH GRUR 2007, 535 (536) – Gesamtzufriedenheit; BGH GRUR 2004, 444 – Arzneimittelsubstitution.

Recht zugewiesen sind.[5] Hierbei handelt es sich um eine Frage des anzuwendenden materiellen Rechts.[6]

Außerhalb des Anwendungsbereichs des SGG ist bei Aktivitäten der **öffentlichen Hand** zu entscheiden, ob es sich um eine bürgerliche oder um eine öffentlich-rechtliche Streitigkeit im Sinne des § 40 VwGO handelt. Der BGH hat in ständiger Rechtsprechung jegliche **erwerbswirtschaftliche Betätigung** der öffentlichen Hand dem Wettbewerbsrecht und damit der ordentlichen Gerichtsbarkeit zugeordnet,[7] und zwar auch dann, wenn Aufgaben der Daseinsfürsorge wahrgenommen wurden,[8] sofern nicht das Rechtsverhältnis öffentlich-rechtlich geregelt ist.[9] Dies gilt sowohl für Klagen Privater gegen die öffentliche Hand wegen Verstößen gegen den lauteren Wettbewerb, wie auch für entsprechende Klagen der öffentlichen Hand gegen Private.[10] Auch wettbewerbsrechtliche Handlungen **kirchlicher Organisationen** sowie Körperschaften des öffentlichen Rechts oder öffentlich-rechtlicher Verbände sind bürgerlich-rechtliche Streitigkeiten.[11] Eine Ausnahme liegt dann vor, wenn die Streitigkeit ihre Wurzeln und ihren Bestimmungsgrund in dem öffentlich-rechtlich geprägten Mitgliedsverhältnis hat.[12] Die Rechtswegzuständigkeit ist **von Amts wegen** zu prüfen und muss gemäß §§ 17a und 17b GVG im Verfahren erster Instanz mit abschließender Wirkung erfolgen. Die erste Instanz entscheidet über den eröffneten Rechtsweg gegebenenfalls durch einen selbständig anfechtbaren Beschluss, § 17a Abs. 4 GVG. Gegen die Entscheidung der Beschwerdeinstanz ist die weitere Beschwerde nur zulässig, wenn das OLG diese ausdrücklich zugelassen hat, § 17a Abs. 4 S. 4 GVG.[13] 2

Nach § 17 Abs. 2 S. 1 GVG entscheidet das Gericht des zulässigen Rechtswegs den Rechtsstreit unter allen in Betracht kommenden rechtlichen Gesichtspunkten. Das bedeutet, dass das für eine Anspruchsgrundlage zuständige Gericht auch über solche Normen zu befinden hat, die für sich allein die Zuständigkeit einer anderen Gerichtsbarkeit begründen würden.[14] 3

2. Zuständigkeit des Arbeitsgerichts

Eine weitere spezielle Rechtswegzuständigkeit ergibt sich aus **§ 2 Abs. 1 ArbGG. Wettbewerbsstreitigkeiten** zwischen **Arbeitgebern** und – zumeist ausgeschiedenen – **Arbeitnehmern** sind relativ häufig, sei es, dass der ehemalige Arbeitgeber zum Boykott des nunmehr selbstständigen ehemaligen Arbeitnehmers aufruft, sei es, dass der Arbeitnehmer unzulässigerweise geheimes 4

[5] Vgl. nur BGH GRUR 2012, 94 – Wettbewerbsrechtlicher Anspruch und Sozialrechtsweg; BGH GRUR 2009, 700 – Integrierte Versorgung; BGH GRUR 2007, 535 (536) – Gesamtzufriedenheit; BGH GRUR 2004, 444 (445) – Arzneimittelsubstitution; BGH GRUR 2003, 549 – Arzneimittelversandhandel; ausführlich auch BGH NJW 2003, 1192, zur Unterlassungsklage gegen Presseerklärung einer Krankenkasse – jeweils mwN. Der BGH hat für eine Reihe von Rechtsstreitigkeiten zwischen gesetzlichen und privaten Krankenkassen weiterhin den ordentlichen Rechtsweg bejaht, zB bei Streitigkeiten um die Mitgliederwerbung sowie zwischen Leistungserbringern einerseits und Krankenkassen andererseits, vgl. BGH GRUR 1999, 88 (89) – Ersatzkassen-Telefonwerbung; WRP 1998, 1076, 1077 – Verbraucherschutzverband gegen Ersatzkassen; WRP 2000, 759 – Zahnersatz aus Manila, allerdings war der BGH hier gemäß § 17a Abs. 5 GVG an die Rechtswegentscheidung des LG gebunden; BGH GRUR 2007, 535 (536) – Gesamtzufriedenheit; BGH GRUR 2008, 447 (448) – Treuebonus; zur Zuständigkeit des BSG NJW 1999, 892 (893).

[6] Köhler/Bornkamm/Feddersen/Köhler UWG § 12 Rn. 1.3a.

[7] Vgl. BGH GRUR 2014, 1120 – Betriebskrankenkasse II, sowie vorhergehend EuGH GRUR 2013, 1159 – BKK/Wettbewerbszentrale und Vorlagebeschluss des BGH GRUR 2012, 288 – Betriebskrankenkasse.

[8] BGH GRUR 1971, 51 – Auto-Analyzer; GRUR 1973, 530 – Crailsheimer Stadtblatt; GRUR 1974, 733 – Schilderverkauf; GRUR 1987, 116 – Kommunaler Bestattungswirtschaftsbetrieb I; GRUR 1990, 611 – Werbung im Programm; Köhler/Bornkamm/Feddersen/Köhler UWG § 12 Rn. 1.5 f.; Gloy/Loschelder/Erdmann UWG-HdB/Spätgens § 85 Rn. 2; Ahrens Wettbewerbsprozess-HdB/Bornkamm Kap. 15 Rn. 23.

[9] BGH NJW 1995, 2295 (2296) – Remailing I.

[10] Klagen gegen die öffentliche Hand: BGH GRUR 1987, 829 – Krankentransporte; GRUR 1974, 733 – Schilderverkauf; GRUR 1977, 51 – Auto-Analyzer; Klagen der öffentlichen Hand als Teilnehmer am Wirtschaftsleben gegen Private: BGH GRUR 1962, 470 – AKI; GRUR 1993, 692 – Guldenburg; WRP 1999, 824 (825) – Steuerberater-Werbung auf Fachmessen; NJW 1995, 2295 – Remailing I; siehe zu den Einzelheiten der Abgrenzung Köhler/Bornkamm/Köhler § 12 Rn. 1.5 ff.

[11] BGH GRUR 2014, 1120 – Betriebskrankenkasse II; EuGH GRUR 2013, 1159 – BKK/Wettbewerbszentrale; BGH GRUR 2006, 598 (599) – Zahnarztbriefbogen; WRP 1999, 824 – Steuerberaterwerbung auf Fachmessen; BGH GRUR 1981, 823 (825) – Ecclesia-Versicherungsdienst.

[12] BGH GRUR 1998, 174 – Fachhochschuljurist; zu den öffentlich-rechtlichen Streitigkeiten siehe: Köhler/Bornkamm/Feddersen/Köhler UWG § 12 Rn. 1.8; Melullis Wettbewerbsprozess-HdB Rn. 24.

[13] Siehe im Einzelnen Thomas/Putzo/Hüßtege GVG § 17a Rn. 18 ff.; diese Rechtsbeschwerde ist auch ausnahmsweise bei einstweiligen Verfügungen zulässig, BGH NJW-RR 2005, 142.

[14] Vgl. nur BGH GRUR 2004, 444 (445) – Arzneimittelsubstitution und BGH GRUR 2003, 549 (550) – Arzneimittelversandhandel mwN. Dies gilt nicht bei einer Mehrheit von prozessualen Ansprüchen, vgl. BGH NJW 2003, 282; OLG Köln BeckRS 2008, 03325.

Know-how verwertet. In der Praxis[15] wird die **ausschließliche Zuständigkeit der Arbeitsgerichte** für alle Wettbewerbsstreitigkeiten zwischen Arbeitnehmern und Arbeitgebern, die mit dem Arbeitsverhältnis in Zusammenhang stehen, § 2 Abs. 1 Nr. 3d ArbGG, oder die die Nachwirkungen des Arbeitsverhältnisses betreffen, § 2 Abs. 1 Nr. 3c ArbGG, häufig übersehen.[16] Für die Zuständigkeit der Arbeitsgerichte ist nicht erforderlich, dass das Arbeitsverhältnis noch fortbesteht.[17]

5 Für Urheberrechtsstreitigkeiten zwischen Arbeitnehmern und Arbeitgebern sowie für Arbeitnehmererfindungen sind dahingegen grundsätzlich die **ordentlichen Gerichte** zuständig, **§ 104 S. 1 UrhG,** während Entgeltforderungen aus Urheberrechtsstreitsachen oder Arbeitnehmererfindungen aus Arbeits- oder Dienstverhältnissen der **Arbeitsgerichtsbarkeit** bzw. dem **Verwaltungsrechtsweg** zugeordnet werden, **§§ 2 Abs. 2b ArbGG, 104 S. 2 UrhG** sowie **§§ 2 Abs. 2a ArbGG, 39 Abs. 1 ArbEG.** Hierbei handelt es sich jeweils nicht um ausschließliche Zuständigkeiten.[18] Da Kläger häufig bei komplizierten Wettbewerbsstreitigkeiten davon ausgehen, den Arbeitsgerichten bzw. Verwaltungsgerichten würde hier die entsprechende Erfahrung fehlen, wird regelmäßig versucht, den Rechtsstreit vor die ordentlichen Gerichte zu bringen.[19] Verneint das Zivilgericht seine Zuständigkeit, erfolgt die Verweisung von Amts wegen, §§ 17a Abs. 2 GVG.

3. Schiedsgerichtsbarkeit und Einigungsstellen

6 Wirksame Vereinbarungen der **Schiedsgerichtsbarkeit** schließen den ordentlichen Rechtsweg aus, § 1026 ZPO. Beruft sich der Beklagte auf die Schiedsklausel, muss die Klage als unzulässig abgewiesen werden, § 1032 ZPO. Schiedsverfahren sind insbesondere bei Domain-Streitigkeiten häufig.[20] Was das Verhältnis Schiedsgerichtsbarkeit/einstweiliges Verfügungsverfahren (dem im Wettbewerbsrecht erhebliche Bedeutung zukommt) betrifft, so bleibt der ordentliche Rechtsweg auch bei einer Schiedsklausel für das Verfügungsverfahren eröffnet, §§ 1033, 1025 Abs. 2 ZPO.[21] Dies gilt gemäß § 1062 ZPO ebenso für das Vollstreckungsverfahren, §§ 1060 ff. ZPO und für das Aufhebungsverfahren, § 1059 ZPO.

7 Zur Beilegung von Wettbewerbsstreitigkeiten haben die Landesregierungen gemäß § 15 Abs. 1 UWG **Einigungsstellen** bei fast allen Industrie- und Handelskammern errichtet.[22] Einigungsstellen sind keine Schiedsgerichte im Sinne der §§ 1025 f. ZPO.[23] Ist jedoch die Einigungsstelle von den Parteien angerufen worden, fehlt es für eine Klageerhebung bei den Zivilgerichten an einem Rechtsschutzbedürfnis, § 15 Abs. 10 S. 4 UWG.[24] Unberührt hiervon bleibt allerdings auch hier das Recht, den Antrag auf Erlass einer einstweiligen Verfügung bei den ordentlichen Gerichten einzureichen, § 15 Abs. 10 S. 2 UWG.[25]

---

[15] Zu Recht weist Köhler darauf hin, dass sich zu vergleichbaren Sachverhalten sowohl BGH- wie auch BAG-Entscheidungen finden, Köhler/Bornkamm/Feddersen/Köhler UWG § 12 Rn. 1.4; so hat das OLG Frankfurt seine Zuständigkeit bei einem auf § 17 UWG gestützten Anspruch auch für eine Arbeitsstreitigkeit ausdrücklich bejaht, DB 1991, 2680.

[16] Zum Verhältnis der ordentlichen Gerichte zu den Arbeitsgerichten, vgl. BGH NJW 2003, 1989 (2990) mwN.

[17] OLG Frankfurt GRUR-RR 2011, 116 – Anstellungsverhältnis; OLG Frankfurt GRUR 2005, 792 – Mitarbeiterdatei; OLG München NZA-RR 2004, 266.

[18] Zum UrhG vgl. Dreier/Schulze § 104 Rn. 13.

[19] Zur Kritik der ausschließlichen Zuständigkeit der Arbeitsgerichte Gloy/Loschelder/Erdmann UWG-HdB/Spätgens § 85 Rn. 11; Asendorf GRUR 1990, 229; für den Vorrang der Arbeitsgerichte Ahrens/Bornkamm Kap. 15 Rn. 13.

[20] Bei Auseinandersetzungen um .com-, .net- und .org-Domains ermöglicht die von der ICANN verabschiedete Uniform Dispute Resolution Policy (UDRP) eine rasche und kostengünstige außergerichtliche Streitbeilegung (hierzu Bettinger WRP 2000, 1109). Auch neuere generische Top-Level-Domains fallen unter die UDRP. Für EU-Domains besteht ein gesondertes Verfahren der alternativen Streitbeilegung (ADR-Verfahren), das sich nach der EG-VO 874/2004, den ADR-Regeln und den ergänzenden ADR-Regeln bestimmt (hierzu näher Müller SchiedsVZ 2008, 76; Bettinger WRP 2006, 548).

[21] Teplitzky Wettbewerbsrechtliche Ansprüche/Schaub Kap. 45 Rn. 3; Ohly/Sosnitza/Sosnitza UWG § 12 Rn. 53. Die Parteien haben die Möglichkeit, für den einstweiligen Rechtsschutz die Zuständigkeit staatlicher Gerichte auszuschließen. Durch die bloße Vereinbarung eines Schiedsgerichts im Ausland wird die Zuständigkeit deutscher Gerichte im einstweiligen Rechtsschutz allerdings nicht ausgeschlossen, vgl. OLG Köln OLGR 2002, 392; aA OLG Nürnberg SchiedsVZ 2005, 50 und zuletzt OLG Düsseldorf, InstGE 9, 41 bis 47 sowie ausführlich Rn. 41.

[22] Siehe dazu ausführlich Köhler/Bornkamm/Feddersen/Köhler/Feddersen UWG § 15 Rn. 4.

[23] Ottofülling WRP 2006, 410 (411).

[24] Köhler/Bornkamm/Feddersen/Köhler/Feddersen UWG § 15 Rn. 30; Teplitzky Wettbewerbsrechtliche Ansprüche/Bacher Kap. 42 Rn. 40 f.; Gloy/Loschelder/Erdmann UWG-HdB/Loschelder § 94 Rn. 21.

[25] OLG Stuttgart WRP 1980, 508 (509); KG DB 1985, 2403; OLG München MD 1985, 616 (618).

II. Sachliche und funktionelle Zuständigkeit

Die **sachliche** Zuständigkeit richtet sich nach den allgemeinen Regeln, §§ 23, 71 GVG. Maßgeblich ist somit grundsätzlich für die Zuständigkeit des Amtsgerichts oder des Landgerichts der **Streitwert.** Da bei Streitigkeiten auf dem Gebiet des gewerblichen Rechtsschutzes einschließlich des Urheberrechts der Streitwert meist über EUR 5.000,– liegt bzw. der Gesetzgeber die sachliche Zuständigkeit der Landgerichte geregelt hat, sind in der Regel die Landgerichte zuständig. Bei den Amtsgerichten werden nahezu ausschließlich Abmahnkosten und Vertragsstrafen eingeklagt. 8

In Kennzeichenstreitsachen sind gemäß §§ 125e Abs. 1, 140 Abs. 1 MarkenG und in Wettbewerbsstreitigkeiten gemäß § 14 Abs. 1 UWG ausschließlich und ohne Rücksicht auf den Streitwert die Landgerichte zuständig. Entsprechende Zuständigkeitsregelungen gelten für Patentstreitigkeiten, § 143 Abs. 1 PatG, Gebrauchsmusterstreitigkeiten, § 27 Abs. 1 GebrMG, und Designstreitigkeiten, § 52 Abs. 1 DesignG. Streitwertabhängig sind die Landgerichte lediglich bei Urheberstreitigkeiten gem. § 105 UrhG zuständig. 9

§ 14 Abs. 3 UWG ermächtigt die Landesregierungen zur Zuständigkeitskonzentration. Von der Ermächtigungsnorm haben bisher nur Sachsen und Mecklenburg-Vorpommern Gebrauch gemacht und die Zuständigkeit für UWG-Streitigkeiten auf die Landgerichte Leipzig und Rostock konzentriert. Weitere Zuständigkeitskonzentrationsbestimmungen finden sich in § 105 Abs. 1 und 2 UrhG, § 125e Abs. 3 MarkenG für Gemeinschaftsmarkenstreitsachen, § 140 Abs. 2 MarkenG, § 52 Abs. 2 DesignG, § 15 Abs. 3 GeschGehG sowie § 27 Abs. 2 GbmG, § 143 Abs. 2 PatG, von deren Ermächtigungsnormen die meisten Bundesländer Gebrauch gemacht haben. Die durch Rechtsverordnung bestimmten Gerichte sind ausschließlich zuständig.[26] 10

Funktionell zuständig sind für alle bürgerlichen Rechtsstreitigkeiten, die für beide Teile ein Handelsgeschäft sind, gemäß § 95 Abs. 1 Nr. 1 GVG die **Kammern für Handelssachen.**[27] Die Kammern für Handelssachen sind gem. § 95 Abs. 1 Nr. 5 GVG sind auch für alle Streitigkeiten auf Grund des UWG zuständig. In § 13 Abs. 1 UWG aF wurde dies explizit klargestellt, während der Verweis auf diese Norm in dem § 14 nF fehlt. Ansprüche aufgrund Kennzeichenrechts und Designrechts fallen gemäß § 95 Abs. 1 Nr. 4c GVG ebenfalls in die Zuständigkeit der Kammern für Handelssachen. Für Urheberrechtsstreitigkeiten haben die meisten Bundesländer kraft Rechtsverordnung bei den zuständigen Landgerichten **Urheberrechtskammern** eingerichtet, § 105 UrhG.[28] Eine **ausschließliche** funktionelle Zuständigkeit der **Zivilkammern** besteht für Patent- und Gebrauchsmusterstreitsachen, § 143 Abs. 1 PatG, § 27 Abs. 1 GebrMG. 11

In der Praxis werden Wettbewerbsklagen trotz der funktionellen Zuständigkeit der Kammer für Handelssachen dennoch **oftmals** bei **Zivilkammern** eingereicht, da diese zB für eine strenge Wettbewerbsauffassung bekannt sind oder bestimmte Richter besonders geschätzt werden. Eine Verweisung an die Kammer für Handelssachen erfolgt dann nur auf Antrag der Beklagten, § 98 Abs. 1 S. 1 GVG. Ein **Verweisungsantrag** wird von dem Beklagten zum Teil nur gestellt, um Zeit zu gewinnen. 12

Praxistipp:

Ist der Rechtsstreit bei der Zivilkammer anhängig gemacht worden, ist sofort zu klären, ob ein Verweisungsantrag sinnvoll ist.

Die Zuständigkeitsbestimmung kann problematisch werden, wenn der geltend gemachte Anspruch nicht nur auf das Wettbewerbsgesetz gestützt wird, sondern zusätzlich marken-, design-, urheber- oder patentrechtliche Anspruchsgrundlagen herangezogen werden. Die Kombination von wettbewerbs- mit design- und/oder urheberrechtlichen Ansprüchen gibt es häufig bei Nachahmungen von Werken der angewandten Kunst, zB bei Möbeln, Lampen, Modeschöpfungen oder Schmuckstücken. Ist eine Marke in Behinderungsabsicht erworben worden, spielen ebenfalls 13

[26] Vgl. Dreier/Schulze/Schulze UrhG § 105 Rn. 6.

[27] Die Zuständigkeit umfasst bei beiderseitigen Handelsgeschäften auch vertragliche Ansprüche, beispielsweise Klagen aus Vertragsstrafenvereinbarungen, § 95 Abs. 1 Nr. 1 GVG.

[28] Die Rechtsfolge der Nichtbeachtung der Spezialzuweisung bei ansonsten zuständigem Gericht ist umstr. Sinnvollerweise sollte nach entsprechendem Hinweis des Gerichts vorsorglich eine Verweisung beantragt werden, vgl. Dreier/Schulze/Schulze UrhG § 105 Rn. 7.

wettbewerbsrechtliche Erwägungen eine Rolle. Bei Ansprüchen bspw. aus dem GeschGehG sind je nach Fallgestaltungen auch Vindikationsansprüche, § 8 PatG, möglich.

14 Der Kläger hat bei der **Kombination von Anspruchsgrundlagen** eine mögliche vorrangige Zuständigkeit der Zivilkammern zu beachten. Gesetzlich ist diese in § 143 Abs. 1 PatG und § 27 Abs. 1 GebrMG vorgesehen. Auch materiell-rechtlich kann sich aufgrund des Sonderrechtsschutzes eine vorrangige Zuständigkeit der Zivilkammern ergeben. Bei der Kombination von marken- und wettbewerbsrechtlichen Ansprüchen hat der Kläger daher darauf zu achten, dass er die Klage bei dem für den Kennzeichenstreit zuständigen Gericht einreicht, § 140 Abs. 2 und 1 MarkenG.[29] Das Gleiche gilt bei der Kombination mit designrechtlichen Ansprüchen, § 52 Abs. 2 und 1 DesignG. Bei der Kombination mit urheberrechtlichen Ansprüchen ergibt sich die Zuständigkeit der Urheberrechtsstreitkammern aus §§ 104 S. 1, 105 Abs. 1 und 2 UrhG.

15 Wird die ursprünglich nur auf wettbewerbsrechtliche Ansprüche gestützte Klage später auf Ansprüche aufgrund Sonderrechtsschutzes erweitert, muss die Kammer für Handelssachen die Klage an die für den Sonderrechtsschutz zuständige Zivilkammer verweisen, §§ 99 Abs. 2, 97 Abs. 2 GVG. Den Zivilkammern kommt dann eine umfassende Prüfungskompetenz, also auch für wettbewerbsrechtliche Ansprüche, zu, § 17 Abs. 2 GVG.

III. Örtliche Zuständigkeit

1. Besonderheit des § 14 UWG

16 **§ 14 UWG** regelt neben der sachlichen Zuständigkeit in Abs. 1 auch die örtliche Zuständigkeit für Klagen aufgrund des UWG in Abs. 2. Die örtliche Zuständigkeit ist nach der Änderung durch das Gesetz zur Stärkung des fairen Wettbewerbs[30] keine ausschließliche mehr. Hat das Gericht seine örtliche Zuständigkeit bejaht, ist dies bindend und kann nicht angefochten werden, §§ 513 Abs. 2 ZPO, 545 Abs. 2 ZPO.[31] Verneint das Gericht seine örtliche Zuständigkeit, so erfolgt die Verweisung an das zuständige Gericht auf Antrag des Klägers, § 281 Abs. 1 ZPO. Wird der Verweisungsantrag nicht gestellt, ist die Klage als unzulässig abzuweisen.[32] Hat das Gericht seine Zuständigkeit verneint, kann gegen das Prozessurteil Berufung, nicht aber Revision, eingelegt werden. Die internationale Zuständigkeit der deutschen Gerichte ist stets von Amts wegen – auch noch in der Revision – zu prüfen.[33]

17 Wird die Klage im Wege der **Anspruchshäufung,** § 260 ZPO, auf marken- und wettbewerbsrechtliche Ansprüche gestützt, wird die örtliche Zuständigkeit des § 14 UWG durch § 141 iVm § 140 Abs. 2 bzw. § 125e Abs. 3 **MarkenG durchbrochen.** Örtlich zuständig ist somit grundsätzlich auch für die Prüfung des wettbewerbsrechtlichen Anspruchs das Gericht für die Kennzeichenstreitsache.[34] Entsprechendes gilt auch für Ansprüche, die auf das Designgesetz gestützt werden, §§ 53, 52 Abs. 2 **DesignG.**

18 Bei der zusätzlichen Geltendmachung von urheber-, gebrauchsmuster- oder patentrechtlichen Ansprüchen fehlt eine entsprechende Regelung. Die angerufene Urheber-, Gebrauchsmuster- oder Patentstreitkammer kann jedoch ebenfalls über alle weiteren Anspruchsgrundlagen entscheiden, soweit derselbe Streitgegenstand gegeben ist. Bei Anspruchsgrundlagenkonkurrenz hat das sachlich und örtlich zuständige Gericht kraft Sachzusammenhang auch über weitere Anspruchsgrundlagen zu entscheiden.[35] Das gilt jedoch nicht beim Zusammentreffen von mehreren

---

[29] Siehe zu den verschiedenen Möglichkeiten der späteren Klageerweiterung und Widerklage mit markenrechtlichen Ansprüchen Ahrens Wettbewerbsprozess-HdB/Jestaedt Kap. 22 Rn. 40 bis 47.

[30] BGBl. 2020 I, 2568.

[31] BGH GRUR 1988, 785 – Örtliche Zuständigkeit; GRUR 1996, 800 (801) – EDV-Geräte; BGH NJW 2003, 2917 – zu § 545 Abs. 2 ZPO; vgl. auch BGH NJW 2005, 1660 (1661); BGH NJW-RR 2006, 930; BGH NJW-RR 2007, 1509. Zur revisionsgerichtlichen Überprüfung der internationalen Zuständigkeit, BGH NJW 2003, 426; BGH NJW-RR 2007, 1509 (1510).

[32] Ohly/Sosnitza/Sosnitza UWG § 14 Rn. 5; gegen die Abweisung steht dem Kläger die Berufung offen, MüKoZPO/Rimmelspacher § 513 Rn. 14, nicht jedoch die Revision, BGH NJW 2003, 2917; eine Verweisung von Amts wegen kommt nur bei §§ 696, 700, 280 in Betracht, das Mahnverfahren spielt in Wettbewerbsstreitigkeiten jedoch eine untergeordnete Rolle.

[33] BGH NJW 1996, 1411.

[34] Vgl. dazu ausführlich Ahrens Wettbewerbsprozess-HdB/Bähr Kap. 17 Rn. 2 und 40 f., der im Einzelnen die Fallgestaltungen aufzeigt.

[35] Vgl. nur BGH NJW 2003, 828: „Das für einen Klagegrund örtlich zuständige Gericht hat das Klagebegehren unter allen rechtlichen Gesichtspunkten zu prüfen".

Streitgegenständen, für die unterschiedliche ausschließliche örtliche Zuständigkeiten begründet sind.[36]

2. Gerichtsstände nach § 14 Abs. 2 S. 1 UWG

Nach § 14 Abs. 2 S. 1 UWG ist für Wettbewerbsstreitigkeiten[37] in erster Linie das Gericht örtlich zuständig, in dessen Bezirk der Beklagte seinen allgemeinen Gerichtsstand hat, also bei juristischen Personen in der Regel der gewerbliche Sitz. Die (frühere) Rechtsprechung legte den Begriff des „Gewerbebetriebes" weit aus. Auch Niederlassungen, die das Recht haben, aus eigener, ihnen übertragener Entscheidungsbefugnis Geschäfte abzuschließen, konnten an ihrem Sitz als ihrem wettbewerbsrechtlichen allgemeinen Gerichtsstand verklagt werden, nicht jedoch **Filialen** oder **Agenturen** ohne eigene Entscheidungskompetenz.[38] Dies dürfte auch weiterhin gelten. Führt ein Handelskonzern seine Filialen durch selbständige Handelsgesellschaften oder eigenständige juristische Personen, ist ein „prozessualer" Durchgriff auf die Muttergesellschaft nicht gegeben.[39] Jede Gesellschaft hat ihren allgemeinen Gerichtsstand an ihrem Sitz und dort ist jeweils Klage zu erheben.[40] Ein im Gerichtsstand einer Niederlassung ergangenes Urteil hingegen bindet den Beklagten mit allen Niederlassungen.[41] Hat der Beklagte keine gewerbliche Niederlassung, ist sein Wohnsitz, §§ 7 bis 11 BGB – und fehlt auch dieser – der inländische Aufenthaltsort, § 16 ZPO, maßgebend, § 14 Abs. 1 S. 2 UWG. 19

Von besonderer Bedeutung ist die Regelung des § 14 Abs. 2 S. 3 Nr. 2 UWG für Klagebefugte gemäß § 8 Abs. 3 Nr. 2 bis 4 UWG. Die dort genannten Aktivlegitimierten (**Verbände** und die **IHK**)[42] können gemäß § 14 Abs. 2 S. 2 UWG nur dann am Tatortgerichtsstand klagen, wenn der Beklagte im Inland keinen allgemeinen Gerichtsstand hat, § 14 Abs. 2 S. 3 UWG.[43] 20

Umstritten ist, ob bei einer Klage im Wege der **Prozessstandschaft** der Gerichtsstand maßgebend ist, der für den Rechtsinhaber gilt – also ggfs. auch der des Tatortes, § 14 Abs. 2 S. 2 UWG. Durch die Möglichkeit der Prozessstandschaft darf jedoch nicht die gesetzliche Regelung des § 14 Abs. 2 S. 3 UWG umgangen werden, so dass ein Verband, der selbst nicht am Tatortgerichtsstand vorgehen kann, dort auch nicht in Prozessstandschaft Ansprüche eines Mitbewerbers geltend machen kann.[44] 21

3. Gerichtsstand des Tatortes § 14 Abs. 2 S. 2 UWG

a) **Begangene Handlungen.** Nach § 14 Abs. 2 S. 2 UWG hat der Kläger zudem auch die Wahl, das Gericht anzurufen, in dem dessen Bezirk die Zuwiderhandlung begangen wurde. Dies dürfte 22

[36] OLG Köln GRUR 2002, 104 – Zuständigkeitskonzentration.

[37] § 14 UWG geht von Klagen „auf Grund dieses Gesetzes" aus, dies sind nur solche Klagen, die allein im UWG ihren Grund haben BGH GRUR 1964, 567 – Lavamat; Ahrens Wettbewerbsprozess-HdB/Bähr Kap. 17 Rn. 2; Teplitzky Wettbewerbsrechtliche Ansprüche/Schaub Kap. 45 Rn. 15. (Akzessorische) Auskunftsansprüche unterliegen § 14 UWG, wenn sich der Hauptanspruch nach dem UWG richtet, vgl. OLG Hamburg GRUR-RR 2005, 31 (32) – Firmenporträt; OLG Hamburg BeckRS 2009, 08480 – 50 Cent Bulletproof.

[38] BGH NJW 1987, 3081; OLG München NJOZ 2001, 1410; Ahrens Wettbewerbsprozess-HdB/Bähr Kap. 17 Rn. 12.

[39] Etwas anderes gilt, wenn die Filialen in einen von der Muttergesellschaft geführten Betriebsmechanismus eingegliedert sind, vgl. OLG Frankfurt NJOZ 2005, 3632.

[40] Ahrens Wettbewerbsprozess-HdB/Bähr Kap. 17 Rn. 11.

[41] BGH WRP 2000, 1258 – Filialleiterfehler; Ohly/Sosnitza/Sosnitza UWG § 14 Rn. 6, 7.

[42] Dem nicht unmittelbar betroffenen Mitbewerber wurde die Klagebefugnis mit der Gesetzesnovelle abgesprochen, BT-Drs. 15/1487, 22.

[43] Verbraucherschutzeinrichtungen haben in der Vergangenheit wiederholt versucht, das nach § 14 Abs. 2 S. 2 UWG zuständige Gericht der Niederlassung dadurch zu umgehen, dass sie aufgrund eines Wettbewerbsverstoßes nach dem UKlaG vorgegangen sind. Zwar enthält das UKlaG eine mit § 14 Abs. 1, Abs. 2 S. 2 UWG vergleichbare Regelung zur örtlichen Zuständigkeit (vgl. § 6 UKlaG). Allerdings hat der Gesetzgeber beim UKlaG in stärkerem Maße von der Möglichkeit der Zuständigkeitskonzentration auf bestimmte Landgerichte Gebrauch gemacht, weshalb nach dem UKlaG häufig nicht das Gericht zuständig ist, in dessen Bezirk der Anspruchsgegner tatsächlich seine Niederlassung hat. Es spricht viel dafür, dass ein solches Vorgehen nicht zulässig ist, da das UWG nicht als „Verbraucherschutzgesetz" im Sinne des § 2 UKlaG anzusehen ist; näher hierzu Kamlah WRP 2006, 33.

[44] Vgl. dazu BGH WRP 1998, 175 – Verbandsklage in Prozessstandschaft durch selbst nicht klagebefugte Verbände unzulässig. Für die Maßgeblichkeit des Gerichtsstandes des Rechtsinhabers noch KG GRUR 1995, 141 f., das jedoch an seiner Rechtsauffassung nicht mehr festhält, KG GRUR-RR 2001, 159; verneinend Teplitzky Wettbewerbsrechtliche Ansprüche/Büch Kap. 13 Rn. 30j; für eine Einzelfallentscheidung bei der Wahrnehmung von Individualinteressen bei etablierten Verbänden und Kammern Ahrens Wettbewerbsprozess-HdB/Bähr Kap. 17 Rn. 27.

insbesondere relevant sein für Mitbewerber, die durch die **Wettbewerbshandlung** unmittelbar verletzt werden, § 8 Abs. 3 Nr. 1 UWG.[45]

23 Im Hinblick auf die Besonderheiten des Wettbewerbsrechts ist Tatort der Ort, an dem die wettbewerblichen Interessen der Mitbewerber aufeinandertreffen (Ort des wettbewerblichen Interessenskonflikts);[46] hier fallen also Handlungs- und Erfolgsort regelmäßig zusammen.

24 Für die Verletzung von **Schutzrechten** (Urheberrechten, Marken, Patenten usw.) findet unter Berücksichtigung des Territorialitätsprinzips ebenfalls der Gerichtsstand des Tatortes/Erfolgsortes, § 32 ZPO, Anwendung. Das ist beispielsweise für die Versendung von urheberrechtlich geschützten Werkexemplaren auf Bestellung der Empfangsort, der Ort, wo die Rundfunksendung empfangen oder die Homepage abgerufen werden kann.[47]

25 Hingegen kann der Ort des Schadenseintritts in aller Regel nicht die Zuständigkeit des Gerichts begründen, es sei denn, dass der Schadenseintritt selbst zum Tatbestand der Rechtsverletzung gehört, wie zB bei der vorsätzlichen sittenwidrigen Schädigung nach § 826 BGB.[48] Unter mehreren Tatortgerichtsständen kann der Kläger wählen, § 35 ZPO.

26 Die (frühere) Rechtsprechung hat den Gerichtsstand des Tatortes bei Verletzungen gewerblicher Schutzrechte, des Urheberrechts und des Wettbewerbsrechts auch auf solche Orte ausgedehnt, an denen eine Verletzungshandlung noch nicht begangen ist, jedoch ernsthaft bestimmungsgemäß droht.[49] Eine **Begehungsgefahr** wurde zB dann bejaht, wenn der Beklagte bundesweit tätig ist, die beanstandete Wettbewerbshandlung aber nur regional festgestellt wurde, sofern sich aus dem Vortrag des Klägers Umstände ergeben, die eine örtliche Ausweitung der beanstandeten Wettbewerbshandlung mit hinreichender Wahrscheinlichkeit erwarten lassen.[50] Die wettbewerbswidrige Handlung droht dann bundesweit, so dass der Kläger den Gerichtsstand wählen kann, § 35 ZPO. Die im Ausland vorgenommene Wettbewerbshandlung eines Ausländers kann im Inland eine Erstbegehungsgefahr begründen.[51]

27 Eine wettbewerbswidrige Handlung oder eine unerlaubte Handlung kann auch durch eine unberechtigte Abmahnung erfolgen.[52] Auch dem zu Unrecht Abgemahnten steht der besondere Tatortgerichtsstand des § 14 Abs. 2 UWG zu. Er kann also überall dort klagen, wo auch der Abmahnende Klage hätte erheben können.[53] In der Regel wird der Abgemahnte daher die Klage bei dem für seinen Firmensitz zuständigen Gericht einreichen. Der Abmahnende selbst ist hinsichtlich der Gerichtswahl für eine Leistungsklage durch die zuvor erhobene negative Feststel-

[45] Siehe zur früheren Situation des „fliegenden Gerichtsstands": KG GRUR 1995, 752 – Fliegender Gerichtsstand; OLG Düsseldorf WRP 1994, 877; OLG Hamburg GRUR 1995, 129 – Unmittelbar Verletzter; OLG München WRP 1995, 1055; OLG Zweibrücken BB 1996, 115; aA LG Frankenthal NJW-RR 1996, 234.

[46] Vgl. BGH GRUR 2004, 1035 (1036) – Rotpreis-Revolution; BGH GRUR 2006, 513 – Arzneimittelwerbung im Internet; BGH GRUR 2007, 245 – Schulden Hulp; Köhler/Bornkamm/Feddersen/Köhler Einl. UWG Rn. 5.5 mwN; Harte-Bavendamm/Henning-Bodewig UWG, § 14 Rn. 97.

[47] Vgl. Dreier/Schulze/Schulze UrhG § 105 Rn. 9 mwN.

[48] BGH GRUR 1964, 316 (318) – Stahlexport; Ahrens Wettbewerbsprozess-HdB/Bähr Kap. 16 Rn. 16; Ohly/Sosnitza/Sosnitza UWG § 14 Rn. 10.

[49] OLG München WRP 1986, 272; OLG Hamburg GRUR 1987, 403 – Informationsschreiben und BeckRS 2004, 30337814; OLG Stuttgart WRP 1988, 331; OLG Düsseldorf WRP 1994, 877 (879) und MDR 1991, 1164; OLG Hamm NJW-RR 1989, 305, KG MD 2006, 1351; LG Hamburg NJW 2003, 1952.

[50] Nach OLG Köln, GRUR-Prax 2012, 74 mAnm Bohne, besteht eine Wiederholungsgefahr grundsätzlich nur am Erfolgsort der Verletzungshandlung. Für die Begründung einer darüber hinausgehenden, zusätzlichen bundesweiten Erstbegehungsgefahr genügt es noch nicht, dass die Verletzungshandlung möglicherweise nur zufällig am betreffenden Ort vorgenommen wurde und der Verletzer bundesweit tätig ist.

[51] OLG Hamburg GRUR 1987, 403 – Informationsschreiben; OLG Düsseldorf BB 1994, 1805.

[52] Die unberechtigte Schutzrechtsverwarnung wurde nach stRspr als Eingriff in den eingerichteten und ausgeübten Gewerbebetrieb (§ 823 Abs. 1 BGB) beurteilt. Der I. Zivilsenat hat mit einer Vorlageentscheidung zum Großen Zivilsenat angeregt, an dieser Rechtsprechung nicht mehr festzuhalten (BGH GRUR 2004, 958 – Verwarnung aus Kennzeichenrecht). Der Große Zivilsenat ist dem I. Zivilsenat jedoch nicht gefolgt, sondern hat die bisherige Rspr. im Wesentlichen bestätigt (BGH GRUR 2005, 882 – Unberechtigte Schutzrechtsverwarnung). Die nachfolgende Rspr. hat die unberechtigte Schutzrechtsverwarnung teils als Eingriff in den Gewerbebetrieb (BGH GRUR 2006, 219 (221 f.) – Detektionseinrichtung; BGH GRUR 2007, 313 (314) – Funkuhr II) und teils auch unter wettbewerbsrechtlichen Gesichtspunkten beurteilt (BGH GRUR 2006, 433 (434) – Unbegründete Abnehmerverwarnung; OLG Köln BeckRS 2008, 07756). Von unberechtigten Schutzrechtsverwarnungen sind unberechtigte wettbewerbsrechtliche Abmahnungen zu unterscheiden, bei denen Ansprüche wegen Eingriffs in den eingerichteten und ausgeübten Gewerbebetrieb stets ausgeschlossen sind; vgl. näher Köhler/Bornkamm/Feddersen/Bornkamm UWG 12 Rn. 1.68 ff.

[53] Ahrens Wettbewerbsprozess-HdB/Bähr Kap. 16 Rn. 36. Vor Erhebung der negativen Feststellungsklage ist der zu Unrecht Abgemahnte grundsätzlich nicht gehalten, eine Gegenabmahnung auszusprechen, vgl. BGH GRUR 2004, 790 – Gegenabmahnung.

lungsklage des Abgemahnten nicht gebunden. Er kann weiterhin jedes Gericht wählen, das im Sinne des § 14 Abs. 2 UWG in Betracht kommt.[54] Der Abmahnende kann statt mit einer eigenständigen Leistungsklage einer negativen Feststellungsklage auch in Form der Widerklage begegnen. Hinsichtlich der Zuständigkeitsregeln ist § 33 Abs. 2 ZPO zu beachten, der grundsätzlich auch im Wettbewerbsrecht gilt.[55]

b) Fliegender Gerichtsstand. Der sogenannte **„fliegende Gerichtsstand"** wird beispielsweise durch die Verbreitung von Druckschriften (Zeitungen, Zeitschriften, Katalogen, Prospekte etc.), oder die Verbreitung von Produkten begründet, soweit an den betreffenden Orten Verletzungshandlungen stattfinden. Der Kläger kann in diesen Fällen den für ihn „günstigsten" Tatortgerichtsstand wählen.[56] 28

Da die Möglichkeiten des sogenannten „fliegenden Gerichtsstandes" in der Praxis zum Teil rechtsmissbräuchlich ausgenutzt wurden, war die Abschaffung bzw. Eingrenzung der Wahlmöglichkeiten in den letzten Jahren immer wieder Gegenstand der Diskussion[57] und wurde mit dem Gesetz zur Stärkung des fairen Wettbewerbes in § 14 Abs. 2 S. 3 Nr. 1 UWG umgesetzt. Durch die Neufassung des § 14 UWG und das Einfügen des § 14 Abs. 2 S. 3 Nr. 1 UWG ist der „fliegende" Gerichtsstand des Tatortes nur noch bei einer „offline"-Begehung anwendbar – für Zuwiderhandlungen über den elektronischen Geschäftsverkehr und Telemedien ist nur noch der allgemeine Gerichtsstand zulässig, was insbesondere für Internet-Suchmaschinen, Online-Angebote mit unmittelbarer Bestellmöglichkeit und Internet-Werbung gelten dürfte. Relevant ist die tatsächliche Begehung über das Internet, wobei jedoch keine „internetspezifische" Handlung erforderlich ist.[58] Eine Ausnahme davon gibt es nur, wenn der Beklagte im Inland keinen allgemeinen Gerichtsstand hat. Dann darf auch bei den „online"-Begehungen der Gerichtsstand des Begehungsortes genommen werden.[59] 29

Tatsächlich abgeschafft wurde der „fliegende Gerichtsstand" auch für einen in der Praxis nicht unwesentlichen Teilbereich, nämlich für die sogenannten „File-Sharing"-Fälle, denn ausweislich des § 104a UrhG ist für Klagen wegen Urheberrechtsstreitsachen gegen eine natürliche Person, die geschützte Werke nicht gewerblich verwendet, das Gericht des Wohnsitzes ausschließlich zuständig. 30

Die Rechtsprechung verlangt bei Druckschriften regelmäßig für die Bejahung des fliegenden Gerichtsstandes, dass die Druckschrift im **regelmäßigen Verbreitungsgebiet** des angerufenen Gerichts erscheint.[60] 31

Tatort ist also jeder Ort, an dem die Information Dritten bestimmungsgemäß und in wettbewerbsrechtlich relevanter Weise zur Kenntnis gebracht wird.[61] 32

Für **Produktpiraterie**[62] stellt sich die Tatortfrage insbesondere beim **Transitverkehr.** In der amtlichen Begründung zum MarkenG wurde ausdrücklich offengelassen, ob die bloße Durchfuhr eine Markenverletzung darstellt. Sofern nicht aufgrund konkreter Umstände die Gefahr besteht, dass das Schutzrecht während des Transits mit den inländischen Verkehrskreisen in Kontakt gerät, erscheint es – insbesondere im Hinblick auf Art. 28 EGV – bedenklich, die reine Durchfuhr als Markenverletzung zu beurteilen; das gilt jedenfalls für den Fall, dass die Herstellung der Ware im Herkunftsland und insbesondere auch das Inverkehrbringen der Ware im Bestimmungsland 33

[54] BGH WRP 1994, 810 – Parallelverfahren II. mwN der bisherigen Rspr. und Lit.; OLG Frankfurt GRUR 1997, 485 – Korrektur des Gerichtsstandes; OLG Braunschweig NJOZ 2007, 4281 (4283). Die negative Feststellungsklage wird dann regelmäßig unzulässig, selbst wenn über die negative Feststellungsklage bereits in zweiter Instanz durch ein Versäumnisurteil entschieden wurde, wenn über die Leistungsklage eine Sachentscheidung ergangen ist; vgl. BGH GRUR 2006, 217 (218) – Detektionseinrichtung I, OLG Nürnberg GRUR-RR 2007, 45 (46) – Spenglerei und Installation; zu dem Ganzen auch Hoene WRP 2008, 44 f.; zur Berücksichtigung der negativen Feststellungsklage bei Erhebung in einem Vertragsstaat des EuGVVO → Rn. 49.

[55] BGH GRUR 1986, 325 (328) – Peters.

[56] Zum Forum-Shopping → Rn. 35.

[57] Vgl. Dölling NJW 2015, 124 und Schlüter GRUR-Prax 2014, 272, jeweils mwN.

[58] OLG Düsseldorf 16.2.2021 – I-20 W 11/21, WRP 2021, 513; Zöller/Schultzky ZPO § 32 Rn. 10.

[59] Köhler/Bornkamm/ Feddersen/Köhler/Feddersen UWG § 14 Rn. 20 f.

[60] Dazu ausführlich Köhler WRP 2013, 1130 (1131 ff.).

[61] LG Düsseldorf GRUR 1998, 159 (160); zur Einschränkung der bestimmungsgemäßen Verbreitung BGH GRUR 2005, 431 – Hotel Maritime; BGH GRUR 2006, 513 (515) – Arzneimittelwerbung im Internet; Ohly/Sosnitza/Sosnitza UWG § 14 Rn. 11, zu den Besonderheiten des Internets Löffler WRP 2001, 379 (383); Melullis Wettbewerbsprozess-HdB Rn. 111; Danckwerts GRUR 2007, 104.

[62] ProduktpiraterieVO Nr. 1383/2003; diese gilt für das „Recht des geistigen Eigentums", später aufgenommen wurden das Sortenschutzrecht, das Gemeinschaftsgeschmacksmuster sowie Ursprungsbezeichnungen und geografische Herkunftsangaben.

rechtmäßig ist.[63] Werden die Produkte in einem Mitgliedsstaat der EU rechtmäßig hergestellt und sind sie dazu bestimmt, in einem anderen Mitgliedsstaat oder einem Drittstaat in den Verkehr gebracht zu werden, in dem sie auch rechtmäßig vertrieben werden können, ist eine Beschlagnahme bei der Durchfuhr nach Auffassung des EuGH aufgrund der Warenverkehrsfreiheit unzulässig.[64] Von der grundsätzlichen Rechtmäßigkeit der Durchfuhr geht der EuGH inzwischen auch bei Ware aus, die aus einem (assoziierten) Drittstaat stammt und im Wege des externen Versandverfahrens in einen anderen Mitgliedstaat verbracht werden soll.[65]

34 Bei **rein wettbewerbsrechtlichen Tatbeständen** kommt es für die Bestimmung des Tatorts wohl maßgeblich auf den Ort der Außenwirkung an.[66] Der EuGH hat ausgeführt,[67] dass Art. 50 des TRIPS Übereinkommens den Vertragspartnern im Rahmen ihres eigenen Rechtssystems die Festlegung überlässt, ob das nach den allgemeinen Vorschriften des nationalen Rechts über unerlaubte Handlungen, insbesondere über unlauteren Wettbewerb, gegebene Klagerecht, das auf den Schutz eines gewerblichen Modells vor Nachahmungen gerichtet ist, als Recht des geistigen Eigentums, iSv Art. 50 Abs. 1 des TRIPS-Übereinkommens anzusehen ist. Weiter hat der BGH in st. Rspr. die Methode der objektiven Schadensberechnung nicht nur bei Verletzungen immaterieller Schutzrechte, sondern auch in den Fällen zugebilligt, in denen ein wettbewerbswidriger Nachahmungstatbestand zu einer Schädigung des Mitbewerbers geführt hat.[68] Und schließlich hat der BGH bei Fällen der wettbewerbswidrigen Nachahmung grundsätzlich dem Geschädigten einen Anspruch auf Drittauskunft zugebilligt.[69] In Anbetracht dieser Parallelen zwischen Markenrecht und Wettbewerbsrecht, die in dogmatischer Hinsicht auf die sog. Bestandteilstheorie (Markenrecht als Teil des Wettbewerbsrechts) zurückgehen[70] und die ihren Niederschlag auch im UWG gefunden haben,[71] spricht vieles dafür, entsprechend den Ausführungen des EuGH zum Markenrecht auch im Wettbewerbsrecht den Transit von Produktpiraterieware nach denselben Maßstäben für zulässig zu erachten.

35 c) **Forum-Shopping.** Unter „Forum-Shopping" versteht man insbesondere das systematische Ausnutzen in mehreren Staaten nebeneinander existierender **internationaler Zuständigkeiten** um bestimmter rechtlicher oder tatsächlicher Vorteile willen.[72] Der Begriff „Forum-Shopping" wird jedoch nicht nur für die internationale Zuständigkeit verwandt, sondern auch für die Wahl zwischen **mehreren zuständigen Gerichten in Deutschland.** Grundsätzlich ist das Forum-Shopping zulässig.[73] Das Wahlrecht des Klägers zwischen mehreren zuständigen Gerichten hat der Gesetzgeber ausdrücklich in § 35 ZPO geregelt. Im Hinblick auf die Rechtsprechungsgewohnheiten der jeweiligen Oberlandesgerichte[74] kann es für den Kläger sinnvoll sein, sich einen bestimmten Ge-

---

[63] Näher dazu: → Raab § 35; dasselbe gilt für die Warendurchfuhr im Hinblick auf das Urheberrecht, hier jedoch bereits mangels Verletzungstatbestand.

[64] EuGH GRUR Int. 2001, 57 – Zollbeschlagnahmung bei Durchfuhr; EuGH GRUR Int. 2004, 39 – Rioglass. Auch die Durchfuhr nicht erschöpfter Originalware hat der EuGH nicht als markenmäßig relevante Benutzungshandlung angesehen; vgl. EuGH GRUR 2006, 146 (148) – Class International/Colgate Palmolive, hierzu Leitzen GRUR 2006, 89; vgl. auch BGH GRUR 2007, 875 – Durchfuhr von Originalware.

[65] EuGH GRUR 2007, 146 – Diesel, nachfolgend BGH GRUR 2007, 876 – Diesel II. Zuvor hatte der EuGH noch entschieden, dass die ProduktpiraterieVO beachtet werden müsse, wenn markenverletzende Ware aus einem Drittstaat im Wege des Versandverfahrens über einen Mitgliedstaat in einen anderen Drittstaat verbracht würde (EuGH GRUR Int. 2000, 748 – Polo/Lauren/Dwidua, nachfolgend bestätigt durch EuGH GRUR 2004, 501 – Straffreie Rolex-Plagiate). Aus dieser Rechtsprechung wurde geschlossen, dass die Durchfuhr gefälschter Ware aus Drittstaaten eine Markenverletzung darstellt (Ströbele/Hacker UWG § 14 Rn. 103). Der EuGH hat in seiner Entscheidung „Diesel" allerdings mittlerweile ausdrücklich klargestellt, dass dies nicht ohne weiteres der Fall ist; vgl. hierzu näher Cordes, GRUR 2012, 141; Heinze/Heinze GRUR 2007, 740 f.; zuletzt auch EuGH WRP 2012, 303 – Philips und Nokia.

[66] Zur Problematik bei Transitware vgl. Köhler/Bornkamm/Feddersen/Köhler/Feddersen UWG § 14 Rn. 17.

[67] EuGH GRUR Int. 2001, 327 – Dior/Tuk Consultancy.

[68] BGH GRUR 1993, 757 (759) – Kollektion Holiday; BGH GRUR 2002, 795 (797) – Titelexklusivität; BGH GRUR 2007, 431 (433) – Steckverbindergehäuse.

[69] BGH GRUR 1994, 630 (632) – Cartier-Armreif; BGH GRUR 1996, 78 (79) – Umgehungsprogramm; BGH GRUR 2006, 79 – Jeans unter dem Gesichtspunkt des Schadensersatz- bzw. Beseitigungsanspruchs iVm § 242 BGB.

[70] Zur sog. Bestandteilstheorie Henning-Bodewig GRURInt. 2007, 986 (987).

[71] § 8 UWG Beseitigungsanspruch, § 9 UWG Schadenersatzanspruch, einschließlich des Ersatzes der Abmahnkosten, § 12 Abs. 1 S. 2 UWG, § 10 UWG Gewinnabschöpfungsanspruch.

[72] Nagel/Gottwald IntZivilProzR § 3 Rn. 413.

[73] BGH NJW 1985, 552 (553); Nagel/Gottwald IntZivilProzR § 3 Rn. 413.

[74] Die unterschiedliche Rechtsprechung der Oberlandesgerichte wird als Motiv für die Einführung des § 24 Abs. 2 S. 2 UWG aF angegeben, BT-Drs. 12/7345, 13 (jetzt § 14 Abs. 2 S. 2 UWG). § 35 ZPO kennt insoweit keine Einschränkung und zwar auch dann nicht, wenn ein Kläger unter Ausnutzung dieser Möglichkeiten die Rechtsprechung verschiedener Gerichte quasi „testet"; vgl. OLG Naumburg CR 2008, 247.

richtsstand herauszusuchen. **Provokationskäufe** und die Anforderung von Angeboten sind nicht per se unzulässig.[75] Im Einzelfall kann jedoch eine rechtsmissbräuchliche Ausnutzung des Gerichtsstandes vorliegen.[76] Dies kann der Fall sein, wenn ein Gericht offenkundig nicht aufgrund von als vorteilhaft erscheinenden Präferenzen gewählt wird, sondern allein deshalb, weil es möglichst weit vom Gegner entfernt liegt.[77] Rechtsmissbrauch wird mittlerweile auch teilweise angenommen, wenn ein anhängig gemachter Verfügungsantrag zurückgenommen und bei einem anderen Gericht eingereicht wird.[78]

Die Einleitung von **vorläufigen Maßnahmen** ist für die Erhebung des Hauptsacheverfahrens **nicht bindend.**[79] Der Kläger kann also nach Durchführung des einstweiligen Verfügungsverfahrens für das Hauptsacheverfahren einen anderen Gerichtsstand wählen, wenn ihm mehrere zur Verfügung stehen. Ist jedoch das Hauptsacheverfahren schon anhängig, so ist die Gerichtswahl auch für ein sich anschließendes einstweiliges Verfügungsverfahren bindend.[80] 36

d) **Zuständigkeit bei der Geltendmachung von vertraglichen Unterlassungsansprüchen, Vertragsstrafen oder Abmahnkosten.** Hat der Abgemahnte eine **strafbewehrte Unterlassungserklärung** abgegeben, kann der Gläubiger den vertraglich gesicherten Unterlassungsanspruch und die zumeist auch verwirkte Vertragsstrafe, § 339 BGB, geltend machen. Neben den allgemeinen Gerichtsständen der §§ 13 f. ZPO ist auch der besondere Gerichtsstand des **Erfüllungsortes nach § 29 ZPO** gegeben.[81] Jeder Ort, für den das Unterlassungsgebot gilt und an dem zugleich der Verstoß zu befürchten ist, ist als Erfüllungsort anzusehen.[82] In Unterlassungserklärungen werden häufig auch Gerichtsstandsvereinbarungen getroffen, die dann für beide Parteien, sofern die Voraussetzungen des § 38 Abs. 1 ZPO vorliegen, bindend sind. 37

Werden **Abmahnkosten** eingeklagt, entscheidet der materielle Anspruchsgrund über den zuständigen Gerichtsort. Kann der Kläger seinen Erstattungsanspruch nur auf §§ 683, 670 BGB stützen, richtet sich die **Zuständigkeit nach §§ 12 f. ZPO,** dh die Klage muss am allgemeinen Gerichtsstand des Beklagten, § 12 ZPO, ggfs. am Gerichtsstand der Niederlassung erhoben werden. Da gerade kein Vertragsverhältnis bei der GoA vorliegt, scheidet der Gerichtsstand des vertraglichen Erfüllungsortes aus.[83] Kann der Erstattungsanspruch jedoch auf § 12 Abs. 1 S 2 UWG gestützt werden, greift die Zuständigkeitsregel des § 14 UWG ein.[84] 38

Bei **notariellen Unterwerfungserklärungen**[85] richtet sich die örtliche Zuständigkeit nach dem Sitz des Notars, bei dem die Erklärung abgegeben wurde.[86] 39

IV. Internationale Zuständigkeit

1. Rechtsstreitigkeiten mit Auslandsbezug

Die internationale Zuständigkeit betrifft die Frage, welches Gericht für die Beurteilung eines **Sachverhalts** mit **Auslandsbezug** zuständig ist. Da es im Bereich des gewerblichen Rechtsschutzes, des Urheberrechts und Wettbewerbsrechts nicht selten vorkommt, dass eine Verletzungshandlung in Deutschland vom Ausland aus begangen wird oder ein Unternehmen mit Sitz in Deutschland im Ausland gegen den lauteren Wettbewerb oder Schutzrechte verstößt, ist das Problem, ob die 40

[75] KG WRP 1992, 34 (36); Ohly/Sosnitza/Ohly UWG § 4 Rn. 4/20 ff.; Melullis Wettbewerbsprozess-HdB Rn. 98.
[76] Vgl. dazu ausführlich Ulrich, FS von Gamm, S. 231; Jacobs in der Anm. zum Urteil BGH GRUR 1988, 785.
[77] KG GRUR-RR 2008, 212 – Fliegender Gerichtsstand; LG Magdeburg BeckRS 2008, 11555.
[78] So KG BeckRS 2016, 20975; OLG Hamburg GRUR 2007, 614 (615) – forum-shopping; auch OLG Frankfurt GRUR 2005, 972 – Forum-Shopping; OLG Frankfurt GRUR-RR 2002, 44 – Eilantrag; zum Gesichtspunkt der gegebenenfalls bereits fehlenden Dringlichkeit Teplitzky GRUR 2008, 34 (37 f.).
[79] HM, statt vieler Thomas/Putzo/Hüßtege ZPO § 35 Rn. 2.
[80] Anders/Gehle ZPO § 937 Rn. 3.
[81] Die Zuständigkeit bestimmt sich nach hM nicht nach § 14 UWG, vgl. OLG Rostock GRUR-RR 2005, 176; Köhler/Bornkamm/Feddersen/Köhler/Feddersen UWG § 14 Rn. 4; aA Goldbeck WRP 2006, 37 f.
[82] Ahrens Wettbewerbsprozess-HdB/Bähr Kap. 16 Rn. 34.
[83] Ahrens Wettbewerbsprozess-HdB/Bähr Kap. 16 Rn. 37.
[84] OLG Köln GRUR 1979, 76 (zur früheren Rechtslage); LG Düsseldorf Urt. v. 18.1.2006 – BeckRS 2007, 02433; Ohly/Sosnitza/Sosnitza UWG § 14 Rn. 2.
[85] Vgl. zu den Anforderungen BGH GRUR 2016, 1316 – Kein Ersatz für strafbewehrte Unterwerfungserklärung – Notarielle Unterlassungserklärung; Pustovalov ZUM 2016, 426 mwN.
[86] OLG München WRP 2015, 646; OLG Düsseldorf WRP 2015, 71; OLG Köln GRUR-RR 2014, 277 (Vorinstanz zu BGH GRUR 2016, 1316 – Kein Ersatz für strafbewehrte Unterwerfungserklärung – Notarielle Unterlassungserklärung); Köhler/Bornkamm/ Feddersen/Köhler/Feddersen UWG § 14 Rn. 3.

Gerichte eines bestimmten Staates zur Beurteilung zuständig sind – insbesondere auch in Wettbewerbssachen – relativ häufig. Hiervon zu trennen ist die Frage, welches materielle Recht das (international zuständige) Gericht anzuwenden hat.

41 Grundsätzlich ergibt sich die internationale Zuständigkeit deutscher Gerichte aus den allgemeinen Regeln der **ZPO über die örtliche Zuständigkeit,** so dass ein örtlich zuständiges deutsches Gericht auch international zuständig ist.[87] Für im Ausland begangene Verletzungshandlungen kann die Zuständigkeit deutscher Gerichte gemäß §§ 12 oder 21 ZPO bzw. sondergesetzlicher Bestimmungen gegeben sein.

42 In der Praxis spielt insbesondere die Verordnung über die gerichtliche Zuständigkeit und die Anerkennung und Vollstreckung von Entscheidungen in Zivil- und Handelssachen (EuGVVO) eine große Rolle.[88] Die **EuGVVO** ist lex specialis zur ZPO. Soweit sie Anwendung findet, ist ein Rückgriff auf die nationalen Vorschriften nicht zulässig.[89]

43 Die EuGVVO kennt mehrere (**alternative**) **Gerichtsstände.** Art. 4 Abs. 1 EuGVVO begründet den **allgemeinen Gerichtsstand.** Personen, die ihren Wohnsitz in dem Hoheitsgebiet eines Vertragsstaates haben, können danach ohne Rücksicht auf ihre Staatsangehörigkeit vor den Gerichten dieses Staates verklagt werden. Für Gesellschaften und juristische Personen enthält Art. 63 EuGVVO eine eigene Definition, die deren Sitz bestimmt. Gesellschaften oder juristische Personen, bei denen satzungsmäßiger Sitz, Hauptverwaltung oder Hauptniederlassung in unterschiedlichen Mitgliedsstaaten belegen sind, können danach – vorbehaltlich einer exklusiven Zuständigkeit nach Art. 24 EuGVVO – in jedem der betreffenden Staaten verklagt werden.

44 Von erheblicher praktischer Bedeutung ist **Art. 7 Nr. 2 EuGVVO,** der die internationale Zuständigkeit für das Deliktsrecht regelt.[90] Danach kann eine Person – auch – in dem Vertragsstaat verklagt werden, in dem das schädigende Ereignis eingetreten ist (Erfolgsort). Darunter ist nach der ständigen Rechtsprechung des EuGH[91] sowohl der Ort des ursächlichen Geschehens zu verstehen als auch der Ort, an dem der Schaden eingetreten ist.[92] In der Regel sind alle außervertraglichen Rechtsverletzungen **unerlaubten Handlungen** gleichzustellen.[93]

45 Art. 7 Nr. 2 EuGVVO stellt überdies klar, dass auch auf unerlaubte oder gleichgestellte Handlungen gestützte Klagen insbesondere als vorbeugende Unterlassungsklagen und im einstweiligen Rechtsschutzverfahren auch am Gericht des Ortes des drohenden schädigenden Ereignisses erhoben werden können. Ist die Deliktzuständigkeit gemäß Art. 7 Nr. 2 EuGVVO gegeben, kann der Kläger daher trotz § 14 Abs. 2 S. 2 UWG auch am Tatort klagen, da Art. 7 Nr. 2 EuGVVO als höherrangiges Recht vorgeht.[94]

46 Eine ausschließliche Zuständigkeit begründet Art. 24 Nr. 4 EuGVVO für Bestandsklagen, die die Eintragung oder Gültigkeit von Patenten, Marken, Mustern und Modellen sowie ähnlicher Rechte, die einer Hinterlegung oder Registrierung bedürfen, zum Gegenstand haben. Ausschließlich zuständig sind die Gerichte des Mitgliedslandes, in dem die Hinterlegung oder Registrierung vorgenommen wurde bzw. für das Schutz beansprucht wird.[95]

---

[87] BGHZ 63, 219; BGH NJW 1991, 3092 mwN.

[88] Die EuGVVO trat zum 1.3.2002 in Kraft und ersetzt das EuGVÜ (VO Nr. 44/2001/EG).

[89] Kropholler/v. Hein EurZivilProzR Einl. EuGVO Rn. 40.

[90] Siehe hierzu ausführlich Piltz NJW 2002, 789 und zur Geltendmachung urhebervertragsrechtlicher Ansprüche ausführlich Hilty/Peukert GRUR Int. 2002, 643; ausführlich mit zahlreichen weiteren Nachweisen zum Kennzeichenrecht im Internet, Mankowski, Anm. zu OLG Karlsruhe MMR 2002, 814; LG Hamburg GRUR Int. 2002, 163 – hotel-maritime.dk und Fezer Einleitung I Rn. 12 ff. Zur Abgrenzung von Art. 7 Nr. 1 und Nr. 2 EuGVVO bei rein deliktischer und (auch) vertraglicher Anspruchsgrundlage, BGH NJW 2021, 2977.

[91] Vgl. nur EuGH NJW 1995, 1881 – Shevill.

[92] Dazu oben Rn. 16/17; der BGH hat das Angebot der in Deutschland urheberrechtlich geschützten Wagenfeld-Leuchte zum Zwecke des Eigentumserwerbs im nicht urheberrechtlich geschützten Land Italien als unerlaubte Handlung in Deutschland iSd Art. 5 Nr. 3 EuGVVO 2001 gewertet, GRUR Int. 2007, 928 – Wagenfeld-Leuchte.

[93] BGH GRUR 1988, 483 – AGIAV; Melullis Wettbewerbsprozess-HdB Rn. 132 zur Rechtslage vor Geltung der EuGVVO.

[94] Ebenso Ahrens Wettbewerbsprozess-HdB/Ahrens Kap. 15 Rn. 19; Ohly/Sosnitza/Ohly Einf. B Rn. 7; zur vorbeugenden Unterlassungsklage siehe BGH GRUR Int. 2005, 433 – Hotel Maritime.

[95] Zur Konfliktsituation zwischen Art. 24 Nr. 4 EuGVVO mit Art. 8 Nr. 1 und Art. 4 EuGVVO siehe EuGH GRUR Int. 2006, 836 – Roche und 839 – GAT, der EuGH hat entschieden, dass Art. 24 (in der Entscheidung noch Art. 16 EuGVÜ) alle Rechtsstreitigkeiten über die Eintragung oder Gültigkeit eines Patentes erfasst, unabhängig davon, ob die Frage klageweise oder einredeweise erhoben wird. Ebenso hat der BGH entschieden, dass für Klagen, die auf Entziehung des für das Inland bestehenden Schutzes aus einer IR-Marke gerichtet ist, die inländischen Gerichte ausschließlich zuständig sind, GRUR Int. 2006, 1035 – TOSCA BLUE. Mit Vorlagebeschluss vom 14.6.2016 hat der BGH nun allerdings dem EuGH die Frage vorgelegt, ob der Begriff des Rechtsstreits im Sinne von Art. 22 Nr. 4 EuGVVO 2001 (nun Art. 24 Nr. 4 EuGVVO) auch eine Klage gegen die in das Benelux-Markenregister eingetragene formelle Marken-

Regelungen über die internationale Zuständigkeit finden sich auch in der Gemeinschafts- 47
markenverordnung,[96] Art. 90 Abs. 2, 93 Abs. 5, 94 Abs. 2 sowie in der Verordnung über Gemeinschaftsdesigns,[97] Art. 81 bis 83, 90, 93.[98]

Die Zuständigkeit der Gerichte kann darüber hinaus auch durch ein **rügeloses Einlassen** be- 48
gründet werden, Art. 26 Abs. 1 EuGVVO. Der Beklagte muss daher darauf achten, dass er die fehlende internationale Zuständigkeit mit seinem ersten Vorbringen rügt. Bestreitet er zB nur die örtliche Zuständigkeit oder stellt er lediglich den Antrag auf Klageabweisung, hat er sich im Hinblick auf die internationale Zuständigkeit bereits zur Sache eingelassen.[99] Soweit bei Landgerichten die Besonderheit gepflegt wird, dass im ersten frühen Termin nur die Anträge gestellt und für die Klageerwiderung erst im Termin Fristen gesetzt werden, muss also unbedingt schon in diesem Termin die internationale Zuständigkeit gerügt werden.

Eine weitere Besonderheit ergibt sich durch die Regelung des **Art. 29 EuGVVO zur doppelten** 49
Rechtshängigkeit. Werden bei Gerichten verschiedener Vertragsstaaten Klagen wegen desselben Anspruchs zwischen denselben Parteien anhängig gemacht,[100] so setzt das später angerufene Gericht das Verfahren von Amts wegen aus, bis über die **Zuständigkeit des zuerst angerufenen Gerichts** entschieden wird.[101] Bejaht das zuerst angerufene Gericht seine Zuständigkeit, so erklärt sich das später angerufene Gericht zu dessen Gunsten für unzuständig. Im Gegensatz zur Rechtsprechung des BGH hinsichtlich der entsprechenden ZPO-Regelungen vertritt der EuGH die Auffassung, dass der Rechtshängigkeitseinwand auch aus einer **negativen Feststellungsklage** erhoben werden kann.[102] Wird zB ein in Italien ansässiger Verletzer wegen einer Wettbewerbshandlung in Deutschland abgemahnt, kann dieser in Italien negative Feststellungsklage erheben; damit ist der Verletzte gehindert, in Deutschland eine Verletzungsklage zu erheben. Die Anhängigkeit ist nunmehr in Art. 32 Abs. 1a) EuGVVO einheitlich definiert, so dass in deren Geltungsbereich nicht mehr – wie bisher – für die Frage der Anhängigkeit auf das nationale Recht zurückzugreifen ist. Da einige Vertragsstaaten bekanntermaßen eine lange Prozessdauer haben, kann durch diese taktische Gegenmaßnahme der Prozess erheblich verzögert werden. In mehreren Vertragsstaaten ist dieses prozesstaktische Verhalten jedoch mittlerweile als – zum Schadensersatz verpflichtender – Rechtsmissbrauch angesehen worden.[103] Der EuGH hat jedoch den absoluten Vorrang der EuGVVO in einem zivilrechtlichen und einem arbeitsgerichtlichen Verfahren auch für den Fall bestätigt, wenn eine Partei wider Treu und Glauben zu dem Zweck handelt, das Verfahren zu behindern.[104]

Der Vorrang der EuGVVO gilt nicht für Verfahren des einstweiligen Rechtsschutzes, Art. 35 50
EuGVVO.[105] Insoweit bleiben die nationalen Bestimmungen über die örtliche Zuständigkeit maßgebend, selbst wenn für die Entscheidung in der Hauptsache eine internationale Zuständigkeit gegeben ist.

Praxistipp:

Wird bei Abmahnung mit einer negativen Feststellungsklage gerechnet, so empfiehlt es sich (trotz des Kostenrisikos), ohne Abmahnung Klage in Deutschland zu erheben.

---

inhaberin einer Benelux-Marke gerichtet auf eine Erklärung gegenüber dem Benelux-Markenamt dass die Beklagte hinsichtlich der betreffenden Marke Nichtberechtigte sei und auf die Eintragung als Markeninhaberin verzichte (GRUR Int. 2016, 965 – beim EuGH anhängig als Rechtssache C-341/16 – Hanssen Beleggingen)

96 VO (EG) Nr. 40/94 des Rates über die Gemeinschaftsmarke; dazu Knaak GRUR 2001, 21 (24)

97 VO (EG) Nr. 6/2002 des Rates über das Gemeinschaftsgeschmacksmuster; dazu Haberl WRP 2002, 905 (909) sowie Erwägungsgrund 30.

98 Vgl. auch Art. 13 Abs. 2, 14 Abs. 4, 17 Abs. 2 des Streitregelungsprotokolls für Gemeinschaftspatente.

99 Anders als nach § 282 Abs. 3 ZPO kommt es nicht erst auf die Einlassung zur Hauptsache an, vgl. nur Piltz NJW 2002, 789 (794); siehe auch OLG Koblenz RIW 1991, 63; LG Frankfurt EWS 1994, 404.

100 Dies ist eng auslegen als „Parteiidentität", OLG Düsseldorf BeckRS 2014, 13989.

101 Soweit jedoch die ausschließliche Zuständigkeit des später angerufenen Gerichts aufgrund einer Gerichtsstandsvereinbarung nach Art. 25 EuGVVO geltend gemacht wird, hat demgegenüber das – in der Regel – zuerst angerufene Gericht das Verfahren auszusetzen, bis das – in der Regel – später angerufene Gericht über seine Zuständigkeit aufgrund dieser Vereinbarung entschieden hat, Art. 31 Abs. 2 EuGVVO.

102 EuGH EuZW 1995, 309; BGH NJW 1997, 870.

103 Vgl. die Entscheidungen in GRUR Int. 2001, 170 (178) und dazu den Aufsatz von Piltz GRUR Int. 2001, 32 ff.; ferner: BGH NJW 2002, 2795 ausnahmsweise rechtsmissbräuchlich wegen Verstoßes gegen Art. 6 EMRK.

104 EuGH EuZW 2004, 188 (192); EuGH EuZW 2004, 468 – Turner/Grovit.

105 Thomas/Putzo/Hüßtege EuGVVO Art. 29 Rn. 6 und Art. 35.

51 Auch im Rahmen von **Beweisverfahren im Wege des einstweiligen Rechtsschutzes** kann sich die Frage nach der internationalen Zuständigkeit deutscher Gericht stellen. Nicht selten werden im internationalen Wirtschaftsverkehr etwa im Rahmen von Lizenzvereinbarungen Schiedsklauseln vereinbart, die **ausländische Schiedsgerichte** benennen.[106] Bei Rechtsstreitigkeiten aus diesen Verträgen kommt es oftmals auf eine zeitnahe Beweissicherung an, um sicherzustellen, dass das potentiell vertragswidrige Verhalten nicht durch Manipulationen der Beweismittel oder dergleichen verhindert wird. Das OLG Düsseldorf hat zu dieser Frage in einer von der Literatur zu Recht kritisierten Entscheidung beschlossen, dass im Falle einer Schiedsabrede zugunsten eines ausländischen Schiedsgerichts die deutschen Gerichte nicht international zuständig seien für die Anordnung und Durchführung eines selbständigen Beweisverfahrens in Deutschland.[107] Dabei hat das OLG offenbar verkannt, dass § 1025 Abs. 2 ZPO die Anwendbarkeit des § 1033 ZPO und damit die Zuständigkeit deutscher Gerichte für Fragen des Eilrechtsschutzes für den Fall anordnet, dass der Ort des schiedsrichterlichen Verfahrens im Ausland liegt.[108] Davon kann zwar im Rahmen individualvertraglicher Vereinbarungen abgewichen werden, doch bedarf es dazu nach hM einer ausdrücklichen Abbedingung der Zuständigkeit deutscher Gerichte für den Eilrechtsschutz bzw. das Beweisverfahren.[109] Eine solche konkludent schon darin zu erkennen, dass allgemein die Schiedsgerichtsbarkeit im Ausland sowie die Anwendung des dort geltenden materiellen Rechts gewählt wurde, wie es das OLG Düsseldorf getan hat, geht hingegen zu weit.[110]

2. Anwendbares Recht

52 Von der Frage der internationalen Zuständigkeit zu trennen ist die Frage, welches materielle Recht anwendbar ist. Die **Anwendung des materiellen Rechts** regelt sich für unerlaubte Handlungen nach Art. 40 Abs. 1 und 41 Abs. 1 EGBGB. Auch im internationalen Wettbewerbsrecht gilt die Tatort-/Erfolgsortregel, so dass Art. 40 Abs. 1 EGBGB Anwendung findet.[111] Hat die beanstandete Handlung ausschließlich **Auswirkungen im Auslandsmarkt,** zB soll das nachgeahmte Produkt ausschließlich im Ausland abgesetzt werden, kommt die Anwendung deutschen Rechts mangels Marktauswirkung nicht in Betracht.[112] Dies gilt auch dann, wenn beide Mitbewerber ihren Firmensitz in Deutschland haben.[113] Hat eine vom Ausland aus begangene Tathandlung hingegen Auswirkungen im deutschen Markt, begründet dies unter dem Gesichtspunkt der oben genannten Zuständigkeitsbestimmungen nicht nur die internationale Zuständigkeit des deutschen Gerichts, sondern auch die Anwendbarkeit deutschen Rechts.[114] Ebenfalls sind die deutsche Zuständigkeit und die Anwendbarkeit deutschen Rechts anzunehmen, wenn Anzeigen in ausländischen Zeitungen, die auch in Deutschland verbreitet werden, auf den deutschen Markt zielen.[115] Auch der für den deutschen Markt bestimmte und in Deutschland abgerufene Internetauftritt eines ausländischen Warenanbieters ist nach deutschem Recht zu beurteilen.[116]

53 Ersatzansprüche wegen der Verletzung von Immaterialgüterrechten beurteilen sich dahingegen nicht nach dem Deliktsstatut. Maßgebend ist hier allein das Recht des Staates, für dessen Gebiet der Verletzte Schutz beansprucht **(Schutzlandprinzip).**[117]

54 Eine **Sonderregelung** für das anwendbare Recht innerhalb der EU ergibt sich aus dem sogenannten **Herkunftslandprinzip.**[118] Hierunter versteht man, dass bei grenzüberschreitenden Sach-

[106] Zur allgemeinen Zuständigkeit bei Schiedsvereinbarungen siehe Rn. 4.
[107] OLG Düsseldorf InstGE 9, 41 bis 47.
[108] Siehe dazu ausführlich die Entscheidungsbesprechung von Steinbrück IPrax 2010, 424 sowie Rojahn FS Meibom, S. 395 ff.
[109] Siehe dazu Rojahn FS Meibom S. 395 ff.; Steinbrück IPrax 2010, 424 (427) mwN; Schlosser, Anm. zu OLG Düsseldorf, I-20 W 152/07, SchiedsVZ 2008, 261 schränkt dies dahingehend ein, dass jedenfalls sichergestellt sein soll, dass effektiver schiedsrichterlicher einstweiliger Rechtsschutz auch im Ausland gewährt werden kann.
[110] Steinbrück IPrax 2010, 424 (427 f.).
[111] Siehe dazu ausführlich Sack WRP 2000, 269 f.
[112] BGHZ 35, 329 – Kindersaugflasche; BGH GRUR 1982, 495 – Domgartenbrand.
[113] BGHZ 40, 391 – Stahlexport.
[114] Bei einem von Belgien ausgehenden Boykottaufruf gegenüber belgischen Vertragshändlern zur Verhinderung von Parallelimporten oder Reimporten nach Deutschland hat der BGH die deutsche Zuständigkeit bejaht und den Fall der deutschen Rechtsordnung unterstellt, BGH NJW 1980, 1224 – BMW mAnm Schlosser.
[115] BGH GRUR 1971, 153 – Tampex; zustimmend Ahrens Wettbewerbsprozess-HdB/Ahrens Kap. 15 Rn. 21; Gloy/Loschelder/Danckwerts UWG-HdB/Schütze § 11 Rn. 16, 17.
[116] BGH GRUR 2007, 67 (68) – Pietra di Soln.
[117] Grüneberg/Thorn EGBGB 40 (IPR) Rn. 10 ff.
[118] Siehe dazu Milbradt → § 11.

verhalten nicht das Recht des Mitgliedsstaates, auf dessen Gebiet sich die wettbewerbliche Interessenkollision zeigt (Tatort-/Erfolgsortprinzip) anwendbar ist, sondern das Recht des Mitgliedsstaates, von dem aus die fragliche Verletzungshandlung begangen wird. Das Herkunftslandprinzip ist bislang im sekundären Gemeinschaftsrecht in der Richtlinie über die Ausübung der Fernsehtätigkeit aus dem Jahre 1989 – sog. Fernsehrichtlinie[119] – und in der Richtlinie über den elektronischen Geschäftsverkehr aus dem Jahre 2000 – sog. E-Commerce-Richtlinie[120] – verankert worden.

[119] ABl. EG Nr. L 298, 23 = GRUR Int. 1990, 134.
[120] ABl. EG Nr. 178 v. 17.7.2000, S. 1.

§ 7 Außergerichtliche Streitbeilegung

Übersicht

I. Einleitung

1. Verfahrensalternativen der außergerichtlichen Streitbeilegung

1 Vielfach ist den an einem Streit Beteiligten nicht bewusst, dass es **außerhalb der staatlichen Gerichtsbarkeit noch weitere Möglichkeiten der Streitentscheidung** gibt. Trotz der Vorzüge der staatlichen Gerichtsbarkeit in vielen Ländern – beispielsweise einheitliche und verlässliche Regelung, funktionierende Prozesslandschaft, strenge Bindung an Gesetz, Präzedenzwirkung staatlicher Urteile – besteht das Bedürfnis, als Alternative zum traditionellen Prozessverfahren neuartige Verfahren zur Verfügung zu haben, welche einfacher, rascher und flexibler zu einer Streiterledigung führen.[1]

[1] Die alternativen Formen der Streitbeilegung im Bereich des Zivil- und Handelsrechts stoßen nicht zuletzt auch in der Europäischen Union auf zunehmendes Interesse. Für die EU stellt es eine – mehrfach bekräftigte – politische

Auch im Bereich des gewerblichen Rechtsschutzes kann der Einsatz derartiger Verfahren sinnvoll sein. Das **Konfliktpotential bei Schutzrechten ist beträchtlich** mit der Folge vielfach begangener, teilweise auch gezielter Schutzrechtsverletzungen.[2] Dazu kommen Verletzungen der zwischen den Beteiligten abgeschlossenen Lizenzverträge. Dies führt zu Verletzungsstreitigkeiten, Löschungsklagen und Nichtigkeitsverfahren, die je nach Zuständigkeit vor den Zivilkammern der Landgerichte und den spezialisierten Senaten bei den Oberlandesgerichten verhandelt werden, die im Bereich des Patent-, Marken-, Urheber- und Wettbewerbsrechts wegen der ausschließlichen Zuständigkeit fast exklusiv streitige Verfahren im Bereich des gewerblichen Rechtsschutzes führen. Oder es werden die Nichtigkeits- und Beschwerdesenate des Deutschen Patent- und Markenamtes angerufen. 2

a) Schiedsgerichtsbarkeit. Als bedeutendste Alternative zu den staatlichen Gerichten hat sich die Schiedsgerichtsbarkeit[3] etabliert, die inzwischen aus dem modernen Wirtschaftsverkehr nicht mehr wegzudenken ist und in nahezu allen wirtschaftsrechtlichen Streitigkeiten als Streiterledigungsmechanismus angewendet werden kann.[4] Kennzeichnend für das Schiedsverfahren ist, dass es wie ein Verfahren vor einem staatlichen Gericht zu einem verbindlichen Ergebnis führt, da ein Schiedsspruch unter den Parteien die Wirkungen eines rechtskräftigen gerichtlichen Urteils hat. Dabei ist ein Schiedsverfahren flexibler als ein Verfahren vor staatlichen Gerichten und kann auf die Bedürfnisse der Parteien zugeschnitten werden. Ferner können die Parteien eines Schiedsverfahrens Einfluss auf die Zusammensetzung des Schiedsgerichts nehmen und beispielsweise besonders qualifizierte Personen als Schiedsrichter benennen. 3

b) Alternative Dispute Resolution (ADR). Neben bzw. alternativ zu den Schiedsgerichten haben sich in der deutschen Rechtswirklichkeit Schieds- und Schlichtungsstellen, Verbraucherberatungsstellen oder etwa Schiedsmänner, teilweise auf freiwilliger, teilweise auf obligatorischer[5] Basis etabliert. 4

Hergeleitet aus dem anglo-amerikanischen Rechtskreis haben in Deutschland ferner verschiedene **ADR Verfahren** wie etwa Mediation, Conciliation, Mini-Trial oder Med-Arb Einzug[6] gehalten.[7] 5

ADR Verfahren stellen einen Rahmen bereit, innerhalb dessen einigungsbereite Parteien selber ihre Rechte und Verantwortlichkeiten bestimmen. Der Gedanke, der den verschiedenen Verfahren zugrunde liegt, ist, dass Konflikte grundsätzlich als vielschichtige Gemengelage verstanden werden müssen, die nicht ausschließlich mit rechtlichen Kriterien zu erfassen sind. Vielmehr können in derartigen Verfahren außerhalb der unmittelbaren Streitigkeit liegende zusätzliche Gesichtspunkte gewinnbringend für die Parteien eingebracht werden,[8] denn die allein den rechtlichen Streitstoff berücksichtigenden Entscheidungen der ordentlichen Gerichte sind nicht immer auch 6

Priorität dar, diese Art der Konfliktlösung zu fördern, die für ihre Entfaltung günstigsten Rahmenbedingungen zu schaffen und sich für die Qualitätssicherung einzusetzen. Vor diesem Hintergrund hatte der Rat die Kommission gebeten, ein Grünbuch (http://eur-lex.europa.eu/LexUriServ/LexUriServ.do?uri=COM:2002:0196:FIN:DE:PDF) zu erstellen, das einen Überblick über die derzeitige Lage geben und als Grundlage für eine umfassende Konsultation über die zu treffenden konkreten Maßnahmen dienen soll. Dieses Grünbuch soll die alternative Streitbeilegung der breiten Öffentlichkeit nahebringen und gleichzeitig die in diesem Bereich auf Ebene der Mitgliedstaaten und der Gemeinschaft unternommenen Initiativen und Arbeiten in einem deutlicheren Licht erscheinen lassen. Auf der Grundlage dieses Grünbuchs soll nunmehr eine umfassende Konsultation zu rechtlichen Fragen eingeleitet werden, die sich im Zusammenhang mit der alternativen Streitbeilegung auf dem Gebiet des Zivil- und Handelsrechts stellen.

[2] So verzeichnete die Zentralstelle Gewerblicher Rechtsschutz des Zolls ausweislich der Jahresstatistik für das Jahr 2020 24.333 Aufgriffe mit einem Gesamtwert in Höhe von EUR 238.870.400,– wobei es sich in 80,47 % der Aufgriffe um markenrechtliche Verstöße handelte (https://www.zoll.de/SharedDocs/Broschueren/DE/Die-Zollverwaltung/statistik_gew_rechtsschutz_2020.html?nn=305648).

[3] Salger/Trittmann § 1 Rn. 3 ff.; Berger, Internationale Wirtschaftsschiedsgerichtsbarkeit, 1992; Böckstiegel NJW 1979, 161; zum neuen deutschen Schiedsgerichtsgesetz mwN: Labes/T. Lörcher MDR 1997, 420; zur jahresaktuellen Entwicklung (für 2020): Wilske/Markert/Ebert SchiedsVZ 2021, 106.

[4] Siehe zur Entwicklung der Bedeutung der Schiedsgerichtsbarkeit im internationalen Handel Hoffmann SchiedsVZ 2010, 96.

[5] Dembinsky BRAK-Mitt. 2/1998, 66; Eichele ZRP 1997, 393; vgl. Risse Wirtschaftsmediation § 3 Rn. 70 ff. zur gesetzlich angeordneten Vermittlung nach § 278 Abs. 2 ZPO; zu Verbraucherschlichtungsstellen vgl. Greger/Unberath/Steffek/Greger VSBG § 28; s. auch Papier IWRZ 2016, 14 (17 f.).

[6] Zur noch in den 1990er Jahren zurückhaltenden Entwicklung der alternativen Streitbeilegung in Kontinentaleuropa: Weigand BB 1996, 2106.

[7] Diese und weitere Verfahrensalternativen bei Labes DZWir 1998, 360 f.; Weigand BB 1996, 2106 (2107) und Risse Wirtschaftsmediation § 15; v. Rechenberg/Ludwig Kölner HGR-HdB/Lörcher Kap. 33 Rn. 14 ff.

[8] Prütting ZAP 2018, 335 (337); Schäfer MDP 2001, 111.

gleichzeitig die sinnvollsten. Wirtschaftliche oder sonstige Interessen der Parteien bleiben oftmals außen vor. Außerhalb des eigentlichen Streitgegenstandes liegende Interessen und Motive sind aber vielfach gerade der wirkliche Antrieb für eine Auseinandersetzung.[9] So sind auch Bestand, Durchsetzung und Bewertung geistigen Eigentums von Beurteilungskriterien abhängig, die nicht nur nach rechtlichen Maßstäben zu messen sind, sondern vorwiegend nach den konkreten Parteiinteressen.

7 In einem ADR Verfahren kann eine im Wesentlichen **interessenorientierte Entscheidung** getroffen werden, an der beispielsweise nicht Juristen, sondern technische Sachverständige mitgewirkt haben.[10] Eine erfolgreiche Mediation birgt die Chance, ohne Rücksicht auf Ansprüche des Einzelnen, auf Positionen und Rechtslagen und ohne Rechtsanwendung den Konflikt in einer möglicherweise umfassenden Form sowie zukunftsorientiert beizulegen und dabei für beide Seiten ein positives Ergebnis zu erzielen. Im Idealfall soll ein ADR Verfahren zu einer für alle Beteiligten vorteilhaften Lösung führen (sog. *„win-win"* Lösung). Anders als das staatliche Gerichtsverfahren, aber auch das Schiedsverfahren, die schon strukturell auf ein Gegeneinander im Sinne eines Verteilungskampfes ausgerichtet sind, findet im ADR Verfahren keine Aufteilung einer vorgesehenen Menge statt. ADR Verfahren sind flexibel und erlauben im Zweifel individuelle, ggf. auch ungewöhnliche Entscheidungen der Parteien.[11] Entscheidende Voraussetzung ist, dass die Parteien willens und in der Lage sind, ihren Konflikt selber zu lösen.

8 Während das gerichtliche Urteil immer nur einen in der Vergangenheit liegenden Sachverhalt erfasst, also rückwärtsorientiert ist, sind für ADR Verfahren **in der Zukunft liegende Interessen der Parteien** maßgeblich für die Konfliktlösung. Nicht zuletzt auch für Parteien einer Streitigkeit aus dem Bereich des gewerblichen Rechtsschutzes ist oftmals die Gestaltung zukünftiger Beziehungen viel wichtiger als die juristische Behandlung von Geschehenem. Auch in Schiedsverfahren, bei denen immer wieder eine zunehmende Annäherung an das Verfahren vor staatlichen Gerichten bemängelt wird,[12] wird letztlich nur der staatliche Richter durch einen privat bestimmten (Schieds-)Richter ersetzt. Durch beide Verfahren werden letztlich auch nur Ausschnitte eines in der Vergangenheit liegenden Sachverhaltes entschieden. Sonstige den Streit zumindest mitauslösende Aspekte wie persönliche Differenzen oder bestimmte Parteiinteressen bleiben ungelöst und können so erneut Streit verursachen.[13]

9 Die herausragende Eigenschaft, zugleich Stärke und Schwäche der ADR Verfahren, ist die **vollkommene Freiwilligkeit vom Anfang bis zum Ende des Verfahrens.**[14] Diese Freiwilligkeit ist wesentliches Strukturelement der ADR Verfahren; sie basiert auf der verfassungsrechtlich garantierten Privatautonomie.[15] So sind kaum juristische Förmlichkeiten zu beachten. Jede Partei kann ein ADR Verfahren zu jeder Zeit und ohne Angabe von Gründen beenden.

10 Die meist selbst gewählten und weitgehend **zwanglosen Verfahrensregeln** ermöglichen den Parteien eine freie Verfahrensgestaltung und -durchführung. Die Parteien bestimmen die Themen selber, die behandelt werden sollen, und der Schlichter, Mediator, Schiedsmann, Vermittler etc. (im Folgenden untechnisch als „Schlichter" bezeichnet) unterstützt nur bei der Entwicklung der jeweiligen Verfahrensdurchführung anhand des konkreten Einzelfalls. Der Schlichter kontrolliert den Verfahrensablauf, für Inhalt und Ergebnis sind die Parteien verantwortlich.

11 Da die Einleitung und Durchführung von ADR Verfahren allein der Parteiautonomie unterliegen, kann ein derartiges Verfahren unabhängig von einem Verfahren vor einem staatlichen Gericht oder einem Schiedsgericht, diesen vorgeschaltet, aber auch zu jedem Zeitpunkt während oder nach einem solchen Verfahren stattfinden.

2. Vor- und Nachteile der verschiedenen Verfahren

12 Die Argumente für die Vereinbarung eines Schiedsgerichts oder eines ADR Verfahrens sind zahlreich. Dies gilt namentlich bei internationalen Verträgen, bei denen die Vertragsparteien ihren

[9] Zu diesen Funktionsgrenzen staatlicher Gerichte siehe auch Wiedemann ZUM 2004, 779 (781 f.).

[10] Haft/Schlieffen Mediation-HdB/Chrocziel/Samson-Himmelstjerna § 39 Rn. 18; van Raden BB 1999 Beilage 9, 17 (18).

[11] Haft/Schlieffen Mediation-HdB/Greiter § 17; Risse Wirtschaftsmediation § 9 Rn. 108 ff.

[12] Vgl. Kraft VersR 2000, 935 (936).

[13] Nistler JuS 2010, 685 (686); Dendorfer DB 2003, 135; Risse Wirtschaftsmediation § 8 Rn. 35 ff.; ders. NJW 2000, 1614.

[14] Diese Freiwilligkeit gilt nicht im gleichen Maße für obligatorische ADR Verfahren, die in einigen Jurisdiktionen vorgeschrieben sind, so etwa in England und Wales im Anschluss an die sog. Woolf Reform oder nach einigen bundesstaatlichen Rechtsordnungen in den USA. Zu obligatorischen Verfahren in Deutschland s. auch oben Fn. 5.

[15] BVerfG 7.2.1990 – 1 BvR 26/84, BVerfGE 81, 242; BVerfG 19.10.1993 – 1 BvR 567/89 u. a., NJW 1994, 36.

Sitz in verschiedenen Staaten haben.[16] Keine Partei akzeptiert gerne die Gerichtsbarkeit der staatlichen **Heimatgerichte der anderen Vertragspartei;** dies gilt in besonderem Maße dann, wenn die Zuständigkeit der staatlichen Gerichte in Ländern in Rede steht, in denen die Durchsetzung gerade von gewerblichen Schutzrechten erfahrungsgemäß Probleme bereitet. Hier können durch eine Schiedsvereinbarung oder die Einigung auf ein ADR Verfahren erhebliche Rechtsschutzdefizite vermieden werden, wobei **Schiedssprüche international durchsetzbar** sind, sogar effektiver als die Urteile staatlicher Gerichte. Rechtsgrundlage für die internationale Durchsetzung von Schiedssprüchen ist das New Yorker Übereinkommen vom 10.6.1958 über die Anerkennung und Vollstreckung ausländischer Schiedssprüche (NYÜ), das mittlerweile in über 160 Staaten gilt.[17] Für ADR Verfahrensergebnisse erübrigt sich regelmäßig die zeitlich aufwendige Vollstreckung, weil die Parteien den frei vereinbarten Vergleich meist ohne Vollstreckungsdruck erfüllen.

a) **Zuständigkeit.** Besonders **Rechtsstreite im gewerblichen Rechtsschutz werden oft über nationale Grenzen hinaus** ausgetragen, da Schutzrechte üblicherweise nicht nur in einem Land, sondern zunehmend international bestehen. So unterliegen etwa Patente, die das Europäische Patentamt[18] erteilt hat, in den einzelnen Staaten als unabhängige nationale Patente dem jeweiligen nationalen Recht mit der Konsequenz, dass sich die an einer Streiterledigung interessierten Parteien wegen des Territorialitätsprinzips[19] oftmals mit mehreren unterschiedlichen Rechtsordnungen und im Zweifel uneinheitlicher Rechtsprechung auseinandersetzen müssen.[20] Schutzrechtsinhaber sollen sich aber sowohl national als auch international effektiv vor Verletzungshandlungen und Beeinträchtigungen schützen bzw. sich gegen diese zur Wehr setzen können.[21] 13

Aber auch darüber hinaus kann die Vereinbarung der Zuständigkeit eines Schiedsgerichts oder eines ADR Verfahrens Vorteile bieten, die auch bei rein nationalen Sachverhalten in Betracht zu ziehen sind. Zunächst haben die Parteien die Möglichkeit, auf die Auswahl **besonders geeigneter Schiedsrichter bzw. Schlichter** selber Einfluss zu nehmen, die hinsichtlich der streitigen tatsächlichen oder der anhängigen rechtlichen Fragen über besondere Qualifikationen und Kenntnisse verfügen.[22] Zwar sind bei zahlreichen staatlichen Gerichten in Deutschland Kammern und Senate eingerichtet, die über besondere Sachkunde im Bereich des gewerblichen Rechtsschutzes verfügen, gleichwohl kann aber gerade bei Verträgen bzw. Streitigkeiten über technisch anspruchsvolle und komplexe Gegenstände ein Bedürfnis bestehen, Schiedsrichter bzw. Schlichter zu bestellen, die im Hinblick auf den konkret in Frage stehenden Streitgegenstand besonderes Fachwissen besitzen. So können etwa Techniker mit speziellem Know-How ernannt werden, wenn dies sinnvoll erscheint. Dabei sollte aber vor allem in Schiedsverfahren in jedem Fall darauf geachtet werden, dass dem Schiedsgericht auch Personen angehören, die über die für die ordnungsgemäße Leitung und Durchführung des Verfahrens unabdingbare **juristische Sachkunde** verfügen. 14

Vorhandenes besonderes Fachwissen des Schiedsrichters oder Schlichters über den konkreten Streitgegenstand hat nicht zuletzt die Folge, dass die sonst zeit- und kostenintensiven Erläuterungen gegenüber zuständigen staatlichen Richtern entfallen.[23] So sind insbesondere ADR Verfahren in aller Regel deutlich schneller beendet als Gerichts- und auch als Schiedsverfahren. Aber auch Schiedsverfahren sind im Vergleich zu Verfahren vor staatlichen Gerichten **konzeptionell kürzer.** Auch wenn im Zweifel eine Instanz im ordentlichen Rechtsweg bis zum Erlass eines Urteils nicht wesentlich mehr Zeit in Anspruch nehmen mag als ein Schiedsverfahren, so wird 15

[16] Eingehend Frost Schiedsgerichtsbarkeit S. 193 ff.; Lachmann Schiedsgerichtspraxis-HdB Schiedsgerichtspraxis-HdB Rn. 31 ff.; Labes/T. Lörcher/Böckstiegel XIX ff.; Rudkowski JuS 2013, 398.

[17] Convention on the Recognition and Enforcement of Foreign Arbitral Awards (New York, 1958) (the „New York Convention"); eine Übersicht über die Mitgliedstaaten findet sich unter http://www.newyorkconvention.org/new-york-convention-countries/contracting-states.

[18] Zu den europarechtlichen Dimensionen: Alexander GRUR Int. 1972, 272; Luginbühl GRUR Int. 2013, 305.

[19] Festgeschrieben in Art. 3 des Europäischen Patentübereinkommens (EPÜ) als „maßgebliches Ordnungsprinzip des gewerblichen Rechtsschutzes", vgl. Benkard/Kolle, Europäisches Patentübereinkommen, Art. 3 Rn. 6.

[20] OLG Düsseldorf 27.10.1988 – 2 U 181/88, GRUR Int. 1990, 471 – Epilady I; OLG Düsseldorf 21.11.1991 – 2 U 27/89, GRUR Int. 1993, 242 – Epilady VIII; GRUR Int. 1993, 407 mwN; Brändle GRUR 1998, 854; Grabinski GRUR 1998, 857; Kaboth S. 63; van Raden BB 1999, Beilage 9, 17 (18); zu Gemeinschaftsschutzrechten und Gemeinschaftsmarke sowie den entsprechenden staatsvertraglichen Regelungen vgl. Schneider Mediation S. 100 ff.

[21] Einen Überblick über die „Internationalisierung" des gewerblichen Rechtsschutzes bietet Schmieder Jus 2000, 1068.

[22] Weigand/Baumann/Baumann/Pfitzner, Practitioner's Handbook on International Commercial Arbitration, Rn. 1.167 ff.

[23] Weiterführend siehe Lotz SchiedsVZ 2011, 203.

ein gerichtliches Verfahren in der Praxis häufig in die zweite Instanz gehen. Dies gilt namentlich, wenn es sich um eine Streitigkeit von großer wirtschaftlicher Bedeutung handelt. Ferner haben die Parteien die Möglichkeit, das Schiedsverfahren durch die Vereinbarung entsprechender Verfahrensregeln, etwa die WIPO Regeln über das beschleunigte Schiedsgerichtsverfahren,[24] weiter zu beschleunigen.

16 **b) Vertraulichkeit.** Ein weiterer Vorteil, der gerade bei Streitigkeiten über gewerbliche Schutzrechte zum Tragen kommt, ist, dass **Schieds- und ADR Verfahren** im Gegensatz zu Verfahren vor staatlichen Gerichten **nicht öffentlich** sind. Die **Nicht-Öffentlichkeit solcher Verfahren** ist ein wichtiges Kriterium, denn gerade bei Streitigkeiten im Bereich des Rechts des geistigen Eigentums genießen die betroffenen Rechte häufig einen hohen Bekanntheitsgrad auf dem Markt oder sind selbst Geschäfts- bzw. Betriebsgeheimnisse,[25] sodass ein Bedürfnis nach rechtlichem Schutz vor fremder, unerlaubter Nachahmung und der damit verbundenen Ausbeutung besteht.[26] Dies hat auch Auswirkungen auf einen – öffentlich geführten – Prozess, denn eine Sachentscheidung kann häufig nur dann getroffen werden, wenn der beweispflichtige Schutzrechtsinhaber bereit ist, bei der Beweisaufnahme ein solches Betriebs- oder Geschäftsgeheimnis zu offenbaren.[27] Tut er dies nicht, riskiert er, den Prozess zu verlieren.

17 Bei Verfahren vor ordentlichen Gerichten besteht zwar gem. §§ 172 bis 175 GVG die grundsätzliche Möglichkeit, eine Einschränkung des Öffentlichkeitsgrundsatzes zu bewirken, wenn etwa ein wichtiges Geschäfts-, Betriebs-, Erfindungs- oder Steuergeheimnis zur Sprache kommt, durch dessen öffentliche Erörterung überwiegende schutzwürdige Interessen verletzt würden. Dies ist indes beschränkt auf Schutzrechte, an denen noch nicht durch Veröffentlichung oder Eintragung der Öffentlichkeit die Möglichkeit zur Kenntnisnahme eröffnet wurde.[28] Gegenstand von Verletzungs- oder Nichtigkeitsverfahren bilden aber gewöhnlich gerade bereits eingetragene Schutzrechte. Dies spricht dafür, Streitigkeiten, an denen ein **erhöhtes Geheimhaltungsinteresse** besteht, entweder als Schiedsverfahren oder (zunächst) im Wege eines ADR Verfahrens zu verhandeln. Bei diesen Verfahren beschränkt sich die Anzahl der Beteiligten normalerweise auf die Parteien, ggf. mit ihren Anwälten, bisweilen Zeugen oder Sachverständige, und den eingeschalteten Schiedsrichtern bzw. Schlichtern.

18 Aber auch in solchen Verfahren entsteht die Frage, wie die Parteien vor einer Verwendung der **der Gegenseite offenbarten Informationen in möglichen Folgeverfahren** geschützt werden können. Eine gewisse Gefahr insbesondere der unverbindlichen ADR Verfahren besteht nämlich darin, dass diese auch dazu missbraucht werden können, um Argumente oder Taktik der Gegenseite für einen späteren Prozess auszuspähen. Hier wirkt sich die völlige Unverbindlichkeit der ADR Verfahren negativ aus.[29]

Praxistipp:

Um zu verhindern, dass vertrauliche Informationen von der Gegenseite im Rahmen eines späteren Gerichts- oder Schiedsgerichtsverfahrens ausgenutzt werden, ist vor einem ADR Verfahren eine schriftlich abzufassende (ggf. strafbewehrte) Verschwiegenheitsvereinbarung anzuraten, welche für beide Parteien und den Schlichter verbindlich festschreibt, dass Aussagen in oder Dokumente aus dem ADR Verfahren keine derartige Verwendung finden dürfen.[30]

---

24 → Rn. 167.

25 Und unterliegen damit dem Grundrechtsschutz des Art. 12 Abs. 1 GG, s. BVerfG 14.3.2006 – 1 BvR 2087/03 u.a., NVwZ 2006, 1041.

26 Frost Schiedsgerichtsbarkeit S. 204; Albrechtskirchinger/Kretschmer FS Glossner, S. 11 (12); Gurry, WIPO Arbitration Center, S. 325; Wittenzellner Mitt. 1995, 147; Ruess SchiedsVZ 2010, 23 (24) sieht bereits die Kenntnis über den Streit als solchen als problematisch an.

27 Die besondere Sensibilität dieser Geheimnisse hat der Gesetzgeber zunächst mit Schaffung des Straftatbestandes des § 17 UWG mit einer Strafandrohung von bis zu fünf Jahren in einem besonders schweren Fall anerkannt. Seit dem 26.4.2019 wird der Geheimnisschutz durch das Gesetz zum Schutz von Geschäftsgeheimnissen vor rechtswidrigem Erwerb sowie rechtswidriger Nutzung und Offenlegung (GeschGehG) realisiert (BGBl. I 2019, 466), Strafvorschrift nunmehr in § 23.

28 A. Schneider Mediation GewRS S. 114 ff.; zu weiteren Spannungsfeldern zwischen Geheimnis- und effektivem Rechtsschutz vor staatlichen Gerichten: McGuire GRUR 2015, 424 (427 ff.).

29 Vgl. Groth/v. Bubnoff NJW 2001, 338; Wagner NJW 2001, 1398; Hofmann SchiedsVZ 2011, 148.

30 Zu dem Umfang vertraglicher Vertraulichkeitsvereinbarungen im Verhältnis zu dem Mediator sowie den beteiligten Parteien siehe Haft/Schlieffen Mediation-HdB/Hartmann § 28 Rn. 27 ff.

Formulierungsvorschlag:

Alle Beteiligten verpflichten sich im Rahmen der gesetzlichen Möglichkeiten, keine Informationen und Erkenntnisse aus dem [... Verfahren], ohne ausdrückliche Zustimmung aller Beteiligten, weiterzugeben. Alle Beteiligten verpflichten sich zudem, sämtliche Äußerungen, Dokumente, Angebote, Absprachen und sonstige im Laufe des Mediationsverfahrens erlangten Informationen vertraulich zu behandeln und bei späteren Auseinandersetzungen nicht gegeneinander zu verwenden. Für jeden Fall der Zuwiderhandlung wird eine Vertragsstrafe in Höhe von [Betrag] vereinbart [...].[31]

Praxistipp:

Zusätzlich sind alle Schriftstücke, die in dem ADR Verfahren vorgelegt werden mit „Ohne Präjudiz" und „Unter Wahrung sämtlicher Rechte" zu überschreiben.

Ergänzend kann durch den Schlichter versichert werden, dass er sämtliche oder bestimmte im Rahmen des Verfahrens erhaltene Informationen auch gegenüber der jeweils anderen Partei strikt vertraulich behandeln wird. Eine Informationsweitergabe kann dann nur nach vorheriger ausdrücklicher Zustimmung der betroffenen Partei erfolgen.[32] Dabei sind Schlichter allerdings häufig bereits aufgrund berufsrechtlicher Gesetze zumindest gegenüber Dritten zur Verschwiegenheit verpflichtet, wie dies etwa bei juristischen, medizinischen, einigen technischen oder pharmazeutischen Berufsgruppen der Fall ist. 19

c) **Parteiautonomie.** Ein weiterer Vorteil des Schiedsverfahrens und der ADR Verfahren liegt darin, dass die Parteien in weit größerem Umfang als im Rahmen eines Verfahrens vor staatlichen Gerichten **Einfluss auf die Verfahrensgestaltung** nehmen können, da der Parteiautonomie im Rahmen eines Schieds- und ADR Verfahrens weitgehender Raum gewährt wird. Dies betrifft etwa auch die Verfahrenssprache, die durch die Parteien frei vereinbart werden kann.[33] 20

Allerdings bergen die größere Flexibilität und die weniger formalistischen Regeln die Gefahr, dass eine Partei bewusst versucht, das Verfahren durch die Ausnutzung der sich bietenden prozessualen Möglichkeiten **zu obstruieren und zu verzögern.** Auch wenn dieses Risiko nicht vollständig beseitigt werden kann, sehen die modernen Schiedsverfahrensgesetze sowie Schieds- und Schlichtungsordnungen Schutzmechanismen vor, die dem Schiedsgericht bzw. dem Schlichter die Möglichkeit an die Hand geben, entsprechenden Taktiken entgegenzuwirken.[34] 21

d) **Zeit- und Kostenvorteile.** Der **Zeitvorteil** ist in besonderer Weise für den Bereich des gewerblichen Rechtsschutzes von Bedeutung. Denn im Hinblick auf die – überwiegend[35] – zeitlich beschränkte Erteilung eines gewerblichen Schutzrechtes ist für seine wirtschaftliche Verwertbarkeit eine schnelle Rechtssicherheit entscheidend. Vor den ordentlichen Gerichten ist im Rahmen der üblichen streitigen Verfahren die erforderliche Schnelligkeit aber oft nicht zu gewährleisten. Erfahrungsgemäß dauern Markenstreitigkeiten mindestens sechs bis zwölf Monate; Patentverletzungsverfahren 15 Monate bis zwei Jahre.[36] Auch das summarische Verfügungsverfahren bietet nicht immer schnellen und zuverlässigen Rechtsschutz, zumal es für den praktisch wichtigen Schadenersatzanspruch von vorneherein nicht in Betracht kommt. Gegen erstinstanzliche Urteile kann zudem Berufung und – unter bestimmten Voraussetzungen gemäß §§ 542 ff. ZPO – Revision eingelegt werden. Staatliche Gerichte haben in Fällen, in denen eine sofortige Lösung gefordert ist, allenfalls die Möglichkeit, im Wege des einstweiligen Verfügungsverfahrens eine schnelle Streitlösung zu suchen.[37] Insbesondere ADR Verfahren führen hingegen – sofern erfolgreich – sehr schnell zu einem endgültigen Ergebnis. Sie sind in der Praxis oft innerhalb von wenigen Ta- 22

[31] Weitere Hinweise bei BeckFormB ZivilR/Koch/Rehaag Kap. R. I.

[32] Eine derartige Möglichkeit sieht etwa auch Art. 12 (c) der WIPO MedO vor.

[33] Jäger/Zavodsky SchiedsVZ 2019, 175.

[34] Zum Beispiel durch angemessene Fristsetzung, Weigand/Baumann/Baumann/Pfitzner Arbitration-HdB Rn. 1.134 mwN.

[35] Dies trifft nicht zu auf zeitlich unbegrenzt sicherbaren Schutz wie etwa von Marken und Geschäftsgeheimnissen.

[36] A. Schneider Mediation GewRS 5, 85 ff.; zur Dauer von 22–29 Monaten im Berufungsverfahren: Bacher GRUR 2021, 134 (135).

[37] Haft/Schlieffen Mediation-HdB/Chrocziel/Samson-Himmelstjerna § 39 Rn. 1; Kaboth S. 63; Büchner (ua)/Winkler, Gewerblicher Rechtsschutz, Außergerichtliche Streiterledigung, 1998, A, Rn. 2, 152 ff.

gen, das gesamte Verfahren von Einleitung bis Erfüllung regelmäßig spätestens nach zwei bis drei Monaten, abgeschlossen.

23 Die insbesondere mit einem Schiedsverfahren verbundenen **Kostenvorteile** werden häufig überschätzt, wobei gerade bei wirtschaftlich bedeutenden Verträgen bzw. Streitigkeiten die Frage der Kosten bei der Abwägung von Schiedsgerichtsbarkeit und staatlicher Gerichtsbarkeit nicht den entscheidenden Grund darstellen dürfte.[38] Kostenvorteile beim Schiedsverfahren können entstehen, wenn das Verfahren vor staatlichen Gerichten sich über mehrere Instanzen zieht. Denn nach deutschem Recht endet ein Schiedsverfahren – wenn man von der in Praxis jedoch selten vorkommenden Aufhebung eines Schiedsspruchs durch ein staatliches Gericht absieht – in aller Regel mit dem Erlass des Schiedsspruchs durch das Schiedsgericht, ohne dass ein Rechtsmittel hiergegen gegeben wäre. Demgegenüber beanspruchen ADR Verfahren grundsätzlich deutlich weniger Zeit und werden daher regelmäßig auch kostengünstiger sein als staatliche Gerichtsverfahren, aber auch als Schiedsverfahren.

24 Der Zeit- und Kostenvorteil eines ADR Verfahrens kann sich allerdings umkehren, wenn ein solches Verfahren ohne Einigung der Parteien scheitert. Dann addieren sich die Kosten dieses Verfahrens zu den Kosten eines anschließenden Schieds- oder staatlichen Gerichtsverfahrens. Meist wird jedoch der Zeit- und Kostenverlust angesichts eines langwierigen Wirtschaftsprozesses kaum ins Gewicht fallen. Zudem sind ggf. im ADR Verfahren bereits wesentliche Details geregelt worden, die wiederum den anschließenden Prozess abkürzen können.[39]

25 Schließlich ist es im Bereich des gewerblichen Rechtsschutzes von erheblichem Gewicht, dass ein Schieds- oder ADR Verfahren das **Verhältnis der Parteien** zueinander in der Regel **weniger belastet** als ein Verfahren vor staatlichen Gerichten. Gerade wenn eine Streitigkeit einzelne Aspekte einer langfristigen Wirtschafts- und Vertragsbeziehung betrifft, etwa bei komplexen und langjährigen Verträgen, werden die Parteien ein Interesse daran haben, die Belastung des Vertragsverhältnisses durch die Streitigkeit möglichst gering zu halten.[40] Ernsthafte Überlegungen zur Verwendung alternativer Streitbeilegungsformen erwachsen nicht zuletzt aus der Zielsetzung, ein für den jeweiligen Konflikt adäquates, konfliktnahes Streitbeilegungsverfahren zur Verfügung zu stellen.

26 Es existieren allerdings auch **Fälle, in denen sich ein Rückgriff insbesondere auf ADR Verfahren nicht anbietet.** So führen derartige Verfahren namentlich immer dann zu einem Erfolg, wenn beide Parteien aufrichtig an einer einvernehmlichen Lösung ihrer Streitigkeit interessiert sind. Daran fehlt es aber beispielsweise bei vorsätzlichen oder bösgläubigen Fälschungen oder Plagiaten, Raubdrucken und Markenpiraterie.[41] Hier wird es der von Schaden bedrohten Partei vor allem um raschen einstweiligen Rechtsschutz gehen. Mit einer Kooperationsbereitschaft der Gegenpartei kann in solchen Fällen kaum gerechnet werden. Auch wenn Parteien die Entscheidung über einen Streit von neutraler Seite vor allem zur Schaffung eines Präjudizes anstreben oder am Markt ein Zeichen setzen wollen, sind diese Verfahren, wie auch Schiedsverfahren, in derartigen Konstellationen in aller Regel nicht der richtige Weg.[42]

3. Außergerichtliche Streiterledigung im gewerblichen Rechtsschutz

27 Der **Bereich des gewerblichen Rechtsschutzes ist gekennzeichnet durch Langzeitverträge,** namentlich Lizenzverträge über Patente, Gebrauchsmuster, Marken und Know-How mit Auslandsbezug, Forschungs- und Entwicklungsverträge sowie Franchising- und Vertriebsverträge.[43] Oder es handelt sich um Joint Venture- und Technologietransferverträge, markenrechtliche Abgrenzungsverträge, Software- und Multimediaverträge oder auch Verträge über den Vertrieb pharmazeutischer Produkte. Die reibungslose Abwicklung solcher Verträge ist für den jeweiligen Schutzrechtsinhaber in wirtschaftlicher Sicht von hoher Bedeutung. Störungen führen hier oftmals zu

[38] Einen detaillierten Kostenvergleich unternimmt Lachmann Schiedsgerichtspraxis-HdB Rn. 2214 ff.

[39] Risse NJW 2000, 1614 (1618).

[40] Albrechtskirchinger/Kretschmer, FS Glossner, S. 11 (13); Pagenberg S. 89; vgl. auch Frost Schiedsgerichtsbarkeit S. 205 f.

[41] Zu deren Ausmaß vgl. die statistische Branchenübersicht bei Wabnitz/Janovsky/Schmitt/Röer Handbuch des Wirtschafts- und Steuerstrafrechts, Kapitel 18 Rn. 8; zum in der Unternehmenspraxis sensiblen Thema des gewerblichen Rechtsschutzes im asiatischen Raum siehe Heath GRUR Int. 1997, 187 sowie mit speziellem Blick auf die Volksrepublik China Bottenschein GRUR Int. 2005, 121.

[42] Weitere Nachteile aufgelistet bei Kraft VersR 2000, 935 (940) sowie bei Risse Wirtschaftsmediation § 14 Rn. 22 ff.

[43] Greger/Unberath/Steffek/Greger Kap. D Rn. 386 f.; Schäfer TMR Vol. 94, 2004, 695 (697).

drastischen wirtschaftlichen Konsequenzen. Nicht zuletzt vor diesem Hintergrund bieten sich gerade Langzeitverträge für kreative Lösungen an, die für beide Parteien gleichermaßen von Bedeutung sein können, wenn es beispielsweise darum geht, die Entwicklung neuer Geschäftsfelder oder eine Tätigkeit für einen gemeinsamen Kunden zu vereinbaren.

a) (Institutionelle) Verfahrensordnungen. Insbesondere Schiedsvereinbarungen sind in der Praxis in einer **Vielzahl von Verträgen** über gewerbliche Schutzrechte enthalten. Anstelle einer individuellen Vereinbarung der Verfahrensregeln wird häufig von der Möglichkeit Gebrauch gemacht, die **Anwendbarkeit einer vorformulierten Verfahrensordnung zu vereinbaren.** Bei diesen handelt es sich nicht um objektives Recht, sondern um Vertragsnormen, die aufgrund Parteivereinbarung auf freiwilliger Basis Vertragsinhalt werden, ohne dass den Parteien die Regeln im Einzelnen bekannt sein müssen. Im Unterschied zu solchen institutionellen Verfahren werden als ***ad-hoc* Verfahren** die Verfahren bezeichnet, die ohne Unterstützung einer Schiedsinstitution und teilweise nach einer von den Parteien frei vereinbarten und in der Art einer Prozessordnung für den konkreten Einzelfall formulierten Verfahrensordnung durchgeführt werden.[44] 28

Die meisten der in der Praxis gebräuchlichen vorformulierten Verfahrensordnungen werden von Institutionen[45] mit fester Organisation und Verwaltung angeboten, die das auf der Grundlage ihrer Regeln durchgeführte Schieds- oder ADR Verfahren über ihre Sekretariate auch administrieren. Dabei bieten die Institutionen den Parteien nicht nur Hilfe bei der Gestaltung und Durchführung des Schieds- oder ADR Verfahrens an, etwa durch Benennung der Schiedsrichter bzw. Schlichter, sondern sie üben auch darüber hinaus unterstützende Tätigkeiten aus und geben Kostenregelungen vor.[46] 29

In Deutschland stellt insbesondere die **Deutsche Institution für Schiedsgerichtsbarkeit e. V.** (DIS)[47] eine auf nationale und internationale Streitigkeiten gleichermaßen anwendbare Schiedsverfahrensordnung zur Verfügung. Als in Europa führende branchenunabhängige Institution ist ferner der **Internationale Schiedsgerichtshof der Internationalen Handelskammer** (ICC) zu nennen.[48] Darüber hinaus bietet eine große Zahl weiterer Institutionen Schiedsverfahrensordnungen und Dienstleistungen an. Die ICC mit einer Vergleichsordnung[49] und die DIS mit ihrer Schlichtungsordnung[50] haben auch Verfahrensregeln für die Durchführung von ADR Verfahren vorformuliert. 30

Ein maßgeblicher Vorteil[51] der institutionellen Verfahren ist, dass diese von einer mit der Materie vertrauten Institution betreut und auf der Grundlage einer zumeist in der Praxis erprobten und bewährten Verfahrensordnung durchgeführt werden. Je nach Grad der Einflussnahme der jeweiligen Institution auf das Verfahren kann dies allerdings auch zu einem Flexibilitätsverlust und einem höheren Zeitaufwand für das Verfahren führen. Während das Verfahren nach der Schiedsordnung der ICC eine vergleichsweise intensive Begleitung und Kontrolle des Verfahrensablaufs vorsieht, beschränkt etwa die DIS ihre Rolle weitgehend auf eine Unterstützung der Parteien und des Schiedsgerichts, wo dies für den Fortgang des Verfahrens erforderlich ist. 31

Möchten die Parteien eine Verfahrensordnung vereinbaren, die ihr Verfahren umfassend regelt, dieses Verfahren aber gleichzeitig nicht durch eine Institution administrieren lassen, so haben sie die Möglichkeit, sich für die Durchführung des Verfahrens auf die **UNCITRAL Schieds- oder Schlichtungsordnung** zu einigen.[52] Diese Ordnungen enthalten detaillierte und in der Praxis er- 32

---

[44] Zur Wahl zwischen institutionellen Verfahrensordnungen und zum ad-hoc Verfahren sowie zu einzelnen Verfahrensordnungen siehe Sachs/Lörcher S. 153 ff.

[45] Auflistung in: Schwab/Walter Kap. 41; vgl. auch Labes/T. Lörcher S. 601 ff.

[46] Lew/Mistelis/Kröll Commercial Arbitration Rn. 10–51 ff.

[47] www.disarb.org; Zur DIS Schiedsgerichtsbarkeit: Sachs/Lörcher S. 170 ff.; Schütze/Theune, Institutionelle Schiedsgerichtsbarkeit, DIS-Schiedsgerichtsordnung.

[48] Zur ICC Schiedsgerichtsbarkeit: Craig/Park/Paulsson Commerce Arbitration; Weigand/Baumann/Baumann Kap. 16 in Bezug auf die Regeln von 2017; Sachs/Lörcher S. 165 ff.; zu den neusten Änderungen zum 1.1.2021: Bühler SchiedsVZ 2021, 230.

[49] ICC Mediation Rules (ab Seite 83): DRS892 ENG Arbitration Rules – Mediation Rules (iccwbo.org).

[50] Abrufbar unter https://www.disarb.org/werkzeuge-und-tools/dis-regeln.

[51] Zu den Vor- und Nachteilen institutioneller Schiedsverfahren siehe Weigand/Baumann/Baumann/Pfitzner Rn. 1.43 ff.

[52] Die UNCITRAL Schiedsgerichtsordnung kann unter https://uncitral.un.org/en/texts/arbitration/contractualtexts/arbitration, die UNCITRAL Schlichtungsregeln können unter https://uncitral.un.org/en/texts/mediation/contractual texts/conciliation abgerufen werden; vgl. hierzu Weigand/Baumann/Castello Kap. 17; Rauh, Die Schieds- und Schlichtungsordnung der UNCITRAL, 1983; van Hof, Commentary on the UNCITRAL Arbitration Rules, Deventer 1991.

probte Verfahrensregeln, um ein entsprechendes Verfahren ohne Einschaltung einer Institution durchzuführen.

33 b) **WIPO.** Der Mangel an Institutionen mit auf den Bereich des gewerblichen Rechtsschutzes spezialisierten Konfliktregelungsmöglichkeiten und die Vermeidung von Mehrfachzuständigkeiten von Gerichten verschiedener Staaten hat im Jahre 1994 die **Weltorganisation für Geistiges Eigentum (World Intellectual Property Organization – WIPO)**[53] veranlasst, das WIPO Arbitration and Mediation Center mit vorgegebenen Verfahrensordnungen für die Einleitung und Durchführung von Schieds- bzw. Schlichtungsverfahren mit besonderem Augenmerk auf den Bereich des gewerblichen Rechtsschutzes anzubieten. Grund hierfür war, dass die internationale Schiedsgerichtsbarkeit und andere Verfahren der alternativen Streitbeilegung von den beteiligten Wirtschaftskreisen auch im Bereich des geistigen Eigentums im Vergleich zur Inanspruchnahme staatlicher Gerichte als vorteilhaft angesehen wurden. So führen etwa im Zuge der Globalisierung von Handel und Kommunikation gerade im Bereich des geistigen Eigentums Konfliktfälle tendenziell zu Mehrfachzuständigkeiten von Gerichten verschiedener Staaten. Durch Einsatz einer multinationalen Streitbeilegungsmethode sollen die dadurch entstehenden Schwierigkeiten vermieden werden. Da die **WIPO Schieds- und Schlichtungsordnungen** speziell auf Streitigkeiten aus dem Bereich des gewerblichen Rechtsschutzes und sonstiger geistiger Eigentumsrechte zugeschnitten sind, tragen zahlreiche Vorschriften den typischen Bedürfnissen der an solchen Verfahren beteiligten Parteien besonders Rechnung. Dies gilt etwa für Bestimmungen über die Beweisaufnahme[54] oder zur Wahrung des Geheimnisschutzes und der Vertraulichkeit während und nach dem Verfahren.[55]

34 Darüber hinaus enthält die WIPO Schiedsordnung umfassende Regelungen solcher Verfahrensfragen, die sich allgemein im Bereich der internationalen Schiedsgerichtsbarkeit stellen, wie bspw. zur Einleitung eines Verfahrens, zur Benennung der Schiedsrichter oder etwa zur Verfahrenssprache.[56] Dementsprechend kann ein Schiedsverfahren nach den Regeln der WIPO Schiedsordnung – wie auch ein Schlichtungsverfahren nach der WIPO Schlichtungsordnung – auch in Verträgen vorgesehen werden, bei denen zum Zeitpunkt der Vertragsunterzeichnung noch nicht feststeht, ob und in welchem Umfang die Streitigkeit sich auf gewerbliche Schutzrechte bezieht. Denn der Anwendungsbereich der WIPO Regeln ist bewusst nicht auf Streitigkeiten über gewerbliche Schutzrechte beschränkt. Hierdurch wird vermieden, dass eine Partei die Zuständigkeit eines WIPO Schiedsgerichts oder einer WIPO Schlichtung mangels hinreichenden Bezugs der Streitigkeit zum gewerblichen Rechtsschutz bestreiten kann.[57]

35 Das **WIPO Arbitration and Mediation Center** erfüllt in der Hauptsache zwei Funktionen.[58] Zum einen dient es als *„resource center"* für die außergerichtliche Beilegung von Streitigkeiten im Bereich des gewerblichen Rechtsschutzes, indem es Dienstleistungen für die außergerichtliche Beilegung derartiger Streitigkeiten zur Verfügung stellt. Zum anderen administriert es die von der WIPO bereitgestellten Streiterledigungsverfahren. In diesem Rahmen leistet es etwa bei der Einleitung eines Schieds- oder Schlichtungsverfahrens und der Konstituierung des jeweiligen Spruchkörpers Unterstützung, entscheidet über die Ablehnung, Entbindung oder Ersetzung von Schiedsrichtern und Schlichtern, hilft auf Wunsch der Parteien oder des Schiedsgerichts/Schlichters bei der Organisation und Durchführung des Verfahrens und überwacht die Einhaltung bestimmter Fristen. Außerdem legt es nach Rücksprache mit den Schiedsrichtern/dem Schlichter und Parteien die Honorare fest und fordert Vorschüsse bei den Parteien an.

36 In den ersten Jahren seiner Existenz administrierte das WIPO Arbitration and Mediation Center zunächst nur eine geringe Zahl von Verfahren. Dies ist darin begründet, dass zunächst in einer

---

[53] Allgemein zur WIPO: WIPO, Intellectual Property Reading Material, Genf 1995, 29 ff.; de Castro/Wollgast/Accornero GRUR Int. 2018, 645; zur Entstehungsgeschichte: T. Lörcher Streiterledigung S. 175 ff.; Kuner RIW 1995, 965; Schäfer RPS 1. Halbjahr 1996, 10 f.; Wittenzellner Mitt. 1995, 147 (148). Die WIPO kann kontaktiert werden unter: https://www.wipo.int/amc/en/#contact bzw. WIPO Arbitration and Mediation Center, 34 chemin des Colombettes, CH – 1211 Genf 20, Tel: +41 2 23 38 82 47, Fax: +41 2 27 40 37 00 (Arbitration Center) oder +41 2 23 38 91 11 (WIPO allgemein); Webpage: https://www3.wipo.int/contact/en/.

[54] Art. 51, 53 WIPO SchO, Art. 18. WIPO MedO (https://www.wipo.int/amc/en/mediation/rules/index.html).

[55] Art. 54, 75 ff. WIPO SchO, Art. 15 ff. WIPO MedO.

[56] https://www.wipo.int/amc/en/arbitration/rules/index.html; Schäfer, in: RPS 1. Halbjahr 1996, 10 (11).

[57] Gurry, WIPO Arbitration Center, S. 323 (329); Kronke/Melis/Kuhn IntWirtschaftsR-HdB/Wichard Kap. 2 Rn. 1011.

[58] Zur Rolle des WIPO Arbitration and Mediation Center: T. Lörcher Streiterledigung S. 180 ff.; Schäfer RPS 1. Halbjahr 1996, 10 (11).

Vielzahl von Verträgen eine auf die WIPO verweisende Schlichtungs- und/oder Schiedsklausel aufgenommen werden muss, bevor hieraus Streitigkeiten entstehen, die zur Durchführung eines Mediations- oder Schiedsverfahrens führen. Nach Auskunft der WIPO ist in der jüngeren Vergangenheit allerdings eine **steigende Zahl von WIPO Streiterledigungsverfahren** zu verzeichnen, an denen Parteien aus zahlreichen verschiedenen Staaten beteiligt waren.[59]

Zu einem Schwerpunkt der Tätigkeit des Centers hat sich die Durchführung von Verfahren unter der **Uniform Domain Dispute Resolution Policy** (UDRP) entwickelt. In der Zeit zwischen Dezember 1999 und März 2012 wurden hier ca. 36.000 Verfahren durchgeführt, die etwa 66.000 Domain Namen betrafen. Bis 2020 ist die Zahl auf über 50.000 Verfahren angewachsen, die mehr als 90.000 Domain Namen und Parteien aus 180 Ländern betrafen. 37

4. Andere Verfahrensarten im Bereich des gewerblichen Rechtsschutzes

Weitere Verfahrensalternativen im Bereich des gewerblichen Rechtsschutzes als Mittel zur Vermeidung gerichtlicher Auseinandersetzungen werden an anderer Stelle in diesem Buch behandelt, weshalb hier lediglich entsprechend verwiesen werden kann. Es sind dies vor allem: 38

- Außergerichtliche Verfahren (Abmahnung, Unterlassungsverpflichtung, Aufbrauchfristen, Schutzschrift)[60]
- Gerichtliche Verfahren (Einstweiliges Verfügungsverfahren, Abschlussverfahren)[61]
- Einigungsstellen werden im Rahmen der Zuständigkeit der Gerichte behandelt[62]
- Schiedsstellenverfahren in Arbeitnehmererfindungssachen.[63]

II. Mediation als zu einem unverbindlichen Ergebnis führendes Streiterledigungsverfahren

1. Einführung

Für den gewerblichen Rechtsschutz wie auch in anderen Rechtsgebieten hat sich vor allem die Mediation, nicht zuletzt auch begrifflich als Synonym für die alternative Streitbeilegung generell,[64] als unverbindliche Verfahrensalternative durchgesetzt.[65] So sind etwa auch die Schlichtungsregeln der WIPO im Englischen als „WIPO Mediation Rules“ bezeichnet. 39

Eine allgemeingültige Definition für Mediation existiert indes nicht. Der Begriff ist aus dem Englischen übernommen und bedeutet wörtlich übersetzt „Vermittlung“. Mediation wird regelmäßig als **kooperative Konfliktlösungsmethode** verstanden, bei der eine neutrale dritte Person, nämlich der Mediator, die Parteien bei der Findung einer fairen, rechtsverbindlichen und selbstverantwortlichen Lösung eines Streits auf der Grundlage der vorhandenen rechtlichen, wirtschaftlichen, persönlichen und sozialen Gegebenheiten und Interessen unterstützt.[66] Dabei ist der Mediator lediglich Vermittler ohne eigene Entscheidungskompetenz, die Parteien entscheiden vielmehr eigenverantwortlich. Es ist die vorrangige Aufgabe des Mediators, die Parteien dabei zu unterstützen. Seine Mitarbeit kann von der reinen Diskussionsleitung bis zu juristischen Hinweisen reichen.[67] 40

Grundgedanke der Mediation ist, in einer Auseinandersetzung eine Lösung zu finden, von der alle Parteien profitieren können (sog. „*win-win*“ Situation) und dadurch zu vermeiden, dass 41

---

[59] Vgl. https://www.wipo.int/amc/en/center/caseload.html; eine umfassende statistische Suche findet sich unter: https://www.wipo.int/amc/en/domains/statistics/.

[60] Siehe dazu Pitz → § 4.

[61] Siehe dazu Timmann → § 5; zum einstweiligen Verfügungsverfahren siehe etwa auch unten Rektorschek → § 10 Rn. 22 ff. (Kosten); Sajuntz/Wiggenhorn → § 25 Rn. 80 ff. (Gegendarstellung), Nordemann/Czychowski → § 40 Rn. 329 ff. (Verletzungsfall) oder Rn. 799 ff. (prozessuale Möglichkeiten); Middelhoff/Zarm → § 42 Rn. 135 ff. (Designrecht).

[62] Siehe dazu Rektorschek → § 6 Rn. 6 f. sowie → § 10 Rn. 19 (Kosten).

[63] Siehe dazu Schoenen → § 42 Rn. 237 ff.

[64] Zur terminologischen Unsicherheit siehe Trenczek DS 2009, 66 (68).

[65] Henssler/Schwackenberg MDR 1997, 409; Brinkamp/Spillner BRAK-Mitt. 2007, 147; Beckmann DStR 2007, 583; unter Bezugnahme auf das neue MediationsG: Lörcher/Lissner GRUR-Prax 2012, 318.

[66] Büchner (ua)/Groner/Winograd, Gewerblicher Rechtsschutz, Außergerichtliche Streiterledigung, 1998, E, Rn. 99; Henssler/Koch/Eidenmüller, Mediation in der Anwaltspraxis, § 2 Rn. 21 und 51; Kraft VersR 2000, 935; Risse Wirtschaftsmediation § 1 Rn. 9 ff.

[67] Der Mediator soll dabei nicht bloß unparteilich, sondern „allparteilich“ agieren, dh sich um beide Parteien in besonderer Weise bemühen, ohne eine von ihnen zu bevorzugen, siehe Ulrich/Vogt DS 2009, 217 (221 f.).

es einen Gewinner und einen Verlierer gibt.[68] So mündet die Mediation auch nicht in einer (schieds-)gerichtlichen Entscheidung, sondern in einem Vertrag; die Parteien sollen sich „vertragen". In einer Mediation geht es nicht um Rechtsanwendung, sondern um Rechtsverwendung,[69] das Recht dient vor allem der Fairnesskontrolle.

42 **Wesensmerkmale der Mediation,** die diese Verfahrensalternative insbesondere von Schieds- und staatlichen Gerichtsverfahren[70] unterscheidet, ist die Möglichkeit, eine Entscheidung orientiert allein an den wirtschaftlichen oder sonstigen Interessen der Parteien treffen zu können,[71] und die Tatsache, dass die Parteien selber eine Streitentscheidung treffen und nicht etwa der Mediator.[72] Weiter sind in einer Mediation Vereinbarungen möglich, die es etwa dem Mediator erlauben, Schriftstücke von einer Partei entgegenzunehmen, ohne diese auch der Gegenpartei offenzulegen. Dies ermöglicht dem Mediator, sich ein besseres Bild von den Umständen der betroffenen Streitigkeit zu machen, ohne dass gleichzeitig die Gegenpartei möglicherweise besonders vertrauliche Dokumente oder Informationen in die Hand bekommt. Diese Möglichkeit, die auf dem Prinzip der vollkommenen Freiwilligkeit und der damit verbundenen weitestgehenden Privatautonomie der Parteien beruht, stellt, wie auch das Mittel der sog. *„caucuses"* (oder *„caucus sessions"*), in denen es dem Mediator erlaubt ist, sich in vertraulichen Einzelgesprächen separat nur mit einer Partei zur Erörterung des Falles zu treffen (eine solche Befugnis regelt etwa Art. 12 WIPO Mediation Rules), ein Alleinstellungsmerkmal der Mediation dar und verdeutlicht das Potential dieser Streitbeilegungsform.[73]

2. Rechtliche Grundlagen eines Mediationsverfahrens

43 Mediationsverfahren sind grundsätzlich nicht an eine Rechtsordnung gebunden. Gesetzliche Regelungen wie etwa das 10. Buch der ZPO für die Schiedsgerichtsbarkeit gab es für die Mediation in Deutschland lange Zeit nicht. Um der Mediation als sich immer größerer Beliebtheit erfreuenden Streitbeilegungsalternative einen gesetzlichen, europaweit einheitlichen und vergleichbaren Rahmen zu geben, haben das Europäische Parlament und der Rat der Europäischen Union am 21. Mai 2008 die „Richtlinie über bestimmte Aspekte der Mediation in Zivil- und Handelssachen" (Richtlinie 2008/52/EG, „Mediationsrichtlinie")[74] erlassen.[75] Diese Richtlinie wurde in Deutschland mit Inkrafttreten des Mediationsgesetzes am 27. Juli 2012 umgesetzt.[76] Der Gesetzgeber hat dabei die grundsätzliche „Drei-V-Konzeption" der europäischen Richtlinie – Vertraulichkeit,[77] Verjährungshemmung[78] und Vollstreckbarkeit[79] – übernommen.[80]

44 Mit der Legaldefinition der Mediation als vertraulichem, strukturiertem Verfahren, bei dem Parteien mit Hilfe eines oder mehrerer Mediatoren freiwillig und eigenverantwortlich eine einvernehmliche Beilegung ihres Konflikts anstreben,[81] sowie der Festlegung der Aufgaben des Mediators als allparteilichem[82] Vermittler und Förderer eigenverantwortlicher Kommunikation,[83] wurde zunächst das bislang allgemein anerkannte Verständnis der Mediation[84] gesetzlich verankert. Hervorzuheben ist hierbei insbesondere, dass dem Mediator nach § 2 Abs. 3 S. 3 Media-

[68] Büchner (ua)/Groner/Winograd, Gewerblicher Rechtsschutz, Außergerichtliche Streiterledigung, 1998, E, Rn. 94; Prütting ZAP 2018, 335 (337); zum sog. Harvard-Konzept siehe auch Kraft VersR 2000, 935 (936); Risse Wirtschaftsmediation § 2 Rn. 34; Schäfer MDP 2001, 111.

[69] Mähler/Mähler FPR 1996, 16.

[70] Zum Vergleich von Schieds- und Mediationsverfahren siehe die tabellarische Gegenüberstellung bei Dendorfer/Lack SchiedsVZ 2007, 195 (197).

[71] Trenczek DS 2009, 66 (69); Prütting ZAP 2018, 335 (337).

[72] Der Erfolg einer Mediation setzt daher auch eine entsprechend umfangreiche Entscheidungskompetenz der Beteiligten voraus, Haft/Schlieffen Mediation-HdB/Risse § 35 Rn. 54; Labes DZWir 1998, 353 (360).

[73] Zur gesetzgeberischen Rezeption der „Caucuses" siehe unten → Rn. 44 und 74.

[74] https://eur-lex.europa.eu/LexUriServ/LexUriServ.do?uri=OJ:L:2008:136:0003:0008:DE:PDF.

[75] Sujecki EuZW 2010, 7 ff.

[76] Vgl. zum Gesetz im Allgemeinen: Lörcher/Lissner GRUR-Prax 2012, 318; ausführlich zum Mediationsgesetz: Greger/Unberath/Steffek/Greger Kap. B.

[77] Art. 7 Mediationsrichtlinie.

[78] Art. 8 Mediationsrichtlinie; siehe zur Verjährungshemmung durch Mediation unten → Rn. 91.

[79] Art. 6 Mediationsrichtlinie.

[80] BT-Drs. 17/8058, 1.

[81] § 1 MediationsG.

[82] Siehe zum nunmehr unverändert übernommenen § 2 des Referentenentwurfes Diop/Steinbrecher BB 2011, 131 (131 f.).

[83] § 2 MediationsG.

[84] → Rn. 40.

tionsG im allseitigen Einverständnis gestattet ist, getrennte Gespräche mit den Parteien zu führen. Diese „*Caucuses*“ bieten dem Mediator die Möglichkeit, „unter vier Augen“ die Interessen der jeweiligen Parteien zu erforschen, ohne dass diese sich dabei gleichzeitig ihrem Konfliktgegner gegenübersehen und sich diesem offenbaren müssen.[85] Von diesem Instrument kann der Mediator damit zum Aufbrechen verhärteter Fronten bis hin zur reinen „*Shuttle Diplomacy*“ Gebrauch machen.[86]

§ 4 MediationsG regelt die **Verschwiegenheitspflicht des Mediators** sowie aller „in die Durchführung des Mediationsverfahrens eingebundener Personen“. Nicht erfasst von der Verpflichtung sind die Parteien, ihre Rechtsanwälte und sonstige am Mediationsverfahren Beteiligte (zB Sachverständige).[87] Um die Vertraulichkeit auch im Verhältnis zu den Parteien zu gewährleisten, ist deshalb der Abschluss einer vertraglichen Verschwiegenheitsabrede erforderlich.[88] Möglich ist auch die Vereinbarung der Anwendbarkeit einer Verfahrensordnung, die eine Geheimhaltungspflicht für die Parteien bzw. alle Beteiligten vorschreibt (zB Art. 16 S. 1 WIPO MedO, s. u. Rn. 85).[89] Im MediationsG fehlt zudem eine ausdrückliche Regelung zur Vollstreckbarkeit. Das zunächst vorgesehene gesonderte Verfahren zur Vollstreckbarerklärung einer Mediationsvereinbarung wurde im Gesetzgebungsverfahren wieder fallen gelassen; der Gesetzgeber verweist insofern auf die bereits bestehenden Möglichkeiten der notariellen Beurkundung, der Vereinbarung oder deren gerichtlicher Protokollierung (§ 794 Abs. 1 Nr. 5 ZPO), sowie die Form des Anwaltsvergleichs (§ 796a ZPO).[90] Auch besteht weiterhin die Möglichkeit, die Mediation mit einem Schiedsverfahren zu verbinden und das Mediationsergebnis als Schiedsspruch mit vereinbartem Wortlaut vollstreckbar zu machen. Hierbei sind aber die Grenzen des *ordre public* zu beachten.[91] 45

Gesetzgeberisches Neuland wurde dagegen mit der erstmaligen Regelung der Anforderungen an Aus- und Fortbildung von Mediatoren sowie der Einführung des „zertifizierten Mediators“ als Nachweis einer entsprechenden Qualifikation (§ 5 MediationsG) betreten.[92] Die Anforderungen an die Aus- und Weiterbildung eines zertifizierten Mediators werden näher in der von der Bundesregierung aufgrund der in § 6 MediationsG enthaltenen Ermächtigung erlassenen Verordnung über die Aus- und Fortbildung von zertifizierten Mediatoren (ZMediatAusbV) konkretisiert, welche zum 1. September 2017 in Kraft trat. 46

Das Gesetz beschränkt sich also im Wesentlichen auf eine gesetzliche „Grundsicherung“ des Mediationsverfahrens, ohne in dieses selber (über)regulierend einzugreifen. Das Verfahren bleibt damit weiterhin in den Händen der Parteien; sie können sich selber auf der Grundlage der dargestellten Regelungen eine eigene, ausschließlich an ihren Bedürfnissen orientierte und auf den konkreten Einzelfall zugeschnittene **Mediationsordnung** geben.[93] 47

Alternativ zu einer selbstgewählten Mediationsordnung können die Parteien die Verwendung einer vorformulierten Verfahrensordnung vereinbaren, wie sie etwa von den großen Schiedsgerichtsorganisationen[94] angeboten werden. Auf den gewerblichen Rechtsschutz spezialisiert und somit den typischen Bedürfnissen von Parteien einer Streitigkeit aus diesem Bereich Rechnung tragend, bietet das bereits angesprochene **WIPO Mediation Center** umfassende Regelungen zur 48

[85] Näher zur Durchführung der Caucus-Mediation sowie zu dessen Vor- und Nachteilen Eidenmüller ZIP 2016, Beilage zu Heft 22, 18; siehe zur ähnlich gelagerten Rolle eines Notars Walz NJW 2002, 3446 (3447 f.).

[86] Tochtermann JuS 2005, 131 (132); Walz MittBayNot-Sonderhefte 2000, 32 (34); grundsätzlich zur „Shuttle Diplomacy“ als Instrument der Verhandlungsleitung Schneeweiß MittBayNot 2000, 524 (526 f.).

[87] MüKoZPO/Ulrici Anh. zu § 278a MediationsG Rn. 31, Greger ZRP 2010, 209 (211).

[88] Hauser SchiedsVZ 2015, 89 (91); Greger ZRP 2010, 209 (211); vgl. hierzu ebenfalls Wagner NJW 2001, 1398.

[89] Hauser SchiedsVZ 2015, 89 (91).

[90] BT-Drs. 17/8058, 21.

[91] Zu den Möglichkeiten der Vollstreckbarmachung → Rn. 93 ff., zum Schiedsspruch mit vereinbartem Wortlaut → Rn. 96 und zum ordre public → Rn. 182.

[92] Die Aus- und Weiterbildung des Mediators soll demnach Kenntnisse über Grundlagen der Mediation, deren Ablauf und Rahmenbedingungen, Verhandlungs- und Kommunikationstechniken, Konfliktkompetenz, Kenntnisse über das Recht der Mediation und über die Rolle des Rechts in der Mediation sowie praktische Übungen, Rollenspiele und Supervision vermitteln. Damit dürften auch Streitigkeiten über die Berechtigung zur Führung einer solchen Bezeichnung der Vergangenheit angehören, vgl. BGH 1.7.2002 – AnwZ (B) 52/01, NJW 2002, 2948; noch kritisch zur fehlenden Spezifizierung der Ausbildungsinhalte im ursprünglichen Regierungsentwurf von Seltmann NJW-Spezial 2011, 126.

[93] Eine Empfehlung für Verfahrensregelungen, die in einer Art Mediationsordnung möglichst enthalten sein sollten, findet sich am Ende dieses Beitrags in der 1. Beratungscheckliste dort unter 4. Siehe auch die ausformulierte Mediationsverfahrensordnung des Europäischen Instituts für Conflict Management (eucon, vormals gwmh) abrufbar unter http://www.eucon-institut.de/mediation/mediationsordnung/ [Stand: 28.2.2022]; vgl. auch Risse NJW 2000 1614 (1615) („Verhandlungsvertrag“).

[94] → Rn. 30 ff.; weitere Schiedsinstitutionen genannt bei: v. Rechenberg/Ludwig Kölner HGR-HdB/Lörcher Kap. 33 Rn. 64 ff.

Verwendung an.[95] Neben den WIPO Mediation Rules ermöglicht eine weitere Verfahrensoption der WIPO die Kombination der WIPO Schlichtungs- und Schiedsregeln. Kommt es im Schlichtungsverfahren innerhalb eines festgelegten Zeitraums zu keiner Einigung oder möchte eine Partei an dem Schlichtungsverfahren nicht weiter teilnehmen, schließt sich zwingend ein Schiedsverfahren an. Eine derartige kumulative Anwendung bedarf indes einer entsprechenden Parteivereinbarung im Rahmen einer Schieds- und Schlichtungsklausel.

49 Weiter kann sich die rechtsuchende Partei auch an eine der etwa beim Deutschen Patentamt eingerichteten Schieds-, Schlichtungs- und Einigungsstellen wenden, die jeweils nur für Streitigkeiten aus den speziellen Gesetzen zuständig sind, in denen sie aufgeführt sind.[96] Ziel der verschiedenen Verfahren dieser Art ist, unter der Leitung eines erfahrenen Juristen des Patentamtes oder Patentgerichts eine rasche und effiziente Streitentscheidung herbeizuführen.

3. Voraussetzungen für die Durchführung eines Mediationsverfahrens

50 **a) Mediationsvereinbarung.** Kennzeichnend für sämtliche unverbindlichen Verfahren und so auch für die Mediation ist insbesondere, dass eine **Mediationsvereinbarung der Parteien (bzw. Mediationsklausel oder -abrede)** vorliegen muss.[97] Eine Mediationsvereinbarung kann vor oder bei Beginn, während oder nach der Mediation vereinbart werden. Um im Konfliktfall eine Mediation schnell durchführen zu können, empfiehlt es sich allerdings, eine Mediationsvereinbarung schon in den grundlegenden Vertrag aufzunehmen. Ist der Konfliktfall erst eingetreten, ist der Weg in die Mediation oft schwieriger.[98] Bislang enthalten bestehende Vertragsverhältnisse im Bereich des gewerblichen Rechtsschutzes eher selten Mediationsvereinbarungen.[99] Der WIPO Webpage[100] kann lediglich entnommen werden, dass eine Reihe von Schieds- bzw. Mediationsverfahren bei der WIPO angemeldet (über 70 sog. Requests) und auch teilweise bereits durchgeführt wurden.

51 An den Inhalt einer Mediationsvereinbarung werden keine besonderen Anforderungen gestellt. Wichtig ist nur, dass unzweifelhaft deutlich wird, dass die Parteien eine oder mehrere Streitigkeiten in einem Mediationsverfahren entscheiden lassen wollen. Die eigentliche **Formulierung steht in der Privatautonomie der Parteien.** Eine typische Mediationsvereinbarung kann etwa wie folgt lauten:

Formulierungsvorschlag:

Streitigkeiten, die sich im Zusammenhang mit diesem Vertrag oder über dessen Gültigkeit ergeben, werden im Wege der Mediation nach Billigkeitsgrundsätzen beigelegt.

52 Darüber hinaus können erforderlichenfalls noch der Mediationsort und die Verfahrenssprache bestimmt werden. Wollen sich die Parteien den Regeln einer standardisierten Verfahrensordnung unterwerfen, die von anerkannten Institutionen oder vergleichbaren Organisationen zur Verwendung angeboten werden, ist darauf zu achten, dass die jeweilige Institution genau benannt wird. Folgende entsprechende Formulierung kann dabei bereits genügen:

Formulierungsvorschlag:

Die Parteien verpflichten sich, bei Meinungsverschiedenheiten im Zusammenhang mit und aus diesem Vertrag eine Mediation nach den Regeln der Verfahrensordnung der […] (Institution/Organisation) durchzuführen.

---

95 Aktuelle WIPO Mediation Rules vom 1.7.2021 abrufbar unter: https://www.wipo.int/amc/en/mediation/rules/index.html.

96 Büchner (ua)/Winkler, Gewerblicher Rechtsschutz, Außergerichtliche Streiterledigung, 1998, A, Rn. 207; A. Schneider Mediation GewRS S. 9 ff.

97 Umfassend dazu Töben RNotZ 2013, 321; zu den vertraglichen Regelungen im Rahmen einer Mediation: Schwartz/Thomas DStR 2009, 2338.

98 Schäfer TMR Vol. 94, 2004, 695 (697).

99 S. dazu van Raden BB 1999, Beilage 9, 17 (20).

100 Vgl. https://www.wipo.int/amc/en/center/caseload.html; Casestudies unter: https://www.wipo.int/amc/en/mediation/case-example.html.

Die von der WIPO empfohlene Klausel[101] zur Verwendung der WIPO Mediation Rules lautet: 53

Formulierungsvorschlag:

Alle Streitigkeiten, die sich aufgrund dieses Vertrags oder späterer Änderungen dieses Vertrags ergeben oder sich auf diesen beziehen, einschließlich (ohne Einschränkung hierauf) dessen Entstehung, Gültigkeit, bindende Wirkung, Auslegung, Durchführung, Verletzung oder Beendigung, sowie außervertragliche Ansprüche sind dem Mediationsverfahren gemäß den Regeln für das Mediationsverfahren der WIPO zu unterwerfen. Der Ort des Mediationsverfahrens soll [...] sein. In dem Mediationsverfahren soll die [...] Sprache verwendet werden.

Mit einer dieser Formulierungen haben die Parteien die Einleitung eines Mediationsverfahrens vertraglich vereinbart. 54

Sinn und Zweck einer Mediation hängen entscheidend davon ab, dass das laufende Verfahren nicht durch Erhebung einer Klage gestört wird. Regelmäßig wird daher im Rahmen einer Mediationsvereinbarung festgelegt, dass der **ordentliche Rechtsweg für die Dauer der Mediation ausgeschlossen** sein soll. Insoweit liegt ein Prozessvertrag vor, der einen dilatorischen Klageverzicht bis zur Beendigung des Mediationsverfahrens begründet, mit der Folge, dass eine Klage als derzeit unzulässig abzuweisen wäre.[102] Die grundsätzliche Zulässigkeit einer solchen Abrede wird aufgrund der Dispositionsmaxime im allgemeinen Zivilprozessrecht als wirksam erachtet.[103] 55

Eine Mediation kann aber auch als quasi **letzter Versuch einer gütlichen Einigung genutzt werden, bevor es zu einem Schieds- oder staatlichen Gerichtsverfahren kommt.** Diese Möglichkeit kann auch bereits in der Mediationsvereinbarung festgeschrieben werden, eventuell gar mit einer Fristsetzung, was erfahrungsgemäß den (zeitlichen) Druck auf das Mediationsverfahren erhöht. Eine solche Klauselergänzung könnte (ergänzend zu oben abgefassten Mediationsvereinbarungen) wie folgt lauten: 56

Formulierungsvorschlag:

Sollte im Rahmen des Mediationsverfahrens binnen [angemessener Frist] keine Lösung erreicht werden oder beide Parteien übereinstimmend das Mediationsverfahren für gescheitert erklären, ist jede Partei berechtigt, ein (schieds-)gerichtliches Verfahren einzuleiten.

Ebenso können die Parteien die Möglichkeit festschreiben, die **Initiierung oder Fortsetzung eines gleichzeitig geführten streitigen Verfahrens** sicherzustellen: 57

Formulierungsvorschlag:

Die Durchführung eines Mediationsverfahrens hindert die Parteien nicht daran, ein Schieds- oder Gerichtsverfahren einzuleiten oder weiterzuführen.

b) Mediationsfähigkeit. Ferner kann ein Streitgegenstand nach deutschem Recht nur dann außergerichtlich verhandelt und entschieden werden, wenn und soweit sich die Parteien diesem durch eine privatrechtliche Parteivereinbarung unterwerfen können. Nur in wenigen Gebieten, wie im Arbeitnehmererfindungsrecht[104], dem ICANN-Verfahren oder bei verbands- bzw. vereinsinternen Streitigkeiten, werden die Parteien durch Satzung oder Gesetz zunächst verpflichtet, ein ADR Verfahren durchzuführen. Bei Verträgen mit Auslandsbezug ist die Mediationsfähigkeit im Zweifel nach dem jeweils maßgeblichen Recht zu prüfen.[105] 58

[101] https://www.wipo.int/amc/de/clauses/mediation/index.html; weitere Klauseln der WIPO sind abgedruckt unter: https://www.wipo.int/amc/en/clauses/index.html; Unterstützung bietet ein sog. „WIPO Clause Generator".

[102] → Rn. 91.

[103] Thomas/Putzo/Seiler ZPO vor § 253 Rn. 33; Zöller/Greger ZPO vor § 253 Rn. 19a.

[104] Siehe dazu Nordemann/Czychoviski → § 40 Rn. 151 ff.; Kaboth S. 64 f.; Schäfer MDP 2001, 109 f.

[105] Zur internationalen Behandlung des Mediationsverfahrens selber siehe Greger/Unberath/Steffek/Steffek Kap. F I.

59 Das Ergebnis einer Mediation stellt an sich keine abschließende Entscheidung dar. Sie erlangt nur dann Wirksamkeit, wenn die Parteien einig und willens sind, dieses Ergebnis auch zu befolgen. Mithin ist das **Mediationsverfahren nichts Anderes als ein Vergleichs- bzw. ein außergerichtliches Einigungsverfahren** der Parteien. Die Mediationsfähigkeit über einen Streitgegenstand wäre mithin nur dann zu verneinen, wenn dieser der Dispositionsbefugnis der Parteien generell entzogen oder wenn eine Partei in ihrer Selbstbestimmung beschränkt ist, weil beispielsweise Druck oder Zwang ausgeübt wird. Für den Bereich des gewerblichen Rechtsschutzes sind insbesondere nachfolgende Fallkonstellationen auf ihre Mediationsfähigkeit zu untersuchen.[106]

60 Über die Geltendmachung eines **Anspruchs aus einem erteilten Schutzrecht** (beispielsweise Ansprüche aus einem Patent und seiner Geltendmachung) kann der Schutzrechtsinhaber grundsätzlich frei verfügen und einen Vergleich abschließen. Somit sind derartige Streitigkeiten auch zweifellos mediationsfähig, denn ebenso wie in Patentverletzungsprozessen Vergleiche geschlossen werden können, kann auch durch eine Mediation über Unterlassungs- und Ersatzansprüche aus der Verletzung von gewerblichen Schutzrechten oder etwa Zahlung von Lizenzgebühren entschieden werden.[107]

61 Die Frage, ob die **Gültigkeit gewerblicher Schutzrechte** Gegenstand von Vergleichen und somit einer Mediation sein kann, ist nicht mit der gleichen Eindeutigkeit zu beantworten, denn gewerbliche Schutzrechte werden durch staatlichen Hoheitsakt begründet und sind folglich der Parteidisposition entzogen. So kann durch eine Mediation weder ein Patent für nichtig erklärt noch die Löschung einer Marke oder eines anderen Schutzrechtes angeordnet werden, vielmehr ist dies nach §§ 65, 81 PatG ausschließlich den zuständigen Patentgerichten vorbehalten.

62 Gegenstand eines Vergleichs und somit auch einer Mediation kann indes der Verzicht auf ein Recht oder die Einwilligung in die Löschung sein. Mithin kann sich eine Partei im Rahmen einer Mediation zur Abgabe von Erklärungen und Einwilligungen verpflichten, die Grundlage für die Eintragung oder die Löschung in dem entsprechenden Register sein können. Wird anschließend in Befolgung des Mediationsvorschlags etwa der so erzielte Verzicht des Patentrechtinhabers dem Deutschen Patentamt gegenüber durch Abgabe einer entsprechenden Verzichtserklärung erklärt, so führt diese Erklärung nach § 20 Abs. 1 Nr. 1 PatG zum Erlöschen des Patents. Die Tatsache, dass diese Erklärung aus einer Mediation herrührt, ist dabei nicht von Bedeutung. Allein der Mediationsspruch ohne anschließende formelle Erklärung gegenüber dem Patentamt genügt jedoch den Voraussetzungen des Patentgesetzes nicht.[108]

63 Die Verhandlung über die **Einräumung einer Zwangslizenz** ist wegen des vorrangigen öffentlichen Interesses ebenfalls der Disposition der Parteien entzogen. Etwas anderes gilt allerdings wiederum dann, wenn sich die Parteien im Rahmen eines Zwangslizenzverfahrens über die Erteilung einer Lizenz einvernehmlich einigen konnten. Dann handelt es sich eben nicht mehr um eine Zwangslizenz im eigentlichen Sinne, sondern um die Erteilung einer rechtsgeschäftlich vereinbarten Lizenz. Darin ist letztlich nur eine zulässige Ausübung der Befugnisse des Schutzrechtsinhabers zu sehen.

64 **Nichtangriffsabreden** im Patent- und Markenrecht können unter bestimmten Voraussetzungen einen Verstoß gegen geltendes Recht darstellen. Zwar unterliegen solche Abreden grundsätzlich der Dispositionsbefugnis der Parteien, dem generell geltenden Prinzip der Privatautonomie sind aber die allgemein anerkannten zivilrechtlichen Grenzen gesetzt, an denen im Einzelfall die Zulässigkeit einer Nichtangriffsklausel scheitern kann. Somit können Nichtangriffsabreden zwar Gegenstand einer Mediationsvereinbarung sein, Wirksamkeit erlangen diese Abreden aber nur dann, wenn sie in Übereinstimmung mit den rechtlichen und gesetzlichen, insbesondere kartellrechtlichen Grundsätzen stehen.[109] Dabei werden im Markenrecht öffentliche Belange stärker berücksichtigt als im Patentrecht mit der Folge, dass in Markensachen die Vereinbarung einer solchen Abrede in einer Mediation nicht mit den gewünschten Wirkungen möglich ist.[110]

---

[106] Vgl. Lörcher/Lissner GRUR-Prax 2012, 318 (320) für eine Auflistung der mediations(un)fähigen Streitgegenstände im gewerblichen Rechtsschutz.

[107] Vgl. Haft/Schlieffen Mediation-HdB/Chrocziel/Samson-Himmelstjerna § 39 Rn. 7; van Raden BB 1999, Beilage 9, 17 (18).

[108] Haft/Schlieffen Mediation-HdB/Chrocziel/Samson-Himmelstjerna § 39 Rn. 8; van Raden BB 1999, Beilage 9, 17 (18); zu den besonderen Anforderungen bei Vergleichsverträgen: Greger/Unberath/Steffek/Greger MediationsG § 2 Rn. 295 ff.

[109] Unzulässig dürften besonders Vereinbarungen bei gegebener Löschungsreife etwa einer Marke (infolge Nichtbenutzung) oder nach Ablauf der Schutzdauer beispielsweise eines Patentes sein. Ausführlich zu kartellrechtlichen Aspekten: → Lubitz § 47.

[110] Van Raden BB 1999, Beilage 9, 17 (19); A. Schneider Mediation GewRS S. 170 ff.

Schließlich ist die Mediationsfähigkeit auch bei Streitigkeiten zu überprüfen, bei denen die in Frage stehenden Schutzrechte mehreren Inhabern zustehen. Fraglich ist, ob in solchen Fällen auch dem einzelnen **Miterfinder, Miturheber bzw. Markenmitinhaber** die Befugnis eingeräumt werden kann, über seinen Teil nach eigenem Belieben zu verfügen mit der Folge, dass etwa eine Einigung mit einem Dritten innerhalb einer Mediation auch für die anderen Miterfinder bzw. Markeninhaber verbindlich ist. Sind die Miterfinder bzw. Markenmitinhaber als Bruchteilsgemeinschaft gemäß der §§ 741 ff. BGB zu qualifizieren, haben sie grundsätzlich keine Befugnis, über das zugrundeliegende Patent oder die zugrundeliegende Marke zu verfügen oder diese nach Belieben zu verwalten. Etwas anderes gilt lediglich für den Fall einer Notsituation, in welcher nach § 744 Abs. 2 BGB alle notwendigen Erhaltungsmaßnahmen getroffen und auch im Außenverhältnis wirksam vertreten werden können. In einem solchen Fall ist es dem Miterfinder oder Markenmitinhaber möglich, ein Mediationsergebnis im Namen aller Miterfinder bzw. Markeninhaber zu vereinbaren.[111] 65

4. Ablauf eines Mediationsverfahrens

Im Folgenden soll der typische Verfahrensablauf einer *ad-hoc* Mediation sowie anschließend der systematisch davon abweichende Ablauf eines WIPO Schlichtungsverfahrens dargestellt werden. Der Verfahrensgang nach den WIPO Mediation Rules enthält Elemente eines Schiedsverfahrens, unterscheidet sich aber von diesem vor allem durch die vereinfachte Möglichkeit der Parteimitwirkung, kürzere Fristen, besondere Geheimhaltungsregelungen und eine Streitentscheidung durch die Parteien selber. 66

a) Gang eines *ad-hoc* Verfahrens. Auf eine detaillierte Erläuterung des vollständigen Verfahrensablaufs einer Mediation ist mit Rücksicht auf den Rahmen der vorliegenden Publikation verzichtet worden.[112] 67

Die Einleitung und Durchführung eines *ad-hoc* Mediationsverfahrens folgt keinen starren Verfahrensregeln, vielmehr sind die **Parteien in der Verfahrensgestaltung weitestgehend frei.** Es hat sich allerdings eine gewisse Üblichkeit herausentwickelt und danach verläuft eine Mediation typischerweise in mehreren Phasen.[113] 68

aa) Konstituierung. Zunächst haben die Parteien einen Mediator zu benennen.[114] In aller Regel einigen sich die Parteien auf einen **gemeinsamen Mediator.** Nur in ungewöhnlichen Ausnahmefällen, wenn beispielsweise die Streitsumme oder die besondere Komplexität des Falles dies gebietet, empfiehlt sich ein Dreiergremium. 69

Praxistipp:

Bei der Auswahl des Mediators sollte seine spezielle Sachkunde bezogen auf den betroffenen Streitgegenstand und/oder das betroffene Rechtsgebiet berücksichtigt werden. Darüber hinaus sollte er möglichst Erfahrung als Mediator und ggf. erforderliche Sprachkenntnisse besitzen. Den Parteien steht es frei, weitere Anforderungen an den Mediator zu stellen, die sich aus den Notwendigkeiten des konkreten Falles ergeben.

Üblicherweise schlägt die die Mediation einleitende Partei der Gegenseite bereits mit Initiierung eine oder mehrere Personen namentlich vor, die neutral, unabhängig und unparteilich sein sollten. Sollte die Gegenpartei der oder den vorgeschlagenen Personen nicht zustimmen können, schlägt sie ihrerseits geeignete Personen vor. Die schließlich so bestimmte Person kann anschließend zwecks Mandatsannahme angesprochen werden. Ein Grund, das Mandat abzulehnen, kann etwa ein vorliegender Interessenkonflikt oder ganz einfach mangelnde zeitliche Verfügbarkeit sein. 70

[111] A. Schneider Mediation GewRS S. 204 ff.

[112] Siehe aber den durchgespielten Beispielsfall bei Haft/Schlieffen Mediation-HdB/Chrocziel/Samson-Himmelstjerna § 39 Rn. 31 ff.; Schäfer TMR Vol. 94, 2004, 695 (698 ff.); Nistler JuS 2010, 685 (687 ff.); sowie sehr eingehend Risse Wirtschaftsmediation §§ 4 bis 13.

[113] Eisele JURA 2003, 656 (660 f.); Kraft VersR 2000, 935 (937 ff.); Nistler JuS 2010, 685 (687 ff.); Risse NJW 2000, 1614 (1615 ff. mwN).

[114] Zu den Anforderungen an einen Mediator siehe Ulrich/Vogt DS 2009, 305.

71 Verweigert die Gegenpartei konsequent die Benennung eines Mediators, so stehen **keine Ersatzbenennungsvorschriften** wie etwa für die Konstituierung eines Schiedsgerichts (§ 1035 Abs. 4 ZPO) zur Verfügung; die Mediation ist vielmehr bereits vor dem eigentlichen Verfahrensbeginn gescheitert. Es verbleibt lediglich der Weg in ein staatliches Gerichtsverfahren oder ggf. in ein Schiedsgerichtsverfahren. Hier wirkt sich die völlige Freiwilligkeit der Mediation (negativ) aus, denn die Mediation setzt ja gerade voraus, dass beide Parteien aktiv an der Einleitung und Durchführung eines Mediationsverfahrens mitwirken, weil sie sich beide von einem solchen Verfahren Vorteile versprechen. Etwas anderes gilt, wenn sich die Parteien für ein institutionelles Verfahren entscheiden. Die institutionellen Verfahrensordnungen sehen regelmäßig eine Ersatzbenennungsmöglichkeit vor (Art. 7 (a) WIPO Mediation Rules,[115] Art. 4 Abs. 2 UNCITRAL Schlichtungsordnung[116]) oder die Institution übernimmt die Benennung des Mediators gänzlich selber bzw. kann auch nur eine Vorschlagsliste an die Parteien übergeben (Art. 5 Abs. 2 ICC Vergleichsordnung, Art. 7 Abs. 2 S. 2 Wiener Mediationsregeln[117]), im Zweifel erst auf Antrag der Parteien (§ 8 Abs. 1, § 10 DIS-Schlichtungsordnung). Jedoch besteht auch in diesen Fällen im weiteren Verlauf immer die Gefahr des Scheiterns einer Mediation durch Verweigerung einer Partei.

72 *bb) Vorgespräche und Mediationsordnung.* Nachdem der so bestimmte Mediator – ggf. auch telefonisch – einen ersten Kontakt mit den Parteien aufgenommen hat, sind zunächst die Motivation und die Erwartungen der Parteien zu erörtern. Der Mediator seinerseits erläutert die Grundzüge der Mediation und erklärt den formellen Ablauf des Verfahrens. Gemeinsam mit den Parteien bespricht er einen geeigneten Verfahrensablauf, der idealerweise durch kurze Fristen und Zeitvorgaben ebenso wie bei schriftlichen Äußerungen durch konkrete Seitenvorgaben bestimmt wird. Es werden klare Grundregeln vereinbart, die in einer Mediationsordnung festgehalten werden.[118] Gegebenenfalls werden zusätzlich Kommunikationsregeln festgelegt (gegenseitiges ausreden lassen; nur der Mediator darf unterbrechen; verletzende Äußerungen sind untersagt etc.). In dieser Phase geht es vorrangig darum, ein **vertrauensvolles und offenes Klima** zwischen den Parteien und mit dem Mediator aufzubauen. Damit wird die Basis für das gesamte Mediationsverfahren gelegt, weshalb dieser Phase eine besondere Bedeutung zukommt.

73 *cc) Interessenerforschung.* Anschließend erfolgt eine erste Bestandsaufnahme. Die Parteien präsentieren ihren Fall und es beginnt eine Erörterung der Sach- und Rechtslage. Dabei schildern die Parteien nacheinander ihre Sicht des Konfliktes, die jeweils andere Partei beschränkt sich auf das Zuhören. Der Mediator sammelt streitige Punkte bzw. offene Fragen, Informationen sowie Übereinstimmungen und Nichtübereinstimmungen. Der Mediator verschafft sich eine möglichst breite Kenntnis über die Hintergründe des betreffenden Sachverhaltes und identifiziert die für die Parteien jeweils wichtigen Punkte. Vorwürfe, Vergangenheitsbezüge und etwa emotionale Sichtweisen der Parteien hat er in bewertungsfreie Themen umzuformulieren. Dies kann der Mediator durch lösungsorientierte Fragen[119] in gemeinsamen Sitzungen und/oder auch in vertraulichen Einzelgesprächen *(„caucuses")* organisieren.[120] Die Kunst des Mediators besteht darin, die **eigentlichen Interessen der Parteien** zu erforschen und Verständnis für die jeweils andere Sichtweise der Gegenseite zu wecken. Er hat zwar keine Befugnis, die Parteien zu etwas zu zwingen, kann aber die Parteien zumindest formal verpflichten, aufeinander zuzugehen, einander zu verstehen und verständlich zu machen, und sich um ein gemeinsam anzustrebendes Ergebnis zu bemühen.

74 Die rein rechtlichen Positionen der Parteien sind oft nicht miteinander vereinbar. Erfragt man jedoch die hinter diesen Positionen liegenden Interessen der Parteien, so zeigt sich, dass es durchaus Lösungswege geben kann, die beide Seiten zufrieden stellen. Dabei sind Ideenreichtum, Kreativität und Fantasie der Parteien und des Mediators gefordert. Für die *caucuses* schickt der Mediator die Parteien in separate Räume. So kann der Mediator selbst entwickelte Vergleichsmodelle zunächst zur internen Diskussion stellen. Die Kommunikation zwischen den Parteien erfolgt nunmehr hauptsächlich über den zwischen den Räumen der Parteien pendelnden Mediator *(„shuttle diplomacy")*, der Lösungsvorschläge der Gegenseite überbringt und diese mit den Parteien jeweils im Wechsel diskutiert.[121]

[115] https://www.wipo.int/amc/en/mediation/rules/.
[116] https://uncitral.un.org/sites/uncitral.un.org/files/media-documents/uncitral/en/conc-rules-e.pdf.
[117] https://www.viac.eu/de/schiedsverfahren/inhalte/wiener-regeln-2021-onlinefassung.
[118] Siehe die Muster-Checkliste unten → Rn. 192.
[119] Vgl. Dendorfer DB 2003, 135 (137); Risse NJW 2000, 1614 (1616); Kraft VersR 2000, 935 (938 f.).
[120] → Rn. 44 und 74.
[121] Eidenmüller ZIP 2016, Beilage zu Heft 22, 18; Kraft VersR 2000, 935 (939); Risse Wirtschaftsmediation § 7 Rn. 86 ff.; ders. NJW 2000, 1614 (1616).

dd) Konfliktlösung. Ist die Interessenlage der Parteien sorgfältig erarbeitet worden, wägt der Mediator die verschiedenen Lösungsvorschläge gemeinsam mit den Parteien ab und entwickelt Lösungsoptionen. Auch dies geschieht entweder einzeln oder in gemeinsamer Sitzung. Vorzugsweise kommen die Lösungsvorschläge von den Parteien selber. So entsteht eine höhere Akzeptanz. Der Mediator unterstützt durch gezielte Fragetechniken, vermittelt eigene Ideen und schlägt **individuelle, ggf. auch ungewöhnliche Lösungsmodelle** vor, die mit dem Berufsverständnis eines anstelle des Mediators angerufenen Richters oder Schiedsrichters im Zweifel unvereinbar wären.[122] Bereits in dieser Phase kann der erste Entwurf einer Vereinbarung erstellt werden. 75

Vielfach wird in dieser Phase noch einmal eine Beratung durch andere Fachleute, insbesondere **juristische Berater der Parteien,** stattfinden. Das Ergebnis dieser Rechtsberatung wird dann in die Mediation mit einbezogen. Es ist wichtig, dass sich die Parteien über die Konsequenzen einer Entscheidung vollumfänglich im Klaren sind. Eine befriedigende Lösung kann nur in Kenntnis aller Umstände gefunden werden. Obwohl viel für eine Mediation ohne begleitende Rechtsberatung der Parteien spricht, kann sich die Partei sogar während des gesamten Mediationsverfahrens von einem Parteivertreter vertreten lassen. Darüber hinaus ist es auch möglich, falls notwendig, Zeugen oder Sachverständige zu benennen bzw. zu laden. 76

ee) Mediationsvertrag. In der letzten Phase der rechtlichen Gestaltung wird ein gegebenenfalls erreichtes Ergebnis schriftlich in Form eines verbindlichen Vertrages verfasst. Dies wird in aller Regel der Mediator vornehmen. Je nach den Umständen des Einzelfalls kann ein Mediationsvertrag aber auch durch die beratenden Anwälte oder etwa einen Notar verfasst werden. Wie noch darzulegen sein wird,[123] kann diese Abschlussvereinbarung sogar in bestimmten Grenzen vollstreckbar gemacht werden. 77

Praxistipp:

Wichtig ist, dass **in dem Mediationsvertrag auch weitere Vorgehensweisen** (beispielsweise die Abgabe entsprechender Erklärungen gegenüber zuständigen Stellen) festgelegt und zukünftiges Verhalten vereinbart werden. Auch sollten Absprachen darüber enthalten sein, wie verfahren werden soll, wenn Veränderungen der Vereinbarung notwendig sind. So kann etwa vereinbart werden, dass die Parteien bei erneuten Streitigkeiten wiederum zunächst eine Mediation versuchen, bevor sie gerichtliche Schritte oder sonstige streitverschärfende Maßnahmen ergreifen.

ff) Kosten der Mediation. Die **Tätigkeit des Mediators wird meist zeitabhängig vergütet.** 78

Praxistipp:

Es wird empfohlen, den Mediator mit einem angemessenen Stundenhonorar zu entlohnen. Dafür spricht, dass Mediationsverfahren in der Regel wenig Zeit beanspruchen, was sich dann bei den Kosten widerspiegelt. Streitwertabhängige Gebühren in einer Höhe, wie sie beispielsweise von den meisten bestehenden Institutionen angeboten werden, wirken oft eher abschreckend. Alternativ kann eine feste Entlohnung mit einem Einmalbetrag zwischen den Parteien und dem Mediator vereinbart werden.

Weitere Kosten entstehen den Parteien für die eigene Parteivertretung, für ggf. eingesetzte Sachverständige oder Zeugen, sowie für die eigenen Auslagen.[124] Grundsätzlich besteht natürlich die Möglichkeit, auch diese Kosten zwischen den Parteien in Form einer Kostenvereinbarung zu verteilen, sollte dies für angemessen erachtet werden. 79

b) Gang eines Verfahrens nach den WIPO Mediation Rules (WIPO MedO). Ein Schlichtungsverfahren[125] nach der WIPO MedO kann überall auf der Welt stattfinden. Jede rechtsfähige (na- 80

[122] Haft/Schlieffen Mediation-HdB/Greiter § 17; Risse Wirtschaftsmediation § 9 Rn. 108 ff.

[123] → Rn. 93 ff.

[124] Diese werden bislang nicht von der Prozesskostenhilfe abgedeckt, siehe MüKoZPO/Wache § 114 Rn. 23; Bercher/Engel ZRP 2010, 126 (128).

[125] In der deutschen Übersetzung der WIPO MedO wird der Mediator als Schlichter und das Mediationsverfahren als Schlichtungsverfahren bezeichnet. Dies wurde hier trotz der systematischen Unterschiede zwischen Mediation und

türliche oder juristische) Person, unabhängig von ihrer Staatsangehörigkeit und unabhängig davon, ob der Staat, dem diese Person angehört, Mitglied eines der von der WIPO verwalteten Abkommen ist, kann ein Schlichtungsverfahren nach der WIPO MedO einleiten. Auch der Schlichtungsgegner kann in diesem Sinne jede rechtsfähige Person sein. Voraussetzung für die Anwendung der WIPO MedO ist übrigens auch nicht, dass tatsächlich eine Streitigkeit auf dem Gebiet des Rechts des geistigen Eigentums vorliegt. Maßgeblich ist gemäß Art. 2 WIPO MedO allein, ob eine **Schlichtungsvereinbarung auf die WIPO MedO Bezug nimmt.** Auch fordert der Wortlaut dieser Norm keinen internationalen Charakter einer Streitigkeit, vielmehr kann auch eine national begrenzte Streitigkeit der WIPO MedO unterworfen werden.

81 *aa) Antrag.* Die Partei, die ein Verfahren nach der WIPO MedO einleiten will, hat gemäß Art. 3 (a) zunächst einen **schriftlichen Antrag** auf Durchführung des Schlichtungsverfahrens einschließlich einer kurzen Darstellung des Gegenstandes der Streitigkeit bei der Schlichtungsstelle der WIPO einzureichen. Eine Abschrift dieses Antrags ist der Gegenpartei zuzuleiten.

82 *bb) Benennung eines Mediators.* Die Benennung des Schlichters obliegt den Parteien im Rahmen der Parteiautonomie. Können sich die Parteien nicht auf einen Schlichter einigen, sieht Art. 7 (a) WIPO MedO vor, dass die Schlichtungsstelle der WIPO mehrere Kandidaten vorschlägt, die gemäß Art. 8 WIPO MedO **neutral, unparteiisch und unabhängig** sein müssen. Nach Beratung mit den Parteien bestellt die Schlichtungsstelle schließlich einen Schlichter. Dabei muss es sich nicht zwingend um einen Juristen handeln, vielmehr sind die Parteien bei ihrer Wahl völlig frei. Trotz des Wortlautes des Art. 7 WIPO MedO sind die Parteien auch nicht gezwungen, nur einen einzelnen Schlichter zu bestellen.[126]

83 *cc) Parteivertretung.* Nach Art. 9 (a) WIPO MedO können sich die Parteien in dem Schlichtungsverfahren vertreten oder unterstützen lassen. Dies ist gem. Art. 9 (b) WIPO MedO unmittelbar nach Bestellung dem Schlichter und der Schlichtungsstelle der WIPO mitzuteilen, gleichgültig ob vor oder während des laufenden Verfahrens.

84 *dd) Durchführung des Verfahrens.* Das weitere **Schlichtungsverfahren einschließlich Bestimmung der Verfahrenssprache und des Verfahrensortes** ist nach Art. 10 S. 1 WIPO MedO in der von den Parteien vereinbarten Form durchzuführen. Haben die Parteien zum Ablauf des Verfahrens keine Vereinbarung getroffen, hat der Schlichter im Rahmen des ihm nach Art. 10 S. 2 WIPO MedO eingeräumten Ermessens in Übereinstimmung mit der WIPO MedO die Durchführung des Schlichtungsverfahrens zu bestimmen. Gemäß Art. 11 WIPO MedO sind die Parteien in jedem Fall verpflichtet, mit dem Schlichter zusammenzuarbeiten, um das Verfahren rasch voranzutreiben. Möglichst bald nach seiner Bestellung hat der Schlichter in Beratung mit den Parteien gemäß Art. 13 (a) WIPO MedO einen **Zeitplan** zu erstellen, der insbesondere die Parteimitwirkung regelt. Gegebenenfalls kann der Schlichter gemäß Art. 13 (b) WIPO MedO vorschlagen, dass ihm eine Partei zusätzliche Informationen oder Schriftstücke zur Verfügung stellt. Dies können die Parteien nach Art. 13 (c) WIPO MedO auch jederzeit von sich aus veranlassen, sogar unter der Auflage, diese Informationen oder Schriftstücke nicht ohne die schriftliche Zustimmung der betroffenen Partei der anderen Partei offenzulegen.

85 *ee) Vertraulichkeit.* Nach Art. 15 WIPO MedO sind die Sitzungen der Parteien mit dem Schlichter nicht zu protokollieren. Zusätzlich haben nach Art. 16 S. 1 WIPO MedO alle an dem Schlichtungsverfahren beteiligten Personen für die Zeit des Schlichtungsverfahrens und darüber hinaus gegenüber unbeteiligten Dritten Vertraulichkeit zu wahren. Jede an einem solchen Verfahren beteiligte Person einschließlich des Mediators, der Parteien und deren Vertreter und Berater, aber etwa auch Dritte wie beispielsweise unabhängige Sachverständige sind gemäß Art. 16 S. 2 WIPO MedO verpflichtet, vor ihrer Beteiligung an dem Schlichtungsverfahren eine **angemessene Geheimhaltungsvereinbarung** zu unterzeichnen. Nach Ende der Verhandlungen sind nach Art. 17 WIPO MedO alle Schriftsätze, Schriftstücke und andere Unterlagen von allen Beteiligten zurückzugeben, ohne Kopien zu behalten. Sämtliche von den Parteien aufgezeichneten Notizen sind zu vernichten. Art. 18 WIPO MedO verbietet schließlich, dass im Schlichtungsverfahren (i) geäußerte Ansichten, Vorschläge, (ii) Zugeständnisse, (iii) vom Schlichter gemachte Vorschläge oder geäußerte Ansichten, sowie (iv) gezeigte Vergleichsbereitschaft einer der Parteien in einem

Schlichtung (die Parteien einer Schlichtung unterwerfen sich, im Unterschied zur Mediation, der Entscheidung des Schlichters; vgl. Kraft VersR 2000, 935 (935 f.); A. Schneider Mediation GewRS S. 17) übernommen; siehe zur WIPO auch Schallnau/Felges GRUR Int. 2017, 21.

[126] Kaboth S. 79.

folgenden Gerichts- oder Schiedsgerichtsverfahren als Beweismittel oder in anderer Weise eingebracht werden dürfen ebenso wie (v) Vergleichsvereinbarungen, soweit dies nicht für die Vollstreckbarkeit oder zur Erfüllung gesetzlicher Pflichten vorgesehen ist.[127] **Ausnahmen von diesen Vertraulichkeitsregeln** bedürfen der ausdrücklichen Vereinbarung der Parteien bzw. zwischen diesen und dem Schlichter. Auch darf der Schlichter nach Art. 21 WIPO MedO in keinem anderen Verfahren eine Entscheidung treffen, sei es als Richter, Schiedsrichter, oder in einer sonstigen vergleichbaren Funktion, das eine Beziehung zum Gegenstand des Streitfalls hat, es sei denn, er erhält die Genehmigung der Parteien, oder dies ist in einem späteren Verfahren gesetzlich oder wird durch Gerichtsentscheid vorgeschrieben.

ff) Besondere Verfahrensregeln. Aus den Art. 10 bis 14 WIPO MedO ergibt sich konkludent, dass die Parteien auf Veranlassung des Schlichters mit diesem zu Sitzungen zusammenkommen.[128] Dabei ist der Schlichter auch in einem Verfahren nach den WIPO Regeln gemäß Art. 12 WIPO MedO ausdrücklich befugt, sich separat nur mit einer Partei zu treffen, um den Fall zu erörtern (sog. *„caucuses"*). Ziel ist es für den Schlichter (Art. 14 (a) WIPO MedO), die Beilegung des Streits zwischen den Parteien und den **Abschluss eines Vergleichs** in jeder Form, die er für angemessen hält, zu fördern, ohne dabei die Parteien zu verpflichten oder den Konfliktfall selber zu entscheiden. Für den Fall eines möglichen **Scheiterns des Schlichtungsverfahrens** eröffnet Art. 14 (b) WIPO MedO dem Schlichter ferner die Möglichkeit, den Parteien Verfahrensalternativen oder Mittel vorzuschlagen, um doch noch zu einer erfolgreichen Konfliktlösung zu kommen. So kann er etwa vorschlagen (i) ein Sachverständigengutachten zu einer bestimmten strittigen Frage einzuholen oder (ii) ein Schiedsverfahren durchzuführen. Oder er schlägt (iii) eine sog. Last-offer-arbitration vor, in der sich die Aufgabe eines Schiedsgerichts darauf beschränkt, festzustellen, welches der zuletzt von den Parteien vorgelegten Vergleichsangebote bindend sein soll. 86

gg) Beendigung des Schlichtungsverfahrens. Beendet wird ein Schlichtungsverfahren nach Art. 19 WIPO MedO im Idealfall durch die Unterzeichnung eines Vergleichsvertrages. Nach deutschem Recht handelt es sich dabei um einen **Vergleich nach § 779 BGB.**[129] Natürlich können sowohl die Parteien als auch der Schlichter das Verfahren durch schriftliche Erklärung als gescheitert erklären. Es folgen in Art. 20 WIPO MedO Regelungen über die anschließende Information der Schlichtungsstelle der WIPO. 87

hh) Kosten des Schlichtungsverfahrens. Sämtliche Kosten des Schlichtungsverfahrens (Gebühr der Schlichtungsstelle, Honorar und Auslagen des Schlichters, ggf. Sachverständigenkosten) werden gemäß Art. 25 WIPO MedO vorbehaltlich einer abweichenden Parteivereinbarung **von den Parteien zu gleichen Teilen getragen.** Hinzu kommen Parteikosten, die für die eigene Parteivertretung, aber auch für Reise-, Kommunikations- und sonstige Kosten anfallen und von jeder Partei separat zu tragen sind. 88

Die WIPO MedO sieht eine Antragsgebühr zugunsten der Schlichtungsstelle in Höhe von 0,10 % des Streitwertes vor, welcher aufgrund des Gesamtwertes der beanspruchten Beträge festgelegt wird, zumindest aber USD 250,–. Dies ist allerdings auf eine maximale Höhe von USD 10.000,– begrenzt. Lässt sich der Streitwert nicht beziffern, ist eine Gebühr in Höhe von USD 1.000,– zu zahlen. Die Gebühr für den Schlichter wird auf Stunden- oder Tageshonorarbasis berechnet, wobei die Höhe des Streitwertes, der Schwierigkeitsgrad der Streitsache und alle anderen relevanten Umstände des Einzelfalles Berücksichtigung finden. Nach der derzeit geltenden **Gebührentabelle**[130] reichen die Stundensätze von USD 300,– bis 600,– und die Tagessätze von USD 1.500,– bis 3.500,–. Nach Art. 24 (a) WIPO MedO kann die Schlichtungsstelle der WIPO einen Kostenvorschuss im Hinblick auf das geschätzte Honorar des Mediators und die anderen Verfahrenskosten festsetzen und einfordern. 89

c) **Mediation und einstweiliger Rechtsschutz.** Unter Umständen ist es für eine Partei vor oder während eines laufenden Mediationsverfahrens notwendig und wichtig, Maßnahmen des einstweiligen Rechtsschutzes, namentlich Arrest und einstweilige Verfügung, einzuleiten, um etwa die Schaffung vollendeter Tatsachen durch die andere Partei zu verhindern. Dies bleibt den Parteien 90

[127] https://www.wipo.int/amc/en/mediation/rules/index.html.

[128] Kaboth S. 83.

[129] Greger/Unberath/Steffek/Greger MediationsG § 2 Rn. 282; Kaboth S. 93; Risse Wirtschaftsmediation § 10 Rn. 65 ff.

[130] Die WIPO Mediation Gebührentabelle kann eingesehen werden unter: https://www.wipo.int/amc/en/mediation/fees/.

einer Mediation unbenommen, da eine Mediationsvereinbarung Maßnahmen des einstweiligen Rechtsschutzes ohnehin nicht ausschließen kann. Zur Klarstellung könnten die Parteien aber dennoch eine **ausdrückliche Vereinbarung** (ergänzend zu oben abgefassten Mediationsklauseln)[131] treffen:

Formulierungsvorschlag:
Diese Vereinbarung hindert die Parteien nicht, ein gerichtliches Eilverfahren, insbesondere ein Arrest- oder einstweiliges Verfügungsverfahren, durchzuführen.

91 **d) Hemmung der Verjährung.** Fraglich ist weiter, ob aufgrund des mit der Durchführung einer Mediation verbundenen Zeitablaufs ein eventuell bestehender Anspruch einer Partei verjähren würde. Das Gesetz sieht, anders als bei unmittelbarer Klageerhebung oder Durchführung eines Schiedsverfahrens keine Regelung vor, aufgrund derer die Mediation die Verjährung hemmt oder neu beginnen lässt. Auch das MediationsG ändert hieran nichts. Nach Ansicht des Gesetzgebers besteht für die Frage der Verjährungshemmung kein Regelungsbedarf, da die Mediation eine schwebende Verhandlung zwischen den Parteien im Sinne des § 203 S. 1 BGB darstelle und daher bereits nach geltendem Recht verjährungshemmende Wirkung habe.[132] Diese Lösung ist jedoch nicht frei von Unsicherheiten: Sowohl der Zeitpunkt, ab wann eine Verhandlung im Sinne des § 203 „schwebend" ist, als auch der Zeitpunkt, ab dem eine der Parteien die Fortsetzung der Verhandlung verweigert, wird nur schwer genau festzustellen sein.[133] Ähnliches gilt im Falle von Mediationsklauseln: Auch wenn diese selber regelmäßig als **dilatorischer Klageverzicht** auszulegen sind und damit gemäß §§ 205, 203 BGB bis zum Ende des Mediationsverfahrens verjährungshemmende Wirkung entfalten[134] mit der Folge, dass nach § 209 BGB die Zeit des Mediationsverfahrens nicht in die Verjährungsfrist eingerechnet wird,[135] ist für die Praxis zu raten, dass die Parteien eine spezifische Vereinbarung zur Verjährungshemmung treffen, um späteren Auslegungsstreitigkeiten zuvorzukommen:

Formulierungsvorschlag:
Während der Dauer des Mediationsverfahrens ist die Verjährung der zwischen den Parteien bestehenden Ansprüche, die Gegenstand des Mediationsverfahrens sind, gehemmt.

92 Für ein Verfahren nach der WIPO MedO sieht Art. 28 eine stillschweigende Vereinbarung der Parteien vor, dass ab Beginn des Schlichtungsverfahrens bis zu dessen Ende der Lauf der Verjährungsfristen in Bezug auf den Streitfall, der Gegenstand des Schlichtungsverfahrens ist, unterbrochen wird, soweit das jeweils anwendbare Recht dies zulässt.

93 **e) Vollstreckung des Mediationsergebnisses.** Eine Mediation führt grundsätzlich nicht zu einem für die Parteien verbindlichen oder von einem Gericht anzuerkennenden Urteil. Vielmehr kann

131 → Rn. 51 ff.

132 BT-Drs. 17/5335, 11; BGH 24.1.2019 – IX ZR 233/17, NJW 2019, 1219 (1220); so auch Ortloff NJW 2008, 2544 (2545); Duve AnwBl 2004, 1 (4).

133 Eidenmüller/Prause NJW 2008, 2737 (2741 f.); Hutner SchiedsVZ 2003, 226 (Fn. 29); MüKoBGB/Grothe § 203 Rn. 5 ff.; Lörcher/Lissner GRUR-Prax 2012, 318 (320); siehe zur Problematik des „Einschlafenlassens" der Verhandlungen die Entscheidungsbesprechung zu BGH 6.11.2008 – IX ZR 158/07 von Winkler BB 2009, 410.

134 BGH 29.10.2008 – XII ZR 165/06, NJW-RR 2009, 637 (638 f.); BGH 23.11.1983 – VIII ZR 197/82, NJW 1984, 669; OLG Frankfurt 6.5.2014 – 5 U 116/13, RNotZ 2014, 563 (565); Unberath NJW 2011, 1320 (1321); Arntz SchiedsVZ 2014, 237 (244); die einschränkende Ansicht des LG Heilbronn 10.9.2010 – 4 O 259/09, ein Klageverzicht liege nicht vor, wenn die Mediationsklausel die jederzeitige einseitige Beendigung des Mediationsverfahrens erlaube und sich dieses daher als „bloße Förmelei" erweise, verkennt dagegen, dass die Möglichkeit der einseitigen Beendigung der Mediation dieser als ein die Konsensbereitschaft beider Parteien voraussetzendes Streitbeilegungsinstrument gerade wesensimmanent ist (vgl. oben → Rn. 9); zu beachten ist aber, dass durch ein **gerichtliches Mediationsverfahren** nach § 278 Abs. 2 ZPO keine automatische Hemmung der Frist zur Berufungsbegründung eintritt, BGH 12.2.2009 – VII ZR 39/08, ZfBR 2009, 449.

135 Böttcher/Laskawy DB 2004, 1250; Kaboth S. 77 f.; s. auch zur Verjährungshemmung Riehm NJW 2017, 113.

die unterlegene Partei denselben Streitgegenstand jederzeit noch einmal vor ein Schieds- oder ein staatliches Gericht bringen, wenn auch ein beidseitig unterzeichneter Mediationsvertrag die Erfolgsaussichten in einem nachgelagerten Verfahren objektiv einschränkt. Es existieren auch **keine (internationalen) Übereinkommen zur Anerkennung und Vollstreckung von Vergleichen** aus einem Mediationsverfahren. Dies gilt in gleicher Weise für das Ergebnis aus einem Schlichtungsverfahren nach der WIPO MedO.

Angesichts der konsequent intensiven Beteiligung der Parteien während des gesamten Verfahrensverlaufs und des daraus resultierenden einvernehmlichen Regelungsergebnisses wird allerdings erfahrungsgemäß ein Mediationsergebnis besser akzeptiert und meist freiwillig erfüllt. Häufig kommt es sogar schon vorher zu einer *„amicable solution"*. Entscheidende Voraussetzung ist mithin der Wille der beteiligten Parteien, das Ergebnis einer Mediation dann auch zu akzeptieren. 94

Praxistipp:

Die beteiligten Parteien sollten sich idealerweise von echten Entscheidungsträgern des jeweiligen Unternehmens vertreten lassen, etwa Mitgliedern des gehobenen Managements, die die eigene Problematik kennen, souverän beurteilen können, und die mit umfassender Handlungsfreiheit im Hinblick auf eine endgültige und für die Parteien verbindliche Beilegung des Konfliktes ausgestattet sind. Beschränkungen der Kompetenzen sollten vermieden werden, da dann im Zweifel versucht werden wird, allein die eigenen Vorgaben durchzusetzen. Sollte ein einmal erzieltes Mediationsergebnis erst im Unternehmen abgestimmt oder genehmigt werden müssen, ist eine Mediation im Zweifel von vorneherein zum Scheitern verurteilt.

Praxistipp:

Es ist ferner anzuraten, das Ergebnis einer Mediation in einem sog. Mediationsvertrag schriftlich festzuhalten, da hierdurch eine vertragliche Verpflichtung zur Befolgung des Mediationsspruchs entsteht. Eine zwangsweise Durchsetzungsmöglichkeit in bestimmten Grenzen kann durch einen Anwaltsvergleich (§§ 796a bis c ZPO) mit Vollstreckungsunterwerfung oder auch durch Überführung der Mediationsergebnisse in einen Schiedsspruch mit vereinbartem Wortlaut (§§ 1025, 1029 ff. ZPO) erreicht werden.

Der Anwaltsvergleich kann durch gerichtlichen Vergleich (§ 796a ZPO) oder durch notarielle Beurkundung (§ 796c ZPO) für vollstreckbar erklärt werden. In einem parallel zur Mediation laufenden Gerichtsverfahren kommt auch ein Prozessvergleich nach § 794 Abs. 1 Nr. 1 ZPO als Vollstreckungstitel in Betracht. Ferner steht den Parteien einer Mediation das Institut der notariellen Beurkundung gemäß § 794 Abs. 1 Nr. 5 ZPO zur Verfügung.[136] 95

Bei Abfassung des Mediationsergebnisses als **Schiedsspruch mit vereinbartem Wortlaut** können sich für die obsiegende Partei bei Beachtung der zwingenden gesetzlichen Voraussetzungen für ein Schiedsverfahren nach deutschem Recht die Vollstreckungsmöglichkeiten nach §§ 1060 ff. ZPO sowie nach völkerrechtlichen Verträgen eröffnen.[137] Handelt es sich um einen inländischen Schiedsspruch, richtet sich die Vollstreckung nach § 1060 Abs. 1 ZPO und findet statt, wenn der Schiedsspruch für vollstreckbar erklärt worden ist. Für diese **Vollstreckbarkeitserklärung** müssen die allgemeinen Prozessvoraussetzungen und ein ordnungsgemäßer inländischer Schiedsspruch vorliegen, der eine eindeutige und endgültige Entscheidung enthält. Die Anerkennung und Vollstreckung ausländischer Schiedssprüche in Deutschland richtet sich gem. § 1061 ZPO vorrangig nach dem **New Yorker UN-Übereinkommen** über die Anerkennung und Vollstreckung ausländischer Schiedssprüche vom 10.6.1958 (NYÜ).[138] 96

[136] Meyer/Schmitz-Vornmoor DNotZ 2012, 895 (899); Kraft VersR 2000, 935 (939 mwN); ausführlich: Risse Wirtschaftsmediation § 10 Rn. 100 ff.; an dem zur Verfügung stehenden Instrumentarium hat sich auch durch das Mediationsgesetz nichts geändert, siehe → Rn. 45.

[137] Kaboth S. 198; G. Lörcher DB 1999, 789; die völkerrechtlichen Verträge sind abgedruckt bei: Labes/T. Lörcher, 1. Teil; zu den Einzelheiten der Vollstreckung eines Schiedsspruchs siehe unten Rn. 181–191.

[138] → Rn. 12.

97 Voraussetzung für den Schiedsspruch mit vereinbartem Wortlaut ist neben den gesetzlichen Anforderungen vor allem der Vergleichswille beider Parteien ab Beginn des Schiedsverfahrens. Fehlt es daran, so ist ein förmliches Schiedsverfahren durchzuführen mit einer Streitentscheidung durch einen Schiedsrichter. Selbst bei Vorliegen des Vergleichswillens der Parteien sind gewisse Förmlichkeiten für die Überführung einer Mediation in ein Schiedsverfahren unumgänglich, wie etwa das Vorliegen einer wirksamen Schiedsvereinbarung und die Bestellung mindestens eines Schiedsrichters. Angesichts des Wortlautes des § 1053 Abs. 1 S. 1 ZPO ist zudem ratsam, die für die Anerkennung als Schiedsspruch mit vereinbartem Wortlaut notwendige Schiedsvereinbarung bereits vor, spätestens aber während des Mediationsverfahrens abzuschließen. Was den Schiedsspruch selber angeht, so beschränkt sich die Prüfungspflicht des Schiedsrichters auf das Vorliegen eines Vergleichs und die Beachtung des *ordre public*. Eine Begründung ist nicht erforderlich.[139]

98 In einem nach der WIPO MedO geführten Verfahren würde das Mediationsergebnis in Form eines Schiedsspruchs nach Art. 67 (b) WIPO Arbitration Rules formuliert, der unter den oben genannten Voraussetzungen vollstreckbar ist.

III. Schiedsgerichtsbarkeit als zu einem verbindlichen Ergebnis führendes Streiterledigungsverfahren

1. Rechtliche Grundlagen eines Schiedsverfahrens

99 Der grundlegende Unterschied zwischen den vorstehend behandelten Mediationsverfahren und einem Schiedsverfahren liegt darin, dass letzteres zu einem für die Parteien **verbindlichen Ergebnis** führt.[140] Da ein Schiedsspruch unter den Parteien die Wirkungen eines rechtskräftigen gerichtlichen Urteils hat (§ 1055 ZPO), steht die Schiedsgerichtsbarkeit als parteiautonome Alternative neben der staatlichen Gerichtsbarkeit.[141] Schließen die Parteien eine Schiedsvereinbarung, so wird hierdurch die Zuständigkeit der staatlichen Gerichte ausgeschlossen und diese dürfen gemäß § 1026 ZPO nur sofern ausdrücklich vorgesehen tätig werden.

100 Dabei müssen private Schiedsverfahren grundsätzlich an eine nationale Rechtsordnung angebunden sein, in einem nationalen Schiedsverfahrensgesetz „erden".[142] In Übereinstimmung mit den Schiedsverfahrensgesetzen der meisten Staaten liegt dem deutschen Recht dabei die Sitztheorie zugrunde. Danach ist der Anwendungsbereich des Gesetzes eröffnet,[143] wenn der Ort des Schiedsverfahrens in Deutschland liegt.

Praxistipp:

Da der Ort des Schiedsverfahrens maßgeblich dafür ist, welches nationale Schiedsverfahrensrecht zur Anwendung gelangt, sollte er in Verträgen mit Auslandsbezug immer festgelegt werden. Dabei sollte darauf geachtet werden, dass er in einem „schiedsfreundlichen" Land liegt; letzteres kann für eine Vielzahl von Ländern, exemplarisch etwa für Frankreich, die Schweiz, Schweden und Deutschland bejaht werden.

101 Das deutsche Schiedsverfahrensrecht ist in den **§§ 1025 ff. ZPO** (10. Buch der ZPO) geregelt, die zum 1.1.1998 umfassend reformiert wurden und gleichermaßen für **nationale wie internationale Schiedsverfahren** gelten.[144] Die Bestimmungen basieren auf dem UNCITRAL Modellgesetz über die internationale Handelsschiedsgerichtsbarkeit.[145] Sie stellen einen international wett-

139 Eingehend: Haft/Schlieffen Mediation-HdB/G. Lörcher/T. Lörcher § 30 Rn. 27 ff.; A. Schneider Mediation GewRS S. 29 ff.

140 Schwab/Walter Kap. 21 Rn. 1.

141 Vor- und Nachteile bei v. Rechenberg/Ludwig Kölner HGR-HdB/Lörcher Kap. 33 Rn. 1 ff.; allgemein zum Verhältnis staatlicher zu internationaler Schiedsgerichtsbarkeit Satter J. Int. Arb. 2010, 51; s. auch Balthasar Int. Commercial Arbitration/Balthasar Kap. J.

142 Raape IPR^5 1961, 557.

143 Zur Anwendbarkeit der §§ 1025 ff. ZPO, wenn der Ort des Schiedsverfahrens nicht in Deutschland liegt, siehe § 1025 Abs. 2 bis 4 ZPO.

144 Die vorliegende Darstellung orientiert sich an den Regelungen des 10. Buchs der ZPO und mithin am deutschen Recht.

145 Das Modellgesetz wurde dabei nahezu unverändert in das 10. Buch der ZPO übernommen, zu den Einzelheiten siehe Schumacher BB 1998, Beilage 2, 6.

bewerbsfähigen und „schiedsfreundlichen" Rechtsrahmen für die Durchführung eines Schiedsverfahrens zur Verfügung.

102 Die meisten Bestimmungen der §§ 1025 ff. ZPO sind **dispositiv.** So können die Parteien sich etwa eine selbst formulierte, auf ihre Bedürfnisse zugeschnittene Prozessordnung schaffen. Diese Freiheit findet ihre Grenze lediglich in den zwingenden Bestimmungen der §§ 1025 ff. ZPO, zu denen namentlich der Anspruch auf Gleichbehandlung der Parteien und Gewährung rechtlichen Gehörs[146] sowie der insbesondere materielle *ordre public* Vorbehalt gehören.[147]

2. Voraussetzungen für die Durchführung eines Schiedsverfahrens

103 a) **Schiedsvereinbarung.** Unerlässliche Voraussetzung für die Durchführung eines Schiedsverfahrens ist das Vorliegen einer **wirksamen Schiedsvereinbarung,** mit der die Parteien die Streitigkeit der Entscheidung durch staatliche Gerichte entziehen und auf ein Schiedsgericht übertragen. Liegt eine wirksame Schiedsvereinbarung vor und wird vor einem Gericht Klage in einer von dieser Schiedsvereinbarung erfassten Angelegenheit erhoben, so hat das Gericht nach § 1032 ZPO die Klage als unzulässig abzuweisen, sofern der Beklagte dies vor Beginn der mündlichen Verhandlung zur Hauptsache rügt.[148]

104 Voraussetzung für die Wirksamkeit einer Schiedsvereinbarung ist gemäß § 1029 Abs. 1 ZPO zunächst, dass sie ein **bestimmtes Rechtsverhältnis vertraglicher oder nichtvertraglicher Art** betrifft, wobei sie auf alle oder einzelne gegenwärtige oder zukünftige Streitigkeiten bezogen sein kann.[149] Sie kann als selbständige Vereinbarung (Schiedsabrede) oder Vertragsklausel (Schiedsklausel) geschlossen werden.[150]

105 Ferner ist die Wirksamkeit der Schiedsvereinbarung an gewisse **Formerfordernisse** geknüpft. § 1031 ZPO verlangt insoweit eine schriftliche Fixierung, wobei das Gesetz bezüglich der Einzelheiten einen gewissen Spielraum einräumt. Insbesondere braucht die Schiedsvereinbarung in der Regel nicht notwendig in einem von den Parteien unterzeichneten Schriftstück enthalten zu sein. Ausreichend sind vielmehr zwischen den Parteien gewechselte Schreiben, Fernkopien oder andere Formen der Nachrichtenübermittlung, die einen Nachweis der Vereinbarung sicherstellen.[151] Das Erfordernis schriftlicher Fixierung gilt auch bei Vereinbarungen zwischen Kaufleuten, wobei ihm allerdings durch die Einbeziehung Allgemeiner Geschäftsbedingungen in den Vertrag genügt werden kann.[152] Sind Verbraucher an der Schiedsvereinbarung beteiligt, so sind die in § 1031 Abs. 5 ZPO normierten strengeren Voraussetzungen zu beachten. Zu beachten ist schließlich § 1031 Abs. 6 ZPO, demzufolge der Mangel der Form durch die Einlassung auf die schiedsgerichtliche Verhandlung zur Hauptsache geheilt wird.

Praxistipp:

Erhebt die Gegenpartei eine Schiedsklage, obwohl es an einer Schiedsvereinbarung fehlt oder Zweifel an deren Wirksamkeit bestehen, so ist abzuwägen, ob es sinnvoll ist, das Fehlen der Schiedsvereinbarung zu rügen, oder ob möglicherweise ein eigenes Interesse an der Durchführung des Schiedsverfahrens besteht.

---

[146] § 1042 Abs. 1 ZPO; BGH 2.7.1992 – III ZR 84/91, NJW-RR 1993, 444; OLG Frankfurt a. M. 17.2.2011 – 26 Sch 13/10, SchiedsVZ 2013, 49 (59 f.); vergleiche hierzu auch Lembcke NVwZ 2008, 42; zu einer entsprechenden Rügepflicht von Verletzungen: BGH 2.5.2018 – I ZB 1/16, NJW 2018, 70 (72).

[147] OLG Karlsruhe 27.3.2009 – 10 Sch 8/08 – BeckRS 2011, 8009; eingehend zum zwingenden Recht in der internationalen Schiedsgerichtsbarkeit: Horn SchiedsVZ 2008, 209; zur Differenzierung des ordre public: Baumert SchiedsVZ 2014, 139.

[148] Die die Schiedseinrede erhebende Partei ist im weiteren Fortgang dann aus materiellrechtlichen Aspekten an die Erhebung der Schiedseinrede gebunden, insbesondere kann sie nicht mehr die Einreden der § 1040 bzw. § 1032 Abs. 2 ZPO erheben (sog. „Pingpong – Einrede"), vgl. BGH 20.4.2021 – II ZR 29/19, SchiedsVZ 2021, 291; 30.4.2009 – III ZB 91/07, NJW-RR 2009, 1582 (1583 mwN).

[149] Die Reichweite der Schiedsvereinbarung ist dabei nach allgemeinen Auslegungsgrundsätzen zu bestimmen, vgl. BGH 13.1.2009 – XI ZR 66/08, NJW-RR 2009, 790 (791 f.) mit Anmerkung von Wirth SchiedsVZ 2009, 203; siehe auch BGH 31.10.2018 – I ZB 17/18, NJOZ 2020, 234 und 14.7.2011 – III ZB 70/10, NJW 2011, 2977.

[150] § 1029 Abs. 2 ZPO.

[151] Zu Einzelheiten siehe § 1031 ZPO und bspw. die Kommentierung bei Schwab/Walter Kap. 5; Anders/Gehle/Anders § 1031 Rn. 3 ff.; Zöller/Geimer § 1031 Rn. 1 ff.

[152] Lörcher/Lörcher Schiedsverfahren Rn. 47; Hanefeld/Wittinghofer SchiedsVZ 2005, 217; Lachmann Schiedsgerichtspraxis-HdB Rn. 306 ff. mwN; Zu den Anforderungen an eine Alternativklausel zwischen staatlicher und Schiedsgerichtsbarkeit in AGB siehe BGH 24.9.1998 – III ZR 133/97, NJW 1999, 282.

Ob es auf der anderen Seite sinnvoll ist, eine Schiedsklage zu erheben, obwohl Zweifel an der (Form-) Wirksamkeit der Schiedsvereinbarung bestehen, hängt von den Umständen des Einzelfalles und insbesondere davon ab, ob überwiegende Gründe für oder gegen die Wirksamkeit der Schiedsvereinbarung sprechen und ob zu erwarten ist, dass die Gegenseite die Unwirksamkeit der Schiedsvereinbarung rügen wird.

106 An den **Inhalt einer Schiedsvereinbarung** werden keine hohen Anforderungen gestellt. Es reicht grundsätzlich aus, wenn die Parteien zum Ausdruck bringen, eine oder mehrere Streitigkeiten durch ein Schiedsgericht entscheiden lassen zu wollen.[153] Im Übrigen besteht hinsichtlich des Inhalts weitgehende Parteiautonomie. Zentrale Fragen, die bei Schiedsvereinbarungen regelmäßig im Vordergrund stehen und geregelt werden sollten, sind, ob eine vorgegebene Verfahrensordnung Anwendung finden oder ein *ad-hoc* Schiedsverfahren[154] durchgeführt werden soll, ferner der Ort des Schiedsverfahrens und die Zahl der Schiedsrichter. Daneben ist auch zu erwägen, ob Regelungen etwa über die Qualifikation der Schiedsrichter und, bei internationalen Verfahren, über die Verfahrenssprache[155] und das auf den Vertrag bzw. die Streitigkeit anwendbare materielle Recht getroffen werden sollen.[156]

107 Bei der Formulierung von Schiedsvereinbarungen ist darauf zu achten, dass diese bestimmt und präzise gefasst sind, um das **Risiko der Unwirksamkeit auszuschließen.** Jede Zweideutigkeit geht im Zweifel zu Lasten derjenigen Partei, die sich auf die Klausel berufen will.[157] Soll auf der Grundlage der Bestimmungen des 10. Buchs der ZPO ein *ad-hoc* Schiedsverfahren durchgeführt werden, so kann etwa die folgende Schiedsklausel verwendet werden:

Formulierungsvorschlag für eine *ad-hoc* Schiedsklausel

Sämtliche Streitigkeiten, die sich aus oder in Zusammenhang mit diesem Vertrag oder über seine Gültigkeit ergeben, werden auf der Grundlage der §§ 1025 ff. ZPO durch ein Schiedsgericht entschieden. Das Schiedsgericht besteht aus [einem/drei] Schiedsrichter[n]. Der Ort des schiedsrichterlichen Verfahrens ist […]. Die Verfahrenssprache ist […]. Das anwendbare materielle Recht ist […].

108 Für bestehende Verfahrensordnungen werden regelmäßig Musterschiedsklauseln angeboten, deren Verwendung im Falle der Vereinbarung der entsprechenden Verfahrensordnung empfohlen wird. In jedem Fall ist darauf zu achten, dass die Institution selbst genau bezeichnet wird. Nachfolgend werden exemplarische Beispiele für Musterschiedsklauseln, bezogen auf zukünftige Streitigkeiten, wiedergegeben. Daneben werden auf den Websites einiger Schiedsinstitutionen auch Musterklauseln für bereits entstandene Streitigkeiten angeboten.[158]

Musterschiedsklausel der WIPO[159]

Alle Streitigkeiten, die sich aufgrund dieses Vertrages oder späterer Änderungen dieses Vertrages ergeben oder sich auf diesen beziehen, einschließlich (ohne Einschränkung hierauf) dessen Entstehung, Gültigkeit, bindende Wirkung, Auslegung, Durchführung, Verletzung oder Beendigung, sowie außervertragliche Ansprüche sind dem Schiedsgerichtsverfahren gemäß den Regeln für das Schiedsgerichtsverfahren der

[153] Zum möglichen ergänzenden Inhalt der Schiedsvereinbarung: Schwab/Walter Kap. 6; Lörcher/Lörcher Schiedsverfahren Rn. 51 f.

[154] Zum ad-hoc Schiedsverfahren ausführlich: G. Lörcher/T. Lörcher SchiedsVZ 2005, 179.

[155] Ulmer J. Int. Arb. 2011, 295 ff.

[156] Vgl. Schmidt-Ahrendts/Höttler SchiedsVZ 2011, 267.

[157] Dies gilt auch zu Lasten eines Verbrauchers, der sich auf eine von einem Unternehmer vorformulierte, aber formunwirksame Schiedsklausel beruft, BGH 19.5.2011 – III ZR 16/1, NJW 2011, 2976. Allerdings gilt auch bei internationalen Verträgen deutsches Verbraucherschutzrecht und daher auch das Formerfordernis des § 1031 Abs. 5 ZPO, wenn auf die Schiedsklausel nach dem internationalen Privatrecht deutsches Sachrecht anwendbar ist, vgl. BGH 25.1.2011 – XI ZR 350/08, SchiedsVZ 2011, 157 (159).

[158] Siehe etwa die Muster der WIPO unter https://www.wipo.int/amc/de/arbitration/contract-clauses/clauses.html; siehe auch Labes/T. Lörcher Nr. 23.

[159] https://www.wipo.int/amc/de/arbitration/contract-clauses/clauses.html.

WIPO zu unterwerfen und endgültig im Schiedsgerichtsverfahren zu entscheiden. Das Schiedsgericht soll aus [drei Schiedsrichtern] [einem Einzelschiedsrichter] bestehen. Der Ort des Schiedsgerichtsverfahrens soll ... sein. In dem Schiedsgerichtsverfahren soll die ... Sprache verwendet werden. Die Streitigkeit soll unter Anwendung des Rechts von .... entschieden werden.

Musterschiedsklausel der DIS[160]

(1) Alle Streitigkeiten, die sich aus oder im Zusammenhang mit diesem Vertrag oder über dessen Gültigkeit ergeben, werden nach der Schiedsgerichtsordnung der Deutschen Institution für Schiedsgerichtsbarkeit e. V. (DIS) unter Ausschluss des ordentlichen Rechtsweges endgültig entschieden

(2) Das Schiedsgericht besteht aus [*bitte eintragen:* „einem Einzelschiedsrichter" *oder* „drei Schiedsrichtern"].

(3) Der Schiedsort ist [*bitte gewünschten Schiedsort eintragen*].

(4) Die Verfahrenssprache ist [*bitte gewünschte Verfahrenssprache eintragen*].

(5) Das in der Sache anwendbare Recht ist [*bitte gewünschtes Recht oder gewünschte Rechtsregeln eintragen*].

Musterschiedsklausel der ICC[161]

Alle Streitigkeiten, die sich aus oder im Zusammenhang mit dem vorliegenden Vertrag ergeben, werden nach der Schiedsgerichtsordnung der Internationalen Handelskammer (ICC) von einem oder mehreren gemäß dieser Ordnung ernannten Schiedsrichtern endgültig entschieden.

Musterschiedsklausel der UNCITRAL[162]

Jede Streitigkeit, Meinungsverschiedenheit oder jeder Anspruch, die sich aus diesem Vertrag ergeben oder sich auf diesem Vertrag, seine Verletzung, seine Auflösung oder seine Nichtigkeit beziehen sind durch ein Schiedsverfahren nach der UNCITRAL-Schiedsgerichtsordnung in zu regeln.

Hinweis: Den Parteien ist anzuraten, folgende ergänzende Angaben zu machen:

a) Die ernennende Stelle ist […] (Name der Institution oder Person);
b) Die Anzahl der Schiedsrichter beträgt […] (einer oder drei);
c) Der Ort des Schiedsverfahrens ist […] (Stadt oder Land);
d) Die im Schiedsverfahren zu verwendende Sprache ist […]

Kommt es für die Parteien entscheidend darauf an, dass das Verfahren zügig durchgeführt und zu einem Abschluss gebracht wird, so bietet sich die Vereinbarung eines beschleunigten Schiedsverfahrens an.[163] 109

Musterschiedsklausel der WIPO für ein beschleunigtes Schiedsverfahren[164]

Alle Streitigkeiten, die sich aufgrund dieses Vertrages oder späterer Änderungen dieses Vertrages ergeben oder sich auf diesen beziehen, einschließlich (ohne Einschränkung hierauf) dessen Entstehung, Gültigkeit, bindende Wirkung, Auslegung, Durchführung, Verletzung oder Beendigung, sowie außervertragliche Ansprüche sind dem beschleunigten Schiedsgerichtsverfahren gemäß den Regeln für das beschleunigte Schiedsgerichtsverfahren der WIPO zu unterwerfen und endgültig im beschleunigten Schiedsverfahren zu entscheiden. Der Ort des Schiedsgerichtsverfahrens soll […] sein. In dem Schiedsgerichtsverfahren soll die […] Sprache verwendet werden. Die Streitigkeit soll unter Anwendung des Rechts von […] entschieden.

Beabsichtigen die Parteien, dass **vor dem Schiedsverfahren zunächst ein Schlichtungs- oder Mediationsverfahren** durchgeführt werden soll, so kann dem durch eine entsprechende Klauselgestaltung Rechnung getragen werden.[165] 110

[160] https://www.disarb.org/werkzeuge-und-tools/dis-musterklauseln.
[161] https://iccwbo.org/publication/standard-icc-arbitration-clauses-german-version/.
[162] Im Annex zur aktuellen Schiedsordnung, abrufbar unter: https://uncitral.un.org/sites/uncitral.un.org/files/media-documents/uncitral/en/uncitral-arbitration-rules-2013-e.pdf.
[163] Die DIS bietet in Anlage 4 der DIS-SchO 2018 ebenfalls ein beschleunigtes Verfahren an, abrufbar unter: www.disarb.org; siehe dazu auch Decker SchiedsVZ 2019, 75; Schardt SchiedsVZ 2019, 28 (33 f.). Auch die WIPO bietet die Vereinbarung der WIPO Schiedsordnung für das beschleunigte Schiedsverfahren an. Die ICC bietet sowohl „Emergency Arbitrator Rules" (Appendix V) als auch „Expedited Procedure Rules" (Appendix VI) an.
[164] https://www.wipo.int/amc/de/clauses/expedited_arbitration/index.html.
[165] → Rn. 56; entsprechende Vorschläge finden sich auch unter: https://www.wipo.int/amc/en/clauses/index.html.

111 b) **Schiedsfähigkeit.** Weiterhin ist Voraussetzung für die Durchführung eines Schiedsverfahrens, dass der geltend gemachte Anspruch objektiv schiedsfähig ist, das heißt, dass er zulässigerweise einer Schiedsvereinbarung unterworfen werden kann.[166] Nach § 1030 Abs. 1 ZPO sind **alle vermögensrechtlichen Ansprüche** objektiv schiedsfähig. Darüber hinaus kann über nichtvermögensrechtliche Ansprüche insoweit eine wirksame Schiedsvereinbarung abgeschlossen werden, als die Parteien berechtigt sind, über den Gegenstand des Streites einen **Vergleich abzuschließen.**

112 Im Hinblick auf die Schiedsfähigkeit von Streitigkeiten über gewerbliche Schutzrechte ist unstreitig, dass Streitigkeiten, in denen ein **Anspruch aus einem erteilten Schutzrecht** geltend gemacht wird, Gegenstand eines Schiedsverfahrens sein können. Dies gilt beispielsweise für einen Unterlassungs- oder Ersatzanspruch wegen einer Patentverletzung und für Ansprüche wegen der Verwertung eines Patents, namentlich die Zahlung von Lizenzgebühren. Denn zum einen handelt es sich hierbei um vermögensrechtliche Ansprüche, zum anderen können die Parteien hierüber einen Vergleich schließen. Dementsprechend kann im Rahmen eines Schiedsverfahrens über Ansprüche aus der Verletzung von gewerblichen Schutzrechten entschieden werden, wobei das Schiedsgericht etwa berechtigt ist, zu Schadensersatzleistung, Rechnungslegung, Auskunftserteilung und Unterlassung der weiteren Benutzung zu verurteilen.[167]

113 Umstritten ist demgegenüber, ob die Frage der **Gültigkeit von gewerblichen Schutzrechten** objektiv schiedsfähig ist.[168] Nach der wohl vorherrschenden Auffassung in Literatur und Rechtsprechung fehlt es bei Klagen auf Nichtigerklärung oder Zurücknahme von Patenten sowie auf Erteilung von Zwangslizenzen an der objektiven Schiedsfähigkeit, da die Entscheidung hierüber den nach §§ 65, 81 PatG ausschließlich zuständigen Patentgerichten vorbehalten und damit der Parteidisposition entzogen ist.[169] Auf der Grundlage dieser Auffassung kann ein Schiedsgericht nach deutschem Recht weder ein Patent für nichtig erklären, noch die Löschung einer Marke oder eines anderen Schutzrechts anordnen.[170]

114 Demgegenüber bejaht eine in der Literatur im Vordringen befindliche Auffassung mit beachtlichen Gründen die objektive Schiedsfähigkeit auch dieser Streitigkeiten.[171] Dies wird insbesondere damit begründet, dass das Patentgericht durch einen vergleichsweise vereinbarten Verzicht etwa auf einen Patentanspruch gebunden sei. In den §§ 65, 81 PatG sei eine reine Zuständigkeitsregelung zu sehen, die nur der Abgrenzung der gerichtlichen Zuständigkeiten diene, ohne dabei die Zuständigkeit eines Schiedsgerichts auszuschließen.[172]

115 Auch wenn gute Gründe für letztere Auffassung sprechen, ist zu berücksichtigen, dass in der Regierungsbegründung zu § 1030 Abs. 1 ZPO ausdrücklich ausgeführt wird, dass zwar in der ausschließlichen Zuständigkeit bestimmter staatlicher Gerichte grundsätzlich kein ausschlaggebendes Argument gegen die Schiedsfähigkeit der betreffenden Streitigkeit gesehen werden könne. Indes müsse etwas anderes gelten, „wenn der Gesetzgeber besondere Gerichte für bestimmte Streitigkeiten wie die Klagen auf Nichtigerklärung oder Zurücknahme von Patenten" eingerichtet habe. Denn das Patentnichtigkeitsverfahren betreffe Rechte, die kraft Verwaltungsakts erteilt worden seien und deshalb nicht der Disposition im Wege von Vereinbarungen unterliegen. Deshalb sei über diese Rechte durch richterliches Gestaltungsurteil zu entscheiden, das nicht nur zwischen den Parteien, sondern gegenüber jedermann gelte.[173]

116 Nicht zuletzt vor dem Hintergrund der Regierungsbegründung ist aus Praktikersicht davon auszugehen, dass nach deutschem Recht ein Schiedsgericht nicht befugt ist, ein Patent für nichtig zu erklären. Mangels einer abweichenden höchstrichterlichen Entscheidung ist ferner davon auszugehen, dass entsprechendes im Hinblick auf die Löschung einer Marke oder eines anderen Schutzrechts gelten muss.

---

[166] Zur objektiven Schiedsfähigkeit: Stein/Jonas/Schlosser ZPO § 1030 Rn. 1 ff.; Barber Kap. 2; Schwab/Walter Kap. 4 Rn. 2 ff.

[167] Van Raden BB 1999 Beilage 9, 17 (18).

[168] Ruess SchiedsVZ 2010, 23 (24).

[169] Vgl. BGH 25.1.1983 – X ZR 47/82, BB 1984, 561 (562); Lachmann Schiedsgerichtspraxis-HdB Rn. 230 ff.; Lörcher/Lörcher Schiedsverfahren Rn. 42; Schütze/Thümmel Schiedsgericht/Schütze § 5 Rn. 27; van Raden BB 1999 Beilage 9, 17 (18).

[170] Van Raden BB 1999 Beilage 9, 17 (18); Fritze GRUR Int. 1992, 218 (220); aA im Hinblick auf Markenlöschungsklagen Schütze/Thümmel Schiedsgericht/Schütze § 5 Rn. 27.

[171] Siehe insbesondere die detaillierte Untersuchung von Frost Schiedsgerichtsbarkeit Kap. 2 D I 1 und II (Patente), Kap. 2 E I (Urheberrechte) und Kap. F I 1 u. II 1 (Markenrecht); Stein/Jonas/Schlosser § 1030 Rn. 6 jeweils mwN; Schwab/Walter Kap. 4 Rn. 11; Raeschke-Kessler/Berger Schiedsverfahren Rn. 183 ff.; Haubner InTeR 2014, 239.

[172] Siehe Pfaff/Osterrieth/Pfaff/Nagel Kap. A Rn. 387 ff.

[173] Regierungsbegründung zu § 1030 ZPO BT-Drs. 13/5274, 35.

Auch wenn die Schiedsfähigkeit in vorgenanntem Sinne eingeschränkt ist,[174] kann ein Verzicht auf ein Recht oder die Bewilligung der Löschung eines Rechts Gegenstand eines Vergleichs sein. Dementsprechend ist es möglich,[175] dass ein Schiedsgericht eine Partei **zur Abgabe von Erklärungen und Einwilligungen verurteilt,** aufgrund derer eine Eintragung oder Löschung von Rechten in dem Register erfolgt.[176] Will eine Partei im Schiedsverfahren die Nichtigkeit eines Patents durchsetzen, so hat sie dementsprechend zu beantragen, die andere Partei zu verurteilen, gegenüber dem DPMA in die Löschung des genau zu bezeichnenden Patents einzuwilligen bzw. der zuständigen Patenterteilungsbehörde den Auftrag zur Löschung des Patents zu erteilen, weil ihr materielle Rechte hieraus nicht zustehen. Ein stattgebender Schiedsspruch wird gegenüber der Patentbehörde gemäß §§ 894 f. ZPO vollstreckt.[177] 117

Fraglich ist, ob eine entsprechende Kompetenz des Schiedsgerichts sich aus den oben dargestellten[178] allgemeinen Schiedsvereinbarungen ergibt oder ob es einer **ausdrücklichen Kompetenzzuweisung** an das Schiedsgericht bedarf. Gegen diese Notwendigkeit spricht, dass die Schiedsvereinbarungen umfassend formuliert sind und dahingehend auszulegen sein dürften, dass sie sich auch auf Streitigkeiten über den Bestand zugrunde liegender Schutzrechte beziehen.[179] Allerdings wird in der Literatur die Auffassung vertreten, eine entsprechende Befugnis des Schiedsgerichts bedürfe einer ausdrücklichen Regelung in der Schiedsvereinbarung.[180] Diesen Bedenken mag zumindest bei rein deutschen Sachverhalten durch eine Ergänzung der Schiedsvereinbarung Rechnung getragen werden.[181] 118

Bei Verträgen mit Auslandsbezug ist jeweils im Einzelnen zu prüfen, ob und inwieweit nach den anderen in Betracht kommenden Rechtsordnungen die objektive Schiedsfähigkeit von Patentstreitigkeiten gegeben ist[182] – trifft ein Schiedsgericht eine Entscheidung über einen nach dem Recht eines anderen Staates nicht schiedsfähigen Streitgegenstand, so ist der Schiedsspruch zumindest in dem betroffenen Land nicht durchsetzbar.[183] Dies macht es erforderlich, die Rechtslage unter Berücksichtigung der jeweils betroffenen Länder sorgfältig zu prüfen. 119

Mit Einführung des Gesetzes über die **Wahrnehmung von Urheberrechten und verwandten Schutzrechten durch Verwertungsgesellschaften** (VGG) ist zu beachten, dass eine entsprechende Bestimmung zu § 14 Abs. 7 WahrnG nicht übernommen wurde, und Schiedsvereinbarungen damit keinen Einschränkungen nach VGG unterliegen. § 14 Abs. 7 WahrnG erlaubte Schiedsvereinbarungen über bereits entstandene Streitigkeiten, verlangte jedoch, dass eine Schiedsvereinbarung über künftige Streitigkeiten jeder Partei das Recht einräumen muss, statt des Schiedsgerichts die beim Patentamt als Aufsichtsbehörde eingerichtete Schiedsstelle und danach gemäß § 16 WahrnG (jetzt § 128 VGG) das staatliche Gericht anzurufen. 120

3. Ablauf eines Schiedsverfahrens

Nachfolgend wird ein **Überblick über den Ablauf eines Schiedsverfahrens** gegeben, der sich vorrangig an den Bestimmungen des 10. Buchs der ZPO sowie der DIS Schiedsordnung und der WIPO Schiedsordnung orientiert. Da eine detaillierte Erläuterung des gesamten schiedsgerichtli- 121

---

[174] Zur Frage der Prüfung der materiellen Wirksamkeit des Patents: van Raden BB 1999 Beilage 9, 17 (19).

[175] Zur Problematik der Einschränkung der Verfügungsbefugnis: Frost Schiedsgerichtsbarkeit Kap. 2 D I 2. b.

[176] Vgl. Stein/Jonas/Schlosser ZPO § 1030 Rn. 6; van Raden BB 1999 Beilage 9, 17 (19); Ochmann GRUR 1993, 255 (256 f.); Fritze GRUR Int. 1992, 218 (220); Haubner InTeR 2014, 239 (243); vgl. auch die weiteren Nachweise bei Frost Schiedsgerichtsbarkeit Fn. 363.

[177] Raeschke-Kessler/Berger Schiedsverfahren Rn. 190.

[178] → Rn. 106 ff.

[179] Zur Auslegung von Schiedsvereinbarungen: BGH 13.1.2009 – XI ZR 66/08, NJW-RR 2009, 790 (791 f.) mit Anmerkung von Wirth SchiedsVZ 2009, 203; OLG Karlsruhe 4.4.2007 – 1 U 232/06, NJOZ 2007, 5365.

[180] Frost Schiedsgerichtsbarkeit Kap. 2 D I 3.

[181] Frost Schiedsgerichtsbarkeit Kap. 2 D I 3, die insoweit folgende Formulierung vorschlägt: „… Im Falle der Nichtigerklärung von streitigen Patenten wird dem Schiedsgericht ausdrücklich die Rechtsmacht eingeräumt, den Patentinhaber zu verurteilen, durch schriftliche Erklärung an das deutsche Patentamt auf die im Schiedsverfahren für nichtig erklärten Patente zu verzichten."

[182] Vgl. Schäfer TMR Vol. 94, 2004, 695 (709); Nachweise zur Schiedsfähigkeit von Streitigkeiten über gewerbliche Schutzrechte in anderen Rechtsordnungen, namentlich Patentrechte, finden sich bei ICC Commission on International Arbitration, ICC Bull. Vol. 9 Nr. 1 37/41 ff. zu Lateinamerika, Südkorea, Südafrika, Israel, Belgien, England, Frankreich, Irland, Italien, Japan, Spanien, USA; Barber Kap. 2 I F (USA), II C (England), III E (Frankreich), IV C 2c) (Schweiz); Weigand/Baumann Arbitration-HdB 4 A Rn. 32 (Österreich), 4 B Rn. 31 (England); 4 E Rn. 42 (Italien); 4 F Rn. 45 (Niederlande); 4 G Rn. 23 (Spanien); 4 H Rn. 27 (Schweden); 4 I Rn. 28 (Schweiz); 4 J Rn. 30 (USA).

[183] Art. V Abs. 2a) des New Yorker Übereinkommens über die Anerkennung und Vollstreckung ausländischer Schiedssprüche vom 10. Juni 1958.

chen Verfahrens über den Rahmen der vorliegenden Darstellung hinausgehen würde, wird auf allgemeine Verfahrensfragen nur in den Grundzügen eingegangen und im Übrigen auf die einschlägige Spezialliteratur verwiesen,[184] während diejenigen Fragen vertieft behandelt werden, die bei Schiedsverfahren über gewerbliche Schutzrechte von besonderem Interesse sind.

122 a) **Konstituierung des Schiedsgerichts.** Ein Schiedsgericht besteht in der Regel aus einem **Einzelschiedsrichter oder aus drei Schiedsrichtern.** § 1034 Abs. 1 ZPO und Art. 10.2 DIS SchO sehen mangels abweichender Parteivereinbarung ein Dreier-Schiedsgericht vor, während nach Art. 14b) WIPO SchO grundsätzlich ein Einzelschiedsrichter bestellt wird, es sei denn, das WIPO Arbitration and Mediation Center als Schiedsstelle entscheidet aufgrund der Umstände des Falles, etwa wegen der wirtschaftlichen Bedeutung oder der Komplexität der Streitigkeit, dass ein Dreier-Schiedsgericht eingerichtet werden soll. Mit Einführung der neuen DIS SchO (2018) können die Parteien nach Art. 10.2 nunmehr auch einen Antrag auf Entscheidung durch einen Einzelschiedsrichter stellen, über den nach Anhörung der Parteien entschieden wird.

Praxistipp:

Generell kann gesagt werden, dass zwar in Verfahren mit einem geringen Streitwert insbesondere Kostengründe für einen Einzelschiedsrichter sprechen, grundsätzlich aber ein Dreier-Schiedsgericht eine höhere Richtigkeitsgewähr hinsichtlich der Sachentscheidung bietet und daher insbesondere bei komplexeren Verfahren vorzugswürdig ist.

123 Der Einzelschiedsrichter wird in der Regel gemeinsam von den Parteien **benannt.** Demgegenüber entspricht es der gängigen Praxis bei Dreier-Schiedsgerichten, dass jede Partei einen Schiedsrichter als Beisitzer benennt und diese wiederum gemeinsam den Vorsitzenden des Schiedsgerichts bestimmen.

Praxistipp:

Die Möglichkeit, Einfluss auf die Zusammensetzung des Schiedsgerichts zu nehmen, kann für die Parteien ein wesentlicher Vorteil des Schiedsverfahrens sein. Daher sollte auf die Auswahl der Schiedsrichter ein besonderes Augenmerk gerichtet werden. Zu berücksichtigende Faktoren sind hier vor allem spezielle Sachkunde in dem in Frage stehenden Rechtsgebiet, Erfahrung als Schiedsrichter und die zeitliche Verfügbarkeit. Ist Gegenstand des Schiedsverfahrens eine schwierige, technisch anspruchsvolle Materie, so kann es unter Umständen auch sinnvoll sein, einen erfahrenen Techniker als Beisitzer zu benennen. Zumindest der Vorsitzende sollte aber in der Regel eine das einschlägige juristische Fachgebiet beherrschende und umfangreich erfahrene, juristisch besonders qualifizierte Persönlichkeit sein.

124 Kommt eine Partei ihrer Verpflichtung zur Benennung eines Schiedsrichters nicht nach oder gelingt es nicht, eine Einigung über den Einzelschiedsrichter bzw. Vorsitzenden des Schiedsgerichts zu erzielen, so erfolgt eine **Ersatzbenennung** entweder durch das staatliche Gericht[185] oder die das Verfahren administrierende Stelle.[186]

125 Alle Schiedsrichter, auch die parteibenannten, sind in jedem Fall zur **Unabhängigkeit und Unparteilichkeit** verpflichtet. Hieran fehlt es, wenn ein Schiedsrichter zu einer Streitpartei enge Beziehungen aufweist oder gar ein eigenes wirtschaftliches Interesse am Ausgang des Verfahrens hat.[187] Um die Unabhängigkeit und Unparteilichkeit der Schiedsrichter sicherzustellen, sind diese

[184] Eingehend Salger/Trittmann; Schütze/Thümmel Schiedsgericht; Weigand/Baumann Arbitration-HdB/Wagner Part 4 D; Kreindler/Schäfer/Wolff Schiedsgerichtsbarkeit; Lachmann Schiedsgerichtspraxis-HdB; Lionnet/Lionnet; Lörcher/Lörcher Schiedsverfahren; Raeschke-Kessler/Berger Schiedsverfahren; Schwab/Walter, jeweils mwN.

[185] § 1035 Abs. 4 ZPO.

[186] Art. 11–13 DIS SchO, Art. 19 WIPO SchO.

[187] Zur Unabhängigkeit/Unparteilichkeit: Anders/Gehle/Anders ZPO § 1036 Rn. 3 ff. mwN; Lachmann Schiedsgerichtspraxis-HdB Rn. 582 ff.; Schütze/Thümmel Schiedsgericht/Schütze § 1 Rn. 71 ff.; Lew/Mistelis/Kröll Commercial Arbitration Kap. 11 Rn. 1 ff.; Henn BB 1993, Beilage 17, 13; Häberlein BB 2003, Beilage 8, 7; zur Unvoreingenommenheit als Ablehnungsgrund: OLG Frankfurt a. M. 4.10.2007 – 26 Sch 8/07, NJW-RR 2008, 801.

sowohl vor Annahme des Schiedsrichtermandats als auch fortlaufend während des Verfahrens verpflichtet, von sich aus diejenigen Umstände offenzulegen, die Zweifel an ihrer Unabhängigkeit und Unparteilichkeit wecken könnten.[188]

126 Um einen zügigen Ablauf des Verfahrens zu gewährleisten, folgt aus § 1038 ZPO, Art. 9.4 DIS SchO,[189] Art. 23 (a) WIPO SchO als weitere Pflicht der Schiedsrichter, dass sie rechtlich und tatsächlich in der Lage sein müssen, ihre Aufgabe in angemessener Frist zu erfüllen.

127 Den Parteien steht es frei, weitere **Anforderungen an die Schiedsrichter** zu vereinbaren. Neben der Vereinbarung besonderer zB juristischer, betriebswirtschaftlicher oder technischer Qualifikationen kann die Vereinbarung von Sprachkenntnissen empfehlenswert sein, wenn die einer Streitigkeit zugrundeliegende Dokumentation in unterschiedlichen Sprachen erfolgt ist. Beherrschen die Mitglieder des Schiedsgerichts diese Sprachen, so reduziert dies die Übersetzungskosten.

Praxistipp:

Bei Vereinbarungen über die Qualifikation der Schiedsrichter ist zu beachten, dass gerade detaillierte Anforderungen die Anfälligkeit des Schiedsverfahrens erhöhen können. Es kann im Rahmen der Konstituierung des Schiedsgerichts zu Verzögerungen kommen, falls keine den Anforderungen entsprechenden Schiedsrichter zur Verfügung stehen, oder zwischen den Parteien Streit darüber entsteht, ob ein Schiedsrichter den vereinbarten Anforderungen genügt.

128 Die Parteien können einen **Schiedsrichter ablehnen,** „wenn Umstände vorliegen, die berechtigte Zweifel an seiner Unparteilichkeit oder Unabhängigkeit aufkommen lassen, oder wenn er die zwischen den Parteien vereinbarten Voraussetzungen nicht erfüllt".[190] Solche Zweifel können beispielsweise bestehen, wenn ein zum Schiedsrichter benannter Anwalt in einer anderen Sache zwischen den Parteien als Anwalt der einen Partei tätig ist.[191] § 1037 ZPO, Art. 15 DIS SchO und Art. 24 ff. WIPO SchO enthalten detaillierte Regelungen über das Ablehnungsverfahren. Aus der Sicht der Parteivertreter ist zu beachten, dass ein entsprechender Antrag regelmäßig fristgebunden ist und nach den meisten Verfahrensordnungen innerhalb von zwei Wochen[192] bzw. 15 Tagen[193] nach Bestellung des Schiedsrichters bzw. Kenntniserlangung von einem Ablehnungsgrund gestellt werden muss.[194]

129 Besondere Probleme bei der Schiedsrichterbestellung können auftreten, wenn mehr als zwei Parteien an der Streitigkeit beteiligt sind, bei einem sog. **Mehrparteienschiedsverfahren.** Vor allem die übliche Konstituierung eines aus drei Mitgliedern bestehenden Schiedsgerichts ist auf Zweiparteien-Verhältnisse ausgerichtet, bei denen jede Partei einen Schiedsrichter benennt. Erhebt eine Partei Schiedsklage gegen mehrere Schiedsbeklagte und können diese sich nicht auf einen gemeinsamen Schiedsrichter einigen, so ist es vor dem Hintergrund des Gebots der Gleichbehandlung der Parteien problematisch, wenn die Schiedsklägerin berechtigt ist, einen Schiedsrichter zu benennen, während mangels Einigung auf der Beklagtenseite eine Ersatzbenennung des Schiedsrichters durch einen Dritten erfolgen muss.[195] Dieser Herausforderung ist die DIS mit Einführung eines eigenen Abschnitts zu Mehrvertrags- und Mehrparteienverfahren in der neuen Schiedsord-

[188] § 1036 Abs. 1 ZPO, Art. 9.1, 9.4, 9.6 DIS SchO, Art. 22 (b), (c) WIPO SchO; hierbei sind allerdings nur rein objektive Gründe maßgeblich, OLG München 24.11.2015 – 34 SchH 5/15, SchiedsVZ 2015, 309; KG 7.7.2010 – 20 SchH 2/10, SchiedsVZ 2010, 225; zu den Grenzen der Offenbarungspflicht: OLG München 17.8.2010 – 34 SchH 8/10, NJOZ 2011, 726.

[189] Die Effizienzsteigerung war dabei auch ein maßgebliches Ziel der Neufassung der DIS-SchO 2018. In diesem Zusammenhang erhielt die neue DIS-SchO eine eigene Vorschrift zur Verfahrenseffizienz (Art. 27) und die bestehenden Fristenregelungen wurden verändert; zusätzlich kann die Verfahrensführung der Parteien bei der Kostenentscheidung berücksichtigt werden (Art. 33.3). Siehe dazu v. Rechenberg/Ludwig Kölner HGR-HdB/Lörcher, Kap. 33 Rn. 66 ff.

[190] § 1036 Abs. 2 Satz 1 ZPO; Art. 15 DIS SchO; vgl. auch Art. 24 (a) WIPO SchO, der ausdrücklich allerdings nur auf Zweifel in Bezug auf die Unabhängigkeit und Unparteilichkeit nennt.

[191] Vgl. OLG Dresden 27.1.2005 – 11 SchH 02/04 SchiedsVZ 2005, 159; DIS-Schiedsverfahren – SV – 217/00 SchiedsVZ 2003, 94.

[192] § 1037 Abs. 2 ZPO, Art. 15.2 DIS SchO.

[193] Art. 25 WIPO SchO.

[194] Eingehend hierzu: Mankowski SchiedsVZ 2004, 304; zur Ablehnung wegen der Kanzleimitgliedschaft: Froitzheim, SchiedsVZ 2017, 172.

[195] Auch hinsichtlich dieser Problematik ist die Schiedsvereinbarung aber stets anhand der besonderen Umstände des Einzelfalles auszulegen, vgl. KG 21.4.200 – SchH 4/07, NJW 2008, 2719.

nung vom 1.3.2018 in den Art. 17–20 DIS SchO begegnet. Scheitert die Benennung eines beisitzenden Schiedsrichters auf einer Mehrparteienseite, hat der neu eingeführte DIS-Ernennungsausschuss nach Art. 20.3 DIS SchO die Wahl, ob er (i) nur auf dieser Seite einen Schiedsrichter auswählt oder (ii) auch auf der Gegenseite den Schiedsrichter auswählt und benennt. Dies zielt auf eine adäquate Lösung im Sinne der „Waffengleichheit“ ab.[196] Die Rechtsbeziehungen zwischen den Schiedsrichtern und den Parteien sind in der Schiedsordnung oder in einem gesonderten **Schiedsrichtervertrag** geregelt, die regelmäßig Bestimmungen über den Tätigkeitsumfang, die Vergütung und die Haftung der Schiedsrichter enthalten.[197]

130 **b) Schiedsverfahren und einstweiliger Rechtsschutz.** Häufig besteht bei Streitigkeiten über gewerbliche Schutzrechte das Bedürfnis nach der Gewährung einstweiligen Rechtsschutzes. Haben die Parteien im Hinblick auf das zugrunde liegende Rechtsverhältnis eine Schiedsvereinbarung getroffen, so ist fraglich, ob die staatlichen Gerichte für die Gewährung einstweiligen Rechtsschutzes zuständig sind und ob und in welchem Umfang das Schiedsgericht hierzu befugt ist. Aus den §§ 1033 und 1041 ZPO folgt dabei für das deutsche Recht, dass die **Zuständigkeiten der staatlichen Gerichte und Schiedsgerichte originär nebeneinander** stehen und die Parteien für Eilverfahren die Wahl zwischen staatlicher Gerichtsbarkeit und Schiedsgerichtsbarkeit haben sollen.[198]

131 *aa) Gewährung einstweiliger Maßnahmen durch die staatlichen Gerichte.* Nach § 1033 ZPO schließt eine Schiedsvereinbarung nicht aus, dass ein Gericht vor oder nach Beginn des schiedsrichterlichen Verfahrens auf Antrag einer Partei eine vorläufige oder sichernde Maßnahme in Bezug auf den Streitgegenstand des schiedsrichterlichen Verfahrens anordnet. Entsprechende Regelungen finden sich auch in Art. 25.3 DIS SchO und Art. 48 (d) WIPO SchO.

132 Hinsichtlich der örtlichen Zuständigkeit gilt Folgendes: Haben die Parteien einen Ort des Schiedsverfahrens ausdrücklich vereinbart, so ist hierdurch das gemeinsame Interesse dokumentiert, auch alle gegebenenfalls erforderlichen gerichtlichen Handlungen örtlich bei den staatlichen Gerichten am Ort des Schiedsverfahrens zu konzentrieren.[199] Aber auch wenn die Parteien den Ort des Schiedsverfahrens nicht vereinbart haben, sondern dessen Festlegung nach § 1043 Abs. 1 S. 2 ZPO durch das Schiedsgericht erfolgt ist, kann vom Interesse der Parteien ausgegangen werden, die gerichtlichen Handlungen örtlich zu konzentrieren, sodass auch in diesem Fall die Gerichte am Ort des Schiedsverfahrens zuständig sind.[200]

133 Vorläufige oder sichernde Maßnahmen im Sinne von § 1033 ZPO, die ein deutsches staatliches Gericht erlassen kann, sind **Arrest und einstweilige Verfügung** im Sinne der §§ 916 ff. ZPO.[201] Ordnet das staatliche Gericht in Zusammenhang mit dem Erlass eines Arrestes oder einer einstweiligen Verfügung gemäß § 926 Abs. 1 ZPO die **Klageerhebung in der von der Schiedsvereinbarung erfassten Hauptsache** an, so ist diese Klage beim Schiedsgericht zu erheben. Teilweise wird die Auffassung vertreten, das staatliche Gericht habe in diesem Fall eine angemessen lange Frist zu setzen, falls das Schiedsgericht erst noch konstituiert werden müsse.[202] Vor dem Hintergrund, dass es zur Fristwahrung ausreicht, wenn die nach § 1044 ZPO bzw. der vereinbarten Schiedsordnung erforderlichen Maßnahmen ergriffen werden,[203] ist dieser Ansicht nicht zu folgen.

[196] Zur Mehrparteienschiedsgerichtsbarkeit: Labes, Schiedsgerichtsbarkeitsvereinbarungen in Rückversicherungsverträgen, 1996, Hauptteil A II. 1c); Lachmann Schiedsgerichtspraxis-HdB Rn. 1364 ff.; Lörcher Streiterledigung S. 332 ff. jeweils mwN. Scheitert die Auswahl eines beisitzenden Schiedsrichters hingegen auf der Seite einer Einzelpartei, richtet sich das Verfahren nach Art. 20.2 DIS SchO, wonach der DIS-Ernennungsausschuss nur für diese Seite einen Schiedsrichter auswählt. Dies ist auch sachgerecht, weil auf Seite einer Einzelpartei keine „Einigungsprobleme“ bestehen.

[197] Zu Einzelheiten siehe Lörcher/Lörcher Schiedsverfahren Rn. 127 ff.; Schütze/Thümmel Schiedsgericht/Schütze § 1 Rn. 102 ff.; Schwab/Walter Kap. 11 Rn. 1 ff.; weiterführend: Prütting SchiedsVZ 2011, 233; zum Schiedsrichteramt bei Geltung der DIS: Theune SchiedsVZ 2021, 177.

[198] Regierungsbegründung zu § 1033 ZPO, BT-Drs. 13/5274, 38 f.; zu der Wahlmöglichkeit siehe Schroth SchiedsVZ 2003, 102.

[199] OLG Hamburg 6.5.1996 – 6 W 32/96, RIW 1996, 857 mwN mit zustimmender Anmerkung von Trappe; kritisch dagegen Landbrecht SchiedsVZ 2013, 241.

[200] Lörcher/Lörcher Schiedsverfahren Rn. 77; aA wohl Stein/Jonas/Schlosser ZPO § 1033 Rn. 5.

[201] Stein/Jonas/Schlosser ZPO § 1033 Rn. 3; Kreindler/Schäfer/Wolff Schiedsgerichtsbarkeit Rn. 962; zur Dringlichkeit in Wettbewerbssachen: OLG Koblenz 23.2.2011 – 9 W 698/10, GRUR 2011, 451 (mit Anmerkung Demuth GRUR 2011, 404); zum einstweiligen gewerblichen Rechtsschutz im Übrigen siehe Böhler GRUR 2011, 965; Grosheide GRUR Int. 2000, 310.

[202] Schwab/Walter Kap. 7 Rn. 13.

[203] Stein/Jonas/Schlosser ZPO § 1033 Rn. 6.

Auch wenn die Hauptsachezuständigkeit beim Schiedsgericht liegt, ist es nicht befugt, die auf einstweiligen Rechtsschutz gerichtete Entscheidung des staatlichen Gerichts nach § 927 ZPO aufzuheben, da anderenfalls die Zuständigkeit der staatlichen Gerichte zur Gewährung vorläufigen Rechtsschutzes unterlaufen würde. Vielmehr verbleibt die Zuständigkeit für die Aufhebung bei dem jeweiligen staatlichen Gericht.[204] 134

bb) Gewährung einstweiliger Maßnahmen durch das Schiedsgericht. Gemäß § 1041 Abs. 1 ZPO kann in Ermangelung einer abweichenden Parteivereinbarung auch das Schiedsgericht auf Antrag einer Partei vorläufige oder sichernde Maßnahmen anordnen, die es in Bezug auf den Streitgegenstand für erforderlich hält. Dabei kann das Schiedsgericht von jeder Partei in Zusammenhang mit einer solchen Maßnahme die Stellung angemessener Sicherheiten verlangen. Art. 25.1, 25.2 DIS SchO und Art. 48 (a) WIPO SchO enthalten entsprechende Regelungen.[205] 135

Voraussetzung für den Erlass einstweiliger Maßnahmen durch ein Schiedsgericht ist naturgemäß, dass dieses **zuvor konstituiert** worden ist. Um in dieser Phase möglichst raschen Rechtsschutz gewähren zu können, hat die ICC sog. *Emergency Arbitrator Rules* erlassen, die als Anhang V Bestandteil der ICC-Schiedsgerichtsordnung sind. Art. 29 ICC SchO sieht die Möglichkeit vor, bereits vor der Konstituierung des Schiedsgerichts bei einem sog. Eilschiedsrichter einen Antrag auf Erlass von Eilmaßnahmen (Sicherungs- oder vorläufige Maßnahmen) zu stellen. Durch die Unterzeichnung der ICC-Schiedsvereinbarung verpflichten sich die Parteien dabei gemäß Art. 29 Abs. 2, Abs. 5 ICC SchO zur Einhaltung jedweder Beschlüsse, die der Eilschiedsrichter erlässt. Das Eilschiedsrichterverfahren unterliegt aber insoweit der Disposition der Parteien, als dass sie dieses ausschließen oder ein anderes vorgeschaltetes Verfahren, in dessen Rahmen Sicherungs- und vorläufige Maßnahmen möglich sind, vereinbaren können, Art. 29 Abs. 6 ICC SchO. 136

Vorläufige und sichernde Maßnahmen in diesem Sinne, die ein Schiedsgericht erlassen kann, sind insbesondere aber nicht ausschließlich Arrest und einstweilige Verfügung im Sinne von §§ 916 ff. ZPO. Das Schiedsgericht ist beim Erlass entsprechender einstweiliger Maßnahmen **flexibler als das staatliche Gericht.**[206] So ist ein Schiedsgericht beispielsweise nicht auf die in Zusammenhang mit der Dringlichkeit von der deutschen Rechtsprechung entwickelten Zeitgrenzen für einen Parteiantrag festgelegt.[207] Welche Maßnahmen im Einzelfall angeordnet werden, steht im Ermessen des Schiedsgerichts;[208] dieses hat dabei darauf zu achten, dass die vorläufigen Maßnahmen nach Art, Umfang und Dauer zum Schutz des drohenden Schadens oder Nachteils angemessen sind. Die vom Schiedsgericht angeordneten Maßnahmen dürfen nicht in Rechte Dritter eingreifen, die an dem Schiedsverfahren nicht beteiligt sind.[209] 137

Vor der Anordnung einer einstweiligen Maßnahme ist der anderen Partei gemäß § 1042 Abs. 1 S. 2 ZPO grundsätzlich **rechtliches Gehör** zu gewähren. Zutreffenderweise wird man davon ausgehen müssen, dass dies nicht ausschließt, dass das Schiedsgericht eine Anordnung ausnahmsweise auch auf einen einseitigen Antrag erlässt, sofern ein berechtigtes Interesse der antragstellenden Partei besteht.[210] In diesem Fall muss die Anhörung des Antragsgegners allerdings kurzfristig nachgeholt werden und die angeordnete einstweilige Maßnahme im Lichte des gewährten rechtlichen Gehörs überprüft werden. 138

Will eine Partei eine vom Schiedsgericht erlassene einstweilige Maßnahme zwangsweise gegen die andere Partei durchsetzen, so bedarf es der **Mitwirkung des** gemäß § 1062 Abs. 1 Nr. 3 bzw. Abs. 2 ZPO **zuständigen Oberlandesgerichts.** Nach § 1041 Abs. 2 ZPO kann ein staatliches Gericht auf Antrag einer Partei eine von einem Schiedsgericht angeordnete vorläufige oder sichernde Maßnahme für vollziehbar erklären. Die Entscheidung hierüber steht im Ermessen des Gerichts. Eine gesicherte Praxis, wie die Gerichte dieses Ermessen ausüben, ist bisher nicht ersichtlich. Die 139

[204] Schwab/Walter Kap. 7 Rn. 13; MüKoZPO/Münch § 1033 Rn. 28.

[205] Zur Kompensation bei Schäden durch unberechtigte vorläufige Maßnahmen: Risse/Frohloff SchiedsVZ 2011, 239.

[206] Zum möglichen Inhalt: Stein/Jonas/Schlosser ZPO § 1041 Rn. 7 ff.

[207] Lörcher/Lörcher Schiedsverfahren Rn. 79.

[208] Pörnbacher/Thiel SchiedsVZ 2010, 14; Schroth SchiedsVZ 2003, 102 (103 f.).

[209] Kreindler/Schäfer/Wolff Schiedsgerichtsbarkeit Rn. 928

[210] Vgl. Art. 25.2 DIS SchO, der dies für DIS-Verfahren zulässt, wenn andernfalls der mit dem Antrag verfolgte Zweck gefährdet werden könnte, wobei der anderen Partei in diesem Fall unverzüglich rechtliches Gehör zu gewähren ist; Schwab/Walter Kap. 17a Rn. 20; Lachmann Schiedsgerichtspraxis-HdB Rn. 1440 mwN; aA Schütze/Thümmel Schiedsgericht/Thümmel § 14 Rn. 11; MüKoZPO/Münch § 1042 Rn. 28; Thomas/Putzo/Seiler ZPO § 1041 Rn. 2. International ist diese Frage sehr umstritten, s. etwa Castello LCIA Newsletter 2003, Nr. 2, 16; van Houtte Arb. Int. 2004, 85 ff.

überwiegende Auffassung in der Literatur geht richtigerweise davon aus, dass einstweilige Maßnahmen eines Schiedsgerichts grundsätzlich für vollstreckbar erklärt werden sollten, etwa auch in den Fällen, in denen das staatliche Gericht die Voraussetzungen für die Gewährung einstweiligen Rechtsschutzes verneinen würde;[211] die Ablehnung der Vollziehung sollte auf Extremfälle beschränkt werden.[212]

140 § 1041 Abs. 2 S. 2 ZPO gibt dem staatlichen Gericht die Möglichkeit, die vom Schiedsgericht angeordnete Maßnahme abweichend zu fassen, soweit dies im Hinblick auf die Typologie des deutschen Zwangsvollstreckungsrechts zur Vollziehung – zB im Hinblick auf den Bestimmtheitsgrundsatz – erforderlich ist.[213] § 1041 Abs. 3 ZPO stellt klar, dass das Oberlandesgericht einen nach § 1041 Abs. 2 ZPO erlassenen Beschluss aufheben oder ändern kann. Schließlich ist auf die § 945 Alt. 1 ZPO nachgebildete Regelung in § 1041 Abs. 4 ZPO hinzuweisen.

Praxistipp:

Vor der Konstituierung des Schiedsgerichts sollte der Erlass einstweiliger Maßnahmen beim staatlichen Gericht beantragt werden, da das Schiedsgericht bis zu diesem Zeitpunkt nicht handlungsfähig ist. Aber auch nach der Konstituierung des Schiedsgerichts können gute Gründe für einen Antrag an das staatliche Gericht sprechen. Zunächst steht es im Ermessen des Schiedsgerichts, ob es eine beantragte einstweilige Maßnahme erlässt. Ergeht eine entsprechende Anordnung durch das Schiedsgericht und leistet die andere Partei dieser nicht freiwillig Folge, so führt das Erfordernis der Vollziehbarerklärung seitens des staatlichen Gerichts – die wiederum im Ermessen des Gerichts steht – zu einem Zeitverlust, der den mit der einstweiligen Maßnahme bezweckten Erfolg vereiteln kann. Ist andererseits zu erwarten, dass die andere Partei einer vom Schiedsgericht angeordneten einstweiligen Maßnahme freiwillig Folge leisten wird, so spricht für einen entsprechenden Antrag an das Schiedsgericht, dass dieses größere Gestaltungsfreiheit hinsichtlich der anzuordnenden Maßnahme hat und im Zweifel mit dem Sach- und Streitstand besser vertraut ist.

141 c) **Gang des Verfahrens.** Die im Rahmen eines Schiedsverfahrens zu beachtenden **Grundregeln** sind in § 1042 ZPO normiert. Abs. 1 enthält die elementaren Grundsätze, dass die Parteien gleich zu behandeln sind und jeder Partei rechtliches Gehör zu gewähren ist.[214] Zur Absicherung dieser Grundsätze bestimmt Abs. 2, dass Rechtsanwälte als Bevollmächtigte nicht ausgeschlossen werden dürfen. Hinsichtlich der anwendbaren Verfahrensregeln ordnet Abs. 3 an, dass die Parteien vorbehaltlich der zwingenden Vorschriften des 10. Buchs der ZPO das Verfahren selbst oder durch Bezugnahme auf eine Schiedsverfahrensordnung regeln können. Zu den zwingenden Vorschriften in diesem Sinne gehören diejenigen Bestimmungen der §§ 1025 ff. ZPO, die weder ausdrücklich noch ihrem Sinn und Zweck nach unter dem Vorbehalt anderweitiger Parteivereinbarungen stehen. Abs. 4 schließlich regelt, dass das Schiedsgericht die Verfahrensregeln innerhalb der durch die §§ 1025 ff. ZPO und durch Parteivereinbarung gesetzten Grenzen nach freiem Ermessen bestimmt.

142 Diese **Normenhierarchie** – 1. zwingende gesetzliche Bestimmungen, 2. dispositive gesetzliche Bestimmungen bzw. Parteivereinbarung, 3. Ermessen des Schiedsgerichts – bildet einen Rahmen, innerhalb dessen das Verfahren weitgehend flexibel gestaltet werden kann. Gleichzeitig wird ein Mindestschutz der Parteien, insbesondere die Wahrung ihrer Verfahrensgrundrechte – Anspruch auf rechtliches Gehör und Gleichbehandlung –, gewährleistet.

143 *aa) Beginn des Verfahrens.* Grundsätzlich beginnt das schiedsrichterliche Verfahren gem. § 1044 ZPO, indem der Beklagte den **Antrag, die Streitigkeit einem Schiedsgericht vorzulegen,** empfangen hat. Dieser Antrag muss nicht einer Klageschrift im gerichtlichen Verfahren entsprechen; es genügt, wenn er die Bezeichnung der Parteien, die Angabe des Streitgegenstandes und einen Hinweis auf die Schiedsvereinbarung enthält. Eine teils abweichende Regelung findet sich in Art. 6 DIS SchO. Danach ist für den Beginn des Verfahrens die Einreichung der Schiedsklage bei der

[211] Vgl. zur Kontrolldichte des Ermessens Schwab/Walter Kap. 17a Rn. 30; MüKoZPO/Münch § 1041 Rn. 43 f.
[212] Saarländisches OLG 27.2.2007 – 4 Sch 1/07, SchiedsVZ 2007, 323 (325): Die Ablehnung muss sich auf Fälle „greifbarer Gesetzeswidrigkeit" und „offensichtliche Ermessensfehler" des Schiedsgerichts beschränken.
[213] Begründung der Bundesregierung zum SchiedsVfG, BT-Drs. 13/5274, 45.
[214] Vgl. hierzu BGH 2.7.1992 – III ZR 84/91, NJW-RR 1993, 444; OLG München 20.4.2009 – 34 Sch 17/08, OLGR München 2009, 482.

DIS Geschäftsstelle maßgeblich. Ferner muss die Schiedsklage weitere in Art. 6.1, 5.2 (i), (iii), (v) und (vi) DIS SchO im Einzelnen genannte Angaben enthalten (vgl. auch Art. 9 f WIPO SchO).

Praxistipp:

Gerade bei internationalen Schiedsverfahren ist es nicht unüblich, das Schiedsverfahren mit einem kurz gefassten Antrag auf Einleitung eines Schiedsverfahrens („Request for Arbitration") einzuleiten und die eigentliche Klageschrift erst nach der Konstituierung des Schiedsgerichts einzureichen.

144 *bb) Schriftliches Verfahren.* Entsprechend einem Verfahren vor staatlichen Gerichten gliedert sich ein Schiedsverfahren regelmäßig in einen schriftlichen und einen mündlichen Teil. In den §§ 1046 f. ZPO beschränkt sich der Gesetzgeber auf die Regelung der wesentlichen Grundlagen; entsprechendes gilt für die Regelungen in den Art. 21 ff. DIS SchO und die etwas detaillierteren Art. 37 ff. WIPO SchO. Kennzeichnend für all diese Bestimmungen ist, dass sie den Zweck verfolgen, dem Schiedsgericht unter Beachtung der Grundsätze der Gleichbehandlung der Parteien und des rechtlichen Gehörs einen **möglichst flexiblen Verfahrensrahmen** zu schaffen.[215]

145 Innerhalb des schriftlichen Verfahrens haben die Parteien in der **Klageschrift und Klageerwiderung** sowie in gegebenenfalls weiteren Schriftsätzen die von ihnen geltend gemachten Ansprüche und die zugrunde liegenden Tatsachen nebst entsprechenden Beweismitteln gegenüber dem Schiedsgericht darzulegen.[216] Dabei kann jede Partei im Laufe des schiedsrichterlichen Verfahrens ihre Klage bzw. Klageerwiderung sowie ihre Angriffs- und Verteidigungsmittel ändern oder ergänzen, es sei denn, das Schiedsgericht lässt dies wegen ungenügend entschuldigter Verspätung nicht zu.[217]

146 *cc) Mündliches Verfahren und Beweisaufnahme.* Vor allem bei internationalen Schiedsverfahren unterscheidet sich der Ablauf einer mündlichen Verhandlung und Beweisaufnahme signifikant von einem Verfahren vor einem deutschen staatlichen Gericht.[218] Exemplarisch gilt dies für die Fragen, ob Zeugen primär durch die Mitglieder des Schiedsgerichts oder im Wege der *examination* und *cross-examination* durch die Parteivertreter vernommen werden und inwieweit im Vorfeld des mündlichen Verfahrens eine *disclosure* von Beweismitteln durchgeführt wird.[219] Generell kann für Schiedsverfahren gesagt werden, dass diese auch hinsichtlich der mündlichen Verhandlung und Beweisaufnahme **flexibler und weniger förmlich** sind, als Verfahren vor staatlichen Gerichten.[220]

147 Im Hinblick auf die **mündliche Verhandlung** bestimmt § 1047 Abs. 1 ZPO lediglich, dass das Schiedsgericht vorbehaltlich einer Vereinbarung der Parteien entscheidet, ob mündlich verhandelt werden soll. Sofern die Parteien die Durchführung einer mündlichen Verhandlung nicht ausgeschlossen haben, hat das Schiedsgericht eine solche in einem geeigneten Abschnitt des Verfahrens durchzuführen, wenn eine Partei dies beantragt.[221]

148 Bei der Ausgestaltung der **Beweisaufnahme** findet die Gestaltungsfreiheit des Schiedsgerichts ihre Grenzen in den in § 1042 Abs. 1 ZPO normierten Grundsätzen des Anspruchs auf rechtliches Gehör und auf Gleichbehandlung der Parteien sowie den Parteivereinbarungen.[222] Hinsicht-

[215] Zur Frage, inwieweit ein solch flexibler Rahmen auch Raum für vermittelnde Tätigkeit des Schiedsrichters lässt siehe Horvath SchiedsVZ 2005, 292. Nunmehr sieht Art. 26 DIS SchO die Förderung einvernehmlicher Konfliktlösung ausdrücklich vor.

[216] Wegen der Einzelheiten siehe § 1046 ZPO, Art. 41 ff. WIPO SchO und Art. 5, 7, 28 DIS SchO.

[217] § 1046 Abs. 2 ZPO; s. allerdings Art. 42 (c) WIPO SchO: danach sind Widerklagen und Aufrechnungen grundsätzlich in der Klageerwiderung zu erklären; zur Besonderheit von Schriftsatzfristen bei zeitzonenüberschreitenden internationalen Schiedsverfahren siehe Wegen/Wilske SchiedsVZ 2003, 124 f.

[218] Vgl. etwa Craig/Park/Paulsson Commerce Arbitration S. 418 ff.; T. Lörcher Streiterledigung S. 257 ff. mwN; Borris Arbitration 1994, S. 74 (78 ff.); Lew/Mistelis/Kröll Commercial Arbitration Kap. 21 Rn. 33 ff.; Weigand/Baumann Arbitration-HdB/Hanefeld/Schmidt-Ahrendts Rn. 9.100 ff.

[219] Wirth SchiedsVZ 2003, 9; Demeyere SchiedsVZ 2003, 247; siehe zur disclosure Schley/Lange RIW 2020, 342 sowie Elsing SchiedsVZ 2020, 294.

[220] Schütze SchiedsVZ 2006, 1. Dies zeigt sich auch in Art. 28 DIS-SchO, wonach das Schiedsgericht eigene Ermittlungen anstellen kann und dabei nicht an Beweisangebote der Parteien gebunden ist (Art. 28.2).

[221] Vgl. auch Art. 29 DIS SchO, Art. 53 WIPO SchO; zur virtuellen Verhandlungsmöglichkeit: Gielen/Wahnschaffe SchiedsVZ 2020, 257; zur DIS-SchO siehe BeckRA-HdB/Harms/Macher § 7 Rn. 65.

[222] Allzu umfangreiche Beweisaufnahmen können das Verfahren allerdings in die Länge ziehen und die Kosten erhöhen, vgl. Semler SchiedsVZ 2009, 149.

lich der Rolle des Schiedsgerichts im Rahmen der Beweisaufnahme bestimmt Art. 28.1, 28.2 DIS SchO ausdrücklich, dass es den zugrunde liegenden Sachverhalt zu ermitteln hat und zu diesem Zweck nach seinem Ermessen Anordnungen treffen kann, insbesondere Zeugen und Sachverständige zu vernehmen und die Vorlage von Urkunden anzuordnen – dabei ist es an die Beweisanträge der Parteien nicht gebunden. Eine entsprechende Regelung findet sich in Art. 50 WIPO SchO.[223]

149 Das 10. Buch der ZPO enthält lediglich zwei Bestimmungen über die Beweisaufnahme. Nach § 1049 ZPO kann das Schiedsgericht in Ermangelung einer abweichenden Parteivereinbarung selbst zur Unabhängigkeit und Unparteilichkeit verpflichtete **Sachverständige** bestellen, die Gutachten über bestimmte, vom Schiedsgericht festgelegte Fragen zu erstatten haben.[224] Daneben trägt § 1050 ZPO dem Umstand Rechnung, dass für Zeugen und Sachverständige vor einem Schiedsgericht kein Zwang zur Aussage besteht, da diese über keine staatliche Zwangsgewalt verfügen, und ein Schiedsgericht ferner nicht zur Beeidigung von Zeugen oder Sachverständigen befugt ist. Deshalb bestimmt § 1050 ZPO, dass das Schiedsgericht oder eine Partei mit Zustimmung des Schiedsgerichts bei Gericht **Unterstützung bei der Beweisaufnahme** oder die Vornahme sonstiger richterlicher Handlungen beantragen kann.[225]

150 In den Art. 50 ff. enthält die WIPO SchO Bestimmungen über die Beweisaufnahme und die einzelnen Beweismittel. Von vorrangigem Interesse sind dabei Art. 51 und 53 WIPO SchO, da diese Bestimmungen insbesondere den Bedürfnissen bei Streitigkeiten im Bereich des gewerblichen Rechtsschutzes Rechnung tragen sollen. Art. 51 WIPO SchO regelt die **Einbringung der Ergebnisse von Versuchen,** die von einer Partei durchgeführt worden sind, in das Schiedsverfahren. Will eine Partei sich auf die Ergebnisse derartiger Versuche stützen, so hat sie dies dem Schiedsgericht und der anderen Partei mitzuteilen und dabei den Zweck des Versuchs, dessen Zusammenfassung, die verwendete Methode, die Ergebnisse und die Schlussfolgerungen anzugeben. Auf Antrag der anderen Partei kann das Schiedsgericht anordnen, dass der Versuch in Anwesenheit der anderen Partei wiederholt wird.

151 Ferner kann das Schiedsgericht im Einverständnis mit den Parteien anordnen, dass diese gemeinsam eine **technische Anleitung** zum Hintergrund des betreffenden Sachgebiets oder Modelle, Zeichnungen oder anderes Material vorzulegen haben, die das Schiedsgericht oder die Parteien zu Referenzzwecken während der mündlichen Verhandlung benötigen. Diese Vorschrift kann sinnvoll sein, um einen einheitlichen Kenntnisstand der Schiedsrichter und der Parteien im Hinblick auf die streitentscheidenden technischen Fragen zu gewährleisten.[226] Ferner kann sie dazu beitragen, dass die Parteien zu einer übereinstimmenden Abgrenzung der streitigen und unstreitigen technischen Fragen und damit zu einer Konzentration des Verfahrensstoffes gelangen.

152 *dd) Säumnis.* § 1048 ZPO enthält Regelungen über die Säumnis einer Partei. Festzuhalten ist hier, dass es **keinen Versäumnisschiedsspruch** im Sinne der §§ 330 f. ZPO gibt. Nach § 1048 Abs. 2 und Abs. 3 ZPO ist die Säumnis des Beklagten als solche nicht als Zugeständnis der Behauptungen des Klägers zu behandeln. Vielmehr hat das Schiedsgericht das Verfahren in diesem Fall fortzusetzen und den Schiedsspruch nach den ihm vorliegenden Erkenntnissen zu erlassen.[227]

153 *ee) Vertraulichkeit.* Wie bereits erwähnt, wird als einer der Vorteile des Schiedsverfahrens regelmäßig dessen **Vertraulichkeit** genannt.[228] Diese besteht zumindest insoweit, als ein Schiedsverfahren, anders als ein Verfahren vor staatlichen Gerichten, nicht öffentlich ist.[229] Von Schiedsrich-

[223] Zu entsprechenden Regelung in Art. 48 aF WIPO: Kaboth S. 132 f.

[224] Lotz SchiedsVZ 2011, 203; zur Befangenheit eines Sachverständigen: BGH 2.5.2017 – I ZB 1/16, NJW 2018, 70.

[225] Diese Möglichkeit besteht ohne aufwändige Verfahrenszwischenschritte auch für Schiedsgerichte mit Sitz im Ausland, Wirth/Hoffmann-Nowotny SchiedsVZ 2005, 66; für das selbstständige Beweisverfahren nach §§ 485 ff. ZPO fehlt deutschen Gerichten aber jedenfalls dann die internationale Zuständigkeit, wenn das Ergebnis eines solchen Verfahrens aufgrund eines ausländischen Schiedsverfahrens unter Anwendung ausländischen Rechts in keinem nachfolgenden deutschen Zivilprozess Verwendung finden kann, OLG Düsseldorf 7.2.2008 – I-20 W 152/07, IPRax 2010, 442 (443 f.).

[226] Paulsson Conduct S. 73 (74); Kaboth S. 135.

[227] Ähnliche Regelungen finden sich in Art. 30 DIS SchO, Art. 58 WIPO SchO; siehe auch Quinke SchiedsVZ 2013, 129.

[228] Siehe oben Rn. 16, siehe hierzu auch Lachmann Schiedsgerichtspraxis-HdB Rn. 113 ff. mwN; Nacimiento BB 2001 Beilage 6, 7 (9 f.); Paulsson/Rawding ICC Bull. 1994 Nr. 1, 48 ff.; Trakman Arb. Int. 2002, 1 ff.; Schäfer TMR Vol. 94, 2004, 695 (721).

[229] MüKoZPO/Münch Vorb. zu den §§ 1025 ff. Rn. 122 ff.; auf die Nichtöffentlichkeit als maßgeblichen Vorteil stellt auch das KG 28.4.2011 – 23 U 33/11, NJW 2011, 2978 ab.

tern wird erwartet, dass sie über die Identität der Parteien und die Existenz des Schiedsverfahrens Stillschweigen bewahren.[230] Ferner unterliegen die Schiedsrichter hinsichtlich der Beratung und Abstimmung innerhalb des Schiedsgerichts der Geheimhaltungspflicht, wobei dies teils aus dem Wesen der Schiedsgerichtsbarkeit,[231] teils aus dem Schiedsrichtervertrag[232] gefolgert und als zumindest stillschweigend vereinbart angesehen wird. Zu beachten ist allerdings, dass der Abschluss einer Schiedsvereinbarung an sich nach deutschem Recht keine Verpflichtung der Parteien begründet, die Existenz oder den Inhalt eines Schiedsverfahrens geheim zu halten. Insbesondere statuiert das **10. Buch der ZPO keine Geheimhaltungspflicht** der Parteien. Vor diesem Hintergrund und um dem grundsätzlich bestehenden Geheimhaltungsinteresse der Parteien Rechnung zu tragen, enthalten sowohl die DIS Schiedsordnung als auch die WIPO Schiedsordnung Regelungen über die Vertraulichkeit.

Nach Art. 44.1 DIS SchO haben die Parteien, die Schiedsrichter und die DIS-Geschäftsstelle über die Durchführung eines schiedsrichterlichen Verfahrens, insbesondere über die beteiligten Parteien, Zeugen, Sachverständigen und sonstigen Beweismittel, Verschwiegenheit gegenüber jedermann zu bewahren. Die von den Beteiligten im Rahmen des Verfahrens hinzugezogenen Personen sind zur Sicherstellung der Vertraulichkeit zur Verschwiegenheit zu verpflichten. 154

Vor dem Hintergrund, dass es gerade in Schiedsverfahren aus dem Bereich des gewerblichen Rechtsschutzes häufig um Betriebs- und Geschäftsgeheimnisse der Parteien geht und daher die Vertraulichkeit des Verfahrens von erheblicher Bedeutung ist,[233] enthalten die Art. 75 ff. WIPO SchO sehr detaillierte Regeln über die Vertraulichkeit des Verfahrens gegenüber Dritten.[234] Ferner enthält der im Anschluss zu erörternde Art. 54 WIPO SchO eine Regelung über die Offenlegung von Geschäftsgeheimnissen und anderen vertraulichen Informationen gegenüber der anderen Partei des Schiedsverfahrens. 155

Die Art. 75 ff. WIPO SchO sollen einerseits die Vertraulichkeit so weit wie möglich gewährleisten und andererseits in dem zwingend erforderlichen Umfang Ausnahmen zulassen.[235] Nach Art. 75 (a) WIPO SchO ist es den Parteien grundsätzlich verwehrt, einseitig **Informationen über die Durchführung eines Schiedsverfahrens** gegenüber Dritten offen zu legen. Dies gilt nicht, soweit diese Informationen im Rahmen einer gerichtlichen Anfechtung oder einer Maßnahme zur Durchsetzung des Schiedsspruchs notwendigerweise erteilt werden müssen oder wenn ein Gesetz oder eine zuständige Behörde dies verlangt. Eine weitere Ausnahme von diesem Grundsatz enthält Art. 75 (b) WIPO SchO. Danach darf eine Partei einem Dritten gegenüber die Namen der Parteien des Schiedsverfahrens und das Klagebegehren offenlegen, wenn dies notwendig ist, um gegenüber diesem Dritten einer aufgrund Treu und Glauben oder der Aufrichtigkeit bestehenden Verpflichtung zu genügen. 156

Art. 76 WIPO SchO regelt die **Vertraulichkeit von während des Schiedsverfahrens getätigten Offenlegungen.** Erteilt eine Partei während eines Verfahrens Informationen, die nicht allgemein zugänglich sind,[236] so besteht die Gefahr, dass die andere Partei sich dieser Informationen gegenüber Dritten bedient. Um dies zu verhindern, bestimmt Art. 76 (a) WIPO SchO, dass das gesamte im Rahmen eines Schiedsverfahrens vorgelegte Beweismaterial vertraulich zu behandeln ist und insbesondere Informationen, die nicht allgemein zugänglich sind, zu keinem Zweck gegenüber einem Dritten verwendet oder offengelegt werden dürfen, sofern der Zugang der Partei zu dieser Information ausschließlich das Ergebnis ihrer Teilnahme an dem Schiedsverfahren war. Etwas anderes gilt nur bei Zustimmung der Parteien oder aufgrund einer entsprechenden Weisung eines zuständigen staatlichen Gerichts. 157

Daneben ist gemäß Art. 77 WIPO SchO auch der **Schiedsspruch vertraulich** zu behandeln. Er darf einem Dritten gegenüber nur offengelegt werden, wenn und soweit die Parteien zustimmen oder er als Ergebnis eines Verfahrens vor einem nationalen staatlichen Gericht oder einer anderen zuständigen Stelle allgemein zugänglich ist. Eine weitere Ausnahme greift ein, sofern der Schiedsspruch offengelegt werden muss, um eine gesetzliche Verpflichtung einer Partei zu erfüllen oder 158

---

230 Lörcher/Lörcher Schiedsverfahren Rn. 21.

231 Lachmann Schiedsgerichtspraxis-HdB Rn. 1894 mwN.

232 Schütze/Thümmel Schiedsgericht/Thümmel § 10 Rn 29; Stein/Jonas/Schlosser ZPO vor § 1025 Rn. 24.

233 Schäfer RPS 1. Halbjahr 1996, 10 (16).

234 Vgl. Paulsson Conduct S. 73, 75 („Nothing like it is to be found in other sets of arbitration rules").

235 Zur Notwendigkeit, Ausnahmen vom Grundsatz der Vertraulichkeit zuzulassen: Paulsson/Rawding ICC Bull. 1994 Nr. 1, 48, 55 ff.; Paulsson Conduct S. 73, 75.

236 Zur Offenlegung von Geschäftsgeheimnissen und anderen vertraulichen Informationen siehe auch im Folgenden die Sonderregelung des Art. 54 WIPO SchO.

die gesetzlich anerkannten Rechte einer Partei gegenüber einem Dritten festzustellen oder zu schützen.

159 Soweit die Parteien nichts anderes vereinbart haben, sind gemäß Art. 78 (a) WIPO SchO insbesondere auch die **Schiedsstelle und die Schiedsrichter** verpflichtet, die Vertraulichkeit zu wahren. Die Schiedsstelle und die Schiedsrichter sind hiervon lediglich insofern und insoweit befreit, als entsprechende Offenlegungen in Verbindung mit einem Gerichtsverfahren oder aufgrund einer gesetzlichen Vorschrift geboten sind. Ferner darf die Schiedsstelle gemäß Art. 78 (b) WIPO SchO das Schiedsverfahren betreffende Informationen in eine Statistik, die es über seine Tätigkeiten veröffentlicht, aufnehmen, sofern diese keine Rückschlüsse auf die Parteien und die Einzelheiten des Streitfalles zulassen.

Praxistipp:

Besteht hinsichtlich eines Vertrages ein Geheimhaltungsinteresse zumindest einer Partei, so sollte dem zunächst durch den Abschluss einer umfassenden (strafbewehrten) Vertraulichkeitsvereinbarung Rechnung getragen werden. Darüber hinaus bieten sowohl die Vereinbarung einer DIS- als auch einer WIPO-Schiedsklausel zusätzliche Sicherheit, damit auch in Bezug auf das Schiedsverfahren die Vertraulichkeit gewahrt wird.

160 Neben diesen die Vertraulichkeit gegenüber Dritten regelnden Vorschriften befasst sich Art. 54 WIPO SchO mit der **Offenlegung von Geschäftsgeheimnissen** und anderen vertraulichen Informationen gegenüber der anderen Partei des Schiedsverfahrens und dem Schiedsgericht. Insbesondere bei Streitigkeiten über gewerbliche Schutzrechte kann ein berechtigtes Interesse einer Partei bestehen, dass im Rahmen des Schiedsverfahrens relevante vertrauliche Informationen nicht zur Kenntnis der anderen Partei gelangen, beispielsweise wenn es sich um einen Wettbewerber handelt. Nach Art. 54 WIPO SchO kann jede Partei, die im Rahmen des Schiedsverfahrens vertrauliche Informationen vorlegen möchte oder muss, beantragen, dass diese Information als vertraulich eingestuft wird. In dem Antrag ist darzulegen, weshalb die Information als vertraulich zu behandeln ist, ohne dass dabei der Inhalt der Information offengelegt wird.[237]

161 Ist die Information nach Auffassung des Schiedsgerichts als vertraulich zu behandeln, und ist es nach der Art dieser Information wahrscheinlich, dass das Fehlen besonderer Schutzmaßnahmen der antragstellenden Partei ernsthaft schaden könnte, so wird die Information gemäß Art. 54 (c) WIPO SchO als vertraulich eingestuft. In diesem Fall hat das Schiedsgericht **geeignete Schutzmaßnahmen** anzuordnen, etwa eine Beschränkung der Offenbarungspflicht insgesamt oder eine Beschränkung des Personenkreises, dem die Information ganz oder teilweise offenzulegen ist. Dabei hat das Schiedsgericht von jeder Person, der die vertrauliche Information gegenüber offengelegt werden soll, die Unterzeichnung einer angemessenen Vertraulichkeitsverpflichtung zu verlangen.

162 Art. 54 (d) WIPO SchO geht davon aus, dass eine Partei in Ausnahmefällen darüber hinaus auch ein berechtigtes Interesse daran haben kann, dass nicht nur die andere Partei des Schiedsverfahrens, sondern auch die Mitglieder des Schiedsgerichts selbst keine Kenntnis vom Inhalt der vertraulichen Information erlangen. Hier ist beispielsweise daran zu denken, dass das Schiedsgericht die Entscheidung über die Vertraulichkeit einer Information einer Person überlassen möchte, die über besondere technische Kenntnisse verfügt, oder an die Befürchtung einer Partei, dass der von der Gegenseite ernannte Schiedsrichter die Information an die andere Partei weitergeben könnte und sie deshalb die Vorlage von Informationen verweigert.[238] Unter derartigen besonderen Umständen kann das Schiedsgericht gemäß Art. 54 (d) WIPO SchO einen **Berater zur Frage der Vertraulichkeit** (*„confidentiality advisor"*) benennen, der anstelle des Schiedsgerichts die Entscheidung trifft, ob die Information als vertraulich einzustufen ist, und gegebenenfalls entscheidet, unter welchen Bedingungen und wem gegenüber die vertrauliche Information ganz oder teilweise offenzulegen ist. Das Schiedsgericht kann den Berater zur Frage der Vertraulichkeit auch als Sachverständigen bestellen, der dann auf der Grundlage der vertraulichen Informationen

[237] Art. 54 (b) WIPO SchO. Anders als im Rahmen eines Mediationsverfahren (hierzu → Rn. 42) ist es in Schiedsverfahren grundsätzlich ausgeschlossen, dass Beweismittel nur dem Schiedsgericht und nicht auch der anderen Partei vorgelegt werden.

[238] Paulsson Conduct S. 73 (74).

ein Gutachten erstattet, ohne die zugrundeliegenden Informationen der anderen Partei und dem Schiedsgericht offenzulegen.[239]

163 Die Regelung des Art. 54 WIPO SchO erscheint vor dem Hintergrund des Anspruchs der anderen Partei des Schiedsverfahrens auf **rechtliches Gehör insbesondere dann** als problematisch, wenn in der konkreten Situation keine einvernehmliche Regelung der Parteien gelingt. Es ist für die andere Partei kaum möglich, zu entscheidungserheblichen Tatsachen vorzutragen, die sie nicht kennt, da sie als geheim eingestuft worden sind.[240] Noch größere Bedenken bestehen im Hinblick auf die Regelung des Art. 54 (d) und (e) WIPO SchO. Danach ist es möglich, dass ein Schiedsgericht aufgrund des Berichts des Beraters zur Frage der Vertraulichkeit entscheidet, ohne selbst die als vertraulich eingestuften entscheidungserheblichen Tatsachen zu kennen. Ein solcher Berater sollte nur unter ganz „außergewöhnlichen Umständen"[241] ernannt werden. Unbeschadet nicht auszuräumender Bedenken unter dem Gesichtspunkt des rechtlichen Gehörs erscheint es dabei in jedem Fall unverzichtbar, dass er in gleichem Maße wie ein Schiedsrichter unabhängig und unparteilich sein und den Bestimmungen über die Ablehnung eines Schiedsrichters unterliegen muss.[242]

164 Ergeht ein Schiedsspruch gegen eine Partei, der auf der Grundlage des Art. 54 WIPO SchO entscheidungserhebliche Informationen vorenthalten worden sind, so besteht das Risiko, dass der Schiedsspruch von den staatlichen Gerichten wegen Verletzung des Anspruchs auf rechtliches Gehör aufgehoben bzw. ihm die Vollstreckbarerklärung verweigert wird. Aufgrund der genannten Bedenken ist daher bei der **Anwendung der Vorschrift** auf jeden Fall **Zurückhaltung geboten.** Sie kommt nur in Betracht, wenn das Geheimhaltungsinteresse der einen Partei ganz eindeutig überwiegt und ein anderer Schutz dieser Interessen nicht möglich erscheint.

165 *ff) Zeitrahmen für das Schiedsverfahren.* Wie erwähnt, sind Schiedsverfahren im Vergleich zu Verfahren vor staatlichen Gerichten zumindest konzeptionell kürzer. Vor dem Hintergrund, dass gerade bei Streitigkeiten über gewerbliche Schutzrechte häufig ein besonderes Bedürfnis für eine zügige Durchführung des Schiedsverfahrens besteht, enthält die WIPO Schiedsordnung nicht nur Fristen für einzelne Verfahrensschritte,[243] sondern sieht insbesondere einen allgemeinen **Zeitrahmen für das Schiedsverfahren** vor.[244] Während beispielsweise die DIS SchO keine expliziten Regelungen zur Verfahrensdauer beinhaltet, sondern – mit der 2018 überarbeiteten DIS SchO[245] vermehrt – Vorschriften zur Verfahrenseffizienz beinhaltet, soll das Erkenntnisverfahren in einem WIPO Schiedsverfahren gemäß Art. 65 (a) WIPO SchO innerhalb von neun Monaten nach Zustellung der Klageerwiderung oder der Einsetzung des Schiedsgerichts abgeschlossen werden,[246] wobei der jeweils spätere Zeitpunkt für den Fristbeginn maßgeblich ist. Sodann sollte der Schiedsspruch innerhalb von drei weiteren Monaten erlassen werden.[247] Berücksichtigt man, dass die Einleitung des Schiedsverfahrens einschließlich der Konstituierung des Schiedsgerichts ca. drei Monate in Anspruch nimmt, ergibt sich eine Regelverfahrensdauer von ca. 15 Monaten.

166 Eine Überschreitung dieser Fristen löst eine **Berichtspflicht** des Schiedsgerichts aus. Wird das Erkenntnisverfahren nicht innerhalb der vorgesehenen neun Monate abgeschlossen, so hat das Schiedsgericht der Schiedsstelle und den Parteien alle drei Monate einen Bericht über den Stand des Schiedsverfahrens zu übersenden. Ergeht der endgültige Schiedsspruch nicht innerhalb der für diese Verfahrensphase vorgesehenen weiteren drei Monate, so hat das Schiedsgericht der Schiedsstelle und den Parteien monatlich eine schriftliche Erklärung für die Verzögerung zu übersenden.

---

239 Art. 54 (e) WIPO SchO; ähnliche Überlegungen zum Schutz sensibler Informationen finden sich auch in Art. 22.3 ICC-Rules mit der Möglichkeit, einen „Confidentiality Advisor" einzuschalten, und Art. 3 (8) IBA-Rules on the Taking of Evidence zur Einbindung eines unabhängigen Experten zur Beurteilung der Information (Art. 9 (2)), vgl. dazu Haller SchiedsVZ 2013, 135 (137).

240 Schäfer RPS 1. Halbjahr 1996, 10 (17).

241 Art. 54 (d) WIPO SchO.

242 Kaboth S. 139; Schneider Commentary S. 79 (81); vgl. auch Schäfer RPS 1. Halbjahr 1996, 10 (17); Kuner RIW 1995, 965 (970).

243 Bspw. 30 Tage für Klageschrift und Klageerwiderung, Art. 41 (a) und 42 (a) WIPO SchO.

244 Art. 65 (a) WIPO SchO.

245 Die Verfahrensführung ist in Art. 27 DIS SchO in einer eigenen Vorschrift geregelt. Weitere Regelungen befinden sich in Art. 7, 12, 26 DIS SchO sowie in Anlage 3, siehe Schardt SchiedsVZ 2019, 28. Für eine umfassende Aufarbeitung der Neuerungen wird auf v. Rechenberg/Ludwig Kölner HGR-HdB/Lörcher Kap. 33 Rn. 66 ff. verwiesen.

246 Vgl. Art. 59 WIPO SchO.

247 Art. 65 (a) S. 2 WIPO SchO.

167 Unter anderem vor dem Hintergrund der Kritik, internationale Schiedsverfahren seien zu schwerfällig und teuer,[248] eröffnet die WIPO die Möglichkeit, die Anwendbarkeit der **WIPO Schiedsordnung für die beschleunigten Schiedsgerichtsverfahren** (beschl. WIPO SchO) zu vereinbaren,[249] durch das eine Zeit- und auch Kostenersparnis erreicht werden soll.[250] Hierbei handelt es sich nicht um ein vollständig eigenes Regelwerk, sondern um eine Modifikation der WIPO Schiedsordnung, aufgrund derer das Schiedsverfahren im Regelfall innerhalb von acht Monaten abgeschlossen werden soll. Zur Beschleunigung des Verfahrens sieht die beschl. WIPO SchO zum einen eine Entscheidung durch einen Einzelschiedsrichter vor.[251] Zum anderen werden in allen Verfahrensphasen die jeweiligen Fristen verkürzt, wobei das Schiedsgericht in begründeten Fällen diese Fristen ausnahmsweise verlängern kann.[252] Der Zeitrahmen für das Schiedsverfahren wird dahingehend abgeändert, dass das Erkenntnisverfahren innerhalb von drei Monaten abzuschließen und der endgültige Schiedsspruch innerhalb eines weiteren Monats zu erlassen sind.[253]

Praxistipp:

Während in vergleichsweise einfach gelagerten Fällen oder in häufig vorkommenden Streitigkeiten, die einer schnellen Entscheidung bedürfen, die Vereinbarung der beschl. WIPO SchO zweckmäßig sein kann, erscheint dies zweifelhaft, wenn es in dem Verfahren um komplexe Streitfragen gehen kann. In derartigen Fällen besteht ein beträchtliches Risiko, dass der Einzelschiedsrichter aufgrund des Zeitdrucks zu einer nicht hinreichend durchdachten Sachentscheidung gelangt. Zumindest bei potentiell komplexen Streitigkeiten erscheint die Vereinbarung der beschl. WIPO SchO daher nur in Ausnahmefällen als sachgerecht.

168 **d) Schiedsspruch.** Wird das Schiedsverfahren nicht aufgrund eines der in § 1056 Abs. 2 ZPO genannten Gründe durch Beschluss beendet, so wird es durch einen endgültigen Schiedsspruch zum Abschluss gebracht. Dieser hat gemäß § 1055 ZPO unter den Parteien die **Wirkung eines rechtskräftigen Urteils.** Dies gilt selbst dann, wenn keine wirksame Schiedsvereinbarung vorlag, das Verfahren nicht ordnungsgemäß durchgeführt wurde oder ein Verstoß gegen den *ordre public* vorliegt. In derartigen Fällen besteht lediglich die Möglichkeit, dass der Schiedsspruch durch die am Ort des Schiedsverfahrens zuständigen Gerichte aufgehoben bzw. ihm im Ausland die Anerkennung und Vollstreckung verweigert wird.

169 Hinsichtlich der Entscheidungsfindung innerhalb des Schiedsgerichts bestimmt § 1052 ZPO, dass bei einem aus mehr als einem Schiedsrichter bestehenden Schiedsgericht Entscheidungen mit der **Mehrheit der Stimmen** aller Mitglieder zu treffen sind, wobei auch hier eine abweichende Vereinbarung möglich ist. Art. 14.2 DIS SchO und Art. 63 WIPO SchO beinhalten eine ähnliche Regelung, wobei für den Fall, dass keine Mehrheit der Stimmen erreicht werden kann, der vorsitzende Schiedsrichter in diesem Punkt allein bzw. wie ein Einzelschiedsrichter entscheidet.

170 Regelungen zu **Form und Inhalt** eines Schiedsspruchs finden sich in § 1054 ZPO. Ein Schiedsspruch ist schriftlich zu erlassen und durch den bzw. die Schiedsrichter zu unterschreiben. Er ist zu begründen, es sei denn, die Parteien haben vereinbart, dass keine Begründung gegeben werden muss, oder es handelt sich um einen sog. Schiedsspruch mit vereinbartem Wortlaut nach § 1053 ZPO. In letzterem hält das Schiedsgericht auf Antrag der Parteien einen während des Verfahrens geschlossenen Vergleich fest, sofern sein Inhalt nicht gegen den *ordre public* verstößt.

---

[248] Vgl. etwa Paulsson Expedited S. 113; Schäfer RPS 1. Halbjahr 1996, 10 (19); T. Lörcher Streiterledigung S. 295 mwN.

[249] Zur entsprechenden Schiedsklausel s. oben → Rn. 109. Allgemein zu Fast-Track Arbitration: Müller J. Int. Arb. 1998 Nr. 3, 5 ff.; zu den in Anlage 4 der DIS-SchO von 2018 veröffentlichten Regeln für beschleunigte Verfahren siehe Decker SchiedsVZ 2019, 75; entsprechend für die im März 2017 in Kraft getretenen Regeln für das beschleunigte Verfahren der ICC siehe Schütt SchiedsV 2017, 81 ff., deren Schwellenwert in Art. 30 mit der neuen Fassung der ICC SchO zum 1.1.2021 auf USD 3.000.000,00 angehoben wurde, siehe zu weiteren Neuerungen auch Bühler SchiedsVZ 2021, 230.

[250] Paulsson Expedited S. 113 (115); T. Lörcher Streiterledigung S. 295 mwN; Kaboth S. 179.

[251] Art. 14 (a) beschl. WIPO SchO.

[252] Van den Berg (WIPO/ASA) Conference on the Rules for Institutional Arbitration and Mediation, Genf 1995, 117 (118); Schäfer RPS 1. Halbjahr 1996, 10 (19 f.); zu beschleunigten Verfahren anderer Schiedsinstitutionen siehe Salger/Trittmann IntSchiedsVerf-HdB/Fiebinger § 30.

[253] Art. 58 (a) S. 2 beschl. WIPO SchO.

Ein Schiedsspruch mit vereinbartem Wortlaut hat dieselben Wirkungen wie jeder andere Schiedsspruch und kann somit insbesondere vollstreckt werden. Der Vollstreckungsvereinfachung dient dabei § 1053 Abs. 4 ZPO, demzufolge ein Schiedsspruch mit vereinbartem Wortlaut mit Zustimmung der Parteien von einem Notar für vollstreckbar erklärt werden kann, wobei dieser wie das Schiedsgericht lediglich prüft, ob ein Verstoß gegen den *ordre public* vorliegt.

Praxistipp:

Ein Schiedsspruch mit vereinbartem Wortlaut kann praktisch sehr interessant sein, da hier auf einfachem und schnellem Weg ein vollstreckbarer Titel erlangt werden kann.

e) **Kosten des Schiedsverfahrens.** Gemäß § 1057 ZPO hat das Schiedsgericht mangels abweichender Parteivereinbarung in einem Schiedsspruch zu entscheiden, zu welchem Anteil die Parteien die **Kosten** des schiedsrichterlichen Verfahrens einschließlich der den Parteien erwachsenen und zur zweckentsprechenden Rechtsverfolgung notwendigen Kosten zu tragen haben. Das Schiedsgericht entscheidet nach pflichtgemäßem Ermessen unter Berücksichtigung der Umstände des Einzelfalles, insbesondere des Ausgangs des Verfahrens.[254] Diese Kostenentscheidung ist erforderlich, da neben dem Schiedsverfahren kein eigenes Kostenfestsetzungsverfahren existiert und die Parteien ohne Kostenentscheidung keine Möglichkeit haben, einen diesbezüglichen Vollstreckungstitel zu erlangen. 171

Bei den Kosten des Schiedsverfahrens ist zunächst das Honorar der Schiedsrichter zu berücksichtigen, das entweder streitwertabhängig oder auf der Grundlage des Zeitaufwandes berechnet werden kann.[255] Eine **streitwertabhängige Schiedsrichtervergütung** sieht beispielsweise die DIS SchO vor, der als Anlage 2 die Kostenordnung beigefügt ist, aufgrund derer das Schiedsrichterhonorar im konkreten Einzelfall berechnet werden kann. Ferner findet sich auf der Website der DIS[256] ein Kostenrechner zur Errechnung des Schiedsrichterhonorars. 172

Während auch die WIPO Schiedsordnung zunächst eine streitwertabhängige Schiedsrichtervergütung vorsah,[257] richtet sich das Schiedsrichterhonorar nunmehr vorrangig nach dem **Zeitaufwand der Schiedsrichter.** Art. 71 WIPO SchO bestimmt insoweit, dass die Höhe und Währung des Honorars und die Zahlungsbedingungen von der Schiedsstelle nach Beratung mit den Schiedsrichtern und den Parteien gemäß der Gebührentabelle festzulegen sind, die am Tag des Eingangs des Schiedsantrags anwendbar ist. Als Richtwert ist dort ein Stundenhonorar von USD 300,– bis 600,– je Schiedsrichter genannt. Ausweislich der Erläuterungen zu der Gebührentabelle hat die Schiedsstelle vor der Einsetzung des Schiedsgerichts mit den Parteien und dem betreffenden Schiedsrichter den Stunden- oder Tagessatz des Schiedsrichterhonorars festzusetzen. Der Schiedsrichter ist verpflichtet, eine detaillierte Aufzeichnung seiner Tätigkeit und der aufgewandten Stunden zu führen, die der Schiedsstelle und den Parteien nebst der Rechnung des Schiedsrichters zu übermitteln ist. 173

Findet die **beschl. WIPO SchO** Anwendung, so erhält der Schiedsrichter bei Streitigkeiten mit einem Streitwert von bis zu USD 2.500.000,– ein Festhonorar in Höhe von USD 20.000,–, bei einem Streitwert zwischen USD 2.500.000,– und USD 10.000.000,– in Höhe von USD 40.000,–. In einfach oder komplex gelagerten Fällen kann das Festhonorar unter Berücksichtigung des Zeitaufwands des Schiedsrichters auch noch verringert bzw. erhöht werden. Liegt der Streitwert über USD 10.000.000,–, so wird das Schiedsrichterhonorar von der Schiedsstelle in Beratung mit den Parteien und dem Schiedsrichter festgelegt, wobei dies erst nach Abschluss des Verfahrens erfolgt. 174

[254] Zu Einzelheiten siehe § 1057 ZPO, Stein/Jonas/Schlosser § 1057; Lachmann Schiedsgerichtspraxis-HdB Rn. 1040 ff.; Schütze/Thümmel Schiedsgericht/Thümmel § 13 Rn. 61 ff.; Kreindler/Schäfer/Wolff Schiedsgerichtsbarkeit Rn. 1185 ff.; Schäfer TMR Vol. 94, 2004, 695 (719); zur schiedsrichterlichen Entscheidungskompetenz über in vorgelagerten Gerichtsverfahren entstandene Kosten siehe Thiel/Pörnbacher SchiedsVZ 2007, 295. In Art. 33.3 DIS SchO hat die DIS nunmehr auch die Möglichkeit eingeführt, die Verfahrensführung selbst zu berücksichtigen und so die Parteien zu einer effizienten Prozessführung zu bewegen.

[255] Siehe hierzu Gurry (WIPO/ASA) Conference on the Rules for Institutional Arbitration and Mediation, 1995, 91 (96 f.); Lew/Mistelis/Kröll Commercial Arbitration Kap. 12 Rn. 22 ff.

[256] Vgl. www.disarb.org unter „Gebührenrechner", abrufbar unter: https://www.disarb.org/werkzeuge-und-tools/gebuehrenrechner; siehe auch Vorndran SchiedsVZ 2018, 358.

[257] S. hierzu T. Lörcher Streiterledigung S. 430 f.; Kaboth S. 172 ff.

175 Findet ein *ad-hoc* **Schiedsverfahren** auf der Grundlage der §§ 1025 ff. ZPO statt, so richtet sich die Höhe des Schiedsrichterhonorars nach der Vereinbarung zwischen den Parteien und den Mitgliedern des Schiedsgerichts im Rahmen des Schiedsrichtervertrages. Hier ist sowohl eine streitwertabhängige als auch eine auf dem Zeitaufwand basierende Vergütung möglich.[258]

176 Zu den von den Parteien zu zahlenden Verfahrenskosten gehören die den Schiedsrichtern entstandenen **Auslagen.**[259] Diese umfassen etwa sachgemäße Reise-, Kommunikations- und sonstige Kosten, die Kosten für Sachverständigengutachten und für andere Unterstützung, die das Schiedsgericht in Anspruch genommen hat, sowie die sonstigen, für die Durchführung des Schiedsverfahrens notwendigen Ausgaben wie etwa Kosten für Sitzungen und mündliche Verhandlungen.[260]

177 Ferner fallen im Rahmen der Verfahrenskosten **Gebühren für die das Verfahren administrierende Institution** an. Bei der DIS entsteht eine Bearbeitungsgebühr, die streitwertabhängig zwischen EUR 750,– und EUR 60.000,– (im Falle einer Widerklage höchstens EUR 120.000,–; bei Mehrparteienverfahren maximal 20.000,– je weiterer Partei) beträgt. Die Schiedsstelle der WIPO erhebt zunächst eine Antragsgebühr, die sich generell auf USD 2.000,– beläuft; bei einem beschleunigten Schiedsverfahren wird keine fällig. Ferner wird eine streitwertabhängige Verwaltungsgebühr für die Betreuung des Verfahrens erhoben, die sich auf mindestens USD 4.000,– (beschl. Verfahren: USD 2.000,–) und höchstens USD 40.000,– (beschl. Verfahren: USD 20.000,–) beläuft.

178 Neben den vorstehenden Kosten des Schiedsverfahrens sind auch die **Parteikosten** zu berücksichtigen. Hierzu gehören insbesondere die Kosten der Parteivertretung in dem Verfahren und die im Rahmen einer Beweiserhebung entstandenen Kosten.[261] In seiner Kostenentscheidung entscheidet das Schiedsgericht darüber, ob und in welchem Umfang diese erstattet werden. Dabei ist insbesondere in internationalen Schiedsverfahren zu berücksichtigen, dass die Erstattungsfähigkeit der Anwaltshonorare nicht auf die nach dem RVG entstehenden Gebühren beschränkt ist, sondern vielmehr eine weitergehende Erstattung, namentlich auf der Grundlage der von den Parteivertretern in Rechnung gestellten Zeithonorare, in Betracht kommt.[262]

179 **f) Umfang gerichtlicher Tätigkeit im Rahmen eines Schiedsverfahrens.** Das Vorliegen einer wirksamen Schiedsvereinbarung schließt die Zuständigkeit der staatlichen Gerichte grundsätzlich aus. Dementsprechend bestimmt § 1026 ZPO, dass ein Gericht im Rahmen eines Schiedsverfahrens nur tätig werden darf, soweit dies in den §§ 1025 ff. ZPO vorgesehen ist. Dabei üben die staatlichen Gerichte eine **teils unterstützende, teils kontrollierende Funktion** aus und werden grundsätzlich nur auf Antrag einer Partei oder des Schiedsgerichts tätig.

180 *aa) Allgemeines.* Entsprechende Anträge an das Gericht können etwa auf die Bestellung oder Ablehnung von Schiedsrichtern gemäß §§ 1034 f., 1037 ZPO oder die Beendigung eines Schiedsrichteramtes gemäß § 1038 ZPO gerichtet sein, auf die Überprüfung der Voraussetzungen für ein schiedsrichterliches Verfahren (§§ 1032, 1040 ZPO) oder auf vorläufige Maßnahmen gemäß § 1041 ZPO. Ferner sind die Gerichte gemäß § 1059 ZPO für die Aufhebung von Schiedssprüchen bzw. deren Vollstreckbarerklärung nach §§ 1060 f. ZPO zuständig. Während für die vorstehenden Aufgaben nach § 1062 Abs. 1 ZPO grundsätzlich das Oberlandesgericht am Ort des Schiedsverfahrens zuständig ist,[263] liegt darüber hinaus die Zuständigkeit für die Unterstützung bei der Beweisaufnahme und für sonstige richterliche Handlungen im Sinne von § 1050 ZPO bei den Amtsgerichten.

181 *bb) Aufhebung eines Schiedsspruchs.* Eine zentrale Funktion der staatlichen Gerichte im Rahmen des Schiedsverfahrens liegt in der **Kontrolle der von einem Schiedsgericht erlassenen Schiedssprüche.** Diese Kontrolle wird dadurch sichergestellt, dass gemäß § 1060 Abs. 1 ZPO eine Zwangsvollstreckung aus einem Schiedsspruch nur erfolgt, wenn der Schiedsspruch zuvor auf Antrag einer Partei für vollstreckbar erklärt worden ist. Diese Vollstreckbarerklärung ist ab-

[258] Zur Schiedsrichtervergütung beim ad-hoc Schiedsverfahren siehe G. Lörcher/T. Lörcher SchiedsVZ 2005, 179 (186 f.).

[259] Art. 32 (i) DIS SchO, Art. 73 (a) WIPO SchO.

[260] Vgl. die nicht abschließende Aufzählung in Art. 73 (a) WIPO SchO.

[261] Siehe zum internationalen Gerichtsstand zur Geltendmachung von Parteivertreterhonoraren bei internationalen Schiedsverfahren: BGH 2.3.2006 – IX ZR 15/05, EuZW 2006, 318.

[262] Siehe hierzu Lörcher/Lörcher Schiedsverfahren Rn. 314 f.; Ahrens/Erdmann NJW 2020, 3142; zur umstrittenen Streitfrage von Zeitabrechnungen in nationalen Schiedsverfahren: OLG München 4.7.2016 – 34 Sch 29/15, SchiedsVZ 2017, 40 (45 f.) mwN.

[263] OLG München 3.2.2010 – 34 Sch 24/09, NJOZ 2011, 727.

zulehnen, wenn ein Grund für die Aufhebung des Schiedsspruchs vorliegt. § 1059 Abs. 2 ZPO enthält einen abschließenden Katalog der Aufhebungsgründe. Diese sind

- die fehlende subjektive Schiedsfähigkeit einer Partei nach dem für sie maßgeblichen Recht,[264] zB mangels Rechts- oder Geschäftsfähigkeit, und das **Fehlen einer Schiedsvereinbarung** (§ 1059 Abs. 2 Nr. 1a) ZPO), wobei letzteres gemäß § 1040 Abs. 2 ZPO bereits im Schiedsverfahren selbst spätestens mit der Klagebeantwortung geltend gemacht worden sein muss;
- die unzulässige Behinderung des Antragstellers durch **nicht gehörige Inkenntnissetzung** von der Bestellung eines Schiedsrichters oder von dem schiedsrichterlichen Verfahren oder durch **Behinderung** in der Geltendmachung von Angriffs- oder Verteidigungsmitteln (§ 1059 Abs. 2 Nr. 1b) ZPO);
- die **Unzuständigkeit des Schiedsgerichts**, weil die vom Schiedsgericht entschiedene Streitigkeit (ganz oder teilweise) nicht von einer Schiedsvereinbarung gedeckt ist (§ 1059 Abs. 2 Nr. 1c) ZPO);
- ein **unzulässiges Verfahren**, weil die Bildung des Schiedsgerichts oder das schiedsrichterliche Verfahren einer Bestimmung der §§ 1025 ff. ZPO oder einer zulässigen Vereinbarung der Parteien nicht entsprochen hat, sofern anzunehmen ist, dass sich dies auf den Schiedsspruch ausgewirkt hat (§ 1059 Abs. 2 Nr. 1d) ZPO). Dabei ist zu beachten, dass der Verfahrensfehler gemäß § 1027 ZPO während des Schiedsverfahrens rechtzeitig gerügt worden sein muss.

Während die vorstehenden Aufhebungsgründe vom Gericht nur aufgrund einer entsprechenden 182
Rüge der die Aufhebung begehrenden Partei geprüft werden, sind die beiden nachfolgenden Gründe von Amts wegen zu berücksichtigen. Ein Schiedsspruch ist aufzuheben, wenn

- der Gegenstand des Streites nach deutschem Recht **nicht objektiv schiedsfähig** ist (§ 1059 Abs. 2 Nr. 2a) ZPO);
- die Anerkennung und Vollstreckung des Schiedsspruchs zu einem Ergebnis führt, das dem deutschen ***ordre public*** **widerspricht** (§ 1059 Abs. 2 Nr. 2a) ZPO).[265] Ein solcher Verstoß gegen den *ordre public* liegt nach deutschem Verständnis vor, wenn der Schiedsspruch eine Norm verletzt, die die Grundlagen des staatlichen oder wirtschaftlichen Lebens regelt oder zu deutschen Gerechtigkeitsvorstellungen offensichtlich in einem untragbaren Widerspruch steht[266] bzw. wenn ein Urteil aufgrund eines Verfahrens ergangen ist, das von den Grundprinzipien des deutschen Verfahrensrechts in einem solchen Maße abweicht, dass nach der deutschen Rechtsordnung das Urteil nicht als in einem geordneten, rechtsstaatlichen Verfahren ergangen angesehen werden kann.[267]

Aus der abschließenden Aufzählung der in § 1059 Abs. 2 ZPO genannten Aufhebungsgründe folgt, dass eine Aufhebung eines Schiedsspruchs wegen inhaltlicher Unrichtigkeit – von einem *ordre public* Verstoß abgesehen – ausgeschlossen ist. Insbesondere sind die staatlichen Gerichte an die tatsächlichen Feststellungen und rechtlichen Beurteilungen des Schiedsgerichts gebunden. 183

Das Aufhebungs- und Vollstreckbarerklärungsverfahren ist in den §§ 1063 f ZPO geregelt.[268] Zu beachten ist, dass gemäß § 1059 Abs. 3 ZPO ein Aufhebungsantrag grundsätzlich innerhalb von drei Monaten gestellt werden muss und die Aufhebung eines Schiedsspruchs nach 1059 Abs. 5 ZPO im Zweifel zur Folge hat, dass wegen des Streitgegenstandes die Schiedsvereinbarung wiederauflebt. Das Gericht kann „in geeigneten Fällen" die Sache unter Aufhebung des Schiedsspruchs im Übrigen wieder an das Schiedsgericht zurückverweisen (§ 1059 Abs. 4 ZPO). 184

g) Besonderheiten bei internationalen Verfahren. Wie bereits erörtert, ist bei internationalen Verfahren der **Ort des Schiedsverfahrens** von besonderer Bedeutung. Liegt er außerhalb Deutschlands, so handelt es sich aus der Perspektive der §§ 1025 ff. ZPO um ein ausländisches Verfahren. Denn nach der international vorherrschenden Sitztheorie richtet sich das Schiedsverfahren nach dem am Ort des Schiedsverfahrens geltenden Recht.[269] Weitere Fragen, auf die bei internationa- 185

[264] Lachmann Schiedsgerichtspraxis-HdB Rn. 210 ff.; Zöller/Geimer ZPO § 1029 Rn. 19.

[265] Zu Einzelheiten: Stein/Jonas/Schlosser Anhang ZPO § 1061 Rn. 314 ff.; Schwab/Walter Kap. 30 Rn 20 ff.; T. Lörcher Streiterledigung S. 492 f. jeweils mwN.

[266] BGH 6.10.2016 – I ZB 13/15, SchiedsVZ 2018, 53 (53) mwN.

[267] BGH 18.10.1967 – VIII ZR 145/66, BGHZ 48, 327 (333 f.); BGH 19.9.1977 – VIII ZR 120/78, NJW 1978, 1114 (1115).

[268] Siehe zum Aufhebungsverfahren: Schütze/Thümmel Schiedsgericht/Schütze § 16 Rn. 9 ff; Salger/Trittmann Int-SchiedsVerf-HdB/Poseck § 22.

[269] Im Falle eines ausländischen Schiedsspruches kann die Aufhebung mangels internationaler Zuständigkeit nicht vor deutschen Gerichten beantragt werden, OLG Düsseldorf 19.8.2003 – 6 Sch 2/99, BeckRS 2003, 30326059.

len Verfahren besonderes Augenmerk gerichtet werden muss, sind das anwendbare Recht und die Durchsetzung ausländischer Schiedssprüche in Deutschland.

186 *aa) Anwendbares Recht.* Bei Verträgen, die Berührung zu mehr als einer Rechtsordnung haben, stellt sich die Frage nach dem auf den Vertrag anwendbaren **materiellen Recht.** Liegt der Ort des Schiedsverfahrens in Deutschland, so bestimmt sich das anwendbare Recht nach der Kollisionsnorm des § 1051 ZPO, die den Art. 27 f. aF EGBGB nachgebildet ist.[270] Gemäß § 1051 Abs. 1 ZPO entscheidet zunächst der Parteiwille über das anwendbare Recht, wobei die Vereinbarung eines bestimmten Rechts grundsätzlich als Sachnormverweisung zu verstehen ist. Fehlt es an einer Rechtswahl, so hat das Schiedsgericht das Recht des Staates anzuwenden, mit dem der Gegenstand des Verfahrens die engste Verbindung aufweist.[271]

Praxistipp:

Es empfiehlt sich, im Zusammenhang mit der Vereinbarung einer Schiedsklausel das auf den Vertrag anwendbare materielle Recht ausdrücklich zu regeln; in den Musterschiedsklauseln sind entsprechende Formulierungen vorgesehen. Der in Verträgen mit Auslandsbezug immer wieder anzutreffende „Verzicht" auf eine ausdrückliche Rechtswahl kann zu erheblicher Rechtsunsicherheit und erheblichen Risikenführen.

187 *bb) Anerkennung und Vollstreckung ausländischer Schiedssprüche.* Während – nach der Sitztheorie – die Gerichte am Ort des Schiedsverfahrens für die Aufhebung des Schiedsspruchs ausschließlich zuständig sind, liegt die Zuständigkeit für die **Anerkennung und Vollstreckbarerklärung von ausländischen Schiedssprüchen** bei den Gerichten des Staates, in dem die Einleitung von Zwangsvollstreckungsmaßnahmen aus dem Schiedsspruch begehrt wird.

188 Gemäß § 1061 ZPO richtet sich die Anerkennung und Vollstreckung ausländischer Schiedssprüche in Deutschland vorrangig nach dem NYÜ.[272] Nach Art. III S. 1 NYÜ ist ein ausländischer Schiedsspruch als wirksam anzuerkennen und nach den Verfahrensvorschriften des Vertragsstaates zur Vollstreckung zuzulassen, wenn der Schiedsspruch in den Geltungsbereich des Übereinkommens fällt, keine Gründe für die Versagung der Anerkennung vorliegen und bestimmte verfahrensmäßige Voraussetzungen erfüllt sind.

189 Der Inhalt eines Antrags auf Anerkennung und Vollstreckbarerklärung ergibt sich aus **Art. IV NYÜ** bzw. § 1064 ZPO; das Verfahren ist in den §§ 1062 f. ZPO geregelt. Liegt ein entsprechender Antrag vor und fällt der Schiedsspruch in den Anwendungsbereich des NYÜ, so darf seine Anerkennung und Vollstreckbarerklärung nur aus den in **Art. V NYÜ** abschließend aufgezählten Gründen versagt werden. Da § 1059 Abs. 2 ZPO dem **Art. V NYÜ** nachgebildet ist, decken sich die oben dargestellten Aufhebungsgründe des § 1059 Abs. 2 ZPO im Wesentlichen[273] mit denen des Art. V NYÜ, sodass auf die dortige Darstellung Bezug genommen werden kann.[274] In Ergänzung zu den in § 1059 Abs. 2 Nr. 1 ZPO normierten Aufhebungsgründen kann die Anerkennung und Vollstreckung eines ausländischen Schiedsspruchs nach Art. V Abs. 1e) NYÜ ferner versagt werden, wenn der Schiedsspruch für die Parteien noch nicht verbindlich ist oder er von einer zuständigen Behörde des Landes, in dem oder nach dessen Recht er ergangen ist – nach der Sitztheorie von den Gerichten am Ort des Schiedsverfahrens – aufgehoben oder in seinen Wirkungen gehemmt ist.[275]

190 Ist die Vollstreckbarerklärung abzulehnen, so stellt das Gericht gemäß § 1061 Abs. 2 ZPO fest, dass der Schiedsspruch im Inland nicht anzuerkennen ist. Anders als bei einem inländischen

[270] Hierzu Labes, Schiedsgerichtsbarkeitsvereinbarungen in Rückversicherungsverträgen, 1996, Hauptteil A II. 3. b); zum anwendbaren materiellen Recht: Weigand/Baumann Arbitration-HdB/Hanefeld/Schmidt-Ahrendts Rn. 9.182 ff.; Lörcher/Lörcher Schiedsverfahren Rn. 201 ff.

[271] § 1051 Abs. 2 ZPO; zur Feststellung des anwendbaren Rechts unter dem Einfluss des europäischen IPR siehe McGuire SchiedsVZ 2011, 257.

[272] → Rn. 12.

[273] Stein/Jonas/Schlosser ZPO § 1059 Rn. 1.

[274] S. iÜ zu Art. V NYÜ: Balthasar/Solomon, International Commercial Arbitration, Kap. B Rn. 177 ff.; Weigand/Baumann Arbitration-HdB/Haas/Kablert Rn. 21.349 ff.

[275] Zur Frage der Vollstreckbarerklärung von Schiedssprüchen, die von den staatlichen Gerichten am Ort des Schiedsverfahrens aufgehoben worden sind, s. Nienaber, Die Anerkennung und Vollstreckung im Sitzstaat aufgehobener Schiedssprüche, 2002, und Solomon, Die Verbindlichkeit von Schiedssprüchen in der internationalen privaten Schiedsgerichtsbarkeit, 2007.

Schiedsspruch ist das Gericht zu dessen Aufhebung nicht befugt. Wird der Schiedsspruch erst nachdem er in Deutschland für vollstreckbar erklärt worden ist, im Ausland aufgehoben, so kann die beschwerte Partei die Aufhebung der Vollstreckbarerklärung beantragen,[276] wobei dieser Antrag an keine Frist gebunden ist.

Nach Art. VII Abs. 1 NYÜ bzw. § 1061 Abs. 1 S. 2 ZPO bleiben die Vorschriften in anderen Staatsverträgen über die Anerkennung und Vollstreckung von Schiedssprüchen unberührt. Soweit andere Staatsverträge nicht durch das NYÜ mit seinem umfassenden Anwendungsbereich verdrängt werden, gilt das Meistbegünstigungsprinzip,[277] wonach das anerkennungsfreundlichere Regelwerk anzuwenden ist.[278] 191

IV. Beratungschecklisten

Checkliste:
Entscheidung für ein Mediationsverfahren 192

1. Die wesentlichen Gründe, die für ein Mediationsverfahren sprechen, sind:
   - Wahl eines besonders geeigneten Mediators mit einschlägiger Sachkunde hinsichtlich der tatsächlichen und rechtlichen Fragen des Falles
   - Vorliegen einer internationalen Streitigkeit, da dann keine der Parteien die Heimatgerichte der anderen Partei akzeptieren muss. Unter gewissen Voraussetzungen sind zudem Mediationsergebnisse als Schiedssprüche mit vereinbartem Wortlaut international einfacher durchzusetzen
   - Besonderes Geheimhaltungsinteresse. Mediationsverfahren sind nicht öffentlich. Da der Ablauf und die Regeln des Mediationsverfahrens allein in der Privatautonomie der Parteien stehen, können zudem spezielle Vertraulichkeitsvereinbarungen getroffen werden, die in staatlichen Gerichtsverfahren oder in Schiedsverfahren so nicht möglich sind.
   - Zügige Beendigung der Streitigkeit und somit schnelle Rechtssicherheit (wenn auch keine zwingende Rechtskraft). Die vergleichsweise kurze Dauer eines Mediationsverfahrens spiegelt sich dann auch in den Kosten wider.
   - Vollkommene Freiwilligkeit und somit hohe Flexibilität in der Verfahrensgestaltung und -durchführung. Die Parteien bestimmen ihre Rechte und Verantwortlichkeiten selber.
   - Möglichkeit einer interessenorientierten, ggf. ungewöhnlichen, jedenfalls nicht zwingend am Gesetz orientierten Entscheidung.
   - Mediation dient insbesondere auch außergerichtlichen Zwecken im Sinne eines besseren Zusammenlebens in der Gemeinschaft. Bei vielen Mediationsverfahren steht somit die Wahrung der guten Beziehungen zwischen den Parteien sogar im Vordergrund.
2. Voraussetzung für die Wirksamkeit eines Mediationsverfahrens ist zunächst die vertragliche Vereinbarung einer entsprechenden Mediationsvereinbarung (auch Mediationsklausel oder -abrede). Eine Mediationsvereinbarung kann vor oder bei Beginn, während oder nach der Mediation vereinbart werden. Eine solche Mediationsvereinbarung muss enthalten:
   - Die Parteien wollen übereinstimmend eine oder mehrere Streitigkeiten in einem Mediationsverfahren entscheiden lassen.
   - Hinweis auf den Zusammenhang mit dem zugrunde liegenden Vertrag und dessen Gültigkeit.
   - Vereinbarung, dass diesbezügliche Streitigkeiten im Wege der Mediation nach Billigkeitsgrundsätzen beigelegt werden sollen.

   Darüber hinaus können in der Mediationsvereinbarung erforderlichenfalls enthalten sein:
   - Regelung zum Mediationsort.
   - (Bei internationalen Sachverhalten) Regelung zur Verfahrenssprache.
   - Ausschluss des ordentlichen Rechtsweges oder aber Initiierung bzw. Fortsetzung eines gleichzeitig geführten streitigen Verfahrens.
   - Ggf. Übergang in ein Schiedsverfahren, wenn (innerhalb einer bestimmten Frist) keine Lösung erreicht werden kann oder beide Parteien die Mediation für gescheitert erklären.

[276] § 1061 Abs. 3 ZPO.

[277] BGH 30.9.2010 – III ZB 69/09, SchiedsVZ 2010, 332; OLG Köln 23.4.2004 – 9 Sch 01/03, SchiedsVZ 2005, 163; vgl. hierzu auch Schwab/Walter Kap. 42 Rn. 24.

[278] Eine Übersicht über die insoweit in Betracht kommenden multilateralen und bilateralen Verträge findet sich bei Geimer/Schütze, Internationaler Rechtsverkehr in Zivil- und Handelssachen, Loseblatt, Teil C. Verträge auf dem Gebiet des Schiedsgerichtswesen.

- Ggf. Regelung über ergänzende Durchführung eines gerichtlichen Eilverfahrens.
- Ggf. Regelung zur Verjährungshemmung.

Wollen sich die Parteien den Regeln einer standardisierten Verfahrensordnung (zB WIPO Mediation Rules) unterwerfen, muss die jeweilige Institution genau benannt werden.

3. Ferner ist die Mediationsfähigkeit des Streitgegenstandes zu prüfen. Diese ist gegeben, wenn und soweit sich die Parteien diesem durch eine privatrechtliche Parteivereinbarung unterwerfen können. Bei Verträgen mit Auslandsbezug ist die Mediationsfähigkeit im Zweifel nach dem jeweils maßgeblichen Recht zu prüfen.

4. Für das Mediationsverfahren können sich die Parteien ohne Rücksicht auf zwingende Bestimmungen eine eigene, ausschließlich an ihren Bedürfnissen orientierte und auf den konkreten Einzelfall zugeschnittene Verfahrensordnung selber geben. Folgende Verfahrensregelungen sollten möglichst enthalten sein:
   - Vereinbarung einer Mediation als Instrument der Streitbeilegung (ggf. in Kombination mit einem nachgeschalteten Schiedsverfahren). Hinweis auf Freiwilligkeit und Unverbindlichkeit. Leitung durch unparteilichen Mediator.
   - Parteien vertreten durch Entscheidungsträger, die ohne Rücksprache mit weiteren Unternehmensorganen entscheidungsbefugt sind.
   - Regelung zur Verjährungshemmung.
   - Einleitung der Mediation durch Einreichung eines Mediationsangebotes mit Begründung durch eine Partei einschließlich (möglichst mehrerer) Vorschläge für einen gemeinsamen Mediator.
   - (Möglichst kurze) Frist für Erklärung der Gegenpartei über Einverständnis zur Durchführung einer Mediation, Begründung der eigenen Position und ggf. Einigung auf einen der vorgeschlagenen Mediatoren.
   - Erwartung an Kenntnisse und Erfahrungen des Mediators (besondere Fachkenntnisse, Neutralität, Unabhängigkeit etc.).
   - Verfahrensablauf (mit möglichst kurzen Fristen im Hinblick auf sämtliche Verfahrenshandlungen, evtl. sogar zeitliche Höchstgrenze festlegen).
   - Aufgaben, Rechte und Pflichten des Mediators (mit tunlichst wenig Beschränkungen). Ggf. Dokumenten- und Informationsweitergabe an den Mediator vorsehen, ohne dass diese auch der jeweiligen Gegenpartei offengelegt werden müssen (oder nur nach vorheriger ausdrücklicher Zustimmung der betroffenen Partei). Ggf. sog. *„caucus sessions"* vorsehen.
   - Sanktionen für den Fall einer Fristüberschreitung, Verweigerung der Mitarbeit etc. (ggf. Übergang in ein Schiedsverfahren).
   - Ggf. Einbindung von juristischen Beratern.
   - Abfassung des Mediationsergebnisses als Vertrag, Vollstreckbarkeitsverpflichtung (ggf. Schiedsspruch mit vereinbartem Wortlaut vorsehen).
   - Übernahme der Kosten der Mediation. Vergütung des Mediators.
   - Verschwiegenheits- und Geheimhaltungsregelungen (der Parteien und des Mediators), ggf. strafbewehrt.
   - Einschränkung der Verwendung von Informationen, Dokumenten oder sonstigen Teilen aus dem Mediationsverfahren in einem möglicherweise nachfolgenden staatlichen Gerichts- oder Schiedsgerichtsverfahren.
   - Rolle des Mediators in einem möglichen späteren Verfahren.

   Alternativ zu einer selbst gewählten Mediationsordnung können die Parteien auch für ein *ad-hoc* Verfahren die Verwendung einer vorformulierten Verfahrensordnung vereinbaren, wie sie etwa von dem auf den gewerblichen Rechtsschutz spezialisierten WIPO Mediation Center zur Verwendung angeboten wird.

5. Ein im Rahmen der Mediation erreichtes Ergebnis sollte schriftlich in Form eines verbindlichen Mediationsvertrages festgehalten werden. Diesbezüglich ist zu beachten:
   - Es sollten auch weitere Vorgehensweisen (beispielsweise die Abgabe entsprechender Erklärungen gegenüber zuständigen Stellen) festgelegt werden.
   - Der Mediationsvertrag sollte eine Verpflichtung der Parteien zur Befolgung des Mediationsergebnisses enthalten. Eine zwangsweise Durchsetzungsmöglichkeit kann durch einen Anwaltsvergleich oder durch einen Schiedsspruch mit vereinbartem Wortlaut erreicht werden. Für den Schiedsspruch mit vereinbartem Wortlaut müssen indes die allgemeinen Prozessvoraussetzungen und ein ordnungsgemäßer inländischer Schiedsspruch vorliegen, der eine eindeutige und endgültige Entscheidung enthält.

Checkliste: Entscheidung für ein Schiedsverfahren 193

1. Die wesentlichen Gründe, die für ein Schiedsverfahren sprechen, sind:
   - Bei internationalen Streitigkeiten Vermeidung der Zuständigkeit der staatlichen Heimatgerichte der anderen Partei.
   - Internationale Durchsetzbarkeit von Schiedssprüchen aufgrund des NYÜ.
   - Wahl besonders geeigneter Schiedsrichter mit einschlägiger Sachkunde.
   - Zumindest konzeptionell kürzere Dauer des Schiedsverfahrens gegenüber Verfahren vor staatlichen Gerichten, da es keine zweite Instanz gibt. Möglichkeit der Vereinbarung eines beschleunigten Verfahrens, etwa nach den WIPO Regeln über das beschleunigte Schiedsverfahren.
   - Schiedsverfahren sind nicht öffentlich und häufig enthalten Schiedsordnungen Bestimmungen über die Vertraulichkeit des Verfahrens bzw. diese kann von den Parteien vereinbart werden.
   - Größere Flexibilität des Verfahrens und größerer Einfluss der Parteien auf die Verfahrensgestaltung.
   - In der Regel geringfügigere Belastung des Verhältnisses der Parteien als in Verfahren vor staatlichen Gerichten.
   - Möglichkeit, einen Vergleich in Form eines Schiedsspruchs mit vereinbartem Wortlaut zu schließen, der international leichter vollstreckbar ist als ein gerichtlicher Vergleich.

2. Voraussetzung für die Durchführung eines Schiedsverfahrens ist das Vorliegen einer wirksamen Schiedsvereinbarung, mit der die Parteien die Streitigkeit der Entscheidung durch ein staatliches Gericht entziehen und auf ein Schiedsgericht übertragen. Voraussetzung für die Wirksamkeit ist, dass
   - die Schiedsvereinbarung ein bestimmtes Rechtsverhältnis vertraglicher oder nicht vertraglicher Art betrifft, wobei sie auf alle oder einzelne gegenwärtige oder zukünftige Streitigkeiten bezogen sein kann.
   - die in § 1031 ZPO normierten Formerfordernisse eingehalten werden.
   - die Schiedsvereinbarung den übereinstimmenden Willen der Parteien zum Ausdruck bringt, eine oder mehrere Streitigkeiten durch ein Schiedsgericht entscheiden lassen zu wollen.
   - der Streitgegenstand objektiv schiedsfähig ist. Dies ist im Hinblick auf die Frage der Gültigkeit von gewerblichen Schutzrechten, die durch Verwaltungsakt erteilt werden, insbesondere Patente, problematisch. Bei internationalen Sachverhalten ist diese Frage auf der Grundlage der in Betracht kommenden Rechtsordnungen zu prüfen.

   Darüber hinaus sollten Schiedsvereinbarungen in der Regel folgende weitere Regelungen enthalten:
   - Anzahl der Schiedsrichter.
   - Ort des Schiedsverfahrens.
   - (Bei internationalen Sachverhalten) Regelung zur Verfahrenssprache.
   - ggf. Vereinbarung bestimmter Qualifikationen der Schiedsrichter.
   - (Bei internationalen Sachverhalten) Vereinbarung des anwendbaren Rechts.

   Schiedsvereinbarungen sind bestimmt und präzise zu fassen, um das Risiko der Unwirksamkeit auszuschließen. Daher sollten in aller Regel in der Praxis erprobte Musterschiedsklauseln verwendet werden.

3. Im Bereich der Schiedsgerichtsbarkeit bieten sowohl das 10. Buch der ZPO (und zahlreiche andere nationale Schiedsverfahrensgesetze) als auch die Schiedsordnungen verschiedener renommierter Schiedsinstitutionen detaillierte und in der Praxis erprobte Regeln für den Ablauf des Schiedsverfahrens. Vor diesem Hintergrund bedarf es in den meisten Fällen keiner durch die Parteien selbst erarbeiteten Verfahrensordnung.

4. Gelangen die Parteien im Rahmen eines Schiedsverfahrens zu einem Vergleich, kann dieser auf Antrag als Schiedsspruch mit vereinbartem Wortlaut festgehalten werden. Anderenfalls endet das Schiedsverfahren durch Schiedsspruch oder, falls ein solcher nicht ergeht, durch verfahrensbeendenden Beschluss.

§ 8 Tätigwerden der Zollbehörden – Grenzbeschlagnahme

Übersicht

I. Einführung

1. Hintergrund und rechtliche Grundlagen

1 Unmengen an gefälschten Waren gelangen täglich auf dem Land-, Luft- und Seeweg über die Grenzen ins Unionsgebiet. Das ist wirtschaftlich schädlich für die Originalhersteller und kann gefährlich für die Konsumenten sein, zB bei gefälschten Medikamenten. Originalhersteller kennen oft die Quelle des Übels nicht, so dass sich ein Vorgehen gegen die Fälscher regelmäßig als schwierig erweist. Bestehen Schutzrechte geistigen Eigentums an den Originalwaren, kann das Mittel der **zollrechtlichen Grenzbeschlagnahme** einen effektiven Angriffspunkt bieten. Bei der Grenzbeschlagnahme werden die Zollbehörden in die Verfolgung von Schutzrechtsverletzungen eingeschaltet. Es erfolgt insoweit eine **Verzahnung von öffentlich-rechtlichem (hoheitlichem) Handeln** auf der einen Seite und der **zivilrechtlichen Durchsetzung von Schutzrechtsverletzungen** auf der anderen Seite.

Das **Grundkonzept der Grenzbeschlagnahme** sieht – stark vereinfacht – wie folgt aus: Inhaber bestimmter (nationaler bzw. unionsweiter) Schutzrechte stellen einen Antrag auf Tätigwerden der Zollbehörden in einem oder mehreren Mitgliedstaaten. Die Zolldienststellen werden über den Inhalt des Antrags informiert und die Zollbeamten damit für die Schutzrechte sensibilisiert. Fallen diesen dann bei der Grenzkontrolle verdächtige Waren auf, halten sie diese temporär an, um eine nähere Prüfung zu ermöglichen. Damit wird ein zollrechtliches Verfahren in Gang gesetzt, das in kurzer Zeit und ohne förmliche Feststellung einer Rechtsverletzung die Vernichtung schutzrechtsverletzender Waren ermöglicht. 2

Sowohl das eur. Recht als auch die nationalen Gesetze zum Urheberrecht und gewerblichen Rechtsschutz enthalten **Rechtsgrundlagen für Maßnahmen der Grenzbeschlagnahme** seitens der Zollbehörden. Auf **eur. Ebene** ergeben sich die materiellen Voraussetzungen und das Verfahren der Grenzbeschlagnahme in erster Linie aus der **VO (EU) Nr. 608/2013 v. 12.6.2013**[1] **(nachf. Produktpiraterie-VO oder kurz PPVO)**, welche der einheitlichen Gestaltung der gemeinsamen Handelspolitik gem. Art. 207 AEUV dient und als sekundäres Gemeinschaftsrecht gem. Art. 288 AEUV allgemeine Geltung hat, in all ihren Teilen verbindlich ist und in allen EU-Mitgliedstaaten unmittelbar gilt. Ergänzende Regelungen und Formblätter für die Antragstellung finden sich in der **Durchführungs-VO (EU) Nr. 1352/2013 v. 4.12.2013**,[2] zunächst geändert durch die **Durchführungs-VO (EU) 2018/582 v. 12.4.2018**[3] und sodann durch die **Durchführungs-VO (EU) 2020/1209 v. 13.8.2020.**[4] Zudem erklären die nationalen Regelwerke des Urheberrechts und des gewerblichen Rechtsschutzes für das Grenzbeschlagnahmeverfahren nach der PPVO einige wenige Regelungen, die für das jew. nationale Grenzbeschlagnahmeverfahren gelten (betr. Zuständigkeiten, Kosten und Schadensersatz) für entsprechend anwendbar, vgl. § 111c UrhG, § 150 MarkenG, § 57a DesignG, § 142b PatG, § 25b GebrMG, § 9 Abs. 2 HalblSchG und § 40b SortSchG. Auf **nationaler Ebene** sind die materiellen Voraussetzungen und das Verfahren der Grenzbeschlagnahme jew. in den speziellen Regelwerken des Urheberrechts und gewerblichen Rechtsschutzes in weitgehend parallelem Wortlaut normiert, vgl. **§ 111b UrhG, §§ 146 ff. MarkenG, §§ 55 ff. DesignG, § 142a PatG, § 25a GebrMG, § 9 Abs. 2 HalblSchG** und **§ 40a SortSchG.** Im Wesentlichen haben die nationalen Vorschriften zur Grenzbeschlagnahme wegen des grds. Anwendungsvorrangs der PPVO[5] nur noch ergänzende Funktion. 3

2. Entstehungsgeschichte

Die Möglichkeit der Beschlagnahme schutzrechtsverletzender Waren durch die Zollbehörden auf entsprechenden Antrag des Schutzrechtsinhabers hin besteht im dt. Warenzeichen- bzw. Markenrecht seit Jahrzehnten. So sah bereits § 28 Warenzeichengesetz (WZG) die Möglichkeit vor, dass ausländische Waren, die widerrechtlich mit einer aufgrund des WZG geschützten Warenbezeichnung versehen waren, bei ihrem Eingang in den Geltungsbereich des WZG zur Einfuhr oder Durchfuhr auf Antrag des Verletzten gegen Sicherheitsleistung zur Beseitigung der widerrechtlichen Kennzeichnung beschlagnahmt werden konnten.[6] Entsprechende Regelungen finden sich auch in Art. 9 der Pariser Verbandsübereinkunft.[7] Eine Beschlagnahmebefugnis von Amts wegen 4

---

[1] VO (EU) Nr. 608/2013 des Europäischen Parlaments und des Rates v. 12.6.2013 zur Durchsetzung der Rechte geistigen Eigentums durch die Zollbehörden und zur Aufhebung der VO (EG) Nr. 1383/2003 des Rates, ABl. 2013 L 181, 15.

[2] Durchführungs-VO (EU) Nr. 1352/2013 der Kommission v. 4.12.2013 zur Festlegung der in der VO (EU) Nr. 608/2013 des Europäischen Parlamentes und des Rates zur Durchsetzung der Rechte geistigen Eigentums durch die Zollbehörden vorgesehenen Formblätter, ABl. 2013 L 341, 10.

[3] Durchführungs-VO (EU) 1218/852 der Kommission v. 12.4.2018 zur Änderung der Durchführungs-VO Nr. 1352/2013 zur Festlegung der in der VO (EU) Nr. 608/2013 des Europäischen Parlamentes und des Rates zur Durchsetzung der Rechte geistigen Eigentums durch die Zollbehörden vorgesehenen Formblätter, ABl. 2018 L 98, 4.

[4] Durchführungs-VO (EU) 2020/1209 der Kommission v. 13.8.2020 zur Änderung der Durchführungs-VO (EU) Nr. 1352/2013 zur Festlegung der in der VO (EU) Nr. 608/2013 des Europäischen Parlaments und des Rates zur Durchsetzung der Rechte geistigen Eigentums durch die Zollbehörden vorgesehenen Formblätter, ABl. 2020 L 274, 3.

[5] Der Anwendungsvorrang der PPVO ergibt sich jew. aus dem Wortlaut der nationalen Norm, vgl. zB § 146 Abs. 1 MarkenG.

[6] Eine solche Regelung fand sich bereits in der vor 1968 geltenden Fassung des Warenzeichengesetzes, vgl. § 28 WZG v. 5.5.1936, RGBl. 1936 II 134 (139).

[7] Danach ist jedes widerrechtlich mit einer Fabrik- oder Handelsmarke oder mit einem Handelsnamen versehene Erzeugnis bei der Einfuhr in diejenigen Verbandsländer, in denen diese Marke oder dieser Handelsname Anspruch auf gesetzlichen Schutz hat, auf Antrag zu beschlagnahmen.

sah § 2 des Gesetzes über den Beitritt zum Madrider Abkommen, betreffend die Unterdrückung falscher Herkunftsangaben auf Waren[8] vor.[9]

5 Auf eur. Verordnungsebene begann die Grenzbeschlagnahme mit der **VO (EWG) Nr. 3842/86** des Rates v. 1.12.1986 über Maßnahmen zum Verbot der Überführung nachgeahmter Waren in den zollrechtlich freien Verkehr.[10] Diese sah – stark vereinfacht gesprochen – ein Tätigwerden der Zollbehörden auf Antrag des Zeicheninhabers bei Überführung nachgeahmter (idS mit einem geschützten Zeichen widerrechtlich gekennzeichneter) Waren in den zollrechtlich freien Verkehr vor.[11]

6 Eine wesentliche Änderung brachte auf nationaler Ebene das sog. **Produktpirateriegesetz** v. 7.3.1990.[12] Der Anwendungsbereich für die bis dahin nur bei Warenzeichenverletzungen möglichen Maßnahmen der Zollbehörden wurde durch entsprechende Verankerung im UrhG, GeschmMG, PatG, GebrauchsMG, HalblSchG und SortSchG erheblich erweitert und für die betreffenden Schutzrechte einheitlich ausgestaltet.[13]

7 Auf eur. Ebene dehnte die **VO (EG) Nr. 3295/94** des Rates v. 22.12.1994,[14] die die VO (EWG) Nr. 3842/86 ablöste, den Anwendungsbereich der Grenzbeschlagnahme auf Verletzungen von Urheberrechten und verwandten Schutzrechten sowie Geschmacksmusterrechten aus, blieb damit aber noch hinter dem Schutzniveau des dt. Rechts zurück.

8 Mit der **Änderungs-VO (EG) Nr. 241/1999** des Rates v. 25.1.1999[15] wurde jedoch der Anwendungsbereich der VO (EG) Nr. 3295/94 dann auch auf Patentverletzungen, Verletzungen von ergänzenden Schutzzertifikaten für Arzneimittel und Verletzungen von ergänzenden Schutzzertifikaten für Pflanzenschutzmittel ausgeweitet.

9 Die **VO (EG) Nr. 1383/2003** v. 22.7.2003[16] löste mit Wirkung zum 1.7.2004 die VO (EG) Nr. 3295/94 (idF der Änderungs-VO (EG) Nr. 241/1999) ab. Sie erweiterte wiederum den Anwendungsbereich, diesmal um Verletzungen von Sortenschutzrechten, Ursprungsbezeichnungen und geographischen Angaben, und regelte das Antragsverfahren grundlegend neu, wobei sie erstmals ein von den Mitgliedstaaten optional zu wählendes vereinfachtes Vernichtungsverfahren einführte.

10 Mit dem **Gesetz zur Verbesserung der Durchsetzung von Rechten des geistigen Eigentums,**[17] das am 1.9.2008 in Kraft trat und va der Umsetzung der sog. Durchsetzungsrichtlinie[18] diente, nahm der dt. Gesetzgeber notwendige Anpassungen des dt. Rechts an die VO (EG) Nr. 1383/2003 vor und bestimmte insbes. die Anwendung des vom eur. Verordnungsgeber optional ausgestalteten vereinfachten Vernichtungsverfahrens für auf der Grundlage der VO (EG) Nr. 1383/2003 erfolgende Grenzbeschlagnahmen durch dt. Zollbehörden.

11 Mit Wirkung zum 1.1.2014 hat die **VO (EU) Nr. 608/2013 v. 12.6.2013 (PPVO)** (→ Rn. 15 ff.) die VO (EG) Nr. 1383/2003 abgelöst[19] und insbes. eine Harmonisierung des eur. Rechtsrahmens im Bereich der Grenzbeschlagnahme bewirkt.[20] Die PPVO hat nichts an dem Grundkonzept der Grenzbeschlagnahme geändert, jedoch den Rechtsrahmen an aktuelle wirtschaftliche, handelspolitische und rechtliche Entwicklungen angepasst.[21] So hat sie den Anwendungsbereich auf Halbleitertopographien, Gebrauchsmuster und Handelsnamen sowie Vorrichtungen zur Umgehung von Kopierschutz ausgedehnt, den Kreis der Antragsberechtigten erweitert, die Verfahrensabläufe restrukturiert und konkretisiert, wobei sie insbes. das vereinfachte Vernichtungsverfahren (→ Rn. 47 f.) unionsweit zum zwingenden Regelverfahren erklärt und mit dem Kleinsendungsverfahren (→ Rn. 60 ff.) für ausgewählte Schutzrechte eine noch weiter vereinfachte Vorgehensweise

[8] RGBl. 1925 II 115.
[9] An dessen Stelle trat am 1.1.1995 mit Inkrafttreten des Markengesetzes § 151 MarkenG.
[10] ABl. 1986 L 357, 1.
[11] Zur früheren Rechtslage und zur Entwicklung der Grenzbeschlagnahme im Warenzeichen- bzw. Markenbereich vgl. ausführlich die Darstellung bei Fezer MarkenR Vorbem. § 146 Rn. 2 ff.
[12] Gesetz zur Stärkung des Schutzes des geistigen Eigentums und zur Bekämpfung der Produktpiraterie (PrPG), BGBl. 1990 I 422 ff.
[13] Das Produktpirateriegesetz v. 7.3.1990 wird sehr ausführlich von Ensthaler in GRUR 1992, 273 ff. dargestellt.
[14] ABl. 1994 L 341, 8.
[15] ABl. 1999 L 27, 1.
[16] ABl. 2004 L 196, 7, ber. ABl. 2004 L 381, 87.
[17] BGBl. 2008 I 1191.
[18] ABl. 2004 L 157, 45.
[19] Ausgangspunkt für die Überprüfung der VO (EG) Nr. 1383/2013 war die Entschließung des Rates v. 25.9.2008 über einen eur. Gesamtplan zur Bekämpfung von Nachahmungen und Piraterie (vgl. Erwägungsgrund 1 PPVO).
[20] Rinnert GRUR 2014, 241.
[21] Vgl. Erwägungsgrund 3 PPVO.

eingeführt hat, sowie die Einrichtung der unionsweiten Informationsdatenbank für Zollbehörden im Bereich des gewerblichen Rechtsschutzes COPIS[22] bestimmt.

3. Ausmaß des Problems

Produktpiraterie und **Produktfälschungen** haben mittlerweile für die Rechtsinhaber dramatische Ausmaße angenommen. Wie ein Blick auf die in den vergangenen Jahren auf eur. bzw. dt. Ebene erhobenen Statistiken zeigt, erweist sich das **Mittel der Grenzbeschlagnahme aber als immer effektivere Waffe gegen die Produktfälscher.** 12

Auf **eur. Ebene** bestanden im Jahr **2020**[23] **35.844 gültige Grenzbeschlagnahmeanträge** auf Basis der PPVO (2010: 18.330; 2015: 33.191; 2019: 38.866), aufgrund derer die eur. Zollbehörden **69.147 Aufgriffe** durchführten (2010: 79.112; 2015: 81.098; 2019: 91.868) und dabei **26.922.173 Artikel** beschlagnahmten (2010: 103.36.928; 2015: 40.728.675; 2019: 40.968.254), denen ein **Marktwert von 777.630.477 EUR** zugeschrieben wurde (2010: 1.110.052.402 EUR, 2015: 642.108.323 EUR; 2019: 759.198.194). In **87 %** der 2020er-Fälle wurden die Waren im Regel- bzw. Kleinsendungsverfahren **vernichtet** bzw. ein gerichtliches Verfahren zur Feststellung der Rechtsverletzung eingeleitet, in **6 %** der Fälle mangels Ergreifens von Schritten durch den Antragsteller und in **3 %** der Fälle aufgrund ihrer Echtheit wieder **freigegeben.** An erster Stelle der Länder, aus denen schutzrechtsverletzende Waren in die Union verbracht werden, stand unangefochten **China** mit einem Anteil von 50,38 % (nach Artikelzahl) bzw. 45,02 % (nach Wert), iRd Artikelbetrachtung gefolgt von Griechenland, Hongkong und der Türkei (zusammen 43,41 %) und iRd Wertbetrachtung gefolgt von Hongkong, der Türkei und Singapur (zusammen 49,27 %). **Markenrechte** standen 2020 – wie schon in den Vorjahren – ganz vorne **an der Spitze der betroffenen Rechte** (72,74 % nach Artikelzahl; 98 % nach Wert), während Designrechte (27,09 % nach Artikelzahl; 1,65 % nach Wert), Urheberrechte und verwandte Schutzrechte (0,42 % nach Artikelzahl; 0,46 % nach Wert) sowie Patente (0,12 % nach Artikelzahl; 0,06 % nach Wert) nur einen geringen Teil ausmachten. Die dt. Zollbehörden tätigten in 2020 von allen EU-Mitgliedstaaten die meisten Grenzbeschlagnahmen auf Grundlage der PPVO (19.873 Aufgriffe), gefolgt von Belgien (17.469 Aufgriffe) und Dänemark (8 455 Aufgriffe).[24] 13

In **Deutschland** bestanden im Jahr **2020**[25] **1.107 gültige Grenzbeschlagnahmeanträge** (2010: 990; 2015: 1.213; 2019: 1.202), auf deren Grundlage die dt. Zollbehörden bei **24.333 Aufgriffen** (2010: 23.713; 2015: 23.338; 2019: 36.324) **3.678.786 Artikel** (2010: 2.440.273; 2015: 4.025.892; 2019: 5.164.841) beschlagnahmten, denen ein **Marktwert von 238.870.400 EUR** zugeschrieben wurde (2010: 95.853.175 EUR; 2015: 132.253.712 EUR; 2019: 224.448.048 EUR). Es konnten 2020 in Deutschland ca. **89 %** der aufgegriffenen Waren letztlich **vernichtet** werden; ebenso wie auf eur. Ebene spielten **Markenrechte** bei Beschlagnahmen der dt. Zollbehörden die **zentrale Rolle** bei der Grenzbeschlagnahme (89,40 % nach Artikelzahl; 92,59 % nach Wert), während geografischen Angaben (5,61 % nach Artikelzahl; 2,38 % nach Wert) Designrechten (3,97 % nach Artikelzahl; 4,33 % nach Wert), Urheberrechten (0,53 % nach Artikelzahl; 0,23 % nach Wert) und Patenten (0,14 % nach Artikelzahl; 0,02 % nach Wert) eine wesentlich geringere Bedeutung zukam. Die überw. Zahl der vom dt. Zoll aufgegriffenen Waren kam aus **China** (44,42 % nach Artikelzahl; 27,65 % nach Wert) und **Hongkong** (23,86 % nach Artikelzahl; 48,83 % nach Wert), im Übrigen gehörten va die Türkei, Saudi-Arabien, Korea und Jordanien zu den Herkunftsstaaten der in Deutschland beschlagnahmten Waren.[26] 14

---

[22] COPIS (= Anti-Counterfeit and anti-Piracy Information System).

[23] Aufgrund der erheblichen Auswirkungen der Corona-Pandemie sind im Jahr 2020 die Zahlen der Aufgriffe und beschlagnahmten Artikel im Verhältnis zu denjenigen in 2019 gesunken, lediglich der Marktwert der beschlagnahmten Waren ist leicht gestiegen.

[24] Vgl. für 2020 European Commission and EUIPO, EU enforcement and intellectual property rights: results at the EU border and in the EU internal market 2020; für 2019 European Commission, Report on EU Customs enforcement of intellectual property rights, Results at the EU Border, 2019, für 2015 European Commission, Report on EU Customs enforcement of intellectual property rights, Results at the EU Border 2015 und für 2010 European Commission – Taxation and customs union, Report on EU customs enforcement of intellectual property rights, Results at the EU Border – 2010.

[25] Auch in Deutschland hat die Corona-Pandemie dazu geführt, dass im Jahr 2020 im Verhältnis zu 2019 deutlich weniger Aufgriffe getätigt und Waren aufgegriffen wurden, wobei allerdings der Marktwert der aufgegriffenen Waren trotzdem leicht zugenommen hat.

[26] Vgl. für 2020 Generalzolldirektion, Gewerblicher Rechtsschutz, Statistik für das Jahr 2020; für 2019 Generalzolldirektion, Gewerblicher Rechtsschutz, Statistik für das Jahr 2019; für 2015 Generalzolldirektion, Gewerblicher Rechtsschutz, Statistik für das Jahr 2015; für 2010 Bundesfinanzdirektion Südost – Zentralstelle Gewerblicher Rechtsschutz, Gewerblicher Rechtsschutz, Statistik für das Jahr 2010.

II. Grenzbeschlagnahme auf Grundlage der PPVO

15 Die PPVO bildet auf eur. Ebene die Basis für ein Tätigwerden der Zollbehörden im Bereich der Grenzbeschlagnahme.

1. Gegenstand, Anwendungsbereich und Begriffsbestimmungen

16 Das Grenzbeschlagnahmeverfahren nach der PPVO findet nur im **Warenverkehr mit Drittstaaten** Anwendung, nicht im Warenverkehr zwischen EU-Mitgliedstaaten. Diese Einschränkung folgt mittelbar aus der Definition des Anwendungsbereichs in Art. 1 PPVO, der auf ein Tätigwerden der Zollbehörden gem. Zollkodex[27] verweist, der gem. Art. 1 im Wesentlichen auf den Warenverkehr zwischen der Union und Drittländern Anwendung findet.

17 a) **Zollrechtliche Verfahren.** Art. 1 Abs. 1 PPVO beschreibt zunächst, in welchen Situationen des zollrechtlichen Verfahrens die Zollbehörden zu einem Tätigwerden auf Grundlage der PPVO berechtigt sind. Dies ist danach insbes. in folgenden Situationen möglich:

- **Anmeldung von Waren zur** (a) **Überführung in den zollrechtlich freien Verkehr,** also zur Einfuhr in die EU, (b) **Ausfuhr** sowie zur (c) **Wiederausfuhr** (lit. a);
- **Verbringen der Waren in das oder aus dem Zollgebiet der Union** (lit. b);
- **Überführung der Waren in ein Nichterhebungsverfahren**[28] oder **Verbringung in eine Freizone oder ein Freilager** (lit. c).

18 Aus Art. 1 Abs. 1 lit. b, lit. c, Abs. 2 PPVO sowie den Erwägungsgründen 11 und 21 PPVO folgt, dass die PPVO grds. auch in Bezug auf aus einem Drittstaat kommende Waren, die sich im Transit[29] durch das Unionsgebiet in einen anderen Drittstaat befinden, anwendbar ist,[30] vorausgesetzt es liegen bestimmte, die Eingriffsbefugnis der Zollbehörden begründende Umstände vor.

19 *aa) Eingriffsbefugnis der Zollbehörden bei Transitwaren (generell).* Die Zollbehörden – die im Rahmen ihrer verfahrensrechtlichen Befugnisse darauf beschränkt sind, festzustellen, ob Waren im Verdacht stehen, ein Recht geistigen Eigentums zu verletzen – sind in Bezug auf Transitwaren nur dann zum Tätigwerden nach der PPVO berechtigt, wenn konkrete Verdachtsmomente für einen tatsächlichen Verbleib der Waren in der Union bestehen oder Anhaltspunkte für eine Rückführung in die Union vorliegen.[31] Ein solcher Verdacht kann sich immer nur aus den Umständen des Einzelfalls ergeben, etwa aufgrund der Nichtangabe der Bestimmung der Waren, des Fehlens genauer oder verlässlicher Informationen über Hersteller oder Versender der Waren, mangelnder Zusammenarbeit mit den Zollbehörden oder konkreter Unterlagen/Schriftstücke, die

[27] Art. 1 PPVO nimmt Bezug auf VO (EWG) Nr. 2913/92 des Rates v. 12.10.1992 zur Festlegung des Zollkodex der Gemeinschaften, ABl. 1992 L 302, 1, die jedoch mit Wirkung zum 1.5.2016 aufgehoben und durch VO (EU) Nr. 952/2013 des Europäischen Parlaments und des Rates v. 9.10.2013 zur Festlegung des Zollkodex der Union (sog. Unionszollkodex, UZK), ABl. 2013 L 269, 1, ersetzt wurde, zul. geändert durch Art. 1 ÄndVO (EU) 2019/632 vom 17.4.2019 (ABl. 2019 L 111, 54).

[28] Das Nichterhebungsverfahren hatte in Art. 84 Abs. 1a der VO (EWG) Nr. 2913/92 noch eine eigenständige Regelung erfahren. Der UZK dagegen fasst die bisherigen Zollverfahren mit wirtschaftlicher Bedeutung, die Nichterhebungsverfahren und das Verfahren der besonderen Verwendung (Endverwendung) mit den Vorschriften über Freizonen und die Zerstörung von Waren auf Antrag zu den besonderen Verfahren zusammen.

[29] Transit (auch „Durchfuhr im engeren Sinne" oder „ungebrochene Durchfuhr") meint die Verbringung von Waren in das Unionsgebiet ohne Überführung in den zollrechtlich freien Verkehr, nicht aber die „Durchfuhr im weiteren Sinne" (auch „unterbrochene Durchfuhr"), die sich dadurch auszeichnet, dass ein inländischer Händler die Waren zu dem ausschließlichen Zweck einführt, sie im Wege einer weiteren Handlung wieder zu exportieren, vgl. OLG Hamburg 17.2.2005 – 5 U 24/04, BeckRS 2005, 30351363.

[30] Vgl. auch Acquah GRUR Int. 2015, 990 (991 f.); Rinnert GRUR 2014, 241 (243 f.); Benkard/Grabinski/Zülch PatG § 142a Rn. 17.

[31] Der EuGH hat seine bisherige Rechtsprechung zur Transitthematik – ua Polo/Lauren/Dwidua (EuGH 6.4.2000 – C-383/98, GRUR Int 2000, 748 – Polo/Lauren/Dwidua), Rioglass/Transremar (EuGH 23.10.2003 – C-115/02, GRUR Int 2004, 39 – Rioglass/Transremar), Class International (EuGH 18.10.2005 – C-405/03, GRUR 2006, 146 – Class International), Diesel (EuGH 9.11.2006 – C-281/05, GRUR 2007, 146 – Diesel) in seiner Philips und Nokia-Entscheidung (EuGH 1.12.2011 – C-446/09, C-495/09, GRUR 2012, 828 – Philips und Nokia) weiterentwickelt. Danach kann eine Zollbehörde in Bezug auf vermeintliche Transitwaren rechtmäßig unter der PPVO tätig werden, „wenn sie über Anhaltspunkte dafür verfügt, dass einer oder mehrere der an der Herstellung, dem Versand und dem Vertrieb der Waren beteiligten Marktteilnehmer, auch wenn sie noch nicht damit begonnen haben, diese Waren Verbrauchern in der Union zuleiten, dies zu tun im Begriff stehen oder ihre Handelsabsichten verschleiern" (→ Rn. 60); zur Problematik des Transits vgl. auch die Ausführungen in Achenbach/Ransiek/Rönnau/Schwab 11. Teil 5. Kap Rn. 28 ff.

eine Umleitung der Waren auf den Unionsmarkt vermuten lassen.[32] Von der Frage der Eingriffsbefugnis der Zollbehörden ist die Frage zu unterscheiden, ob tatsächlich eine Rechtsverletzung vorliegt. Da die PPVO lediglich Verfahrensvorschriften für die Zollbehörden, aber keine Kriterien, nach denen sich eine Verletzung von Rechten geistigen Eigentums feststellen lässt, enthält,[33] ist die Frage, ob ein Recht geistigen Eigentums verletzt wird, nach nationalem Recht zu beurteilen. Für die Feststellung einer Rechtsverletzung muss der Rechtsinhaber nachweisen, dass die vermeintlichen Transitwaren dazu bestimmt sind, in der Union in den Verkehr gebracht zu werden. Ein solcher Nachweis kann insbes. erbracht werden, wenn sich herausstellt, dass die Waren Gegenstand eines Verkaufs an Kunden in der Union oder einer an Verbraucher in der Union gerichteten Verkaufsofferte oder Werbung waren, oder Unterlagen aufgefunden werden, aus denen sich ergibt, dass eine Umleitung der Waren zu Verbrauchern in der Union beabsichtigt ist.[34] Gelingt dem Rechtsinhaber dies nicht, müssen die Zollbehörden ihre Maßnahmen beenden

bb) Eingriffsbefugnis der Zollbehörden bei Transitwaren, die eine identische oder im Wesentlichen identische Marke aufweisen. Die Zollbehörden müssen bei der Durchsetzung der Rechte geistigen Eigentums iSd PPVO – darauf hat die Kommission in ihrer im Juli 2016 veröffentlichten Bekanntmachung[35] hingewiesen – folgende Besonderheiten berücksichtigen: Der eur. Gesetzgeber hat durch Erlass des Markenrechtspakets bestehend aus Unionsmarken-VO (UMV)[36] und Markenrechtsrichtlinie (MRL)[37] die Rechte der Unionsmarkeninhaber und mit der nationalen Umsetzung der MRL durch das Markenmordernisierungsgesetz (MaMoG)[38] die Rechte der Inhaber nationaler Marken erweitert. Art. 9 Abs. 4 S. 1 UMV gewährt dem Inhaber einer Unionsmarke einen Unterlassungsanspruch[39] in Bezug auf Transitwaren, die ohne seine Zustimmung eine Marke aufweisen, die mit der für diese Waren eingetragenen Marke identisch oder in ihren wesentlichen Merkmalen nicht von dieser Marke zu unterscheiden ist.[40] § 14a Abs. 1 MarkenG erkennt dem Inhaber einer nationalen eingetragenen Marke einen entsprechenden Unterlassungsanspruch[41] zu.[42] Im Einklang mit diesem neuen markenrechtlichen Verbotsrecht auf eur. und auf nationaler dt. Ebene können die Zollbehörden erstmals Waren, die in die Union bzw. nach Deutschland verbracht werden ohne dort in den zollrechtlich freien Verkehr überführt zu werden und die in Verdacht stehen, eine Marke aufzuweisen, die mit einer Unionsmarke bzw. nationalen eingetragenen Marke identisch oder im Wesentlichen identisch ist, vorläufig zurückhalten, selbst wenn die Waren nicht dazu bestimmt sind, in der Union bzw. in Deutschland in Verkehr gebracht zu werden. Auf etwaige Anhaltspunkte für ein Inverkehrbringen kommt es im zollrechtlichen Verfahren nicht mehr (zwingend) an. Die vom EuGH in seiner Philips und Nokia-Entscheidung[43] aufgestellten Voraussetzungen für die Eingriffsbefugnis der Zollbehörden (wie auch die Anforderungen an den vom Rechtsinhaber zu erbringenden Nachweis für ein Inverkehrbringen in der Union) sind für den Bereich des Markenrechts damit überholt. Im Hinblick auf die sonstigen, dem Anwendungsbereich der PPVO unterfallenden Rechte geistigen Eigentums sind sie jedoch weiterhin heranzuziehen. 20

[32] EuGH 1.12.2011 – C-446/09, C-495/09, GRUR 2012, 828 – Philips und Nokia Rn. 61 f.

[33] Vgl. Erwägungsgrund 10 PPVO.

[34] EuGH 1.12.2011 – C-446/09, C-495/09, GRUR 2012, 828 – Philips und Nokia, Rn. 71.

[35] Bekanntmachung der Kommission zur Durchsetzung durch die Zollbehörden von Rechten geistigen Eigentums bei Waren, einschl. Durchfuhrwaren, die ohne Überlassung zum zollrechtlich freien Verkehr in das Zollgebiet der Europäischen Union verbracht wurden, ABl. 2016 C 244, 4.

[36] UnionsmarkenVO (UMV), ABl. 2017 L 154, 1.

[37] Markenrechtsrichtlinie (MRL), ABl. 2015 L 336, 1, ber. ABl. 2016 L 110, 6.

[38] BGBl. 2018 I 2357.

[39] Nur wenn der Anmelder oder Besitzer der Waren beweisen kann, dass der Markeninhaber nicht berechtigt ist, das Inverkehrbringen im endgültigen Bestimmungsland zu untersagen, weil dort kein entsprechender Markenschutz besteht, erlischt gemäß Art. 9 Abs. 4 UAbs. 2 UMV der Unterlassungsanspruch.

[40] Dahinter steht insbes. das Ziel „den Markenschutz zu stärken und wirksamer gegen Produktpiraterie vorzugehen", vgl. Erwägungsgrund 15 UMV; zu Art. 9 Abs. 4 UMV vgl. die Ausführungen in BeckOK UMV/Müller Art. 9 Rn. 89–99.

kritische Bewertung der neuen Transit-Regelungen, vgl. Engels GRUR Prax 2016, 51 (52). Engels vertritt die Ansicht, dass Art. 9 Abs. 4 UMV und Art. 10 Abs. 4 MRL (mittlerweile umgesetzt in § 14a Abs. 2 MarkenG) der gefestigten EuGH u. BGH Rspr. u. dem Territorialitätsprinzip widersprächen, inkonsistent seien u. nicht zur Rechtssicherheit beitragen würden; s. auch George IPRB 2016, 62 (63 f.).

[41] Vgl. zum Erlöschen des Unterlassungsanspruchs (den parallel zu Art. 9 Abs. 4 UAbs. 2 UMV gestalteten) § 14a Abs. 2 MarkenG; zu Art. 9 Abs. 4 UAbs. 2 UMV vgl. Fn. 39.

[42] Zu § 14a MarkenG vgl. die Ausführungen von Hacker GRUR 2019, 235 (237 ff.).

[43] EuGH 1.12.2011 – C-446/09, C-495/09, GRUR 2012, 828 – Philips und Nokia.

21 b) **Verdacht einer Rechtsverletzung.** Ein Tätigwerden der Zollbehörden erfordert als unabdingbare Voraussetzung das Vorliegen eines Verdachts einer Rechtsverletzung. Dieser liegt per Definition gem. Art. 2 Nr. 7 PPVO vor bei „Waren, bei denen es **hinreichende Anhaltspunkte** dafür gibt, dass sie in dem Mitgliedstaat, in dem sie sich befinden, dem Anschein nach einzustufen sind als a) **Waren, die in diesem Mitgliedstaat Gegenstand einer ein Recht geistigen Eigentums verletzenden Handlung** sind", b) **Vorrichtungen, Erzeugnisse und Bestandteile mit dem primären Zweck der Kopierschutzumgehung** und c) **zur Herstellung rechtsverletzender Waren entworfene oder angepasste Formen oder Matrizen.** Die Vorgängerverordnung VO (EU) Nr. 1383/2003 enthielt noch keine derart klare Definition und ließ so Raum für Auslegungen. In der Praxis hatte sich während ihres Anwendungszeitraums ein „zugriffsfreundliches Verständnis"[44] herausgebildet, das die nunmehr in Art. 2 Nr. 7 PPVO bestätigten niedrigen Anforderungen an den notwendigen „Verdacht" ausreichen ließ.[45]

22 Als **„Recht geistigen Eigentums"** iSd PPVO definiert Art. 2 Nr. 1 PPVO

- **Marken,** konkret nationale eingetragene Marken, Unionsmarken und Internationale Registrierungen (vgl. Art. 2 Nr. 2 PPVO),
- **Geschmacksmuster,** konkret eingetragene nationale Geschmacksmuster,[46] Gemeinschaftsgeschmacksmuster und Internationale Eintragungen (vgl. Art. 2 Nr. 3 PPVO),
- **Urheberrechte** oder **verwandte Schutzrechte,**
- **geografische Angaben/Ursprungsbezeichnungen,** konkret solche für Agrarerzeugnisse und Lebensmittel, Wein, aromatisierte weinhaltige Getränke, Spirituosen, sonstige Waren, soweit ihnen der Charakter eines Ausschließlichkeitsrechts zukommt und die durch ein Abkommen zwischen der Union und einem Drittland geschützt sind (vgl. Art. 2 Nr. 4 PPVO),
- **Patente** (nationale Patente und Unionspatente),
- **ergänzende Schutzzertifikate für Arzneimittel,**
- **ergänzende Schutzzertifikate für Pflanzenschutzmittel,**
- **Sortenschutzrechte** (nationale und gemeinschaftliche),
- **Topografien von Halbleitererzeugnissen** (nationale und unionsweite),
- **Gebrauchsmuster,** soweit national oder unionsweit als Recht geistigen Eigentums geschützt, und
- **Handelsnamen,** soweit ihnen der Charakter eines Ausschließlichkeitsrechts zukommt.

23 Demnach fällt die weit überw. Zahl der geistigen Schutzrechte in den sachlichen Anwendungsbereich der PPVO. Lediglich Waren, die im Verdacht stehen, ein nicht in Art. 2 Nr. 1 PPVO genanntes geistiges Schutzrecht (zB eine Benutzungsmarke oder eine notorisch bekannte Marke) zu verletzen, können nur nach den nationalen Vorschriften an der Grenze durch die Zollbehörden beschlagnahmt werden (→ Rn. 70 ff.).

24 An einigen konkreten Stellen bezieht sich die PPVO auf „nachgeahmte Waren" und „unerlaubt hergestellte Waren". **Nachgeahmte Waren** definiert Art. 2 Nr. 5 PPVO – gerafft dargestellt – als Waren (einschl. Verpackungen, Etiketten, Aufklebern, Prospekten, Bedienungs- und Gebrauchsanweisungen, Garantiedokumenten oder sonstigen ähnlichen Artikeln), die Gegenstand einer markenverletzenden bzw. eine geografische Angabe verletzenden Handlung sind und ohne Genehmigung ein mit einer Marke identisches oder in seinen wesentlichen Merkmalen nicht zu unterscheidendes Zeichen bzw. einen im Zusammenhang mit einer geografischen Angabe geschützten Namen/Begriff tragen.[47] **Unerlaubt hergestellte Waren** definiert Art. 2 Nr. 6 PPVO – gerafft dargestellt – als ohne Zustimmung einer vom Rechtsinhaber im Herstellungsland ermächtigten Person hergestellte Vervielfältigungsstücke bzw. Nachbildungen von durch ein Urheberrecht, verwandtes Schutzrecht oder Geschmacksmusterrecht geschützten Waren.

25 c) **Ausnahmen.** Für die nachfolgenden Waren gilt die PPVO ausdrücklich nicht:

- **zur Verwendung zu besonderen Zwecken in den zollrechtlich freien Verkehr überführte Waren** (Art. 1 Abs. 3 PPVO), worunter – nach Heranziehung weiterer zollrechtlicher Vorschriften wie ua des die Endverwendung von Waren regelnden Art. 254 UZK[48] und der Zollbefreiungs-

[44] Rinnert GRUR 2014, 241 (243).
[45] Rinnert GRUR 2014, 241 (243); s. auch Riedinger RdTW 2014, 217 (218).
[46] Im dt. Recht wird von „eingetragenen Designs" gesprochen, vgl. § 7 Abs. 1 S. 1 DesignG.
[47] Insofern sind auch sog. „Look-alikes" erfasst, vgl. v. Welser/González Rn. 262.
[48] Gem. Art. 254 Abs. 1 UZK können in der Endverwendung Waren aufgrund ihres besonderen Zwecks abgabenfrei oder zu einem ermäßigten Abgabensatz zum zollrechtlich freien Verkehr überlassen werden. Dem Wortlaut nach bezieht sich Art. 1 Abs. 3 PPVO auf die Vorgängervorschrift des Art. 254 UZK, Art. 82 ZK, die ausdrücklich von „Ver-

VO,[49] die hier von besonderer Bedeutung ist – Waren fallen, die aufgrund einer zolltariflichen[50] oder einer außertariflichen Abgabenbegünstigung[51] privilegiert behandelt werden und die im konkreten Einzelfall – wie dem Erwägungsgrund 4 PPVO zu entnehmen ist – trotz ihrer Überführung in den zollrechtlich freien Verkehr unter zollamtlicher Überwachung bleiben.[52] Außertarifliche Abgabenbegünstigungen nach der ZollbefrVO bestehen ua für Übersiedlungs-, Heirats- und Erbschaftsgut.[53]

- **Waren ohne gewerblichen Charakter im persönlichen Reisegepäck** (Art. 1 Abs. 4 PPVO), dh solche, die Reisende mit sich führen[54] (oder auf demselben Beförderungsweg voraus- oder nachschicken) und hins. derer keine konkreten Hinweise vorliegen, die darauf schließen lassen, dass sie Gegenstand eines gewerblichen Handels sind, dh einem beliebigen eigenen oder fremden Geschäftszweck dienen. Anhaltspunkte für gewerbliches Handeln können sich insbes. aus der Art und Menge der nachgeahmten oder gefälschten Waren, der Person des Beteiligten oder aufgrund sonstiger Umstände ergeben.[55] Ob die sog. Schwellenwerte (Mengen- und Wertgrenzen) für die Einfuhrabgabenbefreiung – vorgegeben durch die RL 2007/74/EG[56] – eingehalten werden, ist für die Beurteilung nicht ausschlaggebend.[57] In der Lit. wird kritisiert, dass der Verordnungsgeber durch diese Ausnahmeregelung die Möglichkeit verpasst habe, eine „Maßnahme mit Appellfunktion" auch im Bereich privater Einfuhren zu etablieren, so dass der Bagatellcharakter privater Einfuhren von Pirateriewaren erhalten bleibe und das Bewusstsein der Bevölkerung für die hiervon ausgehenden Gefahren nicht geschärft werde.[58] Jedoch wurden 2020 nur ca. 2 % aller Waren, die im Verdacht standen, geistige Eigentumsrechte zu verletzen, als persönliches Reisegepäck von Passagieren eingeführt.[59] Viel problematischer ist, dass diese Ausnahme immer wieder von gewerbsmäßig handelnden Tätern missbraucht wird, die unter dem Deckmantel der Ausnahmeregelung via „Ameisenverkehr" in erheblichem Umfang Pirateriewaren in das Unionsgebiet befördern.
- **Originalwaren** (Art. 1 Abs. 5 Alt. 1 PPVO), also solche Waren, die mit Zustimmung des Rechtsinhabers hergestellt wurden, und zwar auch dann, wie Erwägungsgrund 6 PPVO zu entnehmen ist, wenn sie im EWR erstmals ohne Zustimmung des Rechtsinhabers in Verkehr gebracht wurden (sog. illegale **Parallelimporte**). In Erwägungsgrund 6 PPVO macht der Ver-

wendung zu besonderen Zwecken" spricht; diese wurde mit Wirkung zum 1.5.2016 aufgehoben, womit Art. 254 UZK an deren Stelle trat.

49 VO (EG) Nr. 1186/2009 des Rates v. 16.11.2009 über das gemeinschaftliche System der Zollbefreiungen (ZollbefrVO), ABl. 2009 L 324, 23.

50 Der Zolltarif ist ein systematisch aufgebautes Warenverzeichnis, eine sog. Nomenklatur; die unmittelbare gemeinschaftliche rechtliche Grundlage des Zolltarifs ist die VO (EWG) Nr. 2658/87 über die zolltarifliche und statistische Nomenklatur sowie den Gemeinsamen Zolltarif, ABl. 1987 L 256, 1.

51 So etwa die ZollbefrVO.

52 Die „zollamtliche Überwachung" besteht aus allgemeinen Maßnahmen der Zollbehörden mit dem Ziel, die Einhaltung der zollrechtlichen Vorschriften und ggf. der sonstigen Vorschriften zu gewährleisten, die für Waren gelten, die solchen Maßnahmen unterliegen, vgl. Art. 5 Nr. 27 UZK; nicht bei allen Abgabenbegünstigungen oder Befreiungen aufgrund der besonderen Verwendung bleibt die Ware unter zollamtlicher Überwachung. Dies ist im Einzelfall zu prüfen, vgl. https://www.zoll.de/DE/Fachthemen/Zoelle/Zollverfahren/Endverwendung/Allgemeines/allgemeines_node.html (zul. abgerufen am: 12.6.2022).

53 Vgl. Art. 3, Art. 12 u. Art. 17 ZollbefrVO; außertarifliche Abgabenbefreiungen nach der ZollbefrVO setzen häufig ein bestimmtes Verhalten des Beteiligten voraus. So werden die Befreiungen von Übersiedlungs- und Heiratsgut nur bei Beachtung eines Verfügungsverbots von jew. zwölf Monaten nach der Einfuhr gewährt, es bedarf daher einer zollamtlichen Überwachung der Waren nach der Überlassung in den zollrechtlich freien Verkehr.

54 Die Versendung von Produkten im Postverkehr unterfällt nicht der Ausnahme gem. Art. 1 Abs. 4 PPVO, da es an der Mitführung im persönlichen Reisegepäck fehlt, womit die PPVO anwendbar bleibt. Dies gilt selbst dann, wenn der Empfänger eine Privatperson ist und die Ware von einem Unternehmen versendet wurde, weil dann ein Handeln des Versenders im inländischen Geschäftsverkehr gegeben ist (vgl. EuGH 6.2.2014 – C-98/13, GRUR 2014, 283 Rn. 33 f. – Blomqvist/Rolex).

55 https://www.zoll.de/DE/Privatpersonen/Reisen/Reisen-nach-Deutschland-aus-einem-nicht-eu-Staat/Einschraenkungen/Marken-und-Produktpiraterie/marken-und-produktpiraterie.html (zul. abgerufen am: 12.6.2022).

56 RL 2007/74/EG des Rates v. 20.12.2007 über die Befreiung der von aus Drittländern kommenden Reisenden eingeführten Waren von der Mehrwertsteuer und den Verbrauchsteuern, ABl. 2007 L 346, 6.

57 Der Wortlaut des Art. 1 Abs. 4 PPVO unterscheidet sich von der Vorgängernorm des Art. 3 Abs. 2 VO (EG) Nr. 1383/2003 dahingehend, dass in der aktuellen Vorschrift der Zusatz „in den Grenzen, die für die Gewährung einer Zollbefreiung festgelegt sind" fehlt; aA BeckOK MarkenR/Vohwinkel MarkenG § 150 Rn. 23, § 146 Rn. 30.1.

58 Rinnert GRUR, 2014, 241 (242); s. auch Schneider/Maillefer Journal of Intellectual Property Law & Practice 2015, Vol. 10 No. 4, 262 (267 f.).

59 European Commission and EUIPO, EU enforcement and intellectual property rights: results at the EU border and in the EU internal market 2020, 27.

ordnungsgeber deutlich, dass er aufgrund der zunächst abgegebenen (grds.) Zustimmung des Rechtsinhabers eine Konzentration der Anstrengungen der Zollbehörden auf derartige Waren für nicht angemessen hält.

- **Lizenzwaren bei Mengenüberschreitung, sog. Overruns** (Art. 1 Abs. 5 Alt. 2 PPVO), also Waren, die von einer vom Rechtsinhaber zur Herstellung einer bestimmten Menge von Waren ordnungsgemäß ermächtigten Person hergestellt wurden, jedoch unter Überschreitung der vereinbarten Menge, zumal es sich auch hierbei um Originalwaren handelt.

2. Antragsverfahren

26 Grundsätzlich erfordert ein Tätigwerden der Zollbehörden im Hinblick auf Waren, die im Verdacht stehen, ein Recht geistigen Eigentums zu verletzen, das Vorliegen eines **stattgegebenen Antrags** (→ Rn. 41) (Art. 17 Abs. 1 PPVO). Ausnahmsweise sind die Zollbehörden jedoch berechtigt, auf eigene Initiative tätig zu werden (Art. 18 PPVO). Ein Tätigwerden von Amts wegen (→ Rn. 43) ist jedoch relativ selten und zieht das Erfordernis eines kurzfristig gestellten nachträglichen Antrags nach sich, wenn der Rechtsinhaber das Grenzbeschlagnahmeverfahren fortzuführen beabsichtigt.

27 **a) Antragsart.** Die PPVO unterscheidet zwischen

- **nationalem Antrag,** dh einem Antrag auf Tätigwerden der Zollbehörden eines Mitgliedstaats in dem betreffenden Mitgliedstaat (Art. 2 Nr. 10 PPVO), der für sämtliche im Geltungsbereich des Mitgliedstaates Rechtswirkung entfaltende Schutzrechte gestellt werden kann, und
- **Unionsantrag,** dh einem in einem Mitgliedstaat gestellten Antrag auf Tätigwerden der Zollbehörden dieses Mitgliedstaats und eines oder mehrerer anderer Mitgliedstaaten in ihren jeweiligen Staaten (Art. 2 Nr. 11 PPVO), der gem. Art. 4 PPVO nur für Schutzrechte mit unionsweiter Rechtswirkung gestellt werden kann.

28 Der wesentliche Vorteil eines Unionsantrages liegt darin, dass der Antrag auf sämtliche EU-Mitgliedstaaten erstreckt werden kann, aber nur in einem Mitgliedstaat gestellt wird.[60] Eine weitere wesentliche Vereinfachung besteht darin, dass die Prüfung der Antragsvoraussetzungen grds. nur durch die Zollbehörde erfolgt, bei der der Antrag eingereicht wird; diese setzt die zuständigen Zolldienststellen der erfassten Mitgliedstaaten über eine entsprechende Entscheidung in Kenntnis (Art. 14 Abs. 2 PPVO). Zu beachten ist allerdings, dass je Mitgliedstaat für dasselbe Schutzrecht nur ein nationaler und ein Unionsantrag gestellt werden kann (Art. 5 Abs. 4 S. 1 PPVO). Wenn ein Unionsantrag aber von einem Inhaber einer im gesamten Gebiet von zwei oder mehr Mitgliedstaaten gültigen ausschließlichen Lizenz gestellt wird, ist mehr als ein Unionsantrag möglich (Art. 5 Abs. 4 S. 2 PPVO). Gem. Art. 29 Abs. 3 PPVO hat der Antragsteller eines Unionsantrags der zuständigen Zolldienststelle erforderliche Übersetzungen zur Verfügung zu stellen und deren Kosten selbst zu tragen.[61]

29 **b) Berechtigung zur Antragstellung.** Der **Antragsteller,** dh die Person oder Einrichtung in deren Namen ein Antrag gestellt wird (Art. 2 Nr. 12 PPVO), muss gem. Art. 3 PPVO zur Antragstellung berechtigt sein. Grundvoraussetzung hierfür ist, dass der Antragsteller in Bezug auf den/die Mitgliedstaat(en), auf den/die sich der Antrag erstrecken soll, **berechtigt ist, ein Verfahren zur Feststellung einer Rechtsverletzung einzuleiten.**

30 Zur Stellung eines **nationalen Antrags** und eines **Unionsantrags** sind gem. Art. 3 Nr. 1 lit. a–d PPVO berechtigt

- **Rechtsinhaber,**
- bestimmte **Verwertungsgesellschaften,**
- bestimmte **Berufsorganisationen,**
- im Falle **geografischer Angaben** die in den jeweiligen Rechtsvorschriften der Union aufgeführten **Berechtigten** (Vereinigungen, Gruppen von Erzeugern, Vertreter solcher Gruppen, berechtigte Wirtschaftsteilnehmer) sowie zuständige Kontrollstellen oder Behörden.

---

[60] Auch nachdem ein Unionsantrag wirksam gestellt worden ist, kann innerhalb dessen Gültigkeitsdauer in dem Mitgliedstaat, in dem der ursprüngliche Antrag gestellt worden ist, noch ein Antrag zur Aufnahme weiterer Mitgliedstaaten gestellt werden, vgl. https://www.zoll.de/DE/Fachthemen/Verbote-Beschraenkungen/Gewerblicher-Rechtsschutz/Marken-und-Produktpiraterie/Antrag/Antrag-nach-Gemeinschaftsrecht/marginalspalte_faq_1.html?nn=305852&faqCalledDoc=305852 (zul. abgerufen am: 12.6.2022).

[61] Kommt der Inhaber der Entscheidung seiner Pflicht zur Übermittlung von Übersetzungen und zu deren Kostentragung nicht nach, so riskiert er, dass die zuständige Zollbehörde den Antrag gem. Art. 16 Abs. 2 lit. c) PPVO bis zum Ende des Bewilligungszeitraums aussetzt.

Darüber hinaus sind gem. Art. 3 Nr. 2 PPVO zur Stellung eines **nationalen Antrags**

- **einfache Lizenznehmer,** die förmlich zur Einleitung eines Schutzrechtsverfahrens ermächtigt worden sind, und
- **Gruppen von Erzeugern von Erzeugnissen mit einer geografischen Angabe** oder Vertreter solcher Gruppen, zur Verwendung einer geografischen Angabe berechtigte **Wirtschaftsteilnehmer** sowie für eine solche geografische Angabe **zuständige Kontrollstellen oder Behörden**

sowie gem. Art. 3 Nr. 3 PPVO zur Stellung eines **Unionsantrags**

- **Inhaber** von in zwei oder mehr Mitgliedstaaten gültigen **ausschließlichen Lizenzen** iSv Art. 2 Nr. 21 PPVO,[62] die in diesen Mitgliedstaaten förmlich zur Einleitung eines Verfahrens zur Feststellung einer Rechtsverletzung ermächtigt wurden,

berechtigt. Es besteht auch die Möglichkeit, dass sich der Antragsberechtigte durch einen Rechtsanwalt vertreten lässt.

Praxistipps:

1. Es ist zu klären, ob der Antragsteller selbst oder ein hiermit beauftragter (anwaltlicher) Vertreter den Grenzbeschlagnahmeantrag einreicht.
2. Bei international tätigen Unternehmen ist zu überlegen, ob die dt. Niederlassung oder ein dt. Tochterunternehmen als Antragsteller in Betracht kommt, um Zeitverluste bei der Kommunikation im Zusammenhang mit der Durchführung von Grenzbeschlagnahmen zu vermeiden.

c) **Antragstellung.** Der Antrag ist gem. Art. 5 Abs. 2 PPVO bei der zuständigen Zolldienststelle,[63] also derjenigen Zolldienststelle, die von dem vom Antragsteller ausgewählten Mitgliedstaat als für die Annahme und Bearbeitung des Antrags auf Tätigwerden als zuständige Behörde benannt worden ist (Art. 5 Abs. 1 PPVO), zu stellen. In Deutschland ist die **Generalzolldirektion, Direktion VI, Zentralstelle Gewerblicher Rechtsschutz (ZGR)**[64] (Sophienstraße 6, 80333 München, Tel.: 089 5995-2315, Fax: 089 5995-2317, E-Mail: dvia24.gzd@zoll.bund.de) zuständige Behörde gem. Art. 5 PPVO. 31

Gem. Art. 5 Abs. 2 S. 2 iVm Art. 6 PPVO muss für den Antrag zwingend das in der DurchführungsVO (EU) 2020/1209[65] enthaltene **Antragsformblatt** verwendet werden. Sofern der betreffende Mitgliedstaat ein Onlinesystem zur Entgegennahme und Bearbeitung von Anträgen bereithält, muss der Antrag samt Anlagen online bei der zuständigen Behörde eingereicht werden (Art. 5 Abs. 6 PPVO). In Deutschland erfolgt die Antragstellung – ebenso wie die Antragsverlängerung und -änderung – über das elektronische Datenverarbeitungssystem der dt. Zollverwaltung **ZGR-online,**[66] dessen Nutzung eine vorherige Registrierung erfordert. Viele Jahre musste zusätzlich ein Ausdruck des online gestellten Antrags vom Antragsteller unterschrieben per Post an die ZGR übermittelt werden. Aufgrund der Bund und Ländern durch das Gesetz zur Verbesserung des Onlinezugangs zu Verwaltungsleistungen[67] auferlegten Verpflichtung, bis Ende 2022 ihre Verwaltungsleistungen auch elektronisch anzubieten, 32

[62] Art. 2 Nr. 21 PPVO definiert als „ausschließliche Lizenz" eine Lizenz (allgemeiner oder begrenzter Art), die den Lizenznehmer unter Ausschluss aller anderen Personen, einschl. des Lizenzgebers, dazu ermächtigt, ein Recht geistigen Eigentums auf die in der Lizenz genehmigte Weise zu nutzen.

[63] Eine regelmäßig aktualisierte Liste der in den EU-Mitgliedstaaten jew. zuständigen Behörden findet sich unter https://ec.europa.eu/taxation_customs/system/files/2021-01/defend-your-rights_de.pdf (zul. abgerufen am: 12.6. 2022).

[64] Die ZGR hält umfangreiche Informationen auf ihrer Internetpräsenz www.zoll.de bereit. Neben der reinen Antragsbearbeitung schult die ZGR insbes. die Mitarbeiter der Zolldienststellen in allen Fragen der Grenzbeschlagnahme und gibt den Antragstellern iRd Schulungen Gelegenheit, die Originalwaren und typische Erkennungsmerkmale von Fälschungen vorzustellen. Ferner leistet sie Zolldienststellen und Antragstellern in Grenzbeschlagnahmefällen, die besondere tatsächliche oder rechtliche Fragen aufwerfen, Hilfestellung.

[65] → Fn. 4.

[66] ZGR-online steht für „Zentrales Datenbanksystem zum Schutz von Geistigen EigentumsRechten online" und wird seit 2009 eingesetzt. Unionsanträge können alternativ über das EUIPO Enforcement Portal gestellt werden. Dabei handelt es sich um eine vom EUIPO eingerichtete EU-Plattform für Angelegenheiten im Zusammenhang mit der Durchsetzung von Rechten des geistigen Eigentums (erreichbar unter https://euipo.europa.eu/ohimportal/de/web/observatory/ip-enforcement-portal-home-page, zul. abgerufen am: 12.6.2022).

[67] BGBl. 2017 I 3138.

müssen auch die Verwaltungsleistungen des Zolls bis dahin zentral online über ein Verwaltungsportal erreichbar sein. Vor diesem Hintergrund wurde das ZGR-online-Portal am 13.1.2022 für die digitale Abwicklung von Grenzbeschlagnahmeanträgen an das Bürger- und Geschäftskundenportal (BuG-Portal)[68] angeschlossen. Um auf das BuG und damit ZGR-online zugreifen zu können, ist ein ELSTER-Organisationszertifikat als sicheres Identifizierungs- und Authentisierungsmittel iSv § 87a AO erforderlich. Mit dem Anschluss an das BuG entfällt die bisher erforderliche postalische Übermittlung von unterzeichneten Antragsformularen. Es ist perspektivisch auch vorgesehen, dass Entscheidungen der ZGR und Mitteilungen der Zolldienststellen über Aufgriffe verdächtiger Waren mittels des BuG-Portals elektronisch verfügbar gemacht werden.

Praxistipp:

Vor Stellung eines Grenzbeschlagnahmeantrages bei der ZGR sollten zunächst die laufend aktualisierten Informationen auf deren Internetpräsenz eingesehen werden.

33 **d) Antragsinhalt.** Der notwendige Antragsinhalt ergibt sich gem. Art. 5 Abs. 2 S. 2 PPVO aus dem in der DurchführungsVO (EU) 2020/1209 vorgesehenen Antragsformblatt, welches insbes. die in Art. 6 Abs. 3 PPVO genannten Angaben enthalten muss. Hierbei handelt es sich ua um Angaben

- zum **Antragsteller und seiner Eigenschaft einschl. Nachweisen zu seiner Berechtigung** (insbes. bei Lizenznehmern durch Nachweis entsprechender förmlicher Ermächtigungen/ausschließlicher Lizenzen und im Falle von Handelsnamen, Urheberrechten oder nicht eingetragenen gemeinschaftlichen Geschmacksmustern durch Vorlage geeigneter Dokumente) sowie seiner EORI-Nummer,[69]
- zum **Vertreter,** sofern der Antragsteller sich bei der Antragstellung vertreten lässt, einschl. dessen EORI-Nummer, und Nachweis einer gültigen Vertretungsvollmacht,
- zu dem/n in **Anspruch genommenen Recht(en)**, wobei neben der Art/Bezeichnung des Rechts im Falle von Registerrechten zusätzlich Nummer und Tag der Eintragung sowie Ablaufdatum und relevanter Warenkreis anzugeben sind, jedoch keine Übersendung von Registerauszügen mehr erforderlich ist,

Praxistipp:

Es sollten zunächst nur die Schutzrechte und Waren in den Antrag aufgenommen werden, die am fälschungsgefährdetsten sind. Denn je fokussierter die Zollbehörden tätig werden können, desto größer ist auch die Wahrscheinlichkeit erfolgreicher Aufgriffe.

- im Falle eines Unionsantrags zu den **Mitgliedstaaten,** auf die sich der Antrag erstreckt,
- zu **Ansprechpartnern für Verwaltungsfragen und Ansprechpartnern für technische Fragen,** wobei im Falle eines Unionsantrags möglichst für jeden Mitgliedstaat geeignete lokale Ansprechpartner zu benennen sind,

---

[68] https://www.zoll-portal.de/bug-frontend-idpp/startseite/MID00_01_Startseite_BenutzerAnmelden.xhtml (zul. abgerufen am: 12.6.2022).

[69] EORI-Nummer steht für Economic Operators' Registration and Identification-Nummer. Diese stellt eine eindeutige Kennnummer im Zollgebiet der Union dar, welche die Zollbehörde an einen Wirtschaftsbeteiligten oder eine andere Person zur Registrierung für Zollzwecke vergibt (vgl. Art. 1 Nr. 18 Delegierte VO (EU) 2015/2446 der Kommission zur Ergänzung der VO (EU) Nr. 952/2013 des Europäischen Parlaments und des Rates mit Einzelheiten zur Präzisierung von Bestimmungen des Zollkodex der Union). In der EU ansässige Personen müssen ihre EORI-Nummer in dem Mitgliedstaat beantragen, in dem sie ansässig sind, vgl. Art. 9 Abs. 1 UZK. In Deutschland wird die EORI-Nummer auf Antrag kostenlos von der Generalzolldirektion – Dienstort Dresden – Stammdatenmanagement vergeben. Beantragt werden kann die EORI-Nummer über das Bürger- und Geschäftskundenportal, per E-Mail, Post oder Fax. Ein nicht im Zollgebiet ansässiger Wirtschaftsbeteiligter sollte den Antrag auf Erteilung einer EORI-Nummer im Mitgliedstaat seiner erstmaligen Zollanmeldung stellen.

Praxistipp:

Bei der Auswahl der lokalen Ansprechpartner sollte man darauf achten, dass die für Verwaltungsfragen benannten Personen über fundierte juristische Kenntnisse des einschlägigen nationalen Rechts verfügen und die für technische Fragen benannten Personen über umfangreiche Produktkenntnis bzw. Zugang zu den jeweiligen Mitarbeitern des Rechtsinhabers mit entsprechender Produktkenntnis haben. Die lokalen Ansprechpartner sollten kurzfristig erreichbar und in der Lage sein, Zweifelsfälle zügig zu klären.

- zur Frage der **Anwendung des Verfahrens für die Vernichtung von Waren in Kleinsendungen** gem. Art. 26 PPVO (→ Rn. 60 ff.) einschl. der entsprechenden Kostenübernahme,
- zu **Erkennungshinweisen zur Abgrenzung der Originalwaren von Fälschungen**, also einerseits Informationen zu den Originalwaren, wie zB konkrete Beschreibungen und Abbildungen der Waren, Verpackungen und Begleitdokumente, Herstellungs- und Lieferländer, berechtigte Einführer/Lieferer/Hersteller, sonstige Produkthinweise wie zB genutzte Zollverfahren, Vertriebssysteme oder Vertriebswege, und andererseits Informationen zu Schutzrechtsverletzungen, die es den Zollbehörden ermöglichen sollen, verdächtige Waren leicht zu erkennen, wie zB konkrete Beschreibungen und Abbildungen bereits aufgefundener gefälschter Waren, ihrer Verpackungen und Begleitdokumente, bereits auffällig gewordene Herstellungs- und Lieferländer sowie Personen und Unternehmen, die bereits als Hersteller, Vertriebsunternehmen, Vermittler, Beförderer, Einführer, Empfänger oder Ausführer schutzrechtsverletzender Waren in Erscheinung getreten sind.

Praxistipps:

1. Aus rein praktischen Gründen sind die Zollbehörden auf ein Tätigwerden in solchen Fällen beschränkt, in denen relativ leicht zu erkennen ist, ob der Verdacht einer Rechtsverletzung vorliegt. Die Formulierung der Erkennungshinweise sollte daher klar strukturiert, unmissverständlich und auf zentrale Gesichtspunkte beschränkt sein. Auf Erkennungshinweise, die kurzfristig Aktualisierungen erfordern, sollte verzichtet werden.
2. Bei einem Unionsantrag sollten die Erkennungshinweise möglichst schon bei Antragstellung separat in der jeweiligen Landessprache, jedenfalls aber in dt., engl. und frz. Sprache, eingereicht werden.

Ferner muss der Antragsteller eine **Verpflichtungserklärung** in Bezug auf
- die **unverzügliche Mitteilung** des Wegfalls der Antragsberechtigung und von **Änderungen** der gegenständlichen Rechte bzw. der iRd Antrags getätigten Angaben,
- die **Übermittlung und Aktualisierung aller wichtigen Erkennungshinweise,**
- die **Übernahme einer etwaigen Haftung** zu den Bedingungen gem. Art. 28 PPVO (→ Rn. 65), und
- die **Übernahme der Kosten,** die den Zollbehörden oder anderen in ihrem Auftrag handelnden Personen entstehen, gem. Art. 29 PPVO (→ Rn. 67)

abgeben und sein Einverständnis dazu erklären,
- dass sämtliche iRd Antrags übermittelte Daten durch die Europäische Kommission und die Mitgliedstaaten **verarbeitet werden dürfen.**

Zudem können iRd Antragstellung **Zusatzanträge** gestellt werden, und zwar
- auf **generelle Übermittlung** von **Namen und Anschriften des Empfängers,** des **Versenders** und des **Anmelders**[70] oder des **Besitzers** der Waren,[71] **Informationen zum Zollverfahren** sowie **Ursprung, Herkunft** und **Bestimmung** der Waren, deren Überlassung ausgesetzt ist oder die zurückgehalten werden (Art. 17 Abs. 4 S. 2 PPVO), sowie
- auf **generelle** und ausschließlich zum **Zweck der Analyse** und zur Vereinfachung des darauffolgenden Verfahrens iVm nachgeahmten Waren und unerlaubt hergestellten Waren (→ Rn. 46) erfolgende **Zurverfügungstellung von Proben und Mustern** (Art. 19 Abs. 2 S. 2 PPVO).

[70] Für die Definition des „Anmelders" vgl. Art. 2 Nr. 15 PPVO.
[71] Für die Definition des „Besitzers der Waren" vgl. Art. 2 Nr. 14 PPVO.

Praxistipp:

Aus Effizienzgründen sollten die Zusatzanträge auf generelle Übersendung der Daten gem. Art. 17 Abs. 4 PPVO und generelle Zurverfügungstellung von Mustern und Proben zu Analysezwecken gem. Art. 19 Abs. 2 PPVO bereits iRd ersten Beantragung gestellt werden.

34 e) **Entscheidungen über Anträge.** Die Entscheidung über den Antrag obliegt der **zuständigen Zolldienststelle** iSv Art. 5 Abs. 1 PPVO, bei der dieser gestellt wurde.

35 Enthält der Antrag nicht alle vorgeschriebenen Angaben, fordert die Zolldienststelle den Antragsteller gem. Art. 7 Abs. 1 PPVO auf, die fehlenden Angaben innerhalb von zehn Arbeitstagen nach Eingang der Mitteilung nachzureichen. Sofern der Antragsteller dieser Aufforderung nicht fristgerecht nachkommt, lehnt sie den Antrag nach Art. 7 Abs. 2 PPVO ab.

36 Über den Grenzbeschlagnahmeantrag hat die Zolldienststelle gem. Art. 9 Abs. 1 PPVO innerhalb von 30 **Arbeitstagen** nach Eingang des Antrags zu entscheiden und ihre **Entscheidung zur Stattgabe oder Ablehnung** – im letzteren Fall einschl. Begründung und Rechtsbehelfsbelehrung – dem Antragsteller mitzuteilen. Im Falle der Stattgabe wird aus dem Antragsteller begrifflich der **Inhaber der Entscheidung** (Art. 2 Nr. 13 PPVO).

37 Der Antrag wird, wenn ihm – wie regelmäßig – stattgegeben wird, in dem Mitgliedstaat, in dem er gestellt wurde, gem. Art. 10 Abs. 1 UAbs. 1 bzw. Abs. 2 lit. a PPVO an dem auf die Entscheidung folgenden Tag wirksam und im Falle eines Unionsantrags in allen anderen Mitgliedstaaten, für die er gestellt wurde, gem. Art. 10 Abs. 2 lit. b PPVO an dem auf die Unterrichtung durch die zuständige Zolldienststelle folgenden Tag. Die **max. Geltungsdauer beträgt ein Jahr** (Art. 11 Abs. 1 UAbs. 2 PPVO).

38 Ein **Verlängerungsantrag „ohne Änderungen"** – wenn sich an der dem Antrag zugrunde liegenden Sachlage seit der Stattgabe nichts geändert hat – oder **„mit Änderungen"** – wenn Anpassungen des Antragsinhalts erforderlich sind – ist **beliebig oft möglich.** Voraussetzung für eine solche Verlängerung ist, dass der Inhaber der Entscheidung keine offenen Verbindlichkeiten ggü. der Zollbehörde hat (Art. 12 Abs. 1 PPVO), sie mind. 30 Tage vor Ablauf bei der zuständigen Zolldienststelle beantragt wird (Art. 12 Abs. 2 PPVO) und dafür das in der DurchführungsVO (EU) 2020/1209 vorgesehene Antragsformblatt verwendet wird, woran sich die auf den Erstantrag zugreifende Eingabemaske in ZGR-online orientiert. Unabhängig von einer Verlängerung kann der Inhaber der Entscheidung jederzeit einen **Änderungsantrag** stellen. Ein solcher wird sich oftmals regelmäßig auf die im Antrag enthaltenen Schutzrechte (Art. 13 PPVO) oder Erkennungshinweise beziehen und **Ausfluss der Mitteilungspflichten des Inhabers der Entscheidung** gem. Art. 15 PPVO[72] sein.

39 Sollte die ZGR dem Antrag nicht oder nicht vollständig entsprechen, steht dem Rechtsinhaber die Möglichkeit offen, **binnen eines Monats Einspruch** gegen diese Entscheidung einzulegen (Art. 44 UZK iVm § 347 AO). Hierauf ergeht eine Einspruchsentscheidung, die der durch sie beschwerte Antragsteller vor dem FG angreifen kann. Die Entscheidung des FG kann ggf. in einem Revisionsverfahren vor dem BFH überprüft werden. Grund dafür, dass der **Rechtsweg** zu den Finanzgerichten eröffnet ist, ist, dass es sich bei dem Tätigwerden der Zollbehörden um eine Abgabenangelegenheit iSd § 33 Abs. 1 Nr. 1 FGO handelt.[73]

3. Tätigwerden der Zollbehörden

40 Stellen die Zollbehörden Waren fest, die sie für verdächtig halten, ein von der PPVO erfasstes Recht geistigen Eigentums (→ Rn. 22 f.) zu verletzen, nehmen sie – bei Vorliegen eines stattgegebenen Grenzbeschlagnahmeantrags gem. Art. 17 PPVO (→ Rn. 41) bzw. bei Fehlen eines solchen gem. Art. 18 PPVO im Falle einer entsprechenden Ermessensausübung (→ Rn. 43) – eine Aussetzung der Überlassung oder Zurückhaltung von Waren vor. Damit beginnt ein zollrechtliches Verfahren, das unter Einhaltung strikter Fristen und inhaltlicher Vorgaben die Vernichtung

[72] Gemäß Art. 15 PPVO hat der Inhaber der Entscheidung die zuständige Zolldienststelle, die dem Antrag stattgegeben hat, unverzüglich mitzuteilen, wenn (a) ein antragsgegenständliches Recht ungültig ist, (b) er aus anderen Gründen nicht mehr zur Antragsstellung berechtigt ist oder (c) sich die in Art. 6 Abs. 3 PPVO genannten notwendigen Angaben ändern. Kommt er seinen Mitteilungspflichten nicht nach, so kann die zuständige Zollbehörde gem. Art. 16 Abs. 2 lit. a) PPVO den Antrag bis zum Ende des Bewilligungszeitraums aussetzen.

[73] BFH 7.10.1999 – VII R 89/98, GRUR Int. 2000, 780 (780) – Jockey.

schutzrechtsverletzender Waren unter zollamtlicher Überwachung auf Kosten und Verantwortung des Antragstellers ermöglicht (sog. vereinfachtes Vernichtungsverfahren) (→ Rn. 47 ff.). Eine Sonderform stellt in dem Zusammenhang das Kleinsendungsverfahren gem. Art. 26 PPVO dar (→ Rn. 60 ff.).

a) Regelfall: Tätigwerden auf Antrag. Im Anwendungsbereich der PPVO gehen die Zollbehörden unter der Voraussetzung, dass ein Grenzbeschlagnahmeantrag bewilligt worden ist, regelmäßig gem. Art. 17 PPVO vor. Soweit also eine Zollstelle – ggf. nach vorheriger Konsultation des Inhabers der Entscheidung zur Erlangung sachdienlicher Informationen (Art. 17 Abs. 2 PPVO) – im Rahmen eines Anmeldeverfahrens gem. Art. 158 UZK den Verdacht (→ Rn. 21) hat, dass die angemeldeten Waren ein Recht geistigen Eigentums iSd PPVO verletzen, ist sie verpflichtet, die **Aussetzung der Überlassung** dieser Waren zu verfügen. Außerhalb der Anmeldeverfahren verfügt die Zollbehörde die **Zurückhaltung** der Waren. Der einzige Unterschied ist also, dass nur angemeldete Waren in der Überlassung ausgesetzt werden können,[74] während in allen anderen Fällen die Waren zurückgehalten werden. 41

Sodann **unterrichtet** die Zollstelle gem. Art. 17 Abs. 3 PPVO den **Anmelder** oder den **Besitzer**[75] der Waren innerhalb eines Arbeitstages über die Aussetzung der Überlassung bzw. Zurückhaltung der Waren wie auch am selbigen Tage, jedenfalls aber umgehend im Anschluss daran, den **Inhaber der Entscheidung.** Die Unterrichtung enthält **Angaben zum Ablauf des Vernichtungsverfahrens sowie zu Rechten und Pflichten der Beteiligten.** Im Rahmen ihrer Unterrichtung **informieren** die Zollbehörden den Inhaber der Entscheidung und den Anmelder oder den Besitzer der Waren gem. Art. 17 Abs. 4 S. 1 PPVO **über die Menge sowie die Art der Waren und übermitteln etwaige Abbildungen. Auf Antrag** – der entweder generell als Zusatzantrag zum Grenzbeschlagnahmeantrag (→ Rn. 33) oder separat im jeweiligen Einzelfall gestellt werden kann – und sofern vorliegend, stellen die Zollbehörden dem Inhaber der Entscheidung zudem **Informationen über Namen und Anschrift des Empfängers, Versenders, Anmelders oder Besitzers der Waren, Zollverfahren sowie Ursprung, Herkunft und Bestimmung der Waren** zur Verfügung. Diese Informationen dürfen gem. Art. 21 PPVO nur zu explizit aufgeführten Zwecken, wie ua zur Einleitung eines Verfahrens zur Feststellung einer Rechtsverletzung (lit. a), zur Einleitung und im Rahmen von Strafverfahren (lit. c), zur Geltendmachung von Schadensersatzansprüchen (lit. d) und zur Erzielung einer Einigung mit dem Anmelder oder dem Besitzer der Waren über die Vernichtung gem. Art. 23 PPVO (lit. e), verwendet werden. Jede andere Verwendung kann gem. Art. 16 Abs. 1 PPVO zur Aufhebung der stattgebenden Entscheidung über einen nationalen Antrag bzw. Aussetzen der Gültigkeit der Entscheidung über einen Unionsantrag im betreffenden Mitgliedstaat für den Bewilligungszeitraum führen und zivilrechtliche Ansprüche nach sich ziehen. 42

b) Ausnahme: Tätigwerden von Amts wegen. Die Zollbehörden sind gem. Art. 18 Abs. 1 PPVO berechtigt, nicht verderbliche[76] Waren von Amts wegen in der Überlassung auszusetzen oder zurückzuhalten, wenn bei einer Prüfung iRd in Art. 1 Abs. 1 PPVO genannten Situationen der hinreichend begründete Verdacht iSv Art. 2 Nr. 7 PPVO besteht, dass Waren, die (noch) nicht von einem stattgegebenen Grenzbeschlagnahmeantrag erfasst sind, ein Recht iSd PPVO verletzen.[77] In einem solchen Fall unterrichten die Zollbehörden – ggf. nach vorheriger Konsultation von Personen oder Einrichtungen, die im Zusammenhang mit der Schutzrechtsverletzung zur Stellung eines Grenzbeschlagnahmeantrags berechtigt sein könnten (Art. 18 Abs. 2 PPVO) – einerseits den Anmelder oder den Besitzer der Waren innerhalb eines Arbeitstages über den begründeten Verdacht einer Schutzrechtsverletzung (Art. 18 Abs. 3 UAbs. 1 PPVO) und andererseits, sofern bekannt, potentiell antragsberechtigte Personen oder Einrichtungen (Art. 18 Abs. 3 UAbs. 3 PPVO). In jedem Fall sind die Zollbehörden ermächtigt, die betreffenden Waren für insges. vier Arbeitstage in der Überlassung auszusetzen oder zurückzuhalten, damit potentiell antragsberechtigte Personen oder Einrichtungen innerhalb dieser Frist einen nationalen Antrag auf Tätigwerden gem. Art. 5 Abs. 3 PPVO stellen können. Ein solcher **kurzfristiger nachträglicher Antrag** muss gem. Art. 5 43

[74] Vgl. v. Welser EWS 2005, 202 (206).

[75] Gem. Art. 17 Abs. 3 UAbs. 2 PPVO reicht es aus, dass die Zollbehörden, sofern sie sich entscheiden, den Besitzer zu unterrichten und mehrere Personen als Besitzer anzusehen sind, einen Besitzer kontaktieren.

[76] Gem. Art. 2 Nr. 20 PPVO sind „verderbliche Waren" solche, die nach Ansicht der Zollbehörden verderben, wenn sie bis zu 20 Tage ab dem Zeitpunkt der Aussetzung ihrer Überlassung oder ihrer Zurückhaltung aufbewahrt werden.

[77] Hierzu kommt es idR nur, wenn der Zoll Zufallsaufgriffe tätigt oder Waren entdeckt, auf die sich ein bestehender Grenzbeschlagnahmeantrag gerade nicht erstreckt (vgl. Möller GRUR-Prax 2021, 469 (470)), zB weil der Rechtsinhaber nicht sämtliche seiner gewerblichen Schutzrechte zum Gegenstand des Antrags gemacht hat.

Abs. 1 lit. b PPVO die in Art. 6 Abs. 3 PPVO vorgeschriebenen Angaben (→ Rn. 33) enthalten, wobei jedoch auf die Übermittlung der Erkennungshinweise gem. lit. g, h und i verzichtet werden kann. Er bezieht sich bei Fehlen der Erkennungshinweise dann aber auch lediglich auf die konkrete verdächtige Sendung und kann nur zu einem vollwertigen Antrag ausgeweitet werden, wenn innerhalb von zehn Arbeitstagen die relevanten Erkennungshinweise nachgereicht werden (Art. 11 Abs. 2 PPVO). Die zuständige Zollbehörde entscheidet über den nachträglich gestellten Antrag innerhalb einer Zweitagesfrist, welche nach Eingang des Antrags zu laufen beginnt (Art. 9 Abs. 2 S. 2 PPVO). Im Falle der Stattgabe des nachträglichen Grenzbeschlagnahmeantrags erhält der Inhaber der Entscheidung gem. Art. 18 Abs. 5 PPVO – parallel zu Art. 17 Abs. 4 S. 2 PPVO – Informationen zu Beteiligten, Zollverfahren sowie Ursprung, Herkunft und Bestimmung der Waren, sofern er deren Übermittlung beantragt hat und soweit diese vorliegen.

44 Nicht selten zeigt das Verfahren nach Art. 18 PPVO dem Rechtsinhaber erstmals die Möglichkeiten der Grenzbeschlagnahme iS eines effektiven Vorgehens gegen Produktpiraterie auf. Allerdings ist die Tätigkeit der Zollbehörden von Amts wegen in der Praxis auf Ausnahmefälle beschränkt, denn für ein effektives Vorgehen gegen Pirateriewaren sind sie auf Informationen angewiesen, die ihnen regelmäßig erst iRd Antragstellung geliefert werden.

45 **c) Proben und Muster.** Gem. Art. 19 Abs. 1 PPVO haben sowohl der Inhaber der Entscheidung als auch der Anmelder oder der Besitzer der in der Überlassung ausgesetzten bzw. zurückgehaltenen Waren ein **Recht auf Prüfung der betreffenden Waren.** Das Prüfungsrecht erfasst allein die Inaugenscheinnahme der Waren auf der Zollstelle.

46 **Auf Antrag** – der entweder generell als Zusatzantrag zum Grenzbeschlagnahmeantrag (→ Rn. 33) oder separat im jeweiligen Einzelfall gestellt werden kann – entnehmen die Zollbehörden gem. Art. 19 Abs. 2 PPVO repräsentative **Proben oder Muster** potentiell **nachgeahmter bzw. unerlaubt hergestellter Waren** und übermitteln diese dem Inhaber der Entscheidung zu Analysezwecken und zur Vereinfachung des Vernichtungsverfahrens. Die Proben oder Muster sind gem. Art. 19 Abs. 3 PPVO nach Abschluss der eigenverantwortlich durchgeführten Analyse, spätestens aber vor Überlassung der Waren oder Beendigung der Zurückhaltung, zurückzugeben.[78] Auf Grund der – erstmals von der PPVO vorgesehenen – **Beschränkung des Rechts auf Proben- bzw. Musterübersendung auf nachgeahmte und unerlaubt hergestellte Waren** kann eine eingehende Untersuchung von Warenproben-/mustern außerhalb der Zollstelle **nur im Falle des Verdachts der Verletzung von Marken, Designs, geografischen Angaben, Urheberrechten und verwandten Schutzrechten, nicht aber von Patenten, ergänzenden Schutzzertifikaten, Sortenschutzrechten, Halbleitertopografien, Gebrauchsmustern und Handelsnamen** erfolgen. Dadurch werden die Möglichkeiten zur Feststellung einer Verletzung der letztgenannten Rechte erheblich eingeschränkt. Denn oftmals kann weder die Prüfung der beschlagnahmten Waren auf der Zollstelle noch der Erhalt von Ablichtungen eine Analyse ermöglichen, die mit einer solchen bei Aushändigung des Musters bzw. der Probe vergleichbar wäre.

47 **d) Vereinfachtes Vernichtungsverfahren.** An die Aussetzung der Überlassung bzw. die Zurückhaltung der Waren schließt sich das **vereinfachte Vernichtungsverfahren gem. Art. 23 ff. PPVO** an. Es stellt seit Inkrafttreten der PPVO das **zwingende Basisverfahren** in allen EU-Mitgliedstaaten dar. Hintergrund ist, dass es sich im Geltungszeitraum der Vorgängerverordnung, in dem es noch rein fakultativ war, in den Mitgliedstaaten, die es angewendet haben, als sehr erfolgreich erwiesen hat.[79] Damit können nunmehr in allen Mitgliedstaaten beschlagnahmte Waren unter zollamtlicher Überwachung und auf Kosten des Antragstellers ohne Einleitung eines zivilgerichtlichen Verfahrens, in dem die Rechtsverletzung festgestellt werden muss, einer Zerstörung zugeführt werden.

48 *aa) Bedingungen für die vereinfachte Vernichtung.* Art. 23 Abs. 1 UAbs. 1 PPVO knüpft die Vernichtung von vom Zoll als potentiell rechtsverletzend eingestuften und deshalb beschlagnahmten Waren an die folgenden Bedingungen:

1. Der **Inhaber der Entscheidung** hat ggü. den Zollbehörden **innerhalb von zehn** – bei verderblichen Waren iSv Art. 2 Nr. 20 PPVO[80] innerhalb von drei – **Arbeitstagen** nach Erhalt der Mitteilung über die Aussetzung der Überlassung bzw. Zurückhaltung von Waren **schriftlich**

---

[78] Bei Nichteinhaltung der Pflicht zur Rückgabe der Proben/Muster riskiert der Inhaber der Entscheidung, dass die zuständige Zollbehörde den Antrag bis zum Ende des Bewilligungszeitraums aussetzt (vgl. Art. 16 Abs. 2 lit. b) PPVO).

[79] Erwägungsgrund 16 PPVO.

[80] Vgl. die Definition „verderblicher Waren“ in Fn. 76.

bestätigt, dass seines Erachtens nach ein Recht geistigen Eigentums verletzt ist (lit. a). Die PPVO sieht keine Möglichkeit vor, diese Frist zu verlängern (arg. e contr. Art. 23 Abs. 4 PPVO).

2. Der **Inhaber der Entscheidung** hat **innerhalb selbiger Frist** – für die die PPVO ebenfalls keine Möglichkeit der Verlängerung vorsieht (arg. e contr. Art. 23 Abs. 4 PPVO) – der **Vernichtung** der Waren **explizit zugestimmt** (lit. b).
3. Der **Anmelder** oder der **Besitzer** der Waren hat ggü. den Zollbehörden **innerhalb von zehn** – bei verderblichen Waren iSv Art. 2 Nr. 20 PPVO[81] innerhalb von drei – **Arbeitstagen** nach Erhalt der Mitteilung über die Aussetzung der Überlassung bzw. Zurückhaltung von Waren **schriftlich** seine **Zustimmung zur Vernichtung erteilt** oder jedenfalls **nicht ausdrücklich widersprochen** (lit. c).[82]

Praxistipps:

1. Der Inhaber der Entscheidung ist gefordert, nach Bekanntgabe der Aussetzung der Überlassung bzw. Zurückhaltung von Waren umgehend zu prüfen, ob die Waren seine Rechte verletzen, um den Zoll fristgerecht darüber zu informieren und der Vernichtung zustimmen zu können.
2. Seine Erklärungen kann der Inhaber der Entscheidung auf dem vom Zoll mit der Mitteilung über die Aussetzung der Überlassung bzw. Zurückhaltung von Waren zur Verfügung gestellten Formular abgeben.
3. Der Inhaber der Entscheidung ist nicht verpflichtet, selbst die Zustimmung des Anmelders/Besitzers der Waren zur Vernichtung einzufordern, denn dieser wird bereits vom Zoll über den Verdacht der Rechtsverletzung, seine Rechte und die drohenden Rechtsfolgen informiert. Es kann für den Inhaber der Entscheidung aber, va in Fällen größeren Umfangs, ratsam sein, diesen direkt zu kontaktieren, um dessen explizite Zustimmung zur Vernichtung einzuholen und so das Risiko zu verringern, dass er in letzter Sekunde widerspricht. Gegebenenfalls bietet es sich an, damit die Geltendmachung zivilrechtlicher Ansprüche, zB auf Unterlassung, Auskunft, Schadensersatz und Kostenerstattung, zu verbinden.

bb) Erfordernis der Verfahrenseinleitung. Fehlt es an einer der drei Bedingungen gem. Art. 23 Abs. 1 UAbs. 1 PPVO, dh hat der Inhaber der Entscheidung die geforderten beiden Erklärungen nicht abgegeben oder gehen die Zollbehörden aufgrund eines Widerspruchs des Anmelders oder des Besitzers der Waren (bzw. anderer besonderer Umstände) von dessen fehlendem Einverständnis aus, kann die umgehende **Freigabe der Waren durch die Einleitung eines „Verfahrens zur Feststellung (…), ob ein Recht geistigen Eigentums verletzt wurde" verhindert werden** (Art. 23 Abs. 1 UAbs. 2 und Abs. 3 PPVO). Dass der Inhaber der Entscheidung nicht die Erklärungen im vereinfachten Vernichtungsverfahren fristgerecht abgibt, stattdessen aber ein Verfahren zur Feststellung einer Rechtsverletzung einleitet, ohne dass der Anmelder oder der Besitzer der Waren der Vernichtung widersprochen hat, dürfte in der Praxis kaum vorkommen. Denn diese Möglichkeit stünde ihm gem. Art. 23 Abs. 1 UAbs. 2 PPVO lediglich innerhalb derselben Frist von zehn Arbeitstagen ab Erhalt der Zollmitteilung offen und würde den erheblich aufwändigeren und kostenintensiveren Weg darstellen. Wahrscheinlicher, aber in der Praxis auch nicht häufig, ist es, dass die Zollbehörden nicht vom Einverständnis des Anmelders oder des Besitzers der Waren zur Vernichtung ausgehen können, insbes. weil dieser ausdrücklich widersprochen hat. In dem Fall unterrichten sie gem. Art. 23 Abs. 3 S. 1 PPVO unverzüglich den **Inhaber der Entscheidung.** Dieser hat dann gem. Art. 23 Abs. 3 S. 2 PPVO ein **Verfahren zur Feststellung einer Rechtsverletzung einzuleiten,** und zwar grds. innerhalb seiner bereits laufenden Frist von zehn – bei verderblichen[83] Waren drei – Arbeitstagen nach der Ausgangsmitteilung des Zolls, auf begründeten Antrag hin und sofern es sich nicht um verderbliche Waren handelt jedoch gem. Art. 23 Abs. 4 PPVO innerhalb einer **höchstens um zehn Arbeitstage verlängerten Frist.**[84] 49

[81] Vgl. die Definition „verderblicher Waren" in Fn. 76.

[82] Gem. Art. 23 Abs. 1 UAbs. 1 lit. c S. 2 PPVO können die Zollbehörden davon ausgehen, dass der Anmelder oder der Besitzer der Waren mit der Vernichtung dieser Waren einverstanden ist, wenn er innerhalb dieser Fristen weder seine Zustimmung zur Vernichtung der Waren noch seinen Widerspruch gegen diese Vernichtung bestätigt hat. Hierbei handelt es sich also um eine Ermessensentscheidung der Zollbehörde. Erfahrungsgemäß gehen die Zollbehörden in der Praxis bei Fehlen eines ausdrücklichen Widerspruchs vom stillschweigenden Einverständnis aus.

[83] Vgl. die Definition „verderblicher Waren" in Fn. 76.

[84] Leitet der Inhaber der Entscheidung ohne triftigen Grund kein Verfahren zur Feststellung einer Rechtsverletzung ein, riskiert er, dass die zuständige Zollbehörde gem. Art. 16 Abs. 2 lit. d) PPVO den Antrag bis zum Ende des Bewilligungszeitraums aussetzt.

50 Was unter einem **„Verfahren zur Feststellung (…), ob ein Recht geistigen Eigentums verletzt wurde"** zu verstehen ist, lässt die PPVO offen. Explizit schreibt sie nicht einmal vor, dass es sich hierbei um ein zivilgerichtliches Verfahren handeln muss. Ein solches ist aber der klassische – und insofern empfehlenswerte – Weg für einen Rechtsinhaber, um eine Schutzrechtsverletzung feststellen zu lassen. Dieser ist innerhalb der zur Verfahrenseinleitung zur Verfügung stehenden Fristen grds. auch praktikabel, da die PPVO lediglich die **Unterrichtung des Zolls über die Verfahrenseinleitung** verlangt. Hierfür genügt den Zollbehörden regelmäßig als Nachweis die Vorlage einer schriftlichen Mitteilung des Gerichts über das gerichtliche Aktenzeichen des anhängigen Verfahrens.

51 Aber selbst bei Wahl des **zivilgerichtlichen Weges** bleibt offen, welche Verfahrensart zu beschreiten ist. Eine Feststellungsklage im Hauptsacheverfahren ist jedenfalls ausreichend. Das nach § 256 Abs. 1 ZPO erforderliche Feststellungsinteresse ließe sich aufgrund von Art. 23 Abs. 1 UAbs. 2 bzw. Abs. 3 S. 2, 5 PPVO bejahen. Daneben kann direkt auf Herausgabe zur Vernichtung, hilfsweise auf Vernichtung durch den Antragsgegner selbst geklagt werden. Allerdings ist das Hauptsacheverfahren auch äußerst zeitintensiv.

52 Die PPVO zielt gem. Erwägungsgrund 4 auf die Ermöglichung eines raschen und wirksamen Rechtsschutzes ab. Aus den Erwägungsgründen 15 und 19 PPVO ergibt sich ferner, dass die Maßnahmen des Zolls nur darin bestehen sollen, die Waren vorläufig zurückzuhalten bis eine Sachentscheidung getroffen wurde. Dass diese endgültig sein müsse, lässt sich der PPVO nicht entnehmen. Ausreichend dürfte daher auch ein **Antrag auf Erlass einer einstweiligen Verfügung** sein.[85] Dieser sollte möglichst einen **Antrag auf Herausgabe der rechtsverletzenden Ware an einen Gerichtsvollzieher als Sequester** zum Gegenstand haben. In einem stattgebenden Beschluss würde das Gericht implizit auch feststellen, dass die Ware rechtsverletzend ist, da andernfalls kein Vernichtungsanspruch bestünde, der durch die Herausgabe zu sichern ist. Der Verfügungsgrund dürfte aufgrund der kurzen Fristen ebenfalls zu bejahen sein. Zweckmäßigerweise sollte man **den Antrag auf Herausgabe an einen Sequester verbinden mit einem Antrag auf Unterlassen der Einfuhr etc.** Eine vorherige Abmahnung verbunden mit der Aufforderung, den Widerspruch zurückzunehmen, kann sich als sinnvoll erweisen, zumal sich der Anmelder oder der Besitzer der Waren oftmals bei Einlegung seines Widerspruchs nicht der möglichen Konsequenzen bewusst ist. Im Hinblick auf § 93 ZPO ist eine vorherige Abmahnung – so das OLG Dresden in seinem Beschl. v. 2.3.2016 – aber im Falle eines Widerspruchs gem. Art. 23 Abs. 3 PPVO entbehrlich, da dem Inhaber der Entscheidung bei der fristgebundenen Obliegenheit zum gerichtlichen Vorgehen eine solche wegen der möglichen Verzögerung des gerichtlichen Verbots und der damit einhergehenden Gefahr der Vereitelung bzw. unverhältnismäßigen Verzögerung des Rechtsschutzzwecks nicht zumutbar ist.[86]

53 Der in der Lit. zT vertretenen Auffassung, ein Antrag auf Erlass einer einstweiligen Verfügung sei nicht ausreichend,[87] kann nicht gefolgt werden. Denn die einstweilige Verfügung ist der iRd Verfolgung von Verletzungen gewerblicher Schutzrechte regelmäßig in Anspruch genommene Rechtsbehelf. Gerade in einfach gelagerten Fällen stellt ein Antrag auf Erlass einer einstweiligen Verfügung den sinnvollsten und schnellsten Weg der Rechtsverfolgung dar. Es ist auch nicht ersichtlich, dass dem Verletzer durch die Wahl des Verfahrens der einstweiligen Verfügung Rechtsschutzmöglichkeiten abgeschnitten werden.[88]

54 Ob alternativ die Option besteht, durch Anzeige und ggf. Stellung eines Strafantrages ein strafrechtliches Ermittlungsverfahren bei den zuständigen Strafverfolgungsbehörden einzuleiten, ist zweifelhaft. Weil das staatsanwaltliche Ermittlungsverfahren nicht zwingend in eine gerichtliche Entscheidung mündet, sollte in jedem Fall ein Verfahren vor den Zivilgerichten angestrengt werden. Der Erfahrung nach stehen viele Zolldienststellen auf dem Standpunkt, dass es zur Erfüllung der Voraussetzungen gem. Art. 23 Abs. 1 UAbs. 2 bzw. 3 Abs. 2, 5 PPVO nicht ausreicht, eine Strafanzeige zu stellen.

[85] So schon die hM zur Vorgängerverordnung VO (EG) Nr. 1383/2003, die die Verfahrensart auch nicht konkret geregelt hat: Ingerl/Rohnke § 150 Rn. 12; Fezer MarkenR § 150 Rn. 19; Cordes GRUR 2007, 483 (486).

[86] OLG Dresden 2.3.2016 – 14 W 106/16, BeckRS 2016, 4632.

[87] Ströbele/Hacker/Thiering/Thiering MarkenG § 150 Rn. 62; Benkard/Grabinski/Zülch PatG § 142a Rn. 23 halten ein Hauptsacheverfahren zumindest für sinnvoll; offen Büscher/Dittmer/Schiwy/Büscher MarkenG § 150 Rn. 8.

[88] So auch FG Düsseldorf 22.7.2009 – 4 K 1400/09 Z Rn. 14, BeckRS 2009, 26027731 zur Vorgängerverordnung VO (EG) Nr. 1383/2003; BeckOK MarkenR/Vohwinkel MarkenG § 150 Rn. 99.1; Cordes GRUR 2007, 483 (486).

Praxistipps:

1. Widerspricht der Anmelder oder der Besitzer der Waren der Vernichtung, sollte – sofern die eigene Frist von zehn Arbeitstagen zu verstreichen droht – Fristverlängerung beantragt werden, um das gerichtliche Verfahren mit der nötigen Sorgfalt einleiten zu können.
2. Es kann sinnvoll sein, den Anmelder oder den Besitzer der Waren vor der Einleitung gerichtlicher Maßnahmen aufzufordern, den Widerspruch zurückzunehmen und die Rücknahme nachzuweisen. Dieses Schreiben kann mit der Geltendmachung zivilrechtlicher Ansprüche verbunden werden.
3. Nimmt der Anmelder oder der Besitzer der Waren seinen Widerspruch gegen die Vernichtung nicht zurück, sollten mögliche zivilrechtliche Maßnahmen gegen den Verletzer ergriffen werden.

cc) Vernichtung. Sind die drei von Art. 23 Abs. 1 UAbs. 1 PPVO aufgestellten Bedingungen erfüllt, erfolgt gem. Art. 23 Abs. 2 S. 1 PPVO die **Vernichtung der Waren unter zollamtlicher Überwachung** auf Verantwortung und, sofern von der Zollbehörde verlangt (vgl. Art. 29 PPVO), auf Kosten des Inhabers der Entscheidung, „sofern die nationalen Rechtsvorschriften des Mitgliedstaats, in dem die Waren vernichtet werden, nichts anderes vorsehen". 55

In Deutschland schloss sich vor dem Inkrafttreten der derzeit gültigen PPVO die Vernichtung unmittelbar an das vereinfachte Vernichtungsverfahren an. Seit Inkrafttreten der PPVO gilt jedoch eine **„neue" dt. Verwaltungspraxis,** nach der die dt. Zollbehörden zunächst einen **förmlichen Vernichtungsbescheid** erlassen, gegen den der Anmelder oder der Besitzer der Waren binnen eines Monats nach Bekanntgabe Einspruch einlegen kann.[89] Diese Verwaltungspraxis lässt Raum für Diskussionen, zumal dem Vernichtungsbescheid bereits ein förmliches Verfahren auf unionsrechtlicher Grundlage mit eigens vorgesehener Rechtsschutzmöglichkeit vorausgegangen ist. In praktischer Hinsicht bewirkt das dt. Annexverfahren ein Hinausschieben der tatsächlichen Vernichtung der Waren. Günstigstenfalls – dh wenn der Vernichtungsbescheid mit Ablauf der einmonatigen Einspruchsfrist bestandskräftig wird – können die Waren mit nur geringfügiger Verzögerung zerstört werden. Legt der Anmelder oder der Besitzer der Waren jedoch Einspruch gegen den Vernichtungsbescheid ein, kann sich die Vernichtung auf unbestimmte Zeit verschieben. Im Einspruchsverfahren setzt sich der Anmelder oder der Besitzer der Waren allein mit der zuständigen Zollbehörde darüber auseinander, ob diese das vereinfachte Vernichtungsverfahren formal ordnungsgemäß durchgeführt hat. Der Inhaber der Entscheidung, der ursprünglich mit seinem Grenzbeschlagnahmeantrag den Anstoß für die Anhaltung der Waren gegeben hat und nach ordnungsgemäßem Betreiben des vereinfachten Vernichtungsverfahrens davon ausgeht, dass diese zeitnah der Zerstörung zugeführt werden, bekommt hiervon nicht ohne Weiteres etwas mit. Im für ihn ungünstigsten Fall kann sich an das Einspruchsverfahren schließlich eine Klage des Anmelders oder des Besitzers der Waren gegen die Zollbehörde vor dem FG anschließen. Ob und wie der Inhaber der Entscheidung an einem solchen Verfahren beteiligt würde, ist bisher völlig offen. Die Vernichtung der Waren, die er im vereinfachten Vernichtungsverfahren als rechtsverletzend eingestuft hat, zögert sich dadurch jedenfalls noch weiter hinaus. Auch wenn in einem finanzgerichtlichen Verfahren lediglich überprüft werden dürfte, ob die für die ordnungsgemäße Durchführung des vereinfachten Vernichtungsverfahrens notwendige Äußerung der Überzeugung einer Rechtsverletzung durch den Inhaber der Entscheidung vorlag, nicht aber die Frage der Rechtsverletzung selbst, birgt die gerichtliche Auseinandersetzung grds. Risiken im Hinblick auf die Realisierung der angestrebten Vernichtung. 56

Vor der Vernichtung können die Zollbehörden gem. Art. 25 Abs. 2 S. 2, 3 PPVO noch **Muster und Proben** entnehmen, die sie **zu Bildungszwecken** verwenden dürfen. Zur Vernichtung bestimmte Waren dürfen gem. Art. 25 PPVO nicht in den zollrechtlich freien Verkehr übergeführt werden (wobei es wenige Ausnahmen gibt), das Zollgebiet der Union verlassen, ausgeführt, wiederausgeführt, in ein Nichterhebungsverfahren übergeführt bzw. in eine Freizone/ein Freilager verbracht werden (Abs. 1) und auch nur zum Zwecke der Vernichtung unter zollamtlicher Kontrolle im Unionsgebiet zwischen verschiedenen Orten transportiert werden (Abs. 2). 57

[89] Verwaltungsrechtlich wird dies damit begründet, dass es sich bei dem Vernichtungsbescheid – noch nicht aber bei der vorausgegangenen Anhaltung der Waren – um einen belastenden Verwaltungsakt handele, der der Bestandskraft bedürfe, bevor er umgesetzt werden könne. Dem Anmelder oder dem Besitzer der Waren werde so für eine nach dt. Verwaltungsrechtsmaßstäben angemessen lange Dauer eine Rechtsschutzmöglichkeit eröffnet.

58 Widerspricht der Anmelder oder der Besitzer der Waren der Vernichtung und wird daraufhin in einem gerichtlichen Verfahren festgestellt, dass die Waren rechtsverletzend sind, erfolgt deren Vernichtung entsprechend den Vorgaben des nationalen Rechts. Die Zollbehörde ist daher an der Vernichtung im Grundsatz nicht weiter beteiligt. IdR wird der Zoll nach Erlass einer einstweiligen Verfügung die Waren an einen Gerichtsvollzieher als Sequester herausgeben. Eine Vernichtung kann sodann erfolgen, wenn der Rechtsinhaber vom Verfügungsberechtigten die Zustimmung zur Vernichtung erhält oder erfolgreich in der Hauptsache auf Vernichtung geklagt hat. Nach Auskunft der ZGR würde der Zoll die Vernichtung der Waren auf Kosten des Inhabers der Entscheidung aber auch nach Einleitung des Feststellungsverfahrens durchführen, sofern dieser nachträglich die Zustimmung des Anmelders oder des Besitzers der Waren hierzu erhält.

59 *dd) Vorzeitige Beendigung des Verfahrens.* Die Zollbehörden **bewilligen die Überlassung** bzw. **heben die Zurückhaltung auf,** wenn der Inhaber der Entscheidung
- innerhalb der Frist von zehn Arbeitstagen **nicht die Erklärungen gem. Art. 23 Abs. 1 UAbs. 1 lit. a und b PPVO abgegeben** und auch **keinen Nachweis über die Einleitung eines Verfahrens zur Feststellung einer Rechtsverletzung** erbracht hat (Art. 23 Abs. 1 UAbs. 2 PPVO),
- im Falle eines **Widerspruchs** des Anmelders oder des Besitzers der Waren innerhalb der Frist von zehn – bei gewährter Verlängerung von höchstens zwanzig – Arbeitstagen **keinen Nachweis über die Einleitung eines Verfahrens zur Feststellung einer Rechtsverletzung** erbracht hat (Art. 23 Abs. 5 PPVO),
- im fristgerecht eingeleiteten **Verfahren zur Feststellung einer Rechtsverletzung** letztlich **erfolglos geblieben** ist.

60 e) **Kleinsendungsverfahren.** Mit der PPVO wurde erstmals ein besonderes Verfahren für die Vernichtung von Waren in Kleinsendungen (Art. 26 PPVO) eingeführt, um für einen – möglichst großen – Teil von Waren die Vernichtung auf noch einfacherem Wege zu ermöglichen (vgl. Erwägungsgrund 17 PPVO). Die Zollbehörden führen das Kleinsendungsverfahren gem. Art. 26 Abs. 1 PPVO nur unter folgenden **Bedingungen** durch:
- die betreffenden Waren sind **verdächtig, nachgeahmte oder unerlaubt hergestellte Waren zu sein,** dh nur im Falle des Verdachts der Verletzung von Marken, Designs, geografischen Angaben, Urheberrechten und verwandten Schutzrechten, nicht von Patenten, ergänzenden Schutzzertifikaten, Sortenschutzrechten, Halbleitertopografien, Gebrauchsmustern und Handelsnamen,
- die betreffenden Waren sind **nicht verderblich** iSd Art. 2 Nr. 20 PPVO,[90]
- die betreffenden Waren unterfallen einem **stattgegebenen Grenzbeschlagnahmeantrag,** dh die Zollbehörden werden auf Antrag und nicht von Amts wegen tätig,
- der Inhaber der Entscheidung hat bei Stellung des Grenzbeschlagnahmeantrags die **Durchführung des Kleinsendungsverfahren explizit beantragt,**
- die betreffenden Waren sind als **„Kleinsendung" gem. Art. 1 Nr. 19 PPVO** einzustufen, dh „eine Post- oder Eilkuriersendung, die a) höchstens drei Einheiten enthält oder b) ein Bruttogewicht von weniger als zwei Kilogramm hat".

61 Sind die vorgenannten Bedingungen erfüllt, **unterrichten** die Zollbehörden den **Anmelder** oder den **Besitzer** der Waren innerhalb eines Arbeitstages **über die Maßnahme sowie ihre Absicht, die Waren zu vernichten** und geben ihm **Gelegenheit zur Stellungnahme innerhalb von zehn Arbeitstagen** ab Erhalt der Mitteilung (Art. 26 Abs. 3, 4 PPVO). Die Waren können unter zollamtlicher Überwachung vernichtet werden, wenn der **Anmelder** oder der **Besitzer der Waren** innerhalb der Frist seine **Zustimmung zur Vernichtung bestätigt** bzw. der Vernichtung jedenfalls **nicht widersprochen**[91] hat (Art. 26 Abs. 5, 6 PPVO).

62 Den **Inhaber der Entscheidung unterrichten die Zollbehörden nicht** über die Aussetzung der Überlassung bzw. Zurückhaltung von Waren.[92] Erst **im Nachgang** zur Vernichtung erhält er **auf Antrag** und soweit angemessen **Informationen über Menge und Art der vernichteten Waren** (Art. 26 Abs. 7 S. 2 PPVO). Das Kleinsendungsverfahren ist insofern für den Inhaber der Ent-

[90] Vgl. die Definition „verderblicher Waren" in Fn. 76.

[91] Gem. Art. 26 Abs. 6 PPVO können die Zollbehörden – in Parallele zu Art. 23 Abs. 1 UAbs. 1 lit. c S. 2 PPVO – davon ausgehen, dass der Anmelder oder der Besitzer der Waren mit der Vernichtung dieser Waren einverstanden ist, wenn er innerhalb dieser Fristen weder seine Zustimmung zur Vernichtung der Waren noch seinen Widerspruch gegen diese Vernichtung bestätigt hat (Ermessensentscheidung der Zollbehörde, vgl. Fn. 82).

[92] Art. 26 Abs. 2 PPVO erklärt Art. 17 Abs. 3 und 4 PPVO für nicht anwendbar.

scheidung gut geeignet, um zügig und unaufwändig große Mengen kleiner Pirateriesendungen vom Zoll vernichten zu lassen. Er ist jedoch selbst im konkreten Einzelfall nicht am Vernichtungsverfahren beteiligt. Insofern erfährt er auch erst im Nachhinein, in welchem Umfang der Zoll welche Art von Waren auf Grundlage seines Antrags vernichtet hat und welche Kosten dadurch für ihn entstanden sind, zu deren Übernahme er sich bereits im Vorhinein mit der Entscheidung für das Kleinsendungsverfahren im Rahmen der Antragstellung verpflichten musste.[93]

Sofern der **Anmelder oder der Besitzer** der Waren seine Zustimmung zur Vernichtung nicht innerhalb der Frist bestätigt und die Zollbehörden auch nicht davon ausgehen können, dass er dies täte, zB weil er **explizit widersprochen** hat, unterrichten sie den Inhaber der Entscheidung hierüber, teilen ihm Art und Menge der in der Überlassung ausgesetzten bzw. zurückgehaltenen Waren mit und übermitteln ggf. Abbildungen (Art. 26 Abs. 8 S. 1 PPVO). Muster oder Proben kann der Inhaber der Entscheidung nicht anfordern, da Art. 26 Abs. 2 PPVO Art. 19 Abs. 2 und 3 PPVO für nicht anwendbar erklärt. Bei Stellung eines entsprechenden Antrags erhält er aber jedenfalls weitere vorhandene Informationen zu Beteiligten, Zollverfahren, Ursprung, Herkunft und Bestimmung der Kleinsendung (Art. 26 Abs. 8 S. 2 PPVO). Er hat dann **zehn Arbeitstage** Zeit, um der Zollbehörde die **Einleitung eines Verfahrens zur Feststellung einer Rechtsverletzung nachzuweisen,** will er die Freigabe verhindern (Art. 26 Abs. 9 PPVO).[94] 63

4. Haftung

a) Haftung der Zollbehörde. Gem. Art. 27 PPVO begründet die Stattgabe der Entscheidung über einen Grenzbeschlagnahmeantrag auf Grundlage der PPVO für den Fall dass eine Zollbehörde verdächtige Ware nicht erkennt und überlässt oder nicht zurückhält, keinen eigenständigen Entschädigungsanspruch des Inhabers der Entscheidung. Der Verordnungsgeber **beschränkt** die **Haftung der Zollbehörden** vielmehr auf die jeweiligen **nationalen Rechtsvorschriften.**[95] In Deutschland richtet sich die **Haftung bei Amtspflichtverletzung nach § 839 BGB iVm Art. 34 GG.** Zudem bildet der **unionsrechtliche Staatshaftungsanspruch,** den der EuGH in gefestigter Rechtsprechung[96] aus verschiedenen Regelungen des EG-Vertrags[97] bzw. des AEUV[98] herleitet, eine weitere Haftungsgrundlage. Er verpflichtet die Mitgliedstaaten zum Ersatz derjenigen Schäden, die dem Einzelnen durch Verstöße staatlicher Stellen – hier der Zollbehörden – gegen Unionsrecht – hier der PPVO – entstehen.[99] 64

b) Haftung des Inhabers der Entscheidung. Einen **eigenständigen**[100] **Haftungstatbestand** sieht dagegen Art. 28 PPVO für den **Inhaber der Entscheidung** vor.[101] Dieser haftet ggü. dem Anmelder oder dem Besitzer der Waren **verschuldensunabhängig** im Einklang mit den geltenden anwendbaren Rechtsvorschriften, also gem. §§ 249 ff. BGB, wenn 65

- aufgrund seines Handelns oder Unterlassens[102] ein nach der PPVO ordnungsgemäß eingeleitetes Verfahren eingestellt wird (zB weil er Erklärungen nicht fristgerecht abgegeben oder seinen Antrag später zurückgenommen hat),

[93] Wegen der Unüberschaubarkeit der anfallenden Kosten im Vorhinein hat das Kleinsendungsverfahren bei Rechtsinhabern noch nicht die vom Verordnungsgeber erhoffte Attraktivität erlangt. Eine Kostenfreistellung könnte dies ändern. Es bleibt abzuwarten, ob die von Unternehmerseite erwünschte Kostenfreistellung in Zukunft umgesetzt werden wird. Vgl. dazu den Bericht der Europäischen Kommission vom 15.5.2017 über die Umsetzung der PPVO, COM (2017) 233 final, S. 11, 16.

[94] Leitet der Inhaber der Entscheidung ohne triftigen Grund kein Verfahren zur Feststellung einer Rechtsverletzung ein, riskiert er, dass die zuständige Zollbehörde gem. Art. 16 Abs. 2 lit. d) PPVO den Antrag bis zum Ende des Bewilligungszeitraums aussetzt.

[95] Vgl. auch Erwägungsgrund 23 PPVO.

[96] EuGH 30.9.2003 – C-224/01, NJW 2003, 3539 – Köbler; EuGH 8.10.1996 – verb. Rs. C-178/94, C-179/94, C-188/94, C-189/94, C-190/94, NJW 1996, 3141 – Dillenkofer; vgl. auch BGH 20.1.2005 – III ZR 48/01, NJW 2005, 742; BGH 28.10.2004 – III ZR 294/03, NJW 2005, 747.

[97] Art. 249, 288 EGV-Nizza.

[98] Art. 288, 340 AEUV.

[99] Zur Haftung wegen zu Unrecht unterbliebener Grenzbeschlagnahme nach der PPVO vgl. ausführliche Darstellung von Kühnen GRUR 2014, 811 ff.

[100] BeckOK MarkenR/Vohwinkel MarkenG § 150 Rn. 116 (aA ua Ströbele/Hacker/Thiering/Thiering § 150 Rn. 85 und Rinnert GRUR 2014, 214 (244), die Art. 28 PPVO als reine Rechtsgrundverweisung verstehen).

[101] Die Haftung des antragstellenden Schutzrechtsinhabers/Lizenznehmers wird sehr ausführlich von Kühnen in GRUR 2014, 921 ff. dargestellt.

[102] Aus der Formulierung „aufgrund seines Handels oder Unterlassens" folgt aber, dass jedenfalls eine Zurechenbarkeit des Inhabers der Entscheidung erforderlich ist (so auch BeckOK MarkenR/Vohwinkel MarkenG § 150 Rn. 114).

- gem. Art. 19 Abs. 2 PPVO entnommene Proben oder Muster aufgrund seines Handelns oder Unterlassens[103] nicht zurückgegeben oder aber beschädigt und unbrauchbar werden (zB weil er versehentlich vergessen hat, untersuchte Muster zurückzusenden) oder
- anschließend festgestellt wird, dass die betreffenden Waren kein Recht geistigen Eigentums verletzen (dh die Aussetzung der Überlassung bzw. Zurückhaltung von Waren ungerechtfertigt erfolgt ist, weil nachträglich, zB im zivilgerichtlichen Verfahren, festgestellt wird, dass sie das Recht, das Gegenstand des zugrundeliegenden Grenzbeschlagnahmeantrags ist, gar nicht verletzen)[104]

und der Anmelder oder der Besitzer der Waren in dieser Hinsicht einen Schaden erlitten hat. Eine entsprechende Verpflichtungserklärung zur Übernahme der Haftung unter den Bedingungen gem. Art. 28 PPVO hat der Antragsteller bereits bei Stellung eines Antrags auf Tätigwerden der Zollbehörden abzugeben (→ Rn. 33).

5. Kosten

66 **a) Kosten des Antrags.** Die **Bearbeitung von Grenzbeschlagnahmeanträgen** durch die Zollbehörden ist **gebührenfrei** (Art. 8 PPVO).

67 **b) Kosten des Grenzbeschlagnahmeverfahrens.** Der **Inhaber der Entscheidung** ist auf Verlangen der Zollbehörde dieser **zur Erstattung von Kosten verpflichtet,** die ihr oder in ihrem Auftrag handelnden Dritten **im Zusammenhang mit der Aussetzung der Überlassung bzw. Zurückhaltung, der Behandlung, der Lagerung und der Vernichtung der betroffenen Waren entstehen** (Art. 29 Abs. 1 S. 1 PPVO).[105] Eine entsprechende Verpflichtungserklärung zur Übernahme der Kosten unter den Bedingungen gem. Art. 29 PPVO hat der Antragsteller bereits bei Stellung eines (nationalen oder Unions-)Antrags auf Tätigwerden der Zollbehörden abzugeben (→ Rn. 33).[106] Mangels entsprechender Vorgaben in der PPVO **richtet sich die Ausgestaltung des Kostenrechts nach nationalen Bestimmungen.** In **Deutschland** findet über die jeweilige spezialgesetzliche Einstiegsnorm – wie zB § 150 iVm § 148 Abs. 2 MarkenG oder § 111c iVm § 111b Abs. 6 UrhG – die auf der Ermächtigungsgrundlage des § 178 Abs. 3 AO beruhende **Zollkostenverordnung (ZollKostV)**[107] Anwendung. Für kostenpflichtige Amtshandlungen im Bereich des gewerblichen Rechtsschutzes sieht § 9 ZollKostV grds. ein **Pauschalierungssystem** vor (Abs. 1 für das vereinfachte Vernichtungsverfahren und Abs. 3 für das Kleinsendungsverfahren) und ermöglicht nur ausnahmsweise, wenn die Kosten eines vom Zoll beauftragten Dritten im groben Missverhältnis zu den Pauschalgebühren stehen, eine Erhebung der tatsächlich angefallenen Kosten (Abs. 2). Die einschlägigen Pauschalgebühren sind in Anlage 2 zu § 9 ZollKostV aufgeführt. Im vereinfachten Vernichtungsverfahren fallen 10 EUR für die Aussetzung der Überlassung bzw. Zurückhaltung, 15 EUR für die Lagerung für mehr als zehn Arbeitstage und je nach Bruttogewicht der betreffenden Waren 10 EUR (bis zu 10 kg), 30 EUR (bis zu 100 kg) oder 60 EUR (mehr als 100 kg) für die Vernichtung unter zollamtlicher Überwachung an, also max. 85 EUR. Im Kleinsendungsverfahren fallen insges. 15 EUR je Kleinsendung an. Auf Antrag kann der Inhaber der Entscheidung von der Zollbehörde Ort und Art der Lagerung sowie die schätzungsweise durch die Lagerung anfallenden Kosten in Erfahrung bringen (Art. 29 Abs. 1 UAbs. 2 PPVO).

---

[103] → Fn. 102.

[104] Der Anwendungsbereich dürfte eher klein ausfallen und auf Fälle beschränkt sein, in denen der Inhaber der Entscheidung unredlich das Verfahren gegen den Anmelder oder Besitzer der Waren betreibt. Denn „wer ein staatliches, gesetzlich eingerichtetes und geregeltes Verfahren einleitet oder betreibt, greift bei subjektiver Redlichkeit, auch wenn sein Begehren sachlich nicht gerechtfertigt ist und dem anderen Teil aus dem Verfahren über dieses hinaus Nachteile erwachsen, grundsätzlich nicht rechtswidrig in ein geschütztes Rechtsgut seines Verfahrensgegners ein" (BGH 11.1.2018 – I ZR 187/16, GRUR 2018, 823 Rn. 76 – Ballerinaschuh). IdS hat auch das OLG München entschieden, dass die bloße Inanspruchnahme des Grenzbeschlagnahmeverfahrens als staatlich eingerichtetes und geregeltes Verfahren idR noch keinen rechtswidrigen Eingriff in die Rechtsposition des Anmelders oder Besitzers der Waren darstellt, zumal im Rahmen einer Interessenabwägung dem Rechtsinhaber jedenfalls bis zur Zurückhaltung durch den Zoll eine deutlich stärkere Position eingeräumt wird als dem potentiellen Verletzer, vgl. OLG München 5.12.2019 – 29 U 3149/18, GRUR-RR 2020, 158 (160) – Grenzbeschlagnahmte Modellautos (Nichtzulassungsbeschwerde beim BGH anhängig unter dem Az. I ZR 22/20).

[105] Vgl. auch Erwägungsgrund 24 PPVO.

[106] Kommt der Inhaber der Entscheidung seiner Pflicht zur Kostentragung nicht nach, so riskiert er, dass die zuständige Zollbehörde den Antrag gem. Art. 16 Abs. 2 lit. c) PPVO bis zum Ende des Bewilligungszeitraums aussetzt.

[107] BGBl. 2009 I 3001; zul. geändert durch die Zweite Verordnung zur Änderung der ZollKostV, BGBl. 2019 I 1514.

Eine Kostenerstattungspflicht des Schutzrechtsverletzers sieht die PPVO im Gegensatz zum Polizei- und Ordnungsrecht nicht vor. Vielmehr stellt Art. 29 Abs. 2 PPVO ausdrücklich klar, dass die Kostenerstattungspflicht des Inhabers der Entscheidung unabhängig davon besteht, ob dieser sich beim Rechtsverletzer oder anderen Personen schadlos halten kann. 68

Spätestens nach Erhalt des Kostenbescheides wird sich der Inhaber der Entscheidung fragen, ob und von wem er die ihm vom Zoll auferlegten Kosten erstattet bekommen könnte. Mangels entsprechender Regelungen in der PPVO kann die Basis für eine Erstattungspflicht allein in nationalen Haftungsregeln gesucht werden. Von einem schuldhaft handelnden Verletzer kann der Inhaber der Entscheidung die Erstattung der ihm vom Zoll auferlegten Kosten des Grenzbeschlagnahmeverfahrens, die einen kausal auf der Schutzrechtsverletzung beruhenden Schaden darstellen, als Schadensersatz fordern, ua nach § 14 Abs. 6 MarkenG oder § 139 Abs. 2 PatG. Dies hilft dem Schutzrechtsinhaber in der Praxis jedoch meist nur wenig, da vielfach weder Versender noch Empfänger der Waren ermittelbar bzw. greifbar sind. In diesen Fällen stellt sich die Frage, ob der Frachtführer, Spediteur oder Lagerhalter zur Erstattung der Kosten des Vernichtungsverfahrens herangezogen werden könnte. Das käme in Betracht, wenn ein solcher einen schuldhaften Tatbeitrag erbracht hätte – was jedoch zumeist nicht der Fall sein dürfte – und nicht nur als Störer einzustufen wäre, dem kein Verschuldensvorwurf im Hinblick auf die Rechtsverletzung zu machen ist.[108] Es ist einhellige Ansicht, dass Frachtführer, Spediteure und Lagerhalter hins. der von ihnen transportierten bzw. verwahrten Erzeugnisse jedenfalls keine generelle Prüfpflicht[109] auf Schutzrechtsverletzungen trifft. Teilweise wird aber eine Prüfpflicht im Falle der Kenntniserlangung von konkreten Anhaltspunkten dafür, dass die transportierten bzw. verwahrten Waren schutzrechtsverletzend sein könnten, angenommen, so dass eine Haftung des Frachtführers, Spediteurs und Lagerhalters als Störer[110] in Betracht kommt, wenn dieser nicht die ihm zumutbaren Maßnahmen ergreift, um den Verdacht der Schutzrechtsverletzung aufzuklären.[111] Ansprüche des Schutzrechtsinhabers aus einer Geschäftsführung ohne Auftrag kommen nicht in Betracht. Der Rechtsinhaber führt mit Ausgleich der ihm von der Zollbehörde in Rechnung gestellten Lager- und Vernichtungskosten kein „auch fremdes" Geschäft des Frachtführers, Spediteurs oder Lagerhalters, da dessen Störereigenschaft mit der Aussetzung der Überlassung bzw. Zurückhaltung der Waren endet.[112] Schließlich bestehen auch bereicherungsrechtliche Ansprüche iSd § 812 Abs. 1 S. 1 Alt. 2 BGB ggü. diesem Personenkreis nicht, da der Frachtführer, Spediteur oder Lagerhalter durch die Kostenerstattung des Schutzrechtsinhabers ggü. der Zollbehörde unter keinem Aspekt bereichert ist.[113] 69

[108] Grundsätzlich haften die genannten Personen nicht für im Auftrag Dritter transportierte oder gelagerte Waren, denn der bloße Besitz an den Waren macht sie noch nicht zu Tätern und auch für eine Teilnehmerhaftung wird es regelmäßig am Vorsatz mangeln, vgl. EuGH 2.4.2020 – C-567/18, GRUR 2020, 637 Rn. 30 ff. – Coty/Amazon und im Anschluss daran BGH 21.1.2021 – I ZR 20/17, GRUR 2021, 730 Rn. 29 – Davidoff Hot Water IV bzgl. Lagerung markenverletzender Ware; Ströbele/Hacker/Thiering/Thiering MarkenG § 148 Rn. 7; aA noch OLG Köln 18.8.2005 – 6 U 48/05, GRUR-RR 2005, 342 (343) bzgl. am Warenumsatz beteiligten (gutgläubigen) Besitzern, wie Kommissionären. Spediteuren, Lagerhaltern, Frachtführern etc, für die Zeit der Besitzausübung, die aber mit der Beschlagnahme endet.

[109] BGH 16.5.2017 – X ZR 120/15, GRUR 2017, 785 Rn. 54 – Abdichtsystem; BGH 17.9.2009 – Xa ZR 2/08, GRUR 2009, 1142 – MP3-Player-Import; BGH 15.1.1957 – I ZR 56/55, GRUR 1957, 352 (354) – Taeschner/Pertussin II; KG 12.10.2010 – 5 U 152/08, GRUR-RR 2011, 263 (267); OLG Hamburg 15.8.2007 – 5 U 188/06, GRUR-RR 2007, 350 (351) – YU-GI-OH-Karten.

[110] Störer haften, anders als Täter und Teilnehmer, nicht auf Schadensersatz (BGH 18.10.2001 – I ZR 22/99, GRUR 2002, 618 (619) – Meißner Dekor). Sie kommen jedoch als Schuldner eines Vernichtungsanspruchs (zB gem. § 18 MarkenG oder § 140a PatG) in Betracht (vgl. Ingerl/Rohnke MarkenG § 146 Rn. 8; Achenbach/Ransiek/Rönnau/Schwab 11. Teil 5. Kap Rn. 61; Osterrieth PatentR Teil 5 Rn. 865) und können als solche auf Erstattung der Vernichtungskosten in Anspruch genommen werden (vgl. Ströbele/Hacker/Thiering/Thiering MarkenG § 148 Rn. 8, MarkenG § 18 Rn. 22, 53; Achenbach/Ransiek/Rönnau/Schwab 11. Teil 5. Kap Rn. 63).

[111] BGH 16.5.2017 – X ZR 120/15, GRUR 2017, 785 Rn. 54 – Abdichtsystem; BGH 17.9.2009 – Xa ZR 2/08, GRUR 2009, 1142 Rn. 45 f. – MP3-Player-Import; Ströbele/Hacker/Thiering/Thiering § 148 Rn. 7 f.; aA OLG Hamburg 15.8.2007 – 5 U 188/06, GRUR-RR 2007, 350 (351) – YU-GI-OH!-Karten für MarkenG Prüfpflicht erst ab positiver Kenntnis von Markenverletzung, so auch Büscher/Dittmer/Schiwy/Büscher MarkenG § 148 Rn. 5.

[112] OLG Köln 18.8.2005 – 6 U 48/05, GRUR-RR 2005, 342 (343) – Lagerkosten nach markenrechtlicher Grenzbeschlagnahme; Fezer MarkenG § 148 Rn. 10; v. Schultz/Eble MarkenG § 148 Rn. 5; aA Weber WRP 2005, 961 (962 f.).

[113] OLG Köln 18.8.2005 – 6 U 48/05, GRUR-RR 2005, 342 (343) – Lagerkosten nach markenrechtlicher Grenzbeschlagnahme; BeckOK MarkenR/Vohwinkel MarkenG § 148 Rn. 11; v. Schultz/Eble MarkenG § 148 Rn. 5; aA Weber WRP 2005, 961 (963 f.); Cordes GRUR 2007, 483 (489).

III. Grenzbeschlagnahme auf Grundlage nationalen Rechts in Deutschland

70 Auf nationaler dt. Ebene finden sich im Urheberrechtsgesetz und den Spezialgesetzen des gewerblichen Rechtsschutzes ebenfalls Regelungen zum Tätigwerden der Zollbehörden im Bereich der Grenzbeschlagnahme (§ 111b UrhG, §§ 146 ff. MarkenG, §§ 55 ff. DesignG, § 142a PatG, § 25a GebrMG, § 9 Abs. 2 HalblSchG und § 40a SortSchG). Das nationale dt. Grenzbeschlagnahmeverfahren ist in Bezug auf die Antragstellung nahezu identisch mit demjenigen nach der PPVO, weicht aber va in Bezug auf seinen Anwendungsbereich und die konkreten Maßnahmen der Zollbehörden in einigen Punkten deutlich von diesem ab. Anders als beim Verfahren nach der PPVO läuft das Verfahren nach dt. Recht nach der Antragstellung automatisch ab, sofern der Verfügungsberechtigte den Maßnahmen der Zollbehörden nicht ausdrücklich widerspricht.

1. Anwendungsbereich

71 Die Zollbehörden können ihr Tätigwerden im Bereich der Grenzbeschlagnahme nur auf nationales dt. Recht stützen, soweit die PPVO keine Anwendung findet.[114] Die nationalen Vorschriften sind somit subsidiär und kommen nur ergänzend zur PPVO zur Anwendung.

72 **a) Innergemeinschaftlicher Warenverkehr.** Da die PPVO nur im Warenverkehr mit Drittstaaten Anwendung findet, müssen Grenzbeschlagnahmen im innergemeinschaftlichen Warenverkehr auf die einschlägigen nationalen dt. Normen gestützt werden. Allerdings finden im innergemeinschaftlichen Handel im Regelfall keine Grenzkontrollen mehr statt, so dass das nationale Grenzbeschlagnahmeverfahren insofern nur bei (gelegentlichen) Hinterlandkontrollen und Zufallsfunden Bedeutung erlangt.

73 **b) Nicht von PPVO erfasste Schutzrechte.** Sind Schutzrechte betroffen, die kein Recht geistigen Eigentums iSd Art. 2 Nr. 1 PPVO darstellen, wie insbes. Benutzungsmarken, notorisch bekannte Marken und Werktitel, ist eine Grenzbeschlagnahme – auch an den EU-Außengrenzen – auf nationale Normen zu stützen. Infolge des im Hinblick auf die erfassten Schutzrechte mittlerweile sehr breiten Anwendungsbereichs der PPVO ist derjenige des nationalen Rechts im Warenverkehr mit Drittstaaten allerdings nur sehr klein.

74 **c) Parallelimporte.** Anders als die PPVO nehmen die einschlägigen nationalen dt. Normen[115] Waren, die mit Zustimmung des Rechtsinhabers hergestellt wurden (Originalwaren), nicht grds. von ihrem Anwendungsbereich aus. Insofern können nach weit überw. Auffassung die Zollbehörden Parallelimporte auf Grundlage der nationalen dt. Normen beschlagnahmen,[116] sofern ihrer Einschätzung nach durch deren Einfuhr eine offensichtliche Rechtsverletzung[117] begründet wird. Ein Parallelimport ist rechtsverletzend, wenn die Ware nicht mit Zustimmung des Rechtsinhabers im EWR in Verkehr gebracht wurde oder – im Falle der Markenbenutzung auch dann, wenn – der Rechtsinhaber berechtigte Gründe gegen die Markenbenutzung vorbringen kann. Die Beschlagnahme nach nationalem dt. Recht findet ihre Grenzen somit in den zur Erschöpfung entwickelten Grundsätzen. Zum Zwecke der Kontrolle ihrer Vertriebssysteme und der Erkennbarkeit illegaler Parallelimporte verwenden viele Originalhersteller sog. Codierungssysteme. Mithilfe der auf der Ware angebrachten Codenummer kann nachvollzogen werden, für welchen Markt diese bestimmt ist.[118] Damit die Zollbehörden eine effiziente und wirksame Risikoanalyse betreiben können, ist es ratsam, ihnen relevante Informationen über etwaige Co-

---

[114] Vgl. die jew. Formulierung in § 111b Abs. 1 UrhG, § 146 Abs. 1 MarkenG, § 55 Abs. 1 DesignG, § 142a Abs. 1 PatG, § 25a Abs. 1 GebrMG, § 9 Abs. 2 HalblSchG, § 40a Abs. 1 SortSchG.

[115] § 111b UrhG, § 146 MarkenG, § 55 DesignG, § 142a PatG, § 25a GebrMG, § 9 Abs. 2 HalblSchG und § 40a SortSchG.

[116] Der BFH hat mit Urteil vom 7.10.1999 – VII R 89/98 entschieden, dass § 146 Abs. 1 MarkenG auch ein Vorgehen gegen Parallelimporte ermöglicht, BFH 7.10.1999 – VII R 89/98, GRUR Int 2000, 780 (781) – Jockey; vgl. auch Begr. zum Entwurf der Bundesregierung zu einem Gesetz zur Verbesserung der Durchsetzung von Rechten des Geistigen Eigentums, BT-Drs. 16/5048, 34; BeckOK MarkenR/Vohwinkel MarkenG § 146 Rn. 6, 49.1; Büscher/Dittmer/Schiwy/Büscher § 146 MarkenG Rn. 7; Fezer MarkenG § 146 Rn. 6; Benkard/Grabinski/Zülch PatG § 142a Rn. 4; Spindler/Schuster/Spindler UrhG § 111b Rn. 4; kritisch hierzu Ingerl/Rohnke MarkenG § 146 Rn. 2; Heim WRP 2005, 167 (169); v. Welser EWS 2005, 202 (203).

[117] Anders als im Anwendungsbereich der PPVO genügt für eine Grenzbeschlagnahme auf Grundlage nationalen dt. Rechts nicht lediglich der Verdacht einer Rechtsverletzung, sondern es muss eine offensichtliche Rechtsverletzung vorliegen. Zur offensichtlichen Rechtsverletzung, → Rn. 83.

[118] BeckOK MarkenR/Vohwinkel MarkenG § 146 Rn. 49.

dierungssysteme oÄ zur Verfügung zu stellen. Rechtsverletzende Waren können dann anhand der Codenummer leicht erkannt werden. Auch wenn die Codenummer beseitigt wurde (sog. Decodierung), ist dies häufig zu erkennen, da die Beseitigung zu Beschädigungen an den Waren führen kann.[119] Eine durch Decodierung entstandene Beschädigung der Ware kann mit einer Veränderung der Ware verbunden sein, die im Markenrecht eine Erschöpfung ausschließt (§ 24 Abs. 2 MarkenG) und markenrechtliche Ansprüche begründen kann.[120] In der Praxis sind Parallelimporte aus Nicht-EU-Staaten (sog. Drittstaaten) von solchen aus EU-Staaten zu unterscheiden.

aa) Parallelimporte aus Drittstaaten. In der weit überw. Anzahl der auf Grundlage eines nationalen dt. Grenzbeschlagnahmeantrags von den Zollbehörden angehaltenen Parallelimporte dürfte es sich um Importe aus Drittstaaten handeln, die ohne Zustimmung des Rechtsinhabers erstmals im EWR in Verkehr gebracht werden sollen. Allerdings relativiert das Erfordernis der Offensichtlichkeit der Rechtsverletzung in der Praxis die Möglichkeiten der Zollbehörden, Parallelimporte aus Drittstaaten anzuhalten, wenn der Rechtsinhaber nicht – zB mittels oben genannter Codierungssysteme – dafür Sorge trägt, dass Waren, die nicht für den EWR bestimmt sind, klar und unmissverständlich gekennzeichnet sind. Eine solche Kennzeichnung erleichtert nicht nur den Zollbehörden die Beschlagnahme von Parallelimporten. Sie kann zudem zentrale Bedeutung erlangen, wenn es um die Frage geht, wer und ggf. mit welcher Ausprägung die Darlegungs- und Beweislast dafür trägt, dass das geltend gemachte Recht durch ein Inverkehrbringen im EWR erschöpft ist oder nicht.[121] 75

bb) Parallelimporte aus EU-Staaten. Theoretisch können auch Parallelimporte aus anderen EU-Staaten, die zB im Rahmen von Hinterlandkontrollen oder als Zufallsfunde festgestellt werden, Gegenstand einer auf nationale dt. Rechtsvorschriften gestützten Beschlagnahme sein. Der praktische Anwendungsbereich ist jedoch extrem eingeschränkt, zumal der Parallelimport von Waren innerhalb der Union im Grundsatz wegen eingetretener Erschöpfung keine Rechtsverletzung darstellt. Zwar kommen auch Ausnahmen vom Grundsatz der Erschöpfung in Betracht. Die Zollbehörden werden aber in den wenigsten Fällen in der Lage sein zu prüfen, ob im konkreten Fall ein solcher Ausnahmefall – und damit eine offensichtliche Rechtsverletzung – vorliegt. Werden beispielsweise iRd Parallelimports Veränderungen an der Ware vorgenommen (wie zB beim Parallelimport von Arzneimitteln innerhalb der EU), so müssen zwar bestimmte Voraussetzungen erfüllt sein, damit sich beispielsweise der Markeninhaber nicht auf seine Markenrechte berufen kann.[122] Eine Prüfung dieser Voraussetzungen durch den Zoll ist aber praktisch nicht möglich. 76

d) **Overruns.** Wie Parallelimporte sind auch die – ebenfalls von der PPVO explizit ausgenommenen – sog. Overruns, dh Lizenzwaren, die unter Überschreitung der vertraglichen Höchstmenge hergestellt wurden, vom Anwendungsbereich nationaler dt. Grenzbeschlagnahmevorschriften erfasst.[123] Für das Aufgreifen von Overruns sind die Zollbehörden auf die Mitwirkung der Rechtsinhaber angewiesen, da derartige Rechtsverletzungen für die Zollbehörden nicht ohne weiteres erkennbar sind. 77

2. Antragstellung

Nach nationalem dt. Recht ist die Stellung eines **Antrags** auf Tätigwerden der Zollbehörden **bei der Generalzolldirektion** stets erforderlich,[124] dh die Zollstellen können – anders als unter der 78

[119] Ströbele/Hacker/Thiering/Thiering MarkenG § 146 Rn. 24; ähnlich Fezer MarkenG § 146 Rn. 9.

[120] Eine Veränderung iSd § 24 Abs. 2 MarkenG ist nur dann zu bejahen, wenn mit der Entfernung der Kontrollnummern ein sichtbarer, die Garantiefunktion der Marke berührender Eingriff in die Substanz der Ware, des Behältnisses oder der Verpackung verbunden ist (zB Entfernung der Cellophanumhüllung einer Parfümpackung, Nadelung und Bestreichen der Packung mit einer Flüssigkeit sowie Herausschneiden des Strichcodes aus der Verpackung), vgl. BGH 21.2.2002 – I ZR 140/99, GRUR 2002, 709 – Entfernung der Herstellungsnummer III; BGH 16.11.2000 – I ZR 186/98, GRUR 2001, 448 – Kontrollnummernbeseitigung II; Ströbele/Hacker/Thiering/Thiering MarkenG § 24 Rn. 94.

[121] Zur Frage der Darlegungs- und Beweislast bezüglich der Erschöpfung s. EuGH 8.4.2003 – C-244/00, GRUR 2003, 512 – Van Doren + Q; BGH 15.3.2012 – I ZR 137/10, GRUR 2012, 630 – CONVERSE II; BGH 23.10.2003 – I ZR 193/97, NJW-RR 2004, 254 ff. – Stüssy II.

[122] Vgl. EuGH 26.4.2007 – C-348/04, GRUR 2007, 586 Rn. 32 – Boehringer Ingelheim II; EuGH 11.7.1996 – verb. Rs. C-427/93, C-429/93, C-436/93, NJW 1997, 1627 – Bristol-Myers-Squibb; BGH 12.7.2007 – I ZR 148/04, GRUR 2008, 160 ff. – CORDARONE; BGH 12.7.2007 – I ZR 147/04, GRUR 2008, 156 ff. – Aspirin II; BGH 14.6.2007 – I ZR 173/04, GRUR 2007, 1075 ff. – Stilnox.

[123] BeckOK MarkenR/Vohwinkel MarkenG § 146 Rn. 6; Büscher/Dittmer/Schiwy/Büscher MarkenG § 146 Rn. 7.

[124] § 111b Abs. 6 S. 1 UrhG; § 148 Abs. 1 MarkenG; § 57 Abs. 1 S. 1 DesignG; § 142a Abs. 6 S. 1 PatG; § 25a Abs. 6 S. 1 GebrMG; § 9 Abs. 2 HalblSchG; § 40a Abs. 5 S. 1 SortSchG.

PPVO (→ Rn. 43) – nicht ex officio tätig werden (Ausnahme: § 151 MarkenG für geografische Herkunftsangaben iSv § 126 MarkenG).

79 Zur Antragstellung berechtigt ist nach dem Wortlaut der betreffenden nationalen Vorschriften der **Rechtsinhaber.** In der Lit. wird auch dem **einfachen und dem ausschließlichen Lizenznehmer** die Antragsberechtigung zugesprochen.[125] Die ZGR zählt lt. Angabe auf ihrer Internetpräsenz „darüber hinaus (…) auch **jede zur Benutzung und/oder Wahrnehmung dieser Rechte befugte Person**" zum Kreis der Antragsberechtigten.[126] In jedem Fall muss der vom Rechtsinhaber personenverschiedene Antragsteller zum Nachweis seiner Berechtigung geeignete Dokumente vorlegen. Eine (anwaltliche) Vertretung ist bei Vorlage einer gültigen Vertretungsvollmacht möglich.

80 Im Unterschied zur Antragstellung nach der PPVO muss der Antragsteller eine **Sicherheit** stellen. Diese kann in Form einer selbstschuldnerischen **Bankbürgschaft auf erstes Anfordern ggü. der BRD** beigebracht werden. Die Höhe der Bürgschaftssumme ist gesetzlich nicht vorgeschrieben, sondern steht nach den verwaltungsrechtlichen Grundsätzen im pflichtgemäßen Ermessen der Generalzolldirektion.[127] Sie ist von dem Risiko, dass ein Unterlassungsanspruch nicht besteht (va relevant für Urheberrechte), der Menge der erwarteten zu beschlagnahmenden Waren und der Person des Antragsstellers abhängig. Sie bewegt sich regelmäßig **im Bereich von 10.000 EUR bis 25.000 EUR.** Die Bürgschaft soll zum einen den Haftungsanspruch des Einführers ggü. dem Antragsteller, zum anderen aber auch die iRd Beschlagnahmeverfahrens anfallenden Kosten[128] decken.[129]

Praxistipps:

1. Es ist ratsam, frühzeitig mit der ZGR Kontakt aufzunehmen, um die Höhe der Bürgschaftssumme festzulegen und die Gestaltung der Bürgschaft vorzubereiten.
2. Die ZGR stellt ein Formular für eine selbstschuldnerische Bürgschaft zur Verfügung, welches möglichst verwendet werden sollte.

81 Der Antrag wird – wie derjenige nach der PPVO – **max. für ein Jahr bewilligt** und kann – solange das erfasste Schutzrecht gültig ist – auf Antrag **beliebig oft verlängert werden.**[130] Mit Bewilligung des Antrags informiert die Generalzolldirektion sämtliche nationale Zollstellen über dessen Existenz.

82 Gegen die Ablehnung eines Antrags auf Tätigwerden kann der Antragsteller Einspruch gem. § 347 Abs. 1 S. 1 Nr. 1 AO einlegen und im Falle von dessen Erfolglosigkeit Klage vor dem FG gem. § 33 Abs. 1 Nr. 1 FGO erheben.

3. Beschlagnahme

83 Die – abhängig vom betreffenden Schutzrecht einschlägigen – nationalen dt. Rechtsvorschriften kennen anders als die PPVO keine Aussetzung der Überlassung bzw. Zurückhaltung von Waren. Vielmehr findet sogleich die **Anordnung einer Beschlagnahme** statt, die allerdings anders als die auf einen bloßen Verdacht einer Rechtsverletzung gestützte Aussetzung der Überlassung bzw. Zurückhaltung von Waren nach der PPVO eine **offensichtliche Rechtsverletzung** voraus-

[125] BeckOK MarkenR/Vohwinkel MarkenG § 146 Rn. 10; Ströbele/Hacker/Thiering/Thiering MarkenG § 146 Rn. 30; Ingerl/Rohnke § 146 Rn. 6; Fezer MarkenG § 146 Rn. 7; Ahrens BB 1997, 902 (903) (sieht Lizenznehmer und Verwertungsgesellschaften als Antragsberechtigte).

[126] https://www.zoll.de/DE/Fachthemen/Verbote-Beschraenkungen/Gewerblicher-Rechtsschutz/Marken-und-Produktpiraterie/Antrag/Antrag-nach-deutschen-Rechtsvorschriften/antrag-nach-deutschen-rechtsvorschriften_node.html#doc305884bodyText2 (zul. abgerufen am: 12.6.2022).

[127] BeckOK MarkenR/Vohwinkel MarkenG § 146 Rn. 17; Ingerl/Rohnke MarkenG § 146 Rn. 7; Fezer MarkenG § 146 Rn. 26.

[128] Zum Beispiel Lagerkosten, Beförderungskosten der Waren bis zum Ort der Einlagerung, Vernichtungskosten etc, vgl. § 9 Abs. 1 Nr. 2 und 3 ZollKostV.

[129] https://www.zoll.de/DE/Fachthemen/Verbote-Beschraenkungen/Gewerblicher-Rechtsschutz/Marken-und-Produktpiraterie/Antrag/Antrag-nach-deutschen-Rechtsvorschriften/antrag-nach-deutschen-rechtsvorschriften_node.html (zul. abgerufen am: 12.6.2022).

[130] § 111b Abs. 6 S. 1 UrhG; § 148 Abs. 1 S. 2 MarkenG; § 57 Abs. 1 S. 1 DesignG; § 142a Abs. 6 S. 1 PatG; § 25a Abs. 6 S. 1 GebrMG; § 9 Abs. 2 HalblSchG; § 40a Abs. 6 S. 1 SortSchG.

setzt.[131] Das Merkmal der **Offensichtlichkeit** soll sicherstellen, dass die Beschlagnahme von Waren, die einen erheblichen Eingriff in den Warenverkehr bedeutet, bei unklarer Rechtslage unterbleibt und ungerechtfertigte Beschlagnahmen weitgehend ausgeschlossen werden.[132] Eine Rechtsverletzung ist iSd nationalen Rechts der Grenzbeschlagnahme offensichtlich, wenn sie **für jeden durchschnittlich geschulten Zollbeamten ohne längere Prüfung erkennbar** wird[133] bzw. wenn **an der Rechtsverletzung kein vernünftiger Zweifel besteht.**[134] Das strenge Erfordernis der Offensichtlichkeit der Rechtsverletzung, das insbes. die Grenzbeschlagnahme von Parallelimporten erschwert, resultiert daraus, dass es sich bei der Beschlagnahme um einen schwerwiegenden Eingriff ohne vorherige Anhörung des Betroffenen handelt, der eine ausreichende Rechtfertigung erfordert.[135]

Nach dem ausdrücklichen Wortlaut der betreffenden nationalen dt. Grenzbeschlagnahme- 84
vorschriften unterliegen offensichtlich rechtsverletzende Waren bei ihrer **Einfuhr** oder **Ausfuhr** der Beschlagnahme.[136] Die bloße **Durchfuhr findet daneben keine Erwähnung.** Insofern ist die Eingriffsbefugnis der Zollbehörden nach dem eindeutigen Wortlaut der nationalen dt. Grenzbeschlagnahmevorschriften – unterstützt durch die entsprechenden Erläuterungen in der Gesetzesbegründung[137] – aktuell enger als unter der PPVO.[138] Dennoch befürwortet ein Teil der Lit. im Markenrecht seit einiger Zeit die Erweiterung der Eingriffsmöglichkeiten des Zolls aufgrund nationaler dt. Grenzbeschlagnahmevorschriften auf Waren in der Durchfuhr.[139] In der Tat könnte die mit der Markenrechtsreform 2016 einhergehende Einstufung des Transits als rechtserhebliche Benutzungshandlung gem. Art. 9 Abs. 4 UMV und § 14a MarkenG (→ Rn. 20) grds. zwar für eine entsprechende Erweiterung der Zugriffsmöglichkeiten des Zolls bei der auf nationales dt. Markenrecht gestützten Grenzbeschlagnahme sprechen; bei genauerer Betrachtung des Wortlauts von Art. 9 Abs. 4 UAbs. 2 UMV und § 14a Abs. 2 MarkenG, die beide hins. des Verfahrens, in dem der Anmelder oder der Besitzer der Waren den Nachweis des fehlenden Unterlassungsanspruchs im Bestimmungsland zu erbringen hat, ausdrücklich auf die PPVO – nicht aber auf die §§ 146 ff. MarkenG – Bezug nehmen, kommen aber erhebliche Zweifel auf.[140] Ohne eine explizite Erwähnung der Durchfuhr in § 146 Abs. 1 MarkenG ist insofern eher nicht davon auszugehen, dass die dt. Zollbehörden befugt sind, auf Basis eines nationalen dt. Grenzbeschlagnahmeantrags offensichtlich markenrechtsverletzende Ware bei der Durchfuhr zu beschlagnahmen.

Unmittelbar im Anschluss an die Beschlagnahme **unterrichtet die Zollbehörde** sowohl den 85
Verfügungsberechtigten, also den **Eigentümer** oder iZw die **Transportperson,** als auch den **Antragsteller** über die angeordnete Beschlagnahme. Letzterem teilt sie dabei Herkunft, Menge und Lagerort der Waren sowie Namen und Anschrift des Verfügungsberechtigten mit und gibt ihm grds. Gelegenheit zur Besichtigung der Ware.[141]

4. Einziehung

Widerspricht der Verfügungsberechtigte nicht binnen zwei Wochen nach Zustellung der Mittei- 86
lung der Beschlagnahme, ordnet die Zollbehörde die **Einziehung** der beschlagnahmten Waren an.[142] Mit Erlangung der Rechtskraft der Einziehung erwirbt der Staat originäres Eigentum an den Waren, deren Vernichtung er idR zeitnah veranlasst.

---

131 Vgl. die entsprechende Formulierung in § 111b Abs. 1 UrhG, § 146 Abs. 1 MarkenG, § 55 Abs. 1 DesignG, § 142a Abs. 1 PatG, § 25a Abs. 1 GebrMG, § 9 Abs. 2 HalblSchG, § 40a Abs. 1 SortSchG.

132 Begründung zum Produktpirateriegesetz BT-Drs. 11/4792, 41; BFH 7.10.1999 – VII R 89/98, GRUR Int 2000, 780 (782) – Jockey.

133 BeckOK MarkenR/Vohwinkel MarkenG § 146 Rn. 41.

134 Ingerl/Rohnke MarkenG § 146 Rn. 4; BeckOK MarkenR/Vohwinkel MarkenG § 146 Rn. 41; Ströbele/Hacker/Thiering/Thiering MarkenG § 146 Rn. 21.

135 BeckOK MarkenR/Vohwinkel MarkenG § 146 Rn. 40; BeckOK UrhR/Vohwinkel UrhG § 111b Rn. 32; BeckOK PatR/Voß PatG § 142a Rn. 6.

136 § 111b Abs. 1 UrhG, § 146 Abs. 1 MarkenG, § 55 Abs. 1 DesignG, § 142a Abs. 1 PatG, § 25a Abs. 1 GebrMG, § 9 Abs. 2 HalblSchG und § 40a SortSchG.

137 In der Gesetzesbegründung wird ausdrücklich klargestellt, dass der Zoll auf Waren im Transit nicht zugreifen dürfe, zumal es an einer Rechtsverletzung im Inland fehle (BT-Drs. 11/4792, 41).

138 So auch Büscher/Dittmer/Schiwy/Büscher MarkenG § 146 Rn. 11.

139 Ströbele/Hacker/Thiering/Thiering/Hacker § 146 Rn. 274; Fezer MarkenG § 146 Rn. 12.

140 So auch BeckOK MarkenR/Vohwinkel MarkenG § 146 Rn. 39.

141 Vgl. § 111b Abs. 2 UrhG, § 146 Abs. 2 MarkenG, § 55 Abs. 2 DesignG, § 142a Abs. 2 PatG, § 25a Abs. 2 GebrMG, § 9 Abs. 2 HalblSchG, § 40a Abs. 2 SortSchG.

142 Vgl. § 111b Abs. 3 UrhG, § 147 Abs. 1 MarkenG, § 56 Abs. 1 DesignG, § 142a Abs. 3 PatG, § 25a Abs. 3 GebrMG, § 9 Abs. 2 HalblSchG, § 40a Abs. 3 SortSchG.

5. Widerspruch

87 Erhebt der Verfügungsberechtigte **Widerspruch** gegen die Beschlagnahme, **unterrichtet die Zollbehörde den Antragsteller,**[143] der ihr ggü. wiederum **unverzüglich zu erklären hat, ob er sein Begehren auf Beschlagnahme der konkreten Waren aufrechterhält.**[144] Nimmt der Antragsteller seinen Antrag für die konkrete Sendung zurück, hebt die Zollbehörde die Beschlagnahme unverzüglich auf.[145]

88 Andernfalls ist der Antragsteller gehalten, **bis zum Ablauf von zwei Wochen** nach Zustellung der Mitteilung über den Widerspruch eine **gerichtliche Entscheidung** beizubringen, um zu verhindern, dass die Zollbehörde die Beschlagnahme aufhebt.[146] Soweit bis dahin eine gerichtliche Entscheidung noch nicht vorliegt, der Antragsteller aber einen Antrag auf gerichtliche Entscheidung gestellt hat, kann er durch **Vorlage eines entsprechenden Nachweises** eine **Fristverlängerung von weiteren zwei Wochen** bewirken.[147]

89 In der Praxis ist festzustellen, dass sich die Verfügungsberechtigten zuweilen nicht über die Folgen des Widerspruches bewusst sind. So hat es sich als hilfreich erwiesen, den Verfügungsberechtigten vor der Einleitung gerichtlicher Maßnahmen abzumahnen und ihn aufzufordern, den Widerspruch rechtzeitig vor Ablauf der Zweiwochenfrist zurückzunehmen und die Rücknahme ggü. dem Rechtsinhaber nachzuweisen. Diese Abmahnung kann mit der Geltendmachung sonstiger zivilrechtlicher Ansprüche verbunden werden. Die mit Blick auf § 93 ZPO vom OLG Dresden[148] getroffene Feststellung zur Entbehrlichkeit einer vorherigen Abmahnung bei Widerspruch des Anmelders oder des Besitzers der Waren gem. Art. 23 Abs. 3 PPVO (→ Rn. 52) dürfte sich auf das nationale Verfahren übertragen lassen, zumal hier ein vergleichbarer Fristendruck und ebenfalls die Gefahr der Vereitelung des Rechtsschutzzwecks für den Antragsteller besteht.

90 Nach der st. Praxis der Zollbehörden reicht die Mitteilung der Rücknahme des Widerspruches aus, damit die Einziehung und die Vernichtung der beschlagnahmten Waren ohne gerichtliche Entscheidung erfolgen können.

Praxistipp:

Es kann sinnvoll sein, vor Stellung eines Antrages auf vollziehbare gerichtliche Entscheidung vor einem Zivilgericht den Verfügungsberechtigten abzumahnen. Wegen des im Widerspruchsverfahren bestehenden Zeitdrucks und weil der Verfügungsberechtigte das Verfahren durch seinen Widerspruch selbst eingeleitet hat, erscheint es nicht unangemessen, dem Verfügungsberechtigten hierbei eine knapp bemessene Frist zu setzen.

6. Rechtsmittel des Verfügungsberechtigten nach dem OWiG

91 Neben dem Recht zum Widerspruch steht dem Verfügungsberechtigten die Möglichkeit offen, die Beschlagnahme bzw. die Einziehung mit den Rechtsmitteln anzufechten, die im Bußgeldverfahren nach dem Gesetz über Ordnungswidrigkeiten gegen Beschlagnahme und gegen Einziehung zulässig sind.[149] Der Antrag auf gerichtliche Entscheidung gem. § 62 OWiG gegen die Beschlagnahme und der Einspruch gem. § 67 OWiG gegen die Einziehung sind jew. bei der Anordnungsbehörde (letzterer in einer Frist von zwei Wochen) zu stellen. Soweit dem Antrag – wie regelmäßig – nicht abgeholfen wird, hat das AG zu entscheiden.

---

143 Vgl. § 111b Abs. 4 S. 1 UrhG, § 147 Abs. 2 S. 1 MarkenG, § 56 Abs. 2 S. 1 DesignG, § 142a Abs. 4 S. 1 PatG, § 25a Abs. 4 S. 1 GebrMG, § 9 Abs. 2 HalblSchG, § 40a Abs. 4 S. 1 SortSchG.

144 Vgl. § 111b Abs. 4 S. 2 UrhG, § 147 Abs. 2 S. 2 MarkenG, § 56 Abs. 2 S. 2 DesignG, § 142a Abs. 4 S. 2 PatG, § 25a Abs. 4 S. 2 GebrMG, § 9 Abs. 2 HalblSchG, § 40a Abs. 4 S. 2 SortSchG.

145 Vgl. § 111b Abs. 4 S. 2 Nr. 1 UrhG, § 147 Abs. 3 S. 1 MarkenG, § 56 Abs. 3 S. 1 DesignG, § 142a Abs. 4 S. 2 Nr. 1 PatG, § 25a Abs. 4 S. 2 Nr. 1 GebrMG, § 9 Abs. 2 HalblSchG, § 40a Abs. 4 S. 2 Nr. 1 SortSchG.

146 Vgl. § 111b Abs. 4 S. 2 Nr. 2, S. 3 Hs. 1 UrhG, § 147 Abs. 3 S. 2, Abs. 4 S. 1 MarkenG, § 56 Abs. 3 S. 2, Abs. 4 S. 1 DesignG, § 142a Abs. 4 S. 2 Nr. 2, S. 3 Hs. 1 PatG, § 25a Abs. 4 S. 2 Nr. 2, S. 3 Hs. 1 GebrMG, § 9 Abs. 2 HalblSchG, § 40a Abs. 4 S. 2 Nr. 2, S. 3 SortSchG.

147 Vgl. § 111b Abs. 4 S. 3 Hs. 2 UrhG, § 147 Abs. 4 S. 2 MarkenG, § 56 Abs. 4 S. 2 DesignG, § 142a Abs. 4 S. 3 Hs. 2 PatG, § 25a Abs. 4 S. 3 Hs. 2 GebrMG, § 9 Abs. 2 HalblSchG, § 40a Abs. 4 S. 3 Hs. 2 SortSchG.

148 OLG Dresden 2.3.2016 – 14 W 106/16, BeckRS 2016, 04632.

149 Vgl. § 111b Abs. 7 UrhG, § 148 Abs. 3 MarkenG, § 57 Abs. 2 DesignG, § 142a Abs. 7 PatG, § 25a Abs. 7 GebrMG, § 9 Abs. 2 HalblSchG, § 40a Abs. 7 SortSchG.

Die praktische Bedeutung dieser Rechtsmittel ist gering. Dies mag damit zusammenhängen, dass das Widerspruchsverfahren den Rechtsinhaber zum Tätigwerden zwingt, während der Antrag auf gerichtliche Entscheidung oder die Einlegung eines Einspruchs nach dem OWiG voraussetzt, dass der Verfügungsberechtigte selbst Initiative ergreift. Außerdem ist – anders als bei Durchführung des Widerspruchsverfahrens – nicht sicher, dass das Vorgehen im Wege dieser Rechtsmittel nach dem OWiG zu einer schnellen und umfassenden Klärung der Rechtslage führt. 92

7. Antrag des Rechtsinhabers auf vollziehbare gerichtliche Entscheidung

Soweit eine gerichtliche Entscheidung erforderlich ist, steht dem Rechtsinhaber theoretisch die Möglichkeit offen, ein strafprozessuales Ermittlungsverfahren und darin eine **Beschlagnahme nach §§ 94 ff. StPO** anordnen zu lassen, die als vollziehbare gerichtliche Entscheidung gewertet werden kann. Dieser Weg ist allerdings mit Unsicherheiten behaftet und erscheint wenig effektiv. Denn die strafprozessuale Beschlagnahme dient nur der Beweissicherung im Strafverfahren und wird wieder aufgehoben, wenn der Gegenstand nicht mehr zu Beweiszwecken benötigt wird oder eine rechtskräftige Entscheidung im Strafverfahren erfolgt.[150] 93

In der Praxis kommt mit Rücksicht auf die kurzen Fristen des Widerspruchsverfahrens regelmäßig nur die Stellung eines **Antrages auf Erlass einer zivilrechtlichen einstweiligen Verfügung** in Betracht. Gegenstand des Tenors einer solchen Entscheidung muss die **Verwahrung der beschlagnahmten Waren** oder eine **Verfügungsbeschränkung** sein. 94

Praxistipp:

Es hat sich als zweckmäßig erwiesen, anordnen zu lassen, dass die beschlagnahmten Waren (weiter) von der Zollstelle verwahrt werden. Neben diesem Antrag kann ein üblicher Unterlassungsantrag gestellt werden.

8. Haftung

Die nationalen dt. Rechtsvorschriften sehen einen **eigenständigen Schadensersatzanspruch des Verfügungsberechtigten ggü. dem Antragsteller** vor.[151] Voraussetzung für die **verschuldensunabhängige** Haftung des Antragstellers ist, dass 95

- sich die **Beschlagnahme** als **von Anfang an ungerechtfertigt** herausstellt, also nachträglich gerichtlich festgestellt wird, dass die beschlagnahmten Waren das betreffende Schutzrecht gar nicht verletzten, und
- der Antragsteller **trotz erfolgter Unterrichtung** durch den Zoll **über den Widerspruch** des Verfügungsberechtigten erklärt hat, dass er seinen **Antrag auf Beschlagnahme** der konkreten Waren **aufrechterhält** bzw. sich **nicht unverzüglich hierzu erklärt** hat.

Unter den vorgenannten Voraussetzungen haftet der Antragsteller dem Verfügungsberechtigten auf Ersatz des durch die Beschlagnahme entstandenen Schadens im Einklang mit den geltenden anwendbaren Rechtsvorschriften, also im Umfang von §§ 249 ff. BGB. 96

9. Kosten

Der **Antrag auf Tätigwerden der Zollbehörden** auf Grundlage nationaler Rechtsvorschriften ist – wie der Antrag nach der PPVO – **gebührenfrei.** Die iRd Tätigwerdens der **Zollbehörden entstehenden Kosten,** insbes. für Beschlagnahme, Lagerung und Vernichtung, richten sich – über die jeweilige spezialgesetzliche Verweisungsnorm[152] auf § 178 AO – nach der **ZollKostV.** Hinsichtlich der konkreten Kostenpositionen und -höhen sowie Fragen der Kostenerstattung wird auf die parallelen Ausführungen zur PPVO verwiesen (→ Rn. 67 ff.). 97

[150] BeckOK MarkenR/Vohwinkel MarkenG § 147 Rn. 31.

[151] Vgl. § 111b Abs. 5 UrhG; § 149 MarkenG; § 56 Abs. 5 DesignG; § 142a Abs. 5 PatG; § 25a Abs. 5 GebrMG; § 9 Abs. 2 HalblSchG; § 40a Abs. 5 SortSchG.

[152] Vgl. § 111b Abs. 6 S. 2 UrhG; § 148 Abs. 2 MarkenG; § 57 Abs. 1 S. 2 DesignG; § 142a Abs. 5 S. 2 PatG; § 25a Abs. 6 S. 2 GebrMG; § 9 Abs. 2 HalblSchG; § 40a Abs. 6 S. 2 SortSchG.

§ 9 Rechtsdemoskopie

Übersicht

I. Einführung

1. Besonderheiten der Rechtsdemoskopie

1 a) **Aufgabe.** Ziel der Demoskopie[1] ist es, durch die Befragung repräsentativer Stichproben der Gesamtbevölkerung oder bestimmter Bevölkerungs- oder Expertengruppen Erkenntnisse über die

[1] *Demos* = grch. für „Volk"; *skopein* = grch. für „betrachten"/„auf's Maul schauen".

jeweilige sog. **Grundgesamtheit** zu gewinnen. Die Demoskopie ist Teil der **empirischen Sozialforschung,** so dass bei der Formulierung der Fragen deren Methoden sowie die der **angewandten Psychologie** zu berücksichtigen sind. Die Auswahl der Personen erfolgt nach Verfahren der **angewandten Statistik.**

2 Beim **Spezialgebiet Rechtsdemoskopie**[2] geht es darum, die Methoden der Demoskopie so zu nutzen, dass für die Rechtsanwendung zuverlässige Feststellungen im Hinblick auf die Auffassungen der beteiligten Verkehrskreise gemacht werden können. Daraus haben sich die Begriffe Verkehrsbefragung,[3] Verkehrsumfrage,[4] Verkehrsgutachten,[5] (rechts)demoskopisches Gutachten,[6] aber auch demoskopische Untersuchung,[7] demoskopische Umfrage[8] oder Umfragegutachten[9] entwickelt. Auch von Verbraucherbefragungen[10] ist nach wie vor die Rede, wenngleich in geringerem Umfang. Zwar werden meistens Verbraucher befragt, aber die Befragung von Fachkreisen, Freiberuflern und Selbständigen gewinnt an Bedeutung. Der Begriff **Meinungsforschung**[11] stammt ursprünglich aus Befragungen, bei denen es um die öffentliche Meinung[12] zu politischen oder gesellschaftlichen Fragestellungen ging.[13] Gegenstand der rechtsdemoskopischen Ermittlungen ist heutzutage regelmäßig das Verständnis des Verkehrs zB von „Zeichen" oder „Angaben", die subjektive Beurteilung eines rechtlich relevanten Sachverhalts durch die Verkehrsbeteiligten oder deren **gedankliche Reaktion** auf Werbeaussagen, nur relativ selten dagegen das **Wissen** der befragten Personen. Um im letztgenannten Fall zu vermeiden, dass vermeintlich fehlendes Wissen zu falschen oder unsicheren Ausweichantworten führt, ist in der Rechtsdemoskopie stets darauf zu achten, dass eine Befragungstechnik Anwendung findet, mit der die Angst davor genommen wird, über kein ausreichendes Wissen zu verfügen.

3 **b) Entwicklung.** Die Rechtsdemoskopie hat erstmals 1933 Eingang in eine Entscheidung des **Reichsgerichts** gefunden.[14] Der **Bundesgerichtshof** hat sich zum ersten Mal 1957 mit der rechtlichen Bedeutung von rechtsdemoskopischen Umfragen befasst und diese als geeignetes Beweismittel anerkannt.[15] Seitdem hat sich die Rechtsdemoskopie zu einem Erkenntnismittel entwickelt, das im Registrierungsverfahren von Marken ebenso wie im Zivilprozess und anderen Rechtsgebieten etabliert ist. Die Methoden der Rechtsdemoskopie sind im Verlauf der letzten Jahrzehnte

---

[2] Der inzwischen etablierte Begriff „Rechtsdemoskopie" findet erstmals 1999 Verwendung in dem Beitrag „Gegenwart und Zukunft der Rechtsdemoskopie" (vgl. Eichmann GRUR 1999, 939 (955)).

[3] Vgl. zB BGH GRUR 2009, 766 Rn. 40 – Stofffähnchen; GRUR 2009, 672 Rn. 30 – OSTSEE-POST; GRUR 2011, 148 Rn. 15 – Goldhase II; OLG Köln BeckRS 2009, 04425 – Cracker; BeckRS 2009, 15807 – Rillen-Design; OLG Nürnberg GRUR-RR 2008, 393 (395) – Modellauto; OLG Frankfurt a. M. GRUR-RR 2008, 191 (192) – Goldhase II; OLG Hamburg WRP 2007, 446 (447) – OP Ostsee-Post; BPatG GRUR 2008, 420 (424) – ROCHER-Kugel; GRUR 2010, 71 (73) – Farbe Lila; GRUR 2011, 232 (237) – Gelbe Seiten.

[4] Vgl. zB BPatG GRUR 2011, 232 (237) – Gelbe Seiten.

[5] BGH GRUR 2021, 1199 Rn. 30 – Goldhase III.

[6] Vgl. zB BGH GRUR 2010, 138 Rn. 34 – ROCHER-Kugel; GRUR 2011, 1043 Rn. 48 – TÜV II; GRUR 2016, 1167 – Sparkassen-Rot; BPatG MarkenR 2011, 505 – Post II.

[7] Vgl. BGH GRUR 2007, 1066 (1069) – Kinderzeit.

[8] Vgl. zB BGH GRUR 2007, 780 (784) – Pralinenform; OLG Köln GRUR-RR 2005, 155 – DIE BLAUE POST; BeckRS 2009, 15807 – Rillen-Design.

[9] Vgl. zB OLG Köln GRUR-RR 2006, 325 (326) – Duplo; OLG München OLG Report 2005, 251 (252) – So wirksam wie ein Antibiotikum; OLG Hamburg GRUR-RR 2009, 303 (304) – All in one.

[10] Vgl. EuGH GRUR Int. 1998, 795 Rn. 36 – Gut Springenheide; GRUR 1999, 723 Rn. 53 – Windsurfing Chiemsee; OLG Köln GRUR-RR 2008, 193 (195) – Drei-Scherkopf-Rasierer; OLG Hamburg NJOZ 2007, 3055 – Handydesign.

[11] Vgl. zB BGH GRUR 1990, 461 (462) – Dresdner Stollen II; GRUR 1990, 1053 (1054) – Versäumte Meinungsumfrage; GRUR 1992, 66 (78) – Königl.-Bayerische Weisse; GRUR 1993, 488 (490) – Verschenktexte II; GRUR 2000, 239 (240) – Last-Minute-Reise; GRUR 2002, 340 (341) – Fabergé; GRUR 2005, 423 (425) – Staubsaugerfiltertüten I; GRUR 2008, 505 (508) – TUC-Salzcracker; OLG München GRUR-RR 2005, 296 – Kostenerstattungsfähigkeit; OLG Hamburg MarkenR 2004, 413 (416) – Kinder/Kinderzeit.

[12] Vgl. engl. *public opinion poll,* bekannt geworden vor allem durch die seit den 1920er Jahren von den *Gallup*-Instituten durchgeführten Befragungen.

[13] Vgl. Gloy/Loschelder/Danckwerts UWG-HdB/Pflüger § 42 Rn. 45.

[14] Vgl. RG GRUR, 1934, 76 – Seidengummi. Dabei ging es darum, ob die Kennzeichnung einer Gummiware, die keine Seide enthält, mit der Bezeichnung „Seidengummi" zulässig ist. Nach dem eingereichten Gutachten gingen 10 % der befragten Personen davon aus, „Seidengummi" enthalte auch Seide, was nach Ansicht des RG ausreichte, um die Irreführung eines nicht unerheblichen Teils des Publikums zu bejahen.

[15] Vgl. die ersten Hinweise in BGH GRUR 1957, 426 (428) – Getränkeindustrie; GRUR 1957, 88 (92) – Ihr Funkberater. Als erstes Oberlandesgericht hat sich das OLG München (GRUR 1956, 379 (380) – Beweissicherung) mit einer demoskopischen Verbraucherbefragung befasst.

daraus entstanden, dass Demoskopen[16] und Juristen[17] unterschiedliche Vorgehensweisen diskutiert haben. Wie auch bei anderen – vor allem interdisziplinären[18] – Fachgebieten wird dieser Prozess der kritischen Auseinandersetzung und der Weiterentwicklung sicherlich nie abgeschlossen sein; gleichwohl steht außer Frage, dass rechtsdemoskopische Gutachten als Sachverständigengutachten grundsätzlich zuverlässige Beweismittel darstellen.

2. Besonderheiten der Fachgebiete

In verschiedenen Bereichen des **Wettbewerbsrechts** und in benachbarten Rechtsgebieten bildet die **Verkehrsauffassung** die wichtigste Grundlage für Entscheidungen von Gerichten und für Maßnahmen von Behörden. Nach den in der Rechtsprechung entwickelten Grundsätzen können Gerichte aus eigener Kenntnis Feststellungen zur Verkehrsauffassung treffen, wenn die Richter zu den beteiligten Verkehrskreisen gehören oder wenn für die Beurteilung einer Angabe kein besonderes Fachwissen erforderlich ist.[19] Ist das nicht der Fall oder bestehen aus sonstigen Gründen Schwierigkeiten bei der Ermittlung der Verkehrsauffassung, kann Hilfestellung erforderlich werden. Dann stützt sich die Feststellung der Verkehrsauffassung auf **„Erfahrungs"wissen,** das weder offenkundig[20] noch durch Zeugenbeweis ermittelbar ist. Gegebenenfalls bedarf es der Hilfe eines Sachverständigen, wobei sich dieser die erforderlichen Erfahrungen und Kenntnisse durch eine rechtsdemoskopische Umfrage verschafft.[21] 4

Im **Kennzeichenrecht** kann die **Bekanntheit** und die **Hinweisfunktion** eines Kennzeichens eine entscheidungserhebliche Rolle spielen. Auch für den wettbewerbsrechtlichen Nachahmungsschutz kann es auf die Bekanntheit oder wettbewerbliche Eigenart eines Erzeugnisses ankommen. Dafür können zwar häufig Indizien zur Verfügung stehen.[22] Je mehr jedoch Genauigkeit erforderlich ist, desto eher benötigen Eintragungsbehörden und Gerichte Unterstützung in Form von empirischen Nachweisen, um das genaue Ausmaß der Bekanntheit bzw. der Kennzeichnungskraft eines Zeichens feststellen zu können. Dementsprechend hat der BGH dem Ergebnis eines rechtsdemoskopischen Gutachtens den Vorrang vor dem vom Gericht nach den Chiemsee-Kriterien ermittelten Grad der Verkehrsdurchsetzung eines Kennzeichens eingeräumt.[23] 5

3. Fachkenntnisse des Anwalts

In der juristischen **Ausbildung** werden Kenntnisse der angewandten Psychologie nur in Fachgebieten vermittelt, die andersartig als das Wettbewerbsrecht und das Kennzeichenrecht strukturiert sind.[24] Nur in wenigen Hochschulen gibt es Veranstaltungen, in denen Grundkenntnisse zur Rechtsdemoskopie erworben werden können. Der Anwalt kann sich mit diesem Fachgebiet daher meistens nur durch eigenständige **Einarbeitung** vertraut machen. Ebenso wie in anderen Rechtsgebieten sind es vor allem Entscheidungen der obersten und der oberen Gerichte (ggf. auch des Deutschen Patent- und Markenamts [DPMA], wenn dort obergerichtliche Entscheidungen in eine verbindliche Amtspraxis umgesetzt werden), die die Rechtsanwendung prägen, und die Darstellungen im Schrifttum, die der Erläuterung und der kritischen Auseinandersetzung dienen. 6

Rechtsdemoskopische Ermittlungen werden von Personen vorbereitet, ausgewertet und kommentiert, die Sachverständige im Sinne der ZPO sind. Das interdisziplinäre Zusammenwirken 7

[16] Pionierarbeit geleistet hat Prof. Noelle-Neumann, Mitbegründerin und langjährige Leiterin des Instituts für Demoskopie Allensbach.

[17] Hervorzuheben sind insbesondere Dr. Schramm als Autor und Rechtsanwalt sowie Prof. Teplitzky als Autor und Richter am I. Zivilsenat des BGH (zuständig ua für Wettbewerbs- und Markensachen).

[18] Vgl. hierzu Niedermann/Schneider sic! 2002, 815 (830).

[19] Vgl. zB BGH GRUR 2000, 239 (240) – Last-Minute-Reise; GRUR 2000, 911 (914) – Computerwerbung; GRUR 2001, 73 (75) – Stich den Buben; GRUR 2002, 77 (79) – Rechenzentrum; GRUR 2002, 550 (551) – Elternbriefe; GRUR 2004, 244 (245) – Marktführerschaft; GRUR 2013, 1257 Rn. 17 – Matratzen Factory Outlet.

[20] BGH GRUR 2011, 1043 Rn. 49 – TÜV II.

[21] Vgl. BGH GRUR 2004, 244 (245) – Marktführerschaft. Daher kommt auch im Eilverfahren weder die Vernehmung von präsenten Zeugen noch die Berücksichtigung von Kundenumfragen in Betracht (OLG Jena GRUR-RR 2003, 111 (112) – Med. Needle).

[22] Zu berücksichtigen sind der von der Marke gehaltene Marktanteil, die Intensität, die geographische Verbreitung, die Dauer der Benutzung der Marke, der Werbeaufwand des Unternehmens für die Marke sowie Erklärungen von Industrie- und Handelskammern und von anderen Berufsverbänden, vgl. EuGH GRUR 1999, 723 Rn. 51 – Windsurfing Chiemsee.

[23] BGH GRUR 2014, 483 Rn. 35 f. – test.

[24] Beispielsweise im Strafrecht, im Familienrecht und in den Rechtsgebieten, bei denen es um den Umgang mit Kindern und Jugendlichen geht.

von Marktforschern und Juristen hat jedoch nicht selten dazu geführt, dass es in Gerichtsentscheidungen und im Schrifttum zu Kritik an Untersuchungsansätzen der Rechtsdemoskopie gekommen ist. Diese Besonderheit des Zusammenwirkens bringt es mit sich, dass **Gerichte** bereit sind, auch Hinweise und Kritik von **Anwälten** in ihre Erwägungen aufzunehmen, wenn Vorschläge oder Bedenken Vertrautheit mit den Grundzügen der Rechtsdemoskopie erkennen lassen.

II. Methodik

1. Durchführung der Umfrage

8 a) **Mehrthemenumfrage.** Größere Institute führen regelmäßig sog. (mündliche-direkte/telefonische/online-)Mehrthemenumfragen (MTU) durch, die sich an einen repräsentativen Querschnitt der Gesamtbevölkerung (in der Regel 1.000 bis 2.000 Personen ab 14 oder 15 Jahren) richten. In der Fachsprache werden diese Umfragen auch als „Omnibusumfragen" oder „Busumfragen" bezeichnet. In Mehrthemenumfragen werden je nach Methode – in monatlichen, wöchentlichen oder noch kürzeren Zeitabständen – Fragen gestellt, die für Auftraggeber aus Politik, Verwaltung und Wirtschaft von Interesse sind. In diese Umfragen können auch Fragen zur Rechtsdemoskopie aufgenommen werden, wenn sichergestellt ist, dass die anderen Umfragethemen keinen Einfluss auf die Ermittlungen zu den rechtlich relevanten Fragestellungen haben.[25]

9 b) **Spezialumfrage.** Spezialumfragen (auch „Individual-" bzw. „ad-hoc-Befragungen") kommen insbesondere dann in Betracht, wenn die beteiligten Verkehrskreise nur einen geringen Anteil an der Gesamtbevölkerung ausmachen und sich aussagekräftige Ergebnisse nur bei Kumulation mehrerer Mehrthemenumfragen erzielen ließen.[26] Fachkreise aus Industrie, Gewerbe einschließlich Dienstleistungsgewerbe und Handel sowie Selbständige und freie Berufe können regelmäßig nur durch Spezialumfragen hinlänglich erfasst werden.[27] Auch aufgrund von Beschleunigungsinteressen, zB für Eilverfahren, kann sich die Notwendigkeit einer Spezialumfrage ergeben. Während sich bei Mehrthemenumfragen die Auftraggeber der verschiedenen Themenkomplexe die relativ hohen Basiskosten teilen, müssen diese bei Spezialbefragungen vom jeweiligen Auftraggeber allein getragen werden (→ Rn. 136 f.).

10 c) **Art der Befragung.** Überwiegend werden Interviews in der Rechtsdemoskopie in der Weise durchgeführt, dass der Interviewer die Befragungsperson unmittelbar gegenüber hat, sog. **mündlich-direkte** bzw. **face-to-face-Befragung** („f2f"). Erforderlich ist diese Vorgehensweise, wenn der Gegenstand der Befragung (Produktaufmachung, Farbkarte, Werbespot, fremdsprachliche bzw. schwer aussprechbare Bezeichnung etc.) vorgezeigt werden muss oder wenn verschiedene Antwortoptionen auf Kärtchen bzw. Listen vorgelegt werden sollen, um bestmöglich differenzieren zu können. Sofern diese Vorgaben nicht erfüllt sein müssen, kann die Befragung auch als **Telefoninterview** durchgeführt werden. Diese Art der Befragung ist schnell, zuverlässig und – je nach Zahl der Fragen – zT auch kostengünstiger als mündlich-direkte Umfragen.[28] **Online-** und **schriftliche** Befragungen kommen für rechtsdemoskopische Fragestellungen regelmäßig nicht in Betracht, weil dabei nicht gewährleistet werden kann, dass tatsächlich der vorgesehene Befragungsadressat den Fragebogen ausfüllt bzw. dass sich Befragte nicht während der Erhebung anderweitig über den Untersuchungsgegenstand informieren und so „Wissen" erlangen, das sie ansonsten nicht hätten.[29] Ein weiteres Manko von Online-Befragungen besteht hinsichtlich der allgemeinen Bevölkerung darin, dass der Anteil der Internetnutzer bei der Gesamtbevölkerung in Deutschland mit ca. 90 % immer noch keinen Verbreitungsgrad erreicht hat, der Stichproben bei Internetnutzern als repräsentativ für die *Gesamt*bevölkerung ansehen ließe. Dies gilt insbesondere hinsichtlich älterer Personengruppen. So nutzten in der Altersgruppe „65 Jahre und älter" im Jahr 2021 nur 69 % das Internet;[30] diese Personen machen aber immerhin knapp 25 % der Gesamtbevölkerung aus. Online-Befragungen können daher allenfalls für Internetnutzer

[25] OLG Köln WRP 1998, 1104 (1107) – BOSS.

[26] Gerstenmaier Wettbewerbsrechtl. Praxis S. 129.

[27] Gloy/Loschelder/Danckwerts UWG-HdB/Pflüger § 42 Rn. 6.

[28] Zum Ablauf von Telefonumfragen vgl. Hug/Gaugenrieder WRP 2006, 1420 f. Wenn gut ausgebildete Interviewer eingesetzt werden, ist die Zuverlässigkeit der Befragungsergebnisse im Allgemeinen nicht eingeschränkt.

[29] Fezer/Büscher/Obergfell/Niedermann UWG S. 18 Rn. 28; Gloy/Loschelder/Danckwerts UWG-HdB/Pflüger § 42 Rn. 43, 44; Corbin/Gill Survey Evidence S. 36 f.

[30] Destatis, Internetnutzung von Personen nach Altersgruppen in %; abrufbar unter: https://www.destatis.de/DE/Themen/Gesellschaft-Umwelt/Einkommen-Konsum-Lebensbedingungen/Grafik/Interaktiv/it-nutzung-alter.html.

repräsentativ sein. Im Übrigen besteht dabei das Manko, dass Stichproben regelmäßig nur aus einem vorselektierten „Panel“ gezogen werden können, also aus einer vorrekrutierten Gruppe solcher Personen, die sich grundsätzlich bereit erklärt haben, zumindest hin und wieder an Online-Befragungen teilzunehmen. Dies schließt einen Teil der relevanten Grundgesamtheit somit a priori aus. Aus diesen Gründen wurden Online-Befragungen bei der breiten Bevölkerung im Zusammenhang mit rechtsrelevanten Fragestellungen bislang regelmäßig nicht als beweiskräftig angesehen.[31] Andererseits werden Online-Umfragen in den Allgemeinen Empfehlungen zur Einrichtung, Strukturierung und Aufmachung von Beweismitteln der Ämter des European Union Intellectual Property Networks jedoch explizit als mögliche Erhebungsmethode genannt.[32] Dies mag damit zusammenhängen, dass Online-Befragungen, zumindest bei Mehrländerstudien zB für das Europäische Markenamt (EUIPO), de facto die einzig mögliche Befragungsmethode darstellen, wenn es etwa darum geht, die erlangte Unterscheidungskraft einer Farbe oder einer 3D-Form für eine Vielzahl von Ländern oder gar alle 27 EU-Mitgliedsstaaten in vertretbarem, annähernd gleichem Zeitrahmen und zu tragbaren Kosten nachzuweisen. Denn in vielen Ländern wurden und werden Interviewstäbe für die Durchführung mündlich-direkter Umfragen weiter abgebaut, so dass nicht mehr flächendeckend genügend Interviewer für landesweite repräsentative Befragungen zur Verfügung stehen. Dann aber wird bei mündlich-direkten Umfragen zum Teil hoher Reiseaufwand erforderlich, so dass mündlich-direkte Umfragen mit unverhältnismäßig hohen Kosten verbunden sind. Bei einer Umfrage allein in Deutschland dürfte der Kostenaspekt allerdings nicht ins Gewicht fallen. Denn in diesem Land besteht nach wie vor die Möglichkeit, relativ kostengünstige persönlich-direkte MTU bei unterschiedlichen Instituten zu nutzen. Ob die Akzeptanz von Online-Befragungen zumindest auf europäischer Ebene künftig steigt, bleibt abzuwarten. Jedenfalls sollte man deren skizzierte Nachteile und die damit verbundenen Bewertungsrisiken bei der Interpretation der Ergebnisse stets mit ins Kalkül ziehen und sich derer bewusst sein. Bei schriftlichen Befragungen ergibt sich noch ein anderer Aspekt, nämlich dass die dabei bestehende Möglichkeit der Vorab-Durchsicht des gesamten Fragebogens uU einen erheblichen Einfluss auf das Antwortverhalten haben kann.[33]

2. Fragebogen

a) **Allgemeines.** Der Fragebogen ist der einflussreichste und zugleich sensibelste Faktor einer rechtsdemoskopischen Umfrage.[34] Für die Validität der Messung ist die Verständlichkeit der Testfragen oberstes Gebot.[35] Demoskopische Ermittlungen zu Themen von rechtlicher Bedeutung machen daher regelmäßig eine **„Übersetzung“** des Beweisthemas in die Sprache der zu befragenden Gruppe erforderlich.[36] So kann zB der Begriff „Herkunft“ nicht nur im Sinne von geographischer Herkunft, sondern auch im Sinne eines historischen oder betrieblichen Ursprungs verstanden werden.[37] Anstelle einer **Beweisfrage** werden zum Teil mehrere **Testfragen** formuliert, die in logischer Entwicklung aufeinander aufbauen. Zusätzlich ist darauf zu achten, dass weniger der Eindruck eines Ausfragens, sondern eines Gesprächs bzw. einer Auskunft entsteht.[38] Der Interviewer darf dabei keinerlei eigene Erläuterungen oder sonstige Hilfestellungen geben, sondern ist strikt an den Befragungsablauf und den Wortlaut des Fragebogens gebunden.[39] Die Fragen müssen laienverständlich im Wortlaut und einfach im Satzbau sein.[40] Die Frage „Befassen Sie sich öf- 11

---

[31] EUIPO 19.11.2021 – No C 43 983; 25.11.2016 – R0838/2016-4, Rn. 41; 17.3.2016 – R0606/2015-4, Rn. 27; Corbin/Gill Survey Evidence S. 36; Gerstenmaier Wettbewerbsrechtl. Praxis S. 126; Fezer/Büscher/Obergfell/Niedermann UWG S. 18 Rn. 28; Gloy/Loschelder/Danckwerts UWG-HdB/Pflüger § 42 Rn. 44; Utz S. 80.

[32] Vgl. Abschnitt 3.3.3.3; abrufbar unter: https://euipo.europa.eu/tunnel-web/secure/webdav/guest/document_library/contentPdfs/EUIPN/common_communication/cp12/common_communication_cp12_de.pdf.

[33] Noelle-Neumann/Schramm Umfrageforschung S. 77.

[34] Vgl. Niedermann/Schneider sic! 2002, 815 (830); Niedermann/Noelle in FS Tilmann 2003, S. 857 (858); Teplitzky Wettbewerbsrechtliche Ansprüche/Schwippert Kap. 47 Rn. 18.

[35] Vgl. Noelle-Neumann/Schramm Umfrageforschung S. 79; Niedermann GRUR 2006, 367 (371).

[36] Vgl. Noelle-Neumann/Petersen Methoden Demoskopie S. 93 ff.

[37] Vgl. BPatG MarkenR 2009, 166 (176) – Münchner Weißwurst.

[38] Weil die Befragungspersonen, jedenfalls bei persönlich-direkten und telefonischen Befragungen, in der Regel keinerlei Vergütung erhalten, kann die Versuchung bestehen, nur knapp oder unwissend in der Hoffnung zu antworten, dass das Interview möglichst schnell zu Ende ist.

[39] Vgl. Gloy/Loschelder/Danckwerts UWG-HdB/Pflüger § 42 Rn. 49.

[40] Vgl. Niedermann/Schneider sic! 2002, 815 (830). Dabei wird berücksichtigt, dass die Fragen – wenn es sich nicht um Fachkreise handelt – von Personen mit unterschiedlichster Auffassungsgabe und Ausbildung verstanden werden müssen.

ters oder gelegentlich als Käufer oder Interessent oder sonst irgendwie mit Pralinen?" ist von 52,4 % der Befragten mit „Nein" beantwortet worden. Auf die unkomplizierte Frage „Wie häufig kaufen oder essen Sie selbst Pralinen?" haben dagegen nur 14 % mit „nie" geantwortet.[41]

12 Vor Beginn der sog. **Feldarbeit,** also der Durchführung der eigentlichen Interviews, kann es sich in schwierigen, nicht praxiserprobten Fällen empfehlen, die Verständlichkeit der Fragen in einem Pretest vorab bei einer kleinen Stichprobe zu untersuchen (s. → Rn. 39). Wenn die Feldarbeit (der Hauptuntersuchung) begonnen hat, darf der Fragebogen in der Regel nicht mehr geändert werden. Anderes ist nur möglich, wenn später in der Ergebnisdarstellung zwischen *vor* und *nach* Fragebogenänderung getrennt wird. Sofern sich in beiden Teilgruppen – ausreichende Fallzahlen in beiden Teilgruppen vorausgesetzt – keine signifikanten Ergebnisabweichungen ergeben, dürfen die Resultate auch zusammengefasst dargestellt werden.

13 **b) Gegenstand der Befragung.** Bei allen rechtsdemoskopischen Untersuchungen muss die Fragestellung jeweils auf den konkreten Streitfall zugeschnitten sein.[42] Bei **Irreführungen** ist dazu vorab die konkrete Verletzungsform festzustellen, weil sonst die Gefahr besteht, dass eine zu allgemeine Fragestellung das Ergebnis der Umfrage entwertet oder sogar unverwertbar macht.[43] Maßgeblich ist stets der **Gesamteindruck.**[44] Im **Kennzeichenrecht** kommt es in der Regel auf das **konkrete Zeichen** an, für das Eintragung kraft Verkehrsdurchsetzung beantragt oder ein Anspruch gegenüber Dritten geltend gemacht wird.[45] Bei einer Mehrthemenumfrage, bei der nacheinander zu ganz unterschiedlichen Themen befragt wird, empfiehlt sich regelmäßig eine sog. **Übergangsfrage,** um den Befragten den Übergang zum nächsten Themenkomplex zu erleichtern und sich gedanklich auf das neue „Sujet" einzustellen.[46] Aus einer **Einleitungsfrage** darf sich jedoch keine Lenkung auf den Kern des Befragungsthemas ergeben, das es später sukzessive zu erfragen gilt.[47] Die Vorlage der zu untersuchenden Angabe auf einer **Karte** ist erforderlich, wenn die Schreibweise oder die Aussprache eine Rolle spielt, wenn also zB die Betonung durch den Interviewer lenkend wirken kann. Im letztgenannten Fall ist es regelmäßig sinnvoll, die Bezeichnung während des gesamten einschlägigen Themenkomplexes nicht vom Interviewer aussprechen zu lassen.

14 Bei **dreidimensionalen Erzeugnissen** empfiehlt es sich, **Original-Muster** zu verwenden. Ist dies zB aus Kostengründen nicht möglich, sollten Farbabbildungen gezeigt werden, die den Untersuchungsgegenstand originalgetreu, auch in der Größe, und ganzheitlich darstellen. In Betracht kommt auch die Darstellung auf einem Bildschirm, wenn ein Werbefilm gezeigt werden muss. Bei abstrakten **Farbmarken** kann nur ein Muster der Farbe, aber nicht die konkrete Form der Verwendung zusammen mit anderen Zeichenbestandteilen Gegenstand der Untersuchung sein.[48] Die Farbe ist deshalb in Form einer isolierten, „konturlosen" Farbtafel mit originalgetreuer Farbwiedergabe zu zeigen, nach Möglichkeit auf Basis eines offiziellen Farbklassifikationssystems wie RAL, HKS oder Pantone. Dabei ist es sachgerecht, in den Fragestellungen durch eine Formulierung wie „diese Farbe hier" auf den Untersuchungsgegenstand Bezug zu nehmen. Ein Abstellen auf „Farbton" statt „Farbe", wie früher mitunter gefordert, ist dagegen zu vermeiden. „Farbton" ist sprachlich ungebräuchlicher als „Farbe" und birgt die Gefahr, dass manche Befragte verunsichert werden. Denn das Farb-Erinnerungsvermögen ist unscharf,[49] so dass mehr oder weniger starke Abweichungen vom Original zum Teil nicht wahrgenommen werden.[50] Auch

[41] Vgl. BPatG GRUR 2008, 420 (424) – ROCHER-Kugel.

[42] Vgl. BGH GRUR 1959, 365 (366) – Englisch-Lavendel; GRUR 1969, 683 (685) – Isolierte Hand; GRUR 2000, 239 (241) – Last-Minute-Reise.

[43] Ein Beispiel zeigt BGH GRUR 2000, 239 (241) – Last-Minute-Reise: Es liege auf der Hand, dass für den Zeitpunkt zwischen der erstmaligen Bewerbung einer Urlaubsreise und dem Abreisetermin eine Vorlaufzeit von lediglich zwei Wochen bei Fernreisen nach Afrika, Südamerika oder Fernost nicht ausreichend sei. Es sei daher ein Mangel des von der Klägerin vorgelegten Privatgutachtens, dass es hinsichtlich der Art der Reise, ihrem Ziel und ihrer Dauer keinerlei Differenzierung vornehme. Ein anderes Beispiel ergibt sich aus OLG Hamburg BeckRS 2009, 20872: Bei einem mehrseitigen Werbefolder für einen Impfstoff kann zur Beurteilung der Frage, ob eine Teilangabe irreführend ist, der Gesamtinhalt des Werbefolders als werbliches Umfeld von Bedeutung sein.

[44] BGH GRUR 2003, 800 (803) – Schachcomputerkatalog; GRUR 2004, 605 (606) – Dauertiefpreise.

[45] EuGH (Erste Kammer) GRUR 2015, 1198 – Nestlé/Cadbury.

[46] BGH GRUR 2016, 1167 Rn. 104 – Sparkassen-Rot.

[47] Das war bei einer Frage zum Lesen von „Testberichten oder Warentests in Zeitschriften" der Fall, als es um eine erhöhte Kennzeichnungskraft des für eine Testzeitschrift eingetragen Logos „test" gegangen war, vgl. OLG Hamburg MD 2008, 1032 (1040) – test.

[48] BGH GRUR 2015, 581 – Langenscheidt-Gelb; aA: Fezer MarkenR, 2007, 1 (6).

[49] BGH GRUR 2014, 1101 (1106) Rn. 56 – Gelbe Wörterbücher; BGH GRUR 2005, 427 (429) – Lila Schokolade.

[50] Vgl. hierzu im Detail Pflüger GRUR 2017, 992 (1000).

in der höchstrichterlichen Rechtsprechung zu Farbmarken wurde „Farbe" (statt „Farbton") nicht beanstandet,[51] und so akzeptiert es auch das DPMA.[52] Methodisch mangelhaft ist es, wenn die untersuchungsgegenständliche Farbe auf der Farbkarte selbst zB mit einer andersfarbigen Umrandung gedruckt wird, sofern die so dargestellte Farbkombination Assoziationen zum Zeicheninhaber bzw. dessen Produkten auslösen kann.[53] Anders verhielte es sich dann, wenn die untersuchungsgegenständliche Farbkarte deutlich erkennbar auf einen anderen, neutralen Untergrund (zB stärkerer weißer Karton) aufgeklebt würde.[54] Denn eine solche Präsentation gewährleistete eine stets identische Versuchsanordnung, nämlich dass eine Farbanmutung für alle Befragten immer gleich ist, unabhängig davon, auf welchen farbigen Untergrund die Vorlage während des Interviews gelegt wird, ob auf dunkles Holz, eine beige Häkeldecke oder einen roten Tisch.

c) **Neutralisierung.** Wenn die „richtige" Antwort von dem Gegenstand der Befragung abgelesen oder daraus abgeleitet werden kann, muss das durch eine (teilweise) Abdeckung oder eine Neutralisierung[55] verhindert werden. Geht es um eine **Wortmarke,** darf dafür keine besondere Schreibweise und keine besondere Farbgebung verwendet werden, um einen dadurch entstehenden, möglicherweise beeinflussenden Effekt zu vermeiden. Ein probates Mittel ist dann die Wiedergabe der Wortmarke in neutraler **Maschinenschrift.**[56] Bei einer **Gesamtausstattung** müssen der Name des Herstellers und der Produktname sowie ggf. weitere Ausstattungsmerkmale (die bei der angegriffenen Ausführungsform nicht vorhanden waren) weggelassen werden, wenn für die Grundausstattung eine erhöhte Kennzeichnungskraft in Anspruch genommen wird.[57] Wenn ein Logo den Gesamteindruck erheblich beeinflusst, erfolgt die Neutralisierung des Markenlogos nicht durch völliges Abdecken, sondern regelmäßig durch **Retuschieren,** das den Gesamteindruck möglichst wenig beeinträchtigt.[58] 15

Bei **Kombinationszeichen**[59] kann eine Verkehrsdurchsetzung auch nur für **Zeichenelemente** in Betracht kommen. Ein demoskopischer Nachweis für die Verkehrsdurchsetzung der Kombinationsdarstellung rechtfertigt jedoch keinen Rückschluss auf eine Verkehrsdurchsetzung auch der Einzelelemente. Es muss daher auch insoweit **Deckungsgleichheit** zwischen dem **Gegenstand der Befragung** und dem Gegenstand **der Anmeldung** bzw. dem Bestandteil, aus dem Rechte abgeleitet werden, bestehen.[60] 16

d) **Offene/ungestützte Frage.** Der Vorstellung des Befragungsgegenstands folgt bei Untersuchungen zur Irreführung oder zu Verwechslungen in der Regel eine sog. offene Frage. Bei Ermittlungen zur Kennzeichnungskraft ist eine offene Frage zu Beginn des Interviews nicht notwendig, kann aber im Einzelfall zu durchaus brauchbaren, ergänzenden Resultaten führen, sofern sie keine lenkenden Elemente enthält (vgl. auch → Rn. 89). Wenn eine Ermittlung zu Irreführungen oder zu Verwechslungen erfolgen soll, kann es zweckmäßig sein, zunächst nur nach dem **allgemeinen Eindruck** zu fragen, den die Befragungsperson mit dem Gegenstand der Befragung verbindet, zB: 17

Formulierungsvorschlag:

Ich zeige Ihnen hier eine Werbeanzeige. Wie ist Ihr Eindruck davon? Bitte sagen Sie mir alles, was Ihnen dazu einfällt, auch wenn es Ihnen im Moment nicht so wichtig erscheint.

---

[51] BGH GRUR 2021, 1199 – Goldhase III; BGH GRUR 2016, 1167 Rn. 67 – Sparkassen-Rot.

[52] Vgl. ferner den Beschluss des DPMA 20.1.2022 – 30 2015 044 432.

[53] BGH GRUR 2015, 1012 – Nivea-Blau.

[54] Vgl. hierzu aber auch den Beschluss des DPMA 9.5.2018 – 30 2010 036 738.

[55] Vgl. hierzu Knaak Demoskopische Umfragen Rn. 80 ff.; Noelle-Neumann/Schramm GRUR 1958, 119 (124); dies. GRUR 1966, 70 (76); Tilmann GRUR 1984, 716 (723).

[56] Vgl. zB BGH GRUR 2007, 1066 Rn. 35 – Kinderzeit; GRUR 2007, 1071 Rn. 26 – Kinder II; das OLG Köln hat die Vorlage einer farbneutralen Fassung ausreichen lassen (OLG Köln GRUR-RR 2002, 7 (8) – Kinderkram).

[57] BGH GRUR 2007, 235 Rn. 24 – Goldhase I; OLG Frankfurt a. M. GRUR-RR 2008, 191 (192) – Goldhase II; BGH GRUR 2008, 505 Rn. 29 – TUC-Salzcracker.

[58] Vgl. Dobel Demoskopische Gutachten S. 145; Niedermann/Schneider sic! 2002, 815 (821).

[59] ZB Wort-Bildmarke, Mehrwortzeichen, Aufmachung der Ware oder ihrer Verpackung, Zeichen mit besonderer Farbgebung.

[60] BGH GRUR 2009, 766 – Stofffähnchen I; vgl. Ströbele/Hacker/Thiering/Ströbele MarkenG § 8 Rn. 844.

18 Geht es um die Ermittlung von sehr spezifischen Vorstellungen, kann der unmittelbare **Erkenntniswert** der Antworten auf eine derart allgemeine Frage allerdings **begrenzt** sein.[61] Die Antworten können jedoch aufschlussreich dafür sein, welche Rolle ein bestimmter Aspekt für die Befragten bei erster Ansicht des Untersuchungsgegenstandes bzw. bei erster Befassung mit einem bestimmten Thema spielt.[62] Bei weniger spezifischen Vorstellungen können die Antworten Hinweise auf die Bewertung der Antworten zu nachfolgenden gestützten Fragen geben[63] und mitunter sogar bedeutsamer als die folgenden Antworten sein.[64] Das ist vor allem dann der Fall, wenn mit der späteren gestützten Frage eine Situation geschaffen wird, die einer unbefangenen Reaktion nicht Rechnung trägt.[65]

19 Methodisch fehlerhaft wäre es, den **Kern des Beweisthemas** bereits in die erste offene Frage aufzunehmen. Ein solcher Hinweis könnte die Überlegungen der Befragten und damit auch deren Antworten beeinflussen, was die Erkenntnisse aus den Ergebnissen unbrauchbar machte.[66] Ebenso unzulässig ist es, wenn den Befragten zunächst – statt einer offenen Frage – verschiedene Informationen zum Befragungsthema in Form von Pro- und Contra-Argumenten zur Verfügung gestellt werden.[67] Die erste Frage muss daher möglichst allgemein gefasst sein.[68] Zu ermitteln sind nur die persönlichen Erwartungen der Befragten,[69] nicht auch allgemeine Interpretationsmöglichkeiten.[70] Einengende Vorgaben verfälschen das Ergebnis insbesondere dann, wenn zu dem eigentlichen Befragungsgegenstand nur noch ein Teil der Stichprobe befragt wird.[71]

20 e) **Eingrenzungsfrage/zielgerichtet offene Frage.** Wenn in einer völlig offenen Frage nur ganz allgemein der Eindruck der Befragungsperson ermittelt wird, werden zum Teil Antworten gegeben, die zum eigentlichen Beweisthema wenig aussagen. Es ist daher in der Regel zweckmäßig, durch eine eingrenzende Frage die Befragungsperson behutsam näher an das **Beweisthema heranzuführen,** jedoch ohne dieses zu benennen, zB:

Formulierungsvorschlag:
Mich interessiert speziell, welche Vorstellungen Sie im Hinblick auf die Inhaltsstoffe des hier beworbenen Produkts haben.

21 Wenn es sich um einen sehr komplexen Befragungsgegenstand handelt, zB eine Werbeanzeige oder eine Verpackung mit vielen Detailangaben, kann es geboten sein, die erste sog. **zielgerichtet offene Frage** noch relativ allgemein zu fassen und erst in einer zweiten Frage dieser Art konkreter auf das Beweisthema hinzuführen. Auch wenn das Beweisthema in einem Beweisbeschluss nicht wörtlich wiedergegeben sein sollte, muss bei dessen Umschreibung und bei der rechtsdemoskopischen Umsetzung auf größtmögliche Annäherung an den Streitgegenstand geachtet werden.[72]

---

[61] Vgl. BGH GRUR 1959, 38 (42) – Buchgemeinschaft II; GRUR 1991, 680 (681) – Porzellanmanufaktur; GRUR 1992, 66 (68) – Königl.-Bayerische Weisse; OLG Köln GRUR-RR 2004, 236 (237) – Fruchtaufstrich „ohne Kochen hergestellt"; Corbin/Gill Survey Evidence S. 224.

[62] Vgl. BGH GRUR 1995, 354 (357) – Rügenwalder Teewurst II.

[63] Vgl. BGH GRUR 1972, 360 (362) – Kunststoffglas; GRUR 1989, 440 (442) – Dresdner Stollen I; GRUR 1995, 354 (357) – Rügenwalder Teewurst II; OLG Köln GRUR 1991, 387 (390) – The Queen of Table Waters; LG Düsseldorf GRUR 1990, 693 – Drogerieartikel.

[64] Vgl. BGH GRUR 1974, 158 (159) – Rhenodur II; OLG Köln GRUR 1987, 374 (376) – Suchard-Milka.

[65] Vgl. BGH GRUR 2005, 423 (426) – Staubsaugerfiltertüten.

[66] Vgl. BGH GRUR 1970, 517 (520) – Kölsch-Bier; GRUR 1983, 257 (258) – bis zu 40 % – sowie GRUR 1989, 440 (442) – Dresdner Stollen I; GRUR 1990, 461 (462) – Dresdner Stollen II – zu der Frage: „Was meinen Sie, an welchem Ort ist dieser Stollen hergestellt, also gebacken worden, oder haben Sie darüber keine Vorstellung?" Durch diese Formulierung wurden die Befragten zwingend auf eine Antwort gelenkt, nach der das Gebäck an einem bestimmten Ort gebacken sein müsse. Die Befragten konnten daher zB nicht antworten, dass sie mit der Bezeichnung lediglich die Vorstellung eines bestimmten Backrezepts verbinden; vgl. dazu Fezer/Büscher/Obergfell/Niedermann UWG S. 18 Rn. 36.

[67] OLG Hamburg GRUR-RR 2017, 35 Rn. 50 – Clean Label.

[68] Vgl. zB BGH GRUR 1981, 666 (667) – Ungarische Salami I.

[69] Vgl. OLG Köln GRUR 1990, 293 – Küchenwerbung.

[70] Vgl. OLG Köln GRUR 1991, 387 (389) – The Queen of Table Waters.

[71] Vgl. OLG Hamburg GRUR 1989, 125 (126) – Holzart – „foliert".

[72] Vgl. OLG Köln GRUR-RR 2004, 236 (237) – Fruchtaufstrich „ohne Kochen hergestellt". In BGH GRUR 2000, 239 (241) – Last-Minute-Reise, war Streitgegenstand, dass zwischen dem Zeitpunkt der erstmaligen Bewerbung einer Urlaubsreise und dem Abreisetermin nicht mehr als 14 Kalendertage liegen dürfen. Die allgemeine Frage, welcher

22 f) **Nachfassfrage.** Um eine möglichst umfassende Ausschöpfung des Antwortpotentials sicherzustellen, kann es zweckmäßig sein, eine sog. Nachfassfrage anzuschließen.[73] Das kann sowohl nach der ersten ganz allgemein gefassten Frage als auch nach jeder eingrenzenden Frage geschehen, zB:

Formulierungsvorschlag:
Man denkt ja nicht immer gleich an alles. Fällt Ihnen dazu sonst noch etwas ein?

23 Wie jede andere Frage darf sich auch eine Nachfassfrage nur auf die subjektive Auffassung, das persönliche Verständnis (bei der Kennzeichnungskraft von Zeichen) oder auf die aktuellen Erwartungen (bei Irreführungen oder Verwechslungen uÄ) beziehen. **Spekulationen** zu juristischen Aufgabenstellungen tragen dem empirischen Charakter (vgl. → Rn. 1) der Rechtsdemoskopie nicht Rechnung.[74]

24 g) **Geschlossene/gestützte Frage.** Offene Fragen führen regelmäßig auch dann nicht zu ausreichenden Erkenntnissen, wenn mit weiteren Fragen eingegrenzt oder nachgefasst wird. In der Regel ist es daher erforderlich, das Beweisthema in sog. geschlossenen Fragen zu spezifizieren.

25 Wenn es auf sehr spezifische Vorstellungen ankommt, sind geschlossene Fragen unentbehrlich.[75] Sie sind aber auch sonst in der Regel erforderlich.[76] Die **Konkretisierung**, die sich daraus ergibt, darf jedoch nicht überbewertet werden, weil den Befragten Antwortmöglichkeiten aufgezeigt werden, die bis dahin für ihre Vorstellungen möglicherweise keine Rolle gespielt haben.[77] Da das Beweisthema in die geschlossene Frage integriert werden muss, ist diese Frage grundsätzlich allen Befragungspersonen zu stellen, es sei denn, es stünde aus dem vorangegangenen Befragungsablauf fest, dass insoweit keinerlei Vorstellungen bestehen. Spekulative Fragen dienen nicht der Ermittlung der Verkehrsauffassung, wie zB „Wozu neigen Sie noch am ehesten?".

26 Um eine zu direkte Hinlenkung auf das Beweisthema zu vermeiden, werden in die Antwortmöglichkeiten mitunter auch Optionen aufgenommen, die keinen direkten Bezug zum Beweisthema aufweisen; diese dürfen aber auch nicht vom Thema weglenken oder einen falschen Fokus setzen.[78] Die Gesamtheit der Antwortvorgaben muss dabei die Vorstellungen des Verkehrs so abdecken, dass neben der dem Beweisthema gewidmeten Vorgabe auch **alle Antwortmöglichkeiten** erfasst werden, die nach der Lebenserfahrung nicht fernliegend sind.[79] Nicht fehlen dürfen selbstverständlich die nächstliegenden Antwortoptionen.[80] Die Bewertung der Antworten ist am

---

Zeitraum zwischen der erstmaligen Werbung für eine „Last-Minute-Reise" und deren tatsächlichem Reisebeginn liegt, war unzureichend, weil hierdurch nicht ermittelt werden konnte, welcher Zeitraum nach Ansicht der Befragten höchstens zwischen diesen beiden Zeitpunkten liegen darf.

[73] Vgl. OLG Köln GRUR-RR 2004, 236 (237) – Fruchtaufstrich „ohne Kochen hergestellt".

[74] Auf Spekulationen war insbesondere die Nachfassfrage ausgerichtet, die das BPatG vorgeschlagen hat, um zu ermitteln, ob ein Zeichen die Herkunftsfunktion einer Marke erfüllt (BPatG GRUR 2004, 685 (691) – LOTTO): „Können Sie sich vorstellen, dass „Lotto" auch von anderen Veranstaltern angeboten wird? Oder müsste es dann anders heißen?" Diese Frage war rechtlich untauglich (Pflüger GRUR 2006, 818 (822); dies. Mitt. 2007, 259 (264)), weil sie auf eine Spekulation ausgerichtet war (Pflüger GRUR 2004, 652 (657); dies. Mitt. 2007, 259 (264)) und deswegen die Befragten überfordert hätte (Rohnke GRUR 2006, 831 (832)).

[75] Vgl. BGH GRUR 1959, 38 (42) – Buchgemeinschaft II; GRUR 1972, 550 (551) – Spezialsalz II; GRUR 1991, 680 (681) – Porzellanmanufaktur (aufzuklären war, ob diese Bezeichnung irreführend wirkt, wenn das Dekor nicht direkt in freier Handarbeit mit dem Pinsel aufgetragen wird, sondern vorgefertigte Abziehbilder – von Hand – auf den Werkstücken abgezogen werden); GRUR 1992, 66 (68) – Königl.-Bayerische Weisse.

[76] Vgl. BGH GRUR 1997, 669 (670) – Euromint; OLG Köln GRUR-RR 2004, 236 (237) – Fruchtaufstrich „ohne Kochen hergestellt"; Ohly/Sosnitza/Sosnitza UWG § 5 Rn. 143; Niedermann GRUR 2006, 367 (373); Fezer/Büscher/Obergfell/Niedermann UWG S. 18 Rn. 28.

[77] Vgl. BGH GRUR 1972, 360 (362) – Kunststoffglas; GRUR 1997, 669 (670) – Euromint; OLG München OLG Report 2005, 251 (252) – So wirksam wie ein Antibiotikum; Ahrens Wettbewerbsprozess-HdB Schmidt Kap. 27 Rn. 28. Das gilt auch für sog. Dialogfragen (vgl. hierzu OLG Karlsruhe GRUR 1997, 72 (74) – Warsteiner; Müller Demoskopische Ermittlung S. 150; Noelle-Neumann GRUR 1968, 133 (136)).

[78] Es genügt daher nicht, die beiden für die Entscheidung maßgeblichen Alternativen zum Gegenstand der Befragung zu machen (vgl. BGH GRUR 1963, 142 (145) – Original-Ersatzteile).

[79] Vgl. BGH GRUR 1992, 66 (69) – Königl. Bayerische Weisse; GRUR 1992, 70 (71) – 40 % weniger Fett; GRUR 1993, 920 (922) – Emilio Adani II; Ohly/Sosnitza/Sosnitza UWG § 5 Rn. 143; Niedermann GRUR 2006 367 (373).

[80] Vgl. BGH GRUR 1992, 70 (71) – 40 % weniger Fett; GRUR 1996, 910 (913) – Der meistgekaufte Europas.

einfachsten, wenn sich die Inhalte der unterschiedlichen Antwortvorgaben gegenseitig ausschließen, also **disjunkt** sind.[81] Mitunter ist eine solche klare Formulierung jedoch nicht möglich, so dass dann die Möglichkeit gegeben werden muss, *mehrere* Antworten zu wählen.[82]

27 Weil mit der geschlossenen Frage Antwortmöglichkeiten vorgegeben werden, die für die Befragungspersonen bei einer spontanen Reaktion möglicherweise keine Rolle spielen, bedarf es einer sorgfältigen **Beweiswürdigung,** um den Wert der Antworten auf die geschlossene Frage einordnen zu können. In der Regel führt erst die gemeinsame Auswertung von offenen und geschlossenen Fragen zu einem verwertbaren Ergebnis.[83] Die zu gestützten Fragen ermittelten Prozentsätze können zwar durch **Abschläge** korrigiert werden.[84] Offen ist dabei jedoch, wie die Abschläge bemessen werden sollen. Jedweder **Korrekturfaktor** kann nur **spekulativ** sein.

28 Untersuchungen in der Marktforschung haben ergeben, dass sich die **Reihenfolge** der **Vorgaben** auf die Häufigkeit der Antworten auswirken kann.[85] Je größer die Anzahl der Vorgaben, desto notwendiger ist eine Methodik, mit welcher den möglicherweise dadurch hervorgerufenen Auswirkungen entgegengesteuert werden kann. So ist aus der Marktforschung bekannt, dass bei längeren Antwortlisten (sog. **Statementbatterien**) zB die ersten und die letzten Antwortoptionen regelmäßig eher gewählt werden als die mittleren. Um auch in der Rechtsforschung einen solchen möglichen Reihenfolgeeffekt zu vermeiden, empfiehlt es sich, bei mündlich-direkten Interviews den Befragten die verschiedenen in Betracht zu ziehenden Antworten schriftlich auf einer **Liste** vorzulegen und darauf hinzuweisen, dass sie die Liste vor Beantwortung der Frage zuerst vollständig durchlesen mögen. Dabei werden Listen mit unterschiedlicher Reihenfolge der Antwortoptionen gezeigt (sog. **Rotation**), so dass ein Teil der Befragten eine Liste mit der Reihenfolge A-B-C, ein Teil mit der Folge B-C-A und ein Teil mit der Reihung C-A-B erhält; dies reduziert einen möglichen Reihenfolgeeffekt bestmöglich.[86] Bringt diese Vorgehensweise zu große Erschwernisse mit sich, können die Antwortvorgaben auf Kärtchen vorgelegt werden, die vor jedem Interview neu gemischt werden müssen.

29 **h) Relevanzfrage.** Rechtliche Grundlage der sog. Relevanzfrage ist, dass eine Gefahr von **Irreführungen** im Rechtssinn nur besteht, wenn sich eine unrichtige Angabe auf die Entscheidung der potentiellen Nachfrager auswirkt.[87] Das bedeutet jedoch nicht zwingend, dass diese Ausgangslage stets in eine Frage nach der Relevanz der Angabe umgesetzt werden muss.[88] Vielmehr kann bei irreführenden Angaben die Feststellung der Relevanz uU auch aus der Irreführung selbst gefolgert werden[89] oder es kann hilfreich sein zu vergleichen, ob und ggf. inwieweit Fehlvorstellungen bei offener und geschlossener Fragestellung geäußert werden.[90] Anders verhält es sich, wenn **begründete Zweifel** an der Relevanz einer Fehlvorstellung für die Entscheidung der Verkehrsbeteiligten bestehen.[91] Bei **geografischen Angaben** galt bislang der Grundsatz, dass sie für Nachfrageentscheidungen der Verkehrsbeteiligten stets von Bedeutung sind[92] – obwohl das zum Teil nicht der

[81] Vgl. Tilmann GRUR 1984, 716 (722).

[82] Erst die Beweiswürdigung ergibt daher, ob bei den Personen, die im Sinne des Beweisthemas geantwortet haben, die Gefahr einer Irreführung besteht. Dabei kann es auch eine Rolle spielen, ob auf eine Zusatzfrage geantwortet wurde, dass eine Vorstellung erst beim Lesen (oder Hören) einer Antwortvorgabe entstanden ist (vgl. BGH GRUR 1995, 354 (357) – Rügenwalder Teewurst II).

[83] Vgl. OLG München GRUR 1983, 339 (340) – Eder Alt; Böhm Beweismittel in Wettbewerbsprozessen S. 290, 298; Dobel Demoskopische Gutachten S. 115.

[84] Vgl. BGH GRUR 1992, 66 (68) – Königl.-Bayerische Weisse; GRUR 1992, 70 (71) – 40 % weniger Fett; Spätgens in FS Traub 1994, S. 375, 398.

[85] Vgl. Noelle-Neumann/Petersen Methoden Demoskopie S. 201 ff.; Noelle-Neumann/Schramm Umfrageforschung S. 43; Müller Demoskopische Ermittlung S. 144 sowie die Nachw. bei Gloy/Loschelder/Danckwerts UWG-HdB/Pflüger § 42 Rn. 68.

[86] Vgl. Gloy/Loschelder/Danckwerts UWG-HdB/Pflüger § 42 Rn. 67.

[87] Vgl. BGH GRUR 1959, 38 (42) – Buchgemeinschaft II; GRUR 1987, 171 (172) – Schlussverkaufswerbung; GRUR 1991, 852 (854) – Aquavit – sowie die weiteren Nachw. bei Köhler/Bornkamm/Feddersen/Bornkamm/Feddersen UWG § 5 Rn. 1.171 ff.; Ohly/Sosnitza/Sosnitza UWG § 5 Rn. 208.

[88] Gloy/Loschelder/Danckwerts UWG-HdB/Pflüger § 42 Rn. 142 empfiehlt gleichwohl, die Relevanzfrage in allen dafür geeigneten Umfragen zu Irreführungstatbeständen zu stellen.

[89] BGH GRUR 1991, 215 – Emilio Adani I; GRUR 1991, 852 (855) – Aquavit, GRUR 1993, 920 – Emilio Adani II.

[90] Fezer/Büscher/Obergfell/Niedermann UWG S. 18 Rn. 42.

[91] Vgl. BGH GRUR 1991, 215 – Emilio Adani I; GRUR 1992, 70 (72) – 40 % weniger Fett; GRUR 1993, 920 (922) – Emilio Adani II; Harte-Bavendamm/Henning-Bodewig/Brüning UWG vor § 12 Rn. 184.

[92] Vgl. BGH GRUR 1982, 564 (566) – Elsässer Nudeln – sowie (mwN) GRUR 1995, 354 (357) – Rügenwalder Teewurst II. Vgl. hierzu BPatG MarkenR 2009, 166 (176) – Münchner Weißwurst: 80,9 % „ohne Bedeutung", 19,1 % „wichtig"; fraglich allerdings gem. BGH GRUR 2002, 160 (162) – Warsteiner III.

Fall sein dürfte. Beurteilungskriterium für etwaige Zweifel sind in erster Linie die allgemeine Lebenserfahrung[93] sowie die spezielle Erfahrung aufgrund der beruflichen Befassung mit einem Thema. Diese Erfahrungssätze können aber durch empirische Erfahrungen und Erhebungen widerlegt werden; Zweifel können sich auch aus substantiiertem Beweisantritt ergeben.[94] Bei Angaben mit unmittelbarem Qualitätsbezug sind gesonderte Feststellungen zur Relevanz nicht erforderlich.[95] Angaben zu Produkteigenschaften, die bestenfalls mittelbar Rückschlüsse auf die Qualität gestatten, können dagegen Anlass für eine eingehende Prüfung sein.[96]

Voraussetzung der Relevanzfrage ist, dass die Befragungsperson irregeführt ist. Die Frage sollte daher nur denjenigen Befragten gestellt werden, die eine **unzutreffende Vorstellung** geäußert haben.[97] Dabei ist zu beachten, dass sich Kaufmotive weitgehend der bewussten Kontrolle entziehen. Eine direkte Fragestellung nach der Relevanz eines bestimmten Aspekts für die Kaufentscheidung würde daher häufig zu nicht aussagekräftigen Ergebnissen führen.[98] Die Frage, ob die Befragungsperson Wert auf die Herstellung von Marzipan in Lübeck legt, konnte nicht zu einer Widerlegung der Relevanz-Vermutung führen, weil sie nicht neutral war.[99] Aber auch die Frage, ob es „irgendwie von Bedeutung" sei, dass der gekaufte Wodka in der ehemaligen Sowjetunion hergestellt wird, wurde als nicht ausreichend neutral bezeichnet. Es hätte nur in allgemeiner Form gefragt werden dürfen, ob es wichtig oder unwichtig ist, in welchem Land die Herstellung erfolgt.[100] Dieser Hinweis bildet seitdem die Grundlage für die Formulierung von Relevanzfragen.[101] 30

i) **Mehrfachnennungen/Mehrfachangaben.** Bei **offenen** Fragen können und sollen die Befragungspersonen meist **mehrere Vorstellungen** mitteilen. Dem kann bereits in der Fragestellung durch einen expliziten Hinweis Rechnung getragen werden[102] oder durch einen entsprechenden Hinweis an den Interviewer im Fragebogen, dass auch Mehrfachangaben zu erfassen sind. Bei einer geschlossenen Frage ist zwar nur von Interesse, ob sich die Befragungsperson für die Auslegung entscheidet, die im Sinne des Beweisthemas liegt. Weil jedoch alle Antwortmöglichkeiten vorgegeben werden müssen, die nach der Lebenserfahrung nicht fernliegend sind, kann es sein, dass die Antwortvorgaben nicht vollständig disjunkt sind; auch dann muss den Befragten die Möglichkeit gegeben werden, mehrere Antworten zu wählen. Solche Mehrfachnennungen können zur Folge haben, dass eine Vorstellungswelt ermittelt wird, die breiter ist als es das Beweisthema erfordert. Dann kann es geboten sein, eine Relativierung im Rahmen der **Beweiswürdigung** vorzunehmen. 31

j) **Ausgewogene Fragestellungen.** Das „richtige" Formulieren geschlossener Fragen, bei denen die Antwortalternativen ausgewogen und gleichrangig formuliert sein müssen,[103] ist eine der häufigsten Fehlerquellen in der rechtsdemoskopischen Praxis. Wichtig ist, nicht nur danach zu fragen, ob einer bestimmten Ansicht zugestimmt werde, sondern gleichzeitig auch die Möglichkeit anzubieten, dieser Ansicht *nicht* zuzustimmen. Dies ist notwendig, um der verbreiteten „Ja-Sage-Tendenz" zu begegnen, nach der Befragte eher bereit sind, Fragen zuzustimmen als diese abzu- 32

---

[93] Vgl. BGH GRUR 1991, 852 (855) – Aquavit.

[94] Vgl. BGH GRUR 1990, 607 (608) – Meisterkaffee; GRUR 1991, 215 – Emilio Adani I.

[95] Vgl. BGH GRUR 1992, 66 (69) – Königl.-Bayerische Weisse.

[96] Vgl. BGH GRUR 1991, 852 (855) – Aquavit; GRUR 1992, 70 (72) – 40 % weniger Fett; GRUR 1993, 920 (922) – Emilio Adani II; GRUR 1995, 354 (357) – Rügenwalder Teewurst II; OLG Hamburg GRUR 1993, 690 (691) – Dr. S. – Arzneimittel.

[97] Vgl. BGH GRUR 1987, 535 (537) – Wodka Woronoff; GRUR 1993, 920 (923) – Emilio Adani II; GRUR 1995, 354 (357) – Rügenwalder Teewurst II; OLG Köln MD 1998, 1269 (1273) – Tiefkühlpizza; Knaak Demoskopische Umfragen Rn. 48.

[98] Vgl. Ahrens Wettbewerbsprozess-HdB/Schmidt Kap. 27 Rn. 31.

[99] Vgl. BGH GRUR 1981, 71 (73) – Lübecker Marzipan: „Legen Sie persönlich Wert darauf, dass es sich bei ‚Lübecker Marzipan' auch wirklich immer um Marzipan handelt, das in Lübeck hergestellt ist?".

[100] Vgl. BGH GRUR 1987, 535 (537) – Wodka Woronoff; OLG Karlsruhe GRUR 1997, 72 (75) – Warsteiner. Ob mit der Herstellung in einem bestimmten Land ein Vorzug verbunden wird (vgl. OLG Köln GRUR 1987, 374 (376) – Suchard-Milka), ist daher nicht ausschlaggebend. Aufschläge auf verneinende Antworten (vgl. Keller ZLR 1992, 37 (42)) bzw. Abschläge auf bejahende Antworten (vgl. Spätgens in FS Traub 1994, S. 375, 396) sind nur bei direkten Relevanzfragen erwägenswert, nicht auch bei ganz allgemein gehaltenen Fragen. Anstelle einer Zahlenkorrektur verdient eine individuelle Beweiswürdigung den Vorzug.

[101] Auch wenn eine Angabe in nicht unbeachtlichem Umfang für die Kaufentscheidung der Befragungspersonen von Bedeutung ist, kann allerdings durch klarstellende Hinweise der Gefahr von Irreführungen entgegengewirkt werden (vgl. BGH Mitt. 1996, 58 (59) – Napoléon IV; WRP 1998, 1002 (1005) – Warsteiner II).

[102] Bsp.: „Bitte sagen Sie mir alles, was Ihnen hierzu einfällt."

[103] BGH GRUR 1987, 171 (172) – Schlussverkaufswerbung; GRUR 1992, 70 (71) – 40 % weniger Fett.

lehnen.[104] Bei **geschlossenen Fragen** ist eine Ergänzung für den Fall wünschenswert, dass mit den Antwort-Vorgaben die Vorstellungswelt der Befragungspersonen nicht ausreichend abgedeckt ist. Dem trägt eine zusätzliche Antwortmöglichkeit Rechnung, die zum Inhalt hat, dass **keine** der Vorgaben zutrifft, sondern dass die Befragungsperson eine **andere,** selbst zu formulierende Antwort vorziehen möchte.[105]

33 Zur Formulierung gleichrangiger Antwortalternativen gehört auch, den Befragten explizit die Möglichkeit anzubieten, **keine Meinung dazu** zu haben bzw. nichts zum Thema sagen zu können.[106] Dadurch können Rate- und Gefälligkeitsantworten im Sinne einer der vorgegebenen Antwortoptionen, die zu einer Verzerrung der Ergebnisse führen, zwar nicht gänzlich ausgeschlossen, jedoch weitgehend vermieden werden. Gelegentlich wird auch bei offenen Fragen vorgeschlagen, die Befragungsperson darauf hinzuweisen, dass sie nicht verpflichtet ist, eine inhaltliche Antwort zu geben und zB mit „weiß nicht/kann nichts dazu sagen/keine Meinung dazu" antworten kann. Damit soll verhindert werden, dass die Befragungsperson anstelle einer spontanen Antwort eine Vorstellung bekannt gibt, von der sie meint, dass sie von dem Auftraggeber der Umfrage gewünscht oder kulturell/gesellschaftlich erwartet wird (sog. **soziale Erwünschtheit**). Je „offener" eine Frage ist, desto weniger besteht jedoch die Gefahr, dass sich die Befragungsperson unter Druck gesetzt fühlt und deswegen nicht die persönliche Meinung äußert, sondern eine vermeintlich gewünschte oder eine Rateantwort gibt. Es genügt daher bei offenen Fragen in der Regel, „weiß nicht" im Fragebogen lediglich als spontane Antwortmöglichkeit vorzusehen, wenn Befragte sich von sich aus entsprechend äußern, ohne auf diese Antwortmöglichkeit explizit hingewiesen worden zu sein. Wer keine inhaltliche Antwort geben kann, bringt das erfahrungsgemäß auch ohne Vorgabe zum Ausdruck.

34 Personen, die bei der entscheidenden Frage zur Irreführung mit „weiß nicht" antworten, dürfen nicht mit inhaltsgleichen Folgefragen zum Raten veranlasst werden.[107] Weder Eingrenzungsfragen noch Nachfassfragen lösen allerdings per se einen **Rate-Effekt** aus. Wer mit „weiß nicht" antwortet, unterliegt keiner Fehlvorstellung und ist daher bei der Ermittlung der Irreführungsquote nicht zu berücksichtigten.[108]

3. Split/Teilgruppen/Kontrollgruppen

35 Mitunter wird von der Möglichkeit Gebrauch gemacht, eine Umfrage zu ein und demselben Thema durch einen sog. **Split** in unterschiedliche Teilgruppen aufzuteilen. Bei einer derart **gegabelten Befragung**[109] bleibt im Allgemeinen die grundsätzliche Methodik unverändert, aber eine oder mehrere Fragen werden anders formuliert oder es wird, bei identischer Fragestellung, ein anderer Untersuchungsgegenstand präsentiert.[110] Der höhere Aufwand kann gerechtfertigt sein, wenn durch die Einrichtung einer (ggf. auch einer weiteren) sog. **Kontrollgruppe** im Rahmen einer Testanordnung zu komplexen Fragestellungen aufschlussreiche Gegenüberstellungen vorgenommen werden sollen.[111] Dadurch kann die Wirkung eines einzelnen isolierten Faktors systematisch ermittelt werden. So ergab zB eine Split-Befragung zu einer russisch anmutenden Bezeichnung auf dem Flaschenetikett eines Wodkas („Wodka Woronoff"), bei der in einer der beiden Teilstichproben der Name durch weiße Striche ersetzt wurde, dass in beiden Gruppen der Anteil der Personen, die unzutreffenderweise annahmen, der Wodka stamme aus der Sowjetunion, in etwa gleich hoch war.[112] Aus Sicht des Instanzgerichts sprach dies gegen eine Irreführung durch den Wodka-Namen. Dies wurde jedoch vom BGH mit der Begründung verworfen, dass in beiden Teilgruppen die Vorstellungen zur geografischen Herkunft vom Eindruck der markanten Flaschenform überlagert worden seien, die wäh-

[104] Böhm GRUR 1986, 290 (298).
[105] Vgl. OLG Köln MD 1998, 1269 (1273) – Tiefkühlpizza; Spätgens in FS Traub 1994, S. 375, 395.
[106] Vgl. Gloy/Loschelder/Danckwerts UWG-HdB/Pflüger § 42 Rn. 60.
[107] Vgl. BGH GRUR 1979, 716 (718) – Kontinent Möbel.
[108] Vgl. BGH GRUR 1996, 910 (914) – Der meistverkaufte Europas.
[109] Die Splitbefragung gilt als das zuverlässigste Erkenntnisinstrument der empirischen Sozialforschung, vgl. Niedermann/Schneider sic! 2002, 815 (822).
[110] Vgl. Ahrens Wettbewerbsprozess-HdB/Schmidt Kap. 27 Rn. 23; GroßKommUWG/Jacobs vor § 13 Rn. 384; Ohde GRUR 1989, 88 (92 ff.); Teplitzky Wettbewerbsrechtliche Ansprüche/Schwippert Kap. 47 Rn. 25; Tilmann GRUR 1984, 716 (723).
[111] Besonders instruktiv hierzu der Beitrag „Die Bedeutung der gegabelten Befragung mit Kontrollgruppen als Erkenntnistechnik in Umfragen zum gewerblichen Rechtsschutz" von Niedermann/Noelle in FS Tilmann 2003, S. 857–879.
[112] BGH GRUR 1987, 535 (538) – Wodka Woronoff.

rend der Befragung nicht hätte gezeigt werden dürfen. Splits können auch dann Bedeutung erlangen, wenn es darum geht, die Relevanz einer Erwartung oder die rechtliche Bedeutung einer Fehlvorstellung aufzuklären.[113]

Selten wird eine Split-Befragung auch gefordert, um einen sog. **Marktführer-Effekt** erkennen und ggf. ausgleichen zu können. Dahinter steht die Annahme, dass ein Zeichen zT nur deshalb einem bestimmten Unternehmen zugeordnet werde, weil es sich dabei um den Marktführer handele. Dies ist in bestimmten Fallkonstellationen möglich, etwa dann, wenn ein (im Hinblick auf den Hersteller-/Markennamen neutralisiertes) Produkt gezeigt und danach gefragt wird, von wem das gezeigte Produkt stammt. Insbesondere wenn die Befragten das nicht wissen oder wenn sie unsicher sind, kann nicht ausgeschlossen werden, dass sie raten – und zwar dasjenige Unternehmen, von dem sie schon einmal gehört haben. Dabei besteht für den Marktführer aufgrund seiner höheren Bekanntheit die größte Nenn-Wahrscheinlichkeit (sog. **top of mind-Effekt**) Erfolgt die Fragestellung unter Vorlage einer Liste mit verschiedenen Marken- bzw. Herstellernamen, verstärkt dies einen solchen möglichen Effekt. 36

Vereinzelt wird ein solcher Kontrollgruppentest auch bei **Farbmarken-Untersuchungen** zur **Kennzeichnungskraft** nach dem in Deutschland maßgeblichen sog. **3-Schritt-Test** (→ Rn. 68 ff.) gem. der aktuell geltenden Richtlinie des Deutschen Patent- und Markenamts (DPMA)[114] postuliert, zT unter Hinweis auf die wissenschaftliche Akzeptanz von „Placebo"-Tests bei der Untersuchung neuer Wirkstoffe im Pharmabereich. Danach sei in einer Kontrollgruppe eine andere, mit der eigentlichen Farbe (ggf. des Marktführers) nicht verwechslungsfähige Farbe zu untersuchen. In dem Umfang, in dem sich in der Kontrollgruppe (mit der „falschen" Farbe) Zuordnungen zum Marktführer ergäben, seien diese vom in der „Hauptgruppe" ermittelten Kennzeichnungsgrad (mit der Farbe des Marktführers) abzuziehen; denn in diesem Umfang sei der Name nur geraten worden. Dieses Postulat ist zu kurz gesprungen und empirisch widerlegt. Denn bei der Messung der Kennzeichnungskraft wird, anders als in obigem Beispiel, gerade nicht offen danach gefragt, welches Unternehmen in dem jeweiligen Waren- bzw. Dienstleistungszusammenhang einfällt. Vielmehr wird – gestützt – zunächst die Bekanntheit des Zeichens im jeweils untersuchungsgegenständlichen Markt ermittelt, bevor – wiederum gestützt und an die Bekanntheit geknüpft – gemessen wird, ob das jeweilige Zeichen als Hinweis auf „ein bestimmtes" oder „mehrere unterschiedliche" oder „gar kein" Unternehmen angesehen wird. Bei dieser für die Kennzeichnungskraft entscheidenden Frage wird also gar nicht nach dem Namen eines bestimmten Unternehmens gefragt, sondern es wird allein in Gegenüberstellung der verschiedenen Antwortoptionen und nur bei denjenigen, die das Zeichen kennen, deren Verkehrsverständnis eruiert. Erst auf der letzten Erhebungsstufe kommt die Frage nach dem Hersteller ins Spiel; dann aber steht die Kennzeichnungskraft im Wesentlichen bereits fest. Es ist insbesondere diese Gegenüberstellung, die den 3-Schritt-Test maßgeblich von der oben skizzierten offenen Fragestellung unterscheidet; dabei kann kein Marktführer-Effekt entstehen. Dieser Argumentation hat sich inzwischen auch der BGH ausdrücklich angeschlossen und einem angeblichen Marktführereffekt bei Befragungen zur Kennzeichnungskraft von Farben, die auf dem sog. 3-Schritt-Test basieren, eine Absage erteilt.[115] Im Übrigen ist die Untersuchungsanlage (Kontrollgruppe mit einer „falschen" Farbe) keineswegs mit der Logik des „Placebo"-Tests bei Studien zur Wirkungsweise von Medikamenten im Pharmabereich vergleichbar. Denn bei „Placebo"-Studien wird – bei ansonsten konstanten Testbedingungen – der Wirkstoff in der Kontrollgruppe quasi unsichtbar eliminiert und durch ein Nullum ausgetauscht. Bei der hier vorgeschlagenen Kontrollgruppe dagegen wird der „Wirkstoff", also eine bestimmte Farbe, nicht eliminiert, sondern durch ein Aliud, einen anderen „Wirkstoff" (nämlich eine andere Farbe), ersetzt. 37

Dass bei **Farbmarken-Untersuchungen** nach dem 3-Schritt-Test **Kontrollgruppentests nicht** sinnvoll oder **erforderlich** sind, belegen auch die Ergebnisse verschiedener Grundlagenstudien.[116] Diese wurden im Rahmen unterschiedlicher mündlich-direkter Mehrthemenumfragen deutsch- 38

---

[113] Vgl. Fezer/Büscher/Obergfell/Büscher UWG § 12 Rn. 333; Niedermann/Noelle in FS Tilmann 2003, S. 857 (864, 868).

[114] Vgl. Richtlinie Markenanmeldungen des Deutschen Patent- und Markenamts (DPMA) vom 1.8.2018, in der Fassung vom 1.9.2020.

[115] BGH GRUR 2021, 1199 Rn. 45 – Goldhase III.

[116] Grundlagenforschung der Pflüger Rechtsforschung zur Kennzeichnungskraft verschiedener Farben im Bereich von „Bankdienstleistungen für Privatkunden". Die Umfragen wurden durch unterschiedliche Feldinstitute in den Jahren 2015/2016 durchgeführt (PN 311, 999-341, 999-343, 999-345, 999-447).

landweit bei einem jeweils repräsentativen Querschnitt der deutschsprachigen Gesamtbevölkerung (je 1.000 Personen ab 14 Jahren)[117] auf Basis gleicher Fragen zur Kennzeichnungskraft von Farben durchgeführt. Die Test-Fragen wurden im Wesentlichen auf die 3-Schritt-Kernfragen im Zusammenhang mit „Bankdienstleistungen für Privatkunden" beschränkt (1. Farbe dabei bekannt? / 2. Farbe Hinweis auf „ein bestimmtes" Geldinstitut? (s. → Rn. 68 ff.) / 3. Wenn „ein bestimmtes": „Wie heißt dieses Geldinstitut?"), ergänzt um zwei Zusatzfragen (1A und 2A).[118] Die Kernergebnisse dieser Studien belegen, dass es bei Umfragen nach diesem Befragungsmodell de facto keinen Marktführer-Effekt gibt, der zu Abzügen bei der Kennzeichnungskraft bei der Original-Farbmarke berechtigte. Zuordnungen zum Marktführer („Sparkasse") erfolgten dabei nur in marginalem Umfang von lediglich (–) bis 0,2 % – wobei diese Zuordnungen durchaus nicht auf dem Marktführer-Effekt beruhen müssen, sondern auch aus unterschiedlicher Farbwahrnehmung resultieren können.

Farbe	Rot	Violett	Grau	Grün	Dunkelblau	Hellblau	Gelb
Fragestellung zur Kennzeichnungskraft gem. 3-Schritt-Test	Im Zusammenhang mit *Bankdienstleistungen für Privatkunden* … • weist diese Farbe für mich auf *ein ganz bestimmtes* Geldinstitut hin • weist diese Farbe für mich auf *mehrere* Geldinstitute hin • ist diese Farbe für mich *überhaupt kein Hinweis* auf irgendein Geldinstitut Kann nichts dazu sagen						
Bekanntheit	79,1 %	6,3 %	8,1 %	26,1 %	42,9 %	33,4 %	55,7 %
Hinweis auf *ein* bestimmtes Geldinstitut	62,0 %	3,7 %	5,2 %	17,1 %	31,9 %	23,0 %	42,8 %
Häufigste namentliche Zuordnungen	59,1 % (Sparkasse)	0,6 % (Commerzbank)	0,7 % (Commerzbank und Targo-Bank)	10,4 % (Dresdner Bank)	17,8 % (Deutsche Bank)	8,9 % (Deutsche Bank)	19,8 % (Postbank) 18,8 % (Commerzbank)
Namentliche Zuordnungen zum Marktführer „Sparkasse"	59,1 %	0,2 %	0,1 %	-	-	0,2 %	0,1 %

4. Pretest

39 Insbesondere bei der Formulierung geschlossener Fragen kann es Schwierigkeiten bereiten, alle Antwortmöglichkeiten zu antizipieren, die nach der Lebenserfahrung nicht fernliegend sind. Aufklärungen hierzu können über einen sog. Pretest gewonnen werden.[119] Der hierfür erforderliche Aufwand an Zeit und Kosten wird jedoch selten in Kauf genommen. Häufig ist er aber auch nicht notwendig, weil die Sachverständigen über gut verwertbare Erkenntnisse aus vergleichbaren anderen Umfragen verfügen. Bei einer neuartigen Thematik versuchen die Institute dagegen meist, die Möglichkeit unterschiedlicher Vorstellungen zuerst in Probeinterviews zu ergründen.[120] Erforderlich ist daher zwar keine prophetische Befähigung,[121] aber Einfühlungsvermögen in die Vorstellungswelt der Befragungsgruppe.

117 Den Ergebnissen zu GRÜN liegen 1.058 Interviews zugrunde.

118 Zu Frage 1A vgl. Rn. 74; Frage 2A klärte in allen Test-Studien bei denjenigen, die bei der Frage zur Kennzeichnungskraft zunächst von *mehreren* Geldinstituten ausgegangen waren, auf, ob damit mehrere unterschiedliche Geldinstitute oder unterschiedliche Zweigstellen ein und desselben Geldinstituts gemeint waren. Beide Aufklärungsfragen hat der BGH in der Entscheidung „Sparkassen-ROT" anerkannt und als sinnvoll angesehen; BGH GRUR 2016, 1167 Rn. 74, 81 – Sparkassen-Rot.

119 Vgl. Müller Demoskopische Ermittlung S. 157 ff. mit Einzelheiten; Noelle-Neumann/Schramm Umfrageforschung S. 79.

120 Vgl. Noelle-Neumann/Petersen Methoden Demoskopie S. 110 ff.

121 Vgl. Ahrens/Schmidt Kap. 27 Rn. 28.

5. Stichprobe

a) **Random-Verfahren.** Beim Random-Verfahren[122] wird die Stichprobe anhand systematischer Kriterien per **Zufall** aus der Grundgesamtheit ausgewählt. Übergeordnetes Prinzip ist, dass jedes Element der Grundgesamtheit die gleiche (berechenbare) Chance hat, als Element der Stichprobe ausgewählt zu werden.[123] Dabei wird zwischen sog. **Adress-Random** und **Random-Route** unterschieden. Beim Adress-Random ist die Auswahlgrundlage für die Zufallsstichprobe eine Adressdatei. Bei der Random-Route-Auswahl handelt es sich um ein mehrstufiges Auswahlverfahren bei mündlich-direkten Haushalts-Befragungen. Dabei werden in der ersten Stufe die Befragungsbezirke per Zufall aus bestimmten geographischen Einheiten (sog. **Sample Points**) „gezogen". In weiteren Stufen wird die Startadresse für die erste Befragung festgelegt und den Interviewern ein „Wegweiser" vorgegeben, anhand dessen sie die für die Interviews auszuwählenden Haushalte aufzusuchen haben.[124] Bei nicht erreichten Haushalten/Zielpersonen sollten erneute Befragungsversuche vorgenommen werden. Dieses Verfahren wird zunehmend weniger genutzt, weil die Befragungsbereitschaft der Bevölkerung in den vergangenen Jahren rückläufig gewesen ist und der Aufwand für diesen Untersuchungsansatz de facto für die meisten Studien zu groß geworden ist, um allein auf diese Weise die benötigten Fallzahlen zu erreichen. 40

b) **Quoten-Verfahren.** Beim Quoten-Verfahren wird versucht, die Stichprobe als ein für die Gesamtheit der Befragungspersonen möglichst repräsentatives **Miniaturmodell** auszugestalten, indem auf der Grundlage von anderweitig ermittelten Statistiken Vorgaben für die Zusammensetzung der Stichprobe zB in Bezug auf Geschlecht, Alter, regionale Verteilung und Berufstätigkeit gemacht werden. Dabei schreibt man den Interviewern vor, jeweils eine bestimmte Anzahl von Personen zu befragen, welche bestimmte Merkmale bzw. Merkmalskombinationen aufweisen, so dass die Struktur der Stichprobe mit der der Grundgesamtheit übereinstimmt.[125] Je detaillierter und verschränkter die Vorgaben, desto höher ist die Wahrscheinlichkeit, dass die Stichprobe tatsächlich ein verkleinertes Abbild der Grundgesamtheit darstellt. Anders als das Random-Verfahren liegt dem Quoten-Verfahren also keine zufallsbasierte, sondern eine bewusste Auswahlmethode zugrunde, die letztlich über die Interviewer gesteuert wird.[126] Diese Methode ist inzwischen bei mündlich-direkten Mehrthemenuntersuchungen eine häufig verwendete Vorgehensweise; zum Teil werden Umfragen nach dem Random- und dem Quotenverfahren zwecks bestmöglicher Stichprobenbildung miteinander verknüpft. 41

c) **Befragte Personen/Zielpersonen.** Bei mündlich-direkten **Bevölkerungsumfragen** werden in der Regel deutschsprachige Personen einbezogen, die in Deutschland in „Privathaushalten" leben. Dabei darf nicht jede beliebige Person innerhalb eines Haushalts befragt werden, die gerade die Tür öffnet. Vielmehr ist (bei Random-Umfragen) die jeweilige sog. **Zielperson** nach einem zusätzlichen Zufallsprinzip zu ermitteln (zB **Last Birthday;** dann wäre dasjenige Haushaltsmitglied zu befragen, das zuletzt Geburtstag hatte), um die Hochrechenbarkeit der Resultate zu gewährleisten. Sind die Vorstellungen von **Fachkreisen** zu ermitteln, werden die Fachpersonen unter ihrer Geschäftsadresse befragt. Die untere **Altersgrenze** bei der Gesamtbevölkerung liegt in der Regel bei 14 oder 15 Jahren; höhere Untergrenzen können nach Bedarf festgesetzt werden, zB „Bierkäufer ab 16" oder „Raucher ab 18" Jahren. Eine obere Altersgrenze wird in der Rechtsforschung, anders als in der Marktforschung, im Allgemeinen nicht festgelegt, weil auch die meisten älteren Personen wirtschaftlich aktiv sind und einer Befragung häufig auch in hohem Alter folgen können. 42

d) **Stichprobenumfang.** Für die Repräsentativität von Umfrageergebnissen gibt es **keine generelle Mindestzahl** von Befragten. Auch ist die Vorstellung unzutreffend, dass Ergebnisse umso „repräsentativer" seien, je mehr Personen befragt würden. Die **Repräsentativität** von Befragungsergebnissen richtet sich vielmehr nach der Qualität des zugrunde liegenden Auswahlverfahrens. Davon zu trennen ist die Frage, wie statistisch sicher die ermittelten Ergebnisse sind, also wie wahrscheinlich es ist, dass die gemessenen Stichproben-Resultate dem „wahren" Wert entspre- 43

[122] *Random* = engl. für Zufall.
[123] Vgl. Niedermann/Schneider sic! 2002, 815 (817); Noelle-Neumann/Petersen Methoden Demoskopie S. 242 ff.; Corbin/Gill Survey Evidence S. 24 f.
[124] Ausführlich zum Random-Verfahren Gloy/Loschelder/Danckwerts UWG-HdB/Pflüger § 42 Rn. 20 ff.
[125] Vgl. Niedermann/Schneider sic! 2002, 815 (817); Noelle-Neumann/Petersen Methoden Demoskopie S. 255 ff.
[126] Ausführlich zum Quotenverfahren und dessen Vor- und Nachteilen Gloy/Loschelder/Danckwerts UWG-HdB/Pflüger § 42 Rn. 19, Rn. 31 ff.

chen, wenn man alle zur jeweiligen Grundgesamtheit gehörenden Personen befragt hätte. Allein die statistische Sicherheit der Ergebnisse wird vom Stichprobenumfang beeinflusst, da sich mit größerem Stichprobenumfang die Schwankungsbreiten der Ergebnisse um den „wahren" Wert reduzieren (vgl. → Rn. 47).

44 e) **Mehrthemenumfragen.** Verbraucher werden in der Regel im Rahmen von Mehrthemenumfragen (vgl. hierzu → Rn. 8) bei meist **1.000 bis 2.000 Personen** befragt. Diese Größenordnung ist nicht obligatorisch, sondern ergibt sich daraus, dass die Möglichkeit geschaffen werden soll, für unterschiedliche Themen bzw. Fragestellungen auch kleinere Teilgruppen herauszufiltern.[127] Dabei geht es nicht nur um demographische Auswahlkriterien (zB Frauen, Senioren), sondern auch um die Verkehrsbeteiligung in engen Marktsegmenten (zB Käufer von Gartenspaten oder Porsche 911).[128] Ausschlaggebend für die Größe der Ausgangsstichprobe ist, wie hoch der Anteil des engsten Verkehrskreises, für den Ergebnisse benötigt werden, an der Gesamtbevölkerung ist. Steht zu erwarten, dass der Anteil Verkehrsbeteiligter zB 15 % ausmacht, sollte eine Ausgangsstichprobe von n = 2.000 gewählt werden, um (auch) für diesen Verkehrskreis auf einen ausreichenden Stichprobenumfang rekurrieren zu können. Aus Gründen der statistischen Sicherheit sollten Teilgruppen **300 Fälle** möglichst nicht unterschreiten. Wenn damit gerechnet wird, dass nur ein relativ geringer Teil der Grundgesamtheit verkehrsbeteiligt ist, kann die Stichprobe am einfachsten dadurch erweitert werden, dass die Befragung in eine weitere „Befragungswelle" einer MTU eingeschaltet wird. Dabei ist darauf zu achten, dass zwischen den Wellen möglichst kein zu großer zeitlicher Abstand liegt; denn dies kann die Aussagekraft der Gesamtergebnisse schmälern, zumindest dann, wenn sich in der Zwischenzeit die Marktverhältnisse geändert haben oder wenn zB eine intensive, länger anhaltende Werbekampagne dazwischengeschaltet wurde. Bei normalem Marktumfeld ohne größere Veränderungen ist davon auszugehen, dass eine Unterbrechung von nur wenigen Monaten nichts ausmacht und keine negativen Auswirkungen auf das Gesamtbefragungsergebnis hat.

45 f) **Spezialumfragen.** Bei Spezialumfragen in eher homogenen Gruppen – zB **Fachkreisen** wie Installateuren oder Ärzten – können 200 bis 300 Interviews zur Klärung ausreichen.[129] Auch für **Eilverfahren** können zur Glaubhaftmachung geringere Stichprobenumfänge genügen, uU von lediglich 100 Personen, sofern die Ergebnisse eindeutig sind. Ggf. kann die Stichprobe im Hauptsacheverfahren aufgestockt werden, sofern bis dahin nicht zu viel Zeit verstrichen ist.[130] Bei der Gesamtbevölkerung wurde ein Stichprobenumfang von 300 Interviews bislang nur dann akzeptiert, wenn die Ergebnisse so eindeutig waren, dass auch bei einer größeren Fallzahl keine entscheidungsrelevanten Abweichungen zu erwarten waren.[131] Der BGH hat eine Fallzahl von n = 314 bei der Gesamtbevölkerung als nicht ausreichend angesehen.[132]

46 g) **Gewichtung.** Nicht bei jeder Zielperson kommt ein Interview zustande. Derartige Ausfälle können Abweichungen von der demographischen Soll-Struktur zur Folge haben[133] und die Befragungsergebnisse beeinflussen. Um die Stichprobenstruktur wieder an die Sollvorgaben anzugleichen, werden die Daten daher häufig gewichtet. Dabei werden in den Gutachten regelmäßig nur die gewichteten Resultate ausgewiesen. Bei der Gewichtung erhalten Personen, die in der Stichprobe unterrepräsentiert sind, ein höheres Gewicht, fließen also in stärkerem Maß in die Auswertung ein, während diejenigen, die überrepräsentiert sind, einen entsprechend geringeren Gewichtungsfaktor erhalten. Besonderheiten des Beweisthemas können es zweckmäßig erscheinen lassen oder sogar erforderlich machen, **Teilgruppen** der Grundgesamtheit über- oder unterproportional in der Stichprobe zu erfassen.[134] Wenn zB Jugendliche erfahrungsgemäß als Nachfrager besonders stark vertreten sind, kann festgelegt werden, dass diese Personengruppe über dem statistischen Durchschnittswert vertreten sein muss. In der Auswertung wird zwar die-

[127] Vgl. Gloy/Loschelder/Danckwerts UWG-HdB/Pflüger § 42 Rn. 18.

[128] Vgl. das Beispiel bei Andersen GRUR 1981, 160.

[129] Gloy/Loschelder/Danckwerts UWG-HdB/Pflüger § 42 Rn. 18; Niedermann/Schneider sic! 2002, 815 (817); BPatG 7.5.2014 – 28 W (pat) 19/11 – starres Endoskop; HABM 8.10.2013 – R1775/2012-1, Rn. 48 – aesculapmed/AESCULAP et al.; EUIPO 30.11.2021 – B 003061183, Rn. 48 – AESCUCARE; DPMA 20.1.2022 – 30 2015 044 432.

[130] Ausführlicher hierzu Eichmann GRUR 1999, 939 (951).

[131] OLG München 19.6.1997 – 29 U 5606/96, BeckRS 1997, 5424.

[132] BGH WRP 2017, 69 Rn. 32 – Wunderbaum II.

[133] Bei Umfragen in Privathaushalten sind ältere Personen und weibliche Personen häufig leichter anzutreffen als junge Personen und männliche Personen.

[134] Vgl. Gloy/Loschelder/Danckwerts UWG-HdB/Pflüger § 42 Rn. 39; Noelle-Neumann/Petersen Methoden Demoskopie S. 272; S. 292 f.

ser **disproportionale Ansatz** bereinigt. Aber wegen der größeren Fallzahl sind die für diese Teilgruppe gewonnenen Ergebnisse zuverlässiger, weil dann die Schwankungsbreiten geringer sind.

6. Fehlertoleranz

a) **Schwankungsbreite/Fehlerspanne.** Grundlage für die Ermittlung der Schwankungsbreiten ist die sog. **Gauß'sche Verteilungskurve.**[135] Danach verhalten sich die Schwankungsbreiten umgekehrt proportional zur Fallzahl, dh je größer die Fallzahl, desto geringer die Schwankungsbreiten und damit die statistische Unsicherheit der Ergebnisse. Diese Kurve ist mit einem erläuternden Beispiel als Anlage zu zwei Entscheidungen des BPatG wiedergegeben.[136] Dabei ist von Bedeutung, dass sich die Verringerung der Fehlerspanne in Relation zur Vergrößerung der Stichprobe nicht linear, sondern **exponentiell** entwickelt.[137] Wenn zB die Schwankungsbreiten halbiert werden sollten, müsste die Stichprobe vervierfacht werden. Maßgeblich für die Konkretisierung der jeweiligen Abweichung ist neben dem Stichprobenumfang auch der jeweilige Stichprobenanteil, also der ermittelte prozentuale Ergebniswert. Während zB bei einem Stichprobenumfang von 2.000 Personen der Bereich der **Maximalabweichung** in der Mitte der Gauß'schen Verteilungskurve (bei 50 %) bei ± 3,2 % liegt, beläuft er sich an den Rändern (10 % bzw. 90 %) auf ± 1,9 %. Je mehr also ein Ergebnis in diesen Randbereichen liegt, desto größer ist die statistische Sicherheit; bei Anteilswerten im Bereich von 50 % besteht die größte Unsicherheit.[138] 47

b) **Abzug/Zuschlag.** Ob das ermittelte Ergebnis durch einen entsprechenden Abzug bzw. Zuschlag um die Schwankungsbreite zu korrigieren ist, war lange umstritten. Der BGH hatte dies zunächst offen gelassen.[139] Das führte dazu, dass ein Senat des BPatG die Fehlerspanne abzog,[140] während ein anderer sie aufschlug und andere Senate wiederum auf die ausgewiesenen Resultate abstellten, ohne die Fehlertoleranzen einzubeziehen.[141] Inzwischen hat der BGH entschieden, dass in Eintragungs- bzw. Löschungsverfahren bei einer „ausreichend großen Stichprobe (mindestens 1.000 Befragte)" Fehlertoleranzen nicht zu berücksichtigen sind.[142] Diesen Grundsatz wendet der BGH auch an, wenn es um die Ermittlung der Kennzeichnungskraft im Rahmen der Prüfung der Verwechslungsgefahr geht.[143] Der Nicht-Abzug der Fehlertoleranzen ist aus rechtsdemoskopischer Sicht zu begrüßen, weil der durch die Stichprobe ermittelte Wert statistisch gesehen die höchste Wahrscheinlichkeit hat, der richtige zu sein.[144] Grundsätzlich gilt: Der „wahre" Wert kann **nicht nur unterhalb** des gemessenen Werts liegen, sondern mit derselben Wahrscheinlichkeit **auch oberhalb** dieses Werts.[145] Eine **Reduzierung** des gemessenen Werts auf den unteren Wert der Schwankungsbreite ist deswegen **nicht gerechtfertigt**[146] und sollte unterbleiben.[147] 48

c) **Sicherheitsgrad.** Ein statistischer Sicherheitsgrad von 100 % könnte nur durch Befragung *aller* Personen einer Grundgesamtheit erreicht werden. Aber schon ein **Sicherheitsniveau** von **95,5 %,** wie es in der Rechtsdemoskopie Standard sein sollte, führt zu einer Wahrscheinlichkeit, die fast der Gewissheit[148] gleichkommt, und reicht daher ohne weiteres aus.[149] Bei großen Stichproben können auch **90 %** genügen,[150] weil dann die Unterschiede zwischen den Schwankungs- 49

[135] Ausführlich hierzu Noelle-Neumann/Petersen Methoden Demoskopie S. 210 ff.

[136] BPatG MarkenR 2007, 167 (174) – Kinder (schwarz-rot); GRUR 2008, 420 (427) – ROCHER-Kugel.

[137] Dobel Demoskopische Gutachten S. 127.

[138] Vgl. Gloy/Loschelder/Danckwerts UWG-HdB/Pflüger § 42 Rn. 28; dies. GRUR-Prax 2011, 51 (54).

[139] BGH GRUR 2009, 954 Rn. 37 – Kinder III; GRUR 2010, 138 Rn. 56 – ROCHER-Kugel; skeptisch jedoch BPatG BeckRS 2010, 22010 – SPAR.

[140] BPatG MarkenR 2007, 167 (173) – Kinder (schwarz-rot); MarkenR 2007, 184 (187) – Ristorante; GRUR 2008, 420 (426) – ROCHER-Kugel.

[141] BPatG BeckRS 2007, 11429 – Melissengeist; MarkenR 2010, 216 (222) – Goldhase in neutraler Aufmachung; skeptisch BPatG BeckRS 2010, 22010 – SPAR.

[142] BGH GRUR 2014, 483 Rn. 38 – test; dabei lässt sich der Entscheidung allerdings nicht entnehmen, ob sich die Fallzahl von „mindestens 1.000 Befragten" nur auf die Ausgangsstichprobe bezieht oder auch auf daraus rekrutierte Verkehrskreise mit kleineren Fallzahlen; WRP 2017, 69 Rn. 32 – Wunderbaum II.

[143] BGH GRUR 2017, 75 Rn. 32 – Wunderbaum II.

[144] Vgl. Gloy/Loschelder/Danckwerts UWG-HdB/Pflüger § 42 Rn. 26; Niedermann/Schneider sic! 2002, 815 (817).

[145] Vgl. Pflüger GRUR-Prax 2011, 51 (54).

[146] Vgl. Ingerl/Rohnke MarkenG § 8 Rn. 151.

[147] Vgl. Büscher/Dittmer/Schiwy GewRS/Büscher MarkenG § 78 Rn. 7.

[148] Vgl. Müller Demoskopische Ermittlung S. 131; von Stein GRUR 1972, 73 (74).

[149] BGH GRUR 2009, 954 Rn. 36 – Kinder III; BPatG MarkenR 2007, 167 (173) – Kinder (schwarz-rot); Pflüger GRUR-Prax 2011, 51 (54).

[150] Vgl. Boës/Deutsch GRUR 1996, 168 (170).

breiten gering sind.[151] Über die Aussagekraft von Umfragedaten entscheiden aber in erster Linie die Anlage der Untersuchung einschließlich des Stichprobenverfahrens, die Abgrenzung der zu befragenden Personengruppe, der Fragebogenaufbau und die Frageformulierung.[152]

7. Retrospektive Ermittlungen

50 a) **Anwendungsbereich.** Rückwirkende Ermittlungen können bei Kollisionsfällen Bedeutung erlangen, wenn zB der Nachweis der Kennzeichnungskraft eines Zeichens erst zu einem späteren Zeitpunkt relevant wird. Liegt etwa im Eintragungsverfahren zwischen Anmeldetag und Zeitpunkt der Umfrage ein langer Zeitraum von mehreren Jahren, schließt dies grundsätzlich die Annahme aus, das Gutachten könne auch über die Situation zum Anmeldezeitpunkt Auskunft geben.[153] Rückwirkende Schätzungen für einen früheren Anmeldetag oder für einen früheren Kollisionszeitpunkt können aber insbesondere dann Bedeutung erlangen, wenn es nicht exakt auf einen bestimmten Prozentsatz ankommt oder wenn keine Anhaltspunkte dafür vorliegen, dass die später ermittelten Werte nicht auch schon für den früheren Zeitpunkt zutreffend sind.[154] Davon wurde zB ausgegangen, wenn Fachkreise fortlaufend lange Zeit hindurch einem Buchtitel begegnet sind.[155] Bei schnelllebigen Zeichen dagegen, zB im Zusammenhang mit neuen technischen Entwicklungen, können auch weit kürzere Zeiträume von Bedeutung sein und rückwirkende Bewertungen vereiteln.

51 b) **Methodik.** Gegenüber rückwirkenden Feststellungen ist grundsätzlich Skepsis angebracht.[156] Dies gilt jedenfalls dann, wenn der Zeitpunkt, für den Ergebnisse benötigt werden, länger als fünf[157] Jahre zurückliegt. Denn die Gefahr von **Erinnerungstäuschungen** ist zum einen umso größer, je mehr Zeit zwischen dem ersten Kollisionszeitpunkt und der Durchführung der Umfrage verstrichen ist, und zum anderen davon abhängig, wie interessant der Befragungsgegenstand aus Sicht des Verkehrs ist. So ist die Erinnerung an die erste eigene Automarke regelmäßig eine gänzlich andere als die an die bestimmte Gestaltung einer Jacke; nur im ersten Fall wird sich der Verkehr einigermaßen sicher erinnern können, ob er die Marke bereits zum Zeitpunkt x kannte. Es liegen gesicherte Anhaltspunkte dafür vor, dass die **Erinnerung verblasst** und zum Teil bereits nach vier bis fünf Jahren nur noch ein Drittel bis die Hälfte der früher ermittelten Prozentsätze erzielt werden.[158] Regelmäßig wird für den Zeitpunkt der ersten Kenntnis ein späterer Zeitraum „erinnert" und angegeben als es der Realität entspricht (sog. **Teleskoping-Effekt**).[159] Dennoch sind in bestimmten Fällen demoskopische rückwirkende Feststellungen zur Bekanntheit eines Kennzeichens möglich.[160] Dabei greift man auf den Erfahrungssatz zurück, dass der hohen Bekanntheit eines Zeichens in der Regel eine lange Einführungszeit vorausging.[161] Bei rückwirkenden Ermittlungen kann zunächst versucht werden, auf eine **allgemeine Frage** nach dem frühesten Zeitpunkt der Kenntnis[162] eine Antwort zu erhalten. Statthaft ist es auch, in einer Nachfass-

[151] Vgl. die Beispiele bei Eichmann GRUR 1999, 950 in Fn. 190.

[152] Vgl. Niedermann/Schneider sic! 2002, 815 (817).

[153] Vgl. BGH GRUR 2015, 581 – Langenscheidt-Gelb: Ausnahmen von diesem Grundsatz sind demnach nur dann möglich, wenn sich zB in speziellen Warenbereichen die in Frage stehenden Produkte nicht rasch ändern, die Marktentwicklung über lange Zeiträume zuverlässig beurteilt werden kann und die für die Verkehrsdurchsetzung sprechenden Umstände eindeutig sind.

[154] Vgl. BGH GRUR 2003, 880 (881) – City Plus (versäumte Umfrage eineinhalb Jahre nach dem Kollisionszeitpunkt hätte in Verbindung mit einer Würdigung von Werbemaßnahmen Rückschlüsse auf eine gesteigerte Kennzeichnungskraft möglich machen können); GRUR 2015, 581 – Langenscheidt-Gelb; BPatG MarkenR 2007, 184 (187) – Tiefkühlpizza (Umfrage vom Oktober 2004 für Anmeldetag April 2003); OLG Köln GRUR-RR 2003, 304 (305) – Rocher (Umfrage aus dem Jahr 1997, Urteil im Jahr 2003).

[155] Vgl. BPatG GRUR 2004, 61 (63) – BVerwG.

[156] BGH GRUR 1999, 161 (163) – MAC Dog; OLG Dresden GRUR-RR 2002, 257 (258) – Halberstädter Würstchen.

[157] BGH GRUR 2016, 1167 Rn. 100 – Sparkassen-Rot; BPatG GRUR 1997, 833 (845) – digital; Eichmann GRUR 1999, 939 (946 f.).

[158] Quelle: Allensbacher Archiv, ID-Umfragen 088/1027, 3011/4025, 4064/5043; vgl. auch Noelle-Neumann/Schramm Umfrageforschung S. 56.

[159] Vgl. LG München I WRP 1995, 883 (885) – Microshell; LG Mannheim MarkenR 2002, 60 (69) – intel inside; Eichmann GRUR 1999, 939 (947), Fn. 140.

[160] AA Gloy/Loschelder/Ohde, 3. Aufl. 2005, § 20 Rn. 47. Skeptisch auch – jeweils mwN zum Meinungsstand – Gloy/Loschelder/Gloy, 3. Aufl. 2005, § 19 Rn. 15; GroßKommUWG/Jacobs vor § 13 Rn. 376. Eine Beschwerdekammer des HABM hat es als beachtlich bezeichnet, dass 45 % der Befragten den Gegenstand der Befragung bereits seit über 15 Jahren gekannt haben (HABM (4. Beschwerdekammer) GRUR-RR 2006, 261 (262) – HILTI-Koffer).

[161] EuGH GRUR Int. 2007, 142 Rn. 82 ff. – Aire Limpio.

[162] Bsp.: „Häufig kann man sich zwar nicht mehr genau erinnern, aber können Sie mir vielleicht sagen, wann ungefähr Sie zum ersten Mal diese Bezeichnung gesehen oder gehört haben?"

frage durch **Hilfestellungen** das Erinnerungsvermögen der Befragungsperson zu unterstützen.[163] Wenn der erste Kollisionszeitpunkt in zeitlicher Nähe zu einem Ereignis liegt, das bundesweit Interesse gefunden hat, kann versucht werden, eine Erinnerungshilfe aus einem Bereich von allgemeiner Bedeutung zu geben. In Betracht kommen sowohl politische[164] als auch sonstige Ereignisse.[165] Ein solches Vorgehen ist jedenfalls dann vertretbar, wenn es nicht auf exakte Prozentsätze, sondern auf grobe Größenordnungen ankommt. Den durch Befragung ermittelten rückwirkenden Erinnerungen sollten sonstige Erfahrungswerte,[166] die allgemeine Lebenserfahrung[167] und zusätzliche Erkenntnisquellen wie die Entwicklung von Umsatz und Marktanteil etc.[168] gegenübergestellt werden, um so die Validität der Ergebnisse besser einstufen zu können.[169]

Eine besonders zuverlässige Stütze für eine rückwirkende Schätzung kann sich ergeben, wenn in relativ **zeitlicher Nähe** zu dem ersten Kollisionszeitpunkt bereits eine **demoskopische Befragung** stattgefunden hat.[170] So wurde selbst Umfrageergebnissen aus dem Jahr 2008 Aussagekraft beigemessen, die für dieses Jahr eine Verkehrsbekanntheit von 67,5 % ermittelt hatten. Dies wurde als ein wichtiges **Indiz** dafür angesehen, dass auch schon im Jahr 1998 Verkehrsdurchsetzung bestand, weil – wegen Marktveränderungen und wegen Unklarheiten über die Rechtsträgerschaft – davon ausgegangen werden konnte, dass die Verkehrsbekanntheit zehn Jahre früher sogar weit höher gewesen sein musste.[171] Umgekehrt kann auch das Fehlen einer Verkehrsdurchsetzung im Zeitpunkt der Entscheidung über einen Löschungsantrag **Rückschlüsse** auf das Fehlen einer Verkehrsdurchsetzung im Eintragungszeitpunkt zulassen.[172] Umfrageergebnisse aus **zurückliegender Zeit** können für eine Verkehrsdurchsetzung im Zeitpunkt der Entscheidung ausreichen, wenn es keine Anhaltspunkte dafür gibt, dass inzwischen der Durchsetzungsgrad geringer geworden sein könnte.[173] In Ausnahmefällen, bei besonders bekannten Zeichen, die seit Jahrzehnten stark im Markt verankert sind, oder bei Zeichen, die langjährig als einzige im Markt waren, kann eine rückwirkende Messung selbst nach mehr als 10 Jahren noch zum Ziel führen.[174] 52

c) **Präventive Beweissicherung.** Retrospektive Ermittlungen können aus den dargelegten Gründen mit einem erheblichen Unsicherheitsfaktor behaftet sein. Kollisionsfälle sind zwar nicht prognostizierbar, aber nicht selten ist die **Gefahr einer kennzeichenrechtlichen Kollision** umso größer, je höher die Bekanntheit eines Zeichens ist. Weil fachkundig erstellte rechtsdemoskopische **Privatgutachten** großen Beweiswert genießen, kann es daher zweckmäßig sein, eine rechtsdemoskopische Umfrage durchführen zu lassen, obwohl ein Kollisionsfall nicht in Sicht ist. Das kann Anlass für den beratenden Anwalt sein, den Inhaber eines auch nur potentiell gefährdeten Kennzeichenrechts auf diese Möglichkeit einer Art präventiver Beweissicherung hinzuweisen. Dies gilt insbesondere in Anbetracht der Änderung der BGH-Rechtsprechung zur Beweislast, nach der Zweifel, ob zum Eintragungszeitpunkt ein Schutzhindernis vorlag, inzwischen nicht mehr zu Lasten des Antragsstellers, sondern des Markeninhabers gehen. Es obliegt nun generell dem Markeninhaber, im Löschungsverfahren diejenigen Umstände nachzuweisen, aus denen sich der (Fort-)Bestand seiner Marke ergibt.[175] Wenn erst einmal ein Kollisionsfall eingetreten ist, 53

[163] Bsp.: „Bitte versuchen Sie, sich jetzt möglichst genau an die Jahreszahl zu erinnern. Das ist zwar nicht einfach, aber vielleicht gibt es ein besonderes Ereignis in dieser Zeit – zB ein „runder" Geburtstag, eine Änderung im persönlichen Bereich oder in der Arbeit, eine besondere Anschaffung. Haben Sie damals auch schon diese Bezeichnung gekannt?"

[164] Das war zB bei 1990 als dem Jahr der Wiedervereinigung in einer Umfrage von 2000 für 1992 als Kollisionszeitpunkt der Fall (OLG Dresden GRUR-RR 2002, 257 (258) – Halberstädter Würstchen).

[165] ZB sog. Milleniumfeier, Sonnenfinsternis, Hochwasserkatastrophe, Olympische Spiele.

[166] Vgl. LG Mannheim MarkenR 2002, 60 (69) – intel inside; Niedermann/Schneider sic! 2002, 815 (829).

[167] Vgl. BGH GRUR 1997, 308 (310) – Wärme fürs Leben.

[168] Dabei kann das Gericht sowohl auf gerichtsbekannte als auch auf allgemeinkundige Tatsachen zurückgreifen (vgl. BGH WRP 1998, 1181 (1183) – MAC Dog). Als zusätzliche Erkenntnisquellen kommen in Betracht: demoskopische Privatgutachten (vgl. Gloy/Loschelder/Gloy, 3. Aufl. 2005, § 19 Rn. 15; GroßKommUWG/Jacobs Rn. 376 vor § 13 UWG; Noelle-Neumann/Schramm Umfrageforschung S. 54), die von Zeitschriften für Anzeigenkunden erstellten Kommunikationsanalysen (vgl. BGH GRUR 1991, 863 (866) – Avon).

[169] Vgl. BGH GRUR 1991, 863 (866) – Avon; OLG Hamburg GRUR-RR 2004, 42 (44) – Sitting Bull; NJOZ 2005, 133 (136) – Nike; LG München I WRP 1995, 883 (885) – Microshell; LG Mannheim MarkenR 2002, 60 (69) – intel inside.

[170] Vgl. BGH GRUR 1991, 863 (866) – Avon.

[171] BPatG GRUR 2011, 232 (238) – Gelbe Seiten.

[172] BGH GRUR 2009, 669 Rn. 31 – Post II; GRUR 2010, 138 Rn. 48 – ROCHER-Kugel.

[173] Vgl. BPatG MarkenR 2007, 167 (171/174) – Kinder (schwarz-rot).

[174] OLG Dresden GRUR-RR 2002, 257 (258) – Halberstädter Würstchen.

[175] BGH GRUR 2021, 1526 – NJW-Orange.

kann es für den Verletzten vorteilhaft sein, die Beurteilungsvoraussetzungen schnellstmöglich demoskopisch aufklären zu lassen, bevor sich aus dem beanstandeten Zeichen Auswirkungen auf die Verkehrsauffassung ergeben.[176]

III. Beteiligte Verkehrskreise

1. Deutschland

54 a) **Nachfrager/Abnehmer/Käufer.** Das Ergebnis einer Umfrage kann entscheidend von der Festlegung der beteiligten Verkehrskreise abhängen. Grundsätzlich ist derjenige Personenkreis als verkehrsbeteiligt anzusehen, der durch sein tatsächliches Kauf-, Konsum- oder Nutzungsverhalten einen wirtschaftlichen Einfluss auf den Warenabsatz bzw. die Inanspruchnahme einer Dienstleistung hat bzw. haben kann.[177] Dazu gehören insbesondere die jeweiligen (privaten oder gewerblichen) Abnehmer, sei es für den eigenen, sei es für fremden Bedarf. Im **Eintragungsverfahren** ist grundsätzlich ein Nachweis in allen beteiligten Verkehrskreisen erforderlich, also ggf. nicht nur bei der Bevölkerung, sondern auch bei Händlern und sonstigen Fachkreisen. Allerdings genügt im Falle eines kennzeichenmäßigen Verständnisses bei den Verbrauchern regelmäßig ein Nachweis bei diesen, weil dann davon auszugehen ist, dass dies erst recht bei den Fachkreisen gilt.[178] Richtet sich – bei der **Irreführung** – eine Werbung an verschiedene Kreise, also zB an Fachkreise und Endverbraucher, reicht eine relevante Täuschung bereits in einem dieser Verkehrskreise aus.[179] In der Rechtspraxis, insbesondere bei der Messung der Kennzeichnungskraft, wird vielfach die **Gesamtbevölkerung** als verkehrsbeteiligt angesehen. Das trifft jedoch allenfalls dann zu, wenn Ausnahmen vom Konsum eine vernachlässigbar geringe Bedeutung haben. Das mag bei Dienstleistungen der Telekommunikation der Fall sein.[180] Bei anderen Angeboten des Massenkonsums bzw. Waren des täglichen Bedarfs wie Lotteriespielen,[181] Schokolade,[182] Müsli oder Pralinen[183] ist es dagegen nicht sachgerecht, eine Verkehrsbeteiligung der Gesamtbevölkerung zu unterstellen.[184] Ob Befragte auszunehmen sind, die „keinerlei Bezug" zu Schokoladenwaren[185] bzw. Pralinen[186] haben, wurde vom BGH bislang nur deswegen offen gelassen, weil die für die Gesamtbevölkerung ermittelten Durchsetzungsgrade ausreichend waren. Die Frage „Wie häufig kaufen oder essen Sie selbst Pralinen?" wurde von immerhin 14 % mit „nie" beantwortet,[187] obwohl nicht nur Käufer, sondern auch Esser/Verwender befragt worden waren. Bei Produkten, die nur für **gewerbliche Abnehmer** bestimmt sind, müssen diejenigen Personen befragt werden, die *fachlich-inhaltlich* für die Frage zuständig sind, ob und ggf. von wem die jeweiligen Produkte angeschafft werden.

55 b) **Potentielle Nachfrager/Abnehmer/Käufer.** Die Einbeziehung von potentiellen Abnehmern wird seit langem befürwortet.[188] Dabei wird die Verkehrsbeteiligung nicht am gegenwärtigen

---

[176] Vgl. Niedermann/Schneider sic! 2002, 815 (829).

[177] Vgl. Sauberschwarz Gutachten Markt- und Meinungsforschungsinstitute S. 52 f.; Gloy/Loschelder/Danckwerts UWG-HdB/Pflüger § 42 Rn. 52; im Markenrecht sind dies alle Kreise, in denen die fragliche Marke Verwendung findet oder Auswirkungen zeitigen kann, vgl. BGH GRUR 1986, 894 (895) – OCM; GRUR 2009, 411 Rn. 12 – Streetball.

[178] Vgl. Richtlinie Markenanmeldungen des Deutschen Patent- und Markenamts (DPMA) vom 1.8.2018, in der Fassung vom 1.9.2020, Teil 2, Abschnitt XVII, Ziff. 7: „Führt eine Endverbraucherumfrage zu einem ausreichenden Durchsetzungsgrad, ist davon auszugehen, dass dann auch bei den Fachkreisen eine Durchsetzung mit mindestens dem gleichen Umfang vorhanden ist (…)".

[179] BGH GRUR 1955, 415 (416) – Venostasin; GRUR 2004, 244 (246) – Marktführerschaft.

[180] BGH GRUR 2004, 151 (153) – Farbmarkenverletzung I; GRUR 2004, 154 (155) – Farbmarkenverletzung II.

[181] Vgl. BGH GRUR 2006, 760 Rn. 22 – LOTTO.

[182] Vgl. BGH GRUR 2009, 954 Rn. 26 – Kinder III.

[183] Vgl. BGH GRUR 2010, 138 Rn. 46 – ROCHER-Kugel; GRUR 2010, 1103 Rn. 45 – Pralinenform II.

[184] Vgl. hierzu Pflüger Mitt. 2007, 259 (264 f.); erst recht nicht sachgerecht ist es, die Gesamtbevölkerung auch dann als maßgeblichen Verkehrskreis anzusehen, wenn es *nicht* um Waren/Dienstleistungen des Massenkonsums bzw. täglichen Bedarfs geht. So aber: BPatG 30.3.2022 – 29 W (pat) 17/20, S. 17, GRUR-RS 2022, 8032 – EUROBIKE, das im Zusammenhang mit Fahrradmessen die Gesamtbevölkerung als relevanten Verkehrskreis erachtete, und zwar unabhängig davon, ob bereits eine Fahrradmesse besucht wurde oder ob man selbst Fahrrad fährt.

[185] Vgl. BGH GRUR 2009, 954 Rn. 27 – Kinder III.

[186] Vgl. BGH GRUR 2010, 138 Rn. 46 – ROCHER-Kugel.

[187] Vgl. BPatG GRUR 2008, 420 (424) – ROCHER-Kugel.

[188] ZB BGH GRUR 1974, 220 (222) – Club Pilsener; GRUR 1984, 376 (377) – Johannisbeerkonzentrat; BPatG BeckRS 2007, 11429, S. 6 – Melissengeist.

Verhalten, sondern am (voraussichtlichen) künftigen Verhalten festgemacht. Dahinter steht die Überlegung, dass durch Werbemaßnahmen in der Regel die Bereitschaft ausgelöst werden soll, erstmals Waren zu kaufen oder Dienstleistungen in Anspruch zu nehmen, die bisher für die Werbeadressaten keine Rolle gespielt haben. Diese Vorgehensweise führt zT zu einer erheblichen Vergrößerung des Personenkreises, der als verkehrsbeteiligt angesehen wird. Nicht einheitlich wird die Frage beantwortet, in *welchem Umfang* potentielle Nachfrager einzubeziehen sind. Im Markenrecht hat der BGH in der Entscheidung „Lotto“[189] nur diejenigen nicht als verkehrsbeteiligt angesehen, die Glücksspiel **kategorisch ablehnen.** Diese Rechtsprechung wurde in der Folge vom BPatG auf Waren und Dienstleistungen des Massenkonsums übertragen, so dass inzwischen regelmäßig diejenigen als nicht verkehrsbeteiligt angesehen werden, die den Erwerb oder die Verwendung der jeweiligen Ware bzw. Dienstleistung generell ausschließen.[190] Eine solche Eingrenzung ist aus rechtsdemoskopischer Sicht jedoch unzureichend. Denn das „kategorische“ Ablehnen bringt eine moralische Bewertung zum Ausdruck,[191] die als Abgrenzungskriterium für alltägliche Angebote ungeeignet ist. Personen, die lediglich grundsätzlich nicht ablehnen, eine Ware zu kaufen, sich ansonsten mit dem jeweiligen Marktangebot jedoch noch nicht nachfragerelevant befasst haben, können zur Marktsituation faktisch keinen Beitrag leisten. Allein die hypothetische Möglichkeit, als Nachfrager in Erscheinung zu treten, rechtfertigt noch keine Zuordnung zum maßgeblichen Verkehrskreis. Dies gilt sowohl für das **Markenrecht**, bei dem **Marktbefassung** Voraussetzung dafür sein muss, dass ein Zeichen auf dem jeweiligen Markt überhaupt als Herkunftshinweis verstanden werden kann, als auch für das **Wettbewerbsrecht**, wo es an der **Relevanz** einer Irreführung fehlen kann, wenn lediglich eine künftige Marktbefassung nicht ausgeschlossen wird. Im Markenrecht spricht gegen die Einbeziehung präsumtiver Nachfrager im Übrigen auch der Gesetzeswortlaut, wonach es darauf ankommt, ob ein Zeichen durch Benutzung Verkehrsgeltung „erworben hat“[192] oder ob sich eine Marke infolge ihrer Benutzung in den beteiligten Verkehrskreisen „durchgesetzt hat“.[193] Hinzu kommt, dass aus der Marktforschung seit langem bekannt ist, dass Voraussagen zu künftigen Nachfrageentscheidungen problematisch sind.[194] So wurde zB im Rahmen sog. Panel-Untersuchungen ermittelt, dass selbst angeblich „konkrete“ Kaufpläne in der Regel zu höchstens 50 % verwirklicht werden. Wenn von 1.807 Befragten bisher nur 15 % die Beratung eines Finanzdienstleisters in Anspruch genommen haben, sind nur diese 15 % tatsächlich verkehrsbeteiligt.[195] Zwar haben weitere 13 % erklärt, sie „könnten sich das vorstellen“. Aber aus dieser Vorstellungswelt kann nicht ohne weiteres gefolgert werden, dass dieser Personenkreis das Marktgeschehen in diesem Bereich in seine Beobachtung aufgenommen hat. Um das Verkehrsverständnis potentiell Verkehrsbeteiligter nicht zu spekulativ werden zu lassen, empfiehlt es sich daher, in der Befragung weitergehende **Eingrenzungen** vorzunehmen[196] und zB wie folgt zu fragen:

Formulierungsvorschlag:

Kommt die Anschaffung dieser Ware bzw. die Inanspruchnahme dieser Dienstleistung für Sie in absehbarer Zeit in Betracht *und* haben Sie sich schon näher damit befasst, was es da so alles für Angebote gibt?

c) **Verwender.** Gerichte haben in der Vergangenheit vielfach auch Verwender in den Kreis der Verkehrsbeteiligten einbezogen,[197] was dann einen Unterschied machen kann, wenn Personen nur 56

[189] BGH GRUR 2006, 760 (762) – LOTTO.

[190] BPatG GRUR 2007, 324 (328) – Kinder (schwarz-rot); GRUR 2007, 593 (596) – Ristorante; BpatG 2.10.2019 – 29 W (pat) 17/17, Rn. 51.

[191] Vgl. Gloy/Loschelder/Danckwerts UWG-HdB/Pflüger § 42 Rn. 54.

[192] Vgl. § 4 Nr. 2 MarkenG.

[193] Vgl. § 8 Abs. 3 MarkenG.

[194] Vgl. Andersen GRUR 1981, 160 (163).

[195] Nach OLG Frankfurt a. M. GRUR-RR 2011, 220 (221) – Unabhängigkeit – sollte es sogar auch auf die Personen ankommen, die unentschlossen sind oder es sich (eigentlich) nicht vorstellen können, die Beratung eines Finanzdienstleisters in Anspruch zu nehmen. Das von der Klägerin vorgelegte Privatgutachten war allerdings deswegen nicht aussagekräftig, weil zunächst nicht offen untersucht worden ist, welche Vorstellungen die Befragten ua mit der Angabe „… größter unabhängiger Finanzdienstleister“ verbinden und weil mit der geschlossenen Frage nicht versucht worden ist, die Bedeutung der Teilangabe „unabhängig“ zu ermitteln.

[196] Gloy/Loschelder/Danckwerts UWG-HdB/Pflüger § 42 Rn. 55.

[197] Eichmann GRUR 1999, 939 (940).

verwenden, aber nicht (für sich oder für andere) kaufen. Ob eine Person als Verwender verkehrsbeteiligt ist, sollte allerdings davon abhängen, ob sie auch als **Nachfrager** Einfluss auf das Marktgeschehen nimmt.[198] Wer zB einen Großkopierer in einem Büro benutzt, ist zwar Verwender, übt aber in der Regel keinen Einfluss auf dessen Anschaffung aus. Auf die Vorstellungen von NUR-Verwendern, die den Kauf nicht maßgeblich mitbestimmen, kann es nur ankommen, wenn es um **Erfahrungen** im Zusammenhang mit einem Produkt geht,[199] zB um die Wirkung eines Deodorants oder um den Geschmack eines Lebensmittels.

57 **d) Erfassungsmethodik.** Ist nicht eindeutig geklärt, ob eine weitere oder eine engere Definition der Verkehrsbeteiligung sachgerecht ist, sollte die Umfrage zwar grundsätzlich breit, aber auch so angelegt werden, dass die Vorstellungen einer enger definierten Gruppe ebenfalls ermittelt werden.[200] Das sollte insbesondere dann geschehen, wenn die Befragung auch „potentiell" Verkehrsbeteiligter vorgegeben wird. Deren Antworten sollten – neben einer zusammenfassenden Darstellung[201] – ggf. auch getrennt ausgewiesen und bewertet werden.[202] Wenn auch Verwender einbezogen werden, kann es zweckmäßig sein, im Fragebogen so zu differenzieren,[203] dass dem in der Auswertung Rechnung getragen werden kann. Allerdings ist der Anteil der NUR-Verwender, die nicht auch kaufen, meist sehr gering, so dass allein für diese Teilgruppe nur selten statistisch verwertbare Ergebnisse mit hinreichender Aussagekraft erzielt werden können.

58 **e) Formulierung der Verkehrskreisfragen.** Auch wenn es bei der Ermittlung der Verkehrsbeteiligung nicht um die eigentliche Beweisfrage geht, muss bei der Formulierung der Verkehrskreisfrage(n) das Gebot der **Verständlichkeit** (vgl. → Rn. 11) beachtet werden, weil die Gefahr besteht, dass eine komplexe Fragestellung auf Unverständnis stößt.[204] Aus Rechtsgründen reicht es aus, danach zu fragen, ob die Befragungsperson zumindest gelegentlich Waren der in Betracht kommenden Art kauft oder einschlägige Dienstleistungen in Anspruch nimmt (bzw. ggf., ob das in absehbarer Zeit in Betracht kommt). Sollte ausnahmsweise eine differenzierende Ermittlung der Verkehrsbeteiligung erforderlich sein, besteht die Möglichkeit, die Häufigkeit des Kaufs/Konsums/der Nutzung abgestuft zu ermitteln. Bei der Auswertung können die unterschiedlichen **Intensitätsstufen** der Verkehrsbeteiligung dann nach den jeweiligen Vorgaben ausgewiesen werden.[205] Weil in der Rechtspraxis eine Festlegung auf bestimmte Prozentsätze abgelehnt wird (vgl. → Rn. 118), kann es im Einzelfall Bedeutung erlangen, welches prozentuale Ergebnis für besonders intensiv Verkehrsbeteiligte ermittelt worden ist.[206] Eine differenzierende Auswertung kann zB wie folgt vorbereitet werden:

Formulierungsvorschlag:

Haben Sie schon einmal ...... [Gattungsbezeichnung] gekauft? Wenn ja: Wie oft etwa haben Sie das in den letzten ...... [zB Wochen, Monaten, Jahren] gekauft?

59 **f) Positionierung der Verkehrskreisfragen.** Es liegt grundsätzlich nahe, die Verkehrsbeteiligung vor dem **Beginn** des eigentlichen Interviews zu ermitteln, weil die Befragung von Personen, die nicht verkehrsbeteiligt sind, juristisch unergiebig ist. Im Allgemeinen kann es daher nicht bean-

198 Vgl. Gloy/Loschelder/Danckwerts UWG-HdB/Lubberger § 41 Rn. 34.

199 Vgl. Andersen GRUR 1981, 160.

200 Vgl. Niedermann/Schneider sic! 2002, 815 (832).

201 Das war zB in einem der Gutachten der Fall, das zum Beleg für die Verkehrsdurchsetzung einer Gemeinschaftsmarke eingereicht worden ist (vgl. HABM (4. Beschwerdekammer) GRUR-RR 2006, 260 (262) – HILTI-Koffer).

202 Vgl. Gloy/Loschelder/Danckwerts UWG-HdB/Pflüger § 42 Rn. 56.

203 Vgl. Andersen GRUR 1981, 160 (163); ausführlicher hierzu Eichmann GRUR 1999, 939 (949).

204 Das war zB bei der Frage „Befassen Sie sich öfters oder gelegentlich als Käufer oder Interessent oder sonst irgendwie mit Pralinen?" der Fall, die von 52,4 % der Befragten mit „Nein" beantwortet wurde, während nur 14 % die einfache Frage „Wie häufig kaufen oder essen Sie selbst Pralinen?" mit „nie" beantworteten (vgl. BPatG GRUR 2008, 420 (424) – ROCHER-Kugel).

205 Vgl. Andersen GRUR 1981, 160 (162).

206 Vgl. zB BGH GRUR 1991, 863 (867) – Avon: Kann … auch dem Umstand Bedeutung zukommen, dass in den eigentlichen Käuferkreisen des Kennzeichnungsinhabers die Bekanntheit noch höher liegt; BGH GRUR 1999, 251 (252) – Warsteiner I: nahezu 81 % der häufigen Bierkonsumenten; OLG Köln GRUR-RR 2004, 236 (238) – Fruchtaufstrich „ohne Kochen hergestellt": höhere Irreführungsquote bei Befragten, die Fruchtaufstrich auch selbst herstellen.

standet werden, wenn sich die erste Frage auf die Zugehörigkeit zu den maßgeblichen Verkehrskreisen bezieht.[207] Diese Vorgehensweise hat auch Eingang in den vom DPMA vorgeschlagenen Fragebogen zur Ermittlung der Verkehrsdurchsetzung gefunden (vgl. → Rn. 59). Wenn es eine klar abgrenzbare Gruppe von verkehrsbeteiligten Personen gibt und sicher feststeht, dass für weitere Kreise wie zB die Gesamtbevölkerung keine Ergebnisse benötigt werden, kann es sich aus Kostengründen anbieten, nur die Verkehrsbeteiligten weiter zu befragen. Steht jedoch zu besorgen, dass zB ein höherinstanzliches Gericht eine andere Verkehrskreisdefinition zugrunde legt, oder kann sich aus der Verkehrskreisfrage ein Einfluss auf den Gegenstand der Befragung ergeben, etwa wenn die Bekanntheit eines Zeichens (zunächst) ohne Vorgabe einer Waren- oder Dienstleistungsgruppe ermittelt werden soll, darf die Frage nach der Verkehrsbeteiligung nicht zu Beginn des Interviews gestellt werden.[208] Hinzu kommt, dass es bei einer Positionierung der Verkehrskreisfragen zu Beginn der Befragung uU unnötiger zusätzlicher „Überzeugungsarbeit" bedarf, um auch Nicht-Verkehrsbeteiligte für die Beantwortung der anschließenden Fragen zu gewinnen.[209] Es ist daher zu Recht überwiegende Praxis der Institute, die Frage nach der Verkehrsbeteiligung regelmäßig erst am **Ende** des Interviews zu stellen;[210] dies hat für die Befragung und die Bewertung der Ergebnisse keinerlei Nachteil.

2. Europäische Union

a) **Unterscheidungskraft durch Benutzung.** Die nach Art. 7 Abs. 1 Buchst. b), c) oder d) UMV grundsätzlich von der Eintragung ausgeschlossenen Zeichen können die für eine Eintragung nach Art. 7 Abs. 3 UMV erforderliche Unterscheidungskraft durch Benutzung erworben haben. Hierfür muss zumindest ein **erheblicher Teil** der maßgeblichen Verkehrskreise die betreffenden Waren oder Dienstleistungen aufgrund des Zeichens als von einem bestimmten Unternehmen stammend erkennen.[211] Für Unionsmarken richtet sich der Erwerb von Unterscheidungskraft durch Benutzung im Grundsatz nach denselben sachlichen Kriterien, die für die Verkehrsdurchsetzung von nationalen Marken gelten (vgl. → Rn. 67 ff.). 60

Die erworbene Unterscheidungskraft muss bei Zeichen, die in keinem Mitgliedsstaat originär unterscheidungskräftig sind, grundsätzlich für das **Gesamtgebiet** der Gemeinschaft belegt werden.[212] Dementsprechend hat der EuG in der Vergangenheit eine Befragung in zehn Ländern[213] als Nachweis, dass die dreidimensionale Form der Coca Cola-Flasche (ohne Riffelung) in der gesamten Union bei einem wesentlichen Teil der maßgeblichen Verkehrskreise Unterscheidungskraft erlangt habe, als nicht ausreichend angesehen.[214] Selbst eine Anzahl von 15 Ländern wurde vom EuGH in der „KITKAT-Finger"-Entscheidung als zu wenig erachtet;[215] das Ergebnis dieser Umfragen könne nicht auf die übrigen Mitgliedsstaaten übertragen werden, in denen keine Umfragen durchgeführt wurden. In einem anderen Fall wurde ein gemeinschaftsweiter Erwerb der Unterscheidungskraft der gemeinschaftsweit beworbenen Buchstabenkombination AUDI verneint, weil für Irland, Dänemark und die Niederlande keine hinreichenden Nachweise erbracht worden waren.[216] In Anbetracht der Vielzahl von Mitgliedsstaaten und des exorbitanten Kostenaufwands, der mit einer Befragung in allen (derzeit 27) Ländern verbunden wäre,[217] werden Vereinfachungen diskutiert. Danach soll es ausreichen, wenn Unterscheidungskraft durch Benutzung in 61

[207] Vgl. BGH GRUR 2007, 780 Rn. 37 – Pralinenform.

[208] Vgl. Gloy/Loschelder/Danckwerts UWG-HdB/Pflüger § 42 Rn. 99. Zur Ermittlung einer erhöhten Kennzeichnungskraft des für eine Testzeitschrift durchgesetzt eingetragen Logos „test" hätte durch die 1. Frage zum Lesen von „Testberichten oder Warentests in Zeitschriften" nicht auf einen Zusammenhang mit Zeitschriften hingeführt werden dürfen, vgl. OLG Hamburg MD 2008, 1032 (1040) – test.

[209] Andersen GRUR 1981, 160 (163).

[210] Vgl. Andersen GRUR 1981, 160 (163); Dobel Demoskopische Gutachten S. 100; Gloy/Loschelder/Danckwerts UWG-HdB/Pflüger § 42 Rn. 98; Noelle-Neumann/Schramm Umfrageforschung S. 48; Schulz MA 1984, 143 (144); unscharf Knaak Demoskopische Umfragen Rn. 31 Fn. 234.

[211] Vgl. EuGH GRUR 1999, 723 Rn. 52 – Windsurfing Chiemsee.

[212] Vgl. die Marken- und Geschmacksmusterrichtlinien des EUIPO, Teil B, Abschnitt 4, Kapitel 4, Kapitel 14.6 [Datum des Inkrafttretens: 31.3.2022].

[213] Und zwar in Dänemark, Deutschland, Estland, Griechenland, Spanien, Frankreich, Italien, Polen, Portugal und im Vereinigten Königreich.

[214] EuG GRUR-RS 2016, 80388 Rn. 80 – Form einer Konturflasche ohne Riffelung.

[215] EuGH GRUR 2018, 1141 – KITKAT-Finger.

[216] EuG BeckRS 2011, 81066 Rn. 66 – Audi/HABM (TDI); vgl. hierzu Fischer GRUR-Prax 2011, 377.

[217] Vgl. HABM (1. Beschwerdekammer) GRUR-RR 2008, 125 – Luxusuhr; Berlit GRUR 2011, 369 (373); Pflüger Mitt. 2007, 259 (267).

einem wesentlichen Teil der Gemeinschaft[218] entstanden ist. Auch in dem Beschluss des Präsidiums der Beschwerdekammern des EUIPO über Marktstudien als Beweismittel ist die Möglichkeit einer Extrapolation, also die Übertragung einer in einem Land durchgeführten Studie auf ein anderes Land, grundsätzlich vorgesehen. Diese soll insbesondere in zwei Szenarien zulässig sein, nämlich (i) wenn mehrere Mitgliedsstaaten im gleichen Vertriebsnetz gruppiert wurden und diese Staaten insbesondere für Marketingzwecke so behandelt werden, als wären sie ein und derselbe Markt oder (ii) wenn aufgrund einer geografischen, kulturellen oder sprachlichen Nähe zwischen zwei Mitgliedsstaaten die betroffenen Verkehrskreise des einen über ausreichende Kenntnisse der Waren und Dienstleistungen verfügen, die auf dem Markt des anderen Mitgliedsstaats präsent sind.[219] Wenn ein demoskopischer Nachweis für **besondere Länder** erbracht und ansonsten auf die maßgeblichen **Einzelumstände** abgestellt wird, kann auch das genügen.[220] Eine solche Vorgehensweise war mit demoskopischen Belegen für einen hohen Kennzeichnungsgrad in Deutschland und in Österreich deswegen erfolgreich, weil für die weiteren Mitgliedsstaaten Umsätze, Marktanteile und Werbeaufwendungen dokumentiert wurden, die den entsprechenden Werten in Deutschland und Österreich ähnlich waren.[221]

62 **Einzelstaatliche Besonderheiten** können Beschränkungen auf wenige Mitgliedsstaaten zur Folge haben. Wenn eine Marke nur in einem **Teil der Gemeinschaft** keine originäre Unterscheidungskraft aufweist, muss nur für diesen Teil belegt werden, dass Unterscheidungskraft durch Benutzung entstanden ist.[222] Das kann insbesondere bei Wortmarken der Fall sein.[223] Wenn eine Bezeichnung nur in deutscher Sprache beschreibend ist, muss die durch Benutzung erworbene Unterscheidungskraft zumindest für Deutschland, ggf. auch für Österreich, belegt werden.[224] Bei **Bezeichnungen in englischer** Sprache muss wohl der länderübergreifenden Verbreitung dieser Sprache Rechnung getragen werden.[225] Dabei sollte die Verständnisfähigkeit englischer Worte etwa bei der deutschsprachigen Bevölkerung allerdings nicht überschätzt werden. So verstehen zB mehr als 60 % der Gesamtbevölkerung die Angabe „Against Animal Testing" nicht bzw. nicht richtig. Wenn es nicht um Wortmarken geht, fällt die Beurteilung der (fehlenden) Unterscheidungskraft in der gesamten Gemeinschaft grundsätzlich gleich aus.[226]

63 **b) Kennzeichenrechtlicher Bekanntheitsschutz.** Ob die Voraussetzungen für eine **Bekanntheit** iSd Art. 9 Abs. 2 Buchst. c) UMV erfüllt sind, richtet sich nach den Kriterien, die auch für nationale Marken (vgl. → Rn. 91) maßgeblich sind. Zu prüfen sind daher **alle relevanten Umstände,** um zu ermitteln, ob die ältere Marke einem bedeutenden Teil des Publikums bekannt ist.[227] Es genügt ein gewisser Grad an Bekanntheit; eine feste prozentuale Bekanntheitsschwelle hält der EuGH nicht für erforderlich.[228] Für den Bekanntheitsschutz einer Unionsmarke ist die Bekanntheit in einem **wesentlichen Teilgebiet** der Gemeinschaft ausreichend,[229] wofür schon der Nachweis in einem Mitgliedsstaat (Österreich) genügen kann.[230] Ebenfalls ausreichend war die Bekanntheit in einem wesentlichen Teil des Benelux-Gebiets.[231] Bei größeren

[218] Vgl. Berlit GRUR 2011, 369 (373).

[219] Ziff. 6 im Anhang des Beschlusses Nr. 2020-8 des Präsidiums der Beschwerdekammern vom 6. November 2020 über Marktstudien als Beweismittel vor den Beschwerdekammern; abrufbar unter: https://euipo.europa.eu/tunnel-web/secure/webdav/guest/document_library/contentPdfs/law_and_practice/presidium_boards_appeal/Decision_2020-8_de.pdf.

[220] Vgl. Pflüger Mitt. 2007, 259 (267).

[221] HABM (4. Beschwerdekammer), GRUR-RR 2006, 260 – HILTI-Koffer; zur Kritik an weiteren Details vgl. Pflüger Mitt. 2007, 259 (267). Eine 1991 in den alten Bundesländern Deutschlands durchgeführte Umfrage war für eine Markenanmeldung von 1998 aus mehreren Gründen ungeeignet (HABM (3. Beschwerdekammer) GRUR-RR 2001, 211 – Schogetten-Stück).

[222] EuGH GRUR 2006, 1022 Rn. 83 – Wicklerform.

[223] Vgl. EuGH GRUR 2007, 234 Rn. 25 – EUROPOLIS – für den gleichgelagerten Fall, dass bei einer Beneluxmarke der Bestandteil „polis" nur in der niederländischen Sprache eine Bezeichnung für einen Versicherungsvertrag war.

[224] Vgl. EuG GRUR Int. 2010, 520 Rn. 79 ff. – Deutsche BKK/HABM.

[225] Vgl. HABM (2. Beschwerdekammer) vom 4.9.2006 – BANKLINE.

[226] Vgl. EuG GRUR 2011, 425 Rn. 66 – Lindt & Sprüngli/HABM (Goldhase).

[227] EuGH GRUR 2009, 1158 Rn. 25 – PAGO/Tirolmilch.

[228] EuGH GRUR 2009, 1158 Rn. 21 und Rn. 25 – PAGO/Tirolmilch; GRUR Int. 2000, 73 Rn. 22 bis Rn. 27 – Chevy.

[229] EuGH EuZW 2000, 56 Rn. 24 – General Motors; GRUR 2009, 1158 Rn. 27 – PAGO/Tirolmilch.

[230] EuGH GRUR 2009, 1158 Rn. 29 – PAGO/Tirolmilch; EuGH GRUR 2019, 621 Rn. 50 – Öko-Test; kritisch Schönherr/Grötschl MarkenR 2009, 529. Es muss damit gerechnet werden, dass Schutz nur für das Gebiet der Bekanntheit gewährt wird.

[231] EuGH EuZW 2000, 56 Rn. 29 – General Motors.

Mitgliedsstaaten kann schon die Bekanntheit in einem Teil des Mitgliedsstaats hinreichend sein.[232] Ein zu weiter Schutzbereich ist dabei nicht zu befürchten, wenn im Verletzungsstreit darauf abgestellt wird, ob im konkreten Verletzungsgebiet eine Rufausbeutung oder Markenbeeinträchtigung stattfindet. Es muss damit gerechnet werden, dass Schutz nur für das Gebiet, in dem die Bekanntheit nachgewiesen wurde, gewährt wird.[233] Ein gemeinschaftsweites Verbot für ein angegriffenes Zeichen wurde als gerechtfertigt angesehen, weil die Bekanntheit der Marke, aus der vorgegangen wurde, in Dänemark mit 85 %, in Schweden mit 67 % und in Norwegen mit 68 % festgestellt worden war und weitere entsprechende Bekanntheitsindizien in anderen Mitgliedsstaaten bestanden.[234] Das maßgebliche Publikum ist je nach der vermarkteten Ware oder Dienstleistung die breite Öffentlichkeit oder ein spezielleres Publikum, zB bestimmte Fachkreise.[235]

IV. Rechtsgebiete

1. Irreführung

a) **Allgemeines.** Demoskopische Umfragen zu Irreführungstatbeständen wurden vom EuGH skeptisch, aber nicht ablehnend beurteilt: Das nationale Gericht kann demnach eine Verbraucherbefragung in Auftrag geben, wenn es besondere Schwierigkeiten bei der Beurteilung sieht, ob eine Bezeichnung irreführend ist.[236] Weil das nach Maßgabe des nationalen Rechts erfolgt, können die Erkenntnisse aus der deutschen Rechtspraxis fortgeführt werden. Daran hat die Richtlinie über unlautere Geschäftspraktiken nichts geändert.[237] 64

b) **Befragungstechnik.** Seit langem ist es Standard, dass – je nach Befragungssujet – sowohl offene (vgl. → Rn. 17) als auch geschlossene Fragen (vgl. → Rn. 24) Verwendung finden.[238] So wird bei Umfragen zur Bekanntheit oder zur Irreführung zu Beginn häufig danach gefragt, ob der Untersuchungsgegenstand schon gesehen/gehört wurde und – offen – was damit verbunden wird, um zunächst die spontanen Reaktionen zu erfassen.[239] Die erste offene Frage sollte in der Regel **möglichst allgemein** gehalten sein.[240] Insbesondere darf dabei das Kern-Beweisthema weder direkt noch indirekt angesprochen werden, weil es ansonsten unmöglich würde, zunächst die persönlichen Erwartungen des Verkehrs, ohne jegliche Fokussierung, zu ermitteln.[241] Einem Urteil des BGH lag zugrunde, dass zu ermitteln war, ob mit dem *Firmenbestandteil* „Porzellanmanufaktur" die Vorstellung verbunden wird, dass nicht nur die Formen der Porzellanwaren in Handarbeit gefertigt werden, sondern auch das Dekor in Handarbeit mit dem Pinsel aufgebracht wird.[242] Der BGH sah es als nicht ausreichend an, dass nur in einer offenen Frage gefragt worden war, was sich die Befragten unter einer „Porzellanmanufaktur" vorstellen. Dem Berufungsgericht wurde daher aufgegeben, im Rahmen einer ergänzenden Beweiserhebung sowohl durch **zielgerichtet offene Fragen** als auch durch **geschlossene Fragen** die Vorstellungen der Verkehrsbeteiligten konkreter zu ermitteln. 65

c) **Beispiel für einen Fragebogen.** Zur Ermittlung der Verbrauchererwartungen zu der Bezeichnung „Porzellanmanufaktur" hätte folgender Fragebogen Einsatz finden können:[243] 66

[232] LG Hamburg MarkenR 2007, 444 (447) – PILGRIM; in diesem Sinn auch Kind GRUR 2007, 216 (217).

[233] Vgl. Knaak/Kur/von Mühlendahl GRUR Int. 2012, 197 (204).

[234] LG Hamburg MarkenR 2007, 444 (447) – PILGRIM.

[235] EuGH EuZW 2000, 56 Rn. 24 – General Motors; GRUR 2009, 1158 Rn. 22 – PAGO/Tirolmilch.

[236] EuGH GRUR Int. 1998, 795 (796) – Gut Springenheide; WRP 2000, 289 Rn. 31 – Lifting Creme; vgl. hierzu Köhler/Bornkamm/Feddersen/Bornkamm/Feddersen UWG § 5 Rn. 0.60 ff.

[237] Vgl. Helm WRP 2005, 931 (936, 939).

[238] Fezer/Büscher/Obergfell/Niedermann UWG S. 18 Rn. 32 ff.

[239] Vgl. das Bsp. und die Folgefragen bei MPFormB GewRS/Schabenberger/Sonntag A. 31 sowie die Anm. hierzu.

[240] Vgl. zB BGH GRUR 1981, 666 (667) – Ungarische Salami I.

[241] Vgl. BGH GRUR 1970, 517 (520) – Kölsch-Bier; GRUR 1983, 257 (258) – bis zu 40 % – sowie GRUR 1989, 440 (442) – Dresdner Stollen I; GRUR 1990, 461 (462) – Dresdner Stollen II.

[242] Vgl. BGH GRUR 1991, 680 (681) – Porzellanmanufaktur (bei der Beklagten war das Dekor mit Hilfe von vorgefertigten (Abzieh-)Bildern, aber mit der Hand, auf die Porzellanwaren aufgebracht (nicht aufgemalt) worden).

[243] Fragestellungen in Anlehnung an Eichmann GRUR 1999, 939 (943). Zu einem weiteren Beispiel für einen Fragebogen vgl. MPFormB GewRS/Schabenberger/Sonntag A. 31 (mAnm).

1. Haben Sie schon mal die Bezeichnung „Porzellanmanufaktur" gehört oder gelesen oder noch nicht?
2. Welche Vorstellungen haben Sie von einem Unternehmen, das die Bezeichnung „Porzellanmanufaktur" verwendet?
3. Gibt es sonst noch etwas, was Sie damit verbinden?
4. Haben Sie eine Vorstellung davon, wie Porzellanwaren bei einem Unternehmen mit der Bezeichnung „Porzellanmanufaktur" hergestellt werden? Bitte sagen Sie es mir so genau wie möglich.
5. Hier ist eine Liste mit verschiedenen Antwortmöglichkeiten. Bitte lesen Sie die zuerst ganz durch und sagen Sie mir dann, was davon für Sie persönlich zutrifft. [Mehrfachnennungen möglich]
6. Ist/wäre das für Sie/Ihre Kaufentscheidung wichtig [dass bei Porzellan von einem Unternehmen mit der Bezeichnung „Porzellanmanufaktur" das Dekor von Hand aufgemalt wird]? Oder ist das für Sie nicht wichtig? Oder können Sie das nicht so genau sagen?

2. Verkehrsgeltung/Verkehrsdurchsetzung

67 a) **Allgemeines.** Sowohl bei der Verkehrsgeltung nach § 4 Nr. 2 MarkenG als auch bei der Verkehrsdurchsetzung nach § 8 Abs. 3 MarkenG kommt es auf die Kennzeichnungskraft eines Zeichens an. § 4 Nr. 2 MarkenG bestimmt, dass formloser Markenschutz entsteht, wenn ein Zeichen durch Benutzung im geschäftlichen Verkehr als Marke **Verkehrsgeltung** erlangt hat. Für den Erwerb einer **Benutzungsmarke** reicht es aus, dass ein nicht unerheblicher Teil der angesprochenen Verkehrskreise in einem Zeichen einen Hinweis auf ein bestimmtes Unternehmen sieht.[244] Die **Verkehrsdurchsetzung** spielt im **Eintragungsverfahren** zur Überwindung absoluter Eintragungshindernisse eine Rolle. Sie ergibt sich daraus, dass sich ein beschreibendes, gattungsmäßig verwendetes oder sonst nicht unterscheidungskräftiges Zeichen infolge seiner Benutzung in den beteiligten Verkehrskreisen als Marke durchgesetzt hat.[245] Eine Verkehrsdurchsetzung ohne Vorlage eines demoskopischen Gutachtens hat das DPMA bisher nur selten anerkannt.[246] Nach der Rechtsprechung des EuGH können für die Beurteilung der durch Benutzung eines Zeichens entstandenen Unterscheidungskraft allgemeine Kriterien wie die Intensität, die geografische Verbreitung und die Dauer der Benutzung, der Werbeaufwand sowie der Marktanteil eine Rolle spielen. Erklärungen von Industrie- und Handelskammern oder von Berufsverbänden können ebenfalls berücksichtigt werden.[247] Dem hat sich der BGH angeschlossen.[248] Befragungen der IHK wird indes – zu Recht – mit Skepsis begegnet, weil sie häufig auf kleinen Fallzahlen beruhen und sie vorab über den Hintergrund der Befragung informieren, weil keinerlei Rücklauf- und Datenkontrolle erfolgt und weil keine Sicherheit dahingehend besteht, dass der Fragebogen von der richtigen Zielperson ausgefüllt wurde und dass sich die Befragten nicht während des Ausfüllens anderweitig über den Untersuchungsgegenstand informiert haben. Wenn die Eintragungsbehörde auf besondere Schwierigkeiten stößt, steht das Gemeinschaftsrecht einer Klärung durch eine Verbraucherbefragung nicht entgegen.[249] Solche Schwierigkeiten bestehen zB, wenn Markenschutz für ein Gestaltungsmerkmal beansprucht wird, das nicht isoliert, sondern nur in Kombination mit anderen Gestaltungsmerkmalen benutzt wird, wie etwa abstrakte Farbmarken.[250] Befragungen zur **Verkehrsgeltung** und zur **Verkehrsdurchsetzung** erfolgen grundsätzlich nach dem **gleichen Untersuchungsansatz.**[251] Unterschiede ergeben sich im Wesentlichen insoweit, als bei der Verkehrsdurchsetzung der Nachweis für alle in Betracht kommenden Verkehrskreise zu führen ist, bei der Verkehrsgeltung hingegen nur in einem (von ggf. mehreren).[252] Dies wird aus dem Gesetzestext in § 8 Abs. 3 MarkenG abgeleitet, wonach sich das Zeichen „in den beteiligten

---

[244] Vgl. zB BGH GRUR 2008, 917 Rn. 40 – EROS.
[245] Vgl. § 8 Abs. 3 MarkenG. Zu einem Beispiel für einen Antrag auf Eintragung einer Marke auf Grund von Verkehrsdurchsetzung vgl. MPFormB GewRS/Kloth/Briske B. 2 (mit weiterführenden Anm.).
[246] Ein Beispiel ist in BPatG GRUR 2011, 232 (237) – Gelbe Seiten – wiedergegeben. Vgl. ansonsten Fezer/Bingener Markenpraxis-HdB Rn. 356.
[247] Vgl. EuGH GRUR 1999, 723 Rn. 51 – Windsurfing Chiemsee; GRUR Int. 1999, 734 Rn. 23 – Lloyd.
[248] Vgl. BGH WRP 2004, 351 (353) – Westie Kopf; WRP 2008, 1087 Rn. 26 – VISAGE; GRUR 2010, 138 Rn. 39 – ROCHER-Kugel; GRUR 2016, 1167 Rn. 31 – Sparkassen-Rot.
[249] Vgl. EuGH GRUR 1999, 723 Rn. 53 – Windsurfing Chiemsee; BGH GRUR 2008, 710 Rn. 29 – VISAGE; GRUR 2010, 138 Rn. 39 – ROCHER-Kugel.
[250] Bei dieser Konstellation lassen allgemeine Umstände idR nur darauf schließen, dass die konkrete, durch mehrere Merkmale gekennzeichnete Gestaltung durchgesetzt ist, vgl. BGH GRUR 2008, 710 Rn. 29 – VISAGE; GRUR 2010, 138 Rn. 38 – ROCHER-Kugel.
[251] Vgl. Gloy/Loschelder/Danckwerts UWG-HdB/Pflüger § 42 Rn. 115.
[252] Pflüger Mitt. 2007, 259.

Verkehrskreisen" durchgesetzt haben muss. Ein weiterer Unterschied besteht darin, dass Verkehrsgeltung regional beschränkt sein kann, Verkehrsdurchsetzung dagegen bundesweit bestehen muss.[253] Auch genügen bei der Verkehrsgeltung uU geringere Ergebnisse als bei der Verkehrsdurchsetzung (vgl. → Rn. 120).

b) Fragenkatalog des DPMA. Gesetzliche Vorgaben dazu, wie die Kennzeichnungskraft im 68
Rahmen der Verkehrsgeltung bzw. Verkehrsdurchsetzung zu untersuchen ist, gibt es nicht. Mittlerweile hat sich in der Praxis aber mit dem 3-Schritt-Test weitgehend ein einheitlicher Befragungsansatz etabliert, der aktuell auf dem Befragungsvorschlag in der „Richtlinie Markenanmeldungen" des DPMA vom 1.8.2018 (in der Fassung vom 1.9.2020) fußt. Danach erfolgt die Erhebung im Wesentlichen in **drei Stufen**, für die inzwischen regelmäßig folgende Terminologie verwendet wird:[254]

1. Erhebungsstufe: Bekanntheit
2. Erhebungsstufe: Kennzeichnungsgrad
3. Erhebungsstufe: Zuordnungsgrad
4. Zusätzliche Aufklärungsfrage/n.

Dieser **3-Schritt-Test** wird auch vom BGH[255] und ua vom Europäischen Markenamt 69
(EUIPO) (vgl. → Rn. 89) anerkannt. In der Rechtspraxis des DPMA[256] und des BPatG[257] sowie in einigen älteren Urteilen des BGH findet noch der Begriff **Durchsetzungsgrad** Verwendung.[258] Dabei bleibt aber gelegentlich unklar, ob damit „Bekanntheitsgrad",[259] ‚Kennzeichnungsgrad"[260] oder „Zuordnungsgrad" gemeint ist. Unschärfen ergeben sich auch dann, wenn vom „Bekanntheitsgrad" die Rede, aber „Kennzeichnungsgrad"[261] oder sogar „Zuordnungsgrad"[262] gemeint ist. Das Befragungsgrundgerüst der DPMA-Richtlinie sieht folgenden Fragenaufbau vor:

A. Kaufen Sie, egal wie oft, für sich oder andere ...... (Waren angeben, für die eine Verkehrsdurchsetzung geltend gemacht wird)?
  a) Ja
  b) Nein, nie

B. Verwenden/benutzen/essen ...... Sie, zumindest hin und wieder, ... (Ware wiederholen)?
  a) Ja
  b) Nein, nie

1. Haben Sie diese Bezeichnung (Wiedergabe der angemeldeten Marke) in Zusammenhang mit den Waren ...... schon einmal gehört oder gesehen/gelesen?
  a) Ja
  b) SPONTAN (da dies von der Fragestellung nicht umfasst ist)
     Kommt mir bekannt vor/glaube schon
  c) Nein

[253] Begründung zum MarkenG, BT-Drs. 12/6581 vom 14.1.1994, S. 71.

[254] Vgl. Büscher/Dittmer/Schiwy GewRS/Büscher MarkenG § 14 Rn. 268 und § 78 Rn. 6; Gloy/Loschelder/Danckwerts UWG-HdB/Pflüger § 42 Rn. 118; Niedermann/Schneider sic! 2002, 815 (821); Niedermann GRUR 2006, 367 (368, 373); Pflüger GRUR 2006, 818 f.; Noelle-Neumann/Schramm GRUR 1966, 70 (72); Ströbele/Hacker/Thiering/Ströbele MarkenG § 8 Rn. 817. Diese Systematik hat ua Eingang in ein Privatgutachten gefunden, aus dessen Ergebnissen der BGH eine gesteigerte Kennzeichnungskraft (vgl. Rn. 114 ff.) gefolgert hat (BGH GRUR 2005, 235 Rn. 24 – Goldhase I); BGH GRUR 2008, 505 Rn. 29 und Rn. 30 – TUC-Salzcracker; GRUR 2010, 138 Rn. 49 – ROCHER-Kugel; BPatG MarkenR 2007, 167 (172) – Kinder (schwarz-rot); MarkenR 2007, 184 (186) – Ristorante; GRUR 2008, 420 (424 ff.) – ROCHER-Kugel; GRUR 2016, 1167 Rn. 76 ff. – Sparkassen-Rot.

[255] BGH GRUR 2015, 1012 – Nivea-Blau; GRUR 2016, 1167 – Sparkassen-Rot.

[256] Vgl. Fezer/Bingener Markenpraxis-HdB Rn. 330.

[257] Vgl. Fezer/Grabrucker Markenpraxis-HdB Rn. 502.

[258] Vgl. zB BGH GRUR 1960, 81 (88) – Nährbier; GRUR 1990, 681 (683) – Schwarzer Krauser; Fezer MarkenR § 8 Rn. 669 ff.

[259] Vgl. BGH GRUR 1991, 863 (866) – Avon.

[260] Vgl. BGH GRUR 2008, 505 Rn. 29 – TUC-Salzcracker.

[261] Vgl. zB BGH GRUR 1992, 48 (51) – frei öl; GRUR 1997, 754 (755) – grau/magenta; GRUR 2004, 594 (598) – Ferrari-Pferd; GRUR 2004, 514 (516) – Telekom.

[262] Vgl. BGH GRUR 2003, 1040 (1043) – Kinder I.

2. Ist die Bezeichnung/Farbe/Form ...... Ihrer Meinung nach bei ...... (Wiedergabe der angemeldeten Marke) im Zusammenhang mit den Waren ......
   a) ein Hinweis auf ein ganz bestimmtes Unternehmen
   b) ein Hinweis auf mehrere Unternehmen
   c) gar kein Hinweis auf irgendein Unternehmen
   d) oder können Sie gar nichts dazu sagen?
3. Zuordnung
   a) Bei Antwort Nr. 2a):
   Wissen Sie, wie dieses Unternehmen heißt?
   b) Bei Antwort Nr. 2b):
   Wissen Sie, wie diese Unternehmen heißen?

   Zusatzfrage: Wird bei Frage 3b) – trotz „Hinweis auf mehrere Unternehmen" in Frage 2 – *nur ein* Unternehmen namentlich genannt, ist durch geeignete Fragestellung zu prüfen, ob nicht tatsächlich nur ein einziges Unternehmen gemeint war.

70 Darüber hinaus sind weitere sachdienliche Aufklärungsfragen ausdrücklich zulässig.[263] Die Formulierungen des Fragenkatalogs sind Vorschläge, die nicht wörtlich übernommen werden müssen.[264] Die DPMA-Richtlinie stellt insoweit ausdrücklich klar, dass der Fragenkatalog „rein beispielhaft" und „nicht verbindlich, sondern auf den jeweiligen Einzelfall hin anzupassen" ist.[265] Gleichwohl scheint das DPMA seit Erlass der Richtlinie 2018 deutlich strengere Anwendungsparameter zugrunde zu legen, und es wurden Fragebögen zT allein deshalb nicht akzeptiert, weil diese den Fragestellungen bzw. dem Aufbau des Befragungsgrundgerüsts gem. DPMA-Richtlinie nicht 1:1 entsprachen. So wurde im Zusammenhang mit einer 3D-Marke die Formulierung „stammt von" statt „Hinweis auf" nicht akzeptiert, obwohl bewiesen werden konnte, dass diese abweichende Formulierung zu keinen signifikanten Ergebnisunterschieden geführt hatte. In anderen Fällen wurde nicht akzeptiert, dass die Verkehrskreisfragen am Ende und nicht wie in der DPMA-Richtlinie vorgeschlagen zu Beginn gestellt wurden, obwohl regelmäßig die besseren Gründe für eine Positionierung am Ende sprechen (vgl. Rn. 59).

71 Wird ein demoskopisches Gutachten eingereicht, das den Vorstellungen des Prüfers nicht entspricht, besteht die Gefahr, dass das Gutachten keine Anerkennung findet. Zwar kann versucht werden, im Verfahren der Erinnerung oder der Beschwerde eine Korrektur herbeizuführen. Aber sicherer führt zum Ziel, wenn der Vertreter des Anmelders vor der Auftragserteilung für das Gutachten eine **Abstimmung** mit dem Prüfer herbeiführt.[266] Letzte Sicherheit ist jedoch auch dann nicht gegeben, weil das BPatG oder der BGH mitunter die Fragestellung eines Gutachtens kritisieren, auch dann, wenn sie zuvor mit dem Prüfer abgestimmt worden war.

72 **c) Verkehrsbeteiligung.** Wenn sich die Befragung nicht an die gesamte Bevölkerung richtet, sollen gem. der Richtlinie zunächst einleitende Fragen nach der Verkehrsbeteiligung gestellt werden. Frage A zur Ermittlung der **Käufer** verdient den Vorzug, weil mit Frage B nach den **Verwendern** auch Personen erfasst werden, die – sofern sie keinen Einfluss auf die Kaufentscheidung haben – selbst als potentielle Nachfrager nicht in Betracht kommen (ausführlicher → Rn. 59 ff.). Neben den aktuellen Adressaten der in Rede stehenden Waren und Dienstleistungen sind lt. DPMA-Richtlinie auch potentielle Abnehmer zu berücksichtigen. Bei Waren des täglichen Bedarfs bzw. Massenkonsums, die sich praktisch an alle Verbraucher richten, sind regelmäßig nur die Teile der Gesamtbevölkerung herauszunehmen, „die eindeutig und nachvollziehbar zum Ausdruck gebracht haben, dass sie niemals als Abnehmer oder Empfänger der betreffenden Waren oder Dienstleistungen in Betracht kommen können" (vgl. aber → Rn. 55).[267]

[263] Richtlinie Markenanmeldungen des Deutschen Patent- und Markenamts (DPMA) vom 1.8.2018, in der Fassung vom 1.9.2020, Teil 2, Abschnitt XVII, Ziff. 7; auch der BGH hat gegen Aufklärungsfragen keine grundsätzlichen Bedenken, solange sie nicht unzulässig lenkend sind, vgl. BGH GRUR 2016, 1167 Rn. 75 – Sparkassen-Rot.

[264] Vgl. Fezer Markenpraxis-HdB/Bingener Rn. 353; Ströbele/Hacker/Thiering/Ströbele MarkenG § 8 Rn. 817.

[265] Richtlinie Markenanmeldungen des Deutschen Patent- und Markenamts (DPMA) vom 1.8.2018, in der Fassung vom 1.9.2020, Teil 2, Abschnitt XVII, Ziff. 7.

[266] Diese Abstimmung wird in den einleitenden Bemerkungen zu dem Fragenkatalog empfohlen.

[267] Richtlinie Markenanmeldungen des Deutschen Patent- und Markenamts (DPMA) vom 1.8.2018, in der Fassung vom 1.9.2020, Teil 2, Abschnitt XVII, Ziff. 3.

d) Bekanntheitsgrad. Mit der inhaltlich ersten Frage (Frage 1) nach der sog. „Eingangsbekanntheit" ist zu ermitteln, ob der Befragte das in Rede stehende Zeichen im Zusammenhang mit den beanspruchten Waren und Dienstleistungen kennt.[268] Dementsprechend wurde zB der Bekanntheitsgrad des Zeichens „Post" zutreffend nicht abstrakt, sondern „im Zusammenhang mit der Beförderung von Briefen und Warensendungen" ermittelt.[269] Bei der Formulierung der Frage zur „Eingangsbekanntheit" ist darauf zu achten, dass kein möglicherweise (auf ein Unternehmen) herkunftshinweisender Charakter des Zeichens suggeriert wird. Dies hat der BGH bei der Frage „Haben Sie diese Farbe schon mal im Zusammenhang mit Geldinstituten gesehen?" angenommen.[270] Gleiches gilt etwa für die Frage, ob „die Marke X im Zusammenhang mit Y" bekannt sei, weil es den Markcharakter ja gerade erst zu untersuchen gilt und dieser durch die Erwähnung von „Marke" nicht vorweggenommen werden darf.[271] Die Antwort **„kommt bekannt vor"** ist nach dem Wortlaut der DPMA-Richtlinie nur zu erfassen, wenn diese *spontan* erfolgt, also nur dann, wenn die Befragten von sich aus entsprechend antworten. Das *aktive* Anbieten der Antwort-Option „kommt bekannt vor" im Rahmen der eigentlichen Frage, das insbesondere bei neutralisierten Zeichen aus rechtsdemoskopischer Sicht wegen des verfremdeten Erscheinungsbildes den Vorzug verdient, wurde in der vorstehend zitierten BGH-Entscheidung als unzulässig angesehen, weil dadurch die Gefahr bestünde, dass eine größere Anzahl von Befragten die Eingangsfrage bejahen würde und dies auch bei den Folgefragen möglicherweise zu überhöhten Ergebnissen führen könne.[272] Dabei wird übersehen, dass den Befragten bei *neutralisierten* Gegenständen wie zB Farbmarken, also immer dann, wenn ein Zeichen bei der Befragung anders gezeigt wird, als es dem Verkehr normalerweise begegnet, genügend Raum gegeben werden muss, um das Zeichen zu- bzw. einordnen zu können.[273] Es ist nicht immer jedermanns Sache, von den zur Auswahl gestellten Antwortmöglichkeiten abzuweichen und *von sich aus* eine andere Antwort zu geben als angeboten/erfragt. Gerade in diesen Fällen sollte die Antwort „kommt bekannt vor" daher nicht nur *spontan* erfasst werden, sondern auch *aktiv* in der Fragestellung angesprochen werden dürfen,[274] genauso wie – aus Gründen der Ausgewogenheit – die Antwortoption, dass man das Zeichen noch nicht gesehen habe: 73

Formulierungsvorschlag:

Haben Sie diese Farbe schon einmal im Zusammenhang mit ...... [Waren- oder Dienstleistungsgruppe] gesehen oder kommt sie Ihnen dabei bekannt vor? Oder haben Sie diese Farbe in diesem Zusammenhang noch nicht gesehen?

Die Einschätzung des BGH, das aktive Anbieten von **„kommt bekannt vor"** führe zu überhöhten Ergebnissen, verkennt den **Anlass** der Bekanntheitsfrage: Es geht darum festzustellen, inwieweit das Zeichen im relevanten Markt wiedererkannt wird, damit für die Folgefragen, die an die Bekanntheit geknüpft sind, niemand verloren geht, der zum Thema etwas beisteuern kann. Über die Zuordnung des Zeichens zu einem bestimmten Unternehmen sagt die „Eingangsbekanntheit" noch nichts aus. Gleichzeitig, ggf. mit Hilfe einer ergänzenden Aufklärungsfrage, sollen diejenigen ermittelt werden, die das Zeichen in dem untersuchungsgegenständlichen Bereich tatsächlich noch nicht gesehen haben. Nur diese Personen sind von den relevanten Folgefragen auszunehmen, um Rateeffekte zu vermeiden.[275] Denn wer etwas noch nicht gesehen hat oder wem etwas nicht bekannt vorkommt, der kann naturgemäß auch keine Herkunftsvorstellungen damit verbinden, die bereits vor der Befragung hätten bestehen können. De facto führen aber selbst etwaige überhöhte „kommt bekannt vor"-Angaben nicht automatisch zu überhöhten Ergebnissen auch beim (bereinigten) Kennzeichnungsgrad. So belegen Zusatzauswertungen zu verschiedenen Studien in unterschiedlichen Märkten, dass sich die „Spreu vom Weizen" bei den Folgefragen trennt: Wer eingangs angibt, die Farbe „kommt bekannt vor", obwohl er de facto doch nichts 74

[268] BGH GRUR 2009, 954 Rn. 33 – Kinder III.
[269] Vgl. BPatG MarkenR 2010, 505 (508) – Post II.
[270] Vgl. BGH GRUR 2016, 1167 Rn. 40 ff. – Sparkassen-Rot.
[271] Ströbele/Hacker/Thiering/Ströbele MarkenG § 8 Rn. 831.
[272] BGH GRUR 2016, 1167 Rn. 72 – Sparkassen-Rot.
[273] Ströbele/Hacker/Thiering/Ströbele MarkenG § 8 Rn. 828.
[274] Pflüger in FS Fezer, 2016, S. 99, 109 f.; dies. IP Rechtsberater 2014, 204 (206 f.).
[275] BPatG GRUR 2008, 420 (425) – ROCHER-Kugel; Pflüger Mitt. 2007, 259.

Konkretes damit verbindet, der äußert sich später gerade nicht im Sinne einer Kennzeichnungskraft, wird also durch die Eingangsfrage nicht einseitig gelenkt. Im Übrigen wird die Annahme, das aktive Anbieten von „kommt bekannt vor" führe zu überhöhten Bekanntheitsergebnissen, von der (Grundlagen-)Forschung nicht bestätigt.[276] Denn die Bekanntheit insgesamt war bei aktiver Vorgabe und lediglich spontaner Erfassung meist ähnlich hoch. Dies rechtfertigt im Ergebnis nicht, insbesondere bei neutralisierten Zeichen, auf die aktive Vorgabe von „kommt bekannt vor" zu verzichten.[277]

75 Die rechtsdemoskopische Erfahrung lehrt, dass bei neutralisierten Zeichen wie Farben ein (kleiner) Teil der Befragten, der zunächst angibt, das Zeichen **[so] noch nicht gesehen** zu haben, gleichwohl konkrete und richtige Vorstellungen zum Markeninhaber bzw. zu dessen Waren- und Dienstleistungsangeboten hat. Er artikuliert diese aber nicht unbedingt sofort bei der ersten Frage, sondern erst bei weiterer Befassung mit dem Untersuchungsgegenstand. Dabei kann die Antwort „noch nicht gesehen" aus Befragten-Perspektive durchaus subjektiv richtig sein, nämlich dann, wenn gemeint ist, „zwar die vorliegende Farbe ‚Magenta' im Bereich von ‚Telekommunikationsdienstleistungen' schon gesehen, aber so [rechteckig flächig] nicht", sondern nur in Form des „Telekom-T". Das besagt dann aber gerade nicht, dass die Farbe in dem maßgeblichen Zusammenhang tatsächlich noch nicht wahrgenommen wurde, sondern genau das Gegenteil. Derartige Nuancen können durch eine ergänzende Frage (**„1A-Frage"**) erfasst werden, bei der Personen, die zunächst angeben, das Zeichen nicht zu kennen, gefragt werden, ob sie damit in dem jeweiligen Zusammenhang keinerlei Vorstellungen verbinden oder ob Ihnen dazu noch etwas einfällt.[278] Eine solche ergänzende Frage wurde vom BGH als zulässig angesehen.[279]

76 Bei der Ermittlung der Kennzeichnungskraft ist zu beachten, dass sich das jeweilige Zeichen für diejenigen **Waren oder Dienstleistungen** im Verkehr als betrieblicher Herkunftshinweis etabliert haben muss, für die es **angemeldet** wurde. Es muss daher grundsätzlich für jede der angemeldeten Waren oder Dienstleistungen Verkehrsdurchsetzung bestehen.[280] Dies bedeutet jedoch nicht, dass die in der Befragung gewählte Formulierung wortwörtlich der Definition der Waren- und Dienstleistungsgruppe gem. „Nizza Klassifikation" entsprechen muss. Vielmehr sind die jeweiligen Begriffe ggf. in verbraucherverständliche Formulierungen zu „übersetzen".[281] So widerspräche es der Alltagssprache, wenn in einer Befragung auf – der Definition in Klasse 3 dieser Klassifikation entsprechend – „Desodorierungsmittel für den persönlichen Gebrauch" anstatt auf „Deodorants" abgestellt würde. Begriffe wie *Bank- oder Finanzdienstleistungen für Privatkunden* wurden als zulässig angesehen, weil dadurch das Kern-Dienstleistungsbündel von Privatbanken, welches von diesen typischerweise angeboten wird (Führung eines Girokontos inkl. Abhebungen am Automaten, Ausgabe von Debit- und Kreditkarten, Vergabe von Krediten, Geldanlagen usw.), zutreffend umschrieben und zusammengefasst wird.[282] Infolgedessen ist bei jeder Verkehrsbefragung die Definition der Waren- bzw. Dienstleistungsgruppe genau zu prüfen; ggf. kann eine **Beschränkung des Waren- und Dienstleistungsverzeichnisses** sinnvoll oder auch notwendig sein.[283] All dies sind Rechtsfragen, die der rechtsdemoskopischen Bewertung nicht zugänglich sind. Die Rechtsdemoskopie kann aber wichtige Erkenntnisse aus der Praxis liefern, um den Waren- oder Dienstleistungsbereich bestmöglich zu umschreiben.

77 **Unterschiedliche Waren- und Dienstleistungsbereiche.** Bei Zeichen, für die Schutz unter einem Oberbegriff von Waren und Dienstleistungen begehrt wird, ist darauf zu achten, dass der **Oberbegriff nicht zu weit** gewählt wird. So hat der BGH die Warengruppe „Haut- und Körperpflegeprodukte" für die Farbe BLAU von Nivea als zu weit angesehen,[284] weil davon eine zu große Vielzahl unterschiedlicher Produkte umfasst gewesen wäre (Haarpflege, Hautpflege, Zahn- und Mundpflege, Kosmetik, Dusch- und Bademittel, Deodorants, Seifen, Aftershaves …). Derart unterschiedliche Warenbereiche dürfen somit nicht in *einer* Umfrage zusammengefasst werden, weil dann nicht ersichtlich ist, ob sich die Antworten auf sämtliche oder nur auf einzelne Wa-

[276] Vgl. Pflüger GRUR 2017, 992 (999).
[277] So auch Ströbele/Hacker/Thiering/Ströbele MarkenG § 8 Rn. 829.
[278] Ströbele/Hacker/Thiering/Ströbele MarkenG § 8 Rn. 827.
[279] BGH GRUR 2016, 1167 Rn. 87 ff. – Sparkassen-Rot.
[280] Vgl. BGH GRUR 2001, 1042 (1043) – REICH UND SCHOEN; BPatG GRUR 1996, 490 (491) – PREMIERE I; GRUR 1996, 494 (495) – PREMIERE III; WRP 2008, 1087 Rn. 32 – VISAGE; Berlit WRP 2002, 636; Ingerl/Rohnke MarkenG § 8 Rn. 327.
[281] Pflüger GRUR 2017, 992 (995); Utz S. 116.
[282] BGH GRUR 2016, 1167 – Sparkassen-Rot.
[283] Vgl. zB BPatG BeckRS 2010, 22010 – SPAR.
[284] BGH GRUR 2015, 1012 – Nivea-Blau.

renbereiche beziehen[285] und weil Ausstrahlungen von einer wirklich bekannten Verwendung („Nivea-Dose") auf eine vermeintlich bekannte Verwendung („Seife") unter einem solchen Oberbegriff nicht ausgeschlossen werden können. Möglich ist es aber aus rechtsdemoskopischer Sicht, den Kennzeichnungsgrad eines Zeichens in mehreren Warengruppen im Rahmen einer Umfrage zu untersuchen, wenn zunächst nur die Bekanntheit des Zeichens in den unterschiedlichen Waren- und Dienstleistungsgruppen einzeln ermittelt wird und die Fragen zur jeweiligen Kennzeichnungskraft dann jeweils separat im Anschluss gestellt werden.[286] Ferner kann eine Aufteilung in Teilgruppen/Splits (vgl. Rn. 35 ff.) in Betracht gezogen werden. Auch wird es als praktikabel angesehen, die Kennzeichnungskraft von drei Zeichen aus einem einzigen Warengebiet in einer Studie bei denselben Befragten methodisch einwandfrei zu ermitteln.[287] Dabei ist jedoch zu prüfen, ob eine solche gleichzeitige Abfrage nicht zu Serieneffekten bzw. sonstigen Einflüssen führt. Eine Abstimmung mit der Markenstelle ist ggf. zweckmäßig.[288]

e) **Kennzeichnungsgrad.** Zur Ermittlung des Kennzeichnungsgrads wird in **Frage 2** danach gefragt, ob der Gegenstand der Befragung als **Hinweis auf …** verstanden wird. Diese Formulierung ist in der Regel sachgerecht; sie wird auch von den Eintragungsbehörden in der Schweiz[289] und in Österreich sowie vom EUIPO (→ Rn. 87)[290] akzeptiert.[291] Unzulänglich ist dagegen eine Formulierung wie „Diese Farbe wird immer nur von einem einzigen Unternehmen verwendet" (→ Rn. 80). Denn dabei kann zB nicht ermittelt werden, wie es sich mit der Kennzeichnungskraft einer Farbgebung verhält, die zwar von mehreren Unternehmen verwendet wird, möglicherweise aber nur für eines dieser Unternehmen als Herkunftshinweis wirkt.[292] Wichtig ist, dass diese Frage nur denjenigen Personen gestellt wird, die das Zeichen kennen bzw. denen es bekannt vorkommt (lt. Fragen 1 und ggf. 1A). Gleichwohl müssen die Nicht-Kenner prozentual in das Gesamtergebnis einfließen. Keinesfalls darf bei der Prozentuierung durch einen sog. **Basiswechsel** allein auf die Kenner oder eine sonstige Subgruppe abgestellt werden. Dies gilt nicht nur bei der Frage zur Kennzeichnungskraft, sondern auch für alle anderen maßgeblichen Ergebnisdarstellungen; die Bezugsgröße (100 % = alle Verkehrsbeteiligten) muss also immer gleich bleiben. Die „Umprozentuierung" auf eine andere Bezugsgruppe, wie sie gern in Markforschungsstudien, zT aber auch von Rechtsanwälten und mitunter sogar in der Rechtsdemoskopie vorgenommen wird, wäre unzulässig, weil die Ergebnisse dann gerade nicht mehr die tatsächlichen Relationen in ihrer Gesamtheit widerspiegeln, sondern fälschlicherweise nur kleine Teile daraus auf reduzierter Basis beleuchten. Wenn zB 40 % eines Verkehrskreises ein Zeichen kennen und 30 % des Verkehrskreises das Zeichen als Hinweis auf ein bestimmtes Unternehmen verstehen, beträgt der Kennzeichnungsgrad eben nur 30 % und nicht – wenn man auf die 40 % „Kenner" umprozentuierte – 75 %. Derartige Basiswechsel führen also zu scheinbar hohen Ergebnissen, die jedoch nicht in Einklang mit den tatsächlichen Größenordnungen stehen.[293] 78

Die in der DPMA-Richtlinie vorgesehenen Antwortmöglichkeiten (→ Rn. 69) ermitteln differenziert, worauf es bei der Kennzeichnungskraft ankommt, nämlich ob ein Zeichen (auch) als Unternehmenshinweis angesehen wird und nicht, ob es (auch) beschreibend verstanden wird.[294] Jemand, der zB weiß, dass es sich bei **„Chiemsee"**[295] sowohl um ein Gewässer in Süddeutschland (also um eine **Sachangabe**) als auch um eine Bekleidungsmarke (also um einen **Unternehmenshinweis**) handelt, würde dabei die Option „Hinweis auf ein bestimmtes Unternehmen" wählen, weil die Antwort „gar kein Hinweis auf irgendein Unternehmen" für ihn unzulänglich wäre und somit nicht zuträfe. Dies ist unschädlich, weil es im Kern ja nur darum geht, ob der Verkehr wahrgenommen hat, dass ein Zeichen, welches zunächst beschreibend war, durch intensiven Gebrauch einen Bedeutungswandel erfahren hat und zwischenzeitlich zumindest auch als betriebli- 79

[285] Vgl. Niedermann/Schneider sic! 2002, 815 (822, 831).
[286] Vgl. Pflüger GRUR 2006, 818 (822); aA Niedermann/Schneider sic! 2002, 815 (818).
[287] Vgl. BPatG GRUR 2004, 61 (62) – BVerwGE.
[288] Vgl. Fezer Markenpraxis-HdB/Bingener Rn. 357.
[289] Richtlinien in Markensachen des Eidgenössischen Instituts für Geistiges Eigentum vom 1.1.2021, Teil 5, Kapitel 12.3.8.
[290] EUIPO 27.5.2009, R 1810/2008-4, Rn. 35 – Aluminiumkoffer III.
[291] Vgl. Pflüger GRUR-Prax 2011, 51 (52).
[292] Pflüger GRUR-Prax 2011, 51 (52).
[293] Vgl. Pflüger GRUR 2017, 992 (997); Ahrens Wettbewerbsprozess-HdB/Schmidt Kap. 27 Rn. 41.
[294] Dobel Demoskopische Gutachten S. 142; Stiel Verkehrsdurchsetzung von Marken S. 114 ff.; aA MAH GewRS/Eichmann, 3. Aufl. 2008, § 9 Rn. 50.
[295] Vgl. EuGH GRUR 1999, 723 Rn. 47 – Windsurfing Chiemsee.

cher Herkunftshinweis verstanden wird.[296] Dass ein Zeichen *ausschließlich* als Herkunftshinweis angesehen wird und ihm von allen Verkehrsbeteiligten keinerlei beschreibende Bedeutung mehr beigemessen wird, überspannte dagegen die Anforderungen für den Nachweis der Verkehrsdurchsetzung.

80 Als was ein Zeichen – neben dem Unternehmenshinweis – *auch* verstanden wird, ist folglich für die Ermittlung der Kennzeichnungskraft nicht von Bedeutung. Die Antwortvorgabe „gar kein Hinweis auf irgendein Unternehmen" ist daher völlig ausreichend. Demgegenüber sah die frühere **DPMA-Richtlinie von 1995**[297] für die dritte Antwortvorgabe einen anderen Wortlaut vor, nämlich „Die Bezeichnung ... weist bloß auf eine Sachangabe (zB hinsichtlich Beschaffenheit, Verwendungszweck, Qualität, geographischer Herkunft oä) hin". In eine ähnliche Richtung ging ein Formulierungsvorschlag, den das BPatG 2015 im „Sparkassen-Rot"-Verfahren geäußert,[298] den der BGH jedoch zu Recht nicht aufgegriffen hat. Dieser Vorschlag ist aus den vorstehenden Gründen abzulehnen, ebenso wie der ursprüngliche Ansatz aus dem Jahr 1995, der gerade deshalb vom DPMA und vom BPatG als unzulänglich angesehen und daher geändert wurde. Ein beschreibender Charakter des Zeichens steht (aus Prüfersicht) ja vermeintlich bereits fest; ansonsten käme es auf die Kennzeichnungskraft gar nicht an. Die vier Antwortmöglichkeiten gem. DPMA-Richtlinie 2018 implizieren kurz, bündig und abschließend sämtliche Verständnismöglichkeiten, die entscheidungserheblich sind. Eine „unangemessene Fokussierung" durch die ersten beiden Antwortmöglichkeiten,[299] wie es das BPatG angenommen hat, kann diesen nicht entnommen werden, zumal die Antwortvorgaben in der Regel rotierend vorgegeben werden, also in wechselnder Reihenfolge. Im Übrigen dürften auch nicht alle vom BPatG vorgeschlagenen Antwortvorgaben für jeden verständlich sein; Begriffe wie „Gestaltungsmittel", „Branchen-Hinweis" oder „Kennfarbe" sind im allgemeinen Sprachgebrauch eher unüblich.[300] Die vier Antwortoptionen auf Basis des DPMA-Schemas werden vom Verkehr auch richtig verstanden, wie eine Fülle von weit mehr als 1.000 Untersuchungen zu diesem Thema zeigt – mit Resultaten für die Kennzeichnungskraft zwischen 3 % und 90 %+. Eine solche Ergebnis-Bandbreite wäre nicht möglich, wenn aufgrund der Häufigkeit der Erwähnung von „Unternehmen" bei drei der vier Antwortmöglichkeiten, aber stets mit gänzlich anderem Inhalt, der „Hinweis auf ein bestimmtes Unternehmen" nahegelegt würde. Dabei darf nicht vergessen werden, dass rechtsdemoskopische Gutachten im Zusammenhang mit Markeneintragungen ohnehin nur dann beauftragt werden, wenn die Auftraggeber sich Erfolgsaussichten von regelmäßig „50 %+" Kennzeichnungskraft versprechen (→ Rn. 119). Ergeben sich dann nur 25 % oder 32 %, so spricht auch dies für die Richtigkeit der Erhebungsmethodik.

81 Vereinzelt wurde überlegt, ob **neue Markenformen** wie Farbmarken oder Warenformmarken uU einen anderen Befragungsansatz erfordern. Dazu wurde ein **mehrstufiges Befragungsmodell** entworfen, bei dem im ersten Schritt, durch Zusammenfassung der Alternativen „Hinweis auf ein bestimmtes" und „Hinweis auf mehrere", ermittelt wurde, ob ein Zeichen überhaupt als „Unternehmenshinweis" oder aber als „allgemein üblich/beschreibend/generisch" angesehen wird. Erst im Anschluss wurde die Angabe „Unternehmenshinweis" mit einer weiteren Frage näher un-

[296] Pflüger GRUR 2004, 652 (654).

[297] Richtlinie „Markenanmeldungen" des DPMA 1995, BlPMZ 1995, 378.

[298] BPatG, 3.7.2015, 12 W 25 (pat) 13/14, S. 71 ff.:

„Ist die Farbe ‚Rot' Ihrer Meinung nach im Zusammenhang mit Finanzdienstleistungen
- ein übliches Gestaltungsmittel oder
- eine Kenn- oder Warnfarbe oder
- ein Hinweis auf eine bestimmte Branche oder einen bestimmten Branchenbereich oder
- ein Hinweis auf ein ganz bestimmtes Unternehmen oder
- ein Hinweis auf mehrere Unternehmen oder
- nichts von dem, was vorstehend aufgeführt ist, sondern ...
- oder können Sie nichts dazu sagen?"

Oder „neutraler und weniger suggestiv":

„Ist die Farbe ‚Rot' Ihrer Meinung nach im Zusammenhang mit Finanzdienstleistungen
- ein Hinweis auf ein ganz bestimmtes Unternehmen oder
- ein Hinweis auf mehrere Unternehmen oder
- gar kein Hinweis auf irgendein Unternehmen, sondern
  - ein Gestaltungsmittel,
  - eine Kenn- oder Warnfarbe,
  - ein Branchen-Hinweis oder
  - noch etwas anderes
- oder können Sie dazu nichts sagen?"

[299] BPatG 3.7.2015 – 12 W 25 (pat) 13/14, S. 72.

[300] Vgl. dazu im Detail Pflüger in FS Fezer 2016 S. 99, 104 ff.

tersucht, indem ermittelt wurde, ob es sich dabei um „ein bestimmtes" oder um „mehrere unterschiedliche" Unternehmen handelt.[301] Im Test ergaben sich dabei (deutlich) niedrigere Werte für den Kennzeichnungsgrad. Dies überrascht nicht; denn Befragte wählen erfahrungsgemäß diejenige Alternative, die ihnen am nächsten liegt. Das ist bei beschreibenden Angaben naturgemäß häufiger ein Verständnis iSv „beschreibend"/„generisch" oä, solange nicht bekannt ist, was sonst noch zur Auswahl stehen könnte und dass es eigentlich um den „Hinweis auf ein ganz bestimmtes Unternehmen" geht. Eine „beschreibende" Antwort sagt daher noch nichts darüber aus, ob ein Zeichen nicht *auch* als Unternehmenshinweis verstanden wird. Ein solcher Befragungsansatz ist daher methodisch verfehlt. Es besteht kein Grund, von dem bewährten dreistufigen Modell abzuweichen; es kann für sämtliche Markenarten verwendet werden, auch für Farb- oder 3-D-Marken.[302] Gleichwohl kann es im Einzelfall erforderlich werden und sollte es zulässig sein, den Textvorschlag aus der DPMA-Richtlinie auf den Einzelfall anzupassen und zB statt bei *Schuhen in einer bestimmten Gestaltung* einfacher und verständlicher zu formulieren wie nachstehend skizziert – auch wenn das DPMA zuletzt im Hinblick auf den Befragungswortlaut gem. DPMA-Richtlinie (→ Rn. 69) deutlich striktere Parameter angelegt hat. Es steht zu hoffen, dass sich dies aufgrund der Erkenntnisse aus der Grundlagenforschung wieder ändert und bei der nächsten Richtlinienüberarbeitung berücksichtigt wird.

Formulierungsvorschlag:

Schuhe, die so aussehen wie diese, stammen meiner Meinung nach von einem bestimmten Hersteller/gibt es meiner Meinung nach von mehreren Herstellern … usw.

Formulierungen wie „stammen immer nur von …" sind dagegen abzulehnen, weil dies von den Befragten eine absolute, auf Wissen gestützte Festlegung erwartet, um die es bei der Kennzeichnungskraft jedoch nicht geht. Vielmehr kommt es dabei allein auf das persönliche, subjektive Verständnis an.[303] 82

f) **Zuordnungsgrad.** Mit **Frage 3** wird der sog. **Zuordnungsgrad** ermittelt. In den Erläuterungen der DPMA-Richtlinie wird darauf hingewiesen, dass alle Angaben zu anderen Unternehmen als dem des Markenanmelders negativ zu bewerten und daher vom Kennzeichnungsgrad abzuziehen sind. Nicht erforderlich ist es dagegen, dass das Unternehmen richtig benannt wird.[304] Auch die Unkenntnis bzw. die nicht vollständige Wiedergabe des Namens ist unschädlich. Der für die Verkehrsdurchsetzung maßgebliche „bereinigte" Kennzeichnungsgrad setzt sich demnach aus Personen zusammen, die das Zeichen als Hinweis auf ein bestimmtes Unternehmen verstehen und dieses dem richtigen Unternehmen bzw. der richtigen Marke zuordnen oder die den Namen nicht wissen.[305] 83

Bis zum Inkrafttreten der DPMA-Richtlinie 2005 entsprach es der rechtsdemoskopischen und der juristischen Praxis, die Zuordnungsfrage nur als **Kontrollfrage** einzusetzen, um in Fällen, in denen ein Zeichen **mehrheitlich** oder zumindest in großem Umfang der **Konkurrenz** des Zeicheninhabers zugeordnet wurde, eine Korrekturmöglichkeit zu besitzen; denn dann soll dem Markeninhaber kein Schutz zukommen. In allen anderen Fällen wurde der zuvor gemessene Kennzeichnungsgrad dagegen nicht durch einen Abzug von Fehlzuordnungen reduziert. Dieser Praxis wurde mit Unterstützung eines großen Teils des markenrechtlichen Schrifttums,[306] durch das DPMA, das BPatG[307] und schließlich auch den BGH[308] zumindest vorläufig ein Ende gesetzt. 84

301 Vgl. Niedermann GRUR 2006, 367 (371).

302 Vgl. Pflüger GRUR 2014, 423 (425); dies. GRUR-Prax 2011, 51 f.; Ströbele/Hacker/Thiering/Ströbele MarkenG § 8 Rn. 834.

303 Vgl. Pflüger GRUR 2014, 423 (427).

304 BGH GRUR 2007, 235 Rn. 25 – Goldhase; GRUR 2008, 505 Rn. 29 – TUC-Salzcracker.

305 BGH GRUR 2010, 1103 Rn. 34 – Pralinenform; GRUR 2014, 1101 Rn. 50 – Gelbe Wörterbücher; GRUR 2016, 197 Rn. 35 – Bounty; Richtlinie Markenanmeldungen des Deutschen Patent- und Markenamts (DPMA) vom 1.8.2018, in der Fassung vom 1.9.2020, Teil 2, Abschnitt XVII, Ziff. 7.

306 Vgl. zB Ströbele/Hacker/Thiering/Ströbele MarkenG § 8 Rn. 699; Ströbele GRUR 2008, 569 (571); aA Berlit GRUR 2006, 542 (544); skeptisch Ingerl/Rohnke MarkenG § 8 Rn. 351.

307 ZB BPatG GRUR 2007, 714 (719) – POST; ebenso Fezer Markenpraxis-HdB/Grabrucker Rn. 359.

308 BGH GRUR 2003, 1040 (1043) – Kinder I; GRUR 2004, 514 (516) – Telekom; GRUR 2007, 1066 Rn. 36 – Kinderzeit; GRUR 2007, 1071 Rn. 30 – Kinder II; GRUR 2008, 510 Rn. 24 – Milchschnitte; GRUR 2009, 954 Rn. 27 – Kinder III.

Dementsprechend sind seit der Überarbeitung der DPMA-Richtlinie 2005 jedwede namentlichen **Fehlzuordnungen** aus der Zuordnungsfrage vom auf der zweiten Stufe ermittelten Kennzeichnungsgrad **abzuziehen.**

85 Dies führt zT zu **nicht sachgerechten Ergebnissen.**[309] Dass die Zuordnungsfrage nicht mehr als eine Kontrollfrage für Fälle wie oben beschrieben sein soll, hatte seinen Grund in dem Wissen über das häufig **geringe Interesse** der breiten Bevölkerung an einer **Anbieteridentifikation.** Verbraucher orientieren sich erfahrungsgemäß vorrangig an Marken. Für die dahinter stehenden Hersteller bzw. Lizenzinhaber interessieren sie sich dagegen häufig nicht; diese sind ihnen aufgrund häufigerer Eigentümerwechsel zum Teil auch gar nicht mehr geläufig.[310] Hinweisen auf Belege für die in vielen Fällen nur geringe Herstellerkenntnis wird entgegengehalten, dass sich Antworten ja nur dann negativ auswirken, wenn Unternehmen benannt werden, die in keiner rechtlichen oder tatsächlichen Verbindung mit dem Anmelder stehen.[311] Genau dort liegt das Problem: Je geringer das Wissen um den Namen des Anbieters, desto größer die Versuchung, die Frage dennoch möglichst konkret zu beantworten und ggf. zu raten. Dabei ist die Gefahr besonders groß, dass **Rateantworten** falsch sein können. Ob **Persil** von Henkel, Beiersdorf, Procter & Gamble oder von einem anderen Unternehmen stammt, ist Konsumenten häufig nicht bekannt. Trotzdem wissen sie, dass es Persil nur von einem bestimmten Unternehmen gibt. Wenn in einer Umfrage für Persil als Hersteller Beiersdorf angegeben wird, zeugt das zwar von **Unkenntnis,** aber damit ist nicht gemeint, dass Persil von einem Henkel-Konkurrenten stammt.[312] Bei derartigen „falschen" Zuordnungen handelt es sich somit um „unechte" Fehlvorstellungen, die nicht abgezogen werden sollten. Die (stark) untergeordnete Bedeutung des Herstellerinteresses ist vielfach empirisch nachgewiesen.[313] Im Jahr 1984 wurde für 15 sehr bekannte Marken ein Bekanntheitsgrad von durchschnittlich 96 %, aber ein namentlich richtiger Zuordnungsgrad von im Durchschnitt nur 22 % ermittelt.[314] Bei einer im Jahr 2004 durchgeführten Untersuchung erreichte die Vielzahl der getesteten Marken einen durchschnittlichen Bekanntheitswert von 94 %, aber einen Zuordnungsgrad von durchschnittlich nur 14 %. Bei **Knorr** betrug der Bekanntheitsgrad 97 %, der namentliche Zuordnungsgrad aber nur 3 %; für **Whiskas** lag die Bekanntheit bei 96 %, der Zuordnungsgrad jedoch nur bei 2 %; **Odol** war 94 % bekannt, der Zuordnungsgrad betrug ebenfalls nur 2 %.[315] Eine gerichtlich verwertete Umfrage für einen neutralisierten Salzcracker der Marke **TUC** ergab einen Kennzeichnungsgrad von 53 %, aber nur 1 % konnten eine richtige Zuordnung vornehmen.[316] Es ist keine empirisch sachgerechte Vorgehensweise, es auf namentliche (Fehl-)Zuordnungen ankommen zu lassen, wenn selbst bei weithin bekannten Marken das Verhältnis zwischen Kennzeichnungsgrad und Zuordnungsgrad derart auseinanderklafft. Bei weniger bekannten Marken ist die Situation nicht besser.

86 Die Vorgabe der Rechtspraxis, Fehlzuordnungen stets abzuziehen, bedeutet eine ungerechtfertigte Gleichbehandlung unterschiedlicher Marktgegebenheiten. **Benachteiligt** sind Marken, wenn Personen mit vergleichsweise niedrigem Bildungsgrad befragt werden, sowie Marken mit fremdsprachigen und/oder komplexen und deswegen schlecht merkfähigen Herstellernamen. **Vorteile** haben Marken, die mit dem Herstellernamen identisch sind, sowie Marken, die sich an einen Personenkreis mit vergleichsweise hohem Bildungsgrad oder Kenntnisgrad (zB Fachleute) wenden. Das Erfordernis einer zutreffenden Herstelleridentifikation erscheint daher als Rückfall in eine Zeit, in der die Marke noch vom Geschäftsbetrieb abhängig war.[317] Nur **ausnahmsweise** sollte die Zuordnung abzugsrelevant eine Rolle spielen, nämlich dann, wenn der Gegenstand der Befragung tatsächlich von mehreren Unternehmen benutzt wird oder wenn Fehlzuordnungen in ungewöhnlich großem Umfang erfolgen und uU auch dann, wenn ein Zeichen einer Fülle unter-

[309] Vgl. Niedermann GRUR 2006, 367 (370); Gloy/Loschelder/Danckwerts UWG-HdB/Pflüger § 42 Rn. 119; Pflüger GRUR 2006, 818 (819, 821); dies. GRUR-Prax 2011, 52 (53); ebenso Prüfer GRUR 2008, 103 (109) und aus markenrechtlicher Sicht Kern GRUR 2001, 792 (793 f.); Berlit GRUR 2006, 542 (544).

[310] Vgl. Pflüger GRUR-Prax 2011, 52 (53); Utz S. 144.

[311] Vgl. – jeweils mwN – BGH GRUR 2007, 1071 Rn. 30 – Kinder II; Ströbele GRUR 2008, 569 (572).

[312] Vgl. Pflüger GRUR-Prax 2011, 52 (53).

[313] Vgl. Niedermann GRUR 2006, 367 (370).

[314] Vgl. Kur/Henning-Bodewig Bd. I. S. 101 f. mit Wiedergaben einer von den Verfasserinnen veranlassten Umfrage zum Zweck der Grundlagenforschung.

[315] Diese und weitere Werte in ähnlicher Größenordnung wurden vom Institut für Demoskopie Allensbach im Rahmen einer Grundlagenforschung ermittelt, vgl. Niedermann GRUR 2006, 367 (370).

[316] Vgl. BGH GRUR 2005, 505 Rn. 29 – TUC-Salzcracker.

[317] Vgl. Niedermann GRUR 2006, 367 (371).

schiedlicher Hersteller zugeordnet wird.[318] So handelt es sich zB um eine beachtenswerte Fehlvorstellung, wenn bei Vorlage des „HILTI-Rot“ iZm Bohrmaschinen angegeben würde, die Farbe weise auf *ein bestimmtes Unternehmen* hin, und zwar auf Bosch. Denn beide Unternehmen verwenden in dem genannten Marktsegment ein ähnliches „Rot“; dann können *echte* Fehlvorstellungen nicht ausgeschlossen werden. In bestimmten Fällen kann es erforderlich sein, entgegen der DPMA-Richtlinie nicht nur (echte) Fehlzuordnungen vom Kennzeichnungsgrad abzuziehen, sondern auch den Anteil derjenigen nicht zugunsten des vermeintlichen Zeicheninhabers zu werten, die den Namen des Unternehmens nicht wissen. Dies betrifft Fälle, in denen die Fehlzuordnungen eine ähnliche Größenordnung erreichen wie die „richtigen“ Angaben oder wenn sie diese sogar übersteigen. Derartige Relationen kommen in der empirischen Praxis zwar nur äußerst selten vor; dann aber können die „Weiß-Nicht“-Angaben nicht mehr als für den die Marke Beanspruchenden unbedenklich angesehen werden, weil dann nicht mehr davon auszugehen ist, dass mit „Weiß nicht“ stets ein und dasselbe Unternehmen gemeint ist. Daher sollte in diesen Fällen aus rechtsdemoskopischer Sicht auch der „weiß nicht“-Anteil vom Kennzeichnungsgrad abgezogen werden. Die Behandlung von Fehlzuordnungen ist nach alldem also keine Grundsatzfrage, sondern eine Frage des **Einzelfalls.** Die dafür erforderliche Beurteilung gehört zum Fachwissen der Sachverständigen; diese demoskopischen Erfahrungen sollten von den Gerichten und Behörden beachtet werden. Abgesehen von der Schweiz, erfolgt – soweit bekannt – in keinem anderen Land ein solcher Abzug sämtlicher namentlicher Fehlzuordnungen.

g) Mittelbare Zuordnung. Aus Antworten, in denen sich eine mittelbare Zuordnung des Zeichens zum Inhaber ergibt, können keine Fehlzuordnungen abgeleitet werden. Das ist insbesondere der Fall, wenn ein anderer Markenname des Zeicheninhabers,[319] ein Rechtsvorgänger,[320] ein mit dem Zeicheninhaber (rechtlich oder wirtschaftlich) verbundenes Unternehmen[321] oder ein Unternehmen angegeben wird, von dem das Zeichen mit Zustimmung des Zeicheninhabers benutzt wird.[322] 87

h) Aufklärungsfragen. Sofern die Kernfrage nach der Kennzeichnungskraft mit „Hinweis auf mehrere“ Unternehmen beantwortet wird, dann aber namentlich „nur eines“ benannt wird, sieht das Befragungsmodell der DPMA-Richtlinie eine Aufklärungsfrage dahingehend vor, ob letztlich nur das eine genannte Unternehmen gemeint sei oder ob das eine nur als Beispiel für mehrere namentlich einfiel (s. Rn. 69). Diese Aufklärung ist sachgerecht, dient sie doch dazu, den vom Antwortenden selbst gesetzten Widerspruch aufzudecken. Auch sonstige sachdienliche Aufklärungsfragen sind gem. der DPMA-Richtlinie zulässig und werden in der rechtsdemoskopischen Praxis vielfach umgesetzt.[323] Dazu kann gehören aufzuklären, ob mit den *mehreren* Unternehmen Konkurrenten des Markenanmelders gemeint sind oder solche, die mit dem Markeninhaber verbunden sind, zB in Form einer Konzernzusammengehörigkeit.[324] Wichtig ist, dass die Aufklärung nicht insistierend oder lenkend erfolgt, sondern den Sachverhalt in neutraler Weise ermittelt. 88

i) Unionsmarken. Materiell-rechtlich gibt es für das Entstehen von **Unterscheidungskraft durch Benutzung** von Unionsmarken (Art. 7 Abs. 3 UMV) gegenüber der Verkehrsdurchsetzung deutscher Marken keinen Wesensunterschied (vgl. Rn. 67 ff.). Demoskopische Gutachten sind in den Marken- und Geschmacksmusterrichtlinien des EUIPO grundsätzlich als taugliches Beweismittel anerkannt.[325] Die gegenüber diesen früher gelegentlich geäußerte Skepsis[326] besteht inzwischen nicht mehr.[327] Der **räumliche Umfang** der durch Benutzung erlangten Unterscheidungskraft muss 89

[318] Vgl. Niedermann GRUR 2006, 367 (371); Pflüger GRUR-Prax 2011, 52 (53).

[319] BGH GRUR 2008, 505 Rn. 30 – TUC-Salzcracker; BPatG MarkenR 2007, 167 (173) – Kinder (schwarz-rot); MarkenR 2007, 184 (186) – Ristorante.

[320] Vgl. BPatG GRUR 2011, 232 (238) – Gelbe Seiten.

[321] Vgl. BGH GRUR 2008, 505 Rn. 30 – TUC-Salzcracker. Dazu gehört auch ein konzernrechtlicher Verbund BPatG GRUR 2011, 232 (238) – Gelbe Seiten.

[322] BGH GRUR 2008, 505 Rn. 30 – TUC-Salzcracker; BPatG GRUR 2006, 41 (50/51) – FUSSBALL WM 2006. Dazu gehören auch joint ventures mit Drittunternehmen, BPatG GRUR 2011, 232 (238) – Gelbe Seiten.

[323] Richtlinie Markenanmeldungen des Deutschen Patent- und Markenamts (DPMA) vom 1.8.2018, in der Fassung vom 1.9.2020, Teil 2, Abschnitt XVII, Ziff. 7.

[324] Zu weiteren Aufklärungsfragen vgl. Pflüger GRUR 2014, 423 (424).

[325] Marken- und Geschmacksmusterrichtlinien, Teil C, Abschnitt 5, Kapitel 3.1.4.4 [Datum des Inkrafttretens: 1.3.2021].

[326] Vgl. Pflüger Mitt. 2007, 259 (267).

[327] Vgl. Bartos GRUR-Prax 2011, 137 (139); Eisenführ/Schennen/Förster UMV Art. 7 Rn. 254 ff., 273; Fezer Markenpraxis-HdB/Bender Rn. 920.

sich bei Unionsmarken grundsätzlich auf das gesamte Gebiet der Europäischen Gemeinschaft beziehen (vgl. Rn. 61 f.). Wenn ein Wortzeichen nur in der deutschen Sprache keine Unterscheidungskraft aufweist, können Feststellungen für Deutschland und Österreich ausreichend sein, wobei uU Rückschlüsse von Deutschland auf Österreich gezogen werden können.[328] Anders als zT in der Praxis des DPMA, findet beim EUIPO **keine Abstimmung** des **Fragebogens** mit dem Prüfer statt.[329] Allerdings gibt es, anders als in Deutschland, bislang noch keine einheitlichen Basisbefragungsstandards. Die aktuell in den Marken- und Geschmacksmusterrichtlinien formulierten Anforderungen beziehen sich vorwiegend auf Aspekte der Stichprobe und Dokumentation.[330] Zum Fragenwortlaut ist lediglich der Hinweis zu entnehmen, dass Suggestivfragen zu vermeiden sind.[331] Befragungen nach dem oben beschriebenen 3-Schritt-Modell der deutschen Praxis (vgl. Rn. 68 ff.) werden akzeptiert.[332] ZT werden aber auch andere Anforderungen an den notwendigen Fragenkatalog gestellt, auch solche, die aus rechtsdemoskopischer Sicht sachwidrig oder methodisch ungeeignet sind.[333] Das EUIPO hat zwar inzwischen die Allgemeinen Empfehlungen zur Einrichtung, Strukturierung und Aufmachung von Beweismitteln der Ämter des European Union Intellectual Property Networks zum 31.3.2021 implementiert, in denen für den Nachweis der Unterscheidungskraft ein Befragungsansatz gem. dem 3-Schritt-Modell vorgeschlagen wird.[334] Inwieweit dies zu einer generellen Akzeptanz dieses Befragungsansatzes bei Prüfern und Kammern des EUIPO führt, bleibt jedoch abzuwarten. Denn daneben existiert auch ein Beschluss des Präsidiums der Beschwerdekammern des EUIPO über Marktstudien als Beweismittel, der am 6.11.2020 in Kraft getreten ist und der gänzlich andere Anforderungen an die Fragestellungen zum Nachweis der Unterscheidungskraft postuliert.[335] Darin wird offenen Fragen wie zB „Welche Automarken fallen Ihnen ein?" ein höherer Beweiswert zugesprochen als gestützten. Derartige Fragen sind aus rechtsdemoskopischer Sicht für den Nachweis der Unterscheidungskraft jedoch ungeeignet. Denn abgesehen davon, dass der Begriff „Auto*marke*" das Ergebnis der Befragung bereits vorwegnimmt und schon deshalb abzulehnen ist (→ Rn. 73) – sagt die spontane (Nicht-)Erwähnung einer Automarke nichts darüber aus, ob ein Zeichen bekannt ist und zugleich als betrieblicher Herkunftshinweis verstanden wird. Zum anderen wird gem. dem Präsidiums-Beschluss der Beweiswert als erhöht angesehen, „wenn die Befragten mit einer Auswahl von Zeichen oder Verpackungen konfrontiert werden". Dies deckt sich mit der Entscheidung „Farbe Lila – 2587C", in der es der EuG als erforderlich angesehen hat, den Befragten mehrere Abbildungen bzw. Farben zu zeigen, damit die Befragten spontan angeben könnten, welche davon sie mit einem bestimmten Unternehmen verbinden.[336] Solche Forderungen nach Vorlage verschiedener Zeichen sind abzulehnen, weil dies die Befragten zT überfordert und vor allem, weil dies nicht dem Marktgeschehen entspricht. Denn dort tritt häufig nur ein Zeichen entgegen, so dass im Rahmen der Umfrage allein zu testen ist, wie dieses Zeichen aufgefasst wird, ohne Störung oder Überfrachtung durch weitere Zeichen. Es ist im Übrigen irrelevant, was die Befragten zu anderen als dem untersuchungsgegenständlichen Zeichen denken; denn dies ist nicht Sinn und Zweck des „3-Schritt-Tests".

90 Bisher sind die meisten Nachweise zur Unterscheidungskraft (jedenfalls bei Farb- und Formmarken) in der EU ohne Erfolg geblieben.[337] Das liegt insbesondere an den Schwierigkeiten des Nachweises (i) für das gesamte Gebiet der Gemeinschaft und (ii) für den Anmelde- bzw. Prioritätstag, aber auch daran, dass häufig erst nach einer negativen Beurteilung der originären Schutzfähigkeit durch den Prüfer daran gedacht wird, einen entsprechenden Nachweis zu führen.

---

328 Vgl. Bartos GRUR-Prax 2011, 137 (138).
329 Eisenführ/Schennen/Schennen UMV Art. 42 Rn. 51.
330 Niedermann GRUR 2014, 634 (636).
331 Marken- und Geschmacksmusterrichtlinien, Teil B, Abschnitt 4, Kapitel 14.8.1 [Datum des Inkrafttretens: 1.3.2021].
332 EuG GRUR Int. 2010, 520 Rn. 88 – Deutsche BKK/HABM; GRUR Int. 2010, 153 Rn. 60 – BCS/HABM [Grün und Gelb]; EUIPO 8.9.2016 – R 2021/2015-1 Rn. 42 – FREIZEIT REVUE.
333 Vgl. dazu ausführlich Niedermann GRUR 2014, 634 (637 f.); dies. GRUR 2006, 367 (372); Pflüger Mitt. 2007, 259 (267); vgl. auch EUIPO 26.8.2020 – R 1840/2019-4 Rn. 89 ff. – OKTOBERFEST.
334 Vgl. Abschnitt 3.3.3.4; abrufbar unter: https://euipo.europa.eu/tunnel-web/secure/webdav/guest/document_library/contentPdfs/EUIPN/common_communication/cp12/common_communication_cp12_de.pdf.
335 Beschluss Nr. 2020-8 des Präsidiums der Beschwerdekammern vom 6.11.2020 über Marktstudien als Beweismittel vor den Beschwerdekammern; abrufbar unter: https://euipo.europa.eu/tunnel-web/secure/webdav/guest/document_library/contentPdfs/law_and_practice/presidium_boards_appeal/Decision_2020-8_de.pdf.
336 EuG 9.9.2020 – T-187/19 Rn. 102 – Farbe Lila – 2587C.
337 Vgl. Bartos GRUR-Prax 2011, 137; EUIPO 27.7.2021 – No C 22 041 – Polaroid; EuG 9.9.2020 – T-187/19 Rn. 102 – Farbe Lila – 2587C.

3. Kennzeichenrechtlicher Bekanntheitsschutz/Bekannte Marke

a) **Allgemeines.** Weil es sich bei dem markenrechtlichen Bekanntheitsschutz um die Umsetzung von **Unionsrecht** handelt,[338] müssen die allgemeinen Vorgaben des EuGH beachtet werden, die auch für die Verkehrsdurchsetzung Gültigkeit haben. Demnach haben das Amt wie die Gerichte alle relevanten Umstände zu berücksichtigen, insbesondere den Marktanteil, die Intensität, die geografische Ausdehnung und die Dauer ihrer Benutzung sowie den Umfang der Investitionen, die das Unternehmen zur Förderung der Bekanntheit getätigt hat.[339] Wenn eine Marke während eines längeren Zeitraums in weitem Umfang auf dem Markt erscheint und jedermann gegenübertritt, kann sie allgemein geläufig und deshalb offenkundig[340] iSd § 291 ZPO und amtsbekannt[341] sein. Aus der Gesamtheit der relevanten Umstände kann daher die Bekanntheit einer Marke iSv § 14 Abs. 2 Nr. 3 MarkenG grundsätzlich auch ohne demoskopische Beweiserhebung gefolgert werden.[342] Die Bekanntheit muss so erheblich sein, dass die Verkehrsbeteiligten ohne weiteres eine Verbindung mit der älteren Marke herstellen, wenn sie der jüngeren Marke begegnen;[343] ein bestimmter Prozentsatz kann hierfür nicht festgelegt werden (vgl. → Rn. 125).[344] **Maßgeblicher Zeitpunkt,** zu dem die Voraussetzungen der Bekanntheit erfüllt sein müssen, ist der Zeitpunkt der Erlangung des Kennzeichenschutzes des kollidierenden Zeichens im Inland.[345] Wenn das kollidierende Zeichen keinen Schutz genießt, kommt es auf die Gegebenheiten im Zeitpunkt der letzten mündlichen Tatsachenverhandlung an.[346] 91

b) **Demoskopische Ermittlung.** Obwohl die Vorgaben des EuGH darauf ausgelegt sind, den erforderlichen Bekanntheitsgrad ohne Unterstützung durch die Demoskopie zu ermitteln, werden in Deutschland demoskopische Feststellungen auch zu diesem Kriterium befürwortet und durchgeführt. Mit welcher **Fragenmethodik** demoskopisch ermittelt werden kann, ob eine Marke[347] oder eine geschäftliche Bezeichnung[348] das Erfordernis der kennzeichenrechtlichen Bekanntheit erfüllt, ist immer **noch nicht abschließend geklärt.** 92

ZT wird die Ansicht vertreten, dass der Bekanntheitsschutz in seiner Ausgestaltung dem Schutz der früheren **berühmten Marke** entspricht und demzufolge der demoskopische Nachweis nach den gleichen Grundsätzen zu erbringen sei wie zuletzt zur berühmten Marke. Einziger Unterschied: Es genüge ein niedrigeres „Bekanntheitsniveau".[349] Bei diesem Befragungsansatz wird zunächst die Bekanntheit des Zeichens – ohne Hinweis auf diejenigen Waren oder Dienstleistungen, für die das Zeichen Verwendung findet – ermittelt.[350] Das Kennzeichen ist bei der Frage vorzulegen bzw. auszusprechen; dabei handelt es sich um eine gestützte Frage.[351] Die bloße Bekanntheit allein ist rechtlich jedoch nicht ausreichend aussagekräftig, weil der Feststellung der Bekanntheit Kennzeichen von verschiedenen Anbietern zugrunde liegen können. Daher muss sich analog zur Vorgehensweise bei der früheren berühmten Marke eine Kontrollfrage anschließen, die untersucht, mit welchen Waren oder Dienstleistungen die Befragten das Zeichen im Einzelnen verbinden; diese müssen von den Befragten selbst aktiv benannt werden. Ergänzend können die Kenntnisse und Vorstellungen der Befragten auch in der Weise ermittelt werden, dass ihnen mehrere (richtige und falsche) Waren oder Dienstleistungen nach 93

[338] Vgl. Art. 5 Abs. 2 der RL Nr. 89/104 zur Angleichung der Rechtsvorschriften der Mitgliedsstaaten über die Marken.

[339] EuGH GRUR Int. 2000, 73 Rn. 27 – Chevy; zustimmend BGH GRUR 2002, 340 (341) Fabergé; GRUR 2011, 1043 Rn. 42 – TÜV II.

[340] Vgl. BGH GRUR 1969, 126 (128) – Sternbild; GRUR 2011, 1043 Rn. 49 – TÜV II.

[341] Vgl. BPatG GRUR 2011, 232 (237) – Gelbe Seiten.

[342] OLG Köln GRUR-RR 2005, 339 (340) – Kleiner Feigling II; MarkenR 2007, 157 (161) – Moskovskaya.

[343] BGH GRUR 2003, 428 – BIG BERTHA.

[344] EuGH GRUR Int. 2000, 73 Rn. 25 – Chevy.

[345] BGH GRUR 2003, 428 (433) – BIG BERTHA.

[346] Vgl. hierzu → Rn. 101 sowie ausführlich Büscher/Dittmer/Schiwy GewRS/Büscher § 14 Rn. 524 ff.

[347] Vgl. § 14 Abs. 2 Nr. 3 MarkenG; Art. 9 Abs. 2c) UMV.

[348] Vgl. § 15 Abs. 3 MarkenG.

[349] Vgl. Ernst-Moll GRUR 1993, 8 (17); Niedermann GRUR 2014, 634 (639); Piper GRUR 1996, 429 (435); Sack GRUR 1995, 81 (88).

[350] Vgl. Pagenberg in FS Beier, 1996, S. 317, 327 sowie das Privatgutachten zu OLG Köln WRP 1998, 1104 (1106) – BOSS.

[351] Davon weicht der Vorschlag (vgl. Boës/Deutsch GRUR 1996, 168 (171)) ab, einleitend offen und anschließend teilgestützt – durch die Vorlage einer Liste oder von Einzelkärtchen – nach dem Bekanntheitsgrad des Kennzeichens zu fragen (vgl. hierzu Eichmann GRUR 1999, 939 (946)).

dem Modell der „Pirelli"-Entscheidung[352] des OLG Hamburg als Antwortmöglichkeit zur Verfügung gestellt werden.[353]

94 Nach anderer Auffassung[354] wird, insbesondere bei neuen Markenformen wie Farbmarken, davon ausgegangen, dass die bekannte Marke (auch) nach dem **„3-Schritt-Test"** (vgl. Rn. 68 ff.) zu untersuchen sei, also ob das Zeichen für die betroffenen Waren bzw. Dienstleistungen als Herkunftshinweis angesehen wird. Für eine bekannte Marke, die Schutz ja auch außerhalb der „angestammten" Waren- und Dienstleistungsgruppe reklamiert, werden dann aber höhere Werte als für die „normale" Kennzeichnungskraft verlangt. Beide Untersuchungsansätze können aus rechtsdemoskopischer Sicht im Rahmen einer Umfrage miteinander kombiniert werden, weil aus den ersten ungestützten Fragen mit breiterem Befragungsspektrum kein unzulässiger Einfluss auf die thematisch engeren Folgefragen zu erwarten ist. In den Allgemeinen Empfehlungen zur Einrichtung, Strukturierung und Aufmachung von Beweismitteln der Ämter des European Union Intellectual Property Networks wird hingegen empfohlen, beide Ansätze nicht in derselben Befragung zu verwenden – ohne dies allerdings zu begründen.[355]

95 c) **Personenkreis.** Bei Ermittlungen zur Bekanntheit nach dem „berühmte Marke-Modell" ist die Befragung an die Gesamtbevölkerung zu richten, ansonsten an den von der jeweiligen Ware bzw. Dienstleistung angesprochenen Personenkreis.[356] Spezifische Werbekonzepte des Markeninhabers spielen dabei keine Rolle,[357] so dass es zB unbeachtlich ist, wenn sich die Werbung speziell an junge Leute richtet, obwohl auch Ältere die Waren kaufen/konsumieren können. Dabei ist davon auszugehen, dass der Bekanntheitsgrad umso höher ist, je spezieller der Verkehr ist, an den sich die Marke richtet.[358]

96 d) **Wertschätzung.** Nach überwiegender Ansicht müssen für den kennzeichenrechtlichen Bekanntheitsschutz nur quantitative Voraussetzungen erfüllt sein.[359] Ob ein Kennzeichen **Wertschätzung** genießt und diese ausgenutzt oder beeinträchtigt wird, kann nicht gesichert erhoben werden.[360] Gleichwohl können rechtsdemoskopische Untersuchungen Indikatoren für die Wertschätzung einer Marke liefern, wenn insbesondere diejenigen, die Produkte oder Dienstleistungen mit der jeweiligen Marke kennen und sie schon genutzt/konsumiert/in Anspruch genommen haben, zu ihren diesbezüglichen Qualitätsvorstellungen befragt werden (zB „Wie beurteilen Sie die Qualität von Produkten mit diesem Zeichen? Bitte sagen Sie es mir anhand einer Skala von ‚1' bis ‚5'"). Andere, insbesondere die in der Marktforschung zur Ermittlung von Gütevorstellungen entwickelten Untersuchungsansätze, sind hingegen nicht ohne weiteres für die markenrechtliche Wertschätzung geeignet. So wurden Feststellungen anhand einer Sympathie-Skala als unbrauchbar angesehen.[361]

4. Erhöhte Kennzeichnungskraft

97 a) **Rechtlicher Grundsatz.** Einer der wichtigsten Grundsätze des Verletzungsstreits lautet: Je stärker die Kennzeichnungskraft eines Zeichens, desto weiter der **Schutzumfang.**[362] Ein geringerer Grad der Markenähnlichkeit kann durch eine besondere Bekanntheit der älteren Marke ausgeglichen werden.[363] **Überdurchschnittliche Kennzeichnungskraft** kann von Haus aus beste-

[352] OLG Hamburg GRUR 1987, 400 (401) – Pirelli.

[353] Pflüger GRUR 2006, 818 (819).

[354] Büscher in FS Ullmann, 2006, S. 133 ff.; Dobel Demoskopische Gutachten S. 158; Eichmann GRUR 1999, 939 (946); Ströbele/Hacker/Thiering/Hacker MarkenG § 14 Rn. 374; Utz S. 205 ff.; BGH GRUR 2011, 1043 Rn. 47 ff. – TÜV II; KG GRUR-RR 2014, 197 (200) – Stadt Land Fluss.

[355] Vgl. Abschnitt 3.3.3.4; abrufbar unter: https://euipo.europa.eu/tunnel-web/secure/webdav/guest/document_library/contentPdfs/EUIPN/common_communication/cp12/common_communication_cp12_de.pdf.

[356] Vgl. BGH GRUR 2003, 428 (433) – BIG BERTHA.

[357] Vgl. BGH GRUR 2002, 340 (341) – Fabergé.

[358] Ströbele/Hacker/Thiering/Hacker MarkenG § 14 Rn. 366.

[359] Vgl. Büscher/Dittmer/Schiwy GewRS/Büscher § 14 Rn. 519; Ingerl/Rohnke MarkenG § 14 Rn. 1338; Ströbele/Hacker/Thiering/Hacker MarkenG § 14 Rn. 373; aA Fezer MarkenR § 14 Rn. 767 ff.

[360] Vgl. Gloy/Loschelder/Danckwerts UWG-HdB/Pflüger § 42 Rn. 153.

[361] Vgl. BGH GRUR 1991, 863 (867) – Avon.

[362] Vgl. EuGH GRUR Int. 1998, 57 Rn. 24 – SABEL; GRUR 1998, 922 Rn. 18 – Canon; GRUR Int. 1999, 734 Rn. 20 – Lloyd; GRUR Int. 2000, 899 Rn. 38 – Marca/Adidas; BGH GRUR 2002, 171 – Marlboro-Dach; GRUR 2000, 875 (876) – Davidoff.

[363] Vgl. – mwN – BGH GRUR 2000, 506 (508) – ATTACHÉ/TISSERAND; GRUR 2000, 608 (610) – ARD-1; GRUR 2001, 158 (160) – Drei-Streifen-Kennzeichnung.

hen, also originär vorliegen, oder sich durch Benutzung ergeben.[364] Ein prozentualer Bekanntheits- bzw. Kennzeichnungsgrad kann hierfür nicht mit Allgemeingültigkeit festgelegt werden.[365] Bei Marken, die aufgrund von **Verkehrsdurchsetzung** eingetragen wurden, kann grundsätzlich von einer durchschnittlichen Kennzeichnungskraft ausgegangen werden; im Verletzungsstreit bestimmt jedoch das Gericht auch bei diesen Marken die Kennzeichnungskraft selbst.[366]

b) Allgemeine Anhaltspunkte. Für eine erhöhte Kennzeichnungskraft können allgemeine Anhaltspunkte sprechen. Ebenso wie bei der Verkehrsgeltung und der Verkehrsdurchsetzung erfolgt eine Beurteilung unter Heranziehung **aller relevanten Umstände**, insbesondere der Eigenschaften, die der Marke von Haus aus zukommen, dem Marktanteil der mit der Marke versehenen Waren, der Intensität, geografischen Ausdehnung und Dauer der Benutzung sowie des Werbeaufwands.[367] Wenn für ein Bündel von Beweiselementen keine **Gesamtwürdigung** vorgenommen wird, ist das ein Rechtsfehler.[368] 98

c) Demoskopische Ermittlung. Wenn sich allein aus den allgemeinen Anhaltspunkten keine ausreichende Beurteilungsgrundlage ergibt, ist eine demoskopische Ermittlung erforderlich. Umfragetechnisch kann wie bei Ermittlungen der Kennzeichnungskraft zur Verkehrsgeltung bzw. Verkehrsdurchsetzung vorgegangen werden (3-Schritt-Test, vgl. → Rn. 68 ff.). Wenn es um den Nachweis der gesteigerten Kennzeichnungskraft eines Bestandteils eines zusammengesetzten Zeichens geht, muss dieser isoliert untersucht werden.[369] Aus einem hohen Bekanntheitsgrad für den Herausgebernamen „Stiftung Warentest" können daher keine Aussagen zur Kennzeichnungskraft des Logos „test" abgeleitet werden.[370] Allgemeine Anhaltspunkte sind auch dann nicht aussagekräftig, wenn es bei einem aus der Form einer Ware und aus einem Wortzeichen bestehenden Kombinationszeichen nur um die **Warenform** geht.[371] Bei diesen – relativ häufig vorkommenden – Konstellationen kann eine erhöhte Kennzeichnungskraft idR nur mit Hilfe der Rechtsdemoskopie belegt werden. 99

Um festzustellen, ob **Grundmerkmale einer Gesamtausstattung** eine gesteigerte Kennzeichnungskraft aufweisen, ist das Produkt ohne die übrigen Ausstattungsmerkmale zum Gegenstand einer Befragung zu machen.[372] Wenn bei einer **weiteren Umfrage** mit einem zusätzlichen Ausstattungsmerkmal keine signifikant höheren Werte für den Kennzeichnungsgrad und den Zuordnungsgrad ermittelt werden, spricht das für die hohe Kennzeichnungskraft der Grundmerkmale.[373] Werden bei einer Grundform (in Goldfolie eingewickelter Schokoladenhase) ohne zusätzliche Gestaltungsmerkmale (rotes Bändchen mit Glöckchen; aufgemaltes Gesicht) höhere Kennzeichnungs- und Zuordnungsgrade ermittelt als bei der Vorlage eines vollständigen Exemplars, spricht das gegen die Annahme, dass auch diese anderen Gestaltungsmerkmale gleichermaßen als Herkunftshinweis wirken.[374] 100

d) Kollisionszeitpunkt. Wenn das jüngere Zeichen eigenständigen Schutz genießt, kommt es auf den Zeitpunkt der **Schutzbegründung** im Inland an.[375] Der Zeitpunkt der **letzten mündlichen Verhandlung** in der Tatsacheninstanz ist jedoch maßgeblich, wenn für die beanstandete Gestaltung kein eigener Kennzeichenschutz besteht.[376] Weil der für die Beurteilung einer Verwechslungsgefahr maßgebliche Kollisionszeitpunkt häufig **vor** dem Beginn eines Gerichtsverfahrens liegt, kann der Ausgang des Rechtsstreits davon abhängen, dass für den Markeninhaber in engem zeitlichem Umfeld zum Kollisionszeitpunkt eine verwertbare Umfrage durchgeführt wurde. 101

---

[364] Vgl. BGH GRUR 2001, 158 (160) – Drei-Streifen-Kennzeichnung.
[365] BGH GRUR 2007, 780 Rn. 36 – Pralinenform.
[366] BGH GRUR 2002, 171 (183) – Marlboro-Dach; GRUR 2007, 780 Rn. 35 – Pralinenform; GRUR 2007, 1066 Rn. 30 und Rn. 34 – Kinderzeit; GRUR 2007, 1071 Rn. 24 und Rn. 28 – Kinder II; GRUR-RR 2010, 205 Rn. 45 – Haus & Grund IV.
[367] EuGH GRUR Int. 1999, 734 Rn. 23 – Lloyd; GRUR Int. 2000, 73 Rn. 27 – Chevy; GRUR 2005, 763 Rn. 31 – Nestlé/Mars; BGH GRUR 2003, 1040 (1041) – Kinder I; GRUR 2006, 760 Rn. 24 – LOTTO; GRUR 2007, 780 Rn. 36 – Pralinenform; GRUR 2007, 1066 Rn. 33 – Kinderzeit; GRUR 2007, 1071 Rn. 27 – Kinder II.
[368] EuGH MarkenR 2008, 261 Rn. 37 – Ferrero/Ferro.
[369] BGH GRUR 2009, 766 Rn. 41 – Stofffähnchen I.
[370] Vgl. OLG Hamburg MD 2008, 1032 (1040) – test.
[371] BGH GRUR 2008, 505 Rn. 28 – TUC-Salzcracker.
[372] BGH GRUR 2007, 235 Rn. 24 – Goldhase I.
[373] BGH GRUR 2007, 235 Rn. 25 – Goldhase I; OLG Frankfurt a. M. GRUR 2008, 191 (192) – Goldhase II.
[374] BGH GRUR 2011, 148 Rn. 24 – Goldhase II.
[375] Büscher/Dittmer/Schiwy GewRS/Büscher § 14 Rn. 284 mwN.
[376] BGH GRUR 2008, 505 Rn. 27 – TUC-Salzcracker; GRUR 2009, 766 Rn. 40 – Stofffähnchen I.

5. Verwechslungsgefahr

102 a) **Unmittelbare Verwechslungsgefahr.** Bei unmittelbaren Verwechslungen werden die Zeichen direkt verwechselt, dh Zeichen A wird irrtümlich für Zeichen B gehalten.[377] Unmittelbaren Verwechslungen liegt also ein Wahrnehmungsirrtum zugrunde. Ob die Gefahr von unmittelbaren Verwechslungen besteht, hängt nicht davon ab, dass es tatsächlich zu Verwechslungen gekommen ist.[378] Aber dem **Nachweis de facto bestehender Verwechslungsfälle,** wie sie bei Umfragen allein gemessen werden können, kann eine **indizielle Bedeutung** dafür zukommen, dass eine rechtlich relevante Verwechslungsgefahr besteht.[379] Dennoch haben rechtsdemoskopische Ermittlungen zu Verwechslungen[380] in der Praxis des BGH bisher noch keine entscheidungserhebliche Bedeutung erlangt, anders als bei erstinstanzlichen Gerichten und bei Berufungsgerichten,[381] wo zwischenzeitlich auch gerichtsseitig rechtsdemoskopische Gutachten zur Messung von Verwechslungen beauftragt wurden. Zwar ist die Beurteilung der Verwechslungsgefahr nach überwiegender Ansicht eine Rechtsfrage.[382] Aber Grundlage dieser Rechtsfrage ist die Feststellung aller einschlägigen tatsächlichen Gegebenheiten, wozu auch empirische Gutachten gehören. Dabei besteht zwischen irreführenden Angaben und täuschenden Hinweisen auf die betriebliche Herkunft aus rechtsdemoskopischer Sicht kein wesensmäßiger Unterschied.[383]

103 Die Beurteilung der Verwechslungsgefahr beruht auf dem Erfahrungssatz, dass das ältere Kennzeichen und das beanstandete Zeichen von den Nachfragern in der Regel nicht gleichzeitig wahrgenommen werden.[384] Mit sog. **Blickfeldtests**[385] wurde daher früher (und wird nach wie vor) versucht, Verwechslungen dadurch festzustellen, dass im Test beide Kennzeichen gezeigt wurden, und zwar nacheinander im Rahmen einer längeren Befragung. Zwischen den Zeichenvorlagen wurden sog. **Pufferfragen** gestellt, also neutrale Fragen, ggf. auch zu einem anderen Thema, um einen zeitlichen Abstand zu erzeugen.[386] Eine gleichzeitige Vorlage beider Zeichen wird in der Rspr. als unzulässig angesehen, weil dies einen direkten Vergleich der Untersuchungsgegenstände ermöglicht, der in der Realität idR nicht gegeben ist.[387] Bei einem Split (vgl. Rn. 35 ff.) können die Gegenstände der Befragung auch in umgekehrter Reihenfolge gezeigt werden, um etwaige Reihenfolge-Effekte erkennen zu können.[388] Einem Urteil des BGH lag zugrunde, dass zunächst die Schauseite der beanstandeten Packung gezeigt und diese dann umgehend wieder weggenommen wurde. Nach etwa 15 Minuten, aus heutiger rechtsdemoskopischer Sicht ein sehr langer Zeitraum, wurde die Schauseite der prioritätsälteren Packung gezeigt und gefragt, ob die Befragungspersonen diese Packung vorher schon gesehen hatten. Sowohl bei dieser als auch bei umgekehrter Anordnung verwechselten jeweils 10 % der Befragten die Zeichen unmittelbar. Zwar hat der BGH dieses Ergebnis anerkannt, aber eine indizielle Bedeutung aus Rechtsgründen in diesem besonderen Fall verneint.[389]

---

[377] BGH GRUR 1991, 609 (611) – SL.

[378] Vgl. BGH GRUR 1961, 535 (537) – arko; GRUR 1991, 609 (611) – SL.

[379] Vgl. BGH GRUR 1954, 457 (458) – Irus/Urus; GRUR 1957, 426 (427) – Getränke-Industrie; GRUR 1959, 599 (602) – Teekanne; GRUR 1960, 130 (133) – Sunpearl II; GRUR 1969, 357 (360) – Sihl; GRUR 1992, 48 (52) – frei öl; OLG Frankfurt a. M. MarkenR 2002, 26 (27) – Mon Chéri.

[380] Vgl. zB OLG Düsseldorf GRUR 1985, 137 (139) – Multi-Vitaminsaft; OLG Hamburg GRUR 1988, 127 (129) – Langnese-Honigglas; OLG Köln MD 1998, 1167 (1173) – Viennetta; Pflüger GRUR 2004, 652 (653). Für Italien wird berichtet, dass zur Frage der Verwechslungsgefahr durchaus Gutachten eingeholt werden können (vgl. den Tagungsbericht von Rempe GRUR 2010, 986 (987)).

[381] OLG Köln GRUR-RR 2015, 534 – Schokoladenriegel-Variationen.

[382] Vgl. – teilweise mwN – BGH GRUR 1990, 450 (452) – St. Petersquelle; GRUR 1991, 609 (611) – SL; GRUR 1992, 48 (52) – frei öl; GRUR 1992, 110 (111) – dipa/dib; GRUR 1993, 118 (119) – Corvaton/Corvasal; GRUR 1993, 972 (974) – Sana/Schosana; GRUR 1995, 156 (157) – Garant-Möbel; GRUR 1995, 216 (219) – Oxygenol II; GRUR 1995, 808 (810) – P3-plastoclin; GRUR 1997, 661 (663) – B. Z./Berliner Zeitung; GRUR 2016, 197 (200) – Bounty; GRUR 2019, 535 Rn. 90 – Das Omen; kritisch Osterloh in FS Piper, 1996, S. 595 ff.

[383] Pflüger Mitt. 2007, 259 (260, 265).

[384] Vgl. EuGH GRUR Int. 1999, 734 Rn. 25 – Lloyd, sowie die weiteren Nachw. bei Fezer MarkenR § 14 Rn. 447.

[385] Vgl. BGH GRUR 1992, 48 (52) – frei öl; Noelle-Neumann/Schramm GRUR 1976, 51 (57 f.) (m. Bsp.).

[386] Bei Mehrthemenumfragen kann das zB dadurch bewerkstelligt werden, dass andere Befragungsthemen dazwischen geschaltet werden.

[387] EuG 24.10.2017 – T-202/16 Rn. 144 – Coffee In (coffee inn); OLG Frankfurt a. M. GRUR-RR 2020, 122 – Rotations-Ausrichtungssystem.

[388] Vgl. OLG Hamburg NJOZ 2007, 3055 (3059) – Handydesign.

[389] Vgl. BGH GRUR 1992, 48 (52) – frei öl; maßgeblich dafür war, dass die Farbkombination der prioritätsälteren Packung keine ausreichende Verkehrsbekanntheit aufgewiesen hat; ebenso BGH GRUR 1997, 754 (755) – grau/magenta.

Belege zum Nachweis tatsächlicher unmittelbarer Verwechslungen können auch dann gewonnen werden, wenn **nur** das **beanstandete Zeichen** zum Gegenstand der Befragung gemacht wird.[390] Das kommt insbesondere in Betracht, wenn das beanstandete Zeichen erst kurze Zeit vor der Umfrage in Benutzung genommen wurde. Gefragt wird dann zB, ob die Befragungsperson ein Erzeugnis mit dem beanstandeten Zeichen schon gekauft oder schon gesehen hat. Wenn ein erheblicher Prozentsatz bejahend antwortet, ist das ein beachtlicher Hinweis darauf, dass das Erzeugnis mit dem jüngeren Zeichen irrtümlich für das Erzeugnis mit dem prioritätsälteren Kennzeichen gehalten wird.[391] Auch das Befragungsgerüst nach dem 3-Schritt-Test kann dafür in Betracht kommen. 104

Für **Zeichenähnlichkeit** iSd § 14 Abs. 2 Nr. 3 MarkenG reicht es aus, dass die Verkehrsbeteiligten zwischen dem beanstandeten Kennzeichen und einem bekannten Kennzeichen eine gedankliche Verknüpfung vornehmen.[392] Als Hinweis darauf kann es genügen, wenn 5,4 % der Befragten eine neutralisierte Gestaltung und 7,5 % eine teilneutralisierte Gestaltung einer bekannten Klagemarke zuordnen.[393] Bei einer neutralisierten Packungsgestaltung des sog. „Milka"-Doppelquadrats wurde dagegen ein Zuordnungsgrad von 43,5 % (zu Ritter Sport) als Hinweis auf einen erheblichen Abstand zur ebenfalls neutralisiert untersuchten Packungsgestaltung der quadratischen „Ritter Sport"-Tafelschokolade gewertet, weil für diese Marke ein Zuordnungsgrad von über 80 % ermittelt worden war. Als Bestätigung kann dienen, dass bei einer Lila-Einfärbung nur 4 % des Verkehrs eine Verbindung mit „Ritter Sport"-Tafelschokolade sahen.[394] 105

b) Mittelbare Verwechslungsgefahr. Bei mittelbaren Verwechslungen liegt kein Wahrnehmungs-, sondern ein **Folgerungsirrtum** vor. Dabei erkennen die Verkehrsbeteiligten, dass es sich um unterschiedliche Zeichen handelt; sie gehen jedoch irrtümlich davon aus, dass die Zeichen von demselben Anbieter stammen. Auch diese Art eines Irrtums ist demoskopisch aufklärbar, weil die **Diversifikationsmaßnahmen** der Anbieter inzwischen den meisten Verkehrsbeteiligten so geläufig sind, dass sie auf Grund ihrer persönlichen Erfahrung in der Lage sind, unterschiedliche Angebote ein und demselben Anbieter zuzuordnen, wenn das durch die Ähnlichkeit der beiderseitigen Zeichen nahegelegt wird. Sofern sowohl das Originalprodukt als auch das beanstandete Erzeugnis gezeigt werden, müssen Pufferfragen zwischen den Vorlagen der beiden Zeichen erfolgen.[395] 106

Einem Urteil des BGH lag ua die Frage zugrunde, ob es bekannt ist oder für möglich gehalten wird, dass – die namentlich genannte – Herstellerin insbesondere von Konfitüren und ähnlichen Erzeugnissen auch Fruchtjoghurt herstellt. Das Berufungsgericht hatte zu Recht beanstandet, dass diese Frage auf eine Spekulation ausgerichtet war.[396] Der BGH zog den erheblichen Prozentsatz von bejahenden Antworten sowohl der Befragten, denen das prioritätsältere Kennzeichen bekannt war, als auch aller Befragten dennoch als **unterstützenden Beleg** dafür heran, dass mittelbare Verwechslungsgefahr besteht.[397] Wären in die geschlossene Frage nicht nur Erzeugnisse aus dem Sortiment der Klägerin aufgenommen worden[398] und wäre bei der Erfassung der Antworten zwischen „bekannt" und „möglich" unterschieden worden, hätten uU zuverlässigere Erkenntnisse gewonnen werden können. 107

c) Verwechslungsgefahr im weiteren Sinn. Bei Vorliegen von Verwechslungen im weiteren Sinn liegt ebenfalls ein **Folgerungsirrtum** zugrunde.[399] Dabei wird die Verschiedenheit der Zeichen und der Anbieter zwar erkannt. Es wird aber eine **wirtschaftliche, vertragliche** oder **organisatorische Verbindung** zwischen den Anbietern erwartet.[400] Diese Verwechslungsart durch eine rechtsdemoskopische Erhebung zu ermitteln, hat der BGH schon früh für sinnvoll gehalten und dem 108

---

390 Vgl. Gloy/Loschelder/Danckwerts UWG-HdB/Pflüger § 42 Rn. 148.

391 Vgl. OLG Köln MD 1998, 1167 (1173) – Viennetta; GRUR-RR 2006, 325 (327) – Duplo; Noelle-Neumann/Schramm Umfrageforschung S. 61. Eine Einstiegsfrage „Woran denken Sie" ermuntert jedoch lediglich zur Äußerung von bloßen Assoziationen, wenn ohne konkreten Warenbezug gefragt wird (OLG Hamburg BeckRS 2008, 08519 = GRUR-RR 2008, 303 (Leitsatz)).

392 Vgl. mwN EuGH GRUR 2009, 756 Rn. 36 – L'Oréal; BGH GRUR 2009, 772 Rn. 71 – Augsburger Puppenkiste; Ingerl/Rohnke § 14 Rn. 1348; Büscher/Dittmer/Schiwy GewRS/Büscher § 14 Rn. 537.

393 Vgl. LG Köln BeckRS 2011, 22540 = GRUR Prax 2011, 449 – Ritter/Milka.

394 OLG Köln MarkenR 2012, 222 (226) – Quadratische Schlauchverpackung für Schokolade.

395 Vgl. Gloy/Loschelder/Danckwerts UWG-HdB/Pflüger § 42 Rn. 149 sowie oben Rn. 101 zum sog. Blickfeldtest.

396 Vgl. OLG Köln GRUR 1983, 789 (791) – Zentis/Säntis.

397 Vgl. BGH GRUR 1986, 253 (256) – Zentis.

398 Vgl. die Kritik und die Wiedergabe der Frage bei Krüger GRUR 1986, 256 (257) (Urteilsanm.).

399 Vgl. Eichmann GRUR 1998, 201 (212).

400 Vgl. BGH GRUR 1988, 635 (636) – Grundcommerz; GRUR 2004, 865 (867) – Mustang.

Berufungsgericht einen entsprechenden Hinweis erteilt.[401] Auch in dem Verfahren der *Commerzbank* gegen eine Immobilienverwaltungsgesellschaft *Grundcommerz* gab der BGH dem Berufungsgericht auf, erforderlichenfalls durch Einholung eines Meinungsforschungsgutachtens aufzuklären, ob die Verkehrsbeteiligten einen organisatorischen Zusammenhang zwischen den Parteien annahmen.[402] Auch bei der Anbringung der Zeitschriftenmarke *VOGUE* auf einem Damenskimodell wies der BGH das Berufungsgericht auf eine Beweiserhebung zur Klärung der Verkehrsvorstellungen hinsichtlich der Annahme wirtschaftlicher Zusammenhänge zwischen beiden Anbietern hin.[403]

109 Die Erwartung von Beziehungen wirtschaftlicher, vertraglicher oder organisatorischer Art[404] würde als Frage in einem Interview allerdings die meisten Personen überfordern, die nicht über betriebswirtschaftliche oder juristische Kenntnisse verfügen. Es muss daher versucht werden, eine laienverständliche **„Übersetzung"** zu formulieren. Wenn nur nach „irgendwelchen Verbindungen" zwischen dem Markeninhaber und dem Zeichenbenutzer gefragt wird, ohne gleichzeitig zur Auswahl zu stellen, dass keine Verbindungen bestehen, kann das bejahende Vermutungen nahe legen.

6. Sonstige Fragestellungen

110 **a) Herkunftsfunktion von Warenformen.** Für den Nachweis der Kennzeichnungskraft von Warenformmarken gelten grundsätzlich die gleichen Anforderungen wie für sonstige Zeichenarten. Voraussetzung für die Bejahung der Kennzeichnungskraft von Warenformmarken ist nach der Rechtsprechung des BGH allein die Vorstellung der angesprochenen Verkehrskreise, dass die konkrete Warenform etwas über die Herkunft aus einem bestimmten Unternehmen aussagt. Dabei ist zu berücksichtigen, dass die Verkehrsbeteiligten einer bestimmten Warenform nur dann einen Herkunftshinweis entnehmen, wenn sie die jeweilige Form nicht ausschließlich einer konkreten anderen Funktion der Ware oder ganz allgemein allein dem Bemühen zuschreiben, ein ästhetisch ansprechendes Produkt zu schaffen.[405] Diesem trägt der „3-Schritt-Test" gem. DPMA-Richtlinie Rechnung (vgl. Rn. 68 ff.). Insbesondere bei Warenformen ist zu beachteten, dass die **Bekanntheit eines Produkts** nicht notwendig einen **Herkunftshinweis** zur Folge hat. Nicht sachgerecht wäre es deshalb zu fragen, ob *dieses Produkt* Hinweis auf ein Unternehmen/mehrere Unternehmen ist. Vielmehr muss zB auf „Produkte, die so aussehen wie dieses" oder auf „eine Flasche in dieser Form" oä abgestellt werden, um klarzustellen, dass es um die Waren*form* als solche geht und nicht um das konkret gezeigte Produkt. Wenn bei einer solchen Fragestellung mehr als die Hälfte der Befragten das Erzeugnis einem bestimmten Unternehmen zuordnet, kann daraus im Sinne einer Verkehrsdurchsetzung gefolgert werden, dass die Produktform als Herkunftshinweis aufgefasst wird.[406]

111 Grundlage der Befragung muss stets die isolierte Warenform sein.[407] Bei einem Erzeugnis mit technisch bedingten und deswegen vom Schutz ausgeschlossenen Erscheinungsmerkmalen kann nur zusätzlichen Merkmalen eine Herkunftsfunktion zukommen.[408] Zur Beurteilung der Unterscheidungskraft einer besonderen Käseform hat der BGH einer von der Markeninhaberin vorgelegten Verkehrsbefragung bestätigende Hinweise entnommen;[409] danach hat die bloße Form eines Käses für 42,7 % der befragten Käsekäufer einen hohen Wiedererkennungswert und 61,7 % sehen in der konkreten Form einen Herkunftshinweis.

112 **b) Markenmäßige Benutzung.** Direkte demoskopische Ermittlungen zur markenmäßigen Benutzung sind schwierig, weil es dabei nicht um das persönliche Verständnis, sondern um eine Be-

[401] Vgl. BGH GRUR 1968, 581 (585) – Blunazit; vgl. auch OLG München WRP 2015, 276 (277) Rn. 20 – Apotheken-A, wonach eine Fragestellung, die lediglich die Ermittlung unmittelbarer Verwechslungen zum Gegenstand hat, unzureichend sei, weil sie möglicherweise ebenfalls rechtsverletzende Verwechslungen im weiteren Sinne nicht in den Blick nimmt.

[402] Vgl. BGH GRUR 1988, 635 (636) – Grundcommerz.

[403] Vgl. BGH GRUR 1990, 68 (69) – VOGUE-Ski; vgl. auch OLG Hamburg WRP 1986, 221 (226) – QUATTRO-Ski.

[404] Vgl. die Nachw. bei Eichmann GRUR 1998, 201 (211); Ingerl/Rohnke MarkenG § 14 Rn. 1222 ff.; Ströbele/Hacker/Thiering/Hacker MarkenG § 9 Rn. 543 ff.

[405] Vgl. BGH GRUR 2001, 418 (419) – Montre; GRUR 2003, 332 (334) – Abschlussstück.

[406] BGH GRUR 2008, 510 Rn. 28 – Milchschnitte; OLG Köln GRUR 2006, 325 (326) – Duplo.

[407] BPatG GRUR 2008, 420 (427) – ROCHER-Kugel.

[408] OLG Köln GRUR-RR 2008, 193 (195) – Drei-Scherkopf-Rasierer.

[409] Vgl. BGH GRUR 2004, 329 (331) – Käse in Blütenform; gleichlautend die Beschlüsse des BGH BeckRS 2003, 30323491; BeckRS 2004, 1477; BeckRS 2004, 1478.

wertung geht. Gleichwohl wurde ein solcher Nachweis mitunter gefordert, insbesondere bei Marken, die aus einer früheren rechtlichen oder faktischen Monopolstellung herrühren.[410] So wurde etwa für die schematische Darstellung einer Hand Ausstattungsschutz in Anspruch genommen; die auf dieser Grundlage in der Werbung verwendeten naturalistischen Hand-Darstellungen wurden dann beanstandet. Zur Verwertbarkeit der Ergebnisse einer demoskopischen Befragung rügte der BGH[411] insbesondere, dass die beanstandeten Hand-Darstellungen zu weitgehend neutralisiert worden waren. Im Rahmen der nachfolgenden Detailkritik der Befragungsergebnisse ließ der BGH erkennen, dass eine brauchbare Fragestellung zur Ermittlung der markenmäßigen Benutzung nicht ersichtlich war. Bei einem anderen Verfahren im Auftrag eines Oberlandesgerichts war untersucht worden, ob die Angabe „Filtertüte passend für …" unzutreffende Herkunftsvorstellungen auslöst. Der BGH rügte, dass den Antworten auf die offene Frage bei der Beweiswürdigung zu geringes Gewicht und den Antworten auf geschlossene Fragen zu großes Gewicht beigemessen worden sei.[412] Eine markenmäßige Verwendung sei daraus nicht mit hinreichender Bestimmtheit ableitbar.

Einer expliziten Fragestellung zur markenmäßigen Verwendung bedarf es dann nicht, wenn die Kennzeichnungskraft des Zeichens nachgewiesen wurde; denn ein solcher Nachweis impliziert bereits die markenmäßige Benutzung.[413] So lag die herkunftshinweisende Benutzung einer ungewöhnlichen Farbe in einer Werbeanzeige deswegen nahe, weil ein sehr ähnlicher Farbton – in zwei zu unterschiedlichen Zeitpunkten durchgeführten Umfragen – bei jedenfalls 58 %[414] bzw. bei zumindest annähernd 70 %[415] der Bevölkerung als Herkunftshinweis auf das Unternehmen der Klägerin bekannt war. Ergibt sich somit für eine Farbe ein Kennzeichnungsgrad von mehr als 50 %, so kann – ebenso wie bei dreidimensionalen Marken – auf eine markenmäßige Verwendung der konturlosen Farbe durch den Markeninhaber geschlossen werden. Wäre das Zeichen nicht markenmäßig verwendet worden, wären solche Werte nicht erzielbar.[416] Dann kann im Regelfall davon ausgegangen werden, dass der Verkehr nicht nur die Farbe oder Form einer Klagemarke, sondern auch die angegriffene Gestaltung als herkunftshinweisend wahrnimmt.[417] Wird allerdings die Form einer Ware nur kurze Zeit zwischen dem Auspacken und dem Verzehr wahrgenommen, kann dies gegen eine markenmäßige Verwendung sprechen.[418] Eine Aufmachung von Bekleidungsstücken konnte nicht als bloße Verzierung, sondern als markenmäßiger Hinweis wirken, weil die große Bekanntheit von entsprechenden Klagekennzeichnungen eine Gewöhnung der Verkehrsbeteiligten an diese Kennzeichnungspraxis zur Folge hatte.[419] Es genügt die Feststellung, dass die Befragten überhaupt von einem Herstellerhinweis ausgehen; eine zutreffende Herstellerzuordnung ist **nicht** erforderlich.[420] Wenn der Gegenstand der Klagemarke mit der Ausgestaltung der Ware übereinstimmt und diese Marke bei nur 5 % des Publikums bekannt ist, kann nicht von einer markenmäßigen Benutzung einer mit der Klagemarke übereinstimmenden Produktgestaltung ausgegangen werden.[421] 113

c) **Warenähnlichkeit.** Vor Jahrzehnten hatte der BGH einem Berufungsgericht aufgegeben, zur Beurteilung der Warengleichartigkeit entweder seine Sachkunde näher darzulegen oder ein demoskopisches Sachverständigengutachten zur Auffassung der maßgebenden Fachkreise einzuholen. Dabei ging es um Bremsenprüfstände für Pkws einerseits und Ersatzteile, Zubehör und Werkzeuge für Pkws einer bestimmten Marke andererseits.[422] Trotz des Hinweises des BGH haben demoskopische Befragungen zur Warengleichartigkeit in späteren Entscheidungen weder des BGH noch anderer Gerichte eine Rolle gespielt. Schon im Geltungsbereich des WZG hatte sich für die Bedeutung der Gleichartigkeit eine **Relativierung** daraus ergeben, dass von einer Wechselwirkung zwischen Verwechslungsgefahr und Gleichartigkeit ausgegangen wurde.[423] Während da- 114

410 BGH GRUR 2005, 423 (426) – Staubsaugerfiltertüten.
411 Vgl. BGH GRUR 1969, 683 (685) – Isolierte Hand.
412 BGH GRUR 2005, 423 (426) – Staubsaugerfiltertüten.
413 BGH GRUR 2010, 138 Rn. 34 – ROCHER-Kugel; GRUR 2016, 1167 Rn. 109 – Sparkassen-Rot.
414 Vgl. BGH GRUR 2004, 151 (154) – Farbmarkenverletzung I.
415 Vgl. BGH GRUR 2004, 154 (156) – Farbmarkenverletzung II.
416 BGH GRUR 2015, 1012 – Nivea-Blau; aA Vohwinkel Rn. 906.
417 BGH GRUR 2016, 197 – Bounty.
418 BGH GRUR 2010, 110 (1105) – Pralinenform II.
419 Vgl. BGH GRUR 2001, 158 (160) – Drei-Streifen-Kennzeichnung.
420 OLG Köln MarkenR 2006, 230 (231) – Sportjacken mit 2 Ärmelstreifen.
421 BGH GRUR 2012, 618 Rn. 23 und Rn. 30 – Medusa.
422 Vgl. BGH GRUR 1976, 698 (699) – MAHAG.
423 Vgl. – mwN – BGH GRUR 1993, 118 (119) – Corvaton/Corvasal.

bei jedoch für die Bestimmung der Gleichartigkeit eine Übereinstimmung der Zeichen zugrunde gelegt wurde,[424] brachte die gemeinschaftsrechtliche Gesetzgebung eine weitergehende **Flexibilisierung**[425] mit sich, bei der die Ähnlichkeit von Waren und Dienstleistungen auch von dem Grad der Kennzeichnungskraft[426] und der Zeichenähnlichkeit[427] abhängt.[428]

115 d) **Wettbewerbsrechtlicher Nachahmungsschutz.** Der Schutz aus § 4 Nr. 3 Buchst. a) UWG setzt ua eine gewisse **Bekanntheit** bzw. **wettbewerbliche Eigenart** des nachgeahmten Erzeugnisses voraus.[429] Eine Verkehrsgeltung iSd § 4 Nr. 2 MarkenG ist nicht erforderlich.[430] Die Bekanntheit der Erscheinungsform eines Jeansmodells bei 46 % der Befragten hat der BGH als zweifelsohne ausreichend bezeichnet.[431] Eine Zuordnung zu dem Hersteller muss nicht erfolgen.[432] Vielmehr reicht aus, dass das Erzeugnis als von einem bestimmten Hersteller stammend angesehen wird, wie auch immer dieser heißen mag.[433] Wenn allerdings eine Zuordnung von 11 % der Befragten vorgenommen wird, wurde das für die Gefahr einer vermeidbaren Herkunftstäuschung als ausreichend angesehen.[434] Ob die Gefahr von betrieblichen **Herkunftsverwechslungen** besteht, kann nach derselben Methodik wie bei der markenrechtlichen Verwechslungsgefahr getestet werden.[435]

116 e) **Allgemeine Verkehrsauffassung.** Maßgebend für die **Produkteinordnung** entweder als Arzneimittel oder als Kosmetikum ist seine Zweckbestimmung nach der Verkehrsanschauung. Hierzu hat der BGH mehrere Kriterien gewürdigt und abschließend das gewonnene Ergebnis durch ein vom Landgericht eingeholtes Umfragegutachten als bestätigt bezeichnet.[436] Entscheidungstragend konnte dieses Gutachten allerdings schon deswegen nicht sein, weil sich 40 % der Befragten für die Bezeichnung als Arzneimittel und 35 % der Befragten für die Bezeichnung als Körperpflegemittel ausgesprochen hatten. Das Verständnis von „BIG PACK" als **Beschaffenheitsangabe** und nicht als betrieblicher Herkunftshinweis ist dadurch erleichtert worden, dass diese Angabe in enger räumlicher Beziehung zu einer Zigarettenpackung gestanden hat, die mit der im Verkehr zu 99 % bekannten Marke „Marlboro" gekennzeichnet war.[437] Zur Aufklärung des Verkehrsverständnisses konnte bei einem Spielzeug- bzw. Modellauto mit dem Emblem eines Automobilherstellers die Frage beitragen, wer als Hersteller erwartet wird.[438]

117 f) **Design-/Geschmacksmusterrecht.** Aus demoskopisch belegten Verwechslungsfällen ist gefolgert worden, dass das streitgegenständliche Erzeugnis keinen anderen **Gesamteindruck** als der Gegenstand des Klagegeschmacksmusters aufweist. Dem wurde jedoch entgegengehalten, dass es für einen Eingriff in den Schutzumfang eines Geschmacksmusters[439] bzw. Designs auf die Beurteilung durch den **informierten Benutzer** ankommt und dass dabei eine **unmittelbare Gegenüberstellung** erfolgt. Deswegen wurde aus den Umfrageergebnissen nicht einmal eine schwache

---

424 Vgl. BGH GRUR 1989, 347 (348) – MICROTRONIC; GRUR 1989, 350 (351) – Abbo/Abo.

425 Vgl. BGH GRUR 1995, 216 (219) – Oxygenol II.

426 Vgl. EuGH GRUR 1998, 922 Rn. 19 – Canon; BGH GRUR 1999, 158 (159) – GARIBALDI; GRUR 1999, 245 (246) – LIBERO; WRP 1999, 528 (529) – TIFFANY; GRUR 1999, 990 (991) – Schlüssel; GRUR 2001, 164 (165) – Wintergarten.

427 Vgl. EuGH GRUR 1998, 922 Rn. 19 – Canon; BGH GRUR 1999, 735 (736) – MONOFLAM/POLYFLAM; GRUR 2000, 506 (507) – ATTACHÉ/TISSERAND; GRUR 2000, 608 (610) – ARD-1; GRUR 2001, 164 (165) – Wintergarten.

428 Für die Ähnlichkeit von Waren und Dienstleistungen kann zwar Beweis erbracht werden (vgl. EuGH GRUR 1998, 922 Rn. 22 – Canon). Dafür kommen jedoch Nachweise für Branchenübungen (vgl. BGH GRUR 1999, 731 (733) – Canon II), nicht auch rechtsdemoskopische Gutachten in Betracht.

429 BGH GRUR 2002, 275 (277) – Noppenbahnen; GRUR 2002, 820 (822) – Bremszangen; GRUR 2005, 600 (602) – Handtuchklemmen; GRUR 2007, 339 Rn. 34 – Gartenliege.

430 BGH GRUR 2006, 79 Rn. 35 – Jeans I.

431 BGH GRUR 2006, 79 Rn. 36 – Jeans I. In einem anderen Verfahren ist offen geblieben, welche Bedeutung es für eine erhebliche oder nur durchschnittliche Bekanntheit gehabt hat, dass 41,8 % der befragten häufigen oder gelegentlichen Käufer von im gewerblichen Bereich eingesetzten Produkten diese der Klägerin zugeordnet hatten (BGH GRUR 2007, 339 Rn. 32 – Stufenleitern).

432 BGH GRUR 2007, 339 Rn. 40 – Stufenleitern.

433 BGH GRUR 2007, 984 Rn. 32 – Gartenliege.

434 BGH GRUR 2006, 79 Rn. 36 – Jeans I.

435 Vgl. Gloy/Loschelder/Danckwerts UWG-HdB/Pflüger § 42 Rn. 145 ff.

436 Vgl. BGH WRP 2001, 542 (545) – Franzbranntwein-Gel.

437 Vgl. BGH GRUR 1999, 992 (994) – BIG PACK.

438 Vgl. OLG Nürnberg GRUR-RR 2008, 393 (395) – Modellauto.

439 Vgl. § 38 Abs. 2 GeschmMG; Art. 10 GGV.

indizielle Bedeutung für den geschmacksmusterrechtlichen Gesamteindruck hergeleitet.[440] Auch im Designrecht können rechtsdemoskopische Gutachten von Nutzen sein. Dies zB dann, wenn nicht mehr allein auf die Auffassung eines bestimmten informierten Benutzers, wie in der EU, oder einer entsprechenden Jury, wie in den USA, abgestellt wird, sondern auf das durchschnittliche Verständnis einer größeren Gruppe informierter Benutzer.

V. Orientierungswerte

1. Grundsatz

118 Für die beratende Tätigkeit des Anwalts wäre es zwar vorteilhaft, wenn von **Richtwerten** für die Prozentzahlen ausgegangen werden könnte, die bei rechtsdemoskopischen Umfragen den Ausschlag geben können.[441] Für das **Kennzeichenrecht** hat jedoch der EuGH wiederholt darauf hingewiesen, dass bestimmte Prozentsätze nicht festgelegt werden können. Zur **Irreführungsgefahr** hat der BGH vielfach bekundet, dass eine Festlegung mit einer einzelfallbezogenen Bewertung nicht vereinbar ist. Prozentzahlen aus Gerichtsentscheidungen können daher allenfalls als **Orientierungswerte** dienen.

2. Irreführungsgefahr

119 Für die Beurteilung der Irreführungsgefahr kommt es stets auf alle Unterschiede in den Fallkonstellationen an; daher kann eine sog. **Irreführungsquote** nicht mit allgemeiner Gültigkeit festgelegt werden.[442] Die Bestimmung des erforderlichen Prozentsatzes obliegt dem nationalen Gericht.[443] Während früher ein Prozentsatz von mehr als 15 % für eine Irreführung als ausreichend angesehen wurde,[444] wird inzwischen wegen des geänderten Verbraucherleitbilds vom früher „flüchtigen Verbraucher" zum heute „durchschnittlich informierten, situationsadäquat aufmerksamen und verständigen Verbraucher"[445] eine Quote im Bereich von 15 % bis 33 % für erforderlich gehalten.[446] Wenn bei Verbrauchern Irreführungen in einem derart beachtlichen Umfang belegt sind, sollte das nicht toleriert werden.[447] Aber ein Prozentsatz, der mehr in der Nähe von 5 % als von 10 % liegt, reicht in der Regel nicht aus.[448] Wenn es um unrichtige Angaben geht, bei denen ein **besonderes Schutzbedürfnis** der Verkehrsbeteiligten besteht – zB bei Erzeugnissen, die für die menschliche Gesundheit von Bedeutung sind[449] – kann selbst eine Irreführungsquote ab 5 % den Ausschlag geben.[450] Bei **zutreffenden Angaben,** bei denen sich auf Grund von besonderen Begleitumständen eine Irreführung ergibt, ist für die Feststellung der Irreführung ein höherer Prozentsatz erforderlich als bei unrichtigen Angaben.[451]

[440] Vgl. OLG Hamburg NJOZ 2007, 3055 (3060) – Handydesign. Es war daher nicht entscheidungserheblich, dass für das Geschmacksmuster nicht die eingetragene Zeichnung, sondern die Fotografie eines mustergemäßen Erzeugnisses vorgelegt worden ist.

[441] Vgl. Reese WRP 1998, 1035 (1040); Tilmann GRUR 1984, 716.

[442] Vgl. BGH GRUR 1966, 445 (449) – Glutamal; GRUR 1971, 313 (315) – Bocksbeutelflasche; GRUR 1973, 361 (362) – san Remo; GRUR 1974, 665 (666) – Germany; GRUR 1986, 322 (323) – Modemacher; GRUR 1986, 469 (470) – Stangenglas II; GRUR 1987, 171 (172) – Schlussverkaufswerbung.

[443] Vgl. EuGH WRP 2000, 289 Rn. 31 – Lifting Creme.

[444] Vgl. BGH GRUR 1992, 66 (68) – Königl.-Bayerische Weisse. Spätgens WRP 2000, 1023 (1027), hält 12 % bis 15 % für erforderlich.

[445] BGH GRUR 2003, 626 (627) – Umgekehrte Versteigerung II.

[446] Vgl. Köhler/Bornkamm/Feddersen/Bornkamm/Feddersen UWG § 5 Rn. 1.99; Ohly/Sosnitza/Sosnitza UWG § 5 Rn. 149 ff.; Pflüger ZLR 2014, 279 (282); OLG Karlsruhe WRP 2013, 662 – Erzincan; OLG Frankfurt a. M. GRUR-RR 2019, 178 – Fitwear-Sneaker.

[447] Vgl. Sack WRP 2004, 521 (527); kritisch auch Pflüger Mitt. 2007, 259 (265).

[448] Vgl. BGH GRUR 1969, 686 (688) – Roth-Händle; GRUR 1973, 361 (362) – san Remo; GRUR 1991, 680 (681) – Porzellanmanufaktur; OLG Köln MD 1998, 1269 (1271) – Tiefkühlpizza.

[449] Spätgens WRP 2000, 1023 (1027) rechnet hierzu auch den Umweltbereich.

[450] Vgl. OLG Köln GRUR-RR 2004, 236 (237) – Fruchtaufstrich „ohne Kochen hergestellt" Quote von etwa 10 % ohne weiteres ausreichend); Büttner GRUR 1996, 533; Spätgens WRP 2000, 1023 (1027); Teplitzky in FS Vieregge, S. 853 ff.; Tilmann/Ohde GRUR 1989, 301; abzulehnen daher insoweit OLG München OLG Report 2005, 251 (253) – So wirksam wie ein Antibiotikum (eine Konfusionsrate von unter 10 % reiche keinesfalls aus).

[451] Vgl. – mwN – BGH GRUR 1991, 852 (855) – Aquavit; GRUR 1992, 66 (69) – Königl.-Bayerische Weisse; GRUR 1996, 910 (913) – Der meistverkaufte Europas; WRP 1996, 1102 (1104) – Großimporteur; GRUR 2015, 286 Rn. 20 – Spezialist für Familienrecht; GRUR 2016, 741 Rn. 27 – Himalaya Salz; Ahrens/Schmidt Kap. 27 Rn. 34; Köhler/Bornkamm/Feddersen/Bornkamm/Feddersen UWG § 5 Rn. 1.105; Ohly/Sosnitza/Sosnitza UWG § 5 Rn. 150.

3. Verkehrsgeltung

120 Zum Schutz von Benutzungsmarken gibt es keine Hinweise aus dem Gemeinschaftsrecht. Verkehrsgeltung setzt voraus, dass die Klagemarke für einen **bedeutenden Teil** des Publikums als Herkunftshinweis verstanden wird, wobei es **nicht auf bestimmte Prozentsätze** ankommt; maßgeblich sind auch hier alle Umstände des Einzelfalls.[452] Für Zeichen, die nach § 8 Abs. 2 Nr. 1 bis Nr. 3 MarkenG von der Eintragung ausgeschlossen wären, muss zumindest ein Kennzeichnungsgrad ermittelt werden, wie er für eine Eintragung kraft Verkehrsdurchsetzung ausreichen würde (sog. ***qualifizierte* Verkehrsgeltung**).[453] Ein Kennzeichnungsgrad von über 50 %, der bei einer abstrakten Farbmarke für die Annahme einer Verkehrsdurchsetzung in den beteiligten Verkehrskreisen gemäß § 8 Abs. 3 MarkenG im Regelfall ausreicht, genügt daher erst recht für die Annahme einer Verkehrsgeltung gemäß § 4 Nr. 2 MarkenG.[454] Ist dagegen ein Zeichen nicht von der Eintragung ausgeschlossen, muss nicht erst ein Eintragungshindernis überwunden werden. Für von Haus aus unterscheidungskräftige Zeichen genügt daher *einfache* Verkehrsgeltung[455] im Bereich ab ca. 20 %–25 %.[456] Bei einem nicht unterscheidungskräftigen Unternehmenskennzeichen ist ein Bekanntheitsgrad von 22 % (ungestützt) bzw. von 37 % (gestützt) als nicht ausreichend angesehen worden.[457] Die langjährige Verwendung eines unterscheidungskräftigen Unternehmenskennzeichens an prominenter Stelle einer hochspezialisierten Ware kann zur Verkehrsgeltung führen, wenn ein hochpreisiger Markt von nur zwei Unternehmen beliefert wird.[458] Für eine Farbe ohne räumliche Begrenzung war nach früherer Rechtsprechung ein höherer Kennzeichnungsgrad erforderlich als bei Zeichen ohne besonderes Freihalteinteresse; dies hat sich aber zwischenzeitlich geändert.[459]

4. Verkehrsdurchsetzung

121 Ob der Anteil des beteiligten Verkehrs, der erkennt, dass eine Ware von einem bestimmten Unternehmen stammt, *erheblich* ist, soll sich **nicht nach bestimmten Prozentsätzen** richten.[460] Zur Differenzierung wurde lange Zeit allein auf das Freihaltebedürfnis abgestellt. Wird es als hoch eingestuft, ist nach ständiger Praxis des BGH und des BPatG ein Kennzeichnungsgrad von regelmäßig **mindestens 50 %** erforderlich.[461] Das war der Fall bei normal beschreibenden Angaben,[462] Sortenbezeichnungen,[463] Farbkombinationen[464] und ungewöhnlichen Farben.[465] Für eine abstrakte Farbmarke wurde ein Durchsetzungsgrad von mindestens 50 % in Verbindung mit einem sehr engen Warengebiet und einer langjährigen, überragenden Marktstellung als ausreichend angesehen.[466] Inzwischen hat der BGH klargestellt, dass auch bei nicht ungewöhnlichen

---

[452] Vgl. BGH GRUR 2003, 428 (432) – BIG BERTHA; GRUR 2004, 151 (153) – Farbmarkenverletzung II; OLG Hamburg GRUR-RR 2002, 356 (357) – Marzipanherzen.

[453] Ströbele/Hacker/Thiering/Hacker MarkenG § 4 Rn. 50; BGH GRUR 2014, 483 Rn. 34 – test; GRUR 2015, 581, Rn. 38 ff. – Langenscheidt-Gelb.

[454] BGH GRUR 2021, 1199 Rn. 37 – Goldhase III.

[455] Vgl. Ströbele/Hacker/Thiering/Hacker MarkenG § 4 Rn. 49.

[456] Vgl. – mwN – Ingerl/Rohnke MarkenG § 4 Rn. 23; Ströbele/Hacker/Thiering/Hacker MarkenG § 4 Rn. 49. Eine geringfügige Staffelung kann sich daraus ergeben, wie stark die ursprüngliche Unterscheidungskraft ausgeprägt ist.

[457] Vgl. KG NJOZ 2009, 311 – europamöbel.

[458] OLG Köln GRUR-RR 2010, 433 (434) – Örlikon.

[459] BGH GRUR 2004, 151 (153) – Farbmarkenverletzung I.

[460] Vgl. EuGH GRUR 1999, 723 Rn. 52 – Windsurfing Chiemsee; GRUR 2002, 804 Rn. 62 – Philips; BGH WRP 2004, 351 (353) – Westie-Kopf; GRUR 2006, 760 Rn. 20 – LOTTO; WRP 2008, 1087 Rn. 26 – VISAGE; GRUR 2009, 672 Rn. 31 – OSTSEE-POST; GRUR 2009, 669 Rn. 25 – POST II; GRUR 2009, 954 Rn. 25 – Kinder III; GRUR 2010, 138 Rn. 41 – ROCHER-Kugel. Das konnte es rechtfertigen, bei einer in den alten Bundesländern durchgeführten Umfrage eine Umrechnung auf das gesamte Bundesgebiet vorzunehmen (vgl. BGH WRP 2004, 351 (353) – Westie-Kopf; OLG Hamburg MarkenR 1999, 403 (407) – Yves Rocher).

[461] BGH GRUR 2001, 1042 (1043) – REICH UND SCHOEN; GRUR 2006, 760 Rn. 20 – LOTTO; GRUR 2007, 1066 Rn. 38 – Kinderzeit; GRUR 2007, 1071 (1073) – Kinder II; WRP 2008, 1087 Rn. 26 – VISAGE; GRUR 2008, 510 Rn. 23 – Milchschnitte; GRUR 2009, 669 Rn. 25 – POST II; GRUR 2009, 672 Rn. 31 – OSTSEE-POST; GRUR 2009, 954, Rn. 25 – Kinder III.

[462] Vgl. BGH GRUR 1990, 360 (361) – Apropos Film II; GRUR 2001, 1042 (1043) – REICH UND SCHOEN; WRP 2008, 1087 Rn. 26 – VISAGE; BPatG GRUR 1996, 489 (490) – Hautaktiv.

[463] Vgl. BGH GRUR 1990, 681 (683) – Schwarzer Kraußer.

[464] Vgl. BGH GRUR 1992, 48 (50) – frei öl; GRUR 1997, 754 (755) – grau/magenta.

[465] Vgl. BGH GRUR 2004, 151 (153) – Farbmarkenverletzung I: „Unter diesen besonderen Umständen war der Grad der Verkehrsgeltung … von zumindest 58 % … ausreichend."

[466] BPatG GRUR 2010, 71 (73) – Farbmarke Lila (Farbe für Verpackungen von Tapetenkleister).

Farben ein Durchsetzungsgrad von 50 % regelmäßig ausreicht.[467] In der Diskussion zeichnet sich inzwischen möglicherweise auch ein Aufweichen der starren 50 %-Praxis ab, so dass künftig im Einzelfall uU auch 49,8 % oder 48,9 % ausreichen mögen.[468] Auch bei Warenformmarken, die von einer Grundform der Warengattung abweichende Merkmale aufweisen, besteht in der Regel kein Anlass, höhere Anforderungen an den Durchsetzungsgrad zu stellen.[469] Für einen Begriff, der eine Gattung[470] oder die Abnehmerkreise[471] glatt beschreibt, hatte der BGH in der Vergangenheit noch einen deutlich höheren Durchsetzungsgrad als erforderlich angesehen. Dieser Durchsetzungsgrad musste weit über 50 %[472] bzw. deutlich über 60 %[473] liegen. Ob Prozentsätze in diesen Größenordnungen nach wie vor verlangt werden, obwohl der BGH[474] unter Berufung auf den EuGH[475] eine Differenzierung der Unterscheidungskraft nach dem Freihaltebedürfnis aufgeben hat, ist nicht höchstrichterlich entschieden.

Eine **nahezu einhellige** Verkehrsbekanntheit[476] ist bereits für den Kennzeichnungsgrad und erst recht für den Zuordnungsgrad eine unerreichbare Vorgabe.[477] Die Voraussetzungen für die Verkehrsdurchsetzung eines glatt beschreibenden Begriffs dürfen dementsprechend nicht so hoch angesetzt werden, dass eine Verkehrsdurchsetzung in der Praxis von vornherein ausgeschlossen ist.[478] Für ein Logo mit der Angabe „Kinder", die für Abnehmer glatt beschreibend wirkt, wurde wegen ihrer grafischen und farblichen Gestaltung[479] zwar keine nahezu einhellige Verkehrsdurchsetzung,[480] jedoch ein Durchsetzungsgrad von deutlich über 70 % gefordert.[481] Auch der Begriff „Post" ist zwar glatt beschreibend, aber es geht nicht um einen Wandel von einem Gattungsbegriff zu einem Herkunftshinweis;[482] besonders hohe Anforderungen an die Feststellung einer Verkehrsdurchsetzung sind daher nicht veranlasst.[483] Der ermittelte Zuordnungsgrad von 78,4 % überschritt den Regelgrenzwert von 50 % so deutlich, dass die Anforderungen an eine Verkehrsdurchsetzung erfüllt waren.[484] Für die Eintragung einer **Unionsmarke** hat es ausgereicht, dass ein Kennzeichnungsgrad über der „50 %-Schwelle" (nämlich jeweils 69 %) für Deutschland und Österreich demoskopisch belegt war und in den übrigen (damals 15) Mitgliedsstaaten der EG die Umsätze, Marktanteile und Werbeaufwendungen annähernd vergleichbar wie in Deutschland und Österreich waren.[485] Ob ein solcher Nachweis auch nach der jüngeren Rechtsprechung von EuG und EuGH, bei der demoskopische Erhebungen zu 3D-Formen in 10 bzw. 15 Ländern in einer Union mit 28 Mitgliedsstaaten als nicht ausreichend angesehen wurden,[486] noch zum Erfolg führen könnte, ist eher unwahrscheinlich. 122

Der **50 %-Schwellenwert** hat sich in den Jahren herausgebildet, in denen Ergebnissen aus der **Zuordnungsfrage** (3. Erhebungsstufe) keine praxisrelevanten Auswirkungen auf den Kennzeichnungsgrad beigemessen wurden. Inzwischen hat sich die Rechtsprechung insoweit jedoch geändert (vgl. → Rn. 83 ff.) mit der Folge, dass nunmehr jedwede namentliche Fehlzuordnungen 123

---

[467] BGH GRUR 2015, 581 – Langenscheidt-Gelb; GRUR 2015, 1012, Rn. 35 – Nivea-Blau; GRUR 2016, 1364 – Sparkassen-Rot; BGH GRUR 2021, 1199 Rn. 37 – Goldhase III.

[468] BGH GRUR 2008, 710 Rn. 26 – Visage; BPatG GRUR 2007, 593 (596) –Ristorante.

[469] BGH GRUR 2008, 510 Rn. 24 – Milchschnitte; GRUR 2010, 138 Rn. 43 – ROCHER-Kugel.

[470] BGH GRUR 2006, 760 Rn. 20 – LOTTO.

[471] BGH GRUR 2007, 1066 Rn. 34 – Kinderzeit; GRUR 2007, 1071 Rn. 28 – Kinder II.

[472] BGH GRUR 2006, 760 Rn. 21 – LOTTO; GRUR 2007, 1071 Rn. 28 und 33 – Kinder II.

[473] BGH GRUR 2007, 1066 Rn. 38 – Kinderzeit; GRUR 2007, 1071 Rn. 33 – Kinder II.

[474] Vgl. BGH GRUR 2009, 672 Rn. 26 – OSTSEE-POST.

[475] Vgl. EuGH GRUR 2008, 503 Rn. 30 – Drei-Streifen-Bildmarken; GRUR 1999, 723 Rn. 48 und 54 – Windsurfing Chiemsee.

[476] Vgl. zB BGH GRUR 2000, 608 (610) – ARD-1; GRUR 2003, 1040 (1041) – Kinder I; GRUR 2009, 954 Rn. 39 – Kinder III; BPatG GRUR 1999, 61 (64) – Aral-Blau/Weiß II; GRUR 2007, 714 (719) – POST.

[477] Vgl. insbesondere Pflüger Mitt. 2007, 259 (266).

[478] BGH GRUR 2009, 669 Rn. 27 – POST II (unter Bezugnahme auf Ströbele in GRUR 2008, 569 (572) und in Ströbele/Hacker MarkenG 8. Aufl. § 8 Rn. 331).

[479] Anfangsbuchstabe schwarz und größer als die übrigen in rot ausgeführten Buchstaben.

[480] Vgl. BGH GRUR 2003, 1040 (1041) – Kinder I.

[481] BGH GRUR 2009, 954 Rn. 39 – Kinder III.

[482] BGH GRUR 2009, 669 Rn. 28 – POST II.

[483] BGH GRUR 2009, 669 Rn. 25 – POST II; GRUR 2009, 672 Rn. 31 – OSTSEE-POST.

[484] BPatG MarkenR 2011, 505 (509) – Post II (nach Zurückverweisung durch BGH GRUR 2009, 669 – POST II). In Leitsatz 3 wird ein Zuordnungsgrad von „mehr als 75 %" als ausreichend bezeichnet.

[485] HABM (4. Beschwerdekammer) GRUR-RR 2006, 260 (261) – HILTI-Koffer.

[486] EuG 24.2.2016 – T-411/14 Rn. 80, BeckRS 2016, 80388 – Form einer Konturflasche ohne Riffelung; EuGH 25.7.2018 – C 84/17 P, C 85/17 P, C 95/17 P, GRUR Int. 2018, 922 – KITKAT-Finger.

vom ermittelten Kennzeichnungsgrad (2. Erhebungsstufe) abzuziehen sind. Daraus ergibt sich der sog. ***bereinigte* Kennzeichnungsgrad.** Gegen die **50 %-Schwelle** wird vorgebracht, dass es sich um eine rein psychologische Prozentgrenze handle, die umfragetechnisch nicht abgesichert sei.[487] Markenrechtlich kann sich eine Berechtigung daraus ergeben, dass unterhalb dieses Schwellenwerts die Verkehrsbeteiligten ein Zeichen nicht mehrheitlich als Marke erkennen.[488] Die **Hauptfunktion der Marke** besteht darin, dem Verbraucher oder Endabnehmer die Identität der gekennzeichneten Ware oder Dienstleistung zu garantieren und damit auch die **Qualitätskontrolle** durch den Markeninhaber zu gewährleisten.[489] Wenn die Verkehrsbeteiligten erwarten, dass die für eine Marke eingetragenen Waren oder Dienstleistungen eines Dritten aus demselben Unternehmen oder aus miteinander verbundenen Unternehmen stammen, kommt die Gefahr von Verwechslungen zum Tragen:[490] Es entsteht ein Irrtum über die betriebliche Herkunft von Waren oder Dienstleistungen. Eine **Herkunftstäuschung** von mehr als der Hälfte der Verbraucher darf nicht in Kauf genommen werden.[491] Weil bei der wettbewerbsrechtlichen Irreführungsgefahr festgestellte Fehlvorstellungen im Oszillationsbereich von 10 % bis 20 % ein Verbot rechtfertigen können, sollten auch im Markenrecht Fehlvorstellungen nur dann berücksichtigt werden, sofern sie in größerem Ausmaß auftreten.[492]

124 Der sog. **Monopoleinwand**[493] rechtfertigt nicht, die Kennzeichnungskraft einer durchgesetzt eingetragenen Marke aus Rechtsgründen geringer zu bemessen, um Wettbewerbern die markenmäßige Benutzung einer eigentlich beschreibenden Angabe zu ermöglichen.[494] Den Interessen von Wettbewerbern ist nur im Rahmen der **Schutzschranke** des **§ 23 Nr. 2 MarkenG** durch das Merkmal Rechnung zu tragen, dass die Benutzung nicht gegen die „anständigen Gepflogenheiten in Handel und Gewerbe" verstoßen darf.[495] Dieselbe Interessenabwägung ergibt sich für bekannte Marken aus dem Merkmal „ohne rechtfertigenden Grund in unlauterer Weise".[496] Aufgabe der Rechtsforschung ist es, den Kennzeichnungsgrad als faktischen Zustand[497] zu ermitteln. Wie in der Medizin ist es auch im Markenrecht Sache der Therapie, nicht jedoch der Diagnose, wenn Fehlentwicklungen entgegengewirkt werden soll. Einer tatsächlich entstandenen Verkehrsdurchsetzung kann daher weder ausdrücklich noch argumentativ durch einen Monopoleinwand der Boden entzogen werden.

---

[487] Niedermann GRUR 2006, 367 (372).

[488] Eisenführ/Schennen/Schennen UMV Art. 42 Rn. 61.

[489] Vgl. EuGH GRUR 1998, 922 Rn. 28 – Canon; GRUR 2004, 682 Rn. 20 – Björnekulla/Procordia.

[490] Vgl. EuGH GRUR Int. 1998, 57 Rn. 18 – SABEL; GRUR Int. 1998, 875 Rn. 29 – Canon; GRUR Int. 1999, 734 Rn. 17 – Lloyd.

[491] Rohnke GRUR 2006, 831 (832).

[492] Für beschreibende Angaben ist das auch deswegen gerechtfertigt, weil das Freihaltebedürfnis durch das Unionsmarkenrecht eine gesetzliche Normierung erfahren hat (vgl. § 23 Nr. 2 MarkenG; Art. 14 Abs. 1 Nr. 2 UMV) und deswegen im Eintragungsverfahren das Hauptaugenmerk darauf gerichtet ist, ob die Marke Unterscheidungskraft aufweist. Eine Fortschreibung der Mindestprozentsätze aus dem Geltungsbereich des WZG ist auch deswegen nicht gerechtfertigt, weil im Anwendungsbereich des MarkenG eine Marke nur dann von der Eintragung ausgeschlossen ist, wenn ihr „jegliche" Unterscheidungskraft fehlt (vgl. § 8 Abs. 2 Nr. 1 MarkenG). Der daraus resultierenden Absenkung der Anforderungen an die Unterscheidungskraft muss auch dann Rechnung getragen werden, wenn es darum geht, ob eine Marke „infolge ihrer Benutzung" Unterscheidungskraft erworben hat (vgl. Art. 4 Abs. 4 S. 1 Markenrichtlinie). Dabei kann ein großer Unterschied zwischen Erzeugnissen des Massenkonsums und all den Waren bestehen, die nicht zum Alltag der Verkehrsbeteiligten gehören; hierzu können sich Aufschlüsse aus Vergleichswerten ergeben (vgl. Niedermann/Schneider sic! 2002, 815 (835)).

[493] Vgl. hierzu BGH GRUR 2005, 423 (426) – Staubsaugerfiltertüten; GRUR 2006, 760 Rn. 18 – LOTTO; BPatG GRUR 2007, 714 (716, 719) – POST I; BeckRS 2007, 11429, S. 8 – Melissengeist; Fezer WRP 2005, 1 (12, 19); Jänich/Schrader WRP 2006, 656 (659); Kunz-Hallstein GRUR Int. 2004, 751 (753); Risthaus WRP 2006, 1299 (1301); Ströbele/Hacker/Thiering/Hacker MarkenG § 4 Rn. 30 ff., § 8 Rn. 738 ff., Rn. 844.

[494] BGH GRUR 2009, 672 Rn. 26 – OSTSEE-POST – mit weit. Nachw.

[495] BGH WRP 2008, 1206 Rn. 25 – CITY POST; GRUR 2008, 798 Rn. 23 – POST I; GRUR 2009, 672 Rn. 45 – OSTSEE-POST; GRUR 2009, 678 Rn. 18 und Rn. 25 – POST/Regio Post. Gegenüber der durchgesetzt eingetragenen Marke „POST" muss daher die Beschränkung des Schutzumfangs auf ein angemessenes Maß dadurch verringert werden, dass sich neu hinzutretende Wettbewerber durch Zusätze abgrenzen müssen und nicht durch eine Anlehnung an weitere Kennzeichen der Markeninhaberin die Verwechslungsgefahr erhöhen dürfen, BGH aaO.

[496] BGH GRUR 2001, 1050 (1053) – Tagesschau; GRUR 2001, 1054 (1057) – Tagesreport; WRP 2008, 1206 Rn. 28 – CITY POST; GRUR 2008, 798 Rn. 26 – POST I; GRUR 2009, 672 Rn. 26 – OSTSEE-POST; GRUR 2009, 678 Rn. 34 – POST/Regio Post.

[497] Vgl. OLG Dresden GRUR-RR 2002, 257 (258) – Halberstädter Würstchen; BPatG GRUR 2004, 685 (690) – LOTTO; Fezer MarkenR § 4 Rn. 110; Ingerl/Rohnke MarkenG § 8 Rn. 326; Pflüger Mitt. 2007, 259 (264).

5. Kennzeichenrechtlicher Bekanntheitsschutz/Bekannte Marken

Die für den erweiterten Schutz gegenüber nicht ähnlichen Waren und Dienstleistungen erforderliche Bekanntheit muss nach der Rechtsprechung des EuGH anhand der gleichen Kriterien wie bei der Kennzeichnungskraft ermittelt werden;[498] erforderlich ist eine Bekanntheit bei einem bedeutenden Teil des Verkehrs.[499] Dementsprechend kann auch hierfür **kein bestimmter Prozentsatz** festgelegt werden.[500] Im deutschen Schrifttum wurden häufig Prozentsätze befürwortet, die für originär unterscheidungskräftige Marken im Bereich von 30 % bis 33 % liegen. Für den Bekanntheitsschutz eingetragener Marken hat das Eingang in Gerichtsentscheidungen gefunden,[501] wobei zT offenbleibt, worauf sich der „Bekanntheitsgrad" bezieht – ob auf die gestützte Bekanntheit, die Zuordnungen zu richtigen Waren und Dienstleistungen iSd berühmten Marke, auf den Kennzeichnungsgrad oder worauf sonst. Nachdem der BGH bei einem Bekanntheitsgrad von 8,1 % bzw. 12,7 % zur weiteren Aufklärung zurückverwiesen hat,[502] steht zwar nicht mehr eine prozentuale Untergrenze im Vordergrund. Das bedeutet jedoch nicht, dass Bekanntheitsgrade von 10 % bis 15 % bereits ausreichten.[503] Eine „Bekanntheit" des „Öko-Test"-Logos von 50,3 % wurde vom BGH als „mehr als ausreichend" eingestuft.[504] Bereits bei 31,5 % kann bei originär durchschnittlich kennzeichnungskräftigen Zeichen von einer bekannten Marke ausgegangen werden.[505] Erforderlich ist jeweils die Berücksichtigung aller relevanten Umstände des Einzelfalls.[506] Stets ist eine **flexible Handhabung** geboten,[507] um einzelfallspezifischen Besonderheiten Rechnung zu tragen. Ebenso wie bei der Verkehrsgeltung von Benutzungsmarken kommt es darauf an, ob die Angabe bzw. das Zeichen von Haus aus schutzfähig ist oder ob das nicht der Fall ist.[508] 125

6. Erhöhte Kennzeichnungskraft

Bei der Bestimmung einer gesteigerten Kennzeichnungskraft (vgl. Rn. 95 ff.) sind alle relevanten Umstände zu berücksichtigen. Dazu gehören insbesondere die Eigenschaften, die eine Marke von Haus aus aufweist, der von den Produkten mit der Marke gehaltene Marktanteil, die Intensität der Verwendung, die geografische Verbreitung und die Dauer der Benutzung der Marke, der Werbeaufwand des Unternehmens für die Marke und – letztlich – der Anteil der beteiligten Verkehrskreise, der die Waren oder Dienstleistungen aufgrund der Marke als von **einem bestimmten Unternehmen stammend** erkennt.[509] Ob eine Marke erhöhte Kennzeichnungskraft aufweist, richtet sich nach den gleichen **Kriterien,** die für die Ermittlung der Verkehrsdurchsetzung maßgeblich sind.[510] Auch hierfür können dementsprechend **keine bestimmten Prozentsätze** festgelegt werden.[511] 126

Neben den allgemeinen Umständen muss Berücksichtigung finden, ob die Marke beschreibende Anklänge aufweist.[512] Ein Bekanntheitsgrad von 82 % bzw. 86 %,[513] ein Kennzeichnungsgrad 127

---

498 Vgl. EuGH GRUR Int. 2000, 73 Rn. 27 – Chevy.

499 BGH GRUR 2003, 428 (432) – BIG BERTHA.

500 Vgl. EuGH GRUR Int. 2000, 73 Rn. 25 – Chevy; GRUR 2009, 1158 Rn. 24 – Pago/Tirolmilch; GRUR 2003, 428 (432) – BIG BERTHA; GRUR 2011, 1043 Rn. 42 – TÜV II; GRUR 2017, 75 Rn. 37 Wunderbaum II; GRUR 2020, 405 Rn. 36 – Öko-Test II.

501 Vgl. zB OLG Hamburg MarkenR 1999, 403 (407) – Yves Rocher; NJOZ 2005, 133 (135 – Nike (jedenfalls ab 30 %); LG Frankfurt a. M. NJWE-WettbR 2000, 294 (295) – Fisherman's Friend; LG Mannheim MarkenR 2002, 60 (70) – intel inside; weit. Nachw. bei Büscher/Dittmer/Schiwy GewRS/Büscher MarkenG § 14 Rn. 521. Wenn 56 % der Befragten eine Marke mit nur einem Anbieter in Verbindung bringen, ist das ein hoher Bekanntheitsgrad (vgl. OLG Frankfurt a. M. GRUR 2000, 1063 (1064) – Spee-Fuchs).

502 BGH GRUR 2002, 340 (342) – Fabergé.

503 Büscher/Dittmer/Schiwy GewRS/Büscher MarkenG § 14 Rn. 521.

504 BGH GRUR 2020, 401 Rn. 25 – Öko-Test I; GRUR 2020, 405 Rn. 45 – Öko-Test II.

505 BGH GRUR 2017, 75 Rn. 30 – Wunderbaum II.

506 Vgl. Büscher/Dittmer/Schiwy GewRS/Büscher MarkenG § 14 Rn. 521; Ingerl/Rohnke MarkenG § 14 Rn. 1333 f.; Ströbele/Hacker/Thiering/Hacker MarkenG § 14 Rn. 366.

507 Vgl. Kur GRUR 1994, 330 (333); Meister WRP 1995, 366 (371).

508 Bei ursprünglich nicht schutzfähigen Angaben und Zeichen muss zunächst die Schwelle erreicht worden sein, die erforderlich ist, um die Schutzfähigkeit zu begründen. Dem muss ein zusätzlicher Bereich hinzukommen, der es rechtfertigt, von einer kennzeichenrechtlichen Bekanntheit auszugehen.

509 EuGH GRUR Int 1999, 734 Rn. 23 – Lloyd; GRUR Int 2000, 73 Rn. 27 – Chevy; GRUR 2005, 763 Rn. 31 – Nestlé/Mars; BGH GRUR 2009, 672 Rn. 21 – OSTSEE-POST.

510 Vgl. EuGH GRUR Int. 1999, 734 Rn. 23 – Lloyd.

511 Vgl. EuGH GRUR Int. 1999, 734 Rn. 24 – Lloyd.

512 Vgl. EuGH GRUR Int. 1999, 734 Rn. 23 – Lloyd.

513 Je nachdem, ob auf alle Befragten (wahrscheinlich die Gesamtbevölkerung) oder nur Mitglieder eines enger definierten Verkehrskreises abgestellt wird.

von 61 % bzw. 65 % und ein Zuordnungsgrad von 55 % bzw. 58 % hat für Grundmerkmale einer **Ausstattung** eine gesteigerte Kennzeichnungskraft ergeben.[514] Der Aussagekraft derartiger Werte kann nicht entgegengehalten werden, dass einem erheblichen Teil der Befragten wegen der Bekanntheit des Produkts dessen Hersteller als erstes eingefallen sei.[515] Bei üblichen Gestaltungsmerkmalen kann es jedoch naheliegen, dass diese Merkmale mit dem marktstärksten Anbieter in Verbindung gebracht werden.[516] Hohe Zuordnungswerte können dennoch den Schluss darauf zulassen, dass durch die Marktpräsenz der Verkehr dafür sensibilisiert worden ist, aus der Form und der Farbe eines Schokoladenhasen – mit allerdings schwacher Kennzeichnungskraft – auf dessen Herkunft aus einem bestimmten Unternehmen zu schließen.[517] Wirkt bei einem aus der Form der Ware und aus einem Wortzeichen bestehenden Kombinationszeichen nur die **Warenform** kollisionsbegründend, kann auch einem für die Warenform ermittelten Kennzeichnungsgrad von unter 50 % Bedeutung für die Bestimmung der Kennzeichnungskraft und für den Gesamteindruck des Gesamtzeichens zukommen.[518]

128 Für eine **Farbmarke** hat ein Wert von rund 70 % eine weit überdurchschnittlich große Kennzeichnungskraft zur Folge.[519] Bei einem originär schwach kennzeichnungskräftigen Zeichen genügt ein Kennzeichnungsgrad von 40 % nicht.[520] Ein Zeichen ohne originäre Kennzeichnungskraft hat sich zu einer **Benutzungsmarke** mit durchschnittlicher Kennzeichnungskraft entwickelt, wenn ein Zuordnungsgrad von 60 % besteht.[521] Ein Zuordnungsgrad von knapp 35 % ergab indes keine gesteigerte Kennzeichnungskraft.[522] Bei Marken mit von Haus aus normaler Unterscheidungskraft dürfte der untere Bereich zwischen 10 % und 20 % liegen. Je mehr kompensiert werden muss, dass nur geringe Zeichenähnlichkeit besteht, desto höher muss der Kennzeichnungsgrad sein. Wenn eine Marke für eine glatt beschreibende Angabe kraft **Verkehrsdurchsetzung** eingetragen worden ist, wird ein Kennzeichnungsgrad von deutlich über 50 % für erforderlich gehalten; ein Zuordnungsgrad von 58 %[523] bzw. von 60 %[524] galt hierfür als nicht ausreichend. Selbst ein Zuordnungsgrad von deutlich über 80 % hat für die durchgesetzt eingetragene Marke „POST" keine überdurchschnittliche Kennzeichnungskraft ergeben.[525]

VI. Gutachten

1. Inhalt

129 Kernstück des rechtsdemoskopischen Gutachtens ist das Zahlenwerk, das bei der Auswertung der Antworten zu dem Fragebogen ermittelt worden ist. Die bloße Wiedergabe dieses Zahlenwerks reicht jedoch nicht aus.[526] Hinzukommen müssen **Erläuterungen** und **sachkundige Deutungen** der Untersuchungsergebnisse.[527] Als Entscheidungsgrundlage ist das Gutachten daher nur verwertbar, wenn der Sachverständige die Ergebnisse der Befragung in einem **Kommentar** erläutert, interpretiert und erforderlichenfalls auf mögliche Fehlerquellen bzw. Interpretationsgrenzen hinweist.[528] Das Gutachten kann zur Vorbereitung der Entscheidung des Gerichts bestimmt sein, aber auch in außergerichtlichen Fällen Verwendung finden.

130 Um dem Gericht und den Parteien eine Überprüfung der Umfragemethodik zu ermöglichen, müssen Einzelheiten hierzu mitgeteilt werden. Der Fragebogen ist vollständig – einschließlich

---

514 BGH GRUR 2007, 235 Rn. 24 – Goldhase I.

515 BGH GRUR 2007, 235 Rn. 25 – Goldhase I (entgegen Vorinstanz OLG Frankfurt a. M. GRUR-RR 2004, 136 (137) – Goldhase).

516 BGH GRUR 2011, 148 Rn. 33 – Goldhase II.

517 OLG Frankfurt a. M. GRUR-RR 2012, 255 (257) – Goldhase III.

518 BGH GRUR 2008, 505 Rn. 28 – TUC-Salzcracker.

519 Vgl. OLG Hamburg GRUR-RR 2009, 303 (305) – All-in-One.

520 OLG Hamburg GRUR-RR 2006, 321 (324) – Prismenpackung.

521 BGH GRUR 2007, 888 Rn. 19 – Euro Telekom.

522 Vgl. OLG Hamburg GRUR-RR 2009, 224 (227) – Yoghurt Gums.

523 BGH GRUR 2006, 760 Rn. 24 – LOTTO.

524 BGH GRUR 2007, 1066 Rn. 36 und Rn. 38 – Kinderzeit.

525 BGH GRUR 2009, 672 Rn. 30 und Rn. 31 – OSTSEE-POST.

526 Vgl. BGH GRUR 1989, 440 (442) – Dresdner Stollen I; Eichmann GRUR 1999, 939 (953); GroßKommUWG/Jacobs vor § 13 Rn. 385; Spätgens in FS Traub, 1994, S. 385; vom Stein GRUR 1972, 72 (75); Teplitzky WRP 1990, 145 (147).

527 Vgl. Gloy/Loschelder/Danckwerts UWG-HdB/Pflüger § 42 Rn. 77.

528 Vgl. GroßKommUWG/Lindacher § 3 Rn. 1012; Noelle-Neumann/Schramm Umfrageforschung S. 95; Teplitzky WRP 1990, 145 (147).

sämtlicher Intervieweranweisungen – wiederzugeben. Die methodische Vorgehensweise ist detailliert zu erläutern. Dazu gehören Details zur Stichprobe, ggf. Gewichtung und Informationen zur Fehlertoleranz. Schließlich muss der Befragungszeitraum angegeben werden. Die Bekanntgabe der Anzahl der Interviewer, die für die Umfrage eingesetzt worden sind, ist zwar nicht zwingend, aber bei renommierten Instituten üblich.[529]

2. Form

Wenn im Auftrag des Gerichts eine demoskopische Umfrage durchgeführt wird, sind die Ergebnisse der Umfrage als Sachverständigengutachten zu behandeln.[530] Weil es für die Entscheidung des Gerichts auf Einzelheiten des Zahlenwerks ankommen kann, muss stets ein **schriftliches Gutachten** vorgelegt werden. Der Sachverständige muss das Gutachten mit seiner Unterschrift versehen.[531] 131

3. Bearbeitungsdauer

Die Abfolge der einzelnen Bearbeitungsabläufe[532] hat zur Folge, dass zwischen dem Gutachtenauftrag und der Abgabe des Gutachtens ein längerer Zeitraum liegen kann. Bei Privatgutachten auf Basis einer **Mehrthemenumfrage** (MTU) werden je nach Befragtenzahl regelmäßig sechs bis acht Wochen benötigt. Bei Gerichtsgutachten kommt uU ein erheblicher Zeitaufwand für das Abstimmungsverfahren hinzu.[533] Eine weitere Verlängerung kann sich dann ergeben, wenn der nächstmögliche Starttermin für die Einschaltung in eine MTU erst einige Wochen nach der Verabschiedung des Fragebogens liegt. **Spezialumfragen** mit üblichen Stichprobengrößen nehmen in der Regel vier bis sieben Wochen in Anspruch, bei schwierig zu erreichenden Zielgruppen mitunter auch (deutlich) mehr. Wird ein Privatgutachten als **Glaubhaftmachungsmittel** benötigt, zB im Rahmen einer einstweiligen Verfügung oder um als Nicht-Beweispflichtiger die eigene Position auch ansatzweise empirisch zu bekräftigen, kann eine Spezialumfrage mit verhältnismäßig geringer Stichprobengröße ausreichen. Derartige sog. **Blitz-Umfragen** mit geringerer Fallzahl können mitunter innerhalb von nur zwei bis drei Wochen durchgeführt, ausgewertet und kurz kommentiert werden.[534] 132

4. Kosten

Die Kosten für ein rechtsdemoskopisches Gutachten ergeben sich aus unterschiedlichen **Kostenfaktoren.** Sowohl der Aufwand für die Feldarbeit, also die Durchführung der Interviews, als auch die Kosten der Auswertung richten sich vorrangig nach der Anzahl und Erreichbarkeit der Befragungspersonen und nach der Anzahl der Fragen.[535] Der Zeitaufwand des Gutachters für die Vorbereitung insbesondere des Fragebogens und für die Kommentierung der Befragungsergebnisse richtet sich eher nach dem Schwierigkeitsgrad des Auftrags. Übernimmt der Gutachter oder sein Rechtsforschungsteam auch die sog. **Datenvercodung,** also die numerische Erfassung der Antworten auf die offenen Fragen unter rechtsrelevanten Aspekten, so bedeutet das zwar höheren Aufwand, aber regelmäßig auch größere rechtsdemoskopische Sicherheit. Denn den Rechtsforschern sind sämtliche Hintergründe der Untersuchung bekannt, so dass ihnen die korrekte und differenzierte Datenerfassung leichter fallen dürfte als allgemeinen Datenvercodern bei den Marktforschungsinstituten, die in die jeweilige Thematik regelmäßig nicht vertieft eingebunden werden. 133

[529] Jeder Interviewer führt in der Regel fünf bis zehn Befragungen durch. Bei persönlich-direkten Mehrthemenumfragen mit Stichprobengrößen von 1.000 bis 2.000 Befragten liegt die Zahl der insgesamt eingesetzten Interviewer daher zwischen rund 100 und 400.

[530] Vgl. – jeweils mwN – Köhler/Bornkamm/Feddersen/Bornkamm/Feddersen UWG § 5 Rn. 1.237; Köhler/Bornkamm/Feddersen/Köhler/Feddersen UWG § 12 Rn. 1.76, MPFormB GewRS/Schabenberger/Sonntag Anm. 1 zu A. 31; Ohly/Sosnitza/Sosnitza UWG § 5 Rn. 144; Teplitzky Wettbewerbsrechtliche Ansprüche/Schwippert Kap. 47 Rn. 16; Teplitzky WRP 1990, 145 (147).

[531] Vgl. § 411 Abs. 1 S. 1 ZPO.

[532] Vgl. hierzu Eichmann GRUR 1999, 939 (952); Teplitzky Wettbewerbsrechtliche Ansprüche/Schwippert Kap. 47 Rn. 20.

[533] Vgl. Gloy/Loschelder/Danckwerts UWG-HdB/Pflüger § 42 Rn. 9.

[534] Vgl. Gloy/Loschelder/Danckwerts UWG-HdB/Pflüger § 42 Rn. 9.

[535] Vgl. Gloy/Loschelder/Danckwerts UWG-HdB/Pflüger § 42 Rn. 8.

134 Rechtsdemoskopische Gutachten gelten als relativ kostspielige Beweismittel.[536] Soweit hierzu **Zahlen** genannt werden, liegt die Bandbreite[537] zwischen kaum unter EUR 15.000 und EUR 50.000, mitunter auch darüber. Einer der wesentlichen Gründe für diese erhebliche Bandbreite liegt in den unterschiedlichen Befragungsansätzen: Für **Mehrthemenumfragen** mit fünf bis zehn Fragen und 1.000 Befragten liegen die Kosten im Allgemeinen in einem Bereich zwischen EUR 15.000 und EUR 20.000. Werden bei einer **Spezialumfrage** Fachkreise in einer Größenordnung von 200 bis 300 Interviews befragt, liegen die Kosten regelmäßig im Bereich von EUR 30.000 bis über EUR 50.000.

135 Die Bestimmungen des **JVEG** sind auf Gutachten zugeschnitten, bei denen es nur auf den Zeitaufwand des Sachverständigen und auf den Schwierigkeitsgrad des Gutachtenauftrags ankommt. Bei rechtsdemoskopischen Gutachten ist der Anteil der zusätzlichen Kostenfaktoren so erheblich, dass dem durch die Anwendung des JVEG nicht Rechnung getragen werden kann. Die Vergütung von gerichtlich bestellten Sachverständigen erfolgt daher regelmäßig mittels einer **Pauschalvereinbarung**[538] zwischen Gericht und beauftragtem Sachverständigem/Institut. Das geschieht, wenn der Fragebogen verabschiedet und der Sachverständige auf dieser Grundlage sein Angebot konkretisiert hat.

5. Kostenerstattung

136 Die Kosten eines in **gerichtlichem Auftrag** erstellten demoskopischen Gutachtens gehören zu den **Kosten des Rechtsstreits.**[539] Für die Höhe des Erstattungsbetrags kann es zwar auf die Üblichkeit der Vergütung ankommen.[540] Weil jedoch rechtsdemoskopische Gutachten in der Methodik sehr unterschiedlich angelegt sein können, gibt es in der Regel keine verwertbaren Anhaltspunkte für die Üblichkeit.

137 Für eine im **Parteiauftrag** durchgeführte Umfrage sind die **Kosten erstattungsfähig,** wenn das Umfrageergebnis die prozessuale Stellung der Partei verbessert hat.[541] Die Einholung eines Privatgutachtens muss zur zweckentsprechenden Rechtsverteidigung erforderlich sein.[542] Das kann zB der Fall sein, wenn ein Landgericht in einem **Eilverfahren** aus eigener Beurteilung die Gefahr einer Irreführung verneint hat[543] oder wenn damit gerechnet werden muss, dass ein Berufungsgericht sich als verkehrsbeteiligt ansieht und auf dieser Grundlage zu einer für die Beklagte ungünstigen Verkehrsauffassung gelangen wird[544] oder wenn es um die Widerlegung eines von der Antragstellerin vorgelegten Parteigutachtens zur Verkehrsgeltung geht.[545] Wegen der besonderen Situation des Verfügungsverfahrens kann es gerechtfertigt sein, anstelle einer Mehrthemenumfrage eine deutlich schnellere Spezialbefragung in Auftrag zu geben.[546] Wenn sich das Gutachten mit Fragen befasst, die zur Gegenglaubhaftmachung nicht erforderlich sind, sind die für diesen Teil des Gutachtens angefallenen Kosten nicht erstattungsfähig.[547]

6. Auswahl des Gutachters

138 **a) Gerichtssachverständige.** Das Sachverständigengutachten ist ein personenbezogenes Beweismittel, dh die Erstellung des rechtsdemoskopischen Gutachtens erfolgt nicht durch das Institut, sondern durch eine bestimmte, namentlich zu bezeichnende Person.[548] Diese ist projekt-

---

[536] Vgl. KG GRUR 1987, 473 (474) – Meinungsumfragekosten; GroßKommUWG/Jacobs vor § 13 Rn. 375; Raffée ZLR 1991, 281 (291); Teplitzky Wettbewerbsrechtliche Ansprüche/Schwippert Kap. 47 Rn. 16.

[537] Vgl. zB Boës/Deutsch GRUR 1996, 168 (172); Gloy/Loschelder/Danckwerts UWG-HdB/Pflüger § 42 Rn. 6; MPFormB GewRS/Kloth/Briske Anm. 9 zu B. 2; MPFormB GewRS/Schabenberger/Sonntag Anm. 1 zu A. 31; Raffée ZLR 1991, 281 (291).

[538] Vgl. § 13 JVEG.

[539] Vgl. Ahrens Wettbewerbsprozess-HdB/Schmidt Kap. 27 Rn. 44.

[540] Vgl. KG GRUR 1987, 473 (474) – Meinungsumfragekosten – unter Hinweis auf § 632 Abs. 2 BGB.

[541] Vgl. OLG Köln GRUR 1971, 420, die Nachw. in den folgenden Fußnoten sowie – jeweils mwN – Berneke/Schüttpelz Rn. 713; GroßKommUWG/Jacobs vor § 13 Rn. 457 f. Die Einholung eines Privatgutachtens muss jedoch zur zweckentsprechenden Rechtsverteidigung erforderlich sein (OLG Koblenz GRUR-RR 2004, 312 – Meinungsforschungsgutachten).

[542] OLG Koblenz GRUR-RR 2004, 312 – Meinungsforschungsgutachten; Brandenburgisches OLG MD 2011, 604.

[543] Brandenburgisches OLG MD 2011, 604.

[544] Vgl. OLG München GRUR 1977, 562 – Wattestäbchen; GRUR-RR 2005, 296 – Recherchekosten.

[545] OLG München GRUR 1977, 562 – Wattestäbchen.

[546] OLG München GRUR 1977, 562 (563) – Wattestäbchen.

[547] OLG München GRUR 1977, 562 (563) – Wattestäbchen.

[548] Vgl. Ahrens Wettbewerbsprozess-HdB/Schmidt Kap. 27 Rn. 12.

verantwortlich für die methodische Vorgehensweise, die Fragebogenkonzeption und das Gutachten. Sie hat auch dafür Sorge zu tragen, dass rechtsdemoskopische Befragungskomplexe bei der Nutzung von Mehrthemenumfragen nicht durch andere, vorangehende Fragen zu anderen Themen für andere Auftraggeber beeinflusst werden.

Wenn Sachverständigengutachten im Auftrag des Gerichts erstellt werden, erfolgt die Auswahl des Sachverständigen in der Regel in **Abstimmung mit den Parteien,**[549] um zu vermeiden, dass ein Befangenheitsantrag[550] gestellt wird. Für eine Besorgnis der **Befangenheit** genügt nicht jede Art einer früheren Tätigkeit für eine Prozesspartei. Weil nur eine Handvoll von Sachverständigen/Instituten in Betracht kommt und demoskopische Begutachtungen nicht mit persönlichen Überzeugungen des Sachverständigen verknüpft sind, tritt Befangenheit idR nur durch ein früher zu derselben Fragestellung erstattetes Privatgutachten ein.[551] 139

b) Privatgutachter. Die Auswahl eines Privatgutachters kann sich zB danach richten, ob die Partei oder der Anwalt bereits Erfahrungen mit dem Institut oder dem Privatgutachter hat. Zum Beweiswert von Privatgutachten (vgl. unten → Rn. 149 ff.). 140

c) Institute. Die Zahl der Sachverständigen/Institute in Deutschland, die auf rechtsdemoskopische Gutachten spezialisiert sind, ist begrenzt. Zu nennen sind insbesondere (in alphabetischer Reihenfolge): Institut für Demoskopie Allensbach GmbH, IPSOS GmbH, Klaus Hilbinger Rechtsforschung, Pflüger Rechtsforschung GmbH. 141

VII. Zivilgerichtliches Hauptsacheverfahren

1. Beweisantrag

Der EuGH hat zwar diverse Vorgaben formuliert, die auch für das nationale Recht Gültigkeit haben. Die **Notwendigkeit** einer **Beweisaufnahme** richtet sich jedoch nach dem Prozessrecht des jeweiligen Mitgliedsstaats,[552] in Deutschland also nach der ZPO. Ein Antrag auf Einholung eines demoskopischen Gutachtens wird in der Regel von der Partei gestellt, der die **Beweislast** obliegt. Es kann auch vorkommen, dass ein Beweisantrag von einer Partei gestellt wird, die nicht beweisbelastet ist. Das Gericht hat zwar gegebenenfalls einen Hinweis zum Erfordernis eines Beweisantrags zu geben;[553] es liegt jedoch im Interesse der beweisbelasteten Partei, frühestmöglich selbst einen Beweisantrag zu stellen. Wenn das Gericht die Einholung eines demoskopischen Gutachtens für erforderlich hält, aber von einem Beweisbeschluss Abstand nimmt, weil kein Beweisantrag gestellt wurde, muss das Gericht die beweisfällige Partei **belehren.**[554] Geschieht das nicht, darf ein im Berufungsverfahren gestellter Antrag nicht als verspätet zurückgewiesen werden.[555] Die Einholung eines demoskopischen Sachverständigengutachtens kann das Gericht auch **von Amts wegen** anordnen.[556] 142

Wenn Ermittlungen zur Verkehrsbekanntheit bzw. Kennzeichnungskraft durchgeführt werden sollen, muss sich das Gericht mit einem Beweisantrag nur befassen, wenn ausreichend substantiiert vorgetragen wird, dass und aufgrund welcher Indizien ein entscheidungsrelevant hoher Bekanntheitsgrad bzw. Kennzeichnungsgrad besteht.[557] Für die Einholung eines beantragten demoskopischen Gutachtens zur Verkehrsgeltung bedarf es hinreichender Anknüpfungstatsachen.[558] Es genügt daher nicht die bloße Behauptung, dass zB Verkehrsgeltung iSd § 4 Nr. 2 MarkenG oder Bekanntheit iSd § 14 Abs. 1 Nr. 2 MarkenG bzw. § 15 Abs. 3 MarkenG bestehe. 143

---

549 Vgl. § 404 Abs. 3 ZPO; Ullmann GRUR 1991, 789 (795); Köhler/Bornkamm/Feddersen/Köhler/Feddersen UWG § 12 UWG Rn. 1.77.

550 Vgl. § 406 ZPO.

551 Vgl. Gloy/Loschelder/Danckwerts UWG-HdB/Pflüger § 42 Rn. 91.

552 Köhler/Bornkamm/Feddersen/Bornkamm/Feddersen § 5 Rn. 1.237.

553 Vgl. Harte-Bavendamm/Henning-Bodewig/Brüning UWG vor § 12 Rn. 182; Ahrens Wettbewerbsprozess-HdB/Bähr Kap. 26 Rn. 23, 24.

554 Ausführlich hierzu Ahrens Wettbewerbsprozess-HdB/Bähr Kap. 26 Rn. 23, 24.

555 Vgl. BGH GRUR 1990, 1053 (1054) – Versäumte Meinungsumfrage.

556 Vgl. § 144 ZPO.

557 Vgl. BGH GRUR 1957, 426 (428) – Getränkeindustrie; GRUR 1967, 100 (102) – Edeka-Schloss-Export. Das gleiche gilt, wenn die Eintragung einer Marke kraft Verkehrsdurchsetzung beantragt wird (vgl. Ingerl/Rohnke MarkenG § 8 Rn. 353; Ströbele/Hacker/Thiering/Ströbele MarkenG § 8 Rn. 806 und das Beispiel bei MPFormB GewRS/Kloth/Briske B. 2).

558 BGH GRUR 2008, 927 Rn. 42 – EROS.

2. Beweisbeschluss

144 Es steht im pflichtgemäßen **Ermessen**[559] des Tatrichters, ob er sich sachverständiger Unterstützung bedient. Im Wettbewerbsrecht kommt ein Ermessensfehler in Betracht, wenn sich das Gericht zu Unrecht eigene Sachkunde zuschreibt oder wenn nicht dargelegt wird, worauf sich die eigene Sachkunde gründet.[560] Wenn das Gericht die Einholung eines demoskopischen Gutachtens für erforderlich hält, ergeht ein Beweisbeschluss.[561] In dem Beweisbeschluss wird das **Beweisthema** beschrieben. Dabei geht es allein um den Kern der Beweisaufgabe, die der Sachverständige dann in einen sachgerechten Fragebogen zu „übersetzen" hat (vgl. Rn. 11), nicht um die Vorabfestlegung bestimmter Prozentsätze; letzteres erfolgt erst im Rahmen der Beweiswürdigung. Die Bestimmung der zu befragenden Verkehrskreise ist zwar Sache des Gerichts; es kann aber zweckmäßig sein, dass dabei das Gericht Empfehlungen des Sachverständigen einholt. Weiterer Bestandteil des Beweisbeschlusses ist die Angabe, auf wessen **Antrag** Beweis erhoben werden soll bzw. dass die Beweisaufnahme von Amts wegen angeordnet wird.[562]

3. Stellungnahme der Parteien

145 Die weichenstellende Bedeutung des Fragebogens ist so erheblich, dass den Parteien vor der Durchführung der Umfrage Gelegenheit zur Stellungnahme gegeben werden muss.[563] Zur Wahrung des rechtlichen Gehörs genügt es, dass die Parteien schriftsätzlich Stellung nehmen können. Wegen der fundamentalen Bedeutung des Fragebogens kann die Hinzuziehung eines sachverständigen Beraters angezeigt sein.[564] Die Stellungnahmen werden dann an den Gutachter weitergeleitet; dieser hat ggf. seinerseits Stellung zu nehmen.[565]

4. Einweisungstermin

146 Insbesondere bei **schwierigen Fragestellungen** ordnet das Gericht einen **Einweisungs- bzw. Erörterungstermin** an.[566] Auch sonst ist eine gemeinsame Erörterung der rechtsdemoskopischen Fragen regelmäßig sinnvoll.[567] Denn meist werden von einer Partei oder gar von beiden Parteien **Bedenken** gegen den Fragebogenvorschlag des Sachverständigen vorgetragen. Diese Bedenken sollten in dem Einweisungstermin zusammen mit dem Sachverständigen **erörtert** werden.[568] Die wesentlichen Punkte der Erörterung sollten im Terminprotokoll festgehalten werden, damit später darauf ggf. zurückgegriffen werden kann.[569] In dem Einweisungstermin kann sich der Anwalt von einer rechtsdemoskopisch fachkundigen Person unterstützen lassen.[570] Das Ergebnis des Einweisungstermins findet ggf. Eingang in einen **ergänzenden Beschluss.**[571]

5. Erläuterungstermin

147 Wenn das Gutachten des gerichtlich bestellten Sachverständigen vorliegt, wird es vom Gericht den Parteivertretern zur Stellungnahme übermittelt.[572] Kommt das Gericht nach der Prüfung des Gutachtens und der schriftsätzlichen Stellungnahmen sowie eines etwaigen Privatgutachtens zu dem Ergebnis, dass eine **zusätzliche Kommentierung** durch den Sachverständigen geboten ist, wird es den Sachverständigen auffordern, das Ergebnis in einem Verhandlungstermin

559 Vgl. § 144 Abs. 1 S. 1 ZPO.
560 Vgl. Ahrens Wettbewerbsprozess-HdB/Bornkamm Kap. 29 Rn. 40.
561 Vgl. § 284 ZPO iVm § 358 ZPO.
562 Das kann ua Bedeutung dafür erlangen, ob und gegebenenfalls von welcher Partei ein Auslagenvorschuss geleistet werden muss.
563 Vgl. Ahrens Wettbewerbsprozess-HdB/Schmidt Kap. 27 Rn. 21; Teplitzky Wettbewerbsrechtliche Ansprüche/Schwippert Kap. 47 Rn. 20.
564 Vgl Gloy/Loschelder/Danckwerts UWG-HdB/Pflüger § 42 Rn. 94.
565 Vgl. Ahrens Wettbewerbsprozess-HdB/Schmidt Kap. 27 Rn. 21.
566 ZB OLG München OLG Report 2005, 251 (252) – So wirksam wie ein Antibiotikum.
567 Vgl. Ahrens Wettbewerbsprozess-HdB/Schmidt Kap. 27 Rn. 22; GroßKommUWG/Jacobs vor § 13 UWG Rn. 379; Köhler/Bornkamm/Feddersen/Köhler/Feddersen UWG § 12 Rn. 1.78.
568 Pflüger in FS Fezer, 2016, S. 99, 101 ff.
569 Vgl. Gloy/Loschelder/Danckwerts UWG-HdB/Lubberger Kap. 41 Rn. 33.
570 Vgl. MPFormB GewRS/Schabenberger/Sonntag Anm. 3 zu A. 31.
571 Vgl. Ahrens Wettbewerbsprozess-HdB/Schmidt Kap. 27 Rn. 22.
572 Vgl. § 411 Abs. 4 ZPO.

zu erläutern.[573] Den Parteivertretern muss dabei Gelegenheit gegeben werden, **Fragen** an den Sachverständigen zu stellen und **Einwände** in Form von Fragen vorzutragen.[574] Die Unterstützung eines Privatgutachters kann auch im Verhandlungstermin in Anspruch genommen werden.

6. Beweiswürdigung

Das Ergebnis eines demoskopischen Sachverständigengutachtens muss wie bei jeder anderen Form der Beweisaufnahme in den **Entscheidungsgründen** gewürdigt werden.[575] Das Gericht darf sich das Ergebnis eines ordnungsgemäß erstellten Gutachtens zu eigen machen.[576] Aufgabe des Sachverständigen ist nicht die Beantwortung des Beweisthemas, sondern die Ermittlung der hierfür maßgeblichen Verkehrsauffassung. Auch wenn sich die Parteien mit der Befragungsmethode einverstanden erklärt hatten, muss sich das Gericht mit Bedenken auseinandersetzen, die sich aus dem Gutachten ergeben.[577] Wie bei anderen Gutachten auch, muss das Gericht prüfen, ob das Gutachten allen formellen Anforderungen genügt und ob das Gutachten sachlich fehlerfrei vorbereitet und erstellt wurde.[578] Wenn zur Irreführungsgefahr offene und geschlossene Fragen gestellt worden sind, führt nur die gemeinsame Bewertung beider Gruppen von Fragen zu verwertbaren Ergebnissen.[579] 148

7. Privatgutachten

Die Vorlage eines Privatgutachtens ist zwar nur als Sachvortrag der vorlegenden Partei zu werten.[580] Wenn jedoch ein rechtsdemoskopisches Privatgutachten sachgerecht angelegt, durchgeführt und ausgearbeitet wurde, sind dessen Ergebnisse **uneingeschränkt verwertbar.**[581] Die **Objektivität** eines anerkannten und unabhängigen Sachverständigen/Instituts wird nicht schon durch die Auftragserteilung in Frage gestellt, wenn das Fragenkonzept eigenständig und nach neutralen Maßstäben erarbeitet worden ist.[582] Ergebnisse von demoskopischen Privatgutachten können nach § 286 ZPO im Wege der **freien Beweiswürdigung** verwertet werden.[583] Das Gericht muss sich mit einem ordnungsgemäß erstellten Privatgutachten auseinandersetzen.[584] Wenn Bedenken bestehen oder geäußert werden, kann eine Aufklärung erfolgen. In Betracht kommen ua eine schriftliche Auskunft der Person, die das Gutachten verfasst hat, oder deren Einvernahme als sachverständiger Zeuge.[585] Ein von der Beklagten vorgelegtes Privatgutachten kann vom Gericht auch zugunsten des Klägers verwertet werden.[586] Ein Privatgutachten der Klagepartei kann gegen deren eigenen Vortrag sprechen.[587] 149

Die gelegentlich vorgetragenen pauschalen **Vorbehalte** gegenüber Privatgutachten sind bei rechtsdemoskopischen Gutachten in der Regel unbegründet,[588] weil die renommierten Institute/Sachverständigen sich darüber im Klaren sind, dass etwaige Mängel in der Methodik durch andere Gutachten aufgezeigt werden könnten[589] und jeder erkannte Versuch fehlender Objektivi- 150

[573] Vgl. § 411 Abs. 3 ZPO sowie OLG München OLG Report 2005, 251 (252) – So wirksam wie ein Antibiotikum.
[574] Vgl. § 402 iVm § 397 ZPO.
[575] Vgl. § 286 Abs. 1 ZPO sowie insbes. Köhler/Bornkamm/Feddersen/Köhler/Feddersen UWG § 12 Rn. 1.87. Bei ungestützten Fragen bedarf es einer Bewertung und Gewichtung der Antworten, vgl. BGH WRP 2001, 542 (545) – Franzbranntwein-Gel.
[576] Vgl. zB BGH GRUR 1993, 920 (922, 923) – Emilio Adani II; OLG München OLG Report 2005, 251 (252) – So wirksam wie ein Antibiotikum.
[577] Vgl. BGH GRUR 1968, 581 (583) – Blunazit; GRUR 1987, 171 – Schlussverkaufswerbung; GRUR 1987, 535 (538) – Wodka, Woronoff.
[578] Vgl. zB Ahrens Wettbewerbsprozess-HdB/Schmidt Kap. 27 Rn. 2 f.; Melullis Wettbewerbsprozess-HdB Rn. 691; Ohly/Sosnitza/Sosnitza UWG § 5 Rn. 144.
[579] Vgl. BGH GRUR 1992, 70 (71) – 40 % weniger Fett; OLG München GRUR 1983, 339 (349) – Eder Alt; Böhm S. 290, 298.
[580] BGH GRUR 2006, 79 Rn. 36 – Jeans I.
[581] Vgl. zB BGH GRUR 2007, 235 Rn. 24 – Goldhase I; BPatG MarkenR 2011, 505 (508) – Post II; OLG Karlsruhe GRUR-RR 2018, 43 Rn. 38 und 45 – Schwarzwaldmarke; Büscher/Dittmer/Schiwy GewRS/Büscher § 14 Rn. 289.
[582] BPatG MarkenR 2011, 505 (508) – Post II.
[583] BGH GRUR 2011, 1043 Rn. 50 – TÜV II; OLG Nürnberg WRP 2008, 1257 (1260) – Bildmarke auf Modellauto.
[584] Vgl. Büscher/Dittmer/Schiwy GewRS/Büscher § 78 Rn. 9.
[585] BPatG MarkenR 2011, 505 (506) – Post II.
[586] BGH GRUR 2006, 79 Rn. 36 – Jeans I; LG Köln BeckRS 2011, 22540 – Ritter Sport.
[587] OLG Nürnberg WRP 2008, 1257 (1260) – Bildmarke auf Modellauto.
[588] Vgl. zB OLG Köln MD 1998, 1269 (1273) – Tiefkühlpizza.
[589] Vgl. Eichmann GRUR 1999, 939 (955) in Fn. 263; Noelle-Neumann/Schramm Umfrageforschung S. 98.

tät den Gutachter ggf. beschädigen würde.[590] Auch Zeitdruck in Eilverfahren[591] hat erfahrungsgemäß weder methodische noch handwerkliche Fehler zur Folge. Wenn ein Privatgutachter zu einem anderen Ergebnis als der Gerichtssachverständige kommt, muss die Methodik beider Umfragen besonders kritisch geprüft werden.[592] Widersprüche müssen vom Gericht aufgeklärt werden.[593] Das übereinstimmende Ergebnis eines Privatgutachters kann zur Bestätigung des Ergebnisses herangezogen werden, das der Gerichtsgutachter ermittelt hat.[594]

VIII. Zivilgerichtliches Eilverfahren

1. Glaubhaftmachung

151 An die Stelle des Beweises im Hauptsacheverfahren tritt im Eilverfahren die Glaubhaftmachung insbesondere des Verfügungsanspruchs.[595] Neben der Versicherung an Eides statt stehen alle im Hauptsacheverfahren zulässigen Beweismittel zur Verfügung.[596] Weil jedoch nur präsente Beweismittel zugelassen sind,[597] kommt die Anordnung einer demoskopischen Umfrage durch das Gericht nicht in Betracht. Wenn ein Nachweis nur mit Hilfe einer demoskopischen Umfrage erbracht werden kann, muss ein **Privatgutachten** vorgelegt werden. Privatgutachten werden zwar nur als Sachvortrag behandelt;[598] wenn sie jedoch in jeder Hinsicht einwandfrei erstellt sind, ist ihr **Beweiswert** nicht geringer als bei einem gerichtlich angeordneten Umfragegutachten. Wenn der Antragsteller sich zur Glaubhaftmachung auf ein von ihm vorgelegtes Privatgutachten beruft, sollte ggf. eine mündliche Verhandlung anberaumt werden, um dem Gegner Gelegenheit zu geben, das Gutachten kritisch zu hinterfragen.[599]

2. Gegenglaubhaftmachung

152 Demoskopische Gutachten sind auch als Mittel zur Gegenglaubhaftmachung geeignet. Die Vorlage eines privaten Umfragegutachtens kann ua geboten sein, wenn es um die **Widerlegung** eines vom Antragsteller vorgelegten Parteigutachtens zur Verkehrsgeltung geht.[600] Ein demoskopisches Privatgutachten kommt zB auch in Betracht, wenn das Landgericht aus eigener Beurteilung die Gefahr einer Irreführung verneint hat und wenn damit gerechnet werden muss, dass sich das Berufungsgericht zu den Verkehrsbeteiligten zählt und zu einer für den Antragsgegner **ungünstigen Verkehrsauffassung** gelangt.[601]

IX. Löschungsverfahren

1. Feststellungen zum Schutzhindernis

153 Ob der Eintragung einer Marke ein **Schutzhindernis** entgegengestanden hat, ist im Löschungsverfahren vor dem DPMA und dem BPatG gem. §§ 59 Abs. 1, 73 Abs. 1 MarkenG **von Amts wegen** zu prüfen. Dabei ist entscheidend, ob ein Schutzhindernis bestanden hat, nicht jedoch, ob die Eintragung fehlerhaft erfolgt ist.[602] Die Löschung einer Markeneintragung nach §§ 8, 50 Abs. 1 und Abs. 2 MarkenG erfordert die **positive Feststellung,** dass das Schutzhindernis im Zeitpunkt der Eintragung vorlag und im Zeitpunkt der Entscheidung über den Löschungsantrag

[590] OLG Köln MD 1998, 1269 (1273) – Tiefkühlpizza.
[591] Vgl. Melullis Wettbewerbsprozess-HdB Rn. 696.
[592] Vgl. BGH GRUR 1987, 171 – Schlussverkaufswerbung; GRUR 1989, 440 (443) – Dresdner Stollen I; GRUR 1990, 461 (462) – Dresdner Stollen II; GRUR 1992, 48 (51) – frei öl; GRUR 1992, 70 (72) – 40 % weniger Fett.
[593] Teplitzky WRP 1990, 145 (148).
[594] Zur Vorbereitung der Beweiswürdigung sollte das Gericht dem Gerichtsgutachter die Möglichkeit geben, das Ergebnis eines Privatgutachters in seine fachkundigen Ausführungen einzubeziehen.
[595] § 936 iVm § 920 Abs. 2 ZPO.
[596] § 294 Abs. 1 ZPO.
[597] § 294 Abs. 2 ZPO.
[598] BGH GRUR 2006, 79 Rn. 36 – Jeans I.
[599] Vgl. Ahrens Wettbewerbsprozess-HdB/Singer Kap. 46 Rn. 7.
[600] OLG München GRUR 1977, 562 – Wattestäbchen.
[601] Vgl. OLG München GRUR 1977, 562 – Wattestäbchen; GRUR-RR 2005, 296 – Recherchekosten.
[602] BGH GRUR 1965, 146 (151) – Rippenstreckmetall II; GRUR 2009, 669 Rn. 31 – POST II – mit weit. Nachw.; GRUR 2010, 138 Rn. 48 – ROCHER-Kugel.

fortbesteht.[603] Wenn sich im Nachhinein nicht mehr mit der erforderlichen Sicherheit aufklären lässt, ob im Eintragungszeitpunkt ein Schutzhindernis vorgelegen hat, gehen Zweifel nunmehr zu Lasten des Markeninhabers.[604]

2. Beweiswürdigung bei Privatgutachten

Etwaige **methodische Bedenken** gegen den Beweiswert eines von der Markeninhaberin vorgelegten demoskopischen Gutachtens rechtfertigen nicht die Folgerung, dass die Voraussetzungen für einen Löschungsantrag erfüllt seien. Bestehen methodische Bedenken gegen ein **Privatgutachten,** müssen diese wegen des Grundsatzes der **Amtsermittlung** mit den Verfahrensbeteiligten erörtert werden. Dabei muss den Verfahrensbeteiligten Gelegenheit gegeben werden, zu den relevanten Umständen ergänzend vorzutragen und Anträge zu stellen[605] sowie ggf. Beweismittel vorzulegen. Ist es dann trotzdem für die Meinungsbildung erforderlich, müsste zwar von Amts wegen ein demoskopisches Gutachten eingeholt werden.[606] Wenn jedoch durch ein einwandfreies Privatgutachten die Verkehrsdurchsetzung belegt ist, besteht keine Veranlassung für die Einholung eines weiteren Umfragegutachtens von Amts wegen. Vielmehr wäre es Sache des Löschungsantragstellers, **Gegenbeweis** zu erbringen und ggf. selbst ein Gutachten vorzulegen.[607] 154

603 BPatG GRUR 2011, 232 (234) – Gelbe Seiten.
604 Zur Aufgabe der bisherigen Rspr. mit Blick auf die Rspr. des Europäischen Gerichtshofs (vgl. EuGH GRUR 2014, 776 – Farbmarke Rot): BGH GRUR 2021, 1526 – NJW-Orange.
605 Vgl. BPatG MarkenR 2011, 505 (506) – Post II.
606 BGH GRUR 2009, 669 Rn. 32 und Rn. 36 – POST II.
607 BPatG MarkenR 2011, 505 (509 und Leitsatz 4) – Post II.

§ 10 Gebühren und Kosten

Übersicht

I. Allgemeine Grundsätze

1 Auch bei Streitigkeiten auf dem Gebiet des gewerblichen Rechtsschutzes, des Urheberrechts und Wettbewerbsrechts gilt der Grundsatz, dass die unterliegende Partei die Kosten des Rechtsstreits zu tragen hat, § 91 ZPO. Dennoch unterscheidet sich eine **Auseinandersetzung im Bereich des gewerblichen Rechtsschutzes** von anderen zivilrechtlichen Streitigkeiten auch **kostenrechtlich durch eine Fülle von Besonderheiten. Dies betrifft** die **vorprozessualen Kosten** der Abmahnung und deren Detailfragen, wie zB die unberechtigte Abmahnung, die Mehrfach- und Verbandsabmahnung und die Kostenerstattung für die Hinterlegung von Schutzschriften sowie die Anrufung der Einigungsstelle. **Prozessual gibt es** Besonderheiten im Rahmen des einstweiligen Verfügungsverfahrens, nämlich das Abschlussschreiben und den Kostenwiderspruch sowie die Vollstreckung von titulierten Ansprüchen, insbesondere das Bestrafungsverfahren. Darüber hinaus spielt eine erhebliche Rolle die Frage der Erstattungsfähigkeit der „sonstigen Kosten", wie zB Testkauf- und Detektivkosten, die Kosten eines Privatgutachtens, Doppelvertretungs-, Verkehrsanwalts- sowie Recherchekosten zur Aufklärung des Sachverhalts. Je nachdem, ob der Rechtspfleger des Amtsgerichts oder des Landgerichts über die Erstattungsfähigkeit entschieden hat, ist Beschwerdegericht das Landgericht oder das Oberlandesgericht. Die Rechtsbeschwerde, § 574 ZPO, setzt die Zulassung durch das Beschwerdegericht voraus, §§ 104 Abs. 3, 74 Abs. 1 Nr. 2 ZPO. Die folgende Darstellung legt ihren Schwerpunkt auf Kostenprobleme, die im Bereich des gewerblichen Rechtsschutzes, des Urheberrechts- und des Wettbewerbsrechts auftreten. Zu beachten sind auch die seit 1.1.2021 geltenden geänderten Gebühren, die durch das Kostenrechtsänderungsgesetz 2021 angehoben wurden.[1]

[1] Die Sätze sind dabei gleichgeblieben, lediglich die Gebühren an sich wurden erhöht, siehe Anlage 2 zu § 13 Abs. 1 S. 3 RVG (bspw. beträgt die 1,3-fache Verfahrensgebühr bei einem Gegenstandswert von 100.000 EUR statt 1.953,90 EUR nunmehr 2.151,50 EUR).

II. Vorprozessuale Kosten

1. Abmahnung

a) **Kostenerstattungspflicht des Abgemahnten.** Eine Abmahnung wird regelmäßig ausgesprochen, um Konflikte im gewerblichen Rechtsschutz, Urheberrecht und Wettbewerbsrecht außergerichtlich zu regeln. Zumeist wird derjenige, der durch eine Verletzungshandlung beeinträchtigt ist, einen Anwalt mit der Abmahnung beauftragen.[2] Kostenschuldner ist gegenüber dem Anwalt stets der Auftraggeber, also der Abmahnende. Der Anwalt kann für die Abmahnung eine Geschäftsgebühr nach §§ 2, 13, 14 RVG Nr. 2300 VV RVG verlangen. Angemessen ist **regelmäßig eine Mittelgebühr von 1,3.**[3] Eine höhere Gebühr (Der Gebührenrahmen setzt die Obergrenze bei 2,5) kann nur gefordert werden, wenn die Tätigkeit umfangreich oder schwierig ist.[4] Bei **Streitigkeiten im Bereich des gewerblichen Rechtsschutzes, Urheberrechts und Wettbewerbsrechts** kann eine höhere Gebühr als 1,3 gerechtfertigt sein.[5] Insbesondere dürfte das jüngst durch den BGH[6] statuierte deutlich erhöhte Haftungsrisiko des Rechtsanwalts bei Abmahnungen zu einer Erhöhung der Gebühr führen (ausdrücklich erwähnt in § 14 Abs. 1 S. 2 RVG). Hat der Anwalt schon Klageauftrag und kommt es dann zum gerichtlichen Verfahren, wird die für die Abmahnung entstandene Geschäftsgebühr zur Hälfte, maximal jedoch mit einem Gebührensatz von 0,75 auf die Verfahrensgebühr (Nr. 3100 VV RVG) angerechnet (Vorbemerkung 3 Abs. 4 VV RVG, da die vorprozessuale und prozessuale Tätigkeit denselben Gegenstand betreffen).[7] 2

Praxistipp:

Um spätere Streitfälle hinsichtlich der zu erstattenden Kosten zu vermeiden, sollte in der Abmahnung der vorliegende Auftrag klar formuliert sein, zB bei fehlendem Klageauftrag wird die Formulierung verwandt „...... werde ich meiner Mandantin empfehlen, unverzüglich gerichtliche Schritte einzuleiten".

Vertritt der Anwalt gegenüber dem Störer **mehrere Unterlassungsgläubiger,** stellt sich die Frage, ob der Anwalt mehrere Auftraggeber in „derselben Angelegenheit" vertritt, so dass entweder eine 3

[2] Dies gilt nach neuerer Rechtsprechung des BGH nunmehr (zuvor bspw. BGH GRUR 2004, 448 – Auswärtiger Anwalt IV) auch für Unternehmen mit eigener Rechtsabteilung, BGH GRUR 2010, 1038 (1039) – Geschäftsgebühr für Abschlussschreiben; BGH GRUR 2007, 726 (727) – Auswärtiger Rechtsanwalt V; Ahrens/Scharen Kap. 10 Rn. 21; Teplitzky/Bacher Kap. 41 Rn. 82c; aA OLG Braunschweig 8.2.2012 – 2 U 7/11 – BeckRS 2012, 04240, welches davon ausging, dass der Kläger (ein selbständig Tätiger) selbst in der Lage gewesen sei, Abmahnungen auszusprechen, wenn er dies in gleich gelagerten Fällen zuvor bereits getan hat und lehnte eine Erstattungsfähigkeit der Rechtsanwaltskosten nach § 97a Abs. 1 S. 2 UrhG ab. Er habe jedenfalls aufgrund der in anderen Verfahren ergangenen anwaltlichen Abmahnungen der von ihm beauftragten Rechtsanwälte gewusst, wie man Abmahnungen verfasst und hätte sodann eigene Schreiben daran anlehnen können.

[3] Hartung/Schons/Enders/Schons Vorb. 3 VV Rn. 179 f.; zur Entstehung und Höhen der Gebühren bei einer Abmahnung nach Einführung des RVG, s. Günther/Beyerlein WRP 2004, 1222 ff.

[4] Vgl. Hartung/Schons/Enders/Schons RVG § 15 Rn. 145 f.

[5] Vgl. Günther/Beyerlein WRP 2004, 1222 ff.; BGH GRUR 2010, 1120 (1122) – Vollmachtsnachweis, geht davon aus, dass bei einem durchschnittlich Fall einer wettbewerbsrechtlichen Abmahnung die Geschäftsgebühr nicht unterhalb der 1,3fachen Gebühr anzusetzen ist; bei markenrechtlichen Abmahnungen hat etwa das OLG Hamm GRUR-RR 2011, 312 (315) eine 1,5-fache Geschäftsgebühr für gerechtfertigt gehalten. Das OLG München hat mit Urteil vom 20.5.2010, 6 U 2236/09 – Pumuckl-Illustrationen III, eine 1,3-fache Geschäftsgebühr für angemessen gehalten, auch wenn parallel mehrere identische Abmahnungen ausgesprochen wurden; LG München I in einer online-urheberrechtlichen Sache 1,9 fache Geschäftsgebühr, CR 2006, 642; vgl. die ausführliche Darstellung zu Geschäftsgebühren im gewerblichen Rechtsschutz von Günther WRP 2009, 118.

[6] Vgl. dazu BGH GRUR 2016, 630 – unberechtigte Schutzrechtsverwarnung II, mAnm Keller.

[7] Vgl. BGH NJW-RR 2008, 1095; NJW 2008, 1323; NJW 2007, 2049; NJW 2007, 3500; aA OLG München Rpfleger 2007, 686; OLG Hamburg MDR 2007, 1224; OLG Stuttgart Beschl. v. 30.10.2007 – 8 W 442/07 – nv; Hartung/Schons/Enders/Schons Vorb. 3 VV Rn. 179 f.; das bedeutet: eine bereits entstandene Geschäftsgebühr bleibt unangetastet. Durch die hälftige Anrechnung verringert sich jedoch eine (später) nach Nr. 3100 VV RVG angefallene Verfahrensgebühr, sodass im Rahmen der Kostenfestsetzung nur noch die reduzierte Verfahrensgebühr geltend gemacht werden kann und die im Vorfeld bereits entstandene (insbesondere durch eine Abmahnung) Geschäftsgebühr bereits vorher in voller Höhe geltend gemacht werden muss; kritisch (noch zum RVG) Mes ullis Rn. 806a, da der Anwalt bei einer erheblich größeren Arbeit der Klagevorbereitung weniger erhält als bei der bloßen Abmahnung; siehe auch Borck WRP 2001, 20 (21) sowie Heerma GRUR 2000, 148 (vermittelnd); LG Braunschweig WRP 1999, 1189 ging hingegen auch bei Klageauftrag von der Anwendung des § 118 BRAGO aus.

Erhöhungsgebühr nach § 7 Abs. 1 RVG Nr. 1008 VV RVG entsteht oder eine Erhöhung des Gegenstandswertes nach § 22 Abs. 1 RVG vorzunehmen ist.[8] Bei Unterlassungsansprüchen handelt es sich hingegen regelmäßig nicht um „denselben Gegenstand", da die gegen mehrere Schuldner gerichteten Ansprüche für diese keine Gesamtschuld darstellen und somit eine **Erhöhungsgebühr nicht geltend gemacht** werden kann.[9] Vertritt also der Anwalt mehrere Unterlassungsgläubiger, so ist darauf zu achten, dass entsprechend dem Umfang dieses Auftrages der Gegenstandswert gemäß § 22 Abs. 1 RVG festgesetzt wird. Auszugehen ist vom höchsten Interesse eines der Kläger, und für jeden weiteren Kläger ist ein Zuschlag in der Höhe zu machen, die seinem Interesse entspricht.[10] Allerdings ist dabei zu beachten, dass gemäß § 22 Abs. 2 RVG die Höchstgrenze („Kappungsgrenze") von 30 Millionen Euro gilt, soweit durch Gesetz nichts anderes bestimmt ist. Obwohl der Satzteil „soweit durch Gesetz nichts anderes bestimmt ist" ausdrücklich klarstellt, dass gesetzliche Ausnahmevorschriften Vorrang genießen, läuft diese Öffnungsklausel mangels entsprechender Ausnahmeregelungen derzeit ins Leere. Aufgrund des dispositiven Charakters von § 22 Abs. 2 RVG ist jedoch eine abweichende vertragliche Regelung möglich. So kann in einer Vergütungsvereinbarung nach § 4 RVG entweder ein konkreter Wert bestimmt oder schlicht vereinbart werden, dass die Höchstgrenze des § 22 Abs. 2 RVG keine Anwendung findet.[11] Der **Gegenstandswert** für die Abmahnung **entspricht** dem der **Hauptsache**, nicht dem evtl. niedrigeren Wert des Verfügungsverfahrens, da mit der Abmahnung außergerichtlich der Gesamtstreit erledigt werden soll.[12]

4 Der Verletzer ist verpflichtet, dem Verletzten die Kosten der Abmahnung zu erstatten,[13] bei Vorsteuerabzugsberechtigung des Verletzten allerdings ohne die angefallene Mehrwertsteuer.[14] Die materiell-rechtliche Anspruchsgrundlage für den Erstattungsanspruch ergibt sich bei wettbewerbsrechtlichen Abmahnungen verschuldensunabhängig aus § 12 Abs. 1 UWG. Diese Bestimmung entspricht grundsätzlich der früheren Rechtsprechung zur Geschäftsführung ohne Auftrag, allerdings ist es gemäß § 12 Abs. 1 Nr. 2 UWG nicht von Bedeutung, ob die Abmahnung im Einzelfall im Interesse des Abgemahnten erfolgt und seinem tatsächlichen oder mutmaßlichen Willen entspricht. Ansprüche aus dem **Schadensersatzanspruch** gemäß §§ 1, 13 Abs. 6, 14 Abs. 1 S. 1, Abs. 2 S. 2, 19 UWG oder aus der Geschäftsführung ohne Auftrag, §§ 1004, 683 S. 1, 677, 670 BGB[15] gelten für Fälle im gewerblichen Rechtsschutz und Urheberrecht, die nicht unter das UWG fallen. Diese Ansprüche entstehen auch bei wettbewerbsrechtlichen Fällen neben dem Anspruch aus § 12 Abs. 1 Satz 2 UWG, was allerdings in den meisten Fällen keine praktischen Auswirkungen haben wird.[16] Weiterhin von Bedeutung bleibt die Rechtsprechung zur GoA im Wettbewerbs-

[8] Zu den Begrifflichkeiten siehe BGH NJW 2014, 2126 (2127) – Anwaltsgebühr bei zeitlich versetzten Klageaufträgen, sowie für das Patentnichtigkeitsverfahren, in dem ein Patentanwalt mehrere Parteien vertritt BPatG Mitt. 2016, 143 (144).

[9] BGH GRUR-RR 2008, 460 (noch zur BRAGO); OLG Düsseldorf Urt. v. 2.3.2004 – 20 U 64/03 – Hermès-Taschen – nv; OLG Düsseldorf AnwBl. 1993, 576 und GRUR 2000, 825; OLG München NJOZ 2004, 742 (743); OLG Hamburg JurBüro 1989, 64 (65) sowie JurBüro 1990, 885; RRep. Hamburg 1997, 115; OLG Karlsruhe JurBüro 1992, 239; OLG Köln MDR 1993, 1021; OLG Koblenz WRP 1985, 45; bei Unterlassungsklagen gegen Unternehmen und seine Organe, s. Fritz WRP 1999, 79 (82); zur Frage, wann getrennt erfolgte Abmahnungen wegen Verletzung des allgemeinen Persönlichkeitsrechts durch Wort- und Bilderstattung dieselbe Angelegenheit betreffen, s. BGH GRUR 2008, 367 – Rosenkrieg bei Otto.

[10] BGH WRP 2002, 320 (323) – Missbräuchliche Mehrfachabmahnung; GRUR 1998, 958 – Verbandsinteresse; OLG Stuttgart WRP 1988, 632 (Ls.); Teplitzky/Feddersen Kap. 49 Rn. 24 f.

[11] Hartung/Schons/Enders/Enders RVG § 22 Rn. 15 bis 22.

[12] KG WRP 1977, 793/795; Ahrens/Scharen Kap. 10 Rn. 25.

[13] Nicht erstatten muss der Abgemahnte jedoch die Prozesskosten, die dadurch entstehen, dass der Abmahnende Klage erhebt, obwohl der Abgemahnte eine Unterlassungserklärung abgegeben hat, vgl. § 93 ZPO. Bestreitet der Abgemahnte, ein Abmahnschreiben erhalten zu haben und gibt er auf die Klageerhebung eine Unterlassungserklärung ab, trifft ihn auch Beweislast, wenn er von der Kostenregelung des § 93 ZPO Gebrauch machen will. Das bedeutet, dass, wenn der Abmahnende nachweisen kann, dass das Abmahnschreiben abgesandt worden ist, es jedoch nicht festgestellt werden kann, ob das Abmahnschreiben zugegangen ist, zu Lasten des Abgemahnten für eine Kostenentscheidung nach § 93 ZPO kein Raum ist, vgl. BGH GRUR 2007, 629 (630) – Zugang des Abmahnschreibens.

[14] StRspr. statt vieler BFH Bundessteuerblatt II, 1990, 584 mwN.

[15] Grundlegend zum Anspruch aus GoA BGH GRUR 1973, 384 – Goldene Armbänder; seither trotz Kritik in der Literatur stRspr., ausdrücklich bestätigt durch BGH GRUR 1984, 129 – Shop in the Shop; WRP 2000, 386 (389) – Preisknaller und GRUR 2007, 620 – Immobilienwertgutachten (zu den Voraussetzungen der Erstattung von Anwaltsabmahnkosten außerhalb des Wettbewerbsrechts (unerlaubte Telefonwerbung).

[16] Nach BGH GRUR 2010, 257 (258) – Schubladenverfügung, besteht allerdings weder aus § 12 Abs. 1 Satz 2 UWG noch aus GoA ein Erstattungsanspruch, wenn die Abmahnung nach Einleitung eines gerichtlichen Verfahrens (hier einstweilige Verfügung) erfolgt.

recht hingegen für etwaige Gegenansprüche des zu Unrecht Abgemahnten aus § 678 BGB, wonach der Abgemahnte ohne Verschulden unter dem Gesichtspunkt der GoA zur Kostenerstattung verpflichtet sein kann. Enthält die Abmahnung eine Aufforderung zur Abgabe einer zu weitgehenden Unterlassungserklärung, ist die Abmahnung vom Abgemahnten trotzdem zu beachten. Der Abgemahnte ist selbst dafür verantwortlich, die korrekte Unterlassungserklärung zu formulieren.[17] Etwas anderes gilt allerdings für das **Urheberrecht,** wo nunmehr in § 97a UrhG ausdrücklich geregelt ist, dass das Unterlassungsbegehren nicht weiter gehen darf, als es der Anspruch tatsächlich begründet. Ansonsten ist die Abmahnung unwirksam, § 97a Abs. 2 S. 2 UrhG.[18]

5 Hinsichtlich der **Kostenfolge** wird man unterscheiden müssen, ob die Abmahnung die Verletzungsform nicht konkret bezeichnet hat und es lediglich einer Klarstellung bedarf (ohne weitere Kostenfolge), oder ob ein Teil des geltend gemachten Unterlassungsanspruches zurückgewiesen werden kann, dh der Abgemahnte je nach Umfang des zu Unrecht geltend gemachten Anspruches die Kostenerstattungspflicht ganz oder teilweise zurückweisen kann.[19] Der BGH[20] verlangt für die Annahme, dass ein seinem Wortlaut nach unbeschränkter Unterlassungsantrag lediglich auf das Verbot einer konkreten Verletzungsform gerichtet sei, deutliche Anhaltspunkte in dem zur Auslegung des Antrags grundsätzlich heranziehbaren Sachvortrag des Klägers.

6 Bei **urheberrechtlichen Verstößen** hatte der Gesetzgeber mit § 97a Abs. 2 aF UrhG eine Deckelung der erstattungsfähigen Kosten auf 100 EUR festgelegt, soweit es sich um eine erstmalige Abmahnung, einen einfach gelagerten Fall und eine nur unerhebliche Rechtsverletzung außerhalb des geschäftlichen Verkehrs handelt.[21] Da die Schwellenwerte der Merkmale „einfach gelagerter Fall“[22] und „unerhebliche Rechtsverletzung“[23] nach der Rechtsprechung allerdings derart schnell überschritten waren, dass § 97a Abs. 2 UrhG nur in den seltensten Fällen Anwendung fand, wurde der § 97a UrhG erneut überarbeitet.[24] Mit dem § 97a Abs. 3 Nr. 2 UrhG nF wurden sowohl die Anforderungen an die Anwendbarkeit reduziert als auch die Kostendeckelung nicht mehr auf den Kostenersatz selbst, sondern auf den **Gegenstandswert** bezogen. Dieser liegt in Fällen, bei denen der Abgemahnte eine natürliche Person ist und das Werk nicht gewerblich oder selbstständig verwendet, **bei maximal 1.000,– EUR.**[25]

7 Wird der Verletzer wegen desselben Verstoßes durch mehrere Unterlassungsgläubiger abgemahnt und hat der Schuldner bereits eine Unterlassungserklärung abgegeben, so hat trotzdem jeder Abmahnende grundsätzlich Anspruch auf die Kostenerstattung.[26] Dies gilt allerdings dann nicht, wenn die weiteren Abmahnungen rechtsmissbräuchlich erfolgen.[27] Im Falle einer außergerichtlichen Einigung fällt neben der Geschäftsgebühr gegebenenfalls nur noch eine 1,5 Einigungsgebühr gemäß §§ 2, 13 RVG Nr. 1000 VV RVG an (wenn über den Gegenstand der Einigung kein gerichtliches Verfahren anhängig ist, andernfalls fällt nur eine 1,0 Einigungsgebühr an).

8 Der Kostenerstattungsanspruch unterliegt den **Verjährungsvorschriften des § 11 Abs. 1 UWG.**[28]

9 **b) Unberechtigte Abmahnung.** Auch der wegen einer Verletzungshandlung Abgemahnte wird einen Anwalt beauftragen, um seine Interessen wahrzunehmen.[29]

10 Wenn ausnahmsweise die Voraussetzungen der §§ 3, 4 Nr. 8, 10 UWG vorliegen oder ein rechtswidriger Eingriff in den eingerichteten und ausgeübten Gewerbebetrieb des Abgemahnten

---

17 OLG Düsseldorf WRP 1988, 107 (108); OLG Hamburg WRP 1977, 808; OLG Stuttgart WRP 1983, 362; WRP 1985, 53; OLG Karlsruhe WRP 1997, 447; Melullis Rn. 777.

18 Vgl. dazu Dreier/Schulze/Dreier/Specht, § 97a UrhG Rn. 5 ff. sowie OLG Frankfurt a. M. WRP 2015, 235 (236).

19 BGH GRUR 2010, 744 (749) – Sondernewsletter; BGH GRUR 2010, 939 (942) – Telefonwerbung nach Unternehmenswechsel; Teplitzky/Bacher Kap. 41 Rn. 86a.

20 BGH GRUR 1992, 625 – Therapeutische Äquivalenz.

21 Übersicht zu den Voraussetzungen bei Faustmann/Ramsperger MMR 2010, 662.

22 Einfach gelagert: LG Köln 29.7.2011 – 28 S 10/11; AG Hamburg, GRUR-RR 2010, 311, LG Hamburg ZUM 2010, 611 (612); Nicht einfach gelagert: AG Hamburg ZUM-RD 2011, 565 (567); LG Köln MMR 2010, 559 (560).

23 Keine unerhebliche Rechtsverletzung: OLG Frankfurt a. M. ZUM 2014, 970 – Inhaltliche Anforderungen an eine urheberrechtliche Abmahnung; LG Berlin MMR 2011, 401; AG Hamburg ZUM-RD 2011 565 (567).

24 Mit dem Gesetz gegen unseriöse Geschäftspraktiken vom 8.10.2013, BGBl. 2013 I, S. 3714.

25 Dreier/Schulze/Dreier/Specht, UrhG § 97a Rn. 14 ff. mwN.

26 OLG München GRUR 1988, 843 (844) – Anwaltskosten bei zeitlich früherer Abmahnung; LG Köln GRUR 1987, 741 – Schadensersatz bei Mehrfachabmahnung.

27 Zur Rechtsmissbräuchlichkeit von Mehrfachverfolgung BGH WRP 2000, 1269.

28 Zur bisherigen Rechtslage: BGH GRUR 1992, 176 (177) – Abmahnkostenverjährung; BGH GRUR 1961, 310 (314) – Gründerbildnis; GRUR 1964, 218 (219) – Düngekalkhandel.

29 Vgl. zum Haftungsrisiko des abmahnenden Rechtsanwalts BGH GRUR 2016, 630 – unberechtigte Schutzrechtsverwarnung II, mAnm Keller.

gegeben ist und der Abmahnende zudem schuldhaft gehandelt hat, kann der zu Unrecht Abgemahnte im Rahmen des Schadensersatzanspruchs aus § 823 Abs. 1 BGB in der Regel auch die notwendigen Aufwendungen für die Einschaltung eines Rechtsanwalts geltend machen.[30] Möglich ist bei wettbewerbsrechtlichen Streitigkeiten neben dem Erstattungsanspruch aus § 12 Abs. 1 UWG auch weiterhin ein solcher aus § 678 BGB.[31] Allerdings sind die Anforderungen für die Geltendmachung dieses Anspruchs hoch, da grundsätzlich jeder berechtigt ist, etwaige Unterlassungsansprüche vor Gericht geltend zu machen, wenn er vorher abgemahnt hat. Eine Abmahnung bei unklarer Rechtslage begründet in der Regel kein Verschulden.

11 Auch eine zu Unrecht ergangene Abmahnung auf der Grundlage **ausschließlicher Rechte,** also Patent-, Urheber-, Marken- oder Namensrechte, kann ein Eingriff in den eingerichteten und ausgeübten Gewerbebetrieb sein und Schadensersatzansprüche gemäß § 823 Abs. 1 BGB begründen.[32] Wird also aufgrund eines solchen Rechts verwarnt und bestehen Zweifel an dem Bestand des Schutzrechtes, erfolgt die Verwarnung rechtswidrig und schuldhaft,[33] wenn den Schutzrechtsinhaber besondere Sorgfaltspflichten zur Beurteilung der Schutzrechtslage treffen.[34] Bei sogenannten **Abnehmerverwarnungen** verlangt die Rechtsprechung eine gesteigerte Sorgfaltspflicht.[35] Wird diese verletzt, ist der Abmahnende zur Kostenerstattung sowohl gegenüber dem Abnehmer wie auch gegenüber dem Lieferanten verpflichtet.

Praxistipp:
Um entsprechende Kostenfolgen zu vermeiden, empfiehlt sich gegebenenfalls nur eine sogenannte Berechtigungsanfrage. Diese beinhaltet den bloßen Hinweis auf ein Schutzrecht, sie enthält jedoch keine Aufforderung, ein näher bezeichnetes Verhalten ausdrücklich zu unterlassen.[36]

12 Der zu Unrecht Abgemahnte ist grundsätzlich nicht verpflichtet, die Abmahnung zu beantworten.[37] Etwas anderes kann aber gelten, wenn der Abgemahnte bereits einem Dritten gegenüber eine Unterwerfungserklärung abgegeben hat. In diesem Fall bejaht der BGH eine Aufklärungspflicht.[38] Zur Klärung der Rechtslage kann der Abgemahnte eine negative Feststellungsklage erheben mit dem Antrag, dass der geltend gemachte Anspruch nicht besteht.[39] Grundsätzlich ist der zu Unrecht Abgemahnte nicht verpflichtet, vor Erhebung der negativen Feststellungsklage eine Gegenabmahnung auszusprechen.[40] Ist es für den Abgemahnten jedoch offensichtlich, dass der Abmahnende von einem falschen Sachverhalt oder falschen Annahmen

[30] Ohly/Sosnitza/Sosnitza UWG § 12 Rn. 32; Hamm Beck'sches Rechtsanwaltshandbuch § 36 Rn. 36 ff.

[31] OLG Hamburg GRUR 1983, 200 (201); OLG Frankfurt a. M. GRUR 1989, 858; OLG Hamburg NJW-RR 2003, 857 (858); zuletzt OLG Hamburg 7.6.2006 – 8 W 16/06, nv; Teplitzky/Bacher Kap. 41 Rn. 81; verneinend: OLG Stuttgart MD 2007, 399; LG Berlin 1.6.2007 – 103 O 246/06, BeckRS 2007, 14670.

[32] Chudziak GRUR 2012, 133 (136 ff.), der die Erstattung über die c. i. c. begründen will.

[33] BGH GRUR 1963, 255 – Kindernähmaschinen; GRUR 1966, 386 – Wärmeschreiber II; GRUR 1976, 715 – Spritzgussmaschine; BGH GRUR 1977, 805 – Klarsichtverpackung; BGH GRUR 1995, 424 (425) – Abnehmerverwarnung; OLG Düsseldorf Mitt. 1976, 141; ausführlich dazu Gloy/Loschelder/Danckwerts/Melullis § 80 Rn. 125 bis 135: vgl. hierzu die auf den Vorlagebeschluss des 1. Zivilsenats GRUR 2004, 958 – Verwarnung aus Kennzeichenrecht I ergangene Entscheidung des BGH GRUR 2005, 882 – Unberechtigte Schutzrechtsverwarnung, wonach die unbegründete Verwarnung aus einem Kennzeichenrecht ebenso wie eine sonstige unberechtigte Schutzrechts ein rechtswidriger und schuldhafter Eingriff in das Recht am eingerichteten und ausgeübten Gewerbebetrieb sind und zum Schadensersatz verpflichten. In Abweichung der früheren Rspr., zB BGH GRUR 1963, 255 – Kindernähmaschinen, ist die Rechtwidrigkeit nicht indiziert, sondern muss auf Grund einer Interessen- und Güterabwägung festgestellt werden, vgl. BGH GRUR 2005, 832 (833) – Unberechtigte Schutzrechtsverwarnung und NJW-RR 2006, 832 (833).

[34] In der Regel treffen den Schutzrechtsinhaber keine besonderen Sorgfaltspflichten zur Beurteilung der Schutzrechtslage, da er auf die Beurteilung der Eintragungsbehörde regelmäßig vertrauen darf, BGH GRUR 1976, 715 (717) – Spritzgießmaschine und NJW-RR 2006, 832 (833).

[35] Vgl. dazu jedoch OLG Düsseldorf GRUR 2003, 814 – unberechtigte Abnehmerverwarnung, mit der von der langjährigen Rechtsprechung des BGH abgewichen wird. Danach wird wegen der teilweise sehr schwierigen zu klärenden Rechtsfragen eine lediglich objektiv unberechtigte Schutzrechtsverwarnung grundsätzlich als erlaubt angesehen.

[36] OLG Karlsruhe WRP 1974, 215; Gloy/Loschelder/Danckwerts/Melullis § 80 Rn. 129.

[37] BGH GRUR 1995, 167 – Kosten bei unbegründeter Abmahnung.

[38] BGH GRUR 1990, 542 – Aufklärungspflicht des Unterwerfungsschuldners.

[39] BGH GRUR 1985, 571 (573) – Feststellungsinteresse; GRUR 1995, 697 – Funny Paper; GRUR 2001, 354 – Verbandsklage gegen Vielfachabnehmer; Teplitzky/Bacher Kap. 41 Rn. 68; Deutsch WRP 99, 25 (27).

[40] BGH GRUR 2004, 790 (792) – Gegenabmahnung; GRUR 2006, 168 (169) – Unberechtigte Abmahnung.

rechtlicher Art[41] ausgeht, wird ausnahmsweise überwiegend die Verpflichtung zu einer vorhergehenden Abmahnung bejaht.[42]

2. Abmahnung durch Verbände

13 Gemäß ständiger Rechtsprechung des BGH sind die Kosten der Abmahnung durch einen Verband stets zu erstatten. Die Anspruchsgrundlage hierfür ergibt sich aus § 12 UWG bzw. aus den §§ 683, 670 BGB.[43] Zu erstatten sind die **pauschalierten Kosten des Verbandes,**[44] deren Höhe sich an den durchschnittlich anfallenden Bearbeitungskosten orientiert,[45] und zwar auch dann, wenn die Abmahnung nur zum Teil berechtigt ist.[46] Die Einschaltung eines Rechtsanwalts wird von der Rechtsprechung als nicht notwendig angesehen, da es zu den satzungsgemäßen Aufgaben von Verbänden gehört, unlautere Wettbewerbshandlungen zu verfolgen.[47]

14 Ist die vom Verband ausgesprochene Abmahnung erfolglos, kann er einen Anwalt einschalten und eine dementsprechende Kostenerstattung verlangen.[48] Der Verband ist auch dann weiterhin berechtigt, seine schon entstandene Abmahnpauschale zu fordern. Der Grundsatz, dass die durch die Abmahnung entstandenen Anwaltskosten gemäß Vorb. 3 Abs. 4 VV RVG zur Hälfte (höchstens bis zu einem Gebührensatz von 0,75) in der Verfahrensgebühr des nachfolgenden Prozesses aufgehen, gilt nicht für die Abmahnpauschale von Verbänden.[49] Hat ein Verband für die erste Abmahnung bereits ohne rechtfertigenden Grund einen Anwalt eingeschaltet, kann er die Erstattung der Auslagenpauschale, nicht jedoch die Kosten für die Anwaltsbeauftragung erstattet verlangen.[50] Dies gilt gleichermaßen, wenn der Verband die erste Abmahnung selbst ausgesprochen hat, diese unbeantwortet blieb und er nun eine zweite Abmahnung durch einen Anwalt aussprechen lässt.[51]

3. Schutzschriften

15 Fürchtet der Abgemahnte, dass der Abmahnende einen Antrag auf Erlass einer einstweiligen Verfügung bei Gericht einreicht, wird er seinen Anwalt beauftragen, bei den zuständigen Gerichten Schutzschriften zu hinterlegen. Seit Einführung des zentralen elektronischen Schutzschriftenregisters gemäß § 945a ZPO fällt für die Hinterlegung eine Gebühr in Höhe von 83,– EUR an, KV 1160 JVKostG.[52]

16 Die Frage, ob und in welchem Umfang die Kosten für die Erstellung und Einreichung von Schutzschriften zu erstatten sind, hängt davon ab, ob ein Antrag auf Erlass einer einstweiligen Verfügung eingereicht wird oder nicht.[53] Dies gilt auch dann, wenn der Verfügungsantrag ab-

---

[41] BGH GRUR 2004, 790 (792) – Gegenabmahnung; GRUR 2006, 168 (169) – Unberechtigte Abmahnung.

[42] OLG Düsseldorf WRP 1979, 719; OLG Köln WRP 1983, 172; OLG München WRP 1995, 928 (929 und WRP 1997, 979 (980).

[43] StRspr. seit BGH GRUR 1973, 384 (385) – Goldene Armbänder; in GRUR 1984, 129 (131) – Shop in the Shop ausdrücklich bestätigt; WRP 2002, 320 (321) – Missbräuchliche Mehrfachabmahnung; siehe ausführlich zur Kostenerstattung der Verbände Ahrens/Scharen Kap. 10 Rn. 29 bis 36 sowie Teplitzky/Bacher Kap. 41 Rn. 83 bis 96a.

[44] BGH GRUR 1970, 189 – Fotowettbewerb, zuletzt GRUR 1992, 176 – Abmahnkostenverjährung. Weitere Rs. siehe dazu Teplitzky/Bacher Kap. 41 Rn. 94.

[45] AG Frankfurt/M. hat für die Zentrale zur Bekämpfung unlauteren Wettbewerbs einen Aufwendungsersatz von 315,65 DM bejaht, WRP 1999, 122; Aktuell ist eine Pauschale bis zu einer Höhe von 230,– EUR netto anerkannt, Köhler/ Feddersen/Bornkamm UWG § 13 Rn. 132, wobei aber zu beachten ist, dass die Kostenpauschale grds. nur anhand der tatsächlichen Kosten des jeweiligen Vereins für diesen Verein zu bestimmen ist, Teplitzky/Bacher Kap. 41 Rn. 94 f. sowie BGH GRUR 2010, 744 (749) – Sondernewsletter.

[46] BGH GRUR 2009, 413 (416) – Erfokol-Kapseln und BGH GRUR 2008, 1010 (1014) – Payback; OLG Frankfurt a. M. WRP 1991, 326.

[47] OLG Stuttgart GRUR-RR 2015, 164; BGH GRUR 1984, 691 (692) – Anwaltsabmahnung; aA für Taxiverband, der sich die Verfolgung von Wettbewerbsverstößen „nicht zur Aufgabe" gemacht hat, OLG Frankfurt a. M. GRUR 2016, 625 (Revision war zugelassen und ist beim BGH anhängig unter dem Az.: I ZR 33/16), zuvor so schon regionale Handwerksinnung in Bayern OLG München GRUR 1992, 327: zustimmend, falls die Abmahnung nicht verbandsspezifische Aufgaben betrifft, Ahrens/Scharen Kap. 10 Rn. 27, 28.

[48] StRspr. BGH GRUR 1970, 189 – Fotowettbewerb; Ahrens/Scharen Kap. 10 Rn. 27 f.; Köhler/Bornkamm/ Feddersen/Bornkamm UWG § 13 Rn. 130.

[49] Ahrens/Büttner Kap. 42 Rn. 39; Köhler/Bornkamm/ Feddersen/Bornkamm UWG § 1 Rn. 130 ff.; Melullis Rn. 801.

[50] BGH GRUR 1984, 129 – Shop in the Shop; OLG Koblenz GRUR 1979, 496; OLG Saarbrücken WRP 1990, 201; Gloy/Loschelder/Danckwerts UWG-HdB/Loschelder § 92 Rn. 9.

[51] BGH GRUR 2010, 354 (355) – Kräutertee.

[52] Zum zentralen elektronischen Schutzschriftenregister Bacher MDR 2015, 1329.

[53] Vgl. Schmitt-Gaedke/Arz WRP 2012, 60 (61 f.).

gelehnt oder zurückgenommen wird, ohne dass eine mündliche Verhandlung stattgefunden hat, und zwar unabhängig davon, ob die Schutzschrift vor oder nach Eingang des Antrags auf Erlass einer einstweiligen Verfügung bei Gericht eingereicht wird.[54] Erfolgt **keine Einreichung** eines Verfügungsantrages, fehlt es an einem Prozessverhältnis zwischen den Parteien. Eine Erstattungspflicht ergibt sich allenfalls aus einem materiell-rechtlichen Erstattungsanspruch, zB wegen unberechtigter Abmahnung.[55] Wird der **Verfügungsantrag eingereicht** und kommt es zur mündlichen Verhandlung, gehen die Kosten für die Einreichung der Schutzschrift in der Verfahrensgebühr auf, sofern der spätere Prozessbevollmächtigte auch die Schutzschrift hinterlegt hat, vgl. Vorb. 3 Abs. 4 VV RVG. Erfolgt die Hinterlegung der Schutzschrift durch einen anderen Rechtsanwalt, richtet sich die Kostenerstattung nach den Regeln über die Erstattungsansprüche für Kosten der Korrespondenzanwälte.[56] Voraussetzung für eine Kostenentscheidung ist ein entsprechender **Kostenantrag.** Es empfiehlt sich, diesen schon in der Schutzschrift zu stellen.[57]

Formulierungsvorschlag:

„Für den Fall, dass der Antrag ohne mündliche Verhandlung zurückgewiesen oder zurückgenommen wird, beantragen wir, der Antragstellerin die Kosten der Antragsgegnerin aufzuerlegen."

17 Wird die Schutzschrift erst hinterlegt, nachdem der Antrag entweder schon zurückgewiesen oder zurückgenommen worden ist, besteht kein prozessualer Erstattungsanspruch.[58] Auch in diesem Fall ist allenfalls auf einen etwaige materiell-rechtlichen Erstattungsanspruch zu verweisen.

18 Hinsichtlich der **Höhe der zu erstattenden Kosten** gilt, dass die Schutzschrift mit Eingang des Verfügungsantrages zu einem Bestandteil des Verfahrens wird mit der Konsequenz, dass eine 1,3 Verfahrensgebühr nach §§ 2, 13 RVG Nr. 3100 VV RVG geltend gemacht werden kann.[59] Dies gilt auch, wenn es nur zur Durchführung eines entsprechenden Hauptsacheverfahrens kommt.[60] Nach der Rechtsprechung des BGH gilt eine 1,3-Verfahrensgebühr selbst dann, wenn der Verfügungsantrag wieder zurückgenommen wird und es zu keinem Verfahren kommt.[61]

4. Kostenregelung im Verfahren vor der Einigungsstelle

19 Die Einigungsstellen selbst arbeiten überwiegend gebührenfrei. Das Verfahren vor der Einigungsstelle ist kein gerichtliches Verfahren, es handelt sich auch nicht um ein prozessbezogenes notwendiges Vorbereitungsverfahren.[62] **Die Kostenerstattungsregeln der ZPO** finden somit auf das Einigungsverfahren grundsätzlich **keine Anwendung.**[63] Die am Einigungsverfahren beteiligten Rechtsanwälte haben gegenüber ihren Mandanten Anspruch auf eine Geschäftsgebühr gemäß §§ 2, 13, 14 RVG Nr. 2403 VV RVG und im Falle einer Einigung steht ihnen eine weitere Gebühr gemäß §§ 2, 13 RVG Nr. 1000 VV RVG zu. Eine zusätzliche Terminsgebühr fällt im Einigungsverfahren hingegen nicht an. Hinsichtlich der Kostenerstattung soll die Einigungsstelle eine Einigung anstreben. Gelingt dies nicht, entscheidet die Einigungsstelle, wobei jedoch auch hier grundsätzlich jede Partei die ihr entstandenen Kosten zu tragen hat.[64] Besteht grundsätzlich

[54] Vgl. BGH GRUR 2008, 640 – Kosten der Schutzschrift III; BGH GRUR 2003, 456 – Kosten einer Schutzschrift; OLG Frankfurt a. M. NJOZ 2007, 476; Ohly/Sosnitza/Sosnitza UWG § 12 Rn. 135; Ahrens/Büttner/Spätgens Kap. 7 Rn. 26 bis 28; Gloy/Loschelder/Danckwerts/Loschelder § 92 Rn. 19–21; Melullis Rn. 823; Teplitzky/Feddersen Kap. 55 Rn. 55 f.; Deutsch GRUR 1990, 327.

[55] OLG Frankfurt a. M. GRUR 1989, 858 – Schutzschrift-Kosten; OLG Stuttgart WRP 1984, 296; LG Hamburg ZUM-RD 2007, 425; Ohly/Sosnitza/Sosnitza UWG § 12 Rn. 135; Ahrens/Büttner/Spätgens Kap. 7 Rn. 27 f.

[56] OLG Düsseldorf Mitt. 2000, 306.

[57] Gloy/Loschelder/Danckwerts UWG-HdB/Spätgens § 97 Rn. 44 ff.

[58] BGH GRUR 2007, 727 (728) – Kosten der Schutzschrift II; OLG Köln JurBüro 1981, 1827 (1830); OLG Karlsruhe WRP 1981, 39.

[59] BGH GRUR 2008, 640 – Kosten einer Schutzschrift III; Gloy/Loschelder/Danckwerts UWG-HdB/Loschelder § 92 Rn. 21; Ohly/Sosnitza/Sosnitza § 12 Rn. 135; Teplitzky/Feddersen Kap. 55 Rn. 57; Speckmann Rn. 462; aA Melullis Rn. 824.

[60] Ahrens/Büttner/Spätgens Kap. 7 Rn. 26 ff.

[61] BGH GRUR 2008, 640 – Kosten einer Schutzschrift III.

[62] OLG München NJW-E WettbR 1999, 185.

[63] Zu den Kosten der Parteien und deren Erstattungsfähigkeit, s. auch Ottofülling WRP 2006, 410 (424 ff.).

[64] Vgl. dazu ausführlich Gloy/Loschelder/Danckwerts UWG-HdB/Loschelder § 92 Rn. 16 f.

gegen den Verletzer ein materiell-rechtlicher Anspruch auf Kostenerstattung, können insoweit auch die Kosten des Einigungsverfahrens geltend gemacht werden.[65]

5. Besichtigungsverfahren

20 Mit dem Besichtigungsverfahren wird dem Schutzrechtsinhaber ein Mittel in die Hand gegeben, mit dem er zum einen eine bloß vermutete Verletzung in tatsächlicher Hinsicht aufklären und zum anderen zugleich entsprechende Beweise sichern kann.[66] Da die Durchsetzung des Besichtigungsanspruchs im Hauptverfahren bereits aufgrund der oftmals langen Dauer eines solchen Verfahrens unpraktikabel ist, hat sich jedenfalls im Patentrecht das sog. **„Düsseldorfer Besichtigungsverfahren"** durchgesetzt. Hierbei wird der Besichtigungsanspruch über die Regelungen des selbständigen Beweisverfahrens (§§ 495 ff. ZPO) geltend gemacht und zugleich – soweit notwendig – mit einer einstweiligen Duldungsverfügung kombiniert.[67] Da das Besichtigungsverfahren keine eigenen Kostenregelungen kennt, ist dementsprechend auf die allgemeinen Regelungen zurückzugreifen. Dabei muss berücksichtigt werden, dass es sich bei dem Beweissicherungsverfahren und der Duldungsverfügung trotz des einheitlichen Beschlusses des Gerichts nach wie vor um **unterschiedliche Maßnahmen** handelt, die ihren **eigenen Regelungen** folgen.[68] Im selbständigen Beweisverfahren erfolgt die Kostenentscheidung grundsätzlich erst im Rahmen des Hauptverfahrens, da die Beweissicherung als Teil davon gilt. Wird eine entsprechende Klage auch nach gerichtlicher Fristsetzung nicht erhoben, verbleiben die Kosten beim Antragssteller, § 494a Abs. 2 ZPO.

21 Über die Kosten der Duldungsverfügung wird hingegen im Rahmen einer ex-post Bewertung durch das Gericht bereits per Kostenentscheidung im einstweiligen Verfahren entschieden.[69] Danach ist jedenfalls auch maßgeblich, ob sich die ursprünglich vermutete Schutzrechtsverletzung bestätigt hat, widerlegt wurde oder ob keine verwertbaren Erkenntnisse gewonnen wurden.[70] Eine Kostentragung des Antragsgegners kommt danach nur in Betracht, wenn die Besichtigung eine Schutzrechtsverletzung ergeben hat.[71]

III. Prozesskosten

1. Einstweiliges Verfügungsverfahren

22 **a) Kostenwiderspruch.** Ist die einstweilige Verfügung materiell-rechtlich auch nach Auffassung des Antragsgegners zu Recht ergangen, wurde er jedoch nicht ordnungsgemäß abgemahnt oder lagen keine besonderen Gründe für den Verzicht auf eine Abmahnung vor, wird er die einstweilige Verfügung zwar anerkennen, sich jedoch der Kostenentscheidung widersetzen. In diesem Fall legt er nur einen Kostenwiderspruch ein. Hierbei ist jedoch Folgendes zu beachten:

23 Nach herrschender Meinung soll im Rahmen des Kostenwiderspruchs[72] ausschließlich überprüfbar sein, ob die Vorschriften der §§ 91 f. ZPO über die Kostenentscheidung richtig angewandt wurden. Dies bedeutet für die Einlegung des **Kostenwiderspruches,** dass nur die **Kostenentscheidung Streitgegenstand** ist, nicht aber die materielle Rechtslage. Die Beschränkung des Widerspruchs auf die Kosten steht einem Anerkenntnis in der mündlichen Verhandlung unter Protest gegen die Kostenlast gleich.[73] Streitwert bei der Einlegung des Kostenwiderspruchs ist das

---

[65] OLG Hamm GRUR 1988, 715 – Kosten der Einigungsstellen-Anrufung; Köhler/Bornkamm/Feddersen/Köhler/Feddersen UWG § 15 Rn. 29; Gloy/Danckwerts/Danckwerts UWG-HdB/Loschelder § 92 Rn. 17.

[66] Schulte/Rinken/Kühnen § 140c Rn. 4.

[67] Vgl. dazu Kühnen GRUR 2005, 185 (187); ders. Mitt. 2009, 211 (215).

[68] BGH WRP 2010, 541 (543) – Lichtbogenschnürung; OLG München 12.1.2011 – 6 W 2399 – Erfolglose Besichtigung (beide Patentrecht); OLG München 19.3.2010 – 6 W 832/10 – Presseur (zum Urheberrecht).

[69] Dementgegen wird vertreten, dass bei Vorliegen der Voraussetzungen für einen Besichtigungsanspruch bereits eine Kostentragung des Antragsgegners folgt (also ex-ante). Dieser sei wiederum dadurch geschützt, dass er etwa nach § 140c Abs. 5 PatG, § 101a Abs. 5 UrhG oder § 19a Abs. 5 MarkenG diese Kosten als Schadensersatz gegenüber dem Antragssteller geltend machen könne, wenn sich herausstellt, dass eine Schutzrechtsverletzung doch nicht vorlag. AA OLG München 19.3.2010 – 6 W 832/10 – Presseur mwN.

[70] OLG München 19.3.2010 – 6 W 832/10 – Presseur.

[71] Schulte/Rinken/Kühnen § 140c Rn. 78 ff.

[72] Mit Rücksicht auf § 128 Abs. 3 ZPO muss über einen Kostenwiderspruch im Eilverfahren nicht mündlich verhandelt werde mit der Konsequenz, dass dann keine Terminsgebühr anfällt, vgl. OLG Frankfurt a. M. WRP 2006, 1538.

[73] OLG München ZUM-RD 2002, 244.

Kosteninteresse.[74] Der Kostenwiderspruch kann weder darauf gestützt werden, dass es an einem Verfügungsanspruch,[75] noch dass es an einem Verfügungsgrund[76] fehlte. Ist nach Auffassung des Antragsgegners das eine oder das andere nicht gegeben und will er dennoch nur die Kostenentscheidung angreifen, muss er zunächst **Widerspruch gegen die einstweilige Verfügung einlegen** und zugleich, am besten noch im Widerspruchsschriftsatz selbst, eine strafbewehrte Unterlassungserklärung abgeben. Dies zwingt den Gegner dazu, das Verfahren in der Hauptsache für erledigt zu erklären und führt zur Kostenentscheidung nach § 91a ZPO, die isoliert mit einer Kostenbeschwerde angegriffen werden kann.[77]

24 **b) Kosten des Abschlussschreibens.** Durch ein einstweiliges Verfügungsverfahren wird die **Verjährung gehemmt iSd § 204 Abs. 1 Nr. 9 BGB.** Um jedoch eine endgültige Befriedung zu erreichen, ist es üblich, dass der Antragsteller eine sogenannte Abschlusserklärung fordert.[78] Dies bedeutet, dass der Antragsgegner mittels eines sogenannten Abschlussschreibens aufgefordert wird, die einstweilige Verfügung als endgültige Regelung anzuerkennen und auf die Rechte gemäß §§ 924, 925, 927 ZPO zu verzichten. Nach herrschender Meinung sind die Kosten des Abschlussschreibens **keine Kosten des Verfügungsverfahrens,** sondern Vorbereitungskosten für das Hauptsacheverfahren.[79]

25 Die Frage, ob der Antragsgegner auch diese Kosten zu erstatten hat, richtet sich danach, ob ein materiell-rechtlicher Anspruch besteht oder die Kosten auf Grund der GoA geltend gemacht werden können.[80] Ein Abschlussschreiben ist nur dann notwendig, wenn der Antragsteller dem Antragsgegner zuvor ausreichende **Zeit** gegeben hat, um ggfs. die einstweilige Verfügung als endgültige Regelung anzuerkennen. Die diesbezügliche Frist wird von den Gerichten unterschiedlich gehandhabt und wird zwischen zwei Wochen und einem Monat angesetzt.[81] Ob für das Abschlussschreiben wiederum ein **Anwalt beauftragt** werden darf, oder ob es vom Verband oder von einem Unternehmen mit eigener Rechtsabteilung selbst vorzunehmen ist, richtet sich auch hier wieder nach der Zumutbarkeit. Es gelten insoweit dieselben Grundsätze wie zur Abmahnung selbst.[82] Für das Abschlussschreiben entsteht eine **weitere Gebühr,** und zwar eine 0,8 Gebühr nach §§ 2, 13 RVG Nr. 3101 VV RVG bzw. die Gebühr von 1,1 nach 3201 Nr. 1 VV nach dem Streitwert des Hauptsacheverfahrens, falls schon Klageauftrag zur Hauptsache vorliegt, andernfalls eine 0,5 bis 2,5 Gebühr (idR eine Mittelgebühr von 1,3) nach §§ 2, 13, 14 RVG Nr. 2300 VV RVG.[83]

26 Um die weitere Kostenfolge des Abschlussschreibens zu vermeiden, muss also der Abgemahnte selbständig innerhalb der oben genannten Fristen auf die ihm zugestellte einstweilige Verfügung reagieren. Beauftragt er seinen Anwalt mit der Abgabe der Abschlusserklärung, so steht dem Anwalt gegenüber seinem Mandanten eine Geschäftsgebühr gemäß §§ 2, 13, 14 RVG Nr. 2300 VV

---

[74] BGH NJW-RR 2003, 1293 f.; OLG Karlsruhe WRP 2007, 1501.

[75] OLG Düsseldorf WRP 1979, 863 (866); OLG Hamburg WRP 1996, 442 f.; Köhler/Bornkamm/Feddersen/Köhler UWG § 12 Rn. 1.22; Ahrens/Singer Kap. 56 Rn. 22.

[76] OLG Düsseldorf WRP 1979, 863 (866) und OLG Hamburg WRP 1996, 442 f.

[77] BGH WRP 2003, 1000 (1001) – Prozessgebühr beim Kostenwiderspruch; Gloy/Loschelder/Danckwerts UWG-HdB/Spätgens § 105 Rn. 14; vgl. auch zur Form des Kostenwiderspruchs Teplitzky/Feddersen Kap. 55 Rn. 9 f.

[78] Der Rechtsanwalt ist dabei nach Zustellung einer einstweiligen Verfügung gegen seinen Mandanten nicht zu dem Hinweis verpflichtet, dass durch die unaufgeforderte Abgabe einer Abschlusserklärung möglicherweise eine sonst eintretende Kostenbelastung vermieden werden kann, solange er dem Kostengesichtspunkt bei den Entscheidungen seines Mandanten nur untergeordnete Bedeutung beimessen darf, vgl. BGH WRP 2006, 352.

[79] BGH GRUR 1973, 384 – Goldene Armbänder; BGH NJW 2008, 1744 und BGH GRUR 2007, 621 (622) – Abschlussschreiben; BGH GRUR 2010, 1038 (1039 f.) – Geschäftsgebühr für Abschlussschreiben; Köhler/Bornkamm/Köhler UWG § 12 Rn. 2.73 ff.

[80] BGH GRUR 2015, 822 – Kosten für Abschlussschreiben II; BGH NJW 2008, 1744 – Gebühren für Abschlussschreiben nach einstweiliger Verfügung; BGH GRUR 2007, 621 (623) – Abschlussschreiben; OLG Frankfurt a. M GRUR-RR 2003, 274 (278) – Vier-Streifen-Kennzeichnung (zum Markenrecht); Ohly/Sosnitza/Sosnitza UWG § 12 Rn. 188; Melullis Rn. 814; Köhler/Bornkamm/Feddersen UWG § 12 Rn. 2.73, 2.73a; Teplitzky/Bacher Kap. 43 Rn. 30 f.; Gloy/Loschelder/Danckwerts UWG-HdB/Spätgens § 111 Rn. 13.

[81] LG Berlin WRP 1979, 240; OLG Köln GRUR 1986, 96; OLG Frankfurt a. M. GRUR-RR 2003, 274 (278) – Vier-Streifen-Kennzeichnung (zum Markenrecht); GRUR-RR 2006, 111 – Aufforderung zur Abschlusserklärung (Der Antragsgegner muss grundsätzlich Gelegenheit haben, dass die einstweilige Verfügung bestätigende Urt. in vollständiger Form zur Kenntnis zu nehmen); OLG Stuttgart WRP 2007, 688.

[82] BGH GRUR 2007, 621 (623) – Abschlussschreiben (außerhalb des Wettbewerbsrechts) verneint die Erstattungspflicht; OLG Stuttgart WRP 2007, 688 (verneint die Erstattungsfähigkeit in einem durchschnittlich schwierigen Fall, wenn das Unternehmen eine eigene Rechtsabteilung hat); OLG Köln WRP 2000, 226 (229) verneint die Erstattungspflicht bei einem klagebefugten Wettbewerbsverein.

[83] Vgl. dazu BGH GRUR 2010, 1038 (1040) – Geschäftsgebühr für Abschlussschreiben.

RVG zu. Da der Anwalt in diesem Falle umfassend die Erfolgsaussichten eines Widerspruches zunächst zu prüfen hat, wird – auch unter Berücksichtigung des besonderen Haftungsrisikos des Rechtsanwalts (§ 14 Abs. 1 S. 2 RVG) – eine **Geschäftsgebühr** gerechtfertigt sein, die über der Mittelgebühr von 1,3 liegt.[84] Der Gegenstandswert entspricht dem Wert des Hauptsacheverfahrens.[85]

c) **Aufhebung der einstweiligen Verfügung.** Wurde die Vollziehungsfrist gemäß § 929 Abs. 2 ZPO versäumt oder ist die Hauptsacheklage rechtskräftig als von Anfang an unbegründet abgewiesen worden, wird der Antragsgegner zur Beseitigung des Titels des einstweiligen Verfügungsverfahrens einen entsprechenden Aufhebungsantrag gemäß § 927 ZPO stellen.[86] Die herrschende Meinung geht davon aus, dass der Antragsgegner den Antragsteller vor Einleitung des Aufhebungsverfahrens auffordern muss, auf die Rechte aus der einstweiligen Verfügung zu verzichten und den Titel herauszugeben.[87] Erfolgt diese Aufforderung nicht und erkennt der Antragsteller gemäß § 93 ZPO im Verfahren den Anspruch sofort an, trägt der Antragsgegner regelmäßig die Kosten des Verfahrens. Für das **Aufforderungsschreiben** entsteht eine weitere 1,3 Geschäftsgebühr gemäß **§§ 2, 13, 14 RVG Nr. 2300 VV RVG,** sofern noch kein Auftrag für das Aufhebungsverfahren selbst besteht. Für das Aufhebungsverfahren nach den §§ 936, 926 Abs. 2, 927 ZPO fallen gem. § 16 Abs. 6 RVG keine gesonderten Anwaltsgebühren,[88] sondern nur gesonderte Gerichtsgebühren an, § 53 Abs. 1 Nr. 1 GKG iVm Nr. 1410 des Kostenverzeichnisses. 27

2. Hauptsacheverfahren

Grundsätzlich gelten auch in Verfahren des gewerblichen Rechtsschutzes und in Wettbewerbsverfahren in allen drei Instanzen dieselben Vorschriften und Maßstäbe für die Kostenentscheidung, wie sie in sonstigen Zivilprozessen Anwendung finden.[89] Dies gilt sowohl für die Gerichts- wie auch für die Anwaltsgebühren. Es ist allerdings zu diskutieren, ob die in der Praxis etablierte generelle Beschränkung der Erstattungsfähigkeit der Anwaltskosten auf die Gebühren nach RVG zumindest für den gewerblichen Rechtsschutz mit Art. 14 der Durchsetzungsrichtlinie (Richtlinie 2004/48/EG) in Einklang steht.[90] 28

Ein besonderes Augenmerk muss der Kläger zur Vermeidung eines **Teilunterliegens** auf die **Fassung der Anträge** richten. Die Antragsfassung des Unterlassungsantrages kann gerade bei Wettbewerbsstreitigkeiten erhebliche Schwierigkeiten bereiten, da eine verbale Formulierung der zu unterlassenden Handlungen nur unzureichend oder gar nicht möglich ist. Liegt bereits eine Verletzungshandlung vor, muss sich der Antrag auf die konkrete Verletzung beziehen.[91] Ist der Antrag zu unbestimmt, ist die Klage sogar abzuweisen.[92] In der Praxis versucht man den Konflikt zwischen der Sicherheit der konkreten Antragsformulierung und dem Verlangen, einen vor Umgehung schützenden Titel zu erlangen, dadurch auszuräumen, dass in einem Obersatz der allgemein formulierte Unterlassungsanspruch vorangestellt wird und die konkrete Verletzungsform mit der **Einleitung „insbesondere“** nachgeschoben wird. Die herrschende Meinung sieht in dem 29

[84] Günther/Beyerlein WRP 2004, 1222 ff.

[85] OLG Karlsruhe WRP 1981, 405; OLG Hamburg WRP 1981, 470; OLG Frankfurt a. M. WRP 1982, 335.

[86] Wurde die Vollziehungsfrist versäumt, so kann der Antragsteller auch dann die Kosten des Verfügungsverfahrens nicht verlangen, wenn er im Hauptsacheverfahren sachlich obsiegt, BGH GRUR 1995, 169.

[87] OLG Karlsruhe WRP 1980, 713 (714); OLG Köln WRP 1982, 288; OLG München GRUR 1985, 161 – Aufhebungsverfahren; OLG Koblenz GRUR 1989, 373 (374) – Veränderte Umstände; LG München I, 1 HKO 21282/93 nv; Köhler/Bornkamm/Feddersen/Köhler § 12 Rn. 2.58; Ohly/Sosnitza/Sosnitza § 12 Rn. 155 ff.; Melullis Rn. 278; Teplitzky/Feddersen Kap. 56 Rn. 37a; aA falls die Aufhebung im Hinblick auf die Versäumung der Vollziehungsfrist erfolgt OLG Hamm GRUR 1985, 84 – Feststellungsklage des Abgemahnten; OLG Frankfurt a. M. OLGZ 85, 442.

[88] Zur entsprechenden früheren Rechtslage gemäß BRAGO: OLG Hamm WRP 1986, 620 (623); OLG Koblenz WRP 1988, 389; OLG Karlsruhe NJW-RR 1988, 1469 (1470); Gloy/Loschelder/Danckwerts UWG-HdB/Loschelder § 92 Rn. 37 bis 42.

[89] Zum Zinsanspruch nach § 104 Abs. 1 S. 2 ZPO ab Stellung des Kostenantrags siehe zuletzt BGH NJW 2016, 165 – Verzinsung des Kostenanspruchs.

[90] Dazu ausführlich Rojahn/Rektorschek, Mitt. 2014, 1, sowie zur Vereinbarkeit von belgischem Erstattungsrecht und Durchsetzungsrichtlinie, EuGH GRUR Int. 2016, 963 – United Video Properties; Anm. dazu von Dorn GRUR-Prax 2016, 424.

[91] StRspr. BGH GRUR 1957, 606 (608) – Heilmittelvertrieb; BGHZ 34, 1 (13) – Mon Cherie; GRUR 1973, 201 – Trollinger; GRUR 1996, 57 (58 f.) – Spielzeugautos – für Geschmacksmusterverletzung; GRUR 2000, 228 – Musical Gala; WRP 2000, 517 (519) – Orient-Teppichmuster; GRUR 2005, 569 – Blasfolienherstellung (zum Patentrecht); OLG München BeckRS 2008, 00319; OLG Hamburg Beck-RS 2008, 08332.

[92] BGH GRUR 1991, 251 (256) – Unbestimmter Unterlassungsantrag I; BGH GRUR 1992, 625 (627) – Therapeutische Äquivalenz.

„insbesondere"-Antrag keinen Hilfsantrag, sondern nur eine beispielhafte Verdeutlichung des allgemeinen Obersatzes des Unterlassungsantrages durch eine oder mehrere konkrete Verletzungsformen mit der Folge, dass, sofern nur dem „insbesondere"-Antrag stattgegeben wird, dies nicht als teilweise Abweisung des Klageantrages gewertet wird, sondern nur als Konkretisierung des Antrages.[93] Gleiches gilt in der Praxis einiger Gerichte für den Fall, dass auch der „insbesondere"-Antrag weiter konkretisiert und auf einen „nämlich"-Antrag reduziert werden muss. Selbstverständlich muss aber in jedem Fall auch der „insbesondere"-Zusatz in ausreichender Form die konkrete Verletzungshandlung wiedergeben, da ansonsten insgesamt ein unbestimmter Antrag vorliegt und die Klage abzuweisen ist.[94]

30 Im Hauptsacheverfahren spielen zudem **Kostenentscheidungen nach § 91a Abs. 1 S. 1 ZPO** eine erhebliche Rolle. Die Beklagte gibt eine strafbewehrte Unterlassungserklärung ab und die Parteien erklären daraufhin übereinstimmend die Angelegenheit für erledigt, ohne sich jedoch über die Kostenfrage zu einigen. Auch hier gelten die Grundsätze, dass derjenige die Kosten des Hauptsacheverfahrens zu tragen hat, der voraussichtlich ohne Eintritt des erledigenden Ereignisses unterlegen wäre.

IV. Erstattungsfähigkeit einzelner Kosten

1. Testkauf-, Detektiv- und Recherchekosten

31 Bei Streitigkeiten im gewerblichen Rechtsschutz und Wettbewerbsrecht wird es zum Teil unerlässlich sein, Testkäufe durchzuführen. Zum großen Teil werden hiermit Detektive oder spezialisierte Agenturen beauftragt, die im Streitfalle über die Umstände des Testkaufes auch als Zeuge zur Verfügung stehen können. Darüber hinaus fallen Testkaufkosten nicht nur zum Nachweis der wettbewerbswidrigen Handlung an, sondern auch zum Nachweis der verwirkten Vertragsstrafe. Nach der Rechtsprechung können derartige Kosten im Zusammenhang mit Patentstreitigkeiten als Prozesskosten geltend gemacht werden,[95] soweit sie zum **Nachweis** der konkreten Verletzungshandlung **notwendig waren**, insbesondere wenn für die Bestimmtheit der Antragstellung die Darstellung der gekauften Gegenstände notwendig ist.[96] **Allgemeine Kontrollkosten** von Überwachungssystemen werden hingegen **nicht als erstattungsfähig** angesehen.[97]

32 Die Rechtsprechung stellt an die Erstattungsfähigkeit der Testkaufkosten strenge Anforderungen. Reicht nach Auffassung des Gerichts die Vorlage von Fotografien zum Nachweis der Verletzungshandlung aus, bestand keine Veranlassung, die Verletzungsgegenstände selbst zu kaufen.[98] Diese strenge Auffassung der Gerichte hinsichtlich der Erstattungsfähigkeit von Testkäufen ist gerade bei Wettbewerbsstreitigkeiten, die die sklavische Nachahmung betreffen, zu eng. Das angerufene Gericht wird sich zumeist nicht anhand von Fotografien von der unzulässigen Nachahmung überzeugen können. In diesen Fällen ist ein Testkauf hinsichtlich des Verletzungsgegenstandes als notwendig anzusehen. Da die Kosten auf die notwendigen Ausgaben zu beschränken sind, werden in der Regel daher mehrere Testkäufe zum Erwerb mehrerer Verletzungsgegenstände nicht als gerechtfertigt anzusehen sein, auch nicht um einen Verletzungsgegenstand zu den Gerichtsakten zu überreichen und einen bei den eigenen Akten zu behalten. Eine Ausnahme wird nur dann von der Rechtsprechung anerkannt, wenn die Verletzungsgegenstände nur in größeren Einheiten zu erwerben waren.[99] Grundsätzlich wird auch im Kostenfestsetzungsverfahren festgelegt, dass die **Kostenerstattung nur Zug um Zug** gegen **Herausgabe der erworbenen Gegenstände** zu erfolgen hat.[100]

[93] BGH GRUR 1956, 606 (608) – Heilmittelvertrieb; WRP 1979, 784 f. – Hausverbot II; GRUR 1991, 772 (733) – Anzeigenrubrik I.; OLG Stuttgart GRUR 1992, 561; OLG Hamburg ZUM 1996, 895; aA OLG Koblenz GRUR 1988, 555, das in dem „insbesondere"-Zusatz einen Hilfsantrag sieht. Unzulässig sind dagegen Anträge auf Unterlassung einer ähnlichen Handlung oder Verbot ähnlicher Vorrichtungen, vgl. BGH GRUR 2002, 86 (88 f.) – Laubhefter und Anträge, die lediglich gesetzeswiederholend sind.

[94] BGH GRUR 2002, 86 (88 f.) – Laubhefter; GRUR 1993, 565 (566) – Faltenglätter.

[95] BGH GRUR 2006, 439 (440) – nicht anrechenbare Geschäftsgebühr.

[96] OLG München GRUR-RR 2004, 190 (191) – Testkaufkosten.

[97] BGHZ 75, 234, 236 (237) – Fangprämie; eine Ausnahme bildet insoweit nach der BGH-Rechtsprechung der besondere Verwaltungsaufwand der GEMA BGHZ 17, 383; 59 (286, 293) – Doppelte Tarifgebühr; Melullis Rn. 828; Rojahn WRP 1984, 241 (245).

[98] OLG München 11.3.1996 – 11 W 813/96 – nv.

[99] OLG Frankfurt a. M. GRUR 1985, 401 – Testkaufkosten.

[100] OLG Stuttgart NJW-RR 1986, 978; KG, JurBüro 1991, 86; Thomas/Putzo/Hüßtege ZPO § 91 Rn. 60; aA OLG Koblenz WRP 1979, 813 und JurBüro 1985, 1865.

Problematisch wird die Frage der Kostenerstattung Zug um Zug gegen Rückgabe des erworbenen Verletzungsgegenstandes, wenn dem Kläger auch ein **Vernichtungsanspruch** zusteht. Der Vernichtungsanspruch kann nicht im Rahmen des Kostenfestsetzungsverfahrens festgestellt werden. Hat der Kläger den Verletzungsgegenstand bereits zerstört, steht ihm ein Kostenerstattungsanspruch nicht mehr zu, da er den erworbenen Gegenstand nicht mehr Zug um Zug übergeben kann.[101] Dies führt zu dem wenig praktikablen Ergebnis, dass der Kläger zunächst den Verletzungsgegenstand herausgeben muss, um dann anschließend die Vernichtung beim Beklagten durchzusetzen. 33

Zu erstatten sind weiterhin auch **Detektivkosten,** falls die Einschaltung eines Detektives nachweislich notwendig war einschließlich der damit verbundenen Auslagen, also ggfs. Reisetätigkeit und sonstige Auslagen. Hinsichtlich der Detektivkosten ist jedoch von der Klägerseite nachzuweisen, dass eine Aufklärung durch eigenes Personal nicht möglich war, was zB dann nicht der Fall ist, wenn eigene Angestellte als Zeugen zur Verfügung stehen.[102] 34

Bei Wettbewerbsstreitigkeiten wird es sowohl für den Kläger- wie auch die Beklagtenseite häufig notwendig sein, **Recherchen** hinsichtlich des wettbewerblichen Umfelds durchzuführen, zB den vorbekannten Formenschatz festzustellen oder den Umfang der im Markt befindlichen Verletzungsgegenstände, die evtl. zu einem Verlust der wettbewerblichen Eigenart geführt haben können.[103] In Patentverletzungsverfahren werden Kosten der Neuheitsrecherche als erstattungsfähig angesehen.[104] Auch bei Wettbewerbsstreitigkeiten wird man Recherchekosten als erstattungsfähig ansehen müssen, wenn sie zur Begründung des Anspruches oder zur Rechtsverteidigung notwendig waren. An die Notwendigkeit sind jedoch strenge Anforderungen zu stellen. 35

2. Kosten eines Privatgutachtens

In Wettbewerbs- und Markenangelegenheiten kann es notwendig sein, **demoskopische Gutachten** vorzulegen, sei es zum Nachweis des Bekanntheitsgrades oder der Wertschätzung eines bestimmten Produktes oder bestimmter Verkehrsauffassungen, insbesondere wenn sich die Werbung an Fachkreise richtet. Werden die Gutachten im Hauptsacheverfahren auf Grund eines Beweisbeschlusses eingeholt, sind diese Kosten des Gutachtens Kosten des Gesamtverfahrens.[105] Hiervon zu unterscheiden ist die Einreichung derartiger Gutachten als Privatgutachten. Hinsichtlich der Erstattungsfähigkeit wird man zwischen dem **Verfügungsverfahren** und dem **Hauptsacheverfahren** unterscheiden müssen. Im Hauptsacheverfahren besteht in aller Regel keine Veranlassung, ein Privatgutachten vorzulegen, da, sofern die Frage beweiserheblich ist, das Gericht einen entsprechenden Beweisbeschluss zur Einholung eines Gutachtens erlassen muss.[106] Etwas anderes gilt nur dann, wenn das Privatgutachten zur Kritik am Gutachten eines gerichtlich eingeholten Sachverständigengutachtens eingereicht wird, zur Erwiderung auf ein vom Gegner eingereichtes Privatgutachtens notwendig ist[107] oder die Gefahr besteht, dass das Gericht zu dem angesprochenen Verkehrskreis gehört und deswegen eine Recherche nicht durchführen lässt.[108] Anders verhält es sich hinsichtlich der Erstattungsfähigkeit von Privatgutachten im Verfügungsverfahren. Kann der Antragsteller seinen Anspruch nur durch die Vorlage eines entsprechenden **Privatgutachtens glaubhaft** machen, sind die damit verbundenen Kosten erstattungsfähig.[109] Nicht erstat- 36

[101] OLG München GRUR 1996, 56 (57) – Pantherring.

[102] OLG München GRUR 1992, 345 – Fangprämie; OLG Hamm JurBüro 1993, 293; OLG Köln NZV 1996, 413; Ohly/Sosnitza/Sosnitza § 12 Rn. 106.

[103] Vgl. dazu die ausführliche Darstellung von Vierkötter/Schneider/Thierbach Mitt. 2012, 149 (150 f.).

[104] OLG Frankfurt a. M. GRUR 1996, 967 – Recherche-Kosten; OLG Hamm 27.12.2001 – 23 W 469/01 (zum Geschmacksmusterrecht) – nv; Melullis Rn. 831.

[105] BGH GRUR 2016, 730 (737) – Herrnhuter Stern; die Höhe der Erstattungsfähigkeit bemisst sich auch danach, ob eine plausible Proportionalität zwischen der Sachkunde und dem abgerechneten zeitlichen Aufward besteht, BGH GRUR-RR 2010, 272 – erforderlicher Bearbeitungsaufwand.

[106] OLG Koblenz NZV 1992, 284; Melullis Rn. 833; Ahrens/Büttner Kap. 44 Rn. 13 ff.; Gloy/Loschelder/Danckwerts UWG-HdB/Loschelder § 92 Rn. 49.

[107] OLG Hamm JurBüro 1976, 1370; OLG Koblenz Rpfleger 1978, 328; OLG Karlsruhe LMR 2006, 78; Köhler/Bornkamm/ Feddersen/Köhler UWG § 12 Rn. 2.126, 1.58; Melullis Rn. 833; Gloy/Loschelder/Danckwerts/Loschelder § 92 Rn. 49; Hansens JurBüro 1987, 1441.

[108] OLG München GRUR-RR 2005, 296 – Recherchekosten.

[109] OLG München GRUR 1977, 562 – Wattestäbchen und GRUR 1987, 322 – Kosten für Privatgutachten; OLG Düsseldorf JurBüro 1981, 1071; KG GRUR 1987, 473 (474) – Meinungsumfragekosten, sofern die Kosten nicht außer Verhältnis zur Bedeutung der Streitsache stehen; OLG Schleswig JurBüro 1979, 1518; Gloy/Loschelder/Danckwerts UWG-HdB/Loschelder § 92 Rn. 49; Ahrens/Büttner Kap. 44 Rn. 13, 14; Melullis Rn. 834.

tungsfähig sind dagegen die Kosten für Privatgutachten im Verfügungsverfahren, die dadurch entstehen, dass eine nicht beweisbelastete Partei ein Privatgutachten einholt, obwohl die Gegenseite sich ihrerseits nicht bereits auf ein anderes privates Gutachten gestützt hat.[110]

37 Die Kosten für **Rechtsgutachten,** die inländisches Recht betreffen, sind nicht erstattungsfähig, da die Partei durch ihren Anwalt ausreichend vertreten ist.[111] Anderes gilt dann, wenn das Gutachten prozessrelevantes ausländisches Recht betrifft.[112]

3. Patentanwaltskosten

38 Die Erstattungsfähigkeit der Kosten eines hinzugezogenen Patentanwaltes sind gemäß §§ 143 Abs. 5 PatG,[113] 27 Abs. 3 GebrMG, 38 Abs. 4 SortSchG, 52 Abs. 4 DesignG, 140 Abs. 4 MarkenG grundsätzlich erstattungsfähig in allen Instanzen,[114] auch im einstweiligen Verfügungsverfahren.[115]

39 Für **vorprozessuale Abmahnungen** hat der BGH allerdings entschieden, dass eine Erstattung der Patentanwaltskosten jedenfalls in **markenrechtlichen** Angelegenheiten nicht (mehr) über § 140 Abs. 4 MarkenG (analog) zu begründen sei, sondern allenfalls über die materiell-rechtlichen Anspruchsgrundlagen der §§ 677, 683 S. 1, § 670 BGB und § 14 Abs. 6 S. 1 MarkenG.[116] Danach ist ein Anspruch auf Erstattung nur begründet, soweit der Kläger nachweist, dass die Kosten der Einschaltung des Patentanwalts für die Rechtsverfolgung erforderlich waren.[117] Für Abmahnungen aus technischen Schutzrechten (Patente und Gebrauchsmuster) ist die Erforderlichkeit der Einschaltung eines Patentanwalts regelmäßig gegeben.[118] Im Übrigen ist es unerheblich, ob die Hinzuziehung eines Patentanwalts im konkreten Einzelfall notwendig ist oder nicht.[119]

40 Erstattungsfähig sind jedenfalls sämtliche nach RVG anfallenden Gebühren.[120] So können von Kanzleien, in denen sowohl Rechts- als auch Patentanwälte beschäftigt sind, bei Mitwirkung eines Patentanwalts neben den Kosten des Rechtsanwalts regelmäßig auch die Kosten des Patentanwalts geltend gemacht werden. Patentanwalt jedenfalls im Sinne des § 143 PatG ist auch der beim EPA zugelassene Vertreter.[121] Allerdings muss eine Mitwirkung des Patentanwalts

---

110 OLG Koblenz GRUR-RR 2004, 312 – Meinungsforschungsgutachten.

111 OLG Frankfurt a. M. Rpfleger 1978, 385; OLG Hamburg JurBüro 1983, 770; OLG Koblenz JurBüro 1988, 1026; OLG München WRP 1991, 513 (514) und AnwBl. 1993, 289; Gloy/Loschelder/Danckwerts UWG-HdB/Loschelder § 92 Rn. 49; Melullis Rn. 835 bis 837.

112 OLG Frankfurt a. M. JurBüro 1987, 752 sowie GRUR 1993, 161 – Französischer Rechtsanwalt; OLG Koblenz JurBüro 1988, 1025; OLG Bamberg JurBüro 1982, 918; OLG München WRP 1991, 513 (514) und AnwBl. 1993, 289; Melullis Rn. 835 bis 837; Gloy/Loschelder/Danckwerts UWG-HdB/Loschelder § 92 Rn. 49.

113 In Nebenverfahren zu Designstreitigkeiten wird die Doppelvertretung hingegen abgelehnt, BPatG Mitt. 2016, 147.

114 Zum Nichtzulassungsbeschwerdeverfahren OLG Frankfurt a. M. GRUR-RS 2016, 02490 (zu § 52 Abs. 4 DesignG).

115 Vgl. dazu BGH GRUR 2003, 639 – Kosten des Patentanwalts; OLG Nürnberg GRUR-RR 2003, 31 – Mitwirkungszeitpunkt; für die Erstattungspflicht kommt es nicht darauf an, dass der Patentanwalt im Termin das Wort ergreift (vgl. dazu OLG München GRUR 2004, 536 – Kostenerstattung); Überblick in Vierkötter/Schneider/Thierbach Mitt. 2012, 149 (153).

116 BGH WRP 2011, 1057 (1058 f.) – Kosten des Patentanwalts II; ebenso für eine restriktive Handhabung der Erstattungsfähigkeit sowohl für Marken- als auch für Gebrauchsmustersachen, Günther/Pfaff WRP 2010, 708 ff.; Barnitzke, GRUR 2016, 908.

117 BGH WRP 2011, 1057 (1059) – Kosten des Patentanwalts II. Ist der Rechtsanwalt nach seinen kennzeichenrechtlichen Fähigkeiten allein dazu imstande, den Fall rechtlich zu beurteilen und den Verletzer abzumahnen, sei es nicht nötig, zusätzlich noch einen Patentanwalt einzuschalten.

118 BGH WRP 2011, 1057 (1060) – Kosten des Patentanwalts II.

119 Die Notwendigkeit bezieht sich nur auf die Auslagen nicht dagegen auf die Gebühren, vgl. BGH WRP 2006, 1032 (1034) (Rn. 21) – Erstattung von Patentanwaltskosten; BGH GRUR 2003, 639 – Kosten des Patentanwalts; OLG Karlsruhe GRUR-RR 2006, 302 f. – Erstattungsfähigkeit von Patentanwaltskosten; Ingerl/Rohnke MarkenG § 140 Rn. 56 ff.; Althammer/Ströbele/Klaka § 140 Rn. 18; aA OLG Stuttgart GRUR-RR 2004, 279 f. – Patentanwaltskosten bei Rechtsmittelrücknahme, das sich für eine Prüfung, ob die Zuziehung eines Patentanwalts als einen weiteren „Spezialanwalt" auch verfahrensrechtlich notwendig war, ausspricht. Die insoweit zugelassene Rechtsbeschwerde wurde erst eingelegt, dann aber wieder zurückgenommen, so dass der BGH hierüber nicht zu entscheiden hatte. Zuletzt bestätigte der BGH jedoch seine Rechtsprechung aus dem Jahre 2003 (GRUR 2003, 639) und entschied, dass die Patentanwaltskosten in einer Geschmacksmustersache erstattungsfähig seinen, ohne sich detailliert mit der „Notwendigkeit" auseinanderzusetzen, vgl. BGH WRP 2006, 1032 (1034) – Erstattung von Patentanwaltskosten.

120 Die Beschränkung auf die Gebühren nach RVG verstößt allerdings wohl gegen Art. 14 der Durchsetzungsrichtlinie, Rojahn/Rektorschek, Mitt. 2014, 1.

121 BGH GRUR 2020, 781 – EPA Vertreter.

tatsächlich stattfinden und im Zweifel glaubhaft gemacht werden,[122] wobei meist die bei Gericht bekannt gegebene sogenannte Mitwirkungsanzeige ausreicht.[123] In **Urheberrechtstreitigkeiten** ist die Einschaltung von Patentanwälten grundsätzlich nicht erforderlich, da es hinsichtlich der Beurteilung der Urheberrechtsschutzfähigkeit eines Werkes keines besonderen technischen Sachverstandes bedarf und die Rechtsfrage der erforderlichen Gestaltungshöhe und damit in Zusammenhang stehende künstlerisch-ästhetische Anknüpfungspunkte von einem Patentanwalt nicht besser beantwortet werden können als von einem Rechtsanwalt.[124]

Auch in **Wettbewerbssachen** ist die Einschaltung eines Patentanwalts nur ausnahmsweise erforderlich.[125] Eine Erstattungsfähigkeit kommt nur dann in Betracht, wenn es um die Beurteilung patent- oder markenrechtlicher Vorfragen bei Schutzrechtsberühmungen innerhalb des § 5 UWG geht. Auch die Beurteilung anderer, schwieriger technischer oder markenrechtlicher Vorfragen kann Grund für eine hinsichtlich der Kosten erstattungsfähige Einschaltung eines Patentanwalts in Wettbewerbssachen sein.[126] In einem Fall, in dem es im Rahmen des ergänzenden wettbewerblichen Leistungsschutzes auf die Beurteilung der Gefahr einer Herkunftsverletzung aufgrund ästhetischer Kriterien ankam, wurde allerdings die Erstattungsfähigkeit von Patentanwaltskosten verneint.[127] Die Erstattungsfähigkeit der Kosten ausländischer Patentanwälte hängt laut BGH (auch) davon ab, ob der Patentanwalt nach seiner Ausbildung, Qualifikation und den ihm in seinem Heimatland zugewiesenen Aufgaben mit einem deutschen Patentanwalt zu vergleichen ist.[128] 41

4. Rechtsanwaltskosten im Nichtigkeitsverfahren

Die Frage, ob in Nichtigkeitsverfahren neben den Patentanwaltskosten auch die Kosten des Rechtsanwalts (**sog. „Doppelvertretung"**) abgerechnet werden können, richtet sich nach der allgemeinen Vorschrift des **§ 91 Abs. 1 Satz 1 ZPO** über § 84 Abs. 2 Satz 2 PatG bzw. bei Gebrauchsmustersachen über § 18 Abs. 2 GebrMG. 42

Maßgeblich für die Erstattungsfähigkeit der Rechtsanwaltskosten neben den Patentanwaltskosten in Patentnichtigkeitsverfahren ist somit, dass diese zur **zweckentsprechenden Rechtsverfolgung oder -verteidigung notwendig** sind. Nachdem lange Uneinigkeit zwischen den Nichtigkeitssenaten des BPatG bestand, ist mittlerweile durch den BGH[129] geklärt, dass die Rechtsanwaltskosten jedenfalls dann als erstattungsfähig anzusehen sind, wenn ein paralleles Verletzungsverfahren anhängig ist. Dies wird allerdings im Umkehrschluss so gewertet, dass eine Erstattungsfähigkeit ohne paralleles Verletzungsverfahren nicht gegeben sein soll.[130] Aufgrund der rechtlichen Anforderungen an die Berufung werden im Nichtigkeitsberufungsverfahren die Kosten der Doppelvertretung grundsätzlich erstattungsfähig sein.[131] 43

Bei Gebrauchsmuster-Löschungsverfahren geht das BPatG hingegen davon aus, dass auch bei einem zeitgleich geführten Verletzungsverfahren die Vertretung durch den Patentanwalt allein regelmäßig bereits „vollwertig" sei und ausreiche. Nur in Ausnahmefällen und bei Vorliegen außergewöhnlicher Umstände sei aus kostenrechtlicher Sicht die Inanspruchnahme eines Rechtsanwalts zweckentsprechend.[132] Ein sachlicher Grund für diese Ungleichbehandlung ist allerdings nicht ersichtlich. 44

Wurde die Nichtigkeitsklage lediglich vorbereitet und nur deshalb nicht erhoben, weil sich das Verletzungsverfahren zwischenzeitlich erledigt hat, können die für die Vorbereitung entstandenen Kosten als notwendige Kosten der Verteidigung im Rahmen des Verletzungsverfahrens geltend gemacht werden.[133] 45

[122] OLG Frankfurt a. M. GRUR-RR 2003, 456 – Mitwirkungsanzeige; KG WRP 1997, 37; OLG München Mitt. 1982, 199.

[123] OLG München Mitt. 1997, 167; einschränkend OLG Düsseldorf Mitt. 1984, 99; OLG Nürnberg GRUR-RR 2003, 29; die Mitwirkung muss nicht bereits zu Beginn des Prozesses angezeigt worden sein (vgl. OLG Frankfurt a. M. GRUR-RR 2003, 456 – Mitwirkungsanzeige).

[124] OLG Jena GRUR-RR 2003, 30; OLG Köln JurBüro 2006, 648.

[125] OLG Köln GRUR-RR 2006, 350 (352) – Kennzeichenstreitsache.

[126] Vgl. KG GRUR 2000, 803; Köhler/Bornkamm/Feddersen/Köhler UWG § 12 Rn. 1.121.

[127] Vgl. OLG Jena GRUR-RR 2003, 30; OLG Frankfurt a. M. JurBüro, 1987, 1218 (1219); OLG München NJW-RR 1986, 615 (616).

[128] BGH GRUR 2007, 999 (1000) – consulente in marchi.

[129] BGH GRUR 2013, 427 – Doppelvertretung im Nichtigkeitsverfahren.

[130] Benkard/Hall/Nobbe § 84 Rn. 66.

[131] BPatG GRUR-RR 2010, 401 – Doppelvertretungskosten.

[132] BPatG 35 ZA (pat) 35/10, BeckRS 2011, 05887 sowie BPatG GRUR 2010, 556 (559) – medizinisches Instrument.

[133] LG München I 3.12.2013 – 27 W (pat) 99/12, Mitt. 2014, 292 mAnm Rektorschek.

5. Reisekosten, Kosten des Verkehrsanwalts und Übersetzungskosten

46 Die durch die Terminswahrnehmung anfallenden **Reisekosten** eines auswärtigen Prozessbevollmächtigten werden von der Rechtsprechung mittlerweile grundsätzlich als gemäß § 91 Abs. 2 Satz 1 zur zweckentsprechenden Rechtsverfolgung notwendig und damit erstattungsfähig angesehen.[134] Dies gilt nach der Rechtsprechung auch dann, wenn der sachbearbeitende Rechtsanwalt einer überörtlichen Anwaltssozietät angehört, die auch am Sitz des Prozessgerichts mit dort postulationsfähigen Rechtsanwälten vertreten ist.[135]

47 Die Kosten eines **Korrespondenzanwalts** können nur dann erstattet werden, wenn dessen Einschaltung **notwendig** war. Die Gerichte in Wettbewerbssachen fordern von den Parteien in aller Regel, dass sie die Prozessbevollmächtigten unmittelbar selbst informieren.[136] Ist eine der Parteien ein ausländisches Unternehmen, so erfolgt die Korrespondenz häufig über einen ausländischen Anwalt. Allerdings wird auch bei **ausländischen Unternehmen,** die am inländischen Rechtsverkehr teilnehmen, erwartet, dass diese in der Lage sind, ihre deutschen Prozessbevollmächtigten unmittelbar zu unterrichten.[137] Umstritten ist, ob zumindest die fiktiven Reisekosten zu erstatten sind. Trotz eines technisch schwierigen Sachverhalts wird zum Teil verlangt, dass auch die ausländische Partei in der Lage sein muss, ihre Prozessbevollmächtigten schriftlich zu informieren.[138] Werden die Kosten eines **ausländischen Verkehrsanwalts** als erstattungsfähig angesehen, soll die Höhe auf eine Gebühr des RVG beschränkt, außer es sind im Ausland **Stundensätze üblich** und diese halten sich ebenfalls im Rahmen des Üblichen des betreffenden Landes.[139] Hat die Partei auf die Einschaltung eines Patentanwalts verzichtet, obwohl sie hierzu berechtigt war, führt dies nicht automatisch zur Erstattung von Verkehrsanwaltskosten.[140] Auch kann ein Fachanwalt für gewerblichen Rechtsschutz nicht die (fiktiven) Kosten des Patentanwalts abrechnen.[141]

48 Umgekehrt können die Patentanwaltskosten auch nicht als Verkehrsanwaltskosten geltend gemacht werden, da die Tätigkeit eines Korrespondenzanwalts nicht dem Berufsbild des Patentanwalts entspricht.[142] Im Berufungsverfahren sind Verkehrsanwaltskosten allerdings nur ausnahmsweise dann erstattungsfähig, wenn sich die tatsächliche Grundlage des Rechtsstreits in der Berufungsinstanz gegenüber der 1. Instanz wesentlich geändert hat.[143] Für ausländische Parteien stellt sich auch stets die Frage, ob und in welchem Umfange **Übersetzungskosten** erstattungsfähig sind. Ausländer sind im deutschen Zivilprozess grundsätzlich deutschen Staatsangehörigen gleichgestellt. Damit muss auch gewährleistet sein, dass die ausländische Partei ihren Prozessbevollmächtigten hinreichend informieren und den Fortgang des Rechtsstreits verfolgen kann. In diesem Zusammenhang sind insbesondere die Kosten für die Übersetzung von Schriftsätzen, gerichtlichen Entscheidungen und Verfügungen erstattungsfähig.[144] Zeitgemäß erscheint es, als erforderlich nur diejenigen Übersetzungskosten anzusetzen, die für Maschinenübersetzungen bzw.

---

[134] BGH GRUR 2014, 607 – Klageerhebung an einem dritten Ort; BGH MDR 2011, 1321 (1322) – Rechtsanwalt „am dritten Ort"; BGH NJW 2008, 2122 (2123 f.); BGH WRP 2005, 753 (754); BGH NJW-RR 2004, 856 – Auswärtiger Rechtsanwalt IV; BGH GRUR 2004, 886 – Auswärtiger Rechtsanwalt im Berufungsverfahren; nach OLG Düsseldorf sind lediglich die Kosten für die Economy-, nicht aber für die Businessclass erstattungsfähig, NJW-RR 2009, 1422.

[135] BGH NJW 2008, 2122 (2123 f.); OLG München WRP 2007, 565, anders noch OLG München 18.5.2005 – 11 W 2257/05 – nv.

[136] OLG Koblenz JurBüro 1982, 1036; OLG Celle WRP 1983, 661; OLG Düsseldorf WRP 1984, 329 und 411 (412); OLG Frankfurt a. M. WRP 1992, 247.

[137] OLG Karlsruhe JurBüro 1993, 352; OLG Bremen OLG-Rep. 1997, 282; OLG Düsseldorf NJW-RR 1997, 126.

[138] OLG München 22.12.2000 – 11 W 3162/00 – nv; großzügiger OLG Düsseldorf 13.9.2000 – 2 W 44/00 – nv, das eine persönliche Unterrichtung für erforderlich erachtet und insoweit die fiktiven Informationskosten angesetzt hat.

[139] Großzügig hier die Rechtsprechung des OLG Frankfurt a. M., das die Kosten eines französischen Korrespondenzanwalts auf der Grundlage einer Honorarvereinbarung nach Zeitaufwand für erstattungsfähig erachtet, wenn sich der vereinbarte Stundensatz im Rahmen des Ortsüblichen hält, AnwBl. 1995, 378, Leitsatz abgedruckt Mitt. 1995, 356; vgl. dazu auch BPatG, GRUR 2011, 463 – Britischer Verkehrsanwalt.

[140] OLG Nürnberg Mitt. 1999, 315.

[141] OLG Köln, GRUR-RR 2013, 39.

[142] OLG Frankfurt a. M. Mitt. 1998, 39; OLG München 22.9.2000 – 11 W 3162/00 – nv; aA OLG Frankfurt a. M. WRP 1980, 337 (338); OLG Köln Mitt. 2000, 371; s. Rn. 20.

[143] Vgl. KG NJOZ 2004, 1147.

[144] OLG Düsseldorf AnwBl. 1983, 560; OLG Düsseldorf InstGE 12, 177; OLG Düsseldorf BeckRS 2008, 11310; OLG Hamburg Hamburg-Rpfleger 1996, 370; OLG München 6.2.1998 – 11 W 3082/97 – nv sowie 11 W 2996/98 – nv; BPatG GRUR 1992, 689 – Übersetzungskosten.

deren Korrektur anfallen, und nicht (mehr) die vollen Kosten der „manuellen“ Übersetzungen. Dem hat allerdings das OLG Düsseldorf in einer kürzlich ergangenen Entscheidung eine Absage erteilt.[145]

V. Vollstreckungskosten

49 Die Vollziehung der einstweiligen Verfügung ist eine besondere Angelegenheit der Zwangsvollstreckung, die Vorschriften des § 18 Nr. 4 RVG gelten sinngemäß. Die **Zustellung einer einstweiligen Verfügung** gehört hingegen nach § 16 Nr. 4 RVG noch zum Rechtszug und damit zum Anordnungsverfahren, sodass sie bereits durch die Verfahrensgebühr abgegolten wird. Das gilt auch dann, wenn die einstweilige Verfügung nur ein dem Antragsgegner auferlegtes Gebot oder Verbot enthält, das mit der Zustellung (ohne eine besondere Vollziehung) an ihn wirksam wird. Dem Anwalt erwächst daher auch für diese Zustellung keine besondere Vollstreckungsgebühr. Für die Durchführung des **Ordnungsmittelverfahrens** entsteht eine gesonderte 0,3 Verfahrensgebühr gemäß §§ 2, 13 RVG Nr. 3309 VV RVG. In der Regel fällt auch eine 0,3 Terminsgebühr gemäß §§ 2, 13 RVG 3310 VV RVG an. Kommt es im Ordnungsmittelverfahren zu einem Vergleich, fällt auch eine 1,5 Einigungsgebühr gemäß §§ 2, 13 RVG Nr. 1000 VV RVG an,[146] da nach Nr. 1000 VV RVG ein gegenseitiges Nachgeben nicht mehr erforderlich ist. Bei Entscheidungen nach den §§ 887–890 ZPO gelten die §§ 91 ff. ZPO entsprechend und gilt der § 788 ZPO bei Kosten, die durch die Vollstreckungsmaßnahmen entstehen.[147] Bei einer vollen Abweisung des Bestrafungsantrages trifft daher die Kostenlast in jedem Fall den Gläubiger nach § 91 ZPO.[148]

50 Stellt der Gläubiger einen **bezifferten Ordnungsmittelantrag** und wird diesem vom Gericht nicht in voller Höhe entsprochen, ist umstritten, ob die Zurückweisung einem Teilunterliegen gleichkommt mit der Folge, dass der Gläubiger einen Teil der Kosten zu tragen hat.[149] Hat der Gläubiger einen bezifferten Antrag im Ordnungsmittelverfahren gestellt und wurde diesem nicht oder nur teilweise stattgegeben, ist das Rechtsmittel der **sofortigen Beschwerde** gegeben. Im Beschwerdeverfahren entsteht eine 0,5 Verfahrensgebühr gemäß §§ 2, 13 RVG Nr. 3500 VV RVG und eine Terminsgebühr gemäß §§ 2, 13 RVG Nr. 3513 VV RVG. Wird im Beschwerdeverfahren ein Vergleich geschlossen, entsteht außerdem eine 1,5 Einigungsgebühr gem. §§ 2, 13 RVG Nr. 1000 RVG.

51 Wettbewerbsstreitigkeiten können für die betroffenen Unternehmen von erheblicher wirtschaftlicher Bedeutung sein; dies ist insbesondere dann der Fall, wenn nicht nur die Werbung, sondern die Produkte von einem Verbot selbst betroffen sind. Sowohl im einstweiligen Verfügungsverfahren als auch im Hauptsacheverfahren, gegen die ein Rechtsmittel eingelegt wurde, kann das Gericht die einstweilige Einstellung der Zwangsvollstreckung nach den §§ 719, 707 ZPO anordnen. Grundsätzlich sind die entsprechenden Anträge gemäß § 19 Abs. 1 Satz 2 Nr. 11 RVG Teil des Rechtszugs und mit der Verfahrensgebühr abgegolten. Es entsteht aber dann eine zusätzliche 0,5 Gebühr gem. §§ 2, 13 RVG Nr. 3328 VV RVG, wenn eine abgesonderte mündliche Verhandlung über die vorläufige Einstellung stattfindet.

52 Besonderheiten können sich hinsichtlich der Gebührenrechnungen dann ergeben, wenn sich an ein zweitinstanzliches Anordnungsverfahren ein erstinstanzliches **Aufhebungsverfahren** gemäß § 927 ZPO anschließt. Diese beiden Verfahren gelten dann nicht als einheitliches Verfahren im Sinne des § 16 Nr. 6 RVG mit der Folge, dass das zugrundeliegende Abänderungsverfahren gebührenmäßig eine neue Instanz ist und daher auch weitere Gebühren zu berechnen sind. Für das Abänderungsverfahren sind dann nochmals jeweils eine 1,3 Verfahrensgebühr und ggfs. eine 1,2 Terminsgebühr gemäß §§ 2, 13 RVG Nr. 3104 VV RVG zu berechnen.

53 Die Kosten der **Bekanntmachung eines Urteils** gemäß § 12 Abs. 3 UWG sind nach allgemeiner Ansicht Kosten der Zwangsvollstreckung.[150] Der Kläger kann, soweit das Urteil vollstreckbar ist,

145 OLG Düsseldorf 21.6.2021, I-2 W 8/21.

146 Umstr., aA Hansens RVGreport 2004, 115.

147 Teplitzky/Feddersen Kap. 57 Rn. 46 f.; Zöller/Stöber ZPO § 891 Rn. 2; Thomas/Putzo/Seiler ZPO § 891 Rn. 1.

148 OLG Stuttgart WRP 1982, 14; OLG Koblenz WRP 1984, 347; OLG Hamm WRP 1985, 717; OLG München NJW-RR 1991, 1086; KG NZA-RR 2000, 40; Melullis Rn. 967.

149 Für ein Teilunterliegen und damit Kostentragungspflicht OLG Köln WRP 1986, 626 und WRP 1987, 569; OLG Koblenz GRUR 1984, 838 (839) – Kosten des Vollstreckungsverfahrens; aA OLG Hamm GRUR 1994, 83 (84) – Kosten des Ordnungsgeldverfahrens. Wird kein bezifferter Antrag gestellt, kann auch kein Teilunterliegen erfolgen, OLG München NJW-RR 1991, 1086.

150 OLG Stuttgart Rpfleger 1983, 175; Köhler/Bornkamm/Feddersen/Köhler UWG § 12 Rn. 3.14; Gloy/Loschelder/Danckwerts UWG-HdB/Loschelder § 92 Rn. 63.

das Urteil veröffentlichen lassen. Allerdings setzt die Veröffentlichung ein berechtigtes Interesse der obsiegenden Partei voraus. Die Kosten trägt der Beklagte gemäß § 788 ZPO. Wird der Antrag auf Urteilsveröffentlichung abgelehnt, trägt der Antragsteller gemäß § 92 ZPO die Kosten.[151]

VI. Streitwertfestsetzung

1. Grundsätze für die Streitwertbemessung

54 Für den Unterlassungsanspruch ist der Streitwert gemäß § 3 ZPO zu schätzen. Maßgeblich für diese Streitwertschätzung ist **das Interesse des Klägers** an der Unterbindung weiterer gleichartiger Verletzungshandlungen. Dieses Interesse wird maßgeblich durch die Art des Verstoßes, insbesondere seine Gefährlichkeit und Schädlichkeit für die Träger der maßgeblichen Interessen, bestimmt. Für den Grad der Interessengefährdung sind auch der räumliche Umfang der Verletzungshandlung sowie die Aggressivität des Verletzers zu berücksichtigen.[152] Gewöhnlich ist vom Jahresumsatz des Klägers auszugehen, soweit dieser beeinträchtigt sein kann.[153] Auf das **Interesse des Beklagten** kommt es hingegen nicht an,[154] insbesondere nicht auf seinen bisherigen Umsatz. Die Streitwertangabe hängt jedoch nicht davon ab, ob der Verletzer zu Beginn der Verletzungshandlung abgemahnt worden ist oder erst nach einem erheblichen Zeitraum. Entscheidend ist das Interesse des Klägers, dass der konkrete Verletzer zukünftig seine verletzenden Handlungen unterlässt.

55 Grundsätzlich ist die mit der Klageschrift angegebene Streitwertangabe zunächst maßgebend,[155] soweit diese nicht offenkundig rechtsmissbräuchlich ist.[156] Dabei sollten jedoch die möglichen finanziellen Auswirkungen durch die Kostenbelastung der unterliegenden Partei berücksichtigt werden. Denn ein hohes Kostenrisiko kann sowohl den Beklagten an einer umfassenden Verteidigung gegen die Klage als auch den Kläger von einer weiteren Rechtsverfolgung abhalten, insbesondere wenn zusätzlich von einer Erstattungsfähigkeit der Kosten mitwirkender Patentanwälte auszugehen ist. Zur Steigerung der Rechtssicherheit und für eine bessere Vorhersehbarkeit des Kostenrisikos würde es sich gerade im gewerblichen Rechtsschutz anbieten, **Regelstreitwerte** zu verwenden,[157] wie sie vor Inkrafttreten des Kostenrechtsmodernisierungsgesetzes zum 1.7.2004 von einigen Gerichten entwickelt wurden.[158] Diese werden jedoch in der Literatur größtenteils als mit der Regelung des § 3 ZPO und dem den Gerichten eingeräumten Ermessensspielraum nicht vereinbar angesehen.[159]

56 Im Markenrecht hat sich anhand bestimmter Erfahrungswerte trotzdem eine grobe Richtschnur entwickelt, die sich an dem Benutzungs- und Bedeutungsgrad der verletzten Marke bzw. geschäftlichen Bezeichnung orientiert.[160] Danach ist der Streitwert bei (nahezu) unbenutzten Marken bei EUR 50.000,– bis 75.000,–, bei unterdurchschnittlich benutzten Marken bei EUR 100.000,– bis 150.000,–, bei langjährig oder intensiv benutzten Marken ab EUR 250.000,– und bei überdurchschnittlich benutzten Marken mit idR hohem Bekanntheitsgrad bei EUR 500.000,– bis 1.000.000,– EUR anzusetzen.[161] Eine Betrachtung jedes Einzelfalls bleibt dennoch geboten.

---

151 Köhler/Bornkamm/Feddersen/Köhler UWG § 12 Rn. 4.19; Ahrens/Bähr Kap. 39, Rn. 28 ff.

152 BGH GRUR 2006, 704 – Markenwert; GRUR 1990, 1052 (1053) – Streitwertbemessung; GRUR 1968, 106 (107) – Ratio Markt; OLG Nürnberg GRUR 2007, 815 – Kennzeichenstreitwert; OLG Frankfurt a. M. GRUR 2003, 728 – The Sims; KG GRUR-RR 2007, 63 (64) – Streitwertermäßigung (bei einem nur versehentlichen Verstoß ist eine Streitwertminderung gerechtfertigt).

153 Köhler/Bornkamm/Köhler UWG § 12 Rn. 5.3 und 5.6 mwN; Generalpräventive Erwägungen spielen bei der Streitwertfestsetzung keine Rolle, vgl. OLG Frankfurt a. M. GRUR 2005, 184 – Toile Monogram.

154 BGH GRUR 1990, 1052 (1053) – Streitwertbemessung; GRUR 2006, 704 – Markenwert (zum Markenrecht); OLG Köln WRP 1977, 207 (208); Ohly/Sosnitza/Sosnitza UWG § 12 Rn. 231 f.; Teplitzky/Feddersen Kap. 49 Rn. 6 f. bis auf die Einschränkung durch § 51 Abs. 3 S. 1 GKG; aA nur Bezirksgericht Dresden GRUR 1991, 941 (942).

155 OLG München WRP 1977, 54; OLG Hamburg WRP 1974, 499; OLG Frankfurt a. M. WRP 1975, 164; dies gilt insbesondere, wenn die Wertangabe des Klägers mit der des Beklagten übereinstimmt, es sei denn, diese sind unangemessen niedrig, vgl. OLG Hamburg WRP 2007, 95 (96).

156 Vgl. zum neuen Ansatz des OLG Düsseldorf, hier Rn. 53.

157 Rojahn/Lunze Mitt. 2011, 533 (541).

158 OLG Nürnberg GRUR 2007, 815 – Kennzeichenstreitwert; OLG Frankfurt a. M. WRP 2006, 1272 (1273); siehe dazu ausführlich Ahrens/Büttger Kap. 42 Rn. 50 ff.

159 Vgl. zB Ingerl/Rohnke UWG § 142 Rn. 10; Ohly/Sosnitza/Sosnitza UWG § 12 Rn. 234.

160 Vgl. dazu die gute Darstellung von Ingerl/Rohnke UWG § 142 Rn. 10.

161 Ingerl/Rohnke UWG § 142 Rn. 10 mit zahlreichen Einzelnachweisen; BPatG GRUR-Prax 2016, 89 mAnm Albrecht.

57 In Patentverletzungsstreitigkeiten wird der Streitwert regelmäßig anhand einer fiktiven Lizenzberechnung bemessen.[162] Zu diesem Zweck werden beide Parteien angehalten, Auskunft über ihre jeweiligen Verkaufspreise, Absatzmengen, Marktanteile, übliche Lizenzsätze und die durchschnittlichen Herstellungskosten zu geben. Für den Fall, dass die Parteien eine entsprechende Mitwirkung verweigern, soll das Gericht nach der Rechtsprechung des OLG Düsseldorf befugt sein, den Streitwert so hoch zu schätzen, dass die Parteien zuverlässig motiviert sind, ihrer Mitwirkungspflicht nachzukommen.[163] Das dem Gericht von § 51 GKG eingeräumte Ermessen führt also zugleich zu einer Sanktionierung fehlender Mitwirkung.[164] Der oben dargestellte Grundsatz, dass bei der Streitwertbemessung allein das Klägerinteresse maßgeblich für die Streitwertberechnung ist, wird dabei nicht berücksichtigt. Diese Praxis führt überdies zu einem vorgezogenen Auskunftsverfahren zu Lasten des Beklagten, obwohl noch gar nicht feststeht, ob überhaupt ein Verletzungstatbestand begründet wurde.[165] Die Voraussetzungen, die § 140b Abs. 3 PatG an eine Auskunftsverpflichtung stellt, werden jedenfalls nicht eingehalten.[166]

58 Im Rahmen von Patent-Nichtigkeitsverfahren geht die Rechtsprechung davon aus, dass zusätzlich zum nach allgemeinen Grundsätzen festgesetzten Streitwert (etwa dem eines parallelen Verletzungsverfahrens), ein pauschaler Zuschlag von 25 % für den „gemeinen Wert des Patents" zu erheben sei.[167] Wird bei mehreren Nichtigkeitsklägern mit unterschiedlichen Gegenstandswerten aufgrund der Verbindung der Nichtigkeitsklagen gegen dasselbe Patent ein einheitlicher Streitwert festgesetzt, werden die Gerichtsgebühren anhand dieses einheitlichen Streitwerts berechnet und festgesetzt.[168]

59 Für die **Abmahnung** und das **Abschlussschreiben** wird der **Wert** der **Hauptsache** angesetzt. Hingegen war die Streitwertfestsetzung für das **einstweilige Verfügungsverfahren** umstritten und liegt, je nach Auffassung des jeweiligen Oberlandesgerichts, zwischen einem Drittel[169] und vor Einführung des § 51 Abs. 4 GKG nF dem vollen Streitwert der Hauptsache.[170] Nunmehr ist in § 51 Abs. 4 GKG ausdrücklich geregelt, dass in Verfahren des einstweiligen Rechtsschutzes der Streitwert im Verhältnis zu der Hauptsache herabzusetzen ist. Eine Annäherung dürfte bei entsprechender Begründung dennoch grundsätzlich zulässig sein, etwa dann, wenn die einstweilige Verfügung der Hauptsache in ihren faktischen Folgen gleichkommt.[171]

60 Für die **Auskunftsklage** wird der Streitwert je nach Bedeutung der Auskunft für den Schadensersatz mit 1/10 bis 1/2 des Ersatzanspruches bewertet.[172] Bei **Schadensersatzansprüchen** wird in der Regel 1/10 bis 1/2 des Streitwertes der Unterlassungsklage angenommen.[173] Hinsichtlich des **Vollstreckungsverfahrens** gehen die Gerichte zum Teil von 1/3 bis 1/5 des Wertes des Hauptsache-

[162] OLG Düsseldorf Mitt. 2011, 383 (384 f.) – Du sollst nicht lügen! II.

[163] OLG Düsseldorf Mitt. 2011, 383 (384 f.) – Du sollst nicht lügen! II.

[164] Ablehnend Beyerlein/Beyerlein Mitt. 2011, 542 (54)4, vielmehr stünden dem Gericht andere vom Gesetz vorgesehene Mittel zu, den korrekten Streitwert zu ermitteln, etwa die Einschaltung eines Sachverständigen (§ 64 GKG).

[165] Rojahn/Lunze Mitt. 2011, 533 (538); Köllner Mitt. 2010, 454 (456) zugl. Anm. zu OLG Düsseldorf Mitt. 2010, 490 – Du sollst nicht lügen!

[166] Nach § 140b Abs. 3 PatG darf nur in Fällen offensichtlicher Rechtsverletzung die Auskunftserteilung im Wege einer einstweiligen Verfügung angeordnet werden. Dabei muss eine Patentverletzung so offensichtlich sein, dass eine Fehlentscheidung kaum möglich ist (OLG Frankfurt a. M. GRUR-RR 2003, 32 – Offensichtliche Rechtsverletzung). Siehe dazu auch Rojahn/Lunze Mitt. 2011, 533 (538).

[167] BGH Mitt. 2011, 383 – Nichtigkeitsstreitwert; BGH GRUR-RR 2011, 340 – Nichtigkeitsstreitwert II. Kritisch Rojahn/Lunze Mitt. 2011, 533 (540 f.), nach deren Auffassung diese Pauschalisierung weder dem grundsätzlich einzelfallbezogenen Streitwertcharakter gerecht werde, noch sie mit dem öffentlichen Interesse zu vereinbaren sei, das einer Nichtigkeitsklage beiwohnt. Dafür, dass der Nichtigkeitskläger das Kostenrisiko trägt, müsse ihm wegen seines gleichzeitigen Handelns im öffentlichen Interesse vielmehr ein pauschaler Abschlag gewährt werden.

[168] BPatG GRUR-RR 2016, 176 – Festlegung des Streitwerts im Patentnichtigkeitsverfahren.

[169] OLG Celle GRUR-RS 2016, 04998; KG WRP 2005, 368 (369); nach OLG Rostock, GRUR-RR 2009, 39 – Moonlight, soll sich der Streitwert des Verfügungsverfahrens dem der Hauptsache „annähern", wenn der Rechtsstreit durch das Verfügungsverfahren praktisch entschieden wird.

[170] OLG München WRP 1985, 661 (662); OLG Frankfurt a. M. WRP 1981, 221; OLG Köln WRP 2000, 650; OLG Rostock, GRUR-RR 2009, 39; Köhler/Bornkamm/Köhler UWG § 12 Rn. 5.12; Gloy/Loschelder/Danckwerts UWG-HdB/Spätgens § 97 Rn. 61.

[171] Teplitzky/Feddersen, Kap. 49 Rn. 27.

[172] Gloy/Loschelder/Danckwerts/Spätgens § 87 Rn. 7; Köhler/Bornkamm/Feddersen § 12 Rn. 5.14; Teplitzky/Feddersen Kap. 49 Rn. 37; Zöller/Herget ZPO § 3 Rn. 16 (unter Auskunft).

[173] Teplitzky/Feddersen Kap. 49 Rn. 32 ff., der edoch darauf hinweist, dass stets die Umstände des Einzelfalles zu berücksichtigen sind; Gloy/Loschelder/Danckwerts UWG-HdB/Spätgens § 87 Rn. 8.

verfahrens aus.[174] Erfolgt ein bezifferter Antrag im **Ordnungsmittelverfahren,** wird dieser häufig als Streitwert festgesetzt.[175]

2. Streitwertminderung gemäß § 12 Abs. 4 UWG

61 Gemäß § 12 Abs. 4 UWG ist bei **einfach gelagerten Sachen** der Streitwert zu mindern;[176] dasselbe gilt, wenn die **Belastung einer der Parteien** mit den Prozesskosten nach dem vollen Streitwert angesichts ihrer Vermögens- und Einkommensverhältnisse nicht tragbar erscheint.[177]

62 Eine Minderung ist somit **von Amts wegen** vorzunehmen, wenn eine der beiden genannten Alternativen vorliegt. Liegen beide vor, erfolgt nur einmal eine Minderung.[178] Hinsichtlich der Herabsetzung ist jede **schematische Anwendung zu vermeiden.** Es muss eine Individualbetrachtung vorgenommen werden.[179] Wettbewerbsvereine müssen grundsätzlich auch finanziell in der Lage sein, ihre Aufgaben zu erfüllen, ohne zur sachgerechten Prozessführung auf eine Streitwertherabsetzung nach § 12 Abs. 4 UWG angewiesen zu sein. Dies gilt zumindest für eine Prozessführung mit einem Streitwert bis zur Höhe der Revisionssumme. Bei höheren Streitwerten kommt auch für Wettbewerbsvereine eine Herabsetzung in Betracht.[180] Für Verbraucherschutzverbände, die im öffentlichen Interesse tätig und die auf eine Finanzierung durch die öffentliche Hand angewiesen sind, kommt eine Streitwertherabsetzung häufiger und in stärkerem Maße als für Wettbewerbsvereine in Betracht.[181]

VII. Vergütungsvereinbarungen

63 Wettbewerbsrechtliche Streitigkeiten können rechtlich ausgesprochen schwierig und vom Umfang her auch sehr zeitintensiv sein. Es ist daher durchaus üblich, dass der Rechtsanwalt die Annahme des Auftrages davon abhängig macht, dass eine von den **gesetzlichen Gebühren abweichende Vergütung** vereinbart wird. Eine solche Vergütungsvereinbarung, die auch werden sollte (vgl. § 3a Abs. 1 S. 2 RVG), ist grundsätzlich zulässig. Eine Ausnahme besteht nur dann, wenn der Rechtsanwalt im Wege der Prozesskostenhilfe der Partei beigeordnet worden ist, § 3a Abs. 4 RVG iVm § 8 BerHG.[182]

64 Nach § 49b Abs. 1 BRAO und § 4 Abs. 1 RVG ist es in gerichtlichen Angelegenheiten **unzulässig, geringere** Gebühren und Auslagen zu vereinbaren oder zu fordern, als das RVG vorsieht, soweit dieses nichts anderes bestimmt.[183] Bei einem Verstoß gegen § 49b Abs. 1 BRAO ist die auf **Gebührenunterschreitung** gerichtete Vereinbarung gemäß § 134 BGB **nichtig.**[184] Allerdings führt dies nicht nach § 139 BGB zur Nichtigkeit des gesamten Anwaltsvertrages, da sich die Rechtsfolge des § 134 BGB entsprechend dem Schutzzweck des Verbotes nur auf die unzulässige Abrede bezieht.[185] Die Nichtigkeit der Honorarabsprache führt andererseits nicht dazu, dass der Rechtsanwalt berechtigt wäre, auf der Grundlage der Gebührenordnung korrekt abzurechnen. Der Grundsatz von Treu und Glauben nach § 242 BGB verbietet dem Rechtsanwalt, sich die Unwirksamkeit zunutze zu machen, wenn der Auftraggeber darauf vertraute, nur die vereinbarte Gebühr zu schulden.[186]

65 Nach § 49b Abs. 2 BRAO sind Vereinbarungen, durch die eine Vergütung oder ihre Höhe vom Ausgang der Sache oder vom Erfolg der anwaltlichen Tätigkeit abhängig gemacht wird, oder nach denen der Rechtsanwalt einen Teil des erstrittenen Betrages als Honorar erhält (Er-

[174] OLG Stuttgart WRP 1982, 432 (433); OLG Karlsruhe WRP 1992, 198; OLG Hamburg WRP 1982, 532, das stets von 1/5 ausgeht.

[175] OLG Stuttgart WRP 1980, 359; KG WRP 1992, 176; zur Kritik an dieser Praxis Teplitzky/Feddersen Kap. 49 Rn. 40 und 40a.

[176] OLG Köln GRUR 1995, 446 – Streitwertherabsetzung; KG GRUR-RR 2007, 63 (64) – Streitwertermäßigung; OLG Köln WRP 2000, 650.

[177] BGH GRUR 1998, 958 – Verbandsinteresse.

[178] OLG Koblenz WRP 1991, 66 (67); OLG Köln GRUR 1995, 446 – Streitwertherabsetzung.

[179] BGH GRUR 1994, 385 – Streitwertherabsetzung.

[180] BGH GRUR 1994, 385 – Streitwertherabsetzung.

[181] BGH GRUR 2011, 560 – Streitwertherabsetzung II.

[182] Zum Verhältnis zu Erfolgshonoraren Ziegler/Rektorschek JR 2009, 485.

[183] Zur Frage der Unterschreitung der gesetzlichen Gebührenansprüche bei der Beauftragung eines Rechtsanwaltes als Terminsvertreter s. BGH WRP 2006, 1221. Vgl. auch Henssler/Prütting/Kilian BRAO § 49b Rn. 8.

[184] Ausführlich Feuerich/Weyland/Brüggemann, BRAO § 49b Rn. 7 ff.

[185] BGH NJW 1980, 2407; OLG München NJW 2002, 3641 (3642).

[186] BGHZ 18, 340 (347); BGH NJW 1980, 2407; OLG Düsseldorf BeckRS 2007, 14898.

folgshonorar) unzulässig. Die Ausnahme des grundsätzlichen Verbots ist in § 4a RVG geregelt,[187] welcher zuletzt[188] um drei ausdrückliche Tatbestandsalternativen ergänzt wurde, bei deren Vorliegen ein Erfolgshonorar vereinbart werden darf, wobei im gewerblichen Rechtsschutz allenfalls die Variante nach § 4a Abs. 1 Nr. 3 eine Rolle spielen dürfte, nämlich dann, wenn der Auftraggeber im konkreten Einzelfall bei verständiger Betrachtung ohne die Vereinbarung eines Erfolgshonorars von der Rechtsverfolgung abgehalten werden würde. Eine entsprechende Vorschrift wurde parallel auch in die Patentanwaltsordnung (§ 43b Abs. 2 PAO) implementiert.[189] Nach der neueren Rechtsprechung des BGH sind Vergütungsvereinbarungen, die gegen die Formvorschriften des § 3a Abs. 1 S. 1 und 2 RVG oder die Voraussetzungen des § 4a Abs. 1 und 2 RVG verstoßen, trotz des Verstoßes wirksam, sodass aus ihnen die Vergütung bis zur Höhe der gesetzlichen Gebühr gefordert werden kann (Aufgabe der früheren Rechtsprechung).[190]

Nach § 4 Abs. 1 RVG kann der Rechtsanwalt eine **höhere als die gesetzliche Vergütung** 66 nur fordern, wenn die Erklärung des Auftraggebers **schriftlich** abgegeben wird und nicht in der Vollmacht oder einem Vordruck, der auch andere Erklärungen umfasst, enthalten ist.[191] Hat der Auftraggeber freiwillig und ohne Vorbehalt geleistet, so kann er das Geleistete gemäß § 4 Abs. 1 S. 3 RVG nicht deshalb zurückfordern, weil seine Erklärung der Vorschrift des Satzes 1 nicht entspricht. Wird die Schriftform nicht eingehalten, darf der Rechtsanwalt weder eine höhere als die gesetzliche Vergütung fordern, noch wegen des die gesetzliche Vergütung übersteigenden Teils ein Zurückbehaltungsrecht geltend machen oder mit diesem Betrag aufrechnen. Inhalt der Vereinbarung kann die Festlegung eines bestimmten über dem tatsächlichen Wert liegenden Gegenstandswertes sein.[192] Auch ein prozentualer Aufschlag auf die gesetzlichen Gebühren oder eine Zusatzgebühr ist möglich.[193] Ebenfalls ist die Vereinbarung eines Festbetrages zulässig.[194] In der Praxis werden zumeist Stundenhonorare vereinbart. Bei den im Bereich des gewerblichen Rechtsschutzes vorwiegend tätigen Wirtschaftskanzleien sind regelmäßig Stundensätze zwischen EUR 250,– und EUR 500,– üblich. Unangemessen hoch ist eine Vergütung erst dann, wenn bei objektiver Betrachtung ein Festhalten des Auftraggebers an der Honorarvereinbarung unter Berücksichtigung aller Umstände gegen Treu und Glauben verstößt.[195]

[187] § 49b Abs. 2 BRAO bestimmt zudem, dass – nur – bei zulässigen Erfolgshonorarvereinbarungen auch in gerichtlichen Verfahren die gesetzlichen Gebühren unterschritten werden dürfen. Näheres zur Vereinbarung von Erfolgshonoraren für Anwälte mit Mustervereinbarungen s. Teubel/Schons.

[188] Zum 1.10.2021, BGBl. 2021 I 3415.

[189] Ebenfalls zum 1.10.2021, BGBl. 2021 I 3415.

[190] BGH NJW 2014, 2653 – Vergütung nach rechtswidriger (Erfolgs-)Honorarvereinbarung.

[191] BGH VersR 1991, 720; OLG Hamm NJOZ 2006, 428 (431) (Übersendung der Honorarvereinbarung mittels Telefax reicht nicht aus).

[192] OLG Hamm AnwBl. 1986, 452; LG Düsseldorf JurBüro 1991, 530.

[193] BGH AnwBl. 1978, 227.

[194] BGH NJW 1980, 1851.

[195] OLG München BeckRS 2016, 20652; BGH NJW 2004, 2818 – Unwirksame Honorarvereinbarung eines Anwalts; OLG München NJW 1967, 1571; OLG Köln NJW 1998, 1960.

Teil C. Unionsrecht

§ 11 Europarecht

Übersicht

1 **Beratungs-Checkliste**

Obgleich es im Hinblick auf die Komplexität und Vielfältigkeit gemeinschaftsrechtlicher Fragestellungen schwer fällt, eine konkrete und allgemeingültige Beratungs-Checkliste vorzugeben, sollen gleichwohl – dem integrativen Konzept dieses Handbuchs folgend – einige für die anwaltliche Praxis wichtige „Kontrollfragen" vorangestellt werden:

- ☐ Weist der zu beurteilende Sachverhalt einen grenzüberschreitenden oder sonstigen binnenmarktspezifischen Bezug auf?
- ☐ Existieren gemeinschaftsrechtliche Normen des Primär- oder Sekundärrechts, die diesen Sachverhalt regeln?
- ☐ Regeln diese Normen den zu beurteilenden Sachverhalt abschließend im Sinne eines Verschärfungs- und Liberalisierungsverbots oder wird lediglich ein Höchst- oder Mindeststandard gesetzt?
- ☐ Sind diese Normen unmittelbar anwendbar oder bedürfen sie der Umsetzung durch den nationalen Gesetzgeber?
- ☐ Falls ein Umsetzungsdefizit vorliegt, kann dieses durch eine gemeinschaftskonforme Auslegung des nationalen Rechts geschlossen werden?
- ☐ Falls eine gemeinschaftskonforme Auslegung nicht möglich ist, liegen die (Ausnahme-) Voraussetzungen für eine unmittelbare Anwendung der umsetzungsbedürftigen Norm vor?
- ☐ Falls eine unmittelbare Anwendung nicht möglich ist, kommt eine Staatshaftung wegen Verletzung der Umsetzungspflicht in Betracht?
- ☐ Existieren Präjudizien des EuGH, der nationalen Gerichte oder der Gerichte anderer Mitgliedstaaten zur Auslegung der einschlägigen gemeinschaftsrechtlichen Norm?
- ☐ Falls es sich um eine noch ungeklärte Frage der Auslegung des Gemeinschaftsrechts handelt, kommt ein Vorlageverfahren gemäß Art. 267 AEUV in Betracht?

I. Strukturprinzipien des Gemeinschaftsrechts

2 Die Feststellung, dass das nationale Recht in vielfältiger Weise durch das Recht der Europäischen Union (im Folgenden kurz: Gemeinschaftsrecht) beeinflusst wird, ist eine Binsenweisheit. Derjenige, der die rechtlichen Möglichkeiten und Grenzen seines wettbewerblichen Handlungsspielraums allein mit Blick auf den nationalen Rechtsrahmen ermitteln möchte, wird deshalb zwangsläufig ein zumindest unvollständiges, teilweise aber auch falsches Bild erhalten. Die wachsende Bedeutung des Gemeinschaftsrechts für die nationalen Rechtsordnungen steht jedoch bisweilen in einem auffälligen Kontrast zu den Schwierigkeiten, die es bereitet, Art und Umfang dieser Einflussnahme exakt zu definieren. Um diesen evolutiven Prozess adäquat wahrnehmen, verarbeiten, aber auch in der Praxis aktiv mitgestalten zu können, ist es unerlässlich, die grundlegenden Strukturprinzipien des Gemeinschaftsrechts zu kennen, innerhalb derer sich dieser Prozess vollzieht. Erst dieses „dogmatische Rüstzeug", das eine Kenntnis der Rechtsquellen des Gemeinschaftsrechts, dessen Auslegungsmethoden, der Vollzugsmöglichkeiten, der Judikatur des EuGH zu den Grundfreiheiten sowie des einschlägigen Sekundärrechts zum Wettbewerbsrecht einschließt, ermöglicht es, die oft einzelfallbezogen anmutenden Entscheidungen und Regelungen gedanklich zu vernetzen, in einen systematischen Kontext einzuordnen und hieraus konkrete Schlussfolgerungen für die Praxis abzuleiten. Dieses – in notwendig verkürzter, gestraffter und möglichst praxisbezogener Form – zu vermitteln, ist das Anliegen dieses Beitrags.

1. Binnenmarktkonzept

3 Über das Ziel und den Inhalt der europäischen Integration ließen sich, insbesondere unter Berücksichtigung der Regierungskonferenzen von Maastricht, Amsterdam und Lissabon, ganze Bände füllen.[1] An dieser Stelle seien nur diejenigen Strukturprinzipien erwähnt, welche für die Stellung des nationalen Wettbewerbsrechts im gemeinschaftsrechtlichen Gefüge von besonderer Bedeutung sind. Dies ist zunächst das in Art. 3 Abs. 3 Satz 1 EUV (ehemals Art. 3 Abs. 1 lit. c EGV) vorgegebene Ziel der Schaffung eines Binnenmarktes, der durch die Beseitigung der Hin-

[1] Vgl. hierzu Lenz/Bitterlich Einf. Rn. 1 ff.; Dauses/Müller-Graff A I Rn. 99 ff.; v. d. Groeben/Schwarze/Hatje/Kadelbach, Präambel EUV Rn. 1 ff.; Schwarze AEUV Art. 3 EUV Rn. 1 ff.; Geiger Präambel AEUV Rn. 10 ff.

dernisse für den freien Waren-, Personen-, Dienstleistungs- und Kapitalverkehr zwischen den Mitgliedstaaten gekennzeichnet ist. Der inzwischen durch den am 1.12.2009 in Kraft getretenen Vertrag von Lissabon[2] aufgehobene Art. 3 Abs. 1 lit. g EGV verlangte dabei ein System, das den auf diese Grundfreiheiten bezogenen Wettbewerb innerhalb des Binnenmarktes vor Verfälschungen schützt. Dies zielte nicht nur auf die Herstellung unverfälschten Wettbewerbs durch adäquate kartellrechtliche Rahmenbedingungen ab, sondern bezog auch den Schutz vor Wettbewerbsverfälschungen ein, die durch unlautere Praktiken im Wettbewerb entstehen.[3]

Allerdings hat die Schaffung eines Systems unverfälschten Wettbewerbs keine Aufnahme in den Zielkatalog des neuen Art. 3 EUV in der Fassung des Vertrags von Lissabon gefunden und findet nur noch im Protokoll Nr. 27 zum EU-Vertrag[4] Erwähnung. Demgegenüber haben die Solidaritätsziele zusätzliches Gewicht erlangt. Schließlich sind auch die Gleichbehandlungsgebote deutlich verstärkt worden, was ua seinen Niederschlag in dem umfassenden Diskriminierungsverbot des Art. 21 der Charta der Grundrechte[5] gefunden hat.[6] 4

Art. 114 AEUV (ehemals Art. 3 Abs. 1 lit. h EGV iVm Art. 95 EGV) enthält schließlich den Auftrag zur Angleichung der innerstaatlichen Rechtsvorschriften und ist Generalrechtsangleichungskompetenznorm.[7] Die Rechtsangleichungskompetenz bezieht sich auch auf die Harmonisierung der gewerblichen Schutzrechte sowie des Rechts des unlauteren Wettbewerbs.[8] Von Art. 114 AEUV sind Maßnahmen zur Rechtsangleichung bezüglich des geistigen Eigentums hingegen nicht erfasst. Art. 118 AEUV stellt vielmehr eine neue Unionskompetenz für die Schaffung neuer Rechtstitel im Bereich des geistigen Eigentums dar.[9] Da das Binnenmarktkonzept darauf abzielt, innerhalb der Europäischen Union einen einheitlichen Rechts- und Wirtschaftsraum zu schaffen, in dem zum Wohle der Bürger, der Unternehmen und der Allgemeinheit der Wettbewerb um Waren und Dienstleistungen möglichst frei und unverfälscht ausgetragen werden kann, das Zusammenwachsen der Märkte jedoch durch das bestehende Regelungsgefälle potentiell behindert wird, gehört die Harmonisierung der nationalen Wettbewerbsordnungen zu den vordringlichen Zielen der Integration. Indirekt berührt wird die Regelung des gewerblichen Rechtsschutzes durch das in Art. 3 Satz 3 EUV vorgegebene Ziel der Förderung des wissenschaftlichen und technischen Fortschritts. Dass hier ein enger Zusammenhang besteht, wird durch vielfältige Rechtsetzungsaktivitäten auf europäischer Ebene deutlich, von denen an dieser Stelle exemplarisch nur die Möglichkeit der Erlangung eines ergänzenden Schutzzertifikates für patentgeschützte Arzneimittel[10] sowie die besondere Behandlung, die Arzneimittel zur Behandlung seltener Krankheiten (orphan drugs) erfahren haben,[11] zu erwähnen sind. 5

2. Verhältnis des Gemeinschaftsrechts zum nationalen Recht

Die Europäische Union ist eine Rechtsgemeinschaft. Sie ist deshalb nur dann überlebens- und funktionsfähig, wenn ihre rechtlichen Strukturprinzipien respektiert und durchgesetzt werden. Hierzu zählen insbesondere die Grundsätze der einheitlichen Geltung, der unmittelbaren Wirkung und der Vorrangigkeit des Gemeinschaftsrechts, die durch den Grundsatz der Gemeinschaftstreue ergänzt werden. 6

a) **Einheitlichkeit.** Bereits aus dem Wesen der Europäischen Union als Rechtsgemeinschaft folgt das Postulat der einheitlichen und unverkürzten Geltung des Gemeinschaftsrechts in allen Mitgliedstaaten.[12] Es wäre mit dem Binnenmarktkonzept, welches auf den Gleichheitsgedanken der Marktbürger und Unternehmen beruht, unvereinbar, wenn widersprechendes nationalstaat- 7

---

[2] ABl. 2007 Nr. C 306 S. 1, ber. ABl. 2008 Nr. C 111 S. 56 u. ABl. 2009 Nr. C 290 S. 1.

[3] v. d. Groeben/Schwarze/Zuleeg AEUV Art. 3 EG Rn. 8 zur alten Fassung; Calliess/Ruffert/Ruffert AEUV Art. 3 Rn. 9.

[4] ABl. C 306 vom 17.12.2007, S. 156; konsolidierte Fassung ABl. C 83 vom 30.3.2010, S. 309.

[5] ABl. C 303 vom 14.12.2007, S. 1; konsolidierte Fassung ABl. C 83 vom 30.3.2010, S. 389.

[6] Kritisch hierzu Basedow Editorial EuZW 2008, 225.

[7] Calliess/Ruffert/Kahl AEUV Art. 114 Rn. 9.

[8] Calliess/Ruffert/Kahl AEUV Art. 114 Rn. 1–12.

[9] Calliess/Ruffert/Kahl AEUV Art. 118 Rn. 3.

[10] Verordnung VERORDNUNG (EG) Nr. 1901/2006 des Rates vom 12. Dezember 2006, ABl. Nr. L 378 vom 27.12.2006 S. 2; Verordnung (EG) Nr. 1610/96 des Europäischen Parlaments und des Rates vom 23.7.1996, ABl. Nr. L 198 vom 8.8.1996, S. 30.

[11] Verordnung (EG) Nr. 141/2000 des Europäischen Parlaments und des Rates vom 16.12.1999 über Arzneimittel und seltene Leiden, ABl. Nr. L 18 vom 22.1.2000, S. 1 ff.; Verordnung (EG) Nr. 847/2000 der Kommission vom 27.4.2000, ABl. Nr. C 103 vom 28.4.2000, S. 5.

[12] Dauses/Stettner A IV Rn. 10.

liches Recht nach Erlass von Gemeinschaftsrechtsnormen weiter in Kraft bleiben oder sogar neu gesetzt werden könnte.[13] Dies bedeutet ferner, dass – entgegen der „lex posterior"-Regel – der nationale Gesetzgeber nicht die Rechtsmacht haben darf, die einheitliche Geltung einer abschließenden gemeinschaftsrechtlichen Regelung dadurch zu unterlaufen, dass nachträglich eine widersprechende Vorschrift eingeführt wird.[14] Soweit daher Prinzipien des Wettbewerbsrechts auf der Ebene des Gemeinschaftsrechts abschließend geregelt worden sind, entfalten diese eine **„Sperrwirkung"** gegenüber dem nationalen Gesetzgeber.[15] Ebenso ist es wichtig, dass das harmonisierte einzelstaatliche Recht **autonom** und damit einheitlich ausgelegt wird. Dem EuGH kommt im Wege des Vorabentscheidungsverfahrens gem. Art. 267 AEUV (ehemals Art. 234 EGV) deshalb eine Schlüsselaufgabe zu, um in der gemeinschaftsweiten Gerichtspraxis ein faktisches Regelungsgefälle zu vermeiden. Dies gilt auch für die harmonisierten Bereiche des Wettbewerbsrechts, etwa im Bereich der irreführenden oder vergleichenden Werbung. Die besondere Bedeutung der einheitlichen Auslegung des harmonisierten einzelstaatlichen Rechts wird etwa an der Diskussion um das sog. (europäische) Verbraucherleitbild deutlich, welches nach der Rechtsprechung des Gerichtshofs der Bestimmung der Irreführungsgefahr zugrunde zu legen ist.[16]

8 **b) Unmittelbarkeit.** Die vom EuGH angenommene unmittelbare Wirkung von Gemeinschaftsnormen[17] kennzeichnet den vielleicht wichtigsten Unterschied des Gemeinschaftsrechts zu völkerrechtlichen Normen. Die unmittelbare Wirkung besagt, dass sich die Unionsbürger und Unternehmen vor Behörden und Gerichten auf Bestimmungen der Gründungsverträge nach Maßgabe näherer Qualifizierung als unmittelbar wirkend (self-executive) berufen können.[18] Für Beschränkungen, die sich aus der Anwendung nationaler Wettbewerbsvorschriften ergeben, sind insofern die – unmittelbar anwendbaren – Grundfreiheiten, insbesondere die Warenverkehrsfreiheit, von Bedeutung. Auch Verordnungen sind unmittelbar anwendbar, während dies für Richtlinien und staatengerichtete Beschlüsse ehemals „Entscheidungen"[19] nur in Ausnahmekonstellationen angenommen werden kann.

9 **c) Vorrang.** In einem engen Zusammenhang zum Prinzip der Einheitlichkeit steht der Grundsatz des Vorrangs des Gemeinschaftsrechts. Ungeachtet zahlreicher rechtsdogmatischer Detailfragen wird die These vom Vorrang des Gemeinschaftsrechts gegenüber nationalem Recht, dies unter Einschluss des Verfassungsrechts, heute weitgehend akzeptiert.[20] Der in der Grundsatzentscheidung „Costa/E. N. E. L."[21] vom EuGH formulierte und in der Folgezeit immer wieder bestätigte Grundsatz ist für das Bestehen und Funktionieren der Europäischen Union als Rechtsgemeinschaft schlechthin existentiell. Hätten die Mitgliedstaaten die Möglichkeit, in Bereichen, die der Zuständigkeit der Gemeinschaft unterliegen, einen verfassungsrechtlichen – von Mitgliedstaat zu Mitgliedstaat divergierenden – Souveränitätsvorbehalt geltend zu machen, würde die **einheitliche Geltung des Gemeinschaftsrechts** konterkariert werden. Im Verhältnis zum nationalen Grundrechtsschutz hat das BVerfG durch die beiden grundlegenden Entscheidungen **„Solange I"**[22] und **„Solange II"**[23] den Vorrang des Gemeinschaftsrechts akzeptiert, „solange" auf europäischer Ebene ein wirksamer Schutz der Grundrechte generell gewährleistet werde, der dem vom Grundgesetz als unabdingbar gebotenen Mindeststandard im Wesentlichen gleichzusetzen sei, insbesondere den Wesensgehalt der Grundrechte verbürge. Nachdem diese Balance durch die **„Maastricht"-Entscheidung**[24] und das dort betonte „Kooperationsverhältnis" zwischen EuGH

[13] Dauses/Stettner A IV Rn. 10. vgl. Schwarze/Hatje EUV Art. 4 Rn. 36 ff.

[14] Dauses/Stettner A IV Rn. 10.

[15] Furrer S. 90 ff.; zur Sperrwirkung im Hinblick auf Richtinien vgl. Geiger/Khan/Kotzur AEUV Art. 288 Rn. 13; Schwarze/Biervert AEUV Art. 288 Rn. 27.

[16] Vgl. § 11 Rn. 16, 36 ff. und § 22 Rn. 65 ff.

[17] Grundlegend EuGH Slg. 1963, 1, 24 – van Gend & Loos, seitdem st. Rspr.; vgl. EuGH Slg. 1974, 1337, 1349 – van Duyn/Home Office; Slg. 1982, 53, 71 – Becker/Finanzamt München; Slg. 1992, 6546, 6553 – Georges Lornoy en Zonen NV/Belgischer Staat.

[18] Dauses/Stettner A IV Rn. 12; im Hinblick auf Richtlinien vgl. Schwarze/Biervert AEUV Art. 288 Rn. 29; Grabitz/Hilf/Nettesheim, AEUV Art. 288 Rn. 39; MüKoUWG/Leible EG A Rn. 59 mwN.

[19] Vgl. § 11 Rn. 22 bis 25.

[20] So auch die Einschätzung von Dauses/Stettner A IV Rn. 25.

[21] Grundlegend EuGH Slg. 1964, 1259, 1270, seit dem st. Rspr.; vgl. EuGH EuZW 2019, 457 (464) – CETA EU-Kanada; EuGH EuZW 2020, 155 (157) – A. K.

[22] BVerfGE 37, 271 (279).

[23] BVerfGE 73, 339 (387), bestätigend BVerfGE 102, 147 (162 f.); BVerfGE 125, 260 (306); BVerfGE 152, 216 (235 f.); BVerfG, NJW 2020, 2699 Rn. 84 - Bestandsdatenauskunft II.

[24] BVerfGE 89, 155 (175).

und BVerfG ins Wanken zu geraten schien,[25] wurde in der jüngsten Auseinandersetzung um die „Bananenmarkt-Ordnung“ deutlich, dass die „Solange II“-Grundsätze weiterhin fortgelten.[26] Danach sind Verfassungsbeschwerden und Vorlagen von Gerichten, die eine Verletzung von nationalen Grundrechten durch sekundäres Gemeinschaftsrecht geltend machen, von vornherein unzulässig, wenn ihre Begründung nicht darlegt, dass die europäische Rechtsentwicklung einschließlich der Rechtsprechung des EuGH nach Ergehen der Solange II-Entscheidung unter den erforderlichen Grundrechtsstandard gesunken ist.

Dabei muss die Begründung der Vorlage oder Verfassungsbeschwerde im Einzelnen darlegen, dass der unabdingbar gebotene Grundrechtsschutz generell nicht gewährleistet ist, so dass einzelne Fehlentscheidungen („Ausrutscher“) durch den EuGH und hieraus resultierende Rechtsschutzdefizite nicht ausreichen. Die hierdurch im Rahmen der Zulässigkeit errichtete Hürde dürfte in der Praxis kaum überwindbar sein, zumal seit dem Inkrafttreten des Vertrags von Lissabon durch den in Art. 6 Abs. 1 EUV enthaltenen Verweis auf die durch den Vertrag von Nizza geschaffene EU-Grundrechtscharta ein unmittelbar geltender und verbindlicher europäischer Grundrechtskatalog besteht. Denn seit dem Inkrafttreten des neuen Art. 6 Abs. 1 EUV gelten die Verträge (EUV und AEUV) und die Charta der Grundrechte als gleichrangig, womit die Charta Bestandteil des Primärrechts geworden ist.[27] Solange der Vorrang des Gemeinschaftsrechts jedenfalls faktisch von den deutschen Gerichten (einschließlich des BVerfG) respektiert wird, erscheint es für die Praxis deshalb auch von untergeordneter Bedeutung, ob es sich hierbei um einen materiellen Geltungs- oder aber einen formalen Anwendungsvorrang handelt.[28] 10

d) **Verpflichtung zur Gemeinschaftstreue.** Der in Art. 4 Abs. 3 EUV (ehemals Art. 10 EGV) verankerte Grundsatz der Gemeinschaftstreue enthält eine doppelte Verpflichtung, nämlich in **positiver Hinsicht** alle geeigneten Maßnahmen zur Erfüllung der gemeinschaftsrechtlichen Verpflichtungen zu ergreifen und in **negativer Hinsicht** alle Maßnahmen zu unterlassen, welche die Verwirklichung der Vertragsziele gefährden könnten. Die aus Art. 4 Abs. 3 EUV resultierenden Verpflichtungen können zum einen inhaltlich akzessorisch durch andere Vorschriften vorgegeben werden,[29] zum anderen aber auch eigenständigen Charakter haben. So folgt etwa aus dem Grundsatz der Gemeinschaftstreue die (akzessorische) Verpflichtung der Gemeinschaftsstaaten, alles zu unterlassen, was den Wettbewerbsregeln ihre praktische Wirksamkeit nehmen könnte.[30] Zudem verpflichtet Art. 4 Abs. 3 EUV die staatlichen Gerichte zur gemeinschaftskonformen Auslegung des nationalen Rechts. Danach muss ein nationales Gericht bei der Anwendung des innerstaatlichen Rechts dieses so weit wie möglich am Wortlaut und Zweck der zugrundeliegenden Gemeinschaftsvorschrift ausrichten, um das mit diesem verfolgten Ziel zu erreichen.[31] Dies gilt auch für das nationale Wettbewerbsrecht und seine Nebengesetze. Dem hat der BGH in seiner „Testpreis-Angebot“-Entscheidung[32] sogar in einer Art „vorauseilendem Gehorsam“ Rechnung getragen, indem er bereits vor Ablauf der Umsetzungsfrist der Richtlinie 97/55/EG die dort statuierten Kriterien für die Zulässigkeit einer konkret vergleichenden Werbung in die Judikatur zu § 1 UWG integriert hat. 11

II. Rechtsquellen des Gemeinschaftsrechts

1. Primärrecht

Rechtsquellen des Gemeinschaftsrechts sind zunächst die Gründungsverträge, einschließlich der späteren Änderungen und Ergänzungen, insbesondere durch die Einheitliche Europäische 12

[25] In Wahrheit beschreibt dieses „Kooperationsverhältnis“ letztlich nur sehr unvollkommen und euphemistisch die Verpflichtung des BVerfG, dem EuGH Rechtsfragen zur Auslegung des europäischen Grundrechtsschutzes im Wege des Vorabentscheidungsverfahrens zuzuleiten.

[26] BVerfGE 102, 147 = NJW 2000, 3124 – Solange III; vgl. hierzu näher Zuleeg NJW 2000, 2846; generell zum Verhältnis zwischen EU-Recht und nationalem Verfassungsrecht vgl. näher Nettesheim EuR 2004, Beiheft 1, 5 ff.

[27] Calliess/Ruffert/Kingreen EUV Art. 6 Rn. 12; hierzu näher Pache/Rösch EuR 2009, 769.

[28] Vgl. hierzu näher Dauses/Stettner A IV Rn. 28 ff. mwN; im Hinblick auf Richtlinien vgl.: Grabitz/Hilf/Nettesheim, AEUV Art. 288, Rn. 53; MüKoUWG/Leible EG A Rn. 62.

[29] Lenz/Lenz AEUV Art. 4 Rdnr 14 ff.; Grabitz/Hilf/von Bogdandy/Schill Art. 4 EUV Rn. 56.

[30] Vgl. hierzu EuGH Slg. 1986, 1457 (1471) – Asjes, bestätigend Slg.1987, 3821, 3826 – Reisevermittler.

[31] EuGH Slg. 1973, 813, 829 – Kommission/Deutschland; zu den Rechtsfolgen eines Verstoßes gegen Gemeinschaftsrecht durch nationale Gerichte vgl. Meier EuZW 2004, 335; Breuer EuZW 2004, 199 Schwarze/Hatje Art. 4 EUV Rndr 21–49; Geiger Art 4 EUV Rn. 9.

[32] BGH GRUR 1998, 824 ff. – Testpreisangebot, bestätigt durch OLG Hamburg LMR 2008, 11; vgl. § 23 Rn. 24 und § 18 Rn. 5.

Akte, den Unionsvertrag von Maastricht, den Vertrag von Amsterdam sowie den Vertrag von Lissabon. Der Vertrag von Nizza, der der Abarbeitung der in dem Amsterdam-Vertrag nicht bewältigten Punkte diente, ist am 26.2.2001 unterzeichnet worden und am 1.2.2003 in Kraft getreten. Dabei wurde auch die Charta der Grundrechte der Europäischen Union feierlich proklamiert.[33] Der nach dem Vertrag von Nizza einsetzende Prozess zur Schaffung einer europäischen Verfassung hat zu dem am 18.7.2003 von dem Europäischen Konvent überreichten Entwurf des Vertrages über eine Verfassung für Europa geführt.[34] Der einheitliche Verfassungsvertrag scheiterte jedoch 2005 an ablehnenden Referenden in Frankreich und den Niederlanden. Am 13.12.2007 unterzeichneten die Staats- und Regierungschefs schließlich den Vertrag von Lissabon,[35] der zwar begrifflich nicht zu einer „Verfassung" der EU führt, dessen Inhalt jedoch kaum vom ursprünglichen Verfassungsvertrag abweicht. Die ursprünglichen Gründungsverträge EUV und EGV wurden weitreichend reformiert. Der EUV wurde geändert beibehalten und durch den gleichrangigen, den EGV weitgehend ersetzenden AEUV ergänzt. Daneben wurde durch den Verweis in Art. 6 EUV die Charta der Grundrechte der Europäischen Union[36] zu einer dritten Quelle unmittelbar geltenden Primärrechts.[37] Neben die zwei Gründungsverträge und die EU-Grundrechtscharta treten als Primärrecht zudem die „allgemeinen Rechtsgrundsätze" und das Gewohnheitsrecht des europäischen Bereichs.[38] Innerhalb des primären Gemeinschaftsrechts existiert keine interne Rangordnung, so dass etwaige Überschneidungen nach dem Prinzip der Gesetzeskonkurrenz, insbesondere der Spezialität, zu lösen sind.[39] Besondere Bedeutung für wettbewerbsrechtliche Fragestellungen kommt innerhalb des Primärrechts seit jeher den wirtschaftlichen Grundfreiheiten, dort insbesondere der Warenverkehrs- und Dienstleistungsfreiheit zu.[40]

2. Sekundärrecht

13 Unter dem sekundären Gemeinschaftsrecht versteht man die aus der primärrechtlich begründeten Rechtsetzungsgewalt der Gemeinschaft abgeleiteten Rechtssätze. Hierzu zählen insbesondere die in Art 288 AEUV (ehemals Art. 249 EGV) genannten **Verordnungen, Richtlinien** und **Beschlüsse.** Als abgeleitetes Folgerecht steht das sekundäre Gemeinschaftsrecht hierarchisch unter dem Primärrecht und ist an diesem zu messen, insbesondere primärrechtskonform auszulegen.[41] Art. 288 AEUV enthält das Prinzip der **begrenzten Einzelermächtigung** und ist damit keine Ermächtigungsnorm klassischer Prägung im Sinne einer „Kompetenz-Kompetenz".[42] So hat der EuGH beispielsweise mit Urteil vom 5.10.2000 die sog. „Tabakwerberichtlinie" 98/43/EG für nichtig erklärt, da die Europäische Union über keine isolierte Kompetenz im Bereich des Gesundheitsschutzes verfüge, ohne dass zugleich das Binnenmarktprinzip gefördert werde.[43] Demgegenüber hat der Gerichtshof die Richtlinie 2001/37/EG über die Herstellung, Aufmachung und den Verkauf von Tabakerzeugnissen[44] als im wesentlichen gemeinschaftskonform angesehen, da ua der erforderliche Binnenmarktbezug bestand.[45] Der in Art. 288 AEUV enthaltene Katalog der möglichen Rechtshandlungsformen ist nicht abschließend.[46] Die drei wichtigsten Handlungsformen sind jedoch:

[33] Zum Vertrag von Nizza s. näher Pache/Schorkopf NJW 2001, 1377 ff.; zur Charta der EU-Grundrechte s. näher Calliess EuZW 2001, 261 ff.; Schwarze EuZW 2001, 517 ff.; Hilf EuR 2000, Beiheft 3, 13 ff.

[34] ABl. Nr. C 310/04 vom 16.12.2004, S. 1 im Internet abrufbar unter http://european-convention. eu. int.

[35] ABl. Nr. C 306 vom 13.12.2007, S. 1, ber. durch ABl. 2008 Nr. C 111 S. 56 u. ABl. 2009 Nr. C 290 S. 1.

[36] ABl. Nr. C 303 vom 12.12.2007, S. 1.

[37] Zu den Änderungen durch den Vertrag von Lissabon näher Streinz FPR 2010, 481 und Hatje/Kindt NJW 2008, 1761.

[38] Letzteres ist allerdings umstritten, vgl. hierzu Dauses/Stettner A IV Rn. 1.

[39] Dauses/Stettner A IV Rn. 4.

[40] Vgl. § 11 Rn. 26 ff. und Rn. 50 ff.; MüKoUWG/Leible EG A Rn. 64–144.

[41] Dauses/Stettner A IV Rn. 4; Calliess/Ruffert/Ruffert AEUV Art. 288 AEUV Rn. 8 f.; MüKoUWG/Leible EG A Rn. 151–171.

[42] Vgl. hierzu Lenz/Hetmeier AEUV Art. 288 Rn. 2; Geiger/Khan/Kotzur/Kotzur AEUV Art. 288 Rn. 3.

[43] EuGH Slg. 2000, I-8419 = NJW 2000, 3701 – Deutschland/Parlament und Rat; Schroeder EuZW 2001, 489; Colneric EuZW 2002, 709.

[44] ABl. Nr. L 194 v. 18.7.2001, S. 26 = EuZW 2001, 495.

[45] EuGH Slg. 2002, I-11550, I-11615 – British American Tobacco; vgl. hierzu näher Görlitz EuZW 2003, 485; Wägenbauer EuZW 2003, 107.

[46] Lenz/Hetmeier AEUV Art. 288 Rn. 3 unter Hinweis auf politische Begründungen oder Willenserklärungen; Calliess/Ruffert/Ruffert AEUV Art. 288 Rn. 98.

a) **Verordnungen.** Sie sind als **abstrakt-generelle Regelungen** am ehesten den formellen Gesetzen der Mitgliedstaaten vergleichbar. Sie sind gem. Art. 288 Abs. 2 AEUV für eine unbegrenzte Zahl von Adressaten bestimmt, auf objektive Sachverhalte generell anwendbar und haben unmittelbare Rechtswirkungen für allgemein und abstrakt umrissene Personengruppen.[47] Ein Transformationsakt zur Umsetzung der Verordnung in nationales Recht ist weder erforderlich noch zulässig.[48] Typisches Beispiel ist hierfür etwa die Verordnung Nr. 40/94 über die Gemeinschaftsmarke.[49] Verpflichtungen können aber Einzelnen erst dann auferlegt werden, wenn sie im Amtsblatt der EU in der Sprache der Regelungsadressaten veröffentlicht worden sind.[50] 14

b) **Richtlinien.** Die in Art. 288 Abs. 3 AEUV angesprochenen Richtlinien finden im nationalen Recht keine Entsprechung.[51] Sie sind für den Mitgliedstaat hinsichtlich des zu erreichenden Ziels verbindlich, überlassen jedoch den innerstaatlichen Stellen die **Wahl der Form und der Mittel.** Die Umsetzung erfordert grundsätzlich ein Tätigwerden des Gesetzgebers, während eine Umsetzung durch Exekutive oder Judikative schon aus Gründen der Transparenz regelmäßig nicht ausreichend ist.[52] Zu Recht hat der Gesetzgeber deshalb von der Umsetzung der Richtlinie 97/55/EG zur vergleichenden Werbung auch nicht bereits im Hinblick auf die „Testpreis-Angebot"-Entscheidung des BGH[53] abgesehen.[54] 15

c) **Beschlüsse.** Die durch den Vertrag von Lissabon neu eingeführte unionsrechtliche Handlungsform der Beschlüsse ersetzt zum einen die ehemalige Form der „Entscheidungen" und führt zum anderen die bisher nicht gesetzlich geregelte, aber sich dennoch zuvor in der Praxis entwickelte Handlungsform des Beschlusses ein.[55] Der Beschluss als Nachfolger der „Entscheidung" ist unter anderem Mittel zur **Regelung von Einzelfällen** und damit in dieser Funktion am ehesten den Verwaltungsakten des nationalen Rechts vergleichbar.[56] Abzugrenzen ist er von nicht-verbindlichen Äußerungen, die erkennbar nicht darauf gerichtet sind, Rechtswirkungen zu erzeugen.[57] Neben der Regelung von Einzelfällen, bei denen der Beschluss den Adressaten bezeichnen muss, können Beschlüsse auch adressatenlos sein. Dies stellt eine Erweiterung im Vergleich zu den ehemaligen „Entscheidungen" dar.[58] Beschlüsse sind verbindlich. Sind sie nur an bestimmte Adressaten gerichtet, so sind sie gem. Art. 288 Abs. 4 Satz 2 AEUV nur für diese verbindlich. Ähnlich wie Richtlinien können aber auch Beschlüsse, die an bestimmte Adressaten (bspw. die Mitgliedstaaten) gerichtet sind, unter bestimmten Voraussetzungen unmittelbare Rechtswirkungen für Unionsbürger und Unternehmen haben.[59] Die Entscheidungen des EuGH leiten ihre Verbindlichkeit nicht aus Art. 288 Abs. 4 AEUV (ehemals Art. 249 Abs. 4 EGV), sondern vielmehr aus der Stellung des EuGH als letztinstanzlich zuständiges Gericht für die Auslegung des Gemeinschaftsrechts ab. Diese – aus der Natur der Sache folgende – Verbindlichkeit der Entscheidungen des EuGH bedarf keiner ausdrücklichen Kodifizierung. 16

III. Auslegung und Vollzug des Gemeinschaftsrechts

Von besonderer Bedeutung für den Integrationsprozess sind insbesondere die einheitliche Auslegung und der homogene Vollzug des Gemeinschaftsrechts. Folgende Aspekte verdienen auf Grund ihrer besonderen Bedeutung einer kurzen Erwähnung: 17

---

[47] Lenz/Hetmeier AEUV Art. 288 Rn. 1 ff.; Schwarze/Biervert AEUV Art. 288 Rn. 19; Geiger AEUV Art. 288 Rn. 6 ff; Calliess/Ruffert/Ruffert AEUV Art. 288 Rn. 21 ff.

[48] Lenz/Hetmeier Art. 288 Rn. 8; Geiger Art. 288 Rn. 8; Calliess/Ruffert/Ruffert AEUV Art. 288 Rn. 20 ff.

[49] ABl. Nr. L 11/04 vom 14.1.1994, S. 1.

[50] EuGH EuZW 2008,180, 181 ff. – Skoma-Lux sro.

[51] Lenz/Hetmeier Art. 288 Rn. 10; Grabitz/Hilf/Nettesheim Art. 288 Rn. 124.

[52] EuGH Slg. 1991, I-00865, I-00870 – Kommission/Deutschland; Slg. 1985, 1667, 1671 – Kommission/Deutschland; Slg. 1986, 3657, 3659 – Kommission/Belgien; Slg. 1991, I-2596, I-2602 – Kommission/Deutschland; Dreher EuZW 1997, 522.

[53] BGH GRUR 1998, 824 (826) – Testpreis-Angebot, bestätigt durch OLG Hamburg LMR 2008, 11; vgl. → Rn. 24.

[54] Vgl. hierzu das Gesetz zur vergleichenden Werbung und zur Änderung wettbewerbsrechtlicher Vorschriften, BGBl. I 2000, S. 1374 f.

[55] Calliess/Ruffert/Ruffert AEUV Art. 288 Rn. 85 ff.

[56] Calliess/Ruffert/Ruffert AEUV Art. 288 Rn. 91; noch zur Entscheidung Lenz/Hetmeier Art. 288 Rn. 153 und Schwarze/Biervert Art. 249 Rn. 32.

[57] EuGH Slg. 1963, 473, 484 – Emile Henricot.

[58] Calliess/Ruffert/Ruffert AEUV Art. 288 Rn. 87.

[59] EuGH Slg. 1970, 826, 838 – Grad/Finanzamt Traunstein; ansonsten würde die praktische Wirkung („effet utile") einer Maßnahme unterlaufen werden, wenn sich der Angehörige eines Mitgliedstaates nicht auf diese berufen könnte, obwohl er ein schutzwürdiges Interesse an der Erfüllung der Verpflichtung hat.

1. Auslegungsmethoden

18 a) **Wortauslegung.** Auch die Auslegung des Gemeinschaftsrechts muss zunächst am **Wortlaut** der auszulegenden Bestimmung ansetzen. Soweit der Wortlaut klar, eindeutig, unmissverständlich und somit zwingend ist, wird hierdurch die Auslegung verbindlich vorgegeben.[60] In einer Vielzahl von Fällen ergibt der Wortlaut jedoch gerade kein eindeutiges Bild, so dass ergänzend auf andere Gesichtspunkte, wie Systematik und Sinn und Zweck der Vorschriften abzustellen ist. Im Zweifelsfall ist auch ein Vergleich mit den Fassungen in den Sprachen anderer Mitgliedstaaten vorzunehmen,[61] wobei Textdivergenzen sich bei Mehrsprachigkeit kaum ausschließen lassen.[62]

19 b) **Historische Auslegung.** Der **historischen,** nach der Entstehungsgeschichte der jeweiligen Vorschrift fragenden Auslegungsmethode kommt in der Rechtsprechung des EuGH – isoliert betrachtet – nur eine sehr eingeschränkte Bedeutung zu. Diese wird allerdings häufig mit der teleologischen Methode verknüpft.[63] In praktischer Hinsicht ergibt sich zunächst das Problem, dass viele Materialien des Rechtsetzungsprozesses nicht veröffentlicht worden oder zumindest nicht allgemein zugänglich sind. Soweit das EU-Recht darauf gerichtet ist, Rechte (und Pflichten) der Unionsbürger und Unternehmen zu begründen, setzt schon der Grundsatz der Rechtssicherheit und Transparenz der historischen Auslegungsmethode enge Grenzen.[64] Da das Richtlinienkonzept in den Erwägungsgründen dargelegt wird, besteht insofern allerdings ein geeigneter Bezugspunkt.[65] Dessen ungeachtet erklärt es sich aus dem – insbesondere in den 1970er und 1980er Jahren vertretenen – Selbstverständnis des EuGH als „Motor der Integration", dass dieser bemüht ist, im Zweifel einer integrationsfreundlichen Auslegung den Vorzug zu geben, auch wenn dies mit der historischen Regelungsabsicht des Gemeinschaftsgesetzgebers nicht vollständig gedeckt gewesen ist.[66] Treffendes Beispiel für eine solche – die Entstehungsgeschichte überspielende – Auslegung ist die Rechtsprechung des EuGH zu Art. 7 der Irreführungsrichtlinie 84/450/EWG (nun RL 2006/114/EG), der es den Mitgliedstaaten ermöglicht, strengere Schutzstandards beizubehalten oder einzuführen. Diese Verschärfungsfreiheit ist seinerzeit eingeführt worden, da man sich auf ein materielles Schutzniveau gerade nicht hat einigen können und somit ein völliges Scheitern der Rechtsetzung verhindern wollte. Von deutscher Seite wurde dies lange Zeit als eine Absicherung der strengen deutschen Schutzstandards gewertet.[67] Dessen ungeachtet legt der EuGH in ständiger Rechtsprechung die Irreführungsgefahr so aus, dass nicht auf das Verkehrsverständnis eines flüchtigen und oberflächlichen Adressaten, sondern auf das Leitbild des durchschnittlich informierten, aufmerksamen und verständigen Durchschnittsverbrauchers abgestellt wird.[68]

20 c) **Systematische Auslegung.** Die **systematische** Auslegung des Gemeinschaftsrechts wird häufig dadurch erschwert, dass lediglich ein Teilbereich eines wesentlich komplexeren Normengefüges gemeinschaftsrechtlich erfasst und geregelt wird.[69] In diesem Fall ist es naturgemäß schwierig, aus dem systematischen Verhältnis zu anderen Vorschriften Rückschlüsse auf die Auslegung des Gemeinschaftsrechts zu ziehen.[70] Aufgrund des Kompromisscharakters des gemeinschaftlichen

[60] Dauses/Pieper B I Rn. 8;.

[61] EuGH Slg. 1967, 461, 472 – Van der Vecht; bestätigend Slg. 1990, 1370, 1376 – Milk Marketing Board of England and Waldes/Cricket St Thomas Estate; Slg. 2005, I-10704, I-10715 – Jyske Finans; Slg. 1982, 3415, 3430 – C. I. L. F. I. T; vgl. hierzu Ackermann WRP 2000, 807 ff.

[62] Callies/Ruffert/Wichard AEUV Art. 342 Rn. 17 f; hieraus erklärt sich zum Teil die vergleichsweise geringe Bedeutung der Wortlautauslegung. Zu weitgehend ist es jedoch, wenn hieraus die Schlussfolgerung abgeleitet wird, dass der sich aus dem Wortlaut ergebende Sinngehalt nicht die Grenze der Auslegung bilden soll.

[63] Ausführlich hierzu Leisner EuR 2007, 689 ff.; Callies/Ruffert/Wegener AEUV Art. 19 Rn. 14.

[64] Zutreffend Dauses/Bleckmann/Pieper B I Rn. 41.

[65] EuGH Slg. 1980, 813, 823 – van Walsum; Slg. 1983, 3781, 3792 – Merck, bestätigend EuGH, Urt. v. 19.10.2017 – C-383/16, Rn. 35 – Livestock BV/Staatssecretaris van Economische Zaken = BeckRS 2017, 128371; vgl. hierzu auch Lutter JZ 1992, 593 (600 f.).

[66] Kritisch zur Auslegungspraxis des EuGH s. aus jüngerer Zeit Hailbronner NJW 2004, 2185.

[67] Vgl. hierzu Gloy/Loschelder/Erdmann/Helm § 49 Rn. 13.

[68] EuGH Slg. 1995, I–1923 = GRUR Int. 1995, 804 – Mars; grundlegend Slg. 1998, I-4657 = WRP 1998, 848 ff. – Gut Springenheide; seitdem st. Rspr.; vgl Slg. 1999, I-513 = GRUR Int. 1999, 340 ff. – Kessler Hochgewächs; Slg. 2000, I-117 = WRP 2000, 289 ff. – Lifting-Crème; Slg. 2000, I-2297 = GRUR Int. 2000, 756 – Darbo; Slg. 2009, I-08041, I-8086 – Severi/Regione Emilia-Romagna; EuGH, Urt. v. 24.3.2022 – C-533/20, Rn. 47 – Upfield Hungary = GRUR 2022, 577; vgl. hierzu näher § 11 Rn. 39 ff. und § 22 Rn. 65 ff.

[69] Kritisch zu diesem Ansatz einer „piecemeal legislation" Götz NJW 1992, 1849 (1850).

[70] Exemplarisch hierfür die Schwierigkeiten bei der Abgrenzung des Arzneimittelbegriffs von dem Lebensmittelbegriff, da letzterer gemeinschaftsrechtlich nicht definiert ist, vgl. hierzu Doepner § 1 Rn. 38 mwN.

Rechtsetzungsverfahrens erhöht sich die Wahrscheinlichkeit von Unstimmigkeiten zudem, so dass das Streben nach innerer Widerspruchsfreiheit, die kennzeichnend für die systematische Auslegung ist, ein kaum zu erreichendes Idealziel darstellt.[71] Soweit es um das Verhältnis verschiedener Regelungen innerhalb desselben europäischen Normenkomplexes geht, bleibt freilich eine Anwendung der systematischen Auslegungsmethode uneingeschränkt möglich.[72] Auch dies bereitet mitunter allerdings Schwierigkeiten, wie etwa die – inzwischen durch die „Pippig Augenoptik"-Entscheidung des EuGH[73] allerdings beendete – Diskussion um die Tragweite der Verschärfungsfreiheit des Irreführungsverbots im Rahmen der vergleichenden Werbung belegt.[74] Einen Unterfall der systematischen Auslegung stellt die primärrechtskonforme Auslegung des sekundären Gemeinschaftsrechts dar. Danach sind sekundäre Rechtsakte möglichst so auszulegen, dass sie mit den Zielvorgaben des Primärrechts vereinbar sind.[75] Hierzu zählt auch das Gebot, die Richtlinien und das auf dieser Grundlage erlassene nationale Recht so auszulegen, dass es mit den EU-Grundrechten, insbesondere mit dem Verhältnismäßigkeitsgrundsatz nicht kollidiert.[76]

21 d) **Teleologische Auslegung.** Beherrschendes Auslegungsprinzip in der Rechtsprechung des EuGH ist zweifellos die **teleologische,** nach dem Sinn und Zweck fragende Methode, die auch mit der systematischen und historischen Auslegungsmethode verknüpft werden kann. Besonderes Gewicht hat hier insbesondere das „effet utile"-Prinzip, wonach im Zweifel auf die Auslegung zurückzugreifen ist, welche die Vertragsziele am wirksamsten fördert.[77] Die Etablierung dieses Prinzips ist eng verbunden mit dem Selbstverständnis des EuGH als „Motor der Integration", welches insbesondere in Zeiten der Integrationsstagnierung von großer Bedeutung gewesen ist. Mit Fortschreiten und Vertiefung der Integration lässt die Rechtsprechung des EuGH allerdings in jüngerer Zeit zunehmend ein gewandeltes Selbstverständnis im Sinne eines gewissen „judicial self-restraint" erkennen, welches die rechtspolitischen Einschätzungsprärogativen der für die Rechtsetzung zuständigen Gemeinschaftsorgane sowie – als Ausdruck des Subsidiaritätsprinzips – der Mitgliedstaaten und deren Gerichte stärker berücksichtigt. Dies hat einen besonders prägnanten Ausdruck in der Korrektur der Rechtsprechung des EuGH zur Warenverkehrsfreiheit durch die berühmte „Keck und Mithouard"-Entscheidung gefunden.[78] Auch die jüngere Rechtsprechung zum Spannungsverhältnis „Warenverkehrsfreiheit/Irreführungsverbot" lässt gewisse, die Entscheidungsspielräume der nationalen Gerichte stärkende Nuancen erkennen.[79]

2. Vorabentscheidungsverfahren

22 Das in Art. 267 AEUV (ehemals Art. 234 EGV) geregelte Vorabentscheidungsverfahren ist von zentraler Bedeutung für die Wirksamkeit und insbesondere die Einheitlichkeit des Gemeinschaftsrechts. Den nationalen Gerichten kommt zunächst die Aufgabe zu, das Gemeinschaftsrecht in eigener Verantwortung und richterlicher Unabhängigkeit auszulegen und anzuwenden. Der nationale Richter ist damit auch ein „europäischer Richter".[80] Um der Gefahr divergierender oder gar widersprechender Auslegungen des Gemeinschaftsrechts entgegenzuwirken, ist eine letztinstanzliche Kanalisierung durch ein europäisches Gericht unerlässlich. Diese Aufgabe wird von dem (Europäischen) Gerichtshof sowie dem Gericht der Europäischen Union (ehemals Europäischen Gericht erster Instanz) wahrgenommen.[81] Gemäß Art. 267 Abs. 1 AEUV ist **Gegenstand** der Vorabentscheidung die Auslegung der Verträge und sämtlicher Handlungen der Organe, Einrichtungen und sonstiger Stellen der Union sowie die Gültigkeit dieser Handlungen.

[71] Näher hierzu Callies/Ruffert/Wegener AEUV Art. 19 Rn. 15.

[72] Vgl. hierzu Dauses/Bleckmann/Pieper B I Rn. 28 ff.

[73] EuGH Slg. 2003, I-3095 = GRUR 2003, 533 – „Pippig Augenoptik/Hartlauer" vgl. hierzu Ohly GRUR 2003, 641; vgl. hierzu näher § 11 Rn. 39.

[74] Diese Streitfrage ist inzwischen durch die „Pippig Augenoptik/Hartlauer"-Entscheidung geklärt, vgl. hierzu § 11 Rn. 39.

[75] Näher hierzu sowie zu dem umgekehrten Fall der sekundärrechtskonformen Auslegung des Primärrechts MüKo-UWG/Leible EG A Rn. 170 ff.; EuGH EuZW 2007, 730 ff. – Diageo Deutschland GmbH.

[76] EuGH MMR 2008, 227. – Promusicae.

[77] Dauses/Bleckmann/Pieper B I Rn. 30; Lutter JZ 1992, 593 (602); MüKoUWG/Leible EG A Rn. 129.

[78] EuGH Slg. 1993, I-6097 ff.; vgl. § 22 Rn. 36 ff.

[79] Vgl. § 11 Rn. 46 bis 48.

[80] Lenz/Borchardt Art. 267 Rn. 1; zu den Rechtsfolgen eines Verstoßes gegen Gemeinschaftsrecht durch nationale Gerichte vgl. näher Meier EuZW 2004, 335 ff. und Breuer EuZW 2004, 199 ff.; Calliess/Ruffert/Wegener AEUV Art. 267 Rn. 1.

[81] Vgl. hierzu Everling EuR 2003, Beiheft 1, 7 ff

Die im alten Art. 234 Abs. 1 EGV vorgesehene Beschränkung auf Handlungen der Organe und der Europäischen Zentralbank (EZB) ist entfallen. Zu den genannten Handlungen im Sinne des Art. 267 Abs. 1 AEUV gehört das gesamte sekundäre Gemeinschaftsrecht. Gemäß Art. 267 Abs. 2 AEUV liegt es grundsätzlich im Ermessen des Gerichts eines Mitgliedstaates, dem Gerichtshof eine Frage zur Vorabentscheidung vorzulegen, soweit eine Entscheidung darüber für erforderlich gehalten wird. Dieses Ermessen verdichtet sich gem. Art. 267 Abs. 3 AEUV zu einer Vorlagepflicht, sofern es sich um die Entscheidung eines einzelstaatlichen Gerichts handelt, dessen Entscheidungen selbst nicht mehr mit Rechtsmitteln des innerstaatlichen Rechts angefochten werden können.

23 Besondere Sorgfalt ist bei Vorabentscheidungsverfahren auf die **richtige Formulierung** der Vorlagefrage zu verwenden.[82] Diese wird zwar letztlich von dem vorlegenden Gericht selbst bestimmt; jedoch sind die Parteien eines Rechtsstreits gut beraten, auf diese durch ihr Vorbringen Einfluss zu nehmen. Denn eine inhaltliche Befassung mit der Vorlagefrage durch den EuGH findet nicht statt, wenn offensichtlich ist, dass

- die von dem nationalen Gericht erbetene Auslegung des Gemeinschaftsrechts in keinem Zusammenhang mit der Realität oder dem Gegenstand des Rechtsstreits steht,
- das Problem hypothetischer Natur ist oder
- der EuGH nicht über die tatsächlichen und rechtlichen Angaben verfügt, die für eine zweckdienliche Beantwortung der ihm vorgelegten Fragen erforderlich sind.[83]

24 Aus der Natur **eilgerichtlicher Verfahren** folgt, dass in diesen ein Vorlageverfahren gem. Art. 267 AEUV regelmäßig ausscheidet. Soweit die Gültigkeit eines Gemeinschaftsrechtsaktes in Streit steht, ist es dem nationalen Gericht nur in engen Grenzen gestattet, die Anwendung des nationalen Vollzugsakts vorläufig auszusetzen.[84] Weniger strenge Anforderungen an die Gewährung einstweiligen Rechtsschutzes sind demgegenüber zu stellen, wenn es um die (fehlende) Gemeinschaftskonformität einer rein innerstaatlichen Regelung geht. Ist das nationale Gericht davon überzeugt, dass eine Verletzung höherrangigen Gemeinschaftsrechts vorliegt oder hält es einen solchen Verstoß jedenfalls für überwiegend wahrscheinlich, entspricht es dem „effet utile“-Prinzip sowie dem Grundsatz gemeinschaftstreuen Verhaltens, die (vermeintlich) gemeinschaftswidrige nationale Vorschrift nicht anzuwenden.[85] Dies gilt erst Recht dann, wenn die Unvereinbarkeit mit dem Gemeinschaftsrecht durch den Gerichtshof positiv festgestellt worden ist. Die Behörden und Gerichte sind dann gehalten, gemeinschaftsrechtswidrige Bestimmungen außer Anwendung zu lassen, ohne dass eine Aufhebung durch den Gesetzgeber abgewartet werden darf.[86] Die Verletzung der Vorlagepflicht eines letztinstanzlichen Gerichts stellt zugleich einen Verstoß gegen Art. 100 Abs. 1 Satz 2 GG dar, da der EuGH „gesetzlicher Richter“ im Sinne dieser Vorschrift ist.[87] Ein materieller Verstoß soll nach der Rechtsprechung des BVerfG allerdings nur dann gegeben sein, wenn die Nichtvorlage auf „objektiver Willkür“ beruht.[88] Eine pflichtwidrig unterbliebene Vorlage kann einen Revisionsgrund iSv § 132 Abs. 2 Nr. 3 VwGO wie auch § 551 Abs. 3 Nr. 2b ZPO darstellen.[89]

3. Folgen einer nicht fristgerechten Umsetzung des Gemeinschaftsrechts

25 Gemeinschaftsrechtliche Vorschriften sprechen häufig einen Umsetzungsbefehl aus. Dies trifft – nicht nur, aber vor allem – auf Richtlinien zu, die dem Mitgliedstaat hinsichtlich des zu erreichenden Ziels einen verbindlichen Umsetzungsauftrag erteilen, diesem jedoch die Wahl der Form und der Mittel belassen. Kommt der Mitgliedstaat dieser Umsetzungsverpflichtung ord-

[82] Vgl. hierzu den instruktiven Beitrag von Wägenbaur EuZW 2000, 37.

[83] Vgl. hierzu näher Lenz/Borchardt AEUV Art. 267 Rn. 25 ff.

[84] Vgl. hierzu EuGH Slg. 1987, 4199 – Foto-Frost; Slg. 1990, I-2433 – Factortame; Slg. 1991, I-534 – Zuckerfabrik Süderdithmarschen; Slg. 1995, I-3799 – Atlanta Fruchthandelsgesellschaft; EuGH 28.3.2017 – C-72/15 = EuZW 2017, 529, zum Ganzen vgl. auch Lenz/Borchardt Art. 267 Rn. 14.

[85] Konsequent OLG Düsseldorf EuZW 1999, 188 bei einem bejahten Verstoß gegen das Kartellverbot des Art. 81 EG (nun 101 AEUV) durch Festbetragsfestsetzungen auf der Grundlage des SGB V. Allerdings hat der EuGH inzwischen in der Sache selbst in einem gegenteiligen Sinne entschieden, s. EuGH EuZW 2004, 241 ff. – AOK Bundesverband.

[86] EuGH NJW 2007, 3625 – Office national des pensions/Jonkman u. h.

[87] BVerfGE 73, 339 (366).

[88] BVerfG NVwZ 1991, 53; BVerfGE 75, 223 (245); BFH EuZW 2007, 551; vgl. hierzu auch Lenz/Borchardt Art. 267 Rn. 45 ff.

[89] Lenz/Borchardt AEUV Art. 267 Rn. 52 mwN; Schwarze/Schwarze AEUV Art. 234 Rn. 53; Dauses/Dauses P II Rn. 185.

nungsgemäß nach, können sich dessen Bürger und Unternehmen unmittelbar auf die – autonom auszulegenden – nationalen Umsetzungsnormen berufen. Unterlässt es hingegen der Mitgliedstaat, die erforderliche Umsetzung vorzunehmen, so kann ein Vertragsverletzungsverfahren eingeleitet werden. (Vgl. aus der aktuellen Rechtsprechung die Verfahren gegen die Bundesrepublik Deutschland wegen der Nichtumsetzung der Richtlinie 2007/48/EG, EuGH GRUR Int. 2008, 745 ff. – Kommission/Deutschland oder wegen der unzureichenden Umsetzung der Richtlinie 95/46/EG, EuGH NJW 2010, 1265 ff. – Kommission/Deutschland). Zudem stellt sich die schwierige Frage, ob einzelne Bürger und Unternehmen sich **unmittelbar** auf die Gemeinschaftsnorm, die den Umsetzungsbefehl enthält, etwa also eine Richtlinie, berufen können. Dabei ist vorrangig zu prüfen, ob ein gemeinschaftskonformes Ergebnis nicht bereits durch eine richtlinienkonforme Auslegung des bestehenden nationalen Rechts erreicht werden kann.[90] Eröffnet der nationale Rechtsrahmen hierfür indes unter Berücksichtigung des Wortlauts und Sinngehalts sowie allgemeiner rechtsstaatlicher Prinzipien[91] keinen hinreichenden Auslegungsspielraum,[92] stellt sich die Frage nach der unmittelbaren Wirkung der umsetzungsbedürftigen Gemeinschaftsnorm. Dabei ist zwischen der vertikalen Rechtsbeziehung zwischen Mitgliedstaat und Bürger einerseits und der horizontalen Rechtsbeziehung zwischen Unionsbürgern bzw. Unternehmen andererseits zu differenzieren.

a) Folgen auf der vertikalen Ebene. Auf der **vertikalen Ebene** im Verhältnis Staat – Bürger entspricht es einer gefestigten Judikatur des EuGH, dass sich jeder Gemeinschaftsbürger nach Ablauf der Umsetzungsfrist gegenüber dem Staat zu seinen Gunsten auf Regelungen einer Richtlinie unmittelbar berufen kann, wenn diese **inhaltlich** als derart **unbedingt** und **hinreichend bestimmt** zu qualifizieren sind, dass sie ohne Konkretisierung durch eine Umsetzungsmaßnahme angewendet werden können.[93] Die Richtlinie muss insbesondere den Inhalt der zu treffenden Regelungen und den von ihr begünstigten Personenkreis unzweideutig umschreiben, so dass ein Gericht sie anwenden und ein Bürger sich auf sie berufen kann.[94] 26

Diese unmittelbare Wirkung der Richtlinie steht zwar formal in Widerspruch zu Art. 288 Abs. 3 AEUV (ehemals Art. 249 Abs. 3 EGV), wonach die Richtlinie – anders als die Verordnung – gerade nicht unmittelbar in jedem Mitgliedstaat gilt. Sie rechtfertigt sich jedoch aus dem sog. **„Estoppel"-Prinzip,** da der Staat gegenüber dem Bürger und dem Unternehmen keinen Vorteil daraus ziehen darf, dass er pflichtwidrig die Umsetzung einer Gemeinschaftsnorm unterlassen hat.[95] Für das Wettbewerbsrecht bedeutet dies etwa, dass die Überwachungsbehörden nach Ablauf der Umsetzungsfrist einer Richtlinie gegen ein Unternehmen nicht vorgehen dürfen, auch wenn dessen – materiell von der Richtlinie gedecktes – Wettbewerbsverhalten formal im Widerspruch zum geltenden nationalen Recht steht. 27

b) Folgen auf der horizontalen Ebene. Der EuGH und ihm folgend die wohl herrschende Auffassung in der Literatur lehnt demgegenüber eine unmittelbare Anwendung von Richtlinien auf der **horizontalen Ebene** Bürger/Bürger oder Unternehmen/Unternehmen ab.[96] Dies ist im Grundsatz überzeugend, da Bürger oder Unternehmen selbst nicht Adressaten der Umsetzungsverpflichtung sind und ihnen folglich nicht der Vorwurf rechtsmissbräuchlichen Verhaltens ge- 28

---

[90] Dies gilt sowohl auf der vertikalen Ebene (Verhältnis Staat/Bürger) als auch auf der horizontalen Ebene (Verhältnis Bürger/Bürger oder Unternehmen/Unternehmen), vgl. EuGH Slg. 1990, I-4135 ff. – Marleasing, bestätigend Slg. 2005, I-9759, I-9809 – Stichting Zuid-Hollandse Milieufederatie/College voor de toelating van bestrijdingsmiddelen; Slg. 2008, I-4501, I-4556 – Commune de Mesquer gegen Total France SA und Total International Ltd; zum Ganzen vgl. auch Brechmann, Die richtlinienkonforme Auslegung, 1994.

[91] EuGH Slg. 1990, I-4135, 4159 – Marleasing, bestätigend EuGH Slg. 2005, I-9959, I-9809 – Stichting Zuid-Hollandse Milieufederatie/College voor de toelating van bestrijdingsmiddelen und EuGH Slg. 2008, I-4501, I-4556 – Commune de Mesquer/Total France SA und Total International Ltd; BVerwG LRE 34, 411 (416); Doepner/Reese GRUR 1998, 761 (771).

[92] OVG NW LRE 31, 440 (443); ZLR 1997, 86 (90); Doepner Einl. Rn. 27.

[93] Grundlegend EuGH Slg. 1979, 1629 ff. – Ratti, danach ständige Rspr. Slg. 1982, 53 ff. – Becker; Slg. 1988, 4689, 4720 – Moormann, Slg. 2008, I-6221, I-6236 – Janecek; Slg. 1986, 723, 748 – Marshall; vgl. hierzu näher MüKo-UWG/Leible EG A Rn. 174 bis 180.

[94] Vgl. hierzu Lenz/Hetmeier Art. 288 Rn. 12 mwN; Geiger Art. 288 Rn. 17; Calliess/Ruffert/Ruffert AEUV Art. 288 Rn. 53 bis 55.

[95] EuGH Slg. 1990, I-3348 – Foster/British Gas; Calliess/Ruffert/Ruffert AEUV Art. 288 Rn. 17.

[96] EuGH Slg. 1986, 723, 749 – Marshall;Slg. 1994, I-3325, I-3327 – Faccini Dori; EuZW 2007, 545 – Ecorad srl.; BVerwG ZLR 1998, 226 (232); OLG Celle EuZW 1990, 550 ff.; Slg. 2008, I-98 – Viamex Agrar Handel und ZVK; Lenz/Hetmeier AEUV Art. 288 Rn. 13; für eine unmittelbare Wirkung zwischen Privaten hingegen Grabitz/Hilf/Grabitz AEUV Art. 189 Rn. 61a.

macht werden kann, wenn sie sich in einem Rechtsstreit auf das – formal noch bestehende – nationale Recht berufen. In der Praxis hat diese differenzierte Handhabung der unmittelbaren Wirkung von Richtlinien in horizontalen und vertikalen Verhältnissen allerdings die unbefriedigende Konsequenz, dass die Geltung ein- und derselben Rechtsvorschrift unterschiedlich beurteilt werden muss, je nachdem, ob diese gegenüber dem Staat oder gegenüber einem Privatrechtssubjekt in Frage gestellt wird. So kann ein formaler Verstoß gegen nationales Wettbewerbsrecht zwar nicht von den originär zuständigen Behörden, wohl aber von Mitbewerbern sanktioniert werden,[97] selbst wenn das streitgegenständliche Verhalten von einer höherrangigen Richtlinie gedeckt ist. In letzter Zeit sind vermehrt Entscheidungen des EuGH zu verzeichnen, die im Ergebnis einer Direktwirkung von Richtlinien im Verhältnis von Privatpersonen untereinander zumindest sehr nahe kommen.[98]

29 Die Entwicklung ist hier für viele Grenzfälle noch im Fluss. Eine gewisse Nuancierung auf nationaler Ebene hat sich durch die „Testpreis-Angebot"-Entscheidung[99] des BGH ergeben. In dieser Entscheidung hat der BGH bereits vor Ablauf der Umsetzungsfrist eine nach bisherigem Recht wettbewerbswidrige vergleichende Werbung in einer Horizontalbeziehung (Unternehmen/Unternehmen) als erlaubt angesehen, da die Richtlinie 97/55/EG ein solches Verhalten legitimiere. Zur Begründung führte der BGH aus, dass ein Verhalten, das der Gemeinschaftsgesetzgeber als erlaubt ansehe, nicht von den nationalen Gerichten als sittenwidrig iSv § 1 UWG qualifiziert werden könne. Auch wenn es sich hierbei noch um eine gemeinschaftskonforme Auslegung des nationalen Wettbewerbsrechts handelt, liegt dies schon sehr nahe an einer – an sich unzulässigen – unmittelbaren Anwendung der Richtlinie 97/55/EG in einer Horizontalbeziehung Unternehmen/Unternehmen.[100] Umgekehrt erscheint es allerdings bedenklich, in einem nach nationalem Recht erlaubten Verhalten, das gegen eine nicht umgesetzte EU-Richtlinie verstößt, einen Verstoß gegen § 1 UWG unter dem Gesichtspunkt des „unlauteren Wettbewerbs durch Rechtsbruch" zu sehen.[101] Denn dies würde faktisch auf eine unzulässige unmittelbare Anwendung einer Richtlinie zu Lasten eines Privatrechtssubjekts hinauslaufen.[102]

30 **Checkliste**
Unmittelbare Wirkung von Richtlinien

1. Liegt ein Umsetzungsdefizit vor?
   Falls ja: Falls nein: → keine unmittelbare Wirkung
   ↓
2. Lässt sich dieses durch eine gemeinschaftskonforme Auslegung des bestehenden Rechts schließen?
   Falls nein: Falls ja: → keine unmittelbare Wirkung
   ↓
3. Handelt es sich um eine vertikale (Staat/Unternehmen) oder eine horizontale (Unternehmen/Unternehmen) Beziehung?
   Falls vertikal: Falls horizontal: → keine unmittelbare Wirkung
   ↓
4. Ist die Umsetzungsfrist abgelaufen?
   Falls ja: Falls nein: → keine unmittelbare Wirkung
   ↓

[97] Vgl. hierzu näher Doepner Einl. Rn. 28.
[98] EuGH Slg. 1996 I-2201 – CIA; Slg. 2000, I-7535 – Unilever; Slg. 2000, I-9305 – Ingmar; Slg. 1997, 2195 – Draehmpaehl; Slg. 2001, I-9945 – Heininger; umfassend hierzu Eilmansberger JBl 2004, 283 ff.; EuGH Urt. v. 22.11.2005, C-144/04, Slg. 2005, I-9981, I-10013 ff. – Mangold; EuGH Urt. vom 19.1.2010 – C-555/07 – Kücükdeveci = RIW 2010, 144.
[99] BGH GRUR 1998, 824, 826 – Testpreis-Angebot; bestätigt durch OLG Hamburg LMR 2008, 11; vgl. § 18 Rn. 5.
[100] Auch dies entspricht allerdings der bisherigen Linie des Gerichtshofs, vgl. EuGH Slg. 1990, I-4135, 4159 – Marleasing; bestätigend EuGH Slg. 2005, I-9959, I-9809 – Stichting Zuid-Hollandse Milieufederatie/College voor de toelating van bestrijdingsmiddelen und EuGH Slg. 2008, I-4501, I-4556 – Commune de Mesquer /Total France SA und Total International Ltd.
[101] Dafür aber Mees-Jacobi WRP 1985, 373 (374); Sack VersR 1994, 1383.
[102] Ähnlich Stuyck/Wytinek CMLR 1991, 205 (212) die einen „passive horizontal direct effect" im Gegensatz zu einem „active horizontal direct effect" für möglich erachten; bestätigt insoweit auch durch EuGH EuZW 2007, 545 – Ecorad srl.

5. Ist die in Frage stehende Regelung der Richtlinie inhaltlich hinreichend bestimmt und unbedingt?
Falls ja: Falls nein: ➔ keine unmittelbare Wirkung
↓
6. Ist die dort vorgesehene Rechtsfolge dem Unternehmen günstig?
Falls ja: Falls nein: ➔ keine unmittelbare Wirkung
↓
Unmittelbare Wirkung gegeben.

IV. Grundfreiheiten der Gemeinschaft und nationales Lauterkeitsrecht

Die Freiheiten des Waren-, Personen-, Dienstleistungs- und Kapitalverkehrs sind das Herzstück des Binnenmarktkonzepts. Hierbei kam bislang – sowohl in der Judikatur des EuGH als auch in der wirtschaftlichen Praxis – der Warenverkehrsfreiheit[103] die größte Bedeutung zu. 31

1. Freiheit des Warenverkehrs

a) **Schutzbereich.** Der Schutzbereich des Art. 34 AEUV (ehemals Art. 28 EGV) umfasst mengenmäßige Einfuhrbeschränkungen sowie alle Maßnahmen gleicher Wirkung. Als Komplementärvorschrift hierzu verbietet Art. 35 AEUV (ehemals Art. 29 EGV) mengenmäßige Ausfuhrbeschränkungen sowie alle Maßnahmen gleicher Wirkung. 32

aa) Mengenmäßige Beschränkungen. Unter **mengenmäßigen Beschränkungen** sind staatliche Maßnahmen zu verstehen, die das Verbringen von Waren aus anderen Mitgliedstaaten der Menge oder dem Wert nach begrenzen (**Kontingent**) oder völlig untersagen (**Verbringungsverbote**).[104] Da dieses Verbot keinen spezifischen Bezug zu wettbewerbsrechtlichen Fragestellungen aufweist, wird von einer gesonderten Darstellung abgesehen. 33

bb) Maßnahmen gleicher Wirkung. Von erheblicher praktischer Bedeutung ist jedoch die Frage, was unter **Maßnahmen gleicher Wirkung** iSv Art. 34 AEUV zu verstehen ist. Zunächst muss es sich um eine **staatliche Maßnahme** handeln.[105] Wird die Warenverkehrsfreiheit durch Privatrechtssubjekte, etwa von Unternehmen mittels privatrechtlicher Abreden beschränkt, so gelten die kartellrechtlichen Vorschriften der Art. 101 ff. AEUV (ehemals Art. 81 ff. EGV) nicht aber diejenigen der Warenverkehrsfreiheit.[106] Gleichwohl wird die Durchsetzung eines wettbewerbsrechtlichen Anspruchs stets als staatliche Maßnahme zu qualifizieren sein, da dies unter Einbeziehung staatlicher Entscheidungsträger, sei es der Überwachungsbehörden, sei es der Wettbewerbsgerichte, geschieht.[107] Gleiches gilt für die Geltendmachung gewerblicher Schutzrechte, da die „staatliche Herkunft" der Einfuhrbeschränkung nicht dadurch beseitigt wird, dass es der Rechtsinhaber ist, der sein Schutzrecht geltend macht.[108] Auch ist die von einer privatrechtlichen Gesellschaft ausgehende Werbekampagne dann dem Mitgliedstaat zuzurechnen, wenn dieser an der Personalpolitik, der Zielbestimmung und der Finanzierung der Gesellschaft beteiligt ist.[109] Auf der gleichen Linie liegt es, wenn der EuGH in der Vergabe des Gütezeichens „Markenqualität aus 34

[103] Vgl. hierzu Grabitz/Hilf/Leible/T. Streinz AEUV Art. 34 Rn. 1 ff.; Schulze/Zuleeg/Kadelbach/Pache § 10 Rn. 60 bis 95; umfassend zum Spannungsverhältnis zwischen Warenverkehrsfreiheit und deutschem Wettbewerbsrecht MüKoUWG/Heermann EG B Rn. 22.

[104] EuGH Slg. 1979, 3795 – Henn; bestätigend Slg. 1993, I-6227, I-6260, – Deutsche Renault/Audi; Slg. 2006, I-9171, I-9185 – Ahokainen und Leppik; Lenz/Lux AEUV Art. 34 Rn. 12; Geiger AEUV Art. 34 Rn. 6; Schwarze/Becker AEUV Art. 34 Rn. 33; Calliess/Ruffert/Kingreen AEUV Art. 36 Rn. 126; Grabitz/Hilf/Nettesheim/Leible/T. Streinz, AEUV Art. 34 Rn. 55.

[105] Grabitz/Hilf/Leible/T. Streinz AEUV Art. 34 Rn. 53 ff.; Lenz/Luchs AEUV Art. 34 Rn. 12 jeweils mwN; Geiger Art. 34 Rn. 15 ff.

[106] Reese, Grenzüberschreitende Werbung, 1994, S. 36 f.; zu der Diskussion um die unmittelbare Drittwirkung der Grundfreiheiten im Anschluss an die „Angonese"-Entscheidung des EuGH Slg. 2000, I-4139 = EuZW 2000, 468 ff.; vgl. näher Streinz/Leible EuZW 2000, 459 ff.

[107] EuGH Slg. 1981, 181, 195 – Imerco, wonach die gerichtliche Durchsetzung einer „Nichteinfuhr-Vereinbarung" als staatliche Maßnahme gleicher Wirkung anzusehen sei, die auch nicht durch die „Lauterkeit des Handelsverkehrs" gerechtfertigt werden könne; kritisch hierzu Everling, in: Irreführende Werbung in Europa, Edition ZAW, 1990, S. 43 ff.; vgl. ferner Schaefer, Die unmittelbare Wirkung des Verbots der nichttarifären Handelshemmnisse in den Rechtsbeziehungen zwischen Privaten, 1987, S. 84 ff.

[108] EuGH Slg. 1997, I-6034, 6047 = GRUR Int. 1998, 140 – Christian Dior.

[109] EuGH Slg. 1982, 4005 (4023) = NJW 1983, 2755 – Buy Irish.

deutschen Landen“ an in Deutschland hergestellte Fertigerzeugnisse bestimmter Qualität einen Verstoß gegen die Warenverkehrsfreiheit erblickt hat.[110] Auch die Äußerungen eines Beamten sind dem Staat zuzurechnen, wenn aufgrund ihrer Form und der Umstände der Eindruck entsteht, dass es sich um offizielle staatliche Verlautbarungen und nicht um die private Meinung des Beamten handelt.[111]

35 Weiter muss es sich um eine Maßnahme mit **Bezug zur Warenverkehrsfreiheit**[112] handeln. Als Ware iSv Art. 34, 35 AEUV gelten alle körperlichen Gegenstände, die über eine Grenze verbracht werden und Gegenstand von Handelsgeschäften sein können. Auch Gas und Elektrizität gelten als Gegenstände in diesem Sinne.[113] Prägend für die Frage, wann eine staatliche Maßnahme eine **gleiche Wirkung** wie eine mengenmäßige Einfuhrbeschränkung aufweist, ist auch heute noch die **„Dassonville“**-Formel.[114] Danach liegt eine Maßnahme gleicher Wirkung vor,

„wenn die Handelsregelung geeignet ist, den innergemeinschaftlichen Handel unmittelbar oder mittelbar, tatsächlich oder potentiell zu behindern“.

36 Art. 34 AEUV beinhaltet danach nicht nur ein Diskriminierungs-, sondern ein generelles **Beschränkungsverbot.**[115] Vom Ansatz her werden sämtliche Behinderungen erfasst, die eine negative Einflussnahme auf Einfuhren nehmen können, unabhängig davon, in welcher Form und auf welcher Handelsstufe sie auftreten. Hierzu zählen auch – jedenfalls dem Grundsatz nach – Werbeverbote oder Werbebeschränkungen für Waren, die aus anderen EU-Mitgliedstaaten eingeführt werden.[116]

37 **b) Schranken.** Im Hinblick auf den weiten Schutzbereich der Warenverkehrsfreiheit ist es evident, dass nicht jeder Eingriff mit dem Verdikt der Gemeinschaftswidrigkeit belegt werden kann. Im Laufe der Zeit hat sich deshalb eine differenzierte, teils geschriebene, teils ungeschriebene Schrankensystematik etabliert:

38 *aa) Artikel 36 AEUV.* **Art. 36 AEUV** (ehemals Art. 30 EGV) regelt Fallgestaltungen, in denen eine Einschränkung der Warenverkehrsfreiheit ausdrücklich gerechtfertigt ist. Diese Vorschrift ist als abschließende **Ausnahmeregel** und Durchbrechung des Binnenmarktprinzips eng auszulegen.[117] Eine Beschränkung soll nach dem EuGH nur auf Grund der dort ausdrücklich aufgeführten Schutzgüter, zu denen der Schutz der Gesundheit und des Lebens von Menschen sowie der Schutz des kommerziellen und gewerblichen Eigentums zählen, erfolgen können.[118] Danach kann die Regelung nicht auf andere Schutzobjekte, insbesondere nicht auf wirtschaftliche Regelungsziele, erweitert werden.[119] Ferner sind nur solche Verbote oder Beschränkungen einer Rechtfertigung zugänglich, die nicht willkürlich diskriminierend sind. Schließlich muss die staatliche Maßnahme verhältnismäßig, also **geeignet, erforderlich** wie auch **verhältnismäßig im engeren Sinne** sein.[120]

39 *bb) „Cassis-de-Dijon“-Formel.* Die Beschränkungen des Warenverkehrs, die sich aus der Anwendung nationaler Rechtsvorschriften ergeben, sind nach der „Dassonville“-Formel vielfältig. Umgekehrt erwähnt Art. 36 AEUV zwar den Schutz des gewerblichen und kommerziellen Eigentums, nicht aber den Lauterkeits- oder Verbraucherschutz. Ausgehend von dem abschließenden

---

[110] EuGH Slg 2002, I-9977 = NJW 2002, 3609 – CMA-Gütezeichen; vgl. hierzu näher Korte/Oschmann NJW 2003, 1766.

[111] EuGH EuZW 2007, 480 – Tarmo Lethinen.

[112] Vgl. hierzu Lenz/Luchs AEUV Art. 34 Rn. 23.

[113] EuGH Slg. 1964, 1251 – Costa/E. N. E. L.

[114] Grundlegend EuGH Slg. 1974, 837, 852, seit dem st. Rspr.; vgl. Slg. 2010, I-12239, I-12259 – Ker-Optika; 1.3.2012 – C-484/10 = EuZW 2012, 264; EuGH, Urt. v. 15.7.2021 – C-190/20 = GRUR 2021, 1325.

[115] Dies ist heute unstreitig, vgl. hierzu v. d. Groeben/Schwarze/Müller-Graff AEUV Art. 34 Rn. 57; Lenz/Luchs AEUV Art. 34 Rn. 3 jeweils mwN.

[116] EuGH Slg. 1990, I-667 – GB-INNO-BM; Slg. 1995, I-1923 = GRUR Int. 1995, 804 – Mars; Slg. I-1994, 5243 – Ortscheit/Eurim-Pharm Arzneimittel; zum Ganzen vgl. näher Grabitz/Hilf/Leible/T. Streinz AEUV Art. 34 Rn. 92 f. mwN.

[117] EuGH Slg. 1979, 2555 – Kommission/Deutschland; bestätigend EuGH, Urt. v. 10.7.1984 – C-72/83 = BeckRS 2004, 73601; vgl. hierzu näher Lenz/Luchs Art. 34 Rn. 1–3 und 8.

[118] EuGH Slg. 1981, 1625, 1638 – Kommission/Irland; Slg. 1982, 2187, 2202 – Kommission/Italien; kritisch hierzu v. d. Groeben/Schwarze/Müller-Graff Art. 36 Rn. 28 sowie Roth WRP 2000, 979 (984).

[119] EuGH Slg. 1998, I-1831 – Decker, bestätigend Slg. 2011, I-2637, I-2681 – Europäische Kommission/ Portugiesische Republik.

[120] EuGH Slg. 1976, 1871 – Simmenthal; Slg 1982, 3961, 3973 – Rau; vgl. hierzu näher v. d. Groeben/Schwarze/ Müller-Graff Art. 36 Rn. 129 ff. sowie Lenz/Luchs Art. 34 Rn. 11 ff.

Charakter dieser Vorschrift sah sich der EuGH daher gezwungen, einen zweiten Schrankenvorbehalt – außerhalb von Art. 36 AEUV – zu entwickeln. Dies geschah mit der **„Cassis-de-Dijon"**-Formel.[121] Danach sind in Ermangelung einer gemeinschaftsrechtlichen Regelung unterschiedsbedingte Hemmnisse hinzunehmen,

„soweit diese Bestimmungen notwendig sind, um zwingenden Erfordernissen gerecht zu werden, insbesondere den Erfordernissen der Lauterkeit des Handelsverkehrs und des Verbraucherschutzes".

Vielfach übersehen wird dabei die in dem Einleitungssatz der Cassis-Formel verlangte Voraussetzung, wonach eine **gemeinschaftsrechtliche Regelung fehlen** muss. Wird demgegenüber ein bestimmter Bereich sekundärrechtlich abschließend geregelt, ist für einen Rückgriff auf die Grundfreiheiten kein Raum.[122] Dies gilt im Ausgangspunkt auch für den **Bereich der irreführenden Werbung,** der durch die Richtlinie 2006/114/EG (seit Aufhebung der Richtlinie 84/450/EWG) spezialgesetzlich geregelt wird. Soweit der sekundärrechtliche Rahmen allerdings nicht abschließend ist, kann die „Cassis-de-Dijon"-Formel wieder an Bedeutung gewinnen.[123] So muss sich etwa die in Art. 8 der Richtlinie 2006/114/EG (ehemals Art. 7 der Richtlinie 84/450/EWG) eröffnete Verschärfungsfreiheit der Mitgliedstaaten am vorrangigen Primärrecht messen lassen (Grundsatz der primärrechtskonformen Auslegung). Dies kann – unter Berücksichtigung des Verhältnismäßigkeitsgrundsatzes – zu einer Einschränkung der den Mitgliedstaaten eröffneten Verschärfungsfreiheit führen.[124] Liegt demgegenüber eine „Vollharmonisierung" vor, stellt der sekundärrechtliche Rahmen den maßgeblichen Prüfungs- und Auslegungsmaßstab für das nationale Recht dar. Insbesondere kann aus dem Gebot der primärrechtskonformen Auslegung des Sekundärrechts nicht ohne Weiteres auf einen im Zweifel niedrigeren Schutzstandard geschlossen werden. Denn die Grundfreiheiten zielen **nicht auf eine allgemeine Deregulierung,** sondern vielmehr auf eine Beseitigung „unterschiedsbedingter Hemmnisse" ab. Wenn jedoch in allen Mitgliedstaaten gleich strenge Beurteilungsmaßstäbe gelten, werden die Grundfreiheiten des Vertrags im Prinzip nicht berührt.[125] Dessen ungeachtet spricht der Gedanke der Einheit der Rechtsordnung für möglichst einheitliche Standards, soweit ein- und dieselbe Rechtsfrage in verschiedenen Regelungsbereichen zu beantworten ist. Dies trifft insbesondere auf die Bestimmung des Irreführungsverbots und die damit zusammenhängende Frage nach dem maßgeblichen Verbraucherleitbild zu.[126] Dieses Ziel hat der Gesetzgeber mit der UWG-Novelle 2004 und der vorangegangenen Aufhebung des Rabattgesetzes, bei der er sich ausdrücklich auf das Verbraucherleitbild des EuGH berufen hat, verfolgt.[127] 40

Damit ist eine weitere, ebenfalls häufig übersehene Anwendungsvoraussetzung der „Cassis-de-Dijon"-Formel angesprochen. Es muss sich um eine **Behinderung der Warenverkehrsfreiheit** handeln, die spezifisch auf ein **Regelungsgefälle** zwischen dem Ursprungs- und dem Bestimmungsland der Ware zurückzuführen ist („unterschiedsbedingte Hemmnisse"). Die Warenverkehrsfreiheit muss spezifisch dadurch beeinträchtigt werden, dass die bereits im Ursprungsland der Ware durchgeführte Kontrolle im Bestimmungsland noch einmal – und zwar unter verschärften Bedingungen – durchgeführt wird („Verbot der Doppelkontrolle"). Diesem Kriterium wurde vielfach nicht die erforderliche Beachtung geschenkt, bis der Gerichtshof mit der – noch gesondert zu erörternden – „Keck und Mithouard"-Entscheidung eine (überfällige) Kurskorrektur vorgenommen hat.[128] 41

Sind diese beiden Eingangsvoraussetzungen erfüllt, gelangen die materiellen Bewertungsmaßstäbe der „Cassis-de-Dijon"-Formel zur Anwendung, so dass faktisch der Katalog des Art. 36 AEUV um Rechtfertigungsgründe des Verbraucherschutzes, der Lauterkeit des Handelsverkehrs 42

---

[121] Grundlegend EuGH Slg. 1979, 662 = GRUR Int. 1979, 468 – Cassis de Dijon, seitdem st. Rspr; vgl. Slg. 1987, 1227, 1267 – Kommission/Deutschland; Slg. 1990, I-4327, I-4848 – Pall; Slg. 2004, I-7275, I-7310 – Nicolas Schreiber.

[122] Vgl. hierzu Grabitz/Hilf/Leible/T. Streinz AEUV Art. 34 Rn. 38 und Lenz/Luchs AEUV Art. 34 Rn. 43 jeweils mwN.

[123] Grabitz/Hilf/Leible AEUV Art. 34 Rn. 67.

[124] → § 11 Rn. 39 ff.

[125] Zutreffend Grabitz/Hilf/Leible AEUV Art. 28 Rn. 44; ebenso Roth, in: Festschrift für Großfeld, S. 929, 942 unter Hinweis darauf, dass Kontrolle der Beschränkungen der wirtschaftlichen Handlungsfreiheit Aufgabe der „Grundrechte" und nicht der „Grundfreiheiten" sei; vgl. hierzu auch Möstl EuR 2002, 318 ff. sowie Frenz EuR 2002, 603 ff.

[126] Vgl. Grabitz/Hilf/Leible Art. 28 Rn. 44.

[127] Vgl. BT-Drucks. 14/5441, S. 7.

[128] Vgl. → Rn. 43 ff.

und andere nicht wirtschaftliche Schutzgüter für unterschiedslos anwendbare Regelungen[129] erweitert worden ist. Dabei gelten die vorstehend dargestellten Einschränkungen, wonach die staatliche Maßnahme im Übrigen auch **geeignet, erforderlich und verhältnismäßig im engeren Sinne** sein muss, entsprechend.[130] Damit war – jedenfalls im Grundsatz – ein Vehikel geschaffen, mit dem Beschränkungen der Warenverkehrsfreiheit, die aus der Anwendung nationalen Lauterkeitsrechts resultieren, gerechtfertigt werden können.[131] In der Praxis des EuGH wurde jedoch ein strenger Prüfungsmaßstab zugrunde gelegt, wobei insbesondere im Rahmen der Verhältnismäßigkeitsprüfung vielfach den Mitgliedstaaten attestiert wurde, dass auch mildere Mittel existierten, um das angestrebte Ziel zu erreichen.[132] Soweit es um Regelungsbereiche geht, in denen unterschiedliche Erwägungen moralischer oder kultureller Art im Vordergrund stehen (etwa im Bereich des Jugendschutzes, der Religion oder der Gesundheitspolitik), erkennt der Gerichtshof den Mitgliedstaaten allerdings auch ein gewisses Ermessen zu.[133]

43 *cc) Verbraucherleitbild des EuGH.* Das viel zitierte **Verbraucherleitbild**[134] des EuGH ist Folge der im Rahmen der „Cassis-de-Dijon"-Formel vorzunehmenden Verhältnismäßigkeitsprüfung. Auch wenn dieses Verbraucherleitbild als Konstante in der Judikatur des Gerichtshofs erscheint, so lassen sich doch gewisse Entwicklungsstufen und Nuancierungen ausmachen:

44 Der Gerichtshof sah sich zunächst immer wieder mit Versuchen konfrontiert, unter – geradezu missbräuchlicher – Berufung auf den Verbraucher- und Gesundheitsschutz nationale Gattungsbezeichnungen, beispielsweise für „Pasta"[135] oder „Bier",[136] dergestalt zu monopolisieren, dass diese nur geführt werden dürften, sofern bestimmte nationale Vorschriften zur Zusammensetzung (etwa Hartweizen) oder Herstellung (etwa Reinheitsgebot) eingehalten werden.[137] Dabei entsprach es der ständigen Linie des Gerichtshofs, die Unternehmen darauf zu verweisen, dass die (oftmals vorgeschobene) Irreführungsgefahr durch hinreichende Kennzeichnung über eine abweichende Herstellung oder Produktzusammensetzung der ausländischen Produkte vermieden werden könne, die von dem Verbraucher wahrgenommen werde. Eine **Monopolisierung von Gattungsbegriffen** sei hierfür nicht erforderlich.[138] Diese Rechtsprechung ist die eigentliche „Geburtsstunde" des europäischen Verbraucherleitbildes, das somit weniger eine sozial-deskriptive Umschreibung des tatsächlichen Verbraucherverhaltens darstellt, sondern vielmehr auf einer Interessenabwägung im Rahmen der **Verhältnismäßigkeitsprüfung** beruht, um binnenmarktfeindlichen Abschottungstendenzen entgegenzuwirken, die Grundfreiheiten zu schützen und die Integration zu fördern.[139] In der „Lifting-Creme"-Entscheidung hat der EuGH ausdrücklich bestätigt, dass die Zugrundelegung der mutmaßlichen Erwartung eines durchschnittlich informierten, aufmerksamen und verständigen Durchschnittsverbrauchers zur Beurteilung der Irreführungsgefahr auf dem Grundsatz der Verhältnismäßigkeit beruht.[140] Dieses normativ geprägte Verbraucherleitbild stand in einem erheblichen **Spannungsverhältnis zu der Judikatur der deutschen Wettbewerbsgerichte,** die in ständiger Rechtsprechung davon ausgingen, dass der Verkehr gewöhnlich Kennzeichnungen, Werbeangaben etc. nur flüchtig wahrnehme und insofern auch in dieser Form der Wahrnehmung schutzwürdig sei. Hätte man diesen Maßstab im Rahmen der „Cassis-de-Dijon"-Formel angewendet, hätte das vielfach ein absolutes Verkehrsverbot importierter EU-Waren zur Folge gehabt, von denen die inländischen Verkehrskreise auf Grund ihrer Bezeichnung erwarteten, dass sie einschränkungslos den inländischen produktbezogenen Vorschriften entsprechen.

[129] Dies spricht dafür, die Schutzgüter der „Cassis-de-Dijon"-Formel systematisch bei Art. 36 AEUV zu verorten; ebenso Roth WRP 2000, 979 ff.

[130] EuGH Slg. 1994, I-317, 337 – Clinique; Slg. 1993, I-2361, 2390 – Yves Rocher; Slg. 1995, I-1923, 1941 – Mars; zum Ganzen vgl. auch v. d. Groeben/Schwarze/Müller-Graff Art. 34 Rn. 231 ff.

[131] So geschehen etwa in der „Oosthoek"-Entscheidung des EuGH Slg. 1982, 4594 ff. zur Gemeinschaftskonformität der holländischen ZugabeVO.

[132] EuGH Slg. 1982, 3961 – Rau; Slg. 1991, I-2023, 2039 – Boscher.

[133] EuGH Slg. 2004, I-9609, 9653, Rn. 36 – Omega; EuZW 2008, 180, 183, Rn. 44 – Avides Media AG.

[134] Vgl. auch § 22 Rn. 65 ff.

[135] EuGH Slg. 1988, 4233 = NJW 1988, 2169 – Drei Glocken.

[136] EuGH Slg. 1987, 1227 = NJW 1987, 1133 – Reinheitsgebot für Bier.

[137] Vgl. hierzu näher v. d. Groeben/Schwarze/Müller-Graff Art. 34 Rn. 232 sowie Lenz/Luchs Art. 34 Rn. 29 jeweils mwN.

[138] Nachweise hierzu bei Grabitz/Hilf/Leible/T. Streinz AEUV Art. 34 Rn. 108.

[139] Vgl. hierzu auch Reese, Grenzüberschreitende Werbung, 1994, S. 46 ff. und 74 ff. sowie MüKoUWG/Reese § 5 Rn. 42.

[140] EuGH Slg. 2000, I-117, 146 = WRP 2000, 289 (292) – Lifting-Creme.

In der „GB-Inno"-Entscheidung[141] wurde das – im Rahmen der „Etikettierungs"-Rechtsprechung des EuGH entwickelte – Verbraucherleitbild erstmals implizit auf die Bewertung von Werbebeschränkungen übertragen. Dieser Entscheidung lag ein Verbot einer grenzüberschreitenden Werbung zugrunde, die die Adressaten in Luxemburg zu einem Einkauf im benachbarten Belgien veranlassen sollte. Die luxemburgische Vorschrift sah – vergleichbar dem mittlerweile aufgehobenen § 6e UWG – ein Verbot der Gegenüberstellung des früher verlangten Preises mit dem aktuellen Preis vor, dies unabhängig davon, ob dieser Preisvergleich objektiv zutreffend ist. Zudem war es – entsprechend § 7 Abs. 2 UWG aF – verboten, auf die zeitliche Begrenzung eines Sonderangebots hinzuweisen. Der EuGH sah in diesem Werbeverbot eine nicht gerechtfertigte Beschränkung der Warenverkehrsfreiheit. Unter Berufung auf die beiden Verbraucherschutzprogramme von 1975 und 1981 rekurrierte der Gerichtshof auf das „**Recht des Verbrauchers auf Unterrichtung und Aufklärung**".[142] Auch in dem fünften Erwägungsgrund der Richtlinie 97/55/EG zur Änderung der Richtlinie 84/450/EWG (nun RL 2006/114/EG) über irreführende Werbung zwecks Einbeziehung der vergleichenden Werbung wird das in den Verbraucherschutzprogrammen genannte „Recht auf Unterrichtung" zu den „fundamentalen Rechten des Verbrauchers" gezählt. Zudem berief sich der Gerichtshof auf eine gefestigte Rechtsprechung, wonach es gegen Art. 28 EGV (nun Art. 34 AEUV) verstoße, wenn ein milderes Mittel zur Erreichung des verfolgten Schutzziels bestehe. Durch das vom EuGH betonte Recht des Verbrauchers auf Unterrichtung und Aufklärung gerieten nicht nur die – inzwischen aufgehobenen – deutschen Parallelvorschriften (§§ 6e und 7 Abs. 2 UWG aF), sondern auch die strengen Maßstäbe zum Irreführungsverbot weiter unter Druck. Denn auch diese führten letztlich dazu, dass eine Vielzahl – nicht flüchtiger, sondern verständiger – Verbraucher eine Information, die sie richtig verstanden und verarbeitet hätten, vorenthalten wird.[143] 45

So war es ein gedanklich lediglich kleiner und auch folgerichtiger Schritt, als der EuGH in der „Mars"-Entscheidung[144] zur Beurteilung der wettbewerbsrechtlichen Irreführungsgefahr erstmals ausdrücklich auf den „**verständigen Verbraucher**" abstellte. Die Entscheidung verdeutlicht zudem, dass die Prüfung der Irreführungsgefahr **normative Wertungen** impliziert, insbesondere ob von dem angesprochenen Verbraucher ein gewisses Maß an Aufmerksamkeit, Abgeklärtheit und gesunder Skepsis verlangt werden darf. Die Notwendigkeit eines **Paradigmenwechsels im deutschen Wettbewerbsrecht** hin zum Leitbild des verständigen Durchschnittsverbrauchers lässt sich spätestens seit den Entscheidungen „Gut Springenheide"[145] und „Lifting-Creme"[146] nicht mehr leugnen. In beiden Entscheidungen stellte der Gerichtshof unmissverständlich klar, dass es für die Beurteilung der Irreführungsgefahr auf die „mutmaßliche Erwartung eines durchschnittlich informierten, aufmerksamen und verständigen Durchschnittsverbrauchers" ankomme. Es wäre ein Zerrbild der Judikatur des EuGH, wenn man die Bedeutung dieser Entscheidungen auf die Auslegung der dort konkret streitgegenständlichen Regelungen[147] reduzieren wollte. Wie die Entscheidungen „Mars"[148] und „Nissan"[149] vielmehr belegen, gilt dieses Leitbild ebenfalls im Rahmen der allgemeinen Irreführungsrichtlinie 84/450/EWG (nun RL 2006/114/EG).[150] Der Gerichtshof hat dabei allerdings bis heute nicht weiter ausgeführt, 46

[141] EuGH Slg. 1990, I-667 = GRUR 1990, 955 ff. – GB-Inno.

[142] EuGH Slg. 1990, I-667, I-688 – GB-Inno; kritisch hierzu Doepner WRP 1997, 999 ff.

[143] Reese, Grenzüberschreitende Werbung, 1994, S. 67 ff.

[144] EuGH Slg. 1995, I-1923 = WRP 1995, 677 – Mars, mit einer allerdings zumindest kartellrechtlich bedenklichen Argumentation, da das Verbot der (faktischen) Preisbindung der zweiten Hand auf die Erhaltung der Wettbewerbsfreiheit abzielt und nicht einfach unter Berufung auf übergeordnete Gründe zum Schutze der Verbraucher, die naturgemäß ein Interesse an niedrigen Preisen haben, ausgehebelt werden darf.

[145] Grundlegend EuGH Slg. 1998, I-4657, 4690 = WRP 1998, 848 (851) – Gut Springenheide; seitdem st. Rspr.; vgl. Slg. 1999, I-513 = GRUR Int. 1999, 340 ff. – Kessler Hochgewächs; Slg. 2000, I-117 = WRP 2000, 289 ff. – Lifting-Crème; Slg. 2000, I-2297 = GRUR Int. 2000, 756 – Darbo; Slg. 2009, I-08041, I-8086 – Se-veri/Regione Emilia-Romagna; EuGH, Urt. v. 24.3.2022 – C-533/20, Rn. 47 – Upfield Hungary = GRUR 2022, 577; vgl. hierzu Reese WRP 1998, 1035.

[146] EuGH Slg. 2000, I-117, 147 = WRP 2000, 289, 292 – Lifting-Creme; festhaltend EuGH Slg. 2002, I-9375 = ZLR 2003, 63.

[147] In der „Gut Springenheide"-Entscheidung ging es um die Auslegung der Verordnung (EWG) Nr. 1907/90; in der „Lifting-Creme"-Entscheidung stand die Auslegung der Richtlinie 67/768/EWG in Streit.

[148] EuGH Slg. 1995, I-1923 – Mars.

[149] EuGH Slg. 1992, I-131 = WRP 1993, 233 – Nissan.

[150] Vgl. hierzu auch Nordemann WRP 2000, 977 unter dem – in der Tendenz richtigen, wenngleich in dieser Pauschalität etwas zu weitgehenden – Hinweis darauf, dass bereits eine vollständige Adaptation durch den BGH erfolgt sei; vgl. auch Wuttke WRP 2004, 820 ff.

wie sich diese Vorgabe mit der in Art. 8 der Werberichtlinie 2006/114/EG (ehemals Art. 7 der Irreführungsrichtlinie 84/450/EWG) vorgesehenen Verschärfungsfreiheit der Mitgliedstaaten verträgt. Inzident scheint dieser Judikatur jedoch der Gedanke der primärrechtskonformen Auslegung zugrunde zu liegen, da auch Art. 8 der Werberichtlinie den Mitgliedstaaten keinen Dispens von dem Verhältnismäßigkeitsprinzip erteilen kann, welches die dogmatische Wurzel des europäischen Verbraucherleitbildes darstellt.[151] In der Entscheidung „Pippig Augenoptik/Hartlauer" hat der Gerichtshof zudem unlängst entschieden, dass die Verschärfungsfreiheit des Art. 8 hinsichtlich der Irreführungsgefahr im Rahmen einer vergleichenden Werbung von vornherein keine Anwendung findet.[152]

47 Damit steht fest, dass – im Hinblick auf das Prinzip der Vorrangigkeit und Einheitlichkeit des Gemeinschaftsrechts – das von dem EuGH für maßgeblich erachtete Verbraucherleitbild auch im Rahmen des deutschen Wettbewerbsrechts Beachtung finden muss. Dies bedeutet jedoch nicht, dass damit den nationalen Gerichten ein starres, keinerlei Interpretationsspielraum zulassendes Wertungskorsett aufoktroyiert worden wäre. Die interessante Streitfrage lautet demnach heute nicht mehr, **ob** für die deutschen Wettbewerbsgerichte das sog. „europäische Verbraucherleitbild" maßgeblich ist, sondern **wie** dieses konkret auszufüllen und zu definieren ist. Hieran mitzuwirken ist genuine Aufgabe der nationalen Wettbewerbsgerichte. Zudem hat der Gerichtshof gerade in jüngerer Zeit den nationalen Gerichten wieder stärkere Entscheidungsspielräume als in der früheren Judikatur eingeräumt. Während etwa der Gerichtshof in den Rechtssachen „Clinique"[153] und „Mars"[154] die Streitfragen nach einer relevanten Irreführungsgefahr, die eine Behinderung der Warenverkehrsfreiheit rechtfertigen könnte, noch selbst durchentschieden hatte, beschränkt er sich in den Entscheidungen „Gut Springenheide"[155] und „Lifting-Creme"[156] nunmehr darauf, dem nationalen Gericht die relevanten Auslegungsmaßstäbe an die Hand zu geben.

48 Insbesondere wird die konkrete Feststellung, ob und inwieweit eine Werbeaussage geeignet ist, den verständigen Durchschnittsverbraucher irrezuführen, dem nationalen Richter zugewiesen. Dabei hat der Gerichtshof klargestellt, dass es den nationalen Gerichten offenstehe, eine demoskopische Befragung zur Feststellung der tatsächlichen Verkehrsauffassung einzuholen. Zudem hat er die zunächst noch in der „Gut Springenheide"-Entscheidung formulierte Einschränkung, dass dies voraussetze, dass die Ermittlung aus eigener Anschauung besondere Schwierigkeiten entfalte, in späteren Entscheidungen nicht mehr aufrechterhalten. Während man in der früheren Judikatur des Gerichtshofs den Eindruck gewinnen konnte, dass die Auslegung des Irreführungsverbots als reine Rechtsfrage begriffen worden ist, deutet die neuere Rechtsprechung somit eher auf einen **zweistufigen Ansatz** hin. Nach diesem Ansatz wird die für die Irreführungsgefahr erforderliche **Tatsachenfeststellung** dem nationalen Richter überlassen, der so ermittelte „empirische Befund" dann allerdings einer **normativen Wertung** am Maßstab einer Verhältnismäßigkeitsprüfung unterzogen wird. Dabei wird davon ausgegangen, dass der **verständige Durchschnittsverbraucher die Risiken** kommunikativer Miss- und Fehlverständnisse, die auf einer **flüchtigen Wahrnehmung** beruhen, grundsätzlich **selbst zu tragen** hat. Dessen ungeachtet ist es nach der Judikatur des EuGH Sache der Mitgliedstaaten, das genaue Quorum festzulegen, bei dessen Erreichen eine Irreführungsgefahr angenommen werden müsse. Hierdurch wird der in Art. 8 der Werberichtlinie vorgesehenen Verschärfungsfreiheit in Grenzen Rechnung getragen. Allerdings ist diese Verschärfungsfreiheit nicht mit einer „Narrenfreiheit"[157] zu verwechseln, so dass überzogene Schutzstandards nach wie vor dem übergeordneten Rechtsprinzip der Verhältnismäßigkeit zum Opfer fallen dürften.

49 Die im Rahmen der Verhältnismäßigkeitsprüfung anzusetzenden Kontrollstandards können jedoch durchaus von Fall zu Fall variieren. So hat der Gerichtshof in seiner Rechtsprechung zur Warenverkehrsfreiheit den Mitgliedstaaten auf dem Gebiet des Gesundheitsschutzes bei der Fixierung des Verbotsniveaus einen recht weitgehenden Spielraum eingeräumt.[158] Auch wurde

[151] Die Einzelheiten sind sehr streitig, vgl. im Einzelnen Ackermann WRP 1996, 502 ff.; Deutsch GRUR 1996, 541 ff.; Doepner WRP 1997, 999 ff.; Fezer WRP 1995, 661 ff.; Reese WRP 1998, 1035 ff. sowie Sack GRUR 1998, 263 ff.

[152] EuGH Slg. 2003, I-3095 = GRUR 2003, 533 – Pippig Augenoptik/Hartlauer; s. hierzu näher Ohly GRUR 2003, 641 ff.

[153] EuGH Slg. 1994, I-317 = WRP 1994, 380 – Clinique.

[154] EuGH Slg. 1995, I-1923 = WRP 1995, 677 – Mars.

[155] EuGH Slg. 1998, I-4657, 4690 = WRP 1998, 848 (851) – Gut Springenheide; vgl. hierzu Reese WRP 1998, 1035 ff.

[156] EuGH Slg. 2000, I-117, 147 = WRP 2000, 289 (292) – Lifting Creme.

[157] Zutreffend Leible EuZW 1998, 529.

[158] EuGH Slg. 1981, 409, 421 – Eyssen; Slg. 1983, 2445, 2462 – Sandoz; Slg. 1984, 2367, 2386 – Melkunie.

das – ungeachtet eines fraglichen Widerrufsrechts – absolut geltende französische Verbot der inländischen Haustürwerbung für pädagogisches Lehrmaterial als gemeinschaftskonform akzeptiert, da der spezifische Adressatenkreis eines besonderen Schutzes bedürfe.[159] Insofern ist es durchaus vorstellbar, dass in besonders sensiblen Bereichen, etwa der **Heilmittelwerbung,** schärfere Schutzstandards greifen können. Gleiches gilt für Vorschriften, die den Jugendschutz zum Gegenstand haben.[160]

Begreift man das Verbraucherleitbild als einen Ausfluss des Verhältnismäßigkeitsprinzips, so wäre dies nicht nur zulässig, sondern geradezu nahe liegend: denn je wichtiger die Schutzinteressen der Marktgegenseite sind, desto stärker muss der staatlich zu gewährende Schutz ausgestaltet werden.[161] Auch ist es vorstellbar, strengere Schutzstandards dann eingreifen zu lassen, wenn die gewählte werbliche Kommunikationsform dem Adressaten gar nicht die Zeit für eine nähere Befassung mit der Werbeaussage lässt (Beispiel: Fernsehspot von nur wenigen Sekunden) und dieser gewissermaßen faktisch zu einer flüchtigen Wahrnehmung gezwungen ist. 50

Dieser Ansatz wird auch in der Richtlinie 2005/29 EG über unlautere Geschäftspraktiken verfolgt. Nach Art. 5 und 6 der Richtlinie ist die Unlauterkeit bzw. der irreführende Charakter aus der Perspektive eines „Durchschnittsverbrauchers" zu beurteilen. Richtet sich die Maßnahme allerdings gezielt an eine Gruppe, die als besonders schutzbedürftig anzusehen ist, kommt es nach Art. 5 Abs. 3 auf die Perspektive eines durchschnittlichen Mitglieds dieser Gruppe an.[162] Damit ergibt sich folgendes **Prüfungsschema:** 51

(1) Die Feststellung der Irreführungsgefahr in tatsächlicher Hinsicht obliegt zunächst den nationalen Gerichten. Insofern ist daher die Irreführungsgefahr im Ausgangspunkt eine **Tatfrage.** Das Verkehrsverständnis wird das nationale Gericht regelmäßig aus eigener Anschauung ermitteln können. Hat es damit besondere Schwierigkeiten, kann es auf das Mittel der demoskopischen Meinungsumfrage zurückgreifen. 52

(2) Schutzwürdig iSd Richtlinie 2006/114/EG ist grundsätzlich nur der **durchschnittlich informierte, aufmerksame und verständige Durchschnittsverbraucher.** Der empirische – demoskopisch ermittelte oder aus eigener Anschauung abgeleitete – Befund ist daher in einem **normativen Schritt** daraufhin zu werten, ob die getäuschten Verbraucher in ihrer Fehlvorstellung schutzwürdig sind oder diese in ihre eigene **Risikosphäre** fällt, die sie als verständige und mündige Bürger selbst beherrschen müssen. 53

(3) Die Höhe des Irreführungsquorums zu fixieren, ist grundsätzlich Aufgabe der nationalen Gerichte. Ungeachtet der Verschärfungsfreiheit des Art. 8 der Werberichtlinie darf dies jedoch **nicht zu unverhältnismäßigen Beschränkungen** der Werbefreiheit führen. Der hierdurch eröffnete Spielraum hängt grundsätzlich von mehreren Faktoren, wie etwa des spezifischen Adressatenkreises, des beworbenen Produkts oder auch des verwendeten Werbemediums, ab 54

Damit ist insgesamt ein **deutlicher Annäherungsprozess zwischen der Judikatur des EuGH einerseits und der jüngeren Rechtsprechung des BGH andererseits** zu verzeichnen. Schon in den Entscheidungen „Napoléon IV"[163] sowie „Der meistverkaufte Europas"[164] hat der BGH klargestellt, dass bei objektiv zutreffenden Angaben ein erhöhtes Irreführungsquorum zu verlangen ist, um ein Verbot zu rechtfertigen. Zudem wurde in diesen Fällen die Notwendigkeit einer rechtlichen Relevanzprüfung betont. In Fortschreibung dieser Liberalisierungstendenz hat der BGH in der Entscheidung „Orient-Teppichmuster"[165] ausdrücklich festgestellt, dass es bei einer Werbung, die sich auf Waren von nicht ganz unerheblichem Wert und einer nicht nur kurzen Lebensdauer bezieht, auf den „durchschnittlich informierten und verständigen Verbraucher" ankomme. In der weiteren Entscheidung „Möbel-Umtauschrecht"[166] wird darauf abgestellt, wie „der durchschnitt- 55

[159] EuGH Slg. 1989, 1235, 1251 – Buet.
[160] EuGH EuZW 2008, 177 – Avides Media AG.
[161] Zu möglichen Differenzierungen nach den angesprochenen Personengruppen vgl. EuGH Slg. 1999, I-513 = GRUR Int. 1999, 345 (348) – Kessler Hochgewächs; zur Differenzierung bei der markenrechtlichen Verwechslungsgefahr nach „sprachlichen, kulturellen und sozialen" Besonderheiten vgl. EuGH Slg. 1996, I-6039 = GRUR Int 1997, 546 (547) – Graffione/Fransa.
[162] Richtlinie 2005/14/EG des Europäischen Parlaments und des Rates vom 11.5.2005 ABl. Nr. L 149/05 vom 11.6.2005, S. 22.
[163] BGH GRUR 1995, 60 (62) – Napoleon IV.
[164] BGH GRUR 1996, 910 (912) – Der meistverkaufte Europas m. Anm. Doepner.
[165] BGH WRP 2000, 517 – Orient-Teppichmuster; festhaltend BGH Urt. v. 20.12.2001, BGHReport 2002 793–794; BGH NJW 2015, 3377 (3378) – TIP der Woche.
[166] BGH GRUR 2000, 1106 (1107) – Möbel-Umtauschrecht.

lich informierte und verständige Leser der Anzeige" den Text verstehe, ohne dass auf den besonderen Wert der beworbenen Gegenstände verwiesen wird. In der neueren Rechtsprechung des BGH hat sich dabei zwischenzeitlich die Orientierung an einem „durchschnittlich informierten, verständigen Verbraucher, der sich der Werbung mit situationsadäquater Aufmerksamkeit zuwendet", verfestigt.[167] Nach Auffassung des BGH sollen sich dabei die Begriffe **„flüchtig"** und **„verständig"** nicht von vornherein **gegenseitig ausschließen.**[168] Dem wird man insofern zustimmen können, als es einem durchaus rationalen Verbraucherverhalten entsprechen mag, sich der täglich eingehenden Flut von Werbemitteilungen nicht akribisch zu widmen, sondern diese zunächst – ganz bewusst – nur flüchtig wahrzunehmen. Unvernünftig und nicht verständig wäre es demgegenüber, bei einer näheren Befassung mit dem beworbenen Angebot die jedweder Werbung immanente Interessenwerbung zu ignorieren und darüber hinaus die (notwendig) selektive und flüchtige (Erst-)Wahrnehmung gedanklich auszublenden. Spätestens bei der Prüfung der wettbewerbsrechtlichen Relevanz müssen daher – empirisch ermittelte oder aus eigener Anschauung bejahte – Irreführungspotentiale in wertender Betrachtung darauf überprüft werden, ob sie geeignet sind, das Marktverhalten eines verständigen Durchschnittsverbrauchers in relevanter Weise zu beeinflussen.

56 Dabei muss auch der Implikation der „Etikettierungs-Rechtsprechung" des EuGH Rechnung getragen werden, wonach **Irreführungspotentiale,** die sich aus einer **Ignorierung angebotener Zusatzinformationen** (Produktkennzeichnung) ergeben, grundsätzlich der **Risikosphäre des Abnehmers** zugewiesen sind. Ob sich daher die jüngere Judikatur des BGH zur Bestimmung der Verkehrsauffassung im Sinne des Irreführungsverbots der Rechtsprechung des EuGH nicht nur angenähert hat, sondern hinsichtlich des Verbraucherleitbilds auch tatsächlich vollständig zur Deckung gebracht worden ist, ist eher zweifelhaft und wird sich erst durch weitere Vorlageverfahren an den Gerichtshof klären lassen.

57 *dd) „Keck"-Doktrin.* Die im Rahmen der „Cassis-de-Dijon"-Formel vorzunehmende Verhältnismäßigkeitsprüfung stellte den EuGH vielfach vor die Schwierigkeit, auch rechtspolitische Wertungen vornehmen zu müssen, etwa bei der Bewertung der „Legitimität" des verfolgten Regelungsziels, dem Nachweis eines „milderen Mittels" oder der „Verhältnismäßigkeit im engeren Sinne". Vor diesem Hintergrund lag die Frage nahe, ob nicht eine weitere Einschränkung der „Dassonville"-Formel geboten ist, wenn es sich um mehr „reflexhafte" Auswirkungen auf den Absatz importierter Waren handelt, die **keinen unmittelbaren Produktbezug** aufweisen und zudem auf Regelungen zurückzuführen sind, die nach der Konzeption des AEU-Vertrags an sich der ordnungspolitischen Kompetenz der Mitgliedstaaten zuzurechnen sind, wie etwa Ladenschlusszeiten[169] oder Nachtbackverbote.[170] Dies wurde mit der grundlegenden „Keck und Mithouard"-Entscheidung[171] bewirkt, in der es um das in Frankreich geltende Verbot des Verkaufs zu Verlustpreisen („vente à perte") ging, das sich zwangsläufig auch auf importierte EU-Waren erstreckte.

58 Unter Zugrundelegung der „Dassonville"-Formel („mittelbare und indirekte Auswirkungen") war die Warenverkehrsfreiheit berührt, da auch ausländische Waren von diesem Verbot betroffen wurden. Gleichwohl lehnte es der Gerichtshof ab, diese Einschränkung am Maßstab der „Cassis-de-Dijon"-Formel zu überprüfen, da es sich lediglich um eine **allgemeine Verkaufsmodalität** handele, die für alle betroffenen Wirtschaftsteilnehmer gelte und den Absatz inländischer Erzeugnisse in gleicher Weise berühre wie den Verkauf ausländischer Waren. Solche Maßnahmen, die grundsätzlich **nicht geeignet** seien, den **Marktzugang für Waren aus anderen Mitgliedstaaten zu versperren oder stärker zu behindern als in Bezug auf inländische Erzeugnisse,** fielen nicht in den Anwendungsbereich des Art. 28 EG (nun Art. 34 AEUV). In der „Hünermund"-Entscheidung

[167] BGH GRUR 2001, 1166 (1669) – Fernflugpreise; GRUR 2002, 81 (83) – Anwalts- und Steuerkanzlei; GRUR 2002, 182 (183) – Das Beste jeden Morgen; GRUR 2002, 550 (552) – Elternbriefe; GRUR 2002, 715 (716) – Scanner-Werbung, GRUR 2003, 163 (164) – Computer-Werbung II; GRUR 2003, 247 (248) – THERMAL BAD; GRUR 2003, 361 (362) – Sparvorwahl; GRUR 2003, 249 – Preis ohne Monitor; GRUR 2004, 162 (163) – Mindestverzinsung; GRUR 2004, 244 (245) – Marktführerschaft; BGH GRUR 2012, 185 – Branchenbuch Berg; BGH GRUR 2016, 521 – Durchgestrichener Preis II; BGH GRUR 2018, 434 – „Mogelpackung"; vgl. hierzu auch Köhler/Bornkamm/Bornkamm § 5 Rn. 1.57.

[168] BGH WRP 2000, 517 (520) – Orient-Teppichmuster; dahingehend bestätigend BGH, Urt. v. 20.12.2001 – I ZR 1988/98 = BeckRS 2002, 4846.

[169] EuGH Slg. 1994, I-2199 – Tankstation 't Heukske vof; Slg. 1990, I-3059 – South End; Slg. 1996, I-2975 – Semeraro Casa Uno.

[170] EuGH Slg. 1981, 1993 – Oebel.

[171] EuGH Slg. 1993, I-6097 = GRUR 1994, 296 – Keck und Mithouard.

entschied der Gerichtshof im gleichen Sinne hinsichtlich einer Standesregel, die es Apothekern verbietet, außerhalb der Apotheke für apothekenübliche (aus- und inländische) Waren zu werben.[172] In der Folgezeit wurde diese Judikatur fortgesetzt. So wurde eine Regelung, die den Verkauf bestimmter Waren von einer besonderen Qualifikation des Veräußerers abhängig macht[173] oder an bestimmte Ladenschlusszeiten oder Örtlichkeiten knüpft[174] für zulässig erklärt.

In gleicher Weise wurde eine Regelung des österreichischen Wettbewerbsrechts als bloße Verkaufsmodalität angesehen, die unabhängig vom Wahrheitsgehalt der Mitteilung jede Bezugnahme auf die Herkunft einer Ware aus einer Konkursmasse verbietet, wenn in öffentlichen Bekanntmachungen der Verkauf von Waren angekündigt wird, die aus einer Konkursmasse stammen, aber nicht mehr zum Bestand der Konkursmasse gehören, als Verkaufsmodalität eingestuft.[175] Etwas anderes gilt jedoch, wenn das Inverkehrbringen inländischer und aus anderen Mitgliedstaaten stammender Erzeugnisse nicht in gleicher Weise berührt wird, wie dies etwa bei einer nationalen Regelung der Fall ist, nach denen Bäcker, Fleischer und Lebensmittelhändler nur dann in einem bestimmten Bezirk Waren im Umherziehen anbieten dürfen, wenn sie das betreffende Gewerbe auch in diesem Gebiet ausüben.[176] In gleicher Weise wurde das in § 43 Abs. 1 AMG aF verankerte Verbot des Versandhandels mit apothekenpflichtigen Arzneimitteln als Maßnahme gleicher Wirkung im Sinne von Art. 34 AEUV eingestuft, da hierdurch außerhalb von Deutschland ansässige Apotheken stärker als Apotheken in Deutschland betroffen werden.[177] Insofern muss daher auch bei Verkaufsmodalitäten zwischen solchen allgemeiner und besonderer Art differenziert werden.[178] 59

Dogmatische Grundlage und Tragweite der „Keck"-Doktrin sind nach wie vor umstritten.[179] Konsens besteht jedenfalls darin, dass durch die „Keck"-Doktrin der Schutzbereich der Warenverkehrsfreiheit nicht von einem Beschränkungs- auf ein Diskriminierungsverbot reduziert worden ist.[180] Vielmehr soll diese gewährleisten, dass Art. 34 AEUV nicht zu einem allgemeinen Instrument der Deregulierung degeneriert, sondern auf seine spezifische Funktion, **produktspezifische Beschränkungen der Warenverkehrsfreiheit mit grenzüberschreitendem Bezug** entgegenzuwirken, zurückgeführt wird.[181] Insoweit kommt es gerade auf die Schlechterstellung grenzüberschreitender Sachverhalte an.[182] 60

Bei genauerem Hinsehen wird deutlich, dass die „Keck"-Doktrin schon in der „Cassis-de-Dijon"-Formel angelegt ist, denn letztere bezieht sich ausdrücklich auf **„unterschiedsbedingte Hemmnisse"**.[183] Die von dem EuGH als solche identifizierten Verkaufsmodalitäten sind aber gerade dadurch gekennzeichnet, dass das Handelshemmnis nicht „unterschiedsbedingt" ist, sondern aus der schlichten **„Existenz"** einer den Warenverkehrsfluss beeinflussenden Regelung herrührt. So entstehen beispielsweise die Behinderungen für den Absatz importierter Waren, die sich aus Ladenschlusszeiten im Bestimmungsland ergeben, völlig unabhängig davon, ob vergleichbare Regelungen im Ursprungsland gelten. Sie sind allein auf die Existenz dieser nicht produktspezifischen Regelung im Bestimmungsland zurückzuführen. Das durch die Ladenschlussregelung verfolgte Ziel wird nur einmal, nämlich im Bestimmungsland der Ware, durchgesetzt. Kernanliegen der Warenverkehrsfreiheit ist es jedoch, eine produktspezifische **Doppelkontrolle** im Herkunfts- und Bestimmungsland einer Verhältnismäßigkeitsprüfung zu unterwerfen, nicht aber das Marktrecht im Bestimmungsland der Ware einem generellen Prüfungsvorbehalt des EuGH zu unterstellen. Insoweit reduziert die „Keck-Doktrin" tatsächlich die Warenverkehrsfreiheit iSv Art. 34 AEUV auf ihren originären Gehalt als „Importfreiheit".[184] 61

---

[172] EuGH Slg 1993, I-6787 = GRUR 1994, 299 – Hünermund.
[173] EuGH Slg. 1995, I-1621 – Kommission/Griechenland, für den Verkauf von Säuglingsmilch durch Apotheken.
[174] EuGH Slg. 1994, I-2199 – Tankstation 't Heukske vof; Slg. 1996, I-2975 – Cemeraro Casa Uno; Slg. 1982, 1211 – Blesgen.
[175] EuGH RIW 2004, 451 ff. – Troostwijk.
[176] EuGH Slg. 2000, I-151 = EuZW 2000, 309 – Schutzverband gegen unlauteren Wettbewerb/TK-Heimdienst Sass GmbH mit krit. Anm. Gundel EuZW 2000, 311 ff.
[177] EuGH GRUR Int. 2004, 418 ff. – DocMorris.
[178] Zutreffend Grabitz/Hilf/Leible/T. Streinz AEUV Art. 34 Rn. 79 ff., ein ausführlicher Rechtsprechungsüberblick findet sich bei Heermann, Warenverkehrsfreiheit und deutsches Unlauterkeitsrecht, 2004, S. 115 ff.
[179] Vgl. hierzu v. d. Groeben/Schwarze/Müller-Graff Art. 34 Rn. 239 ff.; Grabitz/Hilf/Leible/T. Streinz AEUV Art. 34 Rn. 76 ff.; Lettl, Der lauterkeitsrechtliche Schutz für irreführende Werbung in Europa, 2004, S. 123 ff.
[180] Dies ursprünglich befürchtend Ress Editorial EuZW 1993, 745.
[181] So zutreffend Möschel NJW 1994, 429 (430).
[182] MüKoUWG/Leible EG A Rn. 83.
[183] Ausführlich hierzu Reese, Grenzüberschreitende Werbung, 1994, S. 58 ff.
[184] MüKoUWG/Leible EG A Rn. 84.

62 Auch wenn die Einzelheiten nach wie vor umstritten sind, lässt sich im Hinblick auf Beeinträchtigungen der Warenverkehrsfreiheit, die auf die Anwendung wettbewerbsrechtlicher Normen zurückzuführen sind, somit Folgendes feststellen:

63 *(1)* Das Verbot einer **rein nationalen Werbung,** die sich ua auch auf Ware aus anderen EU-Mitgliedstaaten ebenso wie auf reine Inlandsware bezieht und deren Produktaufmachung und -gestaltung unberührt lässt, ist eine Verkaufsmodalität im Sinne der „Keck"-Doktrin.[185]

64 *(2)* Ein auf nationales Wettbewerbsrecht gestütztes Verbot, welches die **Packungsgestaltung** oder **sonstige Aufmachung** der eingeführten Ware **berührt,** ist keine „Verkaufsmodalität", sondern betrifft die Verkehrsfähigkeit des Produkts selbst. Folglich handelt es sich um eine Beschränkung der Warenverkehrsfreiheit, die am Maßstab der „Cassis"-Formel zu messen ist.[186]

65 *(3)* Auch das Verbot einer **grenzüberschreitenden Werbung,** welche im Herkunftsland rechtmäßig, im Bestimmungsland indes verboten ist, stellt keine bloße „Verkaufsmodalität" dar. Es wird eine spezifisch grenzüberschreitende Handelstätigkeit beeinträchtigt und eine Doppelprüfung vorgenommen (im Herkunfts- und Bestimmungsland), so dass die scharfen Kontrollmaßstäbe der „Cassis-de-Dijon"-Formel eingreifen müssen.[187]

66 *(4)* Umstritten sind die Fälle des Verbots einer nationalen (nicht grenzüberschreitenden) Werbung, welches – ohne die Produktaufmachung und -kennzeichnung zu beeinträchtigen – die Durchführung einer **globalen Marketingstrategie** in den Mitgliedstaaten der EU verhindert oder erschwert. Richtig erscheint es, auch hier die „Cassis-de-Dijon"-Formel anzuwenden, da die potentiell auftretenden Handelshemmnisse eben doch „unterschiedsbedingt" sind und das Binnenmarktprinzip beeinträchtigen.[188]

67 **c) Leitentscheidungen des EuGH.** Im Nachfolgenden seien die wichtigsten Entscheidungen des Gerichtshof zur Warenverkehrsfreiheit und zu nationalen Werbeschranken kurz erwähnt:[189]

68 *aa) Lauterkeit des Handelsverkehrs.* Unter dem Gesichtspunkt der **Lauterkeit des Handelsverkehrs** kann der Import einer **sklavisch nachgeahmten Ware,** die aus einem anderen Mitgliedstaat stammt, in welchem sie rechtmäßig in den Verkehr gebracht wurde, bei Vorliegen einer Verwechslungsgefahr ohne Verstoß gegen Art. 34 AEUV unterbunden werden.[190] Das **niederländische Zugabeverbot** wurde von dem EuGH grundsätzlich akzeptiert, da Zugaben geeignet seien, bei den Verbrauchern einen Irrtum über die tatsächlichen Preise zu erzeugen und die Bedingungen eines auf Leistung beruhenden Wettbewerbs zu verfälschen.[191] Es sei deshalb grundsätzlich gerechtfertigt, zum Schutze des Verbrauchers und der Lauterkeit des Handelsverkehrs das Zugabewesen durch Regelungen zu beschränken. Als regelmäßig unzulässig werden Einfuhrbeschränkungen angesehen, soweit sich der bezweckte Schutz vor Irreführung auch durch eine geeignete Warenkennzeichnung erreichen ließ. So wurde etwa der **Monopolisierung einer bestimmten Flaschenform** (Bocksbeutel) zugunsten einheimischer Erzeuger Einhalt geboten, weil eine Verwechslungsgefahr durch eine entsprechende Etikettierung vermieden werden kann.[192] Das französische Verbot, **Haustürgeschäfte für Lernmaterial** zu betreiben, wurde vom Gerichtshof dagegen gebilligt, da diese Verkehrskreise besonders anfällig seien und daher eines besonderen Schutzes bedürften.[193] Ein Verstoß gegen die Warenverkehrsfreiheit wurde ebenfalls verneint in Bezug auf eine **Beweisregel für die Haftung des Verkäufers** bei Mängeln der Ware.[194] In gleicher Weise wurde eine **vorvertragliche Aufklärungspflicht** über Garantieleistungen bei parallel

[185] EuGH Slg. 1995, I-179 – Leclerc-Siplec.

[186] EuGH Slg. 1995, I-1923 – Mars.

[187] Die „GB-INNO-BM"-Entscheidung des EuGH Slg. 1990, I-660 ist daher auch nach der „Keck"-Entscheidung nach wie vor gültig; aA offenbar Lenz/Luchs Art. 34 Rn. 38, ohne allerdings auf den grenzüberschreitenden Bezug der Werbung einzugehen.

[188] Sehr streitig, vgl. EuGH EuZW 1993, I-420 – Yves Rocher I; BGH GRUR 1994, 306 – Yves Rocher II; vgl. hierzu näher Grabitz/Hilf/Leible/T. Streinz AEUV Art. 34 Rn. 92 f. mwN, sowie Heermann 2004, S. 78 ff.

[189] Weitere Nachweise finden sich bei Grabitz/Hilf/Leible/T. Streinz AEUV Art. 34 Rn. 105 sowie Lenz/Luchs Art. 34 Rn. 12 ff.

[190] EuGH Slg. 1982, 707; vgl. hierzu auch die Verordnung (EG) Nr. 1383/2003 (ehemals Verordnung (EG) Nr. 3295/94) über das Vorgehen der Zollbehörden gegen Waren, die im Verdacht stehen, bestimmte Rechte geistigen Eigentums zu verletzen, und die Maßnahmen gegenüber Waren, die erkanntermaßen derartige Rechte verletzen, ABl. 2003 Nr. L 196 S. 7.

[191] EuGH Slg. 1982, 4575, 4588 – Oosthoek.

[192] EuGH Slg. 1984, I-1299, 1301 – Prantl.

[193] EuGH Slg. 1989, I-1235 – Buet.

[194] EuGH Slg 1991, I-107 – Alstholm/Sulzer.

eingeführten Motorrädern beurteilt.[195] Das Verbot der **Werbung für die Einzeleinfuhr von im Inland nicht zugelassenen Arzneimitteln** wurde von dem Gerichtshof akzeptiert, da ansonsten der Ausnahmecharakter der erlaubten Einzeleinfuhr und damit das nationale Zulassungssystem unterlaufen werden könne.[196] Das **Versandhandelsverbot für Arzneimittel,** welches dem grenzüberschreitenden Internet-Vertrieb entgegensteht, wurde von dem Gerichtshof in Bezug auf verschreibungspflichtige Arzneimittel für gemeinschaftskonform, in Bezug auf nicht verschreibungspflichtige Arzneimittel hingegen als gemeinschaftswidrig angesehen.[197]

bb) Irreführungsschutz. Im Rahmen des **Irreführungsschutzes** sind folgende Entscheidungen von Interesse: Die Vermarktung einer ausländischen Ware im Inland darf mit dem eingekreisten **Buchstaben ® neben der Marke** auch dann nicht untersagt werden, wenn der Markenschutz lediglich im Ausland, nicht aber im Inland besteht.[198] Das Verbot einer Werbung für **parallelimportierte Kraftfahrzeuge** aus anderen EU-Mitgliedstaaten mit der Bezeichnung „neu" ist gemeinschaftswidrig, auch wenn die Fahrzeuge bereits über eine Tageszulassung zum Zwecke des Imports verfügen.[199] Auch soll eine Werbung nicht als irreführend einzustufen sein, falls die parallel-importierten Fahrzeuge eine geringwertigere Basisausstattung als die inländischen Fahrzeuge aufweisen, wenn damit zu rechnen sei, dass die Interessenten hierüber vor Vertragsschluss aufgeklärt werden.[200] Das auf eine Irreführungsgefahr gestützte Verbot, kosmetische Mittel unter dem arzneilich anmutenden Namen **„Clinique"** zu vertreiben, unter welchem diese in anderen Mitgliedstaaten der EU rechtmäßig in den Verkehr gebracht worden sind, wurde vom Gerichtshof ebenfalls als unverhältnismäßige Verletzung der Warenverkehrsfreiheit angesehen.[201] Gleiches gilt für das **Verbot eines Aufdrucks „plus 10 %"** auf der Verpackung eines Schokoriegels in Form eines farblich hervorgehobenen Segments, dessen Größe die hervorgehobene Prozentangabe übertraf.[202] Die Angabe **„naturrein"** für eine Erdbeerkonfitüre ist nach Auffassung des EuGH nicht geeignet, einen verständigen Durchschnittsverbraucher irrezuführen, auch wenn diese nicht völlig frei von Blei-, Cadmium- und Pestizid-Rückständen sei.[203] In der Entscheidung „Lifting-Creme"[204] hat der Gerichtshof ferner ausgeführt, dass auf den ersten Blick wenig dafür spreche, dass ein verständiger Durchschnittsverbraucher auf Grund des Wortes **„Lifting"** eine dauerhaft hautstraffende Wirkung erwarte; jedoch sei es Aufgabe des nationalen Gerichts, unter Berücksichtigung sozialer, kultureller oder sprachlicher Eigenheiten das Verkehrsverständnis zu ermitteln. Ebenso hat er in der „Gut Springenheide"-Entscheidung[205] dem nationalen Gericht die Beantwortung der Frage überlassen, ob ein verständiger Durchschnittsverbraucher bei der Verwendung der Bezeichnung **„6-Korn-Eier"** erwarte, dass diese Eier von Legehennen stammten, die ausschließlich mit einer Futternahrung, bestehend aus sechs verschiedenen Getreidekörnern, gefüttert worden seien.[206] 69

Checkliste: Freiheit des Warenverkehrs 70

- ☐ Prüfung der „Dassonville"-Formel:
  - Vorliegen einer staatlichen Maßnahme.
  - Fehlen einer (abschließenden) sekundärrechtlichen Regelung.
  - Zumindest mittelbare oder potentielle Behinderung der Einfuhr von Waren.

  Falls Ziff. 1. a) bis c) erfüllt:

[195] EuGH Slg. 1993, I-5009 – CMC Motorrad Center.
[196] EuGH Slg. 1994, I-1243 – Ortscheit.
[197] EuGH GRUR Int. 2004, 418 – DocMorris; vgl. hierzu Koch EuZW 2004, 50 ff.
[198] EuGH Slg. 1990, I-4827 – Dahlhausen; vgl. hierzu Reese, Grenzüberschreitende Werbung, 1994, S. 87 ff.
[199] EuGH WRP 1993, 233 ff. – Nissan; vgl. hierzu aus jüngerer Zeit auch BGH GRUR 1999, 1122 (1124) – EG-Neuwagen I; GRUR 1999, 1125 (1126) – EG-Neuwagen II sowie hierzu auch Leible NJW 2000, 1242 f.; Bornkamm, in: Festschrift 50 Jahre Bundesgerichtshof, S. 343 (352).
[200] Kritisch hierzu Reese, Grenzüberschreitende Werbung, S. 102; Leible WRP 1997, 517 (524); Deutsch GRUR 1996, 541, da es nach der Richtlinie 84/450/EWG (nun RL 2006/114/EG) nicht auf einen kausal durch die Irreführung bewirkten Vertragsabschluss, sondern auf die Veranlassung zu wirtschaftlich relevanten Dispositionen ankommt, wozu auch das „Anlocken" im Sinne des Aufsuchens des Geschäftsbetriebs zu zählen sein dürfte.
[201] EuGH Slg. 1994, I-317 – Clinique.
[202] EuGH Slg. 1995, I-1923 – Mars.
[203] EuGH Slg. 2000, I-2297, 2338 – Darbo.
[204] EuGH Slg. 2000, I-117, 147 – Lifting-Creme.
[205] EuGH Slg. 1998, I-4657, 4691 – Gut Springenheide.
[206] Zur abschließenden Bewertung durch das OVG Münster vgl. näher Reese ZLR 1999, 814 (818).

☐ Prüfung der „Keck"-Formel:
- Maßnahme lässt Produktaufmachung unberührt.
- Allgemeine Verkaufsmodalität, die unterschiedslos anwendbar ist und den Marktzugang für eingeführte Waren nicht stärker als für einheimische Erzeugnisse behindert.
- Kontrollfrage: Fehlen einer Doppelkontrolle im Ursprungs- und Bestimmungsland der Ware.

Falls eine der Voraussetzungen zu Ziff. 2. a), b) oder c) nicht erfüllt:

☐ Prüfung der „Cassis"-Formel bzw. von Art. 36 AEUV:
- Legitimes Schutzziel.
- Unterschiedslos anwendbare Regelung (str. bei Art. 36 AEUV).
- Verhältnismäßigkeit, dh Maßnahme ist
  - geeignet
  - erforderlich
  - verhältnismäßig im engeren Sinne.

Falls Ziff. 3. a) bis c) erfüllt, kein Verstoß gegen Art. 34 AEUV.

2. Dienstleistungsfreiheit

71 Die Warenverkehrsfreiheit wird durch die in Art. 56 AEUV (ehemals Art. 49 EGV) geregelte Dienstleistungsfreiheit flankiert. Nationale Werbeverbote können grundsätzlich in zweifacher Hinsicht die Dienstleistungsfreiheit berühren. Von dem Fall der Werbung **„für"** Dienstleistungen ist dabei der Fall der Werbung **„als"** Dienstleistung zu unterscheiden.[207] Beide Fallgestaltungen sind dem Schutzbereich der Dienstleistungsfreiheit zuzurechnen. Im Einzelnen:

72 a) **Schutzbereich.** Die Dienstleistungsfreiheit umfasst das Recht, unbehindert von einem Mitgliedstaat aus einzelne Dienstleistungen in einen anderen Mitgliedstaat zu erbringen, ohne dort eine ständige Niederlassung zu unterhalten.[208] Im Gegensatz zur Niederlassungsfreiheit, die die dauerhafte Eingliederung in ein anderes Rechts- und Wirtschaftssystem regelt, betrifft die Dienstleistungsfreiheit **Fälle einzelner vorübergehender Erwerbstätigkeiten auf dem Gebiet eines anderen Mitgliedstaates.**[209] Geschützt wird die **aktive Dienstleistungsfreiheit** (der Dienstleistende erbringt die Leistung am Ort des Empfängers), die **passive Dienstleistungsfreiheit** (der Empfänger begibt sich zum Dienstleistenden) sowie die sog. **Korrespondenzdienstleistung** (die Dienstleistung überschreitet ohne Ortswechsel der Parteien die Grenze).[210] Erfasst werden gem. Art. 57 AEUV Leistungen, die in der Regel gegen Entgelt erbracht werden, soweit sie nicht den Vorschriften über den freien Waren- und Kapitalverkehr und über die Freizügigkeit der Person unterliegen. So unterliegt die Ausstrahlung von Fernsehsendungen, einschließlich jener zu Werbezwecken, den Regeln der Dienstleistungsfreiheit (Werbung als Dienstleistung).[211] Demgegenüber wird die Verbreitung von Werbematerial, welches über die Erbringung einer Dienstleistung informiert, als Annex dieser selbst zugerechnet (Werbung für Dienstleistungen).[212] Die Abgrenzung zur Warenverkehrsfreiheit erfolgt dabei nach einer **Schwerpunktbetrachtung.**[213] Da die Verbreitung von Werbeaussagen grundsätzlich keinen Selbstzweck darstellt, sondern gegenüber dem Verkauf der betreffenden Waren zweitrangig ist, überwiegt insoweit der Aspekt des freien Warenverkehrs gegenüber dem des freien Dienstleistungsverkehrs.[214] Auch fällt die Herstellung und der Vertrieb von Datenträgern, auf denen Filme gespeichert sind (Videokassetten), unter die Warenverkehrsfreiheit.[215] Schließlich ist eine Ware, die mit dem Ziel der Erbringung einer Dienstleistung eingeführt worden ist, nicht schon allein aus diesem Grund den Vorschriften über den freien Warenverkehr entzogen.[216]

[207] Reese, Grenzüberschreitende Werbung, 1994, S. 65.
[208] Lenz/Seyr Vor Art. 56 Rn. 2; Dauses/Roth E I Rn. 130 ff.
[209] Seyr ebd.; differenzierend Dauses/Roth E I Rn. 133.
[210] Dauses/Roth E I Rn. 135; Sack WRP 1998, 103 (111).
[211] Grundlegend EuGH Slg. 1974, 409 – Sacchi, seitdem st. Rspr.; vgl. Slg. 1980, 833, 855 – Debauve; Slg. 1991, I-2925, I-2958 – ERT; Slg. 2001, I-9445, I-9499 – De Coster.
[212] EuGH Slg. 1994, I-1039 – Schindler.
[213] Lenz/Seyr Vor Art. 56 Rn. 5 und Art. 56, 57 Rn. 8 jeweils mwN; kritisch hierzu Kugelmann EuR 2001, 363 ff.
[214] EuGH RIW 2004, 451 (453) – Troostwijk.
[215] EuGH Slg. 1985, 2605 – Cinéthèque.
[216] EuGH EuZW 2000, 148 (150) – Markku Juhani Läärä ua/Finnischer Staat zur Frage der Beschränkung des Betriebs von Geldspielautomaten, bestätigt durch EuGH BeckRS 2006, 70826.

73 *aa) Diskriminierungsverbot.* Beschränkungen der Dienstleistungsfreiheit sind zunächst durch Diskriminierungen des Dienstleistungserbringers auf Grund seiner Staatsangehörigkeit oder auf Grund seiner Niederlassung in einem anderen Mitgliedstaat denkbar. Art. 56 AEUV statuiert insofern ein spezielles Diskriminierungsverbot, das eine **absolute Gleichbehandlung** von inländischen und ausländischen Dienstleistungserbringern erfordert.[217] So wurde vom Gerichtshof eine innerstaatliche Regelung, nach der die Übertragung von Werbemitteilungen im Wege des Kabelfernsehens und die Ausstrahlung derartiger Mitteilungen durch das Fernsehen nicht zulässig sind, nicht als Verletzung der Dienstleistungsfreiheit gewertet, wenn diese Regelung ohne Unterscheidung hinsichtlich des – in- oder ausländischen – Ursprungs dieser Mitteilungen, der Staatsangehörigkeit des Erbringers der Dienstleistungen oder des Orts, an dem dieser ansässig ist, angewandt wird.[218]

74 *bb) Beschränkungsverbot.* Die Dienstleistungsfreiheit lässt sich – ebenso wie die Warenverkehrsfreiheit – jedoch nicht auf ein bloßes Diskriminierungsverbot reduzieren, sondern enthält auch weitergehend ein **Beschränkungsverbot.**[219] Insofern gelten die Grundsätze der „Dassonville"-Formel entsprechend.[220] Ein Verbot der Durchführung von ausländischen Lotterien und die korrespondierende Untersagung der Einfuhr von Werbematerial und Losen unterfällt somit grundsätzlich der Dienstleistungsfreiheit.[221] Auch ein Verbot eines Mitgliedstaats, wonach in diesem ansässige Dienstleistungserbringer in anderen Mitgliedstaaten ansässigen potentiellen Kunden nicht unaufgefordert telefonisch ihre Dienstleistungen anbieten dürfen, stellt eine Beschränkung der Dienstleistungsfreiheit dar.[222] Gleiches gilt für eine Bestimmung, die die Möglichkeit für die im Sendestaat niedergelassenen Fernsehveranstalter beschränkt, für im Empfangsstaat niedergelassene Werbetreibende Werbung zu verbreiten, die speziell für das Publikum im Empfangsstaat bestimmt ist.[223]

75 b) **Schranken.** Ebenso wie die Warenverkehrsfreiheit kann auch die Dienstleistungsfreiheit unter Berufung auf bestimmte, nicht wirtschaftliche Schutzgüter eingeschränkt werden. Über Art. 62 AEUV gelten die Ausnahmevorschriften der Niederlassungsfreiheit (Art. 51 und 52 AEUV) entsprechend (**öffentliche Ordnung, Sicherheit oder Gesundheit**).

76 *aa) Zwingende Gründe des Allgemeininteresses.* Darüber hinaus gilt ein der „Cassis"-Formel strukturell entsprechender Schrankenvorbehalt durch **„zwingende Gründe des Allgemeininteresses"**, der nach neuerer Rechtsprechung des EuGH sogar diskriminierende Regelungen einbezieht.[224] Anerkannt wird insbesondere der Schutz des geistigen Eigentums[225] sowie die Lauterkeit des Handelsverkehrs und der Verbraucherschutz.[226] Ebenso wie bei der Warenverkehrsfreiheit müssen die jeweiligen Einschränkungen verhältnismäßig sein.[227] Sieht man die dogmatische Wurzel des vom EuGH zur Warenverkehrsfreiheit entwickelten Verbraucherleitbildes im **Verhältnismäßigkeitsprinzip,** so erscheint die Übertragung der dort entwickelten Grundsätze auf die Dienstleistungsfreiheit naheliegend. Eine ausdrückliche Entscheidung des Gerichtshofs steht hierzu allerdings noch aus. Akzeptiert unter dem Gesichtspunkt des Allgemeinwohlinteresses wurde von dem Gerichtshof das Verbot von ausländischen Lotterien und die Untersagung der Einfuhr von Werbematerial und Losen, da es grundsätzlich den Mitgliedstaaten freistehe, auf Grund sittlicher, religiöser oder kultureller Erwägungen Beschränkungen des Lotteriewesens vorzunehmen, sofern diese nicht diskriminierend sind.[228] Auch ein Verbot des „Cold Calling" betreffend

---

217 Grundlegend EuGH Slg. 1974, 1299 – Van Binsbergen, seitdem st. Rspr.; vgl. Slg. 1994, I-3803, 3823 – Vander Elst; Slg. 2008, I-5337, I-5443 – Kommission/Frankreich.

218 EuGH Slg. 1980, 857 – Debauve; dies führte zu der Fernsehrichtlinie 89/552/EWG.

219 Dauses/Roth E I Rn. 158 ff m. zahlreichen Nachw. in der Rspr.; vgl. aus jüngerer Zeit EuGH EuZW 2007, 540 (544) Rn. 63 – Kommission/Bundesrepublik Deutschland.

220 EuGH Slg. 1974, 1299, 1311 – Van Binsbergen; Slg. 1991, I-4221, 4243 – Säger; Slg. 1994, I-1039, 1093 – Schindler.

221 EuGH Slg. 1994, I-1039 – Schindler.

222 EuGH Slg. 1995, I-1141 – Alpine Investments zum Problem des „Cold Calling".

223 EuGH Slg. 1997, I-3843 – De Agostini.

224 EuGH Slg. 1995, I-3955 – Svensson.

225 EuGH Slg. 1980, 881 – Coditel, bestätigend Slg. 2011, I-9083, I-9213 – Football Association Premier League.

226 EuGH Slg. 1991, I-4007 – Stichting Gouda, bestätigend Slg. 2003, I-12489, I-12527 – RTL Television; Slg. 1991, I-4096 – Kommission/Niederlande;
I-3843 Rn. 53 – De Agostini, bestätigend Slg. 2004, I-7007, I-7059 – Douwe Egberts.

227 Dauses/Roth E I Rn. 202 ff.

228 EuGH Slg. 1994, I-1039, I-1096, Rn. 60 – Schindler; insofern bestätigt durch EuGH Slg. 1999, I-6067 = EuZW 2000, 148, 149 – Markuu Juhani Läärä, ua/Finnischer Staat.

die Werbung für Finanzdienstleistungen wurde als rechtmäßig anerkannt, da die Aufrechterhaltung des guten Rufs des nationalen Finanzsektors einen zwingenden Grund des Allgemeininteresses darstelle, der Beschränkungen des freien Verkehrs von Finanzdienstleistungen rechtfertige.[229]

77 *bb) Immanenzvorbehalt.* Noch nicht abschließend geklärt ist die Frage, ob die Dienstleistungsfreiheit ebenfalls einer Einschränkung gem. der „Keck"-Doktrin bei **„allgemeinen Verkaufsmodalitäten"** unterliegt. Zu Unrecht wird dabei die Entscheidung des EuGH „Alpine Investments"[230] für die These in Anspruch genommen, dass die „Keck"-Doktrin im Rahmen der Dienstleistungsfreiheit von vornherein nicht gelte.[231] In dieser Entscheidung ging es um das von einem niederländischen Ministerium ausgesprochene Verbot gegenüber einer niederländischen Gesellschaft, mit (ua im Ausland ansässigen) Privatleuten ohne deren vorherige schriftliche Zustimmung telefonisch Kontakt aufzunehmen, um ihnen verschiedene Finanzdienstleistungen anzubieten (sog. „Cold Calling"). Der EuGH stellte fest, dass das niederländische Verbot unmittelbar den Zugang zum Dienstleistungsmarkt in anderen Mitgliedstaaten beeinflusse und daher geeignet sei, den innergemeinschaftlichen Dienstleistungsverkehr zu behindern. Eine „allgemeine Verkaufsmodalität" im Sinne der „Keck"-Doktrin liege daher nicht vor. Die vom Gerichtshof vorgenommene Differenzierung zwischen „allgemeinen" und „besonderen" Verkaufsmodalitäten belegt jedoch, dass die „Keck"-Doktrin auch im Rahmen der Dienstleistungsfreiheit grundsätzlich ihren Platz hat. Die Frage ist daher nicht **ob**, sondern vielmehr **unter welchen Voraussetzungen** die „Keck"-Doktrin bei Art. 56 AEUV zur Anwendung gelangen kann. Zur Abgrenzung wird dabei teilweise zwischen import- und exportorientierten Beschränkungen differenziert.[232] Nach zutreffender Auffassung ist auf die **Binnenmarktperspektive** abzustellen, wonach Dienstleistungen zuzulassen sind, die vom Leistenden in seinem Sitzland rechtmäßig erbracht werden können.[233] Regelungen mit marktzugangssperrender oder den Marktzugang erschwerender Wirkung sind deshalb am Maßstab der Dienstleistungsfreiheit zu messen. Das Herkunftslandprinzip impliziert insbesondere eine faktische Anerkennung äquivalenter ausländischer Prüfungen und Kontrollen; umgekehrt ist jede Verdoppelung einer Beaufsichtigung zu vermeiden.[234] Eine Reduktion auf ein bloßes Diskriminierungsverbot erscheint jedoch sachgerecht bei Regelungen, die nur einen mittelbaren Bezug zur Tätigkeit selbst aufweisen und gerade keine den grenzüberschreitenden Dienstleistungsverkehr erschwerende Doppelregelung oder Doppelbelastung darstellen.[235] So liegt es etwa bei Vorschriften über den Grundstückserwerb, die Anmietung von Wohnungen und die Vergabe von Krediten.[236]

78 **Checkliste: Dienstleistungsfreiheit**

1. Schutzbereich:
   a) Aktive Dienstleistungsfreiheit
   b) Passive Dienstleistungsfreiheit
   c) Korrespondenz – Dienstleistungsfreiheit
2. Reichweite:
   a) Diskriminierungsverbot
   b) Beschränkungsverbot
3. Immanenzvorbehalt entsprechend der „Keck"-Doktrin

   Umstritten, hM: ja, falls Regelung nur mittelbaren Bezug zur Tätigkeit selbst aufweist und keine Doppelbelastung erfolgt.

[229] EuGH Slg. 1995, I-1141, I-1179, Rn. 44 – Alpine Investments; zu den Auswirkungen der Richtlinie 97/7/EG über den Verbraucherschutz bei Vertragsabschlüssen im Fernabsatz vgl. näher Glöckner GRUR Int. 2000, 29.
[230] EuGH Slg. 1995, I-1141.
[231] So aber Sack GRUR 1998, 871 (874).
[232] Vgl. hierzu näher Calliess/Ruffert/Kluth AEUV Art. 57 Rn. 58 mwN.
[233] Dauses/Roth E I Rn. 126.
[234] Dauses/Roth E I Rn. 205.
[235] Dauses/Roth E I Rn. 171.
[236] Dauses/Roth E I Rn. 171.

4. Schranken:
  a) Legitimes Schutzziel
    aa) Art. 62 iVm Art. 51 und 52 AEUV
    bb) Zwingende Gründe des Allgemeininteresses
  b) Unterschiedslos anwendbar
    Nach neuerer Rechtsprechung des EuGH nicht zwingend erforderlich.
  c) Verhältnismäßigkeit, dh Maßnahme ist
    - geeignet
    - erforderlich
    - verhältnismäßig im engeren Sinne.

3. Niederlassungsfreiheit

Die in den Art. 49–54 AEUV (ehemals Art. 43–48 EGV) geregelte Niederlassungsfreiheit wurde ursprünglich als bloße Ausprägung des Diskriminierungsverbots oder positiv ausgedrückt des Gebots zur Inländergleichbehandlung verstanden.[237] In jüngerer Zeit wird darüber hinaus die Auffassung vertreten, dass sich die Niederlassungsfreiheit nicht allein in einem **Diskriminierungsverbot** erschöpfe, sondern auch ein – eingeschränktes – **Behinderungsverbot** einschließe.[238] Die Einzelheiten sind sehr umstritten. In dem hier interessierenden Bereich der Beschränkung des Marktauftritts von Unternehmen durch Vorschriften des nationalen Wettbewerbsrechts bedarf dies allerdings keiner näheren Vertiefung. Denn die maßgeblichen Grundsätze werden bereits durch die Auslegungsmaßstäbe zur Warenverkehrs- und Dienstleistungsfreiheit vorgegeben. Der in einem Mitgliedstaat niedergelassene und in die dortige Marktordnung eingegliederte Unternehmer muss – unter Berücksichtigung der „Keck"-Doktrin – grundsätzlich das dort geltende Wettbewerbsrecht beachten. Eben dies steht im Einklang mit dem Verständnis der Niederlassungsfreiheit als speziellem Diskriminierungsverbot. Sobald jedoch die Absatztätigkeit einen spezifisch grenzüberschreitenden Bezug aufweist und es zu einer den Marktzugang erschwerenden Doppelkontrolle kommt, greifen tatbestandlich die bereits dargelegten Grundsätze der Warenverkehrs- und Dienstleistungsfreiheit ein, so dass für einen Rückgriff auf die Niederlassungsfreiheit kein Raum mehr ist. 79

V. Durchsetzung gewerblicher Schutzrechte in der EG

Die **Rolle der gewerblichen Schutzrechte** für die Verwirklichung des Binnenmarktkonzepts ist **ambivalent:** Zum einen beinhalten gewerbliche Schutzrechte zwar das Potential, auf europäischer Ebene die **Märkte aufzuspalten.** Auf der anderen Seite ist jedoch auch nicht zu übersehen, dass gewerbliche Schutzrechte eine **wesentliche Antriebskraft für den wirtschaftlichen Erfolg** sind.[239] Umso überraschender ist es, dass sich im AEUV kaum Regelungen dazu finden, wie dieses Spannungsverhältnis aufzulösen ist.[240] 80

1. Artikel 345 AEUV

Nach Art. 345 AEUV (ehemals Art. 295 EGV) lassen der EUV und der AEUV die Eigentumsordnung in den verschiedenen Mitgliedstaaten unberührt. Hieraus ergibt sich zunächst, dass die Ausgestaltung der gewerblichen Schutzrechte als Teil dieser Eigentumsordnung in der Zuständigkeit der Mitgliedstaaten liegt. Aus dem bereits beschriebenen Spannungsverhältnis zum Binnenmarktkonzept und der Gefahr der Aufspaltung europäischer Märkte folgt jedoch die Notwendigkeit einer europäischen Harmonisierung im Rahmen eines abgestuften Vorgehens:[241] Der größte Harmonisierungseffekt lässt sich durch die Schaffung EU-weiter Schutzrechte erzielen. Da es sich hierbei um komplexe Harmonisierungsvorhaben handelt, können diese Projekte nur 81

[237] Vgl. hierzu Calliess/Ruffert/Bröhmer AEUV Art. 49 Rn. 19 ff.; Grabitz/Hilf/Randelzhofer Art. 49 Rn. 88 ff.; v. d. Groeben/Schwarze/Tiedge Art. 49 Rn. 1 ff.
[238] Dauses/Roth E I Rn. 77 ff.
[239] Chrocziel Rn. 165.
[240] Einen guten Überblick vermittelt Sack GRUR 1999, 193 ff.; vgl. auch Schulze/Zuleeg/Kadelbach/Haedicke § 21 Rn. 1 bis 15.
[241] Chrocziel Rn. 166.

langfristig verfolgt werden, wie dies etwa bei der Schaffung der Unionsmarke oder dem europäischen Patent mit einheitlicher Wirkung der Fall ist. Das sog. europäische Patent mit einheitlicher Wirkung befindet sich bereits seit mehreren Jahrzehnten in Planung. Das Vorhaben, welches zuvor mehrfach an der Zustimmung sämtlicher Mitgliedstaaten scheiterte, soll nun im Wege der verstärkten Zusammenarbeit (gem. Art. 20 EUV in Verbindung mit Art. 326, 327, 329 AEUV) durchgesetzt werden. Das Patent mit einheitlicher Wirkung besteht aus einem Gesamtgefüge verschiedener Regulatoren: dem internationalen Übereinkommen über ein einheitliches Patentgericht[242] und europäischen Bestimmungen bezüglich der einheitlichen Rechtswirkung des europäischen Patents[243] und der Übersetzungsanforderungen.[244] Dadurch wird ein europäisches Patent mit einheitlicher Wirkung geschaffen. Die im Rahmen der verstärkten Zusammenarbeit erlassene EPat-VO[245] und die Übersetzungs-VO[246] bilden das sekundärrechtliche Fundament für das europäische Patent mit einheitlicher Wirkung. Dabei hat sich Art. 1 Abs. 2 EPat-VO[247] mit der in Art. 142 EPÜ angelegten Ermächtigungsgrundlage für Europäische Bündelpatente eines völkerrechtlichen Instruments bedient.

82 Während das europäische Patent mit einheitlicher Wirkung, welches auf zwei aus der verstärkten Zusammenarbeit hervorgehenden Verordnungen aufbaut, ein unionsrechtliches Gefüge darstellt, geht das Einheitliche Patentgericht auf einen völkerrechtlichen Vertrag ohne EU-Beitritt zurück.[248] Der Natur des EPGÜ als völkerrechtlichem Vertrag folgt, dass Großbritannien auch nach seinem Austritt aus der Union weiterhin Partei des Abkommens sein könnte;[249] jedoch kommt eine Beteiligung des Vereinten Königreichs mit dem Rückzug der Ratifizierung des EPGÜ[250] nunmehr nicht in Betracht. Mit der völkerrechtlichen Einordnung des EPGÜ als Grundlage für das Gemeinsame Patentgericht und der damit einhergehenden Losgelöstheit vom Unionsrecht stellt sich jedoch die Frage nach der Vorlageberechtigung des Gemeinsamen Patentgerichts.[251]

83 Da alle diese Harmonisierungsbestrebungen zeitaufwendig sind, können die Handelshemmnisse, die sich aus der Durchsetzung gewerblicher Schutzrechte ergeben, nur dadurch beseitigt wer-

[242] Agreement on a Unified Patent Court (UPC) vom 17.12.2012; ABl. 20.6.2013/C 175/01.

[243] Verordnung (EG) Nr. 1257/2012 des Rates vom 17.12.2012 über die Umsetzung der Verstärkten Zusammenarbeit im Bereich der Schaffung eines einheitlichen Patentschutzes, ABl. 31.12.2012, L 361/1.

[244] Verordnung (EG) Nr. 1260/2012 des Rates vom 17.12.2012 über die Umsetzung der verstärkten Zusammenarbeit im Bereich der Schaffung eines einheitlichen Patentschutzes im Hinblick auf die anzuwendenden Übersetzungsregelungen, ABl. 31.12.2012, L 361/89.

[245] Verordnung (EG) Nr. 1257/2012 des Rates vom 17.12.2012 über die Umsetzung der Verstärkten Zusammenarbeit im Bereich der Schaffung eines einheitlichen Patentschutzes, ABl. 31.12.2012, L 361/1.

[246] Verordnung (EG) Nr. 1260/2012 des Rates vom 17.12.2012 über die Umsetzung der verstärkten Zusammenarbeit im Bereich der Schaffung eines einheitlichen Patentschutzes im Hinblick auf die anzuwendenden Übersetzungsregelungen, ABl. 31.12.2012, L 361/89.

[247] Verordnung (EG) Nr. 1257/2012 des Rates vom 17.12.2012 über die Umsetzung der Verstärkten Zusammenarbeit im Bereich der Schaffung eines einheitlichen Patentschutzes, ABl. 31.12.2012, L 361/1.

[248] Amort, EuR 2017, 56, 72.

[249] Ann, § 30a, Rn. 10 ff.

[250] https://www.unified-patent-court.org/news/uk-withdrawal-upca.

[251] Diese Frage wird unter dem Einwand, das europäische Patentgericht sei als gemeinsames Gericht der Vertragsmitgliedsstaaten konzipiert, bejaht: Gemäß Art. 21 Abs. 2 EPGÜ sei das Gemeinsame Patentgericht – wie jedes nationale Gericht der Mitgliedsstaaten – dem Unionsrecht unterstellt (Haedicke, GRUR Int. 2013, 609 (614); Hess, Europäisches Zivilprozessrecht, Art. 267 AEUV, Rn. 13.24.). Daraus ergebe sich, dass das Gemeinsame Patentgericht berechtigt und verpflichtet ist, Vorlageentscheidungen des EUGH nach Art. 267 AEUV herbeizuführen. Für eine Vorlageberechtigung des Gemeinsamen Patentgerichts spreche auch, dass beispielsweise dem Benelux-Gerichtshof als Überwachungsorgan der Benelux-Wirtschaftsunion die Vorlageberechtigung zuerkannt wurde (Müller, EuZW 2010, 851 (855)). Der EuGH habe im Übrigen in seiner Miles-Entscheidung eine Vorlagefähigkeit für internationale Gerichte bejaht, wenn dies entsprechend in einem völkerrechtlichen Vertrag bestimmt sei (EuGH, Gutachten 1/09 v. 8.3.2011 (TFUE), Slg. 2011, I-1137, Rn. 59). Andere Stimmen der Literatur halten das Gemeinsame Patentgericht nach derzeitiger Rechtslage nicht für vorlageberechtigt (So mit Hinblick auf die AEUV Gruber, GRUR Int. 2015, 323 (326)). Unter den Anwendungsbereich des Art. 267 AEUV falle dem Wortlaut nach nur ein „Gericht eines Mitgliedsstaats". Die Verpflichtung einer Beschwerdekammer, in den ihr vorgelegten Rechtsstreitigkeiten die allgemeinen Grundsätze des Unionsrecht anzuwenden, rechtfertige auch nach den in der Miles-Entscheidung entwickelten Grundsätzen zur Vorlagefähigkeit internationaler Gerichte keine Subsumtion unter Art. 267 AEUV (EuGH Slg. 2011, I-5105, Rn. 42 – Miles). Bei Übertragung dieses Gedankens auf das Gemeinsame Patentgericht verbiete sich eine Einordnung als „Gericht eines Mitgliedsstaats". Auch der Vergleich mit dem Benelux-Gerichtshof sei abzulehnen, da dort verhandelte Verfahren als Zwischenstreit in einem vor einem nationalen Gericht anhängigen Verfahren einzuordnen seien. Eine solche Einbettung des Gemeinsamen Patentgerichts in die mitgliedsstaatliche Judikative sei aber gerade nicht gegeben und damit die Voraussetzungen des Art. 267 AEUV nicht erfüllt (Gruber, GRUR Int. 29015, 322 (324 ff.); Amort, EuR 2017, 56 (75)).

den, dass die Kommission und/oder der Europäische Gerichtshof die entsprechenden Regelungen des nationalen Rechts am Maßstab des Gemeinschaftsrechts überprüft und gegebenenfalls für nicht anwendbar erklärt. Dies geschieht im Rahmen der durch den AEU-Vertrag eröffneten Kompetenzen, insbesondere im Rahmen des Vorabentscheidungsverfahrens des Art. 267 AEUV durch den EuGH sowie einer Vertragsverletzungsklage der Kommission gem. Art. 258 AEUV. Schließlich ist die Ausübung und Durchsetzung gewerblicher Schutzrechte auch daraufhin zu überprüfen, ob sie den Missbrauch einer marktbeherrschenden Stellung gemäß Art. 102 AEUV darstellen. Nachfolgend soll ein Überblick über die wichtigsten Grundsätze gegeben werden, die der Gerichtshof in seiner Rechtsprechung hierzu entwickelt hat.

2. Artikel 34/36 AEUV

a) **Allgemeiner Rahmen.** Die Durchsetzung nationaler Schutzrechte erfolgt zwar regelmäßig auf Initiative des Schutzrechtsinhabers. Da die Rechtsverfolgung jedoch auf der Grundlage der hierfür geschaffenen staatlichen Regelungen und unter Einschaltung staatlicher Gerichte geschieht, besteht kein Zweifel daran, dass es sich – ebenso wie bei nationalen Werbeverboten – um **staatliche Maßnahmen** handelt, die dem Anwendungsbereich der Warenverkehrsfreiheit unterfallen können:[252] Ist beispielsweise der Vertrieb eines Produktes, das in anderen Mitgliedstaaten der EU rechtmäßig in Verkehr ist, in einem Mitgliedstaat auf Grund entgegenstehender Schutzrechte (etwa Marken, Patente oder Urheberrechte) nicht möglich, ist nach der **„Dassonville-Formel"** der Anwendungsbereich des Art. 34 AEUV grundsätzlich eröffnet. Nach Art. 36 AEUV sind hieraus resultierende Handelshemmnisse jedoch hinzunehmen, wenn diese aus **Gründen des gewerblichen und kommerziellen Eigentums** gerechtfertigt sind. Hierunter fallen alle Arten von gewerblichen Schutzrechten, also Patente, Gebrauchsmuster, Geschmacksmuster, Marken, Urheberrechte und die sich hieraus ableitenden gewerblichen Eigentumspositionen. Gem. Art. 36 S. 2 AEUV dürfen diese Verbote oder Beschränkungen jedoch **weder ein Mittel zur willkürlichen Diskriminierung noch eine verschleierte Beschränkung des Handels zwischen den Mitgliedstaaten** darstellen. In Konkretisierung dieser sehr allgemein gehaltenen Vorgaben, hat der EuGH verschiedene Grundsätze in seiner Judikatur entwickelt, die auf Grund ihrer besonderen Bedeutung nachfolgend gesondert darzustellen sind. 84

b) **Bestand und Ausübung.** Die Unterscheidung zwischen dem Bestand und der Ausübung eines gewerblichen Schutzrechtes beherrschte die anfängliche Rechtsprechung des EuGH. Danach erkennt das Gemeinschaftsrecht zwar die nationalen Schutzrechte über **Art. 345 AEUV** in ihrem Bestand grundsätzlich an. Von dem Bestand des Schutzrechtes zu trennen ist jedoch die Frage seiner Ausübung, die in vollem Umfang einer gemeinschaftsrechtlichen Beurteilung unterliegt. Dies wurde zunächst im Hinblick auf die Anwendung des Gemeinschaftskartellrechts,[253] sodann aber auch für die Warenverkehrsfreiheit[254] anerkannt. Die Unterscheidung zwischen Bestand und Ausübung des gewerblichen Schutzrechtes ist daher ein wichtiger Grundsatz in der Judikatur des Gerichtshofs, der auf alle Bereiche des gewerblichen Rechtsschutzes Anwendung findet. Trotz der vordergründigen Schärfe dieser terminologischen Unterscheidung vermag diese für problematische Grenzfälle allerdings nur wenig zu einer Problemlösung beizutragen. Denn letztlich liegt die Substanz eines gewerblichen Schutzrechtes gerade darin, dass es durch den Inhaber ausgeübt werden kann. Wird diese „Durchsetzungsbefugnis" dem Inhaber des Rechtes abgeschnitten, kann hierdurch das ihm formal fortbestehende Schutzrecht wirtschaftlich und rechtlich völlig ausgehöhlt und damit letztlich faktisch – auch seinem Bestand nach – entzogen werden.[255] 85

c) **Spezifischer Gegenstand des Schutzrechts.** In der jüngeren Judikatur des EuGH ist die Differenzierung zwischen Bestand und Ausübung eines Schutzrechts deshalb auch nuanciert und konkretisiert worden. Die Ausübung eines gewerblichen Schutzrechtes wird grundsätzlich dann als gerechtfertigt im Sinne von Art. 36 AEUV angesehen, wenn dieses zur Durchsetzung des „spezifischen Gegenstandes des Schutzrechtes" erforderlich ist.[256] Dabei ist von einer **EU-einheitlichen** 86

[252] Für das Gebiet der Durchsetzung gewerblicher Schutzrechte hat die Richtlinie 2004/48/EG des Europäischen Parlaments und des Rates vom 29.4.2004 zur Durchsetzung der Rechte des geistigen Eigentums (Enforcement-Richtlinie) wesentlich zur Harmonisierung nationaler Regelungen beigetragen. Sie vereinheitlicht bspw. nationale Auskunfts-, Rückruf- und Vernichtungsansprüche.

[253] EuGH Slg. 1966, 322 = GRUR Int. 1966, 580 – Consten und Grundig; Slg. 1968, 86 – Parke Davis/Centrafarm.

[254] EuGH Slg. 1971, 487 = GRUR Int. 1971, 450 – Deutsche Grammofon Gesellschaft/Metro.

[255] Kritisch zu dieser Unterscheidung deshalb auch Cirocchi Rn. 173.

[256] EuGH Slg. 1982, 2853 ff., 2872 – Keurkoop; Slg. 1981, 147 = GRUR Int. 1981, 229 (232) – Membran/GEMA.

Bestimmung des spezifischen Gegenstands des jeweiligen Schutzrechts auszugehen. Die Lehre vom spezifischen Gegenstand des Schutzrechts gilt gleichermaßen für das Patent-, Marken-, Geschmacks-, Gebrauchsmuster- und Urheberrecht.

87 **d) Erschöpfung von nationalen Schutzrechten.** Basierend auf der Unterscheidung zwischen Bestand und Ausübung eines Schutzrechts sowie unter Berücksichtigung der Bestimmung seines spezifischen Gegenstandes hat der EuGH den Grundsatz der „Erschöpfung" entwickelt. Dieser Grundsatz beruht auf dem Gedanken, dass der Schutzrechtsinhaber das vom Gesetz eingeräumte ausschließliche Verwertungsrecht ausgenutzt und damit insoweit erschöpft hat, wenn er die durch das Schutzrecht geschützte Ware selbst oder durch einen Dritten mit seiner Zustimmung in den Verkehr gebracht hat. Die Einzelheiten hierzu sind allerdings sehr umstritten.

88 *aa) Patente.* Soweit es **Patentrechte**[257] anbetrifft, hat der Gerichtshof in der Entscheidung „Centrafarm/Sterling Drug"[258] ausgeführt, dass der spezifische Gegenstand des Schutzrechtes des Patentes darin zu sehen sei, dass der Patentinhaber das exklusive Recht erhalte, die Erfindung zu benutzen und als erster auf den Markt zu bringen. Dies könne durch eigene direkte Vermarktung oder durch eine indirekte Vermarktung durch Dritte (Lizenzeinräumung) geschehen. Der spezifische Gegenstand des Patentrechts weist dessen Inhaber die Befugnis zu, die ihm durch das Patentrecht eingeräumte **Monopolsituation für das erste Inverkehrbringen** in Anspruch zu nehmen. Ist dies durch ihn selbst oder mit seiner Zustimmung durch einen Dritten erfolgt, tritt eine Erschöpfung des Patentrechts ein. Die in dieser Allgemeinheit etwas missverständliche Formulierung des Begriffs der „Erschöpfung" besagt dabei aber keineswegs, dass das zugrundeliegende Schutzrecht überhaupt nicht mehr ausgeübt werden könnte. Die **Erschöpfung** führt vielmehr lediglich dazu, dass der **Vertrieb** der von dem Schutzrechtsinhaber selbst oder durch einen Dritten mit seiner Zustimmung in den Verkehr gebrachten Ware grundsätzlich **nicht** unter Berufung auf das zugrundeliegende Schutzrecht untersagt oder sonst wie **gesteuert werden kann.** Gleiches gilt für das immaterialgüterrechtliche **Werbehinweisrecht.** Auch dieses gehört zum spezifischen Gegenstand der Leistungsschutzrechte, kann jedoch nicht mehr ausgeübt werden, wenn ein Erschöpfungsgrund vorliegt.[259] Im Übrigen bleibt das Schutzrecht, insbesondere hinsichtlich des **Herstellungs- und Vervielfältigungsrechts,** in vollem Umfang als durchsetzbares Recht erhalten.[260] Ist allerdings das Werbehinweisrecht erschöpft, kann auch eine Vervielfältigung urheberrechtlich geschützter Verpackungen nicht mehr unter Berufung auf das Schutzrecht untersagt werden.[261]

89 Die Erschöpfung eines Schutzrechtes setzt stets voraus, dass die erste Vermarktung durch den Schutzrechtsinhaber selbst oder mit dessen Zustimmung erfolgte. Voraussetzung ist somit eine **freiwillige Vertriebshandlung** des Schutzrechtsinhabers. Erfolgt die Vermarktung durch eine **Zwangslizenz** ohne Zustimmung des Patentinhabers, tritt keine Erschöpfung ein. Dies hat der Gerichtshof im Hinblick auf die Zwangslizenzierung eines Patentrechts ausdrücklich entschieden.[262] Im Hinblick auf den spezifischen Gegenstand der jeweiligen Schutzrechte ist jedoch kein Grund ersichtlich, auf das Erfordernis einer freiwilligen Vertriebshandlung bei anderen Schutzrechten zu verzichten. Eine Vertriebshandlung durch den Schutzrechtsinhaber, zu der sich dieser nur **moralisch** veranlasst sieht, ohne jedoch rechtlich verpflichtet zu sein, führt demgegenüber grundsätzlich zu einer Erschöpfung des zugrundeliegenden Schutzrechts.[263]

90 In territorialer Hinsicht gilt dabei der Grundsatz der **gemeinschaftsweiten Erschöpfung.** Der Parallelimport eines Produkts, welches in einem europäischen Mitgliedstaat durch den Schutzrechtsinhaber oder mit dessen Zustimmung in den Verkehr gebracht worden ist, kann daher durch diesen nicht unter Berufung auf ein bestehendes Patentrecht im Importstaat unterbunden werden. Dies gilt auch dann, wenn in dem europäischen Mitgliedstaat, in dem das patentgeschützte Produkt zum ersten Mal in den Verkehr gebracht worden ist, kein nationales Patent besteht,[264] und zwar **unabhängig davon, ob theoretisch ein Patentschutz hätte erlangt werden**

[257] Vgl. auch → § 39.

[258] EuGH Slg. 1974, 1147 = GRUR Int. 1974, 454, bestätigend Slg. 1981, 2063, 2080 – Merck/Stephar; Slg. 1996, I-6285, I-6384 – Merck/Beecham.

[259] EuGH Slg. 1997, I-6013 ff., 6051 Rn. 51 = GRUR Int. 1998, 140 – Dior/Evora, bestätigend Slg. 1999, I-4103, I-4122 Sebago und Maison Dubois; Slg. 2010, I-6963, I-6994 – Portakabin; vgl. auch Sack GRUR 1999, 193 (197).

[260] Sack GRUR 1999, 193 (200).

[261] EuGH Slg. 1997, I-6013, I-6050 Rn. 49, 55 – Dior/Evora.

[262] EuGH Slg. 1985, 2281 = GRUR Int. 1985, 822 – Pharmon/Hoechst; bestätigend Slg. 1988, 3585, 3608 – Thetford/Fiamma.

[263] EuGH Slg. 1996, I-6285 – Merck/Beecham.

[264] EuGH Slg. 1981, 2063 = GRUR Int. 1982, 47 – Merck/Stephar.

können oder aber ein solcher nicht verfügbar gewesen ist. Denn es ist die freie Entscheidung des Schutzrechtsinhabers selbst, sein Produkt in einem Mitgliedstaat zu vermarkten, in dem keine nationalen Patentrechte bestehen. Entscheidet er sich für eine Vermarktung in diesem Mitgliedstaat, muss er nach der Rechtsprechung des EuGH die gemeinschaftsweite Erschöpfung der in anderen Mitgliedstaaten bestehenden Schutzrechte als zwangsläufige Folge hinnehmen.

Besonderheiten sind seit dem Beitritt der 10 neuen Mitgliedstaaten am 1.5.2004 für die Erschöpfung von Patentrechten zu beachten. So wurde im Anhang IV zu Art. 22 der Beitrittsakte der sogenannte **„Besondere Mechanismus“** festgeschrieben, der unter bestimmten Voraussetzungen eine **Ausnahme von dem Erschöpfungsgrundsatz** vorsieht. Die einschlägige Regelung lautet wie folgt:[265] 91

„Besonderer Mechanismus 92
Im Falle der Tschechischen Republik, Estlands, Lettlands, Litauens, Ungarns, Polens, Sloweniens und der Slowakei kann sich der Inhaber eines Patentes oder eines Ergänzenden Schutzzertifikats für ein Arzneimittel, das in dem Mitgliedstaat zu dem Zeitpunkt eingetragen wurde, als ein entsprechender Schutz für das Erzeugnis in einem der vorhandenen neuen Mitgliedstaaten nicht erlangt werden konnte, oder der vom Inhaber Begünstigte auf die durch das Patent oder das Ergänzende Schutzzertifikat eingeräumten Rechte berufen, um zu verhindern, dass das Erzeugnis in Mitgliedstaaten, in denen das betreffende Erzeugnis durch ein Patent oder Ergänzendes Schutzzertifikat geschützt ist, eingeführt und dort in den Verkehr gebracht wird; dies gilt auch dann, wenn das Erzeugnis in jenem Mitgliedstaat erstmalig von ihm oder mit seiner Einwilligung in den Verkehr gebracht wurde.

Jede Person, die ein Arzneimittel im Sinne des vorstehenden Absatzes in einem Mitgliedstaat einzuführen oder dort zu vermarkten beabsichtigt, in dem das Arzneimittel Patentschutz oder den Ergänzenden Schutz genießt, hat den zuständigen Behörden in dem die Einfuhr betreffenden Antrag nachzuweisen, dass der Schutzrechtsinhaber oder der von ihm Begünstigte einen Monat zuvor unterrichtet worden ist.“ 93

Abs. 1 dieser Regelung räumt dem Inhaber eines Patents oder eines Ergänzenden Schutzzertifikats unter den dort genannten Bedingungen das Recht ein, einen Parallelimport abzuwehren, auch wenn das Erzeugnis in den genannten Mitgliedstaaten erstmalig von ihm oder mit seiner Einwilligung in den Verkehr gebracht worden ist. Abs. 2 betrifft das regulatorische Verfahren gegenüber der Zulassungsbehörde und verpflichtet den Parallelimporteur gegenüber der zuständigen Behörde zum Nachweis, dass der Schutzrechtsinhaber über die beabsichtigte Einfuhr einen Monat zuvor unterrichtet worden ist. Die Bedeutung dieser Frist ist nicht völlig eindeutig. Fest steht zunächst, dass die Wahrung dieser Frist für den Parallelimporteur Voraussetzung für die Erlangung einer Parallelimport-Zulassung ist. Nicht ausdrücklich geregelt sind die Rechtsfolgen, die sich ergeben, wenn der Schutzrechtsinhaber trotz erfolgter Notifizierung die **Monatsfrist** verstreichen lässt. Es spricht jedoch alles dafür, dass allein das **Verstreichenlassen** der Frist **nicht zu einer Schutzrechtserschöpfung führt.** Denn nach allgemeinen Grundsätzen kann ein bloßes Unterlassen nicht eine Erschöpfung eines Schutzrechts auslösen. Zudem bezieht sich die Monatsfrist der systematischen Stellung nach allein auf das behördliche Zulassungsverfahren und nicht darauf, unter welchen Voraussetzungen das zugrundeliegende Schutzrecht geltend gemacht werden kann. Die Untätigkeit kann allerdings sehr wohl dazu führen, dass ein Vorgehen im eilgerichtlichen Verfahren nicht mehr möglich ist.[266] 94

Auch der Vertrag über den EU-Beitritt von Bulgarien und Rumänien vom 25.4.2005 sieht einen gleichlautenden „speziellen Mechanismus“ in Anhang V Nr. 1 zu Art. 21 der Beitrittsakte vor.[267] 95

Einen Sonderfall innerhalb der Warenverkehrsfreiheit stellen sog. Transitfälle dar: Das EU-Recht erlaubt im Falle der Durchfuhr von Gütern, welche gewerbliche Schutzrechte verletzen, deren Beschlagnahme und ggf. Zerstörung durch Grenzbehörden. Geregelt ist dieses *ex officio*-Procedere in der **Produktpiraterieverordnung.**[268/269] Das Vorliegen einer Rechtsverletzung im Fal- 96

[265] ABl. Nr. L 236/03 vom 23.9.2003; EU-Beitrittsvertragsgesetz vom 18.9.2003, BGBl. 2003 II, S. 1408.

[266] Vgl. hierzu → § 5 Rn. 18 bis 22.

[267] ABl. 2005, L 157, 11 ff.; BGBl. II 2006, 1146.

[268] Verordnung (EG) Nr. 1383/2003 des Rates vom 22. Juli 2003 über das Vorgehen der Zollbehörden gegen Waren, die im Verdacht stehen, bestimmte Rechte geistigen Eigentums zu verletzen, und die Maßnahmen gegenüber Waren, die erkanntermaßen derartige Rechte verletzen; Verordnung (EG) Nr. 1891/2004 der Kommission vom 21.10.2004 (Durchführungsverordnung zu Verordnung (EG) Nr. 1383/2003).

[269] Schutzrechtverletzende Transitwaren fallen nicht in den Anwendungsbereich deutscher Regelungen zur Grenzbeschlagnahme: „Soweit ein reiner Transit (Anm.: ohne Unterbrechung) vorliegt, findet im Inland keine Rechtsverletzung statt (da kein Inverkehrbringen vorliegt)“, s. BT-Drucks. 11/4792, S. 41.

le der bloßen Durchfuhr ist umstritten. Im Mittelpunkt steht hier die Warenverkehrsfreiheit nach Art. 30 AEUV. Im Sinne dieser Norm stellt die Beschlagnahme als *Maßnahme gleicher Wirkung* einen Eingriff dar, welcher nach Art. 34 AEUV grundsätzlich verboten ist. Eine Rechtfertigung kommt nur in Betracht, wenn ein Recht des Schutzrechtinhabers betroffen ist. Dies ist nach allgemeiner Ansicht das Recht zum ersten Inverkehrbringen seiner Güter. Der EuGH sah bisher dieses Recht in Durchfuhrfällen *grundsätzlich* als nicht verletzt an. Solange nicht eine hohe Wahrscheinlichkeit des Inverkehrbringens im europäischen Binnenmarkt gegeben ist, sei eine Beschlagnahme von Gütern zu verneinen. Durch jüngste Rechtsprechung hat sich allerdings ein Wandel zu einer liberaleren und transparenteren Rechtsprechung vollzogen. Der EuGH unterscheidet in seinem Urteil *Nokia/Philips*[270] klar zwischen Anforderungen an Verdachtsmomente (der Zollbehörden) und Voraussetzungen für die (später durch Gerichte zu prüfende) Rechtmäßigkeit der jeweiligen Maßnahme. Eine unbekannte Bestimmung der Ware bspw. soll im Einzelfall bereits für einen Verdacht eines geplanten Inverkehrbringens ausreichen. Weiter sei die Maßnahme schon rechtmäßig, falls bewiesen würde, dass zB *ein* „Verkauf der Waren an einen Kunden in der Union" vorlag. Diese unspezifische Formulierung könnte auf eine Beweiserleichterung hindeuten. So könnte der Nachweis *eines* Verkaufs nicht der beschlagnahmten Ladung selbst, sondern gleichartiger Waren des Herstellers ausreichen.[271] Gegen diese Auslegung spricht aber, dass sich der EuGH in seinem Urteil sich ausdrücklich auf „die Waren" bezieht, was auf die beschlagnahmten Waren hindeuten könnte.[272]

Praxistipp:

Die Inhaber von Schutzrechten sollten durch geeignete organisatorische Maßnahmen sicherstellen, dass eingehende Notifizierungen geprüft und gegebenenfalls weiterverfolgt werden. Gerade bei komplexen Konzernstrukturen muss sichergestellt werden, dass eine Notifizierung nicht versehentlich übersehen wird. Zu erwägen ist, den bekannten Parallelimporteuren eine zentrale Stelle im Konzern zu nennen, an die die entsprechenden Notifizierungen zu erfolgen haben.

97 *bb) Urheberrechte.* Der Grundsatz der Erschöpfung gilt auch für **Urheberrechte.**[273] So kann beispielsweise der Reimport von Schallplatten nicht unter Berufung auf ein zugrundeliegendes Urheberrecht unterbunden werden, wenn der Inhaber urheberrechtlicher Nutzungsrechte **selbst** die betreffenden Produkte in einem anderen europäischen Mitgliedstaat **in den Verkehr gebracht** hat.[274] Eine relevante Vertriebshandlung, die zu einer Erschöpfung führen kann, kann bei Urheberrechten auch darin liegen, dass der Inhaber der Nutzungsrechte eine hierfür eingerichtete **Wahrnehmungsgesellschaft** (GEMA) beauftragt hat. Der Vertrieb der von dem Nutzungsrecht erfassten Schallplatten kann dann innerhalb der Europäischen Union nicht mehr unter Berufung auf nationale Urheberrechte unterbunden werden.

98 *cc) Marken.* Der Grundsatz der gemeinschaftsweiten Erschöpfung gilt schließlich auch für das **Markenrecht.**[275] So hat der Gerichtshof in den Entscheidungen „Centrafarm/Sterling"[276] sowie „Centrafarm/Winthrop"[277] entschieden, dass das Recht des Markeninhabers dadurch erschöpft wird, dass das mit der Marke versehene Produkt durch den Markeninhaber für den gesamten europäischen Markt erschöpft ist. Eine weitergehende **internationale Erschöpfung** für Vertriebshandlungen, die durch den Markeninhaber oder mit seiner Zustimmung außerhalb der europäischen Union erfolgen, ist seit dem Inkrafttreten des Markengesetzes im Jahr 1995 jedoch

[270] EuGH 1.12.2011 – verbundene Rechtssache C-446/09 u. C-495/09 – Koninklijkje Philips Electronics NV v. Lucheng Meijing Industrial Company und Nokia Corporation v. Her Majesty's Commissioners of Revenue.

[271] So Folmer in: CJEU Judgment on Customs Actions Against Goods in Transit, veröffentlicht: http://www.mondaq.com/x/156546/Trademark/CJEU+Judgment+On+Custom+Actions+Against+Goods+In+Transit, abgerufen am 29.3.2017.

[272] EuGH 1.12.2011 – verbundene Rechtssache C-446/09 u. C-495/09, Rn. 78.

[273] Vgl. auch → § 43.

[274] EuGH Slg. 1971, 487 = GRUR Int. 1971, 450 – Deutsche Grammofon Gesellschaft/Metro.

[275] Vgl. auch → § 34 Rn. 201 sowie → § 35.

[276] EuGH Slg. 1974, 1147.

[277] EuGH Slg. 1974, 1183, bestätigend EuGH, Schlussantr. v. 13.1.2022 verbundene Rechtssache C-147/20 u. C-204/20 u. C-224/20, Rn. 98 = PharmaR 2022, 198.

nicht mehr möglich.[278] Eine solche kann allerdings nach wie vor dann eintreten, wenn in dem einvernehmlichen Inverkehrbringen von Waren außerhalb der EU zugleich die **Zustimmung des Markeninhabers zur Einfuhr der Ware in die EU** liegt.[279] Dies kann jedoch nur dann angenommen werden, wenn sich die Zustimmung des Markeninhabers aus konkreten Anhaltspunkten oder Umständen hinreichend eindeutig ergibt. Eine Beweisregel, nach welcher derjenige, der sich auf die Erschöpfung beruft, die zugrundeliegenden Tatsachen zu beweisen hat, ist mit dem Gemeinschaftsrecht grundsätzlich vereinbar.[280] Die Erschöpfung des Markenrechts tritt zudem ausschließlich für solche Produkte ein, deren Inverkehrbringen der Markeninhaber konkret zugestimmt hat.[281]

e) **Inverkehrbringen durch Dritte.** Eine Erschöpfung setzt nicht notwendig voraus, dass die geschützte Ware durch den Inhaber des Rechts selbst in den Verkehr gebracht worden ist. Vielmehr tritt eine Erschöpfung auch dann ein, wenn zwischen dem Inhaber des Rechts und demjenigen, der die Ware innerhalb der EU in den Verkehr bringt, eine besondere rechtliche und/oder wirtschaftliche Beziehung besteht.[282] Das Inverkehrbringen durch eine **konzernverbundene Gesellschaft** wird dem Schutzrechtsinhaber unter dem Aspekt der Erschöpfung als eigene Vertriebshandlung zugerechnet.[283] Demgegenüber führt ein **konzerninterner Warenverkehr** nicht zur Erschöpfung, da in diesem Fall sich die Waren noch nicht in dem Schutzbereich der Warenverkehrsfreiheit befinden.[284] Dem Inverkehrbringen durch ein konzernverbundenes Unternehmen ist ein Vertrieb durch einen **Lizenznehmer** gleichzustellen. Denn das Wesen einer Lizenz liegt gerade darin, dass der Lizenzgeber dem Lizenznehmer das Recht zum Vertrieb der lizenzierten Produkte einräumt. Will sich der Lizenzgeber gegen den Import unter Berufung auf das dem Lizenzvertrag zugrundeliegende Schutzrecht wehren, stellt dies den klassischen Fall einer Beschränkung der Warenverkehrsfreiheit dar, die über den spezifischen Gegenstand des Patentrechts hinausgeht.[285] Die Frage, ob eine Erschöpfung auch dann eintritt, wenn eine Vertriebshandlung durch einen **Rechtsnachfolger** vorgenommen wurde, der zu diesem Zeitpunkt nicht mehr rechtlich oder wirtschaftlich mit dem Schutzrechtsinhaber verbunden ist, berührt die Problematik des „Gemeinsamen Ursprungs", auf die nachfolgend gesondert einzugehen ist. 99

f) **Gemeinsamer Ursprung.** Die Problematik der Bedeutung eines „Gemeinsamen Ursprungs" („common origin") für die Erschöpfung von Schutzrechten wurde bislang von dem Gerichtshof lediglich in Bezug auf Markenrechte entschieden. In der Entscheidung Hag I[286] verneinte der EuGH zwar eine Erschöpfung, wenn es infolge von **kriegsbedingten Enteignungen** zwei Unternehmen möglich ist, Produkte innerhalb der Europäischen Union mit einem identischen Warenzeichen (heute: Marke) zu versehen. Eine Erschöpfung liege nicht vor, da der Vertrieb insoweit nicht mit Zustimmung des Inhabers des anderen Zeichenrechts erfolge. Der gemeinsame Ursprung der Zeichen (vor Kriegsausbruch) führe jedoch gleichwohl dazu, dass „die sich nunmehr gegenüberstehenden Zeichenrechte nicht gegeneinander geltend gemacht werden könnten".[287] In der „Hag II"-Entscheidung hat sich der Gerichtshof jedoch zu Recht von der Lehre des gemeinsamen Ursprungs distanziert.[288] Danach können ohne Verstoß gegen die Grundsätze der Warenverkehrsfreiheit nationale Markenrechte gegen einen Mitbewerber geltend gemacht werden, der seine eigene Nutzungsberechtigung aus einem gemeinsamen Ursprung (Unternehmensidentität vor dem Krieg) herleitet. In der „Ideal Standard"-Entscheidung hat der Gerichtshof diese Recht- 100

---

[278] BGH GRUR 1996, 271 – Gefärbte Jeans; EuGH Slg. 1998, I-4799 = GRUR 1998, 919, bestätigend EuGH Slg. 2001, I-8691 = GRUR Int. 2002, 147 – Zino Davidoff/A & G Imports Ltd. und Levi Strauss/Tesco; EuGH, Urt. v. 25.7.2018 – C-129/17 Rn. 31 = GRUR 2018, 917.

[279] EuGH Slg. 2001, I-8691 = GRUR Int. 2002, 147 – Zino Davidoff/A & G Imports Ltd. und Levi Strauss/Tesco, bestätigend Slg. 2010, I-4965, I-4979 – Coty Prestige/Lancaster Group.

[280] EuGH Slg. 2003, I-3051 = WRP 2003, 623 – van Doren + Q.

[281] EuGH Slg. 1999, I-4103 = EuZW 1999, 474 – Sebago und Dubois/G-W Unic, bestätigend EuGH, Urt. v. 19.9.2013 – C-661/11, Rn. 57 – Martin Y Paz Diffusion SA/Depuydt = GRUR 2013, 1140.

[282] Vgl. hierzu näher Sack GRUR 1999, 193, 197 ff.

[283] EuGH Slg. 1982, 2853, 2873 Rn. 25 – Keurkoop; Slg. 1976, 1039, 1062 Rn. 8 – Terranova/Terrapin.

[284] BGH GRUR 1980, 38 – Fullplastverfahren; BGHZ 80, 101– Schallplattenimport I; BGH GRUR 1982, 100 (101) – Schallplattenexport; BGH GRUR 1985, 924 ff. – Schallplattenimport II; BGH GRUR 2006, 863 – ex Works.

[285] EuGH Slg. 1974, 1147 – Centrafarm/Sterling; vgl. näher Tritton S. 660 ff.

[286] EuGH Slg. 1974, 731 = GRUR Int. 1974, 338.

[287] Bestätigt in EuGH Slg. 1976, 383 = GRUR 1976, 402 – Terrapin/Terranova.

[288] EuGH Slg. 1990, I-3711 = GRUR Int. 1990, 960.

sprechung dahingehend fortentwickelt, dass sie auch auf Zeichenspaltungen infolge (freiwilliger) **rechtsgeschäftlicher Übertragung** Anwendung finden.[289] Unabhängig davon, ob die **Aufspaltung eines Zeichenrechts** hoheitlich oder vertraglich erfolgt, führt diese Aufspaltung als solche **nicht zu einer Erschöpfung** des Schutzrechtes. Zugleich hat der Gerichtshof in der „Ideal-Standard"-Entscheidung ausgeführt, dass allein in der Unternehmensteilveräußerung als solcher keine (stillschweigende) Zustimmung zum Vertrieb der Produkte im Einfuhrstaat liege. Eine solche (stillschweigende) Zustimmung könne nur dann angenommen werden, wenn der Zeicheninhaber im Ausfuhrstaat die Möglichkeit habe, die Qualität der mit dem Zeichen versehenen Produkte zu kontrollieren.

101 **g) Vertrieb von veränderter Ware.** Die Erschöpfung eines Schutzrechts führt lediglich dazu, dass der weitere Vertrieb der von dem Schutzrechtsinhaber selbst oder mit seiner Zustimmung durch einen Dritten konkret in den Verkehr gebrachten Ware nicht unter Berufung auf das Schutzrecht verhindert oder gesteuert werden kann. Fraglich ist jedoch, ob dies auch dann gilt, wenn im Rahmen des weiteren Vertriebs die geschützte Ware verändert wird. Diese Problematik hat den Gerichtshof in den vergangenen Jahrzehnten insbesondere im Hinblick auf den **Parallelimport von Arzneimitteln** immer wieder beschäftigt. Im Rahmen des Parallelimports von Arzneimitteln ist es aus regulatorischen Gründen regelmäßig geboten, physische Veränderungen bei den Original-Packungen vorzunehmen. So müssen die Arzneimittel beispielsweise mit einer Gebrauchsinformation in der Sprache des Einfuhrlandes versehen werden. Häufig ist auch ein Vertrieb in anderen Packungsgrößen (Druck von neuen Packungen, Vertrieb gebündelter Packungen) erforderlich, um den Zulassungsanforderungen im Einfuhrland zu entsprechen.[290]

102 *aa) Vor Erlass der Richtlinie 89/104/EWG.* Vor Erlass der Richtlinie 89/104/EWG (nun RL 2008/95/EG) hat der Gerichtshof die hierfür maßgeblichen Kriterien den **Grundsätzen der Warenverkehrsfreiheit** entnommen. Es hänge von dem spezifischen Schutzgegenstand des Zeichenrechts ab, ob der Zeicheninhaber sich dem „Umpacken" und/oder der Anbringung seines Zeichenrechts durch einen Dritten widersetzen könne.[291] Die Hauptfunktion des Zeichenrechts bestehe darin, dem Verbraucher die Ursprungsidentität des gekennzeichneten Erzeugnisses zu garantieren, indem ihm ermöglicht wird, dieses Erzeugnis ohne Verwechselungsgefahr von Erzeugnissen anderer Herkunft zu unterscheiden. Diese **Herkunftsgarantie** schließe auch die Sicherheit ein, dass an dem angebotenen Erzeugnis nicht auf einer früheren Vermarktungsstufe Eingriffe durch einen Dritten ohne Zustimmung des Zeicheninhabers vorgenommen worden sind, die den **Originalzustand des Produktes** berühren. Es sei daher grundsätzlich nach Art. 30 EGV (heute Art. 36 AEUV) gerechtfertigt, dem Zeicheninhaber das Recht einzuräumen, sich gegen den Parallelimport zu wehren, wenn der Importeur nach dem Umpacken der Ware das Zeichen auf der neuen Umhüllung ohne die Zustimmung des Inhabers anbringe. Etwas anderes gelte jedoch dann, wenn die Ausübung dieses Rechts eine **verschleierte Beschränkung des Handels** zwischen den Mitgliedstaaten im Sinne von Art. 30 Satz 2 EGV (heute Art. 36 Satz 2 AEUV) darstelle. Eine solche liege unter folgenden **vier Voraussetzungen** vor:

103 *(1)* Es ist erwiesen, dass die Geltendmachung des Zeichenrechts durch den Inhaber unter Berücksichtigung des von ihm etablierten Vermarktungssystems zur künstlichen Abschottung der Märkte zwischen den Mitgliedstaaten beitragen würde.

104 *(2)* Es ist dargetan, dass das Umpacken den Originalzustand der Ware nicht beeinträchtigen kann.[292]

105 *(3)* Der Inhaber des Zeichenrechts wurde vor dem Feilhalten des umgepackten Erzeugnisses unterrichtet.

106 *(4)* Auf der neuen Packung ist angegeben, von wem das Erzeugnis umgepackt und hergestellt wurde.

---

[289] EuGH Slg. 1994, I-2789 = GRUR Int. 1994, 614.

[290] Ein guter Überblick über die umfangreiche Judikatur des EuGH findet sich in der Mitteilung der Kommission vom 30.12.2003, KOM (2003) 839 endgültig.

[291] EuGH Slg. 1978, 1139 = GRUR 1978, 599 – Hoffmann LaRoche/Centrafarm, bestätigend EuGH, Urt. v. 28.7.2011, verbundene Rechtssache C- 400/09 u. C-207/10 – Orifarm = GRUR 2011, 814.

[292] Dabei obliegt es den Importeur, der die umgepackte Ware in den Verkehr bringt, darzulegen und zu beweisen, dass der Originalzustand der Ware durch das Umpacken nicht beeinträchtigt wurde, vgl. EuGH, Urt. v. 28.7.2011, verbundene Rechtssache C- 400/09 u. C-207/10 –, Rn. 32 – Orifarm = GRUR 2011, 814.

bb) Nach Erlass der Richtlinie 89/104/EWG. Nach Erlass der Richtlinie 89/104/EWG (nun RL 2008/95/EG) hat der Gerichtshof das „Umpacken" von Arzneimitteln grundsätzlich am Maßstab von **Art. 7 Abs. 2 der Richtlinie 89/104/EWG** (heute Art. 7 Abs. 2 der RL 2008/95/EG) beurteilt, wenn nach dem Umpacken die ursprüngliche Marke wieder angebracht wird. Da jedoch die Richtlinie wie alle anderen abgeleiteten Rechtsvorschriften im Lichte der Vorschriften des EG-Vertrags (nun AEU-Vertrags) über den freien Warenverkehr ausgelegt werden muss, hat der Gerichtshof die Grundsätze aus der „Hoffmann LaRoche/Centrafarm"-Entscheidung beibehalten und sie in der Entscheidung „Bristol-Myers Squibb"[293] um eine weitere Voraussetzung ergänzt. Danach darf das umgepackte Arzneimittel nicht so aufgemacht sein, dass dadurch der **Ruf der Marke und ihres Inhabers** geschädigt werden kann. In der Entscheidung „Upjohn/Paranova"[294] hat der EuGH klargestellt, dass **Art. 7 der Richtlinie 89/104/EWG** (nun Art. 7 Abs. 2 der RL 2008/95/EG) **nicht anwendbar** ist, wenn die ursprüngliche Marke nach dem Umpacken nicht wieder angebracht, sondern **durch eine andere Marke ersetzt** wird. Im Falle der Markenersetzung gelten vielmehr die Grundsätze zu Art. 28 und 30 EGV (nun Art. 34 und 36 AEUV), die aber analog zu Art. 7 der Richtlinie 89/104/EWG (nun Art. 7 Abs. 2 der RL 2008/95/EG) auszulegen seien. Der Markeninhaber könne sich dabei der Markenersetzung dann nicht widersetzen, wenn diese objektiv notwendig sei. Ob objektive Umstände vorliegen, die den Parallelimporteur zu einer Markenersetzung zwingen, haben die nationalen Gerichte zu entscheiden. Eine **Zwangslage** wird vom EuGH anerkannt, wenn Regelungen oder Praktiken im Einfuhrland den Vertrieb unter der Marke des Ausfuhrstaats verhindern. Eine Ersetzung der Marke zur Erlangung eines **wirtschaftlichen Vorteils** stellt demgegenüber jedoch **keine Zwangslage** dar. Die Grundsätze zum „Umpacken" von Arzneimitteln hat der Gerichtshof in leicht modifizierter Form auch auf andere Waren angewendet, so etwa auf die Neuetikettierung von Whiskey-Flaschen.[295] 107

h) Rechtsgefälle. Weiterhin ist fraglich, ob eine europaweite Erschöpfung von Leistungsschutzrechten auch dann eintritt, wenn innerhalb der Gemeinschaft insoweit ein „Rechtsgefälle" existiert. In der Entscheidung „Warner Bros./Christiansen"[296] lehnte es der Gerichtshof ab, aus einem freiwilligen Inverkehrbringen urheberrechtlich geschützter Waren in einem Mitgliedstaat auf die Erschöpfung des Rechts zur Vermietung und Aufführung im Einfuhrstaat zu schließen. In dem zugrundeliegenden Fall war nach nationalem Recht die Vermietung nicht vom Urheberrecht des Ausfuhrstaates erfasst, während dies in dem Einfuhrstaat der Fall war. Da aber der spezifische Inhalt von Nutzungsrecht zu Nutzungsrecht variierte, wurde eine Erschöpfung im Ergebnis verneint. Ein Rechtsgefälle auf Grund unterschiedlicher nationaler Normen dürfe nicht zu einer Erschöpfung führen. Diese Linie hat der Gerichtshof in späteren Entscheidungen fortgesetzt.[297] 108

Checkliste: Erschöpfung (1) 109

Inverkehrbringen im EWR	**Erschöpfung**
☐ durch Schutzrechtsinhaber selbst	ja
☐ durch konzernverbundenes Unternehmen	ja
☐ durch Lizenznehmer (freiwillige Lizenz)	ja
☐ durch Lizenznehmer (Zwangslizenz)	nein

[293] EuGH Slg. 1996, I-3457 = GRUR Int. 1996, 1144 – Bristol-Myers Squibb/Paranova, bestätigend EuGH Slg. 2008, I-10479, I- 10508 – The Wellcome Foundation; EuGH, Urt. v. 28.7.2011, verbundene Rechtssache C- 400/09 u. C-207/10, Rn. 27 – Orifarm = GRUR 2011, 814.

[294] EuGH Slg. 1999, I-6927 = GRUR Int. 2000, 159 – Upjohn/Paranova.

[295] EuGH Slg. 1997, I-6227 = GRUR Int. 1998, 145 – Loendersloot/Ballantines bestätigend EuGH, Urt. v. 17.5.2016, C-642/16, Rn. 16 – Junek Europ. Vertrieb = MPR 2018, 138.

[296] EuGH Slg. 1988, 2605, vgl. hierzu näher Tritton S. 716 ff.

[297] EuGH Slg. 1998, I-1953 = GRUR Int. 1998, 596 (597) – Metronome Musik; Slg. 1998, I 5171 = GRUR Int. 1998, 878 – Laserdisken; EuGH 22.1.2015, C-419/13, Rn. 30 – Allposters/Pictoright = NJW-RR 2015, 1255.

110 **Checkliste: Erschöpfung (2)**

Inverkehrbringen durch Schutzrechtsinhaber im EWR	**Erschöpfung**
☐ auf Grund „moralischer" Verpflichtung*	ja
☐ ohne Möglichkeit der Schutzrechtserlangung*	ja
☐ bei einem Rechtsgefälle**	nein
☐ bei einem gemeinsamen Ursprung***	nein
☐ bei einer Veränderung der Ware***	nein (es sei denn: Verschleierte Beschränkung des Handels)

*** entschieden für Patentrechte
*** entschieden für Urheberrechte
*** entschieden für Markenrechte

3. Art. 102 AEUV

111 **a) Allgemeiner Rahmen.** Das in Art. 102 AEUV (ehemals Art. 82 EGV) statuierte **Verbot des Missbrauchs einer marktbeherrschenden Stellung** ist grundsätzlich auch auf gewerbliche Schutzrechte anwendbar. Zwar dienen gewerbliche Schutzrechte **gerade dazu, ihrem Inhaber ein Monopol** für das zugrundeliegende Recht zu vermitteln. Auch hier ist jedoch die Unterscheidung zwischen dem **Bestand und der Ausübung** eines Schutzrechts von Bedeutung. Zwar kann dem Inhaber eines gewerblichen Schutzrechtes hierdurch eine monopolartige oder marktbeherrschende Position zugewiesen werden. Indes ist der Tatbestand des Art. 102 AEUV erst dann erfüllt, wenn eine missbräuchliche Ausnutzung dieser Position erfolgt. Ein Missbrauch kann etwa gegeben sein, wenn der Inhaber eines Schutzrechtes einerseits von einer eigenen Herstellung absieht, andererseits aber exzessive Preisforderungen stellt, wenn er um eine Lizenz angegangen wird.[298]

112 **b) Ausübung von Schutzrechen.** Äußerst problematisch ist allerdings die Frage, ob allein in der Ausübung eines gewerblichen Schutzrechtes schon ein Missbrauch im Sinne von Art. 102 AEUV liegen kann.[299]

113 *aa) „Magill"*. In der **„Magill"**-Entscheidung[300] hat der Gerichtshof in der Weigerung der beklagten Radiostation, wöchentliche Übersichten über die von ihnen ausgestrahlten Sendungen an einen Fernsehprogrammverlag herauszugeben, obwohl die Stationen selbst solche wöchentlichen Übersichten nicht der Öffentlichkeit zugänglich machten, eine missbräuchliche Ausnutzung des Urheberrechts und der sich daraus ergebenden Nutzungsrechte auf einem benachbarten, zu unterscheidenden Markt gesehen. Die Radiostation würde hierdurch ein neues Produkt verhindern, nach dem eine potentielle Nachfrage bestünde. Die Weigerung sei weder auf Grund der Sendetätigkeit der Rundfunkanstalten noch durch die Herausgabe von Fernsehzeitschriften gerechtfertigt. Hierdurch würden sich die Rundfunkanstalten den abgeleiteten Markt der Fernsehwochenzeitschriften vorbehalten.

114 *bb) „Bronner"*. In der Entscheidung **„Bronner"**[301] verneinte der Gerichtshof demgegenüber für ein Zeitungsvertriebssystem die Notwendigkeit, dieses für einen Wettbewerber zu öffnen und lehnte es ab, dieses als eine „essential facility Health" zu qualifizieren. Ein Kontrahierungszwang könne nur dann bestehen, wenn die Verweigerung der begehrten Leistung geeignet sei, jeglichen Wettbewerb auf dem betreffenden Markt durch den diese Leistung begehrenden Konkurrenten auszuschalten, die Verweigerung nicht zu rechtfertigen sei und in dem Sinne unentbehrlich sei, dass sie weder tatsächlich noch potentiell ersetzbar wäre.

[298] EuGH Slg. 1988, I-6211 = GRUR Int. 1990, 141 – Volvo/Veng; Slg. 1988, 6039 = GRUR Int. 1990, 140 – Cicra/Renault; in beiden Fällen wurde dieser Gedankengang jedoch nur theoretisch entwickelt und von dem zugrundeliegenden Sachverhalt nicht getragen.
[299] Vgl. hierzu näher Pilny GRUR Int. 1995, 954.
[300] EuGH Slg. 1995, I-743 = GRUR Int. 1995, 490 – Magill.
[301] EuGH Slg. 1998, I-7791 = EuZW 1999, 86 – Bronner.

115 *cc) „IMS Health"*. Demgegenüber ist die Kommission in der „**IMS Health I**"-Entscheidung[302] sogar so weit gegangen, den Missbrauch einer marktbeherrschenden Stellung im Sinne von Art. 102 AEUV allein in der Ausübung des gewerblichen Schutzrechtes zu sehen. Diese Entscheidung ist jedoch durch den Gerichtshof erster Instanz (nun Gericht der Europäischen Union) zu Recht wenig später aufgehoben worden.[303] Inzwischen hat der EuGH in der „**IMS Health II**"-Entscheidung[304] klargestellt, dass die Verweigerung einer Lizenz als solche keinen Missbrauch einer beherrschenden Stellung darstellen kann. Dies gilt selbst dann, wenn die Verweigerung von einem Unternehmen in beherrschender Stellung ausgehen sollte. Die Ausübung des ausschließlichen Rechts könne jedoch unter außergewöhnlichen Umständen ein missbräuchliches Verhalten darstellen. Dies ist nach der Rechtsprechung des EuGH dann der Fall, wenn drei Bedingungen kumulativ erfüllt sind: Die Weigerung muss erstens das Auftreten eines neuen Erzeugnisses verhindern, nach dem eine potentielle Nachfrage der Verbraucher besteht. Sie darf zweitens nicht gerechtfertigt sein und muss schließlich drittens geeignet sein, jeglichen Wettbewerb auf einem abgeleiteten Markt auszuschließen.

VI. Sekundärrecht

116 Das Recht des gewerblichen Rechtsschutzes wird nicht nur durch das Primärrecht der Gemeinschaft, sondern auch durch zahlreiche sekundärrechtliche Regelungen maßgeblich geprägt. Da das Sekundärrecht das nationale Recht in vielfacher Hinsicht durchdrungen und zu grundlegenden Veränderungen geführt hat, können die diesbezüglichen Einzelheiten nur im jeweiligen Zusammenhang dargestellt werden.[305] An dieser Stelle soll daher nur ein kurzer (tabellarischer) Überblick über die wichtigsten sekundärrechtlichen Regelungen im Bereich des gewerblichen Rechtsschutzes vermittelt werden. Der Vollständigkeit halber werden dabei auch die wichtigsten internationalen Übereinkommen wiedergegeben, auch wenn sie streng genommen nicht dem Europarecht zuzuordnen sind:

Übersicht: Europäische Richtlinien und Verordnungen

Name/Fundstelle	Regelungsinhalt	Inkrafttreten	Nationale Umsetzung (soweit erforderlich)
Patentrecht			
Ergänzende Schutzzertifikate Verordnung (EWG) Nr. 1768/92; 18.6.1992; ABl. EG 1992 Nr. L 182, 1; aufgehoben durch VO (EG) Nr. 469/2009, ABl. 2009, Nr. L 152 S. 1	Schaffung eines ergänzenden Schutzzertifikats für Arzneimittel	2.1.1993	
Ergänzende Schutzzertifikate Verordnung (EG) Nr. 1610/96; 23.7.1996; ABl. EG 1996 Nr. L 198, 30; aufgehoben durch VO (EG) Nr. 469/2009, ABl. 2009, Nr. L 152 S. 1	Schaffung eines ergänzenden Schutzzertifikats für Pflanzenschutzmittel	8.2.1997	
Biotechnologierichtlinie 98/44/EG; 6.6.1998; ABl. EG 1998 Nr. L 213, 13	Schutz biotechnologischer Erfindungen	30.7.1998	PatG, GebrauchsmusterG, SortenschutzG, durch: Gesetz zur Umsetzung der Richtlinie über den rechtlichen Schutz biotechnologischer Erfindungen; 28.1.2005, BGBl. Teil 1; 146–149

302 Kommissionsentscheidung vom 3.7.2001, veröffentlicht in GRUR Int. 2002, 67; vgl. hierzu näher Schwarze EuZW 2002, 75.
303 EuG GRUR Int. 2002, 70 – IMS Health I.
304 EuGH GRUR 2004, 524 = EuZW 2004, 345.
305 Vgl. hierzu die Ausführungen in den Teilen D, E, F und G.

Name/Fundstelle	Regelungsinhalt	Inkrafttreten	Nationale Umsetzung (soweit erforderlich)
Verordnung über Kinderarzneimittel, Änderung der Verordnung (EWG) Nr. 1768/92, der Richtlinien 2001/20/EG und 2001/83/EG sowie der Verordnung (EG) Nr. 726/2004; VO (EG) Nr. 1901/2006; 12.12.2006, ABl. 2006 EG Nr. L 378, 1; ergänzt durch VO (EG) Nr. 1902/2006, ABl. 2006 Nr. L 378 S. 20	Erleichterung der Entwicklung und der Zugänglichkeit von Arzneimitteln in der pädiatrischen Behandlung	26.1.2007	
Verordnung über die Umsetzung der Verstärkten Zusammenarbeit im Bereich der Schaffung eines einheitlichen Patentschutzes; Verordnung Nr. 1257/2012	Schaffung rechtlicher Rahmenbedingungen	31.12.2012	
Verordnung über die Umsetzung der verstärkten Zusammenarbeit im Bereich der Schaffung eines einheitlichen Patentschutzes im Hinblick auf die anzuwendenden Übersetzungsregelungen; Verordnung Nr. 1260/2012	Übersetzungsregelungen hinsichtlich des europäisches Patents mit einheitlicher Wirkung	31.12.2012	
Markenrecht			
Markenrichtlinie 89/104/EWG; 21.12.1988; ABl. EG 1989 Nr. L 40, 1; kodifiziert durch RL 2008/95/EG, ABl. 2008, Nr. L 299, S. 25	Angleichung der Rechtsvorschriften der Mitgliedstaaten über die Marken	27.12.1988	MarkenG seit 1.1.1995
Schutz geographischer Angaben (EWG) Nr. 2081/92; 14.7.1992; ABl. EG 1992 Nr. L 208, 1, kodifiziert durch VO (EG) Nr. 510/2006, ABl. 2006 Nr. L 93 S. 12; zuletzt geändert durch VO (EG) 417/2008, ABl. 2008, Nr. L 125 S. 27	Schutz von geographischen Angaben und Ursprungsbezeichnungen für Agrarerzeugnisse und Lebensmittel	24.7.1993	
Gemeinschaftsmarkenverordnung (EG) Nr. 40/94, 20.12.1993, ABl. 1994 Nr. L 11, S. 1; aufgehoben durch VO (EG) Nr. 207/2009 vom 26.2.2009, ABl. 2009 Nr. L 78 S. 1 zuletzt geändert durch VO(EU) 2015/2424 vom 24.12.2015, ABl. Nr. L 267, S. 1	Schaffung der Gemeinschaftsmarke	15.3.1994	
Gemeinschaftsmarkendurchführungsverordnung (EG) Nr. 2868/95 13.12.1995 ABl. EG 1995 Nr. L 303, 1 zuletzt geändert durch VO (EU) Nr. 2015/2424 vom 24.12.2015, ABl. 2016 Nr. L 110, S. 4	Durchführungsverordnung zur Gemeinschaftsmarke (zuletzt geändert durch VO (EG) Nr. 782/2004 infolge des Beitritts der Europäischen Gemeinschaft zum Madrider Protokoll)	22.12.1995	

Name/Fundstelle	Regelungsinhalt	Inkrafttreten	Nationale Umsetzung (soweit erforderlich)
Urheberrecht			
Vermiet- und Verleihrichtlinie 92/100/EWG;19.11.1992; ABl. EG 1992 Nr. L 346, 61; kodifiziert durch RL 2006/115/EG, ABl. 2006 Nr. L 376, S. 28	Richtlinie zum Vermietrecht und Verleihrecht sowie zu bestimmten, dem Urheberrecht verwandten Schutzrechten im Bereich des geistigen Eigentums	30.11.1992	Insbesondere in §§ 17, 27 UrhG auf Grund des Dritten Änderungsgesetzes vom 23.6.1995
Satelliten und Kabelweiterverbreitung 93/83/EWG; 27.9.1993; ABl. EG 1993 Nr. L 248, 15	Koordinierung bestimmter urheber- und leistungs-schutzrechtlicher Vorschriften betreffend Satelliten, Rundfunk und Kabelweiterverbreitung	4.10.1993	§§ 20a und 20b UrhG auf Grund des Vierten Änderungsgesetzes vom 8.5.1998
Urheberrechtsharmonisierungsrichtlinie 93/98/EWG; 29.10.1993; ABl. EG 1993 Nr. L 290, 9 Aufgehoben durch Richtlinie 2006/115/EG, ABl. EG Nr. L 376, 28	Richtlinie zur Harmonisierung der Schutzdauer des Urheberrechts und bestimmter verwandter Schutzrechte	19.11.1993	Drittes Änderungsgesetz vom 23.6.1995
Richtlinie zum Schutz von Computerprogrammen 91/250/EWG; 14.5.1991; ABl. EG 1991 Nr. L 122, 42; kodifiziert durch RL 2009/24/EG vom 23.4.2009, ABl. 2009 Nr. L 111, S. 16	Richtlinie über den Rechtsschutz von Computerprogrammen	16.5.1991	§§ 69a ff. UrhG auf Grund des Zweiten Gesetzes zur Änderung des UrhG vom 9.6.1993
Datenbankrichtlinie 96/9/EG; 11.3.1996; ABl. EG 1996 Nr. L 77, 20	Richtlinie über den rechtlichen Schutz von Datenbanken	16.4.1996	§§ 87a ff. UrhG auf Grund von Art. 7 des Gesetzes zur Regelung der Rahmenbedingungen für Informations- und Kommunikationsdienste seit 1.1.1998
Folgerechtsrichtlinie 2001/84/EG; 27.9.2001; ABl. EG 2001 Nr. L 272, 32	Richtlinie über das Folgerecht des Urhebers des Originals eines Kunstwerks	13.10.2001	§ 26 UrhG aufgrund von Artikel 1 des fünften Gesetzes zur Änderung des Urheberrechtsgesetzes, 15.11.2006, Bundesgesetzblatt Teil 1, 2587–2588
Multimediarichtlinie 2001/29/EG; 22.5.2001; ABl. EG 2001 Nr. L 167, 10	Richtlinie zur Harmonisierung bestimmter Aspekte des Urheberrechts und der verwandten Schutzrechte in der Informationsgesellschaft	22.6.2001	Insbesondere §§ 42a, 44a, 52a ff., 73 ff. UrhG auf Grund des Gesetzes zur Regelung des Urheberrechts in der Informationsgesellschaft vom 10.9.2003
Miet-, Leih- und Urheberrechtrichtlinie vom 12.12.2006, 2006/115/EG, ABl. EG Nr. L 376, 28	Kodifizierung der Änderungen der RL 92/100/EWG	16.1.2007	Drittes Gesetz zur Änderung des Urheberrechts (BGBl. 1995 Teil 1, 842–845) umgesetzt.

Name/Fundstelle	Regelungsinhalt	Inkrafttreten	Nationale Umsetzung (soweit erforderlich)
Geschmacksmusterrecht			
Gemeinschaftsgeschmacksmuster-Verordnung (EG) Nr. 6/2002; 12.12.2001; ABl. EG 2002 Nr. L 3, 1; geändert durch VO (EG) Nr. 1891/2006, ABl. 2006 Nr. L 386, 14	Verordnung über die Einführung eines gemeinschaftsweit geltenden Geschmacksmusters	6.3.2002	
Durchführungsverordnung (EG) Nr. 2245/2002; 21.10.2002; ABl. EG 2002 Nr. L 341, 28; geändert durch VO (EG) 876/2007, ABl. 2007 Nr. L 193, 13	Durchführung der Verordnung (EG) Nr. 6/2002	6.3.2002	
Musterrichtlinie 98/71/EG; 13.10.1998; ABl. EG 1998 Nr. L 289, 28	Richtlinie über die Harmonisierung des rechtlichen Schutzes von Mustern und Modellen	1.1.2002	UrhG durch Gesetz zur Bereinigung von Kostenregelungen auf dem Gebiet des geistigen Eigentums; GeschmMG durch das Gesetz zur Reform des Geschmacksmusterrechts, BGBl Teil I 2004, 390.
Verordnung zum Beitritt zum Haager Abkommen (EG) Nr. 1891/2006, 18.12.2006, ABl. 2006 Nr. L 386, 14	Beitritt der Europäischen Gemeinschaft zur Genfer Akte des Haager Abkommens über die internationale Eintragung gewerblicher Muster und Modelle	1.1.2008	
Halbleiterschutzrecht			
Topographie- und Halbleiterschutzrichtlinie 87/54/EWG; 16.12.1986; ABl. EG 1987 Nr. L 24, 36	Richtlinie über den Rechtsschutz der Topographien von Halbleitererzeugnissen	1.11.1987	Halbleiterschutzgesetz
Sortenschutzrecht			
Sortenschutzverordnung (EG) Nr. 2100/94; 27.7.1994; ABl. EG 1994 Nr. L 227, 1; zuletzt geändert durch VO (EG) Nr. 15/2008 vom 11.1.2008; ABl. EG Nr. L 8, 2	Verordnung über den gemeinschaftlichen Sortenschutz	1.9.1994 (Art. 1, 2, 3, 5–29, 49–106 ab 27.4.1995)	
Sortenschutzdurchführungsverordnung (EG) Nr. 1239/95; 31.5.1995; ABl. EG 1995 Nr. L 121, 37; geändert durch VO (EG) Nr. 874/2009 vom 17.10.2009, ABl. 2009 Nr. L 251, S. 3	Verordnung zur Durchführung der Verordnung (EG) Nr. 2100/94 im Hinblick auf das Verfahren vor dem gemeinschaftlichen Sortenamt	1.6.1995	
Verordnung (EG) Nr. 1768/95; 24.7.1995; ABl. EG 1995 Nr. L 173, 14; zuletzt geändert durch VO (EG) Nr. 2605/98 vom 3.12.1998, ABl. 1998, Nr. L 328, S. 6	Verordnung über die Ausnahmeregelung gemäß Art. 14 Abs. 3 der Verordnung (EG) Nr. 2100/94 über den gemeinschaftlichen Sortenschutz	25.7.1995	

Name/Fundstelle	Regelungsinhalt	Inkrafttreten	Nationale Umsetzung (soweit erforderlich)
Wettbewerbsrecht			
Etikettierungsrichtlinie 79/112/EWG 18.12.1978; ABl. EG 1979 Nr. L 33, 1; aufgehoben durch Richtlinie 2000/13/EG, ABl. EG 2000, Nr. L 109, 29; diese zuletzt geändert durch VO (EG) 596/2009 vom 18.6.2009, ABl. 2009 Nr. L 188, S. 14	Richtlinie über die Etikettierung und Aufmachung von für den Endverbraucher bestimmten Lebensmitteln sowie die Werbung hierfür		Lebensmittel- und Bedarfsgegenständegesetz (LMBG)
Richtlinie über Irreführende Werbung 84/450/EWG (geändert durch 97/55/EG); 10.9.1984; ABl. EG 1984 Nr. L 250, 17, geändert durch Richtlinie v. 6.10.1997; ABl. EG 1997 Nr. L 290, 18 Aufgehoben durch Richtlinie 2006/114/EG, ABl. Nr. L 376, 21	Richtlinie zur Angleichung der Rechts- und Verwaltungsvorschriften der Mitgliedstaaten über irreführende Werbung	12.11.1997	UWG
Verordnung 2092/91; 24.6.1991; ABl. EG 1991 Nr. L 198, 1; Aufgehoben durch VO (EG) 834/2007, ABl. 2007 EG Nr. L 189, 1	Verordnung über den ökologischen Landbau und die entsprechende Kennzeichnung der landwirtschaftlichen Erzeugnisse und Lebensmittel	23.7.1991	
Richtlinie zur vergleichenden Werbung 97/55/EG; 6.10.1997; ABl. EG 1997 Nr. L 290, 18	Richtlinie zur Änderung der Richtlinie 84/450/EWG über irreführende Werbung zwecks Einbeziehung der vergleichenden Werbung	14.9.2000	§ 2 UWG aufgrund des Gesetzes zur vergleichenden Werbung (nunmehr § 6 UWG in der Fassung vom 3.7.2004)
Verbraucherschutzrichtlinie 98/6/EG; 16.2.1998; ABl. EG 1998 Nr. L 80, 27	Richtlinie über den Schutz der Verbraucher bei der Angabe der Preise der ihnen angebotenen Erzeugnisse	1.9.2000	Verordnung vom 28.7.2000; Preisangabenverordnung
Electronic-Commerce-Richtlinie 2000/31/EG; 17.7.2000; ABl. EG 2000 Nr. L 278, 1	Richtlinie über bestimmte rechtliche Aspekte der Dienste der Informationsgesellschaft, insbesondere des elektronischen Geschäftsverkehrs im Binnenmarkt	21.12.2001; 2.1.2002; 1.7.2002	Teilweise durch § 312e BGB, Elektronische Geschäftsverkehr-Gesetz und Sechsten Rundfunkänderungsstaatsvertrag Teledienstegesetz 28.2.2007 BGBl. Teil I, 179
Tabakaufmachungs- und Verkaufsrichtlinie 2001/37/EG; 5.6.2001; ABl. EG 2001 Nr. L 194, 26; zuletzt geändert durch VO (EG) Nr. 596/2009 vom 18.6.2009, ABl. 2009 Nr. L 188, S. 14	Angleichung der Rechts- und Verwaltungsvorschriften der Mitgliedstaaten über die Herstellung, die Aufmachung und den Verkauf von Tabakerzeugnissen	1.10.2003	Tabakprodukt-Verordnung

Name/Fundstelle	Regelungsinhalt	Inkrafttreten	Nationale Umsetzung (soweit erforderlich)
Gemeinschaftskodex Humanarzneimittel Richtlinie 2001/83; 6.11.2001; ABl. EG 2001 Nr. L 311, 67; zuletzt geändert durch RL 2010/84/EU vom 15.12.2010, ABl. Nr. L 348, S. 74	Richtlinie zur Schaffung eines Gemeinschaftskodexes für Humanarzneimittel hier: Etikettierung und Packungsbeilage (Art. 54–69) und Werbung (Art. 86–100)	18. 12. 2001	AMG, HWG
Rahmenverordnung 178/2002; 28.1.2002; ABl. EG 2002 Nr. L 31, 1; zuletzt geändert durch VO (EG) Nr. 596/2009 vom 18.6.2009, ABl. 2009 Nr. L 188, S. 14	Verordnung zur Festlegung der allgemeinen Grundsätze und Anforderungen des Lebensmittelrechts, zur Errichtung der europäischen Behörde für Lebensmittelsicherheit und zur Festlegung von Verfahren zur Lebensmittelsicherheit	1.1.2005	
Richtlinie 2002/46/EG; 10.6.2002; ABl. EG 2002 Nr. L 183, 51; zuletzt geändert durch VO (EG) Nr. 1170/2009 vom 30.11.2009, ABl. L 314, S. 36	Richtlinie zur Angleichung der Rechtsvorschriften der Mitgliedstaaten über Nahrungsergänzungsmittel	12.6.2002	LMBG
Datenschutz-Richtlinie für elektronische Kommunikation 2002/58/EG 12.7.2002; ABl. EG 2002 Nr. L 201, 37, zuletzt geändert durch RL 2009/136/EG vom 25.11.2009, ABl. Nr. L 337, S. 11	Richtlinie über die Verarbeitung personenbezogener Daten und den Schutz der Privatsphäre in der elektronischen Kommunikation	31.7.2002	Teilweise durch § 7 UWG sowie durch § 98 TKG Gesetz zur Neuregelung der Telekommunikationsüberwachung 31.12.2007 BGBl. Teil 1, 3198–3211
Tabakwerberichtlinie 2003/33/EG; 26.5.2003; ABl. EG 2003 Nr. L 152, 16	Angleichung der Rechts- und Verwaltungsvorschriften der Mitgliedstaaten über Werbung und Sponsoring zugunsten von Tabakerzeugnissen	21.6.2003	Erstes Gesetz zur Änderung des vorläufigen Tabakgesetzes BGBl. Teil 1 3365–3366
Verordnung über die Zusammenarbeit im Verbraucherschutz, VO (EG) Nr. 2006/2004 vom 27.10.2004, ABl. 2004, Nr. L 364, 1; zuletzt geändert durch VO (EU) Nr. 181/2011 vom 16.2.2011, ABl. 2011 Nr. L 55, S. 1	Zusammenarbeit zwischen den für die Durchsetzung der Verbraucherschutzgesetze zuständigen nationalen Behörden	29.12.2004	
Richtlinie über irreführende und vergleichende Werbung vom 12.12.2006, 2006/114/EG, ABl. Nr. L 376, 21	Neukodifizierung der RL 84/450/EWG und ihrer Änderungen, Vereinheitlichung divergierender Regelungen zur irreführenden Werbung der einzelnen Mitgliedstaaten	12.12.2006	Gesetz zur vergleichenden Werbung und zur Änderung wettbewerbsrechtlicher Vorschriften 13.9.2000 BGBl. Teil 1 1374–1375
Verordnung über die ökologische/biologische Produktion, 28. 6. 2007, VO (EG) 834/2007, ABl. 2007 EG Nr. L189, 1	Formulierung der Ziele, Grundsätze und Regeln für die ökologische/biologische Produktion zur Steigerung der Transparenz für den Verbraucher	1.1.2009	

Name/Fundstelle	Regelungsinhalt	Inkrafttreten	Nationale Umsetzung (soweit erforderlich)
Kartellrecht			
Gruppenfreistellungsverordnung (EG) Nr. 2658/2000; 29.11.2000; ABl. EG 2000 Nr. L 304, 3; Gültigkeit bis zum 31.12.2010	Anwendung von Art. 81 Abs. 3 EGV auf Gruppen von Spezialisierungsvereinbarungen (ersetzt die Gruppenfreistellungsverordnung Nr. 417/85)	1.1.2001	
Gruppenfreistellungsverordnung (EG) Nr. 2659/2000; 29.11.2000; ABl. EG 2000 Nr. L 304, 7; Gültigkeit bis zum 31.12.2010	Anwendung von Art. 81 Abs. 3 EGV auf Gruppen von Vereinbarungen über Forschung und Entwicklung (ersetzt die Gruppenfreistellungsverordnung Nr. 418/85)	1.1.2001	
Gruppenfreistellungsverordnung (EG) Nr. 2790/1999; 22.12.1999; ABl. EG 1999 Nr. L 336, 21; Gültigkeit bis zum 31.5.2010	Anwendung von Art. 81 Abs. 3 EGV auf Gruppen von vertikalen Vereinbarungen und aufeinander abgestimmten Verhaltensweisen (ersetzt Alleinvertriebs-VO 1983/83/EG, Alleinbezugs-VO 1984/83/EG und Franchisevereinbarungen VO 4087/89/EG)	1.1.2000	
Gruppenfreistellungsverordnung (EG) Nr. 772/2004; 27.4.2004; ABl. EG 2004 Nr. L 123, 11	Anwendung von Art. 81 Abs. 3 EGV auf Gruppen von Technologietransfer-Vereinbarungen (ersetzt VO 240/96)	1.5.2004	
Nicht schutzrechtsspezifisch			
Fernsehrichtlinie 89/552/EWG (geändert durch Richtlinie 97/36/EG); 3.10.1989; ABl. EG 1989 Nr. L 298, 23; kodifiziert durch RL 2010/13/EU vom 10.3.2010, ABl. 2010, Nr. L 95, S. 1	Richtlinie zur Koordinierung bestimmter Rechtsgedanken und Verwaltungsvorschriften der Mitgliedstaaten über die Ausübung der Fernsehtätigkeit; Vorgaben zur Regulierung der Fernsehwerbung für Zigaretten, Arzneimitteln und ärztliche Behandlung	16.10.1989	Vierter Staatsvertrag zur Änderung rundfunkrechtlicher Verträge
Fernseh-Richtlinie 97/36/EG; 19.6.1997, ABl. EG 1997 Nr. L 202, 60	Änderung der Richtlinie 89/552/EWG zur Koordinierung bestimmter Rechts- und Verwaltungsvorschriften der Mitgliedstaaten über die Ausübung der Fernsehtätigkeit	1.4.2000	ua durch die Vierte Novelle des Rundfunkstaatsvertrags
Piraterieverordnung (EG) Nr. 1383/2003; 22.7.2003; ABl. EG 2003 Nr. L 196, 7	Verordnung über das Vorgehen der Zollbehörden gegen Waren, die in Verdacht stehen, bestimmte Rechte geistigen Eigentums zu verletzen, und die Maßnahmen gegenüber Waren, die erkanntermaßen derartige Rechte verletzen (ersetzt VO 3295/94)	9.8.2003	

Name/Fundstelle	Regelungsinhalt	Inkrafttreten	Nationale Umsetzung (soweit erforderlich)
Durchsetzungsrichtlinie 2004/48/EG; 29.4.2004; ABl. EG 2004 Nr. L 157, 45	Richtlinie zur Durchsetzung der Rechte des geistigen Eigentums durch die Vereinheitlichung der Durchsetzungsinstrumente	20.5.2004	Gesetz zur Verbesserung der Durchsetzung von Rechten des geistigen Eigentums, 1.9.2008, BGBl. Teil 1, Nr. 28, S. 01191–01211
Richtlinie über unlautere Geschäftspraktiken, 2005/29/EG, 11.5.2005, ABl. 2005 Nr. L 149, 22	Beseitigung von wettbewerbshemmenden bzw. -verzerrenden Unterschieden der mitgliedstaatlichen Rechtsverordnungen	12.6.2005	Erstes Gesetz zur Änderung des Gesetzes gegen den unlauteren Wettbewerb, 30.12.2008, BGBl. Teil 1, Nr. 64, S. 02949–02954
Richtlinie über den Schutz den Schutz vertraulichen Know-hows und vertraulicher Geschäftsinformationen (Geschäftsgeheimnisse) vor rechtswidrigem Erwerb sowie rechtswidriger Nutzung und Offenlegung, 2013/0402/COD, 15. Juni 2016, L 157	Schutz vertraulichen Know-hows und vertraulicher Geschäftsinformationen (Geschäftsgeheimnisse) vor rechtswidrigem Erwerb sowie rechtswidriger Nutzung und Offenlegung	8.6.2016	
Multilaterale Abkommen			
Nicht schutzrechtsspezifisch			
Pariser Verbandsübereinkunft (PVÜ); 20.3.1883 geändert am 2.10.1979; RGBl. 1903 S. 147; revidiert in Stockholm 14.7.1967 BGBl. II 1970 S. 293, ber. 1971 II S. 1015; zuletzt geändert am 2.10.1979 BGBl. II 1984 S. 799	Anerkennung des Prioritätsrechts		
TRIPS; 15.4.1994; BGBl. II 1994 S. 1730; zuletzt geändert durch Änd vom 6.12.2005, ABl. 2007 Nr. L 311, S. 37	Übereinkommen über handelsbezogene Aspekte der Rechte des geistigen Eigentums		
Charta der Grundrechte, 12.12.2007, ABl. 2007, Nr. C 303, 1; ersetzt durch Charta der Grundrechte der EU, 1.12.2009, ABl. 2010 C 83, S. 392	Verankerung der Grundrechte	Gültigkeit mit dem EU-Reformvertrag	
Vertrag von Lissabon, 9.5.2008, ABl. 2008 Nr. C 115, 1; konsolidierte Fassungen vom 30.3.2010: ABl. 2010 Nr. C 83, S. 1	EU-Reformvertrag	1.12.2009	
Patentrecht			
Europäisches Patentübereinkommen (EPÜ); 5.10.1973; BGBl. II 1976 S. 649 zuletzt geändert durch BGBl. 2007 II S. 1082, 1129	Einheitliches Patenterteilungsverfahren beim Europäischen Patentamt in München		

Name/Fundstelle	Regelungsinhalt	Inkrafttreten	Nationale Umsetzung (soweit erforderlich)
Luxemburger Patentübereinkommen; 15.12.1975; BGBl. II 1979 S. 833	Einführung des Gemeinschaftspatents	Nicht in Kraft getreten	Nicht ratifiziert
Patent Cooperation Treaty (PCT); 19.6.1970, zuletzt geändert am 3.10.2001; BGBl. 1976 II S. 664; BGBl. 1984 II S. 799, 975; BGBl. 2002 II S. 727	Internationale Zusammenarbeit auf dem Gebiet des Patentwesens		
Agreement on a Unified Patent Court (UPC); 17.12.2012; ABl. 20.6.2013/C 175/01	Einheitliches, erstinstanzliches Patentgericht	Dezember 2017	
Markenrecht			
Madrider Abkommen; 14.4.1891; BGBl. II 1970 S. 418, zuletzt geändert durch Beschl. v. 2.10.1979, BGBl. II 1984 S. 799	Abkommen über die internationale Registrierung von Marken		
Protokoll zum Madrider Abkommen; 27.6.1989; BGBl. II 1995 S. 1016	Protokoll über die internationale Registrierung von Marken		
Gemeinsame Ausführungsverordnung zum Madrider Abkommen; 18.1.1996; BGBl. II 1996 S. 562, zuletzt geändert durch BGBl. 2009 II S. 986 vom 3.10.2007	Ausführungsverordnung zum Madrider Abkommen über die internationale Registrierung von Marken und zum Protokoll zu diesem Abkommen		
Abkommen von Nizza; 15.6.1957 zuletzt geändert am 13.5.1977; BGBl. II 1964 S. 1217, zuletzt geändert durch BGBl. II 1984 S. 799	Abkommen über die internationale Klassifikation von Waren und Dienstleistungen für die Eintragung von Marken		
Urheberrecht			
Revidierte Berner Übereinkunft (RBÜ); 9.9.1886 revidiert am 24. 7. 1971; RGBl. 1887 S. 493; aktuelle Fassung: BGBl. II 1985 S. 81 ff.	Übereinkunft zum Schutze von Werken der Literatur und Kunst		
Welturheberrechtsabkommen; 6.9.1952; revidiert in Paris am 24.7.1971; BGBl. 1973 II S. 1111	Abkommen über den Schutz literarischer, wissenschaftlicher und künstlerischer Werke		
Geschmacksmusterrecht			
Haager Abkommen; 6.11.1925; Revidiert in London am 2.6.1934, RGBl. II 1937 S. 617 Die in Haag am 28.11.1960 revidierte Fassung (BGBl. 1962 II S. 774, 790) ist für die BRD am 1.8.1984 in Kraft getreten.	Abkommen über die internationale Hinterlegung gewerblicher Muster und Modelle	1.8.1984	

Name/Fundstelle	Regelungsinhalt	Inkrafttreten	Nationale Umsetzung (soweit erforderlich)
Das Genfer Protokoll vom 29.8.1975 (BGBl. 1981 II S. 587) ist mit dem Inkrafttreten der Haager Fassung des Abkommens außer Kraft getreten (BGBl. 1984 II, S. 798)			
Ausführungsordnung zum Haager Abkommen; 1.10.1985; Neubekanntmachung durch BGBl. II 2008, S. 1341, zuletzt geändert durch BGBl. II 2009, S. 1037	Ausführungsverordnung	Neubekanntmachung in Kraft ab 1.1.2009	

Teil D. Unlauterkeitsrecht

§ 12 Verbot unlauterer geschäftlicher Handlungen (§ 3 Abs. 1 – Abs. 4 S. 1 UWG)

Übersicht

I. Begriff der unlauteren geschäftlichen Handlung

1. Rechtlicher Rahmen und Rechtsentwicklung

1 Die Systematik des geltenden Gesetzes beruht auf der Fassung, die durch die **UWG-Reform** des Jahres **2004** geschaffen wurde. Das Lauterkeitsrecht, welches in wesentlichen Teilen auf das bereits 1909 erlassene UWG zurückgeht, sollte modernisiert werden. Triebfeder waren sowohl die gewünschte Liberalisierung des Werberechts – zuvor schon durch Abschaffung von Rabattgesetz und Zugabeverordnung forciert – als auch die Angleichung an die Rechtsentwicklung innerhalb der Europäischen Union. In der UWG-Reform von 2004 fand quasi eine Entrümpelung unter dem Leitbild der Stärkung eines flexiblen Wirtschaftsstandortes statt.[1]

2 Bereits das UWG 2004 hat die Rolle der Verbraucher gestärkt, insbesondere durch Erwähnung als eigenständiges Schutzsubjekt des Gesetzes (§ 1 S. 1 UWG). Der Schutz der Verbraucher auf Unionsebene rückte durch die **Richtlinie 2005/29/EG über unlautere Geschäftspraktiken** („UGP-RL") noch weiter in den Fokus der praktischen Anwendung des Lauterkeitsrechts. Der Geltungsbereich der Richtlinie 2006/114/EG über irreführende und vergleichende Werbung (**„Irreführungs-RL"**) ist durch die UGP-RL ausdrücklich auf den Schutz von Gewerbetreibenden vor irreführender Werbung und deren unlautere Auswirkungen sowie die Festlegung der Bedingungen für zulässige vergleichende Werbung beschränkt worden (Art. 14 Nr. 1 UGP-RL).

3 Die **Erste UWG-Novelle 2008** diente der Umsetzung der UGP-RL. Der Gesetzgeber hatte bei dem Reformwerk in 2004 bereits im Vorgriff auf den Erlass der UGP-RL einen Teil der Vorgaben der Richtlinie eingearbeitet, wobei diese aber erst nach dem Erlass des UWG verabschiedet worden war.

4 Die **UGP-RL** will ein **hohes Verbraucherschutzniveau** erreichen und dient einzig dem Schutz der wirtschaftlichen Interessen der Verbraucher („B2C") und damit allenfalls nur mittelbar den Interessen der Mitbewerber und sonstigen Marktteilnehmer („B2B").[2] Die UGP-RL gibt eine **Vollharmonisierung** vor, also eine vollständige Rechtsangleichung. Das bedeutet, dass die in dem durch die UGP-RL harmonisierten Bereich niedergelegten Schutzstandards nicht unterschritten, aber auch nicht überschritten werden dürfen.[3] Das UWG ist im Hinblick auf die UGP-RL richtlinienkonform auszulegen. Dies betrifft allerdings nur deren Anwendungsbereich **im Verhältnis Unternehmer zu Verbraucher.** Bei der gebotenen Auslegung der bestehenden UWG-Normen ist sowohl auf den Wortlaut der UGP-RL abzustellen als auch auf deren Sinn und Zweck, wie er insbesondere anhand der Erwägungsgründe zum Ausdruck kommt.[4]

5 Der deutsche Gesetzgeber hat trotz der stringenten Vorgaben im B2C-Bereich weiterhin ein einheitliches UWG aufrechterhalten, in welchem sowohl die Wettbewerbsbeziehungen auf Unternehmensebene als auch die die Verbraucher tangierenden Geschäftspraktiken Seite an Seite geregelt werden („integrierter Ansatz").[5]

---

[1] Vgl. Amtl. Begr., BT-Drs. 15/1487, S. 1, 12; so wurde auch die umfassende Reglementierung der Sonderveranstaltungen aufgegeben.

[2] Zur Ausrichtung auf die Verbraucher vgl. Art. 1, 3 Abs. 1, 11 Abs. 1, Erwägungsgründe 1, 4, 7, 13, 23 UGP-RL; s. zum mittelbaren Unternehmensschutz auch Erwägungsgründe 6 S. 1 u. 8 S. 2 UGP-RL; krit. HK-UWG/Götting Einl. Rn. 113.

[3] EuGH GRUR 2010, 244 Rn. 41 – Plus Warenhandelsgesellschaft; BGH GRUR 2010, 80 Rn. 17 – LIKEaBIKE.

[4] Vgl. EuGH NJW 2014, 1941 Rn. 54 – LCL Le Crédit Lyonnais/Kalhan; EuGH GRUR 2014, 473 Rn. 44 – OSA; EuGH NJW 2006, 2465 Rn. 124 – Adeneler/ELOG.

[5] Amtl. Begr., BT-Drs. 16/10145, S. 11.

Die markanteste Rechtsänderung aus deutscher Sicht, die durch die UGP-RL vorgegeben wurde, war die Einführung einer **„Black List"** mit Verboten einzelner Handlungen ohne Wertungsvorbehalt (Anh. zu § 3 Abs. 3 UWG; Anh. I zu Art. 5 Abs. 5 UGP-RL). Gerade die Umsetzung dieser „absoluten" Verbote soll dem Verbraucher die Durchsetzung seiner Rechte im gesamten Binnenmarkt erleichtern, da der identische Schutzstandard in jedem Mitgliedsland gilt. Auch ist mit ihnen eine größere Transparenz für den Verbraucher erhofft, da bestimmte unlautere Geschäftspraktiken im Detail umrissen werden. Die praktische Bedeutung der meisten Klauseln ist allerdings gering. 6

2. Zweite UWG-Novelle 2015

Die **Kommission** hat die Umsetzung der UGP-RL durch die Novelle 2008 als nicht hinreichend gerügt. In der Tat deckt sich der Gesetzestext nicht vollständig mit den Vorgaben der UGP-RL. Allerdings ist wiederum auch kein Fall ersichtlich, wonach jedenfalls in der Praxis, also unter Zugrundelegung einer richtlinienkonformen Umsetzung durch die Rechtsprechung, Umsetzungsdefizite zu nennen wären. Der *EuGH* hat allerdings festgestellt, dass – insbesondere in Fragen des Verbraucherschutzes – allein eine richtlinienkonforme Spruchpraxis der Gerichte nicht die erforderliche Klarheit und Bestimmtheit aufweisen kann, die notwendig sind, um dem Erfordernis der Rechtssicherheit zu genügen.[6] 2014 wurde ein Vertragsverletzungsverfahren eingeleitet und eine weitere UWG-Novelle in Angriff genommen. Der Gesetzgeber der Novelle 2015 hat schließlich konzediert, dass es noch Klarstellungsbedarf gesetzessystematischer Art gab, um bereits vom Wortlaut her einen Gleichklang mit den Vorgaben der UGP-RL zu erzielen.[7] Im **Regierungsentwurf** war eine zweigeteilte Generalklausel für den B2B- und B2C-Bereich vorgesehen, beide versehen mit dem Unlauterkeitskriterium des Verstoßes gegen die „fachliche Sorgfalt". Dieses Konzept konnte sich im Ergebnis allerdings nicht durchsetzen. Die fachliche Diskussion war besonders lebhaft. Aufgrund von Alternativentwürfen von *Köhler* und *Ohly*[8] kam es dann zur **Beschlussempfehlung** des Ausschusses für Recht und Verbraucherschutz,[9] die im endgültigen Reformwerk mündete, das **zum 10.12.2015 in Kraft getreten** ist. Insbesondere war eine der Verbrauchergeneralklausel entsprechende Generalklausel im B2B-Sektor nicht mehr vorgesehen. 7

Der Gesetzgeber hat es bei dem bestehenden Konzept belassen, wonach in einem einheitlichen Gesetz nicht nur der maßgeblich durch die UGP-RL vorgegebene Verbraucherschutz geregelt wird, sondern weiterhin der Schutz der Mitbewerber und sonstigen Marktteilnehmer. Die wesentlichen **Eckpunkte der Reform** sind: 8

- Die Generalklausel für den B2B-Bereich ist weiterhin § 3 Abs. 1 UWG zu entnehmen, der allerdings keine Spürbarkeitsklausel mehr enthält. Die Verbrauchergeneralklausel verbleibt in § 3 Abs. 2 UWG mit der Ergänzung der Beurteilungsmaßstäbe für die angesprochenen Verbrauchergruppen in § 3 Abs. 4 UWG, jeweils mit stärkerer Anpassung an den Wortlaut von Art. 5 Abs. 2 u. 3 UGP-RL.
- Der frühere Beispielskatalog unlauterer geschäftlicher Handlungen (§ 4 UWG 2008) ist auf die vier Vorschriften zum Mitbewerberschutz gemäß § 4 UWG reduziert worden (Aufnahme von § 4 Nr. 7 bis 10 UWG 2008). Der Charakter als Beispielstatbestand ist aufgegeben. Die Rechtsfolge ergibt sich aus § 3 Abs. 1 UWG. Die Vorschriften dienen einzig dem Mitbewerberschutz und unterfallen nicht dem Anwendungsbereich der UGP-RL.[10]
- Der Rechtsbruchtatbestand des § 4 Nr. 11 UWG 2008 ist in die eigenständige Norm des § 3a UWG überführt worden, wobei ein Spürbarkeitskriterium verankert ist. Die Norm ist weiterhin sowohl im Verhältnis B2B als auch B2C anwendbar. Die Rechtsfolge eines Verstoßes ergibt sich aus § 3 Abs. 1 UWG.
- In Umsetzung von Art. 8 u. 9 UGP-RL werden die aggressiven geschäftlichen Handlungen im neu eingeführten § 4a UWG erfasst, der § 4 Nr. 1 u. 2 UWG 2008 absorbiert. Damit werden diese Geschäftspraktiken von den irreführenden Geschäftspraktiken der §§ 5, 5a UWG ab-

[6] EuGH NJW 2001, 2244 Rn. 21 – Kommission/Niederlande.

[7] Amtl. Begr., BT-Drs. 18/4535, S. 8; abgedruckt GRUR 2014, 1180; Stellungnahme GRUR in: GRUR 2014, 1185.

[8] Abgedruckt Köhler WRP 2015, 1311 und Ohly WRP 2015, 1443.

[9] BT-Drs. 18/6571.

[10] Vgl. BGH GRUR 2012, 74 Rn. 28 – Coaching-Newsletter; BGH GRUR 2010, 80 Rn. 17 – LIKEaBIKE; Köhler/Bornkamm/Feddersen/Köhler UWG § 4 Rn. 0.5.

gegrenzt; beide sind ein „insbesondere"-Fall der unlauteren Geschäftspraktiken (vgl. Art. 5 Abs. 4 UGP-RL). Die Rechtsfolge ergibt sich aus § 3 Abs. 1 UWG. Die Norm schützt neben den Verbrauchern auch die sonstigen Marktteilnehmer.

- § 4 Nr. 3 UWG 2008 geht im Irreführungsschutz auf, insbesondere § 5a Abs. 6 UWG. § 4 Nr. 4 u. 5 UWG gehen ebenfalls im Irreführungsschutz auf, während § 4 Nr. 6 UWG 2008 aufgrund der Vorgaben des *EuGH,* wonach ein *per se*-Verbot von Gewinnspielen und Preisausschreiben richtlinienwidrig ist,[11] vollständig aufgegeben wird.
- Der Begriff der „fachlichen Sorgfalt" wird in den der „unternehmerischen Sorgfalt" geändert (§ 2 Abs. 1 Nr. 7 UWG) und die Begriffe der „wesentlichen Beeinflussung des wirtschaftlichen Verhaltens des Verbrauchers" und der „geschäftlichen Entscheidung" in § 2 Abs. 1 Nr. 8 u. 9 UWG definiert.
- Richtlinienkonforme Anpassungen erfolgen in §§ 5, 5a sowie Nr. 13, 14 u. 29 Anh. zu § 3 Abs. 3 UWG.

9 Für die richtlinienkonforme Umsetzung der verbraucherschützenden Normen liegt die Rechtsprechungshoheit beim *EuGH,* damit sichergestellt wird, dass das in der UGP-RL vorgegebene Ziel, ein hohes Verbraucherschutzniveau in dessen lauterkeitsrechtlicher Ausgestaltung in den Mitgliedstaaten der Union zu schaffen und damit auch ein Funktionieren des Binnenmarktes zu gewährleisten, erreicht werden kann (vgl. Art. 1 UGP-RL).[12]

Praxistipp:

Bei den die Verbraucher schützenden Normen des UWG hat die UWG-Reform 2015 eine weitgehende Angleichung an die Vorgaben der UGP-RL bewirkt. Allerdings gibt es noch Abweichungen im Detail. Wegen der von der UGP-RL vorgegebenen Vollharmonisierung kann in Zweifelsfällen weiterhin geprüft werden, inwieweit eine richtlinienkonforme Auslegung des UWG angezeigt ist und ob in Zweifelsfällen in einem Rechtstreit ggf. eine Vorlagefrage an den EuGH angeregt wird.

3. Weitere Änderungen

10 Nach Umsetzung der UGP-RL durch die Novelle von 2015 erfolgten weitere Änderungen in besonderen Bereichen, ohne jedoch die Grundstruktur des UWG zu ändern. Die **Novelle 2019** brachte durch das Gesetz zum Schutz von Geschäftsgeheimnissen (GeschGehG) ein neues Stammgesetz, das die Vorschriften zum Geheimnisschutz aus dem UWG herauslöste und dem Inhaber des Geschäftsgeheimnisses einen Individualschutz einräumt. Eine große Diskussion begleitete die **Ergänzung 2020** durch das Gesetz zur Stärkung des fairen Wettbewerbs v. 26.11.2020 (BGBl 2020 I 2568). Ziel war in erster Linie eine Bekämpfung von Auswüchsen durch Abmahnmissbrauch, Telefonwerbung und Inkasso. Das Maßnahmenpaket brachte Änderungen zum Gerichtsstand, zur Anspruchsberechtigung, zum Rechtsmissbrauch, zur Abmahnung und zur Vertragsstrafe. Rechtssystematisch gesehen sind die Änderungen alles andere als stringent und bedürfen noch der Auslegung in der Rechtspraxis.[13] Eine weitere Ergänzung ist die Zuerkennung eines individuell lauterkeitsrechtlichen Schadensersatzanspruchs (§ 9 Abs. 2 S. 1 UWG nF, gültig ab 28.5.2022).[14]

4. Schutzzweck des UWG

11 Im Hinblick auf den Schutzzweck des UWG kann man zwischen **Schutzsubjekt** und **Schutzobjekt** unterscheiden. Die Frage nach dem Schutzsubjekt ist die Frage danach, wen das UWG schützt; für die Bestimmung des Schutzobjektes muss beantwortet werden, was das UWG schützt. Bei der Bestimmung des **Schutzsubjektes** war in der Anfangsphase des bereits 1909 erlassenen

[11] Vgl. EuGH GRUR 2010, 244 Rn. 47–50 – Plus Warenhandelsgesellschaft; BGH GRUR 2011, 532 Rn. 25 – Millionen-Chance II.

[12] Auch verfassungsrechtliche Belange, insbesondere die Einwirkung der Grundrechte aus Art. 5, 12 GG, verlieren damit im B2C-Bereich wegen des Vorrangs des Unionsrechts vor nationalem (Verfassungs)Recht an Bedeutung; s. auch OLG Hamburg GRUR-RR 2010, 74 (77) – Läusemittel; Köhler/Bornkamm/Feddersen/Köhler UWG § 3 Rn. 1.14; Köhler GRUR-RR 2008, 145.

[13] Krit. auch Möller NJW 2021, 1 Rn. 55; Ringer/Wiedemann GRUR-Prax 2021, 732 (734).

[14] Die Änderungen werden im jeweiligen Sachzusammenhang erörtert; für einen Überblick vgl. BeckOK UWG/Stollwerck Einf. Rn. 23–39.

UWG ein reiner Individualschutz der am Wirtschaftswettbewerb Beteiligten ausgeprägt, also eine Regelung des „horizontalen" Wettbewerbsverhältnisses der Konkurrenten untereinander. Unter dem früheren, bis 2004 geltenden UWG hat sich dann allerdings die Erkenntnis durchgesetzt, dass auch der Marktgegner Teil des Wettbewerbs ist und deshalb das „vertikale" Leistungsverhältnis zwischen Anbieter und Abnehmer nicht außer Betracht bleiben kann. Deshalb sind als Schutzsubjekte unter dem UWG insgesamt die Mitbewerber, die Verbraucher und die sonstigen Marktteilnehmer gemäß § 1 S. 1 UWG erfasst worden (sog. **Schutzzwecktrias**)[15] und wird im Übrigen das Interesse der Allgemeinheit an einem unverfälschten Wettbewerb niedergelegt (§ 1 S. 2 UWG).

Einer der inhaltlichen Schwerpunkte der UWG-Reform des Jahres 2004 war die ausdrückliche Erwähnung der **Verbraucher** als Schutzsubjekt (§ 1 S. 1, § 3 UWG).[16] Gleichwohl ist das UWG kein reines Verbraucherschutzgesetz, was auch dadurch unterstrichen wird, dass individuelle Ansprüche der Verbraucher im Wesentlichen nicht bereitstehen.[17] Die Interessen der Verbraucher wurden jedenfalls denjenigen der Mitbewerber im Markt nicht nachgeordnet und zudem durch die Umsetzung der UGP-RL und die richtlinienkonforme Anwendung der UWG-Verbrauchervorschriften gestärkt.[18] 12

Neben den Verbrauchern schützt das UWG auch die **Mitbewerber** und die **sonstigen Marktteilnehmer** vor unlauterem Wettbewerb. Der Begriff der Marktteilnehmer wird dabei sehr umfassend verstanden, da die „sonstigen Marktteilnehmer" – quasi als Sammelbecken – ausdrücklich bei der Bestimmung des Gesetzeszweckes hervorgehoben werden (§ 1 S. 1 UWG). Neben den Mitbewerbern (Definition in § 2 Abs. 1 Nr. 3 UWG) und den Verbrauchern (zum Begriff vgl. § 2 Abs. 2 UWG, richtlinienkonform allerdings weiter auszulegen gemäß Art. 2 lit. a) UGP-RL) erfassen die „sonstigen Marktteilnehmer" über die beiden genannten Gruppen hinaus auch alle übrigen Anbieter oder Nachfrager von Waren oder Dienstleistungen (§ 2 Abs. 1 Nr. 2 UWG). Zugleich wird im Rahmen des Schutzsubjektes das Interesse der **Allgemeinheit** an einem unverfälschten Wettbewerb begründet (§ 1 S. 2 UWG). Durch die Interessenbegrenzung auf den „unverfälschten Wettbewerb" wird klargestellt, dass das UWG sonstige Allgemeininteressen nicht schützt, sondern nur für marktbezogene Handlungen gilt. 13

Als **Schutzobjekt** des UWG verfolgt das UWG einen wettbewerbsrechtlichen Institutionenschutz, indem § 1 S. 2 UWG das „Interesse der Allgemeinheit an einem unverfälschten Wettbewerb" als Schutzobjekt benennt. Dieser Schutz ist vielfach deckungsgleich mit dem Schutz zu Gunsten der in § 1 S. 1 UWG ins Auge gefassten Schutzsubjekte, kann in Ausnahmefällen jedoch auch auseinanderfallen. Beispielsweise kann die Marktbehinderung eines einzelnen Unternehmens im Einzelfall noch nicht als unlauter erscheinen, doch könnte die Vielzahl von Aktionen gegen weitere Unternehmen im Sinne einer Gesamtbetrachtung den Wettbewerb verfälschen. In dieser Konstellation wäre die individuelle Behinderung lauterkeitsrechtlich hinzunehmen, jedoch könnte eine wettbewerbswidrige allgemeine Marktbehinderung zum Tragen kommen. Hier wäre der Wettbewerb als Institution geschützt.[19] Das Schutzobjekt des unverfälschten Wettbewerbs lässt sich auch mit dem durch die UGP-RL verfolgten Ziel des Verbraucherschutzes in Einklang bringen, da die Richtlinie zugleich den Wettbewerb im Binnenmarkt stärken soll (vgl. Art. 1 UGP-RL).[20] 14

Mit der richtlinienkonformen Anwendung der UGP-RL im Verhältnis Unternehmer zu Verbrauchern kann nicht der Leistungswettbewerb *per se* als Schutzobjekt dienen.[21] Die verfolgten Ziele des Abbaus von Handelshemmnissen innerhalb des Binnenmarktes sowie der Erreichung eines hohen Verbraucherschutzniveaus lassen sich nicht in sinnvoller Weise mit dem Maßstab des Schutzes des Leistungswettbewerbs an sich in Einklang bringen, so dass dieser keinen eigenständigen Wert bei der Schutzzweckbetrachtung darstellt. 15

---

[15] Vgl. BVerfG GRUR 2008, 81 (82 f.) – Pharmakartell; HK-UWG/Götting § 1 Rn. 3.

[16] Vgl. auch die ausdrückliche Erwähnung der Verbraucher in den Sachnormen der § 1, § 2 Abs. 1 Nr. 2, 7, 8 u. 9, Abs. 2, § 3 Abs. 2, 3 u. 4, § 3a, § 4a, § 5 Abs. 1 S. 1, S. 2 Nr. 7, Abs. 2, § 5a Abs. 2, 3, 4, 5 u. 6, § 7, § 7a, § 13a Abs. 3, 16 Abs. 2 und § 20 Abs. 1 sowie in Nrn. 7, 8, 12, 14, 17, 19, 23, 25, 27 u. 30 Anh. zu § 3 Abs. 3 UWG.

[17] Der Individualschadensersatzanspruch der Verbraucher gem. § 9 Abs. 2 S. 1 UWG nF, gültig ab 28.5.2022, setzt die Omnibus-RL (Richtlinie (EU) 2019/2161) um.

[18] Der Gesetzgeber des UWG 2004 sprach insoweit von einem „integrierten Modell eines gleichberechtigten Schutzes der Mitbewerber, der Verbraucher und der Allgemeinheit", Amtl. Begr., BT-Drs. 15/1487, S. 15 f.; krit. Engels/Salomon WRP 2004, 32 (33).

[19] Vgl. auch Köhler/Bornkamm/Feddersen/Köhler UWG § 1 Rn. 49; krit. HK-UWG/Götting § 4a Rn. 28.

[20] Erwägungsgründe 2 bis 5 UGP-RL; vgl. auch HK-UWG/Götting § 1 Rn. 30.

[21] Köhler/Bornkamm/Feddersen/Köhler UWG § 1 Rn 44; Ohly/Sosnitza/Sosnitza UWG § 1 Rn. 5.

5. Systematik des UWG

16 Das UWG schützt, wie in § 1 S. 1 UWG ausdrücklich hervorgehoben, vor unlauteren geschäftlichen Handlungen, während Art. 1, 3 Abs. 1, 5 Abs. 1, 2, 4 u. 5 UGP-RL den Begriff der „unlauteren Geschäftspraktiken" niederlegen. In seinem Kapitel 1 definiert das Gesetz zunächst den Gesetzeszweck (§ 1 UWG) und stellt in § 2 UWG Definitionen voran.

17 Die zentrale Vorschrift des § 3 UWG 2004 enthielt eine einzige Generalklausel, während nunmehr in Umsetzung der UGP-RL bei gleichzeitiger Belassung des Schutzes der anderen Marktteilnehmer in **§ 3 UWG drei Tatbestände** vorgegeben sind: (1.) die unten allen Umständen als unterlauter zu qualifizierenden „Schwarzen Klauseln" iSv § 3 Abs. 3 UWG einschließlich des Anhanges mit 30 Einzelverboten, (2.) die „Verbrauchergeneralklausel" des § 3 Abs. 2 UWG sowie (3.) die „große" Generalklausel des § 3 Abs. 1 UWG. Der reine **Mitbewerberschutz** wird in § 4 UWG erfasst, während der **Rechtsbruch** und die **aggressiven Geschäftspraktiken** als Mischtatbestände in §§ 3a, 4a UWG geregelt sind. Die sich anschließenden Tatbestände – **irreführende Werbung** in §§ 5, 5a UWG und **vergleichende Werbung** in § 6 UWG – stellen weitere Unlauterkeitstatbestände mit der Rechtsfolge des § 3 Abs. 1 UWG dar. Schließlich wird die Unzulässigkeit der **unzumutbaren Belästigungen** in §§ 7, 7a UWG geregelt.

18 In seinem Kapitel 2 gewährt das UWG Ansprüche bei Verstößen gegen §§ 3 und 7 UWG auf Beseitigung, Unterlassung, Auskunft iSv § 13 UKlaG, Schadensersatz und – als Erweiterung gegenüber dem Rechtsstand vor dem UWG 2004 – auf Gewinnabschöpfung; abschließend wird die Verjährung geregelt. In seinem Kapitel 3 hält das UWG Verfahrensvorschriften bereit, während in Kapitel 4 die Straf- und Bußgeldvorschriften zusammengefasst werden.

6. Angriffsrichtung unlauteren Wettbewerbs

19 Im Hinblick auf die Erfüllung des in § 1 UWG niedergelegten Schutzzweckgedankens bietet sich systematisierend im Wettbewerbsrecht die Unterscheidung nach der Angriffsrichtung unlauteren Wettbewerbs an:

- **Angriffsrichtung Verbraucher:** Es erfolgt unmittelbar ein unlauterer Angriff auf die Entscheidungsfreiheit der Verbraucher sowie auf die Möglichkeiten zum Treffen einer informierten Entscheidung, zB durch Irreführung (vertikale Angriffsrichtung).
- **Angriffsrichtung individueller Mitbewerber:** Ein unmittelbarer Angriff auf die wettbewerbliche Betätigung eines bestimmten Mitbewerbers findet statt (eindimensional horizontale Angriffsrichtung).
- **Angriffsrichtung alle und sonstige Marktteilnehmer:** Ein Unternehmer behindert in unlauterer Weise alle Mitbewerber gleichermaßen, zB durch unlauteren Rechtsbruch, oder die Verbraucher werden generell betroffen (generell horizontale Angriffsrichtung). Sonstige Marktteilnehmer stehen ebenso wie Verbraucher in einem Austauschverhältnis mit der ihnen gegenüberstehenden Marktseite (vertikale Angriffsrichtung).
- **Sonderbereich öffentliche Hand:** Bei der Wettbewerbsteilnahme der öffentlichen Hand ergeben sich allerdings aus bestimmten öffentlich-rechtlichen Normen Besonderheiten für die wettbewerbsrechtliche Beurteilung, so dass eine Sonderfallgruppe „Wettbewerb der öffentlichen Hand" im Blick zu behalten ist.[22]

20 Nachfolgend sollen die Spezialvorschriften, die das UWG neben den Klauseln des § 3 UWG enthält, den vorgenannten Subjekten der Schutzzwecktrias zugeordnet werden.

21 **a) Angriffsrichtung Verbraucher.** Die „Verbrauchergeneralklausel" des § 3 Abs. 2 UWG hat als allgemein gehaltenes Verbot bereits vom Gesetzestext her die Verbraucher im Blick. Vorab ist die aufgrund der erforderlichen Umsetzung der UGP-RL entstandene, ausgesprochen detailverliebte Liste von Einzelverboten ohne Wertungsvorbehalt (Anh. zu § 3 Abs. 3 UWG) als primäres Substrat des Verbraucherschutzes zu würdigen. Die Regelung der „großen" Generalklausel des § 3 Abs. 1 UWG kommt dann nicht zum Tragen, wenn die Unterlauterkeit von Handlungen der UGP-RL unterfällt.[23] Wesentliche Tatbestände einer unlauteren Handlung gegenüber Verbrauchern sind die Irreführung, die in den Spezialnormen der §§ 5, 5a UWG geregelt ist, sowie die aggressive Geschäftspraktik, die in § 4a UWG umgesetzt ist. Dem Schutz der Verbraucher dient

[22] Vgl. Ohly/Sosnitza/Ohly Einf. D Rn. 20 ff.; Köhler/Bornkamm/Feddersen/Köhler UWG § 3a Rn. 2.1 ff.; HK-UWG/Ebert-Weidenfeller § 4 Rn. 6.1 ff.

[23] Vgl. EuGH GRUR 2013, 297 Rn. 35 – Köck; EuGH GRUR 2010, 244 Rn. 41–45 – Plus Warenhandelsgesellschaft; Köhler/Bornkamm/Feddersen/Köhler UWG § 3 Rn. 2.26.

auch der Rechtsbruch als Verstoß gegen eine Marktverhaltensregelung (§ 3a UWG), was bei Verstößen gegen verbraucherschützende Normen auch den Verbrauchern zugutekommen kann. Auch das Verbot der unlauteren vergleichenden Werbung (§ 6 UWG) hat eine verbraucherschützende Funktion, da bei grundsätzlich positivem Verständnis der vergleichenden Werbung nur vor ihren Nachteilen geschützt werden soll, insbesondere auch wenn Verwechslungen hervorgerufen werden. Schließlich hat auch der eigenständige Verbotstatbestand der unzumutbaren Belästigung (§§ 7, 7a UWG) eine verbraucherschützende Dimension, da die aufgedrängte Belästigung von den Verbrauchern ferngehalten werden soll.

b) Angriffsrichtung individuelle Mitbewerber. Mitbewerber werden in der „großen" Generalklausel des § 3 Abs. 1 UWG erfasst. Diese dient als Auffangtatbestand für unlautere Handlungen, die durch die weiteren Normen nicht abgedeckt sind, aber einen vergleichbaren Unrechtsgehalt besitzen.[24] Dem direkten Mitbewerberschutz dient § 4 UWG mit vier Tatbeständen. Als Schutz vor bezugnehmender Werbung ist zudem das Verbot der unlauteren vergleichenden Werbung (§ 6 UWG) anzuführen. 22

c) Angriffsrichtung Marktteilnehmer. Der Schutz nach dem UWG kann allen **Marktteilnehmern** neben der individuellen Betroffenheit von Verbrauchern und Mitbewerbern zugutekommen. In Betracht kommen hier zunächst Verstöße gegen außerwettbewerbsrechtliche Normen, die zumindest auch das Marktverhalten im Interesse aller Marktteilnehmer regeln („Rechtsbruch", § 3a UWG). Auch der Schutz vor aggressiven Geschäftspraktiken (§ 4a UWG) und unzumutbaren Belästigungen (§§ 7, 7a UWG) kann direkt allen Marktteilnehmern der Marktgegenseite helfen. Schließlich sind auch die **sonstigen Marktteilnehmer** in dem Schutzbereich der wettbewerbsrechtlichen Generalklausel des § 3 Abs. 1 UWG erfasst, der auch als Auffangtatbestand dient. Als sonstige Marktteilnehmer werden beispielsweise Unternehmen auch dann geschützt, wenn sie – vergleichbar mit den Verbrauchern – für ihre gewerbliche oder selbstständige berufliche Tätigkeit Waren oder Dienstleistungen für ihren eigenen Gebrauch nachfragen,[25] so dass in diesem Zusammenhang die oben unter a) genannten verbraucherschützenden Vorschriften relevant sind. 23

II. Unlautere geschäftliche Handlungen nach § 3 UWG

Die lauterkeitsrechtliche **Zentralnorm** bildet **§ 3 UWG**, wonach das Verbot unlauterer geschäftlicher Handlungen in drei Tatbeständen niedergelegt wird. Während das UWG 2004 nur eine einzige Generalklausel aufwies, sind aufgrund der Umsetzung der UGP-RL in 2008 eine weitere für ihren Bereich geltende Generalklausel sowie eine kasuistische Liste von Einzelverboten hinzugekommen. **§ 3 Abs. 3 UWG** verweist in Umsetzung von Art. 5 Abs. 5 S. 1 UGP-RL und dessen Anh. I auf die im Anhang aufgenommene Liste von 30 „stets unzulässigen" geschäftlichen Handlungen im Verhältnis zu Verbrauchern, auch „Schwarze Liste" (oder „Black List") genannt. **§ 3 Abs. 2 iVm Abs. 4 UWG** dient der Umsetzung von Art. 5 Abs. 2 u. 3 UGP-RL und gilt ausschließlich im Verhältnis zu Verbrauchern, so dass § 3 Abs. 2 UWG auch Verbrauchergeneralklausel genannt wird. Die „große" Generalklausel des **§ 3 Abs. 1 UWG** gilt zunächst gegenüber Mitbewerbern und sonstigen Marktteilnehmern. Bei geschäftlichen Handlungen gegenüber Verbrauchern kann sie im Geltungsbereich der UGP-RL nicht angewandt werden, gilt aber ergänzend für bestimmte Fallkonstellationen außerhalb dieses Bereichs. Die Vorschrift dient als Rechtsfolgenverweisung der einzelnen Unterlauterkeitstatbestände und besitzt im Übrigen eine Auffangfunktion für Tatbestände mit vergleichbarem Unlauterkeitsgehalt. 24

1. Anhang zu § 3 Abs. 3 UWG

Nach § 3 Abs. 3 UWG sind die in der Anlage aufgelisteten einzelnen geschäftlichen Handlungen gegenüber Verbrauchern „stets unzulässig". 25

a) Zweck der Klauselverbote. Die **Einzelverbote** sind Ausdruck eines großen Regulierungswillens und erfassen teils äußerst eng gefasste Sachverhalte. Das Ziel der UGP-RL ist es, durch die Identifizierung einzelner unlauterer Verhaltensweisen eine große **Rechtssicherheit** zu schaffen, sprich: der Verbraucher kann sich europaweit darauf einstellen, was im Einzelnen verboten ist (vgl. Erwägungsgrund 17 UGP-RL).[26] 26

[24] Begr. Beschlussempfehlung, BT-Drs. 18/6571, S. 13 f.; Ohly/Sattler GRUR 2016, 1229 (1235).
[25] Vgl. Amtl. Begr., BT-Drs. 15/1487, S. 16; Ohly/Sosnitza/Sosnitza UWG § 2 Rn. 46.
[26] Vgl. auch Amtl. Begr. BT-Drs. 16/10145, S. 30.

27 b) **Auslegung der Klauselverbote.** Aufgrund der hohen Spezialität der geregelten Materie spricht mehr dafür, die Einzeltatbestände als **nicht verallgemeinerungsfähig** anzusehen. Jedenfalls ist eine analoge Anwendung ausgeschlossen, da die Regelungen als abschließend zu verstehen sind.[27] Allerdings bedeutet dies im Umkehrschluss nicht, dass Verhaltensweisen, die im Anhang nicht geregelt sind, erlaubt wären.[28]

28 Ein Korrektiv in der Anwendung der „Black List" sind die allgemeinen Grundsätze des Unionsrechts und insbesondere das unionsrechtlich geltende **Verhältnismäßigkeitsprinzip,** das für Beschränkungen der europäischen Grundrechte gilt.[29] Dieses ist immer auch im Zusammenhang mit der Erreichung des Schutzzwecks der Richtlinie heranzuziehen. Es wäre indes verfehlt, aufgrund der Tatsache, dass nach nationalem Recht in der „Schwarzen Liste" genannte Einzelverbote nicht als unlauter bezeichnet werden, zu folgern, dass das Verbot einer solchen Maßnahme demzufolge auch unverhältnismäßig wäre. Noch verfehlter wäre es, aus dem Erwägungsgrund 7 S. 3 UGP-RL, wonach die gesetzlichen Anforderungen in Fragen der „guten Sitten und des Anstands" von der Richtlinie nicht erfasst werden, zu folgern, die nationalen Gepflogenheiten würden eine in den Einzelverboten erfasste Verhaltensweise als üblich und damit den „guten Sitten" entsprechend akzeptieren.

29 Die einzelnen Tatbestände sind als **Klauselverbote ohne Wertungsvorbehalt** zu verstehen. Das bedeutet, dass geschäftliche Handlungen, die unter das Verbot fallen, ohne die Prüfung weiterer Kriterien, also ohne eine Beurteilung des Einzelfalls, unzulässig sind.[30] Die Tatbestandsmäßigkeit führt unmittelbar zum Verbotsausspruch („unter allen Umständen" in Art. 5 Abs. 5 UGP-RL, „stets" in § 3 Abs. 3 UWG).[31] Unabhängig hiervon ist der Umstand zu sehen, dass einzelne Tatbestandsmerkmale der Einzelverbote ihrerseits auslegungsbedürftig sind und in diesem Zusammenhang eine wertende, aber autonome, richtlinienkonforme Auslegung erfahren müssen (wie „angemessen", „hinreichend" oder „vertretbar"). Dabei sind auch die verschiedenen Sprachfassungen der Richtlinie heranzuziehen.

30 Für Verhaltensweisen, die bei einer den Zweck der Richtlinie entsprechenden Auslegung nicht unter die „Schwarze Liste" fallen, verbleibt es bei der Anwendbarkeit der anderen Vorschriften, wenn die Prüfung der Einzelfallumstände eine Unterlauterkeit der Handlung ergibt.[32] Für die praktische Prüfung von Wettbewerbsmaßnahmen sind zunächst die Klauselverbote zu prüfen, bevor die anderen Tatbestände betrachtet werden.

31 In der „Schwarzen Liste" sind verschiedene Begriffe enthalten, die an anderer Stelle definiert werden (wie „Verhaltenskodex" in § 3 Abs. 1 Nr. 5 UWG). Daneben gibt es Begriffe, die nach Unionsrecht auszulegen sind. Hier darf nicht unhinterfragt das deutsche Rechtsverständnis angewandt werden. Vielmehr bedarf es einer **unionsrechtlichen Auslegung,** um so dem Harmonisierungszweck der UGP-RL zu entsprechen. Hierunter fallen die Begriffe „Glücksspiel" (Nr. 16 Anh. zu § 3 Abs. 3 UWG)[33] oder „Kind" (Nr. 28 Anh. zu § 3 Abs. 3 UWG).[34]

32 Im **Anh. II zu Art. 7 Abs. 5 UGP-RL** werden unionsrechtliche Informationsanforderungen im Rahmen kommerzieller Kommunikation, einschließlich Werbung und Marketing, als – ohne Wertungsvorbehalt – **wesentlich** eingestuft. Der Katalog erfasst – nicht erschöpfend – eine Reihe von Verordnungen und Richtlinien, teils sektorenspezifischer Art (wie Pauschalreise oder Teilzeit-Wohnrechte). Die Qualifikation als „wesentlich" hat unmittelbare Bedeutung für die Irreführung

---

[27] OLG Köln GRUR-RR 2011, 275 (276) – „Testsieger"-Werbung; OLG Jena GRUR-RR 2017, 314 Rn. 7 – Schmerzlinderung im Fitnessstudio; Köhler/Bornkamm/Feddersen/Köhler UWG § 3 Rn. 4.4 u. Anh. zu § 3 Abs. 3 Rn. 0.8; HK-UWG/Wirtz § 3 Rn. 136; Ohly/Sosnitza/Sosnitza Anh. zu § 3 Abs. 3 Rn. 5.

[28] Vgl. Hoeren BB 2008, 1182, 1187; Köhler/Bornkamm/Feddersen/Köhler UWG § 3 Rn. 4.4.

[29] Vgl. Art. 51 Abs. 1 EU-GRCharta, Art. 13 S. 2 u. Erwägungsgrund 25 UGP-RL; Amtl. Begr., BT-Drs. 16/10 145, S. 30; BGH GRUR 2011, 513 Rn. 20 – AnyDVD; BVerfG GRUR 2012, 53 Rn. 91 – Le-Corbusier-Möbel; aA HK-UWG/Wirtz § 3 Rn. 136.

[30] Erwägungsgrund 17 S. 3 UGP-RL; EuGH GRUR 2009, 599 Rn. 56, 61 – VTB/Total Belgium; EuGH GRUR 2010, 244 Rn. 45 – Plus Warenhandelsgesellschaft.

[31] Nr. 26 Anh. I zu Art. 5 Abs. 5 UGP-RL konnte in § 7 Abs. 2 Nrn. 1 bis 3 UWG umgesetzt werden (und nicht im Anh. zu § 3 Abs. 3 UWG), weil § 7 UWG ebenfalls keine weiteren Beurteilungskriterien verlangt.

[32] EuGH GRUR 2014, 680 Rn. 31 f. – 4finance; BGH GRUR 2019, 1202 Rn. 28 – Identitätsdiebstahl.

[33] Vgl. Amtl. Begr., BT-Drs. 16/10 145, S. 33; Ableitung aus Art. 1 Abs. 5 lit. d) RL 2000/31/EG denkbar; s. Köhler/Bornkamm/Feddersen/Köhler UWG Anh. zu § 3 Abs. 3 Rn. 16.4.

[34] Vgl. Amtl. Begr., BT-Drs. 16/10 145, S. 34. Es spricht viel dafür, regelmäßig nur Minderjährige bis zur Vollendung des 14. Lebensjahres zu erfassen, nicht jedoch „Jugendliche" iSv § 1 Abs. 1 Nr. 2 JuSchG (vgl. Köhler/Bornkamm/Feddersen/Köhler UWG Anh. zu § 3 Abs. 3 Rn. 28.5); offengelassen in BGH GRUR 2014, 1117 Rn. 16 – Zeugnisaktion.

durch Unterlassen.[35] Derartige Informationspflichten können auch das Marktverhalten regeln und demzufolge nach § 3a UWG relevant sein. Dies ist im Geltungsbereich der UGP-RL der Fall, wenn die Informationspflicht entweder aus Anh. II zu Art. 7 Abs. 5 UGP-RL resultiert oder ihre Grundlage im Unionsrecht hat.[36]

Einzelverbote der UGP-RL können auch im Verhältnis zwischen Unternehmern relevant sein, obwohl die UGP-RL nur das **Verhältnis zwischen Unternehmern und Verbrauchern** regelt.[37] Die den Einzelverboten zugrunde liegenden Wertungen können auch im Verhältnis B2B fruchtbar gemacht werden, zumindest soweit es sonst zu ungerechtfertigten Wertungswidersprüchen käme.[38] So wird es als Indiz für die Spürbarkeit des Handels im Verhältnis B2B gesehen, wenn dieses Handeln im B2C-Bereich ohne Wertungsvorbehalt verboten ist.[39] 33

c) **Tatbestandsvoraussetzungen.** Für die Verwirklichung eines Klauselverbotes der „Schwarzen Liste" ist nach § 3 Abs. 3 UWG eine **„geschäftliche Handlung gegenüber Verbrauchern"** erforderlich. 34

Der Begriff „geschäftliche Handlung" wird in § 2 Abs. 1 Nr. 1 UWG definiert und erfasst bestimmte Verhaltensweisen im objektiven Zusammenhang mit der Absatzförderung und dem Bezug von Waren oder Dienstleistungen sowie der Vertragsdurchführung (→ Rn. 93 ff.). Dagegen erfasst der parallele Begriff „Geschäftspraktik" der UGP-RL nicht den Bezug von Waren oder Dienstleistungen durch Verbraucher, da nur die Absatzförderung und Lieferung eines Produktes unter die Definition fallen (Art. 5 Abs. 5 S. 1 iVm Art. 2 lit. d) UGP-RL). Dies ist nicht richtlinienwidrig, da der Bezug von Waren außerhalb ihres Geltungsbereichs liegt und daher einer weiterreichenden nationalen Regelung zugänglich ist.[40] 35

Für den Begriff „Verbraucher" verweist § 2 Abs. 2 UWG auf § 13 BGB. Die Definition in Art. 2 lit. a) UGP-RL ist allerdings umfassender (→ Rn. 86 ff.). 36

Schließlich müssen alle Tatbestandsvoraussetzungen des Klauselverbotes selbst verwirklicht sein. Weitere Unterlauterkeitskriterien sind nicht zu prüfen. Nur die allgemeinen Grundsätze des Unionsrechts, insbesondere die Verhältnismäßigkeitsprüfung, können ausnahmsweise die Anwendbarkeit ausschließen, wobei allenfalls Ausnahmefälle in Betracht kommen und eine Aushöhlung der strikten Regelungen hierdurch nicht erfolgen darf.[41] 37

d) **Konkordanz der Vorgaben der UGP-RL mit der Umsetzung im UWG.** Die Einzelverbote aus der „Schwarzen Liste" des Anhanges zu § 3 Abs. 3 UWG werden in diesem Handbuch im jeweiligen Sachzusammenhang besprochen. Die Auflistung der Konkordanz der einzelnen Tatbestände des Anhanges I zu Art. 5 Abs. 5 UGP-RL mit der Umsetzung im UWG sowie deren Relevanz für weitere Normen des UWG soll indes das Zurechtfinden erleichtern: 38

Konkordanzliste 39

Anh. I zu Art. 5 Abs. 5 UGP-RL	Umsetzung im UWG	Relevanz für UWG
Irreführende Geschäftspraktiken		
Nr. 1	Nr. 1 Anh. zu § 3 Abs. 3 iVm § 2 Abs. 1 Nr. 5	§ 5 Abs. 1 S. 2 Nr. 6
Nr. 2	Nr. 2 Anh. zu § 3 Abs. 3	§ 5 Abs. 1 S. 2 Nr. 1 u. 3

[35] § 5a Abs. 4 UWG ist allgemein und ohne spezielle Bezugnahme auf konkrete unionsrechtliche Vorschriften gefasst; vgl. Amtl. Begr., BT-Drs. 16/10 145, S. 27.

[36] BGH GRUR 2011, 638 Rn. 19 – Werbung mit Garantie; BGH GRUR 2010, 1117 Rn. 16 – Gewährleistungsausschluss im Internet.

[37] Die Begründung zum UWG 2008 lehnt eine Übernahme der Wertungen aus der „Black List" außerhalb des Bereiches B2C ab und will es demgemäß bei den anderen Tatbeständen belassen, Amtl. Begr., BT-Drs. 16/10145, S. 30.

[38] BGH GRUR 2012, 184 Rn. 29 – Branchenbuch Berg.

[39] BGH GRUR 2019, 1202 Rn. 29 – Identitätsdiebstahl; Köhler/Bornkamm/Feddersen/Köhler UWG Anh. zu § 3 Abs. 3 Rn. 0.12; Hoeren WRP 2009, 789 (792).

[40] Köhler/Bornkamm/Feddersen/Köhler UWG Anh. zu § 3 Abs. 3 Rn. 0.9; Scherer WRP 2014, 517 (521).

[41] Der Verhältnismäßigkeitsgrundsatz bei der Durchsetzung wird in Art. 13 S. 2 UGP-RL geregelt; s. auch Amtl. Begr., BT-Drs. 16/10145, S. 30; Köhler/Bornkamm/Feddersen/Köhler UWG Einl. Rn. 3.12.

Anh. I zu Art. 5 Abs. 5 UGP-RL	Umsetzung im UWG	Relevanz für UWG
Nr. 3	Nr. 3 Anh. zu § 3 Abs. 3 iVm § 2 Abs. 1 Nr. 5	§ 5 Abs. 1 S. 2 Nr. 6
Nr. 4	Nr. 4 Anh. zu § 3 Abs. 3 iVm § 2 Abs. 1 Nr. 1, 6 u. 9	§ 5 Abs. 1 S. 2 Nr. 1 u. 3
Nr. 5	Nr. 5 Anh. zu § 3 Abs. 3 iVm § 5a Abs. 3 u. § 2 Abs. 1 Nr. 6	§ 5 Abs. 1 S. 2 Nr. 1 u. 2, Abs. 4
Nr. 6	Nr. 6 Anh. zu § 3 Abs. 3 iVm § 5a Abs. 3 u. § 2 Abs. 1 Nr. 6	§ 5 Abs. 1 S. 2 Nr. 1
Nr. 7	Nr. 7 Anh. zu § 3 Abs. 3 iVm § 2 Abs. 2	§ 5 Abs. 1 S. 2 Nr. 1 u. 2, Abs. 4
Nr. 8	Nr. 8 Anh. zu § 3 Abs. 3 iVm § 2 Abs. 1 Nr. 6 u. Abs. 2	–
Nr. 9	Nr. 9 Anh. zu § 3 Abs. 3	§ 3a, § 5 Abs. 1 S. 2 Nr. 1
Nr. 10	Nr. 10 Anh. zu § 3 Abs. 3	§ 5 Abs. 1 S. 2 Nr. 1 u. 3
Nr. 11	Nr. 11 Anh. zu § 3 Abs. 3 iVm § 2 Abs. 1 Nr. 6	§ 5a Abs. 6
Nr. 12	Nr. 12 Anh. zu § 3 Abs. 3 iVm § 2 Abs. 2	§ 4a, § 5 Abs. 1 S. 2 Nr. 1
Nr. 13	Nr. 13 Anh. zu § 3 Abs. 3 iVm § 2 Abs. 2	§ 4 Nr. 3 lit. a), § 5 Abs. 1 S. 2 Nr. 1, Abs. 2, § 6 Abs. 2 Nr. 3
Nr. 14	Nr. 14 Anh. zu § 3 Abs. 3 iVm § 2 Abs. 2	§ 4a, § 16 Abs. 2
Nr. 15	Nr. 15 Anh. zu § 3 Abs. 3 iVm § 2 Abs. 1 Nr. 6	§ 5 Abs. 1 S. 2 Nr. 2 u. 3
Nr. 16	Nr. 16 Anh. zu § 3 Abs. 3	–
Nr. 17	Nr. 18 Anh. zu § 3 Abs. 3	§ 5 Abs. 1 S. 2 Nr. 1, § 3a iVm § 8 Abs. 1 Nr. 2 lit. a) AMG, § 3 Nr. 2 lit. a) HWG u. Art. 10 ff. HCVO
Nr. 18	Nr. 19 Anh. zu § 3 Abs. 3 iVm § 2 Abs. 2	§ 5 Abs. 1 S. 2 Nr. 2
Nr. 19	Nr. 20 Anh. zu § 3 Abs. 3	§ 5 Abs. 1 S. 2 Nr. 2
Nr. 20	Nr. 21 Anh. zu § 3 Abs. 3	§ 5 Abs. 1 S. 2 Nr. 2
Nr. 21	Nr. 22 Anh. zu § 3 Abs. 3	§ 5 Abs. 1 S. 2 Nr. 1
Nr. 22	Nr. 23 Anh. zu § 3 Abs. 3 iVm § 2 Abs. 1 Nr. 6 u. Abs. 2	§ 5 Abs. 1 S. 2 Nr. 3
Nr. 23	Nr. 24 Anh. zu § 3 Abs. 3	§ 5 Abs. 1 S. 2 Nr. 1, 2 u. 7
Aggressive Geschäftspraktiken		
Nr. 24	Nr. 25 Anh. zu § 3 Abs. 3 iVm § 2 Abs. 2	§ 4a, § 7 Abs. 1
Nr. 25	Nr. 26 Anh. zu § 3 Abs. 3	§ 4a, § 7 Abs. 1
Nr. 26	§ 7 Abs. 2 Nr. 1 bis 3	–

Anh. I zu Art. 5 Abs. 5 UGP-RL	Umsetzung im UWG	Relevanz für UWG
Nr. 27	Nr. 27 Anh. zu § 3 Abs. 3 iVm § 2 Abs. 2	§ 4a
Nr. 28	Nr. 28 Anh. zu § 3 Abs. 3	§ 4a
Nr. 29	Nr. 29 Anh. zu § 3 Abs. 3	§ 4a, § 7 Abs. 1
Nr. 30	Nr. 30 Anh. zu § 3 Abs. 3 iVm § 2 Abs. 1 Nr. 6 u. Abs. 2	§ 4a
Nr. 31	Nr. 17 Anh. zu § 3 Abs. 3 iVm § 2 Abs. 2	§ 5 Abs. 1 S. 2 Nr. 2

Durch das Gesetz zur Stärkung des Verbraucherschutzes im Wettbewerbs- und Gewerberecht (BGBl. 2021 I 3504) kommen ab dem 22.5.2022 folgende Klauselverbote hinzu: Nr. 11a (Verbot ungekennzeichneter Werbung oder verdeckter Zahlungen für eine Beeinflussung des Rankings bei Suchergebnissen auf Grund der Online-Suchanfrage von Verbrauchern), Nr. 23a (Wiederverkauf von Eintrittskarten für Veranstaltungen an Verbraucher durch Umgehung technischer Beschränkungen des Erstverkäufers für bestimmte Regeln des Vertriebs unter Verwendung von Software, wie Bots), Nr. 23b (Bewertungen einer Ware oder Dienstleistung von solchen Verbrauchern, die sie genutzt oder erworben haben, ohne dass der Unternehmer durch angemessene und verhältnismäßige Maßnahmen die Richtigkeit überprüft hat) und Nr. 23c (Übermittlung oder Beauftragung gefälschter Bewertungen oder Empfehlungen von Verbrauchern sowie deren falsche Darstellung in sozialen Medien zu Zwecken der Verkaufsförderung). Dies erfolgt in Umsetzung von Art. 3 Nr. 7 Richtlinie (EU) 2019/2161.[42] 40

e) **Neuartige Tatbestände aufgrund der Umsetzung der UGP-RL.** Der deutschen Rechtspraxis waren vier der in der „Black List" geregelten Konstellationen fremd, die aufgrund der Umsetzung von Anh. I zu Art. 5 Abs. 5 UGP-RL Eingang in das UWG 2008 gefunden haben: 41

aa) **Nr. 6 Anh. zu § 3 Abs. 3 UWG** erfasst ein spezielles Lockangebot, nämlich die Praxis des **Bait and Switch** („Anlocken und einem etwas andrehen"). Hier geht es nicht um die ausreichende Bevorratung im Hinblick auf Lockangebote, sondern eigenständig darum, den angesprochenen Verbraucher von dem umworbenen Produkt abzulenken und zu einem anderen Produkt hinzulenken. Erfasst werden drei verschiedene Verhaltensweisen, nämlich die Weigerung, den angebotenen Artikel zu zeigen, Bestellungen anzunehmen bzw. Lieferungen in vertretbarer Zeit auszuführen oder die Vorführung von etwas Fehlerhaftem. Der Tatbestand umfasst ein subjektives Element, nämlich die Absicht, statt des beworbenen Produktes ein anderes abzusetzen.[43] Gerade das Absichtsmerkmal dürfte es in der Rechtsanwendung schwierig machen, Verhaltensweisen des „Bait and Switch" zu rügen, zumal die Geschäftsanbahnung regelmäßig im persönlichen Kontakt zwischen Verkäufer und Kunden bestehen wird. Die Aufnahme der sehr speziellen Verhaltensweise zeigt jedoch, wie sehr es dem Richtliniengeber um die Inkriminierung ganz konkreter Verhaltensweisen, die als verbraucherfeindlich eingestuft werden, geht und unterstreicht nochmals, dass die Einzelverbote nicht verallgemeinert werden dürfen. 42

bb) Einen Fall der **enttäuschten Verbrauchererwartung bei der Sprachwahl** des Unternehmers erfasst **Nr. 8 Anh. zu § 3 Abs. 3 UWG.** Hierbei handelt es sich um Fälle, in denen der Unternehmer beim Vertragsschluss nicht in der Amtssprache seines Landes kommuniziert hat, jedoch nachvertragliche Serviceleistungen in einer anderen – also regelmäßig seiner Landessprache – erbringen will und hierüber nicht zuvor aufgeklärt hat. Die Norm erlegt dem Unternehmer eine Aufklärungspflicht auf, sofern er nachvertragliche Kundendienstleistungen in einer anderen als der Vertragssprache erbringen will. Dies ist praktisch relevant beispielsweise bei dem Angebot von Hotlines, zB bei Installationsfragen zu Software oder Bedienungsfragen von technischen Erzeugnissen. Der Anwendungsbereich wird dadurch sehr beschränkt, dass die enttäuschte Sprachwahl im Rahmen der Vertragsdurchführung nicht geregelt wird, und so wäre beispielsweise auch nicht die Sprachwahl bei der mit einem technischen Erzeugnis gelieferten Bedienungsanlei- 43

[42] Vgl. BT-Drs. 19/27873, 44 f.

[43] Hoeren BB 2008, 1182 (1188); Köhler/Bornkamm/Feddersen/Köhler UWG Anh. zu § 3 Abs. 3 Rn. 6.9; HK-UWG/Wirtz § 3 Rn. 146.

tung in den Schutzbereich einbezogen. Die Vorschrift stellt insgesamt einen relativ engen Spezialfall der Irreführung dar, der der deutschen Rechtspraxis bisher fremd war. Durch die lauterkeitsrechtliche Beurteilung ist im Übrigen auch keine Aussage darüber getroffen, ob die Erbringung von Kundendienstleistungen in einer bestimmten Sprache als Nebenpflicht eines Vertrages zu qualifizieren ist.

44 *cc)* Nach **Nr. 16 Anh. zu § 3 Abs. 3 UWG** werden **Behauptungen, Produkte könnten die Gewinnchancen bei Glücksspielen erhöhen,** inkriminiert. Dieser Sachverhalt ist jenseits der Irreführung an sich anzusiedeln. Es geht um den Konsumentenschutz insoweit, als bestimmte Produkte eine besondere Lockwirkung erzielen können, weil sie angeblich die Chancen in einem Glücksspiel erhöhen. Der Begriff „Glücksspiel" ist unionsrechtlich auszulegen und dürfte einen geldwerten Einsatz erfordern und die Abhängigkeit des Gewinns vom Zufall.[44] Demzufolge sind Wettbewerbe, Preisausschreiben oder Gewinnspiele ohne eigenen Einsatz nicht erfasst. Das von dem Einzelverbot betroffene Produkt wird damit ausgelobt, dass es die Chancen bei einem Glücksspiel verbessert. Dies wird insbesondere auf Computerprogramme zur Ermittlung von „richtigen" Gewinnzahlen zutreffen, nicht aber beispielsweise auf das Angebot „gezinkter" Spielkarten oder ähnlicher manipulativer Mittel.[45] Wegen der erforderlichen Kausalität sind beispielsweise Zeitschriften nicht erfasst, die Empfehlungen für Sportwetten abgeben.

45 *dd)* Im Zusammenhang mit nachvertraglichen Konstellationen regelt **Nr. 27 Anh. zu § 3 Abs. 3 UWG** einen **Spezialfall der Geschäftspraxis von Ausstellern von Versicherungspolicen** (also vornehmlich Versicherungsgesellschaften), wonach einerseits die Vorlage von Unterlagen gefordert wird, die für die Anspruchsdurchsetzung nicht relevant sind, oder andererseits Schreiben vom Vertragspartner systematisch nicht beantwortet werden, um diesen von der Ausübung seiner Vertragsrechte abzuhalten. Der Sache nach handelt es sich um eine ansonsten durch § 4a Abs. 1 S. 2 Nr. 3 UWG erfasste unangemessene Beeinflussung.[46]

2. § 3 Abs. 2 UWG

46 Nach § 3 Abs. 2 UWG werden geschäftliche Handlungen gegenüber Verbrauchern für unlauter erklärt, wenn sie (1.) nicht der unternehmerischen Sorgfalt entsprechen und sie (2.) das wirtschaftliche Verhalten des Verbrauchers wesentlich zu beeinflussen geeignet sind, was entsprechend der Definition in § 2 Abs. 1 Nr. 8 UWG bedeutet, dass sie die Fähigkeit des Verbrauchers, sich auf Grund von Informationen zu entscheiden, spürbar beeinträchtigt und ihn damit zu einer geschäftlichen Entscheidung veranlasst, die er andernfalls nicht getätigt hätte. Nach § 3 Abs. 4 S. 1 UWG ist bei der Beurteilung auf den Durchschnittsverbraucher bzw. die Durchschnittsgruppe von Verbrauchern abzustellen.

47 **a) Umsetzung von Art. 5 Abs. 2 UGP-RL.** § 3 Abs. 2 iVm Abs. 4 S. 1 UWG dient der Umsetzung von Art. 5 Abs. 2 UGP-RL, wobei § 2 Abs. 1 Nr. 8 UWG eine Umsetzung von Art. 2 lit. e) UGP-RL darstellt. Zwar sollte bereits die Vorgängervorschrift des § 3 Abs. 2 S. 1 UWG 2008 eine korrekte Umsetzung sein,[47] entsprach aber im Zusammenwirken von § 3 Abs. 1 iVm Abs. 2 S. 1 UWG 2008 tatsächlich nicht den Vorgaben und erforderte eine richtlinienkonforme Auslegung. Die Neufassung des § 3 Abs. 2 iVm Abs. 4 UWG stellt nunmehr eine richtlinienkonforme Umsetzung dar.[48]

48 Die Vorschrift kann ausschließlich im Verhältnis zu Verbrauchern angewandt werden, weshalb sie auch **„Verbrauchergeneralklausel"** genannt wird. Vorausgesetzt wird eine „geschäftliche Handlung" gegenüber Verbrauchern. Im Zusammenhang mit dem in der Definition des § 2 Abs. 1 Nr. 1 UWG erfassten „Bezug von Waren oder Dienstleistungen" geht § 3 Abs. 2 iVm § 2 Abs. 1 Nr. 1 UWG über die Definition des Begriffs der „Geschäftspraktik" der UGP-RL (Art. 5 Abs. 5 S. 1 iVm Art. 2 lit. d) UGP-RL) hinaus, was allerdings nicht richtlinienwidrig ist (→ Rn. 93 ff.).

49 Die Generalklausel des **Art. 5 Abs. 2 UGP-RL** erfordert kumulativ zwei Voraussetzungen der Unlauterkeit einer Geschäftspraktik:

[44] Amtl. Begr., BT-Drs. 16/10145, S. 33; Köhler/Bornkamm/Feddersen/Köhler UWG Anh. zu § 3 Abs. 3 Rn. 16.4; HK-UWG/Wirtz § 3 Rn. 160.

[45] Köhler/Bornkamm/Feddersen/Köhler UWG Anh. zu § 3 Abs. 3 Rn. 16.6.

[46] Vgl. auch Köhler/Bornkamm/Feddersen/Köhler UWG Anh. zu § 3 Abs. 3 Rn. 27.1; Hoeren BB 2008, 1182 (1191).

[47] Amtl. Begr., BT-Drs. 16/10 145, S. 22.

[48] Vgl. HK-UWG/Wirtz § 3 Rn. 23; Köhler/Bornkamm/Feddersen/Köhler UWG § 3 Rn. 1.8; Ohly/Sosnitza/Sosnitza UWG § 3 Rn. 5.

- Die Praktik widerspricht den Erfordernissen der beruflichen Sorgfaltspflicht (→ Rn. 128 ff.).
- Die Geschäftspraktik beeinflusst in Bezug auf das jeweilige Produkt (= Ware oder Dienstleistung) wesentlich das wirtschaftliche Verhalten des Durchschnittsverbrauchers, den sie erreicht oder an den sie sich richtet, oder des durchschnittlichen Mitglieds einer Gruppe von Verbrauchern, wenn sie sich an eine bestimmte Gruppe von Verbrauchern wendet, oder ist alternativ dazu geeignet, das wirtschaftliche Verhalten wesentlich zu beeinflussen.

b) **Verhältnis zu § 3 Abs. 1 UWG.** Das Verhältnis der Verbrauchergeneralklausel zu der „großen" Generalklausel des § 3 Abs. 1 UWG wird durch die UWG-Novelle 2015 hinreichend bestimmt.[49] Im Geltungsbereich der UGP-RL ist **§ 3 Abs. 2 UWG** eine **abschließende Regelung.** Wenn ein Sachverhalt gegenüber Verbrauchern der UGP-RL unterfällt, kommt ausschließlich § 3 Abs. 2 UWG zum Tragen. Mit der UWG-Reform 2015 ist § 3 Abs. 2 S. 1 UWG 2008 nicht mehr an die aggressiven und irreführenden Handlungen gekoppelt, die nunmehr eigene Unlauterkeitstatbestände nach §§ 4a, 5, 5a u. 7, 7a UWG sind. Soweit die UGP-RL im Verhältnis zu Verbrauchern nicht gilt (wie beispielsweise bei Handlungen beim „Bezug von Waren oder Dienstleistungen" oder Regelungen, die im Sinne von Erwägungsgrund 7 S. 3 UGP-RL Fragen der guten Sitten und des Anstands betreffen), kann **§ 3 Abs. 1** UWG anwendbar sein.[50] Im Geltungsbereich der UGP-RL stellt § 3 Abs. 1 UWG lediglich eine **Rechtsfolgenverweisung** dar.[51] 50

c) **Eigenständige Anwendung von § 3 Abs. 2 UWG.** Mit der UWG-Reform 2015 wird klargestellt, dass § 3 Abs. 2 UWG eigenständig anwendbar ist, wenn eine unter den Geltungsbereich der UGP-RL fallende geschäftliche Handlung gegenüber Verbrauchern nicht unter die Tatbestände der irreführenden und aggressiven Verhaltensweisen nach Art. 6 bis 9 UGP-RL (in §§ 4a, 5, 5a, 7, 7a UWG umgesetzt) fällt. Die Tatbestände des Art. 5 Abs. 4 iVm Art. 6 bis 9 UGP-RL sind **Konkretisierungen**[52] bzw. **Präzisierungen**[53] der allgemeinen Definition der Unlauterkeit in Art. 5 Abs. 2 UGP-RL (§ 3 Abs. 2 iVm Abs. 4 UWG). Hierfür spricht das Wort „insbesondere" in Art. 5 Abs. 4 UGP-RL. Das bedeutet, dass das in Art. 5 Abs. 1 UGP-RL generalklauselartig gefasste generelle Verbot unlauterer Geschäftspraktiken durch Art. 5 Abs. 2 UGP-RL im Sinne eines Auffangtatbestands normiert wird, während Art. 5 Abs. 4 iVm Art. 6 bis 9 UGP-RL typisierte Tatbestände und Art. 5 Abs. 5 UGP-RL Einzelverbote ohne Berücksichtigung der relevanten tatsächlichen Umstände („stets unzulässig") erfasst. 51

Demzufolge können Verhaltensweisen im Geltungsbereich der UGP-RL gegenüber Verbrauchern einzig dem Verbot des § 3 Abs. 2 UWG unterfallen. Die Vorschrift ist eigenständig im Rahmen der UGP-RL anwendbar, wenn eine geschäftliche Handlung nicht eine irreführende oder aggressive Geschäftspraktik darstellt.[54] 52

3. § 3 Abs. 1 UWG

§ 3 Abs. 1 UWG erklärt unlautere geschäftliche Handlungen für unzulässig. Mit der UWG-Reform 2015 ist das zuvor ausdrücklich enthaltene Spürbarkeitskriterien weggefallen. 53

a) **Systematik und Verhältnis zu § 3 Abs. 2 UWG.** § 3 Abs. 1 UWG wird als „große" Generalklausel" bezeichnet und besitzt im Zusammenwirken mit § 3 Abs. 2 u. Abs. 3 UWG eine zentrale Stellung im Gefüge des UWG. Im Rahmen der Gesamtschau des § 3 UWG erfasst ausschließlich § 3 Abs. 1 UWG geschäftliche Handlungen gegenüber Mitbewerbern und sonstigen Marktteilnehmern. Bei geschäftlichen Handlungen gegenüber Verbrauchern ist die genaue Rangordnung gegenüber § 3 Abs. 2 zu beachten. In den Geltungsbereich der UGP-RL fallende Handlungen gegenüber Verbrauchern werden durch § 3 Abs. 2 UWG erfasst, da dies eine abschließende Regelung ist. § 3 Abs. 1 UWG dient aber als Auffangtatbestand für unlautere Handlungen, die durch die weiteren Normen nicht abgedeckt sind, aber einen vergleichbaren Unrechtsgehalt besitzen.[55] 54

---

[49] HK-UWG/Wirtz § 3 Rn. 23; Köhler/Bornkamm/FeddersenKöhler UWG § 3 Rn. 3.3.

[50] Vgl. HK-UWG/Wirtz § 3 Rn. 16 mwN.

[51] Begr. Beschlussempfehlung, BT-Drs. 18/6571, S. 14; Köhler/Bornkamm/Feddersen/Köhler UWG § 3 Rn. 3.3; Ohly/Sosnitza/Sosnitza UWG § 3 Rn. 7.

[52] Erwägungsgrund 13 S. 4 UGP-RL.

[53] EuGH GRUR 2010, 244 Rn. 44 – Plus Warenhandelsgesellschaft; EuGH GRUR 2011, 76 Rn. 33 – Mediaprint/ „Österreich"-Zeitungsverlag.

[54] Vgl. BGH GRUR 2011, 532 Rn. 23 – Millionen-Chance II; HK-UWG/Wirtz § 3 Rn. 26.

[55] Begr. Beschlussempfehlung, BT-Drs. 18/6571, S. 13 f.; Ohly/Sattler GRUR 2016, 1229 (1235 ; Köhler/Bornkamm/ Feddersen/Köhler UWG § 3 Rn. 2.4.; HK-UWG/Wirtz § 3 Rn. 27.

55 **b) Begriff der „Unlauterkeit" in § 3 Abs. 1 UWG.** Nach § 3 Abs. 1 UWG wird **„unlauteres" Verhalten** für unzulässig erklärt, was allerdings keinesfalls das Gleiche wie „rechtswidrig" ist. Rechtswidrig handelt der Gewerbetreibende schon dann, wenn er einen Vertrag nicht rechtzeitig erfüllt, wenn er bei einer Geschäftsfahrt die Geschwindigkeitsbegrenzung überschreitet oder wenn er vergisst, sein Gewerbe bei der zuständigen Behörde anzumelden. In solchen Fällen handelt der Gewerbetreibende aber nicht notwendig unlauter. Unlauteres Verhalten ist vielmehr eine qualifizierte Form der Rechtswidrigkeit. Eine Geschmackszensur nach allgemeinen ethischen Moralvorstellungen ist damit aber nicht gemeint. Der Begriff des unlauteren Verhaltens ist **wettbewerbsbezogen** im Hinblick auf den Schutzzweck des UWG zu verstehen. Für die Auslegung des Begriffes „unlauter" können nicht spiegelbildlich die Auslegungskriterien herangezogen werden, wie sie in anderen Vorschriften, insbesondere im Markenrecht, gefunden werden. Vielmehr ist auf den **Schutzzweck des Gesetzes** (§ 1 UWG) abzustellen und die konkrete marktbezogene geschäftliche Handlung im Auge zu behalten.

56 Die beste Eingrenzung für die Auslegung des Begriffes der Unlauterkeit gibt zunächst **Art. 10bis Abs. 2 PVÜ,** wonach der Begriff „unlauterer Wettbewerb" definiert wird als „jede geschäftliche Handlung, die den anständigen Gepflogenheiten in Gewerbe oder Handel zuwiderläuft". Der *EuGH* hat der Sache nach darin – für das Markenrecht – die Pflicht gesehen, den berechtigten Interessen des Ausschließlichkeitsinhabers nicht in unlauterer Weise zuwider zu handeln.[56] Als Beispielsfälle verweist Art. 10bis Abs. 3 PVÜ auf Verwechslungstatbestände, Anschwärzung sowie irreführende Angaben oder Behauptungen. Die PVÜ arbeitet mit vergleichbarer Systematik wie das UWG: Einer allgemeinen Norm (hier: § 3 Abs. 1 UWG, dort: Art. 10bis Abs. 1 und 2 PVÜ) werden Konkretisierungen (hier: §§ 3a bis 7a UWG, dort: Art. 10bis Abs. 3 PVÜ) hinzugestellt. Diese Aufgliederung hat wesentliche praktische Konsequenzen:

57 *aa)* Die Tatbestände der §§ 3a bis 7a UWG erfassen **präzisierte Handlungen** und dienen der Konkretisierung der Unlauterkeit, die § 3 UWG aufgenommen ist.[57] Diese werden als unlauter qualifiziert, während sich die Rechtsfolge aus § 3 Abs. 1 UWG ergibt. Einen selbstständigen Verbotstatbestand stellt lediglich § 7 UWG hinsichtlich unzumutbarer Belästigungen dar.

58 *bb)* Die konkretisierten Tatbestände der §§ 3a bis 7a UWG sind nicht erschöpfend. Weiterhin kann ein Verbot alleine aus § 3 Abs. 1 UWG – sowie im Verhältnis zu Verbrauchern aus § 3 Abs. 2 iVm Abs. 1 UWG im Geltungsbereich der UGP-RL – ausgesprochen werden, ohne dass einer der Tatbestände der §§ 3a bis 7a UWG eingreift, sofern der Unrechtsgehalt vergleichbar ist. Die konkretisierten Tatbestände wiederum werfen ein Licht auf die **Auslegung** von § 3 Abs. 1 UWG, da zur Anwendung dieser Vorschrift das typisch Vorwerfbare aus diesen Vorschriften auch bei der Anwendbarkeit dieser Vorschrift sinngemäß herangezogen werden kann.

Praxistipp:

Wenn eine konkrete geschäftliche Handlung nicht unter eines der *per se*-Verbote des Anh. zu § 3 Abs. 3 UWG und eine der konkretisierten Tatbestände nach §§ 3a bis 7a UWG subsumiert werden kann, ist noch ein möglicher Verstoß gegen das allgemeine Verbot nach § 3 Abs. 1 UWG (bzw. § 3 Abs. 2 UWG im Verhältnis B2C im Geltungsbereich der UGP-RL) zu erwägen.

59 Es ist der **Rechtsprechung** überlassen, welche in den konkretisierten Tatbeständen der §§ 3a bis 7a UWG nicht erfassten geschäftlichen Handlungen dennoch als unlauter im Lichte von § 3 Abs. 1 UWG (bzw. § 3 Abs. 2 UWG bei Verbrauchern im Geltungsbereich der UGP-RL) erscheinen. § 3 Abs. 1 UWG bleibt auch nach der UWG-Novelle 2015 eine offene Vorschrift, die hinreichende Flexibilität bietet, um die an den Richter in Wettbewerbsangelegenheiten herangetragenen Sachverhalte angemessen zu lösen, immer mit Blick auf die Marktbezogenheit des Verhaltens und den Schutzzweck des Gesetzes.[58]

[56] EuGH GRUR 2004, 234 Rn. 24 – Gerolsteiner/Putsch; vgl. im Rahmen der „fachlichen Sorgfalt" auch Köhler/Bornkamm/Feddersen/Köhler UWG § 3 Rn. 2.14.
[57] Vgl. EuGH GRUR 2013, 1157 Rn. 39 – CHS/Team4 Travel; Köhler/Bornkamm/Feddersen/Köhler UWG § 3 Rn. 2.9.
[58] Ohly/Sosnitza/Sosnitza UWG § 3 Rn. 10; HK-UWG/Wirtz § 3 Rn. 117.

c) **Unmittelbare Anwendung von § 3 Abs. 1 UWG.** Soweit keines der Verbote der „Schwarzen Liste" eingreift und keiner der konkretisierten Tatbestände der §§ 3a bis 7a UWG erfüllt ist, kann § 3 Abs. 1 UWG eigenständig im Verhältnis zu Mitbewerbern und sonstigen Marktteilnehmern angewendet werden. Bei geschäftlichen Handlungen gegenüber Verbrauchern ist dies denkbar, soweit nicht § 3 Abs. 2 UWG im Regelungsgehalt der UGP-RL anzuwenden ist. 60

Mit einer **eigenständigen Anwendung des § 3 Abs. 1 UWG** für den Fall, dass keine Unlauterkeit nach den §§ 3a bis 7a UWG festgestellt werden kann, sollte eher zurückhaltend verfahren werden. Einerseits kann aus der Tatsache, dass keiner der Einzelverbotstatbestände in Betracht kommt, der Schluss gezogen werden, dass das konkrete Verhalten gerade nicht verboten werden soll. Andererseits ist allerdings auch zu beachten, dass die konkretisierten Tatbestände Auslegungsmaßstäbe für die Abwägung nach § 3 Abs. 1 UWG entnommen werden können, denn diese erfassen nur bestimmte, wenn auch wesentliche Gesichtspunkte, nach denen eine angegriffene Handlung beurteilt werden kann.[59] In diesem Sinne kommt der Vorschrift eine **Auffangfunktion** zu.[60] Ein Rückgriff auf die Generalklausel ist insbesondere in den Fällen möglich, in denen die Tatbestände der §§ 3a bis 7a UWG zwar bestimmte Gesichtspunkte der lauterkeitsrechtlichen Beurteilung erfassen, aber keine umfassende Bewertung der Interessen der durch das Wettbewerbsverhältnis betroffenen Marktteilnehmer ermöglichen.[61] Bei vergleichbarem Unrechtsgehalt steht der Weg zu einer Anwendung der Generalklausel offen. 61

So hat der *BGH* hat für die wettbewerbsrechtliche Beurteilung der Abwerbung von Mitarbeitern am Arbeitsplatz den rechtlichen Rahmen aus der Generalklausel gezogen, sofern die Ansprache am Arbeitsplatz durch beauftragte Personalberater über eine kurze Kontaktaufnahme hinausgeht, während eine kurze Kontaktaufnahme mit anderweitiger Gesprächsvereinbarung für zulässig gehalten wird.[62] Eine Anwendung der Generalklausel hat das *OLG Düsseldorf* jedoch in einem Fall verneint, in dem es um den Weiterverkauf von Fußballtickets ging, nachdem der Fußballverein, dessen Tickets weiterveräußert wurden, geltend gemacht hat, die Tickets für dessen Lizenzspiele würden in sozial ausgeglichener und preislich gemäßigter Weise verkauft werden; es gebe kein lauterkeitsrechtliches Gebot, auf die ideellen Ziele eines Konkurrenten Rücksicht zu nehmen.[63] 62

Der **Vorsprungsgedanke** ist nicht anwendbar: Verstöße gegen außerwettbewerbsrechtliche Normen, die keine Marktverhaltensregelungen iSv § 3a UWG sind, können somit nicht unter Zuhilfenahme des Vorsprungsgedankens über § 3 Abs. 1 UWG als unlauter angesehen werden.[64] Schließlich ist der bloße Verstoß gegen **Verhaltenskodizes und Regelwerke** ebenso wenig als *per se* unter die Generalklausel fallende Handlung anzusehen: Regeln, die sich ein Verband oder ein sonstiger Zusammenschluss von Verkehrsbeteiligten gegeben hat, haben nach der Rechtsprechung des *BGH* nur eine begrenzte Bedeutung. Ihnen kann zwar teils entnommen werden, ob eine bestimmte tatsächliche Übung bei den relevanten Verkehrskreisen besteht. Daraus folgt aber nicht, dass eine dem widersprechende Handlung ohne weiteres unlauter wäre. Solche Regelwerke haben nur indizielle Bedeutung für die Frage der Unlauterkeit.[65] 63

Eine eigenständige Anwendung von § 3 Abs. 1 UWG erfordert somit eine sorgfältige Abwägung und das Vorhandensein besonderer wettbewerbsbezogener Merkmale, die ein Unlauterkeitsverdikt rechtfertigen. Folgende Fallkonstellationen können in diesem Zusammenhang relevant sein: 64

aa) Verletzung wettbewerbsrechtlicher Verkehrspflichten. Der *BGH* hat in der Entscheidung *„Jugendgefährdende Medien bei eBay"* aufgrund der Versteigerung von dem Jugendschutz unterliegenden Medien im **Internet** der Generalklausel eine wettbewerbsrechtliche Verkehrspflicht des 65

---

[59] Vgl. BGH GRUR 2006, 426 Rn. 16 – Direktansprache am Arbeitsplatz II.

[60] Vgl. Begr. Beschlussempfehlung, BT-Drs 18/6571, S. 13 f.; Ohly/Sosnitza/Sosnitza UWG § 3 Rn. 7; Köhler/Bornkamm/Feddersen/Köhler UWG § 3 Rn. 1.9 u. 2.32; HK-UWG/Wirtz § 3 Rn. 7; differenzierend Gloy/Loschelder/Danckwerts/Lubberger/Weller UWG-HdB § 43 Rn. 15.

[61] BGH GRUR 2018, 535 Rn. 27 – Knochenzement I; BGH GRUR 2013, 301 Rn. 26 – Solarinitiative; BGH GRUR 2011, 431 Rn. 11 – FSA-Kodex; BGH GRUR 2009, 1080 Rn. 13 – Auskunft der IHK; BGH GRUR 2008, 262 Rn. 9 – Direktansprache am Arbeitsplatz III; Köhler/Bornkamm/Feddersen/Köhler UWG § 3 Rn. 2.21.

[62] BGH GRUR 2006, 426 Rn. 21 – Direktansprache am Arbeitsplatz II; BGH GRUR 2008, 262 Rn. 9 – Direktansprache am Arbeitsplatz III. Das Bemerkenswerte an diesen Entscheidungen ist, dass § 3 UWG 2004 ohne nähere Prüfung von Regelbeispielen sogleich als allgemeiner Maßstab für die rechtliche Beurteilung herangezogen wurde.

[63] OLG Düsseldorf GRUR-RR 2008, 64 (66) – Fußballticket-Weiterverkauf.

[64] BGH GRUR 2010, 654 Rn. 25 – Zweckbetrieb.

[65] BGH GRUR 2011, 431 Rn. 13 – FSA-Kodex; OLG München PharmR 2012, 60 (62); Köhler/Bornkamm/Köhler § 3 Rn. 2.31.

Betreibers entnommen, die Gefahr, die durch derartige Medien ausgeht, „im Rahmen des Möglichen und Zumutbaren" zu begrenzen. Der Jugendschutz sei damit auch Verbraucherschutz im lauterkeitsrechtlichen Rahmen und begründe eine spezielle Verkehrssicherungspflicht (Prüfungspflicht).[66] Maßstab ist insoweit eine Zumutbarkeit der Überwachung durch den Anbieter. In diesem Zusammenhang ist zu beachten, dass aufgrund der Entscheidung *„Kinderhochstühle im Internet"* eine Störerhaftung nicht mehr begründet werden kann.[67] Eine Haftung wegen Verletzung wettbewerbsrechtlicher Verkehrspflichten ist aber nicht auf die Verletzung von Prüfpflichten beschränkt worden und auf **Überwachungs- und Eingreifpflichten** ausgedehnt worden. So wurden sie auf das Organ einer Gesellschaft im Sinne einer Garantenpflicht aus vorangegangenem gefahrbegründenden Verhalten angewandt und im Verhältnis zu anderen Marktteilnehmern als unlautere Handlung des Organmitglieds gewertet.[68]

66 *bb) Ergänzender wettbewerbsrechtlicher Leistungsschutz.* Durch die Entscheidung *„Hartplatzhelden.de"* des *BGH* ist die Frage aufgeworfen worden, ob und in welchem Umfang § 3 Abs. 1 UWG anwendbar sein kann, wenn eine bestimmte **gewerbliche Leistung** nicht nach § 4 Nr. 3 UWG geschützt ist. Ein Fußballverband nahm die Betreiber von Websites in Anspruch, auf denen Sequenzen von Amateurfußballspielen eingestellt werden konnten. Auch wenn der Verband umfangreiche Dienstleistungen im Rahmen der Amateurspiele erbringt, stehe ihm kein ergänzender wettbewerbsrechtlicher Leistungsschutz zu. Inwieweit in diesem Umfeld § 3 Abs. 1 UWG anwendbar ist, konnte der *BGH* offenlassen.[69] Die Meinungen hierzu in der Literatur gehen stark auseinander,[70] so dass diese Fallkonstellation noch der Klärung bedarf.

67 *cc) Allgemeine Marktbehinderung.* Wenn individuelle Behinderungen der Marktgegenseite (§ 4 Nr. 4 UWG) nicht die Schwelle zur Unlauterkeit überschritten haben, kann gleichwohl eine unlautere allgemeine Marktbehinderung bzw. **Marktstörung** verwirklicht sein, wenn eine konkrete Gefährdung des Wettbewerbs auf einem bestimmten Markt festgestellt werden kann. Dies kann Fälle der unentgeltlichen Abgabe von Waren oder Dienstleistungen oder der gezielten Preisunterbietung erfassen.[71] Die Rechtsprechungspraxis fasst eine unter dem Gesichtspunkt einer allgemeinen Marktbehinderung unzulässige geschäftliche Handlung als Fallgruppe der Generalklausel auf, wenn ein für sich genommen zwar nicht unlauteres, jedoch bedenkliches Wettbewerbsverhalten allein oder in Verbindung mit gleichartigen Maßnahmen von Mitbewerbern die ernstliche Gefahr begründet, dass der Leistungswettbewerb beeinträchtigt wird.[72]

68 *dd) Unlauterkeit des Handelns der öffentlichen Hand.* Geschäftliche Handlungen der öffentlichen Hand können in verschiedenen Fallkonstellationen angreifbar sein, wie bei der **Verletzung des Gebots der Neutralität,** bei **Wettbewerbsverfälschungen,** bei einer **vertrauensausnutzenden Randnutzung öffentlicher Einrichtungen** oder dem **Autoritätsmissbrauch.**[73] In dem Fall *„Auskunft der IHK"* ging es um einen Hoheitsträger, der Prüfungen abnimmt und auch privatwirtschaftlich entsprechende Vorbereitungskurse anbietet. Dieser unterließ gegenüber Personen, die sich nach Kursen erkundigten, den Hinweis auf Drittanbieter und stellte nur sein Leistungsangebot heraus, obwohl ihm die Drittanbieter bekannt waren. Der *BGH* wandte die Generalklausel an, weil der Verkehr einer IHK besonderes Vertrauen entgegenbringt und somit die IHK verpflichtet ist, Auskünfte objektiv und sachgerecht zu erteilen.[74]

---

[66] BGH GRUR 2007, 890 Rn. 36 – Jugendgefährdende Medien bei eBay; zur Verkehrspflicht wegen Eröffnung eines gefahrträchtigen Betriebs BGH GRUR 2018, 203 Rn. 37 – Betriebspsychologe; s. auch Köhler/Bornkamm/Feddersen/Köhler UWG § 3 Rn. 2.37.

[67] BGH GRUR 2011, 152 Rn. 48 – Kinderhochstühle im Internet.

[68] BGH GRUR 2014, 883 Rn. 22 – Geschäftsführerhaftung; Köhler/Bornkamm/Feddersen/Köhler UWG § 3 Rn. 2.37.

[69] BGH GRUR 2011, 436 Rn. 19 – Hartplatzhelden.de; ebenso offengelassen in BGH GRUR 2016, 725 Rn. 23–28 – Pippi-Langstrumpf-Kostüm II und BGH GRUR 2017, 79 Rn. 97 – Segmentstruktur.

[70] Für die Zurückdrängung des Leistungsschutzes: Peifer GRUR-Prax 2011, 181; Köhler/Bornkamm/Feddersen/Köhler UWG § 3 Rn. 2.28; Nemeczek GRUR 2011, 292. Für eine Anwendbarkeit von § 3 Abs. 1 UWG in Fällen des unmittelbaren Leistungsschutzes Ohly GRUR 2010, 487 (492 f.); Ruess/Slopek WRP 2011, 834; Sack GRUR 2016, 782 (783).

[71] Vgl. HK-UWG/Schwipps § 4 Rn. 5.36 ff.; Köhler/Bornkamm/Feddersen/Köhler UWG § 4 Rn. 5.13 ff.

[72] BGH GRUR 2010, 455 Rn. 20 – Stumme Verkäufer II; BGH GRUR 2009, 416 Rn. 25 – Küchentiefstpreis-Garantie; Ohly/Sosnitza/Sosnitza UWG § 3 Rn. 52.

[73] Vgl. HK-UWG/Ebert-Weidenfeller § 4 Rn. 6.25 ff.; Ohly/Sosnitza/Ohly Einf. D Rn. 42 ff.

[74] BGH GRUR 2009, 1080 Rn. 11, 18 – Auskunft der IHK; BGH GRUR 2013, 301 – Solarinitiative; Köhler/Bornkamm/Feddersen/Köhler UWG § 3 Rn. 2.36.

ee) Menschenverachtende Werbung. Der noch in der zweiten Fallvariante des § 4 Nr. 1 UWG 2008 ausdrücklich Gesetz gewordene Schutz der **Menschenwürde** ist ohne weiteres Ausfluss des verfassungsrechtlichen Schutzes aus Art. 1 GG und bedeutet, dass die Menschenwürde der Meinungsfreiheit auch im Wettbewerbsrecht eine **absolute Grenze** setzt. Wird dieser Achtungsanspruch verletzt, kann sich der Werbende seinerseits nicht auf seine Freiheitsgrundrechte zurückziehen. In den grundlegenden Entscheidungen zur „Benetton"-Aufmerksamkeitswerbung hat das *BVerfG* in deutlich liberaler Tendenz hervorgehoben, dass es allerdings einer sorgfältigen Begründung bedarf, wenn angenommen werden soll, dass der Gebrauch eines Grundrechts die unantastbare Menschenwürde verletzt. Wegen der Bedeutung des Rechts der freien Meinungsäußerung (Art. 5 Abs. 1 GG) für eine freiheitliche demokratische Staatsordnung als schlechthin konstituierendes Recht müssen nach den Vorgaben des *BVerfG* demzufolge hinreichend gewichtige Gemeinwohlbelange oder schutzwürdige Rechte und Interessen Dritter angezogen werden können, um eine Werbemaßnahme als unlauter erscheinen zu lassen. 69

Die bloße Neuartigkeit, das noch nicht Dagewesene allein, kann bei Anlegen der freiheitssichernden Maßstäbe des *BVerfG* nicht an sich zu einem Verstoß gegen die Menschenwürde führen, ebenso wenig wie die Tatsache, dass die Werbung reißerisch, befremdlich oder ungehörig ist.[75] Als Botschaften, die den erforderlichen Respekt vor der Menschenwürde vermissen lassen, hat das *BVerfG* solche qualifiziert, die die Betroffenen verspotten, verhöhnen, erniedrigen, das dargestellte Leid verharmlosen, befürworten oder in einen lächerlichen oder makabren Kontext stellen.[76] Unter dieser Prämisse ist ein Verstoß gegen § 3 Abs. 1 UWG möglich (zu § 4a UWG vgl. → § 19 Rn. 63 ff.).[77] 70

ff) Ausnutzung vorangegangener wettbewerbswidrigen Verhaltensweisen. Wenn Störungen des lauteren Wettbewerbs drohen, kann in bestimmten Fallkonstellationen auch das Ausnutzen eines wettbewerbswidrigen Vorverhaltens (so genannte **Fruchtziehung**) untersagt werden. Die Grenzen sind aber eng zu ziehen: Das beanstandete Verhalten muss unmittelbar mit dem vorangegangenen Wettbewerbsverstoß zusammenhängen und muss auch selbst die Voraussetzungen einer unlauteren geschäftlichen Handlung erfüllen.[78] 71

gg) Neuartige Fallkonstellationen. Veränderungen der Verbrauchergewohnheiten und der Marktaktivitäten, verbunden mit technischem Fortschritt und Veränderungsprozessen, können Verhaltensweisen am Markt mit sich bringen, die zum gegebenen Zeitpunkt der Schaffung eines Gesetzes schlechterdings nicht vorauszusehen waren und demzufolge keine gesonderte Regelung erfahren konnten. Eine Generalklausel, die die nötige tatbestandliche Offenheit – ohne allerdings die erforderliche Bestimmtheit vermissen zu lassen – aufweist und ausformungs- und auslegungsfähig und -bedürftig ist, kann dazu dienen, solche neuartigen Fallkonstellationen adäquat zu erfassen.[79] Dies ist eine wichtige Zukunftsfunktion von § 3 Abs. 1 UWG. 72

III. Wettbewerbsrechtliche Grundbegriffe

1. Waren und Dienstleistungen

Die Bestimmungen des UWG sollen den wirtschaftlichen Wettbewerb regeln. Da dieser Wettbewerb sich nicht nur auf Waren, sondern auch auf Dienstleistungen beziehen kann, regelt das UWG den Wettbewerb mit Waren und Dienstleistungen. Durch die einheitlich zusammenfassende Regelung zu „Waren" und „Dienstleistungen" werden durch das UWG alle erdenklichen Objekte des Absatzes von Unternehmen umfassend und in einem weit verstandenen Sinn erfasst, wie **§ 2 Abs. 1 Nr. 1 UWG** andeutet. Hierzu gehören beispielsweise auch die Leistungen der freien Berufe, 73

[75] Vgl. BVerfG GRUR 2001, 170 (175) – Schockwerbung; BVerfG GRUR 2003, 442 (443) – Benetton-Werbung II.

[76] BVerfG GRUR 2003, 442 (443) – Benetton-Werbung II.

[77] Köhler/Bornkamm/Feddersen/Köhler UWG § 3 Rn. 2.34; differenzierend Ohly/Sosnitza/Sosnitza UWG § 3 Rn. 65.

[78] BGH GRUR 2018, 535 Rn. 23 – Knochenzement I; Köhler/Bornkamm/Feddersen/Köhler UWG § 3 Rn. 2.38a; BeckOK UWG/Alexander § 3 Rn. 245 f.

[79] Vgl. Gesetzesbegründung zum UWG 2004: „Ein solches allgemein gehaltenes Verbot ist deshalb sinnvoll, weil der Gesetzgeber nicht alle denkbaren Fälle unlauteren Handelns im Einzelnen regeln kann. Auch soll der Rechtsanwender die Möglichkeit haben, neuartige Wettbewerbsmaßnahmen sachgerecht zu beurteilen. Zudem kann dadurch den sich wandelnden Anschauungen und Wertmaßstäben in der Gesellschaft besser Rechnung getragen werden." (BT-Drs. 15/1487, S. 16); ebenso Köhler NJW 2016, 593 (594); Köhler/Bornkamm/Feddersen/Köhler UWG § 3 Rn. 2.39; Ohly/Sosnitza/Sosnitza UWG § 3 Rn. 10; Ohly/Sattler GRUR 2016, 1229 (1235 f.).

zB der Rechtsanwälte, Steuerberater, Ärzte oder Heilpraktiker.[80] Unter den Begriff „Waren" fallen nicht nur bewegliche Sachen, sondern auch Grundstücke, Rechte aller Art, einschließlich vermögenswerter Immaterialgüter (wie Werbeideen, Lizenzrechte oder Know-how), vgl. § 2 Abs. 1 Nr. 1 Halbs. 2 UWG. In der ab dem 22.5.2022 geltenden Fassung fallen hierunter auch digitale Inhalte und Dienstleistungen. Unter Dienstleistungen fallen allerdings keine hoheitlichen Tätigkeiten; gleichwohl handelt es sich dann um „Dienstleistungen", wenn die öffentliche Hand erwerbswirtschaftlich tätig ist.[81] Eine genaue Abgrenzung zwischen „Waren" und „Dienstleistungen" ist nicht von Nöten. Die UGP-RL erfasst in einem übergreifenden Sinne „Produkte", die als jedwede Ware oder Dienstleistung, einschließlich Immobilien, Rechte und Verpflichtungen, definiert werden (Art. 2 lit. c) UGP-RL).

2. Marktteilnehmer

74 Als Marktteilnehmer erfasst das UWG Mitbewerber, Verbraucher und die sonstigen Marktteilnehmer.

75 a) **Mitbewerber.** Das UWG verweist auf den „Mitbewerber" als Marktteilnehmer (vgl. § 2 Abs. 1 Nr. 2 UWG) neben der Generalklausel des § 3 Abs. 1 UWG in verschiedenen anderen Vorschriften. Nach der Legaldefinition in **§ 2 Abs. 1 Nr. 3 UWG** wird als Mitbewerber jeder Unternehmer verstanden, der mit einem oder mehreren Unternehmern als Anbieter oder Nachfrager von Waren oder Dienstleistungen in einem konkreten Wettbewerbsverhältnis steht.

76 *aa) Unternehmerbegriff.* Mitbewerber iSd UWG kann nur sein, wer **Unternehmer** ist. Die Definition des Unternehmerbegriffes erfolgt in **§ 2 Abs. 1 Nr. 6 UWG.** Hierunter fallen demzufolge natürliche oder juristische Personen, die geschäftliche Handlungen im Rahmen ihrer gewerblichen, handwerklichen oder beruflichen Tätigkeit vornehmen, sowie jede Person, die im Namen oder Auftrag einer solchen Person handelt. Die Begriffe „Unternehmer" und „Gewerbetreibender" (Art. 2 lit. b) UGP-RL) sind deckungsgleich. Sie sind korrelativ, aber antinomisch zum Begriff des Verbrauchers zu verstehen und weit konzipiert.[82]

77 In personeller Hinsicht kann der **Unternehmerbegriff** auch Freiberufler, Handwerker, sämtliche juristische Personen des Privatrechts[83] oder juristische Personen des öffentlichen Rechts umfassen. So kann die Tätigkeit der öffentlichen Hand im Einzelfall als geschäftliche Handlung anzusehen sein, wenn konkrete Auswirkung des Handelns auf den Wettbewerb vorliegen.[84] Die bloße Existenzgründung an sich und damit einhergehende Rechtsgeschäfte begründen jedoch noch nicht die Unternehmereigenschaft; steht der Markteintritt allerdings unmittelbar bevor, kann die Unternehmereigenschaft bejaht werden.[85] Auf den Umfang der Tätigkeit kommt es nicht an, soweit diese als solche als unternehmerische Tätigkeit erscheint. Für den Unternehmerbegriff ist nicht zu fordern, dass die ausgeübte Tätigkeit nach öffentlich-rechtlichen Vorschriften erlaubt sein muss.[86]

78 § 2 Abs. 1 S. 6 UWG erfasst auch jede Person, die **im Namen oder Auftrag des Unternehmers** tätig wird. Die Zurechnung der Handlung von Hilfspersonen erfolgt bereits über § 8 Abs. 2 UWG. Der *EuGH* geht allerdings davon aus, dass im Rahmen der Auslegung von Art. 2 lit. b) UGP-RL die Hilfsperson selbst Gewerbetreibender ist.[87] Demzufolge können unselbstständig Handelnde vom Unternehmerbegriff ausgenommen werden.[88]

79 *bb) Angebot und Nachfrage.* Der Begriff des Mitbewerbers setzt voraus, dass sich der Unternehmer als Anbieter oder Nachfrager von Waren oder Dienstleistungen im Wettbewerb präsentiert. Die Begriffe „Anbieter" und „Nachfrager" sind umfassend zu verstehen und beziehen sich auf alle Tätigkeiten, die direkt oder indirekt zu Geschäftsabschlüssen oder -verbindungen

[80] OLG Düsseldorf GRUR 1985, 306 (307) – Für einen Heilpraktiker; Ohly/Sosnitza/Sosnitza UWG § 2 Rn. 48; HK-UWG/Götting § 2 Rn. 27.

[81] Vgl. auch BGH GRUR 1987, 119 (121 f.) – Kommunaler Bestattungswirtschaftsbetrieb II.

[82] EuGH GRUR 2013, 1159 Rn. 32 f. – BKK Mobil Oil/Wettbewerbszentrale.

[83] So auch beispielsweise Idealvereine (wie Lohnsteuerhilfevereine) oder Stiftungen (vgl. BGH GRUR 1976, 370 (371) – Lohnsteuerhilfeverein I; BGH GRUR 1990, 1024 (1025) – Lohnsteuerhilfeverein IV).

[84] BGH GRUR 2019, 741 Rn. 14 – Durchleitungssystem; BGH GRUR 2018, 196 Rn. 23 – Eigenbetrieb Friedhöfe.

[85] Vgl. BGH NJW 2008, 435 Rn. 7; Köhler/Bornkamm/Feddersen/Köhler UWG § 2 Rn. 30.

[86] Vgl. BGH GRUR 2005, 519 (520) – Vitamin-Zell-Komplex; Amtl. Begr. Handelsrechtsreformgesetz, BT-Drs. 13/8444, S. 24; Köhler/Bornkamm/Feddersen/Köhler UWG § 2 Rn. 27.

[87] EuGH GRUR 2013, 1245 Rn. 38 – RLvS/Stuttgarter Wochenblatt.

[88] Köhler/Bornkamm/Feddersen/Köhler UWG § 2 Rn. 121; krit. Ohly/Sosnitza/Sosnitza UWG § 2 Rn. 91; HK-UWG/Götting § 2 Rn. 51.

führen. Als Anbieter von Waren oder Dienstleistungen agiert, wer bei der Vermarktung von Waren oder Dienstleistungen sein Angebot dem Kunden präsentiert, offeriert und letztlich Produkte absetzt. Dies umfasst somit die Werbung, das Anbieten und das Inverkehrbringen von Produkten.

Werbung wird im UWG nicht definiert. Sie ist ein Unterfall der kommerziellen Mitteilung. Die 80
Irreführungs-RL definiert „Werbung" als „jede Äußerung bei der Ausübung eines Handels, Gewerbes, Handwerks oder freien Berufs mit dem Ziel, den Absatz von Waren oder die Erbringung von Dienstleistungen, einschließlich unbeweglicher Sachen, Rechte und Verpflichtungen zu fördern" (Art. 2 lit. a) Irreführungs-RL). Dies deckt sich mit deutschem Rechtsverständnis, wonach Verhaltensweisen erfasst werden, die darauf angelegt sind, andere dafür zu gewinnen, die Leistung desjenigen in Anspruch zu nehmen, für den geworben wird.[89] Der Werbebegriff im UWG ist insgesamt weit zu ziehen und umfasst alle Adressatenkreise und Ausdrucksformen sowie Ausdrucksmittel.[90] Dabei ist die Verkehrsauffassung entscheidend und nicht die subjektive Vorstellungswelt des Werbenden.[91]

Das **Anbieten** ist ebenso in einem weiten Sinne aufzufassen. Hier kann sachlich auf die „Auf- 81
forderung zum Kauf" nach Art. 2 lit. i) UGP-RL rekurriert werden, worunter nicht nur das Angebot eines Vertrages zu verstehen ist, sondern auch das noch unverbindliche Angebot, soweit gezielt eine geschäftliche Beziehung angebahnt wird. Ein Angebot liegt dann vor, wenn aus der Sicht des Kunden der Geschäftsabschluss ohne weiteres möglich ist.[92] Die „Aufforderung zum Kauf" deckt ein Produktangebot ab, welches alle für den Kaufentschluss relevanten Angaben, nämlich Preis und Produktmerkmale, erfasst, so dass der umworbene Kunde eine auf den Erwerb der Ware oder die Inanspruchnahme der Dienstleistung gerichtete Willenserklärung abgeben kann. Dies findet Widerhall in § 5a Abs. 3 UWG, wonach „Waren oder Dienstleistungen unter Hinweis auf deren Merkmale und Preis in einer dem verwendeten Kommunikationsmittel angemessenen Weise so angeboten (werden), dass ein durchschnittlicher Verbraucher das Geschäft abschließen kann".

Das **Inverkehrbringen** umfasst zunächst die Veräußerung von Produkten in jeglicher Form und 82
auch bereits die darauf bezogene schuldrechtliche Verpflichtung.[93] Der Begriff deckt jedoch auch das „Feilhalten" ab, also das äußerlich erkennbare Bereitstellen und Zugänglichmachen von Produkten im Original zur sofortigen Abgabe, damit also auch insbesondere ein Vorzeigen und Anbieten zum Verkauf.[94] Konzerninterne Vorgänge lassen sich dem Wortlaut nach nicht erfassen, es sei denn, diese münden wiederum in ein nach außen gerichtetes Absatzgeschäft.[95]

cc) Konkretes Wettbewerbsverhältnis. Für den Mitbewerberbegriff wird vorausgesetzt, dass die 83
Unternehmer mit einem oder mehreren Unternehmern im **Wettbewerb** stehen. Der Begriff „Wettbewerb" wird im UWG nicht definiert, sondern schlicht vorausgesetzt. Die praktischen Erscheinungsformen des Wettbewerbs sind vielfältig, und demzufolge können in dem weit auszulegenden Begriff „Wettbewerb" alle wettbewerblichen Prozesse erfasst werden. Für die praktische Auslegung der Vorschriften des UWG ist für wesentliche Vorschriften auf die Legaldefinition der „geschäftlichen Handlung" in § 2 Abs. 1 Nr. 1 UWG zu rekurrieren. Für die Qualifikation als „Mitbewerber" iSd § 2 Abs. 1 Nr. 3 UWG bedarf es stets einer wettbewerblichen Beziehung auf der einen Seite zwischen dem (benachteiligten) Wettbewerber und auf der anderen Seite zwischen dem (unlauter handelnden) anderen Marktteilnehmer. Diese Sonderbeziehung wird als besonderes Merkmal der Definition des Mitbewerbers in § 2 Abs. 1 Nr. 3 UWG als **konkretes Wettbewerbsverhältnis** vorausgesetzt. Hierbei ist von zwei Positionen auszugehen: die eine Seite versucht, ihren Vorteil zu begründen (für sich selbst oder Dritte), während die andere Seite einen Nachteil erleidet; für die Qualifikation als konkretes Wettbewerbsverhältnis ist eine Wechselbeziehung nötig, die – wiederum auf die gegenläufigen Positionen gewandt – bedeutet, dass der eigene Wettbewerb gefördert und der fremde Wettbewerb beeinträchtigt wird.[96]

---

[89] BGH GRUR 2002, 84 – Anwaltswerbung II; BGH NJW 2001, 2886; OLG Köln GRUR-RR 2020, 319 Rn. 44 – Studienplatzvermittlung; KG MMR 2018, 98 Rn. 14 (zum Influencer Marketing); zum Begriff in der UGP-RL s. Köhler/Bornkamm/Feddersen/Köhler UWG § 2 Rn. 15.

[90] EuGH GRUR 2013, 1049 Rn. 35 – Belgian Electronic Sorting Technology/Visys; Ohly/Sosnitza/Sosnitza UWG § 2 Rn. 69.

[91] Vgl. BGH NJW 1992, 45.

[92] Vgl. Ohly/Sosnitza/Sosnitza UWG § 2 Rn. 70.

[93] Ohly/Sosnitza/Sosnitza UWG § 2 Rn. 71.

[94] OLG Hamburg GRUR 1995, 823 – Ladenschluss bei Wanderlager.

[95] BGH GRUR 1969, 479 (480) – Colle de Cologne.

[96] BGH GRUR 2014, 1114 Rn. 32 – nickelfrei; vgl. auch Amtl. Begr., BT-Drs. 15/1487, S. 16, 40.

84 Nach der ständigen Rechtsprechungspraxis des *BGH* ist für die Bejahung eines konkreten Wettbewerbsverhältnisses erforderlich, dass sich die beteiligten Unternehmer **auf demselben sachlich, räumlich und zeitlich relevanten Markt** betätigen.[97] Ein solches Verhältnis impliziert den Versuch der beteiligten Unternehmen, Waren oder Dienstleistungen innerhalb derselben Verkehrskreise abzusetzen mit der Folge, dass das konkret beanstandete Wettbewerbsverhalten den anderen Teil beeinträchtigen kann.[98] Für die Bejahung eines Wettbewerbsverhältnisses ist es allerdings unschädlich, wenn sich der Kundenkreis und das Angebot der Waren oder Dienstleistungen nur teilweise decken.[99]

85 Der Mitbewerberbegriff ist für die Anspruchsberechtigung nach § 8 Abs. 3 Nr. 1 UWG von zentraler Bedeutung (→ Rn. 75 ff.).

86 b) **Verbraucher.** Den „Verbraucher" als Marktteilnehmer (§ 2 Abs. 1 Nr. 2 UWG) verwendet das UWG in den Tatbeständen des § 3 UWG und in verschiedenen anderen Vorschriften. Zur Bestimmung des Verbraucherbegriffes verweist **§ 2 Abs. 2 UWG** auf die Definition in **§ 13 BGB.** Nach dieser Vorschrift, die 2014 neu gefasst wurde, ist Verbraucher jede natürliche Person, die ein Rechtsgeschäft zu Zwecken abschließt, die überwiegend weder ihrer gewerblichen noch ihrer selbstständigen beruflichen Tätigkeit zugerechnet werden können.

87 Nach **Art. 2 lit. a) UGP-RL** wird als „Verbraucher" jede natürliche Person erfasst, die im Geschäftsverkehr zu Zwecken handelt, die nicht ihrer gewerblichen, handwerklichen oder beruflichen Tätigkeit zugerechnet werden können. Der (vertragsrechtliche) Verbraucherbegriff des BGB unterscheidet sich vom (lauterkeitsrechtlichen) Begriff der UGP-RL, da letztere insbesondere auch Handlungen nach Vertragsschluss erfasst (vgl. § 2 Abs. 1 Nr. 1 u. 9 UWG).[100] In richtlinienkonformer Anwendung der UGP-RL im Verhältnis Unternehmer zu Verbraucher ist bei der Bestimmung des Personenkreises der Verbraucherbegriff des Art. 2 lit. a) UGP-RL heranzuziehen.[101] Verbraucher ist, wer zu privaten Zwecken handelt. Insoweit ist der Begriff korrelativ, aber antinomisch zum Begriff des Unternehmers zu verstehen.[102] Hinzu kommt, dass die UGP-RL, die Verbraucher umfassend vor unlauteren Praktiken schützen will, die auf dem Umstand beruhen, dass sich ein Verbraucher im Vergleich zu einem Gewerbetreibenden in einer unterlegenen Position befindet, da er als wirtschaftlich schwächer und rechtlich weniger erfahren als sein Vertragspartner angesehen werden kann.[103]

88 In persönlicher Hinsicht umfasst der Verbraucherbegriff lediglich **natürliche Personen.** Deshalb sind juristische Personen (wie rechtsfähige Vereine oder öffentlich-rechtliche Körperschaften oder Stiftungen) aus dem Verbraucherbegriff ausgeklammert.[104] Die Außengesellschaft bürgerlichen Rechts kann, da sie, ohne juristische Person zu sein, rechtsfähig ist und eigene Rechte und Pflichten begründen kann, Unternehmer sein (vgl. § 14 Abs. 2 BGB); die Anerkennung der beschränkten Rechtsfähigkeit führt jedoch nicht zu dem Ausschluss als Verbraucher. Vielmehr kann sie Verbraucher iSv § 2 Abs. 2 UWG sein, wenn sie als Zusammenschluss natürlicher Personen eine vergleichbare Schutzbedürftigkeit aufweist wie bei einzeln agierenden natürlichen Personen.[105]

89 Eine natürliche Person ist Verbraucher ausschließlich in den Fällen, in denen sie außerhalb ihrer gewerblichen Tätigkeit handelt. Natürliche Personen können also sowohl Unternehmer iSv § 2 Abs. 1 Nr. 6 UWG als auch Verbraucher iSv § 2 Abs. 2 UWG sein: Die Unterscheidung ist auf Grund der **Zweckrichtung** des Verhaltens zu treffen. Die Zweckbestimmung erfolgt anhand objektiver Kriterien; eine Ausnahme ist nur möglich, wenn die dem Vertragspartner erkennbaren

---

[97] BGH GRUR 2001, 78 – Falsche Herstellerpreisempfehlung; BGH GRUR 2007, 1079 Rn. 18 – Bundesdruckerei; BGH GRUR 2014, 573 Rn. 15 – Werbung für Fremdprodukte; HK-UWG/Götting § 2 Rn. 36.

[98] BGH GRUR 2005, 520 (521) – Optimale Interessenvertretung; BGH GRUR 2007, 1079 Rn. 18 – Bundesdruckerei; BGH GRUR 2007, 978 Rn. 16 – Rechtsberatung durch Haftpflichtversicherer.

[99] BGH GRUR 1990, 375 (377) – Steuersparmodell; BGH GRUR 2007, 1079 Rn. 22 – Bundesdruckerei.

[100] Köhler/Bornkamm/Feddersen/Köhler UWG § 2 Rn. 161.

[101] Köhler/Bornkamm/Feddersen/Köhler UWG § 2 Rn. 162; Ohly/Sosnitza/Sosnitza UWG § 2 Rn. 105; HK-UWG/Götting § 3 Rn. 60; der BGH rekurriert indes auf die RL 2011/83 EU (Verbraucherrechte-RL), GRUR 2017, 1140 Rn. 29 – Testkauf im Internet.

[102] Vgl. EuGH GRUR 2013, 1159 Rn. 32 f. – BKK Mobil Oil/Wettbewerbszentrale.

[103] EuGH GRUR 2013, 1159 Rn. 35 – BKK Mobil Oil/Wettbewerbszentrale; Köhler/Bornkamm/Feddersen/Köhler UWG § 3 Rn. 163.

[104] Für Verbraucherschutzverbände BGH NJW-RR 2010, 1712 Rn. 8.

[105] Vgl. BGH NJW 2002, 368; Köhler/Bornkamm/Feddersen/Köhler UWG § 2 Rn. 164; Ohly/Sosnitza/Sosnitza UWG § 2 Rn. 110; ist eine juristische Person Mitglied der Gesellschaft bürgerlichen Rechts, ist hingegen keine Verbrauchereigenschaft gegeben, BGH NJW 2017, 2752 Rn. 25.

Umstände auf ein gewerbliches Handeln hinweisen.[106] Die Zweckbindung wird nicht positiv, sondern negativ formuliert: Der Zweck darf weder der gewerblichen noch der selbstständigen beruflichen Tätigkeit der natürlichen Person zugerechnet werden. Im Zweifel ist zugunsten der Verbrauchereigenschaft zu entscheiden.[107] Der Begriff des **Gewerbes** deckt sich nicht mit dem gewerberechtlichen Begriff des Gewerbes, sondern ist weit zu fassen Es deckt jedes planmäßige und dauerhafte Angebot von Waren und Dienstleistungen gegen Entgelt ab.[108] Bei der privaten Vermögensverwaltung, die an sich nicht gewerblich ist, ist bei der Bestimmung des Verbraucherbegriffes auf den Umfang der betriebenen Geschäfte abzustellen; erfolgt die Verwaltung planmäßig und in organisierter Form (Unterhaltung eines Büros), kann eine Einordnung als Verbraucher nicht mehr in Betracht kommen.[109] Als Verbraucher iSv § 2 Abs. 2 UWG kommt auch nicht der **selbstständig beruflich Tätige** in Betracht, also insbesondere nicht die Freiberufler wie Rechtsanwälte, Wirtschaftsprüfer, Architekten und auch Künstler und Schriftsteller.

Bei einem **gemischten Zweck** („dual use") ist eine pauschale Einordnung nicht möglich, sondern zu prüfen, ob die private oder unternehmerische Zweckbestimmung überwiegt.[110] Die Beurteilung ist *ex ante* durchzuführen, so dass auch eine nachträgliche Umwidmung des Zwecks nicht möglich ist.[111] 90

Praxistipp:
Die Bestimmung der Begriffe „Unternehmer" in § 2 Abs. 1 Nr. 6 UWG (für den Begriff des „Mitbewerbers" nach § 2 Abs. 1 Nr. 3 UWG) sowie des „Verbrauchers" nach § 2 Abs. 2 UWG iVm § 13 BGB (auszulegen aber richtlinienkonform nach dem Wortlaut von Art. 2 lit. b) UGP-RL) haben durchaus praktische Relevanz für die Anwendbarkeit verschiedener Vorschriften des UWG. Hier muss auf eine genaue Subsumtion geachtet werden.

Wer sich in einem Wettbewerbsprozess auf die Verbrauchereigenschaft beruft, trägt die **Beweislast** für die Qualifikation als Verbraucher.[112] 91

c) **Sonstige Marktteilnehmer.** In dem Bemühen, in weitem Umfang **allen Marktteilnehmern** den Schutz des UWG gegenüber einer unlauteren geschäftlichen Handlung zukommen zu lassen, erfasst das Gesetz den Begriff der „sonstigen Marktteilnehmer". Als „sonstige Marktteilnehmer" kommen alle Personen, die als Anbieter oder Nachfrager von Waren oder Dienstleistungen tätig sind, in Betracht, sofern sie nicht Mitbewerber oder Verbraucher sind. Unter die „sonstigen Marktteilnehmer" können sowohl natürliche als auch juristische Personen fallen. Es kommen **Unternehmer** in Betracht, soweit sie selbst für den Verbrauch im Rahmen der eigenen unternehmerischen Tätigkeit Waren erwerben oder Dienstleistungen nachfragen.[113] Auf der **Marktgegenseite** kommen auch alle Nachfrager von Waren oder Dienstleistungen in Betracht, soweit sie sich nicht als Verbraucher einordnen lassen. 92

3. Geschäftliche Handlung

Das UWG will nur Sachverhalte des wirtschaftlichen Wettbewerbs erfassen, denn sonst gilt Deliktsrecht (§§ 823 ff. BGB), von dem das UWG abzugrenzen ist.[114] Das UWG kommt deshalb nur 93

[106] BGH NJW 2021, 2277 Rn. 16, 18; BGH NJW 2021, 2281 Rn. 75; offengelassen in BGH GRUR 2017, 1140 Rn. 20 – Testkauf im Internet; vgl. Köhler/Bornkamm/Feddersen/Köhler UWG § 2 Rn. 168.

[107] BGH GRUR 2017, 1140 Rn. 20 – Testkauf im Internet; BGH NJW 2021, 2277 Rn. 18; BGH NJW 2009, 3780 Rn. 10.

[108] Ohly/Sosnitza/Sosnitza UWG § 2 Rn. 106.

[109] BGH NJW 2002, 368 (369).

[110] Vgl. Erwägungsgrund 17 Verbraucherrechte-RL; BGH NJW 2008, 435 Rn. 6; OLG Naumburg NJW-RR 1998, 1351; Köhler/Bornkamm/Feddersen/Köhler UWG § 2 Rn. 169; Ohly/Sosnitza/Sosnitza UWG § 2 Rn. 111; HK-UWG/Götting § 2 Rn. 65.

[111] OLG Hamm NJOZ 2001, 2050 (2052).

[112] BGH NJW 2021, 2277 Rn. 18; BGH NJW 2007, 2619 Rn. 13; Ohly/Sosnitza/Sosnitza UWG § 2 Rn. 112; Köhler/Bornkamm/Feddersen/Köhler UWG § 2 Rn. 174.

[113] Amtl. Begr., BT-Drs. 15/1487, S. 16; Ohly/Sosnitza/Sosnitza UWG § 2 Rn. 51.

[114] BGH GRUR 2013, 945 Rn. 17 – Standardisierte Mandatsbearbeitung; Köhler/Bornkamm/Feddersen/Köhler UWG § 2 Rn. 3.

dann zur Anwendung, wenn eine geschäftliche Handlung vorliegt.[115] Dieser **Zentralbegriff** wird in **§ 2 Abs. 1 Nr. 1 UWG** definiert. Der Begriff ist funktional, nicht institutionell zu verstehen.[116] Nach der Legaldefinition wird als „geschäftliche Handlung" jedes Verhalten einer Person zugunsten des eigenen oder eines fremden Unternehmens vor, während oder nach einem Geschäftsabschluss, das mit der Förderung des Absatzes oder des Bezugs von Waren oder Dienstleistungen oder mit dem Abschluss oder der Durchführung eines Vertrags über Waren oder Dienstleistungen objektiv zusammenhängt, erfasst. Damit wird das Verhältnis B2C ebenso wie darüber hinaus das Verhältnis von Unternehmern zu Unternehmern geregelt, wie beispielsweise Behinderungen nach § 4 Nr. 4 UWG oder Betriebsstörungen. Die Schutzzwecktrias wird damit abgedeckt.[117]

94 Der Begriff der geschäftlichen Handlung findet sich in Art. 10bis Abs. 2 PVÜ. Er ist weiter als der Begriff der „Werbung" in Art. 2 lit. a) Irreführungs-RL. Die **UGP-RL** führt an vergleichbar zentraler Stelle allerdings den Begriff der **„Geschäftspraktiken"**. Die Definition in § 2 Abs. 1 Nr. 1 UWG lehnt sich an die Vorgaben der Art. 2 lit. d) iVm Art. 3 Abs. 1 UGP-RL an. Nach der Definition in Art. 2 lit. d) UGP-RL handelt es sich hiernach um jede Handlung, Unterlassung, Verhaltensweise, Erklärung oder kommerzielle Mitteilung einschließlich Werbung und Marketing eines Gewerbetreibenden, die unmittelbar mit der Absatzförderung oder dem Verkauf oder der Lieferung eines Produktes an Verbraucher zusammenhängt. In der Zusammenschau mit Art. 3 Abs. 1 UGP-RL umfasst dies alle Verhaltensweisen während und nach Abschluss eines auf ein Produkt bezogenen Handelsgeschäfts. Allerdings wurde der Begriff „Geschäftspraktiken" nicht übernommen, da ihm im Deutschen eine abwertende Bedeutung beigemessen wurde.[118]

95 Die Definition der UGP-RL ist, wie der *EuGH* betont, eine „besonders weite Formulierung".[119] Vom Geltungsbereich sind solche Geschäftspraktiken ausgeklammert, die „lediglich" die wirtschaftlichen Interessen von Mitbewerbern schädigen oder sich auf ein Rechtsgeschäft zwischen Gewerbetreibenden beziehen.[120]

96 Im Verhältnis zu Verbrauchern weisen die Definitionen der „geschäftlichen Handlung" und der „Geschäftspraktiken" einen Unterschied auf: nach § 2 Abs. 1 S. 1 UWG wird auch das Verhalten beim **Bezug von Waren oder Dienstleistungen** erfasst, während dies für die UGP-RL nicht zutrifft (Beispiel: Händler wirbt für den Ankauf von Gebrauchtwagen bei Verbrauchern, zB durch unter die Wischerblätter geklemmte Werbezettel).[121] Dies ist allerdings nicht richtlinienwidrig, da nach nationalem Recht abweichende Regelungen getroffen werden können, soweit der Geltungsbereich der UGP-RL nicht berührt ist. Für diesen Bereich und bei geschäftlichen Handlungen auch gegenüber sonstigen Marktpartnern ist der Begriff der geschäftlichen Handlung im Lichte der Definition der Geschäftspraktiken in der UGP-RL auszulegen, um insoweit Wertungswidersprüche zu vermeiden.[122]

97 Der Begriff der „Geschäftspraktiken" im Sinne der UGP-RL erfordert einen **unmittelbaren Zusammenhang mit der Beeinflussung der geschäftlichen Entscheidung** des Verbrauchers in Bezug auf die relevanten Produkte (vgl. Erwägungsgrund 7 UGP-RL).[123] Dies setzt einen objektiven Zusammenhang mit dem Produktabsatz voraus. Die Verknüpfung mit Absatzförderung, Verkauf oder Lieferung von Produkten könnte auf den ersten Blick fraglich erscheinen lassen, ob die UGP-RL überhaupt Imagewerbung oder Sponsoring als „Geschäftspraktik" versteht. Die Erwähnung des Sponsorings in Art. 6 Abs. 1 lit. c) UGP-RL zeigt allerdings, dass auch diese Tatbestände tatbestandlich eine Geschäftspraktik sein können. Imagewerbung und Sponsoring lassen sich demzufolge dann als Geschäftspraktik fassen, wenn sie aufgrund der Fallumstände objektiv ge-

[115] Das UWG 1909 hingegen führte in §§ 1, 3 UWG 1909 den Begriff des Handelns im geschäftlichen Verkehr zu Zwecken des Wettbewerbs.

[116] BGH GRUR 2013, 945 Rn. 17 – Standardisierte Mandatsbearbeitung.

[117] Die Definition ist in das UWG 2008 aufgenommen und gegenüber dem UWG 2004 modifiziert worden. Der Begriff der geschäftlichen Handlung ist nicht enger als der Begriff der Wettbewerbshandlung nach dem UWG 2004; vgl. BGH GRUR 2011, 638 Rn. 17 – Werbung mit Garantie; BGH GRUR 2010, 1125 Rn. 17 – Femur-Teil; BGH GRUR 2009, 881 Rn. 11 – Überregionaler Krankentransport.

[118] Amtl. Begr., BT-Drs. 16/10 145, S. 20; Köhler/Bornkamm/Feddersen/Köhler UWG § 2 Rn. 6; HK-UWG/Götting § 2 Rn. 3.

[119] EuGH GRUR 2010, 244 Rn. 36 – Plus Warenhandelsgesellschaft; EuGH GRUR 2011, 76 Rn. 17 – Mediaprint/„Österreich"-Zeitungsverlag; EuGH GRUR 2018, 1154 Rn. 41 – KfV/Kamenova.

[120] EuGH GRUR 2011, 76 Rn. 21 – Mediaprint/„Österreich"-Zeitungsverlag; vgl. auch Erwägungsgrund 6 UGP-RL.

[121] Zu weiteren Unterschieden vgl. Köhler/Bornkamm/Feddersen/Köhler UWG § 2 Rn. 8.

[122] BGH GRUR 2013, 945 Rn. 19 – Standardisierte Mandatsbearbeitung Köhler/Bornkamm/Feddersen/Köhler UWG § 2 Rn. 9.

[123] Das Kriterium der Unmittelbarkeit wird ausdrücklich in der ab dem 22.5.2022 geltenden neuen Fassung von § 2 Abs. 1 Nr. 2 UWG niedergelegt.

eignet sind, eine Verbraucherentscheidung zu beeinflussen.[124] Ein objektiver Zusammenhang mit dem Produktabsatz wird nur dann fehlen, wenn vorrangig andere Ziele verfolgt werden, wie solche sozialer, wissenschaftlicher oder künstlerischer Art, soweit die Unterrichtung der Öffentlichkeit oder anderer Personenkreise (wie Investoren) in Betracht kommt[125] oder ein Vorgehen in einem rechtlichen geordneten Verfahren vorliegt.[126] Allerdings kann im Einzelfall auch zugleich eine wettbewerbliche Komponente gegeben sein, soweit Absatzförderung, Verkauf oder Lieferung von Produkten nicht hinter anderen Zielen zurücktreten.

Die Tatbestandsvoraussetzungen von § 2 Abs. 1 Nr. 1 UWG sind im Einzelnen: 98

a) **Verhalten einer Person.** Das erste Tatbestandsmerkmal einer „geschäftlichen Handlung" verwendet nicht den früheren und sonst im Deliktsrecht üblichen Begriff der „Handlung", was allerdings keinen praktischen Unterschied ergibt. Der Verhaltensbegriff ist weit zu fassen und deckt Tun und Unterlassen ebenso wie auch rein tatsächliche Handlungen ab.[127] Ein Unterlassen fällt unter den Verhaltensbegriff, wenn den Verletzer eine Erfolgsabwendungspflicht aus Gesetz, Vertrag oder vorangegangenem gefährdenden Tun trifft.[128] Insbesondere im Bereich des Jugendschutzes hat die Rechtsprechung spezielle wettbewerbsrechtliche Verkehrs(sicherungs)pflichten (Prüfungspflichten) entwickelt, die die Zumutbarkeit der Überwachung durch den Anbieter von Medien als Maßstab wählen (→ Rn. 65).

b) **Unternehmensbezug.** Eine geschäftliche Handlung kann sich nur auf den Waren- oder Dienstleistungsabsatz und deren Nachfrage sowie Vertragsabschluss und -durchführung **zugunsten des eigenen oder eines fremden Unternehmens** beziehen, muss mithin Unternehmensbezug aufweisen. Deshalb werden rein hoheitliche Handlungen nicht erfasst, es sei denn, die öffentliche Hand handelt im Rahmen des Wettbewerbs. Die Begriffe „Unternehmer" und „Unternehmen" werden vom Gesetz nebeneinander geführt. „Unternehmen" bezeichnet die unternehmerische Tätigkeit und Organisation, während „Unternehmer" auf natürliche und juristische Personen zielt (→ Rn. 76 ff.). 99

Nach allgemeiner Ansicht ist der Unternehmensbegriff weit auszulegen und umfasst **eine auf gewisse Dauer angelegte, selbstständige und planmäßige wirtschaftliche Tätigkeit,** die darauf gerichtet ist, Leistungen entgeltlich auf dem Markt anzubieten.[129] Eine Gewinnerzielungsabsicht wird nicht vorausgesetzt.[130] Die Beurteilung hat anhand des Einzelfalles zu erfolgen, und die jeweiligen Kriterien sich nicht abschließend oder ausschließlich.[131] Handlungen gegenüber Verbrauchern bleiben ausgeklammert. Eine Abgrenzung kann sich insbesondere bei Internetverkäufen als schwierig erweisen. Für eine Unternehmenseigenschaft können im Rahmen der Einzelfallabwägung beispielsweise die Anzahl gleichartiger Verkäufe oder der Erwerb der Powerseller-Eigenschaft bei eBay sprechen.[132] 100

Die Beweislast für den Unternehmensbezug liegt grundsätzlich beim Kläger. Soweit er ausreichende Anhaltspunkte für einen Unternehmensbezug im Prozess vorbringt, kann den Beklagten eine **Umkehr der Beweislast** treffen, so dass er mangelnden Unternehmensbezug nachzuweisen hätte.[133] Eine sekundäre Beweislast gilt in den Fällen, in denen der Kläger keine weitergehenden Kenntnisse von den näheren Umständen des Handelns des Beklagten hat, dieser aber ohne weiteres hierzu vortragen kann.[134] 101

[124] BGH GRUR 2014, 879 Rn. 14 – GOOD NEWS II; Amtl. Begr., BT-Drs. 16/10 145, S. 21; Köhler WRP 2007, 1393 Rn. 12; Köhler/Bornkamm/Feddersen/Köhler UWG § 2 Rn. 14.

[125] Vgl. die Erwähnung von kommerziellen, für Investoren gedachten Mitteilungen, wie Jahresberichten und Unternehmensprospekten, in Erwägungsgrund 7 UGP-RL; vgl. auch Köhler WRP 2007, 1393 Rn. 15.

[126] OLG Frankfurt a. M. MMR 2020, 691 Rn. 20.

[127] Köhler/Bornkamm/Feddersen/Köhler UWG § 2 Rn. 11; HK-UWG/Götting § 2 Rn. 7.

[128] BGH GRUR 2001, 82 (83) – Neu in Bielefeld I; BGH GRUR 2007, 890 Rn. 22 – Jugendgefährdende Medien bei eBay; Köhler/Bornkamm/Feddersen/Köhler UWG § 2 Rn. 12; Ohly/Sosnitza/Sosnitza UWG § 2 Rn. 21.

[129] EuGH GRUR 2013, 1159 Rn. 32 – BKK Mobil Oil/Wettbewerbszentrale; BGH GRUR 2009, 871 Rn. 33 – Ohrclips; BGH GRUR 1995, 697 (699) – FUNNY PAPER; Ohly/Sosnitza/Sosnitza UWG § 2 Rn. 45 mwN.

[130] OLG Frankfurt a. M. GRUR 2004, 1042 – Cartierschmuck; Köhler/Bornkamm/Feddersen/Köhler UWG § 2 Rn. 24; Ohly/Sosnitza/Sosnitza UWG § 2 Rn. 45; HK-UWG/Götting § 2 Rn. 9.

[131] EuGH GRUR 2018, 1154 Rn. 39 – KfV/Kamenova.

[132] BGH GRUR 2009, 871 Rn. 23, 33 – Ohrclips; OLG Frankfurt a. M. GRUR-RR 2005, 317 (318) – Cartierschmuck II; OLG Koblenz NJW 2006, 1438; LG Berlin MMR 2007, 401; Köhler/Bornkamm/Feddersen/Köhler UWG § 2 Rn. 23.

[133] OLG Koblenz NJW 2006, 1438; AG Kassel MMR 2018, 703 Rn. 8.

[134] BGH GRUR 2009, 871 Rn. 27 – Ohrclips; BGH GRUR 2008, 1097 Rn. 19 – Namensklau im Internet; BGH GRUR 2008, 702 Rn. 47 – Internet-Versteigerung III; Köhler/Bornkamm/Feddersen/Köhler UWG § 2 Rn. 30a.

102 Der Unternehmensbezug ist insbesondere zu privatem, amtlichem (hoheitlichem), ideellem sowie betriebsinternem Handeln abzugrenzen. **Privates Handeln** ist alles, was sich außerhalb des Erwerbes zu wirtschaftlichen Zwecken vollzieht. Ein Beispiel ist die private Bedarfsdeckung auf Seiten des Verbrauchers. Bei Gesprächen ist stets auf die Umstände des Einzelfalls abzustellen; sie können sowohl rein privaten als auch unternehmerischen (geschäftlichen) Charakters sein. Abgrenzungsschwierigkeiten kann es bei einem **gemischten Zweck** („dual use") geben. Hier ist in der Gesamtschau aller Begleitumstände abzuwägen, ob die private oder unternehmerische Zweckbestimmung überwiegt (→ Rn. 90). Nicht im Wettbewerb handelt außerdem, wer **amtlich (hoheitlich)** am Markt teilnimmt, wenn also die öffentliche Hand das Leistungsverhältnis zum Kunden öffentlich-rechtlich ausgestaltet.[135] Wenn aber unternehmerisches Handeln – auch bei Aufgaben im Allgemeininteresse – festgestellt werden kann, liegt Unternehmensbezug vor (→ Rn. 77). Rein **ideelle Handlungen** werden nicht dem UWG unterstellt. Darunter können beispielsweise die bloße Mitgliederwerbung von Verbänden und Vereinen fallen, selbst wenn diese Mitgliedsbeiträge erheben.[136] Allerdings kann auch hier eine geschäftliche Handlung vorliegen, wenn sich der Verband oder Verein wirtschaftlich betätigt, z.B durch das entgeltliche Angebot von Büchern oder anderen Medien, oder wenn er lediglich eine quasi getarnte Abteilung der Unternehmen seiner Mitglieder ist.[137] Schließlich ist ein Unternehmensbezug zu verneinen für **betriebsinterne Vorgänge.** Das sind Maßnahmen, die ausschließlich innerhalb eines Unternehmens anfallen.[138] Wenn allerdings solche betriebsinternen Vorgänge darauf angelegt sind, Außenwirkung im Wettbewerb zu entfalten, besteht die Möglichkeit, auch schon den betriebsinternen Vorgang unter dem Gesichtspunkt der Erstbegehungsgefahr als Anlass für eine **vorbeugende Unterlassungsklage** nach § 8 Abs. 1 S. 2 UWG zu nehmen.

103 **c) Handlungen „bei, vor oder nach einem Geschäftsabschluss".** Durch das UWG 2008 hat sich gegenüber dem vorherigen Rechtsstand eine wesentliche Änderung ergeben, die den Zeitpunkt des wettbewerblichen Verhaltens beim Geschäftsabschluss weiter fasst. Diese Änderung ist der Umsetzung der UGP-RL geschuldet. Der Begriff der „Geschäftspraktiken" nach **Art. 2 lit. d) UGP-RL** erfasst Absatzförderung, Verkauf oder Lieferung von Produkten und bezieht sich auf alle Verhaltensweisen während und nach einem Geschäftsabschluss.

104 **§ 2 Abs. 1 Nr. 1 UWG** deckt demgemäß alle Handlungen nach Vertragsabschluss ab. Eine Abgrenzung der einzelnen Handlungsweisen ist nicht von Nöten, da alle geschäftlichen Handlungen gleichermaßen erfasst werden. Die Lieferung von Produkten beinhaltet nicht nur die rein tatsächliche Warenlieferung oder Dienstleistungserbringung, sondern alle mit der Durchführung eines Vertrags unmittelbar zusammenhängenden Verhaltensweisen, soweit sie objektiv geeignet sind, die Verbraucherentscheidung zu beeinflussen. Dies beinhaltet die Erfüllung vertraglicher ebenso wie die nachvertraglicher Leistungspflichten, außer sie sind einzig nach Vertragsrecht zu beurteilen, weil sie die Verbraucherentscheidung nicht beeinflussen.[139] In einem weiten Umfang können unter den Begriff der geschäftlichen Handlungen demzufolge eine Reihe von Verhaltensweisen des Unternehmers fallen, wie insbesondere Kundendienstleistungen, aber auch im Zusammenhang mit der Durchsetzung von Gläubigerrechten im Zusammenhang stehende Handlungen (wie die Einzelverbote aus Nr. 8 u. 27 Anh. zu § 3 Abs. 3 UWG zeigen).[140]

105 Unerheblich ist auch, ob sich das Verhalten des Unternehmers vor, bei oder nach Geschäftsabschluss auswirkt, so dass die **Auswirkung** nicht auf der gleichen Stufe eintreten muss. Es ist ausreichend, wenn sich das Verhalten erst bei der Vertragsdurchführung auswirkt.[141] Beispiels-

[135] Vgl. BGH GRUR 1964, 210 (211) – Landwirtschaftsausstellung; BGH GRUR 1987, 116 (117) – Kommunaler Bestattungswirtschaftsbetrieb I; BGH GRUR 2006, 428 Rn. 12 – Abschleppkosten-Inkasso.

[136] Vgl. BGH GRUR 1968, 205 (207) – Teppichreinigung; BGH GRUR 1972, 427 (428) – Mitgliederwerbung; BGH NJW-RR 1997, 1401 – Emil-Grünbär-Club; OLG Stuttgart NJWE – WettbR 1999, 30 (32).

[137] BGH GRUR 2014, 573 Rn. 13 – Werbung für Fremdprodukte; BGH GRUR 1968, 205 (207) – Teppichreinigung; OLG Stuttgart NJW-RR 1990, 937 (938).

[138] BGH GRUR 1971, 119 (120) – Branchenverzeichnis; BGH GRUR 1974, 666 (667) – Reparaturversicherung; Ohly/Sosnitza/Sosnitza UWG § 2 Rn. 17.

[139] BGH GRUR 2013, 945 Rn. 26 – Standardisierte Mandatsbearbeitung; Köhler WRP 2007, 1393 (1395 f.); Köhler/Bornkamm/Feddersen/Köhler UWG § 2 Rn. 80; HK-UWG/Götting § 2 Rn. 30; nach aA soll keine objektive Eignung und Zielrichtung zur Beeinflussung der Verbraucherentscheidung erforderlich sein, weil dies ein Merkmal aus Art. 2 lit. e) iVm Art. 5 Abs. 2 lit. b) UGP-RL unzulässiger Weise in Art. 2 lit. d) UGP-RL einbinde, Ohly/Sosnitza/Sosnitza UWG § 2 Rn. 23; Scherer WRP 2009, 761 (766).

[140] Vgl. Köhler WRP 2007, 1393 (1395).

[141] BGH GRUR 2018, 950 Rn. 45 – Namensangabe; BGH GRUR 2010, 1117 Rn. 18 – Gewährleistungsausschluss im Internet.

weise können unwirksame Gewährleistungsausschlüsse in AGB unlauter sein, wenn sie den Vertragspartner davon abhalten können, nach Vertragsabschluss Gewährleistungsrechte geltend zu machen.[142] Die **Verletzung von Vertragspflichten** kann lauterkeitsrechtlich in Situationen erfasst werden, in denen sie Verbraucher oder sonstige Marktteilnehmer dergestalt beeinflusst, dass sie aufgrund dessen eine geschäftliche Entscheidung treffen. Auch kann hierin eine geschäftliche Handlung zum Nachteil der Mitbewerber liegen.[143]

d) **Objektiver Zusammenhang.** Eine weitere wichtige Änderung brachte das UWG 2008 hinsichtlich der Definition des so genannten **Marktbezugs** mit sich. **§ 2 Abs. 1 Nr. 1** UWG gilt nur für Verhaltensweisen mit Unternehmensbezug vor, bei oder nach Geschäftsabschluss, die mit der Förderung des Absatzes oder des Bezugs von Waren oder Dienstleistungen oder mit dem Abschluss oder der Durchführung eines Vertrags über Waren oder Dienstleistungen objektiv zusammenhängen. **106**

Eine subjektive Betrachtungsweise, wie sie in der Auslegung des UWG 2004 vorherrschte, würde sich nicht mit dem Begriff der „Geschäftspraktiken" nach **Art. 2 lit. d) UGP-RL** decken. Dort wird der **unmittelbare Zusammenhang** mit der Absatzförderung, dem Verkauf oder der Lieferung eines Produkts an Verbraucher gefordert. Die objektive Eignung bezieht sich gleichermaßen auf die Möglichkeit, die Konsumentenentscheidung zu beeinflussen, also absatz- und bezugsfördernd zu wirken. Demzufolge lassen sich auch Imagewerbung und Sponsoring als objektiv hiermit zusammenhängende Verhaltensweisen qualifizieren.[144] **107**

Die Beschränkung auf das marktbezogene Verhalten eines Unternehmers im Sinne eines „objektiven Zusammenhangs" stellt sicher, dass vom UWG nur Sachverhalte aufgegriffen werden, die dazu geeignet und dazu bezweckt sind, sich auf den abstrakten und potentiellen Wettbewerb, auf aktuelle oder potentielle Wettbewerber auszuwirken. Es ist nicht die Aufgabe des UWG, jegliches Verhalten im geschäftlichen Verkehr allgemein, sondern nur wettbewerbliches Verhalten zu regeln. Fehlt es an einem marktbezogenen Handeln, können im Namens- und Kennzeichenrecht §§ 14 ff. MarkenG, § 12 BGB sowie bei anderen Rechtsverletzungen auch §§ 823 Abs. 1, 826, 1004 BGB einschlägig sein. **108**

Beispiel:

Ein redaktioneller Warentest, der unabhängig durchgeführt und veröffentlicht wird, zum Beispiel von der Stiftung Warentest, kann nur über § 823 Abs. 1 BGB, nicht jedoch aus dem UWG angegriffen werden.

§ 2 Abs. 1 Nr. 1 UWG geht jedoch über die Definition der „Geschäftspraktiken" nach Art. 2 lit. d) UGP-RL hinaus, als auch das **Verhältnis Unternehmer zu Unternehmer** erfasst wird, weil beispielsweise durch behindernde Praktiken (§ 4 Nr. 4 UWG) der Absatz oder Bezug des beeinträchtigten Unternehmens objektiv beeinflusst wird.[145] Auch ist es ausreichend, wenn durch die beanstandete Maßnahme erst der ansonsten nicht gegebene wettbewerbliche Konflikt begründet wird. **109**

Zudem ist § 2 Abs. 1 Nr. 1 UWG weit im Anwendungsbereich, weil auch der **Nachfragewettbewerb** erfasst wird, für den die UGP-RL auch im Verhältnis zu Verbrauchern keine Vollharmonisierung vorgibt.[146] So können Zeitungsanzeigen, in denen mit dem Hinweis auf Testergebnisse um Mitglieder geworden wird und Stellenanzeigen platziert werden, den erforderlichen objektiven Zusammenhang haben, da einerseits der Nachfragewettbewerb berührt ist und auch die Güte der eigenen Produkte dargestellt wird, was dem Absatz dienen soll.[147] **110**

Im Anwendungsbereich der UGP-RL muss ein von § 2 Abs. 1 Nr. 1 UWG erfasstes Verhalten bei objektiver Betrachtung unter Berücksichtigung der Umstände des Einzelfalls darauf gerichtet sein, durch **Beeinflussung der geschäftlichen Entscheidung der Verbraucher** den Absatz oder Bezug zu fördern (vgl. Erwägungsgrund 7 S. 1 UGP-RL).[148] An einem „objektiven Zusammenhang" **111**

142 BGH GRUR 2010, 1117 Rn. 18 – Gewährleistungsausschluss im Internet; Köhler/Bornkamm/Feddersen/Köhler UWG § 2 Rn. 80.

143 Vgl. BGH GRUR 2009, 876 Rn. 24 – Änderung der Voreinstellung II; Köhler/Bornkamm/Feddersen/Köhler UWG § 2 Rn. 81a.

144 HK-UWG/Götting § 2 Rn. 16; Gloy/Loschelder/Danckwerts/Erdmann/Pommerening UWG-HdB § 31 Rn. 57 f.

145 Vgl. Amtl. Begr., BT-Drs. 16/10145, S. 21.

146 BGH GRUR 2009, 1189 Rn. 12 – Blutspendedienst; Köhler/Bornkamm/Feddersen/Köhler UWG § 2 Rn. 38; Ohly/Sosnitza/Sosnitza UWG § 2 Rn. 46.

147 BGH GRUR 2005, 877 (879) – Werbung mit Testergebnis.

148 BGH GRUR 2016, 710 Rn. 12 – Im Immobiliensumpf; BGH GRUR 2015, 694 Rn. 22 – Bezugsquellen für Bachblüten; BGH GRUR 2013, 945 Rn. 18 – Standardisierte Mandatsbearbeitung; Köhler/Bornkamm/Feddersen/Köhler UWG § 2 Rn. 45, 48.

fehlt es, wenn die Handlung sich zwar auf die geschäftlichen Entscheidungen von Verbrauchern tatsächlich auswirken kann, aber vorrangig anderen Zielen als der Förderung des Absatzes oder Bezuges dient (vgl. Erwägungsgrund 7 S. 2 UGP-RL).[149] Die Frage, welchen Zielen eine bestimmte Handlung dient, ist hierbei in einer objektiven Betrachtungsweise zu entscheiden, bei der vor allem das wirtschaftliche Interesse des Handelnden eine wesentliche Rolle spielt. Dieses aus der UGP-RL resultierende Verständnis ist auch auf sonstige Marktteilnehmer zu übertragen, also die Zielrichtung der Beeinflussung der Entscheidungsfindung iSv Art. 2 lit. k) UGP-RL in den Begriff der geschäftlichen Handlung hineinzulesen.[150]

112 Es ist nicht erforderlich, dass die eigene Wettbewerbslage des Unternehmens in irgendeiner Form zu Lasten des anderen Unternehmens, also zu dessen Nachteil, beeinflusst wird.[151] Die Nähe oder anders ausgedrückt Konkretheit der wettbewerblichen Wechselbeziehung ist für die Feststellung des Vorliegens des objektiven Zusammenhangs irrelevant, solange überhaupt eine solche Wechselbeziehung entfernt oder potentiell festgestellt werden kann. Die Frage nach einem konkreten Wettbewerbsverhältnis spielt jedoch für die Einordnung als Mitbewerber und damit dessen Klagebefugnis eine entscheidende Rolle (→ Rn. 75 ff.).

113 Der Verletzer muss nicht zwingend eigenen Wettbewerb fördern, um objektiv mit Marktbezug zu handeln. Es genügt, wenn seine Handlung geeignet ist, eine fremde Wechselbeziehung zu beeinflussen.[152] Auch die Förderung fremden Wettbewerbs kann unter das UWG fallen, wie in § 2 Abs. 1 Nr. 1 UWG klargestellt wird.[153]

114 Die Anwendung von § 2 Abs. 1 Nr. 1 UWG kann in Bereichen ausscheiden, in denen besondere **verfassungsrechtlich** gewährleistete **Freiheitsbereiche** berührt sind. Hier muss die Anwendung des UWG restriktiv gehandhabt werden, um mit wettbewerbsrechtlichen Regelungen nicht den verbürgten Freiheitsbereich über Gebühr einzuschränken. Im Hinblick auf die Tätigkeit der **Medien** mit redaktionellem Gehalt (Presse, Rundfunk, Film, Internet etc.) ist eine geschäftliche Handlung für den genuin redaktionellen Teil zu verneinen, nicht jedoch für das Werbe- und Anzeigengeschäft, die Abonnentenwerbung oder sonstige Kundenakquisition.[154] In Form der redaktionellen Berichterstattung kann auch die so genannte Pressefehde, also abschätzige Berichterstattung über konkurrierende Medien, privilegiert sein.[155] Auch bei **wissenschaftlicher Tätigkeit,**[156] bei **Verbraucherorganisationen,**[157] insbesondere der Stiftung Warentest,[158] sowie bei **staatlichem Handeln**[159] wird eine geschäftliche Handlung nicht in Betracht kommen, sofern nicht die Tätigkeit in funktionalem Zusammenhang mit der Absatz- oder Bezugsförderung steht.

4. Verbraucherleitbild

115 Bei der wettbewerbsrechtlichen Beurteilung von geschäftlichen Handlungen kommt es darauf an, wie die angesprochenen Verkehrskreise das Verhalten auffassen. Für die Anwendung der Vorschriften des UWG ist damit stets das **Verbraucherleitbild** zu beachten, welches die Beurteilungsgrundlage für diese Bewertung liefert.

116 **a) Umsetzung der UGP-RL.** Die **UGP-RL** fußt auf dem in der Rechtsprechung des *EuGH* entwickelten Verbraucherbegriff, der einen fiktiven typischen Verbraucher voraussetzt, der als Durchschnittsverbraucher angemessen gut unterrichtet, angemessen aufmerksam und kritisch ist,

[149] BGH GRUR 2016, 710 Rn. 12 – Im Immobiliensumpf; OLG Karlsruhe GRUR-RR 2010, 47 (48) – Vergleich; Köhler/Bornkamm/Feddersen/Köhler UWG § 2 Rn. 51.

[150] BGH GRUR 2013, 945 Rn. 19 – Standardisierte Mandatsbearbeitung; OLG Karlsruhe GRUR-RR 2010, 47 (48) – Vergleich; Köhler/Bornkamm/Feddersen/Köhler UWG § 2 Rn. 43.

[151] BGH GRUR 2007, 805 Rn. 16 – Irreführender Kontoauszug; OLG Hamm MMR 2008, 750 (751); Köhler/Bornkamm/Feddersen/Köhler UWG § 2 Rn. 44.

[152] BGH GRUR 2014, 1114 Rn. 32 f. – nickelfrei.

[153] BGH GRUR 2015, 694 Rn. 26 – Bezugsquellen für Bachblüten; HK-UWG/Götting § 2 Rn. 10.

[154] BGH GRUR 1992, 618 (619) – Pressehaftung II; BGH GRUR 1993, 55 – Ausländischer Inserent; BGH GRUR 1998, 167 (168) – Restaurantführer; HK-UWG/Götting § 2 Rn. 20 f.; Gloy/Loschelder/Danckwerts/Erdmann/Pommerening UWG-HdB § 31 Rn. 69.

[155] BGH GRUR 1983, 379 (380) – Geldmafiosi; OLG Hamburg WRP 2000, 647 (648) – Beißhemmungen; OLG Köln NJWE- WettbR 2000, 182 (183).

[156] BGH GRUR 1964, 389 (391) – Fußbekleidung; BGH GRUR 1961, 189 (190) – Rückenstreckmetall; KG WRP 1996, 1162; KG GRUR-RR 2005, 162 (163) – Arzneimitteleigenschaften kraft Präsentation; OLG Frankfurt a. M. GRUR-RR 2018, 105 Rn. 15 – Unterkieferprotrusionsschienen.

[157] BGH GRUR 1968, 314 (316) – Fix und Clever.

[158] BGH GRUR 1976, 268 – Warentest II.

[159] BGH GRUR 1990, 463 (464) – Firmenrufnummer; BGH GRUR 1989, 773 (774) – Mitarbeitervertretung.

und zwar insbesondere auch unter Berücksichtigung sozialer, kultureller und sprachlicher Faktoren (vgl. Erwägungsgrund 18 UGP-RL).[160] Demzufolge stellt **§ 3 Abs. 4 S. 1 UWG** in Umsetzung von Art. 5 Abs. 2 lit. b) UGP-RL auch auf das wirtschaftliche Verhalten des Durchschnittsverbrauchers bzw. des durchschnittlichen Mitglieds einer Verbrauchergruppe ab. Im Hinblick auf die besondere Schutzbedürftigkeit besonderer Verbrauchergruppen, wie insbesondere Minderjähriger, bestimmt **§ 3 Abs. 4 S. 2 UWG** in Umsetzung von Art. 5 Abs. 3 UGP-RL, dass die Auswirkungen einer Verhaltensweise aus der Sicht eines Durchschnittsmitglieds dieser Gruppe zu beurteilen sind, sofern sich die Werbung – für den Unternehmer vorhersehbar – speziell an diese Gruppe richtet (→ § 13).

b) Genereller Maßstab des Verbraucherleitbildes. Bereits seit den Jahren vor der UWG-Reform des Jahres 2004 stellte auch die deutsche Rechtspraxis auf den mündigen und aufgeklärten Verbraucher ab. So ist die Auffassung des **durchschnittlich informierten, aufmerksamen und verständigen Durchschnittsverbrauchers** zugrunde zu legen, dessen Aufmerksamkeitsgrad dann auch je nach der Natur der betroffenen Waren oder Dienstleistungen unterschiedlich hoch sein kann.[161] Dieser Verbraucher wird beispielsweise **reklamehafte Übertreibungen** und plakative Hervorhebungen als solche erkennen und diese unter Umständen auch in ihrem Tatsachenkern nicht ernst nehmen.[162] Entscheidend ist das Verständnis eines durchschnittlichen Mitglieds der Gruppe von Verkehrsteilnehmern, vgl. § 3 Abs. 4 S. 1 UWG. 117

c) Schutzbedürftigkeit einer Gruppe von Verbrauchern. Zu der Relevanz der **Gruppe der angesprochenen Verbraucher** legt Art. 5 Abs. 3 UGP-RL ergänzend fest, dass das durchschnittliche Mitglied einer Gruppe von schutzbedürftigen Personen (wegen geistiger oder körperlicher Gebrechen, Alter oder Leichtgläubigkeit) zählt, wenn die Geschäftspraktik voraussichtlich in einer von den Gewerbetreibenden vernünftigerweise vorhersehbaren Art und Weise das wirtschaftliche Verhalten nur eines Mitglieds dieser eindeutig identifizierbaren Gruppe von Verbrauchern wesentlich beeinflusst. Dies erfasst Fälle, in denen der Unternehmer nicht primär auf eine schutzbedürftige Verbrauchergruppe abzielt, jedoch für ihn vorhersehbar ist, dass die Handlung auch deren Verbraucherentscheidung beeinflusst. 118

Die **Bestimmung der relevanten Verkehrskreise** ist ein zentraler Gesichtspunkt für die Anwendung wettbewerbsrechtlicher Vorschriften. Bereits nach der Auslegungspraxis zum UWG 2004 sollte bei geschäftlichen Handlungen, die sich auf unterschiedliche Verkehrskreise erstrecken, grundsätzlich für die lauterkeitsrechtliche Wertung auf die strengere Auffassung abgestellt werden, sofern in einer Gesamtabwägung gerade eine Schutzbedürftigkeit dieser Gruppe vorliegt.[163] Ergänzend ist also bei der Bemessung des Kenntnisstandes der angesprochenen Verbraucher auch nach den **speziellen Verbrauchergruppen** zu differenzieren, vgl. **§ 3 Abs. 4 S. 2 UWG.** Insbesondere bei Werbung gegenüber besonders schutzbedürftigen Gruppen der Bevölkerung, wie insbesondere Kindern und Jugendlichen, ist auf deren geringere Lebenserfahrung abzustellen, so dass auch deren geringeres Vermögen, Produkte in Bezug auf Bedarf, Preiswürdigkeit und finanzielle Folgen zu bewerten, bei der Bestimmung ihrer Sichtweise heranzuziehen ist. Wenn sich die entsprechende Werbung direkt an Minderjährige richtet, muss sie im Hinblick auf die Wahrnehmungsdefizite dieser schutzbedürftigen Verbraucher größere Transparenz aufweisen.[164] Die Regelung des § 3 Abs. 4 S. 2 UWG wird ausführlich unten in § 13 behandelt. 119

d) Sonstige Fälle. Wettbewerbliche Relevanz kann auch **Vorstellungen ohne Realitätsgehalt** – beispielsweise bei Leistungen im Bereich der Esoterik – zuzusprechen sein, weil Kaufentscheidungen verständiger Verbraucher maßgeblich durch Erwägungen beeinflusst werden können, die sich einer rationalen Überprüfung entziehen und die spezielle Sichtweise dieser Gruppe von Verkehrsteilnehmern zu berücksichtigen ist.[165] 120

---

[160] Vgl. auch EuGH GRUR Int. 2000, 354 Rn. 29 – Estée Lauder/Lancaster.

[161] St. Rspr., vgl. nur EuGH NJW 1995, 3243 Rn. 24 – Mars; BGH GRUR Int. 1998, 795 Rn. 31, 37 – Gut Springenheide; BGH GRUR Int. 1999, 734 Rn. 26 – Lloyd; BGH GRUR Int. 2000, 354 Rn. 30 – Estée Lauder/Lancaster; BGH GRUR 2008, 183 (186) – Tony Taler; BGH GRUR 2000, 619 (621) – Orient-Teppichmuster; BGH GRUR 2001, 1061 (1063) – Mitwohnzentrale.de; BGH GRUR 2001, 1166 (1168 f.) – Fernflugreise.

[162] Vgl. BGH GRUR 2002, 182 (184) – Das Beste jeden Morgen; KG GRUR-RR 2011, 192 (192 f.) – Bester Powerkurs aller Zeiten; LG Frankfurt a. M. GRUR-RR 2011, 194 (195) – FRÜCHTETEE AROMATISIERT.

[163] Vgl. GRUR 1961, 588 (592) – Einpfennig-Süßwaren; BGH GRUR 2006, 776 Rn. 23 f. – Werbung für Klingeltöne.

[164] Vgl. BGH GRUR 2006, 776 Rn. 23 f. – Werbung für Klingeltöne; Ohly/Sosnitza/Sosnitza UWG § 2 Rn. 102.

[165] OLG Düsseldorf GRUR-RR 2009, 71 (72) – Macht über die Karten; BGH GRUR 2003, 628 (630) – Klosterbrauerei; Ohly/Sosnitza/Sosnitza UWG § 2 Rn. 126.

121 Bei Fragen der Nutzung des Internets und den damit verbundenen Erscheinungsformen, wie Verlinkungen oder Suchmaschinenabfragen, ist insoweit auf den normal informierten und angemessen aufmerksamen **Internetnutzer** abzuheben.[166]

5. Spürbarkeit

122 Die bis 2015 geltende Fassung des UWG sah eine Spürbarkeitsprüfung nach folgender Maßgabe vor: Nach § 3 Abs. 1 UWG 2008 war eine unlautere geschäftliche Handlung unzulässig, die geeignet ist, die Interessen der geschützten Subjekte spürbar zu beeinträchtigen (auch als „geschäftliche Relevanz" bezeichnet). Im Verhältnis zu Verbrauchern setzte § 3 Abs. 2 S. 1 UWG 2008 auch eine Spürbarkeit voraus, die sich hier auf die Eignung, die Fähigkeit des Verbrauchers, sich aufgrund von Informationen zu entscheiden, zu beeinträchtigen, bezieht und ihn damit zu einer geschäftlichen Entscheidung veranlasst, die er andernfalls nicht getroffen hätte. Die Spürbarkeit galt für die Generalklauseln der § 3 Abs. 1 u. Abs. 2 S. 1 UWG 2008 und für Falle der §§ 4 bis 6 UWG 2008. Von der Prüfung der Spürbarkeit ausgenommen waren die Verhaltensweisen nach dem Anh. zu § 3 Abs. 3 UWG, also den Einzelverboten ohne Wertungsvorbehalt. Das UWG 2008 änderte die unter dem UWG 2004 geltende Fassung, wonach unlautere Wettbewerbshandlungen, die geeignet sind, den Wettbewerb zu Lasten der Marktteilnehmer „nicht unerheblich zu beeinträchtigen", erfasst waren. Durch die Neufassung des UWG 2008 erfolgte mit dem ausdrücklichen Begriff „spürbar" eine stärkere Angleichung an **Art. 2 lit. e) iVm Art. 5 Abs. 2 lit. b) UGP-RL**, wo die „wesentliche Beeinflussung" des wirtschaftlichen Verhaltens des Verbrauchers verankert wird.[167]

123 Die **UWG-Reform 2015** änderte das Bild: § 3 Abs. 3 UWG verlangt nach wie vor keine Betrachtung der Spürbarkeit, da es sich um „stets" unzulässige Handlungen handelt. Die Verbrauchergeneralklausel des **§ 3 Abs. 2 UWG** wurde umgestaltet und in Übereinstimmung mit der UGR-RL gebracht. Die „wesentliche Beeinflussung" des Verbraucherverhaltens ist in § 3 Abs. 2 UWG aufgenommen, während **§ 2 Abs. 1 Nr. 8 UWG** die Definition des Art. 2 lit. e) UGP widerspiegelt. Die „große" Generalklausel des **§ 3 Abs. 1 UWG** enthält hingegen wortlautgemäß kein Spürbarkeitsmerkmal. Vielmehr sind Spürbarkeitskriterien in unterschiedlicher Ausprägung in den Einzeltatbeständen erfasst: in § 3a UWG wird die Spürbarkeit ausdrücklich vorausgesetzt. Die §§ 4a, 5, 5a UWG stellen auf die wesentliche Entscheidungsbeeinflussung ab. In § 4 UWG erscheint die Wesentlichkeit als tatbestandsimmanent. Die Kriterien zu den Einzeltatbeständen werden unten im jeweiligen Sachzusammenhang erläutert.

124 **a) „Große" Generalklausel des § 3 Abs. 1 UWG.** Der Reformgesetzgeber 2015 hat zwar die Spürbarkeit in § 3 Abs. 1 UWG vom Wortlaut her entfallen lassen, wollte allerdings auf eine Spürbarkeitsprüfung nicht verzichten. Er wollte vielmehr der Rechtsprechungspraxis überlassen, „in Konkretisierung des Tatbestandsmerkmals der Unlauterkeit für die vom Auffangtatbestand erfassten Fälle gegebenenfalls angemessene Spürbarkeitserfordernisse aufzustellen, um insbesondere Abmahnungen von Bagatellverstößen zu verhindern".[168]

125 Mit Blick auf die UGP-RL kann gesagt werden, dass bei der Verbrauchergeneralklausel die Wesentlichkeitsbetrachtung als **Relevanzkriterium** ausgestaltet ist, nämlich als spürbare Beeinträchtigung einer informierten Entscheidung.[169] Damit bedarf es keines eigenständigen Tatbestandsmerkmals, weil die Maßgeblichkeit einer Handlung aus dem Grad der Beeinflussung abgeleitet werden kann. Dieser Gedanke kann auch für § 3 Abs. 1 UWG fruchtbar gemacht werden, weil der Grad der Beeinflussung über das Vorliegen der Unlauterkeit Aufschluss geben kann. Demzufolge wird davon ausgegangen, dass unter der Geltung des § 3 Abs. 1 UWG eine Spürbarkeitsprüfung im Rahmen der Unterlauterkeitsprüfung stattfindet.[170] Zudem wird davon ausgegangen, dass die Auslegung des Wesentlichkeitskriteriums einheitlich für Verbraucher, Mitbewerber und sonstige Marktteilnehmer gilt.[171] Schließlich wird davon ausgegangen, dass die bisherige Spruchpraxis zur Spürbarkeit im Wesentlichen weiterhin Bestand hat.[172] Allerdings bleibt hier die Entwicklung abzuwarten.

166 KG MMR 2001, 700 – Internet zum Festpreis; für das Markenrecht EuGH GRUR 2011, 1124 Rn. 45 – Flowers Direct Online Ltd.; vgl. auch Lederer NJW 2011, 3274 (3275).
167 Vgl. Amtl. Begr., BT-Drs. 16/10145, S. 22.
168 Begr. Beschlussempfehlung, BT-Drs. 18/6571, S. 14.
169 Vgl. Köhler/Bornkamm/Feddersen/Köhler UWG § 3 Rn. 2.20.
170 HK-UWG/Wirtz § 3 Rn. 120, 132; Köhler/Bornkamm/Feddersen/Köhler UWG § 3 Rn. 2.20.
171 HK-UWG/Wirtz § 3 Rn. 121, 131.
172 HK-UWG/Wirtz § 3 Rn. 131; Ohly/Sosnitza/Sosnitza UWG § 3 Rn. 79.

Der Eintritt einer spürbaren Beeinträchtigung ist nicht erforderlich, sondern es genügt die Eignung hierzu, wofür eine gewisse Wahrscheinlichkeit zu fordern ist.[173] Bei der Bewertung sind die **Einzelfallumstände** zu berücksichtigen, um so die Art und Schwere des Verstoßes zu würdigen.[174] Einzubeziehen ist der Schutzzweck des Wettbewerbsrechts im Hinblick auf die Interessen der Marktteilnehmer.[175] Das Allgemeininteresse an einem unverfälschten Wettbewerb (§ 1 S. 2 UWG) ist kein Spürbarkeitskriterium, und auch sonstige Allgemeininteressen können nicht in die Wertung einbezogen werden.[176] Auch die Möglichkeit behördlicher Sanktionen gegen ein unlauteres Verhalten, insbesondere des Rechtsbruchs, lässt die Spürbarkeit nicht entfallen.[177] 126

b) Verbrauchergeneralklausel des § 3 Abs. 2 UWG. Durch die Vorgaben von Art. 2 lit. e) UGP-RL wird im Verhältnis B2C der unmittelbare Bezug auf die Verbraucherentscheidung hergestellt, was mit der UWG-Novelle 2015 nunmehr durch die Definition in **§ 2 Abs. 1 Nr. 8 UWG** umgesetzt ist. Es geht der Sache nach um die Beeinträchtigung zum Treffen einer informierten Entscheidung.[178] Dies erfasst die Abwägung des Pro und Contra.[179] Wenn diese Abwägungsmöglichkeit, also eine „Entscheidung in voller Kenntnis der Sachlage zu treffen",[180] beeinträchtigt ist, kann eine spürbare, dh wesentliche Beeinflussung iSv § 3 Abs. 2 UWG angenommen werden. Damit kann die Begründung der Spürbarkeit eines Verhaltens durch eine Nachahmungsgefahr nicht erfasst sein.[181] Hingegen ist die Wertigkeit des betroffenen Rechtsguts in die Spürbarkeitsprüfung einzubeziehen. So ist im Bereich der Gesundheit und Sicherheit ein strenger Maßstab anzulegen.[182] Insgesamt sind alle wesentlichen Kriterien, wie die Art des Produkts, dessen wirtschaftliche Bedeutung oder die finanzielle Belastung der Verbraucher, einzubeziehen.[183] 127

6. Unternehmerische Sorgfalt

§ 2 Abs. 1 Nr. 7 UWG definiert die „unternehmerische Sorgfalt" als den **Standard an Fachkenntnissen und Sorgfalt,** von dem billigerweise angenommen werden kann, dass ein Unternehmer ihn in seinem Tätigkeitsbereich gegenüber Verbrauchern nach Treu und Glauben unter Berücksichtigung der anständigen Marktgepflogenheiten einhält. Dies ist dem Begriff der „beruflichen Sorgfalt" nach **Art. 2 lit. h) UGP-RL** nachgebildet.[184] Das UWG 2008 wählte noch die fachliche statt der beruflichen Sorgfalt um klar herauszustellen, dass die Sorgfaltspflichten auch juristische Personen treffen können, während ein Beruf nur von natürlichen Personen ausgeübt werden kann.[185] Mit der UWG-Novelle 2015 wurde der Begriff „unternehmerische Sorgfalt" gewählt, da der Unternehmer Adressat der Sorgfaltspflicht ist.[186] 128

Die unternehmerische Sorgfalt hat wesentliche Bedeutung für die Verbrauchergeneralklausel des § 3 Abs. 2 UWG (entsprechend der „beruflichen Sorgfaltspflicht" nach Art. 5 Abs. 2 lit. a) UGP-RL). Daneben ist er Tatbestandsmerkmal in § 5a Abs. 3 Nr. 4 UWG (entsprechend Art. 7 Abs. 4 lit. d) UGP-RL). 129

Im Verhältnis zu Verbrauchern muss das geschäftliche Verhalten von Unternehmen der für sie geltenden fachlichen Sorgfalt entsprechen (§ 2 Abs. 1 Nr. 7 UWG – „in seinem Tätigkeitsbereich"). Dabei kommt es auf einen **objektiven Maßstab der Sorgfalt** an, während das persönliche Wissen und Können des Unternehmers nicht relevant ist.[187] Vertragstypus und Branche 130

---

[173] OLG Düsseldorf GRUR-RR 2014, 499 Rn 26 – Herstellerkennzeichen für Kopfhörer; HK-UWG/Wirtz § 3 Rn. 133.

[174] Vgl. Amtl. Begr., BT-Drs. 15/1487, S. 17; BGH GRUR 2008, 186 Rn. 25 – Telefonaktion; s. auch HK-UWG/Wirtz § 3 Rn. 132; Ohly/Sosnitza/Sosnitza UWG § 3 Rn. 82.

[175] Vgl. Amtl. Begr., BT-Drs. 15/1487, S. 17; HK-UWG/Wirtz § 3 Rn. 132.

[176] Vgl. OLG Hamm MMR 2010, 548 (548 f.); HK-UWG/Wirtz § 3 Rn. 133.

[177] Vgl. BGH GRUR 2010, 251 Rn. 20 – Versandkosten bei Froogle I; Köhler/Bornkamm/Feddersen/Köhler UWG § 3a Rn. 1.102.

[178] Vgl. BGH GRUR 2014, 686 Rn. 23 – Goldbärenbarren.

[179] Vgl. OLG Köln GRUR-RR 2016, 284 – Datensammelnder Steuerberater; Köhler WRP 2013, 403 Rn. 23.

[180] Vgl. EuGH GRUR 2015, 600 Rn. 40 – UPC.

[181] Vgl. Köhler/Bornkamm/Feddersen/Köhler UWG § 3a Rn. 1.110; Ohly/Sosnitza/Sosnitza UWG § 3 Rn. 84.

[182] Vgl. BGH GRUR 2015, 813 Rn. 25 – Fahrdienst zur Augenklinik; Ohly/Sosnitza/Sosnitza UWG § 3 Rn. 86.

[183] Vgl. BGH GRUR 2014, 686 Rn. 23 – Goldbärenbarren.

[184] Mit der UWG-Novelle 2015 ist auch der Begriff „Marktgepflogenheiten" in „anständige Marktgepflogenheiten" geändert worden; vgl. die frühere Kritik von Köhler WRP 2012, 22 (31).

[185] Amtl. Begr., BT-Drs. 16/10145, S. 21 f.

[186] Begr. Beschlussempfehlung, BT-Drs. 18/6571, S. 13.

[187] Köhler/Bornkamm/Feddersen/Köhler UWG § 2 Rn. 133; Gloy/Loschelder/Danckwerts/Erdmann/Pommerening UWG-HdB § 38 Rn 6.

(s. Erwägungsgrund 20 UGP-RL) sind wichtige Anknüpfungspunkte.[188] „Marktgepflogenheit" bedeutet eine nicht gesetzlich geregelte Marktverhaltensanweisung, sei es in einem Regelwerk niedergelegt oder sei es Handelsbrauch, Usance oder Tradition; Verhaltenskodizes iSv § 2 Abs. 1 Nr. 5 UWG (→ Rn. 132) können hierunter fallen.[189]

131 Die Reichweite der Erfassung der unternehmerischen Sorgfalt in § 3 Abs. 2 UWG ist noch nicht ausgelotet. In der Entscheidung *„Kamerakauf im Internet"* hat der *BGH* im Hinblick auf die Werbung mit Testergebnissen es als ein **„Gebot der fachlichen Sorgfalt"** bezeichnet, mit Testergebnissen nur zu werben, wenn dem Verbraucher die Fundstelle eindeutig und leicht zugänglich angegeben wird und er so die einfache Möglichkeit hat, den Test selbst zur Kenntnis zu nehmen.[190] Hieraus kann abgeleitet werden, aus dem Begriff der „fachlichen Sorgfalt" eine **Verhaltenspflicht des Unternehmers** zu konstruieren (arg. „berufliche Sorgfalts*pflicht* nach Art. 5 Abs. 1 lit. a) UGP-RL). *Köhler* sieht den Begriff der „fachlichen Sorgfalt" als zentralen Begriff des gesamten Lauterkeitsrechts an. Er leitet aus den Verboten der irreführenden und aggressiven Geschäftspraktiken allgemein ein Konzept der Verhaltenspflichten für das UWG ab, die gegenüber schutzwürdigen Verbrauchern noch gesteigert sein können.[191] In die Verhaltenspflichten integriert er beispielsweise die wettbewerblichen Verkehrspflichten.[192] Der Begriff sei auch für die rechtliche Bewertung von Verkaufsförderungsmaßnahmen und unwirksamen Vertragsklauseln maßgeblich und ferner zur Konkretisierung einzelner, auf die UGP-RL zurückzuführender Beispielstatbestände (wie der Notwendigkeit in § 5 Abs. 2 S. 2 Nr. 5 UWG).[193] Schließlich könne der Begriff auch zur Konkretisierung von Verhaltenspflichten außerhalb des Bereichs B2C gegenüber sonstigen Marktteilnehmern herangezogen werden.[194] Die weitere Rechtsentwicklung ist in diesem Punkt offen.

7. Verhaltenskodex

132 Nach § 2 Abs. 1 Nr. 5 UWG handelt es sich bei Verhaltenskodizes um **Vereinbarungen oder Vorschriften über das Verhalten von Unternehmern,** zu welchem diese sich in Bezug auf Wirtschaftszweige oder einzelne geschäftliche Handlungen verpflichtet haben. Hierbei handelt es sich um Verträge oder Satzungen.[195] Diese dürfen gesetzlichen Vorschriften nicht zuwiderlaufen.[196] Verhaltenskodizes sind Tatbestandsmerkmale in § 5 Abs. 1 S. 2 Nr. 6 UWG sowie in Nr. 1 u. 3 Anh. zu § 3 Abs. 3 UWG.

IV. Anspruchsberechtigter und Anspruchsgegner nach §§ 8 ff. UWG

133 Hinsichtlich der wettbewerbsrechtlichen Ansprüche (hierzu → § 3) sieht das UWG Spezialregelungen vor, die den **Kreis der Anspruchsberechtigten** je unterschiedlich für Beseitigung und Unterlassung sowie die damit verbundenen akzessorischen Ansprüche (§§ 8 Abs. 1, 12 Abs. 2 UWG), Auskunft iSv § 13 UKlaG (§ 8 Abs. 5 UWG), Schadensersatz (§ 9 UWG), Gewinnabschöpfung (§ 10 UWG) sowie Aufwendungsersatz für die Abmahnung (§ 13 Abs. 3 u. 4 UWG) und die Verteidigung gegen die unberechtigte Abmahnung (§ 13 Abs. 5 UWG) regeln. Der Kreis der Anspruchsberechtigten wird gegenüber allgemeinen Regelungen hinsichtlich Beseitigung und Unterlassung einerseits erheblich erweitert (§§ 8 Abs. 3, 8a UWG), andererseits aber wiederum eingeschränkt (§ 8c UWG). Die Erweiterung beruht darauf, dass es keine staatliche Behörde gibt, die die Lauterkeit des Wettbewerbs überwacht. Gleichwohl liegt es jedoch nicht nur im Interesse der unmittelbar von Wettbewerbsverstößen betroffenen Mitbewerber, sondern auch im Interesse der Verbraucher und letztlich im allgemeinen Interesse, Wettbewerbsverstöße umfassend zu verfolgen.

134 Sinn und Zweck der §§ 8 Abs. 3, 8a UWG ist es daher, den Kreis der Berechtigten für Ansprüche auf Beseitigung und Unterlassung auf unmittelbar verletzte Mitbewerber gemäß § 8 Abs. 3 Nr. 1 UWG, auf Wirtschaftsverbände iSv § 8 Abs. 3 Nr. 2 UWG, auf Verbraucherorganisationen

[188] Vgl. Köhler/Bornkamm/Feddersen/Köhler UWG § 2 Rn. 134.
[189] Vgl. Gloy/Loschelder/Danckwerts/Erdmann/Pommerening UWG-HdB § 38 Rn. 11; Köhler/Bornkamm/Feddersen/Köhler UWG § 2 Rn. 137.
[190] BGH GRUR 2010, 248 Rn. 31 – Kamerakauf im Internet.
[191] Köhler WRP 2012, 22 (24, 31); Köhler/Bornkamm/Feddersen/Köhler UWG § 2 Rn. 132.
[192] Köhler WRP 2012, 22 (26 f., 31).
[193] Köhler WRP 2012, 22 (29 f., 31 f.).
[194] Köhler WRP 2012, 22 (30 f., 32); Köhler/Bornkamm/Feddersen/Köhler UWG § 2 Rn. 132.
[195] Beispiele sind die Werberichtlinien des Werberats oder Freiwillige Selbstkontrollen einiger Branchen; vgl. Köhler/Bornkamm/Feddersen/Köhler UWG § 2 Rn. 113c mit weiteren Beispielen.
[196] Vgl. Köhler/Bornkamm/Feddersen/Köhler UWG § 2 Rn. 115a.

gemäß § 8 Abs. 3 Nr. 3 UWG, auf Organisationen, Körperschaften und Gewerkschaften iSv § 8 Abs. 3 Nr. 4 UWG sowie auf anspruchsberechtigte Verbände, Organisation und öffentliche Stellen im Bereich der Online-Plattformwirtschaft (§ 8a UWG) auszudehnen. Der Auskunftsanspruch nach § 13 UKlaG, gerichtet auf die Koordinaten der am Post-, Telekommunikations-, Tele- oder Mediendiensteverkehr Beteiligten, wird nach § 8 Abs. 5 UWG den gemäß § 3 Abs. 1 S. 1 UKlaG privilegierten Organisationen, Körperschaften und Gewerkschaften für Ansprüche nach § 8 Abs. 1 UWG gewährt.

Wiederum als **„Notbremse"** ist die Vorschrift des § 8c UWG zu verstehen, die die missbräuchliche Ausnutzung der erweiterten Klagebefugnis ausschließt, soweit durch das wettbewerbsrechtliche Vorgehen ein Rechtsmissbrauch verwirklicht wird.[197] 135

Hinsichtlich der **Anspruchsgegnerschaft** gelten im Wesentlichen die allgemeinen Regeln, wobei als Sonderfall die Einstandspflicht für Dritte nach § 8 Abs. 2 UWG hervorzuheben ist. 136

1. Anspruchsberechtigung gemäß § 8 Abs. 3 UWG

Die Erweiterung der Aktivlegitimation in **§ 8 Abs. 3 UWG** gilt für **Ansprüche** auf **Unterlassung** und **Beseitigung.** Mitbewerber haben den Schadensersatzanspruch aus § 9 UWG, während die Organisationen iSv § 8 Abs. 3 Nr. 2 bis 4 UWG den Gewinnabschöpfungsanspruch aus § 10 UWG besitzen. § 8 Abs. 3 UWG regelt, wer den Anspruch auf Unterlassung und Beseitigung geltend machen kann. In § 8 Abs. 3 Nr. 2 bis 4 UWG ist sowohl die **materielle Anspruchsberechtigung,** also die im Rahmen der Begründetheit zu prüfende Aktivlegitimation, als auch die **Prozessführungsbefugnis,** also die Klagebefugnis, gemeint (**Doppelnatur der Klagebefugnis**).[198] Als Zulässigkeitsvoraussetzung ist die Prozessführungsbefugnis von Amts wegen in jeder Lage des Verfahrens, auch noch in der Revisionsinstanz, zu prüfen.[199] Bereits in der Abmahnung sind die Voraussetzungen der Anspruchsberechtigung klar und verständlich anzugeben, § 13 Abs. 2 Nr. 2 UWG. 137

a) **Mitbewerber.** Nach § 8 Abs. 3 Nr. 1 steht bestimmten Mitbewerbern die Aktivlegitimation zur Geltendmachung von Unterlassungs- und Beseitigungsansprüchen zu. Das UWG 2004 erstreckte die Befugnis noch auf alle Wettbewerber. Mit dem Gesetz zur Stärkung des fairen Wettbewerbs ist ab 1.12.2021 die Voraussetzung hinzugekommen, dass anspruchsberechtigte Mitbewerber Waren oder Dienstleistungen in nicht unerheblichem Maße und nicht nur gelegentlich vertreiben oder nachfragen. Der Gesetzgeber wollte Auswüchsen entgegentreten, wie dem Ausspruch einer Vielzahl von Abmahnungen durch Unternehmen unmittelbar nach ihrer Gründung.[200] Der Sache nach kann solchen Auswüchsen zufriedenstellend anhand § 8c UWG begegnet werden. Stattdessen ist mit der Neufassung in § 8 Abs. 3 S 1 UWG durch die ausfüllungsbedürftigen Tatbestandsmerkmale eher Rechtsunsicherheit geschaffen worden.[201] 138

Die Vorschrift rekurriert auf den in § 2 Abs. 1 Nr. 3 UWG definierten Begriff des Mitbewerbers (→ Rn. 75 ff.). Demzufolge werden lediglich **abstrakt betroffene Mitbewerber** nicht in den Kreis der Anspruchsberechtigten hereingenommen, da diese die Möglichkeit haben, einen anspruchsberechtigten Wirtschafts- oder Verbraucherverband regulierend einzuschalten.[202] Die Interessen des Mitbewerbers müssen somit unmittelbar berührt sein, wobei die Eignung hierzu genügt.[203] 139

Der in **§ 2 Abs. 1 Nr. 3 UWG** definierte Begriff des Mitbewerbers setzt **ein konkretes Wettbewerbsverhältnis** voraus (→ Rn. 83 f.). Für die Klagebefugnis des Mitbewerbers ist nicht zu folgern, dass sich seine gewerbliche Betätigung als erlaubt darstellt (zB wegen Fehlen der erforderlichen öffentlich-rechtlichen Erlaubnisse).[204] 140

---

[197] Vgl. BGH GRUR 2012, 730 Rn. 33 – Bauheizgerät.

[198] BGH GRUR 2006, 517 Rn. 15 – Blutdruckmessungen; BGH GRUR 2012, 415 Rn. 10 – Überregionale Klagebefugnis; BGH GRUR 2012, 411 Rn. 12 – Glücksspielverband; BGH GRUR 2017, 1265 Rn. 10 – Preisportal; OLG Schleswig GRUR-RR 2020, 497 Rn. 24 – Jugendmagazin; Ohly/Sosnitza/Ohly UWG § 8 Rn. 86; Köhler/Bornkamm/Feddersen/Köhler/Feddersen UWG § 8 Rn. 3.10; HK-UWG/Schmitz-Fohrmann/Schwab § 3 Rn. 137. Eine Gegenansicht sieht in § 8 Abs. 3 UWG lediglich eine materiellrechtliche Berechtigung, Geiger NJW 2010, 2457 (2462).

[199] BGH GRUR 2006, 517 Rn. 15 – Blutdruckmessungen; BGH GRUR 2007, 610 Rn. 14 – Sammelmitgliedschaft V; BGH GRUR 2017, 1265 Rn. 10 – Preisportal; Ohly/Sosnitza/Ohly UWG § 8 Rn. 91.

[200] Vgl. Amtl. Begr. BT-Drs. 19/12084, S. 26.

[201] Krit. Fritzsche WRP 2018, 1277 (1278); Würtenberger/Freischem GRUR 2019, 59 (63); Kefferpütz GRUR-Prax 2018, 541 (541 f.); Köhler/Bornkamm/Feddersen/Köhler/Feddersen UWG § 8 Rn. 3.28a.

[202] Vgl. Amtl. Begr., BT-Drs. 15/1487, S. 22; MüKo UWG/Ottofülling § 8 Rn. 411.

[203] MüKo UWG/Ottofülling § 8 Rn. 421; Köhler/Bornkamm/Feddersen/Köhler/Feddersen UWG § 8 Rn. 3.28a.

[204] BGH GRUR 2005, 519 (520) – Vitamin-Zell-Komplex; Ohly/Sosnitza/Ohly UWG § 8 Rn. 94; Köhler/Bornkamm/Feddersen/Köhler/Feddersen UWG § 8 Rn. 3.27b; Gloy/Loschelder/Danckwerts/Fritzsche UWG-HdB § 79 Rn. 174.

141 Mitbewerber sind nur anspruchsberechtigt, wenn sie Produkte zum einen in „nicht unerheblichem" Umfang und zum anderen „nicht nur gelegentlich" vertreiben oder nachfragen. Die negative Formulierung indiziert bereits, dass die Hürden für Umfang und Dauer der erforderlichen geschäftlichen Aktivitäten angemessen niedrig anzusetzen sind.[205] Primär soll die rechtsmissbräuchliche Geltendmachung von Rechten verhindert werden. In der Gesamtschau kommt es auf die Umstände des Einzelfalls an.

142 Die Darlegungs- und Beweislast für die Anforderungen an Umfang und Dauer der Marktaktivitäten liegt beim Anspruchsteller. Konkrete Umsatzzahlen sind zwar nicht zu fordern, jedoch aber Nachweise, die eine solche Tätigkeit hinreichend indizieren.[206] Es gilt der Freibeweis.[207]

Praxistipp:

Für den Begriff des anspruchsberechtigten Mitbewerbers nach § 8 Abs. 3 Nr. 1 UWG ist auf die Definition in § 2 Abs. 1 Nr. 3 UWG abzustellen. Diese erfordert ein „konkretes Wettbewerbsverhältnis", während abstrakt Betroffene keine Anspruchsberechtigung besitzen.

143 b) **Wirtschaftsverbände.** Die Individualklagebefugnis besitzen nach **§ 8 Abs. 3 Nr. 2 UWG** auch rechtsfähige Verbände zur Förderung gewerblicher oder selbstständiger beruflicher Interessen, sogenannte Wirtschaftsverbände (**Wettbewerbs- und Berufsverbände**), die in der Liste qualifizierter Wirtschaftsverbände gemäß § 8b UWG eingetragen sind.[208] Weitere Voraussetzung ist, dass diesen Verbänden eine erhebliche Zahl von Unternehmern angehören, die Waren oder Dienstleistungen gleicher oder verwandter Art auf demselben Markt vertreiben, und die Zuwiderhandlung die Interessen ihrer Mitglieder berührt. Das UWG 2004 praktizierte bei den Wirtschaftsverbänden nicht das bei den Verbraucherverbänden vorgesehene Listenprinzip, sondern stellte im Einzelfall darauf ab, ob die entsprechenden Verbände eine hinreichende Zahl von relevanten Unternehmern für den entsprechenden Markt repräsentierten. Das Gesetz zur Stärkung des fairen Wettbewerbs sieht ab 1.12.2021 die Listeneintragung nach § 8b UWG vor, die der Liste der qualifizierten Einrichtungen nach § 4 UKlaG nachempfunden ist.[209] Gesetzgeberisches Ziel ist die Reduktion der Anspruchsberechtigten, damit sichergestellt ist, dass die Rechtsverfolgung nicht finanziellen Motiven unterliegt.[210] Die Liste qualifizierter Wirtschaftsverbände wird vom Bundesamt für Justiz geführt.[211] Die Veröffentlichung erfolgt auf dessen Internetseite.[212]

144 *aa) Eintragung in die Liste qualifizierter Wirtschaftsverbände.* Der Eintrag in die **Liste qualifizierter Wirtschaftsverbände** ist für die Klagebefugnis konstitutiv. Die Eintragungsvoraussetzungen ergeben sich aus § 8b Abs. 2 UWG.

145 Nur ein **rechtsfähiger Verband** kann in die Liste eingetragen werden. Hierunter fallen in erster Linie eingetragene Vereine, aber auch andere inländische juristische Personen des Privatrechts sowie ausländische juristische Personen, wenn die Voraussetzungen im Einzelnen erfüllt sind.[213]

146 Neben der Rechtsfähigkeit ist jedoch außerdem noch Voraussetzung, dass dem Wirtschaftsverband die **satzungsgemäße Aufgabe** zufällt, die gewerblichen Interessen der Mitglieder zu verfolgen und zu fördern und zu Fragen des lauteren Wettbewerbs zu beraten und zu informieren. Die Satzung muss jedoch alleine auf die Wahrung und Förderung der gewerblichen bzw. beruflichen Interessen der Mitglieder gerichtet sein. Auch bei der Beratung und Information muss

[205] Köhler/Bornkamm/Feddersen/Köhler/Feddersen UWG § 8 Rn. 3.29b; Harte-Bavendamm/Hennig-Bodewig/Goldmann § 8 Rn. 364 ff.

[206] BeckOK UWG/Haertel § 8 Rn. 168; Köhler/Bornkamm/Feddersen/Köhler/Feddersen UWG § 8 Rn. 3.29d.

[207] OLG Schleswig GRUR-RR 2020, 497 Rn. 24 – Jugendmagazin.

[208] Mit Stand vom 27.12.2021 liegen 19 Eintragungen vor. Die Liste ist abrufbar unter www.bundesjustizamt.de > Themen > Bürgerdienste > Liste qualifizierter Wirtschaftsverbänden nach dem UWG.

[209] Die Vorschrift ist nicht anzuwenden auf Verfahren, die am 1.9.2021 bereits rechtshängig waren, § 15a Abs. 1 UWG.

[210] Amtl. Begr., BT-Drs. 19/12084, S. 26.

[211] Regelungen zum Antrag und den erforderlichen Angaben ergeben sich aus der Verordnung zu qualifizierten Einrichtungen und qualifizierten Wirtschaftsverbänden vom 7.6.2021 (QEWV).

[212] https://www.bundesjustizamt.de/DE/Themen/Buergerdienste/qualifizierte_Wirtschaftsverbaende/Liste_node.html.

[213] Harte-Bavendamm/Hennig-Bodewig/Goldmann § 8b Rn. 6, 9.

dies satzungsmäßig bestimmt sein, so dass die Verbreitung allgemeiner Informationen nicht hinreichend ist.[214] Es ist schädlich, wenn gleichrangig daneben auch noch Verbraucherinteressen nach der Satzung zu verfolgen sind („**Mischverband**"), es sei denn, die Gefahr von Interessenkollisionen wird sachgerecht von vornherein ausgeschaltet.[215]

Der Verband muss auch die hinreichende **praktische Befähigung** besitzen. Hierzu ist zunächst eine einjährige Aktivität nachzuweisen (§ 8b Abs. 2 Nr. 2 UWG), was die Ernsthaftigkeit der Tätigkeit jenseits der bloßen Verfolgung von UWG-Verstößen dokumentieren soll.[216] Zudem muss der Verband die Gewähr bieten, dass die satzungsgemäßen Aufgaben dauerhaft und wirksam in der Praxis umgesetzt werden und dass die Geltendmachung von Ansprüchen nicht vorwiegend der Erzielung von Einnahmen dient. Der Verband muss deshalb **personell, sachlich und finanziell hinreichend ausgestattet** sein, § 8b Abs. 2 Nr. 3 UWG. Die bisherige Tätigkeit des Verbands kann im Rahmen einer Prognoseentscheidung bei der Listeneintragung berücksichtigt werden.[217] 147

Zur persönlichen Ausstattung gehört, dass der Verband über Mitarbeiter verfügt, die das Wettbewerbsgeschehen beobachten und selbst durchschnittlich schwierig zu verfolgende Wettbewerbsverstöße erkennen und verfolgen.[218] Es genügt nicht, wenn der Verband lediglich Rechtsanwälte beauftragt, gebührenpflichtige Abmahnungen auszusprechen und Klagen durchzuführen.[219] Der Verband muss diese Tätigkeit regelmäßig bei typischen Fällen selbst ausüben, wobei allerdings bei einer Einzelfallbewertung auch die Einschaltung eines Rechtsanwaltes angemessen sein kann.[220] 148

Zur sachlichen Ausstattung gehört es, dass der Verband über die erforderliche Einrichtung, insbesondere über Büroräume und Kommunikationsausstattung, verfügt, um seinem Satzungszweck nachkommen zu können. Er muss insbesondere für die Abgemahnten zu den regelmäßigen Geschäftszeiten erreichbar sein. 149

Finanziell muss der Verband in der Lage sein, seine Fixkosten, aber auch die entstehenden Erstattungsansprüche, abzudecken.[221] Diese **Finanzierung** muss nicht allein, aber vorwiegend durch Mitgliedsbeiträge, Spenden und vergleichbare Einnahmen erfolgen. Zwar dürfen auch Einnahmen aus Abmahnungen und Vertragsstrafen einkalkuliert werden.[222] Schädlich ist es jedoch, wenn die finanzielle Ausstattung sich überwiegend aus den Einnahmen aus der Anspruchsdurchsetzung deckt, wie § 8b Abs. 2 Nr. 3 lit. b) UWG zum Ausdruck bringt.[223] 150

Für die Tätigkeit des Wirtschaftsverbands gilt ein verschärftes **Zuwendungsverbot.** Danach darf er Mitgliedern keine Zuwendungen aus dem Verbandsvermögen gewähren und Personen, die für den Verband tätig sind, nicht durch unangemessen hohe Vergütungen oder andere Zuwendungen begünstigen, § 8b Abs. 2 Nr. 4 UWG. Dies soll die Zielsetzung untermauern, Verbände, die es primär auf die Erzielung von Einnahmen für nicht satzungsgemäße Zwecke abgesehen haben, von der Anspruchsberechtigung auszuschließen.[224] Unerlaubte Zuwendungen können beispielsweise Prämien an Mitglieder für mitgeteilte Wettbewerbsverstöße, die der Verband abmahnen kann, sein. Bei den Personalkosten (wie Geschäftsführergehälter) sollte es nicht auf die absolute Höhe ankommen, sondern auf nachvollziehbare Kriterien wie die sachlichen Anforderungen an die Qualifikation des Personals.[225] 151

[214] Möller NJW 2021, 1 Rn. 14; Köhler/Bornkamm/Feddersen/Feddersen § 8b Rn. 3.

[215] BGH GRUR 1983, 129 (130) – Mischverband I; BGH GRUR 1985, 58 (59) – Mischverband II; grundsätzlicher Ausschluss befürwortet von Harte-Bavendamm/Hennig-Bodewig/Goldmann § 8b Rn 14.

[216] Vgl. Amt. Begr., BT-Drs. 19/12084, S. 28.

[217] Fritzsche WRP 2020, 1367 Rn. 20; Harte-Bavendamm/Henning-Bodewig/Goldmann § 8b Rn. 30.

[218] BGH GRUR 1984, 691 (692) – Anwaltsabmahnung; BGH GRUR 2008, 928 Rn. 15 – Abmahnkostenersatz; BGH GRUR 2017, 926 Rn. 13 – Anwaltsabmahnung II.

[219] BGH GRUR 1986, 320 – Wettbewerbsverein I; KG WRP 1999, 1302 (1304) – tw. 50 % Sonder-AfA.

[220] BGH GRUR 1984, 691 (692) – Anwaltsabmahnung; BGH GRUR 1990, 282 (286) – Wettbewerbsverein IV; BGH GRUR 1991, 684 (685) – Verbandsausstattung I; BGH GRUR 2000, 1093 (1095) – Fachverband; BGH GRUR 2017, 926 Rn. 14 f. – Anwaltsabmahnung II.

[221] BGH GRUR 1990, 282 (285) – Wettbewerbsverein IV; KG WRP 1999, 1302 (1304) – tw. 50 % Sonder-AfA.; vgl. auch BGH GRUR 1999, 1116 (1117 f.) – Wir dürfen nicht feiern.

[222] BGH GRUR 1988, 918 – Wettbewerbsverein III; BGH GRUR 2005, 689 (691) – Sammelmitgliedschaft III; OLG Frankfurt a. M. GRUR 1990, 58; KG WRP 2012, 993 Rn. 48; Harte-Bavendamm/Hennig-Bodewig/Goldmann § 8b Rn. 36.

[223] Vgl. BGH GRUR 1990, 282 (285) – Wettbewerbsverein IV; BGH GRUR 1988, 918 – Wettbewerbsverein III; KG WRP 1999, 1302 (1304) – tw. 50 % Sonder-AfA; b Rn. 9.

[224] Amtl. Begr., BT-Drs. 19/12084, 29.

[225] Amtl. Begr., BT-Drs. 19/12084, 29; Köhler/Bornkamm/Feddersen/Feddersen § 8b Rn. 11.

152 Schließlich ist eine **Mindestmitgliederzahl** von 75 Mitgliedsunternehmen Voraussetzung für den Listeneintrag, § 8b Abs. 2 Nr. 1 UWG. Der Gesetzgeber bezweckt mit dem Erfordernis einer gewissen Größe, dass der Wettbewerbsverband seine Aufgaben verantwortlich wahrnimmt.[226] Damit wird in engen Märkten eher auf branchenübergreifende Verbände abgezielt.[227] Allerdings ist auch eine mittelbare Mitgliedschaft (wie in Branchenfachverbänden und Spitzenverbänden) bei der Berechnung der Mindestmitgliederzahl zu berücksichtigen.[228]

153 Bestehen **Zweifel am Fortbestand der Eintragungsvoraussetzungen,** kann das Gericht das Verfahren aussetzen und das Bundesamt für Justiz zur Überprüfung der sachlichen Berechtigung der Eintragung auffordern, § 8b Abs. 3 UWG iVm § 4a Abs. 2 UKlaG. Ergibt die Prüfung begründete Zweifel, ist die Eintragung mit Wirkung *ex nunc* aufzuheben, § 8b Abs. 3 UWG iVm § 4c Abs. 1 UKlaG.

154 *bb) Konkrete Mitgliederstruktur.* Trotz Listeneintrag ist weitere Voraussetzung der Anspruchsberechtigung, dass dem Wirtschaftsverband **eine erhebliche Zahl von Unternehmern angehört, die Waren oder Dienstleistungen gleicher oder verwandter Art auf demselben Markt vertreiben,** § 8 Abs. 3 Nr. 2 UWG. Diese konkrete Marktverbundenheit ist nicht Gegenstand des Eintragungsverfahrens, sondern entsprechend den Einzelfallumständen in der konkreten Anspruchssituation zu ermitteln. Durch diese einschränkende Voraussetzung soll dem Missbrauch begegnet werden, dass ein Verein, dem keine erhebliche Zahl von betroffenen Mitbewerbern angehört, ohne kollektive Wahrnehmung von Mitgliederinteressen seine Klagebefugnis ausnutzt. Das insoweit relevante Wettbewerbsverhältnis der Wettbewerber als Mitglieder des anspruchstellenden Verbands zum Anspruchsgegner wird wesentlich durch die gemeinsame Zugehörigkeit zur selben Branche oder zu zumindest angrenzenden Branchen begründet.[229] Maßgeblich ist der Branchenbereich, dem die beanstandete Wettbewerbshandlung zuzurechnen ist.[230] Wirtschaftsverbände allerdings, deren Mitglieder nur als „sonstige Marktteilnehmer“ tangiert werden, sind nicht klagebefugt.[231]

155 Die sachliche Abgrenzung („Waren oder Dienstleistungen gleicher oder verwandter Art“) richtet sich nach den Waren oder Dienstleistungen, die die Mitglieder des Verbandes regelmäßig anbieten.[232] Hierbei ist der Maßstab großzügig.[233] Die beiderseitigen Produkte müssen sich so auf dem Markt begegnen, dass der Bezug oder Absatz des Produktes der Verbandsmitglieder durch das angegriffene Verhalten beeinträchtigt werden könnte.[234] Der Gesetzeswortlaut bezieht sich nur auf den Vertrieb (Anbieten und Inverkehrbringen), so dass der Nachfragemarkt nicht erfasst wird.[235]

156 Die räumliche Abgrenzung („auf demselben Markt“) bewirkt, dass bei einer nur regionalen Auswirkung des beanstandeten Verhaltens auch die regionale Abdeckung des Verbandes erforderlich sein kann.[236] Der insoweit maßgebliche Markt wird allein durch die Geschäftstätigkeit des in Anspruch Genommenen bestimmt (auch im Fall einer Gemeinschaftswerbung).[237]

157 Weitere Voraussetzung ist, dass der Wettbewerbsverband eine **erhebliche Zahl** an Mitbewerbern aufweist, die auf dem sachlich und räumlich relevanten Markt tätig sind. Die Erheblichkeit ist **relativ** und **nicht absolut** zu sehen. Maßgeblich ist vielmehr, ob Verbandsmitglieder von der Wettbewerbsbehandlung betroffen sein können, und ob durch deren Anzahl, deren Marktbedeutung oder deren wirtschaftliches Gewicht sichergestellt ist, dass ein missbräuchliches Vor-

[226] Amtl. Begr., BT-Drs. 19/12084, 28.
[227] Köhler/Bornkamm/Feddersen/Feddersen § 8b Rn. 12; MüKo UWG/Fritzsche § 8b Rn. 15.
[228] Amtl. Begr., BT-Drs. 19/12084, S. 28.
[229] BGH GRUR 2007, 610 Rn. 17 – Sammelmitgliedschaft V; BGH GRUR 2007, 809 Rn. 14 – Krankenhauswerbung; BGH GRUR 2015, 1140 Rn. 11 – Bohnengewächsextrakt; Köhler/Bornkamm/Feddersen/Köhler/Feddersen UWG § 8 Rn. 3.36.
[230] BGH GRUR 2006, 778 Rn. 19 – Sammelmitgliedschaft IV; BGH GRUR 2007, 809 Rn. 14 – Krankenhauswerbung; BGH GRUR 2015, 1140 Rn. 11 – Bohnengewächsextrakt.
[231] Krit. Köhler WRP 2007, 602 (603f.).
[232] BGH GRUR 2000, 438 (440) – Gesetzeswiederholende Unterlassungsanträge.
[233] BGH GRUR 2007, 610 Rn. 17 – Sammelmitgliedschaft V; BGH GRUR 2007, 809 Rn. 14 – Krankenhauswerbung; OLG Koblenz GRUR-RR 2010, 16; Ohly/Sosnitza/Ohly UWG § 8 Rn. 101.
[234] BGH GRUR 2007, 617 Rn. 17 – Sammelmitgliedschaft V; BGH GRUR 2007, 809 Rn. 14 – Krankenhauswerbung.
[235] OLG Stuttgart 23.3.2017 – 2 U 11/14, KommJur 2017, 220 (224); Harte-Bavendamm/Hennig-Bodewig/Goldmann § 8 Rn. 385; für eine analoge Anwendung Köhler/Bornkamm/Feddersen/Köhler/Feddersen UWG § 8 Rn. 3.38; Ohly/Sosnitza/Ohly UWG § 8 Rn. 100.
[236] OLG Rostock 12.3.2021 – 2 U 15/20, GRUR-RS 2021, 7122.
[237] BGH GRUR 2009, 692 Rn. 9 – Sammelmitgliedschaft VI.

gehen unter Einschaltung des Verbandes ausgeschlossen ist.[238] Die Zahl der Mitglieder sollte als repräsentativ für den relevanten Markt angesehen werden können.[239]

Sind auf einem Markt nur wenige Wettbewerber vorhanden, so kann schon die Mitgliedschaft eines Mitbewerbers im Verband genügen.[240] Etwas zurückhaltender wird man allerdings sein müssen, wenn bei einer Vielzahl von Mitbewerbern nur wenige Verbandsmitglieder sind, auch wenn die Mitglieder über eine bedeutende Marktstellung verfügen. Allein auf die Marktbedeutung kann jedenfalls nicht abgestellt werden, weil damit nicht ausgeschlossen werden kann, dass doch lediglich Individualinteressen einzelner und nicht gemeinsame gewerbliche Interessen der gesamten Branche wahrgenommen werden. 158

Es ist unerheblich, ob die erhebliche Zahl durch eine unmittelbare **Mitgliedschaft** erreicht wurde oder lediglich dadurch, dass Wettbewerber **mittelbar** durch die Zugehörigkeit zu Fachverbänden, Dach- oder Spitzenverbänden, Handwerksinnungen oder vergleichbaren Organisationen, die Mitglied im anspruchstellenden Wettbewerbsverband sind, erfasst werden.[241] Allerdings muss der Verband, über den die Mitgliedschaft vermittelt werden soll, von dessen Mitgliedern mit der Wahrnehmung ihrer gewerblichen Interessen – gegebenenfalls auch durch schlüssiges Verhalten – beauftragt worden sein und seinerseits den klagenden Verband durch seinen Beitritt mit der Wahrnehmung der gewerblichen Interessen seiner Mitglieder beauftragen (sog. Kompetenzübertragung).[242] **Prozessual** erfolgt der **Nachweis** der erforderlichen Mitgliederzahl durch **eine namentliche Benennung** der Verbandsmitglieder. Anonymisierte Mitgliederlisten genügen nicht, weil der Prozessgegner ansonsten keine Möglichkeit hat, die Mitgliederangaben zu überprüfen.[243] Nur ganz ausnahmsweise bei Angaben zum Interesse an der Geheimhaltung von Mitgliedern kann eine anonymisierte Mitgliederliste genügen.[244] Die Glaubhaftmachung der Richtigkeit der Angaben zur Mitgliederzahl kann durch eidesstattliche Versicherung erfolgen, vorausgesetzt, dass diese hinreichend konkret ist und auch ein Datum angibt.[245] Geringfügige Fehler in einer Mitgliederliste, zum Beispiel bei vier von vierzig Mitgliederadressen, sind unschädlich für die Glaubhaftmachung,[246] schwerwiegende aber nicht.[247] 159

Praxistipp:
Wenn die Klagebefugnis im Sinne der Erheblichkeit der Anzahl der Mitglieder des Wettbewerbsverbands nicht klar ist, stets schon in der außergerichtlichen Korrespondenz auf Vorlage einer nicht anonymisierten Mitgliederliste des Wirtschaftsverbandes bestehen. Bei einer Weigerung bleibt die prozessuale Möglichkeit des § 93 ZPO, sofern die Abmahnung nicht auch aus materiell-rechtlichen Gründen zurückgewiesen wird. Nach Vorlage der Liste stets marktbezogen prüfen, ob ausreichende Mitgliederzahl zum Zeitpunkt der Abmahnung gegeben ist.

Abschließende Voraussetzung für die sachliche Anspruchsberechtigung gemäß § 8 Abs. 3 Nr. 2 UWG ist, dass die Zuwiderhandlung die **Interessen der Mitglieder des Verbands berührt.** Dies ist der Fall, wenn die Mitglieder durch das inkriminierte Verhalten einen eigenständigen Anspruch 160

238 BGH GRUR 2007, 809 Rn. 15 – Krankenhauswerbung; BGH GRUR 2009, 692 Rn. 12 – Sammelmitgliedschaft VI.

239 BGH GRUR 2004, 251 (252) – Hamburger Auktionatoren; BGH GRUR 2006, 610 Rn 18 – Sammelmitgliedschaft V.

240 OLG Nürnberg WRP 1995, 338 (343); im Ergebnis wohl auch BGH GRUR 2009, 692 Rn. 12 – Sammelmitgliedschaft VI.

241 BGH GRUR 1995, 122 – Laienwerbung für Augenoptiker; BGH GRUR 1995, 751 – WSV-Werbung für Möbel; BGH GRUR 2007, 610 Rn. 15 – Sammelmitgliedschaft V.

242 BGH GRUR 2006, 778 Rn. 25 – Sammelmitgliedschaft IV; BGH GRUR 2007, 610 Rn 21 – Sammelmitgliedschaft V; Köhler/Bornkamm/Feddersen/Köhler/Feddersen UWG § 8 Rn. 3.47.

243 BGH GRUR 1996, 217 (217 f.) – Anonymisierte Mitgliederliste; BGH GRUR 1996, 292 (294) – Aknemittel; BGH GRUR-RR 2001, 48 – Fehlende Prozessvoraussetzung; LG Rostock MMR 2020, 500 (Ls.); Derleder/Zänker GRUR 2002, 490 (493); Ohly/Sosnitza/Ohly UWG § 8 Rn. 90; MüKo UWG/Ottofülling § 8 Rn. 473.

244 BGH GRUR 1996, 217 – Anonymisierte Mitgliederliste.

245 BGH GRUR 1998, 175 – Verbandsklage in Prozessstandschaft.

246 OLG Naumburg GRUR 1997, 228; Ekey/Klippel/Kotthoff/Meckel/Plaß/Meckel § 8 Rn. 104; MüKo UWG/Ottofülling § 8 Rn. 473.

247 KG WRP 1999, 1302 (1304) – tw. 50 % Sonder-AfA.

nach § 8 Abs. 3 Nr. 1 UWG haben.[248] Bei Handlungen gegenüber Verbrauchern ist auch die Spürbarkeit der Beeinträchtigung iSv § 2 Abs. 1 Nr. 8 UWG nachzuweisen.[249]

161 *cc) Prozessführung in Prozessstandschaft.* Liegen die Voraussetzungen für die eigene Geltendmachung wettbewerbsrechtlicher Ansprüche für einen Wirtschaftsverband nach § 8 Abs. 3 Nr. 2 UWG nicht vor, kann der Verband eigene Ansprüche seiner Mitglieder auch **nicht** im Wege der **Prozessstandschaft** geltend machen.[250]

162 c) **Verbraucherverbände.** Zum privilegierten Kreis der Anspruchsberechtigten gehören auch die Verbraucherverbände unter den Voraussetzungen des **§ 8 Abs. 3 Nr. 3 UWG.**

163 *aa) Qualifizierte deutsche Einrichtung.* Klagebefugt als Verbraucherverband sind qualifizierte deutsche Einrichtungen, sofern sie in die Liste qualifizierter Einrichtungen nach **§ 4 UKlaG** eingetragen sind.[251] Die Eintragung ist für die Geltendmachung von Rechten konstitutiv.[252] Das Bundesamt für Justiz führt die entsprechende **Liste qualifizierter Einrichtungen.**[253] Die Bekanntmachung erfolgt auf der amtlichen Internetseite. Die Streichung der Eintragung führt zum Verlust der Klagebefugnis *ex nunc* (§ 4c Abs. 1 UKlaG), was auch in der Revisionsinstanz beachtlich ist. In dem Verwaltungsverfahren zur Aufhebung der Eintragung eines Verbands in die Liste qualifizierter Einrichtungen ermittelt die Behörde den Sachverhalt von Amts wegen.[254]

164 Die Voraussetzungen für die Eintragung ergeben sich aus § 4 Abs. 2 UKlaG. Es besteht ein Anspruch auf Eintragung, wenn der Verband die Voraussetzungen erfüllt. Weitere Voraussetzungen der Anspruchsberechtigung bestehen – im Gegensatz zu Wirtschaftsverbänden gem. § 8 Abs. 2 Nr. 2 UWG – nicht.

165 Eintragungsvoraussetzung nach § 4 Abs. 2 UKlaG ist die **Rechtsfähigkeit** des Verbraucherverbands. Es kommt insoweit nur ein eingetragener Verein (§ 21 BGB) in Betracht.

166 Nach seiner **Satzung** muss der Verbraucherverband **die Interessen der Verbraucher durch Aufklärung und Beratung wahrnehmen.** Dieses Merkmal wird relativ streng gehandhabt. Es ist nicht genügend, wenn ein Verband nach der Satzung allein die Interessen seiner Mitglieder und nicht etwa auch anderer Verbraucher durch Aufklärung und Beratung wahrzunehmen hat, selbst wenn sämtliche Mitglieder Verbraucher sind.[255] Außerdem muss sich die Verbandsarbeit auf Aufklärung *und* Beratung beziehen.[256] Zulässig ist es allerdings, wenn die Satzung die Aufgabengebiete des Verbandes im Hinblick auf Aufklärung und Beratung auf **bestimmte Verbraucherinteressen beschränkt,** zum Beispiel auf Mieter, auf bestimmte Produktgruppen wie Bio-Lebensmittel oder auf bestimmte Regionen, zum Beispiel Bundesländer. Problematisch sind Satzungen, deren Zielsetzung sich nicht auf Beratung und Aufklärung für Verbraucher beschränkt, sondern darüber hinaus auch **Interessen der Allgemeinheit** einbezieht. Solche Verbände sind regelmäßig von der Privilegierung des § 8 Abs. 3 Nr. 3 UWG auszuschließen.

Beispiel:

Ein Verein hatte sich satzungsgemäß die Hauptaufgabe gegeben, einen aktiven Beitrag zur Vorbeugung und Bekämpfung der Gesundheitsschäden durch das Rauchen zu leisten; kein Verbraucherverband, da Zielsetzung nicht allgemein auf die Wahrung der Interessen der Verbraucher gerichtet.[257] Gleiches gilt für sogenannte Mischverbände, wenn sie satzungsgemäß gleichrangig Verbraucherinteressen und gewerbliche Interessen vertreten.[258]

---

[248] OLG Schleswig GRUR-RR 2020, 497 Rn. 28 – Jugendmagazin; Köhler/Bornkamm/Feddersen/Köhler/Feddersen UWG § 8 Rn. 3.50; Ohly/Sosnitz/Ohly UWG § 8 Rn. 108; Harte-Bavendamm/Hennig-Bodewig/Goldmann § 8 Rn. 408.

[249] OLG Schleswig GRUR-RR 2020, 497 Rn. 28 – Jugendmagazin; Köhler/Bornkamm/Feddersen/Köhler/Feddersen UWG § 8 Rn. 3.50; Ohly/Sosnitz/Ohly UWG § 8 Rn. 108; Harte-Bavendamm/Hennig-Bodewig/Goldmann § 8 Rn. 410.

[250] BGH GRUR 1998, 417 (418) – Verbandsklage in Prozessstandschaft; BGH GRUR 2000, 1089 (1092) – Missbräuchliche Mehrfachverfolgung.

[251] Mit Stand vom 26.11.2021 liegen 75 Eintragungen vor. Die Liste ist abrufbar unter www.bundesjustizamt.de > Themen > Bürgerdienste > Liste qualifizierter Einrichtungen nach dem UKlaG.

[252] BGH GRUR 2010, 852 Rn. 11 – Gallardo Spyder; BGH GRUR 2019, 966 Rn. 20 – Umwelthilfe.

[253] Regelungen zum Antrag und den erforderlichen Angaben ergeben sich aus der Verordnung zu qualifizierten Einrichtungen und qualifizierten Wirtschaftsverbänden vom 7.6.2021 (QEWV).

[254] Vgl. OVG Münster GRUR 2004, 347 (348) – Verbandseintragung.

[255] BGH GRUR 1973, 78 (79) – Verbraucherverband; OLG Köln GRUR 1969, 484 (486); LG Stuttgart CR 1992, 91.

[256] BGH GRUR 1983, 451 – Ausschank unter Eichstrich; BGH GRUR 1992, 450 (451) – Beitragsrechnung; BGH GRUR 2019, 966 Rn. 22 – Umwelthilfe; Köhler/Bornkamm/Feddersen/Köhler/Feddersen UWG § 8 Rn. 3.55; Gloy/Loschelder/Danckwerts/Fritzsche UWG-HdB § 79 Rn. 213.

[257] BGH GRUR 1983, 775 (776) – Ärztlicher Arbeitskreis.

[258] BGH GRUR 1983, 129 (130) – Mischverband I; BGH GRUR 1983, 58 (59) – Mischverband II; Köhler/Bornkamm/Feddersen/Köhler/Feddersen UWG § 8 Rn. 3.55.

Für die Eintragung in die Liste ist – analog zu den materiell-rechtlichen Anforderungen bei den Wirtschaftsverbänden – für Verbraucherverbände iSv § 4 Abs. 2 UKlaG Voraussetzung, dass diese **personell, sachlich und finanziell** über eine **hinreichende Ausstattung** verfügen (→ Rn. 147). Im Hinblick auf die tatsächliche Arbeit von Verbraucherverbänden ergibt sich jedoch eine bedeutende Abweichung im Vergleich zu den Wirtschaftsverbänden nach § 8 Abs. 3 Nr. 2 UWG: Verbraucherverbände dürfen sich **nicht ausschließlich der Bekämpfung des unlauteren Wettbewerbs** widmen. Vielmehr muss ihre Tätigkeit maßgeblich (auch) darauf gerichtet sein, die Verbraucher über die Marktlage, die Qualität und Preiswürdigkeit der verschiedenen im Wettbewerb angebotenen Güter und Dienstleistungen zu unterrichten und ihnen die Auswahl unter ihnen zu erleichtern.[259] Die Klagebefugnis eines Verbraucherverbandes, der satzungsgemäß nur in einem Bundesland tätig ist, ist nicht auf dieses Bundesland beschränkt.[260] Auch das Zuwendungsverbot ist parallel zu den Bestimmungen zu den Wirtschaftsverbänden zu sehen. 167

Die **Verbandsmitglieder** müssen nicht ausschließlich Verbraucher sein oder, wenn es sich um einen Spitzenverband handelt, Verbraucherverbände. Jedoch muss die Struktur der Mitglieder gewährleisten, dass der Verband vorrangig Verbraucherinteressen vertritt und insbesondere eine Kollision mit gewerblichen Interessen ausgeschlossen ist.[261] Nach § 4 Abs. 2 S. 1 UKlaG muss der Verbraucherverband, um die Qualifizierung zu erreichen, entweder drei in seinem Aufgabenbereich tätige Verbände als Mitglieder oder eine Mindestzahl von 75 natürlichen Personen als Mitglieder aufweisen. Auch muss der Verein mindestens ein Jahr vor der Eintragung bestanden haben und die Gewähr für eine sachgerechte Aufgabenerfüllung bieten. 168

Bei **Verbraucherzentralen** und anderen mit öffentlichen Mitteln geförderten Verbrauchervereinigungen wird die Erfüllung der Eintragungsvoraussetzungen **unwiderleglich vermutet**, § 4 Abs. 2 S. 2 UKlaG. Ob diese Vermutung bei einer bloß projektbezogenen Förderungen durch öffentliche Mittel auch gilt, ist offen.[262] 169

bb) Qualifizierte Einrichtung eines EU-Mitgliedsstaats. Qualifizierte Einrichtungen eines anderen Mitgliedstaates der EU sind nach § 8 Abs. 3 Nr. 3 UWG klagebefugt, wenn sie in dem **Verzeichnis der EU-Kommission** nach Art. 4 Abs. 3 Richtlinie 2009/22/EG (Unterlassungsklagen-RL) eingetragen sind. Das soll es ausländischen Verbraucherverbänden ermöglichen, grenzüberschreitende unlautere Werbung unionsweit zu verfolgen. Das deutsche Gericht kann das Vorliegen der Eintragungsvoraussetzungen nicht selbst prüfen (Art. 4 Abs. 1 S. 2 Unterlassungsklagen-RL). 170

cc) Überprüfung der Eintragungsvoraussetzungen. Hat das Gericht **Zweifel**, ob die **Eintragungsvoraussetzungen** der deutschen qualifizierten Einrichtung vorliegen, kann es das Bundesamt für Justiz zur Überprüfung auffordern und das Verfahren bis zu dessen Entscheidung aussetzen (§ 4a Abs. 2 UKlaG). Der *BGH* lässt allerdings die Notwendigkeit der Prüfung, ob die Prozessführung im konkreten Einzelfall vom Satzungszweck des klagenden Verbandes umfasst ist, davon unberührt. Damit wird im Prozess die Prüfung ermöglicht, ob der Zweck der Einrichtung die Klageerhebung im Einzelfall rechtfertigt.[263] Für ausländische qualifizierte Einrichtungen wird ebenfalls befürwortet, dass das Gericht prüfen kann, ob der Zweck der Einrichtung die Klageerhebung rechtfertigt.[264] 171

d) Berufsständische Körperschaften des öffentlichen Rechts und Gewerkschaften. Die erweiterte Anspruchsberechtigung gilt auch für berufsständische Körperschaften des öffentlichen Rechts und Gewerkschaften, soweit ihre Aufgabenkreise berührt sind, **§ 8 Abs. 3 Nr. 4 UWG.** Die Vorschrift galt zunächst nur für Industrie- und Handelskammern sowie Handwerkskammern. Mit dem Gesetz zur Stärkung des fairen Wettbewerbs sind ab 1.12.2021 weitere berufsständische Organisationen anspruchsberechtigt, wie die Kammern der freien Berufe, Handwerksinnungen oder Kreishandwerkerschaften. Bei den Berufskammern ist ein wettbewerbsrechtliches Vorgehen 172

[259] BGH GRUR 1983, 775 (776) – Ärztlicher Arbeitskreis; BGH GRUR 1992, 450 (451) – Beitragsrechnung; Köhler/Bornkamm/Feddersen /Köhler/Feddersen UWG § 8 Rn. 3.56.

[260] BGH GRUR 2012, 415 Rn. 20–24 – Überregionale Klagebefugnis.

[261] BGH GRUR 1983, 129 (130) – Mischverband I; BGH GRUR 1983, 58 (59) – Mischverband II; BGH GRUR 1988, 832 (833) – Benzinwerbung.

[262] BGH GRUR 2019, 966 Rn. 26 – Umwelthilfe.

[263] BGH GRUR 2012, 415 Rn. 11, 14 – Überregionale Klagebefugnis; BGH GRUR 2018, 1166 Rn. 20 – Prozessfinanzierer; BGH GRUR 2019, 966 Rn. 28 – Umwelthilfe.

[264] Unter Verweis auf Art. 4 Abs. 1 S. 2 Unterlassungsklagen-RL s. Ohly/Sosnitza/Ohly UWG § 8 Rn. 112; Mankowski WRP 2010, 186 (189 f.); Köhler/Bornkamm/Feddersen/Köhler/Feddersen UWG § 8 Rn. 3.64.

nicht dadurch ausgeschlossen, dass sie auch berufsrechtliche Maßnahmen gegen ihre Mitglieder ergreifen können.[265] Auch die Gewerkschaften werden einbezogen, aber nur soweit sie im Rahmen der Erfüllung ihrer Aufgaben bei der Vertretung selbständiger beruflicher Interessen, also nicht der Arbeitnehmerinteressen, tätig werden.[266]

173 e) **Gewerbliche Nutzung von Online-Vermittlungsdiensten.** Durch das Gesetz zur Änderung des Telemediengesetzes und weiterer Gesetze vom 19.11.2020 (BGBl. I 2456) ist eine erweiterte Anspruchsberechtigung für Verstöße gegen die VO (EU) 2019/1150 zur Förderung von Fairness und Transparenz für gewerbliche Nutzer von Online-Vermittlungsdiensten (P2B-VO) als Verbandsklagebefugnis nach **§ 8a UWG** eingeführt worden. Die Einfügung in das System der Anspruchsberechtigung in wettbewerbsrechtlichen Belangen rechtfertigt sich durch die Tatsache, dass Verstöße gegen die P2B-VO den Charakter unlauterer Handlungen annehmen können.[267] Die Vorschriften der P2B-VO sind Marktverhaltensregelungen, so dass § 3a UWG verwirklicht sein kann.[268] Allerdings gelten nicht die Anspruchsvoraussetzungen gemäß § 8 Abs. 3 UWG; vielmehr verweist § 8a UWG auf die ausschließliche Anspruchsberechtigung der Verbände und Organisationen iSv Art. 14 Abs. 3 und der öffentlichen Stellen – in Deutschland allerdings nicht eingeführt – iSv Art. 14 Abs. 4 P2B-VO.[269] Ein Listensystem wie bei § 8 Abs. 3 Nr. 2 u. 3 UWG besteht nicht. Die Anspruchsvoraussetzungen decken sich aber teils inhaltlich. Allerdings verschafft die Eintragung in dem von der Kommission geführten Verzeichnis gemäß Art. 14 Abs. 6 P2B-VO, das aufgrund von Meldungen der Mitgliedsstaaten erstellt wird, eine widerlegbare tatsächliche Vermutung für die Anspruchsberechtigung.[270]

2. Rechtsmissbrauch nach § 8c UWG

174 Ansprüche auf Unterlassung und Beseitigung nach § 8 Abs. 1 UWG können von den Anspruchsberechtigten des § 8 Abs. 3 UWG nicht geltend gemacht werden, wenn dies unter Berücksichtigung der gesamten Umstände als missbräuchlich erscheint, **§ 8c Abs. 1 UWG** (zuvor § 8 Abs. 4 S. 1 UWG 2013).

175 a) **Allgemeines.** Nach § 8c Abs. 1 UWG ist die Geltendmachung eines Unterlassungs- oder Beseitigungsanspruchs ausgeschlossen, wenn sie unter Berücksichtigung der gesamten Umstände missbräuchlich ist. In § 8c Abs. 2 UWG werden nicht abschließende Fallgruppen einer missbräuchlichen Inanspruchnahme konkretisiert. Bei der Auslegung kann auf die reiche Kasuistik zu § 8 Abs. 4 S. 1 UWG 2013 rekurriert werden, die bereits die nunmehr geregelten Fallkonstellationen herausgearbeitet hat.[271] Andere Fälle der unzulässigen Rechtsausübung, wie zum Beispiel die Verwirkung, können nach wie vor über § 242 BGB erfasst werden.[272]

176 Zur Stärkung der Position des zu Unrecht in Anspruch Genommenen besteht seit 2013 ein eigenständiger **Anspruch auf Aufwendungsersatz für die Rechtsverteidigungskosten,** wobei weitere Ersatzansprüche unberührt bleiben, § 8c Abs. 3 UWG.[273] Die Erforderlichkeit der Erstattung von Rechtsanwaltskosten ergibt sich aus § 13 Abs. 3 UWG.

177 Das Verbot des Rechtsmissbrauchs nach § 8c Abs. 1 UWG richtet sich gegen **alle Berechtigten** im Sinne von § 8 Abs. 3 UWG, mithin auch gegen den missbräuchlich handelnden Mitbewerber.

178 Der **Anwendungsbereich** des § 8c Abs. 1 UWG ist auf Grund der Verweisung auf § 8 Abs. 1 UWG auf Unterlassungs- und Beseitigungsansprüche beschränkt. Auf vertragliche Unterlassungsansprüche, Gewinnabschöpfungsansprüche und die Abmahnkostenerstattung ist § 8c Abs. 1 UWG auch nicht analog anwendbar.[274]

---

[265] BGH GRUR 2006, 598 Rn. 14 – Zahnarztbriefbogen; Köhler/Bornkamm/Feddersen/Köhler/Feddersen UWG § 8 Rn. 3.66.

[266] Kritisch zur Einbindung der Gewerkschaften Köhler/Bornkamm/Feddersen/Köhler/Feddersen UWG § 8 Rn. 3.65.

[267] Köhler/Bornkamm/Feddersen/Köhler UWG § 8a Rn. 2.

[268] Vgl. Harte-Bavendamm/Henning-Bodewig/Goldmann § 8a Rn. 3; Köhler/Bornkamm/Feddersen/Köhler UWG § 8a Rn. 3.

[269] LG München I MMR 2021, 995 Rn. 103.

[270] Harte-Bavendamm/Henning-Bodewig/Goldmann § 8a Rn. 14.

[271] Vgl. BeckOK UWG/Dämmer § 8c Rn. 14.

[272] BGH GRUR 2012, 949 Rn. 21 – Missbräuchliche Vertragsstrafe.

[273] Vgl. Köhler/Bornkamm/Feddersen/Feddersen § 8c Rn. 6; HK-UWG/Schmitz-Fohrmann/Schwab § 8 Rn. 142.

[274] BGH GRUR 2018, 1166 Rn. 35 f. – Prozessfinanzierer; BGH GRUR 2012, 949 Rn. 20 – Missbräuchliche Vertragsstrafe; BGH GRUR 2007, 164 Rn. 11 – Telefax-Werbung II; Köhler/Bornkamm/Feddersen/Feddersen § 8c Rn. 9.

Nach allgemeiner Auffassung handelt es sich bei dem Missbrauchseinwand um einen Angriff auf die **Klage- und Prozessführungsbefugnis,** so dass in Missbrauchsfällen die Klage unzulässig ist.[275] Nach anderer Auffassung wird allerdings der Missbrauch nach § 8c Abs. 1 UWG als speziell geregelter Fall der unzulässigen Rechtsausübung gesehen, verbunden mit der Folge, die Klage allenfalls als unbegründet aufgrund rechtsvernichtender Einwendung abzuweisen.[276] § 8c Abs. 1 UWG gilt auch für Abmahnungen: Eine missbräuchliche Abmahnung ist nicht berechtigt und begründet keinen Anspruch auf Ersatz der Aufwendungen,[277] und nachfolgende gerichtliche Anträge dringen nicht durch.[278] 179

Wird § 8c Abs. 1 UWG als **Prozessvoraussetzung** verstanden, ist sie **von Amts wegen im Wege des Freibeweises** zu prüfen.[279] Da eine unzulässige Rechtsausübung einen Ausnahmefall darstellt, hat der **Beklagte** die Tatsachen für einen Missbrauch **vorzutragen** und notfalls zu **beweisen.**[280] Wenn der Beklagte allerdings den Missbrauch indizierende Umstände vorträgt, muss der Kläger substanziiert erwidern und gegenteilige Indizien darlegen sowie notfalls beweisen. Dies gilt insbesondere dann, wenn die entscheidenden Tatsachen aus der Sphäre des Klägers stammen und der Beklagte sie deshalb nicht oder nur mit unverhältnismäßigen Schwierigkeiten, der Kläger aber einfach darlegen und beweisen kann.[281] Das Gericht kann versuchen, im Wege des Freibeweises zusätzlich Aufklärung zu schaffen. Wird hingegen der Missbrauch nach § 8c Abs 1 UWG als Frage der Klagebegründetheit verstanden, wäre es ebenso Sache des Beklagten, Tatsachen für das Vorliegen eines Missbrauchs darzulegen, während bei hinreichendem Tatsachenvortrag mit genügenden Indizien wiederum der Kläger substanziiert die Gründe vorzutragen hätte, die gegen einen Missbrauch sprechen.[282] 180

b) Regelbeispiele. § 8c UWG konkretisiert Fallgruppen einer missbräuchlichen Geltendmachung von Beseitigungs- und Unterlassungsansprüchen. Die Vorschrift ist als Zweifelsregel angelegt und benennt typische Umstände eines Rechtsmissbrauchs. Die einzelnen Fallgruppen überlappen sich zum Teil in ihren typischen Ausprägungen. Die Regelbeispiele sind keine abschließende Regelung, so dass ein Verhalten, das nicht unter die Regelbeispiele fällt, unter die Generalklausel des § 8c Abs. 1 UWG eingeordnet werden kann.[283] 181

Die Regelbeispiele entfalten eine Indizwirkung. Der Anspruchsteller kann die gegen ihn sprechenden Indizien entkräften.[284] Allerdings sind die Gesamtumstände umfassend zu würdigen.[285] Hierzu gehören beispielsweise das sonstige Verhalten des Anspruchstellers in gleichgelagerten Fällen und in der Prozessführung, aber auch die Reaktion des Schuldners nach dem Verstoß.[286] 182

aa) Einnahmenerzielungsinteresse. § 8c Abs. 2 Nr. 1 UWG nennt als Beispiel für eine missbräuchliche Geltendmachung von Ansprüchen, wenn sie vorwiegend dazu dient, gegen den Zuwiderhandelnden einen Anspruch auf Ersatz von Aufwendungen oder Kosten der Rechtsverfolgung entstehen zu lassen. Gegenüber der Vorgängervorschrift wird auch das Abzielen auf die Zahlung einer Vertragsstrafe erfasst. Es geht also um die missbräuchliche Geltendmachung aus dem **Einnahmenerzielungsinteresse,** also als unternehmerisches Mittel der Gewinnerzielung. Der Hauptanwendungsbereich des § 8c Abs. 2 Nr. 1 UWG dürfte sich auf konkret betroffene Mitbewerber konzentrieren. 183

---

275 BGH GRUR 2002, 357 (358) – Missbräuchliche Mehrfachabmahnung, BGH GRUR 2006, 243 Rn. 22 – MEGA SALE; BGH GRUR 2013, 176 Rn. 16 – Ferienluxuswohnung; BGH GRUR 2016, 961 Rn. 15 – Herstellerpreisempfehlung bei Amazon; BGH GRUR 2019, 199 Rn. 20 – Abmahnaktion II; ; HK-UWG/Schmitz-Fohrmann/Schwab § 8 Rn. 143a; Ohly/Sosnitza/Ohly UWG § 8 Rn. 155; Ekey/Klippel/Kotthoff/Meckel/Plaß/Meckel § 8 Rn. 128.

276 Rath/Hausen WRP 2007, 133 (134); Köhler/Bornkamm/Feddersen/Feddersen § 8c Rn. 4.

277 BGH GRUR 2012, 730 Rn. 13 – Bauheizgerät; BGH GRUR 2019, 199 Rn. 40 – Abmahnaktion II.

278 BGH GRUR 2012, 730 Rn. 13 – Bauheizgerät; BGH GRUR 2016, 961 Rn. 15 – Herstellerpreisempfehlung bei Amazon; BGH GRUR 2019, 199 Rn. 20, 40 – Abmahnaktion II.

279 OLG München WRP 1992, 270 (273); OLG Jena GRUR-RR 2011, 327.

280 BGH GRUR 2001, 178 – Impfstoffversand an Ärzte; OLG Köln GRUR 1993, 571; KG GRUR-RR 2008, 212 – Fliegender Gerichtsstand.

281 BGH GRUR 2006, 243 Rn. 21 – MEGA SALE; OLG Köln GRUR 1993, 571; OLG Köln 25.8.2021 – 6 U 67/21 Rn. 3, BeckRS 2021, 36212; Ekey/Klippel/Kotthoff/Meckel/Plaß/Meckel § 8 Rn. 131.

282 Köhler/Bornkamm/Feddersen/Feddersen § 8c Rn. 42.

283 Vgl. Harte-Bavendamm/Henning-Bodewig/Goldmann § 8c Rn. 37.

284 Amtl. Begr., BT-Drs. 19/12084, S. 29; OLG Celle WRP 2021, 1328 Rn. 5.

285 BT-Drs. 19/22238, S. 17; OLG Frankfurt a. M., MMR 2022, 136 Rn. 14; OLG Celle WRP 2021, 1328 Rn. 5; Köhler/Bornkamm/Feddersen/Feddersen § 8c Rn. 12.

286 BGH GRUR 2012, 730 Rn. 15 – Bauheizgerät; BGH GRUR 2016, 961 Rn. 15 – Herstellerpreisempfehlung bei Amazon.

184 Folgende **Indizien** können anhand der Fallumstände gewürdigt werden:

- Der Anspruchsteller greift vornehmlich solche Fälle auf, die wenig Ermittlungsaufwand voraussetzen,[287] (zum Beispiel Durchforsten von Anzeigen, insbesondere im Internet) oder wenig wettbewerbsrechtlichen Beurteilungsaufwand erfordern.
- Der Anspruchsteller greift vornehmlich Fälle auf, die ihn wegen sachlicher oder räumlicher Entfernung zum Angebot selbst nicht behindern können.[288]
- Die Abmahntätigkeit steht in keinem vernünftigen Verhältnis zur gewerblichen Tätigkeit (150 Abmahnungen pro Jahr durch kleinen bis mittleren Altbausanierer),[289] wobei die durch sie erzielten Einnahmen hinter denen aus der Verfolgung von Wettbewerbsverstößen zurückbleiben.[290]
- Trotz umfangreicher Abmahntätigkeit werden Ansprüche nicht gerichtlich durchgesetzt.[291]

185 Kehrseite des Interesses an eigenen Einnahmen ist die Möglichkeit, den Schuldner mit unangemessen hohen Kosten zu belasten.[292]

186 *bb) Unangemessene Durchführung.* Nach § 8c Abs. 2 Nr. 2 UWG ist es im Zweifel missbräuchlich, wenn (1.) ein Mitbewerber eine erhebliche Anzahl von Verstößen gegen die gleiche Rechtsvorschrift durch Abmahnungen geltend macht, wenn (2.) die Anzahl der geltend gemachten Verstöße außer Verhältnis zum Umfang der eigenen Geschäftstätigkeit steht oder wenn (3.) anzunehmen ist, dass der Mitbewerber das wirtschaftliche Risiko seines außergerichtlichen oder gerichtlichen Vorgehens nicht selbst trägt.

187 Bei der ersten Fallgruppe kann auch das Einnahmenerzielungsinteresse des Wettbewerbers iSv § 8c Abs. 2 Nr. 1 UWG zum Tragen kommen, da eine **Vielzahl von Abmahnungen bei gleichen Rechtsverstößen** einerseits einfacher ausgesprochen werden können und andererseits aber auch die Erstattungsansprüche vervielfachen können.[293] Der Begriff der gleichen Rechtsvorschrift ist allerdings eng auszulegen und erfasst nur gerügte Verstöße, die denselben Tatsachenkern aufweisen und denselben Subsumtionsvorgang erfordern.[294]

188 Der zweite Unterfall, wonach die **Abmahntätigkeit unverhältnismäßig zur eigenen Geschäftstätigkeit des Anspruchstellers** ist, betrifft einerseits das Einnahmenerzielungsinteresse im Sinne des ersten Regelbeispiels, andererseits verortet es die Unternehmensausrichtung des Abmahnenden: das Fehlen eines eigenen wirtschaftlichen Interesses ist ein Indiz für den Missbrauch, weil sich die Abmahntätigkeit insoweit verselbständigt. Es kommt auf die Sicht eines kaufmännisch handelnden Gewerbetreibenden an.[295]

189 Bei der dritten Fallgruppe liegt die Indizwirkung für einen Missbrauch darin, dass der Wettbewerber das Risiko seiner Abmahntätigkeit nicht selbst trägt, sondern im **Drittinteresse** handelt. Dies betrifft Fälle, in denen eingeschaltete Anwälte quasi „in eigener Regie“ die Abmahntätigkeit steuern, ggf. auch durch eigene Ermittlung von Verstößen. Bei diesem Verhalten wird die Anspruchsberechtigung des Mandanten als Wettbewerber nur genutzt, um selbst anwaltliche Gebühren zu generieren.[296] Die Freistellung vom Kostenrisiko des Mandanten durch den beauftragten Anwalt kann eine Variante dieses missbräuchlichen Vorgehens sein.[297] Die Einschaltung eines Prozessfinanzierers kann zu beanstanden sein, wenn der Anspruchsteller im Rahmen einer engen Zusammenarbeit ohne eigene Kosten klagen kann und ihm Einnahmen aus etwaigen späteren Vertragsstrafen der Anspruchsgegner zustehen sollen.[298] Verbleibt aber ein relevanter Teil des

[287] OLG Frankfurt a. M. 25.9.2020 – 6 U 57/20 Rn. 11 – GRUR-RS 2020, 29712; OLG München WRP 1996, 304; OLG München WRP 1993, 57; OLG Karlsruhe WRP 1986, 49.
[288] BGH GRUR 2001, 260 (261) – Vielfachabmahner.
[289] BGH GRUR 2001, 260 (261) – Vielfachabmahner; BGH GRUR 2012, 286 Rn. 13 – Falsche Suchrubrik; BGH GRUR 2019, 199 Rn. 21 – Abmahnaktion II; KG MMR 2009, 865 (866).
[290] OLG München WRP 1987, 56; OLG Hamm WRP 2011, 501 (505).
[291] BGH GRUR 1999, 1116 (1118) – Wir dürfen nicht feiern.
[292] BGH GRUR 2019, 199 Rn. 21 – Abmahnaktion II.
[293] Solche Ansprüche können kostenmäßig allerdings als eine Angelegenheit iSv § 15 Abs. 2 RVG anzusehen sein (BGH GRUR 2019, 1044 – Rn. 24 f. – Der Novembermann; s. auch OLG Frankfurt a. M. GRUR-RR 2021, 503 Rn. 25 – Influenza-Impfstoff; Harte-Bavendamm/Henning-Bodewig/Goldmann § 8c Rn. 170).
[294] Harte-Bavendamm/Henning-Bodewig/Goldmann § 8c Rn. 169. Fallen Verstöße gleicher Art unter verschiedene Vorschriften, kann § 8c Abs. 2 Nr. 1 UWG verwirklicht sein.
[295] BGH GRUR 2019, 199 – Rn. 21 – Abmahnaktion II; OLG Frankfurt a. M. GRUR 2022, 100 Rn. 34 – Bio-Gummibärchen; Köhler/Bornkamm/Feddersen/Feddersen § 8c Rn. 15.
[296] BGH GRUR 2012, 286 Rn. 16 – Falsche Suchrubrik; OLG Köln GRUR 1993 571.
[297] OLG Jena GRUR-RR 2011, 327 (328 f.); OLG Frankfurt a. M. GRUR-RR 2016, 274 Rn. 40 – Drohkulisse; Köhler/Bornkamm/Feddersen/Feddersen § 8c Rn. 16.
[298] KG MMR 2010, 688 (689); Köhler/Bornkamm/Feddersen/Feddersen UWG § 8c Rn. 16.

Kostenrisikos beim Anspruchsteller, liegt kein Missbrauch vor.[299] Nicht zu beanstanden ist allerdings, wenn ein Mitbewerber einem Verband gegenüber die Kostentragung eines Musterprozesses übernimmt, um ein wettbewerbsrechtliches Problem einer gerichtlichen Lösung zuzuführen, oder wenn ein Mitglied anonym bleibt und der Wettbewerbsverband bei Kostenübernahme durch sein Mitglied gegen einen Wettbewerber vorgeht, soweit dieses Vorgehen in die übliche Geschäftstätigkeit des Verbands fällt.

cc) Überhöhte Werte. Ein weiteres Beispiel eines missbräuchlichen Verhaltens ist die **unangemessen hohe Ansetzung eines Gegenstandswert für eine Abmahnung** durch einen Wettbewerber (§ 8c Abs. 1 Nr. 3 UWG). Auch bei einem überhöhten Gegenstandswert kann ein Missbrauch ausscheiden, wenn die Bestimmung auf nachvollziehbaren Gründen beruht.[300] Es kommt auf Näherungswerte an.[301] Die Indizwirkung kann bereits bei einem übersetzten Wert in einer einzelnen Abmahnung eintreten, doch ist sie dann geringer; bei systematischem Vorgehen hingegen ist sie hoch.[302] 190

Auch die **Vereinbarung oder Forderung offensichtlich überhöhter Vertragsstrafen** kann einen Missbrauch begründen (§ 8c Abs. 1 Nr. 4 UWG). Dies gilt sowohl für die anfängliche Festsetzung als auch für die Bestimmung einer geschuldeten angemessenen Festsetzung nach „neuem Hamburger Brauch".[303] Da die Bestimmung einer angemessenen Vertragsstrafe von vielen Faktoren abhängt (vgl. § 13a Abs. 1 UWG), zielt der Gesetzgeber lediglich auf eindeutige und ohne Weiteres erkennbare Fälle einer Überhöhung ab.[304] 191

dd) Verlangen einer überschießenden Unterlassungserklärung. Ein Regelbeispiel ist nach § 8c Abs. 2 Nr. 5 UWG verwirklicht, wenn eine **vorgeschlagene Unterlassungsverpflichtung offensichtlich über die abgemahnte Rechtsverletzung hinausgeht.** Dies betrifft Fälle, in denen bei der verlangten, dh regelmäßig vom Abmahnenden vorformulierten Unterlassungserklärung der Kernbereich der Verletzungshandlung ganz erheblich verlassen wird; zulässige Verallgemeinerungen sind unschädlich.[305] Auch die bewusste Forderung einer verschuldensunabhängigen Unterlassungserklärung kann hierunter fallen.[306] 192

ee) Mehrfachverfolgung. Ein Indizwirkung ist nach § 8c Abs. 2 Nr. 6 UWG gegeben, wenn mehrere Zuwiderhandlungen, die zusammen hätten abgemahnt werden können, einzeln abgemahnt werden („Salami-Taktik"). Wenn Gesichtspunkte vom Unterlassungsgläubiger ohne Nachteile in einem Verfahren geltend gemacht werden können, wäre eine Auffächerung regelmäßig missbräuchlich.[307] Grundsätzlich ist es wegen der Vielzahl von Anspruchsbefugten im Wettbewerbsrecht möglich, dass Wettbewerbsverstöße auch **mehrfach verfolgt** werden. Dagegen ist solange nichts einzuwenden, wie sich die Anspruchsteller nicht absprechen, um den Anspruchsgegener durch eine „konzertierte Aktion" gezielt zu schädigen, insbesondere um eine Belastung mit Mehrkosten zu seinen Lasten zu erreichen.[308] 193

Allerdings kann dem Einwand des Missbrauchs dadurch begegnet werden, dass ein vernünftiger Grund für die zeitlich versetzte Mehrfachverfolgung eines einheitlichen Lebensvorganges vorgetragen wird.[309] Dies dürfte beispielsweise dann vorliegen, wenn ein Wettbewerbsverstoß nicht vollkommen eindeutig ist und daher nicht sofort aufgegriffen werden kann, weil der Punkt genauerer wettbewerbsrechtlicher Überprüfung bedarf. So wurde auch eine Mehrfachverfolgung 194

[299] Harte-Bavendamm/Henning-Bodewig/Goldmann § 8c Rn. 183.

[300] Amtl. Begr., BT-Drs. 19/12084, S. 29; OLG Celle WRP 2021, 1328 Rn. 6.

[301] Köhler/Bornkamm/Feddersen/Feddersen UWG § 8c Rn. 19.

[302] Harte-Bavendamm/Henning-Bodewig/Goldmann § 8c Rn. 190.

[303] Amtl. Begr., BT-Drs. 19/12084, S. 30; Harte-Bavendamm/Henning-Bodewig/Goldmann § 8c Rn. 191; Köhler/Bornkamm/Feddersen/Feddersen UWG § 8c Rn. 20; Möller NJW 2021, 1 Rn. 30.

[304] BT-Drs. 19/22238, S. 17.

[305] LG Aschaffenburg 14.12.2021 – 1 HK O 47/21, GRUR-RS 2021, 43529 Rn. 41; Harte-Bavendamm/Henning-Bodewig/Goldmann § 8c Rn. 200 f.

[306] Köhler/Bornkamm/Feddersen/Feddersen § 8c Rn. 22.

[307] Vgl. OLG Düsseldorf GRUR-RR 2014, 164 (165) – Karnevals-Wurfware; Harte-Bavendamm/Henning-Bodewig/Goldmann § 8c Rn. 202.

[308] BGH GRUR 2000, 1089 (1092) – Missbräuchliche Mehrfachverfolgung; BGH GRUR 2002, 713 (714) – Zeitlich versetzte Mehrfachverfolgung; BGH GRUR 2002, 357 (358) – Missbräuchliche Mehrfachabmahnung; BGH GRUR 2012, 286 Rn. 13 – Falsche Suchrubrik.

[309] Vgl. bei unterschiedlicher Beweissituation BGH GRUR 2010, 454 Rn. 21 – Klassenlotterie; BGH GRUR 2009, 1180 Rn. 20 – 0,00 Grundgebühr; s. auch OLG Nürnberg GRUR-RR 2005, 169 (169 f.) – Unterhaltungselektronik; OLG Hamburg GRUR-RR 2006, 203 (204) – Der Beste Preis der Stadt; OLG Hamburg GRUR 1995, 822 – Mehrfachverfolgung; OLG Karlsruhe GRUR 1995, 504 (505) – Missbräuchliche Mehrfachverfolgung.

als gerechtfertigt angesehen, als der Abgemahnte in unterschiedlichen Filialen einen unterschiedlichen Warenvorrat vorhielt und somit der Irreführungsvorwurf jeweils unterschiedlich zu beurteilen war, was wiederum dem Anspruchsteller ein gebündeltes Vorgehen auf Grund der Einzelumstände nicht erlaubte.[310]

195 *ff) Auffächerung der Rechtsverfolgung.* Schließlich ist ein Regelbeispiel verwirklicht, wenn wegen einer Zuwiderhandlung, für die mehrere Zuwiderhandelnde verantwortlich sind, die Ansprüche gegen die Zuwiderhandelnden ohne sachlichen Grund nicht zusammen geltend gemacht werden, § 8c Abs. 2 Nr. 7 UWG. Die gesetzliche Vermutung betrifft Fälle, bei denen der gleiche Lauterkeitsverstoß gegen verschiedene Anspruchsgegner in getrennten Verfahren geltend gemacht wird, obwohl eine Verbindung im Wege der Streitgenossenschaft auf der Passivseite für den Anspruchsteller ohne Nachteile gewesen wäre (zB bei einer Gemeinschaftswerbung oder bei Vorgehen gegen GmbH und deren Geschäftsführer).[311] Ein berechtigter Grund für eine Aufspaltung kann sein, dass die rechtliche Beurteilung des jeweiligen Verstoßes unterschiedlich ist.[312] Andere Fälle der Mehrfachverfolgung werden vom engen Wortlaut der Vorschrift nicht erfasst, können aber unter § 8c Abs. 1 UWG fallen.

196 c) **Andere Konstellationen.** Da die Regelbeispiele des § 8c Abs. 2 UWG keine abschließende Regelung darstellen, können über **§ 8c Abs. 1 UWG als Generalklausel** andere Formen des Missbrauchs erfasst werden, wenn dies unter Berücksichtigung der Gesamtumstände angezeigt ist. So kann es über den geregelten Fall der Mehrfachverfolgung in § 8c Abs. 2 Nr. 7 UWG hinaus andere Fälle missbräuchlicher Mehrfachverfolgung geben, bei denen bei Abwägung der gesamten Fallumstände insbesondere Aspekte des Einnahmenerzielungsinteresses und der Behinderung zu einem Missbrauchsvorwurf führen.

197 Es wird grundsätzlich nicht als missbräuchlich angesehen, wenn der Anspruchsberechtigte **nur gegen einen** oder einzelne von mehreren **Verletzern vorgeht,** insbesondere wenn es dem Verletzer seinerseits freisteht, gegen die anderen Verletzer einzuschreiten.[313] Ein Verband kann selbst bei identischer Werbung grundsätzlich statt gegen seine eigenen Mitglieder zunächst gegen einen Dritten gerichtlich vorgehen.[314] Auch hier gilt, dass das Vorgehen auch im Interesse der Allgemeinheit ist und deswegen ein Missbrauch der Klagebefugnis nur ausnahmsweise anzunehmen ist, beispielsweise wenn ein Verband gegen außenstehende Dritte vorgeht, den unlauteren Wettbewerb durch gleichartige Verletzungshandlungen der eigenen Mitglieder jedoch planmäßig duldet.[315] Beruht allerdings das selektive Vorgehen auf sachfremden Gründen, so kann ein Rechtsmissbrauch vorliegen, zB wenn mehrere Konzerngesellschaften isoliert und nicht als Streitgenossen in Anspruch genommen werden und sich damit die Kostenlast erhöht.[316] Ein sachlicher Grund kann allerdings darin bestehen, dass eine der Gesellschaften im Ausland ansässig ist.[317]

3. Anspruchsgegnerschaft nach § 8 Abs. 2 UWG

198 Für die **Beteiligtenhaftung** bei UWG-Verstößen gelten zunächst die allgemeinen Grundsätze von **Täterschaft und Teilnahme** nach deliktsrechtlichen Kategorien.[318] Eine Haftung kann als Teilnehmer an einer fremden Haupttat bestehen, die insbesondere aus der Verletzung einer wett-

[310] BGH GRUR 2002, 713 (714) – Zeitlich versetzte Mehrfachverfolgung; BGH GRUR 2004, 70 (71) – Preisbrecher.

[311] Vgl. BGH GRUR 2000, 1089 (1091) – Missbräuchliche Mehrfachverfolgung; BGH GRUR 2002, 715 (716 f.) – ScannerWerbung; BGH GRUR 2006, 243 Rn. 16 – MEGA SALE; Köhler/Bornkamm/Feddersen/Feddersen § 8c Rn. 27.

[312] BGH GRUR 2019, 631 Rn. 62 – Das beste Netz; OLG Frankfurt a. M. GRUR-RR 2021, 503 Rn. 23 – Influenza-Impfstoff.

[313] BGH GRUR 1967, 430 (432) – Grabsteinaufträge I; BGH GRUR 1985, 58 (59) – Mischverband II; BGH GRUR 1999, 515 (516) – Bonusmeilen; BGH GRUR 2012, 411 Rn. 19 – Glücksspielverband.

[314] BGH GRUR 1997, 537 – Lifting-Creme; BGH GRUR 1997, 681 – Produktwerbung; BGH GRUR 2020, 294 Rn. 60 – Culatello di Parma; OLG Stuttgart 4.11.2021 – 2 U 49/21, GRUR-RS 2021, 34031 Rn. 28.

[315] BGH GRUR 1997, 681 (683) – Produktwerbung; BGH GRUR 2012, 411 Rn. 22 – Glücksspielverband; BGH GRUR 2020, 294 Rn. 58 – Culatello di Parma; OLG Hamm 23.3.2021 – 4 U 130/20, GRUR-RS 2021, 20108 Rn. 16; LG Münster 2.8.2021 – 25 O 56/17, GRUR-RS 2021, 30067 Rn. 52.

[316] BGH GRUR 2006, 243 Rn. 16 f. – MEGA SALE; Harte-Bavendamm/Henning-Bodewig/Goldmann § 8c Rn. 88; Köhler/Bornkamm/Feddersen/Feddersen § 8c Rn. 27; MüKo UWG/Fritzsche § 8c Rn. 55.

[317] OLG Frankfurt a. M. MMR 2022, 136 Rn. 17.

[318] BGH GRUR 2014, 883 Rn. 11 – Geschäftsführerhaftung; BGH GRUR 2016, 395 Rn. 23 – Smartphone-Werbung; BGH GRUR 2016, 961 Rn. 32 – Herstellerpreisempfehlung bei Amazon.

bewerbsrechtlichen Verkehrspflicht resultieren kann (→ Rn. 65).[319] Liegt der im Rahmen der Teilnahme erforderliche Vorsatz nicht vor, kann der in seinen Interessen Beeinträchtigte den Handelnden auf die Sach- und Rechtslage hinweisen, so dass der Handelnde aufgrund der Mitteilung sein Verhalten ändern kann; dann ist bei Fortsetzung der Verhaltensweise von einem Teilnehmervorsatz auszugehen.[320]

Eine **Haftung für fremdes Verhalten** aufgrund Organ- und Repräsentantenhaftung ist als allgemeine Einstandspflicht für Dritte nach §§ 31, 89 BGB begründbar.[321] Eine Haftung aus § 31 BGB kann sich auch bei einem Organisationsmangel ergeben.[322] 199

Eine **besondere Regelung** im Hinblick auf die Haftung für Dritte enthält **§ 8 Abs. 2 UWG.** Danach können Unterlassungs- und Beseitigungsansprüche auch gegen den Inhaber eines Betriebes geltend gemacht werden, wenn UWG-Verstöße in einem Unternehmen von einem Mitarbeiter oder Beauftragten begangen werden. Die Vorschrift verdrängt die Haftung für Erfüllungs- und Verrichtungsgehilfen nach §§ 278, 831 BGB[323] und begründet eine Erfolgshaftung ohne Entlastungsmöglichkeit, wie sie bei § 831 BGB bestünde.[324] 200

a) **Allgemeines.** § 8 Abs. 2 UWG soll die **Haftungslücken** für den **Unternehmensinhaber schließen,** die die Exkulpationsmöglichkeit in § 831 BGB bietet. Der von einer unlauteren Maßnahme begünstigte Betriebsinhaber soll stets haften, selbst wenn er den Angestellten oder Beauftragten sorgfältig ausgewählt hat und selbst wenn die unlautere Handlung ohne sein Wissen oder gegen seinen Willen erfolgte. 201

Ausdrücklich **anwendbar** ist § 8 Abs. 2 UWG aufgrund seines Wortlautes nur auf Ansprüche auf Unterlassung und Beseitigung (§ 8 Abs. 1 UWG). **Keine Geltung** beansprucht § 8 Abs. 2 UWG für Schadensersatzansprüche (§ 9 UWG), Gewinnabschöpfungsansprüche (§ 10 UWG) sowie die bestimmten Auskunftsansprüche nach § 8 Abs. 5 UWG oder Bereicherungsansprüche. Das muss – unabhängig vom Wortlaut des § 8 Abs. 2 UWG – schon deshalb richtig sein, weil § 8 Abs. 2 UWG keine Zurechnung fremden Verschuldens vornimmt. Von daher ist es auch ausgeschlossen, dass § 8 Abs. 2 UWG im Rahmen von **Vollstreckungsverfahren** ein fehlendes eigenes Verschulden des Betriebsinhabers überspielt. Vielmehr können gegen den Betriebsinhaber nur dann Strafen verhängt werden, wenn ihm selbst ein eigener Verschuldensvorwurf gemacht werden kann.[325] 202

b) **Tatbestandsvoraussetzungen.** Der **Mitarbeiterbegriff** fordert eine weisungsabhängige Tätigkeit für ein Unternehmen, so dass eine **weite Auslegung** geboten ist. Neben Arbeitnehmern fallen auch Praktikanten, Volontäre oder freiberufliche Mitarbeiter unter diesen Begriff. 203

Auch der **Begriff** des **Beauftragten** ist **weit** auszulegen.[326] Beauftragter ist danach jede Person, deren Arbeitsergebnis auch dem Unternehmensergebnis zugutekommt.[327] Außerdem muss der Unternehmensinhaber auf das Handeln des Beauftragten einen bestimmenden Einfluss und die Macht haben, den Einfluss auch durchzusetzen.[328] Er braucht hierzu nicht in einem besonders gearteten Vertragsverhältnis zu stehen; es genügt, dass der Unternehmensinhaber sich seinen Einfluss sichern könnte und müsste.[329] Es ist sogar unschädlich, wenn ein Beauftragter seinerseits wieder Beauftragte (oder Mitarbeiter) einschaltet, denn die Mehrstufigkeit verhindert nicht die Anwendung des § 8 Abs. 2 UWG.[330] Nicht als Beauftragte können zB Einzelhändler, die 204

[319] BGH GRUR 2007, 890 Rn. 22 – Jugendgefährdende Medien bei eBay; BGH GRUR 2015, 1027 Rn. 17 – TV-Wartezimmer.

[320] BGH GRUR 2015, 1027 Rn. 17 – TV-Wartezimmer.

[321] Köhler/Bornkamm/Feddersen/Köhler/Feddersen UWG § 8 Rn. 2.19; Fezer/Büscher/Obergfell/Büscher UWG § 8 Rn. 148–150.

[322] BGH GRUR 2007, 994 Rn. 15 – Gefälligkeit Köhler/Bornkamm/Feddersen/Köhler/Feddersen UWG § 8 Rn. 2.22; Harte-Bavendamm/Henning-Bodewig/Goldmann § 8 Rn. 493.

[323] MüKo UWG/Fritzsche § 8 Rn. 296; Köhler/Bornkamm/Feddersen/Köhler/Feddersen UWG § 8 Rn. 2.23.

[324] BGH GRUR 2000, 907 (909) – Filialleiterfehler; BGH GRUR 2007, 994 Rn. 19 – Gefälligkeit; BGH GRUR 2011, 543 Rn. 13 – Änderung der Voreinstellung III; Ohly/Sosnitza/Ohly UWG § 8 Rn. 143; HK-UWG/Schmitz-Fohrmann/Schwab § 8 Rn. 83.

[325] BVerfG GRUR 1967, 213 (215); BGH GRUR 1992, 208 (209) – Neues aus der Medizin.

[326] BGH GRUR 1995, 605 (607) – Franchise-Nehmer; BGH GRUR 2009, 1167 Rn. 21 – Partnerprogramm; Köhler/Bornkamm/Feddersen/Köhler/Feddersen UWG § 8 Rn. 2.41; HK-UWG/Schmitz-Fohrmann/Schwab § 8 Rn. 84.

[327] BGH GRUR 2009, 1167 Rn. 21 – Partnerprogramm; Ohly/Sosnitza/Ohly UWG § 8 Rn. 149.

[328] BGH GRUR 1973, 208 (209) – Neues aus der Medizin; BGH GRUR 1991, 772 (774) – Anzeigenrubrik I; BGH GRUR 2005, 864 (865) – Meissner Dekor II; BGH GRUR 2011, 543 Rn. 13 – Änderung der Voreinstellung III.

[329] BGH GRUR 1959, 38 – Buchgemeinschaft II; BGH GRUR 2011, 543 Rn. 11 – Änderung der Voreinstellung III; Ohly/Sosnitza/Ohly UWG § 8 Rn. 149.

[330] BGH GRUR 1959, 38 – Buchgemeinschaft II; BGH GRUR 1988, 561 (563) – Verlagsverschulden.

selbstständig Ware einkaufen und verkaufen,[331] Verleger, die Anzeigenaufträge nur zur Veröffentlichung der Werbeanzeige entgegennehmen, ohne irgendeinen Gestaltungsfreiraum zu haben,[332] oder Kunden eines Domain-Parking-Programms[333] gelten.

205 Auch das Tatbestandsmerkmal des **Unternehmensinhabers** wird **funktional** ausgelegt. Bei juristischen Personen, wie zum Beispiel GmbH, AG, Genossenschaft oder öffentlich-rechtlicher Körperschaft, ist die juristische Person selbst in der Haftung. Bei quasi-juristischen Personen wie OHG oder KG haftet wegen §§ 124 Abs. 1, 161 Abs. 2 HGB zunächst die Gesellschaft selbst,[334] bei einer Erbengemeinschaft die Gesamtheit der Erben als Inhaber. Nicht Betriebsinhaber sind jedoch die einzelnen Gesellschafter. Sofern sie Organe sind, wie zum Beispiel der unbeschränkt persönlich haftende Gesellschafter in einer KG oder ein einzelner BGB-Gesellschafter, verdrängt deren Haftung nach § 31 BGB die Haftung nach § 8 Abs. 2 UWG. Auch andere Organe juristischer Personen, wie zum Beispiel GmbH-Geschäftsführer oder Vorstände einer AG, haften nur nach § 31 BGB. Der Gesellschafter einer juristischen Person, zum Beispiel der Alleingesellschafter einer GmbH, haftet weder nach § 31 BGB noch nach § 8 Abs. 2 UWG, sondern allenfalls nach den allgemeinen Grundsätzen.

206 Bei einem **Unternehmensübergang** besteht grundsätzlich eine Weiterhaftung des veräußernden Rechtsträgers, sofern nicht in besonderen Konstellationen die Wiederholungsgefahr entfällt.[335] Für den Rechtsnachfolger besteht regelmäßig keine Wiederholungsgefahr.[336] Eine Erstbegehungsgefahr kann vorliegen, wenn Anhaltspunkte dafür bestehen, dass die entsprechenden Mitarbeiter oder Beauftragten das Verhalten fortsetzen.[337]

207 Es muss ein **innerer Zusammenhang zwischen der Handlung und dem begünstigten Unternehmen** bestehen. Deshalb soll sich ein Unternehmensinhaber, dem die geschäftliche Handlungen seiner Angestellten oder Beauftragten zugutekommt, nicht wettbewerbsrechtlich hinter von ihm abhängigen Dritten verstecken können.[338] Allerdings erfolgt keine Zurechnung, wenn Mitarbeiter weisungswidrig innerhalb des Unternehmens für private Zwecke handeln.[339]

208 **c) Beweislast.** Der Anspruchsteller hat die tatbestandlichen Voraussetzungen von § 8 Abs. 2 UWG zu beweisen.[340] Allerdings kann eine sekundäre Beweislast beim Unternehmer liegen, wenn er beispielsweise geltend macht, ein Angestellter habe zu rein privaten Zwecken gehandelt.[341]

209 **d) Antrag und Tenorierung.** Es wird als zulässig angesehen, dass Antrag und Tenorierung genauso ausfallen wie bei einem eigenen Verstoß des Betriebsinhabers. Es sollte aber zusätzlich noch der Fremdverstoß aufgenommen werden.[342]

Formulierungsvorschlag:

…… zu unterlassen, unmittelbar oder mittelbar ……

[331] BGH GRUR 2011, 543 Rn. 13 – Änderung der Voreinstellung III; OLG Frankfurt a. M. GRUR 1987, 549 (550) – Bratpfannen-Systeme; OLG Köln GRUR-RR 2006, 205 (206) – Bluerate Tarifwunder.

[332] BGH GRUR 1990, 1039 (1040) – Anzeigenauftrag.

[333] BGH GRUR 2011, 617 Rn. 55 – Sedo; Köhler/Bornkamm/Feddersen/Köhler/Feddersen UWG § 8 Rn. 2.46.

[334] OLG Nürnberg WRP 1971, 282; Köhler/Bornkamm/Feddersen/Köhler/Feddersen UWG § 8 Rn. 2.49.

[335] Köhler/Bornkamm/Feddersen/Köhler/Feddersen UWG § 8 Rn. 2.53; Ohly/Sosnitza/Ohly UWG § 8 Rn. 153.

[336] BGH GRUR 2008, 1002 Rn. 39 – Schuhpark.

[337] Köhler WRP 2010, 475, (479 f.); Köhler/Bornkamm/Feddersen/Köhler/Feddersen UWG § 8 Rn. 2.53.

[338] BGH GRUR 2003, 453 (454) – Verwertung von Kundenlisten; BGH GRUR 2007, 994 Rn. 19 – Gefälligkeit; BGH GRUR 2009, 1167 Rn. 21 – Partnerprogramm.

[339] BGH GRUR 2007, 994 Rn. 19 – Gefälligkeit; Köhler/Bornkamm/Feddersen/Köhler/Feddersen UWG § 8 Rn. 2.47.

[340] BGH GRUR 2007, 994 Rn. 20 – Gefälligkeit; OLG Hamburg GRUR-RR 2020, 328 Rn. 43 – Affiliate-Programm.

[341] OLG Köln WRP 2021, 102 Rn. 38 – DrückGlück; Köhler/Bornkamm/Feddersen/Köhler/Feddersen UWG § 8 Rn. 2.51; MüKo UWG/Fritzsche § 8 Rn. 378.

[342] BGH GRUR 1961, 288 (290) – Zahnbürsten; Köhler/Bornkamm/Feddersen/Köhler/Feddersen UWG § 8 Rn. 2.55.

V. Bearbeitungscheckliste

Allgemeine Voraussetzungen für wettbewerbsrechtliche Ansprüche 210

1. Geschäftliche Handlung (§ 2 Abs. 1 Nr. 1 UWG)
   - ☐ Verhalten einer Person (auch rein tatsächliche Handlungen)
   - ☐ Unternehmensbezug („zugunsten des eigenen oder eines fremden Unternehmens") nicht: privat, rein amtlich/hoheitlich oder betriebsintern
   - ☐ Handlungen „vor, bei oder nach einem Geschäftsabschluss"
   - ☐ Objektiver Zusammenhang mit der Absatzförderung, dem Produktbezug oder dem Vertragsabschluss und der Vertragsdurchführung
     - Parteien untereinander (Förderung eigenen Wettbewerbs)
     - Partei mit Drittem, den die Partei begünstigt (Förderung fremden Wettbewerbs)
     - Zu beachten: besondere verfassungsrechtliche Freiheitsbereiche (redaktioneller Teil von Medien, Wissenschaft, Verbraucherorganisation), öffentlich-rechtliches Handeln
2. „Schwarze Liste" des Anhanges zu § 3 Abs. 3 UWG
   - ☐ Prüfung der Einzelverbote ohne Wertungsvorbehalt
   - ☐ Keine Spürbarkeitsprüfung erforderlich – allenfalls Verhältnismäßigkeitsprüfung auf der Grundlage des Unionsrechts möglich
3. Wettbewerbswidrigkeit = Unlauterkeit
   - ☐ Verwirklichung einer der konkretisierten Tatbestände der §§ 4a bis 7a UWG *oder*
   - ☐ Eigenständiger Verstoß gegen die Verbrauchergeneralklausel des § 3 Abs. 2 UWG im Geltungsbereich der UGP-RL oder § 3 Abs. 1 UWG („große" Generalklausel)
   - ☐ Schutzzweck:
     - Angriffsrichtung Verbraucher (Definition § 2 Abs. 2 UWG iVm § 13 BGB)
     - Angriffsrichtung (individueller) Mitbewerber (§ 2 Abs. 1 Nr. 3 UWG); Definition der Unternehmer (§ 2 Abs. 1 Nr. 6 UWG)
     - Angriffsrichtung sonstige Marktteilnehmer – alle Marktteilnehmer werden erfasst (§ 2 Abs. 1 Nr. 2 UWG)
   - ☐ Spezialfall: Öffentliche Hand
4. Anspruchsberechtigung
   - ☐ Unmittelbar verletzte Mitbewerber:
     - Aus § 8 Abs. 3 Nr. 1 UWG
     - Begriffsbestimmung in § 2 Abs. 1 Nr. 3 UWG; Unternehmerbegriff nach § 2 Abs. 1 Nr. 6 UWG; konkretes Wettbewerbsverhältnis erforderlich
   - ☐ Qualifizierte Wirtschaftsverbände:
     - Aus § 8 Abs. 3 Nr. 2 UWG
     - Voraussetzungen: Eintragung in Liste gemäß § 8b UWG; erhebliche Zahl von Mitgliedern, die Waren oder Dienstleistungen gleicher oder verwandter Art auf demselben Markt vertreiben; Interessenberührung
   - ☐ Verbraucherverbände:
     - Aus § 8 Abs. 3 Nr. 3 UWG
     - Voraussetzungen:
       - Deutsche Verbände: Eintragung in Liste der qualifizierten Einrichtungen nach § 4 Abs. 2 UKlaG
       - EU-ausländische Verbände: Eintragung in Liste nach Art. 4 RL 98/27/EG
   - ☐ Berufsständische Körperschaften des öffentlichen Rechts und Gewerkschaften:
     - Aus § 8 Abs. 3 Nr. 4 UWG
     - Aufgabenkreise sind berührt
   - ☐ Rechtsmissbrauch (§ 8c UWG):
     - Einnahmenerzielungsinteresse?
     - Abmahntätigkeit unverhältnismäßig zur eigenen Geschäftstätigkeit des Anspruchstellers?
     - Mehrfachverfolgung?
     - Vorgehen im Drittinteresse?
     - Einzelfallumstände

5. Anspruchsgegnerschaft nach § 8 Abs. 2 UWG
   a) Geltung allgemeiner Grundsätze von Täterschaft und Teilnahme für wettbewerbsrechtliche Ansprüche
   b) Allgemeine Einstandspflicht für Dritte nach §§ 31, 89 BGB und Haftung wegen Organisationsmangels
   c) Verschärfte Haftung des Unternehmensinhabers für Mitarbeiter oder Beauftragte nach § 8 Abs. 2 UWG ohne Exkulpationsmöglichkeit

§ 13 Ausnutzen besonderer Schutzbedürftigkeit von Verbrauchern (§§ 3 Abs. 4 S. 2, 4a Abs. 2 S. 2 UWG)

Übersicht

I. Allgemeines

1. Grundlagen

a) Überblick. Derzeit finden sich sowohl in § 4a Abs. 2 S. 2 UWG, als auch in § 3 Abs. 4 S. 2 UWG Regelungen, die die besondere Schutzbedürftigkeit von Verbrauchern aufgreifen. Nach § 3 Abs. 4 S. 2 UWG sind geschäftlichen Handlungen, die für den Unternehmer vorhersehbar das wirtschaftliche Verhalten nur einer eindeutig identifizierbaren Gruppe von Verbrauchern wesentlich beeinflussen, die aufgrund geistiger oder körperlicher Beeinträchtigungen, Alter oder Leichtgläubigkeit im Hinblick auf Waren oder Dienstleistungen besonders schutzwürdig sind, aus Sicht eines durchschnittlichen Mitglieds dieser Gruppe zu beurteilen. Dabei handelt es sich nicht um einen eigenen Unlauterkeitstatbestand, sondern um die Festlegung aus wessen Sicht die Unlauterkeit einer geschäftlichen Handlung zu bestimmen ist. § 3 Abs. 4 S. 2 UWG wird damit inhaltlich noch stärker an Art. 5 Abs. 3 S. 1 UGP-Richtlinie angelehnt. Im Unterschied zu § 3 Abs. 4 S. 1 UWG kommt es im Rahmen von § 3 Abs. 4 S. 2 UWG nicht (mehr) darauf an, ob sich der Unternehmer *gezielt* an eine besonders schutzbedürftige Verbrauchergruppe wendet.[1] Erforderlich ist lediglich, dass die geschäftliche Handlung für den Unternehmer vorhersehbar **nur** das wirtschaftliche Verhalten dieser Verbrauchergruppe im Sinne von § 2 Abs. 1 Nr. 8 UWG wesentlich beeinflussen wird. Es genügt mithin nicht, wenn neben anderen Verbrauchern **auch** besonders schutzwürdige Verbraucher beeinflusst werden.[2] Wendet sich der Unternehmer allerdings gezielt an eine Gruppe besonders schutzbedürftiger Verbraucher, so wendet er sich an eine eindeutig identifizierbare Gruppe und allein entscheidend ist ob die geschäftliche Handlung das wirtschaftliche Verhalten eines durchschnittlichen Mitglieds dieser Gruppe beeinflussen kann. § 3 Abs. 4 S. 2 UWG bezweckt damit die Schaffung eines Ausgleichs zwischen den gegenläufigen Interessen von Ver- 1

[1] Köhler/Bornkamm/Köhler UWG § 3 Rn. 5.17; zu § 3 Abs. 2 S. 3 UWG 2008: BGH GRUR 2014, 686 Tz. 14, 16 – Goldbärenbarren.

[2] BGH GRUR 2014, 686 Tz. 17 – Goldbärenbarren; Köhler/Bornkamm/Köhler UWG § 3 Rn. 5.17.

brauchern und Unternehmen auf der Grundlage einer differenzierten Beurteilung der Unlauterkeit einer geschäftlichen Handlung aus Sicht der Verbraucher.[3]

2 § 4a Abs. 2 S. 2 UWG geht zurück auf § 4 Nr. 2 UWG 2008 welcher im Rahmen der UWG-Novelle von 2015 zunächst vollständig gestrichen, dann aber inhaltlich verändert wieder in § 4a Abs. 2 S. 2 UWG aufgenommen wurde.[4] Grund für die Wiederaufnahme der Vorschrift war die geäußerte Sorge von Verbraucherverbänden, die Streichung von § 4 Nr. 2 UWG 2008 könnte zu einer Absenkung des Verbraucherschutzniveaus führen.[5] Anders als § 4 Nr. 2 UWG 2008 stellt § 4a Abs. 2 S. 2 UWG indes keinen eigenen Unlauterkeitstatbestand dar. Vielmehr konkretisiert dieser die „Umstände", die nach § 4a Abs. 2 S. 1 Nr. 3 UWG bei der Beurteilung der Frage zu berücksichtigen sind, ob eine geschäftliche Handlung aggressiv im Sinne von § 4a Abs. 1 S. 2 UWG zu qualifizieren ist.[6] Zu jenen Umständen gehören *eigenschaftsbezogene* (geistige oder körperliche Beeinträchtigungen, das Alter, die geschäftliche Unerfahrenheit und die Leichtgläubigkeit) und *situationsbezogene* (Angst oder die Zwangslage) Kriterien mit Blick auf Verbraucher. Mit Ausnahme der geschäftlichen Unerfahrenheit finden sich alle personenbezogenen Kriterien auch in § 3 Abs. 4 S. 2 UWG. Insgesamt soll § 4a Abs. 2 S. 2 UWG das bisherige Verbraucherschutzniveau gewährleisten und durch die Verknüpfung mit § 4a Abs. 2 S. 1 Nr. 3 UWG Konformität mit der UGP-Richtlinie sicherstellen.[7]

3 Die Vorschriften stellen eine Abweichung vom Leitbild des erwachsenen Durchschnittsverbrauchers dar, das der Gesetzgeber in Übereinstimmung mit der Rechtsprechung[8] in § 3 Abs. 4 S. 1 UWG zu Grunde gelegt hat.[9] Sie widersprechen ihm aber nicht,[10] da sie nur für bestimmte schutzbedürftige Zielgruppen höhere Anforderungen aufstellt.[11] Damit verschiebt sich der an die Bewertung einer geschäftlichen Handlung anzulegende Maßstab zu Lasten des Unternehmers. Denn maßgebend ist gem. § 3 Abs. 4 S. 2 UWG jeweils der Durchschnitt der angesprochenen Verkehrskreise. Wendet sich der Werbende an eine bestimmte Bevölkerungsgruppe (zB Kinder und Jugendliche), so muss er sich an einem durchschnittlich informierten, aufmerksamen und verständigen Angehörigen dieser Gruppe orientieren.[12] Dementsprechend können Handlungen, die gegenüber einer nicht besonders schutzwürdigen Zielgruppe noch zulässig sind, bspw. gegenüber geschäftlich Unerfahrenen unzulässig sein.[13] Grundsätzlich maßgeblich bleibt jedoch das Leitbild des erwachsenen Durchschnittsverbrauchers. Nicht geschützt werden vor diesem Hintergrund solche Verbraucher, die es lediglich aus Bequemlichkeit, Nachlässigkeit oder Gleichgültigkeit unterlassen, auf die Angebote der Unternehmer kritisch einzugehen.[14]

4 **b) Gemeinschaftsrechtliche Vorgaben.** § 4a Abs. 2 S. 2 UWG konkretisiert den Begriff der „Umstände" aus § 4a Abs. 2 Nr. 3 UWG.[15] Die Vorschrift hat allerdings keine Entsprechung in der UGP-Richtlinie, so dass ihre Vereinbarkeit vor dem Hintergrund des Ziels der Vollharmonisierung durch die UGP-Richtlinie im harmonisierten Bereich mit guten Gründen in Frage gestellt wird.[16] So führt § 4a Abs. 2 S. 2 UWG bspw. zu einer unnötigen Überschneidung und damit Doppelung im Verhältnis zu § 3 Abs. 4 S. 2 UWG, die so in der Richtlinie nicht vorgesehen ist.[17] Insbesondere wird die besondere eigenschaftsbezogene Schutzbedürftigkeit von Verbrauchern au-

[3] Köhler/Bornkamm/Köhler UWG § 3 Rn. 5.2.
[4] Harte-Bavendamm/Henning-Bodewig/Picht UWG § 4a Rn. 2.
[5] Verbraucherzentrale Bundesverband e. V. WRP 2014, 177.
[6] Köhler/Bornkamm/Köhler UWG § 4a Rn. 2.2.
[7] Köhler/Bornkamm/Köhler UWG § 4a Rn. 2.3.
[8] Grdl. BGH GRUR 2000, 619 (621) – Orient-Teppichmuster; zuletzt: BGH GRUR 2017, 1265 Tz. 19 – Preisportal; BGH GRUR 2019, 631 Tz. 67 – Das beste Netz; BGH GRUR 2021, 1422 Tz. 16 – Vorstandsabteilung.
[9] Noch zu § 4 Nr. 2 UWG 2008: BGH GRUR 2011, 747 Tz. 30 – Kreditkartenübersendung; BGH NJW 2014, 3373 Tz. 29 – Zeugnisaktion; BGH GRUR 2014, 682 Tz. 22 – Nordjob-Messe.
[10] AA wohl: Engels/Salomon WRP 2004, 32 (36) (zu § 4 Nr. 2 UWG aF).
[11] BGH GRUR 2011, 747 Tz. 30 – Kreditkartenübersendung; BGH NJW 2014, 3373 Tz. 29 – Zeugnisaktion; BGH GRUR 2014, 682 Tz. 22 – Nordjob-Messe.
[12] Vgl. BGH GRUR 2002, 976 – Kopplungsangebot I; BGH GRUR 2004, 244 – Marktführerschaft; BGH GRUR 2006, 776 Tz. 19 – Werbung für Klingeltöne; BGH NJW 2014, 3373 Tz. 29 – Zeugnisaktion; BGH GRUR 2014, 682 Tz. 22 – Nordjob-Messe.
[13] BGH GRUR 2006, 776 Tz. 19 – Werbung für Klingeltöne; BGH GRUR 2014, 682 Tz. 22 – Nordjob-Messe; BGH NJW 2014, 3373 Tz. 29 – Zeugnisaktion; Ohly/Sosnitza/Sosnitza UWG § 4a Rn. 185.
[14] Fezer/Büscher/Obergfell/Scherer UWG § 4a Rn. 358.
[15] Köhler/Bornkamm/Köhler UWG § 4a Rn. 2.2.
[16] Köhler/Bornkamm/Köhler UWG § 4a Rn. 2.8 ff.; MüKoUWG/Raue § 4a Rn. 272.
[17] Köhler/Bornkamm/Köhler UWG § 4a Rn. 2.11; Fritzsche WRP 2016, 1 (6); wohl zustimmend hinsichtlich einer unnötigen Doppelregelung: Harte-Bavendamm/Henning-Bodewig/Picht § 4a Rn. 86.

ßerhalb von Art. 5 Abs. 3 UGP, der in § 3 Abs. 4 UWG umgesetzt wurde, nicht gesondert aufgegriffen. Vor diesem Hintergrund wird zu § 4a Abs. 2 S. 2 UWG vertreten, dass dieser richtlinienkonform in der Weise einschränkend auszulegen sei, dass er auf eigenschaftsbezogene Kriterien von Verbrauchern keine Anwendung finde.[18] Situationsbedingte Kriterien als Auswirkung einer Unglückssituation seien dagegen nach § 4a Abs. 2 S. 2 zu berücksichtigen.[19] Für die Praxis wird dies im Ergebnis kaum eine Rolle spielen, da die die besondere Schutzbedürftigkeit begründenden Umstände (eigenschafts- oder situationsbezogen) bei der Beurteilung, ob eine geschäftliche Handlung nach bspw. § 4a Abs. 1 UWG unzulässig ist entweder nach § 3 Abs 4 UWG oder (im Rahmen von § 4a UWG) gem. § 4a Abs. 2 S. 2 UWG zu berücksichtigen sind. Diejenigen, die § 4a richtlinienkonform einschränkend auslegen wollen, können natürlich bei der Beurteilung, ob eine geschäftliche Handlung aggressiv im Sinne von § 4a UWG ist die eigenschaftsbezogenen Kriterien aus § 4a Abs. 2 S. 2 UWG nicht berücksichtigen. Die sich hieraus ergebende Lücke soll über den Auffangtatbestand des § 3 Abs. 2 UWG iVm Abs. 4 S. 2 UWG geschlossen werden.[20]

§ 3 Abs. 4 S. 1 und 2 UWG dienen der Umsetzung der Regelungen aus Art. 5 Abs. 2 lit. b) und Art. 5 Abs. 3 UGP-Richtlinie. Mit der UWG-Novelle 2015 sind die entsprechenden Regelungen aus § 3 Abs. 2 S. 2 und 3 UWG 2008 in § 3 Abs. 4 S. 1 und 2 UWG verschoben worden. Inhaltlich wurden sie stärker an den Wortlaut des Art. 5 Abs. 3 UGP-Richtlinie angepasst. So war die Einschränkung aus Art. 5 Abs. 3 UGP-Richtlinie, dass die Schutzbedürftigkeit im Hinblick auf die konkrete geschäftliche Handlung oder die ihr zugrundeliegenden Waren oder Dienstleistungen vorliegen muss, in § 3 Abs. 2 S. 3 UWG 2008 nicht umgesetzt. Auch das Merkmal der wesentlichen Beeinflussung fand sich in § 3 Abs. 2 S. 3 UWG 2008 nicht. Nach der UWG-Novelle 2015 ist nun nicht mehr entscheidend, ob die geschäftliche Handlung *nur* diese Gruppe von Verbrauchern betrifft, sondern vielmehr, ob die Geschäftspraxis das wirtschaftliche Verhalten nur einer bestimmten Verbrauchergruppe **beeinflusst.** Dennoch ist es bei der UWG-Novelle 2015 ebenfalls zu keiner vollständigen Umsetzung des Art. 5 Abs. 3 UGP-Richtlinie gekommen. Der einschränkende Zusatz nach Art. 5 Abs. 3 S. 2 UGP-Richtlinie der bestimmt, dass „die übliche und rechtmäßige Werbepraxis, übertriebene Behauptungen oder nicht wörtlich zu nehmende Behauptungen aufzustellen, unberührt bleiben." wurde nicht übernommen. Diese Einschränkung des § 3 Abs. 4 S. 2 UWG ist im Rahmen der richtlinienkonformen Auslegung zu berücksichtigen.[21] 5

2. Systematik

6 § 3 Abs. 4 UWG stellt – ebenso wie § 4a Abs. 2 S. 2 UWG – keinen eigenen Unlauterkeitstatbestand dar. Vielmehr legt § 3 Abs. 4 UWG fest, aus wessen Sicht die Unlauterkeit einer geschäftlichen Handlung zu bewerten ist und gilt – wie seine systematische Stellung belegt – für alle Fälle der Unlauterkeit des § 3 Abs. 1, 2 und 3 UWG. § 3 Abs. 4 S. 2 UWG begründet dabei zum Schutz von Verbrauchern, die aufgrund der genannten Eigenschaften besonders schutzbedürftig sind, ein besonderes Schutzniveau und führt für den Unternehmer zu einer Verschärfung seiner Sorgfaltspflichten gegenüber diesen besonders schutzbedürftigen Verbrauchergruppen.[22] In ähnlicher Art und Weise bestimmt § 4a Abs. 2 S. 2 UWG Umstände, die im Rahmen des § 4a Abs. 2 S. 1 Nr. 3 UWG berücksichtigt werden sollen, bei der Frage, ob eine aggressive geschäftliche Handlung im Sinne von § 4a Abs. 1 S. 2 UWG vorliegt.

7 Schutzsubjekt von § 3 Abs. 4 S. 2 UWG und § 4a Abs. 2 S. 2 UWG sind **Verbraucher** (§ 2 Abs. 2 UWG iVm § 13 BGB). Sonstige Marktteilnehmer (§ 2 Abs. 1 Nr. 2 UWG) werden nach § 3 Abs. 4 UWG nicht erfasst. Auch § 4a Abs. 2 S. 2 UWG schützt allein Verbraucher, wenn auch der Anwendungsbereich der Bestimmungen an die § 4a Abs. 2 S. 2 UWG anknüpft weiter ist, als dass auch sonstige Marktteilnehmer (§ 2 Abs. 1 Nr. 2 UWG) erfasst sind.

8 Die von einer geschäftlichen Handlung angesprochenen Verkehrskreise müssen besonders schutzbedürftig sein. Diese **besondere Schutzbedürftigkeit** kann sich *eigenschaftsbezogen* aus geistigen oder körperliche Beeinträchtigungen, dem Alter oder der Leichtgläubigkeit (§ 3 Abs. 4 S. 2

[18] Köhler/Bornkamm/Köhler UWG § 4a Rn. 2.11; aA mit der Annahme der Unionsrechtskonformität: Ohly/Sosnitza/Sosnitza UWG § 4a Rn. 160; abwartend, aber ohne Annahme, dass die Anwendung von § 4a Abs. 2 S. 2 UWG zu richtlinienwidrigen Ergebnissen führt: Harte-Bavendamm/Henning-Bodewig/Picht § 4a Rn. 86.
[19] Fritzsche WRP 2016, 1 (6); Köhler/Bornkamm/Köhler UWG § 4a Rn. 2.12 ff.
[20] Vgl. Köhler/Bornkamm/Köhler UWG § 4a Rn. 2.11.
[21] Köhler/Bornkamm/Köhler UWG § 3 Rn. 5.5, 5.31.
[22] Alexander WRP 2016, 411 (419); Köhler/Bornkamm/Köhler UWG § 3 Rn. 5.8.

UWG) oder *situationsbezogen* (Angst oder Zwangslage) der Verbraucher ergeben. Nicht geklärt ist bislang, ob diese Aufzählung von den die Schutzbedürftigkeit begründenden Umständen abschließend sein soll. Der Wortlaut von Erwägungsgrund 19 UGP-RL mag dagegensprechen, wenn von „bestimmten Eigenschaften wie Alter, geistige oder körperliche Gebrechen oder Leichtgläubigkeit" die Rede ist. Andererseits scheint der Wortlaut von Art. 5 Abs. 3 UGP-RL eine abschließende Aufzählung nahezulegen.[23]

9 Weiterhin ist Voraussetzung von § 3 Abs. 4 S. 2 UWG, dass eine **eindeutig identifizierbare Gruppe** von Verbrauchern vorliegt, die aufgrund besonderer Eigenschaften hinsichtlich der geschäftlichen Handlung besonders schutzwürdig ist. Um von einer Gruppe auszugehen, muss ihr eine Vielzahl an Personen, mindestens drei angehören.[24] Die der Gruppe angehörenden Personen müssen mindestens eine gemeinsame Eigenschaft oder Merkmal aufweisen, dass sie hinsichtlich der geschäftlichen Handlung besonders schützenswert macht und von einem durchschnittlichen Verbraucher unterscheidet.[25] Eine eindeutige Identifizierbarkeit liegt jedenfalls vor, wenn gezielt eine schutzbedürftige Verbrauchergruppe angesprochen wird. Aber auch Werbung in Massenmedien, die sich an jedermann richtet, kann zu einer eindeutigen Identifizierbarkeit führen, wenn **nur** eine bestimmte schutzbedürftige Verbrauchergruppe für die geschäftliche Handlung besonders anfällig ist und der Unternehmer dies ausnutzt.[26]

10 Für den Unternehmer muss schließlich objektiv bzw. vernünftigerweise[27] **vorhersehbar** sein, dass seine geschäftliche Handlung *nur* zu einer Beeinflussung des Verhaltens von Mitgliedern einer eindeutig identifizierbaren Gruppe führt, die aufgrund besonderer Eigenschaften besonders schutzbedürftig sind. Der strenge Maßstab des § 3 Abs. 4 S. 2 UWG ist nicht schon anzulegen, wenn der dort genannte geschützte Personenkreis auch von einer geschäftlichen Handlung angesprochen wird.[28]

II. Beurteilungsmaßstab (§ 3 Abs. 4 UWG)

11 Wendet sich der Unternehmer mit seiner geschäftlichen Handlung **gezielt** an eine bestimmte Gruppe von Verbrauchern, so ist bei der Beurteilung der lauterkeitsrechtlichen Zulässigkeit dieser Handlung nach § 3 Abs. 4 S. 1 UWG auf ein durchschnittliches Mitglied dieser Gruppe abzustellen. Uneinigkeit besteht, wann von einem derart zielgerichteten Ansprechen bestimmter Verbrauchergruppen auszugehen ist. Teilweise wird die Auffassung vertreten es genüge, dass der Werbende die fragliche geschäftliche Handlung mit dolus eventualis vornimmt.[29] Andere hingegen wollen dies allein anhand objektiver Würdigung aller Umstände entscheiden.[30] Zwar wird man dem Wortlaut der UGP und dem UWG eine Einschränkung auf vorsätzliches Handeln nicht entnehmen können. Würde man aber andererseits die objektive Eignung zur Ausnutzung genügen lassen, so ginge der Anwendungsbereich von § 3 Abs. 4 S. 1 UWG über den des Abs. 4 S. 2 UWG hinaus und würde Letzteren leerlaufen lassen. Eine derart weite Auslegung würde bei geschäftlichen Handlungen gegenüber dem allgemeinen Publikum dazu führen, dass immer auf die Sicht der Schutzbedürftigen abzustellen wäre.[31] In eben diesen Fällen stellt aber § 3 Abs. 4 S. 2 UWG weitergehende Voraussetzungen auf. Ein zielgerichtetes Ansprechen kann daher nur in Fällen vorliegen, die qualitativ über den in § 3 Abs. 4 S. 2 UWG genannten Fall der „Vorhersehbarkeit" hinausgehen. Vor diesem Hintergrund wird man in der Tat zumindest **dolus eventualis** verlangen müssen.

12 In Fällen des § 3 Abs. 4 S. 2 UWG kommt es im Gegensatz zu § 3 Abs. 4 S. 1 UWG nicht darauf an, ob sich die geschäftliche Handlung an die besonders schutzbedürftige Verbrauchergruppe „wendet", diese also gezielt adressiert.[32] Für die Anwendbarkeit von § 3 Abs. 4 S. 2 UWG ist es erforderlich, aber auch ausreichend, dass die geschäftliche Handlung voraussichtlich und vorhersehbar **allein** das wirtschaftliche Verhalten einer Verbrauchergruppe wesentlich beeinflusst,

[23] Köhler/Bornkamm/Köhler UWG § 3 Rn. 5.18.
[24] Köhler/Bornkamm/Köhler UWG § 3 Rn. 5.27.
[25] Köhler/Bornkamm/Köhler UWG § 3 Rn. 5.27.
[26] Köhler/Bornkamm/Köhler UWG § 3 Rn. 5.28.
[27] Harte-Bavendamm/Henning-Bodewig/Podszun UWG § 3 Rn. 105; Köhler/Bornkamm/Köhler UWG § 3 Rn. 5.29.
[28] BGH GRUR 2014, 686 Tz. 18, 19 – Goldbärenbarren.
[29] Köhler FS Ullmann, S. 685 (687); Seichter WRP 2005, 1087 (1091).
[30] 2. Aufl.: Götting/Nordemann/Späth UWG § 4 Nr. 2 Rn. 2.21.
[31] Ähnlich: Baukelmann, FS Ullmann S. 587 (594).
[32] BGH GRUR 2014, 686 Tz. 16 – Goldbärenbarren.

welche besonders schutzbedürftig ist.[33] Folglich ist der strengere Prüfungsmaßstab von § 3 Abs. 4 S. 2 UWG nicht schon dann heranzuziehen, wenn **auch** Jugendliche oder Kinder durch die geschäftliche Handlung beeinflusst werden können oder angesprochen werden.[34]

Eine bedeutende Einschränkung von § 3 Abs. 4 S. 2 UWG ergibt sich dadurch, dass die besondere Schutzbedürftigkeit „im Hinblick auf die geschäftlichen Handlungen oder die dieser zugrundeliegenden Waren oder Dienstleistungen" bestehen muss. Die Einschränkung fand sich im Wortlaut der Vorgängervorschrift § 3 Abs. 2 S. 3 UWG 2008 noch nicht und geht auf Art. 5 Abs. 3 S. 1 UGP-Richtlinie zurück. Die angesprochene Verbrauchergruppe muss gerade wegen ihrer Eigenschaften hinsichtlich der geschäftlichen Handlung oder den zugrunde liegenden Waren oder Dienstleistungen besonders anfällig sein.[35] Von praktischer Bedeutung ist diese Einschränkung, wenn Waren oder Dienstleistungen speziell auf eine besonders schutzbedürftige Verbrauchergruppe zugeschnitten sind, der Durchschnittsverbraucher sich davon in seiner informierten Entscheidung aber nicht beeinflussen lassen würde.[36] 13

III. Ausnutzen besonderer Schutzbedürftigkeit

Die Anwendbarkeit des § 4 Nr. 2 UWG aF setzte voraus, dass der Unternehmer die besondere Schutzbedürftigkeit der Verbraucher „ausnutzt". Innerhalb des § 3 Abs. 4 UWG sucht man dieses Tatbestandsmerkmal vergeblich. Dies ist mit Blick auf § 3 Abs. 4 UWG insoweit konsequent, als dass sie die Unlauterkeit eines Verhaltens nicht begründet, sondern allein bestimmt auf wessen Sicht bei der Beurteilung der Unlauterkeit abzustellen ist. 14

Andererseits genügt nach § 4a Abs. 2 S. 2 UWG ein Verhalten des Unternehmers, dass zur Ausnutzung der besonderen Schutzbedürftigkeit von Verbrauchern geeignet ist – im Gegensatz zu § 4 Nr. 2 UWG aF – nicht mehr aus.[37] Erforderlich ist nun vielmehr die *bewusste* Ausnutzung einer *konkreten* Unglückssituation. Ausreichend soll es in diesem Zusammenhang jedoch sein, sofern der Unternehmer Kenntnis davon hat, dass seine geschäftliche Handlung besonders schutzbedürftige Personen betrifft.[38] Ein zielgerichtetes, vorsätzliches Vorgehen soll nicht erforderlich sein.[39] 15

IV. Geistige oder körperlicher Beeinträchtigungen

Das Tatbestandsmerkmal „geistige oder körperliche Beeinträchtigungen" entstammt Art. 5 Abs. 3 S. 1 UGP. In richtlinienkonformer Auslegung ist von solchen Beeinträchtigungen auszugehen, wenn die Fähigkeit des Betroffenen, eine informierte geschäftliche Entscheidung im Hinblick auf die geschäftliche Handlung oder ein bestimmtes Produkt zu treffen, auf Grund einer Beeinträchtigung hinter der des Durchschnittsverbrauchers zurückbleibt.[40] Als körperliche Beeinträchtigung zu nennen sind beispielsweise Einschränkungen des Seh- oder Hörvermögens wie Blindheit oder Taubheit.[41] Geistige Beeinträchtigungen können insbesondere psychische Störungen zum Beispiel auf Grund von Alkohol- oder Drogenabhängigkeit sein.[42] Jedoch fallen vorübergehende Ausfallerscheinungen, aufgrund von Müdigkeit oder Alkoholeinfluss nicht unter § 3 Abs. 4 S. 2 UWG, sondern unter § 4a Abs. 1, Abs. 2 S. 1 Nr. 3 UWG.[43] 16

V. Alter

Der Begriff des „Alters" ist dem Wortlaut von Art. 5 Abs. 3 S. 1 UGP entnommen. Erfasst werden sollen hiervon Personengruppen, die altersbedingt vom Durchschnittsverbraucher abwei- 17

[33] BGH GRUR 2014, 686 Tz. 16 – Goldbärenbarren; Köhler/Bornkamm/Köhler UWG § 3 Rn. 5.17.
[34] BGH GRUR 2014, 686 Tz. 17 – Goldbärenbarren; Köhler/Bornkamm/Köhler UWG § 3 Rn. 5.17.
[35] Vgl. Erwägungsgrund 18 S. 2, 19 UGP-Richtlinie.
[36] Köhler/Bornkamm/Köhler UWG § 3 Rn. 5.19.
[37] Harte-Bavendamm/Henning-Bodewig/Picht UWG § 4a Rn. 116; Köhler/Bornkamm/Köhler UWG § 4a Rn. 2.24, 2.25.
[38] Harte-Bavendamm/Henning-Bodewig/Picht UWG § 4a Rn. 117; Köhler/Bornkamm/Köhler UWG § 4a Rn. 2.25; Ohly/Sosnitza/Sosnitza UWG § 4a Rn. 184.
[39] Ohly/Sosnitza/Sosnitza UWG § 4a Rn. 184.
[40] Köhler/Bornkamm/Köhler UWG § 3 Rn. 5.20.
[41] Harte-Bavendamm/Henning-Bodewig/Picht UWG § 4a Rn. 97; Ohly/Sosnitza/Sosnitza UWG § 4a Rn. 161; Scherer WRP 2008, 563 (570).
[42] Gloy/Loschelder/Danckwerts UWG-HdB/Hasselblatt/Hannamann § 53 Rn. 223.
[43] Köhler/Bornkamm/Köhler UWG § 3 Rn. 5.21.

chen. Hierbei kann es sich sowohl um junge oder aber alte Menschen handeln. Freilich überschneiden sich die Tatbestandsmerkmale „geistige oder körperliche Beeinträchtigung", „Alter" und „geschäftliche Unerfahrenheit". So können die geistigen oder körperlichen Beeinträchtigungen der angesprochenen Verbraucher auf deren (hohem) Alter beruhen oder aber auf Grund des Alters eine zuvor vorhandene geschäftliche Erfahrenheit nunmehr nicht mehr vorliegen.[44]

VI. Geschäftliche Unerfahrenheit

18 Die Fallgruppe der „geschäftlichen Unerfahrenheit" hatte in der Rechtsprechung zu § 4 Nr. 2 UWG 2008 große Bedeutung.[45] Dieses Tatbestandsmerkmal findet sich nunmehr allein in § 4a Abs. 2 S. 2 UWG, der nach dem Willen des Gesetzgebers das Schutzniveau von § 4 Nr. 2 UWG 2008 fortführen soll. Innerhalb der UGP-Richtlinie findet sich dieses Tatbestandsmerkmal indes nicht. Allerdings finden sich dort die Merkmale „Alter" und „Leichtgläubigkeit" aus welchen sich „geschäftliche Unerfahrenheit" ergeben kann. Sofern daher das Tatbestandsmerkmal der „geschäftlichen Unerfahrenheit" nicht unmittelbar im Rahmen des § 4a UWG über § 4a Abs. 2 S. 2 UWG berücksichtigt werden kann, ist dies über § 3 Abs. 4 S. 2 UWG ggf. iVm § 3 Abs. 2 UWG möglich.[46] Wendet sich ein Unternehmer gezielt an eine geschäftlich unerfahrene Verbrauchergruppe und ist vorhersehbar, dass die Handlung geeignet ist, das wirtschaftliche Verhalten dieser Verbraucher wesentlich zu beeinflussen (§ 3 Abs. 2 UWG), so spricht eine Vermutung dafür, dass der Unternehmer die besondere Anfälligkeit dieser Verbraucher für die Handlung oder die ihr zugrunde liegende Ware oder Dienstleistung ausnutzt,[47] und sein Verhalten daher auch gegen die unternehmerische Sorgfalt verstößt.[48]

19 **Geschäftliche Unerfahrenheit** meint Mangel an Geschäftserfahrung. Diese liegt bei Verbrauchern vor, die die Folgen ihres geschäftlichen Handelns weder in wirtschaftlicher noch in rechtlicher Hinsicht voll abzuschätzen vermögen.[49] Bezugsgröße ist die geschäftliche Erfahrung, die bei einem durchschnittlich informierten, aufmerksamen und verständigen Durchschnittsverbraucher vorausgesetzt wird.[50] Geschäftliche Unerfahrenheit wird regelmäßig bei Kindern und Jugendlichen vorliegen.[51] Es ist allerdings der alterstypischen Entwicklung entsprechend graduell zu differenzieren.[52] Mangel an Geschäftserfahrung kann aber auch bei Erwachsenen zu bejahen sein.[53]

1. Schutz von Kindern und Jugendlichen

20 Kinder (Alter unter 14 Jahre) und Jugendliche (Alter 14–18 Jahre) sind in besonders hohem Maße schutzbedürftig. Infolge ihrer Unerfahrenheit, Ungewandtheit und leichten Beeinflussbarkeit sind sie in der Regel weniger als Erwachsene in der Lage, das Angebot an Waren oder Dienstleistungen kritisch zu prüfen.[54] Sie verfügen altersbedingt über eine geringe geschäftliche Erfahrung, reagieren **spontaner** und **emotionaler** als die meisten Erwachsenen und unterliegen einfacher einem **Gruppenzwang.** Insbesondere jüngere Kinder können die ökonomischen Ziele der Werbung oftmals nicht durchschauen und betrachten Werbung eher unterhaltungsorien-

44 Vgl. dazu auch Köhler/Bornkamm/Köhler UWG § 3 Rn. 5.24; Ohly/Sosnitza/Sosnitza UWG § 4a Rn. 162.

45 Köhler/Bornkamm/Köhler UWG § 3 Rn. 7.1.

46 Köhler/Bornkamm/Köhler UWG § 3 Rn. 7.4.

47 Erwägungsgrund 19 UGP-RL.

48 Köhler/Bornkamm/Köhler UWG § 3 Rn. 7.4.

49 Fezer/Büscher/Obergfell/Scherer UWG § 4a Rn. 354; Gloy/Loschelder/Danckwerts UWG-HdB/Hasselblatt/Hannamann § 53 Rn. 225; Köhler/Bornkamm/Köhler UWG § 3 Rn. 7.2; ders., FS Ullmann, S. 685, 687; Ohly/Sosnitza/Sosnitza UWG § 4a Rn. 163.

50 BGH GRUR 2007, 979 Tz. 27 – Rechtsberatung durch Haftpflichtversicherer; BGH GRUR 2011, 747 Tz. 30 – Kreditkartenübersendung; Köhler/Bornkamm/Köhler UWG § 3 Rn. 7.2; ders., FS Ullmann, S. 685, 687; Lettl GRUR 2004, 449 (457); Ohly/Sosnitza/Sosnitza UWG § 4a Rn. 163.

51 → Rn. 41 ff.

52 OLG Frankfurt a. M. GRUR 2005, 782 (783) – Milchtaler; OLG Frankfurt a. M. GRUR 2005, 1064 (1065) – Lion-Sammelaktion; Fezer/Büscher/Obergfell/Scherer UWG § 4a Rn. 371, 372; Dembowski FS Ullmann, S. 599 (607); Steinbeck GRUR 2006, 163 (164).

53 Amtl. Begr. zu § 4 Nr. 2 UWG, Gesetzesentwurf der Bundesregierung, BT-Drs. 15/1487 v. 22.8.2003 S. 17 rechte Spalte („sprach- und geschäftsungewandte Mitbürger"); vgl. dazu unten Rn. 69 ff.

54 OLG Düsseldorf GRUR 1975, 267 (268 f.) – Milky Way; OLG Stuttgart WRP 1978, 151 ff. – Formularschreiben; OLG Frankfurt a. M. GRUR 1994, 522 (523) – LEGO-Hotline; OLG Hamburg GRUR-RR 2003, 317 – BRAVO Girl; OLG Frankfurt a. M. GRUR 2005, 782 (783) – Milchtaler; OLG Frankfurt a. M. GRUR 2005, 1064 (1065) – Lion-Sammelaktion; Harte-Bavendamm/Henning-Bodewig/Picht UWG § 4a Rn. 99; Zagouras GRUR 2006, 731 (732).

tiert.[55] Kinder und Jugendliche sind demnach auf Grund ihrer ungefestigten psychischen Strukturen, ihrer Wertvorstellungen, ihrer emotionalen und geistigen Verarbeitungsfähigkeit weniger in der Lage, den **„Lockungen der Werbung"** zu widerstehen. Sie sind **„verführbar"** und müssen vor negativen Einflüssen der Werbung stärker als Erwachsene geschützt werden. Dem hat der Gesetzgeber in einigen Spezialgesetzen und dem UWG Rechnung getragen.

21 a) **Spezialvorschriften.** Zum Schutz von Kindern und Jugendlichen hat der Gesetzgeber eine Reihe von Spezialvorschriften erlassen, deren Zuwiderhandlung unter dem Gesichtspunkt des Rechtsbruchs (§ 3a UWG) unlauter sein kann, da es sich um Marktverhaltensregelungen im Interesse der Verbraucher handelt.[56] Zu nennen sind hier insbesondere die Vorschriften des JuSchG, §§ 18 ff. Tabakerzeugnisgesetz (TabakerzG), insb. § 21 Abs. 1 Nr. 2 TabakerzG, § 11 Nr. 12 HWG und § 6 Jugendmedienschutz-Staatsvertrag (JMStV). Die Vorschriften des UWG können im Einzelfall neben diesen Vorschriften anwendbar sein.[57] Im Hinblick auf die Vorschriften des JuSchG, § 21 Abs. 1 Nr. 2 TabakerzG und § 11 Nr. 12 HWG, die bezwecken, die Gesundheit oder die Entwicklung der Kinder und Jugendlichen zu schützen, ergibt sich das bereits aus den unterschiedlichen Schutzzwecken der Normen im Vergleich zu den Bestimmungen des UWG. Soweit es § 6 Abs. 2 Nr. 1 JMStV betrifft, wonach Werbung in Telemedien keine direkten Kaufappelle an Kinder oder Jugendliche enthalten darf, die deren Unerfahrenheit und Leichtgläubigkeit ausnutzen, mögen Überschneidungen mit den Bestimmungen des UWG bestehen. Jedoch schließt im Interesse eines umfassenden Verbraucherschutzes § 6 Abs. 2 Nr. 1 JMStV die Anwendung der Bestimmungen des UWG nicht aus. Nachfolgend soll über die vorgenannten Spezialvorschriften zum Schutze von Kindern und Jugendlichen in der Werbung ein Überblick gegeben werden:

22 *aa) Werbung für Tabakwaren.* Zum Schutze der Jugend in der Öffentlichkeit verbietet § 10 Abs. 2 JuSchG das Anbieten von **Tabakwaren in Automaten,** soweit der Automat nicht an einem für Kinder und Jugendliche unter 16 Jahren unzugänglichen Ort aufgestellt und durch technische Vorrichtungen und ständige Aufsicht sichergestellt ist, dass diese dem Automaten keine Tabakwaren entnehmen können. Bei **öffentlichen Filmveranstaltungen** (zB Kino) ist es gem. § 11 Abs. 6 JuSchG verboten, Werbefilme oder Werbeprogramme für Tabakerzeugnisse, elektronische Zigaretten und entsprechende Nachfüllbehälter dürfen nur im Zusammenhang mit Filmen vorgeführt werden, die bspw. mit "Keine Jugendfreigabe" gekennzeichnet sind.

23 Weitere Verbote, für Tabakerzeugnisse in bestimmten Medien zu werben, enthalten die §§ 18 ff. TabakerzG. So verbietet § 21 Abs. 1 Nr. 2 TabakerzG im Verkehr mit Tabakerzeugnissen oder in der Werbung dafür werbliche Informationen zu verwenden, die ihrer Art nach besonders dazu geeignet sind, **Jugendliche oder Heranwachsende zum Konsum zu veranlassen oder darin zu bestärken.** Eine solche besondere Eignung hat die bildliche Darstellung von Jugendlichen und Heranwachsenden oder für Jugendliche und Heranwachsende typische Situationen oder Umgebungen (Diskothek, Pop/Rock-Festivals).

24 *bb) Werbung für alkoholische Getränke.* Zum Schutze der Jugend in der Öffentlichkeit verbietet § 9 Abs. 3 JuSchG das Anbieten von **alkoholischen Getränken in Automaten,** es sei denn, dass diese in einem für Kinder und Jugendliche unzugänglichen Ort aufgestellt werden oder in gewerblich genutzten Räumen aufgestellt sind und durch technische Vorrichtungen und ständige Überwachung sichergestellt ist, dass Kinder und Jugendliche alkoholische Getränke nicht entnehmen können. **Alkoholhaltige Süßgetränke (Alkopops)** dürfen nur in den Verkehr gebracht werden, wenn sie entsprechend § 9 Abs. 4 JuSchG gekennzeichnet sind.[58]

25 Auch für die inhaltliche Gestaltung der Bewerbung alkoholischer Getränke existieren gesetzliche Einschränkungen. § 6 Abs. 5 S. 1 JMStV bestimmt, dass Werbung für alkoholische Getränke in elektronischen Informations- und Kommunikationsmedien (Rundfunk und Telemedien) sich weder an Kinder oder Jugendliche richten, noch durch die Art der Darstellung Kinder und Jugendliche besonders ansprechen oder diese beim Alkoholgenuss darstellen darf. Außerhalb der elektronischen Kommunikationsmedien existiert ein dem § 21 Abs. 1 Nr. 2 TabakerzG entsprechendes Verbot für alkoholische Getränke nicht. Allerdings wird die Vorschrift angesichts der vergleichbaren Gefahren des Alkoholkonsums analog auch ganz allgemein auf die Werbung für

[55] Benz WRP 2003, 1171; Harte-Bavendamm/Henning-Bodewig/Picht UWG § 4a Rn. 99.
[56] Zu § 6 JMStV: Köhler/Bornkamm/Köhler UWG § 3 Rn. 7.23; Baukelmann, FS Ullmann, S. 587, 589; Gloy/Loschelder/Danckwerts UWG-HdB/Hasselblatt/Hannamann § 53 Rn. 239 (auch zu § 11 Abs. 1 Nr. 12 HWG).
[57] Köhler/Bornkamm/Köhler UWG § 3 Rn. 7.23.
[58] „Abgabe an Personen unter 18 Jahren verboten, § 9 Abs. 4 Jugendschutzgesetz".

alkoholische Getränke angewandt.[59] Danach ist es auch im Verkehr mit alkoholischen Getränken oder in der Werbung für solche Produkte ganz allgemein verboten, Bezeichnungen, Angaben, Aufmachungen, Darstellungen oder sonstige Aussagen zu verwenden, die ihrer Art nach besonders dazu geeignet sind, Jugendliche oder Heranwachsende zum Verzehr alkoholischer Getränke zu veranlassen. Entsprechende Verbote gelten gem. § 6 Abs. 6 S. 1 JMStV für das Teleshopping.

26 *cc) Werbung für jugendgefährdende Medien.* Nach § 18 Abs. 1 JuSchG sind Träger- und Telemedien, die geeignet sind, die Entwicklung von Kindern und Jugendlichen oder ihre Erziehung zu einer eigenverantwortlichen und gemeinschaftsfähigen Persönlichkeit zu gefährden, in eine **Liste jugendgefährdender Medien** aufzunehmen. Diese Liste wird in vier Teilen geführt (A, B, C und D). In den Teilen B und D sind Medien mit strafbaren Inhalten gelistet (§§ 86, 130, 130a, 131, 184, 184a, 184b oder 184c StGB). Insbesondere sind dort solche Medien aufzunehmen, hinsichtlich derer ein Gericht rechtskräftig festgestellt hat, dass es einen der in den §§ 86, 130, 130a, 131, 184, 184a, 184b oder 184c StGB bezeichneten Inhalte hat (§ 18 Abs. 5 JuSchG). In die Teile A und C sind demgegenüber Medien aufzunehmen, die „lediglich" jugendgefährdend sind.

27 **Trägermedien** im Sinne des JuSchG sind gem. § 1 Abs. 2 JuSchG Medien mit Texten, Bildern oder Tönen auf gegenständlichen Trägern, die zur Weitergabe geeignet, zur unmittelbaren Wahrnehmung bestimmt oder in einem Vorführ- oder Spielgerät eingebaut sind. Dem gegenständlichen Verbreiten, Überlassen, Anbieten oder Zugänglichmachen von Trägermedien steht das elektronische Verbreiten, Überlassen, Anbieten oder Zugänglichmachen gleich, soweit es sich nicht um Rundfunk handelt. Die Verbreitung der auf den Trägermedien gespeicherten Inhalte durch Rundfunk wird daher nicht vom JuSchG geregelt. Diese Lücke schließt § 6 JMStV. Trägermedien sind zu unterscheiden von den **Telemedien,** welche in § 1 Abs. 3 JuSchG definiert sind, der seinerseits inhaltlich auf § 1 Abs. 1 TMG verweist. Telemedien sind elektronische Informations- und Kommunikationsdienste mit Ausnahme der in § 1 Abs. 1 TMG genannten Kommunikationsdienste (bspw. Rundfunk). Soweit solche Medien (bspw. Internetseiten) in die Liste jugendgefährdender Medien aufgenommen wurden, sind die weiteren Bestimmungen gem. § 16 JuSchG dem Landesrecht vorbehalten. Jene Regelungen finden sich ebenfalls in § 6 JMStV.

28 Medien, die in die Liste jugendgefährdender Medien aufgenommen wurden, dürfen nur für **Kinder und Jugendliche unzugänglich** verbreitet werden. Für Trägermedien ergibt sich das aus § 15 Abs. 1 JuSchG. Dies schließt das Verbot des Anbietens solcher Medien an Kinder und Jugendliche ein (vgl. § 15 Abs. 1 Nr. 1 JuSchG). Den indizierten Trägermedien gleichgestellt sind schwer jugendgefährdende Medien im Sinne von § 15 Abs. 2 JuSchG, ohne dass es ihrer Aufnahme in die Liste bedarf. Etwas strengere Regelungen gelten für Telemedien, die im JMStV zusammen mit Rundfunksendungen als „Angebote" beschrieben werden (§ 4 Abs. 2 Nr. 2 JMStV). So ist Werbung in Telemedien für die in den Teilen B und D der Liste jugendgefährdender Inhalte aufgenommenen Medien absolut **unzulässig** (§§ 6 Abs. 1 S. 1, 4 Abs. 1 Nr. 11 JMStV iVm § 18 JuSchG). Die Übrigen in die Liste in den Teilen A und C aufgenommenen „lediglich" jugendgefährdenden Inhalte (§§ 6 Abs. 1 S. 1, 4 Abs. 2 Nr. 2 JMStV iVm § 18 JuSchG) dürfen in Telemedien gem. § 4 Abs. 2 S. 2 JMStV beworben werden, wenn von Seiten des Anbieters sichergestellt ist, dass diese Werbung **nur Erwachsenen zugänglich** gemacht wird (geschlossene Benutzergruppe). Noch etwas strenger sind die Bestimmungen für den Rundfunk. Dort ist die Bewerbung von Medien, die in die Liste gem. § 18 JuSchG aufgenommen wurden, insgesamt unzulässig. Eine Privilegierung für geschlossene Benutzergruppen, wie bei Telemedien, existiert auch für die in den Teilen A und C der Liste jugendgefährdender Inhalte aufgenommenen Medien nicht. Entsprechende Verbote gelten für Medien, die mit solchen, die in die Liste aufgenommen wurden, ganz oder im Wesentlichen inhaltsgleich sind (§ 15 Abs. 3 JuSchG, § 4 Abs. 1 Nr. 11 JMStV, § 4 Abs. 2 Nr. 2 JMStV). Schließlich darf die Liste jugendgefährdender Medien zum Zwecke der geschäftlichen Werbung weder abgedruckt noch veröffentlicht (§ 15 Abs. 4 JuSchG) oder in der Werbung in Rundfunk und Telemedien verbreitet oder zugänglich gemacht werden (§ 6 Abs. 1 S. 2 JMStV). Auch darf bei geschäftlicher Werbung nicht darauf hingewiesen werden, dass ein Verfahren zur Aufnahme des Trägermediums oder eines inhaltsgleichen Telemediums in die Liste anhängig ist oder gewesen ist (§ 15 Abs. 5 JuSchG). Für den Bereich der Werbung im Rundfunk und in Telemedien ergibt sich entsprechendes aus § 6 Abs. 1 S. 3 JMStV.

29 **Nicht indizierte Medien** unterliegen auch mit Blick auf die Werbung zum Schutze der Jugend geringeren Beschränkungen. So dürfen Datenträger mit Filmen oder Spielen (Bildträger, § 12 Abs. 1 JuSchG), die keine Kennzeichnung zur Altersfreigabe (§ 14 JuSchG) tragen oder mit „Kei-

[59] Noch zu § 22 Abs. 2 Nr. 1b) VTabG: Brändl in FS. v. Gamm, 1990, S. 9, 25.

ne Jugendfreigabe" gekennzeichnet sind, Kindern und Jugendlichen nicht angeboten oder sonst zugänglich gemacht werden. Solche Bildträger dürfen darüber hinaus im Einzelhandel nur innerhalb von Geschäftsräumen, jedoch nicht in Kiosken, anderen Verkaufsstellen, die Kunden nicht zu betreten pflegen, oder im Versandhandel (§ 1 Abs. 4 JuSchG) angeboten oder überlassen werden (§ 12 Abs. 3 JuSchG). Im Übrigen dürfen Bildträger nur den Personengruppen zugänglich gemacht werden, für deren Altersstufe sie freigegeben wurden (§ 12 Abs. 1 JuSchG). Für Automaten zur Abgabe bespielter Bildträger werden die Regelungen des § 12 Abs. 1 und 3 JuSchG durch § 12 Abs. 4 JuSchG flankiert. Mit Blick auf die Werbung in elektronischen Informations- und Kommunikationsmedien ergeben sich spezifischere Beschränkungen der Werbefreiheit aus dem MStV und dem JMStV. Nach § 8 Abs. 7 S. 2 MStV ist es zunächst untersagt, Sendungen für Kinder durch Werbung zu unterbrechen. Darüber hinaus sind neben den Unzulässigkeitsbestimmungen des § 4 JMStV auch die in § 5 JMStV verankerten allgemeinen Beschränkungen für entwicklungsbeeinträchtigende Angebote auch bei entsprechenden Werbeinhalten zu beachten. Daher darf ein Werbeinhalt, der geeignet ist, die Entwicklung von Kindern oder Jugendlichen zu beeinträchtigen, nicht verbreitet oder zugänglich gemacht werden, es sei denn der Anbieter trifft durch technische Mittel oder zeitliche Beschränkungen Vorkehrungen, dass Kinder oder Jugendliche der betroffenen Altersstufe diese Werbeinhalte üblicherweise nicht wahrnehmen. Insoweit finden auch die Zeitgrenzen des § 5 Abs. 4 JMStV vollumfänglich Anwendung.[60] Nach § 6 Abs. 3 JMStV muss Werbung, die geeignet ist, die Entwicklung von Kindern oder Jugendlichen zu einer eigenverantwortlichen und gemeinschaftsfähigen Persönlichkeit zu beeinträchtigen, getrennt von Angeboten erfolgen, die sich an Kinder oder Jugendliche richten, was mit dem allgemeinen Trennungsgebot des § 5 Abs. 5 JMStV für Telemedien korrespondiert.

dd) Sonstige Werbeverbote in Medien. Gem. § 6 Abs. 2 JMStV darf Werbung Kindern und Jugendlichen weder körperlichen noch seelischen Schaden zufügen. Darüber hinaus darf sie keine **direkten Kaufappelle** an Kinder oder Jugendliche enthalten, die deren Unerfahrenheit und Leichtgläubigkeit ausnutzen (§ 6 Abs. 2 Nr. 1 JMStV). Aber auch Werbung, die sich lediglich **auch an Kinder** oder Jugendliche richtet oder bei der Kinder oder Jugendliche als Darsteller eingesetzt werden, darf nicht den Interessen der Kinder oder Jugendlichen schaden oder deren Unerfahrenheit ausnutzen (§ 6 Abs. 4 JMStV). Kinder und Jugendliche dürfen darüber hinaus in der Werbung nicht unmittelbar aufgefordert werden, ihre Eltern oder Dritte zum Kauf der beworbenen Waren oder Dienstleistungen zu bewegen (§ 6 Abs. 2 Nr. 2 JMStV). Werbung darf weiter nicht das besondere Vertrauen ausnutzen, das Kinder oder Jugendliche zu Eltern, Lehrern und anderen Vertrauenspersonen haben (§ 6 Abs. 2 Nr. 3 JMStV), oder Kinder oder Minderjährige ohne berechtigten Grund in gefährlichen Situationen zeigen (§ 6 Abs. 2 Nr. 4 JMStV). § 6 Abs. 2 JMStV setzt insoweit nahezu wörtlich Art. 16 Richtlinie 89/552/EWG über die Fernsehtätigkeit um.[61] Der Anwendungsbereich des § 6 Abs. 2 JMStV ist indes gegenüber dem des Art. 16 der EG-Fernsehrichtlinie weiter gefasst. Während Art. 16 der EG-Fernsehrichtlinie nur Standards für die Fernsehwerbung festlegt, findet § 6 JMStV gem. § 2 Abs. 1 JMStV auch auf die Angebote von Telemedien und den gesamten Rundfunk Anwendung. Beim Teleshopping dürfen Kinder oder Jugendliche schließlich nicht dazu angehalten werden, Kauf- oder Miet bzw. Pachtverträge abzuschließen (§ 6 Abs. 6 S. 2 JMStV). 30

ee) Heilmittelwerberecht. **§ 11 Abs. 1 S. 1 Nr. 12 HWG** untersagt, außerhalb der Fachkreise (§ 2 HWG) Werbung für Arzneimittel (§ 1 Abs. 1 HWG iVm § 2 AMG), Verfahren, Behandlungen und Gegenstände (§ 1 Abs. 1 Nr. 2 HWG) sowie andere Mittel (§§ 1 Abs. 1 Nr. 2, Abs. 2 HWG) ausschließlich oder überwiegend an Kinder unter 14 Jahren zu richten. Für Medizinprodukte im Sinne von § 3 MPG (vgl. § 1 Abs. 1 Nr. 1a HWG) gilt § 11 Abs. 1 S. 1 Nr. 12 HWG entsprechend (§ 11 Abs. 1 S. 2 HWG). 31

b) Schutz von Kindern und Jugendlichen durch das UWG. Auch das UWG selbst trägt der besonderen Schutzbedürftigkeit von Kindern und Jugendlichen Rechnung. In diesem Zusammenhang ist insbesondere Nr. 28 des Anhangs zu § 3 Abs. 3 UWG von Bedeutung. Über diese Vorschriften hinaus ist die besondere Schutzbedürftigkeit von Kindern und Jugendlichen vor dem Hintergrund von § 3 Abs. 4 S. 1 und 2 UWG aber auch bei der Anwendbarkeit zahlreicher anderer Vorschriften des UWG in Rücksicht zu ziehen. 32

[60] Liesching/Schuster JMStV § 5 Rn. 54.

[61] Art. 16 der Richtlinie 89/552/EWG über die Ausübung der Fernsehtätigkeit wurde durch Art. 1 Nr. 17 der Richtlinie 2007/65/EG vom 11.12.2007 aufgehoben. An die Stelle dieser Regelung ist nunmehr Art. 9 Abs. 1 lit. g) Richtlinie über audiovisuelle Inhalte (2010/13/EU) getreten.

33 *aa) Direkte Kaufappelle an Kinder.* Nach Nr. 28 des Anhangs zu § 3 Abs. 3 UWG ist stets unzulässig, die in eine Werbung einbezogene unmittelbare Aufforderung an Kinder selbst die beworbene Ware zu erwerben oder Dienstleistung in Anspruch zu nehmen. Die Bestimmung setzt Anhang I Nr. 28 zu Art. 5 Abs. 5 UGP-Richtlinie in innerstaatliches Recht um.

34 In richtlinienkonformer Auslegung der Nr. 28 des Anhangs zu § 3 Abs. 3 UWG lässt die Bestimmung Art. 16 der Richtlinie 89/552/EWG über die Fernsehtätigkeit unberührt, welcher in **§ 6 Abs. 2 Nr. 1–3 JMStV** in innerdeutsches Recht umgesetzt wurde. Das Verbot direkter Kaufappelle an Kinder erfasst dieser in § 6 Abs. 2 Nr. 1 JMStV. Soweit § 6 Abs. 2 Nr. 1 JMStV die Vorschrift des Art. 16 der Richtlinie über Fernsehtätigkeit umsetzt (Fernsehwerbung und Teleshopping) ist sie daher Nr. 28 des Anhangs zu § 3 Abs. 3 UWG vorrangig.[62] Dies ergibt sich im Übrigen auch bereits aus Art. 3 Abs. 4 UGP.[63] Indes ist der Anwendungsbereich von § 6 Abs. 2 Nr. 1 JMStV gegenüber Nr. 28 des Anhangs zu § 3 Abs. 3 UWG teils weiter und teils enger. Weiter ist er, da er auch Werbung gegenüber Jugendlichen erfasst. Enger ist er einerseits, weil direkte Kaufappelle nach § 6 Abs. 2 Nr. 1 JMStV nur unzulässig sein sollen, wenn die geschäftliche Unerfahrenheit ausgenutzt wird und andererseits, weil er nur für bestimmte Formen der Werbung (Fernsehwerbung, Teleshopping) gilt. Soweit der Anwendungsbereich von § 6 Abs. 2 Nr. 1 JMStV gegenüber dem der Nr. 28 des Anhangs zurückbleibt, kann ergänzend auf Letzteren zurückgegriffen werden. Gleiches wird, um Wertungswidersprüche zu vermeiden, gelten müssen, wenn der Anwendungsbereich des § 6 Abs. 2 Nr. 1 JMStV zwar eröffnet ist, so dass eine unlautere geschäftliche Handlung gem. § 3a UWG vorliegt, diese jedoch mangels Spürbarkeit nicht unzulässig ist. Andernfalls könnte bspw. eine Fernsehwerbung, die unter Ausnutzung der geschäftlichen Unerfahrenheit von Kindern direkt diesen gegenüber zum Kauf aufruft, zulässig sein, während diese bei anderen Werbemedien per-se unzulässig wäre.

35 Soweit es den Anwendungsbereich von Nr. 28 des Anhangs selbst betrifft, ist bereits die Auslegung des Begriffs **„Kindes"** streitig. Während teilweise mit gewichtigen Argumenten die Auffassung vertreten wird, dass hierunter alle Personen unter 18 Jahren zu verstehen seien,[64] geht die überwiegende Auffassung zutreffend davon aus, dass mit „Kind" Personen unter 14 Jahren gemeint sind.[65] Klarheit für die Praxis kann an dieser Stelle letztlich nur der EuGH schaffen.

36 Weitere Voraussetzung für ein Eingreifen der Nr. 28 ist eine **Aufforderung, die beworbene Ware zu erwerben oder Dienstleistung in Anspruch zu nehmen.** Nr. 28 des Anhangs zu § 3 Abs. 3 UWG setzt nicht das Vorliegen einer „Aufforderung zum Kauf" im Sinne von Art. 2 lit. i) UGP voraus.[66] Man wird daher nicht verlangen können, dass die Möglichkeit eines sofortigen Erwerbs gegeben ist.[67] Die Produkte müssen jedoch in der Werbung konkret aufgeführt werden. Nicht ausreichend wäre daher ein ganz allgemeiner Kaufappell, wie beispielsweise „Kinder kommt noch heute zu … Es warten viele Überraschungen auf Euch!".[68]

37 Ausgehend vom Wortlaut der Vorschrift soll nicht jede Aufforderung, sondern nur eine **„unmittelbare"** Aufforderung unzulässig sein. Das Tatbestandsmerkmal „unmittelbar" soll also einschränkend wirken. Erforderlich ist daher, dass die Werbebotschaft („Aufforderung die beworbene Ware zu erwerben") ohne Zwischenschritt beim Verbraucher den Erwerbsentschluss auslösen kann.[69] Unklar ist allerdings, ob eine unmittelbare Aufforderung voraussetzt, dass Preise

---

[62] Art. 16 der Richtlinie 89/552/EWG über die Ausübung der Fernsehtätigkeit wurde durch Art. 1 Nr. 17 der Richtlinie 2007/65/EG vom 11.12.2007 aufgehoben. Die entsprechende Regelung finden sich nunmehr in Art. 9 Abs. 1 lit. g) der Richtlinie über audiovisuelle Mediendienste 2010/13/EU, geändert durch die Richtlinie 2018 (1808/EU vom 18.11.2018).

[63] Mankowski WRP 2007, 1398 (1403).

[64] Offen gelassen: BGH GRUR 2014, 298 Tz. 18 – Runes of Magic; BGH GRUR 2014, 1117 Tz. 16 – Zeugnisaktion; Götting/Nordemann/Wirtz Nr. 28 Anh. § 3 Abs. 3 Rn. 174; Mankowski WRP 2007, 1398.

[65] Baukelmann, FS Ullmann, S. 587 ff. (589); Böhler WRP 2011, 827 (829); Fezer/Büscher/Obergfell/Scherer UWG § 4a Rn. 440; Fuchs WRP 2009, 255 (263); Harte-Bavendamm/Henning-Bodewig/Picht Anhang zu § 3 Abs. 3 UWG Rn. 510; MüKoUWG/Alexander Nr. 28 Anh. § 3 Abs. 3 Rn. 21 ff.; Köhler/Bornkamm/Köhler Nr. 28 Anh. § 3 Abs. 3 UWG Rn. 28.5; ders., FS Ullmann, S. 685 ff. (698); ders. WRP 2008, 700 (702 f.); Ohly/Sosnitza/Sosnitza Nr. 28 Anh. § 3 Abs. 3 UWG Rn. 71; Scherer WRP 2008, 430 (432); dies. NJW 2009, 324 (330); Steinbeck WRP 2008, 865 (868).

[66] So auch Böhler WRP 2011, 827 (829); Köhler/Bornkamm/Köhler UWG Nr. 28 Anh. § 3 Abs. 3 Rn. 28.11; ders. WRP 2008, 700 (703); aA: ders, FS Ullmann, S. 685, 698; Mankowski WRP 2008, 421 (422); Fezer/Büscher/Obergfell/Scherer UWG § 4a Rn. 443; dies. WRP 2008, 430 (433).

[67] AA: Köhler FS Ullmann, S. 685, 698; Mankowski WRP 2008, 421 (422).

[68] BGH GRUR 2014, 1117 Tz. 19 – Zeugnisaktion; Köhler WRP 2008, 700 (703).

[69] Böhler WRP 2011, 827 (829); Fezer/Büscher/Obergfell/Scherer UWG § 4a Rn. 445; Fuchs WRP 2009, 255 (264); Köhler/Bornkamm/Köhler Nr. 28 Anh. § 3 Abs. 3 UWG Rn. 28.8; ders. WRP 2008, 700 (702); Mankowski WRP 2008, 421 (423); Scherer WRP 2008, 430 (433).

und andere Eigenschaften der einzelnen Produkte in der Werbung genannt werden.[70] Eine solche Aufforderung zum Kauf kann durch unmittelbares Ansprechen, aber auch durch Werbung in Massenmedien erfolgen.[71] So ist nach der Rechtsprechung des BGH eine unmittelbare Aufforderung anzunehmen, wenn auf der Internetseite eines Computerspiels die Aufforderung an den Spieler erscheint den eigenen Spielcharakter durch virtuelle Gegenstände zu erweitern, diese Waren und Dienstleistungen aber erst auf der nächsten, mittels eines Links verbundenen Internetseite zum Erwerb angeboten werden.[72] Problematisch dürften auch Aufforderungen zu sog. In-App-Käufen bei Online-Spielen sein.[73] Für Kinder ist es unmöglich im Eifer des Spielgeschehens die finanziellen Folgen solcher Käufe abzusehen.[74]

Eine Werbung, die sich im Befehlston (**Imperativische Ansprache**) an Kinder richtet („Kauf Dir das!“, „Sichert Euch noch heute das Lustige Taschenbuch!“) wird jedenfalls als unmittelbarer Kaufappell zu qualifizieren sein.[75] Eine Ansprache im Imperativ ist aber nicht zwingend.[76] Ebensowenig erfordert die Anwendbarkeit von Nr. 28 einen **direkten** Kontakt mit dem Kind oder eine gezielte **persönliche** Ansprache.[77] Vielmehr kann ein Kaufappell auch in versteckter Form, etwa mittels einer Gewinnspielkopplung erfolgen, wenn beispielsweise zu der Teilnahme an einem Gewinnspiel aufgefordert wird, die Teilnahme aber an den Erwerb von Produkten gekoppelt ist.[78] Nicht ausreichend für eine direkte Aufforderung im Sinne von Anhang I Nr. 28 ist demgegenüber die **Abbildung von Kindern bei Kaufhandlungen.**[79] Darin liegt gerade kein direkter Kaufappell, die Aufforderung zur Nachahmung eines bestimmten Verhaltens stellt lediglich eine indirekte Beeinflussung dar.[80] 38

Zu weit gehen dürfte es auch, die so genannte **„Quengelware“** als direkte Aufforderung zum Kauf zu qualifizieren.[81] Bei dieser Art der Werbung werden unmittelbar vor der Kasse, in Augenhöhe von Kindern, für diese besonders interessante Artikel platziert. Zwar arbeitet auch diese Form der Werbung mit Kaufanreizen. Sie ist jedoch subtil und nicht direkt. Es ist auch nicht Zweck der Richtlinie, Werbung gegenüber Kindern vollständig zu verbieten[82] und es kann auch nicht außer Acht gelassen werden, dass es sich bei Anhang I Nr. 28 um ein Verbot ohne Wertungsvorbehalt handelt. Sobald eine Werbeform als unmittelbare Aufforderung zum Kauf an Kinder interpretiert wird, ist diese Form der Werbung per-se verboten. Schon allein auf Grund dessen ist eine enge Auslegung der „schwarzen Liste“ geboten und daher das bloße Generieren eines Kaufanreizes in Form der Quengelware nicht per-se unzulässig. **Keine unmittelbare** Aufforderung ist schließlich die bloße **Imagewerbung** eines Unternehmens. 39

Aus dem Wortlaut von Anhang I Nr. 28 ergibt sich, dass die Werbung sich nicht ausschließlich an Kinder wenden muss.[83] Es genügt vielmehr, wenn die unmittelbare Aufforderung zum Kauf in 40

[70] Offengelassen: BGH GRUR 2014, 298 Tz. 26 – Runes of Magic; BGH GRUR 2014, 1117 Tz. 19 – Zeugnisaktion; Dagegen: Köhler/Bornkamm/Köhler Nr. 28 Anh. § 3 Abs. 3 UWG Rn. 28.11; Harte Bavendamm/Henning-Bodewig/Picht Anhang zu § 3 Abs. 3 UWG Rn. 512; aA Fezer/Büscher/Obergfell/Scherer UWG § 4a Rn. 446.

[71] Harte-Bavendamm/Henning-Bodewig/Picht Anhang zu § 3 Abs. 3 UWG Rn. 512; Köhler/Bornkamm/Köhler Nr. 28 Anh. § 3 Abs. 3 UWG Rn. 28.7, 28.8; aA: Steinbeck WRP 2008, 865 (868).

[72] BGH GRUR 2014, 298 Tz. 30, 31 – Runes of Magic.

[73] Bisges NJW 2014, 183 (186).

[74] Bisges NJW 2014, 183 (186); Fezer/Büscher/Obergfell/Scherer UWG § 4a Rn. 406.

[75] BGH GRUR 2014, 298 Tz. 20 – Runes of Magic; BGH GRUR 2014, 686 Tz. 28 – Goldbärenbarren; Baukelmann, FS Ullmann, S. 587 ff. (589); Böhler WRP 2011, 827 (830); Fezer/Büscher/Obergfell/Scherer UWG § 4a Rn. 446; Fuchs WRP 2009, 255 (264); Götting/Nordemann/Wirtz UWG § 3 Rn. 175; Köhler/Bornkamm/Köhler Nr. 28 Anh. § 3 Abs. 3 UWG Rn. 28.8; ders., FS Ullmann, S. 685 ff., 698/699; ders., WRP 2008, 700 (702); Mankowski WRP 2008, 421 (423); Ohly/Sosnitza/Sosnitza Nr. 28 Anh. § 3 Abs. 3 UWG Rn. 75; Scherer WRP 2008, 430 (432).

[76] BGH GRUR 2014, 686 Tz. 28 – Goldbärenbarren; Harte-Bavendamm/Henning-Bodewig/Picht Anhang zu § 3 Abs. 3 UWG Rn. 512; Köhler/Bornkamm/Köhler Nr. 28 Anh. § 3 Abs. 3 UWG Rn. 28.8; ders. FS Ullmann, S. 685, 698; Mankowski WRP 2008, 421 (423/424); aA Baukelmann FS Ullmann, S. 587 ff. (591).

[77] BGH GRUR 2014, 298 Tz. 21 – Runes of Magic; BGH GRUR 2014, 686 Tz. 28- Goldbärenbarren.

[78] BGH GRUR 2014, 686 Tz. 28 – Goldbärenbarren

[79] OLG Köln GRUR-RR 2013, 168 (169) – Fruchtgummi-Glückswochen; Köhler/Bornkamm/Köhler Nr. 28 Anh. § 3 Abs. 3 UWG Rn. 28.10; MüKoUWG/Alexander Nr. 28 Anh. § 3 Abs. 3 Rn. 42; Ohly/Sosnitza/Sosnitza Nr. 28 Anh. § 3 Abs. 3 UWG Rn. 75; aA Harte-Bavendamm/Henning-Bodewig/Picht Anhang zu § 3 Abs. 3 UWG Rn. 512.

[80] MüKoUWG/Alexander Nr. 28 Anh. § 3 Abs. 3 Rn. 42.

[81] Harte-Bavendamm/Henning-Bodewig/Picht UWG Anhang zu § 3 Abs. 3 UWG Rn. 512; Köhler/Bornkamm/Köhler UWG Nr. 28 Anh. § 3 Abs. 3 UWG Rn. 28.10; Ohly/Sosnitza/Sosnitza Nr. 28 Anh. § 3 Abs. 3 UWG Rn. 75; OLG Koblenz GRUR-RR 2010, 20 (22); aA: Götting/Nordemann/Wirtz § 3 Rn. 175; Mankowski WRP 2008, 421 (424).

[82] Erwägungsgrund Nr. 18 zur Richtlinie 2005/29/EG; Mankowski WRP 2008, 421 (424).

[83] BGH GRUR 2014, 1211 Tz. 24 – Runes of Magic II.

der Werbung **einbezogen** wurde. Der Tatbestand von Anhang I Nr. 28 erfasst daher auch Publikumswerbung, die eine solche Werbeform beinhaltet.[84] Nicht erfasst ist dagegen Werbung, die an jedermann gerichtet ist und von der sich **auch** Kinder angesprochen fühlen können.[85]

Praxistipp:

Bei jeder Werbung, die (auch) Kinder bis 14 Jahre anspricht, ist aus Sicht des Werbenden Vorsicht geboten. Es sollte sowohl die direkte Ansprache von Kindern mit Mitteln der Sprache als auch jede suggestive Beeinflussung vermieden werden.

41 *bb) Ausnutzung geschäftlicher Unerfahrenheit von Kindern und Jugendlichen.* Von geschäftlicher Unerfahrenheit ist bei Kindern und Jugendlichen **auszugehen,** da sie typischerweise noch nicht in ausreichendem Maße in der Lage sind, Warenangebote kritisch zu beurteilen und dazu neigen, gefühlsmäßig und spontan zu entscheiden.[86] Es ist allerdings der alterstypischen Entwicklung entsprechend graduell zu differenzieren.[87]

42 Eine vorhersehbare Beeinflussung des wirtschaftlichen Verhaltens von Kindern und Jugendlichen durch eine geschäftliche Handlung ist aber nicht per-se unlauter. Voraussetzung ist vielmehr, dass der Unternehmer entweder aggressiv iSd § 4a Abs. 1 S. 2 Nr. 3 UWG oder sorgfaltswidrig iSd § 3 Abs. 2 UWG handelt. Ein Verstoß gegen die unternehmerische Sorgfalt ist aber bereits dann anzunehmen, wenn der Unternehmer die geschäftliche Unerfahrenheit ausnutzt, um Kinder oder Jugendliche zu der angestrebten geschäftlichen Entscheidung zu veranlassen.[88]

43 Ob die Kinder oder Jugendlichen vor dem Hintergrund der §§ 107 ff. BGB tatsächlich eine rechtswirksame Verfügung vornehmen können, ist unerheblich.[89] In der Praxis werden jedoch die Fälle, in denen Kinder oder Jugendliche als Entscheider angesprochen werden, meist Fälle sein, in denen diese auch rechtswirksam gem. § 110 BGB mit ihrem Taschengeld den Einkauf bestreiten können. Zwar können sich Eltern genötigt sehen, einen gem. § 108 Abs. 1 BGB schwebend unwirksamen Vertrag zu genehmigen. Jedoch wird in einem solchen Fall nicht die geschäftliche Unerfahrenheit der Kinder ausgenutzt. Es geht dann vielmehr um den **Schutz der Eltern** vor der **Einspannung ihrer Kinder** zu Werbezwecken und damit um deren Entschließungsfreiheit.[90] Der Schutz der Eltern oder sonstiger Bezugspersonen, erfolgt in diesen Fällen, wenn nicht bereits Nr. 28 des Anhangs zu § 3 Abs. 3 UWG eingreift, über § 4a Abs. 1 S. 2 Nr. 3 UWG.[91]

44 Ob sich eine Werbung gezielt an Kinder oder Jugendliche als Adressaten richtet, ist vom Einzelfall abhängig.[92] Anhaltspunkte können die **Anschrift,** die **Ansprache** sowie die gewählte

[84] Mankowski WRP 2008, 421 (426).

[85] BGH GRUR 2014, 686 Tz. 30 – Goldbärenbarren; BGH GRUR 2014, 298 Tz. 19 – Runes of Magic; Köhler/Bornkamm/Köhler Nr. 28 Anh. § 3 Abs. 3 UWG Rn. 28.7; Ohly/Sosnitza/Sosnitza Nr. 28 Anh. § 3 Abs. 3 UWG Rn. 75.

[86] BGH GRUR 2009, 71 Tz. 14 – Sammelaktion für Schoko-Riegel; OLG Düsseldorf GRUR 1975, 267 (268 f.) – Milky way; OLG Stuttgart WRP 1978, 151 – Formularschreiben; OLG München GRUR 1983, 678 – Sammelschnipsel-Aktion; OLG Frankfurt a. M. GRUR 1994, 522 (523) – LEGO-Hotline; OLG München WRP 2000, 1321 (1322/1323) – Kinder-Gewinnspiel; OLG Hamburg GRUR-RR 2003, 316 (317) – BRAVO Girl; OLG Frankfurt a. M. GRUR 2005, 782 (783) – Milchtaler; OLG Frankfurt a. M. GRUR 2005, 1064 (1065) – Lion-Sammelaktion; Dembowski FS Ullmann, S. 599 (607); Fuchs WRP 2009, 255 (257); Harte-Bavendamm/Henning-Bodewig/Picht UWG § 4a Rn. 99; Köhler/Bornkamm/Köhler UWG § 3 Rn. 7.5; ders. FS Ullmann, S. 685 (688); Mankowski GRUR 2007, 1013 (1015); Ohly/Sosnitza/Sosnitza UWG § 4a Rn. 164; Steinbeck GRUR 2006, 163 (164); Zagouras GRUR 2006, 731 (732).

[87] OLG Frankfurt a. M. GRUR 2005, 782 (783) – Milchtaler; OLG Frankfurt a. M. GRUR 2005, 1064 (1065) – Lion-Sammelaktion; Dembowski FS Ullmann, S. 599 (607); Fezer/Büscher/Obergfell/Scherer UWG § 4a Rn. 431; Fuchs WRP 2009, 255 (259); Gloy/Loschelder/Danckwerts UWG-HdB/Hasselblatt/Hannamann § 53 Rn. 224; Köhler/Bornkamm/Köhler UWG § 3 Rn. 7.5; Steinbeck GRUR 2006, 163 (164).

[88] Köhler/Bornkamm/Köhler UWG § 3 Rn. 7.10.

[89] Dembowski FS Ullmann, S. 599 (606, 609); Köhler FS Ullmann, S. 685 (688 f.); Mankowski GRUR 2007, 1013 (1015); aA BGH GRUR 2004, 343 (344) – Playstation.

[90] Vgl. dazu bspw.: BGHZ 11, 260 ff. – Kunststoff-Figuren I; BGH GRUR 1957, 40 – Puppenservice; BGH GRUR 1979, 157 (158) – Kindergarten Malwettbewerb, mzustAnm v. Kicker; KG GRUR 1992, 632 – Kinderwerbung; OLG Frankfurt a. M. GRUR 1994, 522 (523) – LEGO-Hotline; OLG München WRP 2000, 1321 (1323) – Gewinnspiel; OLG Nürnberg GRUR 2003, 315 (316) – Werbeschreiben an Jugendliche; Köhler/Bornkamm/Köhler UWG § 3 Rn. 7.20.

[91] Vgl. dazu ausführlich unter → Rn. 63.

[92] Zagouras GRUR 2006, 731 (734); so wohl auch Köhler/Bornkamm/Köhler UWG § 3 Rn. 7.8.

Sprachform[93] oder die Veröffentlichung von Werbung in **Jugendzeitschriften**[94] wie „BRAVO Girl“[95] bieten.

Praxistipp:

Der BGH hält die Benutzung des Begriffs „Jugendzeitschrift“ im Unterlassungsantrag für hinreichend bestimmt. Der Antrag ist auch durch die Erstreckung auf Werbung in allen Jugendzeitschriften nicht zu weit gefasst. Es entspricht ständiger Rechtsprechung des BGH, dass Wiederholungsgefahr nicht nur für identische Verletzungsformen besteht, sondern für alle im Kern gleichartigen Verletzungshandlungen. Gewisse Verallgemeinerungen sind daher zulässig, sofern auch in dieser Form das Charakteristische der Verletzungshandlung zum Ausdruck kommt.[96] Über den Sinngehalt des Begriffs der „Jugendzeitschrift“ besteht nach Auffassung des BGH kein Zweifel.[97] Ein Unterlassungsantrag könnte daher bspw. wie folgt lauten:

„... es zu unterlassen, geschäftlich handelnd in Jugendzeitschriften für die Bestellung von Klingetönen, Logos oder Sounds, die der umworbene Anrufer auf sein Mobiltelefon laden kann, per Mehrwertdienstetelefonnummern zu werben.“

Ein zielgerichtetes Ansprechen von Jugendlichen liegt auch bei einer Werbung in einer Zeitschrift vor, deren Leserschaft zu mehr als 50 % aus Jugendlichen besteht.[98] Unerheblich ist dabei, ob entsprechende Anzeigen auch in Werbeträgern veröffentlicht werden, die sich nicht gezielt an Minderjährige wenden.[99] Kommen als Werbeadressaten nicht nur Kinder und Jugendliche, sondern auch Erwachsene in Betracht, kann alleine die Anrede **„Du“** nicht (mehr) auf das gezielte Ansprechen von Kindern und Jugendlichen hindeuten.[100] 45

Die konkrete Handlung des Unternehmers muss entweder **aggressiv** im Sinne von § 4a UWG sein oder in dem Sinne **sorgfaltswidrig** (§ 3 Abs. 2 UWG), als dass die geschäftliche Unerfahrenheit ausgenutzt wird, um Kinder oder Jugendliche zu einer geschäftlichen Entscheidung zu veranlassen.[101] Maßgeblich ist, ob sich der Umstand, dass Minderjährige typischerweise noch nicht in ausreichendem Maße in der Lage sind, Waren oder Dienstleistungsangebote kritisch zu beurteilen, auf die Entscheidung für ein unterbreitetes Angebot auswirken kann.[102] Entscheidend ist, ob die Ausnutzung der geschäftlichen Unerfahrenheit eines durchschnittlich aufmerksamen und verständigen Mitglieds der angesprochenen Altersgruppe durch die beanstandete Werbung objektiv wahrscheinlich ist.[103] 46

Hierbei ist zu berücksichtigen, dass Kinder und Jugendliche zwar vor einer Ausnutzung ihrer geschäftlichen Unerfahrenheit und insbesondere vor Übervorteilung zu schützen sind, nicht aber vor werblicher Beeinflussung schlechthin.[104] Da sich die geschäftliche Unerfahrenheit von Kindern aber ganz allgemein auf ihre Beeinflussbarkeit durch Werbung auswirkt, kann ein Ausnutzen geschäftlicher Unerfahrenheit nur auf Grund einer das **Maß und die Funktion der Einfluss-** 47

---

[93] OLG Nürnberg GRUR 2003, 315 – Werbeschreiben an Jugendliche.

[94] BGH GRUR 1994, 304 (305) – Zigarettenwerbung in Jugendzeitschriften; Dembowski FS Ullmann, S. 599 (606); Köhler FS Ullmann, S. 685 (687 Fn. 9).

[95] OLG Hamburg GRUR-RR 2003, 317 – BRAVO Girl.

[96] Vgl. nur BGH GRUR 2006, 776 Tz. 28 – Werbung für Klingeltöne.

[97] BGH GRUR 1994, 304 (305) – Zigarettenwerbung in Jugendzeitschrift; BGH GRUR 2006, 776 Tz. 16 – Werbung für Klingeltöne.

[98] BGH GRUR 2006, 776 Tz. 21 – Werbung für Klingeltöne; Zagouras GRUR 2006, 731 (734).

[99] BGH GRUR 1994, 304 (305) – Zigarettenwerbung in Jugendzeitschriften; BGH GRUR 2006, 776 Tz. 21 – Werbung für Klingeltöne; OLG Hamm MMR 2005, 112.

[100] BGH GRUR 2014, 289 Tz. 19 – Runes of Magic; Harte-Bavendamm/Henning-Bodewig/Picht UWG § 4a Rn. 103; Köhler/Bornkamm/Köhler UWG § 3 Rn. 7.8; aA noch: OLG Frankfurt a. M. GRUR 2005, 1064 (1065) – Lion-Sammelaktion; Fuchs WRP 2009, 255 (258); Schmits NJW 2003, 3034 (3035).

[101] BGH GRUR 2006, 776 Tz. 22 – Werbung für Klingeltöne; BGH GRUR 2014, 682 Tz. 25 – Nordjob-Messe; OLG Frankfurt a. M. GRUR 2005, 782 (783) – Milchtaler; OLG Frankfurt a. M. GRUR 2005, 1064 (1065) – Lion-Sammelaktion; Dembowski FS Ullmann, S. 599 (606).

[102] BGH GRUR 2006, 776 Tz. 16 – Werbung für Klingeltöne.

[103] OLG Frankfurt a. M. GRUR 2005, 782 (783) – Milchtaler; OLG Frankfurt a. M. GRUR 2005, 1064 (1065) – Lion-Sammelaktion; Dembowski FS Ullmann, S. 599 (606 f.).

[104] OLG Frankfurt a. M. GRUR 2005, 782 (783) – Milchtaler; OLG Frankfurt a. M. GRUR 2005, 1064 (1065) – Lion-Sammelaktion; Dembowski FS Ullmann, S. 599 (608).

nahme berücksichtigenden Wertungsentscheidung angenommen werden.[105] Dies vorweggeschickt bedarf es für die Annahme einer Unlauterkeit des Vorliegens besonderer Umstände.[106]

48 Wenn Kinder oder Jugendliche das an sie gerichtete Angebot im Hinblick auf seine wirtschaftliche Bedeutung, Preiswürdigkeit und die damit verbundenen finanziellen Folgen hinreichend überblicken können, spricht dies eher gegen eine Ausnutzung der geschäftlichen Unerfahrenheit.[107] Die geschäftliche Unerfahrenheit von Jugendlichen wird aber ausgenutzt, wenn eine Datenerhebung im Zusammenhang mit der Teilnahme an einem Gewinnspiel erfolgt und dadurch die Tragweite der Preisgabe von personenbezogenen Daten für die Jugendlichen nicht ausreichend deutlich gemacht wird.[108] Anderes soll indes gelten, wenn die Werbung ausreichend Transparenz schafft, sodass das angesprochene Schulkind nicht im Unklaren über die Folgen seines Handelns bleibt.[109] Weiterhin liegt eine Ausnutzung der geschäftlichen Unerfahrenheit immer dann nahe, wenn Kinder durch werbliche Anreize **übervorteilt**, also bewogen werden sollen, überteuerte oder ungeeignete Waren zu kaufen, die ein geschäftlich erfahrener Durchschnittsverbraucher vernünftigerweise nicht erwerben würde.[110]

49 Kann die Gefahr einer Übervorteilung der durch die Werbung angesprochenen, geschäftlich unerfahrenen Kinder nicht festgestellt werden, so scheidet eine Ausnutzung geschäftlicher Unerfahrenheit damit aber noch nicht zwingend aus. Unlauterkeit gem. § 3 Abs. 2 UWG oder § 4a Abs. 1 S. 2 Nr. 3 (iVm § 4a Abs. 2 S. 1 Nr. 3, S. 2 UWG) kann gleichwohl vorliegen, wenn eine **unzureichende Transparenz des Angebots,**[111] eine **Ausnutzung der Sammelleidenschaft oder des Spieltriebs**[112] oder ein **Anhalten zum Kauf über Bedarf**[113] zur Annahme einer unzulässigen werblichen Beeinflussung führen. Darüber hinaus kann die geschäftliche Unerfahrenheit durch **übertriebenes Anlocken** oder die **Datenerhebung bei Minderjährigen** ausgenutzt werden. Ausgeschlossen ist eine Ausnutzung der geschäftlichen Unerfahrenheit von Kindern oder Jugendlichen hingegen, wenn das beworbene Geschäft nur bei Einwilligung, also vorheriger Zustimmung des gesetzlichen Vertreters (§ 107 BGB), abgeschlossen wird, da in diesem Fall die Kontrolle der Erziehungsberechtigten stattfindet.[114]

Praxistipp:

In Zweifelsfällen empfiehlt es sich für den Werbenden bereits in der Werbung darauf hinzuweisen, dass das beworbene Geschäft nur bei vorheriger Zustimmung der Erziehungsberechtigten abgeschlossen wird.

50 *(1) Verkaufsförderungsmaßnahmen gegenüber Kindern und Jugendlichen.* Abgesehen von den unten genannten Unlauterkeitstatbeständen sind – wie auch bei geschäftlich Erfahrenen – bei Verkaufsförderungsmaßnahmen zunächst die in Frage kommenden Tatbestände der „schwarzen Liste" zu überprüfen.[115] In der Praxis treten Verkaufsförderungsmaßnahmen gegenüber Kindern und Jugendlichen typischerweise in zwei Formen auf.

[105] OLG Frankfurt a. M. GRUR 2005, 782 (783) – Milchtaler; OLG Frankfurt a. M. GRUR 2005, 1064 (1065) – Lion-Sammelaktion; Dembowski FS Ullmann, S. 599 (608).

[106] OLG Frankfurt a. M. GRUR 2005, 782 (784) – Milchtaler; OLG Frankfurt a. M. GRUR 2005, 1064 (1066) – Lion Sammelaktion.

[107] BGH GRUR 2006, 161 Tz. 22 – Zeitschrift mit Sonnenbrille; BGH GRUR 2006, 776 Tz. 22, 23 – Werbung für Klingeltöne; Dembowski FS Ullmann, S. 599 (608); Köhler FS Ullmann, S. 685 (688).

[108] BGH GRUR 2014, 682 Tz. 33 – Nordjob-Messe.

[109] BGH GRUR 2014, 1117 Tz. 31 – Zeugnisaktion.

[110] OLG Frankfurt a. M. GRUR 2005, 782 (784) – Milchtaler; OLG Frankfurt a. M. GRUR 2005, 1064 (1066) – Lion-Sammelaktion; Dembowski FS Ullmann, S. 599 (608); Köhler/Bornkamm/Köhler UWG § 3 Rn. 7.12, 7.15; ders. FS Ullmann, S. 685 (689).

[111] BGH GRUR 2006, 776 Tz. 24 – Werbung für Klingeltöne; OLG Frankfurt a. M. GRUR 2005, 782 (784) – Milchtaler; OLG Frankfurt a. M. GRUR 2005, 1064 (1066) – Lion-Sammelaktion; Harte-Bavendamm/Henning-Bodewig/Picht UWG § 4a Rn. 105; Köhler/Bornkamm/Köhler UWG § 3 Rn. 7.16; Zagouras GRUR 2006, 731.

[112] OLG Frankfurt a. M. GRUR 2005, 782 (784) – Milchtaler; OLG Frankfurt a. M. GRUR 2005, 1064 (1066) – Lion-Sammelaktion; Köhler/Bornkamm/Köhler UWG § 3 Rn. 7.17; Köhler FS Ullmann, S. 685 (689); MüKoUWG/Raue § 4a Rn. 194; Gloy/Loschelder/Danckwerts UWG-HdB/Hasselblatt/Hannamann § 53 Rn. 236; aA betreffend die Ausnutzung des Sammeltriebs Fezer/Büscher/Obergfell/Scherer UWG § 4a Rn. 432.

[113] OLG Frankfurt a. M. GRUR 2005, 782 (783) – Milchtaler; Gloy/Loschelder/Danckwerts UWG-HdB/Hasselblatt/Hannamann § 53 Rn. 174, 232; Köhler/Bornkamm/Köhler UWG § 3 Rn. 7.17 (bei aleatorischen Geschäften).

[114] Köhler/Bornkamm/Köhler UWG § 3 Rn. 7.11; ders. in FS Ullmann, S. 685 (688).

[115] Insb. Nrn. 16, 17, 20, 21.

Bei der ersten Fallgruppe (**Teilnahme an einem Gewinnspiel**) ist zunächst – auch bei Kindern und Jugendlichen – zu beachten, dass sich die Unlauterkeit bereits aus § 5a Abs. 6 UWG ergeben kann, wenn der kommerzielle Zweck der geschäftlichen Handlung nicht kenntlich gemacht wird und sich dieser auch nicht auch den Umständen ergibt. Minderjährige sind auf Grund ihrer geringen Lebenserfahrung in der Regel weniger in der Lage, die durch die Werbung angepriesene Leistung in Bezug auf Bedarf, Preiswürdigkeit und finanzielle Folgen zu bewerten, und müssen noch lernen, mit ihrem Geld zu haushalten.[116] Vor diesem Hintergrund sind bei einer an Minderjährige gerichteten Werbung erhöhte Anforderungen an die Transparenz zu stellen. Den Kindern und Jugendlichen müssen finanzielle Belastungen und Teilnahmebedingungen hinreichend deutlich gemacht werden.[117] Unter dem Gesichtspunkt des Ausnutzens der geschäftlichen Unerfahrenheit kommt eine Unlauterkeit dann nur noch bei Vorliegen **besonderer Umstände** in Betracht. Diese können vorliegen, wenn die Kinder und Jugendlichen durch die Werbung übervorteilt, zum Kauf über Bedarf angehalten werden oder wenn – wie auch bei Erwachsenen[118] – von dem ausgelobten Gewinn eine derart starke Anlockwirkung ausgeht, dass hierdurch bei der angesprochenen Gruppe der geschäftlich Unerfahrenen die Entscheidungsrationalität weitgehend in den Hintergrund tritt (übertriebenes Anlocken). 51

Hinsichtlich der zweiten praxisrelevanten Fallgruppe, der Bewerbung einer Hauptware damit, dass Kinder beim (sukzessiven) Kauf einer bestimmten Menge der Hauptware eine **Zugabe** (häufig für eine Sammlung) erhalten, wird teilweise die Auffassung vertreten, dass solche Verkaufsförderungsmaßnahmen gegenüber Kindern und Jugendlichen per-se unzulässig seien.[119] Begründet wird dies vor allem damit, dass sich bei solchen Angeboten ein grundsätzliches Transparenzproblem ergebe, als sie eine einfache Gegenüberstellung von Preis und Gegenwert erschweren, so dass Kinder und Jugendliche Schwierigkeiten bei der Beurteilung haben werden, ob der Kaufeinsatz den eigenen Bedürfnissen und finanziellen Möglichkeiten angemessen ist. Zutreffend wird diese Ansicht jedoch als zu weitgehend abgelehnt.[120] Des Weiteren ist zu berücksichtigen, dass Kinder und Jugendliche zwar vor einer Ausnutzung ihrer geschäftlichen Unerfahrenheit und insbesondere vor Übervorteilung zu schützen sind, nicht aber vor werblicher Beeinflussung schlechthin.[121] Auf Grund der Schutzbedürftigkeit der angesprochenen Gruppe sind erhöhte Anforderungen an die Transparenz zu stellen. Den Kindern und Jugendlichen muss ausreichend deutlich gemacht werden, welche finanziellen Belastungen auf sie zukommen und welche Bedingungen mit der Inanspruchnahme der Zugabe einhergehen.[122] Im Übrigen ist auf Grund einer das Maß und die Funktion der Einflussnahme berücksichtigenden Wertungsentscheidung zu überprüfen, ob die Verkaufsförderungsmaßnahme die geschäftliche Unerfahrenheit ausnutzt.[123] In die Bewertung ist dabei einzubeziehen, dass Sammelaktionen im allgemeinen, nicht speziell auf Kinder ausgerichteten, Geschäftsverkehr zu den etablierten und gängigen Werbeformen zählen, auf die Kinder vorbereitet werden sollen. Für die Annahme einer Unlauterkeit bedarf es daher des Vorliegens **besonderer Umstände.**[124] Diese können sich insbesondere aus der Übervorteilung, der Ausnutzung der Sammelleidenschaft oder des Spieltriebs, des Anhaltens zum Kauf über Bedarf oder auch einem übertriebenen Anlocken der Kinder und Jugendlichen ergeben. 52

---

[116] BGH GRUR 2006, 776 Tz. 23 – Werbung für Klingeltöne.

[117] BGH GRUR 2006, 776 Tz. 24 – Werbung für Klingeltöne; BGH GRUR 2014, 1117 Tz. 30 – Zeugnisaktion; vgl. Harte-Bavendamm/Henning-Bodewig/Picht UWG § 4a Rn. 105.

[118] BGH GRUR 1989, 757 – McBacon; BGH GRUR 1998, 735 (736) – Rubbelaktion; BGH GRUR 2000, 820 (821) – Space Fidelity Peep-Show; BGH GRUR 2002, 1003 (1004) – Gewinnspiel im Radio; BGH GRUR 2003, 626 (627) – Umgekehrte Versteigerung II; BGH GRUR 2004, 249 (250) – Umgekehrte Versteigerung im Internet; BGH GRUR 2004, 960 – 500 DM-Gutschein für Autokauf; BGH GRUR 2007, 981 Tz. 33 – 150 % Zinsbonus.

[119] OLG Düsseldorf GRUR 1975, 267 (268) – Milky Way; OLG München WRP 1984, 46 f. – Sammelschnipsel-Aktion; Brändel FS v. Gamm, S. 9 und 19 f.; Benz WRP 2003, 1160 (1165).

[120] BGH GRUR 2009, 71 Tz. 15 – Sammelaktion für Schoko-Riegel; OLG Frankfurt a. M. GRUR 2005, 782 (783) – Milchtaler; OLG Frankfurt a. M. GRUR 2005, 1064 (1065) – Lion-Sammelaktion; Fezer/Büscher/Obergfell/Scherer UWG § 4a Rn. 408 ff.; Fuchs WRP 2009, 255 (260); MüKoUWG/Raue § 4a Rn. 190.

[121] OLG Frankfurt a. M. GRUR 2005, 782 (783) – Milchtaler; OLG Frankfurt a. M. GRUR 2005, 1064 (1065) – Lion-Sammelaktion; Dembowski FS Ullmann, S. 599 (608).

[122] BGH GRUR 2006, 776 Tz. 24 – Werbung für Klingeltöne; BGH GRUR 2014, 1117 Tz. 30 – Zeugnisaktion; vgl. Harte-Bavendamm/Henning-Bodewig/Picht UWG § 4a Rn. 105.

[123] OLG Frankfurt a. M. GRUR 2005, 782 (783) – Milchtaler; OLG Frankfurt a. M. GRUR 2005, 1064 (1065) – Lion-Sammelaktion; Dembowski FS Ullmann, S. 599 (608).

[124] BGH GRUR 2009, 71 Tz. 15 f. – Sammelaktion für Schoko-Riegel; OLG Frankfurt a. M. GRUR 2005, 782 (784) – Milchtaler; OLG Frankfurt a. M. GRUR 2005, 1064 (1066) – Lion Sammelaktion.

53 *(2) Fallgruppen von Unlauterkeit (besondere Umstände).* Eine Ausnutzung der geschäftlichen Unerfahrenheit liegt beispielsweise nahe, wenn Kinder durch werbliche Anreize bewogen werden sollen, überteuerte oder ungeeignete Waren zu kaufen, die ein geschäftlich erfahrener Durchschnittsverbraucher vernünftigerweise nicht erwerben würde (**Übervorteilung**).[125] Eine solche Geschäftspraxis wird man gegenüber Kindern und Jugendlichen als unlautere Geschäftspraktik einordnen, da hierdurch das Treffen einer informierten Entscheidung spürbar beeinträchtigt wird. Eine Übervorteilung der Kinder oder Jugendlichen ist anzunehmen, wenn das Produkt zu einem wesentlich höheren als dem Marktpreis angeboten wird.[126] An Minderjährige gerichtete Werbung ist aber noch nicht unlauter, wenn der Preis für das Produkt zwar über dem Marktpreis liegt, der Preis gleichwohl noch marktüblich ist.[127] Im Übrigen gehen solche Geschäftspraktiken in der Praxis häufig mit einer irreführenden Unterlassung im Sinne von § 5a UWG einher.

54 Sodann sind Minderjährige auf Grund ihrer geringen Lebenserfahrung in der Regel weniger in der Lage, die durch die Werbung angepriesene Leistung in Bezug auf Bedarf, Preiswürdigkeit und finanzielle Folgen zu bewerten, und müssen noch lernen, mit dem Geld zu haushalten.[128] Vor diesem Hintergrund sind bei einer an Minderjährige gerichteten Werbung erhöhte Anforderungen an die **Transparenz** zu stellen. Den Kindern und Jugendlichen muss ausreichend deutlich gemacht werden, welche finanziellen Belastungen auf sie zukommen.[129] Allerdings ist dem Gesetz eine allgemeine Informationspflicht nicht zu entnehmen.[130] Der Gesetzgeber hat sich vielmehr ausdrücklich gegen ein allgemeines Transparenzgebot entschieden.[131] Daher dürfte auch für den Bereich der Werbung gegenüber geschäftlich Unerfahrenen eine Werbung, die den diesen gegenüber geltenden erhöhten Anforderungen an die Transparenz nicht entspricht, ggf. als Verstoß gegen §§ 5, 5a UWG unlauter sein.[132]

55 Wegen Verstoßes gegen die erhöhten Anforderungen betreffend die Transparenz von Werbung wurde (gem. § 4 Nr. 2 UWG 2008) beispielsweise eine Werbung für Handy-Klingeltöne, in der nur der nicht unerhebliche Minutenpreis für das Herunterladen angegeben wurde und nicht die voraussichtlich entstehenden höheren Kosten für den Ladevorgang, verboten, da diese grundsätzlich geeignet ist, die geschäftliche Unerfahrenheit Minderjähriger auszunutzen.[133] Die geschäftlich unerfahrenen Nutzer können nämlich nicht absehen, welche Kosten letztlich tatsächlich auf sie zukommen. Die Ungewissheit über die entstehenden Kosten erhält noch dadurch ein besonderes Gewicht, dass der Kunde erst durch die spätere Abrechnung seine tatsächliche finanzielle Belastung erfährt. Dies wird bei vielen Minderjährigen dazu führen, dass sie sich zunächst keine Gedanken über die entstehenden Kosten machen.[134] Weiter gehören hierher Fälle des Angebots von Dauerverträgen mit erheblichen Belastungen (zB Angebot von „Sonderpreisen" für Fitnessstudio-Verträge)[135] oder Risiken (Prämien für den Abschluss von Giroverträgen).[136] Solche Geschäftspraktiken sind nach der UGP als irreführende Unterlassungen gem. § 5a Abs. 3 Ziff. 3 UWG oder als irreführende Handlungen nach § 5 Abs. 1 S. 2 Nr. 2 UWG unlauter.

56 Unlauter ist weiter das **Ausnutzen der Sammel- oder Spielleidenschaft** von Kindern oder Jugendlichen. Ein solches unlauteres Ausnutzen der Sammelleidenschaft ist indes nicht bereits anzunehmen, wenn lediglich zum Kaufnachweis dienende Coupons ausgeschnitten und gesammelt werden müssen, da in diesen Fällen ein über jene Funktion hinausgehendes Sammelinteresse nicht geweckt wird. Anderes wird zu gelten haben, wenn bereits der sukzessive Erwerb der Sammelobjekte selbst ein starkes Interesse bei den Kindern oder Jugendlichen weckt, wie dies bspw. der Fall sein kann, wenn einer Hauptware jeweils ein „Puzzleteil" eines Bildes eines „Stars" bei-

[125] OLG Frankfurt a. M. GRUR 2005, 782 (784) – Milchtaler; OLG Frankfurt a. M. GRUR 2005, 1064 (1066) – Lion-Sammelaktion; Dembowski FS Ullmann, S. 599 (608); Köhler FS Ullmann, S. 685 (689).
[126] OLG Frankfurt a. M. GRUR 2005, 782 (783) – Milchtaler; Köhler FS Ullmann, S. 685 (689).
[127] Köhler FS Ullmann, S. 685 (689).
[128] BGH GRUR 2006, 776 Tz. 23 – Werbung für Klingeltöne.
[129] BGH GRUR 2006, 776 Tz. 24 – Werbung für Klingeltöne; vgl. Harte-Bavendamm/Henning-Bodewig/Picht UWG § 4a Rn. 105.
[130] BGH GRUR 2007, 247 (250) Tz. 22 – Regenwaldprojekt I.
[131] BGH GRUR 2007, 247 (250) Tz. 23 – Regenwaldprojekt I.
[132] Köhler/Bornkamm/Köhler UWG § 3 Rn. 7.16.
[133] BGH GRUR 2006, 776 Tz. 24 – Werbung für Klingeltöne; OLG Hamburg GRUR-RR 2003, 317 – BRAVO Girl; OLG Hamm MMR 2005, 112; KG MD 2005, 1045; Benz WRP 2003, 1160 (1165); Harte-Bavendamm/Henning-Bodewig/Picht UWG § 4a Rn. 105; Klees/Lange CR 2005, 684 (686); Köhler/Bornkamm/Köhler UWG § 3 Rn. 7.16; Köhler FS Ullmann, S. 685 (690); Mankowski GRUR 2007, 1013 (1015); Zagouras GRUR 2006, 731 (733 ff.).
[134] BGH GRUR 2006, 776 Tz. 24 – Werbung für Klingeltöne.
[135] Köhler FS Ullmann, S. 685 (690).
[136] OLG Frankfurt a. M. WRP 1994, 426; Köhler FS Ullmann, S. 685 (690).

gefügt ist und nach Vervollständigung des „Puzzles" die Zugabe gewährt wird. Wenn man eine solche Geschäftspraxis nicht bereits als aggressiv durch Ausnutzung einer Machtposition gem. § 4a Abs. 1 S. 2 Nr. 3 UWG einordnet, dürfte sie nach § 3 Abs. 2 UWG als unlauter einzuordnen sein.

57 Unter dem Gesichtspunkt des **Anhaltens zum Kauf über Bedarf** kann eine Werbung unzulässige sein, wenn der geschäftlich unerfahrene Verbraucher durch besondere Modalitäten derselben davon abgehalten wird, eine an der Attraktivität und dem Nutzen des Angebots ausgerichtete rationale Nachfrageentscheidung zu treffen.[137] Wesentliche Bedeutung haben in diesem Zusammenhang die zeitlichen Rahmenbedingungen. So kann beispielsweise eine unangemessen knappe zeitliche Begrenzung einer Sammelaktion dazu führen, dass die als Verbraucher angesprochenen Kinder in kurzer Zeit relativ große Mengen der beworbenen Produkte erwerben, um den angestrebten Sammelerfolg nicht zu gefährden. Gerade hierin kann eine Ausnutzung geschäftlicher Unerfahrenheit liegen, weil es Kindern deutlich schwerer fällt als Erwachsenen, in wirtschaftlich vernünftiger Weise auf Vorrat zu kaufen.[138] Zu berücksichtigen sind aber alle Umstände des Einzelfalles. Nicht außer Betracht bleiben darf beispielsweise, dass Werbung und insbesondere Werbung für Genussmittel in legitimer Weise auch darauf abzielt, bei den Werbeadressaten Bedürfnisse überhaupt erst zu wecken.

58 Hinsichtlich eines möglichen so genannten **übertriebenen Anlockens** ist anerkannt, dass die Anlockwirkung, die von einem attraktiven Angebot oder einer attraktiven Preisgestaltung ausgeht, nicht wettbewerbswidrig ist, sondern vielmehr gewollte Folge des Leistungswettbewerbs.[139] Es müssen besondere Umstände vorliegen, die den Vorwurf der Unlauterkeit rechtfertigen.[140] Wettbewerbswidrig ist eine Werbung erst dann, wenn der Einsatz des Werbemittels dazu führt, die freie Entschließung der angesprochenen Verkehrskreise so nachhaltig zu beeinflussen, dass ein Vertragsschluss maßgeblich durch das Streben nach der in Aussicht gestellten Vergünstigung bestimmt wird, mit der Folge, dass die Fähigkeit der Verbraucher eine informierte Entscheidung zu treffen wesentlich beeinflusst wird. Unter Geltung des UWG 2004 hat die Rspr. insoweit das Kriterium verwendet, dass die Rationalität der Nachfrageentscheidung vollständig in den Hintergrund treten müsse.[141] Die damit aufgebauten Hürden für die Annahme einer Unlauterkeit sind derart hoch, dass Werbung gegenüber nicht geschäftlich Unerfahrenen kaum noch unter dem Gesichtspunkt des übertriebenen Anlockens als unlauter qualifiziert werden kann.[142]

59 Anderes mag gelten bei einer Werbung gegenüber Kindern und Jugendlichen.[143] Bei diesen mag die Rationalität der Nachfrageentscheidung eher in den Hintergrund treten als bei „normalen" Verbrauchern. Gleichwohl ist das OLG Frankfurt am Main zutreffend davon ausgegangen, dass der im Rahmen einer Sammelaktion ausgelobte Einkaufsgutschein bei Amazon.de im Wert von EUR 5,– keine unlautere Anreizwirkung ausübe.[144]

60 Unter § 3 Abs. 2 iVm § 3 Abs. 4 S. 2 UWG fallen im Einzelfall auch Handlungen im Vorfeld konkreter Verkaufsförderungsmaßnahmen, so auch insbesondere die **Datenerhebung bei Kindern und Jugendlichen zu Werbezwecken.**[145] Die Erhebung von Daten bei Kindern ist jedoch nicht

[137] OLG Frankfurt a. M. GRUR 2005, 782 (784) – Milchtaler.

[138] OLG Frankfurt a. M. GRUR 2005, 782 (785) – Milchtaler.

[139] BGH GRUR 1994, 743 (744) – Zinsgünstige Kfz-Finanzierung durch Herstellerbank; BGH GRUR 1998, 500 (501) – Skibindungsmontage; BGH GRUR 1999, 264 – Handy für 0,– DM; BGH GRUR 1999, 261 (263) – Handy-Endpreis; BGH GRUR 2001, 446 – 1-Pfennig-Farbbild; BGH GRUR 2002, 976 (979) – Kopplungsangebot I; BGH GRUR 2003, 538 (540) – Gesamtpreisangebot; BGH GRUR 2003, 890 (891) – Buchclub-Kopplungsangebot; BGH GRUR 2003, 1057 – Einkaufsgutschein I; BGH GRUR 2004, 960 – 500,– DM-Gutschein für Autokauf; BGH GRUR 2006, 161 Tz. 17 – Zeitschrift mit Sonnenbrille.

[140] BGH GRUR 2000, 820 (821) – Space Fidelity Peep-Show; BGH GRUR 2003, 626 (627) – Umgekehrte Versteigerung II; BGH GRUR 2004, 249 (250) – Umgekehrte Versteigerung im Internet; BGH GRUR 2004, 960 – 500,– DM-Gutschein für Autokauf.

[141] BGH GRUR 1998, 735 (736) – Rubbelaktion; BGH GRUR 2000, 820 (821) – Space Fidelity Peep-Show; BGH GRUR 2002, 1000 (1002) – Testbestellung; BGH GRUR 2002, 976 – Kopplungsangebot I; BGH GRUR 2002, 979 (981) – Kopplungsangebot II; BGH GRUR 2003, 626 (627) – Umgekehrte Versteigerung II; BGH GRUR 2003, 1057 – Einkaufsgutschein I; BGH GRUR 2004, 249 (250) – Umgekehrte Versteigerung im Internet; BGH GRUR 2004, 343 f. – Playstation; BGH GRUR 2004, 344 (345) – Treuepunkte; BGH GRUR 2004, 960 – 500,– DM-Gutschein für Autokauf; BGH GRUR 2006, 161 Tz. 17 – Zeitschrift mit Sonnenbrille; BGH GRUR 2014, 1117 Tz. 31 – Zeugnisaktion.

[142] Vgl. auch OLG Köln GRUR-RR 2005, 168 – Glow by J. Lo.

[143] Köhler FS Ullmann, S. 685 (693); Benz WRP 2003, 1160 (1166).

[144] OLG Frankfurt a. M. GRUR 2005, 1064 (1066) – Lion Sammelaktion.

[145] OLG Frankfurt a. M. GRUR-RR 2005, 785 – Skoda-Autokids-Club.

stets und ohne Weiteres als unlauter anzusehen.[146] Es müssen vielmehr besondere Umstände hinzutreten, um eine Unlauterkeit zu begründen. Das ist zum Beispiel der Fall, wenn der wahre Grund der Datenerhebung, die Verwendung der Daten zu Werbezwecken, verschwiegen wird und auch nicht ohne Weiteres erkennbar ist.[147] In diesen Fällen wird im Übrigen auch ein Verstoß gegen § 5a Abs. 6 UWG vorliegen.[148] Zu berücksichtigen ist auch, dass für Kinder die mit der Preisgabe persönlicher Daten verbundenen Nachteile und der Zusammenhang zwischen Datenerhebung und Werbestrategien kaum erkennbar ist.[149]

61 *cc) Sonstige Einbeziehung von Kindern und Jugendlichen in Werbung.* Neben dem Ausnutzen der geschäftlichen Unerfahrenheit von Kindern oder Jugendlichen sind insbesondere Fälle denkbar, in denen Kinder und Jugendlichen als **Kaufmotivatoren** für ihre Eltern eingesetzt werden, die **Ausnutzung/Ausübung moralischen Zwangs** und die **Ausübung/Ausnutzung von autoritärem Druck.**

62 *(1) Einsatz von Kindern und Jugendlichen als Kaufmotivatoren.* Werbemaßnahmen, die an Kinder und Jugendliche gerichtet sind und darauf abzielen, dass sich die umworbenen Kinder und Jugendlichen an ihre Eltern als so genannte Kaufmotivatoren wenden, damit diese ein bestimmtes Produkt erwerben, benutzen Minderjährige, um die Kaufentscheidung der Eltern oder Erziehungsberechtigten zu beeinflussen.

63 Soweit eine solche geschäftliche Handlung nicht bereits wegen Verstoßes gegen Nr. 28 der „schwarzen Liste" stets unzulässig ist,[150] kann sie sich nach § 4a Abs. 1 S. 2 Nr. 3 UWG als unlauter erweisen. Bei solchen Praktiken ist zu berücksichtigen, dass sie nicht darauf angelegt sind, Kinder und Jugendliche selbst als Käufer zu gewinnen. Da die Kaufentscheidung in diesen „Motivationsfällen" regelmäßig von den Erwachsenen getroffen wird, kommt es für die Frage der lauterkeitsrechtlichen Zulässigkeit daher darauf an, ob diese bei ihrer Kaufentscheidung durch den Einsatz der Kinder und Jugendlichen einer unzulässigen Einflussnahme ausgesetzt sind.[151] Beurteilungsmaßstab ist hiernach **§ 4a Abs. 1 S. 2 Nr. 3 UWG,** weil es um die Willensentschließungsfreiheit der Eltern als potenzielle Käufer geht.[152] Die Schwelle zur Unlauterkeit der Einflussnahme wird dabei erst überschritten, wenn der auf den Erwachsenen ausgeübte Druck ein solches Ausmaß erreicht, dass er in seiner freien Willensentschließung wesentlich beeinträchtigt wird.[153] Ein vernünftiger Erziehungsberechtigter ist im Allgemeinen in der Lage Kaufwünschen, die von seinen Kindern an ihn herangetragen werden, auch ablehnend zu begegnen. Dies entspricht dem Leitbild des durchschnittlich informierten und verständigen Verbrauchers. Die Tatsache allein, dass seine Kinder ihn mehr oder weniger intensiv mit Wünschen bedrängen, steht daher einer rationalen Entscheidung des Erziehungsberechtigten über den Kauf eines Produkts grundsätzlich nicht entgegen.[154] Eine Unlauterkeit kommt in solchen Fällen daher nur ausnahmsweise auf Grund **besonderer Umstände** in Betracht.[155] Solche besonderen Umstände können sich beispielsweise aus der **Ausnutzung moralischen Zwangs** oder der **Ausübung autoritären Drucks** ergeben.

64 *(2) Ausnutzen moralischen Zwangs.* Eine unangemessene unsachliche Beeinflussung in Form der Ausübung psychischen Drucks kann sich ergeben, wenn eine moralische Zwangslage geschaffen oder eine bereits vorhandene moralische Zwangslage ausgenutzt wird. Ein solcher moralischer Zwang kann sich insbesondere aus einem Gruppenzwang ergeben. Die Schaffung/Ausnutzung eines solchen Zwangs ist unlauter.[156]

---

[146] OLG Frankfurt a. M. GRUR-RR 2005, 785 – Skoda-Autokids-Club; Köhler/Bornkamm/Köhler UWG § 3 Rn. 7.25.

[147] BGH GRUR 2014, 682 Tz. 35 ff. – Nordjob-Messe; Köhler/Bornkamm/Köhler UWG § 3 Rn. 7.25.

[148] Köhler/Bornkamm/Köhler UWG § 3 Rn. 7.25.

[149] OLG Frankfurt a. M. GRUR-RR 2005, 785 – Skoda-Autokids-Club.

[150] → Rn. 33 f.

[151] BGH GRUR 2008, 183 Tz. 16 – Tony Taler; Fezer/Büscher/Obergfell/Scherer UWG § 4a Rn. 380.

[152] BGH GRUR 2008, 183 Tz. 14 – Tony Taler; Dembowski FS-Ullmann, S. 599 (600); Fezer/Büscher/Obergfell/Scherer UWG § 4a Rn. 381; Götting/Nordemann/Götting UWG § 4a Rn. 40; Harte-Bavendamm/Henning-Bodewig/Picht UWG § 4a Rn. 105; Köhler/Bornkamm/Köhler UWG § 3 Rn. 7.20; Ohly/Sosnitza/Sosnitza UWG § 4a Rn. 165; Seichter, jurisPR-WettbR 1/2008 Anm. 5; aA Benz WRP 2003, 1160 (1166); offen gelassen von OLG Frankfurt a. M. GRUR 2005, 782 (785) – Milchtaler.

[153] BGH GRUR 2008, 183 Tz. 14 – Tony Taler.

[154] BGH GRUR 2008, 183 Tz. 14 – Tony Taler; OLG Frankfurt a. M. GRUR 2005, 782 (785) – Milchtaler; Dembowski FS Ullmann, S. 599 (601 f.); Köhler/Bornkamm/Köhler UWG § 3 Rn. 7.20.

[155] BGH GRUR 2008, 183 Tz. 17 – Tony Taler; OLG Frankfurt a. M. GRUR 2005, 782 (785) – Milchtaler.

[156] BGH GRUR 2008, 183 Tz. 19 – Tony Taler; OLG Celle GRUR-RR 2005, 387 – Klassensparbuch.

Unlauter unter dem Gesichtspunkt des § 4a UWG ist es daher, Schüler in einer Werbeaktion zum Sammeln von Wertpunkten aufzufordern und diese anschließend über ihre Schule unter Einschaltung eines Lehrers als Ansprechpartner beim Werbenden einzureichen, um für die Schule vom Werbenden Sportartikel zu erlangen.[157] Die Werbung zielt darauf ab, dass sich Kinder und Jugendliche, die sich mit ihrer Schule identifizieren und in starkem Maße Gruppenzwängen unterliegen, dem Druck beugen und sich an der Sammelaktion beteiligen wollen. Zutreffend hat der BGH daher eine solche Werbung untersagt, da sie in unsachlicher Weise die innerhalb einer Schulklasse bestehende Gruppendynamik und den bei den Schülern bestehenden Solidaritätszwang für ihre Werbezwecke ausnutzt.[158] 65

Nicht unter diesem rechtlichen Aspekt unlauter ist es demgegenüber, Lehrern Klassenabonnements von Zeitschriften zu besonderen Konditionen anzutragen. Ein eventuell denkbarer „Gruppendruck" richtet sich in diesem Fall nämlich nicht gegen die mit dem Bestellvorgang betraute Person des Lehrers, sondern allenfalls gegen einzelne Schüler bzw. deren Eltern, die die Zeitschrift im Unterricht nicht lesen lassen wollen. Dies ist ein allein dem Schulrecht unterworfener Bereich, in dem das Lauterkeitsrecht nur dann anwendbar ist, wenn die Entscheidungsfreiheit des Lehrers unlauter beeinflusst wird.[159] 66

(3) Ausübung autoritären Drucks. Der Einsatz von Autoritätspersonen mit Einflussmacht auf Umworbene – wie etwa Lehrer im Hinblick auf Schüler und Eltern – für den Absatz von Waren kann im Einzelfall unzulässig sein, wenn dieser Einsatz geeignet ist, die Umworbenen durch Beeinflussung ihrer Entscheidung als Kunden zu gewinnen.[160] Selbst wenn eine Duldung von Werbung in der Schule aber geeignet ist, den Absatz eines beworbenen Produktes zu fördern und Eltern jedenfalls in der Frage der Beurteilung der pädagogischen Qualität von bestimmten Produkten als sachverständig und damit als – wenn auch vielleicht nicht alleinige – Autorität gilt, folgt daraus nicht ohne Weiteres eine Unlauterkeit der Werbung.[161] Es gibt nämlich keinen Grundsatz, dass es mit den guten kaufmännischen Sitten ganz allgemein nicht vereinbar ist, wenn ein Kaufmann bei der Kundenwerbung oder dem Absatz seiner Waren eine fremde Autorität einsetzt, die auf die Entschlüsse der Umworbenen Einfluss nehmen kann.[162] 67

Die Entscheidung hängt damit letztlich davon ab, ob im Einzelfall ein als unlauter zu beurteilender Missbrauch hervortritt.[163] Das ist beispielsweise dann der Fall, wenn für die Schule, den Lehrer oder die Klassengemeinschaft besondere Vorteile in Aussicht gestellt werden, welche die Entscheidung des Lehrers, der Schule oder der Schüler/Eltern sachfremd beeinflussen könnte.[164] Dagegen ist es nicht sachwidrig, wenn Eltern Lehrerempfehlungen und deren Sachkenntnis bei ihren Kaufüberlegungen mit einbeziehen.[165] Anders kann es jedoch dann liegen, wenn **besondere Umstände** hinzutreten, wie etwa eine ungehörige Einflussnahme auf die Lehrer zB durch Versprechen besonderer Vorteile für die Gestattung der Werbung, was den sachlichen Wert der Empfehlung in Frage stellen und die Gleichbehandlung der Mitbewerber beeinträchtigen könnte.[166] 68

Praxistipp:

Die Frage, wann eine unlautere Ausübung von Druck vorliegt, kann nur aufgrund der Umstände des Einzelfalls beurteilt werden. Daher können für künftige Fälle kaum allgemeine Leitlinien gegeben werden. Jedoch spricht viel für einen Verstoß gegen § 4a Abs. 1 S. 2 Nr. 3 UWG, wenn Erscheinungsformen des sozialen Drucks wie der Einsatz von Minderjährigen als Kaufmotivatoren, die Schaffung von Gruppenzwängen und die Einbeziehung von Autoritäten, kombiniert werden.

157 BGH GRUR 2008, 183 Tz. 19 – Tony Taler.
158 BGH GRUR 2008, 183 Tz. 19 – Tony Taler.
159 OLG Hamburg GRUR-RR 2005, 224 (225) – STERN; OLG Celle GRUR-RR 2005, 387 – Klassensparbuch.
160 OLG Hamburg GRUR-RR 2005, 224 (225) – STERN.
161 BGH GRUR 1984, 665 (665) – Werbung in Schulen.
162 BGH GRUR 1984, 665 (666) – Werbung in Schulen; OLG Frankfurt a. M. NJOZ 2002, 1577 (1579) – Schulprogramm als Werbeträger; OLG Hamburg GRUR-RR 2005, 224 (225) – STERN; Benz WRP 2003, 1160 (1169/1170); aA: Brändel FS v. Gamm, S. 9, 21; Eisenhardt WRP 1997, 283 (292, 293); Engels WRP 1997, 6 (12).
163 BGH GRUR 1984, 665 (666) – Werbung in Schulen.
164 OLG Hamburg GRUR-RR 2005, 224 (225) – STERN.
165 BGH GRUR 1984, 665 (666) – Werbung in Schulen; OLG Hamburg GRUR-RR 2005, 224 (225) – STERN.
166 BGH GRUR 1984, 665 (667) – Werbung in Schulen; OLG Hamburg GRUR-RR 2005, 224 (225) – STERN.

2. Schutz sonstiger Verbraucher

69 a) **Allgemeines.** Geschäftliche Unerfahrenheit kann auch bei Erwachsenen vorliegen. Anders als bei Kindern und Jugendlichen ist der Mangel an Geschäftserfahrung gesondert festzustellen.[167] Nicht geklärt ist aber bislang, wann geschäftliche Unerfahrenheit bei Erwachsenen vorliegt. Teilweise wird daher die Auffassung vertreten, dass nur solche Gruppen schutzbedürftig sind, bei denen sich gegenüber dem Durchschnittsverbraucher bestehende **massive Defizite** (Lese- und/oder Schreibunkundigkeit; Sprachunkundigkeit, physische und oder psychische Störungen, körperliche Behinderungen) derart negativ auswirken, dass sie nicht in der Lage sind, sich zu informieren oder verständig zu verhalten und damit dem durchschnittlichen Verbraucherleitbild zu entsprechen.[168] Ausgeschlossen werden soll hierdurch beispielsweise das „typische Kaffeefahrtspublikum", welches nicht gehindert sei, sich relevante Informationen zu beschaffen.[169] Andere wollen demgegenüber zwar geschäftliche Unerfahrenheit bei solch massiven Defiziten vermuten, sehen den Anwendungsbereich der geschäftlichen Unerfahrenheit indes tendenziell etwas weiter.[170]

70 Bei richtlinienkonformer Auslegung erscheint die letztgenannte Auffassung vorzugswürdig, bedarf jedoch leichter Modifikation. So geht auch § 3 Abs. 4 S. 2 UWG davon aus, dass Erwachsene unter bestimmten Voraussetzungen besonders schutzbedürftig sind. Anders als bei § 4a Abs. 2 S. 2 UWG folgt nach dem Wortlaut des § 3 Abs. 4 S. 2 UWG aber die besondere Schutzbedürftigkeit von Verbrauchern nicht aus deren geschäftlicher Unerfahrenheit. Es ist vielmehr darauf abzustellen, ob bestimmte Verbraucher aufgrund geistiger oder körperlicher Beeinträchtigungen, Alter oder Leichtgläubigkeit besonders schutzbedürftig sind. Daneben stellt § 3 Abs. 4 S. 1 UWG auf die Sicht eines durchschnittlichen Verbrauchers aus einer gezielt angesprochenen Gruppe von Verbrauchern ab, unabhängig davon, ob diese besonders schutzbedürftig im Sinne von § 3 Abs. 4 S. 2 UWG sind oder nicht.

71 Vor diesem Hintergrund wird man bei gezielter Ansprache nicht von vornherein bestimmte Verbrauchergruppen (bspw. „typisches Kaffeefahrtpublikum") ausnehmen können. Vielmehr ist positiv festzustellen, ob die gezielt angesprochenen Verkehrskreise die wirtschaftlichen Folgen ihres geschäftlichen Handelns weder in wirtschaftlicher noch in rechtlicher Hinsicht voll abzuschätzen vermögen.[171] Bezugsgröße ist die geschäftliche Erfahrung, die bei einem durchschnittlich informierten, aufmerksamen und verständigen Durchschnittsverbraucher vorausgesetzt wird.[172] Soweit es „typische Kaffeefahrten" betrifft kann eine aggressive geschäftliche Handlung gem. § 4a Abs. 1 S. 2 Nr. 3 UWG aber nicht schon angenommen werden, wenn durch intensives Bewerben moralischer Druck auf den Verbraucher erzeugt wird. Wird der Teilnehmer aber beleidigt oder bedroht, weil dieser kaufunwillig ist, so kann dies geeignet sein beachtlichen Druck auf den Verbraucher aufzubauen, die geschäftliche Handlung ist unlauter gem. § 4a Abs. 1 S. 2 Nr. 3, Abs. 2 Nr. 2 UWG.[173]

72 b) **Ausnutzen von Rechtsunkenntnis.** Als Unterfall der geschäftlichen Unerfahrenheit wurde in der Vergangenheit diskutiert, ob das Ausnutzen von Rechtsunkenntnis als unlauter qualifiziert werden kann. In der Praxis geht es hierbei vor allem um die Fälle **Verletzung gesetzlicher Informations- und Belehrungspflichten,**[174] Verwendung unwirksamer **Allgemeiner Geschäftsbedingungen** vor, während oder nach Vertragsschluss[175] und **Erteilen unrichtiger Auskünfte** nach Vertragsschluss.

73 Nicht geschützt werden solche Verbraucher, die lediglich aus Bequemlichkeit, Nachlässigkeit oder Gleichgültigkeit unterlassen, auf die Angebote der Unternehmer kritisch einzugehen.[176] Er-

[167] Ohly/Sosnitza/Sosnitza UWG § 4a Rn. 167.
[168] Fezer/Büscher/Obergfell/Scherer UWG § 4a Rn. 475 f.; dies. WRP 2004, 1355 (1356/1357); dies. WRP 2008, 563 (568 f.); so wohl auch Peterek WRP 2008, 714 (719 f.).
[169] Fezer/Büscher/Obergfell/Scherer UWG § 4a Rn. 481; dies. WRP 2004, 1355 (1356/1357); dies. WRP 2008, 563 (570).
[170] Lettl WRP 2004, 1079 (1104); Ohly/Sosnitza/Sosnitza UWG § 4a Rn. 167.
[171] Köhler FS Ullmann, S. 685 (687).
[172] BGH GRUR 2007, 979 Tz. 27 – Rechtsberatung durch Haftpflichtversicherer; Köhler FS Ullmann, S. 685 (687); Lettl GRUR 2004, 449 (457).
[173] Fezer/Büscher/Obergfell/Scherer UWG § 4a Rn. 248.
[174] BGH GRUR 2002, 720 – Postfachanschrift; BGH GRUR 2002, 1085 – Belehrungszusatz; BGH WRP 2003, 266 – Widerrufsbelehrung IV.
[175] v. Criegern WRP 2003, 1065 (1072).
[176] Fezer/Büscher/Obergfell/Scherer UWG § 4a Rn. 358.

forderlich sei vielmehr, dass die Verbraucher nicht über die Kenntnisse verfügen, die von einem durchschnittlich aufmerksamen, informierten und verständigen Verbraucher zu erwarten seien.[177] Dies vorweggeschickt können mit Blick auf unwirksame Allgemeine Geschäftsbedingungen auch vom durchschnittlich informierten Verbraucher keine spezifischen Rechtskenntnisse erwartet werden. Die Unkenntnis von der Unwirksamkeit allgemeiner Geschäftsbedingungen stellt daher keine geschäftliche Unerfahrenheit dar. Ähnliches hat für die Verletzung gesetzlicher Belehrungs- und Informationspflichten zu gelten. Der Gesetzgeber hat diese gerade vorgesehen, um sie dem Verbraucher vor Augen zu führen. Es wäre daher widersprüchlich, Verbraucher als geschäftlich unerfahren anzusehen, weil ihnen die gesetzlichen Rechte und Pflichten unbekannt sind, für die das Gesetz eine Informations- und Belehrungspflicht vorsieht. Schließlich wird ein Verbraucher auch nicht dadurch geschäftlich unerfahren, dass ihm nach Vertragsschluss vom Vertragspartner unrichtige Auskünfte über seine Rechte erteilt werden.

In allen vorgenannten Fallkonstellationen ist der Verbraucher schließlich auch nicht schutzlos gestellt. So kann die Verwendung unwirksamer Allgemeiner Geschäftsbedingungen unter dem Gesichtspunkt des Verstoßes gegen Marktverhaltensregeln nach § 3a UWG unlauter sein.[178] Gleiches gilt für den Verstoß gegen gesetzliche Informations- und Belehrungspflichten.[179] In Fällen der Aufforderung zum Kauf bestimmt darüber hinaus § 5a Abs. 3 Nr. 5 UWG, dass eine Belehrung über ein Rücktritts- und/oder Widerrufsrecht eine wesentliche Information im Sinne von § 5a Abs. 1, 2 UWG darstellt. Im Übrigen bestimmt § 5a Abs. 4 UWG, dass gesetzlich vorgeschriebene Informationspflichten ebenfalls als wesentlich im Sinne von § 5a Abs. 2 UWG zu gelten haben. Unrichtige Angaben nach Vertragsschluss, um den Vertragspartner an der Geltendmachung von Rechten zu hindern, sind ebenfalls nach §§ 5, 5a UWG irreführend und damit unlauter. Insgesamt ist daher die Fallgruppe des Ausnutzens von Rechtsunkenntnis den Tatbeständen der § 3a UWG und §§ 5, 5a UWG zuzuordnen. 74

VII. Ausnutzung der Leichtgläubigkeit

Neben dem Ausnutzen geschäftlicher Unerfahrenheit bei Verbrauchern ist es unlauter, die Leichtgläubigkeit von Verbrauchern auszunutzen. Ein Verbraucher ist als leichtgläubig zu qualifizieren, wenn er auf Grund fehlenden Urteilsvermögens in seiner Entscheidungsrationalität eingeschränkt ist und daher bestimmte Informationen nicht weiter hinterfragt, sondern den Angaben des Werbenden ohne Weiteres Glauben schenkt.[180] Beurteilungsmaßstab ist auch hier das Verbraucherleitbild des durchschnittlich informierten, aufmerksamen und verständigen Durchschnittsverbrauchers, so dass an das Tatbestandsmerkmal der Leichtgläubigkeit strenge Anforderungen zu stellen sind. Zumeist wird Leichtgläubigkeit daher mit geschäftlicher Unerfahrenheit zusammentreffen, so dass dieser Tatbestandsvariante kaum eigenständige Bedeutung zukommt.[181] 75

Anders ist dies jedoch, wenn die angesprochenen Verkehrskreise eben nicht geschäftlich unerfahren sind, es sich aber bei den beworbenen Produkten oder Dienstleistungen um solche handelt, bei denen auch der durchschnittlich informierte Verbraucher in besonderer Weise auf die Informationen der handelnden Person vertrauen muss (**beratungsbedürftige Geschäfte**).[182] Die Ausnutzung der Leichtgläubigkeit von Verbrauchern bei solchen Geschäften kann sich im Einzelfall als unzulässige Beeinflussung durch Ausnutzung einer Machtposition gem. § 4a Abs. 1 S. 2 Nr. 3 UWG darstellen. 76

---

177 BGH GRUR 2007, 979 Tz. 27 – Rechtsberatung durch Haftpflichtversicherer.

178 Fezer/Büscher/Obergfell/Scherer UWG § 4a Rn. 489; Köhler/Bornkamm/Köhler UWG § 3 Rn. 7.28; zu § 4 Nr. 2 UWG 2008 str.: OLG Köln GRUR-RR 2007, 285 – Schriftformklauseln; OLG Hamburg GRUR-RR 2007, 287 – Horse-Equipe; OLG Hamburg GRUR-RR 2007, 289 (290) – eBay-Auftritt; KG GRUR 2007, 291 (292) – Postwegvorbehalt; Mann WRP 2007, 1035; Woitkewitsch GRUR-RR 2007, 257.

179 Vgl. nur: BGH GRUR 2007, 159 Tz. 30 – Anbieterkennzeichnung im Internet; KG GRUR-RR 2007, 328 – Identitätsangabe im Internet; KG WRP 2008, 255 – Widerrufsfolgenbelehrung beim Fernabsatz im Internet I; OLG Hamburg GRUR-RR 2007, 174 – Widerrufsbelehrung; OLG Hamburg GRUR-RR 2005, 236 (237) – madeleine.de; OLG Hamm GRUR-RR 2005, 285 – Internet-Widerrufsbelehrung; OLG Frankfurt a. M. GRUR-RR 2007, 56 – sprechender Link; Fezer/Büscher/Obergfell/Scherer UWG § 4a Rn. 489.

180 Fezer/Büscher/Obergfell/Scherer UWG § 4a Rn. 354; Köhler/Bornkamm/Köhler UWG § 3 Rn. 5.25; Ohly/Sosnitza/Sosnitza UWG § 4a Rn. 177.

181 Gloy/Loschelder/Danckwerts UWG-HdB/Hasselblatt/Hannamann § 53 Rn. 247; Köhler/Bornkamm/Köhler UWG § 3 Rn. 5.26; Harte-Bavendamm/Henning-Bodewig/Picht UWG § 4a Rn. 112.

182 Gloy/Loschelder/Danckwerts UWG-HdB/Hasselblatt/Hannamann § 53 Rn. 247; Köhler/Bornkamm/Köhler UWG § 3 Rn. 5.26; Ohly/Sosnitza/Sosnitza UWG § 4a Rn. 177.

77 Liegt keine aggressive geschäftliche Handlung vor, so kann das Ausnutzen von Leichtgläubigkeit gem. § 3 Abs. 2 UWG unlauter sein, wenn bspw. ein Anlageberater eine bestimmte Geldanlage empfiehlt, ohne auf die Risiken hinzuweisen[183] oder wenn ein Versicherungsvertreter Hausbesitzern eine Versicherung empfiehlt, für die sie objektiv keinen Nutzen haben.[184] Liegt in den vorgenannten Beispielen schon eine Irreführung durch Unterlassen gem. § 5a UWG, dann muss auf den Auffangtatbestand des § 3 Abs. 2 UWG nicht zurückgegriffen werden.

VIII. Ausnutzung der Angst

78 Angst ist ein negatives Gefühl, das mit der tatsächlichen oder vermeintlichen Wahrscheinlichkeit eines Schadens verbunden ist. Sie beschreibt eine Empfindungs- und Verhaltenssituation aus Ungewissheit und Anspannung, die durch eine eingetretene oder erwartete Bedrohung (zB Schmerz, Verlust, Tod) hervorgerufen wird. Die Ausnutzung einer bestehenden Angst ist zu unterscheiden vom Hervorrufen oder Verstärken von Ängsten, was bereits von § 4a Abs. 1 UWG erfasst wird, da § 4a Abs. 2 S. 1 Nr. 3, S. 2 UWG seinem Wortlaut nach allein das Ausnutzen der Angst erfasst. Dies setzt schon denklogisch voraus, dass eine Angst bereits vorliegt. Oftmals dürfte jedoch zunächst eine Angst verstärkt oder hervorgerufen (§ 4a Abs. 1 UWG) und diese sodann ausgenutzt werden (§ 4a Abs. 2 S. 1 Nr. 3, S. 2 UWG), so dass sowohl § 4a Abs. 1 UWG als auch Abs. 2 S. 1 Nr. 3, S. 2 verwirklicht sind. Zum Schutz vor Ausnutzung solcher Gefühle von Verbrauchern existieren neben § 4a Abs. 2 S. 1 Nr. 3, S. 2 UWG Spezialvorschriften.

1. Spezialregelungen zum Schutz der Verbraucher

79 Gem. § 11 Nr. 7 HWG ist es außerhalb der Fachkreise verboten, für Arzneimittel, Verfahren, Behandlungen, Gegenstände oder andere Mittel mit Werbeaussagen zu werben, die nahelegen, dass die Gesundheit durch die Nichtverwendung des Arzneimittels beeinträchtigt oder die Verwendung verbessert werden könnte. Neben diesen Sondertatbeständen bleibt das UWG anwendbar.[185] Das ergibt sich mit Blick auf § 11 Nr. 7 HWG bereits aus § 17 HWG.

80 Darüber hinaus ist es gem. Anhang I Nr. 12 UGP ohne Weiteres wettbewerbsrechtlich unzulässig, sachlich falsche Behauptungen über die Art und das Ausmaß der Gefahr für die persönliche Sicherheit eines Verbrauchers oder seiner Familie für den Fall, dass er die angebotene Ware nicht erwirbt oder die angebotene Dienstleistung nicht in Anspruch nimmt, aufzustellen.

2. Ausnutzen von Angst nach § 4a Abs. 2 Satz 1 Nr. 3, Satz 2 UWG

81 Grundsätzlich ist es wettbewerbsrechtlich unbedenklich, wenn Werbung Gefühle (bspw. Angst) anspricht.[186] Lauterkeitsrechtlich erheblich ist Angst erst, wenn sie die Fähigkeit des Verbrauchers zu einer freien und informierten geschäftlichen Entscheidung beeinträchtigt.[187] Nicht gemeint sind daher die kleinen Ängstlichkeiten und Besorgnisse des täglichen Lebens, sondern vielmehr **drohende besondere Gefahren,** wie die Gefahr einer besorgniserregenden Lebensbeeinträchtigung.[188]

82 Ein unlauteres Ausnutzen der Angst im Sinne von § 4a Abs. 2 S. 1 Nr. 3, S. 2 UWG setzt voraus, dass die Angst, die ausgenutzt wird, in der Vorstellung der angesprochenen Verkehrskreise derart substantiell ist, dass sie zu einer **Beeinträchtigung oder Ausschließung der Entschließungsfreiheit** führt. Dies hängt im Wesentlichen von der **Intensität** der bereits vorhandenen, hervorgerufenen oder verstärkten Angst ab. Können die angesprochenen Verkehrskreise sich von der Angstlage nicht distanzieren und sachliche Aspekte wie Qualität und Preiswürdigkeit der beworbenen Produkte nicht mehr mit in ihre Entscheidung einbeziehen, so spricht das für eine Unlauterkeit. Andererseits ist zu berücksichtigen, dass auch Äußerungen im Rahmen der ge-

[183] Köhler/Bornkamm/Köhler UWG § 3 Rn. 5.26.
[184] Köhler/Bornkamm/Köhler UWG § 3 Rn. 5.26.
[185] BGH GRUR 1986, 902 – Angstwerbung; BGH GRUR 1999, 1007 (1008) – Vitalkost; Köhler/Bornkamm/Köhler UWG § 4a Rn. 2.21; Harte-Bavendamm/Henning-Bodewig/Picht UWG § 4a Rn. 114; Ohly/Sosnitza/Sosnitza UWG § 4a Rn. 180.
[186] BGH GRUR 2006, 75, 76 – Artenschutz.
[187] Köhler/Bornkamm/Köhler UWG § 4a Rn. 2.24.
[188] BGH GRUR 1996, 902 – Angstwerbung; BGH GRUR 1999, 1007 (1008) – Vitalkost; Götting/Nordemann/Götting UWG § 4a Rn. 39; Harte-Bavendamm/Henning-Bodewig/Picht UWG § 4a Rn. 114; Köhler/Bornkamm/Köhler UWG § 4a Rn. 2.24; Schnorbus GRUR 1994, 15 (16 ff.); Ohly/Sosnitza/Sosnitza UWG § 4a Rn. 178.

fühlsbetonten Werbung in den Schutzbereich der Meinungsäußerungsfreiheit aus Art. 5 Abs. 1 GG fallen.[189] Anderes gilt nur, wenn es sich bei einer in Rede stehenden Werbeaussage um eine bewusst unwahre Tatsachenbehauptung handelt.[190] In letzterem Fall ist die Werbung ohnehin wegen Verstoßes gegen § 5 UWG unlauter. Im Übrigen handelt es sich bei § 4a Abs. 2 S. 1 Nr. 3, S. 2 UWG um ein allgemeines Gesetz im Sinne von Art. 5 Abs. 2 GG, welches die Meinungsäußerungsfreiheit aus Art. 5 Abs. 1 GG beschränkt.[191] Bei der Anwendung von § 4a Abs. 2 S. 1 Nr. 3, S. 2 UWG ist gleichwohl die Ausstrahlungswirkung von Art. 5 Abs. 1 GG und das Verhältnismäßigkeitsprinzip zu beachten.[192] Insgesamt erscheint vor diesem Hintergrund fraglich, ob ein generelles Verbot von Werbung mit der Angst unter dem Gesichtspunkt von § 4a Abs. 2 S. 1 Nr. 3, S. 2 UWG noch in Betracht kommt. Je mehr sich eine Werbung jedenfalls auf sachliche Informationen über ein Produkt oder über die Auswirkung der Nachfrageentscheidung beschränkt und diese Information wahr ist, desto weniger kommt eine wettbewerbsrechtliche Unlauterkeit in Betracht.[193] Andererseits kommt ein Ausnutzen der Angst im Sinne von § 4a Abs. 2 S. 1 Nr. 3, S. 2 UWG umso eher in Betracht, wenn die Angaben des Werbenden nicht nachprüfbar sind und das Angstgefühl so stark ist, dass die Rationalität der Nachfrageentscheidung in den Hintergrund tritt, also selbst beim (angesprochenen) durchschnittlich informierten Verbraucher die Gefahr von Panikkäufen besteht.[194]

Fallgruppen, bei denen eine wettbewerbsrechtliche Unlauterkeit nach § 4a Abs. 2 S. 1 Nr. 3, S. 2 UWG in Betracht kommt, sind Inflationsängste, Ängste um die Gesundheit, Ängste vor technischen Unglücksfällen, Angst vor Umweltzerstörung, Angst vor beruflichem Scheitern, Angst vor sozialen Sanktionen sowie Angst vor Verkehrsunfällen.[195] Soweit die in Rede stehende Werbung jedoch nicht ohnehin wegen bewusst falscher Angaben irreführend und daher unlauter ist, wird üblicherweise die Rationalität der Entscheidungsfreiheit des angesprochenen Verbrauchers nicht völlig verdrängt, so dass eine Unlauterkeit unter dem Gesichtspunkt des Ausnutzens von Angst gem. § 4a Abs. 2 S. 2 UWG wohl in den seltensten Fällen in Betracht kommen wird. 83

IX. Ausnutzung einer Zwangslage

Beim Verbot des Ausnutzens einer Zwangslage gem. § 4a Abs. 2 S. 2 UWG geht es darum, den Verbraucher in einer Situation, in der seine Entscheidungsrationalität eingeschränkt ist, vor **Überrumpelung** zu schützen. Solche Zwangslagen können auf physischen (zB Unfall, Krankheit, Trunkenheit, Haft, Immobilität) oder psychischen (zB Trauerfall, Zeitdruck) Belastungen beruhen.[196] 84

Ob die in Rede stehende Zwangslage indes von solcher Schwere ist, dass sich der Beworbene in einem Zustand eingeschränkter Entscheidungsrationalität befindet, ist anhand der **Gesamtumstände des Einzelfalles** zu beurteilen. Maßgebend ist auch hier ein durchschnittlich informierter, aufmerksamer und verständiger Verbraucher, bezogen auf die angesprochene Gruppe. Bei diesem ist eine Zwangslage zu bejahen, wenn keine Handlungsalternativen bestehen, die zu wirtschaftlich zumutbaren Bedingungen in Anspruch genommen werden können.[197] Die Zwangslage muss objektiv vorliegen.[198] Nicht ausreichend ist die bloße Vorstellung des Verbrauchers, sich in einer Zwangslage zu befinden.[199] Als unzulässig wegen ua des Ausnutzens einer Zwangslage wurde beispielsweise das so genannte **„Ambulance-Chasing"** nach amerikanischem Vorbild angesehen. Dabei werden Verkehrsunfallbeteiligte am Unfallort mit dem Ziel angesprochen, sie zum Abschluss eines Reparaturauftrages,[200] eines Auto-Mietvertrages[201] oder eines Abschlepp- 85

189 BVerfG GRUR 2002, 455 (456) – Tier- und Artenschutz; MüKoUWG/Heermann § 3 Rn. 349.
190 BVerfG NJW 2003, 277 (278) – Juve-Handbuch.
191 Vgl. Gloy/Loschelder/Danckwerts UWG-HdB/Hasselblatt/Hannamann § 53 Rn. 29; Ohly/Sosnitza/Sosnitza UWG § 4a Rn. 111.
192 Vgl. Ohly/Sosnitza/Sosnitza UWG § 4a Rn. 111.
193 BGH GRUR 1999, 107 (108) – Vitalkost; Köhler/Bornkamm/Köhler UWG § 4a Rn. 2.26.
194 Köhler/Bornkamm/Köhler UWG § 4a Rn. 2.26.
195 Vgl. Köhler/Bornkamm/Köhler UWG § 4a Rn. 2.24; MüKoUWG/Raue § 4a Rn. 277.
196 Köhler/Bornkamm/Köhler UWG § 4a Rn. 2.29; Ohly/Sosnitza/Sosnitza UWG § 4a Rn. 182.
197 Gloy/Loschelder/Danckwerts UWG-HdB/Hasselblatt/Hannamann § 53 Rn. 251; Köhler/Bornkamm/Köhler UWG § 4a Rn. 2.29; wohl auch Ohly/Sosnitza/Sosnitza UWG § 4a Rn. 182.
198 Gloy/Loschelder/Danckwerts UWG-HdB/Hasselblatt/Hannamann § 53 Rn. 251; Ohly/Sosnitza/Sosnitza UWG § 4a Rn. 182; aA Götting/Nordemann/Götting UWG § 4a Rn. 39.
199 Gloy/Loschelder/Danckwerts UWG-HdB/Hasselblatt/Hannamann § 53 Rn. 251 (In dem Fall kommt ein „Ausnutzen der Angst" in Betracht).
200 BGH GRUR 1975, 264 – Werbung am Unfallort I; OLG Nürnberg BB 1968, 1448.
201 BGH GRUR 1975, 266 – Werbung am Unfallort II.

vertrages[202] zu veranlassen. Ausnutzen einer Zwangslage kann im Übrigen auch noch in den Fällen des psychologischen Kaufzwangs gegeben sein.[203]

X. Beratungscheckliste

86 **I. Werbung unter Einbezug von Kindern und Jugendlichen**

1. Werbung in Rundfunk und/oder Telemedien?
   → Spezialvorschriften des MStV und JMStV beachten
2. Werbung für **jugendgefährdende Medien?**
   → Spezialvorschriften des JuSchG, MStV und JMStV beachten
3. Werbung für **Tabak, Alkohol, Heilmittel?**
   → Spezialvorschriften des JuSchG, TabakerzG und HWG beachten
4. Schutz der **Entscheidungsfreiheit** von Kindern und Jugendlichen:
   a) Absolutes Verbot, Kinder (bis 14 Jahre) direkt zum Kauf beworbener Produkte aufzufordern
   b) Im Übrigen ist bei Werbung, die sich an Kinder/Jugendliche gezielt richtet oder für diese objektiv bestimmt ist darauf zu achten, dass sie in der Lage sind, das Angebot im Hinblick auf seine **finanziellen Folgen,** seine **Preiswürdigkeit** und **wirtschaftliche Bedeutung** kritisch zu beurteilen. Umstände, aus denen sich die Unzulässigkeit einer Geschäftspraktik ergeben kann sind insbesondere:
   - Mangelnde Transparenz
   - Übervorteilung
   - Ausnutzung der Sammel- oder Spielleidenschaft
   - Anhalten zum Kauf über Bedarf
   - Übertriebenes Anlocken
   - Datenerhebung zu Werbezwecken
5. Schutz der **Entscheidungsfreiheit** von Erwachsenen:
   a) **Absolutes Verbot,** Kinder (bis 14 Jahre) direkt aufzufordern ihre Eltern oder andere Erwachsene zu überreden ihnen die beworbenen Produkte zu kaufen
   b) Vorsicht bei der Ausnutzung von **moralischen Zwängen** (bspw. Gruppenzwang) und/oder **autoritärem Druck.**

II. Ausnutzen geschäftlicher Unerfahrenheit sonstiger Verbraucher

→ Kommt insbesondere in Betracht bei Werbemaßnahmen gegenüber Gruppen, die im Vergleich zum Durchschnittsverbraucher massive Defizite aufweisen, die sich derart auswirken, dass sie nicht in der Lage sind sich zu informieren.

III. Ausnutzung von Leichtgläubigkeit

→ Kommt insbesondere in Betracht bei der Bewerbung von Produkten/Dienstleistungen bei denen der Verbraucher in besonderer Weise auf Informationen der handelnden Personen vertrauen muss **(beratungsbedürftige Geschäfte)**

IV. Ausnutzung von Angst

1. Spezialvorschriften beim Verkehr mit **Heilmitteln** (HWG)
2. **Absolutes Verbot,** sachlich falsche Behauptungen aufzustellen über die Art und das Ausmaß der Gefahr für die persönliche Sicherheit eines Verbrauchers oder seiner Familie für den Fall, dass er das beworbene Produkt nicht kauft.
3. Im Übrigen ist die Verwendung von sachlichen (korrekten) Informationen in der Werbung unproblematisch. Je weniger die verwendeten Aussagen jedoch nachprüfbar sind und je stärker das ausgenutzte Angstgefühl ist, desto eher kommt eine Unzulässigkeit der Geschäftspraktik in Betracht (Gefahr von Panikkäufen).

V. Ausnutzen einer Zwangslage

→ Verbraucher muss auf Grund der Gesamtumstände in seiner Entscheidungsrationalität beeinträchtigt sein.

---

[202] BGH GRUR 1980, 790 – Werbung am Unfallort III; BGH GRUR 2000, 235 – Werbung am Unfallort IV.
[203] Vgl. Köhler/Bornkamm/Köhler UWG § 4a Rn. 2.29 ff.

§ 14 Lehre vom Rechtsbruch (§ 3a UWG)

Übersicht

I. Bedeutung

1 Die Fallgruppe des unlauteren Wettbewerbsvorsprungs durch Rechtsbruch spielte Anfang der 90er Jahre auf Grund der Vielzahl der Verfahren, die mit dieser Anspruchsgrundlage eingeleitet worden waren, eine erhebliche Rolle (*Borck*[1] spricht davon, dass auf Grund der Flut dieser Rechtsstreitigkeiten sogar zusätzliche Spezialspruchkörper eingerichtet wurden). Durch die UWG-Novelle 1994, die die Aktivlegitimation der nicht unmittelbar betroffenen Wettbewerber und insbesondere der Wettbewerbsvereine erheblich eingeschränkt hat, hat sich diese Zahl zwar reduziert. Ebenso hat auch die neuere Rechtsprechung des BGH, wonach der Gesetzesverstoß nur dann als wettbewerbswidrig iSd § 1 UWG aF anzusehen ist, wenn der verletzten Norm zumindest eine (sekundäre) **Schutzfunktion zu Gunsten des Wettbewerbs** zukomme,[2] zu einer deutlichen Abnahme der Fälle des „Vorsprungs durch Rechtsbruch“ in der Wettbewerbspraxis geführt. Nach wie vor jedoch stellt diese Fallgruppe für den „kleinen“ Gewerbetreibenden und den ihn betreuenden Rechtsanwalt die größte „Möglichkeit“ dar, mit dem UWG in Kontakt zu geraten.

2 Dabei wird es gerade einem (ansonsten) „ordentlichen Kaufmann“ schwer fallen, sich als „Rechtsbrecher“ zu sehen, nur weil er etwa auf seiner Internetseite seine Adresse nicht veröffentlicht, als Kfz-Händler die Leistung eines von ihm angebotenen PKW mit der nach wie vor übli-

[1] Walter/Grüber/Borck Anwalts-Handbuch Wettbewerbspraxis, Vorsprung durch Rechtsbruch Rn. 53.
[2] BGH GRUR 2000, 1076 – Abgasemissionen; GRUR 2002, 825 – Elektroarbeiten; GRUR 2010, 654 – Zweckbetrieb.

chen Bezeichnung „PS“ angegeben oder als Lebensmittelhändler in einer Werbung vergessen hat, neben dem Preis des von ihm angebotenen Bechers Joghurt auch den Preis eines Kilos Joghurt auszuweisen.

3 Andererseits gibt diese Fallgruppe dem gesetzestreuen Unternehmer die Möglichkeit, **aus eigenem Recht** bspw. gegen einen Wettbewerber vorzugehen, der ständig gegen die Kennzeichnungspflichten im Internet oder die PreisangabenVO (PangV)[3] verstößt, ohne dass die eigentlich zuständigen Behörden eingriffen.

II. Zweck der Regelung

4 Die – zum Teil[4] – in § 3a UWG (§ 4 Nr. 11 UWG aF) normierte, durch die Rechtsprechung herausgebildete Fallgruppe des „Vorsprungs durch Rechtsbruch“ soll alle diejenigen geschäftlichen Handlungen erfassen, durch welche sich ein Unternehmer gegenüber seinen Konkurrenten einen Vorteil dadurch verschaffen will, dass er **„das Recht bricht“.** Das UWG reflektiert dabei zunächst eine rechtliche Selbstverständlichkeit, nämlich dass sich die Mitglieder einer Gesellschaft als Rechtsgemeinschaft an das geltende Recht zu halten haben. Allerdings interpretiert es diesen Grundsatz im Lichte seines Schutzzwecks, alle Marktteilnehmer vor unlauterem Marktverhalten zu schützen.

5 In jeder marktwirtschaftlichen Ordnung ist es das Bestreben eines jeden Unternehmens, im Vergleich zu seinen Wettbewerbern ein attraktiveres und daher vorzugswürdiges Angebot zu machen. Die Aktionsparameter des Unternehmers werden dabei durch eine Vielzahl von rechtlichen Beschränkungen begrenzt. Ein Unternehmer ist in seiner wirtschaftlichen Betätigung durch gesetzliche und vertragliche Bestimmungen gebunden und beschränkt. Er wird daher versucht sein, diese Beschränkungen zu überwinden, um sich gegenüber seinen Wettbewerbern einen Vorteil zu sichern. Verstößt er dabei gegen gültige Rechtssätze, so sieht das Recht idR auch außerhalb des UWG eine Sanktionsmöglichkeit vor. So kann der Fabrikant, welcher sich die Filter für seine Hochöfen spart, von der Ordnungsbehörde mit einem Bußgeld belegt werden. Der Juwelier, der Hehlerware veräußert, wird von der Staatsanwaltschaft verfolgt. Der Vertragshändler, der seine Exklusivvereinbarung missachtet, kann von seinem Vertragspartner aus dem Vertrag auf Schadenersatz in Anspruch genommen werden.

6 Durch solche Rechtsverstöße werden idR auch die rechtstreuen Konkurrenten benachteiligt, weil ihnen nicht nur die wirtschaftlichen Vorteile des Rechtsverstoßes nicht zugute kommen, sondern sie vielmehr noch Nachteile dadurch erleiden, dass sie sich gesetzestreu verhalten. Das UWG stellt den so übervorteilten Wettbewerbern (unter bestimmten Voraussetzungen) also ein wirksames **Mittel zur Selbsthilfe** zur Verfügung.

7 Dabei ist stets zu beachten, dass nicht jede Normverletzung eines Konkurrenten verfolgbar ist; durch die gesetzliche Regelung soll nicht die Möglichkeit geschaffen werden, ähnlich einer Popularklage anstelle der eigentlich zuständigen Organe tätig zu werden. Wesentliche Voraussetzung ist daher, dass der Rechtsverstoß auch **wettbewerbliche Relevanz** hat, da er nur dann den Schutzbereich des UWG tangiert.[5]

8 Dies ist grundsätzlich nur dann der Fall, wenn der Gesetzesverstoß durch eine **geschäftliche Handlung** iSd § 2 Abs. 1 Nr. 1 UWG erfolgt, also durch ein Verhalten zugunsten des eigenen oder eines fremden Unternehmens vor, bei oder nach einem Geschäftsabschluss, das mit der Förderung des Absatzes oder des Bezugs von Waren oder Dienstleistungen oder mit dem Abschluss oder der Durchführung eines Vertrags über Waren oder Dienstleistungen objektiv zusammenhängt. Der Begriff der geschäftlichen Handlung ist weit auszulegen, so dass hierunter jedes Handeln fällt, in welchem eine Förderung eigener oder fremder erwerbswirtschaftlicher oder sonstiger beruflicher Interessen gesehen werden kann. Lediglich Handlungen ohne Bezug zum geschäftlichen Verkehr, wie zB rein private oder rein hoheitliche Tätigkeiten können nicht verfolgt werden.[6]

[3] Zu § 1 Abs. 1 S. 1 PAngV BGH GRUR 2021, 1320 Rn. 8 – Flaschenpfand III; OLG Bamberg WRP 2021, 776 Rn. 30 – Logistikpauschale; vgl. zum PAngV auch: OLG Düsseldorf GRUR-RS 2020, 49600 Rn. 70; OLG Frankfurt GRUR-RR 2021, 227 Rn. 21 – Servicegebühr im Fitnessstudio.

[4] So ist etwa das Verleiten zu oder die Teilnahme an fremdem Vertragsbruch nicht von der Regelung des § 3a UWG erfasst, → Rn. 78 ff.

[5] Köhler/Bornkamm/Köhler UWG § 1 Rn. 41.

[6] Harte-Bavendamm/Henning-Bodewig/Keller UWG § 2 Rn. 22.

III. Konzeptionswandel des Rechtsbruchtatbestandes

Die in Konkretisierung des Begriffs der **Sittenwidrigkeit** nach § 1 UWG aF entwickelte Lehre vom Rechtsbruch hat seit Ende der 90er Jahre eine grundlegende Umgestaltung erfahren. Eingeleitet wurde diese Entwicklung durch eine Änderung der höchstrichterlichen Rechtsprechung ab dem Jahre 1997, auf die der Gesetzgeber der UWG-Reform 2004 in seiner Gesetzesbegründung zu § 4 UWG, in dessen Beispielskatalog der Rechtsbruchtatbestand seitdem positivrechtlich normiert war, ausdrücklich Bezug nimmt.[7] Gekennzeichnet war die „Neukonzeption"[8] der Rechtsbruchlehre im Wesentlichen durch die Erkenntnis, dass es nicht Aufgabe des Wettbewerbsrechts sein kann, generell Verstöße gegen die Rechtsordnung in ihrer Gesamtheit zu sanktionieren. Nunmehr wurde der Rechtsbruchtatbestand durch das Zweite UWG-Änderungsgesetz von 2015 aus dem Beispielskatalog des § 4 UWG aF gelöst und in eine selbstständige – inhaltsgleiche – Regelung in den neuen § 3a UWG überführt sowie um eine eigene Spürbarkeitsschwelle ergänzt. In der Sache hat sich nichts durch diese Novellierung nichts geändert.[9] 9

1. Unterscheidung zwischen wertbezogenen und wertneutralen Normen

Bis in die späten 90er Jahre des 20. Jahrhunderts hinein unterschied die Rechtsprechung unter Zustimmung weiter Teile des rechtswissenschaftlichen Schrifttums bei der Beurteilung eines Normverstoßes als sittenwidrig iSv § 1 UWG aF zwischen der Verletzung wertbezogener und wertneutraler Normen: 10

Als **wertbezogen** wurden solche Normen qualifiziert, die sittlich fundiert, also Ausdruck einer sittlichen Weltanschauung waren, die dem Schutz besonders wichtiger Gemeinschaftsgüter (wie etwa der Volksgesundheit oder der Rechtspflege) dienten oder die unmittelbar wettbewerbsregelnden Charakter hatten. Die Verletzung solcher werthaltiger Normen im geschäftlichen Verkehr sollte grundsätzlich **per se sittenwidrig** sein und damit ohne weiteres gegen § 1 UWG aF verstoßen.[10] 11

Die Verletzung **wertneutraler** Normen dagegen sollte nur bei Hinzutreten besonderer Umstände, welche die Sittenwidrigkeit begründen, zu einem Anspruch aus § 1 UWG aF führen. Als wertneutral wurden solche Vorschriften angesehen, die nicht einem sittlich fundierten Gebot Geltung verschaffen oder dem Schutz wichtiger Gemeinschaftsgüter zu dienen bestimmt sein sollten, sondern nur aus Gründen ordnender Zweckmäßigkeit erlassen worden waren.[11] Hierbei handelte es sich um Normen, welche zwar das Wirtschaftsleben regulieren und ordnen sollten, die jedoch nicht einer sittlichen Wertung des Gesetzgebers Ausdruck verliehen. Die Verletzung wertneutraler Normen vermochte nach früherer Rechtsprechung nur dann einen Wettbewerbsverstoß zu begründen, wenn sich der Verletzer **bewusst und planmäßig** durch die Verletzung der betreffenden Vorschrift einen **Vorsprung** vor seinen Wettbewerbern verschaffte oder zu verschaffen suchte.[12] 12

a) Verletzung wertbezogener Normen. Entsprechend vorgenannter Zweiteilung hatte sich eine umfangreiche Judikatur entwickelt, welche Vorschriften wertbezogen und welche wertneutral iSv § 1 UWG aF sein sollten. Als werthaltige Normen, deren Verletzung ohne weiteres zu einer wettbewerbsrechtlichen Unlauterkeit führte, hatte die Rechtsprechung insbesondere folgende Vorschriften eingestuft: 13

aa) Vorschriften zum Schutz der Volksgesundheit. 14

- Arzneimittelgesetz (AMG), zB die Lieferung apothekenpflichtiger Arzneimittel an Drogerien,[13] der Verkauf ohne Rezept[14] oder ohne die nach § 21 AMG erforderliche Zulassung[15]

---

[7] Begr. RegE zu § 4 Nr. 11 UWG, BT-Drs. 15/1487 S. 19.

[8] Frenzel WRP 2004, 1137; Gloy/Loschelder/Danckwerts/Hasselblatt § 48 Rn. 6; Köhler GRUR 2001, 777.

[9] BGH GRUR 2016, 516 Rn. 11 – Wir helfen im Trauerfall; GRUR 2017, 95 Rn. 14 – Arbeitnehmerüberlassung; GRUR 2017, 286 Rn. 9 – Hörgeräteausstellung.

[10] BGH GRUR 1989, 116 (118) – Nachtbackverbot; GRUR 1995, 427 – Zollangaben; sowie weitere Nachweise bei Harte-Bavendamm/Henning-Bodewig/v. Jagow (1. Aufl. 2004) UWG § 4 Nr. 11 Rn. 4 ff.

[11] Harte-Bavendamm/Henning-Bodewig/v. Jagow (2. Aufl. 2009) UWG § 4 Nr. 11 Rn. 6 ff.

[12] BGH GRUR 1988, 699 (700) – qm-Preisangaben II; GRUR 1994, 220 – PS Werbung II; GRUR 1994, 222 – Flaschenpfand.

[13] BGH GRUR 1957, 131 (136) – Apothekenpflichtige Arzneimittel.

[14] OLG Düsseldorf GRUR 1987, 295 – Tiamon.

[15] BGH GRUR 1995, 419 – Knoblauchkapseln.

- Apothekenbetriebsordnung (ApBetrO), zB der Versand von Impfstoffen aus Apotheken an Ärzte[16]
- Heilmittelwerbegesetz (HWG), zB das Gebot der Pflichtangaben (§ 4),[17] das Verbot der Werbung für Arzneimittelversand (§ 8 aF)[18] oder für verschreibungspflichtige Arzneimittel (§ 10 aF)[19]
- Heilpraktikergesetz (HeilprG), zB die Ausübung der Heilkunde ohne die erforderliche Erlaubnis (§ 1 Abs. 1),[20] wobei allerdings die grundgesetzlich gewährte Berufsfreiheit zu beachten ist[21]
- Zahnheilkundegesetz (ZHG), zB im Falle der Ausübung der Zahnheilkunde durch zahntechnische Laboratorien (§§ 1, 18)[22]
- Vorschriften des Lebensmittelrechts, die unmittelbar dem Schutze der Gesundheit dienen (so etwa § 17 LMBG aF,[23] § 18 LMBG aF,[24] § 22 LMBG aF,[25] § 4 Abs. 1 KosmetikVO aF)[26] sowie verschiedene Irreführungsverbote in lebensmittelrechtlichen Spezialgesetzen wie zB die zum Schutz vor Irreführung dienenden Vorschriften des europäischen Weinrechts[27]

15 *bb) Vorschriften zum Schutz der Rechtspflege.* Als ein ähnlich wichtiges Gemeinschaftsgut wie die Volksgesundheit sah die Rechtsprechung den Schutz der Rechtspflege an. Eine Verletzung der berufsregelnden Vorschriften der rechtsberatenden Berufe, insbesondere derjenigen des Rechtsberatungsgesetzes, sollte ohne weiteres wettbewerbswidrig sein. Höchstrichterlich entschieden wurde dies vor allem für die Rechtsberatung durch Personen, denen keine behördliche Erlaubnis hierzu erteilt wurde (Art. 1 § 1 RBerG) sowie für die Werbung für eine solche nicht erlaubte Rechtsberatung oder -besorgung.[28]

16 *cc) Berufs- oder standesrechtliche Werbeverbote.* Die den Angehörigen der Heilberufe und der rechtsberatenden Berufe auferlegten berufs- oder standesrechtlichen Werbeverbote (zB § 43b BRAO, § 27 Abs. 1 MBO-Ä 1997) wurden von der Rechtsprechung als Ausdruck eines allgemeinen sittlichen Empfindens angesehen. Verstöße gegen diese Werbeverbote bzw. -richtlinien wurden daher als per se wettbewerbswidrig qualifiziert.[29] Auch die Bestimmungen in den Glücksspielstaatsverträgen zum Verbot und zur Beschränkung von Werbung für Glücksspiele stellen Marktverhaltensregelungen zum Schutz der Spielteilnehmer iSv § 3a UWG dar.[30]

17 *dd) Unmittelbar wettbewerbsbezogene Normen.* Gleichfalls ohne Hinzutreten weiterer Unlauterkeitsmerkmale sittenwidrig war der alten Rechtsprechung zufolge schließlich ein Verstoß gegen Vorschriften, die ihrer Zwecksetzung nach unmittelbar den Wettbewerb selbst regeln.[31] Aus diesem Grund hielt der BGH einen Verstoß gegen die Vorschrift des § 14 GWB (Verbot von Vereinbarungen über Preisgestaltung oder Geschäftsbedingungen) sowie einen Verstoß gegen § 21 Abs. 1 GWB (Aufruf zum Boykott) ohne weiteres für wettbewerbswidrig.

18 **b) Verletzung wertneutraler Normen.** Unter wertneutralen Normen verstand die Rechtsprechung solche, die (nur) aus Gründen ordnender Zweckmäßigkeit erlassen worden sind, denen keine sittliche Wertung zugrunde liegt, die nicht unmittelbar wettbewerbsbezogen sind und auch

---

[16] BGH GRUR 2001, 178 – Arzneimittelversand durch Apotheken; GRUR 1999, 1014 – Verkaufsschütten vor Apotheken, in der § 17 Abs. 1 S. 1 ApBetrO wg. Verstoßes gegen Art. 12 Abs. 1 GG und Art. 3 Abs. 1 GG für nichtig erklärt wurde.

[17] BGH GRUR 1991, 859 – Leserichtung bei Pflichtangaben; GRUR 1997, 761 – Politikerschelte.

[18] BGH GRUR 2001, 178 – Arzneimittelversand durch Apotheken.

[19] BGH GRUR 1983, 393 – Novodigal/Temagin; GRUR 2000, 546 – Johanniskraut-Präparat.

[20] BGH GRUR 1981, 665 (666) – Knochenbrecherin.

[21] BVerfG NJW 2000, 2736 – Augeninnendruckmessung und Gesichtsfeldprüfung durch Optiker.

[22] BGH NJW 1972, 1518 – Zahntechnische Laboratorien.

[23] BGH GRUR 1984, 376 – Johannisbeerkonzentrat.

[24] BGH GRUR 1998, 493 – Gelenk-Nahrung; s. aber auch GRUR 1999, 1007 – Vitalkost.

[25] BGH GRUR 1994, 304 – Zigarettenwerbung in Jugendzeitschriften; sa EuGH GRUR 2001, 67, mit der die RL 98/43/EG über Werbung und Sponsoring zugunsten von Tabakerzeugnissen für nichtig erklärt wurde.

[26] BGH GRUR 1999, 1109 – Entfernung der Herstellungsnummer.

[27] BGH GRUR 1980, 229 (301) – Kellergeister.

[28] BGH GRUR 1961, 418 – Rechtsschutzversicherung; GRUR 1974, 396 (398) – Unfallhelferring II; GRUR 1989, 437 (439) – Erbensucher.

[29] Vgl. BGH GRUR 1959, 35 – Zahnprothetiker; NJW-RR 1998, 1282 – Annonce von Rechtsanwälten in einem Faltblatt; GRUR 1999, 1009 – Notfalldienst für Privatpatienten; GRUR 2000, 613 – Klinik Sanssouci; GRUR 2001, 181 – Dentalästhetika.

[30] BGH GRUR 2021, 1534 Rn. 45 – Rundfunkhaftung.

[31] BGH GRUR 1978, 445 (446) – Vier zum Preis von drei; GRUR 1982, 53 (55) – Bäckerfachzeitschrift.

nicht dem Schutz überragender Gemeinschaftsgüter dienen. Sie erfüllen lediglich eine **Ordnungsfunktion** zur Verwirklichung bestimmter verwaltungs- und wirtschaftspolitischer Ziele.[32] Der Qualifikation als wertneutral unterlagen damit dem Grunde nach sämtliche Normen, welche nicht als wertbezogen zu klassifizieren waren. Aus der Vielzahl der von der Rechtsprechung als wertneutral eingestuften Normen sind als besonders praxisrelevant zu nennen:

- Abzahlungsgesetz (Pflicht zum Hinweis auf das Widerrufsrecht des Kunden, §§ 1b, 1c)[33]
- Arbeitszeitgesetz (Nachtbackverbot in Bäckereien, § 2 Abs. 3)[34]
- Beamtenrechtliche Vorschriften[35]
- Branntweinmonopolgesetz[36]
- Gewerbeordnung (Anzeigepflicht, § 14)[37]
- Handwerksordnung (Eintragung in die Handwerkerrolle)[38]
- Personenbeförderungsgesetz (Linienverkehr ohne Genehmigung, §§ 2, 42)[39]
- Preisangabenverordnung (Verstoß gegen die Verpflichtung zur Angabe des Endpreises, § 1 Abs. 1)[40]
- Pressegesetze der Länder (Verstoß gegen die Impressumspflicht)[41]

Die Verletzung wertneutraler Normen allein begründete noch keine wettbewerbsrechtliche Unlauterkeit. Vielmehr musste der Wettbewerber, anders als bei wertbezogenen Normen, **zusätzlich eine subjektive Voraussetzung** erfüllen, um sittenwidrig iSd § 1 UWG aF zu handeln: Er musste sich nach ständiger Rechtsprechung[42] **„bewusst und planmäßig** über die Norm hinweggesetzt haben, um sich einen ungerechtfertigten **Vorsprung** gegenüber gesetzestreuen Mitbewerbern zu verschaffen". **„Bewusstes"** Handeln bedeutete dabei, dass der die wertneutrale Norm verletzende Wettbewerber die maßgeblichen Tatumstände kennt, die den Gesetzesverstoß ausmachen. Eine sichere Kenntnis oder ein Bewusstsein der Rechts- oder Sittenwidrigkeit wurde nicht gefordert.[43] Es genügte also, wenn dieser Vorteil erkennbar war und bewusst in Kauf genommen wurde; ebenso war auch eine spezielle Schädigungs- oder Benachteiligungsabsicht nicht erforderlich.[44] 19

Für die Beurteilung des Wettbewerbsverhaltens als **„planmäßig"** verlangte die Rechtsprechung eine gewisse Form von Zielstrebigkeit, die idR nur sicher erkennbar war, wenn bereits mehrere Verstöße begangen wurden. Allerdings konnte auch ein einmaliger – oder gar ein noch bevorstehender[45] – Verstoß planmäßig sein, sofern weitere Verstöße in der Zukunft zu befürchten waren, das Verhalten also auf Wiederholung gerichtet war.[46] Maßgeblich sollte letztlich eine umfassende Beurteilung des gesamten Verhaltens nach den jeweiligen Umständen des Einzelfalles sein. 20

Darüber hinaus musste der Verletzer der wertneutralen Norm durch seinen Rechtsbruch einen **Vorsprung** erlangen oder zu erlangen suchen, worunter jede Verbesserung der eigenen Wettbewerbsposition im Vergleich zur bisherigen und im Vergleich zu der der übrigen, gesetzestreuen Wettbewerber angesehen wurde.[47] Der Vorsprung konnte darin liegen, dass billige oder bessere Waren angeboten werden konnten, aber auch eine Verbesserung der Werbemöglichkeiten, der Vertriebswege oder der Sortimentspreise wurde als Vorsprung angesehen. Hierfür war nach überwiegender Auffassung nicht der Nachweis eines tatsächlich eingetretenen, messbaren Vorsprungs erforderlich, es genügte vielmehr, dass die Rechtsverletzung geeignet war, zu einem Vorsprung des Verletzers zu führen, da das Unwerturteil allein auf dem Willen beruhte, sich durch den Rechtsbruch gegenüber seinen rechtstreuen Wettbewerbern einen Vorsprung zu verschaf- 21

[32] Baumbach/Hefermehl (22. Aufl. 2001) UWG § 1 Rn. 630.
[33] BGH GRUR 1977, 498 (500) – Aussteuer-Sortimente.
[34] BGH GRUR 1989, 116 (118) – Nachtbackverbot.
[35] BGH GRUR 1994, 443 (445) – Versicherungsvermittlung im Öffentlichen Dienst.
[36] BGH GRUR 1971, 580 (581) – Johannisbeersaft; GRUR 1985, 886 – Cocktail-Getränk.
[37] BGH GRUR 1963, 578 (583) – Sammelbesteller.
[38] BGH GRUR 1980, 246 – Praxiseigenes Zahnersatzlabor.
[39] BGH GRUR 1957, 558 – Bayern-Express.
[40] BGH GRUR 1979, 553 – Luxus-Ferienhäuser; GRUR 1988, 699 – qm-Preisangaben II; GRUR 2003, 971 – Telefonischer Auskunftsdienst.
[41] BGH GRUR 1989, 830 – Impressumspflicht.
[42] S. die Nachweise bei Harte-Bavendamm/Henning-Bodewig/v. Jagow (2. Aufl. 2009) UWG § 4 Nr. 11 Rn. 9 f.
[43] BGH GRUR 1979, 553 (554–555) – Luxus-Ferienhäuser.
[44] BGH WRP 1976, 370 (371) – Ovalpuderdose.
[45] BGH GRUR 1991, 769 (771) – Honorarvoranfrage.
[46] BGH GRUR 1974, 281 – Clipper; OLG Köln GRUR 1991, 59 – Planmäßigkeit.
[47] Harte-Bavendamm/Henning-Bodewig/v. Jagow (2. Aufl. 2009) UWG § 4 Nr. 11 Rn. 7.

fen.[48] In der Praxis war die Eignung einer Handlung zur Verschaffung eines Wettbewerbsvorteils im Regelfall indiziert: Ausgehend von dem Grundsatz, dass wettbewerbliches Handeln dazu dient, die eigene Marktposition gegenüber der Position der Konkurrenten zu verbessern, sich also einen Vorsprung zu verschaffen, konnte ein Unternehmer idR kaum darlegen, dass er ohne einen solchen Willen bewusst und planmäßig gegen Gesetze oder Verordnungen verstoßen hat.

2. Änderung der Rechtsprechung ab 1997

22 Stieß diese Rechtsprechung über lange Zeit auf Zustimmung in der wettbewerbsrechtlichen Literatur, so wurden doch die kritischen Stimmen immer lauter. Gerügt wurde insbesondere die unzureichende dogmatische Absicherung der Fallgruppenbildung, welche zu Unsicherheiten hinsichtlich der Grenzziehung führte, die Kompetenzüberschreitung der Zivilgerichte durch Einbeziehung wettbewerbsfremder Rechtsgebiete sowie das inflationäre Ausufern der Fallgruppenrechtsprechung.[49] Wohl auch unter dem Einfluss dieser Kritik kam es ab dem Jahre 1997 zu einer **grundlegenden Umgestaltung** der Rechtsbruchkonzeption in der Spruchpraxis des BGH. Eingeleitet wurde diese Entwicklung durch drei Entscheidungen aus den Jahren 1997 bis 1999.[50] Zwar hielt das Gericht in der Entscheidung **„Tiapridal"** formal an der Unterscheidung zwischen wertbezogenen und wertneutralen Normen fest, schränkte aber die Bedeutung dieser Differenzierung dadurch erheblich ein, dass es den Automatismus zwischen der Verletzung wertbezogener Vorschriften und der hieraus per se resultierenden Wettbewerbswidrigkeit des Verhaltens **aufgab.** Vielmehr könne, so der BGH in seiner Entscheidung **„Hormonpräparate"**, eine Gesamtwürdigung der „besonderen Umstände des Einzelfalls Anlass geben, auch bei derartigen Fallgestaltungen in eine – bei der Beurteilung eines Wettbewerbsverhaltens an sich regelmäßig gebotene – Prüfung des Gesamtverhaltens des Wettbewerbs nach seinem konkreten Anlass, Zweck und Mittel, seinen Begleitumständen und Auswirkungen einzutreten".[51] Die Bewertung eines Verhaltens als sittenwidrig habe sich letztlich daran zu orientieren, ob der **Schutzzweck** des § 1 UWG aF verletzt sei. Damit hat das Gericht klargestellt, dass die Verletzung einer wertbezogenen Norm nicht zwangsläufig das Urteil der Wettbewerbswidrigkeit des Verhaltens nach sich zieht, sondern lediglich als widerlegbares Indiz für einen Sittenverstoß iSd § 1 UWG aF zu werten ist.

23 War damit das Verdikt der per-se-Unlauterkeit bei Verletzungen wertbezogener Normen ad acta gelegt, so wurde in nachfolgenden Judikaten die Unterscheidung zwischen wertbezogenen und wertneutralen Normen insgesamt aufgegeben. So führt der BGH in seiner Entscheidung **„Abgasemissionen"** – in der es um Verstöße gegen §§ 18, 4 und 19 der 13. BImSchV und damit um Verstöße gegen eindeutig wertbezogene Vorschriften ging – aus, im Hinblick auf die Zielsetzung des § 1 UWG aF, die Lauterkeit des Wettbewerbs im Interesse der Marktbeteiligten und der Allgemeinheit zu schützen, sei der darin enthaltene Begriff der Sittenwidrigkeit **wettbewerbsbezogen** auszulegen. Im Hinblick auf den deliktsrechtlichen Grundcharakter des § 1 UWG aF könne diese Vorschrift folglich „nicht als Grundlage für Klagen herangezogen werden, mit denen – vergleichbar einer Popularklage – Verstöße gegen gesetzliche Bestimmungen im Vorfeld des Wettbewerbshandelns verfolgt werden, die zwar in irgendeiner Weise Auswirkungen auf die Wettbewerbschancen der Mitbewerber haben, die aber selbst nicht als Wettbewerbsverhalten zu qualifizieren sind und auch nicht geeignet sind, dem eigentlichen Wettbewerbsverhalten den Charakter eines gerade in wettbewerblicher Hinsicht unlauteren Handelns zu geben".[52] Da § 1 UWG aF seiner (beschränkten) Zielsetzung nach nicht als Grundlage für Individualansprüche gegen Rechtsverletzungen jeder Art diene, die in irgendeiner Form Auswirkungen auf das Wettbewerbsgeschehen haben können, sei vielmehr grundsätzlich eine Beurteilung des beanstandeten Normverstoßes danach erforderlich, ob er gerade auch in seinem Bezug auf das Wettbewerbsgeschehen als sittenwidrig anzusehen ist. Dies sei nur dann der Fall, wenn die verletzte Norm zumindest eine **sekundäre wettbewerbsbezogene Schutzfunktion** aufweise.[53] Diese Rechtsprechungslinie hat der BGH auch in seinen nachfolgenden Entscheidungen beibehalten.[54]

[48] BGH GRUR 1979, 554 (555) – Luxus-Ferienhäuser; GRUR 1983, 665 (666) – qm-Preisangaben.
[49] S. die Literaturangaben bei Doepner GRUR 2003, 825 (826) und Gloy/Loschelder/Danckwerts/Hasselblatt § 48 Rn. 8.
[50] BGH GRUR 1998, 407 – Tiapridal; GRUR 1999, 1128 – Hormonpräparate; GRUR 2000, 237 – Giftnotruf-Box.
[51] BGH GRUR 1999, 1128 (1129) – Hormonpräparate; GRUR 2000, 237 – Giftnotruf-Box.
[52] BGH GRUR 2000, 1076 (1078) – Abgasemissionen.
[53] BGH GRUR 2000, 1076 (1078 f.) – Abgasemissionen.
[54] BGH GRUR 2002, 825 – Elektroarbeiten; GRUR 2003, 167 – Kommunaler Schilderprägebetrieb; GRUR 2003, 969 – Ausschreibung von Vermessungsleistungen, GRUR 2003, 971 – Telefonischer Auskunftsdienst; GRUR 2004,

Dass dieser Paradigmenwechsel – von der Frage der Wertbezogenheit der verletzten Norm hin zur Maßgeblichkeit ihrer Marktbezogenheit – nicht nur einen bloßen Austausch der Begrifflichkeit darstellt, zeigt sich deutlich am Beispiel der höchstrichterlichen Rechtsprechung zur Preisangabenverordnung: So hatte der BGH in ständiger Rechtsprechung entschieden, dass deren Normen als wertneutral zu qualifizieren seien.[55] Zwar sei es auch Sinn und Zweck der Vorschriften über Preisauszeichnung und Preisangaben, den Verbraucher zu schützen, ihr wettbewerbsrechtlicher Bezug sei jedoch nicht so unmittelbar, dass ihre Einhaltung einem sittlichen Gebot entspreche, so dass es sich bei diesen Bestimmungen in erster Linie jedenfalls um im Allgemeininteresse erlassene wertneutrale Ordnungsvorschriften handele.[56] Folglich könne die Unlauterkeit des Wettbewerbshandelns erst dann angenommen werden, wenn dem Verletzer bewusstes und planmäßiges Handeln vorgeworfen werden könne. Diese Sichtweise hat sich im Folgenden grundlegend gewandelt. In seinem Urteil **„Telefonischer Auskunftsdienst"** vom 3.7.2003 führt der BGH aus, Zweck der Preisangabenverordnung sei es, durch eine sachlich zutreffende und vollständige Verbraucherinformation Preiswahrheit und Preisklarheit zu gewährleisten und durch optimale Preisvergleichsmöglichkeiten die Stellung der Verbraucher gegenüber Handel und Gewerbe zu stärken und den Wettbewerb zu fördern. Vor diesem Hintergrund wiesen ihre Bestimmungen Wettbewerbsbezug auf, „weshalb Verstöße gegen sie zugleich den Tatbestand des § 1 UWG aF erfüllen".[57] Dieses Beispiel verdeutlicht, dass mit dem Abstellen auf den Marktbezug der verletzten Vorschrift eine **nicht nur in ihrer Terminologie, sondern auch in ihren Ergebnissen geänderte Betrachtung** des Rechtsbruchtatbestandes vollzogen wurde. 24

3. Änderungen durch die UWG-Novellen

Mit Einführung des § 4 Nr. 11 durch die UWG-Novelle 2004 wurde der Tatbestand des „Wettbewerbsverstoßes durch Rechtsbruch" erstmals normiert und die zu § 1 UWG aF entwickelte Fallgruppe teilweise präzisiert, wobei die Regelung an die geänderte Rechtsprechung anknüpft.[58] Die Vorschrift betrifft nur einen Teil der früheren Fallgruppe, nämlich die Verstöße gegen gesetzliche Vorschriften, nicht hingegen die gegen untergesetzliche Normen oder vertragliche Regelungen.[59] Allerdings bedeutet dies nicht, dass ein Verstoß gegen vertragliche Regelungen, bspw. durch das Verleiten zu oder die Teilnahme an fremdem Vertragsbruch, nicht auch unlauter sein kann.[60] 25

Die UWG Novelle 2008, die die sog. UPG-Richtlinie der Europäischen Gemeinschaft (Richtlinie 2005/29/EG über unlautere Geschäftspraktiken) umsetzt, beinhaltet in Bezug auf die Regelung in § 4 Nr. 11 UWG keine unmittelbaren Änderungen. Denn die UPG-Richtlinie enthält keinen vergleichbaren Unlauterkeitstatbestand. Allerdings war Ziel der UPG-Richtlinie gemäß Art. 4 eine vollständige Harmonisierung in ihrem Anwendungsbereich. Insofern stellte sich die Frage nach Konsequenzen für die weitere Anwendbarkeit des Rechtsbruchtatbestandes. Da die UPG-Richtlinie nur Regelungen zum Schutz der Verbraucher trifft, bleibt es zunächst einmal bei einer Anwendbarkeit im Verhältnis zu Marktteilnehmern oder Mitbewerbern.[61] Dasselbe gilt für Regelungen, die zwar das Verhältnis zum Verbraucher betreffen, jedoch vom Regelungsbereich der Richtlinie ausgenommen sind, zB die Bereiche Sicherheit und Gesundheitsschutz im Zusammenhang mit Produkten,[62] spezifische Regelungen reglementierter Berufe[63] oder die Vorschriften, die sich im Einklang mit dem Gemeinschaftsrecht auf Glücksspiele beziehen.[64] Des Weiteren nor- 26

247 – Krankenkassenzulassung; GRUR 2004, 346 – Rechtsanwaltsgesellschaft; BGH GRUR 2007, 162 – Mengenausgleich in Selbstentsorgergemeinschaft; GRUR 2010, 654 – Zweckbetrieb.

[55] BGH GRUR 1979, 553 – Luxus-Ferienhäuser; GRUR 1988, 699 – qm-Preisangaben II; GRUR 2001, 1166 (1168 f.) – Fernflugreise.

[56] BGH GRUR 1973, 655 (657) – Möbelauszeichnung.

[57] BGH GRUR 2003, 971 (972) – Telefonischer Auskunftsdienst.

[58] Köhler/Bornkamm/Köhler UWG § 3a Rn. 1.4 ff.

[59] Vgl. Harte-Bavendamm/Henning-Bodewig/v. Jagow UWG § 3a Rn. 11.

[60] → Rn. 78 ff.

[61] Vgl. Art. 3 Abs. 1 UPG-Richtlinie; BGH GRUR 2010, 654 (656) – Zweckbetrieb.

[62] Art. 3 Abs. 3 sowie Erwägungsgrund 9 der UPG-Richtlinie; BGH GRUR 2009, 881 (883) – Überregionaler Krankentransport; GRUR 2009, 984 (988) – Festbetragsfestsetzung; GRUR 2010, 749 (752 f.) – Erinnerungswerbung im Internet; GRUR 2010, 1026 (1028) – Photodynamische Therapie; GRUR 2010, 1136 – UNSER DANKESCHÖN FÜR SIE; GRUR 2011, 633 – BIO TABAK; GRUR 2011, 843 – Vorrichtung zur Schädlingsbekämpfung.

[63] Art. 3 Abs. 8 UPG-Richtlinie; BGH GRUR 2009, 977 (978) – Brillenversorgung; GRUR 2009, 886 (887) – Die clevere Alternative; GRUR 2010, 1115 – Freier Architekt; GRUR 2011, 352 (353) – Makler als Vertreter im Zwangsversteigerungsverfahren.

[64] Erwägungsgrund 9 S. 2 der UPG-Richtlinie; BGH MMR 2010, 547 (548) – Internet-Sportwetten vor 2008; GRUR 2011, 169 (170) – Lotterien und Kasinospiele.

miert die UPG-Richtlinie selbst in einer nicht erschöpfenden Liste im Anhang II zu Art. 7 Abs. 5 gemeinschaftsrechtlich festgelegte Marktverhaltensregelungen, insbesondere Informationspflichten, deren Verletzung über § 4 Nr. 11 UWG sanktioniert werden kann.[65] Im Übrigen gilt, dass Verstöße gegen nationale Informations- oder andere Verhaltenspflichten gegenüber Verbrauchern nur dann gemäß § 4 Nr. 11 UWG sanktioniert werden können, wenn sie ihre Grundlage im Gemeinschaftsrecht haben.[66] Strengere nationale Vorschriften in Umsetzung von Richtlinien, die lediglich eine Mindestangleichung vorsehen – und erforderlich sowie verhältnismäßig sind, durften von den Mitgliedsstaaten gemäß Art. 3 Abs. 5 der UPG-Richtlinie nur für einen Zeitraum von sechs Jahren beibehalten werden. Nach alledem dürfte es – abgesehen von „rein nationalen" Marktverhaltensregelungen – nur wenige Vorschriften geben, die auch nach Umsetzung der UPG-Richtlinie nicht über § 4 Nr. 11 UWG sanktionierbar wären.[67]

27 Mit dem Zweiten UWG-Änderungsgesetz von 2015 wurde der Rechtsbruchtatbestand aus dem Beispielkatalog des § 4 UWG aF ausgegliedert und in § 3a UWG zu einer selbstständigen Norm erhoben.[68] Außerdem wurde die Regelung durch eine eigene Spürbarkeitsschwelle ergänzt – angelehnt ist diese an die Voraussetzung des § 3 Abs. 1 UWG aF, der in der neuen Fassung gestrichen wurde.[69] Wie der BGH bereits mehrfach betont hat, dient diese Gesetzesänderung lediglich der einfacheren Rechtsanwendung und führt für den Tatbestand des Rechtsbruches zu keiner Änderung in der Sache.[70] Zudem soll durch den Wegfall der Bezugnahme auf § 3 Abs. 1 UWG aF verdeutlicht werden, dass es sich bei § 3a UWG um eine eigenständige Regelung außerhalb des Anwendungsbereiches der UPG-Richtlinie handelt.[71]

IV. Der Rechtsbruchtatbestand des § 3a UWG

1. Geschäftliche Handlung

28 Der Rechtsbruchtatbestand war seit 2004 im Beispielkatalog des § 4 UWG aF, der typische Beispiele unlauterer geschäftlicher Handlungen zum Gegenstand hat, ausdrücklich normiert, seit 2015 ist er als selbstständiger Tatbestand in § 3a UWG zu finden. Der Tatbestand des § 3a UWG setzt eine **„geschäftliche Handlung"** iSd § 2 Abs. 1 Nr. 1 UWG voraus.[72] Dieses Erfordernis tritt an die Stelle des Begriffs der *Wettbewerbshandlung* iSd § 2 Abs. 1 Nr. 1 UWG (2004) und wurde erstmals im Jahr 2008 eingeführt, um die Definition den Anforderungen der UPG-Richtlinie anzupassen. Der in § 4 Abs. 1 UWG (2004) enthaltene Verweis auf § 3 UWG wurde durch die UWG-Novelle im Jahr 2008 gestrichen, um den unzutreffenden Eindruck zu vermeiden, dass § 3 UWG den Begriff der Unlauterkeit definiere.[73] Entsprechend der Legaldefinition in § 2 Abs. 1 Nr. 1 UWG handelt es sich bei einer geschäftlichen Handlung um jedes Verhalten einer Person zugunsten des eigenen oder eines fremden Unternehmens vor, bei oder nach einem Geschäftsabschluss, das mit der Förderung des Absatzes oder des Bezugs von Waren oder Dienstleistungen oder mit dem Abschluss oder der Durchführung eines Vertrags über Waren oder Dienstleistungen objektiv zusammenhängt, wobei als Waren auch Grundstücke, als Dienstleistungen auch Rechte und Verpflichtungen gelten. Der Begriff des Verhaltens wird verwendet, um neben einem positiven Tun auch ein Unterlassen zu umfassen.[74] Im Gegensatz zu der den alten Begriff der Wettbewerbshandlung definierenden subjektiv-finalen Zweckrichtung der Förderung eines Absatzes oder anderer Unternehmensaktivitäten kommt es bei der geschäftlichen Handlung allein auf den

[65] Harte-Bavendamm/Henning-Bodewig/v. Jagow UWG § 3a Rn. 1; Köhler/Bornkamm/Köhler UWG § 3a Rn. 1.19.
[66] Vgl. Erwägungsgrund 15 S. 2 der UPG-Richtlinie; BGH GRUR 2009, 1180 (1182) – 0,00 Grundgebühr; GRUR 2010, 852 – Gallardo Spyder; GRUR 2011, 638 – Werbung mit Garantie.
[67] Köhler GRUR 2008, 841 (848).
[68] Köhler/Bornkamm/Köhler UWG § 3a Rn. 1.5; Ohly/Sosnitza/Ohly UWG § 3a Rn. 5a.
[69] Köhler/Bornkamm/Köhler UWG § 3a Rn. 1.5; Ohly/Sosnitza/Ohly UWG § 3a Rn. 5a.
[70] St. Rspr: BGH GRUR 2016, 516 Rn. 11 – Wir helfen im Trauerfall; GRUR 2016, 820 Rn. 10 – Schadensregulierung durch Versicherungsmakler; GRUR 2016, 954 Rn. 11 – Energieeffizienzklasse; GRUR 2016, 1200 Rn. 11 – Repair-Kapseln; GRUR 2017, 95 Rn. 14 – Arbeitnehmerüberlassung; GRUR 2017, 537 Rn. 18 – Konsumgetreide; GRUR 2017, 1278 Rn. 9 – Märchensuppe; GRUR 2019, 298 Rn. 26 – Uber Black; GRUR 2019, 1071 Rn. 7 Brötchen-Gutschein.
[71] BGH GRUR 2016, 954 Rn. 11 – Energieeffizienzklasse; GRUR 2016, 1200 Rn. 11 – Repair-Kapseln; GRUR 2019, 1071 Rn. 7 – Brötchen-Gutschein; Niebel/Jauch BB 2016, 259 (261).
[72] Köhler/Bornkamm/Köhler UWG § 3a Rn. 1.51.
[73] Begr. RegE zu § 4 UWG, BT-Drs. 16/10145 S. 22.
[74] Begr. RegE zu § 2 UWG, BT-Drs. 16/10145 S. 20.

objektiven Zusammenhang zwischen dem Verhalten einer Person und der Förderung des Absatzes, des Bezugs von Waren oder Dienstleistungen bzw. dem Abschluss oder der Durchführung eines Vertrages an. Hierdurch soll sichergestellt werden, dass über die lauterkeitsrechtlichen Fallgruppen, die das Verhältnis von Unternehmer zu Unternehmer betreffen, auch sämtliche am Verhältnis von Unternehmer zu Verbraucher anknüpfende lauterkeitsrechtliche Fallgruppen erfasst werden.[75] Der Unterschied zum alten Recht (UWG 2004) war jedoch insofern nur marginal, als dass nach der Rechtsprechung die nach altem Recht erforderliche „Wettbewerbsabsicht" aus den objektiven Umständen abgeleitet wurde. Man wird einen objektiven Absatzförderungszusammenhang idR dann annehmen können, wenn nach altem Recht eine Wettbewerbsabsicht vorgelegen hätte.[76]

Seit 2004 bedarf es eines Marktbezugs der Handlung, so dass rein unternehmensinterne Verhaltensweisen keine geschäftlichen Handlungen darstellen können,[77] hingegen bedarf es keines konkreten Wettbewerbsverhältnisses.[78] Dementsprechend dient das Vorliegen eines konkreten Wettbewerbsverhältnisses nur noch als Tatbestandsmerkmal des „Mitbewerbers" in der Definition des § 2 Abs. 1 Nr. 3 UWG. Folglich werden auch Handlungen von Unternehmen mit Monopolstellung erfasst. Von Bedeutung ist das Bestehen eines Wettbewerbsverhältnisses damit letztendlich nur noch für die Frage der Anspruchsberechtigung nach § 8 Abs. 3 Nr. 1 UWG (vgl. § 2 Abs. 1 Nr. 2 UWG). 29

2. Verstoß gegen eine gesetzliche Vorschrift

§ 3a UWG setzt voraus, dass einer **„gesetzlichen Vorschrift"** zuwider gehandelt wurde. Zu verstehen ist hierunter die Verletzung abstrakt-genereller Regelungen, seien es formelle Gesetze, Verordnungen, Satzungen, Gewohnheitsrecht oder auch Standesregeln, sofern letztere eine positiv-rechtliche Normierung erfahren haben. Ebenso gehören auch Normen des Gemeinschaftsrechts zu den gesetzlichen Vorschriften iSd § 3a UWG. Nicht unter den Gesetzesbegriff fallen dagegen grundsätzlich technische Regeln (zB DIN-Normen),[79] Verwaltungsakte, Verwaltungsanordnungen (zB die VOB/A), Wettbewerbsregeln von Verbänden oder Allgemeine Geschäftsbedingungen,[80] da diesen keine Rechtsnormqualität zukommt. Ebenso wird man auch absolute Ausschließlichkeitsrechte wie Patente, Markenrechte oder Urheberrechte trotz ihrer Wirkung gegenüber jedermann nicht mehr als von § 3a UWG erfasst ansehen können, da dieser ausdrücklich auf „gesetzliche" Vorschriften rekurriert. Aus eben diesem Grunde ist schließlich auch die Verletzung vertraglicher Vereinbarungen nicht vom Schutzbereich der Vorschrift erfasst.[81] 30

Grundsätzlich erforderlich, aber auch ausreichend ist der **objektive Verstoß** gegen die gesetzliche Vorschrift. Das bedingt zum einen, dass die gesetzliche Vorschrift auch wirksam ist,[82] zum anderen, dass sämtliche Tatbestandsmerkmale erfüllt werden.[83] Setzt jedoch die Norm ihrem Tatbestand nach subjektive Elemente des Handelnden voraus (zB Strafvorschriften), so sind diese grundsätzlich auch Voraussetzung für die Geltendmachung von Unterlassungs- oder Beseitigungsansprüchen nach § 8 UWG, da es ansonsten an einem Normverstoß fehlt. Die Verpflichtung zur Leistung von Schadensersatz nach § 9 UWG erfordert stets Vorsatz oder Fahrlässigkeit.[84] 31

3. Wettbewerbsbezug der verletzten Norm

Die Zuwiderhandlung muss eine gesetzliche Vorschrift betreffen, die „auch dazu bestimmt ist, im **Interesse der Marktteilnehmer** (§ 2 Abs. 1 Nr. 2) **das Marktverhalten** zu regeln". Aus der Ver- 32

[75] Begr. RegE zu § 2 UWG, BT-Drs. 16/10145 S. 21.

[76] Harte-Bavendamm/Henning-Bodewig/Keller UWG § 2 Rn. 15.

[77] Köhler/Bornkamm/Köhler UWG § 2 Rn. 35 f.

[78] Köhler/Bornkamm/Köhler UWG § 2 Rn. 44; vgl. die Gesetzesbegründung zur Novelle in 2004: RegE zu § 2 UWG, BT-Drs. 15/1487 S. 16.

[79] Allerdings können auch technische Regeln dann Marktverhaltensregeln sein, wenn sie Zulassungsregeln enthalten, die das Verhalten auf dem Markt beim Absatz der Produkte betreffen und dem Schutz der Verbraucher dienen, so wie zB die in § 4 BauPG aF festgelegte und durch die DIN EN 13 252 harmonisierte Produktkennzeichnungspflicht, vgl. OLG Frankfurt GRUR-RS 2011, 14077.

[80] Vgl. in Bezug auf letztere: OLG Hamm GRUR-RR 2011, 219 – Drei Angebote; OLG Düsseldorf GRUR-RR 2016, 20 Rn. 16 – Messetaschen.

[81] → Rn. 78 ff.

[82] Köhler/Bornkamm/Köhler UWG § 3a Rn. 1.52; vgl. bspw. BGH GRUR 2008, 438 (440 f.) – ODDSET.

[83] BGH GRUR 2008, 530 (531) – Nachlass bei Selbstbeteiligung; WRP 2008, 780, 781 – Hagelschaden.

[84] Vgl. BGH GRUR 2005, 778 (779) – Atemtest, vgl. zu § 9 UWG auch: OLG Frankfurt a. M. GRUR-RS 2021, 21937.

wendung des Wortes „auch“ ergibt sich, dass die Regelung des Marktverhaltens nicht der ausschließliche oder primäre Zweck der betreffenden Vorschrift sein muss. Damit knüpft der Reformgesetzgeber an die Grundsätze der neueren Rechtsprechung an, wonach der verletzten Norm zumindest ein **sekundärer marktbezogener Schutzzweck** zukommen muss.[85] Ausgeschlossen sind damit solche Vorschriften, deren Regelungsinhalt sich lediglich reflexartig auf das Marktverhalten auswirkt.[86] Kommt einer Vorschrift Regelungsfunktion im Hinblick auf das Marktverhalten zu, so stellt sie gleichzeitig eine Berufsausübungsregelung iSd Art. 12 Abs. 1 S. 2 GG dar. Zu prüfen ist damit immer, ob die betreffende Vorschrift verfassungsrechtlichen Anforderungen genügt, ob sie also aus Gründen des überwiegenden Gemeinwohles gerechtfertigt ist und den Grundsatz der Verhältnismäßigkeit wahrt.[87]

33 Ob eine Norm das **Marktverhalten** regelt, lässt sich – wie bereits dargelegt – nicht unter Rückgriff auf die frühere Unterscheidung zwischen wertbezogenen und wertneutralen Normen beantworten. Für die Beurteilung ist vielmehr maßgeblich, dass die Regelung sich auf die Art und Weise der Teilnahme am Wettbewerb richtet. Dies ist der Fall bei Vorschriften, die die Ausübung der wettbewerblichen Handlungsparameter (etwa Service, Öffnungszeiten, Werbung) am Markt beeinflussen. Sofern Regeln den Einsatz von Aktionsparametern, die nicht unmittelbar das Auftreten am Markt, betreffen (etwa Gestaltung der Arbeitsplätze, Ausweiten der Produktion, Wahl der Vertriebspartner), handelt es sich nicht um Marktverhaltensregeln.[88] Reine **Marktzutrittsregeln,** die grundsätzlich über das „Ob“ der Marktteilnahme bestimmen, sind keine Marktverhaltensregeln und damit nicht von § 3a erfasst.[89]

34 Weiter entscheidend ist das zweite Merkmal, nach dem die betreffende Vorschrift das Marktverhalten **im Interesse der Marktteilnehmer** regeln muss. Gemäß § 1 S. 2 UWG fallen hierunter die Interessen der Mitbewerber, Verbraucher und sonstiger Marktteilnehmer. Mit dieser Bestimmung hat der Gesetzgeber den Schutz sonstiger (Individual- oder) Allgemeininteressen aus dem Wettbewerbsrecht ausgeklammert.[90] Zur Abgrenzung wird man insoweit auf die Ergebnisse der Rechtsprechung zurückgreifen können, als diese zum Schutzzweck außerwettbewerbsrechtlicher Normen Stellung nimmt.[91] Die Norm muss daher die marktbezogenen – und nicht nur wettbewerbsbezogenen – Interessen der Marktteilnehmer schützen.[92]

35 Kommt einer bestimmten Norm nach Abwägung aller Umstände im Einzelfall[93] nicht zumindest eine entsprechende sekundäre Schutzfunktion zu (zB reine Tier- oder Umweltschutzvorschriften)[94] so vermag ein Verstoß selbst dann keine wettbewerbliche Unlauterkeit zu begründen, wenn sich der Verletzer hierdurch indirekt einen Vorsprung gegenüber seinen gesetzestreuen Mitbewerbern verschafft. Aufgrund der insoweit abschließenden Regelung in § 3a UWG wird man die Unlauterkeit bei fehlendem Marktbezug auch nicht unter Verweis auf die allgemeine Missbilligung eines bestimmten Verhaltens aus der Generalklausel des § 3 UWG herleiten können.[95]

4. Spürbarkeitsschwelle gemäß § 3a UWG

36 Gemäß § 3a UWG liegt eine unlautere Handlung nur dann vor, wenn der Verstoß gegen die gesetzliche Vorschrift geeignet ist, die Interessen von Mitbewerbern, Verbrauchern oder sonstigen Marktteilnehmern **spürbar** zu beeinträchtigen. Die Spürbarkeitsschwelle folgte unter dem UWG 2004/2008 noch aus § 3 Abs. 1 UWG und ist seit der UWG-Novelle 2015 ausdrücklich in § 3a UWG verankert.[96] Schon in der Begründung zum Entwurf des Gesetzes gegen den unlauteren Wettbewerb (UWG 2004) stellte der Gesetzgeber klar, dass dieses Erfordernis nicht zu einer weit-

[85] Vgl. Begr. RegE, BT-Drs. 15/1487 S. 19; auch BGH GRUR 2006, 872 – Kraftfahrzeuganhänger mit Werbeschildern; GRUR 2017, 641 Rn. 20 – Zuzahlungsverzicht bei Hilfsmitteln.

[86] BGH GRUR 2016, 513 Rn. 21 ff. – Eizellspende;.

[87] Köhler GRUR 2004, 381 (383).

[88] Köhler GRUR 2004, 381 (383).

[89] BGH GRUR 2017, 422 Rn. 31 – ARD-Buffet; vgl. Köhler/Bornkamm/Köhler UWG § 3a Rn. 1.68, 1.76 ff.; Ohly/Sosnitza/Ohly UWG § 3a Rn. 18 ff.

[90] Vgl. BegrRegE BT-Drs. 15/1487 S. 15/16.

[91] Frenzel WRP 2004, 1137, 1140 unter Hinweis auf die neuere Rechtsprechung zur PAngV.

[92] Vgl. Harte-Bavendamm/Henning-Bodewig/v. Jagow UWG § 3a Rn. 26.

[93] Harte-Bavendamm/Henning-Bodewig/v. Jagow UWG § 3a Rn. 29.

[94] BGH GRUR 2015, 1021 Rn. 15 – Kopfhörer-Kennzeichnung; OLG Köln GRUR-RS 2014, 11266 Rn. 10 – Inverkehrbringen von Intim-Massagegeräten ohne CE-Kennzeichnung.

[95] Köhler/Bornkamm/Köhler UWG § 3a Rn 1.68.

[96] Köhler/Bornkamm/Köhler UWG § 3a Rn. 1.95; Ohly/Sosnitza/Ohly UWG § 3a Rn. 30.

gehenden Legalisierung unlauterer geschäftlicher Handlungen führen, sondern nur die unverhältnismäßige Verfolgung von Bagatellfällen ausschließen soll.[97] Denn in den Fällen, in denen sich ein Verstoß gegen eine Marktverhaltensregel nicht auf die Marktteilnehmer auswirkt, fehlt es an einer Interessenbeeinträchtigung der Allgemeinheit.[98] Voraussetzung ist demzufolge lediglich, dass die Wettbewerbsmaßnahme von einem gewissen Gewicht für die Interessen der geschützten Marktteilnehmer ist.

Bei Vorschriften, die dem Schutz der Gesundheit und Sicherheit der Verbraucher dienen sowie bei Vorschriften, die Informationspflichten auf unionsrechtlicher Grundlage regeln,[99] soll die Spürbarkeit nach hM und Rspr bereits durch den Verstoß gegen die betreffende Norm indiziert sein. Folgerichtig kann die Vermutung der Spürbarkeit nur durch den Verletzer widerlegt werden; die Beweislast trägt also der Anspruchsgegner.[100] 37

Bei den verbleibenden Marktverhaltensregeln setzt dagegen die Feststellung, ob ein Wettbewerbsverstoß geeignet ist, die Interessen von Verbrauchern, sonstigen Marktteilnehmern und oder Mitbewerbern spürbar zu beeinträchtigen, eine unter Berücksichtigung aller Umstände des Einzelfalls zu treffende Wertung voraus.[101] **Kriterien**, die zur Beurteilung der Spürbarkeit herangezogen werden, sind ua die Art, Schwere, Häufigkeit und Dauer der Handlung, die Anzahl der Betroffenen, die Nachahmungsgefahr[102] und das Maß des Verschuldens. 38

Insofern es um geschäftliche Handlungen gegenüber Verbrauchern geht, beurteilt sich die Spürbarkeit nach der speziellen Generalklausel des § 3 Abs. 2 UWG. Voraussetzung ist aber, dass der Anwendungsbereich der UGP-Richtlinie eröffnet ist. Trotz nicht eindeutiger Formulierung des § 3a UWG streitet das gesetzgeberische Ziel der UGP-Richtlinie für diese Auslegung.[103] 39

Von einer spürbaren Beeinträchtigung der Interessen der Verbraucher kann dann ausgegangen werden, wenn sie nicht der unternehmerischen Sorgfalt entsprechen und dazu geeignet sind, das wirtschaftliche Verhalten des Verbrauchers wesentlich zu beeinflussen. Es kommt mithin darauf an, ob die Verletzung der Informationspflicht einen Durchschnittsverbraucher zu einer geschäftlichen Entscheidung veranlasst oder zu veranlassen geeignet ist, die er sonst nicht getroffen hätte.[104] Anders gefasst: Entscheidend ist, ob das Verhalten des Unternehmers den Durchschnittsverbraucher davon abhalten kann, die Vor- und Nachteile einer geschäftlichen Entscheidung zu erkennen, abzuwägen und eine effektive Wahl zu treffen.[105] 40

5. Verzicht auf subjektive Voraussetzungen

Nach früherer ständiger Rechtsprechung setzte ein „Vorsprung durch Rechtsbruch" bei einem Verstoß gegen wertneutrale Normen ein bewusstes und planmäßiges Handeln zu dem Zweck voraus, sich gegenüber den gesetzestreuen Wettbewerbern einen ungerechtfertigten Wettbewerbsvorsprung zu verschaffen.[106] Hieran ist seit der Geltung des UWG 2004 nicht mehr festzuhalten. Der Tatbestand des § 3a UWG setzt derartige subjektive Elemente nicht voraus.[107] Der Unterlassungs- und Beseitigungsanspruch erfordert weder bewusstes und planmäßiges Handeln noch eine Vorsprungserzielungsabsicht, da die Beurteilung eines Verhaltens als unlauter an das **objektive Marktgeschehen** und nicht an einen Schuldvorwurf anknüpft. Von daher kann es für das Recht, 41

[97] Begr. RegE zu § 3 UWG, BT-Drs. 15/1487 S. 17; ausführlich hierzu Heermann GRUR 2004, 94 ff.

[98] Köhler/Bornkamm/Köhler UWG § 3a Rn. 1.96; BGH GRUR 2013, 857 Rn. 19 – Voltaren; GRUR 2015, 916 Rn. 16 – Abgabe ohne Rezept; s. a. GRUR 2017, 203 (205) – Quecksilberhaltige Leuchtstofflampen; GRUR 2017, 409 Rn. 24 – Motivkontaktlinsen; Götting/Nordemann/Ebert-Weidenfeller UWG § 3a Rn. 32; Köhler/Bornkamm/Köhler UWG § 3a Rn. 1.102 „abstrakter Verbraucherschutz"; aA Ohly/Sosnitza/Ohly UWG § 3a Rn. 30a.

[99] BGH GRUR 2012, 842 Rn. 25 – Neue Personenkraftwagen; GRUR 2013, 1169 Rn. 19 – Brandneu von der IFA; GRUR 2015, 1240 Rn. 46 – Zauber des Nordens; dazu kritisch: Ohly/Sosnitza/Ohly UWG § 3a Rn. 30a.

[100] Götting/Nordemann/Ebert-Weidenfeller UWG § 3a Rn. 32; Köhler/Bornkamm/Köhler UWG § 3a Rn. 1.112; Köhler WRP 2014, 259 Rn. 59; aA Ohly/Sosnitza/Ohly UWG § 3a Rn. 30a, 30 f.

[101] Götting/Nordemann/Ebert-Weidenfeller UWG § 3a Rn. 33; Köhler/Bornkamm/Köhler UWG § 3a Rn. 1.103.

[102] BGH GRUR 2001, 1166 (1169) – Fernflugpreise; aA mit beachtlichen Gründen: Köhler/Bornkamm/Köhler UWG § 3a Rn. 1.110; Ohly/Sosnitza/Ohly UWG § 3a Rn. 30c.

[103] Götting/Nordemann/Ebert-Weidenfeller UWG § 3a Rn. 23; Ohly GRUR 2016, 3 (5); Ohly/Sosnitza/Ohly UWG § 3a Rn. 30d.

[104] BGH GRUR 2019, 82 Rn. 31 – Jogginghosen; GRUR 2019, 641 Rn. 30 – Kaffeekapseln; Köhler/Bornkamm/Köhler UWG § 3a Rn. 1.103.

[105] OLG Köln GRUR-RR 2016, 284 Rn. 39 – Datensammelnder Steuerberater; s. a. OLG München GRUR-RR 2017, 11 (14) – „Acryl" und „Cotton" als Textilkennzeichnung.

[106] → Rn. 18 ff.

[107] So auch Köhler GRUR 2004, 381 (386) und Ullmann GRUR 2003, 817 (822) zu UWG § 4 Nr. 11 aF; Köhler/Bornkamm/Köhler UWG § 3a Rn. 1.86 ff.

Unterlassung zu verlangen, auch nicht auf das Bewusstsein der Rechtswidrigkeit beim Verletzer ankommen. Ein Verbotsirrtum ist damit grundsätzlich unbeachtlich. Soweit die frühere Rechtsprechung in Einzelfällen die Unterlauterkeit verneinte, wenn der Handelnde von der Zulässigkeit seines Verhaltens ausgehen durfte, weil er sich auf eine entsprechende Rechtsprechungs- oder Verwaltungspraxis stützen konnte,[108] so wird daran nicht mehr festgehalten.[109] Der gesetzestreue Mitbewerber kann auch dann Unterlassung von ihn beeinträchtigenden Rechtsverstößen verlangen, wenn diese dem Verletzer selbst nicht bewusst sind. Selbstverständlich weiterhin erforderlich ist ein schuldhafter Gesetzesverstoß dagegen bei dem verschuldensabhängigen Schadensersatzanspruch nach § 9 UWG sowie bei dem Gewinnabschöpfungsanspruch nach § 10 UWG, der eine vorsätzliche Zuwiderhandlung voraussetzt.

42 Der Grundsatz, dass das Verschulden kein notwendiges Tatbestandselement des § 3a UWG darstellt, verbietet es jedoch entsprechend den vorstehenden Ausführungen nicht, etwaige subjektive Momente im Rahmen der grundsätzlich erforderlichen Gesamtabwägung bzw. über die Erheblichkeitsschwelle des § 3a UWG zu berücksichtigen.

V. Einzelne Bereiche

43 Die nachfolgende systematische Darstellung einzelner Regelungsbereiche hat sich entsprechend der geänderten Rechtsprechung und der gesetzlichen Regelung des Rechtsbruchtatbestandes in § 3a UWG maßgeblich an der Frage zu orientieren, ob die im jeweiligen Einzelfall verletzte Vorschrift **Markt- bzw. Wettbewerbsbezug** aufweist. Angesichts der Tatsache, dass der neu eingeführte § 3a UWG inhaltlich § 4 Nr. 11 aF UWG entspricht,[110] kann auch auf die zu diesem ergangene Rechtsprechung zurückgegriffen werden.

1. „Normen zum Schutz der Volksgesundheit"

44 Bereits bei der Darstellung der bisherigen Rechtsprechung wurden Vorschriften angesprochen, denen die Judikatur auf Grund ihrer Zwecksetzung, die Gesundheit des Einzelnen bzw. der Allgemeinheit zu schützen, Wertbezug beigemessen hatte. Diese Normen sind auch unter Geltung des neuen Rechts regelmäßig als wettbewerbsbezogen zu qualifizieren. Zu fragen gilt es, ob die in Rede stehende Norm nur auf die Wahrung rein innerorganisatorischer Belange der Anbieter abzielt oder zumindest auch den wirtschaftlichen Interessen der Wettbewerber sowie gesundheitlichen Interessen der Patientenseite – und damit der **Verbraucher als Marktteilnehmer** – dienen soll. In letzterem Fall ist der Marktbezug der Vorschrift zu bejahen. Verstöße gegen Vorschriften, die dem Schutz der Gesundheit der Verbraucher dienen, sind regelmäßig geeignet, die Interessen der Verbraucher spürbar zu beeinträchtigen.[111] Im Folgenden sollen diejenigen Vorschriften dargestellt werden, denen auf Grund vorgenannter Grundsätze Wettbewerbsbezug zukommt:

- **Arzneimittelgesetz (AMG) und Medizinproduktegesetz (MPG)**
  zB die Lieferung apothekenpflichtiger Arzneimittel nur an berechtigte Stellen iSd § 47 AMG,[112] die Abgabe von Mustern eines Fertigarzneimittels an Apotheken iSd § 47 III AMG,[113] die Abgabe nur gegen Rezept bei verschreibungspflichtigen Arzneimitteln nach § 48 AMG;[114] der Verkauf nur bei der nach § 21 AMG erforderlichen Zulassung des Medikaments;[115] die Beachtung der Kennzeichnungspflicht für Fertigarzneimittel nach § 10 AMG,[116] das Verbot zum Schutz vor Täuschung nach § 8 AMG[117] und der arzneimittelrechtlichen Preisbindungs-

[108] BGH GRUR 1982, 236 (238) – Realkredite; GRUR 1988, 382 (383) – Schelmenmarkt; GRUR 1994, 222 (224) – Flaschenpfand I; GRUR 1995, 603 (604) – Räumungsverkauf an Sonntagen.

[109] Vgl. BGH GRUR 2005, 778 (779) – Atemtest.

[110] Vgl. Rn. 27.

[111] BGH GRUR 2017, 409 Rn. 37 – Motivkontaktlinsen.

[112] BGH GRUR 2000, 237 – Giftnotruf-Box, wo allerdings trotz Verstoßes gegen § 47 AMG die Unlauterkeit wegen der fehlenden Erheblichkeit der Gesetzesverletzung verneint wurde.

[113] BGH GRUR 2019, 58 Rn. 11 – Apothekenmuster; BGH GRUR 2021, 628 Rn. 14 – Apothekenmuster II.

[114] BGH GRUR 2015, 916 Rn. 14 – Abgabe ohne Rezept.

[115] BGH GRUR-RS 2016, 00549 Rn. 9 – Chlorhexidin; GRUR 2014, 405 – Atemtest II, wonach einer Feststellung des BfArM gemäß § 21 Abs. 5 AMG über die Zulassungspflicht eines Arzneimittels im Rahmen des § 4 Nr. 11 UWG aF Tatbestandswirkung zukommt.

[116] BGH GRUR 2013, 857 Rn. 10 – Voltaren; OLG Hamburg BeckRS 2020, 45705.

[117] OLG Köln GRUR-RS 2021, 34495 Rn. 49.

vorschriften gemäß § 78 AMG[118] ebenso die Bestimmungen des MPG, die produktbezogene Absatzverbote oder Absatzbeschränkungen regeln oder Informationspflichten hinsichtlich des Umgangs mit den von den Kunden erworbenen Produkten begründen,[119] das Verbot des Inverkehrbringens ohne CE-Kennzeichnung (§ 6 Abs. 1 MPG)[120]

- **Apothekengesetz (ApoG)**
  zB die Tatbestände des „Ärztebevorzugungsverbotes" (§ 11 Abs. 1 S. 1)[121]
- **Apothekenbetriebsordnung (ApBetrO)**
  zB die Kennzeichnungspflichten nach § 14,[122] die Informations- und Beratungspflicht gemäß § 20 Abs. 1 sowie die Hinweispflicht gemäß § 17 Abs. 2a S. 1 Nr. 7,[123] das Selbstbedienungsverbot für apothekenpflichtige Arzneimittel gemäß § 17 Abs. 3.[124]
- **Heilmittelwerbegesetz (HWG)**
  zB das Verbot irreführender Werbung (§ 3),[125] das Werbeverbot für zulassungspflichtige Arzneimittel (§ 3a),[126] das Gebot der Pflichtangaben (§ 4),[127] das Verbot der Heilmittelwerbung mittels Werbeangaben (§ 7 Abs. 1 S. 1,[128] § 7 Abs. 3),[129] das Verbot der Werbung für Arzneimittelversand (§ 8), das Verbot der Werbung für Fernbehandlung (§ 9),[130] das Verbot der Werbung für verschreibungspflichtige Arzneimittel (§ 10),[131] das Verbot für unzulässige Werbung (§ 11 Abs. 1 S. 1 Nr. 13),[132] das Verbot der Werbung bezüglich bestimmter Krankheiten (§ 12)

---

118 BGH GRUR 2013, 1262 – Rezept-Prämie; GRUR 2013, 1264 – RezeptBonus; GRUR 2014, 593 Rn. 8, 17 – Sofort-Bonus; GRUR 2014, 591 Rn. 15 – Holland-Preise; GRUR-RS 2014, 07401 Rn. 12 – Bonusgewährung auf Arzneimittel durch Versandapotheke; GRUR 2015, 1033 Rn. 12 – Patientenindividuell zusammengestellte Arzneimittelblister, wonach bei patientenindividuell zusammengestellten Arzneimittel aber § 1 Abs. 3 S. 1 Nr. 7 AMPreisV gilt, so dass § 78 AMG ausnahmsweise nicht eingreift; OLG Köln GRUR-RR 2014, 175 – Geldprämien; OLG München WRP 2014, 1078 Rn. 14 – Kooperationsmodell zwischen deutscher und niederländischer Apotheke.

119 Vgl. BGH GRUR 2010, 754 – Golly Telly.

120 BGH GRUR 2010, 169 (117) – CE-Kennzeichnung; GRUR 2010, 756 (757) – One Touch Ultra.

121 BGH GRUR 2015, 1025 Rn. 15 – TV-Wartezimmer; GRUR 2016, 213 Rn. 20 – Zuweisung von Verschreibungen.

122 Harte-Bavendamm/Henning-Bodewig/v. Jagow UWG § 3a Rn. 45.

123 BGH GRUR 2013, 421 Rn. 17 – Pharmazeutische Beratung über Call-Center.

124 LG Köln WRP 2015, 392 Rn. 13 – Indikationstisch.

125 BGH GRUR 2015, 1244 Rn. 13 – Äquipotenzangabe in Fachinformation; GRUR-RS 2016, 00549 Rn. 9 – Chlorhexidin; Urt. v. 3.11.2016 – I ZR 227/14 – Optiker-Qualität; GRUR 2021, 513 – Sinupret OLG Hamm GRUR-RR 2011, 378 – Praxis für medizinische Fußpflege OLG Hamburg WRP 2013, 196 Rn. 23 ff. – Überlegen wirksam; OLG Hamburg WRP 2014, 98 Rn. 12 – „Geld-zurück-Garantie" für Nagelpilz-Therapie; OLG Hamm WRP 2014, 1108 Rn. 20 – Werbung für kinesiologische Behandlungsverfahren; OLG Hamburg WRP 2015, 1143 Rn. 43 ff. – Nicht zulassungskonforme Dosisempfehlung; OLG Köln GRUR-RS 2020, 38379 Rn. 39 – Femannose; OLG Hamm GRUR-RS 2021, 16136 Rn. 6 – Akupunktur-Taping; OLG Hamburg GRUR-RS 2021, 7213 Rn. 34 – Stoffwechselkur; OLG Hamm GRUR-RS 2021, 34494 Rn. 15; OLG Karlsruhe GRUR-RR 2021, 232 Rn. 53; OLG Schleswig GRUR-RR 2022, 146 Rn. 18 – wirkt antientzündlich; Feddersen GRUR 2013, 127 (128).

126 BGH GRUR 2011, 453 – Handlanger; GRUR 2017, 635 Rn. 27 – Freunde werben Freunde; OLG Hamburg WRP 2014, 615 Rn. 14 – Keine Irreführung durch Werbung mit Zitat aus Fachinformation eines Arzneimittels; OLG Hamburg WRP 2014, 619 Rn. 17 – Keine Irreführung über wissenschaftliche Erwiesenheit einer Äquivalenzbehauptung bei Verwendung von Fachinformation; OLG Hamburg WRP 2015, 1143 Rn. 19 ff. – Nicht zulassungskonforme Dosisempfehlung; OLG Celle GRUR-RR 2016, 169 Rn. 37 – Pflanzliches Antibiotikum; OLG Köln GRUR-RS 2020, 38379 Rn. 39 – Femannose.

127 BGH GRUR 2009, 509 (510) – Schoenenberger Artischockensaft; GRUR 2009, 984 (988) – Festbetragsfestsetzung; GRUR 2010, 749 (752) – Erinnerungswerbung im Internet; GRUR 2014, 94 Rn. 9 – Pflichtangaben im Internet; LG Düsseldorf WRP 2014, 891 Rn. 6 ff. – Pflichttext; vgl. auch GRUR 1999, 1128 (1129) – Hormonpräparate, wo ein Verstoß gegen die Pflichtangabenregelung letztlich offen gelassen wurde, da auf Grund der gebotenen Gesamtabwägung die Unlauterkeit letztlich zu verneinen war.

128 BGH GRUR 2009, 1082 (1085) – DeguSmiles & more; GRUR 2013, 1262 – Rezept-Prämie; GRUR 2014, 689 Rn. 9 – Testen Sie Ihr Fachwissen; GRUR 2015, 504 Rn. 9 – Kostenlose Zweitbrille; GRUR 2015, 813 Rn. 10 – Fahrdienst zur Augenklinik; OLG Düsseldorf GRUR-RR 2013, 130 (131) – Shuttle-Service; OLG Karlsruhe WRP 2014, 89 Rn. 8 – Prämienprogramm für Augenoptiker; OLG Celle GRUR-RR 2014, 263 – kostenlose Zweitbrille; OLG Stuttgart GRUR-RR 2015, 449 Rn. 37 – Zuzahlung für Diabetikerbedarf II; OLG Köln WRP 2016, 1388 Rn. 34 – Werbung für Medizinprodukte; OLG Köln GRUR-RR 2022, 143, Rn 31.

129 BGH GRUR 2009, 1189 – Blutspendedienst; OLG Nürnberg GRUR-RS 2021, 44910 Rn. 8 – Gewinnspiel mit Brille.

130 BGH GRUR 2022, 399 Rn. 19 – Werbung für Fernbehandlungen; OLG Köln GRUR-RR 2012, 437 (438–439) – Expertenrat; OLG Hamburg GRUR-RS 2020, 37127 Rn. 34; OLG Hamburg GRUR-RS 2021, 41050 Rn. 18; OLG Hamburg GRUR-RS 2021, 34151 Rn. 18.

131 BGH GRUR 2010, 1038 – Kosten für Abschlussschreiben; GRUR 2011, 345 – Hörgeräteversorgung II; Parallelverfahren: Urt. v. 13.1.2011 – I ZR 112/08; OLG Frankfurt a. M. GRUR-RR 2007, 118 (119) – Faltenbehandlung mit Botox; OLG Frankfurt GRUR-RR 2013, 76 (77) – Liebe ist pink.

132 BGH GRUR 2022, 391 Rn. 19 – Gewinnspielwerbung II.

- **Heilpraktikergesetz (HeilprG)**
  z B die Ausübung der Heilkunde ohne die erforderliche Erlaubnis (§ 1 Abs. 1),[133] wobei die grundgesetzlich gewährte Berufsfreiheit zu beachten ist (so hob das BVerfG[134] eine Entscheidung des BGH,[135] wonach Optikern die Durchführung von berührungslosen Augeninnendruckmessungen und Prüfungen des Gesichtsfeldes mittels einer Computermessung verboten ist, wegen Verstoßes gegen Art. 12 Abs. 1 GG auf), die unbefugte Ausübung der Heilkunde im Umherziehen (§ 3 HeilprG)
- **Podologengesetz (PodG)**
  zB die Erlaubnispflicht zur Tragung der Berufsbezeichnung „Podologin" oder „Podologe"[136]
- **Zahnheilkundegesetz (ZHG)**
  zB im Falle der Ausübung der Zahnheilkunde durch zahntechnische Laboratorien (§§ 1, 18)[137]
- **Ärztliches Berufsrecht (Berufsordnung für Ärzte und Zahnärzte)**
  zB das Verbot für den Arzt, Patienten ohne hinreichenden Grund an bestimmte Apotheken, Geschäfte oder Anbieter von gesundheitlichen Leistungen zu empfehlen und zu verweisen (§ 31 Abs. 2 NdsBOÄ ehemals § 34 Abs. 5 NdsBOÄ;[138] § 31 Abs. 2 BayBOÄ),[139] das Verbot der Abgabe von Waren oder der Erbringung von Dienstleistungen, wenn diese nicht notwendiger Bestandteil der ärztlichen Therapie sind (§ 3 Abs. 2 BOÄ), das Verbot für den Arzt, einen verkürzten Versorgungsweg unter Mitwirkung eines bestimmten Leistungserbringers ohne hinreichenden Grund zu empfehlen (§ 31 Abs. 2 BW BOÄ),[140] das Verbot einer anpreisenden, irreführenden oder vergleichenden Werbung (§ 27 Abs. 3 Nordrhein BOÄ),[141] das Verbot der Eingehung einer Verpflichtung, die die Beeinträchtigung der Unabhängigkeit eines Zahnarztes zur Folge haben kann (§ 1 V BO Zahnärzte Nordrhein)[142]
- **Vorschriften des Lebensmittelrechts,** die unmittelbar dem Schutze der Gesundheit dienen. Hierzu zählen insbesondere die Vorschriften des § 11 LFGB zum Schutz der Verbraucher vor Täuschung (ggf. iVm § 7 LMIV),[143] bestimmte Werbeverbote für Tabakwaren (§ 22 VTabakG und § 19 Abs. 2 S. 1, Abs. 3 TabakErzG),[144] der Verstoß gegen die Verpflichtung zur Anbringung gesundheitsbezogener Warnhinweise (§ 11 Abs. 1 Nr. 4 TabakErzV)[145] oder das Werbeverbot in der Presse (§ 21a Abs. 3 VTabakG).[146] Ebenso sind auch die Kennzeichnungspflichten nach der Lebensmittelinformations-VO (LMIV),[147] nach dem MessEG (§ 43 Abs. 2)[148]

---

[133] OLG Frankfurt GRUR-RR 2011, 100 – Atlasprofilaxe; OLG Karlsruhe WRP 2012, 1579 Rn. 17 – Faltenunterspritzung, Faltenunterspritzung stellt eine erlaubnispflichtige Ausübung dar.
[134] BVerfG NJW 2000, 2736 – Augeninnendruckmessung und Gesichtsfeldprüfung durch Optiker.
[135] BGH GRUR 1999, 512 – Optometrische Leistungen I.
[136] OLG Celle GRUR-RR 2013, 177 (178) – Medizinische Fußpflege.
[137] BGH NJW 1972, 1518 – Zahntechnische Laboratorien.
[138] BGH GRUR 2011, 345 – Hörgeräteversorgung II.
[139] BGH GRUR 2017, 194 Rn. 41 – Orthopädietechniker.
[140] BGH GRUR 2015, 283 Rn. 23 ff. – Hörgeräteversorgung III.
[141] LG Hamburg GRUR-RR 2012, 257 – Marktschreierische Rabattwerbung eines Arztes.
[142] BGH GRUR 2015, 1237 Rn. 17 ff. – Erfolgsprämie für die Kundengewinnung.
[143] BGH GRUR 2008, 1118 (1119) – MobilPlus-Kapseln; GRUR 2012, 1164 Rn. 31 – ARTROSTAR; GRUR 2013, 401 Rn. 28 – Biomineralwasser; WRP 2015, 444 Rn. 14 – Monsterbacke II; GRUR 2016, 738 Rn. 18 – Himbeer-Vanille-Abenteuer II; OLG Frankfurt a. M. WRP 2012, 228 Rn. 4 – Nuss-Nougat-Creme; OLG Köln WRP 2012, 478 Rn. 3 – Sparkling Tea; vgl. auch OLG Stuttgart GRUR-RS 2011, 05217 – So wichtig wie das tägliche Glas Milch; OLG Hamm Urt. v. 29.9.2011 – 4 U 71/11 – Collagen-Lift-Drink; OLG München Urt. v. 29.9.2011 – 6 U 1641/09; sowie BGH GRUR 1984, 376 – Johannisbeerkonzentrat zu § 17 Abs. 1 Nr. 5 LMBG.
[144] ZB Werbung unter Verwendung von Angaben, die darauf hindeuten, dass die Tabakerzeugnisse natürlich oder naturrein seien gemäß § 22 Abs. 2 Nr. 2 S. 1 VTabakG, BGH NJW-RR 2011, 1125 (1129) – Abstraktes Verbot für Informationen über ökologische Herstellung von Zigaretten – BIO TABAK; s. aus der früheren Judikatur etwa BGH GRUR 1994, 304 – Zigarettenwerbung in Jugendzeitschriften zu § 22 Abs. 2 Nr. 1b LMBG; sa EuGH GRUR 2001, 67, mit der die Richtlinie 98/43/EG über Werbung und Sponsoring zugunsten von Tabakerzeugnissen für nichtig erklärt wurde; für § 19 Abs. 2, Abs. 3 TabakErzG: OLG Saarbrücken GRUR_RS 2021, 38377) Rn. 43.
[145] BGH GRUR 2020, 1002 Rn. 15 – Zigarettenausgabeautomat.
[146] BGH GRUR 2011, 631 – Unser wichtigstes Cigarettenpapier.
[147] Vgl. Köhler/Bornkamm/Köhler UWG § 3a Rn. 1.203 und zu den bis 2014 geltenden Lebensmittel- und Nährwert-Kennzeichnungsverordnungen: BGH GRUR 2013, 401 Rn. 49 – Biomineralwasser zu §§ 3 Abs. 1, 4 Abs. 1 LMKV; GRUR 2015, 498 Rn. 38 – Combiotik zu §§ 3 Abs. 1 Nr. 3, 4 Abs. 1, 6 Abs. 3 LMKV; GRUR 2013, 739 Rn. 19 – Barilla zu §§ 3 Abs. 1 Nr. 3, 4, Abs. 3 S. 1, 2, 7 Abs. 2 LMKV, § 5 Abs. 7 NKV; OLG Köln GRUR-RR 2014, 45 – L-Arginin Alpha-Ketoglutarat; zu § 8 Abs. 1, 4 LMKV.
[148] LG Bremen GRUR-RS 2016, 09675 Rn. 12 – Mogelpackung für eine Frischkäsezubereitung; zur Vorgängervorschrift § 7 Abs. 2 EichG aF OLG Karlsruhe GRUR-RS 2012, 24056 – Mogelpackung eines Frischkäses.

und nach der KosmetikVO (Art. 20 Abs. 1),[149] die verschiedenen Irreführungsverbote in lebensmittelrechtlichen Spezialgesetzen wie zB § 25 WeinG und die zum Schutz vor Irreführung dienenden Vorschriften des europäischen Weinrechts[150] sowie die Bestimmungen der Health-Claims-VO[151] und die Zulassungsbestimmungen der Novel-Food-VO,[152] die Regelungen über gesundheitsbezogene Angaben bei Lebensmittel gem. Art 10 VO (EG) 1924/2006 BGH GRUR 2019, 1299 Rn. 13 – Gelenknahrung III; GRUR 2018,959 Rn. 16 – B-Vitamine und NJW-RR 2020, 1168 Rn. 17 – B-Vitamine II; als Marktverhaltensregeln zu qualifizieren

- **Vorschriften des Glückspielrechts,** da sie dem Schutz der Spieler und Spielinteressierten vor Glücksspielsucht dienen, zB die Werberegeln (§ 5 GlüStV),[153] die Vorschriften zum Jugendschutz (§§ 1 Nr. 3, 4 Abs. 3 GlüStV),[154] das Verbot der Veranstaltung von Glücksspielen im Internet (§ 4 Abs. 4 GlüStV),[155] die Verhaltensregelungen für gewerbliche Spielvermittler (§ 19 GlüStV);[156] ebenso die Beschränkungen zum Aufstellen von Spielautomaten gemäß § 3 Abs. 2 SpielV[157]
- **Vorschriften betreffend Sicherheitsanforderungen,** bspw. die GasverbrauchseinrichtungsVO (§ 2 der 7. ProdSV),[158] die Bereitstellung von ausschließlich sicheren Verbraucherprodukten auf dem Markt (§ 6 Abs. 5 S. 1 ProdSG),[159] Zulassungsregelungen des PflanzenschutzG,[160] Stoffverbote nach § 5 Abs. 1 S. 1 ElektroG aF, § 9 Abs. 2 ElektroG, § 17 ElektroG und § 4 Abs. 1 iVm § 3 Abs. 1 Nr. 1 ElektroStoffV,[161] die Registrierungspflicht nach § 4 Abs. 1 BattG BGH GRUR 2020, 303 Rn. 25 – Pflichten des Batterieherstellers sowie die Vorschriften der Handwerksordnung, soweit sie eine bestimmte Qualität, Sicherheit oder Unbedenklichkeit gewährleisten sollen[162]

2. „Vorschriften zum Schutz der Rechtspflege"

Vorschriften, die auf die Sicherung einer geordneten Rechtspflege abzielen, finden sich insbesondere in der Bundesrechtsanwaltsordnung (BRAO), dem Rechtsdienstleistungsgesetz (RDG), der Bundesnotarordnung (BNotO), der Fachanwaltsordnung (FAO) sowie dem Deutschen Richtergesetz (DRiG). Für die Frage, ob einzelne dieser Vorschriften einen Marktbezug iSd § 3a UWG aufweisen,[163] ist wie schon bei den gesundheitsschützenden Normen danach zu differen- 45

---

149 BGH GRUR 2016, 418 Rn. 11 – Feuchtigkeitsspendendes Gel-Reservoir; sa zu § 4 Abs. 1 KosmetikVO aF GRUR 1994, 642 – Chargennummer; GRUR 1999, 1109 – Entfernung der Herstellernummer; OLG Frankfurt a. M. GRUR-RR 2022, 135 Rn. 25 – Mundspülwasser.

150 BGH GRUR 1980, 299 (301) – Kellergeister; GRUR 2009, 972 (974) – Lorch Premium II.

151 BGH GRUR 2011, 246 – Gurktaler Kräuterlikör; GRUR 2013, 958 Rn. 22 – Vitalpilze; GRUR 2014, 1224 Rn. 11 – ENERGY & VODKA; GRUR 2014, 500 Rn. 10 – Praebiotik; GRUR 2015, 498 Rn. 15 – Combiotik; GRUR 2016, 412 Rn. 14 – Lernstark; GRUR 2016, 1200 Rn. 12 – Repair-Kapseln; OLG Stuttgart GRUR-RS 2011, 05217 – So wichtig wie das tägliche Glas Milch; OLG Frankfurt Urt. v. 10.11.2011 – 6 U 174/10; OLG Nürnberg WRP 2014, 239 Rn. 34 – Verbandsklagebefugnis, Wirkungsnachweis und ärztliche Empfehlung; OLG Hamburg GRUR-RR 2014, 468 – LowCarb; OLG Koblenz GRUR-RR 2016, 221 Rn. 27 – Calcium im Mineralwasser; OLG Stuttgart WRP 2017, 107 Rn. 52 – Bekömmliches Bier; KG GRUR-RR 2016, 254 Rn. 17 – Vitamine GESUND; OLG Koblenz GRUR-RS 2021, 34618 Rn. 45; OLG Dresden GRUR-RS 2021, 38375 Rn. 13; OLG Stuttgart GRUR-RS 2021, 34031 Rn. 31 f. – Collagen Youth Drink.

152 Vgl. BGH GRUR 2009, 413 – Erfokol-Kapseln; GRUR 2015, 1140 Rn. 19 – Bohnengewächsextrakt.

153 BGH GRUR 2011, 440 – Spiel mit; OLG Koblenz GRUR-RR 2010, 16 (18) – GOLDENE 7; GRUR-RR 2010, 20 (21) – Süßwaren in Annahmestelle; OLG Hamburg GRUR-RR 2012, 21; KG GRUR-RR 2010, 22 (26) – JACKPOT!; OLG Köln GRUR-RS 2020, 39123 Rn. 63.

154 LG Wiesbaden GRUR-RR 2010, 39 L – Minderjährige Testkäufer.

155 BGH Urt. v. 28.9.2011 – I ZR 30/10; Urt. v. 28.9.2011 – I ZR 43/10; Urt. v. 28.9.2011 – I ZR 189/08; GRUR 2012, 193 – Sportwetten im Internet II; GRUR 2012, 201 (203) – Poker im Internet.

156 Und ebenso die gleichlautende Regelung in § 14 Abs. 2 LottStV, BGH Beschl. v. 19.5.2011 – I ZR 215/08.

157 OLG Hamm GRUR-RR 2010, 38 L – Einheitliche Spielhalle.

158 BGH WRP 2010, 1491 – Gas-Heizkessel.

159 BGH GRUR 2017, 409 Rn. 37 – Motivkontaktlinsen.

160 BGH WRP 2010, 250 – Quizalofop; GRUR 2011, 843 – Vorrichtung zur Schädlingsbekämpfung; GRUR 2011, 842 – RC-Netzmittel; GRUR 2012, 407 – Delan; GRUR 2012, 945 Rn. 31 – Tribenuronmethyl; GRUR 2013, 414 Rn. 9 – Flonicamid; GRUR 2016, 88 Rn. 22 – Deltamethrin.

161 BGH GRUR 2017, 203 Rn. 16, 28 – Quecksilberhaltige Leuchtstofflampen; OLG München v. 17.12.2020, 6 U 1549/20, 3. OS; OLG Hamm GRUR-RS 2021, 21779 Rn. 95.

162 BGH GRUR 2013, 1056 Rn. 15 – Unternehmen-Meisterpräsenz; GRUR 2017, 194 Rn. 19 – Orthopädietechniker.

163 Dazu auch Bieber WRP 2008, 723; zu § 3 RDG: BGH GRUR 2021, 758 Rn. 30 – Rechtsberatung durch Architekten.

zieren, ob sie nur der Verwirklichung von berufsständischen Interessen oder dem Allgemeininteresse an einer gesicherten Rechtspflege dienen – dann kein Wettbewerbsbezug – oder ob sie zugleich auch dem Interesse der **Ratsuchenden als Marktteilnehmer** an zuverlässiger Rechtsberatung dienen.

46 Als wettbewerbswidrig war früher insbesondere die Rechtsberatung durch Personen, denen keine behördliche Erlaubnis hierzu erteilt wurde (Art. 1 § 1 RBerG) sowie die Werbung für eine solche nicht erlaubte Rechtsberatung oder -besorgung anzusehen, da der hier geregelte grundsätzliche Erlaubniszwang für rechtsbesorgende Tätigkeiten nicht nur berufsständischen Interessen, sondern auch dem allgemeinen Interesse an einer zuverlässigen Rechtspflege diente.[164] Das seit dem 1.7.2008 geltende Rechtsdienstleistungsgesetz nennt diese Schutzrichtung ausdrücklich, insofern ist unter dem Aspekt der Marktbezogenheit keine Änderung eingetreten.[165]

47 Einen eindeutigen Wettbewerbsbezug weisen auch die Vorschriften über den Zugang zum Beruf des Rechtsanwaltes bzw. des Notars auf (§ 4 BRAO, § 5 BNotO). IdS gelangt auch der BGH in seiner Entscheidung „Elektroarbeiten" zu der Auffassung, dass solchen Vorschriften, die „als Voraussetzung für die Ausübung bestimmter Tätigkeiten – etwa ärztlicher Behandlungen – im Interesse des Schutzes der Allgemeinheit den Nachweis besonderer fachlicher Fähigkeiten fordern", eine auf die Lauterkeit des Wettbewerbs gerichtete Schutzfunktion zukommt.[166]

48 Wettbewerbswidrig ist ebenso ein Verstoß gegen die Vorschriften über das Führen von Fachanwaltsbezeichnungen nach § 43c BRAO iVm §§ 1 ff. FAO, da diese Normen das Vertrauen des Rechtsschutzsuchenden in eine besondere fachliche Qualifikation des Rechtsanwalts schützen sollen.[167] Als marktbezogen ist schließlich das Verbot der Unterschreitung der durch das RVG vorgesehenen Gebühren und Auslagen zu qualifizieren, da es einen ruinösen Preiswettbewerb zwischen Rechtsanwälten verhindern und so in deren ureigenem Interesse gleiche rechtliche Voraussetzungen für die auf dem fraglichen Markt tätigen Mitbewerber schaffen soll.[168]

49 Eine wettbewerbsbezogene Schutzfunktion kommt auch der Bestimmung des § 59k BRAO zur Firma der Rechtsanwaltsgesellschaft zu, da die Vorschrift der eindeutigen Außendarstellung der Rechtsanwaltsgesellschaft und damit dem Schutz der Marktteilnehmer vor Irreführungen und der Wahrung der Wettbewerbsgleichheit innerhalb des Berufsstandes zu dienen bestimmt ist.[169] Ebenfalls der Vorschrift des § 10 BORA, wonach ein Rechtsanwalt auf Briefbögen seine Kanzleianschrift angeben muss,[170] dem Verbot der Gewährung von Vorteilen im Zusammenhang mit der Vermittlung von Aufträgen gemäß § 49b Abs. 3 S. 1 BRAO[171] sowie § 7 BORA, der besagt, dass die Benennung von Teilbereichen der Berufstätigkeit nur bei Vorliegen entsprechender Kenntnisse zulässig ist.[172]

50 Dagegen ist der Marktbezug solcher Ordnungs- und Organisationsvorschriften zu verneinen, die ausschließlich der Sicherung berufsständischer Interessen an einer geordneten Rechtspflege sowie der Integrität der Anwaltschaft dienen. Hierzu zählt bspw. die Pflicht des Rechtsanwalts zur Anlegung von Handakten nach § 50 BRAO, das teilweise Verbot der Abtretung von Gebührenansprüchen nach § 49b Abs. 4 S. 2 BRAO,[173] das Verbot der Vertretung widerstreitender Interessen nach § 43a Abs. 4 BRAO, die Versagung der Berufstätigkeit in den Fällen des § 45 Abs. 1

[164] So BGH GRUR 2004, 253 (254) – Rechtsberatung durch Automobilclub, allerdings mit der bemerkenswerten Folgerung, dass die Missachtung des Art. 1 § 1 RBerG „daher regelmäßig ohne das Hinzutreten weiterer Umstände als wettbewerbswidrig anzusehen ist".

[165] Vgl. zB in Bezug auf § 3 RDG: BGH GRUR 2009, 1077 (1079) – Finanz-Sanierung; WRP 2011, 742 (743) – Rechtsberatung durch Lebensmittelchemiker; GRUR 2012, 79 – Rechtsberatung durch Einzelhandelsverband; WRP 2012, 461 – Kreditkontrolle; GRUR-RS 2015, 20722 Rn. 8 – Anwalt als Erfüllungsgehilfe eines Unternehmens; GRUR 2016, 820 Rn. 12 – Schadensregulierung durch Versicherungsmakler; GRUR 2016, 1189 Rn. 18 – Rechtsberatung durch Entwicklungsingenieur; GRUR-RS 2021, 28479 Rn. 16 – Vertragsdokumentengenerator; LG Hamburg GRUR-RS 2015, 12293 Rn. 32 Pensionierte Richter.

[166] BGH GRUR 2002, 825 (826); ebenso Köhler GRUR 2004, 381 (385).

[167] LG Frankfurt a. M. MMR 2010, 336 – Wettbewerbsrechtliche Verkehrspflicht des Betreibers eines Webkatalogs; Beschl. v. 6.10.2011 – 2–03 O 437/11; Wettig MMR-Aktuell 2011, 324078.

[168] BGH GRUR 2005, 433 – Telekanzlei; GRUR 2006, 955 – Gebührenvereinbarung II; sowie zu der Parallelvorschrift des § 4 Abs. 2 HOAI; GRUR 2003, 969 (970) – Ausschreibung von Vermessungsleistungen.

[169] BGH GRUR 2004, 346 – Rechtsanwaltsgesellschaft.

[170] OLG Jena Urt. v. 30.3.2011 – 2 U 569/10 – Zweigstellenbriefbögen.

[171] OLG Karlsruhe GRUR-RR 2013, 338 – Transaktionsgebühr für Terminvertretung.

[172] BGH GRUR 2015, 286 Rn. 8 – Spezialist für Familienrecht.

[173] OLG Köln GRUR-RR 2006, 166 – Verrechnungsstelle für Anwaltshonorare; bewusst offengelassen von BGH GRUR 2003, 349 – Anwaltshotline, da dort eine Gesamtbetrachtung des Marktverhaltens des Rechtsanwalts erforderlich war.

BRAO[174] sowie das Verbot der Beteiligung von Rechtsanwaltsgesellschaften an Zusammenschlüssen zur gemeinschaftlichen Berufsausübung nach § 59c BRAO.[175]

3. Berufs- oder standesrechtliche Werbeverbote

Eine Sonderstellung nehmen berufs- oder standesrechtliche Werbeverbote oder -beschränkungen ein, die für Angehörige gewisser Berufe gelten. So ist es den Angehörigen der Heilberufe und der rechtsberatenden Berufe meist verboten, über einen gewissen Umfang hinaus werblich tätig zu werden. Zu nennen sind hier die Werbebeschränkungen für Ärzte (§ 27 Abs 3 MBO-Ä 1997)[176] und Zahnärzte (zB § 15 Abs. 1 der Berufsordnung der Zahnärztekammer Nordrhein 2005[177] oder § 21 Abs. 2 der Berufsordnung der Zahnärztekammer Schleswig-Holstein),[178] die einer gesundheitspolitisch unerwünschten Kommerzialisierung des Arztberufs vorbeugen sollen,[179] sowie für Rechtsanwälte (§ 43b BRAO),[180] Buchhalter (§ 8 Abs. 1 StBerG)[181] und Steuerberater (§ 57a StBerG).[182] Solche Werbebeschränkungen dienen gerade den Interessen der Marktgegenseite und sind damit schon ihrer Natur nach unmittelbar wettbewerbsbezogen,[183] so dass ein Verstoß gegen sie regelmäßig die wettbewerbliche Unlauterkeit des Verhaltens begründet. Die Sondervorschrift des § 52 WPO über die Werbung für Wirtschaftsprüfer beinhaltet seit ihrer Neufassung zum 6.9.2007 keine besonderen Standesregeln und ist danach keine taugliche gesetzliche Vorschrift iSd § 3a UWG mehr. 51

Insbesondere § 43b BRAO ist für die tägliche Praxis des Rechtsanwalts von großer Bedeutung. Die Vorschrift reguliert nicht nur das eigene werbende Verhalten des Rechtsanwalts, es gibt ihm auch ein scharfes Schwert gegenüber seinen „Wettbewerbern" in die Hand, da ein Verstoß gegen die Werbebestimmungen von jedem Anwalt im eigenen Namen wettbewerbsrechtlich angegriffen werden kann. Grundsätzlich gilt gemäß § 43b BRAO, dass ein Anwalt für seine Tätigkeit werben darf, so lange die Werbung nach Form und Inhalt sachlich unterrichtet und nicht auf die Erteilung eines Auftrags im Einzelfall gerichtet ist. Zu dieser sachlichen Unterrichtung gehört die Angabe von Interessen- bzw. Tätigkeitsschwerpunkten[184] – bspw. auf Briefköpfen, in Broschüren, Rundschreiben oder auf Homepages –, die sich allerdings auf diese beschränken muss und nicht weitergehende Zusätze enthalten darf, die geeignet sind, den Anwalt gegenüber seinen Berufskollegen hervorzuheben. Allgemein lässt sich feststellen, dass die Tendenz in der Rechtsprechung der letzten Jahre durch eine deutliche Liberalisierung auf dem Gebiet der zulässigen Anwaltswerbung geprägt ist[185] und sich dabei den Gegebenheiten der modernen Kommunikationsformen, insbesondere des Internets[186] angepasst hat. Da diese Entwicklung jedoch noch nicht abgeschlossen sein dürfte, ist es für den Anwalt von höchster Bedeutung, die Rechtspraxis in diesem Bereich zu verfolgen und sich im Rahmen seiner eigenen Werbung entsprechend zu verhalten. 52

---

174 So zu § 45 Abs. 1 Nr. 4 BRAO ausdrücklich BGH GRUR 2001, 354 – Verbandsklage gegen Vielfachabmahner; aA: Bieber WRP 2008, 723 (729).

175 So auch Köhler GRUR 2004, 381 (385).

176 Noch zu § 27 MBO-Ä 1997 aF BGH GRUR 2000, 613 – Klinik Sanssouci.

177 BGH GRUR 2001, 181 (182) – Dentalästhetika.

178 BGH GRUR 2009, 883 – MacDent.

179 BGH GRUR 2001, 181 (183) – Dentalästhetika; s. zu den Grenzen des ärztlichen Werberechts ausführlich Fritzsche WRP 2013, 272 Rn. 7 ff.

180 BGH NJW-RR 1998, 1282 – Annonce von Rechtsanwälten in einem Faltblatt; GRUR 2002, 902 – Vanity-Nummer; GRUR 2005, 520 – Optimale Interessenvertretung; NJW 2012, 235 (236) – Zertifizierter Testamentsvollstrecker; GRUR 2013, 409 Rn. 15 – Steuerbüro; GRUR 2014, 86 – Kommanditistenbrief; GRUR-RR 2015, 108 – Anwaltsschreiben an Fondsanleger; OLG Köln GRUR-RR 2012, 121 – Häppchenweise Abmahnung; OLG Hamm GRUR 2013, 746 (749) – Online-Scheidung; Menebröcker GRUR-Prax 2010, 189.

181 OLG Karlsruhe GRUR-RR 2014, 339 – Mobiler Buchhaltungsservice.

182 BGH GRUR 2010, 349 (351) – EKW-Steuerberater; vgl. hierzu auch Köhler DStR 2011, 428; zu § 8 StBerG: BGH GRUR 2021, 742 Rn. 19 – Steuerberater-LLP; zu § 5 StBerG: OLG Frankfurt a. M. GRUR-RR 2021, 543 Rn. 16 – Beratungsstellenleiter.

183 Ebenso Ullmann GRUR 2003, 817 (823).

184 BGH GRUR 1995, 422 – Kanzleieröffnungsanzeige; ZIP 1996, 435 – Tätigkeitsschwerpunkte; NJW 2003, 504 – rechtsanwaelte-notar.de; s. aber auch BGH NJW-RR 1998, 1282 – Annonce von Rechtsanwälten in einem Faltblatt.

185 S. etwa BVerfG NJW 2004, 2656, dort hatte das Gericht die Werbung eines Anwalts mit der Bezeichnung „Spezialist für Verkehrsrecht" im Briefkopf für zulässig erachtet; zu weit geht aber die Ausgabe von Werbetassen mit abgebildeten Gewaltszenen und Kontaktdaten, BGH NJW 2015, 72 – Anwaltliche Schockwerbung auf Kaffeetassen und BVerfG WRP 2015, 562 – Schockwerbung durch Rechtsanwälte.

186 BVerfG Beschl. v. 19.2.2008 – 1 BvR 1886/06, dort hat das Gericht die Versteigerung anwaltlicher Dienstleistungen in einem „Internetauktionshaus" für nicht standeswidrig erklärt.

4. Betriebs- und produktionsbezogene Vorschriften

53 Mittlerweile anerkannt ist, dass den Vorschriften des **Ladenschlussgesetzes** des Bundes bzw. den zwischenzeitlich erlassenen Landesgesetzen wie auch Regelungen, die die Ausübung eines Gewerbes zu bestimmten Zeiten verbieten, Wettbewerbsbezug zukommt, auch wenn sie primär den Schutz der Arbeitnehmer bezwecken. Denn sie regeln daneben im Interesse der Mitbewerber die Ausübung einer Tätigkeit für alle Wettbewerber auf einem Markt und schaffen auf diese Weise gleiche rechtliche Voraussetzungen.[187] Für die jeweiligen **Feiertagsgesetze** der Länder wird das Interesse der Marktteilnehmer an der Verhaltensregelung bejaht.[188]

54 Rein produktionsbezogene Regeln wie zB das **Nachtbackverbot** sind bereits keine Marktverhaltensregeln nach § 3a UWG und daher nicht mehr vom Anwendungsbereich erfasst.[189] Keinen Wettbewerbsbezug weisen auch solche Produktionsvorschriften auf, die ausschließlich dem Tier- oder Umweltschutz,[190] und damit nicht zugleich dem Gesundheitsschutz der Verbraucher zu dienen bestimmt sind.

55 Hingegen ist den Vorschriften der **Verpackungsverordnung** Wettbewerbsbezug beizumessen, da diese ausweislich der Regierungsbegründung die verstärkte Förderung des Wettbewerbs zum Ziel haben[191] und unmittelbar das Verhalten der Mitbewerber beim Absatz der Ware betreffen.[192]

56 Nicht wettbewerbswidrig handelt dagegen derjenige, der gegen Arbeitnehmerschutzvorschriften verstößt, da diese nicht unter den Schutzbereich des UWG fallen. Von daher stellt auch eine Arbeitnehmerüberlassung ohne Erlaubnis nach § 1 Abs. 1 S. 1 AÜG,[193] ein Verstoß gegen die Pflicht zur Abführung von Sozialbeiträgen für die Arbeitnehmer oder die Unterschreitung von für allgemeinverbindlich erklärten Tariflohnvereinbarungen keine Wettbewerbsverletzung dar.[194] Gleiches hat insoweit für die Verletzung von Arbeitszeitschutzvorschriften zu gelten.

5. Verbraucherschutzvorschriften und Allgemeine Geschäftsbedingungen

57 Der ausdrücklich in § 1 S. 1 UWG normierte Verbraucherschutz legt die Annahme nahe, dass es sich bei sämtlichen Verbraucherschutzvorschriften auch um Marktverhaltensregeln handelt. Ein Marktbezug muss jedoch auch hier von Norm zu Norm individuell ermittelt werden. (Rn.: Nach BGH GRUR 2020, 654 Rn. 40 – SEPA-Lastschrift stellen Verbraucherschutzgesetze iSd § 2 Abs. 1 S. 1 UKlaG in der Regel zugleich Marktverhaltensregelungen dar.) Erhebliche Bedeutung kommt in diesem Zusammenhang den dem Verbraucherschutz dienenden Informations- und Produktkennzeichnungspflichten, den Preisvorschriften, den Widerrufsbestimmungen und schließlich dem AGB-Recht zu.[195]

58 Die Relevanz gesetzlich normierter Hinweis- und Informationspflichten hat in den letzten Jahren – insbesondere im Bereich des Einsatzes elektronischer Medien im Geschäftsverkehr – dras-

---

[187] BGH GRUR 2000, 1076 (1079) – Abgasemissionen; OLG Karlsruhe Urt. v. 26.9.2007 – 4 U 58/07; OLG Stuttgart WRP 2008, 977 (982) – Sonntagsverkauf in Apotheken; OLG Hamm GRUR-RR 2013, 297 – Weihnachtstassen; LG Magdeburg Urt. v. 4.8.2005 – 36 O 169/05 (018); LG Mönchengladbach Urt. v. 18.4.2011 – 8 O 8/11; Ernst WRP 2004, 1133 (1135); Harte-Bavendamm/Henning-Bodewig/v. Jagow UWG § 3a Rn. 86; LG Nürnberg-Fürth WRP 2012, 1469 Rn. 16 – Stammkundeneinladung eines Möbelhauses am Sonntag; LG Deggendorf Urt. v. 28.5.2014 – 1 HK O 11/13; Köhler GRUR 2004, 381 (383 f.); Köhler/Bornkamm/Köhler UWG § 3a Rn. 1263; Ohly/Sosnitza/Ohly UWG § 3a Rn. 74; MüKo-Lauterkeitsrecht/Schaffert UWG § 4 Nr. 11 Rn. 376; Scherer WRP 2006, 401 (406); Ullmann GRUR 2003, 817 (822); aA etwa Elskamp S. 189 ff.; Sack WRP 2004, 1307 (1310).

[188] OLG Dresden WRP 2006, 1539; OLG Karlsruhe Urt. v. 26.9.2007 – 4 U 58/07; LG Düsseldorf v. 2.2.2007 – 38 O 81/06; LG Frankfurt a. M. GRUR-RS 2016, 03763 Rn. 44 – Fahrschul-Theorie in einer Woche; Harte-Bavendamm/Henning-Bodewig/v. Jagow UWG § 3a Rn. 88.

[189] Köhler/Bornkamm/Köhler UWG § 3a Rn. 1.264.

[190] BGH GRUR 2000, 1076 (1079) – Abgasemissionen, dort zu einem Verstoß gegen das BImSchG.

[191] Vgl. Begr. RegE, BT-Drs. 13/10943 S. 20.

[192] Ullmann GRUR 2003, 817 (822); BGH GRUR 2007, 162 (163) – Mengenausgleich in Selbstentsorgergemeinschaft, für § 6 VerpackVO.

[193] BGH GRUR 2017, 95 Rn. 13 – Arbeitnehmerüberlassung.

[194] Köhler GRUR 2004, 381 (384); Ullmann GRUR 2003, 817 (822); den Tarifvertrag als nicht unmittelbar wettbewerbsbezogene und damit entsprechend der früheren Differenzierung wertneutrale Norm einordnend: BGH GRUR 1983, 980 (982) – Tariflohnunterschreitung.

[195] Zur Umsetzung der Verbraucherrechte-RL und die Auswirkungen auf das Lauterkeitsrecht ausführlich Alexander WRP 2014, 501.

tisch zugenommen. Gemeinsam ist diesen Vorschriften, dass sie durch die jeweils vorgeschriebene Unterrichtung dem Schutz der am Rechtsverkehr teilnehmenden Verbraucher zu dienen bestimmt sind. So wurde entschieden, dass §§ 312a (Rn.: BGH GRUR 2018, 950 Rn. 11 – Namensangabe; OLG Hamburg GRUR-RR 2021, 162 Rn. 26), 312c aF BGB, § 312d BGB iVm Art. 246a EGBGB (Rn.: BGH GRUR 2021, 84 Rn. 22 – Verfügbare Telefonnummer; GRUR 2021, 1531 Rn. 14 – Kurventreppenlift; GRUR 2021, 739 Rn. 48 – Rechtsberatung durch Architekten; GRUR-RR 2021, 752 Rn. 47 – Berechtigte Gegenabnahme; OLG Hamm GRUR-RS 2020, 39123 Rn. 63; OLG Koblenz GRUR-RR 2021, 171 Rn. 84 f.) und die §§ 6 TDG, 10 Abs. 2 MDStV marktbezogen sind.[196] Gleiches gilt für die inzwischen an Stelle der letzten beiden getretenen Vorschriften des § 5 TMG, § 6 TMG (Rn.: BGH GRUR 2021, 1414 Rn. 61 – Influencer I; BGH GRUR-RS 2021, 26632 Rn. 89 – Influencer III; OLG Frankfurt a. M. GRUR-RR, 81 Rn. 12) und § 55 Abs. 1 RStV.[197] Ebenso ist den Regeln über Verträge im elektronischen Geschäftsverkehr bzw. bei Teilzeit-Wohnrechteverträgen oder Außergeschäftsraum- und Fernabsatzverträgen (§§ 312d, 312i und 312j, jeweils iVm Art. 246–246c EGBGB sowie § 482 BGB iVm Art. 242 EGBGB) Wettbewerbsbezug beizumessen.[198] Gleiches betrifft die Informationspflichten bei der Garantieerklärung nach § 477 Abs. 1 S. 1 und S. 2 BGB.[199] Auch die Pflicht zur verständlichen und transparenten Unterrichtung über eine beabsichtigte Änderung der Vertragsbedingungen und entsprechende Rücktrittsrechte bei Energielieferverträgen gemäß § 41 Abs. 3 S. 1 EnWG ist eine Marktverhaltensregel.[200]

Dasselbe gilt für die Vorschriften über die Produktkennzeichnung, etwa über die Energie- 59
effizienz von Haushaltsgeräten,[201] PKW[202] oder Immobilien,[203] die Zusammensetzung von Textilprodukten (TextilKennzVO).[204] Genauso handelt es sich bei dem Verbot einer „falschen" Ökokennzeichnung (§ 2 Abs. 2 Nr. 2 ÖkoKennzG)[205] oder einer irreführenden Kennzeichnung (§ 1 Abs. 2 Nr. 2 ÖkoKennzG)[206] und der CE-Kennzeichnung nach der Gasverbrauchseinrichtungsverordnung (§ 4 der 7. ProdSV)[207] um Marktverhaltensregelungen.[208]

Die Vorschriften der Preisangabenverordnung dienen ebenfalls dazu, durch eine sachlich zu- 60
treffende und vollständige Verbraucherinformation Preiswahrheit und Preisklarheit zu gewährleisten und durch optimale Preisvergleichsmöglichkeiten die Stellung der Verbraucher gegenüber

[196] BGH GRUR 2007, 159 – Anbieterkennzeichnung im Internet zur alten Rechtslage; LG Hamburg, GRUR-RS 2015, 17510 Rn. 16, 17 – Serviceentgelt für Online-Reisevermittler bei Verwendung üblicher Zahlungsmittel; ebenso §§ 43b S. 1 und 2 TKG, vgl. BGH GRUR 2022, 391 Rn. 23 – Kabel-TV-Anschluss und § 45n TKG vgl. OLG Köln GRUR-RR 2021, 281 – Produktinformationsblatt.

[197] Hahn/Vesting/Held Rundfunkrecht RStV § 55 Rn. 60; vgl. auch KG MMR 2007, 791 LG Düsseldorf Urt. v. 15.12.2010 – 12 O 312/10; hinsichtlich § 5 TMG vgl. BGH GRUR 2007, 723 – Anbieterkennzeichnung im Internet zur alten Rechtslage; BGH GRUR 2016, 957 Rn. 9 ff. – Mehrwertdienstenummer; LG Aschaffenburg MMR 2012, 38; für § 58 Abs. 1 S. 1 RStV vgl. BGH GRUR-RS 2021, 26632 Rn. 100 – Influencer III.

[198] Vgl. für § 270a BGB: BGH GRUR 2021, 863 – Nutzungsentgelt für bargeldlose Zahlungen; Gloy/Loschelder/Danckwerts/Hasselblatt § 48 Rn. 83; Münker/Kaestner BB 2004, 1689 (1695); Ohly/Sosnitza/Ohly UWG § 3a Rn. 76; OLG Köln GRUR-RR 2017, 108 – Bestell-Button II; LG Wuppertal WRP 2015, 1401 Rn. 9 ff. – Bestellkarte; KG GRUR-RS 2015, 17365 Rn. 3 – Angaben der Versandkosten beim Versand ins EU-Ausland.

[199] BGH GRUR 2013, 851 Rn. 9 – Herstellergarantie II; GRUR-RS 2013, 09695 Rn. 8 – Fehlende gesetzliche Angaben bei Internetwerbung mit Herstellergarantie.

[200] OLG Düsseldorf GRUR-RR 2017, 111 Rn. 16 – Versteckte Gaspreiserhöhung, OLG Düsseldorf GRUR-RS 2021, 17063 – Sonderkundenpreise.

[201] BGH Urt. v. 15.12.2016 – I ZR 221/15 – Energieverbrauchskennzeichnung im Internet; zur Kennzeichnungspflicht des Energieverbrauchs von Fernsehgeräten gemäß Art. 4c VO (EU) Nr. 1062/2010, GRUR 2016, 254 Rn. 13 – Energieeffizienzklasse und von Elektrobacköfen gemäß Art. 4a VO (EU) Nr. 1060/2010 und 1061/2010, Art. 3 Abs. 2 RL 2002/40/EG iVm § 4 EnVKV und Art. 4 Abs. 1a VO (EU) Nr. 65/2014, GRUR 2017, 288 Rn. 26 – Energieverbrauchskennzeichnung.

[202] BGH GRUR 2017, 412 Rn. 17 – YouTube Werbekanal; BGH GRUR 2010, 852 – Gallardo Spyder; GRUR 2012, 842 Rn. 17 – Neue Personenkraftwagen I; GRUR 2015, 393 – Der neue SLK; GRUR 2015, 1017 Rn. 13 – Neue Personenkraftwagen II; OLG Köln GRUR-RR 2014, 296 – LED-Monitor; OLG Stuttgart GRUR-RR 2014, 503 – Entfernte Hinweisblätter; OLG Düsseldorf WRP 2015, 1240 Rn. 16 – Pflichtangaben bei einer Werbung mit einer „Pkw-Diashow" im Internet.

[203] Schubmehl GPR 2008, 75 (79).

[204] BGH GRUR 2016, 1068 Rn. 14 – Textilkennzeichnung; OLG München GRUR-RR 2017, 11 Rn. 43 – Acryl und Cotton als Textilkennzeichnung OLG Frankfurt a. M. GRUR-RR 2021, 538.

[205] OLG Nürnberg GRUR-RR 2012, 224 – Bio-Mineralwasser.

[206] BGH GRUR 2013, 401 Rn. 59 – Biomineralwasser.

[207] Vgl. BGH WRP 2010, 1491 – Gas-Heizkessel.

[208] Eine Werbung mit der Aussage „Zur diätischen Behandlung von Lippenherpes" für ein Produkt, das kein Lebensmittel für medizinische Zwecke ist, verstößt ebenfalls gegen §§ 3, 3a UWG iVm Art. 7 Abs. 3 VO (EU) Nr. 1169/211, vgl. OLG Celle GRUR-RS 2020, 52681 Rn. 41 ff.

Handel und Gewerbe zu stärken und den Wettbewerb zu fördern.[209] Sie stellen daher grds Marktverhaltensregelungen dar.[210]

61 Dasselbe gilt für andere Preisvorschriften, wie zB die Preisbindungsbestimmungen der Arzneimittelpreisverordnung.[211] Im Hinblick auf das Buchpreisbindungsgesetz wird von der herrschenden Literatur angenommen, dass es sich zwar um Marktverhaltensregeln handelt, jedoch eine Anwendbarkeit des § 3a UWG aufgrund des abschließenden Charakters der Sanktionen des Buchpreisbindungsgesetzes ausscheidet.[212]

62 Auch die zum Schutz des Verbrauchers in einer Vielzahl von Vorschriften verankerten Widerrufsbestimmungen im Zusammenhang mit dem Widerrufsrecht des § 355 BGB, das bspw. bei Fernabsatz- und Außergeschäftsraumverträgen gemäß § 312g BGB, bei Teilzeitwohnverträgen gemäß § 485 BGB oder Verbraucherdarlehensverträgen gemäß § 495 BGB besteht, stellen solche Marktverhaltensregeln dar:

63 Wenn etwa die Belehrung über das Widerrufsrecht des Verbrauchers gar nicht, falsch oder nur unzureichend erfolgt, kann ein unlauteres Verhalten vorliegen. Schon hinsichtlich § 1 UWG aF entschied der BGH, dass die Verwendung einer gesetzeswidrigen Widerrufsbelehrung einen Wettbewerbsverstoß darstellt.[213] Beispiele unlauteren Verhaltens im Zusammenhang mit den Widerrufsbestimmungen sind – neben dem gänzlich fehlenden Hinweis auf ein Widerrufsrecht[214] – etwa eine Widerrufsbelehrung, die fälschlicherweise auf die nicht mehr geltenden Vorschriften der BGB InfoVO verweist,[215] die die Textform nicht einhält[216] oder die den Fristbeginn nicht präzise genug angibt.[217]

64 Allerdings gilt auch hier, dass eine Einzelabwägung aller Umstände zu erfolgen hat – nicht jeder Verstoß gegen die Widerrufsbestimmungen ist automatisch unlauter, da im BGB selbst schon andere Schutzmechanismen zugunsten der Verbraucher vorgesehen sind.

65 Schließlich stellen auch die Vorschriften über die Inhaltskontrolle allgemeiner Geschäftsbedingungen gemäß §§ 307 ff. BGB – obschon sie keine eigentlichen Pflichten des Unternehmers begründen – Marktverhaltensregeln iSv § 3a UWG dar, da sie neben dem Individualschutz der Vertragspartner auch einen überindividuellen Schutz bezwecken.[218]

66 Für den Fall, dass die unzulässigen Klauseln nicht im Zusammenhang mit Informationspflichten stehen, die ihre Grundlage im Unionsrecht haben, ist jedenfalls grundsätzlich allein aufgrund der Verwendung dieser Klauseln eine Verletzung der beruflichen Sorgfaltspflicht des Verwenders anzunehmen.[219]

67 Die früher teilweise zur Abweisung eines wettbewerblichen Anspruchs ins Feld geführte Sperrwirkung des UKlaG ist nach der hM zu verneinen.[220] Dem UKlaG lässt sich nicht entnehmen,

[209] BGH GRUR 1997, 767 (769) – Brillenpreise II; GRUR 1999, 762 (763) – Herabgesetzte Schlussverkaufspreise; GRUR 2003, 971 (972) – Telefonischer Auskunftsdienst; Mankowski GRUR 2007, 1013 (1019).

[210] St. Rspr. vgl. GRUR 2012, 1159 Rn. 9 – Preisverzeichnis bei Mietangebot; GRUR 2013, 186 Rn. 17 – Traum-Kombi; GRUR 2014, 576 Rn. 14 f. – 2 Flaschen GRATIS; GRUR 2015, 1240 Rn. 18 – Zauber des Nordens; GRUR 2016, 516 Rn. 12 – Wir helfen im Trauerfall.

[211] BGH GRUR 2010, 1133 – Bonuspunkte; Parallelfall: Urt. v. 9.9.2010 – 125/08 – Bonussystem; Urt. v. 9.9.2010 – I ZR 26/09 – Bonus-Taler; Urt. v. 9.9.2010 – I ZR 37/08 – Einkaufsgutschein für Arzneimittel; GRUR 2010, 1136 – UNSER DANKESCHÖN FÜR SIE; GRUR 2015, 1033 Rn. 12 – Patientenindividuell zusammengestellte Arzneimittelblister; OLG Köln GRUR 2006, 88 – Gutschein bei Arzneimittelkauf; OLG Frankfurt a. M. GRUR-RR 2006, 233 – Family Taler; OLG Stuttgart GRUR-RR 2012, 266 (269) – Skonti auf Rezeptgebühren; OLG Frankfurt WRP 2014, 1225 Rn. 7 – Rubellose bei Rezepteinlösung; Mand NJW 2010, 3681 (3683).

[212] Vgl. Köhler/Bornkamm/Köhler UWG § 3a Rn. 1.259; Fezer/Büscher/Obergfell/Götting/Hetmank UWG § 3a Rn. 147; Ohly/Sosnitza/Ohly UWG § 3a Rn. 10.

[213] BGH GRUR 2002, 1085 – Belehrungszusatz.

[214] BGH GRUR 2012, 188 – Computer-Bild.

[215] OLG Hamm MMR 2012, 29 – Wettbewerbswidrige Belehrung mit BGB-InfoV.

[216] BGH GRUR 2010, 1142 – Holzhocker.

[217] OLG Hamm MMR 2007, 377 – Belehrung über den Beginn der Widerrufsfrist.

[218] BGH GRUR 2018, 423 Rn. 41 – Klauselersetzung; BGH GRUR 2012, 949 Rn. 45 ff. – Missbräuchliche Vertragsstrafe; OLG München Urt. v. 14.1.2010 – 29 U 5136/09; OLG Hamburg GRUR-RR 2011, 293; OLG München WRP 2015, 1154 Rn. 11 – Preisanpassungsklausel mit Gesetzeshinweis; OLG Hamm GRUR-RS 2021, 31137 Rn. 72; OLG Köln GRUR 2021, 539 Rn. 39; OLG Düsseldorf GRUR-RR 2021, 374 Rn. 4; LG Bochum ZUM-RD 2012, 217; LG Braunschweig ZUM 2012, 66; LG Hamburg ZUM 2013, 53; MüKoBGB/Basedow BGB § 306 Rn. 37; Blasek GRUR 2010, 396 (398); Fezer/Büscher/Obergfell/Götting/Hetmank UWG § 3a Rn. 159; Köhler/Bornkamm/Köhler UWG § 3a Rn. 1.288; Köhler WRP 2012, 1475; Mann WRP 2007, 1035 (1043); nicht aber § 305c Abs. 1 BGB, so OLG Celle BeckRS 2021, 5596.

[219] MüKoBGB/Basedow BGB § 306 Rn. 39; Köhler NJW 2008, 177 (180); Köhler WRP 2012, 22 (28f); Steinbeck S. 150 f.

[220] Vgl. Köhler GRUR 2010, 1047 (1051).

dass Mitbewerber von der Bekämpfung unwirksamer AGB ausgeschlossen sein sollen.[221] Insbesondere verfolgen UKlaG auf der einen und UWG auf der anderen Seite auch völlig verschiedene Schutzzwecke und vermitteln einen Anspruch unter unterschiedlichen Voraussetzungen.[222]

6. Steuervorschriften

Vorschriften des Steuerrechts weisen keinen Marktbezug auf. Ihr Ziel ist es nicht, die Marktverhältnisse im Sinne gleicher rechtlicher Voraussetzungen für die am Markt tätigen Mitbewerber zu regeln, sondern die Erzielung von Steuern zu gewährleisten (Rn.: BGH GRUR 2017, 641 Rn. 26 – Zuzahlungsverzicht bei Hilfsmitteln). Verschafft sich ein Marktteilnehmer unter Verstoß gegen Steuervorschriften einen Vorteil gegenüber seinen Mitbewerbern, so handelt er folglich dennoch nicht unlauter iSd Wettbewerbsrechts.[223] 68

7. Vorschriften des EU-Beihilferechts

Das Gleiche gilt für die Beihilfevorschriften des AEUV, da auch diese nicht das Marktverhalten regeln und ihnen daher keine den Wettbewerb schützende Zielrichtung zuzuerkennen ist. Die Regelungen über die Kontrolle staatlicher Beihilfen dienen der Aufrechterhaltung eines effektiven Wettbewerbs als grundlegendem Prinzip der freien Marktwirtschaft im europäischen Binnenmarkt, indem sie der Gefahr begegnen, dass einzelne Staaten durch Beilhilfen jedweder Form den Handel zwischen den Staaten in wettbewerbsverfälschender Weise beeinträchtigen. Mögliche Auswirkungen auf den Markt bzw. auf die Lage von Mitbewerbern sind für das Beihilfeverbot nicht entscheidend.[224] Diesem kommt nicht die Funktion zu, die Gegebenheiten eines bestimmten Marktes festzulegen und so auch gleiche Voraussetzungen für die auf diesem Markt tätigen Mitbewerber zu schaffen. Konkurrenten des Beihilfeempfängers können daher nicht über § 3a UWG geltend machen, dieser habe durch den Empfang einer gemeinschaftswidrigen Beihilfe ihnen gegenüber einen Wettbewerbsvorsprung erzielt.[225] Allerdings entschied der BGH in Bezug auf Art. 108 Abs. 3 S. 3 AEUV, dass es sich sehr wohl um eine Marktverhaltensregel handele, da die Norm jedenfalls auch die Funktion habe, gleiche Voraussetzungen für die auf dem Markt tätigen Wettbewerber zu schaffen.[226] Die Vorschriften über die Vergabe von Aufträgen durch die öffentliche Hand gemäß §§ 97 ff. GWB sind hingegen Marktverhaltenregeln gemäß § 3a UWG, da sie die Vertragsfreiheit der Auftraggeber in Bezug auf die Auswahl ihrer Vertragspartner – somit deren Marktverhalten – regeln.[227] 69

8. Ausschließlichkeitsrechte

Gewerbliche Schutzrechte (Patent-, Marken-, Namens-, Muster-) und Urheberrechte gewähren dem Inhaber Ausschließlichkeitsrechte, die von jedermann, also auch von den Mitbewerbern, zu beachten sind. Eine Verwertung dieser Rechte ist nur mit Zustimmung des Berechtigten zulässig. Gleichwohl begründet ihre Verletzung keine Ansprüche von Mitbewerbern wegen unlauteren Wettbewerbs. Denn trotz ihres Ausschließlichkeitscharakters sind die gewerblichen Schutzrechte nicht als Marktverhaltensregelungen zu qualifizieren, da sie nicht den Zweck haben, den Wettbewerb durch Aufstellung gleicher Chancen zu regeln und dadurch zur Chancengleichheit unter den Mitbewerbern beizutragen.[228] Als Individualrechte sollen sie allein die Interessen des Schutzrechtsinhabers schützen. Zwar kann eine Verletzung solcher Schutzrechte dem Verletzer – etwa durch die Einsparung von Lizenzgebühren – durchaus einen ungerechtfertigten Wettbewerbsvorsprung gegenüber seinen Konkurrenten vermitteln. Geltend gemacht werden kann der Rechtsbruch jedoch allein von dem Rechtsinhaber (oder gegebenenfalls seinem Lizenznehmer), in dessen Disposition es steht, sich mit Hilfe der ihm zustehenden spezialgesetzlichen Unterlassungs-, 70

221 BGH GRUR 2010, 116 – Gewährleistungsausschluss im Internet; GRUR 2010, 1120 – Vollmachtsnachweis.

222 Köhler NJW 2008, 177 (178); Köhler WRP 2012, 1475.

223 Köhler GRUR 2004, 381 (384); BGH GRUR 2010, 654 (656) – Zweckbetrieb; BGH NJOZ 2010, 2274 (2275) – Vermessungsbehörde; OLG München GRUR 2004, 169 (170) – Städtisches Krematorium.

224 EuGH EuZW 2001, 242 Rn. 61 – Deutsches Stromeinspeisungsgesetz enthält keine Beihilferegelung.

225 OLG München GRUR 2004, 169 (170) – Städtisches Krematorium; eingehend hierzu auch Mees FS Erdmann, S. 657, 664 ff.

226 BGH GRUR 2011, 444 – Flughafen Frankfurt-Hahn; vgl. auch GRUR-RR 2012, 157 Rn. 35 – Flughafen Berlin-Schönefeld.

227 BGH GRUR 2008, 810 – Kommunalversicherer; Köhler/Bornkamm/Köhler UWG § 3a Rn. 1.336.

228 BGH GRUR 1999, 325 (326) – Elektronisches Pressearchiv; Köhler GRUR 2004, 381 (384).

Auskunfts- und Schadensersatzansprüche gegen die Verletzung zur Wehr zu setzen. Diese Entscheidungsbefugnis wäre dem Berechtigten genommen, wollte man die Berufung Dritter auf die Schutzrechtsverletzung unter Gesichtspunkten der Vorsprungverschaffung durch Rechtsbruch nach § 3a UWG zulassen.[229]

9. Marktzutrittsregelungen

71 Besonders kontrovers diskutiert wurde die wettbewerbsrechtliche Behandlung sogenannter Marktzutrittsregelungen. In Abgrenzung zu den Marktverhaltensregelungen fallen hierunter diejenigen Vorschriften, die den Zutritt zu einem bestimmten Markt und damit das „Ob" des Tätigwerdens reglementieren. Ausgangspunkt der hierzu geführten Diskussion war die „Elektroarbeiten"-Entscheidung des BGH. Dort maß das Gericht einem Verstoß gegen die kommunalrechtlichen Vorschriften über die Beschränkung der unternehmerischen Betätigung von Gemeinden – konkret in Rede stand § 87 BayGO – keine wettbewerbsrechtliche Relevanz bei, da diesen Vorschriften keine auf die Lauterkeit des Marktverhaltens bezogene Schutzfunktion zukomme.[230] Diese Beurteilung hat in Teilen der Literatur Zustimmung gefunden,[231] teilweise ist sie auch auf heftige Kritik gestoßen.[232]

72 Ausweislich der Gesetzesbegründung können Verstöße gegen Markzutrittsregelungen vom Tatbestand des § 3a UWG jedenfalls dann erfasst sein, wenn diese Regelung eine auf die Lauterkeit des Wettbewerbs bezogene Schutzfunktion aufweist und somit **zugleich** das Marktverhalten regelt.[233] In dieselbe Richtung zielen die zutreffenden Ausführungen des BGH, es sei nicht Sinn und Zweck des UWG, „Wettbewerber unter Berufung darauf, dass ein Gesetz ihren Marktzutritt verbiete, vom Markt fernzuhalten, wenn das betreffende Gesetz den Marktzutritt nur aus Gründen verhindern will, *die den Schutz des lauteren Wettbewerbs nicht berühren*". Der verletzten Norm müsse zumindest eine „sekundäre" wettbewerbsbezogene Schutzfunktion zukommen.[234] Dem liegt die Erkenntnis zugrunde, dass eine trennscharfe Differenzierung zwischen Marktzutritts- und Marktverhaltensregelungen vielfach gar nicht möglich ist. So wird denn auch von den Befürwortern der „Elektroarbeiten"-Rechtsprechung der Wettbewerbsbezug von Zugangsregelungen anerkannt, sofern sie zugleich im Interesse der Marktteilnehmer das Verhalten am Markt betreffen. Hierzu zählen vor allem diejenigen Vorschriften, die den Marktzutritt zum Schutz der Verbraucher an materielle Anforderungen wie etwa besondere fachliche Qualifikationen für die Ausübung bestimmter Tätigkeiten knüpfen. Ein Wettbewerbsbezug ist daher insbesondere den **berufsrechtlichen Zulassungsregeln** für Freiberufler wie Ärzte, Zahnärzte, Apotheker, Rechtsanwälte, Steuerberater oder Architekten beizumessen.[235]

73 Etwas anderes gilt dagegen für die Behandlung von **„reinen Marktzutrittsregelungen"** wie den kommunalrechtlichen Vorschriften über die erwerbswirtschaftliche Betätigung von Gemeinden, denen eine solche Doppelfunktion im soeben beschriebenen Sinne nicht zukommt. Zuzugeben ist zwar, dass ein rechtswidrig erfolgter Marktzutritt zu einer tatsächlichen Ausgangssituation führen kann, in der die wirtschaftlichen Interessen der privaten Mitbewerber in erheblichem Maße berührt werden. Anzuerkennen ist darüber hinaus auch, dass diese Vorschriften nicht nur dem Schutz der Kommunen vor den Gefahren einer überdehnten unternehmerischen Tätigkeit dienen sollen, sondern auch den Schutz der Privatwirtschaft vor einem Wettbewerb durch die Gemeinden im Auge haben.[236] Gleichwohl geht es den betreffenden Normen im Rahmen dieser Schutzrichtung nicht um die Lauterkeit des Wettbewerbs, sondern – wie der BGH zutreffend ausführt – allenfalls um den Erhalt einer **Marktstruktur,** die durch private Unternehmen geprägt ist. Der Schutz bestehender Marktstrukturen ist jedoch nicht Regelungsziel des UWG, dem eine solche strukturpolitische Zwecksetzung nicht zukommt. Insoweit hat das Wettbewerbsrecht

---

[229] BGH GRUR 1999, 325 (326) – Elektronisches Pressearchiv.

[230] BGH GRUR 2002, 825 – Elektroarbeiten; GRUR 2003, 167 – Kommunaler Schilderprägebetrieb; GRUR 2003, 164 – Altautoverwertung (jeweils zu § 107 NWGO).

[231] Köhler GRUR 2004, 381 (384); Köhler GRUR 2001, 777 (782); Ullmann GRUR 2003, 817.

[232] Doepner WRP 2003, 1292 (1299); Frenzel WRP 2004, 1137 (1141); Gröning WRP 2002, 17 (27); Haslinger WRP 2002, 1023 (1028); Gloy/Loschelder/Danckwerts/Hasselblatt § 48 Rn. 38.

[233] Begr. RegE zu § 4 Nr. 11 UWG, BT-Drs. 15/1487 S. 19.

[234] BGH GRUR 2002, 825 (826) – Elektroarbeiten.

[235] Köhler GRUR 2004, 381 (385); Ullmann GRUR 2003, 817 (824); ebenso BGH GRUR 2002, 825 (826) – Elektroarbeiten; vgl. etwa zu § 1 HeilPrG OLG Celle GRUR-RR 2008, 427 (428) – Fit durch den Winter; OLG Frankfurt GRUR-RR 2011, 100 – Atlasprofilaxe; zu § 2 NWBauKaG BGH GRUR 2010, 1115 – Freier Architekt.

[236] S. etwa die Gesetzesbegründung zu Art. 1 Nr. 8 Erstes ModernisierungsG NRW, LT-Drucks. 12/3730 S. 30.

auch nicht die Funktion, öffentlich-rechtliche Ansprüche in diesem Bereich zu ergänzen bzw. zu ersetzen.[237]

Dieser Rechtsprechung des BGH hat sich auch der Gesetzgeber der UWG-Reform unter ausdrücklicher Nennung der „Elektroarbeiten"-Entscheidung in der Gesetzesbegründung angeschlossen.[238] 74

10. Weitere Vorschriften

Des Weiteren stellen Marktverhaltensregeln dar: die Berufsbezeichnungspflicht für den Steuerberater sowie das Verbot von Zusätzen (§ 43 StBerG),[239] die Pflicht zur Angabe des Endpreises (Art. 23 Abs. 1 S. 2 EG Nr. 1008/2008),[240] zur Ausweisung bestimmter Posten (Art. 23 Abs. 1 S. 3 EG Nr. 1008/2008)[241] und zur transparenten Angabe fakultativer Zusatzkosten nach der Verordnung über die Durchführung von Luftverkehrsdiensten (Art. 23 Abs. 1 S. 4 EG Nr. 1008/2008),[242] die (Ankündigung der) Vereinbarung eines Gewährleistungsausschlusses, der mit § 475 Abs. 1 S. 1 BGB nicht in Einklang steht,[243] die Vorschriften über die zulässige Führung heilberuflicher Zusatzbezeichnungen (§§ 33, 35 Abs. 1 NWHeilberG),[244] das Verbot des Rückkaufhandels in § 34 Abs. 4 GewO, die Erlaubnispflicht für Versicherungsvermittler gemäß § 34d GewO,[245] im Reisegewerbe verbotene Tätigkeiten gemäß § 55 Abs. 2 S. 3 und § 56 Abs. 1 Nr. 2a GewO,[246] das Verbot der Verbreitung und des öffentlichen Zugänglichmachens von entwicklungsbeeinträchtigenden Angeboten ohne ausreichende Altersverifikation (§ 5 JMStV),[247] die Untersagung von nichtsendungsbezogenen presseähnlichen Angeboten in Telemedien nach § 11d Abs. 2 S. 1 Nr. 3 Teils. 3 RStV,[248] das Angebot von programmbegleitenden Druckwerken mit entsprechendem Inhalt durch den öffentlich-rechtlichen Rundfunk (§ 11a Abs. 1 S. 2 RStV),[249] das Verbot der Unter- oder Überschreitung von dem festgelegten Beförderungsentgelt (§§ 39 Abs. 3 S. 1, 51 Abs. 5 PBefG),[250] die Rückkehrpflicht (§ 49 Abs. 4 S. 3 PBefG),[251] die Bestimmungen betreffend den Einsatzort von Taxen (§ 47 Abs. 2 S. 1 und S. 2 PBefG)[252] das Verbot der Nutzung personenbezogener Daten ohne Einwilligung gemäß § 4 Abs. 1 BDSG,[253] oder die Pflicht zur Zugänglichmachung von Reparatur- und Wartungsinformationen für PKW gem Art. 6 Abs. 1 S. 1 der VO (EG) Nr. 715/2007 (Rn.: BGH GRUR 2020, 426 Rn. 11 – Ersatzteilinformation II) 75

§ 7 S. 1 ElektroG schützt die Mitbewerber vor einer Belastung mit höheren Entsorgungskosten infolge nicht gekennzeichneter Elektrogeräte durch andere Marktteilnehmer und stellt aus diesem Grund eine Marktverhaltensregel dar.[254] Auch § 6 Abs. 2 ElektroG bezweckt den Schutz von Marktteilnehmern.[255] 76

[237] BGH GRUR 2002, 825 (826) – Elektroarbeiten.

[238] Begr. RegE zu § 4 Nr. 11 UWG, BT-Drs. 15/1487 S. 19.

[239] OLG Schleswig Urt. v. 26.5.2011 – 6 U 6/10; OLG Karlsruhe WRP 2012, 1433 Rn. 7 – Vorsitzender Richter a. D.

[240] BGH GRUR 2016, 392 Rn. 15 – Buchungssystem II; Urt. v. 29.9.2016 – I ZR 160/15 – Servicepauschale.

[241] BGH GRUR 2016, 716 Rn. 16 – Flugpreise.

[242] BGH GRUR-RS 2013, 01059 Rn. 9 – Voreingestellte Reiserücktrittsversicherung bei Flugbuchung im Internet; OLG Jena Urt. v. 6.4.2011 – 2 U 783/10.

[243] BGH GRUR 2010, 1120 – Vollmachtsnachweis; GRUR 2010, 1117 – Gewährleistungsausschluss im Internet.

[244] BGH GRUR 2010, 1024 – Master of Science Kieferorthopädie; für § 15 Berufsordnung iVm § 32 S. 1 Nr. 10 HeilBerG NW vgl. BGH GRUR 2021, 1315 Rn. 54 – Kieferorthophädie.

[245] BGH GRUR 2009, 886 – Die clevere Alternative; GRUR 2013, 1250 Leitsatz 1 – Krankenzusatzversicherungen; WRP 2014, 57 Rn. 14 – Vermittlung von Netto-Policen; WRP 2014, 431 Rn. 19 – Online-Versicherungsvermittlung; GRUR 2014, 794 Rn. 16 – Gebundener Versicherungsvermittler.

[246] OLG Brandenburg GRUR-RR 2021, 316 Rn. 6 – Altedelmetallankaufstage.

[247] BGH ZUM-RD 2009, 508 – Shift.TV.

[248] BGH GRUR 2015, 1228 Leitsatz 2 – Tagesschau-App; OLG Köln GRUR 2017, 311 Rn. 27 – Tagesschau-App II.

[249] BGH GRUR 2017, 422 Rn. 31 ARD-Buffet.

[250] LG Heilbronn WRP 2016, 1566 Rn. 15 f. – Geschenkgutscheine für Taxifahrten; LG Hamburg Urt. v. 23.12. 2016 – 315 O 423/15 – 50 % Rabattaktion; zu § 2 Abs. 1 PBefG: OLG Frankfurt a. M. GRUR 2022, 98 Rn. 18.

[251] BGH GRUR 2015, 1235 Rn. 12 – Rückkehrpflicht V.

[252] BGH GRUR 2013, 412 Rn. 15 – Taxibestellung.

[253] OLG Köln GRUR-RR 2010, 34 – Rückgewinnungsschreiben.

[254] BGH GRUR 2015, 1021 Leitsatz 1 – Kopfhörer-Kennzeichnung; OLG Köln GRUR-RS 2014, 11266 Rn. 16 – Inverkehrbringen von Intim-Massagegeräten ohne CE-Kennzeichnung; OLG Celle GRUR-RR 2014, 152 – Klebefähnchen; OLG Hamm GRUR-RR 2015, 60 Rn. 58 – Energiesparlampen für Strahler; offen gelassen, da jedenfalls keine Spürbarkeit: OLG Düsseldorf GRUR-RR 2014, 499 Rn. 9 – Herstellerkennzeichen für Kopfhörer; verneinend: OLG

77 Ob Verstöße gegen die seit 2018 geltende Datenschutz-GV dort abschließend geregelt sind, oder ob sie darüber hinaus über § 3a UWG angegriffen werden können, ist offen. Diese Frage liegt aufgrund eines Beschlusses des BGH dem EuGH zur Entscheidung vor (Rn.: BGH GRUR 2020, 896 Rn. 33 ff. – App-Zentrum).

78 Schließlich sind natürlich auch Vorschriften, die Straftaten gegen den Wettbewerb sanktionieren, Marktverhaltensregeln iSd Norm. Hierunter fallen die Vorschrift der wettbewerbsbeschränkenden Absprachen bei Ausschreibungen gemäß § 298 StGB sowie die die Bestechlichkeit und Bestechung im geschäftlichen Verkehr regelnde Norm des § 299 StGB (Rn.: Gleiches gilt für die Sondernormen für das Gesundheitswesen in §§ 299a und b StGB), welche früher als wettbewerbsrechtliche Vorschrift sogar im UWG selbst geregelt war.[256] Darüber hinaus soll es sich selbst bei den entsprechenden Amtsdelikten gemäß §§ 331 ff. StGB um Marktverhaltensregeln handeln. Zwar soll in erster Linie die Funktionsfähigkeit des Amtsapparates geschützt werden, mittelbar jedoch auch die Interessen der redlichen Unternehmer.[257]

VI. Vertragsverletzungen

1. Ausgangspunkt

79 Nicht nur der Verstoß gegen gesetzliche Vorschriften, sondern auch die Verletzung vertraglicher Bindungen kann den Wettbewerb in unlauterer Weise beeinträchtigen. Von daher wurde auch der Vertragsbruch bis 2004 in die zu § 1 UWG aF entwickelte Lehre vom Rechtsbruch mit einbezogen. Demgegenüber wird seit 2004 ausdrücklich eine Zuwiderhandlung gegen eine **„gesetzliche“** Vorschrift verlangt. Ebenso lässt auch die amtliche Gesetzesbegründung aus dem Jahre 2003 erkennen, dass durch den Rechtsbruchtatbestand lediglich Gesetzesverstöße sanktioniert werden sollen.[258] Vertragsverletzungen sind damit vom Tatbestand der Vorschrift eindeutig ausgenommen. Auch eine analoge Anwendung kommt mangels planwidriger Regelungslücke nicht in Betracht. Dies hat allerdings nicht etwa zur Folge, dass vertragliche Bindungen per se aus dem Schutzbereich des Wettbewerbsrechts ausgeklammert sind. Sofern das Verhalten nämlich nicht bereits als gezielte Behinderung von Mitbewerbern nach § 4 Nr. 4 UWG unlauter ist, lässt sich die Fallgruppe des Vertragsbruchs auch weiterhin auf den allgemeinen Unlauterkeitstatbestand des § 3 Abs. 1 UWG stützen. Denn der Aufzählung in § 4 UWG ist kein abschließender Charakter beizumessen, so dass § 3 Abs. 1 UWG die Eigenschaft als mitbewerberschützende Generalklausel zukommt.[259] Damit wird dem Umstand Rechnung getragen, dass nicht alle denkbaren Fälle unlauteren Handelns erschöpfend geregelt werden können.

80 Insoweit kann auch unter Geltung des neuen Rechts auf die in Rechtsprechung und Literatur entwickelten Grundsätze zum Vertragsbruch zurückgegriffen werden, wobei allerdings in Zukunft der Schutzzielbestimmung des § 1 UWG, dem Erfordernis der geschäftlichen Handlung iSd § 2 Abs. 1 Nr. 1 UWG sowie der Spürbarkeitsschwelle des § 3 UWG, Beachtung zu schenken sind.

2. Eigener Vertragsbruch

81 Für eigene Vertragsverletzungen enthält das Vertragsrecht grundsätzlich abschließende Regelungen. Erfüllt ein Vertragspartner seine vertraglichen Verpflichtungen gar nicht oder schlecht, stehen dem anderen Vertragspartner **schuldrechtliche** Ansprüche zu, wie bspw. Schadensersatz statt der Leistung (§§ 280 Abs. 1, Abs. 3, 281 ff. BGB) oder Gewährleistungsrechte wegen Schlechterfüllung (§§ 437 ff. BGB).

82 Ausnahmsweise können im Rahmen einer Vertragsverletzung auch Verstöße gegen das im deliktischen Bereich angesiedelte Wettbewerbsrecht in Betracht kommen. Ein Vertragsbruch kann

Köln GRUR-RS 2015, 07009 – Herstellerkennzeichnung von Elektrogeräten nicht hingegen § 9 Abs. 2 EMVG, vgl. OLG Schleswig GRUR-RS 2021, 38118 Rn. 19 f.

[255] OLG München GRUR-RR 2011, 424 (425) – Elektrogeräteregistrierung; OLG Hamm GRUR-RR 2015, 60 Rn. 46 – Energiesparlampen für Strahler; OLG Köln GRUR-RS 2015, 07009 Rn. 26 f. – Herstellerkennzeichnung von Elektrogeräten.

[256] Köhler/Bornkamm/Köhler UWG § 3a Rn. 1.327 f.; Ohly/Sosnitza/Ohly UWG § 3a Rn. 89.

[257] BGH GRUR 2006, 77 – Schulfotoaktion; Fezer/Büscher/Obergfell/Götting/Hetmank UWG § 3a Rn. 164; aA Köhler/Bornkamm/Köhler UWG § 3a Rn. 1.333; Ohly/Sosnitza/Ohly UWG § 3a Rn. 90.

[258] Vgl. Begr. RegE zu § 4 Nr. 11 UWG, BT-Drs. 15/1487 S. 19.

[259] Beschlussempfehlung Rechtsausschluss zu § 3 Abs. 1 UWG, BT-Drs. 18/6571 S. 13–14.

aber nur dann einen Verstoß gegen § 3 UWG darstellen, wenn **besondere unlauterkeitsbegründende Umstände** hinzutreten, die über die reine Vertragsverletzung hinausgehen.[260] Dies ist etwa gegeben, wenn das vertragswidrige Verhalten zum Mittel des eigenen Wettbewerbs gemacht wird, also gezielt geschäftliche Entscheidungen außerhalb der Vertragsbeziehungen auf den Wettbewerb herbeigeführt werden sollen,[261] zB bei der gezielten und planmäßig wiederholten Kundentäuschung zum Mittel seines Wettbewerbs.[262] Das „Sich-Hinwegsetzen" über Vertragsbedingungen kann auch eine gezielte Behinderung iSv § 4 Nr. 4 UWG darstellen, wenn besondere Umstände hinzutreten, die das Wettbewerbsverhalten unlauter erscheinen lassen, bspw. wenn dadurch derart auf das Produkt eines Mitbewerbers eingewirkt wird, dass eine Schutzvorkehrung unterlaufen wird, die eine solche Einwirkung gerade verhindern soll.[263]

Ein Vertragsverstoß kann auch dann einen Wettbewerbsverstoß darstellen, wenn die vertragliche Regelung selbst schon eine wettbewerbliche Pflicht, bspw. ein Konkurrenz- oder ein Werbeverbot enthält. Denn wer diese vertragliche Pflicht nicht beachtet, handelt idR. um seine eigene wettbewerbliche Stellung zu fördern und damit in Wettbewerbsabsicht.[264] Das Erfordernis einer geschäftlichen Handlung iSd § 2 Abs. 1 S. 1 UWG ist daher regelmäßig zu bejahen. 83

3. Fremder Vertragsbruch

Grundsätzlich entfalten Verträge keine Rechtswirkungen für Dritte, die nicht selbst Vertragspartner sind. Beteiligt sich jedoch ein Dritter zu Zwecken des Wettbewerbs (s. o.) aktiv am fremden Vertragsbruch, kann dies einen Wettbewerbsverstoß iSd Generalklausel des § 3 UWG begründen. Die Hauptanwendungsfälle sind hierbei das **Verleiten** eines anderen zu einem Vertragsbruch und das **Ausnutzen** eines fremden Vertragsbruchs.[265] 84

a) Verleiten zum Vertragsbruch. Grundsätzlich gilt, dass derjenige, der zu Zwecken des Wettbewerbs bewusst darauf hinwirkt, dass der Vertragspartner eines Konkurrenten seine diesem gegenüber bestehenden vertraglichen Hauptpflichten verletzt, unlauter handelt;[266] das Abwerben von Mitarbeitern stellt dabei als Verleiten zum Vertragsbruch eine gezielte Behinderung des Mitbewerbers iSd § 4 Nr. 4 UWG dar.[267] Für das Verleiten genügt jedes **„bewusste Hinwirken"**, auch wenn der Widerstand des Verleiteten gering ist; eine „Anstiftung" im strafrechtlichen Sinne ist nicht erforderlich.[268] Das bedeutet, dass ein Verleiten auch schon dann gegeben sein kann, wenn der andere bereits entschlossen ist, seine bestehenden Vertragspflichten nicht zu erfüllen.[269] Ein Verleiten zur Nichteinhaltung von bloßen Nebenpflichten führt idR nicht zur Wettbewerbswidrigkeit.[270] 85

Des Weiteren ist Voraussetzung, dass zwischen dem anderen und dessen Vertragspartner eine **rechtswirksame Bindung** besteht. Ohne eine Verleitung zur Vertragsuntreue fehlt es an der Unlauterbarkeit des Hinwirkens. So handelt bspw. der Verpächter eines Lokals nicht unlauter, der das Pachtverhältnis fristgerecht kündigt, um den Pächter zum Abschluss eines neuen Pachtvertrages zu veranlassen, in welchem ihm selbst das alleinige Recht zur Automatenaufstellung eingeräumt wird.[271] Die Auflösung eines Vertrags unter Einhaltung der geltenden Kündigungsfristen ist als adäquates Mittel der Marktwirtschaft erlaubt, auch wenn es zu eigenen Wettbewerbszwecken ausgenutzt wird. 86

Ferner muss der Verletzer die Umstände, die seine Handlung unlauter machen, **kennen** oder zumindest mit der Möglichkeit ihres Vorliegens rechnen.[272] Nicht ausreichend ist die bloße 87

---

[260] BGH GRUR 1976, 427 – Einfirmenvertreter; GRUR 1987, 832 – Konkurrenzschutzklausel.
[261] Vgl. auch Köhler/Bornkamm/Köhler UWG § 2 Rn. 72.
[262] BGH GRUR 1987, 180 (181) – Ausschank unter Eichstrich II; GRUR 1986, 816 (819) – Widerrufsbelehrung bei Teilzahlungskauf.
[263] BGH GRUR 2017, 397 Rn. 68 – World of Warcraft II.
[264] Vgl. OLG Hamburg GRUR 2003, 811 (813) – Verstoß gegen Preisbindung; ZUM-RD 2005, 226 (227) – Zeitschriftenverkauf vor dem vertraglich vereinbarten Erstverkaufstag; Baumbach/Hefermehl (22. Aufl. 2001) UWG § 1 Rn. 695, 825 ff.; aA Köhler/Bornkamm/Köhler UWG § 3a Rn. 1.78 aE, Rn. 4.42, 4.44; s. a. Harte-Bavendamm/Henning-Bodewig/v. Jagow UWG § 3a Rn. 134.
[265] S. ausführlich dazu Haedicke/Nemeczek FS Bornkamm, S. 353 ff.; Ohly FS Spellenberg, S. 617 ff.
[266] BGH GRUR 1994, 447 (448) – Sistierung von Aufträgen; GRUR 1997, 920 (921) – Automatenaufsteller.
[267] BGH GRUR 2007, 800 – Außendienstmitarbeiter.
[268] BGH GRUR 1987, 532 – Zollabfertigung; Baumbach/Hefermehl (22. Aufl. 2001) UWG § 1 Rn. 698.
[269] BGH GRUR 1969, 474 – Bierbezug.
[270] BGH GRUR 1960, 558 (560) – Eintritt in Kundenbestellung.
[271] BGH GRUR 1997, 920 – Automatenaufsteller.
[272] BGH GRUR 1974, 97 (98) – Spielautomaten; Baumbach/Hefermehl (22. Aufl. 2001) UWG § 1 Rn. 701

Kenntnis vom Bestehen von Vertragsbeziehungen, vielmehr muss die Kenntnis des Verletzers hinzukommen, dass Umstände vorliegen, die sein Verhalten als unlauter erscheinen lassen, wobei es genügt, wenn er sich der Kenntnis dieser Umstände bewusst verschließt. Denn in diesen Fällen wird er so behandelt, als habe er die den Vertragsbruch begründenden Umstände gekannt.[273]

88 **b) Ausnutzen fremden Vertragsbruchs.** Das Ausnutzen fremden Vertragsbruchs ist nicht schon per se wettbewerbswidrig, selbst wenn es zur Förderung des eigenen Wettbewerbs geschieht. Vielmehr müssen nach ständiger Rechtsprechung noch besondere, die Unlauterkeit begründende Umstände hinzukommen.[274] Dem liegt der Gedanke zugrunde, „dass die schuldrechtliche Bindung zwischen dem Wettbewerber und seinem Vertragspartner im allgemeinen Dritten gegenüber keine rechtlichen Wirkungen zu entfalten vermag und dass die Annahme eines Wettbewerbsverstoßes schon bei einem Ausnutzen fremden Vertragsbruchs gewissermaßen zu einer – im Interesse der Verkehrsfähigkeit unerwünschten – Verdinglichung der schuldrechtlichen Verpflichtungen führen würde".[275]

89 Alleine aus dem Umstand, dass ein Kaufmann den Vertragsbruch eines Vertragspartners seines Wettbewerbers ausnutzt, ohne diesen zu dem Vertragsbruch verleitet zu haben, kann demzufolge keine Wettbewerbswidrigkeit hergeleitet werden. Zu der Kenntnis von dem Bestehen vertraglicher Bindungen müssen **besondere Umstände hinzutreten.** Eine Wettbewerbswidrigkeit wurde in dem Fall bejaht, in dem eine Gebäudefläche zu Werbezwecken angemietet wurde, obwohl ohne weiteres zu erkennen war, dass diese Fläche bereits einem Mitbewerber *ausschließlich* eingeräumt worden war.[276] Das bewusste Sichverschließen vor der Kenntnis des Bestehens von Ausschließlichkeitsbindungen steht in einem solchen Fall der Kenntnis der den Vertragsbruch begründenden Umstände gleich und vermag das Vorliegen der besonderen, die Unlauterkeit begründenden Umstände zu rechtfertigen.[277]

90 Wettbewerbswidrig handelt auch, wer in Kenntnis der Tatsache, dass in einer Gaststätte bereits ein Unterhaltungsautomat eines Mitbewerbers aufgestellt ist, mit dem Gastwirt einen Aufstellungsvertrag über Musik- und Spielautomaten abschließt, ohne sich zu vergewissern, dass dem nicht anderweitige vertragliche Verpflichtungen des Gastwirts entgegenstehen. Er darf sich nicht mit der Erklärung des Gastwirts, er sei vertraglich nicht gebunden, begnügen. Das bedeutet, dass die konkreten Umstände des Einzelfalles sogar zu einer Überprüfungspflicht des Mitbewerbers führen können.[278]

91 Im Übrigen ist das bloße Ausnutzen eines fremden Vertragsbruchs nach heutiger Rechtsprechung hingegen nicht allein deswegen wettbewerbswidrig, weil der Kaufmann Kenntnis vom bestehenden Vertragsverhältnis hat oder dieses hätte kennen müssen.[279] Ein wettbewerbswidriges Verhalten kommt – ohne positive Kenntnis – also nur dann in Betracht, wenn es sich nicht um „einfache" Vertragsbeziehungen handelt, sondern um branchenübliche Ausschließlichkeitsbindungen.[280] Dann nämlich weiß der Vertragspartner bzw. müsste wissen, dass eine vertragliche Bindung besteht, so dass er sich zumindest grob fahrlässig über diese hinwegsetzen würde und damit unlauter handelt.[281]

92 **c) Sonderfall: Vertriebsbindungssysteme.** Durch Vertriebsbindungen, die ein Hersteller seinen Großhändlern vertraglich auferlegt, werden diese in den Absatzmöglichkeiten ihrer Ware beschränkt. Sie dürfen bspw. nur an bestimmte, autorisierte Zwischenhändler oder in einem bestimmten Gebiet weiterveräußern. Zweck dieser Vertriebsbindungssysteme ist, den Vertrieb zu kanalisieren und zu kontrollieren und ein exklusives Image zu pflegen.

93 Werden diese Bindungen von einem Außenstehenden missachtet, liegt darin nur dann ein wettbewerbsrechtlicher Verstoß, wenn das Vertriebsbindungssystem **schutzfähig** ist. Die Schutz-

---

[273] BGH GRUR 1975, 555 (556) – Speiseeis.

[274] BGH GRUR 1956, 273 (275) – Drahtverschluss; GRUR 1957, 219 – Bierbezugsvertrag; GRUR 1973, 426 (428) – Medizinduden; GRUR 2002, 795 (798) – Titelexklusivität; OLG Hamm GRUR 2004, 27 (28) – AVAD; hierzu ausführlich Haedicke/Nemeczek FS Bornkamm, S. 353, 361 ff.; Köhler GRUR Int. 2014, 1006.

[275] BGH GRUR 1999, 1113 – Außenseiteranspruch; GRUR 2000, 724 (726) – Außenseiteranspruch II; GRUR 2002, 795 (798) – Titelexklusivität.

[276] BGH GRUR 1967, 138 – Streckenwerbung; GRUR 2002, 795 (798) – Titelexklusivität.

[277] BGH GRUR 1975, 555 (557) – Speiseeis.

[278] BGH GRUR 1974, 97 (98) – Spielautomat.

[279] BGH GRUR 2006, 879 (880) – Flüssiggastank; GRUR 2007, 800 (801) – Außendienstmitarbeiter; GRUR 2009, 173 (176) – bundesligakarten.de.

[280] BGH GRUR 2002, 795 – Titelexklusivität.

[281] Vgl. Fischötter Anm. zu BGH GRUR 1974, 97 – Spielautomat.

fähigkeit wiederum richtet sich nach seiner Wirksamkeit im kartellrechtlichen und im wettbewerbsrechtlichen Sinne.

Im europäischen Recht sind selektive Vertriebssysteme grundsätzlich dann nach Art. 101 Abs. 3 AEUV iVm der Verordnung 330/2010 (Vertikal-GVO) vom Kartellverbot des Art. 101 Abs. 1 AEUV freigestellt, wenn die dort zugrunde gelegte Marktanteilsschwelle von 30 % nicht überschritten ist und keine Kernbeschränkungen iSd Art. 4 der Vertikal-GVO vorliegt.[282] 94

Die kartellrechtliche Wirksamkeit selektiver Vertriebssysteme nach deutschem Recht ist nach der 7. GWB-Novelle und dem damit verbundenen Wegfall der bis dahin in § 16 GWB geregelten Missbrauchsaufsicht nach §§ 1 und 2 GWB in Verbindung mit der nach § 2 Abs. 2 GWB anwendbaren VO 330/2010[283] dem europäischen Recht angeglichen. 95

Die wettbewerbsrechtliche Wirksamkeit ist für die Schutzfähigkeit deshalb von so großer Bedeutung, als durch Vertriebsbindungssysteme sowohl Außenstehende als auch Gebundene erheblich in ihrer Wettbewerbsfreiheit eingeschränkt werden. Als Voraussetzung für die Schutzfähigkeit wurde daher in bestimmten Konstellationen die gedankliche und praktische (tatsächliche) Lückenlosigkeit der Vertriebsbindung gefordert.[284] Denn sei das System lückenhaft und könnten Konkurrenten des gebundenen Händlers ohne eine gleiche rechtliche oder tatsächliche Bindung die Ware vertreiben, so könne auch dem gebundenen Händler die Einhaltung der Bindung nicht mehr zugemutet werden.[285] Gedanklich lückenlos war eine Vertriebsbindung, die eine konforme Wettbewerbslage unter allen Abnehmern schaffte, ohne Sondervereinbarungen mit einzelnen Abnehmern zu treffen. Praktisch bzw. tatsächlich lückenlos war ein System, in welchem tatsächlich auftretende Lücken alsbald geschlossen werden konnten. Dies geschah durch die ständige Überwachung durch das bindende Unternehmen. Dieses traf gegebenenfalls auch die Pflicht, Verstöße zu ahnden. Ein System wurde dagegen als praktisch lückenhaft angesehen, wenn die vertriebsgebundene Ware über unvermeidbare Einzelfälle hinaus auch außerhalb seines Systems erhältlich sei. Die neuere Rechtsprechung des BGH hat sich dagegen davon gelöst, die Bewertung eines Vertriebssystems von seiner praktisch lückenlosen Durchführung abhängig zu machen.[286] Für die kartellrechtliche Wirksamkeit des Vertriebssystems kommt es jedenfalls weder nach deutschem[287] noch nach europäischem Kartellrecht auf die Frage seiner Lückenlosigkeit an. 96

Das Ausnutzen des Vertragsbruchs eines in einem Vertriebsbindungssystem gebundenen Händlers ist als Ausnutzen fremden Vertragsbruchs ohne Hinzutreten weiterer Umstände nicht unlauter.[288] Es werden zurzeit noch folgende **drei Fallgruppen** der unlauteren Verletzung von Vertriebsbindungssystemen unterschieden: Verletzung durch Verleitung zum Bruch der Vertriebsbindungen, durch Schleichbezug und durch Entfernen der Kontrollnummern von den gebundenen Produkten. 97

aa) Verleiten zum Bruch der Vertriebsbindung. Hinsichtlich einer Wettbewerbsverletzung durch Verleitung zum Bruch der Vertriebsbindungen kann auf oben (unter VI. 3a) verwiesen werden. Wettbewerbswidrig handelt der Außenseiter, der bewusst auf einen gebundenen Händler einwirkt, um ihn zu einem Bruch des Vertriebsbindungssystems zu veranlassen.[289] Das Verleiten zum Bruch einer Vertriebsbindung ist stets wettbewerbswidrig. Auf die Lückenlosigkeit des Vertriebssystems kommt es in diesem Zusammenhang nicht an.[290] 98

bb) Schleichbezug. Ein Schleichbezug liegt vor, wenn sich ein Außenseiter die Ware bspw. durch Vorschieben eines Mittelsmannes unter Verheimlichung des wahren Abnehmers oder durch arg- 99

[282] Vgl. dazu MüKoEuWettbR/Jestaedt/Zöttl GVO 330/2010 Rn. 30 ff., 40 ff., 43.

[283] Es handelt sich hierbei um einen dynamischen Verweis auf die GVOen in der jeweils geltenden Fassung, vgl. Begr. RegE zu § 2 Abs. 2 GWB, BT-Drs. 15/3640 S. 44.

[284] BGH GRUR 1991, 614 (616) – Eigenvertriebsbindung; GRUR 1991, 232 (233) – Jil-Sander-Kosmetika; OLG Köln GRUR 1989, 275 (277) – Außenseitervertrieb.

[285] BGH GRUR 1964, 154 – Trockenrasierer II; GRUR 1968, 272 (274 f.) – Trockenrasierer III; GRUR 1974, 351 – Frisiersalon.

[286] BGH GRUR 1999, 1109 – Entfernung der Herstellernummer; GRUR 1999, 1113 – Außenseiteranspruch I; GRUR 2000, 724 – Außenseiteranspruch II; GRUR 2001, 448 – Kontrollnummernbeseitigung II.

[287] BGH GRUR 1999, 1109 (1112) – Entfernung der Herstellungsnummer; GRUR 2000, 724 (725) – Außenseiteranspruch II; EuGH GRUR 1994, 300 (302) – Metro/Cartier.

[288] Köhler/Bornkamm/Köhler UWG § 4 Rn. 4.63 Piper/Ohly/Sosnitza UWG § 4 Rn. 10/77a; BGH GRUR 2007, 800 (801) – Außendienstmitarbeiter.

[289] BGH GRUR 1994, 827 (828) – Tageszulassungen; BGH GRUR 1999, 1113 (1115) – Außenseiteranspruch I.

[290] BGH GRUR 1999, 1113 (1114) – Außenseiteranspruch I; BGH GRUR 2000, 724 (725) – Außenseiteranspruch II; Piper/Ohly/Sosnitza UWG § 4 Rn. 10/77a; Köhler/Bornkamm/Köhler UWG § 4 Rn. 4.63.

listiges Verschweigen einer ihn treffenden Liefersperre verschafft.[291] Häufig spielt sich dies im Bereich des Kraftfahrzeughandels ab. Ein Außenseiter spiegelt dem gebundenen Händler vor, er sei Endabnehmer, in Wirklichkeit ist er aber Wiederverkäufer, an den der gebundene Händler nicht hätte verkaufen dürfen.[292] Der Schleichbezug ist unlauter, ohne dass es auf die gedankliche oder praktische Lückenlosigkeit des Vertriebsbindungssystems ankommt. Allerdings sind Vertriebssysteme wettbewerbsrechtlich nicht schutzwürdig, die gegen kartellrechtliche Vorschriften verstoßen[293] oder durch Allgemeine Geschäftsbedingungen ausgestaltet werden, die nicht der Inhaltskontrolle standhalten.[294]

100 *cc) Entfernung von Kontrollnummern.* Die Entfernung von Kontrollnummern, mit deren Hilfe das herstellende Unternehmen den Vertriebsweg seiner Ware verfolgen und gegebenenfalls undichte Stellen im Vertriebssystem ausfindig machen kann, wird von der Rechtsprechung nur dann als wettbewerbswidrig angesehen, wenn das Vertriebssystem gedanklich lückenlos ist und daher wettbewerbsrechtlichen Schutz genießt – auf die praktische Lückenlosigkeit kommt es hingegen nicht an.

101 Denn dieser Schutz – so die zutreffende Begründung des BGH – dient gerade dazu, es dem Hersteller zu ermöglichen, vertragsbrüchige Händler ausfindig zu machen und so praktische Lücken seines Systems zu schließen.[295] Bindet demnach der Hersteller seine Abnehmer nicht einheitlich, versorgt er also einen Teil eines einheitlichen Wirtschaftsraumes auch über ungebundene Händler, so ist dem Kontrollnummernsystem weder wettbewerbsrechtlicher noch markenrechtlicher Schutz zuzuerkennen. Andernfalls könnte der Hersteller durch den Einsatz des Nummernsystems nicht nur die Vertragstreue der gebundenen Händler, sondern auch die Vertriebswege außerhalb des selektiven Vertriebsbindungssystems überwachen und so zB preisaktive Händler vom weiteren Wettbewerb ausschließen.[296]

102 Im Ergebnis lässt sich festhalten, dass ein auf gedankliche Lückenlosigkeit angelegtes Vertriebsbindungssystem, das auf wirksamen Verträgen beruht und dem keine kartellrechtlichen Einwände entgegenstehen, auch dann rechtlichen Schutz genießt, wenn es in tatsächlicher Hinsicht praktische Lücken aufweist. Innerhalb eines solchen Systems steht es dem Hersteller frei, die Einhaltung der vertraglichen Bindungen durch seine Vertragshändler mittels eines Kontrollnummernsystems zu kontrollieren. Wird er bei dieser legitimen Kontrolle dadurch beeinträchtigt, dass ein Wettbewerber die Kontrollnummern entfernt oder Waren vertreibt, bei denen die Kontrollnummern entfernt wurden, so stehen ihm unter dem Gesichtspunkt der Wettbewerbsbehinderung gegenüber dem Wettbewerber Ansprüche nach dem UWG zu. Das Gleiche gilt auch dann, wenn das Nummernsystem neben der Kontrolle des Vertriebssystems gleichzeitig der Einhaltung der Kennzeichnungspflicht nach § 4 Abs. 1 KosmetikVO aF dient. In diesem Fall liegt in dem Weitervertrieb der Waren zugleich ein Rechtsbruch iSd § 3a UWG.[297]

---

291 BGH GRUR 2009, 173 (175) – bundesligakarten.de.

292 BGH GRUR 1992, 171 (173) – Vorgetäuschter Vermittlungsauftrag; GRUR 1994, 827 (828) – Tageszulassungen.

293 Vgl. BGH GRUR 2000, 724 (727) – Außenseiteranspruch II.

294 BGH GRUR 2014, 785 (788) – Flugvermittlung im Internet.

295 BGH GRUR 1999, 1109 (1112) – Entfernung der Herstellernummer; GRUR 2001, 448 (449) – Kontrollnummernbeseitigung II; GRUR 2002, 709 (711) – Entfernung der Herstellernummer III.

296 BGH GRUR 2001, 448 (449) – Kontrollnummernbeseitigung II.

297 BGH GRUR 2002, 709 (710) – Entfernung der Herstellernummer III.

§ 15 Herabsetzung von Mitbewerbern (§ 4 Nr. 1 UWG)

Übersicht

I. Überblick

1. Normzweck

1 Grundsätzlich dürfen Mitbewerber sachliche und konstruktive Kritik an ihren Konkurrenten oder deren Leistungsangebot (Kennzeichen, Waren, Dienstleistungen, Tätigkeiten) üben. Dies ist Teil des fairen Wettbewerbs und entspricht einem legitimen Informationsbedürfnis aller Marktbeteiligten.[1]

2 Von der sachlichen und konstruktiven Kritik zu unterscheiden ist die bloße Herabsetzung und Verunglimpfung von Mitbewerbern. Sie ist geeignet, Nachfrageentscheidungen zu beeinträchtigen oder Verbraucher zu manipulieren. Dementsprechend besteht an derartigen Verhaltensweisen kein schutzwürdiges Interesse.[2]

3 Hier setzt die Regelung in § 4 Nr. 1 UWG an: sie dient dem Schutz von Mitbewerbern und dem Schutz der Interessen der Allgemeinheit an einem unverfälschten Wettbewerb (vgl. § 1 Satz 2

Ein herzlicher Dank gilt Sabrina Geiger für die gute Unterstützung dieses Beitrags!

[1] OLG Köln GRUR-RR 2011, 325 (326).

[2] Köhler/Bornkamm/Feddersen/Köhler UWG § 4 Rn. 1.2.

UWG). Soweit die Bestimmung den betroffenen Mitbewerber schützt, soll sie nicht – zumindest nicht vorrangig – dessen Geschäftsehre, sondern seine wettbewerblichen Interessen wahren.[3] Ob durch die Herabsetzung oder Verunglimpfung gleichzeitig das persönliche geschäftliche Ansehen des Mitbewerbers beeinträchtigt wird, ist für die Anwendung des § 4 Nr. 1 UWG unerheblich.[4]

4 Anders als einer Verletzung des Persönlichkeitsrechts, ist einem Verstoß gegen § 4 Nr. 1 UWG immanent, dass die Kritik geeignet ist, die Wettbewerbschancen des Mitbewerbers – etwa durch die Einwirkung auf die Entschließung der Kunden – auf dem maßgeblichen Markt zu beeinträchtigen oder den Wettbewerb zu verfälschen.[5]

5 Die Vorschrift bezweckt nicht auch den Schutz von Verbrauchern und sonstigen Marktteilnehmern. Ist eine Kritik geeignet, die wirtschaftliche Entscheidung der Verbraucher zu beeinflussen, so können neben § 4 Nr. 1 UWG die verbraucherschützenden Normen des UWG (§§ 3 Abs. 2 und 3, 4a, 5 und 5a UWG), mit Inkrafttreten des Gesetzes zur Stärkung des Verbraucherschutzes im Wettbewerbs- und Gewerberecht zum 28.5.2022, zusätzlich §§ 5b und 5c UWG-neu Anwendung finden.

2. UWG-Reform 2015

6 Seit der UWG-Reform 2015 (Geltung der neuen Gesetzeslage ab dem 10.12.2015) umfasst § 4 UWG ausschließlich Regelungen zum Mitbewerberschutz. Hierfür sind die zuvor geltenden Regelungen in § 4 Nr. 7–10 UWG inhaltsgleich in § 4 Nr. 1–4 UWG übernommen worden.[6] Die bisher zur Herabsetzung von Mitbewerbern anerkannten Grundsätze gelten daher nach der Novellierung unverändert fort, mit der Folge, dass im Falle eines Verstoßes gegen § 4 Nr. 7 UWG aF die Voraussetzungen von § 4 Nr. 1 UWG nF erfüllt sind.[7] Die Streichung der Bagatellklausel in § 3 Abs. 1 UWG in Folge der UWG-Reform 2015 bleibt im Hinblick auf die Regelungen zum Mitbewerberschutz folgenlos. Das Tatbestandsmerkmal der „Unlauterkeit" der §§ 4 Nr. 1–4 UWG dient bereits als Filter für Bagatellfälle. Das Gesetz zur Stärkung des Verbraucherschutzes im Wettbewerbs- und Gewerberecht,[8] das am 28.5.2022 in Kraft tritt, sieht ebenfalls keine Änderung von § 4 Nr. 1 UWG vor.

II. Abgrenzungen

1. Vergleichende Werbung, § 6 Abs. 2 Nr. 4 und 5 UWG

7 Erfolgt die Diskreditierung eines Mitbewerbers oder seiner Leistungen im Rahmen eines Werbevergleichs, so wird § 4 Nr. 1 UWG durch die vorrangig anzuwendenden Spezialregelungen zur vergleichenden Werbung (§ 5 Abs. 3 bzw. ab 28.5.2022 § 5 Abs. 4 UWG-neu und § 6 Abs. 2 Nr. 4 und 5 UWG) verdrängt.[9] Die Tatbestandsvoraussetzungen der Regelungen in § 4 Nr. 1 und in § 6 Abs. 2 Nr. 5 UWG stimmen im Wesentlichen überein. Im Übrigen darf die Anwendung von § 4 Nr. 1 UWG zu keinem anderen Ergebnis führen:[10] Ist ein Werbevergleich nach den Kriterien

---

[3] BGH GRUR 2014, 601 Rn. 24 – englischsprachige Pressemitteilung; ebenso sieht Köhler/Bornkamm/Feddersen/Köhler UWG § 4 Rn. 1.2 die sog. Geschäftsehre des Unternehmers als nebenrangiges Schutzgut an; ohne eine solche Abstufung Harte-Bavendamm/Henning-Bodewig/Omsels UWG § 4 Nr. 7 Rn. 1.

[4] BGH GRUR 2014, 601 Rn. 24 – englischsprachige Pressemitteilung.

[5] BGH GRUR 2014, 601 Rn. 24 – englischsprachige Pressemitteilung; BGH GRUR 1998, 945 (946) – „Co-Verlagsvereinbarung".

[6] BT-Drs. 18/6571, S. 14; BGH GRUR 2016, 710 Rn. 35 – Im Immobiliensumpf, ebenso BGH GRUR-RR 2016, 410 Rn. 79 – Dr. Estrich.

[7] BGH GRUR 2016, 710 Rn. 35 – Im Immobiliensumpf; ebenso BGH GRUR-RR 2016, 410 Rn. 81 – Dr. Estrich.

[8] Der Bundestag hat dieses Gesetz am 10.8.2021 beschlossen. Das Gesetz dient der Umsetzung der Richtlinie (EU) 2019/2161 des Europäischen Parlaments und des Rates vom 27.11.2019 zur Änderung der Richtlinie 93/13/EWG des Rates und der Richtlinien 98/6/EG, 2005/29/EG und 2011/83/EU des Europäischen Parlaments und des Rates zur besseren Durchsetzung und Modernisierung der Verbraucherschutzvorschriften der Union.

[9] Ständige Rechtsprechung; so etwa BGH GRUR 2012, 74 Rn. 17 – Coaching-Newsletter; OLG Köln 4.9.2015 – 6 U 7/15, NRWE-Rechtsprechungsdatenbank (http://ww.justiz.nrw.de/nrwe/olgs/koeln/j2015/6_U_7_15_Urteil_20150904.html) Rn. 63.

[10] Die WerbeRL bezweckt, soweit es die vergleichende Werbung angeht, eine abschließende Regelung (vgl. Erwägungsgrund 9). Dementsprechend ist § 6 Abs. 2 Nr. 5 UWG richtlinienkonform auszulegen. Aufgrund der (nahezu) identischen Voraussetzungen von § 6 Abs. 2 Nr. 5 UWG und § 4 Nr. 1 UWG (vgl. aaO OLG Köln 4.9.2015 – 6 U 7/15 Rn. 63) wird auch von den Gerichten eine identische Auslegung vertreten. Dies wird im Übrigen dadurch gestützt, dass die WerbeRL in Erwägungsgrund 9 auch den Schutz der Mitbewerber bezweckt.

des § 6 Abs. 2 UWG zulässig, so darf er nicht aufgrund des § 4 Nr. 1 UWG verboten werden (Sperrwirkung).[11]

8 Bei einer Kennzeichenbeeinträchtigung geht § 6 Abs. 2 Nr. 4 UWG,[12] bei einer Diffamierung von Waren, Dienstleistungen, Tätigkeiten oder den persönlichen oder geschäftlichen Verhältnissen, geht § 6 Abs. 2 Nr. 5 UWG vor.[13] Maßgeblich ist dabei das Vorliegen einer vergleichenden Werbung. Eine vergleichende Werbung ist ausweislich der Legaldefinition in § 6 Abs. 1 UWG jede Werbung, die unmittelbar oder mittelbar einen Mitbewerber oder dessen Leistungen erkennbar macht.

9 Dementsprechend findet § 4 Nr. 1 UWG Anwendung, wenn der Anwendungsbereich der WerbeRL nicht eröffnet ist. Das ist vor allem dann der Fall, wenn (1) die herabsetzende Handlung schon keine Werbung darstellt (Beispiel: Herabsetzung durch Verunstaltung eines Produkts eines Mitbewerbers), (2) ein Mitbewerber nicht (zumindest) mittelbar erkennbar gemacht wird[14] oder (3) bereits kein Vergleich[15] im Sinne einer Gegenüberstellung vorliegt.[16] Dies ist der Fall, wenn sich die herabsetzende Äußerung zwar auf einen Mitbewerber, nicht aber auf das eigene Unternehmen oder eigene Leistungen bezieht.[17]

Praxistipp:

Bei einer Äußerung über einen Mitbewerber ist zunächst zu klären, ob eine vergleichende Werbung nach § 6 Abs. 1 UWG vorliegt. Ist dies der Fall, sind § 6 Abs. 2 Nr. 4 und 5 UWG vorrangig zu prüfen. Eine Prüfung von § 4 Nr. 1 UWG erübrigt sich.

2. Tatsachenbehauptungen, § 4 Nr. 2 UWG

10 Die Regelung in § 4 Nr. 2 UWG verbietet die Verbreitung nicht erweislich wahrer oder unwahrer geschäftsschädigender Tatsachenbehauptungen über einen Unternehmer. Unwahre Tatsachenbehauptungen die einen Mitbewerber herabsetzen, sollen nach Auffassung des BGH auch bzw. „ergänzend“ nach § 4 Nr. 1 UWG unzulässig sein.[18] Nach einer in der Literatur vertretenen Auffassung soll § 4 Nr. 2 UWG im Falle der Verbreitung unwahrer Tatsachenbehauptungen § 4 Nr. 1 UWG vorgehen.[19] Folge dieser in der Literatur vertretenen Auffassung wäre, dass § 4 Nr. 1 UWG nur greift, wenn eine Tatsache behauptet wird, die nicht geeignet ist, den Betrieb des Unternehmens oder den Kredit des Unternehmers zu schädigen, aber dennoch herabsetzend oder verunglimpfend wirkt. Die praktische Bedeutung wäre denkbar gering.

11 Die Verbreitung **abträglicher wahrer Tatsachenbehauptungen** oder Werturteile wird zwar nicht von § 4 Nr. 2 UWG umfasst, ist deswegen aber **nicht per se zulässig.**[20] Herabsetzende oder ver-

[11] Ohly/Sosnitza/Ohly UWG § 4 Rn. 1/6.

[12] Etwa, wenn der Ruf einer Marke beeinträchtigt oder gar ausgenutzt wird.

[13] Der Tatbestand ist mit Ausnahme der Erwähnung der „Kennzeichen“ als Objekt der Rufschädigung identisch mit dem Tatbestand des § 4 Nr. 1 UWG.

[14] Die Anwendung des § 4 Nr. 1 UWG auf kollektive Herabsetzungen oder Verunglimpfungen hat das OLG Hamm MMR 2010, 330 (331) – Herabsetzender „Testbericht“ im Internet, das OLG Hamburg NJOZ 2010, 1122 (1126) sowie aktuell das OLG Frankfurt a. M. MMR 2021, 826 (828) bejaht; ebenso Köhler/Bornkamm/Feddersen/Köhler UWG § 4 Rn. 1.7; eine andere Ansicht vertritt insoweit Ohly, in Ohly/Sosnitza UWG § 4 Rn. 1/6 und 1/10.

[15] Nun klarstellend für das Erfordernis eines Vergleichs bei § 6 Abs. 2 UWG BGH GRUR 2012, 74 Rn. 18 – Coaching-Newsletter; in früheren Urteilen hatte der BGH die Bezugnahme zwischen den Wettbewerbern bzw. zwischen deren Leistungen als unerlässliches Erfordernis eines jeden Werbevergleichs gesehen (so etwa BGH GRUR 1999, 1100 (1101) – Generika-Werbung; bestätigt in BGH GRUR 2002, 75 (77) – „SOOOO … BILLIG!“?; BGH GRUR 2002, 828 (829) – Lottoschein; BGH GRUR 2002, 982 (983) – Die „Steinzeit“ ist vorbei!); in späteren Urteilen hielt es der BGH in (vermeintlicher) Anknüpfung an die Rechtsprechung des EuGH für unerheblich, ob ein Vergleich erfolgt (so etwa BGH GRUR 2004, 607 (611) – Genealogie der Düfte; BGH GRUR 2005, 348 (348) – Bestellnummernübernahme; BGH GRUR 2008, 443 Rn. 15 – Saugeinlagen).

[16] Das ist beispielsweise bei Werbung mit Allein- oder Spitzenstellung, bei Werbung mit bloßer Aufforderung zum Vergleich, bei Werbung mit Bezugnahme darauf, dass sich das Produkt als Ergänzung zu einem anderen Produkt eignet, bei einem bloßen Eigenvergleich (da lediglich Bezugnahme auf das eigene Angebot) oder soweit Mitbewerber lediglich kritisiert werden, der Fall.

[17] So etwa BGH GRUR 2016, 710 Rn. 37 – Im Immobiliensumpf.

[18] Vgl. BGH GRUR 2012, 74 Rn. 27 – Coaching-Newsletter.

[19] So etwa MüKoUWG/Jänich § 4 Nr. 1 UWG Rn. 6; Harte-Bavendamm/Henning-Bodewig/Omsels UWG § 4 Nr. 7 Rn. 6.

[20] Ständige Rechtsprechung (jedenfalls) seit BGH GRUR 1964, 392 (394) – Weizenkeimöl.

unglimpfende wahre Tatsachenbehauptungen oder Werturteile können einen Verstoß gegen § 4 Nr. 1 UWG darstellen.[21]

Praxistipp:

Bei der Verbreitung von wahren Tatsachen über einen Mitbewerber ist Vorsicht geboten, wenn sie herabsetzend oder verunglimpfend sind. Auch die Verbreitung wahrer Tatsachen über einen Mitbewerber kann den Tatbestand des § 4 Nr. 1 UWG erfüllen.

3. Rufausbeutung, § 4 Nr. 3b) UWG

12 Bei den Schutzobjekten „Waren oder Dienstleistungen eines Mitbewerbers" sind Überlappungen mit § 4 Nr. 1 und Nr. 3b) UWG möglich. Beide Vorschriften stehen in Anspruchskonkurrenz.[22] Angesichts des vom *BGH* seit der *TÜV-Rechtsprechung*[23] vertretenen „Verbots" der alternativen Klagehäufung ist zwischen den Regelungen eindeutig zu differenzieren. Beeinträchtigungen, die sich aus dem Vertrieb von nachgeahmten Billigprodukten ergeben, fallen eher in den Anwendungsbereich von § 4 Nr. 3b) UWG, abfällige Äußerungen über Waren und Dienstleistungen fallen eher in den Anwendungsbereich von § 4 Nr. 1 UWG.[24]

4. Behinderung, § 4 Nr. 4 UWG

13 Die Herabsetzung eines Mitbewerbers (§ 4 Nr. 1 UWG) ist ein Unter-/Spezialfall der gezielten Behinderung (§ 4 Nr. 4 UWG)[25] und geht dementsprechend der Regelung in § 4 Nr. 4 UWG als speziellere Regelung vor.[26] § 4 Nr. 4 UWG ist Auffangtatbestand.[27]

14 Es ist in der Regel unschädlich, § 4 Nr. 4 UWG gleichzeitig[28] oder stattdessen[29] heranzuziehen,[30] denn bei beiden Vorschriften gelten dieselben Maßstäbe.[31]

Praxistipp:

Angesichts des Verbots der alternativen Klagehäufung und angesichts der speziellen Regelung in § 4 Nr. 1 UWG sollte grundsätzlich der Verstoß gegen § 4 Nr. 1 UWG vorrangig geltend gemacht werden.

15 Eine **parallele Anwendung** empfiehlt sich, wenn sich die Unlauterkeit aus unterschiedlichen Gesichtspunkten ergibt.[32] Eine denkbare Konstellation ist die Beschädigung von Konkurrenzprodukten. Zwar steht in diesen Fällen die Behinderung meist im Vordergrund, jedoch kann die Beschädigung dazu führen, dass die Wertschätzung der Produkte in den Augen der angesprochenen Verkehrskreise beeinträchtigt wird.[33] Die Entfernung von Warenkodierungen soll regelmäßig

[21] Köhler/Bornkamm/Feddersen/Köhler UWG § 4 Rn. 1.5.

[22] Gloy/Loschelder/Danckwerts UWG-HdB/Hasselblatt/Schneider § 49 Rn. 24.

[23] BGH GRUR 2011, 521 Rn. 8–10 – TÜV I sowie BGH GRUR 2011, 1043 Rn. 21–38 – TÜV II. Der BGH hat sich hier für das Verbot der alternativen Klagehäufung auch im gewerblichen Rechtsschutz ausgesprochen. Weiterführend hierzu Kodde, Vier Jahre nach „TÜV", GRUR 2015, 38. Aktuell hierzu BGH GRUR 2017, 397 Rn. 28 – World of Warcraft II.

[24] Gloy/Loschelder/Danckwerts/HasselblattUWG-HdB/Schneider § 49 Rn. 24.

[25] Ständige Rechtsprechung; so etwa BGH GRUR 2010, 349 Rn. 38 – EKW-Steuerberater.

[26] Ohly/Sosnitza/Ohly UWG § 4 Rn. 1/4.

[27] Die Rechtsprechung sieht es aber als unschädlich an, beide Vorschriften parallel anzuwenden. So BGH GRUR 2010, 349 Rn. 37 – EKW-Steuerberater. Teilweise hat es die Rechtsprechung auch für unschädlich erachtet, § 4 Nr. 4 UWG statt seiner Unterfälle anzuwenden. So für § 4 Nr. 2 UWG (vormals § 4 Nr. 8 UWG) BGH GRUR 2009, 1186 Rn. 25 – Mecklenburger Obstbrände.

[28] So BGH GRUR 2010, 349 Rn. 37 – EKW-Steuerberater.

[29] So für § 4 Nr. 2 UWG (vormals § 4 Nr. 8 UWG) BGH GRUR 2009, 1186 Rn. 25 – Mecklenburger Obstbrände.

[30] Köhler/Bornkamm/Feddersen/Köhler UWG § 4 Rn. 1.6.

[31] Insbesondere ist auch bei § 4 Nr. 4 UWG in aller Regel eine Interessenabwägung vorzunehmen.

[32] Ohly/Sosnitza/Ohly UWG § 4 Rn. 1/15 und 4/59.

[33] Ohly/Sosnitza/Ohly UWG § 4 Rn. 1/4. Das LG Heidelberg hat in seinem Urt. v. 23.5.2012 – 1 S 58/11, BeckRS 2012, 11110 Rn. 14 ff. eine Überschneidung auch angenommen, wenn ein Unternehmer über die Internet-Business-

eine Behinderung nach § 4 Nr. 4 UWG darstellen. Parallel ist § 4 Nr. 1 UWG einschlägig, wenn durch die Entfernung von Warenkodierungen der Eindruck erweckt wird, die Ware sei minderwertig.

5. Aggressive geschäftliche Handlungen, § 4a UWG

Die Herabsetzung eines Mitbewerbers kann im Einzelfall zugleich eine aggressive geschäftliche Handlung, § 4a UWG, darstellen (vergleiche va § 4a Abs. 2 Satz 1 Nr. 2 UWG: beleidigende Formulierung oder Verhaltensweise als aggressive geschäftliche Handlung). Denkbar ist eine pauschale Herabsetzung von Mitbewerbern (Verstoß gegen § 4 Nr. 1 UWG), die gleichzeitig geeignet ist, die Rationalität der Entschließung eines verständigen Verbrauchers zu beeinträchtigen (Verstoß gegen § 4a Abs. 1 Satz 2 Nr. 3 UWG). 16

6. Andere Rechtsgebiete

a) **§§ 823 ff. BGB.** Deliktische Ansprüche wie die Verletzung des allgemeinen Persönlichkeitsrechts oder des Namensrechts (§ 823 Abs. 1 BGB), die schuldhafte Schutzgesetzverletzung (§ 823 Abs. 2 BGB in Verbindung mit den §§ 185 ff. StGB), die Kreditgefährdung (§ 824 BGB) sowie die vorsätzliche sittenwidrige Schadenszufügung (§ 826 BGB) sind neben § 4 Nr. 1 UWG anwendbar.[34] Lediglich der Unternehmensschutz aus § 823 Abs. 1 BGB (Recht am eingerichteten und ausgeübten Gewerbebetrieb) ist gegenüber § 4 Nr. 1 UWG subsidiär.[35] 17

In den Fällen, in denen die Anwendung von § 4 Nr. 1 UWG ausscheidet, etwa weil keine geschäftliche Handlung vorliegt oder ein Wettbewerbsverhältnis (als zwingende Tatbestandsvoraussetzungen) verneint wurde, kann auf die deliktischen Bestimmungen der §§ 823 ff. BGB zurückgegriffen werden.[36] Der Abwehranspruch ergibt sich sodann aus §§ 1004, 862, 12 BGB analog. 18

b) **§§ 14 Abs. 2, 15 Abs. 2 MarkenG uÄ.** Bis zur Entscheidung *Hard Rock Cafe*[37] vertrat die Rechtsprechung, dass wettbewerbsrechtliche Ansprüche bei der Verletzung bekannter Marken sowie bei der herabsetzenden oder verunglimpfenden Verwendung von Marken wegen des Vorrangs des Markenrechts zurücktreten.[38] 19

Mit der Entscheidung *Hard Rock Cafe*[39] hat der *BGH* den Vorrang des Markenrechts in Fällen der Irreführung über die betriebliche Herkunft aufgegeben.[40] Es ist davon auszugehen, dass auch § 4 Nr. 1 UWG im Wesentlichen uneingeschränkt neben § 14 Abs. 2 MarkenG anwendbar ist.[41] Wenn der Anwendungsbereich von § 14 Abs. 2 oder § 15 Abs. 2 MarkenG eröffnet ist, ist stets eine Verletzung von § 4 Nr. 1 UWG „anzudenken". Die praktische Bedeutung von § 4 Nr. 1 UWG neben § 14 Abs. 2, § 15 Abs. 2 MarkenG dürfte häufig eher gering sein: auf Tatbestandsebene bedarf es (im Gegensatz zu den markenrechtlichen Verletzungstatbeständen) zusätzlich eines konkret festzustellenden Wettbewerbsverhältnisses, auch die Rechtsfolgen bleiben hinter denen des Markenrechts zurück. Es besteht für den Verletzten nicht die Möglichkeit zwischen den drei Methoden zur Schadensberechnung zu wählen, zudem sind die erheblich kürzeren Verjährungsfristen zu beachten.[42] 20

Plattform XING Mitarbeiter eines Konkurrenzunternehmers anschreibt und diesen in den Nachrichten herabsetzt („Sie wissen ja hoffentlich, in was für einem Unternehmen Sie gelandet sind?") und damit gleichzeitig den Versuch tätigt, die Mitarbeiter abzuwerben („Bei Fragen gebe ich gerne Auskunft.").

34 Ständige Rechtsprechung; so etwa BGH GRUR 1986, 759 – BMW; BGH GRUR 2017, 918 Rn. 23 ff. – Wettbewerbsbezug; BGH GRUR 2021, 1207 Rn. 53 – Vorsicht Falle.

35 OLG Köln 4.9.2015 – 6 U 7/15, BeckRS 2015, 55272 Rn. 48 – Internetfernsehen.

36 OLG Köln 4.9.2015 – 6 U 7/15, NRWE-Rechtsprechungsdatenbank (http://www.justiz.nrw.de/nrwe/olgs/koeln/j2015/6_U_7_15_Urteil_20150904.html) Rn. 64; aktuell BGH GRUR 2017, 918 Rn. 23 ff. – Wettbewerbsbezug.

37 BGH GRUR 2013, 1161 – Hard Rock Cafe.

38 So etwa BGH NJW 2005, 2856 (2858) – Lila-Postkarte.

39 BGH GRUR 2013, 1161 ff. – Hard Rock Cafe.

40 BGH GRUR 2013, 1161 Rn. 60 – Hard Rock Cafe. Zwar deutet die allgemeine Formulierung in Rn. 60 des Urteils („Der individualrechtliche Schutz aus dem Markenrecht und der lauterkeitsrechtliche Schutz nach dem Gesetz gegen den unlauteren Wettbewerb bestehen nunmehr nebeneinander.") auf eine uneingeschränkte Anwendbarkeit lauterkeitsrechtlicher Vorschriften hin. Allerdings bezieht sich der BGH bei der Begründung ausschließlich auf den Fall der betrieblichen Herkunftstäuschung (ebenso in Ls. 1 des Urteils).

41 So etwa Köhler/Bornkamm/Feddersen/Köhler UWG § 4 Rn. 1.9b; BeckOK MarkenR/Weiler § 2 Rn. 37 geht noch nicht ausdrücklich von der Aufgabe der Vorrangthese aus.

42 Köhler/Bornkamm/Feddersen/Köhler UWG § 4 Rn. 1.9b; werden beide Vorschriften nebeneinander angewendet, so sind Widersprüche mit Wertungen des MarkenG zu vermeiden. Dies bedeutet, dass die „unlautere Beeinträchtigung

21 Praktische Bedeutung hat § 4 Nr. 1 UWG primär zum Schutz von Zeichen, die keinen markenrechtlichen Schutz genießen (mangels Eintragung, Verkehrsgeltung oder notorischer Bekanntheit, vgl. §§ 4, 5 MarkenG),[43] bei Markenparodien[44] sowie zum Schutz von Kennzeichen, die vom MarkenG nicht umfasst sind (so etwa Namen, Artikel- und Bestellnummern, Werbeslogans).[45]

III. Voraussetzungen

1. Geschäftliche Handlung gegen Mitbewerber

22 § 4 Nr. 1 UWG findet nur auf geschäftliche Handlungen (§ 2 Abs. 1 Nr. 1 UWG) Anwendung, die sich gegen einen Mitbewerber (§ 2 Abs. 1 Nr. 3 UWG bzw. § 2 Abs. 1 Nr. 4 UWG-neu) richten.[46] Fehlt es an einer geschäftlichen Handlung, so ist auf den allgemeinen bürgerlichrechtlichen (Ehren-)Schutz (§ 823 Abs. 1 BGB, § 823 Abs. 2 BGB iVm §§ 185, 186 oder 187 StGB, § 824 BGB oder § 826 BGB) abzustellen. Liegt eine geschäftliche Handlung vor, fehlt es aber an der Mitbewerbereigenschaft des Anspruchsgegners, ist ggf. auf den markenrechtlichen Schutz bekannter Kennzeichen nach § 14 Abs. 2 Nr. 3 MarkenG, § 15 Abs. 3 MarkenG zurückzugreifen.

23 **a) Geschäftliche Handlung.** Eine geschäftliche Handlung ist jede Handlung, Unterlassung, Verhaltensweise oder Erklärung, kommerzielle Mitteilung einschließlich Werbung und Marketing eines Gewerbetreibenden, die objektiv mit dem Ziel der Förderung des Absatzes oder Bezugs von Waren oder Dienstleistungen zusammenhängt (vgl. § 2 Abs. 1 Nr. 1 UWG bzw. § 2 Abs. 1 Nr. 2 UWG-neu). Ein solcher objektiver Zusammenhang wird bejaht, wenn die Handlung darauf gerichtet ist, die geschäftliche Entscheidung der Verbraucher oder sonstigen Marktteilnehmer zu beeinflussen und so den Absatz oder Bezug von Waren oder Dienstleistungen des eigenen oder eines fremden Marktteilnehmers zu fördern.[47] Jedenfalls ist das Vorliegen einer geschäftlichen Handlung konkret festzustellen.[48]

Einzelfälle:

24 *aa) Redaktionelle Beiträge in den Medien.* Bei redaktionellen Beiträgen in den Medien ist ein objektiver Zusammenhang mit der Förderung des Absatzes eines fremden Unternehmens – und damit eine geschäftliche Handlung – zu verneinen, wenn sie allein der Information und Meinungsbildung ihrer Adressaten dienen.[49] Sie fallen insoweit unter das Presse- und Rundfunkprivileg, Art. 5 Abs. 1 GG. Hintergrund ist, dass den Medien die Erfüllung ihrer Aufgaben nicht über Gebühr durch wettbewerbsrechtliche Verbote erschwert werden soll.[50]

25 Eine geschäftliche Handlung wird auch bei Restaurantkritiken verneint, sofern eine Wettbewerbsabsicht fehlt.[51] Zwar besteht eine objektiv wettbewerbsbezogene Eignung, jedoch soll ausschlaggebend sein, ob sich die Presse mit ihrer Äußerung noch im Rahmen ihres Aufgabenbereichs (Unterrichtung zu Vorgängen von allgemeiner Bedeutung und Beitrag zur öffentlichen Meinungsbildung) hält.

26 Eine geschäftliche Handlung wird bejaht, wenn sich ein Presseorgan zum „Sprachrohr“ eines Unternehmens macht und in dieser Rolle ein anderes Unternehmen beispielsweise als „Schmuddelkind“ der Branche bezeichnet.[52]

---

der Wertschätzung“ (§ 14 Abs. 2 Nr. 2 und 3 MarkenG) und „herabsetzt oder verunglimpft“ (§ 4 Nr. 1 UWG) einheitlich auszulegen sind. Eine Herabsetzung ist danach bereits dann gegeben, wenn eine geschäftliche Handlung eine oder mehrere Funktionen der Marke beeinträchtigt, So EuGH GRUR 2009, 756 Rn. 40 und 77 – L'Oréal/Bellure.

[43] So für Fälle unlauterer Ausbeutung BGH NJW-RR 2003, 1551 (1552) – Tupperwareparty.

[44] Markenparodien sind nach Köhler/Bornkamm/Feddersen/Köhler UWG § 4 Rn. 1.9b – soweit keine vergleichende Werbung vorliegt – nach § 4 Nr. 1 UWG zu beurteilen. Dies selbst dann, wenn es sich um bekannte Marken handelt und insoweit Markenschutz greift.

[45] Ausführlicher hierzu Harte-Bavendamm/Henning-Bodewig/Omsels UWG § 4 Nr. 1 Rn. 31.

[46] Ständige Rechtsprechung; so etwa BGH GRUR 2012, 74 Rn. 14 f. und Rn. 20 – Coaching-Newsletter.

[47] Vgl. statt vieler BGH GRUR 2013, 945 Rn. 17 – Standardisierte Mandatsbearbeitung.

[48] Ständige Rechtsprechung seit BGH GRUR 1982, 234 (235) – Großbanken-Restkunden; vgl. auch BGH GRUR 1995, 270 (272) – Dubioses Geschäftsgebaren.

[49] Ständige Rechtsprechung; vgl. etwa BGH GRUR 2012, 74 Rn. 15 – Coaching-Newsletter; BGH GRUR-RR 2016, 410 Rn. 11 – Dr. Estrich.

[50] Harte-Bavendamm/Henning-Bodewig/Omsels UWG § 4 Rn. 16.

[51] BGH GRUR 1998, 167 (168) – Restaurantführer; BGH GRUR 1997, 473 (475) – Versierter Ansprechpartner.

[52] OLG Frankfurt a. M. GRUR-RR 2016, 14 Rn. 24 – Schmuddelkind.

bb) Informanten. Von eigenverantwortlichem Journalistenhandeln ist das Handeln von (Presse-)Informanten abzugrenzen, die zu Wettbewerbszwecken handeln.[53] Äußerungen von Informanten über Mitbewerber über den Weg der Presse bzw. in den Medien sind strenger zu beurteilen, da sie mitunter weitreichende Folgen für den Wettbewerb haben können.[54] 27

Eine geschäftliche Handlung – und ein Verstoß gegen § 4 Nr. 1 UWG – kann auch bei einem nur mittelbaren Beitrag zu der Verletzungshandlung bejaht werden. So etwa, wenn ein Dritter einem Journalisten in einem Hintergrundgespräch unwahre (herabsetzende) Informationen über einen Mitbewerber zuspielt und der Journalist diese veröffentlicht.[55] 28

cc) Private Blogs. Bei privaten Blogs ist eine geschäftliche Handlung – und bei Vorliegen der weiteren Voraussetzungen ein Verstoß gegen § 4 Nr. 1 UWG – zu bejahen, wenn die Äußerung der Förderung eines Marktteilnehmers dient, insbesondere wenn der Blogger bei diesem oder für diesen tätig ist.[56] 29

dd) Rechtsanwälte. Bei kritischen Äußerungen eines Rechtsanwalts über einen anderen Rechtsanwalt wird eine geschäftliche Handlung dann bejaht, wenn es dem Anwalt nicht nur um die Wahrung der Interessen des Mandanten geht, sondern zumindest auch die eigene Position im Wettbewerb verbessert werden soll.[57] Gleiches gilt, wenn ein Rechtsanwalt seine Kontakte zu Medien nutzt, um über eine Berichterstattung zu aktuellen Rechtsstreitigkeiten potenzielle Mandanten auf sich aufmerksam zu machen.[58] 30

b) Gegen Mitbewerber. Die geschäftliche Handlung muss sich gegen einen Mitbewerber (§ 2 Abs. 1 Nr. 3 UWG bzw. § 2 Abs. 1 Nr. 4 UWG-neu) richten. Danach ist „Mitbewerber" jeder Unternehmer, der mit einem oder mehreren Unternehmern als Anbieter oder Nachfrager von Waren oder Dienstleistungen in einem konkreten Wettbewerbsverhältnis steht.[59] Anders als bei § 6 UWG ist es nicht erforderlich, dass ein konkreter Mitbewerber erkennbar ist, sodass § 4 Nr. 1 UWG auch bei einer kollektiven Herabsetzung oder Verunglimpfung maßgeblich ist. 31

Erforderlich ist das Bestehen eines (zumindest) **mittelbaren Wettbewerbsverhältnisses.** Es ist grundsätzlich möglich, dass Unternehmen ungeachtet ihrer Zugehörigkeit zu verschiedenen Branchen durch die angegriffene Handlung miteinander in Wettbewerb treten.[60] Nicht ausreichend für die Begründung eines Wettbewerbsverhältnisses ist es, wenn eine Maßnahme den anderen nur irgendwie in seinem Marktbestreben betrifft.[61] Ein Wettbewerbsverhältnis trotz unterschiedlicher Branchenzugehörigkeit hat der BGH beispielsweise bei dem Anbieter eines Geräts mit Werbeblocker-Funktion und der Anbieterin eines durch Einnahmen aus kommerzieller Werbung finanzierten Fernsehsenders angenommen.[62] Das Fehlen eines Wettbewerbsverhältnisses nahm das *OLG Frankfurt a.M.* bei einem Kapitalanlageunternehmen an, das sich gegen den Betreiber einer Online-Plattform (rund um Finanzen und Geldanlagen) richtete, auf der „User" kritische Beiträge über das Unternehmen eingestellt hatten.[63] 32

---

[53] Ein Handeln zu Wettbewerbszwecken ist anzunehmen, wenn der Informant Angaben macht, die im Falle ihrer Veröffentlichung seine Wettbewerbsstellung fördern. In diesen Fällen soll die Intention der Absatzförderung zu vermuten sein, so BGH GRUR 1968, 645 (646) – Pelzversand.

[54] Gloy/Loschelder/Danckwerts UWG-HdB/Hasselblatt/Schneider UWG-HdB, § 49 Rn. 50.

[55] BGH GRUR 2014, 693 – Sächsische Korruptionsaffäre.

[56] So OLG Hamm MMR 2008, 757.

[57] OLG Frankfurt a. M. GRUR-RR 2014, 391 (392) – Meisterbetrüger.

[58] BGH GRUR 2016, 710 Rn. 14 f. – Im Immobiliensumpf. In dem Fall hat sich ein Anwalt kritisch in der Zeitung über einen Notar/Rechtsanwalt geäußert. Der BGH hat eine geschäftliche Handlung bejaht, da sich der beklagte Anwalt nicht als neutraler Experte geäußert hat, sondern zu erwerbswirtschaftlichen Zwecken: er war Parteivertreter in ungefähr 50 Verfahren, in die zum Teil auch der herabgesetzte Notar verwickelt war. Für die Annahme eines objektiven Zusammenhangs ließ der BGH die namentliche Nennung des beklagten Rechtsanwalts (ohne dessen Adresse) genügen, da es – etwa durch Internetrecherche oder die Inanspruchnahme von Auskunftsdiensten – unproblematisch möglich ist, dessen Adresse herauszufinden (vgl. Rn. 16 f. des Urteils).

[59] Zur einheitlichen Auslegung des Mitbewerberbegriffs BGH NJW-RR 2021, 353 (354 f.) – Zweitmarkt für Lebensversicherungen.

[60] So zuletzt BGH GRUR 2014, 573 Rn. 17 – Werbung für Fremdprodukte.

[61] Ständige Rechtsprechung, zuletzt BGH GRUR 2017, 918 Rn. 16 – Wettbewerbsbezug.

[62] BGH GRUR 2004, 877 (879) – Werbeblocker; eine geringere Anzahl von Werbezuschauern mindert aus Sicht der Werbekunden die Attraktivität der angebotenen Werbesendeplätze und kann daher den Absatz der Anbieterin des Fernsehsenders mit Werbeinseln behindern.

[63] OLG Frankfurt a. M. NJW-RR 2016, 614 Rn. 10 – Kritischer Thread; zwar richten sich beide an denselben Interessentenkreis und die beanstandeten Beiträge greifen unmittelbar in die Interessensphäre des Kapitalanlageunternehmens ein, jedoch ist diese Auswirkung mit jedem kritischen Presseartikel verbunden (ohne, dass hierdurch ein Wettbewerb zwischen Presseorgan und kritisiertem Unternehmen auf einem bestimmten Markt eröffnet wird).

33 Auch **Privatpersonen,** die den Wettbewerb eines fremden Marktteilnehmers fördern möchten, handeln objektiv zur Förderung fremden Wettbewerbs und sind damit dem UWG unterworfen. Insofern wird auf die Tätigkeit und deren Zuordnung zum geschäftlichen Verkehr, nicht auf die Person des Handelnden abgestellt. Rein private Handlungen erfolgen jedoch nicht im geschäftlichen Verkehr, soweit sie für einen aktuellen oder potenziellen Wettbewerb keine Außenwirkung entfalten.[64] Eine Außenwirkung wird verneint, wenn durch einen Link auf einer privaten Homepage auf die Seiten eines kommerziellen Internetanbieters und dessen Inhalte verwiesen wird, der private Homepageinhaber sich die Inhalte jedoch weder zu Eigen macht, noch auf deren Gestaltung Einfluss hat.[65]

Praxistipp:

Auch gegen Dritte, die selbst nicht Wettbewerber sind, kann wegen Herabsetzung/Verunglimpfung wettbewerbsrechtlich vorgegangen werden. Es kommt darauf an, ob der Dritte Partei ergreift und fremden Wettbewerb fördert.

2. In Form einer Herabsetzung oder Verunglimpfung

34 Unter einer Herabsetzung ist – gleich den Begrifflichkeiten in § 6 Abs. 2 Nr. 5 UWG – eine Verringerung der Wertschätzung eines Mitbewerbers in den Augen der angesprochenen Verkehrskreise zu verstehen.[66] Sie kann in abträglichen Werturteilen oder abträglichen wahren oder unwahren Tatsachenbehauptungen liegen. Die Verunglimpfung ist eine gesteigerte Form der Herabsetzung, die darin besteht, den Mitbewerber ohne sachliche Grundlage verächtlich zu machen.[67]

35 Unerheblich ist, wie vielen Personen gegenüber eine Äußerung/Mitteilung erfolgt (öffentlich, beschränkt öffentlich, individuell) und in welcher Form. Eine Herabsetzung oder Verunglimpfung eines Mitbewerbers ist auf verschiedenste Art und Weise möglich: durch schriftliche oder mündliche Äußerungen, durch (abfällige) Abbildungen,[68] Gesten und Gebärden oder auch durch Tathandlungen, wie etwa durch die Manipulation eines Gegenstandes des Mitbewerbers[69] oder seine Platzierung in einem ungünstigen Umfeld. Eine Herabsetzung und Verunglimpfung kommt bei Tiefpreisverkäufen in Betracht, insbesondere wenn der Verkehr daraus auf eine Qualitätsverschlechterung schließt. Andererseits stellt eine humoristische Kritik noch keine Herabsetzung oder Verunglimpfung dar, soweit sie nur Unterhaltungswert hat und mit keiner Abwertung des konkurrierenden Angebots verbunden ist.[70] Entscheidend für eine Herabsetzung oder Verunglimpfung ist daher nicht, wie etwas kommuniziert wird, sondern wie es und was beim Adressaten ankommt.

3. Unlauterkeit

36 Es ist eine Gesamtwürdigung der Umstände des Einzelfalls vorzunehmen. Zu berücksichtigen sind insbesondere der Inhalt und die Form der Äußerung, ihr Anlass, der Zusammenhang in dem

---

[64] OLG Schleswig GRUR-RR 2015, 529 Rn. 13 – mobilcomonline.de.

[65] OLG Schleswig GRUR-RR 2015, 529 Rn. 15 – mobilcomonline.de.

[66] Soweit diese als Marktpartner des betroffenen Mitbewerbers in Betracht kommen (ständige Rechtsprechung; so BGH GRUR 2016, 710 – Im Immobiliensumpf; BGH GRUR 2018, 622 Rn. 15 – Verkürzter Versorgungsweg II; BGH GRUR 2021, 1207 Rn. 22 – Vorsicht Falle).

[67] Ständige Rechtsprechung; zuletzt BGH GRUR 2021, 1207 Rn. 22 – Vorsicht Falle.

[68] So (für vergleichende Werbung) OLG Köln NJWE-WettbR 1999, 277 bei der Abbildung einer – angesichts des angeblich unübertroffenen Angebots des Werbenden – neidisch, niedergeschlagenen und hilflos dargestellten Person; ebenso Hans; OLG NJWE-WettbR 1998, 34 (35) bei der Abbildung dreier Personen mit der Hand am Ohr um besser hören zu können, verbunden mit der Frage, ob sie wohl ein Hörgerät der Konkurrenz tragen.

[69] So etwa nach BGH GRUR 1972, 558 (559) – Teerspritzmaschinen, wenn anlässlich von Reparaturarbeiten an Maschinen eines fremden Herstellers dessen Firmenkennzeichen entfernt wird und dieser dadurch in der Werbung mit seiner Ware behindert und der Verkehr über die Warenherkunft getäuscht wird (wenn an der fremden Maschine eigene Firmenschilder ohne Hinweis auf die bloße Reparaturtätigkeit angebracht werden).

[70] So zur Parallelvorschrift des § 6 Abs. 2 Nr. 5 UWG: BGH GRUR 2002, 828 (830) – Lottoschein; BGH GRUR 2002, 982 Ls. – Die „Steinzeit" ist vorbei!; insoweit ist anzunehmen, dass der Verkehr an humoristische/ironische Werbeaussagen gewöhnt ist und sie als Ausdruck lebhaften Wettbewerbs empfindet (BGH GRUR 2010, 161 Rn. 17); Zur „flapsigen", aber zulässigen Werbeaussage „KeinMittelmaßimBett" über eine Matratze eines Mitbewerbers, die bei einem Produkttest der Stiftung Warentest nur im Mittelfeld lag, OLG Frankfurt a. M. GRUR-RR 2021, 453 Rn. 41 – Matratzenvergleich.

sie erfolgt ist, sowie die Verständnismöglichkeit(en) des angesprochenen Verkehrs.[71] Maßgeblich ist das **Verständnis des durchschnittlich informierten und verständigen Adressaten der Äußerung.**[72]

a) Lauterkeitsschwelle. Zu beachten ist, dass nicht jede herabsetzende Wirkung – die einer kritischen Äußerung ja immanent ist – für die Annahme der Unlauterkeit ausreichend ist. Vielmehr ist sachliche, begründete Kritik zulässig. Wie die in der Regelung des § 4 Nr. 1 UWG enthaltene Gleichstellung von Herabsetzung und Verunglimpfung deutlich macht, müssen auch für das Vorliegen einer Herabsetzung besondere Umstände hinzutreten, welche die Äußerung in unangemessener Weise abfällig, abwertend oder unsachlich erscheinen lassen.[73] 37

Die Grenze der sachlich gebotenen Darstellung/Erörterung ist jedenfalls dann überschritten, wenn das Konkurrenzangebot pauschal als minderwertig herausgestellt wird.[74] Die Grenze der sachlich gebotenen Darstellung/Erörterung ist nicht bei der bloßen Empfehlung eigener Produkte oder der Nennung von objektiv zutreffenden Nachteilen anderer Produkte überschritten,[75] wie auch nicht bei der ironisierenden Darstellung eines Mitbewerbers und/oder dessen Waren und Dienstleistungen, die mehr zum Schmunzeln anregt, denn abwertend wirkt.[76] 38

b) Grenze: Schmähkritik oder Formalbeleidigung. Grundsätzlich immer nach § 4 Nr. 1 UWG unzulässig sind herabsetzende Äußerungen, die eine Formalbeleidigung oder Schmähkritik darstellen. In diesen Fällen tritt die Meinungsfreiheit (Art. 5 Abs. 1 GG) regelmäßig hinter den Ehrenschutz zurück.[77] 39

Eine **Formalbeleidigung** liegt insbesondere bei Verwenden von Schimpfwörtern oder beleidigenden Vergleichen vor.[78] Eine **Schmähkritik** ist eine Äußerung, bei der keine Auseinandersetzung in der Sache erfolgt, sondern die Herabsetzung des betroffenen Mitbewerbers im Vordergrund steht.[79] Jedoch ist bei der Annahme von Schmähkritik im Interesse von Art. 5 Abs. 1 GG Zurückhaltung geboten.[80] Hinzu kommt, dass sich der Verkehr wohl mittlerweile an einen raueren Umgang gewöhnt hat. 40

Indizien für eine Schmähkritik sind die Verächtlichmachung von Geschlecht, Rasse, Herkunft, Alter oder Sprache. Verletzt eine Äußerung die Menschenwürde eines Mitbewerbers, so ist sie stets nach § 4 Nr. 1 UWG unzulässig.[81] 41

aa) Schmähkritik bejaht. Schmähkritik bejaht wurde etwa bei der Bezeichnung eines Konkurrenzproduktes als „Scheiß des Monats"[82] oder „Mist"[83] sowie eines Mitbewerbers als „Meisterbetrüger".[84] Teilweise wird von der Rechtsprechung auch die Titulierung eines Konkurrenzproduktes als „Schwindelprodukt" als Schmähkritik angesehen.[85] 42

---

71 Ständige Rechtsprechung; zuletzt BGH GRUR 2021, 1207 Rn. 23 – Vorsicht Falle.

72 Ständige Rechtsprechung; zuletzt BGH GRUR 2021, 1207 Rn. 23 – Vorsicht Falle.

73 Ständige Rechtsprechung; so etwa zur Parallelvorschrift des § 6 Abs. 2 Nr. 5 UWG: BGH GRUR 2002, 982 (983 f.) – Die „Steinzeit" ist vorbei!; BGH GRUR 2008, 443 Rn. 18 – Saugeinlagen; ebenso BT-Drs. 15/1487 S. 18 zu § 4 Nr. 7 UWG aF (§ 4 Nr. 1 UWG nF). Der Gesetzgeber verweist dabei lediglich auf die Fälle der Schmähkritik, in denen der Mitbewerber pauschal und ohne sachlichen Bezug abgewertet wird.

74 So zur Parallelvorschrift des § 6 Abs. 2 Nr. 5 UWG: BGH GRUR 1998, 824 (828) – Testpreis-Angebot; BGH GRUR 2002, 633 (635) – Hormonersatztherapie.

75 So beispielsweise LG Ingolstadt GRUR-RR 2006, 109 (110) – Originalteile.

76 So zur Parallelvorschrift des § 6 Abs. 2 Nr. 5 UWG: BGH GRUR 2002, 828 (830) – Lottoschein; BGH GRUR 2002, 982 Ls. – Die „Steinzeit" ist vorbei!; insoweit ist anzunehmen, dass der Verkehr an humoristische/ironische Werbeaussagen gewöhnt ist und sie als Ausdruck lebhaften Wettbewerbs empfindet.

77 Vgl. BVerfG NJW 1983, 1415 ff.; BVerfG 10.10.1995 – 1 BvR 1476/91, 1 BvR 1980/91, 1 BvR 102/92, 1 BvR 221/92, NJW 1995, 3303 – Soldaten sind Mörder; zuletzt BGH GRUR 2018, 622 Rn. 31 – Verkürzter Versorgungsweg II.

78 So ÖOGH Beschl. v. 11.9.1990 – 4 Ob 118/90, ÖBl. 91,64 (66) – Kronenzeitung, mit der sinngemäßen Äußerung, die Zeitung eines Konkurrenten tauge nur als Toilettenpapier.

79 Ständige Rechtsprechung; zuletzt BGH GRUR 2018, 622 Rn. 32 – Verkürzter Versorgungsweg II.

80 Andernfalls würde eine umstrittene Äußerung ohne Abwägung dem Schutz der Meinungsfreiheit entzogen. Diese würde damit in unzulässiger Weise verkürzt. So BGH NJW 2009, 1872 Rn. 17 f. – Fraport-Manila-Skandal

81 So BVerfG GRUR 2003, 442 (443) – Benetton-Werbung II (Wobei in diesem Fall eine Verletzung der Menschenwürde mit dem Argument verneint wurde, die „bloße" Thematisierung von Leid – auch bei kommerzieller Aufmerksamkeitswerbung – überschreite die absolute Grenze der Menschenwürde nicht.); eine **Menschenwürdeverletzung bejaht** wurde etwa bei der Bezeichnung eines Behinderten als „Krüppel", BVerfG GRUR 1992, 471 (474) – „geb. Mörder".

82 Vgl. OLG München NJW-RR 1997, 105 (106) – Haifischknorpelpulver.

83 Vgl. OLG Köln WRP 1985, 233.

84 Vgl. OLG Frankfurt a. M. GRUR-RR 2014, 391 (392) – Meisterbetrüger. Der Vortrag, der Äußernde habe es – wertneutral – als Meisterleistung bezeichnen wollen, die Instanzgerichte und den BGH „an der Nase herumzuführen", kann die beabsichtigte Diffamierung nur verstärken.

85 Vgl. OLG Frankfurt a. M. NJW-RR 2015, 1451 Rn. 30 – Schmuddelkind.

43 Diesen Fällen ist gemein, dass sie ausschließlich auf die pauschale Abwertung des Mitbewerbers (sowie seiner Produkte) gerichtet sind und kein sachbezogener Zusammenhang mit einer eventuellen (ggf. rechtlichen) Auseinandersetzung zwischen den Wettbewerbern besteht. Es wird ausschließlich das Ziel verfolgt, den Mitbewerber in den Augen des Verkehrs schlecht zu machen. Dies soll selbst dann gelten, wenn die Äußerung eine Gegenreaktion auf einen Angriff des Wettbewerbers darstellt.[86]

44 *bb) Schmähkritik verneint.* Selbst bei Verwendung überzogener oder ausfälliger/überspitzter Ausdrücke wie „Vetternwirtschaft", „Polit-Kumpanei" oder „Fraport-Übeltäter" wird eine Schmähkritik mitunter verneint,[87] wenn die Aussage sachbezogen ist, auf einer Tatsachengrundlage beruht und nicht die Diffamierung im Vordergrund steht.[88]

Praxistipp:

Auch bei der Verwendung abwertender Ausdrücke ist nicht immer eine Schmähkritik anzunehmen. Entscheidend ist, ob der Kritik nicht auch eine sachbezogene Aussage zugrunde liegt, die die Diffamierung in den Hintergrund treten lässt.

Vielfach fallen herabsetzende Äußerungen im Rahmen eines Vergleichs. Deswegen sollte immer zuerst § 6 Abs. 2 Nr. 5 UWG als Spezialregelung geprüft werden.

IV. Feststellung der Unlauterkeit – Umstände des Einzelfalls maßgeblich

1. Einzelfallprüfung

45 Liegt weder eine Schmähkritik noch eine Formalbeleidigung vor, ist zu prüfen, ob die Äußerung nützliche/sachliche Informationen beinhaltet oder den betroffenen Mitbewerber nur unnötig herabsetzt oder verunglimpft; ihn mithin in seinem Ruf beeinträchtigt.

46 a) **Interessenabwägung.** Die Unlauterkeit einer Kritik ist im Rahmen einer Interessenabwägung unter Gesamtwürdigung aller Umstände des Einzelfalls konkret festzustellen.[89] Dabei gilt ein strengerer Maßstab als im allgemeinen Deliktsrecht – ein Unternehmer soll mit seinen Leistungen überzeugen und nicht damit, dass er seine Konkurrenten unnötig herabsetzt.[90]

47 In die Gesamtwürdigung einzubeziehen sind insbesondere die betroffenen Grundrechtspositionen des Handelnden sowie des Betroffenen, aber auch diejenigen von Verbrauchern und den übrigen Marktteilnehmern. Dabei gilt der Grundsatz der Verhältnismäßigkeit.

48 Der **Handelnde** kann sich neben der Berufsfreiheit (Art. 12 GG) regelmäßig auch auf die Meinungsfreiheit (Art. 5 Abs. 1 GG, Art. 10 EMRK) berufen, die auch kommerzielle Meinungsäußerungen sowie reine Wirtschaftswerbung mit wertendem, meinungsbildendem Inhalt schützt.[91] Im Einzelfall kann auf Seiten des Äußernden auch die Presse-, Kunst- und Wissenschaftsfreiheit betroffen sein. Auf Seiten des **betroffenen Mitbewerbers** sind (insbesondere) die Berufsfreiheit (Art. 12 GG), die Menschenwürde und das Persönlichkeitsrecht (Art. 1, 2 Abs. 1 GG) von Belang.

49 Da § 4 Nr. 1 UWG nicht auch den Schutz von Verbrauchern und sonstigen Marktteilnehmern bezweckt, fällt die Vorschrift nicht in den Anwendungsbereich der Richtlinie 2005/29/EG über

[86] Zu den zulässigen Möglichkeiten, um auf einen „Angriff" zu reagieren, vgl. V.

[87] Vgl. BGH NJW 2009, 1872 Rn. 21 – Fraport-Manila-Skandal (zu § 823 Abs. 1 BGB).

[88] Vgl. BGH NJW 2009, 1872 Rn. 21 – Fraport-Manila-Skandal (zu § 823 Abs. 1 BGB). Die Äußerungen per E-Mail betrafen eine Konferenz des Handelsblatts zum „Unternehmensrisiko Korruption" und hatten als Anlass den Umstand, dass dort ein Mitarbeiter der Kl. zum Thema „Korruptionsprävention am Beispiel der Fraport-AG" öffentlich referieren sollte. Im Zusammenhang damit hat die Kl. ihre Meinung zur Haltung der Fraport-AG zum Komplex „Korruptionsprävention" geäußert. Gleichsam kann einem Mitbewerber „Betrug" vorgeworfen werden, wenn der Vorwurf für den Durchschnittsadressaten nicht auf einen konkreten Sachverhalt hindeutet, der § 263 StGB erfüllt, sondern die Vokabel im alltagssprachlichen Sinn verwendet wird und der Vorwurf im Rahmen einer sachlichen Auseinandersetzung erfolgt.

[89] BGH GRUR 2012, 74 Rn. 31 – Coaching-Newsletter.

[90] So auch BGH GRUR 2012, 74 Rn. 33 – Coaching-Newsletter.

[91] Ständige Rechtsprechung seit BVerfG 12.12.2000 – 1 BvR 1762/95, 1 BvR 1787/95, GRUR 2001, 170 Ls. – Benetton-Werbung; so BGH GRUR 2012, 74 Rn. 27 – Coaching-Newsletter.

unlautere Geschäftspraktiken (UGP-RL).[92] Dementsprechend ist bei der Auslegung nur auf nationales Recht abzustellen.[93]

Praxistipp:

Ist die Handlung zugleich geeignet, die wirtschaftliche Entscheidung der Verbraucher zu beeinflussen, so können neben § 4 Abs. 1 UWG die verbraucherschützenden Normen des UWG (§§ 3 Abs. 2 und 3, 4a, 5 und 5a UWG sowie §§ 5b und 5c UWG-neu) Anwendung finden.[94]

Kritische Äußerungen sind demnach umso eher zulässig, (1) je nützlicher die Informationen für die Adressaten sind und je mehr ein berechtigtes Informationsinteresse anderer Marktteilnehmer und der Verbraucher besteht, (2) je sachlicher die Kritik präsentiert wird und (3) je niedriger das Maß der Herabsetzung ist. 50

Ein **berechtigtes Interesse** ist zu bejahen, wenn die Maßnahme zum Schutz der anderen Marktteilnehmer dringend geboten ist und sich im Rahmen des Erforderlichen und Angemessenen hält.[95] Je mehr das Interesse des sich Äußernden auf politische, wirtschaftliche, soziale oder kulturelle Belange der Allgemeinheit gerichtet ist, desto eher ist die Äußerung in Abwägung mit anderen Belangen gerechtfertigt.[96] 51

Praxistipp:

Entscheidend für die Beurteilung, ob eine wettbewerbswidrige Herabsetzung/Verunglimpfung vorliegt, ist, ob die Äußerungen nützliche Informationen beinhalten und (vor allem) der gute Ruf des betroffenen Mitbewerbers nicht stärker beeinträchtigt wird, als dies zur Information der Marktteilnehmer und ggf. der Verbraucher erforderlich ist.

b) Abgrenzung von Tatsachenbehauptungen zu Werturteilen. Unwahre oder (zumindest) nicht erweislich wahre Tatsachenbehauptungen sind primär nach § 4 Nr. 2 UWG zu beurteilen. § 4 Nr. 1 UWG erfasst vornehmlich die Herabsetzung oder Verunglimpfung durch die Verbreitung wahrer Tatsachen sowie Werturteile. Daher ist eine Einordnung einer Äußerung als (un-)wahre Tatsachenbehauptung oder als Werturteil vorzunehmen. Entscheidend ist auch hier die Verkehrsauffassung. 52

Eine **Tatsache** liegt vor, wenn die Äußerung dem Beweis zugänglich ist und dadurch eine Kategorisierung in wahr oder unwahr möglich ist. Sie muss behauptet oder verbreitet werden/worden sein. Eine Tatsachenbehauptung liegt vor, wenn die Äußerung von dem Äußernden als wahr hin- 53

[92] Die Richtlinie dient nur dem Verbraucherschutz.

[93] Insbesondere Berücksichtigung der Meinungsfreiheit (Art. 19 Abs. 3, 5 Abs. 1 GG); BGH GRUR 2012, 74 Rn. 28 – Coaching-Newsletter; Ohly/Sosnitza/Ohly UWG § 4 Rn. 1/2; Köhler/Bornkamm/Feddersen/Köhler UWG § 4 Rn. 1.2.

[94] Mit der Folge, dass auch die europäischen Grundrechte aus Art. 11 Abs. 1 und 2 GR-Charta zur Auslegung heranzuziehen sind.

[95] So etwa OLG Frankfurt a. M. 19.9.2013 – 6 U 105/12, Hessenrecht Landesrechtsprechungsdatenbank (http://www.lareda.hessenrecht.hessen.de/lexsoft/default/hessenrecht_lareda.html#docid:5874132) Rn. 18. Das OLG Frankfurt a. M. hat ein überwiegendes Informationsinteresse schon deswegen verneint, weil bei der streitgegenständlichen Äußerung nicht ersichtlich ist, um welche Art von Wettbewerbsverstoß es sich handelt. Der BGH bejahte das Interesse eines Unternehmers potentielle Kunden zu informieren, dass dessen Mitbewerber seine Marktstellung nicht durch eigene Leistung, sondern durch eine widerrechtliche Verwertung von seinen Betriebsgeheimnissen erlangt hatte. Für Bezieher von sicherheitssensiblen Produkten auf dem Gebiet der Medizin – konkret Knochenzement – kann die Leistungsfähigkeit der Anbieter solcher Produkte von Interesse sein, so BGH NJW-RR 2019, 933 Rn. 36 – Knochenzement III; Informationsinteresse der Allgemeinheit über unzureichenden Brandschutz in Straßenbahnfahrzeugen bejaht von OLG Stuttgart GRUR-RS 2019, 49146 Rn. 48 – Angaben zur Produktsicherheit eines Konkurrenzprodukts in einem Werbeschreiben.

[96] BGH GRUR 2018, 622 Rn. 37, 42 – Verkürzter Versorgungsweg II. Der BGH bejahte das Informationsinteresse der Öffentlichkeit, wenn ein Zeitungsartikel die Vor- und Nachteile des „verkürzten Versorgungswegs" von Hörgeräten darstellt und damit gesundheitspolitische Fragen erörtert; BVerfG 11, 409 = GRUR 2008, 81 (83) – Pharmakartell.

gestellt wird. Ein **Werturteil** ist demgegenüber durch die Elemente des Wertens, des Dafürhaltens oder des Meinens geprägt.[97]

54 Wenn eine Äußerung Tatsachen und Werturteile enthält, so ist darauf abzustellen, wo der **Schwerpunkt** der Aussage liegt. Wichtig ist dabei, die Äußerung in ihrem Gesamtkontext zu betrachten.[98]

Praxistipp:

Zur Abgrenzung der Vorschriften des § 4 Nr. 1 UWG und des § 4 Nr. 2 UWG ist festzustellen, ob eine unwahre Tatsachenbehauptung vorliegt. Im Rahmen des § 4 Nr. 1 UWG kann offenbleiben, ob es sich um eine Tatsachenbehauptung oder eine Meinungsäußerung handelt.

Weder wahre Tatsachenbehauptungen noch Werturteile kann man widerrufen (und damit auch nicht beseitigen). Die Ansprüche sind daher auf Unterlassung und Schadensersatz, § 8 Abs. 1 UWG und § 9 Satz 1 UWG bzw. § 9 Abs. 1 UWG-neu beschränkt. Ein Anspruch auf Beseitigung ist folglich nicht gegeben.

2. Unwahre Tatsachenbehauptungen

55 Die Verbreitung unwahrer Tatsachenbehauptungen fällt primär unter § 4 Nr. 2 UWG (Anschwärzung). Setzt die Behauptung einen Mitbewerber herab, so greift ergänzend § 4 Nr. 1 UWG (vgl. II.2.).[99] Unwahre Tatsachenbehauptungen werden nicht vom Schutz der Meinungs- und Pressefreiheit des Art. 5 Abs. 1 GG umfasst.[100]

56 Aufgrund der Formulierung in § 4 Nr. 2 UWG „sofern … nicht" ergibt sich, dass es sich bei dem Erfordernis der Nichterweislichkeit der Wahrheit der Tatsache um eine Einrede handelt, deren Voraussetzungen vom Anspruchsgegner, dh demjenigen, der die Äußerung verbreitet, darzulegen und zu beweisen sind (um seine Haftung aus § 4 Nr. 2 UWG auszuschließen).[101] Das gilt dann, wenn die Eignung der Tatsache zur Schädigung ebenso feststeht, wie dass sie einem Dritten gegenüber geäußert worden ist.

Praxistipp:

Bei der Frage, in welcher Reihenfolge Anspruchsgrundlagen geltend gemacht werden, ist zu berücksichtigen, dass im Rahmen von § 4 Nr. 2 UWG derjenige, der die Äußerung verbreitet, das Risiko des Wahrheitsbeweises trägt. Bei einem Vorgehen gegen vermeintlich unwahre Tatsachenbehauptungen hat der Anspruchsteller Anhaltspunkte dafür substantiiert darzulegen, dass die Behauptung unwahr ist. Der die Äußerung Verbreitende hat darzulegen, weshalb die Äußerung wahr ist. Lässt sich nicht klären, ob die Äußerung wahr oder unwahr ist, geht dies zu Lasten des die Äußerung Verbreitenden. Diese in § 4 Nr. 2 UWG vorgesehene Verteilung der Darlegungslast ist insbesondere im einstweiligen Verfügungsverfahren für den Anspruchsteller hilfreich, der gegen eine (vermeintlich) unwahre Tatsachenbehauptung vorgeht.

---

[97] Ständige Rechtsprechung; so etwa BGH GRUR 2016, 710 Rn. 23 – Im Immobiliensumpf.

[98] So etwa BGH GRUR 2016, 710 Rn. 25 – Im Immobiliensumpf. Der BGH hat angenommen, dass eine Tatsachenbehauptung im Sinne von § 4 Nr. 2 UWG ausscheidet und stattdessen ein Werturteil vorliegt (mit der Folge, dass § 4 Nr. 1 UWG anzuwenden ist), wenn ein strafrechtlich relevanter Vorwurf erhoben wird, dieser aber einer komplexen rechtlichen Würdigung bedarf. Die Vorinstanz sah in der Äußerung „Ich halte das für organisierte [in Absprache mit Dritten] Wirtschaftskriminalität, bei der gezielt Anleger ruiniert werden [unter vorsätzlichem Verstoß gegen Strafgesetze, nämlich § 263 StGB]" eine Tatsachenbehauptung. Nach Ansicht des BGH hat die Vorinstanz übersehen, dass die Einstufung eines Vorgangs als strafrechtlich relevanter Tatbestand zunächst nur eine subjektive Beurteilung des Äußernden widerspiegelt und noch einer komplexen rechtlichen Würdigung bedarf. Dies wurde im Übrigen durch die einleitende Formulierung „Ich halte das für" als wertende Angabe kenntlich gemacht.

[99] Ist auch § 4 Nr. 1 UWG nicht anwendbar/einschlägig, so ist noch § 4 Nr. 4 UWG (gezielte Behinderung) anzudenken. Sowohl § 4 Nr. 1 als auch Nr. 2 UWG sind Unterfälle der gezielten Behinderung.

[100] So BGH GRUR 2012, 74 Rn. 27 – Coaching-Newsletter; ebenso OLG Köln GRUR-RR 2013, 257 (258); offengelassen in BVerfG GRUR 2008, 81 (82) – Pharmakartell.

[101] OLG Köln 23.8.2000 – 6 U 181/99, BeckRS 2000, 30128338 = GRUR-RR 2002, 44 (Ls.) – Unentgeltlicher Messestand; OLG Düsseldorf GRUR 2020, 204 Rn. 71 – unbleached paper rolls.

3. Wahre Tatsachenbehauptungen

Die Verbreitung wahrer Tatsachen ist grundsätzlich zulässig, selbst wenn dadurch eine Geschäftsschädigung bewirkt werden kann. Voraussetzung ist allerdings, dass ein sachlich berechtigtes Interesse an der Verbreitung besteht. Fehlt ein solches, fällt auch die Behauptung herabsetzender oder verunglimpfender wahrer Tatsachen nicht (mehr) in den Schutzbereich des Art. 5 Abs. 1 GG und ist wettbewerbswidrig.[102] 57

Einzelfälle:

a) **Verbreitung nicht anonymisierter Gerichtsentscheidungen.** Die Verbreitung nicht anonymisierter Gerichtsentscheidungen kann als Herabsetzung eines Mitbewerbers angesehen werden. Das *OLG Hamm* bejahte einen Verstoß gegen § 4 Nr. 1 UWG mangels berechtigtem Interesse an der Verlinkung auf eine nicht anonymisierte Gerichtsentscheidung.[103] Einem etwaigen Informationsinteresse hätte ohne namentliche Nennung (und Anprangerung) Genüge getan werden können. Nach dem *BGH* kann ein hinreichender Anlass für die Veröffentlichung eines gegen einen Mitbewerber erwirkten Urteils mit namentlicher Nennung angenommen werden, wenn die angesprochenen Verkehrskreise ein schutzwürdiges Interesse an der Information über die untersagten unlauteren Geschäftsmethoden des Mitbewerbers haben und eine Aufklärung angezeigt ist, um sonst drohende Nachteile bei geschäftlichen Entscheidungen abzuwenden. Ein Informationsinteresse der Allgemeinheit an der Veröffentlichung des Urteils kann jedoch dann zu verneinen sein, wenn die der Entscheidung zugrundeliegenden Vorgänge wegen der seitdem vergangenen Zeit für die Allgemeinheit nicht mehr von Bedeutung sind.[104] 58

Unzulässig soll auch die (wahrheitsgemäße) Verbreitung einer **einstweiligen Verfügung** sein, wenn nicht mitgeteilt wird, dass sie ohne mündliche Verhandlung und Anhörung des Gegners ergangen ist.[105] Entscheidungen, die im einstweiligen Rechtsschutz ergangen sind, sollten ausschließlich mit dem Hinweis verbreitet werden, dass es sich (nur) um eine vorläufige, nicht rechtskräftige Entscheidung handelt. Hingegen genügt die Mitteilung, zwei Mitbewerber würden sich streiten, nicht, um einen Verstoß nach § 4 Nr. 1 UWG anzunehmen.[106] 59

b) **Zutreffende Hinweise (etwa auf Straftaten).** Zutreffende Hinweise auf Straftaten oder Vertragsverletzungen eines Mitbewerbers können bei Vorliegen eines berechtigten Informationsinteresses der Marktteilnehmer zulässig sein.[107] Ein Informationsinteresse ist beispielsweise zu bejahen, wenn ein Anlageberater wegen Untreue verurteilt wurde[108] und zu verneinen, wenn gefälschte Ware verkauft wurde, aber keine Wiederholungsgefahr gegeben ist (etwa aufgrund einer ergangenen Unterlassungsverfügung).[109] Ein berechtigtes Informationsinteresse ist auch bei Hinweisen auf weit zurückliegende Verurteilungen zu verneinen. 60

Praxistipp:

Die Verbreitung wahrer Tatsachen kann Abmahnungen und gerichtliche Verbote nach sich ziehen. Insbesondere die namentliche Nennung eines Beschuldigten in einem Ermittlungsverfahren im Internet kann Ansprüche wegen der Verletzung des Persönlichkeitsrechts nach sich ziehen.[110]

Über Straftaten und Vertragsverletzungen von Mitbewerbern sollte nur bei Vorliegen eines berechtigten Informationsinteresses der Marktteilnehmer berichtet werden.

---

[102] Ständige Rechtsprechung; zuletzt BGH GRUR 2021, 3388 Rn. 25 – Vorsicht Falle.

[103] OLG Hamm 7.2.2008 – I-4 U 154/07, NRWE-Rechtsprechungsdatenbank (http://www.justiz.nrw.de/nrwe/olgs/hamm/j2008/4_U_154_07urteil20080207.html) Rn. 3 und 39.

[104] BGH GRUR 2021, 1207 Rn. 34 und 39 – Vorsicht Falle.

[105] OLG Frankfurt a.M. GRUR-RR 2015, 149 Rn. 10 – Scanner-Technologie. Zwischenzeitlich wurde die einstweilige Verfügung – die Gegenstand der unlauteren Pressemitteilung war – aufgehoben. Die Presseerklärung durfte daher erst recht nicht mehr verbreitet werden. Da die in der Pressemitteilung mitgeteilten Tatsachen nicht (mehr) zutreffend waren, würde eine (erneute) Verbreitung einen Verstoß gegen § 4 Nr. 2 UWG darstellen.

[106] OLG Köln GRUR-RR 2016, 278 Rn. 12 – Wenn 1 & 1 sich streiten. Etwas anderes könnte sich nur dann ergeben, wenn mitgeteilt würde, dass das Unternehmen in Auseinandersetzungen mit Kunden verwickelt ist.

[107] Ohly/Sosnitza/Ohly UWG § 4 Rn. 1/19.

[108] Vgl. auch BGH GRUR 1970, 465 (466) – Prämixe.

[109] BGH GRUR 1990, 1012 (1014) – Pressehaftung I.

[110] BGH, GRUR 2013, 94, Rn. 9.

Es ist nur schwer vorherzusagen, welche Voraussetzungen vorliegen müssen, damit ein berechtigtes Informationsinteresse angenommen werden kann. Sofern die von Mitbewerbern begangenen Straftaten oder Vertragsverletzungen im unmittelbaren Zusammenhang mit den von den Mitbewerbern aktuell angebotenen Waren- und Dienstleistungen stehen, spricht viel für das Vorliegen eines berechtigten Informationsinteresses.
Gerichtsentscheidungen sollten grundsätzlich nur anonymisiert veröffentlicht werden. Über Entscheidungen im einstweiligen Rechtsschutz sollte nur mit dem Hinweis berichtet werden, dass es sich um eine vorläufige Entscheidung handelt; es sei denn, die Entscheidung ist rechtskräftig und vom Anspruchsgegner als abschließende Regelung anerkannt.

4. Werturteile

61 Ein Werturteil liegt vor, wenn eine Äußerung nicht dem Beweis zugänglich ist. Werturteile stellen eine „Meinung" im Sinne des Art. 5 Abs. 1 GG dar und stehen daher unter dessen besonderem Schutz. Der Schutz der Meinungsfreiheit umfasst kommerzielle Meinungsäußerungen ebenso wie reine Wirtschaftswerbung mit wertendem, meinungsbildendem Inhalt.[111] Werturteile sind umso eher zulässig, je eher sie geeignet sind, Verbraucher und andere Marktteilnehmer zu informieren. Dabei können sie auch scharf und pointiert erfolgen.[112]

62 Als unzulässig wurde der Vorwurf „unseriöser Machenschaften",[113] der „Abzocke"[114] oder die Äußerung über eine Luftverkehrsgesellschaft (übersetzt) als „Lügen Airline"[115] angesehen wie auch die Bezeichnung der Schutzrechte eines Mitbewerbers als „Trivialpatente"[116] sowie die Äußerung einer Kfz-Versicherung gegenüber einem Dritten (hier: einem Rechtsanwalt), die Kosten eines bestimmten Sachverständigen nicht zu übernehmen, um zum Ausdruck zu bringen, dass dieser generell nicht objektiv sei.[117] Als zulässig wurde der durch Tatsachen gestützte Vorwurf der Doppelmoral gegenüber einem Rechtsanwalt,[118] die nachvollziehbare Behauptung, Urheberrechtsangelegenheiten würden „horrende" Streitwerte zugrunde gelegt[119] oder die Äußerung über einen Mitbewerber „Was ich diese Markenklauer hasse"[120] bewertet.

5. Besondere Fallgestaltungen

63 **a) Pauschale Herabsetzung/Abwertungen.** Eine pauschale Abwertung ist unzulässig, wenn die konkreten Umstände, auf die sich die Abwertung bezieht, nicht mitgeteilt werden.[121] Maßgeblich ist, ob die angegriffene Aussage noch Sachbezug hat oder vorrangig den Mitbewerber bzw. seine Erzeugnisse pauschal herabsetzt.[122] So wurde eine pauschale Herabsetzung angenommen bei der Äußerung, ein Mitbewerber verlange „ungerechtfertigte Aufschläge", „überhöhte Preise" und verkaufe „überteuerte Flugtickets", ohne dass der Äußerung ein tatsächlicher Bezugspunkt der Vorwürfe zu entnehmen war.[123]

64 Relevanz erhält § 4 Nr. 1 UWG bei der **pauschalen Herabsetzung ungenannter Mitbewerber.** § 6 UWG (vergleichende Werbung) ist in diesen Fällen nicht einschlägig: er setzt voraus, dass ein Mitbewerber zumindest mittelbar erkennbar ist.[124] Bei der pauschalen Abwertung ungenannter Mitbewerber greift § 4 Nr. 1 UWG also auch im Rahmen eines Vergleichs.[125]

111 Ständige Rechtsprechung; so auch BGH GRUR-RR 2016, 410 Rn. 25 – Dr. Estrich.
112 Ohly/Sosnitza/Ohly UWG § 4 Rn. 1/20.
113 BGH GRUR 2012, 74 Rn. 37 – Coaching-Newsletter.
114 OLG Köln 10.5.2019 – 6 U 196/18, BeckRS 2019, 24908 Rn. 78 – Unzulässige Zweitlotterie.
115 OLG Brandenburg GRUR-RR 2020, 315 (316) – Lügen Airline.
116 OLG München GRUR-RR 2006, 268 (277) – Trivial-Patente.
117 OLG Nürnberg 20.11.2006 – 3 U 1838/06, BeckRS 2007, 00751.
118 OLG Hamm GRUR-RR 2012, 279 (281) – Doppelmoral.
119 OLG Köln GRUR-RR 2011, 325 (326) – Abmahnende Anwälte.
120 OLG Frankfurt a. M. MMR 2019, 689 (690) – Unterlassungsanspruch gegen die Äußerung „Markenklauer".
121 Ständige Rechtsprechung seit BGH GRUR 2012, 74 Rn. 37 – Coaching-Newsletter; zuletzt BGH NJW-RR 2019, 933 Rn. 23 – Knochenzement III.
122 BGH GRUR 2002, 633 (635) – Hormonersatztherapie.
123 BGH NJW 2014, 2504 Rn. 41 f. – englischsprachige Pressemitteilung.
124 Vgl. II.1. Wird ein Mitbewerber (zumindest mittelbar) erkennbar pauschal herabgesetzt, ist § 6 Abs. 2 Nr. 5 UWG vorrangig vor § 4 Nr. 1 UWG anzuwenden. Die zur pauschalen Herabsetzung von Mitbewerbern entwickelten Grundsätze von § 4 Nr. 1 UWG können auf § 6 Abs. 2 Nr. 5 UWG übertragen werden, so BGH NJW-RR 2019, 933 Rn. 23 – Knochenzement III.
125 BGH GRUR 2010, 349 Rn. 38 – EKW-Steuerberater.

Beinhaltet die pauschale Herabsetzung ungenannter Mitbewerber die Verbreitung von Tatsachenbehauptungen, so ist in der Regel Wettbewerbswidrigkeit anzunehmen: aufgrund der fehlenden Mitbewerber-Benennung lässt sich ihr Wahrheitsgehalt nicht überprüfen.[126] Insofern ist auch kein Fall des § 4 Nr. 2 UWG anzunehmen. Eine pauschale Herabsetzung von Marktteilnehmern, der nicht zu entnehmen ist, auf wen sie sich bezieht, fällt nicht unter die in § 6 UWG vorgesehene „privilegierte" Behandlung vergleichender Werbung. Denn nur Vergleiche und Äußerungen, die konkret überprüft werden können, rechtfertigen eine Privilegierung. 65

Eine pauschale Herabsetzung unbenannter Mitbewerber – und damit ein Verstoß gegen § 4 Nr. 1 UWG – setzt eine Bezugnahme auf Mitbewerber voraus, sowie eine die Grenzen einer sachlich gebotenen/erlaubten Erörterung überschreitende Werbeaussage. Eine Bezugnahme auf Mitbewerber liegt nicht vor, wenn der Äußernde nur die eigene Leistung hervorhebt[127] oder eine Bezugnahme auf den Wettbewerb nur mitgedacht werden kann, wie etwa bei der Aussage „Lieber besser aussehen, als viel bezahlen".[128] Für die Beurteilung der lauterkeitsrechtlichen Unzulässigkeit gelten die oben genannten Grundsätze. 66

Praxistipp:

Für die Prüfung einer pauschalen Herabsetzung ist zunächst zu fragen, ob ein konkreter Mitbewerber (mittelbar) identifiziert werden kann.

Wenn ja, sind die Vorschriften über die vergleichende Werbung (§ 6 UWG) anzuwenden. Die dargestellten Grundsätze zur pauschalen Herabsetzung bei § 4 Nr. 1 UWG können dabei auf § 6 UWG übertragen werden.

Wenn nein, dh wenn ein konkreter Mitbewerber nicht identifiziert werden kann, ist § 4 Nr. 1 UWG zu prüfen und zu fragen ob,

– eine Bezugnahme auf Mitbewerber vorliegt und
– ob sich die Äußerung noch in den Grenzen des sachlich Gebotenen hält.

b) Humor. Humor, Satire oder Ironie sind solange zulässig, wie der Mitbewerber oder seine Angebote nicht ins Lächerliche gezogen werden. Die Rechtsprechung ist insofern großzügig. Aussagen, die nur Aufmerksamkeit und Schmunzeln erzielen sollen, sollen im geschäftlichen Verkehr durchaus erlaubt sein (und sind gewollt) – Werbung soll zu einem nicht unerheblichen Teil von Humor und Ironie leben.[129] 67

Als zulässig wurde etwa der Werbeslogan „Die „Steinzeit" ist vorbei!" für Häuser in Holzrahmen-Bauweise angesehen.[130] In dieser Äußerung soll keine Herabwürdigung der „Steinbauweise" als „antiquiert" zu sehen sein, vielmehr soll der verständige Durchschnittsverbraucher das Wortspiel vor allem aufgrund des Sprachwitzes und nicht im Sinne einer Sachaussage ernst nehmen. 68

c) Medienveröffentlichungen. *aa) Verantwortlichkeit der Medien.* Eine lauterkeitsrechtliche Verantwortlichkeit trifft den Verlag, die Redaktion und die Journalisten für Herabsetzungen und Verunglimpfungen in Berichten und Werbeanzeigen, wenn ihnen eine Wettbewerbshandlung nachzuweisen ist.[131] Eine Wettbewerbshandlung soll bei Medienveröffentlichungen grundsätzlich nicht anzunehmen sein, weil die öffentliche Meinungsbildung in Presse, Rundfunk und den neuen Medien jede Reportage prägt wie bei Buch- und Filmrezensionen oder Restaurantartikeln.[132] Es sollen keine überzogenen Anforderungen an den Umfang der Prüfungspflichten mit Blick auf die 69

[126] BGH GRUR 1998, 683 (684) – Preisvergleich II.

[127] BGH GRUR 2001, 752 (753) – Generika-Werbung; OLG Hamburg 30.10.2002 – 5 U 75/02, GRUR-RR 2003, 50 – Tiefpreisgarantie.

[128] Vgl. BGH GRUR 1997, 227 ff. – „Aussehen mit Brille".

[129] So zur vergleichenden Werbung: BGH GRUR 2002, 828 (830) – Lottoschein; Humor und Ironie können auch einseitig zu Lasten des Mitbewerbers gehen, ohne dass dieser Umstand alleine eine Herabsetzung oder Verunglimpfung darstellt, so BGH GRUR 2019, 631 Rn. 31 – Das beste Netz.

[130] BGH GRUR 2002, 982 (984) – Die „Steinzeit" ist vorbei!

[131] Ständige Rechtsprechung; vgl. etwa OLG Hamm GRUR 1980, 311 – Pressebericht in eigener Sache; BGH GRUR 1986, 812 (813) – Gastrokritiker; BGH GRUR 1998, 167 (168) – Restaurantführer.

[132] Vgl. BGH GRUR 1998, 167 (168) – Restaurantführer.

praktischen Notwendigkeiten der Presseberichterstattung gestellt werden dürfen. Deshalb ist ein Anspruch auf Schadenersatz gegen verantwortliche Personen von periodisch erscheinenden Druckschriften nur bei einer vorsätzlichen Zuwiderhandlung anzunehmen (§ 9 S. 2 UWG bzw. § 9 Abs. 3 UWG-neu). Zwar ist im Anzeigengeschäft eine Wettbewerbsförderungsabsicht der Verlage im Sinne des § 2 Nr. 1 UWG bzw. § 2 Nr. 2 UWG-neu regelmäßig zu vermuten.[133] Nur wenn vom Verlag, der Redaktion etc. der Inhalt einer Anzeige – im Bereich der Eigenwerbung – mitgestaltet wird, kann sich das entsprechende Organ nicht auf das Haftungsprivileg berufen.[134]

70 Wird die fragliche Äußerung als Mittel des geistigen Meinungskampfes in einer die Öffentlichkeit polarisierenden Thematik benutzt, kann die Berichterstattung durch das Grundrecht der freien Meinungsäußerung gedeckt sein. Davon sind Aussagen ausgenommen, die keine bloße Meinungskundgabe sind, sondern in den individuellen Bereich des wirtschaftlichen Wettbewerbs einzelner Mitbewerber eingreifen. Sie missbrauchen die Meinungsfreiheit und das Informationsinteresse der Allgemeinheit als Mittel zur Förderung partikularer Wettbewerbsinteressen.[135]

71 *bb) Verantwortlichkeit des Informanten.* Ist das Verhalten des Informanten, dessen sich das Medienhaus im Rahmen einer Berichterstattung bedient, als Wettbewerbshandlung zu qualifizieren, kann den Informanten die Verantwortlichkeit für die Herabsetzung treffen. Wettbewerbshandlungen von Informanten sind nur unter engen Voraussetzungen zulässig, weil die Publikation als Äußerung eines unbeteiligten Dritten sehr nachhaltig in der Öffentlichkeit wirkt. Wettbewerbshandlungen von Informanten sind zulässig, wenn ernsthaftes Informationsinteresses der Öffentlichkeit vorliegt. Die Aufklärung durch die Medien/Presse muss erforderlich sein, weil andere Maßnahmen im Vorfeld, beispielsweise gerichtliche Maßnahmen, vergebens waren.[136] Ein Informationsinteresse der Öffentlichkeit wird vom *BGH* beispielsweise angenommen, wenn ein gerichtliches Vorgehen gegen „schwindelhafte" Werbung fruchtlos geblieben ist, etwa weil sich der Mitbewerber über gerichtliche Verbote hinweggesetzt hat, oder durch eine solche Werbung das Vertrauen des Publikums auch zu den Mitbewerbern einer Branche in Mitleidenschaft gezogen wird. In jedem Fall muss sich der Informant auf objektiv richtige und sachlich gehaltene Auskünfte beschränken.[137]

72 Zudem sollte der Informant die Presseveröffentlichung vor der Drucklegung mit Blick auf die zutreffende Wiedergabe seiner Behauptungen geprüft haben.[138] Es ist ihm jedoch nicht etwa deshalb Unlauterkeit zu unterstellen, weil er sich kein solches Prüfungsrecht vorbehalten hat.[139]

Praxistipp:

Der Presseinformant sollte im eigenen Interesse vor der Drucklegung die Richtigkeit der Wiedergabe der von ihm getätigten Angaben überprüfen.

Regelmäßig ist jedoch nur das Presseunternehmen greifbar, da für Journalisten der Schutz ihrer Informanten überragende Bedeutung hat. Die praktische Relevanz ist daher gering.

Trotzdem gilt: Bei der Öffentlichkeitsarbeit in (juristischen) Auseinandersetzungen ist darauf zu achten, keine unwahren Tatsachenbehauptungen über Dritte zu verbreiten/verbreiten zu lassen.

73 **d) Wissenschaftliche Auseinandersetzung.** Setzt ein Wettbewerber eine wissenschaftliche Leistung zu Wettbewerbszwecken ein, indem eigene Produkte namentlich genannt und deren Vorzüge mit wissenschaftlichen Argumenten untermauert werden, so darf ein Mitbewerber auf (aus seiner Sicht) bestehende Mängel der Arbeit hinweisen.[140] Sofern durch die Kritik Unklarheiten aufgezeigt werden, hat die angesprochene Fachöffentlichkeit ein Interesse, hierauf hingewiesen zu werden. Auch ein leicht überschießender Ton führt noch nicht zu einem Zurücktreten der Meinungsäußerungsfreiheit (Art. 5 Abs. 1 GG) hinter das Recht auf Schutz des geschäftlichen Rufs (Art. 2 Abs. 1, 12 Abs. 1 GG).

[133] Vgl. BGH GRUR 1990, 1012 (1013) – Pressehaftung I; Löffler/Sedelmeier Presserecht § 10 Rn. 75 ff.
[134] Amtl. Begr., BT-Drs. 15/1487, S. 23, Zu § 9 aE.
[135] BGH GRUR 1986, 812 (813) – Gastrokritiker; BGH GRUR 1984, 214 (215) – Copy-Charge.
[136] BGH GRUR 1968, 645 (646 f.) – Pelzversand.
[137] BGH GRUR 1968, 645 (646 f.) – Pelzversand.
[138] Vgl. BGH GRUR 1968, 645 (646 f.) – Pelzversand.
[139] OLG Stuttgart NJW-RR 1991, 1515; Gloy/Loschelder/Danckwerts UWG-HdB/Hasselblatt/Schneider § 49 Rn. 51.
[140] BGH GRUR-RR 2016, 410 Rn. 50 und 64 – Dr. Estrich.

Eine pauschale Herabsetzung liegt vor, wenn sich die kritische Äußerung nicht allein gegen die fachliche Qualität der Arbeit,[141] sondern auch gegen die Person des Mitbewerbers und seine fachliche Qualifikation richtet.[142] 74

V. Aufweichung der Grenzen bei „Gegenangriff"

Kritische Äußerungen können als Wahrnehmung berechtigter Interessen, Abwehr oder gar als Notwehr nach § 227 BGB gerechtfertigt sein, wenn sie ihrerseits auf eine gegnerische Herabsetzung antworten. Dabei können die **Intensität des Angriffs** oder die **besondere Schutzwürdigkeit** der zu wahrenden Interessen eine schärfere Antwort rechtfertigen.[143] Allerdings muss ein innerer Bezug zwischen der wettbewerbswidrigen Äußerung und dem gegnerischen Angriff bestehen.[144] Da auch dem Sachlichkeitsgebot zu genügen ist, handelt wiederum unlauter, wer unter diesen Umständen seinen Mitbewerber etwa „hemmungslose Irreführung" vorwirft oder die gegnerische Behauptung als „unwahr, böswillig und leichtfertig" brüsk zurückweist. Denn auch der Verletzte darf mit seiner Antwort über die Schwere und das Ausmaß des vorausgegangenen Angriffs keinesfalls hinausschießen.[145] Gleichwohl kann es mitunter durchaus geboten sein, zur Schadensminderung eine „Gegenanzeige" zu schalten, wenn die Ehrverletzung in einer Anzeige einer Zeitung oder einem Magazin erfolgte.[146] 75

---

141 So etwa in der Conclusio, eine Arbeit ermangele grundlegender Fragen wissenschaftlicher Methodik.
142 BGH GRUR-RR 2016, 410 Rn. 78 – Dr. Estrich.
143 Ständige Rechtsprechung seit BGH GRUR 1957, 360 (362) – Phylax-Apparate.
144 OLG Hamburg NJW 1996, 1002 (1004) – Schmuddelsender.
145 BGH GRUR 1968, 262 (264) – Fälschung; Gloy/Loschelder/Danckwerts UWG-HdB/Hasselblatt/Schneider § 49 Rn. 46.
146 BGH GRUR 1990, 1012 (1015) – Pressehaftung I.

§ 16 Anschwärzung (§ 4 Nr. 2 UWG)

Übersicht

I. Allgemeines

1 Entsprechend der Überschrift von § 4 UWG schützt § 4 Nr. 2 UWG in erster Linie den Mitbewerber vor Verletzungen seiner Geschäftsehre durch bestimmte Tathandlungen. Da aber jede Anschwärzung zugleich eine Täuschung des Adressaten der Äußerung beinhaltet, bewirkt § 4 Nr. 2 UWG daneben auch den Schutz der Verbraucher.[1] Eine ähnliche Vorschrift war bereits in der ursprünglichen Fassung des UWG vom 1.10.1909 enthalten. Der Tatbestand entspricht heute noch weitestgehend § 14 UWG aF, die Vorschrift wurde weder durch die UWG-Reform 2004 noch durch die von 2008 wesentlich berührt.[2] Durch die letzte UWG-Reform 2015 wurde § 4 Nr. 8 UWG 2008 zu § 4 Nr. 2 UWG, ohne dass der Wortlaut der Vorschrift verändert wurde. Das aktuelle UWG verzichtet allerdings auf eine dem § 15 UWG aF entsprechende Norm, die neben den zivilrechtlichen auch strafrechtliche Sanktionen angeordnet hatte. § 15 UWG aF kam neben §§ 185–187 StGB kaum Bedeutung zu, was die Abschaffung der Vorschrift rechtfertigte.[3]

2 Bei § 4 Nr. 2 Alt. 1 UWG handelt es sich um ein scharfes Schwert. Denn nicht derjenige, der Ansprüche nach § 4 Nr. 2 UWG geltend macht, muss die Unwahrheit der Behauptung nachweisen; die Beweislast, dass seine Behauptung der Wahrheit entspricht, trifft den Anspruchsgegner. Bei der bewussten Behauptung und Verbreitung unwahrer Tatsachen gem. § 4 Nr. 2 UWG stellt das Grundrecht der freien Meinungsäußerung gem. Art. 5 GG in der Regel keine taugliche Verteidigung dar.[4] Zwar können auch Tatsachenbehauptungen am Schutz von Art. 5 GG teilnehmen.[5] Doch besteht an der Behauptung und Verbreitung unwahrer Tatsachen fast nie ein schützenswertes Interesse.[6] Allerdings besteht eine Einschränkung des Anspruchs gem. § 4 Nr. 2 Alt. 2 UWG, wenn ein berechtigtes Interesse des Mitteilenden oder Empfängers an der Verbreitung besteht **und** die Mitteilung vertraulich geschieht.

3 § 4 Nr. 2 UWG regelt den Schutz der Geschäftsehre nur teilweise. Er betrifft allein die Fälle der Verbreitung von unwahren Tatsachenbehauptungen im Rahmen geschäftlicher Handlungen. Geht es um die Äußerung von Werturteilen oder die Behauptung und Verbreitung wahrer Tatsachen, ist § 4 Nr. 1 UWG anwendbar. Im Übrigen kommen bei der Verbreitung unwahrer Tatsachenbehauptungen Ansprüche aus §§ 823 Abs. 1 BGB (allgemeines Persönlichkeitsrecht und Eingriff in

---

[1] Vgl. BGH GRUR 2002, 633 (635) – Hormonersatztherapie; Fezer/Büscher/Obergfell/Nordemann UWG § 4 Nr. 2 Rn. 5.
[2] Amtl. Begr. BT-Drs. 15/1487, 18; Engels/Salomon WRP 2004, 32 (35); Ohly/Sosnitza/Ohly UWG § 4 Rn. 2/2.
[3] Amtl. Begr. BT-Drs. 15/1487, 15.
[4] BVerfGE 54, 208 (219) – Heinrich Böll; BGH GRUR 1975, 89 (92) – Brüning-Memoiren I.
[5] BVerfG GRUR 2008, 81 (82) – Pharmakartell; BGH WRP 2009, 631 (632) – Fraport-Manila-Skandal.
[6] BVerfG NJW 2006, 207 (209) – „IM-Sekretär" Stolpe.

den Gewerbebetrieb), 1004 (analog), 824, 826, 823 Abs. 2 iVm §§ 186, 187 StGB in Betracht. Keine der Vorschriften setzt eine geschäftliche Handlung voraus, sodass sie neben § 4 Nr. 2 UWG anwendbar sind. Liegt eine geschäftliche Handlung vor, scheidet jedoch ein Anspruch gem. § 823 Abs. 1 BGB unter dem Gesichtspunkt der Verletzung des eingerichteten und ausgeübten Gewerbebetriebs aus, da in diesem Fall § 4 Nr. 2 UWG **lex specialis** ist.

Eine unwahre Tatsachenbehauptung nach § 4 Nr. 2 UWG wird mitunter im Rahmen vergleichender Werbung getätigt. § 6 Abs. 2 Nr. 5 UWG gilt aber nicht für Fälle der Irreführung, vgl. § 5 Abs. 3 UWG. Da mit einer solchen Äußerung im Rahmen vergleichender Werbung auch immer eine Irreführung verbunden ist, wird § 4 Nr. 2 UWG nicht verdrängt und ist neben § 5 UWG anwendbar.[7] Die in § 4 Nr. 2 Alt. 1 UWG vorgesehene Beweislastumkehr ist durch Art. 6 der Richtlinie 84/450/EWG (in der durch Richtlinie 97/55/EG geänderten Fassung) gedeckt.[8] Gegenüber § 4 Nr. 4 UWG ist § 4 Nr. 2 UWG lex specialis.[9] 4

Praxistipp:

Liegen die speziellen Voraussetzungen des § 4 Nr. 2 UWG nicht vor, sollte geprüft werden, ob Ansprüche gem. §§ 4 Nr. 1 oder Nr. 4 UWG, § 824 BGB, §§ 1004, 823 Abs. 1 BGB (Eingriff in den Gewerbebetrieb und Verletzung des allgemeinen Persönlichkeitsrechts), §§ 1004, 823 Abs. 2 BGB iVm §§ 185 ff. StGB oder § 826 BGB bejaht werden können.

II. § 4 Nr. 2 Alt. 1 UWG

1. Tatbestandsvoraussetzungen des § 4 Nr. 2 Alt. 1 UWG

a) **Geschäftliche Handlung.** Zunächst müssen im Rahmen des § 4 Nr. 2 Alt. 1 UWG die Voraussetzungen von § 3 UWG erfüllt sein. Es muss also eine geschäftliche Handlung nach § 2 Nr. 1 UWG vorliegen. Eine geschäftliche Handlung liegt immer dann vor, wenn die Handlung objektiv zu Gunsten des eigenen oder fremden Unternehmens erfolgt und auf die Förderung des Absatzes in Bezug auf Waren oder Dienstleistungen gerichtet ist.[10] Erfolgt die Handlung zu Gunsten des eigenen Unternehmens, so muss die Handlung einen Marktbezug aufweisen, es darf sich also nicht um rein interne Vorgänge handeln.[11] Bei einer Handlung zugunsten Dritter muss ein objektiver Zusammenhang zwischen der Handlung und der Förderung des Absatzes eines fremden Unternehmens festgestellt werden.[12] Bei Äußerungen in Gemeinderatssitzungen und bei Eingaben an staatliche Behörden kann grundsätzlich nicht von einer geschäftlichen Handlung ausgegangen werden.[13] 5

Bei Behauptungen von Journalisten oder anderen Medienvertretern werden in der Regel Meinungsäußerungen aufgestellt, da es an der erforderlichen Wettbewerbsförderungsabsicht meist fehlt.[14] Zu beachten ist bei Presseunternehmen auch das Grundrecht der Pressefreiheit und der freien Berichterstattung.[15] Zunehmend im Fokus steht die Bewertung im Rahmen von Internetportalen, auf denen die Benutzer eine Bewertung über die erhaltenen Leistungen abgeben können. Das Betreiben eines solchen Portals kann eine geschäftliche Handlung darstellen, wenn das Portal nicht nur kommunikativen Zwecken dient, sondern vielmehr die eigene Leistung bekannter und attraktiver gemacht werden soll.[16] Ein konkretes Wettbewerbsverhältnis liegt insbesondere dann vor, wenn das Portal dazu dient, den Konkurrenten durch negative Anzeigen und 6

[7] Fezer/Büscher/Obergfell/Nordemann UWG § 4 Nr. 2 Rn. 21.
[8] BGH GRUR 2002, 633 (635) – Hormonersatztherapie.
[9] Harte-Bavendamm/Henning-Bodewig/Bruhn UWG § 4 Nr. 2 Rn. 47; Ohly/Sosnitza/Ohly UWG § 4 Rn. 2/5.
[10] BGH GRUR 2015, 1129 (1131) – Hotelbewertungsportal; Köhler/Bornkamm/Feddersen/Köhler UWG § 2 Rn. 3 ff.
[11] Köhler/Bornkamm/Feddersen/Köhler UWG § 2 Rn. 34.
[12] Köhler/Bornkamm/Feddersen/Köhler UWG § 2 Rn. 54.
[13] Offengelassen in OLG Naumburg GRUR-RR 2003, 375 (376) – Brückenbau, das eine Wettbewerbsförderungsabsicht verneinte; aA HK-UWG/Späth UWG § 4 Nr. 2 Rn. 2.16.
[14] BGH WRP 1995, 186 (189) – Dubioses Geschäftsgebaren; BGH GRUR 2006, 875 (876) – Rechtsanwalts-Ranglisten.
[15] OLG Hamburg MMR 2004, 415 (418) – awd-aussteiger.de.
[16] BGH GRUR 2015, 1129 (1131) – Hotelbewertungsportal; LG Hamburg WRP 2012, 94 (97).

Bewertungen in ein schlechtes Licht zu rücken.[17] Dies kann zum Beispiel bei dem Betrieb eines kombinierten Buchungs- und Bewertungsportals für Hotels der Fall sein.[18]

7 Äußerungen in Gerichtsverfahren sind prinzipiell nicht mit § 4 Nr. 2 UWG angreifbar. Auch hier wird es bereits häufig an einer geschäftlichen Handlung fehlen. Zudem liegt der Nichtanwendung der Vorschrift in solchen Fällen die Überlegung zugrunde, dass auf den Ablauf eines Rechtsstreits nicht von außen Einfluss ausgeübt werden soll und sich einer der Beteiligten eingeengt fühlt.[19] Darüber hinaus wird der Betroffene innerhalb des Verfahrens in der Regel ausreichend Gelegenheit haben, zu der ehrenrührigen Behauptung Stellung zu nehmen. Auch hier gibt es natürlich Ausnahmen: Wird der Prozess nur als Plattform für anschwärzende Behauptungen genutzt, kann dagegen mit § 4 Nr. 2 Alt. 1 UWG vorgegangen werden.[20] Und besteht nach dem Ende des Verfahrens Erstbegehungs- oder Wiederholungsgefahr, so kann der Verletzte ebenfalls Rechte gegen den Äußernden herleiten.[21]

8 **b) Tatsachen.** § 4 Nr. 2 Alt. 1 UWG schützt nur vor der Behauptung und Verbreitung von **Tatsachen.** Die erforderliche Abgrenzung zwischen Tatsachenbehauptungen und Werturteilen stellt den zentralen Schwerpunkt bei der Anwendung der Vorschrift dar. Eine Tatsache liegt immer dann vor, wenn der Vorgang oder Zustand dem Wahrheitsbeweis zugänglich ist.[22] Ist die Bewertung eines Vorgangs durch ein Element des Wertens, insbesondere der Stellungnahme und des Dafürhaltens geprägt, dann ist von einem Werturteil auszugehen, das § 4 Nr. 1 UWG unterfällt. Maßgeblich für die Abgrenzung ist das Verständnis des Empfängers.[23] Dabei ist auf einen durchschnittlich informierten, aufmerksamen und verständigen Durchschnittsverbraucher abzustellen.[24] Enthält eine Äußerung sowohl ein Werturteil als auch eine Tatsachenbehauptung, so ist zu untersuchen, ob sich die Aussage in Werturteil und Tatsache aufspalten lässt.[25] Ist das nicht möglich, entscheidet der Schwerpunkt.[26] Auf die Abgrenzung kommt es insbesondere an, wenn der Anspruchsteller nicht nachweisen kann, dass die getätigte Äußerung unwahr ist, denn die Beweislastumkehr greift nur in Fällen des § 4 Nr. 2 Alt. 1 UWG. Kann der Anspruchsteller sowohl die Tatbestandsvoraussetzungen von § 4 Nr. 2 Alt. 1 UWG als auch von § 4 Nr. 1 UWG darlegen und beweisen, kann die Frage der Abgrenzung dahinstehen.

9 Liegen die Abgrenzungskriterien damit auch abstrakt hinreichend klar fest, so ist die Differenzierung im Einzelfall nicht einfach. Die nachfolgenden Beispiele lassen gleichwohl gewisse Leitlinien erkennen:

10 Ethische und moralische Vorwürfe sind in der Regel reine Meinungsäußerungen.[27] Dasselbe gilt für die Einstufung eines Verhaltens als rechtswidrig („korrupt"), weil dies auf einer Bewertung des Äußernden beruht.[28] Der Vorwurf, ein Plagiat in den Verkehr gesetzt zu haben, ist dagegen eine Tatsachenbehauptung.[29]

11 Hinsichtlich Abmahnungen unter Berufung auf ein Schutzrecht (**Schutzrechtsverwarnungen**), ist die Rechtsprechung zurückhaltend bezüglich der Anwendung wettbewerbsrechtlicher Spezialnormen. Mangels Drittbezogenheit scheidet § 4 Nr. 2 jedenfalls bei einer Abmahnung gegenüber dem Hersteller selbst aus,[30] dann kann Schutz über § 4 Nr. 4 UWG wegen gezielter Behinderung,[31] sonst über § 823 Abs. 1 BGB erlangt werden.[32] Erfolgt die Abmahnung

[17] BGH GRUR 2015, 1129 (1131) – Hotelbewertungsportal.
[18] LG Hamburg WRP 2012, 94 (96); Schilling GRUR-Prax 2012, 105 (106).
[19] BGH GRUR 1987, 568 (569) – Gegenangriff; OLG Hamm NJOZ 2004, 2129 (2130).
[20] BGH GRUR 2010, 253 (254) – Fischdosendeckel; OLG Hamm NJOZ 2004, 2129 (2130).
[21] BGH GRUR 2010, 253 (256) – Fischdosendeckel.
[22] BGH GRUR 1988, 402 (403) – Mit Verlogenheit zum Geld.
[23] BGH GRUR 1982, 633 (634) – Geschäftsführer; BGH GRUR 2016, 710 (712) – Im Immobiliensumpf; BGH GRUR 2018, 622 (625) – Verkürzter Versorgungsweg II; Köhler/Bornkamm/Feddersen/Köhler UWG § 4 Rn. 2.13; Ohly/Sosnitza/Ohly UWG § 4 Rn. 2/12.
[24] Brammsen/Apel WRP 2009, 1464 (1465).
[25] Köhler/Bornkamm/Feddersen/Köhler UWG § 4 Rn. 2.13.
[26] BVerfG WRP 2003, 69 (70) – Veröffentlichung von Anwalts-Ranglisten; BGH GRUR 1969, 555 (557) – Cellulitis; BGH GRUR 1975, 89 (91) – Brüning Memoiren I; OLG Stuttgart GRUR-RS 2019, 49146 Rn. 31.
[27] Köhler/Bornkamm/Feddersen/Köhler UWG § 4 Rn. 2.16.
[28] BGH WRP 2009, 631 (633) – Fraport-Manila-Skandal.
[29] BGH GRUR 1992, 527 (529) – Plagiatsvorwurf II.
[30] BGH GRUR 1963, 255 (257) – Kindernähmaschinen.
[31] Sack NJW 2009, 1642 (1643).
[32] BGH GRUR 1963, 255 (257) – Kindernähmaschinen; aA Sack NJW 2009, 1642, der dies über die Generalklausel des § 3 UWG lösen möchte.

gegenüber dem Abnehmer, kommt eine Anschwärzung iSd § 4 Nr. 2 UWG in Betracht.[33] Hierbei ist zu differenzieren.[34] Folgt die fehlende Berechtigung zur Abmahnung auf Grund eines Subsumtionsfehlers über die Reichweite des Schutzrechts, dann liegt ein Werturteil vor und § 4 Nr. 2 ist nicht einschlägig.[35] Nimmt dagegen jemand ein Schutzrecht in Anspruch, was beispielweise noch gar nicht erteilt wurde oder abgelaufen ist, kann dagegen aus § 4 Nr. 2 Alt. 1 UWG vorgegangen werden. Die Möglichkeit der Anwendung von § 4 Nr. 2 Alt. 1 UWG bei Schutzrechtsverwarnungen Dritter hängt damit von den Umständen des Einzelfalles ab.[36]

12 Bei wissenschaftlichen Arbeiten liegt meist keine geschäftliche Handlung vor, da sie in der Regel nicht zur Absatzförderung eines Unternehmens angefertigt werden.[37] § 4 Nr. 2 Alt. 1 UWG kann aber einschlägig sein, wenn die wissenschaftliche Arbeit zu Werbezwecken an Fachkreise gesendet wird.[38] Werbezwecke werden auch nicht vom Grundrecht der Freiheit der Wissenschaft und Forschung erfasst, sodass Art. 5 Abs. 3 S. 1 GG nicht zur Verteidigung herangezogen werden kann.[39] Gleichwohl findet in wissenschaftlichen Arbeiten meist eine Bewertung statt. Dabei werden aus Tatsachen im Rahmen einer wertenden Meinungsäußerung Schlussfolgerungen gezogen. Mithin kommt es darauf an: Sind die in einem Gutachten dargestellten Tatsachen unrichtig, auf deren Grundlage dann Schlussfolgerungen gezogen werden, kann § 4 Nr. 2 Alt. 1 UWG taugliche Anspruchsgrundlage. Die Vorschrift greift nicht, wenn sich der abfällige Inhalt in den Schlussfolgerungen findet.[40] Dabei ist auch hier die Grenzziehung nicht einfach. Von der Rechtsprechung ist die Beschreibung von Nachteilen einer Hormonsubstitution in einer medizinischen Studie als Tatsachenbehauptung eingeordnet worden.[41] Gleiches gilt für die Behauptung, jemand sei nicht in der Lage, nach einer bestimmten Methode auszubilden. Zwar gebe es bei dieser Aussage auch wertende Elemente. Doch aus der Darstellung, warum die Bewertung so ausgefallen sei, ergebe sich ein Tatsachenkern.[42] Ebenfalls als Tatsachenbehauptung eingestuft wurde die Äußerung eines Rechtsanwalts in einer als „Rechtsgutachten“ bezeichneten Abhandlung. Darin wurde geäußert, bei einem bestimmten Geschäftsmodell zur Prozessfinanzierung sei der Kapitalanleger letztlich dem „Diktat“ der Prozessfinanzierungsgesellschaft ausgeliefert.[43] § 4 Nr. 2 Alt. 1 UWG kann auch dann anwendbar sein, wenn die Begutachtung nur vorgetäuscht oder leichtfertig vorgenommen wurde.[44] Demgegenüber wurde die Äußerung einer Krankenkasse gegenüber einem Patienten, ein Speicheltest zur Karieserkennung sei unnötig und zu kostenintensiv als Bewertung, nicht als Wiedergabe einer Tatsache beurteilt.[45] Zur Recht ist auch die Äußerung, die Konservierung von Eiweißstoffen im Urin für einen Harntest stelle einen „Unsicherheitsfaktor“ dar als Meinung eingestuft worden. Denn es handelt sich um das Ergebnis der Bewertung der zugrunde liegenden Tatsachen.[46] Bei der Äußerung gegenüber Fachkreisen, das Produkt eines Wettbewerbers enthalte „erhöhte Werte“ eines Stoffes kommt es darauf an, ob die Adressaten dies auf einen Anknüpfungspunkt, etwa gesetzliche Höchstwerte oder den im Markt üblichen Wert beziehen. Ist das der Fall, liegt eine Tatsachenbehauptung vor.[47]

---

[33] BGH GRUR 2006, 433 (434) – Unbegründete Abnehmerverwarnung; Köhler/Bornkamm/Feddersen/Köhler UWG § 4 Rn. 4.169.

[34] Köhler/Bornkamm/Feddersen/Köhler UWG § 4 Rn. 4.169; Ullmann GRUR 2001, 1027 (1030); str. teilw. wird eine Abnehmerverwarnung stets als Tatsachenbehauptung angesehen (zB Sack NJW 2009, 1642 (1644); ders. WRP 2007, 708 (710 f); ders. WRP 2005, 253 (262)), nach aA ist eine Tatsachenbehauptung regelmäßig zu verneinen (zB Teplitzky GRUR 2005, 9 (13)), vgl. Sack WRP 2005, 253 (262) mwN.

[35] RGZ 88, 437 (439), RGZ 94, 271 (273); GRUR 1930, 888 (891); GRUR 1938, 891 (892); Ullmann GRUR 2001, 1027 (1030).

[36] BGH GRUR 1970, 254 (255) – Remington.

[37] RegE BR-Drs. 345/08, S. 41; Köhler/Bornkamm/Feddersen/Köhler UWG § 4 Rn. 2.15; Lettl GRUR-RR 2009, 41 (42).

[38] BGH GRUR 2002, 633 (635) – Hormonersatztherapie.

[39] BGH GRUR 2002, 633 (635) – Hormonersatztherapie.

[40] Köhler/Bornkamm/Feddersen/Köhler UWG § 4 Rn. 2.15.

[41] BGH GRUR 2002, 633 (635) – Hormonersatztherapie.

[42] BGH GRUR 2003, 436 (438) – Feldenkrais (die Aussage wurde dort allerdings nicht in einer wissenschaftlichen Studie aufgestellt).

[43] OLG Frankfurt MDR 2000, 1219.

[44] BGH GRUR 1978, 258 (260) – Schriftsachverständiger.

[45] OLG Celle ZfS 2002, 63.

[46] OLG Düsseldorf 15.1.2008 – I-20 U 152/07, BeckRS 2008, 4656.

[47] BGH GRUR 2009, 1186 (1187) – Mecklenburger Obstbrände.

13 Wird eine Internet-Seite durch eine Filtersoftware für Google-Recherchen auf der Grundlage einer Überprüfung der jeweiligen Seite anhand der Google-Richtlinien als „Spam" gekennzeichnet, so stellt dies eine Tatsachenbehauptung dar.[48]

14 c) **Gegenstand der behaupteten Tatsache.** Gegenstand der Behauptung müssen die Waren oder Dienstleistungen, das Unternehmen eines Mitbewerbers, der Unternehmer selbst oder die Unternehmensleitung sein. Die Begriffe sind weit auszulegen.[49] Eine namentliche Nennung des Konkurrenten ist nicht erforderlich, es reicht aus, wenn er individualisierbar ist. Auch braucht der Angeschwärzte nicht der Einzige zu sein, dem die Äußerung gilt. Es reicht aus, wenn er mitbetroffen ist; auch eine kollektive Anschwärzung ist möglich.[50] Der Kreis der Betroffenen darf jedoch nicht ausufern. Man kann nicht die „deutschen Anwälte" beleidigen.[51] Zur Unternehmensleitung im Sinne der Vorschrift gehören alle Personen, die nach Gesetz oder Satzung zur Vertretung berechtigt sind.[52] Abfällige Äußerungen gegen die übrigen Mitarbeiter des Unternehmens müssen ebenfalls nicht sanktionslos bleiben. Äußerungen über sie können sich als Anschwärzung des Unternehmens selbst erweisen.[53] Die Begriffe der Waren und Dienstleistungen erfassen alles, was im Wettbewerb generell relevant ist, wie etwa die Produkte des Unternehmens sowie Zulieferer, Preise, Vertriebswege oder die Herkunft von Waren.

15 d) **Tathandlung.** Die Tathandlung besteht in einem **Behaupten** oder **Verbreiten** der geschäftsschädigenden Tatsache. Eine Tatsache wird „behauptet", wenn man sie als eigene aufstellt oder sich eine fremde Tatsachenbehauptung zu eigen macht. Jemand „verbreitet" eine Tatsache, wenn er eine fremde Tatsachenbehauptung wiedergibt und Dritten die Möglichkeit der Kenntnisnahme einräumt.[54] An die Form der Mitteilung werden keine besonderen Anforderungen gestellt. Sie kann auch konkludent geschehen.[55] Dabei genügt es auch, den Adressaten eine Unterlage einsehen zu lassen.[56] Weder muss sich der Äußernde die Tatsache zu eigen machen,[57] noch entlasten ihn Schutzbehauptungen („Ich glaube es ja selbst nicht, aber ...").[58] Auch eine Fragestellung oder das Andeuten einer Möglichkeit können den Tatbestand verwirklichen.[59] Es kommt nicht darauf an, ob der Adressat der Äußerung deren Inhalt Glauben schenkt. Nicht einmal ist erforderlich, dass er sie überhaupt zur Kenntnis nimmt. Es reicht, dass der Äußernde dem Adressaten die Möglichkeit zur Kenntnisnahme verschafft, was bei schriftlichen Erklärungen mit deren Zugang der Fall ist.

16 Im Bereich des Internet stellt sich die Frage, ob der Betreiber eines Internetportals sich die negative Äußerung eines Benutzers zu eigen macht oder diese verbreitet. Grundsätzlich sind Internetportalbetreiber nicht nur für die eigenen Informationen verantwortlich, sondern auch für fremde Informationen, die sie sich zu eigen machen, vgl. § 7 Abs. 1 TMG. Dabei liegt ein Zu-Eigen-Machen vor, wenn sich der Portalbetreiber der Aussage inhaltlich anschließt oder zurechenbar den Eindruck erweckt ihr inhaltlich zu zustimmen bzw. sich mit ihr zu identifizieren.[60] Die Beurteilung erfolgt anhand einer Gesamtbetrachtung aller relevanten Umstände, aus der Sicht eines durchschnittlichen Benutzers.[61] Ausreichend ist es, wenn der Portalbetreiber die Äußerungen inhaltlich-redaktionell aufbereitet und in das eigene Angebot einbindet.[62] Der BGH hat ein Zu-Eigen-Machen festgestellt, wenn der Portalbetreiber die Bewertung eigen-

[48] OLG Hamm GRUR-RR 2007, 282 (283 f.) – Google-Spamfilter.
[49] Fezer/Büscher/Obergfell/Nordemann UWG § 4 Nr. 2 Rn. 33.
[50] OLG Frankfurt GRUR-RR 2021 381 (382) – Hohlkörpertechnologie; OLG Düsseldorf GRUR 2020, 204 (207) – unbleached paper rolls.
[51] Beispiel nach Gloy/Loschelder/Danckwerts UWG-HdB/Hasselblatt/Schneider § 50 Rn. 18.
[52] Köhler/Bornkamm/Feddersen/Köhler UWG § 4 Rn. 2.17.
[53] Köhler/Bornkamm/Feddersen/Köhler UWG § 4 Rn. 2.17.
[54] BGH GRUR 1995, 427 (428) – Schwarze Liste; BGH GRUR 2015, 1129 (1132) – Hotelbewertungsportal; Ohly/Sosnitza/Ohly UWG § 4 Rn. 2/14; Brammsen/Apel WRP 2009, 1464 (1465).
[55] Köhler/Bornkamm/Feddersen/Köhler UWG § 4 Rn. 2.18.
[56] BGH GRUR 1995, 427 (428) – Schwarze Liste.
[57] BGH GRUR 2002, 633 (635) – Hormonersatztherapie; zur Definition des Zueigenmachens OLG Stuttgart GRUR-RS 2019, 49146 Rn. 25.
[58] BGH GRUR 1958, 448 (449) – Blanko-Verordnungen.
[59] BGH GRUR 1975, 89 (91) – Brüning – Memoiren I; Köhler/Bornkamm/Feddersen/Köhler UWG § 4 Rn. 2.18; Ohly/Sosnitza/Ohly UWG § 4 Rn. 2/14.
[60] BGH GRUR 2015, 1129 (1131) – Hotelbewertungsportal; Köhler/Bornkamm/Feddersen/Köhler UWG § 4 Rn. 2.18a.
[61] BGH GRUR 2015, 1129 (1131) – Hotelbewertungsportal; BGH GRUR 2012, 751 – RSS-Feeds.
[62] BGH GRUR 2015, 1129 (1131) – Hotelbewertungsportal; Köhler/Bornkamm/Feddersen/Köhler UWG § 4 Rn. 2.18a.

mächtig abändert, ohne dies mit dem ursprünglichen Verfasser abzustimmen, der Portalbetreiber haftet dann als Störer.[63] Wird dagegen lediglich ein automatischer Wortfilter verwendet, um Formalbeleidigungen oder unzulässige Eigenbewertungen auszuschließen, reicht dies für ein Zu-Eigen-Machen nicht aus. Der Begriff des Verbreitens ist im Fall der Internetportale einzuschränken, ansonsten müsste der Portalbetreiber sämtliche Einträge auf ihre Richtigkeit überprüfen, um eine Haftung auszuschließen.[64] Nach § 7 Abs. 2 TMG besteht keine pauschale Prüfungspflicht für Dienstleistungsanbieter iSd §§ 8–10 TMG. Ein Verbreiten nach § 4 Nr. 2 UWG ist nur dann anzunehmen, wenn der Portalbetreiber seine spezifischen Prüfungspflichten verletzt oder seine neutrale Stellung aufgibt.[65] Die auferlegten Prüfungspflichten müssen verhältnismäßig sein und dürfen zu keiner wirtschaftlichen Gefährdung des, an sich erlaubten, Geschäftsmodells führen.[66] Eine Verletzung dieser Prüfungspflichten ist daher erst dann anzunehmen, wenn der Betreiber von einer Rechtsgutsverletzung Kenntnis erhält und untätig bleibt oder keine angemessenen Vorsorgemaßnahmen trifft, um eine solche Verletzung für die Zukunft auszuschließen.[67]

Die Behauptung muss gegenüber einem Dritten aufgestellt worden sein, das heißt gegenüber einer anderen als der verletzten Person. Im Interesse eines effektiven Rechtsschutzes ist auch hier der Kreis der tauglichen Personen weit zu ziehen.[68] Mitglieder der Unternehmensleitung scheiden aus, da sie die durch die Äußerung Verletzten sind. Bei betriebsinternen Vorgängen, also Äußerungen des Verletzers gegenüber den eigenen Mitarbeitern liegt, mangels Außenwirkung, schon keine geschäftliche Handlung vor.[69] Für Mitglieder des Beirats wird vertreten, diese könnten „Dritte“ sein, da mit dem Begriff des Beirats keine feste Vorstellung verbunden werde.[70] Dem ist nicht zuzustimmen, wenn man – je nach Ausgestaltung des Beirats – diesen zur Unternehmensleitung zählt. Denn der Verletzte und der Adressat der Äußerung können nicht identisch sein. Außerdem dürften bei vielen Adressaten einer anschwärzenden Äußerung genauso wenig konkrete Vorstellungen über die Funktionen eines Aufsichtsrats bestehen, wie dies beim Beirat der Fall ist. 17

e) **Eignung zur Schädigung.** Die Äußerung muss dazu **geeignet** sein, den Betrieb des Unternehmens oder den Kredit des Unternehmers zu **schädigen.** Sie muss nicht ehrkränkend sein, sondern nur dazu geeignet, das Unternehmen in seinem wirtschaftlichen Fortkommen zu beeinträchtigen. Ob dies der Fall ist, ist nach der Wirkung auf die beteiligten Verkehrskreise zu beurteilen.[71] Alles, was die Reputation, den Kredit oder das Image des Geschäfts oder seines Inhabers beeinträchtigen kann, ist zur Schädigung geeignet. Dazu gehört etwa die Behauptung, ein Wettbewerber habe seinen Geschäftsbetrieb eingestellt[72] oder eine Anwaltskanzlei vereinbare verbotene Erfolgshonorare mit den Mandanten.[73] Notwendig ist, dass sich die Äußerung auf die Reputation des Verletzten im Inland auswirkt. Werden nämlich nur die Interessen des Konkurrenten im Ausland tangiert, ist nach dem Marktortprinzip deutsches Wettbewerbsrecht nicht einschlägig. Das gilt auch dann, wenn sowohl Handelnder als auch Betroffener deutsche Unternehmen sind.[74] Nicht erforderlich ist, dass der Schaden dann auch tatsächlich eintritt. Auch ist nicht notwendig, dass der Umfang des möglichen Schadens summenmäßig beziffert werden kann.[75] 18

f) **Nichterweislichkeit der Wahrheit der Tatsache.** Die ehrverletzende Tatsache muss unwahr oder jedenfalls nicht erweislich wahr sein. Eine Aussage ist unwahr, wenn ein anderer Eindruck 19

[63] BGH GRUR 2017, 844 – Klinikbewertungen.de.
[64] BGH GRUR 2015, 1129 (1132) – Hotelbewertungsportal; Köhler/Bornkamm/Feddersen/Köhler UWG § 4 Rn. 2.18c.
[65] BGH GRUR 2015, 1129 (1132) – Hotelbewertungsportal; Fezer/Büscher/Obergfell/Nordemann UWG § 4 Nr. 2 Rn. 45; Harte-Bavendamm/Henning-Bodewig/Bruhn UWG § 4 Nr. 2 Rn. 64.
[66] BGH GRUR 2015, 1129 (1133) – Hotelbewertungsportal.
[67] BGH GRUR 2015, 1129 (1133) – Hotelbewertungsportal; Fezer/Büscher/Obergfell/Nordemann UWG § 4 Nr. 2 Rn. 45; Köhler/Bornkamm/Feddersen/Köhler UWG § 4 Rn. 2.18c.
[68] Köhler/Bornkamm/Feddersen/Köhler UWG § 4 Rn. 2.18d; Brammsen/Apel WRP 2009, 1464, 1465
[69] Fezer/Büscher/Obergfell/Nordemann UWG § 4 Nr. 2 Rn. 47; Köhler/Bornkamm/Feddersen/Köhler UWG § 4 Rn. 2.18d; Ohly/Sosnitza/Ohly UWG § 4 Rn. 2/14b; Brammsen/Apel WRP 2009, 1464 (1465).
[70] LG Düsseldorf NJW-RR 1997, 490 (491).
[71] BGH GRUR 1993, 572 (573) – Fehlende Lieferfähigkeit.
[72] OLG Hamm BeckRS 2009, 86192 – Restwertbörse.
[73] OLG Köln GRUR-RR 2011, 325 (327) – Abmahnende Anwälte.
[74] BGH GRUR 2010, 847 (848) – Ausschreibung in Bulgarien.
[75] Köhler/Bornkamm/Feddersen/Köhler UWG § 4 Rn. 2.19 mit zahlreichen Einzelfallbeispielen.

als die tatsächliche Sachlage erweckt wird. Wie sich aus der Gesetzesformulierung „sofern … nicht" ergibt, obliegt es dem Verletzenden die Wahrheit seiner Äußerung zu beweisen, um eine Haftung nach § 4 Nr. 2 UWG auszuschließen. Die wettbewerbsrechtliche Verantwortlichkeit des Verletzenden besteht somit bereits dann, wenn dieser nicht nachweisen kann, dass die von ihm behauptete Tatsache der Wahrheit entspricht. Der Behauptende trägt das Risiko, dass sich Wahrheit oder Unwahrheit nicht abschließend feststellen lässt. Missverständliche Äußerungen gehen ebenfalls zu seinen Lasten.[76] In der Beweislastumkehr liegt einer der Hauptunterschiede zu anderen Normen, die die Geschäftsehre schützen, insbesondere zu § 4 Nr. 1 UWG und § 824 BGB.

20 Der Unterschied der Beweislastumkehr kann in der Praxis eine große Rolle spielen, vor allem wenn es um komplexe technische Sachverhalte geht. So ist die Behauptung über die Beschaffenheit von Konkurrenzprodukten zB hinsichtlich DIN-Normen nicht erweislich wahr, wenn sie auf einer Einzelprüfung basiert und DIN-Normen aber eine Anzahl von Abweichungen erlauben.[77] Bei Negativformulierungen hinsichtlich fehlender Lieferbarkeit, können die Grundsätze zur Beweiserleichterung nur dann zum Einsatz kommen, wenn der Behauptende berechtigten Anlass hatte so zu formulieren.[78] Zudem stellt man in der anwaltlichen Praxis fest, dass es im Nachhinein oft nur schwer möglich ist, zweifelsfrei aufzuklären, ob und wie eine Äußerung tatsächlich gefallen ist. Zwar sind Kunden bei angeblich abfälligen Äußerungen über Konkurrenten schnell dabei den „Angeschwärzten" zu informieren. Vor Gericht kann es dann aber zu erstaunlichen Gedächtnislücken kommen, die auch dadurch bedingt sein mögen, dass es sich der Kunde mit keiner Seite verderben möchte.

Praxistipp:

Trotz der durch § 4 Nr. 2 UWG angeordneten Beweislastumkehr sollte die gegenüber dem Dritten aufgestellte Behauptung möglichst im Wortlaut dokumentiert werden. Dies geschieht am besten durch den Dritten selbst, ggf. durch eine eidesstattliche Versicherung. So wird ein späteres „Umfallen" des Dritten vor Gericht unwahrscheinlicher.

2. Rechtsfolgen

21 Die Rechtsfolgen einer Verletzung von § 4 Nr. 2 UWG richten sich nach den allgemeinen Regeln. Dem Verletzten stehen damit in der Regel neben dem Unterlassungsanspruch nach § 8 UWG auch Schadensersatzansprüche und diese vorbereitende Auskunftsansprüche zu. Letztere umfassen in der Alternative des „Verbreitens" nicht nur die Auskunft darüber, wem gegenüber die Behauptung aufgestellt worden ist, sondern auch, von wem die verbreitete Tatsache stammt. Deren Urheber kann dann im Anschluss verantwortlich gemacht werden.[79] Bekanntmachungsansprüche können sich aus § 12 Abs. 3 UWG ergeben. Die Schadenersatzansprüche setzen nach § 9 UWG grundsätzlich ein Verschulden voraus.[80] Der Verletzer muss Kenntnis von der kreditschädigenden Wirkung der von ihm behaupteten oder verbreiteten Tatsachen haben.[81] Unerheblich ist hingegen, ob er diese Tatsachen für wahr hält.[82] Anspruchsberechtigt aus eigenem Recht ist gem. § 8 Abs. 3 Nr. 1 UWG grundsätzlich nur der betroffene Mitbewerber und nicht, die in § 8 Abs. 3 Nr. 2–4 UWG genannten Verbände und Einrichtungen, insofern ist § 8 Abs. 3 UWG einzuschränken. Dies entspricht der Rechtslage gemäß § 14 UWG aF, an der laut Gesetzesbegründung durch die Neufassung des UWG 2004 keine Änderung eintreten sollte.[83] Soweit vertreten wird,[84] dass § 4 Nr. 2 UWG auch dem Schutz von Verbraucherinteressen diene und deshalb eine Aktiv-

[76] BGH GRUR 1966, 452 (454) – Luxemburger Wort; Harte-Bavendamm/Henning-Bodewig/Bruhn UWG § 4 Nr. 2 Rn. 73; Ohly/Sosnitza/Ohly UWG § 4 Rn. 2/16.
[77] OLG Hamburg WRP 2007, 443 – Spielzeugautorennbahn; Ohly/Sosnitza/Ohly UWG § 4 Rn. 2/16.
[78] Harte-Bavendamm/Henning-Bodewig/Bruhn UWG § 4 Nr. 2 Rn. 72.
[79] BGH GRUR 1995, 427 (429) – Schwarze Liste.
[80] Ohly/Sosnitza/Ohly UWG § 4 Rn. 2/19.
[81] Köhler/Bornkamm/Feddersen/Köhler UWG § 4 Rn. 2.26.
[82] Köhler/Bornkamm/Feddersen/Köhler UWG § 4 Rn. 2.26; mwN Ohly/Sosnitza/Ohly UWG § 4 Rn. 2/18.
[83] BT-Drs. 15/1487, 18.
[84] So OLG Düsseldorf GRUR 2020, 204 (206) – unbleached paper rolls; Harte-Bavendamm/Henning-Bodewig/Bruhn UWG § 4 Nr. 2 Rn. 48 f.

legitimation der nach § 8 Abs. 3 Nr. 2 UWG klagebefugten Verbände zu bejahen sei, stimmt das im Ergebnis, aber nicht in der Begründung. Denn die Verbraucher sollen vor Täuschung geschützt werden. Bei einer Anschwärzung kann zugleich eine Irreführung der Verbraucher gem. § 5 I S. 2 Nr. 3 – bei vergleichender Werbung gem. § 5 Abs. 3 iVm § 5 Abs. 1 S. 2 Nr. 4 UWG – vorliegen. Die verbraucherschützende Vorschrift, aus der die Anspruchsberechtigung der Verbände herzuleiten ist, ist dann § 5 UWG und nicht § 4 Nr. 2 UWG. Aus dieser Norm können zudem auch nicht betroffene Wettbewerber gegen den Verletzer vorgehen. Es ist kein Grund ersichtlich, warum klagebefugte Verbände in Bezug auf die Beweislasterleichterungen des § 4 Nr. 2 Alt. 1 UWG besser stehen sollen als Konkurrenten.

Oft wird dem Betroffenen auch daran gelegen sein, dass der Verletzer seine Äußerung widerruft. Das kommt als Maßnahme der Störungsbeseitigung in Betracht Allerdings ist zu differenzieren:[85] Liegt in der Tatsachenbehauptung – wie häufig – auch eine Meinungsäußerung, so ist zugunsten des Verletzers Art. 5 Abs. 1 GG zu berücksichtigen. Der Widerruf von Wertungen kann deshalb nicht verlangt werden.[86] Auch darf die Beseitigung der durch die Äußerung eingetretenen Störung nicht schon über die Durchsetzung von Unterlassungs- und/oder Bekanntmachungsansprüchen gewährleistet werden können.[87] Zudem ist zwischen dem uneingeschränkten und dem eingeschränkten Widerruf zu unterscheiden. Nur wenn die behauptete Tatsache vollständig falsch ist, kann vom Äußernden verlangt werden, diese vollständig zu widerrufen. Ansonsten ist er nur dazu verpflichtet, von ihr Abstand zu nehmen und nicht länger an ihr festzuhalten. Liegt die Behauptung der Tatsache schon sehr lange zurück und erinnern sich die Adressaten mutmaßlich nicht mehr an sie, so ist fraglich, ob noch ein Widerruf verlangt werden kann. Denn dann dauert die Störung nicht mehr an und der Widerruf ist für eine Störungsbeseitigung ungeeignet.[88] 22

Geht es um missverständliche oder mehrdeutige Äußerungen, so ist Art. 5 GG in besonderer Art und Weise zu beachten. In Bezug auf Unterlassungsansprüche gilt der Grundsatz, dass der Äußernde die Mehrdeutigkeit gegen sich gelten lassen muss, weil es ihm ohne weiteres möglich ist, in der Zukunft eine eindeutige, nicht rechtsverletzende Aussage zu machen. Anders verhält es sich mit den Ansprüchen auf Widerruf, Berichtigung und Schadensersatz. Dort wirkt sich das Grundrecht der Meinungsfreiheit zumeist positiv für den Verletzer aus, da die Befürchtung mit Sanktionen belegt zu werden einschüchternd wäre und über die Beeinträchtigung der individuellen Meinungsfreiheit hinaus generell negative Wirkungen auf die Ausübung des Grundrechts haben könnte.[89] 23

Für die Durchsetzung der Ansprüche nach § 4 Nr. 2 UWG sind grundsätzlich die ordentlichen Gerichte zuständig. Werden jedoch die zur Schädigung geeigneten Äußerungen innerhalb eines Arbeitsverhältnisses gemacht, ist die Zuständigkeit der Arbeitsgerichte gegeben.[90] Anders verhält es sich beim Streit zwischen einer Krankenkasse und einer Kassenärztlichen Vereinigung über eine durch die Krankenkasse herausgegebene Presseerklärung. Durch diese nahm die Krankenkasse nicht die ihr gesetzlich zugewiesenen Aufgaben war. Aus der Natur des Rechtsverhältnisses ergab sich damit eine Zuständigkeit der ordentlichen Gerichte und nicht der Sozialgerichte.[91] 24

III. § 4 Nr. 2 Alt. 2 UWG

1. Unterschied zu § 4 Nr. 2 Alt. 1 UWG

Die Durchsetzung der Ansprüche des Verletzten wird in den Fällen des § 4 Nr. 2, 2. Alt. UWG erschwert. Es geht hier um Sachverhalte, in denen die schädigende Äußerung einerseits ver- 25

[85] Vgl. im Einzelnen die umfangreiche Darstellung bei Gloy/Loschelder/Danckwerts UWG-HdB/Hasselblatt/Schneider § 50 Rn. 38.
[86] BGH GRUR 1982, 633 (634) – Geschäftsführer; BGH GRUR 1988, 402 (403) – Mit Verlogenheit zum Geld.
[87] BGH GRUR 1992, 527 (529) – Plagiatsvorwurf II.
[88] OLG Hamm BeckRS 2009, 86192 – Restwertbörse.
[89] BVerfG NJW 2006, 207 (208) – „IM-Sekretär“ Stolpe.
[90] OLG Düsseldorf GRUR RR 2003, 63 – Arbeitgeberanschwärzung. Die Wettbewerbshandlung ergab sich daraus, dass ein Arbeitnehmer gegenüber Kollegen anschwärzende Behauptungen zum Zweck der Abwerbung aufstellte.
[91] BGH NJW 2003, 1192.

traulich und andererseits aus einem **berechtigten Interesse** des Mitteilenden oder Empfängers gemacht wurde. Dann ist die Handlung nur unlauter, sofern die Tatsache der Wahrheit zuwider behauptet oder verbreitet wurde. Das bedeutet, dass die Unwahrheit der Tatsache zum anspruchsbegründenden Tatbestand gehört, also hier der **Verletzte** die Unwahrheit der behaupteten Tatsache beweisen muss. Demgegenüber muss der **Verletzer** seinerseits die Vertraulichkeit und das berechtigte Interesse darlegen und ggf. beweisen.

26 Hintergrund der Regelung ist, dass in den Fällen von § 4 Nr. 2 Alt. 2 UWG durch die Vertraulichkeit der Äußerung davon ausgegangen werden kann, dass der mögliche Schaden geringer ausfällt als bei einer Äußerung gem. § 4 Nr. 2 Alt. 1 UWG. Zudem wird hier zugunsten des Täters berücksichtigt, dass er ein berechtigtes Interesse an der Mitteilung hat.[92]

2. Vertraulichkeit

27 Vertraulich ist eine Mitteilung dann, wenn sie nur an einen bestimmten eingeschränkten Empfängerkreis gerichtet ist und damit gerechnet werden kann, dass keine Weiterleitung an Dritte erfolgt. An die ausdrückliche oder konkludente Weisung, die Information nicht weiterzuleiten, sind **strenge Anforderungen** zu stellen.[93] Bei einer Mitteilung an einen Berufsgeheimnisträger oder, eine Behörde kann mit einer vertraulichen Behandlung gerechnet werden. Keine Vertraulichkeit liegt jedenfalls vor, wenn Rundschreiben versendet oder Schreiben an einen größeren Empfängerkreis gerichtet werden. Dasselbe gilt für Pressemitteilungen.[94] Selbst wenn eine Mitteilung nur an einen Empfänger gemacht wird, ist keine Vertraulichkeit gegeben, wenn die Mitteilung geeignet ist, einem größeren Empfängerkreis bekannt zu werden.[95]

3. Berechtigtes Interesse

28 Um in den Genuss der Privilegierung der 2. Alt. zu gelangen, müssen der Mitteilende oder der Empfänger außerdem ein berechtigtes Interesse an der Mitteilung haben. Das ist auf Grund einer **Interessenabwägung** zu entscheiden, bei der dem Grundsatz der Verhältnismäßigkeit Rechnung zu tragen ist. Es muss sich um vertretbare Gründe handeln. Rein sittliche Erwägungen genügen nicht.[96] Anders als bei § 193 StGB muss das Interesse objektiv vorliegen. Der Mitteilende muss seine Interessen gegenüber den Interessen desjenigen, den sie betreffen, abgewogen haben. Er muss ferner in zumutbarem Umfang Recherchen angestellt haben und darf nicht leichtfertig Behauptungen aufstellen. Ist der Äußernde zur Mitteilung vertraglich oder gesetzlich verpflichtet, so kann ein berechtigtes Interesse seinerseits anzunehmen sein.[97] Setzt der Mitteilende unseriös anmutende Mittel ein, etwa durch Versendung anonymer Schreiben, so spricht dies gegen das Vorliegen berechtigter Interessen. Aber auch hier kommt es auf die Umstände des Einzelfalles an.[98]

4. Rechtsfolgen

29 Auch hier richten sich die Rechtsfolgen einer Verletzung von § 4 Nr. 2, 2. Alt. UWG nach den allgemeinen Regeln. Anders als bei § 4 Nr. 2, 1. Alt. UWG besteht ein Anspruch auf Schadenersatz nur dann, wenn der Äußernde die Unrichtigkeit der Tatsachen kannte oder kennen musste.[99]

---

92 Köhler/Bornkamm/Feddersen/Köhler UWG § 4 Rn. 2.23.
93 Köhler/Bornkamm/Feddersen/Köhler UWG § 4 Rn. 2.22.
94 Köhler/Bornkamm/Feddersen/Köhler UWG § 4 Rn. 2.22.
95 RG GRUR 1939, 72 (75); BGH GRUR 1960, 135 (136) – Druckaufträge; BGH GRUR 1993, 572 (573) – Fehlende Lieferfähigkeit.
96 RGSt 25, 67 (68).
97 Köhler/Bornkamm/Feddersen/Köhler UWG § 4 Rn. 2.23.
98 BGH GRUR 1966, 452 (455) – Luxemburger Wort; Köhler/Bornkamm/Feddersen/Köhler UWG § 4 Rn. 2.23.
99 Köhler/Bornkamm/Feddersen/Köhler UWG § 4 Rn. 2.26.

IV. Beratungscheckliste

Checkliste: 30

- ☐ Liegt eine geschäftliche Handlung vor?
- ☐ Handelt es sich bei der geschäftsschädigenden Äußerung um eine Tatsachenbehauptung oder um ein Werturteil?
- ☐ Ist der konkrete Wortlaut der anschwärzenden Äußerung hinreichend klar und die Aufstellung der Behauptung auch nachweisbar (dokumentiert)?
- ☐ Handelt es sich um eine vertrauliche Mitteilung und bestand ein berechtigtes Interesse an der Mitteilung?
- ☐ Wem gegenüber ist die fragliche Äußerung aufgestellt worden?
- ☐ Kommt neben den Ansprüchen auf Unterlassung, Auskunft und Schadenersatz auch ein Anspruch auf Widerruf der geschäftsschädigenden Äußerung in Betracht?
- ☐ Soll nur zivilrechtlich vorgegangen werden oder kommt auch ein strafrechtliches Vorgehen nach §§ 185 bis 187 StGB in Betracht?

§ 17 Wettbewerbsrechtlicher Nachahmungsschutz (§ 4 Nr. 3 UWG)

Übersicht

I. Allgemeines – Grundsatz der Nachahmungsfreiheit und dessen Bedeutung

Der wettbewerbsrechtliche Nachahmungsschutz ist seit jeher von weitreichender praktischer Bedeutung. Durch die Aufnahme großer Teile des ergänzenden wettbewerbsrechtlichen Leistungsschutzes in die Regelbeispiele des § 4 Nr. 3 UWG hat der Gesetzgeber diese Bedeutung unterstrichen. Inhaltlich hat sich durch das UWG 2015 nichts geändert. 1

Es mag an der seit langem geläufigen, verharmlosenden Bezeichnung „ergänzender" Leistungsschutz oder an dem immer wieder betonten Grundsatz der Nachahmungsfreiheit liegen, dass juristische Laien oder im Wettbewerbsrecht Unerfahrene diesen Schutz vor unlauterer Nachahmung unterschätzen. Auch wenn in der Praxis die wettbewerbsrechtliche Eigenart das zentrale Kriterium für die Gewährung wettbewerbsrechtlichen Nachahmungsschutzes ist, soll zunächst auf den Grundsatz der Nachahmungsfreiheit eingegangen werden. 2

1. Förderung des Fortschritts durch Nachahmungsfreiheit

Technischer, ästhetischer und wirtschaftlicher Fortschritt beruht selten auf Entwicklungen, die von Vorbekanntem unabhängig sind. Fortschritt basiert fast immer auf der Verbesserung oder Fortentwicklung des Bekannten.[1] Daher ist es für den wirtschaftlichen, technischen und kulturellen Fortschritt unerlässlich, auf Bekanntes und damit Erfahrungen der Vergangenheit zurückzugreifen. Ein umfassender, dauerhafter Schutz von Leistungsergebnissen würde den Fortschritt behindern, weshalb – außerhalb des Sonderrechtsschutzes – grundsätzlich von Nachahmungsfreiheit ausgegangen wird.[2] Daran hat sich auch durch § 4 Nr. 3 UWG nichts geändert,[3] auch wenn auf der Grundlage der jetzigen Kodifizierung eine Umkehrung des Grundsatz-Ausnahme-Verhältnisses begründet werden könnte, oder jedenfalls eine stärkere Betonung des Investitionsschutzes denkbar ist.[4] Letztlich lohnt Innovation nicht, wenn sich die dafür erforderlichen Investitionen wegen billiger Nachahmungen nicht amortisieren lassen. 3

2. Grenzen der Nachahmungsfreiheit: Sonderrechtsschutz

Eine erste Einschränkung der Nachahmungsfreiheit sind die Sonderschutzrechte. Für diese Sonderschutzrechte hat der Gesetzgeber besondere Schutzvoraussetzungen formuliert, die teilweise formeller Natur sind, insbesondere aber materielle Anforderungen und damit einhergehende 4

[1] Baumbach/Hefermehl WettbR[22] UWG § 1 aF Rn. 438: „Jeder Mensch, der auf irgendeinem Gebiet arbeitet, steht auf den Schultern seiner Vormänner, …".

[2] St. Rspr. BGHZ 5, 1 (10) = BGH GRUR 1952, 516 (519 f.) – Hummel-Figuren; BGHZ 21, 266 (269) = GRUR 1957, 37 (38) – Uhrenrohwerke; GRUR 1959, 240 (242 f.) – Nelkenstecklinge; GRUR 1962, 144 (149) – Buntstreifensatin; GRUR 1967, 315 (317) – skai cubana; GRUR 1968, 591 (592 f.) – Pulverbehälter; GRUR 1994, 732 (734) – McLaren; GRUR 2013, 951 Rn. 20 – Regalsystem; Ohly/Sosnitza/Ohly UWG § 4 Nr. 3 Rn. 15.

[3] Die Regierungsbegründung zu § 4 Nr. 9 aF UWG stellt ausdrücklich klar, dass die Nachahmungsfreiheit nicht in Frage gestellt werden soll – BT-Drs. 15/1487, 18; BGH GRUR 2007, 795 Rn. 50 – Handtaschen.

[4] Kritisch insoweit auch Köhler GRUR 2007, 548 (549); Lubberger FS Ullmann, 737, 745 ff.

Schutzgrenzen enthalten. Diese Schutzrechte (Patent-, Gebrauchsmuster-, Sorten-, Urheberrechts- und Designschutz sowie die im Urheberrechtsgesetz geregelten benachbarten Schutzrechte) sind nicht zuletzt wegen der mit dem Grundsatz der Nachahmungsfreiheit bezweckten Förderung des Fortschritts regelmäßig räumlich, zeitlich und sachlich beschränkt. Eine Ausnahme bilden insoweit die Kennzeichnungsrechte, die, solange sie benutzt werden und die formalen Anforderungen eingehalten sind, keinen zeitlichen Beschränkungen unterliegen.[5]

3. Grenzen der Nachahmungsfreiheit: unlautere Nachahmung

5 Ergänzend dazu wird der Grundsatz der Nachahmungsfreiheit außerdem eingeschränkt, wenn eine **wettbewerblich eigenartige Leistung** in unlauterer Weise nachgeahmt oder ausgenutzt wird. Dabei ist Gegenstand des wettbewerbsrechtlichen Leistungsschutzes nicht die Leistung an sich, wie bei den Sonderschutzrechten, sondern vielmehr die **Art und Weise der Ausnutzung einer Fremdleistung.** Allerdings wird zunehmend kritisiert, dass die Grenzen zwischen Sonderrechtsschutz und ergänzendem wettbewerbsrechtlichen Leistungsschutz dort verwischen, wo es im Ergebnis zu einem Schutz der eigentlichen Leistung komme und eine Überprüfung, ob die Ausnutzung der Leistung in unlauterer Weise erfolge, in den Hintergrund getreten sei.[6] Dabei stützt sich diese **Kritik** im Wesentlichen darauf, dass der ergänzende wettbewerbsrechtliche Leistungsschutz in einigen Fällen dazu führe, dass ein bestehender Sonderrechtsschutz in sachlicher oder zeitlicher Hinsicht ausgedehnt würde, obwohl der Gesetzgeber mit Gewährung des Sonderrechtsschutzes abschließende Ausnahmeregelungen zur Durchbrechung des Grundsatzes der Nachahmungsfreiheit getroffen habe, die nicht durch das Wettbewerbsrecht unterlaufen werden könnten.[7]

6 In Einzelfällen, in denen die Unlauterkeit der Leistungsübernahme ohne nähere Prüfung unterstellt wird, mag diese Kritik gerechtfertigt gewesen sein. Die einschlägige BGH-Rechtsprechung prüft das Vorliegen von Unlauterkeitsmerkmalen inzwischen nach strengen Maßstäben. Dem Rechnung tragend hat der zuständige 1. Zivilsenat in der Entscheidung **„Segmentstruktur"** seine Rechtsprechung zum **„Saisonschutz"** und zum **„Einschieben in fremde Serie"** aufgegeben.[8]

7 Die Aufgabe des Saisonschutzes wird ausdrücklich damit begründet, dass keine Schutzlücke mehr bestehe, nachdem durch den 3-jährigen Schutz eines nicht eingetragenen Gemeinschaftsgeschmacksmusters nach Art. 11 Abs. 1 GGV kein Bedürfnis mehr für zusätzlichen Schutz bestünde.[9]

8 So berechtigt die Kritik gewesen sein mag, so wenig berücksichtigte sie, dass ein **richterliches Fallrecht,** wie der wettbewerbsrechtliche Nachahmungsschutz, nicht die gleiche Stringenz aufweisen kann wie ein gelungenes Gesetz. Auch berücksichtigt die Kritik an der grundsätzlich fehlenden zeitlichen Begrenzung nicht, dass auch Marken theoretisch unbegrenzten Schutz genießen und in Fällen unlauterer Nachahmung in aller Regel Vermeidbarkeit der Nachahmung gegeben ist.[10] Immerhin trägt der Schutz vor unlauterer Nachahmung letztlich dadurch zum Fortschritt bei, dass er fortschrittliche, innovative Produkte hervorbringt und gleichzeitig schützt.[11]

9 Da der aus UWG gewährte Schutz **unabhängig von der Art der ausgenutzten fremden Leistung** gewährt wird und letztlich auf der Art und Weise ihrer Ausnutzung beruht, ist es praktisch unmöglich, abschließend aufzulisten, für welche Leistungen wettbewerbsrechtlicher Nachahmungsschutz gewährt wird. Gegen unlautere Nachahmung können technische Geräte,[12] Produktgestaltungen,[13] farbliche Gestaltungen eines Produktes,[14] nicht geschützte Kennzeich-

[5] Vergleiche zu den einzelnen Schutzrechten → F.

[6] BGH GRUR 1968, 591 (592) – Pulverbehälter; GRUR 1992, 523 (524) – Betonsteinelemente; Sambuc, Der UWG-Nachahmungsschutz, Rn. 35 ff.; Hubmann GRUR 1975, 230 ff.; Ohly/Sosnitza/Ohly UWG § 4 Rn. 3.14 f.

[7] Näher → I. 4. Rn. 11 ff.

[8] BGH GRUR 2017, 79 Rn. 96 (mit Anm. Ohly); bestätigt durch BGH GRUR 2018, 832 Rn. 67 – Ballerinaschuh; OLG Köln GRUR-RS 2020, 17411 Rn. 36 – Jeanshose mit V-Naht II.

[9] BGH GRUR 2017, 79 Rn. 96 mit zust. Anm. Ohly; GRUR 2017, 91 f.

[10] BGH GRUR 2013, 951, Rn. 33 ff. – Regalsystem; GRUR 2015, 909 Rn. 33 ff. – Exzenterzähne, jeweils ausführlich zur Vermeidbarkeit, kritisch dazu Ohly GRUR 2017, 92.

[11] Vgl. Köhler WRP 1999, 1975 (1078).

[12] BGH GRUR 1996, 210 – Vakuumpumpen; GRUR 1999, 751 – Güllepumpen; GRUR 2015, 909 – Exzenterzähne; GRUR 2018, 311 – Handfugenpistole; GRUR 2019, 196 – Industrienähmaschinen; OLG Frankfurt GRUR-RR 2020, 531 – Pendelleuchte (Abgrenzung Herstellungsverfahren); GRUR 2021, 1091 – Akku-Poliermaschine.

[13] BGH GRUR 1960, 244 (246) – Simili-Schmuck; GRUR 1966, 97 (100) – Zündaufsatz; WRP 1976, 370 (371) – Ovalpuderdose; GRUR 1988, 690 (693) – Kristallfiguren; GRUR 1998, 477 (478) – Trachtenjanker, wo der BGH die Annahme des Berufungsgerichts, ein Trachtenjanker könne wettbewerbsrechtlichen Nachahmungsschutz über den

nungen,[15] die Aufmachung einer Ware,[16] Werbeslogans, Kataloge, Werbemittel,[17] Informationen, Daten und deren Sammlung,[18] Theateraufführungen,[19] Fernsehformate,[20] literarische Figuren,[21] Leistungsergebnisse in Form von Fußballspielen,[22] oder Aktienindizes,[23] die Vermehrung von Pflanzen[24] oder auch ein Gastronomiekonzept[25] oder eine Vertriebsmethode[26] geschützt sein.

Nicht geschützt sind dagegen bloße Ideen[27] oder allgemeine Lehren, solange sie keine konkrete Ausformung gefunden haben. Vor Nachahmung in unlauterer Weise geschützt ist daher immer nur das konkret wahrnehmbare Ergebnis, soweit die Voraussetzungen des wettbewerbsrechtlichen Nachahmungsschutzes erfüllt sind. 10

4. Verhältnis Sonderrechtsschutz – wettbewerbsrechtlicher Nachahmungsschutz

Aufgrund der unterschiedlichen Schutzrichtung können Sonderrechtsschutz und wettbewerbsrechtlicher Nachahmungsschutz nebeneinander bestehen. In § 2 MarkenG wird dies ebenso wie in Art. 96 Abs. 1 der GGM-VO für das Markenrecht bzw. das Gemeinschaftsgeschmacksmuster ausdrücklich klargestellt.[28] 11

Der BGH leitet aus dem positivrechtlich nicht festgelegten Dogma[29] der Nachahmungsfreiheit ab, dass die **Sonderschutzrechte vorrangig** seien[30] und insoweit Ansprüche aus wettbewerbsrechtlichem Nachahmungsschutz ausschlössen. Praktisch bedeutet diese Rechtsprechung gleichwohl, dass vorsorglich Unterlassungsansprüche immer sowohl auf etwaig vorhandenen Sonderrechtsschutz als auch auf wettbewerbsrechtlichen Nachahmungsschutz gestützt werden sollten.[31] Unproblematisch ist das möglich, wenn der immaterialgüterrechtliche Anspruch durchgeht. Auch, wenn zusätzlich zur eigentlichen Nachahmung Unlauterkeitselemente vorgetragen werden können, bestehen in der Praxis hinsichtlich eines geltend gemachten Unterlassungsanspruches keine Probleme, solange die verschiedenen Anspruchsgrundlagen in einer bestimmten Prüfungsreihenfolge geltend gemacht werden.[32] 12

Problematisch wird die **gleichzeitige Verfolgung sonderschutzrechtlicher und wettbewerbsrechtlicher Ansprüche,** wenn es um die Geltendmachung von Auskunfts- und Schadensersatzansprüchen geht, da hier der wettbewerbsrechtliche Nachahmungsschutz zum Teil noch anderen 13

kurzlebigen Schutz für Modeneuheiten hinaus erlangen, bestätigt; GRUR 1998, 830 – Les-Paul-Gitarren; GRUR 2018, 832 – Ballerinaschuh; GRUR 2022, 160 – Flying V; OLG Frankfurt GRUR 1999, 593 (594) – BiC Cristal (§ 1 UWG aF verneinend, gleichzeitig zum Verhältnis markenrechtlicher Ansprüche zum Anspruch aus § 1 UWG aF), GRUR 2016, 730 – Herrnhuter Stern; OLG Köln NJWE-WettbR 2000, 132 (133) – Tischbock (Verfügungsverfahren, Hauptsacheurteil nach Ablehnung der Revisionsannahme rechtskräftig).

[14] BGH GRUR 1957, 369 – Rosa-Weiß-Packung; GRUR 1997, 754 (755) – grau/magenta; OLG Köln MD 2000, 1227 (1230 ff.) – Dämmstoffplatten.

[15] BGH GRUR 1956, 553 (557) – Coswig (Typenbezeichnung); GRUR 1963, 423 (427) – coffeinfrei; GRUR 1969, 190 (191) – halazon; GRUR 2001, 251 (253 f.) – Messerkennzeichnung (im Ergebnis ablehnend).

[16] BGH GRUR 2001, 443 (445 f.) – Viennetta (im Ergebnis ablehnend), GRUR 2015, 1214 – Goldbären; OLG Köln GRUR-RR 2021, 30 – Gummibärchen.

[17] BGH GRUR 1997, 308 (309) – Wärme fürs Leben; OLG Köln WRP 1992, 407 (408) – Werbetext; OLG Köln MD 1999, 1018 (1020 ff.) – Katalog-Design; OLG Karlsruhe NJW-RR 1996, 298 – Werbekonzept; OLG Frankfurt a. M. GRUR-RR 2012, 75 – Schönheit von innen.

[18] BGH GRUR 1988, 308 – Informationsdienst; GRUR 1989 – Tele-Info-CD; GRUR 2017, 79 – Segmentstruktur.

[19] BGH GRUR 1960, 614 – Figaros Hochzeit.

[20] BGH GRUR 2003, 876 (878) – Sendeformat, offen gelassen mangels Aktivlegitimation.

[21] BGH GRUR 2016, 725 – Pippi-Langstrumpf-Kostüm II, im Ergebnis verneinend bei anderer Produktart (Karnevalskostüm).

[22] BGH GRUR 2011, 436 (437) – Hartplatzhelden.de, im Ergebnis verneinend.

[23] BGH GRUR 2009, 1162 (1165) – DAX, im Ergebnis verneinend.

[24] BGH GRUR 1959, 240 (242, 243) – Nelkenstecklinge.

[25] OLG Düsseldorf GRUR-RR 2019, 112 – Gastronomiekonzept.

[26] BGH GRUR 2003, 973 (975) – Tupperwareparty (obiter).

[27] Vgl. dazu BGH GRUR 2002, 629 – Blendsegel und die ansonsten missglückte Entscheidung BGH GRUR 2003, 359 – Pflegebetten; BGH GRUR 2009, 1069 – Knoblauchwürste.

[28] GemeinschaftsgeschmacksmusterVO (EG), Nr. 6/2002 des Rates vom 12.12.2001; vergleiche aber die BGH-Rechtsprechung zum Vorrang: BGH GRUR 1999, 161 – MacDog; 1999, 992 – Big Pack; 2000, 70 – Szene 2000, 608 – ARD-1, 2006, 329 Rn. 36 – Gewinnfahrzeug mit Fremdemblem; Kritisch zu dieser Rechtsprechung: Deutsch WRP 2000, 854; vgl. auch zum derzeitigen Meinungsstand: Ohly/Sosnitza/Ohly UWG § 4 Rn. 3.14 ff.

[29] Dazu Köhler WRP 1999, 1075 (1078).

[30] BGH GRUR 1999, 161 – MacDog; relativiert in: BGH GRUR 2003, 332 (336) – Abschlussstück; GRUR 2006, 79 (80) Rn. 18 – Jeans; instruktiv: Steinbeck FS Ullmann, 409 ff.

[31] Deutsch WRP 2000, 854 (855).

[32] BGH GRUR 2011, 521 – TÜV I; dazu Stieper GRUR 2012, 5.

Verjährungsvorschriften unterliegt (§ 11 UWG) und grundsätzlich keine so genannte Drittauskunft über Lieferanten und gewerbliche Abnehmer der nachgeahmten Leistung ermöglicht. Zwar hat der BGH zwischenzeitlich einen Anspruch auf Drittauskunft aus § 242 BGB zugebilligt,[33] was aber bedeutet, dass die wechselseitigen Interessen der Parteien und die Umstände des Einzelfalles abgewogen werden müssen, um einen Anspruch auf Drittauskunft wegen Verstoßes gegen Treu und Glauben bejahen zu können, auch wenn der BGH den Interessen des Verletzten grundsätzlich Vorrang einräumt.[34] Insbesondere führt die Konstruktion über § 242 BGB dazu, dass bereits für die Erlangung der Drittauskunft Verschulden erforderlich ist, was zwar in der Praxis meist bejaht wird, gleichwohl aber fehlen kann, wenn es sich bei dem Verletzer um einen kleinen Einzelhändler handelt, der mit den Gegebenheiten des Marktes nicht vertraut ist,[35] oder ein Geschäftsführer in Anspruch genommen wird, der nicht verantwortlich ist.[36]

14 a) **Patentrecht. Im Verhältnis zum Patent- und Gebrauchsmusterrecht** ist wettbewerbsrechtlicher Nachahmungsschutz jedenfalls dann denkbar, wenn zusätzlich zur Verletzung der durch die Patentansprüche geschützten Erfindung beispielsweise das die Erfindung enthaltende Produkt in unlauterer Weise nachgeahmt wird. Tatsächlich besteht ein **praktisches Bedürfnis für wettbewerbsrechtlichen Nachahmungsschutz** auch bei patentgeschützten Gegenständen, da die geschützte Erfindung meist nicht nach außen erkennbar wird, gleichwohl der angesprochene Verkehr die technischen Besonderheiten des Gegenstandes auch an dessen äußerer Gestaltung festmacht. Gerade besonders dreisten Produktpiraten wäre ohne wettbewerbsrechtlichen Nachahmungsschutz nur schwierig das Handwerk zu legen, da die zuständigen Gerichte auf der Basis von Patenten und Gebrauchsmustern einstweilige Verfügungen zwar mittlerweile häufiger erlassen, aber häufig nicht ohne mündliche Verhandlung, während die Durchsetzung wettbewerbsrechtlichen Nachahmungsschutzes im Wege der einstweiligen Verfügung die Regel ist. Auch in Fällen, in denen beispielsweise eine Patentanmeldung vielleicht sogar schon offengelegt ist, das Patent aber eben noch nicht erteilt ist, stünde der Anmelder „nackt" da, könnte er sich nicht ergänzend auf wettbewerbsrechtlichen Nachahmungsschutz berufen, soweit dessen Voraussetzungen gegeben sind.

15 Letztlich hat die Rechtsprechung das Institut des wettbewerbsrechtlichen Leistungsschutzes gerade entwickelt, um **Lücken des Sonderrechtsschutzes** zu schließen. Daher ist in der Praxis Vorsicht geboten, wenn pauschal wettbewerbsrechtlicher Nachahmungsschutz damit abgelehnt werden soll, dass vorgreiflicher Sonderrechtsschutz bestünde. Die Vorgreiflichkeit des Sonderrechtsschutzes wird richtigerweise auch nur angenommen, soweit der Sonderrechtsschutz greift bzw. greifen könnte.[37] Auch nach Ablauf eines Patentschutzes kann daher wettbewerbsrechtlicher Nachahmungsschutz gegeben sein, wenn zusätzliche Unlauterkeitsmerkmale vorliegen. Diese können auch dadurch gegeben sein, dass der erfindungsgemäße Gegenstand in seiner konkreten Gestaltung übernommen wird, obwohl technisch gleichwertige Gestaltungsmöglichkeiten bestanden, die in zumutbarer Weise unterscheidbar wären.[38]

16 Eine **Schutzverlängerung über das Wettbewerbsrecht soll ausgeschlossen sein,**[39] so dass jedermann von der einstmals geschützten Erfindung freien Gebrauch machen kann, was aber auf der anderen Seite nicht bedeutet, dass er den erfindungsgemäßen Gegenstand nach Ablauf der Schutzfrist genauso bauen darf wie der Patentinhaber, es sei denn, dass technisch zwingende Gründe vorliegen. Solange aber nach den Grundsätzen zur unlauteren Nachahmung technischer

[33] BGH GRUR 1994, 630 – Cartier-Armreif; GRUR 2010, 346 – Oracle.

[34] BGH GRUR 1994, 630 (633) – Cartier-Armreif; kein grundsätzlicher Vorrang dagegen im Falle der Rufausbeutung: BGH GRUR 1994, 635 (637) – Pullover-Beschriftung.

[35] Zurecht bemängelt das Verschuldenserfordernis Jacobs GRUR 1994, 634 (635).

[36] BGH GRUR 2014, 883 – Geschäftsführerhaftung.

[37] So jedenfalls die Einzige, in neuerer Zeit ergangene Entscheidung zum Verhältnis Patentschutz/wettbewerbsrechtlicher Leistungsschutz BGH GRUR 1990, 528 (529) – Rollen-Clips; ebenso Busse/Keukenschrijver PatG § 139 Rn. 266; Benkard PatG vor §§ 9 bis 14 Rn. 4 bis 7; differenzierend: Köhler/Bornkamm/Feddersen/Köhler UWG § 4 Rn. 3.12; BGH GRUR 2000, 521 (526) – Modulgerüst geht auf die Frage nicht näher ein, unterstellt aber ein Nebeneinander der Schutzmöglichkeiten; ebenso BGH GRUR 2003, 356 – Präzisionsmessgeräte; BGH GRUR 2015, 909 – Exzenterzähne, bei abgelaufenem Patentschutz; GRUR 2017, 734 Rn. 22 ff. – Bodendübel.

[38] BGH GRUR 1990, 528 (529) – Rollen-Clips, wo zum einen die wettbewerbliche Eigenart der Rollenclips verneint wurde und zum anderen durch Verdoppelung der Rillenanzahl und durch Vertrieb der Clips unter ihrem eigenen Namen alles Zumutbare getan war, um Verwechslungen der Erzeugnisse bzw. Täuschungen über die Herkunft zu vermeiden; Zumutbarkeit bei (nahezu) identischer Nachahmung bejahend: BGH GRUR 2015, 909 Rn. 36 – Exzenterzähne; BGH GRUR 2017, 734 Rn. 21 – Bodendübel.

[39] Ohly/Sosnitza/Ohly UWG § 4.3 Rn. 3, 16.

Produkte[40] wettbewerbsrechtlicher Schutz möglich ist, ohne dass dies zu einer Perpetuierung des reinen Erfindungsschutzes führt, bestehen keine Bedenken, einen solchen Schutz zu gewähren.[41] Das bedeutet für die Praxis, dass neben dem Patentschutz immer auch wettbewerbsrechtlicher Nachahmungsschutz zu berücksichtigen ist, gerade wenn der Patentschutz abgelaufen oder noch nicht erteilt ist.

b) **Markenrecht. Zum Schutze von Marken und sonstigen Kennzeichen** ist schon nach § 2 MarkenG die Anwendung anderer Vorschriften nicht ausgeschlossen. Gleichwohl haben die BGH-Entscheidung „MacDog" und deren Folge-Entscheidungen[42] einen Vorrang des Markenrechts postuliert, dessen Reichweite immer noch ungeklärt ist.[43] 17

Stereotyp heißt es in diesen Entscheidungen zum **Vorrang markenrechtlicher Ansprüche vor wettbewerbsrechtlichen Ansprüchen,** jene seien an die Stelle des bisherigen, von der Rechtsprechung entwickelten, Schutzes getreten und ließen in ihrem Anwendungsbereich für eine gleichzeitige Anwendung des § 1 UWG aF oder des § 823 BGB grundsätzlich keinen Raum.[44] 18

Dabei wird die „MacDog"-Rechtsprechung in der Entscheidung „Szene" auf den Schutz der bekannten geschäftlichen Bezeichnung nach § 15 Abs. 3 MarkenG übertragen. Gleichzeitig weist der BGH in dieser Entscheidung darauf hin, dass wettbewerbsrechtlicher Schutz oder Schutz nach bürgerlich-rechtlichen Vorschriften nur in einem sehr beschränkten Umfang in Betracht käme, beispielsweise bei Beeinträchtigungen aus Verwendungen, die mangels Benutzung im Sinne des § 15 Abs. 3 MarkenG kennzeichenrechtlich nicht erfassbar seien, oder aus dem außergeschäftlichen Verkehr stammen.[45] 19

Die „Szene"-Entscheidung zeigt aber auch, dass der **Vorrang des Markenrechts** lediglich bedeutet, dass markenrechtliche Ansprüche vorrangig zu prüfen sind, was aber nicht ausschließt, dass **daneben Ansprüche aus wettbewerbsrechtlichem Nachahmungsschutz** bestehen können.[46] Für lauterkeitsrechtliche Ansprüche aus § 3 Abs. 3 Nr. 13 Anh. und § 5 Abs. 2 UWG ist dies seit längerem unstreitig.[47] 20

Soweit das Markengesetz einen Schutz nicht gewährt und nicht zu erkennen gibt, dass dies unter Ausschluss etwaiger wettbewerbsrechtlicher Ansprüche ausdrücklich so sein soll, bleiben die Ansprüche des wettbewerbsrechtlichen Nachahmungsschutzes erhalten.[48] Wäre die **„MacDog"-Rechtsprechung** tatsächlich dahingehend zu verstehen, dass jedenfalls bei bekannten Marken/Kennzeichnungen die Verneinung des § 14 Abs. 2 Nr. 3 bzw. des § 15 Abs. 3 MarkenG jegliche Anwendung des UWG ausschließen würde, so entstünden erhebliche Schutzlücken, die kaum erklärbar wären. Bei strenger Wortlautauslegung schützt § 14 Abs 2 Nr. 3 MarkenG bekannte Marken nur außerhalb des Warenähnlichkeitsbereichs vor Rufausbeutung, was für den Fall, dass wie bisher ein kennzeichenmäßiger Gebrauch für die Annahme einer Markenverletzung vorausgesetzt wird, dies zu Schutzlücken führt, die auch durch die „Davicoff"-Entscheidung des EuGH[49] nicht vollständig geschlossen ist.[50] 21

---

[40] BGH GRUR 1968, 591 – Pulverbehälter; GRUR 1990, 528 – Rollen-Clips; GRUR 1996, 210 – Vakuumpumpen; GRUR 1999, 751 – Güllepumpen; GRUR 1999, 1106 – Rollstuhlnachbau; GRUR 2000, 521 – Modulgerüst; GRUR 2002, 86 – Laubhefter; GRUR 2002, 275 – Noppenbahnen; GRUR 2002, 629 – Blendsegel; GRUR 2002, 820 – Bremszangen; GRUR 2003, 356 – Präzisionsmessgeräte; GRUR 2007, 984 – Gartenliege; GRUR 2009, 1073 – Ausbeinmesser; GRUR 2010, 1127 – Femur-Teil; GRUR 2010, 82 – LIKEaBIKE; GRUR 2012, 63 – Seilzirkus.

[41] BGH GRUR 2015, 909 – Exzenterzähne; BGH GRUR 2017, 734 – Bodendübel.

[42] BGH GRUR 1999, 161 – MacDog; BGH GRUR 1999, 992 – Big Pack; BGH GRUR 2000, 70 – Szene; BGH GRUR 2000, 608 – ARD-1; BGH GRUR 2002, 167 (171) – Bit/Bud; GRUR 2002, 340 (342) – Fabergé; GRUR 2003, 332 (335 f.) – Abschlussstück; WRP 2004, 360 (364) – Davidoff II; GRUR 2002, 623 – shell.de; GRUR 2006, 329 – Gewinnfahrzeug mit Fremdemblem; GRUR 2008, 793 Rn. 26 – Rillenkoffer; GRUR 2009, 1162 Rn. 40 – DAX.

[43] Ohly/Sosnitza/Ohly UWG § 4.3 Rn. 3/19; Köhler/Bornkamm/Feddersen/Köhler UWG § 4 Rn. 3.9.

[44] BGH GRUR 1999, 161 (162) – MacDog; GRUR 1999, 992 (995) – Big Pack (wortgleich mit „MacDog").

[45] BGH GRUR 2000, 70 (73) – Szene.

[46] BGH GRUR 2000, 70 (73) – Szene; GRUR 2002, 167 (171) – Bit/Bud; GRUR 2002, 340 (342) – Fabergé; GRUR 2003, 332 (335 f.) – Abschlussstück; GRUR 2007, 339 Rn. 23 – Stufenleitern; GRUR 2008, 793 Rn. 26 – Rillenkoffer; GRUR 2008, 1162 Rn. 40 – DAX.

[47] Für § 5 Abs. 2 UWG ausdrücklich BGH GRUR 2013, 1161 Rn. 60 – Hard Rock Café; Ohly/Sosnitza/Ohly UWG § 4.3 3/19; Köhler/Bornkamm/Feddersen/Köhler UWG § 4 Rn. 3.9.

[48] Inzident jetzt: BGH GRUR 2001, 251 (253) – Messerkennzeichnung, wo § 1 UWG aF trotz bestehender Marken geprüft wird; Fezer MarkenR § 2 Rn. 2 ff. und § 15 Rn. 135; Eck Handbuch § 43 Rn. 96; ähnlich Ströbele/Hacker/Thiering MarkenG § 2 Rn. 2 ff., § 14 Rn. 23; Deutsch WRP 2000, 854 (856); wohl auch Starck Markenrecht 2000, 73 (74).

[49] EuGH GRUR 2002, 156 – Zino Davidoff.

[50] BGH GRUR 2000, 608 (610) – ARD-1 lässt die Frage nach dem Schutz vor Rufbeeinträchtigung bei Warenähnlichkeit offen; Vergleiche zu weiteren Schutzlücken, die entstehen würden: Deutsch WRP 2000, 857.

22 Letztlich wird die **Vorrangrechtsprechung** in neueren Entscheidungen insbesondere dann durchbrochen, wenn etwa trotz Eintragungsmöglichkeit keine Marken bestehen[51] oder wenn es um den Schutz insbesondere **dreidimensionaler Gestaltungen**, die eine Serie von Produkten kennzeichnen, geht.[52] Da in diesen Fällen grundsätzlich **Schutz durch Formmarke** denkbar wäre, müsste eine konsequente Anwendung der Vorrangrechtsprechung auch hier zu einem Ausschluss von Ansprüchen nach § 4 Nr. 3 UWG führen, was aber selbst von Verfechtern einer strengen Abgrenzung von Kennzeichenschutz und wettbewerbsrechtlichem Nachahmungsschutz im Hinblick auf Schutzlücken, die wegen der zurückhaltenden Gewährung des Schutzes für Formmarken entstehen können, nicht verlangt wird. Es wird vielmehr eingeräumt, dass ein Bedürfnis für einen formlosen Schutz der „kleinen Münze der Formmarke" unterhalb des Markenrechts möglich sein sollte.[53] Dafür sprechen bereits das **unterschiedliche Rechtsfolgenregime** und die **Unterschiede im Tatbestand.**[54]

23 Zwar hat nun auch der BGH in der Entscheidung „Davidoff II" die entsprechende EuGH-Rechtsprechung umgesetzt und § 14 Abs. 2 Nr. 3 MarkenG in Fällen für entsprechend anwendbar erklärt, in denen einer bekannten Marke identische oder ähnliche Zeichen innerhalb des Waren- oder Dienstleistungsähnlichkeitsbereichs verwendet werden.[55] Gleichwohl hängt aber die **Anwendbarkeit** dieser Vorschriften nach wie vor von der **kennzeichenmäßigen Verwendung des fraglichen Kennzeichens** ab. Nicht zuletzt aus diesem Grunde wendet die neue Rechtsprechung § 4 Nr. 3 UWG immer dann an, wenn es nicht um **Kennzeichenschutz,** sondern den Schutz eines Leistungsergebnisses (Ware oder Dienstleistung) vor unlauterer Nachahmung geht.[56]

24 Eine weitere Fallkonstellation findet sich in der Entscheidung „Abschlussstück".[57] Hier geht der BGH, ebenfalls wie in der Entscheidung „Viennetta",[58] zutreffend davon aus, dass sich der Schutzgegenstand der in Frage stehenden Marke und der Ansprüche aus UWG wegen rufausbeutender Nachahmung nicht decken und damit die Anwendbarkeit des § 1 UWG aF neben markenrechtlichen Ansprüchen grundsätzlich gegeben ist.[59] Die Anwendbarkeit des UWG dient auch in solchen Fällen der **Vermeidung von Schutzlücken** wegen von Anfang an fehlenden Markenschutzes.[60] Jedenfalls kann immer dann auf das UWG zurückgegriffen werden, wenn Markenschutz nicht greift, weil die Anspruchsvoraussetzungen unterschiedlich sind.

25 **c) Urheberrecht.** Auch **neben urheberrechtlichen Schutzansprüchen** kann wettbewerbsrechtlicher Leistungsschutz eingreifen, wenn besondere – außerhalb des urheberrechtlichen Tatbestandes liegende – Umstände hinzutreten, welche die Ausnutzung einer Leistung **wettbewerbsrechtlich als unlauter** erscheinen lassen.[61] Obwohl die einzelnen Entscheidungen hier unterschiedliche Formulierungen wählen, geht es im Wesentlichen wieder darum, dass die Schutzrechtsgrenzen, insbesondere ihre **zeitliche Dauer,** nicht ausgedehnt werden sollen. Regelmäßig hat aber der BGH in diesen Entscheidungen Ansprüche aus § 1 UWG aF unter dem Gesichtspunkt hinzutretender Unlauterkeitskriterien geprüft.[62] So im „Apfel-Madonna"-Fall, wo eine gewerbliche Leistung wegen Gemeinfreiheit der Vorlage[63] keinen urheberrechtlichen Schutz erlangen konnte. Dagegen geht der BGH neuerdings von der **Möglichkeit selbständig nebeneinander stehender Ansprüche**

---

[51] BGH GRUR 2003, 974 – Tupperwareparty; aA Köhler/Bornkamm/Feddersen/Köhler UWG § 4 Rn. 3.11.

[52] BGH GRUR 2003, 332 (335 f.) – Abschlussstück; GRUR 2007, 339 – Stufenleitern; GRUR 2008, 793 – Rillenkoffer; OLG Köln GRUR-RR 2020, 119 – Standbeutel.

[53] Ohly/Sosnitza/Ohly UWG § 4.9 Rn. 9/19; Bornkamm GRUR 2005, 102; ohnehin großzügiger Köhler/Bornkamm/Feddersen UWG § 4 Rn. 3.10.

[54] Köhler/Bornkamm/Feddersen/Köhler UWG § 4 Rn. 3.10.

[55] BGH WRP 2004, 360 ff. – Davidoff II.

[56] BGH GRUR 2007, 339 Rn. 23 – Stufenleitern; GRUR 2008, 793 Rn. 26 – Rillenkoffer; GRUR 2009, 1162 Rn. 40 – DAX; Köhler/Bornkamm/Feddersen/Köhler UWG § 4 Rn. 3.9.

[57] BGH GRUR 2003, 332 ff. – Abschlussstück.

[58] BGH GRUR 2001, 443 (446) – Viennetta.

[59] BGH GRUR 2003, 332 (335 f.) – Abschlussstück; kritisch dazu: Ingerl WRP 2004, 809 (812).

[60] Instruktiv hierzu: BGH GRUR 2003, 973 (974) – Tupperware-Party; kritisch hierzu wiederum: Ingerl WRP 2004, 809 (812 f.), erneut unter Verkennung des § 2 MarkenG.

[61] BGHZ 5, 1 (10) = GRUR 1952, 516 (519 f.) – Hummel-Figuren; GRUR 1966, 503 (506) – Apfel-Madonna; GRUR 1992, 697 (699) – Alf; GRUR 2003, 958 (963) – Paperboy; GRUR 2006, 493 Rn. 28 – Michel-Nummern; GRUR 2011, 79 – Markenheftchen; GRUR 2011, 807 – Lernspiele; GRUR 2012, 58 (63) – Seilzirkus, letztere jeweils im Ergebnis verneinend.

[62] ZB BGH GRUR 2001, 755 (757 f.) – Werbung auf Telefonkarte; GRUR 2003, 958 (963) – Paperboy.

[63] BGH GRUR 1966, 503 (505) – Apfel-Madonna.

aus.[64] In der Praxis kommt es häufig vor, dass zwar Urheberrechts- oder Designschutz besteht, das tatsächlich in den Verkehr gebrachte Produkt dann aber beispielsweise aus produktionstechnischen Gründen oder auch rein ästhetischen Gründen von dem geschützten Muster abweicht. Auch in einem solchen Fall wäre der Schöpfer oder dessen Lizenznehmer aus rein formalen Gründen häufig schutzlos, wenn nicht wettbewerbsrechtlicher Nachahmungsschutz gewährt würde. Dies gilt in besonderem Maße, nachdem der BGH für Werke der angewandten Kunst nur noch die gleiche Schöpfungshöhe verlangt wie für Werke zweckfreier, bildender Kunst.[65]

d) **Designschutz. Neben dem Designschutz** gilt nichts anderes als bei den übrigen Immaterialgüterrechten. Die Rechtsprechung betont regelmäßig, dass nicht ohne Weiteres neben dem Sonderrechtsschutz wettbewerbsrechtlicher Nachahmungsschutz gewährt werden kann, wenn nicht **besondere Unlauterkeitselemente hinzutreten.**[66] Hier gilt im Wesentlichen das bereits zum Urheberrechtsschutz Gesagte. Hinzu kommt, dass die wettbewerbliche Eigenart häufig auf den gleichen Merkmalen beruht, die die Eigenart des Designs begründen. Soweit Designschutz und wettbewerbliche Eigenart auf derselben ästhetischen Gestaltung beruhen, ist die Frage der Nachahmung in der Regel einheitlich zu beantworten.[67] Auch hier wird natürlich eingewandt, dass eine zeitliche Ausdehnung des Designschutzes durch das Wettbewerbsrecht nicht in Frage käme.[68] Dem trägt der BGH neuerdings durch Aufgabe der Rechtsprechung zum „Saisonschutz" und zum „Einschieben in fremde Serie" wegen des neu geschaffenen Schutzes des nicht registrierten Designs und des Modalschutzes Rechnung.[69] In der Praxis findet eine solche zeitliche Ausdehnung jedoch häufig statt, was auch gerechtfertigt ist, da gerade die Musterschutz begründenden Gestaltungsmerkmale oder ein ästhetischer Gesamteindruck gleichzeitig wettbewerbliche Eigenart begründen können und im ästhetischen Bereich eine Vielzahl von anderweitigen Gestaltungsmöglichkeiten besteht. Hinzu kommt, dass gerade der Verweis der Gegner einer parallelen Anwendung des § 4 Nr. 3 UWG auf das unregistrierte Geschmacksmuster mögliche Schutzlücken außer Acht lässt.[70] Zunehmend werden Produkte nur auf Grund ihres Designs gekauft. Die entsprechenden Verkehrskreise unterscheiden sehr genau, von welchem Designer und Hersteller ein Produkt stammt, so dass sie in aller Regel sogar einer Täuschung im Sinne des § 5 Abs. 2 Nr. 1 und/oder Nr. 3 UWG unterliegen werden, wenn ein entsprechendes Produkt als Nachahmung angeboten wird. Unproblematisch ist die Frage der zeitlichen Schutzverlängerung auch, wenn die wettbewerbliche Eigenart auf zusätzlichen Merkmalen gründet, die nicht am Designschutz teilnehmen. 26

Daran ändert auch die Berücksichtigung der Gemeinschaftsgeschmacksmuster-Verordnung durch das deutsche Designgesetz[71] nichts. Zwar stellt das mit einem dreijährigen Schutz ab Zugang (Veröffentlichung) bei den in der Gemeinschaft tätigen Fachkreisen geschützte **„nicht eingetragene Geschmacksmuster"** gemäß Art. 1 Abs. 2a GGM-VO[72] eine deutliche Annäherung an den ergänzenden wettbewerbsrechtlichen Leistungsschutz dar.[73] Dies aber lässt gerade **nach Ablauf der dreijährigen Schutzfrist** für das nicht eingetragene Geschmacksmuster den **wettbewerbsrechtlichen Nachahmungsschutz** besonders relevant werden.[74] Gerade nachdem ein solches 27

[64] BGH GRUR 2011, 140 Rn. 65 – Perlentaucher; GRUR 2012, 58 Rn. 10 – Seilzirkus; zustimmend Köhler/Bornkamm/Feddersen/Köhler UWG § 4 Rn. 3.7; differenzierend Ohly/Sosnitza/Ohly UWG § 4 Rn. 3/17.

[65] Noch offen gelassen in BGH GRUR 2012, 58 Rn. 10 – Seilzirkus; Aufgabe der Rechtsprechung zur gesteigerten Schöpfungshöhe: BGH GRUR 2014, 174 Rn. 25 f. – Geburtstagszug.

[66] BGH GRUR 1962, 144 (149) – Buntstreifensatin I; GRUR 1983, 377 – Brombeer-Muster; GRUR 1966, 97 (100) – Zündaufsatz; GRUR 1984, 597 (598) – vitra programm; GRUR 2003, 359 (360) – Pflegebetten; GRUR 2004, 941 (942) – Metallbett; GRUR 2005, 600 (602) – Handtuchklemmen; GRUR 2006, 79 (80) – Jeans I; OLG Köln NJWE-WettbR 2000, 132 – Tischbock; GRUR-RR 2008, 166 (167) – Bigfoot.

[67] BGH GRUR 1966, 97 (100) – Zündaufsatz; GRUR 1984, 597 (598) – vitra programm; GRUR 2004, 941 (943) – Metallbett; OLG Köln GRUR-RR 2008, 166 (168) – Bigfoot.

[68] So etwa Ohly/Sosnitza/Ohly UWG § 4 Rn. 3/18 mwN; dagegen mit guten Gründen Köhler/Bornkamm/Feddersen UWG § 4 Rn. 3.8 und im Ergebnis BGH GRUR 2009, 82 Rn. 26 – Gebäckpresse; GRUR 2010, 84 Rn. 49 – LIKEaBIKE.

[69] BGH GRUR 2017, 79 Rn. 96 – Segmentstruktur; GRUR 2018, 832 Rn. 46 – Ballerinaschuh; ausführlich dazu VII.

[70] Instruktiv BGH GRUR 2009, 81 Rn. 19 – Gebäckpresse; Köhler/Bornkamm/Feddersen aaO.

[71] Vgl. dazu von Gerlach § 45 GeschmG und Späth § 47 Gemeinschaftsgeschmacksmusterrecht.

[72] Verordnung 6/2002 EG des Rates vom 12.12.2001 über das Gemeinschaftsgeschmacksmuster (GGM-VO), GRUR Int. 2002, 221, in Kraft seit 6.2.2002.

[73] Das zeigen auch die modifizierten Voraussetzungen für den Geschmacksmusterschutz, die in Abkehr von dem deutsch-rechtlichen urheberrechtlichen Ansatz mehr auf Neuheit und Eigenart abstellen.

[74] BGH GRUR 2006, 79 (80) Rn. 18 – Jeans I; siehe auch Nichtvorlagebeschluss BGH GRUR 2006, 345 – Jeans II; Köhler/Bornkamm/Feddersen/Köhler UWG § 4 Rn. 9.8.

Muster erfolgreich im Markt eingeführt wurde, dürfte ohne Zweifel auch eine erhöhte Verkehrsbekanntheit gegeben sein.[75]

Praxistipp:

Trotz des immer wieder postulierten Grundsatzes der Nachahmungsfreiheit sollte in der Praxis nicht mit leichter Hand davon ausgegangen werden, dass mangels Sonderrechtsschutzes eine Nachahmung erlaubt sei. Häufig greift wettbewerbsrechtlicher Nachahmungsschutz. Sowohl in der Beratung als auch bei der gerichtlichen Durchsetzung ist daher regelmäßig neben dem Sonderrechtsschutz wettbewerbsrechtlicher Nachahmungsschutz zu berücksichtigen. Auch die „MacDog"-Rechtsprechung und entsprechende Literaturstimmen[76] rechtfertigten aus anwaltlicher Sicht keine Beschränkung auf bestehenden Sonderrechtsschutz. Vielmehr gebietet es anwaltliche Vorsicht, regelmäßig auch etwaige Ansprüche aus §§ 3, 4 Nr. 3 UWG (hilfsweise) anzuführen.

5. Verhältnis zu anderen UWG-Tatbeständen

28 a) **§ 3 Abs. 3 Anh. Nr. 13 UWG.** Durch die UGP RL wurde in **§ 3 Abs. 3 Anh. Nr. 13 UWG eine verbraucherschützende Norm** aufgenommen, die absichtliche Täuschungen über die betriebliche Herkunft beworbener Waren oder Dienstleistungen unterbinden soll und damit die Regelung in § 5 Abs. 2 UWG konkretisiert. Zumindest im Hinblick auf die UGP RL kann tatsächlich darauf abgestellt werden, dass deren Bestimmungen in erster Linie dem Verbraucherschutz dienen und damit ein anderes Schutzziel verfolgen als § 4 Nr. 3 UWG, der insbesondere im Hinblick auf die Rechtsfolgen eines Verstoßes (dreifache Schadensberechnung, Bereicherungsanspruch) vor allem die Individualinteressen des Originalherstellers bzw. des ausschließlich Vertriebsberechtigten schützt. Damit sind beide Vorschriften parallel anzuwenden,[77] zumal Ziffer 13 nur die **absichtliche Täuschung** der Verbraucher verbietet, und dies auch nur im Hinblick auf Nachahmungen von Waren oder Dienstleistungen.

29 b) **§ 5 Abs. 1 S. 2 Nr. 1 und Abs. 2 UWG.** Ebenso sind **§ 5 Abs. 1 S. 2 Nr. 1 und Abs. 2 UWG,** welche die Täuschung über die betriebliche Herkunft als einen Fall der unlauteren Irreführung aufführen, parallel neben § 4 Nr. 3 UWG anwendbar, auch wenn eine richtlinienkonforme Auslegung des § 5 UWG dahin gehen müsste, vollumfänglich gegen die Irreführung von Produkten zu schützen.[78] Da die auf die UGP RL und die Werberichtlinie zurückgehenden Vorschriften eine vollständige Rechtsangleichung innerhalb der EU anstreben, wird man aber die parallele Anwendung im Hinblick auf den Vorrang des Unionsrechts dahingehend einschränken müssen, dass eine nach diesen Vorschriften zulässige Werbung nicht nach § 4 Nr. 3a) UWG unlauter sein kann.[79] Letztlich wird aber auch bei der Annahme des strengen Vorranges des Unionsrechts vor § 4 Nr. 3 UWG nicht zu leugnen sein, dass diese Vorschrift zumindest schwerpunktmäßig den Individualschutz des Herstellers des Originals bezweckt, was bisher noch nicht Gegenstand harmonisierten Rechts ist, so dass zumindest wenn Verbraucherinteressen nur reflexartig betroffen sind, § 4 Nr. 3 UWG weiterhin anwendbar bleibt.[80]

30 c) **§ 6 UWG.** Im **Verhältnis zu § 6 UWG** ist § 4 Nr. 3 ebenso parallel anwendbar, wie zuvor für die §§ 5 und 3 Abs. 3 UWG beschrieben, wobei auch hier aufgrund des Vorrangs des Gemeinschaftsrechts für den Fall, dass ein vergleichende Werbung nach § 6 Abs. 2 Nr. 6 UWG zulässig ist, für eine Anwendung des § 4 Nr. 3 UWG nur wenig Raum bleibt. Dabei ist zu berücksichtigen, dass § 6 Abs. 2 Nr. 6 UWG bereits die bezugnehmende Werbung als Imitation oder Nachahmung untersagt, ohne dass auf weitere Unlauterkeitselemente ankäme, was den BGH im Hinblick auf den Grundsatz der Nachahmungsfreiheit bereits zu einer engen Auslegung veranlasste.[81] Dabei

[75] Ebenso Krüger/Gamm WRP 2004, 978 (980, 982); vgl. allgemein: Bartenbach/Fock WRP 2002, 1119; Osterrieth FS Tilmann, 221 ff., einschränkend Ohly/Sosnitza/Ohly UWG § 4 Rn. 3/8.

[76] Vergleiche dazu → I. 4. b), Rn. 16; Ohly/Sosnitza/Ohly UWG § 4.3 Rn. 9/15.

[77] Ohly/Sosnitza/Ohly UWG § 4.3 Rn. 9/20.

[78] Ohly/Sosnitza/Ohly UWG § 4.3 Rn. 9/22.

[79] So wohl BGH GRUR 2011, 81 Rn. 33, wobei ein Vorrang deshalb verneint wird, weil keine vergleichende Werbung vorläge; ebenso Köhler/Bornkamm/Feddersen/Köhler UWG § 4 Rn. 3.5 und 3.16a.

[80] So wohl auch BGH GRUR 2010, 346 Rn. 37 f. – Oracle; so wohl Ohly/Sosnitza/Ohly UWG § 4.3 Rn. 9/22; ablehnend für den Fall zulässiger Werbung Köhler/Bornkamm/Feddersen/Köhler UWG § 4 Rn. 3.5.

[81] BGH GRUR 2008, 628 Rn. 26 – Imitationswerbung.

wird jedoch nicht berücksichtigt, dass § 6 ebenso wie § 5 und § 3 Abs. 3 UWG in erster Linie verbraucherschützende Ziele verfolgt und darüber hinaus im Falle des § 6 Abs. 2 Nr. 6 UWG nur eine vergleichende Werbung, nicht aber das beworbene Leistungsergebnis selbst adressiert ist, so dass zumindest, wenn es um ein Verbot der Nachahmung bzw. Imitation selbst geht, § 4 Nr. 3 UWG als individual schützende Norm parallel anwendbar bleibt. Letztlich geht aber der BGH in Fällen des § 4 Nr. 3 UWG nahezu gebetsmühlenartig davon aus, dass die UGP RL einer Anwendung des § 4 Nr. 3 UWG nicht entgegensteht, da dieser außerhalb des Anwendungsbereichs der Richtlinie liegt.[82]

d) **§§ 3, 4 Nr. 4 UWG.** Sie **sind neben** § 4 Nr. 3 **UWG anwendbar,** da die in § 4 Nr. 3 UWG genannten Unlauterkeitsmerkmale nicht abschließend sind. Dennoch will der BGH neuerdings im Sinne einer klaren Abgrenzung und wegen der Möglichkeit dreifacher Schadensberechnung **unter § 4 Nr. 4 UWG eine Behinderung durch Nachahmung** nur unter dessen besonderen Voraussetzungen annehmen.[83] 31

Umstritten ist, ob § 3 UWG die Möglichkeit eines unmittelbaren Leistungsschutzes ermöglicht. Dafür spricht, dass auch nach dem Willen des Gesetzgebers in den zahlreichen UWG-Novellen § 4 Nr. 3 UWG nie als abschließende Regelung angesehen wurde und § 3 UWG, ähnlich wie der frühere § 1 UWG aF, immer als Generalklausel verstanden wurde. Daher sprechen sich einige Autoren für eine parallele Anwendbarkeit des § 3 UWG insbesondere in Fällen aus, die durch Sonderschutzrechte oder in übrigen UWG-Vorschriften nicht erfasst sind.[84] Die Gegenmeinung befürchtet ein Unterlaufen der Sonderschutzrechte und sieht kein Bedürfnis für einen unmittelbaren Leistungsschutz.[85] Dementsprechend hat der BGH zwar mehrfach einen unmittelbaren Leistungsschutz aus § 3 UWG geprüft, aber jeweils verneint.[86] 32

e) **§ 4 GeschGehG.** Nach der Abschaffung der vorrangig strafrechtlich geprägten §§ 17, 18 UWG durch das GeschGehG und vor dem Hintergrund der bisherigen Rechtsprechung zur Unredlichkeit im Sinne des § 4 Nr. 3c) UWG[87] stellt sich die Frage des Verhältnisses zwischen § 4 Nr. 3c) UWG und § 4 GeschGehG. Grundsätzlich dürften beide Regelungen **nebeneinander** anwendbar sein. In der Praxis dürfte aber die Bedeutung des § 4 Nr. 3c) UWG angesichts der weitergehenden Ansprüche nach den §§ 6 ff. GeschGehG, der dort geltenden großzügigeren dreijährigen Verjährungsfrist nach §§ 195, 199 BGB und des zusätzlichen Herausgabeanspruchs nach § 13 GeschGehG an Bedeutung verlieren, da die Geltendmachung des § 4 Nr. 3c) UWG demgegenüber keine Vorteile bietet.[88] Hinzu kommt, dass die Anwendung des § 4 Nr. 3c) UWG nicht zu Wertungswidersprüchen gegenüber der GeschGeh-Richtlinie 2016/943/EU und dem GeschGehG führen dürfte. Zu einem solchen Wertungswiderspruch könnte es kommen, wenn Kenntnis eines Geschäftsgeheimnisses durch **Reverse Engineering** entsprechend § 3 Abs. 1 Nr. 2 GeschGehG erlangt wurde.[89] 33

Als problematisch angesehen wird auch der Fall der Erlangung von Kenntnissen und Unterlagen, die gar kein Geschäftsgeheimnis darstellen, weil keine angemessenen Geheimhaltungsmaßnahmen gemäß § 2 Nr. 1 GeschGehG erfolgten. Auch hier könnte es zu einem Wertungswiderspruch kommen.[90] Dem steht aber entgegen, dass der Gesetzgeber die §§ 17, 18 UWG ausdrücklich abgeschafft hat, § 4 Nr. 3c) UWG aber unberührt ließ. Würde man tatsächlich nahezu immer Wertungswidersprüche annehmen und damit die Anwendbarkeit des § 4 Nr. 3c) UWG ausschließen, würde dieser leer laufen, obwohl der Gesetzgeber ihn unberührt ließ. Jedenfalls sollte aufgrund des unbestrittenen Nebeneinanders immer § 4 Nr. 3c) UWG auch mitgeprüft werden und jedenfalls in der Praxis dessen Anwendbarkeit angenommen werden, wenn beispielsweise Fälle der Unredlichkeit im Sinne der früheren Rechtsprechung vorliegen, ein Anspruch nach dem 34

82 BGH GRUR 2010, 80 Rn. 17 – LIKEaBIKE unter Hervorhebung der unterschiedlichen Schutzziele; GRUR 2012, 58 Rn. 40 – Seilzirkus.

83 BGH GRUR 2017, 79 Rn. 79 – Segmentstruktur; zustimmend: Köhler/Bornkamm/Feddersen/Köhler UWG § 4 Rn. 3.65.

84 Sack GRUR 2016, 782, WRP 2017, 7; WRP 2017, 132–138; Ohly/Sosnitza/Ohly UWG § 4 Rn. 3/77–3/80 mwN.

85 Köhler/Bornkamm/Feddersen/Köhler UWG § 4 Rn. 3.5c, § 3 Rn. 2.28.

86 BGH GRUR 2011, 436 Rn. 28, 31 – Hartplatz-Helden.de; GRUR 2016, 725 Rn. 27 – Pippi-Langstrumpf-Kostüm II.

87 Köhler UWG § 3 Rn. 3.61a und 3.61 b.

88 So auch Köhler/Bornkamm/Feddersen/Köhler UWG § 3 Rn. 3.63.

89 So schon OLG Hamm GRUR-RS 2020, 34822 Rn. 134 – Stopfaggregat; Köhler/Bornkamm/Feddersen/Köhler § 4 Rn. 3.64.

90 So ausdrücklich Köhler/Bornkamm/Feddersen/Köhler § 4 Rn. 3.64.

GeschGehG beispielsweise aufgrund mangelnder Vorkehrungen zur Sicherung des Geschäftsgeheimnisses im Sinne des § 2 Nr. 1 GeschGehG aber ausscheidet. Es kann gleichwohl ein Fall des unredlichen Erlangens vorliegen, auch wenn eingeräumt werden muss, dass solche Fälle die Ausnahme bleiben werden.

Praxistipp:

Soweit im Einzelfall parallel sonderschutzrechtliche Normen und/oder Normen des UWG anwendbar sein können, empfiehlt es sich im Hinblick auf das aus der „TÜV"-Entscheidung[91] folgende Verbot der alternativen Klagehäufung, das Verhältnis der parallel geltend zu machenden Ansprüche untereinander durch eine Staffelung des entsprechenden Haupt- und folgender Hilfsanträge kenntlich zu machen.

II. Nachahmungstatbestände

35 Auch wenn vielfach das Prüfungsschema für den wettbewerbsrechtlichen Nachahmungsschutz zunächst das Vorliegen „wettbewerblicher Eigenart" des nachgeahmten Produktes und dann den Grad der Nachahmung prüft, soll die folgende Darstellung wegen der **Wechselwirkung**[92] **zwischen Grad der Nachahmung, Grad der wettbewerblichen Eigenart und dem Vorliegen weiterer Unlauterkeitsmerkmale** mit den Nachahmungstatbeständen beginnen.[93]

36 In der Praxis lässt sich zunächst am einfachsten unterscheiden, ob eine unmittelbare Leistungsübernahme, ein nahezu identisches Nachschaffen oder eine „lediglich" nachschaffende Leistungsübernahme vorliegt. Nachdem der Grad der Nachahmung festliegt, lassen sich auch die weiteren Anspruchsvoraussetzungen leichter bestimmen, da beispielsweise der Grad der wettbewerblichen Eigenart des nachgebildeten Gegenstandes höher sein muss, wenn lediglich eine nachschaffende Leistungsübernahme, und kein Fall der unmittelbaren Übernahme vorliegt.[94] Gleiches gilt für den Gegenstand der Nachahmung, der ebenfalls über die im Einzelnen anzulegenden Kriterien entscheidet.

1. Gegenstand der Nachahmung

37 Wie bereits dargelegt, können Waren und Dienstleistungen jeglicher Art Gegenstand der Nachahmung sein.[95] Erfahrungsgemäß wird nachgeahmt, was im Markt erfolgreich ist.[96] Nach der in der Rechtsprechung üblichen Unterscheidung können die Nachahmungsgegenstände eingeteilt werden in technische[97] und ästhetisch geprägte, nicht-technische Produkte,[98] Waren- und Herkunftszeichen[99] und nicht-körperliche Leistungen, wie zB Werbung, Opernaufführungen oder Sendeformate.[100] Die **Unterscheidung in technische und nicht-technische Produkte,** wobei zu den

[91] BGH GRUR 2011, 521 – TÜV I.

[92] Ständige Rechtsprechung BGH GRUR 1992, 523 (524) – Betonsteinelemente; GRUR 1996, 210 (211) – Vakuumpumpen; GRUR 2002, 86 (89) – Laubhefter; GRUR 2003, 973 (974) – Tupperwareparty; zuletzt: BGH 2007, 339 Rn. 24 – Stufenleitern mwN; GRUR 2007, 984 Rn. 14 – Gartenliege; GRUR 2009, 79 Rn. 27 – Gebäckpresse; GRUR 2010, 80 Rn. 21 – LIKEaBIKE; GRUR 2012, 63 Rn. 42 – Seilzirkus; GRUR 2013, 951 Rn. 14 – Regalsystem; GRUR 2017, 79 Rn. 40, 62 – Segmentstruktur; GRUR 2018, 832 Rn. 66 – Ballerinaschuh; GRUR 2021, 1544 Rn. 15 – Kaffeebereiter; GRUR 2022, 160 Rn. 12 – Flying V; Jacobs FS Helm, 73 f., „System kommunizierender Röhren".

[93] Ebenso: Spätgens FS Walter Oppenhoff, 420.

[94] BGH GRUR 1972, 127 (128) – Formulare; GRUR 1979, 119 (120) – Modeschmuck.

[95] Vgl. Fußnoten 14–24.

[96] Köhler/Bornkamm/Feddersen/Köhler UWG § 4 Rn. 3.34; Sambuc, Der UWG-Nachahmungsschutz, Rn. 1 ff.

[97] BGH GRUR 2002, 820 (822) – Bremszangen; GRUR 2007, 339 Rn. 27 – Stufenleitern; GRUR 2007, 984 Rn. 39 – Gartenliege; GRUR 2010, 80 Rn. 27 – LIKEaBIKE; GRUR 2010, 1125 Rn. 22 – Femur-Teil; GRUR 2012, 58 Rn. 46 – Seilzirkus; GRUR 2013, 951 Rn. 9 – Regalsystem; GRUR 2015, 909 Rn. 36 – Exzenterzähne; GRUR 2017, 311 – Handfugenpistole; GRUR 2021, 1400 – Industrienähmaschinen.

[98] BGH GRUR 2006, 79 Rn. 26, 32 – Jeans I; GRUR 2009, 1073 Rn. 13 – Ausbeinmesser; GRUR 2009, 1069 Rn. 21 – Knoblauchwürste; GRUR 2016, 730 Rn. 68 – Herrnhuter Stern; GRUR 2018, 832 – Ballerinaschuh; GRUR 2022, 160 – Flying V; OLG Hamburg GRUR-RR 2006, 94 (96) – Gipürespitze; OLG Köln GRUR-RR 2008, 166 (167) – Bigfoot.

[99] BGH GRUR 1956, 553 (557) – Coswig; GRUR 2002, 340 (342) – Fabergé; WRP 2004, 360 (364) – Davidoff II; GRUR 2009, 1069 – Knoblauchwürste; GRUR 2009, 1162 – DAX; OLG Hamburg GRUR-RR 2020, 215 – Toilettenhilfe; eingehend: Ingerl WRP 2004, 809 ff.

[100] BGH GRUR 1960, 614 – Figaros Hochzeit; GRUR 1977, 614 (615) – Gebäudefassade; GRUR 2001, 755 (757) – Werbung auf Telefonkarte; GRUR 2003, 876 (878) – Sendeformat; GRUR 2011, 436 – Hartplatzhelden.de; OLG Düsseldorf GRUR-RR 2019, 112 – Gastronomiekonzept.

nicht-technischen Produkten auch die Waren- und Herkunftszeichen sowie die nicht-körperlichen Leistungen zählen, spielt eine entscheidende Rolle, soweit es um die Bestimmung der wettbewerblichen Eigenart, wie auch den Nachweis von Unlauterkeitselementen, insbesondere in Form der vermeidbaren Herkunftstäuschung, geht. Teilweise wird technisch bedingten Gestaltungen die Eignung zur Erweckung von Herkunftsvorstellungen abgesprochen, womit die wettbewerbliche Eigenart von vorneherein fehlte. Diese Ansicht beruft sich darauf, dass technisch bedingte Gestaltungselemente, soweit sie erforderlich und nicht beliebig austauschbar sind, kaum Herkunftsvorstellungen erzeugen können, im Gegensatz zu rein ästhetischen Gestaltungselementen, die in aller Regel frei wählbar sind.[101]

Soweit nicht von einer eingeschränkten wettbewerblichen Eigenart ausgegangen wird, schlägt sich der geringere Schutzumfang technischer Gestaltungen bei der Prüfung der **Vermeidbarkeit der Herkunftstäuschung** nieder, da bei ausschließlich technisch bedingten Gestaltungen bereits deutliche Abweichungen bei den frei wählbaren Elementen ausreichen, um Herkunftstäuschungen zu vermeiden,[102] wobei gerade bei komplexen technischen Erzeugnissen nicht angenommen werden kann, dass alle konkreten Einzelheiten übernommen werden müssen.[103] 38

2. Unmittelbare Leistungsübernahme/(fast) identische Nachahmung

Die Rechtsprechung unterscheidet zwischen der unmittelbaren Leistungsübernahme und der identischen (sowie fast identischen) Nachbildung einerseits und der nachschaffenden Leistungsübernahme andererseits.[104] Die **Nachbildungstatbestände ändert auch § 4 Nr. 3 UWG nicht,** der lediglich von Nachahmung, nicht aber von identischer Leistungsübernahme spricht. Insoweit sollte die Rechtsprechung nicht geändert werden, zumal der Fall unmittelbarer Leistungsübernahme mittels simpler Kopie oder technischer Vervielfältigung den extremsten Fall der Nachahmung darstellt. Im Falle der unmittelbaren Übernahme und der ihr nach der Rechtsprechung[105] gleichgestellten (fast) identischen Nachbildung sind die Anforderungen sowohl an die wettbewerbliche Eigenart als auch an die besonderen wettbewerblichen Umstände geringer als bei der lediglich nachschaffenden Übernahme.[106] 39

a) Tatbestand. Der **Tatbestand** der unmittelbaren Leistungsübernahme liegt vor, wenn unter Zuhilfenahme technischer Vervielfältigungsmöglichkeiten eine direkte Kopie des nachgeahmten Produktes **ohne Hinzufügung eigener schöpferischer Leistungen** hergestellt wird. Die fremde Leistung wird in diesen Fällen beispielsweise durch fotomechanischen Nachdruck, Nachpressen von Schallplatten, Tonbandaufnahmen oder Abgüsse von Formen bzw. Abtasten der Form und Umsetzen in eine Gussform oder auch Einscannen direkt und unverändert übernommen. Dieser Form der unmittelbaren Übernahme wird die **(fast) identische Nachbildung gleichgestellt,** wobei sie sich im Tatsächlichen dadurch unterscheidet, dass nicht direkt abgekupfert wird, sondern das Original identisch oder nahezu identisch, beispielsweise durch Einsatz eigener handwerklicher Mittel, nachempfunden wird. Über das Vorliegen einer (fast) identischen Nachahmung entscheidet somit der Grad der Übereinstimmung bzw. Ähnlichkeit mit dem Original. In aller 40

[101] BGH GRUR 1963, 152 (156) – Rotaprint; GRUR 1968, 591 (592) – Pulverbehälter; GRUR 1981, 517 (519) – Rollhocker; GRUR 1986, 673 (674) – Beschlagprogramm; GRUR 1996, 210 (211) – Vakuumpumpen; GRUR 1999, 751 (752) – Güllepumpen; GRUR 2005, 600 (602) – Handtuchklemmen; GRUR 2007, 339 (342) – Stufenleitern; GRUR 2007, 984 (987) – Gartenliege; differenzierend GRUR 2010, 80 Rn. 27 – LIKEaBIKE; GRUR 2015, 909 Rn. 34 ff. – Exzenterzähne.

[102] BGH GRUR 1999, 751 (752) – Güllepumpen; GRUR 2000, 521 (523) – Modulgerüst; GRUR 2002, 86 (90) – Laubhefter; GRUR 2002, 820 (823) – Bremszangen; GRUR 2007, 339 Rn. 27 – Stufenleitern; strenger wieder BGH GRUR 2010, 80 Rn. 27 – LIKEaBIKE; GRUR 2010, 1125 Rn. 22 – Femur-Teil; GRUR 2018, 311 Rn. 16 – Handfugenpistole.

[103] Köhler/Bornkamm/Feddersen/Köhler UWG § 4 Rn. 3.49.

[104] BGH GRUR 1992, 523 (524) – Betonsteinelemente; GRUR 1996, 210 (211) – Vakuumpumpen; GRUR 2015, 909 Rn. 36 – Exzenterzähne; GRUR 2017, 734 Rn. 47, 54 – Bodendübel; Köhler/Bornkamm/Feddersen/Köhler UWG § 4 Rn. 3.35.

[105] In BGH WRP 1976, 370 (371) – Ovalpuderdose werden unmittelbare Übernahme und fast identische Nachahmung praktisch gleichgestellt; zuvor wurde die unmittelbare Übernahme eher als unlauter angesehen: BGH GRUR 1966, 503 (507) – Apfel-Madonna; GRUR 1969, 618 (619 f.) – Kunststoffzähne.

[106] BGH GRUR 1960, 244 (246) – Simili-Schmuck; GRUR 1986, 673 (675) – Beschlagprogramm; GRUR 1996, 210 (211) – Vakuumpumpen; GRUR 2005, 600 (602) – Handtuchklemmen; GRUR 2007, 795 (798) – Handtaschen; GRUR 2009, 1069 (1071) – Knoblauchwürste; GRUR 2015, 909 Rn. 36 – Exzenterzähne; GRUR 2017, 79 Rn. 72 – Segmentstruktur; GRUR 2018, 832 Rn. 50 ff. – Ballerinaschuh.

Regel liegt eine (fast) identische Nachbildung vor, wenn eine nennenswerte Leistung des Übernehmers fehlt und wenn Unterschiede zum Original kaum wahrnehmbar sind.[107]

41 b) **Rechtliche Bedeutung der Nachahmungsform.** Bei der **Gesamtabwägung zwischen Form der Nachahmung, wettbewerblicher Eigenart und Unlauterkeit** führt das Vorliegen einer unmittelbaren Übernahme bzw. (fast) identischen Nachbildung dazu, dass die Anforderungen an die wettbewerbliche Eigenart[108] und die Unlauterkeit[109] geringer anzusetzen sind. Auf der anderen Seite kann auch im Falle einer unmittelbaren Übernahme nicht schlechthin von Wettbewerbswidrigkeit ausgegangen werden.[110]

42 Auch wenn grundsätzlich die (nahezu) identische Nachahmung und die unmittelbare Leistungsübernahme gleichgestellt sind, so kann die unmittelbare Übernahme zumindest indirekt erschwerend wirken und damit in der Gesamtabwägung stärkeres Gewicht erlangen, indem die Annahme nahe liegt, dass dem Nachahmer Kostenvorteile erwachsen, die ihm die Unterbietung des Preises des schöpferisch und innovativ tätigen Originalanbieters ermöglichen.[111]

43 c) **Darlegungs- und Beweislast.** Auch die **Darlegungs- und Beweislast** bezüglich der wettbewerbsrechtlichen Zulässigkeit einer unmittelbaren Leistungsübernahme kehrt sich jedenfalls bei dem Vorliegen besonders hervorragender wettbewerblicher Eigenart um:[112]

44 Grundsätzlich sind die Anspruchsvoraussetzungen des wettbewerbsrechtlichen Leistungsschutzes **durch den Kläger darzulegen und zu beweisen,** so dass er auch das Vorliegen von Unlauterkeitsmerkmalen darlegen und beweisen muss.[113] Die BGH-Entscheidung „Kunststoffzähne" ging demgegenüber für den Fall der unmittelbaren Übernahme eines Arbeitsergebnisses, welches eine „gewisse schutzwürdige Leistung verkörpert", davon aus, dass der „Ausbeuter regelmäßig seinerseits Gründe dafür darzutun hat, dass und inwiefern eine solche bloße Vervielfältigung des von einem Konkurrenten erarbeiteten Ausgangserzeugnisses im Einzelfall wettbewerbsrechtlich unbedenklich erscheint." Das kommt einer Umkehr der Darlegungs- und Beweislast gleich, die jedoch nach späteren BGH-Entscheidungen nur in vergleichbaren Fallkonstellationen (unmittelbare Übernahme und besondere wettbewerbliche Eigenart) angenommen werden kann. Die Entscheidung „Vakuumpumpen" spricht insofern sogar von dem Erfordernis „besonders hervorragender wettbewerblicher Eigenart", obwohl die Entscheidung „Kunststoffzähne" einen derartigen Sachverhalt gerade nicht erkennen lässt.[114] Wann wettbewerbliche Eigenart und wann besonders hervorragende wettbewerbliche Eigenart vorliegt, wird sich in der Praxis schwer abgrenzen lassen. Auch wenn die neuere BGH-Rechtsprechung erkennen lässt, dass eine **Darlegungs- und Beweislastumkehr** nur für den **Fall der unmittelbaren Übernahme** eines besonders hervorragend wettbewerblich eigenartigen Produkts in Frage kommt, ist nicht zu verkennen, dass in der Praxis die unterinstanzlichen Gerichte häufig in erster Linie auf das Vorliegen einer unmittelbaren Übernahme abstellen und jedenfalls im Ergebnis davon ausgehen, dass die Unlauterkeit indiziert ist. Soweit es sich bei den identisch übernommenen Gegenständen um nicht-technisch bedingte Produktgestaltungen handelt, dürfte diese Handhabung zutreffend sein, da letztlich der Ausbeuter genügend Spielraum gehabt hätte.

3. Nachschaffende Leistungsübernahme

45 a) **Tatbestand.** Im **Unterschied zur unmittelbaren Übernahme** handelt es sich bei der nachschaffenden Leistungsübernahme nicht um „direktes Abkupfern", sondern um eine Nachahmung, bei der das fremde, wettbewerblich eigenartige Leistungsergebnis nicht unmittelbar oder identisch übernommen wird. Die wettbewerblich eigenartige Leistung ist jedoch als **Vorbild mehr**

[107] BGH GRUR 1969, 186 (188) – Reprint; GRUR 1972, 127 (128) – Formulare; GRUR 2002, 86 (90) – Laubhefter; GRUR 2007, 339 Rn. 33 und 41 – Stufenleitern; Lettl, Das neue UWG, Rn. 331 („zB Abschreiben eines Textes").

[108] BGH GRUR 1979, 119 (120) – Modeschmuck; GRUR 1992, 523 (524) – Betonsteinelemente; GRUR 2004, 941 (942) – Metallbett; GRUR 2005, 166 (167) – Puppenausstattungen; GRUR 2007, 795 Rn. 22 – Handtaschen; GRUR 2009, 1073 Rn. 15 – Ausbeinmesser; GRUR 2018, 832 Rn. 50 – Ballerinaschuh; GRUR 2022, 160 Rn. 38 – Flying V.

[109] BGH WRP 1976, 370 (371) – Ovalpuderdose.

[110] BGH GRUR 1969, 186 (188) – Reprint; GRUR 1979, 119 (120) – Modeschmuck; GRUR 1986, 673 (675) – Beschlagprogramm; GRUR 1996, 210 (213) – Vakuumpumpen; WRP 1999, 831 (837) – TeleInfo-CD; so aber im Ergebnis: BGH GRUR 2015, 910 Rn. 36 – Exzenterzähne; GRUR 2017, 734 Rn. 54 – Bodendübel; kritisch dazu: Ohly/Sosnitza/Ohly UWG § 4.3 Rn. 26.

[111] BGH GRUR 1996, 210 (213) – Vakuumpumpen.

[112] BGH GRUR 1969, 618 (620) – Kunststoffzähne; Ohly/Sosnitza/Ohly UWG § 4.3 Rn. 3.92 „Anscheinsbeweis".

[113] Instruktiv: BGH GRUR 2021, 1544 – Kaffeebereiter.

[114] BGH GRUR 1996, 210 (212) – Vakuumpumpen; Ohly/Sosnitza/Ohly UWG § 4.3 Rn. 3.92 „Anscheinsbeweis".

oder weniger erkennbar, obwohl auch eine eigene Leistung des Übernehmenden vorliegt. Eine bei Hinzutreten von Unlauterkeitsmerkmalen unzulässige nachschaffende Leistungsübernahme liegt dann vor, wenn wesentliche Elemente des Originals übernommen wurden, die das Vorbild noch erkennen lassen.[115]

Für die Frage, ob wesentliche Elemente des Originals noch zu erkennen sind, ist vor allem zu vergleichen, ob Übereinstimmungen oder zumindest **Wiedererkennungseffekte** bei den die wettbewerbliche Eigenart begründenden Merkmalen vorhanden sind. 46

Letztlich fließen in der Praxis bei der Beurteilung des Vorliegens einer nachschaffenden Leistungsübernahme in die Gesamtabwägung zur Beurteilung der Unzulässigkeit der Grad der wettbewerblichen Eigenart, der Verkehrsbekanntheit und der Nachahmung ein, wobei hier in ganz besonderem Maße der Vergleich zu dem sogenannten **wettbewerblichen Umfeld** von Bedeutung ist, da über diesen Vergleich die relative Nähe der Nachahmung zu dem wettbewerblich eigenartigen Produkt im Vergleich zu anderen Wettbewerbsprodukten beurteilt werden kann. 47

b) **Darlegungs- und Beweislast.** Ebenfalls im Unterschied zu den Fällen der identischen bzw. unmittelbaren Übernahme liegt die **Darlegungs- und Beweislast** für sämtliche anspruchsbegründenden Voraussetzungen beim Anspruchsteller. In subjektiver Hinsicht setzt die nachschaffende Übernahme Kenntnis vom fremden Erzeugnis und von den die wettbewerbliche Eigenart begründenden Merkmalen voraus, sei es durch Kenntnis des Originals selbst oder durch Kenntniserlangung auf Grund bildlicher, schriftlicher oder mündlicher Beschreibung. Insoweit kommt die Rechtsprechung Anspruchstellern durch eine **Beweiserleichterung** entgegen, die Kenntnis im Allgemeinen vermuten lässt, wenn der Zeitpunkt des Marktzutrittes der Nachahmung später liegt als der des Vorbildes, und wenn weitestgehende Übereinstimmung beider Produkte besteht.[116] 48

In diesem Zusammenhang ist es unerheblich, dass der unlauter Nachahmende sich der einmal erlangten Kenntnis im Zeitpunkt der Nachahmung nicht mehr bewusst war.[117] Dagegen fehlt es an dem subjektiven Erfordernis der Kenntnis des Vorbildes bei nachgewiesenermaßen unbeabsichtigten, zufälligen Übereinstimmungen.[118] Eine Nachahmung soll auch bei einer selbständigen Eigenentwicklung ausscheiden, die erwiesenermaßen vor Kenntnis bzw. Markteintritt des vermeintlich nachgeahmten Produktes erfolgt ist.[119] 49

Praxistipp:

Der Grad der Nachahmung ist maßgeblich für die qualitativen Anforderungen, die an die weiteren Tatbestandsvoraussetzungen „wettbewerbliche Eigenart" und „besondere Unlauterkeitselemente" gestellt werden. Ob eine „bloß" nachschaffende Leistungsübernahme oder eine (nahezu) identische Nachahmung vorliegt, richtet sich nach dem Grad der Übereinstimmungen mit dem Original. Sind diese Übereinstimmungen so groß, dass Unterschiede nur bei genauem Hinsehen auszumachen sind, handelt es sich um eine (nahezu) identische Nachahmung. Dagegen liegt eine nachschaffende Übernahme vor, wenn deutlich zu unterscheidende, eigene Elemente bzw. Merkmale vorhanden sind. Ob diese nachschaffende Übernahme noch als unzulässige Nachahmung anzusehen ist, entscheidet sich in der Praxis danach, wie diese Nachahmung sich in das sogenannte wettbewerbliche Umfeld einbettet. Daher ist es von ganz entscheidender Bedeutung, dieses Umfeld herauszuarbeiten und festzustellen, ob die beanstandete Nachahmung innerhalb des Umfeldes am nächsten an das Originalprodukt heranreicht.

III. Anspruchsberechtigter, Anspruchsgegner, Ansprüche

1. Schutzberechtigter

Da Schutzgut des ergänzenden wettbewerbsrechtlichen Leistungsschutzes in erster Linie das Individualinteresse des Herstellers am Schutz vor Nachahmung ist, sind in der Regel an- 50

[115] BGH GRUR 1963, 152 (155) – Rotaprint; GRUR 2018, 832 Rn. 50 – Ballerinaschuh; GRUR 2022, 160 Rn. 38 – Flying V; Köhler/Bornkamm/Feddersen/Köhler UWG § 4 Rn. 3.37.

[116] BGH GRUR 1991, 914 (916) – Kastanienmuster.

[117] BGH GRUR 1960, 251 (252) – Mecki Igel II; GRUR 1961, 635 (639) – Stahlrohrstuhl.

[118] BGH GRUR 1982, 305 (307) – Büromöbelprogramm; GRUR 1986, 673 (675) – Beschlagprogramm.

[119] OLG Köln OLG Report 2006, 319 (321), wobei der Sachverhalt patentrechtlich ein betriebliches Vorbenutzungsrecht begründet hätte; GRUR-RR 2008, 166 (169) – Bigfoot.

spruchsberechtigt nur der Hersteller des nachgeahmten Produktes selbst und gegebenenfalls sein Alleinvertriebsberechtigter bzw. ein Alleinimporteur sowie der Franchisenehmer.[120] Als Hersteller wird dabei auch noch angesehen, wer ein in seinem Auftrag durch Dritte oder unter seiner Kontrolle hergestelltes Produkt („Auftragsproduktion“) **unter eigenem Namen als Hersteller** vertreibt.[121]

51 Dagegen ist ein bloßer **Händler in der Regel nicht** anspruchsberechtigt. Anders kann es liegen, wenn der Händler **Schutz seiner eigenen Leistung** beansprucht, die beispielsweise in der Zusammenstellung verschiedener Produkte als Kollektion, die für sich wettbewerbliche Eigenart beansprucht, bestehen kann.[122] Nicht ausreichen dürfte mangels Herkunftstäuschung bzw. Nachahmung eines Mitbewerbers iSd § 4 Nr. 3 UWG der bloße Umstand, dass der Händler jetzt allgemein nach § 8 Abs. 3 Nr. 1 UWG aktivlegitimiert sein könnte. Zu befürworten ist die **Anspruchsberechtigung sonstiger Mitbewerber** im Sinne des § 8 Abs. 3 Nr. 1 UWG jedoch dann, wenn deren eigene schützenswerte Interessen betroffen sind, wie etwa im Rahmen richtlinienkonformer Auslegung der UGP-RL bei Irreführung über die Produktherkunft.[123]

52 Der grundsätzlich nur dem **Hersteller und gegebenenfalls dem Alleinvertriebsberechtigten oder Franchisenehmer** zustehende Unterlassungsanspruch kann auch nicht ohne Weiteres abgetreten werden. Eine Übertragung ist lediglich zusammen mit dem Unternehmen oder dem Geschäft möglich, dessen Schutz er dient.[124]

Praxistipp:

In der Praxis wird häufig, wenn dies vom Hersteller mitgetragen wird, eine Prozessstandschaftserklärung zugunsten des Händlers oder Alleinvertriebsberechtigten abgegeben. Bei letzterem ist dies grundsätzlich nicht notwendig. Allerdings wird teilweise in der Entscheidung „Cartier-Armreif“[125] eine Beschränkung auch für Alleinimporteure bzw. Alleinvertriebsberechtigte gesehen, weil es dort heißt, diese seien nicht ohne Weiteres „unmittelbar Verletzte“. Daher gebietet anwaltliche Vorsicht auch in diesem Fall die Einholung einer Prozessstandschaftserklärung.

Anspruchsberechtigt sind auch verbandsangehörige Ausländer gemäß Art. 2 Abs. 2, 1 Abs. 2 PVÜ.

2. Anspruchsgegner

53 Grundsätzlich ist sowohl der **nachahmende Hersteller,** der **Importeur** des nachgeahmten Erzeugnisses wie auch der **Händler,** soweit die Verletzungshandlung in Kenntnis der objektiven Tatbestandselemente erfolgt, geeigneter Anspruchsgegner.[126] Für den Händler gilt insoweit die Besonderheit, dass er redlich erworbene, wettbewerbswidrige Nachahmungen solange veräußern kann, wie er nicht beispielsweise **durch Abmahnung oder sonstige Kenntniserlangung bösgläubig** hinsichtlich des Vorliegens einer Nachahmung wird. Mit Kenntnis vom Nachahmungstatbestand wird die Fortsetzung des Verkaufs jedoch wettbewerbswidrig.[127] Vorher treffen den Händler geringere Prüfungspflichten als den Hersteller oder Importeur.[128]

54 Ob ein **Vertreiber als Hersteller** oder bloßer Händler anzusehen ist, richtet sich nach seinem eigenen **Marktauftritt.** Auch wer von Dritten bezieht, wird durch seinen Marktauftritt nach der maßgeblichen Sicht der angesprochenen Verkehrskreise zum Hersteller, wenn er die eingekauften Produkte mit seiner „Eigenmarke“ versieht.[129]

[120] BGH GRUR 1988, 620 (621) – Vespa-Roller; GRUR 1994, 630 (634) – Cartier-Armreif; GRUR 2016, 730 Rn. 21 ff. – Herrnhuter Stern – zur Herstellereigenschaft bei Produktionsunterbrechungen/-verlagerungen Rn. 28; OLG Köln GRUR-RR 2016, 203 Rn. 28 – Crocs – zur Aktivlegitimation der Vertriebsgesellschaft; OLG Köln GRUR-RS 2020, 17411 Rn. 29 – Jeanshose mit V-Naht II.

[121] Instruktiv: OLG Hamburg GRUR-RR 2004, 116 (LS) = NJOZ 2004, 478 (483 f.); ebenso: OLG München GRUR-RR 2004, 85; Köhler/Bornkamm/Feddersen/Köhler UWG § 4 Rn. 3.85.

[122] BGH GRUR 1991, 223 (224) – Finnischer Schmuck.

[123] Näher: Köhler/Bornkamm/Feddersen/Köhler UWG § 4 Rn. 3.86 mwN.

[124] BGH GRUR 1983, 379 (381) – Geldmafiosi; BGHZ 130, 182 (185) = GRUR 1995, 817 (818) – Legehennenhaltung.

[125] BGH GRUR 1994, 630 (634) – Cartier-Armreif.

[126] BGH GRUR 1981, 517 (520) – Rollhocker.

[127] BGH GRUR 1992, 448 (449) – Pullovermuster.

[128] BGH GRUR 1981, 517 (520) – Rollhocker.

[129] OLG Hamburg GRUR-RR 2004, 116 (LS) = NJOZ 2004, 478 (484).

Da nicht die Leistung des Originalherstellers an sich geschützt ist, sondern das lautere Marktverhalten, begründet die **bloße Herstellung** der Nachahmung noch **keine Unterlassungsansprüche,** solange die Nachahmung nicht „im geschäftlichen Verkehr" Verwendung findet.[130] 55

Passivlegitimiert ist neben den oben genannten Anspruchsgegnern auch deren **Geschäftsführer,** soweit er Kenntnis der objektiven Tatbestandsmerkmale hatte und eine Pflicht/Garantenstellung zur Verhinderung des Verstoßes hat. Wenn bestimmte Teile der Geschäftsführung mit der Konstruktion und dem Vertrieb der betroffenen Produkte gar nicht befasst sind, was beispielsweise bei einem lediglich für den Personalbereich zuständigen Geschäftsführer der Fall sein kann, sollte von einer Pflicht zur Einhaltung der Wettbewerbsregeln auszugehen sein.[131] Schließlich kann bei technischen Erzeugnissen auch ein Anspruch gegen den **Konstruktionsleiter** bestehen, der den Nachbau und die Übernahme der für die wettbewerbliche Eigenart des Originals wesentlichen Gestaltungsmerkmale maßgeblich beeinflusst hat und die Umstände kennt, die die Gefahr von Herkunftsverwechslungen begründen.[132] 56

Kenntnis vorausgesetzt, müsste dies streng genommen auch für den Designer eines nichttechnisch geprägten Produktes oder beispielsweise den Entwerfer einer Verpackung gelten.[133] 57

3. Geschäftliche Handlung

Die für die Anspruchsberechtigung grundsätzlich zu verlangende geschäftliche Handlung (§ 3 Abs. 1 S. 2 Nr. 1 UWG) bereitet in Fällen des ergänzenden wettbewerbsrechtlichen Leistungsschutzes keine Probleme, da bereits durch die Aufnahme des Vertriebs einer Nachahmung ein konkretes Wettbewerbsverhältnis besteht. 58

4. Unterlassungsanspruch

In der Praxis von vorrangigem Interesse ist der wettbewerbsrechtliche Unterlassungsanspruch des Herstellers gegen den Nachahmer.[134] Dieser steht dem Hersteller und nur ausnahmsweise dem Händler des Originals zu.[135] Der Unterlassungsanspruch selbst ist auf die Zukunft gerichtet und setzt kein Verschulden voraus. Er richtet sich typischerweise gegen das Angebot, die Bewerbung und das Inverkehrbringen der wettbewerbswidrigen **Nachahmung in ihrer konkreten Ausgestaltung,** was bei der Antragsfassung dadurch zu berücksichtigen ist, dass entweder eine Abbildung der Nachahmung in den Antrag selbst eingeblendet wird, oder, dass die prägenden Merkmale des Originales, welche sich in gleicher Weise bei der Nachahmung wiederfinden, zur Beschreibung der konkreten Verletzungsform hinzugezogen werden.[136] Zunehmend fordern Gerichte mit Blick auf die **„Laubhefter"**-Entscheidung, dass die **beanstandeten Merkmale kumulativ neben der konkreten Verletzungsform in den Antrag** aufgenommen werden. Stützt sich der Unlauterkeitsvorwurf auf bestimmte Vertriebsbesonderheiten, wie zB Katalogvertrieb oder Vertrieb an Großabnehmer, so ist auch dies im Antrag zu verbalisieren.[137] 59

Bei der Antragsfassung zu beachten ist nach den BGH-Entscheidungen „Hot Sox" und „Rückruf von RESCUE-Produkten" zusätzlich, dass *„die Verpflichtung zur Unterlassung einer Handlung, durch die ein fortdauernder Störungszustand geschaffen wurde, … nicht nur die Unterlassung derartiger Handlungen, sondern auch die Vornahme möglicher und zumutbarer Handlungen zur Beseitigung des Störungszustandes umfasst"*.[138] Durch die genannten Entscheidungen ist vermehrt ins Bewusstsein gerückt, dass nicht nur durch die Aufrechterhaltung eines unberechtigten Zeichens, Firmenschildes oder Typenschildes ein fortdauernder Störungszustand im Wege der Unterlassungspflicht zu beseitigen ist, sondern auch solche fortdauernden Störungszustände, die durch wettbewerbswidrige Produkte im Vertriebsweg entstehen. Auch bei solchen 60

[130] BGH GRUR 1968, 591 (598) – Pulverbehälter; GRUR 1982, 305 (308) – Büromöbelprogramm; für eine Herstellerhaftung: Sack WRP 2017, 137 f.

[131] BGH GRUR 1986, 248 (250) – Sporthosen, sehr restriktiv: BGH GRUR 2014, 883 – Geschäftsführerhaftung; GRUR 2015, 909 Rn. 45 Exzenterzähne.

[132] BGH GRUR 1999, 751 (754) – Güllepumpen; Köhler/Bornkamm/Feddersen/Köhler UWG § 4 Rn. 3.87.

[133] Vgl. allgemein zur Klagebefugnis und zur Haftung nach neuem UWG: Spuhler/Vykydal § 3 Wettbewerbsrechtliche Ansprüche; Schindler WRP 2004, 835 ff.; Reichelsdorfer WRP 2004, 828.

[134] Näher zum wettbewerbsrechtlichen Unterlassungsanspruch allgemein § 3 I.

[135] → Rn. 40 f.

[136] Instruktiv: BGH GRUR 2002, 86 ff. – Laubhefter, GRUR 2006, 79 – Jeans I.

[137] BGH GRUR 2007, 339 Rn. 36 – Stufenleitern; GRUR 2015, 905 Rn. 44 – Exzenterzähne.

[138] BGH GRUR 2016, 27 Rn. 34 – Hot Sox; GRUR 2016, 406 Rn. 12, 28 und 52 – Piadina-Rückruf; GRUR 2017, 208 Rn. 24 – Rückruf von RESCUE-Produkten.

Fallgestaltungen kann der Unterlassungsanspruch bereits die Beseitigung des Verletzungszustandes umfassen, was grundsätzlich durch einen Rückruf des Produkts von seinen Abnehmern erfolgen muss.[139] Wegen der weitreichenden Folgen einer vorläufigen Vollstreckung oder der Vollstreckung aus einer einstweiligen Verfügung (§§ 717 Abs. 2, 945 ZPO) sollte daher bereits bei Antragsfassung darauf geachtet werden, ob die eigene Rechtsposition hinreichend sicher ist, um etwaige Schadensersatzforderungen des Vollstreckungsschuldners im Falle der Aufhebung einer erwirkten einstweiligen Verfügung oder der vorläufigen Vollstreckung aus einem Hauptsachetitel zu vermeiden. Wenn insoweit Zweifel bestehen, kann durch entsprechende Antragsfassung die Verpflichtung zur Beseitigung aus dem Unterlassungsantrag ausgeklammert werden.[140]

Praxistipp:

Da es in den seltensten Fällen gelingt, durch bloß wörtliche Beschreibung die Nachahmung zu erfassen, ist zu empfehlen, immer zumindest zusätzlich eine Abbildung des konkreten Verletzungsgegenstandes in den Antrag einzublenden. Bei vielen Landgerichten und Oberlandesgerichten wird dies ohnehin ausdrücklich verlangt.[141]

Da sich der wettbewerbsrechtliche Unterlassungsanspruch gegen das unlautere Vertreiben der Nachahmung richtet, kann eine Untersagung der Herstellung der Nachahmung nicht verlangt werden.

Da durch den Unterlassungstenor auch der Rückruf von Nachahmungen aus dem Vertriebsweg umfasst sein kann, ist mit Blick auf die Folgen der §§ 717 Abs. 2, 945 ZPO gegebenenfalls eine Beschränkung des Beseitigungsanspruchs im Unterlassungsantrag vorzunehmen.

5. Schadensersatzansprüche

61 **Verschulden vorausgesetzt,** kann der Schadensersatzanspruch (ausdrücklich normiert in § 9 UWG),[142] ähnlich wie bei der Verletzung von Sonderschutzrechten in dreierlei Weise berechnet werden, wobei ein **Wahlrecht** des Verletzten besteht, welches bis zur Erfüllung bzw. rechtskräftigen Zuerkennung des Anspruches einen Wechsel zwischen den gängigen Berechnungsarten ermöglicht.[143] Die in der Praxis gängigste Berechnungsmethode ist die Berechnung einer **fiktiven Lizenzgebühr** auf den vom Verletzer erzielten Umsatz, wobei es insofern unerheblich ist, ob der Original-Hersteller überhaupt an einer Lizenzvergabe interessiert war oder das Produkt zur Lizenzvergabe geeignet ist.[144] Für die Bemessung der fiktiven Lizenz ist letztlich maßgeblich, was im Falle einer Lizenzgabe vernünftigerweise von den Parteien vereinbart worden wäre.[145]

62 Alternativ kann der Verletzte die **Herausgabe des Verletzergewinns** verlangen, wobei es sich hier genau wie bei der „fiktiven Lizenzgebühr" um einen Berechnungsmodus und nicht um einen selbstständigen Anspruchsgrund handelt. Interessant ist diese Berechnungsweise durch die Entscheidung des BGH geworden, nach der **Gemeinkosten** den Verletzergewinn nicht mindern,[146] was inzwischen ausdrücklich auch beim wettbewerbsrechtlichen Nachahmungsschutz Anwendung findet.[147]

63 Weiter steht dem Geschädigten die konkrete Schadensberechnung nach seinem eigenen **entgangenen Gewinn** zu, wobei in der Praxis der Nachweis eines auf Grund des Vertriebs der Nachahmung eingetretenen Gewinnrückganges schwer zu führen ist. Allerdings kommt für die Schadensberechnung dem Geschädigten § 287 ZPO zur Hilfe.

[139] BGH GRUR 2016, 27 Rn. 36 – Hot Sox; GRUR 2017, 208; GRUR 2016, 406 Rn. 12, 28 und 52 – Piadina-Rückruf; GRUR 2017, 208 Rn. 30 – Rückruf von RESCUE-Produkten.

[140] Instruktiv dazu eine Unterlassungserklärung BGH GRUR 2015, 190 Rn. 13 – Ex-RAF-Terroristin; Sakowski GRUR 2017, 355.

[141] Vgl. zur Antragsfassung → Rn. 65 ff.

[142] Näher dazu: Spuhler/Vykydal § 3.

[143] BGH GRUR 1993, 55 (57) – Tchibo-Rolex II; GRUR 1993, 757 (758) – Kollektion Holiday.

[144] BGH GRUR 1982, 301 (303) – Kunststoffhohlprofil II; GRUR 1994, 808 (811) – Markenverunglimpfung I; GRUR 2016, 725 Rn. 12 – Pippi-Langstrumpf-Kostüm II.

[145] BGH GRUR 1990, 1008 (1009) – Lizenzanalogie.

[146] BGH GRUR 2001, 329 (331) – Gemeinkostenanteil; instruktiv auch: GRUR 1995, 349 – Objektive Schadensberechnung sowie Spuhler/Vykydal § 3.

[147] BGH GRUR 2007, 431 – Steckverbinder-Gehäuse.

Insbesondere wegen der kurzen Verjährungsfrist von sechs Monaten in § 11 UWG kommt auch den **Anspruchsgrundlagen aus § 826 BGB** sowie etwaigen **bereicherungsrechtlichen Ansprüchen** in der Praxis eine gewisse Bedeutung zu.[148] 64

6. Auskunfts- und Rechnungslegungsanspruch

Allgemein wird zwischen unselbstständigem und selbstständigem Auskunfts- und dem Rechnungslegungsanspruch unterschieden.[149] Im Bereich des wettbewerbsrechtlichen Nachahmungsschutzes ist der unselbstständige Auskunftsanspruch als **Hilfsanspruch zur Vorbereitung eines Schadensersatz- oder Beseitigungsanspruchs** von besonderer Bedeutung. Dieser akzessorische Auskunftsanspruch wird aus § 242 BGB hergeleitet und inzwischen mit gewohnheitsrechtlichem Rang belegt.[150] Grundsätzlich setzt der Auskunftsanspruch als Vorbereitung eines Schadensersatzanspruches auf Grund seiner Abhängigkeit vom Hauptanspruch **Verschulden** voraus. Nur ausnahmsweise, wenn das Bestehen oder der Umfang eines Beseitigungsanspruchs in Frage steht, setzt der Auskunftsanspruch als Hilfsanspruch des Unterlassungs- oder Beseitigungsanspruchs **kein Verschulden** voraus.[151] Ein **allgemeiner Auskunftsanspruch,** durch den der Verletzte erst in die Lage versetzt würde, eine Grundlage für sein Vorgehen zu erhalten, besteht dagegen **nicht.**[152] 65

Dagegen besteht in Anlehnung an die durch das Produktpirateriegesetz vom 7.3.1990 (BGBl. I 422) geschaffenen Ansprüche ein Anspruch auf sogenannte Drittauskunft.[153] Dabei sieht der BGH die Rechtsgrundlage in § 1 UWG aF/§ 4 Nr. 3 UWG nF in Verbindung mit § 242 BGB.[154] **Verschulden** wird **nicht** vorausgesetzt, aber eine **Interessenabwägung** anhand der Umstände des Einzelfalles gefordert, wobei die Interessen des Verletzten in der Regel als vorrangig anzusehen seien.[155] 66

Auf Grund des Umstandes, dass der Kläger erst nach Erteilung der Auskunft über den Umfang der Verletzungshandlungen verpflichtet ist, sich auf eine der drei ihm zustehenden Berechnungsarten festzulegen, steht ihm, anders als bei Wettbewerbsverstößen ansonsten üblich, ein **Anspruch auf Rechnungslegung** zu. Sowohl bei Berechnung des Schadens auf der Basis einer fiktiven Lizenzgebühr als auch bei Beanspruchung des Verletzergewinns ist der Verletzte darauf angewiesen und berechtigt, Vorlage einer Rechnung in Form einer geordneten Zusammenstellung der Einnahmen und Gestehungskosten zu verlangen.[156] Der Auskunftsanspruch **verjährt** als Hilfsanspruch aus ergänzendem Leistungsschutz gemäß § 11 UWG in **sechs Monaten.**[157] 67

Leider hat es der Gesetzgeber versäumt, insoweit eine Klarstellung in **§ 11 UWG** herbeizuführen. Allerdings wird man den Gesetzesmaterialien entnehmen müssen, dass die **kurze Verjährung auch für den Auskunftsanspruch** gilt, da § 11 Abs. 1 UWG ausdrücklich auf die Schadenersatzregelung in § 9 UWG verweist und es sich bei dem Auskunftsanspruch nach wie vor um einen Hilfsanspruch handelt, der keiner anderen Verjährung unterliegen sollte. Anderenfalls hätte es im Hinblick auf die ansonsten eingreifende deliktische Verjährung der Sonderregelung in § 11 UWG nicht bedurft. Zudem wurde der Gegenvorschlag des Bundesrates zu einer weitergehenden Regelung ausdrücklich zurückgewiesen.[158] 68

Nicht mehr umstritten ist dagegen, auf welchen **Zeitpunkt** der Auskunftsanspruch zurückbezogen werden kann. Der für das Wettbewerbsrecht zuständige 1. Zivilsenat hat sich dem für das Patentrecht zuständigen 10. Zivilsenat inzwischen angeschlossen und bejaht einen Anspruch 69

148 Näher dazu → § 3 IV.

149 Köhler/Bornkamm/Feddersen/Köhler UWG § 9 Rn. 4.1 ff.

150 BGH GRUR 1994, 630 (632) – Cartier-Armreif.

151 BGH GRUR 1972, 558 (560) – Teerspritzmaschinen.

152 BGH GRUR 1994, 630 (632) – Cartier-Armreif.

153 § 101 II UrhG, § 46 II DesignG, § 19 II MarkenG, § 140b II BPatG, § 24b II GebrMG.

154 BGH GRUR 1994, 630 (632) – Cartier-Armreif; GRUR 1994, 635 (637) – Pulloverbeschriftung GRUR 2007, 431 Rn. 25 – Steckverbinder-Gehäuse, für den Schadensersatz.

155 BGH GRUR 1994, 630 (633) – Cartier-Armreif; Köhler/Bornkamm/Feddersen/Köhler UWG § 9 Rn. 4.18.

156 BGH GRUR 1981, 517 (520) – Rollhocker; GRUR 1988, 690 (693) – Kristallfiguren; GRUR 1999, 1106 (1109) – Rollstuhlnachbau; § 259 Abs. 1 BGB.

157 BGH GRUR 1999, 751 (754) – Güllepumpen; Köhler/Bornkamm/Feddersen/Köhler UWG § 9 Rn. 4.42 mwN zur Gegenmeinung.

158 BT-Drs. 15/1487 S. 44; aA Köhler/Bornkamm/Feddersen/Köhler UWG § 9 Rn. 4.42, im Ergebnis aber berechtigtes Interesse wegen Verjährung des Hauptanspruches verneinend.

auf Auskunft über den gesamten Umfang der Verletzungshandlungen innerhalb unverjährter Zeit, wenn die Tatsache der Rechtsverletzung an sich erwiesen ist.[159]

Praxistipp: Antragsfassung

Nach Aufgabe der restriktiven Rechtsprechung des 1. Zivilsenates sind Auskunfts- und Rechnungslegungsansprüche nicht auf den Zeitpunkt der nachgewiesenen ersten Verletzungshandlung zu beschränken. Zu beachten ist immer die Beschränkung der Auskunft auf unverjährte Zeit.

70 Ein Antrag auf Unterlassung, Auskunft- und Rechnungslegung könnte wie folgt lauten:

Formulierungsvorschlag:

... wird beantragt,

I. die Beklagte zu verurteilen,

1. es bei Vermeidung eines vom Gericht für jeden Fall der Zuwiderhandlung festzusetzenden Ordnungsgeldes bis zu 250.000,– EUR, ersatzweise Ordnungshaft bis zu 6 Monaten, wobei die Ordnungshaft hinsichtlich der Beklagten zu 1.) an ihrem Geschäftsführer zu vollziehen ist, zu unterlassen,

   im geschäftlichen Verkehr zu Zwecken des Wettbewerbs [Benennung und Beschreibung des Verletzungsgegenstandes, zB: Freilaufrückschlagventile mit einem Freilaufregelkreis, der mittig am Gehäuse mit einem Winkel von 90° angesetzt ist], wie in der nachstehenden Abbildung wiedergegeben, anzubieten, zu bewerben und/oder in den Verkehr zu bringen:

   [Abbildung der Nachahmung]

2. der Klägerin Auskunft für den Zeitraum vom ... [unverjährter Zeitraum, in der Regel 6 Monate vor Klageerhebung] über die Herkunft der unter Ziffer I. 1. bezeichneten [Verletzungsgegenstände] zu erteilen und zwar unter Vorlage eines Verzeichnisses mit der Angabe der Namen und Anschriften der Hersteller, der Lieferanten und anderer Vorbesitzer, sowie über den Umfang der unter I. 1. bezeichneten Handlungen Rechnung zu legen, und zwar unter Angabe der einzelnen Lieferungen mit genauer Benennung

   a) der Liefermengen, Lieferzeiten, Lieferpreise sowie Namen und Anschriften der Abnehmer,
   b) der Gestehungskosten unter detaillierter Angabe der einzelnen Kostenfaktoren sowie
   c) des erzielten Gewinns,
   und unter Angabe der einzelnen Angebote und der Werbung unter Nennung
   d) der Angebotsmengen, Angebotszeiten, Angebotspreise sowie Namen und Anschriften der Angebotsempfänger und
   e) der einzelnen Werbeträger, der Auflagenhöhe, des Verbreitungszeitraumes und Verbreitungsgebiets,

   wobei der Beklagten nach ihrer Wahl vorbehalten bleiben mag, die Namen und Anschriften der Empfänger ihrer Angebote statt der Klägerin einem von dieser zu bezeichnenden, der Klägerin gegenüber zur Berufsverschwiegenheit verpflichteten Wirtschaftsprüfer mitzuteilen, sofern die Beklagte die durch diesen Wirtschaftsprüfer entstehenden Kosten trägt und diesen ermächtigt, der Klägerin Auskunft zu geben, ob ein bestimmtes Angebot oder ein bestimmter Empfänger eines Angebots in der Rechnungslegung enthalten ist.

71 Diese besonders weite Antragsfassung enthält sowohl einen Antrag auf Drittauskunft, der für den Fall, dass ein solcher Anspruch nach reiflicher Interessenabwägung nicht besteht, wegzulassen ist, als auch einen ausführlichen Rechnungslegungsanspruch, der unter Wirtschaftsprüfervorbehalt steht, was grundsätzlich Bestandteil des Antrages sein sollte, um zu vermeiden, dass der Beklagte insoweit Klageabweisung beantragt. Des Weiteren ist der Auskunfts-

[159] BGH GRUR 1992, 612 – Nicola; GRUR 2007, 877, Rn. 24 f. – Windsor Estate; ebenso Jacobs, in: Großkommentar, Vor § 13 UWG D Rn. 233; Mes Patentgesetz-Gebrauchsmustergesetz § 140b Rn. 10; Krieger GRUR 1989, 802 (803); Tilmann GRUR 1990, 160 ff.; aA, aber überholt: BGH GRUR 1988, 307 (308) – Gaby; GRUR 1992, 523 (525) – Betonsteinelemente; GRUR 1995, 50 (54) – Indorektal/Indohexal; zustimmend Teplitzky, Wettbewerbsrechtliche Ansprüche, Kapitel 38 Rn. 7.

anspruch zeitlich nur im Hinblick auf eine etwaig eingetretene Verjährung begrenzt, wie eingangs erläutert.[160]

IV. Wettbewerbliche Eigenart

Die wettbewerbliche Eigenart ist eine Grundvoraussetzung für die Bejahung wettbewerbsrechtlichen Nachahmungsschutzes. Ohne wettbewerbliche Eigenart gibt es keinen Leistungsschutz nach UWG.[161] Auch wenn § 4 Nr. 3 UWG das Tatbestandsmerkmal der wettbewerblichen Eigenart nicht ausdrücklich erwähnt, folgt dies aus dem Umstand, dass nur wettbewerblich eigenartige Produkte oder Dienstleistungen herkunftshinweisend wirken können, sowie der Gesetzesbegründung zu § 4 Nr. 9 aF UWG, die darauf hinweist, dass „eine gewisse wettbewerbliche Eigenart des Vorbilds, das nachgeahmt worden ist," vorausgesetzt wird, „da der Verkehr anderenfalls nicht auf die Herkunft achtet."[162] Daher ist das Vorliegen wettbewerblicher Eigenart logisch vor der Frage der Nachahmung zu prüfen, da es letztlich vollkommen unerheblich ist, ob ein Produkt nachgeahmt wird, welches jeglicher wettbewerblicher Eigenart entbehrt. 72

In der Praxis erweist sich aber häufig, dass wettbewerbliche Eigenart gegeben ist, wenn einer der zuvor unter II. (→ Rn. 25 ff.) geschilderten Nachahmungstatbestände bejaht werden kann, wobei das Vorliegen der Nachahmung in der Regel einfacher festzustellen ist als das Erfassen der wettbewerblichen Eigenart. Auf der anderen Seite bedeutet dies nicht, dass wettbewerbliche Eigenart nur in Ausnahmefällen gegeben ist oder besonders schwierig zu erlangen ist. Dies ergibt sich schon aus der immer wiederzufindenden Formulierung, dass Gegenstand des ergänzenden Wettbewerbsschutzes nur Erzeugnisse einer gewissen wettbewerblichen Eigenart sind.[163] 73

1. Definition

a) **Negativabgrenzung.** Am einfachsten ist insoweit zunächst die **negative Abgrenzung zu Allerweltserzeugnissen** (Alltagsware, Dutzendware), denen der angesprochene Verkehr weder Herkunftshinweise noch sonstige Besonderheiten entnimmt, die dazu führen könnten, eine unlautere Nachahmung wegen Herkunftstäuschung, Rufausnutzung oder Behinderung anzunehmen.[164] Es handelt sich dabei um Erzeugnisse, die von einer Vielzahl von Herstellern als generische Produkte in praktisch identischer Gestaltung angeboten werden. 74

Eine Ware, die der Massenproduktion entstammt oder dutzendweise verkauft wird, ist damit nicht grundsätzlich ohne wettbewerbliche Eigenart. Vielmehr können gerade als besonders banal empfundene Produkte wegen ihrer Schlichtheit und Einfachheit durchaus wettbewerblich eigenartig sein.[165] Maßgeblich ist letztlich, ob die angesprochenen Verkehrskreise bei dem fraglichen Gegenstand auf Grund seiner Besonderheiten gegenüber anderen, gleichartigen Gegenständen die Herkunft des Produktes an bestimmten Merkmalen festmachen können. Das ist nicht der Fall, wenn wegen fehlender Besonderheiten oder dem massenweisen Auftreten vergleichbarer Produkte den angesprochenen Verkehrskreisen die Herkunft des Gegenstandes gleichgültig ist. Ähnlich gelagert ist der Fall massenhaft auftretender identischer Produkte mit unterschiedlichen Herstellerkennzeichnungen. Hier geht die Rechtsprechung zunehmend davon aus, dass eine Zuordnung zu einem bestimmten Hersteller unmöglich ist und deshalb einer Herkunftstäuschung ausscheidet.[166] Von der Verwendung zahlreicher Herstellermarken oder wie Herstellermarken wirkender Produktbezeichnungen oder Zweitmarken[167] abzugren- 75

160 Weitere Beispielsanträge finden sich zB bei Mes/Sambuc/Stolz A. 12 S. 84.

161 BGH GRUR 1983, 377 (379) – Brombeer-Muster; zuletzt: BGH GRUR 2021, 154 Rn 15 ff. – Kaffeebereiter; GRUR 2022, 160 Rn. 12, 20 ff. – Flying V.

162 BT-Drs. 15/1487, 18.

163 Köhler/Bornkamm/Feddersen/Köhler UWG § 4 Rn. 3.24; Spätgens FS Walter Oppenhoff, 423 ff.; so auch die Gesetzesbegründung aaO.

164 BGHZ 21, 266 (272) = GRUR 1957, 37 (38) – Uhrwerke; GRUR 1968, 698 (702) – Rekordspritzen; GRUR 1988, 385 (386) – Wäsche-Kennzeichnungsbänder; GRUR 2007, 339 Rn. 26 – Stufenleitern; GRUR 2012, 1155 Rn. 34 – Sandmalkasten; GRUR 2017, 734 Rn. 38 – Bodendübel.

165 Spätgens in FS Walter Oppenhoff, 424.

166 GRUR 2007, 984 Rn. 25 f. – Gartenliege; BGH GRUR 2016, 27 Rn. 25 ff. – Hot Sox; 2017, 311 Rn. 21 ff. – Handfugenpistole; 2021, 1544 Rn. 33 ff. – Kaffeebereiter; Köhler/Bornkamm/Feddersen/Köhler UWG § 4 Rn. 3.24a.

167 BGH GRUR 2021, 1544 Rn. 33 ff. – Kaffeebereiter.

zen ist die Verwendung von erkennbaren Handelsmarken, bei welchen der verständige Verbraucher davon ausgeht, dass hinter diesen Handelsmarken durchaus ein einziger Hersteller stehen kann.[168]

76 **b) Rechtsprechungsdefinition. Positiv formuliert** wird daher häufig definiert, „die wettbewerbliche Eigenart erfordert ein Erzeugnis, dessen **konkrete Ausgestaltung** oder **bestimmte Merkmale** geeignet sind, die interessierten Verkehrskreise auf die **betriebliche Herkunft oder die Besonderheit des Erzeugnisses** hinzuweisen“.[169]

77 Dabei sind eine konkrete Ausgestaltung oder bestimmte Merkmale, die geeignet sind, auf die betriebliche Herkunft hinzuweisen, Voraussetzung für das am häufigsten in der Rechtsprechung angenommene weitere Unlauterkeits-Element der vermeidbaren Herkunftstäuschung. Die zweite Alternative (Hinweis auf Besonderheiten des Erzeugnisses) ist dagegen weniger klar gefasst und wird daher im Zusammenhang mit einer Vielzahl von besonderen Unlauterkeitselementen zur Begründung eines Anspruches aus ergänzendem Nachahmungsschutz herangezogen.

2. Wechselwirkung zu anderen Anspruchsvoraussetzungen

78 Der Grad der zu fordernden wettbewerblichen Eigenart richtet sich sowohl nach dem Grad der Nachahmung als auch nach dem Grad der Verkehrsbekanntheit und der Stärke bzw. der Anzahl der vorliegenden Unlauterkeitselemente. Es besteht insoweit **eine Wechselwirkung** in dem Sinne, dass die Anforderung an eines der Merkmale davon abhängt, in welchem Maße und mit welcher Intensität die übrigen Merkmale verwirklicht sind.[170] So ist im Falle der unmittelbaren Übernahme, wie bereits erwähnt,[171] der Grad zu fordernder wettbewerblicher Eigenart niedriger als in Fällen der nachschaffenden Übernahme.[172] Das Vorliegen wettbewerblicher Eigenart ist Tatfrage, wobei die **Eignung auf die betriebliche Herkunft oder Besonderheiten des Erzeugnisses hinzuweisen genügt.** Ein **wettbewerblicher Besitzstand ist nicht erforderlich.** Auch bedarf es keiner Neuheit oder Verkehrsgeltung. Allerdings ist Bekanntheit im Verkehr geeignet, Schwächen der wettbewerblichen Eigenart oder einen niedrigen Grad der Nachahmung auszugleichen.

79 Das bloße Abstellen auf die **Eignung,** herkunftshinweisend zu wirken oder durch Besonderheit auf das Erzeugnis hinzuweisen, wird in der Rechtsprechung zurecht damit begründet, dass andernfalls ein neu auf den Markt eingeführtes oder ein noch einzuführendes Erzeugnis an einem wettbewerbsrechtlichen Nachahmungsschutz nicht teilhaben könnte.[173]

3. Anforderungen im Vergleich zu sondergesetzlichen Schutzanforderungen

80 Wegen der unterschiedlichen Schutzrichtungen des Sonderrechtsschutzes und des wettbewerbsrechtlichen Nachahmungsschutzes sind auch die Schutzanforderungen grundsätzlich nicht identisch. Allerdings kann der wettbewerbsrechtliche Nachahmungsschutz natürlich nicht voll-

[168] BGH GRUR 2007, 984 Rn. 26 – Gartenliege; GRUR 2009, 1069 Rn. 16–18 – Knoblauchwürste; GRUR 2015, 909 Rn. 14 f. – Exzenterzähne; ausführlich zum Problem des Verlustes wettbewerblicher Eigenart durch Multi-Vertriebskonzepte: Vander WRP 2016, 169.

[169] St. Rspr.: BGH GRUR 1996, 210 (211) – Vakuumpumpen; GRUR 1998, 830 (832) – Les-Paul-Gitarren; GRUR 1999, 751 (752) – Güllepumpen, GRUR 1999, 1106 (1108) – Rollstuhlnachbau; GRUR 2000, 521 (523) – Modulgerüst; GRUR 2002, 275 (276) – Noppenbahnen; GRUR 2002, 629 (632) – Blendsegel; GRUR 2002, 820 (822) – Bremszangen; GRUR 2003, 359 (360) – Pflegebetten; GRUR 2007, 984 (985 f.) – Gartenliege; GRUR 2009, 1073 – Ausbeinmesser; GRUR 2010, 80 Rn. 23 – LIKEaBIKE; GRUR 2012, 58 Rn. 43 – Seilzirkus; GRUR 2015, 909 Rn. 10 – Exzenterzähne; GRUR 2016, 730 Rn. 30 – Herrnhuter Stern; GRUR 2018, 311 Rn. 16 – Handfugenpistole; GRUR 2022, 160 Rn. 21 – Flying V.

[170] BGH GRUR 1996, 210 (211) – Vakuumpumpen; GRUR 1998, 830 (833) – Les-Paul-Gitarren; GRUR 1999, 751 (752) – Güllepumpen; GRUR 1999, 1106 (1108) – Rollstuhlnachbau; GRUR 2001, 251 (253) – Messerkennzeichnung; GRUR 2001, 443 (445) – Viennetta; GRUR 2002, 629 (631) – Blendsegel; GRUR 2002, 820 (821 f.) – Bremszangen; GRUR 2003, 359 (360) – Pflegebetten; GRUR 2007, 984 (985) – Gartenliege; GRUR 2010, 80 Rn. 21 – LIKEaBIKE; GRUR 2015, 909 Rn. 9 – Exzenterzähne; GRUR 2016, 730 Rn. 31 – Herrnhuter Stern; GRUR 2017, 734 Rn. 16 – Bodendübel; GRUR 2018, 311 Rn. 13 – Handfugenpistole; GRUR 2018, 832 Rn. 47 – Ballerinaschuh; GRUR 2021, 1544 Rn. 15 – Kaffeebereiter; GRUR 2022, 160 Rn. 12 – Flying V.

[171] Vgl. II. 2. → Rn. 34.

[172] BGH GRUR 1969, 186 (188) – Reprint; GRUR 1972, 127 (128) – Formulare; GRUR 1979, 119 (120) – Modeschmuck.

[173] BGH WRP 1976, 370 (371) – Ovalpuderdose; GRUR 1992, 523 (524) – Betonsteinelemente; im Widerspruch dazu führt der BGH in GRUR 2002, 275 (277) „Noppenbahnen“ das unscharfe Kriterium der „gewissen Bekanntheit“ ein, vgl. dazu V. → Rn. 82 ff.

kommen losgelöst von den gewerblichen Schutzrechten gesehen werden. Das gilt vor allem hinsichtlich einer möglichen zeitlichen Begrenzung in solchen Fällen, wo die Gewährung wettbewerblichen Leistungsschutzes eine bloße Perpetuierung eines bereits abgelaufenen Schutzrechts darstellen würde.[174] Ausdrücklich zeitlich begrenzt wurde der inzwischen aufgegebene Schutz gegenüber „Einschieben in eine fremde Serie".[175] Anders als bei den Sonderschutzrechten, die ein Leistungsergebnis mit einer bestimmten Erfindungs- oder Gestaltungshöhe verlangen, setzt der wettbewerbsrechtliche Nachahmungsschutz letztlich bei den vorhandenen Marktverhältnissen an. Ob ein Erzeugnis nach seiner Gesamtgestaltung oder auf Grund einzelner Merkmale geeignet ist, auf die betriebliche Herkunft oder auf Besonderheiten der Ware hinzuweisen, hängt davon ab, ob es sich von vergleichbaren Erzeugnissen, dem so genannten **„wettbewerblichen Umfeld"**, abhebt und zumindest geeignet ist, sich individualisierend herauszustellen. Auch wenn die Rechtsprechung mehrfach die wettbewerbliche Eigenart für Gestaltungen bejahte, die in ästhetischen oder technischen Merkmalen sonderschutzrechtlichen Anforderungen entsprachen,[176] bleibt letztlich entscheidend, ob das eigene Kriterium der **Hinweiseignung hinsichtlich Herkunft oder Warenbesonderheit** gegeben ist.

Das kann durchaus auch bei Produkten bzw. Gestaltungen der Fall sein, die gerade nicht die sonderschutzrechtlichen Voraussetzungen der Neuheit erfüllen. So können auch Produkte, die auf Vorbekanntes zurückgreifen, wettbewerbliche Eigenart haben, solange sie sich **vom wettbewerblichen Umfeld abheben.** Lediglich, wenn die formgebenden Merkmale in ihrer äußeren konkreten Ausgestaltung insgesamt vorbekannt sind, weil beispielsweise das gesamte oder ein Großteil des wettbewerblichen Umfeldes ähnlich oder identisch gestaltet sind, entfällt die wettbewerbliche Eigenart.[177] 81

Ähnlich verhält es sich, wenn ein Originalhersteller gegen den Vertrieb von Nachbildungen längere Zeit nicht vorgeht oder eine **Vielzahl von Nachbildungen** die wettbewerbliche Eigenart verschwinden lässt, da der individuelle Charakter des Produktes auf Grund der Vielzahl von Nachbildungen nicht mehr gegeben ist. Solange auf der anderen Seite der Verkehr genau zwischen Original und Kopie unterscheidet und der Verkehr ohne weiteres oder zumindest nach näherer Prüfung erkennt, dass es sich um eine Kopie handelt, bleibt die wettbewerbliche Eigenart bestehen. Das gilt insbesondere für Produkte, wie zB E-Gitarren, bei denen es gang und gäbe ist, dass Nachbildungen von Originalen angeboten werden, ohne dass hierbei gleichzeitig eine Rufausbeutung oder andere unlautere Praktiken vorlägen.[178] 82

Wettbewerbliche Eigenart kann immer nur auf Grund der konkreten Gesamtgestaltung oder bestimmter Einzelmerkmale eines Produktes angenommen werden. Solche Merkmale können bereits für das Einzelprodukt schutzbegründend sein. In bestimmten Fällen kann Eigenart aber auch erst dadurch entstehen, dass eine gesamte Kollektion an bestimmten Merkmalen, die für sich genommen das einzelne Produkt der Kollektion nicht individualisieren, erkennbar wird.[179] 83

Da allein die **konkrete Gestaltung** geeignet ist, auf Grund einzelner Merkmale oder der Gesamtgestaltung herkunftshinweisend oder produkthinweisend zu wirken, können **abstrakte Ideen,** die in der konkreten Formgestaltung keinen Niederschlag gefunden haben, wie zB Verkaufsideen, Motivideen oder Werbeeinlagen, mangels wettbewerblicher Eigenart keinen Schutz begründen. Maßgeblich ist einzig und allein, wie eine Idee ihren Niederschlag in der Gestaltung gefunden hat.[180] Ähnlich verhält es sich mit solchen Erzeugnissen, die unter Benutzung **allgemein üblicher** 84

[174] Beispielsweise angesprochen in BGH GRUR 1969, 186 (188 f.) – Reprint; GRUR 1986, 895 (896) – Notenstichbilder; GRUR 1999, 751 (754) – Güllepumpen; GRUR 2010, 80 Rn. 18 – LIKEaBIKE mwN; GRUR 2012, 58 Rn. 41 – Seilzirkus; GRUR 2015, 909 Rn. 22 – Exzenterzähne; GRUR 2017, 734 Rn. 22 – Bodendübel.

[175] BGH GRUR 2005, 349 (352); WRP 2005, 476 (479) – Klemmbausteine III; aufgegeben in BGH GRUR 2017, 79 Rn. 96 – Segmentstruktur.

[176] BGH GRUR 1983, 377 (379) – Brombeer-Muster; GRUR 1984, 597 (598) – vitra programm; GRUR 1985, 876 (877) – Tchibo-Rolex I; GRUR 1988, 690 (693) – Kristallfiguren; GRUR 2010, 80 Rn. 18, 23 –LIKEaBIKE; GRUR 2018, 832 Rn. 46 – Ballerinaschuh.

[177] BGH GRUR 1999, 751 (752) – Güllepumpen; GRUR 2007, 984 (986 f.) – Gartenliege, im Ergebnis Eigenart bejahend, soweit kein Freihaltebedürfnis; GRUR 2010, 80 Rn. 49 – LIKEaBIKE.

[178] BGH GRUR 1998, 830 (833) – Les-Paul-Gitarren; vgl. auch GRUR 2007, 795 Rn. 28 – Handtaschen; GRUR 2009, 1073 Rn. 14 – Ausbeinmesser; verneint bei qualitativer Ebenbürtigkeit: BGH GRUR 2022, 160 – Flying V.

[179] BGH GRUR 1986, 673 (674) – Beschlagprogramm; GRUR 2008, 793 Rn. 29 – Rillenkoffer.

[180] BGH GRUR 1955, 598 (600) – Werbeidee; GRUR 1979, 119 (120) – Modeschmuck; GRUR 2002, 629 (633) – Blendsegel; GRUR 2003, 359 (361) – Pflegebett; GRUR 2005, 166 (168) – Puppenbett; GRUR 2009, 1069 Rn. 21 – Knoblauchwürste.

Stil- und Gestaltungsmittel geschaffen worden sind oder naturgetreue Nachbildungen von natürlichen Gegenständen oder Gegebenheiten ohne individualisierende Besonderheit darstellen.[181] Solange nicht die konkrete Ausgestaltung zu einem eigenartigen Produkt führt, fehlt es an wettbewerblicher Eigenart. Unklar ist, ob der BGH nun auch schon der konkreten Gestaltung von „Grundideen“ wettbewerbliche Eigenart absprechen will.[182]

85 Wettbewerbliche Eigenart fehlt dagegen Gestaltungen auf Grund allgemeiner Lehren, die dem frei verfügbaren Stand der Technik entsprechen und keinerlei individualisierende Merkmale aufweisen.[183]

4. Ästhetisch-künstlerische Gestaltungen/Design

86 Sobald Erzeugnisse nicht-technischer Art, deren äußere Gestaltung im Wesentlichen frei ist, nicht bloß allgemein übliche Stil- und Gestaltungsmittel verwenden oder natürliche Vorbilder schlicht nachbilden, liegt häufig wettbewerbliche Eigenart vor, wenn es sich nicht um ein Allerweltserzeugnis handelt, welches auf Grund des bestehenden wettbewerblichen Umfeldes nicht hervorsticht.

87 Wettbewerbliche Eigenart ästhetisch-künstlerischer Gestaltungen wurde beispielsweise angenommen oder diskutiert für Möbel,[184] Modeerzeugnisse,[185] Stoffdessins,[186] Uhren,[187] Spielzeug,[188] Leuchten[189] oder Haushaltsgegenstände.[190]

5. Warenkennzeichnungen und -gestaltungen, sonstige äußere Gestaltungen

88 Von den Anforderungen an die wettbewerbliche Eigenart her sind den ästhetisch-künstlerischen Gestaltungen Warenkennzeichnungen,[191] Typenkennzeichnungen[192] und sonstige konkrete Ausgestaltungen von Erzeugnissen[193] ähnlich, die auf die betriebliche Herkunft oder Besonderheiten hinweisen, wobei derartige Hinweise auch in bestimmten Farbgebungen[194] bestehen können.

[181] BGH GRUR 1980, 735 (738) – Play-family; GRUR 1987, 903 (905) – Les Corbusier-Möbel; GRUR 1988, 690 (693) – Kristallfiguren; GRUR 2005, 166 (169 f.) – Puppenausstattungen.

[182] Widersprüchlich und die immer wieder postulierte Wechselwirkung von Eigenart und Verkehrsbekanntheit verkennend: BGH GRUR 2003, 359 – Pflegebetten; Eigenart bejahend, aber Verwechslung verneinend: BGH GRUR 2002, 629 (631 f.) – Blendsegel; Klarer: GRUR 2009, 1069 Rn. 21 – Knoblauchwürste.

[183] BGH GRUR 1979, 705 (706) – Notizklötze; GRUR 2012, 58 Rn. 48 – Seilzirkus, wo die Gestaltung wohl einem DIN-Standard entsprach; differenzierend: BGH GRUR 2015, 909 Rn. 24 – Exzenterzähne; GRUR 2016, 730 Rn. 36 f. – Herrnhuter Stern.

[184] BGH GRUR 1961, 635 – Stahlrohrstuhl (Urheberrechtsschutz); GRUR 1974, 740 (742) – Sessel mAnm Gerstenberg GRUR 1974, 707 ff. (Urheberrechtsschutz); GRUR 1982, 305 (307) – Büromöbelprogramm; GRUR 1984, 597 (598) – vitra programm; GRUR 1987, 903 (905) – Les Corbusier-Möbel; GRUR 2004, 941 (943) – Metallbett; GRUR 2007, 984 (985) – Gartenliege; OLG Frankfurt GRUR 1990, 121 – USM Haller (Urheberrechtsschutz); OLG Karlsruhe GRUR 1994, 283 (284) – Eileen Gray (Urheberrechtsschutz); OLG Köln NJW-E WettbR. 2000, 132 (133) – Tischbock; GRUR-RR 2008, 166 (167) – Bigfoot.

[185] BGH GRUR 1973, 478 (480) – Modeneuheit; GRUR 1984, 453 – Hemdblusenkleid; GRUR 1992, 448 (450) – Pullovermuster (Verweisung an die Vorinstanz); GRUR 1998, 477 (478) – Trachtenjanker; GRUR 2006, 79 (81) – Jeans I; GRUR 2007, 795 (797) – Handtaschen; GRUR 2018, 832 – Ballerinaschuh; OLG Köln GRUR-RS 2020, 17411 – Jeans mit V-Naht II.

[186] BGH GRUR 1962, 144 (149) – Buntstreifensatin I; GRUR 1967, 315 (317 f.) – skai-cubana (wettbewerbliche Eigenart letztlich verneinend); GRUR 1983, 377 (379) – Brombeer-Muster.

[187] BGH GRUR 1985, 876 (877) – Tchibo-Rolex I; OLG Frankfurt a. M. GRUR-RR 2018, 248 – Reisewecker (verneinend).

[188] RGZ 111, 254 (256) – Käthe-Kruse-Puppen; BGH GRUR 1980, 234 (236) – Play-family (Verwechslungsgefahr verneinend); GRUR 2005, 348 (349, 352) – Klemmbausteine III; GRUR 2005, 166 (168 ff.) – Puppenausstattungen (verneinend); GRUR 2011, 803 Rn. 52 – Lernspiele.

[189] Eigenart bejahend: BGH GRUR 2002, 629 (632) – Blendsegel; OLG Düsseldorf GRUR 1993, 903 (909) – Bauhaus-Leuchte (Eigenart unterstellend); OLG Frankfurt a. M. GRUR-RR 2011, 182 (183) – Leuchtpflasterstein (nicht rechtskräftig) (Eigenart verneinend).

[190] BGH GRUR 1981, 269 – Haushaltsschneidemaschine II (Eigentümlichkeit – § 1 GeschmMG bejahend); GRUR 1988, 369 (370) – Messergriff (im Ergebnis verneinend); GRUR 2005, 600 (602) – Handtuchklemmen; OLG Köln GRUR-RR 2004, 21 – Küchenseier; GRUR 2009, 79 – Gebäckpresse; GRUR 2021, 1544 – Kaffeebereiter.

[191] BGH GRUR 1963, 423 (428) – coffeinfrei; neuerdings aber: GRUR 1999, 161 (162) – MacDog; GRUR 1999, 992 (995) – Big Pack; GRUR 2000, 504 (505) – Facts; näher dazu: Rn. 16 ff.

[192] BGH GRUR 1956, 553 (557) – Coswig; GRUR 1996, 781 (783) – Verbrauchsmaterialien (Rufausbeutung durch Anlehnung).

[193] BGH GRUR 2001, 443 (444) – Vienetta (Eigenart unterstellend); OLG Köln GRUR 1983, 456 – Spülmittelflasche.

[194] BGH GRUR 1968, 371 (376) – Maggi; GRUR 1969, 190 (192) – halazon; GRUR 1985, 445 (446) – Amazonas; GRUR 1997, 754 (755) – grau/magenta.

Auch in anderen als äußeren Gestaltungsmerkmalen kann wettbewerbliche Eigenart erblickt werden, so in einer Entscheidung, die darauf abstellte, dass mit den Teilnehmereintragungen auf einer Telefonteilnehmer-CD besondere Gütevorstellungen mit Blick auf Vollständigkeit der Einträge des Originals verbunden wurden.[195] 89

6. Wettbewerblich eigenartige technische Merkmale

Trotz des immer wieder angeführten freien Stands der Technik und des Einwandes, Gestaltungen, die technisch bedingt seien, könnten keinen wettbewerbsrechtlichen Nachahmungsschutz erlangen, ist grundsätzlich auch in technischen Merkmalen eine wettbewerbliche Eigenart möglich, die durch ihre konkrete äußere Gestaltung hervorgerufen wird, welche auf die betriebliche Herkunft oder die Besonderheiten des Erzeugnisses hinweist.[196] Dabei kann die wettbewerbliche Eigenart nicht auf Elemente gestützt werden, die aus technischen Gründen zwingend zum Erreichen des verfolgten technischen Zwecks erforderlich sind.[197] In der Regel sind das Elemente, die bei gleichartigen Konstruktionen wiederzufinden sind, was schon auf Grund des Umstandes, dass dieses technische Element häufig wiederkehrt, wettbewerbliche Eigenart ausschließt. Derartige, technisch zwingende Elemente, sind gemeinfrei und daher freihaltebedürftig und schutzunfähig. Aus der „Pulverbehälter"-Entscheidung stammt die häufig zu weit interpretierte weitere Einschränkung, dass nicht nur technisch unbedingt notwendige, sondern auch technisch zweckmäßige Gestaltungselemente freihaltebedürftig sind.[198] Andersherum gewendet bedeutet dies, dass es Mitbewerbern nicht zugemutet werden kann, auf technische Lösungen auszuweichen, die technisch ungleichwertig sind und hinsichtlich ihres Gebrauchszweckes, der Verkäuflichkeit der Ware oder der Verbrauchererwartungen, nicht als angemessene Verwirklichung einer technischen Aufgabe angesehen werden. Es besteht demnach ein **Freihaltebedürfnis für technisch erprobte und vom Verkehr gemeinhin als angemessen angesehene Lösungen.**[199] 90

Auf der anderen Seite kann wettbewerbliche Eigenart für technische Erzeugnisse beansprucht werden, deren **technisch-funktionale Merkmale willkürlich wählbar** und auswechselbar sind, deren Gestaltungselemente als solche zwar technisch bedingt, aber nicht zwingend notwendig, sondern eben beliebig wählbar und austauschbar sind. Weitere Voraussetzung ist, dass genau diese Merkmale geeignet sind, auf die betriebliche Herkunft des Erzeugnisses oder auf seine Besonderheiten hinzuweisen.[200] Insbesondere kann bei technischen Erzeugnissen wettbewerbliche Eigenart in der Gesamtkombination einzelner, technisch-funktionaler Gestaltungselemente begründet sein, die einzeln oder insgesamt abweichend gestaltet werden könnten, ohne die technische Funktion einzuschränken.[201] Dies ist beispielsweise der Fall, wenn auf Grund der **Gesamtkombination technischer Gestaltungselemente** das Originalprodukt eine Art „eigenes Gesicht" 91

[195] BGH GRUR 1999, 923 (926 f.) – Tele-Info-CD.

[196] BGH GRUR 1996, 210 (211) – Vakuumpumpen; GRUR 1999, 751 (752) – Güllepumpen; GRUR 1999, 1106 (1108) – Rollstuhlnachbau; GRUR 2000, 521 (523) – Modulgerüst; GRUR 2007, 339, Rn. 44 – Stufenleitern; GRUR 2007, 984 Rn. 35 – Gartenliege, beide im Ergebnis verneinend; GRUR 2009, 1073 – Ausbeinmesser; GRUR 2010, 80 – LIKEaBIKE; GRUR 2010, 1125 – Femur-Teil; GRUR 2015, 909 Rn. 24 – Exzenterzähne; GRUR 2017, 734 Rn. 19 – Bodendübel; GRUR 2018, 313 Rn. 16 – Handfugenpistole.

[197] St. Rspr.: BGH GRUR 2010, 80 Rn. 27 – LIKEaBIKE; GRUR 2013, 951 Rn. 19 – Regalsystem; GRUR 2013, 1052 Rn. 18 f. – Einkaufswagen III; GRUR 2015, 909 Rn. 17 f. – Exzenterzähne; GRUR 2017, 734 Rn 19 – Bodendübel; GRUR 2018, 313 Rn. 16 – Handfugenpistole.

[198] BGH GRUR 1968, 591 (592) – Pulverbehälter; zuletzt GRUR 2000, 521 (522) – Modulgerüst; GRUR 2002, 275 (276) – Noppenbahnen; GRUR 2002, 629 (633) – Blendsegel; GRUR 2002, 820 (822) – Bremszangen; GRUR 2003, 359 (361) – Pflegebetten; Klarer: GRUR 2009, 1073 Rn. 13 – Ausbeinmesser; GRUR 2010, 80 Rn. 27 – LIKEaBIKE; GRUR 2015, 909 Rn. 19 f. – Exzenterzähne.

[199] BGH GRUR 1968, 591 (593) – Pulverbehälter; GRUR 2000, 521 (523) – Modulgerüst; GRUR 2002, 275 (276) – Noppenbahnen; GRUR 2002, 629 (633) – Blendsegel; GRUR 2002, 820 (822) – Bremszangen; GRUR 2003, 359 (361) – Pflegebetten; GRUR 2007, 339 Rn. 44 – Stufenleitern; GRUR 2007, 984 Rn. 35 – Gartenliege; GRUR 2010, 80 Rn. 27 – LIKEaBIKE; GRUR 2010, 1125 Rn. 22 – Femur-Teil; GRUR 2015, 909 Rn. 35 – Exzenterzähne; sehr instruktiv: BGH GRUR 2017, 734 Rn. 7 – Bodendübel.

[200] BGH GRUR 1963, 152 (156) – Rotaprint; GRUR 1968, 591 (592) – Pulverbehälter; GRUR 1981, 517 (519) – Rollhocker; GRUR 1996, 210 (211) – Vakuumpumpen, GRUR 1999, 751 (753) – Güllepumpen; GRUR 1999, 1106 (1108) – Rollstuhlnachbau; GRUR 2000, 521 (523) – Modulgerüst; GRUR 2002, 629 (632) – Blendsegel; GRUR 2002, 820 (822) – Bremszangen; GRUR 2009, 1073 Rn. 13 – Ausbeinmesser; GRUR 2018, 313 Rn. 16 – Handfugenpistole.

[201] BGH GRUR 1981, 517 (519) – Rollhocker; GRUR 1999, 1106 (1108) – Rollstuhlnachbau; GRUR 2000, 521 (523 f.) – Modulgerüst; GRUR 2002, 629 (632) – Blendsegel; GRUR 2002, 820 (822) – Bremszangen; GRUR 2009, 1073 Rn. 13 – Ausbeinmesser; GRUR 2010, 80 Rn. 27 ff. – LIKEaBIKE; GRUR 2015, 909 Rn. 27 – Exzenterzähne.

hat.[202] Je komplexer ein Produkt, desto unwahrscheinlicher ist es, dass die Gesamtkombination der technischen Merkmale zwingend notwendig für die angestrebte Zweckerreichung ist.

92 Instruktiv ist insofern die „Saxophon"-Entscheidung des BGH, in welcher grundsätzlich bejaht wurde, dass die wettbewerbliche Eigenart auch in der Tonqualität eines Musikinstrumentes bestehen kann, dass aber ein Freihaltebedürfnis dann besteht, wenn die gleiche Tonqualität nur unter Beibehaltung der maßgebenden Abmessungen und Vorrichtungen möglich ist, so dass diese Abmessungen und Vorrichtungen als technisch bedingt und damit nicht auswechselbar anzusehen sind.[203]

V. Verkehrsbekanntheit

93 Als weitere Voraussetzung für wettbewerbsrechtlichen Nachahmungsschutz wird häufig das Merkmal der Verkehrsbekanntheit genannt, wobei dieses Merkmal in zweierlei Hinsicht relevant ist, ohne dass in der Rechtsprechung oder Literatur eindeutig geklärt wäre, welcher Grad an Bekanntheit erforderlich ist.[204] Das gilt insbesondere für die vom BGH geforderte „gewisse Bekanntheit".[205]

1. (Gewisse) Bekanntheit als Anspruchsvoraussetzung

94 Zunächst einmal wird durch dieses Merkmal sichergestellt, dass nur solche Produkte geschützt werden können, die **zumindest im Markt erhältlich und in den Markt eingeführt** sind, da im Falle einer fehlenden Vermarktung letztlich kein Schutzbedürfnis besteht. Auf der anderen Seite genügten bisher schon geringfügige Umsätze oder niedrige Verkaufszahlen, um dieses Merkmal der Bekanntheit bejahen zu können, wobei in der Praxis Verkaufszahlen, Werbedaten und Vermarktungsmaßnahmen dargelegt werden müssen, um die Mindesthöhe geforderter Bekanntheit zu belegen.[206]

95 Ob ein solcher Vortrag angesichts der in einigen neueren BGH-Entscheidungen geforderten „gewissen Bekanntheit" ausreicht, ist angesichts divergierender OLG-Entscheidungen nicht eindeutig.[207] Vertritt das OLG München die Auffassung, allein mit Umsatz- und Verkaufszahlen des nachgeahmten Erzeugnisses könne die geforderte **„gewisse Bekanntheit"** nicht belegt werden,[208] so folgert das OLG Hamburg die „gewisse Bekanntheit" aus dem Umstand, dass die streitgegenständlichen Messerblöcke von der Klägerin seit ihrer Markteinführung bundesweit im Fernsehen und in Katalogen von großen Versandhäusern, wie zB Quelle, Neckermann und Bader beworben wurden.[209]

96 Der BGH hält trotz der geäußerten Kritik[210] an dem Erfordernis der „gewissen Bekanntheit" in Konstellationen, bei denen Original und Nachahmung nicht nebeneinander vertrieben werden, fest.[211] Dagegen weist die Gesetzesbegründung zwar darauf hin, dass „eine gewisse wettbewerbliche Eigenart des Vorbildes" erforderlich ist, erwähnt aber das Merkmal der Verkehrsbekanntheit nicht.[212] Mit Krüger/v. Gamm ist darauf abzustellen, dass auch längerlebige Artikel, wie zB Betonsteinelemente, Stühle oder Ovalpuderdosen **bereits bei gegebener wettbewerblicher**

[202] BGH GRUR 1999, 1106 (1108) – Rollstuhlnachbau; GRUR 2000, 521 (524) – Modulgerüst; GRUR 2010, 80 Rn. 34 – LIKEaBIKE.

[203] BGH GRUR 1966, 617 (619) – Saxophon; ähnlich GRUR 2002, 629 (632) – Blendsegel hinsichtlich der Ausgestaltung des Blendschutzes einer Straßenleuchte; instruktiv: Jacobs FS Horst Helm, 74 ff.

[204] Zum Meinungsstand: Sambuc, Der UWG-Nachahmungsschutz, Rn. 94 bis 98; ders. in Harte/Henning § 4 Nr. 9 UWG Rn. 108.

[205] BGH GRUR 2002, 275 (276) – Noppenbahnen; GRUR 2002, 820 (823) – Bremszangen; GRUR 2007, 339 Rn. 40 – Stufenleitern mwN; GRUR 2007, 987 Rn. 34 – Gartenliege; kritisch zu Recht: Krüger/v. Gamm WRP 2004, 978.

[206] BGH GRUR 1992, 523 (524) – Betonsteinelemente; GRUR 2005, 600 (602) – Handtuchklemme mwN; GRUR 2013, 951 Rn. 27 – Regalsystem; ausführlich zur Darlegungs- und Beweislast: BGH GRUR 2021, 1544 – Kaffeebereiter; kritisch: Sambuc, Der UWG-Nachahmungsschutz, Rn. 97.

[207] OLG München OLG-Report 2003, 368, zitiert bei Krüger/v. Gamm WRP 2004, 978 einerseits und OLG Hamburg, GRUR-RR 2004, 116 (LS) = NJOZ 2004, 478 (483 f.) – Messerblock; ähnlich OLG Köln GRUR-RR 2004, 21 (23) – Küchen-Seiher.

[208] OLG München OLG-Report 2003, 368, zitiert bei Krüger/v. Gamm WRP 2004, 978.

[209] OLG Hamburg GRUR-RR 2004, 116 (LS) = NJOZ 2004, 478 (483 f.) – Messerblock.

[210] Siehe → Rn. 97 f.

[211] BGH GRUR 2005, 600 (602) – Handtuchklemmen; GRUR 2006, 79 Rn. 19 – Jeans I; GRUR 2007, 339 Rn. 39 – Stufenleitern; GRUR 2007, 984 Rn. 34 – Gartenliege; GRUR 2009, 79 Rn. 35 – Gebäckpresse.

[212] BT-Drs. 15/1487, 18.

Eigenart und sich abzeichnender Marktbekanntheit auf Grund entsprechender Markteinführung **schutzbedürftig** sind, selbst wenn das Tatbestandsmerkmal „gewisse Bekanntheit" noch nicht erfüllt sein sollte, was **ggf. unter Behinderungsaspekten** zu kompensieren ist.[213] Dabei darf auch nicht außer Acht gelassen werden, dass der BGH in seiner „Noppenbahnen"-Entscheidung auf die seit 30 Jahren überholte Entscheidung „Pulverbehälter"[214] zurückgriff, die spätestens seit den Entscheidungen „Betonsteinelemente" und „Ovalpuderdosen"[215] überholt war, was in der Entscheidung „Noppenbahnen" verschwiegen wird.[216] Dagegen lässt der BGH für die „gewisse Bekanntheit" nun ausdrücklich genügen, dass sich „die Gefahr der Herkunftstäuschung in noch relevantem Umfang ergeben kann," wobei eine Herkunftstäuschung schon dann angenommen werden kann, wenn der Verkehr annimmt, die Ware sei von einem bestimmten Hersteller, wie auch immer dieser heißen möge.[217] Demnach reicht der Vertrieb des nachgeahmten Produkts durch ein Drittunternehmen im Inland nicht jedoch der Vertrieb im Ausland.[218]

Praxistipp:

Wegen des in neueren Entscheidungen des BGH postulierten Merkmals der „gewissen Bekanntheit" empfiehlt es sich, sämtliche verfügbaren Daten, die eine Bekanntheit des nachgeahmten Produktes belegen (insbesondere Veröffentlichungen in jeglicher Medien (auch jegliche belegbare Internetreichweite), Vertriebskanäle, Werbedaten und Verkaufszahlen, sowie Marktanteile), unter Beweisantritt vorzutragen. Sollte eine entsprechende Bekanntheit nicht vorgetragen werden können, ist daran zu denken, den Unterlassungsanspruch auf den Gesichtspunkt der Behinderung § 4 Nr. 4 UWG[219] und ggf. bei entsprechender Veröffentlichung auf ein nicht registriertes Gemeinschaftsgeschmacksmuster gem. Art. 1 Abs. 2a GGM-VO zu stützen.[220]

2. Gesteigerte Bekanntheit

Ähnlich wie im Markenrecht kann ein hoher Grad an Bekanntheit bzw. eine gesteigerte Bekanntheit geringe wettbewerbliche Eigenart ausgleichen oder bei gegebener, hoher wettbewerblicher Eigenart den Schutzumfang gegenüber Nachahmungen erweitern. Zur Darlegung gesteigerter oder in Fällen der Rufausbeutung gar überragender Bekanntheit sind ebenfalls die Angaben über Absatzzahlen, idealerweise in Relation zum Gesamtmarkt, sowie Werbeaufwand, Presseberichte oder der Besitz von Auszeichnungen von besonderer Bedeutung. Zunehmend werden auch Verkehrsgutachten herangezogen.[221] 97

Im Hinblick auf die Anspruchsvoraussetzungen im Markenrecht wird von der Rechtsprechung in der Regel bei der Prüfung wettbewerblichen Leistungsschutzes für Ausstattungen, Kennzeichnungen und Verpackungen Bekanntheit im Verkehr gefordert, die allerdings nicht den gleichen Grad erreichen muss wie Verkehrsgeltung im Sinne des MarkenG.[222] Zumindest für Fälle der Rufausbeutung und des ergänzenden Kennzeichenschutzes wird daher eine Bekanntheit bei den vom Nachahmer angesprochenen Verkehrskreisen von nicht unter 20–25 % zu fordern sein,[223] wobei zunächst ohnehin zu prüfen ist, ob nicht vorrangig Markenschutz greift und ergänzender Leistungsschutz auf Grund der „MacDog"-Rechtsprechung ausgeschlossen ist.[224] 98

213 Insoweit einlenkend: BGH GRUR 2005, 600 (602) – Handtuchklemme; GRUR 2009, 79 Rn. 35 – Gebäckpresse.

214 BGH GRUR 1968, 591 (593) – Pulverbehälter.

215 BGH WRP 1976, 370 – Ovalpuderdose; GRUR 1992, 523 – Betonsteinelemente.

216 Vor diesem Hintergrund zu Recht kritisch: Krüger/v. Gamm WRP 2004, 978 (983); ebenso ablehnend: Jacobs FS Helm, 79.

217 BGH GRUR 2009, 79 Rn. 31, 35 – Gebäckpresse; GRUR 2016, 730 Rn. 64 – Herrnhuter Stern.

218 BGH GRUR 2009, 79 Rn. 31 – Gebäckpresse.

219 Dazu Gutsche § 20.

220 Dazu Späth § 47.

221 So zB in OLG Hamburg GRUR-RR 2006, 94 (97) – Gipürespitze; MD 2008, 180 (187) – Handydesign; Angabe von Marktanteilen: BGH GRUR 2013, 951 Rn. 27 – Regalsystem.

222 BGH GRUR 1985, 550 (552) – Dimple (etwa 30 %); GRUR 1991, 465 (466) – Salomon (maßgebliche Zielgruppe des Nachahmers); GRUR 1991, 609 (612) – SL; GRUR 1997, 308 (309) – Wärme fürs Leben; GRUR 1985, 445 (446) – Amazonas; GRUR 1997, 754 (755) – grau/magenta; ebenso Harte/Henning/Sambuc § 4 Nr. 9 UWG Rn. 67.

223 Rohnke GRUR 1991, 284 (291); 20 % ausreichend, je nach Sachverhalt: Ingerl/Rohnke MarkenG § 4 Rn. 21.

224 Dazu oben: I 4 b) → Rn. 16 ff.

VI. Besondere Unlauterkeitselemente

99 Neben dem Tatbestand der Nachbildung, der wettbewerblichen Eigenart und der Bekanntheit sind Elemente im Handeln des Nachahmers erforderlich, die seine Übernahme der fremden Leistung als wettbewerbswidrig erscheinen lassen. Schutz wird gewährt wegen der wettbewerbswidrigen Art und Weise der Verwendung der Nachbildung, wobei sich für die Annahme einer wettbewerbswidrigen Nachbildung Fallgruppen von Unlauterkeitselementen, sogenannte **„besondere wettbewerbliche Umstände"**, herausgebildet haben, die nun weitestgehend in § 4 Nr. 3 UWG normiert sind. Die bei weitem häufigste Fallgruppe ist das Verursachen der Gefahr vermeidbarer Herkunftstäuschung oder der Gefahr einer betrieblichen Herkunftsverwechslung (dazu 1.). Weitere Fallgruppen sind die Ausnutzung des guten Rufs eines fremden Leistungsergebnisses, welches im Verkehr besondere Gütevorstellungen hervorruft (dazu 2.), die Behinderung von Wettbewerbern (dazu 3.) sowie die Ermöglichung einer Nachahmung durch Erschleichen oder Vertrauensbruch (dazu 4.).

1. Vermeidbare Herkunftstäuschung (§ 4 Nr. 3a) UWG)

100 Herkunftstäuschungen werden dann möglich, dh die Gefahr einer betrieblichen Herkunftsverwechslung besteht dann, wenn **auf Grund übereinstimmender Merkmale** der betroffenen Waren (Gestaltung, Ausstattung oder Verpackungen) bei den angesprochenen Verkehrskreisen der Eindruck entstehen kann, das nachgeahmte Produkt stamme von demselben Hersteller wie das Original oder sei jedenfalls durch den Originalhersteller lizenziert oder in sonstiger Weise gebilligt. Da eine solche Verwechslungsgefahr keine Verkehrsgeltung des nachgeahmten Produktes voraussetzt, fallen wettbewerbliche Eigenart und Herkunftstäuschung dann zusammen, wenn **eine (nahezu) identische Nachahmung vorliegt,** also die eigenartigen Merkmale direkt übernommen wurden oder soweit nachempfunden wurden, dass die **Gefahr von Herkunftsverwechslungen** entsteht, obwohl zumutbare Maßnahmen zur Vermeidung von Herkunftstäuschungen möglich waren.[225]

101 Auch die Normierung der Fallgruppe „vermeidbare Herkunftstäuschung" in § 4 Nr. 3a) UWG lässt nicht erkennen, dass der Gesetzgeber eine „gewisse Bekanntheit" als zusätzliches Tatbestandsmerkmal normieren wollte. Der insoweit unklare Wortlaut stellt darauf ab, dass der Nachahmer eine vermeidbare Täuschung herbeiführt. Dies lässt darauf schließen, dass eine tatsächliche Täuschung beim Abnehmer vorliegen muss und die **bisher immer ausreichende bloße Gefahr einer solchen Täuschung** nicht mehr ausreicht. Diese Interpretation wird durch die Gesetzesbegründung nicht zwingend gestützt. Diese weist lediglich darauf hin, dass die bisherige Fallgruppe des wettbewerbsrechtlichen Nachahmungsschutz in § 4 Nr. 3 UWG geregelt werden sollte und verweist zu der ersten Fallgruppe der vermeidbaren Herkunftstäuschung darauf, dass die **„Übernahme von Merkmalen, mit denen der Verkehr eine betriebliche Herkunftsvorstellung verbindet" dann unlauter ist, wenn „nicht im Rahmen des Möglichen und Zumutbaren alles Erforderliche getan** [wurde], **um eine Irreführung des Verkehrs möglichst auszuschließen"**. Zu den Voraussetzungen heißt es dann weiter: „Dies setzt eine gewisse wettbewerbliche Eigenart des Vorbilds, das nachgeahmt worden ist, voraus, da der Verkehr anderenfalls nicht auf die Herkunft achtet".[226] Ein irgendwie geartetes Bekanntheitserfordernis findet hier keine direkte Erwähnung.

102 Eine solche Voraussetzung würde gerade der Internationalisierung des Wettbewerbes nicht gerecht, da häufig im Ausland bereits erfolgreiche Produkte nachgeahmt werden, bevor der Originalhersteller im Inland eine entsprechende Marktpräsenz aufbauen konnte. Der Wortlaut des § 4 Nr. 3a) UWG lässt die Möglichkeit offen, auf die bloße Wahrnehmbarkeit des nachgeahmten Produktes im Markt abzustellen und nicht darüber hinaus eine „gewisse Bekanntheit

[225] BGH GRUR 1966, 617 (620) – Saxophon; GRUR 1968, 591 (592) – Pulverbehälter; GRUR 1986, 673 (675) – Beschlagprogramm; GRUR 1990, 528 (530) – Rollen-Clips; GRUR 1999, 751 (753) – Güllepumpen; GRUR 2000, 521 (525) – Modulgerüst; GRUR 2002, 275 (278) – Noppenbahnen; GRUR 2002, 820 (823) – Bremszangen; GRUR 2004, 941 (943) – Metallbett; GRUR 2005, 166 (167) – Puppenausstattungen; GRUR 2007, 339 Rn. 43 – Stufenleitern; GRUR 2009, 1073 Rn. 13 – Ausbeinmesser; GRUR 2010, 80 Rn. 41 – LIKEaBIKE; GRUR 2012, 1155 Rn. 39 – Sandmalkasten; GRUR 2015, 909 Rn. 36 – Exzenterzähne; GRUR 2017, 734 Rn. 54 – Bodendübel.

[226] BT-Drs. 15/1487, 18.

zu fordern".[227] Dabei ist auf die Wahrnehmbarkeit des Originalproduktes zum Zeitpunkt der Kollision mit der Nachahmung abzustellen.[228]

Ob einem Nachahmer **geeignete und zumutbare Mittel** zur Verfügung stehen, **Herkunftsverwechslungen zu vermeiden,** ist immer eine Frage des Einzelfalles und unterliegt daher der tatrichterlichen Feststellung.[229] 103

In der Praxis ist es daher von ganz entscheidender Bedeutung, zu ermitteln, welche Möglichkeiten überhaupt zur Einhaltung ausreichenden Abstandes zum Ersterzeugnis bestehen, wobei auf der einen Seite das Interesse des Originalherstellers an der Vermeidung von Herkunftstäuschungen und auf der anderen Seite das Interesse der Allgemeinheit an einem möglichst freien Wettbewerb und einer Verhinderung von sondergesetzlich nicht begründeten Monopolstellungen zu berücksichtigen ist.[230] 104

Je weniger Möglichkeiten bestehen, einen **Abstand zum Originalprodukt herzustellen,** desto weniger ist es dem Nachahmer zumutbar, abweichende Gestaltungen zu wählen, und desto weniger kann es der Allgemeinheit zugemutet werden, auf den Wettbewerb zwischen Herstellern zu verzichten. 105

Auf der anderen Seite hat auch die Allgemeinheit ein Interesse daran, vor vermeidbaren Herkunftstäuschungen geschützt zu werden, da Nachahmungen in vielen Fällen nicht nur theoretisch, sondern auch tatsächlich von Verbrauchern mit den Originalerzeugnissen verwechselt werden, was besonders dann allgemeine Interessen verletzt, wenn die Nachahmung qualitativ minderwertig ist, was wiederum häufig der Fall ist. 106

Ob eine Nachahmung den erforderlichen und zumutbaren Abstand einhält, wird daher in der Praxis auch häufig danach bestimmt, welchen Abstand andere Wettbewerber zum Originalprodukt einhalten. Sobald sich eine Nachahmung deutlich näher am Originalprodukt orientiert hat als die Produkte anderer Wettbewerber, wird häufig davon ausgegangen werden können, dass der zumutbare Abstand nicht eingehalten wurde. Dabei wird im Einzelfall wiederum zu berücksichtigen sein, ob die übernommenen Merkmale rein technisch bedingt sind oder rein ästhetische und damit meist frei wählbare Gestaltungselemente darstellen. 107

a) **Technisch bedingte Elemente.** Bei technisch bedingten Elementen wird teilweise schon die herkunftshinweisende Funktion fehlen, da im Zweifel auch andere Wettbewerbsprodukte diese technischen Elemente identisch anwenden, weil es sich um den freien Stand der Technik handelt oder weil andere technische Lösungen sich als technisch nicht gleichwertig erwiesen haben.[231] 108

Ob geeignete und zumutbare Maßnahmen zum Verhindern einer Herkunftstäuschung gegeben sind, bedarf nach ständiger Rechtsprechung einer umfassenden Interessenabwägung.[232] Bei Merkmalen des frei zu handelnden Standes der Technik ist es einem Wettbewerber regelmäßig nicht zuzumuten, auf eine angemessene technische Lösung zu verzichten, wobei sich die Angemessenheit auch aus dem Gebrauchszweck der Verkäuflichkeit der Ware sowie der Verbrauchererwartung an die angemessene Lösung einer technischen Aufgabe ergeben kann.[233] Dabei gelten **strengere Maßstäbe bei (nahezu) identischer Nachahmung,** da bei Übernahme solcher Merkmale, die zu einer (nahezu) identischen Nachahmung führen, dem Wettbewerber regelmäßig zuzumuten ist, auf eine andere angemessene technische Lösung auszuweichen, wenn er der Gefahr einer Herkunftstäuschung nicht auf andere Weise – etwa durch eine (unterscheidende) Kennzeichnung – entgegenwirken kann.[234] 109

---

[227] Im Ergebnis ebenso, in der Begründung aber auf § 3 UWG zurückgreifend: Krüger/v. Gamm WRP 2004, 978 (985).

[228] Jacobs FS Helm, 79, für den Fall, dass dem BGH gefolgt wird; so für die „gewisse Bekanntheit" BGH GRUR 2005, 600 (602) – Handtuchklemmen; GRUR 2007, 984 Rn. 34 – Gartenliege; GRUR 2009, 79 Rn. 35 – Gebäckpresse; GRUR 2021, 1544 Rn. 48 – Kaffeebereiter.

[229] BGH GRUR 1968, 591 (593 f.) – Pulverbehälter; GRUR 1999, 751 (753) – Güllepumpen; GRUR 2000, 521 (525) – Modulgerüst; GRUR 2002, 275 (278) – Noppenbahnen; GRUR 2002, 820 (823) – Bremszangen; GRUR 2016, 730 Rn. 69 – Herrnhuter Stern; zu Recht kritisch: Krüger/v. Gamm WRP 2004, 978 ff.

[230] BGH GRUR 2009, 1073 Rn. 13 – Ausbeinmesser; GRUR 2010, 80 Rn. 39 ff. – LIKEaBIKE; GRUR 2015, 209 Rn. 35 – Exzenterzähne; GRUR 2017, 734 Rn. 53 f. – Bodendübel.

[231] BGH GRUR 1968, 591 (593) – Pulverbehälter; GRUR 1999, 1106 (1109) – Rollstuhlnachbau; GRUR 2000, 521 (525) – Modulgerüst; GRUR 2007, 984 Rn. 35 – Gartenliege; GRUR 2012, 58 Rn. 43, 46, 48 – Seilzirkus; GRUR 2015, 909 Rn. 35 – Exzenterzähne.

[232] BGH GRUR 2013, 951 Rn. 35 f. – Regalsystem; GRUR 2015, 909 Rn. 33 – Exzenterzähne.

[233] BGH GRUR 2012, 58 Rn. 46 – Seilzirkus; GRUR 2015, 909 Rn. 35 – Exzenterzähne.

[234] BGH GRUR 2015, 909 Rn. 36 mwN.

110 Einen Sonderfall der Unzumutbarkeit stellt in diesem Bereich die **Unmöglichkeit abweichender Gestaltungen bei Spielzeug** dar, welches davon lebt, dass es eine Miniaturisierung bzw. ein originalgetreues Modell von Gegenständen darstellt, die typischerweise als Spielzeug verwendet werden.[235] Allerdings wird man auch hier im Einzelfall prüfen müssen, ob nicht zumutbare Maßnahmen zur Vermeidung von Herkunftstäuschungen getroffen werden können. So wird es beispielsweise für Spielzeugmodelle von Original-Rennwagen oder sonstigen Original-Gegenständen nicht notwendig sein, dass diese in vollem Umfang mit dem Namen des Originals gekennzeichnet werden. Auch wird es im Regelfall nicht notwendig sein, dass typische Farbkodierungen oder sonstige kennzeichnende Merkmale übernommen werden, zumal es bei Autoherstellern heutzutage nicht unüblich ist, dass sie selbst oder durch Lizenznehmer Miniaturmodelle ihrer Fahrzeuge vertreiben bzw. vertreiben lassen.[236] Auch aus **Kompatibilitätsgründen** kann nicht nur in technischer Hinsicht, sondern auch bei notwendigerweise übereinstimmender Formgestaltung, wenn beispielsweise eine optische Übereinstimmung der Bestandteile eines Regalsystems erforderlich ist, eine abweichende Gestaltung unzumutbar sein.[237]

111 **b) Frei gestaltete Elemente.** Während bei technisch bedingten Merkmalen abweichende Gestaltungen aus technischen Gründen unzumutbar sein können, besteht bei **geistig-ästhetischen Leistungen** in der Regel ein großer Gestaltungsspielraum. Daher gibt es meist eine **Vielzahl von zumutbaren abweichenden Gestaltungen,** durch die betriebliche Herkunftsverwechslungen vermieden werden können.[238] Gerade bei rein ästhetischen Merkmalen, die herkunftshinweisend wirken, wird sich häufig schon anhand des wettbewerblichen Umfeldes belegen lassen, dass eine Vielzahl von Gestaltungsmöglichkeiten besteht und dass andere Wettbewerber mit ihren Produkten einen deutlich größeren Abstand einhalten als die fragliche Nachahmung.

112 **c) Aufklärende Kennzeichnung.** Da die Unlauterkeit im Falle vermeidbarer Herkunftstäuschung letztlich darin begründet liegt, dass ein **möglicher Abstand nicht eingehalten** wurde,[239] stellt sich die Frage, ob bereits die Anbringung abweichender Farbgestaltungen oder sonstiger unterscheidender Kennzeichnung, wie beispielsweise die Anbringung des Firmennamens des Herstellers, ausreicht, um Herkunftstäuschungen zu vermeiden. Im Einzelfall kann dies gerade bei technisch bedingten Gestaltungen der Fall sein, was umfassender tatrichterlicher Prüfung bedarf.[240] Auf der anderen Seite reicht auch bei technisch bedingten Gestaltungen selbst in entsprechend gelagerten Einzelfällen eine nicht dauerhafte oder ablösbare Anbringung geeigneter Unterscheidungsmerkmale nicht aus, um aus dem Bereich des § 4 Nr. 3 UWG herauszugelangen.[241] Auch ein Hinweis auf Verpackung oder Produkt, es handele sich nicht um das Original, reicht nicht zwingend aus, solange er nicht unmissverständlich ausfällt;[242] ebenso wenig wie das bloße Weglassen der Originalkennzeichnung bzw. das Anbringen einer eigenen Kennzeichnung Herkunftstäuschungen zuverlässig vermeidet.[243] Letztlich entscheidet der Einzelfall.

---

235 BGH GRUR 1994, 732 (734) – McLaren; ähnlich aus technischen Gründen für Spielplatzgerät: GRUR 2012, 58 Rn. 48 – Seilzirkus.

236 Im Ergebnis ebenso BGH GRUR 1994, 732 (735), wobei ausschließlich der Aspekt der Rufausbeutung geprüft wird und der Aspekt der vermeidbaren Herkunftstäuschung mangels tatsächlicher Feststellungen nicht näher angesprochen wird. Vergleiche zur Frage der naturgetreuen Wiedergabe von Original-Fahrzeugen als Spielzeug auch BGH GRUR 1996, 57 (59, 60) – Spielzeugautos. Vergleiche auch EuGH GRUR 2007, 318 ff. – Adam Opel/Autec, hinsichtlich der Benutzung der Marke des Herstellers des Original-Fahrzeugs.

237 BGH GRUR 2013, 951 Rn. 40–42 – Regalsystem; Köhler/Bornkamm/Feddersen/Köhler UWG § 4 Rn. 3.50 mwN.

238 BGH GRUR 1961, 581 (583) – Hummelfiguren II; GRUR 1969, 292 (293) – Buntstreifensatin II; GRUR 1988, 690 (693) – Kristallfiguren; GRUR 1999, 1106 (1108) – Rollstuhlnachbau – freie Wählbarkeit kennzeichnender Merkmale trotz technischer Komplexität; GRUR 2001, 443 (445) – Viennetta, unter Verkennung der tatsächlichen Gegebenheiten bei Zweitmarken; GRUR 2002, 820 (822) – Bremszangen zur Verwendung von frei wählbaren Kennzeichnungen und Farben gegenüber technischen Merkmalen; GRUR 2013, 951 Rn. 38 – Regalsystem; GRUR 2015, 909 Rn. 34 – Exzenterzähne; GRUR 2016, 730 Rn. 68, 70–73 – Herrnhuter Stern.

239 BGH GRUR 1981, 517 (519) – Rollhocker; GRUR 1999, 1106 (1108) – Rollstuhlnachbau.

240 BGH GRUR 1999, 751 (753) – Güllepumpen; GRUR 2001, 251 (253 f.) – Messerkennzeichnung; GRUR 2001, 443 (445) – Viennetta; GRUR 2002, 820 (823) – Bremszangen; GRUR 2010, 80 Rn. 43 – LIKEaBIKE, bykie reichte nicht; GRUR 2013, 951 Rn. 34, 41 f. – Regalsystem; GRUR 2017, 734 Rn. 61 ff. – Bodendübel.

241 BGH GRUR 1957, 37 (39) – Uhrenrohwerk; GRUR 2000, 521 (524) – Modulgerüst; GRUR 2007, 984 Rn. 27 – Gartenliege; Jacobs FS Helm, 82.

242 Köhler/Bornkamm/Feddersen/Köhler UWG § 4 Rn. 3.46 ff.; als ausweichend angesehen: BGH GRUR 2013, 951 Rn. 42 – Regalsystem.

243 BGH GRUR 2007, 984 Rn. 27 – Gartenliege.

d) Maßgeblichkeit des Gesamteindrucks. In ständiger Rechtsprechung hat der BGH darauf abgestellt, dass am Ende der Gesamteindruck maßgeblich ist und eine **zergliedernde Betrachtung,** die lediglich auf die Übernahme einzelner Elemente abstellt, **unzulässig** ist.[244] Dabei hat der Vergleich der den Gesamteindruck prägenden Form- und Gestaltungsmerkmale nicht in zergliedernder Einzelmerkmalbetrachtung zu erfolgen, sondern **nach dem für den Verbraucher maßgeblichen Erinnerungsbild,** welches in der Regel eher Gemeinsamkeiten als feinsinnige nur bei genauer Betrachtung wahrnehmbare Unterschiede feststellt.[245] Dabei kann die wettbewerbliche Eigenart gerade in der Kombination auch vorbekannter Einzelelemente liegen, die in der Gesamtanmutung ein neues ästhetisches Erscheinungsbild hervorrufen.[246] 113

Umgekehrt kann natürlich in Fällen, in denen die den Gesamteindruck besonders prägenden, frei wählbaren Merkmale nicht übernommen wurden, ein Gesamteindruck entstehen, der sich vom Originalprodukt unterscheidet.[247] Dabei hat der BGH in einer Reihe von Entscheidungen darauf abgestellt, dass die Übernahme solcher Merkmale, die zwar den Gesamteindruck prägen, aber als **freizuhaltende Gestaltungsmittel** anzusehen sind, weil deren Schutz auf den **Schutz einer „Grundidee“** hinauslaufen würde, nicht unlauter sei.[248] In der Entscheidung „Knoblauchwürste“ wurde dann wieder auf konkrete Farb- und Gestaltungsunterschiede abgestellt.[249] 114

Dabei wurde in der Entscheidung „Blendsegel“ noch darauf abgestellt, dass der Gesamteindruck der einander gegenüberstehenden Leuchten sehr verschieden sei. In der Entscheidung „Pflegebetten“ wurde dann aber auf Basis des scheinbar banal anmutenden Postulats entschieden, dass „eine solche gestalterische und praktische Grundidee, die einem Sonderschutz nicht zugänglich wäre“ auch nicht auf dem Wege des ergänzenden Leistungsschutzes monopolisiert werden könne.[250] 115

Selbstverständlich kann der wettbewerbsrechtliche Leistungsschutz nicht darauf hinauslaufen, dass bloße Ideen geschützt werden. Regelmäßig sind aber konkrete Gestaltungen zu beurteilen, in denen Ideen derart konkretisiert sind, dass sie schutzwürdig sein können. Vollends unverständlich wird die Argumentation in der Entscheidung „Pflegebetten“ dann, wenn man berücksichtigt, dass der BGH in dieser Entscheidung davon ausging, dass die nachgeahmten Betten nicht nur wettbewerbliche Eigenart hatten, sondern eine durch den Markterfolg gesteigerte, hohe Bekanntheit. Spricht man einem Produkt wettbewerbliche Eigenart zu, die sogar durch entsprechende Bekanntheit gesteigerten Schutz genießt, so kann man nicht im gleichen Atemzug das Postulat aufstellen, diese wettbewerbliche Eigenart sei letztlich nur begründet in einer freizuhaltenden Gestaltung einer Grundidee. Eine derartige Argumentation ist in sich widersprüchlich, da wettbewerbliche Eigenart über eine bloße Idee hinaus eine konkrete Gestaltung voraussetzt, so dass entweder bereits wettbewerbliche Eigenart zu verneinen ist, oder aber nach ständiger Rechtsprechung bei Vorliegen einer Nachahmung des wettbewerblich eigenartigen Gesamteindrucks ein Unterlassungsanspruch zu gewähren ist. Dementsprechend betonen neuere Entscheidungen wieder die konkret vom Anspruchsteller zu identifizierenden Merkmale, die wettbewerbliche Eigenart begründen sollen.[251] 116

Praxistipp:

Auf Grund der in sich widersprüchlichen und wenig nachvollziehbaren Entscheidungen „Blendsegel“ und „Pflegebetten“ empfiehlt es sich, in der Praxis herauszuarbeiten, dass die wettbewerbliche Eigenart auf einer konkreten Gestaltung beruht, deren Gesamteindruck übernommen wurde und, dass diese Konkretisierung nicht im Ideenstadium stecken geblieben ist und über eine bloße „Grundidee“ oder aus sonstigen Gründen freihaltebedürftige Gestaltungselemente hinausgeht.

---

244 BGH GRUR 2002, 629 (632) – Blendsegel; besonders instruktiv: GRUR 2010, 80 Rn. 39 ff. – LIKEaBIKE.
245 BGH GRUR 1982, 111 (113) – Original-Maraschino; GRUR 2010, 80 Rn. 39 ff. – LIKEaBIKE; OLG Köln GRUR-RR 2004, 21 – Küchen-Seiher.
246 OLG Hamburg, GRUR-RR 2004, 116 (LS) = NJOZ 2004, 478 (480).
247 So in revisionsrechtlich bedenklicher Tatsachenbeurteilung: BGH GRUR 2002, 629 (632 f.) – Blendsegel; GRUR 2003, 359 (361) – Pflegebetten.
248 BGH GRUR 2002, 629 (632) – Blendsegel; GRUR 2003, 359 (361) – Pflegebetten; ähnlich GRUR 2005, 166 (168) – Puppenausstattungen; GRUR 2007, 339, Rn. 44 – Stufenleitern; GRUR 2009, 1069 Rn. 21 – Knoblauchwürste.
249 BGH GRUR 2009, 1069 Rn. 23 f. – Knoblauchwürste.
250 BGH GRUR 2003, 359 (361) – Pflegebetten.
251 BGH GRUR 2018, 311 Rn. 15 ff. – Handfugenpistole; GRUR 2021, 1544 Rn. 17 ff. – Kaffeebereiter.

2. Rufausbeutung (§ 4 Nr. 3b) UWG)

117 Zu der Gruppe der Rufausbeutung zählen nach der Gesetzesbegründung zu § 4 Nr. 9b aF UWG die Fälle der **Rufausnutzung** und der **Rufbeeinträchtigung,** von denen insbesondere dann auszugehen ist, „wenn der Verkehr mit einer Ware bestimmte Herkunfts- und Gütevorstellungen verbindet und so durch die Nachahmung der gute Ruf der fremden Ware ausgenutzt wird".[252] Die Ausnutzung des Rufs einer fremden Leistung geschieht beispielsweise durch das Unterschieben einer Nachahmung[253] sowie das unverhohlene Vertreiben nachgeahmter Prestigeerzeugnisse zu Billigpreisen, bei denen der Käufer wegen des Preises zwar keiner Warenverwechslung unterliegt, die Ware aber erwirbt, weil er davon ausgeht, dass Dritte die Nachahmung für das hochwertige Original halten.[254]

118 a) **Rufausnutzung.** Bei der **Ausnutzung des Rufs fremder Leistungen** geht es nicht vorrangig um eine betriebliche Herkunftstäuschung, sondern um **Warenverwechslung,**[255] wobei sich beide Tatbestände nicht ausschließen.

119 Das Wettbewerbswidrige liegt darin begründet, dass durch die Eigenart und Besonderheit des Ersterzeugnisses hervorgerufene **Qualitätserwartungen bzw. Gütevorstellungen,** die der Originalware von den angesprochenen Verkehrskreisen zugeschrieben werden (**„Wertschätzung"**),[256] auch der nachgeahmten Ware zugutekommen, weil die insoweit getäuschten Verkehrskreise bei der nachgeahmten Ware die gleichen Qualitätserwartungen bzw. Gütevorstellungen entwickeln und insoweit einem Irrtum unterliegen (**„Imagetransfer"**).[257] Dabei ist unerheblich, ob die an das Original-Produkt geknüpften Qualitätsvorstellungen der Realität entsprechen.[258] Nicht ausreichend für die Annahme einer Rufausnutzung ist dagegen eine bloße **Assoziation an ein fremdes Kennzeichen oder Produkt,** um damit Aufmerksamkeit zu erwecken.[259]

120 Ähnlich wie bei der betrieblichen Herkunftstäuschung kann die Gefahr der Warenverwechslung durch geeignete Maßnahmen verhindert werden, die den Nachahmer aus dem Verbotstatbestand herausbringen, wenn er sämtliche ihm zumutbare Maßnahmen unternommen hat, um Warenverwechslungen zu vermeiden.[260]

121 Allerdings kann auch in einem solchen Fall, wo zumutbare Maßnahmen zur Verhinderung der Ausnutzung des Rufs fremder Leistung unternommen wurden, so dass eine **Warenverwechslung nicht gegeben** ist, gleichwohl eine Rufausbeutung vorliegen, wenn gleichzeitig eine offene oder verdeckte Anlehnung an das fremde Leistungsergebnis erfolgt.[261] Der klassische Beispielsfall ist der Fall des Käufers, der bewusst eine Nachahmung erwirbt, um bei **Dritten die Vorstellung über die Echtheit** der Nachahmung zu wecken, wie zum Beispiel bei dem Erwerb einer Billigimitation einer Rolex-Uhr.[262]

122 b) **Anlehnung an den guten Ruf.** Einen Fall der Rufausbeutung in engerem Sinne stellt die **Anlehnung** dar, welche dadurch gekennzeichnet ist, dass anders als bei der Rufausnutzung keine Warenverwechslung stattfindet bzw. keine Gefahr der Warenverwechslung besteht. Der gute Ruf des Produktes eines Mitbewerbers wird hier **zur Empfehlung des eigenen Produktes** verwendet, beispielsweise durch eine gleichstellende Bezugnahme zur Empfehlung der eigenen Ware, wobei diese Bezugnahme offen, beispielsweise durch ausdrückliche oder bildliche Gleichstel-

[252] BT-Drs. 15/1487, 18.

[253] BGH GRUR 1968, 49 (51) – Zentralschlossanlagen; GRUR 1970, 510 (512) – Fußstützen; GRUR 1984, 453 (454) – Hemdblusenkleid.

[254] BGH GRUR 1985, 876 (877) – Tchibo-Rolex I.

[255] Vgl. Köhler/Bornkamm/Feddersen/Köhler UWG § 4 Rn. 3.54; BGH GRUR 2001, 350 (351) – OP-Lampen.

[256] Köhler/Bornkamm/Feddersen/Köhler UWG § 4 Rn. 3.52; BGH GRUR 2019, 196 Rn. 23 – Industrienähmaschinen; OLG Köln GRUR-RR 2021, 30 Rn. 55 ff. – Gummibärchen.

[257] BGH GRUR 1985, 876 (877) – Tchibo-Rolex I; GRUR 2010, 1125 Rn. 39 – Femur-Teil; GRUR 2022, 160 Rn. 62 f. – Flying V.

[258] BGH GRUR 1966, 617 (620) – Saxophon; GRUR 1970, 510 (512) – Fußstützen.

[259] BGH GRUR 2007, 795 Rn. 44 – Handtaschen; GRUR 2010, 1125 Rn. 42 – Femur-Teil; GRUR 2013, 1052 Rn. 38 – Einkaufswagen III; GRUR 2019, 196 Rn. 23 – Industrienähmaschinen; Köhler/Bornkamm/Feddersen/Köhler UWG § 4 Rn. 3.53.

[260] BGH GRUR 1962, 144 (149) – Buntstreifensatin I; GRUR 2005, 349 (353) – Klemmbausteine III.

[261] BGH GRUR 1981, 142 (144) – Kräutermeister; GRUR 1987, 903 (905) – Le Corbusier-Möbel; GRUR 1999, 921 (923) – Tele-Info-CD; GRUR 2019, 196 Rn. 23 – Industrienähmaschinen; Köhler/Bornkamm/Feddersen/Köhler UWG § 4 Rn. 3.55.

[262] BGH GRUR 1985, 876 (877) – Tchibo-Rolex I; Köhler/Bornkamm/Feddersen/Köhler UWG § 4 Rn. 3.55 mwN.

lung[263] oder in indirekter bzw. verdeckter Weise erfolgt, indem beispielsweise das Konkurrenzprodukt auf Grund seiner Marktstellung erkennbar wird, ohne dass es direkt benannt ist.[264]

Derartige Anlehnungsfälle sind in der Regel auch nicht von § 6 Abs. 2 Nr. 3 und Nr. 4 UWG erfasst, welcher durch die Umsetzung der EG-Richtlinie 97/55/EG vom 6.10.1997 (vergleichende Werbung)[265] eingeführt wurde, da vergleichende Werbung im Sinne des § 6 UWG das Gegenüberstellen von Konkurrenzunternehmen oder Konkurrenzangeboten durch das Aufzeigen von Kaufalternativen erfordert, was im Fall der Anlehnung nicht gegeben ist, da hier **keine Kaufalternativen gegenübergestellt** werden, sondern lediglich das eigene Produkt durch die Anlehnung zwecks Rufausbeutung hervorgehoben wird.[266] 123

Neben der Bezugnahme auf das Konkurrenzerzeugnis zur Ausbeutung des Rufs und Ansehens dieser fremden Ware oder Leistung setzt die Rufausbeutung durch Anlehnung denklogisch die **Erkennbarkeit des in Bezug genommenen Wettbewerbers bzw. seiner Ware** voraus, wobei eine Identifizierbarkeit des Produktes, dessen Ruf ausgenutzt wird, ausreicht.[267] Letztlich entscheiden die angesprochenen Verkehrskreise, ob eine anlehnende Bezugnahme vorliegt, wobei neben der Erkennbarkeit des Mitbewerbers oder dessen Ware für die Annahme eines besonderen Rufes insbesondere der Grad der Bekanntheit des betroffenen Produktes maßgeblich ist. Für den Grad der Bekanntheit ist dabei wiederum nicht die Gesamtheit des Verkehres, sondern die **Bekanntheit in dem angesprochenen Kundenkreis** maßgeblich.[268] 124

In der Praxis wird die Bekanntheit des Produktes in der Regel durch Verkaufszahlen, Werbedaten und Marktanteile belegt, wobei für den Fall, dass diese nicht ausreichen, letztendlich eine Verkehrsbefragung erforderlich wird. Wie hoch der **Bekanntheitsgrad** sein muss, um von einem schutzwürdigen Ruf ausgehen zu können, lässt sich in absoluten Zahlen nur schwer festlegen. Anhaltspunkte liefern die BGH-Entscheidungen „Salomon" und „SL". Dort wurde eine Bekanntheit in den betroffenen Verkehrskreisen in Höhe von 30 % als absolut unterste Grenze und möglicherweise noch nicht ausreichend angesehen.[269] In der „SL"-Entscheidung war durch die Klägerin eine Meinungsumfrage vorgelegt worden, nach der die Marke „SL" einen Bekanntheitsgrad von 64,3 % unter Sportwageninteressenten erzielte, was nach Ansicht des BGH auf jeden Fall ausreichend sein sollte. Wo nun der Grenzwert zwischen 30 und 65 % liegt, lässt sich abstrakt nicht sagen, da in der Praxis immer zu berücksichtigen ist, welcher **Prestigewert** dem ausgebeuteten Produkt zukommt und welche Begleitumstände außerdem vorliegen. Eine maßgebliche Bedeutung kommt auch der **Warennähe** der betroffenen Produkte zu.[270] 125

3. Behinderung

Auch wenn eine vermeidbare Herkunftstäuschung oder eine Rufausbeutung nicht vorliegt, kann dennoch ein Fall wettbewerbswidriger Behinderung[271] (§ 4 Nr. 4 UWG) vorliegen. Im Sinne einer klaren Abgrenzung der Tatbestände des § 4 Nr. 3 und des § 4 Nr. 4 UWG hat der BGH nun klargestellt, das eine Behinderung durch das Angebot einer Produktnachahmung nur unter den besonderen Voraussetzungen des § 4 Nr. 4 UWG angenommen werden kann, wobei sich inhaltlich an den bekannten Behinderungstatbeständen nichts geändert hat.[272] 126

Das Handeln des Nachahmers muss einen eigenen Unlauterkeitsgehalt aufweisen. Dabei ist eine umfassende **Gesamtschau** maßgeblich, welche die zwischen dem Grad der wettbewerblichen 127

[263] BGH GRUR 1968, 698 (700) – Rekordspritzen; GRUR 1972, 553 (554) – Statt Blumen ONKO-Kaffee; GRUR 1983, 247 (248) – Rolls Royce; GRUR 1985, 550 – Dimple; GRUR 1998, 943 – Farbkennnummern.

[264] BGH GRUR 1966, 30 (33) – Konservenzeichen I; GRUR 1981, 142 (144) – Kräutermeister; GRUR 1988, 636 (638) – Golddarm; GRUR 2010, 1125 Rn. 49 – Femur-Teil; OLG Köln GRUR-RR 2015, 441 (445) – VITA-SED.

[265] ABl. EG 1997 L 290/18; s. dazu ausführlich Eck/Ikas in § 23.

[266] BGH GRUR 1989, 602 – Die echte Alternative; GRUR 1992, 625 – Therapeutische Äquivalenz; vgl. aber die besondere Fallkonstellation in GRUR 2001, 350 (351) – OP-Lampen; eindeutig GRUR 2011, 79 Rn. 33 – Markenheftchen.

[267] BGH GRUR 1981, 142 (144) – Kräutermeister; GRUR 1985, 876 (878) – Tchibo-Rolex I; GRUR 1987, 903 (905) – Le Corbusier-Möbel; GRUR 1988, 636 (638) – Golddarm.

[268] BGH GRUR 1991, 609 (612) – SL; GRUR 1994, 732 (734) – McLaren; OLG Köln GRUR-RR 2015, 441 (445) – VITA-SED.

[269] BGH GRUR 1991, 465 (466) – Salomon.

[270] BGH GRUR 1991, 609 (612) – SL.

[271] Zu § 4 Nr. 10 UWG vgl. Gutsche § 20; Omsels WRP 2004, 136 ff.

[272] BGH GRUR 2017, 79 Rn. 79 – Segmentstruktur; GRUR 2019, 196 Rn. 32 f. – Industrienähmaschinen; GRUR 2022, 160 Rn. 72 – Flying V; Köhler/Bornkamm/Feddersen/Köhler UWG § 4 Rn. 3.65, Rn. 4.208 ff.

Eigenart, der Intensität der Übernahme und den besonderen Unlauterkeitsumständen bestehende **Wechselwirkung** würdigt.[273]

128 So kann in Fällen systematischer Nachahmung in Verdrängungsabsicht selbst die Übernahme von Produkten, die Dutzendware darstellen und keine wettbewerbliche Eigenart haben, unlauter sein.[274] Die **systematische Nachahmung** eigenartiger, überdurchschnittlicher Erzeugnisse ist bereits dann wettbewerbswidrig, wenn sie zwar nicht das gesamte Sortiment oder eine gesamte Baureihe des Mitbewerbers erfasst, aber wesentliche Elemente daraus.[275]

129 In der Gesamtschau wird die Wechselwirkung zwischen dem Grad der wettbewerblichen Eigenart und der Nachbildung, sowie dem Umfang der Nachahmung insbesondere auch beeinflusst durch die Übernahme frei wählbarer Gestaltungselemente, wenn das Anhängen wegen der ersparten Entwicklungskosten eine **Preisunterbietung** des Konkurrenten ermöglicht, so dass dessen Absatz behindert oder gar gefährdet wird;[276] ähnlich gelagert ist der häufige Fall minderer Qualität der Nachahmung.[277]

130 Zu den Fällen wettbewerbswidriger Behinderung zählen eine Reihe von Sondertatbeständen,[278] wie zB die fortgesetzte Nachahmung fremder Werbung[279] oder der Vertrieb von Raubkopien, wie zB Computerprogrammen, Videofilmen, Musik-CDs usw.[280] sowie die Anmeldung einer Vielzahl von Auslandsmarken im Inland zwecks Monopolisierung bzw. unter Behinderung des ausländischen Markeninhabers in seinem möglichen bzw. geplanten Vertrieb.[281]

4. Vertrauensbruch und Verwertung von Geschäfts- oder Betriebsgeheimnissen (§ 4 Nr. 3c) UWG)

131 Die dritte in § 4 Nr. 3c) UWG geregelte Fallgruppe der unlauteren Nachahmung auf Grund unredlich erlangter Kenntnis entspricht der bereits unter dem alten UWG durch die Rechtsprechung entwickelten Fallgruppe der unredlichen Kenntniserlangung eines fremden Betriebsgeheimnisses durch Erschleichen oder Vertrauensbruch. Nach Inkrafttreten des GeschGehG ist das **Verhältnis zu § 4 GeschGehG** noch ungeklärt. Grundsätzlich ist von einem **Nebeneinander** auszugehen. Dabei sind die Wertungen des GeschGehG zu beachten.[282] Die häufigsten Fallgruppen sind die Fälle des Vertrauensbruchs, in denen zunächst auf Grund eines Vertrauensverhältnisses erlangte Kenntnisse, wie zB Modelle, Zeichnungen, Muster oder Vorlagen, anvertraut werden und dann unter Bruch dieses Vertrauens ausgenutzt werden (dazu b), Rn. 131) und die Fälle des Einschleichens (dazu a), Rn. 129).

132 Sowohl **Einschleichen** wie auch **Vertrauensbruch** begründen Unterlassungs- und Schadensersatzansprüche, wenn die in verwerflicher Weise erlangten Kenntnisse durch den Vertrieb der Nachbildung ausgenutzt werden, wobei sich Unterlassungs- und Schadensersatzansprüche sowohl gegen den ausnutzenden Nachahmer selbst, als auch gegen einen Dritten richten können, der die verwerflichen Kenntnisse des Nachahmers ausnutzt.[283] Da die Ansprüche nach den §§ 6 ff. GeschGehG über die nach §§ 8, 9 GeschGehG bestehenden Ansprüche hinausgehen und zudem eine längere Verjährungsfrist sowie die Spezialregelungen in § 13 GeschGehG gelten, dürfte der Tatbestand des § 4 Nr. 3c) UWG in der Praxis keine Vorteile mehr bieten.

133 Grundsätzlich ist Voraussetzung für die Annahme unlauteren Vertrauensbruchs oder Einschleichens, dass die derart erlangten **Kenntnisse nicht offenkundig** sind,[284] was dem Freihaltebedürfnis des Standes der Technik entspricht. Ob darüber hinaus angemessene Geheimhaltungsmaßnahmen im Sinne des § 2 Nr. 1 GeschGehG zu fordern sind, um Wertungswidersprüche mit

[273] BGH GRUR 1996, 210 (213) – Vakuumpumpen; Köhler/Bornkamm/Feddersen/Köhler UWG § 4 Rn. 3.65; Rn. 4.208 ff.
[274] Köhler/Bornkamm/Feddersen/Köhler UWG § 4 Rn. 4.213.
[275] BGH GRUR 1960, 244 (246) – Simili-Schmuck; GRUR 1986, 673 (675) – Beschlagprogramm; GRUR 1988, 308 (310) – Informationsdienst; GRUR 1988, 690 (693) – Kristallfiguren; GRUR 1996, 210 (212 f.) – Vakuumpumpen; GRUR 1999, 751 (753) – Güllepumpen; GRUR 1999, 923 (927) – Tele-Info-CD.
[276] BGH GRUR 1960, 244 (246) – Simili-Schmuck; GRUR 1969, 618 (619 f.) – Kunststoffzähne; GRUR 1996, 210 (212 f.) – Vakuumpumpen; GRUR 1999, 923 (927) – Tele-Info-CD.
[277] Anschaulich BGH GRUR 2010, 1025 – Femur-Teil.
[278] Im Einzelnen VII. Rn. 114 ff.
[279] BGH GRUR 1968, 581 (585) – Blunazit.
[280] Ohly/Sosnitza/Ohly UWG § 4 Rn. 3/74.
[281] BGH GRUR 1968, 1960 (144) – Bambi; GRUR 1980, 110 (111) – Torch.
[282] Baumbach/Köhler § 4 Rn. 3.63.
[283] BGH GRUR 2003, 356 (358) – Präzisionsmessgeräte.
[284] BGH GRUR 1964, 31 (32 f.) – Petromax II.

dem GeschGehG zu vermeiden,[285] kann an dieser Stelle offen bleiben, da die weiteren Voraussetzungen des Einschleichens oder Vertrauensbruchs inzident angemessene Geheimhaltungsmaßnahmen verlangen. Zudem war dem Gesetzgeber die Regelung des § 4 Nr. 3c) UWG bei Erlass des GeschGehG bekannt, ohne dass er diese Vorschrift geändert hätte. Im Hinblick auf die weitergehenden Ansprüche nach dem GeschGehG wird sich diese Thematik vermutlich in der Praxis regeln oder höchstrichterlich geklärt werden.

Dementsprechend ist es nicht sittenwidrig, wenn entweder offenkundige Tatsachen oder auf redliche Weise erlangte Kenntnisse nach dem **Ausscheiden aus einem Betrieb** im eigenen oder fremden Betrieb im Rahmen ordnungsgemäßer Berufsausübung eingesetzt werden. Dies setzt voraus, dass diese Kenntnisse weder erschlichen noch unter Vertrauensbruch erlangt wurden. Auch muss dieses Wissen in einer Form „mitgenommen“ worden sein, die nicht gegen Geheimhaltungs- oder Vertraulichkeitspflichten verstößt.[286] Letztlich handelt es sich also um solches Erfahrungswissen, welches der Ausscheidende redlich erworben und „in seinem Kopf“ mitgenommen hat. Hat er dagegen Betriebsgeheimnisse oder Geschäftsgeheimnisse durch Herstellung von Vervielfältigungen oder in anderer Weise durch das Mitnehmen verkörperter Wiedergaben erlangt, begründet dies in aller Regel die Unlauterkeit, wenn nicht Wertungswidersprüche zum GeschGehG zwingend entgegenstehen, was beispielsweise bei einem nach § 3 Abs. 1 Nr. 2 GeschGehG ausdrücklich zulässigen „Reverse Engineering“ der Fall ist.[287] 134

a) Einschleichen. Die Kenntniserlangung durch wettbewerbswidriges Einschleichen ist dadurch gekennzeichnet, dass die zur Nachahmung erforderlichen **Kenntnisse in anstößiger Weise,** zB durch das Abwerben von Mitarbeitern eines bestimmten Unternehmens und Einstellung im eigenen Betrieb, Werkspionage oder Einschleichen in das Vertrauen, erlangt werden.[288] 135

Häufig sind Vertrauensbruch und Erschleichen nicht eindeutig voneinander zu trennen oder liegen Elemente beider Fallvarianten vor, was der Fall sein kann, wenn zur Kenntniserlangung Mitarbeiter abgeworben werden, wobei es für den Tatbestand des Einschleichens nicht zwingend erforderlich ist, dass auch das Abwerben selbst in wettbewerbswidriger Weise geschieht.[289] 136

b) Vertrauensbruch. Fälle des wettbewerbswidrigen **Vertrauensbruchs** sind dadurch gekennzeichnet, dass zB **Geschäfts- oder Betriebsgeheimnisse zunächst anvertraut** und damit redlich erlangt werden, dass in der Folge aber derart anvertraute Zeichnungen, Modelle, Schablonen, Schnitte, Rezepte usw. zu einer Nachahmung des betroffenen Produktes ausgenutzt werden. Typische Fallkonstellationen sind vertraulich erlangte Kenntnisse, die anlässlich später gescheiterter Vertragsverhandlungen erlangt wurden.[290] Derartige Konstellationen sind in verschiedenen Nuancierungen häufiger in der einschlägigen Rechtsprechung und vor allem in der Praxis zu finden. So zB der Fall, dass Betriebs- und Geschäftsgeheimnisse, die im Rahmen eines rückabzuwickelnden Unternehmenskaufs erlangt wurden, entgegen bestehender Rückgabepflicht der betroffenen Unterlagen weiter genutzt wurden.[291] 137

Häufig anzutreffen sind auch Fälle, in denen beispielsweise einem Produzenten im Rahmen von Vertragsverhandlungen Stoffmuster oder ähnliche Muster anvertraut werden.[292] 138

Je nach Schwere des Vertrauensbruchs oder der Sittenwidrigkeit bedurfte es für die Bejahung von Ansprüchen aus § 1 UWG aF nicht einmal wettbewerblicher Eigenart bei den nachgeahmten Produkten, wie beispielsweise in dem Fall der durch den alleinvertriebsberechtigten Großhändler veranlassten Nachbildung, die dann von dem Nachbildner unter ausschließlicher Einschaltung desselben Großhändlers im gleichen Marktsegment und mit deutlicher Unterbietung des Originalpreises verkauft wurde.[293] 139

285 Köhler/Bornkamm/Feddersen/Köhler UWG § 4 Rn. 3.64.

286 Ausführlich zum Schutz von Geschäfts- und Betriebsgeheimnissen von Bossel §§ 25, 27 und 28 sowie Musiol § 26.

287 BGH GRUR 2003, 356 (358) – Präzisionsmessgeräte; Köhler/Bornkamm/Feddersen/Köhler UWG § 4 Rn. 3.64.

288 BGH GRUR 1961, 40 (42) – Wurftaubenpresse; GRUR 1955, 402 (405 f.) – Anreißgerät; ähnlich GRUR 2008, 727 Rn. 20 – Schweißmodelgenerator; OLG Köln OLG Report 1994, 122.

289 OLG Köln OLG Report 1994, 122.

290 RG GRUR 1942, 352 (354 ff.) – Quarzlampe; BGH GRUR 2003, 356 (357) – Präzisionsmessgeräte; GRUR 2010, 536 Rn. 55 – Modulgerüst II.

291 BGH GRUR 1956, 284 (286) – Rheinmetall-Borsig II; ähnlich der Fall der Ausnutzung technischer Zeichnungen, die im Rahmen eines vertraglichen Vertrauensverhältnisses überlassen wurden in BGH GRUR 1964, 31 (32 f.) – Petromax II.

292 BGH GRUR 1983, 377 (379) – Brombeermuster; GRUR 2009, 416 Rn. 18 – Küchentiefstpreis-Garantie.

293 BGH GRUR 1958, 351 – Deutschlanddecke.

VII. Besondere Fallgestaltungen

1. Modeschöpfung/Saisonschutz

140 Bekleidungs- und Modeartikel sind in der Regel kurzlebige Produkte, die nur für eine begrenzte Zeit gewinnbringend verkäuflich sind. Dem trug ein von der Rechtsprechung entwickelter „direkter" **Produktschutz** Rechnung. Er sollte die Amortisation von Investitionen in die kurzlebigen Produkte ermöglichen.[294]

141 Diese **Rechtsprechung** hat der BGH **aufgegeben** mit der Begründung, wegen der Möglichkeit eines dreijährigen, nicht eingetragenen Geschmacksmusters nach Art. 11 Abs. 1 GGV bestünde kein Bedürfnis für einen zusätzlichen Schutz von Modeneuheiten.[295] Dabei wird verkannt, dass weiterhin durchaus ein praktisches Bedürfnis für den Schutz saisonaler, wettbewerblich eigenartiger Modeerzeugnisse gegen (nahezu) identische Nachahmungen besteht, der in gleicher Weise nicht immer durch das nicht eingetragene Geschmacksmuster erzielt werden kann.[296] Zu denken ist an Fälle, bei denen die nach dem Designrecht erforderliche objektive Neuheit fehlt oder bei denen es an den sonstigen Voraussetzungen für den Schutz nach Art. 11 Abs. 1 GGV fehlt, weil beispielsweise ein Nachahmer schneller auf dem deutschen Markt auftaucht als der Originalhersteller, welcher seine Modekreationen zunächst nur außerhalb der Gemeinschaft den Fachkreisen vorgestellt hat, was nach Art. 11 Abs. 2 S. 1 GGV Voraussetzung für den Schutz als nicht registriertes Design ist. Auch im Übrigen unterscheiden sich sowohl Anspruchsvoraussetzungen als auch die Schutzzwecke und die Rechtsfolgen des von der Rechtsprechung entwickelten Saisonschutzes für Modeneuheiten einerseits und des nicht eingetragenen Designs andererseits.[297] Vor diesem Hintergrund bleibt abzuwarten, ob der BGH bei seiner bisher obiter geäußerten Aufgabe der Modeneuheiten-Rechtsprechung auch in solchen Fällen bleibt, in denen kein Sonderrechtsschutz besteht. Vor diesem Hintergrund wird nachfolgend in der gebotenen Kürze weiterhin auf den Saisonschutz eingegangen.

142 **a) Abgrenzung zum Sonderrechtsschutz.** Das **Fehlen von Sonderrechtsschutz** als Grundvoraussetzung für wettbewerbsrechtlichen Saisonschutz ist nur noch in Fällen denkbar, wo ein Designschutz mangels objektiver Neuheit, Eigenart oder Veröffentlichung des nicht registrierten Designs scheitert.

143 Modeschöpfungen, modische Stoffe und Artikel sind häufig schutzfähig. Die aufwändige Hinterlegung als Design entsprach nicht den praktischen Belangen der schnelllebigen Modebranche. Dem trägt der Schutz nicht registrierter Designs nach verkehrsrelevanter Veröffentlichung in der Gemeinschaft weitestgehend Rechnung.[298]

144 Soweit Modeschöpfungen die Schutzfähigkeitsanforderungen „Neuheit" und „Eigenart" nicht erfüllen, sind sie damit (an sich) gemeinfrei. Da die Mode weitgehend von der Wiederkehr und Variation des Gleichen lebt, existiert „objektive Neuheit" in der Mode nur selten.[299]

145 Dem trägt die „Modeneuheit"-Rechtsprechung[300] Rechnung, indem sie **kurzfristigen Produktschutz für Modeschöpfungen** bejaht hat. Es ist nicht ersichtlich, dass durch die fehlende Erwähnung der „Modeneuheiten" in den Regelbeispielen des § 4 Nr. 3 UWG dieser kurzfristige Produktschutz entfallen sollte. Jedenfalls wäre ein Rückgriff auf § 3 UWG möglich.[301] **Ggf. wäre Schutz aus dem Gesichtspunkt der Behinderung (§ 4 Nr. 4 UWG) herzuleiten,**[302] was auch die Entscheidung „Segmentstruktur" offen lässt, solange dies im Rahmen des § 4 Nr. 4 UWG geschieht.[303]

---

294 BGH GRUR 1973, 478 (480) – Modeneuheit.

295 BGH GRUR 2017, 79 Rn. 96 – Segmentstruktur; zustimmend: Köhler/Bornkamm/Feddersen/Köhler UWG § 4 Rn. 3.67.

296 So jetzt auch bei Bestehen wettbewerblicher Eigenart OLG Köln GRUR-RS 2020, 17411 Rn. 36 – Jeans mit V-Naht II.

297 Sack WRP 2017, 132 (133 ff.) mwN insbesondere in Fn. 36.

298 Vgl. Späth → § 47: Gemeinschaftsgeschmacksmuster.

299 Vgl. BGH GRUR 2009, 79 Rn. 18 f. – Gebäckpresse.

300 BGH GRUR 1973, 478 – Modeneuheit.

301 Offen gelassen von OLG Hamburg GRUR-RR 2006, 94 (97) – Gipürespitze; kritisch Ohly/Sosnitza/Ohly UWG § 4 Rn. 3/76.

302 BGH GRUR 1992, 448 (450) – Pullovermuster; wohl ebenso zu Recht für das neue UWG: Krüger/v. Gamm WRP 2004, 978 (983, 984); Köhler/Bornkamm/Feddersen/Köhler UWG § 4 Rn. 3.63 ff., 9.67.

303 BGH GRUR 2017, 79 Rn. 79 – Segmentstruktur.

b) **Voraussetzungen für Saisonschutz.** Als **Schutzvoraussetzung** fordert der wettbewerbsrechtliche „Saisonschutz" lediglich die „wettbewerbliche Eigenart" der Modeschöpfung. Selbst die geringeren Anforderungen der „Eigenart" auf Grund des Gesamteindrucks bei den informierten Benutzern, die für das unregistrierte Gemeinschaftsgeschmacksmuster erfüllt sein müssen, dürften noch über den Anforderungen an die „wettbewerbliche Eigenart" im Falle des Saisonschutzes liegen. 146

Ferner bedarf es keiner „objektiven Neuheit". Kurzfristiger Schutz kommt also auch dann in Betracht, wenn auf vorbekannte Muster oder Modelle zurückgegriffen wird. Dies bedeutet, dass klassische Elemente oder Linien nicht von vorneherein ausgenommen sind. Es genügt, wenn die Modeschöpfung **in einer fraglichen Modesaison erstmalig kreiert** worden ist und der Rückgriff auf vorbekannte Modelle in dieser Saison gerade als eine eigenartige Modeneuheit empfunden wird.[304] 147

Die „wettbewerbliche Eigenart" wird bei Modeschöpfungen bejaht, wenn es sich „um **überdurchschnittliche Kreationen,** deren Gesamteindruck durch individuell-ästhetische Gestaltungsmerkmale geprägt wird," handelt.[305] Diese auf eine kurze Formel gebrachten Anforderungen an die Qualität der Modeneuheit lässt bei der Beurteilung des Einzelfalls großen Spielraum. Ihr Vorliegen wurde keineswegs nur bei bahnbrechenden „Haute-Couture" Kreationen bejaht, sondern auch bei vergleichsweise unspektakulären Modeschöpfungen.[306] Insbesondere bei solchen eher weniger spektakulären Modekreationen, bei denen die wettbewerbliche Eigenart also relativ niedrig einzuschätzen ist, hat die Rechtsprechung bei der Bejahung der objektiven Schutzwürdigkeit Umstände mitberücksichtigt, die neben der Nachahmung weitere gravierende Unlauterkeitselemente enthielten. Ausreichend kann bereits der zu amortisierende Entwurfsaufwand und die Kombination an sich bekannter Gestaltungselemente sein.[307] 148

c) **Unlauterkeit.** Einziges **Unlauterkeitsmoment**, das der „Saisonschutz" voraussetzt, ist die identische oder fast identische Nachahmung der Modeschöpfung. 149

Das Wettbewerbswidrige der Nachahmung von solchen Modeschöpfungen liegt dabei regelmäßig nicht in der Herbeiführung einer betrieblichen Herkunftstäuschung (obschon auch eine solche gegeben sein kann) oder einer Rufausbeutung, sondern in der **„Behinderung"** des Modeschöpfers. 150

Der Modemarkt unterliegt einem ständigen kurzfristigen Wechsel und weist damit eine Besonderheit auf, die eine Behinderung wettbewerbswidrig erscheinen lassen kann. Die Marktverhältnisse ermöglichen eine zeitlich nur sehr begrenzte Verkäuflichkeit von Modeneuheiten. Massenweise Angebote machen es zudem schwer, sich vom Durchschnitt abhebende Modelle zu kreieren. Jedenfalls erfordert dies einen erheblichen Kosten-, Arbeits- und Zeitaufwand. 151

Um den unter solchen besonderen Mühen und unter hohem Kostenaufwand erreichten **Wettbewerbsvorsprung in einer Saison zu realisieren,** sind Modeschöpfer darauf angewiesen, ihre Kreationen noch in der Saison abzusetzen, für die sie geschaffen wurden. 152

Der Wettbewerbsvorsprung und damit die Gewinne des Modeschöpfers wären unbillig gefährdet, wenn ihm Mitbewerber, die ja durchaus die Möglichkeiten haben, abweichende Modeneuheiten zu schaffen, in derselben Saison und unter Einsparung eigener Entwurfskosten mit (identischen oder nahezu identischen) Nachahmungen Konkurrenz machen dürften.[308] 153

d) **Schutzdauer/Zeitliche Begrenzung.** Die **Schutzdauer** für Modeneuheiten wurde von der Rechtsprechung in der Regel auf die **fragliche Saison,** dh die Saison, für die die Modeschöpfung geschaffen wurde, begrenzt. In Einzelfällen kann sie jedoch über eine weitere Saison (Frühjahr/Sommer bzw. Herbst/Winter) hinausgehen.[309] 154

[304] BGH GRUR 1973, 478 (480) – Modeneuheit; GRUR 1984, 453 – Hemdblusenkleid; GRUR 1998, 477 (479) – Trachtenjanker; OLG Hamburg GRUR-RR 2006, 94 (97) – Gipürespitze.

[305] BGH GRUR 1973, 478 (480) – Modeneuheit; GRUR 1984, 453 – Hemdblusenkleid.

[306] OLG Stuttgart WRP 1987, 573 – Gin-Tonic; LG Düsseldorf GRUR 1989, 122 – Sweat-Shirt.

[307] Offen gelassen von OLG Hamburg GRUR-RR 2006, 94 (97) – Gipürespitze.

[308] BGH GRUR 1962, 144 (149) – Buntstreifensatin I; GRUR 1973, 478 (480) – Modeneuheit; GRUR 1984, 453 – Hemdblusenkleid.

[309] BGH GRUR 1973, 478 (480) – Modeneuheit; OLG Hamburg GRUR 1986, 83 f. – Übergangsbluse: Schutz für ein im Rahmen der Sommerkollektion auf den Markt gebrachtes Übergangsmodell bis zum Jahresende; OLG Karlsruhe GRUR 1994, 450 f. – Seidenhemden: angemessener zeitlicher Schutz auch für den Einzelhandelsvertrieb; OLG München GRUR 1995, 275 (277) – Parka-Modell: einjähriger Schutz für nicht an eine Saison gebundenes exklusives Parka-Modell; OLG Köln WRP 1997, 343 (346) – Damenstrickmode: Schutz für ein Modell der Frühjahr-Sommer-Saison nicht über die Frühjahr-Sommer-Saison des Folgejahres hinaus; OLG Hamburg GRUR-RR 2006, 94 (98) – Gipürespitze: Schutz bestimmter Damen-Dessous für zwei Jahre plus Abverkaufsfrist.

155 Neben dem **Amortisierungszeitraum** wird bei der Bemessung der Schutzdauer jedoch auch berücksichtigt, wie lange die Verbraucher die Ware noch als Erzeugnis von wettbewerblicher Eigenart ansehen, wofür die „modische Aktualität" und „Tragbarkeit" aus Sicht des Verbrauchers entscheidende Kriterien sind („Aspekt der Veralterung"). Diese Kriterien sind wiederum von der Gestaltungshöhe und vom Zeitgeschmack abhängig. Sie können beispielsweise bei Modeerzeugnissen, die wegen ihrer sportlich-klassischen Linie weniger schnell als modisch veraltet anzusehen sind bzw. solchen, die sowohl sommers wie winters getragen werden können, zu einer Ausdehnung der Schutzdauer führen.[310] Allerdings ist auch bei solchen, zumeist klassischen Kreationen bzw. Produkten, die sich als „Dauerrenner" darstellen, mit Blick auf die Höchstgrenze der Schutzdauer der Amortisationsgedanke zu berücksichtigen.[311]

156 Das Erfordernis der **zeitlichen Begrenzung** der Schutzdauer ergibt sich aus dem Umstand, dass neben der Nachahmung keine weiteren Unlauterkeitselemente erforderlich sind und das zu schützende Modeprodukt lediglich wettbewerbliche Eigenart aufweisen muss, um in den Genuss eines „reinen Produktschutzes" zu gelangen. Diese enge zeitliche Begrenzung kollidiert auch nicht mit der dreijährigen Begrenzung des nicht registrierten Gemeinschaftsgeschmacksmusters, da sie noch kürzer ist.

157 Ist eine Modeschöpfung dagegen nach ihrer konkreten Ausgestaltung geeignet, (auch) auf ihre betriebliche Herkunft hinzuweisen, so genießt sie unter dem **Gesichtspunkt der vermeidbaren Herkunftstäuschung (zusätzlich) wettbewerbsrechtlichen Nachahmungsschutz aus § 4 Nr. 3a) UWG,** der keiner zeitlichen Beschränkung unterliegt.[312] Der kurzfristige Produktschutz, insbesondere der Saisonschutz einerseits, hat also mit dem Produktschutz wegen vermeidbarer Herkunftstäuschung andererseits nichts zu tun; gelingt es einer Modeneuheit auf ihre betriebliche Herkunft hinzuweisen, so genießt sie in „jedem Lebensalter" Schutz gegen vermeidbare Herkunftstäuschungen.

158 **e) Keine analoge Anwendung.** Die Grundsätze der Modeneuheiten-Rechtsprechung zum kurzfristigen Produktschutz dürfen nicht ohne weiteres auf andere Erzeugnisse übertragen werden, wenn zur Ausschöpfung des Markterfolges ein längerer Zeitraum als nur ein bis zwei Saisons zur Verfügung stehen.[313] In der Praxis wurde eine Ausdehnung der Grundsätze der Modeneuheiten-Rechtsprechung bisher lediglich bei Modeschmuck und Computerspielen vorgenommen,[314] wo es nach wie vor zu Schutzlücken kommen kann, etwa mit Blick auf die nach § 69a UrhG nicht geschützte audiovisuelle Darstellung.

2. Computerprogramme

159 Computerprogramme unterliegen in erster Linie sondergesetzlichem Schutz. Die mit Gesetz vom 9.6.1993 (BGBl. I 110) in das Urheberrechtsgesetz eingefügten §§ 69a bis 69g UrhG enthalten besondere Bestimmungen zum Schutz von Computerprogrammen,[315] nach denen sie urheberrechtlich geschützt werden, sofern sie individuelle Werke, also das Ergebnis der eigenen geistigen Schöpfung ihres Urhebers sind. Lediglich völlig banale Programme, die durch schlichtes Befolgen gängiger Programmierregeln und in bloßer Befolgung sachlicher Zwänge entstanden sind, genießen keinen Schutz.

160 Angesichts dieser Bestimmungen ist der für den wettbewerbsrechtlichen Nachahmungsschutz verbleibende Anwendungsbereich stark eingeschränkt worden. Er kommt lediglich dann in Betracht, wenn die urheberrechtlichen Schutzvoraussetzungen fehlen.

161 Bei einer Verbindung von Programmen und technischen Merkmalen kommt neben dem Urheberrechtsschutz unter Umständen Patentschutz in Betracht.

---

[310] BGH GRUR 1998, 477 (479 ff.) – Trachtenjanker; OLG Hamburg GRUR 1986, 83 – Übergangsbluse; LG Düsseldorf GRUR 1989, 122 f. – Sweat-Shirt; für den Fall identischen Nachbaus auf Grund Vertrauensbruches ähnlich BGH GRUR 2003, 356 (358) – Präzisionsmessgeräte: „... solange das Verhalten mit dem Makel der Wettbewerbswidrigkeit behaftet ist".

[311] LG Düsseldorf GRUR 1989, 122 f. – Sweat-Shirt.

[312] BGH GRUR 2018, 832 Rn. 46 ff. – Ballerinaschuh; OLG Köln GRUR-RS 2020, 17411 Rn. 36 – Jeans mit V-Naht II; Sambuc, Der UWG-Nachahmungsschutz, Rn. 238 mwN; Sack WRP 2017, 132 Rn. 14.

[313] OLG Düsseldorf WRP 1978, 378 (382) – Polstermöbel; NJWE-WettbR 1998, 73 f. – Dekorationsstoff.

[314] OLG Frankfurt GRUR 1983, 757 – Donkey Kong Junior I; GRUR 1984, 509 – Donkey Kong Junior II; AG Hamburg BGH GRUR 1991, 384 f. – Modeschmuck.

[315] Vgl. zur Urheberrechtsschutzfähigkeit von Computerprogrammen vor der Einfügung der §§ 69a bis 69g UrhG: BGHZ 94, 276 = GRUR 1985, 1041 – Inkasso-Programm; BGHZ 112, 264 = GRUR 1991, 449 – Betriebssystem.

a) Schutzvoraussetzungen. Voraussetzung für den wettbewerblichen Leistungsschutz von Computerprogrammen ist die **„Schutzwürdigkeit"** der Originalsoftware. 162

Um schutzwürdig zu sein, muss die Software **„wettbewerbliche Eigenart"** aufweisen. Da wettbewerbliche Eigenart in der Regel nach außen erkennbar sein muss, wird man sie bei Computersoftware nur an äußeren Merkmalen, wie zB der nicht unter § 69a UrhG geschützten Benutzeroberfläche, festmachen können.[316] Teilweise wird auch auf den Programmumfang abgestellt,[317] teilweise darauf, ob das Programm „ohne weiteres neu erstellt werden kann".[318] 163

Neben diesen Mindestqualitätsanforderungen werden der erhebliche Arbeitsaufwand, dh die für die Erstellung neuer Programme aufgewendeten Mühen und Kosten, sowie ein mit der Software geschaffener anerkennenswerter **Besitzstand** des Programmerstellers berücksichtigt. 164

b) Unlauterkeitselement. Das **wettbewerbswidrige Element** liegt, wie in den Fällen der Nachahmung von Modeschöpfungen,[319] in einer **Behinderung** des Programmherstellers durch identische oder fast identische **Übernahme.** 165

In diesem Zusammenhang ist der **„Zeitfaktor"**, also der Zeitpunkt des Vertriebes der Nachahmung, von entscheidender Bedeutung. Die durch elektronische Mittel ermöglichte schnelle, mühelose und beliebig oft vollziehbare Vervielfältigung von Software lässt den natürlichen Wettbewerbsvorsprung des Programmherstellers gegen Null gehen. Letzterer wird um die Amortisation seines Aufwandes gebracht, wenn ihm Mitbewerber seinen unter großen Mühen und Kosten erzielten Wettbewerbsvorsprung mit Nachbildungen des Computerprogramms, für das sie keinen eigenen Aufwand an Zeit, Kosten und Mitteln erbracht haben, streitig machen.[320] Dies ist insbesondere bei der „unmittelbaren Übernahme" anzunehmen. Aber auch bei lediglich nachschaffender bzw. normaler Nachahmung, bei dem der Nachahmer durchaus noch eine gewisse eigene Leistung erbringt, kann letzterer dem Programmhersteller den Wettbewerbsvorsprung abspenstig machen. Der Nachahmer erspart regelmäßig Entwicklungsarbeit, was nicht nur eine Kostenreduzierung, sondern auch eine Reduzierung des Zeitaufwands bis zur Marktreife mit sich bringt. In Extremfällen gelangt der Nachahmer mit seinem nachgeahmten Produkt sogar vor dem ursprünglichen Hersteller auf den Markt, wenn er dessen Produktion beispielsweise ausspioniert hat oder abredewidrig anvertraute Muster ausbeutet, was in der Regel zur Bejahung des Unlauterkeitselementes Erschleichen oder Vertrauensbruch (§ 4 Nr. 3c) UWG) führt, wenn nicht Wertungen des GeschGehG entgegenstehen.[321] 166

Um den schützenswerten Interessen des Programmherstellers Rechnung zu tragen, wird, ähnlich wie bei Modeneuheiten,[322] ein „quasi-absoluter" Schutz des Softwareproduktes gegen alle Nachahmungen für den Zeitraum gewährt, in dem es dem Programmersteller noch nicht möglich war, seine **„Aufwendungen und Leistungen zu amortisieren"**.[323] 167

Die Hinwendung zu einem solchen direkten Produktschutz, der dem Leistungsergebnis selbst Schutz gewährt und sich nicht mehr auf den Aspekt der vermeidbaren Herkunftstäuschung stützt, wirft die Frage einer zeitlichen Begrenzung unabweisbar auf. Letztlich kann die zeitliche Begrenzung sich nur aus dem im Einzelfall erforderlichen Amortisationszeitraum und dem Grad der wettbewerblichen Eigenart ergeben. 168

Praxistipp:

In allen Fällen, in denen „Saisonschutz" nach der Entscheidung „Segmentstruktur" des BGH (GRUR 2017, 79) überhaupt noch in Frage kommt, ist darauf zu achten, dass Schutz nach überwiegender Meinung nur für den Zeitraum gewährt werden kann, der in etwa für die Amortisation der geleisteten Arbeit

316 Zur wettbewerblichen Eigenart: Jersch, Ergänzender Leistungsschutz und Computersoftware, S. 113 ff.; jeweils verneinend OLG Karlsruhe GRUR-RR 2010, 234 (236 f.) – Reisebürosoftware; OLG Hamm K&R 2010, 674 (LS) – Webshop-Struktur.

317 Harte-Bavendamm Computerrechts-Handbuch Kapitel 57 Rn. 10.

318 v. Gamm Wettbewerbsrecht Kapitel 21 Rn. 55.

319 → Rn. 114 ff.

320 OLG Frankfurt GRUR 1983, 757 f. – Donkey Kong Junior I; GRUR 1984, 509 – Donkey Kong Junior II; Köhler/Bornkamm/Feddersen/Köhler UWG § 4 Rn. 4.160.

321 Siehe → Rn. 127 ff.

322 → Rn. 114 ff.

323 v. Gamm Wettbewerbsrecht Kapitel 21 Rn. 55; vgl. zum Zeitfaktor ferner Brandi-Dohrn CR 1986, 334; Harte-Bavendamm Computerrechts-Handbuch Kapitel 57 Rn. 10; Lehmann, Der wettbewerbsrechtliche Schutz von Computerprogrammen, Rn. 18 f.; Sambuc, Der UWG-Nachahmungsschutz, Rn. 213 ff.

erforderlich ist. Bei Modeschöpfungen dürfte dieser Zeitraum in der Regel bei einer Saison, maximal bei zwei Saisons liegen. Für Computerprogramme bzw. Videospielen wurde teilweise ein Schutz von einem halben Jahr bis maximal einem Jahr, aber im Falle qualitativ hochwertiger, langlebiger Programme (Systemsoftware) auch bis 10 Jahre, als angemessen angesehen.[324]

Dies ist auch bei der Antragsfassung zu berücksichtigen. Ein etwaiger Unterlassungsanspruch sollte von vornherein zeitlich begrenzt werden, um eine teilweise Abweisung zu vermeiden.

3. Ersatzteil- und Zubehörnachbau

169 Abgesehen von den Fällen, in denen eine vermeidbare Herkunftstäuschung oder Warenverwechslung oder andere Unlauterkeitsmerkmale gegeben sind, ist der Nachbau und Vertrieb von Ersatzteilen, Instandsetzungsteilen und Zubehör, soweit kein Sonderrechtsschutz vorliegt, zulässig.

170 a) **Praxisbedürfnis: Zulässigkeit.** Im Kern wird die **Zulässigkeit des Nachbaus von Ersatz- und Zubehörteilen** zum einen mit dem Grundsatz der Nachahmungsfreiheit, zum anderen aber insbesondere mit dem Bedürfnis der Verbraucher gerechtfertigt, im Bereich des Ersatzteil- und Zubehörgeschäftes vom Preis-Leistungswettbewerb der Anbieter zu profitieren und über Ausweichmöglichkeiten bei Lieferschwierigkeiten des Original-Herstellers zu verfügen.[325] **In der Praxis** ist das Angebot von Ersatz- und Zubehörteilen häufig dann wettbewerbswidrig, wenn nicht hinreichend deutlich wird, dass es sich nicht um Original-Ersatzteile handelt oder, wenn beispielsweise die Typenbezeichnungen des Original-Herstellers einschränkungslos und unverändert ohne Klarstellung übernommen werden.[326] Solange aber der Hersteller der Originalware mit dem Vertrieb des Erstproduktes seine Kosten amortisiert hat, bleibt der Verkauf von Ersatz- und Zubehörteilen selbst dann zulässig, wenn Ersatzteile angeboten werden, die auch der Original-Hersteller anbietet[327] oder Zusatzgeräte bzw. Zubehör angeboten werden, welche mit dem Originalgerät des Ursprungsherstellers kompatibel[328] sind. Wenn zB Verschlussclips angeboten werden, die in einer Verpackungsmaschine des Original-Herstellers Anwendung finden, bleibt dies auch dann noch zulässig, wenn der Hersteller dieser Maschine in seiner Preiskalkulation auch den Verkauf der Ergänzungsclips mit einbezogen hat.[329] Die entsprechende „Rollen-Clip"-Entscheidung des BGH stellt darauf ab, dass eine Amortisation der Markterschließung auf Grund des ursprünglichen Patentschutzes erfolgt war und dass der Original-Hersteller Zeit genug hatte, um auch seine Preiskalkulation auf eine geänderte Konkurrenzlage einzustellen. Damit liegt dieser Sachverhalt an der Grenze zu den häufig diskutierten, in der Praxis aber selten vorliegenden Fällen des „Einschiebens in fremde Serie".[330]

171 b) **Kompatibilität als Rechtfertigung.** Letztlich ist das Vertreiben von Ersatz- und Zubehörteilen auch dann zulässig, wenn es sich um eine identische Nachbildung technisch bedingter Elemente handelt, die aus Gründen der **Kompatibilität** erfolgt, um sicherzustellen, dass Original und Ersatzteil ohne Verbrauchergefährdung kombiniert werden können.[331]

172 Dies gilt umso mehr, wenn das Originalprodukt auf Grund von Industriestandards oder Normungen bestimmte Abmessungen aufweist und im Rahmen dieser Normung oder Standardisierung oder aber auch lediglich aus Kompatibilitätsgründen Abweichungen in diesen Abmessungen nicht möglich sind.[332]

---

[324] OLG Frankfurt GRUR 1983, 757 f. – Donkey Kong Junior I; GRUR 1984, 509 – Donkey Kong Junior II; Jersch, Ergänzender Leistungsschutz und Computersoftware, S. 178 ff.; Harte-Bavendamm Computerrechts-Handbuch Kapitel 57 Rn. 16 aE.

[325] BGH GRUR 1977, 666 (667 f.) – Einbauleuchten; GRUR 1990, 528 (530) – Rollen-Clips; GRUR 2000, 521 (525) – Modulgerüst.

[326] BGH WRP 1996, 713 – Verbrauchsmaterialien; im Hinblick auf § 2 UWG aF = § 6 UWG geänderte Rechtsprechung: GRUR 2001, 350 (351) – OP-Lampen.

[327] BGH GRUR 1968, 698 (701) – Rekordspritzen.

[328] BGH GRUR 1984, 282 (283) – Telekonverter: Zusatzobjektiv für Kleinbildkamera.

[329] BGH GRUR 1988, 385 (386) – Wäsche-Kennzeichnungsbänder; GRUR 1990, 528 (530) – Rollen-Clips.

[330] Dazu unten VII. 4. → Rn. 145 ff.

[331] BGH GRUR 1968, 698 (701) – Rekordspritzen; GRUR 1988, 385 (386) – Wäsche-Kennzeichnungsbänder; GRUR 2000, 521 (525) – Modulgerüst.

[332] BGH GRUR 1977, 666 (668) – Einbauleuchten; GRUR 2000, 521 (525) – Modulgerüst.

173 In den Entscheidungen „Einkaufswagen III“[333] und „Regalsystem“[334] setzt der BGH den technischen Kompatibilitätsanforderungen die Anforderung an optische Übereinstimmung gleich. Bei einem im Ladenbau verwendeten, weit verbreiteten Regalsystem soll aus Gründen der Kompatibilität auch die optische Übereinstimmung der Bestandteile des Regalsystems des Nachahmers mit denen des Originalherstellers erforderlich sein, was sogar soweit geht, dass sich eine „auffällige Kennzeichnung der Regalsysteme im allgemein sichtbaren Bereich“ als unzumutbar erweise, weshalb die Nachahmung sogar trotz Herkunftstäuschung hinzunehmen sei. Nachzudenken sei lediglich über eine Kennzeichnung in der Werbung, Verpackungen und auf dem Erzeugnis selber, soweit eben zumutbar.[335] In der Praxis wird darauf zu achten sein, dass in Fällen, in denen sogar eine optische Kompatibilität als erforderlich angesehen wird, nicht zumindest Ansprüche gegen den Nachahmer bestehen, weil er den Ergänzungsbedarf in technisch minderwertiger Qualität liefert und damit gegen § 4 Nr. 3b) UWG verstößt.[336]

Praxistipp:

Auch wenn die Nachahmung von Ersatz- und Zubehörteilen grundsätzlich erlaubt ist, muss in der Praxis stets darauf geachtet werden, dass durch nachgeahmte Ersatz- und Zubehörteile nicht der fälschliche Eindruck eines Original-Ersatzteiles bzw. Zubehörteiles erweckt wird und ob nicht durch minderwertige Qualität des Ergänzungsteils ein Verstoß gegen § 4 Nr. 3b) UWG erfolgt.

4. „Einschieben in fremde Serie“

174 Die im Wesentlichen aus Amortisationsgesichtspunkten entwickelte Rechtsprechung zum „Einschieben in fremde Serie“ wurde durch den BGH in der Entscheidung „Segmentstruktur“ aufgegeben.[337] Ohnehin gab es, soweit ersichtlich, nur im Fall des Nachbaus von „Lego-Steinen“ zusprechende Entscheidungen. Die Wettbewerbswidrigkeit wurde hier darin gesehen, dass **Lego-Bausteine** identisch übernommen wurden und dass damit der für dieses Ersterzeugnis geschaffene Markt durch Überleitung des Fortsetzungsbedarfs ausgebeutet wurde.[338]

175 Die rechtliche Begründung für die Gewährung des Schutzes bei „Einschieben in fremde Serie“ wurde zunehmend abgelehnt[339] oder eine zeitliche Begrenzung des Schutzes gefordert.[340] In der Entscheidung „Klemmbausteine III“ trug der BGH der anhaltenden Kritik durch eine an den Sonderschutzrechten orientierte Befristung Rechnung,[341] bevor er diese Rechtsprechung komplett aufgab.[342] Auch hier stellt der BGH darauf ab, dass eine Schutzlücke nicht entstehe, da für solche Fälle der Schutz durch eine dreidimensionale Formmarke, Design oder Gemeinschaftsgeschmacksmuster ausreichend sei. Daneben wird man zukünftig derartige Fälle nach der Rechtsprechung zur **Herstellung kompatibler Nachahmungsprodukte** behandeln müssen und dabei auch darauf achten, ob eine **Rufbeeinträchtigung** beispielsweise wegen mangelnder Qualität der Ergänzungsprodukte besteht.[343]

5. Systematische Nachahmung

176 Als besonderes Unlauterkeitselement findet sich des Öfteren auch das Kriterium der „systematischen Nachahmung“, welches erfüllt ist, wenn eine Vielzahl eigenartiger Produkte eines Wett-

[333] BGH GRUR 2013, 1052 Rn. 41 ff. – Einkaufswagen III.
[334] BGH GRUR 2013, 951 – Regalsystem.
[335] BGH GRUR 2013, 951 Rn. 39 ff.; dazu kritisch: Krüger GRUR 2016, 664 (669).
[336] BGH GRUR 2010, 1125 Rn. 51 – Femur-Teil; GRUR 2013, 951 Rn. 46 – Regalsystem; OLG Köln GRUR-RS 2021, 22118 Rn. 64 ff. – Regalsystem II.
[337] BGH GRUR 2017, 79 Rn. 96 – Segmentstruktur.
[338] BGH GRUR 1964, 621 (624) – Klemmbausteine I; im Ergebnis verneinend GRUR 1976, 434 (436) – Merkmalklötze; GRUR 1990, 528 (530) – Rollen-Clips; GRUR 1999, 765 (767) – Abziehgerät; GRUR 2000, 521 (526 f.) – Modulgerüst; OLG Köln MD 2000, 1227 – Dämmstoffplatten.
[339] Köhler/Bornkamm/Feddersen/Köhler UWG § 4 Rn. 9.58 mwN zum Meinungsstand in Rn. 9.57.
[340] Zur Kritik an der Klemmbaustein-Entscheidung Sambuc, Der UWG-Nachahmungsschutz, Rn. 526 mwN; Rauda GRUR 2002, 38 ff.; zutreffend auf die Besonderheiten im Spielzeugbereich hinweisend: Jacobs FS Helm, 84.
[341] BGH WRP 2005, 476 (479) – Klemmbausteine III.
[342] BGH GRUR 2017, 79 Rn. 96 – Segmentstruktur; zustimmend Köhler/Bornkamm/Feddersen/Köhler UWG § 4 Rn. 3.58.
[343] Köhler/Bornkamm/Feddersen/Köhler UWG § 4 Rn. 3.58 f.; OLG Köln GRUR-RS 2021, 22118 Rn 64 ff. – Regalsystem II.

bewerbers aufs engste und damit systematisch nachgeahmt werden. Es handelt sich hier letztlich um einen Fall der Behinderung, so dass insoweit auf VI. 3. verwiesen werden kann.[344]

6. Nachahmung fremder Werbung

177 Genauso, wie die Nachahmung von nicht unter Sonderrechtsschutz stehenden Produkten oder Kennzeichen bei Hinzutreten besonderer Umstände wettbewerbswidrig sein kann, kann dies auch für die Nachahmung jeglicher werblicher Ausdrucksformen der Fall sein. Grundsätzlich kann jede Form einer Werbemaßnahme, wie zB Preislisten, Kataloge, Formulare, Tabellen, Vordrucke, oder auch Adressbücher, Werbeprospekte, einzelne Werbeslogans und ganze Werbegestaltungen ergänzenden wettbewerbsrechtlichen Leistungsschutz genießen, soweit nicht schon ein Schutz nach Urheberrechtsgesetz, Geschmacksmustergesetz oder Markengesetz besteht.[345]

178 Schutzfähig kann dabei stets nur die konkrete Ausformung eines Werbegedankens und nie die zugrunde liegende **Werbeidee** sein. So ist grundsätzlich **nicht schutzfähig** beispielsweise die Idee, ein Bier mit drei Musketieren zu bewerben,[346] die Idee, Werbung auf Papiernotizzetteln aufzudrucken,[347] oder die Idee Knoblauchwürste mit einer türkischen Landschaft zu bewerben.[348]

179 Weiter setzt wettbewerbsrechtlicher Schutz für Werbemaßnahmen zunächst voraus, dass die nachgeahmte Werbemaßnahme **wettbewerbliche Eigenart** besitzt. Soweit dann die die wettbewerbliche Eigenart begründenden Merkmale übernommen wurden, kommt insbesondere Wettbewerbswidrigkeit aus dem Gesichtspunkt der Herkunftstäuschung[349] oder aber Rufausbeutung,[350] aber auch die Behinderung des Mitbewerbers[351] in Frage.

180 Wettbewerbliche Eigenart setzt bei Werbemaßnahmen voraus, dass diese **originell, einprägsam, aussagekräftig** und geeignet sind, auf betriebliche Herkunft hinzuweisen oder besondere Gütevorstellungen zu wecken. Entscheidend für die Frage, ob daraus resultierende Herkunftstäuschungen vorliegen, ist, ob die angesprochenen Verkehrskreise die Werbenachahmung fälschlich auf das Original-Produkt beziehen, und nicht, ob die Nachahmerwerbung fälschlich für die Werbung des Original-Herstellers gehalten wird. Denn letztlich kommt es darauf an, ob der Nachahmer durch die von ihm **nachgeahmte Werbung potentielle Käufer** auf sich **umleitet.**[352] Grundsätzlich denkbar, bei Nachahmung von Werbemaßnahmen jedoch selten anzutreffen, sind auch die übrigen typischen Unlauterkeitsmerkmale, wie zB Erschleichen oder Vertrauensbruch, Behinderung und als Sonderfall die Verwässerung der Schlagkraft fremder Werbung. Dabei setzt der Verwässerungsschutz, ähnlich wie im Kennzeichenrecht, eine überragende Werbekraft des nachgeahmten Slogans voraus, die üblicherweise nur durch entsprechende Bekanntheit erlangt werden kann, wenn der Werbeslogan nicht an sich ausgesprochen hohe wettbewerbliche Eigenart besitzt.

181 Auch im Übrigen kann ein hoher Bekanntheitsgrad über mittelmäßige Eigenart hinweghelfen, solange nicht ohnehin ein Freihaltebedürfnis im Interesse der Mitbewerber besteht.[353]

VIII. Subjektive Voraussetzungen

182 Für die Geltendmachung von Unterlassungsansprüchen ist ein Verschulden, anders als für etwaige Schadensersatz- und diese vorbereitende Auskunftsansprüche nicht erforderlich. Nach neuem UWG kommt es anders als nach der früheren Rechtslage auf die **Kenntnis der die Sittenwidrigkeit begründenden Umstände** nicht mehr an.[354] Eine besondere Absicht des Nachahmers muss nicht gegeben sein, wenn nicht besondere Absichten Bestandteil des Tatbestandes sind, wie zB bei der systematischen Nachahmung. Diese sind dann gegeben, wenn die maßgebenden Tat-

---

[344] Rn. 103 ff.; Vergleiche auch BGH GRUR 1960, 244 (246) – Simili-Schmuck; GRUR 1988, 690 (693) – Kristallfiguren; GRUR 1996, 210 – Vakuumpumpen.

[345] Köhler/Bornkamm/Feddersen/Köhler UWG § 4 Rn. 3.22 ff.

[346] OLG Düsseldorf GRUR 1993, 128 – Drei Musketiere.

[347] BGH GRUR 1979, 705 (706) – Notizklötze.

[348] BGH GRUR 2009, 1069 Rn. 21 – Knoblauchwürste.

[349] BGH GRUR 1963, 423 (428) – coffeinfrei; GRUR 1965, 601 (605) – roter Punkt; GRUR 1992, 523 – Betonsteinelemente; GRUR 1997, 308 (310) – Wärme fürs Leben.

[350] BGH GRUR 1981, 142 (143) – Kräutermeister.

[351] BGH GRUR 1968, 581 (585) – Blunazit.

[352] Sambuc, Der UWG-Nachahmungsschutz, Rn. 702.

[353] BGH GRUR 1997, 308 (310) – Wärme fürs Leben.

[354] Köhler/Bornkamm/Feddersen/Köhler UWG § 4 Rn. 3.68; Ohly/Sosnitza/Ohly UWG § 4 Rn. 3/46.

umstände, also der Umstand, dass es sich um eine Nachahmung handelt, sowie die besonderen Unlauterkeitselemente, bekannt sind.

IX. Beratungscheckliste

Checkliste: 183

☐ Vorüberlegungen

- Sonderrechtsschutz
  Soweit es um die Nachahmung von Gegenständen, Kennzeichen oder sonstiger gewerblichen Leistungen geht, ist zunächst zu prüfen, ob an diesen Leistungen Sonderrechtsschutz besteht, wie zB Patente, Gebrauchsmuster-, Design- oder Markenrechte.
- Wettbewerbsrechtlicher Nachahmungsschutz
  Zusätzlich ist immer zu überlegen, ob auf Grund der Nachahmung auch Rechte aus wettbewerbsrechtlichem Nachahmungsschutz (§ 4 Nr. 3 UWG) geltend gemacht werden können. Dies führt dann zunächst zu der Prüfung, ob überhaupt eine Nachahmung in Form der unmittelbaren Leistungsübernahme, der fast identischen Nachahmung oder des Nachschaffens vorliegt.
  Aus Gründen anwaltlicher Vorsicht sind in aller Regel Sonderrechtsschutz und wettbewerbsrechtlicher Leistungsschutz parallel zu berücksichtigen.

☐ Ermittlung der Anspruchsvoraussetzungen

- Wettbewerbliches Umfeld
  Die Nachahmung und die für den wettbewerbsrechtlichen Nachahmungsschutz erforderliche wettbewerbliche Eigenart sind in der Praxis am einfachsten zu ermitteln, indem man das wettbewerbliche Umfeld untersucht. Das bedeutet, dass nach Möglichkeit sämtliche Wettbewerbsprodukte mit dem Original- und Nachahmerprodukt verglichen werden. Dabei sind die Eigenarten des Originalproduktes herauszuarbeiten und zu überprüfen, ob sich diese im Gesamteindruck bei der Nachahmung wiederfinden. Dann ist weiter zu prüfen, ob angesichts des wettbewerblichen Umfeldes eine starke oder schwache wettbewerbliche Eigenart und damit ein großer oder kleiner Schutzumfang gegeben ist.
- Verstärkung des Schutzumfangs durch Verkehrsbekanntheit
  Hier sind in erster Linie die Werbedaten (Kundenkontakte, Messeauftritte, Vertriebsstätten, Internetclicks oder -kommentare etc.), Werbeaufwand (Mediaaufwand, Kosten für Werbung) und die Reichweite (Verbreitungszahlen) zu ermitteln. Außerdem ist der Umsatz, ggf. Marktanteil und die Abverkaufszahlen des betroffenen Originalproduktes selber zu ermitteln, da die Anzahl der Verkäufe ebenfalls den Grad der Verkehrsbekanntheit und die vom BGH neuerdings geforderte, aber umstrittene „gewisse Bekanntheit", belegen.
  Soweit für die Bekanntheit des betroffenen Produktes Verkehrsbefragungen vorliegen, sind auch diese heranzuziehen.
- Aktiv- und Passivlegitimation
  Zu beachten ist, dass Schutzberechtigter in der Regel der Hersteller, der Alleinvertriebsberechtigte oder ein Franchisenehmer sind. Hersteller ist auch, wer ein Fremdprodukt unter Eigenmarken vertreibt oder die Drittproduktion kontrolliert. Anspruchsgegner ist der Vertreiber der Nachahmung, wobei kein Anspruch auf Unterlassung der Herstellung besteht.
- Annexansprüche
  Hier sind im Wesentlichen Überlegungen zum Zeitpunkt des ersten bekannten Verstoßes (ggf. schon Auslieferung an Zwischenhändler) anzustellen und bei der Formulierung des Auskunftsanspruches ist darauf zu achten, dass dieser nur für unverjährte Zeit geltend gemacht werden kann (in der Regel sechs Monate vor Klageeinreichung).

☐ Besondere Unlauterkeitselemente

Nach Ermittlung der wettbewerblichen Eigenart und Verkehrsbekanntheit ist das Vorliegen besonderer Unlauterkeitselemente herauszuarbeiten:

- Vermeidbare Herkunftstäuschung (§ 4 Nr. 3a) UWG)
  Soweit die als wettbewerblich eigenartig herausgearbeiteten, den Gesamteindruck prägenden Elemente übernommen wurden und diese Übernahme vermeidbar war, kann davon ausgegangen werden, dass eine vermeidbare Herkunftstäuschung gegeben ist, solange die Elemente nachgeahmt wurden, die für den Verbraucher zur Identifizierung der Herkunft geeignet oder gar maßgebend sind.

- Auf Grund neuerer Rechtsprechungstendenzen ist auch zu überprüfen, ob nicht die Gefahr einer Herkunftstäuschung durch eindeutige aufklärende Kennzeichnungen oder Farbgebungen vermieden wird.
- Rufausbeutung (§ 4 Nr. 3b) UWG)
  Als weiteres, häufig neben der vermeidbaren Herkunftstäuschung bestehendes Unlauterkeitselement kommt die Rufausnutzung oder Anlehnung an den guten Ruf in Frage.
  Voraussetzung ist zunächst das Vorliegen von Qualitätserwartungen bzw. Gütevorstellungen des Verbrauchers hinsichtlich des Originalerzeugnisses, welches wettbewerbliche Eigenart aufweist. Derartige Qualitätserwartungen bzw. Gütevorstellungen können entweder anhand belegbarer Verbraucherreaktionen auf das Produkt oder anhand von Marktuntersuchungen sowie von in der Werbung herausgestellten Qualitätsmerkmalen belegt werden. Sind die betroffenen Waren auf Grund ihrer Ähnlichkeit verwechselbar und übertragen die angesprochenen Verkehrskreise die mit der Originalware verbundenen Qualitätserwartungen bzw. Gütevorstellungen auf die Nachahmung, so liegt ein Fall der Rufausnutzung vor.
  Eine Anlehnung an den guten Ruf der Originalware ist dann anzunehmen, wenn der Mitbewerber das Originalprodukt zur Empfehlung des eigenen Produktes verwendet. Unter dem Aspekt der Angemessenheit ist auch ein etwaiges Kompatibilitätsinteresse der Verbraucher zu prüfen.
- Behinderung (§ 4 Nr. 4 UWG)
  Das besondere Unlauterkeitselement der Behinderung kann zum Beispiel dann vorliegen, wenn ein Nachahmer systematisch sämtliche neu auf den Markt kommenden Produkte des Originalherstellers nachahmt oder systematisch dessen Preise unterbietet.
- Vertrauensbruch (§ 4 Nr. 3c) UWG)
  Das Unlauterkeitselement des Vertrauensbruchs kann neben einem Verstoß gegen das GeschGehGvorliegen. Da Ansprüche nach dem GeschGehG weitergehend sind und die Gefahr von Wertungswidersprüchen besteht, sollten diese vorrangig geprüft werden.

☐ Besondere Fallgestaltungen

Für besondere Produktgruppen, wie zB Modeschöpfungen oder Computerprogramme ist der von der Rechtsprechung früher gewährte Saisonschutz immer noch in Betracht zu ziehen, wenn ansonsten Schutzlücken bestehen.

☐ Subjektive Voraussetzungen

Hier ist insbesondere darauf zu achten, dass der Nachahmer die tatbestandsbegründenden Umstände kennt oder kennen müsste. Das gilt zumindest im Hinblick auf das Vorliegen einer Nachahmung in Abgrenzung zur Parallelschöpfung.

☐ Vorbereitung prozessualen Vorgehens

Auf jeden Fall ist zu überlegen, ob ein Antrag auf einstweilige Verfügung in Frage kommt. Dabei ist vor allem darauf zu achten, ob die erforderliche „Dringlichkeit" noch gegeben ist. Diese entfällt nach der Rechtsprechung der meisten Landgerichte, wenn nach vollständiger Kenntnis des Verletzungstatbestandes und des Anspruchsgegners mehr als vier Wochen oder ein Monat vergangen sind.

§ 18 Gezielte Behinderung (§ 4 Nr. 4 UWG)

Übersicht

I. Überblick

1. Normzweck

1 Bei der Anwendung des Tatbestands der gezielten Behinderung muss immer beachtet werden, dass der **freie Leistungswettbewerb** das Grundprinzip unserer Wirtschaftsordnung ist. Einem Unternehmen ein Verhalten zu untersagen, weil es die eigene wirtschaftliche Betätigung behindert, muss in einer freien Marktwirtschaft per se die Ausnahme sein. Da Qualität, Preisgestaltung und Service der Leistung im Wettstreit um den Kunden entscheiden sollen, ist die **Beeinträchtigung von Mitbewerbern integraler Bestandteil unserer Wirtschaftsordnung und Ausdruck des Leistungsprinzips.** Es entspricht dem **Sinn und Zweck des Wettbewerbs, den Mitbewerber durch die Qualität und Preiswürdigkeit der eigenen Leistung zu übertreffen** und ihm Kunden abzuringen.[1] Insofern kann eine etwaige Verdrängung des Konkurrenten nicht wettbewerbsfremd sein, solange sie eine wesenseigene Folge des freien Wettbewerbs ist.

2 Die **(unlautere)** ***Behinderung*** und die damit einhergehende Verdrängung von Mitbewerbern sind hingegen zu missbilligen. Sie ist wettbewerbswidrig, weil sie geschützte Interessen des Wettbewerbs gefährdet oder verletzt und damit auf andere Weise als durch faire Leistung erfolgt. *Wilhelm Nordemann* veranschaulicht den Leistungswettbewerb im Wirtschaftsleben anhand des Radsports. Zwar kann und soll jeder Teilnehmer der Wettfahrt dem anderen den Rang streitig machen, doch darf **kein Teilnehmer die Spielregeln verletzen,** um Mitstreiter zu übervorteilen. Niemandem ist es gestattet, über seine Leistungsfähigkeit etwa mittels Doping zu täuschen. Dies gilt auch für jene, die sich am Sattel des Nebenmanns festhalten oder gar den Gegner durch direkte Angriffe in den Graben drängen. Denn der **Kunde als wahrer Schiedsrichter des freien Leistungswettbewerbs** darf nicht unlauter beeinflusst werden.[2]

3 Die generalklauselartige Struktur des § 4 Nr. 4 UWG gewährleistet, dass **alle Erscheinungsformen der individuellen Mitbewerberbehinderung** erfasst werden. Hierzu zählen etwa der Boykott, der Vernichtungswettbewerb und der Missbrauch von Nachfragemacht, um Mitbewerber auszuschalten. Ferner sind Handlungen im Verhältnis zweier Unternehmen auf verschiedenen Wirtschaftsstufen einbezogen.

4 Obwohl jede Wettbewerbshandlung potentiell geeignet ist, einen Mitbewerber zu beeinträchtigen, ist sie nicht sogleich als wettbewerbswidrige Behinderung einzustufen. Diesen Tatbestand erfüllen nur jene Handlungen, die den **Konkurrenten vom Leistungswettbewerb ausschließen,** indem sie ihm verwehren, dass seine Leistung vom Kunden mit denen anderer Gewerbetreibender verglichen werden kann.[3] Diese **Behinderung des Mitbewerbers missachtet das Gebot der Fairness** und ist nicht mehr wettbewerbsimmanent. Ein solches **„Mobbing" gegen Mitbewerber** ist offenkundig, wenn etwa zum Mittel des Boykotts oder der Rufschädigung gegriffen wird, die beide per se keine Zeichen des lauteren Leistungswettbewerbs sein können. Deutlich schwieriger erweist sich in der Praxis die Abgrenzung, sobald **wettbewerbswidrige Ziele mit typischen Mitteln des Leistungswettbewerbs** wie der Preisunterbietung verfolgt werden.

Praxistipp:

Bei der Prüfung, ob ein Verhalten eine gezielte Behinderung des § 4 Nr. 4 UWG darstellt, muss stets die allgemeine Frage beachtet werden, ob die Entfaltungsmöglichkeit des Gewerbetreibenden in unnötig starkem Maße eingeschränkt ist und ob es sich um eine wettbewerbskonforme oder bereits um eine wettbewerbswidrige Maßnahme handelt. Diese Frage lässt sich nur anhand einer Würdigung der gesamten Umstände des Einzelfalls klären. Dabei ist stets zu untersuchen, ob der Unternehmer seine Unternehmung durch eigene Leistung zu fördern versucht oder ob sein Verhalten allein oder in erster Linie darauf abzielt, Konkurrenten zu behindern.

[1] BGH GRUR 1956, 223 (224) – Anzeigenblatt; BGH GRUR 1960, 558 (559) – Eintritt in Kundenbestellung; Ohly/Sosnitza/Ohly UWG § 4 Rn. 4/1.

[2] Nordemann WettbR/MarkenR Rn. 2.

[3] BGH GRUR 1979, 321 (323) – Verkauf unter Einstandspreis.

2. Entstehungsgeschichte und Verhältnis zum Unionsrecht

Die Vorschrift wurde im Rahmen der UWG-Reform 2004 als § 4 Nr. 10 in das UWG eingefügt. 5
Mit ihrer generalklauselartigen Formulierung werden alle **Fallgruppen der Mitbewerberbehinderung,** die sich vor der **UWG-Reform 2004** in der Rechtsprechung herausgebildet hatten und auf die zurückgegriffen werden kann,[4] erfasst.

Die Norm blieb bei der Reform 2008 unverändert und wurde im Rahmen der Reform 2015, 6
bei der die bisherigen § 4 Nr. 1–6 UWG wegfielen, zum neuen § 4 Nr. 4 UWG. Eine Änderung der Rechtslage ging damit nicht einher.[5]

Da die Tatbestände des § 4 UWG (allein) dem Mitbewerberschutz, nicht aber dem Ver- 7
braucherschutz dienen, unterfällt § 4 Nr. 4 UWG nicht der UGP-Richtlinie. Allerdings können die Wertungen der Richtlinie, je nach Fallgestaltung, bei der Anwendung der Vorschrift Berücksichtigung finden, so zB bei der Fallgruppe des unlauteren Abwerbens von Kunden.[6]

3. Geschäftliche Handlung

Der Behinderungstatbestand verlangt regelmäßig eine **geschäftliche Handlung im Sinne des** 8
§ 2 Abs. 1 Nr. 1 UWG. Sie erfasst „jedes Verhalten einer Person zugunsten des eigenen oder eines fremden Unternehmens, bei oder nach einem Geschäftsabschluss, das mit der Förderung des Absatzes oder des Bezugs von Waren oder Dienstleistungen oder mit dem Abschluss oder der Durchführung eines Vertrags über Waren oder Dienstleistungen objektiv zusammenhängt."

Im Zusammenhang mit dem Tatbestand der gezielten Behinderung stellte sich in der jüngeren 9
Rechtsprechung die Frage nach einer geschäftlichen Handlung insbes. bei kostenloser Werbeblocker-Software. Diese zeichnet sich bisweilen dadurch aus, dass Werbung auf Internetseitseiten nach bestimmten Filterregeln gem. einer sog. „Blacklist" blockiert wird. Während Download und Nutzung der Software kostenlos sind, generiert der Anbieter Einnahmen ua dadurch, dass Unternehmen ihre Werbung von dieser Blockade durch Aufnahme in eine „Whitelist" im Gegenzug zu einer Umsatzbeteiligung ausnehmen lassen können. Nach der Rechtsprechung liegt trotz Kostenlosigkeit der Software eine geschäftliche Handlung vor, weil ein einheitliches, der Absatzförderung des Software-Anbieters dienendes Geschäftsmodell gegeben sei, bei dem die entgeltlich angebotene Whitelisting-Funktion nur abgesetzt werden könne, wenn zuvor die unentgeltlich abgegebene Blacklisting-Funktion zum Einsatz kommt.[7]

Lässt sich keine Wettbewerbshandlung feststellen, scheiden Unlauterkeitsvorschriften aus. 10
Sodann ist nach allgemeinem Deliktsrecht zu prüfen, wie das fragwürdige Verhalten zu qualifizieren ist – etwa als ein zielgerichteter Eingriff in den eingerichteten Gewerbebetrieb (§ 823 Abs. 1 BGB), als Kreditgefährdung (§ 824 BGB) oder als sittenwidrige Schädigung (§ 826 BGB).

4. Behinderungen

Die **Erscheinungsformen der wettbewerbswidrigen Behinderung lassen sich nicht eindeutig** 11
und abschließend bestimmen. Überschneidungen zu anderen Untergruppen sind unausweichlich. Zweckmäßig ist es indes, zwischen wettbewerbswidrigen Behinderungen zu unterscheiden, die sich gegen einzelne Mitbewerber richten (**individuelle Behinderungen**). Sie stehen im Gegensatz zu **kollektiven Behinderungen,** die sich gegen eine Vielzahl von Mitbewerbern wenden. Letztere verzerren durch leistungsfremde Mittel die Marktverhältnisse und gefährden die Wettbewerbsvoraussetzungen sowie seinen Bestand. Dieser Unrechtsgehalt erfordert angesichts der Marktfolgen die Wertung namentlich durch das Kartellrecht.[8]

Obwohl die Formen der Behinderung naturgemäß vielgestaltig sind, haben sich nur wenige 12
als wettbewerbsrechtlich relevant erwiesen. Denn solange die Behinderung iRd Leistungswettbewerbs geschieht, sind diese Folgen gewollt und wesensimmanent. Die Rechtsprechung hat indes bestimmte Behinderungen als wettbewerbswidrig stigmatisiert, von denen die praktisch bedeutsamen nachfolgend erläutert werden.

---

[4] BGH GRUR 2004, 1039 (1041) – SB-Beschriftung; BGH GRUR 2005, 581 (582) – The Colour of Élégance; GRUR Int 2008, 519 Nr. 22; Ohly/Sosnitza/Ohly UWG § 4 Rn. 4/4.

[5] BGH GRUR 2017, 92m (93) – Fremdcoupon-Einlösung.

[6] So auch Köhler/Bornkamm/Feddersen/Köhler UWG § 4 Rn. 4.3a.

[7] BGH GRUR 2018, 1251 (1253) – Werbeblocker II, mwN; aA: OLG Hamburg GRUR-RS 2018, 6040 Rn. 88, 89, 91.

[8] Vgl. MüKoUWG/Jänich § 4 Nr. 4 Rn. 2 ff.

5. Gezieltes Handeln (Unlauterkeit der Behinderung)

13 Eine unlautere Behinderung von Mitbewerbern setzt eine Beeinträchtigung der wettbewerblichen Entfaltungsmöglichkeiten der Mitbewerber voraus, die über die mit jedem Wettbewerb verbundene Beeinträchtigung hinausgeht und bestimmte Unlauterkeitsmerkmale aufweist.[9] Der Mitbewerber muss nach § 4 Nr. 4 UWG „gezielt" behindert werden. Eine gezielte Behinderung erfordert nicht, dass die Behinderung tatsächlich eingetreten ist; es genügt, dass die geschäftliche **Handlung zur Behinderung geeignet** ist.[10] Auch eine Behinderungsabsicht ist nicht notwendig (dazu sogleich).

14 In diesem Merkmal kristallisiert sich vielmehr die oben geschilderte **Abwägung zwischen gewolltem Leistungswettbewerb und unerwünschtem geschäftsschädigendem Verhalten.** Eine Behinderung von Mitbewerbern als bloße Folge des Wettbewerbs kann nicht genügen, um den Tatbestand des **gezielten Handelns** zu erfüllen.[11] Es muss vielmehr eine **qualifizierte Behinderung** des Konkurrenten zu beobachten sein, um einen Unlauterkeitsgehalt auszumachen. Somit ist das „gezielte" Handeln kein Kriterium, das etwa erhöhte Anforderungen an den Unlauterkeitsgehalt stellt, sondern allein der Klarstellung und Abgrenzung zur wettbewerbsgemäßen Beeinträchtigung dient.[12]

15 „Gezielt" ist eine Behinderung, wenn sie nicht oder nicht primär der Förderung der eigenen Geschäftsentwicklung, sondern der **Störung des fremden Geschäftsbetriebes** dient. Die Rechtsprechung unterscheidet dabei **zwei Fallgruppen:** Zum einen den (subjektiv geprägten) Fall der Verdrängungsabsicht, zum anderen den (objektiven) Fall der Leistungsbehinderung.

16 Im ersten Fall ist eine Behinderung „gezielt", weil sie **in Verdrängungsabsicht** geschieht; wenn der Handelnde also subjektiv die Absicht hat, den Konkurrenten an seiner wettbewerblichen Entfaltung zu hindern, um ihn im Markt zu schwächen, wenn nicht gar von dort zu verdrängen.[13] Ob eine solche Absicht gegeben ist, ist häufig schwierig festzustellen. Von einer Verdrängungsabsicht ist jedenfalls dann auszugehen, wenn die Maßnahme ihrer Natur oder den Umständen nach keinen anderen Zweck als den der Verdrängung oder Schwächung des Mitbewerbers haben kann,[14] was wiederum dann der Fall ist, wenn die Maßnahme für sich allein nur wirtschaftliche Nachteile bringt und diese Nachteile erst dann ausgeglichen werden können, wenn der Mitbewerber ausgeschaltet ist.[15]

17 Allerdings ist eine Behinderungs*absicht* für den Tatbestand des § 4 Nr. 4 UWG keinesfalls erforderlich.[16] Sie ist hinreichende, aber nicht notwendige Bedingung. Daher ist die zweite Fallgruppe einschlägig, wenn sich eine Verdrängungsabsicht nicht nachweisen lässt. Die Behinderung kann dennoch gezielt und damit unlauter sein, weil das Verhalten zwar zunächst unmittelbar der Förderung des eigenen wirtschaftlichen Erfolgs dient, es aber dazu führt, **dass der Mitbewerber seine eigene Leistung am Markt durch eigene Anstrengung nicht mehr in angemessener Weise zur Geltung bringen kann.**[17] Dabei genügt die Eignung der geschäftlichen Handlung zur Behinderung;[18] die Behinderung muss also nicht tatsächlich eingetreten sein.[19]

---

[9] St. Rspr., siehe nur BGH GRUR 2021, 497, Rn. 51 – Zweitmarkt für Lebensversicherungen; BGH GRUR 2018, 1251 (1253) – Werbeblocker II; BGH GRUR 2017, 92 (93) – Fremdcoupon-Einlösung (mwN).

[10] BGH GRUR 2017, 397 (404) – World of Warcraft II (mwN).

[11] Amtl. Begr., BT-Drs. 15/1487, 19, zu Nr. 10; vgl. KG GRUR-RR 2008, 171 f. – Mediaboxen.

[12] Vgl. BGH GRUR 2007, 987 Rn. 24 – Änderung der Voreinstellung; OLG München GRUR 2006, 686 (688) – Österreich.de/österreich.de.

[13] BGH GRUR 2021, 497, Rn. 51 – Zweitmarkt für Lebensversicherungen; BGH GRUR 2018, 1251 (1253) – Werbeblocker II; BGH GRUR 2007, 800 Rn. 22 – Außendienstmitarbeiter; BGH GRUR 2001, 80 (81) – ad-hoc-Mitteilung; 2005, 581 (582) – The Colour of Élégance; OLG Köln GRUR-RR 2007, 367 – Fehlerhafte Auftragsbestätigung im Resalegeschäft.

[14] BGH GRUR 2015, 607 Rn. 17 – Uhrenankauf im Internet.

[15] OLG Hamm GRUR-RR 2020, 523 Rn. 7.

[16] BGH GRUR 2014, 393 (397) – wetteronline.de; BGH GRUR 2009, 685 (689) – ahd.de; missverständlich: BGH GRUR 2015, 607 (608) – Uhrenankauf im Internet (wonach eine „allgemeine Markenbeschwerde" bei Google nicht den Tatbestand der gezielten Behinderung erfülle, weil damit das Ziel verfolgt werde, Markenverletzungen durch Online-Anzeigen zu verhindern und es damit an einer „Behinderungsabsicht" fehle).

[17] BGH GRUR 2021, 497, Rn. 51 – Zweitmarkt für Lebensversicherungen; BGH GRUR 2018, 1251 (1253) – Werbeblocker II; BGH GRUR 2017, 92 (93) – Fremdcoupon-Einlösung; BGH GRUR 2009, 878 (880) – Fräsautomat, mwN.

[18] BGH WRP 2017, 324 Rn. 34 – Portierungsauftrag; OLG Köln WRP 2021, 808 (810), Rn. 32.

[19] Köhler/Bornkamm/Feddersen/Köhler UWG § 4 Rn. 4.6.

18 Ob eine dieser zwei Fallgruppen vorliegt, ist anhand einer **objektiven Würdigung aller Umstände des Einzelfalls** zu ermitteln, wobei die sich gegenüberstehenden **Interessen der beteiligten Mitbewerber, Verbraucher oder sonstigen Marktteilnehmer sowie der Allgemeinheit gegeneinander abzuwägen** sind.[20] Unlauterkeit ist danach gegeben, wenn eine Maßnahme (zumindest auch) dem eigenen Wettbewerb dient, aber das Eigeninteresse weniger schutzwürdig erscheint als die Interessen der übrigen Marktteilnehmer und der Allgemeinheit, und das Verhalten von den Mitbewerbern unter Berücksichtigung des Grundsatzes der Wettbewerbsfreiheit und des Schutzzwecks des Gesetzes nicht mehr als „normales" Wettbewerbsverhalten hingenommen werden muss. Dabei kann auch der **Verhältnismäßigkeitsgrundsatz** eine Rolle spielen: Beeinträchtigt ein Verhalten schutzwürdige Interessen behinderter Mitbewerber, kann es für ein Verbot nach § 4 Nr. 4 UWG darauf ankommen, ob der Handelnde seine Ziele mit weniger einschneidenden Wirkungen erreichen könnte.[21] Dies darf allerdings nicht dahingehend missverstanden werden, dass Unternehmen bei ihrem Wettbewerbsverhalten stets den Grundsatz der Verhältnismäßigkeit zu beachten hätten. Es gibt keinen allgemeinen Grundsatz, dass ein Unternehmen die Interessen der Mitbewerber nur in möglichst geringer Weise beeinträchtigen dürfte; dies wäre mit dem Grundsatz des freien Wettbewerbs nicht vereinbar.[22]

6. Bagatellschwelle

19 Die Relevanz der fraglichen Handlung ist an § 3 UWG zu messen. Nach dieser Bagatellklausel muss das Verhalten geeignet sein, „das wirtschaftliche Verhalten der Verbraucher wesentlich zu beeinflussen." Dieses Wesentlichkeitserfordernis ist nicht anders auszulegen als die frühere Spürbarkeitsklausel in § 3 Abs. 1, 2 UWG aF.[23]

20 Maßgeblich ist etwa, ob die Fähigkeit des Verbrauchers, sich **aufgrund von Informationen zu entscheiden,** erheblich beeinträchtigt ist und ihn zu einer geschäftlichen Entscheidung veranlasst, die er andernfalls nicht getroffen hätte. Somit muss die Wettbewerbshandlung eine gewisse, nicht unerhebliche Beeinträchtigung zeitigen und von einem **Gewicht für das Wettbewerbsgeschehen und die Interessen der geschützten Personen** sein. Damit wird zwar kein unlauteres Verhalten legalisiert, sondern nur dessen Rechtsverfolgung unterbunden. Folglich ist die Relevanzschwelle nicht zu hoch anzusetzen.[24]

21 Maßstab für eine solche Beeinträchtigung des Wettbewerbs sind die Wirkungen wettbewerbswidrigen Verhaltens auf das Marktgeschehen. Ob eine Wettbewerbshandlung den Wettbewerb nachhaltig verfälscht, verlangt eine umfassende Bewertung aller Umstände des Einzelfalles. Sie muss neben der **Art und Schwere des Verstoßes eine Prognose des Wettbewerbs und des Schutzzwecks des Wettbewerbsrechts beinhalten.** Mithin kann eine Verfälschung auch bei Bagatellverstößen für den Marktteilnehmer vorliegen, wenn viele Marktbeteiligte betroffen sind oder eine nicht unerhebliche Nachahmungsgefahr besteht. Diese Schwelle wird im Rahmen des § 4 Nr. 4 UWG meist gegeben sein und eine spezielle Prüfung der Relevanz entbehrlich machen.[25]

II. Absatzbehinderung

22 Die Absatzbehinderung beeinträchtigt den **Zugang der Konkurrenten zum Markt sowie den Waren- und Dienstleistungsvergleich.** Sie unterbindet, dass der Mitbewerber sich mit seinem Angebot an den Verbraucher wenden und ihn erreichen kann. Diese Erscheinungsform der **Individualbehinderung** ist unlauter, weil der Leistungswettbewerb umgangen wird. Denn der Kunde entscheidet sich nicht auf Grund von Qualität und Preiswürdigkeit der Leistung zum Kauf, sondern auf Grund **erschwerter und mitunter gar fehlender Vergleichsmöglichkeiten mit den sonstigen Angeboten.** Trotz der Vielgestaltigkeit der Absatzbehinderung lässt sie sich grob in eine kundenbezogene, produktbezogene und vertriebsbezogene Behinderung einteilen.[26]

[20] BGH GRUR 2017, 92 (93) – Fremdcoupon-Einlösung (mwN); OLG Köln, WRP 2021, 808 (811), Rn. 33.
[21] BGH GRUR 2017, 92 (97) – Fremdcoupon-Einlösung; Köhler/Bornkamm/Feddersen/Köhler UWG § 4 Rn. 4.11.
[22] BGH GRUR 2017, 92 (97) – Fremdcoupon-Einlösung.
[23] BGH GRUR 2017, 92 (93) – Fremdcoupon-Einlösung.
[24] Vgl. oben Ebert-Weidenfeller → § 12 Rn. 113 ff.; Amtl. Begr., BR-Drs. 345/08, 20.
[25] Vgl. BGH GRUR 2009, 876 Rn. 26 – Änderung der Voreinstellung II.
[26] Vgl. Köhler/Bornkamm/Feddersen/Köhler UWG § 4 Rn. 4.24 ff.

1. Kundenbezogene Behinderung

23 Der Leistungswettbewerb erlaubt das **Werben um potentielle Kunden,** das **zielbewusste und systematische Eindringen in fremde Kundenkreise** sowie das **Ausspannen von Kunden.** Deshalb darf grds. kein Mitbewerber erwarten, dass ihm sein Kundenstamm und laufende Verträge erhalten bleiben.[27] Wettbewerbswidrig wird das Buhlen um Kaufinteressenten nur unter ganz besonderen, sorgfältig zu prüfenden und abzuwägenden Umständen.[28]

24 **a) Kundenfang.** Beim Kundenfang (oder „Abfangen von Kunden") wirkt ein Unternehmen auf bestehende Kunden eines anderen Unternehmens (oder potentielle Kunden, die dem anderen Unternehmen bereits zuzurechnen sind) ein, um diese als eigene Kunden zu gewinnen.

25 *aa) Allgemeines.* Hierfür muss zunächst geprüft werden, ob es sich bei den umworbenen Kunden tatsächlich um solche handelt, die dem anderen Unternehmen bereits **„zuzurechnen"** sind.[29] Das ist zB noch nicht der Fall, wenn Rabattgutscheine an (potentielle) Kunden eines Handelsunternehmens übersandt werden, selbst wenn es sich dabei um Inhaber einer Kundenkarte oder Teilnehmer eines Kundenbindungsprogramms handelt.[30] Denn bei Erhalt der Gutscheine sind die Kunden noch (zu) weit von einem Vertragsabschluss mit dem die Gutscheine übersendenden Unternehmen entfernt.

26 Im Übrigen ist auch ein Abwerben bestehender (oder potentieller, aber bereits dem Konkurrenten zuzurechnender) Kunden **nur ausnahmsweise unlauter.** Denn das Eindringen in einen fremden Kundenkreis und das Ausspannen sowie Abfangen von Kunden gehören grundsätzlich **zum Wesen des Wettbewerbs.** Eine unlautere Behinderung des Mitbewerbers liegt deshalb erst vor, wenn auf Kunden in unangemessener Weise eingewirkt wird, um sie als eigene Kunden zu gewinnen.[31] Dies kann dann der Fall sein, **wenn sich der Abfangende zwischen den Mitbewerber und dessen Kunden stellt,** um diesem eine Änderung seines Entschlusses aufzudrängen, die Waren oder Dienstleistungen des Mitbewerbers in Anspruch zu nehmen.[32]

27 Werden Kunden vom Kauf abgehalten, kann eine unlautere Behinderung von Mitbewerbern gegeben sein. Sie ist allerdings nur dann offenkundig, wenn etwa ein Käufer mit Gewalt oder unter Drohungen gehindert wird, ein Geschäft aufzusuchen. Schwieriger erweist sich die **Abgrenzung bei Werbemaßnahmen.** Dort ist entscheidend, ob sich der **Werbende zwischen die Kaufinteressenten und die Mitbewerber drängt,** um den Kaufentschluss zu seinen Gunsten zu beeinflussen.[33] Dies ist nicht schon dann der Fall, wenn sich ein Unternehmen nicht zwischen Unternehmen und Kunde, sondern **neben ein anderes Unternehmen** stellt, um den Kunden das eigene Angebot als frei wählbare Alternative zu präsentieren. So etwa, wenn in einem Telefonbuch direkt unter dem Buchstaben „T" – und damit im unmittelbaren Zusammenhang mit Einträgen von Taxiunternehmen – mit einer Anzeige für das Angebot eines Mietwagenunternehmens geworben wird (obwohl das Mietwagenunternehmen nicht mit dem Buchstaben „T" anfängt).[34]

28 Ist dem Verbraucher der **Leistungsvergleich weiterhin möglich** und ist er weiterhin in seiner Kaufentscheidung frei, so kann das Werbeverhalten nicht wettbewerbswidrig sein. Denn der Kunde kann das Angebot des Konkurrenten nicht nur wahrnehmen, sondern sich mit diesem auch auseinandersetzen.[35] Wird eine Werbung nicht beschädigt, beseitigt oder verdeckt, sondern führt das „behindernde" Verhalten nur dazu, dass eine Werbung ihren Zweck verfehlt, weil der Kunde aufgrund einer **freien Entscheidung** das Produkt des „behindernden" Unternehmens wählt, dann liegt keine gezielte Behinderung vor.[36]

---

[27] BGH GRUR 2001, 1061 (1063) – Mitwohnzentrale.de; BGH GRUR 1990, 522 (527) – HBV-Familien- und Wohnungsrechtsschutz.

[28] Vgl. BGH GRUR 2001, 1061 (1063) – Mitwohnzentrale.de; BGH GRUR 1990, 522 (527) – HBV-Familien- und Wohnungsrechtsschutz.

[29] OLG Frankfurt a. M. GRUR-RS 2021, 14613 Rn. 49.

[30] BGH 2017, 92 (94) – Fremdcoupon-Einlösung.

[31] St. Rspr., siehe zuletzt BGH GRUR 2021, 497, Rn. 52 – Zweitmarkt für Lebensversicherungen.

[32] St. Rspr., siehe nur BGH 2017, 92 (93) – Fremdcoupon-Einlösung; OLG Frankfurt GRUR-RR 2019, 305 (307) Rn. 22.

[33] BGH GRUR 1963, 197 (200) – Zahnprothesen-Pflegemittel; BGH GRUR 1986, 547 (548) – Handzettelwerbung; BGH GRUR 1987, 532 (533) – Zollabfertigung; BGH GRUR 1983, 34 (35) – Bestellschreiben; OLG Frankfurt a. M. GRUR-RR 2020, 27, Rn. 31.

[34] BGH GRUR 2012, 645 – Mietwagenwerbung.

[35] BGH GRUR 1960, 431 (433) – Kfz-Namensschilder.

[36] BGH GRUR 2017, 92 (94) – Fremdcoupon-Einlösung.

Es kommt maßgeblich auf die konkreten Umstände und die Gesamtschau des Einzelfalles an, ob die **Entscheidungsfreiheit des Kunden** erhalten oder aber schon eingeschränkt ist. Ein relevanter Faktor kann zB sein, ob der Werbende über eine besondere Fürsorgestellung oder Einflussmöglichkeit verfügt: Nach der jüngeren Rechtsprechung stellt es ein unlauteres Abfangen von Patienten dar und berührt deren Recht auf freie Arztwahl, wenn ein Versicherer, der über die Kostenübernahme bei einem Heil- und Kostenplan entscheidet, seine Schlüsselposition dazu nutzt, den Patienten zu einem Wechsel zu mit dem Versicherer in einem Netzwerk verbundenen Zahnärzten zu bewegen, indem er ihm eine Vergünstigung in Aussicht stellt.[37] Bei der Prüfung sind auch sachliche Gründe des Werbenden zu beachten. Womöglich bedient er sich der strittigen Werbemethode, um etwa einen Standortnachteil wettzumachen. Denn einzig in der nachteiligen Wirkung von Konkurrenzangeboten ist noch keine Unlauterkeit zu erkennen. 29

bb) Werbung in räumlicher Nähe zur Konkurrenz. Es wird als unlauter angesehen, in unmittelbarer Nähe des Geschäftslokals des Mitbewerbers gezielt Passanten anzusprechen oder dort **Werbeunterlagen** zu verteilen.[38] So etwa, wenn im Einfahrtsbereich eines Einzelhändlers an dessen Kunden Handzettel verteilt werden, auf denen für die Leistungen eines Mitbewerbers geworben wird und die Werber an in der Einfahrt haltende Fahrzeuge herantreten, um die Kunden zur Entgegennahme der Handzettel zu veranlassen, und diese sich diesem Versuch nicht ohne weiteres entziehen können.[39] 30

cc) Ausnutzen fremder Einrichtungen. Ein Unterfall des Abfangens von Kunden ist das **Ausnutzen fremder Einrichtungen,** also die Nutzung von Leistungen und Angeboten, die Mitbewerber eingerichtet haben, für eigene Zwecke ohne dafür ein Entgelt zu entrichten. So etwa, wenn ein Telekommunikationsunternehmen seinen Kunden eine **Rufumleitung** anbietet, bei der Anrufe von einem Festnetzanschluss auf die Mobilfunknummer des Kunden auf seine Festnetznummer umgeleitet werden, wodurch dem Mobilfunkunternehmen die Einnahme eines erhöhten Entgelts für den Festnetzanruf auf eine Mobilnummer entgeht.[40] Das Telekommunikationsunternehmen nutzt dabei die Einrichtung und Unterhaltung des Mobilfunknetzes für eigene Zwecke (das eigene Angebot) aus und sorgt gleichzeitig dafür, dass dem Mobilfunkunternehmen die ihm eigentlich zustehenden Einnahmen verloren gehen. Eine unlautere Behinderung ist auch gegeben, wenn ein Taxifahrer sein Fahrzeug auf einem Standplatz, der von einer Taxi-Unternehmervereinigung gemietet wurde und von allen Taxiunternehmern/-fahrern gegen Entgelt genutzt werden darf, abstellt, ohne Entgelt zu entrichten: In der Umgehung der Entgeltzahlung liegt eine gezielte Behinderung derjenigen Unternehmer, die die Stellplätze entgeltlich in Anspruch nehmen, denn ihnen wird durch das Verhalten eine Erwerbschance genommen.[41] Anders liegt es (und ein unlauteres Ausnutzen fremder Einrichtungen ist zu verneinen), wenn ein Unternehmen bewusst eine sog. **„Tippfehler-Domain"** registriert, wodurch Kunden, die versehentlich die falsche Domain eingeben, nicht auf die eigentlich avisierte, sondern auf die Internetseite des Tippfehler-Domain-Inhabers gelenkt werden. Denn hier wird nicht das Bereithalten der Internetseite des eigentlichen Domain-Inhabers, sondern die falsche Eingabe ausgenutzt (wobei das Verhalten unter dem Gesichtspunkt des Kundenfangs gleichwohl unlauter sein kann; dazu sogleich).[42] 31

Hingegen wird es als zulässig betrachtet, vorübergehend Handzettel in der Einkaufsstraße einer Großstadt zu verteilen, obwohl ein konkurrierender Einzelhändler unweit sein Ladengeschäft betreibt.[43] Solche Maßnahmen können sachlich gerechtfertigt sein, weil sie etwaige Standortnachteile ausgleichen und dem Kaufinteressenten erst eine **Wahl- und Vergleichsmöglichkeit** eröffnen. So wurde auch das Verteilen von Werbung in der Nähe eines privaten Automarktes als wettbewerbsgemäß bewertet, weil die Konkurrenzveranstaltung erst mehrere Tage später stattfinden sollte. Zwischenzeitlich könne der Kunde die Angebote ruhig prüfen, entschied der Bundesgerichtshof.[44] Ebenso zulässig ist die Werbung einer Drogeriekette, wonach Kunden Rabatt-Coupons konkurrierender Drogeriemärkte zu den gleichen Bedingungen bei der werbenden Drogeriekette einlösen können: Denn den Kunden steht es weiterhin frei, die Ra- 32

[37] OLG Dresden GRUR-RR 2021, 43.
[38] BGH GRUR 1960, 431 (433) – Kfz-Namensschilder; KG GRUR 1984, 601 (602) – Handzettel-Verteilung.
[39] OLG Frankfurt GRURPrax 2017, 22.
[40] BGH GRUR 2010, 346 – Rufumleitung.
[41] OLG Frankfurt a. M. 22.10.2020 – 6 U 131/19, GRUR-RR 2021, 88 Rn. 19, 27; 22.10.2020 – 6 U 203/19, GRUR-RS 2020, 31150 Rn. 26.
[42] BGH GRUR 2014, 393 (396) – wetteronline.de.
[43] BGH GRUR 1960, 431 (433) – Kfz-Namensschilder; KG GRUR 1984, 601 (602) – Handzettel-Verteilung.
[44] BGH GRUR 1986, 547 (548) – Handzettelwerbung.

batt-Coupons nicht bei dem werbenden, sondern bei dem die Coupons ausstellenden Drogeriemarkt einzulösen.[45]

33 *dd) Kundenabfang im Internet.* Durch die **Entwicklung des Internets** sind besondere Formen der Kanalisierung von Kundenströmen entstanden. Hier ist insbesondere die **Verwendung von generischen Begriffen als Domain,** das **Anmelden von „Tippfehler-Domains,** der **Einsatz von Metatags** und die **Verwendung fremder Kennzeichen als Suchbegriffe (Stichwort „Keyword-Advertising"**) zu nennen.[46]

34 Ob **beschreibende Domains** (ausnahmsweise) als wettbewerbswidrig zu untersagen sind, ist danach zu beurteilen, ob sie allein auf den eigenen Vorteil gerichtet sind, ohne dass auf bereits dem Mitbewerber zuzurechnende Kunden in unlauterer Weise eingewirkt wird.[47] Im Kern geht es um die Frage, ob Käuferströme durch die fragliche Domain erst dort hingelenkt oder aber dorthin abgelenkt wurden.[48] Nur im letzteren Fall ist eine Unlauterkeit zu erkennen. Gleichwohl ist zu beachten, dass sich die Nutzung eines Gattungsbegriffs als Domain dann als irreführend iSv § 5 UWG erweisen kann, wenn dieser Begriff eine Alleinstellung suggeriert, die nicht besteht. Das wäre etwa bei einer Domain namens „zahnaerzte-berlin.de" der Fall, die nur von einer einzigen Berliner Zahnarztpraxis mit wenigen Berufsträgern benutzt wird.

35 Bei sog. **„Tippfehler-Domains"** meldet ein Unternehmen eine Domain an, die mit einer bestehenden Domain (oder einem geschützten Zeichen) eines anderen Unternehmens zwar nicht identisch ist, aber einer (aufgrund typischer Tippfehler) naheliegenden falschen Schreibweise der Original-Domain (oder des Original-Zeichens) entspricht. Solche Tippfehler-Domains sind zwar keine unlautere Ausnutzung fremder Einrichtungen, da sie die Original-Internetseite nicht benutzen (siehe oben). Sie können aber eine unlautere Behinderung in Form des unzulässigen Kundenabfangens darstellen. Denn Kunden werden, noch bevor sie die eigentlich avisierte Internetseite erreichen, buchstäblich abgefangen und auf ein anderes Angebot umgelenkt. Zwar werden sie den Irrtum häufig rasch bemerken; es liegt aber nahe, dass sie sich – aus Verärgerung oder Lästigkeit – häufig nicht die Mühe machen werden, nochmal zu versuchen, die Originaldomain aufzusuchen, sondern kurzerhand einen anderen Anbieter wählen,[49] oder aber sogar vom Angebot des Tippfehler-Domaininhabers erfolgreich „vereinnahmt" wurden. Eine gezielte Behinderung ist mangels Abfangens wiederum zu verneinen, wenn der Nutzer nach Eingabe der versehentlich falschen Domain sogleich und unübersehbar darauf aufmerksam gemacht wird, dass er sich nicht auf der eigentlich gesuchten Internetseite befindet, weil er sich vermutlich vertippt hat.[50]

36 Im Internet werden potentielle Kunden häufig durch **Metatags** abgefangen. Hierbei handelt es sich um Kennzeichen und Marken von Mitbewerbern, die auf den Webseiten des Anbieters installiert und nur von Suchmaschinen identifizierbar sind. Diese Metatags sollen den Kaufinteressenten zum eigenen Angebot leiten.[51] Um diese Strategie rechtlich zu beurteilen, ist zu unterscheiden, ob der Werber geschützte Produkt- und Unternehmenskennzeichen oder falsche **generische Begriffe** verwendet. Im letzteren Falle scheidet ein Ablenken von fremden Kundenströmen deshalb aus, weil es sich um keine Kunden handelt, die bereits einem anderen Mitbewerber zuzurechnen wären.[52] Es kommt aber ein Verstoß gegen das Irreführungsverbot des § 5 UWG in Betracht. Soweit **Markenrechte** betroffen sind, begründen Metatags idR eine Markenverletzung.[53] Es liegt auch eine gezielte Behinderung vor, wenn sie zur unzulässigen Kanalisierung von Kundenströmen führen und damit eine missbräuchliche Absatzbehinderung darstellen.[54] Das kann etwa der Fall sein, wenn der fremde Ruf der Marke als Vorspann zum Absatz der eigenen Waren missbraucht wird. Stellen sich die Metatags zwischen die Zeicheninhaber und deren Kunden, um den Kaufentschluss zu beeinflussen, so ist dies eine unlautere Behinderung. Werden

[45] BGH GRUR 2017, 92 (94 ff.) – Fremdcoupon-Einlösung.
[46] Ausführlich Köhler/Bornkamm/Feddersen/Bornkamm/Feddersen UWG § 5 Rn. 2.128 ff.
[47] Vgl. OLG Hamburg GRUR-RR 2007, 83 – Althochdeutsch; OLG Hamburg 2005, 315 (316) – günstiger.de; OLG Köln GRUR-RR 2006, 19 – schlüsselbänder.de.
[48] BGH GRUR 2001, 1061 (1063 f.) – Mitwohnzentrale.de.
[49] BGH GRUR 2014, 393 (396) – wetteronline.de.
[50] BGH GRUR 2014, 393 (397) – wetteronline.de.
[51] Kotthoff K&R 1999, 157 (161); Viefhues MMR 1999, 336; Varadinek GRUR 2000, 279.
[52] Vgl. BGH GRUR 2001, 1061 (1063 f.) – Mitwohnzentrale.de; OLG Düsseldorf GRUR-RR 2006, 265 (267) – Post-Domain-Pfad; GRUR-RR 2006, 100 – Switch & Profit; aA OLG Köln GRUR-RR 2008, 97.
[53] BGH GRUR 2007, 65 – Impuls; BGH GRUR 2007, 784 – AIDOL.
[54] AA Köhler/Bornkamm/Feddersen/Köhler UWG § 4 Rn. 4.31.

Metatags mit dem Ziel eingesetzt, Produktpirateriewaren über die eigene Website zu vertreiben, liegt ein Fall der Rufausbeutung vor.

Beim **Keyword-Advertising** blendet eine Suchmaschine neben der Trefferliste entgeltliche Werbung ein, die in einem Kontext zur Suchanfrage steht. Die bekannteste Form dieser Werbeart ist wohl Google AdWords. Der Werbende, der Anzeigen bei Google AdWords bucht, kann Schlüsselwörter angeben; sobald ein Nutzer der Suchmaschine diese eingibt, erscheint die Anzeige des Werbenden. BGH und EuGH haben in mehreren Leitentscheidungen mittlerweile geklärt, dass das Keyword-Advertising **in der Regel keine Markenverletzung** darstellt; dies jedenfalls dann, wenn die Anzeige in einem von der Trefferliste eindeutig getrennten und entsprechend gekennzeichneten Werbeblock erscheint und selbst weder die Marke noch sonst einen Hinweis auf den Markeninhaber oder die unter der Marke angebotenen Produkte enthält.[55] Es liegt dann auch **keine gezielte Behinderung** vor. Denn in dem Umstand, dass bei der Eingabe eines fremden geschützten Kennzeichens als Suchwort auch eine Anzeige eines Mitbewerbers erscheint, liegt noch keine unangemessene Beeinflussung potenzieller Kunden;[56] der Werbende drängt sich hier nicht zwischen dem Zeicheninhaber und seinen (potentiellen) Kunden, sondern stellt sich neben den Zeicheninhaber und präsentiert sein Angebot als Alternative.[57] Ist ein Angebot dagegen nicht als Werbung gekennzeichnet, kommt es darauf an, ob der durchschnittliche Nutzer damit rechnet, dass der Betreiber der Suchmaschine die Platzierung auf der Liste von der Zahlung eines Entgelts abhängig macht; das ist regelmäßig anzunehmen.[58] 37

Trotz der grundsätzlichen Zulässigkeit des Keyword-Advertising mit geschützten fremden Zeichen ist es – umgekehrt – **keine unlautere Behinderung,** wenn ein Markeninhaber beim Anbieter der Internetsuchmaschine **eine „allgemeine Markenbeschwerde"** (so die Bezeichnung bei Google) einlegt, mit der die Suchmaschine Markeninhabern ermöglicht, sich gegen die Nutzung ihrer Kennzeichen im Text von Anzeigen zu wenden (wobei sich werbende Unternehmen an die Markeninhaber wenden können, um eine individuelle Zustimmung zu einer geplanten Werbung zu erhalten).[59] Hier fehlt es an einer gezielten Behinderung, weil die Maßnahme nicht der Schwächung von Mitbewerbern, sondern vornehmlich dem Zweck dient, die eigenen Markenrechte durchzusetzen. Demgegenüber ist es **eine unzulässige Behinderung,** wenn der Markeninhaber über die allgemeine Markenbeschwerde hinaus seine erbetene **Zustimmung zu einzelnen Werbungen verweigert, obwohl die fragliche Werbung die Markenrechte nicht verletzen würde.**[60] 38

b) Kundenabwerbung. Die Kundenabwerbung unterscheidet sich vom Kundenfang dadurch, dass Kunden dazu verleitet werden (sollen), eine Vertrags- oder Geschäftsbeziehung zu beenden. Die Abwerbung von Kunden ist wettbewerbsimmanent.[61] Der Kundenstamm – und mag er auch mit noch so viel Mühen und Kosten und über eine noch so lange Zeit aufgebaut worden sein – ist kein geschütztes Rechtsgut, auf dessen Erhalt Unternehmen einen Anspruch hätten; das Abwerben von Kunden ist grds. zulässig, selbst wenn es gezielt, planmäßig und systematisch geschieht.[62] 39

aa) Allgemeines. Maßgeblich bei der Beurteilung ist auch hier zunächst, **ob die Kunden dem Wettbewerber überhaupt bereits zuzurechnen** waren: Nach der Rechtsprechung soll dies dann nicht der Fall sein, wenn der Kunde ein 100-Tage-Rückgaberecht hat und die 100 Tage noch nicht abgelaufen sind. Denn wer erreichen wolle, dass Kunden Produkte ohne Angst vor einer festen vertraglichen Bindung bestellen, müsse sich auch vorhalten lassen, dass diese Kunden noch nicht als ihm bereits zugerechnet angesehen werden.[63] 40

Kundenabwerbung wird zudem erst dann wettbewerbswidrig, wenn besondere Umstände hinzutreten.[64] Solche **Begleitumstände können irreführende und unsachliche Angaben über Mitbewerber oder dessen Leistungsfähigkeit** sein. Dazu zählt aber noch nicht, dass ein Werbeschreiben Namen von Beschäftigten enthält, die Kunden als frühere Mitarbeiter eines Konkurrenten 41

[55] BGH GRUR 2009, 500 – Beta Layout; BGH, GRUR 2011, 828 – Bananabay II; BGH GRUR 2013, 290 – MOST-Pralinen; GRUR 2014, 182 – Fleurop; EuGH, GRUR 2010, 445 – Google France.
[56] BGH GRUR 2009, 500 (502) – Beta Layout.
[57] Vgl. zur Anzeige eines Mietwagenunternehmens im Telefonbuch unter dem Buchstaben „T" (also in der Nähe der Einträge von Taxiunternehmen) BGH GRUR 2012, 645 (646) – Mietwagenwerbung.
[58] BGH GRUR 2017, 1265 Rn. 21 – Preisportal.
[59] BGH GRUR 2015, 607 (608) – Uhrenverkauf im Internet.
[60] BGH GRUR 2015, 607 (608 f.) – Uhrenverkauf im Internet.
[61] Vgl. Piper GRUR 1990, 643 (644 ff.).
[62] BGH GRUR 2002, 548 (549) – Mietwagenkostenersatz.
[63] OLG Frankfurt a. M. GRUR-RS 2021, 14613 Rn. 49.
[64] OLG Hamburg GRUR-RR 2005, 53 (54) – Insulinspritze.

bekannt sind.[65] Einer anderen Beurteilung bedarf es, wenn dort diese Arbeitnehmer auf ihre frühere Tätigkeit bei einem Mitbewerber verweisen.[66] Eindeutig wettbewerbswidrig ist es indes, wenn ein falsch adressierter Kundenauftrag dazu benutzt wird, diesen Auftrag selbst zu erlangen oder aber Kundenaufträge gezielt abzufangen.[67]

42 *bb) Verleiten zum Vertragsbruch.* Eine relevante **Untergruppe** der (un)zulässigen Kundenabwerbung ist das **Verleiten zum Vertragsbruch,** also zB zu einer unzulässigen Kündigung oder einem Verstoß gegen eine wirksame Exklusivitätsvereinbarung. Dabei besteht Einigkeit, dass das bloße **Ausnutzen eines Vertragsbruchs** grds. zulässig ist – wenn also ein Vertragspartner aus freien Stücken einen Vertrag verletzt und ein Konkurrent sich dieses Verhalten zunutze macht.[68] Erst wenn **bewusst und gezielt darauf hingewirkt wird, dass ein Kunde einen bestehenden Vertrag bricht,** ist die Grenze zur Unlauterkeit nach ständiger Rechtsprechung idR überschritten.[69] Dies kann auch der Fall sein, wenn ein Kunde durch Hervorrufen oder Verstärken eines Irrtums zum Vertragsbruch bewegt wird; so etwa, wenn ein Parkplatz-Service Personen, die von einem Wettbewerber für die Dauer einer Flugreise einen Kraftfahrzeugstellplatz am Flughafen und einen Transfer zum Terminal via Internet gebucht haben, bei deren Ankunft am Flughafen über die eigene, nicht gebuchte Leistungserbringung und seine Identität als Konkurrent täuscht und diesen gegen Entgelt Parkplatz und Transfer an anderer Stelle und mit anderen Mitteln zur Verfügung stellt.[70]

43 Eine gezielte Behinderung durch Ausnutzen eines fremden Vertragsbruchs oder durch Anstiften zum Vertragsbruch kann indes nur vorliegen, **wenn der Anspruchsteller selbst Partei dieses Vertrags ist.**[71]

44 Anders gelagert ist das **Verleiten zur vertragsgemäßen Beendigung** eines Vertragsverhältnisses: Dieses ist in aller Regel **zulässig.** So ist mittlerweile anerkannt, dass es nicht unlauter ist, wenn die vertragsgemäße Kündigung durch ein **vorbereitetes Kündigungsschreiben** unterstützt wird,[72] oder sogar nach Bevollmächtigung vom Mitbewerber selbst im Namen des Kunden vorgenommen wird.[73] Unlauter kann es allerdings sein, wenn der Mitbewerber Verträge im Namen von Kunden kündigt, ohne dass eine nach § 312h BGB erforderliche Kündigungsvollmacht in Textform vorliegt.[74] Erst recht unlauter ist es, einen Vertrag im Namen eines Kunden zu kündigen, ohne dass überhaupt ein Kündigungsauftrag erteilt wurde, oder das sog. **„Slaming"**, bei dem ein Anschluss auf einen Neuanbieter umgestellt wird, ohne dass der Verbraucher einen Auftrag für einen Neuvertrag erteilt und die Kündigung des Altvertrages veranlasst hat.[75]

45 Umgekehrt ist es nicht per se unlauter, wenn ein Stromlieferant von einem Mitbewerber verlangt, dass dieser für sämtliche Kündigungen von Stromkunden, die innerhalb eines bestimmten Zeitraums bei ihm eingegangen sind, innerhalb von zwölf Stunden elektronisch die entsprechenden Vollmachten vorlegt.[76] Auch ist es nicht per se unlauter, den Kunden durch Ausgleich etwaiger Nachteile zu einer Vertragsauflösung zu bewegen, so etwa bei dem Angebot eines Mobilfunkbetreibers, einem Kunden die Grundgebühren des fremden Vertrags mit einem Mitwettbewerber zu erstatten, falls er einen neuen Vertrag bei ihm abschließe.[77] Es ist auch nicht als unlauter zu bewerten, wenn ein Mitbewerber Kunden eines Konkurrenten durch die Einräumung eines 30 %-igen Rabatts dazu „anstiftet", von einem vertraglichen Rücktrittsrecht Gebrauch zu machen, denn es handelt sich um ein vertragskonformes Verhalten der Kunden, zu dem der Konkurrent durch eine entsprechende Gestaltung der Rückgabebedingungen den Anlass gesetzt hat.[78] Diese

[65] BGH GRUR 1988, 545 (546) – Ansprechpartner.
[66] BGH GRUR 1964, 316 (317) – Stahlexport; BGH GRUR 1988, 545 (546) – Ansprechpartner; BGH GRUR 2004, 704 = WRP 2004, 1021 (1022) – Verabschiedungsschreiben.
[67] BGH GRUR 1983, 34 (36) – Bestellschreiben.
[68] BGH GRUR 2021, 497, Rn. 52 – Zweitmarkt für Lebensversicherungen; BGH GRUR 2007, 800 (801) – Außendienstmitarbeiter; BGH GRUR 2006, 879 – Flüssiggastank.
[69] BGH GRUR 2021, 497, Rn. 52 – Zweitmarkt für Lebensversicherungen; BGH GRUR 2009, 173 – bundesligakarten.de; BGH GRUR 2007, 800 – Außendienstmitarbeiter.
[70] BGH GRUR-RR 2012, 312 (red. Leitsatz).
[71] BGH GRUR 2021, 497, Rn. 53 – Zweitmarkt für Lebensversicherungen.
[72] BGH GRUR 2005, 603 – Kündigungshilfe; OLG Oldenburg, Urt. v. 28.5.2019 – 6 U 27/18, Juris Rn. 42.
[73] OLG Dresden GRURPrax 2015, 492.
[74] OLG München BeckRS 2019, 3274.
[75] OLG Köln, Urteil vom 15.3.2019 – I-6 U 216/18, Rn. 21, juris.
[76] OLG Hamm GRUR-RR 2020, 523.
[77] AA: OLG Celle NJW-RR 1999, 550 (551); wie hier: Köhler/Bornkamm/Feddersen/Köhler UWG § 4 Rn. 4.43.
[78] OLG Frankfurt a. M. GRUR-RS 2021, 14613 Rn. 50.

Form des Abwerbens wird erst sittenwidrig, wenn unlautere Mittel eingesetzt werden.[79] Dies kann durch falsche Informationen über den Mitbewerber oder das Konkurrenzprodukt geschehen,[80] durch sonstige Irreführung, durch Überrumplung oder eine sonstige Beeinträchtigung des Kunden in seiner Entscheidungsfreiheit.[81] So etwa im umgekehrten Fall, wenn ein Telekommunikationsunternehmen einen Kunden, der rechtmäßigerweise seine Kündigung durch einen anderen Anbieter hat erklären lassen, dadurch zum Bleiben zu bewegen versucht, indem es wahrheitswidrig bei einem Telefongespräch mitteilt, eine wirksame Kündigung könne der Kunde nur persönlich schriftlich erklären, das Unternehmen nehme die Kündigung durch den Mitbewerber nicht an und der Kunde könne (solle) seine Kündigungserklärung noch im Telefonat widerrufen.[82]

Praxistipp:
Die Maßstäbe für die Unlauterkeitsprüfung bei der Kündigungshilfe sind mittlerweile stark liberalisiert: Es ist grds. zulässig, einem vertraglich noch anderweitig gebundenen Kunden ein vorbereitetes Kündigungsschreiben vorzulegen, das nach Einfügung des Kündigungstermins nur noch zu unterschreiben ist. Dadurch wird ein Verbraucher nicht unsachlich zum Abschluss eines Vertrages mit einem Mitbewerber veranlasst.[83] Gegenteilige Ansichten aus der früheren obergerichtlichen Rechtsprechung[84] sind überholt. Es müssen besondere Umstände, wie insbes. unsachliche oder falsche Informationen, hinzutreten, um diese Form des Abwerbens als unlauter zu qualifizieren. Erwünscht sind Hinweise zu Kündigungsrechten oder zur Vertragsauflösung, die über bestehende Rechte aufklären. Notfalls sind dem Kunden Nachteile und Risiken einer Vertragsauflösung zu erläutern.[85]

2. Produktbezogene Behinderung

46 a) **Einwirken auf Produkte.** Grundsätzlich ist es unzulässig, **Erzeugnisse von Konkurrenten zu beschädigen oder gar zu beseitigen, um den Warenabsatz zu erschweren.** Eine solche produktbezogene Behinderung kommt in Betracht, wenn Produkte unmittelbar durch einen Wettbewerber vernichtet, beiseitegeschafft, verändert oder beschädigt werden.[86] Auch das Entfernen von Markenzeichen und Firmenzeichen ist selbst dann wettbewerbswidrig, wenn sich die Erzeugnisse bereits beim Konsumenten befinden.[87]

47 Unlauter sind nicht nur solche unmittelbaren, sondern auch **mittelbare Eingriffe.** Hierzu zählen der Vertrieb von Waren oder Dienstleitungen, mit denen ein geschlossenes Distributionssystem aufgebrochen werden kann. Eine solche mittelbare Produkteinwirkung kann im Vertrieb von Waren oder Dienstleistungen liegen, die geeignet sind, Dritten einen unberechtigten Zugang zu einer entgeltlich angebotenen Leistung zu verschaffen,[88] zB Werkzeuge, mit denen die Schutzvorkehrung eines Produkts unterlaufen werden soll.[89] Beispielhaft sei der Vertrieb von „Piraten-Karten" genannt, mithilfe derer Bezahlfernsehen unberechtigt angezapft werden kann, um die Leistung unentgeltlich zu beziehen.[90] Sofern ein rechtmäßiges selektives Vertriebssystem besteht, kann das Entfernen von Aufdrucken, die den Vertrieb über den Einzelhandel ausschließen sollen, den Hersteller und den Einzelhandel behindern.[91]

48 b) **Herstellerbehinderung durch Warenaufkauf.** Der Erwerb von Waren der Mitbewerber ist grundsätzlich keine unzulässige Herstellerbehinderung. Anders ist der Sachverhalt bei **systematischen Aufkäufen der Konkurrenzwaren** zu beurteilen, der mit dem Ziel geschieht, den Mitbewer-

[79] OLG Köln WRP 1985, 233 (234); OLG Köln WRP 1990, 846; MüKoUWG/Jänich § 4 Nr. 4 Rn. 22 ff.
[80] BGH GRUR 2021, 497 Rn. 59 – Zweitmarkt für Lebensversicherungen; OLG Köln WRP 1985, 235 (236)
[81] Köhler/Bornkamm/Feddersen/Köhler UWG § 4 Rn. 4.39.
[82] OLG Düsseldorf 28.5.2015 – I-2 U 4/15, BeckRS 2015, 11483.
[83] BGH GRUR 2005, 603 (604) – Kündigungshilfe.
[84] OLG Nürnberg NJW-RR 1991, 233; OLG München GRUR 1994, 136 (137) – Fachbuchhandlung; OLG Köln WRP 1990, 846 (847).
[85] OLG Köln WRP 1985, 233 (234); vgl. BGH GRUR 2005, 603 (605) – Kündigungshilfe.
[86] BGH GRUR 2018, 1251 (1253) – Werbeblocker II.
[87] BGH GRUR 1972, 558 (559) – Teerspritzmaschinen; BGH GRUR 2004, 1039 (1041) – SB-Beschriftung
[88] BGH GRUR 2004, 877, 879 – Werbeblocker I.
[89] BGH GRUR 2011, 1018Rn. 67–70 – Automobil-Onlinebörse; BGH, GRUR 2014, 785 Rn. 37 – Flugvermittlung im Internet; BGH, GRUR 2017, 397 Rn. 68 – World of Warcraft II.
[90] OLG Frankfurt NJW 1996, 264 f.
[91] OLG Köln GRUR 2000, 81 (82) – Anstaltspackungen.

ber aus einem Marktsegment zu verdrängen oder dessen Marktzutritt zu unterbinden, um den Absatz der eigenen Produkte zu begünstigen. In diesem Falle entscheiden sich die Kunden für das Angebot des unlauter Handelnden, weil sie annehmen, das Konkurrenzprodukt werde nicht mehr angeboten oder sei vergriffen. Somit ist die Verdrängung des konkurrierenden Herstellers vom Markt **keine Folge eines fairen Leistungsvergleichs,** sondern des aggressiven Warenaufkaufs durch den Unternehmer. Dieses Vorgehen ist wettbewerbswidrig, weil der Mitbewerber dadurch benachteiligt wird, dass sein Angebot dem prüfenden Vergleich des Kunden entzogen wird.[92]

49 Kein Hersteller kann sich ohne **kartellrechtlich wirksame Vertriebsbindung** gegen eine ihm **unerwünschte Weiterveräußerung** seiner Waren wehren.[93] Deshalb ist der Kauf oder die Inzahlungnahme von Waren eines Mitbewerbers erst dann wettbewerbswidrig, wenn der Anlass und der Zweck des Erwerbs besondere Umstände erkennen lassen. So ist es als unzulässig einzustufen, wenn ein Hersteller die Konkurrenzware beim Handel systematisch aufkauft oder in Zahlung nimmt, um den Mitbewerber als lieferunfähig darzustellen. Diese Methode kann dessen Marktpräsenz untergraben oder aber ihn vom Markt verdrängen.[94]

50 Der Warenkauf des Unternehmers kann sittenwidrig sein, wenn er den **Altwarenbestand** des Händlers zu überhöhten Preisen erwirbt, um seine Erzeugnisse im Handel zu platzieren. In diesem Fall besteht der Vorwurf darin, dass der Hersteller die Konkurrentenware zu unangemessenen Preisen quasi als Eintrittsgeld übernimmt, um sich auf unlautere Weise bei den Händlern einzukaufen.[95] Hingegen ist es unbedenklich, wenn ein neuer Lieferant den Altwarenbestand eines Händlers zum Einkaufspreis zwecks anderweitiger Verwertung erwirbt.[96]

51 **c) Händlerbehinderung durch Warenaufkauf.** Die Händlerbehinderung ist wettbewerbswidrig, sobald ein **Sonderangebot gezielt aufgekauft** wird, um die Lieferfähigkeit des Händlers einzuschränken und den Eindruck eines Lockvogelangebotes zu erwecken. Da ein ausreichender Warenbestand zunächst vorhanden war, bedeutet in diesem Falle die Lieferunfähigkeit des Händlers keine Irreführung des Publikums.[97] Indes kann das Aufkaufen dann als Abwehrmaßnahme gerechtfertigt sein, wenn von vornherein ein Lockvogelangebot vorliegt.[98]

Praxistipp:

Es ist es nicht als unlauter zu werten, wenn kleine Gewerbetreibende die preiswert angebotene Ware aufkaufen, weil sie dort günstiger als bei ihren Lieferanten erhältlich ist. Ebenso zulässig ist es, wenn ein Händler im Einzelfall bereit ist, in einen vom Kunden bereits geschlossenen Vertrag mit einem Mitbewerber einzutreten. Eine andere Beurteilung ist allerdings geboten, wenn der Händler gezielt Kunden mit diesem Ansinnen anspricht, um den Mitbewerber vom Markt fernzuhalten oder zu verdrängen.[99]

3. Vertriebsbezogene Behinderung

52 **a) Absatzbehinderung.** Eine Absatzbehinderung lässt sich durch **Vertriebshindernisse** erzielen. Wenn kein sachlicher Grund für solche Maßnahmen erkennbar ist, die den Vertrieb des Mitbewerbers einschränken oder gar ausschalten, sind diese in der Regel als unlauter und somit wettbewerbswidrig zu qualifizieren.[100] Andernfalls ist eine Interessenabwägung erforderlich. Vertriebsbezogene Absatzbehinderungen lassen sich etwa durch Ausschließlichkeitsbindungen erreichen. Sie sind nur ausnahmsweise wettbewerbswidrig, wenn nämlich der Wettbewerbsbestand gefährdet ist.

53 Der Vertrieb von **Produktnachahmungen** (look alikes) ist nicht ohne Weiteres, sondern nur bei Vorliegen besonderer Voraussetzungen unlauter; dies richtet sich im Regelfall nach § 4 Nr. 3

[92] BGH GRUR 1987, 835 (837) – Lieferbereitschaft.
[93] BGH GRUR 1988, 619 (620) – Lieferantenwechsel.
[94] Mitunter verstößt ein solches Vorgehen auch gegen §§ 19, 20 Abs. 1, 2, und 4 GWB.
[95] BGH GRUR 1988, 619 (620) – Lieferantenwechsel.
[96] BGH GRUR 1988, 619 (620) – Lieferantenwechsel.
[97] BGH GRUR 1987, 835 (837) – Lieferbereitschaft.
[98] OLG Celle WRP 1974, 277 (288).
[99] BGH GRUR 1960, 558 (560) – Eintritt in Kundenbestellung.
[100] OLG München NJW-RR 1998, 984 (985) – Freundin; OLG Dresden NJW-WettbR 1999, 133 (136) – cyberspace.de; vgl. Köhler/Bornkamm/Feddersen/Köhler UWG § 4 Rn. 4.55 ff.

UWG, § 4 Nr. 4 UWG kann nur unter besonderen Umständen eingreifen.[101] So etwa beim systematischen Nachbau einer Vielzahl von Erzeugnissen eines Mitbewerbers, die wettbewerbliche Eigenart aufweisen: In einem solchen Fall können ein zielbewusstes Anhängen an eine Vielzahl von Produkten eines Mitbewerbers, die freie Wählbarkeit einer Fülle von Gestaltungselementen und die aufgrund der Ersparung kostspieliger, eigener Entwicklungsarbeit mögliche erhebliche Preisunterbietung in Verbindung mit den daraus erzielten Wettbewerbsvorteilen den Vorwurf der Unlauterkeit nach § 4 Nr. 4 UWG begründen.[102] Der Kläger hat in einem Verfahren hierzu zunächst seine eigenen Entwicklungskosten darzulegen und dazu vorzutragen, dass der Beklagte, indem er diesen Aufwand durch die Nachahmung eingespart hat, seine Produkte wesentlich günstiger anbieten kann; der Beklagte, den insoweit eine sekundäre Darlegungslast trifft, hat zu seinen eigenen Entwicklungskosten Stellung zu nehmen.[103] In die im Rahmen der Beurteilung vorzunehmende Gesamtwürdigung ist auch der Grad der wettbewerblichen Eigenart ebenso wie der Grad der Nachahmung einzubeziehen.[104]

Wettbewerbsverbote, die es Mitbewerbern faktisch unmöglich machen, Kunden in einem bestimmten Bezirk zu gewinnen, sind nicht per se zu beanstanden. Soweit Wettbewerbsverbote zum Inhalt einer persönlichen Dienstbarkeit gemacht werden, die auf dem Kapitaleinsatz eines Unternehmers beruhen, können Mitbewerber von verbrauchernahen Absatzorten verdrängt werden. Dieses Ergebnis muss der Konkurrent insoweit dulden, als dass das Wettbewerbsverbot einem schutzwürdigen Interesse des dinglich berechtigten Unternehmers dient – eine in der Nähe des belasteten Grundstücks befindliche eigene Verkaufsstelle zu schützen, insbesondere ihren Absatz zu sichern.[105] 54

Versucht ein Unternehmer indes über eine **Dienstbarkeit** Mitbewerber von einem Absatzgebiet auszugrenzen, um sie zu schädigen, so ist dies unlauter. Ob die Beeinträchtigung nach Art und Umfang erlaubt ist, hängt wiederum jeweils vom Einzelfall ab. So ist ein dingliches Verbot des Flaschenbierverkaufs auf einem Grundstück für zulässig erachtet worden, weil der gesperrte Bezirk im Verhältnis zum übrigen freien Absatzgebiet klein war und Flaschenbiere auch in großem Umfang ins Haus geliefert wurden.[106] 55

Eine unlautere Absatzbehinderung kann auch in der **Beeinträchtigung eines Geschäftsmodells** liegen, **das durch Allgemeine Geschäftsbedingungen ausgestaltet und geschützt wird** und das durch Mitbewerber gezielt ausgehöhlt wird. Voraussetzung ist allerdings zunächst, dass die **AGB wirksam Vertragsbestandteil** geworden sind und einer Inhaltskontrolle standhalten.[107] Doch selbst dann reicht **das bewusste Hinwegsetzen über diese Vertragsbedingungen für eine unlautere Behinderung noch nicht aus.**[108] Andernfalls würde dies zu einer „Verdinglichung" schuldrechtlicher Pflichten führen. Es müssen vielmehr **besondere Umstände hinzutreten,** etwa wenn die Absatzbehinderung dazu führt, dass auf das im Rahmen des Geschäftsmodells angebotene Produkt in unlauterer Weise eingewirkt wird, zB durch Umgehen von Schutzvorkehrungen, oder wenn das Geschäftsmodell in einer Weise unterlaufen oder das Produkt so ausgebeutet werden, dass dies den Mitbewerber um seinen wirtschaftlichen Erfolg bringt. So hat es der BGH jüngst als unlautere Behinderung angesehen, wenn der Vertrieb eines Online-Computerspiels behindert wird, indem ein Mitbewerber Software anbietet, die ein automatisiertes Durchlaufen von Spiele-Levels ermöglicht, obwohl die Nutzung einer solchen Software in den AGB des Spieleanbieters wirksam ausgeschlossen wurde und die Software zudem spezielle technische Schutzvorkehrungen, die in der Computerspielsoftware zum Verhindern solcher Automatisierungen vorgehalten werden, umgeht.[109] Demgegenüber ist das Anbieten eines Flugreise-Internetportals, auf dem Kunden Flüge buchen können und das die Flugverbindungen im Wege einer automatisierten Abfrage von der Internetseite der Fluggesellschaft ermittelt, laut BGH zulässig, obwohl die vom Internetportal durch Setzen eines Hakens akzeptierten AGB der Fluggesellschaft einen solchen automatisierten Abruf verbieten; hier habe sich das Flugreiseportal „nur" über die AGB hinweggesetzt, an beson- 56

[101] Köhler/Bornkamm/Feddersen/Köhler UWG § 4 Rn. 4.54.
[102] BGH GRUR 2019, 196 Rn. 32 – Industrienähmaschinen.
[103] BGH GRUR 2019, 196 Rn. 33 – Industrienähmaschinen.
[104] BGH GRUR 2019, 196 Rn. 33 – Industrienähmaschinen.
[105] Vgl. Köhler/Bornkamm/Feddersen/Köhler UWG § 4 Rn. 4.57.
[106] BGH GRUR 1962, 198 – Franziskaner; Fezer/Götting/Hetmank UWG § 4 Nr. 4 Rn. 127.
[107] BGH GRUR 2014, 785 (788) – Flugvermittlung im Internet; BGH GRUR 2017, 397 (401) – World of Warcraft II.
[108] BGH GRUR 2014, 785 (788) – Flugvermittlung im Internet; BGH GRUR 2017, 397 (403) – World of Warcraft II.
[109] BGH GRUR 2017, 397 (403 f.) – World of Warcraft II.

deren Unlauterkeitsmomenten fehle es aber (insbesondere fehle es an der Überwindung einer technischen Schutzvorrichtung, da das Setzen eines Hakens zwecks Bestätigung des Einverständnisses mit den AGB keine technische Schutzvorrichtung sei).[110]

57 b) **Anmeldung von Sperrmarken; Domain-Grabbing.** Auch der **Erwerb von Markenrechten** kann wettbewerbswidrig sein, wenn der Anmelder einzig und allein das Ziel verfolgt, mit der Marke Wettbewerber zu behindern. Dem betroffenen Mitbewerber steht dann gegen den Markenanmelder ein außermarkenrechtlicher Beseitigungsanspruch auf Rücknahme der Anmeldung, gegen den Inhaber ein außermarkenrechtlicher Löschungsanspruch sowie eine Einrede im Verletzungsprozess zu.[111] Die markenrechtlichen Bestimmungen der § 8 II Nr. 14 und § 50 I MarkenG, Art. 59 I Buchst. b UMV zur bösgläubigen Markenanmeldung schließen die Anwendung des UWG nicht aus.[112] Auf den außerkennzeichenrechtlichen Löschungsanspruch gemäß § 8 Abs. 1 UWG findet § 52 Abs. 2 MarkenG entsprechende Anwendung, so dass die Nichtigkeit der Marke auf den Beginn des Löschungsprozess oder ggf. noch weiter zurückwirkt.[113]

58 Ein solcher Anspruch wegen gezielter Behinderung kommt in Betracht, wenn der Markeninhaber in Kenntnis eines schutzwürdigen Besitzstandes eines Vorbenutzers ohne zureichenden sachlichen Grund eine mit dem vorbenutzten Zeichen identische oder verwechselbare Marke für identische oder ähnliche Waren oder Dienstleistungen mit dem Ziel eintragen lässt, den Besitzstand des Vorbenutzers zu stören oder den Gebrauch der Marke zu sperren.[114] Das wettbewerbsrechtlich Unlautere kann auch darin liegen, dass ein Zeichenanmelder die mit der Eintragung des Zeichens kraft Zeichenrechts entstehende und wettbewerbsrechtlich an sich unbedenkliche Sperrwirkung zweckfremd als Mittel des Wettbewerbskampfes einsetzt.[115]

59 Ein Beispiel für eine solche unlautere Zweckentfremdung ist, wenn der Markenanmelder/-inhaber nur den Zweck verfolgt, Mitbewerber mit seiner Hinterhaltsmarke abzumahnen und mit Schadenersatzforderungen zu überziehen.[116] Unlauter handelt aber auch ein Importeur japanischer Feuerzeuge, der Marken japanischer Feuerzeughersteller als eigene Marken im Inland eintragen lässt, um Mitbewerber vom Import derselben Ware auszuschließen.[117]

60 Wettbewerbswidrig handelt ebenso, wer sich eine Internetadresse in Kenntnis der Marke oder der geschäftlichen Bezeichnung reservieren lässt, um dem Rechtsinhaber für die Domain ein Entgelt abzupressen oder ihn davon abzuhalten, sein Kennzeichen als Domainnamen zu verwenden (**Domain-Grabbing**).[118]

61 **c) Verletzung von selektiven Vertriebssystemen; Behinderung des Direktvertriebs.** Vor allem die Hersteller von Luxuswaren vertreiben ihre Erzeugnisse vielfach auf Grund von vertraglichen Abreden entweder direkt oder mittels Großhändler nur über einen ausgewählten Kreis von Fachhändlern auf der Endverbraucherstufe. Durch diesen selektiven Vertrieb können sie ihren Warenabsatz lenken und kontrollieren, den Zwischenhändlern Märkte sichern, das exklusive Produktimage fördern und Preisempfehlungen aufrechterhalten. Das System des selektiven Vertriebs wird empfindlich gestört, wenn Händler die Ware an „Außenseiter" verkaufen und diese die Ware parallel zum Vertriebssystem im Markt anbieten. Hier stellt sich die Frage, ob und inwiefern Hersteller und vertragstreue Händler wettbewerbsrechtliche Ansprüche gegen den „Außenseiter" geltend machen können. Dies ist jedoch nur eingeschränkt möglich.

62 *aa) Ausnutzen von Vertragsbruch.* Der Außenseiter verschafft sich keinen rechtlich beachtlichen Wettbewerbsvorsprung, wenn er den Vertragsbruch des gebundenen Händlers bloß ausnutzt. Dies gilt sowohl gegenüber anderen Außenseitern, die sich gleichfalls die gebundene Ware am Markt beschaffen können, ohne vom Hersteller daran gehindert werden zu können als auch

[110] BGH GRUR 2014, 785 (788 f.) – Flugvermittlung im Internet.
[111] Ströbele/Hacker/Thiering/Hacker MarkenG § 2 Rn. 84.
[112] BGH GRUR 2000, 1032 – Equi 2000; OLG Frankfurt a. M. GRUR-RR 2021, 160 Rn. 31.
[113] BGH GRUR 2014, 385 – H 15.
[114] BGH GRUR 2008, 160 Rn. 18–27 – CORDARONE; BGH GRUR-RS 2021, 20049 Rn. 25.
[115] BGH GRUR 2008, 160Rn. 18 – CORDARONE; BGH GRUR-RS 2021, 20049 Rn. 25.
[116] BGH GRUR 2008, 160 Rn. 18 aE – CORDARONE; BGH GRUR 2005, 414 (417) – Russisches Schaumgebäck; Helm GRUR 1996, 593 (599 f.); Kiethe/Groeschke WRP 1997, 269 (273); Köhler/Bornkamm/Feddersen/Köhler UWG § 4 Rn. 4.58.
[117] BGH GRUR 1980, 110 (111) – Torch; vgl. OLG Frankfurt a. M. GRUR-RR 2005, 194 – Depo-Provera; vgl MüKoUWG/Jänich § 4 Nr. 4 Rn. 59.
[118] BGH GRUR 2005, 517 (518) – Literaturhaus; OLG Düsseldorf GRUR-RR 2008, 58 (60) – lastminute.eu; OLG Hamburg GRUR-RR 2006, 193 (194) – Advanced Microwave Systems; OLG Dresden NJW-WettbR 1999, 133 (136) – cyberspace.de; ausführlich unten Jaeger-Lenz WerbeR/Lieckfeld § 31.

gegenüber den gebundenen Händlern. Diese müssen zwar die vertragliche Vertriebsbindungspflicht erfüllen, genießen dafür aber auch die Vorteile des Absatzsystems. Damit fehlt es an besonderen Umständen, welche die Wettbewerbswidrigkeit des ungebundenen Händlers begründen könnten. Der **Außenseiter verhält sich beim bloßen Ausnutzen des Vertragsbruchs des gebundenen Händlers nicht mehr sittenwidrig.**[119] Die Rechtsprechung stellt den Hersteller indes nicht schutzlos, weil er sein **Vertriebssystem durch Kontrollzeichen** effizient schützen kann.[120]

bb) Verleiten zum Vertragsbruch. Das Verleiten zum Vertragsbruch ist **in aller Regel wettbewerbswidrig.**[121] Voraussetzung ist, dass der Außenseiter sich nicht auf den Warenankauf beschränkt, sondern bewusst auf einen gebundenen Händler einwirkt, um ihn zum Bruch des Vertriebssystems zu bewegen. Dabei ist unerheblich, ob das Vertriebsbindungssystem tatsächlich lückenlos ist.[122] Das sittenwidrige Moment liegt nicht etwa im Hervorrufen des Entschlusses des gebundenen Händlers zum Vertragsbruch, sondern im **bewussten Hinwirken auf den Vertragsbruch in Kenntnis der Wirksamkeit der Vertriebsbindung.** Das Verleiten braucht nicht ursächlich für das Verhalten des gebundenen Händlers zu sein. Deshalb liegt die Wettbewerbswidrigkeit selbst dann vor, wenn der Gebundene zum Vertragsbruch bereits entschlossen ist oder die Verleitung nur versucht wird.[123] Subjektiv genügt bedingter Vorsatz des Außenseiters. Dieser muss also wissen, dass eine wirksame Vertriebsbindung besteht. 63

cc) Schleichbezug. Als Schleichbezug wird die **Täuschung des Außenseiters** bezeichnet, mit der dieser den gebundenen Vertragshändler zum Warenverkauf veranlasst, oder die **Täuschung durch einen Abnehmer von nur im Direktvertrieb verkaufter Ware über die Absicht zum Weiterverkauf.** Dies kann geschehen durch Vorschieben eines Strohmannes, der den wahren Abnehmer verheimlicht, durch Zusammenwirken mit ungetreuen Angestellten des Vertragshändlers, durch arglistiges Verschweigen einer gegen ihn verhängten Liefersperre oder durch die unwahre Angabe, zum Bezug berechtigt zu sein.[124] Häufig spiegelt der Außenseiter gerade im Kfz-Handel dem gebundenen Händler vor, er sei Endverbraucher oder Vermittler, obwohl er Wiederverkäufer ist, den der gebundene Händler nicht beliefern darf.[125] 64

d) **Behinderung des Direktvertriebs.** Beim **Direktvertrieb** hat sich ein Anbieter entschieden, seine Waren nur selbst oder über weisungsabhängige Vertreter an Endabnehmer abzusetzen. Hier kann der Schleichbezug den Tatbestand der gezielten Behinderung erfüllen, wenn ein Abnehmer über seine Wiederverkaufsabsicht täuscht.[126] Voraussetzung ist allerdings, dass das Direktvertriebssystem zulässig ist.[127] Insbesondere müssen vom Verkäufer verwendete AGB, die das Direktvertriebssystem ausgestalten und vertraglich fixieren, wirksam einbezogen sein und einer Inhaltskontrolle standhalten.[128] Doch selbst wenn dies der Fall ist, reicht es – ohne Täuschung über die Wiederverkaufsabsicht – für einen unzulässigen Schleichbezug noch nicht aus, wenn sich ein Unternehmen über den in den AGB zum Ausdruck kommenden Willen des Anbieters zum ausschließlichen Direktvertrieb hinwegsetzt und die Ware parallel zum „Originalanbieter" vertreibt.[129] Dem entsprechend hat der BGH eine Unterlauterkeit verneint für den Ankauf von Eintrittskarten zu Fußballbundesligaspielen, auch wenn der Ankäufer weiß, dass potenziellen Verkäufern der Weiterverkauf der Karten nach den AGB des Veranstalters untersagt ist und mit Hilfe dieses Weiterverkaufsverbots legitime Interessen wie die Gewährleistung 65

119 BGH GRUR 1999, 1113 (1114) – Außenseiteranspruch I; BGH GRUR 2000, 724 (725) – Außenseiteranspruch II.
120 BGH GRUR 1969, 222 (224) – Le Galion; BGH GRUR 1999, 1109 (1112 f.) – Entfernung der Herstellungsnummer; BGH GRUR 1999, 1113 (1116) – Außenseiteranspruch I; BGH GRUR 2000, 724 (727) – Außenseiteranspruch II.
121 BGH GRUR 1968, 272 (274 f.) – Trockenrasierer III; BGH GRUR 1992, 627 (629) – Pajero; BGH GRUR 1994, 827 (828) – Tageszulassungen; BGH GRUR 1999, 1113 (1114) – Außenseiteranspruch I; BGH GRUR 2000, 724 (725) – Außenseiteranspruch II.
122 BGH GRUR 1999, 1113 (1114) – Außenseiteranspruch I; BGH GRUR 2000, 724 (725) – Außenseiteranspruch II.
123 BGH GRUR 1960, 558 (559) – Eintritt in Kundenbestellung; BGH GRUR 1975, 555 (556) – Speiseeis.
124 BGH GRUR 1988, 916 (917) – PKW-Schleichbezug; BGH GRUR 1991, 614 (615) – Eigenvertriebssystem; Sack WRP 2000, 447 (449).
125 BGH GRUR 1992, 171 (173) – Vorgetäuschter Vermittlungsauftrag; BGH GRUR 1994, 827 (828) – Tageszulassungen.
126 BGH GRUR 2009, 173 – bundesligakarten.de; BGH GRUR 2014, 785 (787) – Flugvermittlung im Internet.
127 BGH GRUR 2014, 785 (788) – Flugvermittlung im Internet.
128 BGH GRUR 2014, 785 (788) – Flugvermittlung im Internet.
129 BGH GRUR 2014, 785 (788) – Flugvermittlung im Internet.

der Stadionsicherheit oder ein sozial verträgliches Preisgefüge verfolgt werden.[130] Entsprechendes gilt, wenn ein Unternehmen die Tickets nicht selbst ankauft, sondern den Verkauf lediglich durch „Suchdienstleistungen" vermittelt.[131] Anders soll es nach Auffassung des LG München bei einem Schleichbezug von Tickets einer bekannten Fußballmannschaft sein, um diese ohne Autorisierung an Interessenten entgegen den Allgemeinen Geschäftsbedingungen des Veranstalters trotz Personalisierung weiterzuverkaufen; dies jedenfalls dann, wenn der Wiederverkäufer ein Netzwerk unterhält, auf das er bei Erhalt einer Ticketanfrage zurückgreift, und gezielt und bewusst darauf hinwirkt, dass ein Dritter die ihm obliegende Vertragspflicht gegenüber dem Veranstalter verletzt.[132] Ein solcher Wiederverkauf personalisierter Tickets entgegen den AGB des Veranstalters ist auch dann unlauter, wenn der Erwerber ausdrücklich aufgefordert wird, bei einer etwaigen Einlasskontrolle zu lügen, um die Personalisierung zu umgehen.[133]

66 e) **Kontrollnummernbeseitigung.** Dazu sogleich unter 5. („Kontrollvereitelung").

Praxistipp:

Der Schleichbezug ist stets wettbewerbswidrig, weil das Erschleichen von vertriebsgebundener Ware einen eigenen Unrechtsgehalt enthält. Dabei ist die Lückenlosigkeit des Vertriebsbindungssystems unbeachtlich.[134]

4. Kontrollvereitelung (Kontrollnummernbeseitigung)

67 Markenhersteller verwenden häufig Kontroll- oder Herstellernummern oder sonstige Identifizierungszeichen, um bei produktionstechnischen Mängeln effektiv zu reagieren und um die Funktionsfähigkeit sowie die Betriebssicherheit der Waren zu überwachen. Daneben werden solche Markierungen auch verwendet, um die Einhaltung von Vertriebsbindungen zu kontrollieren. Deshalb versehen die vertriebsbindenden Hersteller von Markenerzeugnisse ihre Waren häufig mit Kontrollzeichen, wodurch sich die **Einhaltung des Vertriebsweges überwachen** lässt. Somit ist feststellbar, wenn ein Vertragshändler gegen das Belieferungsverbot an Wiederverkäufer außerhalb des selektiven Vertriebssystems verstößt.[135]

68 Möchte ein Vertragshändler gleichwohl gebundene Markenwaren außerhalb der Vertriebsbindung veräußern und dabei unerkannt bleiben, wird er das verwandte Kontrollzeichen des Markenherstellers entfernen. Mitunter wird er dabei auch die Originalverpackung beschädigen. Doch wer diese Codierung beseitigt, vereitelt die Überwachung des Vertriebsweges. Der Hersteller ist somit außerstande, die vertragsbrüchigen Händler und Außenseiter zu enttarnen und zur Verantwortung zu ziehen. Mithin ist zu fragen, ob diese Kontrollvereitelung und der Vertrieb derartiger Ware mit einer Betriebsstörung des Herstellers einhergehen, die der Vertriebsbinder abwehren kann.

69 a) **Schutzwürdigkeit von Kontrollzeichen.** Ob das Kontrollzeichen schutzwürdig ist, bestimmt sich nach der **Zulässigkeit des selektiven Vertriebssystems,** das kartellrechtlich unbedenklich sein muss.[136] Diesen Voraussetzungen genügt eine Vertriebsbindung, deren Verträge zunächst in Einklang mit dem deutschen und europäischen Kartellrecht stehen. Vertriebsbindungen sind danach grundsätzlich zulässig, wenn (i) ein selektives Vertriebssystem wegen der Art des vertriebenen Produkts zur Wahrung von dessen Qualität und/oder der richtigen Anwendung angemessen ist, (ii) die Auswahl der Wiederverkäufer nach objektiven, einheitlich festgelegten und unterschiedslos angewandten Gesichtspunkten qualitativer Art erfolgt, und (iii) die aufgestellten Kriterien nicht über das Erforderliche hinausgehen.[137] Die Auswahl des jeweiligen Händlers muss sich auf

---

130 BGH GRUR 2009, 173 – bundesligakarten.de.

131 OLG Celle – 27.2.2020 – 13 U 18/19, GRUR-RS 2020, 37352 Rn. 44.

132 LG München I, GRUR-RS 2020, 34043 Rn. 38/39.

133 LG München I, GRUR-RS 2020, 34043 Rn. 40.

134 BGH GRUR 1994, 827 (828) – Tageszulassungen; BGH GRUR 1999, 1113 (1114) – Außenseiteranspruch I; BGH GRUR 2000, 724 (725) – Außenseiteranspruch II.

135 Vgl. Bayreuther WRP 2000, 349 (357 f.); Pauly WRP 1997, 15 (16 f.).

136 BGH GRUR 1999, 1109 (1111 f.) – Entfernung der Herstellungsnummer; BGH GRUR 2001, 448 (449) – Kontrollnummernbeseitigung; Gloy/Loschelder/Danckwerts UWG-HdB/Hasselblatt/Witschel § 52 Rn. 64 ff.

137 Köhler/Bornkamm/Feddersen/Köhler UWG § 4 Rn. 4.65.

seine fachliche Eignung, die seines Personals und seine sachliche Ausstattung beschränken. Dieser Maßstab muss einheitlich für alle potentiellen Wiederverkäufer gelten und darf **keine Diskriminierung** enthalten.[138] Eine Lückenlosigkeit des Vertriebssystems ist hingegen nicht (mehr) erforderlich.[139] Weitergehende Pflichten wie Vereinbarungen über einen Mindestumsatz oder Abnahmemengen machen das Vertriebssystem zunächst nach Art. 101 Abs. 1 AEUV unzulässig und bedürfen deshalb zu ihrer Wirksamkeit der Freistellung.[140]

Zwar sind die wettbewerbsbeschränkenden Wirkungen eines selektiven Vertriebssystems größer, wenn alle belieferten Händler vertraglich gebunden werden. Es ist jedoch zu verhindern, dass durch ein Kontrollnummernsystem freie Abnehmer einer **verschleierten Preisbindung** unterworfen werden. Diese Gefahr bestünde, wenn ein Kontrollnummernsystem zum Schutze eines nur gegenüber einem Teil der Händler praktizierten Vertriebssystems eingesetzt würde und gleichwohl die Entfernung der Kontrollnummern wettbewerbsrechtlich untersagt werden könnte. Denn wenn nicht zuvor ein vertragliches Bindungssystem geschaffen worden ist, deutet die Verwendung einer solchen Codierung darauf, dass das Nummernsystem nicht als erste Stufe eines Vertriebsbindungssystems, sondern an dessen Stelle als Mittel der Vertriebskontrolle gewählt worden ist.[141] 70

Erweist sich das **Kontrollzeichensystem als schutzwürdig,** so steht dem Hersteller ein Abwehranspruch aus § 4 Nr. 4 UWG zur Seite, um den Vertrieb decodierter oder beschädigter Waren zu verhindern. Fehlt es an einer Wettbewerbshandlung bzw. an einem konkreten Wettbewerbsverhältnis,[142] kann er wegen des Eingriffs in den eingerichteten und ausgeübten Gewerbebetrieb aus §§ 823 Abs. 1, 1004 BGB vorgehen.[143] Überdies verhindert eine Kontrollvereitelung die Erschöpfung nach § 24 Abs. 2 MarkenG. Damit gewährt § 14 MarkenG auch Unterlassungs- und Schadenersatzansprüche gegen den Verletzer. 71

Bei einer **unzulässigen Vertriebsbindung ist das Kontrollzeichensystem hingegen schutzlos.** Dann muss der Hersteller es hinnehmen, wenn Händler seine Codierungen unkenntlich machen. Er kann sich nicht darauf berufen, erst künftig ein schutzwürdiges Vertriebsbindungssystem aufzubauen,[144] weil er eine Freistellung erwägt.[145] Selbst markenrechtliche Ansprüche versagen.[146] 72

Praxistipp:

Der Hersteller kann die Voraussetzung eines wirksamen Vertriebsbindungssystems nicht dadurch umgehen, dass er die Kontrollzeichen in den Schriftzug der Marke druckt. In diesem Falle muss er Beschädigungen der Ware oder des Marken- oder Namenszuges dulden, die durch die Kontrollvereitelung entstehen.[147] Diese bedingt indes keine Urkundenvernichtung im Sinne des § 274 StGB.[148]

b) Kontrollzeichen zur Gefahrenabwehr. Die Kontrollvereitelung behindert den Mitbewerber unlauter, wenn das Kontrollzeichen der Gefahrenabwehr dient. Hersteller versehen qualitativ hochwertige Waren häufig deshalb mit Kontrollnummern, um die **Fertigungsqualität** im Nachhinein zu überwachen. Dieses Identifizierungssystem kann zulässig und schutzwürdig sein, 73

[138] EuGH GRUR Int. 1978, 254 (256) – Metro I; EuGH GRUR Int. 1984, 28 (29) – AEG-Telefunken; EuGH GRUR Int. 1986, 403 (404) – Swatch; EuGH GRUR Int. 1994, 429 (431) = GRUR 1994, 300 (302) – Cartier-Vertriebssystem.

[139] BGH GRUR 1999, 1109 (1112) – Entfernung der Herstellungsnummer; BGH GRUR 2001, 448 (449) – Kontrollnummernbeseitigung.

[140] Vgl. Art. 101 Abs. 3 AEUV.

[141] BGH GRUR 1999, 1109 (1113) – Entfernung der Herstellungsnummer; BGH GRUR 2001, 448 (449) – Kontrollnummernbeseitigung.

[142] Die Anwendung des Auffangtatbestands nach § 823 Abs. 1 BGB unter dem Gesichtspunkt eines rechtswidrigen Eingriffs in das Recht am eingerichteten und ausgeübten Gewerbebetrieb kommt idR nur in Betracht, wenn es darum geht, eine regelungsbedürftige Lücke im Rechtsschutz zu schließen: An einer solchen fehlt es, wenn ein konkretes Wettbewerbsverhältnis zwischen den Parteien besteht. Dann sind die wettbewerbsrechtlichen Vorschriften grundsätzlich vorrangig anzuwenden, BGH GRUR 2021, 497, Rn. 64 – Zweitmarkt für Lebensversicherungen.

[143] BGH GRUR 1999, 1109 (1112) – Entfernung der Herstellungsnummer; BGH GRUR 1999, 1113 (1114) – Außenseiteranspruch I; BGH GRUR 2000, 724 (725) – Außenseiteranspruch II.

[144] BGH GRUR 1989, 369 (371) – Entfernung von Kontrollnummern III.

[145] EuG GRUR Int. 1998, 149 (155 f.) – Leclerc/Yves Saint Laurent.

[146] Vgl. BGH GRUR 2000, 724 (726) – Außenseiteranspruch II.

[147] BGH GRUR 1989, 369 (371) – Entfernung von Kontrollnummern III.

[148] OLG München GRUR 1987, 558 (560) – Entfernte Code-Nummern.

wenn es die Funktionsfähigkeit oder Betriebssicherheit technischer Geräte zu überwachen hilft, die für die Allgemeinheit gefährlich sein können.[149] Dabei sind aber **nur ernsthafte Gefahren** beachtlich, die nicht durch alternative Kontrollmechanismen zu beseitigen sind.[150] Natürlich darf die Codierung **eine Identifizierung nur innerhalb des speziellen Schutzzwecks** erlauben, also nur insoweit wie zum Schutze berechtigter Interessen erforderlich; sie könnte andernfalls missbraucht werden, um eine unzulässige Vertriebsbindung zu stützen.[151]

74 **c) Irreführung; gesetzlich vorgeschriebene Kontrollnummern.** Im Übrigen kann eine Kontrollnummernbeseitigung den Tatbestand der Irreführung gemäß § 5a Abs. 2 UWG erfüllen, wenn der Händler über die Entfernung nicht angemessen aufklärt, obwohl dies – etwa weil der Käufer vom Vorhandensein einer Herstellernummer und damit verbundenen Funktionen (zB Herstellergarantie) verbundenen, für ihn ausgehen darf – geboten wäre.[152] Zudem kann eine Kontrollnummernentfernung einen Rechtsbruch im Sinne von § 3a UWG darstellen, wenn die Kontrollnummer gesetzlich vorgeschrieben ist.

III. Bezugsbehinderung

75 Jedes Unternehmen muss grundsätzlich **freien Zugang zu den nötigen Rohstoffen** und Halbwaren haben, die es für seinen Geschäftsbetrieb benötigt. Wird dieses Verhältnis zwischen Hersteller und dessen Lieferanten gestört, spricht man von einer Bezugsbehinderung. Sie **scheidet bei einem intakten Markt mit einem ausgeglichenen Verhältnis von Angebot und Nachfrage aus.** Deshalb ist sie heutzutage selten anzutreffen.

76 Eine Bezugsbehinderung liegt vor, wenn ein Unternehmer mehr Werkstoffe erwirbt als er benötigt, weil er seinen Mitbewerbern die Bezugsquellen abschneiden will, um sie vom Markt zu verdrängen oder auszuschließen. In diesem Fall zielt das **Kaufverhalten** des Unternehmers nicht darauf, den eigenen Geschäftsbetrieb durch eine qualitative Leistung zu fördern. Er will vielmehr seine Mitbewerber daran hindern, ihre Leistungsfähigkeit unter Beweis zu stellen, um sie so vom Markt fernzuhalten. Seine Schädigungsabsicht ist offensichtlich, wenn er ohne einen sachlichen Grund Rohstoffe und Waren über seinen Bedarf hinaus aufkauft und hortet.

Praxistipp:

Die Grundsätze der Bezugsbehinderung sind entsprechend anzuwenden, wenn der Unternehmer sonstige Wirtschaftsgüter wie Werbeflächen, Geschäftsräume oder Sperrdienstbarkeiten in Verdrängungs- oder Vernichtungsabsicht anmietet oder erwirbt.[153] Ob diese Absicht vorliegt, lässt sich wiederum nur anhand der konkreten Umstände des Einzelfalles beurteilen. Sie ist anzunehmen, wenn kein vernünftiger Grund für das geschäftliche Verhalten des Unternehmers erkennbar ist.

IV. Werbebehinderung

77 Werbung soll die Verbraucher von den Vorzügen der eigenen Waren und Dienstleistungen überzeugen, um ihren Absatz zu fördern. Dieser Zweckbestimmung widerspricht es, wenn Wettbewerber die Werbung eines Mitbewerbers derart abwerten, dass sie ihre **Wirkung auf die Zielgruppe** verfehlt. Diese Beeinträchtigung der fremden Werbung kann so weit gehen, dass Plakate überklebt und Anzeigen ausgeschnitten oder entstellt werden. Zum anderen kann eine Werbebehinderung darin liegen, dass eine Werbung nachgeahmt wird. Dadurch verliert der Konsument das Vertrauen in die angepriesene Ware und die Werbung bleibt mitunter sogar wirkungslos.

1. Werbevereitelung

78 Die Werbevereitelung bezeichnet die gezielte Ausschaltung fremder Werbemaßnahmen. Das Ausschalten ist dabei nicht per se unlauter: Es ist grundsätzlich nicht zu beanstanden, wenn Wer-

[149] BGH GRUR 1978, 364 – Golfrasenmäher; BGH GRUR 1988, 826 – Entfernung von Kontrollnummern.
[150] BGH GRUR 1989, 110 (111 f.) – Synthesizer.
[151] Vgl. OLG Hamburg GRUR 1990, 625 – LKW-Reifen; Köhler/Bornkamm/Feddersen/Köhler UWG § 4 Rn. 4.68.
[152] BGH GRUR 1999, 1017 (1019) – Kontrollnummernbeseitigung.
[153] BGH GRUR 1995, 117 (121) – NEUTREX.

bemaßnahmen eines Unternehmens mittelbar dazu führen, dass die Werbung von Mitbewerbern nicht oder nicht mehr so wie zuvor zur Geltung kommt.[154] So ist das Verteilen von Schutzhüllen für das örtliche Telefonbuch, die die Werbung des Mitbewerbers auf dem Umschlag verdecken, nicht zu beanstanden.[155]

Erst wenn es (nur) darum geht, die Werbung von Konkurrenten gezielt auszuschalten – zB durch Zerstören, Beschädigen, Beseitigen oder Verdecken – kann eine gezielte Behinderung gegeben sein. So etwa, wenn die **fremde Werbung auf Telefonkarten überdruckt** wird[156] oder ein Versandhaus die Empfänger eines Werbeschreibens auffordert, aktuelle Kataloge der Mitbewerber gegen eine Vergütung zuzusenden. Denn durch den Schwund der Konkurrenzkataloge sind Leistungs- und Preisvergleiche nur eingeschränkt möglich. Hingegen ist die Beifügung von Warenproben der Mitbewerber wettbewerbseigen, weil diese Werbung den Leistungsvergleich fördert.[157] 79

Verfehlt aber eine Werbung ihre Wirkung erst aufgrund einer **bewussten Entscheidung des Verbrauchers,** liegt grundsätzlich **keine unlautere Behinderung** vor. So etwa, wenn eine Drogeriemarktkette damit wirbt, dass Kunden **Rabatt-Coupons konkurrierender Drogeriemärkte** zu den gleichen Bedingungen bei der werbenden Drogeriekette einlösen können.[158] Denn den Kunden steht es weiterhin frei, die Rabatt-Coupons nicht bei dem werbenden, sondern bei dem die Coupons ausstellenden Drogeriemarkt einzulösen. Die Werbung wird also letztlich aufgrund einer Verbraucherentscheidung beeinträchtigt, die Folge einer Werbung der Konkurrenz und damit des normalen Leistungswettbewerbs ist. 80

Aus dem gleichen Grund sind Geräte zum Ausblenden von Fernsehwerbung grundsätzlich zulässig. Diese **Werbeblocker** können das TV-Gerät für die Dauer der Werbepause ganz abschalten oder aber auf ein anderes, werbefreies Programm umschalten und bei einer Aufzeichnung die Reklame sogleich filtern. Der Vertrieb dieser Geräte ist wettbewerbsrechtlich unbedenklich, weil es dem Verbraucher überlassen bleibe, ob er sich eines solchen Hilfsmittels bediene, um unerwünschte Werbung auszublenden.[159] 81

Mittlerweile höchstrichterlich geklärt ist auch die Zulässigkeit von **Online-Werbeblockern („Adblocker")**, die die Gerichte in den vergangenen Jahren intensiv beschäftigt haben: Dabei handelt es sich um Softwareprogramme als Erweiterung des Internetbrowsers.[160] Die Software blockiert Werbeinhalte auf Internetseiten nach Maßgabe einer sog. „Blacklist". Anders als die „Fernseh-Fee" wird der Adblocker den Nutzern kostenlos zur Verfügung gestellt. Einnahmen werden dadurch generiert, dass Unternehmen ihre Werbung gegen Gewährung einer Umsatzbeteiligung durch Aufnahme in eine „Whitelist" von der Blockade ausnehmen lassen können. Das Anbieten, Bewerben und Vertreiben einer solchen Werbeblocker-Software ist weder unter dem Gesichtspunkt einer produktbezogenen Behinderung noch unter dem Gesichtspunkt der Werbebehinderung eine gezielte Behinderung von Anbietern von Online-Inhalten, die auf Werbeeinnahmen ausgerichtet sind (wie zB Online-Zeitungs-Angebote).[161] Nach dem BGH kann nicht von einer Schädigungsabsicht ausgegangen werden, weil die Software zwar das Geschäftsmodell der Seitenbetreiber beeinträchtige, aber die Möglichkeit der Freischaltung durch Aufnahme in die Whitelist bestehe, was die Funktionsfähigkeit der Internetseite gerade voraussetze.[162] Im Vordergrund stehe nicht die Schädigung der Seitenbetreiber, sondern das eigenwirtschaftliche Interesse des Software-Anbieters, der sich die Whitelist-Funktion bezahlen lasse. Eine unlautere unmittelbare Produkteinwirkung sei nicht gegeben, weil die Installation und der Einsatz des Programms der autonomen Entscheidung des Internetnutzers vorbehalten sei.[163] Im Rahmen der gebotenen Gesamtwürdigung unter Berücksichtigung der gegenüberstehenden Grundrechtspositionen sei auch das Interesse der Nutzer, von aufgedrängter Werbung verschont zu bleiben, zu berücksichtigen.[164] Zudem sei den Anbietern der Online-Inhalte zumutbar, Abwehrmaßnahmen zu ergreifen 82

154 BGH GRUR 2017, 92 (94) – Fremdcoupon-Einlösung.
155 BGH GRUR 2017, 92 (94) – Fremdcoupon-Einlösung; OLG Stuttgart BB 1963, 709; OLG Oldenburg BB 1963, 1274 f.; aA: OLG Düsseldorf WRP 1967, 280 und in der Vorauflage.
156 OLG Hamburg GRUR 1994, 316 f. – Überdrucken von Telefonkarten.
157 BGH GRUR 1963, 197 (200 f.) – Zahnprothesen-Pflegemittel.
158 BGH GRUR 2017, 92 (94 ff.) – Fremdcoupon-Einlösung.
159 BGH GRUR 2004, 877 – Die Fernsehfee.
160 Instruktiv: Glöckner ZUM 2018, 844; Nink CR 2017, 103.
161 BGH GRUR 2018, 1251 – Werbeblocker II; LG München I MMR 2016, 406.
162 BGH GRUR 2018, 1251 Rn. 26 – Werbeblocker II.
163 BGH GRUR 2018, 1251 Rn. 30 – Werbeblocker II.
164 BGH GRUR 2018, 1251 Rn. 35 ff. – Werbeblocker II.

wie das Aussperren von Nutzern, die nicht bereit sind, auf den Einsatz des Werbeblockers zu verzichten.

2. Nachahmung von Werbung

83 Es ist zwar grundsätzlich zulässig, fremde Werbung nachzuahmen, soweit sie keinen Sonderschutz genießt und der Verbraucher dadurch nicht irregeführt wird.[165] Dabei käme vorrangig urheberrechtlicher und markenrechtlicher Schutz in Betracht – zumal auch der Werbeslogan nach § 3 MarkenG schutzfähig sein kann. Wird die Werbung des Mitbewerbers aber durch **systematische Nachahmung geschwächt,** kann eine unzulässige Werbebehinderung vorliegen.[166] Denn der Unternehmer nutzt bei einer vermeidbaren Herkunftstäuschung bewusst das bei der Zielgruppe bestehende **Erinnerungsbild der nachgeahmten Werbung.**

84 Es ist grundsätzlich nicht unlauter, wenn ein Händler das von anderen Händlern erstellte Angebot nebst Produktbeschreibung auf einer Internet-Handelsplattform (amazon) ohne deren Kenntnis und Zustimmung nutzt und darin seine eigene Marke einfügt und das Angebot dadurch verändert.[167] Denn dieses Verhalten dient in erster Linie der eigenen Entfaltung des Händlers sowie der Förderung des eigenen Absatzes.

3. Zeichenbeseitigung

85 Die Verbraucher verbinden auch Qualitätsvorstellungen mit den Warenkennzeichnungen. Diese dienen selbst dann der **Identifikation** und der **Herkunftsbestimmung,** wenn es sich nicht um eingetragene und geschützte Marken handelt. Gleichwohl steht es dem Erwerber einer mit einer Marke oder einer geschäftlichen Bezeichnung versehenen Ware frei, jegliche Zeichen zu entfernen. Dies ist insbesondere markenrechtlich nach überkommenem deutschen Verständnis mangels Markenbenutzung nicht zu beanstanden („Markenunterdrückung").[168] Wenn es aber (nur) darum geht, das Zeichen zu entfernen, um die Absatz- und Werbebemühungen des Mitbewerbers zu unterwandern, kann dies nach § 4 Nr. 4 UWG unlauter sein.[169] Die Beseitigung des Kennzeichens behindert den Hersteller in der Werbung und im Güterabsatz, weil seine Waren anonym als die Waren eines Dritten angeboten werden. Die Marktteilnehmer können durch die **Verfälschung des Angebotes** irregeführt werden, weshalb dieses Gebaren auch unter dem Aspekt des Kundenfangs wettbewerbswidrig ist. Ferner kann der Verbraucher getäuscht werden, wenn ihm durch den **Austausch der Warenkennzeichnungen** eine andere Herkunft vorgespiegelt wird.

86 Ein Gewerbetreibender handelt dem entsprechend unlauter, sobald er ein mit der Ware festverbundenes Zeichen oder eine andere geschäftliche Bezeichnung entfernt, um die ausgezeichnete Ware zu veräußern.[170] Ebenso behindert er die Maschinenfabrik in unzulässiger Weise, wenn er die **Firmenkennzeichen der Geräte anlässlich der Reparatur entfernt.** Zugleich täuscht er den Verbraucher über die Warenherkunft, indem er die Maschinen mit eigenen Firmenzeichen ohne Hinweis auf seine Reparatur versieht.[171] Obwohl die Reparaturkunden nicht irregeführt werden, lässt sich dies jedoch nicht für die Verkehrskreise sagen, die in der Firma meist einen Fabrikationshinweis erblicken. Solange es sich nach der Reparatur noch um die Maschine des Herstellers handelt, bleibt die Kennzeichenentfernung unlauter. Eine andere Beurteilung ist erst dann anzunehmen, wenn **durch eine Umarbeitung eine völlig veränderte und damit neue Maschine entsteht.** In diesem Falle ist es zulässig, das fremde Kennzeichen zu entfernen, weil die Öffentlichkeit über die Herkunft der Maschine nicht mehr getäuscht wird.[172]

4. Zeichenmissbrauch

87 Die Werbekraft einer Warenkennzeichnung lässt sich dadurch schwächen, dass eine verwechselbare fremde Kennzeichnung zeichenmäßig und damit unzulässig verwendet wird und diese

[165] Vgl. BGH GRUR 1961, 85 (87 f.) – Pfiffikus-Dose; OLG Frankfurt GRUR 1987, 44 – WM-Slogan.
[166] BGH GRUR 1996, 210 (212) – Vakuumpumpen; Erdmann GRUR 1996, 550 (558).
[167] OLG Frankfurt GRUR-RS 2019, 35108, Rn. 47.
[168] BGH GRUR 2004 1039 (1042) – SB-Beschriftung.
[169] Köhler/Bornkamm/Feddersen/Köhler UWG § 4 Rn. 4.72.
[170] BGH GRUR 1972, 558 – Teerspritzmaschinen; vgl. BGH GRUR Int. 2008, 519 Nrn. 22, 24 – Umverpacken von Markenarzneimitteln.
[171] BGH GRUR 1972, 558 – Teerspritzmaschinen.
[172] BGH GRUR 1952, 521 – Minimax.

Verwendung – wenn auch nicht zeichenmäßig – fortgesetzt wird.[173] Dadurch tritt eine **Verkehrsverwirrung ein, die den Werbewert der Ursprungskennzeichnung erheblich schmälert.** Eine ähnliche Beeinträchtigung tritt ein, wenn eine Kennzeichnung als Gattungsbegriff verwendet wird, ohne dass aus zeichenrechtlichen Gründen hiergegen vorgegangen werden kann.[174] Folglich kann eine erhebliche Schwächung der Kennzeichnungskraft bis hin zur Auslöschung einer Marke eintreten. Dieser Gefahr versucht § 16 MarkenG bei eingetragenen Marken Einhalt zu gebieten, die in Nachschlagewerken und elektronischen Datenbanken als Gattungsbegriff nachgewiesen werden. Wo ansonsten markenrechtlicher Schutz fehlt (zB wegen fehlender markenmäßiger Benutzung), schützt § 4 UWG die unzulässige Beeinträchtigung der Kennzeichnungskraft der Marke.

5. Ambush Marketing und Ausnutzung fremder Werbung

Sportliche und kulturelle Veranstaltungen werden zunehmend von Sponsoren finanziell unterstützt. Diese erhalten dafür das Privileg, im dortigen Umfeld für sich zu werben. Je stärker das Ereignis indes im Mittelpunkt des öffentlichen Interesses steht, desto mehr Mitbewerber sind interessiert, auf das Ereignis in ihrer Werbung zu verweisen. Erfolgt diese im räumlichen Umfeld der Veranstaltung oder im zeitlichen Zusammenhang in den Medien, so wird meist von **Ambush Marketing** gesprochen.[175] 88

Diese Werbestrategie ist nicht als Behinderung zu werten.[176] Gleiches gilt für all jene, die nicht zu den Sponsoren zählen. Die Grenze zur Unterlauterkeit wird erst überschritten, wenn die werbliche Maßnahme auf dem Grundstück der Veranstaltung erfolgt. Erweckt dort die Werbung des Nicht-Sponsors bei den angesprochenen Verkehrskreisen die Vorstellung, er sei offizieller Sponsor, so wirbt er irreführend (§ 5 Abs. 1 und 2 S. 1 Nrn. 1/3 UWG).[177] 89

Eine gezielte Behinderung liegt vor, wenn der Betreiber eines Internet-Portals, auf der Nutzer über preisgünstige Flugangebote hingewiesen werden, sog. „error fares", dh versehentlich fehlerhafte Angaben von Flugpreisen, einer Fluggesellschaft veröffentlicht und auf diese Weise massenhaft Nutzer dazu animiert, solche fehlerhaften Angebote zu buchen.[178] 90

V. Betriebsstörung

Eingriffe und Störungen im Betrieb eines Mitbewerbers können sich als unzulässige Behinderung im Wettbewerb erweisen. Maßgeblich für die Unlauterkeitsprüfung sind stets die **Begleitumstände** wie der Anlass der Störung sowie Ausmaß und Auswirkungen des Eingriffs auf den Geschäftsbetrieb des Mitbewerbers. Neben einem Verstoß gegen § 4 Nr. 4 UWG unter dem Aspekt der Betriebsstörung kann der störende Unternehmer nach §§ 823, 1004 BGB wegen eines rechtswidrigen Eingriffs in den eingerichteten und ausgeübten Geschäftsbetrieb zur Unterlassung und zum Schadenersatz verpflichtet werden. Obwohl sich der Betrieb des Mitbewerbers auf vielfältige Art und Weise stören lässt, zählen zu den wettbewerbsrechtlich relevanten Erscheinungsformen vor allem die unberechtigte Abmahnung und Schutzrechtsverwarnung, die Testmaßnahmen und die Abwerbung von Beschäftigten des Mitbewerbers (zu der Verletzung von Vertriebsbindungen und zur Kontrollnummernbeseitigung siehe oben). 91

1. Abmahnung und Schutzrechtsverwarnung

Grundsätzlich kann der Inhaber eines gewerblichen Schutzrechtes bzw. lauterkeitsrechtlicher Ansprüche alle notwendigen Maßnahmen ergreifen, um Angriffe abzuwehren. Nach § 12 Abs. 1 UWG soll er sogar vor den Folgen eines Wettbewerbsverstoßes jene warnen, die sich wettbewerbswidrig verhalten. Er ist berechtigt, Mitbewerber wegen derartigen Verhaltens abzumahnen, aber auch von ihnen eine **strafbewehrte Unterlassungsverpflichtungserklärung** und Schadenersatz zu fordern. 92

[173] BGH GRUR 1960, 126 (128) – Sternbild.
[174] BGH GRUR 1964, 82 (86) – Lesering; BGH GRUR 1970, 31 (33) – Heinzelmännchen.
[175] Grundlegend: Jaeschke, Ambush Marketing; vgl. Körber/Mann GRUR 2008, 737 (738 ff.).
[176] BGH 1963, 197 (200 f.) – Zahnprothesen-Pflegemittel; KG GRUR 1984, 601 (602) – Handzettel-Verteilung; Ohly/Sosnitza UWG § 4 Rn. 4/66.
[177] Ohly/Sosnitza/Ohly UWG § 4 Rn. 4/66; Heermann GRUR 2006, 359 (364 ff.); Reinholz WRP 2005, 1485, 1491 f.
[178] LG München I GRUR-RR 2018, 302.

93 Diese Rechtslage stellt sich anders dar, sobald sich das Vorgehen des Abmahnenden im Ergebnis als ungerechtfertigt erweist. Dann ist zu prüfen, ob dieses Verhalten womöglich einen **Wettbewerbsverstoß** bedeutet. Diese Frage ist danach zu beurteilen, ob eine unberechtigte Abmahnung wegen eines vermeintlichen Wettbewerbsverstoßes oder eine unberechtigte Schutzrechtsverwarnung wegen einer vermeintlichen Verletzung von gewerblichen Schutzrechten oder Urheberrechten vorliegt.

94 a) **Ungerechtfertigte wettbewerbsrechtliche Abmahnung.** Eine Abmahnung ist ungerechtfertigt, wenn sie wegen eines nur **vermeintlichen Wettbewerbsverstoßes** erfolgt, dem Abmahnenden mithin **kein durchsetzbarer Unterlassungsanspruch** zusteht. Dies kann darauf beruhen, dass aus tatsächlichen oder rechtlichen Gründen kein Anspruch denkbar oder ein solcher aus inhaltlichen, formalen oder sonstigen Erwägungen unzulässig ist. Somit ist die Abmahnung etwa unberechtigt, wenn es an der Aktivlegitimation fehlt,[179] wenn der Anspruch durch Drittunterwerfung oder Verwirkung entfallen ist oder ihm die Einrede der Verjährung entgegensteht. Die **objektiv unberechtigte Abmahnung** beeinträchtigt die betrieblichen Abläufe mitunter erheblich, weil der vermeintliche Verletzer innerhalb kürzester Zeit die Rechtslage und das weitere Vorgehen prüfen lassen muss. Zudem muss er klären, ob etwa eine Werbemaßnahme zu ändern ist bis hin zur Frage, ob ein Produkt einzustellen oder eine Rundfunk- oder Fernsehsendung auszustrahlen ist.

95 Für unberechtigte Abmahnungen sieht **§ 13 Abs. 5 UWG** mittlerweile einen **Sondertatbestand** vor: Danach hat der Abgemahnte gegen den Abmahnenden einen Anspruch auf **Ersatz der für seine Rechtsverteidigung erforderlichen Aufwendungen.** Dies gilt, soweit eine Abmahnung unberechtigt ist, oder wenn eine Abmahnung nicht den formalen Anforderungen des § 13 Abs. 2 UWG entspricht, oder soweit in der Abmahnung ein Anspruch auf Aufwendungsersatz geltend gemacht wird, obwohl ein solcher gem. § 13 Abs. 4 UWG nicht besteht (weil sich die Abmahnung auf einen Verstoß gegen gesetzliche Informations- und Kennzeichnungspflichten bezieht, der im Internet begangen wurde, oder auf einen Verstoß gegen die DSGVO oder das BDSG durch ein Unternehmen mit weniger als 250 Mitarbeitern). Allerdings ist der Anspruch auf Ersatz der Rechtsverteidigungskosten beschränkt auf die Höhe des Aufwendungsersatzanspruchs, die der Abmahnende geltend macht. Zudem ist der Gegenanspruch bei einer unberechtigten Abmahnung ausgeschlossen, wenn die fehlende Berechtigung der Abmahnung für den Abmahnenden zum Zeitpunkt der Abmahnung nicht erkennbar war (Verschulden).

96 Jenseits dieses Spezialtatbestands sind weitere Ansprüche wegen einer unberechtigten Abmahnung zwar denkbar. Denn in § 13 Abs. 5 S. 4 UWG bleiben weitergehende Ersatzansprüche unberührt. Eine unberechtigte Abmahnung ist jedoch **nicht schon als solche wettbewerbswidrig. Die Grundsätze zur unberechtigten Schutzrechtsverwarnung** (die in der Regel eine unlautere Handlung nach § 823 Abs. 1 BGB darstellt; näher dazu unter b)) sind **nicht auf unberechtigte wettbewerbsrechtliche Abmahnungen übertragbar.**[180] Schließlich geht der Abmahnende meist in gutem Glauben von der Berechtigung seiner Abmahnung aus, weil er die Wettbewerbsregeln eingehalten wissen will. Daher handelt der Abmahnende nicht schon deshalb sorgfaltswidrig, weil er weiß, dass die Rechtslage zweifelhaft ist. Andernfalls werden Sinn und Zweck des Instruments einer Abmahnung verfehlt.[181] Zudem steht es dem Abgemahnten frei, ob er sie befolgt oder nicht. Überdies muss die **Abmahnung als zulässige Meinungsäußerung** bei wettbewerbsrechtlichen Auseinandersetzungen grundsätzlich toleriert werden, wofür auch Art. 5 GG streitet.[182] Deshalb bedingt die unberechtigte Abmahnung **nur unter besonderen Umständen** eine rechtswidrige Betriebsstörung.[183]

97 Die Abmahnung ist jedoch regelmäßig als wettbewerbswidrige Behinderung anzusehen, wenn sie in **Kenntnis der mangelnden Berechtigung** erfolgt oder wenn der Abmahnende billigend in Kauf nimmt, dass sie unbegründet ist oder aber sich dieser Einsicht bewusst verschließt.[184] Folglich bedarf es bei einer unberechtigten Abmahnung neben einem bewussten Eingriff in den

---

179 BGH GRUR 1969, 479 (481) – Colle de Cologne; BGH GRUR 1995, 697 (699) – Funny Paper.

180 BGH GRUR-RR 2011, 343 – Unberechtigte Abmahnung.

181 OLG München GRUR-RR 2019, 227 Rn. 57.

182 BGH GRUR 1969, 479 (481) – Colle de Cologne; BGH GRUR 1994, 841 (843) – Suchwort; OLG Frankfurt GRUR 1975, 492 (493) – Kenitex.

183 BGH WRP 1965, 97 (98 ff.) – Kaugummikugeln; BGH GRUR 1994, 141 (143) – Suchwort; KG WRP 1980, 206 (207); OLG Frankfurt NJW 1991, 1006.

184 LG Frankfurt/Main GRUR 2007, 377 (378) – BERODUAL; BGH GRUR 1963, 255 (257) – Kindernähmaschinen; BGH GRUR 1991, 914 (915) – Kastanienmuster; BGH GRUR 1992, 448 (450) – Pullovermuster.

fremden Geschäftsbetrieb auch der subjektiven Kenntnis des unlauteren Verhaltens.[185] Davon ist auszugehen, wenn die unberechtigte Abmahnung ausgesprochen wird, um den Mitbewerber zu schädigen. Unlauter handelt der Abmahnende auch, wenn er auf Grund der äußeren Umstände oder auf Grund von Hinweisen des Abgemahnten erkennen muss, dass kein Wettbewerbsverstoß des Mitbewerbers vorliegt.[186] Einer Abmahnung steht es in diesen Fällen gleich, wenn der Konkurrent in Kenntnis vom Fehlen lauterkeitsrechtlicher Ansprüche eine **Beschwerde über den Mitbewerber an Dritte, zB an einen Online-Plattformbetreiber,** richtet.[187]

Grundsätzlich muss die Art und Weise der **Abmahnung** dem vermeintlichen Wettbewerbsverstoß **angemessen und verhältnismäßig** sein. Deshalb kann es unlauter sein, dem Mitbewerber eine unangemessen kurze Frist zusetzen, die es ihm verwehrt, die Behauptungen der Abmahnung zu überprüfen. Das gilt übrigens auch, soweit Mitbewerber öffentlich verwarnt werden. Soweit die unberechtigte Abmahnung (ausnahmsweise) als wettbewerbswidrige Behinderung zu werten ist, kann sie Unterlassungs- und Beseitigungsansprüche auslösen, bei schuldhaftem Verhalten aber auch Schadensersatz begründen.[188] Insofern ist es meist entbehrlich, auf § 823 Abs. 1 BGB wegen eines **Eingriffs in den eingerichteten und ausgeübten Gewerbebetrieb** des Abgemahnten oder dessen Zulieferers zurückzugreifen.[189] 98

Praxistipp:

Eine wettbewerbsrechtlich unberechtigte Abmahnung ist wettbewerbsrechtlich in aller Regel unbedenklich. Andernfalls liefe der Abmahnende neben dem Prozesskostenrisiko stets Gefahr, dass der Mitbewerber ihn abschließend womöglich noch zur Verantwortung zieht. Um einen weiteren Rechtsstreit nach jeder unberechtigten Abmahnung zu vermeiden, sind die Interessen der beteiligten Parteien unter dem Gesichtspunkt des Eingriffs in den eingerichteten und ausgeübten Gewerbebetriebes nach § 823 Abs. 1 BGB abzuwägen. Ergibt die Prüfung, dass die Abmahnung aus der Sicht des Unternehmers zur eigenen Interessenwahrung geboten war, scheidet ein schuldhaftes Verhalten zur Begründung von Schadensersatz in jedem Fall aus.[190]

b) Unberechtigte Schutzrechtsverwarnung. Schwieriger ist die Beurteilung einer unzulässigen Betriebsstörung bei einer unberechtigten Schutzrechtsverwarnung.[191] In diesem Falle wird ein Hersteller oder Abnehmer eines Produkts wegen der **vermeintlichen Verletzung von gewerblichen Schutzrechten oder Urheberrechten** zur Unterlassung aufgefordert. Diese unberechtigte Schutzrechtsverwarnung unterliegt wegen der **einschneidenden Folgen regelmäßig strengeren Maßstäben** als die ungerechtfertigte Abmahnung, weil der Verwarnte deren Berechtigung kurzfristig meist nicht zweifelsfrei prüfen kann. Sein Dilemma besteht darin, dass er meist außerstande ist, die Schutzrechtslage schnell zu klären, um die Gefahr für sein Unternehmen abzuschätzen. Zugleich sind dringend **weitreichende unternehmerische Entscheidungen** zu treffen, ob etwa die Warenproduktion und der Warenvertrieb einzustellen ist. Diese Beispiele verdeutlichen, dass das Interesse des Unternehmers oftmals größer ist, vor unbegründeten Schutzrechtsverwarnungen bewahrt zu werden als vor unberechtigten Abmahnungen wegen eines Wettbewerbsverstoßes. Zudem haben Schutzrechte eine weitgehende Ausschließlichkeitswirkung; es muss daher sichergestellt sein, dass diese wettbewerbseinschränkende Exklusivität nicht über die Reichweite des Schutzrechts hinaus missbraucht wird. Dem steht das legitime Anliegen des Schutzrechtsinhabers gegenüber, seine Ansprüche außergerichtlich und gerichtlich geltend machen zu können, ohne seinerseits Sanktionen fürchten zu müssen.[192] 99

[185] BGH GRUR 1954, 391 – Prallmühle.
[186] Vgl. Fezer/Götting/Hetmank UWG § 4 Nr. 4 Rn. 66; Ohly/Sosnitza/Ohly UWG § 4 Rn. 4/43.
[187] Vgl. OLG Hamm GRUR 2021, 1094 (1096)
[188] OLG Hamburg NJW-RR 1999, 1080; Lindacher FS v. Gamm, 83 (84 ff.).
[189] BGH GRUR 1969, 479 (481) – Colle de Cologne; BGH GRUR 1995, 424 (425) – Abnehmerverwarnung; BGH WRP 1997, 1079 (1080) – „Mecki"-Igel III; OLG Nürnberg GRUR 1996, 48 f. – Lizenzbereitschaftserklärung und Abnehmerverwarnung.
[190] BGH GRUR 1974, 290 (291) – Maschinenfester Strumpf.
[191] BGH GRUR 2005, 882 – Unberechtigte Schutzrechtsverwarnung – hat ausschließlich § 823 Abs. 1 BGB (Recht am eingerichteten und ausgeübten Gewerbebetrieb) geprüft; hierzu konstruktiv Sack BB 2005, 2368; Teplitzky WRP 2005, 1433.
[192] Vgl. BVerfGE 74, 257 (262 f.); BGH WRP 1998, 512 (514) – Bilanzanalyse Pro 7.

100 Wie dieser Konflikt aufzulösen und ob eine unberechtigte Schutzrechtsverwarnung stets eine unlautere Behinderung und/oder einen rechtswidrigen Eingriff in den eingerichteten und ausgeübten Gewerbebetrieb darstellt, war in der Literatur lange umstritten.[193] In der Rechtsprechung ist aber seit langem anerkannt – und der BGH hat dies in einer Entscheidung des **Großen Senats** vom 15.7.2015 nochmal ausdrücklich klargestellt[194] – dass **eine objektive unberechtigte Schutzrechtsverwarnung, und zwar unabhängig vom verletzten Schutzrecht, einen rechtswidrigen Eingriff in den eingerichteten und ausgeübten Gewerbebetrieb nach § 823 Abs. 1 BGB darstellt.**[195] Der vermeintliche Verletzer hat hiergegen einen (auch vorbeugenden) **Unterlassungsanspruch;** bei schuldhaft unberechtigter Abmahnung (Vorsatz und Fahrlässigkeit) sogar einen **Schadensersatzanspruch.**

101 Allerdings ist **zwischen geprüften (zB Patente) und ungeprüften (zB Designs/Geschmacksmustern) Schutzrechten zu unterscheiden:** Bei einer Verwarnung, die auf ein ungeprüftes Schutzrecht gestützt wird, muss vom Verwarner ein höheres Maß an Nachprüfung bezüglich der Rechtsbeständigkeit verlangt werden als bei einem Vorgehen aus geprüften Schutzrechten.[196] Eine auf ein geprüftes Schutzrecht gestützte unberechtigte Verwarnung kann schuldhaft sein, wenn der Inhaber weitergehende Kenntnisse als die Erteilungsbehörde über den Stand der Technik hat, die er zurückhält, oder wenn ihm nachträglich der Schutzfähigkeit entgegenstehendes Material bekannt wird oder er sich dieser Kenntnis in vorwerfbarer Weise verschlossen hat.[197]

102 Das Vorstehende gilt indes nicht für die nicht vorsätzlich, sondern allenfalls fahrlässig unberechtigte **Schutzrechts*klage:*** Bei dieser ist der Beklagte durch seine prozessualen Rechte ausreichend geschützt und hat keinen Unterlassungsanspruch.

103 Der Verwarner ist im Übrigen in jedem Fall dann nicht schutzwürdig, soweit er vorsätzlich oder doch zumindest leichtfertig die unbegründete Verwarnung ausspricht. Ein solches Verhalten ist nicht hinnehmbar und deshalb als unzulässige Betriebsstörung wettbewerbsfremd. Überdies ist die unberechtigte Schutzrechtsverwarnung rechtswidrig, weil das **Interesse des Verwarnten höher zu bewerten ist als das Interesse eines solchen Verwarners.**[198]

104 Einer unberechtigten Schutzrechtsverwarnung kann eine **Äußerung gegenüber Dritten** (etwa in Informations- oder Rundschreiben) gleichstehen, die aufgrund ihres pauschalen oder allgemeinen Inhalts geeignet ist, Abnehmer zu verunsichern und damit vom Erwerb des Produktes abzuhalten.[199] Dem entsprechend ist auch die Einreichung einer **Beschwerde bei einer Online-Plattform** im Rahmen des „Notice and Take Down"-Verfahrens wie eine unberechtigte Schutzrechtsverwarnung zu behandeln, wenn der geltend gemachte Geschmacksmusterschutz nicht besteht.[200]

105 Keine unberechtigte Schutzrechtsverwarnung stellt demgegenüber die Aufforderung zur Löschung einer Marke wegen einer angeblichen Kollision mit einem älteren Kennzeichenrecht dar.[201]

106 Auch eine **berechtigte Schutzrechtsverwarnung** kann jedoch wegen ihres sonstigen Inhalts oder ihrer Form als unzulässige Betriebsstörung entlarvt werden. Das ist der Fall, wenn ein obsiegendes, aber nicht rechtskräftiges Urteil verbreitet wird, ohne die fehlende Rechtskraft gesondert zu vermerken.[202] Entsprechendes gilt, wenn ohne einen erklärenden Hinweis zu Wettbewerbszwecken auf eine einstweilige Beschlussverfügung gegenüber unbeteiligten Dritten verwiesen wird, es sei denn, der Hinweis sei zur Abwehr eines rechtswidrigen Angriffs gerechtfertigt.[203]

2. Testmaßnahmen

107 Im Wettbewerbsrecht ist die Ahndung von Verstößen im Wesentlichen Aufgabe der Mitbewerber und Einrichtungen im Sinne von § 8 Abs. 3 UWG. Dieser Ansatz bietet den Vorteil, dass Wettbewerbsverstöße meist rasch erkannt und abgestellt werden. Damit handeln die Verfolger

[193] Siehe nur Fezer/Götting/Hetmank UWG § 4 Nr. 4 Rn. 73 ff.; Köhler/Bornkamm/Feddersen/Köhler UWG § 4 Rn. 4.173.
[194] BGH GRUR 2005, 882 – Unberechtigte Schutzrechtsverwarnung I (auf Vorlage des Ersten Senats, GRUR 2004, 814 – Verwarnung aus Kennzeichenrecht).
[195] GRUR 2006, 219 – Detektionseinrichtung II; BGH WRP 2016, 881 – Unberechtigte Schutzrechtsverwarnung II.
[196] BGH GRUR 2018, 832 Rn. 89 – Ballerinaschuh.
[197] OLG Frankfurt a. M. BeckRS 2018, 26170, Rn. 49.
[198] Vgl. BGH GRUR 1996, 812 (813) – Unterlassungsurteil gegen Sicherheitsleistung; aA Deutsch WRP 1999, 25 (26 f.).
[199] BGH GRUR 2009, 878 Rn. 22 – Fräsautomat.
[200] LG Hamburg BeckRS 2018, 5654; vgl. auch OLG Hamm GRUR 2021, 1094.
[201] OLG Köln BeckRS 2018, 28360.
[202] BGH GRUR 1995, 424 – Abnehmerverwarnung.
[203] LG Berlin NJW-WettbR 1996, 228.

von wettbewerbswidrigem Verhalten auch im Interesse der Allgemeinheit. Zur Wahrnehmung dieser Überwachungsaufgaben sind Testmaßnahmen bei Mitbewerbern wie Testkäufe, Testfahrten, Testbeobachtungen, Testgespräche, Testfotos und dergleichen unentbehrlich. Sie sollen wettbewerbswidriges Verhalten aufdecken. Derartige Maßnahmen muss der Unternehmer im Interesse der Allgemeinheit und der betroffenen Mitbewerber dulden.[204]

Voraussetzung für die Zulässigkeit der jeweiligen Testmaßnahme ist, dass **keine schützenswerten Interessen der betroffenen Gewerbetreibenden** berührt werden, insbesondere, dass die Testmaßnahme nicht zu einer **Betriebsstörung** führt. Ist das nicht der Fall, müssen Testmaßnahmen – insbesondere Besuche des Geschäftslokals, Testkäufe etc. – hingenommen werden. Ist die Testmaßnahme als solche wettbewerbsgemäß, so handelt derjenige wettbewerbswidrig, der sie zu unterbinden versucht. Denn das Recht des Unternehmers, **Wettbewerbsverstöße der Mitbewerber festzustellen, ist Teil der wettbewerblichen Handlungsfreiheit.** Deshalb ist es unzulässig, wenn der Gewerbetreibende in seinen Allgemeinen Geschäftsbedingungen mit den Kunden Testkäufe verbietet und Verstöße gegen diese Verpflichtung mit Vertragsstrafen bewehrt.[205] Dies gilt auch für Hausverbote, um Testmaßnahmen zu verhindern.[206] Das Hausverbot ist dann nicht wettbewerbswidrig, wenn der Prüfer sich in der Vergangenheit unangemessen verhalten hat.[207] 108

Nach inzwischen überwiegend veralteter Auffassung der Rechtsprechung ist das **ungenehmigte Fotografieren durch Testpersonen innerhalb der Geschäftsräume** eines Mitbewerbers, das der Dokumentation eines angeblichen oder wirklichen Wettbewerbsverstoßes dient, wegen einer Betriebsstörung unlauter.[208] Dabei sei der Wille des Geschäftsinhabers nicht entscheidend. Vielmehr sei, sobald das Personal des Geschäftsinhabers das Verhalten der Testperson bemerke, eine unerfreuliche und möglicherweise lautstarke Auseinandersetzung regelmäßig zu befürchten.[209] Zudem bestehe die Gefahr der Beeinträchtigung des guten Rufs des Kaufmanns in den Augen der das Geschehen beobachtenden Kunden.[210] 109

Diese Rechtsprechung ist in dieser Form jedoch **nicht mehr zeitgemäß,** insbesondere weil die technische Entwicklung mittlerweile das Fotografieren mit Kleinstkameras (**Knopflochkameras**) ermöglicht hat, bei denen nicht ohne weiteres davon ausgegangen werden kann, dass ihr Gebrauch zu einer Betriebsstörung führt. Dem entsprechend hat der BGH 2007 entschieden, dass die Anfertigung von Fotos innerhalb der Geschäftsräume des Verletzers **nicht unlauter** ist, **wenn ein Wettbewerbsverstoß nur durch Fotoaufnahmen hinreichend bestimmt dargelegt und bewiesen werden kann** und ein überwiegendes Interesse des Geschäftsinhabers an der Vermeidung einer möglichen Betriebsstörung nicht besteht.[211] Zwar hat der BGH noch offengelassen, ob Fotoaufnahmen in Geschäftslokalen zu Testzwecken *grundsätzlich* unabhängig davon unlauter sind, ob es im Einzelfall tatsächlich zu einer erheblichen Betriebsstörung kommt. Bei der erforderlichen Interessenabwägung sei aber zu berücksichtigen, ob der Beweis eines Wettbewerbsverstoßes nicht anders nicht zu führen ist. Sei das der Fall, sei dem Interesse des Geschäftsinhabers, mögliche Betriebsstörungen zu verhindern, nur dann der Vorrang einzuräumen, **wenn eine konkrete Gefahr einer erheblichen Betriebsstörung zu befürchten ist.**[212] Aus dem gleichen Grund sind erst recht **Fotoaufnahmen außerhalb des Geschäftslokals** zulässig, wo eine Betriebsstörung ausgeschlossen ist.[213] 110

Es gilt bei Testkäufen, Testbesuchen und Dokumentationsmaßnahmen mithin folgende **Grundregel:** Ein Unternehmen, dass sich mit seinem Angebot an die Öffentlichkeit wendet, muss **Testmaßnahmen grundsätzlich** im Interesse der Allgemeinheit sowie der betroffenen Mitbewerber 111

[204] BGH GRUR 2017, 1140 Rn. 31 – Testkauf im Internet; BGH GRUR 1989, 113 (114) – Mietwagen-Testfahrt; BGH GRUR 1981, 827 (828) – Vertragswidriger Testkauf; OLG Nürnberg GRUR 1982, 571; OLG Karlsruhe GRUR 1994, 62 (63) – Werbegespräch; OLG Karlsruhe GRUR 1994, 130 (131) – Testpatient.

[205] BGH GRUR 1981, 827 (828) – Vertragswidriger Testkauf.

[206] BGH GRUR 1966, 564 (565) – Hausverbot I; BGH GRUR 1979, 859 (860) – Hausverbot II; BGH GRUR 1981, 827 (829) – Vertragswidriger Testkauf; LG Hamburg GRUR-RR 2007, 94 (95) – Elektronisches Hausverbot; OLG Köln NJW-RR 2019, 550 Rn. 48.

[207] BGH GRUR 1979, 859 (860) – Hausverbot II; OLG Hamburg GRUR-RR 2007, 365 (366) – „Hausverbot" im Internet.

[208] BGH GRUR 1991, 843 – Testfotos I; BGH WRP 1996, 1099 – Testfotos II; BGH GRUR 2007, 802 – Testfotos III.

[209] BGH WRP 1996, 1099 (1101) – Testfotos II.

[210] BGH WRP 1996, 1099 (1101) – Testfotos II.

[211] BGH GRUR 2007, 802 – Testfotos III.

[212] BGH GRUR 2007, 802 (805) – Testfotos III

[213] Vgl. Fezer/Götting/Hetmank UWG § 4 Nr. 4 Rn. 54.

dulden. Wenn der Tester sich aber anders verhält als ein normaler Kunde und damit die **Gefahr einer Betriebsstörung** verbunden ist, kommt ein Unterlassungsanspruch nach § 4 Nr. 4 UWG in Betracht. Dabei muss **abgewogen** werden zwischen dem **Interesse des getesteten Unternehmens an der Vermeidung einer Betriebsstörung** und dem **Interesse des testenden Unternehmens,** etwaige Wettbewerbsverstöße hinreichend darlegen und beweisen zu können.

112 Diese Grundsätze und die Rechtsprechung zu Zutrittsbeschränkungen zu Geschäftsräumen sind auch auf **Testbesuche und -nutzungen von Internetseiten** zu übertragen.[214] So ist es einem Unternehmen etwa zugebilligt worden, einen Mitbewerber mit einer automatischen IP-Sperrung von weiteren Testzugriffen auf das eigene Internetangebot auszuschließen, wenn die bisherigen Testzugriffe eine Überprüfung des gesamten Angebots mit 652 Aufrufen innerhalb von ca. zwei Stunden und mit einer durchschnittlichen Frequenz von 11 Sekunden umfassten.[215] Die aus ex-ante-Sicht bestehende Gefahr einer Betriebsstörung sei ausreichend, um das testende Unternehmen zu sperren; es sei nicht erforderlich, dass bereits eine Betriebsstörung eingetreten ist.

113 Unzulässig ist auch die **unerlaubte Ton- und Bildaufzeichnung** von Verkaufsgesprächen. Abgesehen von der strafrechtlichen Relevanz dieses Verhaltens mit Blick auf § 201 Abs. 1 StGB, werden die Persönlichkeitsrechte der Verkäufer verletzt, wodurch deliktische Abwehransprüche begründet werden.[216] Da derartige Aufnahmen dem zivilrechtlichen Beweisverbot unterliegen, müssen „Gedächtnisprotokolle" gefertigt werden.

114 Ansonsten statthafte Testmaßnahmen können auch unzulässig werden, wenn der **Kontrolleur sich seinerseits unlauter verhält,** um den Gewerbetreibenden zu übervorteilen oder ihn mit verwerflichen Mitteln zu einem Wettbewerbsverstoß oder zu einer Vertragsverletzung zu provozieren.[217] Unlauter sind Testkäufe daher, wenn sie allein dazu dienen sollen, den Mitbewerber „hereinzulegen", um ihn mit wettbewerbsrechtlichen Ansprüchen überziehen zu können, zB durch den Einsatz verwerflicher Mittel oder bei Fehlen hinreichender Anhaltspunkte für eine bereits begangene oder bevorstehende Rechtsverletzung.[218] Ein zwar insistierendes, aber branchenübliches Verhalten reicht indes noch nicht aus.[219]

3. Abwerbung von Beschäftigten

115 **a) Grundsätzliche Zulässigkeit.** Das Abwerben von Beschäftigten der Mitbewerber durch bessere Arbeitsbedingungen ist **Ausdruck des Leistungswettbewerbs** und zulässiges Mittel im Konkurrenzkampf. Es ist ein Aspekt der schützenswerten freien Wirtschaftsordnung, um die Konkurrenzfähigkeit des eigenen Unternehmens zu sichern und zu entwickeln. Denn qualifizierte Mitarbeiter bedeuten einen entscheidenden Wettbewerbsvorteil. Ein Unternehmen hat keinen Anspruch auf den Bestand seiner Mitarbeiter; es muss sich dem Konkurrenzkampf um Mitarbeiter stellen. **Das Abwerben von Mitarbeitern durch einen Konkurrenten ist deshalb grundsätzlich erlaubt.**[220] Dies gilt selbst dann, wenn die Abwerbung bewusst und planmäßig erfolgt,[221] und zunächst auch unabhängig davon, welche und wieviele Mitarbeiter abgeworben werden.[222] Es ist auch unbedenklich, wenn Mitarbeiter für das Abwerben eingesetzt werden oder Personalberater Führungskräfte „ausspannen" sollen.[223] Schließlich kann der Unternehmer gegen solche erlaubten Abwerbeformen etwa mit attraktiven Arbeitsbedingungen überzeugen und seine Führungskräfte durch vertragliche Wettbewerbsverbote schützen.

116 **b) Unlauterkeit der Abwerbung.** Die Abwerbung ist unabhängig von ihrem Erfolg dann **unzulässig, sobald der Zweck, die Mittel oder die Methoden unlauter** sind.[224] **Der Zweck der Abwer-**

[214] OLG Hamburg GRUR-RR 2007, 365.
[215] OLG Hamm GRUR-RR 2009, 75; siehe auch OLG Hamburg GRUR-RR 2007, 365.
[216] BGH GRUR 1988, 399 (401) – Tonbandmitschnitt; Bartl WRP 1996, 386 (389 ff.).
[217] BGH GRUR 1965, 36 – Warnschild; BGH GRUR 1985, 447 (450) – Provisionsweitergabe durch Lebensversicherungsmakler; BGH GRUR 1989, 113 (114) – Mietwagen-Testfahrt; BGH GRUR 1992, 612 (614) – Nicola.
[218] BGH GRUR 2017, 1140 Rn. 31 – Testkauf im Internet.
[219] BGH NJW-RR 1990, 173 – Beförderungsauftrag.
[220] BGH GRUR 1961, 482 – Spritzgussmaschine; BGH GRUR 1966, 263 – Bau-Chemie; BGH GRUR 1984, 129 (130) – shop-in-the-shop I; BGH GRUR 2006, 426 (427) – Direktansprache am Arbeitsplatz II; OLG Frankfurt a. M. GRUR-RR 2019, 28 Rn. 6; OLG Karlsruhe WRP 2002, 338.
[221] BGH GRUR 1966, 263 – Bau-Chemie.
[222] OLG Oldenburg WRP 2013, 943.
[223] BGH GRUR 1961, 482 (483) – Spritzgussmaschine; BGH GRUR 1966, 263 – Bau-Chemie; OLG Karlsruhe WRP 2002, 338 (339); Piper GRUR 1990, 643 (647).
[224] BGH GRUR 2007, 800 – Außendienstmitarbeiter; BGH GRUR 1966, 263 (265) – Bau-Chemie; BGH GRUR 1984, 129 (130) – shop-in-the-shop I.

bung ist unlauter, wenn das anhand einer objektiven Würdigung der Umstände festzustellende eigentliche Ziel der Abwerbung in der Schädigung des Mitbewerbers liegt.[225] Dies ist insbesondere der Fall, wenn Arbeitnehmer **in erster Linie abgeworben** werden, um den Mitbewerber **durch einen spürbaren personellen Aderlass zu schaden,** ihn womöglich gar in seiner Existenz zu gefährden.[226] Diese Fälle sind in der Praxis allerdings schon deshalb selten, weil sich die Schädigungsabsicht und dass diese das legitime Interesse eines Unternehmens an dem Anwerben qualifizierter Mitarbeiter überwiegt, selten nachweisen lässt. Ein Anhaltspunkt kann sein, dass „putschartig" ganze Geschäftsbereiche einschließlich der damit verbundenen Kunden abgeworben werden.[227] Ein möglicher Fall gezielter Behinderung ist nach der Rechtsprechung gegeben, wenn ein Unternehmen mit den Leitungskräften eines Mitbewerbers eine Vereinbarung darüber trifft, eine konzertierte Abwerbung eines Großteils von dessen Mitarbeitern durch dessen Leitungskräfte – gleichsam „von innen heraus" – vorzunehmen.[228] Allerdings soll auch hier erforderlich sein, dass sich feststellen lässt, dass das betroffene Unternehmen aufgrund der Handlungen des Wettbewerbers nicht mehr in der Lage war, seine Leistung am Markt durch eigene Anstrengung in angemessener Weise zur Geltung zu bringen.[229]

Ebenso kann es unlauter sein, Mitarbeiter gezielt abzuwerben, um **Geschäftsgeheimnisse** zu erlangen.[230] Allerdings muss dabei immer die Grenze zur zulässigen Verwertung von Kenntnissen, die der Arbeitnehmer während eines Arbeitsverhältnisses erworben hat, beachtet werden.[231] Die Grenze zur gezielten Behinderung ist erst dann überschritten, wenn das Abwerben darauf angelegt ist, dass der Arbeitnehmer Geschäftsgeheimnisse in rechtswidriger Weise verwertet (etwa indem er geheime Geschäftsunterlagen oder Daten mitnimmt) oder gegen eine wirksame Vertraulichkeitsvereinbarung verstößt. Darüber hinaus sind seit Inkrafttreten des Geschäftsgeheimnisgesetzes (GeschGeh) am 26.4.2019 die Betriebsspionage vorrangig nach § 4 GeschGehG und deren Rechtsfolgen nach den §§ 6–14 GeschGehG zu beurteilen.[232] 117

Doch nicht nur ein unlauteres Ansinnen, sondern auch die **Mittel und Umstände der Abwerbung** vermögen den Unlauterkeitstatbestand zu erfüllen. So ist es etwa unlauter, wenn der Abgeworbene im Sinne eines Verleitens zum Vertragsbruch bewusst dazu angehalten wird, gegen seine vertraglichen oder auch **nachvertraglichen Pflichten aus dem bisherigen Arbeitsvertrag zu verstoßen.**[233] 118

c) **Abwerbung am Arbeitsplatz.** Ferner kann es unzulässig sein, den Beschäftigten **an seinem Arbeitsplatz abzuwerben,** weil dadurch eine empfindliche Störung des Betriebsablaufs zu befürchten ist.[234] Gemäß zwei **Grundsatzentscheidungen des BGH aus den Jahren 2004 und 2006** ist es allerdings **zulässig,** wenn ein Arbeitnehmer von einem Personalberater („Headhunter") für ein **Erstgespräch am Arbeitsplatz telefonisch** (sowohl per Festnetz als auch per Mobiltelefon) kontaktiert wird, um, den Arbeitnehmer kurz die ausgeschriebene Stelle zu beschreiben, sich nach seinem grundsätzlichen Interesse zu erkundigen und im Übrigen ein weitergehendes Gespräch außerhalb der Arbeitszeiten zu vereinbaren.[235] Zu diesem zutreffenden Ergebnis kommt der BGH im Rahmen einer **Gesamtabwägung der Interessen** des Personalberaters, seines Auftraggebers, des Arbeitnehmers und des Arbeitnehmers sowie der Allgemeinheit, wobei bei einer angemessen kurzen Erstkontaktaufnahme die Interessen des Arbeitnehmers und insbesondere das Interesse der Allgemeinheit an einem wirksamen Wettbewerb um Arbeitskräfte überwiegen.[236] Nach diesen Maßstäben ist auch ein kurzes sachliches Schreiben an Mitarbeiter eines Mitbewerbers gebilligt worden, mit dem auf die Möglichkeit eines Stellenwechsels hingewiesen und die Stelle im Betrieb des Abwerbenden kurz beschrieben wird.[237] 119

[225] OLG Oldenburg WRP 2013, 943: „objektive Finalität".
[226] Vgl. Fezer/Götting/Hetmank UWG § 4 Nr. 4 Rn. 56.
[227] OLG Frankfurt a. M. GRUR-RR 2019, 28.
[228] OLG Hamburg BeckRS 2019, 21237.
[229] OLG Hamburg BeckRS 2019, 21237 Rn. 75.
[230] Vgl. BGH GRUR 2006, 426 – Direktansprache am Arbeitsplatz II.
[231] So zu Recht Fezer/Götting/Hetmank UWG § 4 Nr. 4 Rn. 57.
[232] Köhler/Bornkamm/Feddersen/Köhler, UWG § 4 Rn. 4.165.
[233] BGH GRUR 1980, 296 – Konfektions-Stylist.
[234] BGH GRUR 1967, 104 (106) – Stubenhändler; OLG Stuttgart WRP 2000, 318 – Mitarbeiter-Abwerbung.
[235] BGH GRUR 2004, 696 – Direktansprache am Arbeitsplatz I; GRUR 2006, 426 – Direktansprache am Arbeitsplatz II; aA noch OLG Stuttgart GRUR 2000, 1096, 1098 – Headhunter.
[236] BGH GRUR 2004, 696 (697 f.) – Direktansprache am Arbeitsplatz I.
[237] OLG Oldenburg WRP 2013, 943.

120 Je weniger aber ein Erstkontakt auf das Nötigste beschränkt wird, desto eher können die Interessen des Arbeitgebers und sogar des (uU sich belästigt fühlenden) Arbeitnehmers überwiegen.[238] **Unlauter** ist es daher, wenn der Headhunter ignoriert, dass der Arbeitnehmer kein Interesse hat, oder das Gespräch für **Abwerbeversuche nutzt, die über eine knappe Stellenbeschreibung hinausgehen.**[239] Dies gilt auch bei Anrufen auf dem Privathandy des Mitarbeiters, soweit der Anrufer sich nicht zu Beginn des Gesprächs vergewissert hat, dass der Arbeitnehmer sich nicht an seinem Arbeitsplatz oder sonst bei der Arbeit befindet.[240]

121 Jedoch ist es wettbewerbsrechtlich unbedenklich, während des noch bestehenden Arbeitsverhältnisses mit einem Beschäftigten des Mitarbeiters die künftigen Konditionen zu klären und den neuen Arbeitsvertrag zu schließen. Hierfür muss nicht erst die Kündigung des bisherigen Beschäftigungsverhältnisses abgewartet werden.[241]

122 d) **Rechtsfolgen.** Neben dem Unterlassungsanspruch kann ein geschädigtes Unternehmen unter dem Gesichtspunkt des Beseitigungsanspruchs oder als Schadensersatz (Naturalrestitution, § 249 Abs. 1 BGB) zwar keine Entlassung der unzulässig abgeworbenen Mitarbeiter, wohl aber ein – auch im Eilverfahren mögliches[242] – **befristetes Beschäftigungsverbot** verlangen.[243] Dies soll dem Zweck dienen, den Wettbewerbsvorsprung des anderen Unternehmens auszugleichen, indem es vorübergehend keine Früchte aus der unlauteren Abwerbung ziehen darf und das betroffene Unternehmen Zeit bekommt, um neue Mitarbeiter einzustellen. Bei der Entscheidung über das Ob und Wie eines solchen Beschäftigungsverbots ist aber der **Verhältnismäßigkeitsgrundsatz streng zu beachten,** wobei auch die ggf. schutzwürdigen Interessen des Arbeitnehmers an einer Weiterbeschäftigung zu berücksichtigen sind.[244] Die Darlegungslast für das betroffene Unternehmen im Hinblick auf die Folgen der Abwerbung und den Nutzen eines Beschäftigungsverbots darf nicht zu niedrig angesetzt werden. Zum Teil spricht die Rechtsprechung nur noch dann ein befristetes Beschäftigungsverbot aus, wenn den Arbeitnehmern im Zusammenhang mit dem Arbeitgeberwechsel selbst unlauteres, arbeitsvertragswidriges oder sonst rechtswidriges Verhalten vorgeworfen werden kann.[245]

123 Geht ein Beschäftigungsverbot aufgrund der (ggf. geänderten) Umstände ins Leere, kommt nur noch Schadensersatz in Geld in Betracht. Ein Beschäftigungsverbot durch eine **einstweilige Verfügung** ist ebenfalls möglich, wegen Vorwegnahme der Hauptsache allerdings nur unter ganz besonderen Umständen.[246]

VI. Boykott

1. Überblick

124 Der Boykott als Rechtsbegriff bezeichnet einen **Aufruf eines Unternehmens oder Unternehmensverbandes an Dritte, ihre Geschäftsbeziehungen zu einem Gewerbetreibenden abzubrechen.**[247] Diese Aussperrung eines Mitbewerbers vom üblichen Geschäftsverkehr verlangt mindestens ein **Dreipersonenverhältnis,** wobei derjenige, der die Sperre umsetzt, auf Veranlassung eines Dritten handeln muss. Andernfalls liegt nur eine einfache Liefer- und Bezugssperre vor, die keinen Boykott im wettbewerbsrechtlichen Sinne bedeutet.[248] Sie ist nur dann unlauter, wenn weitere Umstände hinzutreten. Schließlich kann jeder frei entscheiden, mit welchen Unternehmen er geschäftlich zusammenarbeitet.[249]

238 BGH GRUR 2004, 696 (699) – Direktansprache am Arbeitsplatz I.
239 Fezer/Götting/Hetmank UWG § 4 Nr. 4 Rn. 49.
240 OLG Frankfurt a. M. BeckRS 2019, 18521.
241 BGH GRUR 1961, 482 (483) – Spritzgussmaschine; OLG Hamm GRUR 1973, 421 – Textilspitzen; OLG Frankfurt GRUR 1978, 181 – Diensttelefon.
242 OLG Frankfurt a. M. GRUR-RR 2018, 477.
243 BGH GRUR 1961, 482 (483) – Spritzgussmaschine; BGH GRUR 1966, 263 (265) – Bau-Chemie; BGH GRUR 1967, 428 (429) – Anwaltsberatung I; BGH GRUR 1971, 358 (360) – Textilspitzen; BGH GRUR 1976, 306 (307) – Baumaschinen; OLG Oldenburg WRP 1996, 612 (617).
244 OLG Thüringen WRP 1997, 363 (365); Köhler/Bornkamm/Feddersen/Köhler UWG § 4 Rn. 4.113.
245 OLG Frankfurt a. M. GRUR-RR 2018, 477 Rn. 12 f. – Schlüsselkräfte; sehr zweifelnd auch BGH GRUR 2018, 535 Rn. 40/41 – Knochenzement I.
246 OLG Frankfurt NJW-RR 1994, 627; OLG Oldenburg WRP 1996, 612 (615).
247 BGH NJW 2020, 64 Rn. 12 – Werbeblocker III.
248 Vgl. BGH GRUR 1960, 505 (507) – Inseratensperre; Rittner, Wettbewerbs- und Kartellrecht, Rn. 64.
249 Vgl. Fezer/Götting/Hetmank UWG § 4 Nr. 4 Rn. 29; Jestaedt Wettbewerbsrecht Rn. 459 ff.

Zwar nennt **§ 4 Nr. 4 UWG** den Boykott nicht ausdrücklich, dennoch unterfällt der Tatbestand laut der Amtlichen Begründung dieser Vorschrift. Damit ist auch die bisherige Rechtsprechung zu dieser Erscheinungsform der individuellen Mitbewerberbehinderung weiterhin anwendbar.[250] 125

Die Unlauterkeit des Boykotts beruht darauf, dass sich der Unternehmer unter **Ausschluss des Leistungsprinzips** einen Vorteil zu verschaffen sucht, indem er durch das Absperren des Mitbewerbers vom Markt einen Leistungsvergleich des Kunden unterbindet. Es geht also nicht um die Förderung des eigenen Angebots, sondern es soll dem Mitbewerber erschwert, wenn nicht gar unmöglich gemacht werden, seine Leistung auf dem Markt darzustellen. Dabei ist es keinem gestattet, organisiert einen Mitbewerber aus Wettbewerbsgründen in seiner erlaubten wirtschaftlichen Ausübung zu behindern. Wer also den Mitbewerber boykottiert, betreibt keinen Leistungswettbewerb, sondern bedient sich ausschließlich des Mittels der unzulässigen Behinderung. Der besondere Unlauterkeitsgehalt ist in der **organisierten und gezielten Kampfmaßnahme** zu sehen, den boykottierten Mitbewerber durch Absperrung vom üblichen Geschäftsverkehr an einer besonders empfindlichen Stelle seiner Wettbewerbsfähigkeit zu treffen. Somit verschafft sich derjenige, der zum Boykott aufruft eine Machtverstärkung, die mit einer Liefer- und Bezugssperre unerreichbar wäre. Diese Hebelwirkung beim Handeln zum Zwecke der Förderung fremden Wettbewerbs begünstigt einen Dritten. 126

Früher diente der Boykott vor allem als Mittel des Organisationszwanges von Kartellen gegen Außenseiter. Deren Lieferquellen oder Absatzkanäle sollten abgeschnitten werden, um sie zum Einlenken zu bewegen. Hingegen bilden die verbreiteten **Aufrufe in Pressediensten** der Wirtschaft heutzutage die wichtigste Erscheinungsform des Boykotts, um besonders wettbewerbsaktive Unternehmen zu sperren. Die großbetrieblichen Formen des Einzelhandels sind vor allen Dingen von derartigen Praktiken des Fachhandels betroffen.[251] 127

2. Voraussetzungen

a) **Beteiligte.** Die drei Beteiligten eines Boykotts sind der **Verrufer** oder Auffordernde, der **Adressat,** der die Sperre vornehmen soll, und der **Verrufene,** gegen den sich die Sperre richtet.[252] Der Adressat muss nicht mit dem Ausführenden der Sperre identisch ein. Es genügt die Aufforderung an den Adressaten, auf Außenstehende einzuwirken, damit diese die Sperre verhängen.[253] Entscheidend ist, dass die **Sperre mit Hilfe Dritter** erfolgt, die derselben Wirtschaftsstufe wie der Verrufer angehören oder einer vor- oder nachgeordneten Stufe zuzurechnen sind. Im Gegensatz zu § 21 GWB müssen Auffordernder und Adressat keine Unternehmer sein. Allerdings muss es dem Adressaten freistehen, ob er die Sperre umsetzt. Fehlt diese Entscheidungsfreiheit, weil er vertraglich mit dem Verrufer verbunden ist oder etwa als Tochterunternehmen, Arbeitnehmer, Handelsvertreter jenem Weisungsrecht folgt, so kann tatbestandlich kein Boykott vorliegen.[254] Diese Grenzen sind jedoch überschritten, wenn etwa eine Bäckerinnung ihre Mitglieder auffordert, einen bestimmten Bäcker nicht mehr zu beliefern.[255] 128

b) **Geschäftliche Handlung.** Außerdem muss der Auffordernde geschäftlich handeln, wofür bei Gewerbetreibenden eine tatsächliche Vermutung spricht.[256] Es genügt die Absicht, fremden Wettbewerb zu fördern.[257] Deshalb ist die Wettbewerbsförderungsabsicht auch bei privaten Vereinigungen zu bejahen, wenn sie Unternehmen benennen, die Umweltschutzauflagen erfüllen oder nicht.[258] Hingegen ist bei Pressemitteilungen zunächst keine Wettbewerbsabsicht zu vermuten, weshalb dort jeweils die Umstände des Einzelfalls zu würdigen sind.[259] Die Abgrenzung ist da- 129

250 Amtl. Begr., BT-Drs. 15/1487, 19, Zu Nr. 10; Köhler/Bornkamm/Feddersen/Köhler UWG § 4 Rn. 4.116 ff.
251 BGH GRUR 1980, 242 (243) – Denkzettelaktion; BGH GRUR 1984, 461 (462) – Kundenboykott; BGH GRUR 1985, 468 – Ideal-Standard.
252 BGH GRUR 1965, 440 (442) – Milchboykott; BGH GRUR 1990, 474 (475) – Neugeborenentransporte; BGH GRUR 1999, 1031 (1033) – Sitzender Krankentransport; BGH GRUR 2000, 344 (345) – Beteiligungsverbot für Schilderträger.
253 BGH GRUR 1980, 242 (243) – Denkzettelaktion; BGH GRUR 1984, 461 (462) – Kundenboykott.
254 BGH GRUR 1973, 277 – Ersatzteile für Registrierkassen; BGH GRUR 1956, 118 (119) – Gesangbuch; BGH GRUR 1990, 474 (475) – Neugeborenentransporte; OLG Stuttgart NJWE-WettbR 1999, 93 (94).
255 BGH NJW 1954, 147 – Innungsboykott.
256 OLG Düsseldorf NJWE-WettbR 1999, 123.
257 BGH GRUR 2000, 344 (346) – Beteiligungsverbot für Schilderträger; OLG Frankfurt WRP 1998, 98 (99).
258 OLG München NJWE-WettbR 1999, 274 (275).
259 BGH GRUR 1984, 461 (462) – Kundenboykott.

nach vorzunehmen, ob die Redaktion sich die Interessen eines bestimmten Unternehmens oder einer Branche zu eigen macht und sie fördern will oder ob es ihr um die inhaltliche Diskussion in der Sache geht.[260] Erweist sich der Boykottaufruf im außerwettbewerblichen Bereich jedoch als ethisch, sozial, religiös oder politisch motiviert, kann das boykottierte Unternehmen aus §§ 1004, 823 Abs. 1 BGB gegen den Verrufer vorgehen.[261]

130 c) **Boykottaufruf.** Der Boykott verlangt neben dem besagten Dreipersonenverhältnis die Aufforderung zur Liefer- oder Bezugssperre. Dieser Aufruf muss die **Absicht** verfolgen, subjektiv die freie Willensentscheidung des Adressaten zu beeinflussen und objektiv dazu geeignet sein.[262] Da ein bloßer Hinweis nicht genügt, wirksame vertragliche Bindungen oder gesetzliche Bestimmungen einzuhalten, benötigt der Adressat Entscheidungsfreiheit.[263] Der Boykottaufruf muss eine **Einflussnahme bezwecken,** die stets vorliegt, wenn der Auffordernde sein Ziel vertraglich durchzusetzen versucht.[264] Ein Anzeichen für eine Beeinflussung kann sein, wenn unterschwellig zugleich Vorteile für die Befolgung oder Sanktionen für die Missachtung der Aufforderung angekündigt werden.[265] Indes sind **keine Druckmittel notwendig.**[266] Unzureichend sind auch schlichte Informationen oder unverbindliche Anregungen für eine Aufforderung zum Boykott.[267] Eine **Absicht, den Mitbewerber unlauter zu beeinträchtigen, ist hingegen nicht erforderlich;** die objektive Eignung, den Adressaten zu einer Liefer- oder Bezugssperre zu bewegen, genügt.[268]

131 Der Aufruf zum Boykott muss neben der **subjektiven Beeinflussung** auch **geeignet sein, den Adressaten zu lenken.** Dabei ist unerheblich, ob es letztlich wirklich zu einer Sperre kommt.[269] An der Eignung fehlt es, wenn der Adressat bereits zuvor entschlossen war, den Verrufenen zu sperren. Hingegen ist bei einer erfolgten Absperrung zu vermuten, dass der Aufruf geeignet war, nachhaltig auf den Adressaten einzuwirken.[270]

132 Bedeutsam ist der Wortlaut des Boykottaufrufs.[271] Dabei ist zu prüfen, wie der Adressat die Erklärung nach den Umständen und mit Blick auf die Interessenlage verstehen durfte. Obwohl die Grenzen fließend sind, kann mitunter bereits eine Bitte, Erwartung oder Fragebogenaktion genügen.[272] Eine konkludente Aufforderung zum Boykott ist etwa daran zu erkennen, dass Briefkastenaufkleber mit der Aufschrift verteilt werden, nur ein bestimmtes Anzeigenblatt – ansonsten aber keine Werbung – einzuwerfen.[273]

Praxistipp:

Der Verweis auf günstige Angebote Dritter bedeutet noch keinen Boykottaufruf, solange für den Adressaten keine entsprechende Absicht erkennbar ist.[274] Dies gilt auch mit Blick auf das eigene Angebot, für das mit unlauteren Mitteln geworben wird.[275] Auch der Vorschlag, eine zulässige Ausschließlichkeitsbindung zu vereinbaren, ist meist keine Boykottaufforderung. Das gilt selbst dann, wenn auf diesem Wege Dritte von einer Lieferbeziehung ausgeschlossen werden sollen. Eine Ausnahme ist nur anzuerkennen, wenn die betroffenen Unternehmen bekannt sind und der Boykottzweck das Motiv für die Vereinbarung bildet.[276]

[260] BGH GRUR 1985, 468 (469) – Ideal-Standard.
[261] Vgl. OLG Karlsruhe WuW/E OLG 3277 (3278) – Innungskasse; BGH GRUR 1965, 440 (442) – Milchboykott; BGH GRUR 1985, 470 – Mietboykott.
[262] BGH GRUR 1985, 468 (469) – Ideal-Standard; BGH GRUR 1984, 214 (215) – Copy-Charge.
[263] OLG Düsseldorf WRP 1984, 22 (24); OLG Stuttgart NJWE-WettbR 1999, 93 (94).
[264] BGH GRUR 2000, 344 (345) – Beteiligungsverbot für Schilderträger.
[265] OLG Düsseldorf NJWE-WettbR 1999, 123.
[266] BGH GRUR 1999, 1031 (1033) – Sitzender Krankentransport.
[267] BGH GRUR 1999, 1031 (1033) – Sitzender Krankentransport; OLG Düsseldorf WRP 1984, 22 (24).
[268] Köhler/Bornkamm/Feddersen/Köhler UWG § 4 Rn. 4.122.
[269] BGH GRUR 1980, 242 (243) – Denkzettelaktion.
[270] OLG Stuttgart NJWE-WettbR 1999, 97.
[271] BGH GRUR 1985, 468 (469) – Ideal-Standard.
[272] BGH GRUR 1999, 1031 (1033) – Sitzender Krankentransport; OLG München WRP 1996, 925 (928) – Scheiß des Monats; OLG Düsseldorf GRUR 1984, 131 (134).
[273] OLG Stuttgart NJWE-WettbR 1999, 97.
[274] BGH WRP 2000, 759 (761) – Zahnersatz aus Manilla.
[275] BGH GRUR 2000, 340 (343) – Kartenlesegerät.
[276] BGH GRUR 2000, 344 (345) – Beteiligungsverbot für Schilderträger.

d) **Bestimmtheit des Aufrufs.** Der Adressat des Boykottaufrufs und der Verrufene müssen hinreichend bestimmt oder bestimmbar sein.[277] Dafür genügt eine nähere Bezeichnung nach Gruppen-, Tätigkeits- oder Organisationsmerkmalen.[278] Deshalb erfüllt die Aufforderung das Bestimmtheitsgebot, wenn sie sich an die Verbraucher konkreter Produkte wendet. Bei einem pauschalen Aufruf, „am Ort" zu kaufen, fehlt dieses Merkmal jedoch. 133

e) **Boykottgegenstand.** Jede Tätigkeit im geschäftlichen Verkehr kann Gegenstand einer Liefer- und Bezugssperre sein, so etwa auch eine Dienst- und Werkleistung.[279] Eine Sperre bezeichnet die dauerhafte oder vorübergehende Einstellung oder die Verweigerung von Lieferbeziehungen, welche die Waren und gewerbliche Leistungen betreffen.[280] Dafür reicht allerdings bereits eine gegenständliche oder mengenmäßige Begrenzung aus.[281] Die gewerbliche Leistung ist weit zu fassen und enthält auch die Gewährung von Krediten, die Bereitstellung einer Infrastruktur oder die gesellschaftsrechtliche Beteiligung an einem Unternehmen.[282] 134

3. Rechtfertigungsgründe

Der Boykottaufruf ist rechtswidrig und somit unlauter, wenn keine besonderen Umstände ersichtlich sind, die das Verhalten rechtfertigen.[283] Zur Beurteilung von Rechtfertigungsgründen sind die **Meinungsfreiheit** (Art. 5 GG), der **Verhältnismäßigkeitsgrundsatz** und eine etwaige **Marktmacht des Verrufers** zu prüfen.[284] Hingegen ist es unerheblich, ob die Boykottaufforderung beachtet wird. Wer eine Liefer- und Bezugssperre auf Grund des Boykottaufrufs verhängt, handelt nicht schon aus diesem Grund unlauter, sondern erst, wenn er am Aufruf beteiligt war.[285] 135

Ein Boykottaufruf kann gerechtfertigt sein, wenn der Verrufer von seinem Grundrecht auf **Meinungs- oder Pressefreiheit** nach Art. 5 Abs. 1 GG Gebrauch macht.[286] Seine Meinungskundgabe muss sich argumentativ mit wirtschaftlichen Themen auseinandersetzen. Sie muss das Mittel zu geistigem Meinungskampf in einer Frage sein, welche die Öffentlichkeit bewegt.[287] Dann ist es ihm nicht verwehrt, durch sachlich kritisierende Berichterstattung über einen Mitbewerber zu einer fundierten Kritik über dessen Produkte beizutragen.[288] Dies gilt selbst dann, wenn zwischen dem Aufrufer und dem Verrufenem ein Wettbewerbsverhältnis besteht. Vorab ist jeweils zu fragen, ob überhaupt eine Einwirkung auf die öffentliche Meinung vorliegt. Das wird bei einem Informationsblatt zu verneinen sein, das sich ausschließlich an beteiligte und informierte Fachkreise wendet.[289] 136

Praxistipp:

Der Verrufer verhält sich unlauter, sobald er nicht nur seine eigene Meinung äußert oder sachlich zutreffend berichtet, sondern durch Vorschläge das Verhalten der Mitbewerber zu beeinflussen versucht.[290] Der Schutzbereich des Art. 5 GG ist überschritten, wenn der Aufruf den Geschäftsbetrieb des Verrufenen unangemessenen beeinträchtigt. Das ist der Fall, wenn der Auffordernde die Meinungsäußerung als Mittel zur Förderung seiner Wettbewerbsinteressen missbraucht oder wenn er wirtschaftlichen Druck auf die Adressaten ausübt und dadurch ihre Entscheidungsfreiheit begrenzt.[291]

[277] BGH NJW 2020, 64 Rn. 12 – Werbeblocker III; BGH GRUR 2000, 340 (343) – Kartenlesegerät.
[278] BGH GRUR 1980, 242 (244) – Denkzettelaktion
[279] BGH GRUR 1999, 1031 (1033) – Sitzender Krankentransport.
[280] BGH GRUR 2000, 340 (343) – Kartenlesegerät.
[281] OLG Frankfurt WRP 1998, 98 (99).
[282] BGH GRUR 2000, 344 (345) – Beteiligungsverbot für Schilderträger.
[283] BGH GRUR 1980, 242 (243) – Denkzettelaktion
[284] OLG Düsseldorf NJWE-WettbR 1999, 123 (125).
[285] Vgl. BGH GRUR 1983, 259 (261) – Familienzeitung.
[286] BGH NJW 2016, 1584.
[287] BVerfGE 25, 256 (264) – Blinkfüer; OLG München NJWE-WettbR 1999, 274 (275) – Positivliste.
[288] OLG München NJW-RR 1997, 105 (107).
[289] BVerfG GRUR 1984, 357 (360) – markt-intern.
[290] BGH GRUR 1984, 214 (215) – Copy-Charge; BGH NJW 1984, 461 (462 f.) – Kundenboykott.
[291] BVerfG GRUR 1984, 357 (360) – markt-intern; BGH GRUR 1984, 214 (215) – Copy-Charge.

VII. Preiskampf

137 Es entspricht dem Sinn des freien Leistungswettbewerbs, dass die Gewerbetreibenden sowohl durch die Qualität ihrer Waren und Dienstleistungen als auch durch gegenseitige Preisunterbietung um die Gunst der Kunden buhlen. Deshalb erlaubt die Wettbewerbsfreiheit den Herstellern und Händlern, ihre Preise eigenverantwortlich zu gestalten und in einen **fairen Preiswettbewerb** zu treten.[292] Vom Grundsatz der freien Preisgestaltung darf nur dort abgewichen werden, wo gesetzliche oder vertraglich zulässige Preisbindungen bestehen. Dies gilt etwa für Verlagserzeugnisse, das Mietpreis- und Arzneimittelrecht[293] sowie die Gebührenordnungen einiger freier Berufe.[294]

138 Die **Preiskalkulation der Mitbewerber zu unterschreiten,** ist keine unlautere Behinderung, sondern **Wesensmerkmal des intakten Wettbewerbs.**[295] Dazu gehört ebenso, dass Gewerbetreibende – jedenfalls zeitweilig oder gelegentlich – einige Waren anbieten dürfen, die sie mit finanziellem Verlust veräußern (etwa beim Verkauf unter Selbstkosten oder unter Einstandspreis), um die Aufmerksamkeit der Kundschaft auf sich zu lenken. Ob kleine oder mittlere Unternehmen im Preiswettbewerb mithalten können, ist für die wettbewerbsrechtliche Zulässigkeit der Preisaktion unerheblich.[296] Sogar die Preisunterschreitung eines marktbeherrschenden Unternehmens ist noch Ausdruck des Leistungswettbewerbs und wettbewerbskonform, wenn dadurch Mitbewerber womöglich vom Markt verdrängt werden.[297] Die **Preisgestaltungsfreiheit** findet jedoch dort ihre **Grenzen, wo die Preisunterbietung von Umständen begleitet wird, die ihre Unlauterkeit begründen.**[298] Das ist dann der Fall, wenn sie als leistungsfremdes Mittel entlarvt wird, um Mitbewerber zu verdrängen, wenn nicht gar zu vernichten. Deshalb ist der Preiskampf dogmatisch als Erscheinungsform des Vernichtungswettbewerbs einzuordnen und unterfällt somit § 4 Nr. 4 UWG.[299]

1. Preisunterbietung

139 Grundsätzlich sind **Angebote unter Selbstkosten und unter Einstandspreis** wettbewerbsrechtlich unbedenklich, solange sie sich kaufmännisch rechnen lassen.[300] Deshalb dürfen einzelne Waren bei einer tragfähigen Mischkalkulation für das gesamte Sortiment unter Selbstkosten abgegeben werden. Auf diese Weise lässt sich ein Werbeeffekt erzielen, um neue Produkte auf dem Markt zu platzieren oder aber um auslaufende Modelltypen und schwerverkäufliche Ware abzusetzen. Derartige Sonderangebote sind jedoch dann wettbewerbswidrig, wenn sie den Kunden nicht wettbewerbseigen beeinflussen, sondern als leistungsfeindliche, kaufmännisch unvertretbare Kampfpreise Mitbewerber verdrängen oder gar vernichten sollen.[301] Eine solche **Kampfpreisunterbietung** bedeutet einen **Missbrauch von Marktmacht und Wettbewerbsfreiheit.**[302] Sie ist selbst dann unzulässig, wenn die Preisunterbietung einen ruinösen Preiswettbewerb abwehren soll.[303]

140 Die Abgrenzung zwischen einer (lauteren) Preisunterschreitung und einer (unlauteren) Kampfpreisunterbietung ist angesichts der fließenden Übergänge nur anhand des Einzelfalls möglich.[304] Dabei ist zu untersuchen, ob (i) der Preis unter Selbstkostenpreis liegt,[305] (ii) ob die Preisunterbie-

---

292 BGH GRUR 1958, 557 (558) – Direktabsatz; BGH GRUR 1960, 331 (334) – Schleuderpreise; BGH GRUR 1979, 321 (322) – Verkauf unter Einstandspreis I; BGH GRUR 1990, 371 (372) – Preiskampf; BGH GRUR 1995, 690 (691 f.) – Hitlisten-Platten.

293 Vgl. ArzneimittelpreisVO v. 14.11.1980; BGH GRUR 1984, 748 – Apothekerspannen.

294 Etwa RVG oder GOÄ.

295 BGH GRUR 1986, 397 (399) – Abwehrblatt II; BGH GRUR 1990, 371 (372) – Preiskampf; BGH GRUR 1990, 687 (688) – Anzeigenpreis II; BGH GRUR 1995, 690 (692) – Hitlisten-Platten.

296 BGH GRUR 1984, 204 (207) – Verkauf unter Einstandspreis II.

297 BGH GRUR 1986, 397 (399) – Abwehrblatt II; BGH GRUR 1990, 685 (686) – Anzeigenpreis I.

298 BGH GRUR 1958, 557 (558) – Direktabsatz; BGH GRUR 1967, 43 (44) – Bauindustrie; BGH GRUR 1983, 120 (121) – ADAC-Verkehrsrechtsschutz; BGH GRUR 1984, 204 (206) – Verkauf unter Einstandspreis II; BGH GRUR 1990, 371 (372) – Preiskampf; BGH GRUR 1992, 191 (193) – Amtsanzeiger.

299 Amtl. Begr., BT-Drs. 15/1487, S. 19, Zu Nr. 10.

300 BGH GRUR 1990, 685 (686) – Anzeigenpreis I; Köhler BB 1999, 697 (698 f.).

301 BGH GRUR 1990, 687 (688) – Anzeigenpreis II; Gloy FS Gaedertz, 209, 223 ff.

302 RGZE 134, 342 (351 ff.) – Benrather Tankstelle; BGH GRUR 1990, 371 (372) – Preiskampf; BGH GRUR 1990, 687 (688) – Anzeigenpreis II.

303 BGH GRUR 1990, 685 (686) – Anzeigenpreis I.

304 OLG Stuttgart NJW 2007, 924 – Beratungen zum Pauschalpreis von 20 EUR.

305 BGH GRUR 2009, 416 – Küchentiefstpreis-Garantie.

tung überhaupt geeignet ist, den Mitbewerber zu verdrängen, dh ob sie die ernsthafte Gefahr der Verdrängung von Mitbewerbern begründet,[306] und (iii) ob die Preisunterbietung in Verdrängungsabsicht geschieht.[307] Kennzeichen der Verdrängungsunterbietung ist, dass der Verkauf unter Selbstkosten auf der überlegenen Finanzkraft des Unterbieters beruht und meistens längerfristig angelegt ist.[308] Allerdings ist eine unlautere Behinderung nicht schon deshalb auszumachen, weil eine überlegene Marktstärke die Preisunterbietung unterstützt.[309]

Praxistipp:

Um den Verdrängungszweck festzustellen, sind regelmäßig die objektiven Umstände des Einzelfalls zu prüfen. Wird ein wirtschaftlich weit überlegener Mitbewerber unmittelbar angegriffen, ist eine Verdrängungsabsicht abzulehnen.[310] Da eine regionale Preisspaltung durch unterschiedliche Wettbewerbsstrukturen sachlich begründet sein kann, lässt sich durch ein solches Preisgefälle noch keine Verdrängungsabsicht nachweisen. Aus diesem Grund ist vorrangig zu klären, ob die Preiskalkulation des Unternehmers auf betriebswirtschaftlich vernünftigen Erwägungen fußt und kaufmännisch noch vertretbar ist.[311]

Eine unlautere Preisunterbietung ist meistens schwierig nachzuweisen, weil bereits die Selbstkosten des Unterbieters kaum hinreichend bestimmbar sind. Ein wettbewerbswidriger Kampfpreis ist schon bei einem knapp kalkulierten, aber noch kostendeckenden Preis abzulehnen. Erfolgt die Preisfindung in der Einführungsphase auf Grund eines langfristigen Umsatzziels, ist zu fragen, ob die **Umsatzerwartung** noch vertretbar ist oder ob sie nur als Vorwand dient, um einen Kampfpreis zu verschleiern.[312] Keine Unlauterbarkeit liegt vor, wenn die Preissenkung nur vorübergehend und daher nicht geeignet ist, den Mitbewerber auf Dauer zu schädigen.[313] 141

Zur Frage der gezielten Behinderung von Mitbewerbern ist unverzichtbare Voraussetzung, dass das Angebot des Werbenden unter seinem Einstandspreis liegt. Bezieht er sich dabei auf den jeweiligen Mitbewerberpreis in seinem Angebot, besteht zwar die Gefahr, im Einzelfall Waren unter Einstandspreis abzugeben. Diese bloße abstrakte Gefahr ist indes nicht ausreichend, um eine Unlauterkeit festzustellen. In diesem Fall ist die Wettbewerbsmaßnahme objektiv ungeeignet, Mitbewerber vom Markt zu verdrängen oder gar den Bestand des Wettbewerbs ernstlich zu gefährden.[314] 142

Eine Preisunterbietung kann neben § 4 Nr. 4 UWG **auch gegen das Kartellrecht** verstoßen: Verursacht ein marktbeherrschendes oder marktstarkes Unternehmen diese Störung, ist der Sachverhalt auch anhand von Art. 102 AEUV bzw. § 19 Abs. 1, 4 Nr. 1 bzw § 20 Abs. 1 GWB zu beurteilen.[315] Im Hinblick auf die Funktionszusammenhänge zwischen dem Wettbewerbsrecht und dem Kartellrecht sind bei der Beurteilung der Unlauterkeit nach § 4 Nr. 4 UWG und der kartellrechtlichen Unbilligkeit nach § 19 II Nr. 1 Alt. 1 GWB weitgehend parallele Wertungen geboten.[316] Dem entsprechend bedeutet die Unlauterkeit einer Preisunterbietung häufig auch eine Unbilligkeit nach dem Kartellrecht,[317] und eine kartellrechtskonforme Preisunterbietung ist auch nach dem UWG nur dann unlauter, wenn besondere Umstände im wettbewerbsrechtlichen Sinne auftreten, die das Kartellrecht nicht erfasst.[318] Umgekehrt allerdings 143

[306] Vgl. BGH GRUR 2006, 596 (597) – 10 % billiger.
[307] BGH GRUR 2009, 416 – Küchentiefstpreis-Garantie („Ein entsprechendes Angebot ist danach […] als unlauter anzusehen, wenn es geeignet **und dazu bestimmt ist**, Mitbewerber aus dem Markt zu drängen.").
[308] BGH GRUR 1990, 685 (686) – Anzeigenpreis I; BGH GRUR 1992, 191 (193) – Amtsanzeiger.
[309] BGH GRUR 1995, 690 (692) – Hitlisten-Platten.
[310] BGH GRUR 1990, 371 (372) – Preiskampf.
[311] BGH GRUR 1986, 397 (400) – Abwehrblatt II; BGH GRUR 1992, 191 (193) – Amtsanzeiger.
[312] BGH GRUR 1986, 397 (400) – Abwehrblatt II.
[313] BGH GRUR 2018, 946 Rn. 47 – Bonusaktion für Taxi App: Keine objektive Verdrängungseignung bei einer Rabattaktion, die räumlich auf einige Großstädte und zeitlich auf insgesamt 42 Tage im Jahr (mit Unterbrechungen) beschränkt ist; LG Hamburg BeckRS 2016, 112057: Keine Verdrängungseignung bei einer Preissenkung für die Dauer von zwei Wochen.
[314] BGH GRUR 2006, 596 Rn. 12–22 – 10 % billiger; KG GRUR-RR 2008, 171 f. – Mediaboxen.
[315] Köhler/Bornkamm/Feddersen/Köhler UWG § 4 Rn. 4.205.
[316] BGHZ 107, 40 (41) – Krankentransportbestellung; BGH WRP 1999, 105 (109) – Schilderpräger im Landratsamt; OLG Jena GRUR-RR 2010, 113 (115); OLG München GRUR-RR 2017, 355 Rn. 62.
[317] Köhler/Bornkamm/Feddersen/Köhler UWG § 4 Rn. 4.18.
[318] BGH GRUR 1995, 690, 692 – Hitlisten-Platten; Mees WRP 1992, 223, 227.

führt die lauterkeitsrechtliche Zulässigkeit einer Preisunterbietung bei einem marktbeherrschenden Unternehmen nicht zu einer kartellrechtlichen Zulässigkeit: Dem Marktbeherrscher können besondere Verhaltenspflichten auferlegt sein, die für das Marktverhalten anderer Unternehmen nicht gelten, was bei der parallelen Anwendung von UWG und GWB nicht unberücksichtigt bleiben darf.[319]

2. Rechts- und Vertragsbruch

144 Im Preiswettbewerb kann eine unlautere Behinderung zu erkennen sein, wenn die Preisunterschreitung auf einem Verstoß gegen die Rechtsordnung oder vertraglich zulässige Vertriebsbindungen beruht. Dabei müssen allseits verbindliche Normen betroffen sein, die jeder Mitbewerber bei der Herstellung und dem Absatz der Waren zu beachten hat. Ihre Verletzung bedeutet meistens noch keine Wettbewerbshandlung. Eine darauf fußende Preisunterbietung ist nicht schon deswegen wettbewerbswidrig, weil sie durch Rechtsbruch ermöglicht wurde. Vielmehr muss der Gewerbetreibende bewusst und planmäßig vorgehen, um sich auf diesem Weg einen Wettbewerbsvorsprung vor den gesetzestreuen Mitbewerbern zu verschaffen.[320]

145 Die Rechtsverletzung hat in einer inneren Beziehung zur wettbewerblichen Tätigkeit zu stehen. Die Missachtung einer Vertragspflicht kann unter dem Aspekt des Vorsprungs durch Rechtsbruch wettbewerbswidrig sein, wenn auf diese Weise die **Chancengleichheit der Wettbewerbsbedingungen** untergraben wird. Ist eine zulässige vertragliche Preisbindung vereinbart, ist die bewusste und planmäßige Preisunterschreitung wettbewerbswidrig. Werden neue Bücher beschädigt, um die Preisbindung bei Verlagserzeugnissen zu unterlaufen, so ist die Preisreduzierung unlauter. Entsprechendes gilt, wenn ein Handelsvertreter die verbindlichen Listenpreise umgeht, indem er seine Provision teilweise weitergibt oder eine Werbeagentur einen unzulässigen Vorsprung gegenüber ihren preislistentreuen Mitbewerbern erlangt, indem sie Verlagsprovisionen vertragswidrig an Kunden abgibt.[321]

Praxistipp:

Die Wettbewerbswidrigkeit einer Preisunterbietung kann daraus folgen, dass ihr die unzulässige Übernahme eines fremden Leistungsergebnisses zugrunde liegt, wodurch geistige oder gewerblichen Schutzrechte verletzt werden.[322] Ist die Nachahmung hingegen zulässig, so gilt dies auch für die Preisunterbietung.[323]

3. Niedrigpreisaktionen bei Markenartikeln

146 Angebote von bekannten Markenartikeln zu Niedrig- oder gar Verlustpreisen können dem Marketing- und Vertriebskonzept des Herstellers zuwiderlaufen. Damit kann zwar der Warenabsatz beeinträchtigt werden, soweit der gute Ruf der Markenware im Fachhandel leidet. Aber eine **Rufschädigung der Marke** und eine unlautere Behinderung lässt sich durch derartige Verkäufe üblicherweise nicht feststellen. Schließlich ist der Verbraucher an derartige Werbemaßnahmen gewöhnt und begreift sie als günstige Kaufgelegenheit.[324]

147 Allerdings kann es Einzelfälle geben, in denen ein extrem niedriger Schleuderpreis eines teuren Markenprodukts mit hoher Reputation eine unlautere Behinderung darstellt.[325] Wenn der Kunde nach den Umständen des Einzelfalls den Eindruck gewinnen kann, die Qualität der Ware habe sich verschlechtert, die Ware habe keinen Prestigecharakter mehr oder es handle sich um ein technisch überholtes Erzeugnis, kann der Tatbestand des § 4 Nr. 4 UWG erfüllt sein.[326]

---

[319] BGH NJW 2020, 64 Rn. 37 – Werbeblocker III.
[320] BGH GRUR 1991, 769 (771) – Honoraranfrage; BGH GRUR 1993, 980 (982) – Tariflohnunterschreitung.
[321] Vgl. OLG Köln NJW 1980, 2652.
[322] BGH GRUR 1960, 144 (146) – Bambi; BGH GRUR 1979, 119 (120) – Modeschmuck.
[323] OLG Köln WRP 1981, 413 (414) – Nachahmung fremder Leistungsergebnisse.
[324] BGH GRUR 1984, 204 (206 f.) – Verkauf unter Einstandspreis II.
[325] So das OLG Hamburg bei der Online-Versteigerung eines Markenfernsehers (UVP: 4.598 DM) mit einem Mindestgebot von 1 EUR, GRUR-RR 2002, 39.
[326] Köhler/Bornkamm/Feddersen/Köhler UWG § 4 Rn. 4.204.

4. Darlegungs- und Beweislast

Grundsätzlich muss der Kläger die wettbewerbswidrige Preisunterbietung beweisen.[327] Obwohl die **Kalkulationsgrundlage der Preisgestaltung ein Betriebsgeheimnis des Beklagten** und der Klägerseite meistens unbekannt ist, führt diese Sachlage zu **keiner Beweislastumkehr.** Die Grundsätze über die Beweiserleichterung für den außerhalb des Geschehensablaufs stehenden Kläger sind insoweit nur ausnahmsweise anwendbar.[328] Denn es ist dem Beklagten unzumutbar, dem Mitbewerber seine Kalkulation offen zu legen.[329] Allerdings dürfte der Kläger auf Grund eigener Erfahrung die im jeweiligen Markt üblichen Preis- und Kostenstrukturen meist so substantiiert darlegen und gegebenenfalls beweisen können. Sollte das Gericht mittels freier Beweiswürdigung keine Kampfpreisunterbietung erkennen, ist Sachverständigenbeweis anzubieten. 148

VIII. Bearbeitungschecklisten

Checkliste: Absatzbehinderung 149

Der Unternehmer will verhindern, dass der Mitbewerber mit seinem Angebot den Verbraucher erreichen kann. Der Leistungswettbewerb wird mangels Vergleichsmöglichkeiten ausgeschaltet, weil der Unternehmer
- ☐ sich zwischen die Kaufinteressenten und die Mitbewerber drängt (Kundenfang);
- ☐ irreführende und unsachliche Angaben über den Mitbewerber oder dessen Leistungsfähigkeit macht oder sich sonstiger unfairer Mittel bedient (Kundenabwerbung);
- ☐ Waren der Mitbewerber systematisch aufkauft, um den Absatz der eigenen Erzeugnisse zu begünstigen (Herstellerbehinderung);
- ☐ ein Sonderangebot gezielt aufkauft, um die Lieferfähigkeit des Mitbewerbers einzuschränken und den Eindruck eines Lockvogelangebotes zu erwecken (Händlerbehinderung);
- ☐ den Mitbewerber über eine Dienstbarkeit, Markenrechte oder sonstige Zeichen von einem Absatzgebiet ausgrenzt (Vertriebsbehinderung).

Checkliste: Bezugsbehinderung 150

- ☐ Der Unternehmer erwirbt und hortet über seinen Bedarf hinaus Roh- und Werkstoffe oder sonstige Wirtschaftsgüter, um Mitbewerber durch versiegende Bezugsquellen vom Markt zu verdrängen.

Checkliste: Werbebehinderung 151

Die Werbemaßnahme des Mitbewerbers bleibt wirkungslos, weil der Unternehmer dessen
- ☐ Werbung beeinträchtigt oder gar zerstört (Werbevereitelung);
- ☐ Werbung systematisch nachahmt, um diese zu schwächen;
- ☐ markenmäßige Kennzeichnungen entfernt, um diese Erzeugnisse anonym als Waren Dritter zu vertreiben (Zeichenbeseitigung);
- ☐ verwechselbare Kennzeichnungen zeichenmäßig und damit unzulässig verwendet, um die Werbekraft der Ursprungskennzeichnung zu schmälern (Zeichenmissbrauch).

[327] BGH GRUR 1992, 191 (193) – Amtsanzeiger.
[328] BGH GRUR 1975, 78 (79) – Preisgegenüberstellung.
[329] BGH GRUR 1992, 191 (193) – Amtsanzeiger.

152 **Checkliste: Betriebsstörung**

- ☐ Die Begleitumstände bei Betriebsstörungen wie Anlass der Störung sowie Ausmaß und Auswirkungen des Eingriffs auf den Geschäftsbetrieb des Mitbewerbers entscheiden stets über die Unlauterkeit.
- ☐ Die auf einen vermeintlichen Wettbewerbsverstoß beruhende unberechtigte Abmahnung ist als Betriebsstörung wettbewerbswidrig, wenn sie in Kenntnis der mangelnden Berechtigung erfolgte.
- ☐ Die auf einer vermeintlichen Verletzung von gewerblichen Schutzrechten oder Urheberrechten beruhende unberechtigte Schutzrechtsverwarnung ist als Betriebsstörung bereits wettbewerbswidrig, wenn sie ohne sehr sorgsame Rechtsprüfung erfolgte.
- ☐ Testmaßnahmen führen erst dann zu einer wettbewerbswidrigen Betriebsstörung, wenn schützenswerte Interessen der betroffenen Gewerbetreibende berührt werden.
- ☐ Die Kontrollvereitelung bedeutet eine wettbewerbswidrige Betriebsstörung, wenn das Kontrollzeichen schützenswert ist, weil das zugrundeliegende Bindungssystem zulässig ist.
- ☐ Die Abwerbung von Beschäftigten ist erst dann eine wettbewerbswidrige Betriebsstörung, wenn der Zweck, die eingesetzten Mittel oder die angewandten Methoden unlauter sind.

153 **Checkliste: Boykott**

- ☐ Der Aufruf eines Unternehmens oder Unternehmensverbandes an Dritte, ihre Geschäftsbeziehungen zu einem Gewerbetreibenden abzubrechen, verlangt mindestens drei Beteiligte: den Verrufer, den Adressaten und den Verrufenen.
- ☐ Der Verrufer muss zu Wettbewerbszwecken handeln.
- ☐ Der Boykottaufruf zur Liefer- oder Bezugssperre muss eine Einflussnahme bezwecken.
- ☐ Der Adressat des Boykottaufrufs und der Verrufene müssen hinreichend bestimmt oder bestimmbar sein.
- ☐ Der Boykottgegenstand kann jede Tätigkeit im geschäftlichen Verkehr sein.
- ☐ Der Boykottaufruf kann auf Grund der Meinungs- oder Pressefreiheit gemäß Art. 5 GG gerechtfertigt sein.

154 **Checkliste: Preiskampf**

- ☐ Vom Grundsatz der freien Preisgestaltung darf nur dort abgewichen werden, wo gesetzliche oder vertraglich zulässige Preisbindungen bestehen. Die Preisunterbietung findet dort ihre Grenzen, wo der Preiskampf als leistungsfremdes Mittel entlarvt wird, um Mitbewerber gezielt zu schädigen.
- ☐ Angebote unter Selbstkosten und unter Einstandspreis sind solange wettbewerbsrechtlich unbedenklich, wie sie sich kaufmännisch rechnen lassen. Hingegen bedeutet eine Kampfpreisunterbietung einen Missbrauch von Marktmacht und Wettbewerbsfreiheit.
- ☐ Die Abgrenzung zwischen einer (lauteren) Preisunterschreitung und einer (unlauteren) Kampfpreisunterbietung ist angesichts der fließenden Übergänge nur anhand des Einzelfalls möglich.
- ☐ Eine Kampfpreisaktion kann nachhaltig die strukturellen Voraussetzungen für einen funktionsfähigen Wettbewerb in einem Marktsegment beeinträchtigen und dadurch die Belange der Allgemeinheit gefährden. Verursacht ein marktbeherrschendes oder marktstarkes Unternehmen diese Störung, ist der Sachverhalt anhand von § 20 GWB zu beurteilen.
- ☐ Der Preiswettbewerb kann zur unlauteren Behinderung führen, wenn die Preisunterschreitung auf einem Verstoß gegen die Rechtsordnung oder vertraglich zulässige Vertriebsbindungen beruht.

§ 19 Aggressive geschäftliche Praktiken (§ 4a UWG)

Übersicht

I. Einführung

Unlautere geschäftliche Handlungen im Sinne von aggressiven geschäftlichen Praktiken werden 1
von § 4a UWG erfasst. Nach dieser Vorschrift handelt unlauter, wessen aggressive geschäftliche Handlung geeignet ist, den geschützten Personenkreis zu einer geschäftlichen Entscheidung zu veranlassen, die dieser sonst nicht getroffen hätte. Inkriminierte Handlungsweisen erfassen Fälle der Belästigung, der Nötigung, einschließlich der Anwendung körperlicher Gewalt, und der unzulässigen Beeinflussung. Die Aufnahme in den eigenständigen § 4a UWG ist durch die **Zweite UWG-Novelle 2015** erfolgt (s. oben § 12 Rn. 7 f.). In der vorherigen Fassung, die der UWG-Reform 2004 entstammte, waren aggressive Praktiken als Beispielstatbestände der Generalklausel in **§ 4 Abs. 1 u. 2 UWG 2008** erfasst, wobei insbesondere die Vorgängervorschrift des § 4 Abs. 1 UWG 2008 vom Wortlaut her eine generalklauselartige Weite besaß. Der Gesetzgeber der UWG-Novelle 2008 hatte noch keinen Änderungsbedarf im Hinblick auf die UGP-RL gesehen. Durch die Novellierung ist die Vorschrift eng an die detaillierten Regelungen der **Art. 8 u. 9 UGP-RL** angepasst worden.

Die UGP-RL trennt zwischen den irreführenden (Art 6 u. 7 UGP-RL) und den aggressiven 2
Geschäftspraktiken. Während die irreführenden Handlungen in §§ 5, 5a UWG geregelt werden, haben die aggressiven Geschäftspraktiken ihre Erfassung in § 4a UWG erfahren. Der geschützte Personenkreis umfasst allerdings nicht nur – entsprechend den Vorgaben der UGP-RL – die Verbraucher, sondern auch die sonstigen Marktteilnehmer.

3 Ein Verstoß gegen die unternehmerische Sorgfalt, wie als Tatbestandsmerkmal in der Verbrauchergeneralklausel des § 3 Abs. 2 UWG niedergelegt, ist bei der aggressiven geschäftlichen Handlung nach § 4a UWG nicht zu prüfen.[1] Die in der Norm aufgeführten Handlungen sind stets unlauter, wenn sie die Verbraucher zu einer Entscheidung veranlassen, die sie sonst nicht getroffen hätten. Das Merkmal der unternehmerischen Sorgfalt hingegen ist der Sphäre des Unternehmens zuzurechnen.

4 Die Vorschrift betrifft das **Vertikalverhältnis der Marktteilnehmer,** nicht hingegen die Begegnung von Mitbewerbern im Horizontalverhältnis. Geschützt werden soll nach den Vorgaben der UGP-RL die Fähigkeit der Verbraucher zu einer informierten Entscheidung (§ 4a Abs. 1 S. 3 UWG; Art. 2 lit. j) UGP-RL).[2] Schutzsubjekte sind die **Verbraucher,** wobei § 2 Abs. 2 UWG zur Bestimmung des Verbraucherbegriffes auf die Definition in § 13 BGB verweist, sowie die sonstigen Marktteilnehmer (§ 2 Abs. 1 Nr. 2 UWG). Auch Unternehmen können in den Schutzbereich der Vorschrift gelangen, wenn sie auf einer anderen Wirtschaftsstufe als das beeinflussende Unternehmen stehen und somit unter den Begriff der „sonstigen Marktteilnehmer" fallen.

5 Die Vorschrift des § 4a UWG schützt die **Souveränität der Entscheidung der Verbraucher und sonstigen Marktteilnehmer** vor einem wettbewerbsrechtlich zu beanstandenden verfälschenden Einfluss. Werbung nimmt von Natur aus Einfluss auf deren Zielpersonen. So ist die Ansprache der Umworbenen auf der Ebene des Gefühls (Mitleid, Hilfsbereitschaft, soziales, umweltbezogenes Engagement, Angst, Leid und Freude, Erfolg) und schlechthin der Einsatz verkaufspsychologischer Mittel Gemeinplatz der täglichen Werbeansprache und gehört – allgemein anerkannt – zu jedem Marketingkonzept. Die Einflussnahme wird allerdings dann rechtlich relevant, wenn sie die durch das Lauterkeitsrecht gezogene Grenze überschreitet und eine geschäftliche Entscheidung provoziert. Der Umworbene muss die Möglichkeit besitzen, sich in freier Verantwortung anders zu entscheiden, als von ihm durch die Maßnahme der Gegenseite verlangt wird.[3] Die Schwelle der (noch) akzeptablen immanenten unsachlichen Beeinflussung durch Werbung hin zum Unlauterkeitsvorwurf nach § 4a UWG ist dann überschritten, wenn die Werbung bestimmte Mittel in einem bestimmten Rahmen einsetzt und dadurch eine Entscheidung bewirkt, die der Angesprochene sonst „unter Anspannung seiner Gegenkräfte"[4] nicht getroffen hätte.

6 Die frühere Rechtsprechungspraxis hat die Vorschrift des § 4 Nr. 1 UWG 2008 angewandt, wenn eine geschäftliche Handlung geeignet ist, die Rationalität der Entscheidung des Marktpartners vollständig in den Hintergrund treten zu lassen.[5] Um allerdings nicht vorschnell zu einem wettbewerbsrechtlichen Verbot von Werbemaßnahmen zu gelangen, ist immer auch das **Verbraucherleitbild** im Blick zu behalten. Der rational handelnde Verbraucher, der aufmerksam und verständig ist sowie über eine durchschnittliche Information verfügt, ist der Ausgangspunkt für die Prüfung, ob eine Maßnahme den in diesem Sinne umsichtig agierenden Verbraucher unzulässig beeinflusst. Art. 8 UGP-RL spricht insoweit von der „Entscheidungs- und Verhaltensfreiheit des Durchschnittsverbrauchers". Bei der Einwirkung auf bestimmte Gruppen von Verbrauchern (wie beispielsweise Kindern) kommt es auf das Verständnis und die Aufnahmefähigkeit eines Durchschnittsmitglieds dieser Gruppe an (§ 3 Abs. 4 S. 1 UWG). Bei Handlungen gegenüber sonstigen Marktteilnehmern ist ebenso von einer durchschnittlichen geschäftlichen Erfahrenheit der Beteiligten auszugehen. So kann bei einem Unternehmen, das mit dem Whitelisting bei Werbeblockern konfrontiert wird und die Schaltung von Werbung im Internet beabsichtigt, davon ausgegangen werden, dass im Rahmen der wirtschaftlichen Entscheidungsfindung die zur Verfügung stehenden Optionen kaufmännisch betrachtet und abgewogen werden.[6] Zudem ist zu berücksichtigen, dass bereits die Beeinträchtigung des Urteilsvermögens der Angesprochenen, wie aus § 4a Abs. 2 Nr. 3 UWG hervorgeht, zu einem lauterkeitsrechtlichen Verdikt führen kann, also nicht die Rationalität der Entscheidung fast ausgeschlossen werden muss,

[1] Vgl. EuGH GRUR 2013, 1157 Rn. 45 – CHS Tour Services GmbH/Team4 Travel GmbH; s. auch Amtl. Begr., BT-Drs. 18/4535, 14.

[2] Scherer verortet dies einzig im Irreführungstatbestand und sieht keine Sinnhaftigkeit bei der aggressiven Geschäftspraktik, GRUR 2016, 233 (234).

[3] Vgl. Scherer GRUR 2016, 233 (237); HK-UWG/Götting § 4a Rn. 1.

[4] Scherer GRUR 2016, 233 (237).

[5] St. Rspr., vgl. BGH GRUR 2015, 1134 Rn. 14 – Schufa-Hinweis; BGH GRUR 2014, 1117 Rn. 27 – Zeugnisaktion; BGH GRUR 2013, 301 Rn. 40 – Solarinitiative; BGH GRUR 2010, 455 Rn. 17 – Stumme Verkäufer II; BGH GRUR 2008, 530 Rn. 13 – Nachlass bei der Selbstbeteiligung; BGH GRUR 2006, 75 Rn. 17 – Artenschutz; BGH GRUR 2006, 161 Rn. 17 – Zeitschrift mit Sonnenbrille.

[6] BGH GRUR 2018, 1251 Rn. 70 – Werbeblocker II.

sondern es genügt, wenn sie wesentlich eingeschränkt wird.[7] Maßgeblich ist die **Abweichung von der unbeeinflussten zu der unangemessen beeinflussten Entscheidung,** wie es auch durch die Spruchpraxis des *BGH* seit der Entscheidung *Lebens-Kost* stärker akzentuiert wurde.[8] Da bereits § 4 Nr. 1 UWG 2008 richtlinienkonform in diesem Sinne ausgelegt wurde, ergab sich durch die Neufassung keine maßgebliche Änderung der Rechtslage.[9]

Ebenso sind bei der Auslegung von § 4a UWG sich wandelnde allgemeine Anschauungen über das, was Werbung darf und was nicht (wie veränderte Verbrauchergewohnheiten, neue Absatzkanäle oder neue Marketingkonzepte), zu berücksichtigen. Das Lauterkeitsrecht muss sich hier immer auch wieder neuen Markttendenzen anpassen und darf zu keinem starren Verdikt über einmal inkriminierte Werbeformen führen, wenn sie denn geänderten Verbrauchervorstellungen und -erwartungen künftig entsprechen sollten. Mithin ist insbesondere bei der Auslegung des Tatbestandsmerkmales der „unzulässigen Beeinflussung" auch der **gesellschaftliche Hintergrund** zu berücksichtigen. 7

Im Rahmen des **Unionsrechts** ist bei der gebotenen richtlinienkonformen Auslegung des UWG im Hinblick auf die Belange von Verbrauchern auf die Regelung der aggressiven Geschäftspraktiken in der UGP-RL zu rekurrieren, die als „insbesondere"-Fall einer „unlauteren Geschäftspraktik" qualifiziert werden (Art. 5 Abs. 4 lit. b) UGP-RL). Nach Art. 8 UGP-RL gelten Geschäftspraktiken als aggressiv, wenn sie im konkreten Fall unter Berücksichtigung aller tatsächlichen Umstände die Entscheidungs- oder Verhaltensfreiheit des Durchschnittsverbrauchers in Bezug auf das Produkt durch Belästigung, Nötigung, einschließlich der Anwendung körperlicher Gewalt, oder durch unzulässige Beeinflussung tatsächlich oder voraussichtlich erheblich beeinträchtigt oder dieser dadurch tatsächlich oder voraussichtlich dazu veranlasst wird, eine geschäftliche Entscheidung zu treffen, die er andernfalls nicht getroffen hätte. Art. 9 enthält Auslegungsmaßstäbe für die Anwendung der Merkmale der Belästigung, Nötigung und unzulässigen Beeinflussung. Dies ist im Wortlaut von § 4a UWG weitgehend in dieser Form aufgenommen. Der Begriff der „unzulässigen Beeinflussung" wird in Art. 2 lit. j) UGP-RL definiert, wonach die Ausnutzung einer Machtposition gegenüber dem Verbraucher zur Ausübung von Druck in einer Weise erfasst wird, die die Fähigkeit des Verbrauchers zu einer informierten Entscheidung wesentlich einschränkt, was in § 4a Abs. 1 S. 3 UWG aufgenommen ist. 8

Im **Verhältnis zu den sonstigen Marktteilnehmern** besteht indes keine Bindungswirkung der UGP-RL. Um allerdings Wertungswidersprüche bei der Auslegung von § 4a UWG zu vermeiden, ist die Vorschrift auch mit Blick auf geschäftliche Handlungen gegenüber sonstigen Marktteilnehmern nach dem Maßstab der Art. 8 und 9 UGP-RL auszulegen.[10] Hierbei ist auf das Durchschnittsmitglied der entsprechenden Gruppe abzustellen (§ 3 Abs. 4 S 1 UWG). So kann die gesteigerte Beeinflussbarkeit zB von Existenzgründern zu berücksichtigen sein.[11] 9

II. Abgrenzung zu anderen Unlauterkeitstatbeständen

§ 4a UWG dient der Normierung aggressiver geschäftlicher Handlungen gegenüber Verbrauchern und sonstigen Marktteilnehmern und ist gegenüber anderen Tatbeständen abzugrenzen. Die Vorschrift steht an Stelle der früheren Vorschriften des § 4 Nr. 1 u. 2 UWG 2008. 10

1. § 3 UWG

Im Verhältnis zu Verbrauchern erfasst § 4a UWG neben Fällen der Belästigung und Nötigung nur den Tatbestand der „unzulässigen Beeinflussung" durch Ausnutzung einer Machtposition. Bei einschränkender Auslegung der Vorschrift sind Fälle denkbar, wo es auch bei aggressiven Verhaltensweisen zu der Anwendung der „Verbrauchergeneralklausel" des **§ 3 Abs. 2 UWG** kommen kann.[12] Fälle, die unter den früheren Beispielstatbestand des § 4 Abs. 1 UWG 2008 fielen, jetzt aber nicht mehr vom eingeschränkteren Wortlaut des § 4a UWG abgedeckt werden, 11

[7] Vgl. Köhler/Bornkamm/Feddersen/Köhler UWG § 4a Rn. 1.65 u. 1.92 f.; so auch BGH GRUR 2018, 1063 Rn. 14 – Zahlungsaufforderung.

[8] BGH GRUR 2016, 831 Rn. 24 – Lebens-Kost.

[9] BGH GRUR 2018, 1251 Rn. 53 – Werbeblocker II; BGH GRUR 2018, 1063 Rn. 9 – Zahlungsaufforderung; OLG Hamburg NJW-RR 2020, 1380 Rn. 60.

[10] BGH GRUR 2018, 1251 Rn. 54 – Werbeblocker II.

[11] Fritzsche WRP 2016, 1 Rn. 11.

[12] Köhler/Bornkamm/Feddersen/Köhler UWG § 4a Rn. 1.8; Harte-Bavendamm/Henning-Bodewig/Picht UWG § 4a Rn. 16.

können in den Anwendungsbereich des § 3 Abs. 2 UWG fallen.[13] Bei den sonstigen Marktteilnehmern käme die „große" Generalklausel des **§ 3 Abs. 1 UWG** zum Tragen.[14]

12 In der „Schwarzen Liste" des **Anhanges zu § 3 Abs. 3 UWG** sind verschiedene Einzelverbote ohne Wertungsvorbehalt niedergelegt, die auch für den Bereich des § 4a UWG relevant sind. Diese Handlungen sind stets unzulässig, so dass die Klauselverbote vorrangig zu prüfen sind. Hierbei handelt es sich um Nr. 25 (Raumzwangverbot), Nr. 26 (Modalität bei Haustürgeschäften), Nr. 27 (Geschäftspraxis von Ausstellern von Versicherungspolicen), Nr. 28 (Verbot direkter Werbung für Kinder), Nr. 29 (Modalität bei unbestellter Ware oder Dienstleistung), Nr. 30 (Angsthinweis bei Nichterwerb eines Produkts) sowie Nr. 12 (Falschbehauptung bezüglich persönlicher Sicherheit für Fall des Nichterwerbs eines Produkts). Die unmittelbar anwendbaren Regelverbote werden im jeweiligen Sachzusammenhang besprochen.

2. § 3 Abs. 4 S. 2 UWG

13 Die Fähigkeit, eine informierte Entscheidung zu treffen, kann dort beeinträchtigt werden, wo die Marktgegenseite die besondere Hilfsbedürftigkeit der Verbraucher oder eine bestehende Zwangslage ausnutzt. Beide Erscheinungsformen können Fälle der unzulässigen Beeinflussung sein. Durch die Zweite UWG-Novelle 2015 ist der Fall der Schutzbedürftigkeit in der **Anwendungsregel des § 3 Abs. 4 S. 2 UWG** erfasst.[15] Diese gilt für alle Tatbestände der Unterlauterkeit und somit auch für § 4a UWG.[16] In der Vorgängerfassung regelte die Spezialvorschrift des § 4 Nr. 2 UWG 2008 das Ausnutzen einer Ungleichgewichtslage gegenüber den geschützten Personenkreisen in verschiedenen Ausformungen.

14 Auch ist das per se-Verbot der **Nr. 28 Anh. zu § 3 Abs. 3 UWG** relevant, wonach als aggressive Geschäftspraktik auch die Einbeziehung einer direkten Aufforderung an Kinder in einer Werbung, die beworbenen Produkte zu kaufen, oder ihre Eltern oder andere Erwachsene zu überreden, die erworbenen Produkte für sie zu kaufen, qualifiziert wird. Die Fallvariante betrifft eine „Manipulation" der Kaufentscheidung von Kindern und mittelbar auch von deren Eltern und sonstiger Erwachsener.

3. § 3a UWG

15 Eine Reihe von Vorschriften außerhalb des Lauterkeitsrechts inkriminieren Fälle der Druckausübung sowie des menschenverachtenden Verhaltens, wie insbesondere die Strafbarkeit von Straftaten gegen die öffentliche Ordnung, gegen die sexuelle Selbstbestimmung, gegen die persönliche Freiheit oder gegen die Religion und Weltanschauung. Auch im Verhältnis zu Jugendlichen gelten eine Reihe von Schutznormen (wie den Vorschriften des Jugendmedienschutz-Staatsvertrages). Soweit solchen Vorschriften eine Marktverhaltensregelung entnommen werden kann, ist ein Rechtsbruch im Sinne von § 3a UWG möglich.[17]

4. §§ 5, 5a UWG

16 Das Verbot der **Irreführung** ist ein zentrales Anliegen des Lauterkeitsrechts und in den Vorschriften der §§ 5, 5a UWG geregelt.[18] Der Verbraucher kann über alle Angaben und damit geschäftlichen Umstände von Bedeutung irregeführt werden, so über die Merkmale von Waren oder Dienstleistungen, Modalitäten des Verkaufs und der Preisbildung sowie generell über geschäftliche Verhältnisse. Die Irreführung über diese Art der Angaben unterfällt dem Irreführungsverbot der §§ 5, 5a UWG. Eine Irreführung ist dort zugleich auch Mittel des Kundenfangs, wo sie direkt die Verbraucherentscheidung zu beeinflussen versucht. Soweit diese Einwirkung eine unzulässige Beeinflussung ist, kann auch der Tatbestand des § 4a UWG verwirklicht sein. Zwischen §§ 5, 5a UWG und § 4a UWG besteht vom Grundsatz her Anspruchskonkurrenz. Allerdings wird es bei einem Eingreifen des Irreführungsverbots nach §§ 5, 5a UWG regelmäßig nicht mehr auf die Heranziehung von § 4a UWG ankommen.

[13] Vgl. Köhler/Bornkamm/Feddersen/Köhler UWG § 4a Rn. 1.8 mit Beispielen.
[14] Köhler/Bornkamm/Feddersen/Köhler UWG § 4a Rn. 1.7; Harte-Bavendamm/Henning-Bodewig/Picht UWG § 4a Rn. 16.
[15] Vgl. hierzu im Einzelnen oben → § 13.
[16] Vgl. Köhler/Bornkamm/Feddersen/Köhler UWG § 4a Rn. 1.10.
[17] Hierzu im Einzelnen oben → § 14.
[18] Hierzu im Einzelnen unten → § 20.

Ein Mittel des Kundenfangs kann auch die Täuschung sein, die durch die **Tarnung von Werbemaßnahmen**[19] verwirklicht wird. Die verschleierte Werbung in Form der getarnten Werbung wird durch § 5a Abs. 6 UWG ausdrücklich erfasst (früher: § 4 Nr. 3 UWG 2008). Eine Anspruchskonkurrenz zu § 4a UWG kann gegeben sein. 17

5. § 7 UWG

Auch wenn Wettbewerb ohne Werbung nicht möglich ist, besteht ein Bedürfnis, Verbraucher gleichwohl vor einer inakzeptablen belästigenden Werbung zu schützen. Der Schutz der Privatsphäre ist ein hohes Gut. Die **unzumutbare Belästigung von Marktteilnehmern** wird durch § 7 UWG verboten. Der Tatbestand ist weit gefasst, und die in § 7 Abs. 2 UWG genannten Fallgruppen sind nicht abschließend zu verstehen. Die Vorschrift schützt vor geschäftlichen Handlungen, die dem Empfänger aufgedrängt werden.[20] Der Schutzzweck dient dem Schutz vor Belästigung, also dem Recht, „in Ruhe gelassen zu werden", während der Schutzzweck des § 4a UWG auf die geschäftliche Entscheidung gerichtet ist, die ohne Druck erfolgen können soll.[21] Dabei ist bei einer unzulässigen Handlung nicht auf den Inhalt abzustellen, sondern auf die Art und Weise der Übermittlung an den Marktteilnehmer. Die genaue Abgrenzung der Begriffe der Belästigung in den beiden Vorschriften ist noch durch die Rechtspraxis vorzunehmen.[22] Dies kann beispielsweise dann verwirklicht sein, wenn der Umworbene, nur weil er sich von der Belästigung lösen will, zu einer Verbraucherentscheidung gelangt, oder wenn er schlicht überrumpelt wird. Ähnlich wie bei dem Irreführungsschutz würde es bei einem Eingreifen von § 7 UWG regelmäßig nicht mehr auf die Anwendung von § 4a UWG ankommen. 18

III. Tatbestandsvoraussetzungen

§ 4a UWG begründet einen **separaten Unlauterkeitstatbestand** im Falle bestimmter aggressiver geschäftlicher Praktiken als eine Fallkonstellation der unlauteren Geschäftspraktiken (vgl. „insbesondere"-Aufzählung in Art. 5 Abs. 4 UGP-RL). Die **Rechtsfolgenverweisung** ergibt sich aus § 3 Abs. 1 UWG.[23] Das Verbot der „unangemessenen unsachlichen Beeinflussung" nach der Vorgängervorschrift des § 4 Nr. 1 UWG 2008 war von der Gesetzessystematik her noch als typische unlautere Handlung konzipiert, ebenso wie das Ausnutzen der geschäftlichen Unerfahrenheit nach § 4 Nr. 2 UWG 2008. Die Rechtsprechungspraxis zu § 4 Nr. 1 u. 2 UWG 2008 kann – zumindest im Bereich B2C – noch berücksichtigt bleiben, da die Vorschriften ohnehin richtlinienkonform ausgelegt worden waren.[24] Allerdings nötigt die Vorgabe, dass die angesprochenen Personenkreise eine Entscheidung treffen, die sie ohne die Einwirkung nicht getroffen hätten, zu einer **Neubewertung** einiger Fallgruppen, die zuvor unter § 4 Nr. 1 u. 2 UWG 2008 subsumiert wurden. 19

Die tatbestandlichen Voraussetzungen für die Anwendbarkeit von § 4a UWG sind im Einzelnen:

- § 4a UWG erfordert die Vornahme einer **geschäftlichen Handlung.** Dieser Begriff wird in § 2 Abs. 1 Nr. 1 UWG definiert und setzt eine unternehmerische Tätigkeit sowie ein marktbezogenes Verhalten voraus. Wichtig ist in diesem Zusammenhang, dass ohne weiteres auch jede mittelbare Förderung des eigenen Absatzes als geschäftliche Handlung zu verstehen ist. Aufgrund der Umsetzung der UGP-RL wird durch § 2 Abs. 1 Nr. 1 UWG klargestellt, dass sämtliche Maßnahmen bei oder nach Vertragsabschluss ebenso einbezogen sind (vgl. Art. 2 lit. d) iVm Art. 3 Abs. 1 UGP-RL, s. auch § 4a Abs. 2 S. 1 Nr. 4 UWG). Dies betrifft beispielsweise die Inanspruchnahme von Kundendienstleistungen oder die Kündigung einer bestehenden Vertragsbeziehung. 20

[19] Hierzu im Einzelnen unten → § 21.

[20] Vgl. Amtl. Begr., BT-Drs. 15/1487, 20; BGH GRUR 2016, 831 Rn. 16 – Lebens-Kost; Scherer GRUR 2016, 233 (235); Fritzsche WRP 2016, 1 Rn. 21.

[21] Amtl. Begr., BT-Drs. 18/4535, 14 f.; BGH GRUR 2016, 831 Rn. 16 – Lebens-Kost.

[22] Vgl. Harte-Bavendamm/Henning-Bodewig/Picht UWG § 4a Rn. 20; Köhler/Bornkamm/Feddersen/Köhler UWG § 4a Rn. 1.38.

[23] Vgl. Begr. Beschlussempfehlung, BT-Drs. 18/6571, 15; Scherer GRUR 2016, 233 (234); Ohly/Sosnitza/Sosnitza UWG § 4a Rn. 5.

[24] BGH GRUR 2017, 199 Rn. 32 – Förderverein; Köhler/Bornkamm/Feddersen/Köhler UWG § 4a Rn. 1.6 mwN; Ohly/Sosnitza/Sosnitza UWG § 4a Rn. 3.

21 • Eine aggressive geschäftliche Praktik nach § 4a UWG kann sich nur gegenüber Verbrauchern und sonstigen Marktteilnehmern entfalten. Hinsichtlich des Begriffes der **Verbraucher** verweist § 2 Abs. 2 UWG auf die Definition in § 13 BGB (vgl. auch Art. 2 lit. a) UGP-RL). Hervorzuheben ist in diesem Zusammenhang, dass unter den Verbraucherbegriff, der auf Rechtsgeschäfte fixiert ist, auch die Anbahnung eines Rechtsgeschäfts vor dem endgültigen Vertragsschluss fällt, demnach also eine hinreichende Weite in der praktischen Anwendung gegeben ist. Durch die Einbeziehung des Schutzes der **sonstigen Marktteilnehmer** wird erreicht, dass auch der Wettbewerb zwischen Unternehmern auf verschiedenen Wirtschaftsstufen einbezogen wird, mithin also auch Unternehmen vor unsachlicher Beeinflussung im Sinne einer unlauteren Kundenwerbung geschützt werden können.

22 • Das **Leitbild des angesprochenen Verbrauchers bzw. sonstigen Marktteilnehmers** (gewerbliche Anbieter und Nachfrager) wird durch den durchschnittlich informierten, angemessen aufmerksamen und angemessen kritischen durchschnittlichen Verbraucher bzw. Gewerbebetreibenden geprägt (→ § 12 Rn. 115 ff.; vgl. auch § 3 Abs. 4 S. 1 UWG).

23 • Eine iSv § 4a UWG unlautere geschäftliche Handlung bedarf der **Eignung zur Beeinträchtigung der Entscheidungsfreiheit** der geschützten Personenkreise (§ 4a Abs. 1 S. 1 UWG). Hier ist im Sinne eines Auswirkungskriteriums also nach den Auswirkungen einer Handlung zu fragen, während der Mitteleinsatz (insbesondere unzulässige Beeinflussung) gesondert zu prüfen ist. Eine Beeinträchtigung der Entscheidungsfreiheit liegt nur vor, wenn die angesprochene Person zu einer geschäftlichen Entscheidung veranlasst wird, die sie sonst nicht getroffen hätte. Die angesprochene Person soll in der Lage verbleiben, eine informierte Entscheidung zu treffen, also autonom zu entscheiden, was auch beinhalten kann, eine nachteilige Entscheidung zu treffen, so sie denn unbeeinflusst getroffen werden kann.[25] Die angesprochene Person bleibt also „Herrin" der Entscheidung. Eine Belästigung bzw. unzulässige Beeinflussung wurde beispielsweise verneint im Fall der nicht erwünschten Zusendung einer bereits auf den Namen des Empfängers ausgestellten Kreditkarte, weil dieser die Karte – wie vergleichbar anderes Werbematerial – leicht entsorgen könne.[26]

24 Es ist nicht erforderlich, dass auch eine eingetretene Beeinträchtigung der Entscheidungsfreiheit nachgewiesen wird, weil bereits die objektive Eignung für die Beeinträchtigung der Konsumentensouveränität genügt.[27] Entscheidend ist, dass der angesprochene Verkehr andernfalls eine andere Entscheidung getroffen hätte. Der Begriff der **„geschäftlichen Entscheidung"** wird in § 2 Abs. 1 Nr. 9 UWG definiert und kann weit ausgelegt werden.[28]

25 • Die verbotenen Maßnahmen gliedern sich in drei Fallvarianten des **Mitteleinsatzes** gemäß § 4a Abs. 1 S. 2 UWG. Hierbei handelt es sich um die Belästigung und Nötigung als Spezialtatbestände der unzulässigen Beeinflussung sowie die unzulässige Beeinflussung als solche. Auf diese Tatbestandsmerkmale wird in Rn. 28 ff. eingegangen.

26 • Die nach § 4a Abs. 1 S. 2 UWG inkriminierten Maßnahmen müssen das Merkmal der **Erheblichkeit** (Eignung zur erheblichen Beeinträchtigung) im Sinne eines Einwirkungskriteriums erfüllen. Die Sogwirkung eines interessanten Angebotes, also das Anlocken als solches, wird nicht ohne weiteres als Anknüpfungspunkt für ein wettbewerbswidriges Verhalten angesehen, sondern nur dann, wenn tatsächlich die Fähigkeit zum Treffen einer informierten Entscheidung beeinträchtigt wird. Lediglich die Übersteigerung im Sinne einer aggressiven Geschäftspraktik, mithin die unzumutbare Intensität, kann daher verboten sein.[29] Dies kann angenommen werden, wenn der Kurier bei Überbringung eines Vertrags fordert, dass sofort bei Annahme der Vertrag vom Empfänger unterzeichnet werden müsse, da andernfalls die günstigen Konditionen nicht mehr gelten, sondern vielmehr die vertragliche Leistung ausgesetzt würde.[30] Erst diese Manipulation, also die Fremdbestimmung, macht ein Verhalten wettbewerbswidrig. Zu berücksichtigen ist das Wechselspiel zwischen der Einflussnahme und der Einwirkung auf die Entscheidung der Umworbenen.

---

[25] Scherer GRUR 2016, 233 (237).

[26] BGH GRUR 2011, 747 Rn. 27 – Kreditkartenübersendung.

[27] Art. 8 UGP-RL erfasst auch die „voraussichtliche" Beeinträchtigung und Veranlassung, während § 4a Abs. 1 S. 2 UWG von der „Eignung" ausgeht; s. auch OLG Düsseldorf GRUR-RR 2006, 100 (102) – Switch & Profit; OLG München GRUR-RR 2010, 53 (56) – Treuebonus II.

[28] EuGH GRUR 2014, 196 Rn. 36 – Trento Sviluppo/AGCM; Fritzsche WRP 2016, 1 Rn. 15.

[29] Köhler/Bornkamm/Feddersen/Köhler UWG § 4a Rn. 1.34; Fritzsche WRP 2016, 1 Rn. 32.

[30] EuGH GRUR 2019, 1064 Rn. 48 – Orange Polska.

IV. Mittel der aggressiven geschäftlichen Handlung

Die aggressive Geschäftspraktik nach § 4a UWG kann durch Maßnahmen erfolgen, die der Gesetzgeber in die drei Fallvarianten des § 4a Abs. 1 S. 2 UWG aufgeteilt hat. Sind die ersten beiden Fallvarianten der Belästigung und der Nötigung noch relativ klar zu fassen, weist die durch die dritte Fallvariante abgedeckte unzulässige Beeinflussung, die durch § 4a Abs. 1 S. 3 UWG näher erläutert wird, vom Wortlaut her eine größere tatbestandliche Weite auf. Die unzulässige Beeinflussung nach § 4a Abs. 1 S. 2 Nr. 3 UWG kann als Auffangtatbestand für die ersten beiden Fallvarianten des § 4a Abs. 1 S. 2 UWG verstanden werden, da sie spezielle Mittel der aggressiven geschäftlichen Praktik sind.[31] 27

1. Belästigung

§ 4a Abs. 1 S. 2 Nr. 1 UWG erfasst als aggressive Geschäftspraktik zunächst den Fall der **Belästigung.** Im Gegensatz zu der in § 7 UWG geregelten unerwünschten Belästigung, die in diesem Sinne „lästig" ist, meint die Belästigung in diesem Fall die Einwirkung auf den Verbraucher oder sonstigen Marktteilnehmer, die sie zu einer geschäftlichen Entscheidung veranlasst, die sie sonst nicht getroffen hätten. Die Vorschrift verbietet aber nicht jegliche Belästigung, sondern nur solche, denen der Adressat nicht mit zumutbaren Mitteln ausweichen kann, wie beispielsweise bei einem einfach auszuübenden Widerspruchsrecht bei dem Angebot einer neuen vertraglichen Leistung.[32] Die Belästigung hat eine andere Wirkweise als die nötigungsähnliche Situation: im ersten Fall ist der Angesprochene in seiner Ruhe und Privatsphäre gestört, im zweiten Fall entzieht er sich der Belästigung, indem er eine geschäftliche Entscheidung trifft und so in seiner geschäftlichen Autonomie beeinträchtigt wird.[33] Die Belästigung erfordert eine gewisse **Intensität, Dauer und Nachhaltigkeit,** so dass auch eine Einflussnahme stattfinden kann. Sie wird oftmals in der Privatsphäre stattfinden, kann jedoch auch im öffentlichen Raum erfolgen.[34] 28

Einen Spezialfall der Verbraucherbeeinflussung, der auch mit einer Belästigung einhergehen kann, regelt **Nr. 29 Anh. zu § 3 Abs. 3 UWG.** Nach diesem Klauselverbot ohne Wertungsmöglichkeit ist es wettbewerbswidrig, den Verbraucher aufzufordern, unbestellte Waren oder Dienstleistungen zu bezahlen oder nicht bestellte Sachen zurückzusenden oder zu verwahren. Die Unlauterkeit kann sich auch aus § 7 Abs. 1 UWG oder aus §§ 5, 5a UWG ergeben. Eine unzulässige Belästigung durch **Zusenden nicht bestellter Waren** nach § 4a Abs. 1 S. 2 Nr. 1 UWG kann darin gesehen werden, dass für den Verbraucher der Eindruck erweckt wird, er müsse unbestellte Produkte bezahlen oder sie zumindest aufbewahren oder sie zurücksenden, auch wenn das nicht der Fall ist (vgl. § 241a Abs. 1 BGB). Der *BGH* hat die Vorschrift auch angewandt, wenn zunächst nur der fortlaufende Bezug angekündigt wird und die Ware geliefert wird, wenn der Verbraucher nicht widerspricht; hieran wird eine noch größere Verunsicherung gesehen, als wenn sofort die Ware zugesandt worden wäre.[35] Nr. 29 Anh. zu § 3 Abs. 3 UWG kann nur auf gelieferte, nicht aber bestellte Ware angewendet werden. Die Aufforderung zur Bezahlung oder Rücksendung kann auch konkludent erfolgen, zB durch Beifügung einer Rechnung oder eines Überweisungsformulars.[36] Wird ausdrücklich oder konkludent vorgetäuscht, der Verbraucher habe das Produkt bestellt, kann § 4a Abs. 1 S. 2 Nr. 3 UWG verwirklicht sein.[37] Sonstige Marktteilnehmer kommen als Adressaten des Klauselverbots allerdings kaum in Betracht, da sie ihre Rechte besser kennen und schwieriger zu bedrängen sind.[38] 29

2. Nötigung

Druck wirkt von außen auf den Angesprochenen und soll ihn manipulieren. § 4a Abs. 1 S. 2 Nr. 2 UWG erfasst Fälle der Nötigung, einschließlich der Ausübung von körperlicher Gewalt, sowie ergänzend in § 4a Abs. 1 S. 3 UWG im Rahmen der „unzulässigen Beeinflussung" die Aus- 30

[31] Scherer GRUR 2016, 233 (236); Apetz, S. 345 f.
[32] BGH GRUR 2019, 750 Rn. 34 – WifiSpot.
[33] Vgl. Amtl. Begr., BT-Drs. 18/4535, 15.
[34] Scherer GRUR 2016, 233 (238).
[35] BGH GRUR 2012, 82 Rn. 12 – Auftragsbestätigung; zust. Scherer WRP 2012, 139; krit. Köhler GRUR 2012, 217 (219 f.).
[36] Köhler/Bornkamm/Feddersen/Köhler UWG Anh. zu § 3 Abs. 3 Rn. 29.6.
[37] Vgl. Köhler GRUR 2012, 217 (222 f.).
[38] Scherer GRUR 2016, 233 (238).

nutzung der Machtposition gegenüber Verbrauchern „zur Ausübung von Druck“, sei es mit oder ohne die Anwendung oder Androhung körperlicher Gewalt. Drohung dient auch als Auslegungsmaßstab nach § 4a Abs. 2 Nr. 2 u. 5 UWG. Stets ist erforderlich, dass die Entscheidungsfreiheit der Verbraucher oder sonstigen Marktteilnehmer beeinträchtigt wird. Für die Anwendbarkeit von § 4a Abs. 1 S. 2 Nr. 2 UWG kommen zwei Spielarten von Druck in Betracht.

31 **a) Physische Gewalt.** Die offene körperliche Gewalt, ausdrücklich in § 4a Abs. 1 S. 2 Nr. 2 UWG aufgenommen, ist ohne weiteres wettbewerbswidrig, da durch die Gewaltanwendung die eigene Entschließungsfreiheit des Gewaltopfers schlechthin ausgeschaltet wird (zB Hineinzerren in ein Geschäft oder Wegnehmen von Unterlagen des Käufers, die seine Kaufentscheidung vorbereiten sollen). Solche Fälle sind allerdings selten. Auch die Androhung offener physischer Gewalt wird erfasst (vgl. § 4a Abs. 1 S. 3, Abs. 2 S. 1 Nr. 2 u. 4 UWG). So kann die Ankündigung des nicht abgesprochenen „Besuchs“ von Inkassomitarbeitern zu Inkassozwecken in einem Mahnschreiben unter bestimmten Umständen als Androhung von Gewaltmaßnahmen verstanden werden.[39]

32 **b) Psychische Gewalt.** Auch eine Drohung kann eine Zwangslage befördern, die die Entscheidung des Marktpartners beeinflusst, indem beispielsweise die Angst, Nachteile zu erleiden, die Entscheidung dominiert. Der Angesprochene muss die angedrohte Zufügung eines Nachteils für möglich halten; ob die Gegenseite die Drohung überhaupt verwirklichen möchte, ist nicht entscheidend.[40] Die Bejahung des Tatbestandsmerkmales der „Nötigung“ in § 4a Abs. 1 S. 2 Nr. 2 UWG erfordert eine gewisse Intensität des Drucks, die zu einer Zwangslage führt. Dies betrifft **nötigende und nötigungsähnliche Sachverhalte** (wie zB Hausfriedensbruch oder Erpressung). Soweit diese Intensität noch nicht erreicht ist, wäre dann die allgemeinere dritte Fallvariante der unzulässigen Beeinflussung zu prüfen. Eine Schutzlücke wird hierdurch nicht hervorgerufen, da die Nötigung ohnehin ein spezieller Fall der dritten Fallvariante ist. Die Schwelle der Strafbarkeit (zB aus §§ 123, 240, 253 StGB) braucht allerdings nicht überschritten zu sein, denn die Bedeutung des Begriffs ist Art. 8 UGP-RL zu entnehmen.[41]

33 Ein Verstoß wurde in einem Fall angenommen, in dem in einem Internetportal zum kostenpflichtigen Download von Software nach Vertragsschluss der Hinweis gegeben wurde, die Angabe eines falschen Geburtsdatums sei ein Betrug und ziehe eine Strafanzeige nach sich. Dieser insbesondere auf Minderjährige abgestellte Hinweis ist geeignet, diesen Kreis der Angesprochenen dahingehend zu beeinflussen, den schwebend unwirksamen Vertrag nur deshalb zu erfüllen, um der angedrohten Strafanzeige zu entgehen (vgl. auch § 4a Abs. 2 S. 1 Nr. 5 UWG).[42]

34 Die Ausübung oder Androhung psychischer Gewalt muss allerdings **rechtswidrig** sein, vgl. § 4a Abs. 2 S. 1 Nr. 5 UWG. Bei der Verwirklichung eines Straftatbestandes ergibt dies bereits die Rechtswidrigkeit. Ansonsten kann sich die zivilrechtliche Rechtswidrigkeit auch dadurch ergeben, dass das eingesetzte Mittel im Hinblick auf den verfolgten Zweck inadäquat ist.[43] Im Verhältnis zu Verbrauchern kann sich die **Inadäquanz** auch daraus ergeben, dass belastende oder unverhältnismäßige Hindernisse nichtvertraglicher Art aufgestellt werden, die die Verbraucher an der Ausübung vertraglicher Rechte zu hindern suchen, vgl. § 4a Abs. 2 S. 1 Nr. 4 UWG. So ist es als unlauter qualifiziert worden, dass ein Flugunternehmen die Rückerstattung des Preises durch Kunden im Falle der Stornierung von dem Ausfüllen eines komplizierten Formulars im Printmodus (statt der Buchung online) abhängig gemacht hat; durch den Lästigkeitsfaktor werde der Kunde ggf. überhaupt von der Einforderung des Rückerstattungsbetrages abgehalten.[44]

35 Der unter der Geltung des § 1 UWG 1909 diskutierte „psychologische Kaufzwang“ ist kein eigener Fall der Nötigung, sondern allenfalls im Rahmen der unzulässigen Beeinflussung zu diskutieren (vgl. → Rn. 88).

36 Aus der „Schwarzen Liste“ ist **Nr. 25 Anh. zu § 3 Abs. 3 UWG** relevant. Dies betrifft den so genannten **Raumzwang,** also das Erwecken des Eindrucks, der Verbraucher könne die Räumlichkeiten ohne Vertragsschluss nicht verlassen. Auch hier ist eine Strafbarkeit nach § 240 StGB

[39] OLG München GRUR-RR 2010, 50 (51) – Besuch durch Inkasso-Team; s. auch Scherer GRUR 2016, 233 (241); Köhler/Bornkamm/Feddersen/Köhler UWG § 4a Rn. 1.53.
[40] Scherer GRUR 2016, 233 (238).
[41] OLG Hamburg NJW-RR 2020, 1380 Rn. 63; Scherer GRUR 2016, 233 (238).
[42] LG Mannheim MMR 2009, 568; s. auch Harte-Bavendamm/Henning-Bodewig/Picht UWG § 4a Rn. 40; Köhler/Bornkamm/Feddersen/Köhler UWG § 4a Rn. 1.53.
[43] Scherer GRUR 2016, 233 (241).
[44] LG Köln, 28.10.2010 – 31 O 76/10, BeckRS 2010, 29948 (mAnm Böckenholt GRUR-Prax 2011, 41).

nicht erforderlich. Die Auslegung des Raumzwangverbots erfasst sowohl den zutreffenden als auch den falschen Eindruck, der Verbraucher müsse sich auf einen Geschäftsabschluss einlassen.[45]

Ferner ist **Nr. 26 Anh. zu § 3 Abs. 3 UWG für Haustürgeschäfte** relevant. Nach diesem Klauselverbot ist es wettbewerbswidrig, der Aufforderung des Verbrauchers bei persönlichen Besuchen in dessen Wohnung, diese zu verlassen bzw. nicht zurückzukehren, nicht nachzukommen. Bei einer solchen Konstellation wird regelmäßig sogar ein Hausfriedensbruch (§ 123 StGB) verwirklicht sein, wobei dies für die Anwendbarkeit des Verbotes nicht erforderlich ist. Das Verbot aus der „Black List" betrifft spezielle aggressive Verhaltensweisen, die sich im Zusammenhang mit Haustürgeschäften („Klinkenputzen") ergeben können; die Regelung einer speziellen Modalität lässt jedoch keine Rückschlüsse über die generelle Zulässigkeit von Haustürgeschäften zu.[46] Das Klauselverbot greift jedoch dann nicht ein, wenn die Handlung nach nationalem Recht gerechtfertigt ist, um eine vertragliche Verpflichtung durchzusetzen. Diese Einschränkung ist allerdings nicht klar. Einerseits könnte darunter jedwede vertragliche Mitwirkungspflicht verstanden werden, die das Aufsuchen der Wohnung des Verbrauchers erforderlich macht.[47] Da allerdings die UGP-RL auf die Grenzen, in denen die Durchsetzung einer vertraglichen Verpflichtung möglich sein soll, abstellt, ist hier eher an einen zivilrechtlichen Erlaubnistatbestand zu denken (wie zB Selbsthilfe).[48] 37

Abschließend ist auch auf **Nr. 30 sowie Nr. 12 Anh. zu § 3 Abs. 3 UWG** hinzuweisen. Beide Konstellationen beinhalten eine Druckausübung, wobei nach Nr. 30 die Wettbewerbswidrigkeit daraus resultiert, dass dem Verbraucher gegenüber ausdrücklich der Hinweis gegeben wird, dass Arbeitsplatz oder Lebensunterhalt des Gewerbetreibenden gefährdet sind, falls der Verbraucher die Ware oder die Dienstleistung nicht erwirbt. Hiermit handelt es sich um eine besondere Form der Ausübung psychischen Drucks. Der Anwendungsbereich dürfte allerdings gering sein, da der Hinweis ausdrücklich erfolgen muss, es also nicht genügt, wenn der Verbraucher aufgrund der Gesamtumstände eigene Schlussfolgerungen zieht.[49] Dagegen erfasst Nr. 12 eine Behauptung über die Art und das Ausmaß der Gefahr für die persönliche Sicherheit des Verbrauchers oder seiner Familie für den Fall, dass er das Produkt nicht kauft. Hier wird zumeist vordringlich die mögliche Irreführung nach §§ 5, 5a UWG in Betracht kommen. 38

3. Unzulässige Beeinflussung

Die Fallkonstellation der dritten Variante von § 4a Abs. 1 S. 2 UWG im Sinne der „unzulässigen Beeinflussung" verbürgt vom Wortlaut her eine gewisse tatbestandliche Weite. Der Begriff „unzulässig" ist im materiellen Sinne als **„unangemessen"** zu verstehen.[50] Ob der Umworbene seine Erwerbsentscheidungen auf Grund emotionaler oder rationaler Momente fällt, ist für die lauterkeitsrechtliche Beurteilung unerheblich. Entscheidend ist, dass seine Entscheidungsfreiheit nicht beeinträchtigt wird, wie insbesondere bei einem Verleiten zu einer irrationalen Handlung oder bei einer Beeinträchtigung der Urteilsfähigkeit.[51] Der Umworbene muss auch die Freiheit haben, im Einzelfall rationalen Argumenten zuwider eine emotionale Entscheidung treffen zu können. Es kann nicht die Aufgabe des Lauterkeitsrechts sein, solches zu verhindern. Allerdings muss die Entscheidungsfreiheit als solche gewährleistet sein, so dass der Angesprochene nicht veranlasst wird, eine Entscheidung zu treffen, die er andernfalls nicht getroffen hätte (§ 4a Abs. 1 S. 1 UWG). 39

Die „unzulässige Beeinflussung" wird durch **§ 4a Abs. 1 S. 3 UWG** definiert, wonach die **Ausnutzung einer Machtposition** zur Ausübung von Druck vorausgesetzt wird. Das hat zur Konsequenz, dass nur in Situationen, in denen aus einer Überlegenheitsposition heraus agiert wird, 40

[45] Vgl. Amtl. Begr., BT-Drs. 16/10145, 34; Köhler/Bornkamm/Feddersen/Köhler UWG Anh. zu § 3 Abs. 3 Rn. 25.2; Ohly/Sosnitza/Sosnitza UWG Anh. zu § 3 Abs. 3 Rn. 67; aA Hoeren BB 2008, 1182 (1190) – nur der falsche Eindruck sei maßgeblich.

[46] Aus Nr. 26 Anh. zu § 3 Abs. 3 UWG lässt sich nicht der Umkehrschluss entnehmen, dass Haustürwerbung grundsätzlich zulässig ist; differenzierend deshalb auch Hecker WRP 2006, 640 (644 f.).

[47] So Amtl. Begr. zu Anhang Nr. 26, BT-Drs. 16/10 145, 34.

[48] So Köhler/Bornkamm/Feddersen/Köhler UWG Anh. zu § 3 Abs. 3 Rn. 26.2; Ohly/Sosnitza/Sosnitza UWG Anh. zu § 3 Abs. 3 Rn. 68.

[49] Köhler/Bornkamm/Feddersen/Köhler UWG Anh. zu § 3 Abs. 3 Rn. 30.2.

[50] OLG Köln GRUR 2016, 1082 Rn. 57 – AdBlock Plus; Köhler/Bornkamm/Feddersen/Köhler UWG § 4a Rn. 1.55; Fritzsche WRP 2016, 1 Rn. 24.

[51] LG Hamburg, 23.12.2016 – 315 O 423/15, BeckRS 2016, 112057.

eine unzulässige Beeinflussung im Sinne von § 4a Abs. 1 S. 2 Nr. 3 UWG verwirklicht sein kann. Die Machtposition muss bei der Anwendung von Druck bereits vorhanden sein, so dass ein bloßer Appell **„auf Augenhöhe"** zwar einen Druck ausüben kann, aber nicht aus einer Machtposition heraus erfolgt.[52] Die überlegene Position kann situativ oder strukturell begründet sein und somit nicht nur auf wirtschaftlicher Übermacht fußen, sondern auch auf jedweder Überlegenheit, einschließlich körperlicher Einwirkung.[53]

41 Die **Ausübung von Druck** bewirkt, dass der Betroffene aufgrund der Bedrängung keine informierte Entscheidung treffen kann, § 4a Abs. 1 S. 3 UWG. Folglich sind Situationen, in denen ohne diese Merkmale ein übertriebener oder unsachlicher Einfluss auf die Verbraucher ausgeübt wird, nicht mehr von der Vorschrift erfasst, wie es regelmäßig beispielsweise Fälle der Verkaufsförderung sind, denn es fehlt die „negative", also bedrängende und druckausübende, Komponente.[54]

42 Der *BGH* hat in der Spruchpraxis zu § 4 Nr. 1 UWG 2008 die genannten Tatbestandsvoraussetzungen der UGP-RL, die jetzt in § 4a Abs. 1 S. 2 UWG niedergelegt sind, angeführt, ohne sich allerdings festzulegen, ob es die richtlinienkonforme Auslegung gebiete, tatsächlich § 4 Nr. 1 UWG 2008 außerhalb der von der Richtlinie nicht erfassten „menschenverachtenden Werbung" auf diese Merkmale zu beschränken und so den Geltungsbereich der Vorschrift stark zu beschränken.[55] Dies ist mit der Reform aus 2015 allerdings unerlässlich. Folgende Fallumstände kommen in Betracht:

43 **a) Überrumpelung und Ansprechen von Passanten.** Ein Druck von intensivem Gehalt lässt sich situationsbedingt im Wege der Überrumpelung ausüben. In diesem Zusammenhang kommen Unglückssituationen oder Umstände von solcher Tragweite, dass sie das Urteilsvermögen der Angesprochenen beeinträchtigen, in Betracht (§ 4a Abs. 2 S. 1 Nr. 3 UWG). Hier sind die Fälle der unaufgeforderten Ansprache von Angehörigen Verstorbener sowie von Unfallbeteiligten am Unfallort zu diskutieren. Das Schwergewicht in diesen Fällen liegt in der Ausnahmesituation der Angesprochenen.[56] Die **Traumatisierung** kann die Entscheidungsfähigkeit der Angesprochenen trüben.[57]

44 Das **Ansprechen von Passanten,** zB vor Geschäften, oder allgemein im öffentlichen Raum zur Herbeiführung einer geschäftlichen Entscheidung, wie eine „Probebestellung" oder ein sonstiger Vertragsabschluss, kommt regelmäßig nicht als unausweichliche Druckausübung und auch nicht als Belästigung gem. § 4a Abs. 1 S. 2 Nr. 1 UWG in Betracht.[58]

45 **b) Emotionale Werbung.** Werbung nimmt häufig Einfluss auf die Emotionen der Umworbenen und löst damit Gefühle aus, die als angenehm (wie Gefühle der Freude und Lust) oder als negativ (wie Gefühle der Angst oder Scham) erlebt werden oder eine Empathie auslösen (wie das Gefühl des Mitleids). Werbung mit Emotionen – landläufig als **„gefühlsbetonte Werbung"** bezeichnet – kann eine wirtschaftliche Entscheidung auslösen (wie beispielsweise beim Erlebnismarketing die positive Assoziierung mit einer bestimmten Marke, die bereits für sich genommen einen Kaufanreiz ausüben kann).

46 Voraussetzung für die Anwendbarkeit von § 4a Abs. 1 S. 2 Nr. 3 UWG ist jedoch stets, dass die Entscheidungsfreiheit der Verbraucher oder der sonstigen Marktteilnehmer beeinträchtigt wird oder zu werden droht; insoweit ist die **Einschränkung der Fähigkeit der Angesprochenen zum Treffen einer informierten Entscheidung** vorauszusetzen (§ 4a Abs. 1 S. 3 UWG). Soweit durch die emotionale Beeinflussung lediglich ideelle Interessen der Zielpersonen tangiert werden, kommt § 4a Abs. 1 S. 2 Nr. 3 UWG nicht zum Tragen, da ein objektiver Zusammenhang mit dem Warenabsatz vorhanden sein muss (§ 2 Abs. 1 Nr. 1 UWG) bzw. eine „geschäftliche Entscheidung" getroffen werden muss (§ 2 Abs. 1 Nr. 9 UWG). Zudem ist das maßgebliche Verbraucherleitbild zu berücksichtigen, das den angemessen aufmerksamen und kritischen Verbraucher zur Richtschnur macht. So wird beispielsweise keine Unlauterkeit begründet, wenn der Verbraucher die Einwirkung von Emotionen auf seiner Gefühlsebene zutreffend benennen kann und deshalb

[52] Fritzsche WRP 2016, 1 Rn. 30; HK-UWG/Götting § 4a Rn. 13.

[53] BGH GRUR 2018, 1251 Rn. 60 – Werbeblocker II; HK-UWG/Götting UWG § 4a Rn. 13; Scherer GRUR 2016, 233 (238); Fritzsche WRP 2016, 1 Rn. 26 mwN.

[54] Fritzsche WRP 2016, 1 Rn. 27; Scherer GRUR 2016, 233 (239).

[55] BGH GRUR 2011, 747 Rn. 26 – Kreditkartenübersendung; BGH GRUR 2010, 850 Rn. 13 – Brillenversorgung II; BGH GRUR 2010, 532 Rn. 22 – Millionen-Chance II.

[56] Vgl. Ohly/Sosnitza/Sosnitza UWG § 4a Rn. 33 f. mwN; Fritzsche WRP 2016, 1 Rn. 38.

[57] Scherer GRUR 2016, 233 (241); Fritzsche WRP 2016, 1 Rn. 38.

[58] Vgl. Fritzsche WRP 2016, 1 Rn. 16, HK-UWG/Götting § 4a Rn. 10.

in seiner Entscheidungsfreiheit nicht betroffen wird. Insgesamt sind die Umstände des Einzelfalls eingehend zu analysieren, wobei eine Anwendbarkeit von § 4a Abs. 1 S. 2 Nr. 3 UWG in Fällen der emotionalen Werbung allenfalls die Ausnahme sein dürfte, weil weder durch die Ausübung von Druck quasi nötigend auf die Verbraucher eingewirkt noch allgemein eine bereits bestehende Machtposition ihnen gegenüber ausgenutzt wird.[59]

Die frühere Rechtsprechung zu § 1 UWG 1909 sowie zu § 4 Nr. 1 UWG 2004 hat eine Reihe von Fallsituationen als wettbewerbswidrig angesehen, die allerdings im Regelfall nicht unter § 4a Abs. 1 S. 2 Nr. 3 UWG fallen.[60] Bei Verstößen gegen die Menschenwürde kann die **Generalklausel des § 3 Abs. 1 UWG** eingreifen (vgl. → § 12 Rn. 69 f.).[61] Ansonsten sind Fallkonstellation dort denkbar, wo die besondere **Schutzbedürftigkeit** Einzelner oder von Gruppen eine andere Wertung herbeiführen kann (§ 4a Abs. 2 S. 2 iVm § 3 Abs. 4 S. 2 UWG, hierzu → § 13).[62] Im Einzelnen gilt: 47

aa) Appelle an Mitleid, Hilfsbereitschaft und soziale Verantwortung. Besonders ansprechbar sind Emotionen, die Gefühle des Mitleids auslösen. Das **Mitgefühl** oder der **Wille zur Hilfsbereitschaft** und zum sozialen Engagement gegenüber benachteiligten Personen können daraus resultierende Handlungen auslösen. Die Rechtsprechung zu diesem Themenkomplex hatte ihren Ausgangspunkt in der Werbung für Blinden- und Schwerbeschädigtenwaren gefunden. Beide Bereiche sind nicht mehr spezialgesetzlich geregelt. 48

Eine Verkörperung des **sozialen Engagements** eines Unternehmens unmittelbar in seinen Produkten ist der Ausnahmefall (Beispiel: Angebot von Postkarten, die durch körperbehinderte Maler mit Mund oder Fuß hergestellt wurden).[63] Bei einem die Ware selbst kennzeichnenden Umstand ist die „überschießende" Werbewirksamkeit eines solchen Hinweises regelmäßig nachrangig, so dass die Werbung im Hinblick auf die in der Werbung verkörperten Sachaussagen maßgeblich an der Irreführungsvorschrift der §§ 5, 5a UWG zu messen ist (Beispiel: Betonung der Herstellung eines Produktes in den neuen Bundesländern mit dem Fußnotenhinweis „Dieses Produkt schafft Arbeitsplätze bei UNS!").[64] 49

In aller Regel kann ein unmittelbarer Bezug zu dem Absatz von Waren und Dienstleistungen bei der Verwendung von Gefühlsappellen nicht festgestellt werden, so dass bereits keine geschäftliche Handlung vorliegt.[65] 50

Der *BGH* hat die Schwelle zur Unlauterkeit nach § 4 Nr. 1 UWG 2008 dann als überschritten angesehen, wenn der Appell einen solchen Einfluss entfaltet, dass die freie Entscheidung des Verbrauchers beeinträchtigt wird.[66] Dies betrifft beispielsweise Fälle, in denen beim Produktbezug ein Teil des Unternehmererlöses in sozial zu billigende Projekte abgeführt wird. Der Schwerpunkt von Werbemaßnahmen, die die Gefühle der sozialen Verantwortlichkeit, des Mitleids oder der Hilfsbereitschaft ausnutzen, wird ohnehin in der Prüfung der Irreführung nach §§ 5, 5a UWG liegen. Dies kann beispielsweise dann verwirklicht sein, wenn das Unternehmen einen angekündigten Solidarbeitrag tatsächlich nicht abführt oder das finanzielle Engagement des Unternehmens so gering ist, dass eine nennenswerte Unterstützung des sozialen Engagements Dritter nicht erreicht wird, was der Verbraucher allerdings durch die konkrete Art der Auslobung erhofft hatte.[67] Erweckt der Werbende mit der Werbung konkrete, für die Kaufentscheidung relevante irrige Vorstellungen, ergibt sich aus dem Irreführungsverbot auch eine Verpflichtung zu aufklärenden 51

[59] Scherer GRUR 2016, 233 (241); Fritzsche WRP 2016, 1 Rn. 28 u. 30.
[60] Köhler/Bornkamm/Feddersen/Köhler UWG § 3 Rn. 9.9; Scherer GRUR 2016, 233 (241).
[61] Köhler/Bornkamm/Feddersen/Köhler UWG § 3 Rn. 9.14.
[62] Ohly/Sosnitza/Sosnitza UWG § 4a Rn. 112; Köhler/Bornkamm/Feddersen/Köhler UWG § 3 Rn. 9.9.
[63] BGH GRUR 1959, 277 (279) – Künstlerpostkarten.
[64] BGH GRUR 1995, 742 (744) – Arbeitsplätze bei UNS.
[65] Die frühere Rechtsprechungspraxis hat die Wettbewerbswidrigkeit bei der Erweckung des Kaufinteresses aus sozialen Gefühlen heraus dann bejaht, wenn kein sachlicher Zusammenhang zwischen dem in der Werbung betonten sozialen Engagement und der beworbenen Ware oder Dienstleistung bestand. Unter dem Eindruck der Entscheidung Tier- und Artenschutz ist diese Rechtsprechung aufgegeben worden. Aufgrund der Bedeutung und Tragweite des Grundrechts der Meinungsfreiheit aus Art. 5 Abs. 1 GG hat bereits das BVerfG (GRUR 2002, 455 (457) – Tier- und Artenschutz) an die Unzulässigkeit von Werbung, die bei den Interessenten bloß Motive des sozialen Engagements anspricht, hohe Anforderungen gestellt. Schließlich stehe es den Bürgern nach Art. 2 Abs. 1 GG frei, auf Grund welcher Motive sie am rechtsgeschäftlichen Verkehr teilhaben.
[66] BGH GRUR 2007, 247 Rn. 19, 21 – Regenwaldprojekt I; BGH GRUR 2007, 251 Rn. 16, 18 – Regenwaldprojekt II; BGH GRUR 2006, 75 Rn. 17 f. – Artenschutz; Ohly/Sosnitza/Sosnitza UWG § 4a Rn. 112.
[67] So ausdrücklich OLG Hamburg GRUR-RR 2004, 216 (217) – Kindernothilfe; OLG Hamburg GRUR-RR 2003, 51 (52) – Bringt die Kinder durch den Winter.

Hinweisen.[68] Der Schwerpunkt liegt demgemäß bei der Prüfung der Frage, ob der Appell bei verständiger Würdigung **unzutreffend oder unvollständig** ist, so dass der Umworbene eine falsche Ausgangsbasis für seine Beschäftigung mit der Werbung erhält und folglich von einer falschen Prämisse ausgeht und irregeführt wird.

52 *bb) Hervorrufen von Angst.* Im Bereich der **Angstwerbung** geht es sowohl um das Hervorrufen von Ängsten als auch um das Ausnutzen (latent) bereits vorhandener Angst. Nicht gemeint sind kleine Ängste und Besorgnisse des täglichen Lebens, die jedermann hat und die auf das Erwerbsverhalten regelmäßig nicht ohne Einfluss bleiben, jedoch lauterkeitsrechtlich bedeutungslos sind.

53 In der früheren Rechtsprechungspraxis ist eine Werbung unter Anspielung auf die Angst dann als sittenwidrig beurteilt worden, wenn durch die Art und Weise der Ansprache bei dem Umworbenen Angstgefühle hervorgerufen oder verstärkt werden, um dadurch unter Ausnutzung dieses Gefühls den Warenabsatz zu steigern.[69] Unter dem Eindruck der Entscheidung *Tier- und Artenschutz* des *BVerfG* ist auch in diesem Zusammenhang ohnehin keine typisierende Fallbetrachtung angezeigt, sondern es sind unter Berücksichtigung des wertvollen Schutzgutes der Meinungsfreiheit aus Art. 5 Abs. 1 GG im Wege der Einzelfallbetrachtung wertende Einschätzungen und Prognosen der Folgen einer gefühlsbetonten Werbung abzugeben, was sich ohne weiteres auch auf die Werbung mit der Angst beziehen lässt.[70] Schließlich ist vorauszusetzen, dass die Angstwerbung geeignet ist, die Entscheidungsfreiheit der Angesprochenen zu beeinträchtigen. Der insoweit relevante Durchschnittsverbraucher ist angemessen aufmerksam und kritisch und wird daher eher abwägen und nicht vorschnell aufgrund unsachlicher Beeinflussung durch das Schüren von Angst zu geschäftlichen Entscheidungen gedrängt werden.[71] Deshalb ist die Angstwerbung allenfalls nur dort einschlägig, wo Angst im Sinne psychischer Gewalt ohne Ausweichmöglichkeit für die Angesprochenen einwirkt oder speziell schutzbedürftige Personenkreise angesprochen werden.

54 Das Verbot der unsachlichen Beeinflussung durch das Schüren von Angst wird mithin eher eine Ausnahmeerscheinung bleiben, weil nicht jede **Emotionsansprache** (wie Warnungen vor Ressourcenknappheit, Inflation, Steuererhöhungen, mangelnder Alterssicherung, Verschlechterung der Umweltsituation oder schlicht die Tatsache, ein besonders günstiges Angebot bei zu langem Zögern nicht mehr wahrnehmen zu können), eine hinreichende Intensität besitzt, so dass sie im Ergebnis nicht mehr als unzulässige wirtschaftliche Beeinflussung anzusehen wäre. Zudem ist die Tatsache, dass sich die allgemeinen Anschauungen im Laufe der Zeit auch verändern und das, was einmal angsteinflößend wirkte, bei weitem nicht mehr bleiben muss, zu berücksichtigen. Maßnahmen der fraglichen Art können unter Irreführungsgesichtspunkten dem Verbot der §§ 5, 5a UWG unterliegen, wenn der sachliche Kern nicht zutreffend ist.

55 *cc) Imagewerbung/Schockierende Werbung.* Die auf persönliches und menschliches Leid sowie allgemein gesellschaftliche Missstände hinweisende **Werbung mit der Realität** (Aufmerksamkeitswerbung oder Imagewerbung) ist regelmäßig kein Verstoß gegen die dritte Fallvariante von § 4a Abs. 1 S. 2 UWG. Die Tatsache, dass in der modernen Gesellschaft zunehmend schockierende Szenen in den Medien verbreitet werden (so beispielsweise in der Werbung für Filme mit Gewalt- und Horrorszenen oder allgemein in Nachrichten, Realityshows etc.) muss auch für die lauterkeitsrechtliche Beurteilung, egal wie man selbst zu diesem Phänomen steht, berücksichtigt werden. In Fällen der „Benetton"-Imagewerbung[72] kann ein lauterkeitsrechtlicher Vorwurf allenfalls dadurch in Betracht kommen, dass zwar nicht an sich schockierende Bilder gezeigt werden, sondern dass durch die Aufnahme des Claims „United Colors of Benetton" im Sinne einer an Autorität erinnernden Fassung der (falsche) Anschein des sozialpolitischen Engagements gegeben wird. Allerdings wird der relevante Verbraucher, der hinreichende Kritikfähigkeit besitzt, eher den Werbecharakter der Botschaft erkennen und demgemäß nicht zu einer geschäftlichen Entscheidung veranlasst werden. Oft wird eine solche Werbung ohnehin nur negative Publizität für den Werbenden bedeuten.

[68] Vgl. BGH GRUR 2007, 251 Rn. 20 – Regenwaldprojekt II; BGH GRUR 2007, 247 Rn. 23 – Regenwaldprojekt I.
[69] OLG Hamm GRUR 1975, 318 – Mensch sei Fuchs; LG Frankfurt a. M. WRP 1980, 456 (457) – Geldkauf; OLG Saarbrücken WRP 1992, 510 (511) – Damit Mensch und Natur eine Chance haben.
[70] BVerfG GRUR 2002, 455 (456) – Tier- und Artenschutz.
[71] Scherer GRUR 2016, 233 (241); Ohly/Sosnitza/Sosnitza UWG § 4a Rn. 179.
[72] BVerfG GRUR 2001, 170 (173) – Schockwerbung; BVerfG GRUR 2003, 442 (443) – Benetton-Werbung II.

dd) Gesundheitsbezogene Werbung. Der Werbung auf dem Gebiet der Gesundheit sind durch die Health-Claim-VO, das HWG und das LFGB sowie weitere Sonderregelungen enge Grenzen gesetzt, wobei ein Verstoß regelmäßig ein Rechtsbruch nach § 3a UWG darstellen kann. 56

Auch im Bereich der **Gesundheitswerbung** ist – wie bei den oben diskutierten Gefühlsappellen – die Berufsfreiheit der Werbenden (Art. 12 Abs. 1 GG) sowie deren Meinungsäußerungsfreiheit hinreichend zu berücksichtigen. Allerdings ist festzuhalten, dass die Gesundheit der Bevölkerung ein wichtiges Gemeinschaftsgut darstellt, so dass die Berücksichtigung dieses überragenden Gemeinwohlguts die Freiheitsgrundrechte im Einzelfall zurücktreten lassen kann.[73] Vor diesem Hintergrund sind erhöhte Anforderungen an die **Richtigkeit, Eindeutigkeit und Klarheit** von Werbung zu stellen, die gesundheitsbezogene Aspekte beinhaltet.[74] Aufgrund der erhöhten Werbewirksamkeit gesundheitsfördernder Aussagen und Behauptungen sind hier insgesamt strenge Maßstäbe anzulegen, da auf Grund ihrer Attraktivität die Entscheidungsfreiheit der Angesprochenen leichter beeinflusst werden kann. Man wird hier eine Wechselwirkung zwischen dem besonderen Anreiz der gesundheitsbezogenen Werbung und der besonderen Eignung zur Beeinflussung der Entscheidungsfreiheit der Verbraucher feststellen können. Je attraktiver die Suggestivkraft der Werbung sein kann (beispielsweise bei Genussmitteln wie Spirituosen und Zigaretten), desto eher wird auch die Fähigkeit der Umworbenen zu einer informierten Entscheidung beeinflusst werden können. Je konkreter eine Aussage zu verstehen ist, desto höher sind hier auch die Anforderungen an die Wahrhaftigkeit (beispielsweise hinreichende Absicherung durch wissenschaftliche Erkenntnisse). Im Umkehrschluss kann allerdings dem Werbenden nicht auferlegt werden, zugleich auch umfassend auf die weniger vorteilhaften Seiten des Produktes hinzuweisen. 57

Die die Werbefreiheit einschränkenden Vorschriften im Heil- und Gesundheitswesen sind regelmäßig Spezialvorschriften zu den UWG-Normen bzw. werden über den Rechtsbruchtatbestand in das UWG einbezogen. Wo sie jedoch nicht unmittelbar eingreifen und soweit sie den Lebenssachverhalt nicht erschöpfend regeln, kann an eine Anwendbarkeit von § 4a Abs. 1 S. 2 Nr. 3 UWG gedacht werden. Regelmäßig greift die Vorschrift aber deshalb nicht ein, weil die Unausweichlichkeit der geschäftlichen Entscheidung durch die Druckausübung der Werbung nicht feststellbar sein wird.[75] Denkbar ist es, hierin einen Sorgfaltspflichtverstoß und damit einen Verstoß gegen die Verbrauchergeneralklausel des § 3 Abs. 2 UWG zu sehen.[76] Maßgebliche Bedeutung kommt im Bereich der gesundheitsbezogenen Werbung allerdings der Irreführungsvorschriften der §§ 5, 5a UWG zu, da insbesondere mehrdeutige Werbeaussagen bei Würdigung der verständigen Verbraucherauffassung irreführende Komponenten enthalten können, wobei auch hier wieder das hohe Schutzgut der Gesundheit der Bevölkerung in die Wertung einzubeziehen ist. 58

ee) Umweltbezogene Werbung. Bei den Verbrauchern ist auch die Angst, dass sich die eigene Situation in Bezug auf die Umweltbedingungen verschlechtert, leicht ansprechbar. **Umweltbezogene Werbung** hat demzufolge erfahrungsgemäß, vergleichbar der im vorstehenden Unterabschnitt erörterten gesundheitsbezogenen Werbung, eine besonders große Suggestivkraft. Abhängig von aktuellen Themen in Wirtschaft und Politik kann das „schlechte Umweltgewissen" des Einzelnen und die Angst vor dem Klimawandel eine erhebliche Rolle für die Empfänglichkeit für Angstäußerungen darstellen, insbesondere dann, wenn nachfolgende Generationen in die Angstaussage mit einbezogen werden.[77] Häufig anzutreffende Erscheinungsformen der umweltbezogenen Werbung sind die Hervorstellung von eigenen Umwelt- und Klimaschutzmaßnahmen des werbenden Unternehmens oder zumindest die Verwendung eines Teils des Erlöses für umwelt- und klimaschützende Maßnahmen oder Organisationen sowie die Ankündigung von Spenden. 59

Allerdings ist auf Grund des erfahrungsgemäß hohen Emotionsgehaltes der umweltbezogenen Werbung im Sinne der Wechselwirkung auch eine erhöhte Anforderung an die **Wahrhaftigkeit und Eindeutigkeit** zu fordern. So kann es nicht als unzulässige Beeinflussung angesehen werden, wenn für wiederverwertbare und recycelbare Druckerpatronen eine Unterstützungswerbung platziert wird, wonach der WWF finanziell einen Teil des aus der Rückgabeaktion zufließenden 60

[73] Vgl. BVerfG NZS 2003, 313 (314) – Impfstoffversand.

[74] Vgl. BGH GRUR 1980, 797 (709) – Top Fit Boonekamp; BGH GRUR 1993, 756 (757) – Mild-Abkommen; BGH GRUR 2002, 182 (185) – Das Beste jeden Morgen; KG NJW-RR 1991, 1449; Köhler/Bornkamm/Feddersen/Köhler UWG § 3 Rn. 9.29.

[75] Vgl. Scherer GRUR 2016, 233 (241).

[76] Ohly/Sosnitza/Sosnitza UWG § 3 Rn. 76.

[77] Vgl. BGH GRUR 1991, 548 (549) – Umweltengel; BGH GRUR 1991, 542 (543) – Biowerbung mit Fahrpreiserstattung; BGH GRUR 1991, 546 (547) – … aus Altpapier.

Vorteils erhält.[78] Auch kann bei umweltbezogenen Werbeaussagen nicht gefordert werden, dass eine Aufklärung über allgemein bekannte und vom Verkehr als selbstverständlich vorausgesetzte Gegebenheiten erfolgt.[79] Maßgeblich sind auch im Bereich der umweltbezogenen Werbung die Einzelfallumstände heranzuziehen, wobei zu untersuchen ist, ob eine konkrete Gefährdung durch die Art und Weise der Aussagen und Behauptungen im Hinblick auf die Entscheidungsfreiheit der Verbraucher besteht.

61 Das Schwergewicht der lauterkeitsrechtlichen Prüfung bei dem umweltbezogenen Appell wird wiederum in dem Irreführungsverbot des §§ 5, 5a UWG liegen. Bei verständiger Würdigung der Sachaussage muss der Werbende sich für die inhaltliche Richtigkeit verbürgen. Eine aggressive Geschäftspraktik wird allenfalls in krassen Ausnahmefällen der Druckausübung in Betracht kommen können.[80]

62 *ff) Tierschutzwerbung.* Für die Werbung mit Aspekten des Tierschutzes, die vergleichbar emotionsgeladen wie die umweltbezogene Werbung sein kann, sind die Erwägungen zur Umweltschutzwerbung im vorigen Unterabschnitt sinngemäß heranzuziehen.

63 c) **Menschenverachtende Werbung.** Zur Verwirklichung des hohen Rangs der menschlichen Würde (Art. 1 GG) war bis zur UWG-Reform 2015 ausdrücklich die zweite Fallvariante von § 4 Nr. 1 UWG 2008 in den Kanon der unangemessenen unsachlichen Beeinflussung aufgenommen worden. Die Achtung und Wahrung der Menschenwürde sollte auch im Wettbewerb gewährleistet werden. In der Begründung im gesetzgeberischen Verfahren zum UWG 2004 wurden als menschenverachtende Handlungen Erniedrigung, Brandmarkung, Verfolgung, Ächtung und andere Verhaltensweisen, die jemandem den Achtungsanspruch als Mensch absprechen, genannt.[81] Fraglich ist allerdings, ob eine solche menschenverachtende Handlung auch geeignet ist, die Entscheidungsfreiheit der Verbraucher oder sonstigen Marktteilnehmer zu beeinträchtigen.

64 Die Umsetzung der UGP-RL lässt nationale Vorschriften über Fragen der „guten Sitten und des Anstands" (Erwägungsgrund 7 S. 5) unberührt und verlangt insoweit keine Vollharmonisierung. Die menschenverachtende Werbung kann in Ausnahmefällen einen erheblichen Druck erzeugen und damit unter das Tatbestandsmerkmal der unzulässigen Beeinflussung im Sinne einer Ausübung von Druck (§ 4a Abs. 1 S. 3 UWG) fallen.[82] Zumeist wird aber die Entscheidungsfreiheit der angesprochenen Personenkreise nicht direkt tangiert, sondern nur eine **allgemeine Stigmatisierung** vorgenommen, so dass in dieser Konstellation keine aggressive Geschäftspraktik iSv § 4a UWG vorliegt. Soweit die Stigmatisierung ein Verstoß gegen die Menschenwürde ist, kann **§ 3 Abs. 1 UWG** angewandt werden (→ § 12 Rn. 69 f.). Folgende Konstellationen können diskutiert werden:

65 *aa) Geschmacklose Werbung.* Die bloß geschmacklose Werbung kann regelmäßig keinen Verstoß gegen § 4a Abs. 1 S. 2 Nr. 3 UWG begründen, da sie den menschlichen Achtungsanspruch nicht berührt und keinen die geschäftliche Entscheidung determinierenden Druck ausübt.[83]

66 *bb) Diskriminierende Werbung.* Die diskriminierende Werbung kann zwar ein Fall der Menschenwürdeverletzung sein, insbesondere bei Übertreibungen der Werbung mit anzüglich-obszönen Themen, aber auch bei einer Diskriminierung von Menschen aufgrund Herkunft, Sprache, Abstammung oder Glauben. Bei diesem Komplex liegt die Zielrichtung der Werbemaßnahmen darin begründet, einer gesellschaftlichen Gruppe, mag sie nun randständig sein oder nicht, den Geltungsanspruch als Mensch abzusprechen. Allerdings wird die Schwelle zur Druckausübung im Sinne einer unzulässigen Beeinflussung kaum überschritten, da die geschäftliche Entscheidung regelmäßig nicht von der Diskriminierung provoziert wird.

67 *cc) Unterschwellige (subliminale) Werbung.* Eine solche Werbung kann vom Umworbenen nicht bewusst wahrgenommen werden (zu schnell oder zu versteckt), so dass der Umworbene eine bewusste Entscheidung nicht treffen kann. Diese Form der Manipulation, die auch die Persönlichkeitsrechte des Umworbenen missachtet, lässt keine bewusstseinskontrollierte Ent-

[78] Vgl. BGH GRUR 2007, 247 Rn. 24 – Regenwaldprojekt I; OLG Köln, NJW-RR 2002, 336 – Werbung mit recycelbaren Druckerpatronen; s. auch OLG Stuttgart, WRP 1999, 456 – Schokolade für die Umwelt.

[79] Vgl. BGH GRUR 1994, 828 (829) – Unipor-Ziegel.

[80] Köhler/Bornkamm/Feddersen/Köhler UWG § 3 Rn. 9.17; Scherer GRUR 2016, 233 (241); Fritzsche WRP 2016, 1 Rn. 50.

[81] Vgl. Begr. Beschlussempfehlung, BT-Drs. 15/2795, 21. Die einzelnen Kriterien der menschenverachtenden Handlungen entstammten der Rechtsprechung des BVerfG, vgl. GRUR 2003, 442 (443) – Benetton-Werbung II.

[82] Vgl. Scherer GRUR 2016, 233 (234).

[83] Ohly/Sosnitza/Sosnitza UWG § 4a Rn. 106.

scheidung des Verbrauchers zu und macht sein Handeln daher fremdbestimmt. Damit kann sie zwar die grundrechtlich geschützte Position des Verbrauchers aus Art. 1 Abs. 1, 2 Abs. 1 GG verletzen. Mangels genauer Kenntnis, ob eine Entscheidung anders getroffen wird als sie ohne die Werbung getroffen worden wäre, kann ein Verstoß gegen § 4a Abs. 1 S. 2 Nr. 3 UWG nicht angenommen werden.[84]

d) Ausübung sozialen Drucks. Wirtschaftliche Entscheidungen werden oftmals auch von sozialen Erwägungen mit beeinflusst. Wenn die Marktgegenseite in solchen Konstellationen einen solchen Druck erzeugt, dass der Verbraucher seine Entscheidung nicht mehr frei treffen kann, wird die Verbotsschwelle des § 4a Abs. 1 S. 2 Nr. 3 UWG überschritten sein. Hier sind allerdings genau die Einzelfallumstände zu berücksichtigen. 68

Die hinreichende Intensität der Druckausübung kann beispielsweise angenommen werden, wenn die Mitgliedschaft in einer Gewerkschaft automatisch mit einem Versicherungsschutz (Familien- und Wohnungsrechtsschutz) gekoppelt wird. Bei einer solchen unlösbaren Koppelung wird auf das prospektive Mitglied ein unzulässiger Druck ausgeübt, da es nur die Alternative hätte, auf die Zugehörigkeit zu der Gewerkschaft ganz zu verzichten. Wenn das prospektive Mitglied nun für sich die Entscheidung getroffen hat, aus sozialpolitischen Erwägungen heraus Gewerkschaftsmitglied zu werden, ist die Verpflichtung, gleichzeitig eine Versicherung abzuschließen, ein nicht sachgerechtes Druckmittel.[85] Dieser Fall der Koppelung unterscheidet sich von bloß rechtsgeschäftlichen Koppelungen dadurch, dass das prospektive Gewerkschaftsmitglied keine Ausweichmöglichkeit besitzt, es also den Versicherungsvertrag eingehen muss, was die Maßnahme als verwerflich erscheinen lässt. Hat der Kunde allerdings die Möglichkeit zum Ausweichen, wird regelmäßig keine unzulässige Druckausübung verwirklicht sein. 69

e) Ausübung moralischen Drucks. Wird nicht nur der Appell an die Hilfsbereitschaft ausgenutzt, sondern ein moralischer Zwang dadurch aufgebaut, dass das Nichteingehen auf die Anbahnung eines Geschäftes den Umworben in der Öffentlichkeit oder breiteren Kreisen als nicht hilfswillig oder unsolidarisch erscheinen lässt, kann in besonderen Fällen eine Wettbewerbswidrigkeit gegeben sein. Auch in Fällen dieser Art ist stets eine Einzelfallbetrachtung erforderlich und zu prüfen, ob die Entschlussfreiheit der Umworbenen wesentlich beeinträchtigt wird. Eine unzulässige Handlung wird regelmäßig nur in Fällen massiver Einwirkung anzunehmen sein.[86] 70

Eine unzulässige Ausübung moralischen Drucks, der die erforderliche Intensität überschritten hat, liegt beispielsweise darin, dass ein Unternehmen sich der Autorität eines Kindergartens dadurch bedient, dass ein Malwettbewerb veranstaltet wird, bei dem Sachpreise lediglich die Kindergärten erlangen, von denen möglichst viele Bilder eingesendet werden. Die einzelnen Eltern haben bei einer solchen, in den Teilnahmebedingungen ausdrücklich erläuterten Gewinnverteilung nicht die eigentliche Entschließungsfreiheit, ihre Kinder nicht teilnehmen zu lassen, weil dadurch der Kindergarten als solcher einen Nachteil im Malwettbewerb erleiden könnte. Diese Eltern könnten sich leicht dem Vorwurf mangelnder Solidarität ausgesetzt sehen. Dieser moralische Druck ist aber unangemessen und führt daher zu der Unlauterkeit der gesamten Maßnahme.[87] 71

Beispiel:
Ein Hersteller von Frühstücksflocken hatte Schulen wertvolle Turn- und Spielgeräte geschenkt, soweit deren Schüler eine bestimmte Anzahl von Punkten im Zusammenhang mit dem Erwerb seiner Frühstücksflocken sammelten. Auch durch eine solche Aktion wird ein unzulässiger Druck ausgeübt, da die Eltern genötigt werden, Produkte des Herstellers zu erwerben, auch wenn sie diese üblicherweise nicht konsumieren, um nicht als „Spielverderber" dazustehen und möglicherweise zu verhindern, dass die Schule in den Genuss der Geräte kommt, einer in Anbetracht der Geldknappheit im Schulwesen wertvollen Ausstattung. Hier besteht des Weiteren die Gefahr, dass bereits auf die Schüler ein Druck ausgeübt wird, nämlich in dem Sinne, dass sie schließlich ihre Eltern „überzeugen" sollen, die Produkte des Markenherstellers zu erwerben, damit auch sie sich für die Schule engagieren können (Gruppenzwang).[88]

---

[84] Vgl. Scherer GRUR 2016, 233 (241).

[85] BGH GRUR 1990, 522 (526 f.) – HBV-Familien- und Wohnungsrechtsschutz; Ohly/Sosnitza/Sosnitza § 4a Rn. 32; Harte-Bavendamm/Henning-Bodewig/Picht UWG § 4a Rn. 74.

[86] Scherer GRUR 2016, 233 (240).

[87] Vgl. die Fallkonstellation in BGH GRUR 1979, 157 (158) – Kindergarten-Malwettbewerb; s. auch KG NJW-RR 1992, 1396 – Werbung mit Kindern; HK-UWG/Götting § 4a Rn. 18; Ohly/Sosnitza/Sosnitza UWG § 4a Rn. 29; abgrenzend OLG Frankfurt a. M. NJOZ 2002, 1577 (1579) – Schulprogramm als Werbeträger.

[88] Differenzierend BGH GRUR 2008, 183 Rn. 16 f. – Tony Taler; s. auch Gloy/Loschelder/Danckwerts UWG-HdB/Hasselblatt/Hannamann § 53 Rn. 64; Ohly/Sosnitza/Sosnitza UWG § 4a Rn. 29; Scherer GRUR 2016, 233 (240 f.); für unmittelbare Werbung gerichtet an Kinder gilt Nr. 28 Anh. zu § 3 Abs. 3 UWG.

72 Ein **Gruppenzwang** kann nicht wirksam werden, wenn das einzelne Mitglied in seiner Entscheidung anonym bleiben und deshalb eine Entscheidung ohne einen Solidaritätsdruck treffen kann. So ist die Teilnahme eines Schulfördervereins an einem Affiliateprogramm eines Buchhändlers nicht zu beanstanden, wenn bei Buchbestellungen der Vereinsmitglieder Vergütungen vom Händler an den Verein fließen. Maßgeblich ist, dass die Entscheidung der Mitglieder, die benötigten Bücher entweder beim Affiliatepartner oder einem anderen Buchhändler zu erwerben, anonym bleibt und somit keine Bloßstellung oder kein Ansehensverlust droht.[89]

73 **f) Ausübung autoritären Drucks.** Der moralische Druck, der auf die Angesprochenen ausgeübt wird, wird sich in manchen Fallkonstellationen auch mit einem gewissen autoritären Druck verknüpfen lassen, wobei die Unterscheidung dadurch gegeben sein kann, dass bei einem autoritären Druck eine **Machtstellung** benutzt wird, um auf die geschäftliche Entscheidung des Angesprochenen Einfluss zu nehmen. Diese Konstellation spricht § 4a Abs. 1 S. 3 UWG an. Die Unlauterkeit kann daraus resultieren, dass die Autoritätsperson Druck ausübt, der zu einer Einschränkung der Entscheidungsfähigkeit des Angesprochenen führt. Anders wurde es beurteilt, wenn ein Arbeitgeber eine erhöhte Anerkennungsprämie für den Fall auslobte, dass der Arbeitnehmer einer bestimmten Krankenkasse angehörte. Das *OLG Hamm* sah hier keine Drucksituation, weil keine psychische Zwangslage begründet worden sei, oder: dem Arbeitnehmer drohten keine Nachteile – außer der Nichterreichbarkeit der Prämie –, wenn er sich für den Verbleib in einer für den Arbeitgeber teureren Krankenkasse entscheiden sollte.[90]

74 Eine vergleichbare Konstellation lag auch vor in einem Fall, in dem ein Arbeitgeber die Arbeitnehmer zum Beitritt zu einer bestimmten Krankenkasse aufforderte. Die bloße Aufforderung zum Kassenwechsel als solche, wenn dessen Vorteilhaftigkeit auch für die Unternehmensentwicklung gepriesen wird, wird regelmäßig keine Druckausübung iSv § 4a Abs. 1 S. 2 Nr. 3 UWG darstellen. In dem hier anzusprechenden Fall hatte allerdings der Arbeitgeber die Schwelle des zulässigen eindringlichen Appells überschritten, weil er den Wechsel zu einer billigeren Krankenkasse als für die Unternehmenssanierung erforderlich darstellte und somit eine Gefahr für die Arbeitsplätze beschwor, wenn die Arbeitnehmer sich nicht kollektiv zu einem Kassenwechsel entschließen würden.[91] Durch diese Verknüpfung der Sorge des Einzelnen um seinen Arbeitsplatz mit der gleichzeitigen Erzwingung der Solidarität des Einzelnen, der er sich kaum entziehen kann, will er nicht als rücksichtslos gegenüber Kollegen dastehen, wird ein unzulässiger Druck erzeugt.

75 **g) Autoritätsanleihe und Autoritätsmissbrauch.** Unter § 4a Abs. 1 S. 2 Nr. 3 UWG können auch Fälle des Missbrauchs fremder Autorität (Autoritätsanleihe) sowie des Missbrauchs der eigenen Autorität anzusiedeln sein. Die Vorwerfbarkeit einer solchen Kundenfangmaßnahme liegt darin, dass die angesprochenen Personenkreise einer Institution **besonderes Vertrauen** entgegenbringen. Die unangemessene Beeinflussung ist dann verwirklicht, wenn der Werbende das ihm speziell entgegengesetzte Vertrauen ausnutzt oder die Institution, die ein außergewöhnliches Vertrauen genießt, vor seinen eigenen Karren spannt. Damit wird das Vertrauen der Umworbenen in die **Objektivität** der vertrauenswürdigen Institution frustriert. Der lauterkeitsrechtliche Schwerpunkt der Ausnutzung von Autorität liegt in der unzulässigen Beeinflussung der geschützten Personenkreise, wobei wegen der Verletzung der Chancengleichheit am Markt auch der Aspekt der Behinderung (§ 4 Nr. 4 UWG) hineinspielen kann; auch Fälle der Irreführung (§§ 5, 5a UWG) und Belästigung (§ 7 UWG) sind denkbar.[92]

76 Die Ausnutzung des Vertrauens in die Objektivität kann im Sinne des Vorwurfs einer unangemessenen Beeinflussung dort stattfinden, wo eine **staatliche Stelle** oder sonst wie **mit öffentlich-rechtlichen Befugnissen ausgestattete Institution** (wie Krankenkassen, Bezirksschornsteinfegermeister oä) die Leistungen privater Unternehmen empfehlen. Der Vorwurf liegt hier in dem Missbrauch des der öffentlichen Verwaltung entgegengebrachten Vertrauens in die Objektivität und Neutralität ihrer Amtsführung, insbesondere wenn eine Empfehlung nicht das Resultat einer sachlichen und unparteiischen Wertung ist.[93] Das missbräuchliche Verhalten muss sich allerdings

[89] BGH GRUR 2017, 199 Rn. 37 – Förderverein.
[90] OLG Hamm NJOZ 2005, 5063 (5065).
[91] Vgl. OLG Düsseldorf NZS 2002, 597 (599).
[92] Ohly/Sosnitza/Sosnitza UWG § 4a Rn. 106.
[93] Vgl. BGH GRUR 1984, 665 (667) – Werbung in Schulen; BGH GRUR 1987, 119 (121 f.) – Kommunaler Bestattungswirtschaftsbetrieb II; BGH GRUR 1994, 516 (517) – Auskunft über Notdienste; BGH GRUR 2002, 550 (551) – Elternbriefe; OLG Saarbrücken, GRUR-RR 2005, 283 (284) – Brandschutzwerbung; BGH GRUR 2013, 301 Rn. 29 – Solarinitiative.

zu einer Empfehlung oder zumindest deutlich positiven Stellungnahme verdichtet haben. So hat es der *BGH* nicht mehr als Missbrauch des der öffentlichen Verwaltung allgemein entgegengebrachten Vertrauens angesehen, dass eine staatliche Stelle (Amt für Soziale Dienste in Bremen) so genannte „Elternbriefe" in regelmäßigen Abständen an die Sorgeberechtigten versendet, in denen allgemeine nützliche Hinweise für die Entwicklung des Kindes in den jeweiligen Zeiträumen gegeben werden, soweit diesen „Elternbriefen" ohne weiteren Kommentar Werbematerial einer Landesbausparkasse beiliegt; ausweislich des Freistemplers stammten die Briefe vom Amt, doch intern wurden die Portokosten von der werbenden Landesbausparkasse übernommen. Hier wurde in der lediglich gemeinsamen Versendung von „Elternbrief" und Werbematerial noch nicht der Charakter einer Empfehlung gesehen.[94] Dagegen wäre die Schwelle zu einer Empfehlung dort überschritten, wo eine Krankenkasse in Anschreiben an ihre Mitglieder Werbeunterlagen einer Bausparkasse beifügt und diese Beilage ausdrücklich als „Beitrag zur Kostendämpfung" und einen möglichen Bausparvertrag als „Krankenversicherung" für das Haus des angesprochenen Mitgliedes bezeichnet. Hier hat die Krankenkasse unter Preisgabe der sachlichen Distanz die durch ihre Stellung im öffentlich-rechtlichen Gesundheitssystem erworbene Autorität ausgenutzt.[95]

Der Vorwurf der missbräuchlichen Ausnutzung von Autorität kann in Einzelfällen auch gegenüber **privatrechtlich organisierten gemeinnützigen Verbänden** erhoben werden, soweit sie auf Grund ihres Ansehens und ihrer Stellung vergleichbar öffentlichen Stellen ein Vertrauen in die Objektivität ihrer Empfehlungen besitzen.[96] Bei „Empfehlungen" von Prominenten in der Werbung ist dies allerdings regelmäßig nicht der Fall.[97] 77

Der Vorwurf der unangemessenen Beeinflussung nach § 4a Abs. 1 S. 2 Nr. 3 UWG kann auch in Fällen erhoben werden, in denen fremde Autorität für die eigenen Werbezwecke ausgenutzt wird und so die Entscheidungsfreiheit der Umworbenen beeinträchtigt wird. Im Fall der oben erwähnten „Elternbriefe" hat der *BGH* eine unzulässige **Autoritätsanleihe** darin gesehen, dass die werbende Bausparkasse ihre eigenen Werbematerialien inhaltlich vergleichbar mit den neutralen „Elternbriefen" ausgestaltet hat. Im Zusammenspiel mit dem Appell an die Verantwortung der Eltern und der Verwendung amtlichen Datenmaterials (Anschriften und Geburtsdaten) ist demzufolge die amtliche Autorität durch die Bausparkasse ausgenutzt worden.[98] Eine unzulässige Autoritätsanleihe kann beispielsweise auch darin gesehen werden, dass eine Krankenkasse in einer Gemeinschaftswerbung ihr eigenes Logo direkt neben dem eines bestimmten Augenoptikers platziert. Die Vorwerfbarkeit lässt sich darin sehen, dass die Krankenkasse diesen Optiker durch die Art der Werbung auf die „gleiche Ebene" hebt und damit auf diesen das ihr entgegengebrachte Vertrauen unsachlich überführt.[99] Auch wenn sich die Krankenkasse ohne weiteres der Hilfe eines Augenoptikers bedienen kann, um beispielsweise Sehtests durchzuführen und in diesem Rahmen die Mitglieder zu beraten, darf sie gleichwohl das ihr entgegengebrachte Vertrauen nicht auf den Optiker durch die Art und Weise der Werbung überleiten. Insgesamt wird es im Ergebnis darauf ankommen, wie groß das Ausmaß der Autorität ist, dessen sich Fremde bedienen können. In Bereichen, die zunehmend staatsferner werden (wie Krankenkasse, Telekommunikation und Versorgung) wird der Unlauterkeitsvorwurf weniger zum Tragen kommen als in Bereichen, die traditionell staatsnäher sind (beispielsweise im Verhältnis Lehrer/Schüler). 78

Besondere Maßstäbe sind anzuwenden, wenn im Dreiecksverhältnis eine **Interessenwahrungspflicht** besteht. In der Entscheidung *Brillenversorgung II* des *BGH* ging es insoweit um die Werbung eines Brillenherstellers, der Augenärzte in sein Vertriebskonzept einschaltete: Der Hersteller gab den Augenärzten ein Computersystem zur Brillenanpassung an die Hand, in welches diese Patientendaten eingaben. Die Patienten konnten sich in der Praxis des Arztes ein entsprechendes Brillenmodell aufgrund dieser Vorgaben aussuchen. Bestellten sie später die Brille, erhielt der Augenarzt vom Brillenhersteller eine Vergütung von EUR 80,– bzw. EUR 160,–. Der *BGH* wand- 79

[94] BGH GRUR 2002, 550 (551 f.) – Elternbriefe; die Maßnahme als solche wurde jedoch wegen der unlauteren Randnutzung einer öffentlichen Einrichtung als wettbewerbswidrig angesehen.
[95] OLG Köln GRUR 1995, 433 (434) – Drittwerbung durch Ersatzkasse.
[96] OLG Saarbrücken GRUR-RR 2005, 283 (284) – Brandschutzwerbung; Ohly/Sosnitza/Sosnitza § 4a Rn. 128; Gloy/Loschelder/Danckwerts UWG-HdB/Hasselblatt/Hannamann § 53 Rn. 44.
[97] OLG Hamburg NJW-RR 1994, 110; zum Fall der Werbung einer „Bierkönigin" OLG Nürnberg, NJW-RR 2012, 14 (15) – Oberpfälzer Bierkönigin; vgl. Ohly/Sosnitza/Sosnitza UWG § 4a Rn. 131.
[98] BGH GRUR 2002, 550 (553) – Elternbriefe.
[99] OLG Frankfurt a. M. NJWE-WettbR 1999, 2 – Gemeinschaftswerbung von Krankenkasse und Optiker.

te im Verhältnis zu den Patienten mangels hinreichender Autoritätsanleihe § 4 Nr. 1 UWG 2008 nicht an, wohl aber im Verhältnis zu den Augenärzten. Diese hätten aufgrund berufsrechtlicher Vorgaben eine Pflicht zur Wahrung der Patienteninteressen bei der Verordnung von Leistungen. Da die vom Brillenhersteller gewährte „Prämie" einen erheblichen Anreiz darstellte, konnte so – statt alleine die Patienteninteressen zu wahren – der Augenarzt aus Gründen des Prämienanreizes veranlasst werden, die Patienten an einen bestimmten Brillenhersteller zu verweisen.[100]

80 Die „Patienteninformation" eines Arztes, die den Patienten zur Inanspruchnahme bestimmter vergütungspflichtiger Zusatzleistungen veranlassen soll, kann die Ausnutzung einer Machtposition darstellen. Der Arzt hat überlegene Sach- und Fachkenntnis. Wenn er systematisch eine gegen § 630c Abs. 2 S. 1 BGB verstoßende unsachgemäße oder unverständliche therapeutische Aufklärung mit der Zielrichtung vornimmt, den Patienten zur Inanspruchnahme der Leistung zu bewegen, kann dies eine unzulässige Beeinflussung darstellen.[101]

81 Eine unsachliche Beeinflussung kann schließlich auch dadurch hervorgerufen werden, dass die **öffentliche Hand** sich selbst Vorteile im Wettbewerb verschafft, indem sie das ihr entgegengebrachte Vertrauen ausnutzt. Dies wäre beispielsweise verwirklicht, wenn eine staatliche Kurverwaltung Anfragen nach Unterkünften gezielt auf staatseigene Betriebe lenkt.[102] Maßstab ist in diesem Zusammenhang das Gebot der objektiven und neutralen Wahrnehmung öffentlicher Aufgaben.[103] Nicht jeglicher „Imagetransfer", der sich bei einem Handeln in Doppelfunktion leicht einstellen kann, wäre verboten, sondern erst, wenn das besondere Vertrauen in die Neutralität und Unabhängigkeit verletzt ist.[104] So sind auch direkte Empfehlungen von neutralen Stellen (wie der Stiftung Warentest) nicht zu beanstanden, wenn diese auch tatsächlich neutral und objektiv sind.

82 **h) Ausübung wirtschaftlichen Drucks.** Wirtschaftliche Macht kann auch dadurch eingesetzt werden, dass der prospektive Geschäftsgegner mit Nachteilen zu rechnen hat, wenn er eine Vertragsbeziehung nicht eingeht oder in einer bestehenden Vertragsbeziehung bestimmte Handlungen unterlässt. Nach § 4a Abs. 2 S. 1 Nr. 4 UWG kann als Unterlauterkeitskriterium gelten, dass „belastende oder unverhältnismäßige Hindernisse nichtvertraglicher Art" aufgestellt werden, die die Verbraucher oder sonstigen Marktteilnehmer in der Ausübung ihrer vertraglichen Rechte zu hindern suchen. Auch in einer solchen Konstellation kann ein wettbewerbsrechtlicher Vorwurf nach § 4a Abs. 1 S. 2 Nr. 3 UWG erhoben werden, soweit die Wahl- und Entscheidungsfreiheit des Gegenübers tangiert wird. Neben den in den Geltungsbereich der UGP-RL fallenden Verbrauchern können hiervon auch sonstige Marktteilnehmer, wie Hersteller oder Lieferanten, betroffen sein. Auch hier ist eine Einzelfallbetrachtung von Nöten.

83 Die Ausübung von Druck **in rechtsgeschäftlichen Beziehungen** mag zwar eine gewisse Intensität erreichen, kann jedoch dann nicht als unangemessen angesehen werden, wenn die Ausübung sich im Rahmen der Grundsätze der Privatautonomie hält. Die Praxis des **Anzapfens** im Sinne der Forderung von sachlich nicht gerechtfertigten Vorteilen vom Lieferanten im unternehmerischen Vertikalverhältnis durch den Auftraggeber, der über keine absolute oder relative Marktmacht verfügt – wie das Verlangen von Einstandszahlungen, Werbekostenzuschüssen oder sonstigen Zahlungen aus beliebigen Anlässen – wird regelmäßig nur bei Hinzutreten besonderer Umstände ein Verstoß gegen § 4a Abs. 1 S. 2 Nr. 3 UWG bewirken können.[105] Der *BGH* hat keine sittenwidrige Nötigung in einem Fall angenommen, in dem der Verpächter eines Lokals das Pachtverhältnis fristgerecht kündigte, damit er auf diese Weise den Pächter zum Abschluss eines neuen Pachtvertrages veranlassen konnte, welcher ihm das alleinige Recht zur Automatenaufstellung einräumte.[106] Auch nicht die Tatsache, dass der Pächter durch diese Kündigung einen

[100] BGH GRUR 2010, 850 Rn. 16 f. – Brillenversorgung II; s. auch BGH GRUR 2009, 969 Rn. 10 – Winteraktion; OLG München GRUR-RR 2010, 305 (307) – Arzneimitteldatenbank; Köhler/Bornkamm/Feddersen/Köhler UWG § 4a Rn. 1.70 (Schwerpunkt aber bei § 3 Abs. 2 UWG). Das OLG München (WRP 2012, 347) hält das Angebot kostenfreier Gebührenseminare für Ärzte nicht als hinreichend großen Anreiz, der ein sachwidriges Verschreibungsverhalten bewirken könnte, zumal auch die Kassenärztliche Vereinigung vergleichbare Seminare anbiete.

[101] OLG Düsseldorf 19.3.2020 – 20 U 2/17, BeckRS 2020, 15117 Rn. 23.

[102] BGH GRUR 1956, 216 (217 f.) – Bad Ems; s. auch BGH GRUR 2009, 1080 Rn. 19 – Auskunft der IHK; Ohly/Sosnitza/Sosnitza UWG § 4a Rn. 131.

[103] BGH GRUR 1974, 733 (734) – Kfz-Schilderverkauf; BGH GRUR 1989, 603 (605) – Kommunaler Bestattungswirtschaftsbetrieb III; BGH GRUR 2013, 301 Rn. 29 – Solarinitiative.

[104] Vgl. auch OLG Frankfurt a. M. NJWE-WettbR 1996, 71 – Börseninformationssystem.

[105] BGH GRUR 1982, 737 (738) – Eröffnungsrabatt; OLG Saarbrücken GRUR-RR 2003, 17 – Anzapfen; Köhler/Bornkamm/Köhler UWG § 4a Rn. 1.20; Fritzsche WRP 2016, 1 Rn. 31.

[106] BGH GRUR 1997, 920 (921) – Automatenaufsteller; s. auch Köhler/Bornkamm/Feddersen/Köhler UWG § 4a Rn. 1.17.

anderweitig geschlossenen Vertrag nicht fortsetzen konnte, kann eine unzulässige Druckausübung bewirken, da dieser Umstand in der Risikosphäre des Pächters liegt und der kündigende Verpächter lediglich seine ihm zustehende Rechtsposition ausnutzt. Insgesamt ist das Bestimmen zur ordentlichen Vertragsauflösung unter Beachtung der vertraglichen oder gesetzlichen Fristen keine wettbewerbswidrige Handlung, sondern wird es erst dann, wenn bei dem Eindringen in fremde Vertragsbeziehungen besondere Unlauterkeitsumstände hinzutreten.[107]

Beispiel:

Die Androhung von Nachteilen im Rahmen einer laufenden Geschäftsbeziehung ist dagegen regelmäßig ein verwerfliches Mittel. So dürfte ein Energieversorger keinem Kunden androhen, die Lieferung mit Energie einzustellen, wenn der Kunde nicht eine Einzugsermächtigung für die Abbuchung der erforderlichen Zahlungen zugunsten des Energieversorgers erteilt. Unsachlich wäre es allerdings nicht, wenn der Energieversorger die Anwendung eines günstigen Endverbrauchertarifes davon abhängig macht, dass der Kunde dem Unternehmen eine Einzugsermächtigung erteilt und, wenn dies nicht erfolgt, die Anwendung des günstigen Tarifes ablehnt und dem Kunden den Normaltarif berechnet. In diesen Fällen kann die Gewährung des günstigen Tarifes betriebswirtschaftlich durch Einsparungen bei Zahlungsvorgängen im Wege der Einzugsermächtigung gerechtfertigt werden.

Die **zeitliche Befristung einer Werbeaktion** wird regelmäßig die Entscheidungsfreiheit des Verbrauchers nicht beeinflussen.[108] Der *BGH* hat in der Entscheidung *Ohne 19% Mehrwertsteuer* insoweit auf den mündigen Verbraucher abgestellt, der mit einem auch extremen Zeitdruck (Tag der Anzeige) in rationaler Weise umgehen könne. Zudem seien die Verbraucher es gewohnt, sich beispielsweise auch bei Elektrogroßgeräten binnen kurzer Frist, vornehmlich über das Internet, einen Preisvergleich zu verschaffen, so dass die zeitgebundene Werbung damit ihre Druckwirkung verliert.[109] 84

Durch die **Privatautonomie** nicht mehr gerechtfertigt ist die Ausübung von Druck, der die Intensitätsschwelle überschritten hat, in den Fällen der Schuldenbeitreibung durch „Schwarze Schatten". Ein Dienstleister hatte „Schwarze Schatten" vermittelt, denen sich Gläubiger bedienen konnten, um effektiv Außenstände bei Schuldnern einzutreiben. Die „Schwarzen Schatten", auffällig schwarz gekleidet, verfolgten den Schuldner auf Schritt und Tritt. Der Schuldner wurde somit in der Öffentlichkeit bloßgestellt und als säumiger Schuldner gebrandmarkt. Die Auswirkung der Tätigkeit der „Schwarzen Schatten" setzt die Schuldner unzumutbar unter Druck und macht sie, wie es beabsichtigt ist, im Ergebnis gefügig, um durch prompte Zahlung die „Schwarzen Schatten" abzuschütteln und somit nicht mehr am Pranger zu stehen.[110] Auch spielt die besondere Form der Brandmarkung hinein. Ein solcher Druck, auch wenn die dahinterstehende Berechtigung der Forderung gegenüber dem Schuldner unbestritten sein mag, wäre unangemessen und nicht mehr durch die Privatautonomie gedeckt. 85

i) **Druck zugunsten Dritter.** Auch in Dreiecksbeziehungen kann die Anwendbarkeit von § 4a Abs. 1 S. 2 Nr. 3 UWG gegeben sein. Die Ausübung von Druck in den vorgenannten Konstellationen muss nämlich nicht notwendig für die Beförderung des eigenen Geschäftes erfolgen, sondern kann sich auch dann als unlauter erweisen, wenn das Geschäft eines Dritten begünstigt werden soll. Dies betrifft beispielsweise einen Fall, in dem ein Arzt von ihm ausgestellte Rezepte sammelt und unmittelbar einer bestimmten Apotheke zur Auslieferung an die Patienten übergibt, weil die Patienten damit in der Wahlfreiheit der Apotheke beschränkt werden.[111] 86

j) **Verkaufsförderungsmaßnahmen, Wertreklame und Koppelung.** Die Modalitäten von Werbemaßnahmen der Wertreklame und der Koppelung wurden in § 4 Nr. 4 bis 6 UWG 2008 erfasst, die durch die Zweite UWG-Novelle 2015 vollständig entfallen sind. Generell sind Verkaufsförderungsmaßnahmen vielfältiger Art nicht geeignet, einen solchen Druck aufzubauen, der zu der Einschränkung der Entscheidungsfreiheit der Angesprochenen führt. Dem Werbenden kann im Regelfall keine solche Machtposition zufallen, die zu einer quasi unausweichlichen Ent- 87

107 BGH WRP 2004, 1021 (1023) – Verabschiedungsschreiben.

108 BGH GRUR 2014, 1117 Rn. 23 – Zeugnisaktion.

109 BGH GRUR 2010, 1022 Rn. 19 – Ohne 19 % Mehrwertsteuer; anders noch OLG Düsseldorf, 13.4.2010 – 20 U 186/08, BeckRS 2011, 07052 (Entscheidung „jetzt oder nie" ist unlauter).

110 LG Leipzig NJW 1995, 3190 (3192) – Schuldenbeitreibung durch „Schwarze Schatten"; s. auch Ohly/Sosnitza/Sosnitza UWG § 4a Rn. 18; Scherer GRUR 2016, 233 (241); Köhler/Bornkamm/Feddersen/Köhler UWG § 4a Rn. 1.46.

111 OLG Frankfurt a. M. GRUR 1978, 541 (542) – Rezeptsammelstelle.

scheidung führt, zumal auch der informierte Marktteilnehmer als Marktgegenseite im Blick zu behalten ist. Eine unzulässige Beeinflussung scheidet daher im Regelfall aus.[112]

88 *aa) Psychologischer Kaufzwang.* Die unter der Geltung des § 1 UWG 1909 entwickelte Fallgruppe des psychologischen Kaufzwangs erfasst **Zwangssituationen aufgrund Zuwendungen des Werbenden.** Solche Fälle sind dadurch gekennzeichnet, dass Kunden durch die Vergünstigung in eine Situation geraten, in der es ihnen peinlich ist oder sie es sogar als unanständig empfinden, keine Produkte nachzufragen. Ein solcher Kaufzwang kann sich auch aus Dankbarkeitserwägungen ergeben, wie beispielsweise bei Gewinnspielen, die mit hohen Preisen verbunden sind, oder bei Gewährung von sonstigen Annehmlichkeiten im Zusammenhang mit dem Einkauf, wie der kostenlosen Beförderung zum Verkaufsort. Von diesen Maßnahmen geht allenfalls ein allgemeiner Anreiz aus, nicht aber ein Druck. Daher ist die generelle Anlockwirkung in der Regel nicht geeignet, eine unzulässige Beeinflussung darzustellen, auch nicht bei einer Gewinnspielkopplung.[113]

89 *bb) Übertriebenes Anlocken.* Das **Werben mit Vergünstigungen oder anderen Vorteilen** kann dazu führen, dass der Angesprochene seine Kaufentscheidung nicht mehr nur nach rationalen Gesichtspunkten trifft, sondern einzig um in den Genuss des Werbemittels oder Vorteils zu gelangen. Im Regelfall kann hierin keine unangemessene Beeinflussung gesehen werden, da mit Blick auf das Leitbild eines aufmerksamen und informierten Verbrauchers bzw. sonstigen Marktteilnehmers die Entscheidungsfreiheit nicht beeinträchtigt wird. Die neuere Rechtsprechung hat diese Fallgruppe ohnehin im Hinblick auf die Rationalität der Nachfrageentscheidung aufgegeben.[114]

90 *cc) Kopplungsangebote.* Unter Kopplungsangeboten wird die **Zusammenfassung mehrerer Produkte zu einem Gesamtangebot** verstanden. Nach der Aufgabe der früheren Bestimmungen der Zugabeverordnung sind Zugaben vom Grundsatz her als zulässig angesehen worden. Auch wenn bei Kopplungsangeboten ein Anlockeffekt durch den attraktiven Gesamtpreis, ggf. noch mit zeitlicher Befristung, ausgeübt wird, liegt darin im Regelfall keine Ausübung einer Machtposition zur Druckausübung, sodass die Angesprochenen auch nicht in ihrer Entscheidungsfreiheit beeinträchtigt werden.[115] Der Schwerpunkt der Beurteilung liegt hier bei den Irreführungsvorschriften, wenn das Angebot nicht die nötige Transparenz aufweist.[116]

91 *dd) Preisnachlässe und Rabatte.* Nach dem Wegfall des Rabattgesetzes sind auch in der bisherigen Rechtsprechungspraxis **Preisnachlässe und Rabattsysteme** als grundsätzlich zulässig angesehen worden. Im Regelfall liegt auch bei Preisnachlässen kein Fall der Beeinflussung der informierten Entscheidung vor. Das gleiche Bild ergibt sich beim **Powershopping** (Community Shopping).[117] Auch hier kommt es maßgeblich auf den Gesichtspunkt der Irreführung an. In diesem Zusammenhang kann vom Werbenden auch ein erheblicher Zeitdruck erzeugt werden (hierzu → Rn. 84).

92 *ee) Kundenbindungssysteme.* Auch Kundenbindungssysteme, bei denen auf die künftige Bindung von Kunden zum Beispiel durch **Treue- und Bonusprogramme** abgezielt wird, haben Anreizeffekte. Aber auch hier wird die Rationalität der Entscheidung im Regelfall nicht beeinträchtigt.[118]

93 **k) Ausnutzen aleatorischer Reize.** Mit der Wertreklame ist oftmals auch die Ausnutzung der **Risikofreude und Spielleidenschaft** der Angesprochenen gekoppelt, wie beispielsweise bei der Veranstaltung von Verlosungen, Preisausschreiben, Lotterien, Gewinnspielen und vergleichbaren Veranstaltungen. Die Entscheidungsfreiheit der Verbraucher könnte bei derartigen Veranstaltungen dann ausgeschaltet werden, wenn der Kaufentschluss letztlich nicht mehr durch sachliche Gesichtspunkte, sondern maßgeblich durch das Bestreben nach der in Aussicht gestellten Gewinnchance bestimmt wird,[119] wie beispielsweise durch sehr hohe Gewinne. Aufgrund des Leitbildes

[112] Scherer GRUR 2016, 233 (240).
[113] BGH GRUR 2014, 686 Rn. 37 – Goldbärenbarren; BGH GRUR 2011, 532 Rn. 22 – Millionen-Chance II.
[114] Vgl. Ohly/Sosnitza/Sosnitza UWG § 4a Rn. 66; HK-UWG/Götting § 4a Rn. 18 f.
[115] Vgl. Gloy/Loschelder/Danckwerts/Hasselblatt/Hannamann § 53 Rn. 155; HK-UWG/Götting § 4a Rn. 21.
[116] Vgl. BGH GRUR 2022, 241 Rn. 13 – Kopplungsangebot III.
[117] HK-UWG/Götting § 4a Rn. 24.
[118] HK-UWG/Götting § 4a Rn. 23.
[119] BGH GRUR 1989, 757 – Mac Bacon; BGH GRUR 1998, 735 (736) – Rubbelaktion; BGH GRUR 2000, 820 (821) – Space Fidelity Peep-Show; BGH GRUR 2002, 1003 (1004) – Gewinnspiel im Radio; BGH GRUR 2004, 249 (250) – Umgekehrte Versteigerung im Internet; BGH GRUR 2003, 626 (627) – Umgekehrte Versteigerung II; OLG

des angemessen aufmerksamen und kritischen Verbrauchers ist in Fällen dieser Art allerdings fraglich, ob alleine der aleatorische Reiz der Gewinnmöglichkeit eine Absatzentscheidung bewirkt. Mangels hinreichender Druckausübung scheidet im Regelfall eine unzulässige Beeinflussung aus.[120]

l) Dreieckskoppelung des Absatzes/Laienwerbung. Kundenfang kann durch Mittel der Verkaufsförderung im **Dreiecksverhältnis** dadurch betrieben werden, dass ein eingeschalteter Dritter zur Anbahnung des Geschäfts des Unternehmers gezielt auf potentielle Kunden einwirkt und hierfür eine Gegenleistung des Unternehmers erhält. Soweit Händler sich bei dem Vertrieb von Waren an Kunden durch ihr Eigeninteresse an Rückvergütungen, Prämien und sonstigen Besserstellungen leiten lassen, ist dies nicht *per se* zu beanstanden, sondern entspricht den marktwirtschaftlichen Gegebenheiten.[121] Die Entscheidungsfreiheit der Verbraucher wird hier bereits deshalb nicht beeinträchtigt, weil der insoweit relevante kritische und angemessen aufmerksame Verbraucher vom Grundsatz her dieses Konzept kennt. 94

Eine Maßnahme der Absatzförderung im Dreiecksverhältnis kann nach § 4a Abs. 1 S. 2 Nr. 3 UWG beanstandet werden, wenn ein Fall der **Interessenwahrnehmungspflicht für Dritte** vorliegt. Dieser Gedanke ist jedenfalls für den Gesichtspunkte der Autoritätsanleihe relevant, wenn ein beruflich verpflichteter Gewährsträger Pflichten gegenüber anderen einzuhalten hat, wie zB ein Arzt aufgrund berufsrechtlicher Vorgaben gegenüber seinen Patienten. Das *OLG Frankfurt a. M.* hat den Aspekt der Interessenwahrung jedoch auch für andere Fälle aufgegriffen. Das Gericht hat einen „Buchungswettbewerb" einer Fluggesellschaft an den Maßstäben des § 4 Nr. 1 UWG 2008 gemessen. Die Fluggesellschaft warb gegenüber Reisebüros mit Gewinnen in Form von Einkaufsgutscheinen von EUR 5.000,– für die Mitarbeiter der Reisebüros als Prämie für die meisten vermittelten Flugreisen dieser Gesellschaft. Darin sah das Gericht eine unangemessene unsachliche Beeinflussung des unternehmerischen Absatzmittlers, zumal die Vorteile den Mitarbeitern des Reisebüros gewährt wurden. Das Reisebüro schulde seinem Kunden aufgrund des Reisevermittlungsvertrages und seiner Anbahnung eine sorgfältige und richtige Beratung, die aber gefährdet werde, wenn die Auslobung der Prämie zu einer unsachlichen Beratung verleite.[122] Bei besonders attraktiven Prämien kann auch im Dreiecksverhältnis bei hinreichender Druckausübung § 4a Abs. 1 S. 2 Nr. 3 UWG angewandt werden.[123] 95

Hauptanwendungsfall der lauterkeitsrechtlichen Diskussion der Dreieckskoppelung im Produktabsatz ist indes die **Laienwerbung.** Unter dem Begriff der Laienwerbung werden Kundenfangmaßnahmen verstanden, bei denen nicht berufsmäßig tätige Werber eingeschaltet werden, die auf der Basis von Werbeprämien oder Provisionen tätig werden. Die Kundenwerber können dabei verdeckt oder offen operieren. Das charakteristische Element der Laienwerbung ist, dass private oder berufliche Beziehungen des Werbers zu Dritten für die Anbahnung von Geschäftsbeziehungen ausgenutzt werden. Die Laienwerbung ist in vielen Wirtschaftsbereichen anzutreffen (Versicherungen und Krankenkassen, Immobilienvermittlung, Haushaltswaren, Kosmetika). 96

Die Laienwerbung als solche kann nicht als wettbewerbswidrig angesehen werden. Je nach ihren Erscheinungsformen kann allerdings im Einzelfall der Vorwurf eines Lauterkeitsverstoßes erhoben werden. Soweit es um den aufgedrängten Kontakt geht, liegt der Schwerpunkt in der Belästigung und wäre nach § 7 UWG zu beurteilen.[124] Soweit wesentliche Umstände im Zusammenhang mit der Werbemaßnahme verschleiert werden, kann ein Fall der getarnten Werbung nach § 5a Abs. 6 UWG vorliegen. Soweit im Allgemeinen unrichtige und auf Grund ihrer Unvollständigkeit unzutreffende Aussagen vom Laienwerber getroffen werden, liegt der Schwerpunkt bei der Irreführung im Sinne von §§ 5, 5a UWG. Soweit besondere Autoritäts- oder Vertrauensträger als Werber tätig 97

Stuttgart GRUR 2002, 906 – Schmuck-Set; OLG Köln GRUR-RR 2002, 40 (41) – Powershopping; OLG Köln, GRUR-RR 2005, 195 – REWE/Haushaltskarte; Ohly/Sosnitza/Sosnitza UWG § 4a Rn. 92 f.

[120] Ohly/Sosnitza/Sosnitza UWG § 4a Rn. 92 f.; HK-UWG/Götting § 4a Rn. 19.

[121] OLG Oldenburg GRUR-RR 2004, 209 (210) – Mittelmeerkreuzfahrt; Harte-Bavendamm/Henning-Bodewig/Picht UWG § 4a Rn. 51.

[122] OLG Frankfurt a. M. WRP 2010, 563 (564) – Buchungswettbewerb; s. auch OLG Hamburg GRUR-RR 2004, 117 – sixperts. In der Entscheidung OLG Naumburg (3.3.2011 – 1 U 92/10, BeckRS 2011, 17142) geht es um die Verletzung der Pflicht des Versicherten gegenüber seinem Kaskoversicherer: ein Autoglasscheibenreparaturbetrieb rechnete direkt mit dem Versicherer ab und erstattete dem Versicherten dessen Selbstbehalt von EUR 150,– aus dem Versicherungsvertrag, so dass dieser den Selbstbehalt dadurch gar nicht tragen musste; ebenso LG Köln GRUR-RR 2012, 122 (123) – Werbepartnervertrag; bereits früher BGH GRUR 2008, 530 Rn. 14 – Nachlass bei der Selbstbeteiligung; s. auch Ohly/Sosnitza/Sosnitza UWG § 4a Rn. 135; Steinbeck GRUR 2005, 15 (17).

[123] Als Fall des § 3 Abs. 1 UWG verortet von Fritzsche WRP 2016, 1 Rn. 10, 49.

[124] BGH GRUR 2006, 949 Rn. 20 – Kunden werben Kunden.

werden (Lehrer, Dienstvorgesetzte, Betriebsräte), wäre ein Verstoß unter dem Gesichtspunkt der Autoritätsanleihe und des Autoritätsmissbrauchs denkbar (vgl. → Rn. 75 ff.). Soweit allerdings unsachliche Mittel und Methoden bei der Laienwerbung verwendet werden, liegt der Schwerpunkt in einem möglichen Verstoß gegen § 4a Abs. 1 S. 2 Nr. 3 UWG.[125]

98 Ein Verstoß wird sich in Fällen der Laienwerbung allerdings nur dort einstellen können, wo die Entscheidungsfreiheit der Verbraucher durch die Intensität der Einwirkung des Laienwerbers gefährdet ist. In diesem Zusammenhang ist das Leitbild eines verständigen Verbrauchers heranzuziehen, der mit den Marktgegebenheiten durchaus vertraut ist.[126] Je stärker die persönliche Rücksichtnahme des Umworbenen gegenüber dem Laienwerber ist, desto eher kann eine unangemessene Beeinflussung gesehen werden. Alleine das Verschweigen der Prämien- bzw. Provisionsbasis durch den Laienwerber kann in diesem Zusammenhang kein Umstand sein, die Maßnahme als insgesamt wettbewerbswidrig zu beurteilen, soweit der Umworbene aus eher uneigennützigen Motiven heraus den Laienwerber „unterstützen" möchte und in dieser Erwartung frustriert wird; entscheidend ist, ob ein solcher unangemessener Einfluss ausgeübt wird, dass die Maßnahme die freie Entscheidung des angesprochenen Verbrauchers beeinträchtigen kann.[127]

99 Bei der Abwägung ist der auch verfassungsrechtlich gewährleistete Schutz des Verbrauchers auf eine unverletzte Privatsphäre sowie ggf. sein Recht auf informationelle Selbstbestimmung besonders heranzuziehen. Je stärker dieses Schutzgut durch Maßnahmen der offenen oder verdeckten Laienwerbung tangiert wird, desto eher wird eine Wettbewerbswidrigkeit auszusprechen sein. Maßgeblich sind die Umstände des Einzelfalles.

100 Eine spezielle Regelung hat die Einspannung von Kindern als Motivatoren für einen Kauf durch das Klauselverbot der **Nr. 28 Anh. zu § 3 Abs. 3 UWG** erfahren. Geschützt werden sowohl die Kinder als auch die sie betreuenden Erwachsenen bei einem Kaufappell für ein bestimmtes Produkt (vgl. zur Schutzbedürftigkeit → § 13).[128]

101 Laien können in Vertriebssysteme auch einbezogen werden, indem sie für den Fall der Anwerbung weiterer Kunden besondere Vorteile erlangen (wie Preisnachlässe, Provisionen, Warenbehalt etc.). Diese Form der **progressiven Kundenwerbung** wird strafrechtlich durch § 16 Abs. 2 UWG erfasst.[129] Zivilrechtlich wird der Vorwurf der Wettbewerbswidrigkeit schwerpunktmäßig allerdings in der Ausnutzung der besonderen Schutzbedürftigkeit gem. § 4a Abs. 2 S. 2 iVm § 3 Abs 4 S. 2 UWG (hierzu → § 13) liegen.[130] Es sind Fallkonstellationen denkbar, in denen allgemein eine unzulässige Beeinflussung auf Grund der aleatorischen Reize des Systems der progressiven Kundenwerbung vorliegt.

V. Maßgebliche Kriterien zur Bestimmung einer aggressiven Geschäftspraktik

1. § 4a Abs. 2 S. 1 UWG

102 In § 4a Abs. 2 S. 1 UWG werden die in der Vorgabe des Art. 9 UGP-RL genannten eingesetzten Mittel als Kriterien für die Qualifizierung einer aggressiven geschäftlichen Praktik nach § 4a Abs. 1 S. 2 UWG niedergelegt. Der Kriterienkatalog ist nicht abschließend, da § 4a Abs. 1 S. 2 UWG auf die „Berücksichtigung aller Umstände" im konkreten Fall in Umsetzung von Art. 8 UGP-RL abhebt und den Kriterien nur eine Indizwirkung zukommt.[131] Eine aggressive Handlung kann unter mehrere der Beurteilungskriterien fallen. Die Vorschrift verweist zwar lediglich auf

[125] Die frühere Rechtsprechung hat an die wettbewerbsrechtliche Zulässigkeit der Laienwerbung strenge Maßstäbe angelegt. Insbesondere bei der Ansprache von Verwandten oder Bekannten ist die besondere Zielrichtung auf den Privatbereich als unlauter bezeichnet worden. Auch die Tatsache, dass das Prämieninteresse des Laienwerbers verheimlicht wurde, um gegebenenfalls der Werbung den Anstrich eines uneigennützigen Rates zu geben, ist als Merkmal der Sittenwidrigkeit betont worden. Gerade auch unter dem Aspekt der Nachahmungsgefahr ist deshalb mit Rücksicht auf das persönliche Verhältnis zwischen Laienwerber und Umworbenen relativ schnell das Verdikt der Wettbewerbswidrigkeit erfüllt gewesen; vgl. BGH GRUR 1981, 655 (656) – Laienwerbung für Maklteraufträge; BGH GRUR 1991, 150 – Laienwerbung für Kreditkarten; BGH GRUR 1992, 622 – Verdeckte Laienwerbung; BGH GRUR 1995, 122 – Laienwerbung für Augenoptiker; OLG Hamburg GRUR-RR 2002, 69 (70) – LOOP EasyMoney.

[126] BGH GRUR 2006, 949 Rn. 16 – Kunden werben Kunden.

[127] BGH GRUR 2006, 949 Rn. 19 – Kunden werben Kunden; vgl. auch BGH GRUR 2006, 77 Rn. 18, 20 – Schulfotoaktion.

[128] BGH GRUR 2014, 1117 Rn. 19 – Zeugnisaktion.

[129] Nr. 14 Anh. zu § 3 Abs. 3 UWG regelt Schneeball- und Pyramidensysteme unter Irreführungsgesichtspunkten.

[130] Köhler/Bornkamm/Feddersen/Köhler UWG § 3 Rn. 6.46; s. auch Ohly/Sosnitza/Sosnitza UWG § 4a Rn. 102.

[131] Köhler/Bornkamm/Feddersen/Köhler UWG § 4a Rn. 1.83; Ohly/Sosnitza/Sosnitza UWG § 4a Rn. 147, 190; Apetz, S. 497; aA Scherer GRUR 2016, 233 (239).

§ 4a Abs. 1 S. 2 UWG, kann jedoch auch bei der Prüfung des Auswirkungskriteriums nach § 4a Abs. 1 S. 1 UWG einbezogen werden.[132]

a) Umfeldkriterien. Zu den zu berücksichtigenden Umständen nach § 4a Abs. 2 S. 1 Nr. 1 UWG zählen **„Zeitpunkt, Ort, Art oder Dauer der Handlung"**. Dies ist allerdings eher eine Selbstverständlichkeit, da nach § 4a Abs. 1 S. 2 UWG ohnehin im konkreten Fall alle Umstände zu berücksichtigen sind, die auch die vorgenannten Kriterien umfassen.[133] 103

b) Drohung und Beleidigung. Nach § 4a Abs. 2 S. 1 Nr. 2 UWG wird auch die Verwendung „drohender oder beleidigender Formulierungen oder Verhaltensweisen" als Beurteilungskriterium genannt. Die Drohung kann ausdrücklich oder stillschweigend („Verhaltensweisen") erfolgen. Eine Rechtswidrigkeit der Drohung ist nicht erforderlich.[134] Bei der Drohung und insbesondere der Beleidigung muss nur gewährleistet sein, dass diese die Angesprochenen zu einer Entscheidung veranlasst, die sie sonst nicht getroffen hätten. 104

c) Ausnutzen besonderer Situationen. Das Beurteilungskriterium nach § 4a Abs. 2 S. 1 Nr. 3 UWG erfasst einerseits konkrete Unglückssituationen und andererseits solche schweren Umstände, die das Urteilsvermögen der Angesprochenen beeinträchtigen, deren geschäftliche Entscheidung zu beeinflussen. Hierbei muss es sich bei beiden Konstellationen um objektive Gegebenheiten handeln. 105

Zu den konkreten **Unglückssituationen** zählen – auch durch Dritte hervorgerufene – außergewöhnliche Umstände, die aufgrund ihrer Schwere für die Angesprochenen eine erhebliche Belastung mit sich bringen, wie zum Beispiel Unfälle, Naturkatastrophen oder Gewalttaten. Latente Zustände, wie Währungskrisen oder Hungersnöte, werden nicht erfasst („konkret").[135] 106

Die **„Umstände" vergleichbarer Schwere** wiederum werden durch § 4a Abs. 2 S 2 UWG konkretisiert, wo auf die besondere Schutzbedürftigkeit der genannten Personen abgestellt wird. Diese Bestimmung korreliert mit § 3 Abs. 4 S. 2 UWG (hierzu → § 13). Der besondere Schutz der Verbraucher wird insoweit maßgeblich durch § 3 Abs. 4 S. 2 UWG bewerkstelligt.[136] 107

d) Behinderung der Ausübung von Rechten. Das Beurteilungskriterium des § 4a Abs. 2 S. 1 Nr. 4 UWG erfasst Umstände nichtvertraglicher Art, die belastende oder unverhältnismäßige Hindernisse mit sich bringen und die angesprochene Person an der Ausübung ihrer vertraglichen Rechte zu hindern suchen. Die Vorschrift erfasst die geschäftliche Entscheidung der angesprochenen Personenkreise im Hinblick auf deren Vertragsrechte (§ 2 Abs. 1 Nr. 9 UWG), also auch die Geltendmachung vertraglicher Rechte. 108

Die **errichteten Hindernisse** müssen **nichtvertraglicher Art** sein, was bedeutet, dass sie ihre Berechtigung nicht in dem zugrundeliegenden Vertrag finden. Der Gesetzwortlaut erfasst Fälle der Kündigung und des Vertragswechsels. Allerdings sind alle maßgeblich auf die Vertragsdurchsetzung bezogenen Umstände erfasst, wie das Verlangen nach Vorlage unnötiger Unterlagen, die systematische Nichtbeantwortung von Anspruchsschreiben (Sonderfall für Versicherungsverträge in Nr. 27 Anh. zu § 3 Abs. 3 UWG), Unterdrückung von Kontaktdaten oder Nichtannahme von empfangsbedürftigen Willenserklärungen. Auch der Verweis auf ein Callcenter, das aber faktisch kaum erreichbar ist, kann hierunter fallen.[137] Bloße Lästigkeiten, wie beispielsweise ungünstige Ladenöffnungszeiten, genügen hingegen nicht, da diese nicht primär ein Hindernis bei der Durchsetzung von Vertragsrechten darstellen und regelmäßig bereits bei Vertragsschluss bekannt waren.[138] 109

Dem Unternehmer bleibt auch unbenommen, sich gegenüber Ansprüchen, beispielsweise wegen Sachmangels, zu verteidigen, selbst wenn die Rechtslage zweifelhaft ist, wobei hier allenfalls eine Irreführung verwirklicht werden kann, wenn der Unternehmen dem Verbraucher die Rechtslage fehlerhaft darstellt.[139] 110

e) Drohung mit rechtlich unzulässigen Handlungen. Das Beurteilungskriterium des § 4a Abs. 2 S. 1 Nr. 5 UWG bezieht sich auf Drohungen mit rechtlich unzulässigen Handlungen, die tatsäch- 111

132 Scherer GRUR 2016, 233 (236).
133 Vgl. Köhler/Bornkamm/Feddersen/Köhler UWG § 4a Rn. 1.85; Scherer GRUR 2016, 233 (239).
134 Ohly/Sosnitza/Sosnitza UWG § 4a Rn. 155; Köhler/Bornkamm/Feddersen/Köhler UWG § 4a Rn. 1.86; aA Scherer GRUR 2016, 233 (239).
135 Köhler/Bornkamm/Feddersen/Köhler UWG § 4a Rn. 1.89; HK-UWG/Götting § 4a Rn. 39.
136 Köhler/Bornkamm/Feddersen/Köhler UWG § 4a Rn. 2.11.
137 Köhler/Bornkamm/Feddersen/Köhler UWG § 4a Rn. 1.98.
138 Ohly/Sosnitza/Sosnitza UWG § 4a Rn. 187; Fritzsche WRP 2016, 1 Rn. 39.
139 Köhler/Bornkamm/Feddersen/Köhler UWG § 4a Rn. 1.102.

licher oder rechtlicher Natur sein können. Die rechtliche Unzulässigkeit ergibt sich aus den Rahmenbedingungen der zugrundeliegenden Handlung. So ist beispielsweise die Mahnung eines Kunden, die mit der Androhung eines Schufa-Hinweises verknüpft wird, als unzulässig anzusehen, wenn der Schufa-Übermittlung zwingende Datenschutzrechtsbestimmungen entgegenstehen.[140] Auch eine unvollständige und verschleiernde oder eine rechtlich zweifelhafte Drohung können als aggressive Praxis eingestuft werden.[141] Rechtlich zulässige Handlungen, wie Geltendmachung von vertraglichen Gegenrechten oder Klageerhebung, werden allerdings nicht erfasst.[142]

2. § 4a Abs. 2 S. 2 UWG

112 Zur näheren Ausfüllung des Beurteilungskriteriums nach § 4a Abs. 1 S. 2 Nr. 3 UWG zählt § 4a Abs. 2 S. 2 UWG verschiedene Umstände der Schutzbedürftigkeit auf. Dadurch wird die Vorgängervorschrift des § 4 Nr. 2 UWG 2008 wiederaufgenommen. Diese Regelung stellt allerdings eine **Doppelung zu § 3 Abs. 4 S. 2 UWG** dar, dessen Neufassung durch die UWG-Reform 2015 gegenüber dem früheren Recht eine stärkere Anlehnung an Art. 5 Abs. 3 UGP-RL besitzt. § 3 Abs. 4 S. 2 UWG bietet einen Beurteilungsmaßstab für alle unzulässigen Geschäftspraktiken.[143] Die Umsetzung der Vorschriften zugunsten schutzbedürftiger Personengruppen wird ausführlich oben in § 13 behandelt.

113 **VI. Bearbeitungscheckliste**

- ☐ Abgrenzung von § 4a UWG zu anderen Tatbeständen – wo ist das Schwergewicht des lauterkeitsrechtlichen Vorwurfes?
  - Schutz in gravierenden Ausnahmesituationen und gegenüber schutzbedürftigen Verbraucherkreisen im Rahmen des § 4a Abs. 2 S. 2 iVm § 3 Abs. 4 S. 2 UWG
  - Rechtsbruch (Verstoß gegen Marktverhaltensregelung) – § 3a UWG
  - Irreführung – §§ 5, 5a UWG
  - Tarnung von Werbemaßnahmen/"Schleichwerbung" – § 5 Abs. 6 UWG
  - Unzumutbare Belästigung – § 7 UWG
- ☐ Vorliegen eines Klauselverbotes ohne Wertungsmöglichkeit (insb. Nrn. 12, 25, 26, 27, 28, 29 und 30 Anh. zu § 3 Abs. 3 UWG)
- ☐ Belästigung (§ 4a Abs. 1 S. 2 Nr. 1 UWG)
  - Beeinträchtigung der geschäftlichen Autonomie – gewisse Intensität, Dauer und Nachhaltigkeit
- ☐ Nötigung (§ 4a Abs. 1 S. 2 Nr. 2 UWG)
  - Körperliche Gewalt
  - Psychische Gewalt – nötigende und nötigungsähnliche Sachverhalte – Rechtswidrigkeit
- ☐ Unzulässige (= unangemessene) Beeinflussung, § 4a Abs. 1 S. 2 Nr. 3 UWG
  - Ausnutzung einer (vorhandenen) Machtposition – Beeinträchtigung der Entscheidungsfreiheit
  - Überrumpelung
  - Emotionale Werbung (gefühlsbetonte Werbung) – idR nicht
  - Menschenverachtende Werbung – idR nicht
  - Ausübung sozialen Drucks gewisser Intensität – in Einzelfällen
  - Ausübung autoritären Drucks
  - Autoritätsanleihe und Autoritätsmissbrauch
  - Ausübung wirtschaftlichen Drucks/Druck in rechtsgeschäftlichen Beziehungen – in Einzelfällen
  - Druck zugunsten Dritter – in Einzelfällen
  - Verkaufsförderungsmaßnahmen, Wertreklame und Koppelung – idR nicht
  - Ausnutzen aleatorischer Reize – idR nicht
  - Dreieckskoppelung des Absatzes/Laienwerbung – allenfalls in Einzelfällen
- ☐ Kriterien zur Bestimmung einer aggressiven Geschäftspraktik nach § 4a Abs. 2 UWG sind einzubeziehen
- ☐ „Große" Generalklausel des § 3 Abs. 1 UWG bzw. Verbrauchergeneralklausel des § 3 Abs. 2 UWG kann eingreifen

[140] BGH GRUR 2015, 1134 Rn. 20 f. – Schufa-Hinweis; Köhler/Bornkamm/Feddersen/Köhler UWG § 4a Rn. 1.111.
[141] BGH GRUR 2018, 1063 Rn. 14 – Zahlungsaufforderung; OLG Frankfurt a. M. GRUR-RR 2020, 30 Rn. 25.
[142] Köhler/Bornkamm/Feddersen/Köhler UWG § 4a Rn. 1.112; Scherer GRUR 2016, 233 (240); BeckOK UWG/Fritzsche § 4a Rn. 126.
[143] Scherer GRUR 2016, 233 (234); Fritzsche WRP 2016, 1 Rn. 44.

§ 20 Verbot irreführender geschäftlicher Handlungen (§§ 5, 5a, 5b UWG)

Übersicht

I. Allgemeines

1. Systematische Einordnung

1 a) **Stellung im UWG.** Auch das UWG enthält neben der umfassenden Generalklausel gegen den unlauteren Wettbewerb in § 3 Abs. 1 UWG mit **§ 5 Abs. 1 UWG und § 5a Abs. 1**[1] **UWG** zwei nur

[1] Bis zum Inkrafttreten des Gesetzes zur Stärkung des Verbraucherschutzes im Wettbewerbs- und Gewerberecht vom 10. August 2021 am 28. Mai 2022, (BGBl. 2021 I, 3504) war diese Generalklausel zur Erfassung von Irreführungen durch Unterlassen in § 5a Abs. 2 UWG enthalten.

auf Fälle irreführender geschäftlicher Handlungen beschränkte **Generalklauseln.** Daneben stellen die in Nr. 1 bis 23c des Anhangs zu § 3 Abs. 3 UWG genannten immer unlauteren Irreführungstatbestände die dritte zentrale Säule des Irreführungsschutzes dar. Die Regelungen setzen die Vorgaben der Richtlinie über unlautere Geschäftspraktiken,[2] die Richtlinie über irreführende und vergleichende Werbung[3] sowie die Richtlinie zur besseren Durchsetzung und Modernisierung der Verbraucherschutzvorschriften der Union[4] in nationales Recht um.

Dass irreführende geschäftliche Handlungen in eigenen Generalklauseln neben § 3 UWG normiert sind, deutet bereits auf die besondere Bedeutung des Verbotes irreführender geschäftlicher Handlungen als ein Hauptfall unlauteren Wettbewerbshandelns hin. Die Relevanz der Vorschriften in der Praxis wird durch die erhebliche Anzahl von veröffentlichten gerichtlichen Entscheidungen unterstrichen. 2

§ 5 Abs. 1UWG ist Ausgangspunkt der **Definition** und Regelung des Irreführungsverbotes. Danach handelt unlauter, wer eine irreführende geschäftliche Handlung vornimmt, die geeignet ist, den Verbraucher oder sonstigen Marktteilnehmer zu einer geschäftlichen Entscheidung zu veranlassen, die er andernfalls nicht getroffen hätte. Die für eine Irreführung relevanten Angaben werden in **§ 5 Abs. 2**[5] **UWG** genannt.[6] 3

Die Absätze 3 bis 5 des § 5 UWG enthalten verschiedene Klarstellungen und Abgrenzungen. 4

Die Regelung in **§ 5 Abs. 3 Nr. 1**[7] **UWG** erfasst geschäftliche Handlungen, die im Zusammenhang mit der Vermarktung von Waren und Dienstleistungen einschließlich vergleichender Werbung eine **Verwechslungsgefahr** mit einer anderen Ware oder Dienstleistung oder mit der Marke oder einem anderen Kennzeichen eines Mitbewerbers hervorrufen. Die Vorschrift erweitert den in § 4 Abs. 3 UWG normierten ergänzenden wettbewerbsrechtlichen Leistungsschutz, der lediglich demjenigen eine Anspruchsberechtigung gewährt, der das nachgeahmte Original-Produkt in eigener Verantwortung herstellt oder herstellen lässt und über das Inverkehrbringen entscheidet.[8] 5

Die Regelung in **§ 5 Abs. 3 Nr. 2**[9] **UWG** erfasst die Vermarktung von Waren, die als **identisch mit Waren in anderen Mitgliedstaaten der Europäischen Union** dargestellt werden, obwohl sie sich in ihrer Zusammensetzung oder in ihren Merkmalen wesentlich voneinander unterscheiden **(Doppelqualität).** Die Vorschrift setzt Art. 3 Nr 3 der Richtlinie (EU) 2019/2161 um. Sie ist sowohl dogmatisch zweifelhaft als auch in der Praxis schwierig handhabbar. Sie wurde aus politischen Gründen eingeführt, um osteuropäischen Befindlichkeiten entgegenzuwirken.[10] 6

§ 5 Abs. 4[11] **UWG** bezieht Angaben im Rahmen **vergleichender Werbung** in den Anwendungsbereich der Norm ein. Ein an sich zutreffender Werbevergleich kann irreführend sein, wenn aufgrund einseitiger Auswahl der verglichenen Eigenschaften bei den Adressaten ein unzutreffender Eindruck erweckt wird.[12] Trotzdem sind die irreführende Werbung und die unzulässige vergleichende Werbung zwei selbstständige Zuwiderhandlungen. Es kann deshalb eine irreführende Werbung vorliegen, ohne dass dies gleichzeitig eine unzulässige vergleichende Werbung darstellt.[13] 7

---

[2] Richtlinie 2005/29/EG des Europäischen Parlaments und des Rates vom 11.5.2005 über unlautere Geschäftspraktiken im binnenmarktinternen Geschäftsverkehr zwischen Unternehmen und Verbrauchern und zur Änderung der Richtlinie 84/450/EWG des Rates, der Richtlinien 97/7/EG, 98/27/EG und 2002/65/EG des Europäischen Parlaments und des Rates sowie der Verordnung (EG) Nr. 2006/2004 des Europäischen Parlaments und des Rates, ABl. 2005 L 149, 22.

[3] Richtlinie 2006/114/EG des Europäischen Parlaments und des Rates vom 12. Dezember 2006 über irreführende und vergleichende Werbung, ABl. 2006 L 376, 21

[4] Richtlinie (EU) 2019/2161 des Europäischen Parlaments und des Rates vom 27. November 2019 zur Änderung der Richtlinie 93/13/EWG des Rates und der Richtlinien 98/6/EG, 2005/29/EG und 2011/83/EU des Europäischen Parlaments und des Rates zur besseren Durchsetzung und Modernisierung der Verbraucherschutzvorschriften der Union, ABl. 2019 L 328, 7.

[5] Bis zum Inkrafttreten des Gesetzes zur Stärkung des Verbraucherschutzes im Wettbewerbs- und Gewerberecht vom 10. August 2021 am 28. Mai 2022 war diese Regelung inhaltlich identisch in § 5 Abs. 1 S. 2 UWG enthalten.

[6] → Rn. 178 ff.

[7] Bis zum Inkrafttreten des Gesetzes zur Stärkung des Verbraucherschutzes im Wettbewerbs- und Gewerberecht vom 10. August 2021 am 28. Mai 2022 war diese Regelung inhaltlich identisch in § 5 Abs. 2 UWG enthalten.

[8] BGH GRUR 2005, 519 (520) – Vitamin-Zell-Komplex, → Rn. 293.

[9] Diese Regelung wurde mit dem Gesetz zur Stärkung des Verbraucherschutzes im Wettbewerbs- und Gewerberecht vom 10. August 2021 neu eingeführt.

[10] Junker, Rede zur Lage der Union am 13. September 2017, https://ec.europa.eu/commission/presscorner/detail/de/SPEECH_17_3165, zuletzt abgerufen am 2. Oktober 2021, → Rn. 294 ff.

[11] Bis zum Inkrafttreten des Gesetzes zur Stärkung des Verbraucherschutzes im Wettbewerbs- und Gewerberecht vom 10. August 2021 am 28. Mai 2022 war diese Regelung inhaltlich identisch in § 5 Abs. 3 UWG enthalten.

[12] BGH GRUR 2013, 1058, Rn. 16 – Kostenvergleich bei Honorarfactoring.

[13] EuGH GRUR 2014, 493, Rn. 28 – Posteshop/Autorità ua., → Rn. 301.

8 **§ 5 Abs. 5**[14] **UWG** enthält eine spezielle Regelung der Werbung mit der Senkung von Preisen, die nur für eine unangemessen kurze Zeit gefordert wurden.[15]

9 **§§ 5a und b**[16] **UWG** enthalten ausführliche Regelungen der **Irreführung durch Unterlassen.**[17] § 5a Abs. 4 UWG enthält die ehemalige Regelung des § 5a Abs. 6 UWG aF zur **Verschleierung des Werbecharakters von geschäftlichen Handlungen.** Dies ist systematisch korrekt, da es sich um eine Irreführung durch Unterlassen handelt.[18]

10 Bei den 36[19] im Anhang zu **§ 3 Abs. 3 UWG** genannten Einzeltatbeständen betreffen die ersten 27 Tatbestände irreführende geschäftliche Handlungen. Es handelt sich um solche, die unter allen Umständen unlauter und stets unzulässig sind, also **Per-se-Verbote ohne Relevanzprüfung,** so dass es nicht auf eine Beurteilung des Einzelfalls ankommt (Verbote ohne Wertungsvorbehalt).[20]

11 Die **Verhängung von Bußgeldern in Fällen irreführender Werbung** war bislang im deutschen Recht nicht vorgesehen. Das hat sich mit dem neu eingefügten **§ 19 UWG** in Verbindung mit **§ 5c Abs. 1, Abs. 2 Nr. 3 UWG** geändert.[21] Danach handelt auch ordnungswidrig, wer irreführende geschäftliche Handlungen vornimmt.[22]

12 Ergänzt wird § 5 UWG des Weiteren durch den **Straftatbestand** des **§ 16 Abs. 1 UWG.** Diese Vorschrift erfasst nach wie vor nur irreführende Werbung und nicht wie § 5 UWG irreführende Angaben über geschäftliche Handlungen.[23]

13 **b) Irreführungstatbestände außerhalb des UWG.** Irreführende Werbung kann zusätzlich die Voraussetzungen einer vorsätzlichen sittenwidrigen Schädigung gemäß § 826 BGB erfüllen. Auf Grund der Vollharmonisierung im Bereich der geschäftlichen Handlungen gegenüber Verbrauchern werden irreführende geschäftliche Handlungen, die nicht von § 5 UWG erfasst werden, allerdings nicht mehr als vorsätzliche sittenwidrige Schädigung untersagt werden können.

14 Darüber hinaus werden Irreführungen auch durch weitere Spezialvorschriften wie die des **Markengesetzes** in Fällen der Verwendung verwechselbar ähnlicher Bezeichnungen[24] sowie insbesondere des **Lebensmittelrechts**[25] erfasst. Die Vereinbarkeit einer Werbeaussage mit derartigen Spezialvorschriften schließt die Anwendung des § 5 UWG nicht aus. Es handelt sich lediglich um nähere Konkretisierungen des dem § 5 UWG zugrunde liegenden Rechtsgedankens.[26]

15 Das Recht, das eine Marke ihrem Inhaber verleiht, umfasst nicht das Recht, die Marke irreführend zu verwenden. Zwar kann eine Marke schon von der Eintragung gem. § 8 Abs. 2 Nr. 4 MarkenG ausgeschlossen sein, wenn sie geeignet ist, das Publikum zu täuschen. Dies ändert aber nichts daran, dass die irreführende Verwendung einer eingetragenen Marke gem. §§ 5, 8 Abs. 1 UWG untersagt werden kann. Dass es sich bei einer beanstandeten Bezeichnung um eine eingetragene Marke handelt, spielt für die wettbewerbsrechtliche Beurteilung keine Rolle und ist insbesondere kein Indiz dafür, dass die Marke unter den konkreten Umständen nicht irreführend benutzt worden ist.[27]

16 Allerdings darf dem Zeicheninhaber über das Lauterkeitsrecht keine Schutzposition eingeräumt werden, die ihm nach dem Kennzeichenrecht nicht zukommt. Daher sind, wenn sich ein

[14] Bis zum Inkrafttreten des Gesetzes zur Stärkung des Verbraucherschutzes im Wettbewerbs- und Gewerberecht vom 10. August 2021 am 28. Mai 2022 war diese Regelung inhaltlich identisch in § 5 Abs. 4 UWG enthalten.

[15] → Rn. 302.

[16] Bis zum Inkrafttreten des Gesetzes zur Stärkung des Verbraucherschutzes im Wettbewerbs- und Gewerberecht vom 10. August 2021 am 28. Mai 2022 waren diese Regelungen mit Ausnahme einiger neu hinzugefügter Regelungen in § 5a UWG enthalten.

[17] → Rn. 358 ff.

[18] → § 21.

[19] Die lediglich bis 32 reichende Nummerierung ist darauf zurückzuführen, dass durch das Gesetz zur Stärkung des Verbraucherschutzes im Wettbewerbs- und Gewerberecht vom 10. August 2021 vier neue Tatbestände hinzugefügt wurden. Diese wurden durch Hinzufügung von Buchstaben identifiziert, um die alte Nummerierung beizubehalten und damit die Auffindbarkeit der ursprünglichen Tatbestände nicht zu erschweren.

[20] Entwurf der Bundesregierung für ein erstes Gesetz zur Änderung des Gesetzes gegen den unlauteren Wettbewerb, BT-Drs. 16/10145, 16; Rn. 270 ff.

[21] Neu eingefügt durch das Gesetz zur Stärkung des Verbraucherschutzes im Wettbewerbs- und Gewerberecht vom 10. August 2021.

[22] → Rn. 444.

[23] → Rn. 446.

[24] Vgl. → §§ 32 bis 34.

[25] Vgl. §§ 11, 12, 19, 20 LFBG; § 25 WeinG. Diese Vorschriften werden durch lebensmittelrechtliche Kennzeichnungsvorschriften wie die Lebensmittel-Kennzeichnungsverordnung (LMKV) ergänzt.

[26] BGH GRUR 1989, 440 (441) – Dresdner Stollen I; 1992, 70 (71) – 40 % weniger Fett.

[27] BGH GRUR 2011, 85 (86) – Praxis Aktuell.

Markeninhaber auf den lauterkeitsrechtlichen Schutz vor einer Irreführung über die betriebliche Herkunft der in Rede stehenden Waren oder Dienstleistungen beruft, die **Wertungen des Markenrechts** zu berücksichtigen, um bei der Anwendung der lauterkeitsrechtlichen Vorschriften zum Schutz vor Herkunftstäuschungen gemäß § 5 Abs. 2 Nr. 1 und Abs. 3 UWG im Einzelfall Wertungswidersprüche zum Markenrecht zu vermeiden.[28]

17 Ein genereller Vorrang des Kennzeichenschutzes vor dem Irreführungsverbot lässt sich auch im Hinblick auf **§ 5 Abs. 3 Nr. 1 UWG,** der die europäischen Vorgaben der Richtlinie 2005/29/EG in deutsches Recht umsetzt, nicht rechtfertigen.[29] Von einem generellen Vorrang geht auch die UGP-Richtlinie nicht aus. Vielmehr macht der 9. Erwägungsgrund deutlich, dass die gemeinschaftlichen und nationalen Vorschriften im Bereich Schutz des geistigen Eigentums von der Richtlinie nicht berührt werden. Die auftretenden Spannungen erfordern folglich eine unionsrechtskonforme Auslegung des lauterkeitsrechtlichen Verwechselungsschutzes.[30] Dies führt zu der Annahme von **Anspruchskonkurrenz,** wenn die geltend gemachten Ansprüche sowohl auf das Wettbewerbs- als auch auf das Markenrecht gestützt werden können. Allerdings darf der lauterkeitsrechtliche Schutz die **legitime Ausübung zeichenrechtlicher Befugnisse** nicht behindern. So kann dem Inhaber der prioritätsälteren Marke, der seine Produkte später als der Mitbewerber der prioritätsjüngeren Marke auf den Markt bringt, kein Irreführungsvorwurf gemacht werden.[31] Gleiches gilt, wenn der Markeninhaber eine Lizenz erteilt hat und die Verbraucher die Produkte nicht richtig zuordnen können oder wenn Inhaber verwechselbarer Zeichen eine Abgrenzungsvereinbarung treffen. Ähnliches muss auch im Bereich des Namensrechts gelten.[32]

18 Der kennzeichenrechtliche Schutz kann auch nicht unter Rückgriff auf das Lauterkeitsrecht ausgedehnt werden. Die **Schrankenregelungen** des kennzeichenrechtlichen Schutzes müssen auch im Rahmen des Lauterkeitsrechts beachtet werden. So kann ein kennzeichenrechtlicher Anspruch, dem der Einwand der beschreibenden Angabe gemäß § 23 Nr. 2 MarkenG entgegensteht, nicht über den wettbewerbsrechtlichen Schutz des § 5 Abs. 3 Nr. 1 UWG durchgesetzt werden. Gleiches gilt für den Erschöpfungseinwand gemäß § 24 MarkenG. Auch darf der Nichtbenutzungseinwand im Kennzeichenschutz nicht durch § 5 Abs. 3 Nr. 1 UWG ausgehebelt werden. Ebenso wenig kann sich der Inhaber einer Marke, die er zunächst gut auf dem Markt etabliert hatte, dann aber über einen Zeitraum von fünf Jahren hinweg nicht benutzte, auf den Irreführungstatbestand des Lauterkeitsrechts zurückziehen.[33]

19 Das Verhältnis von § 5 Abs. 3 Nr. 1 UWG zum Designrecht ist weniger kompliziert. Wegen der unterschiedlichen Zielsetzungen des Designschutzes und des Verwechselungsschutzes kann § 5 Abs. 3 Nr. 1 UWG auch unterhalb der Schutzvoraussetzungen für ein Design eingreifen. Das Designrecht schützt die Schöpfung selbst und schafft Anreize für kreative Gestaltungen. § 5 UWG schützt im Gegensatz dazu die Irreführung von Verbrauchern durch Produktgestaltungen.[34]

20 c) **Verfassungsrechtliche Besonderheiten.** § 5 UWG ist ein grundrechtsbeschränkendes Gesetz, das seinerseits wieder unter Berücksichtigung der beschränkten Grundrechte auszulegen ist, damit der Vorrang der Grundrechte auch auf der Rechtsanwendungsebene gewahrt bleibt.[35] In Betracht kommen folgende Grundrechte:

- Art. 2 Abs. 1 GG
- Art. 5 Abs. 1 GG
- Art. 12 Abs. 1 GG
- Art. 14 Abs. 1 GG

21 Art. 14 Abs. 1 GG ist diesbezüglich ohne praktische Bedeutung. § 5 UWG stellt keinen verfassungswidrigen Eingriff in Art. 14 Abs. 1 GG dar. Dabei kann dahinstehen, inwieweit der **eingerichtete und ausgeübte Gewerbebetrieb** Eigentumsschutz genießt. Jedenfalls werden nach allgemeiner Auffassung bloße Chancen und tatsächliche Gegebenheiten nicht dem geschützten

[28] BGH GRUR 2020, 1311 (1316) Rn. 57 – Vorwerk; 2016, 965 (966) Rn. 23 – Baumann II; 2018, 924 (930) Rn. 65 – Ortlieb I; 2018, 935 (939) Rn. 57 – goFit.

[29] Entwurf der Bundesregierung für ein erstes Gesetz zur Änderung des Gesetzes gegen den unlauteren Wettbewerb, BT-Drs. 16/1045, 31.

[30] Bornkamm GRUR 2011, 1 (7).

[31] BGH 23.6.2016 – I ZR 241/14 Rn. 23 = GRUR 2016, 965 Rn. 23 – Baumann II.

[32] Bornkamm GRUR 2011, 1 (4f.).

[33] Bornkamm GRUR 2011, 1 (5f.).

[34] Bornkamm GRUR 2011, 1 (7).

[35] Vgl. BVerfGE 7, 198 (208f.) = NJW 1958, 257.

Bestand zugerechnet.[36] Art. 14 Abs. 1 GG garantiert nicht die Beibehaltung der einmal am Markt erreichten Stellung gegenüber Konkurrenten. Unterlassungsgebote, die sich auf ein Handeln im Wettbewerb beziehen, greifen nicht unzulässig in den Bestand des Gewerbebetriebes ein.[37]

22 Werbende berufen sich allerdings häufig auf ihre **Meinungsäußerungsfreiheit.** Auch eine Verletzung des Art. 5 Abs. 1 GG durch ein auf § 5 UWG gestütztes Verbot ist bei irreführenden Tatsachenbehauptungen aber nicht anzunehmen. Art. 5 Abs. 1 GG wird insoweit durch § 5 UWG als allgemeines Gesetz im Sinne des Art. 5 Abs. 2 GG eingeschränkt.[38] Eine Werbeangabe, dass bei unverändertem Essverhalten eine Gewichtsabnahme von 2,5 kg, 2,8 kg und 3 kg pro Woche allein mit Hilfe eines genannten Präparates zu erreichen sei, was objektiv unhaltbar und falsch ist, bleibt folglich irreführend im Sinne des § 5 UWG, ohne dass der Werbende sich erfolgreich auf Art. 5 Abs. 1 GG berufen könnte.[39] Das gleiche gilt auch bei der Anwendung des Art. 10 EMRK, der ebenfalls die Meinungs(äußerungs)freiheit schützt. Die **EMRK** ist von allen Trägern staatlicher Gewalt, also auch von den Gerichten, wie Gesetzesrecht des Bundes anzuwenden. Damit nimmt die Konvention zwar keinen Verfassungsrang ein, doch dient sie als Auslegungshilfe bei der Bestimmung des Inhalts und der Tragweite von Grundrechten.[40] Doch auch diese Verpflichtung des Staates besteht nicht uneingeschränkt. Vielmehr normiert Art. 10 Abs. 2 EMRK, dass Eingriffe gerechtfertigt sein können, soweit sie gesetzlich vorgesehen sind, mindestens eines der in Abs. 2 genannten Ziele verfolgen und notwendig sind, dieses Ziel zu erreichen. Werbebeschränkungen stellen zwar einen Eingriff in das Recht auf freie Meinungsäußerung dar. Sie sind jedoch gesetzlich vorgesehen und verfolgen das berechtigte Ziel des Schutzes der Rechte anderer.[41]

23 Ein Eingriff in Art. 2 Abs. 1 GG ist ebenfalls nicht anzunehmen. Hinsichtlich der Freiheit des wirtschaftlichen Verkehrs wird Art. 2 Abs. 1 GG durch das spezielle Freiheitsgrundrecht des Art. 12 Abs. 1 GG verdrängt, sofern die betreffende Tätigkeit dem Beruf zuzuordnen ist. Die Werbung, die durch § 5 UWG eingeschränkt wird, gehört zur berufsbezogenen Tätigkeit. Staatliche Maßnahmen, die den Grundrechtsträger dabei beschränken, berühren die **Freiheit der Berufsausübung.**[42]

24 Auch ein verfassungswidriger Eingriff in Art. 12 Abs. 1 GG ist in § 5 UWG nicht zu sehen. Das Bundesverfassungsgericht hat stets betont, dass sowohl Art. 2 Abs. 1 als auch Art. 12 Abs. 1 GG nur eine erlaubte wirtschaftliche und berufliche Betätigung schützt. Wenn das Gesetz unlauteren Wettbewerb untersagt, hält es sich im Rahmen der nach Art. 12 Abs. 1 GG zulässigen Beschränkung der freien Berufsausübung.[43] Gesetzliche Bestimmungen, die eine Irreführung des Verbrauchers und auch bereits die Gefahr einer solchen verhindern sollen, sind für die betroffenen Unternehmer zulässige Berufsausübungsregelungen.[44] Auch die Ausgestaltung des § 5 UWG als Generalklausel ist verfassungsrechtlich nicht zu beanstanden. Es ist grundsätzlich den Fachgerichten überlassen, auf welche Weise sie sich ihre Überzeugung von dem Vorliegen einer Irreführungsgefahr bilden.[45]

25 Ein absolutes Verkehrsverbot in der KakaoVO für Erzeugnisse, die mit Schokoladeerzeugnissen verwechselbar sind, wurde hingegen im Hinblick auf Art. 12 Abs. 1 GG als nicht erforderlich und damit übermäßig angesehen. Ein entsprechendes Kennzeichnungsverbot war als weniger einschneidendes Mittel ausreichend.[46]

26 Für die Beratungspraxis von größerer Bedeutung ist die Tatsache, dass neben der gesetzlichen Regelung durch § 5 UWG auch das konkrete **gerichtliche Unterlassungsgebot** einen Eingriff in die Freiheit der Berufsausübung darstellt. Das Gericht hat deshalb ein grundrechtsbeschränkendes Gesetz, wie § 5 UWG, seinerseits unter Berücksichtigung des beschränkten Grundrechts auszulegen, damit der Vorrang der Grundrechte auch auf der Rechtsanwendungsebene gewahrt bleibt.[47] Gerichtliche Unterlassungsgebote müssen daher geeignet sein, den vom Gesetzgeber ver-

[36] BVerfGE 51, 193 (221 f.) = NJW 1980, 383.
[37] BVerfG NJW 1993, 1969 (1971).
[38] OLG Köln GRUR-RR 2010, 251 (252) – Verkauf von Energieriesen.
[39] BVerfGE 61, 1 (7 f.) = NJW 1983, 14 (15, 16); BGH WRP 1994, 862 (864) – Bio-Tabletten.
[40] Meyer-Ladewig EMRK 3. Auflage 2011 Art. 1 Rn. 4.
[41] EGMR GRUR-RR 2009, 175 – Verkehrsspezialist; GRUR-RR 2009, 173 (174) – Gebührenhöchstbetrag.
[42] Vgl. BVerfGE 60, 215 (229) = NJW 1982, 2487; 1993, 1969 (1971 f.).
[43] Vgl. BVerfGE 32, 311 (316) = NJW 1972, 573.
[44] BVerfG NJW 1993, 1969 (1970).
[45] BVerfG NJW 1993, 1969 (1970).
[46] BVerfGE 53, 135 (145).
[47] Vgl. BVerfGE 7, 198 (208 f.) = NJW 1958, 257.

folgten Gemeinwohlbelangen zu dienen. Zur Erreichung dieser Zwecke müssen sie erforderlich sein und dürfen die Betroffenen nicht unzumutbar in ihrer Berufsausübung beschränken. Auch wenn § 5 UWG grundsätzlich verfassungsrechtlich nicht beanstandet werden kann, ist jedes gerichtliche Unterlassungsgebot auf die Einhaltung dieser Vorgaben zu überprüfen.[48] Ein konkretes Unterlassungsgebot kann folglich durchaus einen verfassungswidrigen Eingriff in die Berufsausübungsfreiheit gemäß Art. 12 Abs. 1 GG darstellen.

Bei der Anwendung des § 5 UWG erfolgt diese Prüfung für den Fall, dass es sich um ein Verbot mit Wertungsvorbehalt handelt, im Rahmen einer **Interessenabwägung** im Anschluss an die Ermittlung der Irreführung.[49] 27

Bei Verboten ohne Wertungsvorbehalt erfolgt die Prüfung im Rahmen einer allgemeinen **Verhältnismäßigkeitsprüfung.**[50] 28

Auch bei der Definition des relevanten Maßstabes bei der Feststellung einer Irreführung, insbesondere bei der Definition des relevanten Verbraucherleitbildes, sind die genannten verfassungsrechtlichen Erwägungen vom Gericht zu berücksichtigen.[51] 29

d) Europarechtliche Besonderheiten. *aa) Allgemeines.* Auch das Unionsrecht hat erheblichen Einfluss auf die Auslegung des § 5 UWG. Alle staatlichen Stellen, insbesondere Gerichte,[52] sind auf Grund des Anwendungsvorranges des Unionsrechts verpflichtet, diesen Vorschriften den Vorrang in jedem konkret zu entscheidenden Fall einzuräumen und unionsrechtswidriges nationales Recht außer Acht zu lassen. Das Unionsrecht ist dabei grundsätzlich von Amts wegen und nicht allein dann heranzuziehen, wenn sich ein Einzelner auf seine Geltung beruft.[53] Der Vorrang des Unionsrechts stellt einen Ausfluss der völkervertragsrechtlichen Übertragung originär mitgliedstaatlicher Hoheitsrechte auf die Union dar.[54] 30

Neben den Regelungen des Vertrages über die Europäische Union (EUV) und über die Arbeitsweise der Union (AEUV), dem primären Unionsrecht, haben auch die Rechtsakte, die von den Unionsorganen als sekundäres Unionsrecht erlassen werden, Bedeutung für die Auslegung des § 5 UWG. Gemäß Art. 288 Abs. 1 AEUV nehmen die Organe für die Ausübung der Zuständigkeiten der Union Verordnungen, Richtlinien, Beschlüsse sowie Empfehlungen und Stellungnahmen an. 31

Von besonderer Bedeutung für die Auslegung und Anwendung des § 5 UWG sind Art. 34 ff. AEUV, die irreführende geschäftliche Handlungen betreffenden Richtlinien und Verordnungen sowie eine Vielzahl von EuGH-Urteilen, in welchen zu irreführenden geschäftlichen Handlungen Stellung genommen wird, da diese den Anwendungsbereich des § 5 UWG teilweise deutlich einschränken. 32

bb) Art. 34 ff. AEUV. Die **Art. 34 ff. AEUV** stellen als primäres Unionsrecht nicht nur eine gesondert zu prüfende Schranke für die Anwendbarkeit des § 5 UWG dar, sondern beeinflussen auch direkt die Auslegung der Generalklausel des § 5 UWG. 33

Während Art. 30 AEUV Ein- und Ausfuhrzölle oder Abgaben gleicher Wirkung, also tarifäre Handelshemmnisse untersagt, beziehen sich die Art. 34 ff. AEUV auf mengenmäßige Ein- und Ausfuhrbeschränkungen, also **nichttarifäre Handelshemmnisse.** Das Ziel ist der umfassende Abbau der Hindernisse für den freien Warenverkehr. 34

Ein derartiges Hindernis kann auch das Verbot irreführender geschäftlicher Handlungen gemäß § 5 UWG darstellen. Enthält die Verpackung eines in einem anderen Mitgliedstaat rechtmäßig in den Verkehr gebrachten Produktes eine nach § 5 UWG irreführende Werbeangabe, so würde ein Verbot den freien Handel zwischen den Mitgliedstaaten einschränken. 35

Der EuGH hat in einer Reihe von Urteilen zu den Art. 34 ff. AEUV versucht, ein in sich schlüssiges System zu schaffen, welches das Interesse an einem möglichst freien Warenverkehr zwischen den Mitgliedstaaten und die übergeordneten Allgemeininteressen der einzelnen Mitgliedstaaten in Einklang bringt. 36

Ausgangspunkt ist die Definition der mengenmäßigen Einfuhrbeschränkungen sowie aller Maßnahmen gleicher Wirkung zwischen den Mitgliedstaaten im Sinne des Art. 34 AEUV. In der 37

[48] BVerfG NJW 1993, 1969 (1970).
[49] BGH GRUR 2013, 1253 Rn. 17 – Medizinische Fußpflege.
[50] Entwurf der Bundesregierung für ein erstes Gesetz zur Änderung des Gesetzes gegen den unlauteren Wettbewerb, S. 61.
[51] → Rn. 84 ff.
[52] EuGH Rs. 106/77, Slg. 1978, 629, Rn. 13 ff. – Simmenthal II.
[53] EuGH Rs. C – 430–431/93, Slg. 1995, I-4705, Rn. 15 – Van Schijndel.
[54] BVerfG 37, 271 (279 ff.) – Solange I; 73, 339 (366 f.) – Solange II, 75, 223 (235 ff.) – Cloppenburg.

Entscheidung **„Dassonville“**[55] definiert der EuGH diese als „alle Handelsregelungen, die geeignet sind, den innergemeinschaftlichen Handel unmittelbar oder mittelbar, tatsächlich oder potentiell zu behindern“.[56] Eine solche Regelung liegt vor, wenn die Verpackung eines in Frankreich rechtmäßig in den Verkehr gebrachten Produktes in Deutschland als irreführend untersagt wird.[57] Insoweit setzt Art. 34 AEUV auch der Anwendung des § 5 UWG Grenzen.

38 Im Grundsatz muss daher jedes Produkt, das in einem Mitgliedstaat rechtmäßig hergestellt oder in den Verkehr gebracht worden ist, auch in jedem anderen Mitgliedstaat frei zirkulieren können, selbst wenn es nicht den nationalen Anforderungen an derartige Produkte entspricht.[58]

39 Dieser Grundsatz gilt jedoch nicht uneingeschränkt. So sind gemäß Art. 36 S. 1 AEUV Einfuhr-, Ausfuhr- und Durchfuhrverbote oder -beschränkungen nicht zu beanstanden, die aus Gründen der öffentlichen Sittlichkeit, Ordnung und Sicherheit, zum Schutze der Gesundheit und des Lebens von Menschen, Tieren oder Pflanzen, des nationalen Kulturguts von künstlerischem, geschichtlichem oder archäologischem Wert oder des gewerblichen und kommerziellen Eigentums gerechtfertigt sind. Diese Verbote oder Beschränkungen dürfen jedoch gemäß Art. 36 S. 2 AEUV weder ein Mittel zur willkürlichen Diskriminierung noch eine verschleierte Beschränkung des Handels zwischen den Mitgliedstaaten darstellen.

40 Einschränkungen auf Grund von Bestimmungen zum Schutze des lauteren Handelsverkehrs und dem Verbraucherschutz sind in dem Katalog des Art. 36 AEUV nicht enthalten. Der EuGH hat den in Art. 36 AEUV genannten Allgemeininteressen in der Entscheidung **„Cassis de Dijon“** allerdings weitere hinzugefügt. Die Beschränkung des Handels zwischen den Mitgliedstaaten kann danach auch durch Vorschriften erfolgen, die notwendig sind, um zwingenden Erfordernissen gerecht zu werden, insbesondere den Erfordernissen einer wirksamen steuerlichen Kontrolle, des Schutzes der öffentlichen Gesundheit, der Lauterkeit des Handelsverkehrs und des Verbraucherschutzes.[59] Damit kann grundsätzlich auch der Schutz vor irreführenden geschäftlichen Handlungen als zwingendes Erfordernis angesehen werden, das eine Beschränkung des Warenverkehrs rechtfertigen kann.

41 Allerdings gehen derartige Vorschriften dem Interesse an einem freien Warenverkehr zwischen den Mitgliedstaaten nur vor, wenn sie eine wesentliche Garantie des verfolgten Zweckes darstellen, also nicht durch eine mildere Maßnahme verwirklicht werden können.[60]

42 So ist beispielsweise die Festsetzung eines Mindestweingeistgehaltes gemäß § 100 des deutschen Branntweinmonopolgesetzes mit Art. 34 AEUV nicht zu vereinen, da der Schutz des Verbrauchers und des lauteren Handelsverkehrs auch durch die Verpflichtung zur Angabe von Herkunft und Alkoholgehalt auf der Verpackung des Erzeugnisses erreicht werden kann.[61]

43 Auch die Auslegung des § 5 UWG wird durch diese Rechtsprechung des EuGH beschränkt. Im „Mars“-Urteil des EuGH hielt dieser ein auf § 3 UWG in der Fassung von vor 2004 gestütztes Verbot nicht für ein zwingendes Erfordernis des Verbraucherschutzes oder des Schutzes des lauteren Handelsverkehrs, da ein „verständiger“ Verbraucher nicht irregeführt werde. Der eigentlich damals noch durch § 3 UWG umfasste weitergehende Schutz des „flüchtigen“ Verbrauchers wurde folglich nicht als zwingendes Erfordernis und damit als **unzulässige Einschränkung des freien Warenverkehrs** im Sinne des Art. 34 AEUV angesehen. Die grafische Gestaltung eines Schokoladenriegels in der Weise, dass ein Teil der Verpackung, der einen größeren Anteil als 10 % ausmacht, hervorgehoben dargestellt ist und den zutreffenden Aufdruck enthält „+10 %“, ist deshalb nicht irreführend, da ein verständiger Verbraucher weiß, dass zwischen der grafischen Gestaltung eines Aufdruckes, der auf die Erhöhung der Menge hinweist, und dem tatsächlichen Ausmaß einer Erhöhung nicht notwendig ein Zusammenhang besteht.[62]

44 Eine weitere Ausnahme von der Regelung des Art. 34 AEUV gilt nach der Rechtsprechung des EuGH seit dem Urteil **„Keck und Mithouard“** für nationale Bestimmungen, die bestimmte **Verkaufsmodalitäten** beschränken oder verbieten und für alle betroffenen Wirtschaftsteilnehmer gelten, die ihre Tätigkeit im Inland ausüben, sofern sie den Absatz der inländischen Erzeugnisse und

[55] EuGH Rs. 8/74, Slg. 1974, 137 – Dassonville = GRUR Int. 1974, 467 ff.
[56] EuGH Rs. 8/74, Slg. 1974, 137 – Dassonville = GRUR Int. 1974, 467 ff.
[57] EuGH Rs. C 470/93, Slg. 1995, 1923 – Mars = GRUR Int. 1995, 804 ff.
[58] EuGH Rs. 178/84, Slg. 1987, 1227 Rn. 37 – Kommission/Deutschland.
[59] EuGH Rs. 120/78, Slg. 1979, 649 – Cassis de Dijon = GRUR Int. 1979, 468 ff.
[60] EuGH Rs. 120/78, Slg. 1979, 649 – Cassis de Dijon = GRUR Int. 1979, 468 ff.
[61] EuGH Rs. 120/78, Slg. 1979, 649 – Cassis de Dijon = GRUR Int. 1979, 468 ff.
[62] EuGH Rs. C 470/93, Slg. 1995, 1923 – Mars = GRUR Int. 1995, 804 ff.

der Erzeugnisse aus anderen Mitgliedstaaten rechtlich wie tatsächlich in der gleichen Weise berühren.[63] Das Verbot des Verkaufes unter Einkaufspreis des französischen Gesetzes Nr. 63 bis 628 vom 2.7.1963 stellt eine derartige Verkaufsmodalität und deshalb keine verbotene Beschränkung im Sinne des Art. 34 AEUV dar.[64]

Für Vorschriften des nationalen Rechts, die **unmittelbar warenbezogen** sind, wie zum Beispiel die Bezeichnung, die Form, die Abmessung, das Gewicht, die Zusammensetzung, die Aufmachung, die Etikettierung oder die Verpackung der eingeführten Ware, gilt diese Ausnahme jedoch nicht. Insofern ist es unerheblich, ob derartige Beschränkungen für inländische und ausländische Wirtschaftsteilnehmer gleichermaßen gelten.[65] Das auf § 3 UWG in der Fassung von vor 2004 gestützte Verbot, eine Kosmetikcreme unter der Bezeichnung „Clinique" zu vertreiben, ist deshalb nicht mit Art. 34 AEUV zu vereinbaren. Die durch die Bezeichnung „Clinique" möglicherweise entstehende Irreführung kann die Beschränkung des freien Warenverkehrs nicht rechtfertigen, die dadurch entsteht, dass das Unternehmen gezwungen ist, das Produkt in Deutschland unter einer anderen Bezeichnung zu vertreiben und zusätzliche Werbe- und Verpackungskosten auf sich zu nehmen.[66] 45

Auch ein in § 5 UWG begründetes Verbot, Waren in der Bundesrepublik Deutschland mit einem der Bezeichnung der Ware zugefügten ® – das die Eintragung einer Marke anzeigen soll – in den Verkehr zu bringen, wenn diese Marke in dem jeweiligen Staat nicht eingetragen ist, kann den innergemeinschaftlichen Handel behindern. Es kann den Inhaber einer nur in einem Mitgliedstaat eingetragenen Marke dazu zwingen, die Aufmachung seiner Erzeugnisse je nach dem Ort des Inverkehrbringens unterschiedlich zu gestalten und gesonderte Vertriebswege einzurichten, um sicherzustellen, dass die Waren, die das Symbol ® tragen, nicht in dem Gebiet der Staaten in den Verkehr gebracht werden, die das entsprechende Verbot erlassen haben.[67] 46

Die Gefahr, dass Verbraucher auf Grund der Werbung mit der Bezeichnung „naturrein" für eine Konfitüre der irrigen Annahme erliegen können, es handele sich um ein schadstofffreies Produkt, obwohl tatsächlich auf Grund der allgemeinen Luftverschmutzung geringe Mengen Blei, Cadmium sowie Pestizide enthalten sind, ist nicht ausreichend, um ein Hemmnis für den freien Warenverkehr zu rechtfertigen. Die Angabe „naturrein" auf dem Etikett der Verpackung dieses Lebensmittels ist deshalb nicht geeignet, den Verbraucher über die Merkmale dieses Lebensmittels irrezuführen.[68] 47

Die Differenzierung zwischen Verkaufsmodalitäten und warenbezogenen Angaben ist häufig nicht eindeutig vorzunehmen. Als Leitlinie kann der Grundsatz gelten, dass ein auf § 5 UWG gestütztes Verbot, welches den Importeur zu einer Änderung der Verpackung des Produktes oder der Ware selbst zwingen würde, als warenbezogen im Sinne der Rechtsprechung des EuGH angesehen werden kann, während es sich ansonsten lediglich um bestimmte Verkaufsmodalitäten handelt. Ein Verbot hinsichtlich der Verwendung der Bezeichnung „naturrein" kann folglich eine Behinderung des innergemeinschaftlichen Handels darstellen, wenn der Hinweis direkt auf der Verpackung oder dem Produkt angegeben ist, aber auch lediglich eine Verkaufsmodalität, wenn die Angabe nur in der Werbung verwendet wird, da dann eine Änderung des Produktes selbst nicht erforderlich ist. Das hat zur Folge, dass die Verwendung der Angabe „naturrein" hinsichtlich der Beurteilung als irreführende Werbung unterschiedlichen Maßstäben unterliegt, je nachdem, ob sich die Angabe auf der Verpackung bzw. auf dem Produkt befindet oder unabhängig davon in der Werbung verwendet wird. Für den Fall, dass die Angabe lediglich auf dem Produkt bzw. auf der Verpackung enthalten ist, kommt es weiter darauf an, ob es sich um ein deutsches Produkt oder um ein aus dem EU-Ausland importiertes Produkt handelt. Auch hier wird deutlich, dass die Harmonisierung der Maßstäbe für irreführende Werbung unverzichtbar ist. 48

Die Systematik der Art. 34 ff. AEUV stellt sich bei der Überprüfung eines auf § 5 UWG gestützten Verbotes wie folgt dar: 49

[63] EuGH Rs. C 267/91 und C 268/91 – Keck und Mithouard = GRUR 1994, 296 f.
[64] EuGH Rs. C – 267/91 und C 268/91 – Keck und Mithouard = GRUR 1994, 296 f.
[65] EuGH Rs. C – 315/92, Slg. 1994, 317 – Clinique = GRUR 1994, 303 ff.
[66] EuGH Rs. C – 315/92, Slg. 1994, 317 – Clinique = GRUR 1994, 303 ff.
[67] EuGH Rs. C – 238/98, Slg. 1990, I-4827 – Pall/Dahlhausen = GRUR Int. 1991, 215.
[68] EuGH Rs. C – 465/98, WRP 2000, 489 ff. – naturrein.

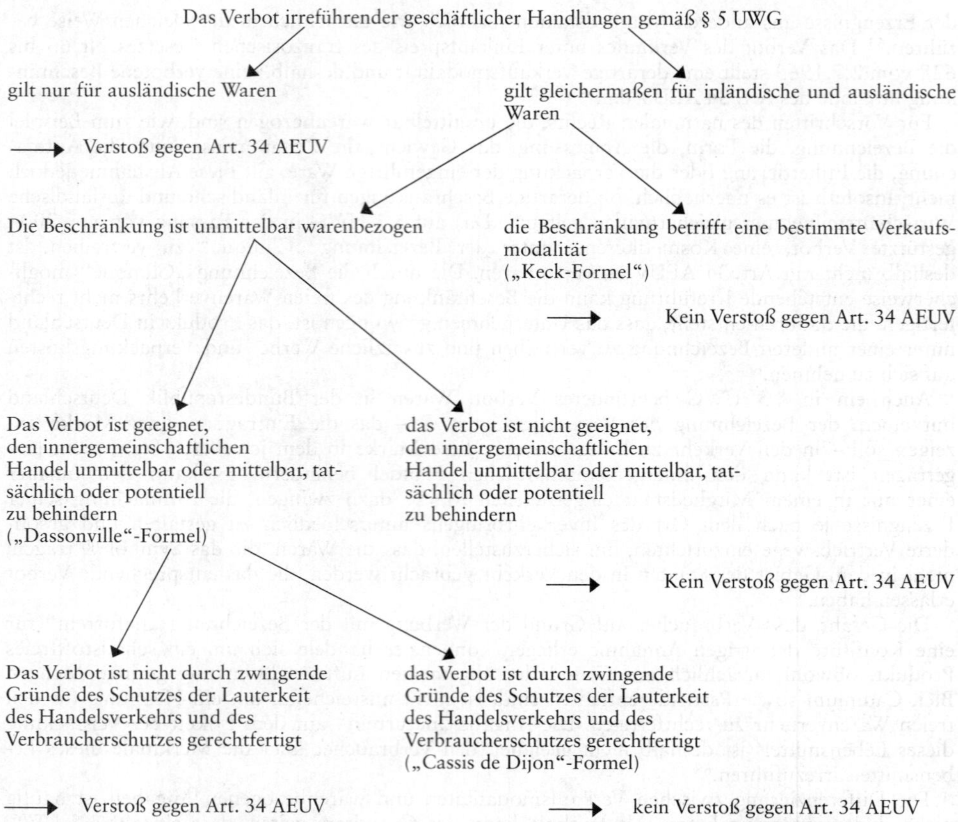

50 Diese Abwägung zwischen dem Interesse an dem freien Warenverkehr sowie dem Schutz der Lauterkeit des Handelsverkehrs und dem Verbraucherschutz, welche als zwingende Gründe des Allgemeininteresses Beeinträchtigungen des freien Warenverkehrs rechtfertigen können, ist nicht nur losgelöst von § 5 UWG in einer gesonderten Prüfung der Art. 34 ff. AEUV vorzunehmen. Als primäres Unionsrecht sind die Art. 34 ff. AEUV in ihrer durch die Rechtsprechung des EuGH konkretisierten Gestalt bei der Auslegung des § 5 UWG zu berücksichtigen. Bei der vorzunehmenden Interessenabwägung ist unmittelbar auch das gemeinschaftliche Interesse an einem freien Warenverkehr zwischen den Mitgliedstaaten zu berücksichtigen.[69]

51 Das hat zur Folge, dass ein Händler, der in Zeitungsanzeigen für fabrikneue Fahrzeuge wirbt, die aus dem EU-Ausland importiert worden sind und bei denen die Herstellergarantie wegen einer im Ausland erfolgten Erstzulassung („Tageszulassung“) bereits zu laufen begonnen hat, nur verpflichtet ist, auf diesen Umstand hinzuweisen, wenn die Garantiezeit zum Zeitpunkt der Werbung um mehr als zwei Wochen verkürzt worden ist. Unter Berücksichtigung des Interesses an freiem Warenverkehr zwischen den Mitgliedstaaten wird die grundsätzlich auch bei einer geringeren Verkürzung der Garantiezeit bestehende Eignung zur Irreführung nicht mehr als relevant angesehen.[70]

52 *cc) EU-Richtlinien und -Verordnungen.* Das UWG dient ausdrücklich der Umsetzung der Richtlinie über unlautere Geschäftspraktiken,[71] der Richtlinie über irreführende und vergleichende Werbung,[72] der Richtlinie zur besseren Durchsetzung und Modernisierung der Verbraucher-

[69] BGH GRUR 1994, 519 (521) – Grand Manier; WRP 1999, 1151 (1152 f.) – EG-Neuwagen I; 1999, 1151 (1155), EG-Neuwagen II.
[70] BGH WRP 1999 1151 ff. – EG-Neuwagen I.
[71] ABl. 2005 L 149, 22.
[72] ABl. 2006 L 376, 21.

schutzvorschriften der Union[73] sowie der Richtlinie über die Verarbeitung personenbezogener Daten und den Schutz der Privatsphäre in der elektronischen Kommunikation.[74]

53 Von Bedeutung für die Beurteilung irreführender Werbung ist schließlich auch die Richtlinie 2000/31/EG des Europäischen Parlaments und des Rates vom 8.6.2000 über bestimmte rechtliche Aspekte der Dienste der Informationsgesellschaft, insbesondere des elektronischen Geschäftsverkehrs, im Binnenmarkt (sog. **Richtlinie über den elektronischen Geschäftsverkehr**).[75] Art. 3 Abs. 2 dieser Richtlinie, der durch § 4 Abs. 2 Teledienstegesetz (TDG) in deutsches Recht umgesetzt worden ist, statuiert für Teledienste, die in Deutschland von Anbietern mit Niederlassung in einem anderen Mitgliedstaat der EU angeboten werden, das sog. Herkunftslandprinzip. Danach ist ein Dienst der Informationsgesellschaft im so genannten koordinierten Bereich, zu dem auch die Werbung zählt, nach Maßgabe der Rechtsvorschriften des Herkunftslandes zu beurteilen. Steht er mit diesem Recht in Einklang, dürfen Vorschriften des Bestimmungslandes, die strengere Anforderungen aufstellen, nicht angewendet werden. Zwar gilt auch weiterhin das deutsche Recht. Das Herkunftslandprinzip führt aber dazu, dass das nationale materielle Recht inhaltlich modifiziert wird, so dass sich inhaltlich das Recht des Herkunftslandes durchsetzt.[76] Auf diese Weise können im Bereich des grenzüberschreitenden Internethandels strengere deutsche Standards, die nach Art. 7 Abs. 1 der Richtlinie über irreführende Werbung, jedenfalls bei der Beurteilung einer Werbung gegenüber gewerblichen Kunden, an sich zulässig sind, unterlaufen werden, soweit nicht die in Art. 3 Abs. 4 der E-Commerce-Richtlinie und § 4 Abs. 5 TDG vorgesehenen Ausnahmen vom Herkunftslandprinzip eingreifen.

54 *dd) EuGH-Urteile.* Auch die Rechtsprechung des EuGH hat entscheidenden Einfluss auf die Auslegung des § 5 UWG. Gemäß Art. 267 Abs. 1 AEUV entscheidet der EuGH im Wege der Vorabentscheidung über die Auslegung der Verträge, die Gültigkeit und die Auslegung der Handlungen der Organe, Einrichtungen oder sonstigen Stellen der Union. Damit entscheidet der EuGH über die Auslegung des Art. 34 AEUV sowie der zur irreführenden Werbung erlassenen Richtlinien und Verordnungen. Zwar bleibt eine Abweichung im Rahmen der hierdurch nicht berührten Sachverhalte durch eigene nationale Standards grundsätzlich möglich. Die verbleibenden Spielräume verlieren jedoch zunehmend an Bedeutung.

2. Schutzzweck

55 Hinsichtlich des Schutzzweckes gilt auch im Rahmen der irreführenden geschäftlichen Handlungen die Regelung des § 1 UWG. Danach ist sowohl der Schutz der Mitbewerber, der Verbraucher als auch der sonstigen Marktteilnehmer vor unlauteren geschäftlichen Handlungen Ziel des Gesetzes und damit auch des § 5 UWG. Nach der Gesetzesbegründung soll auch nach dieser Regelung ein Vorrang weder für den Schutz der Allgemeinheit noch für den Schutz der Mitbewerber bestehen.[77]

56 Dieser integrierte Regelungsansatz führt allerdings zu Komplikationen in der Anwendung des Gesetzes.[78] Es ist nämlich zu berücksichtigen, dass die richtlinienkonforme Auslegung des § 1 UWG hinsichtlich irreführender geschäftlicher Handlungen inzwischen mit Blick auf zwei verschiedene Richtlinien zu erfolgen hat. Die Richtlinie über unlautere Geschäftspraktiken[79] beschränkt sich gemäß ihrem Artikel 1 nur auf den Schutz vor einer Beeinträchtigung der wirtschaftlichen Interessen der Verbraucher. Die Richtlinie über unlautere Geschäftspraktiken strebt eine Vollharmonisierung an, jedoch nur insoweit, als die wirtschaftlichen Interessen von Verbrauchern betroffen sind.[80] Hinsichtlich geschäftlicher Handlungen gegenüber gewerblich handelnden Personen, kann das nationale Recht abweichende Regelungen vorsehen. Die Richtlinie über irreführende und vergleichende Werbung[81] hat nur noch den Zweck, Gewerbetreibende zu schützen.[82] Sie sieht lediglich eine Mindestharmonisierung vor. Die Mitgliedstaaten sind nicht gehin-

---

73 ABl. 2019 L 328, 7.
74 ABl. 2002 L 201, 37.
75 ABl. 2000 L 178/1 ff.
76 Henning-Bodewig WRP 2001, 771 (776).
77 Begründung der Bundesregierung zum Entwurf eines Gesetzes gegen den unlauteren Wettbewerb (UWG), BT-Drs. 15/1487, 16; a. M. zu § 3 UWG aF Gloy/Loschelder/Danckwerts UWG-HdB/Helm § 49 Rn. 3.
78 Henning-Bodewig GRUR 2013, 238 (243).
79 ABl. 2005 L 149, 22.
80 Erwägungsgrund 6.
81 ABl. 2006 L 975, 21.
82 Köhler/Bornkamm/Feddersen/Bornkamm UWG § 5 Rn. 1.22.

dert, Bestimmungen aufrechtzuerhalten oder zu erlassen, die bei irreführender Werbung einen weiterreichenden Schutz der Gewerbetreibenden und Mitbewerber vorsehen.[83] Es ist folglich wichtig genau zu differenzieren, ob es sich um Werbung gegenüber Verbrauchern oder gegenüber Gewerbetreibenden handelt, da die jeweiligen Vorschriften unterschiedlich richtlinienkonform auszulegen sind.[84]

3. Anwendungsbereich

57 § 5 Abs. 1 UWG nimmt Bezug auf den Begriff der „geschäftlichen Handlung", der in § 2 Abs. 1 Nr. 1 UWG definiert wird als jedes Verhalten einer Person zugunsten des eigenen oder eines fremden Unternehmens vor, während oder nach einem Geschäftsabschluss, das mit der Förderung des Absatzes oder des Bezugs von Waren oder Dienstleistungen oder mit dem Abschluss oder der Durchführung eines Vertrages über Waren oder Dienstleistungen objektiv zusammenhängt. Als Waren gelten gemäß § 2 Abs. 1 Nr. 2 UWG auch Grundstücke und digitale Inhalte. Als Dienstleistungen gelten auch digitale Dienstleistungen, Rechte und Verpflichtungen. Die ausdrückliche Nennung der Durchführung des Vertrages führt dazu, dass auch Irreführungen bei der Abwicklung bestehender Vertragsverhältnisse von § 5 UWG erfasst werden. Es werden irreführende Geschäftspraktiken aller Art erfasst, wie zB irreführende Angaben über das Bestehen oder die Höhe einer Forderung.[85] Erfasst wird auch eine unzutreffende Auskunft gegenüber einem einzelnen Verbraucher.[86] Eine mangelhafte oder nicht vertragsgemäße Leistung als solche ist jedoch keine geschäftliche Handlung im Sinne des UWG, es sei denn der Unternehmer beabsichtigt von vornherein nicht sich vertragsgemäß zu verhalten.[87]

58 Wertende Äußerungen über Waren in einem von der **Stiftung Warentest** veröffentlichten Bericht erfolgen nicht zu Zwecken der Förderung eines Unternehmens, wenn die Berichterstattung im Rahmen des Stiftungszweckes der Unterrichtung der Öffentlichkeit über objektivierbare Merkmale des Nutz- und Gebrauchswertes von Waren und Leistungen bleibt.[88] Ein Händler, der über die auf dem Markt befindlichen, teilweise auch von ihm vertriebenen Produkte einen Katalog erstellt, in dem deren Eigenschaften beschrieben und bewertet werden, handelt dagegen zu Zwecken der Förderung des Absatzes.[89]

59 Bei **Äußerungen der Presse,** die sich im Rahmen ihres Aufgabenbereichs halten, die Öffentlichkeit über Vorgänge von allgemeiner Bedeutung zu unterrichten und zur öffentlichen Meinungsbildung beizutragen, ist eine Förderung allein auf Grund der objektiven wettbewerbsbezogenen Eignung noch nicht zu vermuten. Die Veröffentlichung eines Restaurantführers, in welchem von einem Testesser veranlasste unrichtige Tatsachenbehauptungen enthalten sind, kann deshalb wettbewerbsrechtlich nicht als irreführende geschäftliche Handlung untersagt werden. Es bleiben allein deliktische Ansprüche. Eine Absicht des Medienunternehmens, seinen eigenen Absatz zu fördern, ist in der Regel nicht ausreichend, da es an einem Wettbewerbsverhältnis mangelt.[90]

60 Art. 5 Abs. 1 GG schützt die Presse aber nur in ihrem Funktionsbereich, sachlich zu unterrichten, zur Meinungsbildung beizutragen oder zu unterhalten, jedoch nicht bei bewusst unwahren Behauptungen tatsächlicher Art. Ist dem Verfasser eines Artikels bewusst, dass die Angabe, dass bei unverändertem Essverhalten mit einem Präparat eine Gewichtsabnahme von 2,5 kg, 2,8 kg und 3,0 kg pro Woche allein mit Hilfe der genannten Präparate zu erreichen sei, unzutreffend ist, so wird die Absicht vermutet, das Unternehmen des Herstellers und Vertreibers des positiv herausgestellten Schlankheitsmittels zu fördern.[91]

61 **Angaben** im Sinne des § 5 UWG sind hinsichtlich ihrer Form weit zu definieren. Die Richtlinie über irreführende Werbung spricht insoweit in Art. 2 von **„jede Äußerung"**. Es kann sich also um schriftliche, mündliche, ausdrückliche, konkludente oder durch die Wiedergabe von Äußerungen Dritter[92] verkörperte Angaben handeln. § 5 Abs. 4 UWG stellt den in § 5 Abs. 2 UWG genannten

---

[83] Art. 8.
[84] Köhler GRUR 2013, 761 (763).
[85] Der BGH hatte dies allerdings im Ergebnis auch schon als irreführende geschäftliche Handlung im Sinne des § 5 in der Fassung von 2004 angesehen, BGH GRUR 2007, 805 (806 f.) – Irreführender Kontoauszug.
[86] EuGH 16.4.2015 – C-388/13 Rn. 60 = GRUR 2015, 600 Rn. 60 – Ungarische Verbraucherschutzbehörde/UPC.
[87] BGH GRUR 2013, 945 Rn. 33 – Standardisierte Mandatsberatung.
[88] BGH NJW 1976, 620 ff. – Stiftung Warentest.
[89] BGH GRUR 2003, 800 – Schachcomputerkatalog.
[90] BGH GRUR 1998, 167 (168) – Restaurantführer.
[91] BGH WRP 1994, 862 (864) – Bio-Tabletten.
[92] → Rn. 118 ff., 178.

Angaben ausdrücklich bildliche Darstellungen und sonstige Veranstaltungen gleich, die darauf zielen und geeignet sind, solche Angaben zu ersetzen. Als Angaben im Sinne des § 5 UWG sind deshalb anzusehen die Verwendung des Kölner Doms auf Seifenstücken,[93] der Gebrauch des ärztlichen Schlangensymbols für die Bewerbung kosmetischer Waren,[94] die Werbung mit dem Blauen Engel,[95] die Verwendung eines bestimmten Behältnisses als Hinweis auf eine geografische Herkunftsangabe,[96] die Abbildung von Früchten,[97] der Einsatz von Hühnergegacker bei der Werbung für Eierteigwaren im Rundfunk, die nicht frisch hergestellt worden waren,[98] die Verbreitung von Sachverständigengutachten,[99] die Art der Verpackung[100] oder die flaggenartige Verwendung der Farbkombination rot-weiß-grün als Hinweis auf die geografische Herkunft der Ware aus Ungarn oder Italien.[101]

In inhaltlicher Hinsicht sind jedoch Einschränkungen geboten, die sich bereits aus dem Zweck des § 5 UWG, irreführende geschäftliche Handlungen zu verhindern, ergeben. § 5 Abs. 2 UWG setzt deshalb auch voraus, dass diese „zur Täuschung geeignet sind“. Getäuscht werden kann aber nur durch Tatsachen. Folglich sind nur inhaltlich nachprüfbare, also dem Beweis zugängliche Aussagen tatsächlicher Art Angaben im Sinne des § 5 UWG.[102] Die Unrichtigkeit muss ggf. im Wege der Beweisaufnahme feststellbar sein. 62

Nicht erfasst werden **Werturteile**, da diese keinen Wahrheitsgehalt aufweisen, der einer objektiven Nachprüfung zugänglich wäre.[103] So enthält die Aussage „Meine Nr. 1“ durch die Einfügung des Possessivpronomens eine subjektive Äußerung, die sich von jeder konkret nachprüfbaren Tatsachenbehauptung entfernt.[104] Es ist allerdings zu berücksichtigen, dass auch Werturteile und Meinungsäußerungen einen objektiv nachweisbaren Tatsachenkern enthalten können. Vorwürfe wie „mit Verlogenheit zum Geld“ nehmen gegenüber dem Leser Wahrheitsgehalt in Anspruch. Der Verkehr geht deshalb davon aus, dass sie durch Tatsachen belegbar sind und dass es sich nicht in erster Linie um Werturteile oder Meinungsäußerungen handelt.[105] Das Gleiche gilt für allgemeine Aussagen über die Rechtslage, sofern diese nicht im Rahmen der Rechtsverfolgung oder Rechtsverteidigung geäußert werden. Dann würde ihnen die zur Erfüllung des Tatbestands der Irreführung erforderliche Eignung zur Täuschung fehlen.[106] 63

Praxistipp:

Es ist deshalb in jedem Einzelfall zu prüfen, ob es sich tatsächlich um ein reines Werturteil handelt. Ob eine Äußerung Werturteil (Meinungsäußerung) oder Tatsachenbehauptung ist, richtet sich nicht allein nach dem Wortlaut oder der äußeren Form, sondern auch nach dem Inhalt, so wie dieser in seinem Gesamtzusammenhang von den angesprochenen Verkehrskreisen verstanden wird.

Auch **allgemeine Redewendungen** ohne informativen Gehalt, nichtssagende Anpreisungen, Kaufappelle und reklamehafte oder satirische Übertreibungen sind keine Angaben im Sinne des § 5 UWG, da auch ihnen ein nachprüfbarer Tatsachenkern fehlt. Werbesprüche wie „AEG Lavamat, den und keinen anderen“,[107] „Kellogg’s – Das Beste jeden Morgen“,[108] „The juiciest experience ever“ für Süßwaren[109] oder „Deutschlands bestes Möbelhaus“[110] enthalten deshalb weder 64

[93] LG Köln GRUR 1954, 210 (211).
[94] BGH GRUR 1981, 656 (658) – Schlangenzeichen.
[95] BGH NJW 1989, 711 f. – Umweltengel.
[96] BGH WRP 1971, 266 (267) – Bocksbeutelflasche.
[97] LG Frankfurt a. M. GRUR-RR 2011, 194 – Früchtetee aromatisiert.
[98] BGH GRUR 1961, 544 – Hühnergegacker.
[99] BGH NJW 1961, 508 – Rippenstreckmetall I.
[100] BGH GRUR 1982, 118 (119 f.) – Kippdeckeldose.
[101] BGH GRUR 1981, 666 (667) – Ungarische Salami I, 1982, 685 (686) – Ungarische Salami II.
[102] BGH GRUR 1992, 66 (67) – Königlich-bayerische Weisse.
[103] BGH GRUR 2007, 978 (980) – Rechtsberatung durch Haftpflichtversicherer.
[104] OLG Bremen GRUR 2011, 147 – Meine Nr. 1.
[105] BGH GRUR 1988, 402 (403) – mit Verlogenheit zum Geld.
[106] BGH GRUR 2019, 754 (756) – Prämiensparverträge.
[107] BGH GRUR 1965, 365 ff. – Lavamat II.
[108] BGH WRP 2002, 74 – Das Beste jeden Morgen.
[109] OLG Frankfurt 19.11.2003 – 5 U 62/03.
[110] OLG Bamberg GRUR-RR 2003, 344 – Deutschlands bestes Einrichtungshaus.

eine Angabe über geschäftliche Verhältnisse im Sinne einer behaupteten Alleinstellung noch einen Vergleich mit den Erzeugnissen der Wettbewerber.

4. Ansprüche

65 Der **Unterlassungsanspruch** folgt aus § 8 UWG, der auf § 3 („Unlautere geschäftliche Handlungen sind unzulässig.") und damit indirekt auch auf § 5 UWG („Unlauter handelt, wer eine irreführende geschäftliche Handlung vornimmt, …") verweist. Ein Verschulden ist nicht erforderlich.

66 Ein wettbewerbsrechtlicher Anspruch auf **Beseitigung** von Fehlvorstellungen, die durch eine irreführende Werbung hervorgerufen worden sind, besteht nach der Rechtsprechung des BGH dagegen grundsätzlich nicht, weil Fehlvorstellungen als solche nur Folge des wettbewerbswidrigen Handelns, nicht aber selbst ein rechtswidriger Störungszustand seien.[111]

67 Hinsichtlich der Ansprüche auf **Auskunft, Schadensersatz und Gewinnabschöpfung** bestehen keine Besonderheiten.

68 § 5 UWG schützt gemäß § 1 UWG nicht nur die Individualinteressen der Mitbewerber und Verbraucher, sondern auch die Interessen der Allgemeinheit. Eine Berufung auf **Verwirkung** kommt deshalb grundsätzlich nicht in Betracht, da den persönlichen Interessen des irreführenden Verletzers das Interesse der Allgemeinheit, vor Irreführung bewahrt zu werden, regelmäßig vorgeht.[112] Von diesem Grundsatz ist jedoch dann eine Ausnahme zu machen, wenn wegen nur geringer Irreführungsgefahr die Belange der Allgemeinheit nicht wesentlich berührt werden, während auf der anderen Seite die Vernichtung eines wertvollen Besitzstandes an einer Individualkennzeichnung in Frage steht.[113] Bei einer seit über 100 Jahren verwendeten Bezeichnung für Bier, die lediglich geringfügig irreführend ist, kann daher der Einwand der Verwirkung durchgreifen[114] oder die Anwendung des Irreführungsverbots ausnahmsweise auf Grund von Verhältnismäßigkeitserwägungen ausscheiden.[115]

5. Anspruchsberechtigte

69 Die **Aktivlegitimation** der **unmittelbar betroffenen Wettbewerber** sowie der **Verbände** und **Kammern** ergibt sich für den Beseitigungsanspruch und den Unterlassungsanspruch aus § 8 Abs. 3 UWG. **Nur abstrakt betroffene Wettbewerber** sind nicht klagebefugt.[116]

70 Der irregeführte **Verbraucher** ist hinsichtlich dieser Ansprüche selbst nicht klagebefugt gemäß § 8 Abs. 3 UWG. Auch ein wettbewerbsrechtliches Rücktrittsrecht steht ihm nicht zu.[117] Gemäß § 434 Abs. 1 S. 3 BGB kann ein Sachmangel allerdings auch dann vorliegen, wenn die Sache nicht die Eigenschaften hat, die der Käufer nach den öffentlichen Äußerungen des Verkäufers, des Herstellers oder seines Gehilfen insbesondere in der Werbung erwarten kann. Dies wird in Fällen der irreführenden geschäftlichen Handlungen gemäß § 5 UWG regelmäßig anzunehmen sein. Das abgestimmte Regelungskonzept des Schuldrechts hinsichtlich Voraussetzungen und Fristen soll nach Auffassung des Gesetzgebers nicht gestört werden.[118] Außerdem besteht für den Verbraucher bei Fernabsatz- und Haustürgeschäften die Möglichkeit sich gemäß § 355 iVm §§ 312 bzw. 312d BGB vom Vertrag zu lösen.

71 Außerdem steht dem Verbraucher seit Einführung des neuen § 9 Abs. 2 S. 1 UWG durch das Gesetz zur Stärkung des Verbraucherschutzes im Wettbewerbs- und Gewerberecht vom 10. August 2021[119] auch ein **individueller Schadensersatzanspruch** zu. Dieser Anspruch gilt nicht nur für den Fall, dass die unlautere geschäftliche Handlung von dem Vertragspartner ausgeht, sondern auch im Hinblick auf unlautere geschäftliche Handlungen Dritter. Deshalb kann auch

[111] BGH GRUR 1998, 415 (417) – Wirtschaftsregister; aA Köhler/Bornkamm/Feddersen/Pieper UWG Vor § 13 Rn. 44; zweifelnd KG GRUR-RR 2002, 337 (338) – T-offline.

[112] BGH WRP 2003, 640 (642) – Gemeinnützige Wohnungsgesellschaft; GRUR 1991, 848 (850) – Rheumalind II.

[113] BGH GRUR 1990, 604 (606) – Dr. S.-Arzneimittel; OLG Frankfurt a. M. GRUR-RR 2001, 67 (69) – Eschweger Klosterbrauerei.

[114] OLG Frankfurt a. M. GRUR-RR 2001, 67 (69) – Eschweger Klosterbrauerei.

[115] BGH GRUR 2003, 628 (630 f.) – Klosterbrauerei.

[116] Deren Klagebefugnis war bereits im Zuge der UWG-Reform im Jahre 2004 gestrichen worden.

[117] Dieses früher gem. § 13a UWG in der Fassung von vor 2004 geregelte Recht war ebenfalls im Jahre 2004, ersatzlos gestrichen worden. Es hatte in der Praxis keine Bedeutung erlangt.

[118] Begründung der Bundesregierung zum Entwurf eines Gesetzes gegen den unlauteren Wettbewerb (UWG), BT-Drs. 15/1487, 14.

[119] BGBl. 2021 I, 3504.

für einen Schaden, der durch schuldhafte irreführende Werbeäußerungen eines Werbenden entstanden ist, Ersatz verlangt werden.[120] Damit geht die Regelung über die nur bei Vorliegen eines Vertragsverhältnisses gegebenen Ansprüche aus Mängelgewährleistung hinaus. Das kann zum Beispiel relevant werden bei einer Irreführung des Unternehmers über die Verfügbarkeit einer als besonders günstig beworbenen Ware, die der Unternehmer nicht in angemessener Menge zur Befriedigung der zu erwartenden Nachfrage vorhält. Der betroffene Verbraucher kann in diesen Fällen Ersatz frustrierter Aufwendungen für das vergebliche Aufsuchen des Geschäfts verlangen.[121]

II. Definition der Irreführung

1. Begriff und wettbewerbsrechtliche Relevanz

Gemäß § 5 Abs. 1 UWG ist eine geschäftliche Handlung irreführend, wenn sie unwahre oder sonstige zur Täuschung geeignete Angaben enthält. Obwohl hier zunächst auf die Unwahrheit Bezug genommen wird, lässt die offene Formulierung „oder sonstige zur Täuschung geeignete Angaben“ hinreichend Raum zur Erfassung von objektiv zutreffenden Angaben. Diese können folglich ebenfalls irreführend im Sinne des § 5 UWG sein. Eine geschäftliche Handlung ist also irreführend, wenn das Verständnis, das sie bei den Verkehrskreisen erweckt, an die sie sich richtet, mit den tatsächlichen Verhältnissen nicht übereinstimmt.[122] 72

Wettbewerbsrechtlich relevant ist die geweckte Fehlvorstellung allerdings nur dann, wenn sie geeignet ist, den Verbraucher oder sonstigen Marktteilnehmer zu einer geschäftlichen Entscheidung zu veranlassen, die er andernfalls nicht getroffen hätte. Es handelt sich dabei um ein dem Irreführungstatbestand immanentes, spezifisches Relevanzerfordernis. Eine zusätzliche Erheblichkeitsprüfung gemäß § 3 Abs. 2 UWG ist nicht erforderlich.[123] Insbesondere ist auch anders als im Rahmen der Generalklausel des § 3 UWG nicht gesondert ein Verstoß gegen die „fachliche Sorgfalt“ zu prüfen.[124] Das entsprach schon immer der Rechtsprechung,[125] ergibt sich seit der Fassung des Gesetzes von 2015 aber auch direkt aus der Gesetzessystematik. Eine inhaltliche Änderung war damit nicht verbunden.[126] 73

Die wettbewerbliche Relevanz wird häufig vorliegen, wenn die sonstigen Tatbestandsvoraussetzungen erfüllt sind.[127] Insbesondere ist es nicht erforderlich, dass der Durchschnittsverbraucher vermutlich zum Kauf eines Produktes veranlasst wird. Ausreichend ist beispielsweise die Veranlassung, ein Geschäft zu betreten, durch die Verwicklung in einen Buchungsprozess mehr Zeit im Internet zu verbringen oder auf einen Link oder eine Online-Anzeige zu klicken.[128] 74

Die Werbung mit einer Bezeichnung unter **Zusatz des ®** stellt eine wettbewerbsrechtlich relevante Irreführung dar, wenn dem werbenden Unternehmen die Markenrechte nicht oder nicht für die jeweiligen Waren und Dienstleistungen zustehen.[129] Der Verbraucher vermutet aber nicht zwangsläufig, dass die Registrierung für das Gebiet der Bundesrepublik besteht, wenn die weiteren auf der Verpackung befindlichen Informationen auf Grund der Sprachwahl und des ausländischen Herstellers erkennen lassen, dass es sich um ein weltweit vertriebenes und nicht in Deutschland hergestelltes Erzeugnis handelt.[130] Nimmt der Verbraucher an, die Marke des ihm angebotenen Produkts sei in Großbritannien eingetragen, während der Kennzeichenschutz lediglich in den USA besteht, fehlt diesem Irrtum indes die wettbewerbliche Relevanz.[131] 75

---

120 BT-Drs. 19/27873, 40.

121 BT-Drs. 19/27873, 39.

122 BGH GRUR 2022, 241 (242) Rn. 15 – Kopplungsangebot III.

123 BR-Drs. 26/15, 14.

124 BR-Drs. 26/15, 14; EuGH 19.9.2013 – C-435/11 Rn. 11.

125 BGH GRUR 2012, 286 (288) – Falsche Suchrubrik; 2009, 888 (889) – Thermoroll.

126 BT-Drs. 18/4335, 15; BGH Urteil vom 3.3.2016 – I ZR 110/15 – Herstellerpreisempfehlung bei Amazon.

127 BGH NJW-RR 2008, 851 (854) – Saugeinlagen; OLG Düsseldorf GRUR-RR 2009, 71 (72) – Macht über die Karten; Köhler, Zur richtlinienkonformen Auslegung und Neuregelung der Bagatellklausel in § 3 UWG, WRP 2008, 10 (12).

128 Bekanntmachung der Kommission, Leitlinien zur Auslegung und Anwendung der Richtlinie 2005/29/EG des Europäischen Parlaments und des Rates über unlautere Geschäftspraktiken von Unternehmen gegenüber Verbrauchern, 2021/C 526/33.

129 BGH GRUR 2009, 888 (889 f.) – Thermoroll; OLG Köln BeckRS 2010, 4994 – Medisoft ®.

130 OLG Köln BeckRS 2010, 4994 – Medisoft ®.

131 OLG Köln BeckRS 2010, 4994 – Medisoft ®.

76 Eine relevante Irreführung wurde für den Fall bejaht, dass eine Konzertagentur auf ihrem Internetportal einen **Ticketpreis** für Konzertveranstaltungen einer anderen Tourneeveranstalterin angibt, der eine zusätzliche Buchungsgebühr enthält, aber trotzdem als „Normalpreis" ausgewiesen ist. Versteht der Verbraucher die Buchungsgebühr als Teil des vom Veranstalter festgelegten Ticketpreises, hat er keinen Anlass mehr, hinsichtlich des Anfallens und der Höhe der Buchungsgebühr Preisvergleiche zwischen den einzelnen Verkaufsstellen anzustellen.[132]

77 Bei der Werbung mit dem Schutz eines Quadratmeter Regenwaldes beim Erwerb eines Kastens Bier hat der Bundesgerichtshof Zweifel, ob es dem Verbraucher auf die Art und Weise ankommt, wie den Belangen des Umweltschutzes Rechnung getragen wird, ob also eine eventuell vorliegende Fehlvorstellung über die Umstände der Förderung relevant wäre.[133]

78 Wird neben der Abbildung einer teureren Maschine ein billigerer Preis abgedruckt, so ist die dadurch erzeugte Fehlvorstellung wettbewerbsrechtlich nicht relevant.[134] Ebensowenig ist die Werbung eines Energieversorgungsunternehmens für einen so genannten **Ökostrom-Tarif** mit der Aussage, der Kunde beziehe zu 100 % umweltfreundlichen Strom und erhalte eine sichere Versorgung mit Ökostrom allein deshalb irreführend, weil der Kunde auch nach dem Wechsel den Strom dem Netz entnimmt, in das Strom unterschiedlicher Herkunft eingespeist wird.[135]

79 Die Werbung eines kleingewerblichen Händlers auf der Internetplattform eBay mit dem Hinweis „Versand in alle anderen Länder weltweit auf Anfrage", die nur die Versandkosten für die EU und die Schweiz angibt und damit gegen die PAngV verstößt, geht ebenfalls nicht über einen bloßen Bagatellverstoß hinaus.[136]

80 Ebenfalls keine relevante Irreführung ist in dem Einstellen eines Gebrauchtwagenangebots auf einer Internethandelsplattform in eine Suchrubrik mit einer geringeren als der tatsächlichen **Laufleistung des PKW** zu sehen, wenn die tatsächliche Laufleistung ohne Weiteres aus der Überschrift der Anzeige hervorgeht.[137]

81 Die erforderliche Relevanz ist auch noch nicht gegeben, wenn eine unrichtige Angabe im Blickfang einer Werbung den Verbraucher dazu veranlasst, sich überhaupt mit der Werbung näher zu befassen, er aber durch die weiteren in der Anzeige enthaltenen Angaben davon abgehalten wird, eine auf Irreführung beruhende geschäftliche Entscheidung zu treffen. Hier mangelt es an dem erforderlichen unmittelbaren Zusammenhang mit einem Erwerbsvorgang. Es liegt noch keine geschäftliche Entscheidung im Sinne des § 2 Abs. 1 Nr. 9 UWG vor.[138] Das wäre aber zum Beispiel der Fall, wenn eine Entscheidung zum Betreten eines Geschäfts getroffen wird oder darüber, ob, wie und unter welchen Bedingungen der Verbrauch einen Kauf tätigen will.[139]

82 Für die Frage, ob Verbraucher zu einer geschäftlichen Entscheidung veranlasst werden, die sie andernfalls nicht getroffen hätten, steht das Aufsuchen einer Internetseite, auf der Produkte oder Dienstleistungen unmittelbar bestellt werden können, dem Betreten eines stationären Geschäfts gleich.[140]

83 Der durch die Verwendung einer Marke hervorgerufene **Fehlvorstellung über die Anwesenheit eines Unternehmens bei Amazon** fehlt aber im Zweifel die geschäftliche Relevanz, wenn dort tatsächlich zum Beispiel gebrauchte Originalprodukte des Markeninhabers von Dritten angeboten werden.[141]

2. Maßstab

84 a) **Relevante Verkehrskreise.** Als relevante Verkehrskreise gelten die angesprochenen Adressaten der zu beurteilenden Werbung.[142] Der relevante Verkehrskreis richtet sich deshalb nach der Art der Werbung. Bei Massenartikeln und Waren des täglichen Bedarfs sind folglich alle Bevölke-

132 KG Berlin GRUR-RR 2009, 316 – Ticketpreis.
133 BGH GRUR 2007, 247 (251) – Regenwaldprojekt I; 251, 253 f – Regenwaldprojekt II.
134 OLG Hamm GRUR-RR 2010, 37 (38) – Geschirrspüler.
135 OLG Karlsruhe GRUR-RR 2009, 144 (146) – 100 % Ökostrom.
136 KG Berlin GRUR-RR 2010, 440 (441) – weltweit; GRUR-RR 2008, 23 (24) – Versand nach Europa; aA OLG Hamm MMR 2007, 663 (664) – Versandkostenangabe bei eBay.
137 BGH GRUR 2012, 286 (288) – Falsche Suchrubrik.
138 BGH GRUR 2015, 698 Rn. 13 – Schlafzimmer komplett.
139 EuGH GRUR 2014, 196 Rn. 36 – Trento Sviluppo.
140 BGH GRUR 2016, 1073 (1075) Rn. 36 – Geo-Targeting.
141 BGH GRUR 2020, 1311 (1316) Rn. 59 – Vorwerk.
142 BGH GRUR 2007, 981 (982 f.) – 150 % Zinsbonus; OLG Düsseldorf GRUR-RR 2008, 64 (66) – Fußballticket; WRP 1999, 357 (361) – Konzernsalve III.

rungskreise zu beachten. So richtet sich die Werbung für Geschirrspüler an die allgemeinen Verbraucher, die sich für den Erwerb von Spülmaschinen interessieren, ohne dass sie sich zwangsläufig bereits näher mit den betreffenden Maschinen beschäftigt haben.[143] Bei vielen Produkten wird man den Adressatenkreis jedoch einschränken können. Werbung für einen Flachbettscanner spricht lediglich Verbraucher an, die sich für den Erwerb derartiger Geräte interessieren, überwiegend solche Personen, die über einen Computer verfügen, da es sich um ein nur mit sonstiger Computerausrüstung verwendbares Zubehörgerät handelt.[144] Wirbt eine Bank mit einem Zinsbonus, der sich je nach Erfolg der Fußballnationalmannschaft verändert, werden damit allerdings nicht nur Fußballinteressierte, sondern alle interessierten Kapitalanleger angesprochen.[145]

Bei der an Fachkreise gerichteten Werbung bilden diese den angesprochenen Verkehrskreis.[146] Dabei ist jedoch zu berücksichtigen, dass Werbeunterlagen sowie Informationen auch an Endkunden weitergegeben werden können. In diesem Fall sind auch die Endkunden als angesprochene Verkehrskreise anzusehen.[147] Nur in derartigen Ausnahmefällen, in denen die Sicht verschiedener Verkehrskreise zu ermitteln ist, kann von einer gespaltenen Verkehrsauffassung ausgegangen werden. Innerhalb einer solchen Gruppe ist eine weitere Abgrenzung nicht zulässig. Eine Differenzierung der Kunden zwischen Kleinbetrieben, Gewerbetreibenden sowie Einzelhandelsgeschäften einerseits und Unternehmern, juristischen Personen sowie Behörden andererseits kann nicht vorgenommen werden.[148] 85

b) Verkehrsauffassung. Für die Feststellung der Irreführung ist die Intention des Werbenden irrelevant. Es kommt nicht darauf an wie der Werbende selbst seine Aussage verstanden wissen will.[149] Maßgebend ist allein die Verkehrsauffassung, also die Auffassung der relevanten Verkehrskreise. Soweit eine Aussage mehrdeutig ist, muss der Werbende einer Werbeaussage die verschiedenen Bedeutungen gegen sich gelten lassen.[150] Die Verkehrserwartung wird maßgebend durch die Umstände des Einzelfalls beeinflusst, insbesondere durch den Inhalt, den Umfang der konkreten Werbung, die Art der angebotenen Waren sowie die Bedeutung des werbenden Unternehmens.[151] Außerdem orientiert sich der Verkehr vor allem daran, was ihm in der jeweiligen Branche tatsächlich begegnet.[152] Das gilt auch für Werbung im Internet. Hier ist bei der Bestimmung des Grades der Aufmerksamkeit zu berücksichtigen, dass der interessierte Internet-Nutzer nicht generell sämtliche Seiten des Internetanbieters zur Kenntnis nimmt, sondern nur diejenigen, auf die er durch Links oder klare Hinweise geführt wird.[153] 86

Eine Aufspaltung der Verkehrsauffassung darf nicht vorgenommen werden. Bei der Werbung für Bach-Blüten kann deshalb nicht zwischen Verbrauchern differenziert werden, die mit einer Bach-Blüten-Therapie keine näheren Vorstellung verbinden und denjenigen, die sich mit dieser Therapie so gut auskennen, dass sie sich ohne weitere Beratung zum Erwerb dieses Produktes entscheiden. Es ist einheitlich auf die Verbraucher abzustellen, die als Nachfrager entsprechender Produkte in Betracht kommen.[154] 87

Festzustellen ist die Verkehrsauffassung durch das Gericht gem. § 286 ZPO unter Berücksichtigung des gesamten Inhalts der Verhandlung und des Ergebnisses einer etwaigen Beweisaufnahme nach freier Überzeugung. Zwar handelt es sich bei der Frage nach der konkreten Verkehrsauffassung um eine Frage, welche im Wesentlichen tatsächlicher Natur ist. 88

Eine stärker normativ geprägte Betrachtungsweise ergibt sich aber aus der Rechtsprechung des EuGH, welche nicht auf die tatsächliche, sondern auf die **mutmaßliche Erwartung des Verbrauchers** abstellt und folgerichtig davon ausgeht, dass die nationalen Gerichte diese aus eigener Sachkunde beurteilen können, ohne ein Sachverständigengutachten einzuholen oder eine Ver- 89

143 OLG Hamm GRUR-RR 2010, 37 (38) – Geschirrspüler.
144 BGH WRP 1999, 357 (362) – Konzernsalve III.
145 BGH GRUR 2007, 981 (982 f.) – 150 % Zinsbonus.
146 OLG Köln GRUR-RR 2008, 250 – Einführungsrabatt bis zu 8.000,– Euro; OLG Hamburg PharmR 2007, 204 (206).
147 BGH GRUR 2009, 418 (420 f.) – Fußpilz; BGH GRUR 1983, 256 – Sauerteig; OLG Hamburg GRUR-RR 2010, 70 – Eudragit-frei.
148 BGH GRUR 2022, 241, 243 – Kopplungsangebot III.
149 OLG Köln GRUR-RR 2021, 282 (286) – Bewerbung einer Testsiegermatratze mit abstrahiertem Preisnachlass.
150 BGH GRUR 2012, 1053 – Marktführer Sport; OLG Köln GRUR-RR 2021, 282 (287) – Bewerbung einer Testsiegermatratze mit abstrahiertem Preisnachlass.
151 BGH WRP 1999, 924 (925) – Werbebeilage.
152 BGH WRP 2000, 92 (94) – Last-Minute-Reise.
153 BGH GRUR 2005, 438 (441) – Epson-Tinte; OLG Hamm GRUR-RR 2010, 36, 37–24 Stunden Lieferservice.
154 BGH 24.7.2014 – I ZR 221/12, Rn. 33 – Original Bach-Blüten.

braucherbefragung in Auftrag zu geben, was lediglich bei Vorliegen besonderer Umstände erforderlich sein kann.[155] Damit verlieren Verbraucherbefragungen und Sachverständigengutachten zur Ermittlung der tatsächlichen Verkehrsauffassung als Beweismittel an Bedeutung. Sie dienen lediglich noch in Ausnahmefällen dazu, die Bestimmung der mutmaßlichen Verkehrsauffassung zu ermöglichen.

90 c) **Verbraucherleitbild.** Nach der Rechtsprechung des EuGH kommt es als Maßstab auf **die mutmaßliche Erwartung eines normal informierten und angemessen aufmerksamen und verständigen Durchschnittsverbrauchers** an.[156] Dieser Maßstab führt zu einer liberaleren Rechtsprechung im Vergleich zu den früheren Maßstäben des „flüchtigen und unaufmerksamen Verbrauchers". Bei Anlegung dieses Maßstabes ist die Verwendung der Angabe „naturrein" für Konfitüre, die Blei-, Kadmium- und Pestizidrückstände aufweist, nicht als irreführend anzusehen, solange die Rückstände nicht in einer höheren Konzentration als in der Umwelt auftreten.[157]

91 Die Richtlinie über unlautere Geschäftspraktiken nimmt direkt Bezug auf diese Rechtsprechung des EuGH. Sie nimmt als Maßstab „den **Durchschnittsverbraucher, der angemessen gut unterrichtet und angemessen aufmerksam und kritisch ist,** unter Berücksichtigung sozialer, kultureller und sprachlicher Faktoren in der Auslegung des Gerichtshofes."[158]

92 Das Fehlen des bislang von der Rechtsprechung verwendeten Adjektivs „verständig" in dieser Definition des Durchschnittsverbrauchers wurde teilweise als Hinweis auf eine neue weniger liberale Orientierung angesehen.[159] Dem widerspricht allerdings die ausdrückliche Bezugnahme des Erwägungsgrundes 18 der Richtlinie gegen unlautere Geschäftspraktiken als auch die Begründung des Gesetzgebers, der ausdrücklich darauf hinweist, dass das Verständnis des Erwägungsgrundes 18 dem sowohl vom EuGH als auch vom BGH seit dem Urteil „Orientteppichmuster" im Jahre 2000 verwendeten Verbraucherleitbild entspricht.[160]

93 § 5 UWG liegt laut der Gesetzesbegründung bereits seit der Reform im Jahre 2004 das Leitbild eines durchschnittlich informierten und verständigen Verbrauchers zugrunde, der das Werbeverhalten mit einer der Situation angemessenen Aufmerksamkeit verfolgt.[161]

94 Auch § 3 Abs. 4 UWG bezieht sich hinsichtlich der Prüfung der wettbewerblichen Relevanz ausdrücklich auf den Durchschnittsverbraucher bzw. ein durchschnittliches Mitglied einer bestimmten Gruppe, an die sich die Werbung richtet. Der BGH mißt der exakten Formulierung keine Bedeutung bei. Er bezieht sich in seiner aktuellen Rechtsprechung teilweise ausdrücklich auf die Formulierung der Richtlinie über unlautere Geschäftspraktiken (Durchschnittsverbraucher, der angemessen gut unterrichtet und angemessen aufmerksam und kritisch ist),[162] und formuliert teilweise in Anlehnung an die ältere von der Rechtsprechung anhand der Richtlinie über irreführende und vergleichende Werbung entwickelten Formel (Die Sichtweise eines durchschnittlich informierten und verständigen Verbrauchers, der einer Werbung, die der Situation angemessene Aufmerksamkeit entgegenbringt.).[163]

95 Der BGH geht auch davon aus, dass sich die Begriffe „flüchtig" und „verständig" nicht gegenseitig ausschließen, da auch der durchschnittlich informierte und verständige Verbraucher bei der Werbung für geringwertige Gegenstände des täglichen Bedarfs Werbeaussagen „flüchtig" wahrnehme. Bei dieser Art von Produkten wird man folglich auch weiterhin einen strengeren Maßstab anzulegen haben. Bei einer „nicht völlig geringwertigen Ware oder Dienstleistung" wird die Werbung hingegen mit größerer Aufmerksamkeit wahrgenommen. Zu bestimmen ist folglich im jeweiligen Einzelfall die **„situationsadäquate Aufmerksamkeit** des Durchschnittsverbrau-

[155] EuGH GRUR 2011, 159 (162); EuGH GRUR 2010, 151 (155); EuGH WRP 2000, 489 (491) – naturrein; WRP 1999, 307 (310) – Sektkellerei Kessler; 1998, 848 (850) – Sechs-Korn-Eier; BGH GRUR 2009, 418 (421) – Fußpilz; BGH GRUR 2003, 247 (248) – THERMAL BAD; OLG Hamburg PharmR 2007, 204 (206 f.).

[156] EuGH GRUR 2011, 159 (162); EuGH GRUR 2010, 151 (155); EuGH WRP 2000, 489 (491) – naturrein; WRP 2000, 289 (292) – Lifting-Creme; 1999, 307 (310) – Sektkellerei Kessler; 1998, 848 (850) – Sechs-Korn-Eier; Sack WRP 2005, 462.

[157] EuGH WRP 2000, 489 (491) – naturrein.

[158] Erwägungsgrund 18 der Richtlinie über unlautere Geschäftspraktiken, ABl. 2005 L 147, 22.

[159] Helm WRP 2005, 931 ff.

[160] Entwurf der Bundesregierung für ein erstes Gesetz zur Änderung des Gesetzes gegen den unlauteren Wettbewerb, BT-Drs. 16/1045, 43.

[161] Begründung der Bundesregierung zum Entwurf eines Gesetzes gegen den unlauteren Wettbewerb (UWG), BT-Drs. 15/1487, 19.

[162] BGH 2.12.2015 – I ZR 45/13 Rn. 15 – Himbeer-Vanille-Abenteuer II, BGH Rn. 33 – Original Bach-Blüten.

[163] BGH GRUR 2016, 521 – Durchgestrichener Preis II; BGH GRUR 2016, 1073 (1075) Rn. 27 – Geo-Targeting.

chers".[164] Als Maßstab für die Abgrenzung kann insbesondere auf den Preis sowie die Lebensdauer des beworbenen Produktes abgestellt werden.

Ein über Orient-Teppiche durchschnittlich informierter und verständiger Verbraucher, der an einem Erwerb interessiert ist, wird deshalb durch die Abbildung mechanisch hergestellter Teppiche mit für Orient-Teppiche typischen Mustern in einer Werbebeilage, in welcher auch Original-Orient-Teppiche angeboten werden, nicht irregeführt, da er sich nach der allgemeinen Lebenserfahrung bei vorhandenem Interesse auch mit den unter jeder Abbildung befindlichen, klein gedruckten Erläuterungen befasst hat, aus denen alle erforderlichen Angaben hervorgehen.[165] 96

Die Bezeichnung „Klosterbräu" für ein Bier, das lediglich bezüglich des Ortes der Brauerei einen Bezug zu einem ehemaligen Kloster aufweist, ist hingegen als irreführend anzusehen, da es sich bei Bier um ein Erzeugnis für den täglichen Bedarf handelt, das auch der verständige Verbraucher erwirbt, ohne kritisch zu hinterfragen, ob seine bei flüchtiger Befassung mit der Bezeichnung „Klosterbräu" verbundenen Vorstellungen bei näherem Nachdenken überhaupt ein ernsthaftes Kaufargument sein dürfen.[166] 97

Die Angabe „bis zu 150 % Zinsbonus" für eine Festgeldanlage wird von den angesprochenen Verbrauchern korrekt dahingehend verstanden, dass nicht der Zinssatz 150 % beträgt, sondern der Basiszinssatz gegebenenfalls um 150 % erhöht wird, da allgemein bekannt ist, dass ein Zinssatz in Höhe von 150 % „außerhalb jeder realistischen Erwartung steht".[167] 98

Die in einer Werbung enthaltene Angabe „. . . für Sie immer auf der Suche nach den günstigsten Internet-Tarifen" versteht der Verbraucher dahingehend, dass von der beworbenen Software immer die billigsten Tarife gesucht werden und er sie somit findet. Denn auch wenn in der Aussage zunächst nur die Suche angesprochen wird, ergänzt der Verbraucher die Aussage insoweit, als diese günstigsten Tarife auch tatsächlich gefunden und ihm angezeigt werden.[168] 99

Bei einer Werbeaussage eines Internetshops „Ihre 24h Internet Tierapotheke" wird der Verkehr annehmen, dass es sich um eine zugelassene Apotheke handelt, die Arzneimittel für den Veterinärbereich vertreiben darf.[169] 100

Bei einer Zeitungsanzeige, die der Leser im Allgemeinen eher beiläufig zur Kenntnis nimmt, kann eine Irreführung dann angenommen werden, wenn nur nach vollständiger Lektüre des gesamten Textes und einigem Nachdenken eine Fehlvorstellung vermieden werden könnte.[170] Gleiches gilt, wenn ein Unternehmer einem Dritten unaufgefordert und ohne zuvor bestehende Geschäftsbeziehung ein Formular zuschickt, mit dem sowohl eine kostenlose als auch eine kostenpflichtige Dienstleistung veranlasst werden kann, das aber derart unübersichtlich gestaltet ist, dass der Empfänger nur durch eine aufmerksame analytische Lektüre die konkreten Rechtsfolgen einer Rücksendung des Vordrucks abschätzen kann.[171] Bei Gewerbetreibenden bzw. deren Mitarbeitern, die mit der Bearbeitung von allgemeinem Schriftverkehr des Unternehmens betraut sind, kann zwar von einer durchschnittlich intellektuellen Erkenntnisfähigkeit ausgegangen werden, doch darf insoweit der für sie regelmäßig bestehende Zeitdruck nicht außer Acht bleiben. In der Folge lesen sie Schreiben oft nicht mit der an sich gebotenen Aufmerksamkeit, selbst dann nicht, wenn ihnen eine Einverständniserklärung in Form einer Unterschrift abverlangt wird.[172] 101

Von der situationsadäquaten Aufmerksamkeit des Verbrauchers zu unterscheiden ist die **produktadäquate Verbrauchererwartung.** So bestehen Unterschiede im allgemeinen Verständnis des Begriffes „frisch" zwischen Milchprodukten einerseits und Säften andererseits. Während eine Behandlung zu Haltbarkeitszwecken bei Milch allgemein erwartet wird, ist dies bei Orangensaft nicht der Fall. Die Werbung mit der Bezeichnung „aus tagesfrisch gepressten Orangen" ist deshalb irreführend, wenn der Saft wärmebehandelt wurde.[173] Das gilt auch für Nebenleistungen, 102

164 BGH GRUR 2010, 352 (354) – Hier spiegelt sich Erfahrung; BGH WRP 2004, 225 (226) – Mindestverzinsung; GRUR 2003, 249 – Preis ohne Monitor; WRP 2002, 74 – Das Beste jeden Morgen; WRP 2000, 81 (84) – Anwalts- und Steuerkanzlei; OLG Hamburg MMR 2010, 408 (409) – Preisangaben in Online-Buchungssystem; OLG Stuttgart NJOZ 2010, 550 (552) – Tierapotheke; OLG Hamburg 11.2.2009 – 5 U 130/08 – Smartsurfer.

165 BGH WRP 2000, 517 (520) – Orient-Teppichmuster.

166 BGH GRUR 2003, 629 (630) – Klosterbrauerei; OLG München GRUR-RR 2004, 24 – Kloster-Bier; OLG Frankfurt a. M. GRUR-RR 2001, 67 (68) – Eschweger Klosterbrauerei.

167 BGH GRUR 2007, 981 (983) – 150 % Zinsbonus.

168 OLG Hamburg 11.2.2009 – 5 U 130/08 – Smartsurfer.

169 OLG Stuttgart NJOZ 2010, 550 (552) – Tierapotheke.

170 BGH GRUR 2004, 244 (245) – Marktführerschaft.

171 OLG Hamburg GRUR-RR 2006, 105 (106 f.) – Insertionsauftrag.

172 OLG Frankfurt a. M. GRUR-RR 2011, 145 – TCM-Antrag.

173 LG Düsseldorf WRP 2005, 766 (767) – „aus tagesfrisch gepressten Orangen".

wie zB einen Lieferservice für das zu erwerbende Produkt. So ist die Angabe „Original Druckerpatronen innerhalb 24 Stunden" in einer Adwords-Anzeige nicht irreführend, wenn die Aussage auf der Startseite des Anbieters in einem Maße eingeschränkt wird, mit dem der durchschnittlich informierte, aufmerksame und verständige Verbraucher ohnehin rechnet – „Lieferung am Folgetag nur bei Bestellung bis 16:45 Uhr, keine Auslieferung am Sonntag".[174]

Praxistipp:

Die Anpassung der deutschen Rechtsprechung an die des EuGH hinsichtlich des Verbraucherleitbildes und der ausdrückliche Verweis auf diese Rechtsprechung im Erwägungsgrund 18 der Richtlinie über unlautere Geschäftspraktiken haben zur Folge, dass ältere, von vor der Jahrhundertwende stammende Entscheidungen zur irreführenden Werbung nur noch mit Vorsicht zur Beurteilung aktueller Fälle herangezogen werden können.[175] Dies gilt insbesondere bei der Werbung für hochwertige Produkte.

103 **d) Irreführungsquote.** § 5 UWG enthält keine Regelung zur Irreführungsquote. Als irreführend im Sinne des § 5 UWG gilt eine Werbeangabe erst, wenn sie geeignet ist, „einen erheblichen Teil"[176] der angesprochenen Verbraucher irrezuführen. Es genügt nicht, dass, die beanstandete Werbung geeignet ist, 15 bis 20 % aller angesprochenen Anlageinteressenten irrezuführen.[177] Eher wird man von mindestens **einem Viertel bis einem Drittel** der angesprochenen Verbraucher ausgehen müssen.[178]

104 Die jeweils relevante Quote hängt von den Umständen des Einzelfalles ab.[179] Eine exakte Festlegung auf einen bestimmten Prozentsatz kommt nicht in Betracht.[180] Sofern die Täuschung des Verkehrs lediglich auf einem unrichtigen Verständnis einer an sich zutreffenden Angabe beruht, ist für die Anwendung des § 5 UWG grundsätzlich eine höhere Irreführungsquote erforderlich als im Falle einer Täuschung mit objektiv unrichtigen Angaben.[181] Ist die Werbung allerdings gerade auf die Täuschung des Verkehrs angelegt, liegt ein Verstoß gegen § 5 UWG auch dann vor, wenn diese Täuschung nur gegenüber einem geringen Teil des angesprochenen Verkehrs erreicht wird.[182]

105 Da es keine einschlägigen unionsrechtlichen Bestimmungen zur Irreführungsquote gibt, ist die Festlegung dieser Quote nach nationalem Recht zu bestimmen und wird vom EuGH nicht vorgegeben.[183]

Praxistipp:

Da nur noch bei Vorliegen besonderer Umstände ein Sachverständigengutachten oder eine Verbraucherbefragung vom Gericht in Auftrag zu geben ist,[184] verliert die jeweils relevante exakte Quote in der Praxis zunehmend an Bedeutung.

106 Die **zunehmend normative Bestimmung der Irreführung** zeigt sich in der Rechtsprechung auch dadurch, dass häufig nicht mehr auf exakte Irreführungsquoten abgestellt wird, sondern Feststellungen vom Gericht in eigener Sachkunde getroffen werden.[185] Diese drücken sich aus in Formu-

[174] BGH GRUR 2012, 81 (82) – „innerhalb 24 Stunden".
[175] Heermann GRUR 2004, 94 (98).
[176] BGH GRUR 2012, 286 Rn. 18 – Falsche Suchrubrik.
[177] BGH GRUR 2004, 162 (163) – Mindestverzinsung.
[178] BGH GRUR 2004, 162 (163) – Mindestverzinsung; Hefermehl/Köhler/Bornkamm/Köhler UWG § 5 Rn. 2.106.
[179] BGH GRUR 2016, 1073 – Geo-Targeting; 1992, 69 (73) – 40 % weniger Fett.
[180] OLG Köln GRUR-RR 2021, 282 (287) – Bewerbung einer Testsiegermatratze mit abstrahiertem Preisnachlass.
[181] BGH GRUR 2013, 1253 Rn. 17 – Medizinische Fußpflege; BGH 18.10.2012 – I ZR 137/11 Rn. 29 = GRUR 2013, 409 Rn. 29 – Steuerbüro; BGH WRP 1999, 1145 (1147) – Tierheilpraktiker; 1996, 729 (731) – Der Meistverkaufte Europas.
[182] OLG Frankfurt a. M. GRUR-RR 2011, 145 (146) – TCM-Antrag.
[183] EuGH WRP 2000, 289 (292) – Lifting-Creme; 1998, 848 (850) – Sechs-Korn-Eier.
[184] EuGH WRP 1998, 848 (850) – Sechs-Korn-Eier.
[185] BGH GRUR 2004, 244 (245 f.) – Marktführerschaft; OLG Karlsruhe GRUR-RR 2006, 241 (242 f.) – Extra-Stark.

lierungen wie „der Verkehr weiß, dass zB bei Jahreskatalogen oder bei Katalogen mit einer auf eine Jahreszeit beschränkten Gültigkeitsdauer nicht stets alle angebotenen Waren sofort lieferbar sind, sondern erst bestellt werden müssen"[186] oder auch „der durchschnittlich informierte und interessierte Verbraucher, auf den es ankommt, mag auch ohnehin wissen, dass am Sonntag nicht geliefert wird."[187] Ähnliche Ausführungen machte der BGH in einer Entscheidung aus dem Jahre 2009, in der er die Fehlvorstellung ablehnte, weil der informierte, verständige und situationsadäquat aufmerksame Verbraucher im Jahr 2005 mit dem Begriff des ‚Versicherungsberaters' keine besonderen Eigenschaften" verbunden habe.[188]

3. Interessenabwägung

In der Regel liegt bei einer Irreführung eines erheblichen Teils der Verbraucher ein Verstoß gegen das Irreführungsverbot des § 5 UWG vor. Selbst wenn nicht zu vernachlässigende Teile der angesprochenen Verkehrskreise durch eine Werbeangabe irregeführt werden, sind diese allerdings nicht in jedem Fall schutzbedürftig. Das Irreführungsverbot steht insofern unter dem **Vorbehalt des Verhältnismäßigkeitsgrundsatzes.**[189] Zu den Aufgaben des Lauterkeitsrechts gehört es nicht, den Verkehr vor jedweder Fehlvorstellung zu bewahren. Das Verbot irreführender Werbung dient vielmehr allein dazu, schützenswerte Interessen der Abnehmer und Mitbewerber zu wahren.[190] Eine darüberhinausgehende Anwendung des § 5 UWG stellte einen Verstoß gegen das Grundrecht der Berufsausübungsfreiheit gem. Art. 12 Abs. 1 GG dar. Ein solches Unterlassungsgebot wäre nicht geeignet, den vom Gesetzgeber verfolgten Gemeinwohlbelangen zu dienen. Es läge eine unzumutbare Beschränkung der Berufsausübungsfreiheit vor.[191] Der Grundsatz der Verhältnismäßigkeit spiegelt sich auch in dem dem Irreführungstatbestand immanenten spezifischen Relevanzerfordernis.[192] Die Wettbewerbsmaßnahme muss von einem gewissen Gewicht für das Wettbewerbsgeschehen und die Interessen der geschützten Personenkreise sein.[193] 107

Bei einer Werbung mit **objektiv falschen Angaben** besteht ein eindeutiges Interesse der Verbraucher, der Allgemeinheit sowie der Wettbewerber, derartige Werbepraktiken zu verhindern. Insoweit ist auch kein anerkennenswertes Interesse des Werbenden an derartigen Praktiken erkennbar. Bei objektiv unrichtigen Werbeangaben liegt die wettbewerbsrechtliche Relevanz daher in der Regel nahe.[194] Bei Werbung mit **objektiv richtigen Angaben** stellt sich die Interessenlage anders dar. Erforderlich ist in diesen Fällen eine Abwägung aller maßgebenden Umstände, insbesondere der von einer Werbung mit objektiv richtigen Angaben ausgehenden Auswirkung, der Bedeutung der Irreführung sowie des Gewichts etwaiger Interessen der Verbraucher und der Allgemeinheit oder des Werbenden selbst.[195] Hier bedarf es nicht eines Rückgriffs auf den Grundsatz der Verhältnismäßigkeit. Im Falle von objektiv zutreffenden Aussagen, die lediglich von einem Teil des Verkehrs falsch verstanden werden, sind die widerstreitenden Interessen gegeneinander abzuwägen.[196] 108

Zwar besteht im Grundsatz immer ein Interesse des Verbrauchers, nicht irregeführt zu werden, sei es durch objektiv falsche, sei es durch objektiv richtige, aber dennoch irreführende Angaben. Zu berücksichtigen ist insoweit ein häufig bestehendes, erhebliches **Informations- und Aufklärungsbedürfnis der Verbraucher.** Insbesondere die durchschnittlich und überdurchschnittlich aufmerksamen und informierten Verbraucher haben ein derartiges Interesse an Information und Aufklärung auch über komplexe Themen, bei welchen flüchtige und unaufmerksame Verbraucher 109

[186] BGH WRP 1999, 924 (925) – Werbebeilage.
[187] OLG Hamm GRUR-RR 2010, 36 – 24 Stunden Lieferservice.
[188] BGH NJW-RR 2009, 1650 (1652) – Versicherungsberater.
[189] BGH 16.8.2012 – I ZR 200/11 Rn. 2 = GRUR-RS 2012, 20580 Rn. 2 – Über 400 Jahre Brautradition; BGH GRUR 2003, 629 (630) – Klosterbrauerei.
[190] BGH WRP 2000, 92 (94) – Last-Minute-Reise; 1999, 1145 (1148) – Tierheilpraktiker; GRUR 1997, 758 (760) – Selbsternannter Sachverständiger.
[191] BVerfG NJW 1993, 1969 (1970), vgl. II 1 c.
[192] BGH GRUR 2009, 888 (889) – Thermoroll.
[193] Begründung der Bundesregierung zum Entwurf eines Gesetzes gegen den unlauteren Wettbewerb (UWG), BT-Drs. 15/1487 S. 17.
[194] OLG Hamm 12.6.2007 – 4 U 196/06 – Diplom-Tierpsychologe.
[195] BGH GRUR 2013, 409 Rn. 29 – Steuerbüro; BGH GRUR 2012, 1273 Rn. 22 – Stadtwerke Wolfsburg; BGH GRUR 2010, 1024 (1025 f.) – Master of Science Kieferorthopädie; GRUR 2004, 613 (614) – Schlauchbeutel; WRP 1999, 1145 (1147) – Tierheilpraktiker; GRUR 1996, 985 (986) – PVC-frei.
[196] BGH 16.8.2012 – I ZR 200/11 Rn. 3 = GRUR-RS 2012, 20580 Rn. 3 – Über 400 Jahre Brautradition.

leicht irregeführt werden können. Der Schutz des flüchtigen und unaufmerksamen Verbrauchers hätte dann eine geringere Informations- und Aufklärungsquote der aufmerksamen zur Folge.

110 Bei Produkten, die in der Öffentlichkeit kritisch und kontrovers diskutiert werden, wie zB bei Produkten mit PVC-Bestandteilen und den damit evtl. verbundenen Umweltbelastungen, führt das Informations- und Aufklärungsbedürfnis der Verbraucher dazu, dass die Irreführung der verbleibenden Verbraucher, an denen die öffentliche Diskussion um die PVC-Risiken unbemerkt vorübergegangen ist, hingenommen werden muss.[197]

111 Auch bei neuartigen und/oder komplexen Dienstleistungen, wie beispielsweise in der Telekommunikationsbranche, würde die Information der durchschnittlichen und überdurchschnittlich informierten und aufmerksamen Verbraucher eingeschränkt werden, wenn jede Werbung so zu gestalten wäre, dass auch der flüchtige und unaufmerksame Verbraucher nicht irregeführt wird. Insbesondere Angaben zu der komplexen Preisstruktur von Telekommunikationsdienstleistungen, bei welchen eine Vielzahl unterschiedlicher Parameter wie Anschlussgebühr, Verbindungsgebühr, Abrechnungstakt oder Reichweite eines Ortsgesprächs definiert werden müssen, liegen aber auch im Interesse der Verbraucher. Würde jede denkbare Irreführung erfasst werden, wäre die Möglichkeit der Werbung in solchen Branchen stark eingeschränkt. An derartiger Werbung besteht aber auch ein Interesse der Allgemeinheit, da Information und Aufklärung über neue und insbesondere in der Öffentlichkeit umstrittene Produkte und Dienstleistungen wichtig sind.

112 Auch kann ein Interesse daran bestehen, solche Begriffe, die nicht nach ihrem Wortsinn, sondern nur aufgrund ihrer **Neuheit** irreführend sind, zuzulassen um die Entwicklung sinnvoller neuer Begriffe und sinnvolle Änderungen des Inhalts bekannter Begriffe zu ermöglichen.[198] Eine solche **vorübergehende Irreführung** kann sich zum Beispiel aus einer ehemaligen Monopolstellung ergeben, da der Verbraucher noch nicht daran gewöhnt ist, dass es Wettbewerber zum ehemaligen Monopolunternehmen gibt. Die Aufstellung roter Briefkästen in unmittelbarer Nähe zu den gelben Briefkästen der Deutschen Post ist deshalb nicht zu beanstanden.[199]

113 Des Weiteren besteht beispielsweise ein **Allgemeininteresse** an Parallel- und Reimporten innerhalb der Europäischen Union, da dadurch einer Abschottung der nationalen Märkte entgegengewirkt und die Entwicklung des Warenaustauschs begünstigt und damit der Wettbewerb verstärkt wird.[200]

114 Darüber hinaus werden vom BGH aber zunehmend auch die **Interessen des Werbenden** in die Abwägung mit einbezogen.[201] So ist etwa eine Irreführungsgefahr in besonderen Ausnahmefällen hinzunehmen, wenn die Belange der Allgemeinheit nicht in erheblichem Maße und ernstlich in Mitleidenschaft gezogen werden, weil nur eine geringe Irreführungsgefahr vorliegt,[202] und andererseits durch das Verbot zB ein wertvoller Besitzstand des Werbenden an einer Individualkennzeichnung zerstört würde.[203]

115 Ein Hersteller von PVC-freien Radiergummis, dem in der Vergangenheit vorgeworfen worden war, PVC-enthaltende Radiergummis auf den Markt zu bringen, und der in einem Heft des „Öko-Test-Magazins" zu denjenigen Herstellern von Radiergummis gezählt worden war, die PVC verwenden, hat ein schützenswertes Interesse daran, den Hinweis „PVC-frei" zu verwenden. Dass auch die verwendeten Alternativstoffe evtl. Umweltbelastungen verursachen können, wenn auch andere, ist insoweit irrelevant. Das Irreführungsverbot begründet kein Informationsgebot. Dies gilt auch bei umweltbezogener Werbung.[204]

116 Ein Einzelhändler, der hochwertige Geräte der Unterhaltungselektronik vertreibt, hat ein berechtigtes Interesse daran, die aus dem aktuellen Sortiment erworbene Ware im üblichen Warenumschlag absetzen zu können, ohne bereits auf den – die Absatzchancen schmälernden – Umstand hinweisen zu müssen, dass alsbald ein neues Modell im Handel sein wird. Ebenso wenig wie der Händler im Allgemeinen verpflichtet ist, auf bevorstehende Modelländerungen oder

[197] BGH WRP 1996, 1156 (1158 ff.) – PVC-frei.
[198] Sack GRUR 2014, 609 (612).
[199] BGH GRUR 2011, 166 Rn. 23 – Rote Briefkästen.
[200] BGH WRP 1999, 1151 (1154) – EG-Neuwagen I; 1999, 1155 (1157) – EG-Neuwagen II.
[201] BGH WRP 1999, 1151 (1153) – EG-Neuwagen I; 1999, 1155 (1157 ff.) – EG-Neuwagen II; 1996, 1156 (1158 f.) – PVC-frei; 1996, 729 (731) – Der Meistverkaufte Europas; 1996, 839 (840) – Auslaufmodelle; 1996, 842 (843) – Auslaufmodelle II, GRUR 1994, 519 (521) – Grand Marnier.
[202] OLG Hamm GRUR-RR 2010, 36 (37) – 24 Stunden Lieferservice.
[203] BGH WRP 2007, 1346 (1349) – Bundesdruckerei; GRUR 2003, 629 (630 f.) – Klosterbrauerei.
[204] BGH WRP 1996, 1156 (1159) – PVC-frei.

-einstellungen, von denen er bereits Kenntnis hat, hinzuweisen, kann ihm eine Pflicht auferlegt werden, einen im Handel noch nicht vollzogenen Modellwechsel zu offenbaren. Hat der Händler die Ware jedoch vom Hersteller oder Großhändler als Sonderposten eines auslaufenden Modells erworben oder aber Geräte aus dem damals aktuellen Sortiment bestellt, die aber im Rahmen des üblichen Warenumschlags nicht abgesetzt werden konnten, widerspricht die Annahme einer Aufklärungspflicht nicht den berechtigten Interessen des Werbenden.[205]

Bei der Feststellung einer Irreführung im Sinne des § 5 UWG sind zusammenfassend insbesondere folgende Aspekte zu berücksichtigen: 117

Checkliste zur Feststellung einer Irreführung iSd § 5 UWG:

☐ Welche Verkehrskreise werden mit der geschäftlichen Handlung tatsächlich angesprochen?
☐ Wird die geschäftliche Handlung gegenüber Verbrauchern vorgenommen?
☐ Handelt es sich um eine geschäftliche Handlung ohne Wertungsvorbehalt gemäß Anhang zu § 3 Abs. 3 UWG?
☐ Welcher Grad an Aufmerksamkeit der angesprochenen Verkehrskreise ist situationsadäquat?
- Welches Produkt wird beworben?
- Welchen Preis hat das Produkt?
- Welche Lebensdauer hat das Produkt?

☐ Wie verstehen die angesprochenen Verbraucher die geschäftliche Handlung?
☐ Ist dieses Verständnis zutreffend?
☐ Wie hoch ist der Anteil der angesprochenen Verbraucher, denen die geschäftliche Handlung einen unzutreffenden Eindruck vermitteln kann?
☐ Ist die geschäftliche Handlung geeignet, den Verbraucher oder sonstigen Marktteilnehmer zu einer geschäftlichen Entscheidung zu veranlassen, die er anderenfalls nicht getroffen hätte?
☐ Welches Interesse hat der Werbende an der geschäftlichen Handlung?
☐ Welches Interesse hat die Allgemeinheit an der geschäftlichen Handlung bzw. der Unterlassung der geschäftlichen Handlung?
☐ Welches Interesse haben die angesprochenen Verkehrskreise an der geschäftlichen Handlung bzw. der Unterlassung der geschäftlichen Handlung?

III. Art der Irreführung

1. Objektiv unzutreffende Angaben

Objektiv unwahre Angaben sind irreführend, da sie in der Regel Vorstellungen erzeugen, die mit den wirklichen Verhältnissen nicht in Einklang stehen. Der Wortlaut von § 5 Abs. 2 Fall 1 UWG ist diesbezüglich eindeutig: „Eine geschäftliche Handlung ist irreführend, wenn sie unwahre Angaben enthält …". Inwieweit die Angaben zusätzlich wie bei den sonstigen zur Täuschung geeigneten Angaben gemäß § 5 Abs. 2 Fall 2 UWG zur Täuschung geeignet sein müssen, ist bislang vom BGH offengelassen worden.[206] Das kann aber auch dahingestellt bleiben, da die geschäftliche Handlung gemäß § 5 Abs. 1 UWG in jedem Fall nur unlauter ist, wenn sie geeignet ist, den Verbraucher oder sonstigen Marktteilnehmer zu einer geschäftlichen Entscheidung zu veranlassen, die er andernfalls nicht getroffen hätte. Das wird man aber nur annehmen können, wenn die Angabe tatsächlich zur Täuschung geeignet war. 118

Die Werbung mit Aussagen wie „Traumrasen in 10 Tagen" oder „wächst unter extremsten Verhältnissen" ist deshalb irreführend wenn dies den tatsächlichen Gegebenheiten nicht entspricht.[207] Die Werbung für ein Hautöl als „natürlich", das überwiegend aus synthetisch hergestellten Wirkstoffen besteht, ist ebenfalls irreführend.[208] Die Werbeaussage „30 m wasserdicht" für eine Armbanduhr ist irreführend, wenn die Uhr zwar zum Tauchen in einer Wassertiefe von 30 Bar, aber nicht in einer Tiefe von 30 Metern geeignet ist.[209] 119

[205] BGH WRP 1999, 839 (841) – Auslaufmodelle I.
[206] BGH GRUR 2022, 925 Rn. 15 – Webshop Awards; GRUR 2019, 1202 Rn. 21 – Identitätsdiebstahl I mit weiteren Nachweisen zum Meinungsstand.
[207] LG Offenburg WRP 1999, 1069 ff. – Traumrasen.
[208] OLG Nürnberg GRUR 1989, 128 – Hautöl.
[209] OLG Frankfurt a. M. BeckRS 2008, 09333 – 30 m wasserdicht.

Praxistipp:

Auch bei objektiv unzutreffenden Angaben ist jedoch darauf zu achten, dass es für die Erfüllung des Tatbestandes des § 5 UWG zusätzlich erforderlich ist, dass die irreführende geschäftliche Handlung geeignet sein muss, den Verbraucher oder sonstigen Marktteilnehmer zu einer geschäftlichen Entscheidung zu veranlassen, die er andernfalls nicht getroffen hätte. Objektiv unwahre Angaben können deshalb aus dem Anwendungsbereich des § 5 UWG herausfallen, wenn die angesprochenen Verkehrskreise die Werbung trotz ihrer Unrichtigkeit richtig verstehen oder aus sonstigen Gründen keine abweichende geschäftliche Entscheidung treffen. Da in § 5 Abs. 2 UWG eine geschäftliche Handlung ausdrücklich als irreführend definiert wird, wenn sie unwahre Angaben enthält, ist jedoch ausdrücklich zu begründen, warum im Einzelfall eine unwahre Angabe dennoch den Verbraucher oder sonstigen Marktteilnehmer nicht zu einer abweichenden geschäftlichen Entscheidung veranlasst hat.

120 Die Werbeangabe „100 km frei" neben einem Tagesmietpreis in der Werbung eines Kraftfahrzeugvermieters ist deshalb nicht relevant irreführend im Sinne des § 5 UWG, obwohl der Verbraucher tatsächlich auch für die ersten 100 km auf Grund der Tagespauschale ein Entgelt zu zahlen hat. Für die angesprochenen Verkehrskreise ist deutlich erkennbar, dass keine unentgeltliche Leistung des Vermieters angekündigt wird, sondern lediglich die Grenze, von der ab zusätzlich zum Tagespreis ein weiteres Entgelt zu entrichten ist.[210]

121 Auch die Bezeichnung „Pizza-Scampi" bzw. „Scampi-Cocktail" ist nicht relevant irreführend, obwohl tatsächlich keine Scampi, sondern lediglich Schrimps verwendet werden, da der Verbraucher bei der Angabe „Scampi" nicht unbedingt das Fleisch eines Kaisergranats oder eines Tiefseekrebses, sondern durchaus auch Garnelenfleisch erwartet.[211]

122 Des Weiteren sind unrichtige Angaben unbeachtlich im Sinne des § 5 UWG, wenn sie nicht geeignet sind, den Kunden zu veranlassen, sich mit dem Angebot des Werbenden näher zu befassen.[212] Eine Werbung für Reisen, bei welchen zwischen der Ankündigung und dem Antritt der Reise eine Zeitspanne von mehr als 40 Kalendertagen liegt, kann trotz der Angabe „Last-Minute" unbedenklich sein, da diese Ankündigung in der Regel lediglich den Vorteil der besonderen Preiswürdigkeit zum Ausdruck bringt. Eine kurze Zeitspanne zwischen der Buchung einer Reise und deren Beginn stellt für den Verbraucher hingegen in der Regel eher einen Nachteil dar.[213]

123 Ruft eine Kurzanzeige im Internet auf Grund verkürzter Darstellung beim Verbraucher eine Fehlvorstellung hervor und erfolgen die aufklärenden Hinweise erst später, wenn der Interessent dem angezeigten Link folgt, mit dessen Hilfe er nähere Informationen über das Angebot erhält, ist nicht von einer relevanten Irreführung im Sinne des § 5 UWG auszugehen. In der Tatsache, dass er die Seite überhaupt angesehen hat, ist im Internet kein nur annähernd vergleichbarer Wettbewerbsvorteil zu sehen wie etwa beim Locken in ein Geschäft. So schnell, wie der Internetnutzer zu der Startseite gelangt ist, verlässt er sie auch wieder, wenn er erkennt, dass ihm das Angebot nicht nützlich erscheint.[214]

2. Mehrdeutige Angaben

124 Eine eventuelle Mehrdeutigkeit seiner Angaben muss der Werbende gegen sich gelten lassen.[215] Eine mehrdeutige Angabe verstößt schon dann gegen § 5 UWG, wenn sie von einem erheblichen Teil der angesprochenen Verkehrskreise in einem Sinne verstanden wird, der den tatsächlichen Verhältnissen nicht entspricht.[216] Auch bei einer unbewussten Mehrdeutigkeit muss der Werbende sich die ungünstigere, aber bei verständiger Sichtweise mögliche Auslegung entgegenhalten lassen.[217] Die Werbeaussage „sicher" über einen Internetzugang ist irreführend, weil der Verkehr

[210] OLG Hamburg WRP 1984, 334 – 100 km frei.
[211] OLG Koblenz 27.6.2000 – 4 U 1863/99.
[212] BGH GRUR 1991, 554 (555) – Bilanzbuchhalter.
[213] BGH WRP 2000, 92 (95) – Last-Minute-Reise.
[214] OLG Hamm GRUR-RR 2010, 36 (37) – 24 Stunden Lieferservice.
[215] BGH GRUR 2012, 1053 – Marktführer Sport; OLG Köln GRUR-RR 2021, 282 (287) – Bewerbung einer Testsiegermatratze mit abstrahiertem Preisnachlass.
[216] OLG Hamm GRUR-RR 2010, 342 – Persönliche Beratung; LG Hamburg BeckRS 2009, 13988.
[217] BGH GRUR 1992, 66 (67 f.) – Königlich-bayerische Weisse; OLG Düsseldorf WRP 1999, 700 (701) – Werbung eines Heilpraktikers.

sie auch auf Computerviren und/oder den Missbrauch von Daten bezieht.[218] Schließlich ist auch die Aussage, ein Fruchtaufstrich sei „ohne Kochen hergestellt" objektiv mehrdeutig: Sie kann besagen, dass der Aufstrich nur „kaltgerührt" hergestellt, oder auch, dass er ohne Erreichen des Siedepunktes erwärmt worden ist.[219]

Bei Arzneimitteln sind die strengen Voraussetzungen der **gesundheitsbezogenen Werbung** zu beachten, wonach wegen des hohen Schutzgutes der Gesundheit des Einzelnen und der Bevölkerung an die Richtigkeit, Eindeutigkeit und Klarheit der Aussagen besonders strenge Anforderungen zu stellen sind.[220] Insoweit bleibt es zwar bei dem Grundsatz, dass eine lediglich unklare Angabe, über deren Sinn bei keinem rechtlich beachtlichen Teil der angesprochenen Verkehrskreise eine klare und eindeutige Vorstellung festzustellen ist, nicht den Irreführungstatbestand erfüllt. Allerdings kommt es gerade im Bereich gesundheitsbezogener Produkte vor, dass der Verkehr einer unklaren Angabe eine bestimmte Bedeutung beimisst und mit ihr eine für den Kaufentschluss relevante Erwartung verknüpft, die das beworbene Produkt nicht zu erfüllen im Stande ist.[221] So kann sich ein Unternehmen, das mittels einer allgemein schlussfolgernden Behauptung die Vorzugswürdigkeit eines Arzneimittels werblich herausstellt, unter Geltung des heilmittelwerberechtlichen Strengeprinzips nicht darauf berufen, der Verkehr verbinde mit der Aussage nicht die Vorstellung einer bestimmten sachlichen Grundlage. Denn es besteht die Gefahr, dass relevante Teile des angesprochenen Verkehrs auf die sachliche Berechtigung einer auch nur pauschal mitgeteilten Wertung vertrauen.[222] 125

Die Verwendung der Angabe „KLIMA- NEUTRAL" neben der Unternehmensmarke, die auch Teil des Unternehmensnamens ist, auf Verpackungen von Müllbeuteln suggeriert dem Verkehr eine klimaneutrale Produktion. Sie ist daher irreführend, wenn nur eine Müllbeutelsorte klimaneutral hergestellt wurde.[223] 126

Es liegt in der Verantwortung des Werbenden, Mehrdeutigkeiten ggf. durch klarstellende Zusätze auszuräumen.[224] 127

Ein Fall der mehrdeutigen Angabe liegt auch vor, wenn im **Blickfang,** also in der Schlagzeile eines Werbetextes oder anderen Passagen oder Abbildungen, welche die Aufmerksamkeit besonders auf sich ziehen, Aussagen gemacht werden, die für sich irreführend sind und lediglich durch den weiteren Text der Werbung oder durch Zusätze und Anmerkungen klargestellt werden. 128

Wenn eine blickfangmäßig herausgestellte Angabe bei isolierter Betrachtung eine fehlerhafte Vorstellung vermittelt, kann der dadurch veranlasste Irrtum regelmäßig nur durch einen klaren unmissverständlichen Hinweis ausgeschlossen werden, der selbst am Blickfang teilhat.[225] 129

Der notwendige Hinweis kann als **Sternchen-Fußnote** oder auch auf einer nachgeordneten Seite erfolgen, auf die ein **unzweideutiger Link** verweist.[226] Für den Verbraucher muss dabei stets erkennbar sein, dass ihn der aufklärende Hinweis zu weiteren, etwa preisrelevanten, Angaben führt.[227] Ausreichend sind auch klarstellende Angaben im weiteren Text, wenn man davon ausgehen kann, dass der Verbraucher sich vor einer geschäftlichen Entscheidung mit dem gesamten Text befassen wird.[228] 130

Das ist bei einer Zutatenliste nicht unbedingt der Fall. Wird auf einer Teepackung hervorgehoben auf das Vorhandensein von Himbeeren- und Vanillebestandteilen hingewiesen, zum Beispiel auch durch den Namen des Produkts „FELIX HIMBEER-VANILLE ABENTEUER" und die Abbildung von Himbeerfrüchten und Vanilleblüten, dann ist eine zutreffende Zutatenliste allein nicht geeignet die Irreführung auszuräumen.[229] Insbesondere bei **Waren oder Dienstleistungen von eher geringerem Wert** wird man eine derart geringe Aufmerksamkeit auch des durchschnittlich informierten und verständigen Verbrauchers annehmen können, die eine Irreführung durch den Blickfang zur Folge hat. Eine CD-Box, die mit „100 Number 1 Hits" betitelt ist, muss auch 131

[218] OLG Hamburg GRUR-RR 2003, 157 – T-Online: sicher.
[219] OLG Köln GRUR-RR 2004, 271 (272) – Fruchtaufstrich „ohne Kochen hergestellt".
[220] OLG Hamburg GRUR-RR 2010, 70 (71) – Eudragit-frei; PharmR 2007, 204 (206).
[221] OLG Hamburg GRUR-RR 2010, 70 (71) – Eudragit-frei; OLG Köln GRUR-RR 2008, 448 (449) – dolo extra.
[222] OLG Hamburg GRUR-RR 2010, 70 (71) – Eudragit-frei.
[223] LG Kiel WRP 2021, 1241 – Klimaneutrale Müllbeutel.
[224] OLG Hamm GRUR-RR 2010, 342 (343) – Persönliche Beratung.
[225] BGH GRUR 2016, 201 – All Net Flat; BGH 18.12.2014 – I ZR 129/13 – Schlafzimmer komplett.
[226] BGH GRUR 2008, 84 (85) – Versandkosten.
[227] OLG Frankfurt a. M. GRUR-RR 2009, 256 (266) – Abo-Fallen.
[228] BGH 18.12.2014 – I ZR 129/13 – Schlafzimmer komplett.
[229] BGH 2.12.2015 – I ZR 45/13 Rn. 15 GRUR 2016, 738 Rn. 15 – Himbeer-Vanille-Abenteuer II; EuGH GRUR 2015, 701 Rn. 40 – Himbeer-Vanille-Abenteuer; BGH GRUR 2014, 588 Rn. 11 – Himbeer-Vanille-Abenteuer.

die Originalversionen der jeweiligen Titel enthalten, die in den Hitlisten waren. Handelt es sich teilweise um so genannte Re-Recordings, muss der Verbraucher schon auf der Verpackung klar und deutlich darauf hingewiesen werden. Eine in englischer Sprache gehaltene Aufklärung auf der Rückseite jeder einzelnen CD ist nicht ausreichend. Selbst Dumping-Preise veranlassen den Verbraucher nicht zu der Annahme, der Tonträger werde womöglich nicht ausschließlich Originalaufnahmen beinhalten.[230] Befindet sich ein Risikohinweis zu den Details einer Geldanlage erst am Ende eines längeren Textes des Internetauftritts, ohne dass auf den aufklärende Hinweis im Blickfang Bezug genommen wird, reicht dies für eine einen Irrtum ausschließende Aufklärung nicht aus.[231]

132 Die Angaben im Blickfang müssen jedoch nicht generell vollständig sein. Häufig ist eine Aussage aus dem Blickfang selbst heraus nicht verständlich. Dieser weckt lediglich die Aufmerksamkeit für den weiteren Text. Insbesondere Schlagwörter erwecken wegen ihrer Einprägsamkeit beim Verbraucher jedoch häufig den Eindruck, er habe mit ihm alles Wesentliche erfahren, ohne sich um weitere Aufklärung bemühen zu müssen. **Schlagwortartige Angaben** wie „gratis" erwecken den Eindruck einer vollständigen Angabe zu eventuellen Kosten, so dass der Verbraucher jedenfalls bei geringwertigen Gütern es nicht für erforderlich halten wird, das Kleingedruckte ebenfalls zu lesen.[232] In diesen Fällen ist deshalb auf die konkrete Gestaltung der Werbung im Einzelfall zu achten.

133 Das blickfangmäßige Herausstellen eines Komplettangebots als „0,00 Euro Offensive!" ua wegen einer ersparten Bereitstellungsgebühr und einer unentgeltlichen Zugabe in Gestalt eines DSL-Modems, ist irreführend, wenn der Hinweis unterbleibt, dass die in Aussicht gestellten Vergünstigungen nur bei gleichzeitigem Abschluss eines kostenpflichtigen Internetzugangs gewährt werden. Insbesondere sind die weiteren Preisinformationen, die der Nutzer erhält, wenn er auf den Button „Jetzt anmelden" klickt, nicht geeignet, eine Irreführung auszuschließen.[233]

134 Ist eine in den Blickfang gestellte Werbeaussage bereits für sich genommen unrichtig bzw. erheblich missverständlich, stellt sich zumeist auch ein aufklärender „Sternchen-Hinweis" als ungeeignet dar, die bereits eingetretene Irreführung wieder aufzuheben.[234] Je geringer der Wert der beworbenen Ware oder Dienstleistung, desto geringer ist auch die Aufmerksamkeit des Verbrauchers, desto höher damit die Gefahr der Irreführung. Bei einer Werbung für Telefontarife ist die Aufmerksamkeit in der Regel eher gering, so dass der Sternchenhinweis nicht ausreichend ist.[235] Dass Gleiche gilt für die Werbung der Deutschen Bahn mit der im Blickfang hervorgehobenen Angabe „Für unsere Zukunft: **100 % klimaneutral.***", Wobei die Angabe „100 %" sehr fett abgebildet ist und das Bild deutlich dominiert.[236] Diese Aussage kann der durchschnittliche Verbraucher so verstehen, dass die Bahn tatsächlich zu 100 % klimaneutral fährt. Den sehr kleinen Sternchenhinweis am unteren linken Bildrand darauf, dass dies bis 2040 der Fall sein wird, wird er nicht zur Kenntnis nehmen. Es ist anzunehmen, dass der Verbraucher mit der Hauptaussage „100 % klimaneutral" zufrieden ist und kein Bedürfnis haben wird, nach weiteren Details zu suchen, zumal Klimaneutralität auch heute bereits relativ einfach und weit verbreitet durch entsprechende Kompensations-Zertifikate erreicht werden kann und ein Zieldatum von 2040 so wenig ambitioniert erscheint, dass es in deutlichem Widerspruch zu der starken werblichen Hervorhebung der 100-prozentigen Klimaneutralität steht.

135 Bei einer Werbung für eine Geldanlage ist der Grad der Aufmerksamkeit erfahrungsgemäß hoch, so dass davon ausgegangen werden kann, dass der Interessent einen Fußnotenhinweis wahrnimmt.[237] Auch bei derartigen wirtschaftlich bedeutsamen Erwerbsvorgängen reicht es aber in der Regel nicht aus, dass durch einen Hinweis am Ende eines nachfolgenden umfangreichen und unübersichtlichen Texts ein Irrtum ausgeräumt wird, zumal wenn der inhaltliche Bezug zum Blickfang nicht klargestellt wird.[238]

136 Eine Irreführung kann sich im Rahmen einer Internetversteigerung auch daraus ergeben, dass wegen des hohen Zeitdrucks in der Endphase der Versteigerung nicht mehr genügend Zeit be-

---

[230] OLG Nürnberg BeckRS 2010, 27931 – 100 Number 1 Hits.
[231] BGH GRUR 2018, 320 (323) – Festzins Plus.
[232] KG 1984, 286 (287) – Garten-ABC.
[233] OLG Hamburg BeckRS 2007, 05375 – 0,– Euro-Offensive.
[234] OLG Hamburg GRUR-RR 2007, 85 (88) – Homezone im O2-Netz; GRUR-RR 2007, 244 (246) – Neuwahlen.
[235] OLG Frankfurt GRUR-RR 2007, 165 (166 f.) – Sparpaket Surf + Phone.
[236] Anzeige der Deutschen Bahn in FAS vom 24.10.2021, S. 21.
[237] BGH GRUR 2007, 981 (193) – 150 % Zinsbonus.
[238] BGH GRUR 2018, 320 (323) Rn. 23 – Festzins Plus.

steht, um eigentlich deutlich angebrachte Hinweise auf die Preisgestaltung zur Kenntnis zu nehmen.[239] Zwar wird man von einem Internetnutzer verlangen können, dass er sich so rechtzeitig auf die Versteigerung vorbereitet, dass auch Zeit für die Durchsicht der Bedingungen und Erläuterungen besteht. Es ist aber zu berücksichtigen, dass relevante Hinweise umso deutlicher gestaltet werden müssen, je mehr die Seite aufgrund ihrer allgemeinen Gestaltung – wie zB durch Verwendung eines Countdown-Zählers – den Benutzer zur Eile anhält.

Eine Werbung ist in der Regel auch dann irreführend, wenn die zu einem richtigen Verständnis notwendigen Informationen sich nicht zumindest in groben Zügen aus der Werbeanzeige selbst ergeben, sondern hierzu völlig andersartige Informationsquellen hinzugezogen werden müssen.[240] 137

Bei unvollständigen Preisangaben ist auch zu berücksichtigen, dass gemäß § 5a Abs. 3 UWG der Preis, die Art der Preisberechnung sowie gegebenenfalls zusätzlich anfallende Kosten bei Angeboten an Verbraucher als wesentliche Umstände im Sinne des § 5a Abs. 2 UWG gelten und deren Bereitstellung in unklarer, unverständlicher oder zweideutiger Weise als Vorenthalten und damit als Irreführung durch Unterlassen gilt.[241] 138

Eine Mehrdeutigkeit kann sich auch aus dem Bemühen um sprachliche Modernität ergeben. Viele Unternehmen sind dazu übergegangen, durch eine **geschlechtergerechte Formulierung** möglichst inklusiv zu formulieren, um sich nicht dem Vorwurf auszusetzen, weibliche oder diverse Kunden zu diskriminieren. Das kann zu Missverständnissen führen, da zum einen neue Wortschöpfungen, wie zum Beispiel „VerbraucherInnen“, „Verbraucher:innen“, „Verbraucher*innen“ oder Ähnliches verwendet werden und insbesondere weil die entsprechenden Formulierungen sehr häufig nicht konsistent verwendet werden. Ein Beispiel für die weite Verbreitung einer solchen **inkonsistenten Sprachregelung** ist sogar der Entwurf des Gesetzes zur Stärkung des Verbraucherschutzes im Wettbewerbs- und Gewerberecht vom 24. März 2021.[242] Das ist nicht zuletzt deshalb erstaunlich, weil sich der Gesetzesentwurf unter anderem auch intensiv mit dem Thema Irreführung auseinandersetzt. Inkonsistent ist die Sprachregelung dort insofern, als dass im Gesetzestext in herkömmlicher Weise formuliert wird, während in der Begründung des Gesetzesentwurfes beispielsweise **Verbraucher und Verbraucherinnen** unterschieden und getrennt benannt werden.[243] Da durch eine solche Sprachregelung typischerweise präziser kommuniziert werden soll, stellt sich die Frage, ob zB diverse Personen, die nicht ausdrücklich genannt werden, nicht erfasst werden sollen. Außerdem ist die Sprachregelung auch deshalb inkonsistent, weil trotz der Unterscheidung von Verbrauchern und Verbraucherinnen in der Begründung Formulierungen wie *„Verbraucherschutzvorschriften“* und *„verbraucherschützende Vorschriften“* verwendet werden,[244] die bei präziser sprachlicher Differenzierung, die offenbar von der Bundesregierung in der Begründung praktiziert werden soll, nicht nur diverse Verbraucher, sondern hier sogar auch Verbraucherinnen nicht mehr sprachlich erfassen. Man wird davon ausgehen müssen, dass die ausdrückliche Erwähnung von Verbraucherinnen lediglich zum Ausdruck bringen soll, dass die Bundesregierung präzise formulieren möchte und möglichst verhindern möchte, dass einzelne Bevölkerungsgruppen sich nicht sprachlich erfasst fühlen. Die inkonsistenten Formulierungen wird man deshalb lediglich als schlechte sprachliche Umsetzung einordnen müssen, ohne dass diesbezüglich inhaltliche Änderungen unterstellt werden können. Bei Werbeaussagen ist aber davon auszugehen, dass der durchschnittliche Verbraucher weniger analytisch vorgeht, es also schneller zu Fehlvorstellungen kommen kann, für die der so Werbende verantwortlich ist. Das kann zum Beispiel relevant werden bei Angaben zur Kundenreichweite. Die Angabe, *„ein Magazin erreiche 50 % der am Thema Reisen interessierten KundenInnen“*, kann deshalb irreführend sein, wenn der durchschnittliche Verbraucher das eingefügte „I“ nicht erkennt und die Aussage deshalb nur auf weibliche Kunden, nicht jedoch auf weibliche und männliche Kunden bezieht und es diesbezüglich relevante Unterschiede bei der Reichweite gibt. Unproblematisch dürfte die Verwendung inklusiver Sprache hingegen bei Werbeaussagen sein, die sich an Zielgruppen richten, die typischerweise selbst überwiegend ausdrücklich inklusiv kommunizieren, wie zum Beispiel Schülerinnen oder Studentinnen.[245] 139

239 Fritzsche/Frahm WRP 2008, 22 (35).
240 OLG Hamburg GRUR-RR 2007, 85 (88) – Homezone im O2-Netz.
241 → Rn. 378 ff.
242 BT-Drs. 19/27873, 1.
243 BT-Drs. 19/27873, 1.
244 BT-Drs. 19/27873, 1.
245 Ahrens IPRB 2022, 36, 38.

Praxistipp:

Bei der Verwendung neuer Wortschöpfungen zur geschlechtergerechten Sprache sollte nicht außerachtgelassen werden, dass eine große Zahl von Kunden derartige Formulierungen (noch) nicht versteht und es zu Missverständnissen kommen kann. Dabei geht es nicht um die Frage, ob inklusive Sprache sinnvoll ist, sondern allein darum, ob der angesprochene durchschnittliche Verbraucher die Aussage richtig versteht. Die Verwendung des generischen Maskulinum („Kunden") ist deshalb (noch) aus rechtlicher Sicht vorzuziehen, wenn sich die Werbeaussage an die Allgemeinheit richtet. Sofern das Bemühen um inklusive Sprache hervorgehoben werden soll, sind leichter verständliche Formulierungen, wie „Kundinnen und Kunden" vorzugswürdig, da sie nicht so leicht überlesen werden können. Zukünftig könnte sich das allgemeine Sprachverständnis aber dahingehend ändern, dass das generische Maskulinum nicht mehr als solches verstanden wird, der Verbraucher die Aussage also nur noch auf männliche Personen bezieht und gegebenenfalls irregeführt wird. Es ist deshalb empfehlenswert, die Sprachentwicklung genau zu verfolgen und die eigene Kommunikation immer wieder darauf hin zu überprüfen, ob sie immer noch dem allgemeinen Sprachverständnis entspricht.

3. Nicht ernst gemeinte Angaben

140 Auch bei nicht ernst gemeinten Angaben muss sich der Werbende grundsätzlich das tatsächliche Verständnis und eine ggf. vorliegende Irreführung der angesprochenen Verbraucher entgegenhalten lassen. Insbesondere die Werbung bekannter, angesehener Unternehmen wird in der Regel vom Verkehr ernst genommen.[246] Andererseits besteht die Möglichkeit, dass unrichtige Angaben vom Verkehr aufgrund der in ihr enthaltenen Übertreibungen ausnahmsweise nicht ernst genommen werden. Es bedarf mithin einer Entscheidung im Einzelfall, ob der Angabe vom Verkehr eine unzutreffende Aussage beigemessen wird und sie damit geeignet ist, irrezuführen. Hieran fehlt es jedoch, wenn die Angabe zwar nicht der Wahrheit entspricht, aber vom Verkehr auch nicht ernst genommen wird.

141 So ist die Angabe „Der größte Biermarkt der Welt" irreführend, wenn dies nicht tatsächlich der Fall ist. Da es nicht unmöglich ist, dass ein Biermarkt tatsächlich der größte der Welt sein kann, wird eine derartige Behauptung in seriöser Werbung ernst genommen.[247] Macht ein Unternehmen für ein bestimmtes Produkt die Angabe „Der beste Preis der Stadt", erwartet der Verkehr, dass sich der Werbende zuvor zumindest über die Preisgestaltung des fraglichen Produkts bei seinen Hauptkonkurrenten sowie denjenigen Anbietern in dem relevanten Einzugsgebiet informiert hat, die in der Vergangenheit regelmäßig die günstigsten Preise angeboten haben.[248] Die Behauptung eines Lohnsteuerhilfevereins in Stellenanzeigen, er sei „einer der beiden führenden Lohnsteuerhilfevereine in Deutschland" bzw. „der neue Marktführer" ist irreführend, denn der Angabe einer Marktführerschaft entnimmt der Leser vor allem, dass der so Werbende qualitativ überlegen ist, weil er über ein besseres Know-how, bessere persönliche und sachliche Ausstattung verfügt, mehr Steuersachen und diese besser als seine Mitbewerber bearbeitet, er also an Erfahrung und Wissen überlegen ist.[249] Die Werbung „unschlagbar" für ein technisches Erzeugnis, für das es anerkannte und nachprüfbare Leistungsmerkmale gibt, kann – insbesondere gegenüber Fachleuten – als ernst gemeinte Inanspruchnahme der alleinigen technischen und/oder wirtschaftlichen Spitzenstellung aufgefasst werden.[250]

142 **Allgemeine Redewendungen** und **Anpreisungen ohne Tatsachenkern** sowie **schlagwortartige Formulierungen,** die sich einer objektiven Nachprüfung entziehen, werden häufig nicht ernst genommen oder als nichtssagend angesehen, da eine Nachprüfbarkeit nach objektiven Maßstäben ausscheidet. Bei derartigen Werbeaussagen ohne Informationsgehalt handelt es sich bereits nicht um Angaben iSv § 5 Abs. 2 UWG.[251]

143 Eine Anpreisung wie „schönster Aussichtspunkt der Mosel"[252] oder „The juiciest experience ever" für Süßwaren[253] entziehen sich folglich auf Grund der Subjektivität einer Beurteilung ge-

[246] BGH GRUR 1981, 910 (911) – Der größte Biermarkt der Welt; 1975, 142 – Unschlagbar; 1965, 365 (366) – Lavamat II.
[247] BGH GRUR 1981, 910 (911) – Der größte Biermarkt der Welt.
[248] OLG Hamburg GRUR-RR 2007, 369 (370) – Der beste Preis der Stadt.
[249] OLG Zweibrücken NJW-RR 2002, 1066 (1067).
[250] BGH GRUR 1975, 141 (142) – Unschlagbar.
[251] BGH GRUR 2017, 418 (420) Rn. 21 – Optiker-Qualität.
[252] LG Koblenz WRP 1983, 225.
[253] OLG Frankfurt 19.11.2003 – 5 U 62/03.

mäß § 5 UWG. Gleiches gilt für die Aussagen „hochwertige Brillenfassungen"[254] und „Deutschlands beliebtester DSL-Anbieter".[255]

Auch **allgemeine Anpreisungen** werden jedoch vom Verkehr häufig auf einen wahren Tatsachenkern zurückgeführt. So wird die Werbung „Das große deutsche Wörterbuch" auf die Kernaussage zurückgeführt, dass eine Alleinstellung in Anspruch genommen werde.[256] Die Bewertung eines Fremdsprachenfernkurses als „der beste Powerkurs aller Zeiten" bewegt sich in einem Grenzbereich zwischen rein subjektiven Einschätzungen und einem evtl. verbleibenden Tatsachenkern. Letzterer wird allerdings erkennbar weit in den Hintergrund gedrängt. Der angesprochene verständige Durchschnittsverbraucher kann aus der Kombination der beiden Superlative „der beste" und „aller Zeiten" die in der Anpreisung liegende reklamehafte Übertreibung erkennen. Gerade der Zusatz „aller Zeiten" für Fremdsprachenfernkurse verdeutlicht dies. Der Verbraucher geht daher von vornherein davon aus, dass die von den Verlagen angebotenen aktuellen Sprachkurse jeweils moderner und besser sind als die Vorauflagen. Die Wendung „aller Zeiten" ist daher als werbetypische, reklamehafte Anpreisung erkennbar. Darüber hinaus stellte das KG Berlin fest, dass die ungeschützte Bezeichnung „Powerkurs" für Fremdsprachenfernkurse bisher im Wesentlichen nur von der Werbenden selbst benutzt werde, so dass sich auch die Werbung ohnehin nur auf verschiedene Auflagen der „Powerkurse" beziehe.[257] 144

Bei einer Verkaufssendung im Fernsehen kann nicht ohne weiteres davon ausgegangen werden, dass die Werbeaussage „ein Edelstein könne Müdigkeit lindern", vom Publikum nicht ernst genommen wird, und zwar auch nicht, wenn in der Sendung teilweise herumgealbert und „geplaudert" wird.[258] 145

4. Objektiv zutreffende Angaben

a) **Allgemeine Angaben.** Objektiv zutreffende Angaben sind in der Regel nicht irreführend. Dies ist allerdings nicht immer der Fall. Anders als in § 27 LFGB sind in § 5 Abs. 2 UWG neben „unwahren" ausdrücklich auch „sonstige zur Täuschung geeignete Angaben" genannt.[259] Deshalb kann eine geschäftliche Angabe auch dann irreführend sein, wenn sie objektiv richtig ist, ein beachtlicher Teil der angesprochenen Verkehrskreise mit ihr aber gleichwohl eine unrichtige Vorstellung verbindet.[260] Unter bestimmten Umständen kann Werbung mit sachgemäßen und der Wahrheit entsprechenden Angaben auch Beschränkungen unterworfen werden, um etwa Rechte Dritter zu schützen.[261] 146

So ist eine an mögliche Kapitalanleger gerichtete Werbeaussage über die Mindestverzinsung des eingesetzten Kapitals auch dann zur Irreführung geeignet, wenn sie zwar keine unrichtigen Tatsachenbehauptungen enthält, aber gerade darauf angelegt ist, die irrige Vorstellung zu erwecken, es sei eine sichere Rendite zu erwarten. In diesem Fall kann die Beurteilung der betreffenden Angaben als irreführend auch nicht durch den sonstigen Inhalt des Emissionsprospekts wieder ausgeschlossen werden.[262] Die für sich genommen zutreffenden Prozentangaben zu den empfohlenen Tagesmengen an Nährstoffen im Rahmen der Nährwertangaben auf einer Nuss-Nugat-Creme können irreführend sein, wenn der Verkehr sie aufgrund ihrer Aufmachung in der typischen Kaufsituation falsch versteht, nämlich so, dass die Creme prozentual erheblich mehr gesundheitsfördernde als – bei übermäßigen Genuss – gesundheitsschädliche Inhaltsstoffe enthalte.[263] 147

[254] BGH GRUR 2017, 418 (420) Rn. 21 – Optiker-Qualität.
[255] OLG Hamburg MMR 2010, 333 – Der beliebteste Anbieter II.
[256] BGH GRUR 1971, 365 (366 f.) – Wörterbuch.
[257] KG Berlin GRUR-RR 2011, 192 (193) – Bester Powerkurs aller Zeiten.
[258] OLG Düsseldorf Magazindienst 2007, 529 (530 f.).
[259] BGH GRUR 2010, 359 (361) – Vorbeugen mit Coffein.
[260] BGH GRUR 2014, 88 Rn. 32 – Vermittlung von Netto-Policen; Köhler/Bornkamm/Feddersen/Bornkamm UWG § 5 Rn. 2.70.
[261] EGMR GRUR-RR 2009, 173 (174) – Gebührenhöchstbetrag; NJW 2003, 497 (498) – Stambuk.
[262] BGH WRP 2004, 225 (226) – Mindestverzinsung.
[263] OLG Frankfurt 20.10.2011 – 6 U 40/11.

Praxistipp:

Da die Auffassung der angesprochenen Verkehrskreise letztlich maßgeblich dafür ist, ob eine Irreführung vorliegt, können auch objektiv zutreffende Behauptungen irreführend sein, wenn die angesprochenen Verkehrskreise diesen einen falschen Inhalt beimessen. In diesen Fällen ist jedoch regelmäßig eine höhere Irreführungsquote zu fordern.[264] Außerdem ist es in derartigen Fällen auch geboten, eine Interessenabwägung vorzunehmen und die Auswirkungen des Verbots der objektiv richtigen Aussage in die Erwägungen einzubeziehen.[265]

148 Die Angabe „geprüfter Sachverständiger" eines Werbenden, der den Lehrgang „Sachverständiger für bebaute und unbebaute Grundstücke" mit einer Prüfung abgeschlossen hat, ist vom Wortlaut her nicht irreführend, doch versteht ein nicht unerheblicher Teil der angesprochenen Verkehrskreise die Werbeaussage dahingehend, dass der Sachverständige eine besondere, den Standard seiner Mitbewerber deutlich überragende Qualifikation aufweist, die er in einer amtlich festgelegten, einheitlichen Prüfung unter Beweis gestellt hat. Eine derartige Prüfung hatte der Werbende in dem vom LG Kiel zu entscheidenden Fall jedoch nicht abgelegt, so dass die angegriffene Angabe zwar objektiv richtig, aber dennoch irreführend iSd § 5 UWG ist.[266] Das Gleiche gilt für die Verwendung der Bezeichnungen „Kieferorthopädie" und „(Zahnarzt-) Praxis für Kieferorthopädie". Der durchschnittliche Verbraucher erwarte hier, dass der so werbende Zahnarzt eine von der zuständigen Berufsaufsicht anerkannte Weiterbildung mit bestandener Prüfung absolviert hat. Die Verwendung der gerügten Bezeichnungen ist deshalb irreführend, selbst wenn der Betroffene Zahnarzt tatsächlich in dem Bereich tätig ist und sogar entsprechende Vorlesungen zum Thema Kieferorthopädie hält.[267]

149 Nicht irreführend ist jedoch die Verwendung einer gesetzlich **vorgeschriebenen oder zugelassenen Bezeichnung,** sofern die Ware der in der Rechtsvorschrift vorgesehenen Beschaffenheit entspricht, auch wenn ein nicht unerheblicher Teil der betroffenen Verkehrskreise sie in einem anderen als dem gesetzlich festgelegten Sinne versteht. Demnach ist die Benutzung der geographischen Herkunftsangabe „Spreewälder Gurken" für ein nach gesetzlichen Vorschriften verarbeitetes Erzeugnis, dass zumindest zu 70 % aus Gurken besteht, die im Wirtschaftraum Spreewald erzeugt worden sind, nicht irreführend, auch wenn ein nicht unerheblicher Teil der betroffenen Verkehrskreise die Bezeichnung „Spreewaldgurken" als direkt aus dem Spreewald stammend versteht.[268] Außerhalb des Bereichs der bindend definierten geografischen Herkunftsangaben kommt es für die Irreführung über die geografische Herkunft allein auf die durch die Werbung erweckte Erwartung des Verkehrs an. So kann eine geografische Herkunftsangabe auch dann irreführend sein, wenn die Region, aus der das Produkt stammt, nach wissenschaftlich-geologischen Erkenntnissen noch zu dem angegebenen Gebiet gehört. Die Oberlandesgerichte Hamm und Köln führten insoweit aus, dass der Verkehr bei der Angabe „Himalaya-Salz" gerade nicht erwarte, dass das Salz aus einem Anbaugebiet in einer vom Himalaya-Massiv durch eine dichtbesiedelte Ebene getrennten, rund 200 km entfernten Hügellandschaft, sondern direkt aus dem Himalaya-Massiv stammt.[269]

150 Die Werbung mit einem bestehenden Gebrauchsmuster ist irreführend, wenn die dem Gebrauchsmuster zugrunde liegende technische Lehre offenkundig nicht schutzfähig ist.[270] Auch die Werbung mit dem Zeichen „GS = geprüfte Sicherheit" kann irreführend sein, wenn die Genehmigung zur Führung des Zeichens zu Unrecht erteilt worden ist.[271] Die Bezugnahme auf ein vom TÜV erteiltes Zertifikat als Medizinprodukt ist irreführend, wenn das beworbene Produkt kein Medizinprodukt ist und deshalb einer Zertifizierung nicht bedarf.[272]

---

[264] BGH GRUR 2013, 1253 Rn. 17 – Medizinische Fußpflege; BGH GRUR 2013, 409 Rn. 29 – Steuerbüro; BGH WRP 2004, 225 (226) – Mindestverzinsung; GRUR 1996, 985 (986) – PVC-frei; 1994, 519 (521) – Grand Marnier.

[265] BGH GRUR 2013, 1253 Rn. 17 – Medizinische Fußpflege; BGH GRUR 2003, 629 (630) – Klosterbrauerei; WRP 1996, 1102 (1104 f.) – Großimporteur.

[266] LG Kiel GRUR-RR 2009, 184 (185) – geprüfter Sachverständiger.

[267] BGH GRUR-Prax 2021, 646 – Kieferorthopädie.

[268] OLG Hamburg GRUR-RR 2004, 36 – Spreewälder Gurken.

[269] OLG Hamm GRUR-RR 2011, 72 (73) – Himalaya-Salz; OLG Köln NJOZ 2011, 981 (982) – Himalaya-Salz.

[270] OLG Düsseldorf WRP 1999, 218 (220) – Schaukelpferd.

[271] BGH WRP 1998, 294 (295) – GS-Zeichen; OLG Oldenburg GRUR-RR 2003, 159 – Torpfosten.

[272] OLG Hamburg GRUR-RR 2002, 360 – Pigmentiergerät.

Zu beachten ist auch, dass es nicht darauf ankommt, aus welchem Grunde eine tatsächliche Verbrauchererwartung existiert. Diese ist auch zu beachten, wenn sie nicht nur auf unzutreffenden Fakten beruht, sondern eventuell nur auf **politischen oder ideologischen Wunschvorstellungen.** Die Wettbewerbszentrale hat nach eigenen Angaben in mehreren Fällen Unternehmen abgemahnt, die mit dem Hinweis Klimaneutralität geworben haben. Dabei handelte es sich um Aussagen wie **„100 % klimaneutrale Produktion"**, „wir handeln klimaneutral" oder „klimaneutrales Produkt". Bemängelt wurde bei diesen Aussagen, dass der Eindruck entstehe, dass die Klimaneutralität zu 100 % durch emissionsvermeidende bzw. emissionsreduzierende Maßnahmen erreicht wird, die das werbende Unternehmen selbst und seine Produkte betreffen, also die eigenen Produktionsprozesse, Logistik und Vertrieb. Tatsächlich handele es sich aber lediglich um ein rechnerisches Ergebnis, dass durch den Kauf von CO_2-Ausgleichzertifikaten erreicht werde. In keinem der erwähnten Fälle war es offenbar streitig, ob die behauptete Klimaneutralität jedenfalls durch den Erwerb von ausreichenden Ausgleichszertifikaten erreicht wurde. Nach Auffassung der Wettbewerbszentrale handele es sich dabei nicht um eine gleichwertige Maßnahme, sondern um **„Greenwashing"**.[273] Die Argumentation ist sachlich schwer nachvollziehbar.[274] Trotzdem kann nicht ausgeschlossen werden, dass sich auch bei dem durchschnittlichen Verbraucher eine entsprechende Erwartung gebildet hat. 151

b) Werbung mit Selbstverständlichkeiten. Eine Werbung mit objektiv zutreffenden Behauptungen ist auch die Werbung mit Selbstverständlichkeiten. Einen Sonderfall dieser Art der Irreführung enthält Nr. 10 des Anhangs zu § 3 Abs. 3 UWG. Danach ist die unwahre Angabe, gesetzlich bestehende Rechte stellten eine Besonderheit des Angebotes dar, immer irreführend und unlauter. Für den Lebensmittelbereich ist § 11 Abs. 1 LFGB als Sondervorschrift zu beachten. 152

Die Herausstellung von Selbstverständlichkeiten kann irreführend gemäß § 5 UWG sein, wenn den angesprochenen Verkehrskreisen die Selbstverständlichkeit nicht bekannt ist.[275] Dies gilt insbesondere für Eigenschaften von Waren oder Leistungen, die gesetzlich vorgeschrieben sind. Die Verwendung des Siegels „tiergerechte Haltungsform" ist deshalb irreführend, wenn der Verwender die Tiere lediglich entsprechend den geltenden gesetzlichen Vorschriften hält.[276] Ebenso ist die Bewerbung eines Hygienesiegels als „Deutsches Hygienezertifikat" irreführend, da die darauf verweisenden Betriebe den unzutreffenden Eindruck vermitteln, dass besondere bzw. erhöhte Hygieneanforderungen erfüllt würden.[277] 153

Eine Irreführung liegt jedenfalls nicht vor, wenn die angesprochenen Verkehrskreise mangels besonderer Betonung eines selbstverständlichen Umstandes nicht den Eindruck einer Besonderheit erhalten. Die unauffällige Erwähnung der Angabe „incl. MwSt" ist daher nicht als irreführend anzusehen.[278] 154

Die Werbung eines Edelmetallankäufers mit dem Hinweis „kostenlose Schätzung" stellt nur insoweit eine Werbung mit einer Selbstverständlichkeit dar, soweit es sich um die einem Ankauf unmittelbar vorausgehende Schätzung handelt,[279] nicht jedoch soweit diese Schätzung auch unabhängig von einem Ankauf ganz allgemein angeboten wird.[280] 155

c) Fortwirkende Irreführung. Eine an sich nicht zu beanstandende Werbeaussage kann irreführend sein, wenn ihr eine irreführende Werbung vorausgegangen ist und die Irreführung auf Grund der Ähnlichkeit der nachfolgenden Werbung fortwirkt.[281] 156

Wurde für eine in Deutschland hergestellte Salami lange Zeit auf den Etiketten mit der flaggenartigen Streifengebung „rot-weiß-grün" (den Landesfarben Ungarns) geworben, so entfällt die Irreführung über die Herkunft der Ware nicht dadurch, dass in den weißen Mittelstreifen ein goldfarbener Streifen eingefügt wird. Der Verbraucher nimmt die Streifengestaltung weiterhin als Hinweis auf die ungarische Herkunft auf.[282] 157

[273] Wettbewerbszentrale, Pressemitteilung vom 19.5.2021 sowie Hintergrundpapier vom gleichen Tage, beide abzurufen auf der Internetseite der Wettbewerbszentrale unter wettbewerbszentrale.de/de/home/pressemitteilung/?id=381, zuletzt abgerufen am 25.5.2021.

[274] Ahrens, Werbung mit Klimaneutralität, IPRB 2021, 142 (142 f).

[275] BGH GRUR 2013, 950 Rn. 17 – auch zugelassen am OLG Frankfurt.

[276] OLG Oldenburg GRUR-RR 2011, 190 (191 f.) – Tiergerechte Haltungsform.

[277] LG Berlin LMRR 2010, 17 – Deutsches Hygienezertifikat.

[278] BGH GRUR 2008, 532 (534) – Umsatzsteuerhinweis; GRUR 1990, 1027 (1028) – Incl. MwSt I, 1029, 1030 – Incl. MwSt III; 1991, 323 – Incl. MwSt IV.

[279] BGH GRUR 2014, 498 Rn. 15 – Kostenlose Schätzung.

[280] BGH GRUR 2014, 498 Rn. 17 – Kostenlose Schätzung.

[281] Vgl. Gloy/Helm § 49 Rn. 45.

[282] BGH GRUR 1982, 685 (686) – Ungarische Salami II.

158 Um der Fortwirkung zu entgehen, ist eine eindeutige Abstandnahme von der früheren Werbung erforderlich.

5. Äußerungen Dritter

159 Werden Äußerungen Dritter zu Zwecken der Werbung verwendet, so gelten die gleichen Grundsätze. Entnimmt eine nicht unerhebliche Anzahl der angesprochenen Verbraucher diesen Äußerungen Dritter tatsächlich unzutreffende Angaben, wirkt dies zulasten des Werbenden, da er sich die Äußerungen zu eigen gemacht hat.[283] Bei der Verwendung von Äußerungen Dritter wird man sogar eher eine Irreführung annehmen können, da diese tendenziell als objektiv und zutreffend angesehen werden.

160 Auch bei **wissenschaftlichen Veröffentlichungen** macht sich der Werbende diese zu eigen und hat für eventuelle Unrichtigkeiten einzustehen.[284] Bei einer Werbung mit einem wissenschaftlichen Beitrag gegenüber **Fachkreisen** trifft den Werbenden grundsätzlich kein Irreführungsvorwurf, wenn die Arbeit oder die Versuchsreihe, auf die er sich beruft, nach wissenschaftlichen Maßstäben nicht zu beanstanden ist.[285]

161 Auch kann sich die Irreführung bei der Verwendung von Äußerungen Dritter daraus ergeben, dass die Umstände des Zustandekommens der Äußerungen den Verbrauchern nicht offenbar werden. Wird bei der Veröffentlichung einer Meinungsumfrage als Quelle in einer Werbung für Motorräder ein Fachzeitschriften-Verlag genannt, so nimmt der Verkehr an, dass der Verlag die Befragung neutral durchgeführt hat und jedenfalls keine finanziellen Zusammenhänge zwischen der Befragung und dem Unternehmen bestehen.[286] Auch die Angabe „vom DFB empfohlen" darf nur verwendet werden, wenn der Werbende für diese Empfehlung tatsächlich keine finanzielle Gegenleistung erbracht hat.[287] Es ist unerheblich, ob sich auch der Dritte zu Wettbewerbszwecken geäußert hat.

6. Alleinstellungswerbung

162 Eine **Alleinstellungswerbung** liegt vor, wenn der Werbende behauptet, in irgendeiner Hinsicht einen Vorsprung vor den Mitbewerbern zu haben. Dieser Vorrang kann sich beziehen auf das Unternehmen selbst,[288] das angebotene Produkt[289] oder den Preis des Produktes.[290] Häufig wird die Alleinstellungswerbung auch als **Spitzenstellungswerbung** bezeichnet.[291] Auch dieser Begriff bringt zum Ausdruck, dass eine Vorrangstellung besteht. Hiervon zu unterscheiden ist die **Spitzengruppenwerbung.** Hierbei handelt es sich nicht um eine Alleinstellungswerbung. Es wird lediglich zum Ausdruck gebracht, dass der Werbende sich zu einer Spitzengruppe zugehörig fühlt und dass es weitere, ähnlich qualifizierte Mitbewerber bzw. Produkte von Mitbewerbern gibt.[292]

163 Doch auch im Rahmen der Alleinstellungswerbung ist zu beachten, dass es sich um eine Tatsachenbehauptung handeln muss. Dies ist zu verneinen, wenn es an einer inhaltlich nachprüfbaren Aussage fehlt. So ist etwa der Werbeslogan „Meine Nr. 1" wegen des Possessivpronomens „Meine" subjektiv gefärbt und damit nicht als Tatsachenbehauptung, sondern als Werturteil zu qualifizieren.[293]

164 Die Alleinstellungswerbung stellt keine irreführende Werbung im Sinne des § 5 UWG dar, solange sie **zutreffend** ist. Dies ist der Fall, wenn ein deutlicher Vorsprung gegenüber den Mitbewerbern besteht und dieser eine gewisse Stetigkeit aufweist. Erforderlich ist eine nach Um-

---

[283] BGH GRUR 1966, 92 (94) – Bleistiftabsätze; 1962, 45 (49) – Betonzusatzmittel; 1961, 189 (190) – Rippenstreckmetall; Köhler/Bornkamm/Feddersen/Köhler/Bornkamm § 5 UWG Rn. 2.160.
[284] BGH GRUR 1962, 45 (49) – Betonzusatzmittel.
[285] BGH WRP 2002, 828 (830 f.) – Hormonersatztherapie.
[286] OLG Hamburg WRP 1979, 317 ff.
[287] OLG Hamburg GRUR 1986, 550 – Fußballschuh-Werbung.
[288] BGH GRUR 1981, 910 f. – Der größte Biermarkt der Welt.
[289] BGH GRUR 1996, 910 ff. – Der Meistverkaufte Europas.
[290] OLG Hamburg GRUR-RR 2007, 369 – Der beste Preis der Stadt; OLG Bremen WRP 1999, 214 f. – … wo die Preise am tiefsten sind; OLG Köln WRP 2000, 222 ff. – einfach billiger telefonieren.
[291] BGH GRUR 1996, 910 (912) – Der Meistverkaufte Europas.
[292] BGH GRUR 2010, 352 (354) – Hier spiegelt sich Erfahrung; OLG Köln BeckRS 2010, 05256 – Der Partner für den reibungslosen Goldankauf.
[293] OLG Bremen GRUR-RR 2011, 147 – Meine Nr. 1.

fang und Dauer erhebliche Vorrangstellung.[294] Die Inanspruchnahme einer Spitzenstellung auf einem bestimmten Markt setzt dessen Eingrenzbarkeit auch in sachlicher Hinsicht und demgemäß eine gewisse Homogenität, mindestens aber Vergleichbarkeit der dem Markt zuzuordnenden Waren voraus. Systemunterschiede können der Inanspruchnahme einer Spitzenstellung entgegenstehen. Das ist allerdings nicht der Fall, wenn die systembedingten Unterschiede der Ware in den Augen des maßgeblichen Verkehrs als wenig bedeutsam erscheinen gegenüber anderen Umständen und Eigenschaften, die der Verkehr mit einem Spitzenprodukt auf dem Markt verbindet und die tatsächlich vorliegen.[295] Bei Verwendung der Behauptung „Die Nr. 1 auf dem Gebiet der Autorennbahnen" kann nicht ohne weiteres davon ausgegangen werden, dass eine Irreführung allein deshalb vorliegt, weil die Wettbewerber unterschiedliche Antriebsarten der Fahrzeuge und/oder Streckenführungsmöglichkeiten anbieten. Es ist zunächst festzustellen, welche Bedeutung den Systemunterschieden für die Verkehrsvorstellung von einer „Nr. 1" zukommt.[296]

Auch eine Spitzengruppenwerbung ist nicht irreführend gemäß § 5 UWG, wenn sie zutreffend ist. Hier muss ebenfalls gewährleistet sein, dass die Zugehörigkeit zu einer für den Verkehr erkennbaren und bestimmbaren Spitzengruppe vorliegt.[297] So enthält die Werbung „In der Summe bündeln wir für Ihre Werkzeuge eine Material- und Verfahrenskompetenz in Politur, Laserschweißen und Oberflächenschutz, die am Markt ihresgleichen sucht" nicht etwa eine irreführende Spitzenstellungswerbung, sondern nur die Behauptung, zu einer Spitzengruppe zu gehören und sich – zusammen mit anderen – vor sonstigen Mitbewerbern abzuheben. Der verständige Leser wird die Werbung mit der Kompetenz „[...] die ihresgleichen sucht" dahin verstehen, dass man erst richtig suchen müsse, um etwas Adäquates zu finden.[298] Wer allerdings ein Testergebnis (zutreffend) wiedergibt, wonach die Kabelbetreiber „neben den günstigsten Preisen auch die schnellsten Leistungen" hatten, erweckt den Eindruck, auch selbst dieser Spitzengruppe anzugehören, wenn in der werblichen Darstellung das eigene getestete Produkt unmittelbar neben dem Testzitat abgebildet wird.[299] 165

Ausgedrückt wird eine Spitzenstellung häufig durch die Verwendung des **Superlativs**[300] oder des **Komparativs.**[301] Auch die Verwendung des **bestimmten Artikels**[302] oder die Behauptung einer **Marktführerschaft**[303] kann eine Spitzenstellung ausdrücken. Bezeichnet sich ein Unternehmen als Marktführer, muss aufgrund des Zusammenhangs der Werbeaussage ermittelt werden, in welchem Bereich eine Alleinstellung beansprucht wird.[304] Bei Angaben zum Marktanteil ist zu berücksichtigen, dass der Verbraucher in der Regel keine Kenntnisse hinsichtlich der rechtlichen Organisation von zusammengeschlossenen aber als individuelle Marktteilnehmer auftretenden Unternehmen hat.[305] 166

Die Eigenwerbung „Der Marktführer in W. und Umgebung" eines Anzeigenblatts stellt eine irreführende geschäftliche Handlung dar, wenn die Marktführerschaft nicht mit der Auflagenstärke, sondern der Mitarbeiterzahl und dem Seitenumfang begründet wird. Denn der durchschnittliche Leser wird häufig nicht wissen, dass der Erfolg eines Anzeigenblattes noch auf andere Weise als durch die Auflage gemessen werden kann.[306] 167

Die Werbeaussage „Oddset, die Sportwette mit festen Quoten, nur bei Lotto!" erweckt den Eindruck, dass der Lottoblock der einzige Anbieter solcher Wetten ist.[307] 168

---

294 BGH GRUR 1991, 680 (681 f.) – Porzellanmanufaktur; 850, 851 – Spielzeug-Autorennbahn; OLG Hamburg GRUR-Prax 2019, 471 – Unzulässige Alleinstellungswerbung mit eigenem Testergebnis; GRUR-RR 2005, 286 – Die gründlichste Rasur II; 2002, 71 (72 f.) – Technologieführerschaft; GRUR-RR 2007, 369 – Der beste Preis der Stadt; OLG Celle BeckRS 2008, 22159.

295 BGH GRUR 1992, 404 (406) – Systemunterschiede; 1992, 850 (851) – Spielzeug-Autorennbahn.

296 BGH GRUR 1992, 404 (406) – Systemunterschiede.

297 BGH GRUR 1973, 594 (596) – Ski-Sicherheitsbindung.

298 BGH GRUR 2010, 352 (354) – Hier spiegelt sich Erfahrung.

299 OLG Köln GRUR-RR 2010, 345 (346) – Die Fachpresse ist begeistert.

300 BGH GRUR 1985, 140 (141) – Größtes Teppichhaus der Welt; OLG Hamburg GRUR-RR 2002, 73 – Europas größter Onlinedienst; OLG Bremen WRP 2000, 214 – ... wo die Preise am tiefsten sind; OLG Köln NJW-WettbR 1998, 272 f. – Der größte Kosakenchor Europas.

301 BGH GRUR 1973, 78 (80) – Verbraucherverband: Firma x bietet bessere Produkte; OLG Hamburg GRUR-RR 2003, 377 – Get More.

302 BGH GRUR 2005, 176 (177) – Nur bei Lotto; 1983, 779 (780) – Schuhmarkt: Der große SchuhMarkt Essen; 1982, 111 (114) – Original Maraschino: Der Original Maraskar-Geist; LG Berlin MMR 2001, 560.

303 OLG Hamburg AfP 2002, 46; GRUR-RR 2002, 71 (72 f.) – Technologieführerschaft.

304 BGH GRUR 2012, 1053 Rn. 23 – Marktführer Sport.

305 BGH GRUR 2012, 1053 Rn. 26 – Marktführer Sport.

306 OLG Koblenz BeckRS 2010, 29511.

307 BGH GRUR 2005, 176 (177) – Nur bei Lotto.

169 Die Mitteilung eines Telekommunikationsanbieters, er liege nach dem Messergebnis einer Fachzeitschrift „im Deutschland-Durchschnitt und über alle Anschlussgeschwindigkeiten hinweg ... vorn“, ist irreführend, denn er vermittelt den Eindruck, wenigstens in einem nach Größe und Struktur repräsentativen Teil des Bundesgebiets vertreten zu sein.[308]

170 Nimmt ein Unternehmen für ein bestimmtes Produkt die Spitzenstellungsbehauptung „Der beste Preis der Stadt“ für sich in Anspruch, erwartet der Verkehr, dass sich der Werbende zuvor zumindest über die Preisgestaltung des fraglichen Produkts bei seinen Hauptkonkurrenten sowie denjenigen Anbietern in dem relevanten Einzugsgebiet informiert hat, die in der Vergangenheit in der Regel die günstigsten Preise angeboten haben.[309]

171 Wirbt ein Unternehmen für seine Leistungen mit der Aussage „Denn wir sind der beliebteste Anbieter Deutschlands für Internet, Telefon und TV aus einer Hand!“, wenn die so beworbenen Produkte nicht in den wesentlichen Bundesländern Deutschlands verfügbar sind, ist dies irreführend, da der Verkehr annimmt, das Unternehmen vertreibe seine Produkte deutschlandweit.[310] Auch die Aussage „Günstiger und mehr als 3 × so schnell wie die T.“ ist irreführend, wenn der werbende Internet-Serviceprovider hiermit eine Überlegenheit seines Angebots gegenüber dem seines Wettbewerbers bei der Datenübertragungsgeschwindigkeit bewerben will, da der Verbraucher aufgrund des einschränkungslos beworbenen Geschwindigkeitsvorteils davon ausgeht, diese bestünde immer und fortwährend.[311] Dagegen ist die Werbung mit der Aussage „Deutschlands beliebtester DSL-Anbieter“ dann nicht irreführend, wenn es sich bei dem werbenden Unternehmen um den DSL-Anbieter mit den meisten Kunden handelt.[312] Auch die Angabe „Der beste Preis für Ihre Immobilie“ bzw. „Verkauf zum Bestpreis“ sind nach Auffassung des Kammergerichts unwahre Spitzenstellungsbehauptungen, weil es offensichtlich sei, dass der Preis einer Immobilie von vielen Faktoren abhänge und es auszuschließen sei, dass der Höchstbietende gerade der Personengruppe entstamme, die am System des so Werbenden teilnehme.[313] Diese Entscheidung überzeugt nicht, denn gerade weil es für den angesprochenen Verbraucher offensichtlich ist, dass der Preis eine Immobilie von vielen Faktoren abhängt, insbesondere auch subjektiven Faktoren, könnte man die Aussage auch als bloße Anpreisung verstehen. Nach Auffassung des OLG Hamburg ist es bei einer derartigen Werbeaussage Sache der Maklerin nach den von der Rechtsprechung zur sekundäre Darlegungslast bei der Spitzenstellungswerbung entwickelten Grundsätzen substantiiert darzulegen, weshalb ihr regelmäßig ein „Hausverkauf zum Höchstpreis“ möglich sein sollte.[314]

172 Nicht ausreichend für die Annahme einer Alleinstellungswerbung ist jedoch die Aussage „STARK in Kundenzufriedenheit“, denn die Verwendung der schlichten Grundform „STARK“ schließt die Behauptung einer Allein- oder Spitzenstellungsbehauptung aus.[315]

173 Auch bei Verwendung des Superlativs kann sich jedoch aus den Umständen und der konkreten Formulierung ergeben, dass eine Alleinstellung nicht behauptet wird. Die Bewerbung des Immobilienteils einer Zeitung mit dem Slogan „beste Auswahl, beste Lage, beste Übersicht“ enthält keine Alleinstellungsbehauptung, sondern nur den Hinweis auf sehr gute Qualität.[316] Die Verwendung der Bezeichnung „optimale Interessenvertretung“ auf der Homepage einer Rechtsanwaltskanzlei ist – obwohl formal betrachtet ein Superlativ – im Kontext zu betrachten. Ist sie in eine Reihe von sachlichen Angaben eingebettet, wird sie nicht mehr als Superlativ aufgefasst.[317] Das Gleiche gilt für die Aussage „Trotz riesiger Auswahl haben wir die tiefsten Preise.“, wenn diesem Superlativ der Hinweis hinzugefügt wird „Sollten Sie trotzdem eines unserer Angebote innerhalb von 14 Tagen bei gleicher Leistung woanders günstiger sehen, erstatten wir den Differenzbetrag. Garantiert.“, weil aus dem Gesamtzusammenhang dann deutlich wird, dass der Werbende es für möglich halte, dass ein Mitbewerber preisgünstiger anbiete.[318]

174 Bei Verwendung des **negativen Komparativs** „kein Wettbewerber-Produkt ist besser“ wird sprachlich lediglich die Zugehörigkeit zur Spitzengruppe ausgedrückt. Da es aber auf das Ver-

[308] OLG Köln GRUR-RR 2010, 345 – Die Fachpresse ist begeistert.
[309] OLG Hamburg GRUR-RR 2007, 369 – Der beste Preis der Stadt.
[310] OLG Hamburg MMR 2010, 331 – Der beliebteste Anbieter I.
[311] OLG Hamburg MMR 2010, 331 – Der beliebteste Anbieter I.
[312] OLG Hamburg MMR 2010, 333 – Der beliebteste Anbieter II.
[313] KG GRUR-RR 2019, 543 (544) Rn. 15 – Bestpreisverkauf.
[314] OLG Hamburg GRUR-RR 2022, 139 – Hausverkauf zum Höchstpreis.
[315] OLG Bremen GRUR-RR 2011, 147 – Meine Nr. 1.
[316] KG Berlin GRUR 1999, 1021 (1022) – beste Auswahl, beste Lage, beste Übersicht.
[317] BGH GRUR 2005, 520 ff. – „Optimale Interessenvertretung“.
[318] OLG Bremen WRP 2004, 505 (506 f.) – „die tiefsten Preise“.

kehrsverständnis ankommt, kann eine solche Aussage im Einzelfall auch als Alleinstellung aufgefasst werden.[319]

175 Auch sonst kann sich unabhängig von der grammatikalischen Gestaltung der Aussage bereits aus dem **Sinngehalt** oder durch die **besondere Herausstellung** oder **Betonung** der Eindruck einer Alleinstellungsbehauptung ergeben.[320] Wird etwa der Name eines Unternehmens mit dem Namen der Stadt, in der das Unternehmen seinen Sitz hat, verknüpft, leitet der Verkehr hieraus eine überragende Stellung des Betriebes in der entsprechenden Branche ab.[321] Auch die Verwendung einer Gattungsbezeichnung als Domain-Name, die für sich allein keine Spitzenstellungsbehauptung darstellt,[322] kann im Einzelfall den Eindruck einer Alleinstellung erwecken.[323] Dies ist allerdings nicht der Fall, wenn der Verkehr von vornherein erkennt, dass die Homepage des betreffenden Anbieters nicht das gesamte Angebot repräsentiert.[324] Darüber hinaus kann die Irreführungsgefahr auch durch entsprechende Hinweise auf der Homepage wieder ausgeräumt werden.[325] So hat das OLG Hamm eine Spitzenstellungsbehauptung für die Benutzung einer Domain abgelehnt, die sich aus einem Gattungsbegriff und einem Ortsnamen (hier: „anwaltskanzlei-[ortsname].de") zusammensetzt.[326] Durch die Nutzung eines Gattungsbegriffs als Domainname würden Kunden zwar auf die jeweilige Website gelenkt. Hierbei kommt dem Domaininhaber jedoch allein der Vorteil des Prioritätsprinzips im Rahmen der Domainregistrierung zugute.[327] Eine Irreführung des Internetnutzers ist erst dann zu bejahen, wenn der Domainname Erwartungen weckt, die dem Inhalt der Internetseite nicht entsprechen.[328]

176 Die Bezeichnung „Erster Fachanwalt für Erbrecht" wird nicht in zeitlicher Hinsicht, sondern als Hinweis auf besonders herausragende Befähigung und damit als Alleinstellungswerbung verstanden.[329]

177 Eine Alleinstellungs- bzw. Spitzengruppenwerbung stellt nur dann eine **vergleichende Werbung** dar, wenn eine Individualisierung konkreter Wettbewerber vorliegt. Dies wurde von der Rechtsprechung zB bei den Werbeaussagen „günstigste Abonnementzeitung Berlins"[330] oder „X – entfernt signifikant mehr Plaque als jede andere führende Handzahnbürste"[331] bejaht. In diesem Fall ist die Werbung dann sowohl an § 6 als auch an § 5 UWG zu messen.[332]

IV. Gegenstand der Irreführung

1. Angaben

178 Die für eine Irreführung relevanten Angaben werden in **§ 5 Abs. 2 UWG** genannt. Dabei wird unterschieden zwischen unwahren Angaben und sonstigen zur Täuschung geeigneten Angaben. Unwahre Angaben müssen sich auf **Tatsachen** beziehen, weil Meinungsäußerungen nicht wahr oder unwahr sein können. Zur Täuschung geeignete Angaben können neben Tatsachenbehauptungen aber auch **Meinungsäußerungen** sein, wie zum Beispiel Äußerungen zur Rechtslage, sofern der angesprochene Kunde die Aussage nicht als Äußerung einer Rechtsansicht, sondern als Feststellung versteht. Das kann bei allgemeinen Aussagen über die Rechtslage der Fall sein, nicht jedoch, wenn es für die betroffenen Verkehrskreise erkennbar ist, dass es sich um eine im Rahmen der Rechtsverfolgung oder Rechtsverteidigung geäußerte Rechtsansicht handelt. Dann fehlt dieser Äußerung die zur Erfüllung des Tatbestands der Irreführung erfor-

[319] OLG Hamburg 22.3.2007 – 3 U 202/06, Magazindienst 2008, 63 (66) – Nichts hilft schneller; WRP 1977, 811 (813) – Es gibt kein besseres Bier; OLG Düsseldorf WRP 1977, 26 (27) – Weit und breit nichts Besseres.

[320] BGH GRUR 1975, 141 (142) – Unschlagbar.

[321] OLG Hamm GRUR-RR 2003, 289 – Tauchschule Dortmund.

[322] OLG Hamm 19.6.2008 – 4 U 63/08.

[323] BGH WRP 2001, 1286 (1288, 1290 f.) – Mitwohnzentrale.de.

[324] BGH WRP 2001, 1286 (1288) – Mitwohnzentrale.de; OLG Hamm WRP 2001, 740 – sauna.de.

[325] OLG Hamburg GRUR 2003, 1058 – Mitwohnzentrale II.

[326] OLG Hamm MMR 2009, 50 (51) – www.anwaltskanzlei-[ortsname].de – mit Anmerkungen von Martin Kuhr.

[327] BGH MMR 2001, 666 (668 f.) – Mitwohnzentrale.de.

[328] LG Hamburg MMR 2003, 796 – tipp.AG.

[329] OLG Bremen GRUR-RR 2007, 209 f. – Erster Fachanwalt.

[330] KG GRUR-RR 2003, 319 – Berliner Zeitung.

[331] OLG Hamburg GRUR-RR 2001, 84 – Handzahnbürste.

[332] Vgl. dazu Eck/Ikas in → § 22.

derliche Eignung zur Täuschung.[333] Hierfür bedarf es nicht zwingend eines ausdrücklichen Hinweises, dass es sich lediglich um die eigene Rechtsauffassung handelt.[334]

179 Auch eine werbliche Anpreisung ohne Informationsgehalt, wie zum Beispiel die Bezeichnung „hochwertig" erfüllt die Anforderungen an eine Angabe im Sinne des § 5 Abs. 2 UWG nicht.[335]

180 Trotz des Fehlens des Wortes „insbesondere" ist der Katalog nicht abschließend. Zum einen enthält § 5 Abs. 2 UWG in der ersten Alternative einen **offenen Tatbestand** („wenn sie unwahre Angaben enthält"). Zum anderen sind in dem abschließenden Katalog in der zweiten Alternative („oder sonstige zur Täuschung geeignete Angaben über folgende Umstände enthält:") die beiden wichtigsten Tatbestände, nämlich die Irreführung über die Ware oder die Dienstleistung (§ 5 Abs. 2 Nr. 1 UWG) und die Irreführung über den Unternehmer (§ 5 Abs. 2 Nr. 3 UWG) durch die Verwendung des Wortes „wie" als offene Tatbestände formuliert.[336]

181 Aus Übersichtlichkeitsgründen wird im Folgenden die abschließende Struktur des § 5 Abs. 2 UWG auch in der Gliederung der Kommentierung übernommen.

182 Die hier genannten **Beispielsfälle** beschränken sich auf solche, bei denen auch nach der aktuellen Rechtsprechung des BGH zum Verbraucherleitbild,[337] das auch § 5 UWG zugrunde liegt,[338] von einer Eignung zur Irreführung ausgegangen werden kann. Viele ältere Entscheidungen, in denen Werbeaussagen als irreführend untersagt wurden, würden heute als unbedenklich akzeptiert werden. Außerdem ist allgemein bei dem Rückgriff auf ältere Entscheidungen zu berücksichtigen, dass sich die Kenntnisse, Gewohnheiten und Einstellungen der Verbraucher sowie die allgemeinen wirtschaftlichen Rahmenbedingungen verändern, so dass ältere Urteile auch aus diesem Grunde nur mit Vorsicht als Maßstab herangezogen werden sollten. Der BGH hat bereits mehrfach bestimmte Sachverhalte nach einigen Jahren großzügiger bewertet und eine Irreführung im Gegensatz zu einer früheren Entscheidung verneint.

2. Die wesentlichen Merkmale der Waren oder Dienstleistungen (§ 5 Abs. 2 Nr. 1 UWG)

183 **a) Verfügbarkeit, Angemessenheit des Vorrats.** Eine typische Irreführung über die Merkmale der Waren oder Dienstleistungen ist die Verfügbarkeit. Bei hochwertigen Geräten der Unterhaltungselektronik (zB Videorecorder und Autoradios,[339] Drucker[340] oder Gefrierschränke, Gefriertruhen, Kühlschränke, Waschmaschinen, Wäschetrockner, Wäscheschleudern, Geschirrspüler, Elektroherde und Bügelmaschinen)[341] besteht grundsätzlich eine Hinweispflicht des Handels, wenn das fragliche Modell vom Hersteller nicht mehr produziert und nicht mehr im Sortiment geführt oder von ihm selbst als **Auslaufmodell** bezeichnet wird. Dabei kann sich die Erklärung des Herstellers, dass es sich um ein Auslaufmodell handelt, auch aus den Umständen ergeben, zB dass das betroffene Gerät in dem aktuellen Katalog des Herstellers nicht mehr enthalten ist, sondern durch ein Nachfolgegerät ersetzt ist.[342] Hat ein Händler ein Gerät aus der laufenden Produktion erworben, kann der Hinweis auf die erfolgte Modelländerung jedoch solange unterbleiben, bis das Nachfolgemodell im Handel ist oder – wenn es kein Nachfolgegerät gibt – bis die Ware im üblichen Warenumschlag abgesetzt ist.[343] Es reicht nicht aus, ein Auslaufmodell als **Restposten** oder **Einzelstück** zu kennzeichnen.[344] Eine großzügigere Handhabung ist allenfalls bei geringwertigen Gütern denkbar, die insbesondere eine kürzere Lebensdauer haben, da der Verbraucher bei solchen Gütern weniger Wert darauf legt, dass sie nicht schon nach kurzer Zeit veraltet sind.[345] Eine Werbung für Hotelzimmer mit einer Preisangabe mit einer Unter- und Obergrenze ist bei einem 55 Zimmer umfassenden Hotel dann irreführend, wenn in der untersten

[333] BGH GRUR 2020, 886 (889 f) – Preisänderungsregelung; GRUR 2019, 754 (756) – Prämiensparverträge.
[334] BGH GRUR 2020, 886 (889 f) – Preisänderungsregelung.
[335] BGH GRUR 2017, 418 (420) Rn. 21 – Optiker-Qualität.
[336] AA BGH PharmR 2010, 181 (182) – Nobilin GLUCO Zimt; Köhler/Bornkamm UWG § 5 Rn. 1.25b; Piper/Ohly/Sosnitza/Dreyer UWG § 5 Rn. 230.
[337] Vgl. Rn. 90 ff.
[338] Begründung der Bundesregierung zum Entwurf eines Gesetzes gegen den unlauteren Wettbewerb (UWG), BT-Drs. 15/1487, 19.
[339] BGH WRP 1999, 839 ff. – Auslaufmodelle I.
[340] OLG Karlsruhe WRP 2001, 1238 (1242) – „Jetzt schlägt's PUNTO".
[341] BGH WRP 2000, 514 ff. – Auslaufmodelle III.
[342] BGH WRP 2000, 514 ff. – Auslaufmodelle III.
[343] BGH WRP 1999, 839 ff. – Auslaufmodelle I; OLG Karlsruhe WRP 2001, 1238 (1242) – „Jetzt schlägt's PUNTO".
[344] BGH WRP 1999, 842 ff. – Auslaufmodelle II.
[345] BGH WRP 2000, 514 ff. – Auslaufmodelle III.

Preiskategorie tatsächlich jeweils nur ein Zimmer pro Zimmertyp zur Verfügung steht.[346] Im **Internet-Versandhandel** erwartet der Verbraucher in der Regel, dass die beworbene Ware unverzüglich versandt werden kann, wenn nicht auf eine Lieferfrist unmissverständlich hingewiesen wird.[347] Sofern damit geworben wird, dass bei Erwerb einer Hauptware eine Zugabe gewährt wird, genügt regelmäßig der auf die Zugabe bezogene Hinweis „solange der Vorrat reicht", um den Verbraucher darüber zu informieren, dass die Zugabe nicht im selben Umfang vorrätig ist wie die Hauptware.[348] Eine Irreführung kann jedoch im Einzelfall vorliegen, wenn die bereitgehaltene Menge an Zugaben in keinem angemessenen Verhältnis zur erwarteten Nachfrage steht.

Auch über die räumliche Verfügbarkeit darf nicht irregeführt werden, zum Beispiel dadurch, dass nicht ausdrücklich darauf hingewiesen wird, dass der beworbene Internetanschluss nur in Baden-Württemberg verfügbar ist.[349] 184

Auch bei einer Dienstleistung kann die Verfügbarkeit relevant und Gegenstand einer Werbeaussage sein. Wirbt ein Rechtsanwalt mit den Aussagen „sofort – Beratung ohne Termin", „sofort – Rechtsklarheit und -sicherheit" sowie „Anwalt sofort", so ist dies nicht irreführend, da die Aussage nicht wörtlich, sondern lediglich in der Weise aufgefasst werde, dass hier besonderer Wert auf eine schnelle Beratung gelegt werde.[350] 185

In Nr. 5 des Anhangs zu § 3 Abs. 3 UWG, wird das Irreführungsverbot hinsichtlich der **Vorratsmenge** weiter präzisiert. Danach ist der Unternehmer mit der Darlegungs- und Beweislast der Angemessenheit belastet, wenn der Vorrat nicht einmal für zwei Tage reicht.[351] 186

Eine Frage der Verfügbarkeit betrifft auch der Lieferservice für das zu erwerbende Produkt. Allerdings ist die Angabe „Original Druckerpatronen innerhalb 24 Stunden" in einer Adwords-Anzeige nicht irreführend, wenn die Aussage auf der Startseite des Anbieters in einem Maße eingeschränkt wird, mit dem der durchschnittlich informierte, aufmerksame und verständige Verbraucher ohnehin rechnet nämlich „Lieferung am Folgetag nur bei Bestellung bis 16:45 Uhr, keine Auslieferung am Sonntag".[352] 187

b) Art, Ausführung, Vorteile, Risiken, Zusammensetzung, Zubehör, Beschaffenheit Eine typische Irreführung über die Art der Ware ist die unzutreffende Angabe hinsichtlich der **stofflichen Substanz der Ware.** Diese ist für den Verbraucher regelmäßig von Relevanz, da sich Rückschlüsse auf die Eigenschaft und die Qualität der Ware ergeben. So ist die Bezeichnung „vollsynthetisches Motorenöl" irreführend, wenn das Produkt tatsächlich einen wesentlichen Anteil an Ölen der API-Gruppe III enthält, und zwar unabhängig von der konkreten Qualität des Produktes. Der Verbraucher verbindet bereits mit der vermeintlichen Zugehörigkeit zu einer Produktkategorie eine bestimmte Wertschätzung.[353] 188

In der Regel wird man davon ausgehen können, dass die in **Sondergesetzen** verwendeten Bezeichnungen zu beachten sind.[354] Wird die Bezeichnung in einem abweichenden Sinne verwendet, besteht grundsätzlich die Gefahr einer Irreführung. Insbesondere im Lebensmittelrecht sind derartige Sondergesetze zu beachten.[355] Die Verwendung der Bezeichnung „Schoko" für einen Doppelkeks mit Kakao-Creme-Füllung wurde daher vom OLG Hamburg als irreführend untersagt, da erhebliche Teile der Verbraucher auf Grund der Angabe „Schoko" erwarten, dass sich Schokoladencreme und nicht die in den einschlägigen Richtlinien für Zuckerwaren, Kakao und Schokolade abweichend definierte Kakaocreme in dem Doppelkeks befinde.[356] Obwohl das Gericht sich als Maßstab ausdrücklich auf den durchschnittlich informierten, aufmerksamen und verständigen Verbraucher bezieht, erscheint es jedoch fraglich, ob dieser tatsächlich alle Feinheiten der einschlägigen Verordnungen kennt oder aber die Bezeichnung „Schoko" lediglich als allgemeine Angabe zur Geschmacksrichtung versteht. Das LG Hamburg hält die Bezeichnung „100 % Pure 189

[346] OLG Schleswig WRP 2007, 1127 (1128) – Preisangaben für Hotelzimmer.
[347] BGH GRUR 2005, 690 (692 f.) – Internet-Versandhandel; LG Hamburg 12.5.2009 – 312 O 74/09 – Nicht-Einhaltung der Lieferfrist II – Beamer-Lampe.
[348] BGH NJW 2010, 618 – Solange der Vorrat reicht.
[349] BGH GRUR 2016, 1073 (1075) Rn. 31 – Geo-Targeting.
[350] OLG Naumburg 8.11.2007 – 1U 70/07; OLG Naumburg GRUR-RR 2008, 173 – Anwalt sofort.
[351] → Rn. 312 ff.
[352] BGH GRUR 2012, 81 (82) – „innerhalb 24 Stunden".
[353] BGH GRUR 2018, 1263 (1265) Rn. 25 – Vollsynthetisches Motorenöl.
[354] Bzgl. aromatisierter Lebensmittel: Wehlau LMuR 2010, 33; OLG Düsseldorf 11.8.2008 – 20 W 102/08 – Orangensaft.
[355] OLG Hamburg WRP 1999, 683 ff. – Doppelkeks mit Kakao-Creme-Füllung; Gloy/Loschelder/Danckwerts UWG-HdB/Helm § 49 Rn. 138 ff.
[356] OLG Hamburg WRP 1999, 683 (684 f.) – Doppelkeks mit Kakao-Creme-Füllung.

Fruitsmoothie Heidelbeere und Himbeere" für ein Mehrfruchtprodukt für irreführend, wenn das Getränk zum erheblichen Teil andere Fruchtsäfte enthält.[357] Auch diese Entscheidung ist bedenklich, da der Verbraucher wohl erkennt, dass sich der Begriff „Pure" auf den Fruchtanteil bezieht und nicht auf die Zutaten Heidelbeere und Himbeere, die als Geschmacksrichtung angegeben sind.

190 Bei **Milcherzeugnissen** ist darauf zu achten, dass Bezeichnungen wie „Milch" oder „Käse" nicht für pflanzliche Produkte verwendet werden dürfen und zwar auch dann nicht, wenn klarstellende oder beschreibende Zusätze hinzugefügt werden, die auf den pflanzlichen Ursprung des Produktes hinweisen.[358] Irreführend sind deshalb Bezeichnungen wie „Tofubutter", „Pflanzenkäse", „Veggie-Cheese" oder „Cashewkäse", da sie dem Verbraucher suggerieren, es handele sich um ein Produkt, das jedenfalls auch aus tierischen Milcherzeugnissen besteht. Die Bezeichnung „Käse-Alternative" stellt hingegen kein Problem dar, da der Zusatz „Alternative" hinreichend zum Ausdruck bringt, dass es sich eben nicht um Käse, sondern um etwas anderes handelt.[359]

191 Irreführend ist es auch, ein Mineralwasser als **„Premium Mineralwasser in Bio-Qualität"** zu bewerben, wenn das Produkt mit einem so hohen Arsenanteil gefördert wird, dass es schon den Anforderungen an die Mineral- und Tafelwasser-Verordnung für natürliches Mineralwasser nicht genügt und deshalb nachbehandelt werden muss.

192 **Nicht irreführend** ist die Bezeichnung **„PVC-frei"**, auch wenn die verwendeten Alternativstoffe eventuell ebenfalls Umweltbelastungen, wenn auch andere, verursachen können,[360] die Angabe „Pizza-Scampi" bzw. „Scampi-Cocktail", wenn tatsächlich keine Scampi, sondern lediglich Schrimps verwendet werden[361] sowie die Bezeichnung „naturrein" für eine Konfitüre, welche die in der Natur üblichen geringen Mengen an Blei, Kadmium und Pestiziden enthält.[362] Wird hingegen ausdrücklich auf die Abwesenheit bestimmter Stoffe hingewiesen, so muss dies auch zutreffend sein. Die Werbung für einen Anstrich mit der Aussage, die Zeiten seien vorbei, da der Zaunanstrich mit umweltgefährdenden Inhaltsstoffen verbunden war, ist irreführend, wenn dennoch – auch in geringen Mengen – umweltgefährdende Inhaltsstoffe enthalten sind.[363]

193 **Irreführend** ist außerdem die Werbung für Fernsehgeräte unter Herausstellung besonderer technischer Merkmale (100 Hz-Technik), wenn die Preise sich tatsächlich nur auf bauähnliche Modelle beziehen, welche die herausgestellten Merkmale nicht aufweisen[364] sowie die Werbung für einen Prozessor, der eine Taktfrequenz von 133 MHz aufweist, mit der Bezeichnung „P 166"[365] oder die Bewerbung von Senf mit dem in Form eines Stempels angebrachten Hinweis „mit echter Terra Leone Saatmischung", wenn es eine Saatmischung mit diesem Namen tatsächlich nicht gibt.[366]

194 Das Recht an einer Marke verleiht seinem Inhaber nicht die Befugnis, diese irreführend zu verwenden.[367] So wurde der Vertrieb einer Software unter der Bezeichnung „Praxis Aktuell Lohn & Gehalt" durch die Inhaberin zweier beim DPMA eingetragener Marken, die den Bestandteil „Praxis Aktuell" enthalten, als irreführend angesehen, da die Markeninhaberin gemeinsam mit der AOK eine Zeitschrift unter dem Titel „Praxis Aktuell" herausgab, und der Vertrieb der Software unter der Bezeichnung „Praxis Aktuell" den angesprochenen Verkehrskreisen Veranlassung bietet, anzunehmen, die Software stehe ebenfalls im Bezug zur AOK.

195 Werbung für ein Hautöl, mit der Angabe „natürlich" und „ein Natur-Erlebnis für Ihre Haut" ist irreführend, wenn es zu mehr als der Hälfte aus synthetisch hergestellten Wirkstoffen besteht.[368]

196 Ebenso kann die Werbung für eine CD unter dem Titel „Tele-Info-Fax-Auskunft" und dem Hinweis „und viele Programme mehr" sowie dem Hinweis auf die Programme „netto" und „Routenplaner" irreführend sein, wenn es sich bei den mitgelieferten Programmen jeweils nur um

[357] LG Hamburg MD 2009, 576 – 100 % Pure Fruitsmoothie.
[358] EuGH GRUR 2017, 828 (830) Rn. 30 ff. – Verband Sozialer Wettbewerb/Tofutown.
[359] OLG Celle, 490 (491) Rn. 16 ff. – vegane Käse-Alternative.
[360] BGH WRP 1996, 1156 (1159) – PVC-Frei.
[361] OLG Koblenz 27.6.2000 – 4 U 1863/99.
[362] EuGH WRP 2000, 489 ff. – naturrein.
[363] BGH GRUR 1991, 550 (551) – Zaunlasur.
[364] OLG Dresden WRP 2000, 427 ff. – bauähnliche Modelle; vgl. auch LG Tübingen WRP 2004, 123.
[365] OLG Köln WRP 1998, 636 ff. – Taktfrequenz des Prozessors.
[366] OLG Düsseldorf WRP 2003, 1260 – Echte Terra Leone Saatmischung.
[367] BGH GRUR 2011, 85 – Praxis Aktuell.
[368] OLG Nürnberg GRUR 1989, 128 – Hautöl.

die **Shareware-Version** handelt und der Benutzer beim Programmablauf zur kostenpflichtigen Registrierung aufgefordert wird.[369]

Die Verwendung hausinterner Bewertungen des Werbenden, wie „Linie Prestige“ oder „Premium“ sind als subjektive Einschätzung hinsichtlich der Bewertung innerhalb der eigenen Angebotspalette unbedenklich.[370] Irreführend iSv § 5 Abs. 2 Nr. 1 UWG ist auch eine Werbung für Rechtsdienstleistungen, wenn der Ausführende nur in eng begrenztem Umfang berechtigt ist, diese Leistungen zu erbringen.[371] 197

Die Verwendung einer Marke durch einen Online-Marktplatz ist irreführend, wenn der Markeninhaber selbst tatsächlich seine Produkte dort nicht anbietet, sondern allenfalls Drittanbieter gebrauchte Originalprodukte des Markeninhabers anbieten. Wie bei einem nicht-virtuellen Wochenmarkt kann von der Zusammensetzung des Anbieterkreises die Auswahl und Qualität des Waren- und Serviceangebotes abhängen.[372] 198

c) Zwecktauglichkeit, Verwendungsmöglichkeit, Verwendungsergebnisse. Von erheblicher Bedeutung für den Käufer ist die Tauglichkeit und Eignung der erworbenen Waren und Dienstleistungen. Irreführend ist deshalb auch die Bewerbung einer Armbanduhr mit der Aussage „30 m wasserdicht“, wenn diese zum Tauchen in einer Wassertiefe von 30 Metern nicht geeignet ist,[373] Ebenso irreführend ist eine an mögliche Kapitalanleger gerichtete Werbeaussage über eine Mindestverzinsung des eingesetzten Kapitals, wenn sie zwar keine unrichtigen Tatsachenbehauptungen enthält, aber gerade darauf angelegt ist, die irrige Vorstellung zu wecken, es sei eine sichere Rendite zu erwarten.[374] 199

Auch unzutreffende Angaben über die **Wirkung** von Waren und Dienstleistungen können irreführend sein. Werden für einen Fruchtsaft Wirkungen ausgelobt, die normalerweise einem Arzneimittel zukommen und wird darüber hinaus auf Referenzschreiben von Anwendern verwiesen, die zB von der Heilung schwerer Krankheiten durch diesen Fruchtsaft berichten, so wird in irreführender Weise dem Fruchtsaft der Anschein eines Arzneimittels verliehen.[375] Irreführend ist auch der Hinweis auf ein „medizinisches“ Badesalz, da er bei dem Verbraucher den Eindruck erweckt, dass der Badezusatz in der vertriebenen Packungsgröße bereits eine medizinische Wirkung entfaltet und dadurch eine unzulässige Verknüpfung mit der Heilwirkung des Salzes aus dem Toten Meer hergestellt wird.[376] Nicht automatisch irreführend ist allerdings die Bezeichnung eines Arzneimittels mit dem Zusatz „forte“, da nach Ansicht des Oberlandesgerichts Hamburg nicht davon ausgegangen werden kann, dass der Verkehr aus der Bezeichnung „forte“ regelmäßig auf das Vorhandensein eines schwächeren Basispräparats desselben Anbieters schließt.[377] Auch könne nicht davon ausgegangen werden, dass die angesprochenen Verkehrskreise aufgrund dieses Zusatzes eine Spitzen- oder Alleinstellung des so bezeichneten Präparats gegenüber seinen Wettbewerbspräparaten annähmen. 200

Die Bezeichnung eines Mobilfunknetzes als „100 Mbit/s LTE Netz“ erweckt beim angesprochenen Fernverkehr die Erwartung, dass zu normalen Tageszeiten und an allen Orten, die über Mobilfunk gewöhnlich gut erreichbar sind, Übertragungsraten erreicht werden, die im Durchschnitt weit über 50 Mbits/s liegen und gelegentlich 100 Mbits/s nahezu erreichen.[378] Die Bewerbung eines Web-Servers als „High End-Server“ setzt voraus, dass sich das Gerät im oberen Leistungs- oder Preisbereich befindet.[379] 201

Wird ein Telekommunikationsdienstleistungsangebot einschränkungslos bundesweit beworben, so ist dies irreführend, wenn für die Inanspruchnahme dieser Leistung im Bundesgebiet erhebliche Verfügbarkeitseinschränkungen (Abdeckungslücken) bestehen, die nicht rein technisch bedingt sind.[380] Auch die Werbung für einen Telefon-Tarif oder eine Internet-Flatrate unter Angabe von Preisen ist irreführend, wenn für die Inanspruchnahme dieser Leistungen ein Kabelanschluss 202

[369] BGH WRP 1999, 1148 (1150) – Shareware-Version.
[370] OLGR Zweibrücken 2007, 451 ff.
[371] OLG Karlsruhe GRUR-RR 2010, 245 (246) – Versicherungsmakler.
[372] BGH GRUR 2020, 1311 (1316) Vorwerk; 2017, 1265 (1267) Rn. 20 – Preisportal.
[373] OLG Frankfurt a. M. 10.4.2008 – 6 U 34/07.
[374] BGH GRUR 2004, 162 – Mindestverzinsung.
[375] LG Flensburg WRP 2000, 574 – Fruchtsaft als Naturheilmittel.
[376] OLG Jena WRP 2000, 1424.
[377] OLG Hamburg GRUR-RR 2008, 100 – ALLERSLIT forte.
[378] OLG Frankfurt GRUR-RR 419, 420 f., Rn. 15 – 100 Mbit/s LTE Netz.
[379] OLG Köln GRUR-RR 2007, 243 (244) – dedicated server.
[380] OLG Hamburg GRUR-RR 2007, 85 (87) – Homezone im O2-Netz; OLG Köln ZUM-RD 2003, 78 – Irreführende Behauptung flächendeckenden Internetzugangs; OLG Hamburg 9.2.2007 – 3 U 284/06 – „DSL-Jetzt auch bei uns“.

des Anbieters erforderlich ist und in der Werbung nicht hinreichend deutlich auf die Kosten des Kabelanschlusses hingewiesen wird.[381]

203 Werden Eigenschaften eines Produktes unter Extrembedingungen mit denen eines Wettbewerbers verglichen, besteht die Gefahr der Irreführung, weil der Eindruck entstehen kann, die Produkte verhielten sich unter normalen Einsatzbedingungen ebenso.[382]

204 **d) Verfahren und Zeitpunkt der Herstellung, Lieferung oder Erbringung.** Viele Werbeangaben beziehen sich naturgemäß auf die Qualität, insbesondere die Güte der angebotenen Waren und Dienstleistungen in ihrer Ausführung. Diese ergibt sich häufig auch aus dem Verfahren und Zeitpunkt der Herstellung. Irreführend ist die Verwendung der Werbeangabe **„Frischegarantie"** und „immer frisch" auf der Verpackung von Schaumküssen, wenn diese lediglich durch die Hinzufügung von Konservierungsstoffen haltbar gemacht worden sind,[383] das Angebot von Waren mit abgelaufenem Haltbarkeitsdatum ohne einen klarstellenden Hinweis[384] sowie die Angabe einer **DIN-Norm,** wenn die in der DIN festgelegten Qualitätsmindestanforderungen nicht eingehalten werden,[385] oder die Werbung mit dem Zeichen „GS = geprüfte Sicherheit", wenn die Genehmigung zur Führung des Zeichens zu Unrecht erteilt worden ist.[386]

205 Die Bezeichnung **„Last-Minute-Reise"** für eine Reise, bei der zwischen erstmaliger Bewerbung und Reisebeginn mehr als 14 Tage liegen, ist nicht irreführend, wenn das Angebot wie erwartet preiswert ist, da die Kurzfristigkeit des Reisebeginns lediglich nachteilig ist.[387]

206 Nicht irreführend ist die Aussage, **„sauberen Strom"** aus erneuerbaren Energien zu liefern,[388] bzw. die Bezeichnung **Ökostrom-Tarif** zu verwenden,[389] da der Verbraucher erkennt, dass damit nicht der am Verbrauchsort angelieferte Strom beschrieben wird, sondern die Herkunft des in das allgemein zugängliche Netz eingespeisten Stroms. Der Tarifvergleich eines günstigeren Ökostromtarifs mit einem teureren Normaltarif eines Mitbewerbers ist dagegen irreführend, wenn verschwiegen wird, dass der Wettbewerber ebenfalls einen gegenüber beiden Vergleichstarifen günstigeren Ökostromtarif anbietet.[390]

207 Irreführend ist die Bewerbung von Strom mit der Bezeichnung „Hochrhein Strom", wenn dieser Strom nicht überwiegend mit der Wasserkraft des Hochrheins erzeugt wird.[391]

208 Zunehmende Bedeutung gewinnen **Behauptungen zum Umweltschutz.** Aufgrund der Bedeutung des Umweltschutzes für den durchschnittlichen Verbraucher ist bei derartigen Behauptungen sehr genau darauf zu achten, dass sie **klar, spezifisch, genau und eindeutig formuliert** werden. Nicht nur konkrete Formulierungen, wie „umweltfreundlich", „umweltschonend", „Öko", „grün", „naturfreundlich", „ökologisch", „umweltgerecht", „klimafreundlich", „umweltverträglich", „schadstofffrei", „biologisch abbaubar", „emissionsfrei", „CO_2-freundlich", „verringerte CO_2-Emissionen", „CO_2-neutral", „klimaneutral", sondern auch **allgemeine Aussagen** wie „bewusst" und „verantwortungsbewusst" oder **Illustrationen** wie zum Beispiel Bäume, Regenwälder, Wasser, Tiere und ein blauer oder grüner Hintergrund werden mit ökologischer Nachhaltigkeit in Verbindung gebracht und sollten nur verwendet werden, wenn der so beworbene Umweltnutzen für das konkrete Produkt angemessen belegt werden kann.[392] Irreführend ist deshalb die Verwendung des Begriffs „biologisch abbaubar" bei einem Produkt, das tatsächlich nicht biologisch abgebaut werden kann oder bei dem dies nicht mittels Tests geprüft wurde, die Darstellung elektrischer Geräte (Bügeleisen, Staubsauger, Kaffeemaschinen usw.) als „umweltfreundlich" („Öko"), obwohl Tests ergeben haben, dass diese Geräte häufig nicht besser abschneiden als vergleichbare Produkte, oder an denen keine Tests durchgeführt wurden.[393]

[381] BGH GRUR 2010, 744 – Sondernewsletter.
[382] BGH WRP 2005, 207 (211) – Stresstest.
[383] LG Hamburg WRP 1999, 1314 (1315 f.) – Frischegarantie.
[384] OLG Hamburg WRP 2001, 423 – Mindesthaltbarkeitsdatum.
[385] LG Rostock WRP 1999, 1320 – Kraftstoffqualität nach DIN.
[386] BGH WRP 1998, 294 (295) – GS-Zeichen; OLG Oldenburg GRUR-RR 2003, 159 – Torpfosten.
[387] BGH WRP 2000, 92 ff. – Last-Minute-Reise.
[388] OLG Hamburg GRUR-RR 2001, 169 – Sauberer Strom.
[389] OLG Karlsruhe GRUR-RR 2009, 144 – 100 % Ökostrom.
[390] OLG Frankfurt a. M. GRUR-RR 2008, 410 – Ökostrom billiger als Atomstrom.
[391] OLG Karlsruhe GRUR-RR 2001, 217 – Hochrheinstrom.
[392] Bekanntmachung der Kommission, Leitlinien zur Auslegung und Anwendung der Richtlinie 2000/29/EG des Europäischen Parlaments und des Rates über unlautere Geschäftspraktiken von Unternehmen gegenüber Verbrauchern, 2021/C 526/76.
[393] Bekanntmachung der Kommission, Leitlinien zur Auslegung und Anwendung der Richtlinie 2000/29/EG des Europäischen Parlaments und des Rates über unlautere Geschäftspraktiken von Unternehmen gegenüber Verbrauchern, 2021/C 526/76.

Problematisch sind insbesondere Produkte, denen allgemein ein vermeintlicher Umweltnutzen zugesprochen wird, wie beispielsweise **Elektroautos.** Auch hier sind bei der Verwendung von Attributen wie „ökologisch" präzise Informationen anzugeben, die eine solche Behauptung rechtfertigen. Das ist bei Elektroautos problematisch, wenn sie beispielsweise mit Strom betrieben werden, der nicht aus erneuerbaren Energiequellen stammt[394] oder es sich um sehr große und schwere Fahrzeuge handelt. 209

Auseinandersetzungen werden zunehmend über Hinweise auf **klimaneutrale Erzeugung** bzw. **klimaneutrale Produkte** geführt. So hat beispielsweise die Wettbewerbszentrale darauf hingewiesen, dass sie in 12 Fällen Unternehmen abgemahnt habe, die mit dem Hinweis auf Klimaneutralität geworben haben. In vier Fällen sei Unterlassungsklage eingereicht worden. Abgemahnt wurden nach Information der Wettbewerbszentrale Aussagen wie „100 % klimaneutrale Produktion", „wir handeln klimaneutral" oder „klimaneutrales Produkt", weil es sich hierbei lediglich um ein rechnerisches Ergebnis handele, das durch den Kauf von CO_2-Ausgleichszertifikaten erreicht werde.[395] Darüber hinaus sind beispielsweise die Werbeaussagen „weltweit erster 100 % klimaneutraler Tiefkühlkartoffelspezialist"[396] sowie „klimaneutrale Kerzen"[397] trotz jeweils unbestrittener Kompensation durch den Erwerb von Klimazertifikaten als irreführend untersagt worden, weil der Eindruck entstehen könnte, dass die Produkte bzw. deren Produktion selbst bereits unabhängig von eventuellen **Kompensationsmaßnahmen** klimaneutral erfolgt seien. In beiden Fällen wurde von den Gerichten ausdrücklich darauf hingewiesen, dass umweltbezogene Werbeaussagen strengen Anforderungen unterliegen, weil sie eine starke emotionale Werbekraft hätten und im Hinblick auf die Komplexität von Fragen des Umweltschutzes meist nur ein geringer sachlicher Wissensstand des Publikums über die naturwissenschaftlichen Zusammenhänge und Wechselwirkungen vorliege. Diese Argumentation erscheint sehr streng. Zwar ist es zutreffend, dass auch sachlich richtige Werbeaussagen irreführend sein können, wenn der angesprochene Verbraucher sie falsch versteht. Ob aber der relevante angemessen gut unterrichtete und angemessen aufmerksame und kritische Verbraucher tatsächlich annimmt, dass Produkte originär klimaneutral sind, ist zweifelhaft. Allein der Materialeinsatz, der Transport von Material und Vorprodukten in die Fertigungsstellen und von Fertigprodukten in die Verkaufsstellen sowie der Herstellungsprozess verursachen zwangsläufig CO_2-Emissionen. Auch wenn berücksichtigt wird, dass Verbraucher derartige Sachverhalte nicht immer vollständig durchdenken und dazu neigen, ein für das eigene Gewissen vorteilhaftes Szenario anzunehmen, ist es zweifelhaft, ob ein durchschnittlich informierter Verbraucher ernsthaft annehmen kann, dass zum Beispiel sämtlicher Transport durch **Elektrofahrzeuge** durchgeführt wird und auch in der Produktion nur **Grüner Strom** aus nachhaltigen Quellen verwendet wird. Auch liegt es nahe, dass selbst ein Elektrofahrzeug nur lokal emissionsfrei fährt aber bei der Herstellung des Fahrzeugs sowie der für das Aufladen der Batterie notwendigen Energie CO_2-Emissionen anfallen. Auch ein Windrad oder ein Sonnenkollektor muss zunächst produziert, transportiert und montiert werden. Auch die Annahme, dass Flugzeuge, deren Flüge inzwischen häufig durch den Erwerb von Zertifikaten bzw. die sonstige Förderung von Ausgleichsprojekten kompensiert werden, originär CO_2-frei fliegen, liegt eher fern.[398] Da die Werbung mit und die Diskussion über Klimaneutralität aber zukünftig an Intensität zunehmen wird, ist diesbezüglich mit einer Veränderung des Hintergrundwissens und der Erwartungen eines durchschnittlichen Verbrauchers zu rechnen. Dies wird auch in der Rechtsprechung Berücksichtigung finden. So hat das Landgericht Kiel bereits entschieden, dass es allgemein bekannt sei, dass klimaneutral nicht mit emissionsfrei gleichzusetzen sei und sich eine Klimaneutralität mit unterschiedlichen Mitteln erreichen lasse.[399] Auch die **Europäische Kommission** weist in ihren Leitlinien zur UGP-Richtlinie lediglich darauf hin, dass Angaben zur CO_2-Neutralität authentisch, solide, transparent, berichtspflichtig, überwach- und überprüfbar, glaubwürdig und zertifiziert sein müssen und die Maßnahmen zur kurzfristigen Verringerung der Emissionen in 210

[394] Bekanntmachung der Kommission, Leitlinien zur Auslegung und Anwendung der Richtlinie 2000/29/EG des Europäischen Parlaments und des Rates über unlautere Geschäftspraktiken von Unternehmen gegenüber Verbrauchern, 2021/C 526/77.

[395] Wettbewerbszentrale, Pressemitteilung vom 19.5.2021 sowie Hintergrundpapier vom gleichen Tage, beide abzurufen auf der Internetseite der Wettbewerbszentrale unter wettbewerbszentrale.de/de/home/pressemitteilung/?id=381, zuletzt abgerufen am 25.5.2021.

[396] LG Frankfurt a. M. 31.5.2016 – 3–06 O 40/15, wettbewerbszentrale.de/de/aktuelles/news/?id=1720, zuletzt abgerufen am 25.5.2021.

[397] LG Düsseldorf 19.7.2013 – 38 O 123/12 U, BeckRS 2013, 18721.

[398] Ahrens, Werbung mit Klimaneutralität, IPRB 2021, 142 (144).

[399] LG Kiel WRP 2021, 1241 – Klimaneutrale Müllbeutel.

den emittierenden Sektoren nicht untergraben werden, Zusätzlichkeit garantiert wird und eine angemessene Anrechnung des entfernten Kohlendioxids in den nationalen Treibhausgasinventaren ermöglicht wird.[400]

Praxistipp:
Bei der Werbung mit Klimaneutralität und ähnlichen Bereichen, in denen beim Verbraucher fehlender Sachverstand auf Emotionen und politische Wunschvorstellungen treffen, sollte also mit besonderer Vorsicht formuliert werden und im Zweifel möglichst deutlich erklärt werden, was genau mit der Werbeaussage gemeint ist. Denkbar ist zum Beispiel die Angabe, wie genau die behauptete Klimaneutralität erreicht wird, zum Beispiel wie folgt:
„Wir haben unseren CO_2-Ausstoß in der Produktion um 50 % reduziert. Die verbleibenden 50 % kompensieren wir durch CO_2 Zertifikate des Anbieters XYZ."
Darüber hinaus bietet es sich an, über einen deutlichen Sternchenhinweis bzw. einen Link präzise Detailangaben zur Verfügung zu stellen, die die Aussage näher erläutern.

211 Eine Irreführung wird man aber annehmen können, wenn in einer Anzeige der Bahn mit der im Blickfang hervorgehobenen Angabe „Für unsere Zukunft: 100 % klimaneutral.*" geworben wird, wobei die Angabe „100 %" sehr fett abgebildet ist und das Bild deutlich dominiert.[401] Diese Aussage kann der durchschnittliche Verbraucher so verstehen, dass die Bahn tatsächlich zu 100 % klimaneutral fährt. Der sehr kleine **Sternchenhinweis** am unteren linken Bildrand darauf, dass dies bis 2040 der Fall sein wird, wird der Verbraucher nicht angemessen zur Kenntnis nehmen. Es ist anzunehmen, dass der Verbraucher mit der Hauptaussage 100 % klimaneutral zufrieden ist und kein Bedürfnis haben wird, nach weiteren Details zu suchen, zumal Klimaneutralität auch heute bereits relativ einfach und weit verbreitet durch entsprechende Kompensations-Zertifikate erreicht werden kann und ein Zieldatum von 2040 so wenig ambitioniert erscheint, dass es in deutlichem Widerspruch zu der starken werblichen Hervorhebung der 100-prozentigen Klimaneutralität steht.

212 Bei Behauptungen zum Umweltschutz sollten die wesentlichen Umweltauswirkungen des jeweiligen Produktes während seines **gesamten Lebenszyklus einschließlich der Lieferkette** beachtet werden.

Praxistipp:
Um den Durchschnittsverbraucher in die Lage zu versetzen, die relativen Auswirkungen des Produktes besser zu verstehen, sollten bei Produkten, die hinsichtlich der Umweltbelastung problematisch sind, eher relativierende Begriffe wie zum Beispiel „weniger umweltschädlich" statt „umweltfreundlich" verwendet werden und gegebenenfalls präzise angegeben werden, auf welchen Aspekt bzw. Lebenszyklus des Produktes sich die Aussage bezieht.

213 Im Rahmen der Werbung für Kunstrasen muss daher klargestellt werden, dass sich die relative Umweltfreundlichkeit lediglich darauf bezieht, dass das Produkt während der Nutzungsphase kein Wasser, keinen Dünger und keine Pflege benötigt, da bei der Herstellung und am Ende der Lebensdauer des Produktes relevante Umweltbelastungen entstehen.[402]

214 e) **Kundendienst und Beschwerdeverfahren.** In Abgrenzung zu den Rechten des Verbrauchers, die in § 5 Abs. 2 Nr. 7 UWG geregelt sind, wie zB Garantieversprechen, erfassen diese Merkmale Angaben des Unternehmens über den klassischen Kundendienst – wie beispielsweise der

[400] Bekanntmachung der Kommission, Leitlinien zur Auslegung und Anwendung der Richtlinie 2000/29/EG des Europäischen Parlaments und des Rates über unlautere Geschäftspraktiken von Unternehmen gegenüber Verbrauchern, 2021/C 526/77.
[401] Anzeige der Deutschen Bahn in FAS vom 24.10.2021, S. 21 → Rn. 210 ff.
[402] Bekanntmachung der Kommission, Leitlinien zur Auslegung und Anwendung der Richtlinie 2000/29/EG des Europäischen Parlaments und des Rates über unlautere Geschäftspraktiken von Unternehmen gegenüber Verbrauchern, 2021/C 526/78.

Werbung mit einem Vorortservice oder einer Hotline beim Vertrieb technisch komplexer Erzeugnisse.[403]

f) Ergebnisse oder wesentliche Bestandteile von Tests der Waren und Dienstleistungen. Eine Irreführung bei der Werbung mit **Testergebnissen** liegt vor, wenn der Test die Grundanforderungen an Neutralität und Objektivität insbesondere im Hinblick auf die Sachkunde der Untersuchung und die Vertretbarkeit der daraus gezogenen Schlüsse nicht erfüllt.[404] Diesen Anforderungen kann das Testinstitut aber insbesondere dann genügen, wenn es vor Durchführung des Warentests hinreichend Gelegenheit zu Beratungen über die Prüfungsmethoden in einem Fachbeirat sowie zu Stellungnahmen zu dem den beteiligten Herstellern vorab übersandten Prüfprogramm gegeben hat.[405] Allerdings ist bereits die Verwendung der Domain „test.net" für die Veröffentlichung algorithmusbasierter Produktvergleiche und die Bezeichnung dieser Vergleiche als „Tests" irreführend, wenn die bewerteten Produkte tatsächlich nicht „getestet" werden sondern lediglich eine statistische Auswertung und relative Bewertung im Vergleich zu den anderen getesteten Produkten stattfindet.[406] Auch eine **gesundheitsbezogene Werbeaussage** bei einem Schlankheitsmittel ist irreführend, wenn sie nicht auf tragfähige Studien gestützt wird.[407] Dasselbe gilt für die Werbung für ein Arzneimittel unter Hinweis auf **Studien**, die jeglicher Grundlage entbehren.[408] Die Irreführung kann sich auch daraus ergeben, dass neuere, erst nach dem Zeitpunkt der Zulassungszeitpunktes eines Arzneimittels bekannt gewordene Tatsachen gegen die wissenschaftliche Tragfähigkeit der ursprünglichen Studie sprechen.[409] 215

Wird eine getestete Ware mit einem Testergebnis beworben, obwohl das Produkt inzwischen verändert wurde, so liegt eine Irreführung vor, da die Verbraucher davon ausgehen, dass die Ware mit der getesteten identisch ist.[410] 216

Die Angabe der isolierten **Testnote ohne Angabe des Ranges** des beworbenen Produktes ist nicht zwingend irreführend, sondern nur wenn sich ein tatsächlich nichtexistierender relativer Qualitätsrang aus der Angabe ergibt. Sind die mit Testergebnissen beworbenen Produkte gar nicht getestet worden, sind entsprechende Angaben irreführend.[411] Die Werbung mit dem Testurteil „gut" ist irreführend, wenn bei dem Test 10 Produkte als „sehr gut", zwei als „gut" und eines als „zufriedenstellend" beurteilt wurden, da das Produkt damit unter dem Notendurchschnitt liegt,[412] oder wenn das beworbene Produkt unter 15 getesteten Produkten lediglich den sechsten Platz eingenommen hat.[413] 217

Dagegen ist die Werbung mit der Aussage, in einem Test „als eines von nur drei Instituten" das Urteil „GUT" erhalten zu haben und „damit zu den Testsiegern" zu gehören, nicht deshalb irreführend, weil das beworbene Institut bei Berücksichtigung der Stellen hinter dem Komma nur den zweiten Platz erreicht hat.[414] 218

Wettbewerbsrechtlich ist es nicht zwingend geboten, immer das Gesamturteil zu dem beworbenen Produkt anzugeben. Die Werbung mit nur einem Einzelmerkmal eines Testergebnisses ist nicht irreführend, wenn nicht mittelbar ein falscher Gesamteindruck erweckt wird.[415] Ein solches Gebot kann sich aber aus dem der Nutzung eines Testlogos zu Grunde liegenden Lizenzvertrages ergeben.[416] 219

Die Darstellung von Testergebnissen zu bestimmten Produkten ist irreführend, wenn es einen neuen Test gibt, zu dessen Bedingungen der Werbende die damaligen guten Testergebnisse nicht mehr erzielen würde und hierauf in der Werbung nicht hingewiesen wird, da dem Kunden wichtige Informationen vorenthalten werden.[417] Bei Lebensmitteln darf nur dann das gleiche 220

[403] Entwurf der Bundesregierung für ein erstes Gesetz zur Änderung des Gesetzes gegen den unlauteren Wettbewerb, S. 47.
[404] BGH GRUR 1989, 539 – Warentest V.
[405] OLG Stuttgart GRUR 2018, 1066 (1067) – Verblindung von Warentests.
[406] OLG Köln GRUR-Prax 2021, 154 – test-net.
[407] OLG Hamburg GRUR-RR 2004, 88 – Chitosan.
[408] OLG Hamburg GRUR-RR 2004, 91 – OTC-Analgetika.
[409] BGH GRUR 2013, 649 Rn. 35 – Basisinsulin mit Gewichtsvorteil.
[410] BGH GRUR 1985, 932 – Veralteter Test; OLG Köln GRUR-RR 2004, 57 – Kinderfahrradhelm.
[411] OLG Zweibrücken 18.9.2008 – 4 U 38/07.
[412] BGH GRUR 1982, 437 (438) – Test gut.
[413] OLG Frankfurt a. M. 25.10.2012 – 6 U 186/11, K&R 2013, 129.
[414] OLG Köln GRUR-RR 2009, 73 – Gehört zu den Testsiegern.
[415] OLG Celle GRUR-RR 2005, 286 – Sehr gut für Kaffeearoma.
[416] Zum Beispiel aus § 4 (1) (d) der Allgemeinen Vertragsbedingungen der RAL LOGO LIZENZ.
[417] OLG Hamm 15.2.2007 – 4 U 165/06.

Testurteil verwendet werden, wenn die Lebensmittel zu einer Charge gehören, also unter praktisch gleichen Bedingungen erzeugt, hergestellt und verpackt wurden. Diese Voraussetzung wurde für Olivenöle, die aus zwei unterschiedlichen Erntejahren stammen, abgelehnt.[418]

221 Werden in einem Test verschiedener Lohnsteuerhilfevereine nur einzelne Beratungsstellen einbezogen, so ist die Werbung eines am Test beteiligten Vereins, die den Eindruck erweckt, die vergebene Testnote beziehe sich auf seine gesamte Organisation, irreführend, wenn dem Test nur eine auf die jeweils getesteten Beratungsstellen beschränkte Aussagekraft zukommt.[419] Liegen einem Test von einem der Anbieter selbst formulierte Qualitätskriterien zugrunde, dann steht der Test dem Test eines unabhängigen Dritten hinsichtlich Neutralität und Objektivität nicht gleich. In dem Fall sind weitere Nachweise für die Spitzenstellungswerbung erforderlich.[420]

222 **Prüf- und Gütezeichen** haben für die geschäftliche Entscheidung des Verbrauchers über den Erwerb des damit versehenen Produkts erhebliche Bedeutung. Er hat daher auch einen erheblichen Bedarf an näheren Informationen zu den zugrunde liegenden Prüfkriterien.[421] Außerdem müssen sie entsprechend den „Grundsätzen für Gütezeichen" einer laufenden Überwachung durch einen Dritten nach objektiven Gütebedingungen unterliegen. Ist dies nicht der Fall, ist die Werbung irreführend.[422] Die Werbung mit dem Zeichen „GS = geprüfte Sicherheit" ist irreführend, wenn die Genehmigung zur Führung des Zeichens zu Unrecht erteilt worden ist und durch die Verwendung irreführende Angaben über die Beschaffenheit des Produktes gemacht werden.[423]

223 Die Werbung für Autozubehör mit dem Hinweis auf ein „Materialgutachten" ist irreführend, weil der Eindruck entsteht, es handele sich um ein „Teilegutachten, das zur Abnahme von Anbauteilen geeignet sei.[424]

224 Die Verwendung von Gütezeichen, Qualitätskennzeichen oder Ähnlichem ohne die erforderliche Genehmigung stellt auch ein Verbot ohne Wertungsvorbehalt gemäß Nr. 2 des Anhangs zu § 3 Abs. 3 UWG dar.

225 **g) Geographische Herkunft.** Einem auf Herkunftstäuschung gestützten Anspruch steht kein Vorrang des markenrechtlichen Schutzes gemäß § 126 ff. MarkenG entgegen. Der individualrechtliche Schutz aus dem Markenrecht und der lauterkeitsrechtliche Schutz nach dem Gesetz gegen den unlauteren Wettbewerb bestehen nebeneinander.[425] Eine Irreführung wegen Herkunftstäuschung kann deshalb auch vorliegen, obwohl der Verwender eine entsprechende Marke angemeldet hat. Irreführend ist auch die Werbung, eines Schlüsseldienstes mit einer Adresse, wenn dieser dort tatsächlich keinen maßgeblichen Betriebssitz hat.[426] Wird ein im Ausland produziertes Erzeugnis, zum Beispiel Kondome, in Deutschland lediglich verpackt und versiegelt sowie einer chargenmäßigen Qualitätskontrolle unterzogen, dann darf es nicht mit der Aussage „Made in Germany" beworben werden.[427] Die Werbung mit der Aussage „Grüner Regionalstrom" durch den Energielieferanten ist irreführend, wenn dieser auch Strom aus Anlagen vermittelt, die mehrere 100 km entfernt vom interessierten Verbraucher stehen.[428]

226 Irreführend ist zB die **Unternehmensbezeichnung** „Hit-Radio Antenne 1 Baden-Württemberg" für einen Radiosender, wenn relevante Teile des Landes nicht in das Sendegebiet fallen.[429] Irreführend ist auch die Verwendung des Slogans „Frisch aus unserer Region", wenn das Produkt tatsächlich in einem anderen Bundesland hergestellt wird.[430] Bei dem Hinweis auf dem Etikett, ein Produkt sei „aus Berlin", geht der Verbraucher grundsätzlich davon aus, dass das Produkt dort hergestellt und nicht lediglich dort entwickelt wurde.[431]

---

418 LG Duisburg 29.5.2009 – 22 O 121/08 – Olivenöl-Test.
419 BGH GRUR 2005, 877 (879 f.) – Werbung mit Testergebnis.
420 OLG Hamburg GRUR-Prax 2019, 471 – Unzulässige Alleinstellungswerbung mit eigenem Testergebnis.
421 BGH 21.7.2016 – I ZR 26/15, GRUR 2011, 1076 (1079) Rn. 38 – LGA tested.
422 BGH GRUR 1991, 553 – TÜV-Prüfzeichen.
423 BGH WRP 1998, 294 ff. – GS-Zeichen; OLG Oldenburg GRUR-RR 2003, 159 – Torpfosten.
424 BGH WRP 2005, 1309 – Materialgutachten.
425 BGH 15.8.2013 – I ZR 188/11, GRUR 2013, 1161 Rn. 60 – Hard Rock Cafe; Köhler/Bornkamm/Feddersen/Bornkamm UWG § 5 Rn. 4211; Büscher GRUR 2015, 5 (15).
426 OLG Hamm WRP 2007, 1383 (1385 f.).
427 BGH GRUR 2015, 209 Rn. 19 – Kondome-made in Germany.
428 OLG Schleswig GRUR-RR 2020, 525, 526 – grüner Regionalstrom.
429 OLG Karlsruhe GRUR-RR 2001, 320 – Hit-Radio Antenne 1 Baden-Württemberg.
430 LG Offenburg 26.3.2008 – 5 O 114/07 KfH.
431 KG GRUR-RR 2022, 42 , 43 – Premium Filler.

Nicht irreführend ist hingegen die Benutzung der geographischen Herkunftsangabe „Spreewälder Gurken" für ein nach gesetzlichen Vorschriften verarbeitetes Erzeugnis, dass zumindest zu 70 % aus Gurken besteht, die im Wirtschaftraum Spreewald erzeugt worden sind, auch wenn ein nicht unerheblicher Teil der betroffenen Verkehrskreise die Bezeichnung „Spreewaldgurken" in einem anderen als dem gesetzlich festgelegten Sinne versteht, nämlich direkt aus dem Spreewald stammend.[432] 227

Während früher noch angenommen wurde, dass der Verkehr aus der Verwendung einer **fremdsprachlichen Bezeichnung** grundsätzlich die Herkunft aus einem bestimmten Land ableitet[433] bzw. eine deutschsprachige Bezeichnung als Hinweis auf ein inländisches Produkt angesehen wird,[434] ist diese Rechtsprechung insbesondere seit dem Urteil „Der Meistverkaufte Europas"[435] nicht mehr aufrechtzuerhalten, da der Verbraucher an eine international geprägte Sprache gewöhnt ist. So entnimmt der Verkehr zB allein der Bezeichnung „Mozzarella" keinen Hinweis auf die Herstellung des Käses in Italien.[436] 228

Zu beachten sind auch **bilaterale Abkommen**, wie beispielsweise das Deutsch-Französische Abkommen über den Schutz von Herkunftsangaben und Ursprungsbezeichnungen und anderen geografischen Bezeichnungen, das die Verwendung einer Bezeichnung wie „aus der Champagnerbratbirne" für einen Birnenschaumwein untersagt, selbst wenn die Bezeichnung „Champagnerbratbirne" seit mehr als 150 Jahren in Württemberg verwendet wird.[437] 229

Auch bei der Werbung für eine **Dienstleistung** kann über die geografische Herkunft im Sinne einer „falschen Angabe über den geografischen Ort der Erbringung der Dienstleistung" irregeführt werden. So ist die Bezeichnung „Flughafen Niederrhein (Düsseldorf)" für einen etwas 70 bis 80 km von Düsseldorf entfernten zwischen den Städten Goch und Kevelaer gelegenen Flughafen irreführend.[438] 230

h) Betriebliche Herkunft. Soweit markenrechtlich geschützte **Unternehmenskennzeichen** oder **Unternehmensbezeichnungen** von Dritten verwendet werden und dadurch eine Irreführung über die betriebliche Herkunft erfolgt, liegen Verstöße gegen § 12 BGB bzw. §§ 14, 15 MarkenG vor. Hierbei handelt es sich aber lediglich um einen **kennzeichenrechtlichen Individualschutz.** § 5 UWG umfasst jedoch zusätzlich die Interessen der Allgemeinheit an der Vermeidung von Irreführungen. Eine Irreführung gem. § 5 UWG setzt deshalb voraus, dass der Verkehr mit der betrieblichen Herkunftsangabe auch eine inhaltliche Aussage über geschäftliche Verhältnisse im Sinne von Gütevorstellungen verbindet.[439] So ist zB eine Werbung für ein Taxiunternehmen unter Verwendung der Bezeichnung **„Taxizentrale"** irreführend, da der Begriff „Zentrale" im Bereich des Taxigewerbes im Verkehr herkömmlich mit der unternehmensübergreifenden Einrichtung „Taxi-Zentrale" in Verbindung gebracht wird und daher Verwechslungsgefahr besteht, wenn ein Taxiunternehmer seinerseits im Rahmen der Werbung für sein Unternehmen die Angabe „Zentrale" – kombiniert mit der Ortsvorwahl – verwendet.[440] Auch die Verwendung der Bezeichnung „Bundesdruckerei" ist irreführend, wenn das Unternehmen nicht tatsächlich im Bundesbesitz ist, da die angesprochenen Kunden sich Fehlvorstellungen hinsichtlich Bonität und Insolvenzsicherheit machen.[441] 231

Dagegen begründen Fehlvorstellungen, die darauf beruhen, dass der Verkehr noch nicht daran gewöhnt ist, dass eine Dienstleistung außer von dem früheren Monopolunternehmen auch von Wettbewerbern angeboten wird, keine relevante Irreführung iSd § 5 UWG.[442] 232

i) Menge. Eine Verletzung von § 5 UWG kann auch darin liegen, dass ein Unternehmen über die Menge von Waren oder über für den Wert und die Tauglichkeit von Dienstleistungen relevante Mengen irreführende Angaben macht. 233

Irreführend ist deshalb eine Werbeanzeige des Magazins „Focus" in der Frankfurter Allgemeinen Zeitung, in der die Reichweite von FOCUS und SPIEGEL unter Angaben von Zahlen einer 234

432 OLG Hamburg GRUR-RR 2004, 36 – Spreewaldgurken.
433 BGH GRUR 1963, 589 (591) – Lady Rose.
434 OLG Köln GRUR 1989, 694 – Frischgeflügel.
435 BGH WRP 1996, 729 (731) – Der Meistverkaufte Europas.
436 OLG Frankfurt a. M. WRP 2001, 558 – Deutscher Mozzarella.
437 BGH GRUR 2005, 957 ff. – Champagnerbratbirne.
438 OLG Köln GRUR-RR 2004, 143 (144) – Flughafen Niederrhein (Düsseldorf).
439 BGH GRUR 1999, 68 (69) – Vogue-ski.
440 LG Frankfurt a. M. GRUR-RR 2004, 86 – Taxi-Zentrale.
441 BGH WRP 2007, 1346 (1349 f.) – Bundesdruckerei.
442 BGH GRUR 2011, 166 – Rote Briefkästen.

Medienanalyse in einem Säulendiagramm gegenübergestellt und damit die Marktführerschaft von FOCUS begründet wurde, obwohl die verkaufte Auflage von SPIEGEL ungeachtet der **Reichweitenanalyse** bei weitem nicht erreicht wurde.[443]

235 Als irreführend wurde auch die Werbung eines Mobilfunknetzbetreibers mit den Worten „Get more" angesehen, wenn sich das Angebot im Hinblick auf Netzabdeckung, Sprachqualität, Tarife und Service nicht von den Leistungen anderer Anbieter unterscheidet, selbst wenn der werbende Anbieter über mehr Kunden verfügt als seine Wettbewerber.[444] Auch diese Entscheidung ist zweifelhaft, da es sich um eine sehr allgemeine Anpreisung handelt. Ebenso wurde eine Gefahr der Irreführung über den effektiven Mengenanteil verarbeiteter Haselnüsse in einer Nuss-Nugat-Creme angenommen bei Abbildung zahlreicher Haselnüsse auf dem Deckel des Packungsbechers und einer erheblichen Diskrepanz zum aktuellen Nussanteil von lediglich 10 %.[445]

236 Auch die äußere Aufmachung einer **Warenverpackung** kann zu einer Täuschung über die darin enthaltene Warenmenge führen (sog. Mogelpackungen), insoweit beurteilt sich der irreführende Charakter der Verpackung nach der Füllmenge, die seitens der angesprochenen Verkehrskreise bei dem jeweiligen Produkt erwartet wird.[446] Bei einer Gesichtspflegecreme ist davon auszugehen, dass der interessierte Verbraucher seine Kaufentscheidung regelmäßig auch von der Zusammensetzung abhängig machen wird und deshalb auch zum Beispiel auf der Unterseite bzw. der rechten Seite der Umverpackung Angaben zur tatsächlichen Füllmenge zur Kenntnis nehmen wird.[447]

3. Anlass des Verkaufs (§ 5 Abs. 2 Nr. 2 UWG)

237 **a) Das Vorhandensein eines besonderen Preisvorteils, der Preis und die Art und Weise, in der er berechnet wird.** Der Preis einer Ware oder Dienstleistung ist für die Kaufentscheidung von großer Bedeutung. Es besteht keine Verpflichtung zur Angabe von Preisen in der Werbung. Sofern jedoch unter Angabe von Preisen geworben wird bzw. Letztverbrauchern gewerbs- oder geschäftsmäßig oder regelmäßig in sonstiger Weise Waren oder Leistungen angeboten werden, ist gem. § 3 Abs. 1 der **Preisangabenverordnung** (PAngV) der Preis anzugeben, der einschließlich der Umsatzsteuer und sonstiger Preisbestandteile zu zahlen ist (Gesamtpreis). Ein Verstoß gegen die PAngV ist nicht in jedem Fall auch ein Verstoß gegen § 5 UWG, häufig jedoch ein Verstoß gegen § 3a UWG unter dem Gesichtspunkt des Vorsprunges durch Rechtsbruch.[448]

238 Irreführend ist eine Werbung für **Räumungsverkäufe** wegen Geschäftsaufgabe, der in Wahrheit gar keine Geschäftsaufgabe zugrunde liegt.[449] Das Gleiche gilt für eine Werbung mit dem Wort **„Fabrikverkauf"**, mit dem der durchschnittlich informierte und verständige Verbraucher zwar die Vorstellung verbindet, dass er unter Ausschaltung des Groß- und Zwischenhandels preisgünstiger Waren erwerben kann, nicht aber, dass er zu Preisen kaufen kann, die auch Wiederverkäufer zahlen, sofern nicht ausdrücklich danach gefragt wurde.[450] Ebenfalls irreführend ist die Werbung mit aufgrund eines „Sortimentswechsels" herabgesetzten Preisen, wenn sich der Sortimentsverkauf über jedenfalls mehr als vier Monate hinziehen wird und sein Ende nicht absehbar ist.[451] Bei befristeten Rabattaktionen muss sich der Unternehmer grundsätzlich an den angegebenen zeitlichen Grenzen festhalten lassen. Eine irreführende Angabe wird regelmäßig dann vorliegen, wenn das Unternehmen bereits bei Erscheinen der Werbung die Absicht hat, die Rabattaktion zu verlängern, dies aber in der Werbung nicht hinreichend deutlich zum Ausdruck bringt. Wird die Rabattaktion aufgrund von Umständen verlängert, die nach dem Erscheinen der Werbung eingetreten sind, ist danach zu unterscheiden, ob diese Umstände für das Unternehmen unter Berücksichtigung fachlicher Sorgfalt voraussehbar waren und deshalb bei der Planung der befristeten Aktion und der Gestaltung der ankündigenden Werbung berücksichtigt werden konnten. Der

---

443 BGH WRP 2004, 339.
444 OLG Hamburg GRUR-RR 2003, 377 – Get More.
445 KG WRP 1983, 22; Wirtz GRUR 1985, 114 ff.
446 BGHZ 82, 140 (141); Gloy/Loschelder/Danckwerts UWG-HdB/Erdmann/Helm Rn. 333.
447 BGH GRUR 2018, 431 (434 f) – Tigelgröße.
448 BGH GRUR 1994, 311 (312 f.) – Finanzkaufpreis ohne Mehrkosten.
449 Entwurf der Bundesregierung für ein erstes Gesetz zur Änderung des Gesetzes gegen den unlauteren Wettbewerb, BT-Drs. 16/10145, 47.
450 OLG München GRUR-RR 2004, 81 – Fabrikverkauf.
451 OLG Köln GRUR-RR 2010, 339 – Matratzen.

wirtschaftliche Erfolg einer solchen Rabattaktion gehört nicht zu den Gründen, die nach der Verkehrsauffassung eine Verlängerung nahelegen können,[452] wohl aber eine schleppende Nachfrage[453] oder aber eine nicht zu erwartende weitere Gewährung günstiger Einkaufspreise, die an den Kunden weitergegeben werden sollen.[454]

Auch eine mehrfach wiederholte **Sonderveranstaltung** im Teppicheinzelhandel wurde als irreführend eingeordnet, da der Verbraucher aufgrund der Nennung der fünf aufeinander folgenden, konkret bezeichneten Kalendertage davon ausgehen müsse, dass die Aktion nur an diesen Tagen stattfinde und mit dem letzten der genannten Tage beendet sei.[455] 239

Allerdings besteht keine Verpflichtung des Gewerbetreibenden, eine Verkaufsförderungsmaßnahme zeitlich zu begrenzen.[456] 240

Die Werbung mit Preisen, in der Regel niedrigen Preisen, muss zutreffend sein. Ist eine Ware am Regal mit einem höheren als dem in der Werbung angegebenen Preis ausgezeichnet, fehlt es an einer wettbewerbsrelevanten Irreführung, wenn dem Kunden an der Kasse von vornherein nur der beworbene Preis in Rechnung gestellt wird. Die falsche Auszeichnung verstößt zwar gegebenenfalls gegen die Preisangabenverordnung, ist aber nicht gem. § 5 Abs. 1 UWG geeignet, den Verbraucher oder sonstigen Marktteilnehmer zu einer geschäftlichen Entscheidung zu veranlassen, die er andernfalls nicht getroffen hätte.[457] 241

Irreführend ist aber die Werbung mit der Aussage „… kauft man am besten dort, wo die Preise am tiefsten sind.", wenn einzelne beworbene Artikel nicht billiger sind als bei anderen Mitbewerbern, da diese – anders als die Werbung mit **Tiefstpreisen** – die Behauptung einer Alleinstellung enthält.[458] Das Gleiche gilt für Aussagen wie „Verkauf zum Bestpreis" oder „Der beste Preis für Ihre Immobilie", da es sich hierbei um eine unwahre Spitzenstellungsbehauptung handelt. Nach Auffassung des Kammergerichts sei es offensichtlich, dass der so Werbende nicht den besten Preis bieten könne, da der Preis bei Immobilien von vielen Faktoren abhänge und es auszuschließen sei, dass der Höchstbietende gerade der Personengruppe entstamme, die am System des so Werbenden teilnehme.[459] Auch die Werbung für einen Internetzugang mit der Aussage „Internet zum **Festpreis**" oder „Internet zum **Pauschalpreis**" ist irreführend, wenn neben dem angegebenen Pauschalpreis weitere, nutzungsabhängige Kosten anfallen,[460] sowie das Kombinationsangebot einer blickfangmäßig beworbenen Internet-Flatrate mit einem nicht am Blickfang teilnehmenden Angebot zum DSL-Telefonieren mit eigener Flatrate, wenn keine deutliche, am Blickfang teilnehmende Aufklärung über die Vertragskopplung vorliegt.[461] 242

Das Gleiche gilt für Aussagen wie „Wer auf Erdgas umstellt, spart.", wenn dabei nicht hinreichend aufgedeckt wird, dass letztlich die Frage, ob und wieviel gespart werden kann, von den individuellen Verhältnissen des Verbrauchers abhängt,[462] sowie für den Fall, dass der neue Anbieter seinen eigenen Tarif einem „Referenz Grundversorgungstarif" des vormaligen Stromanbieters unter Bezugnahme auf den individuellen Jahresverbrauch des Kunden gegenüberstellt, wenn die früheren Kosten nicht konkret berechnet sind.[463] Wird hingegen für ein Preismodell unter der Bezeichnung „Beispielsrechnung" geworben und wird gleichzeitig in unmittelbarem räumlichen Zusammenhang auf ansonsten entstehende zusätzliche Kosten hingewiesen, so kann dies nicht beanstandet werden.[464] 243

Irreführend ist allerdings die Werbung mit der Aussage „20 % auf alles, ausgenommen Tiernahrung", wenn auch noch Artikel in einem Shop-in-the-shop-System im Rahmen eines Agenturvertrages vertrieben werden, die aber dem angekündigten Rabatt nicht unterliegen.[465] Eine Werbung, in der das gesamte Sortiment mit Ausnahme einer Produktgruppe ab einem bestimmten 244

452 BGH GRUR 2012, 208 Rn. 23 – 10 % Geburtstagsrabatt.
453 BGH GRUR 2012, 213 Rn. 16 – Frühlingsspezial.
454 BGH GRUR 2012, 213 Rn. 22 – Frühlingsspezial.
455 OLG Düsseldorf 13.4.2010 – I-20 U 186/08, 20 U 186/08.
456 BGH GRUR 2008, 1114 – Räumungsfinale.
457 BGH GRUR 2008, 442 – Fehlerhafte Preisauszeichnung.
458 OLG Bremen WRP 1999, 214 f. – wo die Preise am tiefsten sind.
459 KG GRUR-RR 2019, 543 (544) Rn. 15 – Bestpreisverkauf.
460 OLG Köln GRUR-RR 2001, 17 – Internet zum Festpreis II; OLG Hamburg GRUR-RR 2007, 169 (171 f.) – Webhosting-Produkte 2001, 19 – Internet zum Pauschalpreis.
461 OLG Frankfurt a. M. GRUR-RR 2007, 165 – Sparpaket Surf + Phone.
462 OLG Oldenburg WRP 2007, 1000 (1004 f.).
463 OLG Köln 22.1.2010 – 6 U 137/09 – Referenz Grundversorgungstarif.
464 OLG Hamburg 7.3.2007 – 5 U 77/05 – Magazindienst 2007, 805 ff. – Surfen ohne Zeitlimit.
465 OLG Saarbrücken GRUR-RR 2007, 161 ff. – 20 % auf alles.

Zeitpunkt zu einem um 20 % reduzierten Preis angeboten wird, ist so zu verstehen, dass der Kunde beim Kauf eines beliebigen Artikels aus dem Sortiment gegenüber dem vorher geltenden Preis ein Preisersparnis in der angekündigten Höhe erzielt.[466]

245 Auch irreführend ist die Werbung für den Verkauf von Fernsehern unter der Überschrift „Wir haben die Jubelpreise" mit der bildlichen Darstellung des Gerätes und der hervorgehobenen Angabe eines Preises, wenn nur die gleichzeitig angebotenen „bauähnlichen Modelle" die **blickfangmäßig herausgestellten Leistungsmerkmale** besitzen, das eigentliche, hervorgehoben beworbene Sonderangebot aber nicht,[467] die Werbung für einen Flachbettscanner, bei welcher auch ein anderes, deutlich teureres Gerät abgebildet ist, das nicht zu dem angegebenen Preis abgegeben wird.[468]

246 Ebenfalls irregeführt wird der Nutzer eines Preisvergleichsportals im Internet, der das dort beworbene Produkt nicht zu dem angegebenen Preis erwerben kann, auch wenn der tatsächlich verlangte Preis nach einer Preiserhöhung nur für einige Stunden über dem im Preisvergleichsportal angegebenen Preis liegt.[469]

247 Nicht irreführend ist die pauschale Verwendung der Bezeichnung „Sparvorwahl" für die Netzvorwahl eines Anbieters von Telefongesprächen im Festnetz im Call-by-Call-Verfahren, wenn dessen Tarife zwar nicht durchweg billiger sind als diejenigen sämtlicher Konkurrenten, der Preis aber im Verhältnis zu dem Preisniveau auf dem Markt niedrig ist.[470]

248 Auch die **indirekte Vermittlung des Eindruckes, es handele sich um ein preiswertes Angebot,** kann irreführend sein, wenn dies tatsächlich nicht der Fall ist. Irreführend ist die Werbung mit der Angabe **„Last-Minute-Reise"**,[471] oder „Sparabo für Klingeltöne"[472] wenn jeweils keine besondere Preisgünstigkeit des Angebotes vorliegt. Auch das Bewerben einer „Testmitgliedschaft" im Internet durch eine Krankenkasse ist irreführend, da es den Eindruck erweckt, der Verbraucher könne zu seiner früheren Kasse zurückkehren, sofern er mit den Leistungen der neuen Kasse nicht zufrieden sein sollte.[473]

249 Ist für ein Abonnement sowohl eine Monatsgebühr als auch eine Halbjahresgebühr zu zahlen, ist es irreführend, wenn die Monatsgebühr in der Werbung besonders hervorgehoben wird, die Halbjahresgebühr jedoch nicht.[474]

250 Die Werbung mit Preisherabsetzungen – sowohl in der Form der **Gegenüberstellung der eigenen Alt- und Neupreise** als auch in sonstiger Weise – ist grundsätzlich nicht zu beanstanden. Eine Werbung mit einer Preissenkung ist grundsätzlich wettbewerbseigen, da es dem Interesse eines jeden Unternehmers entspricht, eine Preissenkung öffentlich bekannt zu machen.[475] Eine Irreführung liegt jedoch vor, wenn der frühere höhere Altpreis nicht, nicht ernsthaft, nicht über einen längeren Zeitraum oder nicht in letzter Zeit verlangt worden war[476] oder wenn **überhöhte Preise** angesetzt worden waren, um eine **Preissenkung vortäuschen** zu können oder wenn sonst über das Ausmaß der Preissenkung irregeführt wurde bzw. der angeblich gesenkte Preis bereits vor der Werbung gegolten hat und daher eine Preissenkung in Wahrheit nicht vorliegt.[477]

251 Diese Fallgruppe ist gesondert in **§ 5 Abs. 5 UWG** geregelt. Danach wird die Irreführung vermutet, wenn mit der Herabsetzung eines Preises geworben wird, der nur für eine **unangemessen kurze Zeit** gefordert worden ist. Ursprünglicher Preis im Sinne der Vorschrift ist der Preis, der unmittelbar vor der Preissenkung gefordert wurde.[478] Ist streitig, ob und in welchem Zeitraum der Preis gefordert worden ist, so trifft die **Beweislast** den Werbenden. Im Einzelfall kann eine

[466] BGH GRUR 2009, 788 – 20 % auf alles; vgl. auch Möller, NJW 2009, 2510.
[467] OLG Dresden WRP 2000, 427 – bauähnliche Modelle.
[468] BGH GRUR 2002, 715 – Scanner-Werbung; OLG Karlsruhe WRP 1998, 902 ff. – Flachbett-Scanner.
[469] BGH GRUR 2010, 936 – Espressomaschine.
[470] BGH WRP 2003, 1224 (1225) – Sparvorwahl; LG Hamburg ITRB 2001, 106 – Telefonieren immer günstig.
[471] BGH WRP 2000, 92 (95) – Last-Minute-Reise.
[472] Mankowski GRUR 2007, 1013 (1017).
[473] LG Hannover MMR 2009, 506 – Testmitgliedschaft.
[474] EuGH GRUR 2016, 1307 Rn. 49 – Canal Digital.
[475] Zu beachten ist aber der neue § 11 PAngV, der für diese Fälle die Angabe des niedrigsten Gesamtspreises der letzten 30 Tage vorschreibt.
[476] OLG Köln 15.2.2008 – 6 U 140/07.
[477] BGH GRUR 2000, 337 (338) – Preisknaller; 1999, 507 (508) – Teppichpreiswerbung; LG Kassel WRP 2002, 1196.
[478] Begründung der Bundesregierung zum Entwurf eines Gesetzes gegen den unlauteren Wettbewerb (UWG), BT-Drs. 15/1487, 20.

andere Bewertung vorgenommen werden, wobei es Sache des Unternehmers ist, die Vermutung der Irreführung zu entkräften.[479]

252 Eine **Werbung mit durchgestrichenen Preisen** ist grundsätzlich nicht zu beanstanden. Das gilt auch für Internet-Werbung. Der Verkehr erkennt in einer durchgestrichenen Preisangabe regelmäßig den früher von dem werbenden Unternehmer verlangten Preis.[480]

Bei einer Werbung mit einem **Einführungspreis**, dem ein durchgestrichener Preis gegenübergestellt wird, vermute der Verbraucher, dass es sich bei dem durchgestrichenen Preis um den nach Ende des Einführungsangebots von dem Unternehmer verlangten Normalpreis handelt.[481]

253 Bei der Bestimmung der relevanten Zeiträume ist – ähnlich wie bei der Bestimmung der Aufmerksamkeit des Durchschnittsverbrauchers – darauf abzustellen, ob für langlebige Wirtschaftsgüter wie Möbel oder Teppiche oder aber für Waren des täglichen Bedarfs und insbesondere leicht verderbliche Lebensmittel geworben wird und in welcher Art und Weise, zB ob mit einer Anzeige in einer Tageszeitung, in einem Prospekt oder in einem Katalog geworben wird bzw. die Preisgegenüberstellung durch Zusätze wie **„ab sofort"** oder **„jetzt"** erläutert wird.[482] Sofern jedoch mit einem Rabatt geworben wird und der ursprüngliche Preis unmittelbar vor der Aktion erhöht worden ist, dürfte es nur schwer möglich sein, aufgrund der Umstände eine Irreführung auszuschließen.[483] Auch die Angabe **„Auslaufmodell"** weckt die Erwartung, dass der Preis für ein derartiges Produkt herabgesetzt worden sei.[484] Ebenfalls irreführend ist die Ankündigung einer befristeten **„Stammkunden-Treue-Aktion"** mit erheblichen Preisherabsetzungen mittels einer Mailing-Aktion, wenn die vermeintlichen Stammkunden-Angebote tatsächlich auch anderen Kunden, die nicht im Besitz des Mailings sind, zur Verfügung stehen.[485]

254 Kartellrechtlich erlaubte Preisempfehlungen sind grundsätzlich auch lauterkeitsrechtlich zulässig.[486] Die Bezugnahme auf eine **unverbindliche Preisempfehlung** ist allerdings irreführend, wenn nicht klargestellt wird, dass es sich bei der Herstellerempfehlung um eine unverbindliche Preisempfehlung handelt, wenn die Empfehlung nicht auf der Grundlage einer ernsthaften Kalkulation als angemessener Verbraucherpreis ermittelt worden ist oder wenn sie im Zeitpunkt der Bezugnahme nicht mehr gültig ist.[487] Eine Preisempfehlung, die nicht die ausdrückliche Angabe enthält, dass die Empfehlung vom Hersteller stammt, ist nicht bereits deshalb irreführend. Dem durchschnittlichen Verbraucher ist bekannt, dass Preisempfehlungen üblicherweise vom Hersteller ausgesprochen werden. Das Gleiche gilt für bekannte Abkürzungen wie „UVP", die ebenfalls nicht irreführend sind.[488] Auch eine **Gegenüberstellung der eigenen Preise mit gültigen unverbindlichen Preisempfehlungen des Herstellers** verstößt grundsätzlich nicht gegen § 5 UWG, weil eine solche Preisempfehlung, wenn sie den kartellrechtlichen Anforderungen entspricht, ohne die Gefahr von Irreführungen als Orientierungshilfe für die Preisüberlegungen der angesprochenen Verbraucherkreise dienen kann,[489] solange nicht der Werbende Inhaber des Alleinvertriebsrechts ist und die Preisempfehlung dementsprechend nur ihm gegenüber ausgesprochen wurde.[490] Für den **Vergleich eigener Preise mit ehemaligen unverbindlichen Preisempfehlungen des Herstellers** gilt dies allerdings nicht ohne weiteres, da diese nicht die gegenwärtigen, sondern vergangene Preisverhältnisse widerspiegeln und die Preisüberlegungen der Verbraucher daher fehlleiten können.[491] Der Begriff der „ehemaligen unverbindlichen Preisempfehlung" selbst ist nicht irreführend, obwohl er als solcher unbestimmt ist. Sofern jedoch inzwischen ungültig gewordene unverbindliche

---

[479] Begründung der Bundesregierung zum Entwurf eines Gesetzes gegen den unlauteren Wettbewerb (UWG), BT-Drs. 15/1487, 20.

[480] BGH GRUR 2016, 521 – Durchgestrichener Preis II.

[481] BGH GRUR 2011, 1151 Rn. 22 – Original Kanchipur.

[482] BGH GRUR 2000, 337 (338) – Preisknaller.

[483] Usselmann/Seichter WRP 2007, 1291 ff.

[484] BGH GRUR 1999, 760 (761) – Auslaufmodelle II; WRP 2000, 383 (385) – ehemalige Herstellerpreisempfehlung.

[485] OLG Frankfurt a. M. WRP 2000, 548.

[486] BGH Urteil vom 3.3.2016 – I ZR 110/15, S. 10 – Herstellerpreisempfehlung bei Amazon; BGH Urteil vom 27.11.2003 – I ZR 94/01 GGRUR 2004, 246 (247) – Mondpreise?.

[487] BGH 3.3.2016 – I ZR 110/15, S. 11 – Herstellerpreisempfehlung bei Amazon; BGH Urteil vom 29.1.2004 – I ZR 132/01 GRUR 2004, 437 – Fortfall einer Herstellerpreisempfehlung.

[488] BGH GRUR 2007, 603 (604 f.) – UVP.

[489] BGH WRP 2000, 383 (385) – ehemalige Herstellerpreisempfehlungen; GRUR 1980, 108 (109) – … unter empf. Preis.

[490] BGH WRP 2001, 1300 – Preisempfehlung bei Alleinvertrieb; OLG Frankfurt a. M. WRP 2002, 1310 – Preisgegenüberstellung mit unverbindlicher Preisempfehlung.

[491] BGH WRP 2000, 383 (385) – ehemalige Herstellerpreisempfehlung.

Preisempfehlungen des Herstellers angegeben werden, liegt eine Irreführung vor.[492] Von der Fortgeltung einer unverbindlichen Preisempfehlung kann nach einer kurzen Übergangsfrist nicht mehr ausgegangen werden, wenn der Hersteller diese in der aktuellen Preisliste nicht mehr aufführt.[493] Sobald das Gerät nicht mehr in dem aktuellen Lieferprogramm des Herstellers angeboten wird, darf mit einem Hinweis auf die unverbindliche Preisempfehlung nur noch geworben werden, wenn gleichzeitig darauf hingewiesen wird, dass es sich um ein Auslaufmodell handelt.[494]

255 Hinsichtlich der Beweislast ist zu beachten, dass die ausdrückliche **Umkehr der Beweislast** in § 5 Abs. 5 UWG nur für den Vergleich mit ehemaligen eigenen Preisen des Werbenden Anwendung findet. Der BGH hat bereits ausdrücklich festgestellt, dass bei der Werbung mit ehemaligen unverbindlichen Preisempfehlungen eine andere Interessenlage gelte. Die auch bislang schon gewährte Beweiserleichterung für denjenigen Anspruchsteller, der eine Werbung mit der Gegenüberstellung eigener Preise des Werbenden als irreführend beanstandet,[495] beruht darauf, dass bei einer derartigen Konstellation der Kläger im Gegensatz zum Werbenden keine genaue Tatsachenkenntnis haben kann. Ein solches Ungleichgewicht in den Möglichkeiten des Sachvortrags besteht bei der Werbung mit ehemaligen unverbindlichen Preisempfehlungen nicht.[496]

256 Die Werbung eines Einzelhändlers mit den Angaben „Direkt ab Werk! Kein Zwischenhandel! Garantierter Tief-Preis“ ist irreführend, wenn sie bei den angesprochenen Verbrauchern den Eindruck erweckt, die so beworbene Ware werde zu den Abgabepreisen des Herstellers vertrieben, der Werbende in die von ihm verlangten Preise jedoch seine Gewinnspanne eingerechnet hat.[497]

257 Die Werbung für Flugpreise ist nach einer Entscheidung aus dem Jahre 2007 irreführend, wenn nicht ausdrücklich darauf hingewiesen wird, dass für aufzugebendes Gepäck gesonderte Gebühren zu entrichten sind, da Verbraucher erwarten, im üblichen Umfang Gepäck ohne weitere Berechnung mitnehmen zu können.[498] Es ist denkbar, dass aufgrund der veränderten Preisstrukturen eine solche Verbrauchererwartung heute nicht mehr besteht. Eine Irreführung ist auch gegeben, wenn ein Fitnessstudio die Benutzung der Duschen nur gegen ein zusätzliches Entgelt anbietet, sofern in der Werbung mit einem monatlichen Benutzungsbeitrag nicht auf diesen Umstand hingewiesen wird.[499]

258 Eine **Gegenüberstellung der eigenen Preise mit den Preisen eines Konkurrenten** kann nicht nur als vergleichende Werbung nach § 6 UWG unzulässig sein, sondern im Fall einer Irreführung auch gegen § 5 UWG verstoßen.§ 5 Abs. 4 UWG stellt klar, dass Angaben im Sinne des § 5 UWG auch Angaben im Rahmen vergleichender Werbung sein können. Bei einem solchen Preisvergleich müssen zunächst die Angaben zu den einzelnen Preisen und dem Ergebnis des Vergleichs zutreffend sein. Darüber hinaus muss auch der Gesamteindruck, den der Vergleich vermittelt, der Wahrheit entsprechen.

259 Ein Preisvergleich kann zB irreführend sein, wenn er Produkte betrifft, die sich in wesentlichen Merkmalen unterscheiden, ohne auf diese Unterschiede hinzuweisen.[500] Im Rahmen eines Preisvergleichs ist es irreführend, wenn ein Telekommunikationsunternehmen die monatlichen Kosten für den Kabelanschluss nicht angibt, der Voraussetzung für die Inanspruchnahme der beworbenen Leistung ist.[501] Als irreführend beurteilt wurde auch die Gegenüberstellung der Preise von Flügen vom Flughafen Frankfurt-Hahn und Flügen vom Rhein-Main-Flughaften Frankfurt a. M., ohne zugleich unübersehbar und deutlich auf die Lage und Erreichbarkeit des Flughafens Frankfurt-Hahn hinzuweisen,[502] der Vergleich des Preises von Zeitungsabonnements, wenn die Zeitung des Werbenden nur sechs Mal wöchentlich und die Konkurrenzzeitung sieben Mal wöchentlich erscheint[503] sowie die Gegenüberstellung der Preise von ISDN-Telefonanschlüssen ohne den unmissverständlichen Hinweis, dass nur das Konkurrenzprodukt einen Anrufbeantworter beinhal-

[492] BGH WRP 2000, 383 (386) – ehemalige Herstellerpreisempfehlung.
[493] BGH GRUR 2004, 437 f. – Fortfall einer Herstellerpreisempfehlung.
[494] LG Kassel WRP 2004, 651 (652) – Sondermodell.
[495] BGH GRUR 1975, 78 (79) – Preisgegenüberstellung.
[496] BGH WRP 2004, 343 (345) – Mondpreise?.
[497] BGH NJW-RR 2005, 684 (685) – Direkt ab Werk.
[498] OLG Hamburg WRP 2008, 149 (150 f.) – Gepäckgebühr.
[499] OLG Karlsruhe 19.11.2008 – 6 U 1/08 – Zusatzentgelt für Grundleistungen eines Fitnessstudiovertrags.
[500] BGH GRUR 2010, 658 – Paketpreisvergleich.
[501] BGH 7.4.2011 – I ZR 34/09 Rn. 36 = GRUR 2011, 742 Rn. 36 – Leistungspakete im Preisvergleich.
[502] OLG Hamburg GRUR-RR 2003, 219 – Frankfurt-Hahn.
[503] KG GRUR-RR 2003, 319 – Berliner Zeitung.

tet.[504] Wirbt eine ausländische Versandhandelsapotheke mit dem Slogan „Ihre Versandapotheke mit den günstigen Medikamenten", ist diese Aussage unzutreffend, wenn der Werbende verschreibungspflichtige Medikamente nicht zu einem geringeren Preis angeboten hat als inländische Apotheken, die sich an die Preisbindung halten.[505]

Nicht erforderlich ist jedoch im jedem Fall eine vollständige Auflistung sämtlicher Tarife. Insbesondere bei stark **differenzierten Tarifsystemen** steht es dem Werbenden frei, zB die verbrauchsabhängigen (variablen) Preise durch Hinweis auf die Vergütungssätze einfach darzustellen, beispielsweise durch die Angabe von Preisgrenzen, solange die Informationen, die für die Einschätzung der wirtschaftlichen Belastung von Bedeutung sind, auf keinen Fall fehlen, wie zB die Mindestlaufzeit, einmalige Anschlussgebühren und Mindestumsätze.[506] 260

Die Aussage eines Getränkelieferanten, seine Produkte seien „Günstig wie im Supermarkt" ist ebenfalls nicht irreführend, selbst wenn einzelne Getränke bei einzelnen Supermärkten günstiger angeboten werden. Dem Verkehr ist bekannt, dass Supermärkte unterschiedliche, teils täglich wechselnde Preise haben. Gewisse Schwankungen werden also erwartet.[507] 261

Möglich ist auch die **Gegenüberstellung der jeweiligen Sortimente** von Wettbewerbern. Irreführend kann dies jedoch sein, wenn nicht deutlich gemacht wird, dass sich der Vergleich nur auf eine Auswahl und nicht auf alle Produkte bezieht oder die Bestandteile des Vergleichs nicht erkennbar gemacht werden bzw. entsprechende Informationsquellen angegeben werden. Ebenfalls irreführend kann ein umfassender Hinweis auf eine Ersparnisspanne sein, die der Verbraucher, der seine Einkäufe beim Werbenden und nicht beim Wettbewerber tätigt, wenn nicht das allgemeine Niveau der Preise der Mitbewerber sowie die Höhe der Ersparnis angegeben werden.[508] 262

Die Verwendung der Bezeichnung **„Dauertiefpreise"** ist nicht irreführend, wenn das Handelsunternehmen mit seinen Preisen tatsächlich unter dem Niveau der Marktpreise liegt und diese Preise durchweg unter Verzicht auf Sonderangebote mit einer geringen Spanne kalkuliert und wenn gleichzeitig deutlich gemacht wird, dass Preisänderungen vorbehalten bleiben.[509] Die Werbung „50 % günstiger als Hotels" einer Online-Vermittlung von Übernachtungen in Ferienhäusern und -wohnungen ist irreführend, wenn dies lediglich die höchstmögliche Einsparung darstellt, nicht jedoch gewährleistet ist, dass die Einsparung bei Übernachtungen in vergleichbarer Lage und Qualität zumindest weitgehend zutrifft.[510] 263

Auch die Angabe der relevanten **Währung** kann zu einer Irreführung führen. Die Werbung eines amerikanischen Unternehmens in einer deutschen Zeitschrift für in den USA zu bestellende und in **US$** zu bezahlende Ware ist jedoch nicht irreführend.[511] 264

Eine Irreführung über den Anlass des Verkaufs liegt auch vor, wenn der unzutreffende Eindruck vermittelt wird, die beworbene Ware oder Dienstleistung sei bereits bestellt.[512] Sofern darüber hinaus das Schreiben an einen Verbraucher gerichtet und ein Zahlungsaufforderung beigefügt ist, liegt auch ein Fall der Nr. 21 des Anhangs zu § 3 Abs. 3 UWG vor. Dann ist das Verhalten auch ohne Relevanzprüfung irreführend. 265

b) Bedingungen, unter denen die Ware geliefert oder die Dienstleistung erbracht wird. Eine Irreführung kann sich des Weiteren aus unzutreffenden bzw. verschwiegenen Angaben zu weiteren Vertragsmodalitäten ergeben. Tatsächlich wird über diese Merkmale eher durch Unterlassen als durch irreführende Angaben getäuscht, so dass diese Fälle häufig von § 5a UWG erfasst werden. 266

Auch nach Abschaffung der Zugabeverordnung zum 25.7.2001 kann das Angebot von **Zugaben** oder die **Koppelung zweier Angebote** irreführend im Sinne von § 5 UWG sein.[513] Zwar ist grundsätzlich nicht erforderlich, bei solchen Angeboten für die einzelnen Waren oder Dienstleistungen Einzelpreise auszuweisen.[514] Eine Verpflichtung zu aufklärenden Angaben besteht 267

[504] OLG Frankfurt a. M. GRUR-RR 2001, 89 – Komfortanschluss.
[505] BGH GRUR-RS 2016, 20946 – Ihre Versandapotheke mit den günstigen Medikamenten.
[506] BGH WRP 1999, 509 (512) – Kaufpreis je nur 1,– DM; BGH WRP 1999, 94 (97) – Handy-Endpreis.
[507] OLG Hamburg 3.2.2021 – 3 U 136/20.
[508] EuGH GRUR Int. 2007, 826 (831 f.) – Lidl Belgium/Etablissement Colruyt.
[509] BGH GRUR 2004, 605 (606 f.) – Dauertiefpreise.
[510] KG 11.3.2016 – 5 U 83/15.
[511] BGH GRUR 1995, 274 (275) – Dollar-Preisangaben.
[512] BGH GRUR 2012, 184 Rn. 18 – Branchenbuch Berg.
[513] Vgl. auch § 4 Nr. 4 UWG.
[514] EuGH GRUR 2016, 1180 Rn. 43 – Deroo-Blanquart/Sony.

aber, wenn andernfalls die Gefahr besteht, dass die Verbraucher über den tatsächlichen Wert des Angebots, namentlich über den Wert der angebotenen Zusatzleistung, getäuscht oder doch unzureichend informiert werden.[515] Nicht irreführend ist danach das Angebot einer **Pauschalreise** inklusive eines Paars Skier zu einem Gesamtpreis[516] oder die Werbung für einen **Videorecorder,** wenn ein Sternchenhinweis neben der blickfangmäßig herausgestellten Preisangabe den Betrachter zu einem unmittelbar daneben befindlichen Kasten führt, in dem in ausreichender Form darauf hingewiesen wird, dass dieser Preis nur gilt, wenn zugleich ein Stromliefervertrag zu den genannten Bedingungen abgeschlossen wird.[517] Nicht irreführend ist auch eine Werbung, die neben den primär angebotenen Dienstleistungen des Werbenden mit der Bereitstellung von DSL-Internetzugängen als fakultative Angebotsvariante auch den hierfür benötigten T-DSL-Anschluss der deutschen Telekom umfasst und dabei keine **Gesamtpreisangabe** macht.[518]

4. Die Person, Eigenschaften oder Rechte des Unternehmers (§ 5 Abs. 2 Nr. 3 UWG)

268 a) **Identität, Umfang der Verpflichtungen, Befähigung, Status, Zulassung, Mitgliedschaften, Beziehungen.** Erfasst werden Irreführungen über die **Art des Unternehmens,** zum Beispiel das Vortäuschen einer **handwerklichen Fertigung** bei **fabrikmäßig gefertigten Produkten,**[519] die Führung des Firmenbestandteils **„gemeinnützig“**, ohne dass die Voraussetzungen dafür im Zeitpunkt der letzten mündlichen Verhandlung in der Tatsacheninstanz vorlagen,[520] die Verwendung der Angabe **„Kloster Pilsner“** oder **„Klosterbräu“** für ein Bier, das weder nach einer besonderen Tradition, noch durch ein mit einem Kloster wirtschaftlich verbundenes Unternehmen, sondern lediglich auf dem Grundstück eines ehemaligen Klosters hergestellt wird,[521] die Verwendung des Begriffes **„Börse“** durch einen privatrechtlich organisierten Vertreiber von Münzen unter gleichzeitiger Verwendung der Bezeichnungen „Börsen-Blatt“, „offizielle Ausgabe“, „offizielles Forum für Sammler“, „Börsen-Regeln“, „Kauf- und Verkaufsangeboten“, „Orderscheinen“, „Zuschlag“ sowie der Abbildung eines stilisierten Landeswappens.[522] Wird als Bestandteil der Firma eines Unternehmens die Bezeichnung „Stadtwerke“ verwendet, geht der durchschnittlich informierte Verbraucher davon aus, dass das Unternehmen zumindest mehrheitlich in kommunaler Hand ist.[523]

269 Nicht irreführend ist dagegen die Bezeichnung **„Akademie“** für ein Weiterbildungsunternehmen, das nicht behördlich anerkannt ist und auch keine „akademischen Strukturen“ hat.[524]

270 Des Weiteren kann eine Irreführung über die Person des **Inhabers** des Unternehmens vorliegen, zB bei der Werbung für einen Internet-Shop mit der Bezeichnung „Ihre 24h Internet Tierapotheke“, wenn der Inhaber nicht über eine solche Zulassung verfügt,[525] sowie bei der Verwendung der Bezeichnung als „H. Homecare Apotheke Deutschland“, wenn keine über die von anderen Apotheken hinausgehenden Leistungen, insbesondere keine häuslichen Pflegeleistungen, erbracht werden.[526]

271 Allerdings kann nicht angenommen werden, dass die Werbung mit Architekturleistungen durch ein Unternehmen immer voraussetzt, dass das Unternehmen selbst zur Führung entsprechender Berufsbezeichnungen befugt ist, was wiederum seine Eintragung in die Architektenliste voraussetzt, da eine solche Annahme die von der Freiheit der Berufsausübung mit umfasste Berechtigung des Unternehmens, auf die berufliche Qualifikation ihrer Mitarbeiter hinzuweisen, verkennen würde.[527]

---

[515] BGH GRUR 2004, 343 (344) – Playstation; GRUR 2003, 538 (539) – Gesamtpreisangebot; GRUR 2002, 976 (978) – Kopplungsangebot I; GRUR 2002, 979 (980 f.) – Kopplungsangebot II; GRUR 2022, 241, 242 – Kopplungsangebot III.

[516] BGH GRUR 2003, 538 – Gesamtpreisangebot.

[517] BGH GRUR 2002, 976 – Kopplungsangebot I.

[518] OLG Karlsruhe GRUR- RR 2004, 86 – Gesamtpreis –T-DS L-Anschluss.

[519] BGH GRUR 1961, 425 (428) – Möbelhaus des Handwerks; LG Konstanz WRP 2003, 661; LG Hamburg 24.2.2009 – 312 O 330/08 – Designermöbel aus Italien III.

[520] BGH WRP 2003, 640 – Gemeinnützige Wohnungsgesellschaft.

[521] BGH GRUR 2003, 628 (629 f.) – Klosterbrauerei; OLG Frankfurt a. M. GRUR-RR 2001, 67 ff. – Eschweger Klosterbrauerei; BGH 18.3.2010 – I ZR 172/08 – Master of Science Kieferorthopädie.

[522] OLG Köln GRUR 2000, 454 – Pfändung einer Domain.

[523] BGH 13.6.2012 – I ZR 228/10 Rn. 18 = GRUR 2012, 1273 Rn. 18 – Stadtwerke Wolfsburg.

[524] OLG Düsseldorf GRUR-RR 2003, 49 – Akademie.

[525] OLG Stuttgart 20.8.2009 – 2 U 21/09 – Tier-Apotheke.

[526] OLG Düsseldorf 15.1.2008 – I-20 U 99/07, 20 U 99/07 – Homecare Apotheke Deutschland.

[527] BVerfG NJW-RR 2008, 909 – Werbung durch Bauunternehmen mit Bezeichnung „Architektur“.

Nicht irreführend ist die Verwendung der Aussage „1912 Gründung der Puppenwerkstätte durch Käthe Kruse, die ihre weltberühmten Puppen 1949 in Bad Kösen herstellte", obwohl von Käthe Kruse ein ebenfalls nach ihr benanntes Unternehmen in Westdeutschland gegründet und fortgeführt wurde.[528] 272

Ein Versicherungsvermittler erweckt nicht bereits dadurch den Anschein, als Versicherungsmakler tätig zu sein, dass er eine gesonderte Vergütungsvereinbarung mit seinem Kunden abschließt.[529] 273

Die Verwendung des Begriffs „Fachanwälte" als Zusatz zur Kurzbezeichnung einer überörtlichen Rechtsanwaltssozietät setzt voraus, dass eine den Plural rechtfertigende Zahl von Sozietätsmitgliedern tatsächlich Fachanwälte sind. Nicht erforderlich ist es jedoch, dass an jedem Standort, mehrere Fachanwälte tätig sind.[530] 274

Wirbt ein Diplom-Wirtschaftsjurist mit den Bezeichnungen „Wirtschaftsjurist" und „Wirtschaftsjuristenkanzlei", so liegt eine Irreführung über seine Qualifikation vor, wenn er nicht darauf hinweist, dass es sich um eine Ausbildung als „Diplom-Wirtschaftsjurist (FH)" handelt.[531] Auch die Bezeichnung „… prof" kann in irreführender Weise den Eindruck vermitteln, es handele sich möglicherweise um Professoren mit entsprechendem Amtstitel.[532] Ebenfalls irreführend ist die Bezeichnung „European Patent and Trademark Attorney" und/oder „European Patent Attorney" für einen Rechtsanwalt, der nicht in die Liste der zugelassenen ‚Europäischen Patentvertreter' vor dem EPA eingetragen ist,[533] die Bezeichnung „zertifizierter Testamentsvollstrecker, wenn der Rechtsanwalt zwar über besondere Kenntnisse, nicht aber über praktische Erfahrungen auf dem Gebiet der Testamentsvollstreckung verfügt.[534] Auch die Verwendung einer Buchstabenfolge als Kürzel für eine Anwaltssozietät ist irreführend, wenn die ursprüngliche Sozietät nach völligem Wechsel der Gesellschafter nicht mehr fortgesetzt wird.[535] Bei einem Briefkopf mit den Berufsbezeichnungen „Rechtsanwälte, Wirtschaftsprüfer, Steuerberater" geht der Verkehr davon aus, dass die Berufsträger als Gesellschafter einer gemeinsamen Sozietät miteinander verbunden sind.[536] Die Berufsbezeichnung „Fachexperte für Psychologie" ist irreführend, wenn der Erlangung dieser Bezeichnung keine qualifizierten theoretischen Kenntnisse auf dem Gebiet der Psychologie zu Grunde liegen, die einer akademischen Ausbildung, insbesondere der Ausbildung eines Diplom-Psychologen entsprechen.[537] 275

Eine Irreführung kann vorliegen, wenn sich eine Zahnärztin in einem Telefonbuch unter der Rubrik „Zahnärzte für Kieferorthopädie" eintragen lässt, und die Zahnärztin zwar im Bereich der Kieferorthopädie tätig, aber nicht berechtigt ist, die Gebietsbezeichnung „Fachzahnärztin für Kieferorthopädie" zu führen.[538] Bei Verwendung eines **Doktortitels** zur Bezeichnung eines zahnärztlichen medizinischen Versorgungszentrums bezieht sich die Erwartung des Verkehrs nicht auf die maßgebliche (kaufmännische) Mitbestimmung durch einen promovierten Gesellschafter im Trägerunternehmen, sondern auf die (medizinische) Leitung des Versorgungszentrums durch einen promovierten Zahnarzt.[539] Bei Verwendung der Bezeichnungen ‚Kieferorthopädie" und „(Zahnarzt-) Praxis für Kieferorthopädie" erwartet der Verbraucher, dass der so werbende eine von der zuständigen Berufsaufsicht durchgeführte Weiterbildung mit entsprechender Abschlussprüfung durchgeführt hat.[540] 276

Irreführend ist auch die Angabe, eine Marke sei „die kommende Weltmarke", wenn keine Anstalten getroffen sind, die die weltweite Bekanntheit in absehbarer Zeit wahrscheinlich machen,[541] Ebenfalls irreführend ist auch die Angabe, ein Sachverständiger sei „eidesstattlich" zur Einhaltung der Sachverständigenverordnung verpflichtet, weil dadurch der unzutreffende 277

[528] OLG München GRUR 2000, 541 ff. – Käthe Kruse.
[529] BGH 6.11.2013 – I ZR 104/12 Rn. 32 = GRUR 2014, 88 Rn. 32 – Vermittlung von Netto-Policen.
[530] BGH GRUR 2007, 807 (809) – Fachanwälte.
[531] OLG Hamm GRUR-RR 2007, 294 (296) – Wirtschaftsjuristenkanzlei.
[532] OLG Hamm GRUR-RR 2009, 430 – Atlasprof.
[533] OLG Düsseldorf GRUR-RR 2009, 74 – European Patent Attorney.
[534] BGH GRUR 2012, 215 Rn. 16 – Zertifizierter Testamentsvollstrecker.
[535] OLG Hamm GRUR-RR 2009, 429 – Kanzleikürzel.
[536] BGH GRUR 2014, 496 Rn. 9 – Kooperation mit Wirtschaftsprüfer.
[537] OLG Karlsruhe GRUR-RR 2008, 179 – Fachexperte für Psychologie.
[538] OLG Karlsruhe 9.7.2009 – 4 U 169/07 – Zahnärzte für Kieferorthopädie.
[539] BGH GRUR 2021, 746 (747) – Dr. Z.
[540] BGH GRUR-Prax 2021, 646 – Kieferorthopädie.
[541] OLG Hamburg GRUR-RR 2002, 263 – Die kommende Weltmarke.

Eindruck einer **öffentlichen Bestellung** oder Vereidigung gleichgestellten Legitimation erweckt wird.[542]

278 Nicht irreführend ist dagegen die bloße Aufnahme eines Links zu Fachverbänden innerhalb der Internetpräsenz eines Unternehmens, das diesen Verbänden nicht angehört, solange die Gestaltung der Internetpräsenz keine besondere Nähebeziehung zu den Verbänden suggeriert.[543]

279 Irreführend können auch Angaben über die **Bedeutung des Unternehmens** sein, zB **unzutreffende Altersangaben,** die eine langjährige Geschäftstradition suggerieren.[544] Das Gleiche gilt für Angabe über die Rechtsform einer Gesellschaft. Die Angabe AG für eine Gesellschaft, die tatsächlich keine Aktiengesellschaft ist, führt über die Größe und Bedeutung eines Unternehmens irre. Die Verwendung einer Unternehmensbezeichnung, die auf AG endet, wie zB „WISAG" ist hingegen nicht irreführend, solange die Endung „AG" nicht besonders hervorgehoben wird, da der Verbraucher inzwischen Unternehmensbezeichnungen mit der nötigen Aufmerksamkeit begegnet.[545] Ebenso kann eine an den Abnehmer eines Konkurrenten gerichtete Berechtigungsanfrage als irreführende Werbung untersagt werden, wenn sie zwar detaillierte Angaben zur Anmeldung, Veröffentlichung und Erteilung des Schutzrechts sowie den Hinweis enthält, dieses befinde sich in Kraft, aber nicht erwähnt, dass gegen die Erteilung des Patents Einspruch eingelegt wurde.[546]

280 **b) Vermögen einschließlich Rechte des geistigen Eigentums.** Die Werbung mit **Schutzrechtshinweisen** kann irreführend sein, wenn diese tatsächlich nicht oder nicht mehr existieren. Auch die Verwendung des Zeichens „R im Kreis" ist irreführend, wenn das Zeichen nur einem Teil der angemeldeten Marke, zum Beispiel dem Wortbestandteil zugeordnet ist, obwohl für diesen Zeichenbestandteil kein gesonderter markenrechtlicher Schutz besteht.[547]

281 Bei ungeprüften Schutzrechten, wie Gebrauchsmustern, ist eine Irreführung anzunehmen, wenn der behauptete **Gebrauchsmusterschutz** offenkundig nicht besteht, weil zB die technische Lehre des Gebrauchsmusters ersichtlich nicht mehr neu ist oder gegenüber dem bekannten Stand der Technik zweifelsfrei nicht auf einem erfinderischen Schritt beruht.[548]

282 **c) Auszeichnungen und Ehrungen.** Irreführend ist auch die Verwendung des Begriffs **„Diplom"** für ein nicht staatlich oder amtlich anerkanntes Abschlusszeugnis über die Ausbildung an einer privaten Schule.[549] Auch der Hinweis auf nicht vorhandene **Auszeichnungen** kann irreführend sein, zB der Hinweis auf die **Zertifizierung** eines Qualitätsmanagementsystems auf der Preisliste für Produkte, wenn auf Grund der grafischen Darstellung der unzutreffende Eindruck entsteht, dass sich die Zertifizierung auf die Produkte selbst und nicht auf das Unternehmen bezieht,[550] die Werbung mit der Angabe „Möbelhaus des Jahres", wenn dem Unternehmen lediglich ein Händlerpreis verliehen worden ist, der sich nicht auf das gesamte Sortiment bezieht,[551] die Werbung mit einem Umweltzeichen wie der „Blaue Engel", ohne dass die dafür erforderlichen Voraussetzungen erfüllt werden.[552]

283 Auch **„Likes" bei Facebook** sowie **„Follower" bei Twitter** stellen – wenn auch nur als unverbindliche Gefallensäußerung[553] – eine Form der positiven Anerkennung dar. „Likes", die als Voraussetzung für die Teilnahme an einem Gewinnspiel generiert wurden, können noch vertretbar sein,[554] nicht weil unverbindliche Gefallensäußerungen keine Auszeichnung darstellten, sondern weil durch die Teilnahme an dem Gewinnspiel in gewisser Weise tatsächlich eine unverbindliche Gefallensäußerung zum Ausdruck kommt. **Gekaufte „Likes" und „Follower"** wird

---

542 LG Düsseldorf GRUR-RR 2004, 88 – Bundesfachverband und eidesstattliche Verpflichtung; LG Kiel GRUR-RR 2009, 184 – geprüfter Sachverständiger.

543 OLG Jena GRUR 2003, 978 – Verbandslink.

544 BGH GRUR 1991, 680 (681 f.) – Porzellanmanufaktur; Köhler/Bornkamm/Feddersen/Pieper UWG § 3 Rn. 437 ff.

545 OLG Frankfurt GRUR-RR 2007, 1963 (165) – WISAG.

546 OLG Karlsruhe GRUR-RR 2008, 197 – Irreführende Berechtigungsanfrage.

547 BGH GRUR 2014, 376 Rn. 24 – grill meister.

548 OLG Düsseldorf WRP 1999, 218 (220 f.) – Schaukelpferd; vgl. zu den möglichen Angaben Gloy/Loschelder/Danckwerts UWG-HdB/Helm § 49 Rn. 177 ff.

549 OLG Köln GRUR-RR 2003, 160 – Diplom.

550 OLG München WRP 1999, 965 (966 f.) – Qualitätsmanagementsystem.

551 LG Düsseldorf WRP 2003, 1148.

552 BGH GRUR 2014, 578 Rn. 11 – Umweltengel für Tragetasche.

553 LG Hamburg GRUR-Prax 2013, 123.

554 LG Hamburg GRUR-Prax 2013, 123.

man hingegen als Irreführung über eine nicht vorhandene Auszeichnung einordnen können.[555] Das gilt natürlich insbesondere auch für gekaufte positive Bewertungen. Diese sind aufgrund der neu eingefügten Nr. 23c des Anhangs zu § 3 Abs. 3 UWG als gefälschte Verbraucherbewertungen stets unzulässig.[556]

d) **Beweggründe für die geschäftliche Handlung.** Dieses Merkmal erfasst beispielsweise die Täuschung über die Tatsache, dass der Werbende, der eine Partnervermittlungsanzeige aufgibt, gewerblich handelt[557] sowie die Verwendung einer Anzeige zur Vermietung eines Wohnmobils, die nicht erkennen lässt, dass es sich um ein Inserat eines **gewerblichen Vermieters** handelt und nicht um das eines **Privatmannes.**[558] 284

e) **Art des Vertriebs.** Irreführend ist die Verwendung der Begriffe **„Designer Outlet"** oder **„Factory Outlet"**, wenn der Werbende nicht selbst der Hersteller ist bzw. mit diesem unmittelbar in Verbindung steht und deshalb Markenware unter Ausschaltung von Groß- und Zwischenhändlern preisgünstig anbietet,[559] sowie die Werbung mit der Aussage „Opel in W." für einen Kfz-Handel, wenn der Werbende nicht Vertragshändler der Adam Opel AG ist oder eine autorisierte Vertragswerkstatt betreibt[560] und **Größenangaben** wie „9 mal in Berlin", wenn tatsächlich nur sieben Filialen in Berlin existieren und zwei in Potsdam, weil der Verbraucher der Größe des Filialnetzes erhebliche Bedeutung beimisst in der Annahme, dass die damit verbundenen großen Abnahmemengen sich auf die Preise des Sortimentes niederschlagen.[561] Irreführend ist auch die Verwendung der Bezeichnung **„Konkurswarenverkauf"**, wenn es sich nicht tatsächlich um eine Maßnahme der Konkursverwaltung, sondern um einen freihändigen Verkauf durch einen Dritten handelt, der die Ware selbst aus einer Insolvenz erworben hat. Der Verbraucher wird hierbei über das Vorliegen der besonderen Drucksituation bei einer unmittelbaren Masseverwertung getäuscht.[562] 285

5. Aussagen oder Symbole im Zusammenhang mit Sponsoring oder einer Zulassung (§ 5 Abs. 2 Nr. 4 UWG)

Gemäß Nr. 4 sind Aussagen oder Symbole, die im Zusammenhang mit direktem oder indirektem Sponsoring stehen oder die sich auf eine Zulassung des Unternehmers oder die Waren oder Dienstleistung beziehen, relevante Umstände im Sinne des § 5 Abs. 1 UWG. Da Zulassungen des Unternehmers bereits in Nr. 3 erfasst sind, bezieht sich die praktische Bedeutung der Nr. 4 insbesondere auf Sponsoring sowie Zulassung von Waren oder Dienstleistungen.[563] Nicht jede Bezugnahme auf eine Fußballweltmeisterschaft in der Öffentlichkeit erweckt den Eindruck, das werbende Unternehmen sei zugleich Sponsor der Veranstaltung, da der Verkehr nicht allein aufgrund der Kennzeichen des Werbenden zu der Annahme veranlasst wird, dieser sei Sponsor des sportlichen Ereignisses.[564] 286

6. Die Notwendigkeit einer Leistung, eines Ersatzteils, eines Austauschs oder einer Reparatur (§ 5 Abs. 2 Nr. 5 UWG)

Diese Bestimmung dient dem Schutz vor unnötigen oder überteuerten Anschaffungen Einzelne geschäftliche Handlungen, durch die der unrichtige Eindruck vermittelt wird, eine bestimmte Leistung oder Reparatur sei notwendig, werden auch bereits unter dem Gesichtspunkt der Ausnutzung der geschäftlichen Unerfahrenheit von Verbrauchern gemäß § 4a UWG erfasst.[565] Allerdings steht bei § 4a UWG der Schutz besonders schutzwürdiger Verbraucher, wie etwa der Minderjährigen im Vordergrund. § 5 Abs. 2 Nr. 5 UWG gilt hingegen für alle Adressaten von geschäftlichen Handlungen. 287

---

555 Lichtnecker GRUR 2014, 523 (525).
556 → Rn. 353 ff.
557 Vgl. OLG München Magazindienst 2007, 973 ff. – Partnervermittler.
558 OLG Karlsruhe WRP 1998, 329 ff. – Zweigniederlassung.
559 BGH GRUR 2013, 1245 Rn. 16 – Factory Outlet; OLG Hamburg GRUR-RR 2001 42 – Designer Outlet; LG Frankfurt a. M. WRP 2001, 854; ähnlich OLG Karlsruhe WRP 2003, 784; OLG Oldenburg WRP 2002, 1316.
560 OLG Celle WRP 2001, 1248 – Opel in W.
561 Brandenburgisches OLG WRP 2000, 794 ff. – 9 mal in Berlin.
562 OLG Hamm WRP 2007, 1389 (1391 f.) – Konkurswarenverkauf.
563 Vgl. Schaub GRUR 2008, 955; Körber/Mann GRUR 2008, 737 (739, 740).
564 BGH GRUR 2010, 642 – WM-Marken.
565 Vgl. Sosnitza WRP 2008, 1014 (1029).

7. Einhaltung eines Verhaltenskodexes (§ 5 Abs. 2 Nr. 6 UWG)

288 Unternehmerische Selbstverpflichtungen und Verhaltenskodizes haben in Deutschland weder in der Rechtswissenschaft noch in der Rechtsprechung bislang größere Beachtung gefunden.[566] Aufgrund der zunehmenden Bedeutung und Beachtung der ethischen Verhaltensweise von Unternehmen sowie von Zertifizierungen ist davon auszugehen, dass das Merkmal der Irreführung über die Einhaltung eines Verhaltenskodexes zukünftig eine erhebliche Bedeutung haben wird.[567]

289 Die Regelung erfasst die Fälle, in denen der Unternehmer sich tatsächlich auf die Einhaltung eines Verhaltenskodexes verpflichtet hat und soll sicherstellen, dass mit einem Verhaltenskodex nur dann geworben wird, wenn dieser auch tatsächlich eingehalten wird. Wirbt ein Unternehmer nicht mit der Einhaltung eines Verhaltenskodizes, so liegt in einem eventuellen Verstoß gegen den Verhaltenskodex noch nicht allein deshalb eine unlautere geschäftliche Handlung. Ein solcher Verstoß wäre lediglich ein Indiz für einen Wettbewerbsverstoß.[568]

290 Erfasst werden von der Regelung nur Kodizes mit verbindlichen Verpflichtungen, nicht jedoch auch solche mit dem Charakter einer bloßen Absichtserklärung, durch die sich der Unternehmer lediglich verpflichtet, sich um gemeinsame Wertvorstellungen zu bemühen.[569] Auch nicht erfasst werden nach dem Wortlaut des Gesetzes Hinweise auf Verhaltenskodizes, auf die sich der Unternehmer nicht verbindlich verpflichtet hat, weil sie zB nicht wirksam oder sogar gesetzeswidrig sind.[570] Sofern der Unternehmer tatsächlich keinen Verhaltenskodex unterzeichnet hat, trotzdem aber angibt dies getan zu haben, liegt eine stets unzulässige Angabe gemäß Nr. 1 des Anhangs zu § 3 Abs. 3 UWG vor.[571]

8. Rechte des Verbrauchers (§ 5 Abs. 2 Nr. 7 UWG)

291 Aus wirtschaftlicher Sicht können irreführende Angaben über die Rechte des Verbrauchers hinschlich **Garantieversprechen**[572] beziehungsweise **Gewährleistungsrechten** eine erhebliche Bedeutung haben. Zu beachten ist, dass Garantieversprechen und Gewährleistungsrechte bei Leistungsstörungen durch die Formulierung „insbesondere" lediglich beispielhaft genannt sind. Erfasst werden folglich auch Irreführungen über andere Rechte des Verbrauchers. Der Begriff der Rechte des Verbrauchers umfasst sämtliche Rechte einschließlich der Voraussetzungen ihrer Ausübung sowie der Gestaltung- und Kündigungsrechte. Erfasst werden nicht nur Angaben über die Existenz bestimmter Rechte, sondern auch mit deren Inhalt, Umfang und Dauer sowie etwaige Voraussetzungen für die Geltendmachung.[573] Irreführend ist zum Beispiel die Warnung vor der 18-monatigen Bindungsfrist bei einem Wechsel der Krankenkasse, ohne dass dem Kunden zustehende gesetzliche Sonderkündigungsrecht zu erwähnen[574] sowie falsche Angaben über den Beginn des Laufs der Verjährungsfrist.[575] Irreführend sind auch Äußerungen, in denen der Unternehmer gegenüber Verbrauchern eine **eindeutige Rechtslage** behauptet, die tatsächlich nicht besteht, sofern der angesprochene Kunde die Aussage nicht als Äußerung einer **Rechtsansicht,** sondern als Feststellung versteht.[576] Die Bewerbung von Stühlen mit einer tatsächlich nicht vorhandenen Herstellergarantie stellt ebenfalls eine Irreführung über die Rechte des Verbrauchers dar.[577]

---

566 Birk GRUR 2011, 196 (198).

567 Die FAZ berichtet in Ihrer Ausgabe vom 20.2.2008, S. 13, dass ein Pharmaunternehmen erstmals die nach der Satzung vorgesehene Höchststrafe in Höhe von 50.000,– EUR wegen eines Verstoßes gegen einen freiwilligen Verhaltenskodex der Pharmaindustrie zahlen musste. Gerügt worden war eine Veranstaltung für Ärzte, bei der Freizeitwert und Informationen in keinem akzeptablen Verhältnis zueinander gestanden hätten; vgl. zur Bedeutung von Verhaltenskodizes auch Kocher GRUR 2005, 647 ff.

568 BGH GRUR 2011, 431 – FSA-Kodex.

569 Dreyer WRP 2007, 1294 (1300 f.).

570 Dreyer WRP 2007, 1294 (1300 f.).

571 → Rn. 307.

572 OLG Köln GRUR-RR 2010, 293 – „Wir erstatten die Differenz doppelt zurück"; BGH GRUR 2008, 915 – 40 Jahre Garantie.

573 BGH 2019, 754, 756 – Prämiensparverträge.

574 BGH GRUR 2014, 1120 Rn. 29 – Betriebskrankenkasse II.

575 BGH GRUR 2017, 1144 (1145) Rn. 19 ff – Reisewerte.

576 BGH 2019, 754 (756) – Prämiensparverträge; GRUR; GRUR 2020, 886 (889) – Preisänderungsregelung.

577 OLG Frankfurt a. M. GRUR-RS 2019, 21713 – Google-Snippet.

V. Besondere Fälle der Irreführung

In Ergänzung zu der Generalklausel des § 5 Abs. 1 UWG und der Aufzählung einzelner Umstände in § 5 Abs. 2 UWG, bezüglich derer unwahre bzw. sonst zur Täuschung geeignete Angaben irreführend sind, enthalten die Abs. 3–5 des § 5 UWG verschiedene Klarstellungen und Abgrenzungen. 292

1. Verwechslungsgefahr mit einer anderen Ware oder Dienstleistung (§ 5 Abs. 3 Nr. 1 UWG)

Die Regelung in **§ 5 Abs. 3 Nr. 1**[578] UWG erfasst geschäftliche Handlungen, die im Zusammenhang mit der Vermarktung von Waren und Dienstleistungen einschließlich vergleichender Werbung eine **Verwechslungsgefahr** mit einer anderen Ware oder Dienstleistung oder mit der Marke oder einem anderen Kennzeichen eines Mitbewerbers hervorrufen. Die Vorschrift erweitert den in § 4 Abs. 3 UWG normierten ergänzenden wettbewerbsrechtlichen Leistungsschutz, der lediglich demjenigen eine Anspruchsberechtigung gewährt, der das nachgeahmte Original-Produkt in eigener Verantwortung herstellt oder herstellen lässt und über das Inverkehrbringen entscheidet.[579] Die Regelungen in § 5 Abs. 3 Nr. 1 UWG sowie Nr. 13 des Anhangs zu § 3 Abs. 3 UWG hingegen betreffen in erster Linie die Irreführung der Verbraucher. Da es sich bei § 5 Abs. 3 Nr. 1 UWG und Nr. 13 des Anhangs zu § 3 Abs. 3 UWG um Tatbestände aus der Richtlinie handelt, sind diese auch zu prüfen, wenn ein Verstoß gegen § 4 Nr. 3 UWG verneint wurde. Anderenfalls würde der unionsrechtlich vorgegebene Irreführungstatbestand in unzulässiger Weise eingeschränkt.[580] Schwierig ist die Frage zu beantworten, ob der lauterkeitsrechtliche Verwechselungsschutz auch dann eingreift, wenn es sich um eine **unvermeidbare Herkunftstäuschung** handelt. Dann liegen die Voraussetzungen des § 4 Nr. 3 UWG ebenfalls nicht vor, doch stünde ein Rückgriff auf § 5 Abs. 3 Nr. 1 UWG eigentlich offen. Dann bliebe jedoch der Grundsatz, dass Lehre und Stand der Technik frei sind, unberücksichtigt.[581] Da dieses allgemeine Prinzip jedoch nicht nur das nationale Recht beherrscht, sondern auch auf europäischer Ebene gilt,[582] muss es im Rahmen des § 5 Abs. 3 Nr. 1 UWG ebenfalls Berücksichtigung finden, so dass seine Anwendung ausscheidet.[583] Bei Fragen der Verwechslung mit dem Kennzeichen eines Mitbewerbers gelten die Wertungen des Rechts der Gleichnamigen auch im Bereich der irreführenden Werbung.[584] 293

2. Doppelqualität von Waren (§ 5 Abs. 3 Nr. 2 UWG)

Die Regelung in § 5 Abs. 3 Nr. 2 UWG[585] erfasst die Vermarktung von Waren, die als **identisch mit Waren in anderen Mitgliedstaaten der Europäischen Union** dargestellt werden, obwohl sie sich in ihrer Zusammensetzung oder in ihren Merkmalen wesentlich voneinander unterscheiden. Sie gelten als irreführend, sofern dies nicht durch legitime und objektive Faktoren gerechtfertigt ist. Die Vorschrift ist sowohl dogmatisch zweifelhaft als auch in der Praxis schwierig handhabbar. Sie wurde aus politischen Gründen eingeführt, um osteuropäischen Befindlichkeiten entgegenzuwirken. Es wurde befürchtet, dass insbesondere in **osteuropäischen Mitgliedstaaten** zB qualitativ schlechtere Lebensmittel verkauft würden, obwohl Verpackung und Markenkennzeichnung identisch mit denen in anderen Mitgliedstaaten seien und dadurch „Verbraucher zweiter Klasse“ entstünden, deren Schokolade beispielsweise weniger Kakao enthält als die der Verbraucher in westeuropäischen Mitgliedstaaten.[586] 294

---

[578] Bis zum Inkrafttreten des Gesetzes zur Stärkung des Verbraucherschutzes im Wettbewerbs- und Gewerberecht vom 10. August 2021 am 28. Mai 2022 war diese Regelung inhaltlich identisch in § 5 Abs. 2 UWG enthalten.

[579] BGH GRUR 2005, 519 (520) – Vitamin-Zell-Komplex.

[580] Köhler/Bornkamm UWG 29. Auflage 2011 § 5 Rn. 1.72.

[581] BGH GRUR 2007, 984 (987) – Gartenliege; GRUR 2007, 339 (344) – Stufenleitern; GRUR 2005, 600 (603) – Handtuchklemmen.

[582] Art. 3 Abs. 1 lit. e Nr. ii RL 2008/95/EG; Art. 7 Abs. 1 lit. e Nr. ii) VO (EG) 207/2009.

[583] Bornkamm GRUR 2011, 1 (7).

[584] BGH GRUR 2013, 397 Rn. 44 – Peek & Cloppenburg III.

[585] Diese Regelung wurde mit dem Gesetz zur Stärkung des Verbraucherschutzes im Wettbewerbs- und Gewerberecht vom 10. August 2021 neu eingeführt.

[586] Junker, Rede zur Lage der Union am13. September 2017, https://ec.europa.eu/commission/presscorner/detail/de/SPEECH_17_3165, zuletzt abgerufen am 2. Oktober 2021.

295 Der Gesetzgeber definiert also normativ, dass in einer solchen Situation eine Irreführung anzunehmen ist, obwohl es tatsächlich fraglich ist, ob der relevante durchschnittliche Verbraucher sich wirklich darüber Gedanken macht, ob ein bestimmtes Produkt in einem anderen Mitgliedstaat in abweichender Zusammensetzung angeboten wird. Bei der Anwendung der Vorschrift sind eine Vielzahl von unbestimmten Rechtsbegriffen zu berücksichtigen. Was gilt als Merkmal der Ware? Reicht bereits eine abweichende Form des Behältnisses? Wann unterscheiden sich die Waren wesentlich voneinander? Was ist ein legitimer Rechtfertigungsfaktor? Was ist ein objektiver Rechtfertigungsfaktor?

296 Ob eine Ware – **Dienstleistungen** werden nicht erfasst[587] – tatsächlich trotz wesentlicher Unterschiede in ihrer Zusammensetzung oder ihren Merkmalen als identisch vermarktet wird, ist auf der Grundlage einer **Einzelfallprüfung** festzustellen.

297 Eine Irreführung liegt nicht vor, wenn die Unterschiede zwischen den Produkten für die Verbraucher leicht zu erkennen sind, weil beispielsweise das Etikett über bestehende Unterschiede informiert.[588] Als legitime und objektive Gründe gelten beispielsweise Vorgaben des nationalen Rechts, Verfügbarkeit oder Saisonabhängigkeit von Rohstoffen, freiwillige Strategien zur Verbesserung des Zugangs zu gesunden und nährstoffreichen Lebensmitteln, die Anpassung von Waren derselben Marke an unterschiedliche geographische Märkte sowie unterschiedliche Füllmengen[589] oder auch Präferenzen der lokalen Verbraucher.[590] Da die Richtlinie keine abschließende Auflistung der rechtfertigenden Faktoren enthält, können auch andere Faktoren in Betracht kommen.[591] Zu beachten ist, dass in der Richtlinie auch darauf hingewiesen wird, dass es wichtig sei, dass Verbraucher über die Unterschiede zwischen den Waren aufgrund legitimer und objektiver Faktoren unterrichtet werden. Das kann auch so verstanden werden, dass eine Irreführung selbst bei Vorliegen von legitimen und objektiven Gründen für die Differenzierung als irreführend angesehen wird, wenn nicht trotzdem auf die Unterschiede hingewiesen wird.[592] Hier ergeben sich Risiken aus der Widersprüchlichkeit zwischen Erwägungsgründen und Gesetzesformulierung.[593]

298 Eine konkrete Entscheidung hinsichtlich der Frage, ob eine Anpassung des Produktes an die Besonderheiten in einem anderen Mitgliedstaat als Irreführung im Sinne dieser Vorschrift gilt, ist allein anhand des **Gesetzeswortlautes** schwierig zu treffen, da im Grundsatz zunächst alle Unterschiede des Produktes relevant sind, es sei denn es liegen rechtfertigende Faktoren vor, die anhand von unbestimmten Rechtsbegriffen zu bestimmen sind. Auch eine Orientierung anhand der tatsächlichen Irreführungsgefahr erscheint schwierig. In den meisten Fällen wird man auf tatsächlicher Ebene keine Irreführung annehmen können. Die geschäftliche Entscheidung eines irischen Verbrauchers wird im Zweifel nicht davon beeinflusst, dass beispielsweise ein Glas Nutella Nuss-Nougat-Creme in Rumänien mit abgewandelter Rezeptur, zum Beispiel mit einem höheren Zucker-Anteil angeboten wird, um den dortigen Geschmacksvorlieben entgegenzukommen. Ebenso wenig wird es einem portugiesischen Verbraucher interessieren, ob das Produkt in Deutschland abweichend von anderen Märkten ohne Verwendung von zB Palmöl angeboten wird, weil dies deutschen Verbrauchern wichtig ist. Der portugiesische Verbraucher nimmt die Verwendung von Palmöl eventuell gern zugunsten eines günstigeren Preises in Kauf. Auch das von Junker in der Rede zur Lage der Union im September 2017 genannte Beispiel, es könnte in einzelnen Mitgliedstaaten weniger Kakao in der Schokolade verwendet werden,[594] erscheint eher abwegig. Zum einen wird der Kakaoanteil gerade bei Schokoladenprodukten ausdrücklich ausgewiesen, da die Verordnung über Kakao- und Schokoladenerzeugnisse unter anderem vorschreibt, dass der Kakaogehalt angegeben werden muss.[595] Zum anderen wird nicht jeder Ver-

[587] BT-Drs. 19/27873, 33.

[588] BT-Drs. 19/27873, 33; Erwägungsgrund (53) der Richtlinie (EU) 2019/2161.

[589] BT-Drs. 19/27873 S. 33 f, Erwägungsgrund (53) der Richtlinie (EU) 2019/2161.

[590] Bekanntmachung der Kommission, Leitlinien zur Auslegung und Anwendung der Richtlinie 2000/29/EG des Europäischen Parlaments und des Rates über unlautere Geschäftspraktiken von Unternehmen gegenüber Verbrauchern, 2021/C 526/47.

[591] BT-Drs. 19/27873 S. 34; Bekanntmachung der Kommission, Leitlinien zur Auslegung und Anwendung der Richtlinie 2000/29/EG des Europäischen Parlaments und des Rates über unlautere Geschäftspraktiken von Unternehmen gegenüber Verbrauchern, 2021/C 526/47.

[592] Erwägungsgrund (53) der Richtlinie (EU) 2019/2161.

[593] Ahrens IPRB 2021, 293 ff.

[594] Junker, Rede zur Lage der Union am13. September 2017, https://ec.europa.eu/commission/presscorner/detail/de/SPEECH_17_3165, zuletzt abgerufen am 2. Oktober 2021.

[595] Richtlinie 2000/36/EG des Europäischen Parlaments und des Rates vom 23. Juni 2000 über Kakao- und Schokoladenerzeugnisse für die menschliche Ernährung (ABl. EG L 197, 19).

braucher einen höheren Kakaoanteil bevorzugen. Viele Verbraucher ziehen eine Tafel Vollmilchschokolade einer Tafel mit 80 % Kakaoanteil geschmacklich vor. Hinzu kommt, dass nach dem Wortlaut der Vorschrift bereits ausreicht, dass eine Abweichung in einem Mitgliedstaat besteht und es nicht auf den Vergleich mit dem Ursprungs-Mitgliedstaat ankommt. Selbst wenn also ein Glas Nutella in Polen mit dem Original-Produkt aus Italien identisch ist, wäre der Tatbestand der Vorschrift auch für den polnischen Markt trotzdem erfüllt, wenn in Irland das Produkt mit einem geringeren Schokoladenanteil vertrieben wird.[596] Die tatsächliche Irreführung war aber auch nicht der Grund für die Einführung dieser Vorschrift. Die osteuropäischen Mitgliedstaaten hatten die Befürchtung, westeuropäische Anbieter könnten osteuropäischen Verbrauchern minderwertige Produkte anbieten und sie zu Verbrauchern zweiter Klasse machen. Es sollte daher im konkreten Fall auf diese Intention des Gesetzgebers geachtet werden.

Eine Irreführung im Sinne dieser Vorschrift wird deshalb immer dann naheliegen, wenn **kein nachvollziehbarer Grund** genannt werden kann und der Eindruck entstehen könnte, dass Verbrauchern gerade in dem betroffenen Markt unter dem Deckmantel einer Marke minderwertige Qualität angeboten werden soll. Das wird auf dem deutschen Markt wahrscheinlich seltener der Fall sein. Bei Exporten nach Osteuropa sollte diesbezüglich aber vorsichtig vorgegangen werden. Zwar wird man bei dem oben genannten Beispiel der Lieferung des italienischen-Original-Produktes nach Polen und gleichzeitiger Abweichung in Irland immer noch mit dem Hinweis auf das Fehlen einer relevanten Irreführung argumentieren können. Erfasst werden könnten aber insbesondere Fälle wie die ebenfalls von Juncker als Beispiel genannten Fischstäbchen mit weniger Fischanteil.[597] Hier handelt es sich um ein Produkt, bei dem typischerweise ein hoher Fischanteil generell als qualitativ und geschmacklich relevantes Kriterium gilt, der Verbraucher diesen nicht ohne weiteres erkennen kann, diesbezüglich keine Kennzeichnungsvorschriften existieren und eine Kennzeichnung auch nicht üblich ist. Jedenfalls in einem solchen Fall ist eine entsprechende Kennzeichnung zu empfehlen. 299

Praxistipp:

Die teilweise schon heute verwendete Angabe der Inhaltsstoffe für unterschiedliche Mitgliedstaaten dürfte als Kennzeichnung nicht ausreichen, zumal diese typischerweise in den jeweiligen Landessprachen erfolgen und deshalb in anderen Mitgliedstaaten schon aus dem Grunde nicht zur Kenntnis genommen werden bzw. werden können. Der Hinweis sollte deshalb zumindest auch im Zutatenverzeichnis des betreffenden Marktes in der entsprechenden Sprache erfolgen,[598] zum Beispiel sinngemäß wie folgt

„Fischanteil 20 % (abweichend vom unter gleicher Marke und einem Fischanteil in Höhe von 30 % vertriebenen Produkt in Irland)"

Denkbar wäre zusätzlich ein Hinweis im Blickfang, wie zum Beispiel:

„Polnische Rezeptur".

Die Vorschrift richtet sich nach der deutschen Gesetzesbegründung insbesondere an **Hersteller,** da die Hersteller über die Gestaltung und Vermarktung des Produktes entscheiden. **Händler,** die lediglich Waren vertreiben, ohne durch eigene Vermarktungsmaßnahmen den Eindruck zu erwecken oder zu fördern, dass die Waren in ihrer Zusammensetzung und ihren Merkmalen identisch mit den anderen Mitgliedstaaten vermarkteten Waren sind, handeln nach der Gesetzesbegründung „in aller Regel" selbst nicht irreführend.[599] Dabei ist allerdings zu berücksichtigen, dass schon nach dem Wortlaut der Gesetzesbegründung diejenigen Händler erfasst werden, die eigene Vermarktungsmaßnahmen ergreifen.[600] Hinzu kommt, dass sich diese Unterscheidung zwischen Hersteller und Händler weder aus den Erwägungsgründen der Richtlinie noch aus dem Gesetzestext der Richtlinie und auch nicht aus dem Gesetzestext des § 5 Abs. 3 Nr. 2 UWG ergibt. Die von dem deutschen Gesetzgeber geäußerte Interpretation könnte folglich im Widerspruch nicht nur zum Wortlaut sowohl der deutschen Vorschrift als auch der Richtlinie, son- 300

596 Ahrens IPRB 2021, 293, 294.

597 Junker, Rede zur Lage der Union am 13. September 2017, https://ec.europa.eu/commission/presscorner/detail/de/SPEECH_17_3165, zuletzt abgerufen am 2. Oktober 2021.

598 Ahrens IPRB 2021, 293, 296.

599 BT-Drs. 19/27873, 34.

600 BT-Drs. 19/27873, 34.

dern auch im Widerspruch zu der vorrangigen richtlinienkonformen Auslegung der Vorschrift stehen.[601] insbesondere können die Durchsetzungsbehörden von Einzelhändlern Abhilfemaßnahmen verlangen, beispielsweise die Zurverfügungstellung zusätzlicher Informationen am Verkaufsort.[602]

Praxistipp:
Auch Händler sollten aus dem Grund vorsichtshalber die Vorschrift beachten und im Zweifel bei eigenen Vermarktungsmaßnahmen entsprechende Hinweise auf eine vorliegende Doppelqualität geben.

3. Vergleichende Werbung (§ 5 Abs. 4 UWG)

301 § 5 Abs. 4[603] UWG bezieht Angaben im Rahmen **vergleichender Werbung** in den Anwendungsbereich der Norm ein. Ein an sich zutreffender Werbevergleich kann irreführend sein, wenn aufgrund einseitiger Auswahl der verglichenen Eigenschaften bei den Adressaten ein unzutreffender Eindruck erweckt wird.[604] Trotzdem sind die irreführende Werbung und die unzulässige vergleichende Werbung zwei selbstständige Zuwiderhandlungen. Es kann deshalb eine irreführende Werbung vorliegen, ohne dass dies gleichzeitig eine unzulässige vergleichende Werbung darstellt.[605]

4. Preisherabsetzung (§ 5 Abs. 5 UWG)

302 § 5 Abs. 5[606] UWG enthält eine spezielle Regelung der Werbung mit der Senkung von Preisen, die nur für eine unangemessen kurze Zeit gefordert wurden. Ebenfalls erfasst werden sogenannte **Mondpreise**, die tatsächlich nicht ernsthaft gefordert wurden.[607] Die Norm enthält in Abs. 1 eine **Irreführungsvermutung.** Wenn der Preis, der Ausgangspunkt für die Herabsetzung war, nur unangemessen kurze Zeit gefordert wurde, wird vermutet, dass eine Irreführung vorliegt. Außerdem enthält die Norm in Abs. 2 eine Beweislastregelung zulasten des Werbenden. Hinsichtlich des Zeitraums, innerhalb dessen gegebenenfalls der ursprüngliche Preis gefordert worden ist, hat der Werbende die Beweislast zu tragen. Wann eine unangemessen kurze Zeit vorliegt, bestimmt sich nach der Verkehrsauffassung und zwar einzelfallbezogen je nach Produktart, Betriebsverhältnissen, Wettbewerbsordnung und Marktsituation.[608] Für Möbel kann eine Mindestfrist von einem Monat als angemessen angesehen werden.[609] Für Waren des täglichen Bedarfs mit einem häufigeren Einkaufsrhythmus wird man eine deutlich kürzere Zeitdauer als angemessen akzeptieren können.

VI. Geschäftliche Handlungen ohne Wertungsvorbehalt (§ 3 Abs. 3 UWG iVm Anhang zu § 3 Abs. 3 UWG)

303 Gemäß § 3 Abs. 3 UWG sind die im Anhang des Gesetzes genannten geschäftlichen Handlungen stets unzulässig, wenn sie Verbrauchern gegenüber vorgenommen werden. Der Anhang entspricht in der aktuellen Gesetzesfassung dem Anhang I der Richtlinie über unlautere Geschäftspraktiken. Es werden diejenigen irreführenden und aggressiven geschäftlichen Handlungen aufgeführt, die unter allen Umständen unlauter und stets unzulässig sind. Die Nummern 1

[601] Ahrens IPRB 2021, 293, 295.
[602] Bekanntmachung der Kommission, Leitlinien zur Auslegung und Anwendung der Richtlinie 2000/29/EG des Europäischen Parlaments und des Rates über unlautere Geschäftspraktiken von Unternehmen gegenüber Verbrauchern, 2021/C 526/45.
[603] Bis zum Inkrafttreten des Gesetzes zur Stärkung des Verbraucherschutzes im Wettbewerbs- und Gewerberecht vom 10. August 2021 am 28. Mai 2022 war diese Regelung inhaltlich identisch in § 5 Abs. 3 UWG enthalten.
[604] BGH GRUR 2013, 1058 Rn. 16 – Kostenvergleich bei Honorarfactoring.
[605] EuGH GRUR 2014, 493 Rn. 28 – Posteshop/Autorità ua.
[606] Bis zum Inkrafttreten des Gesetzes zur Stärkung des Verbraucherschutzes im Wettbewerbs- und Gewerberecht vom 10. August 2021 am 28. Mai 2022 war diese Regelung inhaltlich identisch in § 5 Abs. 4 UWG enthalten.
[607] BT-Drs. 15/1487, 20.
[608] BGH GRUR 175, 78 (79).
[609] OLG Stuttgart WRP 1996, 469 (473).

bis 23c des Anhangs zu § 3 Abs. 3 UWG betreffen irreführende,[610] die Nummern 24 bis 31 aggressive geschäftliche Handlungen. Die im Anhang aufgelisteten Einzeltatbestände gelten nur für geschäftliche Handlungen, die sich unmittelbar an Verbraucher richten. Hier wird wieder deutlich, dass bei irreführenden geschäftlichen Handlungen gegenüber Verbrauchern einerseits und Mitbewerbern und sonstigen Marktteilnehmern andererseits unterschiedliche Maßstäbe angelegt werden. Nach Erwägungsgrund 17 der Richtlinie über unlautere Geschäftspraktiken dient ihr Anhang I dem Zweck, Verhaltensweisen, die unter allen Umständen als unlauter einzustufen sind, leichter identifizieren zu können, um auf diese Weise die Rechtsicherheit zu erhöhen. Es handelt sich um Verbote ohne Relevanzprüfung, so dass es nicht mehr auf eine Beurteilung des Einzelfalls ankommt. Praktische Bedeutung gewinnt dies in den wohl seltenen Fällen, bei denen die gerügte geschäftliche Handlung irreführend aber dennoch unterhalb der Erheblichkeitsschwelle der Eignung zur Veranlassung zu einer geschäftlichen Entscheidung des § 5 Abs. 1 UWG liegt. Allerdings gilt auch hier stets der allgemeine Grundsatz der Verhältnismäßigkeit, weshalb es künftig auch Fallgestaltungen geben kann, bei denen ein nach § 3 Abs. 3 UWG unlauteres Verhalten dennoch keine wettbewerbsrechtlichen Sanktionen auslöst.[611]

Für die Anwendung der Nr. 29 hat der BGH entschieden, dass es für die Annahme einer unzu- 304
lässigen geschäftlichen Handlung unerheblich sei, ob der Unternehmer irrtümlich handele, weil die Vorschrift auf die objektive Handlung des Unternehmers und die in ihr angelegte Drucksituation für den Verbraucher abstelle und diese Handlung per se verbiete. Einzelfallabwägungen, auch solche über Irrtum und Verschulden des Unternehmers, seien ausgeschlossen, weil solche Gesichtspunkte an der unzumutbaren Belästigung des Verbrauchers nichts ändern, sondern nur zu einer der Rechtssicherheit erträglichen Motivforschung beim Unternehmer führen. Außerdem sei zu berücksichtigen, dass der Zweck der Richtlinie unter anderem in der Erreichung eines hohen Verbraucherschutzniveaus bestehe und das Ziel, die Verbraucher umfassend vor unlauteren Geschäftspraktiken zu schützen, auch auf dem Umstand beruhe, dass sich ein Verbraucher im Vergleich zu einem Gewerbetreibenden insbesondere hinsichtlich des Informationsniveaus in einer unterlegenen Position befinde.[612] Diese Annahmen wird man grundsätzlich auch auf alle anderen Tatbestände des Anhangs anwenden können. Eine Ausnahme stellt lediglich die Nr. 6 dar, weil dort ausdrücklich die Absicht des Werbenden, eine andere Ware oder Dienstleistung abzusetzen, als Tatbestandsmerkmal genannt wird.

Aufgrund der **Vollharmonisierung** im Bereich des Verbraucherschutzes darf der allgemeine 305
Irreführungsschutz außerhalb der Fallbeispiele des Anhangs zu § 3 Abs. 3 UWG, jedenfalls soweit Verbraucher betroffen sind, nicht in einer Weise ausgestaltet sein, dass eine geschäftliche Handlung ohne Beurteilung des Einzelfalls in jedem Fall unlauter ist.[613]

Der deutsche Gesetzgeber hat davon abgesehen, den weitergehenden Schutz auch auf ge- 306
schäftliche Handlungen **gegenüber gewerblich handelnden Kunden** auszudehnen, um den kaufmännischen Verkehr nicht mit Informationsanforderungen zu belasten, die in erster Linie dem Verbraucherschutz dienen.[614] Sofern es sich nicht um eine geschäftliche Handlung gegenüber Verbrauchern handelt, ist eine Relevanzprüfung also auch in den im Anhang genannten Fällen vorzunehmen. Die lauterkeitsrechtliche Erheblichkeitsschwelle des § 5 Abs. 1 UWG bleibt in diesen Fällen anwendbar. Im Einzelnen handelt es sich um folgende geschäftliche Handlungen:

1. Unwahre Angabe über die Unterzeichnung eines Verhaltenskodexes (Nr. 1)

Unzulässig ist nach dieser Vorschrift die unwahre Angabe eines Unternehmers, zu den Un- 307
terzeichnern eines Verhaltenskodexes zu gehören. Aufgrund der zunehmenden Bedeutung und Beachtung der ethischen Verhaltensweise von Unternehmen sowie von Zertifizierungen ist davon auszugehen, dass das Merkmal der Irreführung über die Einhaltung eines Verhaltenskodexes zukünftig eine erhebliche Bedeutung haben wird. Nicht erforderlich ist, dass ausdrücklich behauptet wird, die Standards würden eingehalten. Der Verkehr erwartet dies auch bereits aufgrund

[610] Die bisherige Nr. 17, die nach der Rechtsprechung des EuGH eher den Tatbeständen der aggressiven Werbung zuzuordnen ist, wird jetzt in der aktuellen Gesetzesfassung in Nr. 31 genannt.

[611] Entwurf der Bundesregierung für ein erstes Gesetz zur Änderung des Gesetzes gegen den unlauteren Wettbewerb, BT-Drs. 16/10145, 61 f.

[612] BGH 6.6.2019, I ZR 216/17, Rn. 33 ff. = BeckRS 2019, 21604 mwN.

[613] EuGH GRUR Int. 2015, 1140 – Cdiscount SA; Büscher GRUR 2016, 113 (123 f.).

[614] Entwurf der Bundesregierung für ein erstes Gesetz zur Änderung des Gesetzes gegen den unlauteren Wettbewerb, BT-Drs. 16/10145, 49.

der bloßen Bezugnahme auf die Unterzeichnereigenschaft.[615] Ohne Bedeutung ist es auch, ob der Unternehmer sich direkt einem Kodex verpflichtet hat oder dies nur indirekt durch Beitritt zu einem Verband getan hat, der die Verpflichtung an seine Mitglieder weitergibt.[616]

308 Abweichend von der Regelung in § 5 Abs. 2 Nr. 6 UWG werden im Rahmen dieser Vorschrift auch solche Kodizes erfasst, die den Unternehmer lediglich verpflichten, sich um die Einhaltung der niedergelegten gemeinsamen Wertvorstellungen zu bemühen. Der Verbraucher geht davon aus, dass der Unternehmer auch solche Kodizes einhält. Inwieweit diese dann auch aus sich heraus durchsetzbar sind, ist ohne Relevanz.[617] Unzutreffende Angaben über den Inhalt eines Kodexes werden nicht erfasst.[618]

2. Unerlaubte Verwendung von Gütezeichen und Ähnlichem (Nr. 2)

309 Unzulässig ist nach dieser Vorschrift die Verwendung von Gütezeichen, Qualitätskennzeichen oder Ähnlichem ohne die erforderliche Genehmigung. Es ist nicht erforderlich, dass die angebotenen Waren oder Dienstleistungen die durch das Güte- oder Qualitätszeichen verbürgte Qualität tatsächlich aufweisen. Der Irreführungstatbestand ist bereits erfüllt, wenn der Werbende nicht autorisiert ist das Güte- oder Qualitätszeichen zu verwenden.[619]

3. Unwahre Angabe über die Billigung eines Verhaltenskodexes (Nr. 3)

310 Unzulässig ist nach dieser Vorschrift die unwahre Angabe, ein Verhaltenskodex sei von einer öffentlichen oder anderen Stelle gebilligt. Die Beteiligung öffentlicher oder privater Stellen an der Aufstellung oder Überprüfung von Verhaltenskodizes ist in Deutschland eher die Ausnahme, zB bei der Anerkennung von Wettbewerbsregeln durch die Kartellbehörden gemäß §§ 24 ff. GWB. Auch hier ist davon auszugehen, dass es nicht darauf ankommt, inwieweit die behauptete Billigung möglich wäre. Entscheidend ist, ob sie tatsächlich vorliegt. Auch ist es nicht von Bedeutung, ob die genannte Stelle, deren Billigung der Unternehmer vortäuscht, tatsächlich zuständig wäre, da die Angabe sie habe den Kodex gebilligt, konkludent auch die Aussage enthält, sie sei zuständig.[620]

4. Unwahre Angabe über die Billigung eines Verhaltenskodexes (Nr. 4)

311 Unzulässig ist nach dieser Vorschrift die unwahre Angabe, ein Unternehmer, eine von ihm vorgenommene geschäftliche Handlung oder eine Ware oder Dienstleistung sei von einer öffentlichen oder privaten Stelle bestätigt, gebilligt oder genehmigt worden, oder die unwahre Angabe, den Bedingungen für die Bestätigung, Billigung oder Genehmigung werde entsprochen. Auch bei dieser Angabe handelt es sich um eine solche mit einem besonderen Stellenwert für den Verbraucher. Deshalb gilt auch hier, dass unabhängig von dem tatsächlichen Vorliegen der Voraussetzungen für eine entsprechende Bestätigung, Billigung oder Genehmigung das Nichtvorliegen bereits ausreicht, um die Unlauterkeit auszulösen.

5. Lockangebote ohne Hinweis auf Unangemessenheit der Bevorratungsmenge (Nr. 5)

312 Nach dieser Vorschrift ist es irreführend, für eine Ware zu werben, wenn der Unternehmer nicht darüber aufklärt, dass er hinreichende Gründe für die Annahme hat, er werde nicht in der Lage sein, diese oder gleichartige Waren oder Dienstleistungen für einen angemessenen Zeitraum in angemessener Menge zum genannten Preis bereitzustellen oder bereitstellen zu lassen.

313 Der Begriff der „gleichartigen Waren oder Dienstleistungen" ist eng auszulegen. Eine Gleichartigkeit ist nur anzunehmen, wenn die Waren oder Dienstleistungen tatsächlich gleichwertig und aus Sicht des Verbrauchers austauschbar sind. Dies kann bereits aus subjektiven Gesichtspunkten zu verneinen sein, weil ein Kunde eventuell ein bestimmtes Markenprodukt erwerben möchte.[621]

[615] Entwurf der Bundesregierung für ein erstes Gesetz zur Änderung des Gesetzes gegen den unlauteren Wettbewerb, BT-Drs. 16/10145, 62.
[616] Dreyer WRP 2007, 1294 (1298).
[617] Dreyer WRP 2007, 1294 (1298).
[618] Dreyer WRP 2007, 1294 (1299).
[619] Entwurf der Bundesregierung für ein erstes Gesetz zur Änderung des Gesetzes gegen den unlauteren Wettbewerb, BT-Drs. 16/10145, 62.
[620] Dreyer WRP 2007, 1294 (1300).
[621] Entwurf der Bundesregierung für ein erstes Gesetz zur Änderung des Gesetzes gegen den unlauteren Wettbewerb, BT-Drs. 16/10145, 63.

Wird für ein Markenprodukt geworben, ist daher ein unter einer Handelsmarke vertriebenes Produkt nicht gleichartig, auch wenn es möglicherweise objektiv gleichwertig ist.[622] Nr. 5 des Anhangs bezieht sich allein auf die fehlende Aufklärung. Eine unlautere Geschäftliche Handlung ist folglich nur dann ohne Wertungsvorbehalt gemäß Nr. 5 des Anhangs anzunehmen, wenn sowohl eine nicht ausreichende Bevorratung als auch das Fehlen einer entsprechenden Aufklärung vorliegt.[623] Nicht die geringe Bevorratung der beworbenen Ware, sondern die unzureichende Aufklärung über eine geringe Bevorratung ist nach Nr. 5 unlauter.[624]

Nach Ansicht des BGH liegt der Regelung der Nr. 5 des Anhangs zu § 3 Abs. 3 UWG die Erwartung zugrunde, dass eine einschränkungslos angebotene Ware in sämtlichen in die Werbung einbezogenen Filialen in ausreichender Menge erworben werden kann. Diese lasse sich nur durch einen aufklärenden Hinweis neutralisieren, der klar formuliert, leicht lesbar und gut erkennbar sei,[625] oder aber natürlich durch eine von vornherein ausreichende Bevorratung.[626] 314

Das Vorliegen hinreichender Gründe für die Annahme, dass die angebotene Ware oder Dienstleistung voraussichtlich nicht für alle Interessenten ausreichen werde, ist nicht vom Anspruchsberechtigten vorzutragen und gegebenenfalls zu beweisen. Dies ist Sache des Unternehmers. Der Anspruchsberechtigte muss lediglich die fehlende Aufklärung und die nicht ausreichende Bevorratung darlegen und gegebenenfalls beweisen.[627] 315

Zu beachten ist die **widerlegliche Vermutung** in Nr. 5 S. 2. Nach dieser Vorschrift soll im Regelfall ein Vorrat für zwei Tage angemessen sein, es sei denn, der Unternehmer weist Gründe nach, die eine geringere Bevorratung rechtfertigen. Solche Umstände können bei einer unerwarteten, außergewöhnlich hohen Nachfrage vorliegen, bei unvorhergesehenen Lieferschwierigkeiten, die der Unternehmer nicht zu vertreten hat, oder wenn es sich um ein Produkt handelt, das er im Verhältnis zu seiner üblichen Produktpalette nicht gleichermaßen bevorraten konnte.[628] 316

Die Verpflichtung zur angemessenen Bevorratung gilt grundsätzlich auch dann, wenn es sich um nur vorübergehend angebotene, branchenfremde **„Aktionsware"** handelt.[629] 317

Allerdings ist stets auf die Besonderheiten der Ware und der Werbung zu achten.[630] Eine generelle Verkehrserwartung, beworbene Waren eines **EDV-Sortiments** am Tag des Erscheinens oder der Verbreitung der Werbung im Ladengeschäft vorzufinden, kann angenommen werden, wenn ein PC in einer zu einem Komplettsystem zusammengestellten konkreten Ausstattung zu einem attraktiven Preis besonders herausgestellt beworben wird,[631] nicht dagegen bei individuell zu konfigurierenden, wenig auffällig beworbenen Computern. Zudem kann die Irreführungsgefahr generell auch durch einen in der Fußzeile der Werbeanzeige enthaltenen, hinreichend prägnanten Hinweis ausgeschlossen werden.[632] Trotz eines entsprechenden Hinweises auf die Möglichkeit eines kurzfristigen Ausverkaufs, liegt aber jedenfalls eine Irreführung vor, wenn selbst für den ersten Verkaufstag die Verfügbarkeit nicht gewährleistet ist.[633] Irreführend ist ferner, wenn ein Händler von Gegenständen der Unterhaltungselektronik bei einem Erwerbsgeschäft im Internet seine Ware ohne einschränkende Hinweise auf ihre gegenständlich bzw. zeitlich eingeschränkte Verfügbarkeit anbietet, obwohl er erkennt, dass eine rechtzeitige bzw. ausreichende Selbstbelieferung nicht hinreichend zuverlässig gewährleistet ist.[634] Die Darlegungs- und Beweislast für die Unvorhersehbarkeit der Lieferstörung und für die Einhaltung der kaufmännischen Sorgfaltspflichten hat auch nach der bisherigen Rechtsprechung der Händler zu tragen.[635] Wenn ein Tonträgerhersteller bereits vor mehreren Wochen darauf hingewiesen hat, dass es zu einer Verschie- 318

---

[622] BGH GRUR 2011, 340 – Irische Butter.
[623] Lettl WRP 2008, 155 (158).
[624] BGH GRUR 2011, 340 – Irische Butter; BGH GRUR 2012, 475 – Matratzen.
[625] BGH 17.9.2011 – I ZR 92/14, Rn. 20 – Smartphone-Werbung; BGH GRUR 2011, 340 – Irische Butter.
[626] BGH 17.9.2011 – I ZR 92/14, Rn. 43 – Smartphone-Werbung.
[627] Entwurf der Bundesregierung für ein erstes Gesetz zur Änderung des Gesetzes gegen den unlauteren Wettbewerb, BT-Drs. 16/10145, 63.
[628] Begründung der Bundesregierung zum Entwurf eines Gesetzes gegen den unlauteren Wettbewerb (UWG), BT-Drs. 15/1487, 20.
[629] OLG Düsseldorf GRUR-RR 2003, 87 – branchenfremde Aktionsware.
[630] BGH WRP 2000, 1248 (1251) – Computerwerbung I; WRP 1999, 421 (424) – Vorratslücken.
[631] BGH WRP 2000, 1248 (1250) – Computerwerbung I.
[632] BGH GRUR 2004, 343 (344) – Playstation; GRUR 2003, 163 (164) – Computerwerbung II; anders noch BGH WRP 2000, 1248 (1251 f.) – Computerwerbung I.
[633] OLG Hamburg GRUR-RR 2005, 287 (288) – Weihnachts-Kerzenleuchter.
[634] OLG Hamburg NJOZ 2003, 2122 (2124) – Plasma-Fernsehgerät; s. auch LG Siegen WRP 2002, 1191.
[635] BGH NJW-RR 2001, 329 (331) – Lieferstörung.

bung des Veröffentlichungstermins kommen wird, kann der werbende Händler die Irreführung über die Lieferbarkeit nicht durch den Hinweis „Keine Mitnahmegarantie" ausräumen, da dieser Hinweis lediglich auf Fälle unzureichender Bevorratung hinweist.[636]

319 Bei einer Imagewerbung für **hochpreisige Luxusgüter** wie zB Uhren, bei der ein Hersteller ein Produkt im Zusammenhang mit einem konkreten Sportereignis bewirbt, kann keine Verbrauchererwartung dahingehend angenommen werden, dass die gezeigte Uhr zum Zeitpunkt des Erscheinens der Werbung bereits bei allen Händlern vorrätig ist.[637] Bei der **Werbung für Hotelzimmer** ist der Vorrat nach Nr. 5 nicht anzugeben.[638]

6. Lockangebote zum Absatz anderer Waren oder Dienstleistungen (Nr. 6)

320 Unzulässig ist nach dieser Vorschrift Waren- oder Dienstleistungsangebote im Sinne des § 5a Abs. 3 zu einem bestimmten Preis anzubieten, wenn der Anbietende, etwas Fehlerhaftes vorführt oder sich weigert zu zeigen, was er beworben hat, oder sich weigert, Bestellungen dafür anzunehmen oder die beworbene Leistung innerhalb einer vertretbaren Zeit zu erbringen, um stattdessen eine andere Ware oder Dienstleistung abzusetzen. Hier handelt es sich um eine besondere Form des Lockvogelangebotes, bei der Verbraucher nicht nur generell in das Ladengeschäft gelockt werden sollen, sondern den Verbrauchern konkret andere als die beworbenen Waren oder Dienstleistungen verkauft werden sollen. Abweichend von der Regelung in Nr. 5 kommt es nicht darauf an, welche Vorstellung sich der Unternehmer von der Verfügbarkeit der beworbenen Waren oder Dienstleistung gemacht hat. Auch ist es irrelevant, inwieweit es sich bei den beworbenen Leistungen um Sonderangebote handelt. Die Unlauterkeit wird dadurch begründet, dass der Unternehmer von vornherein andere als die beworbenen Waren oder Dienstleistungen abzusetzen beabsichtigt.[639] Nicht erfasst werden deshalb Fälle, in denen diese **Absicht** nicht nachweisbar ist, sondern stattdessen der Unternehmer nachweisen kann, dass die Lieferunfähigkeit auf unvorhersehbaren Störungen in der Lieferkette beruht. Das ist jedoch nicht anzunehmen, wenn ein Tonträgerhersteller bereits vor mehreren Wochen darauf hingewiesen hat, dass es zu einer Verschiebung des Veröffentlichungstermins kommen wird. Dann kann der werbende Händler die Irreführung über die Lieferbarkeit nicht durch den Hinweis „Keine Mitnahmegarantie" ausräumen, da dieser Hinweis lediglich auf Fälle unzureichender Bevorratung hinweist.[640] Ebenfalls nicht erfasst sind Fälle, bei denen der Unternehmer sich aufgrund sonstiger sachlicher Gründe weigert, das beworbene Produkt zu verkaufen, wie zB aufgrund zweifelhafter Bonität des Kunden. In diesen Fällen fehlt es in der Regel auch bereits an der Absicht, ein anderes als das ursprünglich beworbene Produkt anzubieten.[641]

321 Ebenfalls nicht erfasst von dieser Regelung wird Werbung ohne Angabe eines bestimmten Preises, wie zB Aufmerksamkeitswerbung, auch wenn ein konkretes Produkt gezeigt wird.[642]

7. Unwahre Angabe über zeitliche Begrenzung des Angebots (Nr. 7)

322 Unzulässig ist nach dieser Vorschrift die unwahre Angabe, bestimmte Waren oder Dienstleistungen seien, allgemein oder zu bestimmten Bedingungen, nur für einen sehr begrenzten Zeitraum verfügbar, um den Verbraucher zu einer sofortigen geschäftlichen Entscheidung zu veranlassen, ohne dass dieser Zeit und Gelegenheit hat, sich auf Grund von Informationen zu entscheiden. Hierbei handelt es sich um Fälle der Ausübung eines psychologischen Kaufzwangs durch übertriebenes Anlocken. Dem Verbraucher wird durch den Eindruck des Zeitdruckes die Möglichkeit genommen, sich aufgrund einer zutreffenden Information zu entscheiden.[643]

323 Die wahre Angabe, bestimmte Waren oder Dienstleistungen seien nur zu bestimmten Bedingungen oder einen begrenzten Zeitraum verfügbar, wird nicht von Nr. 7 erfasst. Dennoch kann

[636] OLG Hamburg GRUR RR 2007, 372 – Pulse.
[637] BGH GRUR 2007, 991 (993 f.) – Weltreiterspiele.
[638] LG Tübingen 12.5.2010 – 5 O 309/09.
[639] Entwurf der Bundesregierung für ein erstes Gesetz zur Änderung des Gesetzes gegen den unlauteren Wettbewerb, BT-Drs. 16/10145, 64.
[640] OLG Hamburg GRUR RR 2007, 372 – Pulse.
[641] Lettl WRP 2008, 155 (160).
[642] Vgl. BGH GRUR 2007, 991 ff. – Weltreiterspiele.
[643] Entwurf der Bundesregierung für ein erstes Gesetz zur Änderung des Gesetzes gegen den unlauteren Wettbewerb, BT-Drs. 16/10145, 64.

eine derartige Werbung – nach Relevanzprüfung – ebenfalls wegen Ausübung eines psychologischen Kaufzwangs durch übertriebenes Anlocken unlauter gemäß § 4a UWG sein.

Die tatsächliche bestehende begrenzte Verfügbarkeit ist nicht unlauter, sofern für die Ware nicht explizit geworben wird. 324

8. Sprachenwechsel für Kundendienstleistungen bei einer in einer Fremdsprache geführten Vertragsverhandlung (Nr. 8)

Unzulässig sind nach dieser Vorschrift Kundendienstleistungen in einer anderen Sprache als derjenigen, in der die Vertragsverhandlungen vor dem Abschluss des Geschäftes geführt worden sind, wenn die ursprünglich verwendete Sprache nicht Amtssprache des Mitgliedsstaates ist, in dem der Unternehmer niedergelassen ist; dies gilt nicht, soweit Verbraucher vor dem Abschluss des Geschäfts darüber aufgeklärt werden, dass diese Leistungen in einer anderen als der ursprünglich verwendeten Sprache erbracht werden. Nach der Gesetzesbegründung besteht die Irreführung in der enttäuschten Erwartung des Verbrauchers, die Leistung werde in der von der Landessprache des Unternehmers abweichenden, vor dem Abschluss des Vertrages verwendeten Sprache erbracht.[644] Diese Wertung ist nachvollziehbar. Nach der Begründung soll jedoch der Fall nicht erfasst werden, dass der Vertrag in der Landessprache des Unternehmers angebahnt worden ist, aber dann in einer anderen Sprache abgewickelt wird, weil hier zunächst eine Wertung vorgenommen werden müsste, je nachdem ob die Leistungen einer dem Verbraucher geläufigen oder in einer dritten Sprache erbracht werden.[645] Diese Wertung ist nicht nachvollziehbar. Da die Verwendung der Landessprache des Unternehmers den zu erwartenden Normalfall darstellt, schließlich handelt es sich um die Amtssprache des Mitgliedsstaates, in dem der Unternehmer niedergelassen ist, wird jede Abweichung von dieser Sprache in der Vertragsabwicklung zu einer relevanten enttäuschten Erwartung des Verbrauchers führen. Der Verbraucher hat die berechtigte Erwartung, dass die Leistung in der Landessprache des Unternehmers abgewickelt wird, zumal wenn auch die Vertragsverhandlungen in dieser Sprache geführt wurden. Ob es sich um eine dem Verbraucher geläufige Sprache handelt, kann nicht entscheidend sein. Deshalb wird die Relevanz der Irreführung im Zweifel zu bejahen sein. Aufgrund des eindeutigen Wortlautes der Nr. 8 ist jedoch die Relevanz ausdrücklich zu begründen. 325

9. Unwahre Angabe über die Verkehrsfähigkeit (Nr. 9)

Unzulässig ist nach dieser Vorschrift die unwahre Angabe oder das Erwecken des unzutreffenden Eindrucks, eine Ware oder Dienstleistung sei verkehrsfähig. Dies betrifft insbesondere Waren und Dienstleistungen, deren Besitz, bestimmungsgemäße Benutzung oder Entgegennahme gegen ein gesetzliches Verbot verstößt, wie beispielsweise beim Fehlen einer Betriebserlaubnis für ein technisches Gerät[646] oder das Anbieten von Pauschalreisen durch Gewerbetreibende die die in der Richtlinie über Pauschalreisen festgelegten Insolvenzschutzanforderungen nicht erfüllen.[647] 326

10. Darstellung gesetzlicher Verpflichtungen als Besonderheit eines Angebots (Nr. 10)

Unzulässig ist nach dieser Vorschrift die unwahre Angabe oder das Erwecken des unzutreffenden Eindrucks, bestehende Rechte stellten eine Besonderheit des Angebots dar. Da die Verbote ohne Wertungsvorbehalt nur für geschäftliche Handlungen gelten, die Verbrauchern gegenüber vorgenommen werden, können die genannten gesetzlich bestehenden Rechte insbesondere Verbraucherrechte sein.[648] 327

---

644 Entwurf der Bundesregierung für ein erstes Gesetz zur Änderung des Gesetzes gegen den unlauteren Wettbewerb, BT-Drs. 16/10145, 64.

645 Entwurf der Bundesregierung für ein erstes Gesetz zur Änderung des Gesetzes gegen den unlauteren Wettbewerb, BT-Drs. 16/10145, 64.

646 Entwurf der Bundesregierung für ein erstes Gesetz zur Änderung des Gesetzes gegen den unlauteren Wettbewerb, BT-Drs. 16/10145, 64 f.; siehe Leible GRUR 2010, 183.

647 2009:17, Marknadsdomstolen (Stockholm). Der Bürgerbeauftragte für Verbraucher/Casa Nordica Altavista C AB, 26. Juni 2009, zitiert nach Bekanntmachung der Kommission, Leitlinien zur Auslegung und Anwendung der Richtlinie 2000/29/EG des Europäischen Parlaments und des Rates über unlautere Geschäftspraktiken von Unternehmen gegenüber Verbrauchern, 2021/C 526/62.

648 Entwurf der Bundesregierung für ein erstes Gesetz zur Änderung des Gesetzes gegen den unlauteren Wettbewerb, BT-Drs. 16/10145, 65.

11. Als Information getarnte Werbung (Nr. 11)

328 Unzulässig ist nach dieser Vorschrift der vom Unternehmer finanzierte Einsatz redaktioneller Inhalte zu Zwecken der Verkaufsförderung, ohne dass sich dieser Zusammenhang aus dem Inhalt oder aus der Art der optischen oder akustischen Darstellung eindeutig ergibt (als Information getarnte Werbung).[649] Die Regelung entspricht den Grundsätzen, die von der Rechtsprechung bereits zu getarnter Werbung und Produktplatzierung entwickelt worden sind.[650] Die Regelung gilt für alle Medien (Presse, Film, Rundfunk, Fernsehen, Tele- und Mediendienste und auch redaktionelle Beiträge im Internet) sowie Produktplatzierung , wenn für die Einbeziehung der Ware oder Dienstleistung in einen redaktionellen Kontext ein Entgelt gefordert wird. Die Unlauterkeit wird dadurch begründet, dass dem Verbraucher die Möglichkeit genommen wird, sich auf den kommerziellen Charakter der Mitteilung einzustellen und diese mit der erforderlichen kritischen Haltung zu überprüfen.[651]

329 Ein Verstoß gegen das Verbot der Tarnung von Werbung als Information liegt allerdings bei einer Zeitschriftenwerbung nicht bereits vor, wenn auf eine (als solche gekennzeichnete) auf der Rückseite einer Zeitschrift platzierte Werbung durch ein (nicht als Werbung gekennzeichnetes) halbseitiges Vorschaltblatt (eine sogenannte Flappe) hingewiesen wird. Der durchschnittliche Leser nimmt das nicht als Werbung gekennzeichnete Vorblatt auch nicht als solche war. Dieses ist hinsichtlich seiner Aussage zunächst bei isolierter Betrachtung werbetechnisch neutral. Deren isolierter Inhalt bewirkt keine Verkaufsförderung. Den Werbecharakter erhält es erst nachdem der Inhalt der gesamten Werbung zur Kenntnis genommen wird. Dann ist aber auch die Kennzeichnung der Anzeige zur Kenntnis genommen worden.[652]

12. Verdeckte Werbung in Suchergebnissen (Nr. 11a)

330 Unzulässig ist nach dieser Vorschrift die Anzeige von Suchergebnissen aufgrund der Online-Suchanfrage eines Verbrauchers, ohne dass etwaige bezahlte Werbung oder spezielle Zahlungen, die dazu dienen, ein **höheres Ranking** der jeweiligen Waren oder Dienstleistungen im Rahmen der Suchergebnisse zu erreichen, eindeutig offengelegt werden. Mit dieser Regelung wird Art. 3 Nr. 7 lit a) der Richtlinie (EU) 2019/2161 umgesetzt. Erfasst werden beispielsweise **Online-Marktplätze, Suchmaschinen und Vergleichsseiten.** Verboten wird die verdeckte Beeinflussung des Rankings durch erkaufte Platzierungen. Diese müssen eindeutig offengelegt werden, und zwar in kurzer, einfach zugänglicher und verständlicher Weise.[653] Zu beachten ist, dass nicht die Beeinflussung des Rankings selbst unzulässig ist. Diese muss lediglich offengelegt werden. Selbst Zahlungen, die speziell dazu dienen, ein höheres Ranking der jeweiligen Produkte im Rahmen der Suchergebnisse zu erreichen, sind zulässig, solange der Anbieter der Online-Suchfunktion die Verbraucher über diese Tatsache in kurzer, einfach zugänglicher und verständlicher Weise informiert. Das gilt auch für mittelbare Zahlungen, wie zum Beispiel die Zahlung einer erhöhten Provision pro Transaktion, nicht jedoch Zahlungen für allgemeine Dienstleistungen, wie **Listungsgebühren oder Mitgliedsbeiträge,** die eine breite Palette an Funktionen abdecken, die der Anbieter der Online-Suchmaschine für den Gewerbetreibenden erbringt, sofern diese Zahlungen nicht dazu bestimmt sind, ein höheres Ranking zu bewirken.[654]

331 Schon nach der bisherigen Rechtsprechung des Bundesgerichtshofes galt die Information darüber, dass ein Preisvergleich nur solche Anbieter erfasst, die sich gegenüber dem Anbieter des Vergleichsportals für den Fall eines Vertragsabschlusses zur Zahlung einer Provision verpflichtet haben als wesentliche Information im Sinne des § 5b UWG.[655] Mit Einführung der Nr. 11a wird das Unterlassen einer solchen Information jetzt als grundsätzlich immer unlautere geschäftliche Handlung eingestuft.

332 Ergänzt wird die Vorschrift durch § 5b Abs. 2 UWG, der die Information über Hauptparameter zur Festlegung des Rankings sowie deren relative Gewichtung als wesentliche und damit als anzugebende Informationen definiert.[656]

---

649 OLG Hamburg WRP 2010, 1183.

650 Vgl. § 21; OLG München 17.9.2009 – 29 U 3337/09.

651 Entwurf der Bundesregierung für ein erstes Gesetz zur Änderung des Gesetzes gegen den unlauteren Wettbewerb, BT-Drs. 16/10145, 65.

652 BGH GRUR 2011, 163 – Flappe.

653 BT-Drs. 19/27873, 44.

654 Erwägungsgrund (20) der Richtlinie 32019/2161.

655 BGH GRUR 2017, 1265 (1267) Rn. 20 – Preisportal.

656 → Rn. 405 ff.

13. Unwahre Angabe über Gefahren für die persönliche Sicherheit (Nr. 12)

Unzulässig sind nach dieser Vorschrift unwahre Angaben über Art und Ausmaß einer Gefahr für die persönliche Sicherheit des Verbrauchers oder seiner Familie für den Fall, dass er die angebotene Ware nicht erwirbt oder die angebotene Dienstleistung nicht in Anspruch nimmt. Hierbei handelt es sich um geschäftliche Handlungen, bei denen das Gefühl der Angst ausgenutzt wird. Diese werden auch bereits durch § 4a UWG erfasst, da derartige geschäftliche Handlungen geeignet sind, die Entscheidungsfreiheit der Verbraucher durch unangemessenen unsachlichen Einfluss zu beeinträchtigen. 333

14. Täuschung über die betriebliche Herkunft (Nr. 13)

Unzulässig ist nach dieser Vorschrift Werbung für eine Ware oder Dienstleistung, die der Ware oder Dienstleistung eines Mitbewerbers ähnlich ist, wenn dies in der Absicht geschieht, über die betriebliche Herkunft der beworbenen Ware oder Dienstleistung zu täuschen. Im Gegensatz zu der Regelung des § 4 Nr. 3a UWG sowie dem Irreführungstatbestand des § 5 Abs. 2 Nr. 1 UWG knüpft Nr. 13 ausschließlich an die Ähnlichkeit der Ware oder Dienstleistung an.[657] Nicht erfasst ist die Irreführung durch die Verwendung verwechslungsfähiger Kennzeichen.[658] Außerdem greift Nr. 13 nach dessen Wortlaut nur ein, wenn die Täuschung über die betriebliche Herkunft beabsichtigt ist. Die Herkunftstäuschung muss aber nicht alleiniges Motiv des Werbenden sein. Es reicht aus, dass er eine Täuschung der Verbraucher für möglich hält und billigend in Kauf nimmt.[659] Wirbt ein Inhaber eines Lokals für von ihm vertriebene Merchandising-Artikel, die Ähnlichkeiten mit denen eine international auftretenden Kette mit 140 Filialen in 50 Ländern – davon mehrere in Deutschland – haben, liegt der Schluss auf eine Täuschungsabsicht über die betriebliche Herkunft nahe.[660] 334

Fehlt es an dieser Absicht, ist eine Irreführung gemäß § 5 Abs. 2 Nr. 1 UWG, dann aber mit Wertungsvorbehalt, zu prüfen. Es muss dann also geprüft werden, ob die irreführende geschäftliche Handlung geeignet ist, den Verbraucher zu einer geschäftlichen Entscheidung zu veranlassen, die er andernfalls nicht getroffen hätte. 335

Erfasst werden auch die Fälle, in denen der Werbende den unzutreffenden Eindruck erweckt, das beworbene Produkt stamme von einem Hersteller, der derartige Produkte selbst gar nicht herstellt oder anbietet, aber beim Verbraucher einen guten Ruf genießt und von dem sich der Verbraucher zumindest vorstellen kann, dass er derartige Produkte herstellen oder vertreiben könnte. 336

15. Schneeball- oder Pyramidensystem (Nr. 14)

Unzulässig ist nach dieser Vorschrift die Einführung, der Betrieb oder die Förderung eines Systems zur Verkaufsförderung, bei dem vom Verbraucher ein finanzieller Beitrag für die Möglichkeit verlangt wird, allein oder hauptsächlich durch die Einführung weiterer Teilnehmer in das System eine Vergütung zu erlangen (Schneeball- oder Pyramidensystem). Das von dieser Nummer erfasste Schneeballsystem zeichnet sich dadurch aus, dass aufgrund des progressiven Charakters des Systems die Chancen neue Kunden zu werben, immer weiter sinken, was unerfahrene oder leichtfertige Verbraucher nicht erkennen.[661] Aus diesem Grunde sind solche Wettbewerbsmaßnahmen auch gemäß § 16 Abs. 2 UWG strafbar. 337

Der Wortlaut ist an die vom EuGH[662] verwendete Definition angepasst.[663] Nicht erfasst werden die Fälle, bei denen lediglich der Eindruck erzeugt wird, der Verbraucher könne durch die Einführung weiterer Teilnehmer in das System eine Vergütung erlangen. Erforderlich ist, dass tatsächlich auch eine finanzielle Leistung vom Verbraucher gefordert wird. Hinsichtlich der gesetzgeberischen Intention, Schneeball- oder Pyramidensysteme zu verbieten, bereitet diese Einschränkung in der Praxis keine Probleme. Es ist kaum vorstellbar, dass es derartige Schneeball- oder 338

[657] Vgl. Fezer GRUR 2009, 451 (457); Köhler GRUR 2009, 445 (448).
[658] BGH GRUR 2013, 631 Rn. 77 – AMARULA/Marulablu.
[659] BGH GRUR 2013, 1161 Rn. 70 – Hard Rock Cafe.
[660] BGH GRUR 2013, 1161 Rn. 71 – Hard Rock Cafe.
[661] Entwurf der Bundesregierung für ein erstes Gesetz zur Änderung des Gesetzes gegen den unlauteren Wettbewerb, BT-Drs. 16/10145, 66.
[662] EuGH GRUR 2014, 618 Rn. 20 – 4finance.
[663] BR-Drs. 26/15, 17.

Pyramidensysteme gibt, bei denen der Verbraucher nicht aufgefordert wird, einen finanziellen Beitrag zu leisten. Gerade dieser Beitrag ist es, der derartige Systeme attraktiv macht. Die Gesetzesformulierung hilft, die Abgrenzung zu zulässigen Formen des **Strukturvertriebs** und der Kundenwerbung zu präzisieren.

16. Unwahre Angabe über Geschäftsaufgabe (Nr. 15)

339 Unzulässig ist nach dieser Vorschrift die unwahre Angabe, der Unternehmer werde demnächst sein Geschäft aufgeben oder seine Geschäftsräume verlegen. Die Irreführung liegt hier in der Annahme, der Unternehmer werde aus Anlass der Geschäftsaufgabe seine Ware zu besonders günstigen Konditionen abgeben. Es kommt nicht darauf an, ob tatsächlich mit besonders günstigen Angeboten auch geworben wird.[664] Häufig werden derartige geschäftliche Handlungen kombiniert mit einer Täuschung darüber, dass bestimmte Waren oder Dienstleistungen nur für einen begrenzten Zeitraum zu bestimmten Bedingungen verfügbar sein werden (Nr. 7 des Anhangs). Der Tatbestand der Nr. 15 ist nur dann erfüllt, wenn die Angaben objektiv unrichtig sind und die Aufgabeabsicht fehlt.[665]

17. Angaben über die Erhöhung der Gewinnchancen bei Glücksspielen (Nr. 16)

340 Unzulässig ist nach dieser Vorschrift die Angabe, durch eine bestimmte Ware oder Dienstleistung ließen sich die Gewinnchancen bei einem Glücksspiel erhöhen. Hierbei wird vorausgesetzt, dass derartige Angaben typischerweise nicht zutreffend sind, leichtgläubige Verbraucher aber auf solche Behauptungen hereinfallen können.[666] Produkte, die den Ablauf des Glücksspiel selbst beeinflussen sollen, also auf betrügerische Weise die Gewinnchancen erhöhen sollen, wie zum Beispiel gezinkte Spielkarten, werden nicht erfasst, da der Verbraucher in einem solchen Fall nicht schutzwürdig ist und zwar auch dann nicht, wenn er getäuscht wurde,[667] die gezinkten Karten also beispielsweise nicht ordnungsgemäß funktionieren.

18. Unwahre Angaben über die Heilung von Krankheiten (Nr. 17)[668]

341 Unzulässig ist nach dieser Vorschrift die unwahre Angabe, eine Ware oder Dienstleistung könne Krankheiten, Funktionsstörungen oder Missbildungen heilen. Eine derartige geschäftliche Handlung erfüllt auch den Tatbestand des § 5 Abs. 2 Nr. 1 UWG, da es sich um unwahre Abgaben über die Zwecktauglichkeit einer Ware oder Dienstleistung handelt. Erfasst würde beispielsweise die Werbeaussage, dass „ein Edelstein Müdigkeit lindern" könne,[669] dass Zimtkapseln eine blutzuckersenkende Wirkung haben, sofern dies nicht wissenschaftlich gesichert ist[670] oder das Angebot eines Medikamentes mit antiviralen Wirkstoffen zur Behandlung von HIV als „einziges Medikament gegen das **Corona Virus (Covid-19)**" und als „einziges Mittel zur Bekämpfung des Corona Virus (Covid-19)", obwohl es nach offiziellen Angaben der Gesundheitsbehörden kein wirksames Mittel zur Bekämpfung des Virus gibt.[671]

19. Unwahre Angabe über Marktbedingungen oder Bezugsquellen (Nr. 18)

342 Unzulässig ist nach dieser Vorschrift eine unwahre Angabe über die Marktbedingungen oder Bezugsquellen, um den Verbraucher dazu zu bewegen, eine Ware oder Dienstleistung zu weniger günstigen Bedingungen als den allgemeinen Marktbedingungen abzunehmen oder in Anspruch zu

[664] Entwurf der Bundesregierung für ein erstes Gesetz zur Änderung des Gesetzes gegen den unlauteren Wettbewerb, BT-Drs. 16/10145, 67.

[665] OLG Köln GRUR-RR 2010, 250 – Die letzten 6 Ausverkaufstage.

[666] Köhler/Bornkamm/Feddersen/Köhler Anh. zu UWG § 3 Abs. 3 Rn. 16.1.

[667] Köhler/Bornkamm/Feddersen/Köhler Anh. zu UWG § 3 Abs. 3 Rn. 16.6.

[668] Hierbei handelt es sich um die ehemalige Nr. 18, die durch die Neuordnung der schwarzen Liste durch das Gesetz zur Stärkung des Verbraucherschutzes im Wettbewerbs- und Gewerberecht vom 24. März 2021 neu gefasst wurde. Die ehemalige Nr. 17 ist jetzt Nummer 31, da es sich entgegen dem Wortlaut tatsächlich um eine aggressive Praktik handelt. Auf eine eventuelle Irreführung kommt es nicht an (EuGH GRUR 2012, 1269 Rn. 37 – Purely Creative ua; Büscher, GRUR 2013, 969 (971).

[669] Vgl. OLG Düsseldorf Magazindienst 2007, 529 (530 f.).

[670] Vgl. OLG Hamm LMuR 2007, 79 ff.; BGH GRUR-RR 2010, 406 – Nobilin GLUCO Zimt.

[671] Bekanntmachung der Kommission, Leitlinien zur Auslegung und Anwendung der Richtlinie 2000/29/EG des Europäischen Parlaments und des Rates über unlautere Geschäftspraktiken von Unternehmen gegenüber Verbrauchern, 2021/C 526/64.

nehmen.[672] Hierbei handelt es sich um einen Sonderfall der Irreführung über die Preiswürdigkeit eines Angebotes. Im Gegensatz zu dem Merkmal „das Vorhandensein eines besonderen Preisvorteils" gemäß § 5 Abs. 2 Nr. 2 UWG liegt das besondere unlauterkeitsbegründende Moment in der Erweckung des Eindrucks beim Verbraucher, das gerade aufgrund der angeblichen besonderen Marktbedingungen oder Bezugsquellen ein besonders preiswürdiges Angebot vorliege. Auch bei dieser Fallkonstellation wird zu einem gewissen Grad die natürliche kritische Haltung des Verbrauchers gegenüber Werbebotschaften ausgeschaltet.

20. Nichtgewährung ausgelobter Preise (Nr. 19)

Unzulässig ist nach dieser Vorschrift das Angebot eines Gewinnspiels oder Preisausschreiben, wenn weder die in Aussicht gestellten Preise noch ein angemessenes Äquivalent vergeben werden. Im Gegensatz zu den Fallkonstellationen in Nr. 16 und Nr. 31 (ehemals Nr. 17) liegt die besondere Unlauterkeit bei dieser Fallgestaltung darin, dass nicht nur über die Modalitäten des Gewinnspiels oder Preisausschreibens getäuscht wird beziehungsweise die Spiellust direkt zur Förderung des Absatzes ausgenutzt wird, sondern dass das Angebot eines Gewinnspiels oder Preisausschreibens selbst nicht den Tatsachen entspricht, es sich also mangels Gewinns gar nicht um ein echtes Gewinnspiel oder Preisausschreiben handelt. 343

21. Unwahre Bewerbung als kostenlos (Nr. 20)

Unzulässig ist nach dieser Vorschrift das Angebot einer Ware oder Dienstleistung als „gratis", „umsonst", „kostenfrei" oder dergleichen, wenn hierfür gleichwohl Kosten zu tragen sind; dies gilt nicht für Kosten, die im Zusammenhang mit dem Eingehen auf das Waren- oder Dienstleistungsangebot oder für die Abholung der Ware oder die Inanspruchnahme der Dienstleistung unvermeidbar sind. Hierbei handelt es sich um einen Sonderfall der Irreführung über die Berechnung des Preises im Sinne des § 5 Abs. 2 UWG. Wird der Verbraucher nicht darüber im Unklaren gelassen, dass er die Hauptleistung zu bezahlen hat, stellt das Versprechen einer kostenlosen Zugabe kein Gratis-Angebot im Sinne der Vorschrift dar.[673] Das besondere unlauterkeitsbegründende Moment liegt in diesem Fall in der erheblichen Anlockwirkung, die von den Begriffen „gratis", „umsonst" sowie „kostenfrei" ausgeht und ebenfalls bei den angesprochenen Verbrauchern die normale kritische Haltung gegenüber Werbebotschaften unterläuft. Verhindert werden soll, dass der eigentliche Preis der Ware oder Dienstleistung „umetikettiert" wird, um den Verbraucher als künstlich geschaffene Zusatzkosten in Rechnung gestellt zu werden. Ein typisches Beispiel für Kosten, die als **unvermeidbar** im Sinne der Vorschrift gelten, sind Kosten der Anlieferung beziehungsweise von Dritten erhobene Gebühren und Steuern wie zum Beispiel Flughafengebühren. 344

Zu beachten ist auch, dass im Online-Sektor häufig personenbezogene Daten von Nutzern (beispielsweise Identität, E-Mail-Adresse, nutzergenerierten Inhalte) gesammelt werden, da solche Informationen eine wirtschaftliche Bedeutung haben. Neben datenschutzrechtlichen Bestimmungen muss jedenfalls angemessen erläutert werden, wie solche personenbezogenen Daten verwendet werden, wenn der Dienst als kostenlos beworben wird.[674] 345

22. Irreführung über das Vorliegen einer Bestellung (Nr. 21)

Unzulässig ist nach dieser Vorschrift die Übermittlung von Werbematerial unter Beifügung einer Zahlungsaufforderung, wenn damit der falsche Eindruck vermittelt wird, die beworbene Ware oder Dienstleistung sei bereits bestellt. Die Regelung erfasst auch rechnungsähnlich aufgemachte Angebotsschreiben, die bereits nach § 4a UWG unlauter sind.[675] Die Fälle der Beifügung einer Rechnung sind im besonderen Maße unlauter, da bei dem getäuschten Verbraucher die Prüfung des Angebots aufgrund der Annahme, es sei bereits ein Vertrag zustande gekommen, vollständig unterbleibt. Der weitergehende Fall, dass der Unternehmer ohne Übermittlung von 346

[672] Vgl. v. Jagow GRUR 2010, 190; Leible GRUR 2010, 183.

[673] OLG Köln GRUR 2009, 608 – Winter-Check-Wochen.

[674] Bekanntmachung der Kommission, Leitlinien zur Auslegung und Anwendung der Richtlinie 2005/29/EG des Europäischen Parlaments und des Rates über unlautere Geschäftspraktiken von Unternehmen gegenüber Verbrauchern, 2021/C 526/68.

[675] Entwurf der Bundesregierung für ein erstes Gesetz zur Änderung des Gesetzes gegen den unlauteren Wettbewerb, BT-Drs. 16/10145, 69.

Werbematerial direkt die Bezahlung nicht bestellter aber gelieferter Waren oder erbrachte Dienstleistungen fordert, wird von Nr. 29 abgedeckt.

23. Irreführung über Unternehmereigenschaft (Nr. 22)

347 Unzulässig ist nach dieser Vorschrift die unwahre Angabe oder das Erwecken des unzutreffenden Eindrucks, der Unternehmer sei Verbraucher oder nicht für Zwecke seines Geschäfts, Handels, Gewerbes oder Berufs tätig. Eine typische Fallkonstellation ist die wahrheitswidrige Behauptung, der Vertrieb einer Ware oder einer angebotenen Dienstleistung diene sozialen oder humanitären Zwecken.[676] Auch dieses Vorgehen führt zur Ausschaltung der natürlichen Skepsis des Verbrauchers.

24. Irreführung über Kundendienst in anderen Mitgliedsstaaten der Europäischen Union (Nr. 23)

348 Unzulässig ist nach dieser Vorschrift die unwahre Angabe oder das Erwecken des unzutreffenden Eindrucks, es sei im Zusammenhang mit Waren oder Dienstleistungen in einem anderen Mitgliedsstaat der Europäischen Union ein Kundendienst verfügbar. Hier werden insbesondere Irreführungen im grenzüberschreitenden Rechtsverkehr erfasst. Es handelt sich um einen Sonderfall der Irreführung über Rechte des Verbrauchers gemäß § 5 Abs. 2 Nr. 7 UWG.

25. Wiederverkauf von Eintrittskarten für Veranstaltungen (Nr. 23a)

349 Unzulässig ist nach dieser Vorschrift der Wiederverkauf von Eintrittskarten für Veranstaltungen an Verbraucher, wenn der Unternehmer diese Eintrittskarten unter Verwendung solcher automatisierter Verfahren erworben hat, die dazu dienen, Beschränkungen zu umgehen in Bezug auf die Zahl der von einer Person zu erwerbenden Eintrittskarten oder in Bezug auf andere für den Verkauf der Eintrittskarten geltende Regeln. Mit dieser Vorschrift wird Art. 3 Nr. 7b) Abs. 1 der Richtlinie (EU) 2019/2161 umgesetzt. Der für diese Fälle ebenfalls einschlägige § 4 Nr. 4 UWG, der die gezielte Behinderung von Mitbewerbern und damit auch den hier geregelten **Schleichbezug** erfasst, gilt auch weiterhin.[677] Die Regelung der Nr. 23a passt dogmatisch eigentlich nicht in die Liste der typischen irreführenden Handlungen gegenüber Verbrauchern. Dem Verbraucher kann es eigentlich egal sein, auf welche Weise der Unternehmer die Karte erworben hat, solange die Karte echt ist. Dem Verbraucherschutz dient die Vorschrift nur insoweit, als dass ein **breiter Zugang aller zu Kultur- und Sportveranstaltungen** und die **Regulierung der Wiederverkaufspreise für Eintrittskarten** sichergestellt wird.[678] Der Verbraucher erleidet nur indirekt einen Schaden. Die Vorschrift hat also keinen großen eigenen Nutzen, außer dass sie anders als § 4 Nr. 4 UWG stets zur Unzulässigkeit der genannten geschäftlichen Handlung führt und für eine vollständige Übernahme der in der schwarzen Liste der Richtlinie genannten irreführenden geschäftlichen Handlungen sorgt.

26. Irreführung über die Echtheit von Verbraucherbewertungen (Nr. 23b)

350 Unzulässig ist nach dieser Vorschrift die Behauptung, dass Bewertungen einer Ware oder Dienstleistung von solchen Verbrauchern stammen, die diese Ware oder Dienstleistung tatsächlich erworben oder genutzt haben, ohne dass angemessene und verhältnismäßige Maßnahmen zur Überprüfung ergriffen wurden, ob die Bewertungen tatsächlich von solchen Verbrauchern stammen. Die Vorschrift setzt Art. 3 Nr. 7b) Abs. 2 der Richtlinie (EU) 2019/2161 um. Sie erfasst lediglich die Behauptung ohne entsprechende Überprüfung. **Zur Überprüfung von Verbraucherbewertungen besteht keine Pflicht,** wenn keine entsprechende Behauptung aufgestellt wird.[679] Wenn allerdings keine Überprüfung stattfindet, muss darauf hingewiesen werden. Erfolgt dieser Hinweis nicht, liegt zwar kein Verstoß gegen diese Vorschrift, wohl aber ein Verstoß gegen § 5b Abs. 3 UWG vor.[680] Nach der Vorschrift müssen Unternehmer, die Bewertungen von Verbrauchern zugänglich machen, nämlich darüber informieren, **ob** und wie sie sicherstellen, dass die

[676] Entwurf der Bundesregierung für ein erstes Gesetz zur Änderung des Gesetzes gegen den unlauteren Wettbewerb, BT-Drs. 16/10145, 69.
[677] BT-Drs. 19/27873 S. 44.
[678] Erwägungsgrund (50) der Richtlinie (EU) 2019/2161.
[679] BT-Drs. 19/27873 S. 45.
[680] → Rn. 410 ff.

veröffentlichten Bewertungen tatsächlich von Verbrauchern stammen, die die Waren oder Dienstleistungen tatsächlich genutzt oder erworben haben. § 5b Abs. 3 UWG begründet also lediglich die Pflicht zur Angabe entsprechender Informationen während Nr. 23b des Anhangs zu § 3 Abs. 3 UWG falsche Angaben diesbezüglich als grundsätzlich immer unlauter einstuft.

Aufgrund der bei der schwarzen Liste erforderlichen engen Auslegung wird man die lediglich **konkludente Behauptung,** dass Verbraucherbewertungen vorliegen, nicht erfassen können. Aussagen, die die Begriffe „Verbraucher", „unsere Kunden" oder Ähnliches und eine Note kombinieren, wird man aber noch als ausdrückliche Äußerung ansehen können.[681] 351

Ergänzt wird die Vorschrift durch die neue Nummer 23c der schwarzen Liste, die es untersagt gefälschte Verbraucherbewertungen zu übermitteln oder zu beauftragen[682] sowie den bereits genannten § 5b Abs. 3 UWG. 352

27. Gefälschte Verbraucherbewertungen (Nr. 23c)

Unzulässig ist nach dieser Vorschrift die Übermittlung oder Beauftragung gefälschter Bewertungen oder Empfehlungen von Verbrauchern sowie die falsche Darstellung von Bewertungen oder Empfehlungen von Verbrauchern in sozialen Medien zu Zwecken der Verkaufsförderung. Die Vorschrift setzt Art. 3 Nr. 7b) Abs. 3 der Richtlinie (EU) 2019/2161 um. Der Begriff „Empfehlungen" erfasst auch **„likes" in sozialen Medien.**[683] Erfasst wird auch die Manipulation von Bewertungen und Empfehlungen von Verbrauchern, zum Beispiel in dem nur **positive Bewertungen** veröffentlicht, negative hingegen gelöscht werden oder durch die **Verknüpfung oder Übertragung einer positiven Interaktion eines Nutzers** mit einem bestimmten Online-Inhalt mit einem anderen damit im Zusammenhang stehenden Inhalt, wodurch der Anschein erweckt wird, der Nutzer befürworte auch den im Zusammenhang damit stehenden Inhalt.[684] Ebenfalls erfasst werden Bewertungen, die von Auftraggebern stammen, die positive Bewertungen **elektronisch (bots)** oder durch speziell hierfür angestellte Mitarbeiter oder Dienstleister generieren lassen.[685] Auf Bewertungen von hierfür **bezahlten Verbrauchern** wird man die Vorschrift hingegen nicht ohne weiteres anwenden können, da diese Bewertungen nicht im Sinne des Wortlautes gefälscht, sondern nur inhaltlich beeinflusst sind. Hier muss deshalb auf die allgemeinen Generalklauseln der §§ 5 und 5a UWG zurückgegriffen und eine Prüfung im Einzelfall vorgenommen werden.[686] 353

Nicht ausdrücklich genannt sind **getarnte Selbstbewertungen.** Sie können aber noch unter den Wortlaut subsummiert werden und würden auch vom Schutzzweck der Norm erfasst werden, so dass davon auszugehen ist, dass solche Selbstbewertungen trotz der erforderlichen engen Auslegung der schwarzen Liste ebenfalls erfasst werden.[687] 354

Problematisch ist sowohl in der deutschen Gesetzesfassung als auch in der deutschen Fassung der Richtlinie die Formulierung der Vorschrift, die sich dem Wortlaut nach jedenfalls hinsichtlich der zweiten Alternative, also der falschen Darstellung von Bewertungen oder Empfehlungen von Verbrauchern nur auf solche in sozialen Medien beschränkt. Es ist nicht nachvollziehbar und ergibt sich weder aus der Begründung der Bundesregierung noch aus den Erwägungsgründen der Richtlinie, aus welchem Grunde die falsche Darstellung von Bewertungen oder Empfehlungen von Verbrauchern **außerhalb von sozialen Medien,** also beispielsweise direkt auf den Seiten der Anbieter der betroffenen Waren und Dienstleistungen, nicht erfasst werden sollten. Im Zweifel wird man gerade dort die meisten Bewertungen und Empfehlungen finden. Auch wird man dort am ehesten dazu neigen, selektiv nur positive Bewertungen zu veröffentlichen, negative hingegen zu löschen. Diese Praxis wird aber in der Begründung der Bundesregierung ausdrücklich und zutreffend als „falsche Darstellung von Bewertungen oder Empfehlungen" also die Variante der zweiten Alternative, genannt, die dem Wortlaut nach nur in sozialen Medien unzulässig sein soll.[688] Die Formulierung in den Erwägungsgründen der Richtlinie[689] kann man allerdings so interpretieren, dass ganz allgemein sowohl gefälschte Bewertungen und Empfehlungen als auch falsche Darstellungen und Manipulationen von tatsächlich existierenden Bewertungen und Emp- 355

[681] Peifer GRUR 2021, 1453 (1456).
[682] → Rn. 353.
[683] Erwägungsgrund (49) der Richtlinie (EU) 2019/2161.
[684] Erwägungsgrund (49) der Richtlinie (EU) 2019/2161.
[685] Peifer GRUR 2021, 1453 (1456).
[686] Peifer GRUR 2021, 1453 (1456).
[687] Peifer GRUR 2021, 1453 (1456).
[688] BT-Drs. 19/27873, 44.
[689] Erwägungsgrund (49) der Richtlinie (EU) 2019/2161.

fehlungen erfasst werden sollen. Das ergibt sich auch aus der englischen[690] und der französischen[691] Fassung der Richtlinie, deren Wortlaut jeweils keine Beschränkung auf soziale Medien, sondern diese nur als Beispiel enthalten. Hier wird man also eine richtlinienkonforme Auslegung in Betracht ziehen müssen.

356 Ergänzt wird die Vorschrift durch die neue Nummer 23b der schwarzen Liste, die Irreführungen über die Echtheit von Verbraucherbewertungen erfasst[692] sowie § 5b Abs. 3 UWG, der die Information darüber, ob und wie der Unternehmer sicherstellt, dass die veröffentlichten Bewertungen von solchen Verbrauchern stammen, die die Waren oder Dienstleistungen tatsächlich genutzt oder erworben haben als wesentliche und damit als anzugebende Informationen definiert.[693]

VII. Beratungs-Checkliste

357 **Checkliste:**

- ☐ Vorlage der angegriffenen bzw. anzugreifenden geschäftlichen Handlung in der Form, in der sie veröffentlicht wurde bzw. in die Öffentlichkeit getragen wurde. (Überprüfung des Gesamteindrucks)
- ☐ Handelt es sich um eine Irreführung durch Unterlassen? (dann ist die zusätzliche Checkliste Irreführung durch Unterlassen zu berücksichtigen, → Rn. 418)
- ☐ In welchen Medien wurde die geschäftliche Handlung veröffentlicht? (Eingrenzung der angesprochenen Verkehrskreise)
- ☐ Seit wann und wie oft wurde die geschäftliche Handlung getätigt? (Überprüfung der Fristen für einen eventuellen Antrag auf Erlass einer einstweiligen Verfügung)
- ☐ Gab es konkrete Fälle von Irreführungen, zB Anrufe von Kunden, welche die geschäftliche Handlung tatsächlich falsch verstanden haben? (Indizien für die Feststellung der Irreführung in rechtlicher Hinsicht)
- ☐ Wie werben vergleichbare Wettbewerber? (Indizien für das Verständnis des Verbrauchers zB durch Gewöhnung)
- ☐ Welche Verkehrskreise werden mit der geschäftlichen Handlung tatsächlich angesprochen? (Definition der relevanten Verkehrskreise)
- ☐ Wurde die geschäftliche Handlung gegenüber Verbrauchern oder gegenüber Mitbewerbern oder sonstigen Marktteilnehmern vorgenommen? (Feststellung, ob der Katalog der Verbote ohne Wertungsvorbehalt anwendbar ist)
- ☐ Liegt eine geschäftliche Handlung aus dem Katalog der Verbote ohne Wertungsvorbehalt vor? (Feststellung, ob Relevanzprüfung erforderlich ist)
- ☐ Ist es zu einer Verwechslung mit anderen Waren oder Dienstleistungen oder mit der Marke oder anderen Kennzeichen eines Mitbewerbers gekommen (§ 5 Abs. 3 Nr. 1 UWG)?
- ☐ Wird die betroffene Ware in mindestens einem Mitgliedstaat der Europäischen Union in abweichender Zusammensetzung oder mit abweichenden Merkmalen vertrieben (§ 5 Abs. 3 Nr. 2 UWG)?
- ☐ Gibt es für die Abweichung legitime und objektive Faktoren?
- ☐ Wie lange wurde ein Preis gefordert, bevor er gegebenenfalls herabgesetzt wurde (§ 5 Abs. 5 UWG)?
- ☐ Welcher Grad an Aufmerksamkeit der angesprochenen Verkehrskreise ist situationsadäquat? (Feststellung des relevanten Verbraucherleitbildes)
  - Welches Produkt wird beworben?
  - Welchen Preis hat das Produkt?
  - Welche Lebensdauer hat das Produkt?
- ☐ Wie verstehen die angesprochenen Verkehrskreise die geschäftliche Handlung? (Feststellung der rechtlich relevanten Aussage der geschäftlichen Handlung)
- ☐ Ist dieses Verständnis zutreffend? (Feststellung der Irreführung)

[690] „Submitting or commissioning another legal or natural person to submit false consumer reviews or endorsements, or misrepresenting consumer reviews or social endorsements, in order to promote products."

[691] „Envoyer ou charger une autre personne morale ou physique d'envoyer de faux avis ou de fausses recommandations de consommateurs, ou déformer des avis de consommateurs ou des recommandations sociales afin de promouvoir des produits."

[692] → Rn. 350 ff.

[693] → Rn. 410 ff.

- ☐ Wie hoch ist der Anteil der angesprochenen Verkehrskreise, denen die geschäftliche Handlung einen unzutreffenden Eindruck vermitteln kann? (Feststellung der Relevanz der Irreführung)
- ☐ Ist die geschäftliche Handlung geeignet, den Verbraucher oder sonstigen Marktteilnehmer zu einer geschäftlichen Entscheidung zu veranlassen, die er andernfalls nicht getroffen hätte? (Feststellung der Relevanz der Irreführung)
- ☐ Welches Interesse hat der Werbende an der geschäftlichen Handlung? (Interessenabwägung)
- ☐ Welches Interesse hat die Allgemeinheit an der geschäftlichen Handlung bzw. der Unterlassung der geschäftlichen Handlung? (Interessenabwägung)
- ☐ Welches Interesse haben die angesprochenen Verkehrskreise an der geschäftlichen Handlung bzw. der Unterlassung der geschäftlichen Handlung? (Interessenabwägung)
- ☐ Wäre der Handel innerhalb der EU von einem eventuellen Verbot der geschäftlichen Handlung betroffen? (Prüfung eines Verstoßes gegen Art. 34 AEUV)
- ☐ Würde ein eventuelles Verbot der geschäftlichen Handlung nur für ausländische Produkte oder gleichermaßen für inländische Produkte gelten? (Prüfung eines Verstoßes gegen Art. 34 AEUV/ Diskriminierung)
- ☐ Würde ein eventuelles Verbot der geschäftlichen Handlung den Importeur des Produktes zu einer Änderung der Verpackung des Produktes oder des Produktes selbst zwingen oder würde es lediglich die Verkaufsmodalitäten des Produktes betreffen? (Prüfung eines Verstoßes gegen Art. 34 AEUV/"Keck"-Formel)
- ☐ Wäre ein eventuelles Verbot der geschäftlichen Handlung geeignet, den innergemeinschaftlichen Handel unmittelbar oder mittelbar, tatsächlich oder potentiell zu verhindern? (Prüfung eines Verstoßes gegen Art. 34 AEUV/"Dassonville"-Formel)
- ☐ Wäre ein Verbot durch zwingende Gründe des Schutzes der Lauterkeit des Handelsverkehrs und des Verbraucherschutzes gerechtfertigt? (Prüfung eines Verstoßes gegen Art. 34 AEUV/ „Cassis de Dijon"-Formel)

VIII. Irreführung durch Unterlassen, §§ 5a, 5b UWG

1. Allgemeine Einordnung

358 Eine Irreführung kommt nicht nur bei täuschenden Werbeangaben durch positives Tun in Betracht, sondern auch wenn in der Werbung ein für die Kaufentscheidung wesentlicher Punkt verschwiegen wird. Diese Fälle sind in der Praxis von besonderer Bedeutung, da es in der Regel weder möglich noch gewünscht ist, in der Werbung vollständige Angaben über Produkte und Dienstleistungen zu machen. Allerdings kann darin nur dann eine irreführende Angabe im Sinne des Gesetzes liegen, wenn den Werbenden eine **Aufklärungspflicht** trifft. Eine solche Aufklärungspflicht kann sich aus Gesetz, Vertrag und vorangegangenem Tun ergeben. Insbesondere das Lebensmittelrecht enthält eine Vielzahl von Kennzeichnungsvorschriften, die eine Aufklärungspflicht des Werbenden hinsichtlich der Verwendung von Zusatzstoffen oder der Angabe von Zutaten begründen.

359 Sofern eine solche Aufklärungspflicht sich nicht aus Gesetz, Vertrag oder vorangegangenem Tun ergibt, besteht sie im Wettbewerb nicht schlechthin. Der Verkehr erwartet nicht ohne weiteres die Offenlegung aller – auch der weniger vorteilhaften – Eigenschaften einer Ware oder Leistung.[694] Eine Rechtsanwaltskanzlei ist beispielsweise nicht verpflichtet, auf seinen Briefbögen sämtliche Standorte seiner Niederlassung zu nennen und kenntlich zu machen, wo der Sitz der Kanzlei ist.[695] Die Pflicht zur Aufklärung besteht jedoch in den Fällen, in denen das Publikum bei Unterbleiben des Hinweises in einem wesentlichen Punkt, der den Kaufentschluss zu beeinflussen geeignet ist, getäuscht würde.

360 Eine genaue **Abgrenzung** zwischen einer Irreführung durch positives Tun gemäß § 5 UWG und einer Irreführung durch Unterlassen gemäß §§ 5a, 5b UWG ist häufig nicht überzeugend möglich und auch nicht nötig. Entscheidend ist, ob der Verkehr den Schwerpunkt der Irreführung in der gerügten Handlung oder aber im Unterlassen sieht.[696]

361 Der ehemalige **§ 5a Abs. 1 UWG** wurde durch das Gesetz zur Stärkung des Verbraucherschutzes im Wettbewerbs- und Gewerberecht vom 10. August 2021 ersatzlos gestrichen. Eine in-

[694] BGH GRUR 2012, 1275 Rn. 36 – Zweigstellenbriefbogen; LG Hamburg 4.8.2009 – 312 O 365/09 – Apotheken Umschau III.
[695] BGH 16.5.2012 – I ZR 74/11 Rn. 41 = GRUR 2012, 1275 Rn. 41 – Zweigstellenbriefbogen.
[696] Büscher GRUR 2013, 969 (982).

haltliche Änderung ergibt sich dadurch nicht.[697] Die bisherige Vorschrift des § 5a UWG wird jetzt auf die §§ 5a und b UWG neu verteilt.

362 Im neuen **§ 5a Abs. 1 UWG**[698] wird definiert, wann ein Unterlassen im Verhältnis zum Verbraucher relevant im Sinne des Irreführungsrechts ist. Hierzu wird der Begriff des **„Vorenthaltens von wesentlichen Informationen"** verwendet. Ebenfalls für das Verhältnis zum Verbraucher werden in **§ 5a Abs. 2**[699] **und 3**[700] **UWG** Beispiele für das Vorenthalten und für wesentliche Informationen näher erläutert. **§ 5a Abs. 4 UWG** regelt den Fall, dass der kommerzielle Zweck einer geschäftlichen Handlung nicht kenntlich gemacht wird. Hierbei handelt es sich um die ehemalige Vorschrift des **§ 5a Abs. 6 UWG,** die neu gefasst wurde, um insbesondere auch die geschäftlichen Handlungen von Influencern zu erfassen.[701]

363 **§ 5b Abs. 1 UWG** enthält detailliertere Regelungen für den Fall, dass Waren oder Dienstleistungen so angeboten werden, dass ein durchschnittlicher Verbraucher das Geschäft abschließen kann.[702] **§ 5b Abs. 2 UWG** enthält neu eingefügte Regelungen zur Definition der wesentlichen Informationen für den Fall, dass der Unternehmer Rankings angibt. **§ 5b Abs. 3 UWG** enthält ebenfalls neu eingefügte entsprechende Regelungen zur Definition der wesentlichen Informationen für den Fall, dass der Unternehmer Bewertungen zugänglich macht. **§ 5b Ab. 4 UWG** stellt klar, dass auch solche Informationen als wesentlich gelten, die aufgrund unionsrechtlicher Verordnungen oder nach Rechtsvorschriften zur Umsetzung unionsrechtlicher Richtlinien für kommerzielle Kommunikation nicht vorenthalten werden dürfen.[703]

2. Wesentliche Informationen (§ 5a UWG)

364 **§ 5a Abs. 1 UWG** enthält weiterhin die „kleine Generalklausel", die allgemein definiert, das wesentliche Informationen nicht verschwiegen werden dürfen. Anders als in dem ehemaligen § 5a Abs. 2 UWG erfasst die Vorschrift nicht mehr nur Handlungen gegenüber einem Verbraucher, sondern jetzt auch gegenüber sonstigen Marktteilnehmern. Der Schutz der sonstigen Marktteilnehmer soll dadurch weder erweitert noch verkürzt werden. Auch wenn in der aktuellen Gesetzesfassung die Formulierung „im konkreten Fall unter Berücksichtigung aller Umstände" nicht mehr enthalten ist, sollen nach dem Willen des Gesetzgebers auch weiterhin die jeweiligen Umstände in die Beurteilung einbezogen werden und dadurch unterschiedliche Maßstäbe möglich sein, je nachdem ob sich die geschäftliche Handlung an andere Unternehmer oder an Verbraucher richtet.[704]

365 Wesentlich ist eine Information, wenn ihre Angabe unter Berücksichtigung der beiderseitigen Interessen vom Unternehmer erwartet werden kann und ihr für die geschäftliche Entscheidung des Verbrauchers oder des sonstigen Marktteilnehmers zudem ein erhebliches Gewicht zukommt.[705] Dabei sind der zeitliche und der kostenmäßige Aufwand des Unternehmers für die Beschaffung der Information, die für den Unternehmer mit der Informationserteilung verbundenen Nachteile sowie möglicherweise bestehende Geheimhaltungsbelange zu berücksichtigen.[706]

366 Der Unternehmer enthält dem Verbraucher eine Information vor, wenn dieser sie nicht oder nicht so erhält, dass er sie bei seiner geschäftlichen Entscheidung berücksichtigen kann. Erforderlich ist allerdings auch, dass die betreffende Information zum Geschäfts- und Verantwortungsbereich des Unternehmers gehört oder in sonstiger Weise für ihn verfügbar ist. Der Unternehmer kann sich jedoch nicht seiner Informationspflicht unter Verweis darauf entziehen, dass er sich die Information erst noch beschaffen müsse.[707]

[697] BT-Drs. 19/27873, 34.

[698] Bis zum Inkrafttreten des Gesetzes zur Stärkung des Verbraucherschutzes im Wettbewerbs- und Gewerberecht vom 10. August 2021 am 28. Mai 2022 war diese Regelung inhaltlich identisch in § 5a Abs. 2 UWG enthalten.

[699] Bis zum Inkrafttreten des Gesetzes zur Stärkung des Verbraucherschutzes im Wettbewerbs- und Gewerberecht vom 10. August 2021 am 28. Mai 2022 war diese Regelung inhaltlich identisch in § 5a Abs. 2 S. 2 UWG enthalten.

[700] Bis zum Inkrafttreten des Gesetzes zur Stärkung des Verbraucherschutzes im Wettbewerbs- und Gewerberecht vom 10. August 2021 am 28. Mai 2022 war diese Regelung inhaltlich identisch in § 5a Abs. 5 UWG enthalten.

[701] → § 21.

[702] Bis zum Inkrafttreten des Gesetzes zur Stärkung des Verbraucherschutzes im Wettbewerbs- und Gewerberecht vom 10. August 2021 am 28. Mai 2022 war diese Regelung inhaltlich identisch in § 5a Abs. 3 UWG enthalten.

[703] Bis zum Inkrafttreten des Gesetzes zur Stärkung des Verbraucherschutzes im Wettbewerbs- und Gewerberecht vom 10. August 2021 am 28. Mai 2022 war diese Regelung inhaltlich identisch in § 5a Abs. 4 UWG enthalten.

[704] BT-Drs. 19/27873, 34.

[705] BGH GRUR 2007, 1265 Rn 19 – Preisportal.

[706] BGH GRUR 2011, 1076 (1079) Rn. 33 – LGA tested.

[707] BGH GRUR 2011, 1076 (1078) Rn. 26 – LGA tested.

Wie bereits in § 5 Abs. 1 UWG wird auch hier die erforderliche **Relevanz** als eigenes Tatbestandsmerkmal direkt in § 5a Abs. 1 UWG integriert. Unlauter ist danach das Vorenthalten einer wesentlichen Information nur dann, wenn der Verbraucher diese je nach den Umständen benötigt, um eine informierte geschäftliche Entscheidung zu treffen und deren Vorenthalten geeignet ist, den Verbraucher zu einer geschäftlichen Entscheidung zu veranlassen, die er andernfalls nicht getroffen hätte. Damit wird auch hier die **Eigenständigkeit der Regelung** über Irreführung durch Unterlassen im Verhältnis zur Generalklausel des § 3 Abs. 1 UWG gesetzessystematisch verdeutlicht.[708] Das Vorenthalten wesentlicher Informationen allein reicht folglich noch nicht aus, um den Tatbestand der Irreführung durch Unterlassen zu erfüllen. Zusätzlich muss festgestellt werden, dass das Vorenthalten die erforderliche Relevanz aufweist.[709] Daraus folgt, dass nicht alles, was in irgendeiner Form interessant sein könnte, in der Werbung angegeben werden muss. 367

Die Werbung mit der Angabe „Kein Telekom-Anschluss nötig" ist irreführend, wenn nicht darauf hingewiesen wird, dass bei der beworbenen Leistung keine Möglichkeit zur Führung von „Call-by-Call-Telefonaten" besteht.[710] 368

Wesentliche Informationen im Sinne des § 5a Abs. 1 UWG sind auch die gem. §§ 1 Abs. 1, 5 Abs. 1 Pkw-EnVKV zu gebenden Informationen:[711] Diese Vorschriften verpflichten Hersteller und Händler sicherzustellen, dass die von ihnen verwendeten Werbeschriften Angaben über den offiziellen **Kraftstoffverbrauch** und die offiziellen spezifischen **CO_2-Emissionen** der betreffenden Modelle neuer Personenkraftwagen nach Maßgabe von Abschnitt I der Anlage 4 enthalten. Das Gleiche gilt für Angaben zum Energieverbrauch eines Gebäudes, wenn ein Energieausweis vorliegt, die dem Verbraucher in Immobilienanzeigen von Maklern nicht vorenthalten werden dürfen.[712] 369

Werden **Testergebnisse** zur Werbung für ein Produkt verwendet, muss in der Werbeanzeige ausreichend deutlich angegeben sein, wo der Verbraucher nähere Angaben zu dem Test erhalten kann.[713] 370

Bei der Verwendung von **Prüfzeichen** in der Werbung stellen die Kriterien für die Vergabe der Prüfsiegel eine wesentliche Information für den Verbraucher da, die er benötigt, um eine informierte geschäftliche Entscheidung zu treffen. Die Kriterien sind über eine Fundstellenangabe verfügbar zu machen.[714] Das Gleiche gilt für die Werbung mit einem **Testsiegel.** Hier ist die Angabe der Fundstelle erforderlich, und zwar auch dann, wenn ein Produkt in einem Werbeprospekt abgedruckt wird und auf diesem ein Testsiegel erkennbar ist.[715] 371

Wird eine CD unter dem Titel „100 Nummer 1 Hits" vertrieben und handelt es sich nicht um Aufnahmen der ursprünglichen Chart-Hits, sondern auch um Re-Recordings und Liveaufnahmen, muss der Verbraucher hierauf schon auf der Verpackung klar und deutlich hingewiesen werden.[716] 372

Wirbt ein Unternehmer mit dem Hinweis auf **Klimaneutralität,** so ist es für die Entscheidung des Verbrauchers wesentlich, dass er beim Kauf unproblematisch Informationen darüber erhalten kann, auf welche Weise die Klimaneutralität erreicht werden soll. Nach Auffassung des Landgerichts Kiel reicht der bloße Hinweis auf die Unterstützung von Gold Standard zertifizierten Klimaschutzprojekten nicht aus.[717] 373

Obsoleszenz gilt als wesentliche Information. Sofern also ein Produkt mit einer begrenzten **Lebensdauer** konzipiert wurde, ist der Verbraucher hierauf hinzuweisen. So ist beispielsweise darauf hinzuweisen, dass der Akku eines Mobiltelefones nicht ausgetauscht werden kann oder dass Tintenpatronen eines Druckers so programmiert sind, dass sie ausgetauscht werden müssen, bevor sie tatsächlich leer sind, und zwar selbst dann, wenn es technische Gründe dafür gibt, das Produkt auf diese Weise zu gestalten.[718] 374

---

708 BR-Drs. 26/15, 15.
709 Ohly GRUR 2016, 3 (5 f.).
710 BGH GRUR 2011, 846 Rn. 22 – Kein Telekom-Anschluss nötig.
711 BGH GRUR 2010, 852 – Gallardo Spyder.
712 BGH GRUR 2018, 438, 440 – Energieausweis.
713 OLG Celle 24.2.2011 – 13 U 172/10.
714 BGH GRUR 2011, 1076 (1081) Rn. 53 – LGA tested; KG 8.6.2010 – 5 U 30/09.
715 BGH GRUR 2021, 979 (981) – Testsiegel auf Produktabbildung.
716 OLG Nürnberg 26.10.2010 – 3 U 914/10.
717 LG Kiel WRP 2021, 1241 – Klimaneutrale Müllbeutel.
718 Bekanntmachung der Kommission, Leitlinien zur Auslegung und Anwendung der Richtlinie 2000/29/EG des Europäischen Parlaments und des Rates über unlautere Geschäftspraktiken von Unternehmen gegenüber Verbrauchern, 2021/C 526/84.

375 Betreiber von **Online-Plattformen** sollten beispielsweise angeben auf welche Bereiche sich das Angebot der Plattform erstreckt (zum Beispiel Sektoren, Arten und Anzahl der Anbieter), wie häufig die Informationen aktualisiert werden (insbesondere über den Preis und die Verfügbarkeit von Produkten), wie die Plattform die Anbieter auswählt, die über die Plattform tätig sind, und ob und gegebenenfalls welche Kontrollen in Bezug auf ihre Zuverlässigkeit durchgeführt werden, damit die Verbraucher nachvollziehen können, dass die Verfügbarkeit von Produkten und Lieferanten auf der Plattform nicht erschöpfend ist und dass sie über andere Informationsquellen vielleicht noch weitere Angebote finden. Ohne entsprechende Angaben könnten Verbraucher bereits dadurch irregeführt werden, dass Suchergebnisse als „Bestes Angebot" oder „Empfohlen" gekennzeichnet werden.[719]

376 § 5a Abs. 2 UWG stellt klar, dass auch das **Verheimlichen** wesentlicher Informationen, die Bereitstellung wesentlicher Informationen **in unklarer unverständlicher oder zweideutiger Weise** sowie die **nicht rechtzeitige Bereitstellung** wesentlicher Informationen als Vorenthalten im Sinne des Gesetzes gelten.

377 Unklar bzw. unverständlich sind Angaben auch dann, wenn sie in einer **zu kleinen Schrift** abgedruckt werden. Das OLG Celle hat diesbezüglich eine Schrift in der Größe von mindestens 6 Punkt gefordert.[720] Das OLG Köln hat einen Schriftgrad von 5,5 Punkt, dh 1,94 mm als unter normalen Voraussetzungen gerade noch lesbar akzeptiert.[721] Das ist jedoch in dieser Form nicht zu verallgemeinern. Der BGH geht davon aus, dass ein Fußnotentext bei üblicher Leseentfernung von ca. 40 cm **ohne Hilfsmittel mühelos und gut lesbar** sein muss. Dabei sind die Umstände des Einzelfalles zu berücksichtigen, zum Beispiel ob es sich um einen kurzen Text handelt, welche Schriftfarbe und welche Hintergrundfarbe verwendet werden.[722]

378 § 5a Abs. 3 UWG definiert die konkreten Umstände näher. Danach sind bei der Beurteilung zu berücksichtigen räumliche oder zeitliche Beschränkungen durch das für die geschäftliche Handlung gewählte Kommunikationsmittel sowie alle Maßnahmen des Unternehmens, um dem Verbraucher die Informationen auf andere Weise als durch das Kommunikationsmittel zur Verfügung zu stellen.

379 Es muss folglich in jedem Einzelfall **je nach Kommunikationsmittel** differenziert werden, welche Angaben für die geschäftliche Entscheidung wesentlich sind und in einem zweiten Schritt inwieweit ihre Angabe räumlichen oder zeitlichen Beschränkungen unterliegt. Hierbei wird man sich auch daran orientieren müssen, was in dem jeweiligen Medium üblich ist.

380 So wird man bei **Inseraten in einem Anzeigenteil** sowie bei **Funk- und Fernsehwerbung** keine vollständigen Angaben erwarten können. Ein bei einer Fernsehwerbung schriftlich eingeblendeter **aufklärender Hinweis** ist nicht bereits deshalb grundsätzlich unbeachtlich, weil er von nur zuhörenden Fernsehteilnehmern nicht wahrgenommen wird, da bei der Beurteilung, ob eine Werbung irreführend ist, alle ihre Bestandteile einschließlich der Besonderheiten des für die Werbung verwendeten Kommunikationsmediums zu berücksichtigen sind.[723] Da Fernsehwerbung grundsätzlich aus Bild und Ton besteht, was dem durchschnittlichen Verbraucher auch bekannt ist, können dem Verbraucher wesentliche Informationen für seine geschäftliche Entscheidung auch durch eingeblendete, nicht gesprochene Hinweise gegeben werden.[724]

381 Ist auf **Werbeanzeigen oder Werbezetteln** nicht ausreichend Platz, um sämtliche wesentlichen Informationen dort unterzubringen, kann es ausreichend sein, dies durch einen deutlichen Hinweis auf entsprechende Informationen auf einer Internetseite auszugleichen.[725] Sofern aber für ein Kommunikationsmittel keine ins Gewicht fallenden räumlichen oder zeitlichen Beschränkungen bestehen, zum Beispiel bei **großflächigen Printanzeigen**, kommt es auch auf sonstige Maßnahme nicht an, die der Gewerbetreibende getroffen hat, um den Verbrauchern die Informationen anderweitig zur Verfügung zu stellen. Die Angabe zu den konkreten Warengruppen, die mit Preisnachlässen erworben werden können, muss deshalb direkt in einer solchen Printanzeige,

[719] Bekanntmachung der Kommission, Leitlinien zur Auslegung und Anwendung der Richtlinie 2000/29/EG des Europäischen Parlaments und des Rates über unlautere Geschäftspraktiken von Unternehmen gegenüber Verbrauchern, 2021/C 526/88.

[720] OLG Celle 24.2.2011 – 13 U 172/10.

[721] OLG Köln GRUR-RR 2012, 32 – Zeitungsanzeige.

[722] BGH GRUR 2016, 295 ff.

[723] BGH GRUR 2009, 418 – Fußpilz.

[724] BGH GRUR 2009, 418, Rn. 17 – Fußpilz.

[725] BR-Drs. 26/15, 16; EuGH GRUR Int 2011, 726 Rn. 56 – Ving Sverige; GRUR 2017, 535 (536) Rn. 29 – VSW/DHL Paket.

die auf die Aktion hinweist, aufgenommen werden, da dort eine entsprechende räumliche Beschränkung nicht vorliegt. Der Verweis auf eine Internetseite ist dann nicht ausreichend.[726] Das Gleiche gilt für die Angabe von Namen und Anschrift von lediglich fünf Drittanbietern bei einer ganzseitigen Anzeigenwerbung für fünf Produkte. Auch hier bestehen keine hinreichenden räumlichen Beschränkungen.[727]

Bei der Werbung im **Internet** ergeben sich typischerweise weniger räumliche Beschränkungen. 382
Hier ist aber darauf zu achten, dass die Information so platziert wird, dass der angesprochene Verbraucher sie auch tatsächlich wahrnehmen kann. Wird für ein Produkt im Internet mit einem **Testergebnis** geworben, muss die Fundstelle entweder bereits deutlich auf der ersten Bildschirmseite angegeben oder durch einen Sternchenhinweis deutlich und leicht aufzufinden sein.[728]

Praxistipp:

Durch die zunehmende Verbreitung und **Nutzung des mobilen Internets über Mobiltelefone** ergeben sich neue Möglichkeiten der Zurverfügungstellung von Informationen für den Verbraucher. So können weiterführende Informationen, die nicht oder nur unter größeren Schwierigkeiten auf einer Verpackung abgebildet werden können, durch die Verwendung von **QR-Codes** oder **digitalen Wasserzeichen** vor Ort in der Verkaufsstelle zur Verfügung gestellt werden. Das wird auch deshalb zunehmend Bedeutung gewinnen, weil damit zu rechnen ist, dass der Informationsbedarf der Verbraucher weiterhin zunehmen wird. Gerade bei Lebensmitteln werden zunehmend Angaben dazu nachgefragt, ob das Produkt zum Beispiel organisch bzw. biologisch hergestellt wurde, sich für eine vegetarische oder vegane oder Paleo-Ernährung eignet oder welchen glykämischen Index die enthaltenen Kohlehydrate haben.

Eine weitgehende oder vollständige Verlagerung der erforderlichen Informationen ins Internet sollte aber noch nicht vorgenommen werden, da sich diese Technologie und das entsprechende Verbraucherverhalten noch nicht hinreichend durchgesetzt haben. In einer Übergangsphase ist deshalb zu empfehlen, lediglich nicht zwingend erforderliche Informationen auf diese Weise ins Internet zu verlagern und erst nach und nach deren Anteil zu erhöhen.

Zu beachten ist auch, dass sich durch zunehmende technische Möglichkeiten die Erwartungen der Verbraucher erhöhen und weitergehende Angaben als angemessen und zumutbar angesehen werden können. Der Maßstab für Informationspflichten könnte also strenger werden.

So hat das Landgericht Kiel bereits entschieden, dass bei der Werbung mit Hinweisen auf Klimaneutralität die Angabe einer Internetseite auf der Verpackung oder ein QR-Code erforderlich sei, um dem Verbraucher detailliertere Informationen über die Art der Klimaneutralität zu verschaffen.[729] Ältere Gerichtsentscheidungen sollten hingegen mit Vorsicht angewendet werden.[730]

Darüber hinaus wird man differenzieren müssen hinsichtlich der **Art der geschäftlichen Handlung.** Bei einem konkreten Angebot von Waren oder Dienstleistungen wird man eher konkrete Angaben erwarten als bei einer allgemeinen **Aufmerksamkeitswerbung.** Typischerweise sind derartige geschäftliche Handlungen nicht unmittelbar wesentlich für die geschäftliche Entscheidung. Zwar haben auch Aufmerksamkeits-Kampagnen eine erhebliche Bedeutung. In der Regel haben sie aber eher eine vorbereitende Funktion, um den angesprochenen Kunden später in einem zweiten Schritt mit einer konkreten geschäftlichen Handlung zu einer geschäftlichen Entscheidung über den Erwerb einer Ware oder Dienstleistung zu bewegen. 383

3. Angebote, die dem Verbraucher einen Geschäftsabschluss ermöglichen (§ 5b Abs. 1 UWG)

§ 5b Abs. 1 UWG regelt den Fall, dass einem Verbraucher Waren oder Dienstleistungen unter Hinweis auf deren Merkmale und Preis so angeboten werden, dass der Verbraucher das Geschäft abschließen kann. Nicht erforderlich ist, dass die jeweilige kommerzielle Kommunikation auch eine tatsächliche Möglichkeit bieten muss, das Produkt zu kaufen, oder dass sie im Zusammenhang mit einer solchen Möglichkeit steht.[731] Bereits das Betreten eines Geschäftes[732] und das 384

[726] BGH GRUR 2018, 199 (202) Rn. 29 – 19 % Mehrwertsteuer geschenkt.
[727] BGH GRUR 2017, 1269 (1272) Rn. 28 – MeinPaket.de II.
[728] BGH GRUR 2010, 248 – Kamerakauf im Internet.
[729] LG Kiel WRP 2021, 1241 – Klimaneutrale Müllbeutel.
[730] Ahrens IPRB 2018, 176 ff.
[731] EuGH GRUR Int. 2011, 726 – Ving Sverige; BGH GRUR 2014, 584 Rn. 9 – Typenbezeichnung.
[732] GRUR 2014, 196 (198) Rn. 36 – Trento Sviluppo/AGCM.

Aufrufen eines Verkaufsportals im Internet[733] sind geschäftliche Entscheidungen im Sinne von § 5b Abs. 1 UWG. Die Norm enthält eine Liste von Informationen, die vom Gesetzgeber als so bedeutend angesehen werden, dass die Wesentlichkeit im Sinne des § 5a Abs. 1 UWG angenommen wird. Dadurch wird ein allgemeines **Informationsgebot** durch Normierung von Informationspflichten der Unternehmen zur Gewährleistung einer informierten Entscheidung des Verbrauchers begründet.[734] Die Liste ist nicht abschließend.[735] Eine Irreführung scheidet nur dann aus, wenn sich die betreffenden Tatsachen bereits unmittelbar aus den Umständen ergeben.[736]

385 Die Regelungen in § 5b Abs. 1 UWG gelten nur für Waren oder Dienstleistungen, die Verbrauchern angeboten werden. Die Regelungen sind zurückzuführen auf Art. 7 Abs. 4 und 5 der Richtlinie über unlautere Geschäftspraktiken, die sich lediglich auf den Verbraucherschutz beschränkt. Die Regelung gilt deshalb nicht für Mitbewerber und sonstige Marktteilnehmer. Der **kaufmännische Verkehr** soll nicht mit Informationspflichten belastet werden, die in erster Linie dem Verbraucherschutz dienen.[737]

386 „Angeboten" im Sinne des § 5b UWG sind Waren- oder Dienstleistungen nicht erst, wenn zumindest durch eine Invitatio ad Offerendum unmittelbar zum Vertragsabschluss aufgefordert wird. Ausreichend ist, dass der Verbraucher aufgrund der mitgeteilten Angaben (zum Beispiel über den Preis sowie die Waren- oder Dienstleistungsmerkmale) die Möglichkeit hat, eine auf den Erwerb der Ware oder die Inanspruchnahme der Dienstleistung gerichtete Willenserklärung abzugeben. Dies kann der Fall sein bei jeder Erklärung des Unternehmers aufgrund derer sich der Verbraucher zum Erwerb einer bestimmten Ware oder der Inanspruchnahme einer bestimmten Dienstleistung entschließen kann. Bei bloßer **Aufmerksamkeitswerbung** wird dies regelmäßig nicht der Fall sein.[738] Auch bei einer Werbung mit einer **unverbindlichen Preisempfehlung** kann noch nicht unbedingt von einem Angebot ausgegangen werden, da dem Verbraucher bekannt ist, dass der Endpreis zB bei Neufahrzeugen von einer Vielzahl unterschiedlicher Faktoren, wie insbesondere von der Art und der Anzahl der vom Käufer gewählten Ausstattungsmerkmale des Fahrzeugs sowie dem zwischen den Vertragsparteien ausgehandelten Preisnachlass abhängt.[739] Als Aufforderung zum Kauf werden beispielsweise eingestuft die Internetseite eine Fluggesellschaft, auf der Flugangeboten und Preise angegeben sind oder Werbeblätter eines Supermarkts, in denen bestimmte Produkte mit Preisen beworben werden.[740] Rechtzeitig wird eine wesentliche Information nur erteilt, wenn sie der Verbraucher erhält, bevor er aufgrund einer Aufforderung zum Kauf eine geschäftliche Entscheidung treffen kann.

387 Folgende Umstände gelten als wesentlich im Sinne des § 5b Abs. 1 und sind folglich dem Verbraucher mitzuteilen:

Gemäß **§ 5b Abs. 1 Nr. 1** gelten als wesentlich für die geschäftliche Entscheidung des Verbrauchers die wesentlichen Merkmale der Waren oder Dienstleistungen in dem für das Kommunikationsmittel und die Ware oder Dienstleistung angemessenen Umfang. Hierdurch soll erreicht werden, dass die Informationspflichten insbesondere bei **geringwertigen Gegenständen des täglichen Bedarfs** auf ein angemessenes Maß beschränkt werden.[741]

388 Bei einer Werbung für Waschmaschinen und Wäschetrockner in einer Zeitungsanzeige unter Angabe des Herstellers, des Preises, der technischen Details etc. stellt die Typenbezeichnung der jeweiligen Produkte eine wesentliche Eigenschaft dar.[742] Die fehlende Angabe des effektiven Jahreszinses bei einer vertraglich vereinbarten unterjährigen Zahlungsweise von Versicherungsprämien stellt hingegen keine wesentliche Information dar.[743] Wer einen neuartigen Mobilfunk-

733 BGH GRUR 2017, 1269 (1271) Rn. 19 – MeinPaket.de II.
734 Fezer WRP 2007, 1021 (1027).
735 BGH GRUR 2011, 1076 (1081) Rn. 49 – LGA tested.
736 Entwurf der Bundesregierung für ein erstes Gesetz zur Änderung des Gesetzes gegen den unlauteren Wettbewerb, BT-Drs. 16/10145, 50.
737 Entwurf der Bundesregierung für ein erstes Gesetz zur Änderung des Gesetzes gegen den unlauteren Wettbewerb, BT-Drs. 16/10145, 49.
738 Entwurf der Bundesregierung für ein erstes Gesetz zur Änderung des Gesetzes gegen den unlauteren Wettbewerb, BT-Drs. 16/10145, 50 f.
739 BGH GRUR 2014, 403 Rn. 17 – DER NEUE.
740 Bekanntmachung der Kommission, Leitlinien zur Auslegung und Anwendung der Richtlinie 2000/29/EG des Europäischen Parlaments und des Rates über unlautere Geschäftspraktiken von Unternehmen gegenüber Verbrauchern, 2021/C 526/54.
741 Entwurf der Bundesregierung für ein erstes Gesetz zur Änderung des Gesetzes gegen den unlauteren Wettbewerb, BT-Drs. 16/10145, 51.
742 BGH GRUR 2014, 584 Rn. 6 – Typenbezeichnung.
743 BGH 19.2.2014 – I ZR 17/13 Rn. 6 = BeckRS 2014 00522 Rn. 6.

dienst bewirbt, der derzeit nur mit einem einzigen auf dem Markt erhältlichen, bestimmten Mobiltelefon nutzbar ist, muss auf diesen Umstand hinweisen.[744]

Die Werbung für eine CD unter dem Titel „Tele-Info-Fax-Auskunft" und dem Hinweis „und viele Programme mehr" sowie dem Hinweis auf die Programme „netto" und „Routenplaner" kann irreführend sein, wenn es sich bei den mitgelieferten Programmen jeweils nur um die **Shareware-Version** handelt und der Benutzer beim Programmablauf zur kostenpflichtigen Registrierung aufgefordert wird.[745] Auch der Vertrieb von **Händler-Testversionen** eines Softwareprogramms nach Entfernung der Hinweise „nicht zum Wiederverkauf" und „not for resale" einschließlich der dazugehörigen Barcodes stellt eine relevante Irreführung der Abnehmer dar, weil diesen verschwiegen wird, dass sie für diese Testversionen keine Upgrades erwerben können, bestimmte Serviceleistungen nicht in Anspruch nehmen können und der Weiterverkauf dadurch erheblich erschwert wird, dass nach dem Start des Programms auf dem Bildschirm die Einblendung „not for resale" erscheint.[746] 389

Bei hochwertigen Geräten der **Unterhaltungselektronik** besteht grundsätzlich eine Hinweispflicht des Handels, wenn das fragliche Modell vom Hersteller nicht mehr produziert und nicht mehr im Sortiment geführt oder von ihm selbst als Auslaufmodell bezeichnet wird. Hat ein Händler ein Gerät aus der laufenden Produktion erworben, kann der Hinweis auf die erfolgte Modelländerung jedoch so lange unterbleiben, bis das Nachfolgemodell im Handel ist oder – wenn es kein Nachfolgegerät gibt – bis die Ware im üblichen Warenumschlag abgesetzt ist.[747] 390

Die Information, dass ein **Betriebssystem eines Mobiltelefones** bereits zum Zeitpunkt des Anbietens Sicherheitslücken aufweist und dass dafür keine Updates mehr vorgenommen werden, wird vom OLG Köln jedenfalls im Hinblick auf den Händler nicht als wesentliche Information angesehen, weil die entsprechenden Informationen vom Händler nur mit großem Aufwand beschafft werden können und regelmäßig auch nicht vollständig und abschließend seien, was dem Verbraucher auch bewusst sei.[748] 391

Angaben zur **Motorisierung eines neuen Kraftfahrzeugs,** also zur Stärke des Motors und zur Art des für seinen Betrieb benötigten Treibstoffs sind als wesentliche Merkmale anzusehen.[749] Auch die Tatsache, dass ein Gebrauchtwagen in der Vergangenheit als Selbstfahrermietfahrzeug genutzt wurde, stellt eine für den Verbraucher wesentliche Information dar.[750] 392

Bei der Werbung für ein **Flugportal** sind die Kosten, die für das Gepäck entstehen, als wesentliche Information anzugeben. Das gilt auch dann, wenn die entsprechenden Angaben von den Fluggesellschaften nur unter großem Aufwand beschafft werden können.[751] 393

Nach **§ 5b Abs. 1 Nr. 2 UWG** gelten als wesentlich die **Identität und Anschrift des Unternehmers** einschließlich der Identität und Anschrift eines anderen Unternehmers, für den er handelt. Dazu gehört auch die **Rechtsform** des werbenden Unternehmens.[752] Wenn der Geschäftsbetrieb des Unternehmers keinen in kaufmännischer Weise eingerichteten Geschäftsbetrieb erfordert, muss der Unternehmer bei einem Angebot im Sinne von § 5b Abs. 1 UWG zumindest seinen Vornamen und seinen Zunamen sowie seine Anschrift angeben.[753] Eine Einschränkung auf den „angemessenen Umfang" wie in Nr. 1 ist hier nicht vorgesehen. Folglich gilt die Regelung für alle Fälle des Angebots von Waren und Dienstleistungen gegenüber Verbrauchern.[754] Daneben gelten ähnliche und teilweise weitergehende Informationspflichten, die in besonderen Vorschriften wie § 312c, d BGB iVm Art. 246a EGBGB geregelt sind, beispielsweise auch die Angabe einer 394

[744] OLG Köln GRUR-RR 2003, 118 – i-mode.
[745] BGH WRP 1999, 1148 (1150) – Shareware-Version.
[746] OLG München GRUR 1999, 339 – Software-Testversion.
[747] BGH WRP 1999, 839 – Auslaufmodelle I; OLG Karlsruhe WRP 2001, 1238 (1242) – „Jetzt schlägt's PUNTO"; OLG Düsseldorf 7.9.2010 – I-20 U 171/02, 20 U 171/02.
[748] OLG Köln GRUR-RR 2020, 32 (35) – Sicherheitslücken.
[749] OLG Köln GRUR-RR 2020, 92 (93) – Basis-/Top-Modell; GRUR-RR 2020, 506 (508) – Basismodell
[750] OLG Oldenburg GRUR-RR 2020, 127 (128) – Mietrückläufer.
[751] OLG Dresden GRUR-RR 521 – Gepäckskosten.
[752] BGH GRUR 2013, 1169 Rn. 11 – Brandneu von der IFA; hiervon kann es gemäß Bekanntmachung der Kommission, Leitlinien zur Auslegung und Anwendung der Richtlinie 2000/29/EG des Europäischen Parlaments und des Rates über unlautere Geschäftspraktiken von Unternehmen gegenüber Verbrauchern, 2021/C 526/55 im Einzelfall Ausnahmen geben.
[753] BGH GRUR 2018, 324 (325) Rn. 20 – Kraftfahrzeugwerbung.
[754] Entwurf der Bundesregierung für ein erstes Gesetz zur Änderung des Gesetzes gegen den unlauteren Wettbewerb, BT-Drs. 16/10145, 26.

E-Mail-Adresse oder Ähnliches. Verstöße gegen diese marktverhaltensregelnden Normen werden als Rechtsbruch bereits durch § 3a UWG erfasst. Der Anwendungsbereich dieser Regelungen ist jedoch enger.[755]

395 Maßgeblich ist die Entscheidungsfreiheit des Verbrauchers zu dem **Zeitpunkt,** in dem er auf das Angebot einer Dienstleistung hin das Geschäft abschließen kann. Dabei kommt es nicht darauf an, ob es sich bereits um ein Angebot im Sinne von § 145 BGB oder nur eine Invitatio ad Offerendum handelt.[756] Betreut ein Anbieter von Gutscheinen für Ballonfahrten den Internetauftritt, gilt das Gebot der Angabe der Identität nur für diesen Anbieter von Gutscheinen, nicht aber auch für den die Ballonfahrten durchführenden Unternehmer. Das Angebot eines Ballonfahrtgutscheins muss nicht auch die Identität und Anschrift des Unternehmers, für den gehandelt wird, enthalten.[757] Wird jedoch in einer Anzeige für Kraftfahrzeuge unmittelbar auch eine Finanzierung und eine Versicherung angeboten, sind die jeweiligen Anbieter und deren Anschriften zu nennen, damit der Verbraucher sich vorab über die jeweiligen Anbieter informieren kann.[758]

396 Nach **§ 5b Abs. 1 Nr. 3 UWG** gelten als wesentlich der **Gesamtpreis** oder in den Fällen, in denen ein Preis aufgrund der Beschaffenheit der Ware oder Dienstleistung nicht im Voraus berechnet werden kann, die Art der Preisberechnung sowie gegebenenfalls alle zusätzlichen Fracht-, Liefer- und Zustellkosten oder in Fällen in denen diese Kosten nicht im Voraus berechnet werden können die Tatsache, dass solche zusätzlichen Kosten anfallen können. Auch dieser Tatbestand wird bereits durch andere Normen abgedeckt. Gemäß § 3 Abs. 1 PAngV gibt es bereits eine Regelung zur **Gesamtpreisangabe** gegenüber Verbrauchern. Da es sich um marktverhaltensregelnde Vorschriften handelt, erfüllen Verstöße dagegen den Tatbestand des Rechtsbruchs gemäß § 3a UWG. Die Nennung in Nr. 3 schien dem Gesetzgeber jedoch geboten, um die Bedeutung hervorzuheben, die verschwiegenen oder vorenthaltenen Preisangaben bei der Irreführung zukommt.[759] Ein „ab"-Preis kann für die notwendige Angabe zum Preis genügen.[760]

397 Kopplungsangebote, bei denen nicht die Einzelpreise genannt werden, stellen an sich keine unlautere Geschäftspraxis dar. Die Werbung für einen Computer mit vorinstallierter Software muss deshalb keine Preisangabe für die einzelnen vorinstallierten Programme aufweisen.[761]

398 Die Werbung für Gebrauchtfahrzeuge muss aber den Gesamtpreis iSv § 3 Abs. 1 PAngV angeben, da der mit den Anzeigen angesprochene Privatkunde in der Regel davon ausgeht, dass in den ihm gegenüber angegebenen Gesamtpreisen die **Umsatzsteuer** angegeben ist.[762] Der in der Werbung für Fahrzeuge angegebene Verkaufspreis muss die vom Verbraucher zu tragenden **Kosten der Überführung** enthalten, wenn die Werbung aus der Sicht des Verbrauchers als Angebot aufzufassen ist.[763] Bei einer Werbeanzeige für ein Neufahrzeug, die beschreibende textliche Angaben zur Baureihe einschließlich einer Preisangabe für das Basismodell enthält, deren bildliche Darstellung aber das Topmodell mit optionaler Sonderausstattung zeigt, ist sowohl hinsichtlich des nicht abgebildeten Basismodells als auch hinsichtlich des abgebildeten Topmodells von einem qualifizierten Angebot im Sinne des § 5b Abs. 1 UWG auszugehen, so dass bezüglich beider Modelle die Angabe des Gesamtpreises als wesentliche Information erforderlich ist.[764]

399 Ist für ein Abonnement sowohl eine Monatsgebühr als auch eine Halbjahresgebühr zu zahlen, stellt es eine irreführende Unterlassung dar, wenn die Monatsgebühr in der Werbung besonders hervorgehoben wird, die Halbjahresgebühr jedoch nicht.[765]

400 Auch die Werbung eines Elektro-Fachmarkts für den Abschluss von Verträgen für Mobiltelefone mit einem festen Minutenpreis für jedes Telefonat und einem Festpreis für jede SMS, aber ohne Grundgebühr ist irreführend, wenn die weiteren Informationen zur Vertragslaufzeit, zum einmaligen Anschlusspreis und zum monatlichen Mindestgesprächsumsatz in sehr kleiner

[755] Entwurf der Bundesregierung für ein erstes Gesetz zur Änderung des Gesetzes gegen den unlauteren Wettbewerb, BT-Drs. 16/10145, 26.
[756] BGH GRUR 2014, 580 Rn. 12 – Alpenpanorama im Heißluftballon.
[757] BGH GRUR 2014, 580 Rn. 18 – Alpenpanorama im Heißluftballon.
[758] BGH GRUR 2018, 324 (326) Rn. 29 – Kraftfahrzeugwerbung.
[759] Entwurf der Bundesregierung für ein erstes Gesetz zur Änderung des Gesetzes gegen den unlauteren Wettbewerb, BT-Drs. 16/10145, 26.
[760] EuGH GRUR Int. 2011, 726; vgl. dazu Strauß GRUR-Prax 2011, 243.
[761] EuGH GRUR 2016, 1180 Rn. 43 – Deroo-Blanquart/Sony.
[762] BGH GRUR 2011, 82 – Preiswerbung ohne Umsatzsteuer.
[763] EuGH GRUR 2016, 945 Rn. 47 – Citroën Commerce/ZLW; vgl. dazu Köhler GRUR 2016, 891.
[764] OLG Köln GRUR-RR 2020, 92 (93) – Basis-/Top-Modell.
[765] EuGH GRUR 2016, 1307 Rn. 64 – Canal Digital.

Schrift gehalten sind, die etwa der Schriftgröße 4 entspricht, da dem Verbraucher durch die sehr kleine Schrift wichtige Preisbestandteile (Anschlusspreis, monatlicher Mindestgesprächsumsatz, Mindestvertragslaufzeit) vorenthalten werden.[766] Die Angabe des Verkaufspreises ohne Versandkosten auf der Preisvergleichsseite einer Preissuchmaschine verstößt gegen § 5b Abs. 1 Nr. 3 UWG, wenn die zum Kaufpreis hinzukommenden **Versandkosten** erst auf der eigenen Internetseite des Werbenden genannt werden, die mit dem Anklicken der Warenabbildung oder des Produktnamens erreicht werden kann.[767] Wird in einer an die Allgemeinheit gerichteten Werbeanzeige für einen Telefontarif mit der Angabe „Telefonieren für 0 Cent!" geworben, so sind in der Anzeige die für die Bereitstellung des erforderlichen Telefonanschlusses aufzuwendenden Kosten sowie die monatlich anfallenden Grundgebühren für diesen Anschluss anzugeben.[768]

Beim **Internetvertrieb** reicht es aus, unmittelbar bei der Werbung für das einzelne Produkt den Hinweis „zzgl. Versandkosten" aufzunehmen, wenn sich bei Anklicken oder Ansteuern dieses Hinweises ein Bildschirmfenster mit einer übersichtlichen und verständlichen Erläuterung der allgemeinen Berechnungsmodalitäten für die Versandkosten öffnet und außerdem die tatsächliche Höhe der für den Einkauf anfallenden Versandkosten jeweils bei Aufruf des virtuellen Warenkorbs in der Preisaufstellung gesondert ausgewiesen wird.[769] 401

Nach **§ 5b Abs. 1 Nr. 4 UWG** sind wesentliche Informationen auch die **Zahlungs-, Liefer- und Leistungsbedingungen,** sofern diese Bedingungen oder das Verfahren von wesentlichen Grundgedanken der gesetzlichen oder auf andere Weise verbindlichen Regelung abweichen. Auch diese Pflicht zur Angabe enthält keine Einschränkung auf einen „angemessenen Umfang" wie in Nr. 1. Sie gilt uneingeschränkt. Hier wird die Bedeutung des Preises sowie eventueller Nebenkosten für eine informierte Entscheidungsfindung des Verbrauchers deutlich. Das Verfahren zum Umgang mit Beschwerden ist in der aktuellen Gesetzesfassung gestrichen worden. Damit wird Art. 3 Nr. 3 lit. a i) der Richtlinie (EU) 2019/2161 umgesetzt. In Erwägungsgrund 40 der Richtlinie wird die Streichung damit begründet, dass diese Informationen in der vorvertraglichen Phase am relevantesten sind und daher bei der Aufforderung zum Kauf in der Werbephase entfallen können. Bei Verträgen, die außerhalb von Geschäftsräumen geschlossen werden und bei Fernabsatzverträgen muss außerdem bereits nach Art. 246a § 1 Abs. 1 S. 1 Nr. 16 EGBGB über außergerichtliche Beschwerde- und Rechtsbehelfsverfahren informiert werden.[770] 402

Nach **§ 5b Abs. 1 Nr. 5 UWG** sind auch Informationen über **bestehende Rücktritts- oder Widerrufsrechte** als wesentlich anzusehen. Dabei kommt es anders als bei denen nach § 5b Abs. 1 Nr. 4 UWG als wesentlich geltenden Zahlungs-, Liefer- und Leistungsbedingungen nicht auf eine Abweichung von bestimmten Grundgedanken einer gesetzlichen oder sonstigen Regelung an. Die Angaben über bestehende Rücktritts- oder Widerrufsrechte sind stets erforderlich. Die Regelung dient vor allem der Klarstellung, da bereits nach geltendem Recht der Verbraucher nach § 355 BGB über ein bestehendes Widerrufsrecht belehrt werden muss. Eine unterbliebene, falsche oder unzureichende Belehrung ist deshalb auch bereits nach § 3a UWG unlauter.[771] 403

Durch die neu eingefügte Regelung in **§ 5b Abs. 1 Nr. 6 UWG** wird Art. 3 Nr. 4 lit. a ii) der Richtlinie (EU) 2019/2161 umgesetzt. Damit Verbraucher eine informierte Entscheidung darüber treffen können, ob sie die auf einem **Online-Marktplatz** angebotenen Waren oder Dienstleistungen erwerben möchten, benötigen sie Informationen über den potentiellen späteren **Vertragspartner,** insbesondere, ob es sich bei dem Anbieter um einen Unternehmer im Sinne von § 2 Abs. 1 Nr. 8 UWG oder um einen Verbraucher im Sinne von § 2 Abs. 2 UWG in Verbindung mit § 13 BGB handelt. Diese Information ist wesentlich, weil sie Auswirkungen darauf hat, welche Verbraucherschutzrechte dem Verbraucher zustehen.[772] Der Betreiber des Online-Marktplatzes wird verpflichtet, von den Anbietern eine entsprechende Selbstauskunft zu verlangen, nicht jedoch diese ohne besonderen Anlass zu überprüfen.[773] 404

766 BGH MMR 2009, 836 – 0,00 Grundgebühr.
767 BGH GRUR 2010, 251 – Froogle I; BGH GRUR 2010, 1110 – Froogle II.
768 BGH GRUR 2009, 73 – Telefonieren für 0 Cent!.
769 BGH GRUR 2010, 248 – Kamerakauf im Internet.
770 BT-Drs. 19/27873, 35.
771 Entwurf der Bundesregierung für ein erstes Gesetz zur Änderung des Gesetzes gegen den unlauteren Wettbewerb, BT-Drs. 16/10145, 26.
772 BT-Drs. 19/27873, 35.
773 BT-Drs. 19/27873, 35 f.

4. Rankings (§ 5b Abs. 2 UWG)

405 Ebenfalls neu eingefügt ist die Regelung über **Rankings** in **§ 5b Abs. 2 UWG.** Danach sind Unternehmer, die Verbrauchern die Möglichkeit bieten, nach Waren oder Dienstleistungen zu suchen, die von verschiedenen Unternehmen oder von Verbrauchern angeboten werden, Informationen zur Festlegung des Rankings anzugeben. Entsprechende Informationen werden vom Gesetz als wesentlich eingestuft. Die Vorschrift setzt Art. 3 Nr. 4 lit. b der Richtlinie (EU) 2019/2161 um. Hintergrund ist die Annahme, dass das Ranking eines Angebotes in den Ergebnissen einer **Suchanfrage** regelmäßig erhebliche Auswirkungen darauf hat, ob der Verbraucher sich überhaupt näher mit dem betreffenden Angebot beschäftigt und es dem Verbraucher auch nicht möglich ist, die Bedeutung des konkreten Rankings zu beurteilen, wenn keine Information darüber vorliegt, nach welchen **Kriterien** die Angebote präsentiert werden.[774]

406 Anders als nach § 5b Abs. 1 Nr. 6 UWG gilt die Regelung nicht nur für **Online-Marktplätze,** sondern auch für sonstige Vermittlungsdienste wie zum Beispiel Vergleichsplattformen, unabhängig davon, ob sie den Verbrauchern auf ihrer Plattform die Möglichkeit zum Vertragsschluss bieten. Erforderlich ist lediglich, dass die Suche nach Waren und Dienstleistungen verschiedener Anbieter ermöglicht wird. Nicht erfasst sind **Angebote von Unternehmen, die nur ihre eigenen Waren oder Dienstleistungen anbieten.** Ebenfalls nicht erfasst vom Anwendungsbereich der Vorschrift sind gemäß Satz 3 Betreiber von **Online-Suchmaschinen** im Sinne des Art. 2 Nr. 6 der Verordnung (EU) 2019/1150, da diese gemäß Art. 5 Abs. 2 der Verordnung zur Veröffentlichung entsprechender Informationen verpflichtet sind.[775]

407 Anzugeben sind zum einen gemäß Nr. 1 der Vorschrift die **Hauptparameter zur Festlegung des Rankings** der dem Verbraucher als Ergebnis seiner Suchanfrage präsentierten Waren oder Dienstleistungen sowie gemäß Nr. 2 der Vorschrift die **relative Gewichtung der Hauptparameter.** Gemäß Erwägungsgrund 22 der Richtlinie (EU) 2019/2161 sind Parameter für das Ranking alle allgemeinen Kriterien, Prozesse und spezifischen Signale, die in Algorithmen eingebunden sind, oder sonstige Anpassungs- oder Rückstufungsmechanismen, die im Zusammenhang mit dem Ranking eingesetzt werden. Die Informationen müssen gemäß Satz 2 der Vorschrift leicht und unmittelbar von der Anzeige der Suchergebnisse aus zugänglich sein.

408 Gemäß Erwägungsgrund 23 der Richtlinie gilt die Pflicht zur Information über die Hauptparameter unbeschadet der Richtlinie über Geschäftsgeheimnisse.[776] Die Unternehmer sind nicht verpflichtet, die **Funktionsweise** ihrer Ranking-Systeme, einschließlich der **Algorithmen,** im Detail offenzulegen. Bereitzustellen ist lediglich eine allgemeine Beschreibung der Hauptparameter, in der die voreingestellten Hauptparameter sowie ihre relative Gewichtung erläutert werden. Diese Beschreibung muss nicht in einer jeweils auf die einzelne Suchanfrage zugeschnittenen Form bereitgestellt werden.

409 Die Vorschrift wird ergänzt durch die neue Nr. 11a des Anhangs zu § 3 Abs. 3 UWG, die den Unternehmer verpflichtet, **bezahlte Werbung** oder **spezielle Zahlungen zur Beeinflussung des Rankings** bei Suchergebnissen offenzulegen.[777]

5. Kundenbewertungen (§ 5b Abs. 3 UWG)

410 Werbung mit **Meinungen, Kundenkommentaren und Kundenbewertungen im Internet** spielt eine immer größere Rolle. Die Art und Weise, wie derartige Meinungen zustande kommen, kann für den Verbraucher wesentlich sein. Ebenfalls neu eingefügt wurde deshalb **§ 5b Abs. 3 UWG.** Die Vorschrift setzt Art. 3 Nr. 4 lit. c der Richtlinie (EU) 2019/2161 um. Sie definiert als wesentlich Informationen darüber, ob und wie der Unternehmer sicherstellt, dass **veröffentlichte Bewertungen** tatsächlich von solchen Verbrauchern stammen, die die Waren oder Dienstleistungen auch tatsächlich genutzt oder erworben haben. Erfasst werden nur Unternehmer, die selbst Verbraucherbewertungen zugänglich machen. Die **Verlinkung** anderer Verbraucherbewertungen, die von Dritten veröffentlicht worden sind, werden nicht erfasst.[778] In einem ersten Schritt ist anzu-

[774] BT-Drs. 19/27873, 36.
[775] BT-Drs. 19/27873, 36.
[776] Richtlinie (EU) 2016/943 des Europäischen Parlaments und des Rates vom 8. Juni 2016 über den Schutz vertraulichen Know-hows und vertraulicher Geschäftsinformationen (Geschäftsgeheimnisse) vor rechtswidrigen Erwerb sowie rechtswidrige Nutzung und Offenlegung, ABl. 2016 L 157, 1.
[777] → Rn. 330 ff.
[778] BT-Drs. 19/27873, 37.

geben, ob tatsächlich Maßnahmen zur Überprüfung der Echtheit der Verbraucherbewertungen ergriffen werden. Werden keine Maßnahmen ergriffen, muss auch darüber informiert werden. Es reicht in diesem Fall aber eben auch aus, dass lediglich darüber informiert wird, dass keine Maßnahmen ergriffen werden.[779] Eine Pflicht zur Ergreifung von Maßnahmen gibt es nicht. Sofern Maßnahmen ergriffen wurden, ist aber anzugeben, welche Prozesse und Verfahren zur Prüfung der Echtheit der Verbraucherbewertungen ergriffen wurden zum Beispiel nach welchen Kriterien Bewertungen aussortiert werden und ob alle Bewertungen, also positive und negative, veröffentlicht werden.[780]

Beispielsweise ist darauf hinzuweisen, wenn ein zwischen Unternehmen und Kunden vorgesehenes **Schlichtungsverfahren** die Berücksichtigung negativer und neutraler Anbieterbewertungen einschränken kann. Das gilt insbesondere wenn der Begriff „garantiert echte Meinungen" verwendet wird.[781] 411

Werden Kundenrezensionen veröffentlicht, so ist gegebenenfalls darauf hinzuweisen, dass es sich um bezahlte Rezensionen handelt.[782] 412

Praxistipp:

In der Praxis kann die Überprüfung und Sicherstellung zum Beispiel dadurch erfolgen, dass nur solche Kunden Bewertungen abgeben können, die sich vorab in ihr entsprechendes Kundenkonto eingeloggt haben und in deren Kundenkonto tatsächlich das bewertete Produkt als gekauftes Produkt aufgeführt ist.

Ergänzt wird die Vorschrift durch die Regelungen zur Irreführung über die Echtheit von Verbraucherbewertungen in Nr. 23b des Anhangs zu § 3 Abs. 3 UWG[783] sowie zu gefälschten Verbraucherbewertungen in Nr. 23c des Anhangs zu § 3 Abs. 3 UWG.[784] 413

Da die UGP-Richtlinie nur für Geschäftspraktiken von Unternehmen gegenüber Verbrauchern gilt, die unmittelbar mit der Absatzförderung, dem Verkauf oder der Lieferung eines Produktes an Verbraucher zusammenhängen, geht die Europäische Kommission davon aus, dass Kundenbewertungen, in deren Rahmen diese die Leistungen des Gewerbetreibenden außerhalb des Kontextes des Geschäftsverkehrs zwischen Unternehmen und Verbrauchern bewertet werden, zum Beispiel soziale Verantwortung, Beschäftigungsbedingungen, Besteuerung, Marktführerschaft, ethische Aspekte usw. eher nicht in den Anwendungsbereich der Richtlinie und damit auch nicht in den Anwendungsbereich der neuen Bestimmungen über Verbraucherbewertungen fallen.[785] Die Auffassung der Kommission überzeugt nicht. Gerade auch ethische Aspekte können für die Entscheidung des Verbrauchers von zunehmender Relevanz sein. 414

6. Unionsrechtlich festgelegte Informationsanforderungen (§ 5b Abs. 4 UWG)

Gemäß **§ 5b Abs. 4 UWG** gelten als wesentlich im Sinne des Abs. 1 auch alle im Unionsrecht festgelegten **Informationsanforderungen in Bezug auf kommerzielle Kommunikation** einschließlich Werbung und Marketing. Hierbei handelt es sich in erster Linie um die Informationsanforderungen, die sich auch den in Anhang II der Richtlinie über unlautere Geschäftspraktiken zusammengestellten unionsrechtlichen Rechtsakten und deren Umsetzung in innerstaatliches Rechts ergeben. Gemäß Art. 7 Abs. 5 der Richtlinie ist diese Zusammenstellung jedoch nicht erschöpfend. Da es sich folglich um einen **unvollständigen Beispielskatalog** handelt, hat der Gesetzgeber auf eine Übernahme in das UWG verzichtet und es der Rechtsprechung überlassen, die Informa- 415

[779] Scherer, Verdeckt gekaufte Werbung in Social Media – Rechtsänderungen durch RL (EU) 2019/2161 und den UWG-RegE, WRP 2021, 287 (289); Peifer, Die neuen Transparenzregeln im UWG, GRUR 2021, 1453 (1457).

[780] BT-Drs. 19/27873, 37.

[781] BGH GRUR 2016, 828 (830 ff.) – Kundenbewertung im Internet. Dort wurde die Werbung jedoch nicht wegen Unterlassung einer wesentlichen Information gemäß § 5a Abs. 2 UWG, sondern Verwendung der irreführenden Bezeichnung „garantiert echte Kundenmeinungen" gemäß § 5 Abs. 1 UWG gerügt.

[782] OLG Frankfurt a. M. GRUR-RR 2020, 87 (88) – gekaufte Kundenbewertungen.

[783] → Rn. 350 ff.

[784] → Rn. 353 ff.

[785] Bekanntmachung der Kommission, Leitlinien zur Auslegung und Anwendung der Richtlinie 2000/29/EG des Europäischen Parlaments und des Rates über unlautere Geschäftspraktiken von Unternehmen gegenüber Verbrauchern, 2021/C 526/94.

tionspflichten näher zu bestimmen, die sich im Einzelfall aus den unionsrechtlichen Rechtsquellen und den jeweils richtlinienkonform auszulegenden innerstaatlichen Umsetzungsnormen ergeben können.[786]

416 Im Gegensatz zu § 5b Abs. 1 UWG ist die Regelung in Abs. 4 nicht auf Waren- und Dienstleistungsangebote beschränkt, sondern gilt für alle geschäftlichen Handlungen gegenüber Verbrauchern. Überschneidungen mit § 3a UWG bei Verstößen gegen marktverhaltensregelnde gesetzliche Informationspflichten nimmt der Gesetzgeber bewusst in Kauf.[787] Der BGH hat hierzu aber seiner Rechtsprechung geändert und hält an der gleichrangigen Prüfung von § 3a UWG und § 5b Abs. 4 UWG in Fällen der Verletzung einer Informationspflicht in Bezug auf kommerzielle Kommunikation nicht länger fest. In diesen Fällen ist die Unlauterkeit nur noch nach § 5b Abs. 4 UWG zu beurteilen.[788] Begründet wird dies damit, dass die Rechtsfolgen nach Einführung des § 9 Abs. 2 UWG unterschiedlich sind. Die Schadensersatzverpflichtung dieser Vorschrift gilt für Verstöße gegen § 5b Abs. 4 UWG, nicht jedoch für Verstöße gegen § 3a UWG.[789]

417 Im Anhang II der Richtlinie sind die folgenden **Bestimmungen des Unionsrechts zur Regelung der Bereiche Werbung und kommerzielle Kommunikation** genannt:

- Art. 4 und 5 der Richtlinie 97/7/EG – hierbei handelt es sich um die bei Vertragsabschlüssen im Fernabsatz erforderlichen Informationen sowie deren schriftliche Bestätigung. Die Umsetzung ist in § 312c BGB erfolgt.
- Art. 3 der Richtlinie 90/314/EWG des Rates vom 13.6.1990 über Pauschalreisen. Die Vorgaben sind durch § 4 BGB-InfoV und § 651a BGB umgesetzt worden.
- Art. 3 Abs. 3 der Richtlinie 94/47/EG des Europäischen Parlaments und des Rates vom 26.10. 1994 zum Schutz der Erwerber im Hinblick auf bestimmte Aspekte von Verträgen über den Erwerb von Teilzeitnutzungsrechten an Immobilien. Die Umsetzung ist in § 482 BGB erfolgt.
- Art. 3 Abs. 4 der Richtlinie 98/6/EG des Europäischen Parlaments und des Rates vom 16.2.1998 über den Schutz der Verbraucher bei der Angabe der Preise der ihn angebotenen Erzeugnisse. Diese Vorgabe ist in § 3 PAngV umgesetzt worden.
- Art. 86 bis 100 der Richtlinie 2001/83/EG des Europäischen Parlaments und des Rates vom 6.11.2001 zur Schaffung eines Gemeinschaftskodexes für Humanarzneimittel. Die Umsetzung ist durch die Vorschriften des Heilmittelwerbegesetzes (HWG) erfolgt.
- Art. 5 und 6 der Richtlinie 2000/31/EG des Europäischen Parlaments und des Rates vom 8.6.2000 über bestimmte rechtliche Aspekte der Dienste der Informationsgesellschaft, insbesondere des elektronischen Geschäftsverkehrs im Binnenmarkt („Richtlinie über den elektronischen Geschäftsverkehr“). Die Umsetzung ist in den §§ 5 und 6 des Telemediengesetzes (TMG) erfolgt.
- Art. 1d der Richtlinie 98/7/EG des Europäischen Parlaments und des Rates vom 16.2.1998 zur Änderung der Richtlinie 87/102/EWG des Rates zur Angleichung der Rechts- und Verwaltungsvorschriften der Mitgliedsstaaten über den Verbraucherkredit. Die Umsetzung ist in § 16 Abs. 1 PAngV erfolgt.
- Art. 3 und 4 der Richtlinie 2002/65/EG. Die Umsetzung ist in § 312c Abs. 1 BGB erfolgt.
- Art. 1 Nr. 9 der Richtlinie 2001/107/EG des Europäischen Parlaments und des Rates vom 21.1.2002 zur Änderung der Richtlinie 85/611/EWG des Rates zur Koordinierung der Rechts- und Verwaltungsvorschriften betreffend bestimmter Organismen für gemeinsame Anlagen in Wertpapieren (OGAW) zwecks Festlegung von Bestimmungen für Verwaltungsgesellschaften und vereinfachte Prospekte. Diese Richtlinienvorgabe ist in § 42 des Investmentgesetzes vom 15.12.2003 umgesetzt worden.
- Art. 12 und 13 der Richtlinie 2002/92/EG des Europäischen Parlaments und des Rates vom 9.12.2002 über Versicherungsvermittlung. Die Umsetzung erfolgte durch §§ 42b bis 42d Versicherungsvermittlergesetz. § 156 GewO sieht Übergangsregelungen für Gewerbetreibende, die vor dem 1.1.2007 Versicherungen vermittelt haben, vor.
- Art. 36 der Richtlinie 2002/83/EG des Europäischen Parlaments und des Rates vom 5.11.2002 über Lebensversicherungen. Die Umsetzung ist in Teil D der Anlage zu § 10a Versicherungsaufsichtsgesetz (VAG) erfolgt.

[786] Entwurf der Bundesregierung für ein erstes Gesetz zur Änderung des Gesetzes gegen den unlauteren Wettbewerb, BT-Drs. 16/10145, 27 ff.

[787] Entwurf der Bundesregierung für ein erstes Gesetz zur Änderung des Gesetzes gegen den unlauteren Wettbewerb, BT-Drs. 16/10145, 27.

[788] BGH GRUR 2022, 925 Rn. 23 – Webshop Awards – mit weiteren Nachweisen.

[789] BGH GRUR 2022, 925 Rn. 24 f. – Webshop Awards.

- Art. 19 der Richtlinie 2004/39/EG des Europäischen Parlaments und des Rates vom 21.4.2004 über Märkte für Finanzinstrumente wurde durch Art. 1 des Finanzmarktrichtline-Umsetzungsgesetz umgesetzt.
- Art. 31 und 43 der Richtlinie 92/49/EWG des Rates vom 18.6.1992 zur Koordinierung der Rechts- und Verwaltungsvorschriften für die Direktversicherung (mit Ausnahme der Lebensversicherung) (3. Richtlinie Schadenversicherung). Die Umsetzung ist in Teil D der Anlage zu § 10a VAG erfolgt.
- Art. 5, 7 und 8 der Richtlinie 2003/71/EG des Europäischen Parlaments und des Rates vom 4.11.2003 betreffend den Prospekt, der beim öffentlichen Angebot von Wertpapieren oder bei deren Zulassung zum Handel zu veröffentlichen ist. Die Umsetzung ist durch die § 5 bis 8, 12 und 15 des Gesetzes über die Erstellung, Billigung und Veröffentlichung des Prospekts, deren öffentlichen Angebot von Wertpapieren oder bei der Zulassung von Wertpapieren zum Handel an einen organisierten Markt zu veröffentlichen ist (Wertpapierprospektgesetz-WpPG) umgesetzt worden.

Checkliste für die Prüfung einer Irreführung durch Unterlassen: 418

- ☐ Ist eine Tatsache verschwiegen worden?
- ☐ Handelt es sich um eine geschäftliche Handlung gegenüber Verbrauchern?
- ☐ Benötigt der Verbraucher die Informationen, um eine informierte geschäftliche Entscheidung zu treffen?
- ☐ Ist das Vorenthalten der Information geeignet, den Verbraucher zu einer geschäftlichen Entscheidung zu veranlassen, die er andernfalls nicht getroffen hätte?
- ☐ Handelt es sich um eine wesentliche Information?
- ☐ Gibt es Beschränkungen des Kommunikationsmittels?
- ☐ Hat der Unternehmer Maßnahmen ergriffen, um dem Verbraucher die Informationen auf andere Weise zur Verfügung zu stellen?
- ☐ Wird gegebenenfalls der kommerzielle Zweck einer geschäftlichen Handlung im Sinne des § 5a Abs. 4 UWG entweder aus den Umständen hinreichend deutlich oder aber ausdrücklich kenntlich gemacht?
- ☐ Sind alle Informationen rechtzeitig, klar, verständlich und in eindeutiger Weise bereitgestellt worden?
- ☐ Sofern Waren oder Dienstleistungen unter Hinweis auf deren Merkmale und den Preis so angeboten, dass ein durchschnittlicher Verbraucher das Geschäft abschließen kann, sind die in § 5b Abs. 1 Nr. 1 bis 6 UWG genannten Informationen angegeben?
- ☐ Sofern Rankings im Sinne des § 5b Abs. 2 UWG angegeben werden, sind die Hauptparameter zur Festlegung des Rankings und deren relative Gewichtung angegeben?
- ☐ Sofern Verbraucherbewertungen im Sinne des § 5b Abs. 3 UWG zugänglich gemacht werden, sind Informationen darüber angegeben, ob und wie sichergestellt wurde, dass die Bewertungen tatsächlich von Verbrauchern stammen, die die Waren oder Dienstleistungen genutzt oder erworben haben?
- ☐ Ergeben sich eventuell aus unionsrechtlichen Verordnungen oder Rechtsvorschriften zur Umsetzung unionsrechtlicher Richtlinien im Sinne des § 5b Abs. 4 UWG Informationspflichten?

IX. Antragstellung

Auch bei einem Verfahren um eine irreführende Werbung muss der Klageantrag gemäß § 253 Abs. 2 Nr. 2 ZPO so deutlich gefasst sein, dass der **Streitgegenstand** und der **Umfang der Prüfung- und Entscheidungsbefugnis des Gerichts** klar umrissen sind, sich der Beklagte deshalb erschöpfend verteidigen kann und im Ergebnis nicht dem Vollstreckungsgericht die Entscheidung darüber überlassen bleibt, was dem Beklagten verboten ist.[790] 419

Dies wird in der Regel durch einen Antrag erreicht, der die **konkrete Verletzungshandlung** zum Inhalt hat, also zB die konkret gerügte Werbeaussage in wörtlicher Rede wiedergibt oder eine konkrete Anzeige unmittelbar abbildet. Der Antrag lautet dann wie folgt: 420

[790] BGH GRUR 1999, 1017 – Kontrollnummernbeseitigung; 1998, 489 (491) – Unbestimmter Unterlassungsantrag III.

Formulierungsvorschlag:

421 … es zu unterlassen, im geschäftlichen Verkehr zu Wettbewerbszwecken mit der Aussage „Mobiltelefon für EUR 0,–" zu werben

Alternative:

… es zu unterlassen, im geschäftlichen Verkehr zu Wettbewerbszwecken Mobiltelefone wie folgt: (Abbildung der konkret gerügten Anzeige) zu bewerben.

422 Bei einem Unterlassungsantrag, der durch Formulierungen wie „für Lebensmittel wie nachfolgend abgebildet zu werben" auf das Verbot der konkreten Verletzungsform abzielt, stellen weitere in den Antrag aufgenommene, die konkrete Verletzungsform beschreibende Merkmale grundsätzlich eine unschädliche Überbestimmung dar.[791]

423 Zu unbestimmt ist hingegen ein Antrag, der lediglich den Gesetzeswortlaut wiederholt und dem Verletzer untersagt, „irreführend zu werben".[792] Bei der Formulierung von Unterlassungsanträgen im Bereich der irreführenden Werbung ist außerdem zu beachten, dass Klageanträge, die **auslegungsbedürftige Formulierungen** wie „eindeutig", „angemessen" oder „unübersehbar" enthalten, in der Regel unbestimmt und damit unzulässig sind.[793] Unschädlich ist es jedoch, wenn bei einem Unterlassungsantrag, der sich ausschließlich gegen eine konkrete Verletzungsform wendet, zusätzlich gesetzeswiederholende oder auslegungsbedürftige Begriffe aufgenommen werden.[794]

424 Zu unbestimmt ist auch ein Antrag, der eine bestimmte Werbeaussage nicht schlechthin untersagt, sondern nur für den Fall, dass ein bestimmter unzutreffender Eindruck entsteht, wenn nicht gleichzeitig angegeben wird, unter welchen konkreten Umständen der angeblich unzutreffende Eindruck entsteht.[795] Unzulässig ist deshalb der Antrag, die Behauptung zu unterlassen, „Ford-Vertragspartner zu sein, wenn dadurch der Eindruck erweckt wird, Ford-Vertragshändler zu sein".

Praxistipp:

Insbesondere bei Verfahren wegen irreführender Werbung ist es häufig sinnvoll, über die konkrete Verletzungsform hinaus bei der Fassung des Antrages abstrahierend, verallgemeinernd, auf den charakteristischen Kern der Verletzungshandlung abzustellen.[796] Dem liegt die Erwägung zugrunde, dass eine in bestimmter Form begangene Verletzungshandlung nicht nur die Wiederholung der genau identischen Verletzungsform vermuten lässt, sondern auch eine Vermutung für die Begehung zwar leicht abgewandelter, aber in ihrem Kern gleicher Handlungen begründet.

425 Wenn in einer Eröffnungswerbung für einen Lebensmittelmarkt Clementinen beworben werden und am Tage der Geschäftseröffnung nicht zur Verfügung stehen, so wäre der auf die konkrete Verletzungshandlung bezogene Antrag wie folgt zu fassen:

Formulierungsvorschlag:

426 … es zu unterlassen, im geschäftlichen Verkehr zu Wettbewerbszwecken wie folgt zu werben: „S. Clementinen Kl. II 1000 g = 2,–
2 kg – Tragetasche 3,99."

[791] BGH GRUR 2011, 934 (935) – Original Kanchipur; 340, 342 – Irische Butter.
[792] BGH GRUR 1995, 832 ff. – Verbraucherservice.
[793] BGH GRUR 1999, 1017 – Kontrollnummernbeseitigung; 1991, 254 (265) – Unbestimmter Unterlassungsantrag I; Melullis Rn. 317 f.
[794] OLG Köln 14.2.2014 – 6 U 120/13 – 50 De-Mails inklusive.
[795] BGH GRUR 2011, 1050 (1051) – Ford-Vertragspartner.
[796] BGH GRUR 1992, 858 (860) – Clementinen.

Eine noch hinreichend auf den charakteristischen Kern der Verletzungshandlung abstellende Antragsfassung könnte auch lauten:

Formulierungsvorschlag:
… es zu unterlassen, im geschäftlichen Verkehr zu Wettbewerbszwecken für Obst und Gemüse mit der Nennung von bestimmten Angeboten zu werben. 427

Zu weit gefasst wäre hingegen der Antrag:

Formulierungsvorschlag:
… es zu unterlassen, im geschäftlichen Verkehr zu Wettbewerbszwecken für Lebensmittel mit der Nennung von bestimmten Angeboten zu werben. 428

Aus dem Nichtvorhandensein von Clementinen kann zwar auf eine bestehende Wiederholungsgefahr auch hinsichtlich der gesamten Warengruppe „Obst und Gemüse“ geschlossen werden. Es kann jedoch nicht die Vermutung abgeleitet werden, dass der Werbende hinsichtlich sämtlicher anderer Waren und in allen Warenbereichen und Abteilungen seines Unternehmens mangelhaft disponieren und insoweit irreführend werben werde.[797] Die Werbung mit einer unzutreffenden Leistungsangabe bei einem Mikrowellen-Gerät rechtfertigt ein Unterlassungsgebot in auf „Haushaltsgeräte“ verallgemeinertem Umfang, nicht aber in auf „Haushaltsgeräte und Geräte der Unterhaltungselektronik“ verallgemeinertem Umfang.[798] 429

Praxistipp:
Bei der Antragsformulierung muss nicht berücksichtigt werden, dass die untersagte Werbeaussage unter anderen Voraussetzungen oder bei Verwendung von einschränkenden Zusätzen nicht mehr irreführend und damit wettbewerbsrechtlich unbedenklich sein könnte. Es ist Aufgabe des Verurteilten, gegebenenfalls im Vollstreckungsverfahren darzulegen und zu beweisen, dass im konkreten Fall durch die Verwendung von einschränkenden Zusätzen eine Verletzung nicht vorliegt oder andere Umstände vorliegen.[799]

Wenn der Antragsteller aber zu Klarstellungszwecken einschränkende Zusätze in den Antrag aufnimmt, wie zB: 430

Formulierungsvorschlag:
… es zu unterlassen, im geschäftlichen Verkehr zu Wettbewerbszwecken …, sofern die angesprochenen Verkehrskreise bei Werbung und Vertrieb dieser Ware nicht zugleich unmissverständlich und unübersehbar bzw. unüberhörbar darauf hingewiesen werden, dass …,

so führt die Verwendung auslegungsbedürftiger Formulierungen nicht dazu, dass der Antrag insgesamt als zu unbestimmt anzusehen ist.[800] Eine weitere Präzisierung der Klarstellung würde ebenfalls dazu führen, dass der Verletzte dem Verletzer aufzeigen müsste, wie er wettbewerbskonform zu werben hat. Es ist jedoch Sache des Verletzers, einen Weg zu finden, wie das als irre- 431

797 BGH GRUR 1992, 858 (860) – Clementinen.
798 OLG Stuttgart GRUR-RR 2005, 93 (94) – Haushaltsgeräte.
799 BGH GRUR 1992, 525 (526) – Professorenwerbung in der Arztwerbung II.
800 BGH GRUR 1999, 1017 – Kontrollnummernbeseitigung; vgl. auch BGH 1977, 933 (934) – EP.

führend beanstandete Verhalten in Zukunft durch Aufklärung des Verbrauchers vermieden wird.[801]

432 Außerhalb dieser, der Klarstellung dienenden „sofern"-Halbsätze führen auslegungsbedürftige Formulierungen in der Regel aber zur Unbestimmtheit des Antrages.

X. Beweisfragen

433 Auch im Rahmen der irreführenden Werbung gelten die **allgemeinen Grundsätze** zur Verteilung der Darlegungs- und Beweislast. Danach hat der Kläger die rechtsbegründenden Tatsachen zu behaupten und zu beweisen. Er muss folglich sowohl die tatsächliche Verkehrsauffassung, die Tatsache, dass die gerügte Werbeaussage dieser Verkehrsauffassung nicht entspricht, die wettbewerbliche Relevanz dieser Diskrepanz sowie ggf. die Tatsache, dass tatsächlich in der behaupteten Weise geworben wurde, darlegen und beweisen.[802] Das gilt auch für eine Spitzenstellungswerbung.[803] Behauptet der Kläger, dass die vorgetragenen Tatsachen eine Indizwirkung haben, so hat er auch diese Indizwirkung selbst zu beweisen.[804]

434 Allerdings gibt es zu diesem Grundsatz **Erleichterungen** und **Ausnahmen.** Nach Art. 6 der Richtlinie zur Angleichung der Rechts- und Verwaltungsvorschriften über irreführende Werbung (84/450/EWG)[805] muss das Gericht die Möglichkeit haben, „vom Werbenden Beweis" für die Richtigkeit von in der Werbung enthaltenen Tatsachenbehauptungen zu verlangen, wenn ein solches Verlangen unter Berücksichtigung der berechtigten Interessen des Werbenden und anderer Verfahrensbeteiligter im Hinblick auf die Umstände des Einzelfalls angemessen erscheint.

435 Bei Tatsachen, die in den Verantwortungsbereich des Beklagten fallen, obliegt diesem nach dem Gebot redlicher Prozessführung gemäß § 242 BGB eine **prozessuale Erklärungspflicht.** Dies betrifft insbesondere Fragen aus dem **betriebsinternen Bereich,** über die sich der Beklagte ohne größeren Aufwand erklären kann, während der – außerhalb des Geschehens stehende – Kläger sich dazu nicht oder nur unter größten Erschwerungen und Risiken erklären könnte. Unter diesen Umständen widerspräche es Treu und Glauben, wenn der Kläger den letzten Rest an Zweifel hinsichtlich seiner Behauptungen ausräumen müsste, ohne dass der Beklagte verpflichtet würde, insoweit – erleichtert – die ihm unschwer möglichen tatsächlichen Angaben zu machen.[806] Dabei genügt der Werbende im Eilverfahren seiner Glaubhaftmachungslast nicht, wenn er lediglich die Richtigkeit der Angabe an Eides statt versichert. Er muss konkret darlegen, aus welchen Zahlen sich beispielsweise die behauptete Alleinstellung ableitet und wie diese Zahlen ermittelt wurden.[807] Werden etwa in einem Produktkatalog Tatsachen unter Berufung auf „unbestätigte Meldungen" berichtet, die ein Produkt gegenüber Konkurrenzprodukten besonders herausstellen, muss der Werbende im Prozess dartun, auf welche konkret zu belegenden Hinweise sich diese Behauptungen stützen.[808] Wendet sich ein Unternehmer dagegen, dass ein von ihm an einen bestimmten Kunden gerichtetes Angebot für einen Preisvergleich verwendet wird, trägt er jedenfalls im Bereich standardisierter Dienstleistungen, wie zum Beispiel Factoring ärztlicher Honorarforderungen, grundsätzlich die Darlegungs- und Beweislast dafür, dass der für ihn im Preisvergleich genannte Preis nicht sein in entsprechenden Fällen regelmäßig verlangter Preis ist.[809]

436 Es ist allerdings nicht ausreichend, dass der Kläger lediglich einen Verdacht äußert. Er hat grundsätzlich alle für eine Irreführung sprechenden Tatsachen darzulegen und unter Beweis zu stellen.[810] Es besteht **keine allgemeine Auskunftspflicht** des Verletzers dahin, dem Verletzten die Grundlage für ein Vorgehen gegen ihn überhaupt erst zu schaffen.[811]

437 Kommt der Beklagte seiner Erklärungspflicht nicht nach, kann das Gericht das Klagevorbringen nach § 138 Abs. 3 ZPO als zugestanden ansehen[812] oder das Verhalten des Beklagten im

[801] BGH GRUR 1999, 1017 (1018) – Kontrollnummernbeseitigung; 1994, 126 – Folgeverträge I.
[802] OLG Hamburg 3.2.2021 – 3 U 136/20; BGH GRUR 1991, 848 (849) – Rheumalind II; Gloy/Helm § 54 Rn. 1 ff.
[803] BGH GRUR 2015, 186 Rn. 10 – Wir zahlen Höchstpreise.
[804] BGH GRUR 2014, 578 Rn. 16 – Umweltengel für Tragetasche.
[805] ABl. 1984 L 250, 17 = GRUR Int. 1984, 688 ff.
[806] BGH GRUR 1993, 980 (983) – Tariflohnunterschreitung.
[807] OLG Frankfurt a. M. GRUR-RR 2022, 236, 238 – Die meistverkaufte Matratze.
[808] BGH GRUR 2003, 800 (803) – Schachcomputerkatalog.
[809] BGH GRUR 2013, 1058 Rn. 22 – Kostenvergleich bei Honorarfactoring.
[810] BGH GRUR 1978, 54 (55) – Preisauskunft.
[811] Köhler/Bornkamm/Feddersen/Köhler UWG § 12 Rn. 2.91.
[812] BGH GRUR 1978, 249 (250) – Kreditvermittlung.

Wege der freien Beweiswürdigung gemäß § 286 ZPO als einen Umstand werten, der für die Irreführungsbehauptung des Klägers spricht.[813]

438 Im Bereich der irreführenden Werbung kommen diese Grundsätze insbesondere bei der **Alleinstellungswerbung** zum Tragen. In diesen Fällen wird man häufig annehmen können, dass es dem Werbenden sehr viel leichter fallen dürfte, seine eigenen sowie die geschäftlichen Verhältnisse der Mitbewerber, die er in seine Werbung mit einbezogen hat, darzulegen.[814] Bezieht sich die Alleinstellungswerbung auf die Preisgestaltung des Werbenden, dann ist es allerdings dem Kläger zuzumuten, den Sachverhalt durch eigene Testverkäufe oder Anfragen selbst aufzuklären.[815]

439 Auch wenn der Werbende mit einer **fachlich umstrittenen Meinung** wirbt, ohne die Gegenmeinung zu erwähnen, übernimmt er dadurch, dass er eine bestimmte Aussage trifft, die Verantwortung für ihre Richtigkeit, die er im Streitfall dann auch beweisen muss.[816]

440 Für die Behauptung, dass eine Werbung mit einer bestehenden unverbindlichen Preisempfehlung des Herstellers im Hinblick auf die Marktverhältnisse zur Irreführung geeignet ist, trägt der Kläger die volle Darlegungs- und Beweislast. Da der Kläger die Marktverhältnisse ebenso ermitteln kann, wie der Werbende, kommen Darlegungs- und Beweiserleichterungen nicht in Betracht.[817] Auch tatsächliche Umstände, die gegen eine **geschäftliche Relevanz** des als Irreführung beanstandeten Verhaltens im Sinne des § 5 Abs. 1 S. 1 UWG sprechen, liegen in der Darlegungs- und Beweislast der auf Unterlassung in Anspruch genommenen Partei.[818]

441 Spezielle Regelungen zu Beweisfragen enthält auch **§ 5 Abs. 5 UWG.** Danach wird vermutet, dass es irreführend ist, mit der Herabsetzung eines Preises zu werben, sofern der Preis nur für eine unangemessen kurze Zeit gefordert worden ist. Ist streitig, ob und in welchem Zeitraum, der vor der Ankündigung der Preissenkung geltende Preis gefordert worden ist, trifft die Beweislast den Werbenden.

442 **Nr. 5 des Anhangs zu § 3 Abs. 3 UWG** regelt die Werbung für nicht ausreichend bevorratete Waren. In diesen Fällen besteht die widerlegliche Vermutung, dass ein angemessener Warenvorrat dann nicht gegeben ist, wenn er nicht die Nachfrage von zwei Tagen deckt.

443 Die tatsächliche **Verkehrsauffassung** wurde in der Vergangenheit häufig durch Sachverständigengutachten und Verkehrsbefragungen empirisch ermittelt, sofern das Gericht nicht selbst auf Grund eigener Sachkunde und Erfahrung hinreichend zuverlässig beurteilen konnte, welcher Aussagegehalt der beanstandeten Werbung zukam.[819] Nach der Rechtsprechung des EuGH ist nur noch in Ausnahmefällen ein Sachverständigengutachten einzuholen oder eine Verbraucherbefragung in Auftrag zu geben. In der Regel haben die nationalen Gerichte aus eigener Anschauung festzustellen, ob eine Werbeaussage irreführend ist. Nur bei Vorliegen besonderer Umstände kann das Gericht ein Sachverständigengutachten einholen oder eine Verbraucherbefragung in Auftrag geben, um beurteilen zu können, ob eine Werbeaussage irreführend sein kann.[820]

XI. Bußgeldtatbestände (§ 19 UWG iVm § 5c Abs. 1 UWG)

444 Die Verhängung von Bußgeldern in Fällen irreführender Werbung war bislang im deutschen Recht nicht vorgesehen. Das hat sich mit dem neu eingefügten **§ 19 UWG** in Verbindung mit **§ 5c UWG** geändert.[821] Danach handelt ordnungswidrig, wer vorsätzlich oder fahrlässig entgegen § 5c Abs. 1 UWG Verbraucherinteressen verletzt. Nach dieser neu eingefügten Regelung des **§ 5c Abs. 1 UWG** wird der Grundsatz aufgestellt, dass die Verletzung von Verbraucherinteressen durch unlautere geschäftliche Handlungen verboten ist, wenn es sich entweder um einen **weitverbreiteten Verstoß** gemäß Art. 3 Nr. 3 der Verordnung (EU) 2017/2394 oder sogar um einen **weitverbreiteten Verstoß mit Unions-Dimension** gemäß Art. 3 Nr. 4 der Verordnung handelt.[822] Ein

[813] BGH GRUR 1978, 249 (250) – Kreditvermittlung.
[814] BGH GRUR 1983, 779 (780 f.) – Schuhmarkt; GRUR 1985, 140 (142) – Größtes Teppichhaus der Welt.
[815] BGH GRUR 2015, 186 Rn. 10 – Wir zahlen Höchstpreise.
[816] BGH GRUR 1991, 848 (849) – Rheumalind II mwN; OLG Köln GRUR 2000, 154 ff. – Anti-Cellulitis-Werbung.
[817] BGH GRUR 2004, 246 (247) – Mondpreise?.
[818] BGH GRUR 2021, 1422 – Irreführende geschäftliche Handlung einer Rechtsanwältin – Vorstandsabteilung.
[819] BGH GRUR 1992, 406 (407) – Beschädigte Verpackung; 1992, 874 (875) – Hyanit.
[820] EuGH WRP 2000, 289 (292) – Lifting-Creme; 1998, 848 (850) – Sechs-Korn-Eier; BGH GRUR 2003, 247 (248) – THERMAL BAD.
[821] Neu eingefügt durch das Gesetz zur Stärkung des Verbraucherschutzes im Wettbewerbs- und Gewerberecht vom 10. August 2021.
[822] Neu eingefügt durch das Gesetz zur Stärkung des Verbraucherschutzes im Wettbewerbs- und Gewerberecht vom 10. August 2021.

weit verbreiteter Verstoß liegt vor, wenn zumindest drei Mitgliedstaaten betroffen sind. Ein weitverbreiteter Verstoß mit Unions-Dimension liegt vor, wenn mindestens 2/3 der Mitgliedstaaten betroffen sind, die zusammen mindestens 2/3 der Bevölkerung der Union ausmachen. Sie setzt Art. 3 Nr. 6 der Richtlinie (EU) 2019/2161 um. Es soll sichergestellt werden, dass die Mitgliedstaaten bei der **Verhängung von Sanktionen im Rahmen von koordinierten Durchsetzungsmaßnahmen** nach der Verordnung (EU) 2017/2394 bei bestimmten Verstößen gegen die Richtlinie 2005/29/EG auch **Geldbußen** verhängen können. Das Ziel ist eine **europaweit einheitliche und damit effektivere Verbraucherrechtsdurchsetzung.**[823] §§ 5c Abs. 2 Nr. 1 und Nr. 3 UWG stellen klar, dass auch die Tatbestände der schwarzen Liste gemäß Anhang zu § 3 Abs. 3 UWG sowie irreführende geschäftliche Handlungen nach § 5 Abs. 1 UWG oder § 5a Abs. 1 UWG eine Verletzung von Verbraucherinteressen durch unlautere geschäftliche Handlungen im Sinne des § 5c Abs. 1 UWG sind.

445 **Gemäß § 5c Abs. 3 UWG** wird der Anwendungsbereich der Vorschrift ausgedehnt auf solche Fälle, in denen das **nationale Recht eines anderen Mitgliedstaats der Europäischen Union** anwendbar ist und nach dem Recht dieses Staates eine Vorschrift verletzt wird, die der jeweiligen deutschen Vorschrift entspricht. Dadurch soll sichergestellt werden, dass auch grenzüberschreitende Verstöße von in der Bundesrepublik Deutschland ansässigen Unternehmen gegen Vorschriften anderer Mitgliedstaaten mit einer Geldbuße belegt werden können.[824]

XII. Strafbare Werbung (§ 16 UWG)

446 Ergänzt wird § 5 UWG des Weiteren durch den **Straftatbestand** des **§ 16 Abs. 1 UWG.** Diese Vorschrift erfasst nach wie vor nur irreführende Werbung und nicht wie § 5 UWG irreführende Angaben über geschäftliche Handlungen. Da es sich um einen Straftatbestand handelt, wird man dies, sofern man ein gesetzgeberisches Versehen annimmt, auch nicht durch eine richtlinienkonforme Auslegung ausgleichen können. Der subjektive Tatbestand erfordert Vorsatz sowie die Absicht, den Anschein eines besonders günstigen Angebots durch unwahre Angaben hervorzurufen.[825] Hinzukommen muss, dass die Werbung in öffentlichen Bekanntmachungen oder in Mitteilungen, die für einen größeren Kreis von Personen bestimmt sind, veröffentlicht wurde. Da in der Praxis in der Regel vorrangig Wert auf eine schnelle Erlangung eines Unterlassungstitels gelegt wird, hat dieser Straftatbestand bislang keine mit § 5 UWG vergleichbare praktische Bedeutung erlangt.

[823] BT-Drs. 19/27873, 37.
[824] BT-Drs. 19/27873, 38.
[825] Begründung der Bundesregierung zum Entwurf eines Gesetzes gegen den unlauteren Wettbewerb, BT-Drs. 15/1487, 26; BGH WRP 2002, 1432 ff. – Strafbare Werbung für Kaffeefahrten.

§ 21 Tarnung des kommerziellen Zwecks geschäftlicher Handlungen (§ 5a Abs. 4 UWG)

Übersicht

I. Einleitung

1. Verfassungsrechtliche Spannungslage

Das Verbot der Tarnung von Werbemaßnahmen liegt in einer verfassungsrechtlichen Spannungslage zwischen den Interessen der Werbeadressaten und den Interessen der Werbenden. Verkürzt gesprochen geht es bei dem Verbot getarnter Werbung darum, den das gesamte Wettbewerbsrecht beherrschenden **Wahrheitsgrundsatz**[1] mit den wirtschaftlichen Interessen und der grundsätzlichen Freiheit der Informationswirtschaft in Einklang zu bringen. Bei der Auslegung und Anwendung der verschiedenen gesetzlichen Grundlagen ist zu beachten, dass diese zwar dem Schutz des Grundrechts der Werbeadressaten aus Art. 2 Abs. 1 GG dienen, ihre Anwendung aber auch in die Grundrechte der Werbenden aus Art. 5 Abs. 1 GG, Art. 12 Abs. 1 GG und sogar Art. 5 Abs. 3 GG eingreifen kann. Dies beruht auf der folgenden Überlegung: 1

Damit sachbezogene Werbung erfolgreich sein kann, muss sie vom Adressaten beachtet, ernst genommen und vor allem geglaubt werden. Kommt sie in ihrem typischen Gewand daher, versteht der Adressat die Werbung regelmäßig als einseitige Äußerung des Werbenden und wird ihr entsprechend kritisch gegenüberstehen. Daher liegt es durchaus nahe, die Werbung zu verschleiern, insbesondere in redaktionelle Form zu verpacken, um so am **Vertrauensvorsprung** des Adressaten zu partizipieren. Auf Seiten des Umworbenen jedoch greift der nicht kenntlich gemachte kommerzielle Zweck der geschäftlichen Handlung in unzulässiger Weise in seine Persönlichkeitssphäre ein: Er erkennt nicht, dass es sich um bloße Werbung handelt, so dass auch 2

[1] BGH GRUR 1995, 744 (748) – Feuer, Eis & Dynamit I; Ohly/Sosnitza/Sosnitza UWG § 5a Rn. 89 mwN.

seine Entscheidung, welche Bedeutung und Beachtung er den präsentierten Angaben beimessen möchte, regelmäßig auf einer falschen Grundlage basiert.[2]

3 Andererseits ist das große und nicht von vornherein unlautere Interesse der Werbeindustrie an einer **suggestiven Darstellung** zu bedenken: Werbung muss fesseln und überreden dürfen, wobei auch sachfremde Elemente – wie etwa Übertreibung – unerlässlich sein können.[3] Das Interesse der Werbewirtschaft an derartiger Werbung ist offensichtlich. Problematisch wird die Situation, wenn die Grenze zur Verschleierung überschritten wird.

4 Diese Situation ist bei der Auslegung und Anwendung der gesetzlichen Regelungen zu beachten, welche keine übermäßige Beschränkung der Meinungs- und Pressefreiheit bewirken dürfen, obschon die Vorschriften als allgemeine Gesetze gem. Art. 5 Abs. 2 GG und damit als Schranke in Betracht kommen.[4] Sodann ist zu berücksichtigen, dass die Kunstfreiheit gem. Art. 5 Abs. 3 GG grundsätzlich schrankenlos gewährleistet ist. Diese verfassungsrechtlichen Ausgangspositionen sind angemessen in die Bewertung des Einzelfalls einzustellen.

2. Gesetzliche Ausprägungen

5 Das ursprünglich aus § 1 UWG 1909 abgeleitete Verbot getarnter Werbung ist in den UWG-Reformen 2004 und 2008 zunächst in § 4 Nr. 3 UWG 2004 und in Anhang Nr. 11 zu § 3 Abs. 3 UWG 2008 kodifiziert und mit der Reform 2015 dogmatisch sauber in den Vorschriften zur Irreführung durch Unterlassen verortet worden. Es entspricht seitdem weit genauer den Vorgaben aus Art. 7 Abs. 2 Alt. 2 UGP-Richtlinie.[5] Mit dem Gesetz zur Stärkung des Verbraucherschutzes im Wettbewerbs- und Gewerberecht[6] setzte der deutsche Gesetzgeber die Richtlinie (EU) 2019/2161,[7] deren Ziel insbesondere eine effektivere Sanktionierung von Verstößen gegen Verbraucherrechte ist,[8] in das nationale Recht um. Das Gesetz beinhaltet nun Klarstellungen zum Anwendungsbereich des UWG, die insbesondere die Abgrenzung von privater Meinungsäußerung und kommerzieller Kommunikation im Internet betreffen.[9] Darüber hinaus wird eine Klarstellung im Hinblick auf die Kennzeichnungspflicht im Internet beim Influencer-Marketing getroffen.[10] Neben den Tatbeständen des UWG ist das Verbot, den kommerziellen Zweck einer Handlung nicht kenntlich zu machen, in einer Reihe weiterer Vorschriften enthalten.

6 **a) Gesetz gegen den unlauteren Wettbewerb. § 5a Abs. 4 S. 1 UWG** enthält einen eigenständigen Spezialtatbestand der Irreführung durch Unterlassen.[11]

7 Alle Maßnahmen, die unmittelbar oder mittelbar der Absatzförderung dienen, einschließlich der Aufmerksamkeitswerbung und der Produktplatzierung, fallen hierunter,[12] was also nicht mehr nur die Verschleierung des Werbecharakters einer Maßnahme, sondern die **Nichtkenntlichmachung des kommerziellen Zwecks** insgesamt erfasst.[13]

8 Werden im Verhältnis **Unternehmer zu Verbraucher** (B2C) redaktionelle Inhalte in Medien – Printmedien, Hörfunk, Fernsehen und Telemedien – zu Zwecken der Verkaufsförderung eingesetzt, liegt ein Fall von Anhang I Nr. 11 der UGP-Richtlinie vor, welche **als Information getarnte Werbung** deshalb als lex specialis für unzulässig erklärt.[14] Diese Vorschrift wurde im **Anhang**

---

[2] Vgl. BGH GRUR 1995, 744 (747) – Feuer, Eis & Dynamit I.

[3] Henning-Bodewig GRUR Int 1991, 858 (859); Fezer/Büscher/Obergfell/Hoeren UWG § 5a Rn. 215.

[4] Vgl. BVerfG NJW 2005, 3201 mwN – Trennung von redaktionellen Beiträgen und Werbung in Zeitungen; BVerfG NJW 2003, 277 (278) – Zulässigkeit von Anwalts-Ranglisten – Juve-Handbuch; die journalistische Freiheit kann durchaus beträchtlich sein, vgl. etwa die Konstellation im Fall AnyDVD, BVerfG GRUR-Prax 2012, 91 [mAnm Arnold].

[5] Richtlinie 2005/29/EG des Europäischen Parlaments und des Rates vom 11.5.2005 über unlautere Geschäftspraktiken, ABl. L 149/22 v. 11.6.2005; geschichtlicher Abriss bei HK-UWG/Hasselblatt § 5a Rn. 203–207 mwN; zur Anbindung an die Vorgaben der UGP-Richtlinie Hetmank GRUR 2015, 323 (330).

[6] Gesetz vom 10.8.2021, BGBl. 2021 I Nr. 53, S. 3504.

[7] Richtlinie (EU) 2019/2161 des Europäischen Parlaments und des Rates vom 27.11.2019 zur Änderung der Richtlinie 93/13 EWG des Rates und der Richtlinien 98/6/EG, 2005/29/EG und 2011/83/EU des Europäischen Parlaments und des Rates zur besseren Durchsetzung und Modernisierung der Verbraucherschutzvorschriften der Union, ABl. L 328 vom 18.12.2019, die bis zu dem 28.11.2021 von den Mitgliedstaaten umzusetzen war.

[8] Erwägungsgründe 3 ff. Richtlinie (EU) 2019/2161.

[9] Vgl. BT-Drs. 19/27873, 2.

[10] Vgl. BT-Drs. 19/27873, 2.

[11] Zu §§ 5, 5a UWG allgemein siehe oben Ahrens in → § 20.

[12] BGH GRUR 2011, 163 (165) – Flappe (Tz. 18) mwN.

[13] John WRP 2011, 1357 (1360).

[14] Eingehend Ruhl/Bohner WRP 2011, 375.

Nr. 11 zu § 3 Abs. 3 UWG („Black List")[15] umgesetzt. Die Vorschrift setzt weiter voraus, dass diese redaktionellen Inhalte vom Unternehmer finanziert werden und der Werbecharakter des redaktionellen Inhalts nicht eindeutig erkennbar ist. Lässt sich der Nachweis einer Bezahlung nicht führen, so ist zwar Nr. 11 nicht anwendbar, es bleibt aber der Weg über § 5a Abs. 4 S. 1 UWG. Ist der Werbebeitrag eindeutig erkennbar, liegt weder ein Verstoß gegen Nr. 11 noch ein Verstoß gegen § 5a Abs. 4 S. 1 UWG vor, weil dann keine falsche Vorstellung beim Adressaten auftreten kann.

Auch ist § 5a Abs. 4 S. 1 UWG dem Wortlaut zufolge im Verhältnis **Unternehmer zu sonstigen Marktteilnehmern** anzuwenden. Noch in der Vorgängerregelung des § 5a Abs. 6 UWG waren die sonstigen Marktteilnehmer nicht ausdrücklich im Wortlaut der Vorschrift enthalten. Es war daher ungeklärt, ob im Verhältnis **Unternehmer zu Unternehmer** (B2B) eine analoge Anwendung des § 5a Abs. 6 UWG aF oder der allgemeinen Vorschriften der §§ 5a Abs. 1, 3 Abs. 1 UWG geboten war. Dieser dogmatisch geprägte Streit hat sich mit der Neufassung des § 5a Abs. 4 S. 1 UWG erübrigt. Denn nach der Legaldefinition des § 1 Abs. 1 Nr. 3 UWG sind Marktteilnehmer neben Mitbewerbern und Verbrauchern jede weitere Person, die als Anbieter oder Nachfrager von Waren oder Dienstleistungen tätig ist. Mitbewerber ist gemäß § 1 Abs. 1 Nr. 4 UWG jeder Unternehmer, der mit einem oder mehreren Unternehmern als Anbieter oder Nachfrager von Waren oder Dienstleistungen in einem konkreten Wettbewerbsverhältnis steht. Im Verhältnis B2B kommt es somit darauf an, ob ein konkretes Wettbewerbsverhältnis herrscht. Der BGH stellt „im Interesse eines wirksamen lauterkeitsrechtlichen Individualschutzes grundsätzlich keine hohen Anforderungen".[16] Es ist für die Annahme eines konkreten Wettbewerbsverhältnisses daher ausreichend, wenn eine Wechselwirkung zwischen der eigenen Wettbewerbsförderung einerseits und der fremden Wettbewerbsbeeinträchtigung andererseits besteht und die angebotenen Waren oder Dienstleistungen einen wettbewerblichen Bezug zueinander haben.[17] 9

Selbstverständlich sind auch die übrigen Vorschriften des UWG zu berücksichtigen, wie nämlich **§ 3a UWG** – der insbesondere im Zusammenhang mit den unter b)–c) genannten Vorschriften, die Marktverhaltensregelungen darstellen, Wirkung entfalten kann[18] – und **§ 5 UWG**, welcher dann eingreifen kann, wenn die Werbung nicht nur getarnt, sondern auch irreführend ist, weil sie unwahre Angaben enthält.[19] Die Vorgaben von Art. 7 Abs. 2 UGP-Richtlinie werden im Rahmen richtlinienkonformer Auslegung berücksichtigt.[20] 10

b) Pressegesetze. Die Landespressegesetze regeln einen Ausschnitt der denkbaren getarnten Werbung, nämlich die redaktionelle Werbung, und schreiben zwingend die Trennung redaktioneller Inhalte von Werbung vor (**Trennungsgebot**) sowie die Pflicht zur Kennzeichnung von Veröffentlichungen, für die ein Entgelt erhalten wurde (**Kennzeichnungspflicht**).[21] Es handelt sich bei der Kennzeichnungspflicht um eine Marktverhaltensregel nach § 3a UWG.[22] Das Trennungsgebot dient der Abwehr von Eingriffen in die Unabhängigkeit der Medien und schützt das Vertrauen der Adressaten in die ungehinderte Erfüllung der publizistischen Aufgabe und trägt der entsprechenden Verbraucher- bzw. Lesererwartung Rechnung.[23] Jedenfalls § 5a Abs. 4 S. 1 UWG ist weiter als die Landespressegesetze, und greift in den Fällen getarnter Werbung unabhängig davon ein, ob ein Entgelt bezahlt wird, ob die Werbung als solche zu erkennen ist und ob die Zuwiderhandlung in der periodischen Presse erfolgt. Dieses anfangs rein presserechtliche Gebot wurde 11

[15] Der Anhang wurde neu gefasst mWv 28.5.2022 durch das Gesetz v. 10.8.2021 (BGBl. I S. 3504). Dabei wurde Anhang Nr. 11a zu § 3 Abs. 3 UWG neu eingefügt, wonach Unternehmen offenlegen müssen, wenn ein Ranking bei Suchergebnissen bezahlte Werbung enthält oder Zahlungen das Ranking beeinflussen; → Rn. 59.

[16] BGH GRUR 2021, 497 Rn. 15 – Zweitmarkt für Lebensversicherungen.

[17] BGH GRUR 2021, 497 Rn. 15 – Zweitmarkt für Lebensversicherungen.

[18] Es gibt auch Verhaltenskodizes, wie zum Beispiel den FSA-Kodex der Arzneimittelindustrie, die getarnte Werbung explizit verbieten; diese Kodizes haben keinen Gesetzesrang: vgl. BGH GRUR 2011, 431 (432) – FSA-Kodex (Tz. 11).

[19] BGH NJW 2012, 1449 (1452) – Banchenbuch Berg Tz. 28; wohl aA Henning-Bodewig GRUR Int 2004, 183 (191 f.); iÜ ausführlich zur Lehre vom Rechtsbruch Dittert in → § 14 und zum Verbot irreführender geschäftlicher Handlungen Ahrens in → § 20.

[20] BGH GRUR 2016, 403 (405) – Fressnapf (Tz. 23), Köhler/Bornkamm/Feddersen/Köhler UWG § 5a Rn. 7.6.

[21] BVerfG WRP 2003, 69 (71) – Zulässigkeit von Anwalts-Ranglisten – Juve-Handbuch; zu den Landesgesetzen vgl. § 10 PresseG Baden-Württemberg, § 9 Bayerisches Pressegesetz; § 9 Berliner PresseG, § 11 Brandenburger PresseG, § 10 Bremer PresseG, § 10 Hamburgisches PresseG, § 8 Hessisches PresseG, § 9 PresseG Mecklenburg-Vorpommern, § 10 Niedersächsisches PresseG, § 10 PresseG Nordrhein-Westfalen, § 10 PresseG Rheinland-Pfalz, § 10 Saarländisches PresseG, § 9 Sächsisches PresseG, § 9 PresseG Sachsen-Anhalt, § 10 PresseG Schleswig-Holstein, § 10 Thüringisches PresseG.

[22] BeckOK UWG/Niebel/Kerl UWG § 3a Rn. 106.

[23] Vgl. OLG München WRP 2010, 431; OLG Hamburg GRUR-RR 2006, 15 (16).

von der Rechtsprechung erweitert, zunächst auf das Fernsehen[24] und später auf Kinofilme;[25] schließlich wurde es für den Bereich der elektronischen Medien ebenfalls ausdrücklich normiert, indem getarnte Werbung als **„Schleichwerbung"** verboten wurde.[26] Die presserechtlichen Regelungen sind mit der UGP-Richtlinie unter besonderen Umständen vereinbar.[27] Zwar gilt es zu beachten, dass die UGP-Richtlinie abschließend ist, sodass die Mitgliedstaaten keine weiteren (absoluten) Tatbestände schaffen dürfen, so können nationale PresseG aber anwendbar sein, wenn der Anwendungsbereich der UGP-Richtlinie nicht eröffnet ist.[28] Eine derartige Sichtweise schmälert die faktische Anwendbarkeit der nationalen PresseG indes nicht, da eine, den Anwendungsbereich der UGP-Richtlinie eröffnende „Geschäftspraktik" iSd Art. 2 lit. b UGP-Richtlinie, nur vorliegt, wenn eine Handlung gegeben ist, die unmittelbar mit der Absatzförderung und dem Verkauf von Produkten und Dienstleistungen des Gewerbetreibenden zusammenhängt.[29] Demzufolge wird die Koexistenz der UGP-Richtlinie und der nationalen PresseG dadurch gerechtfertigt, wenn Presseverleger Beiträge veröffentlichen, die für Waren und Dienstleistungen Dritter werben.[30]

12 **c) Medienstaatsvertrag, Telemediengesetz, Unionsrecht.** Ähnliche Regelungen finden sich für den Rundfunk- und Telemedienbereich. Der Staatsvertrag zur Modernisierung der Medienordnung in Deutschland (Medienstaatsvertrag, kurz: MStV) ist seit dem 7.11.2020 in Kraft und löste den seit 1991 und bis dahin geltenden Rundfunkstaatsvertrag (RStV) ab. Nachdem der RStV aufgrund der stetigen Fortentwicklung der Medien eine Vielzahl von Überarbeitungen und Änderungen durchlief,[31] wurde mit dem MStV eine Rechtsgrundlage geschaffen, die der voranschreitenden Technisierung im Bereich der Medien effektiver zu begegnen vermag.[32] Die Vorschriften des RStV hatten ihre Basis in der **Richtlinie 2010/13/EU** über audiovisuelle Mediendienste (**AVMD-Richtlinie**).[33] Nachdem diese RL durch die RL 2018/1808/EU inhaltliche Änderungen erfuhr, erfolgte deren Umsetzung im Rahmen der Ablösung des RStV durch den MStV.[34] Die Durchführung der §§ 8–10, 70, 71 und 74 MStV wird geregelt durch die **Werbesatzung** (WerbeS). **§§ 8–14 MStV** regeln das Gebot klarer Erkennbarkeit von Werbung und Teleshopping, das Verbot der unterschwelligen Werbung, die Ausgestaltung von Dauerwerbesendungen und virtueller Werbung, sowie das Verbot von Schleichwerbung und entsprechenden Praktiken.[35] **§ 6 Abs. 1, 2 TMG** bestimmt, dass kommerzielle Kommunikation im Sinne von Art. 6 der **Richtlinie 2000/31/EG** über den elektronischen Geschäftsverkehr als solche klar erkennbar sein muss. Dies erfasst auch Dienste wie Twitter, YouTube, Facebook und Instagram.[36]

13 **d) Bürgerliches Gesetzbuch.** Verträge, die unlauteren Wettbewerb zum Gegenstand haben, sind als solche nicht schon deshalb in der Regel nach **§ 134 BGB** nichtig. Jedoch ist § 134 BGB durchaus als Verbotsgesetz anzusehen, soweit Verträge über Schleichwerbung durch redaktionell aufgemachte Werbefilme[37] oder Product-Placement[38] betroffen sind und damit eine Verpflichtung zur Begehung unlauteren Wettbewerbs eingegangen wird.[39] Ein Vertrag über bezahlte redaktionelle Werbung soll selbst dann vorliegen und gem. § 134 BGB nichtig sein, wenn das Presseorgan dem Werbenden nur veröffentlichte Fotografien, nicht aber den Textbeitrag selbst berechnet.[40] Da beiden Parteien ein Verstoß gegen das gesetzliche Verbot zur Last fällt, scheidet ein Bereiche-

[24] Vgl. BGH GRUR 1990, 611 – Werbung im Programm.

[25] Vgl. BGH GRUR 1995, 744 – Feuer, Eis & Dynamit I.

[26] Vgl. für den Bereich der Medien § 8 Abs. 7 MStV; für den Bereich der Telemediendienste § 6 Abs. 1 Nr. 1 TMG; zum Presserecht auch Sajuntz/Wiggenhorn in → § 28.

[27] EuGH GRUR 2013, 1245 – GOOD NEWS; siehe auch Demuth WRP 2014, 35.

[28] EuGH GRUR 2013, 1245 – GOOD NEWS Tz. 50.

[29] EuGH GRUR 2013, 1245 – GOOD NEWS Tz. 36.

[30] Schoene GRUR-Prax 2013, 469.

[31] Ausf. zur Entwicklungsgeschichte des RStV: BeckOK InfoMedienR/Martini MStV Präambel Rn. 29 ff., § 1 Rn. 1.

[32] Vgl. BeckOK InfoMedienR/Martini MStV § 1 Rn. 2, so berücksichtigt der MStV etwa neu etablierte Mediendienste wie Medienplattformen und Benutzeroberflächen (§§ 78 ff.) oder Video-Sharing-Dienste (§§ 97 ff.).

[33] ABl. L 95/1 v. 15.4.2010; iÜ ausführlich zum Rundfunkrecht Helling in → § 29.

[34] Köhler/Bornkamm/Feddersen/Köhler Einl Rn. 3.53.

[35] So bereits in der Vorgängerregelung die §§ 7–10 RStV.

[36] Holznagel in: Spindler/Schuster § 6 RStV Rn. 41; Mallik/Weller WRP 2018, 155 (156); Schonhofen/Detmering WRP 2018, 1171 (1172).

[37] OLG München AfP 1995, 655 = BeckRS 1994, 31166012.

[38] OLG München NJW-RR 2006, 768.

[39] BGH GRUR 1998, 945 (947) – Co-Verlagsvereinbarung mwN.

[40] OLG Düsseldorf GRUR-RR 2008, 108 (mit Gründen in BeckRS 2007, 1661).

rungsanspruch gem. **§ 817 S. 2 BGB** aus.[41] Handelt es sich indes um Folgeverträge unlauteren geschäftlichen Handeln, ist die automatische Konsequenz des § 134 BGB nicht geboten.[42]

Praxistipp:

Die Nichtigkeit des Vertrages ist eine drastische Konsequenz. Jedenfalls für den Bereiche Sponsoring, Produkt- und Themenplatzierung hat bereits der 13. Rundfunkänderungsstaatsvertrag gewisse Liberalisierungen im Bereich audiovisueller Mediendienste geschaffen, soweit **Kinofilme, Filme und Serien, Sportsendungen und Sendungen der leichten Unterhaltung betroffen sind** oder **kein Entgelt** geleistet wird. Das setzt sich auch im MStV so fort.

e) **Sonstige Regelungen.** Das Trennungsgebot findet Niederschlag auch in den Richtlinien des Zentralverbandes der deutschen Werbewirtschaft (**ZAW**) für redaktionell gestaltete Anzeigen[43] sowie in den Richtlinien der **Verlegerorganisationen** für redaktionelle Hinweise in Zeitungen und Zeitschriften.[44] Sowohl **ARD** und **ZDF** als auch die Direktorenkonferenz der Landesmedienanstalten – **DLM** – haben Fernsehwerberichtlinien erlassen, die die Werbung, die Durchführung der Trennung von Werbung und Programm und das Sponsoring im Fernsehen und im Hörfunk näher bestimmen.[45] Bei diesen Richtlinien handelt es sich um „Standesrecht", nicht jedoch um gesetzliche Vorschriften im Sinne von § 3a UWG. Ihnen kommt zur Auslegung von § 5a Abs. 4 S. 1 UWG nur indizielle Bedeutung zu. 14

f) **Verhältnis der Regelungen zueinander.** Die Vorschriften der Black List sind vorrangig. Zu § 3a UWG und § 5 UWG besteht Anspruchskonkurrenz,[46] ebenso zu den Vorschriften des Presse-, Rundfunk- und Medienrechts.[47] § 5a Abs. 1, 2 und 3 Abs. 1 UWG sind nachrangige Auffangtatbestände. 15

II. Tatbestand

Tatbestandlich handelt, wer den kommerziellen Zweck einer geschäftlichen Handlung nicht kenntlich macht und dies geschäftliche Relevanz hat. Damit wird schon klar, dass § 5a Abs. 4 S. 1 UWG kein Unterfall oder „Regelbeispiel" des Vorenthaltens wesentlicher Information nach § 5a Abs. 1 UWG ist, sondern einen **eigenständigen Tatbestand** der Unlauterkeit darstellt.[48] 16

Die **geschäftliche Handlung** ist in § 2 Abs. 1 Nr. 2 UWG legaldefiniert, und nach Auffassung des BGH[49] weiter als der Begriff der „Geschäftspraktiken" in Art. 2 lit. d) UGP-Richtlinie. Unter der geschäftlichen Handlung iSd § 2 Abs. 1 Nr. 2 UWG ist jedes Verhalten einer Person zu verstehen, das zugunsten des eigenen oder eines fremden Unternehmens erfolgt und mit der Förderung des Absatzes oder des Bezugs von Waren oder Dienstleistungen oder mit dem Abschluss oder der Durchführung eines Vertrags über Waren oder Dienstleistungen unmittelbar und objektiv zusammenhängt. Hierbei kommt es nicht auf den Erhalt eines Entgelts an, sodass etwa bei unentgeltlich abgegebenen Empfehlungen von Influencern zu berücksichtigen ist, ob diese in einem 17

[41] OLG München AfP 1995, 655 = BeckRS 1994, 31166012.

[42] EuGH GRUR 2012, 639 (641) – Pereničová u. Perenič/SOS (Tz. 44 f.).

[43] Abrufbar unter: http://www.vdz.de/fileadmin/vdz/upload/print-digital/Regelwerke/37_ZAW_Richtlinien_redaktionell_gestalteter_Anzeigen.pdf (zuletzt am 11.1.2022), abgedruckt in der Fassung vom Januar 2003 bei Baumbach/Hefermehl 23. Aufl. Anh. III Nr. 20.

[44] Abrufbar unter: file:///C:/Users/LOC241~1/Temp/-/37_Richtlinie_fuer_redaktionelle_Hinweise-1.pdf (zuletzt am 11.1.2022).

[45] Die ZDF-RL vom 12.3.2010 ist abrufbar unter: https://www.zdf-werbefernsehen.de/fileadmin/user_upload/zdfwerb/pdf/sonstiges/richtlinien_werbung_und_sponsoring_20100312.pdf (zuletzt am 11.1.2022); die Richtlinien der DLM finden sich unter: https://www.die-medienanstalten.de/service/rechtsgrundlagen/richtlinien (zuletzt am 11.1.2022); Engels/Giebel ZUM 2000, 265.

[46] FBO/Peifer/Obergfell § 5 Rn. 36 mit Verweis auf: BGHZ 106, 101 (103) = GRUR 1989, 440 – Dresdner Stollen I; BGH GRUR 1992, 69 (71).

[47] EuGH GRUR 2013, 1245 (1246) – GOOD NEWS (Tz. 41) zum Presserecht mit dem Argument, dass Veröffentlichungen des Verlegers keine Geschäftspraktik im Sinne der UGP-Richtlinie seien; dieses Argument kann auf Rundfunk- und Mediendienste ausgedehnt werden.

[48] BT-Drs. 18/6571, 15; Köhler/Bornkamm/Feddersen/Köhler UWG § 5a Rn. 7.10; zu § 5a UWG allgemein siehe Ahrens in → § 20.

[49] BGH GRUR 2014, 879 (880) – GOOD NEWS II (Tz. 13).

unmittelbaren und objektiven Zusammenhang zum Absatz von Produkten oder Dienstleistungen stehen.[50] Der **kommerzielle Zweck** wird seit dem Inkrafttreten des Gesetzes zur Stärkung des Verbraucherschutzes im Wettbewerbs- und Gewerberecht[51] am 28.5.2022 in § 5a Abs. 4 S. 2 UWG präzisiert.[52] Der hierbei gewählten Negativformulierung zufolge liegt **bei Handlung zugunsten eines fremden Unternehmers ein kommerzieller Zweck nicht** vor, wenn der Handelnde kein Entgelt oder keine ähnliche Gegenleistung erhält oder sich versprechen lässt. Die Begrifflichkeit der „ähnlichen Gegenleistung" beinhaltet unter anderem Provisionen, zugesandte Produkte, Pressereisen, Stellung von Ausrüstung oder Kostenübernahmen.[53] Die Gegenleistung hat nicht unmittelbar zu erfolgen und kann auch nur vorübergehender Natur sein, wobei die bloße Steigerung der eigenen Bekanntheit oder die Hoffnung auf eine Gegenleistung nicht ausreichend ist.[54] Die Gegenleistung muss von dem Unternehmer veranlasst werden, werden Dritte mit der Erbringung der Leistung beauftragt – etwa Agenturen – wird dies zugerechnet.[55] Der ebenfalls neu eingefügte § 5a Abs. 4 S. 3 UWG beinhaltet eine gesetzliche Vermutung des Erhalts oder Versprechens einer Gegenleistung, sodass die Beweislast hier beim Handelnden liegt. Für die Entkräftung der Vermutung genügt die **Glaubhaftmachung** (§ 294 Abs. 1 ZPO), keine Gegenleistung erhalten oder versprochen bekommen zu haben.[56]

Praxistipp:

Eine Glaubhaftmachung kann erfolgen durch Vorlage einer Quittung über den Verkauf des Produktes oder durch Bestätigung des Unternehmens, dass keine Gegenleistung für die Äußerung erbracht wurde. Taugliches Mittel der Glaubhaftmachung ist auch eine eidesstattliche Versicherung des Handelnden.[57]

18 Die Vermutungsregel entfällt, wenn eine Glaubhaftmachung erfolgt; der Kläger trägt dann – nach den allgemeinen Grundsätzen – die Darlegungs- und Beweislast für das Vorliegen einer Gegenleistung.[58] All dies findet keine Anwendung auf die Frage, ob eine Förderung des eigenen Unternehmens gegeben ist.[59] Der kommerzielle Zweck ist **nicht kenntlich gemacht,** wenn das äußere Erscheinungsbild für den angesprochenen Verkehrskreis nicht klar und eindeutig auf eine geschäftliche Handlung schließen lässt.[60] Das erklärt die gesetzliche Einschränkung, dass die Kenntlichmachung nicht ausdrücklich erfolgen muss, sondern es ausreicht, wenn sie sich unmittelbar aus den Umständen ergibt. Die **geschäftliche Relevanz** liegt vor, wenn die Nichtkenntlichmachung geeignet ist, eine geschäftliche Entscheidung des Verbrauchers zu veranlassen, die er andernfalls nicht getroffen hätte. In Übereinstimmung mit Art. 7 Abs. 2 UGP-Richtlinie ist es nicht erforderlich, dass es sich um eine spürbare Beeinträchtigung der Interessen der Verbraucher handelt.[61] Der in § 2 Abs. 1 Nr. 1 UWG sowie Art. 2 lit. k UGP-Richtlinie legaldefinierte Begriff der geschäftlichen Entscheidung erfasst auch dem Vertragsschluss vorgelagerte Entscheidungen, sofern diese damit unmittelbar zusammenhängen.[62]

Praxistipp:

Weder UWG 2015 noch UWG 2022 sollen gegenüber der bisherigen Rechtslage inhaltliche Änderungen bewirken. Das bedeutet, dass die zur alten Rechtslage entwickelten Fallgruppen und Lösungsansätze anwendbar bleiben.

---

[50] BT-Drs. 19/27873, 35.
[51] BGBl. 2021 I, 3504.
[52] Köhler/Bornkamm/Feddersen/Köhler UWG § 5a Rn. 2.1; BT-Drs. 19/27873, 34 f.
[53] BT-Drs. 19/27873, 34.
[54] BT-Drs. 19/27873, 34.
[55] BT-Drs. 19/27873, 34.
[56] Näheres in der Amtl. Begr.: BT-Drs. 19/27873, 35.
[57] BT-Drs. 19/27873, 35.
[58] BT-Drs. 19/27873, 35.
[59] BT-Drs. 19/27873, 35.
[60] Noch zu § 4 Nr. 3 UWG: BGH GRUR 2012, 184 (186) – Branchenbuch Berg (Tz. 25, 26); BGH GRUR 2013, 644 (646) – Preisrätselgewinnauslobung V (Tz. 15).
[61] Köhler/Bornkamm/Feddersen/Köhler UWG § 5a Rn. 7.28.
[62] Köhler/Bornkamm/Feddersen/Köhler UWG § 5a Rn. 7.28.

III. Werbung in redaktioneller Form

1. Formen

Die Werbung in redaktioneller Form ist die praktisch bedeutsamste Fallgruppe und kommt nicht nur in Printmedien, sondern in allen Medienformen und Lebensbereichen in bunter Vielfalt vor. 19

a) **Printmedien.** Für die Vermischung von Werbung und redaktionellem Teil bietet sich zunächst in den **Printmedien** eine ganze Reihe von Möglichkeiten: 20

aa) Vortäuschen redaktioneller Beiträge gegen Entgelt. Möglich ist zunächst, dass der Beworbene eine von ihm entworfene Werbung dem Verleger gegen Entgelt zur Veröffentlichung übergibt, der Verleger die Werbung dann aber in eine solche äußere Form bringt, dass sie vom Leser für einen redaktionellen Beitrag gehalten wird. Es handelt sich um das **Vortäuschen redaktioneller Beiträge,** die in Wahrheit entgeltliche Anzeigen sind. Dieser Fall der entgeltlichen, als Information getarnten Werbung ist ohne Rücksicht auf die wettbewerbliche Relevanz stets unlauter nach Anhang Nr. 11 zu § 3 Abs. 3 UWG. 21

Ein Beitrag hat einen **redaktionellen Inhalt,** wenn er seiner Gestaltung nach als objektive neutrale Berichterstattung durch das Medienunternehmen selbst erscheint.[63] Eine **bezahlte Anzeige** liegt unproblematisch vor, wenn eine finanzielle Gegenleistung des Beworbenen an den Verleger fließt. Der Begriff der **Finanzierung** ist weit auszulegen, um Gesetzesumgehungen vorzubeugen.[64] Daher stellt es auch eine „Bezahlung" dar, wenn der Unternehmer für eine redaktionelle Sonderveröffentlichung, in der er beworben wird, Anzeigenkunden für den Verleger akquiriert bzw. selbst einen Anzeigenauftrag erteilt oder verspricht und damit die Sonderveröffentlichung erst finanziell ermöglicht.[65] Allgemein fällt unter Bezahlung jede Gegenleistung, sei es in Geld, sei es in Form von Waren oder Dienstleistungen oder sonstigen Vermögenswerten.[66] Dies bestätigt auch die auf den Vorlagebeschluss des BGH[67] ergangene Entscheidung des EuGH zur Bestimmung der Terminologie der Finanzierung iRd Nr. 11 des Anhangs zu § 3 Abs. 3 im Sinne der Nr. 11 Anh. I UGP-RL, welche trotz der dort verwendeten Terminologie „bezahlt", richtlinienkonform auszulegen ist.[68] Demzufolge bedarf es nicht zwingend einer Bezahlung in Geld, sondern es genügen auch sonstige, andere geldwerte Gegenleistungen.[69] 22

Maßgeblich für die Beurteilung, in welchen Fällen ein vorgeblich redaktioneller Beitrag letztlich nur bezahlte Werbung ist, sind im Übrigen die **Gesamtumstände des Einzelfalles.** Dabei darf nicht isoliert auf Einzelaspekte abgestellt werden, vielmehr sind die einzelnen Beurteilungselemente stets in ihrem Gesamtzusammenhang zu betrachten.[70] Die folgenden Kriterien sind in diese Gesamtschau einzubeziehen und sprechen für die Bejahung eines vorgetäuschten redaktionellen Beitrags: 23

- **Gestaltungelemente,** wie Bild, Graphik, Schriftart und Schriftgrad sowie das Layout sind mit dem redaktionellen Teil identisch, ähnlich oder der Beitrag ist in einer Schriftart abgefasst, die regelmäßig im redaktionellen Teil vergleichbarer Publikationen verwendet wird;
- trotz Abweichungen in der Gestaltung der Werbung gegenüber dem redaktionellen Teil kann ein vorgetäuschter redaktioneller Beitrag bejaht werden, wenn die **Anordnung** des Artikels von dieser unterschiedlichen Gestaltung ablenkt (zB Arrangement zwischen zwei Fotos, so dass Unterschiede zum redaktionellen Teil weniger auffallen), oder die Publikation in eine Rubrik aufgenommen wird, in der nicht mit bezahlter Werbung zu rechnen ist (Beispiel: „Fortbildung");[71]

---

[63] Köhler/Bornkamm/Feddersen/Köhler Nr. 11 Anh zu § 3 III Rn. 11.2; BGH WRP 2014, 1058 Rn. 24 – GOOD NEWS II.

[64] OLG Düsseldorf WRP 2011, 1085 (1087).

[65] OLG Düsseldorf WRP 2011, 1085 (1087/1088); OLG Hamburg AfP 1998, 406 (407).

[66] Köhler/Bornkamm/Feddersen/Köhler Nr. 11 Anh zu § 3 III Rn. 11.4.

[67] BGH GRUR 2020, 997 – GRAZIA StyleNights.

[68] Köhler/Bornkamm/Feddersen/Köhler Nr. 11 Anh zu § 3 III Rn. 11.4.

[69] EuGH GRUR 2021, 1312 – P&C Düsseldorf/P&C Hamburg (Tz. 41), in dem konkreten Fall wurde eine geldwerte Gegenleistung angenommen, da kostenlos Nutzungsrechte an geschützten Bildern zur Verfügung gestellt wurden.

[70] BGH GRUR 2011, 163 – Flappe; OLG München ZUM-RD 1998, 543.

[71] Vgl. Dieners Rn. 91 mwN.

- **Irrelevant** ist grundsätzlich der **Inhalt** der Werbung: Dem Vorwurf eines vorgetäuschten redaktionellen Beitrags kann der Verleger nicht dadurch entgehen, dass er die Firma oder die Marke des Werbenden nennt, vielmehr trägt dies zumeist zu der Annahme verschleierter Werbung bei; eine Ausnahme gilt allenfalls dann, wenn die Überschrift oder das sich daraus ergebende Thema der Veröffentlichung eindeutig über den werblichen Charakter aufklären.[72] Erschließt sich der werbliche Charakter des Textes hingegen erst durch dessen Studium, handelt es sich um Schleichwerbung, weil der Leser animiert wurde, den Beitrag zu lesen.[73]
- Hinsichtlich des **Maßstabs**, ob deutlich wird, dass es sich um Werbung handelt, stellt die Rechtsprechung auf ein **„situationsadäquates" Ausmaß an Aufmerksamkeit**[74] ab. In Verbindung mit einer genauen Bestimmung des angesprochenen Verkehrskreises sind so sehr differenzierte Abstufungen möglich. So wird allgemein von dem Erfahrungssatz ausgegangen, dass Leser einer Publikation, die sie willentlich und bewusst zum Zwecke des Lesens erworben haben, einen höheren Grad an Aufmerksamkeit schenken, als solchen Publikationen, die sie kostenlos erhalten, ohne vorher eine gewisse Neigung zur Lektüre offenbart zu haben.[75] Ferner ist die Aufmerksamkeit des Lesers von Texten bei denen es um den Erwerb von Gegenständen des täglichen Bedarfs geht grundsätzlich niedriger, ebenso bei Werbebeilagen.[76]

24 Der Eindruck eines redaktionellen Beitrages kann nur dadurch ausgeschlossen werden, dass die Veröffentlichung **eindeutig als Werbung gekennzeichnet** wird. Entsprechend bestimmen die Landespressegesetze im Hinblick auf periodische Druckwerke – also für Zeitungen, Zeitschriften und andere in ständiger, wenn auch unregelmäßiger Folge und im Abstand von nicht mehr als sechs Monaten erscheinende Druckwerke[77] – durchgängig, dass Veröffentlichungen, für die der Verleger oder ein anderer Verantwortlicher ein Entgelt erhalten, gefordert oder sich hat versprechen lassen, deutlich mit dem Wort „Anzeige" zu bezeichnen sind.[78]

Praxistipp:

Aber auch außerhalb der periodischen Presse sollten anstelle des Wortes „Anzeige" nur Begriffe verwendet werden, die ebenso eindeutig sind. Generell ist Vorsicht geboten, denn die Annahme, es handele sich um eine unzulässige Umgehung, liegt nahe.

Beispiele:
Hinreichend kennzeichnend sind die Begriffe „Werbung", „Werbe-Information"[79] oder auch der Begriff „Sonderveröffentlichung", sofern der Name des Werbenden hinzugesetzt wird („Sonderveröffentlichung der Volkswagen AG").[80] Für nicht ausreichend wurden gehalten „geschäftliche Informationen"[81] oder „Wirtschaftsanzeigen-public-relations",[82] auch „PR-Anzeige",[83] „PR-Artikel",[84] „PR-Mitteilung",[85] „Promotion"[86] oder „sponsored by".[87]

---

72 OLG München ZUM-RD 1998, 543 (545).
73 OLG Köln AfP 1971, 74.
74 Vgl. OLG Stuttgart BeckRS 2007, 16532; LG Berlin BeckRS 2007, 13393 = AfP 2007, 263; noch zum alten Recht OLG Hamburg GRUR-RR 2004, 46 (47); Ruhl/Bohner WRP 2011, 375 (378) mwN.
75 OLG Köln NJOZ 2007, 1638 (1642).
76 Vgl. BGH GRUR 2000, 619 (621) – Orient-Teppichmuster.
77 Vgl. statt aller § 7 Abs. 4 NRW Pressegesetz; allgemein zum Presserecht Sajuntz/Wiggenhorn in → § 28.
78 Vgl. § 10 NRW PresseG; aus der Rechtsprechung etwa OLG Karlsruhe BeckRS 2015, 11459 – Große Sonderverlosung Tz. 15 f.; LG Ravensburg BeckRS 2015, 12322 – Göttliche Beine Tz. 11.
79 Vgl. BGH GRUR 1996, 791 (793) – Editorial II.
80 Vgl. OLG München ZUM-RD 1998, 543 (546); die Bezeichnung „Sonderveröffentlichung" allein ist jedoch kritisch: LG München WRP 2006, 775.
81 Vgl. Löffler/Sedelmeier LPG § 10 Rn. 28.
82 BGH NJW 1974, 1141 (1142) – Wirtschaftsanzeigen-public-relations.
83 Vgl. OLG Düsseldorf AfP 1979, 261 (262); LG Hamburg WRP 1974, 713.
84 LG Oldenburg in ArchPR 1973, 134 (135).
85 LG Saarbrücken in ArchPR 1977, 84.
86 OLG Düsseldorf WRP 2011, 127 = BeckRS 2011, 2342.
87 BGH GRUR 2014, 879 – GOOD NEWS II; siehe dazu auch EuGH GRUR 2013, 1245 – GOOD NEWS und BGH GRUR 2012, 1056 – GOOD NEWS I (Vorlagebeschluss).

Wichtig ist auch, dass der klarstellende Begriff (zB „Anzeige“) eine eindeutige Kennzeichnung des Beitrags als Werbung bewirken muss. Die Kennzeichnung muss deshalb **hinreichend groß** gedruckt werden[88] und außerdem in einem engen räumlichen Zusammenhang mit der entgeltlichen Veröffentlichung stehen.[89] Es besteht eine Wechselwirkung insoweit, als die Kennzeichnung umso deutlicher zu erfolgen hat, je weniger sich der Anzeigencharakter der Veröffentlichung aus ihrer sonstigen Anordnung und Gestaltung ergibt.[90] Das Wort „Anzeige“ hat keine entsprechend kennzeichnende Wirkung mehr, wenn es auf jede Seite gedruckt wird, auch über redaktionell nicht werbende Berichte,[91] weil ihm dann keine klarstellende Wirkung zukommt. Ähnliches gilt, wenn auf einer Seite sowohl eine als solche erkennbare Anzeige und daneben eine redaktionell gestaltete Anzeige abgedruckt sind, und lediglich die ganze Seite mit dem Wort „Anzeigen“ gekennzeichnet ist.[92] An die Kennzeichnung als Werbung sind grundsätzlich hohe Anforderungen zu stellen.[93] 25

Eine sogenannte **„Flappe“**, ein halbseitiges Vorschaltblatt über Titel und Rückseite eines Presseerzeugnisses zu Werbezwecken, kann unter Umständen auch ohne eine solche gesonderte Kennzeichnung bereits auf der Vorderseite auskommen, wenn deren isolierter Inhalt keine **Verkaufsförderung** bewirkt.[94] Anderes gilt bei Rückseiten mit Werbung, die aufgemacht sind wie die redaktionelle Vorderseite einer Zeitschrift. Der Hinweis „Anzeige“ ist wegen der **Klammerwirkung** mit redaktionellem Inhalt besonders deutlich zu halten.[95] 26

Die entsprechenden Vorschriften der **Landespressegesetze** entfalten über § 3a UWG Wirkung, da sie Marktverhaltensregelungen darstellen. Inzwischen ist auch höchstrichterlich geklärt, dass die UGP-Richtlinie den presserechtlichen Vorschriften nicht entgegensteht.[96] 27

Die Landespressegesetze gelten nur für **periodische Druckwerke.** Die Richtlinien des Zentralverbands der Deutschen Werbewirtschaft (ZAW) für redaktionell gestaltete Anzeigen und für die Werbung mit Zeitungs- und Zeitschriftenanalysen beziehen sich auch auf **nicht periodische Druckwerke. Sowohl die Pressegesetze als auch die ZAW-Richtlinien** schreiben die Kennzeichnung einer Werbung mit „Anzeige“ vor, wenn sich deren äußere Gestaltung nicht vom redaktionellen Teil unterscheidet. In diesen ZAW-Richtlinien ist eine gefestigte und befolgte **Standesauffassung** der Presse zu sehen,[97] allerdings keine gesetzliche Vorschrift, sodass der Anwendungsbereich von § 3a UWG nicht eröffnet ist.[98] 28

Redaktionell gestaltete Anzeigen sind nicht nur in entgeltlichen Printmedien unlauter, die ihren redaktionellen Teil an die Leser „verkaufen“. Auch **Printmedien,** die **unentgeltlich** verteilt werden, unterfallen grundsätzlich der **Trennungspflicht.** Das gilt zB für Anzeigenblätter,[99] Kundenzeitschriften[100] und Special-Interest-Zeitschriften,[101] die nicht unmissverständlich auf ihrem Titelblatt als Werbezeitschriften gekennzeichnet sind oder bei denen nicht aus sonstigen Umständen für den Verbraucher erkennbar wird, dass es sich nicht um eine neutrale und unabhängige Berichterstattung handelt.[102] Es ist zu fragen, ob und inwieweit sich die Irreführungsgefahr, der das Verbot redaktioneller Werbung entgegen wirken soll, tatsächlich verwirklicht bzw. verwirklichen kann.[103] Wenn allerdings in solchen Druckwerken auch zwischen redaktionellem Teil 29

[88] Etwa: OLG Schleswig BeckRS 2012, 661; OLG Düsseldorf WRP 2009, 1155 und 1311; LG Frankfurt/Main WRP 2009, 89115; zum alten Recht: BGH GRUR 1996, 791 (792) – Editorial II; OLG Hamburg GRUR-RR 2004, 46 (47); eingehend Ruhl/Bohner WRP 2011, 375 (380).

[89] OLG Hamm WRP 1991, 813 (814); OLG Celle GRUR 1959, 191 (192).

[90] Löffler/Sedelmeier LPG § 10 Rn. 29; vgl. auch OLG München ZUM-RD 1998, 543 (546).

[91] OLG Hamburg ZUM-RD 2000, 168 (171 f.).

[92] OLG Frankfurt WRP 2007, 111 (112); LG Frankfurt WRP 2007, 114; Köhler/Bornkamm/Feddersen/Köhler UWG § 5a Rn. 7.42.

[93] LG Düsseldorf BeckRS 2012, 4893; OLG Stuttgart BeckRS 2007, 16532; LG Stuttgart WRP 2006, 773 (775); LG München WRP 2006, 775 (776).

[94] BGH GRUR 2011, 163 – Flappe.

[95] OLG Hamburg GRUR-RR 2004, 46 – Rexona.

[96] EuGH GRUR 2013, 1245 – GOOD NEWS.

[97] → Rn. 14.

[98] Köhler/Bornkamm/Feddersen/Köhler UWG § 5a Rn. 7.21.

[99] Vgl. OLG Hamburg ZUM-RD 2000, 168 (171); OLG Frankfurt WRP 1985, 37 (38); siehe auch Fezer/Büscher/Obergfell/Hoeren UWG § 5a Rn. 230.

[100] Vgl. zum alten Recht BGH GRUR 1989, 516 (518) – Vermögensberater; vgl. auch BGH GRUR 1996, 791 (792) – Editorial II.

[101] OLG Hamburg GRUR-RR 2006, 15 – TV Digital.

[102] Köhler/Bornkamm/Feddersen/Köhler UWG § 5a Rn. 7.46; OLG Frankfurt BeckRS 2015, 16779.

[103] OLG Naumburg WRP 2010, 1561 (1563).

(informativer Berichterstattung) und Werbung/Anzeigen unterschieden wird, gelten keinerlei Besonderheiten.[104]

30 *bb) Anzeige und gleichzeitige redaktionelle Erwähnung.* Da die Unzulässigkeit entgeltlicher Werbung in redaktionellem Gewand allzu offensichtlich ist, wird vielfach versucht, das System etwas zu verändern: Der Werbende schaltet seine als solche erkennbare **Anzeige** im Printmedium, wird jedoch **gleichzeitig im redaktionellen Teil** auf der Grundlage von Informationen des Werbenden **erwähnt.** Insoweit kann man von **redaktionellen Zugaben**[105] sprechen. Solche Gestaltungen sind nicht von vornherein unlauter, weil in Anzeigen verbreitete Informationen auch von redaktionellem Interesse sein können und teilweise zur sachlichen Unterrichtung des Publikums sogar unverzichtbar sind.[106] Darunter fällt etwa auch die Konstellation, dass eine als solche gekennzeichnete Anzeige im redaktionellen Teil kombiniert wiedergegeben ist.[107] Obschon auch hier in gewisser Weise eine Entgeltlichkeit vorliegt, ist zu beachten, dass **kein Fall der Black List** anzunehmen ist, denn der redaktionelle Teil ist nicht bezahlt worden. Vielmehr ist – wie schon bisher – eine umfassende Abwägung erforderlich.

31 So wird zB der Jahresabschluss einiger Unternehmen nicht nur in Anzeigen veröffentlicht, sondern auch redaktionell besprochen. Ein Kleinstadt-Volksfest ist in einem Lokalblatt sicher trotz Anzeige auch eine redaktionelle Erwähnung wert. Eine entsprechende Berichterstattung kann jedoch auch wettbewerbswidrig sein, obwohl grundsätzlich ein **hinreichender publizistischer Anlass** für die Veröffentlichung bestand. Dies ist beispielsweise der Fall, wenn die Berichterstattung über das durch den Anlass bedingte Maß hinausgeht oder anstatt der erforderlichen sachlichen Information letztlich nur das Unternehmen des Anzeigenkunden pauschal lobend herausstellt. Gleiches gilt, wenn Werbeaussagen des Anzeigenkunden ungeprüft übernommen werden, ohne dass im redaktionellen Bericht zu deren Richtigkeit Stellung bezogen wird.[108]

Praxistipp:

Wird konkret über ein Produkt redaktionell berichtet, sollte man eine Anzeige zudem räumlich getrennt platzieren, zB auf einer anderen Seite. Jedenfalls erforderlich ist eine ausreichende grafische Trennung.

32 *cc) Sonstige redaktionelle Werbung.* Auch ohne Kopplung mit einer Anzeige kann ein redaktioneller Bericht unlauter sein. Hiervon werden die Fälle erfasst, in denen eine Förderung fremden Wettbewerbs durch den redaktionellen Beitrag offensichtlich ist, eine Gegenleistung des Begünstigten aber nicht belegt werden kann. Da bei der Einschätzung einer solchen **redaktionellen Werbung ohne Gegenleistung** die wettbewerbsrechtliche Beurteilung von Presseveröffentlichungen in Rede steht, muss hinsichtlich der Verantwortlichkeit des Verlags jedoch ausdrücklich festgestellt werden, dass dieser **marktbezogen** gehandelt, also sowohl objektiv den Absatz oder Bezug von Waren bzw. Dienstleistungen gefördert hat,[109] um dann in einem **zweiten Schritt** die **Unlauterkeit** dieses Verhaltens zu bestimmen. Allerdings führt diese Zweistufigkeit der wettbewerbsrechtlichen Prüfung regelmäßig nicht dazu, dass die beiden Kriterien unterschiedlich zu beurteilen wären: Vielmehr läuft die Beurteilung der der marktbezogenen geschäftlichen Handlung innewohnenden Absatz-/Bezugsförderung zu Gunsten des Dritten parallel zu der Feststellung der Unlauterkeit. Es ist nur schwierig argumentierbar, dass eine redaktionelle Werbung sowohl objektiv den Absatz/Bezug von Waren bzw. Dienstleistungen fördert, als auch die Grenzen journalistisch zulässiger Berichterstattung einhält.

33 Allerdings muss bei der wettbewerbsrechtlichen Beurteilung redaktioneller Werbung sehr behutsam vorgegangen werden, will man der Presse nicht jede Berichterstattung über geschäftliche

[104] OLG Hamm AfP 2008, 513 = BeckRS 2008, 24006; besonders zur Abgrenzung bei Anzeigenblättern: Lorenz WRP 2008, 1494.
[105] Ohly/Sosnitza/Sosnitza UWG § 5a Rn. 122.
[106] Vgl. Ohly/Sosnitza/Sosnitza UWG § 5a Rn. 106 ff., 139; zu Ratgebersendungen: VG Berlin NVwZ-RR 2008, 243.
[107] OLG Düsseldorf WRP 2010, 1067 = BeckRS 2010, 18580.
[108] Vgl. zum alten Recht BGH GRUR 1998, 489 (493) – Unbestimmter Unterlassungsantrag III.
[109] St. Rspr. des BGH; vgl. zum alten Recht BGH GRUR 1986, 898 (899) – Frank der Tat; BGH GRUR 1997, 912 (913) – Die Besten I; BGH GRUR 1997, 914 (915) – Die Besten II; vgl. auch ausführlich zum marktbezogenen Verhalten Ebert-Weidenfeller in → § 12.

Angelegenheiten unmöglich machen. Es handelt sich stets um **Einzelfallentscheidungen unter Gesamtwürdigung aller berücksichtigungsfähigen – auch verfassungsrechtlichen – Elemente**, so dass sich nur schwer allgemeingültige Kriterien für die Gesamtbeurteilung herausarbeiten lassen.[110] Auch die UGP-Richtlinie hat daran nichts geändert, da sie nur einen speziellen Fall regelt. In der bisherigen Rechtsprechung existiert eine nahezu **unübersehbare Kasuistik.** Liegen jedoch die folgenden **drei Kriterien kumulativ** vor, so ist sowohl eine geschäftliche Handlung als auch dessen Unlauterkeit im Hinblick auf den redaktionellen Beitrag zu bejahen:

- **konkrete Nennung** von Produkten oder Leistungen im redaktionellen Text *und*
- **pauschale „Lobhudelei"** im Hinblick auf ausgewählte Dritte ohne kritische Auseinandersetzung oder ohne fundierte Bewertungskriterien *und*
- **kein publizistischer Anlass.**

Das letztgenannte Kriterium des „publizistischen Anlasses"[111] für den Inhalt des redaktionellen Beitrages bestimmt sich zunächst nach der Ausrichtung des Printmediums: von **Lokalzeitungen** erwarten die Leser Berichte über lokale Ereignisse, die in größerem räumlichem Rahmen von wenig Interesse sein mögen. So ist für eine Lokalzeitung beispielsweise auch die Eröffnung eines Musikgeschäfts durchaus relevant.[112] Dies gilt auch für regelmäßig lokal ausgerichtete **Anzeigenblätter. Special Interest-Zeitschriften** oder Gesundheits-Ratgeber müssen über Produkte und Ereignisse aus ihrem Bereich und Unternehmen, die das der Publikation zu Grunde liegende Interesse befriedigen, berichten können. Alles andere würde bereits der freien verlegerischen Entscheidung über Inhalt und Ausrichtung des Erzeugnisses widersprechen.[113] In einem **„People-Magazin"** müssen grundsätzlich auch „In und Out"-Listen zulässig sein, obwohl dies ohne die konkrete Benennung bestimmter Produkte oftmals nicht möglich ist.[114] Die Grenze der Zulässigkeit bildet hier stets das für eine sachliche Information der Leser notwendige Maß an journalistischer Objektivität. Im Rahmen der Pressefreiheit nach Art. 5 Abs. 1 S. 2 GG steht den Redaktionen allerdings hier ein größerer Beurteilungsspielraum zu. 34

Nachfolgend seien einige **Beispiele** aufgeführt, die helfen, den Rahmen abzustecken, wann kein ernsthaftes Bemühen um eine objektive Berichterstattung mehr erkennbar ist (ja: unlauter; nein: nicht unlauter): 35

ja: Artikel mit anpreisender Aussage, dass mit konkreten Produkten eines Unternehmens gezielt individuelle Figurprobleme angegangen werden können, bei zusätzlicher Abbildung einer jungen Frau mit guter Figur.[115]

ja: wortgleicher Abdruck des Pressetextes des Herstellers eines Produktes, der zusätzlich pauschales Unternehmens- oder Produktlob oder eine überschwängliche Sprache enthält.[116]

ja: lobende, scheinbar objektive Darstellung einer Salbe gegen Sportverletzungen in der „In und Out"-Liste eines „People-Magazin", jedoch ohne die Erwähnung eines vergleichbaren Konkurrenzprodukts und wegen unkritischer Hervorhebung.[117]

ja: Die auf der Rückseite einer (Jugend-)Zeitschrift abgedruckte Werbung optisch ähnlich und verwechselbar mit der Vorderseite der Zeitschrift zu gestalten, dadurch, dass auf der Vorderseite die gleiche Person abgebildet ist wie in der Werbung auf der Rückseite und der Verkehr damit wirkungsvoll vom Vorliegen einer Anzeige abgelenkt wird.[118]

ja: Die werbemäßige Anpreisung eines Unternehmens am Anfang und Ende eines (Hörfunk-) Interviews mit dem Unternehmensinhaber unter ausdrücklicher Aufforderung, das Unternehmen zu besuchen;[119] lediglich anpreisende Information ohne genügende kritische Distanz, selbst bei in gewisser Weise bestehendem publizistischem Anlass in Presseartikeln.[120]

---

[110] BGH GRUR 1997, 541 (543) Produkt-Interview; Löffler/Sedelmeier LPG § 10 Rn. 55 ff.; Ohly/Sosnitza/Sosnitza UWG § 5a Rn. 138 ff.; Köhler/Bornkamm/Feddersen/Köhler UWG § 5a Rn. 7.54.

[111] Im Lichte der Pressefreiheit ist eine weite Auslegung des „publizistischen Anlasses" geboten, vgl. OLG Hamburg WRP 1984, 628 (629).

[112] Vgl. KG GRUR 1987, 718 (719).

[113] Zu Special Interest: OLG Hamburg GRUR-RR 2006, 15 – TV Digital; zu Gesundheits-Ratgebern: LG München BeckRS 2008, 7079; zur redaktionellen Werbung in Büchern allgemein: HK-UWG/Hasselblatt § 5a Abs. 6 Rn. 268.

[114] Vgl. OLG München NJW-RR 2001, 1549 (1550).

[115] Vgl. BGH GRUR 1997, 139 (140) – Orangenhaut.

[116] Vgl. BGH GRUR 1993, 565 – Faltenglätter; BGH GRUR 1998, 481 (482) – Auto '94.

[117] Vgl. OLG München NJW-RR 2001, 1549 (1550).

[118] Noch zum alten Recht: OLG Hamburg GRUR-RR 2004, 46 – Rexona.

[119] Vgl. KG GRUR-RR 2005, 320.

[120] OLG Köln NJOZ 2005, 4313.

ja: überspitzt satirische Abwertung des Konsumverhaltens der Käufer von Konkurrenzprodukten auf einer für diese Zwecke eingerichteten Website eines Autoherstellers, weil die blogähnliche Aufmachung und die verwendeten sprachlichen Stilmittel den Werbecharakter verschleierten und auf redaktionelle Meinungsäußerung hindeuteten.[121]

nein: „Flappe" zu einem Druckwerk, die auf der Vorderseite nicht als Werbung gekennzeichnet ist, wenn der werbende Gehalt erst auf und im Zusammenhang mit der zureichend gekennzeichneten Rückseite erkennbar ist.[122]

nein: Bericht über ein die Allgemeinheit interessierendes Thema ohne konkrete Nennung von Unternehmen oder Produkten, zB eine Sonderveröffentlichung über die Situation auf dem Ausbildungsmarkt in der Region ohne Nennung konkreter Unternehmen, auch wenn potentielle Ausbilder in der Sonderveröffentlichung inserieren.[123]

nein: Bericht über erhebliche Preissenkungen trotz namentlicher Nennung verschiedener Geschäfte, wenn es auf Grund der Vorweihnachtszeit für einen Bericht über Preissenkungen ein publizistisches Interesse gibt, keines der konkret angeführten Geschäfte oder Produkte mit Preisen hervorgehoben ist, die Auflistung der konkreten Geschäfte sowie der Produkte mit Preisen für die Anschaulichkeit des Beitrages erforderlich ist und außerdem die Vielzahl der Angaben dazu führt, dass sich die Werbewirkung der einzelnen Angabe verliert.[124]

nein: Bericht in einer Lokalzeitung über die Eröffnung eines Musikgeschäftes, wenn der Beitrag verhältnismäßig kurz, unauffällig und sachlich ist, selbst wenn an anderer Stelle in der Lokalzeitung eine Eröffnungsanzeige des Musikgeschäftes erscheint.[125]

36 *dd) Redaktionelle Preisauslobungen.* Etwas großzügiger ist die Rechtsprechung zu Recht bei der Beurteilung von **Preisauslobungen** im redaktionellen Teil.[126] Die Grundsätze, die der BGH zur Wettbewerbswidrigkeit redaktioneller Werbung aufgestellt hat, gelten somit nicht per se für redaktionelle Preisauslobungen.[127] Denn anders als bei üblichen Meldungen einer Zeitung oder Zeitschrift erwartet der Leser bei Preisrätseln „spielerische Unterhaltung und Gewinnchancen" sowie eine attraktive Präsentation der Gewinne.[128] Die Grenze zur verdeckten redaktionellen Werbung wird nach Auffassung des BGH überschritten, wenn das ausgelobte Erzeugnis sowohl optisch als auch nach dem Inhalt der begleitenden Aussage in einer Weise in den Mittelpunkt der Aufmerksamkeit gerückt und lobend herausgestellt wird, dass sich beim Leser der Eindruck aufdrängt, hier sei ein Produkt von außerordentlicher Qualität in einem vermeintlich objektiven Auswahlverfahren ausgesucht worden.[129] Erforderlich ist hierbei, dass es für den Leser sofort – auf den ersten Blick – und ohne jede Zweifel erkennbar ist, dass die Aussage der Bewerbung des Produktes dient und nicht von der Redaktion verantwortet wurde.[130] In diesem Fall drängt sich nämlich die Annahme auf, dass der Leser unabhängig von der Lösung des Preisrätsels versuchen würde, das angegebenen Produkt im Handel zu erwerben.[131] Die Preisauslobung im Presseerzeugnis ist nur dann unlauter, wenn sie mit einer Werbeanzeige „verwechselt" werden kann, also der Bereich der **Eigenwerbung** zugunsten der **Fremdwerbung** für die ausgelobte Sache und deren Hersteller verlassen wird.[132] Zurückhaltende Darstellungen der ausgelobten Preise sind zulässig. Ist der Preis vom Hersteller oder Händler kostenlos zur Verfügung gestellt worden, muss darauf explizit hingewiesen werden, sonst ist die Preisauslobung aus diesem Grund zu beanstanden.[133]

---

[121] OLG Köln NJW 2014, 795 – Pflicht zum Anzeigenhinweis bei satirischer Autowerbung im Internet.
[122] BGH GRUR 2011, 163 – Flappe.
[123] Vgl. BGH GRUR 1998, 947 (949) – AZUBI '94.
[124] Vgl. OLG Hamburg AfP 1997, 806 (808).
[125] Vgl. KG GRUR 1987, 718 (719).
[126] Vgl. auch Ohly/Sosnitza/Sosnitza UWG § 5a Rn. 120 mwN.
[127] BGH GRUR 1996, 804 (806) – Preisrätselgewinnauslobung III; BGH GRUR 1994, 821 (822) – Preisrätselgewinnauslobung I.
[128] BGH GRUR 1996, 804 (806) – Preisrätselgewinnauslobung III; BGH GRUR 1994, 821 (822) – Preisrätselgewinnauslobung I.
[129] BGH GRUR 1994, 821 (822) – Preisrätselgewinnauslobung I = NJW 1994, 2953; BGH GRUR 1994, 823 (824) – Preisrätselgewinnauslobung II; BGH NJW 1996, 3278 – Preisrätselgewinnauslobung IV; LG Freiburg BeckRS 2011, 23782.
[130] BGH GRUR 2013, 644 (647) – Preisrätselgewinnauslobung V.
[131] BGH GRUR 1994, 821 (822) – Preisrätselgewinnauslobung I.
[132] Ohly/Sosnitza/Sosnitza UWG § 5a Rn. 121.
[133] BGH GRUR 1994, 823 – Preisrätselgewinnauslobung II; BGH GRUR 1994, 821 – Preisrätselgewinnauslobung I.

b) Rundfunk, Fernsehen, Film. *aa) Redaktionelle Werbung.* Wie im Bereich der Printmedien gilt auch im Hinblick auf **Rundfunk und Fernsehen** streng der Grundsatz, dass redaktioneller Teil (Programm) und Werbung bzw. Teleshopping voneinander zu trennen sind.[134] Dieser Trennungsgrundsatz ist ausdrücklich normiert in § 8 Abs. 3 MStV, in dessen Durchführung entsprechend § 45 MStV sowohl die in der **ARD** zusammengeschlossenen Landesrundfunkanstalten und das **ZDF** als auch die Direktorenkonferenz der Landesmedienanstalten – DLM – (für private Rundfunkanbieter) **gemeinsame Richtlinien** erlassen haben. Diese Regelungen besitzen zwar Selbstbindungswirkung, haben allerdings keinen eigenen normativen Charakter.[135] 37

§ 8 Abs. 3 MStV bestimmt ausdrücklich, dass Werbung als solche leicht erkennbar sein und im Fernsehen durch optische und im Hörfunk durch akustische Mittel eindeutig von anderen Programmteilen getrennt werden muss. In der Werbung dürfen darüber hinaus keine unterschwelligen Techniken (sublimale Werbung) eingesetzt werden. Verletzt ein Anbieter dieses Trennungsgebot, handelt es sich um eine unlautere Handlung, die über § 3a UWG zu handhaben ist. Gleichzeitig ist dieser Missbrauch scheinbarer Objektivität auch über § 5a Abs. 4 UWG zu erfassen, allerdings muss im Hinblick auf die in Art. 5 Abs. 1 S. 2 GG verfassungsrechtlich geschützte Rundfunkfreiheit auch hier die Absatzförderung als Teil einer geschäftlichen Handlung positiv festgestellt werden. Im Übrigen lassen sich die zu den Printmedien aufgestellten Grundsätze ohne weiteres auf die Erscheinungsformen redaktioneller Werbung **in Rundfunk und Fernsehen** übertragen. 38

Rundfunk und Fernsehen haben darüber hinaus stets **eigene Sachverhalte** der unzulässigen Vermischung von redaktionellem Teil und Werbung hervorgebracht, so zum Beispiel im Fall von als **Begleitmaterialien** bezeichneten Publikationen, wenn der Sender daran mitverdient,[136] und sei es auch nur über eine Lizenzgebühr.[137] 39

Wie im Bereich der Printmedien kann eine unzulässige redaktionelle Werbung dadurch ausgeschlossen werden, dass eine hinreichende **Kennzeichnung als „Werbung"** erfolgt.[138] Auch permanente Teilbelegungen des Bildes mit Werbung (**sog. „screensplitting"**[139] **oder auch „Bildschirmteilung"**[140]) und sogenannte Dauerwerbesendungen, also Sendungen, deren Konzept gerade in der Vermischung von redaktionellem Teil und Werbung liegt, sind grundsätzlich zulässig. Dies sehen § 8 Abs. 4 u. 5 MStV ausdrücklich vor. Wegen der permanenten Vermischung redaktioneller Inhalte und Werbung ist es bei **Dauerwerbesendungen** allerdings erforderlich, dass nicht nur eine eindeutige, sondern auch eine ständige Kennzeichnung erfolgt, vgl. § 8 Abs. 5 S. 2 MStV. Eindeutig sind die Begriffe „Werbesendung" und „Dauerwerbesendung".[141] Auf einen weniger auffälligen Begriff wie „Promotion" auszuweichen, reicht nicht.[142] Produktionen von Drittfirmen zuzukaufen, wie dies gang und gäbe ist, entbindet nicht von der Pflicht, auf die Produktion gegebenenfalls Einfluss zu nehmen. Sich damit zu verteidigen, es handele sich um eine aufgedrängte Werbung durch das Produktionsunternehmen, dringt üblicherweise nicht durch.[143] 40

bb) Schleichwerbung. Das Verbot der Schleichwerbung ist der gesetzliche bzw. staatsvertragliche Grundtatbestand. Schleichwerbung in der Legaldefinition von § 2 Abs. 2 Nr. 9 S. 1 MStV ist die Erwähnung oder Darstellung von Waren, Dienstleistungen, Namen, Marken oder Tätigkeiten eines Herstellers von Waren oder Erbringers von Dienstleistungen in Sendungen, wenn sie vom Veranstalter absichtlich zu Werbezwecken vorgesehen ist und **mangels Kennzeichnung** die Allgemeinheit hinsichtlich des eigentlichen Zweckes dieser Erwähnung oder Darstellung irreführen kann. Da der Nachweis einer (subjektiven) Absicht in der Praxis Schwierigkeiten bereiten würde, stellt § 2 Abs. 2 Nr. 9 S. 2 MStV eine Vermutungsregel[144] auf, für den Fall, dass die Erwähnung 41

134 Zum Rundfunkrecht ausführlich Helling in → § 29.

135 → Rn. 14.

136 BGH GRUR 1990, 611 (614) – Werbung im Programm; OLG München AfP 1986, 348 (349).

137 BGH GRUR 2017, 422 – ARD-Buffet.

138 OVG Koblenz MMR 2014, 634 (636) – Kein Programmhinweis in Werbetrenner.

139 Fezer/Büscher/Obergfell/Hoeren UWG § 5a Rn. 268 auch zu den Themen Fenster-Methode und Laufband-Technik; derartige Werbezeit wird auf die Gesamtdauer zulässiger Werbung angerechnet, § 7 Abs. 4 RStV.

140 Helling → § 29 Rn. 94.

141 Vgl. noch zum RStV: Hartstein/Ring/Kreile/Dörr/Stettner RStV § 7 Rn. 42.

142 OVG Koblenz MMR 2009, 72 – Kennezeichnung einer Dauerwerbesendung; VGH München BeckRS 2009, 41984 Rn. 16.

143 Dies betrifft die „WOK-WM"-Fälle: VG Berlin ZUM-RD 2009, 292 (299); vgl. auch OVG Rheinland-Pfalz ZUM 2009, 507 (510).

144 Hierbei ist es streitig, ob es sich um eine widerlegliche (dies bejahend: Beck RundfunkR/Schulz RStV § 2 Rn. 119) oder eine unwiderlegliche (dies bejahend: BeckOK InfoMedienR/Martini MStV § 2 Rn. 71) Vermutung handelt.

oder Darstellung gegen **Entgelt oder eine ähnliche Gegenleistung** erfolgt. Liegt weder eine Entgeltzahlung noch eine ähnliche Gegenleistung vor, kommt es auf den objektiven Empfängerhorizont an,[145] wobei auf die Werbeabsicht auch aufgrund von Indizien geschlossen werden kann.[146] Als Indizien werden hierbei angesehen die Intensität der Werbewirkung, die Häufigkeit der Einblendung des Produktnamens, der Zeitpunkt der Einblendung (beispielsweise in besonders spannenden Momenten) sowie die Alleinstellung eines beworbenen Unternehmens.[147] Neben der Absicht, zu Werbezwecken vorzugehen, muss die Handlung auch dazu geeignet sein, um bei den Adressaten Fehlvorstellungen hervorzurufen. Letzteres schließt es nicht per se aus, Waren im Programm zu zeigen, selbst wenn dadurch Marken oder andere Kennzeichen erkennbar werden. Allerdings verläuft die Grenze zur unzulässigen Schleichwerbung dort, wo eine Ware durch optische Hervorhebung **übermäßig herausgestellt** wird, ohne zugleich den werblichen Charakter kenntlich zu machen.[148] Es ist nicht erforderlich, dass eine Entgeltzahlung vorliegt oder nachgewiesen werden kann.[149] Bei zugekauften Fremdproduktionen ist allerdings schon fast unmöglich, einen absichtlichen Werbezweck nachzuweisen,[150] sodass gegebenenfalls mit einer Vermutung zu arbeiten ist, wenn sich der Sender seiner Einflussmöglichkeit bewusst, gewollt und ohne Not begibt.[151] Das führt mitunter dazu, dass Sender auf die Ausstrahlung einer Sendung verzichten müssten.[152]

42 *cc) Produkt- oder Themenplatzierung.* Eine besondere Erscheinungsform von Schleichwerbung, die allerdings regelmäßig nur im Fernsehen oder im Film auftaucht, ist das **Product-Placement:** Zugespitzt formuliert, handelt es sich um **gekennzeichnete Schleichwerbung.**[153] Product-Placement ist gem. § 2 Abs. 2 Nr. 12 MStV als jede Form der Werbung zu verstehen, die darin besteht, gegen Entgelt oder eine ähnliche Gegenleistung ein Produkt, eine Dienstleistung oder die entsprechende Marke einzubeziehen oder darauf Bezug zu nehmen , sodass diese innerhalb einer Sendung erscheint. Der wohl häufigste Fall ist hierbei im Rahmen der Telemedien der, dass Waren, insbesondere Markenwaren, als scheinbar neutrale Requisiten in Fernsehsendungen oder Filmen zielgerecht in positivem Kontext eingebaut werden. Der Zuschauer begreift sie – so ist es beabsichtigt – als Teil der Darstellung der jeweiligen Lebenswirklichkeit, tatsächlich aber dient diese Praktik mindestens auch der Imageverbesserung des dargestellten Produkts. Auch im **Filmbereich** war Product-Placement grundsätzlich verboten. Jedenfalls bisher war die Grenze zwischen zulässigem Handlungsteil und unzulässiger Schleichwerbung erreicht, wo **Zufall** zur **Absicht** wurde. Geradezu der Klassiker unter den Entscheidungen des BGH zum unzulässigen Produkt-Placement war *Feuer, Eis & Dynamit,* wo der BGH einen entsprechend aufklärenden Vorspann vor der Kinovorführung verlangte, aber auch ausreichen ließ, sodass eine Bezeichnung als „Dauerwerbesendung" unterbleiben konnte.[154]

43 Besonders streng ist man zu Recht nach wie vor im Hinblick auf ein Product-Placement im Bereich von **Kindersendungen** und **Kinderfilmen.** Durch den **Jugendmedienschutz-Staatsvertrag (JMStV)** ist der Jugendschutz in allen Angeboten elektronischer Informations- und Kommunikationsmedien (Rundfunk und Telemedien) einheitlich geregelt. Mit der bisherigen Regelung insoweit inhaltsgleich darf danach Werbung, die sich auch an Kinder oder Jugendliche richtet oder, bei der Kinder oder Jugendliche als Darsteller eingesetzt werden, nicht den Interessen von Kindern oder Jugendlichen schaden oder deren Unerfahrenheit ausnutzen (§ 6 Abs. 4 JMStV). Ob sich eine Werbung an Kinder richtet, kann zum Beispiel an Hand der Aufmachung, des Sprachstils und bestimmter Assoziationen zum Lebensstil beurteilt werden.[155] Es ist als getarnte Werbung im Sinne von § 5a Abs. 4 UWG anzusehen, wenn in mehreren Moderationsteilen einer Kindersendung eine Spielfigur ins Bild gerückt wird, die zuvor beworben wurde.[156] Da die Vor-

[145] Holznagel, in: Spindler/Schuster, Recht der elektronischen Medien, 3. Aufl. 2015, § 2 RStV Rn. 68.
[146] BayVGH ZUM-RD 2015, 675 (677 f.).
[147] Holznagel, in: Spindler/Schuster RStV § 2 Rn. 72; BayVGH ZUM-RD 2015, 675 (677).
[148] Vgl. OVG Lüneburg ZUM 1999, 347 (350 f.); Platho ZUM 2000, 46 (48) unter Verweis auf die Werberichtlinien der Landesmedienanstalten.
[149] EuGH GRUR Int. 2011, 733 – ALTER CHANNEL.
[150] Vgl. VG München ZUM 2009, 690; Berufung zurückgewiesen durch VGH München BeckRS 2011, 46509.
[151] Sehr weitgehend VG Berlin ZUM-RD 2009, 292; moderater: OVG Rheinland-Pfalz ZUM 2009, 507 und VG Düsseldorf BeckRS 2010, 48913.
[152] In Konsequenz aus BVerwG MMR 2016, 698 – Schleichwerbung in Fernsehsendung.
[153] Potthast ZUM 2009, 698 (700).
[154] Grundlegend: BGH GRUR 1995, 744 (748) – Feuer, Eis & Dynamit I.
[155] OLG Hamm LMRR 2006, 70.
[156] Vgl. zum alten Recht Gloy/Loschelder/Erdmann UWG-HdB/Ahrens § 74 Rn. 85 unter Verweis auf eine Entscheidung einer Landesmedienanstalt; vgl. auch OVG Lüneburg ZUM 1999, 347 (350).

schrift des § 6 JMStV in gleichem Maße das Marktverhalten der relevanten Marktteilnehmer regelt wie die vergleichbare Regelung des § 8 MStV, ist § 3a UWG anwendbar.[157] Zusätzlich ist Anhang Nr. 28 zu § 3 Abs. 3 UWG zu beachten.[158]

Im Übrigen ist festzuhalten, dass die vor 2010 ergangene Rechtsprechung zum Thema Product-Placement nur eingeschränkt herangezogen werden kann. Noch unter der Geltung des RStV traten im Jahr 2010 mit dem 13. Rundfunkänderungsstaatsvertrag deutliche Änderungen in Kraft, die in der Anwendung sogar der Black List vorgehen. Der 13. Rundfunkänderungsstaatsvertrag diente der Umsetzung der **Richtlinie über audiovisuelle Mediendienste (AVMD-Richtlinie)** und wurde teilweise kontrovers diskutiert.[159] Die nachfolgenden Neufassungen des seinerzeit geltenden RStV brachten keine grundlegenden, inhaltlichen Änderungen mit sich, während mit dem Inkrafttreten des MStV – in Umsetzung der AVMD-Richtlinie – geringfügige inhaltliche Anpassungen vorgenommen wurden. Demzufolge ist Product-Placement im öffentlich-rechtlichen und privaten Rundfunk unter folgenden Voraussetzungen zulässig: 44

Es ist nach § 8 Abs. 7 S. 2 MStV grundsätzlich gestattet, Product-Placement zu betreiben, außer in Nachrichtensendungen, Sendungen zur politischen Information, Verbrauchersendungen, Regionalfensterprogrammen, Fensterprogrammen, Sendungen religiösen Inhalts und Kindersendungen. Es handelt sich hierbei um eine Abweichung von der noch unter dem RStV geltenden Regelung, wonach Product-Placement grundsätzlich unzulässig und nur unter bestimmten, engen Auflagen zulässig war.[160] Nunmehr ist das Product-Placement in Sendungen gem. § 8 Abs. 7 S. 3 MStV zulässig, wenn (1) die redaktionelle Verantwortung und Unabhängigkeit hinsichtlich Inhalt und Platzierung im Sendeplan unbeeinträchtigt bleiben, (2) die Produktplatzierung nicht unmittelbar zu Kauf, Miete oder Pacht von Waren oder Dienstleistungen anregen, und (3) das Produkt nicht zu stark herausgestellt wird;[161] selbst, wenn es sich um ein kostenlos zur Verfügung gestelltes geringwertiges Gut handelt.[162] Aus § 8 Abs. 7 S. 4 und 5 MStV ergibt sich nach wie vor eine **Kennzeichnungspflicht,** und zwar zu Beginn und zum Ende einer Sendung sowie bei Fortsetzung nach einer Werbeunterbrechung. Die Kennzeichnungspflicht entfällt allerdings für Sendungen, die nicht vom Veranstalter selbst oder von einem mit ihm verbundenen Unternehmen produziert oder in Auftrag gegeben wurden (Fremdproduktionen), wenn nur mit nicht zumutbarem Aufwand ermittelbar ist, ob Produktplatzierungen enthalten sind; hierauf ist allerdings hinzuweisen (§ 8 Abs. 7 S. 6 MStV). Was als zumutbarer Ermittlungsaufwand zu qualifizieren ist, wird durch § 10 Abs. 6 WerbeS näher konkretisiert. Demnach ist es zumutbar, dass der Veranstalter den Verkäufer in vertraglicher oder sonstiger Weise zur Vorlage einer Erklärung auffordert, ob die Sendung Produktplatzierung enthält. Der eindeutige Hinweis hat im Zusammenhang mit der Sendung zu erfolgen. 45

Die in § 8 Abs. 7 MStV enthaltene allgemeine Regelung wird ergänzt durch die Regelung des § 38 MStV für den **öffentlich-rechtlichen Rundfunk.** § 38 MStV entspricht dem bisherigen § 15 RStV und enthält lediglich Anpassungen, die aufgrund der allgemeineren Neuregelung des Product-Placements in § 8 Abs. 7 MStV erforderlich geworden sind.[163] § 38 MStV sieht vor, dass über § 8 Abs. 7 S. 2 MStV hinaus Produktplatzierung in **Kinofilmen, Filmen und Serien, Sportsendungen und Sendungen** der leichten Unterhaltung nur dann zulässig sind, wenn sie (1) vom Veranstalter selbst oder von einem mit dem Veranstalter verbundenen Unternehmen produziert oder in Auftrag gegeben wurden oder (2) wenn kein Entgelt geleistet wird, sondern 46

[157] Vgl. oben → Rn. 6, 11, 14; zur Lehre vom Rechtsbruch ausführlich Dittert in → § 14.

[158] Dazu zB BGH GRUR 2014, 1117 – Zeugnisaktion.

[159] Vgl. nur die Stellungnahme der Verbraucherzentrale Bundesverband (unter www.vzbv.de) vom 29.8.2005, der sich strikt gegen die „Aufweichung" der Regelungen der Richtlinie 89/552/EG ausgesprochen hat und nur dramaturgisch notwendige Maßnahmen anerkennen will; Gloy/Loschelder/Erdmann UWG-HdB/Ahrens § 70 Rn. 89 spricht von Kapitulation vor Korruptionsphänomenen und einer unverantwortlichen Lockerung; iÜ: Castendyk ZUM 2010, 29 (32).

[160] Bayerischer Landtag Drs. 18/7640, 88 mit Verweis darauf, dass sich die Regelung des § 8 Abs. 7 MStV weitgehend, aber nicht vollständig mit der Erlaubnis des § 15 RStV deckt.

[161] Der Verband Privater Rundfunk und Telemedien verleiht seit 2011 den „Product-Placement Award" als Auszeichnung für besonders gelungene dramaturgische Einbindung und crossmediale Wirkung, aber auch, und da wird es kritisch, für besonderen wirtschaftlichen Erfolg eines hervorgehobenen Produkts, www.vprt.de.

[162] Bereits bei der Vorgängerregelung des § 7 Abs. 7 RStV wurde angezweifelt, ob sich die Voraussetzungen als wirksam erweisen, da sie nur krasse Fälle der Einflussnahme auf den Zuschauer abbilden, siehe auch Kilian WRP 2010, 826 (828).

[163] Bayerischer Landtag Drs. 18/7640, 93.

lediglich bestimmte Waren oder Dienstleistungen, wie Produktionshilfen und Preise, im Hinblick auf ihre Einbeziehung in eine Sendung kostenlos bereitgestellt werden. Keine Sendungen der leichten Unterhaltung sind insbesondere Sendungen, die neben unterhaltenden Elementen im Wesentlichen informierenden Charakter haben, und Ratgebersendungen mit Unterhaltungselementen.

Praxistipp:

Neben den für jede Werbeform geltenden Werbeinhaltsverboten enthält Art. 11 Abs. 4 der AVMD-Richtlinie ein vollständiges Verbot von Product-Placement zugunsten von Zigaretten oder Tabakerzeugnissen sowie verschreibungspflichtigen Arzneimitteln und medizinischen Behandlungen. Der MStV regelt dies – ebenso wie seinerzeit der RStV nicht. Derartige Verbote werden im Bundesrecht nachgezeichnet.[164]

47 Im Ergebnis ist festzuhalten, dass eine erhebliche Liberalisierung eingetreten ist. Es ist definitionsgemäß für Product-Placement, dass der Hinweis auf ein Produkt, eine Dienstleistung oder eine Marke in die Handlung eingebaut ist – ansonsten handelt es sich um „Zufall“ oder **Sponsoring,** sodass wohl nur noch krasse Fälle der Einflussnahme oder penetrante Dauerwerbung unter das ursprünglich einmal bestehende Verbot fallen werden.

48 Für **Kinofilme** außerhalb der Verbreitung im Rundfunk gilt der MStV nicht, sodass die einzige Handhabe die über das Trennungsgebot und Irreführungsverbot nach § 5a Abs. 4 UWG bzw. § 5 Abs. 1 Satz 2 Nr. 3 UWG bleibt. Der Kennzeichnungspflicht kann man dadurch genügen, vor der Filmvorführung auf Product-Placement hinzuweisen.[165] Allerdings ist hier der vorwiegende Unterhaltungszweck derartiger Produktionen nicht zu vernachlässigen: Bei Kinofilmen sind weniger strenge Maßstäbe anzulegen, weil sie nicht primär auf Information und Meinungsbildung angelegt sind.[166] Es ist weiterhin durchaus legitimes Mittel der Filmfinanzierung, dass die Wirtschaft für das Product-Placement bezahlt. Die Grenze wird wohl erst dann erreicht, wenn das Produkt häufig in nicht durch die Handlung gebotener Weise dargestellt wird, also Werbung im Übermaß betrieben wird, die auch ein Kinobesucher nicht erwartet oder hinnehmen muss.[167] Im Lichte der Kunstfreiheit nach Art. 5 Abs. 3 S. 1 GG ist es unzulässig, die Vermittlung des Kinofilms an das Publikum zu verbieten.[168] Etwaige Auflagen dürfen somit nicht „den Film als Kunstwerk“ tangieren.[169]

49 *dd) Sponsoring.* Im Rundfunk und Fernsehen spielt vor allem das **Sendesponsoring,** auch genannt **Programmsponsoring,** eine Rolle. Es bezeichnet die finanzielle Unterstützung einer Rundfunksendung durch einen nicht an der Produktion dieser Sendung beteiligten Dritten. Eine entsprechende Definition findet sich in § 2 Abs. 2 Nr. 10 MStV. Eine andere Form des Sponsorings ist das Ereignis- und Eventsponsoring, worunter man die finanzielle Förderung eines bestimmten Ereignisses kultureller oder insbesondere sportlicher Natur versteht. Es handelt sich um bezahlte Aufmerksamkeitswerbung. Ausdruck des Sponsorings ist der sogenannte **Widmungshinweis,** der auf den Sponsor verweist.

50 Wettbewerbsrechtlich unproblematisch im Bereich des Sponsorings ist die Feststellung eines **marktbezogenen Verhaltens** auf Seiten der Sendeanstalt. Insbesondere handelt die Sendeanstalt stets in der Absicht, fremden Wettbewerb zu fördern, weil der Widmungshinweis gegen Entgelt platziert wird.[170]

51 Unlauter ist das Sponsoring nach § 3a UWG, wenn es sich nicht im Rahmen der Ge- und Verbote des **§ 10 MStV** hält oder irreführende Angaben[171] über Aussagen und Symbole enthält, die im Zusammenhang mit direktem oder indirektem Sponsoring stehen, § 5 Abs. 1 Satz 2

---

[164] Bayerischer Landtag Drs. 18/7640, 88.
[165] Gloy/Loschelder/Erdmann UWG-HdB/Hasselblatt § 61 Rn. 104.
[166] So schon BGH GRUR 1995, 744 (748) – Feuer, Eis & Dynamit I.
[167] Köhler/Bornkamm/Feddersen/Köhler UWG § 5a Rn. 7.86.
[168] BGH GRUR 1995, 750 (751) Feuer, Eis & Dynamit II.
[169] Ohly/Sosnitza/Sosnitza UWG § 5a Rn. 137; BGH GRUR 1995, 750 (751) Feuer, Eis & Dynamit II.
[170] Vgl. Henning-Bodewig ZUM 1997, 633 (638).
[171] Zum Verbot irreführender geschäftlicher Handlungen Ahrens in § 22; zu weiteren Anspruchsgrundlagen Schaub GRUR 2008, 955.

Nr. 4 UWG.[172] § 10 MStV stellt eine Ausnahme vom Trennungsgebot nach § 8 **Abs. 3 MStV** dar, und lässt Sponsoring als Sonderwerbeform zur direkten oder indirekten Finanzierung einer Sendung zu, um den Namen, die Marke, das Erscheinungsbild der Person, ihre Tätigkeit oder Leistung zu fördern. Gemäß § 10 Abs. 1 MStV muss bei ganz oder teilweise gesponserten Sendungen zu Beginn und am Ende auf die Finanzierung durch den Sponsor in der gebotenen Kürze und in angemessener Weise hingewiesen werden.[173]

Die wesentliche Anforderung an das Sponsoring findet sich aber in § 10 Abs. 2 MStV. Die Grenze wird in der *Isostar*-Entscheidung des OLG Frankfurt aufgezeigt: Eine kurze animierte Fußballszene als Sponsorhinweis bei einem gesponserten Fußballspiel ist zulässig. Unzulässig dagegen ist die bei dieser Fußballszene unübersehbar und überdimensional vorhandene Bandenwerbung für die Sponsormarke, da die Bandenwerbung hier nicht zufällig mit dem Sponsor zusammentreffe, sondern letztlich als ausgesuchter Vorspann eine bloße Schleichwerbung darstelle.[174] Sponsorhinweise dürfen durchaus mehrfach, mitunter auch in laufendem Programm, gegeben werden.[175] Zu Einzelheiten im Hinblick auf die Qualität, Länge und Häufigkeit des Widmungshinweises geben wiederum die **Richtlinien von ARD, ZDF und der Direktorenkonferenz der Landesmedienanstalten – DLM** – (für die privaten Rundfunkanbieter) zum Bereich Sponsoring und Werbung Aufschluss.[176] 52

Eine weitere Form des Sendesponsorings ist das so genannte **Titelsponsoring,** bei dem der Hinweis auf den Sponsor unmittelbar in den Sendetitel platziert wird, wie etwa bei „Spiegel TV". Titelsponsoring ist deshalb problematisch, weil es nicht der Privilegierung des § 10 MStV unterfällt. Es fehlt gerade an der für § 10 MStV erforderlichen Trennung des Widmungshinweises vom redaktionellen Programm. Dennoch wird Titelsponsoring zumindest dann für **zulässig** gehalten, wenn es Ausdruck einer **Zusammenarbeit** der **Sendeanstalt** mit anderen Medien, insbesondere mit **Printmedien,** ist. Die Privilegierung dieser Zusammenarbeit rechtfertigt sich aus Art. 5 Abs. 1 S. 2 GG.[177] Zum Erhalt der Privilegierung ist es jedoch ratsam, nicht auf die nächste Ausgabe des verlegten Printprodukts während der Sendung hinzuweisen.[178] Potenziell weiter eingeschränkt wurde diese Position durch den BGH in der Entscheidung *ARD-Buffet,* mit welcher der ARD untersagt wurde, ein kommerzielles Druckwerk des Burda-Verlages mit dem identischen Titel der Sendung zu lizenzieren und dafür auf der eigenen Website zu werben, selbst bei programmbegleitendem Inhalt. § 11a Abs. 1 S. 2 RStV (entspricht der Neufassung des § 27 Abs. 1 S. 2 MStV) werde dadurch verletzt, dass man dem Verlag gegenüber Wettbewerbern einen unzulässigen Vorteil um Käufer derartiger Publikationen verschafft.[179] 53

ee) Virtuelle Werbung. Moderne Technik macht es möglich, dass Werbung auch simuliert werden kann, die real gar nicht existiert (so genannte **virtuelle Werbung**).[180] Hier kann entweder real vorhandene Werbung, zB Bandenwerbung bei Fußballspielen, virtuell durch eine andere Werbung ersetzt werden oder es können real nicht mit Werbung belegte Flächen zu Werbeflächen umgestaltet werden. **§ 8 Abs. 6 S. 1 MStV** stellt für den **Fernsehbereich** besondere Zulässigkeitsvoraussetzungen auf. So ist das Einfügen virtueller Werbung in Sendungen nur dann zulässig, wenn (1) am Anfang und am Ende darauf hingewiesen wird *und* (2) eine am Ort der Werbung ohnehin bestehende Werbung ersetzt wird, die ohne Signalveränderung zwangsläufig übertragen würde.[181] Aus § 8 Abs. 1 S. 2 WerbeS ergibt sich, dass es sich um am Aufnahmeort bereits vorhandene und nicht für die jeweilige Übertragung gesondert geschaffene neue Werbeflächen handeln muss. Sowohl innerhalb als auch **außerhalb des Fernsehbereichs** ist es somit bei entsprechender Kennzeichnung am Anfang und am Ende der Sendung zulässig, real existierende Werbung durch virtuelle Werbung zu ersetzen. Allerdings sollte insbesondere bei virtueller Werbung zusätzlich noch geprüft werden, ob nicht auch andere Ansprüche eröffnet sind. Zu denken ist hier nicht nur an urheberrechtliche und leistungsschutzrechtliche Ansprüche, sondern auch an 54

[172] Siehe Ahrens in → § 20 Rn. 323 ff. mwN.
[173] Zur Offenlegungspflicht beim Sendesponsoring: BVerwG ZUM-RD 1998, 287 (288) – Anpfiff Extra.
[174] Vgl. OLG Frankfurt ZUM 1995, 800 (803).
[175] Vgl. etwa OVG Lüneburg BeckRS 2005, 20517.
[176] Vgl. BGH GRUR 1992, 518 – Ereignis-Sponsorwerbung; vgl. noch iE zu Widmungshinweise Henning-Bodewig ZUM 1997, 633 (637 ff.).
[177] C. Hackbarth ZUM 1998, 974 (981); Engels/Giebel ZUM 2000, 265.
[178] Engels/Giebel ZUM 2000, 265 (281); ebenso die Werberichtlinien der DLM.
[179] BGH GRUR 2017, 422 (427 f.) – ARD-Buffet (Tz. 57).
[180] Siehe insgesamt, auch zum Rundfunkrecht: Härtl GRUR-Prax 2015, 498.
[181] Gloy/Loschelder/Erdmann UWG-HdB/Ahrens § 70 Rn. 98.

Ansprüche aus § 4 Nr. 4 UWG wegen gezielter Behinderung von Mitbewerbern. Dies erfordert ein gezieltes Handeln des Senders oder des Veranstalters zum Nachteil des körperlich werbenden Unternehmens.[182] Von vornherein nicht von § 8 Abs. 6 MStV erfasst ist es, zusätzliche Werbung in das Fernsehbild zu integrieren.

55 c) **Internet.** Die AVMD-Richtlinie gilt für alle Telemedien,[183] was auch Angebote über elektronische Kommunikations- und Informationsnetze einschließt, wie etwa Live Streaming, Webcasting, Video on Demand oder Webisodes.[184] Die Unlauterkeit getarnter Werbung **in den neuen Medien** ergibt sich aus den gleichen Grundsätzen wie bei den **Printmedien**[185] sowie **Rundfunk und Fernsehen,**[186] was direkt einerseits aus § 22 MStV und andererseits aus §§ 1, 6 TMG folgt, wonach kommerzielle Kommunikation klar als solche zu erkennen sein muss. Im Einzelnen kann die Abgrenzung zwischen Rundfunk und Telemedien schwerfallen.[187] Verstöße lassen sich über § 3a UWG handhaben. Getarnte Werbung ist selbstverständlich auch im Online-Bereich über § 5a Abs. 4 S. 1 UWG (und gegebenenfalls über §§ 3, 5 UWG) angreifbar, was § 6 Abs. 5 TMG ausdrücklich klarstellt. Das Besondere an der Werbung im Online-Bereich ist, dass die technischen Mittel vielfältiger sind.

56 *aa) Verlinkung, Banner-Werbung, Spamming und Suchmaschinen.* Die bekannteste und wohl wichtigste Art, Beiträge mit weitergehenden Informationen zu verknüpfen, sind **Links.** Das Trennungsgebot ist danach nicht verletzt, wenn eine sachliche Aufklärung im Vordergrund steht. Die technische Möglichkeit der Verlinkung als solche kann nicht per se wettbewerbswidrig sein, da sie aus der Sicht des Adressaten vielmehr eine wichtige und häufig unverzichtbare Arbeitshilfe darstellt, sich überhaupt im Internet zurecht zu finden, sodass eine großzügigere Betrachtung angezeigt ist, nicht zuletzt auch wegen der Presse- und Meinungsfreiheit.[188] In die Problematik der getarnten Werbung gelangt man, wenn die Links von redaktionell aufgemachten Internet-Beiträgen auf Werbeseiten verweisen, jedoch der Nutzer nicht merkt, dass er – wenn er den Link anklickt oder in den Browser eingibt – auf einer Werbeseite angelangt ist.[189] Bei sog. „Affiliate-Links", die zu Websites Dritter führen und beim Zustandekommen eines Kaufs über diesen Link eine Provisionsbeteiligung versprechen, bedarf es einer eindeutigen Kennzeichnung als Werbung; dies gilt auch für Teaser, die auf entsprechende Artikel verweisen.[190] Der Hinweis „Anzeige" wird nicht als ausreichend erachtet.[191]

57 Bei normalen **Hyperlinks,** bei denen sich ein neues Browserfenster öffnet, kann es sich durchaus um journalistische Information für den Adressaten handeln.[192] Wird in dem Text, in dem der Hyperlink enthalten ist, jedoch die Grenze der getarnten Werbung überschritten, gelten selbstverständlich keine Besonderheiten. Dies ist dann etwa denkbar, wenn der Hyperlink zu einer externen (Werbe-)Seite führt, die genauso (grafisch) gestaltet ist, wie die Hyperlinks, die in dem Pressemedium selbst zur internen Weiterleitung benutzt werden, also insbesondere etwa auf den Startseiten von Homepages. Ist hier praktisch kein Unterschied erkennbar, besteht selbst dann eine getarnte Werbung, wenn auf der verlinkten Seite des Dritten deutlich „Anzeige" steht. Dies wird sowohl vom LG Berlin als auch dem KG damit begründet, dass dem Nutzer bereits vor Betätigen des Hyperlinks klar erkennbar sein muss, dass er es überhaupt mit Werbung zu tun hat.[193] § 6 TMG verlangt, dass hier bereits auf der Website der deutliche Hinweis als „Anzeige" gesetzt wird.

58 Erst recht wird dies bei **Deep links, Inline-Linking, Screen-Scraping, Framing und Bannerwerbung** gelten müssen, bei denen direkt auf eine konkrete (Unter-)Seite einer Homepage zugegriffen oder Inhalte direkt eingebettet werden kann, denn hier wird das beschriebene Produkt noch näher an die journalistische Präsentation gerückt.[194] Sind Werbebanner auf einer auch für Kinder

[182] Gloy/Loschelder/Erdmann UWG-HdB/Ahrens § 70 Rn. 98.
[183] Zu Rechtsfragen der Telemedien siehe insgesamt Lotze/Heinson in → § 30.
[184] Dazu Duisburg ZUM 2011, 141 (143).
[185] → Rn. 19 ff.
[186] → Rn. 36 ff.
[187] Siehe dazu Fezer/Büscher/Obergfell/Hoeren UWG § 5a Rn. 285.
[188] BVerfG GRUR-Prax 2012, 91 mAnm Arnold; BGH GRUR 2011, 513 – AnyDVD.
[189] KG GRUR 2007, 254 (255); OLG München WRP 2010, 671; LG Berlin GRUR-RR 2011, 332 (333).
[190] LG Berlin MMR 2021, 360.
[191] OLG Köln MMR 2021, 496.
[192] BGH GRUR 2011, 513 – AnyDVD; KG MMR 2002, 119.
[193] KG MMR 2006, 680; LG Berlin MMR 2005, 778; OLG München WRP 2010, 671.
[194] Ausführlich Fezer/Büscher/Obergfell/Hoeren UWG § 4-3 Rn. 97 ff.; Köhler/Bornkamm/Feddersen/Bornkamm UWG § 5 Rn. 2.148 ff.; Framing ist urheberrechtlich unbedenklich: EuGH GRUR 2014, 1196 – BestWater.

vorgesehenen Website optisch ähnlich gestaltet wie Bilder, über die redaktionelle Inhalte ausgewählt werden können (zum Beispiel Computerspiele), kann nach der Rechtsprechung von einem Verstoß gegen § 5a Abs. 4 UWG ausgegangen werden.[195]

Spamming ist dann im Bereich der getarnten Werbung relevant, wenn der Betreff der versendeten E-Mail den werblichen Charakter nicht klar erkennbar macht, vgl. auch § 6 Abs. 2 S. 1 TMG. Da dies aber selten der Fall sein dürfte, ist Spamming eher im Rahmen von § 7 Abs. 2 UWG relevant. 59

Ohne den Einsatz von **Suchmaschinen** und Datenbanken einer Suchmaschine, aber auch **Online-Marktplätzen und Vergleichswebsites**[196] ist eine sinnvolle Recherche im Internet unmöglich. Andererseits liefern diese zu einem Suchwort häufig unzählige Treffer, so dass Unternehmen ein erhebliches Interesse daran haben, möglichst weit oben auf diesen Trefferlisten zu stehen. Daher handelt es sich bei den angezeigten Ergebnislisten oftmals nicht um eine neutrale Auswahl und beliebige Reihenfolge, sondern um das Resultat von so genannten **Metatags** oder **Adwords.** Dabei darf der Onlineanbieter dem Nutzer unter dem Gesichtspunkt der verschleierten Werbung in einem solchen Fall nicht den Eindruck einer neutralen Auswahl vermitteln, sondern muss deutlich kennzeichnen, dass bestimmte Anbieter beim Abruf bestimmter Informationen bevorzugt berücksichtigt werden. Dies kann zum Beispiel dadurch geschehen, dass der vollständige Domainname des Dritten in der Trefferliste gezeigt wird (so etwa bei Metatags) oder dass eine Anzeigenliste abgesetzt von der eigentlichen Trefferliste gezeigt wird (so etwa bei Adwords). In Umsetzung der Nr. 11a Anh. I UGP-Richtlinie, sieht Nr. 11a Anh. zu § 3 Abs. 3 UWG nun ausdrücklich vor, dass Onlineanbieter es eindeutig offenlegen müssen, wenn sie eine Vergütung für ein Produkt erlangt haben. Die Offenlegung kann durch einen unmittelbar am Produktangebot angebrachten Zusatz, wie etwa „Anzeige", erfolgen.[197] Markenrechtliche Ansprüche können aber fortbestehen.[198] 60

bb) Ingame advertising. Auch Computer- und Videospiele werden als Werbeträger im Rahmen des **Ingame Advertising** entdeckt, einerseits um die immer höher werdenden Entwicklungskosten (teilweise) zu decken und andererseits, weil der Adressat beim Spielen besonders aufnahmefähig ist und daher der Werbewert sehr hoch sein kann.[199] Zu nennen sind auch hier verschiedene Erscheinungsformen, nämlich **Werbespiele** (das „Moorhuhn"-Spiel, mit dem ein Whisky beworben wurde), **Sponsoring** („mit Unterstützung von"), **Product-Placement** (Integration von tatsächlichen Fahrzeugen in Rennspielen oder Auftauchen von tatsächlichen Produkten bzw. Firmen), **statische Werbung** (Bandenwerbung in Fußballspielen) und **dynamische Werbung** (über bestimmte Zeiträume wechselnde Werbebotschaften an Litfaßsäulen oder Werbetafeln).[200] 61

Gegenüber den bereits geschilderten Grundsätzen ergeben sich jedoch keine Abweichungen. Für sogenannte **Werbe-Interstitials,** also Werbeanzeigen, die nach Aufruf einer Anwendung erscheinen, aber nicht „weggeklickt" werden können, ergibt sich nicht unbedingt ein Vorwurf aus § 5a Abs. 4 UWG, sondern eher aus § 7 Abs. 1 UWG als unzumutbare Belästigung.[201] Insgesamt ist der Unterhaltungscharakter derartiger Medien zu berücksichtigen, sodass die Wertungen für Kinofilme[202] und über § 22 MStV die für Sendungen der leichten Unterhaltung heranzuziehen sind.[203] Darüber hinaus ist zu berücksichtigen, dass derartige Spiele geradezu darauf angelegt und vom Adressaten so erwartet werden, dass sie möglichst naturgetreu sind. Auch in der Realität begegnet man Werbemaßnahmen und -medien, sodass allein ihre Einbeziehung in ein künstliches Produkt, auch bei **Pop-Ups** und **Pop-Unders** nicht gleich eine getarnte Werbung darstellt. 62

Die Grenze ist allerdings wohl dort erreicht, wo in Spielen die Realität zu Gunsten des Werbenden geschönt wird und beispielsweise Fahrzeugmodelle in Rennsimulationen zwar verunfallen können (und nach der Spielidee auch häufig sollen), aber danach immer noch quasi fabrikneu 63

[195] LG Berlin GRUR-RR 2011, 332; siehe auch KG MMR 2012, 316: optischer Gesamteindruck der Internetseite entscheidend.
[196] Köhler/Bornkamm/Feddersen/Köhler UWG Nr. 11a Anh. zu § 3 III Rn. 3.
[197] Köhler/Bornkamm/Feddersen/Köhler UWG Nr. 11a Anh. zu § 3 III Rn. 5.
[198] Zu Metatags siehe BGH GRUR 2007, 65 – Impuls; zu AdWords siehe BGH GRUR 2009, 498 – Bananabay; EuGH GRUR 2010, 641 – Eis.de; BGH GRUR 2011, 828 – Bananabay II und Folgerechtsprechung bis BGH GRUR 2014, 94 – Pflichtangaben im Internet.
[199] Vgl. insgesamt Lober MMR 2006, 643; Schaar GRUR 2005, 912.
[200] Dazu insgesamt Lober MMR 2006, 643 f.
[201] So etwa LG Berlin GRUR-RR 2011, 332.
[202] Siehe oben → Rn. 47.
[203] Etwa Lober MMR 2006, 643 (644 f.); aA Schaar GRUR 2005, 912 (914 f.).

aussehen und fahrbereit sind.[204] Damit ist sogleich auch denkbar, hier eine Irreführung gem. § 5 UWG – und sei es auch durch Unterlassen nach § 5a Abs. 1, 2 UWG – zu argumentieren, weil dem Adressaten durch die im Übrigen bestehende Realitätsnähe vorgegaukelt wird, die Produkte seien auch in der Realität enorm widerstandsfähig.

64 Bei Werbespielen, statischer und dynamischer Werbung ist für den Adressaten klar erkennbar, dass es sich um Werbung handelt, sodass hier wenigstens der Trennungsgrundsatz eher nicht verletzt sein kann. Im Übrigen gelten die allgemeinen Grundsätze, wobei bei Spielen, die sich direkt an Kinder richten, strenge Maßstäbe anzulegen sind.[205]

65 *cc) Virales Marketing.* **Virales Marketing** ist eine Marketingform, die existierende soziale Netzwerke und Medien ausnutzt, um Aufmerksamkeit auf Marken, Produkte oder Kampagnen zu lenken. Die Verbreitung der Nachrichten basiert auf der Kommunikation zwischen den Kunden oder Konsumenten, angestoßen durch den Werbenden. Eine solche Werbung unter Einschaltung von Verbrauchern kann das Verbot getarnter Werbung sowohl nach § 5a Abs. 4 UWG als auch nach § 3a UWG, § 6 TMG, § 22 MStV verletzen. Insbesondere das Bereitstellen von Funktionen auf gewerblichen oder Partei-Websites, die es privaten Benutzern ermöglichen, werbliche Angebote per E-Mail-Weiterleitungsfunktion an Freunde und Bekannte weiterzuleiten (**„Tell-a-friend"**), kann gegen das Verbot der Verschleierung von Werbemaßnahmen verstoßen, wenn solche E-Mails nicht ausdrücklich so gestaltet sind, dass der werbliche Charakter sofort in der Betreffzeile sichtbar wird.[206] Ebenso unzulässig wäre die Verbreitung von Werbefilmen über Plattformen wie **YouTube,** ohne dass deren Werbecharakter erkennbar ist.[207] **Werbe-Scouts** einzusetzen, die sich in **Foren, Blogs oder Chats** unmittelbar mit werblichen Äußerungen beteiligen, verstößt gegen das Trennungsgebot, sofern der werbliche Charakter nicht eindeutig offengelegt wird – was regelmäßig der Fall ist.[208] Ähnliches gilt für Artikel in Lexika und Enzyklopädien wie **Wikipedia,** wenn sich der werbliche Charakter nur aus Diskussionsbeiträgen im Forum, nicht jedoch aus dem Artikel selbst ergibt.[209]

66 *dd) Schleichwerbung in Bewertungsportalen.* Bewertungsportale im Internet gibt es viele – bekannt sind insbesondere solche zu Hotels und Reisedienstleistungen oder auch die „Feedback" genannten Rückäußerungen von Kunden gegenüber dem Verkäufer bei Verkaufsplattformen. Werden dort positive Bewertungen oder gar überschwängliches Lob fingiert und geht dies auf den zu Bewertenden selbst zurück, wird ein Wettbewerbsverstoß nach § 5a Abs. 4 UWG begründet.[210] Ob daneben auch Anhang Nr. 11. zu § 3 Abs. 3 UWG anwendbar ist, ist jedenfalls dann fraglich, wenn man derartige Bewertungen nicht als redaktionellen Inhalt auffasst, sondern als subjektive Meinung. Behauptet ein Unternehmer, dass Produktbewertungen von Verbrauchern stammen, die die Waren und Dienstleistungen tatsächlich erworben und benutzt haben sollen, sieht Nr. 23b Anh. zu § 3 Abs. 3 UWG vor, dass das Unternehmen angemessene und verhältnismäßige Kontrollmechanismen zur Überprüfung der Behauptungen ergreifen muss. Dies kann dadurch geschehen, dass die Informationen zur Überprüfung, ob Verbraucher ein Produkt tatsächlich verwendet oder erworben haben, eingefordert werden.[211] Ebenfalls gilt es, Nr. 23c des Anhangs zu § 3 Abs. 3 UWG zu berücksichtigen, der die Übermittlung oder Beauftragung gefälschter Bewertungen oder Empfehlungen von Verbrauchern sowie die falsche Darstellung von Bewertungen und Empfehlungen von Verbrauchern in sozialen Medien zu Zwecken der Verkaufsförderung als unlautere Handlungen einstuft. Hierbei ist eine „falsche Darstellung" in sozialen Medien gegeben, wenn rein „selektiv" positive Bewertungen veröffentlicht, negative Rezensionen hingegen gelöscht werden.[212] Das Kaufen von „Likes" hingegen ist nicht als falsche Darstellung zu qualifizieren, wenn dies durch bloße Beeinflussung geschieht und hinter den Bewertungen reale Personen stehen.[213]

[204] Zu diesem Beispiel Schaar GRUR 2005, 912 (913).
[205] LG Berlin GRUR-RR 2011, 332.
[206] Gloy/Loschelder/Erdmann UWG-HdB/Bruhn § 50 Rn. 45; OLG Nürnberg GRUR-RR 2006, 26.
[207] Gloy/Loschelder/Erdmann UWG-HdB/Bruhn § 50 Rn. 45; ergänzend Leitgeb ZUM 2009, 39.
[208] Gloy/Loschelder/Erdmann UWG-HdB/Bruhn § 50 Rn. 46; Ahrens/Richter WRP 2011, 814; so zum Beispiel auch in der Konstellation OLG Köln NJW 2014, 795 – Pflicht zum Anzeigenhinweis bei satirischer Autowerbung im Internet.
[209] OLG München MMR 2012, 534 – Verschleierte Werbung auf Wikipedia.
[210] BGH GRUR 2020, 543 Tz. 41 – Kundenbewertungen auf Amazon.
[211] Erwägungsgrund 47 RL (EU) 2019/2161.
[212] Köhler/Bornkamm/Feddersen/Köhler UWG Nr. 23c Anh. zu § 3 III Rn. 16.
[213] Köhler/Bornkamm/Feddersen/Köhler UWG Nr. 23c Anh. zu § 3 III Rn. 17 mit Verweis darauf, dass in diesem Fall § 5 Abs. 1 UWG anwendbar wäre, vgl. OLG Frankfurt MMR 2020, 764 mAnm Albrecht.

ee) Influencer-Marketing. Zunehmende Bedeutung hat das **Influencer-Marketing** erlangt. Hier- 67
bei bewerben sog. Influencer vorwiegend über Social-Media-Plattformen, wie unter anderem „Twitter", „Facebook", „Instagram", „Snapchat" oder „Tik Tok" oder neuartigen Plattformen wie „Twitch", Produkte. Konkret handelt es sich bei Influencern um Personen, die in sozialen Netzwerken besonders aktiv sind und sich durch ihre Präsenz und ihr Ansehen besonders für Werbemaßnahmen eignen.[214] Diese vorwiegend „Vorbildcharakter"[215] einnehmenden Personen bewerben hierbei nahezu beiläufig Produkte gegenüber ihren Followern und genießen aufgrund ihrer persönlichen Ansprache eine gesteigerte Glaubwürdigkeit.[216] Influencer-Marketing ist eine Unterform des **„Native Advertising"**.[217]

Neben persönlichen „Blogs", die auf eigenen Websites der Influencer betrieben werden, kön- 68
nen Influencer auch durch die bloße Präsentation von Bildern, sog. „Postings" oder durch kurze Videos sog. „Storys" sowie neuerdings auch sog. "Reals" oder „Live-Videos" auf sozialen Medien, Produkte bewerben. Hierbei können sog. **„Tags"** oder **„Tap Tags"**,[218] aber auch explizite **Links** gesetzt werden, die im Falle des Anklickens direkt zu den beworbenen Produkten weiterleiten.[219]

Ob Influencer-Marketing einen Wettbewerbsverstoß nach § 5a Abs. 4 UWG begründet, hängt 69
von dem jeweiligen Einzelfall ab. Da die Rechtsprechung im Hinblick auf Kennzeichnungspflichten beim Influencer-Marketing stark divergierte, hat der Gesetzgeber mit der Neufassung des § 5a Abs. 4 S. 2, 3 UWG versucht, Klarheit zu schaffen.[220] Bei der Beurteilung, ob eine Handlung **zu Gunsten eines fremden Unternehmens** vorliegt, ist es nun maßgeblich, dass der Influencer ein Entgelt oder eine ähnliche Gegenleistung erhalten hat, wobei die Beweislast hierfür bei dem Influencer liegt.[221] Keine Anwendung findet § 5a Abs. 4 S. 2 UWG auf die Frage, ob eine Handlung zugunsten des **eigenen Unternehmens** vorliegt.[222] Dies hängt nämlich **nicht** allein von dem Erhalt eines Entgelts ab, da auch Eigenwerbung grundsätzlich einer Kennzeichnungspflicht unterliegt, wenn sie anders nicht erkennbar ist. Bei unentgeltlich abgegebenen Empfehlungen von Influencern ist entsprechend der Ergänzung in § 2 Abs. 1 Nr. 2 UWG zu berücksichtigen, ob ein unmittelbarer Zusammenhang zum Absatz von Produkten und Dienstleistungen vorliegt, wobei der Tatsache Rechnung getragen werden muss, dass Influencer in diesem Bereich wie Medienunternehmen einzuschätzen sind, die sich regelmäßig auch über Werbeeinnahmen finanzieren und für ihre Auftraggeber auch dann besonders attraktiv sind, wenn sie viele Menschen erreichen.[223] Weiterhin dürfen – bei **Handlungen zu Gunsten des eigenen Unternehmens** – aus der Sicht der einschlägigen Verkehrskreise keine Zweifel daran bestehen, dass ein kommerzieller Zweck vorliegt. Das Erfordernis der Kennzeichnung entfällt nur dann, wenn der werbliche Charakter auf den ersten Blick und ohne jeden Zweifel erkennbar ist.[224] An einem kommerziellen Zweck fehlt es nicht bereits, wenn ein Profil „Privat" ist und kein sog. „Businessaccount", solange es „öffentlich zugänglich ist".[225] Bei „Businessaccounts" die auf Instagram mit einem blauen Haken versehen sind, geht die Rechtsprechung zutreffend davon aus, dass den einschlägigen Verkehrskreisen hierbei bekannt ist, dass diese aus überwiegend monetären Interessen betrieben werden und dementsprechend kommerzielle Zwecke verfolgt werden.[226] Dasselbe gilt für Ac-

[214] Büscher, Gesetz gegen den unlauteren Wettbewerb, § 5a Rn. 222.

[215] Vgl. Köhler/Bornkamm/Feddersen/Köhler UWG § 5a Rn. 7.80a.; Peifer GRUR 2018, 1218 (1219).

[216] Ahrens GRUR 2018, 1211 (1212).

[217] Beim „Native Advertising" wird Werbematerial „Content", an dem Influencer mitgewirkt haben, von Unternehmen aufbereitet, sodass der „Verantwortliche" lediglich entscheiden muss, ob wann und wie er diesen verbreitet, vgl.: Peifer GRUR 2018, 1218 (1219) mit Darstellung konkreter Fallbeispiele.

[218] Bei Tap Tags handelt es sich um anklickbare Bereiche auf Bilder, die erst sichtbar werden, wenn ein Bild angeklickt wird und die eine Verknüpfung zu anderen Instagram-Accounts enthalten, vgl. OLG Karlsruhe GRUR 2021, 88.

[219] Köhler/Bornkamm/Feddersen/Köhler UWG § 5a Rn. 7.80a mit Verweis auf BGH WRP 2021, 1415 – Influencer I; BGH WRP 2021, 1429 – Influencer II; OLG Celle WRP 2017, 1236; KG WRP 2019, 339 Rn. 17, 30 ff.; OLG Frankfurt GRUR 2020, 208 Rn. 10, 15; OLG Braunschweig GRUR-RR 2020, 452 Rn. 48; OLG Karlsruhe WRP 2020, 1467 Rn. 3 ff., 77; OLG München WRP 2020, 1227; OLG Köln WRP 2021, 523 Rn. 19 ff.; OLG Koblenz WRP 2021, 677 Rn. 69 ff.

[220] BT-Drs. 19/27873, 2; siehe hierzu die Ausführungen unter → Rn. 17.

[221] Siehe hierzu die Ausführungen unter → Rn. 17.

[222] BT-Drs. 19/27873, 35.

[223] BT-Drs. 19/27873, 35.

[224] OLG Köln GRUR-Prax 2022, 132 mAnm Terhaag; OLG Hamburg MMR 2020, 767; LG Göttingen GRUR-RS 2019, 36553.

[225] LG Koblenz GRUR-RS 2020, 45895.

[226] OLG München MMR 2020, 772 (775) – Blauer Plüschelefant mAnm Eibenstein.

counts, denen mehrere Millionen Follower folgen und die über Posts von hoher Qualität mit mehr als 50.000 Likes verfügen.[227] Etwas anderes kann gelten, wenn die werbliche Wirkung erst nach einer eingehenden Analyse des Beitrags offenbar wird, etwa weil für den kommerziellen Zweck mitentscheidende Unternehmenstags erst bei Gleiten über das gepostete Bild sichtbar werden.[228]

70 Die Anforderungen, die an die Kennzeichnungspflicht (das „wie") zu stellen sind, hängen von den Umständen des Einzelfalls ab, insbesondere dem verwendeten Kommunikationsmittel. Maßgebliche Faktoren sind hierbei der Ort der Kennzeichnung im Rahmen des jeweiligen Beitrags, die Ausgestaltung des Beitrags und die farbliche und optische Hervorhebung,[229] ebenso wie die konkrete Formulierung. Die Verwendung von Hashtags, wie etwa „#ad" oder „#sponsored by" sind nicht ausreichend, wenn diese am Ende eines Beitrags angeordnet sind.[230] Bei allem ist bei der Beurteilung die Meinungsäußerungs- und Medienfreiheit aus Art. 11 der Charta der Grundrechte der Europäischen Union zu berücksichtigen.[231]Daneben kann das „Influencer-Marketing" auch **medienrechtlich** relevant sein. Lenken Influencer durch eine konkrete Darstellung die Aufmerksamkeit auf Produkte oder Dienstleistungen, kann es sich um Werbung handeln, wenn die Darstellung der Waren oder Dienstleistungen prägend ist; ein Fall des Sponsorings kann vorliegen, wenn beispielsweise ein Video vollständig oder teilweise durch ein Unternehmen finanziert wurde und eine Produktplatzierung, wenn eine Darstellung von Marken oder Produkten erfolgt oder eine Erwähnung dergleichen.[232]

71 Auch Nr. 11 des Anhangs zu § 3 Abs. 3 UWG gilt es in diesem Zusammenhang Beachtung zu schenken. Hierbei kommt es maßgeblich darauf an, ob die Beiträge des Influencers als **„redaktionelle Inhalte"** qualifiziert werden können. Bei Blogbeiträgen könnte dies grundsätzlich bejaht werden, obwohl es hier auf eine Prüfung des Einzelfalls ankommt.[233] Bei Instagram-Postings[234] oder vergleichbaren Medien, kann dies durchaus kritischer gesehen werden.

72 Daneben können auch Ansprüche nach § 3a UWG iVm § 10 LPG, § 3a UWG iVm § 22 MStV[235] und § 3a UWG iVm § 6 Abs. 1 Nr. 1 TMG[236] bestehen, wenn der Influencer eine finanzielle Gegenleistung erhält.[237] Im Falle einer Gegenleistung dürften diese Vorschriften als Spezialvorschriften Vorrang genießen, wenn es sich um Handlungen zu Gunsten eines fremden Unternehmens handelt.[238]

2. Haftung

73 a) **Verbreitender.** Für eine unzulässige Werbung in redaktioneller Form kann zunächst der **Verbreitende** auf **Unterlassung und Beseitigung** nach § 8 Abs. 1 UWG in Anspruch genommen werden.[239] Unproblematisch haften hier zunächst im **Printbereich der Verlag**[240] und **der verantwortliche Redakteur**[241] bzw. **Chefredakteur**[242] sowie **der Drucker,**[243] ohne dass sich diese auf die ansonsten im Wettbewerbsrecht anerkannte Privilegierung von Presseunternehmen (Presseprivileg)[244] bei der Veröffentlichung von Werbeanzeigen berufen können.[245] In Anspruch genommen werden kann ferner der vom Verlag abgespaltene **selbstständige Anzeigenvermittler,** der mit einer Anzeige den vom Inserenten vorgefertigten und mit der Anzeige zu koppelnden Beitrag weiterleitet, allerdings nur im Hinblick auf die Mitwirkung an der redaktionellen Werbung, nicht für

[227] OLG Köln GRUR-Prax 2022, 132 mAnm Terhaag.
[228] LG Köln ZUM RD 2021, 240 (244).
[229] Reinholz/Schirmbacher K&R 2017, 753.
[230] Klickermann MMR 2020, 150 (153) mwN.
[231] BT-Drs. 19/27873, 35.
[232] Peifer GRUR 2018, 1218 (1221).
[233] Ahrens GRUR 2018, 1211 (1214).
[234] Ahrens GRUR 2018, 1211 (1214).
[235] Ahrens GRUR 2018, 1211 (1217).
[236] Vgl. Klickermann MMR 2020, 150 (151).
[237] OLG München GRUR 2020, 1096 (1098) – Blauer Plüschelefant.
[238] LG Köln GRUR-Prax 2022, 132 mAnm Terhaag.
[239] Köhler/Bornkamm/Feddersen/Köhler UWG § 5a Rn. 7.58, § 9 Rn. 2.1 ff.
[240] Vgl. LG/OLG Frankfurt/Main WRP 2010, 156 (160); BGH GRUR 1994, 441 (443) – Kosmetikstudio.
[241] Vgl. BGH GRUR 1994, 441 (443) – Kosmetikstudio; BGH GRUR 1975, 208 – Deutschland-Stiftung.
[242] Vgl. OLG München GRUR 1994, 835 (836) – Ärzteliste.
[243] Statt aller Köhler/Bornkamm/Feddersen/Köhler UWG § 9 Rn. 2.2.
[244] Siehe Rn. 71.
[245] Vgl. Henning-Bodewig GRUR 1985, 258 (262) mit Verweis auf BGH GRUR 1980, 242 – Denkzettel-Aktion.

deren Veröffentlichung.[246] Im **Rundfunkbereich** haftet nicht nur der **Rundfunkanbieter** als Störer. Daneben haftet auch, sofern vom Rundfunkanbieter selbstständig abspaltbar,[247] die **Produktionsfirma.** Darüber hinaus haften auch alle anderen eigenverantwortlich an der Sendung oder am Film Beteiligten, also auch der **Regisseur,** der **Moderator** oder sonstige **eigenständig mitwirkende Personen** wie zB der Hauptdarsteller oder Show- und Talkmaster.[248] Beim Influencer-Marketing kommt neben einer Haftung des **Influencers** auch eine der am Marketing beteiligten Personen oder Unternehmen in Betracht.[249] Dies kann beispielsweise die **Konsumgüterindustrie** sein, der **Handel** oder auch **Agenturen,** deren sich die Influencer zunehmend bedienen.[250]

Praxistipp:

Um eine Haftung im Bereich des Influencer-Marketings zu vermeiden, kann es sich empfehlen, im Innenverhältnis Freistellungsklauseln zu vereinbaren.[251]

Es gelten für den Verbreitenden ohne Einschränkung die herkömmlichen Haftungsregeln. 74
Um eine unbeschränkte Haftung derjenigen zu vermeiden, die nicht direkt selbst tatbestandlich handeln, hat die Rechtsprechung die **Störerhaftung** eingeschränkt und die Verletzung einer Prüfungspflicht verlangt.[252] Inzwischen ist für das Wettbewerbsrecht insgesamt die Störerhaftung aufgegeben worden und die eigene täterschaftliche Haftung nunmehr an die **Verletzung von Verkehrspflichten/Prüfungspflichten** geknüpft.[253] Eine Haftung desjenigen, der sich fremde Inhalte zu eigen macht, ergibt sich aus den allgemeinen Regeln, kann aber insbesondere bei neueren technischen Möglichkeiten wie Hyperlinks[254] und Framing[255] Probleme bereiten.[256]

Für die relativ selten geltend gemachten **Schadensersatz-** und sie vorbereitenden **Auskunftsansprüche** ist das Presseprivileg aus § 9 S. 2 UWG zu beachten, wonach der Anspruch auf Schadensersatz gegen Verantwortliche periodischer Druckschriften nur bei **vorsätzlicher Zuwiderhandlung** geltend gemacht werden kann. § 10 UWG regelt überdies einen unter bestimmten Voraussetzungen für Verbände bestehenden **Gewinnabschöpfungsanspruch.**[257] 75

b) Begünstigter. Etwas differenzierter ist die Haftung des **Begünstigten** der unzulässigen getarnten Werbung zu sehen. Unproblematisch haftet der Begünstigte dann ohne Einschränkungen nach den allgemeinen Grundsätzen, wenn er die verschleierte redaktionelle Werbung **bewusst herbeigeführt,** also insbesondere entsprechende Absprachen mit dem Verbreitenden getroffen hat. Oft wird dies aber nur schwierig zu belegen sein. Dann haftet der Begünstigte nur in den Fällen, in denen nach der Lebenserfahrung feststeht, dass der Begünstigte sein Werbematerial derart eingereicht hat, dass er bewusst auf eine getarnte redaktionelle Werbung **spekuliert** hat. Dies ist zB der Fall, wenn der Begünstigte Anzeigen in redaktioneller Form einreicht; er kann sich dann später nicht darauf berufen, er habe nicht gewusst, dass die von ihm eingereichten Werbebeiträge nur unzureichend gekennzeichnet würden.[258] Eine derartige Konstellation liegt auch vor, wenn ein Begünstigter druckfertige Artikel mit getarnter Werbung an Zeitungen verschickt, denen er auch Insertionsaufträge erteilt hat. Dann besteht die Gefahr, dass die Abdruckentscheidung nicht frei erfolgt.[259] 76

Die Verantwortlichkeit des Begünstigten kann ferner dadurch begründet werden, dass er Bausteine für den redaktionellen Text bereitstellt, die bei **verständiger Würdigung** nur in redaktionelle Werbung einfließen können (unter Umständen ist dies bereits bei der Lieferung von 77

[246] Vgl. BGH GRUR 1994, 441 (443) – Kosmetikstudio.
[247] Gloy/Loschelder/Erdmann UWG-HdB/Ahrens UWG § 74 Rn. 57 ff. mwN.
[248] Sack AfP 1991, 705 (711).
[249] Ahrens GRUR 2018, 1211 (1218).
[250] Ahrens GRUR 2018, 1211 (1218).
[251] Reinholz/Schirmbacher K&R 2017, 753.
[252] BGH GRUR 2006, 875 – Rechtsanwalts-Ranglisten.
[253] St. Rspr.; siehe nur BGH GRUR 2011, 152 – Kinderhochstühle im Internet.
[254] BGH GRUR 2016, 209 – Haftung für Hyperlink; BGH MMR 2004, 529 – Schöner Wetten.
[255] Siehe Spindler GRUR 2016, 157 zur urheberrechtlichen Relevanz des Framings.
[256] Insgesamt siehe Lotze in → § 30.
[257] Vgl. zur Anspruchsberechtigung ausführlich Ebert-Weidenfeller in → § 12.
[258] Vgl. OLG Düsseldorf WRP 1972, 145 (147) – Redaktionell gestaltete Anzeigen.
[259] Vgl. BGH GRUR 1981, 835 (836) – Getarnte Werbung I.

Produktabbildungen der Fall), gegebenenfalls muss er sich eine Überprüfung des fertigen Artikels vorbehalten.[260]

3. Antragsfassung

78 Ganz besondere Schwierigkeiten bei der getarnten redaktionellen Werbung ergeben sich im Hinblick auf die **Antragsfassung.** Unterlassungsantrag und Unterlassungstenor müssen das Bestimmtheitserfordernis des § 253 Abs. 2 Nr. 2 ZPO erfüllen.

79 Unproblematisch ist es insoweit, allein die **konkrete Verletzungsform** zu verbieten. Hier können mangels jeglicher Abstrahierung keine Probleme mit dem Bestimmtheitserfordernis auftreten. Der Antrag würde also beispielsweise gegenüber einem Presseunternehmen wie folgt lauten:

Formulierungsvorschlag:

Der Beklagte wird verurteilt, es *(gesetzliche Ordnungsmittel)* zu unterlassen, geschäftlich handelnd den nachfolgenden Beitrag zu veröffentlichen: (…) *(Ablichtung des Beitrages).*

80 Damit macht man es dem Verletzer jedoch allzu leicht, durch eine Veränderung der Werbung, zB in seiner Formulierung oder in der graphischen Aufmachung, ein Verbot zu umgehen. **Abstrahierungen** sind allerdings nur sehr eingeschränkt möglich, weil das Charakteristische der Verletzungsform sich stets nur aus einem Zusammenwirken verschiedener Umstände[261] und damit letztlich nur aus der Einzelfallbetrachtung ergibt. Auszugehen ist dabei stets von dem Grundsatz, dass der Verletzer wissen muss, was ihm verboten ist.[262] Ein entsprechender Antrag muss sich daher möglichst genau an die Verletzungsform anpassen, muss aber jedenfalls das Charakteristische, den „Kern" oder das „Wesen" der konkreten Verletzungshandlung erfassen[263] und so genau herausarbeiten, hinsichtlich welcher Handlung eine Wiederholungs- oder Erstbegehungsgefahr besteht.

81 Die folgenden Beispiele vermitteln ein Bild des bislang erlaubten Abstrahierungsgrades (ja: zulässig; nein: unzulässig):

ja: „redaktionell gestaltete Anzeigen in Wort und/oder Bild zu veröffentlichen, ohne diese deutlich mit dem Wort „Anzeige" zu bezeichnen";[264]

ja: „redaktionelle Beiträge zu veröffentlichen, in denen bestimmte Unternehmen und deren Erzeugnisse oder Leistungen herausgestellt werden, soweit gleichzeitig für diese Unternehmen, deren Erzeugnisse oder Leistungen in dem selben Anzeigenblatt werbend Anzeigen veröffentlicht werden, es sei denn, dass der Beitrag durch besondere publizistische Anlässe veranlasst oder gerechtfertigt ist, insbesondere durch Firmenjubiläen, Geschäftseröffnungen oder Inhaberwechsel";[265]

ja: „es zu unterlassen, auf der Rückseite der Zeitschrift XY eine Werbeanzeige der Firma Z mit einem dem Cover-Girl identischen Fotomodell und in einer Aufmachung zu veröffentlichen, die der Titelseite ähnlich ist, wie aus der Anlage ersichtlich";[266]

nein: „redaktionelle Beiträge ähnlich wie … zu veröffentlichen" (der Umfang des Verbotes ist nicht hinreichend geklärt);[267]

nein: „redaktionelle Beiträge, die inhaltlich Werbung sind, zu veröffentlichen" (der Inhalt des Verbotes ist nicht hinreichend bestimmt);[268]

[260] Vgl. BGH GRUR 1996, 71 (72) – Produktinformationen III; BGH GRUR 1996, 292 (293 f.) – Aknemittel; BGH GRUR 1997, 139 (140) – Orangenhaut; BGH GRUR 1997, 541 (543) – Produkt-Interview; KG GRUR 1992, 719 (720) – Kreuzworträtsel mit Werbung.

[261] Gloy/Loschelder/Erdmann UWG-HdB/Ahrens UWG § 74 Rn. 63.

[262] Vgl. BGH GRUR 1998, 489 (491) – Unbestimmter Unterlassungsantrag III; BGH GRUR 1997, 767 – Brillenpreise II.

[263] OLG Jena GRUR-RR 2006, 247 – „in der Ausgabe …" unter Verweis auf den im Wettbewerbsrecht geltenden Grundsatz, dass ein Unterlassungstitel neben der konkreten Verletzungsform auch kerngleiche Verstöße erfasst.

[264] Löffler/Sedelmeier LPG § 10 Rn. 80 mwN.

[265] Vgl. OLG Hamburg WRP 1984, 628 (629) – redaktionelle Beiträge; dazu auch Gloy/Loschelder/Erdmann UWG-HdB/Ahrens UWG § 74 Rn. 66.

[266] Vgl. noch zum alten Recht OLG Hamburg GRUR-RR 2004, 46 (47) – Rexona.

[267] Vgl. BGH GRUR 1991, 254 (256) – Unbestimmter Unterlassungsantrag I.

[268] Vgl. BGH GRUR 1993, 565 (566) – Faltenglätter.

nein: „redaktionelle Beiträge mit einer überwiegend pauschalen Anpreisung des Firmenangebotes zu veröffentlichen" (das Verbot ist zu unbestimmt);[269]

nein: „zu verbieten, bei der Ausstrahlung eines Rundfunkprogramms Werbung von anderen Programmteilen nicht durch akustische Mittel zu trennen" (nicht hinreichend bestimmt, da nur das gesetzliche Verbot wiederholt wird).[270]

Zu beachten bleibt insgesamt, dass sich der **Streitgegenstand** und damit einhergehend die **Rechtskraft** eines wettbewerbsrechtlichen Unterlassungsanspruchs im Kern nur auf die jeweils in Bezug genommene Publikation bzw. Maßnahme beschränkt[271] und unter Umständen trotz abstrahierenden Tenors bei auch nur leicht abweichenden weiteren Publikationen bzw. Maßnahmen keine entgegenstehende Rechtskraft gem. § 322 Abs. 1 ZPO gegeben ist.[272] 82

Hinsichtlich des Streitgegenstandes gilt es zu beachten, dass bei wettbewerbsrechtlichen Unterlassungsklagen die konkrete Verletzungsform den Streitgegenstand bildet, wenn mit der Klage ein entsprechendes Unterlassungsbegehren verfolgt wird.[273] Der Streitgegenstand umfasst in diesem Fall alle Rechtsverletzungen, die in der konkreten Verletzungsform verwirklicht sind, auch wenn die verschiedenen Verletzungen jeweils einen unterschiedlichen Tatsachenvortrag erfordern; es kommt nicht darauf an, ob der Kläger sich auf diese Rechtsverletzung gestützt und den zu dieser Rechtsverletzung gehörenden Tatsachenvortrag gehalten hat.[274] 83

Praxistipp für Angreifer:

Formulieren Sie stets spätestens als Vorbereitung zur mündlichen Verhandlung einen Hilfsantrag in der konkreten Verletzungsform oder gar der konkreten Verletzungshandlung, wenn Sie versuchen, mit einem abstrahierenden Hauptantrag vorzugehen.

Im Übrigen empfiehlt es sich, einen Hilfsantrag mit „nämlich" oder „wenn dies wie in" bereits mit der Klage-/Antragschrift anzubringen. In beiden Fällen droht jedoch eine Kostenquote, wenn der Hauptantrag nicht durchdringt.

Praxistipp für Angegriffene:

Schon bei geringem Abstrahierungsgrad ist zwingend eine genaue Auseinandersetzung mit der Bestimmtheit des Antrags geboten, um im Interesse des Mandanten jede Unklarheit zu dem Verbotstenor zu vermeiden. Nicht zuletzt ist auch eine Kostenquotelung denkbar, wenn der ursprüngliche Antrag zu unbestimmt ist.

Es ist auf eine eindeutige Abstufung nach Haupt- und Hilfsantrag zu drängen und die Zahl der Streitgegenstände genau zu definieren. Hier bestehen für die klagende Partei erhebliche Kostenfallen.

IV. Äußerungen Dritter

Getarnte Werbung kann nicht nur im Mantel des redaktionellen Presseberichts daherkommen. 84
Vielmehr sind auch andere **Äußerungen vermeintlich neutraler Dritter,**[275] die tatsächlich bezahlte Werbung sind, wettbewerbsrechtlich zu beanstanden.

1. Wissenschaftliche Publikationen

Dies gilt zunächst für **wissenschaftliche Publikationen,** insbesondere für Gutachten. Solchen 85
wissenschaftlichen Äußerungen bringt der Beworbene regelmäßig ein besonderes Vertrauen entgegen, das über die journalistische Sorgfalt sogar hinausgeht. Ein Gewerbetreibender, der sich dies zunutze macht und mit bezahlten Gutachten wirbt, führt das Publikum irre.[276] Gutachten

[269] BGH GRUR 1998, 489 (492) – Unbestimmter Unterlassungsantrag III.

[270] Vgl. zum alten Recht OLG Köln GRUR-RR 2001, 287 – Radioübertragung aus Hotel.

[271] Vgl. OLG Jena GRUR-RR 2006, 247 – „in der Ausgabe …".

[272] Zum Umfang der Rechtskraft bei Unterlassungstiteln: BGH GRUR 2006, 421 – Markenparfümverkäufe; diese Entscheidung ist in der Literatur nahezu einhellig deutlich kritisiert worden, sie ist jedoch durch Folgeentscheidungen des BGH inzwischen zu ständiger Rechtsprechung geworden.

[273] BGH GRUR 2013, 401 – Biomineralwasser.

[274] Der BGH hat sich in der Entscheidung BGH GRUR 2013, 401 – Biomineralwasser.

[275] Zu Spezialformen des viralen Marketings bereits → Rn. 64.

[276] Vgl. zum alten Recht BGH GRUR 1962, 45 (49) – Betonzusatzmittel; allgemein zur Irreführung bei Äußerungen Dritter und wissenschaftlichen Veröffentlichungen siehe oben Ahrens → § 20 Rn. 167 ff.

dürfen daher werbemäßig nur dann verwendet werden, wenn **ihr Verfasser** entweder **unabhängig** ist oder wenn in der Werbung auf ein etwa bestehendes **Abhängigkeitsverhältnis,** zB in Form einer Vergütung für die Abfassung des Gutachtens, **hingewiesen** wird. Sie müssen zudem das wissenschaftlich gebotene Maß an Objektivität auch tatsächlich einhalten, dürfen also nicht etwa gewichtige Gegenmeinungen oder Umstände einfach übergehen, die nach wissenschaftlichen Maßstäben hätten berücksichtigt werden müssen.[277] Im Bereich des Gesundheitswesens ist man noch strenger: Im Interesse der Allgemeinheit werden dort nur solche Auffassungen als zulässig erachtet, die gesicherter wissenschaftlicher Erkenntnis entsprechen.[278] Der Werbende trägt dabei die Verantwortung für die Richtigkeit der fachlichen Aussagen. Im Bereich der Heilmittelwerbung sind außerdem § 6 HWG und § 11 HWG zu beachten, wonach mit Gutachten unberufener Personen und mit Gutachten außerhalb der Fachkreise gar nicht geworben werden darf.

2. Warentests

86 Eine besondere Form von Empfehlungen eigentlich neutraler Dritter sind **Warentests.** Selbst wenn die publizierten Testergebnisse richtig sind, ist es unzulässig, einen Warentest zu veröffentlichen, wenn der Testende **nicht wirklich neutral** war, sondern insbesondere finanzielle Abhängigkeiten zum Hersteller oder Vertreibenden des getesteten Produktes bestehen. Wenn die Leser eines solchen Warentests nicht über derartige Bindungen aufgeklärt werden, ist die Veröffentlichung sowohl als getarnte Werbung über § 5a Abs. 4 UWG als auch als Irreführung über § 5 UWG angreifbar.[279] Wurde der Warentest bezahlt, liegt die Irreführung auf der Hand. Aber auch sonstige Möglichkeiten einer testfremden Einflussnahme, die die Neutralität beseitigen, sind schädlich. So ist es beispielsweise wettbewerbswidrig, wenn der Herausgeber einer den Test veranstaltenden Zeitschrift zugleich Hersteller oder Händler eines Konkurrenzerzeugnisses ist.[280]

3. Rankings

87 Rankings bringen keine besonderen Probleme mehr mit sich, nachdem das Bundesverfassungsgericht bereits 2002 zu Anwaltsbewertungen entschieden hat, dass der Schwerpunkt auf Meinungsäußerung, nicht auf Tatsachenbehauptungen läge.[281] Wird die Bewertungsgrundlage und das Auswahlkriterium mitgeteilt, so sind derartige Publikationen zulässig.[282] Besteht allerdings ein Zusammenhang zwischen Insertion oder sonstiger Gegenleistung und Bewertung, so gelten keine Besonderheiten.[283] Derartiges kann ohne weiteres ohne Wertungsmöglichkeit unter Anhang Nr. 11 zu § 3 Abs. 3 UWG fallen oder sonst unter § 5a Abs. 4 UWG.

Praxistipp:

Die Abgrenzung zwischen **Tatsachenbehauptung** und **Meinungsäußerung** ist schwierig, aber elementar, um zu richtigen Ergebnissen zu kommen. Um Angriffe zu vermeiden, sollten daher die Quellen der (redaktionellen) Einschätzung offenbart werden, etwa Fragebögen, Interviewleitfäden, deren Aufbau und Auswertungsschema, Auswahlkriterien für Gesprächspartner etc.

4. Sonstige Empfehlungen

88 Die Pflicht, auf die mangelnde Neutralität hinzuweisen, gilt auch für **sonstige Empfehlungen** von nicht ersichtlich im Lager des Werbenden stehender Dritter. Wird beispielsweise eine **bekannte Klinik** für ästhetische und kosmetische Chirurgie gebeten, **Namen und Anschrift bekannter Chirurgen** für kosmetische Operationen **zu nennen,** so verstößt es gegen § 5a Abs. 4 UWG, wenn dem Ratsuchenden nur eine bestimmte Klinik für kosmetische Operationen genannt wird. Im

[277] Vgl. zum alten Recht BGH WRP 2002, 828 (830) – Hormonersatztherapie; HK-UWG/Hasselblatt § 5a Rn. 236.
[278] Vgl. zum alten Recht BGH GRUR 1971, 153 (155) – Tampax.
[279] Vgl. zum alten Recht OLG München NJW-RR 1997, 1330 (1331); allgemein zur Irreführung bei Warentests siehe oben Ahrens → § 20 Rn. 255 ff.
[280] Vgl. zum alten Recht OLG Hamm WRP 1980, 281 (282).
[281] BVerfG NJW 2003, 277 – Juve-Handbuch.
[282] Leitentscheidung BGH GRUR 2006, 875 – Rechtsanwalts-Ranglisten; siehe auch Köhler/Bornkamm/Feddersen/Köhler UWG § 5a Rn. 7.8 mwN; Harte-Bavendamm/Henning-Bodewig/Frank UWG § 5a Rn. 292.
[283] Siehe oben → Rn. 21 ff.

konkreten Fall kam hinzu, dass die dort tätigen Ärzte mit überschwänglichem Lob hervorgehoben wurden.[284] Auch von einem **Hoheitsträger** erwartet der Verkehr grundsätzlich, dass dieser sich **neutral und nach sachgerechten Kriterien** verhält.[285]

Allerdings muss der eigentlich neutrale Dritte, mit dessen **Empfehlung** geworben wird, auch **tatsächlich** eine solche Empfehlung konkret **ausgesprochen** haben. Erlaubt der Deutsche Fußballbund einem Sportartikelhersteller lediglich, bestimmte Angaben und Zeichen des DFB für die Ausstattung von Sportartikeln zu verwenden, so darf der Unternehmer nicht damit werben, dass der DFB eine „Empfehlung" ausgesprochen habe.[286] Ganz besonders strenge Vorschriften gelten für Empfehlungen von Angehörigen der Heilberufe (Ärzte, Apotheker, Heilpraktiker etc.)[287] 89

5. Haftung

a) Äußernder. Der **Äußernde** haftet grundsätzlich schon deshalb, weil er die Äußerung getätigt hat.[288] Eine Haftung des Äußernden ist allerdings dann fraglich, wenn der Äußernde nicht weiß, dass seine Äußerung veröffentlicht wird, ohne auf seine mangelnde Neutralität hinzuweisen. Dies gilt zumindest so lange, wie die lobende Äußerung des Dritten für sich genommen zulässig ist und erst dadurch unlauter wird, dass die fehlende Neutralität nicht erwähnt wird. Dafür sollte dann nur der durch die Werbung Begünstigte haften. Etwas anderes mag allerdings aus Zurechnungsgesichtspunkten gelten, wenn der Begünstigte vorher schon mehrfach Äußerungen des Dritten in unlauterer Weise missbraucht. 90

b) Werbender. In der wettbewerbsrechtlichen Literatur besteht Einigkeit dahingehend, dass ein **Werbender,** der sich Äußerungen Dritter für eigene Werbezwecke zu eigen macht, für den Inhalt dieser Äußerungen einstehen muss, als wären es seine eigenen Worte.[289] Der Werbende kann sich nicht darauf zurückziehen, es handle sich nur um die Äußerung eines Dritten. Der Begünstigte sollte daher stets den Inhalt der Äußerungen des Dritten, seien es wissenschaftliche Äußerungen in Gutachten, Warentests oder bloße Empfehlungen, prüfen, weil er für deren Inhalt gegebenenfalls voll haftet. Umso mehr haftet der Begünstigte für die unlautere Verbreitung von Äußerungen Dritter, wenn er deren Wettbewerbswidrigkeit erst selbst herstellt, beispielsweise dadurch, dass er es unterlässt, auf die mangelnde Neutralität des Dritten hinzuweisen. 91

V. Tarnung des Werbenden und des werblichen Kontakts

Kann der Beworbene der Werbung nicht klar entnehmen, wer hinter der Werbung steckt, so war dies nach dem bisherigen Recht irreführend im Sinne des § 5 UWG aF. Der BGH hat es beispielsweise als relevanten Irrtum über die Bezugsquelle angesehen, wenn der **geschäftliche Charakter** des Angebotes aus einer Anzeige **nicht ersichtlich** wird und Verkehr dadurch fälschlicherweise auf ein – möglicherweise günstigeres – Privatangebot[290] oder gar ein amtliches Dokument[291] schließt. 92

§ 5a Abs. 4 UWG beinhaltet das spezielle Verbot, den kommerziellen Zweck einer geschäftlichen Handlung nicht kenntlich zu machen. Erfasst bleiben die Fälle, in denen der Werbende unter einem nicht geschäftlichen Vorwand Kontakt sucht, um den Adressaten sodann mit einem geschäftlichen Angebot zu konfrontieren und zu einer Bestellung zu veranlassen.[292] Darunter fallen etwa **Verkaufs- oder Kaffeefahrten,** bei denen eine Ausflugsfahrt oder -reise angekündigt und dabei der eigentliche Zweck des Verkaufs von Waren nicht deutlich gemacht wird.[293] Die **Tarnung als Meinungsumfrage** fällt ebenfalls hierunter, wo Adressaten unter dem Vorwand einer Mei- 93

---

284 Vgl. zum alten Recht OLG Hamburg WRP 1993, 494; entsprechend in Bezug auf Heilpraktiker: LG München BeckRS 2008, 7079 = MD 2008, 429.

285 Zu Informationen staatlicher Kurverwaltungen: BGH GRUR 1956, 216 (218) – Bad Ems; zu technischen Notdiensten: BGH GRUR 1994, 516 (518) – Auskunft über Notdienste.

286 OLG Hamburg GRUR 1986, 550 (551).

287 Wirtz GRUR 1985, 485 ff.; vgl. ausführlich zum Heilmittelwerberecht Grundmann in → § 32.

288 Vgl. BGH GRUR 1990, 611 (614) – Werbung im Programm; Köhler WRP 1998, 349 (351).

289 Vgl. zum alten Recht BGH GRUR 1962, 45 (49) – Betonzusatzmittel.

290 Vgl. BGH GRUR 1987, 748 (749) – Getarnte Werbung II; Ohly/Sosnitza/Sosnitza UWG § 5a Rn. 155.

291 Köhler/Bornkamm/Feddersen/Köhler UWG § 5a Rn. 7.36; KG WRP 2015, 1534; siehe auch LG Berlin BeckRS 2008, 15975 = MD 2008, 820.

292 Köhler/Bornkamm/Feddersen/Köhler UWG § 5a Rn. 7.35.

293 Vgl. etwa zum alten Recht BGH GRUR 1986, 318 – Verkaufsfahrten I; BGH GRUR 1988, 829 – Verkaufsfahrten II; BGH GRUR 1988, 130 – Verkaufsreisen; BGH GRUR 1990, 1020 – Freizeitveranstaltung.

nungsumfrage dazu bewegt werden sollen, ihre Adressen oder sonstige werberelevante Informationen zu überlassen, ohne dass der werbliche Charakter der Maßnahme überhaupt erwähnt, geschweige denn vorab deutlich gemacht würde, etwa beim Absatz von Verlagserzeugnissen unter dem Vorwand statistischer Marktforschung.[294] Der schlichte **Kauf von Adressmaterial** fällt allerdings nicht unter diese Fallgruppe, da insoweit keine Verschleierung eintritt.[295] Einen besonders dreisten Fall verschleierter Werbung an der Grenze zur Betrugsstrafbarkeit stellen **Zahlungsaufforderungen** dar, die wie Rechnungen aufgemacht sind – besonders häufig im Zusammenhang mit Insertionen in Firmenregistern oder Markenregistern anzutreffen.[296]

94 Wird der Eindruck erweckt, der Unternehmer sei Verbraucher oder nicht für Zwecke seines Geschäfts, Handels, Gewerbes oder Berufs tätig, so liegt auch ein Fall der Black List vor, nämlich von Anhang Nr. 23 zu § 3 Abs. 3 UWG.

VI. Bearbeitungscheckliste

95 I. Vorrang- und Konkurrenzverhältnis klären
- 1. B2B oder B2C
- 2. betroffenes Medium und Adressatenkreis bestimmen

II. Werbung in redaktioneller Form
- 1. Angriff gegen Medium
  - ☐ Unternehmerische Tätigkeit: kommerzieller Zweck
  - ☐ Marktbezogenes Verhalten: geschäftliche Handlung
  - ☐ Objektiver Zusammenhang: geschäftliche Relevanz
  - ☐ Unlauterkeit
    - zwingend bei Verstoß gegen Anhang Nr. 11 zu § 3 Abs. 3 UWG
    - Regelungen in PresseG, MStV, TMG, Richtlinie 2000/31/EG,
    - kommerziellen Zweck nicht kenntlich gemacht
    - allgemeine Vorschriften
- 2. Angriff auf Beworbenen
  - ☐ Grundsatz: nur Haftung für eigenes Verschulden und Verletzung eigener Prüfungspflichten
- 3. Antragsfassung: Vorsicht bei Abstrahierung und Klagehäufung

III. Werbung mit Äußerungen Dritter
- 1. Angriff gegen Äußernden
  - ☐ Unternehmerische Tätigkeit
    - Vermutung bei Äußerungen von Unternehmern
    - gesonderte Feststellung bei Wissenschaftlern, Privatpersonen
  - ☐ Marktbezogenes Verhalten
  - ☐ objektiver unmittelbarer Zusammenhang
  - ☐ Unlauterkeit
    - Anhang Nr. 11 zu § 3 Abs. 3 UWG gilt nicht, wenn kein redaktioneller Inhalt
    - Fehlende Aufklärung über Abhängigkeit des Äußernden
    - Warentest: keine vollständige Neutralität
- 2. Angriff gegen Werbenden
  - ☐ volle Haftung (Zueigenmachen)

IV. Auswirkungen auf Verträge über getarnte Werbung
- ☐ Nichtigkeit des Vertrages gem. § 134 BGB möglich
- ☐ keine Rückforderung wegen § 817 S. 2 BGB
- ☐ gilt ggf. nicht bei Produkt- oder Themenplatzierung

[294] OLG Frankfurt GRUR 1989, 845 – Adressbeschaffung; KG GRUR 1972, 192.
[295] HK-UWG/Hasselblatt § 5a Rn. 235; datenschutzrechtliche Bestimmungen bleiben unberührt.
[296] Markenämter warnen von sich aus vor solchen unseriösen Zahlungsaufforderungen; siehe iÜ LG Berlin BeckRS 2015, 2018 = WRP 2015, 652; BGH GRUR 2012, 184 – Branchenbuch Berg; HK-UWG/Hasselblatt § 5a Rn. 233 mwN.

§ 22 Vergleichende Werbung (§ 6 UWG)

Übersicht

I. Bearbeitungs-Checkliste

Vergleichende Werbung unterliegt der spezialgesetzlichen Regelung des § 6 UWG. Nach dieser 1
Regelung ist vergleichende Werbung unlauter im Sinne von § 3 UWG, wenn der Vergleich eine Reihe von Voraussetzungen nicht erfüllt. Ebenfalls zu berücksichtigen ist die Regelung zu irreführenden geschäftlichen Handlungen, soweit sie in § 5 Abs. 4 UWG vergleichende Werbung betrifft.[1] Für die Bearbeitungspraxis empfiehlt sich die Einhaltung folgender Prüfschritte:

[1] Siehe dazu unten → Rn. 70 ff.

2 **Checkliste:**

- ☐ Liegt ein Fall vergleichender Werbung vor oder handelt es sich um eine andere – nicht nach § 6 UWG zu beurteilende – Form der Werbung (Tatbestand der vergleichenden Werbung, vgl. Rn. 7 ff.)?
- ☐ Was darf verglichen werden (Gegenstand des Vergleichs)?
  - Verglichen werden dürfen nur Produkte (Waren oder Dienstleistungen)
    - des gleichen Bedarfs oder derselben Zweckbestimmung (vgl. Rn. 38 ff.);
    - derselben Ursprungsbezeichnung (vgl. Rn. 45 ff.).
  - Dürfen die verglichenen Merkmale dieser Produkte miteinander verglichen werden (vgl. Rn. 48 ff.)? Verglichen werden dürfen nur
    - der Preis;
    - wesentliche, relevante, nachprüfbare und typische Eigenschaften.
- ☐ Wie darf verglichen werden (Art und Weise des Vergleichs)? Der Vergleich darf nicht
  - irreführen (vgl. Rn. 70 ff.);
  - zu Verwechslungen führen (vgl. Rn. 81 ff.);
  - die Wertschätzung fremder Kennzeichen ausnutzen oder ihre Unterscheidungskraft beeinträchtigen (vgl. Rn. 95 ff.);
  - herabsetzen oder verunglimpfen (vgl. Rn. 105 ff.);
  - ein Produkt als Nachahmung eines durch Kennzeichen geschützten Produktes darstellen (vgl. Rn. 114 ff.).

II. Rechtsentwicklung

3 Galt in Deutschland für vergleichende Werbung traditionell das Verbotsprinzip, führte die Richtlinie 97/55/EG zu einem Paradigmenwechsel.[2] Die Richtlinie regelt, dass vergleichende Werbung unter den in ihrem Art. 3a) genannten Voraussetzungen in den Mitgliedstaaten zulässig sein muss.

4 Am 14.9.2000 trat daher das Gesetz zur vergleichenden Werbung und zur Änderung wettbewerbsrechtlicher Vorschriften in Kraft und fügte eine **Spezialregelung** zur vergleichenden Werbung in das UWG ein.[3]

5 Die Modernisierung des UWG durch das Gesetz gegen den unlauteren Wettbewerb vom 3.7.2004, welches am 8.7.2004 in Kraft trat, wies der vergleichenden Werbung ihren Regelungsstandort in **§§ 6,** 5 Abs. 3 **UWG** zu. Anschließende Novellen brachten inhaltlich nur geringfügige Änderungen mit sich.[4] Mit der Änderung des UWG durch das Gesetz zur Stärkung des Verbraucherschutzes im Wettbewerbs- und Gewerberecht vom 10.8.2021 wurde § 5 Abs. 3 UWG aF zu **§ 5 Abs. 4 UWG** nF, blieb inhaltlich jedoch unverändert.[5]

III. Auslegungsgrundsätze

6 Immer wieder werden sich bei der konkreten Fallbearbeitung Fragen ergeben, für deren Beantwortung weder der Gesetzestext noch die bisherige Rechtsprechung hinreichend konkrete Antworten liefern. In diesen Fällen sind die deutschen Vorschriften zur vergleichenden Werbung auszulegen. Wie bei allen Gesetzen, die europäisches Recht umsetzen, hat diese Auslegung **richtlinienkonform** zu erfolgen; maßgeblich ist nunmehr die Richtlinie 2006/114/EG des Europäischen Parlaments und des Rates vom 12.12.2006 über irreführende und vergleichende Werbung (kodifizierte Fassung),[6] im Folgenden als „RiL" bezeichnet. Diese ist auch deshalb besonders bedeutsam, weil das UWG sowohl in seiner Regelungstechnik als auch im Wortlaut von der

[2] ABl. EG 1997 L 290/18 = WRP 1998, 798.

[3] BGBl. Jahrgang 2000 Teil I, Nr. 41 v. 13.9.2000, S. 1374.

[4] Richtlinie 2005/29/EG über unlautere Geschäftspraktiken v. 11.5.2005, abgedruckt in WRP 2005, 1555; Erstes Gesetz zur Änderung des Gesetzes gegen den unlauteren Wettbewerb v. 22.12.2008, BGBl. 2008 I 2949; Zweites Gesetz zur Änderung des Gesetzes gegen den unlauteren Wettbewerb v. 2.12.2015, BGBl. 2015 I 2158.

[5] Der neue Regelungsstandort in Abs. 4, der am 28.5.2022 in Kraft tritt, wird dieser Kommentierung zugrunde gelegt.

[6] ABl. EG Nr. L 376/21 v. 27.12.2006. Vgl. zur richtlinienkonformen Auslegung im Allgemeinen → Rn. 8 ff.

Richtlinie abweicht, die Richtlinie nach ganz allgemeiner Meinung dem nationalen Gesetzgeber aber keinen Umsetzungsspielraum lässt. Nach der Rechtsprechung des EuGH ist die RiL dahingehend auszulegen, dass sie irreführende und unzulässige vergleichende Werbung als zwei selbstständige Zuwiderhandlungen regelt. Eine irreführende Werbung ist deshalb zu untersagen, auch wenn sie nicht gleichzeitig eine unzulässige vergleichende Werbung darstellt.[7] Eines der wesentlichen Ziele der Neuregelung ist es, die Voraussetzungen dafür zu schaffen, dass sowohl Verbraucher als auch Anbieter größtmöglichen Nutzen aus dem europäischen Binnenmarkt ziehen können. Jeder soll die Möglichkeit haben, seinen Bedarf mit den ihm am günstigsten erscheinenden Angeboten zu decken. Dies kann er jedoch nur, wenn er darüber informiert ist, welche Angebote zu welchen Bedingungen jeweils aktuell existieren. Ein wichtiges Instrument dieser Information sieht der europäische Gesetzgeber in der vergleichenden Werbung.[8] Sowohl für Verbraucher wie auch für Anbieter soll die vergleichende Werbung die **Markttransparenz** erhöhen. Dieses Ziel gibt damit eines der wichtigsten **Auslegungskriterien** der Neuregelung vor. Jede Auslegung, die im Ergebnis zu mehr Markttransparenz führt, ist im Sinne der Richtlinie.

IV. Tatbestand und Abgrenzung

Vergleichende Werbung ist ein Unterfall der bezugnehmenden Werbung. Im Hinblick auf die für sie geltende Spezialregelung ist sie abzugrenzen von anderen Fällen der Bezugnahme, die nach anderen wettbewerbsrechtlichen Vorschriften zu beurteilen sind.[9] 7

1. Begriff der vergleichenden Werbung (§ 6 Abs. 1 UWG)

§ 6 Abs. 1 UWG enthält eine **Legaldefinition:** „Vergleichende Werbung ist jede Werbung, die unmittelbar oder mittelbar einen Mitbewerber oder die von einem Mitbewerber angebotenen Waren oder Dienstleistungen erkennbar macht". Damit hat der Gesetzgeber die Definition in Art. 2 lit. c) RiL fast wörtlich und inhaltsgleich übernommen. Die Konkretisierung dieser Formel ist in richtlinienkonformer Auslegung vorzunehmen. Dabei ist zunächst festzustellen, ob überhaupt Werbung vorliegt. Wenn ja, muss es sich um eine vergleichende Werbung im obigen Sinne handeln. 8

a) **Werbung.** Das ist „jede Äußerung bei der Ausübung eines Handels, Gewerbes, Handwerks oder freien Berufs mit dem Ziel, den Absatz von Waren oder die Erbringung von Dienstleistungen, einschließlich unbeweglicher Sachen, Rechte und Verpflichtungen zu fördern" (Art. 2 lit. a) RiL). Aus der Formulierung „jede Äußerung" folgt, dass der Begriff Werbung **weit auszulegen** ist.[10] Weder hinsichtlich der verwendeten Kommunikations- (Printmedien, Rundfunk, Online ua) und Ausdrucksmittel (Sprache, Bilder, Symbole ua) noch der Zahl oder Art (Verbraucher, Unternehmen, Fachkreise) der Adressaten ist eine Einschränkung vorzunehmen. Auch ein individuelles Schreiben an einen einzelnen Kunden[11] oder ein persönliches Verkaufsgespräch[12] können Werbung sein, ebenso wie angeblich private Äußerungen eines Vorstandsmitglieds.[13] Gleiches gilt für die Nutzung (nicht aber die bloße Registrierung) eines Domain-Namens und von Metatags in den Metadaten einer Internetseite.[14] 9

Keinen werbenden Charakter haben häufig die von der Presse angestellten Vergleiche, da sie in der Regel zur öffentlichen Meinungsbildung beitragen und nicht zu Wettbewerbszwecken erfolgen. Aufgrund des Presseprivilegs ist ein Handeln zu Zwecken des Wettbewerbs hier nicht zu vermuten, sondern muss positiv festgestellt werden.[15] Bei neutralen **Testvergleichen**[16] wie beispielsweise denen der Stiftung Warentest liegt in der Regel ebenfalls kein Handeln zu Wettbewerbszwecken vor. 10

---

[7] EuGH GRUR 2014, 493 – Posteshop/Autorità.
[8] ErwGr 6 RiL.
[9] BGH WRP 1999, 1141 (1143) – Generika-Werbung.
[10] EuGH GRUR 2002, 354 (355) – Toshiba/Katun; OLG Düsseldorf BeckRS 2016, 128509 (Rn. 48).
[11] BGH GRUR 1998, 824 – Testpreis-Angebot; Sack WRP 2001, 327 (336).
[12] BGH GRUR 2004, 607 – Genealogie der Düfte; Scherer WRP 2001, 89 (91).
[13] OLG Düsseldorf, Urteil vom 21.8.2012 – I-20 U 29/12 –, Rn. 24, juris.
[14] EuGH GRUR 2013, 1049–1052.
[15] BGH GRUR 2006, 875 (876) – Rechtsanwalts-Ranglisten; OLG Köln NJWE-WettbR 2000, 182; OLG Hamburg WRP 2000, 647 (648); Lettl GRUR 2007, 936.
[16] LG Potsdam Urt. v. 6.5.2011 – 51 O 65/10 zu Testergebnissen des „Deutschen Instituts für Service-Qualität".

11 Keine Werbung sollen, mit Blick auf die Legaldefinition, auch Aktivitäten im Rahmen der **Nachfrage** nach Waren oder Dienstleistungen sein, beispielsweise Personalanzeigen.[17]

12 b) **Vergleich.** Vergleichende Werbung liegt nach § 6 Abs. 1 UWG vor, wenn ein Mitbewerber oder die Erzeugnisse oder Dienstleistungen, die von einem Mitbewerber angeboten werden, unmittelbar oder mittelbar erkennbar gemacht werden. Der Begriff ist weit auszulegen.[18]

13 *aa) Mitbewerber.* Neben einem aktuellen Wettbewerbsverhältnis genügt ein potentielles Wettbewerbsverhältnis im Sinne einer aus Sicht des Verbrauchers ernsthaft in Betracht zu ziehenden Austauschbarkeit der verglichenen Produkte. Auf die Substituierbarkeit kann unter Umständen erst durch den Vergleich aufmerksam gemacht werden.[19] Dem EuGH zufolge genügt es, dass die von den beteiligten Unternehmen angebotenen Waren „untereinander in allgemeiner Weise einen gewissen Grad an Substitution aufweisen"; dies müsse zumindest für einen Teil der jeweiligen Sortimente feststellbar sein.[20]

14 *bb) Waren/Dienstleistungen.* Unter „Waren" sind bei richtlinienkonformer Auslegung „Erzeugnisse" zu verstehen (Art. 2 lit. c) RiL). Hierzu gehören alle Güter des geschäftlichen Verkehrs; neben Waren im engeren Sinne auch Immobilien, Rechte und Immaterialgüter. „Dienstleistungen" sind alle Tätigkeiten, die für Dritte erbracht werden, ausgenommen hoheitliche Tätigkeiten ohne erwerbswirtschaftlichen Bezug.[21]

15 *cc) Gegenüberstellung.* Nach herrschender und am Zweck der Richtlinie orientierter Literaturmeinung[22] setzt die Anwendbarkeit der Bestimmungen über die vergleichende Werbung einen Vergleich voraus, also eine Gegenüberstellung von mindestens zwei Produkten (Vergleichsobjekte) in Bezug auf mindestens eine Eigenschaft (Vergleichskriterium). Unter Aufgabe älterer Rechtsprechung hat auch der BGH in der Coaching–Newsletter-Entscheidung klargestellt, dass neben dem Erkennbarmachen konkreter Wettbewerber zwingend ein Vergleich der von diesen angebotenen, hinreichend austauschbaren Produkte vorausgesetzt wird.[23] Damit folgt der BGH der Toshiba-Entscheidung des EuGH.[24]

Praxistipp:

„Vergleichende Werbung ohne Vergleich" lässt sich feststellen, wenn man keine hohen Anforderungen an das Vorliegen einer Gegenüberstellung stellt. Bereits bloße Angaben über ein Konkurrenzprodukt können eine Gegenüberstellung beinhalten.

Beispiel:

Wer behauptet, ein Konkurrenzprodukt erbringe nur 100 Watt Leistung, behauptet zugleich unausgesprochen, sein Produkt erbringe mehr Leistung. Wer angibt, sein Produkt „entspreche" dem oder „ersetze" das Konkur-

[17] Schloßer WRP 2004, 145 (147).

[18] EuGH GRUR 2002, 354 (355) Rn. 30 – Toshiba/Katun unter Berufung auf ErwGr 6 der RiL 97/55/EWG; BGH GRUR 2010, 161 (163) – Gib mal Zeitung; BGH WRP 2008, 666 (667) – Saugeinlagen.

[19] BGH GRUR 2002, 828 (829) – Lottoschein: Substituierbarkeit verneint bezüglich Lottoschein einerseits und Zeitschrift „WirtschaftsWoche" andererseits; OLG Stuttgart NJW-RR 1999, 266 (267): eine private Ergänzungsversicherung zur gesetzlichen Krankenversicherung ist jedoch ein Komplementär- und kein Substitutionsprodukt; OLG Frankfurt GRUR 2000, 84; OLG Hamburg AfP 1999, 502.

[20] EuGH GRUR 2007, 511 (514) Rn. 47 – De Landtsheer/CIVC. Die individuelle und konkrete Substituierbarkeit soll erst im Rahmen von § 6 Abs. 2 Nr. 1 UWG zu prüfen sein, der sonst überflüssig wäre. Kritisch zur EuGH-Rechtsprechung wegen Gefahr eines „gespaltenen" Mitbewerberbegriffs im UWG: Köhler WRP 2008, 414 (415); Blankenburg WRP 2008, 186; Dreyer GRUR 2008, 123. Der BGH hat sich im Wege der richtlinienkonformen Auslegung der Auslegung des Mitbewerberbegriffs des EuGH angeschlossen und akzeptiert die damit verbundene Aufspaltung des ansonsten einheitlichen Mitbewerberbegriffs des UWG; BGH GRUR 2021, 497 (502) – Zweitmarkt für Lebensversicherungen.

[21] Waren und Dienstleistungen werden im Folgenden zusammengefasst auch als „Produkte" bezeichnet.

[22] So die 2. Auflage; BGH GRUR 2002, 75 (76) – „Soooo … Billig!"; BGH 982, 983 – DIE „STEINZEIT" IST VORBEI!; Köhler/Bornkamm/Feddersen/Köhler UWG § 6 Rn. 18; Harte/Henning/Sack UWG § 6 Rn. 72; Piper/Ohly UWG § 6 Rn. 34; Ohly/Spencer GRUR Int. 1999, 681; Plaß NJW 2000, 3161 (3162); Scherer WRP 2001, 89 (96); Tilmann GRUR 1997, 790 (795); ders. GRUR 1999, 546 (547); Gloy/Loschelder/Danckwerts UWG-HdB/Hasselblatt/Leister § 60 Rn. 25, 34.

[23] BGH GRUR 2012, 74 (76) – Coaching-Newsletter; so auch schon BGH GRUR 2005, 348 – Aluminiumräder; BGH GRUR 2018, 924 (930) – Ortlieb.

[24] EuGH GRUR 2002, 354 (355) Rn. 31 ff. – Toshiba/Katun.

renzprodukt, behauptet zugleich die Gleichwertigkeit beider Produkte hinsichtlich deren wesentlicher, relevanter, nachprüfbarer und typischer Eigenschaften.[25]

16 Ein Vergleich liegt auch vor, wenn die Gegenüberstellung Produkte anderer Unternehmen betrifft.[26] Bislang[27] wurde gefordert, dass der Vergleichende in diesem Fall wenn schon nicht eigenen, so doch zumindest den Wettbewerb eines der verglichenen Unternehmen fördern soll.[28] Dies wird in der Regel widerlegbar vermutet. In Ausnahmefällen, wie zB bei Äußerungen der Presse,[29] greift diese Vermutung nicht.

17 *dd) Erkennbarkeit.* Entscheidend ist das **objektivierte Verständnis** der von der Werbung angesprochenen Adressaten. Auf subjektive Vorstellungen des Werbenden kommt es nicht an.[30]

Beispiel:

Ein Verlag für klassische Literatur, der seine Publikationsreihe von kleinem auf größeres Format und eine andere Farbgestaltung umgestellt hatte, warb in Anzeigen mit der Aussage „Lieber groß und bunt als klein und gelb", um auf das geänderte äußere Erscheinungsbild aufmerksam zu machen. Aus Sicht des Verkehrs war dies aber eine Bezugnahme auf einen bekannten Konkurrenzverlag, der klassische Literatur in Form kleiner Hefte mit gelbem Cover verlegt, und damit nicht etwa ein Eigenvergleich, sondern eine vergleichende Werbung.

18 Erforderlich ist die **Identifizierbarkeit** mindestens eines Mitbewerbers oder seiner Produkte.[31] Daran fehlt es einer allgemein gehaltenen Werbung, bei der sich eine Bezugnahme auf bestimmte Mitbewerber oder Wettbewerbsprodukte reflexartig nur daraus ergibt, dass mit jeder Hervorhebung eigener Vorzüge diese in der Regel implizit Mitbewerbern abgesprochen werden.[32] Eine ausdrückliche, vor allem namentliche Nennung des Mitbewerbers ist nicht notwendig,[33] aber grundsätzlich zulässig. Es genügt jede stillschweigende, sich für den Werbeadressaten aus den Umständen ergebende Identifizierbarkeit. In diesem Fall kann auch die Bezugnahme auf eine bloße Warengattung zur Erkennbarkeit führen,[34] ebenso bei einer Identifizierung durch Hausfarben.[35] Relevante Umstände können beispielsweise eine vorangeschaltete Werbung oder ein im zeitlichen Zusammenhang mit der Werbung stattfindendes Ereignis sein.[36] Häufig nicht konkret genug ist die Bezugnahme auf Gruppen von Mitbewerbern mit unbestimmter Zahl oder auf den Wettbewerb insgesamt,[37] es sei denn, die besondere Marktstruktur und der angesprochene Adressatenkreis führen zur Identifizierbarkeit oder es werden konkrete Produkteigenschaften verglichen.[38] In einem oligopolistischen Markt mit wenigen Mitbewerbern sind geringere Anforderungen an die Identifizierbarkeit zu stellen als in einem homogenen Markt mit vielen Anbietern. Die Zahl der Mitbewerber muss noch überschaubar sein, die Bezugnahme auf konkrete Mitbewerber sich förmlich aufdrängen.[39] Fachkreise erkennen häufig eher, ob bestimmte Mitbewerber gemeint sind, als die allgemeinen Verbraucherkreise.[40]

---

[25] EuGH GRUR 2002, 354 (356) Rn. 38 f. – Toshiba/Katun; BGH GRUR 2003, 444 (445) – „Ersetzt".

[26] Streitig, wie hier Piper/Ohly/Sosnitza UWG § 6 Rn. 27 ff.; KG WRP 2000, 103 (105); aA OLG München GRUR 2003, 719; Sack WRP 2001, 327 (334 f.).

[27] Ob hieran festzuhalten sein wird, ist zweifelhaft. Durch § 2 Abs. 1 Nr. 1 UWG wurde der Begriff der „Wettbewerbshandlung" durch den der „geschäftlichen Handlung" abgelöst. Letzterer stellt ausdrücklich auf einen „objektiven" Zusammenhang von Handlungen mit der Förderung des Absatzes oder des Bezugs eines Dritten ab, während die zuvor noch geltende Fassung subjektiv eine Wettbewerbsförderungsabsicht verlangte.

[28] BGH WRP 1998, 1065 (1066 f.) – Preisvergleichsliste II.

[29] OLG Köln NJW-WettbR 2000, 182; OLG Hamburg WRP 2000, 647 (648); Gloy/Loschelder/Danckwerts UWG-HdB/Hasselblatt/Leister § 60 Rn. 30.

[30] OLG Frankfurt a. M. GRUR-RS 2021, 5835 (5835).

[31] Instruktiv zum Spezialfall der Werbung für Ersatzteile und Zubehör Sack GRUR 2004, 720.

[32] BGH GRUR 2000, 982 (983) – DIE „STEINZEIT" IST VORBEI!; BGH WRP 1999, 1141 – Generika-Werbung; OLG Frankfurt a. M. GRUR-RS 2021, 5835 (5835).

[33] BGH GRUR 2002, 633 (635) – Hormonersatztherapie; BGH GRUR 2000, 982 (983) – DIE „STEINZEIT" IST VORBEI!.

[34] EuGH GRUR 2007, 511 (513) Rn. 24 – De Landtsheer/CIVC.

[35] OLG Frankfurt a. M. GRUR-RR 2015, 18.

[36] LG Köln BeckRS 2019, 31053 Rn. 34.

[37] OLG Frankfurt a. M. GRUR-RS 2021, 5835 (5835); OLG Köln GRUR-RR 2019, 30 (30).

[38] OLG Frankfurt a. M. GRUR-RS 2021, 5835 (5835).

[39] BGH GRUR 2002, 982 (983) – DIE „STEINZEIT" IST VORBEI!; BGH GRUR 2001, 752 – Eröffnungswerbung; OLG Hamburg GRUR-RR 2003, 251 f.; OLG Frankfurt a. M. GRUR-RR 2018, 251 (256); Eine mittelbare Erkennbarmachung soll nicht vorliegen, wenn sich zwei Konkurrenten 90 % des Marktes aufteilen, es aber noch mehrere andere ebenfalls nicht namentlich genannte Hersteller gibt, OLG Hamburg Magazindienst 2005, 521 – Die gründlichste Rasur I.

[40] BGH GRUR 2002, 633 (635) – Hormonersatztherapie.

Beispiel:

Erkennbarkeit konkreter Mitbewerber liegt vor bei der Verbraucherwerbung „Die beste Werbung für S. sind die Angebote der Konkurrenz" eines großen, überregional tätigen Autovermieters.[41] Ebenso bei der an die Fachkreise des Einzelhandels gerichteten Werbung „Entfernt signifikant mehr Plaque als jede andere führende Handzahnbürste".[42] Auch die Aussage „ein unabhängiges Labor hat die Feuchtigkeitswirkung einiger der teuersten Prestige-Cremes getestet und O. hat alle übertroffen" enthält vergleichende Werbung.[43] Ferner bei einem Anwaltsrundschreiben an Versicherungsvertreter mit der Werbung, aufgrund Spezialisierung bessere Leistungen erbringen zu können.[44]

19 Bisweilen hat allerdings die Rechtsprechung das Merkmal der „Erkennbarkeit" bedenklich weit ausgelegt: Im Testpreis-Angebot-Urteil stellt der Bundesgerichtshof fest, die Angabe „Billige Composite Rackets (Graphite-Fiberglas) muten wir Ihnen nicht zu" sei eine hinreichend erkennbare Bezugnahme auf alle Anbieter von Composite-Rackets.[45]

Praxistipp:

Dem Urteil sollte in Anbetracht der jüngeren BGH-Rechtsprechung[46] nicht voreilig der Satz entnommen werden, vergleichende Werbung liege immer dann vor, wenn alle Mitbewerber pauschal angesprochen werden. Die Urteilsbegründung gibt über die Marktstruktur keinen Aufschluss. Möglicherweise rechtfertigt diese die Entscheidung.

20 c) **Anwendungsbereich.** Laut ErwGr 8 RiL ist der Begriff der vergleichenden Werbung „breit gefasst", also weit auszulegen. Er soll alle Arten der vergleichenden Werbung umfassen.[47] Dem Wortlaut von § 6 Abs. 1 UWG ist zu entnehmen, dass in den Anwendungsbereich der Regelung über vergleichende Werbung sowohl die **produktbezogene** („Waren oder Dienstleistungen") als auch die rein **unternehmensbezogene** („Mitbewerber") vergleichende Werbung ohne konkreten Produktbezug fällt.

21 Nach allgemeiner Ansicht sind insbesondere **kritisierende** (auf die fremde Leistung negativ Bezug nehmende) **Produktvergleiche** vom Anwendungsbereich des § 6 Abs. 1 UWG umfasst.[48] Das ergibt sich nicht nur zwingend aus dem Wortlaut von § 6 Abs. 1 UWG, sondern auch aus der Regelung spezifisch auf diese Fallgruppe zugeschnittener Zulässigkeitsvoraussetzungen in § 6 Abs. 2 UWG, beispielsweise aus dem in § 6 Abs. 2 Nr. 2 UWG geregelten Erfordernis des Vergleichs bestimmter Eigenschaften. Wenn kein Verstoß gegen die in §§ 6 Abs. 2 und 5 Abs. 4 UWG aufgestellten Voraussetzungen vorliegt, sind kritisierende Produktvergleiche zulässig.

22 Auch **anlehnende** (auf die fremde Leistung positiv Bezug nehmende) **Produktvergleiche** fallen in den Anwendungsbereich der gesetzlichen Bestimmungen über die vergleichende Werbung. Neben dem Wortlaut von § 6 Abs. 1 UWG zeigt dies wiederum die Schaffung einer spezifischen Zulässigkeitsvoraussetzung für diese Vergleichskategorie: § 6 Abs. 2 Nr. 4 UWG verbietet die unlautere Ausnutzung oder Beeinträchtigung der Wertschätzung des von einem Mitbewerber ver-

[41] KG WRP 1999, 339 (340): Wegen der Überschaubarkeit des Marktes der überregional tätigen Autovermieter Bezugnahme auf die Firmen A. und H.

[42] OLG Hamburg GRUR-RR 2001, 84: Gemeint sei wegen 80 % Marktanteil auch die Antragstellerin.

[43] OLG Köln WRP 2009, 647 – Test mit Prestige-Cremes.

[44] OLG Thüringen NJW 2005, 2089 (2090), weil es sich den Empfängern aufgedrängt habe, dass die in ihrem unmittelbaren örtlichen Bereich tätigen Rechtsanwälte gemeint sind.

[45] BGH WRP 1998, 718 (723); hier verschwimmt die Grenze zum Systemvergleich, → Rn. 27; krit. auch Gloy/Loschelder/Erdmann UWG-HdB/Hasselblatt § 60 Rn. 75. Als Folge dieser Entscheidung zu weit auch OLG München NJWE-WettbR 2000, 177: Die Plakatwerbung für Trinkwasser aus der Leitung mit der Abbildung eines Wasserhahns, der ein typisches, aber anonymisiertes Mineralwasseretikett trägt, beziehe sich „unmißverständlich auf alle Anbieter von in Flaschen abgefülltem Mineralwasser"; kritisch dazu Eck/Ikas ZLR 2000, 956 (957); Sack WRP 2001, 327 (334); Scherer WRP 2001, 89 (95). Ähnlich weit OLG Köln EWiR § 1 UWG 4/99, 185: Kreditvergleich einer Bank mit der sog. „Autohändler-Finanzierung" mache die Beklagte zumindest mittelbar erkennbar. Zutreffend hingegen OLG Stuttgart NJW-RR 1999, 266 (267): Die pauschale Bezugnahme eines privaten Krankenversicherers auf „die gesetzlichen Krankenkassen" beziehe sich nicht auf bestimmte Mitbewerber; ferner OLG Hamburg GRUR 2000, 243 (245) – Lottoschein: Der in der Werbung abgedruckte Lottoschein mache die Dienstleistung der 15 Lottogesellschaften erkennbar.

[46] BGH GRUR 2002, 982 (983) – DIE „STEINZEIT" IST VORBEI!; BGH GRUR 2001, 752 – Eröffnungswerbung.

[47] So ausdrücklich EuGH GRUR 2002, 354 (355) – Toshiba/Katun.

[48] So etwa Amtl. Begr. in BT-Drs. 14/2959 S. 10; Ohly/Sosnitza/Ohly UWG § 6 Rn. 17; Gloy/Loschelder/Danckwerts UWG-HdB/Hasselblatt/Leister § 60 Rn. 27; Gloy/Bruhn GRUR 1998, 226 (233); Plassmann GRUR 1996, 377 (378); Tilmann GRUR 1997, 790; Eck/Ikas WRP 1999, 251 (253).

wendeten Kennzeichens. Damit sollen die Fälle des schmarotzenden Anlehnens untersagt werden, etwa pauschale Gleichstellungen mit bekannten Produkten. Gleichstellungen durch Werbeangaben wie „ersetzt", „entspricht" und ähnlichen in Verbindung mit der Gegenüberstellung von Artikelnummern können allerdings auch zulässig sein, wenn sie als Vergleich wesentlicher, relevanter, nachprüfbarer und typischer Eigenschaften erscheinen.[49]

Rechtlich noch ungeklärt sind **personen- und unternehmensbezogene** Werbehinweise auf Mitbewerber ohne konkreten Produktbezug, zB Vergleiche im Hinblick auf Tradition, Sozialengagement, Umweltverhalten, wirtschaftlichen Erfolg oder religiöse Einstellungen. Einigkeit dürfte darin bestehen, dass der Wortlaut von § 6 Abs. 1 UWG auch diese Kategorie von Werbevergleichen umfasst.[50] Streitig sind hingegen die Konsequenzen.[51] Nach teilweiser Auffassung soll der Zulässigkeitskatalog der Richtlinie und des § 6 Abs. 2 UWG nur die produktbezogene vergleichende Werbung regeln, während die personen- und unternehmensbezogene vergleichende Werbung nach § 3 UWG zu beurteilen sei; in dessen Grenzen könne sie somit zulässig sein.[52] Nach anderer Auffassung sollen personen- und unternehmensbezogene Werbevergleiche wegen der einen produktbezogenen Vergleich voraussetzenden Zulässigkeitsbedingung des § 6 Abs. 2 Nr. 1 und 2 UWG generell verboten sein.[53] Eine weitere Meinung sieht in § 6 Abs. 2 Nr. 1 und 2 UWG zwar grundsätzliche Hindernisse für eine personen- und unternehmensbezogene vergleichende Werbung, will derartige Werbevergleiche durch teleologische Reduktion der genannten Zulässigkeitsvoraussetzungen aber in Ausnahmefällen als zulässig behandeln.[54] 23

Praxistipp:

Der differenzierte Meinungsstand bietet mangels ausreichender Rechtsprechung erheblichen anwaltlichen Argumentationsspielraum, der je nach Interessenlage bei der Mandatsbearbeitung genutzt werden kann.

Beispiel:

Wirbt ein Fremdsprachenfortbildungsunternehmen damit, sein Lehrpersonal bestehe im Gegensatz zu dem des Mitbewerbers ausschließlich aus Muttersprachlern, vergleicht es persönliche Eigenschaften, nämlich die Qualität der Mitarbeiter. Zugleich handelt es sich bei der Sprachfähigkeit des Lehrkörpers aber um ein Leistungsmerkmal des Produktangebots selbst und damit um eine wesentliche, relevante, typische und nachprüfbare Eigenschaft der angebotenen Dienstleistung. Der Vergleich bezieht sich auch auf Dienstleistungen für den gleichen Bedarf, weil offensichtlich damit die Qualität der jeweils angebotenen Sprachkurse verglichen wird. Soweit sich der Vergleich nicht nur auf personen- und unternehmensbezogene Eigenschaften, sondern auch auf Eigenschaften der Ware oder Dienstleistung bezieht, ist der zuvor angeführte Streitstand hinfällig. Aufgrund des Ziels einer größtmöglichen Markttransparenz ist ein weiter Beurteilungsmaßstab anzulegen, soweit sich aus der Werbung relevante Informationen für die Marktteilnehmer entnehmen lassen.[55]

Äußerungen über Mitbewerber oder deren Produkte ohne Vergleich werden nicht von § 6 UWG geregelt.[56] Soweit es sich um geschäftsschädigende unwahre Tatsachenbehauptungen handelt, greift § 4 Nr. 2 UWG als lex specialis; die Vorschrift ist im Falle solcher Behauptungen im Rahmen vergleichender Werbung neben § 6 UWG anwendbar.[57] Meinungsäußerungen in Form von Schmähkritik sind äußerungsrechtlich verfolgbar.[58] Im Übrigen besteht kein Grund, positive Äußerungen über Mitbewerber generell zu verbieten. 24

[49] EuGH GRUR 2002, 354 (356) Rn. 54 ff. – Toshiba/Kartun; BGH GRUR 2003, 444 (445) – „Ersetzt".

[50] Siehe etwa Amtl. Begr. BT-Drs. 14/2959 S. 10; Ohly/Sosnitza/Ohly UWG § 6 Rn. 38; Plaß NJW 2000, 3161 (3163); Sack WRP 2004, 817; Gloy/Loschelder/Danckwerts UWG-HdB/Hasselblatt/Leister § 60 Rn. 41; Eck/Ikas WRP 1999, 251 (253).

[51] BGH NJW-RR 2019, 933 (934) – Knochenzement III (Darstellung des Streitstands).

[52] Amtl. Begr. BT-Drs. 14/2959 S. 10; Gloy/Loschelder/Danckwerts UWG-HdB/Hasselblatt/Leister § 60 Rn. 42; Tilman GRUR 1999, 546 (547).

[53] Plaß NJW 2000, 3161 (3163); Eck/Ikas WRP 1999, 251 (263); offen lassend Scherer WRP 2001, 89 (96).

[54] Sack WRP 2004, 817.

[55] BGH NJW-RR 2019, 933 (934) – Knochenzement III; Köhler/Bornkamm/Feddersen/Köhler UWG § 6 Rn. 17.

[56] So jetzt auch ausdrücklich unter Aufgabe früherer Rechtsprechung BGH GRUR 2012, 74 (76) – Coaching-Newsletter; ebenso Dilly/Ulmar WRP 2005, 467 (472) bezüglich Kritik an Mitbewerbern; aA Fassbender EuZW 2005, 43 (44).

[57] So zu § 14 UWG aF BGH GRUR 2002, 633 (635) – Hormonersatztherapie; s. auch oben → § 16 Rn. 4.

[58] → § 28 Rn. 10.

2. Andere Werbevergleiche

25 Lässt der in der Werbung verwendete Vergleich eine Identifizierung von Mitbewerbern nicht zu, so ist er nicht nach der Spezialregelung des § 6 UWG, sondern nach den von der Rechtsprechung im Rahmen von § 3 UWG bzw. § 1 UWG aF entwickelten Grundsätzen zu beurteilen, insbesondere nach den Geboten der Wahrheit und der Sachlichkeit. Man unterscheidet im Wesentlichen folgende Fallgruppen:[59]

26 a) **Eigenvergleich.** Hier wird nicht auf Dritte Bezug genommen, sondern auf die eigene frühere Leistung. Typische Beispiele sind Preisreduzierungen oder Qualitätsverbesserungen. Solche Vergleiche sind grundsätzlich zulässig, können aber beispielsweise irreführend sein.[60]

27 b) **Systemvergleich.** Beim Systemvergleich werden allgemeine Systeme der Beschaffung, der Fertigung, des Vertriebs, der Arbeitsweise oder der Anwendung von Mitteln vergleichend gegenübergestellt. Eine Bezugnahme auf erkennbare Mitbewerber erfolgt in der Regel nicht, kann im Einzelfall aber vorliegen, etwa dann, wenn das andere System nur von einem Mitbewerber angeboten wird. Dann gelten die besonderen Bestimmungen für vergleichende Werbung.[61] Ansonsten kommt ein Verstoß gegen § 3 UWG wegen Verletzung des Sachlichkeitsgebots in Betracht.[62]

28 c) **Warenartenvergleich.** Hier werden verschiedene Warengattungen miteinander verglichen. Die Grenze zum Systemvergleich ist fließend. Schulbeispiele sind der Vergleich von Dachsteinen mit Ziegeln[63] oder von echtem Rum und Rum-Verschnitt.[64] Der Warenartenvergleich ist zulässig, sofern er nicht irreführt oder pauschal herabsetzt.[65] Wie der Systemvergleich kann er nach den Regeln für vergleichende Werbung zu beurteilen sein, wenn konkrete Waren erkennbar nur von bestimmten Mitbewerbern hergestellt werden.[66]

29 d) **Alleinstellungswerbung.** Sie liegt vor, wenn der Werbende die alleinige Spitzenstellung auf dem Markt in Anspruch nimmt. Mangels Bezugnahme auf eine fremde Ware oder Leistung fehlt es hier in der Regel an dem Element der Gegenüberstellung und der Bezugnahme auf bestimmte Mitbewerber.[67] Die Alleinstellungswerbung mit Tatsachen ist grundsätzlich zulässig, wenn sie wahr ist.[68] Dazu muss der behauptete Vorsprung deutlich und stetig sein.[69] Auch die Alleinstellungswerbung kann je nach Marktstruktur konkrete Mitbewerber erkennbar machen und damit nach den Prinzipien vergleichender Werbung zu bewerten sein.[70]

30 e) **Aufforderung zum Vergleich.** Sie ist nicht nach § 6 UWG zu beurteilen, sondern nach allgemeinen wettbewerbsrechtlichen Maßstäben. In der Regel ist sie unbedenklich. Stets ist aber sorgfältig zu prüfen, ob es sich nicht doch um vergleichende Werbung handelt. Letzteres kann der Fall sein, wenn die Aufforderung auf einen Vergleich mit einem konkreten Mitbewerber oder dessen Produkten abzielt und auch die Vergleichskriterien (Preis, Qualität ua) anspricht.[71]

---

[59] Überblick mit Rechtsprechungshinweisen bei Baumbach/Hefermehl Wettbewerbsrecht UWG § 6 Rn. 26 (Eigenvergleich), Rn. 20 (Warenartenvergleich), Rn. 12 (Alleinstellung).

[60] Dilly/Ulmar WRP 2005, 467 (472); BGH GRUR 2011, 934 – Original Kanchipur.

[61] BGH WRP 1996, 721 – Energiekosten-Preisvergleich; Dilly/Ulmar WRP 2005, 467 (472); Berlit BB 2000, 1305 (1306); OLG Köln, GRUR-RR 2019, 30 (31); aA Fassbender EuZW 2005, 43 (44).

[62] OLG Frankfurt a. M. GRUR-RR 2001, 221 zum Systemvergleich Bahn/Flugzeug.

[63] BGH GRUR 1986, 548 – Dachsteinwerbung.

[64] BGH GRUR 1967, 30 – Rum-Verschnitt; OLG Hamm, Urteil v. 4.3.2010 – 4 U 200/09: Ein Warenartenvergleich liegt auch beim Vergleich von Steinsalz mit herkömmlichem Kochsalz vor.

[65] AA OLG Hamm Urt. v. 4.3.2010 – 4U 200/09, allerdings ohne hinreichende Begründung.

[66] Dilly/Ulmar WRP 2005, 467 (472).

[67] ZB BGH WRP 1998, 861 – Die große deutsche Tages- und Wirtschaftszeitung; OLG Hamburg Magazindienst 2005, 521 – Die gründlichste Rasur, trotz 90 % Marktanteil der Parteien; OLG Hamburg Magazindienst 2005, 790 bei Spitzengruppenberühmung „Gelddifferenz zurück, wenn Sie Vergleichbares billiger kaufen"; Saarl. OLG Saarbrücken GRUR-RR 2014, 150 (152) für den Slogan „Wir haben die bessere Energie!"; Dilly/Ulmar WRP 2005, 467 (472); Berlit BB 2000, 1305 (1306); OLG Stuttgart GRUR 2018, 1066 (1071).

[68] Häufig handelt es sich nicht um Tatsachenangaben, sondern um reklamenhafte Anpreisungen, die der durchschnittlich verständige Verbraucher als Werturteil auffasst. So etwa BGH GRUR 2002, 182 – Das Beste jeden Morgen; OLG Bamberg GRUR-RR 2003, 344 – Deutschlands bestes Einrichtungshaus.

[69] BGH GRUR 1991, 850 (851 f.) – Spielzeug-Autorennbahn.

[70] OLG Hamburg GRUR-RR 2001, 84; zust. Lux GRUR 2002, 682.

[71] BGH WRP 1999, 414 (415) – Vergleichen Sie; Dilly/Ulmar WRP 2005, 467 (473).

V. Zulässigkeitsvoraussetzungen

1. Allgemeines

a) **Ausreichende Umsetzung?** § 6 Abs. 2 UWG setzt den Zulässigkeitskatalog des Art. 4 RiL um. Allerdings weicht die Formulierung des § 6 Abs. 2 UWG von derjenigen des Art. 4 RiL ab.[72] Auch ist das Irreführungsverbot des Art. 4 lit. a) RiL nicht als eigenständiges Tatbestandsmerkmal in § 6 Abs. 2 UWG aufgenommen.[73] Hinsichtlich des Schutzes von Ursprungsbezeichnungen, der in Art. 4 lit. e) RiL geregelt ist, verweist der deutsche Gesetzgeber auf Art. 13 der Verordnung zum Schutz von geografischen Angaben und Ursprungsbezeichnungen.[74] Im Zusammenhang mit diesen Unterschieden stellen sich für die Praxis insbesondere zwei Fragen: 31

- Enthält die Richtlinie eine abschließende Regelung, die den Mitgliedstaaten keine Spielräume bei der Umsetzung lässt?
- Ist § 6 Abs. 2 UWG iVm § 5 UWG und Art. 13 der Verordnung zum Schutz geografischer Angaben und Ursprungsbezeichnungen eine ausreichende Umsetzung der Richtlinie?

Zur ersten Frage hat der EuGH in seinem Urteil vom 8.4.2003[75] Stellung genommen. Zur letztgenannten Frage hat sich der EuGH dahingehend geäußert, dass Art. 4 lit. e) RiL ausweislich des ErwGr 12 der Richtlinie die Einhaltung des Art. 13 VO 510/2006/EG sicherstellen soll.[76] Damit ist jedoch noch nicht klargestellt, ob gerade deshalb der Verweis des deutschen Gesetzgebers auf Art. 13 VO 510/2006/EG ausreichend ist. 32

§ 6 Abs. 2 UWG enthält einen **abschließenden Katalog** der Zulässigkeitsvoraussetzungen vergleichender Werbung.[77] Dies bedeutet, dass vergleichende Werbung immer, aber auch nur unter den in der Richtlinie genannten Voraussetzungen zulässig ist.[78] Der abschließende Charakter der Regelung gilt, soweit der Vergleich betroffen ist. Davon erfasst sind grundsätzlich alle Bestandteile des Vergleichs, insbesondere die Angaben über das Angebot des Werbenden und des Mitbewerbers und das Verhältnis der beiden Angebote zueinander.[79] Andere Teile der Werbung unterliegen hingegen den **allgemeinen Vorschriften.** So kann der Werbevergleich zB die Voraussetzungen einer zulässigen vergleichenden Werbung erfüllen, aber dennoch gegen die Preisangabenverordnung verstoßen, soweit es sich neben dem Vergleich gleichzeitig um ein Angebot handelt. Aufgrund der vom deutschen Gesetzgeber gewählten Formulierung des § 6 Abs. 2 UWG ist eine vergleichende Werbung immer dann unlauter, wenn einzelne der in § 6 Abs. 2 UWG genannten Tatbestandsmerkmale erfüllt sind. Diese im Vergleich zur Richtlinie „umgekehrte" Regelungstechnik ist richtlinienkonform dahingehend auszulegen, dass in allen Fällen, in denen kein Verstoß gegen die Tatbestandsmerkmale des § 6 Abs. 2 UWG vorliegt, Art. 4 RiL erfüllt und die vergleichende Werbung damit zulässig ist. 33

Im Ergebnis wird auch das Fehlen eines eigenständigen Irreführungstatbestandes im Rahmen der Vorschriften über die vergleichende Werbung richtlinienkonform sein.[80] Nicht richtlinienkonform dürfte hingegen die fehlende Umsetzung des Art. 4 lit. e) RiL (Schutz von Ursprungsbezeichnungen) sein.[81] 34

Soweit Umsetzungsdefizite bestehen, wird die Richtlinie in diesen Fällen ebenso wie vor Erlass der Novelle über § 3 UWG in deutsches Recht „transformiert".[82] 35

---

72 § 6 Abs. 2 UWG formuliert „Unlauter im Sinne von § 3 handelt, wer vergleichend wirbt, wenn der Vergleich …". Art. 4 RiL formuliert: „Vergleichende Werbung gilt … als zulässig, sofern folgenden Bedingungen erfüllt sind …". § 6 Abs. 2 UWG verwendet damit eine negative, Art. 4 Abs. 1 UWG eine positive Formulierung.

73 → Rn. 70 ff.

74 Verordnung (EWG) Nr. 2081/92 (jetzt VO 510/2006/EG) des Rates v. 14.7.1992 zum Schutz von geografischen Angaben und Ursprungsbezeichnungen für Agrarerzeugnisse und Lebensmittel (ABl. EG 1992 L 208/1); → Rn. 45 ff.

75 EuGH GRUR Int. 2003, 742 – Pippig Augenoptik/Hartlauer.

76 EuGH GRUR 2007, 511 Rn. 59 – De Landtsheer/CIVC.

77 EuGH GRUR Int. 2003, 742 (746) – Pippig Augenoptik/Hartlauer; so auch Begr. A II Regierungsentwurf v. 23.2. 2000, abgedr. in WRP 2000, 555 (556); aA Sack WRP 2001, 327 (333).

78 Vgl. zu den Arg. im Einzelnen Eck/Ikas WRP 1999, 251 (255) mwN.

79 EuGH GRUR Int. 2003, 742 (745) – Pippig Augenoptik/Hartlauer; BGH GRUR 2002, 633 (634) – Hormonersatztherapie.

80 Vgl. dazu unten → Rn. 70 ff.

81 Siehe dazu unten → Rn. 45 f.

82 BGH WRP 1998, 718 – Testpreis-Angebot; Sack WRP 2001, 327 (348).

36 b) **Funktion und Struktur der Regelung.** Vergleichende Werbung birgt zwangsläufig die Gefahr, dass Verbraucher getäuscht und die Interessen der in Bezug genommenen Wettbewerber über Gebühr tangiert werden. In Verbindung mit dem Irreführungsverbot des § 5 UWG versucht § 6 Abs. 2 UWG die **Interessengegensätze** zwischen dem Werbenden und dem Mitbewerber auszugleichen. Vergleichende Werbung dient der Erhöhung der Markttransparenz. Nur soweit dieses Ziel es rechtfertigt, dürfen über Wettbewerber oder deren Produkte (kritisierende oder anlehnende) Aussagen gemacht werden. Dieser Grundsatz gilt als Leitlinie für alle Fragen der Auslegung und Rechtsanwendung, die sich im Zusammenhang mit vergleichender Werbung stellen.

37 Die einzelnen Tatbestandsmerkmale des § 6 Abs. 2 UWG sowie die Regelung des § 5 UWG **überschneiden** sich teilweise. Wird bei einer Werbung beispielsweise eine völlig nebensächliche Eigenschaft der Produkte ins Zentrum der Betrachtung gerückt und damit die generelle Überlegenheit des beworbenen Produktes gegenüber dem Konkurrenzprodukt zum Ausdruck gebracht, liegt darin sowohl ein Verstoß gegen § 5 UWG (Irreführungsverbot) als auch gegen § 6 Abs. 2 Nr. 2 UWG (zulässiger Vergleich nur, falls wesentliche Produkteigenschaften betroffen). Verstößt die fragliche Werbung auch nur gegen ein Merkmal des § 6 Abs. 2 UWG oder das Verbot des § 5 UWG, ist sie unzulässig.[83]

2. Bedarfs- und Zweckidentität (§ 6 Abs. 2 Nr. 1 UWG)

38 a) **Regelung.** Vergleichende Werbung ist unlauter, wenn der Vergleich sich nicht auf Waren oder Dienstleistungen für den gleichen Bedarf oder dieselbe Zweckbestimmung bezieht (§ 6 Abs. 2 Nr. 1 UWG). Diese Regelung setzt Art. 4 lit. b) RiL im Wesentlichen wörtlich um.

39 Literatur und Rechtsprechung behandeln die Merkmale „gleicher Bedarf" und „dieselbe Zweckbestimmung" weitgehend unterschiedslos. Der Bundesgerichtshof[84] stellt darauf ab, ob die verglichenen Leistungen **funktionsidentisch** und aus der Sicht der angesprochenen Verbraucher **Substitutionsprodukte** sind. Dies spricht für eine weite Auslegung dieser Tatbestandsmerkmale.[85]

40 b) **Identische Produkte.** Selbstverständlich dürfen identische Produkte[86] miteinander verglichen werden, beispielsweise der Preis desselben Markenartikels bei verschiedenen Händlern.

41 c) **Nichtidentische Produkte.** Die Rechtsprechung lässt grundsätzlich auch den Vergleich nichtidentischer **konkreter** Produkte zu, etwa den Vergleich verschiedener Markenprodukte,[87] den Vergleich von Markenartikeln mit sogenannten No-Name-Produkten[88] oder den Vergleich von Telefonanschlüssen.[89] Verglichen werden dürfen auf dem Anzeigenmarkt auch konkurrierende Tages- und Wochenblätter, selbst wenn ihr Verbreitungsgebiet nicht völlig identisch ist,[90] oder Tages- und Wochenzeitungen.[91] Gewisse Qualitätsunterschiede sind belanglos, soweit der Verbraucher die Produkte dennoch als substituierbar betrachtet. Sie können den Vergleich im Einzelfall aber irreführend machen.[92]

42 Auch der Vergleich bestimmter **Warengattungen** ist zulässig, sofern die betreffenden Waren übereinstimmende Eigenschaften haben und hinreichend abgrenzbar sind zu anderen Warenarten.[93] Die pauschale Bezugnahme auf das Sortiment des Mitbewerbers genügt nicht. Der Vergleich muss vielmehr erkennen lassen, welche konkreten Produkte oder Produktgruppen er betrifft.

---

[83] EuGH GRUR Int. 2003, 742 (746) – Pippig Augenoptik/Hartlauer.

[84] WRP 1999, 1 (2) – Vergleichen Sie.

[85] Nach EuGH GRUR Int. 2011, 50 – Lidl SNC/Vierzon Distribution SA schließt der Umstand allein, dass Nahrungsmittel ua hinsichtlich ihrer Essbarkeit, ihrer Herstellungsbedingungen und ihres Genusses Unterschiede aufweisen, eine Vergleichbarkeit in Hinblick auf eine Bedarfs- und Zweckidentität nicht aus; BGH GRUR 2009, 418 (420) – Fußpilz; LG Hamburg BeckRS 2018, 16427 (Rn. 30).

[86] Nach KG Berlin K&R 2005, 428 sind Internetanschlüsse auch bei unterschiedlicher Laufzeit identische Produkte.

[87] OLG München WRP 1999, 692 – Satte Mehrheit; auch bei unterschiedlichen Gebindegrößen, OLG Frankfurt WRP 2001, 297.

[88] OLG Stuttgart NJWE-WettbR 1999, 98; LG Bochum WRP 2000, 230 (231); anders vor der Novelle noch KG GRUR 1985, 229; Scherer WRP 2001, 89 (91). Häufig wird sich bei genauer Prüfung herausstellen, dass ein vermeintliches No-Name-Produkt tatsächlich ein – wenn auch weniger bekanntes – Markenprodukt ist, so etwa in EuGH GRUR Int. 2003, 533 (536) Rn. 45 – Pippig Augenoptik/Hartlauer.

[89] OLG Frankfurt CR 2000, 742.

[90] OLG Hamburg NJWE-WettbR 1999, 276.

[91] OLG Frankfurt AfP 2006, 166 (167).

[92] Siehe dazu unten → Rn. 70 ff.

[93] BGH WRP 1999, 1 – Vergleichen Sie: bejahend für Modeschmuck.

Noch nicht hinreichend geklärt ist, ob und inwieweit im Rahmen der Funktionsidentität unter Außerachtlassung von Sekundärfunktionen nur auf die Primärfunktion von Waren abzustellen ist, ob also bei gleicher Primärfunktion (**gleichartige** Produkte) immer verglichen werden darf, bei unterschiedlicher Primärfunktion (**ungleichartige** Produkte) hingegen nie. Erst die Einbeziehung von Sekundärfunktionen ermöglicht unter dem Gesichtspunkt der Markttransparenz sachgerechte und richtlinienkonforme Einzelfallentscheidungen. Entscheidendes Abgrenzungskriterium ist letztlich, ob die verglichenen Produkte trotz unterschiedlicher Primärfunktion aus Sicht des Verbrauchers funktionsidentisch und substituierbar sind.[94] 43

Praxistipp:

In der anwaltlichen Praxis empfiehlt es sich daher, bei der Anwendung dieses Kriteriums auch die Sekundärfunktionen der verglichenen Leistungen im Auge zu behalten.

Beispiel 1:

Billigprodukte und Luxusartikel haben die gleiche Primärfunktion. Eine teure Rolex-Uhr dient ebenso der Zeitmessung wie eine Billiguhr. Mit beiden Produkten werden jedoch völlig unterschiedliche Marktsegmente bedient. Bei einem – grundsätzlich zulässigen – Preisvergleich stellt sich hier die Frage, ob überhaupt der gleiche Bedarf angesprochen wird. Bei Heranziehung der Sekundärfunktion dieser Produkte dürfte dies zu verneinen sein. Eine Rolex-Uhr hat zweifellos einen Zusatznutzen, nämlich einen Prestigewert, welcher dem Billigprodukt nicht zukommt.[95] Hingegen kann ein reiner Qualitätsvergleich solcher Produkte (etwa hinsichtlich der Messgenauigkeit), mit welchem nicht die imageorientierten, sondern die qualitätsbewussten Käuferschichten umworben werden, durchaus den gleichen Bedarf ansprechen. Es bestehen also Wechselwirkungen zwischen den verglichenen Merkmalen einerseits und der Frage der Bedarfs- und Zweckidentität andererseits.

Beispiel 2:

Auch Produkte, die eindeutig nicht die gleiche Primärfunktion haben, eignen sich bisweilen für einen Vergleich, nämlich dann, wenn sich ein gemeinsamer Sekundärnutzen feststellen lässt. In dem Fall „Statt Blumen ONKO-Kaffee" wurde damit geworben, man könne statt Blumen als Geschenk anlässlich eines Besuches Kaffee mitbringen.[96] Für diesen konkreten Zweck liegt aus Sicht des Verbrauchers eine Substituierbarkeit der verglichenen Produkte vor. Dass er diese durch die Werbung möglicherweise erst erkennt, spricht nicht gegen eine weite Auslegung des Merkmals, sondern dafür. Auch dieser Vergleich sorgt für Markttransparenz. Bei richtlinienkonformer Auslegung der Vorschrift können also auch ungleichartige Produkte dem gleichen Zweck dienen.

Checkliste: 44

- ☐ Werden Produkte mit gleichen Primärfunktionen verglichen?
  - Wenn ja, ist regelmäßig Funktionsidentität gegeben.
  - Ausnahmsweise kann die Funktionsidentität wegen unterschiedlichen Sekundärfunktionen fehlen.
- ☐ Werden Produkte mit unterschiedlichen Primärfunktionen verglichen?
  - Wenn ja, liegt regelmäßig keine Funktionsidentität vor.
  - Ausnahmsweise kann wegen gleicher Sekundärfunktionen dennoch Funktionsidentität vorliegen.

3. Ursprungsbezeichnungen

Waren mit einer Ursprungsbezeichnung dürfen nur mit Waren mit der gleichen Ursprungsbezeichnung verglichen werden, also etwa ein Bordeaux Wein mit einem anderen Bordeaux, nicht 45

[94] Bejahend, aber wohl zu weit gehend: OLG Hamburg GRUR 2000, 243 (245) bei Gegenüberstellung einer Wirtschaftszeitschrift und eines Lottoscheins mit Blick auf die jeweilige Möglichkeit der Geldvermehrung; Plaß WRP 1999, 766 (768); Gloy/Loschelder/Danckwerts UWG-HdB/Hasselblatt/Leister § 60 Rn. 51.

[95] Vergleicht der Billiganbieter, dürfte zudem eine Rufausbeutung vorliegen.

[96] BGH GRUR 1972, 553.

aber mit einem Chianti. Diese Spezialregelung für derartige Waren wird zwar nicht ausdrücklich in dem für alle Produkte geltenden allgemeinen Kriterienkatalog des § 6 Abs. 2 UWG erwähnt. Sie ist jedoch in Art. 4 lit. e) RiL enthalten und sollte deshalb nicht übersehen werden.

46 Der Gesetzgeber hat für diese gerne als „Champagnerklausel" bezeichnete Regelung keinen Umsetzungsbedarf gesehen, weil eine entsprechende Regelung in Gestalt von Art. 13 der Verordnung (EWG) Nr. 2081/92 des Rates v. 14.7.1992 zum Schutz von geographischen Angaben und Ursprungsbezeichnungen für Agrarerzeugnisse und Lebensmittel[97] bereits unmittelbar geltendes Recht sei. Dies dürfte jedoch unzutreffend sein, weil diese Verordnung gem. ihrem Art. 1 Abs. 1 gerade nicht für Weinbauerzeugnisse und andere alkoholische Getränke gilt.[98] Art. 13 der Verordnung verbietet zudem nur die Fälle des Imagetransfers und der Irreführung über die Herkunft. Es sind jedoch Vergleiche denkbar, in welchen weder das eine noch das andere erfüllt ist, aber dennoch Produkte verschiedener Herkunft verglichen werden. Die Umsetzungslücke, die auch im Rahmen der jüngsten UWG-Novellen nicht beseitigt wurde, dürfte sich dadurch schließen lassen, dass – wie vor Erlass des Umsetzungsgesetzes – die Richtlinie über die Generalklausel § 3 UWG Anwendung findet.

47 Waren mit Ursprungsbezeichnung[99] sind nach Art. 2 Abs. 2 lit. a) Verordnung (EWG) Nr. 2081/92 Waren, die mit dem Namen eines Ortes, einer Gegend oder – ausnahmsweise – eines Landes versehen sind, der zur Bezeichnung des Erzeugnisses dient, welches zumindest ursprünglich aus dieser geografischen Gegend stammt und dort verarbeitet und hergestellt wurde und seine Güte oder Eigenschaften mindestens überwiegend den dortigen geografischen Verhältnissen einschließlich der natürlichen und menschlichen Einflüsse verdankt. Auf diese Definition ist auch im Rahmen vergleichender Werbung zurückzugreifen. Betroffen sind vor allem verschiedene Mineralwässer, Käsearten, Olivensorten, Öle und Champagner. Bei derartigen Waren kann beispielsweise der Preis, die Geschmacksrichtung, die Art des Anbaus oder des Ausbaus Gegenstand des Vergleichs sein.

4. Vergleichbare Eigenschaften (§ 6 Abs. 2 Nr. 2 UWG)

48 **a) Regelung.** § 6 Abs. 2 Nr. 2 UWG regelt, **worauf** sich der Vergleich beziehen darf. Die Regelung ist eine Ausprägung des **Sachlichkeitsgebotes.**

49 **b) Eigenschaften der Ware oder Dienstleistung.** Vergleichende Werbung darf sich nur auf Eigenschaften von Produkten und deren Preis beziehen. Der Begriff der Eigenschaft ist weit auszulegen.[100] Er erfasst zunächst alle Umstände, die mit dem Produkt im Zusammenhang stehen und sich bei ihm in irgendeiner Weise auswirken oder niederschlagen. Hierzu gehören physische **Beschaffenheitsmerkmale** wie Größe, Belastbarkeit und Qualität[101] sowie alle Merkmale, die für die Brauchbarkeit oder Wert(-schätzung) des Produktes nach der Verkehrsanschauung eine gewisse Rolle spielen. So zum Beispiel der Leistungsumfang, die Herstellungsart, die Umweltverträglichkeit oder das Design. Die Merkmale müssen im Rahmen der Zweckbestimmung des Produktes aber von einer gewissen Dauer sein.

50 Die Wertschätzung selbst, die ein Produkt von außen erfährt, ist keine Eigenschaft. Dies gilt auch, wenn diese Wertschätzung über eine Meinungsumfrage festgestellt wird.[102]

Beispiel:

Unzulässig ist es, für ein Fast-Food-Produkt (Whopper) mit einer Meinungsumfrage zu werben, nach deren Ergebnis eine „satte Mehrheit" der Testpersonen in geschmacklicher Hinsicht das eine dem anderen (Big Mac) Fast-Food-Produkt vorzieht.[103] Zulässig wäre es hingegen gewesen, den Fleischanteil oder den Nährwert der beiden Fast-Food-Produkte zu vergleichen.

---

[97] ABl. EG 1992 L 208/1.

[98] Im Ergebnis ebenso Plaß NJW 2000, 3161 (3169); Sack WRP 2001, 327 (347); ders. WRP 2008, 301 (304); ders. GRUR 2015, 130 (134).

[99] Kritisch zur fehlenden Erwähnung der geographischen Angaben im Richtlinientext Gloy/Loschelder/Danckwerts UWG-HdB/Hasselblatt/Leister § 60 Rn. 78.

[100] BGH GRUR 2010, 161 (165) – Gib mal Zeitung.

[101] Sofern es sich um nachprüfbare Qualitätsmerkmale handelt; → Rn. 64 ff.

[102] Das Verbot gilt selbstverständlich nur für den Werbenden selbst. Unabhängige Dritte dürfen auch weiterhin Meinungsumfragen über Produkte veröffentlichen; siehe dazu auch oben → Rn. 10.

[103] OLG München WRP 1999, 692 (694) – Satte Mehrheit; aA Wehlau ZLR 1999, 393 (403 f); aA auch OLG Hamburg, PharmR 2009, 99 (100): In der Werbung mit Ergebnissen von Tests, in denen unter anderem der Geschmack als gut oder schlecht mit Schulnoten bewertet wurde, liegt keine subjektive Bewertung des Werbenden.

Anders kann es in Fällen liegen, in denen sich subjektive Wertungen auf objektiv nachprüfbare Tatsachen beziehen, die die Basis des Vergleiches darstellen.[104] Dies ist zB der Fall, wenn das eigene Produkt im Vergleich zu anderen als „wirtschaftlicher“ bewertet wird, wenn die tatsächlichen Grundlagen dieser Verwertung (zB Verbrauch, Lebensdauer usw.) in dem Vergleich offengelegt werden.[105] 51

Obwohl dies streitig ist, dürfte der **Geschmack** eines Lebensmittels eine Eigenschaft im Sinne des § 6 Abs. 2 Nr. 2 UWG sein. Geschmack in diesem Sinne meint nicht subjektive Wertungen wie „gut“ oder „schlecht“, sondern objektivierbare Geschmackseindrücke wie „süß“, „sauer“ oder „bitter“.[106] 52

Unter dem Gesichtspunkt der Markttransparenz dürften unter den Begriff der Eigenschaften grundsätzlich nicht nur die Leistungsmerkmale des Produkts selbst, sondern auch **alle Leistungsmerkmale** des Produktangebotes einschließlich aller rechtlichen und tatsächlichen Verhältnisse zu fassen sein,[107] wie zB die Garantiezeit, Umtauschrechte oder das Serviceangebot.[108] 53

Klargestellt ist, dass der **Preis** Gegenstand einer vergleichenden Werbung sein darf. Zulässig ist es auch, den Preis eines **Sonderangebotes** mit den Preisen von Wettbewerbern zu vergleichen, die kein Sonderangebot darstellen (regulärer Preis). Gleiches gilt umgekehrt, wenn ein regulärer Preis mit einem Sonderangebot verglichen wird. Für einen zulässigen Preisvergleich muss allerdings der Preis des Mitbewerbers angegeben werden.[109] 54

Eigenschaften: Echtheit;[110] Größe; Belastbarkeit; Leistungsumfang;[111] Alter; Herstellungsart; Umweltverträglichkeit; Verschleiß; Haltbarkeit; bei der Herstellung verwendetes Material;[112] das Design bei designrelevanten Produkten; Umsatzentwicklungen;[113] Struktur der Leserschaft bei einer Zeitung;[114] Testergebnisse.[115] 55

Keine Eigenschaft: Gefühle, die durch das Produkt ausgelöst werden; das subjektive Empfinden der Verbraucher;[116] subjektive Wertungen, soweit diese nicht durch nachprüfbare Tatsachen hinterlegt sind.[117] 56

Der Vergleich muss sich grundsätzlich auf **konkret bestimmbare Produkte** beziehen. Auch die Bezugnahme auf eine ganze **Warengattung oder ein Warensortiment** kann zulässig sein. 57

Ob die Beschränkung des zulässigen Vergleiches auf Eigenschaften des Produktes **persönlich vergleichende Werbung** ausschließt, ist bislang von der Rechtsprechung noch nicht geklärt und in der Literatur streitig. Die persönlich vergleichende Werbung dürfte aber zulässig sein.[118] 58

c) Wesentlich, relevant und typisch. Die verglichenen Eigenschaften müssen wesentlich, relevant und typisch sein.[119] Mit dieser Eigenschafts-Trias will der Gesetzgeber im Ergebnis sicherstellen, dass der Adressat in einer vergleichenden Werbung nur mit Informationen konfrontiert wird, die für ihn von Interesse sind. Die Begriffe haben stark **überlappende Bedeutungen.** In der Praxis werden sie häufig entweder alle erfüllt oder aber alle nicht erfüllt sein. In den meisten Fällen wird sich die Notwendigkeit zu einer differenzierten Betrachtung daher nicht ergeben. 59

Alle drei Begriffe erfassen von der Bedeutung her Eigenschaften, die aus Sicht der Kunden in irgendeiner Form wichtig für das Produkt sind. Dennoch bestehen in den Einzelheiten Unterschiede.[120] Im Einzelnen dürfte jedoch Folgendes gelten: 60

---

[104] OLG München MMR 2003, 533 (534).
[105] Vgl. dazu OLG Hamburg Urt. v. 16.12.1999 – 3 U 116/99 – nv.
[106] AA OLG Hamburg PharmR 2009, 99 (100); vgl. zu Objektivierbarkeit und dem Nachweis eines Geschmacks, Wehlau ZLR 1999, 393 (403 f.).
[107] Auch die englische Fassung der RiL, die den Begriff „Features“, und die französische Fassung, die den Begriff „Pertinentes“ verwendet, sprechen für diese Auslegung.
[108] So zB die Niederlassungsdichte eines Kraftfahrzeughändlers, OLG Saarbrücken NJW-RR 2000, 1424.
[109] OLG Köln GRUR-RR 2019, 386 (387).
[110] LG Bochum WRP 2000, 230 (231).
[111] OLG Hamburg WRP 1998, 72 (73).
[112] BGH WRP 1998, 719 (723) – Testpreis-Angebot.
[113] BGH GRUR 2007, 605 (607) – Umsatzzuwachs.
[114] BGH GRUR 2010, 161 (165) – Gib mal Zeitung.
[115] BGH GRUR 2019, 631 (633).
[116] OLG München WRP 1999, 692 (694) – Satte Mehrheit; OLG München MMR 2003, 533 (534).
[117] → Rn. 51.
[118] → Rn. 23.
[119] BGH GRUR 2005, 172 (174) – Stresstest; OLG München GRUR-RS 2020, 44000 Rn. 18.
[120] Vgl. dazu ausführlich Eck/Ikas WRP 1999, 251 (262 ff.) mwN.

61 **Wesentlich** ist ein produktbezogener Begriff. Er betrachtet das Produkt aus der Sicht des angesprochenen Kunden.[121] Was dieser bei dem Produkt für wichtig hält, ist wesentlich; so zum Beispiel die Recycelbarkeit eines Produktes. Die Recycelbarkeit kann aber auch eine relevante Eigenschaft iSd § 6 Abs. 2 Nr.°2 UWG sein.

62 **Relevant** ist ein kundenbezogener Begriff. Er beschreibt eine Eigenschaft, die für die Kaufentscheidung des Kunden von Bedeutung ist.

63 **Typisch** ist ein produktgruppenbezogener Begriff. Typisch für ein Produkt sind Merkmale, die bei Produkten mit demselben Verwendungszweck (§ 6 Abs. 2 Nr. 1 UWG) in aller Regel vorhanden sind.[122] Der Begriff der Typik ist nicht statisch, sondern für Fortentwicklungen offen. Eigenschaften, die gestern noch untypisch waren, können heute durchaus zu typischen avancieren.

64 d) **Nachprüfbar.** Nachprüfbar ist eine Eigenschaft – oder genauer gesagt, eine Aussage über eine Eigenschaft, – die dem **Beweis** zugänglich ist. Der Begriff der Nachprüfbarkeit trennt **Tatsachenbehauptungen** von **Werturteilen.**[123] Tatsachenbehauptungen sind nachprüfbar, Werturteile hingegen nicht. Nachprüfbar können aber auch Aussagen sein, die zwar äußerlich Werturteile darstellen, die aber einen **Tatsachenkern** enthalten.[124] Insoweit gelten die allgemeinen Grundsätze zur Abgrenzung von Tatsachenbehauptung und Werturteil.[125]

65 Noch nicht abschließend geklärt scheint die Frage, ob der Adressat selbst die Richtigkeit des Vergleiches nachprüfen können muss. Die bisherige Rechtsprechung des BGH könnte dies vermuten lassen.[126] In seiner Entscheidung „Preisvergleichsliste II“[127] führt der BGH aus, es sei nicht erforderlich, dass der Verbraucher die in einem Werbevergleich genannten Eigenschaften „ohne weiteres und ohne jeden Aufwand“ nachprüfen kann. Es reiche vielmehr aus, wenn sich der Werbeadressat die zur Überprüfung erforderlichen Informationen bei dem Werbenden besorgen könne. In der Sache meint der BGH mit seiner Formulierung aber wohl nicht, dass der Adressat selbst die materielle Richtigkeit der vergleichenden Werbeaussage überprüfen können muss. Nach neueren Entscheidungen des BGH ist ausreichend jedenfalls eine Überprüfbarkeit durch Sachverständige.[128] Die Richtigkeit technischer Vergleiche beispielsweise kann ohnehin nur von Sachverständigen nachgeprüft werden. Der BGH stellt damit sicher, dass der Vergleich für den Adressaten **nachvollziehbar** und **schlüssig** ist.[129] Darüber hinaus muss dieser die Möglichkeit haben, sich alle für eine Überprüfung erforderlichen Informationen in zumutbarer Weise beschaffen zu können. Diese Voraussetzungen sind auch erfüllt, wenn der Werbeadressat **die Schlüssigkeit** der vergleichenden Aussage erst bei genauer Durchsicht eines ganzen Prospektes nachvollziehen kann.[130] Auch mag es zumutbar sein, dass er bestimmte Grundlagen des Vergleiches bei dem Werbenden erfragt. Der Werbende muss nicht von vorneherein sämtliche Angaben zur Verfügung stellen. Allerdings muss es dem Adressaten möglich sein, diese in Erfahrung zu bringen.[131] Welcher Aufwand dem Werbeadressaten **zumutbar** ist, richtet sich nach den Umständen des Einzelfalls. Bei vergleichender Werbung, die sich an Verbraucher (Business to Customer) richtet, dürfte die Zumutbarkeitsgrenze sicherlich niedriger liegen als bei einer Werbung, die sich an Gewerbetreibende (Business to Business) richtet.[132] Handelt es sich bei den Werbeadressaten um Verbraucher, dürfte es heute als aus-

[121] Die Auffassung der Vorauflage wird nicht beibehalten. Wie hier BGH GRUR 2004, 607 (608) – Genealogie der Düfte; BGH GRUR 2005, 172 (175) – Stresstest.

[122] BGH GRUR 2010, 161 (165) – Gib mal Zeitung: Typisch ist die Eigenschaft, wenn sie die Eigenart der Produkte im Hinblick auf den Bedarf oder die Zweckbestimmung prägt und damit repräsentativ oder aussagekräftig für deren Wert als Ganzes ist.

[123] BGH WRP 1998, 1065 (1068) – Preisvergleichsliste II.

[124] BGH GRUR 2010, 161 (165) – Gib mal Zeitung; BGH WRP 1998, 1065 (1068) – Preisvergleichsliste II; OLG Frankfurt a. M. GRUR-RR 2021, 453 (454 Rn. 19) – Matratzenvergleich; LG Köln, BeckRS 2020, 6419 Rn. 68.

[125] Vgl. dazu v. Bossel § 18 Rn. 9 ff. und Börger/Wiggenhorn § 29 Rn. 2 ff.; Köhler/Bornkamm/Feddersen/Köhler UWG § 4 Rn. 1.17 ff.; Harte-Bavendamm/Henning-Bodewig/Sack UWG § 6 Rn. 139.

[126] BGH WRP 1998, 1065 (1068) – Preisvergleichsliste II; BGH WRP 1999, 414 (416) – Vergleichen Sie. Siehe dazu die Anm. von Eck/Ikas WRP 1999, 772 (774).

[127] BGH WRP 1998, 1065 (1068) – Preisvergleichsliste II.

[128] BGH GRUR 2007, 605 (607) – Umsatzzuwachs; BGH GRUR 2010, 161 (165) – Gib mal Zeitung.

[129] EuGH GRUR 2007, 69 (74) – Lidl Belgium/Colruyt; BGH GRUR 2007, 605 – Umsatzzuwachs; LG Köln BeckRS 2020, 6419 Rn. 68.

[130] So im Fall BGH WRP 1998, 1065 (1068) – Preisvergleichsliste II.

[131] EuGH GRUR 2007, 69 (75) – Lidl Belgium/Colruyt.

[132] Um eine solche Werbung handelte es sich in dem Fall BGH WRP 1998, 1065 – Preisvergleichsliste II.

reichend angesehen werden, auf eine Website hinzuweisen, auf der die Bestandteile des Vergleiches und evtl. detaillierte Informationen zum Vergleich abgerufen werden können.[133] So reicht es aus, wenn die Informationen im Internet abrufbar sind.[134]

Nicht nachvollziehbar und damit auch **nicht nachprüfbar** im Sinne der Rechtsprechung des BGH: Vergleiche, deren Gesamtergebnis in einer Endpunktzahl der jeweils verglichenen Leistungen ausgedrückt wird, die Gewichtung der einzelnen Leistungskriterien, die zu den Endpunktzahlen führen, aber nicht plausibel ist;[135] Vergleiche bei denen die verglichenen Produkte oder ihre Anbieter anonymisiert werden;[136] Vergleiche, die pauschale Werturteile enthalten,[137] zB die Aussage: „Wir sind netter zu unseren Kunden als xy"; die generelle Behauptung gleicher Qualität verschiedener Produkte, ohne dass die qualitätsbegründenden Merkmale in plausibler und für die Werbeadressaten nachvollziehbarer Weise genannt werden.[138] 66

Nachvollziehbar und damit **nachprüfbar** iSd Rechtsprechung des BGH: Ein Vergleich von Angebotspreisen verschiedener Lieferanten in einer Werbung, die sich an Gewerbetreibende richtet, sofern die Namen der Lieferanten erst durch Nachfrage bei den Werbenden in Erfahrung gebracht werden können.[139] 67

Checkliste: Nachprüfbarkeit 68

- ☐ Der Vergleich muss für den Werbeadressaten verständlich formuliert sein.
- ☐ Der Werbeadressat muss in zumutbarer Weise die Möglichkeit haben, die Schlüssigkeit der vergleichenden Werbeaussage nachzuvollziehen.
- ☐ Die für die Überprüfung der Schlüssigkeit erforderlichen Informationen muss der Werbeadressat sich in zumutbarer Weise beschaffen können.
- ☐ Die materielle Richtigkeit des Vergleiches muss dem Beweis zugänglich sein.

e) **Objektiv.** Der Vergleich muss objektiv durchgeführt werden. Objektivität im Sinne von Neutralität ist damit jedoch nicht gemeint. Das Merkmal der Objektivität ist Ausprägung des allgemeinen **Sachlichkeitsgebots.**[140] Diesem Gebot ist jede vergleichende Werbung verpflichtet. Seiner Verwirklichung dienen im Grunde alle Zulässigkeitsvoraussetzungen vergleichender Werbung. Das Objektivitätserfordernis soll nach der Rechtsprechung des EuGH „im Wesentlichen solche Vergleiche ausschließen, die sich aus einer subjektiven Wertung ihres Urhebers […] ergeben".[141] Zweck ist es stets, dem Werbeadressaten eine informierte Entscheidung zu ermöglichen. Neben dem Merkmal der Nachprüfbarkeit (als eigenständiges Merkmal) bleibt die Sachlichkeit als Teil des Merkmals „objektiver Vergleich" weiterhin ein selbständig zu berücksichtigendes Merkmal.[142] Die Grenzen zu den übrigen Zulässigkeitsmerkmalen, insbesondere zum Irreführungsverbot (§ 5 UWG), sind fließend.[143] Nach der Rechtsprechung des EuGH steht es der Objektivität des Vergleichs nicht entgegen, dass vom Werbenden der konkrete Preisunterschied einzelner Produkte herausgestellt wird, auch wenn diese so ausgewählt werden, dass die Preise des Werbenden im Gegensatz zu den in Bezug genommenen Preisen des Wettbewerbers besonders 69

[133] Anders aber zu § 4 Nr. 6 UWG etwa noch OLG Hamburg OLGR 2001, 416; so auch LG Frankfurt Magazindienst 2006, 1177; OLG Frankfurt WRP 2017, 96; OLG Hamburg, Beschl. v. 21.11.2011 – 3 U 117/11; Ohly GRUR 2007, 3; wie hier Harte-Bavendamm/Henning-Bodewig/Sack UWG § 6 Rn. 137 f.; Fezer/Hecker UWG §§ 4 bis 6 Rn. 87.

[134] OLG Hamburg, Beschl. v. 21.11.2011 – 3 U 117/11.

[135] KG WRP 2000, 103 (105) – Krankenversicherungs-Computeranalyse.

[136] BVerfG GRUR 2003, 349 – Preistest; KG WRP 1999, 356 (357) – Krankenversicherungsangebote.

[137] Hans. OLG Hamburg GRUR-RR 2001, 84 (85); OLG Düsseldorf, Urteil vom 21.8.2012 – I-20 U 29/12.

[138] BGH GRUR 2007, 896 (898), der eine solche Behauptung im konkreten Fall jedoch nicht als gegeben ansah.

[139] BGH WRP 1998, 1065 (1068) – Preisvergleichsliste II.

[140] BGH WRP 1998, 1065 (1067) – Preisvergleichsliste II.

[141] EuGH GRUR 2007, 69 (73) – Lidl Belgium; BGH GRUR 2010, 658 (659) – Paketpreisvergleich: Dementsprechend lässt die Unvollständigkeit oder Einseitigkeit eines Preisvergleichs dessen Objektivität in § 6 Abs. 2 Nr. 2 UWG unberührt.

[142] BGH GRUR 2007, 896 (898) – Eigenpreisvergleich.

[143] OLG Hamburg GRUR-RR 2010, 67 (69) – Erste preisgünstige Alternative: Objektivität meint nicht Richtigkeit des Vergleichs, diese ist iRd Irreführungstatbestands zu prüfen; so auch OLG Köln, Urteil vom 25.7.2014 – I-6 U 47/14.

günstig sind. Allerdings ist ein solcher Vergleich nur dann zulässig, wenn der Mitbewerber generell höhere Preise verlangt.[144] Auch wenn diese Voraussetzung erfüllt ist, kann die Auswahl der für den Vergleich herangezogenen Eigenschaften und die sich daraus ergebenden Unterschiede in einem konkreten Fall zu einer Irreführung über die grundsätzliche Leistungsfähigkeit der verglichenen Produkte führen.[145] Auch unter dem Gesichtspunkt der Objektivität ist es nicht erforderlich, über die Preise aller auf dem Markt anzutreffenden Angebote der Mitbewerber, sämtliche vergleichbare Kriterien oder sämtliche Produkte eines Konkurrenten aufzuklären, da der durchschnittliche Verbraucher nicht von einem neutralen Vergleich ausgeht.[146] Werden in der Werbung spezielle Merkmale eines Produktes oder einer Dienstleistung genannt (zB Telefongebühren für bestimmte Uhrzeiten), wird der Verbraucher nicht annehmen, dass dieser Vergleich auf sämtliche Eigenschaften der beworbenen Produkte übertragen werden kann.[147] Wird durch Auswahl der Vergleichskriterien und Art der Darstellung des Vergleiches aber ein **Zerrbild** der Leistungsfähigkeit des Wettbewerbers, von dem die verglichenen Produkte stammen, erzeugt, liegt darin – neben eventuellen anderen wettbewerbsrechtlichen Verstößen[148] – ein Verstoß gegen das Objektivitätsgebot.[149] Das in dem Tatbestandsmerkmal „objektiv" enthaltene Sachlichkeitsgebot ist im Ergebnis eine Art **Auffangtatbestand**[150] **auch für** Fallgestaltungen, die einem der übrigen Zulässigkeitskriterien nicht eindeutig zuordenbar sind.

Weitere Beispiele für Verstöße gegen das Sachlichkeitsgebot:

Pauschale Aussagen über Produkte von Wettbewerbern; Schlussfolgerungen, die sich erst aus einer Bewertung von verglichenen Eigenschaften ergeben, so zum Beispiel die Aussage, ein Produkt sei für einen bestimmten Verwendungszweck „ungeeignet"; Preisvergleiche, bei denen der billigste Preis nur dadurch ermöglicht wird, dass der Werbende bei der Berechnungsmethode seines Finanzierungsangebots ein rechtswidriges Verhalten des Händlers beim Preisnachlass voraussetzt;[151] Preisgegenüberstellung von Angeboten verschiedener Flughäfen, bei denen nicht darauf hingewiesen wird, dass der Flughafen mit den günstigeren Angeboten eine wesentlich schlechtere Verkehrsanbindung aufweist;[152] Preisgegenüberstellung, bei der auf die Versandkosten des Mitbewerbers aufmerksam gemacht wird, die Inrechnungstellung von Verpackungskosten durch den Werbenden aber vorenthalten wird;[153] ebenso Preisgegenüberstellungen, bei denen die wesentlichen Unterschiede im Leistungsumfang der verglichenen Angebote nicht offengelegt werden.[154]

5. Irreführungsverbot (§ 5 UWG)

70 **a) Regelung.** Das in Art. 4 lit. a) RiL geregelte Verbot irreführender vergleichender Werbung wird in dem Kriterienkatalog des § 6 Abs. 2 UWG nicht erwähnt. Es ergibt sich vielmehr aus § 5 Abs. 4UWG: „Angaben im Sinne von Absatz 2 sind auch Angaben im Rahmen vergleichender Werbung sowie …". Demnach kann eine nach § 6 UWG zulässige Werbung gemäß § 5 Abs. 4 UWG unzulässig sein, wenn sie irreführend ist.

71 Ob damit im Rahmen vergleichender Werbung der liberalere europäische oder der traditionell strengere nationale Irreführungsbegriff[155] anzuwenden ist und ob die Richtlinie damit hinreichend umgesetzt ist, war zunächst als nicht abschließend geklärt zu betrachten.[156] Inzwischen

[144] EuGH GRUR Int. 2003, 742 (748) – Pippig Augenoptik/Hartlauer – für den Vergleich unterschiedlicher Preise; nach BGH GRUR 2013, 1058 (1059) verletzt die Auswahl nur eines bestimmten Angebots für einen Preisvergleich nicht das Objektivitätserfordernis.

[145] → Rn. 74.

[146] OLG Karlsruhe Urt. v. 31.10.2002 – 4 U 151/02 – nv; so auch Bullinger/Emmerich WRP 2002, 608 mwN; LG Landshut GRUR-RS 2019, 53070; OLG Köln GRUR-RR 2019, 386 (387).

[147] OLG Hamburg K&R 2006, 473.

[148] In Betracht kommt hier neben einem Verstoß gegen das Irreführungsverbot auch ein Verstoß gegen § 6 Abs. 2 Nr. 5 UWG.

[149] Siehe dazu auch BGH GRUR 2002, 72 (74) – Preisgegenüberstellung im Schaufenster.

[150] Siehe zB OLG Hamburg GRUR-RR 2003, 219 – Frankfurt-Hahn; OLG Frankfurt GRUR-RR 2003, 167 – Finanztest.

[151] OLG Köln WRP 1998, 1013 (1017) – AutoCash.

[152] OLG Hamburg GRUR-RR 2003, 219 (220) – Frankfurt-Hahn; das OLG Hamburg spricht in diesem Zusammenhang davon, dass der Vergleich „kein schiefes Bild" erzeugen darf.

[153] OLG Hamm MMR 2010, 763 (764) – „Lieferung frei Haus" im Onlineshop.

[154] KG GRUR-RR 2003, 319 – Berliner Zeitung.

[155] Zu dieser Unterscheidung vergleiche Ahrens in → § 22.

[156] Die Tendenz in der Rspr. schien jedoch in Richtung europäischer Irreführungsbegriff zu gehen: OLG Frankfurt CR 2000, 742; OLG Hamburg NJWE-RR 1999, 276; offengelassen von OLG Dresden GRUR 2000, 916 (918). Auch die wohl einhellige Lehre wendete für den Vergleich als solchen den europäischen Irreführungsbegriff an, vgl. Fn. 8.

hat der Bundesgerichtshof bereits mehrfach auf das europäische Verbraucherleitbild des durchschnittlich informierten und verständigen sowie situationsangemessen aufmerksamen Verbrauchers abgestellt und sich damit der Linie des EuGH angeschlossen.[157] Aus deutscher Sicht kam der Unterscheidung zwischen europäischem und nationalem Irreführungsbegriff im Rahmen der Beurteilung vergleichender Werbung somit schon länger keine Bedeutung mehr zu, da beide Begriffe harmonisiert wurden. Inzwischen hat der EuGH die zuvor streitige Auslegungsfrage dahin geklärt, dass strengere nationale Vorschriften zum Schutz gegen irreführende Werbung nicht auf vergleichende Werbung hinsichtlich der Form und des Inhalts des Vergleichs angewandt werden dürfen.[158] Im Rahmen vergleichender Werbung ist somit der europäische Irreführungsbegriff anzuwenden, dem der Deutsche heute entspricht.[159]

b) Wahrheitsgebot. Wie jede Werbung muss auch vergleichende Werbung wahr sein. 72

aa) Einzelangaben. Dies bedeutet zunächst, dass bei Preisvergleichen wie auch bei Qualitätsvergleichen die Einzelangaben zu Preisen oder Leistungsmerkmalen zutreffen müssen. Die Einzelangaben lassen sich in drei Kategorien unterteilen, nämlich die Angaben über das Angebot des Werbenden (zB Preis Produkt A), die Angaben über das Angebot der anderen beteiligten Unternehmen (zB Preis Produkt B) und die Angaben über das Ergebnis des Vergleichs (zB Preisdifferenz). Zwischen diesen verschiedenen Bestandteilen des Vergleichs ist bei richtlinienkonformer Auslegung keine unterschiedliche Behandlung vorzunehmen.[160] Der BGH behandelt eine nach § 4 Nr. 2 UWG (§ 4 Nr. 8 UWG aF) geschäftsschädigende Behauptung über das Angebot eines Mitbewerbers zugleich als irreführende vergleichende Werbung.[161] Nimmt die Werbung Bezug auf einen wissenschaftlichen Beitrag, ist sie irreführend, wenn der Beitrag wissenschaftlichen Anforderungen nicht genügt.[162] Die Richtigkeit der einzelnen Angaben alleine reicht nicht in jedem Fall aus, um dem Wahrheitsgebot Rechnung zu tragen. 73

bb) Gesamteindruck. Trotz wahrer Einzelangaben kann der Gesamteindruck, den die Werbung hervorruft, irreführend sein.[163] Umgekehrt kann der auf Grund klarstellender Angaben zutreffende Gesamteindruck unwahre Einzelangaben heilen.[164] Der Gesamteindruck kann sich auf den Preis oder die Eigenschaften[165] der einzelnen verglichenen Produkte, auf das Gesamtangebot (Sortiment) der verglichenen Mitbewerber oder auf das Angebot des gesamten Marktes beziehen. Neben der Wahrheit der Einzelangaben hängt der Gesamteindruck wesentlich von der Vollständigkeit der Angaben ab.[166] Nicht jeder unvollständige Vergleich ist jedoch irreführend.[167] Unter dem Aspekt der **Vollständigkeit** lassen sich die folgenden Fallgruppen betrachten: 74

Regelmäßig unproblematisch ist der **Preisvergleich bei identischen Produkten.** Dies gilt auch dann, wenn sie über verschiedene Kanäle beschafft[168] oder vermarktet[169] werden, beispielsweise im SB-Handel oder Versandhandel einerseits und im Fachhandel andererseits. Soll der Preisvergleich jedoch zwischen konkurrierenden Handelsgruppen angehörenden Geschäften unter- 75

[157] BGH GRUR 2000, 528 – L-Carnitin; BGH GRUR 2000, 820 – Space Fidelity Peep Show; BGH GRUR 2000, 914 – Tageszulassung II; BGH WRP 2000, 517 (520) – Orient-Teppichmuster; BGH WRP 2000, 1278 – Möbel-Umtauschrecht.

[158] EuGH GRUR Int. 2003, 742 (746) Rn. 44 – Pippig Augenoptik/Hartlauer; dazu Sack GRUR 2004, 89 (91 f.); Fröndhoff ZUM 2004, 451; Ohly GRUR 2003, 641 (643 f.).

[159] BGH GRUR 2005, 172 (175) – Stresstest; so auch der Entwurf eines Gesetzes gegen den unlauteren Wettbewerb der Bundesregierung, BT-Drs. 15/1487 S. 15 zu § 5 UWG; BGH GRUR 2019, 631 (636 – Das beste Netz.

[160] EuGH GRUR Int. 2003, 742 (745) Rn. 37 – Pippig Augenoptik/Hartlauer.

[161] BGH GRUR 2002, 633 (635) – Hormonersatztherapie (zu § 14 Abs. 1 UWG aF).

[162] BGH GRUR 2002, 633 (634) – Hormonersatztherapie; OLG Hamburg GRUR 2000, 530 f. – CSE-Hemmer.

[163] BGH GRUR 2013, 1058 (1059); Köhler/Bornkamm/Feddersen/Bornkamm/Feddersen § 5 Rn. 1.81; LG Köln BeckRS 2020, 6419 (Rn. 37).

[164] OLG München GRUR-RR 2003, 189 (190): Zahlenvergleich heilt die Relationen verzerrende Abbildungen.

[165] Köhler/Bornkamm/Feddersen/Köhler UWG § 6 Rn. 23a.

[166] BGH GRUR 2011, 742 – Leistungspakete im Preisvergleich: Vergleich zweier Leistungspakete im Telekommunikationsbereich; BGH GRUR 2010, 658 (660) – Paketpreisvergleich: Wenn sich die wesentlichen Konditionen der Wettbewerber wesentlich unterscheiden, muss der Werbende deutlich darauf hinweisen; Köhler/Bornkamm/Feddersen/Köhler UWG § 6 Rn. 24a.

[167] OLG Dresden GRUR 2000, 916; Hans. OLG Hamburg NJWE-WettbR 1999, 206 (207); OLG Stuttgart OLG Report 1999, 371 (374).

[168] EuGH GRUR Int. 2003, 742 (745) Rn. 65 – Pippig Augenoptik/Hartlauer.

[169] Vgl. Menke WRP 1998, 811 (821); Eck/Ikas WRP 1999, 251 (260); aA BMJ-Arbeitsgruppe Wettbewerbsrecht GRUR 1997, 201 (208).

schiedlicher Art und Größe erfolgen, muss hierauf hingewiesen werden.[170] Dass damit unterschiedliche Serviceleistungen oder Gewährleistungen verbunden sein können, bedarf dann der ausdrücklichen Erwähnung in dem Vergleich, wenn der Verbraucher diesbezüglich besondere Erwartungen hat.

76 Ein **Preisvergleich bei nicht identischen Produkten** dürfte hingegen nur dann nicht irreführend sein, wenn sich die verglichenen Leistungen im Wesentlichen entsprechen.[171] Andernfalls ist auf die Merkmalsunterschiede hinzuweisen. Irreführend wirbt, wer Preisvergleiche für ISDN-Anschlüsse vornimmt, ohne auf deren unterschiedlichen Leistungsumfang hinzuweisen.[172] Gleiches gilt für den Vergleich von Telefontarifen ohne Hinweis darauf, dass der Vergleich sich nur auf einen eng begrenzten Zeitraum bezieht.[173] Auch der Preisvergleich zwischen Energietarifen ist irreführend, wenn der verglichene Tarif des Mitbewerbers bei der genannten Energieabnahmemenge keine wirtschaftlich vernünftige Alternative darstellt.[174] Beim Vergleich von Markenprodukten kann die Nichtangabe der angeseheneren Marke des Wettbewerbers irreführend sein, wenn die Marken für die Kaufentscheidung relevant sind.[175] Beim Flugpreisvergleich ist auf unterschiedliche Abflughäfen hinzuweisen.[176]

77 Ein **Qualitätsvergleich nicht identischer Produkte** setzt nicht generell voraus, dass sämtliche wesentlichen Leistungsmerkmale der sich gegenüberstehenden Produkte miteinander verglichen werden. Der Vergleichende kann den Vergleich auf einzelne Merkmale beschränken, solange nicht der Eindruck eines (unzutreffenden) Gesamtvergleichs der verglichenen Produkte erweckt wird.[177] Diese Gefahr steigt, je mehr Merkmale verglichen werden, wenn dabei wichtige Merkmale unberücksichtigt bleiben. Bei Zeitungen können die Leser-pro-Ausgabe-Werte verglichen werden, ohne darauf hinzuweisen, dass die Verbreitung der verglichenen Publikationen innerhalb der jeweiligen Verbreitungsgebiete unterschiedlich hoch ist.[178]

78 Auch ein **Preisvergleich mehrerer Produkte aus dem Sortiment weniger Anbieter** ist prinzipiell zulässig. Die Gefahr der Irreführung kann dann entstehen, wenn der Vergleichende nur einige ihm günstige Produkte vergleicht und dadurch einen möglicherweise unzutreffenden Eindruck über die Preiswürdigkeit der jeweiligen Gesamtsortimente hervorruft oder dann, wenn er mit einem allgemeinen Sparpotential gegenüber mehreren Wettbewerbern wirbt, ohne aber das individuelle Sparpotential gegenüber jedem dieser Wettbewerber anzugeben.[179]

79 Der Vergleichende braucht nicht alle Mitbewerber in den Vergleich einzubeziehen. Grundsätzlich zulässig ist es, Waren oder Dienstleistungen nur mit denen eines bestimmten[180] oder nur einiger Mitbewerber zu vergleichen. Irreführend ist dies jedoch, wenn der unzutreffende Eindruck eines **Marktüberblicks** entsteht. Diese Gefahr besteht insbesondere dann, wenn ein Außenstehender den Vergleich durchführt.[181] So wurde etwa ein Preis-/Leistungsvergleich von bis zu 35 privaten Krankenversicherungen als irreführend beurteilt, wenn er nicht alle Versicherer berücksichtigt, die mindestens eine Versicherung anbieten, welche billiger ist als die teuerste verglichene und ein Hinweis auf weitere konkurrenzfähige Angebote unterbleibt.[182]

[170] EuGH 8.2.2017 – C-562/15 – Carrefour/ITM.
[171] OLG Hamburg Magazindienst 2006, 183; OLG Frankfurt CR 2000, 742; Menke WRP 1998, 811 (823); Eck/Ikas WRP 1999, 251 (260).
[172] OLG Hamburg NJWE-WettbR 2000, 109; OLG Köln, GRUR-RR 2010, 347 – Mindestvertragslaufzeit, für unterschiedliche Mindestlaufzeiten von Telekommunikationsdienstleistungen.
[173] OLG Hamburg GRUR-RR 2005, 131 (133) – Schlauer Telefonkunde. Keine Irreführung bei Angabe der ausgewählten Zeiträume, OLG Hamburg K&R 2006, 473 (474).
[174] OLG Frankfurt a. M. Urt. v. 13.8.2009 – 6 U 80/09; Der Vergleich eines Grundversorgungstarifs mit einem Sondertarif ist bei Beachtung weiterer Hinweispflichten grundsätzlich zulässig; OLG Karlsruhe GRUR-RR 2006, 407: Gegenüberstellung von Preisen zweier Energieversorger bei gleichzeitiger Beschreibung der Leistungen kann vom User dahingehend verstanden werden, dass diese jedenfalls bzgl. hervorgehobener Merkmale übereinstimmen; LG Mainz WRP 2021, 550: Tarife nur vergleichbar, wenn sie auch tatsächlich genutzt werden.
[175] EuGH GRUR Int. 2003, 742 (746) Rn. 53 – Pippig Augenoptik/Hartlauer – so bei Brillen.
[176] OLG Hamburg Magazindienst 2005, 521 – Flughafen Frankfurt-Hahn.
[177] BGH GRUR 2013, 1058 (1059); OLG Dresden GRUR 2000, 916 (918); Hans. OLG Hamburg GRUR-RR 2002, 169 (171); Köhler/Bornkamm/Feddersen/Köhler UWG § 6 Rn. 24.
[178] OLG Hamburg NJWE-WettbR 1999, 206 (207).
[179] EuGH GRUR 2007, 69 (76) – Lidl Belgium; ebenso bei Vergleich einzelner Beratungsstellen einer Organisation mit unzutreffendem Eindruck eines Vergleichs der Gesamtorganisationen BGH GRUR 2005, 877 (879) – Werbung mit Testergebnis.
[180] OLG Düsseldorf CR 1999, 22 (24).
[181] Vgl. Kotthoff BB 1998, 2217 (2220).
[182] KG NJWE-WettbR 2000, 185; anders OLG Stuttgart OLG Report 1999, 371 (374), weil die dort verglichenen Krankenkassenbeiträge ausdrücklich als „Beispiele aus Baden-Württemberg" bezeichnet wurden.

Checkliste: 80

- ☐ Maßstab ist der durchschnittlich informierte und verständige, situationsangemessen aufmerksame Verbraucher.
- ☐ Die einzelnen Bestandteile des Vergleichs sind gleich zu behandeln.
- ☐ Sind die Einzelangaben wahr (Wahrheitsgebot)?
- ☐ Wird dennoch ein unwahrer Gesamteindruck erweckt (Reichweite des Vollständigkeitsgebots)
  - bezüglich der verglichenen Produkte,
  - bezüglich der Sortimente der beteiligten Unternehmen oder
  - bezüglich des Gesamtmarktes?

6. Vermeidung von Verwechslungsgefahr (§ 6 Abs. 2 Nr. 3 UWG)

a) Regelung. Vergleichende Werbung darf nach § 6 Abs. 2 Nr. 3 UWG nicht zu einer Gefahr von Verwechslungen zwischen dem Werbenden und einem Mitbewerber, zwischen den von ihnen angebotenen Waren oder Dienstleistungen oder den von ihnen verwendeten Kennzeichen führen. Diese Regelung unterscheidet sich in doppelter Hinsicht von der markenrechtlichen Regelung in § 9 Abs. 1, § 14 Abs. 2 und § 15 Abs. 2 MarkenG. 81

Das MarkenG regelt die Fälle der Verwechslungsgefahr bei der zeichenmäßigen Benutzung von Kennzeichen für regelmäßig eigene Waren oder Dienstleistungen. Im Rahmen vergleichender Werbung hingegen erfolgt die Verwendung eines fremden Kennzeichens zur Unterscheidung **fremder** Produkte von dem eigenen Angebot. Jedoch kann darin nach der Rechtsprechung des EuGH eine Benutzung im Sinne des Markenrechts zu sehen sein.[183] 82

Die wettbewerbsrechtliche Regelung beschränkt sich aber nicht nur auf Verwechslungen, die durch den Gebrauch von Kennzeichen im markenrechtlichen Sinne herbeigeführt werden. Sie gewährt Schutz auch vor Verwechslungen, die **nicht durch Kennzeichen im markenrechtlichen Sinne verursacht** werden. Verwechslungsgeeignet können grundsätzlich alle Merkmale sein, die auf die Herkunft eines Produktes oder auf einen Anbieter hinweisen können, beispielsweise Verwechslungen auf Grund der Produktgestaltung oder besonderer, sich wiederholender Merkmale einer Werbekampagne.[184] Voraussetzen müssen wird man allerdings eine gewisse Bekanntheit, nicht jedoch eine Verkehrsgeltung im Sinne von § 4 Nr. 2 MarkenG. Aufgrund des weiten Anwendungsbereichs der Vorschrift dürfte von einer hinreichenden Umsetzung von Art. 4 lit. h) RiL auszugehen sein.[185] 83

Praxistipp:

Neben den Voraussetzungen vergleichender Werbung sollten daher in geeigneten Fällen auch die Voraussetzungen einer Markenverletzung geprüft werden.

b) Verwechslungsgefahr. Es genügt die **Gefahr von Verwechslungen.**[186] Ob Verwechslungen tatsächlich eingetreten sind, ist unerheblich.[187] 84

Art. 4 lit. h) RiL und § 6 Abs. 2 Nr. 3 UWG regeln dies ausdrücklich. 85

---

[183] EuGH GRUR 2008, 698 (699) – O_2 und O_2 [UK]/H3G; EuGH GRUR 2009, 756 (761) – L'Oréal/Bellure vgl. eingehend hierzu Raab in → § 35.

[184] EuGH GRUR 2002, 354 (356) Rn. 49 ff. – Toshiba/Katun: grundsätzlich bejahend für Artikelnummern; Begr. zu § 2 Abs. 2 Nr. 3 UWG Regierungsentwurf v. 23.2.2000, abgedr. WRP 2000, 555 (560); weitere Bsp. bei Eck/Ikas WRP 1999, 251 (268); ebenso Sack WRP 2001, 327 (345).

[185] Zur Interpretation des Begriffes Kennzeichen vgl. unten → Rn. 98.

[186] Schricker GRUR Int. 1992, 347 (353); Plassmann GRUR 1996, 377, 380; Tilmann GRUR 1997, 790 (796) Fn. 57; Harte/Henning/Sack § 6 Rn. 72; Gloy/Loschelder/Danckwerts UWG-HdB/Hasselblatt/Leister § 60 Rn. 64; Eck/Ikas WRP 1999, 251 (269); Plaß WRP 1999, 766 (769) unter Hinweis auf die Funktion der Vorschrift, die für Kennzeichen bestehende Schutzlücke im Bereich vergleichender Werbung zu schließen; Sack WRP 2001, 327 (345); wohl auch OLG Hamburg GRUR 2000, 243 (245) – Lottoschein: „Verwechslung – nicht zu befürchten".

[187] So noch die Begr. zu § 2 Abs. 2 Nr. 3 UWG Regierungsentwurf v. 23.2.2000, abgedr. WRP 2000, 555 (560); Gloy/Loschelder/Danckwerts UWG-HdB/Hasselblatt/Leister § 60 Rn. 64.

Praxistipp:

Bei der Beurteilung, ob eine Verwechslungsgefahr vorliegt, sollte auf Grundlage der neueren EuGH- und BGH-Rechtsprechung eine einheitliche marken- und lauterkeitsrechtliche Auslegung des Begriffs erfolgen.[188]

86 c) **Fallgruppen.** In der Rechtsprechung und in der Literatur hat diese Zulässigkeitsvoraussetzung bislang kaum eine Rolle gespielt; vielleicht, weil der Zweck kritisierender vergleichender Werbung nur erreicht wird, wenn der Werbende sich eindeutig vom Mitbewerber abhebt und die Gefahr von Verwechslungen gerade vermeidet. Die praktische Bedeutung dieser Zulässigkeitsvoraussetzung dürfte eher im Bereich der anlehnenden vergleichenden Werbung liegen und dort vor allem Nachahmungssachverhalte betreffen. Die gesetzliche Regelung unterscheidet drei Fälle:

87 *aa) Kennzeichenverwechslung.* Ob der Begriff „Kennzeichen" im markenrechtlichen Sinne zu verstehen ist,[189] kann im Rahmen des Verwechslungsverbots vielfach offenbleiben. Denn in Verwechslungsfällen wird in der Regel zumindest eine der beiden anderen Fallgruppen (Unternehmens- oder Produktverwechslung) betroffen sein.

88 Ist die Bezugnahme auf fremde Kennzeichen unzulässig, wenn sie zu Verwechslungen führt, so folgt daraus umgekehrt, dass sie im Rahmen vergleichender Werbung grundsätzlich zulässig ist.

89 Ob die Nennung oder Abbildung für den Vergleich erforderlich ist, ist unter dem Gesichtspunkt der Verwechslungsgefahr unerheblich.

Praxistipp:

Im Einzelfall sollte bei fehlender Erforderlichkeit allerdings im Auge behalten werden, ob diese unter einem anderen Aspekt, beispielsweise unter dem der Rufausbeutung, beachtlich ist.[190]

90 Vergleiche dürften sich wegen des Erfordernisses der Zweckidentität in aller Regel im Bereich der engeren Warenähnlichkeit bewegen. Dies bedeutet aber nicht, dass dann an die **Zeichenähnlichkeit** nur geringe Anforderungen zu stellen sind. Anders als bei der Beurteilung der allgemeinen markenrechtlichen Verwechslungsgefahr, die auf einen Erinnerungseindruck des Verkehrs abstellt, ist der Adressat einer vergleichenden Werbung zumindest in den Fällen der (ihm bewussten) unmittelbaren Gegenüberstellung zweier Kennzeichen nur in geringerem Maße der Gefahr der Verwechslung dieser Zeichen ausgesetzt.

91 Auch eine Anwendung des **Prioritätsgrundsatzes**[191] erscheint nicht unproblematisch. Die Konsequenz wäre, dass gegen den Vergleich nur vorgegangen werden kann, wenn dem Kennzeichen des von dem Vergleich Betroffenen die Priorität zusteht. Die wettbewerbsrechtlichen Vorschriften schützen aber nicht nur den Betroffenen, sondern auch den Verkehr. Auch bei älterem Zeitrang des Kennzeichens des Werbenden ist eine Verwechslung im wettbewerbsrechtlichen Sinne nicht ausgeschlossen.

92 *bb) Unternehmensverwechslung.* Es geht nicht nur um Fälle, in denen Unternehmenskennzeichen verwechslungsfähig sind. Eine Unternehmensverwechslung liegt auch vor, wenn die Werbung aus anderen Gründen als Werbung eines anderen Unternehmens aufgefasst wird. Dies kann auch bei rein beschreibenden Angaben oder bei Verwendung von noch nicht kennzeichenrechtlich geschützten Unterscheidungszeichen geschehen.

[188] EuGH GRUR 2008, 698 Rn. 49 – O_2 und O_2 [UK]/H3G; BGH GRUR 2010, 835 (838) – Power Ball; BGH GRUR 2015, 1136 (1137) – Staubsaugerbeutel im Internet.

[189] Vgl. Plaß WRP 1999, 766 (769) unter Hinweis auf die das Markenrecht ergänzende Funktion des wettbewerbsrechtlichen Verwechslungsverbots; weitergehend EuGH GRUR 2002, 354 (356) Rn. 49 ff. – Toshiba/Katun; Eck/Ikas WRP 1999, 251 (268); Sack WRP 2001, 327 (345); vgl. ders. GRUR 2015, 130 (132 f.).

[190] → Rn. 95 ff.

[191] Dafür plädiert Tilmann GRUR 1997, 790 (796).

Beispiel:

Ein Telekommunikationsanbieter warb in einer ganzseitigen magentafarbenen Anzeige für seine günstigen Ferngesprächstarife. Der in der Farbgebung liegende Blickfang erweckte beim Leser zunächst die Erwartung, dass es sich um eine Werbung der Telekom handelte. Im Anzeigentext wurde dann aufgeklärt.

Zudem dürften die Fälle erfasst sein, in denen der Verkehr Verbindungen wirtschaftlicher oder gesellschaftsrechtlicher Art zwischen dem Werbenden und dem Mitbewerber annimmt.[192] 93

cc) Produktverwechslung. Eine Produktverwechslung liegt vor, wenn die Waren oder Dienst- 94 leistungen selbst miteinander verwechselt werden. Hierbei können insbesondere Merkmale von Bedeutung sein, die die wettbewerbliche Eigenart von Produkten ausmachen,[193] ohne (schon) zu einem Kennzeichenschutz geführt zu haben. In der Praxis werden hierunter vor allem Nachahmungsfälle zu subsumieren sein.

Beispiel:

In einer Anzeige eines Nachahmers wird nur das Originalprodukt des Wettbewerbers abgebildet. Darunter befindet sich ein Preisvergleich ohne Hinweis darauf, dass der Werbende nur eine optisch vergleichbare Nachahmung anbietet. Hier kann der Adressat der Werbung bei späterem Kauf die Nachahmung mit dem Original verwechseln.

7. Verbot der Rufausbeutung (§ 6 Abs. 2 Nr. 4 Alt. 1 UWG)

a) Regelung. § 6 Abs. 2 Nr. 4 Alt. 1 UWG verbietet ua eine unlautere Ausnutzung des **Rufs** der 95 von einem Mitbewerber verwendeten Kennzeichen. Die Vorschrift soll das in Art. 4 lit. f) RiL enthaltene Verbot der Rufausbeutung umsetzen. § 6 Abs. 2 Nr. 4 Alt. 1 UWG und § 4 Nr. 3b) UWG sind nebeneinander anwendbar.[194]

Neben dem Verbot der Rufausbeutung enthält § 6 Abs. 2 Nr. 4 UWG auch das Verbot der 96 **unlauteren Beeinträchtigung** der von Mitbewerbern verwendeten Kennzeichen. Diese Regelung ist Teil des in Art. 4 lit. d) RiL umfassend geregelten Diffamierungsverbotes.[195] Der deutsche Gesetzgeber hat dieses in der Richtlinie in einem Tatbestand enthaltene Verbot allerdings auf die Regelungen in § 6 Abs. 2 Nr. 4 und Nr. 5 UWG verteilt.

Bei jeder vergleichenden Werbung werden zwangsläufig ein oder mehrere Mitbewerber er- 97 kennbar gemacht (§ 6 Abs. 1 UWG). Mit dieser **Erkennbarkeit** kann sowohl die Ausbeutung des (guten) Rufs des Mitbewerbers als auch dessen Herabsetzung[196] verbunden sein. Die Rufausbeutung liegt in der Regel darin, dass die **Assoziationen,** die der Werbeadressat mit den Kennzeichen des in Bezug genommenen Mitbewerbers verbindet, durch die vergleichende Werbung aktiviert und irgendwie auf den Werbenden übertragen werden.[197] Soweit dieser Imagetransfer durch den Vergleich als solcher gerechtfertigt wird, ist er zulässig. Erst wenn der Transfer über dieses Maß hinausgeht, ist die Rufausbeutung unlauter und verstößt gegen § 6 Abs. 2 Nr. 4 UWG.[198] Eine Rufausbeutung kann sowohl bei einer anlehnenden als auch bei einer kritisierenden vergleichenden Werbung vorkommen.[199]

b) Kennzeichen. Bezugspunkt des Rufausbeutungsverbotes sind die von einem Wettbewerber 98 verwendeten Kennzeichen. Der (historische) deutsche Gesetzgeber versteht entgegen der Auffassung des EuGH[200] unter Kennzeichen nur die in § 1 MarkenG genannten Alternativen.[201] Der Begriff des Kennzeichens in diesem Sinne findet sich jedoch weder in der englischen, noch der französischen oder der deutschen Fassung der Richtlinie. In der deutschen Fassung der Richtlinie wird vielmehr der Begriff „Unterscheidungszeichen" verwendet.[202] Unterscheidungszeichen iSd Richtlinie sind **alle Merkmale** eines Produktes, die für sich allein ohne Angabe der Marke des

[192] Ebenso Gloy/Loschelder/Danckwerts UWG-HdB/Hasselblatt/Leister § 60 Rn. 66; Plaß NJW 2000, 3161 (3166).
[193] Vgl. dazu Deck § 19; Gloy/Loschelder/Danckwerts UWG-HdB/Hasselblatt/Leister § 60 Rn. 66.
[194] BGH GRUR 2010, 343 (346) – Oracle.
[195] → Rn. 105 ff.
[196] → Rn. 105 ff.
[197] BGH GRUR 2010, 161 (166) – Gib mal Zeitung.
[198] OLG Köln, GRUR- RR 2019, 386 (388); BGH GRUR 2019, 631 (635) – Das beste Netz.
[199] Vgl. als kritisierende vergleichende Werbung mit Rufausbeutungswirkung zB den Fall Hans. OLG Hamburg AfP 1999, 502 (505).
[200] EuGH GRUR Int. 2002, 50 (54) – Toshiba/Katun; EuGH GRUR 2006, 345 (345) – Siemens/VIPA.
[201] Vgl. Begr. zu § 2 Abs. 2 Regierungsentwurf v. 23.2 2000, abgedr. WRP 2000, 555 (560)
[202] Vgl. Art. 3a Abs. 1 lit. g). Ebenso in Art. 3a Abs. 1 lit. e) RiL (Diffamierungsverbot) und Art. 3a Abs. 1 lit. d) RiL (Verwechslungsverbot).

Anbieters in den angesprochenen Verkehrskreisen die Assoziation zu einem bestimmten Unternehmen hervorrufen.[203] Der in § 6 Abs. 2 Nr. 4 UWG verwendete Begriff des Kennzeichens ist **richtlinienkonform** nach der vom EuGH[204] gefundenen Bedeutung des Begriffs Unterscheidungszeichen auszulegen. In Art. 4 Abs. 1 lit. d), f) und h) RiL sind **alle Merkmale einer Leistung** gemeint, die der Unterscheidung von Produkten und Anbietern dienen, sofern sie eine gewisse Verkehrsbekanntheit aufweisen.[205] Dies können beispielsweise auch Bestellnummern sein.[206]

99 c) **Ruf.** Mit dem Begriff des „Rufs" ist das **Image** des in Bezug genommenen Kennzeichens gemeint, unabhängig davon, welche Qualität dieses Image hat.[207] Unter Marketinggesichtspunkten können heute ohnehin nicht mehr ausschließlich mit einem guten Ruf, sondern bei manchen Zielgruppen durchaus auch mit einem schlechten Ruf gute Geschäfte gemacht werden. Letztendlich kommt es für die Ausnutzung der Assoziationskraft eines Kennzeichens nur darauf an, ob die Werbeadressaten mit diesem eine hinreichende Identität verbinden.

100 d) **Unlauteres Ausnutzen.** Sofern der in Bezug genommene Mitbewerber eine gewisse Bekanntheit hat und der Werbeadressat mit ihm ein irgendwie geartetes Image (Identität) verbindet, ist jeder vergleichenden Werbung ein bestimmtes Maß an Imagetransfer immanent.[208] Dies gilt insbesondere, wenn zwischen den verglichenen Mitbewerbern ein Prestigegefälle besteht. Da § 6 UWG jedoch von der grundsätzlichen Zulässigkeit vergleichender Werbung ausgeht, ist der in einem Werbevergleich als solcher liegende Imagetransfer lauter und zulässig. So ist der bloße Preis- oder Leistungsvergleich eines Billigproduktes mit einem Produkt einer bekannten Marke zulässig;[209] ebenso das Herausstellen der eigenen Ware als besser, sofern dies sachlich begründet ist.[210]

101 Eine Rufausbeutungsabsicht des Werbenden ist für die Unlauterkeit nicht erforderlich. Es kommt ausschließlich auf den bei den angesprochenen Werbeadressaten hervorgerufenen Eindruck an.

102 Unlauter wird die Rufausbeutung aber, wenn die Werbung so aufgebaut ist, dass die Bekanntheit des fremden Kennzeichens über das im Rahmen des Vergleiches **notwendige Maß** hinaus genutzt wird.[211] Dabei ist zu beachten, dass der Begriff der Unlauterkeit iSd § 6 Abs. 2 Nr. 4 UWG sich nicht nach deutschen, sondern nach europäischen Unlauterkeitsmaßstäben richtet. Der Begriff ist anhand seiner Funktion im Rahmen einer umfassenden Interessenabwägung auszulegen. In diese sind alle Umstände des Einzelfalles einzustellen. Zu den insoweit zu berücksichtigenden Interessen gehören aber nicht nur die Interessen des vergleichend Werbenden und desjenigen, dessen Zeichen er dabei in Bezug nimmt. Zu berücksichtigen sind auch die Interessen der Adressaten.[212] Ist zB eine bestimmte Art der Kennzeichenverwendung durch den Werbenden für den Adressaten nützlich, ist dies bei der Prüfung der Unlauterkeit mit einzubeziehen.[213] Dabei besteht eine **dynamische Wechselwirkung** zwischen allen bei der Interessenabwägung zu berücksichtigenden Gesichtspunkten, so zB die Qualität des Kennzeichens, die damit verbundene Wertschätzung, seine Bekanntheit und das Prestigegefälle ebenso wie der mit einer bestimmten Art der Kennzeichenverwendung eventuell verbundene Vorteil für die Adressaten. **Je** ausgeprägter beispielsweise die Qualität des Kennzeichens, seine Bekanntheit, die mit ihm verbundene Wertschätzung, das Prestigegefälle, das zwischen dem Mitbewerber und dem Werbenden besteht und/oder je geringer die Vergleichsbasis, **desto** größere Zurückhaltung dürfte sich der Werbende bei der Hervorhebung des oder der Kennzeichen des Mitbewerbers im Rahmen der vergleichenden Werbung auferlegen müssen.

[203] EuGH GRUR Int. 2002, 50 (54) – Toshiba/Katun.
[204] EuGH GRUR Int. 2002, 50 (54) – Toshiba/Katun; dies wird durch den Vergleich mit Art. 4 lit. g) RiL bestätigt.
[205] So schon Eck/Ikas WRP 1999, 251 (268, 270 ff.) mwN.
[206] EuGH GRUR 2006, 345 – Siemens/VIPA; BGH GRUR 2005, 348 – Bestellnummernübernahme; BGH GRUR 2011, 1158 – Teddybär.
[207] Der RegE UWG ändert dementsprechend auch den Wortlaut und ersetzt „Wertschätzung" durch „Ruf".
[208] Insoweit gilt dasselbe wie für die einer vergleichenden Werbung zulässigerweise immanente Herabsetzung (BGH WRP 1999 – Vergleichen Sie); → Rn. 105 ff.
[209] Dieser Gedanke liegt der Entscheidung OLG Stuttgart NJWE-WettbR 1999, 98 zugrunde.
[210] BGH WRP 1999, 414 (416) – Vergleichen Sie.
[211] BGH GRUR 2007, 896 – Eigenpreisvergleich.
[212] OLG Hamburg PharmR 2012, 481 (485).
[213] EuGH GRUR 2006, 345 (346) – Siemens/VIPA; so zB wenn die konkrete Kennzeichenverwendung eine höhere Transparenz für den Verbraucher mit sich bringt und zur Schaffung eines wirksamen Wettbewerbs erforderlich ist. Siehe hierzu auch → Rn. 110.

Indizien für eine Rufausbeutung: Die Kennzeichen des Mitbewerbers werden als Eye-Catcher verwendet, wobei eine Verwechslungsgefahr nach Ansicht des EuGH nicht erforderlich ist.[214] Die Kennzeichen werden alleine oder in Verbindung mit anderen Merkmalen, die auf den Mitbewerber hinweisen, in der Werbung stärker hervorgehoben als die Kennzeichen des Werbenden. Die verglichenen Produkte weisen nur eine sehr **geringe Vergleichsbasis** auf. Die genannten Indizien deuten dann besonders auf eine unlautere Rufausbeutung hin, wenn zwischen dem in Bezug genommenen Wettbewerber und dem Werbenden auch noch ein besonderes **Prestigegefälle** besteht;[215] so zum Beispiel, wenn unbekannte Billigprodukte mit Markenprodukten verglichen werden, wobei die Produkte selbst nur sehr eingeschränkt vergleichbar sind und der bekannte Markenanbieter auch noch überproportional in der Werbung hervorgehoben wird. Zulässig ist es jedoch, die Artikelnummern des Originalherstellers (OEM-Artikelnummern) den eigenen Artikelnummern gegenüberzustellen[216] oder sogar teilweise zu übernehmen.[217] Nach neuer Rechtsprechung des BGH können auch vom Originalhersteller zur Kennung seiner Produkte verwendete Bildmotive übernommen werden.[218] Damit wird für die angesprochenen Verkehrskreise deutlich, dass das beworbene Substitutprodukt mit den technischen Eigenschaften des Produktes des Originalherstellers vergleichbar ist. Die Nennung oder die (teilweise) Übernahme der Original-Artikelnummer an sich führt dann nicht zu einer Rufausbeutung, wenn dies zur Schaffung eines wirksamen Wettbewerbs erforderlich ist.[219] Auch die Verwendung einer fremden Marke in einem Internet-Verkaufsangebot, um Kunden, die sich einer Suchmaschine bedienen, auf das eigene Produkt aufmerksam zu machen, ist grundsätzlich zulässig.[220] Ebenfalls zulässig ist der Hinweis, dass ein bestimmtes Produkt in einem anderen Land unter einer – unter Umständen auch bekannteren – Marke vertrieben wird, es sich aber im Übrigen um das gleiche Produkt handelt.[221] Eine unlautere Rufausbeutung kann in diesen Fällen aber dann gegeben sein, wenn der – falsche – Eindruck einer Verbindung der Unternehmen erweckt wird. 103

Checkliste: 104

- ☐ Mittels welcher Merkmale wird der Mitbewerber in der Werbung identifiziert?
- ☐ Werden die Merkmale im Rahmen des Vergleiches nur zur Identifikation des Wettbewerbers verwendet oder geht die Verwendung darüber hinaus?
- ☐ Wie groß ist das Prestigegefälle zwischen dem in Bezug genommenen Mitbewerber und dem Werbenden?
- ☐ Wie groß ist die Vergleichsbasis der verglichenen Produkte oder Leistungen?
- ☐ Wird das Image des verglichenen Produktes oder der verglichenen Leistungen auf das eigene Produkt oder die eigene Leistung übertragen?

8. Diffamierungsverbot (§ 6 Abs. 2 Nr. 4 Alt. 2 und Nr. 5 UWG)

a) **Regelung.** Jeder kritisierenden vergleichenden Werbung ist die Herabsetzung des Mitbewerbers oder seiner Produkte **immanent.** Die mit einem kritisierenden Werbevergleich zwangsläufig einhergehende Herabsetzung ist jedoch nicht zu beanstanden.[222] Nur soweit darüber hinausgehende abwertende Umstände hinzutreten, werden die Interessen des Mitbewerbers über Gebühr beeinträchtigt und machen den Werbevergleich damit unzulässig. Dieser Grundsatz ist in Art. 4 lit. h) RiL verankert. Der deutsche Gesetzgeber hat ihn, verteilt auf zwei Tatbestände, in § 6 Abs. 2 Nr. 4 und Nr. 5 UWG in deutsches Recht umgesetzt. Er hat dabei auch den Wort- 105

214 Nach EuGH GRUR 2009, 756 (760) – L'Oréal/Bellure.
215 BGH GRUR 2009, 871 (873) – Ohrclips; OLG Frankfurt NJW 2004, 3433 (3433) – Brosche im Cartier-Stil.
216 EuGH GRUR Int. 2002, 50 (54) – Toshiba/Katun.
217 EuGH GRUR 2006, 345 (346) – Siemens/VIPA.
218 BGH GRUR 2011, 1158 – Teddybär.
219 Siehe hierzu auch Ohly GRUR 2007, 3.
220 BGH GRUR 2015, 1136 (1138 f.) – Staubsaugerbeutel im Internet.
221 OLG Frankfurt GRUR Int. 2002, 764 (765) – Tiapridex.
222 BGH WRP 1999, 414 (417) – Vergleichen Sie.

laut der deutschen Fassung der Richtlinie nur teilweise übernommen. Damit besteht im Rahmen des Diffamierungsverbotes ebenfalls ein nachhaltiges Bedürfnis nach richtlinienkonformer Auslegung.[223]

106 In seiner Gesamtheit verbietet das **Diffamierungsverbot:**

- Kennzeichen von Mitbewerbern in unlauterer Weise zu beeinträchtigen (**§ 6 Abs. 2 Nr. 4 Alt. 2 UWG);**
- Waren, Dienstleistungen, Tätigkeiten oder persönliche oder geschäftliche Verhältnisse von Mitbewerbern herabzusetzen oder zu verunglimpfen (**§ 6 Abs. 2 Nr. 5 UWG).**

107 Die Vorschriften zum Diffamierungsverbot ergänzen die Regelung des § 4 Nr. 1 UWG. Da § 6 Abs. 2 Nr. 5 UWG Unionsrecht umsetzt, ist er gegenüber § 4 Nr. 1 UWG in seiner Anwendung vorrangig.[224] § 4 Nr. 1 UWG spielt daher vor allem eine Rolle, soweit § 6 Abs. 2 Nr. 5 nicht anwendbar ist.[225] Daneben sind auch § 3 UWG und §§ 9 Abs. 1 Nr. 3, 14 Abs. 2 Nr. 3 und 15 Abs. 3 MarkenG anwendbar.[226]

108 b) **Bezugspunkte** des Diffamierungsverbotes sind grundsätzlich **alle Umstände,** die mit dem Mitbewerber in Beziehung stehen. Dies sind zunächst die Merkmale, die auch Bezugspunkte des Rufausbeutungsverbotes (§ 6 Abs. 2 Nr. 4 UWG)[227] und des Schutzes vor Verwechslungen (§ 6 Abs. 2 Nr. 3 UWG)[228] sein können. Das Diffamierungsverbot umfasst jedoch mehr. Es bezieht sich umfassend auf alle Tätigkeiten und persönlichen oder geschäftlichen Verhältnisse des Mitbewerbers.

109 c) **Beeinträchtigen, Herabsetzen, Verunglimpfen.** Die Begriffe sind in ihrer Bedeutung nicht identisch. Sie weisen aber **starke Überschneidungen** auf. Der Begriff Beeinträchtigen beschreibt im Grunde jede negative Wirkung. Dieser Begriff ist jedoch erst durch den deutschen Gesetzgeber geschaffen worden. Die Richtlinie selbst kennt nur die Begriffe herabsetzen und verunglimpfen. Bei richtlinienkonformer Auslegung kann dem Begriff der Beeinträchtigung daher keine weitere Bedeutung zukommen, als sie die von der Richtlinie verwendeten Begriffe der Herabsetzung und Verunglimpfung aufweisen. Für die Praxis wird es häufig ausreichen, die Begriffe gleich zu behandeln.[229]

110 Alle Begriffe beschreiben den Grad an negativer Wirkung einer Aussage, der über das jedem Werbevergleich immanente Maß hinausgeht. Er ist überschritten, wenn über „die mit jedem Werbevergleich verbundenen (negativen) Wirkungen hinaus **besondere Umstände** hinzutreten, die den Vergleich in unangemessener Weise **abfällig, abwertend** oder **unsachlich** erscheinen lassen“[230] oder das Angebot des Mitbewerbers in werbender Weise als **minderwertig** herausgestellt wird.[231]

111 Die Frage, wann eine **unangemessene Abwertung** vorliegt, ist eine Frage der konkreten Umstände des Einzelfalls, insbesondere des Gesamtzusammenhangs der angegriffenen Behauptung. Dies wird aus der Sicht eines verständigen Durchschnittsverbrauchers beurteilt. Dem angesprochenen Verkehr muss eine sachbezogene und nachprüfbare Grundlage für eine sachgerechte, informierte Nachfrageentscheidung gegeben werden.[232] In der Regel werden sich die zulässigen negativen Aussagen an den verglichenen Eigenschaften orientieren und daran messen lassen müssen, ob sie zum Ziel der Erreichung einer möglichst großen Markttransparenz beitragen.[233] Auf andere Gesichtspunkte dürfen sich negative Aussagen grundsätzlich nicht beziehen. Auch anderweitige Botschaften an den Werbeadressaten – seien sie offen oder verdeckt in der Werbung enthalten – dürfen nicht so gehalten sein, dass sich der Werbende auf Kosten des Mitbewerbers erhöht. Soweit sachlich zutreffende Unterschiede der verglichenen Leistungen in dem Werbe-

[223] → Rn. 6 f.
[224] Vgl. BGH GRUR 2012, 74 – Coaching-Newsletter; OLG Köln WRP 2016, 268 (Rn. 43); BGH NJW-RR 2019, 933 (934) – Knochenzement III; BGH WRP 2019, 736 – Das beste Netz, (die Anwendung des § 4 Nr. 1 UWG kann aufgrund der abschließenden Regelung der RiL für den Bereich der vergleichenden Werbung zu keinem anderen Ergebnis kommen als § 6 Abs. 2 Nr. 5 UWG, vgl. ErwGr 6).
[225] BGH NJW 2021, 3388 (3389 Rn. 19); OLG Frankfurt a. M GRUR-RS 2021, 5835 (Rn. 27).
[226] BGH WRP 1999, 1141 (1144) – Generika-Werbung; BGH GRUR 2002, 828 (830) – Lottoschein.
[227] → Rn. 95 ff.
[228] → Rn. 81 ff.
[229] So wohl BGH WRP 1999, 414 (416) – Vergleichen Sie.
[230] BGH WRP 1999, 414 (416) – Vergleichen Sie; BGH NJW-RR 2019, 933 (935) – Knochenzement III.
[231] BGH WRP 1998, 718 (723) – Testpreis-Angebot; LG Köln BeckRS 2019, 31053 Rn. 37.
[232] EuGH GRUR 2007, 511 Rn. 16 – De Landtsheer/CIVC; BGH GRUR 2010, 161– Gib mal Zeitung mwN; BGH WRP 2019, 736 Rn. 30 – Das beste Netz; BGH NJW-RR 2019, 933 (935) – Knochenzement III.
[233] BGH NJW-RR 2019, 933 (935) – Knochenzement III.

vergleich genannt werden, liegt in der Darstellung dieser Unterschiede als solches keine Herabsetzung.[234]

Nicht herabsetzend: Der sachliche Hinweis auf die (zutreffende) Begrenztheit des Leistungsangebotes eines Mitbewerbers;[235] der Hinweis, dass Fotoarbeiten, die an SB-Theken abzuholen sind, auch für Unberechtigte zugänglich sind, bei gleichzeitiger Verwendung des Zeitschriftenzitates „Bildertheke im Billigmarkt: Fundgrube für Gauner";[236] die Hervorhebung der Vorzüge des eigenen Produktes, auch wenn darin unausgesprochen der Hinweis liegt, dass andere Anbieter oder deren Produkte derartige Vorzüge nicht aufweisen;[237] ein Preisvergleich, bei dem der Preisunterschied zwischen den verglichenen Produkten über dem durchschnittlichen Preisunterschied der Wettbewerber liegt;[238] die Nennung des Namens des teureren Mitbewerbers;[239] die Abbildung eines Firmenlogos oder der Fassade eines Geschäftes als solches;[240] die Verwendung ironischer und humorvoller Merkmale, wie beispielsweise des Slogans „Die Steinzeit ist vorbei!" als Werbung für Häuser in Holzbauweise in Abgrenzung zur Bauweise in Stein;[241] ein Werbespot, der auf humorvolle Weise zum Ausdruck bringen, dass die Zeitung „taz" „nicht für jeden" ist, also nicht unbedingt den Massengeschmack der BILD-Leser trifft;[242] die Aussage „make taste, not waste" mit Hinblick auf Kapselsystem-Kaffeemaschinen;[243] eine Punktevergabe für einzelne Disziplinen bei einer „Produktolympiade", sofern neben der Hervorhebung der Nachteile des Produkts keine zusätzliche negative Wertung erfolgt.[244] 112

Herabsetzend: Die Aussage „Billige Composite-Rackets muten wir Ihnen nicht zu";[245] die Aussage „Die Zeit des Modeschmuck ist vorbei. Also warum genauso viel oder noch mehr bezahlen für Modeschmuck";[246] „Die beste Werbung für S sind die Angebote der Konkurrenz";[247] die Aussage über die Arbeit eines Mitbewerbers: „Das ist nur einer von mehreren Mängeln ... Sie wurden ... möglicherweise falsch beraten";[248] Formulierungen wie „Dringend gesucht", „Rückrufaktion", „Fahndungs-Fotos", „unverzüglicher Austausch" „Dringender Tatverdacht"... in der Werbung eines KFZ Vertriebs, durch welche auf die Fahrzeuge des Wettbewerbers und deren negative Eigenschaften aufmerksam gemacht werden soll;[249] Die Werbung der Stadtwerke einer deutschen Großstadt für ihr Leitungswasser mit der Frage „Hängen Sie auch noch an der Flasche" unter Abbildung einer typischen von Mineralbrunnen-Betrieben verwendeten Mineralwasserflasche;[250] die Darstellung eines Waschbären beim Übersprühen einer farbigen Fläche mit einer anderen Farbe, wenn für den Verkehr im konkreten Zusammenhang erkennbar ist, dass die Werbung einen Vergleich zwischen zwei Unternehmen verdeutlichen soll;[251] eine Werbung, bei der dem Mitbewerber grundsätzlich die Befähigung zu gleichwertigen Leistungen abgesprochen wird;[252] die Abbildung des verglichenen Konkurrenzproduktes in defektem Zustand;[253] die Aussage „In vielen Fällen kommt der einzelne Urheber zu kurz ..." in einer vergleichenden Werbung über die Leistungen der GEMA;[254] die Aussage, der große Rahmen eines Wettbewerbers 113

[234] EuGH GRUR Int. 2003, 742 (748) – Pippig Augenoptik/Hartlauer – für einen Preisvergleich; BGH GRUR 2002, 72 (74) – Preisgegenüberstellung im Schaufenster.
[235] OLG Stuttgart NJW-RR 1999, 266 (267).
[236] OLG Hamburg WRP 1999, 349 (353) – Bildertheke im Billigmarkt.
[237] BGH WRP 1999, 1141 – Generika-Werbung; OLG Karlsruhe OLGR 2000, 126; LG Frankfurt MMR 1998, 612 – Tarif-Dschungel.
[238] EuGH GRUR Int. 2003, 742 (748) – Pippig Augenoptik/Hartlauer. Allerdings ist in derartigen Fällen zu prüfen, ob nicht im Einzelfall die konkrete Darstellung oder begleitende Werbeaussagen zu einer Herabsetzung führen oder die Verkehrskreise über die grundsätzliche Preiswürdigkeit des Angebots des Wettbewerbers getäuscht werden.
[239] BGH GRUR 2002, 72 (73) – Preisgegenüberstellung im Schaufenster.
[240] EuGH GRUR Int. 2003, 742 (748) – Pippig Augenoptik/Hartlauer.
[241] So der BGH für die Herabsetzung gemäß § 1 UWG aF GRUR 2002, 982 (983) – DIE „STEINZEIT" IST VORBEI!; → Rn. 113.
[242] BGH GRUR 2010, 161 – Gib mal Zeitung.
[243] LG Hamburg Urt. v. 12.5.2009 – 312 O 137/09.
[244] OLG Köln GRUR-RR 2015, 245 (246).
[245] BGH WRP 1998, 718 (723) – Testpreis-Angebot.
[246] OLG Hamm WRP 2000, 1316; anders noch die I. Instanz, LG Bochum WRP 2000, 230 (232).
[247] KG WRP 1999, 339 (340).
[248] OLG München Urt. v. 30.7.1998 – 29 U 5714/97 – nv.
[249] LG Frankfurt a. M. Urt. v. 26.11.2010 – 3–12 O 77/10.
[250] OLG München NJWE – WettbR 2000, 177; vgl. dazu krit. Eck/Ikas ZLR 2000, 956 (959).
[251] OLG Frankfurt GRUR-RR 2015, 18.
[252] Thür. OLG NJW 2005, 2089; KG WRP 1999, 339.
[253] OLG Hamburg WRP 1999, 355 (356).
[254] OLG München ZUM 1999, 843 (847).

…"ist eine instabile Lösung, die komplizierter und kostspieliger ist und das Problem … nicht befriedigend löst".[255] Generell wird man sagen können, dass insbesondere **pauschal negative Aussagen** über die Leistungen eines Wettbewerbers, insbesondere wenn sie wertenden Charakter haben, einen Verstoß gegen § 6 Abs. 2 Nr. 5 UWG darstellen können.

114 Trotz der traditionell eher restriktiven deutschen Rechtsprechung und entgegen der immer noch vorhandenen Tendenz einiger Instanzgerichte[256] hat der Bundesgerichtshof klargestellt, dass **ironische Komponenten** einer vergleichenden Werbung, die nur Aufmerksamkeit und **Schmunzeln** erzielen, mit denen aber keine Abwertung des Wettbewerbers verbunden ist, nicht gegen das Diffamierungsverbot des § 6 Abs. 2 Nr. 5 UWG verstoßen,[257] auch wenn die ironische Darstellung nur zu Lasten des Mitbewerbers geht.[258] Diese liberale Tendenz hat der BGH bereits in Entscheidungen zur Frage der wettbewerbswidrigen Herabsetzung gemäß § 1 UWG aF bestätigt. So ist es zulässig, mit dem Slogan Die „Steinzeit" ist vorbei! in ironischer Weise für Häuser in Holzbauweise zu werben und sich damit gegenüber Häusern in Steinbauweise abzugrenzen.[259] Ebenfalls zulässig war die Werbung für eine Wirtschaftszeitschrift unter Abbildung eines Lottoscheins und der darunter abgedruckten Zeile: „Um Geld zu vermehren, empfehlen wir (die werbende Wirtschaftszeitung; d. Verf.) ein anderes Papier".[260] Die Rechtsprechung des BGH entspricht einer zeitgemäßen rechtlichen Beurteilung von Werbung aus Sicht eines aufgeklärten Verbrauchers.[261] Die Rechtsprechung geht von einer zunehmenden Gewöhnung der Verbraucher auch an pointierte Aussagen in Werbevergleichen als Folge lebhaften Wettbewerbs aus.[262] Humorvolle und ironische Anspielungen, die ein Schmunzeln der Werbeadressaten zur Folge haben, sind daher zulässig,[263] allerdings nicht ohne Grenzen.[264] Auch in Fällen, in denen in witziger und künstlerisch anspruchsvoller Weise ein Konkurrenzprodukt negativ dargestellt wird, kann durchaus eine unzulässige Verunglimpfung liegen.[265] Ebenso kann eine herabwürdigende Äußerung vorliegen, wenn sich die Werbeaussage aus einem ironischen und einem sachlichen Teil zusammensetzt, die nicht getrennt betrachtet werden können[266] oder wenn zwischen dem ironischen Seitenhieb und dem Vergleichsgegenstand kein Zusammenhang besteht.[267] Im Rahmen der insoweit vorzunehmenden Interessenabwägung ist auch zu berücksichtigen, dass vergleichende Werbung als Teil der kommerziellen Kommunikation in den Schutzbereich des Art. 5 GG und des Art. 11 GrCH fällt.[268] Im Ergebnis wird man nach dem derzeitigen Stand der Rechtsprechung davon ausgehen können, dass „nur grobe und unverhältnismäßig abwertende Ausdrucksformen" oder pauschal negative Aussagen in einer vergleichenden Werbung einen Verstoß gegen das Diffamierungsverbot darstellen.[269]

9. Schutz des Originalanbieters (§ 6 Abs. 2 Nr. 6 UWG)

115 Die Vorschrift schützt den **Originalanbieter** und nicht den Nachahmer.[270] Die Vorschrift verbietet es, dass der Werbende in einer vergleichenden Werbung sein Produkt als Nachahmung oder Imitation eines Produktes darstellt, das unter einem geschützten Kennzeichen vom Wettbewerber vertrieben wird. Nach dem EuGH setzt § 6 Abs. 2 Nr. 6 UWG nicht voraus, dass die vergleichen-

[255] OLG Hamm Urt. v. 9.2.2010 – 4 U 185/09, BeckRS 2010, 6541.
[256] Vgl. zB OLG Jena GRUR-RR 2003, 254 (255) – Fremdgehen.
[257] Vgl. BGH GRUR 2002, 72 (74) – Preisgegenüberstellung im Schaufenster; in der Tendenz ebenso OLG München GRUR-RR 2003, 189 (190) – Dogge; BGH GRUR 2019, 631 (633) – Das beste Netz.
[258] BGH GRUR 2019, 631 (633) – Das beste Netz.
[259] BGH GRUR 2002, 982 (983) – DIE „STEINZEIT" IST VORBEI!.
[260] BGH GRUR 2002, 828 (829) – Lottoschein.
[261] EuGH GRUR Int. 2003, 247 (748) – Pippig Augenoptik/Hartlauer.
[262] BGH GRUR 2010, 161 (164) – Gib mal Zeitung; BGH GRUR 2019, 631 – Das beste Netz.
[263] Vgl. Eck/Ikas WRP 1999, 251 f; BGH GRUR 2019, 631 (633) – Das beste Netz.
[264] BGH GRUR 2019, 631 (633) – Das beste Netz.
[265] OLG Hamburg NZG 2007, 239 – Gib mal Zeitung.
[266] OLG Frankfurt GRUR-RR 05, 137 (138) – Werbung für feuchtes Toilettenpapier.
[267] OLG Frankfurt GRUR-RR 2005, 355 (355) – Preisvergleichende Werbung mit ironischem Seitenhieb.
[268] Vgl. hierzu BGH I ZR 223/05 sowie 96/07, beide v. 5.6.2008; BGH GRUR 2019, 631 (634) – Das beste Netz; BGH NJW-RR 2019, 933 (935) – Knochenzement III; BVerfG NJW 2020, 314 – Vergessen II.
[269] So schon OLG Stuttgart NJW–RR 1999, 266 (267); eher liberal OLG Hamburg GRUR-RR 2003, 251 (252) – Müsli-Wege (in dem Fall wurde unter Abbildung eines Getreideriegels, der „Zäh wie Gummi und Staubtrocken" sei, für einen Schokoriegel geworben); BGH NJW-RR 2019, 933 (935) – Knochenzement III.
[270] So die überw. M., vgl. Eck/Ikas WRP 1999, 251 (273) mwN; Sack WRP 2001, 327 (347); Harte-Bavendamm/Henning-Bodewig/Sack UWG § 6 Rn. 204; Gloy/Loschelder/Danckwerts UWG-HdB/Hasselblatt/Leister § 60 Rn. 77; aA Kotthoff BB 1998, 2217 (2220).

de Werbung irreführend ist oder durch sie die Gefahr von Verwechslungen hervorgerufen wird.[271] Die Vorschrift ergänzt damit das Verbot der Rufausbeutung gem. § 6 Abs. 2 Nr. 4 UWG. Ist der Tatbestand des § 6 Abs. 2 Nr. 6 UWG erfüllt, liegt in dem dadurch erzielten Vorteil gleichzeitig auch eine unlautere Rufausbeutung nach § 6 Abs. 2 Nr. 4 UWG[272] und § 4 Nr. 3 lit. b) UWG.[273]

Die Vorschrift betrifft nur sondergesetzlich geschützte Kennzeichen, zB nach dem Markengesetz oder dem HGB. 116

Das Verbot ist **einschränkend auszulegen.** Ein Verstoß gegen das Verbot dürfte in der Regel nur dann vorliegen, wenn das beworbene Produkt offen als „Imitation" oder „Nachahmung" beworben oder bezeichnet wird.[274] Nach Ansicht des BGH kann eine solche „offene" Imitationswerbung aber auch schon dann vorliegen, wenn die „Nachahmung" in ihren für den Adressaten[275] kommunikativ wahrnehmbaren Merkmalen weitgehend an das Original angenähert ist,[276] sich also nur implizit, aber mit einem hohen Grad an Deutlichkeit, als Imitat darstellt. Dies hat der BGH für einen Fall entschieden, bei dem es um die Nachahmung von Parfums ging. Die Nachahmungen hatten sich neben der Nachahmung des Parfumduftes auch in anderen Punkten an das „Original" angenähert. So hatten sie beispielsweise die Systematik der Parfumnamen, die Gestaltung der Verpackungen und Flakons und die Farbgestaltung an das jeweilige Original angelehnt.[277] Bei solchen Fallgestaltungen hält der BGH die Anwendung des § 6 Abs. 2 Nr. 6 UWG für möglich, wenn die Merkmale des Originals, an die sich die Nachahmung anlehnt, über einen hohen Bekanntheitsgrad verfügen.[278] Wenn hingegen das beworbene Produkt erst aufgrund weiterer Umstände wie beispielsweise konkreter Hinweise beim Kauf, die außerhalb der Gesamtdarstellung der Werbung liegen, als Imitat erkannt wird, ist der Tatbestand des § 6 Abs. 2 Nr. 6 UWG nicht erfüllt.[279] Ob in solchen Fällen nicht eher ein ergänzender wettbewerbsrechtlicher Leistungsschutz nach § 4 Nr. 3 lit. a) UWG in Betracht kommt, hat der BGH nicht diskutiert. Jedenfalls dürfte es auch unter Berücksichtigung der Entscheidung des BGH keinen Verstoß gegen § 6 Abs. 2 Nr. 6 UWG darstellen, wenn hinsichtlich einzelner Eigenschaften[280] nur eine Übereinstimmung von „Original" und „Nachahmung" beworben wird; so zB die Werbung für ein bestimmtes Produkt, es weise die gleichen Leistungsmerkmale oder die gleiche Qualität auf wie das Produkt des Mitbewerbers.[281] Diese Aussagen erhöhen die Markttransparenz und sind damit im Sinne der Richtlinie und des Gesetzes; vielmehr muss für eine unlautere Imitation über die bloße Gleichwertigkeitsbehauptung hinausgegangen werden.[282] 117

VI. Beweislast

Art. 7 lit. a) RiL sieht vor, dass die Gerichte ermächtigt werden, „vom Werbenden Beweise für die Richtigkeit von in der Werbung enthaltenen Tatsachenbehauptungen zu verlangen, wenn ein solches Verlangen unter Berücksichtigung der berechtigten Interessen des Werbenden und anderer Verfahrensbeteiligter im Hinblick auf die Umstände des Einzelfalls angemessen erscheint, 118

271 EuGH GRUR 2009, 756 (761) Rn. 74 – L'Oréal/Bellure.

272 Siehe oben → Rn. 95 ff.; EuGH GRUR 2009, 756 (762) – L'Oréal/Bellure; BGH GRUR-RR 2010, 407 – Imitation von Parfümen.

273 BGH GRUR 2010, 343 (346) – Oracle; BGH GRUR 2011, 1153 (1157) – Création Lamis

274 So auch Begr. zu § 2 Abs. 2 Nr. 6 Regierungsentwurf v. 23.2.2000, abgedr. WRP 2000, 555 (561).

275 BGH GRUR 2011, 1153 (1156): In den angesprochenen Verkehrskreis werden hier auch Wiederverkäufer und Zwischenhändler einbezogen.

276 BGH WRP 2008, 930 – Imitationswerbung; BGH GRUR 2011, 1153 (1155) – Création Lamis; BGH GRUR-RR 2010, 407 – Imitation von Parfümen; ebenso OLG Frankfurt WRP 2007, 1372 – Imitation des Markenparfums; so auch KG Berlin, Urteil vom 11.9.2015 – 5 U 149/13 für eine „Parfumsuchmaschine"; LG Berlin, Urteil vom 17. November 2016 - 52 O 263/16 –, Rn. 20, juris – Duftzwilling.

277 Nach dem EuGH GRUR 2009, 756 (762) – L'Oréal/Bellure ist es unerheblich, ob die Werbebotschaft die Aussage enthält, dass es sich um eine umfassende Imitation der Ware handelt oder nur um eine Imitation eines wesentlichen Merkmals, zB des Geruchs.

278 Nach dem OLG Frankfurt Urt. v. 16.9.2010 – 6 U 62/09, stehen die Bekanntheit des Originals und das Maß der erforderlichen Annäherung in einer Wechselwirkung zueinander, so dass mit steigender Bekanntheit des Originals die erforderliche Annäherung umso unauffälliger erfolgen kann.

279 BGH GRUR 2011, 1153 (1155) – Création Lamis.

280 AA EuGH GRUR 2009, 756 (762) – L'Oréal/Bellure, wenn es sich um eine wesentliche Eigenschaft wie den Geruch eines Parfums handelt.

281 Sack WRP 2001, 327 (347); aA Plaß NJW 2000, 3161 (3167).

282 BGH GRUR 2011, 152 (156) – Kinderhochstühle im Internet.

und bei vergleichender Werbung vom Werbenden zu verlangen, die entsprechenden Beweise kurzfristig vorzulegen". Bei unzureichendem oder ausbleibendem Beweisantritt sollen die Gerichte ermächtigt werden, die beweisbedürftigen Tatsachenbehauptungen als unrichtig anzusehen (Art. 7 lit. b) RiL).

Praxistipp:

Diese gemeinschaftsrechtliche Vorschrift enthält keine generelle Beweislastumkehr, sondern nur eine nach Verhältnismäßigkeitsgesichtspunkten zu beurteilende und einzelfallbezogene Lockerung der Beweisanforderungen im Rahmen einer Interessenabwägung. Praktisch von Bedeutung ist sie im Zusammenhang mit dem Irreführungsverbot.[283]

119 Der deutsche Gesetzgeber hat hinsichtlich dieser Beweislastregelung keinen Umsetzungsbedarf gesehen, da das deutsche Recht ihr bereits Rechnung trägt.[284] Der Grundsatz, dass der Kläger die Beweislast für das Vorliegen aller anspruchsbegründenden Tatsachen trägt, unterliegt schon nach bisherigem Recht einer Einschränkung für solche Tatsachen, die der Kläger nicht oder nur unter größten Schwierigkeiten darlegen oder beweisen kann, während es dem Beklagten möglich und nach § 242 BGB auch zumutbar ist, den Sachverhalt aufzuklären.[285] Erklärt sich der Beklagte zu den schlüssig vorgetragenen Tatsachenbehauptungen des Klägers nicht, kann das Gericht diese als zugestanden ansehen (§ 138 Abs. 3 ZPO). Da diese Beweiserleichterung auch im einstweiligen Verfügungsverfahren gilt,[286] können deutsche Gerichte auch ohne weitere gesetzliche Umsetzung von dem Antragsgegner „kurzfristig" Beweise für seine Angaben im Rahmen vergleichender Werbung verlangen.

120 Unter Anwendung der vorgenannten Grundsätze findet die Erleichterung von Darlegungs- und Beweislast des Anspruchstellers nach der Rechtsprechung des BGH zumindest im Bereich standardisierter Dienstleistungen ihre Grenze dort, wo er behauptet, ein im Rahmen eines Preisvergleichs verwendeter Preis sei nicht der, der regelmäßig von ihm verlangt würde. In diesem Fall genügt der Anspruchsteller seiner Darlegungspflicht jedoch durch die Offenlegung repräsentativer Beispiele für die Preisbildung, die sich auf dieselben Leistungsmerkmale wie der Preisvergleich beziehen.[287]

[283] Ebenso Gloy/Loschelder/Danckwerts UWG-HdB/Hasselblatt/Leister § 60 Rn. 83 f.
[284] Begr. A. III. 7 Regierungsentwurf v. 23.2.2000, abgedr. WRP 2000, 555 (558).
[285] BGH GRUR 1997, 229 (230) – Beratungskompetenz.
[286] Vgl. dazu Ulrich GRUR 1985, 201 (206).
[287] BGH GRUR 2013, 1058 – Kostenvergleich beim Honorarfactoring.

§ 23 Unzumutbare Belästigung (§ 7 UWG)

Übersicht

I. Allgemeines

Werbung bringt ein gewisses Maß an Belästigung für den angesprochenen Verbraucher mit sich. Dieses **Belästigungspotential** ist der Werbung wesenseigen. Je nach Art der Werbung und der Person des angesprochenen Verbrauchers wird der Grad der Belästigung unterschiedlich ausfallen, aber auch individuell unterschiedlich empfunden. Solange sich die Belästigung in einem vertretbaren und zumutbaren Rahmen hält, ist sie von den angesprochenen Verkehrskreisen hinzunehmen; überschreitet sie diesen Rahmen, ist die Werbung unlauter im Sinne des § 3 UWG. 1

Bei der im Einzelfall vorzunehmenden Abwägung sind der angemessene **Schutz der Individualsphäre** (Art. 2 Abs. 1 GG) einerseits und das Interesse des Werbenden an **freier gewerblicher Entfaltung** und wirtschaftlichem Gewinnstreben (Art. 12, 14 GG) andererseits zu berücksichtigen.[1] Nimmt die Aufdringlichkeit des Werbenden ein solches Ausmaß an, dass der Umworbene nicht mehr in der Lage ist, das Angebot ruhig und sachlich zu prüfen, ist das Maß des noch Hinnehmbaren überschritten. Die Belästigung kann im Einzelfall zu einer **psychologischen Zwangslage** des angesprochenen Kunden führen, aber auch die Gefahr der **Überrumpelung** begründen. Letztlich wird jeder Verbraucher die Intensität der Belästigung individuell unterschiedlich empfinden. In Zweifelsfällen ist daher maßgeblich darauf abzustellen, ob nicht ganz unerhebliche Teile der angesprochenen Verkehrskreise in der Ansprache eine nicht mehr erträgliche, also unzumutbare Belästigung sehen.[2] Für die Beurteilung der Sittenwidrigkeit unter dem Gesichtspunkt der Überrumpelung ist es ohne Belang, ob der Kunde, der einen Kaufvertrag abgeschlossen hat, seine Willenserklärung etwa gemäß § 312g BGB oder § 495 BGB noch widerrufen kann.[3] Denn die Überrumpelung war aus Sicht des Verkäufers zunächst erfolgreich. Der Kunde muss erneut aktiv 2

---

[1] BGH GRUR 1994, 380 (382) – Lexikothek; GRUR 2010, 1113 (1114) – Grabmalwerbung; GRUR 2011, 747 Rn. 17 – Kreditkartenübersendung.

[2] BGH GRUR 1960, 431 (432) – Kraftfahrzeugnummernschilder; Gloy/Loschelder/Danckwerts UWG-HdB/Hasselblatt/Zarm § 61 Rn. 25.

[3] BGH GRUR 2004, 699 (701) – Ansprechen in der Öffentlichkeit; GRUR 2005, 443 – Ansprechen in der Öffentlichkeit II.

werden, will er die einmal eingegangene Verpflichtung beseitigen. Hinzu kommt die nicht hinnehmbare Belästigung der umworbenen Kunden, die ungeachtet der Überrumpelungsgefahr schon für sich gesehen das wettbewerbsrechtliche Unwerturteil rechtfertigt. Auch wenn eine derart weitgehende, die Sittenwidrigkeit begründende Beeinträchtigung im Einzelfall (noch) nicht bejaht wird, kann die Gefahr der **drohenden Nachahmung** zur Wettbewerbswidrigkeit führen. Eine Werbemethode ist nämlich auch dann unlauter, wenn sie „den Keim zu einem immer weiteren Umsichgreifen in sich trägt" und damit zu einer Verwilderung der guten Sitten im Wettbewerb führt.[4]

II. UWG-Reform

3 Angetrieben von rechtlichen Vorgaben des europäischen Gesetzgebers, die in nationales Recht umgesetzt werden mussten, aber auch um das bestehende Recht nach der Aufhebung von Rabattgesetz und Zugabeverordnung weiter zu liberalisieren, transparenter zu machen und den Verbraucherschutz zu stärken, hat der deutsche Gesetzgeber das neue Gesetz gegen den unlauteren Wettbewerb geschaffen, das am 8.7.2004 in Kraft getreten ist. Das Gesetz ist zuletzt durch das Zweite Gesetz zur Änderung des UWG in 2015 überarbeitet worden. § 7 blieb von dieser Reform unberührt. Am 17.8.2021 ist das Gesetz zur Stärkung des Verbraucherschutzes im Wettbewerbs- und Gewerberecht im Bundesgesetzblatt verkündet worden, mit dem ua Teile der Richtlinie (EU) 2019/2161 im UWG umgesetzt werden. Es ist am 28.5.2022 in Kraft getreten. § 7 erfährt durch dieses Gesetz geringfügige Anpassungen.

1. Gemeinschaftsrechtliche Vorgaben

4 Es sind verschiedene Richtlinien, die Regelungen zum Schutz vor unzumutbarer Belästigung vorsehen. Dies gilt etwa für die **Richtlinie über den elektronischen Geschäftsverkehr** (E-Commerce-RL).[5] Art. 7 der E-Commerce-Richtlinie bestimmt, dass nicht angeforderte kommerzielle Kommunikation mittels elektronischer Post für den Nutzer klar und unzweideutig als solche erkennbar sein muss. Diensteanbieter, die nicht angeforderte kommerzielle Kommunikation durch elektronische Post übermitteln, sind verpflichtet, so genannte „Robinson"-Listen zu konsultieren, in die sich natürliche Personen eintragen können, wenn sie keine kommerzielle Kommunikation erhalten wollen. Art. 7 der E-Commerce-Richtlinie ist durch Art. 13 der Datenschutzrichtlinie für elektronische Kommunikation überholt.

5 Eine neuere Entwicklung im europäischen Recht stellen die **Datenschutzrichtlinie für elektronische Kommunikation** (EKDatenschutz-RL),[6] geändert durch die Richtlinie 2009/136/EG vom 25.11.2009, und die **Richtlinie über den Fernabsatz von Finanzdienstleistungen an Verbraucher** (FernabsFinDL-RL)[7] dar. Nach Art. 13 Abs. 1 EKDatenschutz-RL ist nun auch Direktwerbung mittels elektronischer Post grundsätzlich nur mit vorheriger Einwilligung des Teilnehmers zulässig, wenn sie an natürliche Personen gerichtet ist, unabhängig davon, ob sie die E-Mail als Gewerbetreibende erhalten oder als Privatperson. Im Rahmen einer bestehenden Kundenbeziehung ist diese Form der Werbung gestattet, wenn der Empfänger nicht widerspricht. Anonyme Direktwerbung ist in jedem Fall untersagt, und zwar auch, wenn sie an juristische Personen adressiert ist. Damit hat sich der europäische Gesetzgeber hier für die grundsätzliche Geltung des Opt in-Prinzips entschieden. Der Adressat muss sich somit für den Erhalt von Werbung entscheiden, also einwilligen. Dagegen lässt Art. 10 Abs. 2 FernabsatzFinDL-RL den Mitgliedsstaaten hinsichtlich der unverlangten E-Mail-Werbung die Wahl zwischen der Opt in- und der Opt out-Regel. Für Mitteilungen, die durch Voicemail-Systeme oder per Telefax erfolgen, gilt das Opt in-Modell. Die Fernabsatzrichtlinie wurde mit Wirkung vom 13.6.2014 durch die Richtlinie 2011/83 EU über die Rechte der Verbraucher abgelöst.

---

[4] BGH GRUR 1970, 523 (524) – Telefonwerbung I; GRUR 1973, 210 (212) – Telex-Werbung; GRUR 2004, 517 (518) – E-Mail-Werbung; OLG Naumburg NJOZ 2006, 2795 (2798); Gloy/Loschelder/Danckwerts UWG-HdB/Hasselblatt/Zarm § 61 Rn. 3.

[5] Richtlinie 2000/31/EG vom 8.6.2000 über bestimmte rechtliche Aspekte der Dienste der Informationsgesellschaft, insbesondere des elektronischen Geschäftsverkehrs, im Binnenmarkt, ABl. L 178/1 ff. vom 17.7.2000.

[6] Richtlinie 2002/58/EG vom 12.7.2002 über die Verarbeitung personenbezogener Daten und den Schutz der Privatsphäre in der elektronischen Kommunikation, ABl. L 201/37 ff. vom 31.7.2002.

[7] Richtlinie 2002/65/EG vom 23.9.2002 über den Fernabsatz für Finanzdienstleistungen an Verbraucher, ABl. L 271/16 ff. vom 9.10.2002.

Schließlich ist die **Richtlinie über unlautere Geschäftspraktiken im binnenmarktinternen Geschäftsverkehr zwischen Unternehmen und Verbrauchern** (RL über unlautere Geschäftspraktiken)[8] zu beachten. Die Richtlinie sieht in Anhang I (vgl. auch Art. 5 Abs. 5 RL) einen Katalog von Geschäftspraktiken vor (sog. „Schwarze Liste"), die unter allen Umständen als unlauter einzustufen sind. Dabei unterscheidet die Richtlinie zwischen irreführenden und aggressiven Geschäftspraktiken. Diese Richtlinie ist verspätet mit dem Ersten Gesetz zur Änderung des UWG im Jahr 2008 umgesetzt worden.[9] Die Richtlinie über unlautere Geschäftspraktiken und insbesondere die im Anhang aufgeführte „Schwarze Liste" war allerdings bereits seit dem 12.12.2007 von den Gerichten zwingend anzuwenden. 6

2. Regelung des § 7 UWG

Mit der Vorschrift des § 7 UWG regelt der deutsche Gesetzgeber das Verbot der unzumutbaren Belästigung. Hierunter fallen solche Handlungen, die bereits wegen der Art und Weise als Belästigung empfunden werden. Die Belästigung besteht darin, dass die Wettbewerbshandlung den Empfängern aufgedrängt wird. Auf den Inhalt selbst kommt es dabei nicht an.[10] Es geht also allein um die **Art und Weise** der Kundenansprache. 7

Nach dem allgemeinen Grundsatz in § 7 Abs. 1 UWG ist eine geschäftliche Handlung unlauter, durch die ein Marktteilnehmer in unzumutbarer Weise belästigt wird. Dies gilt insbesondere für Werbung, obwohl erkennbar ist, dass der angesprochene Marktteilnehmer diese Werbung nicht wünscht.[11] Konkretisierende typische Fallbeispiele finden sich in § 7 Abs. 2 UWG. In den dort genannten Fällen liegt stets eine unzumutbare Belästigung und damit eine unzulässige Werbung vor. Auf die Umstände des Einzelfalles und die Auswirkungen auf die Entscheidungsfreiheit kommt es – anders als bei § 7 Abs. 1 UWG – nicht an.[12] § 7 Abs. 2 Nr. 4 UWG wurde durch das Gesetz gegen unseriöse Geschäftspraktiken um lit b erweitert. § 7 Abs. 3 UWG enthält eine Ausnahmeregelung zu § 7 Abs. 2 Nr. 3 UWG für den Fall der Werbung mit elektronischer Post. 8

III. Belästigung nach § 7 Abs. 1 UWG

§ 7 Abs. 1 UWG bestimmt, dass eine geschäftliche Handlung, durch die ein Marktteilnehmer in unzumutbarer Weise belästigt wird, unzulässig ist. Anders als die sonstigen Tatbestände in § 7 UWG, die nur die Werbung erfassen, bezieht sich § 7 Abs. 1 S. 1 UWG auf alle geschäftlichen Handlungen im Sinne von § 2 Abs. 1 Nr. 1 UWG. Zu berücksichtigen sind daher alle Handlungen, und zwar vor, bei und auch nach Abschluss des Vertrages, sofern sie mit der Förderung des Absatzes oder des Bezugs oder mit dem Abschluss oder der Durchführung eines Vertrages in einem objektiven Zusammenhang stehen. 9

Erfasst werden Handlungen, die bereits wegen der **Art und Weise** – ungeachtet ihres Inhalts – als Belästigung empfunden werden.[13] Dabei handelt es sich typischerweise um den Empfängern aufgedrängte Wettbewerbshandlungen. Nach Auffassung des Gesetzgebers soll nicht jede geringfügige Belästigung ausreichen, um den Belästigungstatbestand zu erfüllen. Daher muss es sich um eine als unerträglich empfundene und damit unzumutbare Belästigung handeln. So kann sich der belästigende Charakter einer Werbung iSd § 7 Abs. 1 UWG auch aus einer Verletzung des Pietätgefühls ergeben.[14] Im Hinblick auf die vielfältigen Erscheinungsformen von belästigenden Wettbewerbshandlungen ist die Schwelle indes nicht zu hoch anzusetzen. Erfasst werden sollen die Fälle, in denen sich die Belästigung zu einer solchen Intensität verdichtet hat, dass sie von einem großen Teil der Verbraucher als unerträglich empfunden wird. Abzustellen ist auf die Empfindlichkeit des durchschnittlichen Marktteilnehmers, nicht dagegen auf das subjektive Empfinden des einzelnen Adressaten.[15] 10

---

[8] Richtlinie 2005/29/EG vom 11.5.2005 über unlautere Geschäftspraktiken zwischen Unternehmen und Verbrauchern, ABl. L 149/22 ff. vom 11.6.2005.

[9] BR-Drs. 345/08.

[10] Amtl. Begr. zu § 7 Abs. 1 UWG BT-Drs. 15/1487 v. 22.8.2003 S. 20; BGH GRUR 2011, 747 Rn. 17 – Kreditkartenübersendung.

[11] BGH WRP 2016, 866 Rn. 16 – Lebens-Kost.

[12] Köhler/Bornkamm/Feddersen/Köhler UWG § 7 Rn. 6.

[13] BGH GRUR 2011, 747 Rn. 17 – Kreditkartenübersendung.

[14] OLG München GRUR-RR 2008, 355.

[15] BGH GRUR 2010, 939 Rn. 24 – Telefonwerbung durch Unternehmenswechsel; GRUR 2010, 1113 Rn. 15 – Grabmalwerbung; GRUR 2011, 747 Rn. 17 – Kreditkartenübersendung.

11 Unzulässig ist nach § 7 Abs. 1 S. 2 UWG insbesondere Werbung, obwohl erkennbar ist, dass der angesprochene Marktteilnehmer diese Werbung nicht wünscht. Es handelt sich um einen Beispielstatbestand („insbesondere“) der unzumutbaren Belästigung. Erfasst wird neben der Absatzwerbung auch die Nachfragewerbung,[16] aber jeweils nur in Form der Individualwerbung („der angesprochene Marktteilnehmer“). Eine unzumutbare Belästigung kann sich nur aus der Art und Weise der Werbung ergeben, auf den Inhalt der Werbung kommt es dabei nicht an.[17] § 7 Abs. 1 S. 2 UWG betrifft nur die erkennbar unerwünschte Werbung, wobei sich der entgegenstehende Wille sowohl aus den äußeren Umständen als auch aus Äußerungen des Empfängers der Werbung ergeben kann.

1. Ansprechen in der Öffentlichkeit

12 Hier geht es um das **gezielte individuelle** Ansprechen des Verbrauchers in der Öffentlichkeit. In räumlicher Hinsicht fallen darunter sowohl öffentliche Straßen und Plätze als auch öffentliche Gebäude (Bahnhöfe, Flughäfen) und Verkehrsmittel. Im Regelfall ist diese Form der persönlichen Kontaktaufnahme unlauter und verstößt damit gegen § 7 Abs. 1 UWG.[18] Grund dafür ist, dass der so Angesprochene sich plötzlich und unvorbereitet mit einem Angebot konfrontiert sieht. Die Möglichkeit, das Für und Wider in Ruhe abzuwägen, wird ihm genommen. Häufig tritt noch erschwerend der Umstand hinzu, dass der Werbende den angesprochenen Verbraucher bedrängt und ihn auf diese Weise dazu bewegen will, das Angebot anzunehmen. In vielen Fällen wird der Angesprochene das Angebot dann auch akzeptieren, nur um sich der für ihn unangenehmen Situation zu entziehen. Ob es tatsächlich zu einem Vertragsschluss kommt, ist für die rechtliche Beurteilung der Aktion jedoch unerheblich. Die **Belästigung als solche** führt bereits zur Unlauterkeit. Gleichfalls unerheblich ist, ob sich der angesprochene Verbraucher tatsächlich belästigt fühlt. Daneben wird die Unlauterkeit auch unter dem Gesichtspunkt der drohenden Nachahmung bei abstrahierender Betrachtungsweise regelmäßig zu bejahen sein.[19] Von der Durchführung derartiger Verkaufsmaßnahmen war daher bislang strikt abzuraten.

13 In jüngster Zeit zeigten sich zumindest vereinzelt gewisse Tendenzen in der Rechtsprechung, unter Hinweis auf **geänderte Verbrauchergewohnheiten** eine liberalere Bewertung des Ansprechens von Passanten in der Öffentlichkeit vorzunehmen. So hat das OLG Frankfurt[20] diese Form der Werbung nicht mehr per se, sondern nur noch bei Vorliegen besonderer Umstände als sittenwidrig angesehen. Zur Begründung verweist das Gericht darauf, dass derartige Werbeformen inzwischen das Alltagsbild in den Geschäftszonen der Städte prägten. Der Verkehr sehe auf Grund geänderter Gewohnheiten die von dem Werbeverhalten ausgehenden Belästigungen nicht mehr als einen solchen Eingriff in die Entscheidungsfreiheit an, die es ohne weiteres rechtfertige, von einer sittenwidrigen Zwangslage zu sprechen.[21] Im Gegensatz dazu hat sich das OLG Köln[22] der bislang vorherrschenden Auffassung angeschlossen und das sog. Anreißen schlechthin als unlauter angesehen. Zur Begründung verweist das OLG Köln auf die psychologische Zwangslage des so Umworbenen sowie den drohenden Nachahmungseffekt. Damit bewegt es sich unverändert auf der Linie der BGH-Rechtsprechung „Werbung am Unfallort“ aus den 70er Jahren.

14 Diese Rechtsprechung und konkret das Berufungsurteil des OLG Köln hat der BGH ausdrücklich bestätigt. Danach ist das gezielte individuelle Ansprechen von Personen an öffentlichen Orten grundsätzlich wettbewerbswidrig (§ 1 UWG aF).[23] Bemerkenswert ist in erster Linie die Begründung dieser Entscheidung. Der BGH geht nämlich davon aus, dass die beteiligten Verkehrskreise heute stärker als früher auf die Wahrung eigener Interessen und weniger auf die Einhaltung bestimmter Umgangsformen bedacht sind. Mit der Gefahr einer Verstrickung oder

---

[16] BGH GRUR 2008, 923 Rn. 12 – Faxanfrage im Autohandel.

[17] BGH WRP 2019, 879, Rn. 12 – WiFiSpot; Köhler/Bornkamm/Feddersen/Köhler UWG § 7 Rn. 19; aA Haslinger WRP 2008, 1052 (1056).

[18] BGH GRUR 1965, 315 (316) – Werbewagen; GRUR 2005, 443 – Ansprechen in der Öffentlichkeit II; Gloy/Loschelder/Danckwerts UWG-HdB/Hasselblatt/Zarm § 61 Rn. 37 ff.

[19] BGH GRUR 1975, 264 (265) – Werbung am Unfallort I; GRUR 1975, 266 (267) – Werbung am Unfallort II mAnm Pietzcker; GRUR 2004, 699 (701) – Ansprechen in der Öffentlichkeit; GRUR 2005, 443 (445) – Ansprechen in der Öffentlichkeit II.

[20] GRUR 2002, 639 (640 f.) – Werbestand I.

[21] OLG Frankfurt GRUR 2008, 353 – Ansprechen von Passanten; BGH GRUR 2005, 443 (444) – Ansprechen in der Öffentlichkeit II.

[22] GRUR 2002, 641 ff. – Werbestand II; CR 2001, 313.

[23] BGH GRUR 2004, 699 (700) – Ansprechen in der Öffentlichkeit; bestätigt durch BGH GRUR 2005, 443 (445) – Ansprechen in der Öffentlichkeit II.

Überrumpelung des Verbrauchers lässt sich die Unlauterkeit dieser Werbemethode daher nicht mehr begründen. Für den mündigen Verbraucher besteht in der Regel nicht die Gefahr, dass er sich hierdurch zu einem an sich unerwünschten Vertragsschluss bewegen lässt. Das maßgebliche Unlauterkeitsmoment liegt nach Auffassung des BGH vielmehr in dem belästigenden Eingriff in die Individualsphäre des Umworbenen und in dessen Recht, auch im öffentlichen Raum weitestgehend ungestört zu bleiben. Dabei ergibt sich das Gewicht dieses Eingriffs aus der Gefahr, dass im Falle ihrer Zulassung zahlreiche Anbieter von dieser Werbemethode Gebrauch machen und dass dann auch solche Mitbewerber, die selbst dieser Art von Werbung nicht zuneigen, sich aus Wettbewerbsgründen zu ihrer Nachahmung gezwungen sehen könnten.[24] Damit ist also das Argument der drohenden **Nachahmungsgefahr** zur nunmehr tragenden Säule der Unlauterkeitsrechtsprechung zu dieser Fallgruppe geworden.

15 Ohne dass es auf die Umstände des Einzelfalles ankommt, ist auch dann regelmäßig eine unzulässige Belästigung gegeben, wenn der Werber nicht eindeutig als solcher erkennbar ist; so zB, wenn er sich lediglich in der Nähe eines Werbestandes aufhält oder ein Ansteckschild in Ausweisgröße trägt.[25]

16 Vereinzelt und **ausnahmsweise kann** das unmittelbare Ansprechen wettbewerbsrechtlich zulässig sein. Voraussetzung ist jedoch immer, dass der Verbraucher durch sein Verhalten hat deutlich erkennen lassen, dass er an einem Angebot interessiert und daher mit einer Ansprache einverstanden ist.[26] Da sich dieses Einverständnis in der Praxis meist nur aus den Umständen herleiten lässt, ist Vorsicht geboten. Im Zweifel ist Zurückhaltung angezeigt. Missverständnisse gehen zu Lasten des Werbenden.[27] Das **konkludente Einverständnis** darf daher nicht als Einfallstor für eine wettbewerbsrechtlich unbedenkliche Kundenansprache missverstanden werden. Ignoriert der Werbende dagegen den erkennbar entgegenstehenden Willen des von ihm Angesprochenen, ist bereits der Tatbestand des § 7 Abs. 1 S. 2 UWG erfüllt.

17 Dagegen ist die Ansprache durch das bloße **Verteilen von Hand- und Werbezetteln** grundsätzlich zulässig.[28] In diesen Fällen hat es der Verbraucher selbst in der Hand, ob er von der Werbung Kenntnis nimmt. Unzumutbarer Druck wird in einer solchen Situation in der Regel nicht ausgeübt. Gleiches gilt, wenn **kleinere Werbegeschenke** an Passanten verteilt werden.[29] Ist aber das Ziel der Werbeaktion darauf gerichtet, den Verbraucher in ein Verkaufsgespräch zu verwickeln, ihn in das Geschäftslokal des Werbungtreibenden zu locken oder ihn von dem Geschäft eines Konkurrenten fernzuhalten, liegt wiederum ein wettbewerbswidriges Verhalten vor.[30]

Praxistipp:

Es ist daher aus Sicht des werbenden Unternehmens strikt darauf zu achten, dass die Aktion nicht in einer den Kunden belästigenden oder gar aggressiven Form durchgeführt wird.

18 Angesichts des geringen Maßes der Belästigung ist das Befestigen von Flugblättern und **Werbematerial an Kraftfahrzeugen** nicht zu beanstanden.[31]

19 Soll eine unzulässige Werbemaßnahme untersagt werden, sollte das Werbung treibende Unternehmen zunächst **abgemahnt werden.** Bei der Abfassung des Abmahnschreibens wie auch der

[24] BGH GRUR 2004, 699 (701) – Ansprechen in der Öffentlichkeit; BGH GRUR 2005, 443 (445) – Ansprechen in der Öffentlichkeit II.

[25] OLG Frankfurt GRUR 2008, 353 – Ansprechen von Passanten; BGH GRUR 2004, 699 (701) – Ansprechen in der Öffentlichkeit; GRUR 2005, 443 (444) – Ansprechen in der Öffentlichkeit II.

[26] OLG Köln NJW-RR 2002, 547 (549 f.); Gloy/Loschelder/Danckwerts UWG-HdB/Hasselblatt/Zarm § 61 Rn. 46.

[27] In der Amtl. Begr. zu § 7 Abs. 2 Nr. 1 UWG BT-Drs. 15/1487 v. 22.8.2003 S. 21, wird darauf hingewiesen, dass § 7 Abs. 2 Nr. 1 UWG nicht den Umkehrschluss zulasse, dass jede Werbung zulässig sei, wenn kein entgegenstehender Wille erkennbar sei. Dies gelte insbesondere für Fälle, in denen der Empfänger einen entgegenstehenden Willen gar nicht erkennbar machen könne, zB bei dem Ansprechen auf öffentlichen Straßen. Dies erscheint hinsichtlich des konkreten Fallbeispiels jedoch zweifelhaft.

[28] OLG Koblenz WRP 1974, 283 – Werbung mit Handzetteln; BGH WRP 1994, 515 (516) – Pinguin-Apotheke; Ohly/Sosnitza UWG § 7 Rn. 77.

[29] BGH WRP 1994, 515 – Pinguin-Apotheke.

[30] OLG Celle BB 1962, 158; Köhler/Bornkamm/Feddersen/Köhler UWG § 7 Rn. 75; Gloy/Loschelder/Danckwerts UWG-HdB/Hasselblatt/Zarm § 61 Rn. 50; Fezer/Büscher/Obergfell/Mankowski UWG § 7 Rn. 297.

[31] OLG Hamm NJW-RR 1991, 1263 – Scheibenwischer-Werbung; kritisch Fezer/Büscher/Obergfell/Mankowski UWG § 7 Rn. 296, 348 ff.

empfehlenswerterweise beizufügenden, vorformulierten Unterlassungserklärung muss die beanstandete Werbemaßnahme möglichst konkret bezeichnet werden.

Formulierungsvorschlag einer Unterlassungserklärung:

20 Herr K., handelnd unter der Firma X, verpflichtet sich gegenüber der M. GmbH, es künftig bei Meidung einer für jeden Fall der Zuwiderhandlung fälligen Vertragsstrafe von EUR 5.100,00 (in Worten: Euro fünftausendeinhundert) zu unterlassen, im geschäftlichen Verkehr zu Zwecken des Wettbewerbs Passanten auf öffentlichen Straßen und Plätzen anzusprechen und/oder ansprechen zu lassen und ihnen … Waren zum Kauf anzubieten.

Alternative:

… zu Zwecken des Wettbewerbs vor seinem Geschäftslokal Warengutscheine – wie nachfolgend abgebildet – an Passanten zu verteilen und/oder verteilen zu lassen, wenn die Gutscheine nur in seinem Geschäftslokal eingelöst werden können.

2. Haustürwerbung

21 Nach ständiger Rechtsprechung ist es wettbewerbsrechtlich nicht zu beanstanden, wenn Vertreter ohne vorherige Aufforderung **Hausbesuche** machen, um für ihre Waren oder Dienstleistungen an der Haustür zu werben.[32] Ausnahmsweise unzulässig sind derartige Werbe- und Vertriebspraktiken, wenn im konkreten Einzelfall auf Grund besonderer Umstände die Gefahr einer untragbaren oder in sonstiger Weise wettbewerbswidrigen Belästigung und Beunruhigung des privaten Lebensbereichs besteht.[33] Nach der zur Feststellung der Unzumutbarkeit im Sinne von § 7 Abs. 1 UWG gebotenen Interessenabwägung überwiegen die berechtigten Interessen der Verbraucher, von der Haustürwerbung verschont zu bleiben, die Interessen der Gewerbetreibenden, Haustürbesuche auch ohne Einwilligung oder Vorankündigung durchzuführen, grundsätzlich nicht.[34] Aus europarechtlichen Vorgaben, insbesondere aus der UGP-Richtlinie (2005/29/EG) folgt gleichfalls nicht, dass unangekündigte Haustürbesuche bei Verbrauchern oder Haustürbesuche ohne deren Einwilligung in wettbewerbsrechtlicher Hinsicht grundsätzlich unzulässig sind.[35] Diese Auffassung wird im Schrifttum mit guten Gründen kritisiert, insbesondere unter Hinweis darauf, dass eine unterschiedliche Behandlung unerbetener Telefonanrufe und Hausbesuche nicht sachgerecht sei.[36] Weder die §§ 55 ff. GewO noch § 312g BGB (Widerrufsrecht bei Haustürgeschäften) können die wettbewerbsrechtliche Bewertung von Hausbesuchen präjudizieren.[37] Maßgebliche Kriterien für die Unzulässigkeit unerbetener Hausbesuche sind der Grad der damit verbundenen Belästigung des Angesprochenen, insbesondere die Hartnäckigkeit und Intensität, mit der auf ihn eingewirkt wird, daneben aber auch die Überrumpelungsgefahr und der Kaufzwang. Analysiert man die **Rechtsprechung,** sind folgende **Fallgestaltungen** von Bedeutung.

22 Unzulässig sind **erzwungene Vertreterbesuche.** Missachtet der Vertreter den Wunsch des Angesprochenen, in seiner Privatsphäre nicht gestört werden zu wollen, verschafft er sich ggf. sogar gewaltsam Zutritt zu der Wohnung oder verlässt er diese auch nach vorheriger Aufforderung nicht, ist sein Verhalten wettbewerbswidrig.[38] Verbots- oder Hinweisschilder, wonach Vertreterbesuche nicht erwünscht sind, sind zu beachten. Eine gleichwohl durchgeführte Werbung für Zeitschriftenabonnements an der Haustür ist unzulässig.[39] Gleichfalls unzulässig sind **erschliche-**

[32] Vgl. BGH GRUR 2004, 699 (701) – Ansprechen in der Öffentlichkeit I (obiter dictum).

[33] BGH GRUR 1959, 277 (280) – Künstlerpostkarten; GRUR 1970, 523 – Telefonwerbung I; GRUR 1994, 380 – Lexikothek; GRUR 1994, 818 (819) – Schriftliche Voranmeldung; KG WRP 1976, 614; Reich GRUR 2011, 589 (590).

[34] KG GRUR-RR 2021, 290 – unbestellter Vertreterbesuch.

[35] KG GRUR-RR 2021, 290 – unbestellter Vertreterbesuch.

[36] Völp WRP 1973, 63 ff.; ders. GRUR 1979, 435; Ulrich, FS Vieregge, 1995, S. 901, 908 ff.; Ohly/Sosnitza UWG § 7 Rn. 79 f.

[37] BGH GRUR 1998, 1041 (1042) – Verkaufsveranstaltung in Aussiedlerwohnheim; LG Berlin WRP 2019, 1612 Rn. 27; Gloy/Loschelder/Danckwerts UWG-HdB/Hasselblatt/Zarm § 61 Rn. 63; Köhler/Bornkamm/Feddersen/Köhler UWG § 7 Rn. 50 mwN.

[38] Köhler/Bornkamm/Feddersen/Köhler UWG § 7 Rn. 42, 53; Ohly/Sosnitza UWG § 7 Rn. 81.

[39] LG Hamburg WRP 1987, 272.

ne Hausbesuche. In diesen Fällen sucht der Vertreter das Verkaufsgespräch unter einem Vorwand in der Absicht, den unvorbereitet mit einem Angebot konfrontierten Gesprächspartner unter Ausnutzung des künstlich geschaffenen Zeit- und Entscheidungsdrucks zu einer Bestellung zu bewegen.[40] Es ist daher unzulässig, wenn der Interessent schriftlich Informationsmaterial oder ein persönliches und unverbindliches Angebot anfordert, das ihm dann nicht per Post zugeht, sondern durch einen Vertreter überbracht wird.[41] Unlauter ist auch der Vertreterbesuch aus Anlass eines Werbepreisausschreibens, wenn der Vertreter die Preisübergabe zu einem Verkaufsgespräch nutzt, um den Gewinner zu einer Bestellung unter Anrechnung seines Gewinns zu bewegen.[42] Typischerweise unzulässig sind die Werbepraktiken von sog. **Drückerkolonnen**, die sich beispielsweise unter dem Vorwand, eine Befragung durchführen zu wollen, Zutritt zu der Wohnung zu verschaffen suchen, um sodann Zeitschriftenabonnements anzubieten.[43] Hier könnten jedoch auch Ansprüche aus § 4a Abs. 1 UWG insbesondere unter dem Gesichtspunkt der aggressiven geschäftlichen Handlung in Betracht kommen.[44] Nicht zu beanstanden ist dagegen der schriftlich angekündigte Vertreterbesuch, wenn der Adressat mit einer beigefügten und frankierten Rückantwortkarte den Besuch ablehnen kann.[45] Macht er von dieser Möglichkeit keinen Gebrauch, erklärt er sich mit dem Besuch stillschweigend einverstanden.

23 Kommt es auf Grund unzulässiger Vertriebsmethoden zu Beanstandungen, haftet zunächst der Handelnde selbst. Über § 8 Abs. 2 UWG kommt aber auch eine Inanspruchnahme des Betriebsinhabers in Betracht, der für Zuwiderhandlungen seiner Angestellten und Beauftragten einzustehen hat. Aufgrund der gebotenen weiten Auslegung können als **Beauftragte** im Einzelfall beispielsweise auch selbstständige Handelsvertreter, Vertragshändler und Franchisenehmer zu qualifizieren sein, sofern die betreffende Person in die geschäftliche und betriebliche Organisation des Unternehmens eingegliedert ist und ihre Tätigkeit dem Unternehmen tatsächlich zugutekommt.[46] Beruhen die Verstöße auf dem Vertriebssystem selbst, etwa weil die Vertreter nur unzureichend ausgebildet sind oder überwacht werden oder weil sie durch übertriebene Verkaufsanreize zu einem besonders aggressiven Werbeverhalten herausgefordert werden, kommt die Wettbewerbswidrigkeit des gesamten Vertriebssystems in Betracht.[47]

3. Laienwerber

24 Nicht unproblematisch ist der Einsatz von Laienwerbern. Bedenken gegen diese Form der Werbung ergeben sich insbesondere unter zwei Gesichtspunkten. Der Laienwerber ist **nicht professionell tätig,** er wird daher regelmäßig nicht über einschlägige Vertriebskenntnisse und -praktiken verfügen. Es liegt somit nahe, dass er sich in erster Linie an sein persönliches Umfeld wendet, also an Freunde, Bekannte, Arbeitskollegen und Nachbarn. Dient ihm die persönliche Bekanntschaft lediglich als Anknüpfungspunkt, um mit dem Angesprochenen Kontakt aufzunehmen, ist dies nicht zu beanstanden. Häufig wird jedoch die Versuchung bestehen, die Beziehung auszunutzen, um der Kaufempfehlung den Charakter des uneigennützigen Ratschlages zu geben oder den Umworbenen in eine psychologische Zwangslage zu bringen, der er sich nur durch den Abschluss eines Vertrages entziehen zu können glaubt. In beiden Fallgestaltungen ist das Maß der Unlauterkeit erreicht, die Werbung somit unzulässig. Hinzutritt die nicht zu vernachlässigende Gefahr der Nachahmung solcher Werbepraktiken.[48]

25 Der **Anreiz** für die Werbetätigkeit des Laienwerbers ist die für den Fall des Erfolges ausgesetzte **Prämie.** Je höher ihr Wert ist, umso größer wird für den Werber die Versuchung, den Vertragsabschluss auch mit unlauteren Mitteln, insbesondere einseitigen oder verfälschten Produktinformationen herbeizuführen. Die Auslobung überhöhter Prämien macht den Einsatz von Laienwer-

---

[40] Gloy/Loschelder/Danckwerts UWG-HdB/Hasselblatt/Zarm § 61 Rn. 67; Köhler/Bornkamm/Feddersen/Köhler UWG § 7 Rn. 60.

[41] BGH GRUR 1969, 648 (649) – Farbbildangebot; GRUR 1971, 320 (321) – Schlankheitskur.

[42] BGH GRUR 1973, 81 (82) – Gewinnübermittlung.

[43] Gloy/Loschelder/Danckwerts UWG-HdB/Hasselblatt/Zarm § 61 Rn. 69.

[44] Vgl. auch § 13 Rn. 19 ff.; vgl. ferner Gloy/Loschelder/Danckwerts UWG-HdB/Hasselblatt/Zarm § 61 Rn. 16.

[45] BGH GRUR 1994, 818 – Schriftliche Voranmeldung; Fezer/Büscher/Obergfell/Mankowski UWG § 7 Rn. 329.

[46] BGH GRUR 1963, 438 (439 f.) – Fotorabatt; GRUR 2005, 864 (865) – Meißner Dekor II; GRUR 2009, 1167 (1170) – Partnerprogramm; OLG Frankfurt WRP 1984, 330 (331); OLG München WRP 1989, 756 (757).

[47] Köhler/Bornkamm/Feddersen/Köhler UWG § 7 Rn. 62; durch BGH MMR 2011, 406 wurde der Beauftragtenbegriff enger gefasst als bisher.

[48] BGH GRUR 1974, 341 – Campagne; GRUR 1981, 655 – Laienwerbung für Makleraufträge; GRUR 1991, 150 – Laienwerbung für Kreditkarten; GRUR 1992, 622 (624) – Verdeckte Laienwerbung.

bern daher unzulässig.[49] Bei der Wertbemessung ist nicht auf den Einkaufspreis, sondern auf den Verkehrswert abzustellen.[50] Der Laienwerber müsste den entsprechenden Betrag aufbringen, um die Prämie zu erwerben. Ferner sind das Verhältnis von „Aufwand und Ertrag" sowie die Vermögensverhältnisse des Werbers zu berücksichtigen.[51] Je leichter ihm die Werbung fällt, je schneller er die Prämie verdienen kann, umso attraktiver ist die Prämie für ihn.

26 Insgesamt ist bei der Prüfung der Zulässigkeit von Laienwerbung lange Zeit ein **strenger Maßstab** auch unter Berücksichtigung der Nachahmungsgefahr durch Mitbewerber und der damit verbundenen Auswirkungen auf das Werbeverhalten angelegt worden.[52] Im Hinblick auf das gewandelte Verbraucherleitbild und die gesetzgeberische Wertung bei der Aufhebung von Rabattgesetz und Zugabeverordnung hat die Rechtsprechung unter der Geltung des neuen UWG einen liberalen Ansatz gewählt. Die Unzulässigkeit der Laienwerbung kann sich jetzt nicht mehr aus der ausgelobten Prämie ergeben, sondern nur noch aus anderen Umständen.[53]

4. Werbung am Unfallort

27 Die Werbung am Unfallort ist grundsätzlich als unlauter und damit als unzulässig nach § 7 Abs. 1 UWG anzusehen. Wird ein Unfallbeteiligter am Unfallort in der Absicht angesprochen, dem Werbenden einen Auftrag zu erteilen, besteht regelmäßig die Gefahr, dass der so Angesprochene auf Grund seiner unfallbedingten Ausnahmesituation nicht in der Lage ist, das Angebot kritisch zu prüfen und eine unbeeinflusste sachliche Entscheidung zu treffen. Vielmehr muss damit gerechnet werden, dass der Unfallbeteiligte noch unter einem Unfallschock steht und der belästigenden massierten Werbung **hilf- und schutzlos** gegenübersteht.[54] Nach diesen Grundsätzen ist die Ansprache mit dem Ziel, einen Reparaturauftrag,[55] einen Kfz-Mietvertrag[56] oder einen Abschleppauftrag[57] zu erhalten bzw. abzuschließen, als wettbewerbswidrig angesehen worden. Diese Rechtsprechung hat der BGH kürzlich für den Fall der Werbung eines Abschleppunternehmers am Unfallort noch einmal ausdrücklich bestätigt.[58] Angesichts der auf der Hand liegenden Missbrauchs- und Umgehungsmöglichkeiten greift das Verbot des § 7 Abs. 1 UWG generell ein, auch wenn ein solches Ansprechen nicht durchweg als Belästigung empfunden wird. Auf die Umstände des Einzelfalles kommt es somit nicht an.[59]

5. Unverlangt zugesandte Ware

28 Eine inzwischen rückläufige Vertriebsform im **Versandhandel** ist die Zusendung nicht bestellter Waren an mutmaßliche Interessenten.[60] Der Adressat erhält die Ware mit dem Hinweis, er müsse die Ware bei Nichtgefallen zurücksenden, anderenfalls solle er den verlangten Kaufpreis überweisen. Der Empfänger einer derart aufgedrängten Warensendung wird sich häufig über seine Rechte und Pflichten in Bezug auf die Ware nicht im Klaren sein. Ein **Kaufvertrag** kommt ohne seine Zustimmung (Annahmeerklärung; ggf. auch konkludent durch Zahlung des Kaufpreises) nicht zustande, auch nicht etwa durch Schweigen. Genauso wenig ist er verpflichtet, die Ware zurückzusenden, und zwar unabhängig davon, ob der Absender das erforderliche Rückporto beigefügt hat oder nicht. In Unkenntnis dieser Rechtslage wird der Empfänger häufig dazu neigen, die Ware zu behalten und zu bezahlen, um sich aus seiner so empfundenen psychologischen Zwangslage zu befreien. Der Versender spekuliert ferner darauf, dass es für den Adressaten zu beschwerlich ist, die einmal ausgepackte Ware wieder versandfertig zu machen und zur Post zu bringen. Um sich dieses Procedere zu ersparen, wird er häufig bereit sein, die Ware zu erwerben. Gerade wegen dieser **erzwungenen Entscheidungssituation** und der damit verbundenen Be-

[49] OLG Düsseldorf WRP 1999, 568 (569) – Laienwerbung einer Krankenkasse; OLG Zweibrücken WRP 1999, 967 (969) – Prämienwerbung einer Betriebskrankenkasse; Gloy/Loschelder/Danckwerts UWG-HdB/Hasselblatt/Zarm § 61 Rn. 70; aA Ohly/Sosnitza UWG § 4a Rn. 142.

[50] OLG Hamm WRP 1995, 270.

[51] BGH GRUR 1995, 122 (123) – Laienwerbung für Augenoptiker.

[52] BGH GRUR 1992, 622 (624) – Verdeckte Laienwerbung; GRUR 1995, 122 (123) – Laienwerbung für Augenoptiker.

[53] BGH GRUR 2006, 949 – Kunden werben Kunden.

[54] Gloy/Loschelder/Danckwerts UWG-HdB/Hasselblatt/Zarm § 61 Rn. 52 ff.

[55] BGH GRUR 1975, 264 ff. – Werbung am Unfallort I.

[56] BGH GRUR 1975, 266 f. – Werbung am Unfallort II mAnm Pietzcker.

[57] BGH GRUR 1980, 790 (791) – Werbung am Unfallort III mAnm Gaedertz.

[58] BGH WRP 2000, 168 ff. – Werbung am Unfallort IV.

[59] BGH WRP 2000, 169 – Werbung am Unfallort IV.

[60] Köhler/Bornkamm/Feddersen/Köhler UWG § 7 Rn. 78; vgl. aber OLG Köln GRUR-RR 2018, 200 Rn. 24.

lästigung ist die Zusendung unbestellter Ware regelmäßig unlauter iSd § 7 Abs. 1 UWG.[61] Dies gilt sowohl im privaten als auch im gewerblichen Bereich.[62] Letztlich wird es auch hier weiterhin auf den konkreten Einzelfall ankommen.[63] So kann etwa die Zusendung nicht bestellter Fachbücher an Fachkreise nicht allein mit der Annahme gerechtfertigt werden, dass diese Kreise eine Orientierung wünschen.[64] Anders wird man den Fall aber dann beurteilen müssen, wenn die Zusendung im Rahmen einer laufenden Geschäftsbeziehung erfolgt und der Absender davon ausgehen kann, die unverlangte Sendung sei erwünscht.[65] Dies gilt etwa bei der Übersendung von Neuerscheinungen zur Ansicht an einen Rechtsanwalt durch seinen Buchhändler, der ihn ständig beliefert. Die Zusendung unbestellter Ware fällt dann nicht unter § 7 Abs. 1 S. 1 UWG, wenn der Unternehmer irrtümlich von einer Bestellung ausgeht und der Irrtum seine Ursache nicht im Verantwortungsbereich des Unternehmers hat.[66] Eine noch hinnehmbare Belästigung ist ausnahmsweise dann anzunehmen, wenn es sich um **geringwertige Verbrauchsgüter des täglichen Bedarfs** handelt und der Versender ausdrücklich darauf hingewiesen hat, dass der Empfänger weder zur Abnahme noch zur Aufbewahrung der Ware verpflichtet ist.[67] Dieser Hinweis ist bei **höherwertigen Waren** angesichts der Gefahr nicht ausreichend, dass der Empfänger ihn nicht ernst nimmt und die Ware gleichwohl aufbewahrt, um einem möglichen Herausgabeverlangen Folge leisten zu können.[68] Diesbezüglich ist zu beachten, dass die Richtlinie über unlautere Geschäftspraktiken in Nr. 29 des Anhangs I ein per se Verbot enthält. Danach ist die Aufforderung an einen Verbraucher zur sofortigen oder späteren Bezahlung oder zur Rücksendung oder Verwahrung von Produkten, die der Gewerbetreibende geliefert, der Verbraucher aber nicht bestellt hat, unter allen Umständen unlauter. Ausgenommen hiervon sind Produkte, bei denen es sich um Ersatzlieferungen im Sinne von Art. 7 Abs. 3 der Richtlinie 97/7/EG handelt. Die Nr. 29 des Anhangs I der Richtlinie über unlautere Geschäftspraktiken wurde in Nr. 29 des Anhangs zu § 3 Abs. 3 UWG umgesetzt. Sie ist vorrangig vor § 7 Abs. 1 UWG und § 4a Abs. 1 UWG zu prüfen.

Unbedenklich ist das Angebot eines Verlages, eine bestimmte Anzahl von Probeheften kostenlos zu liefern, verbunden mit dem deutlichen Hinweis, dass die Anforderung der Probelieferung als verbindliche Bestellung eines Abonnements gilt, wenn der Besteller nicht innerhalb einer vorgegebenen Frist nach Erhalt eines Probeexemplars mitteilt, dass er eine weitere Belieferung nicht wünscht.[69] Dagegen ist die Übersendung einer Auftragsbestätigung und einer Rechnung ohne Auftragserteilung auch dann als wettbewerbswidrig zu beurteilen, wenn dem Empfänger ein Widerrufsrecht eingeräumt wird.[70] Gleiches gilt für die Werbung eines Verlages, der bei Einsendung des Reservierungstickets mit der Anforderung eines kostenlosen Überraschungspakets zugleich Ergänzungslieferungen von Sammelkarten zur Ansicht schickt und deren Bezahlung oder Rückgabe innerhalb von 10 Tagen verlangt, ohne auf dem Reservierungsticket deutlich und unübersehbar auf die zusätzliche Zusendung der Ergänzungslieferungen hingewiesen zu haben.[71] 29

Beratungscheckliste 30

- ☐ Das gezielte individuelle Ansprechen des Verbrauchers in der Öffentlichkeit ist grundsätzlich unzulässig. Es kommt nicht darauf an, ob die Ansprache zu einem Vertragsabschluss geführt hat.
- ☐ Auch wenn sich der Angesprochene selbst nicht belästigt fühlt, kann sich die Unzulässigkeit aus dem Nachahmungseffekt und unter Berücksichtigung der Folgen der Werbemethode als solcher ergeben.

[61] BGH GRUR 1959, 277 – Künstlerpostkarten; GRUR 1960, 382 – Verbandstoffe; GRUR 1966, 47 – Indicator; GRUR 1977, 157 – Filmzusendung; GRUR 2012, 82 Rn. 16 – Auftragsbestätigung; Gloy/Loschelder/Danckwerts UWG-HdB/Hasselblatt/Zarm § 61 Rn. 91 f.; Fezer/Büscher/Obergfell/Mankowski UWG § 7 Rn. 371 ff.

[62] BGH GRUR 1960, 382 – Verbandstoffe; Köhler/Bornkamm/Feddersen/Köhler UWG § 7 Rn. 34 86; Gloy/Loschelder/Danckwerts UWG-HdB/Hasselblatt/Zarm § 61 Rn. 91.

[63] Amtl. Begr. zu § 7 Abs. 2 Nr. 1 UWG BT-Drs. 15/1487 v. 22.8.2003 S. 21.

[64] LG Stuttgart WRP 1971, 193.

[65] BGH GRUR 1960, 382 (384) – Verbandstoffe; GRUR 1966, 47 (48 f.) – Indicator.

[66] BGH GRUR 2012, 82 – Auftragsbestätigung.

[67] BGH GRUR 1959, 277 (279) – Künstlerpostkarten.

[68] BGH GRUR 1959, 277 (280) – Künstlerpostkarten.

[69] OLG Düsseldorf DB 1979, 255; aA OLG Köln NJW-RR 2002, 472 (473) – auch, wenn der Kunde das versprochene kostenlose Erstexemplar selbst bestellt hat.

[70] OLG Stuttgart NJW-RR 1998, 184.

[71] OLG Stuttgart NJWE-WettbR 1996, 38 (39) – Zusendung unbestellter Ware.

- ☐ Unerbetene Haustürwerbung ist wettbewerbsrechtlich an sich nicht zu beanstanden. Sind ausnahmsweise unzulässige Vertriebsmethoden angewandt worden?
- ☐ Nutzt ein Laienwerber seine persönlichen Kontakte aus, um den Angesprochenen zu einem Vertragsabschluss zu bewegen? Hat der Laienwerber durch die Auslobung lukrativer Werbeprämien einen persönlichen Anreiz für seine Werbetätigkeit? In beiden Fällen kann Laienwerbung auf Grund der konkreten Umstände des Einzelfalles unzulässig sein.
- ☐ Werbung am Unfallort ist ausnahmslos unzulässig.
- ☐ Die Zusendung nicht bestellter Ware ist grundsätzlich unzulässig.
- ☐ Erfolgte die Zusendung im Rahmen einer laufenden Geschäftsbeziehung und konnte der Absender davon ausgehen, dass die Sendung erwünscht war?
- ☐ Handelt es sich um geringwertige Verbrauchsgüter und enthielt die Sendung den Hinweis, dass der Empfänger weder zur Abnahme noch zur Aufbewahrung der Ware verpflichtet ist?

IV. Belästigung nach § 7 Abs. 2 UWG

31 § 7 Abs. 2 UWG benennt vier Fallgruppen, in denen **immer** eine unzumutbare Belästigung vorliegt. Es handelt sich um eine abschließende Aufzählung, die keine Wertungsmöglichkeit eröffnet. Die Tatbestände des § 7 Abs. 2 Nr. 1, 3 und 4 UWG beruhen auf Bestimmungen des Unionsrechts. Sie sind daher richtlinienkonform auszulegen.

1. Belästigung nach § 7 Abs. 2 Nr. 1 UWG

32 § 7 Abs. 2 Nr. 1 UWG erfasst die Fälle der Werbung unter Verwendung eines in den Nr. 2 und Nr. 3 nicht aufgeführten, für den Fernabsatz geeigneten Mittels der kommerziellen Kommunikation. Die Fälle der Telefonwerbung nach § 7 Abs. 2 Nr. 2 UWG und der Werbung mit einer automatischen Anrufmaschine, eines Faxgerätes oder elektronischer Post nach § 7 Abs. 2 Nr. 3 UWG fallen somit nicht unter § 7 Abs. 2 Nr. 1 UWG. § 7 Abs. 2 UWG erfasst als Werbung auch Nachfragehandlungen. Dies gilt auch dann, wenn sie sich an Gewerbetreibende oder Freiberufler richten.[72] Als einschlägige Kommunikationsmittel kommen somit in erster Linie Briefe, Kataloge und Prospekte in Betracht, wobei sich die Regelung auf das hartnäckige und unerwünschte Ansprechen eines Verbrauchers beschränkt.[73] Richtet sich die Ansprache an sonstige Marktteilnehmer, ist das Verhalten nach § 7 Abs. 1 UWG zu prüfen.

33 Nach § 7 Abs. 2 Nr. 1 UWG gilt der bislang schon allgemein anerkannte Grundsatz, dass eine unzumutbare Belästigung bei einer Werbung dann vorliegt, wenn der Empfänger diese Werbung **erkennbar** nicht wünscht. Ist ein entgegenstehender Wille des Empfängers nicht erkennbar, kann daraus jedoch nicht etwa der Umkehrschluss gezogen werden, dass die Werbung dann zulässig sei. Insbesondere in den Fällen, in denen der Werbeadressat seinen entgegenstehenden Willen gar nicht erkennbar machen kann, soll es auf den jeweiligen Einzelfall ankommen.[74]

34 a) **Briefkastenwerbung.** Unter § 7 Abs. 2 Nr. 1 UWG fällt typischerweise die Briefkastenwerbung.[75] Die Werbung mittels Wurfsendung, die den Empfänger über seinen Briefkasten erreicht, wird grundsätzlich als zulässig angesehen.[76] Hierzu gehören der Einwurf von Handzetteln und Anzeigenblättern sowie Postwurfsendungen, Briefwerbung und Zeitungsbeilagen. In diesen Fällen wird die **Individualsphäre** des Umworbenen nur in geringerem Umfang beeinträchtigt, so dass regelmäßig dem Interesse des Werbenden an seiner **freien gewerblichen** Entfaltung der Vorrang gebührt.[77] Hinsichtlich der einzelnen Werbemaßnahmen gelten folgende **Besonderheiten,** die im Einzelfall auch die Unlauterkeit begründen können.

35 Schon bislang waren sogenannte **Sperrvermerke** wie „keine Werbung“ oder „Werbung und Prospekte unerwünscht“ zu beachten. Gibt der Wohnungsinhaber durch einen solchen Hinweis zu erkennen, dass er kein Werbematerial erhalten möchte, ist sein Interesse, sich nicht mit der un-

[72] BGH GRUR 2008, 923 (924) – Faxanfrage im Autohandel.
[73] OLG Hamm WRP 2012, 585 Rn. 20; OLG München WRP 2014, 233 Rn. 27.
[74] Amtl. Begr. zu § 7 Abs. 2 Nr. 1 UWG BT-Drs. 15/1487 v. 22.8.2003 S. 21.
[75] AA Köhler WRP 2017, 253 Rn. 34.
[76] BGH GRUR 1973, 552 – Briefwerbung; GRUR 1992, 617 – Briefkastenwerbung.
[77] Köhler/Bornkamm/Feddersen/Köhler UWG § 7 Rn. 113; Gloy/Loschelder/Danckwerts UWG-HdB/Hasselblatt/Zarm § 61 Rn. 77.

erwünschten Werbung befassen zu müssen, vorzugswürdig.[78] Davon ausgenommen sind Anzeigenblätter, die neben Werbeanzeigen auch einen **redaktionellen Teil** enthalten, sowie vergleichbare Zeitungen und Zeitschriften, die in erster Linie zu Werbezwecken verteilt werden,[79] und zwar auch dann, wenn ihnen wiederum Prospekte beiliegen. Hat der Wohnungsinhaber durch einen entsprechenden Aufkleber an seinem Briefkasten deutlich gemacht, dass er auch diese Zeitungen und Zeitschriften nicht erhalten möchte, ist sein entgegenstehender Wille zu beachten.[80] Dies folgt unmittelbar aus § 7 Abs. 2 Nr. 1 UWG. Weit verbreitet sind inzwischen Werbeprospekte, die als Beilagen von Tages- und Wochenzeitungen sowie Magazinen und Zeitschriften verteilt werden. Gekauft hat der Leser nur das ihm ins Haus gelieferte Druckerzeugnis, den Prospekt erhält er zusätzlich und ungefragt.[81] Auch wenn diese Praxis wegen der **Umgehung eines Sperrvermerks,** aber auch wegen der damit verbundenen Belästigung (Entsorgung des Werbematerials) nicht unbedenklich ist, ist sie wettbewerbsrechtlich nur dann zu beanstanden, wenn der Empfänger gegenüber dem Verlag ausdrücklich widersprochen hat.[82]

Vor diesem Hintergrund stellt sich in der Praxis die Frage, durch welche Vorkehrungen das Werbung treibende Unternehmen sicherstellen muss, dass vorhandene Sperrvermerke auch beachtet werden. Die Anforderungen sind hoch. Das Unternehmen muss alle ihm rechtlich und wirtschaftlich möglichen und zumutbaren Vorkehrungen treffen, die geeignet sind, Belästigungen zu verhindern. Das Verteilunternehmen muss daher nicht nur vertraglich verpflichtet werden, Sperrvermerke zu beachten, sondern auch eine entsprechende Organisation und Kontrolle einzurichten, um die Einhaltung dieser Verpflichtung zu gewährleisten. Als Sanktion kommt die Vereinbarung von Vertragsstrafen bei Zuwiderhandlungen in Betracht.[83] Hält das Verteilunternehmen seine Zusagen nicht ein und missachtet es Sperrvermerke, muss der Werbende seine Ansprüche durchsetzen, verwirkte Vertragsstrafen geltend machen und den Werbevertrag ggf. sogar kündigen, um weitere Wettbewerbsverstöße zumindest für die Zukunft zu unterbinden. Kommt es lediglich in Einzelfällen zu unerwünschten Belästigungen von Wohnungsinhabern (sog. Ausreißer), liegt kein unzulässiges Wettbewerbsverhalten vor.[84] Auch der Postzusteller hat bei **Postwurfsendungen** Sperrvermerke zu beachten.[85] 36

Gegen die Zulässigkeit der Zusendung **individuell gestalteter** Werbebriefe bestehen Bedenken, wenn die Briefe durch ihre Gestaltung und Aufmachung als Privatbriefe getarnt sind. Das gesteigerte Belästigungspotential liegt darin begründet, dass der Adressat die Sendung nicht ohne weiteres als Werbung identifiziert und daher eher dazu neigen wird, sich mit dem Schreiben inhaltlich auseinander zu setzen.[86] Aufgrund des Interesses weiter Bevölkerungskreise an informativer Werbung wird die Versendung des ersten Werbebriefes noch hinzunehmen sein.[87] Verwahrt sich der Empfänger gegen die Zusendung weiterer Briefe dieser Art, ist diese Weisung wie ein Sperrvermerk zu beachten. Bei Zuwiderhandlungen können sich für den Empfänger **Beweisschwierigkeiten** ergeben. Nach der Rechtsprechung[88] soll der **Widerspruch** des Empfängers **unbeachtlich** sein, wenn er wegen Art und Anlage der Werbeaktion zu einem unverhältnismäßigen Arbeits- und Kostenaufwand führen würde. In der Praxis wird dies nur selten der Fall sein. Regelmäßig wird es ausreichend und zumutbar sein, die Adresse aus dem Verteiler zu nehmen, zumal der Versand von Werbebriefen inzwischen weitestgehend computergestützt erfolgt.[89] 37

Liegt im Einzelfall ein Wettbewerbsverstoß vor, richtet sich der Unterlassungsanspruch zunächst gegen das Verteilerunternehmen selbst, das die wettbewerbswidrige Handlung begeht. Da- 38

---

78 BGH GRUR 1989, 225 – Handzettel-Wurfsendung; GRUR-RR 2011, 469 (470) – Gratiszeitung mit Werbebeilagen; OLG Frankfurt NJW 1988, 1854; aA BGH GRUR 1973, 552 (553) – Briefwerbung.

79 BGH WRP 2012, 938 Rn. 6 – Aufkleber „Keine Werbung", Gratis-Anzeigenblatt; OLG Hamm GRUR-RR 2011, 469 Rn. 27.

80 KG NJW 1990, 2140.

81 Vgl. hierzu OLG Karlsruhe NJW 1991, 2913; LG Bonn NJW 1992, 1112.

82 BGH WRP 2012, 938 Rn. 6 – Aufkleber „Keine Werbung", Gratis-Anzeigenblatt; OLG Hamm GRUR-RR 2011, 469, Rn. 27; Gloy/Loschelder/Danckwerts UWG-HdB/Hasselblatt/Zarm § 61 Rn. 84; aA Ohly/Sosnitza UWG § 7 Rn. 39.

83 BGH GRUR 1989, 225 – Handzettel-Wurfsendung; LG Köln WRP 1992, 258.

84 BGH GRUR 1992, 617 – Briefkastenwerbung; OLG Frankfurt NJW 1992, 1958.

85 ABl. BM Post und Telekommunikation vom 10.5.1991, S. 1019 ff., 1025.

86 Vgl. BGH GRUR 1992, 622 – Verdeckte Laienwerbung; Gloy/Loschelder/Danckwerts UWG-HdB/Hasselblatt/Zarm § 61 Rn. 78.

87 Köhler/Bornkamm/Feddersen/Köhler UWG § 7 Rn. 113, 115; aA Fezer/Büscher/Obergfell/Mankowski UWG § 7 Rn. 334 f.; vgl. auch KG WRP 2015, 1534.

88 BGH GRUR 1973, 552 – Briefwerbung; OLG Hamburg NJW-RR 1989, 873.

89 Köhler/Bornkamm/Feddersen/Köhler UWG § 7 Rn. 115; vgl. auch OLG Hamburg NJW-RR 1989, 873.

neben trifft die Störerhaftung aber auch das werbungtreibende Unternehmen als mittelbaren Störer, weil es als Auftraggeber die Verteilung der Werbung veranlasst hat und auf Grund der vertraglichen Beziehungen zu dem Verteilerunternehmen künftige Störungen unterbinden kann.

Formulierungsvorschlag:

39 Die Beklagte hat es bei Androhung der gesetzlichen Ordnungsmittel (§ 890 ZPO) zu unterlassen, im geschäftlichen Verkehr zu Zwecken des Wettbewerbs an private Endverbraucher Werbematerial durch Wurfsendungen zu verteilen, sofern an der Haustür der Hinweis „keine Werbung" angebracht ist.

40 **b) Sonstige Fälle.** Abgesehen von der sicherlich am häufigsten auftretenden Fallgruppe der Briefkastenwerbung unterfallen § 7 Abs. 2 Nr. 1 UWG auch alle sonstigen Fälle, in denen der Empfänger mit Werbung konfrontiert wird, an der er für den Werbenden erkennbar kein Interesse hat und die er nicht wünscht. Der erkennbare Wille des (potenziellen) Empfängers der Werbung ist allein maßgeblich und daher zu respektieren. Ob der entgegenstehende Wille ausdrücklich, wie zB beim Sperrvermerk, oder konkludent, zB durch Abwinken, Kopfschütteln etc. bei der persönlichen Ansprache zum Ausdruck gebracht wird, ist unerheblich. Der erkennbare Wunsch ist auch dann zu beachten, wenn er etwa während eines zunächst einvernehmlich begonnenen Verkaufsgesprächs geäußert wird.[90] Letztlich wird es immer auf die konkreten Umstände des jeweiligen Einzelfalles ankommen.

41 **Beratungscheckliste:**

- ☐ Briefkastenwerbung ist grundsätzlich zulässig. Dies gilt auch für Anzeigenblätter mit redaktionellem Teil und Zeitungen bzw. Zeitschriften mit beiliegenden Werbeprospekten.
- ☐ Hat der Empfänger einen Sperrvermerk angebracht? Sperrvermerke sind strikt zu beachten.
- ☐ Ist sichergestellt, dass Sperrvermerke beachtet werden?
- ☐ Hat der Empfänger der Zusendung von Werbung widersprochen? Handelte es sich dabei um individuell gestaltete Werbebriefe? Ist der Widerspruch möglicherweise wegen des damit verbundenen Arbeits- und Kostenaufwandes unbeachtlich (enge Ausnahmeregelung!)?

2. Belästigung nach § 7 Abs. 2 Nr. 2 UWG

42 Die Fallgruppe des § 7 Abs. 2 Nr. 2 UWG regelt den Fall der Telefonwerbung. Handelt es sich um eine Werbung mit Telefonanrufen gegenüber Verbrauchern ohne deren vorherige ausdrückliche Einwilligung oder gegenüber sonstigen Marktteilnehmern (vgl. § 2 Abs. 1 Nr. 2 UWG) ohne deren zumindest mutmaßliche Einwilligung, liegt eine unzumutbare Belästigung vor. Eine bloße konkludente Einwilligung reicht nicht aus.

43 **a) Telefonwerbung gegenüber Verbrauchern.** Werbung durch **unerbetene** telefonische Anrufe ist grundsätzlich unlauter und damit unzulässig, weil der Anrufer unaufgefordert und unkontrolliert zu ausschließlich von ihm bestimmten Zeitpunkten in die **Privatsphäre** des potentiellen Kunden eindringt.[91] Dieser sieht sich unvorbereitet einem direkten persönlichen Kontakt und der mit dem Gespräch verbundenen Einflussnahme des Anrufers ausgesetzt, der seinen Gesprächspartner zum Abschluss eines Kauf- oder Dienstleistungsvertrages bewegen will. Erfahrungsgemäß wird der Angerufene – sei es aus Neugier, sei es aus Höflichkeit – das Gespräch nicht sofort beenden (können), so dass er das ihm unterbreitete Angebot des Anrufers zunächst einmal zur Kenntnis nimmt. Als weiteres Belästigungsmoment tritt hinzu, dass die Telefonleitung während der Dauer des Gesprächs blockiert ist, so dass der Gesprächsteilnehmer für andere Anrufer nicht erreichbar

[90] Gloy/Loschelder/Danckwerts UWG-HdB/Hasselblatt/Zarm § 61 Rn. 33 ff.

[91] BGH GRUR 1970, 523 – Telefonwerbung I; GRUR 1989, 753 – Telefonwerbung II; GRUR 1990, 280 (281) – Telefonwerbung III; GRUR 1991, 764 – Telefonwerbung IV; GRUR 1995, 220 – Telefonwerbung V; WRP 1999, 660 (661 f.) – Einverständnis mit Telefonwerbung; GRUR 2000, 818 – Telefonwerbung VI; OLG Köln OLGR Köln 2002, 122 (red. Leitsatz); OLG München 7.2.2019 – 6 U 2404/18, juris Rn. 24.

ist. Das Angebot kostenloser, durch Werbeeinschaltungen unterbrochener Telefongespräche ist dagegen zulässig, weil die Besonderheit darin besteht, dass das Telefongespräch nicht ausschließlich Werbezwecken dient, sondern lediglich durch Werbung unterbrochen wird. Für den werbefreien Teil des Telefongesprächs muss ein Einverständnis des Angerufenen aber nicht vorliegen.[92] Aus den dargelegten Gründen ist telefonische Werbung auch dann unzulässig, wenn der Anruf zuvor **schriftlich angekündigt** worden ist.[93] Unlauter ist ferner der Anruf zur Vorbereitung eines noch zu vereinbarenden Vertreterbesuchs.[94] Nichts anderes gilt für die Versicherungsbranche.[95] Für die rechtliche Beurteilung ist es ohne Bedeutung, ob die Parteien bereits im geschäftlichen Kontakt zueinander stehen. Der Anruf eines Versicherungsvertreters mit dem Ziel, mit dem Kunden der Versicherung einen weiteren Versicherungsvertrag über ein zusätzliches Risiko abzuschließen, ist daher gleichfalls unzulässig.[96] Er kann sich insoweit nicht auf seine Verpflichtung zur „Nachbetreuung" gemäß § 61 Abs. 1 S. 1 VVG berufen.[97] An dieser Rechtslage hat sich nichts geändert. Nach § 7 Abs. 2 Nr. 2 UWG ist es grundsätzlich unzulässig, Verbraucher zu Werbezwecken anzurufen, ohne dass eine entsprechende Einwilligung vorliegt. Diese Regelung steht mit Unionsrecht im Einklang.[98]

Dies gilt auch für die telefonische Befragung durch ein Marktforschungsinstitut, die als Telefonwerbung anzusehen ist, wenn der Anruf zumindest mittelbar dem Absatz eines vom Auftraggeber vertriebenen Produkts dienen soll.[99] Ein solcher Anruf stellt regelmäßig einen Eingriff in das allgemeine Persönlichkeitsrecht des Angerufenen dar (§§ 823, 1004 BGB).[100] Dies gilt erst recht, wenn der Anruf lediglich als Meinungsbefragung getarnt ist, um herauszufinden, wie der Angerufene eine ihm zuvor übersandte Printwerbung beurteilt.[101] Unzulässig sind Werbeanrufe zur Kundenbefragung, wenn sie darauf abzielen, die Zufriedenheit des Kunden zu ermitteln.[102] Gleichfalls unzulässig sind sogenannte Ping- oder Lockanrufe, bei denen die Verbindung unter Hinterlassung einer 0190er-Nummer des Anrufenden nach einmaligem Klingeln unterbrochen wird, und die den Angerufenen zum Rückruf veranlassen sollen.[103] 44

Anders ist die Rechtslage dann zu beurteilen, wenn der Angerufene sich zuvor ausdrücklich mit der telefonischen Kontaktaufnahme einverstanden erklärt hat. Eine nachträgliche Billigung des Anrufs genügt nicht, da die Belästigung zu diesem Zeitpunkt bereits eingetreten ist. Die erforderliche Einwilligung kann nicht konkludent erteilt werden. Ob eine ausdrückliche **Einverständniserklärung** vorliegt, lässt sich meist relativ einfach feststellen. So wird man die Mitteilung der privaten Telefonnummer auf einer Antwortkarte als Zustimmung zu einem Telefonanruf verstehen können.[104] Hätte sich der Absender vor dieser Form der Kontaktaufnahme schützen wollen, würde er seine Telefonnummer nicht freiwillig preisgeben. Dies gilt zumindest für Anrufe, die das konkrete Vertragsverhältnis betreffen, nicht aber für Anrufe zu weitergehenden Zwecken.[105] Das in **Allgemeinen Geschäftsbedingungen** formularmäßig erklärte Einverständnis ist jedoch wegen Verstoß gegen § 307 BGB unwirksam, und zwar auch dann, wenn das Einverständnis nach der Klausel **jederzeit widerruflich** ist.[106] Eine Einwilligung in eine Werbung mit einem Telefonanruf setzt ebenso wie hinsichtlich der Verwendung von elektronischer Post eine gesonderte – nur auf die Einwilligung bezogene – Zustimmungserklärung des Betreffenden voraus. Eine Erklärung, 45

---

[92] BGH GRUR 2002, 637 (639) – Werbefinanzierte Telefongespräche; vgl. auch die ab dem 28.5.2022 geltende Regelung in Nr. 26 des Anhangs zu § 3 Abs. 3.

[93] BGH GRUR 1989, 753 – Telefonwerbung II; OLG Köln MMR 2009, 267 (268).

[94] BGH GRUR 1994, 380f. – Lexikothek; GRUR 1995, 220 – Telefonwerbung V; GRUR 2000, 818 (819) – Telefonwerbung VI; OLG Stuttgart BB 1997, 2181; OLG Frankfurt WM 1998, 2053.

[95] BGH GRUR 1995, 220 – Telefonwerbung V; KG WRP 1975, 445; WRP 1978, 373.

[96] BGH GRUR 1994, 380f. – Lexikothek; GRUR 1995, 220 – Telefonwerbung V; GRUR 2000, 818 – Telefonwerbung VI; OLG Frankfurt GRUR 2005, 965 – Telefonisches Versicherungsangebot.

[97] OLG Düsseldorf WRP 2019, 1584, Rn. 14, 17.

[98] BGH GRUR 2011, 936 – Double-opt-in-Verfahren.

[99] OLG Köln MMR 2009, 267 (268); MMR 2012, 535.

[100] LG Hamburg GRUR-RR 2007, 61 – Marktforschung.

[101] OLG Stuttgart NJW-RR 2002, 767 (768).

[102] BGH WM 2018, 1853 Rn. 18; OLG Köln GRUR-RR 2014, 80 Rn. 18; OLG Dresden GRUR-RR 2016, 462; KG GRUR-RR 2017, 245.

[103] VG Köln NJW 2005, 1880 (1881f.); Becker WRP 2011, 808.

[104] Köhler/Bornkamm/Feddersen/Köhler UWG § 7 Rn. 146; Ohly/Sosnitza UWG § 7 Rn. 50; aA LG Hamburg MMR 2005, 630.

[105] OLG Stuttgart WRP 2007, 854; MüKoUWG/Leible § 7 Rn. 119.

[106] BGH WRP 1999, 660 (661f.) – Einverständnis mit Telefonwerbung; GRUR 2000, 818 – Telefonwerbung VI; OLG Dresden BeckRS 2011, 3063.

die sich auf die telefonische Benachrichtigung über einen Gewinn bezieht, genügt diesen Anforderungen nicht.[107] Für den Nachweis des Einverständnisses ist es erforderlich, dass der Werbende die konkrete Einverständniserklärung jedes einzelnen Verbrauchers vollständig dokumentiert. Bei einer elektronisch übermittelten Einverständniserklärung setzt das deren Speicherung und die jederzeitige Möglichkeit eines Ausdrucks voraus.[108] Ein **mutmaßliches Einverständnis** reicht im privaten Bereich gleichfalls nicht (mehr) aus.[109] Dies zeigt § 7 Abs. 2 Nr. 2 2. Alt. UWG. Die bloße Annahme, der Angerufene habe Bedarf an der angebotenen Ware bzw. Leistung, rechtfertigt die telefonische Kontaktaufnahme also nicht. Kommt auf Grund der Telefonwerbung ein Vertrag zustande, ist er gleichwohl wirksam. Allerdings besteht ein Widerrufsrecht nach §§ 312g Abs. 1, 355 Abs. 1 BGB.[110] Ein elektronisch durchgeführtes **Double-opt-in-Verfahren** kann ein tatsächlich fehlendes Einverständnis von Verbrauchern mit Werbeanrufen nicht ersetzen. Durch die Bestätigungsmail wird weder ein Einverständnis des Verbrauchers mit Werbeanrufen belegt, noch führt sie für sich allein zu einer Beweiserleichterung zu Gunsten des Werbenden. Vielmehr trägt der Werbende auch die Darlegungs- und Beweislast dafür, dass der Telefonanschluss der E-Mail-Adresse, unter der die Bestätigung abgesandt wurde, zuzuordnen ist. Ist das allerdings der Fall, obliegt es dem Verbraucher darzulegen, dass er dennoch kein Einverständnis mit Werbeanrufen erklärt hat. Gelingt ihm das, war die Werbung auch dann wettbewerbswidrig, wenn die E-Mail-Adresse im Double-opt-in-Verfahren gewonnen wurde.[111]

46 Das Erfordernis einer ausdrücklichen Einwilligung hat auch Auswirkungen auf die Zulässigkeit von Abwerbeanrufen durch Personalberater, wenn der Telefonanruf über den Privatanschluss des Arbeitnehmers erfolgt.[112] Selbst wenn ein Interesse des Arbeitnehmers an einem solchen Anruf und dem Angebot einer neuen Arbeitsstelle vermutet werden kann, reicht dies nach dem eindeutigen Wortlaut von § 7 Abs. 2 Nr. 2 UWG nicht aus.[113]

Formulierungsvorschlag einer Unterlassungserklärung:

47 Die A. GmbH verpflichtet sich gegenüber dem X. e. V., es künftig bei Meidung einer für jeden Fall der Zuwiderhandlung fälligen Vertragsstrafe von EUR 5.100,00 (in Worten: Euro fünftausendeinhundert) zu unterlassen, im geschäftlichen Verkehr zu Zwecken des Wettbewerbs private Endverbraucher ohne vorangegangene Aufforderung oder deren ausdrückliches Einverständnis telefonisch anzusprechen und ihnen Wein zum Kauf anzubieten.[114]

Alternative:

… anzusprechen, um mit ihnen den Besuch eines Versicherungsvertreters zur Anbahnung oder zum Abschluss eines Versicherungsvertrages zu vereinbaren.

48 Der BGH[115] hat allerdings unter Hinweis auf die Kerntheorie entschieden, dass der auf Wiederholungsgefahr gestützte Unterlassungsanspruch bei einem unverlangten Werbeanruf nicht auf den konkreten Gegenstand des Werbeanrufs beschränkt ist, wenn bei dem Unternehmen, von dem der Werbeanruf ausgeht (zB einem Callcenter), der Gegenstand der Werbung beliebig austauschbar ist. Dies gilt dagegen nicht, wenn ein Gewerbetreibender einen Werbeanruf für die Waren oder Dienstleistungen vornimmt, die Gegenstand seines Geschäftsbetriebs sind. In diesen Fällen geht die durch die Verletzungshandlung begründete Wiederholungsgefahr grundsätzlich nicht über den Unternehmensgegenstand hinaus.

---

107 BGH MMR 2011, 458; MMR 2008, 731 mAnm Grapentin.
108 BGH GRUR 2011, 936 (939) – Double-opt-in-Verfahren.
109 BGH GRUR 1994, 380 (382) – Lexikothek; Gloy/Loschelder/Danckwerts UWG-HdB/Hasselblatt/Zarm § 61 Rn. 119 ff.
110 Köhler/Bornkamm/Feddersen/Köhler UWG § 7 Rn. 119.
111 BGH GRUR 2011, 940 – Double-opt-in-Verfahren; vgl. ferner BGH GRUR 2004, 517 – E-Mail-Werbung I.; OVG Saarland, BB 2021, 720 (mAnm Schemmel) zur unwirksamen Einwilligung in Internet-Gewinnspiel durch Double-opt-in-Verfahren.
112 Zur Zulässigkeit des Anrufs am Arbeitsplatz → Rn. 52.
113 AA OLG Karlsruhe WRP 2002, 338 ff. – Telefonische Stellenangebote (zu § 1 UWG aF); Köhler/Bornkamm/Feddersen/Köhler § 7 Rn. 141.
114 Vgl. zur Fassung eines Klageantrags BGH GRUR 2007, 607 (608) – Telefonwerbung für „Individualverträge".
115 BGH GRUR 2011, 433 (436) – Verbotsantrag bei Telefonwerbung.

Ergänzende Anforderungen an das werbende Unternehmen im Hinblick auf die Einwilligung des Verbrauchers begründet die neu in das UWG aufgenommene Regelung des § 7a UWG, die am 1.10.2021 in Kraft getreten ist. Danach ist das Unternehmen verpflichtet, die vorherige ausdrückliche Einwilligung zum Zeitpunkt der Erteilung in angemessener Form zu dokumentieren, für die Dauer von fünf Jahren aufzubewahren und der zuständigen Verwaltungsbehörde auf Verlangen unverzüglich vorzulegen. 49

b) Telefonwerbung gegenüber sonstigen Marktteilnehmern. Auch im gewerblichen Bereich ist die Telefonwerbung nicht ohne weiteres zulässig. Zwar scheidet hier ein Eindringen in die Privatsphäre des Angerufenen aus. Hinzu kommt, dass der Angerufene im geschäftlichen Umfeld telefonischer Werbung aufgeschlossener begegnet als im privaten Bereich. Dem steht jedoch die zeitliche Inanspruchnahme wie auch die Belegung der Telefonleitung gegenüber. Anders als im privaten Bereich rechtfertigt daher neben dem tatsächlichen Einverständnis auch das mutmaßliche Einverständnis mit der telefonischen Kontaktaufnahme die Telefonwerbung.[116] Darüber hinaus ist sie auch dann als wettbewerbsgemäß anzusehen, wenn auf Grund **konkreter tatsächlicher Umstände** ein **sachliches Interesse** des Anzurufenden gerade an dem betreffenden Anruf vermutet werden kann. Ein bloßer allgemeiner Sachbezug zu dem Geschäftsbetrieb im Allgemeinen ist für sich gesehen nicht ausreichend.[117] Liegt eine Einwilligung zu Werbeanrufen vor, so darf im Umfang der Einwilligung der Anschluss desjenigen angerufen werden, der die Einwilligung erteilt hat. Auf eine fehlende Einwilligung desjenigen, der im konkreten Fall des Anrufs das Gespräch entgegennimmt, kommt es nicht an.[118] 50

Es ist jeweils auf die Umstände des Einzelfalles abzustellen.[119] Ein objektiv ungünstiges Angebot kann ein Indiz für das Fehlen der mutmaßlichen Einwilligung sein. Liegen die Voraussetzungen der belästigenden Werbung vor, bleibt ein Verhalten auch dann wettbewerbswidrig, wenn der Angerufene Interesse an dem Angebot zeigt und es in der Folge möglicherweise sogar zu einem Abschluss kommt.[120] So kann etwa die Branchenüblichkeit von Telefonwerbung gegenüber geschäftlichen Kunden deren Zulässigkeit begründen.[121] Das Einverständnis eines gewerblichen Anschlussinhabers mit einer Telefonwerbung im geschäftlichen Bereich kann auf Grund der konkreten tatsächlichen Umstände auch dann zu vermuten sein, wenn die Werbung aus der Sicht des Anzurufenden ebenso gut oder sogar besser schriftlich erfolgen könnte. Wegen des geringen Maßes an Belästigung ist dies erfahrungsgemäß der Fall, wenn ein Telefonbuchverlag einen Telefonanruf, mit dem die Daten des kostenlosen Grundeintrages für einen Neudruck überprüft werden sollen, zur Werbung für eine entgeltpflichtige Erweiterung des schon bestehenden Eintrags nutzt.[122] Im Rahmen einer bestehenden Geschäftsbeziehung werden die Voraussetzungen – anders als bei der **Neukundenwerbung** – ohnehin häufig zu bejahen sein. Wird ein Gewerbetreibender, zu dem keine Geschäftsverbindung besteht, zu Werbezwecken angerufen, kann seiner Aufforderung zur Abgabe eines schriftlichen Angebots regelmäßig nicht entnommen werden, dass er mit der telefonischen Kontaktaufnahme einverstanden sei.[123] Bei einer erstmaligen telefonischen Werbung für einen Zusatzeintrag des angesprochenen Fernsprechteilnehmers im Amtlichen Fernsprechbuch soll dagegen ein sachliches Interesse des Angerufenen zu vermuten sein.[124] Ein an diesen Kriterien zu messendes Verhalten gegenüber sonstigen Marktteilnehmern iSd § 7 Abs. 2 Nr. 2 UWG liegt auch dann vor, wenn das werbende Unternehmen die in den aktuellen Telefonbüchern angegebene Nummer eines Gewerbetreibenden anwählt, der Anruf aber ohne Kenntnis des Anrufers auto- 51

[116] BGH GRUR 1991, 764 – Telefonwerbung IV; OLG Dresden BeckRS 2011, 3036; BGH GRUR 2016, 866 Rn. 14 – Lebens-Kost; OLG Düsseldorf WRP 2018, 844; LG Aschaffenburg WRP 2020, 1640.

[117] BGH GRUR 2001, 1181 (1182) – Telefonwerbung für Blindenwaren; BGH GRUR 2004, 520 – Telefonwerbung für Zusatzeintrag; OLG Hamm MMR 2009, 559 (560).

[118] OLG Köln MMR 2009, 860.

[119] BGH GRUR 1991, 764 – Telefonwerbung IV; GRUR 2001, 1181 (1183) – Telefonwerbung für Blindenwaren; GRUR 2007, 607 (609) – Telefonwerbung für „Individualverträge"; OLG Hamm MMR 2009, 559.

[120] BGH GRUR 2007, 607 (609) – Telefonwerbung für „Individualverträge".

[121] BGH GRUR 2001, 1181 (1183) – Telefonwerbung für Blindenwaren; aA BGH GRUR 2010, 939 (940) – Telefonwerbung nach Unternehmenswechsel.

[122] BGH GRUR 2004, 520 – Telefonwerbung für Zusatzeintrag; aA noch die Vorinstanz, vgl. OLG Köln GRUR-RR 2002, 237 ff.

[123] OLG Düsseldorf WRP 1997, 853.

[124] BGH GRUR 2004, 520 – Telefonwerbung für Zusatzeintrag; OLG Hamburg NJW-RR 1996, 365.

matisch zu einem Privatanschluss weitergeleitet wird.[125] Die **Beweislast** für die Einwilligung des Angerufenen liegt bei dem Anrufer.[126]

52 Früher war umstritten, ob es wettbewerbsrechtlich unlauter ist, wenn ein **Personalberater** den Mitarbeiter eines Wettbewerbers seines Auftraggebers am Arbeitsplatz anruft, um mit ihm erstmals über einen Stellenwechsel zu sprechen.[127] Der BGH hat diese Frage inzwischen geklärt.[128] Abzuwägen sind die Interessen des Personalberaters und seines Auftraggebers einerseits sowie des betroffenen Mitarbeiters und seines Arbeitgebers andererseits. Diese Abwägung ergibt, dass eine erste Kontaktaufnahme, bei der ein Mitarbeiter nach seinem Interesse an einer neuen Stelle befragt und diese kurz beschrieben wird sowie gegebenenfalls eine Kontaktmöglichkeit außerhalb des Unternehmens besprochen wird, nicht wettbewerbswidrig ist. Geht das Telefongespräch jedoch über eine solche Kontaktaufnahme hinaus, ist es unzulässig, weil dann vor allem die schutzwürdigen Interessen des Arbeitgebers des angesprochenen Mitarbeiters weit überwiegen. Je weniger der erste Telefonanruf am Arbeitsplatz auf das zur ersten Kontaktaufnahme Notwendige beschränkt wird, desto mehr werden die schutzwürdigen Interessen des Arbeitgebers, aber auch die Interessen des durch einen solchen Anruf belästigten Mitarbeiters beeinträchtigt. An dieser Rechtsprechung kann auch im Hinblick auf § 7 Abs. 2 Nr. 2 UWG festgehalten werden. Es ist nämlich regelmäßig davon auszugehen, dass ein Arbeitnehmer mit einer ersten kurzen telefonischen Kontaktaufnahme an seinem Arbeitsplatz einverstanden ist, wenn ihm eine neue Arbeitsstelle vorgestellt und eine berufliche Entwicklungsperspektive aufgezeigt werden soll.[129] Bei der wettbewerbsrechtlichen Beurteilung dieser Ansprache, bei der dienstliche Telefoneinrichtungen benutzt werden, ist nicht danach zu unterscheiden, ob es sich um Festnetz- oder Mobiltelefone handelt.[130]

53 **Beratungscheckliste:**

- ☐ Wegen des Eingriffs in die Privatsphäre sind unerbetene telefonische Anrufe im privaten Bereich grundsätzlich unzulässig. Die grundsätzliche Unzulässigkeit im gewerblichen Bereich folgt aus der Belästigung durch die Telefonwerbung.
- ☐ Kann sich das werbende Unternehmen im Einzelfall auf ein ausdrückliches, konkludentes oder mutmaßliches Einverständnis des Angerufenen berufen? Ein mutmaßliches Einverständnis ist nur im gewerblichen Bereich beachtlich.
- ☐ Liegen bei einem Anruf im gewerblichen Bereich konkrete tatsächliche Umstände vor, auf Grund derer ein sachliches Interesse des Angerufenen gerade an diesem Anruf vermutet werden kann?
- ☐ Das in Allgemeinen Geschäftsbedingungen formularmäßig erteilte Einverständnis ist wegen Verstoß gegen § 307 BGB unwirksam.
- ☐ Die Beweislast für das erteilte Einverständnis trägt das werbende Unternehmen.

54 c) **Ordnungswidrigkeiten.** Erfolgt Telefonwerbung gegenüber Verbrauchern vorsätzlich oder fahrlässig ohne die erforderliche vorherige ausdrückliche Einwilligung des angerufenen Verbrauchers, liegt eine Ordnungswidrigkeit gemäß § 20 UWG vor. Gleichfalls ordnungswidrig handelt, wer vorsätzlich oder fahrlässig die Rufnummernanzeige unterdrückt oder die Unterdrückung veranlasst (§ 102 Abs. 2 und 3 iVm § 149 Abs. 1 Nr. 17c, Abs. 2 TKG).

3. Belästigung nach § 7 Abs. 2 Nr. 3 UWG

55 In Anlehnung an den Wortlaut von Art. 13 Abs. 1 der Datenschutzrichtlinie für elektronische Kommunikation liegt nach § 7 Abs. 2 Nr. 3 UWG eine unzumutbare Belästigung vor, wenn eine

[125] OLG Köln GRUR-RR 2005, 138 (139).
[126] BGH GRUR 2000, 818 (819) – Telefonwerbung VI; Fezer/Büscher/Obergfell/Mankowski UWG § 7 Rn. 154 mwN.
[127] Bejahend zB OLG Stuttgart GRUR 2000, 1096 (1097 f.) – Mitarbeiter-Abwerbung; verneinend zB OLG Karlsruhe NJW-RR 2002, 397; vgl. hierzu Gloy/Loschelder/Danckwerts UWG-HdB/Hasselblatt/Zarm § 61 Rn. 135 ff. mwN.
[128] BGH GRUR 2004, 696 (697 ff.) – Direktansprache am Arbeitsplatz I; GRUR 2006, 426 (427) – Direktansprache am Arbeitsplatz II; vgl. ferner OLG Jena GRUR-RR 2003, 158 (159) – Häusliche Kontaktaufnahme.
[129] So auch Gloy/Loschelder/Danckwerts UWG-HdB/Hasselblatt/Zarm § 61 Rn. 135.
[130] BGH GRUR 2006, 426 (427) – Direktansprache am Arbeitsplatz II.

Werbung unter Verwendung von automatischen Anrufmaschinen (Voice Mail), Faxgeräten oder elektronischer Post (E-Mail, SMS, MMS) erfolgt, ohne dass eine vorherige ausdrückliche Einwilligung des Adressaten vorliegt. Wie bei der Telefonwerbung nach § 7 Abs. 2 Nr. 2 UWG reicht weder eine nachträgliche Einwilligung noch eine konkludente Einwilligung aus.[131]

Mangels einer entsprechenden Differenzierung (anders: § 7 Abs. 2 Nr. 2 UWG) gilt diese Regelung einheitlich sowohl für Verbraucher als auch für sonstige Marktteilnehmer und schließt damit die Zulässigkeit der mutmaßlichen Einwilligung gegenüber sonstigen Marktteilnehmern aus.[132] Weil diese Werbeformen gerade im geschäftlichen Bereich einen stark belästigenden Charakter haben, hat der Gesetzgeber von der nach § 13 Abs. 5 der Datenschutzrichtlinie eröffneten Möglichkeit, das Einwilligungserfordernis auf Verbraucher zu beschränken, keinen Gebrauch gemacht.[133] Er ist also über die Richtlinienvorgaben im Interesse eines umfassenden Schutzes hinausgegangen.[134] Zu beachten ist im Übrigen die Ausnahmeregelung in § 7 Abs. 3 UWG.[135] 56

Die Einwilligung muss für den konkreten Fall erteilt worden sein. Das ist auch dann zu bejahen, wenn sich die Erklärung auf eine Vielzahl von Fällen bezieht, sofern sie konkret beschrieben und die Erklärung hinreichend deutlich verständlich ist. Eine Generaleinwilligung gegenüber jedermann, etwa auf Grund der bloßen Angabe einer Telefax-Nummer oder einer E-Mail-Adresse ist dagegen ausgeschlossen.[136] 57

a) **Telefax-Werbung.** Unverlangt übermittelte Telefax-Werbung ist im privaten Bereich stets nach § 7 Abs. 2 Nr. 3 UWG unzulässig, es sei denn, der Empfänger hat sich zuvor mit dem Erhalt der Werbung ausdrücklich einverstanden erklärt. Ausschlaggebend dafür ist die doch erhebliche Belästigung, die durch die Kosten (Strom, Papier, Toner, Wartung, etc.), die gesteigerte Aufmerksamkeit, mit der Telefax-Sendungen nicht zuletzt wegen der häufig bestehenden Eilbedürftigkeit und Bedeutung des Informationsaustauschs zur Kenntnis genommen werden, sowie die für die Dauer der Übermittlung auftretende Blockierung des Telefax-Gerätes hervorgerufen wird.[137] Für den gewerblichen Bereich gilt diese Regelung jetzt gleichermaßen, wobei hinsichtlich der zulässigen Ausnahmen bislang großzügiger verfahren worden ist. Wie auch bei der Telefonwerbung gegenüber Gewerbetreibenden ist Telefaxwerbung bei ausdrücklichem oder mutmaßlichem Einverständnis des Empfängers sowie bei bestehender Geschäftsbeziehung als zulässig angesehen worden.[138] Für diese Differenzierung ist angesichts des eindeutigen Wortlauts von § 7 Abs. 2 Nr. 3 UWG kein Raum mehr. Die Einwilligung, die die Unlauterkeit entfallen lässt, kann sowohl im privaten wie auch im gewerblichen Bereich nur noch ausdrücklich erteilt werden. Die Einwilligung des Faxempfängers ist auch dann zu fordern, wenn es sich nicht um einen Fall der Absatzwerbung handelt, sondern der Werbende ein Ankaufgesuch unterbreitet.[139] Die Beweislast für die die Wettbewerbswidrigkeit der Telefax-Werbung ausschließende Einwilligung trägt der Werbungtreibende.[140] 58

b) **Automatische Anrufmaschinen.** Die Vorschrift des § 7 Abs. 2 Nr. 3 UWG regelt die Werbung unter Verwendung automatischer Anrufmaschinen. Dabei handelt es sich umso genannte Voice Mail-Systeme, die automatisch, also ohne menschlichen Eingriff tätig werden. Erforderlich ist auch hier die ausdrücklich erklärte Einwilligung des Adressaten, nicht aber dessen mutmaßliche Einwilligung. 59

c) **E-Mail-Werbung, SMS, MMS.** Die Übersendung von Daten und Nachrichten im Internet erfolgt meist durch sog. E-Mails (Electronic-Mails). Eingehende E-Mails werden in einem Mail- 60

131 Vgl. auch die ab dem 28.5.2022 geltende Regelung in Nr. 26 des Anhangs zu § 3 Abs. 3 bezüglich der Ansprache von Verbrauchern.

132 Köhler NJW 2004, 2121 (2125); anders noch zu § 1 UWG aF BGH GRUR 2004, 517 – E-Mail-Werbung.

133 Amtl. Begr. zu § 7 Abs. 2 Nr. 1 UWG BT-Drs. 15/1487 v. 22.8.2003 S. 21.

134 Gloy/Loschelder/Danckwerts UWG-HdB/Hasselblatt/Zarm § 61 Rn. 139.

135 Vgl. dazu → Rn. 66.

136 KG GRUR-RR 2017, 77 Rn. 39; OLG Frankfurt WRP 2017, 342 Rn. 14; Köhler/Bornkamm/Feddersen/Köhler UWG § 7 Rn. 186; Sokolowski WRP 2008, 888 (893); Lettl WRP 2009, 1315 (1326).

137 OLG Hamm GRUR 1990, 689; OLG Hamm NJW-RR 1991, 160 – Werbeschreiben; OLG München NJW-RR 1994, 1054; OLG Stuttgart WRP 1995, 254 f.; OLG Koblenz GRUR 1996, 207 mAnm Schmittmann; OLG Zweibrücken BB 1997, 115 (116); LG Hamburg NJW-RR 1989, 487; OLG Hamm BeckRS 2009, 13640.

138 BGH GRUR 1996, 208 – Telefaxwerbung; Schauseil in Walter/Grüber „Telekommunikationswerbung" Rn. 14; Köhler/Bornkamm/Feddersen/Köhler UWG § 7 Rn. 179.

139 BGH GRUR 2008, 923 – Faxanfrage im Autohandel.

140 OLG Koblenz WRP 1995, 1069; OLG Oldenburg NJW 1998, 3208; OLG Stuttgart BeckRS 2007, 10540; zum double-opt-in-Verfahren vgl. BGH WRP 2011, 1153 Rn. 37 – Double-opt-in-Verfahren.

Pool des Providers gespeichert und müssen dort vom Adressaten über eine von ihm hergestellte Telefonverbindung abgerufen werden (Down-Loading). Wegen der damit verbundenen Telefonkosten, aber auch wegen des mit der Sichtung und dem Aussortieren unerbetener E-Mails verbundenen Arbeitsaufwandes ist die unaufgeforderte Zusendung von E-Mail-Werbung stets unzulässig.[141] Sie ist zugleich eine Verletzung des allgemeinen Persönlichkeitsrechts, wenn der Betroffene dem Erhalt von Werbung zuvor ausdrücklich widersprochen hat;[142] im gewerblichen Bereich stellt sie zudem einen rechtswidrigen Eingriff in den eingerichteten und ausgeübten Gewerbebetrieb des Empfängers dar (Unterlassungsanspruch aus §§ 823 Abs. 1, 1004 BGB).[143]

61 § 7 Abs. 2 Nr. 3 UWG bestimmt, dass Werbung, die durch elektronische Post[144] übermittelt wird, eine unzumutbare Belästigung darstellt und damit unzulässig ist, sofern der Adressat nicht seine Einwilligung erteilt hat. Dabei geht es in erster Linie um die Werbeübermittlung per **E-Mail aber auch** per **SMS**[145] und **MMS.** Erforderlich ist die ausdrückliche Einwilligung des Werbeadressaten. Eine mit einem Haken auf einer Internetseite voreingestellte Einwilligungserklärung in den Erhalt von elektronischen Newslettern stellt keine ausdrückliche Einwilligung des Kunden dar.[146] Sogenannte „No-Reply" Bestätigungsmails sind unzulässig, wenn sie Werbezusätze enthalten.[147] Auch gegenüber einem Gewerbetreibenden muss jetzt eine ausdrückliche vorherige Einwilligung vorliegen, eine mutmaßliche Einwilligung reicht nicht aus (Umkehrschluss aus § 7 Abs. 2 Nr. 2 UWG). Wird die Teilnahme an einem Gewinnspiel von der Einwilligung in den Erhalt künftiger E-Mail-Werbung abhängig gemacht, ist die Einwilligung wirksam, wenn der Verbraucher der Werbung durch die konkret bezeichneten Unternehmen zugestimmt hat und der Geschäftsbereich des werbenden Unternehmens hinreichend klar beschrieben worden ist („Strom & Gas").[148] Gibt ein Sportverein in der Rechtsform des eingetragenen Vereins auf seiner Website eine E-Mail-Adresse an, so liegt darin keine konkludente Einwilligung, gewerbliche Anfragen nach Dienstleistungen des Vereins mittels E-Mail zu empfangen.[149] Geschäftliche Nachfragen per E-Mail sind zulässig, wenn der Empfänger der Nachricht auf seiner Homepage entsprechende Leistungen angeboten hat, weil darin eine Einwilligung zu sehen ist.[150] Erfasst werden sowohl das massenhafte Versenden von Werbe-E-Mails (sog. „Spamming") als auch einzelne Werbemaßnahmen. Der Absender hat durch geeignete Maßnahmen sicherzustellen, dass es nicht zu fehlerhaften Zusendungen kommt, etwa auf Grund unrichtiger Eingabe oder Speicherung von E-Mail-Adressen.[151] Bedient sich das werbende Unternehmen beim Versand der E-Mails der Unterstützung Dritter, etwa einer Werbeagentur, richten sich die Ansprüche des Adressaten auch gegen die Werbeagentur.

Praxistipp:

Das werbende Unternehmen muss daher – im eigenen Interesse – den eingeschalteten Dritten auf die Notwendigkeit einer organisierten Kontrolle der Werbemaßnahmen hinweisen. Zudem muss es durch geeignete Maßnahmen sicherstellen, dass es die Tätigkeit des beauftragten Unternehmens überwachen, Beschwerden von E-Mail-Empfängern nachgehen und die Wiederholung etwaiger Verstöße unterbinden kann.

---

141 BGH GRUR 2004, 517 – E-Mail-Werbung; KG Berlin NJW-CoR 1998, 431; LG Traunstein NJW-CoR 1997, 494; NJW-CoR 1998, 109.

142 BGH WRP 2016, 493 Rn. 18 – „No-Reply"-E-Mails.

143 BGH NJW 2009, 2958 – E-Mail-Werbung II; KG MMR 2002, 685.

144 BGH WRP 2020, 446 Rn. 18 – 49 – Inbox-Werbung, zur streitigen Frage, ob nach dem Zufallsprinzip vorgenommene Werbeeinblendungen im E-Mail-Postfach eines Nutzers an den Nutzer die Voraussetzungen an eine elektronische Post erfüllen.

145 OLG Köln NJOZ 2011, 1315 (1316); Gloy/Loschelder/Danckwerts UWG-HdB/Hasselblatt/Zarm § 61 Rn. 151; vgl. allgemein auch Schmittmann MMR 1998, 346 (347 ff.).

146 OLG Jena MMR 2011, 101.

147 BGH WRP 2016, 493 Rn. 17 – „No-Reply"-E-Mails.

148 OLG Frankfurt WRP 2019, 1489, 1490; zu den Voraussetzungen einer Einwilligung in AGB vgl. BGH GRUR 2018, 545 – Einwilligung mit Bezug auf mehrere Werbekanäle.

149 BGH WRP 2008, 1330 Rn. 21 ff. – FC Troschenreuth.

150 OLG Frankfurt WRP 2017, 342.

151 Weitergehend noch BGH GRUR 2004, 517 – E-Mail-Werbung für den Fall, dass bei der Werbung gegenüber Gewerbetreibenden auf Grund konkreter tatsächlicher Umstände von einem sachlichen Interesse des Empfängers an der Werbung ausgegangen werden kann; diese Rechtsprechung ist allerdings mit § 7 Abs. 2 Nr. 3 UWG nicht vereinbar, sodass die Entscheidung insoweit nach nunmehr geltendem Recht nicht mehr herangezogen werden kann.

Fragt ein Unternehmen bei Kunden, die in seinem Online-Shop eingekauft haben per E-Mail an, um die Kundenzufriedenheit zu ermitteln, handelt es sich um Werbung, die nur bei Vorliegen einer Einwilligung zulässig ist.[152] Eine Kundenzufriedenheitsbefragung in einer E-Mail fällt auch dann unter den Begriff der (Direkt-)Werbung, wenn mit der E-Mail die Übersendung einer Rechnung für ein zuvor gekauftes Produkt erfolgt.[153] Die Einblendung von Werbenachrichten in der Inbox eines Nutzers eines E-Mail-Dienstes in einer Form, die der einer tatsächlichen E-Mail ähnlich ist und die an derselben Stelle wie eine E-Mail erfolgt, ist als hartnäckiges und unerwünschtes Ansprechen zu qualifizieren, wenn die Einblendung dieser Werbenachrichten zum einen so häufig und regelmäßig war, dass sie als hartnäckiges Ansprechen eingestuft werden kann, und zum anderen bei Fehlen einer von diesem Nutzer vor der Einblendung erteilten Einwilligung als unerwünschtes Ansprechen eingestuft werden kann.[154] 62

Bietet ein Versandhandelshaus auf seiner Internetseite einem Dritten, der ein bestimmtes Produkt ausgewählt hat, an, dieses Produkt per E-Mail direkt von der Internetseite aus an einen vom Dritten benannten Empfänger zu versenden, liegt eine unzumutbare Belästigung vor, wenn in der bei dem Empfänger ankommenden E-Mail nicht nur die Empfehlung des bestimmten Produkts, sondern eine zusätzliche Werbung enthalten ist.[155] 63

An dieser Beurteilung ändert sich auch nichts dadurch, dass dem Empfänger die Möglichkeit eröffnet wird, die Zusendung weiterer E-Mails durch das Anklicken einer Abbestell-E-Mail zu unterbinden (Opt out), zumal für ihn völlig unklar ist, welche Auswirkungen und Folgen sich aus dem Anklicken ergeben (Speicherung in Dateien, Weitergabe der E-Mail-Adresse, etc.).[156] Eine Ausnahme gilt nur, wenn der Empfänger ausdrücklich (Opt in) sein Einverständnis mit dem Erhalt von E-Mail-Werbung erklärt hat, sofern die konkreten Werbemaßnahmen ausreichend beschrieben sind.[157] Eine E-Mail, mit der zur Bestätigung einer Bestellung im Double-opt-in-Verfahren aufgefordert wird, fällt nicht als Werbung unter das Verbot des § 7 Abs. 2 Nr. 3 UWG.[158] Selbst wenn der Absender seine Werbenachricht als solche im Nachrichtenkopf (E-Mail-Header) kennzeichnet,[159] so dass der Adressat die ihn nicht interessierenden E-Mails aussortieren kann, liegt eine unzumutbare Belästigung vor, weil auch Aufbau und Anzeige der E-Mail sowie das Lesen des Betreffs Zeit und Geld kosten.[160] Gibt ein Verbraucher auf seiner Webseite eine E-Mail-Adresse an, so liegt darin keine Einwilligung.[161] Erfolgt dies dagegen durch einen Unternehmer, kann darin seine ausdrückliche Einwilligung in Anfragen potentieller Kunden zu dem üblichen Waren- und Dienstleistungsangebot unter dieser E-Mail-Adresse liegen.[162] Fehlt es an der erforderlichen Einwilligung, handelt es sich auch in den Fällen des Viralen Marketing oder der Werbung mittels E-Cards um belästigende Werbung.[163] 64

Beruft sich der Gewerbetreibende auf ein die Unlauterkeit der E-Mail-Werbung ausschließendes Einverständnis des Empfängers, trifft ihn dafür die Darlegungs- und Beweislast.[164] 65

d) Ausnahme nach § 7 Abs. 3 UWG. Die bei fehlender Einwilligung des Adressaten nach § 7 Abs. 2 Nr. 3 UWG an sich begründete Unlauterkeit der Werbung mittels elektronischer Post erfährt durch § 7 Abs. 3 UWG eine Ausnahme. Hat ein Unternehmer im Zusammenhang mit dem Verkauf einer Ware oder Dienstleistung von dem Kunden dessen elektronische Postadresse erhalten, ist er berechtigt, diese Adresse künftig zur Direktwerbung für eigene ähnliche Waren oder Dienstleistungen zu verwenden, wenn der Kunde der Verwendung nicht widersprochen hat 66

---

[152] OLG Dresden GRUR-RR 2016, 462 Rn. 18, 22.

[153] BGH WRP 2018, 1335 (1337 f.) – Kundenzufriedenheitsbefragung.

[154] EuGH Urteil vom 25.11.2021, C-120/20, juris (Vorabentscheidung); BGH WRP 2020, 446 Rn. 48 Inbox-Werbung; aA OLG Nürnberg BeckRS 2019, 572.

[155] OLG Nürnberg GRUR-RR 2006, 26 (27) – Kunden-E-Mail.

[156] OLG Koblenz MMR 2003, 590 (591).

[157] BGH GRUR 2004, 517 – E-Mail-Werbung; BGH MMR 2010, 183.

[158] OLG Düsseldorf WRP 2016, 900 Rn. 16; OLG Celle WRP 2014, 1218 Rn. 19; aA OLG München WRP 2013, 111 Rn. 52.

[159] Schmittmann MMR 1998, 53 f.; Leupold WRP 1998, 270 (279).

[160] BGH WRP 2020, 446 Rn. 48 – Inbox-Werbung; vgl. auch EuGH 25.11.2021 – C-120/20; Köhler/Bornkamm/Feddersen/Köhler UWG § 7 Rn. 200; Fezer/Büscher/Obergfell/Mankowski UWG § 7 Rn. 96.

[161] BGH GRUR 2008, 925 Rn. 21 ff. – FC Troschenreuth.

[162] So Köhler/Bornkamm/Feddersen/Köhler UWG § 7 Rn. 200; aA Schirmbacher K & R 2009, 433 (433); vgl. auch KG WRP 2016, 898 Rn. 31 „keine Generaleinwilligung".

[163] Vgl. OLG Nürnberg GRUR-RR 2006, 26 (27); KG MMR 2004, 616; OLG München MMR 2004, 324.

[164] BGH GRUR 2004, 517 (519) – E-Mail-Werbung; GRUR 2011, 936 (938) – Double-opt-in-Verfahren; KG MMR 2002, 685; OLG Düsseldorf WRP 2016, 900.

und er sowohl bei Erhebung der Adresse als auch bei jeder Verwendung ausdrücklich auf sein Widerspruchsrecht hingewiesen worden ist. Der Widerspruch ist nur für die E-Mail-Adresse von Bedeutung, die der Unternehmer dem Widerspruch entnehmen kann. Er erfasst nicht weitere E-Mail-Adressen des Kunden.[165] Bei der Ausübung des Widerspruchsrechts dürfen zum Schutz des Kunden nur die Kosten für den Basistarif einer solchen Übermittlung anfallen. Dies ist nicht der Fall, wenn eine Mehrwertdiensterufnummer angerufen werden muss.[166] Es besteht dann zusätzlich die Gefahr, dass das Widerspruchsrecht des Kunden wegen der damit verbundenen erhöhten Kosten faktisch ausgehöhlt und deshalb nicht wahrgenommen wird.

67 **Beratungscheckliste:**

- ☐ Telefax-Werbung ist sowohl im privaten als auch im gewerblichen Bereich grundsätzlich unzulässig. Hat der Empfänger sich mit der Werbung ausdrücklich einverstanden erklärt? Ein stillschweigendes oder mutmaßliches Einverständnis genügt nicht.
- ☐ Für die Zulässigkeit von E-Mail-Werbung gelten die Grundsätze zur Telefax-Werbung entsprechend.
- ☐ Liegen die Ausnahmevoraussetzungen nach § 7 Abs. 3 UWG vor?

4. Transparenzgebot nach § 7 Abs. 2 Nr. 4 UWG

68 Eine unzumutbare Belästigung liegt bei einer Werbung mit Nachrichten (vgl. Legaldefinition § 2 Abs. 1 Nr. 4 UWG) vor, bei der die Identität des Absenders, in dessen Auftrag die Nachricht übermittelt wird, verschleiert oder verheimlicht wird. Gleiches gilt, wenn keine gültige Adresse vorhanden ist, an die der Empfänger eine Aufforderung zur Einstellung solcher Nachrichten richten kann. Diese Fallgruppe lehnt sich im Wesentlichen an Art. 13 Abs. 4 der Datenschutzrichtlinie für elektronische Kommunikation an. Sie verbietet die Versendung **anonymer Nachrichten,** um die Durchsetzung von Ansprüchen gegen den Werbenden zu erleichtern und dem Adressaten jederzeit die Möglichkeit zu geben, die Einstellung der Nachrichten zu verlangen.[167] Dabei kommt dieser Regelung auch für die Fälle Bedeutung zu, in denen der Adressat zuvor bereits gemäß § 7 Abs. 2 Nr. 2 oder Nr. 3 UWG seine Einwilligung erteilt hat. Durch das Gesetz gegen unseriöse Geschäftspraktiken wurde § 7 Abs. 2 Nr. 4 UWG in lit. b um einen weiteren Belästigungstatbestand erweitert. Erfasst wird nunmehr auch die Werbung mit Nachrichten, bei denen gegen § 6 Abs. 1 des Telemediengesetzes verstoßen wird, also die in dieser Vorschrift genannten besonderen Informationspflichten bei kommerzieller Kommunikation nicht erfüllt werden, oder in der der Empfänger aufgefordert wird, eine Website aufzurufen, die gegen diese Vorschrift verstößt. In einschränkender, aber richtlinienkonformer Auslegung ist § 7 Abs. 2 Nr. 4 UWG ausschließlich auf die Fälle der E-Mail-Werbung zu beschränken.[168]

69 Weitere Voraussetzung ist, dass für die Aufforderung zur Einstellung solcher Nachrichten nur die Kosten für den Basistarif für die Übermittlung einer solchen Erklärung anfallen. Es genügt den gesetzlichen Anforderungen also nicht, wenn eine Mehrwertdiensterufnummer angerufen werden muss.[169] Der Adressat soll also auch in diesem Fall vor überhöhten Kosten geschützt werden.

V. Rechtsverfolgung

70 Die für den Bereich der unzumutbaren Belästigung aus Sicht der Praxis in erster Linie in Betracht kommenden Unterlassungsansprüche finden ihre Grundlage in § 8 Abs. 1 UWG. Danach kann derjenige, der § 3 UWG zuwiderhandelt, bei Wiederholungsgefahr auf Unterlassung in Anspruch genommen werden. Der Anspruch besteht bereits dann, wenn eine Zuwiderhandlung droht. § 8 Abs. 2 UWG regelt die konkurrierende Haftung des Unternehmensinhabers.[170]

[165] KG WRP 2017, 583 Rn. 21 ff.
[166] Amtl. Begr. zu § 7 Abs. 2 Nr. 1 UWG BT-Drs. 15/1487 v. 22.8.2003 S. 22.
[167] Gloy/Loschelder/Danckwerts UWG-HdB/Hasselblatt/Zarm § 61 Rn. 154 f.
[168] Köhler/Bornkamm/Feddersen/Köhler UWG § 7 Rn. 209.
[169] Amtl. Begr. zu § 7 Abs. 2 Nr. 1 UWG BT-Drs. 15/1487 v. 22.8.2003 S. 21.
[170] Vgl. hierzu auch → § 23 Rn. 23.

Der Kreis der Anspruchsberechtigten ist in § 8 Abs. 3 Nr. 1–4 UWG abschließend aufgezählt. Der ursprünglich diskutierte Vorschlag, in das UWG auch individuelle Ansprüche des Verbrauchers aufzunehmen, ist mit Blick auf das hohe Schutzniveau des Gesetzes nicht realisiert worden.[171] Dies hat Auswirkungen auf die im Streitfall für den Antragsteller/Kläger in Betracht kommenden Ansprüche. 71

Belästigende Werbung ist im Rahmen des § 7 UWG unzulässig. Daneben kommen konkurrierend auch andere wettbewerbsrechtliche Ansprüche in Betracht. Dabei ist in erster Linie an § 4a Abs. 1 UWG zu denken. Ist eine Werbemaßnahme nicht nur auf Grund ihrer Art und Weise belästigend, sondern wird der Adressat darüber hinaus auch unsachlich beeinflusst, können zugleich Ansprüche nach § 4a Abs. 1 UWG bestehen.[172] Derartige Fallkonstellationen können sich etwa bei der Haustürwerbung ergeben.[173] Versucht der Werber – wie in der Praxis häufig anzutreffen –, seinen Gesprächspartner zu überrumpeln oder ihn sogar einzuschüchtern, liegt neben einer daraus resultierenden unzumutbaren Belästigung regelmäßig auch eine unsachliche Beeinflussung vor. In Fällen der Irreführung kommen auch Ansprüche nach § 5 UWG in Betracht. 72

Daneben in Betracht kommende Ansprüche aus §§ 823 ff. BGB sind häufig nur von nachgeordneter Bedeutung, weil die wettbewerbsrechtlichen Ansprüche typischerweise weitergehen. Sie werden jedoch insbesondere dann zu prüfen sein, wenn die belästigende Werbung die Grenze der Unzumutbarkeit nach § 7 UWG nicht erreicht.[174] 73

Die §§ 823 ff. BGB sind in Fällen belästigender Werbung ferner dann einschlägig, wenn keine Wettbewerbshandlung vorliegt oder Ansprüche aus §§ 3, 7 UWG aus anderen Gründen ausscheiden. So kann schon die einmalige unverlangte Zusendung einer Werbe-E-Mail einen rechtswidrigen Eingriff in den eingerichteten und ausgeübten Gewerbebetrieb darstellen.[175] 74

In § 20 UWG ist aufgrund des Gesetzes zur Bekämpfung unlauterer Telefonwerbung und zur Verbesserung des Verbraucherschutzes bei besonderen Vertriebsformen ein neuer Bußgeldkatalog geschaffen worden. Neben die zivilrechtlichen Ansprüche tritt bei einer Verletzung von § 7 Abs. 2 Nr. 2 UWG nunmehr die Möglichkeit, eine Geldbuße zu verhängen. Nach § 20 Abs. 2 UWG kann das Bußgeld bis zu EUR 300.000,00 betragen und wird von der Bundesnetzagentur verhängt (§ 20 Abs. 3 UWG). Die Übertragung dieser Kompetenz auf die Bundesnetzagentur soll eine einheitliche Entscheidungspraxis in Bezug auf die Verfolgung von rufnummernbezogener unlauterer Telefonwerbung sowie Werbung per E-Mail ermöglichen. Zusätzliche Konsequenzen wie der Entzug oder die Abschaltung von Rufnummern sowie Bußgeldtatbestände bei Rufnummernunterdrückung sind im TKG geregelt.[176] 75

---

171 Amtl. Begr. zu § 7 Abs. 2 Nr. 1 UWG BT-Drs. 15/1487 v. 22.8.2003 S. 22.

172 Vgl. im Einzelnen Ebert-Weidenfeller in § 13; vgl. ferner Gloy/Loschelder/Danckwerts UWG-HdB/Hasselblatt/Hannamann § 53 Rn. 13.

173 Vgl. hierzu → § 19 Rn. 18.

174 Gloy/Loschelder/Danckwerts UWG-HdB/Hasselblatt/Zarm § 61 Rn. 19.

175 BGH NJW 2009, 2958 (2959) – E-Mail-Werbung II.

176 Köhler/Bornkamm/Feddersen/Köhler UWG § 20 Rn. 12.

§ 24 Geschäftsgeheimnisse und Know-how-Schutz (GeschGehG)

Übersicht

I. Überblick

Für die Wettbewerbsfähigkeit und den Markterfolg von Unternehmen hat der Schutz von Geschäftsgeheimnissen erhebliche Bedeutung. Sie stellen einen bedeutenden Vermögenswert eines Unternehmens dar und sind ein effektiver Vorteil gegenüber einem direkten Konkurrenten. Ein speziell ausgeformter Schutz ist erforderlich, weil die gewerblichen Schutzrechte nicht alle Ausprägungen der Geschäftsgeheimnisse erfassen können und zeitlich limitiert sind. 1

Das Gesetz zur Umsetzung der Richtlinie (EU) 2016/943 zum Schutz von Geschäftsgeheimnissen vor rechtswidrigem Erwerb sowie rechtswidriger Nutzung und Offenlegung vom 18.4.2019[1] brachte mit dem Gesetz zum Schutz von Geschäftsgeheimnissen (GeschGehG) ein neues, eigenständig neben das UWG tretendes Stammgesetz hervor. Damit wurde der bislang im UWG niedergelegte Schutz von Geschäftsgeheimnissen mit dem Tage des Inkrafttretens des Gesetzes am 19.4.2019 einer bedeutenden strukturellen Änderung unterworfen. Bis dato regelten die §§ 17 ff. UWG aF einen vornehmlich strafrechtlich ausgeformten Schutz, der über §§ 3, 3a UWG zivilrechtliche Bedeutung erlangte. In Angleichung an die Systematik anderer Gesetze des gewerblichen Rechtsschutzes regelt das neue Gesetz nun zivilrechtliche Ansprüche, die durch einen akzessorischen strafrechtlichen Schutz flankiert werden.[2] 2

Zurückzuführen ist diese Neuerung auf die Richtlinie (EU) 2016/943 des Europäischen Parlaments und des Rates vom 8.6.2016 über den Schutz vertraulichen Know-hows und vertraulicher Geschäftsinformationen (Geschäftsgeheimnisse) vor rechtswidrigem Erwerb sowie rechtswidriger Nutzung und Offenlegung,[3] welche die Mitgliedstaaten zum zivilrechtlichen Schutz von Geschäftsgeheimnissen verpflichtet. Beide Regelwerke setzen zudem auf das sog. TRIPS-Abkommen,[4] namentlich dessen Art. 39 Abs. 2, auf, welches neben den Mitgliedstaaten auch die EU als solche verpflichtet. Jenes legt aber lediglich einen Mindeststandard im Sinne gemeinsamer internationaler Standards fest.[5] Der EU-Gesetzgeber zielte mit seiner Richtlinie darauf ab, darüber hinaus einen einheitlichen Schutz von Geschäftsgeheimnissen im Binnenmarkt zu gewährleisten und daneben die Wettbewerbsfähigkeit und den Markterfolg von Unternehmen sowie auch den Wettbewerb als solchen zu schützen.[6] 3

Die Richtlinie legt in Art. 1 Abs. 1 UAbs. 2 fest, dass die Mitgliedstaaten einen weitergehenden als den durch diese Richtlinie vorgeschriebenen Schutz von Geschäftsgeheimnissen vor rechtswidrigem Erwerb, rechtswidriger Nutzung und rechtswidriger Offenlegung vorsehen können, hebt aber eine Reihe von Vorschriften hervor, deren Einhaltung stets gewährleistet sein muss (Art. 3, 5, 6, 7 Abs. 1, 8, 9 Abs. 1 UAbs. 2, 9 Abs. 3, 4, 10 Abs. 2, 11, 13 und 15 Abs. 3). Insofern wird der statuierte Grundsatz der Mindestharmonisierung punktuell zugunsten der Vollharmoni- 4

[1] BGBl. 2019 I 466.
[2] Vgl. Reinfeld Neues GeschGehG, Das neue Gesetz zum Schutz von Geschäftsgeheimnissen, 2019, § 1 Rn. 64; Keller/Schönknecht/Glinke/Schönknecht GeschGehG § 23 Rn. 1.
[3] ABl. L 157 vom 15.6.2016 S. 1.
[4] Übereinkommen über handelsbezogene Aspekte der Rechte des geistigen Eigentums vom 15.4.1994, BGBl. 1994 II 1438 (1730).
[5] Zur Einordnung als Grundstruktur für die Richtlinie sowie das GeschGehG näher Köhler/Bornkamm/Feddersen/Alexander GeschGehG Vorb. Rn. 37 f.
[6] Siehe insb. ErwGr 1 bis 4 der RL (EU) 2016/943.

sierung abgelöst, was bedeutet, dass die Mitgliedstaaten in ihrer Umsetzung die dort enthaltenen Regelungen weder unterlaufen noch darüber hinausgehen dürfen.[7] Dies gilt beispielsweise für die Regelung der Umstände, unter denen der Erwerb, die Nutzung sowie die Offenlegung von Geschäftsgeheimnissen rechtmäßig ist (Art. 3).

5 Das vor diesem Hintergrund entstandene GeschGehG liefert eine Reihe gesetzlicher Ansprüche, unabhängig davon, in welchem Verhältnis die an einer Geheimnisverletzung Beteiligten zueinander stehen. Insofern wird ein gegenüber jedermann geltender grundlegender Schutz sensibler Geschäftsinformationen geschaffen. Dennoch steht es Unternehmen frei, ihre Geheimnisse weitergehend abzusichern, etwa durch ergänzende (arbeits-)vertragliche Regelungen und die damit einhergehenden besonderen Vertraulichkeitspflichten im Rahmen der Vertragsanbahnung oder im Nachgang eines Vertragsverhältnisses. Eine Besonderheit bildet der Umstand, dass derartige Verträge auch auf Tatbestandsebene einiger gesetzlichen Ansprüche des GeschGehG Relevanz entfalten, wie etwa im Rahmen der Handlungsverbote des § 4 Abs. 2 Nr. 2 und 3 GeschGehG (→ Rn. 57 ff.).

II. Tatbestandsvoraussetzungen nach dem GeschGehG

6 Die Tatbestandsvoraussetzungen einer Verletzung von Geschäftsgeheimnissen haben doppelte Relevanz: Zum einen sind sie maßgeblich für die Frage, ob die zivilrechtlichen Rechtsfolgen der §§ 6 ff. GeschGehG greifen; zum anderen sind sie entscheidend für die Strafbarkeit des Handelns, da § 23 GeschGehG in seinen fünf verschiedenen Tatbeständen jeweils auf einzelne Handlungen der Handlungsverbote des § 4 GeschGehG verweist. Die Tatbestandsmäßigkeit setzt insbesondere voraus, dass eine Tathandlung gemäß § 4 GeschGehG vorliegt, die sich gegen Informationen richtet, die ein Geschäftsgeheimnis gemäß § 2 Nr. 1 GeschGehG sind.

1. Begriff des Geschäftsgeheimnisses

7 Das Geschäftsgeheimnis ist in § 4 Nr. 1 GeschGehG legaldefiniert. Der deutsche Gesetzestext ist der Definition aus Art. 2 der RL (EU) 2016/943 ähnlich, aber nicht identisch; die in § 2 Nr. 1c) GeschGehG enthaltene Voraussetzung, dass ein berechtigtes Interesse an der Geheimhaltung besteht, fehlt in der Richtlinie. Der Begriff des Geschäftsgeheimnisses ist der Kern der gesamten Regelung des GeschGehG, bestimmt und begrenzt er doch den Anwendungsbereich der gesetzlichen Regelungen, während vertragliche Bestimmungen darüber hinausgehen oder dahinter zurückbleiben können.

8 Der Geheimnisschutz bezieht sich auf Informationen, auf die die nachfolgend unter a)–d) genannten Bedingungen zutreffen. Der Begriff „Information" ist weit und schließt per se kaum etwas vom Schutz des GeschGehG aus: Unabhängig von der Komplexität, der Perpetuierung, des Gegenstands der Information, der praktischen Verwendbarkeit oder der menschlichen Urheberschaft kann eine Angabe eine „Information" im Sinne des § 2 Nr. 1 GeschGehG darstellen.[8] Lediglich die allgemeine Berufserfahrung und das abstrakte Fachwissen, die durch eine berufliche Tätigkeit erworben werden, stellen keine „Information" dar und sind damit dem Schutz des GeschGehG entzogen.[9] Dies gebietet eine richtlinienkonforme Auslegung des Begriffs „Information" unter Berücksichtigung von Erw.gr. 14 der RL (EU) 2016/943 und bestätigt auch die frühere zu § 17 UWG aF ergangene Rechtsprechung des BGH,[10] nach der die Verwertung von beruflichem Erfahrungswissen zulässig ist.

9 **a) Fehlende Bekanntheit.** Die Information muss geheim sein, sie darf, so die Gesetzesdefinition, „weder insgesamt noch in der genauen Anordnung und Zusammensetzung ihrer Bestandteile den Personen in den Kreisen, die üblicherweise mit dieser Art von Informationen umgehen, allgemein bekannt oder ohne Weiteres zugänglich" sein. Bei der Feststellung der fehlenden Bekanntheit ist einerseits zu fragen, ob die allgemeine Kenntnis einzelner Elemente unschädlich ist, andererseits ist zu bestimmen, welche Personen(-kreise) Kenntnis haben dürfen, ohne dass die allgemeine Bekanntheit anzunehmen ist:

---

[7] Vgl. dazu Köhler/Bornkamm/Feddersen/Alexander GeschGehG Vorb. Rn. 21.

[8] Harte-Bavendamm/Ohly/Kalbus/Harte-Bavendamm GeschGehG § 2 Rn. 15.

[9] Köhler/Bornkamm/Feddersen/Alexander GeschGehG § 2 Rn. 30, aA Hoppe/Oldekop/Hoppe, Geschäftsgeheimnisse, 2021, Kap. 1 Rn. 59.

[10] BGH GRUR 2002, 91 – Spritzgießwerkzeuge.

aa) Maßgebliche Personenkreise. Der Information fehlt der Geheimnischarakter, wenn die (Fach-) Öffentlichkeit von ihr Kenntnis hat. Dies kann durch Fachpublikationen, Veröffentlichungen im Internet, Messen und Unternehmensveranstaltungen sowie Schutzrechtsanmeldungen geschehen. Ist die Kenntnis der Öffentlichkeit auf eine in Konflikt mit dem GeschGehG stehende Veröffentlichungshandlung zurückzuführen, so begründet dies zwar für den veröffentlichenden Täter keine fehlende Bekanntheit, die den Geheimnischarakter entfallen lassen würde; allerdings kann durch eine solche Tathandlung langfristig und gegenüber Dritten der Charakter als Geschäftsgeheimnis entfallen, da Bekanntheit eingetreten ist.[11] 10

Praxistipp:

Ein Risiko, dass Geschäftsgeheimnisse innerhalb der Fachkreise bekannt werden, geht nicht nur von Fachkongressen aus, auf denen Mitarbeitende des Unternehmens ggf. Informationen im Vortrag oder im persönlichen Gespräch weitertragen. Besondere Vorsicht ist auch bei häufig unternehmensseitig unterstützten Social-Media-Aktivitäten geboten: Auch hier gilt es, persönliche Erfolge und Unternehmensentwicklungen so darzustellen, dass dennoch keine vertraulichen Informationen an die Öffentlichkeit geraten.

Unschädlich ist die Kenntnis der eigenen Mitarbeitenden des Unternehmens; selbst wenn diese ohne weitergehende arbeitsvertragliche Regelungen das Unternehmen verlassen und damit die Vertraulichkeitspflicht nicht fortbesteht, verneint der BGH eine allgemeine Bekanntheit, die dem Schutz als Geschäftsgeheimnis entgegenstehen würde.[12] Ob eine solche unternehmensinterne, unbeschränkte Bekanntheit aber die Tatbestandsvoraussetzung der „angemessenen Geheimhaltungsmaßnahmen" erfüllt, wird einzelfallabhängig sein (→ Rn. 23 f.). 11

Mit Blick auf unternehmensexterne Kenntnis ist weniger die Anzahl der Wissensträger maßgeblich als die Frage, ob der Geheimnisinhaber trotz dieser Kenntnis Dritter die Weitergabe der Information noch kontrollieren kann.[13] Trifft der Geheimnisinhaber Vorkehrungen gegen eine solche unkontrollierte Weitergabe insbesondere in Form vertraglicher Vertraulichkeitsvereinbarungen, steht auch ein größerer externer Personenkreis dem Geheimnischarakter nicht entgegen. 12

Auch die im Einzelfall fehlende Kontrolle über die Information begründet noch keine „Bekanntheit" und lässt damit nicht zwingend den Geheimnischarakter entfallen. Ist der Personenkreis der Wissensträger grundsätzlich bestimmt und kontrollierbar, so begründet allein die unkontrollierbare Inhaberschaft der Information einer weiteren Person – beispielsweise in Folge des Verlustes eines Datenträgers oder nach Diebstahl – noch keine allgemeine Bekanntheit.[14] 13

bb) „Ohne weiteres zugänglich". Nicht nur tatsächlich bekannte Informationen sind vom Geheimnisschutz ausgenommen, sondern auch solche, die ohne weiteres zugänglich sind. Dies sind solche Informationen, von denen sich jede Person bzw. die maßgeblichen Fachkreise ohne besondere Schwierigkeiten und Opfer Kenntnis verschaffen können,[15] beispielsweise dann, wenn (fachkundige) Dritte anhand von im Markt befindlichen Erzeugnissen das Geheimnis ermitteln können. Die Schwierigkeiten, die der Zugänglichkeit entgegenstehen können, können sich entweder aus den entstehenden Kosten oder dem zeitlichen Aufwand ergeben. Welche Kosten oder welcher Aufwand zu hoch sind, ist eine Frage des Einzelfalls; der Einsatz von 300 EUR und vier Stunden Arbeitszeit jedenfalls stellen im Zusammenhang mit einer Arzneimittelzulassung noch keinen Aufwand dar, der die leichte Zugänglichkeit verhindern würde.[16] 14

§ 3 Abs. 1 Nr. 2 GeschGehG enthält darüber hinaus die ausdrückliche Erlaubnis zum Reverse Engineering, also dem Beobachten, Untersuchen, Rückbauen und Testen von öffentlich verfügbaren oder rechtmäßig besessenen Produkten. Die Möglichkeit des Reverse Engineering schließt 15

[11] Köhler/Bornkamm/Feddersen/Alexander GeschGehG § 2 Rn. 35a.
[12] BGH GRUR 2003, 356 – Präzisionsmessgeräte.
[13] Keller/Schönknecht/Glinke/Keller GeschGehG § 2 Nr. 1 Rn. 21.
[14] OLG Stuttgart 19.11.2020 – 2 U 575/19, GRUR-RS 2020, 35613; Hoppe/Oldekop/Hoppe (Fn. 9) Kap. 1 Rn. 83.
[15] OLG Düsseldorf MMR 2022, 68, Rn. 32.
[16] OLG Celle WRP 2015, 1009.

aber das Vorliegen eines Geschäftsgeheimnisses nicht aus; vielmehr bestimmt § 3 GeschGehG, dass derjenige, der die Voraussetzungen der Norm einhält, erlaubt im Umgang mit dem Geschäftsgeheimnis handelt.

Praxistipp:

Der Gläubiger ist beweisbelastet für die fehlende Bekanntheit und muss damit auch den Umfang der Kenntnis Dritter von der Information beweisen. Bei der Frage, ob die Information ohne weiteres zugänglich ist, obliegt dem Schuldner die sekundäre Darlegungslast, dass diese besteht.

16 *cc) Geheime Detailinformationen.* Für einen effektiven Schutz von Geschäftsgeheimnissen zwingend ist der Ansatz des Gesetzgebers, nicht nur solche Informationen, die *insgesamt* nicht bekannt oder zugänglich sind, zu schützen, sondern auch jene, bei denen die genaue Anordnung und Zusammensetzung ihrer Bestandteile unbekannt bzw. unzugänglich ist. Damit unterfallen auch solche Informationen in ihrer Gesamtheit dem Geheimnisschutz, die sich dadurch auszeichnen, dass einzelne Elemente geheim sind, so dass beispielsweise die Fortentwicklung allgemein bekannter Rezepturen mit der Öffentlichkeit unbekannten Details ein Geschäftsgeheimnis darstellen kann. Gleiches gilt, wenn die gesamte Zusammensetzung einer Information weder bekannt noch zugänglich ist. Dies wird relevant beispielsweise bei Kundenlisten, bei denen die einzelnen Adressdaten in aller Regel sehr wohl öffentlich bekannt sind.

17 **b) Wirtschaftlicher Wert.** Eine Information besitzt wirtschaftlichen Wert, wenn ihre Erlangung, Nutzung oder Offenlegung ohne Zustimmung des Inhabers dessen wissenschaftliches oder technisches Potenzial, geschäftliche oder finanzielle Interessen, strategische Position oder Wettbewerbsfähigkeit negativ beeinflussen.[17] Der wirtschaftliche Wert kann, aber muss sich damit nicht als positiver Wert, der kommerzialisiert werden kann, ausdrücken. Ausreichend ist es auch, wenn die Information Relevanz für die eigene Wettbewerbsposition hat,[18] so dass auch Informationen, die negative Auswirkungen beispielsweise auf die Reputation des Geheimnisinhabers haben können, vom Schutz des GeschGehG erfasst sind. Zu der Frage, ob bei diesen negativen Informationen ein berechtigtes Interesse an der Geheimhaltung besteht (→ Rn. 27). Gleichfalls ist ein wirtschaftlicher Wert bei universitären Forschungsergebnissen gegeben, wenn diesen jedenfalls ein potenzieller Handelswert zukommt oder wenn sie eine Vorstufe von absoluten Schutzrechten bilden.[19]

18 Der Information muss aufgrund der Geheimhaltung der wirtschaftliche Wert zukommen („…und daher von wirtschaftlichem Wert…"). Ohne Geheimhaltung dürfte die Information daher nicht denselben Wert haben. Welcher Wert konkret der Information zukommt, ist im Rahmen der Feststellung, ob ein Geschäftsgeheimnis vorliegt, unerheblich. Auch Informationen von geringem wirtschaftlichem Wert können unter das GeschGehG fallen.[20] Die Wertgrenze wird allerdings unterschritten, wenn die Information als „belanglos" einzuordnen ist, da solche Informationen keinen Schutz genießen.[21]

19 **c) Angemessene Geheimhaltungsmaßnahmen.** Während die Merkmale „geheim" und „wirtschaftlicher Wert" bereits vergleichbar in § 17 UWG aF enthalten waren, ist das Tatbestandsmerkmal der angemessenen Geheimhaltungsmaßnahmen für das deutsche Recht neu und stellt die entscheidende Veränderung gegenüber der früheren Rechtslage dar. Allein der Geheimhaltungswille ist nicht mehr ausreichend. Derjenige, der sich auf den Schutz von Geschäftsgeheimnissen nach dem GeschGehG berufen möchte, muss vielmehr im Vorfeld Maßnahmen ergriffen haben, um die in Frage stehende Information geheim zu halten. Diese Maßnahmen müssen nicht nur gegenüber dem Rechtsverletzer etabliert sein, sondern die Information insgesamt gegen den Zugriff Dritter schützen. Die Einführung angemessener Maßnahmen ist keine originäre Rechts-

[17] BT-Drs. 19/4724, 24.

[18] Köhler/Bornkamm/Feddersen/Alexander GeschGehG § 2 Rn. 45; ein drohender Ansehensverlust wird hier allerdings als rein ideeller Nachteil und damit ohne wirtschaftlichen Wert beschrieben. Tatsächlich wird aber ein Ansehensverlust eines Unternehmens selten auf rein ideelle Auswirkungen beschränkt sein, sondern in der Regel auch wirtschaftlich nachteilige Konsequenzen mit sich bringen.

[19] Hoppe/Oldekop/Hoppe (Fn. 9) Kap. 1 Rn. 96.

[20] Köhler/Bornkamm/Feddersen/Alexander GeschGehG § 2 Rn. 41.

[21] RL (EU) 2016/943, Erwägungsgrund 14.

pflicht des Unternehmers, von der Erfüllung dieser Obliegenheit hängt aber der gesetzliche – und je nach Ausgestaltung auch vertragliche – Schutz von Unternehmensinformationen ab.

Praxistipp:
Geheimhaltungsmaßnahmen müssen nicht nur gegenüber dem späteren Täter getroffen worden sein, sondern gegenüber jedermann. So ist es beispielsweise nicht ausreichend, wenn bei Arbeitnehmern lediglich gegenüber dem Rechtsverletzer bestimmte Schutzvorkehrungen getroffen wurden; vielmehr sind solche Maßnahmen gegenüber allen Arbeitnehmern, die Zugriff auf die Information haben, erforderlich.

aa) Zeitpunkt der Maßnahmen. Das GeschGehG verlangt dauerhafte, konstante Geheimhaltungsmaßnahmen während der Lebenszeit des Geschäftsgeheimnisses. Ist die Information nach Inkrafttreten des GeschGehG am 26.4.2019 entstanden, so müssen die Maßnahmen ab ihrer Entstehung angewendet worden sein. Ist das Geschäftsgeheimnis älter, so müssen die Maßnahmen seit dem Inkrafttreten des Gesetzes vorliegen.[22] 20

bb) Mögliche Maßnahmen. Sowohl die RL (EU) 2016/943 als auch der deutsche Gesetzestext offenbaren nicht, welche Geheimhaltungsmaßnahmen denkbar sind. Lediglich in der deutschen Gesetzesbegründung werden beispielhaft Zugangskontrollen und vertragliche Geheimhaltungsverpflichtungen genannt.[23] Die in der Praxis entwickelten üblichen Maßnahmen lassen sich in drei Kategorien aufteilen. Sie sind im Zweifel nicht kumulativ zu ergreifen, sondern der Geheimnisinhaber muss die für sein Unternehmen und das konkrete Geschäftsgeheimnis passenden und damit „angemessenen Maßnahmen" (→ Rn. 23 ff.) wählen: 21

- *Organisatorische Maßnahmen:* Zutrittsbeschränkungen für Externe, Zutritts- und Zugriffsbeschränkungen für Mitarbeitende, Zugangskontrollen, Ausgangskontrollen, Kennzeichnung von Dokumenten („geheim", „vertraulich", „nur zu internen Zwecken"), interne Verhaltensregeln (Code of Conduct, Betriebsvereinbarung) zum Umgang mit Unternehmensinformationen, Betriebs- und Besucherausweise, Verbot von Film- und Fotoaufnahmen, Abgabe von Mobiltelefonen und vergleichbaren Gegenständen vor Zutritt zu sensiblen Bereichen, Verbot der Weiterleitung von Informationen an Externe, Verschluss von Dokumenten in Safes.
- *Technische Maßnahmen:* Passwortschutz, Verschlüsselung, Kopier- und Druckbeschränkungen, Protokollierung der Systemnutzung, serverseitige Zugriffsbeschränkungen, Beschränkungen des Einsatzes von externen Datenträgern wie USB-Sticks.
- *Rechtliche Maßnahmen:* Allgemeine arbeitsvertragliche Vertraulichkeitsvereinbarungen, projektbezogene, ggf. vertragsstrafebewehrte arbeitsvertragliche Vertraulichkeitsvereinbarungen, nachvertragliche Vertraulichkeitsvereinbarungen mit Arbeitnehmern, nachvertragliche Wettbewerbsverbote, vertragliche Vertraulichkeitsvereinbarungen mit Externen, vertraglicher Ausschluss des Reverse Engineering vor Überlassung entsprechender Produkte.

Damit der Geheimnisinhaber aus dieser Fülle möglicher Maßnahmen die auf das Unternehmen und die konkrete Information passenden Maßnahmen auswählt, ist ein Geheimhaltungskonzept sinnvoll. Sinnvoll, ggf. auch erforderlich, ist darüber hinaus die Schulung der mit solchen Geheimnissen befassten Belegschaft sowie die jedenfalls stichprobenartige Kontrolle der Einhaltung der Maßnahmen.[24] Je mehr Verletzungen von Geheimhaltungsmaßnahmen bekannt werden, umso mehr ist der Geheimnisinhaber gehalten, die Kontrolle zu verstärken und Schulungsmaßnahmen einzusetzen. 22

cc) Angemessenheit der Maßnahmen. Angesichts der Vielzahl der möglichen Maßnahmen besteht weitestgehend Einigkeit darüber, dass diese nicht vollumfänglich ergriffen werden müssen, sondern ihr Umfang insbesondere abhängt von dem Wert des Geheimnisses, seiner Bedeutung für das Unternehmen, den Entwicklungskosten und dem Verhältnis zu den üblichen Geheimhaltungsmaßnahmen im Unternehmen.[25] Die im Rahmen des Gesetzgebungsverfahrens prognostizierten Kosten lassen einen Rückschluss zu, welchen Aufwand der Gesetzgeber als „angemessen" beurteilt: Bei größeren und mittleren Betrieben ging er davon aus, dass bereits dem Gesetz ent- 23

[22] OLG Stuttgart 19.11.2020 – 2 U 575/19, GRUR-RS 2020, 35613; OLG Düsseldorf MMR 2022, 68, Rn. 39.
[23] BT-Drs. 19/4724, 21.
[24] Hoppe/Oldekop/Momtschilow (Fn. 9) Kap. 1 Rn. 154 f.
[25] BT-Drs. 19/4724, 24 f.

sprechende Maßnahmen etabliert sind, während kleinere Unternehmen einen möglichen Erfüllungsaufwand von zwei Stunden für die Einführung der Maßnahmen haben sollten.[26] Derart begrenzte Maßnahmen spiegeln sich aber in der bislang ergangenen Rechtsprechung nicht wider:

- Einerseits kann beispielsweise bereits die Speicherung von Informationen auf privaten Datenträgern mit Einverständnis des Unternehmens das gesamte Schutzkonzept in Frage stellen, insbesondere dann, wenn die Datenträgen nicht verpflichtend passwortgeschützt sind.[27] In derselben Entscheidung wurde betont, dass gleiches gilt, wenn ein „Datenleck" in Kauf genommen wird.[28] Auch arbeitsvertragliche Geheimhaltungsklauseln, die zu weit gefasst sind und „alle Angelegenheiten und Vorgänge" im Rahmen des Arbeitsverhältnisses erfassen, sind als alleinige Schutzmaßnahme nicht ausreichend.[29]
- Andererseits betonen auch die Gerichte, dass ein optimaler,[30] bestmöglicher und sicherster[31] Schutz mit extremer Sicherheit[32] nicht erforderlich ist. Dies ist auch die Wertung in der Literatur.[33]

24 Richtigerweise wird der fehlende Anspruch auf Perfektion der richtige Ausgangspunkt der Bewertung der Maßnahmen im Einzelfall sein. Bei der Einordnung der konkret getroffenen Maßnahmen wird zu verlangen sein, dass diese nicht bloß reine Formalia sind, um den Schutz des GeschGehG zu erzielen, sondern tatsächlich umgesetzt und überwacht werden. Sie müssen geeignet sein, den Schutz der Geschäftsgeheimnisse zu erhöhen und werden damit regelmäßig aus einer Mischung der unterschiedlichen Maßnahmen (→ Rn. 21) bestehen. Gut ist es, wenn die gewählten Maßnahmen von der Durchsetzung eines „need to know"-Prinzips getragen sind, also nur den Personen Zugriff gewährt wird, die die Information benötigen, um so den Kreis der Mitwisser und damit der möglichen Quellen für die ungewollte Weitergabe gering zu halten. Aus alledem folgt zugleich, dass der Verzicht auf eine mögliche, ggf. auch naheliegende Maßnahme nicht bedeutet, dass das Schutzkonzept nicht angemessen wäre.[34] Die größte Gefahr für die Frage der Angemessenheit der Maßnahmen dürfte von dem Geheimnisinhaber bekannten Zuwiderhandlungen und Verletzungen in der Vergangenheit ausgehen, gegen die weder rechtliche noch organisatorische Schritte eingeleitet wurden.[35]

25 Allein die Tatsache aber, dass es zu einem Verletzungsfall gekommen ist und damit die angewendeten Maßnahmen sich als nicht ausreichend gezeigt haben, stellt kein Indiz für die Unangemessenheit der Maßnahmen dar; ansonsten liefe der Schutz nach dem GeschGehG leer, wenn in jedem Verletzungsfall die Angemessenheit der Maßnahmen und damit das Vorliegen der Voraussetzungen eines Geschäftsgeheimnisses in Frage gestellt werden würde.

Praxistipp:
Der Gläubiger ist für die getroffenen Maßnahmen beweisbelastet. Da die Maßnahmen während der Lebensdauer des Geschäftsgeheimnisses aufrechterhalten werden müssen, empfiehlt sich eine genaue und auch langfristige Dokumentation, die auch die Schulungs- und Überprüfungsmaßnahmen einschließt.

26 **d) Berechtigtes Interesse an der Geheimhaltung.** Das berechtigte Interesse als Voraussetzung eines Geschäftsgeheimnisses ist eine deutsche Spezialität. Die Definition des Geschäftsgeheimnis-

[26] BT-Drs. 19/4724, 21.
[27] OLG Stuttgart 19.11.2020 – 2 U 575/19, GRUR-RS 2020, 35613 Rn. 170.
[28] OLG Stuttgart 19.11.2020 – 2 U 575/19, GRUR-RS 2020, 35613 Rn. 169.
[29] LAG Düsseldorf 19.11.2020 – 2 U 575/19, GRUR-RS 2020, 23408 Rn. 80.
[30] LAG Düsseldorf 19.11.2020 – 2 U 575/19, GRUR-RS 2020, 23408 Rn. 81; LAG Baden-Württemberg 18.8.2021 – 4 SaGa 1/21, BeckRS 2021, 26156 Rn. 31.
[31] OLG Hamm MMR 2021, 506 1. Leitsatz.
[32] OLG Düsseldorf MMR 2022, 68 2. Leitsatz.
[33] Köhler/Bornkamm/Feddersen/Alexander GeschGehG § 2 Rn. 65; BeckOK GeschGehG/Fuhlrott, 10. Ed. 15.12. 2021, § 2 Rn. 20; Harte-Bavendamm/Ohly/Kalbfus/Harte-Bavendamm GeschGehG § 2 Rn. 43; Hoppe/Oldekop/Momtschilow Kap. 1 Rn. 117; Keller/Schönknecht/Glinke/Schönknecht GeschGehG § 2 Rn. 75.
[34] Keller/Schönknecht/Glinke/Schönknecht GeschGehG § 2 Rn. 77.
[35] Das OLG Hamm (MMR 2021, 506, 2. Leitsatz, n.rkr.) spricht davon, dass es „zwingend erforderlich [ist], […] jedem Hinweis auf eine Umgehung sorgfältig nachzugehen und das Sicherheitskonzept zeitnah anzupassen oder Sanktionen zu ergreifen".

ses in der RL (EU) 2016/943 enthält dieses Tatbestandsmerkmal genauso wenig wie das TRIPs-Abkommen, allerdings verweist Erwägungsgrund 14 der Richtlinie auf ein „legitimes Interesse" des Geheimnisinhabers, so dass dieser Gedanke der Richtlinie nicht fremd ist. Die im Laufe des deutschen Gesetzgebungsverfahrens erfolgte Ergänzung soll Bedenken begegnen, dass das GeschGehG ansonsten auch Schutz für solche Informationen bieten würde, deren Verwendung durch Dritte im Rahmen von Gewerkschaftsarbeit und journalistischer Tätigkeit zulässig sein soll.[36] An dieser Ergänzung gibt es mit Blick auf die Vereinbarkeit mit der Richtlinie (EU) 2016/943 angesichts der Tatsache, dass der nationale Gesetzgeber kein geringeres Schutzniveau als das von der Richtlinie vorgesehene etablieren darf, erhebliche Kritik.[37]

Bei dem Tatbestandsmerkmal des berechtigten Interesses steht die praxisrelevante Frage im Fokus, ob auch Informationen über Rechtsverletzungen des Geheimnisinhabers als Geschäftsgeheimnis geschützt sind. Grundsätzlich sind Erkenntnisse über rechtswidrige Handlungen des Unternehmens geeignet, die weiteren Tatbestandsvoraussetzungen (fehlende Bekanntheit, wirtschaftlicher, weil negativer, Wert sowie angemessene Geheimhaltungsmaßnahmen) zu erfüllen. Nur wenn man dem möglichen Geheimnisinhaber das berechtigte Interesse an der Geheimhaltung abspricht, wäre der Schutzbereich des GeschGehG gar nicht eröffnet. Bei der Bejahung des berechtigten Interesses wären die Handlungsverbote des § 4 GeschGehG grundsätzlich anwendbar, den Ausnahmen des § 5 GeschGehG würde aber eine erhebliche Bedeutung zukommen. 27

Die besseren Gründe sprechen für die Möglichkeit, dass auch bei rechtswidrigen Handlungen ein berechtigtes Interesse an der Geheimhaltung bestehen kann:[38] 28

- Dies gilt bereits aufgrund der europarechtlichen Bedenken an dem Tatbestandsmerkmal als solchem.
- Darüber hinaus erkennt Erw.Gr. 14 der RL (EU) 2016/943 an, dass auch negative Tatsachen, die in der Praxis häufig in einem von der Rechtsordnung missbilligtem Verhalten bestehen, einen wirtschaftlichen Wert haben können.
- Würde man von der Rechtsordnung missbilligte Handlungen nicht dem Geheimhaltungsschutz unterwerfen, so wäre der Begriff des Geschäftsgeheimnisses EU-weit nicht einheitlich definiert, da in den Mitgliedsstaaten ein und dieselbe Handlung teilweise rechtmäßig, teilweise rechtswidrig zu bewerten sein kann.[39]
- Schließlich sieht § 5 GeschGehG genau die angemessene Interessenabwägung zwischen dem Schutz von Informationen, die nicht in Einklang mit der Rechtsordnung stehen, und den konfligierenden Interessen der Öffentlichkeit an einer Kenntnis dieser Tatsachen vor. Hier erfolgt die Abwägung zwischen einerseits den Geheimhaltungsinteressen des Unternehmens und andererseits berechtigten Interessen Dritter insbesondere zur Ausübung des Rechts der freien Meinungsäußerung und der Informationsfreiheit (Nr. 1), zur Aufdeckung einer rechtwidrigen Handlung oder eines beruflichen oder sonstigen Fehlverhaltens (Nr. 2) oder im Rahmen der Offenlegung durch Arbeitnehmer gegenüber der Arbeitnehmervertretung (Nr. 3). Wären Informationen über Rechtsverletzungen bereits per se kein Geschäftsgeheimnis, so gäbe es für die Anwendung von § 5 Nr. 2 GeschGehG wenig Raum.

Aber auch die Gegenmeinung, die die Anwendbarkeit des GeschGehG für rechtswidrige Handlungen ablehnt, gesteht den Schutz wiederum solchen Tatsachen zu, die für die Verfolgung der Rechtsverletzungen relevant sein können oder die aus der rechtswidrigen Handlung hervorgegangen sind,[40] also beispielsweise Kundendaten, die infolge datenschutzrechtswidriger Handlungen erhoben wurden, oder Informationen zu Zutaten, die die fehlende Verkehrsfähigkeit von Produkten belegen. 29

e) **Beispiele für Geschäftsgeheimnisse.** Der Gesetzgeber nennt Herstellungsverfahren, Kunden- und Lieferantenlisten, Kosteninformationen, Geschäftsstrategien, Unternehmensdaten, Markt- 30

[36] Ohly GRUR 2019, 441 (448).

[37] Köhler/Bornkamm/Feddersen/Alexander GeschGehG § 2 Rn. 74; Keller/Schönknecht/Glinke/Glinke GeschGehG § 2 Rn. 91; Harte-Bavendamm/Ohly/Kalbfus/Harte-Bavendamm GeschGehG § 2 Rn. 68; Ohly GRUR 2019, 441 (444).

[38] So auch Keller/Schönknecht/Glinke/Glinke GeschGehG § 2 Rn. 96; Harte-Bavendamm/Ohly/Kalbfus/Harte-Bavendamm § 5 Rn. 13; BeckOK GeschGehG/Hiéramente, 10. Ed. 15.12.2021, § 2 Rn. 73 mwN; Hoppe/Oldekop/Hoppe Kap. 1 Rn. 260; Reinfeld Neues GeschGehG § 1 Rn. 165; aA Köhler/Bornkamm/Feddersen/Alexander GeschGehG § 2 Rn. 79; ders., AfP 2019, 1 (4f.); Hauck GRUR-Prax 2019, 223 (224); ders. WRP 2018, 1032; Büscher/McGuire, 1. Aufl. 2019, GeschGehG § 2 Rn. 39ff.

[39] So auch Hoppe/Oldekop/Hoppe Kap. 1 Rn. 101.

[40] Köhler/Bornkamm/Feddersen/Alexander GeschGehG § 2 Rn. 82.

analysen, Prototypen, Formeln und Rezepte als typische Beispiele für Geschäftsgeheimnisse.[41] Aufbauend auf der Differenzierung des § 17 UWG aF, der zwischen Geschäftsgeheimnissen für kaufmännische Informationen und Betriebsgeheimnissen für technisches Know-how unterschied, hat die Rechtsprechung darüber hinaus eine Fülle an Beispielen gebildet, welche Informationen ein Geschäftsgeheimnis typischerweise darstellen, wenn die vorgenannten Voraussetzungen eingehalten wurden:[42] Adressenverzeichnisse,[43] Lohn- und Gehaltsdaten eines Unternehmens,[44] Daten über einen geplanten Personalabbau,[45] Computerprogramme,[46] Entwicklungsunterlagen für einen Computer,[47] Modellskizzen für die Kollektionsplanung,[48] Konstruktionszeichnungen,[49] Zulassungsunterlagen für Arzneimittel,[50] Unlock-Code zur Aufhebung der Kartensperre eines Mobiltelefons,[51] Aufbau und Funktionsweise einer Anlage,[52] Ausschreibungsunterlagen.[53]

31 f) **Inhaber des Geschäftsgeheimnisses.** Nicht nur das Geschäftsgeheimnis ist legaldefiniert, sondern in § 2 Nr. 2 GeschGehG auch der Inhaber desselben. Danach können natürliche oder juristische Personen Geheimnisinhaber sein; Voraussetzung ist, dass sie die rechtmäßige Kontrolle über das Geheimnis haben. Damit übernimmt der deutsche Gesetzgeber wortgleich die Definition aus Art. 2 Nr. 2 RL (EU) 2016/943.

32 *aa) Funktion.* Mit § 2 Nr. 2 GeschGehG wird bestimmt, wer für die in §§ 6 ff. GeschGehG normierten Ansprüche aktivlegitimiert ist. Gleichzeitig ist diese Person auch antragsberechtigt für einen Strafantrag gemäß § 23 Abs. 8 GeschGehG, § 77 Abs. 1 StGB, da der Geheimnisinhaber „Verletzter" ist.[54] Die Inhaberschaft ist ferner relevant, soweit über ein Geschäftsgeheimnis rechtsgeschäftlich verfügt wird, da nur der Inhaber des Geschäftsgeheimnisses eine Übertragung oder Lizensierung wirksam vornehmen kann.[55]

33 *bb) Geheimnisträger.* Jeder nach jeweils nationalem Recht taugliche Rechtsträger kann Inhaber von Geschäftsgeheimnissen sein. Dies schließt nicht nur rechtsfähige Personengesellschaften ein, sondern erstreckt sich auch auf juristische Personen des öffentlichen Rechts, wenn diese für Geheimnisse die Voraussetzungen des § 2 Nr. 2 GeschGehG erfüllen, also insbesondere ein wirtschaftlicher Wert der Information vorliegt. Dies ist in der Praxis nicht nur für juristische Personen des öffentlichen Rechts relevant, die sich erwerbswirtschaftlich betätigen, sondern auch für die universitäre Forschung, soweit ihre Ergebnisse einen potenziellen Handelswert haben können (→ Rn. 17). Um einen weiten Geheimnisschutz zu erreichen, ist es nicht erforderlich, dass der Geheimnisinhaber eine aktuelle Geschäftstätigkeit betreibt; ausreichend ist es vielmehr, wenn er eine spätere Geschäftstätigkeit vorbereitet oder die Wiederaufnahme einer ruhenden Tätigkeit beabsichtigt ist.[56]

34 *cc) Rechtmäßige Kontrolle.* Kontrolle setzt zunächst einmal eine **tatsächliche Sachherrschaft** über das Geheimnis voraus, so dass der Geheimnisinhaber rein tatsächlich Dritten den Zugang zu der Information zu ermöglichen bzw. Dritte hiervon auszuschließen.[57] Arbeitnehmer kontrollieren ein Geschäftsgeheimnis in aller Regel für ihren Arbeitgeber, auch dann, wenn der Arbeitgeber

[41] BT-Drs. 19/4724, 24.
[42] Siehe auch die Auflistungen bei Harte-Bavendamm/Ohly/Kalbfus/Harte-Bavendamm GeschGehG § 2 Rn. 71; Reinfeld Neues GeschGehG § 1 Rn. 167 f.
[43] OLG Saarbrücken 24.7.2002 – 1 U 901/01, GRUR-RR 2002, 359 – Kundenlisten; OLG Frankfurt a. M. GRUR 2005, 792 – Mitarbeiterdatei; OLG Köln 5.2.2010 – 6 U 136/09, GRUR-RR 2010, 480 – Datei mit Adressen von Serienschreiben.
[44] BAG NZA 1988, 63 (64).
[45] LAG Hessen 12.3.2015 – 9 TaBV 188/14, BeckRS 2016, 66338.
[46] BayObLG GRUR 1991, 694 – Geldspielautomat.
[47] BGH GRUR 1977, 539 (540) – Prozessrechner.
[48] BGH GRUR 1980, 296 – Konfektions-Stylist.
[49] BGH GRUR 1964, 31 – Petromax II; WRP 2008, 938 – Entwendete Datensätze mit Konstruktionszeichnungen; OLG Düsseldorf 11.3.2021 – 15 U 6/20, GRUR-RS 2021, 17483.
[50] BGH GRUR 2012, 1048 – MOVICOL-Zulassungsantrag.
[51] OLG Karlsruhe WRP 2016, 751.
[52] BGH GRUR 2018, 1161 – Hohlfasermembranspinnanlage II.
[53] BGH GRUR 1976, 367 – Ausschreibungsunterlagen; BGH NJW 1995, 2301 – Angebotsunterlagen als Geschäftsgeheimnis.
[54] Köhler/Bornkamm/Feddersen/Alexander GeschGehG § 2 Rn. 90.
[55] Keller/Schönknecht/Glinke/Glinke GeschGehG § 2 Rn. 109.
[56] Köhler/Bornkamm/Feddersen/Alexander GeschGehG § 2 Rn. 96a.
[57] Der Österreichische Oberste Gerichtshof (in: MMR 2021, 549) verlangt, dass der Inhaber den Zugriff auf das Geheimnis „bestimmen, einschränken oder ausschließen" können muss, um Kontrolle zu haben.

selbst aufgrund der Lagerung der Information außerhalb seines unmittelbaren Zugriffs nicht unabhängig vom Mitarbeiter hierüber verfügen kann.[58]

Die Rechtmäßigkeit der Kontrolle kann daraus resultieren, dass der Geheimnisinhaber die Information **selbst geschaffen** oder seinerseits rechtmäßig erworben hat. Die Entstehung von Informationen erfolgt in aller Regel durch Arbeitnehmer, die ihrerseits die Geheimnisse nicht an ihren Arbeitgeber übertragen müssen – solange keine urheberrechtlich geschützten Werke involviert sind –, sondern die diese Informationen originär für ihren Arbeitgeber schaffen.[59] 35

- Häufig bestehen Geschäftsgeheimnisse in Form vertraglicher Informationen wie Preise oder andere kaufmännische Konditionen. Über diese Informationen werden regelmäßig **die beiden Vertragspartner** unabhängig voneinander die rechtmäßige Kontrolle ausüben. Die Befugnisse können ihrerseits allerdings vertraglich durch Vertraulichkeitsvereinbarungen eingeschränkt sein, ohne dass dies aber die Inhaberschaft des jeweiligen Vertragspartners und damit die Aktivlegitimation für Ansprüche aus §§ 6 ff. GeschGehG gegenüber Dritten in Frage stellt.
- Anders ist die Rechtslage, wenn im Rahmen eines Auftragsverhältnisses Geschäftsgeheimnisse (weiter-)entwickelt werden. Hier üben i.Zw. nicht beide Vertragsparteien die rechtmäßige Kontrolle über das Geheimnis aus; vielmehr wird die Inhaberschaft gemäß der vertraglichen Vereinbarung einer Partei zuzuordnen sein. Fehlt eine solche ausdrückliche Vereinbarung und ist diese auch nicht durch Vertragsauslegung zu ermitteln, so kommt **im Zweifel dem Auftraggeber** die rechtmäßige Kontrolle zu.[60] Verzichten die Parteien in einer solchen Vereinbarung aber nicht nur auf die Bestimmung des Inhabers des Geschäftsgeheimnisses, sondern verzichten auch auf Geheimhaltungsverpflichtungen, so kann der Geheimnischarakter mangels angemessener Geheimhaltungsmaßnahmen gefährdet sein[61] (→ Rn. 23 ff.).
- Letztlich können Geschäftsgeheimnisse auch **zugunsten mehrerer Personen als Mitinhaber** entstehen, etwa, wenn Vertragspartner anders als bei einem Auftragsverhältnis nicht in einem Über-/Unterordnungsverhältnis hinsichtlich der verwendeten und erzeugten Informationen stehen, sondern gemeinschaftlich Geheimnisse schaffen und abweichende vertragliche Regelungen hinsichtlich der Berechtigung fehlen. Solche Mitinhaber dürften mangels spezialgesetzlicher Regelung als Bruchteilsgemeinschaft gemäß §§ 741 ff. BGB zu behandeln sein.[62]

Praxistipp:

Haben mehrere Personen, die als Inhaber eines Geschäftsgeheimnisses in Betracht kommen, im Zuge einer (vertraglichen) Zusammenarbeit Zugriff auf eine Information, so sollte der Vertrag regeln, wer Inhaber des Geschäftsgeheimnisses ist, und welche Geheimhaltungsmaßnahmen die Person, die nicht Inhaber ist, zugunsten der Information treffen muss.

Können sich die Vertragsparteien nicht auf eine solche Regelung verständigen, so sollten jedenfalls die wechselseitigen Geheimhaltungsmaßnahmen vereinbart sowie geregelt werden, wer im Verletzungsfall die Ansprüche aus §§ 6 ff. GeschGehG geltend machen kann.

Rechtmäßige Kontrolle ist darüber hinaus aufgrund des **rechtmäßigen Erwerbs** eines Geschäftsgeheimnisses möglich. Unabhängig von der Natur der schuldrechtlichen Grundlage erfolgt der Rechtsübergang nach den Vorschriften über die Abtretung (§§ 413, 398 ff. BGB), die gemäß § 2 Nr. 2 GeschGehG von der Kontrollerlangung des neuen Inhabers begleitet sein muss. 36

Ob auch der exklusive Lizenznehmer aktivlegitimiert für die Ansprüche nach §§ 6 ff. GeschGehG und rechtmäßiger Inhaber des Geschäftsgeheimnisses gemäß § 2 Nr. 2 GeschGehG ist, wird unterschiedlich beantwortet.[63] Die differenzierende Auffassung, wonach die Inhaberschaft 37

[58] So auch Köhler/Bornkamm/Feddersen/Alexander GeschGehG § 2 Rn. 98a für das Beispiel des mobilen Arbeitens.

[59] Harte-Bavendamm/Ohly/Kalbfus/Harte-Bavendamm GeschGehG § 2 Rn. 74.

[60] Köhler/Bornkamm/Feddersen/Alexander GeschGehG § 2 Rn. 101.

[61] Keller/Schönknecht/Glinke/Glinke GeschGehG § 2 Rn. 116.

[62] Keller/Schönknecht/Glinke/Glinke GeschGehG § 2 Rn. 114; Harte-Bavendamm/Ohly/Kalbfus/Harte-Bavendamm GeschGehG § 2 Rn. 75.

[63] Für die Inhaberschaft auch des exklusiven Lizenznehmers sprechen sich aus Harte-Bavendamm/Ohly/Kalbfus/Harte-Bavendamm GeschGehG § 2 Rn. 85; Keller/Schönknecht/Glinke/Keller GeschGehG § 6 Rn. 48; dagegen Büscher/McGuire § 2 Rn. 57.

des Lizenznehmers abgelehnt wird, der Lizenznehmer aber den praktischen Vorzug der Aktivlegitimation haben kann, ist vorzugswürdig.[64]

2. Tatbestände des § 4 GeschGehG

38 Maßgeblich für die Frage, ob Ansprüche der §§ 6 ff. GeschGehG bestehen, ist die Frage, ob der Handelnde ein Handlungsverbot des § 4 GeschGehG verletzt hat, ohne sich auf eine Ausnahme des § 5 GeschGehG berufen zu können. Anders als Immaterialgüterrechte enthält das GeschGehG keinen absoluten Schutz zugunsten des Geheimnisinhabers, sondern verbietet in § 4 GeschGehG bestimmte Handlungen. Mit der Norm setzt der deutsche Gesetzgeber Art. 4 der RL (EU) 2016/943 um. Die Tatbestände differenzieren nach verschiedenen Tathandlungen und setzen, anders als § 17 UWG aF, kein subjektives Element voraus; Ausnahme ist insoweit nur § 4 Abs. 3 GeschGehG, der Vorsatz oder Fahrlässigkeit bezüglich der Vortat verlangt.

39 **a) Unbefugtes Erlangen gemäß § 4 Abs. 1 GeschGehG.** Die Norm enthält in Nr. 1 den klassischen Tatbestand der Verletzung von Geschäftsgeheimnissen, nämlich das Verbot, ein Geheimnis durch unbefugten Zugang, unbefugte Aneignung oder unbefugtes Kopieren zu erlangen. Als Auffangtatbestand dient § 4 Abs. 1 Nr. 2 GeschGehG, wonach die Erlangung von Geschäftsgeheimnissen auch dann verboten ist, wenn das Verhalten unter den jeweiligen Umständen nicht dem Grundsatz von Treu und Glauben unter Berücksichtigung der anständigen Marktgepflogenheit entspricht.

40 Das Erlangen eines Geschäftsgeheimnisses setzt voraus, dass der Handelnde Kontrolle über die Information ausübt und es faktisch unabhängig von dem Geschäftsgeheimnisinhaber nutzen kann. Ein inhaltlicher Unterschied zu den Begriffen des „Sichverschaffens" und „Sicherns" gemäß § 17 UWG aF wollte der Gesetzgeber nicht begründen,[65] so dass auch die zu § 17 UWG aF ergangene Rechtsprechung noch aussagekräftig sein kann.

41 *aa) Tathandlung.* Nicht jedwedes Erlangen ist tatbestandsmäßig; es setzt vielmehr voraus, dass es durch Zugang zu Dokumenten, Gegenständen, Materialen, Stoffen oder elektronischen Dateien, die das Geheimnis enthalten oder aus denen es sich ableiten lässt, erreicht wurde. Alternativ zu dem Zugang sind auch die Aneignung oder das Kopieren der genannten Objekte möglich.

Praxistipp:

Eine Tathandlung ist nur tatbestandsmäßig, wenn sie „unbefugt" erfolgt. Hier ist zwischen den möglicherweise bestehenden Befugnissen und den vorgenommenen Handlungen sorgfältig zu unterscheiden: Der Zugang zu einem Dokument mag berechtigt sein. Wenn diese Berechtigung aber das Kopieren nicht umfasst, bleibt letztere Handlung unbefugt.

42 **„Zugang"** zu einem Gegenstand setzt lediglich voraus, dass von dem Inhalt Kenntnis genommen werden kann. Die Kenntniserlangung selbst ist noch nicht zwingend erforderlich,[66] so dass die Handlung vollzogen ist, wenn beispielsweise ein Aktenordner in den Händen gehalten wird, ohne dass bereits Einsicht in die maßgeblichen Dokumente genommen worden wäre. Da auch der nicht-körperliche Zugang untersagt ist, erfüllt ebenso die Verschaffung einer Zugriffsmöglichkeit auf Unternehmensdaten in Folge eines Hacker-Angriffs diese Tathandlung.[67] Der Zugang setzt nicht voraus, dass Schutzmaßnahmen überwunden oder gar durchbrochen wurden;[68] in den Fällen, in denen ohne eine solche Überwindung der Zugang möglich war, wird aber genau zu prüfen sein, ob der Geheimnisinhaber angemessene Schutzmaßnahmen ergriffen hat (→ Rn. 23 ff.).

43 **„Aneignung"** ist vor dem Hintergrund der RL (EU) 2016/943 weder nach BGB noch StGB auszulegen, sondern umfasst die tatsächliche Sachherrschaft über die genannten Objekte. Im Falle

[64] Köhler/Bornkamm/Feddersen/Alexander GeschGehG § 6 Rn. 13 bejaht die Aktivlegitimation auch des Lizenznehmers in Form einer Ausübungsermächtigung.
[65] BT-Drs. 19/4724, 40.
[66] Köhler/Bornkamm/Feddersen/Alexander GeschGehG § 4 Rn. 16.
[67] Keller/Schönknecht/Glinke/Keller GeschGehG § 4 Rn. 24.
[68] Keller/Schönknecht/Glinke/Keller GeschGehG § 4 Rn. 28.

von nicht-körperlichen Objekten ist nicht die tatsächliche Sachherrschaft über den Datenspeicher erforderlich, sondern die Zugriffsmöglichkeit auf die Geheimnisse ist ausreichend, um von einer Aneignung auszugehen.[69] Damit sind bei Daten die Übergänge vom Zugang zur Aneignung fließend. Während im Arbeitsverhältnis in der Regel der Arbeitgeber die Sachherrschaft sowohl über Akten und andere Verkörperungen von Geschäftsgeheimnissen genauso hat wie über Dateien, verschafft sich der Arbeitnehmer, der sich Zugang zu den Informationen unabhängig von einer Einflussnahmemöglichkeit des Arbeitgebers ermöglicht, die tatsächliche Sachherrschaft und eignet sich damit die Objekte an.

„Kopieren" fordert eine Vervielfältigung des ursprünglichen Objekts; ob dies analog oder digital geschieht, ist unerheblich. Entsprechend spielt auch ein Medienwechsel keine Rolle. So fallen neben der klassischen Kopie auch Handlungen wie die Fertigung einer Skizze, Fotografien, Scans, Ausdrucken oder auch Abschriften unter den Begriff des Kopierens.[70] Maßgeblich ist, ob die geheime Information durch die Vervielfältigung zu erkennen ist. Das reine Auswendiglernen stellt keine Kopie dar, sondern ist zulässig, wenn nicht bereits der Zugang zu den Informationen unbefugt erfolgte.[71] 44

Praxistipp:
Ein Kopieren iSd § 4 Abs. 1 Nr. 1 GeschGehG liegt auch dann vor, wenn eine E-Mail von einem Unternehmensaccount an einen privaten Account weitergeleitet wird. Dieser Kopiervorgang ist beispielsweise dann unbefugt, wenn die Nutzung privater Accounts oder privater Endgeräte arbeitsrechtlich untersagt ist.

bb) Unbefugt. Die Verschaffungshandlung ist „unbefugt", wenn sie weder gesetzlich noch durch Rechtsgeschäft erlaubt ist. Die wichtigsten **gesetzlichen Befugnisse** ergeben sich aus § 3 GeschGehG: 45

- Die eigenständige Entdeckung der Information ist zulässig (§ 3 Abs. 1 Nr. 1 GeschGehG). Der Geheimnisinhaber ist daher nicht vor unabhängigen, zufälligen Doppelschöpfungen geschützt.[72] Kommt es zu einer solchen parallelen Entstehung von Geschäftsgeheimnissen, so haben beide Geheimnisinhaber das Geheimnis unabhängig voneinander inne und sind gegenüber Dritten vollumfänglich aktivlegitimiert. Ansprüche gegeneinander sind mangels „unbefugter" Verschaffungshandlung wechselseitig ausgeschlossen.
- § 3 Abs. 1 Nr. 2 GeschGehG erlaubt das „Reverse Engineering" (→ Rn. 15).
- Schließlich stellt § 3 Abs. 1 Nr. 3 GeschGehG klar, dass die Erlangung von Informationen im Zusammenhang mit der Ausübung von Beteiligungsrechten der Arbeitnehmer oder von Arbeitnehmervertretungen nicht „unbefugt" ist. Damit verwässert der Geheimnisschutz aber nicht, da arbeitsrechtliche Geheimhaltungspflichten davon unberührt bleiben, so dass eine Nutzung oder Offenbarung über den Kreis der berechtigten Arbeitnehmer hinaus nicht von § 3 Abs. 1 Nr. 3 GeschGehG gedeckt ist.[73]

Sowohl der deutsche Gesetzestext („… darf insbesondere erlangt werden durch …") als auch die Richtlinie lassen über diese gesetzlich normierten Fälle hinaus weitere erlaubte Handlungen zu. RL (EU) 2016/943 bestimmt in Art. 3 Abs. 1 lit. d), dass auch jeder andere Umstand, der unter den gegebenen Umständen mit einer seriösen Geschäftspraxis vereinbar ist, zu einer Erlaubnis führt. 46

In der Praxis relevanter ist die Frage, ob sich die **Befugnis aus einem rechtsgeschäftlichen Handeln** ergibt. Aus dem Wortlaut von Art. 4 Abs. 2 der RL (EU) 2016/943 wird deutlich, dass nicht der fehlende Widerspruch des Geheimnisinhabers die Befugnis auslöst, sondern die fehlende Zustimmung zu der Handlung vielmehr die fehlende Befugnis begründet. Diese Erklärung muss nicht notwendigerweise in Form eines Vertrages zum Ausdruck kommen, auch einseitige Erklärungen, aus denen sich das (fehlende) Einverständnis ergibt, sind ausreichend. 47

[69] Köhler/Bornkamm/Feddersen/Alexander GeschGehG § 4 Rn. 17.
[70] BeckOK GeschGehG/Hiéramente, 10. Ed. 15.12.2021, § 4 Rn. 18.
[71] Hoeren/Münker WRP 2018, 150 (152).
[72] Harte-Bavendamm/Ohly/Kalbfus/Ohly GeschGehG § 3 Rn. 13.
[73] BeckOK GeschGehG/Fuhlrott, 10. Ed. 15.12.2021, § 3 Rn. 18.

Praxistipp:

Gibt der Geheimnisinhaber Dritten Zugang zu einer geheimen Information, die der Dritte aber nicht anderweitig nutzen oder offenbar soll, so ist nicht in jedem Fall eine vertragliche Vereinbarung über den Umfang des Umfangs mit der Information möglich. In diesen Fällen kann der Geheimnisinhaber auch durch einseitige Erklärung gegenüber dem Dritten sein fehlendes Einverständnis mit der weitergehenden Nutzung zum Ausdruck bringen, so dass sich hieraus die fehlende Befugnis ergibt.

48 Ist die Befugnis zum Umgang mit Geschäftsgeheimnissen im Arbeitsverhältnis nicht ausdrücklich geregelt, so gilt sie im Zweifel als erteilt, soweit die Handlungen zur Ausübung der Tätigkeit erforderlich sind.[74] Ist daher beispielsweise der Zugang zu Informationen zur Erfüllung der Aufgaben des Arbeitnehmers erforderlich, so handelt er nicht unbefugt. Verlangt die Erfüllung der Aufgaben aber kein Kopieren oder ist das Kopierverbot ausdrücklich geregelt, so handelt der Arbeitnehmer unbefugt, wenn er dennoch eine Kopie der Dokumente erstellt.

49 *cc) Erlangen im Widerspruch zu Treu und Glauben.* § 4 Abs. 1 Nr. 2 GeschGehG enthält eine kleine Generalklausel, mit der weitere Handlungen, die zum Erlangen eines Geschäftsgeheimnisses führen, untersagt werden. Voraussetzung ist, dass das Verhalten unter den jeweiligen Umständen nicht dem **Grundsatz von Treu und Glauben unter Berücksichtigung der anständigen Marktgepflogenheit** entspricht. Auch wenn der Wortlaut eine Auslegung im Lichte von § 242 BGB nahelegt, ist aufgrund des unionsrechtlichen Hintergrundes und des Wortlauts von Art. 4 Abs. 2 lit. b RL (EU) 2016/943 („… als mit einer seriösen Geschäftspraxis nicht vereinbar …") der Begriff der „beruflichen Sorgfalt" aus der UGP-Richtlinie Grundlage der Auslegung. Daneben kann ausweichlich der Gesetzesbegründung auch das TRIPs[75] zur Auslegung genutzt werden.[76] Der Tatbestand ist offen gehalten,[77] so dass insbesondere weitere Entwicklungen der Rechtsprechung zur Ausprägung der Voraussetzungen zu berücksichtigen sein werden.

50 Relevant wird neben den ausdrücklich geregelten Handlungsverbote in § 4 Abs. 1 Nr. 1, Abs. 2, Abs. 3 GeschGehG die kleine Generalklausel insbesondere in Fällen, in denen Personen, die rechtmäßigen Zugang zu dem Geschäftsgeheimnis haben, verleitet werden, die vertraglichen Begrenzungen des Umgangs mit dem Geschäftsgeheimnis zu verletzen. Diese sind von den normierten Handlungsverboten nicht erfasst. Ein solches **Verleiten zum Vertragsbruch** wird in der Praxis insbesondere bei Arbeitnehmern oder Vertragspartnern des Geheimnisinhabers relevant sein. Auch wenn § 4 Abs. 1 Nr. 2 GeschGehG dem Gesetzeswortlaut entsprechend kein subjektives Element voraussetzt, wird beim Verleiten zum Vertragsbruch als Beispielsfall der kleinen Generalklausel dennoch vorausgesetzt, dass gezielt und bewusst auf die Vertragsverletzung hingewirkt wird.[78] Ein solches gezieltes Verhalten liegt bei einem bloßen Ausnutzen einer Vertragsverletzung durch den Vertragspartner des Geheimnisinhabers nicht vor, so dass diese – in Einklang mit den wettbewerbsrechtlichen Grundsätzen – nicht ohne weiteres unter § 4 Abs. 1 Nr. 2 GeschGehG zu fassen ist.

51 Ein weiterer Anwendungsfall dieses Auffangtatbestands ist die **Betriebsspionage,** bei der sich der Handelnde Zugang zu nicht-körperlichen Geschäftsgeheimnissen durch das Abhören oder Beobachten verschafft.[79] Übersteigt die Verwertung von Informationen eines früheren Arbeitgebers das reine **Erfahrungswissen** des Arbeitnehmers (→ Rn. 8), indem beispielsweise Geheimnisse gezielt auswendig gelernt werden, so kann auch dies den Tatbestand des § 4 Abs. 1 Nr. 2 GeschGehG erfüllen.[80]

52 **b) Unbefugtes Nutzen oder Offenlegen gemäß § 4 Abs. 2 GeschGehG. Nutzung** ist jede Verwendung des Geschäftsgeheimnisses, solange es sich nicht um eine Offenlegung handelt.[81] Klassischerweise liegt eine Nutzung dann vor, wenn die geheime Information gemäß dem Zweck, der der Geheimnisträger ihr beimisst, verwendet wird. Dies wird bei technischen Geheimnissen

[74] Keller/Schönknecht/Glinke/Keller GeschGehG § 4 Rn. 45.
[75] Fußnote 10 zu Art. 39 Abs. 2.
[76] BT-Drs. 19/4724, 27.
[77] Amtl. Begr. BT-Drs. 19/4724, 27.
[78] BGH GRUR 2009, 173 – bundesligakarten.de; Keller/Schönknecht/Glinke/Keller GeschGehG § 4 Rn. 55.
[79] BeckOK GeschGehG/Hiéramente, 10. Ed. 15.12.2021, § 4 Rn. 35.
[80] BeckOK GeschGehG/Hiéramente, 10. Ed. 15.12.2021, § 4 Rn. 36.
[81] Gesetzesbegründung, BT-Drs. 19/4724, 27.

die Entwicklung von Produkten auf Basis dieser Informationen sein, sei es die exakte Verwendung, sei es die Abwandlung des Geheimnisses. Bei kaufmännischen Geheimnissen kann die Information Basis für die Erstellung eines eigenen Angebots sein, für die Ansprache von Kunden des Geheimnisinhabers oder für eigene Kalkulationen.

Eine Nutzung – nicht aber eine Offenlegung – liegt auch dann vor, wenn der Geheimnisinhaber mit dem Geschäftsgeheimnis erpresst wird und ihm das Geheimnis „verkauft" wird.[82] Dies stellt zwar nicht die Verwendung gemäß der dem Geheimnis eigentümlichen Nutzbarkeit[83] dar, begründet aber dennoch ein Sich-Zunutze-Machen der Information und ist die klassische Verwertung von negativen Geschäftsgeheimnissen (→ Rn. 27 ff.). 53

Offenlegung bedeutet die Eröffnung des Geschäftsgeheimnisses gegenüber Dritten, nicht notwendigerweise gegenüber der Öffentlichkeit.[84] Die Offenkundigkeit der Information ist damit nicht notwendigerweise Folge der Offenlegung. Dritter ist nicht der Geheimnisinhaber selbst oder eine vom Geheimnisinhaber legitimierte Person. Die Art und Weise der Offenlegung ist unerheblich, in Betracht kommen insbesondere die schriftliche oder elektronische Übermittlung, aber auch eine mündliche Mitteilung oder die Weitergabe einer Sache, die das Geschäftsgeheimnis enthält, ist tatbestandsmäßig.[85] Ähnlich wie bei der Verwirklichung von § 4 Abs. 1 Nr. 1 GeschGehG (→ Rn. 43) ist es nicht erforderlich, dass der Empfänger die Information wahrnimmt; die Möglichkeit der Wahrnehmung ist ausreichend.[86] 54

Die Offenlegung muss nicht zwingend durch ein aktives Verhalten vollzogen werden, auch die **Duldung** der Kenntnisnahme eines Dritten kann den Tatbestand erfüllen.[87] Werden beispielsweise Ausdrucke des Geschäftsgeheimnisses bewusst so liegen gelassen, dass der Dritte seinerseits ohne weiteres Einsicht nehmen kann, liegt hierin eine Duldung. Fließend ist die Grenze von der Duldung zur reinen **Unterlassung** zu verhindern, dass ein Dritter die Möglichkeit der Kenntnisnahme erhält. Liegt eine Garantenstellung des Offenlegenden vor, die sich regelmäßig aus einer vertraglichen Geheimhaltungspflicht ergibt, so dürfte auch die Unterlassung, die zu einer Eröffnung des Geschäftsgeheimnisses gegenüber Dritten führt, § 4 Abs. 2 GeschGehG erfüllen können.[88] 55

aa) Vortat gemäß Abs. 1. Das Nutzen oder Offenlegung erfüllt zunächst dann ein Handlungsverbot, wenn es anknüpft an eine eigene Vortat gemäß § 4 Abs. 1 GeschGehG, gleich, ob gemäß Nr. 1 oder Nr. 2. Mangels des Erfordernisses subjektiver Elemente ist der Begriff der Vortat rein objektiv zu verstehen. Wird die Vortat nicht durch die nutzende oder offenlegende Person selbst verwirklicht, sondern durch einen Dritten, kann ein Handlungsverbot gemäß § 4 Abs. 3 GeschGehG vorliegen (→ Rn. 62 ff.). 56

bb) Verstoß gegen eine Nutzungsbeschränkung. § 4 Abs. 2 Nr. 2 GeschGehG erweitert den Geheimnisschutz gegenüber § 17 UWG aF insoweit, als dass unabhängig von dem rechtswidrigen Erlangen einer geheimen Information ein Handlungsverbot vorliegt, wenn ein rechtmäßig erlangtes Geheimnis entgegen einer Nutzungsbeschränkung genutzt wird. Eine solche Nutzungsbeschränkung kann sich insbesondere aus Rechtsgründen ergeben, denkbar ist aber auch eine technische Beschränkung wie zB die bloße Einräumung von Leserechten.[89] Die Nutzung muss nicht notwendigerweise vollständig untersagt sein; ausreichend ist es auch, wenn nur bestimmte Nutzungshandlungen erlaubt sind und der Handelnde darüber hinaus geht.[90] 57

In der Praxis ergibt sich die Nutzungsbeschränkung in der Regel aus vertraglichen Vereinbarungen, nicht zuletzt deswegen, weil der Geheimnisinhaber nur dann Dritten Zugriff auf das Geheimnis geben wird, wenn angemessene Maßnahmen getroffen wurden, um die Geheimhaltung der Information zu gewährleisten (→ Rn. 19 ff.). Während mit Dritten die Vereinbarung aus einer spezifischen Vertraulichkeitsvereinbarung, ausdrücklich aus dem Vertrag, aus einem vorvertraglichen Verhältnis oder als vertragliche Nebenpflicht resultieren kann, ist der Hauptanwendungsfall die arbeitsrechtliche Beschränkung: Im **laufenden Arbeitsverhältnis** resultiert die Verschwiegenheitspflicht im Umgang mit Geschäftsgeheimnissen des Arbeitgebers unmittelbar aus dem Be- 58

[82] Offenlassend BeckOK GeschGehG/Hiéramente, 10. Ed. 15.12.2021, GeschGehG § 4 Rn. 52.
[83] Köhler/Bornkamm/Feddersen/Alexander GeschGehG § 4 Rn. 38.
[84] BT-Drs. 19/4724, 27.
[85] Köhler/Bornkamm/Feddersen/Alexander GeschGehG § 4 Rn. 39.
[86] Keller/Schönknecht/Glinke/Keller GeschGehG § 4 Rn. 64.
[87] BeckOK GeschGehG/Hiéramente, 10. Ed. 15.12.2021, § 4 Rn. 49.
[88] Harte-Bavendamm/Ohly/Kalbfus/Ohly GeschGehG § 4 Rn. 28.
[89] BeckOK GeschGehG/Hiéramente, 10. Ed. 15.12.2021, § 4 Rn. 59.
[90] Keller/Schönknecht/Glinke/Keller GeschGehG § 4 Rn. 74.

schäftigungsverhältnis, auch dann, wenn sie nicht explizit geregelt ist.[91] Während der Dauer des Arbeitsverhältnisses – und damit auch bei Freistellung – ist der Arbeitnehmer daher in der Nutzung der ihm zugänglichen Geschäftsgeheimnisse beschränkt und ist gehalten, sie nur im Interesse seines Arbeitgebers zu nutzen. Darüberhinausgehende Nutzungshandlungen können damit eine Verletzung des Handlungsverbots aus § 4 Abs. 2 Nr. 2 GeschGehG darstellen.

59 Mindestens genauso relevant ist die Frage, ob und in welchem Umfang die Nutzung von Geschäftsgeheimnissen **nach Beendigung eines Arbeitsverhältnisses** (noch) beschränkt ist: Grundsätzlich gilt auch für diesen Zeitraum, dass der Arbeitsvertrag den ehemaligen Arbeitnehmer zur Verschwiegenheit verpflichtet.[92] Entsprechend verletzt § 2 Abs. 2 Nr. 2 GeschGehG, wer nach Beendigung des Arbeitsverhältnisses während des Anstellungsverhältnisses rechtmäßig erlangte Informationen für eigene oder fremde Zwecke nutzt.[93] Diese Geheimhaltungspflicht steht im Spannungsverhältnis zu Art. 1 Abs. 3 lit. b) der RL (EU) 2016/943, wonach der Arbeitnehmer nicht in der Nutzung von Erfahrungen und Fähigkeiten beschränkt ist, die er im normalen Verlauf seiner Tätigkeit ehrlich erworben hat. Deswegen wird solchem rechtmäßig im Rahmen einer beruflichen Tätigkeit erworbenen Erfahrungswissen auch bereits die Qualität als Geschäftsgeheimnis gemäß § 2 Nr. 1 GeschGehG abgesprochen (→ Rn. 8). Aufgrund der grundsätzlich bestehenden (nach-)vertraglichen Verschwiegenheitspflicht, des Geheimhaltungsinteresses des Arbeitgebers und der grundrechtlich geschützten Position des Arbeitnehmers erscheint es im Ausgleich dieser Interessen geboten und angemessen, den Arbeitnehmer nicht in der Nutzung seiner allgemeinen Erfahrungen und Fähigkeiten zu beschränken, gleichzeitig aber eine Nutzungsbeschränkung für konkrete Geschäftsgeheimnisse anzunehmen. Entsprechend dürfte der Arbeitnehmer beispielsweise zwar das generelle Preisgefüge seines früheren Arbeitgebers als Erfahrungswissen beruflich kennen und nutzen, nicht aber konkrete Preise, die mit einem konkreten Kunden vereinbart wurden. So behält der Arbeitnehmer iSd RL (EU) 2016/943 die Möglichkeit, seine Erfahrungen und Fähigkeiten zugunsten neuer Arbeitgeber zu verwenden, ohne dass der frühere Arbeitgeber auf dem Geheimnisschutz nur zugunsten solcher Informationen beschränkt wäre, die dem Arbeitnehmer schriftlich oder anderweitig verkörpert vorliegen.[94]

60 Neben den vertraglichen Beschränkungen können sich rechtliche Beschränkungen auch unmittelbar **aus dem Gesetz** ergeben, beispielsweise für Arbeitnehmer aus § 24 ArbnErfG, § 79 BetrVG, aus gesellschaftsrechtlichen Bestimmungen (§ 333 HGB, § 85 GmbHG, § 404 AktG) oder für in den Vertrieb eingebundene Dritte aus §§ 86, 90 HGB.

61 *cc) Verstoß gegen Nichtoffenlegungspflicht.* Nicht nur die Nutzung von Geschäftsgeheimnissen kann beschränkt sein, sondern auch die Offenlegung kann verboten sein. Dann greift § 4 Abs. 2 Nr. 3 GeschGehG. Die Vorschrift hat in ihrer Anwendung große Schnittmengen mit § 4 Abs. 2 Nr. 2 GeschGehG, da eine beschränkte Nutzung (zB nur im Interesse des Arbeitgebers oder Vertragspartners) häufig auch das – implizierte – Verbot einer Offenlegung mit sich bringt. Das Offenlegungsverbot kann sich ebenso aus Vertrag oder Gesetz ergeben (→ Rn. 60).

62 **c) Unbefugte Handlungen gemäß § 4 Abs. 3 GeschGehG.** Die Vorschrift statuiert in S. 1 ein Verbot für das Erlangen, Nutzen oder Offenlegen eines über eine andere Person erlangten Geschäftsgeheimnisses bei Bösgläubigkeit des Handelnden, wenn er also weiß oder wissen müsste, dass diese andere Person das Geschäftsgeheimnis entgegen § 4 Abs. 2 GeschGehG genutzt oder offengelegt hat. Tatbestandsmäßig ist damit eine mittelbare Verletzungshandlung, die an die Kenntnis einer unmittelbaren Verletzungshandlung einer anderen Person im Sinne des § 4 Abs. 2 GeschGehG anknüpft. Im Gegensatz zu den sonstigen Handlungsverboten des § 4 GeschGehG ist das subjektive Element damit bereits auf Tatbestandsebene und nicht erst für bestimmte

[91] BAG NZA 2014, 1258, Rn. 26.

[92] BAG NJW 1988, 1686.

[93] OLG Düsseldorf, MMR 2022, 68, 71; nach Auffassung des OLG Düsseldorf stellt nicht nur die Nutzung von Zeichnungen eine Verletzung des Handlungsverbots dar, sondern auch die Verwendung von Kenntnissen.

[94] Größere Handlungsfreiheiten gewährt die Rechtsprechung des BGH (GRUR 2018, 1161 – Hohlfasermembranspinnanlage II; GRUR 2006, 1044 – Kundendatenprogramm; GRUR 1999, 934 – Weinberater) dem Arbeitnehmer, da der Arbeitnehmer danach grundsätzlich zur Nutzung aller Informationen aus dem früheren Arbeitsverhältnis berechtigt ist, solange er sie im Gedächtnis hat. Diese zu § 17 UWG aF ergangene Rechtsprechung ist aber mit Blick auf § 4 GeschGehG aufgrund der ausdrücklichen Bezugnahme der RL (EU) 2016/943 auf Erfahrungen und Fähigkeiten des Arbeitnehmers nicht zwingend zu übertragen, da die Frage, ob ein Wissen „Erfahrungen und Fähigkeiten" entspricht, sich nicht zwingend danach entscheidet, ob es verkörpert vorliegt oder nicht. Für eine von der Frage der Verkörperung losgelöste Interessenabwägung auch: Keller/Schönknecht/Glinke/Keller GeschGehG § 4 Rn. 78–84.

Durchsetzungsmechanismen wie etwa den Schadensersatzanspruch relevant. Zugleich bedeutet dies, dass auf die subjektive Voraussetzung auch bei verschuldensunabhängigen Ansprüchen nicht verzichtet werden kann.

§ 4 Abs. 3 S. 2 GeschGehG enthält ergänzend das Verbot bestimmter Handlungen in Bezug auf rechtsverletzende Produkte, namentlich die Herstellung, das Anbieten, das Inverkehrbringen oder die Einfuhr, die Ausfuhr oder die Lagerung für diese Zwecke.[95] Wie auch schon bei S. 1 des Absatzes geht es im Kern darum, die Fortsetzung und Vertiefung von Geheimnisverletzungen durch eine Verbreitung im Markt zu unterbinden und damit die Position des Geheimnisinhabers über den Schutz vor unmittelbaren Verletzungshandlungen hinaus zu stärken.[96] Insbesondere soll die „Fruchtziehung“ aus einer von einem Dritten begangenen Geheimnisverletzung verhindert werden.[97] 63

aa) Erlangen nach rechtswidriger Handlung eines Dritten. Verboten ist das **Erlangen** (→ Rn. 39), **Nutzen** (→ Rn. 52) oder **Offenlegen** (→ Rn. 54) eines Geschäftsgeheimnisses. Anders als bei § 4 Abs. 1 Nr. 1 GeschGehG muss das Erlangen jedoch nicht im Wege einer der dort genannten spezifischen Handlungsmodalitäten erfolgen.[98] Voraussetzung ist zudem, dass das (dem Nutzen oder Offenlegen vorangehende) Erlangen über eine andere Person erfolgt ist, die ihrerseits in Bezug auf das Geschäftsgeheimnis gegen § 4 Abs. 2 GeschGehG verstoßen hat. Insofern bedarf es einer tatbestandsmäßigen Erfüllung des § 4 Abs. 2 GeschGehG auf Seiten des Dritten, welche bei einem erlaubten Verhalten nach Maßgabe des § 3 GeschGehG oder der Einschlägigkeit eines Ausnahmetatbestands nach § 5 GeschGehG entfällt.[99] Bereits aus der Gesetzesbegründung geht hervor, dass sich die so erfolgende Weitergabe des Geschäftsgeheimnisses über eine Kette von Personen erstrecken kann, solange einer der Personen der entsprechende Verstoß anhaftet.[100] 64

Ein weiteres Tatbestandsmerkmal ist die **Bösgläubigkeit** der handelnden Person. Sie muss das Geschäftsgeheimnis erlangt, genutzt oder offengelegt haben, obwohl sie wusste oder hätte wissen müssen, dass die andere Person das Geschäftsgeheimnis entgegen § 4 Abs. 2 GeschGehG genutzt oder offengelegt hat. Dieses subjektive Element muss sich auch auf die Rechtswidrigkeit der Vortat erstrecken.[101] Das Wissensmerkmal ist gleichzusetzen mit vorsätzlichem Handeln.[102] Bedingter Vorsatz *(dolus eventualis)* reicht insofern aus.[103] Das Merkmal des Wissenmüssens entspricht einer fahrlässigen Unkenntnis, die anhand der Kriterien zu § 276 Abs. 2 BGB bestimmt werden kann: Bestehen nach den Umständen konkrete Anhaltspunkte dafür, dass es sich um ein Geschäftsgeheimnis handelt und dass der Informant es unbefugt weitergibt, ist – wie es praktisch häufig im Falle durchgreifender Geheimhaltungsmaßnahmen im Sinne des § 2 Nr. 1 lit. b GeschGehG der Fall sein wird – von Fahrlässigkeit auszugehen.[104] Bei entsprechenden Anhaltspunkten bzw. Verdachtsmomenten sind also Nachforschungen anzustellen.[105] 65

Das subjektive Merkmal muss **zum Zeitpunkt der eigenen Verletzungshandlung** gegeben sein, also bei Erlangung, Nutzung oder Offenlegung des Geschäftsgeheimnisses. Stellt sich die Kenntnis im Laufe der Verletzungshandlung ein, etwa weil der Geheimnisinhaber darauf hinweist oder Umstände zu Tage treten, die entsprechende Zweifel wecken müssen und damit Nachforschungspflichten auslösen, greift das Handlungsverbot von diesem Zeitpunkt an.[106] 66

[95] In der Amtl. Begr. BT-Drs. 19/4724, 28 werden die Handlungen des S. 2 als Regelbeispiele und damit Unterfall einer Nutzung im Sinne des S. 1 deklariert. In richtlinienkonformer Auslegung von Art. 4 Abs. 4 und 5 der RL (EU) 2016/943 ist jedoch von einem eigenständigen Tatbestand auszugehen, der mittelbare Geheimnisverletzungen in Bezug auf rechtsverletzende Produkte erfasst und sich vor allem auch auf den Fall erstreckt, dass der unmittelbare Verletzer rechtsverletzende Produkte herstellt bzw. vermarktet, siehe dazu eingehend Köhler/Bornkamm/Feddersen/Alexander GeschGehG § 4 Rn. 62; BeckOK UWG/Barth, 14. Ed. 1.12.2021, GeschGehG § 4 Rn. 47.1; Keller/Schönknecht/Glinke/Keller, GeschGehG § 4 Rn. 104; Büscher/McGuire, 1. Aufl. 2019, GeschGehG § 4 Rn. 41 ff. Weitere Kritik an der sprachlichen und inhaltlichen Fassung bei Hoppe/Oldekop/Hoppe (Fn. 9) Kap. 1 Rn. 527.

[96] Vgl. BeckOK UWG/Barth, 14. Ed. 1.12.2021, GeschGehG § 4 Rn. 46 f.

[97] Keller/Schönknecht/Glinke/Keller GeschGehG § 4 Rn. 103.

[98] BeckOK GeschGehG/Hiéramente, 10. Ed. 15.12.2021, § 4 Rn. 71.

[99] Köhler/Bornkamm/Feddersen/Alexander GeschGehG § 4 Rn. 65.

[100] BT-Drs. 19/4724, 28, vgl. auch Art. 4 Abs. 4 der RL (EU) 2016/943: „[…] unmittelbar oder mittelbar über eine andere Person in den Besitz des Geschäftsgeheimnisses gelangt […]“.

[101] Köhler/Bornkamm/Feddersen/Alexander GeschGehG § 4 Rn. 72.

[102] Köhler/Bornkamm/Feddersen/Alexander GeschGehG § 4 Rn. 70.

[103] Keller/Schönknecht/Glinke/Keller GeschGehG § 4 Rn. 124.

[104] Ohly GRUR 2019, 441 (447).

[105] Ohly GRUR 2019, 441 (447).

[106] Vgl. Harte-Bavendamm/Ohly/Kalbfus/Ohly GeschGehG § 4 Rn. 48.

Praxistipp:

Erlangt der Geheimnisinhaber Kenntnis von einer Nutzung oder Offenlegung seines Geschäftsgeheimnisses, sollte er den Handelnden zügig über das Geheimnis und seine Inhaberschaft in Kenntnis setzen. So sichert er sich Ansprüche, die dadurch entstehen können, dass der (ab diesem Zeitpunkt) bösgläubige Handelnde die Nutzung oder Offenlegung nicht einstellt oder keine zureichenden Nachforschungen zum Bestehen eines Geheimnisschutzes anstrengt.

Vergleichbar kann der Geheimnisinhaber auch präventiv handeln: Hat er Grund zu der Annahme, dass ein Dritter aus einem gegen § 4 Abs. 2 GeschGehG verstoßenden Verhalten ein Geschäftsgeheimnis erlangt hat, sollte dieser Dritte hierauf hingewiesen werden, um sicherzustellen, dass ein Anspruch aus § 4 Abs. 3 GeschGehG nicht an dem subjektiven Element scheitert.

67 Ein praktisches Beispiel für die Erfüllung des Tatbestands des § 4 Abs. 3 S. 1 GeschGehG bildet der Fall, dass ein Arbeitnehmer Geschäftsgeheimnisse seines alten Unternehmens an seinen neuen Arbeitgeber weitergibt. Weist letzterer Kenntnis oder fahrlässige Unkenntnis über die Vortat des Arbeitnehmers auf, verstößt er gegen das Handlungsverbot.[107] Beachtung finden muss hier insbesondere der Umstand, dass je nach Zeitpunkt der Tat die Rechtsverletzung des Arbeitsnehmers nach § 12 GeschGehG zugerechnet werden kann, namentlich wenn er die Rechtsverletzung als Beschäftigter des Unternehmens begangen hat.[108]

Praxistipp:

Will der neue Arbeitgeber das Risiko einer Inanspruchnahme reduzieren, so kann er seine Arbeitnehmer auf das Verbot der Mitnahme und Verwendung von Dokumenten und Dateien Dritter, insbesondere früherer Arbeitgeber, hinweisen, beispielsweise in Richtlinie und Verhaltenskodizes oder im Rahmen von Onboarding-Veranstaltungen.

68 *bb) Handlungen in Bezug auf rechtsverletzende Produkte.* § 4 Abs. 3 S. 2 GeschGehG statuiert das Verbot der Nutzung eines Geschäftsgeheimnisses, wenn diese in der Herstellung, dem Anbieten, dem Inverkehrbringen oder der Einfuhr, der Ausfuhr oder der Lagerung für diese Zwecke von rechtsverletzenden Produkten besteht.

69 **Rechtsverletzende Produkte** sind gemäß § 2 Nr. 4 GeschGehG solche Produkte, deren Konzeption, Merkmale, Funktionsweise, Herstellungsprozess oder Marketing in erheblichem Umfang auf einem rechtswidrig erlangten, genutzten oder offengelegten Geschäftsgeheimnis beruht. Ein rechtsverletzendes Produkt ist beispielsweise ein Wirtschaftsgut, welches auf geheimen Konstruktionsplänen, Herstellungsprozessen oder Rezepturen basiert.[109]

70 Zudem bedarf es zur Tatbestandsverwirklichung der Vornahme einer unerlaubten Nutzungshandlung im Sinne der Vorschrift. **Herstellen** ist die Schaffung eines Produktes, wobei Abweichungen vom Geschäftsgeheimnis unerheblich sind, solange dennoch eine rechtsverletzende Eigenschaft im Sinne des § 2 Nr. 4 GeschGehG attestiert werden kann.[110] Ein **Anbieten** liegt in jeder Maßnahme, die darauf gerichtet ist, das Produkt auf dem Markt zu vertreiben, beginnend bei der bloßen Werbung für ein Produkt bis hin zur Abgabe von Vertragsangeboten.[111] **Inverkehrbringen** meint Handlungen, die das Produkt in die Verfügungsgewalt eines anderen überführen.[112] Einfuhr und Ausfuhr sind auf das Verschaffen des Produkts in den Binnenmarkt hinein bzw. aus dem Binnenmarkt heraus gerichtet.[113] § 4 Abs. 3 S. 2 GeschGehG umfasst auch die **Lagerung** zu diesen Zwecken, so dass der Geheimnisinhaber nicht den Export abwarten muss, bevor Ansprüche begründet werden.

107 Vgl. OLG Düsseldorf 11.3.2021 – 15 U 6/20, GRUR-RS 2021, 17483.
108 Keller/Schönknecht/Glinke/Keller GeschGehG § 4 Rn. 117.
109 BeckOK GeschGehG/Hiéramente, 10. Ed. 15.12.2021, § 2 Rn. 93.
110 Harte-Bavendamm/Ohly/Kalbfus/Ohly GeschGehG § 4 Rn. 52.
111 Köhler/Bornkamm/Feddersen/Alexander GeschGehG § 4 Rn. 77.
112 Harte-Bavendamm/Ohly/Kalbfus/Ohly GeschGehG § 4 Rn. 52.
113 Hoeren/Münker/Deck GeschGehG § 4 Rn. 142.

Die Person des Handelnden muss zudem gewusst haben oder unter den gegebenen Umständen hätte wissen müssen, dass das Geschäftsgeheimnis rechtswidrig im Sinne des Abs. 3 genutzt wurde. Insofern gelten die gleichen Anforderungen wie im Rahmen des § 4 Abs. 3 S. 1 GeschGehG (→ Rn. 66). Das Erfordernis dieses subjektiven Elementes ergibt sich allenfalls aufgrund des Verweises von S. 2 auf S. 1 der Vorschrift und damit nicht eindeutig aus dem Gesetzestext, klarstellend kann aber Art. 4 Abs. 5 der RL (EU) 2016/943 herangezogen werden, der ein entsprechendes Wissen bzw. Wissenmüssen voraussetzt und in richtlinienkonformer Auslegung Berücksichtigung findet. 71

d) Rechtsverletzer. § 2 Nr. 3 GeschGehG definiert den Rechtsverletzer als jede natürliche oder juristische Person, die entgegen § 4 GeschGehG ein Geschäftsgeheimnis rechtswidrig erlangt, nutzt oder offenlegt. Rechtsverletzer ist nicht, wer sich auf eine Ausnahme nach § 5 GeschGehG berufen kann. In diesem Sinne ist die Eigenschaft als Rechtsverletzer inhaltlich mit der Erfüllung einer der näher beschriebenen Verletzungstatbestände in Bezug auf Geschäftsgeheimnisse verknüpft. Der Rechtsverletzer ist Schuldner der Ansprüche des Geschäftsgeheimnisinhabers aus §§ 6 ff. GeschGehG. Es bedarf nicht zwangsläufig eines geschäftlichen Handelns, sodass auch eine Geheimnisverletzung zu privaten oder unselbstständigen beruflichen Zwecken nichts an der Einordnung als Rechtsverletzer ändert.[114] 72

Für die täterschaftliche Haftung bzw. die Haftung als Teilnehmer gelten die allgemeinen deliktsrechtlichen Grundsätze.[115] Begehen mehrere Personen gemeinschaftlich eine Rechtsverletzung, so haften sie gemäß § 830 Abs. 1 S. 1 BGB als Mittäter. So liegt der Fall auch, wenn sich nicht mehr ermitteln lässt, welcher Beteiligte die Rechtsverletzung durch seine Handlung verursacht hat, § 830 Abs. 1 S. 2 BGB. Anstifter und Gehilfen stehen nach § 830 Abs. 2 BGB Mittätern gleich. 73

Unternehmen müssen sich Handlungen ihrer Organe und Repräsentanten nach allgemeinen Grundsätzen (§§ 31, 89 BGB analog) zurechnen lassen. Eine besondere Regelung zur Haftung des Inhabers eines Unternehmens trifft darüber hinaus **§ 12 GeschGehG.** Ist der Rechtsverletzer Beschäftigter oder Beauftragter eines Unternehmens, so hat nach dieser Vorschrift der Inhaber des Geschäftsgeheimnisses die Ansprüche nach den §§ 6 bis 8 GeschGehG auch gegen den Inhaber des Unternehmens. Nach Satz 2 der Vorschrift gilt dies für den Anspruch nach § 8 Abs. 2 GeschGehG nur, wenn der Inhaber des Unternehmens vorsätzlich oder grob fahrlässig die Auskunft nicht, verspätet, falsch oder unvollständig erteilt hat. Beschäftigter ist, wer aufgrund eines Beschäftigungsverhältnisses für den Unternehmensinhaber weisungsabhängig tätig ist und in dessen Betriebsorganisation eingebunden ist.[116] Klassischer Fall ist der Angestellte in einem Unternehmen. Beauftragter ist, wer aufgrund eines Rechtsverhältnisses für den Inhaber des Unternehmens tätig wird, ohne Beschäftigter im oben genannten Sinne zu sein.[117] Exemplarisch können hier ein abhängiges Unternehmen[118] oder Franchisenehmer[119] herangezogen werden. 74

Zudem muss die Rechtsverletzung in einem unmittelbaren inneren Zusammenhang mit den vom Rechtsverletzer wahrgenommenen Aufgaben im Unternehmen bestehen, ein Handeln in eigenem Interesse oder für einen Dritten reicht insofern nicht aus.[120] Die Haftung des Unternehmensinhabers ist im Verhältnis zur Haftung des Rechtsverletzers akzessorisch – leistet der Rechtsverletzer eine Abfindung in Geld nach § 11 GeschGehG, können die Ansprüche gegen den Inhaber des Unternehmens nicht geltend gemacht werden und Letzterer kann sich bereits bei Vorliegen der Voraussetzungen auf die Regelung berufen.[121] 75

---

[114] Näher dazu Köhler/Bornkamm/Feddersen/Alexander GeschGehG § 2 Rn. 117 f.

[115] Eingehend sowie unter Verweis auf eine sich mutmaßlich zukünftig abzeichnende abweichende Dogmatik der Teilnahmehaftung im Unionsrecht Harte-Bavendamm/Ohly/Kalbfus/Ohly/Harte-Bavendamm GeschGehG § 2 Rn. 90 ff.

[116] Harte-Bavendamm/Ohly/Kalbfus/Ohly/Ohly GeschGehG § 12 Rn. 11.

[117] Köhler/Bornkamm/Feddersen/Alexander GeschGehG § 12 Rn. 17.

[118] Vgl. BGH GRUR 2005, 864 (865) – Meißner Dekor II.

[119] Vgl. BGH GRUR 1995, 605 (607) – Franchise-Nehmer.

[120] So schon der Regierungsentwurf BT-Drs. 19/4724, 33; siehe auch Köhler/Bornkamm/Feddersen/Alexander GeschGehG § 12 Rn. 19; Reinfeld Neues GeschGehG (Fn. 2) § 4 Rn. 38; vgl. zu § 8 UWG BGH GRUR 2003, 186 (188) Rn. 23 – Telefonaktion; zweifelnd Hoppe/Oldekop/Hoppe Kap. 1 Fn. 852 f.

[121] Regierungsentwurf BT-Drs. 19/4724, 33.

III. Zivilrechtliche Rechtsfolgen nach dem GeschGehG

1. Einleitung

76 Das GeschGehG regelt in §§ 6 bis 14 die Ansprüche bei Rechtsverletzungen und in §§ 15 bis 22 das Verfahren in Geschäftsgeheimnisstreitsachen ab Inkrafttreten des Gesetzes am 26.4.2019. Sachverhalte vor diesem Zeitpunkt sind materiellrechtlich nach den bis dahin geltenden Regelungen zu beurteilen.[122] Für das Prozessrecht sind demgegenüber stets die im Zeitpunkt der Verfahrenshandlung geltenden Regelungen maßgebend,[123] denn Gesetzesänderungen erfassen auch schwebende Verfahren, wenn der Gesetzgeber keine abweichenden Überleitungsvorschriften vorgesehen hat.[124] Dementsprechend sind §§ 16 ff. GeschGehG auch dann auf laufende Prozesse anwendbar, wenn der Erstverstoß an §§ 17 ff. UWG aF zu messen ist.[125]

77 Das GeschGehG sieht im Falle der Verletzung eines Geschäftsgeheimnisses Ansprüche auf Unterlassung, Auskunft und Schadensersatz vor, ähnlich wie dies bei der Verletzung von Immaterialgüterrechten der Fall ist. Ferner kommen Ansprüche auf Vernichtung, Herausgabe, Rückruf und Entfernung/Rücknahme aus dem Markt in Betracht. Zusätzlich ist ein Anspruch auf Ersatz immaterieller Schäden denkbar, den es so sonst nur im Urheberrecht gibt und ein Anspruch auf Herausgabe ungerechtfertigter Bereicherung. Prozessual enthält das GeschGehG verschiedene Regelungen, um den Schutz eines Geschäftsgeheimnisses nicht durch ein gerichtliches Verfahren zu gefährden. Zu Gunsten des Verletzers sieht das GeschGehG einen Ausschluss verschiedener Ansprüche (ua auf Unterlassung, Beseitigung, Vernichtung, Auskunft) – ausgenommen Schadensersatz – und die Möglichkeit zur Abwendung von Ansprüchen durch Zahlung vor. Bisher sind nur wenige gerichtliche Entscheidungen bekannt geworden, die sich mit den Besonderheiten des GeschGehG befassen, die weitere Ausgestaltung der im GeschGehG vorgesehenen Ansprüche bleibt daher abzuwarten.

2. Beseitigung und Unterlassung, § 6 GeschGehG

78 Gemäß § 6 GeschGehG kann der Inhaber des Geschäftsgeheimnisses den Rechtsverletzer auf Beseitigung der Beeinträchtigung und bei Wiederholungsgefahr auch auf Unterlassung in Anspruch nehmen. Der Anspruch auf Unterlassung besteht nach § 6 Satz 2 GeschGehG auch dann, wenn eine Rechtsverletzung erstmalig droht. Das Gesetz stellt damit klar, dass auch ein vorbeugender Unterlassungsanspruch in Betracht kommt. Es gelten insoweit keine Besonderheiten im Vergleich zu wettbewerbsrechtlichen Ansprüchen.[126]

79 **a) Unterlassung.** Mit Blick auf die Wahrung des verletzten Geheimnisses ist der Unterlassungsanspruch von besonderer Bedeutung. Grundsätzlich gelten hier keine Besonderheiten im Verhältnis zu Unterlassungsansprüchen, die durch Wettbewerbsverstöße ausgelöst werden. Erforderlich ist lediglich ein (drohender) Verstoß gegen § 4 GeschGehG, der nicht durch den Ausnahmetatbestand des § 5 GeschGehG gedeckt ist. Auf ein Verschulden kommt es nicht an. Soweit ein Unterlassungsanspruch auf Wiederholungsgefahr gestützt wird, ist die Klage aber nur begründet, soweit das beanstandete Verhalten sowohl nach dem zur Zeit seiner Vornahme geltenden Recht rechtswidrig war als auch noch zum Zeitpunkt der letzten mündlichen Verhandlung rechtswidrig ist.[127] Diese Grundsätze gelten auch im Anwendungsbereich des Gesetzes zum Schutz von Geschäftsgeheimnissen.[128] Wird daher ein Unterlassungsanspruch auf einen Erstverstoß gegen § 17 UWG aF gestützt, liegt eine Wiederholungsgefahr nur dann vor, wenn das beanstandete Verhalten auch nach dem Inkrafttreten des GeschGehG weiterhin als rechtswidrig einzustufen ist. Ist dies nur deshalb nicht der Fall, weil der Geheimnisinhaber nicht schon vor diesem Zeitpunkt ange-

[122] Reinfeld Neues GeschGehG § 4 Rn. 9.

[123] Büscher/McGuire, Einl GeschGehG Rn. 26.

[124] BGH 8.3.2017 – IV ZR 435/15, juris Rn. 27; BGH, Beschluss vom 23.4.2007 – II ZB 29/05, juris Rn. 25.

[125] OLG Stuttgart 19.11.2020 – 2 U 575/19, GRUR-RS 2020, 35613 Rn. 220; Köhler/Bornkamm/Feddersen/Alexander, GeschGehG vor § 1 Rn. 105; Harte-Bavendamm/Ohly/Kalbfus/Ohly/Harte-Bavendamm, Einleitung A Rn. 282.

[126] Vgl. Keller/Schönknecht/Glinke-Keller GeschGehG § 6 Rn. 19 ff.

[127] BGH 2.3.2017 – I ZR 41/16, juris Rn. 13 – Komplettküchen.

[128] OLG Stuttgart 19.11.2020 – 2 U 575/19, GRUR-RS 2020, 35613 Rn. 221; Köhler/Bornkamm/Feddersen/Alexander, GeschGehG vor § 1 Rn. 99; Harte-Bavendamm/Ohly/Kalbfus/Ohly/Harte-Bavendamm, Einleitung A Rn. 274.

messene Schutzmaßnahmen getroffen hat, kann feststellbaren Verstößen gegen § 17 UWG aF indizielle Wirkung für das Bestehen einer Erstbegehungsgefahr für entsprechende Verstöße gegen § 4 GeschGehG zugemessen werden.[129] Wenn nach neuem Recht weitere Anspruchsvoraussetzungen zu erfüllen sind, müssen diese spätestens seit dem Inkrafttreten durchgehend vorliegen.[130]

Wie bei Wettbewerbsverstößen auch, kann die durch den ersten Verstoß begründete Wiederholungsgefahr nur durch die Abgabe einer strafbewehrten Unterlassungserklärung ausgeräumt werden, welche nach Inhalt und Umfang dem Unterlassungsanspruch entsprechen muss.[131] Diese für den gewerblichen Rechtsschutz durch die stRspr geprägte Selbstverständlichkeit muss für Ansprüche nach dem GeschGehG besonders betont werden:[132] Nach fragwürdiger Ansicht des LAG Rheinland-Pfalz,[133] der sich das LAG Baden-Württemberg angeschlossen hat,[134] entfällt die Begehungsgefahr bzgl. der Nutzung bzw. Offenlegung der durch einen Arbeitnehmer erlangten Geschäftsgeheimnisse, wenn er durch Versicherung an Eides statt glaubhaft macht, dass er nicht mehr im Besitz der streitgegenständlichen Dokumente sei. Eine strafbewehrte Unterlassungserklärung sei dann nicht erforderlich, die Wiederholungsgefahr sei allein durch die Abgabe der eidesstattlichen Versicherung entfallen. Entgegengesetzt hierzu bejahte das LAG Hamm in vergleichbarer Situation die Wiederholungsgefahr für die Nutzung oder Offenlegung von Geschäftsgeheimnissen, auch wenn der ehemalige Arbeitnehmer an Eides Statt versicherte, dass er die Daten gelöscht hat.[135] 80

Tatsächlich ist auch bei Unterlassungsansprüchen nach dem GeschGehG nur in den von der Rechtsprechung definierten Ausnahmesituationen von dem Grundsatz, dass die Rechtsverletzung die Wiederholungsgefahr indiziert und nur eine strafbewehrte Unterlassungserklärung geeignet ist, sie auszuräumen, abzuweichen. Dies gilt beispielsweise, wenn ein in einem Hauptsacheverfahren ergangenes rechtskräftiges Unterlassungsurteil vorliegt[136] oder wenn nach Erlass eines Verbotstitels im Verfahren des einstweiligen Rechtsschutzes eine Abschlusserklärung erfolgt,[137] nicht aber bei der bloßen Beendigung eines Beschäftigungsverhältnisses, der Abgabe einer eidesstattlichen Versicherung oder sonstigen einseitigen, nicht strafbewehrten Erklärungen. Andernfalls würde der Geheimnisinhaber rechtlos gestellt werden: die einmal erfolgte Verletzung von Geschäftsgeheimnissen würde keine in die Zukunft gerichteten Ansprüche nach sich ziehen, so dass ein Unterlassungsanspruch unbegründet wäre. Würde derselbe Anspruchsgegner dann zu einem späteren Zeitpunkt wiederum dieselben Geschäftsgeheimnisse verletzen, so hätte dies nicht die Verhängung der gesetzlichen Ordnungsmittel zur Folge, sondern allenfalls ein neues Erkenntnisverfahren mit weitaus weniger belastenden Rechtsfolgen.[138] Es besteht kein Anlass, den Rechtsverletzer von Geschäftsgeheimnissen gegenüber allen anderen Verletzern gewerblicher Schutzrechte besser zu stellen. Darüber hinaus verursacht die Rechtsprechung der LAGe Rheinland-Pfalz und Baden-Württemberg einen unauflöslichen Konflikt mit dem Löschungsanspruch gemäß § 7 Nr. 1 GeschGehG. Wenn sogar die tatsächlich erfolgte Löschung neben dem Unterlassungsanspruch aus § 6 GeschGehG steht, ohne letzteren zu beeinflussen, so kann auch die Behauptung der Löschung der Daten die Existenz des Unterlassungsanspruchs nicht beeinträchtigen.[139] Vielmehr kann die eidesstattliche Versicherung der Vernichtung der Daten nur dazu führen, dass der Vernichtungsanspruch erfüllt ist.[140] 81

In Einzelfällen kann es angemessen sein, den Unterlassungsanspruch nur **zeitlich befristet** geltend zu machen oder zuzusprechen, nämlich dann, wenn das geschützte Geheimnis dem Inhaber 82

[129] OLG Stuttgart 19.11.2020 – 2 U 575/19, GRUR-RS 2020, 35613 Rn. 220.
[130] OLG Stuttgart 19.11.2020 – 2 U 575/19, GRUR-RS 2020, 35613; OLG Düsseldorf GRUR-RS 2019, 33225 – Spritzgießwerkzeug für Spritzen.
[131] BGH GRUR 1997, 379 (380).
[132] Reinfeld/Leister/Blank, Praxishandbuch Geschäftsgeheimnisschutz, § 9 (in Vorbereitung).
[133] LAG Rheinland-Pfalz, 25.1.2021 – 3 SaGa 8/20 = BeckRS 2021, 15024 Rn. 40.
[134] LAG Baden-Württemberg, 18.8.2021 – 4 SaGa 1/21 = BeckRS 2021, 26156 Rn. 45.
[135] LAG Hamm, 23.6.2021 – 10 SaGa 9/21.
[136] BGH GRUR 2020, 299 Rn. 19; OLG Hamburg GRUR 1984, 889 (890); OLG Karlsruhe GRUR 1991, 619 (621); OLG Karlsruhe GRUR 1995, 510 (513); OLG Karlsruhe WRP 1995, 649 (650); OLG Karlsruhe GRUR 1997, 72 (73); KG WRP 1993, 22 (26); KG WRP 1998, 71 (72).
[137] BGH GRUR 2020, 299 Rn. 19; OLG Hamburg GRUR 1984, 889 (890); OLG Karlsruhe GRUR 1995, 510 (513).
[138] Reinfeld/Leister/Blank, Praxishandbuch Geschäftsgeheimnisschutz, § 9 (in Vorbereitung).
[139] Reinfeld/Leister/Blank, Praxishandbuch Geschäftsgeheimnisschutz, § 9 (in Vorbereitung).
[140] LAG Hamm, 23.6.2021 – 10 SaGa 9/21.

des Geschäftsgeheimnisses nur einen zeitlichen Vorsprung gegenüber seinen Wettbewerbern verschafft. Dies kann etwa gegeben sein, wenn Mitarbeiter eines Softwarehauses das im Rahmen ihrer Tätigkeit bei einem Kunden des Softwarehauses erworbene Geheimnis nutzen, um selbst ein Konkurrenzunternehmen zu gründen und unter Hinweis auf ihr speziell erworbenes Wissen den Kunden ihres früheren Arbeitgebers dazu bewegen, den Vertrag mit dem Softwarehaus zu beenden. Hier kommt ein zeitlich befristeter Unterlassungsantrag in Betracht, der auf den Zeitraum beschränkt ist, den ein mit der Materie nicht vertrauter Mitarbeiter benötigte, um einen vergleichbaren Wissensstand wie die Ausgeschiedenen zu erreichen.

Formulierungsvorschlag:[141]

Die Antragsgegnerin wird verurteilt, es für die Zeit bis zum TT. MM.JJJJ zu unterlassen, die Personen X, Y und Z im Rahmen der Implementierung der Software ABC bei der 123 GmbH & Co KG zu beschäftigen.

Alternativ, wenn der Antrag gegen die handelnden Personen gerichtet werden soll:

die Antragsgegner werden verurteilt, es für die Zeit bis zum TT. MM.JJJJ zu unterlassen, im Rahmen der Implementierung der Software ABC bei der 123 GmbH & Co KG tätig zu werden.

Dieser Antrag wäre allerdings vor dem Arbeitsgericht zu stellen, wenn es sich um frühere Arbeitnehmer handelt!

83 Ein zeitlich begrenzter Unterlassungsantrag kommt auch in Betracht, wenn ein Arbeits- oder Dienstverhältnis fristlos gekündigt wird und über die Berechtigung der Kündigung Streit besteht, aber eine ordentliche Kündigung ohne weiteres möglich gewesen wäre. In diesem Falle dürfte der Unterlassungsanspruch nur für die Dauer der Kündigungsfrist begründet sein, wenn keine anderen Umstände hinzutreten, die eine längere Dauer rechtfertigen. Es wäre auch denkbar, zeitlich beschränkte Unterlassungspflichten in Anlehnung an die Regelungen über vertragliche Wettbewerbsverbote anzunehmen, wenn geheimnistragende Mitarbeiter ausscheiden.[142]

84 Ein befristeter Antrag kommt allerdings nur dann in Betracht, wenn bereits bei der Geltendmachung des Anspruchs feststeht, dass ein Unterlassungsanspruch nur für einen bestimmten Zeitraum besteht. Ist dies nicht der Fall, wird ein unbefristeter Unterlassungsantrag gestellt und müssen veränderte Umstände im Rahmen einer Vollstreckungsgegenklage geltend gemacht werden.[143]

85 Prozessual unproblematisch ist es, den Zeitraum der Befristung durch ein konkretes Datum zu bestimmen. Der BGH[144] hält es nicht für möglich, den Ablauf der Frist vom Zeitpunkt der Rechtskraft des Unterlassungsurteils abhängig zu machen, wenn noch ein weiterer Rechtszug offensteht, da für den Fall, dass ein Verbot nur für eine bestimmte Zeit angebracht erscheine, für die Bemessung dieser Zeit nur ein Anknüpfungspunkt gewählt werden könne, der von vornherein und objektiv feststehe und nicht in einer ungewissen Zukunft liege. *Bußmann*[145] hält dies nicht für sachgemäß, da einem Kläger zugebilligt werden müsse, bis zur Rechtskraft des Urteils abzuwarten und erst dann zu vollstrecken. Dem ist jedoch entgegenzuhalten, dass einstweiliger Rechtsschutz vor allem dazu dienen kann, den wirtschaftlich besonders bedeutenden Unterlassungsanspruch zu sichern, hier also tatsächlich die Möglichkeit zu schnellem, effektivem Rechtsschutz besteht. Die Chancen und Risiken der Vollstreckung sind in diesen Fällen nicht anders zu bewerten als bei anderen Wettbewerbsverstößen, so dass die Schadenersatzrisiken des § 945 ZPO oder § 717 ZPO in jedem Falle gegen die Vorteile umgehenden Rechtsschutzes abzuwägen sind. Wenn nur ein zeitlich befristetes Verbot in Frage kommt, sollte für die Befristung an einen objektiv zu benennenden Zeitpunkt angeknüpft werden. Sollte dieser Zeitpunkt während des Verfahrens verstreichen, kann dem in prozessualer Hinsicht durch Erledigungserklärung Rechnung getragen werden.

[141] MVHdB/Chrocziel Form. IX Art. 23.
[142] Vgl. BGH GRUR 1964, 215 (217) – Milchfahrer mAnm Bußmann; BGH GRUR 1970, 182 (184) – Bierfahrer mAnm Bußmann.
[143] Keller/Schönknecht/Glinke-Keller GeschGehG § 6 Rn. 29.
[144] GRUR 1964, 215 (217) – Milchfahrer mAnm Bußmann.
[145] Anmerkung zu BGH GRUR 1964, 215 (217) – Milchfahrer.

Praxistipp:
Zur Vermeidung von Kostenrisiken ist genau zu prüfen, ob ein befristeter oder ein unbefristeter Antrag gestellt wird; wird ein befristeter Antrag gestellt, sollte ein konkretes Enddatum genannt werden.

Der Unterlassungsanspruch ist – wie auch bei Wettbewerbsverstößen – gegenüber jedem Verletzer geltend zu machen. Dies ist gemäß § 2 Ziffer 3 GeschGehG jede natürliche oder juristische Person, die entgegen § 4 GeschGehG ein Geschäftsgeheimnis rechtswidrig erlangt, nutzt oder offenlegt und sich nicht auf eine Ausnahme nach § 5 GeschGehG berufen kann. Ist der Rechtsverletzer Beschäftigter oder Beauftragter eines Unternehmens, so hat der Inhaber des Geschäftsgeheimnisses – § 8 Abs. 2 UWG vergleichbar – die Ansprüche auch gegen den Inhaber des Unternehmens. Zu berücksichtigen sind dabei neben dem Rechtsverletzer insbesondere auch (ausgeschiedene) Mitarbeiter, die möglicherweise die Nutzung des Geheimnisses erst ermöglicht haben. Für Ansprüche gegen (ausgeschiedene) Mitarbeiter ist allerdings ausschließlich das Arbeitsgericht zuständig, § 2 Abs. 1 Nr. 3 ArbGG. 86

b) Beseitigung. Der Beseitigungsanspruch ist auf die Abwehr einer bereits eingetretenen, fortdauernden Beeinträchtigung gerichtet,[146] dh eines Störungszustandes, der durch eine Rechtsverletzung nach § 4 GeschGehG eingetreten, nicht durch den Ausnahmetatbestand des § 5 GeschGehG gedeckt ist und andauert. Dies ist dann der Fall, wenn sich die Rechtsverletzung als ständig erneuernde und fortwirkende Quelle der Störung darstellt.[147] *Keller*[148] nennt dazu beispielhaft die fortdauernde Speicherung eines Geheimnisses oder den fortdauernden Vertrieb rechtsverletzender Produkte. Die Reichweite bzw. Zielrichtung des Beseitigungsanspruchs hängt von der eingetretenen Störung ab, denn der Beseitigungsanspruch dient ausschließlich der Beseitigung dieser Störung, nicht dem Ersatz eingetretener Schäden. In dem Beispielsfall der Datenspeicherung könnte der Anspruch auf Löschung des Datenträgers gerichtet sein, im Falle des Vertriebs rechtsverletzender Produkte auf Rückruf oder Entfernung rechtsverletzender Komponenten.[149] 87

Hinsichtlich der Passivlegitimation gelten die Ausführungen zum Unterlassungsanspruch in gleicher Weise. 88

3. Vernichtung, Herausgabe, Rückruf, Entfernung und Rücknahme vom Markt, § 7 GeschGehG

Gemäß § 7 GeschGehG stehen dem Inhaber des Geschäftsgeheimnisses im Falle einer Rechtsverletzung nach § 4 GeschGehG Ansprüche auf Vernichtung/Herausgabe der Gegenstände zu, die das Geschäftsgeheimnis enthalten oder verkörpern. Ferner sieht das Gesetz Ansprüche auf Rückruf rechtsverletzender Produkte, dauerhafte Entfernung der rechtsverletzenden Produkte aus den Vertriebswegen, Vernichtung oder Rücknahme der rechtsverletzenden Produkte vor. Die Ansprüche aus § 7 GeschGehG sind verschuldensunabhängig.[150] *Reinfeld*[151] weist zu Recht darauf hin, dass mit den §§ 98 UrhG, 43 DesignG, 140a PatG, 18 MarkenG vergleichbare Regelungen bestehen und auf die insoweit geltenden Grundsätze ergänzend verwiesen werden kann. 89

a) Vernichtung/Herausgabe. Der Anspruch aus § 7 Nr. 1 GeschGehG setzt voraus, dass das Geschäftsgeheimnis in dem betreffenden Gegenstand enthalten oder verkörpert ist. „Enthalten" bedeutet, dass der Gegenstand das Geheimnis in sich trägt und für Dritte unmittelbar oder mittelbar zugänglich ist (zB in Plänen, Dokumenten oder auf Datenträgern).[152] „Verkörpert" bedeutet, dass der Gegenstand das Geheimnis in einer Weise vergegenständlicht, dass es dadurch für Dritte erkennbar ist und die Ermittlung seines Inhalts ermöglicht (zB in Komponenten oder einem Prototyp).[153] Ferner muss sich dieser Gegenstand nach dem Wortlaut der Norm im Eigen- 90

[146] Reinfeld Neues GeschGehG § 4 Rn. 45; Harte-Bavendamm/Ohly/Kalbfus/Ohly, GeschGehG § 6 Rn. 16.
[147] Keller/Schönknecht/Glinke-Keller GeschGehG § 6 Rn. 37; vgl. Harte-Bavendamm/Ohly/Kalbfus/Ohly, GeschGehG § 6 Rn. 26.
[148] Keller/Schönknecht/Glinke-Keller GeschGehG § 6 Rn. 37.
[149] Keller/Schönknecht/Glinke-Keller GeschGehG § 6 Rn. 41; Harte-Bavendamm/Ohly/Kalbfus/Ohly, GeschGehG § 6 Rn. 27.
[150] Keller/Schönknecht/Glinke-Keller GeschGehG § 7 Rn. 21; Harte-Bavendamm/Ohly/Kalbfus/Ohly, GeschGehG § 6 Rn. 16.
[151] → § 4 Rn. 80.
[152] Keller/Schönknecht/Glinke-Keller GeschGehG § 7 Rn. 29; Harte-Bavendamm/Ohly/Kalbfus/Kalbfus, GeschGehG § 7 Rn. 20.
[153] Keller/Schönknecht/Glinke-Keller GeschGehG § 7 Rn. 29; Harte-Bavendamm/Ohly/Kalbfus/Kalbfus, GeschGehG § 7 Rn. 29.

tum oder Besitz des Rechtsverletzers befinden. In richtlinienkonformer Auslegung sollte es aber ausreichen, wenn der Rechtsverletzer eine faktische und zugleich zumutbare Zugriffsmöglichkeit hat.[154] Ansprüche auf Vernichtung der Gegenstände, die zur Herstellung rechtsverletzender Produkte verwendet worden sind, sieht § 7 GeschGehG nicht vor, die Regelungen der §§ 98 UrhG, 43 DesignG, 140a PatG, 18 MarkenG sind insoweit aber analog heranzuziehen.[155] Die Ansprüche auf Vernichtung und Herausgabe sind in der Norm gleichberechtigt genannt, mangels anderer Anhaltspunkte im Gesetz steht das Wahlrecht dem Verletzten zu.

91 **b) Rückruf.** Der Anspruch auf Rückruf ist darauf gerichtet, dass der Verletzer alles unternimmt, das rechtsverletzende Produkt vom Markt zu nehmen. Der Verletzer muss also an seine gewerblichen Abnehmer (aber nicht auch an private Endkunden) herantreten und zur Rückgabe der rechtsverletzenden Produkte auffordern.[156] Eine bestimmte Form des Rückrufs schreibt das Gesetz nicht vor. Wenn dem Verletzer die Abnehmer bekannt sein sollten, dürfte ein Anschreiben (zB per Email) ausreichen. Sind sie unbekannt, kommt ein Rückruf durch Anzeigen oder eine Pressemeldung in Betracht.[157] Ein Erfolg dieser Maßnahme ist nicht geschuldet, sondern nur der Rückruf selbst.[158]

92 **c) Entfernung.** Gemäß § 7 Nr. 3 GeschGehG kann der Verletzer die dauerhafte Entfernung der rechtsverletzenden Produkte aus den Vertriebswegen verlangen. Im Unterschied zu dem Anspruch auf Rückruf ist hier ein Erfolg geschuldet.[159] Der Anspruch ist darauf gerichtet, sicherzustellen, dass die rechtsverletzenden Produkte nicht mehr in den Vertriebswegen zirkulieren können.[160] Das Gesetz schreibt aber nicht vor, welche Maßnahmen der Verletzer zu ergreifen hat.

93 **d) Vernichtung rechtsverletzender Produkte.** Der Verletzte kann nach § 7 Nr. 4 GeschGehG verlangen, dass die rechtsverletzenden Produkte vernichtet werden. Damit ist die tatsächliche Zerstörung der betreffenden Produkte gemeint,[161] ein Anspruch auf eine bestimmte von mehreren gleich geeigneten Arten der Zerstörung besteht nicht.[162] Allerdings ist unter Abwägung aller Umstände des Einzelfalles zu prüfen, ob nicht ein milderes Mittel in Betracht kommt, um die Rechtverletzung dauerhaft zu beseitigen.[163]

94 **e) Rücknahme.** Gemäß § 7 Nr. 5 GeschGehG kann der Verletzte Rücknahme der rechtsverletzenden Produkte vom Markt verlangen, wenn der Schutz des Geschäftsgeheimnisses hierdurch nicht beeinträchtigt wird. Der zweite Halbsatz stellt klar, dass dieser Anspruch als milderes Mittel im Vergleich zu der Vernichtung rechtsverletzender Produkte in Betracht kommen kann. Der praktische Anwendungsbereich dieser Regelung wird allerdings als gering eingeschätzt, weil er weitgehend bereits in den Ansprüchen auf dauerhafte Entfernung aus den Vertriebswegen nach § 7 Nr. 3 GeschGehG enthalten ist.[164]

4. Auskunft und Schadensersatz bei Verletzung der Auskunftspflicht, § 8 GeschGehG

95 Dem Inhaber des Geschäftsgeheimnisses steht zur Vorbereitung weitergehender Ansprüche auch ein Anspruch auf Auskunft über den Umfang der in Rede stehenden Verletzung des geschützten Geheimnisses zu. Auskunft ist zu erteilen über Art, Zeitpunkt bzw. Zeitraum und Umfang der Verwertung, insbesondere über Namen und Anschrift der Hersteller, Lieferanten und anderer Vorbesitzer der rechtsverletzenden Produkte, der gewerblichen Abnehmer und der Verkaufsstellen, für die sie bestimmt waren. Der Wortlaut dieses Auskunftsanspruchs deckt sich mit den Regelungen in §§ 19 Abs. 3 MarkenG, 101 Abs. 3 UrhG oder § 140b Abs. 3 PatG, dieser

[154] Überzeugend Keller/Schönknecht/Glinke-Keller GeschGehG § 7 Rn. 35; Harte-Bavendamm/Ohly/Kalbfus/Kalbfus, GeschGehG § 7 Rn. 26.

[155] Keller/Schönknecht/Glinke-Keller GeschGehG § 7 Rn. 37; Reinfeld Neues GeschGehG § 4 Rn. 86.

[156] Reinfeld Neues GeschGehG § 4 Rn. 91 und Verweis auf Jestaedt GRUR 2009, 102, der sich auf §§ 140a PatG, 18 Abs. 2 MarkenG bezieht.

[157] Keller/Schönknecht/Glinke-Keller GeschGehG § 7 Rn. 45; Jestaedt GRUR 2009, 102 (103): der Schuldner muss geeignete Maßnahmen ergreifen.

[158] Keller/Schönknecht/Glinke-Keller GeschGehG § 7 Rn. 46; Harte-Bavendamm/Ohly/Kalbfus/Kalbfus, GeschGehG § 7 Rn. 38.

[159] Partsch/Schindler NJW 2020, 2364 Rn. 25; Keller/Schönknecht/Glinke-Keller GeschGehG § 7 Rn. 53.

[160] Keller/Schönknecht/Glinke-Keller GeschGehG § 7 Rn. 54.

[161] Reinfeld Neues GeschGehG § 4 Rn. 97; Harte-Bavendamm/Ohly/Kalbfus/Kalbfus, GeschGehG § 7 Rn. 45.

[162] Keller/Schönknecht/Glinke-Keller GeschGehG § 7 Rn. 60.

[163] BGH GRUR 2019, 518 Rn. 21 – Curapor; BGH GRUR 2006, 504 Rn. 52 – Parfümtestkäufe; BGH GRUR 1997, 899 (901) – Vernichtungsanspruch; Harte-Bavendamm/Ohly/Kalbfus/Kalbfus, GeschGehG § 7 Rn. 56 f.

[164] Keller/Schönknecht/Glinke-Keller GeschGehG § 7 Rn. 76 mwN; Harte-Bavendamm/Ohly/Kalbfus/Kalbfus, GeschGehG § 7 Rn. 69.

Auskunftsanspruch richtet sich aber ausschließlich gegen den Rechtsverletzer und – anders als im Immaterialgüterrecht – nicht (auch) gegen Dritte. Zur Vermeidung von Wiederholungen wird auf die Ausführungen in § 3 verwiesen.

Ergänzend kommen Ansprüche aus Auskunft aus § 242 BGB in Betracht, § 8 GeschGehG ist insoweit nicht abschließend.[165] Danach besteht ein Auskunftsanspruch insbesondere dann, wenn zwischen den Beteiligten eine besondere rechtliche Beziehung besteht, der Berechtigte in entschuldbarer Weise über Bestehen und Umfang seines Rechts im Ungewissen ist, die zur Durchsetzung seiner Ansprüche benötigten Auskünfte nicht auf zumutbare Weise selbst beschaffen und der Verpflichtete sie unschwer geben kann.[166] Dabei kann der Anspruch im Einzelfall auch darauf gerichtet sein, dass mitgeteilt werden muss, wem gegenüber der Verletzer das betreffende Geheimnis offengelegt hat, um eine weitere Verbreitung zu unterbinden.[167] Allerdings besteht kein Anspruch auf Auskunft, ob ein bestimmtes Geheimnis verwendet worden ist oder nicht, da der Auskunftsanspruch bezweckt, Informationen über den Umfang der Verletzung zu erhalten und nicht darüber, ob überhaupt eine Verletzungshandlung vorgenommen worden ist. Der Auskunftsanspruch nach § 242 BGB kommt auch gegenüber Dritten in Betracht.[168] 96

Problematisch ist, ob man die Auskunft verlangen kann, wenn sich der Schuldner mit der Auskunft einer Straftat bezichtigen müsste. Ursprünglich hatte der BGH in einer älteren Entscheidung Auskunftsansprüche gemäß § 242 BGB abgelehnt, weil der Geheimnisverletzer zur Erfüllung des Auskunftsanspruchs sich bzw. Dritte einer strafbaren Handlung bezichtigen müsste, was gemeinhin als anstößig empfunden werde.[169] Diese Entscheidung war in der Literatur auf erhebliche Kritik gestoßen.[170] Auf Grundlage einer BVerfG-Entscheidung aus dem Jahr 1981[171] geht nunmehr das Schrifttum davon aus, dass der Nemo-tenetur-Grundsatz auf zivilrechtlicher Ebene kein Auskunftsverweigerungsrecht begründet, hinsichtlich der preisgegebenen Informationen aber ein strafprozessuales Beweisverwertungsverbot besteht.[172] Ähnlich positionieren sich nunmehr auch einzelne Gerichte, da der Rechtsschutzanspruch des Geschädigten Vorrang vor dem Anspruch des Verletzters habe, vor dem Selbstbelastungszwang geschützt zu werden. Die Grundrechte des Verletzers würden durch das strafprozessuale Verwertungsverbot ausreichend geschützt.[173] Für eine ausschließlich strafrechtliche Lösung über ein Verwertungsverbot spricht auch, dass man ein Verwertungsverbot auf eine entsprechende Anwendung der § 101 VIII UrhG, § 19 VIII MarkenG, § 46 Abs. 8 DesignG und § 140b Abs. 8 PatG stützen kann.[174] Ergänzt sei, dass eine Einschränkung des Auskunftsanspruchs aus § 8 GeschGehG zur Vermeidung einer Selbstbelastung auch nicht gemäß § 9 GeschGehG in Frage kommt. Soweit ersichtlich, hat sich bislang allein *Kehrer*[175] mit dieser Frage beschäftigt, im Ergebnis eine solche Einschränkung aber überzeugend verneint, ua unter Verweis auf den andernfalls äußerst überschaubaren Anwendungsbereich von § 8 GeschGehG, der in Widerspruch zur gesetzgeberischen Intention stünde. 97

Gemäß § 8 Abs. 2 GeschGehG ist der Rechtsverletzer zum Schadensersatz verpflichtet, wenn er vorsätzlich oder grob fahrlässig die Auskunft nicht, verspätet, falsch oder unvollständig erteilt. 98

5. Anspruchsausschluss bei Unverhältnismäßigkeit, § 9 GeschGehG

Gemäß § 9 GeschGehG sind die Ansprüche nach §§ 6 bis 8 Abs. 1 GeschGehG ausgeschlossen, wenn die Erfüllung im Einzelfall unverhältnismäßig wäre. In insgesamt 7 Fallgruppen wird beschrieben, welche Kriterien dabei „insbesondere" zu berücksichtigen sind. Der Begriff „insbesondere" verdeutlicht, dass der genannte Katalog nicht abschließend ist. Soweit ersichtlich, wird die Verhältnismäßigkeitsprüfung als Einwendung angesehen, dh der Rechtsverletzer muss die Unverhältnismäßigkeit der Ansprüche darlegen und deren Voraussetzungen ggf. beweisen.[176] Die Ein- 99

---

[165] Keller/Schönknecht/Glinke-Keller GeschGehG § 8 Rn. 55.
[166] Ständige Rspr. BGH GRUR 1986, 62 (64); Köhler/Bornkamm/Feddersen/Köhler UWG § 9 Rn. 4.52 mwN.
[167] Vgl. Gloy/Loschelder/Dankwerts UWG HdB/Harte-Bavendamm § 77 Rn. 76; zu Ansprüchen gegen den Geheimnisempfänger s. Kiethe/Groeschke, WRP 2005, 1358 (1370).
[168] Keller/Schönknecht/Glinke-Keller GeschGehG § 8 Rn. 57.
[169] BGH GRUR 1976, 367, 369 – Ausschreibungsunterlagen.
[170] Harte-Bavendamm/Ohly/Kalbfus, § 8 Rn. 22 mwN.
[171] BVerfG, NJW 1981, 1431.
[172] Vgl. BVerfG, NJW 1981, 1431; ausführlich Kehrer, GRUR 2021, 31, 32 mwN.
[173] ArbG Saarlouis BeckRS 2011, 69046; OLG Stuttgart, GRUR-RS 2016, 7613 Rn. 67 ff.
[174] Hoeren/Münker/Gregor GeschGehG § 8 Rn. 28; in diese Richtung auch Kehrer, GRUR 2021, 31, 34 f.
[175] GRUR 2021, 31, 33 f.
[176] Keller/Schönknecht/Glinke-Keller GeschGehG § 9 Rn. 12; Reinfeld Neues GeschGehG § 5 Rn. 18; Harte-Bavendamm/Ohly/Kalbfus/Ohly GeschGehG § 9 Rn. 6.

wendung hat anspruchsausschließende Wirkung, ist also von Amts wegen und nicht nur dann zu berücksichtigen, wenn der Rechtsverletzer sich auf sie beruft.[177]

6. Schadensersatz, § 10 GeschGehG

100 Nach § 10 Abs. 1 GeschGehG ist der Rechtsverletzer dem Inhaber des Geschäftsgeheimnisses zum Schadensersatz verpflichtet, wenn er schuldhaft gehandelt hat. Gemäß § 10 Abs. 1 Satz 2 GeschGehG bleibt § 619a BGB unberührt, so dass auch dann, wenn die Rechtsverletzung im Rahmen eines Arbeitsverhältnisses geschehen ist, der Inhaber des Geschäftsgeheimnisses – entgegen § 280 BGB – darzulegen und zu beweisen hat, dass der Verletzer schuldhaft gehandelt hat.

101 § 10 Abs. 2 GeschGehG stellt klar, dass auch bei der Verletzung eines Geschäftsgeheimnisses der Schaden auf die im Wettbewerbsrecht übliche dreifache Weise berechnet werden kann. Der Verletzte kann entweder den entgangenen Gewinn, die Herausgabe des Verletzergewinns oder Schadenersatz im Wege der Lizenzanalogie verlangen. Zur Vermeidung von Wiederholungen wird auf die Ausführungen in § 3 verwiesen.

102 Nach bisherigem Recht konnte der Verletzte zusätzlich im Wege der **Naturalrestitution** verlangen, dass der Wettbewerber die unredlich erlangte Kenntnis eines bestimmten Geheimnisses (gegebenenfalls auf einen bestimmten Zeitraum begrenzt) nicht verwendet.[178] Es ist nicht ersichtlich, dass sich durch die Regelungen des GeschGehG daran etwas geändert haben könnte.

103 Gemäß § 10 Abs. 3 GeschGehG kann der Verletzte zudem den Ersatz immaterieller Schäden verlangen, soweit dies der Billigkeit entspricht. Dieser Anspruch besteht neben den anderen Ansprüchen, die das GeschGehG gewährt und entspricht der vergleichbaren Regelung in § 97 Abs. 2 S. 4 UrhG. Nach der Gesetzesbegründung muss sowohl das Bestehen des Anspruches als auch seine Höhe der Billigkeit entsprechen.

7. Herausgabe nach Eintritt der Verjährung, § 13 GeschGehG

104 Gemäß § 13 GeschGehG ist der Rechtsverletzer auch nach Eintritt der Verjährung des Schadensersatzanspruches nach § 10 GeschGehG verpflichtet, dem Inhaber des Geschäftsgeheimnisses das aus der Rechtsverletzung ungerechtfertigt Erlangte herauszugeben. Es handelt sich dabei um eine Rechtsfolgenverweisung.[179] Dieser Anspruch verjährt sechs Jahre nach seiner Entstehung, die Verjährungsfrist ist also kürzer als die Frist des § 852 BGB, die bisher auf die Verletzung von Know-how anwendbar war.[180] *Reinfeld*[181] verweist unter Hinweis auf die Entscheidung BAG NZA 2018, 1425 darauf, dass bei Wettbewerbsverstößen ehemaliger Arbeitnehmer weiterhin die kürzere Verjährungsfrist des § 61 Abs. 2 HGB gilt.

8. Missbrauchsverbot, § 14 GeschGehG

105 Gemäß § 14 GeschGehG ist die Geltendmachung der Ansprüche nach dem GeschGehG unzulässig, wenn sie unter Berücksichtigung der gesamten Umstände missbräuchlich ist. In diesem Falle kann der Anspruchsgegner Ersatz der für seine Rechtsverteidigung erforderlichen Aufwendungen verlangen, weitergehende Ersatzansprüche bleiben unberührt.

9. Abfindung in Geld, § 11 GeschGehG

106 Gemäß § 11 GeschGehG kann der Rechtsverletzer, der weder vorsätzlich noch fahrlässig gehandelt hat, den Inhaber des Geschäftsgeheimnisses zur Abwendung der Ansprüche aus §§ 6 und 7 GeschGehG in Geld abfinden, wenn ihm durch die Erfüllung der Ansprüche ein unverhältnismäßig großer Nachteil entstehen würde und die Abfindung in Geld als angemessen erscheint. Die Höhe der Abfindung bemisst sich nach der Vergütung, die im Falle einer vertraglichen Einräumung des Nutzungsrechts angemessen wäre und darf den Betrag nicht übersteigen, der einer vertraglichen Vergütung für den Zeitraum entspricht, in dem dem Geheimnisinhaber ein Anspruch auf Unterlassung zusteht. Es handelt sich also gewissermaßen um eine Art Zwangslizenz für unverschuldete Geheimnisverletzungen, die betragsmäßig dadurch begrenzt wird, dass sie eine angemessene Lizenzgebühr nicht übersteigen darf und in ihrer Dauer durch den Bestand des

[177] Keller/Schönknecht/Glinke-Keller GeschGehG § 9 Rn. 30; Harte-Bavendamm/Ohly/Kalbfus/Ohly GeschGehG § 9 Rn. 3.
[178] Kraßer GRUR 1977, 177 (183).
[179] Reinfeld Neues GeschGehG § 4 Rn. 157.
[180] Keller/Schönknecht/Glinke-Keller GeschGehG § 13 Rn. 21.
[181] Reinfeld Neues GeschGehG § 4 Rn. 161.

Unterlassungsanspruchs (zB wenn der Unterlassungsanspruch nur zeitlich befristet besteht). Nach der Begründung zum Gesetzesentwurf[182] soll dies etwa in Fällen gelten, in denen lediglich ein geringer rechtsverletzender Teil in einem Produkt enthalten ist und dieser nur über eine sehr kostspielige Änderung entfernt werden könnte. Der Unterlassungsanspruch würde den Verletzer dazu zwingen, entweder das gesamte Produkt aufzugeben oder Kosten in Kauf zu nehmen, die weit über der üblicherweise für die Nutzung des Geschäftsgeheimnisses zu zahlenden Lizenzgebühr liegen würden. Im Verfahren ist der Verletzer für sämtliche Voraussetzungen der Abwendungsbefugnis darlegungs- und beweispflichtig.[183]

10. Verfahren

In §§ 15 bis 22 GeschGehG wird das Verfahren in Geschäftsgeheimnisstreitsachen geregelt. Es handelt sich dabei um Regelungen, die die allgemeinen verfahrensrechtlichen Vorschriften der ZPO, des ArbGG und des GVG in ihrem Anwendungsbereich verdrängen bzw. ergänzen, um ein Geschäftsgeheimnis auch im Rahmen der prozessualen Durchsetzung eines Anspruchs nach dem GeschGehG zu wahren. Hervorzuheben ist, dass diese Regelungen nur für Verfahren gelten, „durch die Ansprüche nach diesem Gesetz geltend gemacht werden". Nach überzeugender Auffassung sind dies sämtliche Verfahren, in denen die Verletzung von Geschäftsgeheimnissen geltend gemacht werden, so dass auch Ansprüche, die sich formal auf andere Rechtsgrundlagen stützen, erfasst sind.[184] Soweit die §§ 15 bis 22 GeschGehG keine speziellere Regelung enthalten, sind die allgemeinen Verfahrensregeln anwendbar. Dies schließt die allgemeinen Verfahrensregelungen des einstweiligen Rechtsschutzes mit ein. Da das GeschGehG – anders als das UWG – keine Vermutung der Dringlichkeit enthält, muss diese entsprechend dargelegt und ggf. auch glaubhaft gemacht werden. § 12 Abs. 2 UWG ist auch nicht analog anwendbar.[185] 107

a) Sachliche und örtliche Zuständigkeit. Die Frage der sachlichen Zuständigkeit stellt sich nur dann, wenn eine Geheimnisverletzung durch aktuelle oder ausgeschiedene Arbeitnehmer gerichtlich verfolgt werden soll. Nach § 2 Abs. 1 Nr. 3 lit. d ArbGG sind die Arbeitsgerichte ausschließlich zuständig für Prozesse zwischen Arbeitnehmern und Arbeitgebern aus unerlaubten Handlungen, soweit diese mit dem Arbeitsverhältnis in Zusammenhang stehen. Da dies in allen Fällen eines Verstoßes eines Arbeitnehmers gegen ein Handlungsverbot des § 4 GeschGehG der Fall ist, sind insoweit ausschließlich die Arbeitsgerichte zuständig. Dies gilt auch, wenn ausgeschiedene Arbeitnehmer ihre vertragliche oder nachvertragliche Pflicht aus dem Arbeitsverhältnis verletzen. Im Übrigen ist der Rechtsweg zu den ordentlichen Gerichten eröffnet. Zu berücksichtigen ist, dass die Frage der Zuständigkeit in Rechtsmittelinstanzen nicht mehr geprüft wird. Nach § 17a GVG bleiben daher die ordentlichen Gerichte zuständig, wenn in erster Instanz das Landgericht entschieden hat. Funktionell sind nach § 15 Abs. 1 GeschGehG ohne Rücksicht auf den Streitwert die Landgerichte zuständig, wenn der Rechtsweg zu den ordentlichen Gerichten eröffnet ist. 108

Örtlich ist das Gericht ausschließlich zuständig, in dessen Bezirk der Beklagte seinen allgemeinen Gerichtsstand hat, § 15 Abs. 2 GeschGehG. Anders als etwa im UWG ist hier also der fliegende Gerichtsstand nicht eröffnet. Wenn der Beklagte im Inland keinen Gerichtsstand hat, ist nur das Gericht zuständig, in dessen Bezirk die Handlung begangen worden ist. 109

Hervorzuheben ist die Konzentrationsermächtigung in § 15 Abs. 3 GeschGehG. Danach sind die Landesregierungen ermächtigt, nach § 15 Abs. 1 GeschGehG einem Landgericht die Klagen der Bezirke mehrerer Landgerichte zuzuweisen. Vergleichbare Regelungen bestehen im Bereich der Immaterialgüterrechte (zB § 105 UrhG, § 140 MarkenG, § 143 PatG, § 63 DesignG). Bisher haben nur wenige Bundesländer (Bayern, Hessen, Nordrhein-Westfalen und Sachsen) von dieser Ermächtigung Gebrauch gemacht. So ist in Bayern das Landgericht München I für den Oberlandesgerichtsbezirk München zuständig und das Landgericht Nürnberg-Fürth für die Oberlandesgerichtsbezirke Nürnberg und Bamberg. In Hessen sind die Geschäftsgeheimnisstreitsachen dem Landgericht Frankfurt/Main zugewiesen, in Nordrhein-Westfalen sind die Landgerichte Düsseldorf, Bochum und Köln zuständig, in Sachsen sind es die Landgerichte Leipzig und Dresden. 110

---

[182] Begründung RegE S. 33.

[183] Reinfeld Neues GeschGehG § 5 Rn. 32; BeckCK UWG Reiling/Wild GeschGehG § 11 Rn. 2; aA Harte-Bavendamm/Ohly/Kalbfus/Ohly GeschGehG § 11 Rn. 22.

[184] Vgl. Keller/Schönknecht/Glinke-Keller GeschGehG § 16 Rn. 7; Harte-Bavendamm/Ohly/Kalbfus/Kalbfus GeschGehG § 16 Rn. 9; Köhler/Bornkamm/Feddersen/Alexander GeschGehG § 16 Rn. 13; Kalbfus WRP 2019, 692, 693.

[185] Vgl. OLG München GRUR-RR 2019, 443; Keller/Schönknecht/Glinke-Keller GeschGehG § 6 Rn. 122; Harte-Bavendamm/Ohly/Kalbfus/Ohly GeschGehG § 6 Rn. 56.

111 **b) Geheimhaltung im Verfahren.** Um zu gewährleisten, dass der Schutz eines Geschäftsgeheimnisses auch im Rahmen einer gerichtlichen Auseinandersetzung gewahrt bleibt, kann das Gericht der Hauptsache auf Antrag einer Partei streitgegenständliche Informationen ganz oder teilweise als geheimhaltungsbedürftig einstufen, wenn diese ein Geschäftsgeheimnis sein können (§ 16 Abs. 1 GeschGehG). Ferner kann das Gericht gemäß § 19 Abs. 1 GeschGehG auf Antrag einer Partei den Zugang zu im Verfahren vorgelegten Dokumenten, die Geschäftsgeheimnisse enthalten können, ganz oder teilweise auf eine bestimmte Anzahl von zuverlässigen Personen beschränken. Ähnliches gilt für den Zugang zur mündlichen Verhandlung, bei der Geschäftsgeheimnisse offengelegt werden könnten sowie zu der Aufzeichnung oder dem Protokoll der mündlichen Verhandlung. Das Gericht „kann" die Geheimhaltung anordnen, es handelt sich also um eine Ermessensentscheidung. Liegen die Voraussetzungen für die Einstufung als Geschäftsgeheimnis vor, wird das Ermessen auf Null reduziert sein.[186]

112 Dabei ist sowohl für eine Maßnahme nach § 16 Abs. 1 GeschGehG als auch eine solche nach § 19 Abs. 1 GeschGehG ein Antrag einer Partei erforderlich. Gemäß § 20 Abs. 1 GeschGehG kann das Gericht diese Maßnahmen ab Anhängigkeit des Rechtsstreits anordnen, so dass es sich empfiehlt, derartige Anträge bereits mit Erhebung der Klage zu stellen.

Praxistipp:

Anträge auf Anordnung von Maßnahmen nach §§ 16 Abs. 1, 19 Abs. 1 GeschGehG sollten bereits in der Klageschrift gestellt werden.

113 Die inhaltlichen Anforderungen an den zu stellenden Antrag und das weitere Verfahren des Gerichts sind in § 20 GeschGehG detailliert geregelt. So muss gemäß § 20 Abs. 3 GeschGehG die den Antrag stellende Partei glaubhaft machen, dass es sich bei der streitgegenständlichen Information um ein Geschäftsgeheimnis handelt – es müssen also alle Umstände glaubhaft gemacht werden, deren Vorliegen ein Geschäftsgeheimnis nach § 2 Nr. 1 GeschGehG erfordert. Werden mit dem Antrag Schriftstücke und sonstige Unterlagen eingereicht oder vorgelegt, muss die den Antrag stellende Partei diejenigen Ausführungen kennzeichnen, die nach ihrem Vorbringen Geschäftsgeheimnisse enthalten. Im Fall des § 19 Abs. 1 S. 1 Nr. 1 GeschGehG muss sie zusätzlich eine Fassung ohne Preisgabe von Geschäftsgeheimnissen vorlegen, die eingesehen werden kann. Wird keine solche um die Geschäftsgeheimnisse reduzierte Fassung vorgelegt, kann das Gericht von der Zustimmung zur Einsichtnahme ausgehen, es sei denn, ihm sind besondere Umstände bekannt, die eine solche Vermutung nicht rechtfertigen.

114 Das Gericht entscheidet über den Antrag durch Beschluss, § 20 Abs. 5 GeschGehG. Beabsichtigt das Gericht die Zurückweisung des Antrags, hat es die den Antrag stellende Partei darauf und auf die Gründe hierfür hinzuweisen und ihr binnen einer zu bestimmenden Frist Gelegenheit zur Stellungnahme zu geben. Wird der Antrag zurückgewiesen, findet dagegen die sofortige Beschwerde statt, § 20 Abs. 5 S. 5 GeschGehG.

115 Der anderen Partei ist rechtliches Gehör zu gewähren. Gemäß § 20 Abs. 2 GeschGehG muss dies spätestens nach Anordnung der Maßnahme erfolgen, das Gericht kann also darüber entscheiden, ob die andere Partei vor Anordnung der Maßnahme gehört wird oder nicht. Wird die andere Partei vor der Anordnung nicht gehört, kann das Gericht die Maßnahme nach Anhörung der Parteien aufheben oder abändern. Da das Gesetz die Anhörung der Parteien vorsieht, muss also vor einer Aufhebung der Anordnung wiederum die Partei gehört werden, die den Antrag gestellt hat.

116 Wird die andere Partei vor der Anordnung gehört, ist diese Entscheidung nicht gesondert angreifbar, denn die Einstufung als geheimhaltungsbedürftig nach § 16 Abs. 1 GeschGehG und die Anordnung der Beschränkung nach § 19 Abs. 1 GeschGehG können nur gemeinsam mit dem Rechtsmittel in der Hauptsache angefochten werden.

117 Wenn streitgegenständliche Informationen ganz oder teilweise als geheimhaltungsbedürftig eingestuft werden, müssen die Parteien, ihre Prozessvertreter, Zeugen, Sachverständige, sonstige Vertreter und alle sonstigen Personen, die an Geschäftsgeheimnisstreitsachen beteiligt sind oder die Zugang zu Dokumenten eines solchen Verfahrens haben, diese Informationen vertraulich behandeln und dürfen diese außerhalb eines gerichtlichen Verfahrens nicht nutzen oder offenlegen. Dies gilt nicht, wenn sie von diesen außerhalb des Verfahrens Kenntnis erlangt haben, § 16 Abs. 2

[186] Kalbfus WRP 2019, 692, 695.

GeschGehG. Nach Auffassung des OLG Dresden[187] führt dies auch dazu, dass eine in der mündlichen Verhandlung nicht anwesende Partei von ihrem in der Verhandlung anwesenden Prozeßbevollmächtigten über die als geheimhaltungsbedürftig eingestuften Informationen nicht informiert werden darf. Überzeugend erscheint es demgegenüber, jedenfalls dann eine interne, die jeweilige Sphäre des betreffenden Beteiligten nicht verlassende Weitergabe auch dieser Informationen nach Maßgabe des „Need-to-know" Prinzips zuzulassen, wenn und soweit keine Anordnung nach § 19 GeschGehG getroffen ist, zB Weitergabe an mit der Fallbearbeitung betraute Mitarbeiter,[188] Sachverständige oder Mitarbeiter der Konzernrechtsabteilung, die in einer anderen Konzerngesellschaft tätig sind.[189] Ferner darf Dritten, die ein Recht auf Akteneinsicht haben, nur ein Akteninhalt zur Verfügung gestellt werden, in dem die Geschäftsgeheimnisse enthaltenden Ausführungen unkenntlich gemacht wurden, § 16 Abs. 3 GeschGehG.

Diese Verpflichtungen bestehen nach Abschluss des gerichtlichen Verfahrens fort, wenn nicht das Gericht der Hauptsache das Vorliegen des streitgegenständlichen Geschäftsgeheimnisses durch rechtskräftiges Urteil verneint hat oder sobald die streitgegenständlichen Informationen für Personen in den Kreisen, die üblicherweise mit solchen Informationen umgehen, bekannt oder ohne Weiteres zugänglich werden, § 18 GeschGehG. 118

Ein Verstoß gegen die Vertraulichkeitsverpflichtung aus § 16 Abs. 2 GeschGehG wird gemäß § 17 GeschGehG mit Ordnungsgeld bis zu 100.000 € oder Ordnungshaft bis zu sechs Monate Dauer sanktioniert. Anders als in den Fällen des § 890 ZPO können diese Ordnungsmittel sofort festgesetzt und vollstreckt werden, es bedarf also keiner vorangehenden Androhung. Gegen ein Ordnungsmittel ist die Beschwerde statthaft, sie hat gemäß § 17 S. 3 GeschGehG aufschiebende Wirkung. 119

c) **Bekanntmachung des Urteils.** Gemäß § 21 Abs. 1 GeschGehG kann der obsiegenden Partei einer Geschäftsgeheimnisstreitsache auf Antrag in der Urteilsformel die Befugnis zugesprochen werden, das Urteil oder Informationen über das Urteil auf Kosten der unterliegenden Partei öffentlich bekannt zu machen, wenn die obsiegende Partei hierfür ein berechtigtes Interesse darlegt. Form und Umfang der öffentlichen Bekanntmachung werden unter Berücksichtigung der berechtigten Interessen der im Urteil genannten Personen in der Urteilsformel bestimmt. In Abs. 2 sind verschiedene Kriterien aufgelistet, die bei den Entscheidungen über die öffentliche Bekanntmachung insbesondere zu berücksichtigen sind, nämlich der Wert des Geschäftsgeheimnisses, das Verhalten des Rechtsverletzers bei Erlangung, Nutzung oder Offenlegung des Geschäftsgeheimnisses, die Folgen der rechtswidrigen Nutzung oder Offenlegung des Geschäftsgeheimnisses und die Wahrscheinlichkeit einer weiteren rechtswidrigen Nutzung oder Offenlegung des Geschäftsgeheimnisses durch den Rechtsverletzer. 120

Das Urteil darf erst nach Rechtskraft bekannt gemacht werden, es sei denn das Gericht bestimmt etwas anderes. 121

d) **Streitwertbegünstigung.** Macht bei Geschäftsgeheimnisstreitsachen eine Partei glaubhaft, dass die Belastung mit den Prozesskosten nach dem vollen Streitwert ihre wirtschaftliche Lage erheblich gefährden würde, so kann das Gericht auf ihren Antrag anordnen, dass die Verpflichtung dieser Partei zur Zahlung von Gerichtskosten sich nach dem ihrer Wirtschaftslage angepassten Teil des Streitwerts bemisst. 122

e) **Verfahrensarten.** Die Ansprüche auf Unterlassung und Beseitigung können im Wege der einstweiligen Verfügung und/oder im Klageverfahren durchgesetzt werden, die Ansprüche auf Auskunft und Schadensersatz sowie die weiteren Ansprüche aus § 7 GeschGehG auf Vernichtung/Herausgabe sowie Rückruf/Entfernung vom Markt jedoch nur im Klageverfahren, weil anderenfalls eine Vorwegnahme der Hauptsache erfolgen würde. Andere als die beschriebenen verfahrensrechtlichen Besonderheiten bestehen nicht. 123

f) **Sonderproblem Antragsfassung.** Praktische Schwierigkeiten können sich in Bezug auf die Antragsfassung ergeben, wenn die konkrete Verletzungsform des angegriffenen Verstoßes bestimmt werden muss. Nach § 253 ZPO muss der Klageantrag hinreichend bestimmt sein, für Rechtsverteidigung und Vollstreckung muss also klar sein, worauf sich das Verbot erstreckt.[190] Ausle- 124

---

[187] OLG Dresden Beschluss vom 3.2.2021 – 4 W 935/20, openJur 2021, 7152 Rn. 13 zu einer Geheimhaltungsanordnung nach §§ 172 ff. GVG.

[188] Kalbfus WRP 2019, 692, 695.

[189] Keller/Schönknecht/Glinke-Keller GeschGehG § 16 Rn. 50; Kalbfus WRP 2019, 692, 695.

[190] BGH NJW 2000, 1792 (1794); vgl. ArbG Düsseldorf GRURPrax 2012, 152.

gungsbedürftige Begriffe sind zwar nicht schlechthin unzulässig. Anders ist dies aber dann, wenn gerade streitig ist, ob das beanstandete Verhalten unter einen solchen Begriff fällt. Die zu unterlassende Verletzungshandlung muss daher so genau wie möglich beschrieben werden. Geht es beispielsweise um die Untersagung der Entwicklung, Weiterentwicklung, Herstellung, des Anbietens, des Vertreibens oder des sonstigen Inverkehrbringens hergestellter Produkte, so sind in dem Antrag nicht die Merkmale der Geschäftsgeheimnisse der Klägerin wiederzugeben, sondern diejenigen der als rechtsverletzend anzusehenden Produkte der Beklagten,[191] wobei die konkrete Bezugnahme auf die angegriffene Ausführungsform ausreicht.[192]

125 Im Ergebnis wird die weitere Verwendung eines bestimmten Geheimnisses daher möglicherweise nur dann gerichtlich unterbunden werden können, wenn dieses spezifische Wissen im Antrag oder in den Schriftsätzen gegenüber dem Gericht offenbart wird. Dies würde zwangsläufig bedeuten, dass nicht nur der Gegner, sondern auch weitere Prozessbeteiligte Kenntnis von dem Geheimnis erlangen. Der denkbar ungünstigste Fall würde daher darin bestehen, dass der Beklagte, der möglicherweise nur über Teile des Geheimnisses verfügt, durch einen hinreichend konkretisierten Unterlassungsantrag oder einen entsprechend ausführlichen Schriftsatz vollständige Kenntnis von dem betreffenden Geheimnis erlangt. Es sollte daher versucht werden, das beanstandete Verhalten im Unterlassungsantrag möglichst konkret zu bezeichnen, ohne das Geheimnis selbst preiszugeben. Das OLG Frankfurt/Main vertritt dazu die Auffassung, dass grundsätzlich die Charakteristika, die das Betriebsgeheimnis darstellen, in den Antrag aufgenommen werden müssen. Anderes gelte dann, wenn sich der Antrag gegen konkret bestimmte Produkte richte, die unter Verwendung von illegal entwendeten Konstruktionszeichnungen hergestellt worden sein sollen. In diesen Fälle genüge es, wenn der Unterlassungstenor die Verletzungsformen beinhalte, die unter Verwendung der Konstruktionspläne hergestellt worden sind.[193] Ähnlich hat der BGH in der Entscheidung „Schweissmodulgenerator"[194] festgehalten, dass der Kläger nicht gehalten sei, detailliert vorzutragen, worin das Betriebsgeheimnis konkret bestehe, wenn feststehe, dass für die Herstellung des in Rede stehenden Produkts in jedem Falle ein solches Geheimnis verwendet worden ist. Dies wird allerdings nicht in allen Fällen der Verletzung von Geheimnissen möglich sein. Soll dem Antragsgegner etwa untersagt werden, sich an Kunden des Antragstellers zu wenden, könnte der Unterlassungsantrag zwar darauf gerichtet sein, es zu unterlassen, Werbematerial an die Kunden des Antragstellers zu übersenden. Es wäre allerdings erforderlich, diese Kunden entweder in den Schriftsätzen namentlich zu benennen, eine Kundenliste zu überreichen oder zumindest diese Kunden individualisierend zu beschreiben.[195]

Formulierungsvorschlag:

Der Antragsgegner wird verurteilt, es zu unterlassen, zum Zweck der Vermittlung oder des Abschlusses von Geschäften betreffend [konkret bezeichnete Waren oder Dienstleistungen] gezielt in Verbindung zu Kunden der Antragstellerin zu treten, soweit er von deren Namen und/oder Anschrift Kenntnis nur auf Grund früherer Tätigkeit bei der Antragstellerin erlangt hat.

Alternativ für den Fall, dass eine bestimmte Datei oder Kundenliste verwendet wird:

der Antragsgegner wird verurteilt, es zu unterlassen, zum Zweck der Vermittlung oder des Abschlusses von Geschäften betreffend [konkret bezeichnete Waren oder Dienstleistungen] gezielt in Verbindung zu den in der nachfolgend wiedergegebenen Liste [oder: in der Datei XYZ Stand TT. MM.JJJJ] aufgeführten Personen zu treten.

126 Zu berücksichtigen sind dabei die oben dargestellten Möglichkeiten des § 16 GeschGehG zur fortdauernden Geheimhaltung des Geheimnisses auch im Rahmen des Verfahrens. Diese besonderen verfahrensrechtlichen Bestimmungen ermöglichen es dem Kläger insbesondere auch, geheim-

[191] BGH 3.5.2001 – I ZR 153/99, juris Rn. 74 – Spritzgießwerkzeuge.

[192] BGH 22.3.2018 – I ZR 118/16, juris Rn. 19 – Hohlfasermembranspinnanlage II; BGH 13.12.2007 – I ZR 71/05, juris Rn. 9/10 – Schweißmodulgenerator.

[193] OLG Frankfurt a. M. 8.3.2005 – 11 U 57/03 InstGE 7, 152 ff.

[194] BGH GRUR 2008, 727 (729) – Schweissmodulgenerator.

[195] OLG Düsseldorf 7.12.2010 – I-20 U 18/10, GRUR-RS 2021, 17483 Rn. 24; LAG Sachsen-Anhalt 10.7.2009 – 9 Sa 167/08.

haltungsbedürftige Tatsachen, die er für eine hinreichend bestimmte Fassung des Klageantrags angeben muss, in das Verfahren einzuführen, ohne hierdurch seine Geheimhaltungsinteressen zu gefährden.[196] So könnte man die betreffende Information in einer passwortgeschützten Datei in das Verfahren einführen und einen Antrag auf Einstufung dieser Information als geheimhaltungsbedürftig stellen. Durch eine solche Anordnung des Gerichts gemäß § 20 GeschGehG werden die Pflichten der Prozessbeteiligten zur vertraulichen Behandlung und Geheimhaltung gem. § 16 Absatz 2 GeschGehG ausgelöst, bei deren Verletzung gem. § 17 GeschGehG Ordnungsmittel verhängt werden können. Auch das Recht Dritter zur Akteneinsicht wird beschränkt (§ 16 Absatz 3 GeschGehG). Diese besonderen verfahrensrechtlichen Bestimmungen ermöglichen es dem Kläger, geheimhaltungsbedürftige Tatsachen, die er für eine hinreichend bestimmte Fassung des Klageantrags angeben muss, in das Verfahren einzuführen, ohne hierdurch seine Geheimhaltungsinteressen zu gefährden.[197]

Formulierungsvorschlag:

Der Antragsgegner wird verurteilt, es zu unterlassen, zum Zweck der Vermittlung oder des Abschlusses von Geschäften betreffend [konkret bezeichnete Waren oder Dienstleistungen] gezielt in Verbindung zu den in der als Anlage K1 wiedergegebenen Liste [oder: in der Datei XYZ Stand TT. MM JJJJ] aufgeführten Personen zu treten.

Gleichzeitig wird beantragt, die auf dem Datenträger gemäß Anlage K 1 enthaltenen Dateien gemäß § 16 Absatz 1 GeschGehG als geheimhaltungsbedürftige Informationen einzustufen und sämtliche Beklagten gemäß § 20 Absatz 5 Satz 2 GeschGehG auf die Rechtsfolgen der Einstufung als geheimhaltungsbedürftig hinzuweisen.

Solange das Gericht nicht über den Antrag nach § 16 Absatz 1 GeschGehG entschieden hat, 127
können die Klageanträge nicht mangels ausreichender Bestimmtheit als unzulässig abgewiesen werden. Denn es muss zunächst geklärt werden, ob der Klägerin der Schutz des § 16 Absatz 2 GeschGehG zu gewähren ist, bevor ihr die Offenlegung von Informationen zur bestimmten Bezeichnung des Klagebegehrens abverlangt wird. Sollte das Landgericht durch rechtskräftigen Beschluss (§ 20 Absatz 5 GeschGehG) eine entsprechende Anordnung ablehnen, müssen die betreffenden Informationen offengelegt werden, damit die betreffenden Anträge nicht als unzulässig abgewiesen werden.[198]

Selbstverständlich muss das Bestehen des Unterlassungsanspruchs schlüssig vorgetragen und 128
gegebenenfalls auch glaubhaft gemacht oder bewiesen werden. Dafür wird es regelmäßig nicht erforderlich sein, nachzuweisen, dass bereits sämtliche Kunden angeschrieben worden sind, sondern genügen, dass einige Kunden angeschrieben wurden und dabei etwa die gleichen Fehler in der Schreibweise der Namen und/oder Adressen vorkommen, wie in der eigenen Datei. Auch im Falle der Verwendung der besonderen Rezeptur eines Erfrischungsgetränks wird eine abstrakte Beschreibung der zu untersagenden Wettbewerbshandlung kaum möglich sein, wenn nicht unstreitig oder nachgewiesen ist, dass die betreffende Rezeptur von dem Verletzer tatsächlich verwendet wird. Nach früherem Recht konnte das betreffende Geheimnis (soweit es denn notwendigerweise mitgeteilt werden musste) lediglich in begleitendem Aktenmaterial aufgenommen werden, um die Akteneinsicht für Dritte zu sperren (vgl. § 299 Abs. 2 ZPO).[199] Weiter konnte man vor Inkrafttreten des GeschGehG nur beantragen, die Öffentlichkeit gemäß § 172 Nr. 2 GVG auszuschließen und/oder die Parteien zur Geheimhaltung zu verpflichten, § 174 Nr. 3 GVG. Die Möglichkeiten des Geheimnisschutzes nach dem GeschGehG gehen darüber hinaus, sind aber nur dann gegeben, wenn es um eine Geheimnisstreitsache geht (s. o.). Außerhalb dieses Anwendungsbereiches sind die Möglichkeiten zur Geheimhaltung nach GVG weiter relevant. Insbesondere kann die Verpflichtung zur Geheimhaltung in diesen Fällen auch deswegen sinnvoll sein, weil ein Verstoß gemäß § 353d StGB mit Freiheitsstrafe sanktioniert werden kann.[200]

[196] OLG Stuttgart 19.11.2020 – 2 U 575/19, GRUR-RS 2020, 35613 Rn. 217.
[197] OLG Stuttgart 19.11.2020 – 2 U 575/19, GRUR-RS 2020, 35613 Rn. 217.
[198] OLG Stuttgart 19.11.2020 – 2 U 575/19, GRUR-RS 2020, 35613 Rn. 225.
[199] Im Einzelnen s. Kiethe/Groeschke WRP 2005, 1358 (1369).
[200] Im Einzelnen s. Ann/Loschelder/Grosch Kap. 6 Rn. 191 ff.

Praxistipp:

Die Formulierung des Antrags sollte möglichst so gewählt werden, dass das zu schützende Geheimnis nicht offengelegt wird; im Verfügungsverfahren ist insbesondere § 938 ZPO zu berücksichtigen.

Ist dies nicht sinnvoll möglich, sollte das zu schützende Geheimnis (zB passwortgesichert) so in das Verfahren eingeführt werden, dass es erst nach Anordnung der Geheimhaltungsbedürftigkeit offenbart wird.

129 **g) Sonderproblem Besichtigung.** Einen Auskunftsanspruch gegen den potentiellen Verletzer auf Mitteilung, ob er ein bestimmtes Geheimnis verletzt oder nicht, enthält das GeschGehG nicht. § 809 BGB sieht allerdings unter bestimmten Voraussetzungen einen Anspruch auf Besichtigung einer Sache vor. Es ist denkbar, diesen Anspruch auch auf Fälle zu übertragen, in denen der Gegner möglicherweise Geheimnisse des Berechtigten unberechtigterweise verwendet oder gespeichert hat.[201] Voraussetzung des § 809 BGB ist zunächst, dass es sich um einen Anspruch handelt, der „in Ansehung der Sache" besteht. Dies ist nicht nur dann gegeben, wenn die Sache selbst – wie beim Herausgabeanspruch – Gegenstand des Anspruches ist, sondern auch dann, wenn der Anspruch von dem Bestand der Sache oder ihrer Beschaffenheit abhängt.[202] Anerkannt ist insoweit, dass Besichtigungsansprüche aus § 809 BGB bei Schutzrechtsverletzungen in Betracht kommen.[203] Grundlegend hat der BGH in den Entscheidungen „Druckbalken"[204] und „Faxkarten"[205] für eine mögliche Patentverletzung und eine mögliche Urheberrechts- bzw. Wettbewerbsverletzung die widerstreitenden Interessen zwischen dem möglichen Verletzten und dem Verletzer abgewogen und gefordert, dass eine erhebliche Wahrscheinlichkeit der Rechtsverletzung vorliegen muss. Kann der Anspruchsgegner glaubhaft machen, dass seine Betriebsgeheimnisse durch die Besichtigung gefährdet werden können, ist der Anspruch dahin eingeschränkt, dass nicht der Anspruchsteller, sondern ein von ihm beauftragter Sachverständiger zur Besichtigung zugelassen wird. Eingriffe in die Substanz wie etwa der Aus- oder Einbau von Teilen oder die Inbetriebnahme der Maschine sind in der „Druckbalken"-Entscheidung noch für unzulässig gehalten worden.[206] Der Sachverständige durfte danach lediglich funktionslose Verkleidungen abnehmen, weil die Besichtigung anderenfalls durch bloße Sichtblenden verhindert werden könnte.[207] In der „Faxkarten"-Entscheidung hat der BGH klargestellt, dass eine Interessenabwägung im Einzelfall vorgenommen werden muss, bei der insbesondere zu berücksichtigen ist, ob dem Anspruchsteller noch andere Beweismittel zur Verfügung stehen. Substanzeingriffe sind nach dieser Entscheidung nicht mehr von vornherein unzulässig.[208] Fraglich ist natürlich, ob und inwieweit die in diesen Entscheidungen festgelegten Grundsätze auch auf die Verletzung von Geheimnissen übertragen werden können. In der Faxkarten-Entscheidung ist klargestellt, dass der Anspruch nach § 809 BGB grundsätzlich auch dem Urheber oder dem aus Urheberrecht Berechtigten zusteht, wenn er sich vergewissern möchte, ob eine bestimmte Sache unter Verletzung des geschützten Werks hergestellt worden ist. Ergänzt wird, dass sich auch derjenige, dessen Leistung wettbewerbsrechtlich gegen Nachahmung geschützt ist, auf diesen Anspruch berufen kann.[209] Es wäre daher konsequent, einen Anspruch aus § 809 BGB dann anzunehmen, wenn die Verletzung von technischem Geheimnis zu befürchten ist.[210] Ob dies auch für die Verletzung von kaufmännischem Geheimnis, etwa die Verwertung einer Kundenliste gilt, ist fraglich, da es sich möglicherweise nicht um den Anspruch „in Ansehung einer Sache" handelt. Das Landgericht Nürnberg/Fürth geht allerdings davon aus, dass ein Anspruch aus § 809 BGB darauf gerichtet ist, den gedanklichen Inhalt von Urkunden, Plänen, Tabellen und sonstigen Unterlagen festzustellen.[211]

[201] Gloy/Loschelder/Dankwerts UWG-HdB/Harte-Bavendamm § 77 Rn. 77, 78; sehr instruktiv für Patentverletzungen BGH GRUR 2010, 318 ff. – Lichtbogenschnürung.
[202] MüKoBGB/Habersack § 809 Rn. 5.
[203] MüKoBGB/Habersack § 809 Rn. 11.
[204] BGHZ 93, 191.
[205] BGHZ 150, 377.
[206] BGHZ 93, 191 (209).
[207] Offen lassend BGHZ 93, 191 (209); MüKoBGB/Habersack § 809 Rn. 11.
[208] MüKoBGB/Habersack § 809 Rn. 12.
[209] BGH GRUR 2002, 1046 (1047) – Faxkarte.
[210] Bejahend Kiethe/Groeschke WRP 2005, 1358 (1370).
[211] LG Nürnberg/Fürth Urt. v. 23.2.2005 – 3 O 4156/04 juris.

Der Besichtigungsanspruch ist durch einstweilige Verfügung durchsetzbar. Allerdings soll die einstweilige Verfügung zu Zwecken der Sicherung nur darauf gerichtet werden können, dass der Antragsgegner einem vom Gericht bestimmten, zur völligen Verschwiegenheit verpflichteten Sachkundigen die Besichtigung der betreffenden Produkte zu ermöglichen hat, der dann wiederum seinen Bericht bei Gericht hinterlegt. Einsicht in den Bericht soll erst dann genommen werden können, wenn der Antragsteller einen Hauptsachetitel über den Besichtigungsanspruch aus § 809 BGB erlangt hat. Diese Auffassung führt im Ergebnis dazu, dass vorläufiger Rechtsschutz nur zur Beweissicherung, nicht aber zur einstweiligen Durchsetzung eines behaupteten Anspruchs eingesetzt werden kann. 130

11. Sonderproblem Offenkundigkeit

Während für die strafrechtliche Beurteilung maßgebend ist, ob das in Rede stehende Geschäftsgeheimnis zum Zeitpunkt der Tat geheim war, kommt es für die zivilrechtliche Auseinandersetzung darauf an, ob das betreffende Geheimnis im Zeitpunkt der letzten mündlichen Verhandlung noch geheim ist.[212] Es ist allerdings problematisch, genau festzustellen, wann ein bestimmtes Geheimnis noch geheim ist.[213] Im Allgemeinen wird Offenkundigkeit angenommen, wenn die speziellen Kenntnisse und/oder Informationen nicht nur einem begrenzten Personenkreis zugänglich sind, die eingeweihten Personen nicht in gewisser Weise unter Kontrolle des Geheimnisträgers stehen[214] und/oder die speziellen Kenntnisse nicht dem beliebigen Zugriff Dritter ausgeliefert sind,[215] mit anderen Worten dann, wenn die Kenntnis der betreffenden Tatsache auf normalem Weg allgemein erlangt werden kann, der Gegenstand also beliebigem Zugriff preisgegeben ist.[216] 131

Eine unberechtigte Offenlegung gegenüber wenigen Außenstehenden führt wohl nicht zwangsläufig zur Offenkundigkeit,[217] während dagegen eine allgemeine Zugänglichkeit ausreichen dürfte. Dementsprechend führte die durch den ursprünglichen Geheimnisträger veranlasste Veröffentlichung eines bis dahin geheimen Strickverfahrens dazu, den bis zu diesem Zeitpunkt wohl angenommenen Geheimnis-Schutz zeitlich entsprechend zu begrenzen.[218] Es spielt dabei keine Rolle, ob die Offenlegung befugtermaßen erfolgte oder nicht. Maßgebend ist allein, dass das betreffende Wissen nicht mehr geheim ist.[219] Für den Bereich der Arzneimittel wird dies beispielsweise nicht schon dann angenommen, wenn ein durchschnittlicher Fachmann anhand der jedermann zugänglichen Angaben auf der Packung und in der Packungsbeilage in der Lage ist, ein gleichwertiges Präparat zu erzeugen. Erst dann, wenn für den Fachmann auch ersichtlich ist, in welchem Mengen- und Gewichtsverhältnis die einzelnen Bestandteile zu verwenden sind und wie das Herstellungsverfahren im Einzelnen abläuft, kann von einer Offenkundigkeit gesprochen werden.[220] 132

12. Pro und Contra einer Abmahnung

In jedem Einzelfall ist abzuwägen, ob im Falle eines Geheimnis-Verstoßes vor der Inanspruchnahme gerichtlicher Hilfe abgemahnt wird oder nicht. Regelmäßig wird sich jedoch eine Abmahnung nicht empfehlen, weil der Angegriffene die ihm verbleibende Zeit bis zur Zustellung einer Einstweiligen Verfügung nutzen kann, um entweder die Beweislage zu Ungunsten des Geheimnis-Trägers zu verschlechtern und/oder weitere Verwertungen vorzunehmen. Demgegenüber wird das Risiko, gegebenenfalls mit den Prozesskosten belastet zu werden, im Regelfall zu vernachlässigen sein. Eine andere Überlegung ist, ob parallel zu dem Antrag auf Erlass einer Einstweiligen Verfügung strafrechtliche Schritte eingeleitet werden können. Wenn der Verdacht einer Straftat vorliegt, bietet sich ein solches Vorgehen ua an, um im Rahmen des 133

212 Kraßer GRUR 1977, 177 (181, 182) mwN.

213 Gloy/Loschelder/Dankwerts UWG-HdB/Harte-Bavendamm Kap. 77 Rn. 10f.

214 Zur Bedeutung der Kontrolle Grunewald WRP 2007, 1307 (1308).

215 Kraßer GRUR 1977, 177 (179); Reimann GRUR 1998, 298 (299); Gloy/Loschelder/Dankwerts UWG-HdB/Harte-Bavendamm Kap. 77 Rn. 10.

216 Vgl. BGH GRUR 2002, 91 – Spritzgießwerkzeuge; Gloy/Loschelder/Dankwerts UWG-HdB/Harte-Bavendamm Kap. 77 Rn. 10.

217 Vgl. Gloy/Loschelder/Dankwerts UWG-HdB/Harte-Bavendamm Kap. 77 Rn. 11.

218 BGH GRUR 1960, 554 (555) – Handstrickverfahren; vgl. Körner GRUR 1985, 909 (910).

219 OLG Hamburg GRUR-RR 2001, 137 (138) – PM-Regler mwN; aA wohl Ann GRUR 2007, 39 (41).

220 BGH GRUR 1980, 750 (751) – Pankreaplex II.

Ermittlungsverfahrens gewonnene Erkenntnisse auch im Zivilverfahren zu verwerten.[221] Mitunter kann eine Einstweilige Verfügung auch dazu führen, dass die Ermittlungsbehörden die erforderlichen Schritte, zB Durchsuchungen nach §§ 102 ff. StPO durchführen. Ist eine Einstweilige Verfügung bereits erlassen, aber noch keine Hausdurchsuchung erfolgt, muss durch eine enge Abstimmung mit den zuständigen Behörden sichergestellt werden, dass die Zustellung der Einstweiligen Verfügung in einer Art und Weise veranlasst wird, dass der Erfolg der Ermittlungsbehörden nicht gefährdet wird, dh im Idealfall gleichzeitig mit einer Durchsuchung stattfindet. Da nicht ausgeschlossen werden kann, dass eine Einstweilige Verfügung schneller erlassen als eine Durchsuchung angeordnet ist, ist in jedem Falle die Vollziehungsfrist des § 929 Abs. 2 ZPO im Auge zu behalten.

Praxistipp:

Im Interesse effektiven Rechtsschutzes sollte auf eine Abmahnung verzichtet und das Prozesskostenrisiko in Kauf genommen werden; werden gleichzeitig strafrechtliche Schritte eingeleitet, muss sichergestellt werden, dass Zustellung der Einstweiligen Verfügung und Durchsuchung gleichzeitig erfolgen; dabei ist § 929 Abs. 2 ZPO zu beachten!

13. Beratungscheckliste Verletzungsfall

134 **Checkliste:**

- ☐ Verletzung nachweisbar?
- ☐ Hilfe durch Staatsanwaltschaft realistisch?
- ☐ wo befindet sich das verletzte Geheimnis?
- ☐ wie kann Geheimnis hinreichend bestimmt definiert werden, ohne es vollständig offen zu legen? Geheimhaltungsanordnung?
- ☐ Pro und Contra einer Abmahnung mit Mandanten erörtern
- ☐ sachliche Zuständigkeit des Gerichts
- ☐ befristeter Antrag?
- ☐ zeitliche Koordination von Gerichtsvollzieher und Staatsanwaltschaft (§ 929 Abs. 2 ZPO)

IV. Strafe, Strafverfolgung

135 Im bisher geltenden Recht war der Geschäftsgeheimnisschutz vornehmlich strafrechtlich geprägt (§§ 17 ff. UWG aF). Eine zivilrechtliche Durchsetzung wurde über Normen wie § 823 Abs. 2 BGB oder §§ 3, 3a UWG erreicht. Das neue GeschGehG bringt eine Umkehrung dieses Regelungsmechanismus dergestalt, dass die im vierten Abschnitt niedergelegte einzige Strafvorschrift des § 23 GeschGehG lediglich ergänzend neben die primär zivilrechtlichen Sanktionen tritt.[222] Angesichts der tatbestandlichen Verweise auf § 4 GeschGehG besteht zudem eine Zivilrechtsakzessorietät des strafrechtlichen Schutzes. Nach dem Willen des Gesetzgebers kann nur eine auch zivilrechtlich rechtswidrige Handlung unter die Strafvorschriften des GeschGehG fallen.[223] Die sich vor diesem Hintergrund stellende Frage der Einhaltung des strafrechtlichen Bestimmtheitsgebots wird zumindest dadurch entschärft, dass auf einen Verweis auf generalklauselartig gehaltene Tatbestände des § 4 GeschGehG verzichtet wird.[224] Entsprechend stellt nicht jede zivilrechtlich rechtswidrige Handlung nach dem GeschGehG auch eine Straftat gemäß § 23 GeschGehG dar.

[221] S. auch Kiethe/Groeschke WRP 2005, 1358 (1359).

[222] Keller/Schönknecht/Glinke/Schönknecht GeschGehG § 23 Rn. 1; Köhler/Bornkamm/Feddersen/Alexander GeschGehG § 23 Rn. 19.

[223] BT-Drs. 19/4724, 40.

[224] An hinreichender Bestimmtheit zweifelnd Ohly GRUR 2019, 441 (450); kritisch angesichts offener Rechtsbegriffe wie etwa des Merkmals des „berechtigten Interesses" beim Begriff des Geschäftsgeheimnisses Harte-Bavendamm/Ohly/Kalbfus/Harte-Bavendamm GeschGehG § 23 Rn. 8.

Die RL (EU) 2016/943 enthält ihrerseits keine Vorgaben zum strafrechtlichen Schutz von Geschäftsgeheimnissen, stellt den Mitgliedstaaten jedoch eine weitergehende Ausgestaltung des Schutzes vor rechtswidrigem Erwerb oder vor rechtswidriger Nutzung oder Offenlegung von Geschäftsgeheimnissen frei, sofern die in der Richtlinie ausdrücklich festgelegten Regelungen zum Schutz der Interessen anderer Parteien eingehalten werden.[225] Nicht zuletzt aufgrund der Abhängigkeit des strafrechtlichen Schutzes von den auf die Richtlinie zurückgehenden zivilrechtlichen Normen des GeschGehG sind die Vorgaben der Richtlinie jedoch auch hier maßgebend und müssen bei der Auslegung der Straftatbestände Berücksichtigung finden.[226] Laut Gesetzesbegründung entspricht § 23 GeschGehG dennoch im Wesentlichen den bisherigen §§ 17 bis 19 UWG a. F, wobei es lediglich zu sprachlichen Anpassungen an die Terminologie des GeschGehG und einer Modernisierung in Anbetracht geänderter Anforderungen an das Nebenstrafrecht gekommen sei.[227] Ob dies durchweg so angenommen werden kann, wird aufgrund der teilweise erheblichen Abweichungen im Wortlaut sowie der EU-rechtlichen Determinierung bisweilen angezweifelt.[228] 136

Praxistipp:

Häufig empfiehlt es sich, neben den zivilrechtlichen Schritten auch durch Erstattung einer Strafanzeige die Einleitung eines Ermittlungsverfahrens herbeizuführen. Die durch die Strafverfolgungsbehörden erhobenen Beweismittel können auch im Rahmen der zivilrechtlichen Anspruchsverfolgung verwertet werden. Zudem erhöht dies den Druck auf den Täter, von künftigen Verletzungen der betroffenen Geschäftsgeheimnisse, die häufig außerhalb der Öffentlichkeit stattfinden, aufgrund des strafrechtlichen Ermittlungsdrucks Abstand zu nehmen.

1. Tatbestände

§ 23 GeschGehG stellt bestimmte Verletzungen von Geschäftsgeheimnissen unter Strafe. Die Vorschrift enthält in Abs. 1 bis 3 fünf eigenständige Tatbestände. Erfasst sind die **Betriebsspionage** (§ 23 Abs. 1 Nr. 1 GeschGehG), die **Geschäftsgeheimnisverwertung bei eigener Vortat** (§ 23 Abs. 1 Nr. 2 GeschGehG), der **Geheimnisverrat** (§ 23 Abs. 1 Nr. 3 GeschGehG), die **Geheimnisverwertung bei fremder Vortat** (§ 23 Abs. 2 GeschGehG) sowie die **Vorlagenfreibeuterei** (§ 23 Abs. 3 GeschGehG). Ein Verstoß gegen die Handlungsverbote aus § 4 Abs. 1 Nr 2, Abs. 2 Nr. 1b, Abs. 3 GeschGehG ist nicht gemäß § 23 GeschGehG strafbar. Tatobjekt ist in allen Fällen ein Geschäftsgeheimnis im Sinne des § 2 Abs. 1 Nr. 1 GeschGehG (→ Rn. 7 ff.). Aus der Regelungssystematik des neuen Gesetzes ergibt sich eine einheitliche Geltung sowie Auslegung des Begriffes des Geschäftsgeheimnisses sowohl für den zivil- als auch den strafrechtlichen Bereich. Abs. 4 normiert Qualifikationstatbestände.[229] Abs. 5 bis 8 enthalten ergänzende Regelungen zur Strafbarkeit des Versuchs, einen Strafbarkeitsausschlusses für bestimmte journalistische Tätigkeiten, Rechtfertigungsgründe, Regeln zu Auslandstaten und dem Versuch der Beteiligung sowie ein Strafantragserfordernis. 137

Eine Besonderheit stellt die durch den Gesetzgeber vorgenommene Verweistechnik dar. Maßgebend für die Erfüllung des Tatbestands des § 23 GeschGehG ist die Vornahme der jeweiligen in Bezug genommenen, in § 4 GeschGehG aufgeführten Tathandlungen. Eines besonderen Erfolges bedarf es darüber hinaus nicht. Die Erlaubnis der Handlung nach § 3 GeschGehG (→ Rn 45 ff.) oder ein bestehender Ausnahmetatbestand nach § 5 GeschGehG (→ Rn. 26 ff.) führen dazu, dass kein Verstoß gegen § 4 GeschGehG vorliegt, sodass diese Vorschriften auch für die akzessorische Strafbarkeit Geltung relevant sind.[230] 138

a) § 23 Abs. 1. Der erste Absatz stellt – wie auch schon das alte Recht – die Betriebsspionage, die Verwertung von aus einer eigenen Vortat erlangten Geheimnissen sowie den Geheimnisverrat unter Strafe. Angedroht ist eine Freiheitsstrafe von bis zu drei Jahren oder eine Geldstrafe. 139

[225] Erwägungsgrund 10 der RL (EU) 2016/943.

[226] Siehe nur Köhler/Bornkamm/Feddersen/Alexander GeschGehG § 23 Rn. 10; Harte-Bavendamm/Ohly/Kalbfus/Harte-Bavendamm GeschGehG § 23 Rn. 2.

[227] BT-Drs. 19/4724, 40.

[228] Köhler/Bornkamm/Feddersen/Alexander GeschGehG § 23 Rn. 12.

[229] BT-Drs. 19/4724, 40 f.

[230] Harte-Bavendamm/Ohly/Kalbfus/Harte-Bavendamm GeschGehG § 23 Rn. 3; vgl. auch OLG Oldenburg 21.5.2019 – 1 Ss 72/19, BeckRS 2019, 29965 Rn. 6; zu § 5 GeschGehG ausdrücklich BT-Drs. 19/4724, 28.

140 *aa) Betriebsspionage.* § 23 Abs. 1 Nr. 1 iVm § 4 Abs. 1 Nr. 1 GeschGehG regelt den Fall des sogenannten verbotenen Ausspähens bzw. der Betriebsspionage. Tatbestandsmäßig handelt, wer entgegen § 4 Abs. 1 Nr. 1 GeschGehG ein Geschäftsgeheimnis erlangt. Der strafrechtliche Schutz erstreckt sich also bereits auf das dem eigentlichen Verwerten vorgelagerte Stadium des Sichverschaffens des betreffenden Geschäftsgeheimnisses. § 4 Abs. 1 Nr. 1 GeschGehG bestimmt, dass das Erlangen des Geschäftsgeheimnisses im Wege des unbefugten Zugangs zu, der unbefugten Aneignung oder des unbefugten Kopierens von Dokumenten, Gegenständen, Materialien, Stoffen oder elektronischen Dateien, die der rechtmäßigen Kontrolle des Inhabers des Geschäftsgeheimnisses unterliegen und die das Geschäftsgeheimnis enthalten oder aus denen sich das Geschäftsgeheimnis ableiten lässt, erfolgen muss (→ Rn. 41 ff.).

141 *bb) Verwertung eines Geschäftsgeheimnisses aus eigener Vortat.* § 23 Abs. 1 Nr. 2 iVm § 4 Abs. 2 Nr. 1 lit. a GeschGehG stellt die Nutzung bzw. Offenlegung eines Geschäftsgeheimnisses entgegen § 4 Abs. 2 Nr. 1 lit. a GeschGehG unter Strafe. Danach darf ein Geschäftsgeheimnis nicht nutzen oder offenlegen, wer das Geschäftsgeheimnis durch eine eigene Handlung nach § 4 Abs. 1 Nr. 1 GeschGehG erlangt hat. Die Anforderungen an die Erfüllung dieses Tatbestands entsprechen somit denen des zivilrechtlichen Handlungsverbots (→ Rn. 52 ff.). Durch den zweifachen Verweis – zum einen auf den zivilrechtlichen Tatbestand des § 4 Abs. 2 lit. a GeschGehG und von dort aus in § 4 Abs. 1 Nr. 1 GeschGehG – wird auch die dort normierte Erlangung des Geschäftsgeheimnisses im Wege der näher bestimmten Handlungsmodalitäten in den Tatbestand einbezogen. Erforderlich ist insofern eine eigene zumindest rechtswidrige Vortat, die ihrerseits jedoch nicht strafbar sein muss.[231] Der potenzielle Täterkreis deckt sich mit dem des § 23 Abs. 1 Nr. 1 GeschGehG.

142 *cc) Geheimnisverrat.* Gemäß § 23 Abs. 1 Nr. 3 iVm § 4 Abs. 2 Nr. 3 GeschGehG bleibt auch der bereits in der alten Regelung normierte Geheimnisverrat strafbar.[232] Es wird bestraft, wer entgegen § 4 Abs. 2 Nr. 3 GeschGehG als eine bei einem Unternehmen beschäftigte Person ein Geschäftsgeheimnis, das ihr im Rahmen des Beschäftigungsverhältnisses anvertraut worden oder zugänglich geworden ist, während der Geltungsdauer des Beschäftigungsverhältnisses offenlegt. § 4 Abs. 2 Nr. 3 GeschGehG statuiert seinerseits das Verbot, ein Geschäftsgeheimnis offenzulegen, wenn damit gegen eine Verpflichtung verstoßen wird (→ Rn. 61).

143 Die besondere Täterqualifikation führt zu einer Einordnung des Geheimnisverrats als echtes Sonderdelikt.[233] Täter kann nur sein, wer zum Zeitpunkt der Tat **in einem Unternehmen beschäftigt** ist. Um einen möglichst umfassenden Geheimnisschutz zu gewährleisten, ist das Merkmal des Beschäftigungsverhältnisses – wie schon der Begriff des Dienstverhältnisses der alten Fassung – weit auszulegen.[234] Erfasst werden sämtliche Beschäftigte unabhängig von den Konditionen ihrer Tätigkeit, solange sie ihre Arbeitskraft ganz oder teilweise dem Geschäft eines anderen zur Verfügung stellen.[235] Entscheidend ist die Beschäftigung bei dem Unternehmen, welchem das Geschäftsgeheimnis zusteht.[236] Mangels Erfordernis einer Weisungsabhängigkeit sind auch Mitglieder des Vorstands oder des Aufsichtsrats, Geschäftsführer oder Amtswalter potentielle Täter.[237] Anderes gilt im Falle von für das Unternehmen tätig werdenden selbstständigen Gewerbetreibenden, Freiberuflern, geschäftlichen Vertragspartnern sowie Teilhabern des Unternehmens.[238]

144 Das Geschäftsgeheimnis muss dem Täter schließlich im Rahmen des Beschäftigungsverhältnisses anvertraut worden oder zugänglich geworden sein. Erforderlich ist ein Ursachenzusammenhang mit dem Beschäftigungsverhältnis, etwa dergestalt, dass die Befassung mit dem Geschäftsgeheimnis zu dem Tätigkeitsfeld des Mitarbeiters gehört.[239] **Anvertrauen** im Sinne der Vorschrift meint das Überlassen des Geschäftsgeheimnisses unter ausdrücklicher oder konkludenter Auflage

---

[231] BT-Drs. 19/4724, 40.

[232] Der Gesetzesentwurf sieht einen Gleichlauf zwischen alter und neuer Regelung vor: BT-Drs. 19/4724, 40.

[233] Köhler/Bornkamm/Feddersen/Alexander GeschGehG § 23 Rn. 30.

[234] Keller/Schönknecht/Glinke/Schönknecht GeschGehG § 23 Rn. 41; zur alten Rechtslage BGH GRUR 2009, 603 (604) – Versicherungsuntervertreter; Köhler/Bornkamm/Feddersen/Köhler, 37. Aufl. 2019, UWG § 17 Rn. 14.

[235] Köhler/Bornkamm/Feddersen/Alexander GeschGehG § 23 Rn. 32; Hoppe/Oldekop/Altenburg Kap. 1 Rn. 894; Harte-Bavendamm/Ohly/Kalbfus/Harte-Bavendamm GeschGehG § 23 Rn. 20.

[236] Zu § 17 Abs. 1 UWG aF BGH GRUR 2009, 603 Rn. 10 – Versicherungsuntervertreter.

[237] Köhler/Bornkamm/Feddersen/Alexander GeschGehG § 23 Rn. 32; Harte-Bavendamm/Ohly/Kalbfus/Harte-Bavendamm GeschGehG § 23 Rn. 20.

[238] Köhler/Bornkamm/Feddersen/Alexander GeschGehG § 23 Rn. 33 f.

[239] Köhler/Bornkamm/Feddersen/Alexander GeschGehG § 23 Rn. 36.

der Geheimhaltung.[240] Ein **Zugänglichwerden** liegt dann vor, wenn der Beschäftigte im Rahmen des Beschäftigungsverhältnisses von dem Geheimnis erfährt oder Zugriff darauf erhält.[241]

145 Die Tat muss zudem in den Zeitraum der **Geltungsdauer des Beschäftigungsverhältnisses** fallen. Maßgebend ist der rechtliche Bestand des Beschäftigungsverhältnisses, nicht dessen tatsächliche Durchführung.[242] Die Strafbarkeit einer Geheimnisoffenlegung ist also im Falle einer Kündigung oder eines Aufhebungsvertrags von deren rechtlicher Wirksamkeit abhängig, die ihrerseits den Zeitpunkt der Beendigung des Beschäftigungsverhältnisses markiert.[243] Eine Suspendierung bzw. Freistellung führt hingegen nicht zur Beendigung des Arbeitsverhältnisses im rechtlichen Sinne, das heißt der Vertrag bleibt bestehen und lediglich die sich aus jenem ergebenden Rechte und Pflichten ruhen.[244] Auch im Falle einer Freistellung bleibt der Beschäftigte mithin strafbar.[245]

146 Nach Beendigung des Beschäftigungsverhältnisses kommt weiterhin die Erfüllung des an eine schuldrechtliche Vereinbarung anknüpfenden zivilrechtlichen Tatbestands des GeschGehG in Betracht (→ Rn. 59).

Praxistipp:
Die wirksame Aussprache einer (fristlosen) Kündigung führt zu einem Wegfall des strafrechtlichen Geheimnisschutzes. Vor Vornahme einer Kündigung sollte das Interesse an einer Auflösung des Beschäftigungsverhältnisses mit dem betreffenden Mitarbeiter sorgfältig mit dem Interesse an einer Einleitung strafrechtlicher Schritte aufgrund etwaiger Geheimnisverletzungen abgewogen werden und unter Umständen zunächst durch sonstige Maßnahmen, wie etwa einer Freistellung, Abhilfe geschaffen werden.

147 *dd) Subjektiver Tatbestand.* In subjektiver Hinsicht bedarf es auf Seiten des Täters jedenfalls bedingten Vorsatzes *(dolus eventualis)* in Bezug auf die objektiven Tatbestandsmerkmale. Insofern gelten die allgemeinen Regeln zum vorsatzausschließenden Tatbestandsirrtum gemäß § 16 Abs. 1 StGB. Ein solcher kann etwa gegeben sein, wenn der Täter die Information nicht als Geschäftsgeheimnis erkennt. Zu beachten ist, dass das Vorliegen der Voraussetzungen des § 5 GeschGehG dazu führt, dass keine verbotene Handlung gemäß § 4 GeschGehG gegeben ist, sodass sich der Vorsatz auch auf das Nichtvorliegen eines berechtigten Interesses im Sinne dieser Vorschrift beziehen muss. Hier eröffnet sich in Anbetracht der Offenheit des Begriffes des berechtigten Interesses ein beträchtlicher Spielraum nicht nur auf Tatbestandsebene, sondern auch für etwaige vorsatzrelevante Irrtümer.[246] So liegt beispielsweise ein vorsatzausschließender Erlaubnistatbestandsirrtum vor, wenn der Täter glaubt, die tatsächlichen Voraussetzungen eines Ausnahmetatbestandes im Sinne des § 5 GeschGehG – wie etwa ein berufliches oder sonstiges Fehlverhalten im Sinne des § 5 Nr. 2 GeschGehG – lägen vor.[247] Entsprechendes gilt für die Regelungen des § 3 GeschGehG.[248] Abzugrenzen ist in Anbetracht der normativ geprägten Tatbestandsmerkmale stets vom Verbotsirrtum, der den Vorsatz nicht in Frage stellt. Ein solcher ist insbesondere anzunehmen, wenn der Täter die tatsächlichen Umstände der Tat – zumindest anhand einer Parallelwertung in der Laiensphäre – richtig erfasst, aber davon ausgeht, sein Verhalten fiele dennoch nicht unter den Straftatbestand, etwa weil er die rechtlichen Grenzen einer Befugnisnorm verkennt.[249]

148 Hinzu kommt auf subjektiver Seite das Erfordernis des Vorliegens besonderer innerer Merkmale, welche bereits in § 17 UWG aF vorausgesetzt wurden. Insofern bedarf es Absicht im Sinne zielgerichteten Handelns (*dolus directus* ersten Grades). Der Täter muss zur Förderung des eige-

[240] Harte-Bavendamm/Ohly/Kalbfus/Harte-Bavendamm GeschGehG § 23 Rn. 21.
[241] Köhler/Bornkamm/Feddersen/Alexander GeschGehG § 23 Rn. 38.
[242] Hoppe/Oldekop/Altenburg Kap. 1 Rn. 903; Harte-Bavendamm/Ohly/Kalbfus/Harte-Bavendamm GeschGehG § 23 Rn. 23; Reinfeld Neues GeschGehG § 7 Rn. 81.
[243] Hoppe/Oldekop/Altenburg (Fn. 9) Kap. 1 Rn. 903; Reinfeld Neues GeschGehG (Fn. 2) § 7 Rn. 82.
[244] Ascheid/Preis/Schmidt/Preis, Kündigungsrecht, 6. Aufl. 2021, Teil 1 Abschn. K Rn. 74, 79.
[245] Reinfeld Neues GeschGehG § 7 Rn. 82.
[246] Vgl. Hoppe/Oldekop/Altenburg Kap. 1 Rn. 930.
[247] Harte-Bavendamm/Ohly/Kalbfus/Harte-Bavendamm GeschGehG § 23 Rn. 40.
[248] Brammsen/Apel/Brammsen GeschGehG § 23 Rn. 58.
[249] Brammsen/Apel/Brammsen GeschGehG § 23 Rn. 59; Harte-Bavendamm/Ohly/Kalbfus/Harte-Bavendamm GeschGehG § 23 Rn. 40.

nen oder fremden Wettbewerbs, aus Eigennutz, zugunsten eines Dritten oder mit Schädigungsabsicht gehandelt haben. Häufig kommt es vor, dass der Täter von verschiedenen Motiven geleitet ist. In Anlehnung an allgemeine strafrechtliche Grundsätze reicht es jedoch im Falle dieser sog. Motivbündel auch bei den besonderen inneren Merkmalen des § 23 GeschGehG aus, wenn die geforderte Absicht hinter anderen Motiven nicht gänzlich zurücktritt.[250]

149 Ein Handeln zur **Förderung des eigenen oder fremden Wettbewerbs** liegt vor, wenn der Täter mit der Handlung gezielt den Absatz oder den Bezug von Waren oder Dienstleistungen des eigenen oder eines dritten Unternehmens begünstigt.[251] Ein Wettbewerbsverhältnis muss zwischen Benachteiligtem und Begünstigtem noch nicht aktuell bestehen, ausreichend ist bereits die Förderung eines zukünftigen Wettbewerbs.[252]

150 Aus **Eigennutz** handelt, wer sich von einem Streben nach einem materiellen oder immateriellen Vorteil leiten lässt.[253] Immaterielle Vorteile sind allerdings nur insofern umfasst, als sie vergleichbar erheblich wie materielle Vorteile sind.[254] Rein persönliches Interesse oder Neugier sind somit nicht ausreichend. Ein Beispiel für einen vergleichbaren immateriellen Vorteil ist etwa der Ansehens- oder Imagegewinn beim Täter.[255]

151 **Zugunsten eines Dritten** handelt, wer die Besserstellung eines jedweden Dritten anstrebt.[256] Eigenständige Bedeutung kommt dem Merkmal angesichts der bereits tatbestandsmäßigen Förderung fremden Wettbewerbs nur zu, wenn es um die Verschaffung außerwettbewerblicher Vorteile wie etwa solche idiologischer Natur geht.[257] Im Vergleich zur bisherigen Rechtslage ist das Merkmal bei Vorliegen einer der Rechtfertigungsgründe des § 5 GeschGehG nicht erfüllt, was zu einer Erweiterung des rechtlich zulässigen Whistleblowings führt, welches früher das Merkmal „zugunsten eines Dritten" erfüllte.[258] Allerdings ist in einem solchen Fall bereits der objektive Tatbestand nicht verwirklicht.[259]

152 Ein **Handeln mit Schädigungsabsicht** ist gegeben, wenn es dem Täter auf die Zufügung eines Nachteils beim Inhaber des Unternehmens ankommt.[260] Ein bloßes Bewusstsein über die mögliche Schädigung reicht nicht, sie muss das beabsichtigte Ziel des Täters darstellen.[261] Motivbündel sind jedoch auch hier nach den allgemeinen Grundsätzen unerheblich,[262] so dass es der Strafbarkeit nicht entgegensteht, wenn der Täter neben der Schädigung weitere Ziele verfolgt. Eines tatsächlichen Schadenseintritts bedarf es nicht.[263] Der beabsichtigte Schaden kann sowohl materieller als auch immaterieller Natur sein,[264] so dass insbesondere auch ein beabsichtigter Imageverlust den subjektiven Tatbestand erfüllen kann.

153 **b) § 23 Abs. 2.** Der Absatz regelt die Strafbarkeit wegen Verwertung eines Geschäftsgeheimnisses aus einer fremden Vortat. Der Strafrahmen beläuft sich ebenso wie bei den Delikten des ersten Absatzes auf eine Freiheitsstrafe von bis zu drei Jahren oder eine Geldstrafe.

154 *aa) Geheimnisverwertung bei fremder Vortat.* Die Strafbarkeit setzt voraus, dass es eine fremde Vortat gibt, die ihrerseits § 23 Abs. 1 Nr. 2 oder 3 GeschGehG verletzt (→ Rn. 141 ff.) und aus der der Täter des § 23 Abs. 2 GeschGehG das Geheimnis erlangt hat. Die Vortat muss in objektiver und subjektiver Hinsicht tatbestandsmäßig sein; sie muss rechtswidrig, nicht aber schuldhaft begangen worden sein.[265] Aus dieser Vortat muss der Täter des § 23 Abs. 2 Gesch-

[250] Hoppe/Oldekop/Altenburg Kap. 1 Rn. 939; Harte-Bavendamm/Ohly/Kalbfus/Harte-Bavendamm GeschGehG § 23 Rn. 42; MüKoStGB/Joecks/Miebach GeschGehG § 23 Rn. 55; Keller/Schönknecht/Glinke/Schönknecht GeschGehG § 23 Rn. 24.
[251] MüKoStGB/Joecks/Miebach GeschGehG § 23 Rn. 55; Keller/Schönknecht/Glinke/Schönknecht GeschGehG § 23 Rn. 24.
[252] Reinfeld Neues GeschGehG (Fn. 2) § 7 Rn. 26 f.
[253] Vgl. zum alten Recht OLG Karlsruhe WRP 2016, 751 (755).
[254] Harte-Bavendamm/Ohly/Kalbfus/Harte-Bavendamm GeschGehG § 23 Rn. 43; Reinfeld Neues GeschGehG (Fn. 2) § 7 Rn. 28.
[255] Köhler/Bornkamm/Feddersen/Alexander GeschGehG § 23 Rn. 44.
[256] Keller/Schönknecht/Glinke/Schönknecht GeschGehG § 23 Rn. 26.
[257] Köhler/Bornkamm/Feddersen/Alexander GeschGehG § 23 Rn. 46.
[258] BT-Drs. 19/4724, 40.
[259] Zutreffend Keller/Schönknecht/Glinke/Schönknecht GeschGehG § 23 Rn. 27.
[260] Köhler/Bornkamm/Feddersen/Alexander GeschGehG § 23 Rn. 47.
[261] Hoppe/Oldekop/Altenburg Kap. 1 Rn. 942; Reinfeld Neues GeschGehG § 7 Rn. 31.
[262] MüKoStGB/Joecks/Miebach GeschGehG § 23 Rn. 58.
[263] Köhler/Bornkamm/Feddersen/Alexander GeschGehG § 23 Rn. 47.
[264] Reinfeld Neues GeschGehG § 7 Rn. 31.
[265] Keller/Schönknecht/Glinke/Schönknecht GeschGehG § 23 Rn. 66.

GehG das Geheimnis „erlangt" haben, dh er muss Sachherrschaft über das Geheimnis oder des das Geheimnis umfassenden Informationsträger haben, die Möglichkeit zur Kenntnisnahme des Geheimnisses reicht aus (→ Rn. 39 ff.). Eine Kette der Weitergabe des Geheimnisses durch uU vorsatzlose Handlungen ist nicht tatbestandsmäßig; das Geheimnis muss vielmehr vom Vortäter oder durch ihn veranlasst weitergegeben worden sein. Dieses Geheimnis muss der Täter nutzen oder offenlegen (→ Rn. 52 ff.).

bb) Subjektiver Tatbestand. Die Anforderungen an den subjektiven Tatbestand entsprechen denen des Abs. 1 (→ Rn. 147 ff.). In der Praxis ist davon auszugehen, dass der Beschuldigte abstreitet, von der Herkunft des Geschäftsgeheimnisses aus einer rechtswidrigen Tat nach Abs. 1 Nr. 2 oder Nr. 3 gewusst zu haben. Insofern reicht es im Sinne des bedingten Vorsatzes jedoch aus, wenn der Täter nach Herkunft und Art der Information erkennt, dass ihre Nutzung oder Offenlegung eine Verletzung des Geschäftsgeheimnisses darstellen kann und dies ohne weitere Nachforschungen billigend in Kauf nimmt.[266] 155

c) § 23 Abs. 3. Die Strafbarkeit der sog. Vorlagenfreibeuterei ist in § 23 Abs. 3 GeschGehG normiert. Angedroht ist eine Freiheitsstrafe von bis zu zwei Jahren oder eine Geldstrafe und damit ein gegenüber den anderen Delikten des § 23 GeschGehG geringeres Strafmaß. Die Norm ersetzt § 18 UWG aF. 156

aa) Vorlagenfreibeuterei. Tatbestandsmäßig handelt, wer entgegen § 4 Abs. 2 Nr. 2 oder Nr. 3 GeschGehG ein Geschäftsgeheimnis, das eine ihm im geschäftlichen Verkehr anvertraute geheime Vorlage oder Vorschrift technischer Art ist, nutzt oder offenlegt. Nach § 4 Abs. 2 Nr. 2 GeschGehG darf ein Geschäftsgeheimnis nicht nutzen oder offenlegen, wer gegen eine Verpflichtung zur Beschränkung der Nutzung des Geschäftsgeheimnisses verstößt (→ Rn. 57 ff.), § 4 Abs. 2 Nr. 3 GeschGehG verletzt, wer gegen eine Verpflichtung verstößt, das Geschäftsgeheimnis nicht offenzulegen (→ Rn. 61). 157

Eine Besonderheit weist der Tatbestand hinsichtlich des Tatobjekts auf, indem er nur eine bestimmte Kategorie von Geschäftsgeheimnissen schützt.[267] Erfasst sind nur **Vorlagen und Vorschriften technischer Art.** Eine Vorlage ist alles, was bei der Herstellung neuer Sachen als Vorbild dienen soll.[268] Beispielhaft können die in § 18 UWG aF normierten Anwendungsfälle herangezogen werden, namentlich Zeichnungen, Modelle, Schablonen und Schnitte,[269] häufig, aber nicht notwendig technischer Natur.[270] Maßgeblich ist stets die körperliche Fixierung bzw. konkrete Gestaltung, die irgendeiner Weise niedergelegt ist.[271] Vorschriften technischer Art sind Anweisungen oder Erläuterungen über technische Vorgänge,[272] die auch mündlich erteilt werden können. Der geforderte Technikbezug ist gegeben, wenn die Vorschriften auf die Herbeiführung oder Beeinflussung von technischen Wirkungen abzielen.[273] 158

Die Vorlagen und Vorschriften müssen zudem **geheim** sein. Diese neu im Gesetz festgeschriebene Voraussetzung geht auf die zu § 18 UWG aF ergangene Rechtsprechung und Literatur zurück.[274] Allerdings ergibt sich dieses Erfordernis bereits aus dem Umstand, dass die Vorlagen und Vorschriften ein Geschäftsgeheimnis im Sinne des GeschGehG darstellen müssen 159

Besonderheiten ergeben sich zudem aus dem Erfordernis einer bestimmten Täterqualifikation. Die geheime Vorlage oder Vorschrift technischer Art muss dem Täter im geschäftlichen Verkehr anvertraut sein. Aus diesem Grund handelt es sich bei der Vorlagenfreibeuterei um ein echtes Sonderdelikt.[275] Das **Anvertrautsein** setzt voraus, dass das Geheimnis dem Täter ausdrücklich oder konkludent mit der vertraglichen oder außervertraglichen Auflage der Vertraulichkeit überlassen wurde sowie mit der Maßgabe, es nur im Sinne des Anvertrauenden zu verwenden.[276] Das 160

[266] Hoppe/Oldekop/Altenburg Kap. 1 Rn. 936.
[267] BT-Drs. 19/4724, 41.
[268] KG GRUR 1988, 702 (703) – Corporate Identity.
[269] Köhler/Bornkamm/Feddersen/Alexander GeschGehG § 23 Rn. 62; Harte-Bavendamm/Ohly/Kalbfus/Harte-Bavendamm GeschGehG § 23 Rn. 54.
[270] BeckOK GeschGehG/Hiéramente, 10. Ed. 15.12.2021, § 23 Rn. 50.
[271] Hoppe/Oldekop/Altenburg Kap. 1 Rn. 917; Köhler/Bornkamm/Feddersen/Alexander GeschGehG § 23 Rn. 62.
[272] Harte-Bavendamm/Ohly/Kalbfus/Harte-Bavendamm GeschGehG § 23 Rn. 55.
[273] Köhler/Bornkamm/Feddersen/Alexander GeschGehG § 23 Rn. 66.
[274] BT-Drs. 19/4724, 41.
[275] HM Köhler/Bornkamm/Feddersen/Alexander GeschGehG § 23 Rn. 66; Hoppe/Oldekop/Altenburg Kap. 1 Rn. 917; Keller/Schönknecht/Glinke/Schönknecht GeschGehG § 23 Rn. 76; aA Reinfeld Neues GeschGehG § 7 Rn. 96.
[276] Harte-Bavendamm/Ohly/Kalbfus/Harte-Bavendamm GeschGehG § 23 Rn. 59.

Merkmal „im geschäftlichen Verkehr" dient der Abgrenzung zu rein innerbetrieblichen Vorgängen.

161 *bb) Subjektiver Tatbestand.* In subjektiver Hinsicht kann grundsätzlich auf die Ausführungen zu den Tatbeständen des Abs. 1 verwiesen werden (→ Rn. 147 ff.). Neben dem Vorsatz bezogen auf die objektiven Tatbestandsmerkmale bedarf es auch hier einer besonderen Handlungsmotivation. Eine Besonderheit im Rahmen des Abs. 3 bildet der Umstand, dass hier nur die Absicht der Förderung eigenen oder fremden Wettbewerbs sowie ein Handeln aus Eigennutz zu einer Strafbarkeit führen. Nicht strafbar ist es, wenn die Handlung zugunsten eines Dritten oder aus Schädigungsabsicht motiviert ist.

2. Qualifikationen

162 § 23 Abs. 4 GeschGehG enthält Qualifikationstatbestände, die den Strafrahmen auf eine Freiheitsstrafe bis zu fünf Jahren oder eine Geldstrafe erhöhen. Der Gesetzgeber hat also nicht an der bisherigen Regelbeispielstechnik in § 17 Abs. 4 UWG aF festgehalten, was aber ausweislich der Gesetzesbegründung nichts an der inhaltlichen Übereinstimmung mit der bisherigen Fassung ändern soll.[277] Für die Vorlagenfreibeuterei gemäß § 23 Abs. 3 GeschGehG ist kein Qualifikationstatbestand normiert.

163 a) **§ 23 Abs. 4 Nr. 1.** Die Qualifikation normiert die Verschärfung der Strafbarkeit nach § 23 Abs. 1 oder 2 im Falle **gewerbsmäßigen Handelns.** Gewerbsmäßigkeit ist gegeben, wenn der Täter sich durch wiederholte Tatbegehung eine nicht nur vorübergehende Einnahmequelle von einigem Umfang und einiger Dauer verschaffen will.[278] Hierfür ist Absicht auf Seiten des Täters erforderlich. In diesem Fall ist schon die erste aus einer Reihe von Taten als gewerbsmäßig anzusehen.[279] Zu beachten ist, dass das Merkmal der Gewerbsmäßigkeit in qualitativer Hinsicht über die ohnehin in aller Regel bereits im Rahmen des Grundtatbestands erforderliche wirtschaftliche Nutzung hinausgehen muss, um seine eigenständige Bedeutung zu rechtfertigen.[280] Die Gewinnerwartung muss sich jedoch nicht realisieren.[281]

164 b) **§ 23 Abs. 4 Nr. 2.** Eine Verschärfung der Strafbarkeit erfolgt zudem, wenn der Täter in den Fällen des Abs. 1 Nr. 2 oder Nr. 3 oder § 23 Abs. 2 GeschGehG bei der Offenlegung weiß, dass das Geschäftsgeheimnis **im Ausland genutzt werden soll.** Nicht erforderlich ist es, dass es tatsächlich zu einer entsprechenden Nutzung kommt.[282] Das Wissen um die Auslandsnutzung muss im Zeitpunkt der Offenlegung bestehen, eine spätere Kenntniserlangung genügt nicht.[283] Der Begriff des Auslands umfasst auch das EU-Ausland.[284] Auch hier ist die Rechtsverfolgung im Vergleich zur Durchsetzung in Deutschland erschwert, sodass dieser wesentliche Schutzzweck gleichermaßen betroffen ist.[285]

165 c) **§ 23 Abs. 4 Nr. 3.** Eine weitere Qualifikation setzt voraus, dass der Täter in den Fällen des § 23 Abs. 1 Nr. 2 oder § 23 Abs. 2 GeschGehG das Geschäftsgeheimnis **selbst im Ausland nutzt.** Hier muss es im Gegensatz zu Abs. 2 allerdings zu einer tatsächlichen Nutzung gekommen sein.[286]

3. Sonstiges

166 a) **Rechtswidrigkeit und Schuld.** Es gelten grundsätzlich die allgemeinen Regeln. Auf Seiten der Rechtfertigung hält § 23 Abs. 6 GeschGehG einen besonderen Rechtfertigungsgrund für eine bestimmte Personengruppe bereit. Danach sind Beihilfehandlungen einer in § 53 Absatz 1 Satz 1 Nummer 5 der Strafprozessordnung genannten Person nicht rechtswidrig, wenn sie sich

[277] BT-Drs. 19/4724, 41.

[278] MüKoStGB/Joecks/Miebach GeschGehG § 23 Rn. 131; vgl. zu dieser allgemeinen strafrechtlichen Definition BGH NStZ 2021, 235 (236) mwN.

[279] MüKoStGB/Joecks/Miebach GeschGehG § 23 Rn. 131; Reinfeld Neues GeschGehG § 7 Rn. 34.

[280] Hoppe/Oldekop/Altenburg Kap. 1 Rn. 923.

[281] MüKoStGB/Joecks/Miebach GeschGehG § 23 Rn. 131.

[282] MüKoStGB/Joecks/Miebach GeschGehG § 23 Rn. 132; Reinfeld Neues GeschGehG § 7 Rn. 35.

[283] Keller/Schönknecht/Glinke/Schönknecht GeschGehG § 23 Rn. 97.

[284] Harte-Bavendamm/Ohly/Kalbfus/Harte-Bavendamm GeschGehG § 23 Rn. 66 mwN zur entsprechenden herrschenden Ansicht im Rahmen des § 17 Abs. 4 UWG aF.

[285] Bott wistra 2015, 342 (343 f.) zu § 17 Abs. 4 UWG aF.

[286] MüKoStGB/Joecks/Miebach GeschGehG § 23 Rn. 133.

auf die Entgegennahme, Auswertung oder Veröffentlichung des Geschäftsgeheimnisses beschränken. Es handelt sich um Personen, die bei der Vorbereitung, Herstellung oder Verbreitung von Druckwerken, Rundfunksendungen, Filmberichten oder der Unterrichtung oder Meinungsbildung dienenden Informations- und Kommunikationsdiensten berufsmäßig mitwirken oder mitgewirkt haben. Dieses sog. Presseprivileg soll Abschreckungseffekte auf Journalisten verhindern.[287] Er findet unabhängig von und zusätzlich zu § 5 Nr. 1 GeschGehG Anwendung.[288] Davon unberührt bleibt jedoch die Strafbarkeit des Haupttäters bzw. Anstifters.[289]

b) Versuch und Beteiligung. Nach § 23 Abs. 5 GeschGehG ist der Versuch einer Geheimnisverletzung im Sinne des § 23 GeschGehG strafbar. Der strafbare Versuch kommt beim Geheimnisverrat gem. § 23 Abs. 1 Nr. 3 GeschGehG insbesondere dann in Betracht, wenn die Mitteilung vom Täter abgegeben, aber dem Empfänger nicht zugegangen ist; ferner dann – und zwar in Form des untauglichen Versuchs –, wenn der Empfänger die mitgeteilte Tatsache schon kannte und der Täter dies nicht wusste. Auch derjenige, der ein Geheimnis jemandem mitteilt, der dieses als Berechtigter erfahren darf, ist wegen Versuchs zu bestrafen, wenn dem Täter diese Berechtigung nicht bekannt ist.[290] Ebenso strafbewehrt ist der Versuch der Beteiligung, § 23 Abs. 7 S. 2 GeschGehG. 167

Eine Teilnahme an den Delikten des § 23 GeschGehG ist nach den allgemeinen Grundsätzen möglich. Hervorzuheben ist der Charakter des Geheimnisverrats und der Vorlagenfreibeuterei als Sonderdelikte. Soweit die besondere Täterqualität fehlt, kommt von vorneherein nur eine strafbare Teilnahme in Betracht. 168

4. Strafverfolgung

Besteht der Verdacht einer Verletzung eines Geschäftsgeheimnisses im Sinne des § 23 GeschGehG, kann durch eine Strafanzeige gemäß § 158 Abs. 1 StPO ein Strafverfahren in Gang gesetzt werden. Wie schon nach alter Rechtslage wird die Tat gemäß § 23 Abs. 8 GeschGehG zudem nur auf einen **Strafantrag** hin verfolgt, es sei denn, dass die Strafverfolgungsbehörde wegen des besonderen öffentlichen Interesses an der Strafverfolgung ein Einschreiten von Amts wegen für geboten hält. Damit handelt es sich bei den Delikten des § 23 GeschGehG um sog. **relative Antragsdelikte.** Nach § 77 Abs. 1 StGB ist zur Antragsstellung in erster Linie der Verletzte berechtigt. Dies ist in aller Regel der Inhaber des Geschäftsgeheimnisses.[291] Nach § 158 Abs. 1 StPO kann der Antrag bei der Staatsanwaltschaft, den Polizeibehörden oder bei Gericht gestellt werden. Der Antrag muss gem. § 158 Abs. 2 StPO schriftlich oder zu Protokoll erfolgen, bei der Polizei ist allerdings nur ersteres möglich. Das muss innerhalb von drei Monaten beginnend mit dem Ablauf des Tages, an dem der Berechtigte von der Tat und der Person des Täters Kenntnis erlangt, geschehen (§ 77b StGB). § 77d StGB regelt Einzelheiten zur Rücknahme des Strafantrags. 169

Wird kein Antrag gestellt, kann dennoch von Amts wegen eingeschritten werden, wenn ein **öffentliches Interesse** an der Strafverfolgung gegeben ist. Hierfür sind die Richtlinien für das Strafverfahren und das Bußgeldverfahren (RiStBV) zu beachten, die jedoch noch nicht an das neue GeschGehG angepasst sind. Eine Änderung im Vergleich zu den zu § 17 ff. UWG aF getroffenen Regelungen ist jedoch nicht zu erwarten.[292] Nach deren Nr. 260a Abs. 1 ist ein besonderes öffentliches Interesse bei der Verletzung von Betriebs- und Geschäftsgeheimnissen nach §§ 17–19 UWG in der Regel dann anzunehmen, wenn der Täter wirtschaftsstrafrechtlich vorbestraft ist, ein erheblicher Schaden droht oder eingetreten ist, die Tat Teil eines gegen mehrere Unternehmen gerichteten Plans zur Ausspähung von Geschäfts- und Betriebsgeheimnissen ist oder den Verletzten in seiner wirtschaftlichen Existenz bedroht. Im Falle besonders schwerer Fälle (nun als Qualifikationen ausgeformt) bestimmt Nr. 260a Abs. 2, dass das öffentliche Interesse nur ausnahmsweise zu verneinen ist. 170

Zudem ist bei den Straftaten des § 23 GeschGehG nach § 374 Abs. 1 Nr. 7 StPO die **Privatklage** möglich, näheres regeln die §§ 374 ff. StPO. Der Verletzte kann sich der öffentlichen Klage im Wege der **Nebenklage** anschließen, § 395 Abs. 1 Nr. 6 StPO, deren Einzelheiten sich aus §§ 395 ff. StPO ergeben. 171

[287] Beschlussempf. BT-Drs. 19/8300, 15.
[288] Beschlussempf. BT-Drs. 19/8300, 15.
[289] Hoppe/Oldekop/Altenburg Kap. 1 Rn. 947; Keller/Schönknecht/Glinke/Schönknecht GeschGehG § 23 Rn. 112.
[290] Beispiele angelehnt an Harte-Bavendamm/Ohly/Kalbfus/Harte-Bavendamm GeschGehG § 23 Rn. 69.
[291] Köhler/Bornkamm/Feddersen/Alexander GeschGehG § 23 Rn. 109; Reinfeld Neues GeschGehG § 7 Rn. 117.
[292] Reinfeld Neues GeschGehG § 7 Rn. 121.

172 Die **örtliche Zuständigkeit der Staatsanwaltschaft** bemisst sich nach § 143 Abs. 1 GVG iVm §§ 7 ff. StPO. In Betracht kommt außerdem die Zuständigkeit einer Schwerpunktstaatsanwaltschaft, die nach Maßgabe des § 143 Abs. 4 GVG innerhalb eines Bundeslandes gebildet wurde, namentlich solche für Wirtschaftsstrafrecht oder für Cyberkriminalität wie etwa die Zentral- und Ansprechstelle Cybercrime (ZAC NRW).[293] In Geschäftsgeheimnisstrafsachen besteht zudem bei den Gerichten eine Zuständigkeit der **Wirtschaftsstrafkammern** nach § 74c Abs. 1 Nr. 1 GVG, in deren Wortlaut anlässlich des neuen GeschGehG nun auch Straftaten nach dem Gesetz zum Schutz von Geschäftsgeheimnissen aufgenommen wurden.[294]

173 Die **Verjährung** richtet sich nach den allgemeinen Bestimmungen der §§ 78 ff. StGB. Die Taten des § 23 GeschGehG verjähren nach § 78 Abs. 3 Nr. 4 StGB in fünf Jahren, gemäß § 78a S. 1 StGB beginnend mit der Beendigung der Tat.

174 § 23 Abs. 7 S. 1 GeschGehG hält eine Regelung für **Auslandstaten** bereit, indem auf § 5 Nr. 7 StGB verwiesen wird. Deutsches Strafrecht beansprucht danach für im Ausland begangene Taten unabhängig vom Recht des Tatorts Geltung, wenn die Tat in einer Verletzung von Betriebs- oder Geschäftsgeheimnissen eines im räumlichen Geltungsbereich des Strafgesetzbuches liegenden Betriebs, eines Unternehmens, das dort seinen Sitz hat, oder eines Unternehmens mit Sitz im Ausland, das von einem Unternehmen mit Sitz im räumlichen Geltungsbereich des Strafgesetzbuches abhängig ist und mit diesem einen Konzern bildet, liegt. Bei sog. **Alttaten,** dh solche Taten, die nach §§ 17 bis 19 UWG aF strafbar waren, gilt gemäß § 2 Abs. 3 StGB das mildere Gesetz.

175 Im Strafverfahren ist zudem eine Gefährdung des Geschäftsgeheimnisses durch **Akteneinsichtsrechte** zu berücksichtigen. Insbesondere das Akteneinsichtsrecht des Beschuldigten gemäß § 147 StPO gilt umfassend und beinhaltet auch die Inhalte einer Strafanzeige, in der in der Regel in Anbetracht ihrer tatbestandlichen Relevanz auch die als verletzt gerügten Geschäftsgeheimnisse enthalten sein müssen.[295] Vor diesem Hintergrund normiert Nr. 260b der RiStBV, dass Geschäfts- oder Betriebsgeheimnisse in der Sachakte nur insoweit schriftlich festgehalten werden sollen, als dies für das Verfahren unerlässlich ist, wenn der Verletzte um Geheimhaltung bittet oder keinen Strafantrag stellt (Abs. 1). Zudem haben die Verfolgungsbehörden bei Gewährung von Akteneinsicht auf enthaltene Geheimnisse in qualifizierter Form hinzuweisen (Abs. 2 S. 1). Schließlich besteht die Möglichkeit, die Akteneinsicht des Verteidigers des Beschuldigten auf eine Einsichtnahme vor Ort zu beschränken (vgl. Abs. 2 S. 3) sowie die Einsichtnahme Dritter unter Berücksichtigung der schutzwürdigen Interessen des Verletzten gänzlich zu versagen (Abs. 3, siehe auch § 475 Abs. 1 S. 2 StPO).[296]

Praxistipp:

Bereits im Zuge der Einleitung strafrechtlicher Schritte sollten die Strafverfolgungsbehörden auf sich aus der Strafanzeige ergebende Geschäftsgeheimnisse hingewiesen sowie um Geheimhaltung gebeten werden. Es empfiehlt sich, einer Akteneinsicht Dritter bereits im Vorfeld zu widersprechen und für den Fall ihrer Gewährung rechtliches Gehör zu beantragen. Zudem sollte beantragt werden, dass der Verteidiger weder elektronische noch körperliche Kopien erhält, sondern auf eine Einsichtnahme vor Ort beschränkt bleibt.

5. Beratungscheckliste

176 **Checkliste:**

- ☐ Wurde zur strafrechtlichen Verfolgung der Tat fristgemäß ein Strafantrag gestellt? Bzw. läuft die Strafantragsfrist noch?
- ☐ Soll neben oder statt der Einleitung strafrechtlicher Schritte zivilrechtlich vorgegangen werden?

[293] BeckOK GeschGehG/Hiéramente, 10. Ed. 15.12.2021, § 23 Rn. 83.
[294] Siehe dazu BT-Drs. 19/4724, 41.
[295] BeckOK StPO/Temming, 41. Ed. 1.10.2021, RiStBV Nr. 260 Rn. 1.
[296] Zum Ganzen BeckOK GeschGehG/Hiéramente, 10. Ed. 15.12.2021, § 23 Rn. 84 f.

- ☐ Ist der Ausspruch einer fristlosen Kündigung durch den Arbeitgeber ratsam, wenn noch nicht feststeht, dass ein Unternehmensgeheimnis mitgeteilt worden ist und deshalb die Gefahr besteht, dass der strafrechtliche Schutz verloren geht?
- ☐ Können strafrechtliche Verfolgung und zivilrechtliche Anspruchsdurchsetzung parallel erfolgen? Oder ist der Geschädigte auf Erkenntnisse aus dem Ermittlungsverfahren zur Geltendmachung zivilrechtlicher Ansprüche angewiesen?
- ☐ Kann bei paralleler Geltendmachung der Ablauf der unterschiedlichen Fristen so terminiert werden, dass die Vollziehung einer einstweiligen Verfügung gemäß § 929 ZPO nicht vor der Durchführung einer strafrechtlichen Durchsuchung erforderlich ist, um den Durchsuchungszweck nicht zu gefährden?

V. Know-how-Schutz über das GeschGehG hinaus

Bis zum Inkrafttreten des GeschGehG wurde der Schutz von Know-how durch die wettbe- 177
werbsrechtlichen Regelungen des § 4 Nr. 3 lit. c UWG für den besonderen Fall der Produktnachahmung und des § 4 Nr. 4 UWG für den Fall der gezielten Behinderung eines Wettbewerbers gewährt. Im Übrigen erfasste § 3 UWG als Generalklausel alle übrigen Fälle des unlauteren Eingriffs in ein fremdes Geheimnis, sofern eine Wettbewerbshandlung iSd § 2 Abs. 1 Nr. 1 UWG vorlag. Ein Verstoß gegen die §§ 17 ff. UWG aF stellte regelmäßig auch einen Rechtsbruch iSd § 3a UWG dar.[297] Nach der Gesetzesbegründung war der bisherige Schutz von Geschäftsgeheimnissen im deutschen Recht nicht ausreichend, um die Vorgaben der Richtlinie (EU) 2016/943 umzusetzen.[298] Da nach § 1 GeschGehG ein umfassender Schutz von Geschäftsgeheimnissen gewährt werden soll und in § 1 Abs. 3 GeschGehG nur bestimmte Regelungsbereiche unberührt bleiben, sind die Regelungen des UWG im Anwendungsbereich des GeschGehG nicht mehr anwendbar, dh dann, wenn es um die Verletzung eines Geschäftsgeheimnisses als solches geht.[299] Dementsprechend ist die Verletzung eines Geschäftsgeheimnisses nicht mehr als Rechtsbruch im Sinne des § 3a UWG angreifbar. Wenn neben der Verletzung eines Geschäftsgeheimnisses aber auch ein unlauteres Verhalten vorliegt, sind die Regelungen des UWG weiterhin anwendbar.[300]

1. Schutz nach § 4 Nr. 3 lit. c UWG

Gemäß § 4 Nr. 3 lit. c UWG handelt unlauter im Sinne von § 3 UWG, wer die für die 178
Nachahmung einer Ware oder Dienstleistung erforderlichen Kenntnisse oder Unterlagen unredlich erlangt hat. Damit werden die Fälle erfasst, in denen sich der Nachahmer die erforderlichen Kenntnisse durch einen Verstoß gegen § 4 Abs. 1 GeschGehG verschafft hat. Vor Inkrafttreten des GeschGehG waren dies insbesondere die Fälle, in denen die erforderlichen Kenntnisse durch Erschleichen eines fremden Betriebsgeheimnisses oder durch Vertrauensbruch erworben worden sind.

Mit dem Begriff des **„Erschleichens"** sind zunächst die Fälle des verbotenen Ausspähens im 179
Sinne des § 23 GeschGehG erfasst, in denen der Täter ein Geschäftsgeheimnis entgegen § 4 Abs. 1 Nr. 1 GeschGehG erlangt.[301] Ein **Vertrauensbruch** liegt dann vor, wenn der Nachahmer etwa im Rahmen von Vertragsverhandlungen gewährtes Vertrauen des Geheimnis-Trägers für eigene Zwecke ausnutzt. Da die Regelung des § 4 Nr. 3 lit. c UWG allgemein davon spricht, dass die erforderlichen Kenntnisse „unredlich erlangt" worden sein müssen, war vor Inkrafttreten des GeschGehG davon auszugehen, dass jedes zu missbilligende Verschaffen oder Verwerten von Geheimnissen unzulässig ist.[302] Da nach § 4 Abs. 1 Nr. 2 GeschGehG ein Geschäftsgeheimnis nicht erlangt werden darf durch jedes sonstige Verhalten, das unter den jeweiligen Umständen nicht dem Grundsatz von Treu und Glauben unter Berücksichtigung der anständigen Marktgepflogenheit entspricht, hat sich daran nichts geändert.

[297] BGH GRUR 2006, 1044 Tz. 17 – Kundendatenprogramm; Ohly/Sosnitza/Ohly UWG (7. Aufl.) § 17 Rn. 44.
[298] Vgl. Begründung RegE S. 1.
[299] Seichter/Diekmann juris-PK-UWG § 3a UWG Rn. 238; Keller/Schönknecht/Glinke/Keller, § 6 Rn. 13.
[300] Keller/Schönknecht/Glinke/Keller § 6 Rn. 13; Alexander WRP 2019, 673 (675); Köhler/Bornkamm/Feddersen/Alexander, vor § 1 GeschGehG; Seichter/Müller-Bidinger jurisPK UWG § 4 Nr. 4 Rn. 202.
[301] Spoenle in Seichter, jurisPK-UWG § 4 Nr. 3 Rn. 167.
[302] BGH GRUR 1966, 152 (154) – Nitrolingual.

180 Hervorzuheben ist ferner, dass auch die genannten Beispielstatbestände in § 4 Nr. 3 UWG keineswegs kumulativ vorliegen müssen oder abschließenden Charakter haben, sondern nur die wichtigsten drei Fallgruppen des ergänzenden Leistungsschutzes darstellen.[303] Gleichzeitig bestätigt die Regelung die frühere Rechtsprechung, nach der ein Dritter seine auf Grund eines bloßen Zufalls erlangte Kenntnis von dem betreffenden Geheimnis grundsätzlich ohne weiteres wirtschaftlich verwerten kann.[304]

181 Wenn und soweit die Regelungen des UWG herangezogen werden, sind allerdings die Wertungen des GeschGehG zu beachten. Dementsprechend kann ein gemäß § 3 Abs. 1 Nr. 2 GeschGehG zulässiges Reverse Engineering nicht als unlautere Form der Kenntniserlangung gewertet werden.[305]

2. Schutz nach § 4 Nr. 4 UWG

182 In dieser Fallgruppe sind bezüglich des Geheimnisschutzes insbesondere die Unterfälle der **Betriebsspionage** und des **Verleitens zum Vertragsbruch** zu unterscheiden.

183 **a) Betriebsspionage.** Das Einschleusen von Dritten in den Betrieb eines Konkurrenten ist unzulässig, sofern sich der Einschleusende nicht ausnahmsweise auf ein berechtigtes Interesse berufen kann. In der Entscheidung „Betriebsspionage"[306] machte der Kläger geltend, der eingeschleuste Detektiv habe ein bestimmtes Herstellungsverfahren erkunden sollen, während der Beklagte vortrug, dass der Detektiv habe herausfinden sollen, ob bestimmte Aufträge durch die Zahlung von Bestechungsgeldern akquiriert worden seien. Der BGH gab dem Kläger Recht, weil nach den getroffenen Feststellungen keinerlei Anhaltspunkte dafür bestanden, dass der Verdacht von Bestechungszahlungen begründet war.

Praxistipp:

Auf Grund der vom BGH vorgenommenen Darlegungs- und Beweislastverteilung reicht es für die Schlüssigkeit der Klage bereits aus, darzulegen und ggf. zu beweisen, dass ein Dritter in den eigenen Betrieb eingeschleust worden ist; der Nachweis eines berechtigten Interesses ist dann von dem Beklagten zu führen.

184 **b) Verleiten zum Vertragsbruch.** In diesen Konstellationen bestehen keine vertraglichen Beziehungen zwischen dem Inhaber des Geschäftsgeheimnisses und dem Wettbewerber, sondern der Wettbewerber erlangt Kenntnis von dem Geheimnis, indem Dritte gegen die ihnen vertraglich obliegenden **Geheimhaltungspflichten** verstoßen. In erster Linie wird es sich dabei um Mitarbeiter des Inhabers des Geschäftsgeheimnisses handeln, die entweder während oder nach Beendigung ihrer Dienst- oder Arbeitsverhältnisse vertragswidrig dem Wettbewerber das Geheimnis preisgeben oder das Geheimnis für eigene wirtschaftliche Zwecke verwerten. Wird ein entsprechend vertraglich gebundener Geheimnis-Träger von einem Konkurrenten verleitet, seine Geheimhaltungspflichten zu Gunsten des Konkurrenten zu verletzen, stellt dies regelmäßig einen gemäß § 3 UWG angreifbaren Wettbewerbsverstoß des Konkurrenten dar. Anders verhält es sich, wenn der Geheimnis-Träger nicht zum Vertragsbruch verleitet, sondern ein solcher Vertragsbruch lediglich ausgenutzt wird und keine unlauteren Begleitumstände hinzutreten.[307] Dies gilt auch bei Kenntnis von dem Vertragsbruch des Mitarbeiters.[308] Wird ein Mitarbeiter lediglich dazu veranlasst, sein Vertragsverhältnis zu beenden, ist dies nicht zu beanstanden, denn die bloße Abwerbung von Mitarbeitern der Konkurrenz ist grundsätzlich zulässig und wettbewerbskonform. Dabei darf eine Abwerbung durch einen Anruf am Arbeitsplatz des Abzuwerbenden vorbereitet werden, sofern diese erste Kontaktaufnahme nicht über eine erste kurze Information hinausgeht.[309]

---

303 Amtl. Begr. zu § 4 Nr. 9 UWG, Gesetzesentwurf der Bundesregierung, BT-Drs. 15/1487 v. 22.8.2003, S. 18; vgl. zu § 4 Nr. 3 lit. c UWG eingehend Deck → § 17.

304 BGH GRUR 1964, 31 (32) – Petromax II.

305 Harte-Bavendamm/Ohly/Kalbfus/Kalbfus Einleitung A Rn. 198; Alexander WRP 2019, 673 Rn. 22.

306 BGH GRUR 1973, 484 (485) – Betriebsspionage.

307 BGH GRUR 2007, 800 Tz. 15 f. – Außendienstmitarbeiter; Juris-PK UWG § 4 Nr. 4 Rn. 172; BGH GRUR 2007, 1155 f.; Köhler/Bornkamm/Feddersen/Köhler UWG § 4 Rn. 4.36d.

308 BGH GRUR 2007, 1155 f.; Köhler/Bornkamm/Feddersen/Köhler UWG § 4 Rn. 4.36d.

309 BGH GRUR 2004, 696 – Abwerbeanruf durch Personalberater.

3. Schutz nach § 3 UWG

Vor Inkrafttreten des GeschGehG kam ergänzender wettbewerbsrechtlicher Schutz nach § 3 UWG in Betracht, wenn ein im Rahmen von Vertragsverhandlungen preisgegebenes Geheimnis durch den potentiellen Vertragspartner nach Abbruch der Vertragsverhandlungen selbständig genutzt wurde (**Vertrauensmissbrauch**). Inzwischen dürfte dafür keine Notwendigkeit mehr bestehen, weil es an einer über die Verwertung des Geheimnisses hinausgehenden Unlauterkeit fehlen dürfte. 185

4. Schutz nach § 823 Abs. 1 BGB

Mit Inkrafttreten des GeschGehG scheiden in dessen Anwendungsbereich ergänzende Ansprüche aus § 823 Abs. 1 BGB unter dem Gesichtspunkt des eingerichteten und ausgeübten Gewerbebetriebs aus.[310] Ist das betreffende Geheimnis aber in einem Gegenstand verkörpert, etwa auf einem Datenträger oder in einer Zeichnung, stellt die Entziehung dieser Gegenstände möglicherweise eine Eigentumsverletzung dar, die über § 823 Abs. 1 BGB sanktioniert werden kann. Es sind dabei Sachverhalte denkbar, in denen das Eigentumsrecht einen **effektiven Rechtsschutz** ermöglicht, weil zB keine umfangreiche Beweisaufnahme dazu erforderlich ist, ob ein Geschäftsgeheimnis iSd § 2 Nr. 1 GeschGehG vorliegt. Es dürfte auch möglich sein, schnell und eindeutig eine Eigentumsverletzung substantiiert vorzutragen und bei Gericht zu stellende Anträge hinreichend bestimmt zu formulieren. Zwar wird es dem Inhaber eines Geschäftsgeheimnisses vor allem darauf ankommen, die weitere Verwendung des Geheimnisses zu unterbinden und zwar unabhängig davon, ob der körperliche Gegenstand, in dem das Wissen niedergelegt ist, verwendet wird. Dennoch sollten eigentumsrechtliche Ansprüche nicht von vornherein unbeachtet bleiben. Es kommt hinzu, dass ein in körperlichen Gegenständen niedergelegtes Geheimnis regelmäßig ohne große Mühe vervielfältigt werden kann, selbst eine Herausgabe des Gegenstandes also eine weitere Verletzung des Geheimnis nicht ausschließen kann. 186

Praxistipp:

Kann eine Eigentumsverletzung schneller substantiiert werden als ein Geheimnis-Verstoß, kann über § 823 Abs. 1 BGB oder § 823 Abs. 2 BGB iVm §§ 242, 246 StGB möglicherweise effektiverer Rechtsschutz erlangt werden.

5. Schutz nach § 823 Abs. 2 BGB

Wurde ein geschütztes Geheimnis in einer die Regelungen der §§ 17, 18 UWG aF erfüllenden Weise verletzt, kamen Ansprüche nach § 823 Abs. 2 BGB in Betracht, weil die strafrechtlichen Regelungen der §§ 17, 18 UWG aF Schutzgesetze im Sinne des § 823 Abs. 2 BGB sind.[311] Dies hatte besondere Bedeutung wegen der längeren Verjährungsfrist des § 195 BGB. Zwar hat der BGH[312] entschieden, dass die kürzere Verjährungsfrist des UWG auch dann gilt, wenn § 823 Abs. 2 BGB neben einer UWG-Norm nur deshalb anwendbar ist, weil diese zugleich ein Schutzgesetz im Sinne des § 823 Abs. 2 BGB darstellt. Gegen diese Auffassung spricht aber im Falle eines Verstoßes gegen §§ 17, 18 UWG aF, dass in diesen Fällen ein Schädiger privilegiert würde, der in Wettbewerbsabsicht handelt. Im Falle eines (gleichzeitigen) Verstoßes gegen wettbewerbsrechtliche Normen und § 826 BGB wird mit genau diesem Argument die Anwendung der wettbewerbsrechtlichen Verjährungsfrist verneint.[313] Aus diesem Grunde wäre es nahe liegend, dieselbe Wertung auch in den Fällen eines Verstoßes gegen §§ 17, 18 UWG aF vorzunehmen. Auch die schwierige Beweisbarkeit des Geheimnisverrats spricht gegen eine kurze Verjährung.[314] Es kommt hinzu, dass in diesen Fällen gleichzeitig Verstöße gegen §§ 202a ff. StGB in Betracht kommen, die – über § 823 Abs. 2 BGB – der regelmäßigen Verjährungsfrist des BGB unterliegen. 187

[310] Keller/Schönknecht/Glinke/Keller GeschGehG § 5 Rn 12.
[311] BGH GRUR 1977, 539 (541) – Prozessrechner; GRUR-RR 2002, 359 – Kundenlisten.
[312] BGHZ 36, 252 (256) – Gründerbildnis; BGH WRP 1964, 128 – Düngekalkhandel.
[313] Vgl. Teplitzky Kap. 16 Rn. 18.
[314] Köhler/Bornkamm/Köhler UWG (35. Auflage) § 17 Rn. 53.

Mit Inkrafttreten des GeschGehG ist dies allerdings nur noch für Altfälle relevant, im Anwendungsbereich des GeschGehG ist § 823 Abs. 2 BGB nicht anwendbar.[315]

6. Schutz nach § 826 BGB

188 In der Entscheidung „Prozessrechner"[316] hat der BGH ausgeführt, dass ein Verstoß gegen §§ 17, 18 UWG aF auch Ansprüche aus § 826 BGB auslösen konnte. Relevant war ein Verstoß gegen § 826 BGB vor allem wegen der längeren Verjährungsfrist. Auch nach Inkrafttreten des GeschGehG ist § 826 BGB weiterhin anwendbar, weil eine vorsätzliche sittenwidrige Schädigung einen über eine schlichte Geheimnisverletzung hinausgehenden Unrechtsgehalt aufweist,[317] allerdings spielt die Verjährungsfrist deliktischer Ansprüche keine Rolle mehr, weil sich die Verjährung der Ansprüche nach GeschGehG nach §§ 195 ff. BGB richtet.

7. Schutz innerhalb vertraglicher Beziehungen

189 Bestehen vertragliche Beziehungen, sind damit die o.g. gesetzlichen Ansprüche nicht ausgeschlossen, sondern bestehen neben gegebenenfalls bestehenden vertraglichen Ansprüchen. Dies bezieht sich in gleicher Weise auf Verstöße gegen arbeits- oder dienstvertraglich **vereinbarte Geheimhaltungspflichten** wie auf Verstöße gegen entsprechende Regelungen in Lizenz- oder anderen Verträgen, die zur gemeinschaftlichen Nutzung von Geschäftsgeheimnissen abgeschlossen werden. Daneben sichert das Vertragsverhältnis insbesondere über § 241 Abs. 2 BGB einen Geheimnisschutz und gemäß § 278 BGB haftet der Vertragspartner auch für das Verhalten seiner Erfüllungsgehilfen.

190 **a) Allgemeines.** Regelmäßig sind Unternehmen interessiert, ein bestimmtes Geheimnis einer Seite gemeinsam zu verwerten. Unabhängig davon, ob eine Vertragspartei das spezielle Geheimnis der anderen Partei allein anwenden und wirtschaftlich verwerten können soll oder ob dies durch beide Parteien gemeinschaftlich erfolgt, bleibt für den Geheimnis-Träger zu entscheiden, in welchem Umfang er das Geheimnis gegenüber seinem Vertragspartner preisgeben möchte, in welchem Umfang er die Verwendung des Geheimnisses kontrollieren und wie er eine vertragswidrige Verwendung verhindern kann. Die im Einzelfall zu treffenden Vereinbarungen können im Rahmen der Privatautonomie frei getroffen werden, insbesondere ergeben sich aus den Regelungen des GeschGehG keine Vorgaben oder Einschränkungen. Als Orientierungshilfe bieten sich dabei Verträge über die Lizensierung gewerblicher Schutzrechte an.[318] Da die Grundzüge des Lizenzvertrags in → § 45 dieses Handbuchs dargestellt werden, sollen hier lediglich einzelne geheimnisspezifische Fragen behandelt werden.[319]

191 *aa) Verwertbarkeit von Know-how.* Es ist grundsätzlich ohne weiteres möglich, einem Interessenten Geheimnisse in dem oben definierten Sinne auf vertraglicher Grundlage zur Nutzung zur Verfügung zu stellen. Dabei sind selbstverständlich die rechtlichen Grenzen zu beachten, denen der Geheimnis-Träger in Bezug auf das spezifische Wissen unterliegt, etwa die gesetzlichen **Beschränkungen** des **Datenschutzrechts,** wenn das zur Verfügung gestellte Wissen in einer Kundenkartei oder anderen personenbezogenen Daten bestehen sollte. Wettbewerbsbeschränkende Vereinbarungen sind einer Prüfung der Regelungen des GWB zu unterziehen.[320]

Praxistipp:

Zunächst ist zu prüfen, ob das betreffende Geheimnis aus rechtlichen Gründen überhaupt übertragbar/durch andere verwertbar ist. Kartellrechtliche Grenzen müssen beachtet werden.

192 *bb) Zielrichtung des Vertrages.* Der Umfang der dem Vertragspartner zur Verfügung zu stellenden Kenntnisse wird durch das wirtschaftliche Ziel des Vertrages bestimmt. Dabei ist zu berück-

[315] Keller/Schönknecht/Glinke/Keller GeschGehG § 6 Rn. 12.
[316] BGH GRUR 1977, 539 (541) – Prozessrechner.
[317] Keller/Schönknecht/Glinke/Keller GeschGehG § 6 Rn. 12.
[318] Formulierungsvorschläge etwa bei MVHdB/Chrocziel S. 1203 ff. beginnend mit einem englischen Mustervertrag; Bartenbach Abschnitt E Rn. 3425 ff.; Henn Anlage 1.
[319] Vgl. grundlegend dazu Bartenbach Abschnitt B; Henn § 2 jeweils mwN.
[320] Ausführlich Bartenbach Rn. 670 ff., 2554 ff., 2720 ff., 2874 ff.; Salger/Breitfeld BB 2005, 154 (155).

sichtigen, dass regelmäßig der Geheimnis-Träger möglichst wenig von seinem spezifischen Wissen preiszugeben bereit ist, während die Interessen des anderen Vertragspartners naturgemäß gegenläufig sind. Da das spezifische Wissen aber nur solange einen wirtschaftlichen Wert hat, wie es nicht allgemein bekannt geworden ist, sollte im Interesse beider Parteien versucht werden, in dem Vertrag die Preisgabe von Geheimnissen nur in dem Umfang vorzusehen, wie es zur Erreichung der vertraglichen Ziele unbedingt erforderlich ist („need to know" Prinzip).

Beabsichtigt beispielsweise ein Geheimnis-Träger, von ihm konzipierte Produkte nicht selbst, sondern durch ein anderes Unternehmen herzustellen, könnte die Kooperation auch in Form eines **Beratervertrages** erfolgen, auf Grund dessen der Geheimnis-Träger dem Vertragspartner bei der Entwicklung und Herstellung eines bestimmten Produkts beratend zur Seite steht. Der Vorteil dieser Konstruktion besteht darin, dass der Geheimnis-Träger selbst kaum spezifiziertes Wissen in reproduzierbarer Form preisgeben muss, der Vertragspartner aber trotzdem in der Lage ist, das gewünschte Produkt anbieten zu können. Besteht das spezielle Geheimnis zB in der Rezeptur eines Erfrischungsgetränks, ist es nicht unbedingt erforderlich, diese Rezeptur dem Getränkehersteller zur Verfügung zu stellen, sondern wäre es ausreichend, wenn dieser die benötigten Rohstoffe zur Verfügung stellt, während der Geheimnis-Träger die spezielle Mischung selbst vornimmt. Der Nachteil dieser Konzeption besteht natürlich darin, dass der Geheimnis-Träger selbst unmittelbar in die Produktion eingebunden werden muss. Ist dies nicht gewünscht, kann der Geheimnis-Träger anstelle einer Beratungsleistung sein erworbenes Wissen im Rahmen eines Lizenzvertrages zur Nutzung zur Verfügung stellen oder in eine Gesellschaft einbringen. 193

cc) Form. Geheimnis-Verträge unterliegen keinen gesetzlichen Formvorschriften. Nach der Reform des GWB ist auch im deutschen[321] Kartellrecht ein mittelbarer Zwang zur Schriftform entfallen. Hinsichtlich nichtschriftlicher Altverträge sollte eine Bestätigung des Rechtsgeschäfts gemäß § 141 BGB in Erwägung gezogen werden.[322] Unabhängig davon ist es schon aus Beweisgründen und zur näheren Bestimmung der wechselseitigen Rechte und Pflichten sinnvoll, die Vereinbarung schriftlich abzufassen. Dies gilt auch und gerade vor dem Hintergrund, dass der jeweils vorliegende zivilrechtliche Vertragstypus und die sich daraus ergebenden Rechtsfolgen von den Parteien unterschiedlich beurteilt werden können. 194

dd) Definition des vertragsgegenständlichen Know-how. Soll ein spezifisches Geheimnis (in bestimmtem) Umfang preisgegeben werden, ist es erforderlich, dieses Geheimnis möglichst genau zu beschreiben und zwar entweder in dem Vertragstext selbst oder in einer beigefügten Anlage. Eine möglichst exakte Definition ist dabei sinnvoll, um die vertragliche Hauptpflicht des Geheimnis-Tragenden bestimmen zu können.[323] In jedem Falle ist es zu empfehlen, den eigentlichen Vertragsgegenstand nicht erst zum Ende der Vertragsverhandlungen, sondern direkt zu Beginn festzulegen. Zeigt sich beispielsweise, dass das zur Verfügung gestellte Geheimnis trotz einer genauen Beschreibung für den Vertragspartner nicht ohne weiteres nutzbar, sondern zusätzlich eine Schulung seiner Arbeitskräfte erforderlich ist, muss auch dies gesondert vereinbart werden, da ohne entsprechende Vereinbarung eine solche Schulungspflicht des Geheimnis-Tragenden regelmäßig nicht besteht. 195

Praxistipp:

Das zur Verfügung zu stellende Geheimnis sowie die Form der Unterstützungshandlung sollten möglichst zu Beginn der Verhandlungen möglichst exakt beschrieben werden; gleichzeitig sollte eine Geheimhaltungsvereinbarung getroffen werden, die auch den Fall des Scheiterns der Verhandlungen regelt.

ee) Gewährleistung. Da die Rechtsnatur des jeweils abzuschließenden Vertrages möglicherweise nicht eindeutig bestimmt werden kann, ist es aus Gründen der Rechtssicherheit empfehlenswert, in den Vertrag möglichst umfassende Regelungen zu der Frage der Gewährleistung für die technische Verwendbarkeit oder Ausführbarkeit der zur Verfügung gestellten Informationen 196

[321] Zum europäischen Kartellrecht s. Bartenbach Abschnitt A Rn. 415; MVHdB IV WirtschaftsR III/Chrocziel, Muster IX.1 und IX.3.

[322] Genauer, insbesondere auch bzgl. der Rückabwicklung nichtiger Verträge Bartenbach Abschnitt A Rn. 414 ff.

[323] Vgl. Bartenbach Abschnitt B Rn. 2777.

aufzunehmen.[324] Es kommt hinzu, dass Geheimnis-Verträge regelmäßig auch abgeschlossen werden, ohne dass die praktische Umsetzbarkeit des betreffenden Wissens bereits erwiesen wäre. Insbesondere in solchen Fällen bietet es sich an, die Vertragspflichten des Geheimnis-Tragenden darauf zu beschränken, ein bestimmtes Geheimnis zur Verfügung zu stellen, aber jede Gewährleistung für die Richtigkeit oder Verwertbarkeit des Geheimnisses auszuschließen. Die Unsicherheit in Bezug auf die Verwertungsmöglichkeiten kann bei der Festlegung der Vergütung entsprechend berücksichtigt werden, indem neben oder anstelle einer Festvergütung erfolgsabhängige Vergütungen vereinbart werden.[325] Hinsichtlich der Offenkundigkeit des in Rede stehenden Geheimnisses gilt auch ohne ausdrückliche Formulierung, dass es Dritten nicht bekannt ist, wenn es als „geheim" zur Nutzung überlassen wurde.[326]

197 *ff) Geheimhaltung.* In jedem Falle sollte der Geheimnis-Vertrag eine Verpflichtung des anderen Vertragspartners enthalten, die ihm im Rahmen des Vertrages bekannt gewordenen Kenntnisse und Informationen geheim zu halten. Es ist ohne weiteres zulässig, die Verpflichtung zur Geheimhaltung auch für die Zeit nach Beendigung des Vertrages zu vereinbaren, allerdings gilt dies nur für die Zeit, in der das Geheimnis (noch) nicht offenkundig geworden ist. In jedem Falle sollte geregelt werden, ob und in welchem Umfang der andere Vertragspartner die Informationen an Mitarbeiter und Dritte weitergeben darf.

Formulierungsvorschlag:[327]

Die Parteien vereinbaren, während der Laufzeit dieses Vertrages über das Geheimnis, jegliches durch den Lizenzgeber ausgehändigte Material und sämtliche Informationen, die eine Partei über das Geschäft der jeweils anderen Partei erhält, einschließlich Informationen über die Bestimmungen dieses Vertrages („vertrauliche Informationen"), vertraulich zu behandeln und nicht an Dritte weiterzugeben.

Die Parteien verpflichten sich, ihre Angestellten ebenfalls zur Geheimhaltung der vertraulichen Informationen zu verpflichten. Die Parteien verpflichten sich, die vertraulichen Informationen auch nach Ablauf dieses Vertrages so lange geheim zu halten, wie sie geheim sind.

Die Geheimhaltungsverpflichtung erstreckt sich nicht auf vertrauliche Informationen, die einer Partei vor Offenlegung durch die andere Partei bereits bekannt waren und nicht durch einen Dritten, welcher die Informationen direkt oder indirekt von der anderen Partei erhalten hat, offengelegt worden sind oder welche ohne Verstoß der die vertraulichen Informationen erhaltenden Partei allgemein öffentlich zugänglich sind oder welche von der Partei ohne Geheimhaltungsverpflichtung von Dritten, die sie weder direkt noch indirekt von der anderen Partei erhalten haben, erlangt worden sind.

Die Parteien verpflichten sich, mit Beendigung dieses Vertrages sämtliche Dokumente, Akten oder andere Unterlagen sowie Kopien davon, soweit sie vertrauliche Informationen enthalten, zurückzugeben. Der Lizenznehmer verpflichtet sich, vertrauliche Informationen auch nach Beendigung des Vertrages geheim zu halten und das Geheimnis insoweit nicht zu verwenden, als das Geheimnis noch geheim ist.

Im Falle der Zuwiderhandlung gegen eine der vorgenannten Vereinbarungen wird eine Vertragsstrafe in Höhe von […] fällig.

198 *gg) Sicherungsmaßnahmen.* Ein Verstoß gegen die Geheimhaltungsverpflichtung dürfte zur sofortigen Beendigung des Geheimnis-Vertrages berechtigen und auch Schadensersatzansprüche auslösen. Im Einzelfall kann auch eine Abmahnung entbehrlich sein, weil die einmal eingetretene Offenkundigkeit das betreffende Geheimnis schlagartig entwertet. Da die einmal eingetretene und durch einen solchen Vertragsverstoß begründete Offenkundigkeit zu Schäden führen kann, die möglicherweise kurzfristig nicht beziffert oder durchgesetzt werden können, bietet es sich an, in den Geheimnis-Vertrag entsprechende **Vertragsstrafeversprechen** für den Fall der Zuwiderhandlung gegen das Gebot der Geheimhaltung aufzunehmen.[328]

[324] Vgl. Bartenbach Abschnitt B Rn. 2785–2797.
[325] Körner GRUR 1982, 341 mwN.
[326] Vgl. Bartenbach Abschnitt B Rn. 2795 mwN; Körner GRUR 1982, 341.
[327] MVHdB/Chrocziel S. 1164, Art. 23.
[328] Zu Vertragsstrafe s. auch Westermann Handbuch Kap. 5 Rn. 33 f.

Praxistipp:

Die Geheimhaltungspflicht sollte durch ein Vertragsstrafeversprechen gesichert sein.

In der Praxis außerordentlich schwierig ist es, die Höhe der Vertragsstrafe angemessen zu bestimmen. Einerseits dient die Vertragsstrafe der Sicherung der vertraglich vereinbarten Geheimhaltungspflicht, so dass die Höhe regelmäßig den auch ansonsten üblichen Betrag zur Sicherung von Unterlassungspflichten von mehr als EUR 5.000,– übersteigen wird. Gleichzeitig dient die Vertragsstrafe dazu, den aus einer Verletzung der Geheimhaltungspflicht resultierenden Schadensersatzanspruch zu pauschalieren. Da der zu erwartende Schaden stets von den Umständen des Einzelfalles abhängig ist, können hier keine allgemein gültigen Beträge genannt werden.[329] Zu berücksichtigen ist jedoch, dass die Herabsetzung einer unangemessen hohen Vertragsstrafe im kaufmännischen Geschäftsverkehr gemäß § 348 HGB nicht möglich ist. Es bietet sich daher ein Vertragsstrafeversprechen nach Hamburger Brauch an. Wenn die Vereinbarung im Rahmen von Allgemeinen Geschäftsbedingungen getroffen wird, sind insbesondere die Regelungen der §§ 307, 309 Nr. 5 und 6 BGB zu beachten. Eine Vertragsstrafe kann unwirksam sein, wenn sie unangemessen hoch ist, zB weil sie zur Schwere der Vertragsverletzung und den Folgen für den Vertragspartner außer Verhältnis steht.[330] *Salger/Breitfeld* halten es bei Unterlassungspflichten auch für zulässig, eine Vereinbarung über Vertragsstrafen in AGB zu treffen; nicht jedoch eine Vereinbarung über die Beweislast.[331] 199

hh) Folgen der Beendigung des Know-how Vertrages. Mit der Beendigung der vertraglich eingeräumten Möglichkeit zur Nutzung des Geheimnis darf dieses so lange nicht weiter verwendet werden, wie es noch nicht offenkundig ist. Bei vorzeitiger, auf einem Verhalten des anderen Vertragspartners beruhender Beendigung des Vertrages dürfte der Geheimnis-Träger berechtigt sein, die dem anderen Teil zur Verfügung gestellten Unterlagen etc. zurückzuverlangen und ihm die weitere Nutzung des Geheimnisses zu untersagen. Da der andere Vertragspartner aber das ihm zur Verfügung gestellte Wissen nicht zurückübertragen kann und natürlich auch nicht mit der Beendigung des Vertrages wieder vergisst, sollte dieser Umstand bereits bei der Bemessung der Gegenleistung des Vertragspartners berücksichtigt werden.[332] Dies kann zB durch bei Beginn des Vertragsverhältnisses zu zahlende Pauschalsummen geschehen, die auch bei vorzeitiger Beendigung des Vertragsverhältnisses nicht (auch nicht anteilig) zu erstatten sind, weil dieser Betrag regelmäßig die Bereitschaft des Geheimnis-Trägers abgilt, sein Wissen zur Verfügung zu stellen.[333] Dies sollte jedoch so im Vertrag auch formuliert werden.[334] 200

ii) Beratungscheckliste Know-how Vertrag

Checkliste: 201

- ☐ Muss das Geheimnis preisgegeben werden oder reicht ein Beratervertrag aus?
- ☐ Wie kann das Geheimnis konkret definiert werden?
- ☐ Schulung des Geheimnis-Nehmers erforderlich?
- ☐ Welche Kontrollmöglichkeiten des Geheimnis-Gebers bestehen?
- ☐ Kann Verlust der Kontrolle (wirtschaftlich) ausgeglichen werden?
- ☐ Geheimhaltungsvereinbarung? mit Vertragsstrafeversprechen? Hamburger Brauch?
- ☐ Angemessene Gegenleistung (Pauschale, Umsatz- und/oder Gewinnbeteiligung oder Kombination)?
- ☐ Gewährleistungsvereinbarung?
- ☐ Rechtsfolgenregelung?

[329] Vgl. Teplitzky Kap. 20 Rn. 8.
[330] BGH NJW 2013, 1362 Rn. 15; BGH NJW 2003, 1805 (1808); BGH NJW 1998, 2600 (2602) – Treuhand-BvS; Harte-Bavendamm/Ohly/Kalbfus/Harte-Bavendamm/Kalbfus, Einl. GeschGehG Rn. 83.
[331] Salger/Breitfeld BB 2004, 2574 (2580) hier in Bezug auf ein Abwerbeverbot.
[332] Bartenbach Abschnitt B Rn. 2871.
[333] Bartenbach Abschnitt Rn. 2873.
[334] Bartenbach Abschnitt B Rn. 2873.

202 **b) Sonderfall: Arbeitsverhältnis.** Während des Bestehens eines Arbeitsverhältnisses wird der Schutz betrieblicher Geheimnisse entweder durch ausdrückliche Geheimhaltungsvereinbarungen oder durch die vertragliche Nebenpflicht auf **Rücksichtnahme** nach § 241 Abs. 2 BGB erfasst. Diese, früher Treuepflicht genannte, Nebenpflicht des Arbeitnehmers oder Dienstverpflichteten gehört zu jedem Schuldverhältnis. Im Arbeitsvertragsrecht hat sie eine besonders starke Ausprägung in Bezug auf Schutz- und Verhaltenspflichten erfahren, die insbesondere eine Pflicht zur Verschwiegenheit bedeutet, vor allem zum Schutz von Geschäftsgeheimnissen.[335] Allgemein hat der Arbeitnehmer über geschäftliche und persönliche Belange des Arbeitgebers zu schweigen, soweit andernfalls die berechtigten Interessen des Arbeitgebers beeinträchtigt werden können. Dementsprechend gehen die im Rahmen des Arbeitsverhältnisses bestehenden Verschwiegenheitspflichten zum Teil über den Regelungsbereich des GeschGehG hinaus.[336] Gleichzeitig müssen Grenzen des Geheimnisschutzes nach GeschGehG bei der Auslegung vertragsrechtlicher Nebenpflichten gemäß § 241 Abs. 2 BGB berücksichtigt werden.[337]

203 Die Pflicht zur Verschwiegenheit beginnt mit Begründung des Arbeitsverhältnisses und besteht zunächst bis zu seiner rechtlichen Beendigung und zwar unabhängig davon, ob das Arbeitsverhältnis ordentlich oder außerordentlich, durch Kündigung des Arbeitgebers oder des Arbeitnehmers beendet worden ist.[338] **Verstöße** gegen diese Verpflichtung sind etwa das Auswendiglernen des Geheimnisses, das systematische Sammeln von Unterlagen wie zB Kundenlisten und das bewusste Einprägen von Einzelheiten eines technischen Gerätes.[339] Ein Verstoß gegen arbeitsvertragliche Verschwiegenheitsverpflichtungen kann ein Verstoß gegen § 4 Abs. 2 Nr. 2, 3 GeschGehG und/oder gegen § 4 Abs. 1 und Abs. 2 Nr. 1 GeschGehG sein. In diesen Fällen könnte der Arbeitgeber neben den vertraglichen Ansprüchen die Ansprüche aus §§ 6 ff. GeschGehG geltend machen. Regelmäßig wird ein Verstoß gegen die vertragliche Verschwiegenheitsverpflichtung den Arbeitgeber zur Kündigung berechtigen.[340]

204 Verwendet etwa ein Arbeitnehmer das ihm von seinem Arbeitgeber anvertraute Adressmaterial zweckwidrig und zielgerichtet dazu, noch während des Bestandes seines Beschäftigungsverhältnisses im Rahmen eines persönlichen Verabschiedungsschreibens Kunden seines Arbeitgebers abzuwerben, ist dies unzulässig.[341] Werden Geheimhaltungspflichten vertraglich vereinbart, hat dies auf Grund der ohnehin bestehenden Verschwiegenheitspflichten regelmäßig nur deklaratorische Bedeutung. Sind die vereinbarten Geheimhaltungspflichten durch betriebliche Erfordernisse aber nicht gerechtfertigt, ist die Vereinbarung nach § 138 BGB unwirksam.[342]

205 **c) Sonderfall: Sonstige Dienstverhältnisse.** Die Verschwiegenheitspflicht besteht nicht nur im regulären Arbeitsverhältnis, sondern auch innerhalb solcher Dienstverhältnisse, die ein Anstellungsverhältnis begründen, insbesondere bei Vorstandsmitgliedern und Geschäftsführern.[343] Diese Pflicht ist umso stärker, je enger das gegenseitige **Vertrauensverhältnis** gestaltet ist, insbesondere dann, wenn dem Arbeitnehmer besondere Vertrauensaufgaben übertragen sind, wie dies bei Prokuristen oder Handlungsbevollmächtigten regelmäßig der Fall ist.[344]

206 **d) Sonderfall: Ausgeschiedene Arbeitnehmer/Dienstverpflichtete.** Nach Beendigung eines Arbeits- oder Dienstverhältnisses stellt sich in besonderer Weise die Frage, ob der Ausscheidende redlich erworbene Kenntnisse über bestimmte betriebliche Abläufe verwenden darf oder nicht. In jedem Falle endete mit der Beendigung des Arbeits- oder Dienstverhältnisses auch der Anwendungsbereich des § 17 Abs. 1 UWG aF, so dass der ausgeschiedene Mitarbeiter – soweit nicht spezialgesetzlich geregelte Geheimhaltungspflichten (zB aus § 85 GmbHG für Geschäftsführer, Aufsichtsratsmitglieder und Liquidatoren, § 404 AktG für Mitglieder des Vorstandes oder Aufsichtsrats oder Abwickler oder Prüfer; § 24 ArbnErfG oder § 79 BetrVG für Betriebsratsmitglieder) greifen – bei der Verwertung eines redlich erworbenen Geheimnisses straffrei blieb. Nach

335 Vgl. MüKoBGB/Spinner § 611a Rn. 1007 ff.; Küttner/Kania Verschwiegenheitspflicht Rn. 2.
336 Harte-Bavendamm/Ohly/Kalbfus/Kalbfus GeschGehG Einl. C Rn. 8.
337 Harte-Bavendamm/Ohly/Kalbfus/Kalbfus GeschGehG Einl. C Rn. 13.
338 Vgl. Küttner/Kania Verschwiegenheitspflicht Rn. 9a, 10.
339 Mes GRUR 1979, 584 (587); vgl. BGH GRUR 2006, 1044 Tz. 13 – Kundendatenprogramm.
340 Küttner/Kreitner Betriebsgeheimnis Rn. 10.
341 BGH GRUR 2004, 704 – Verabschiedungsschreiben.
342 Küttner/Kreitner Betriebsgeheimnis Rn. 5.
343 Grüneberg/Weidenkaff BGB § 611 Rn. 39.
344 Küttner/Kreitner Betriebsgeheimnis Rn. 5.

Inkrafttreten des GeschGehG dürften derartige Fallgestaltungen zum Großteil von § 4 Abs. 2 Nr. 2 und 3 GeschGehG erfasst sein.[345]

207 Anders zu beurteilen sind die Fälle, in denen ein ausgeschiedener Mitarbeiter unredlich erworbene Kenntnisse verwertet. Vor Inkrafttreten des GeschGehG wurde insoweit ein Verstoß gegen § 17 Abs. 2 Nr. 2 UWG aF angenommen. Nach Inkrafttreten des GeschGehG sind diese Fälle von § 4 Abs. 2 Nr. 1 GeschGehG erfasst.[346] Unredlich ist es beispielsweise, wenn ein Mitarbeiter während seines Dienstverhältnisses befugtermaßen in seinen privaten Besitz gelangte Unterlagen über das Ende des Dienstverhältnisses hinaus behält.[347] Dies hat im Zeitalter des Home-Office und der Zeitarbeit erhebliche Praxisrelevanz.[348] Ebenso verhält es sich mit gezielt auswendig gelerntem Wissen.[349] Nur das beiläufig im Gedächtnis behaltene Geheimnis ist frei[350] und muss bei Bedarf durch vertragliche Vereinbarungen vor einer Weitergabe bzw. Verwendung geschützt werden.[351]

208 *aa) Keine gesonderte Vereinbarung über nachvertragliche Verschwiegenheit.* Der BGH[352] vertritt in ständiger Rechtsprechung die Auffassung, dass ein Arbeitnehmer nach seinem Ausscheiden aus einem Beschäftigungsverhältnis in der Weitergabe und Verwertung der dort redlicherweise erlangten Betriebsgeheimnisse **grundsätzlich** frei ist und nur in Einzelfällen ein Wettbewerbsverstoß angenommen werden kann. In der „Industrieböden"-Entscheidung[353] hat der BGH anerkannt, dass ausnahmsweise auch eine **Nachwirkung** dienstvertraglicher Pflichten, insbesondere der Pflicht zur Verschwiegenheit, bestehen kann. In der zeitlich deutlich späteren Entscheidung „Spritzgießwerkzeuge"[354] bestätigt der BGH diese Rechtsprechung und schließt sich nicht der Rechtsprechung des BAG[355] an, nach der der ausgeschiedene Arbeitnehmer auch ohne entsprechende Geheimhaltungsvereinbarung auf Grund nachwirkender Treuepflicht arbeitsrechtlich zur Verschwiegenheit über Geschäfts- und Betriebsgeheimnisse verpflichtet und ihm lediglich die Verwertung des erworbenen „Erfahrungswissens" gestattet sei. Gleichzeitig stellt der BGH klar, dass die wettbewerbsrechtliche Beurteilung derartiger Konstellationen stets eine **einzelfallbezogene Gesamtabwägung** der auf beiden Seiten mit Verfassungsrang ausgestatteten Interessen der Parteien (Art. 12 GG in Bezug auf das berufliche Fortkommen einerseits und Art. 2 Abs. 1, 14 GG in Bezug auf die Geheimhaltung des im Rahmen der geschäftlichen Betätigung eingesetzten Geheimnis andererseits) erfordere.[356]

209 In die **Interessenabwägung** ist dabei zugunsten des Ausscheidenden ua einzustellen, ob er einen Beitrag zur Entwicklung des Geheimnis geleistet hat, ob er das im Rahmen seiner Beschäftigung erlangte Wissen für sein berufliches Fortkommen benötigt und ob er für eine erhebliche Dauer in dem Unternehmen beschäftigt war. Zugunsten des Unternehmens ist neben dem betrieblichen Interesse an einer weiteren Geheimhaltung des Geheimnis ua zu berücksichtigen, ob der Ausscheidende eine besondere Vertrauensstellung bekleidete, ein Wettbewerbsverbot vereinbart wurde und ob das Geheimnis nicht durch eigene berufliche Nutzung, sondern durch Weiterveräußerung verwertet werden sollte.[357] Zu berücksichtigen ist insbesondere auch, dass ein lang andauerndes Arbeitsverhältnis je nach Art der Tätigkeit dazu führen kann, dass der Ausscheidende in seinen Kenntnissen und Fertigkeiten derart geprägt ist, dass seine weitere berufliche Existenz bei einem Verbot der Verwertung der erworbenen Kenntnisse gefährdet oder entscheidend eingeengt wäre.[358] Auch in der Literatur[359] wird überwiegend eine Interessenabwägung nach den eben genannten Kriterien gefordert.

345 Harte-Bavendamm/Ohly/Kalbfus/Kalbfus GeschGehG Einleitung A Rn. 193.
346 Harte-Bavendamm/Ohly/Kalbfus/Kalbfus GeschGehG Einleitung C Rn. 58.
347 BGH GRUR 2006, 1044 Tz. 13 ff. – Kundendatenprogramm; BGH GRUR 2003, 453 – Kundenlisten.
348 Vgl. Westermann GRUR 2007, 116 (118); s. auch Siems WRP 2007, 1146.
349 Westermann GRUR 2007, 116 (117).
350 BGH GRUR 2006, 1044 Tz. 13 – Kundendatenprogramm.
351 Westermann GRUR 2007, 116 (117).
352 BGH GRUR 2006, 1044 Tz. 13 – Kundendatenprogramm; BGH GRUR 2002, 91 (92) – Spritzgießwerkzeuge; GRUR 1983, 179 (181) – Stapel-Automat; GRUR 1964, 215 (216) – Milchfahrer; GRUR 1955, 402 (403) – Anreißgerät; GRUR 1963, 367 – Industrieböden.
353 BGH GRUR 1963, 367 (369) – Industrieböden.
354 GRUR 2002, 91 – Spritzgießwerkzeuge.
355 NJW 1983, 134 (135); NJW 1988, 1686 (1687)
356 BGH GRUR 2002, 91 (93) – Spritzgießwerkzeuge.
357 BGH GRUR 2002, 91 (93, 94) – Spritzgießwerkzeuge.
358 BGH GRUR 1963, 367 – Industrieböden.
359 Harte-Bavendamm/Ohly/Kalbfus/Ohly GeschGehG § 4 Rn. 42; Gloy/Loschelder/Dankwerts UWG-HdB/Harte-Bavendamm § 77 Rn. 35.

210 Konkret hat der BGH einen Wettbewerbsverstoß zB angenommen, als ein ausgeschiedener Mitarbeiter dem früheren Dienstherrn nach seinem Ausscheiden schlagartig den gesamten Kundenstamm wegnahm.[360] Dieser Fall betraf einen Milchfahrer, der nach seinem Ausscheiden bei seinem früheren Arbeitgeber sämtliche von ihm auch vorher belieferten Kunden fortan mit Produkten eines Konkurrenten belieferte. Der Fall war dadurch gekennzeichnet, dass das übernommene Geheimnis in dem Kundenstamm bestand und die Übernahme dieses Wissens zu einer wirtschaftlichen Vernichtung des früheren Arbeitgebers führte (und führen sollte). Wird beispielsweise ein wesentliches Betriebsgeheimnis verwertet,[361] kann dies einen Verstoß gegen die guten Sitten darstellen. Vorausgesetzt ist dabei natürlich, dass es tatsächlich ein rechtlich geschütztes „Betriebsgeheimnis" darstellt und nicht lediglich eine Geschäftsidee.[362] Unlauteres Verhalten kann auch darin liegen, dass ein Mitarbeiter noch vor seinem Ausscheiden aus dem Geheimnis tragenden Unternehmen unter Verwendung des Geheimnis Konkurrenzerzeugnisse entwickelt[363] oder dass der Arbeitnehmer seine Kündigung provoziert, um sodann das Geheimnis des früheren Arbeitgebers verwerten zu können.[364]

bb) Beratungscheckliste Interessenabwägung

211 **Checkliste:**

Zugunsten des Ausscheidenden zu berücksichtigen:
- ☐ Entwicklung des Geheimnis
- ☐ Bedeutung oder Erforderlichkeit des Wissens für das weitere berufliche Fortkommen (Spezialisierung)
- ☐ lange Dauer der Beschäftigung

Zugunsten des Unternehmens zu berücksichtigen:
- ☐ besondere Vertrauensposition des Ausscheidenden
- ☐ Vereinbarung eines vertraglichen Wettbewerbsverbots
- ☐ Veräußerung des Geheimnis beabsichtigt, keine eigene Nutzung durch den Ausscheidenden
- ☐ gleichzeitige Übernahme des Kundenstamms
- ☐ besondere Vergütung für Entwicklung des Geheimnis

212 *cc) Vereinbarung nachvertraglicher Verschwiegenheit.* Da eine umfassende Verpflichtung zur Geheimhaltung mit der Beendigung des zugrundeliegenden Vertrages endet,[365] sollte eine nachvertragliche Geheimhaltungspflicht vereinbart werden.[366]

Praxistipp:

In Arbeits- und Dienstverträgen, jedenfalls aber in Aufhebungsverträgen sollte eine nachvertragliche Geheimhaltungsvereinbarung getroffen werden, insbesondere dann, wenn der Ausscheidende Kenntnis von einem für den Betrieb wesentlichen Geheimnis hat.

Formulierungsvorschlag:

XY verpflichtet sich gegenüber der … auch nach Beendigung des Beschäftigungsverhältnisses für eine Dauer von … zu strenger Geheimhaltung der ihm während der Dauer des Beschäftigungsverhältnisses bekannt gewordenen Interna und vertraulichen Angelegenheiten, insbesondere in Bezug auf das spezielle Herstellungsverfahren des …

360 BGH GRUR 1964, 215 (216) – Milchfahrer.
361 BGH GRUR 1963, 367 (369) – Industrieböden.
362 ArbG Düsseldorf, GRURPrax 2012, 152.
363 BGH GRUR 1983, 179 (181) – Stapelautomat.
364 BGH GRUR 1955, 402 (404) – Anreißgerät.
365 Vgl. Küttner/Kania Verschwiegenheitspflicht Rn. 9, 11.
366 Grundlegend Bartenbach Abschnitt B Rn. 2627; Kraßer GRUR 1977, 177 (187 f.).

Solche Vereinbarungen sind nach Auffassung des BAG[367] auch ohne Karenzentschädigung regelmäßig wirksam, wenn sie sich auf **bestimmte** Geheimnisse beschränken,[368] also das jeweilige Geschäftsgeheimnis konkret bezeichnen.[369] Führen nachvertragliche Verpflichtungen aber dazu, dass der Ausscheidende auf dem von ihm gewählten Gebiet praktisch nicht mehr tätig werden kann, liegt ein entschädigungspflichtiges Wettbewerbsverbot vor.[370] Beispielsweise liegt in dem Verbot, jegliche Kundennamen zu verwenden bereits ein Wettbewerbsverbot, das an §§ 74 ff. HGB zu messen ist.[371] In jedem Fall sollten derartige Vereinbarungen auch nur **zeitlich befristet** getroffen werden, wobei zum Teil[372] in Anlehnung an § 74a HGB die Höchstgrenze bei zwei Jahren nach Vertragsbeendigung angesiedelt wird, zum Teil[373] aber im Einzelfall auch eine Grenze von drei Jahren nach Beendigung des Vertrages als vertretbar angesehen wird, da eine solche Geheimhaltungsvereinbarung den Ausscheidenden nur daran hindere, ein ganz bestimmtes Geheimnis für seine Zwecke zu verwerten, während ein Wettbewerbsverbot deutlich weitergehende Konsequenzen habe. Es bietet sich an, die Geheimhaltungspflicht durch ein Vertragstrafeversprechen abzusichern. 213

Praxistipp:

Es ist bei Abfassung der Klausel genau zu prüfen, ob nicht anstelle der beabsichtigten Verschwiegenheitspflicht tatsächlich ein Wettbewerbsverbot formuliert wird; im Zweifel sollte eine zeitliche Begrenzung sowie eine Entschädigung aufgenommen werden.

Wird ein Wettbewerbsverbot vereinbart, ist auf die Möglichkeit der einseitigen Loslösung von dem Verbot durch den Handlungsgehilfen bzw. Arbeitnehmer gemäß § 75 bzw. analog § 75 HGB bei Vorliegen bestimmter Kündigungsgründe zu achten. Für den Handelsvertreter gilt dies gemäß § 90a HGB.[374] Bezüglich der Möglichkeit von Kundenschutzvereinbarungen s. *Salger/Breitfeld,* BB 2005, 154, 158 und Hunold NZA-RR 2007, 617, 619 ff. 214

e) **Sonderfall: Handelsvertreter.** Gemäß § 90 HGB dürfen Handelsvertreter nach ihrem Ausscheiden Geschäfts- und Betriebsgeheimnisse weder verwerten noch mitteilen. Dieses Verbot besteht zwar grundsätzlich zeitlich unbefristet,[375] jedoch ist es weniger ausgeprägt als die Vertraulichkeitspflicht während bestehender Vertragsbeziehungen nach §§ 241 Abs. 2, 242 BGB iVm § 86 HGB, es kann sogar gänzlich entfallen. Zusätzlich vereinbarte Verschwiegenheitsvereinbarungen können im Hinblick auf die gesetzliche Regelung des § 90 HGB und einer eventuell damit verbundenen Überschreitung unwirksam sein.[376] 215

Zudem hat der BGH in den letzten Jahren inhaltlich immer stärker differenzierte Grundsätze bezüglich der Unlauterkeit herausgearbeitet. Dabei hielt er zunächst fest, dass es den Grundsätzen des Leistungswettbewerbs entspricht, wenn ein ausgeschiedener Handelsvertreter in Konkurrenz zu dem früher von ihm vertretenen Unternehmen tritt.[377] Es stehe einem Handelsvertreter nach Beendigung des Vertreterverhältnisses daher grundsätzlich frei, dem Unternehmer, für den er bis dahin tätig gewesen ist, auch in dem Bereich Konkurrenz zu machen, in dem er ihn vorher vertreten hat. Wettbewerbsrechtlich sei dies nur dann zu beanstanden, wenn sich der Vertreter unlauterer Mittel bediene. Dies sei aber nicht schon dann gegeben, wenn ein ausgeschiedener Vertreter Kundenadressen verwertet, die in seinem Gedächtnis geblieben sind oder sich solche Anschriften von Kunden nutzbar macht, die keinen dauerhaften geschäftlichen Kontakt zu dem bisher vertretenen Unternehmen aufgenommen haben. Später[378] ergänzte der BGH, dass ein Wettbewerbs- 216

[367] BAG NJW 1983, 134; Gaul ZIP 1988, 689; Bartenbach Abschnitt B Rn. 2631; aA wohl LAG Baden Württemberg Urt. v. 18.10.2006 – 13 Sa 69/05 zitiert aus LexisNexis LNR 2006, 32666.
[368] Vgl. Salger/Breitfeld BB 2005, 154 (158).
[369] Küttner/Kreitner Betriebsgeheimnis Rn. 7.
[370] BAG DB 1988, 1020; Küttner/Kania Verschwiegenheitspflicht Rn. 11; Küttner/Kreitner Betriebsgeheimnis Rn. 7.
[371] Näher hierzu Salger/Breitfeld BB 2005, 154 (158).
[372] Küttner/Kreitner Betriebsgeheimnis Rn. 8.
[373] Bartenbach Abschnitt B Rn. 2636.
[374] S. hierzu Westermann Handbuch Kap. 5 Rn. 81 ff.
[375] Vgl. Westermann Handbuch Kap. 5 Rn. 25.
[376] Westermann Handbuch, Kap. 5 Rn. 25 und 56.
[377] BGH NJW 1993, 1786 (1787).
[378] BGH GRUR 1999, 934 (935) – Weinberater; vgl. auch BGH GRUR 2006, 1044 – Kundendatenprogramm.

verstoß dann vorliegen könne, wenn die Aufzeichnungen unter Verstoß gegen § 17 Abs. 2 UWG aF erstellt worden sind. Schließlich stellte der BGH heraus,[379] dass eine unzulässige Verwertung einer Kundenliste als Geschäftsgeheimnis eines Unternehmers auch dann gegeben ist, wenn die Namen der Kunden im Rahmen der geschäftlichen Tätigkeit in die persönlichen Unterlagen des Handelsvertreters gelangt sind und von diesem bei der Ausübung seiner Geschäftstätigkeit außerhalb des Unternehmens verwertet werden. Hunold sieht dagegen in der Verschwiegenheitsverpflichtung über Kundenlisten kein inzidentes Verbot, Kunden des Arbeitgebers zu umwerben.[380]

217 **f) Sonderfall: Vertrag mit Subunternehmen/Kooperationspartnern.** Auch bei Verträgen mit anderen Unternehmen ist zu überlegen, wie das eigene Geheimnis geschützt werden kann, ohne eine Zusammenarbeit unergiebig werden zu lassen. Im Vordergrund stehen neben dem Schutz der allgemeinen Betriebs- und Geschäftsgeheimnisse der Schutz des Kundenbestandes sowie der Schutz der Geheimnis-tragenden Mitarbeiter. Zwar gilt auch hier die allgemeine Schutzpflicht gemäß § 241 Abs. 2 BGB, dennoch empfiehlt es sich, individuell vertragliche Abreden zu treffen.

218 Bezüglich der Abwerbung von Mitarbeitern beispielsweise ergibt sich aus dem Grundsatz von Treu und Glauben nur ganz ausnahmsweise ein Abwerbungsverbot.[381] Für vertragliche Abreden hält §§ 75 f. HGB eine Sonderregelung bereit. Danach ist die vertragliche Abrede zwar nicht generell unwirksam, dem Vertragspartner steht aber ein Rücktrittsrecht zu. Nach *Salger/Breitfeld* soll eine Vereinbarung, nach der die Unternehmen sich wechselseitig nicht aktiv die Mitarbeiter abwerben, bindend sein. Dies könne kombiniert werden mit einer Beweislastumkehr zu Lasten des Unternehmens, das den Mitarbeiter des anderen eingestellt hat.[382]

379 BGH GRUR 2003, 453 (454) – Verwertung von Kundenlisten.
380 NZA-RR 2007, 617 (619).
381 Salger/Breitfeld BB 2004, 2574 (2577).
382 Salger/Breitfeld BB 2004, 2574 (2578 f.).

Teil E. Verwandte Rechtsgebiete

§ 25 Presserecht

Übersicht

I. Einleitung

1 Presserecht soll hier beschränkt auf das die Berichterstattung der Medien betreffende Äußerungsrecht dargestellt werden. Dieses steckt das Spannungsfeld ab zwischen einerseits dem durch Presse- und Meinungsfreiheit aus Art. 5 Abs. 1 GG geschützten, zugleich privaten wie öffentlichen Informationsinteressen dienenden Interesse an freier Berichterstattung und andererseits der insbesondere durch das allgemeine Persönlichkeitsrecht aus Art. 1 Abs. 1, 2 Abs. 1 GG geschützten Interessensphäre der von Berichterstattung Betroffenen. Die Darstellung schließt neben der eigentlichen Presse auch Film, Hörfunk, Fernsehen und andere elektronische Informations- und Mediendienste ein. Einige übergreifende Fragestellungen des Äußerungsrechts werden hier vor der Darstellung der einzelnen äußerungsrechtlichen Ansprüche behandelt.

1. Tatsachenbehauptungen und Meinungsäußerungen

2 Die Unterscheidung zwischen Tatsachenbehauptungen und Meinungsäußerungen gehört zu den Kernfragen des Äußerungsrechts. Die **Bedeutung** dieser Unterscheidung liegt auf der Hand: Art. 5 Abs. 1 GG schützt speziell die Freiheit, eine Meinung öffentlich zu äußern und zu verbreiten. Tatsachenbehauptungen dagegen sind als Reflex dieser Freiheit lediglich mitgeschützt, soweit sie dem Prozess der Meinungsbildung dienen können. Die Verbreitung bewusst unwahrer Tatsachenbehauptungen genießt daher nicht den Schutz des Art. 5 Abs. 1 GG.[1] Auch die gesetzlichen Tatbestände, die für äußerungsrechtliche Auseinandersetzungen von Bedeutung sind, unterscheiden zwischen der Verbreitung von Tatsachenbehauptungen und Meinungsäußerungen: Auf die §§ 186 StGB und 824 BGB kann sich nur stützen, wer sich gegen die Verbreitung einer unwahren Tatsachenbehauptung wendet. Auch bei der Beantwortung der Frage, welche Ansprüche ein Betroffener geltend machen kann, ist zwischen Tatsachenbehauptungen und Meinungsäußerungen zu unterscheiden: Den Abdruck einer Gegendarstellung wie einer Richtigstellung kann nur verlangen, wer von einer Tatsachenbehauptung betroffen ist. Der „Widerruf" einer Meinung kann im Hinblick auf Art. 5 Abs. 1 GG unter keinen Umständen verlangt werden[2] – auch wenn die geäußerte Meinung mit den Denkgesetzen nicht in Einklang steht und jeder Vernunft Hohn spricht. Wenn sich der Betroffene von einer Meinungsäußerung in seinen Rechten verletzt glaubt, kommen als rechtliche Reaktion nur Ansprüche auf Unterlassung und – unter engen Voraussetzungen – Geldentschädigung in Betracht.

3 Obwohl die Unterscheidung zwischen Tatsachenbehauptungen und Meinungsäußerungen die wichtigste Weichenstellung im Äußerungsrecht darstellt, ist eine verlässliche **Abgrenzung** oft schwierig. Dies führt zu einer erheblichen Unsicherheit bei der Beurteilung der Erfolgsaussichten äußerungsrechtlicher Ansprüche. Grundvoraussetzung ist in jedem Fall zunächst die zutreffende Ermittlung des Aussagegehalts einer Äußerung.[3] Ausgangspunkt ist dabei stets der Wortlaut, dessen Aussage durch Interpretation ermittelt werden muss. Schon dabei sind die Anforderungen des Art. 5 Abs. 1 GG zu berücksichtigen.[4] Will ein Gericht von mehreren objektiv möglichen Interpretationen diejenige heranziehen, die zur Verurteilung des Anspruchsgegners führt, gilt im Grundsatz, dass es dafür überzeugende und nachvollziehbare Gründe angeben muss.[5] Die Tragweite des Grundrechts der Meinungsfreiheit ist verkannt, wenn Gerichte, die den sich Äußernden mit einer Sanktion belegen, seiner Äußerung als Grundlage der Verurteilung einen Sinn beilegen, den sie dem Wortlaut nach nicht hat, oder wenn sie sich unter mehreren möglichen Deutungen für eine Deutung als Tatsachenbehauptung entscheiden, ohne das Vorliegen einer Meinungsäußerung mit überzeugenden Gründen ausgeschlossen zu haben.[6]

[1] BVerfG NJW 1992, 1439 – Kritische Bayer-Aktionäre; NJW-RR 2000, 1209 – Sorgfaltspflichten der Presse.
[2] BGH GRUR 1982, 631 – Klinikdirektoren.
[3] OLG Hamburg AfP 1980, 106.
[4] BVerfG NJW 1990, 1980 – Strauß deckt Faschisten.
[5] BVerfG NJW 2006, 3769; BVerfG NJW 1992, 439 – Kritische Bayer Aktionäre.
[6] BVerfG NJW 1983, 1415 – NPD von Europa; BVerfG AfP 2008, 58 – Spiegel.

Eine Ausnahme gilt für den Unterlassungsanspruch, der keine Sanktion darstellt, sondern lediglich die Wiederholung oder weitere Verbreitung einer rechtsverletzenden Äußerung unterbindet. Hat sich der Äußernde missverständlich ausgedrückt, hat er die Möglichkeit, zukünftig eindeutig zu formulieren und dadurch klarzustellen, wie er verstanden werden möchte. Das Bundesverfassungsgericht geht daher im Sinne seiner nach der maßgeblichen Leitentscheidung so genannten „Stolpe"-Dogmatik davon aus, dass ein Unterlassungsanspruch gegenüber einem nicht fernliegenden möglichen Verständnis einer Äußerung dann besteht, wenn der Äußernde an der missverständlichen Äußerung festhält und nicht bereit ist, durch eine Klarstellung rechtsverletzende Deutungsvarianten auszuschließen.[7] Voraussetzung ist allerdings, dass ein erheblicher Teil des Publikums die Äußerung in rechtsverletzender Weise versteht.[8] Diese Grundsätze der **Eindrucksunterlassung** gelten sowohl für die Beurteilung von Tatsachenbehauptungen als auch von Meinungsäußerungen.[9] Dies entbindet jedoch nicht von der Prüfung, ob überhaupt Mehrdeutigkeit in diesem Sinne vorliegt und ob nicht theoretisch mögliche Deutungsalternativen als fernliegend auszuschließen sind.[10] Keine Anwendung finden diese Grundsätze auf offen mehrdeutige Äußerungen, die von einem verständigen Publikum nicht als geschlossene, aus sich heraus aussagekräftige Tatsachenbehauptungen wahrgenommen werden, sondern die aufgrund ihrer Vieldeutigkeit von vornherein unvollständig und ergänzungsbedürftig erscheinen und daher keine konkreten Fehlvorstellungen provozieren.[11] Gleiches gilt, wenn eine Mitteilung wahrer Tatsachen eine bestimmte Schlussfolgerung möglich erscheinen lässt, sie aber nicht als verdeckte Behauptung unabweisbar aufdrängt.[12] Eine Untersagung wegen Mehrdeutigkeit kommt hier nicht in Betracht. Für alle übrigen äußerungsrechtlichen Ansprüche bleibt es bei dem Grundsatz, dass bei objektiver Mehrdeutigkeit die dem Äußernden günstigste Deutungsvariante zugrunde zu legen ist.[13] 4

Maßgeblich für die Feststellung des Aussagegehalts ist nicht das Verständnis eines flüchtigen Lesers. Es kommt vielmehr auf das **Verständnis eines unbefangenen und verständigen Durchschnittsadressaten** an, der mit der Materie nicht speziell vertraut ist.[14] Dabei darf der konkrete Adressatenkreis jedoch nicht unberücksichtigt bleiben: Eine Äußerung in einer Fachzeitschrift wird anders zu beurteilen sein als eine Äußerung in einer Boulevardzeitung. Unzulässig ist die isolierte Betrachtung von Äußerungen, vielmehr ist stets der textliche Zusammenhang zu berücksichtigen. Schlagzeilen oder plakativ hervorgehobene Sätze, die für sich genommen eindeutig sind, können jedoch unter Umständen selbstständig gewertet werden, wenn der Betroffene darin genannt oder sonst erkennbar wird.[15] 5

Im Äußerungsrecht gilt grundsätzlich das Prinzip der **Verbreiterhaftung.**[16] Es kommt regelmäßig nicht darauf an, ob man eigene oder fremde Aussagen verbreitet. Wer ein Gerücht wiedergibt, ohne sich davon zu distanzieren, haftet für dessen Inhalt.[17] Auch wer einen anderen zitiert, kann für den Inhalt des Zitats haften. Die Haftung des Verbreiters ist allerdings beschränkt, sofern er sich die fremde Äußerung nicht zu eigen macht. Hinsichtlich des Wahrheitsgehalts der Äußerung eines Dritten unterliegt der Verbreiter nur eingeschränkten Verifikationspflichten.[18] Ebenso haftet die Presse nur eingeschränkt für den Inhalt der Meldungen Dritter, wenn sie diese etwa im Rahmen einer Presseschau lediglich überblicksmäßig zusammenstellt.[19] Keine Haftung besteht für Äußerungen Dritter, die ungefiltert – zum Beispiel in Live-Sendungen – als „Markt der Meinungen" präsentiert werden.[20] 6

---

[7] BVerfG NJW 2006, 207 – IM Sekretär/Stolpe; BVerfG NJW 2006, 3769 – Babycaust; BVerfG NJW 2010, 3501 – Gen-Milch.
[8] BVerfG AfP 2008, 58 – Spiegel.
[9] BVerfG NJW 2006, 3769 – Babycaust.
[10] BVerfG NJW 2010, 3501 – Gen-Milch.
[11] BVerfG NJW 2010, 3501 – Gen-Milch.
[12] OLG Köln AfP 2015, 440; OLG Düsseldorf AfP 2014, 70.
[13] BVerfG AfP 2008, 58 – Spiegel.
[14] BGH NJW 1981, 1089 – Der Aufmacher I.
[15] BVerfG NJW 2004, 277 – NGG; OLG Hamburg AfP 1988, 247 (248); OLG München AfP 1981, 297 (298).
[16] Soehring/Hoene PresseR Rn. 16.13 ff. mwN.
[17] BGH NJW 1976, 1198 (1199) – Panorama; BGH AfP 1988, 34 (35) – Intime Beziehungen; OLG Brandenburg NJW-RR 2002, 1269 – Wahlkampf.
[18] BGH NJW 2010, 760 – Markwort.
[19] BVerfG AfP 2009, 480 – Presseschau.
[20] BGH NJW 1976, 1198 (1199) – Panorama.

7 a) **Tatsachenbehauptungen.** Nach ständiger Rechtsprechung ist eine Äußerung als Tatsachenbehauptung einzuordnen, wenn die Aussage – zumindest potenziell – mit den Mitteln des Beweises auf ihre Richtigkeit geprüft werden kann.[21]

8 Aussagen über innere Umstände, **Absichten und Motive** einer Person sind im Rechtssinne als sog. innere Tatsachenbehauptungen einzuordnen, wenn der Leser zu der Schlussfolgerung gelangen muss, der Betroffene habe tatsächlich in einer bestimmten Absicht oder zu einem konkreten Zweck gehandelt. Im Zweifel wird jedoch eine Meinungsäußerung vorliegen, wenn jemand erkennbar nur die Motive einer Handlung bewertet oder eine innere Haltung des Betroffenen kritisiert.[22]

9 b) **Meinungsäußerungen.** Meinungsäußerungen sind durch „Elemente des Meinens oder Dafürhaltens" gekennzeichnet. Anders als Tatsachenbehauptungen können sie nicht mittels Beweiserhebung auf ihre Wahrheit überprüft werden. Der Schutz der Meinungsfreiheit kommt nicht nur demjenigen zugute, der zugleich die tatsächlichen Grundlagen der von ihm geäußerten Meinung mitteilt.[23] Art. 5 Abs. 1 GG schützt Meinungsäußerungen unabhängig davon, ob die Äußerung „wertvoll" oder „wertlos", „richtig" oder „falsch" oder ob sie „emotional" oder „rational" begründet ist.[24] Danach fallen auch scharfe und übersteigerte Äußerungen grundsätzlich in den **Schutzbereich** der Meinungsfreiheit. Fraglich kann nur sein, ob sich aus den Vorschriften der allgemeinen Gesetze und dem Recht der persönlichen Ehre im Einzelfall Grenzen für die Zulässigkeit ergeben.[25]

10 Die Grenze zulässiger Meinungsäußerung ist im Fall einer **„Schmähkritik"** überschritten. Eine solche liegt vor, wenn die Diffamierung einer anderen Person im Vordergrund steht und nicht die Auseinandersetzung in der Sache.[26] Eine Schmähkritik ist im Zweifel anzunehmen, wenn jeder tatsächliche Bezugspunkt für die geäußerte Kritik fehlt. Allein der herabsetzende Gehalt einer Aussage macht diese jedoch noch nicht zur Schmähung im Rechtssinne. Kritik darf grundsätzlich auch polemisch und überspitzt vorgebracht werden. Unzulässig, ohne dass es einer Abwägung mit der Meinungsfreiheit bedarf, sind auch **Formalbeleidigungen,** also Schimpfworte, die kontextunabhängig gesellschaftlich absolut missbilligt sind. Im Interesse der Meinungsfreiheit sind sowohl Schmähkritik als auch Formalbeleidigung eng auszulegen.[27]

11 Der Aussagehalt von **Satire** und **Karikatur** lässt sich nur ermitteln, wenn die Äußerung von dem satiretypischen Gewand gewollter Verzerrung, Übertreibung und Verfremdung entkleidet wird.[28] Zielt der so ermittelte Aussagegehalt auf eine Kundgabe der Missachtung, die die Würde des Kritisierten in ihrem Kern trifft, so ist die Äußerung trotz der Gewährleistung der Meinungs- bzw. Kunstfreiheit unzulässig.[29] Für eine Niveaukontrolle ist jedoch kein Raum.

12 Auch fiktive Werke, zum Beispiel **Romane** oder **Spielfilme,** können Persönlichkeitsrechte verletzen, wenn in Abhängigkeit vom Grad der Fiktionalisierung des künstlerischen Werks und dem Gewicht der Betroffenheit des Persönlichkeitsrechts eine Roman- oder Filmfigur nicht hinreichend vom realen Urbild verfremdet und dadurch erkennbar ist.[30] Verletzungen des Persönlichkeitsrechts in einem Roman lösen aber nur dann äußerungsrechtliche Ansprüche aus, wenn nicht die Kunstfreiheit des Autors Vorrang genießt und wenn es sich um eine – auch angesichts des Grads der Fiktionalisierung – schwere Verletzung der Persönlichkeitsrechte handelt.[31]

13 c) **Einzelfälle.** Für die Einstufung von Äußerungen kommt der Rechtsanwender nicht umhin, sich an Fallgruppen zu orientieren, die sich aus der übergroßen Zahl bereits vorliegender Entscheidungen gebildet haben.

14 *aa) Verdeckte Behauptungen.* Gegenüber verdeckten Behauptungen kann eine besondere Schutzbedürftigkeit bestehen, weil sie nur schwierig angreifbar sind.[32] Bei der Annahme einer

[21] BGH NJW 1997, 1148 – Chefarzt, mwN.
[22] BVerfG NJW 2003, 1855; EGMR NJW 2015, 1501 – Axel Springer II.
[23] BGH NJW 1974, 1762 – Deutschlandstiftung.
[24] BVerfG NJW 1972, 811; NJW 2015, 2022 – FCK CPS.
[25] OLG Bremen NJW-RR 2005, 481; BVerfG NJW 1992, 2815 – Gestapo-Methoden.
[26] BVerfG NJW 2020, 2622; BVerfG NJW 2005, 3274; BVerfG NJW 1991, 95 – Zwangsdemokrat.
[27] BVerfG NJW 1993, 1462 – Böll; BVerfG NJW 2020, 2622.
[28] BVerfG NJW 2002, 3767 – Bonnbons; BGH NJW 2004, 596 – Fotomontage; dazu BVerfG NJW 2005, 3271.
[29] BVerfG GRUR 1971, 461 – Mephisto; BVerfG NJW 1985, 261 – Anachronistischer Zug.
[30] BVerfG NJW 2008, 39 – Esra; BGH NJW 2008, 2587 – Esra; BGH NJW 2009, 3576 – Kannibale von Rothenburg; BGH NJW-RR 2021, 1633 – Dokudrama.
[31] BVerfG NJW 2008, 39 – Esra.
[32] BGH NJW 1980, 2801 (2807) – Medizin-Syndikat II und I.

verdeckten Behauptung ist gleichwohl besondere Zurückhaltung geboten.[33] Eine rechtlich angreifbare verdeckte Behauptung liegt nur dann vor, wenn zwei bei isolierter Betrachtung neutrale Aussagen eine zusätzliche Feststellung ergeben, die sich dem Leser als **unabweisbare Schlussfolgerung** aufdrängt.[34] Eine verdeckte Behauptung kann dagegen nicht angenommen werden, wenn der Leser nur die Möglichkeit erhält, eigene Schlüsse zu ziehen, ohne dass diese zwingend wären.

bb) Schlussfolgerungen. Als **Ausdruck einer Bewertung** von Tatsachen sind sie Meinungsäußerungen. Vermutungen können Schlussfolgerungen sein, wenn sie erkennbar auf ebenfalls mitgeteilten Tatsachen beruhen.[35] In diese Fallgruppe gehören auch Ergebnisse von Warentests und die Berichterstattung über wissenschaftliche Gutachten.[36] 15

cc) Fragen. Auch sie genießen grundsätzlich den Schutz der Meinungsfreiheit.[37] Gleichzeitig können aber auch Tatsachenbehauptungen in Frageform gekleidet sein.[38] Echte Fragen unterscheiden sich hiervon dadurch, dass sie keine **Aussage** machen, sondern eine solche **erst herbeiführen** wollen.[39] Maßgeblich ist, ob eine Frage die zu ihr gehörende Antwort offen lässt oder ob die Antwort implizit vorgegeben wird. Wenn sich unter Berücksichtigung des Kontextes ergibt, dass die Antwort schon feststeht, handelt es sich um eine verdeckte Tatsachenbehauptung oder ein Werturteil. Denn rhetorische Fragen sind nur scheinbare Fragen.[40] Dagegen genießen echte Fragen denselben Schutz wie Meinungsäußerungen.[41] Im Interesse eines wirksamen Schutzes der Meinungsfreiheit ist im Zweifel von einem weiten Fragebegriff auszugehen.[42] 16

dd) Rechtsbegriffe. Gegenstand äußerungsrechtlicher Auseinandersetzungen sind häufig Rechtsbegriffe, insbesondere wenn diese den Vorwurf eines rechtswidrigen Verhaltens beinhalten. In der Regel wird es sich bei rechtlichen Bewertungen um Meinungsäußerungen handeln,[43] es sei denn ein strafrechtlicher Tatbestand ist gemeint.[44] Ob ein Rechtsbegriff als Tatsachenbehauptung oder Meinungsäußerung einzuordnen ist, lässt sich nicht ohne weiteres eindeutig feststellen. Zunächst muss im Wege der **Interpretation** festgestellt werden, ob der Rechtsbegriff in einem **umgangssprachlichen Sinne** oder als **Fachausdruck** mit einer genau feststehenden Bedeutung verwendet wird.[45] Wird jemand als „Dieb" bezeichnet, wird regelmäßig von einer Tatsachenbehauptung auszugehen sein, wenn sich aus dem Kontext ergibt, dass damit zum Ausdruck gebracht werden soll, dass der Betroffene in Zueignungsabsicht unberechtigt eine fremde Sache weggenommen hat. Der Vorwurf des „Diebstahls" kann in einer öffentlichen Auseinandersetzung aber ohne weiteres auch als Meinungsäußerung einzuordnen sein, wenn damit ein politischer Vorgang bewertet wird. 17

2. Bildberichterstattung

Das **Recht am eigenen Bild** stellt eine besondere Ausprägung des allgemeinen Persönlichkeitsrechts dar.[46] Es dient nicht nur dem Schutz ideeller, sondern auch kommerzieller Interessen an der Persönlichkeit.[47] Die Zulässigkeit einer Bildberichterstattung bestimmt sich nach dem **„abgestuften Schutzkonzept"** der §§ 22, 23 KUG.[48] 18

---

[33] BGH NJW 2006, 601; BGH AfP 1994, 299 (301) – Verdeckte Behauptung II.
[34] BGH NJW 1980, 2801 – Medizin-Syndikat II; BVerfG NJW 2004, 1942, stRspr.
[35] OLG Karlsruhe NJW-RR 2003, 109 (110) – Roberto Blanco.
[36] BGH NJW 1978, 751 – Schriftsachverständiger; BGH NJW 1976, 620 – Warentest II.
[37] BVerfG NJW 1992, 1442 – Fragen.
[38] OLG Köln NJW 1962, 1121.
[39] BVerfG NJW 1992, 1442 – Fragen.
[40] BGH NJW 2004, 1034 (1035) – im Bett mit Caroline?
[41] BVerfG NJW 1992, 1442 – Fragen.
[42] BVerfG NJW 2003, 660 (661) – Volksverhetzung.
[43] BGH NJW 2002, 1192 GG – Käse-Vergleich; OLG Nürnberg NJW-RR 2003, 40 – Tierquälerische Großbestände.
[44] BGH NJW 1993, 930 (931) – Illegaler Fellhandel; OLG Frankfurt a. M. NJW 2003, 77 – Rechtsbeugung; OLG Celle AfP 2002, 508 – Prozessbetrug.
[45] Seitz Gegendarstellungsanspruch Kap. 6 Rn. 96 ff.; BGH NJW 2015, 773.
[46] BGH NJW 1996, 1128 – Caroline.
[47] BGH NJW 2000, 2195 – Marlene Dietrich I.
[48] BGH NJW 2007, 1977; BVerfG NJW 2008, 1793; abgesegnet durch EGMR NJW 2012, 1053 – von Hannover II; BGH NJW 2008, 3141; EGMR NJW 2014, 1645 – von Hannover III; s. auch BGH NJW 2011, 746 – Rosenball.

19 Erlaubt ist die Verbreitung von Bildnissen nach einem Regel-Ausnahme-Prinzip. Nach dem **Grundsatz** aus § 22 KUG dürfen Bildnisse nur mit Einwilligung des Abgebildeten verbreitet werden. **Ausnahmen** von dem Einwilligungserfordernis sieht § 23 Abs. 1 KUG insbesondere für Bildnisse aus dem Bereich der Zeitgeschichte vor. Auch wenn eine solche Ausnahme greift, ist die Verbreitung aber unzulässig, wenn ausnahmsweise ein **berechtigtes Interesse des Abgebildeten** überwiegt (§ 23 Abs. 2 KUG).

20 Es ergibt sich danach folgendes **Prüfschema:**
- Wurde ein Bildnis veröffentlicht, auf dem der Anspruchsteller erkennbar ist?
- Hat der Abgebildete eine Einwilligung erteilt und diese nicht widerrufen?
- Liegt eine Ausnahme vor, die die Veröffentlichung auch ohne Einwilligung rechtfertigt?
- Stehen berechtigte Interessen des Abgebildeten der Veröffentlichung ausnahmsweise entgegen, obwohl an sich die Voraussetzungen einer einwilligungslosen Veröffentlichung vorliegen?

21 **a) Bildnis und Erkennbarkeit.** Der **Begriff** des Bildnisses im Sinne des KUG umfasst nicht nur Fotografien, sondern auch Zeichnungen, Karikaturen und andere Darstellungsformen. Ein Bildnis liegt nur vor, wenn der Abgebildete zumindest für einen beschränkten Personenkreis **erkennbar** ist.[49] Es genügt, wenn der Abgebildete zwar nicht auf Grund seiner Gesichtszüge, aber auf Grund anderer Umstände identifiziert werden kann.[50] Auch die Abbildung eines Doppelgängers einer berühmten Person kann als Bildnis dieser Person anzusehen sein, wenn der Eindruck erweckt wird, bei dem Doppelgänger handele es sich um die berühmte Person selbst.[51] Geht es hingegen um eine als solche erkennbare Darstellung durch einen Schauspieler ist nur das allgemeine Persönlichkeitsrecht betroffen.[52]

22 **b) Einwilligung.** Die Veröffentlichung eines Bildnisses ist zulässig, wenn der Abgebildete seine Einwilligung erteilt. Die Einwilligung kann als einseitig empfangsbedürftige Willenserklärung erklärt oder in einem zweiseitigen Vertrag erteilt werden. Denkbar ist auch eine **konkludente Einwilligung,** wobei das bloße Dulden der Herstellung von Fotografien nicht ohne weiteres als solche zu werten ist.[53] Maßgeblich ist der Erklärungsgehalt des Verhaltens des Abgebildeten. Der **Umfang** einer Einwilligung ist nach dem Zweck zu bestimmen, der mit ihrer Erteilung verfolgt wurde. Dieser kann sich aus den Umständen ergeben, wenn es an einer ausdrücklichen Erklärung fehlt: Wer in eine Presseveröffentlichung einwilligt, muss die Verwendung seines Bildnisses für eine Werbekampagne nicht dulden.

23 Die Einwilligung zur Veröffentlichung eines Bildnisses ist **grundsätzlich bindend.** Ihr Widerruf kommt nur ausnahmsweise in Betracht, wenn der Abgebildete geltend machen kann, dass ihm (etwa bei Nacktbildern) ein Festhalten an der erteilten Einwilligung, insbesondere aufgrund grundlegend geänderter Überzeugungen, nicht mehr zumutbar ist.[54]

24 Für **Werbezwecke** dürfen Personenaufnahmen grundsätzlich nur mit Zustimmung des Abgebildeten verwendet werden. Das allgemeine Persönlichkeitsrecht schützt neben ideellen auch vermögenswerte Interessen der Person. Der Berechtigte darf daher allein darüber entscheiden, ob und unter welchen Voraussetzungen sein Bildnis oder sein Name den Geschäftsinteressen Dritter dienstbar gemacht werden.[55] Ausnahmen bestehen, wenn im Rahmen bloßer Imagewerbung ein legitimer Beitrag zur Meinungsbildung geleistet wird, etwa indem satirisch an zeitgeschichtliche Ereignisse angeknüpft wird, an denen der Abgebildete teilhatte.[56] Andererseits kann auch bei einer Bildnisnutzung mit redaktionellem Bezug der eine Einwilligung erfordernde kommerzielle Charakter überwiegen, wenn sie ohne relevanten Informationsgehalt primär der Aufmerksamkeitswerbung dient.[57]

25 **c) Fallgruppen zulässiger Veröffentlichung ohne Einwilligung.** Unter welchen Voraussetzungen die einwilligungslose Veröffentlichung eines Bildnisses zulässig ist, ergibt sich aus § 23 Abs. 1 KUG. Von besonderer praktischer Bedeutung ist die Kategorie der Bildnisse aus dem **Bereich der**

[49] BGH NJW 1979, 2205 – Fußballtorwart; OLG Saarbrücken NJW-RR 2010, 346.
[50] OLG Düsseldorf GRUR 1970, 618; OLG Hamburg NJW-RR 1993, 923.
[51] BGH NJW 2000, 2201 – Der blaue Engel.
[52] BGH NJW-RR 2021, 1633 – Dokudrama.
[53] BVerfG NJW 2006, 3406; OLG Hamburg AfP 1991, 626.
[54] OLG München AfP 1989, 570.
[55] BGH NJW 2000, 2195 – Marlene Dietrich I; BGH NJW 2000, 2201 – Der blaue Engel.
[56] BGHZ 169, 340 = NJW 2007, 689 – Oskar Lafontaine.
[57] BGH NJW 2021, 1303 – Clickbaiting; BGH NJW 2021, 1311 – Urlaubslotto.

Zeitgeschichte (§ 23 Abs. 1 Nr. 1 KUG). In der Rechtspraxis wurde der Begriff lange durch die Rechtsfiguren der „absoluten“ und „relativen“ Personen der Zeitgeschichte konkretisiert.[58] Bildnisse dieser Personen konnten grundsätzlich auch gegen deren Willen veröffentlicht werden. Diese Rechtskonstrukte sind nach der EGMR-Entscheidung in Sachen Caroline von Monaco aus 2004 von der deutschen Rechtspraxis zugunsten eines differenzierteren Schutzkonzeptes aufgegeben worden.[59] Im Zentrum der Abwägung steht seither weniger der Status der Person, über die berichtet wird, als die anlassbezogene Frage, ob und inwieweit der Bericht einen Beitrag zur öffentlichen Meinungsbildung leistet. Der Begriff der „Zeitgeschichte“ erfasst nicht bloß Vorgänge von historisch-politischer Bedeutung, sondern allgemein das Zeitgeschehen, mithin alle Fragen von allgemeinem gesellschaftlichem Interesse.[60] Ob der Erlaubnisgrund der Zeitgeschichte greift, ist in Abwägung mit den Persönlichkeitsrechten der Abgebildeten zu ermitteln. Ohne Einwilligung zulässig ist darüber hinaus die Veröffentlichung von Bildnissen, auf denen die abgebildete Person nur als Beiwerk oder als Teilnehmer einer Versammlung erscheint, oder wenn ein höheres Interesse der Kunst sie rechtfertigt (§ 23 Abs. 1 Nr. 2 bis 4 KUG).

aa) Persönlichkeit des öffentlichen Lebens. Bildnisse von Persönlichkeiten des öffentlichen Lebens können auch ohne deren Einwilligung veröffentlicht werden, wenn die Personen in Wahrnehmung ihrer öffentlichen Funktion gezeigt werden oder die Bilder im Kontext der Veröffentlichung sonst einen Beitrag zur öffentlichen Meinungsbildung leisten. Auch die Verbreitung von Aufnahmen aus der Privatsphäre solcher Personen ist nicht schlechthin unzulässig, wenn daran eine Debatte von öffentlichem Interesse anknüpfen kann. So hat die Rechtsprechung Fotoberichte darüber als zulässig angesehen, dass Caroline von Hannover trotz Erkrankung ihres Vaters, dem regierenden Fürsten von Monaco, im Skiurlaub weilte.[61] 26

Als Persönlichkeit des öffentlichen Lebens (der EGMR spricht von „public figures“) gelten diejenigen, die kraft **politischer oder gesellschaftlicher Position** oder auf Grund einer außergewöhnlichen persönlichen Leistung aus der Masse der Mitmenschen herausragen und am öffentlichen Leben mitwirken.[62] Das Interesse an der bildlichen Darstellung muss durch ein legitimes **Informationsbedürfnis** getragen sein.[63] Ein solches besteht allerdings nicht nur für Vorgänge von historischer oder politischer Bedeutung, sondern auch für unterhaltende Beiträge.[64] Zu den Persönlichkeiten des öffentlichen Lebens gehören etwa **Politiker,**[65] **Künstler** und **Schauspieler,**[66] **Sportler**[67] und die Angehörigen regierender Fürstenhäuser.[68] Über sie darf jedenfalls berichtet werden, soweit ein funktionaler Zusammenhang zwischen ihrer Stellung und der jeweiligen Abbildung existiert.[69] 27

Menschen, die nicht wegen ihrer gesellschaftlichen Position oder bestimmter Leistungen allgemeine Bekanntheit erlangt haben, sondern auf Grund von Schicksalsschlägen in den Fokus der Öffentlichkeit geraten, gehören nicht in die Kategorie der Personen des öffentlichen Lebens. Das gilt etwa für die Opfer von Unglücken oder Verbrechen,[70] oder auch Straftäter, die nicht selbst das Licht der Öffentlichkeit suchen.[71] 28

Die Befugnis, Bildnisse von Persönlichkeiten des öffentlichen Lebens zu veröffentlichen, gilt nicht ohne Einschränkungen: Unzulässig sind Veröffentlichungen, die auf bloßer Neugier beruhen, ohne einen Beitrag zur öffentlichen Meinungsbildung zu leisten. Mangels darüber hinausgehenden Informationswerts hat die Rechtsprechung es etwa als unzulässig angesehen, Bilder vom Einkaufsbummel einer prominenten Fernsehmoderatorin in Begleitung ihrer Putzfrau zu verbreiten.[72] 29

[58] So erstmals Neumann-Duesberg JZ 1960, 114; BVerfG AfP 2001, 212 – Ernst August.
[59] EGMR NJW 2004, 2647; BGHZ 171, 275 = NJW 2007, 1977; BGHZ 178, 213 = NJW 2009, 759; BGHZ 180, 114 = NJW 2009, 1499; BVerfG NJW 2008, 1793 – Caroline von Hannover.
[60] BGH NJW 2007, 1977 – Caroline von Hannover; BGH GRUR 2018, 964 – Tochter von Prinzessin Madeleine.
[61] EGMR NJW 2012, 1053 – von Hannover II.
[62] EGMR NJW 2012, 1053 – von Hannover II; Soehring/Hoene PresseR Rn. 21.19 ff.
[63] BGH NJW 1996, 1128 – Caroline III.
[64] BVerfG NJW 2001, 1921 (1923) – Ernst August von Hannover.
[65] BVerfG NJW 1992, 3288 – Honecker I; BGH GRUR 1996, 195 – Abschiedsmedaille.
[66] BGH NJW 1956, 1554 – Paul Dahlke; BGH NJW 1959, 1269 – Caterina Valente; BGH AfP 1997, 475 – Bob Dylan; KG AfP 1997, 926 – Marlene Dietrich.
[67] OLG Frankfurt NJW 1989, 402 – Boris Becker; BGH NJW 1979, 2203 – Franz Beckenbauer.
[68] BGH NJW 1996, 1128 – Caroline III.
[69] Soehring/Hoene PresseR Rn. 21.24.
[70] LG Köln AfP 1991, 757; OLG Karlsruhe GRUR 1989, 823.
[71] OLG Hamburg AfP 1991, 537.
[72] BGH NJW 2008, 3138 – Sabine Christiansen.

Ebenso wenig dürfen Fotos dieser Moderatorin mit ihrem neuen Partner veröffentlicht werden, die das Paar zwar öffentlich, aber in privater Situation zeigen.[73] Unzulässig sind darüber hinaus Veröffentlichungen, denen ein **berechtigtes Interesse** des Abgebildeten entgegensteht (§ 23 Abs. 2 KUG).

30 *bb) Personen im Blickpunkt der Öffentlichkeit.* Auch an Personen, die allein aufgrund ihrer Verwicklung in ein **zeitgeschichtliches Ereignis** in den Blickpunkt der Öffentlichkeit geraten, kann ein legitimes Informationsinteresse bestehen. Anders als bei Personen des öffentlichen Lebens dürfen ihre Bildnisse aber nur in **sachlichem und zeitlichem Zusammenhang** mit dem zeitgeschichtlichen Ereignis verbreitet werden.[74]

31 Zu dieser Personengruppe können etwa **Straftäter**[75] oder andere Beteiligte an Strafverfahren[76] zählen. Allein der Umstand, dass jemand Gegenstand strafrechtlicher Ermittlungen ist, genügt hierfür allerdings nicht.[77] Entscheidend sind vielmehr die Schwere der Tat, die Tatumstände, die Person des (mutmaßlichen) Täters und die übrigen Umstände der Tat.[78] Beschuldigte und Angeklagte haben oftmals zunächst ein berechtigtes Interesse, anonym zu bleiben.[79]

32 **Begleitpersonen, Angehörige, Lebensgefährten oder sonstige enge Vertraute** von Personen des öffentlichen Lebens können Gegenstand des öffentlichen Interesses sein. Sie geraten häufig aber nur deshalb ins Licht der Öffentlichkeit, weil sie mit einer Person des öffentlichen Lebens in Verbindung stehen. Die Veröffentlichung von Bildnissen ist deshalb grundsätzlich nur zulässig, wenn es um Aufnahmen geht, die sie gemeinsam mit ihrem Partner zeigen.[80] Um über solche Begleitsituationen zu berichten, dürfen die Medien auch auf kontextneutrale Fotos zurückgreifen.[81]

33 Bei **Kindern** auch von Persönlichkeiten des öffentlichen Lebens ist stets Zurückhaltung geboten. Die Privatsphäre von Minderjährigen bedarf besonderen Schutzes, um eine ungestörte Entwicklung zu ermöglichen.[82] Bilder von Kindern Prominenter dürfen nur veröffentlicht werden, wenn es sich um einen bewussten Auftritt in der Öffentlichkeit handelt.[83]

34 Bei Personen, die legitimer Weise in den Blickpunkt der Öffentlichkeit geraten, ist zu berücksichtigen, dass die Befugnis, deren Bildnisse zu veröffentlichen, **zeitlich beschränkt** ist. Denn das öffentliche Interesse an dem zeitgeschichtlichen Ereignis, das die Rechtfertigung für den Eingriff in das Persönlichkeitsrecht des Betroffenen liefert, wird mit der Zeit nachlassen.[84]

35 *cc) Demonstrationen und Versammlungen.* Eine weitere Rechtfertigung für die einwilligungslose Veröffentlichung von Bildnissen liefert § 23 Abs. 1 Nr. 3 KUG. Danach dürfen Bildnisse von Personen, die an Versammlungen und Demonstrationen teilnehmen, ohne deren Einwilligung veröffentlicht werden. Erlaubt ist die Verbreitung solcher Aufnahmen jedoch nur, wenn der Vorgang an sich abgebildet wird.[85] Unzulässig sind hingegen Portraitaufnahmen einzelner Teilnehmer oder von begleitenden Polizisten.

36 *dd) Personen als Beiwerk.* Ohne Einwilligung dürfen Bilder veröffentlicht werden, auf denen Personen nur als Beiwerk neben einer Landschaft oder einer sonstigen Örtlichkeit abgebildet sind (§ 23 Abs. 1 Nr. 2 KUG). Maßgeblich ist, dass nicht die Person, sondern die abgebildete Umgebung den Gegenstand des Bildes ausmacht.[86] Die Abbildung der Person darf nur eine untergeordnete Rolle spielen.[87]

37 **d) Interessenabwägung.** Die vorstehend behandelten Fallgruppen, in denen grundsätzlich ein legitimes Informationsinteresse besteht, führen alleine noch nicht dazu, dass die Bildnisveröffent-

---

[73] BGH NJW 2009, 1502 – Sabine Christiansen II.
[74] Schricker/Loewenheim/Götting KUG § 23 Rn. 32.
[75] OLG Hamburg AfP 1983, 466.
[76] BGH NJW 1965, 2148 – Spielgefährtin; OLG Frankfurt AfP 1976, 181 – Verbrechensopfer.
[77] OLG Oldenburg NJW 1963, 920.
[78] BVerfG NJW 1973, 1226 – Lebach.
[79] BGH AfP 1994, 306.
[80] OLG Hamburg AfP 1991, 437.
[81] KG NJW 2005, 605 – Lebenspartnerin von Herbert Grönemeyer; BVerfG NJW 2001, 1921 (1924) – Ernst August von Hannover.
[82] BVerfG NJW 2000, 1021 – Caroline.
[83] BVerfG NJW 2000, 1021 – Caroline; BGH NJW 2004, 1795 – Charlotte Casiraghi; BGH NJW 2013, 2890.
[84] OLG Hamburg AfP 1987, 518; OLG Frankfurt GRUR 1987, 195; OLG Hamburg AfP 1993, 576; grundlegend BVerfGE 152, 152 = NJW 2020, 300 unter C III u. IV. – Recht auf Vergessen I.
[85] Soehring/Hoene PresseR Rn. 21.47 ff.
[86] BGH NJW 1961, 558 – Familie Schölermann.
[87] OLG Karlsruhe GRUR 1989, 823.

lichung stets zulässig wäre. Ein Überwiegen des öffentlichen Informationsinteresses lässt sich erst in Abwägung mit den entgegenstehenden Persönlichkeitsinteressen des Abgebildeten feststellen. Selbst wenn dies der Fall ist, muss der Betroffene nicht jede Verbreitung seines Bildes dulden. In einem letzten Schritt ist dann nach § 23 Abs. 2 KUG noch zu prüfen, ob der Veröffentlichung im Einzelfall berechtigte Interessen des Abgebildeten oder, falls dieser verstorben ist, seiner Angehörigen entgegenstehen. Dies ist etwa denkbar, wenn Bildnisse heimlich angefertigt wurden oder der Abgebildete besonders unvorteilhaft getroffen ist. Zur Interessenabwägung nach § 23 Abs. 2 KUG kommt es nur, wenn der Verbreiter sich grundsätzlich auf eine Befugnis nach § 23 Abs. 1 KUG berufen kann.

Bei der allgemeinen Interessenabwägung ist zu prüfen, ob dem Persönlichkeitsrecht des Abgebildeten gegenüber dem berechtigten Informationsinteresse der Allgemeinheit höheres Gewicht zukommt.[88] Erst dann greift etwa die Erlaubnistatbestand für Bilder der Zeitgeschichte. Zu Gunsten des Abgebildeten wird regelmäßig zu entscheiden sein, wenn Bildnisse aus seiner **Intimsphäre** veröffentlicht werden.[89] Die Veröffentlichung von Bildern aus der **Privatsphäre** ist nicht *per se* unzulässig, wenn und soweit ein funktioneller Zusammenhang zu einem Beitrag zur öffentlichen Meinungsbildung besteht. 38

Bei der Abwägung kommt es nicht darauf an, ob die Veröffentlichung in einem „angesehenen" Medium erfolgt oder in einer Publikation der Yellow Press.[90] Grundsätzlich endet das berechtigte Informationsinteresse der Öffentlichkeit auch im Fall von Personen des öffentlichen Lebens jedenfalls an der Schwelle zur Wohnung des Abgebildeten.[91] Das berechtigte Interesse des Abgebildeten überwiegt auch hinsichtlich von Bildern, die Situationen wiedergeben, in denen er erkennbar für sich allein sein will und sich im Vertrauen auf die Abgeschiedenheit so verhält, wie er es in der breiten Öffentlichkeit nicht tun würde.[92] Die Interessenabwägung wird auch zu Gunsten des Abgebildeten ausgehen, wenn sein Bildnis ohne Einwilligung für Werbezwecke verwendet wird.[93] 39

3. Rechtswidrigkeit der Berichterstattung

Voraussetzung für die Durchsetzung von Unterlassungs- und Entschädigungsansprüchen bezüglich einer Wort- oder Bildberichterstattung ist stets deren Rechtswidrigkeit. Sie kann sich aus zivil- oder strafrechtlichen Bestimmungen ergeben. Nach dem Inhalt der angegriffenen Berichterstattung sind verschiedene Fallgruppen zu unterscheiden. 40

Geht es um die Verbreitung **unwahrer Tatsachenbehauptungen** sind bei der Prüfung äußerungsrechtlicher Ansprüche in erster Linie die §§ 823 Abs. 2 BGB, 186 StGB zu berücksichtigen. Daneben kommen die §§ 824, 826 BGB und § 1 UWG als Grundlage möglicher Ansprüche in Frage. Für die Verbreitung unwahrer Tatsachenbehauptungen gibt es in der Regel keine Rechtfertigung. Dies gilt jedoch nur für bewusst unwahre Behauptungen und solche, deren Unwahrheit bereits im Zeitpunkt der Äußerung feststeht. Alle übrigen Behauptungen mit Meinungsbezug genießen im Äußerungszeitpunkt Grundrechtsschutz, auch wenn sie sich später als unwahr herausstellen.[94] 41

Aber auch **wahre Tatsachenbehauptungen** können äußerungsrechtliche Ansprüche auslösen. In diesem Bereich geht es meist um eine Verletzung der Privat- oder Intimsphäre oder des Rechts am eigenen Bild. Rechtlicher Anknüpfungspunkt ist das allgemeine Persönlichkeitsrecht als sonstiges Recht im Sinne des § 823 Abs. 1 BGB. Schließlich können auch **Meinungsäußerungen** insbesondere unter dem Gesichtspunkt des ins Zivilrecht transformierten strafrechtlichen Beleidigungstatbestands (§ 185 StGB), bei fehlender tatsächlicher Wertungsgrundlage auch aus § 823 Abs. 1 BGB iVm dem allgemeinen Persönlichkeitsrecht äußerungsrechtliche Ansprüche auslösen. 42

a) Beleidigungstatbestände als Schutzgesetz. Die Rechtswidrigkeit eines Medienberichts kann sich aus der Verletzung eines Schutzgesetzes nach § 823 Abs. 2 BGB ergeben. In der äußerungs- 43

[88] BGH NJW 1996, 1128 – Caroline III.
[89] BGH NJW 1985, 1617.
[90] BVerfG NJW 2000, 1021 – Caroline.
[91] BGH NJW 2004, 763 – Luftbildaufnahmen II; BGH NJW 1996, 1128; BVerfG NJW 2000, 1021.
[92] BGH NJW 1996, 1128 – Caroline.
[93] BGH NJW 2021, 1303 – Clickbaiting; BGH NJW 2007, 689 – Finanzminister; BGH NJW 1956, 1554 – Paul Dahlke; BGH NJW 1992, 2084 – Joachim Fuchsberger; BGH NJW 1996, 593 – Abschiedsmedaille.
[94] BVerfG NJW 1999, 1322 – Helnwein; BVerfG NJW 2004, 354 – Landesärztekammer.

rechtlichen Praxis sind die Beleidigung (§ 185 StGB) und die üble Nachrede (§ 186 StGB) die wichtigsten Tatbestände.[95]

44 *aa) Beleidigung.* Eine Beleidigung nach § 185 StGB setzt die Kundgabe der Nichtachtung oder Missachtung eines anderen voraus.[96] Der Beleidigungstatbestand schützt damit die Ehre des Menschen. Der Ehrbegriff erfasst sowohl die innere Ehre des Einzelnen als auch sein Ansehen in der Gesellschaft, dh die äußere Ehre.[97] Eine Abwägung mit der Meinungsfreiheit ist aber auch bei grob ehrverletzenden Aussagen nur dann entbehrlich, wenn es um den Gebrauch absolut missbilligter Schimpfworte (**Formalbeleidigung**) geht oder die Auseinandersetzung in der Sache hinter der Herabwürdigung der Person verblasst (**Schmähkritik**).[98] Denn Kritik darf grundsätzlich auch polemisch und überspitzt formuliert werden. Beleidigungsfähig sind nicht nur einzelne natürliche Personen, sondern auch Personengemeinschaften unabhängig von ihrer Rechtsform, wenn sie eine anerkannte gesellschaftliche Aufgabe erfüllen und zur einheitlichen Willensbildung fähig sind.[99] Auf ehrverletzende Tatsachenbehauptungen findet nicht § 185 StGB, sondern in erster Linie § 186 StGB Anwendung.

45 *bb) Üble Nachrede.* Wenn Gegenstand der angegriffenen Äußerung eine Tatsachenbehauptung ist, kommen als Grundlage äußerungsrechtlicher Ansprüche die §§ 823 Abs. 2 BGB, 186 StGB in Betracht. Meinungsäußerungen können den Tatbestand der üblen Nachrede nicht erfüllen. Für die äußerungsrechtliche Praxis ist von Bedeutung, dass nicht nur das erstmalige Behaupten einer Tatsache, sondern auch die Wiedergabe der Tatsachenbehauptungen Dritter den Tatbestand des § 186 StGB erfüllen kann. Folglich kann man sich nicht ohne weiteres darauf berufen, dass man nur die Behauptung eines Dritten wiedergibt.

46 Für eine üble Nachrede muss die Behauptung geeignet sein, den Betroffenen verächtlich zu machen oder in der öffentlichen Meinung herabzuwürdigen. Die Behauptung muss den Angesprochenen in sittlicher, persönlicher oder sozialer Hinsicht herabsetzen.

47 In Umkehr der üblichen Beweislastregeln trägt die **Beweislast** für die Richtigkeit der angegriffenen Behauptung im Fall ihrer Ehrenrührigkeit derjenige, der sie aufgestellt oder verbreitet hat. Diese Beweislastregel gilt für alle Tatsachenbehauptungen, die den Tatbestand des § 186 StGB erfüllen.[100] Wenn über eine Straftat berichtet wird, ist der Beweis der Wahrheit als erbracht anzusehen, wenn der Betroffene wegen dieser Tat rechtskräftig verurteilt ist (§ 190 StGB).

48 Eine erneute Umkehr der Beweislast tritt ein, wenn sich der Anspruchsgegner auf die **Wahrnehmung berechtigter Interessen** berufen kann (§ 193 StGB). Kann nicht geklärt werden, ob die Behauptung wahr oder unwahr ist, so wird die Wahrheit der angegriffenen Behauptung zunächst unterstellt. In einem zweiten Schritt ist zu prüfen, ob der Mitteilende die Äußerung zur Wahrnehmung berechtigter Interessen für erforderlich halten durfte.[101] Der Rechtfertigungsgrund der Wahrnehmung berechtigter Interessen findet allerdings nur Anwendung, wenn der Äußernde die publizistische Sorgfalt beachtet hat.

49 **b) Das allgemeine Persönlichkeitsrecht.** Die Rechtswidrigkeit einer Medienveröffentlichung kann sich auch aus einer Verletzung des allgemeinen Persönlichkeitsrechts ergeben. Dieses gehört zu den sonstigen Rechten im Sinne des § 823 Abs. 1 BGB. Da es sich bei dem allgemeinen Persönlichkeitsrecht, das aus den Art. 2 Abs. 1, 1 Abs. 1 GG hergeleitet wird, um ein Rahmenrecht handelt, setzt die Feststellung der Rechtswidrigkeit seiner Beeinträchtigung eine Abwägung zwischen den widerstreitenden Interessen der Presse- und Meinungsfreiheit und den persönlichkeitsrechtlichen Belangen der Betroffenen voraus.[102] In der Spruchpraxis der Gerichte haben sich Fallgruppen herausgebildet, die den offenen Tatbestand des allgemeinen Persönlichkeitsrechts konkretisieren. Von besonderer Bedeutung sind die folgenden Ausprägungen:

50 *aa) Intimsphäre.* Die Intimsphäre des Menschen genießt den Schutz des allgemeinen Persönlichkeitsrechts ohne Einschränkung. Eine Abwägung mit widerstreitenden Interessen findet im

[95] Schutzgesetz im Sinne des § 823 Abs. 2 BGB ist auch die Verleumdung, § 187 StGB, die politische üble Nachrede, § 187a StGB, die Verunglimpfung des Ansehens Verstorbener, § 189 StGB.
[96] BGHSt 11, 67.
[97] Soehring/Hoene PresseR Rn. 12.8.
[98] BVerfG NJW 2020, 2622.
[99] BGHSt 6, 186.
[100] BGH AfP 1985, 116; BGH NJW 1987, 2225 – Pressemäßige Sorgfalt.
[101] BGH NJW 1985, 1621 – Türkol; BGH NJW 1993, 525 – Ketten-Mafia.
[102] BVerfG NJW 1987, 2669 – Scientologen; BVerfG NJW 1999, 1322 – Helnwein.

Fall einer Verletzung der Intimsphäre nicht statt.[103] Absolut geschützt ist grundsätzlich die Freiheit, die eigenen Ausdrucksformen der **Sexualität** für sich zu behalten und sie in einem vor Wahrnehmung durch andere geschützten Freiraum auszuleben.[104] Auch **Nacktaufnahmen** können die Intimsphäre verletzten.[105] Unzulässig kann die Berichterstattung in Romanform über intime Details des Verhältnisses des Autors zu seiner für den Leser identifizierbaren Ex-Geliebten und über deren mütterliche Beziehung zu ihrem behinderten Kind sein.[106]

Wer seine Intimsphäre durch Mitwirkung in Erotikfilmen selbst offengelegt hat, kann sich insoweit nicht mehr auf deren Schutz berufen und daher eine öffentliche Thematisierung seiner Tätigkeit hinzunehmen haben.[107] Zulässig sind Veröffentlichungen aus dem Bereich der Intimsphäre, wenn der Betroffene wirksam einwilligt. Auch wo der Betroffene seine Sexualität nicht freiwillig der Öffentlichkeit preisgibt, sind Fälle denkbar, in denen das sexuelle Verhalten nicht mehr den Schutz der Intimsphäre genießt. Das kann der Fall sein, wenn sich das in Rede stehende Verhalten in einer die Öffentlichkeit berührenden Weise auswirkt – Homosexualität eines Ministers, der öffentlich schwulenfeindliche Positionen vertritt – oder – wie regelmäßig bei Sexualdelikten – Straftaten in engem Zusammenhang mit dem Sexualleben stehen.[108] 51

bb) Geheimsphäre. Zu den Ausprägungen des allgemeinen Persönlichkeitsrechts gehört auch die Geheimsphäre. In der Praxis sind insbesondere Fälle von Bedeutung, in denen **Gespräche, Briefe, Telefonate** oder schriftliche Aufzeichnungen gegen den Willen der Betroffenen veröffentlicht werden.[109] Auch geschäftliche Unterlagen genießen den Schutz der Geheimsphäre.[110] Im Unterschied zur Intimsphäre sind Umstände aus der Geheimsphäre nicht absolut geschützt. Die Veröffentlichung von Informationen aus der Geheimsphäre anderer kann vielmehr unter Abwägung mit einem berechtigten Informationsinteresse der Allgemeinheit zulässig sein.[111] 52

cc) Privatsphäre. Auch bei einer möglichen Verletzung der Privatsphäre kann die Rechtswidrigkeit einer Veröffentlichung erst durch eine Interessenabwägung festgestellt werden. Dabei sind insbesondere die gesellschaftliche Position des Betroffenen und die Intensität des Eingriffs zu berücksichtigen. 53

Dem Schutz der Privatsphäre unterfallen in räumlicher Hinsicht in erster Linie private **Wohnungen.** Die Privatsphäre umfasst dabei nicht nur Räumlichkeiten innerhalb eines Gebäudes, sondern auch private Gärten oder Balkone.[112] Eine Verletzung kann nicht nur durch die Veröffentlichung von Fotografien, sondern auch durch detaillierte Beschreibungen erfolgen. Auch Luftbildaufnahmen von sonst nur beschränkt einsehbaren Häusern Prominenter bei gleichzeitiger Namensnennung stellen einen Eingriff in die Privatsphäre dar.[113] Bei der erforderlichen Güter- und Interessenabwägung ist zu berücksichtigen, ob sich die von einer Äußerung betroffene Person in der Vergangenheit bereits selbst in Interviews über ihr Privatleben geäußert hat **(Selbstöffnung).**[114] 54

Der Schutz der Privatsphäre geht über den rein häuslichen Lebensbereich hinaus. Auch Prominente können sich auch außerhalb ihrer vier Wände auf den Schutz der Privatsphäre berufen, wenn sie aufgrund der Situation objektiv erkennbar für sich allein sein wollen und sich im Vertrauen auf die **Abgeschiedenheit** so verhalten, wie sie es in der breiten Öffentlichkeit nicht tun würden.[115] Maßgeblich ist, ob der Betroffene davon ausgehen darf, dass er den Blicken der Öffentlichkeit nicht ausgesetzt ist.[116] Erkennbar private Situationen wie Zärtlichkeiten oder ein privater Streit können besonderem Schutz auch dann unterliegen, wenn sie sich in der Öffentlichkeit abspielen.[117] Personen des öffentlichen Lebens können eine Thematisierung ihrer privaten 55

[103] BVerfG NJW 1973, 891 – Tonbandaufnahme; BGH NJW 2012, 767 – Pornodarsteller.
[104] BVerfG NJW 2009, 3357; BGH NJW 2012, 767 – Pornodarsteller; BGH AfP 1988, 34 – Intime Beziehungen.
[105] BGH NJW 1985, 1617 – Nacktaufnahme; OLG Hamburg ZUM 1986, 351; OLG Düsseldorf AfP 1984, 229.
[106] BVerfG NJW 2008, 39 – Esra.
[107] BGH NJW 2012, 47 – Pornodarsteller.
[108] BVerfG NJW 2009, 3357; BGH NJW 2013, 1631 – Wettermoderator; KG NJW-RR 2010, 622.
[109] BGH NJW 1987, 2667; BGH NJW 1979, 647 – Kohl/Biedenkopf; BGH NJW 1957, 1145; BGHZ 15, 249 – Cosima Wagner.
[110] BGH NJW 1962, 32 – Waffenhandel.
[111] BGH NJW 1979, 647 – Kohl/Biedenkopf.
[112] Prinz/Peters MedienR Rn. 63.
[113] BGH NJW 2004, 762 und NJW 2004, 766 – Luftbildaufnahmen.
[114] OLG Hamburg ZUM 2006, 340.
[115] BGH NJW 1996, 1128 – Caroline III.
[116] BVerfG NJW 2000, 1021 – Caroline.
[117] BGH NJW 2009, 1502.

Lebensgestaltung in den Medien – auch mittels einer Bildberichterstattung – aber hinzunehmen haben, wenn dies als Anknüpfungspunkt für eine Debatte von gesellschaftlicher Relevanz dienen kann.[118]

56 Der Umfang der Privatsphäre ist nicht nur räumlich, sondern auch inhaltlich zu bestimmen. Danach gehören **gesundheitliche Probleme** und Auseinandersetzungen innerhalb einer **Familie** oder andere Umstände aus dem familiären Zusammenleben ebenfalls zum geschützten Bereich.[119] Wer zur Person des öffentlichen Lebens geworden ist, verliert dadurch nicht sein Anrecht auf Privatsphäre. Berichte über familiäre Verhältnisse, zum Beispiel über die Umstände einer Scheidung, sind ohne Einwilligung der Beteiligten nur ausnahmsweise zulässig.[120] Eine nur reflexhafte Betroffenheit kann aber hinzunehmen sein, wenn der sich Äußernde andernfalls nicht in der Lage wäre, sein eigenes Schicksal zu berichten.[121]

57 Gegenstand der Privatsphäre können auch Angaben über die **Einkommens- und Vermögensverhältnisse** einer Person[122] oder ihre Anschrift oder Telefonnummer sein.[123] Eine Erörterung der Vermögenssituation reicher Unternehmerpersönlichkeiten kann jedoch zulässig sein, wenn dies der Analyse gesellschaftlicher Entwicklungen dient und den Ausgangspunkt einer sozialpolitischen Diskussion bilden kann.[124] Besonderen Schutz genießen Informationen über die Zugehörigkeit zu einer **Religion** oder Sekte.[125] Die Berichterstattung über die aktive Betätigung eines Prominenten in einer Sekte kann aber zulässig sein.[126] Nur der Sozialsphäre unterfällt eine Berichterstattung über eine – auch frühere – politische Betätigung, wenn diese – etwa als Leiter einer kommunistischen Kommission – auf Wirkung in die Öffentlichkeit gerichtet ist oder war.[127]

58 **Strafrechtliche Verurteilungen** unterfallen grundsätzlich nicht der Privatsphäre. Dagegen sprechen schon der staatliche Strafanspruch und der Grundsatz der Öffentlichkeit der mündlichen Verhandlung. Dessen ungeachtet kann die namentliche Nennung eines Verurteilten dessen Persönlichkeitsrecht verletzen. Auch hier kommt es auf eine Abwägung im Einzelfall an, für die die Schwere der Straftat und die gesellschaftliche Stellung des Täters zu berücksichtigen sind.[128] Bei alltäglichen Straftaten hat die Öffentlichkeit zumeist kein berechtigtes Interesse, den Namen des Täters zu erfahren. Bei Prominenten – etwa einem populären Fernsehdarsteller – darf aber unter Umständen auch über ein einfaches Drogenvergehen berichtet werden.[129] Ebenso kann bei einer Person des öffentlichen Lebens die Berichterstattung über einen gravierenden Verkehrsverstoß zulässig sein, da dies den Achtungsanspruch des Betroffenen nicht nachhaltig berührt, aber als Anstoß für eine gesellschaftliche Debatte dienen kann.[130] Bei Kapitalverbrechen kann sich der Täter nur ausnahmsweise auf den Schutz der Privatsphäre berufen. Jugendliche genießen stets besonderen Schutz, weil bei ihnen der Resozialisierungszweck der Strafe besondere Bedeutung hat.[131] Bei der Güterabwägung ist auch der Zeitraum zwischen der Verurteilung und der in Rede stehenden Veröffentlichung zu berücksichtigen: Auch wenn keine absoluten zeitlichen Grenzen bestehen, nimmt das berechtigte öffentliche Informationsinteresse an der Person eines Verurteilten mit zunehmendem zeitlichem Abstand zur Verurteilung regelmäßig ab.[132]

59 Auch bei der Berichterstattung über noch andauernde **Ermittlungsverfahren** kann die Zulässigkeit der Namensnennung nur im Wege einer Abwägung festgestellt werden. Sie ist in der Regel nur zulässig, wenn es sich um eine Straftat von erheblicher Bedeutung handelt und ein Mindestbestand an Beweistatsachen vorliegt, der dafür spricht, dass die Vorwürfe berechtigt sind.[133]

---

[118] BGH NJW 2008, 3141 – von Hannover; BGH NJW 2008, 3134 – Heide Simonis (Einkaufsbummel nach Amtsverlust); BGH NJW 2017, 804 – Regierender Bürgermeister.
[119] BGH NJW 1996, 984 – Caroline; BVerfG NJW 1990, 1980 – Opus Dei; Soehring/Hoene PresseR Rn. 19.31 ff.
[120] OLG Karlsruhe AfP 2002, 42 (43).
[121] BVerfG NJW 1998, 2889.
[122] OLG Hamburg AfP 1992, 376; Prinz/Peters MedienR Rn. 72.
[123] OLG München NJW-RR 1990, 1364 – Maus.
[124] LG München AfP 2011, 288 – Reichstenliste; OLG München AfP 2021, 552 – Erbschaftsstreit.
[125] BVerfG NJW 1990, 1980 – Opus Dei.
[126] BVerfG NJW 1999, 1322 – Helnwein.
[127] BGH NJW 2012, 771 – Babyklappen.
[128] OLG Hamburg ZUM 2008, 66; BGH NJW 2006, 599; BGH NJW 1962, 32; OLG Hamburg AfP 1991, 537; OLG Hamburg AfP 2007, 228; OLG München AfP 2007, 135; OLG Frankfurt ZUM 2007, 546.
[129] EGMR GRUR 2012, 741 – Axel Springer.
[130] BGH NJW 2006, 599 – Ernst-August.
[131] BVerfG NJW 1973, 1226 – Lebach I.
[132] BVerfG NJW 1973, 1226 – Lebach I; BVerfG NJW 2000, 1859 (1860) – Lebach II.
[133] BGH NJW 2000, 1036 – Namensnennung.

Die Gefahr einer nachhaltigen und auch durch späteren Freispruch nicht mehr auszuräumenden Verletzung von Persönlichkeitsrechten ist bei abstoßenden Taten besonders groß.[134] Eine Strafanzeige rechtfertigt für sich genommen regelmäßig nicht die namentliche Identifizierung des Beschuldigten.

Eine besondere Problematik ergibt sich für **Online-Archive** der Medien, über die über das Internet frühere Meldungen für die Öffentlichkeit zum freien oder auch kostenpflichtigen Abruf bereitgehalten werden. Für die Betroffenen kann dies mit der Belastung verbunden sein, dass mit Hilfe von Internet-Suchmaschinen durch gezielte Suche nach ihrem Namen – etwa durch einen potenziellen Arbeitgeber – unerfreuliche Altmeldungen über sie auch viele Jahre nach der Erstveröffentlichung weiter aufgefunden werden können. Unzulässig ist die Verbreitung, wenn bereits die Erstveröffentlichung rechtswidrig war. Konfliktbeladen sind jedoch vor allem die Fälle, in denen die Veröffentlichung ursprünglich rechtmäßig war. Hier besteht die Besonderheit, dass der Gegenstand der Altmeldung zum aktuellen Zeitpunkt unter Umständen nicht mehr in gleicher Weise in den Medien thematisiert werden dürfte – etwa weil wegen zeitlicher Distanz zur Verurteilung aktuell nicht mehr unter Namensnennung über eine Straftat berichtet werden darf. Für diese Fälle geht die Rechtsprechung davon aus, dass der Betroffene grundsätzlich gleichwohl hinzunehmen hat, wenn eine Archivmeldung online weiter unverändert zum Abruf bereitgehalten wird. Angesichts der nur geringen Breitenwirkung einer Archivmeldung überwiegen hier grundsätzlich das Interesse der Öffentlichkeit, sich ungehindert mittels unverfälschter Originalquellen über vergangene zeitgeschichtliche Ereignisse informieren zu können, sowie die Sorge, dass die Medien sich aufgrund des Risikos späterer Haftung bereits bei Erstveröffentlichung eine zu diesem Zeitpunkt noch nicht gebotene, den Prozess freier Meinungsäußerung hemmende Zurückhaltung auferlegen. Voraussetzung dieser Privilegierung ist allerdings, dass die Archivmeldung – etwa aufgrund ihrer Datierung – als solche eindeutig erkennbar ist und ihr auch nicht auf andere Weise der Anschein von Aktualität verliehen wird.[135] Der Betroffene kann in diesen Fällen jedoch einen Anspruch gegen die Suchmaschinenbetreiber haben, die fraglichen Beiträge bei einer Suche nach seinem Namen nicht mehr als Ergebnisse auszugeben.[136] 60

4. Journalistische Sorgfalt und Verschulden

Den Medien wird nicht abverlangt, ausnahmslos die Wahrheit zu berichten. Vielmehr hat die Presse Nachrichten vor ihrer Verbreitung nur mit der nach den Umständen gebotenen Sorgfalt auf Inhalt, Herkunft und Wahrheit zu prüfen.[137] Eine Verletzung der journalistischen Sorgfalt hat für sich genommen keine Konsequenzen. Bei der Prüfung äußerungsrechtlicher Ansprüche ist die Frage ihrer Einhaltung jedoch von erheblicher **Bedeutung:** Nur wenn die Medien die journalistische Sorgfalt beachtet haben, können sie sich auf die Wahrnehmung berechtigter Interessen und damit eine Beweislastumkehr berufen. Auch entfällt die Wiederholungsgefahr als Voraussetzung eines Unterlassungsanspruchs bei einer Falschmitteilung, wenn der Mitteilende in Wahrnehmung berechtigter Interessen, also unter Beachtung der journalistischen Sorgfalt gehandelt hat. Wurde die Sorgfalt gewahrt, ist die Veröffentlichung rechtmäßig. Ein Verbot kommt dann nur noch in Betracht, wenn die Äußerung trotz inzwischen erwiesener Unwahrheit aufrechterhalten wird.[138] Die Beachtung der journalistischen Sorgfalt wirkt sich auch auf die Tenorierung von Berichtigungsansprüchen aus: Haben die Medien die journalistische Sorgfaltspflicht beachtet, können sie nicht verpflichtet werden, von ihrer Berichterstattung nachträglich abzurücken.[139] Wurde die journalistische Sorgfalt verletzt, ist die angegriffene Behauptung von den Medien in der Regel richtigzustellen. Auch bei Ansprüchen auf Schadenersatz und Geldentschädigung ist die Einhaltung der journalistischen Sorgfalt zu prüfen: Ein Verschulden liegt nur vor, wenn ein Verstoß festzustellen ist. 61

Von besonderer Bedeutung sind die Maßstäbe der journalistischen Sorgfalt in Fällen der **Verdachtsberichterstattung,** in denen die Medien über noch nicht bewiesene Vorwürfe – etwa ein 62

[134] BVerfG NJW 2009, 350 – Holzklotz-Fall.
[135] BGHZ 183, 353 = NJW 2010, 757 – Deutschlandradio; BVerfGE 152, 152 = NJW 2020, 300 – Recht auf Vergessen I.
[136] BVerfGE 152, 152 = NJW 2020, 300 – Recht auf Vergessen II; EuGH NJW 2014, 2257 – Google Spain.
[137] S. etwa § 6 PresseG NRW.
[138] BVerfG NJW 1999, 1322 (1324) – Helnwein; BVerfG NJW 2003, 1856 (1857) – Presseerklärung Landtagsfraktion.
[139] BVerfG NJW 2018, 2784 – Chefjustiziar.

laufendes Ermittlungsverfahren – berichten. Voraussetzung für die Zulässigkeit einer solchen Berichterstattung ist zunächst das Vorliegen eines Mindestbestands an Beweistatsachen, die den Vorwurf stützen. Der Berichtende muss sich zudem einer Vorverurteilung des Betroffenen enthalten und den Eindruck vermeiden, dass der Vorwurf zweifellos begründet sei. Unzulässig ist eine auf Sensation ausgehende, bewusst einseitige oder verfälschende Darstellung. Wesentliche Umstände, die für die Unschuld des Betroffenen sprechen, dürfen nicht unterschlagen werden. Regelmäßig ist dem Betroffenen vor Veröffentlichung des Verdachts Gelegenheit zur Stellungnahme zu geben. Schließlich muss aufgrund der Bedeutung der Angelegenheit ein legitimes Informationsinteresse der Allgemeinheit bestehen.

63 Der jeweils anzuwendende Sorgfaltsmaßstab ist abhängig davon, wie schwer und nachhaltig die Veröffentlichung des Verdachts das Ansehen des Betroffenen zu beeinträchtigen droht. Die Anforderungen an die journalistische Sorgfalt dürfen aber nicht überspannt werden.[140] Welche Anforderungen an die journalistische Sorgfalt zu stellen sind, beurteilt sich nach den Umständen des Einzelfalls.

64 a) **Wahrheitsprüfung.** Die Rechtsprechung verlangt, dass die Medien Sachverhalte, die Gegenstand ihrer Berichterstattung sind, mit der mit ihren Mitteln einzuhaltenden Sorgfalt prüfen.[141] Dieser **eingeschränkten Verpflichtung** liegt die Erkenntnis zugrunde, dass die Medien unter Berücksichtigung des Aktualitätsdrucks nur in den seltensten Fällen auf alle Mittel zurückgreifen können, die eine zuverlässige Wahrheitsprüfung erfordern würde.

65 b) **Öffentliches Interesse.** Zwischen dem Inhalt der angegriffenen Behauptung und den Anforderungen an die journalistische Sorgfalt besteht ein Zusammenhang. Berichten die Medien über Umstände aus der Privat- oder Intimsphäre, müssen sie sich in besonderer Weise vergewissern, ob eine Einwilligung vorliegt oder die Veröffentlichung aus anderen Gründen zulässig ist. Auch die Berichterstattung über angeblich strafbare Handlungen ist einem **gesteigerten Sorgfaltsmaßstab** unterworfen.[142] Allgemein lässt sich sagen, dass die Anforderungen an die journalistische Sorgfalt umso höher sind, je nachhaltiger der Eingriff in die Persönlichkeitsrechte Dritter ist.[143] Bei Meldungen, die kaum die Gefahr einer Ehrverletzung oder einer Verletzung einer geschützten Sphäre begründen, erfüllen die Medien die Anforderungen an die einzuhaltende Sorgfalt schon bei einer im Kern zutreffenden Darstellung.[144]

66 c) **Aktualität.** Allein der bevorstehende Redaktionsschluss kann eine unzureichende Recherche nicht rechtfertigen. Wenn eine sorgfaltsgemäße Recherche aus Zeitgründen nicht möglich ist, muss die Veröffentlichung unter Umständen aufgeschoben werden.[145] Dessen ungeachtet gibt es Fälle, in denen die Öffentlichkeit ein berechtigtes Interesse hat, über einen Sachverhalt zeitnah unterrichtet zu werden. Zu prüfen ist daher, ob die besondere Bedeutung und Aktualität einer Nachricht geringere Anforderungen an die journalistische Sorgfalt rechtfertigen.[146]

67 d) **Stellungnahme des Betroffenen.** Grundsätzlich verlangt die journalistische Sorgfalt bei der Veröffentlichung von rufschädigenden Tatsachenbehauptungen, dass dem Betroffenen Gelegenheit gegeben wird, zu den Vorwürfen Stellung zu nehmen.[147] Dies gilt nicht, wenn der Betroffene untergetaucht oder sonst nicht greifbar ist und sich keine Kontaktmöglichkeit – etwa über einen Anwalt – ermitteln lässt. Ausnahmen sind auch denkbar, wenn der Betroffene im Vorfeld bereits Stellung genommen oder erklärt hat, sich nicht äußern zu wollen.[148]

68 e) **Informationsquelle.** Die Medien sind grundsätzlich auch dann verpflichtet, den Inhalt einer Meldung zu recherchieren, wenn diese bereits in anderer Weise veröffentlicht wurde. Eine Verletzung der journalistischen Sorgfalt liegt hingegen nicht vor, wenn Informationen einer anerkannten Nachrichtenagentur verbreitet werden.[149] Ebenso können Presseerklärungen von Behörden und Gerichten ohne eigene Recherche der Medien verbreitet werden.[150]

[140] BGH NJW 2000, 1036 – Namensnennung, mwN.
[141] BGH NJW 1987, 2225 – Pressemäßige Sorgfalt.
[142] Soehring/Hoene PresseR Rn. 2.21.
[143] BGH NJW 1977, 1288 – Abgeordnetenbestechung; BGH NJW 1997, 1148 – Stern-TV.
[144] BGH NJW 1985, 1621 – Türkol.
[145] BGH NJW 1982, 635 – Böll/Walden.
[146] BGH NJW 1977, 1288 – Abgeordnetenbestechung.
[147] OLG Hamburg AfP 1997, 477; OLG Nürnberg ZUM 1998, 849; OLG Brandenburg AfP 1995, 520.
[148] OLG Köln AfP 2011, 600.
[149] KG NJW-RR 2008, 356.
[150] BGH NJW 2013, 229 – Gazprom-Manager; OLG Karlsruhe NJW-RR 1993, 732.

II. Unterlassung

Der gegen eine Veröffentlichung gerichtete Unterlassungsanspruch wird mangels Spezialgesetz analog auf § 1004 Abs. 1 S. 2 BGB gestützt. Bei Gegendarstellung und Berichtigung ist stets zu berücksichtigen, dass die rufschädigende Erstmitteilung erneut veröffentlicht werden muss. Schon deshalb mag es ratsam sein, die Gegenwehr auf einen Unterlassungsanspruch zu beschränken. Auch so lässt sich durch eine gezielte Weitergabe der gerichtlichen Entscheidung mitteilen, dass die Veröffentlichung rechtswidrig war. Ein Unterlassungsanspruch kann – anders als Berichtigungsansprüche – auch im Verfahren der einstweiligen Verfügung durchgesetzt werden. Bei Veröffentlichungen im Internet kann nach umstrittener Auffassung des BGH vom Unterlassungsschuldner auch verlangt werden, dass er sich um Beseitigung internettypischer weiterer Verbreitungen wie (selbst) urheberrechtswidrigen Übernahme durch Dritte bemüht.[151] 69

1. Voraussetzungen

Der äußerungsrechtliche Unterlassungsanspruch setzt eine Verletzung der Rechte des Anspruchstellers durch eine Veröffentlichung voraus. 70

a) **Verletzung geschützter Rechte.** Der Anspruchsteller muss darlegen, dass eine erneute, andauernde oder erstmalige Verletzung seiner Rechte bevorsteht. Zumeist ergibt sich die drohende Rechtsverletzung aus der Veröffentlichung einer unwahren und **rufschädigenden Tatsachenbehauptung.** Die Rechtsverletzung kann sich auch aus einem Eingriff in das allgemeine Persönlichkeitsrechts ergeben, wenn die Berichterstattung die **Privat- oder Intimsphäre** oder **das Recht am eigenen Bild** des Anspruchstellers verletzt. Meinungsäußerungen können nur in seltenen Ausnahmefällen Grundlage eines Unterlassungsanspruchs sein, etwa wenn eine **Schmähkritik** oder **Formalbeleidigung** vorliegt. Der äußerungsrechtliche Unterlassungsanspruch ist höchstpersönlicher Natur und damit nicht übertragbar.[152] Eine Ausnahme gilt nur für den postmortalen Achtungsanspruch und das Recht am eigenen Bild, die auch von den Nachkommen des Betroffenen geltend gemacht werden können.[153] Der Unterlassungsanspruch setzt kein Verschulden des Anspruchsgegners voraus.[154] 71

Im Bereich des Unterlassungsanspruchs gilt die Besonderheit, dass ein solcher nach der „Stolpe"-Rechtsprechung auch gegenüber einem lediglich möglichen, **nicht fernliegenden Eindruck** geltend gemacht werden kann, der durch eine mehrdeutige Äußerung, die nicht erkennbar unvollständig und ergänzungsbedürftig ist, hervorgerufen wird.[155] Der Äußernde kann allerdings Ansprüche durch eine Klarstellung abwehren.[156] Zur Klarstellung genügt nach richtiger Meinung eine einfache, nicht strafbewehrte Erklärung gegenüber dem Betroffenen.[157] 72

b) **Wiederholungs- und Begehungsgefahr.** Der Anspruchsteller muss darlegen und gegebenenfalls beweisen, dass die konkrete Gefahr einer künftigen Rechtsbeeinträchtigung droht.[158] Es ist zwischen der Erstbegehungsgefahr und der Wiederholungsgefahr zu unterscheiden. 73

aa) Erstbegehungsgefahr. Eine Erstbegehungsgefahr kommt bei äußerungsrechtlichen Auseinandersetzungen nur in seltenen Fällen in Betracht. Der Anspruchsteller muss konkrete und greifbare Tatsachen vortragen, aus denen sich ergibt, dass eine Verletzung seiner Rechte ernstlich droht.[159] In den meisten Fällen wird der Betroffene jedoch vor einer Veröffentlichung keine Kenntnis davon erlangen, dass ein Bericht über ihn bevorsteht. Es verbleiben damit die Fälle, in denen der Betroffene von einer Recherche über ihn erfährt, etwa weil er selbst um eine Stellungnahme gebeten wird. Nach ganz einhelliger Rechtsprechung kann die Erstbegehungsgefahr allein aus der Durchführung einer Recherche jedoch nicht abgeleitet wer- 74

[151] BGH NJW 2016, 56.
[152] BGH NJW 1981, 2062 – Anne Frank.
[153] BGH NJW 1968, 1773 – Mephisto; § 22 S. 3 und 4 KUG.
[154] BGH AfP 2007, 357; BGH NJW 1986, 2503 – Ostkontakte.
[155] BVerfG NJW 2006, 207 – IM Sekretär/Stolpe; BVerfG NJW 2006, 3769 – Babycaust; BVerfG NJW 2010, 3501 – Gen-Milch; Korte PresseR § 5 Rn. 24.
[156] BVerfG NJW 2006, 207 – IM Sekretär/Stolpe; BVerfG NJW 2006, 3769 – Babycaust; BVerfG AfP 2008, 58 – Spiegel.
[157] Mann AfP 2011, 326; LG Hamburg AfP 2010, 613.
[158] Himmelsbach/Mann Presserecht Rn. 280 ff. mwN; Korte PresseR § 5 Rn. 28 ff.
[159] BGH GRUR 1992, 404 – Systemunterschiede.

den.[160] Im Vorfeld befürchteter Persönlichkeitsrechtsverletzungen Redaktionen mit allgemein gehaltenen „Presserechtlichen Informationenschreiben" zu traktieren, empfiehlt sich nur noch sehr begrenzt.[161]

75 *bb) Wiederholungsgefahr.* Für das Vorliegen der Wiederholungsgefahr streitet eine Vermutung, wenn ein Bericht bereits in rechtswidriger Weise veröffentlicht wurde.[162] Eine rechtswidrige Vorveröffentlichung liegt nicht vor, wenn die Medien sich auf die Wahrnehmung berechtigter Interessen berufen können. Da die Veröffentlichung in diesen Fällen nicht rechtswidrig ist, fehlt es an der tatsächlichen Grundlage für die Vermutung der Wiederholungsgefahr. Der Anspruchsteller ist dann darauf angewiesen, die Erstbegehungsgefahr einer rechtswidrigen Veröffentlichung darzulegen und zu behaupten.[163] Der Unterlassungsanspruch entfällt auch, wenn eine zunächst rechtswidrige Berichterstattung aufgrund veränderter Umstände nunmehr zulässig wäre, etwa weil sich ein zunächst nur unsubstantiierter Verdacht zwischenzeitlich bestätigt hat.[164]

76 Die Wiederholungsgefahr entfällt, wenn der Schuldner eine uneingeschränkte, bedingungslose und unwiderrufliche Unterlassungserklärung unter Übernahme einer angemessenen Vertragsstrafe für jeden Fall der Zuwiderhandlung abgibt. Eine Drittunterwerfung reicht nur ausnahmsweise.[165] Die Wiederholungsgefahr entfällt auch, wenn im Fall einer Interviewäußerung der Interviewte nachvollziehbar darlegen kann, sich gar nicht wie zitiert geäußert zu haben.[166]

2. Prozessuale Durchsetzung

77 Der Unterlassungsanspruch kann mit einer **einstweiligen Verfügung** oder im **Hauptsacheverfahren** mit einer Klage durchgesetzt werden. Der Vorteil eines Verfügungsverfahrens liegt auf der Hand: Der Unterlassungsanspruch ist binnen weniger Tage – allerdings nur vorläufig – durchzusetzen. In allen Pressesachen sind bei den Landgerichten grundsätzlich Pressekammern nach § 72a GVG und bei den Oberlandesgerichten Pressesenate nach § 119a zuständig.

78 a) **Abmahnung.** Die Abmahnung ist gesetzlich nicht geregelt und keine Zulässigkeitsvoraussetzung. Fehlt sie, trägt der Anspruchsteller nach § 93 ZPO ggfs. das **Kostenrisiko.**

79 b) **Prozessuales.** Für die Durchsetzung äußerungsrechtlicher Unterlassungsansprüche sind die Zivilgerichte zuständig (§ 13 GVG), auch gegen öffentlich-rechtliche Sendeanstalten. Örtlich gilt der **„fliegende Gerichtsstand":** Nach § 32 ZPO kann der Unterlassungsanspruch bei jedem Gericht geltend gemacht werden, in dessen Gerichtsbezirk die angegriffene Äußerung bestimmungsgemäß verbreitet wird.[167] Bei **Printmedien** ist zu prüfen, ob sie bundesweit oder nur regional verbreitet werden. Bei **Internetpubliaktionen** gibt es ansatzweise Tendenzen, § 32 ZPO restriktiv auszulegen und einen lokalen Bezug zu verlangen.[168] Bei Ansprüchen gegen **Rundfunksender** ist die Empfangbarkeit unabhängig vom Verbreitungsweg maßgeblich. In der Regel wird die sachliche Zuständigkeit der Landgerichte gegeben sein. Hinsichtlich der **Darlegungs- und Beweislast** gelten zunächst die allgemeinen Grundsätze eines Zivilprozesses. Bei Auseinandersetzungen über angeblich unwahre Behauptungen, die den Tatbestand der üblen Nachrede nach § 186 StGB erfüllen, muss nicht der Anspruchsteller die Unwahrheit beweisen, sondern dem Anspruchsgegner obliegt der Beweis der Wahrheit der angegriffenen Behauptung.[169] Kann weder die Wahrheit noch die Unwahrheit bewiesen werden, wird dem Unterlassungsanspruch stattgegeben. Eine erneute **Umkehr der Beweislast** tritt ein, wenn die Medien geltend machen können, in Wahrnehmung berechtigter Interessen gehandelt zu haben.[170] Voraussetzung dafür ist die Einhaltung der journalistischen Sorgfaltspflichten.[171] Der Unterlassungsantrag ist auf die konkrete Äußerung beschränkt, aus der sich die Rechtsverletzung ergibt.[172] Bei der Formulierung des Antrags ist auf

[160] OLG Frankfurt a. M. NJW-RR 2003, 37 (38) – Journalistische Sorgfaltspflicht bei Recherchemaßnahmen; OLG Hamburg AfP 1992, 279; Soehring/Hoene PresseR Rn. 30.13.
[161] BGH NJW 2019, 781.
[162] BGH NJW 1998, 1391 – Klartext.
[163] BGH NJW 1987, 2225 – Pressemäßige Sorgfalt; Soehring/Hoene PresseR Rn. 30.10.
[164] BGH NJW 2020, 45.
[165] BGH GRUR 1998, 379; Soehring/Hoene Presserecht Rn. 30.14.
[166] OVG Lüneburg AfP 2014, 96 = BeckRS 2013, 53312.
[167] OLG Köln AfP 1988, 146.
[168] Himmelsbach/Mann PresseR § 22 Rn. 28.
[169] BGH NJW 1996, 1131 – Der Lohnkiller.
[170] BGH NJW 1981, 2117 – Abgeordnetenprivileg.
[171] BGH NJW 1985, 1621 – Türkol.
[172] KG AfP 2006, 479; BGH NJW 1980, 2801; Prinz/Peters MedienR Rn. 382 mwN.

die konkrete Verletzungsform abzustellen.[173] Ein Gesamtverbot kann allenfalls ausgesprochen werden, wenn eine Trennung der zulässigen von den unzulässigen Teilen einer Darstellung nicht möglich ist.[174] Das Gericht muss dem Antragsgegner grundsätzlich **rechtliches Gehör** gewähren, hat das Bundesverfassungsgericht in kaum zu übertreffender Deutlichkeit den Instanzgerichten ins Stammbuch geschrieben.[175]

III. Gegendarstellung

Mit einer Gegendarstellung kann den Tatsachen der Erstmitteilung die eigene **tatsächliche Sicht der Dinge** entgegengesetzt werden. Wahrheit und Rechtswidrigkeit der Erstmitteilung werden nicht geprüft.[176] Mit der Gegendarstellung kommt der Betroffene selbst zu Wort. Bei bloßen Belanglosigkeiten wird dem Betroffenen das Wort aber nicht erteilt.[177] 80

1. Rechtsgrundlagen

Die Rechtsgrundlagen des Gegendarstellungsanspruchs sind verstreut.[178] Sie ergeben sich für Printmedien aus den Landespressegesetzen, für Hörfunk und Fernsehen aus den Rundfunkstaatsverträgen sowie für journalistisch-redaktionell gestaltete Telemedien aus § 20 MStV. Richtet sich die Gegendarstellung gegen eine **Presseveröffentlichung,** ist das am Sitz des Verlags geltende Recht anzuwenden. Richtet sich die Gegendarstellung gegen ein **elektronisches Medium,** ist das anzuwendende Recht nach dem für die Verbreitung verantwortlichen Veranstalter zu bestimmen. Bei privaten Rundfunkveranstaltern können Ort der Lizenzierung und die Niederlassung des Veranstalters auseinanderfallen. Bei Sendungen, die im **ARD-Gemeinschaftsprogramm** ausgestrahlt werden, gilt § 8 des ARD-Staatsvertrags.[179] 81

2. Anspruchsinhaber und Anspruchsgegner

Inhaber eines Anspruchs auf Abdruck einer Gegendarstellung kann jede **„Person oder Stelle"** sein, die von einer veröffentlichten Tatsachenbehauptung unmittelbar betroffen ist. Die Begriffe „Person" und „Stelle" sind weit auszulegen.[180] „Person" ist zunächst jede natürliche und juristische Person des privaten oder öffentlichen Rechts. Es können aber auch nicht-rechtsfähige Personen und Vereinigungen wie Handelsgesellschaften, Gewerkschaften, Parteien und BGB-Gesellschaften einen Gegendarstellungsanspruch geltend machen. „Stelle" im Sinne des Gegendarstellungsrechts sind Behörden, Gerichte, Ämter, Staatsanwaltschaften, Gesetzgebungsorgane, Ministerien, Gemeinden und andere ähnliche Einrichtungen.[181] Der Anspruch auf Abdruck einer Gegendarstellung ist höchstpersönlicher Natur und erlischt daher mit dem Tod des Betroffenen, selbst wenn er vor dem Tod tituliert wurde.[182] 82

Eine Gegendarstellung können nur solche Personen und Stellen geltend machen, die von einer veröffentlichten Tatsachenbehauptung „betroffen" sind. Die **Betroffenheit** setzt keine Ehrverletzung voraus. Entscheidend ist vielmehr, ob die behauptete Tatsache sich in nennenswerter Weise auf das Persönlichkeitsbild des Anspruchstellers auswirken kann.[183] Eine namentliche Nennung der Person oder Stelle ist nicht Voraussetzung. Es reicht vielmehr aus, wenn Leser oder Zuschauer die behauptete Tatsache in einen Zusammenhang mit der Person oder Stelle bringen. Unmittelbar betroffen war nach der Rechtsprechung der Geschäftsführer einer GmbH bei einem Bericht über betriebsbezogene Umstände der Gesellschaft,[184] die Pächterin einer Eislaufhalle bei einem Bericht über jene Halle[185] oder eine Landesmedienanstalt bei einem Bericht über ihren Präsidenten.[186] 83

[173] BGH GRUR 1992, 561.
[174] BGH NJW 1968, 1773 – Mephisto; BGH NJW 1975, 1882 – Geist von Oberzell; BVerfG NJW 2008, 39 – Esra.
[175] BVerfG, NJW 2018, 3634; BVerfG NJW 2022, 1083.
[176] BVerfG NJW 1998, 1381 – Gegendarstellung auf der Titelseite.
[177] BGH NJW 2014, 3154; BVerfGE 97, 125 (148).
[178] Korte PresseR § 5 Rn. 210 ff.
[179] Näheres: Himmelsbach/Mann PresseR § 13 Rn. 25 ff.
[180] Himmelsbach/Mann PresseR § 13 Rn. 42 ff.
[181] Soehring/Hoene PresseR Rz. 29.14.
[182] KG AfP 2007, 137; LG Hamburg AfP 2002, 70 (71).
[183] BVerfG NJW 1998, 1381.
[184] OLG München AfP 1973, 483.
[185] LG Oldenburg AfP 1986, 84.
[186] OLG München NJW-RR 2002, 186.

84 **Anspruchsgegner** sind bei Presseveröffentlichungen der Verleger und der verantwortliche Redakteur.[187] Verleger im Sinne des Gegendarstellungsrechts ist, wer ein von ihm oder einem Dritten hergestelltes Druckwerk erscheinen lässt und seine Verbreitung bewirkt. Verleger ist nur der Inhaber des Verlagsunternehmens, der das Erscheinen und die Verbreitung von Druckwerken bewirkt, nicht der Herausgeber. Anspruchsgegner kann neben dem Verleger der verantwortliche Redakteur sein. Verleger und verantwortlicher Redakteur können als Gesamtschuldner in Anspruch genommen werden. Wurde die Erstmitteilung im öffentlich-rechtlichen Rundfunk ausgestrahlt, ist Anspruchsgegner die Rundfunkanstalt, die für die redaktionelle Gestaltung der Sendung verantwortlich war. Bei privaten Rundfunkveranstaltern ist der Anspruch gegen den Anbieter oder Veranstalter geltend zu machen, dh die natürliche oder juristische Person, die die betreffende Sendung in eigener Verantwortung gestaltet oder verbreitet. Bei journalistisch-redaktionell gestalteten Angeboten im Internet, insbesondere den Online-Ablegern periodischer Druckerzeugnisse, ist der Anspruch gegen den Anbieter zu richten.

3. Voraussetzungen

85 Bei den Voraussetzungen des Gegendarstellungsanspruchs ist zwischen den Anforderungen zu unterscheiden, die hinsichtlich der Erstmitteilung vorliegen müssen, und denjenigen, die die Gegendarstellung selbst betreffen. Darüber hinaus sind bei der Zuleitung des Abdruckverlangens zahlreiche formelle Anforderungen zu beachten.

86 **a) Erstmitteilung.** Bei Presseveröffentlichungen kann der Betroffene einen Gegendarstellungsanspruch nur geltend machen, wenn es sich um ein **„periodisches Druckwerk"** handelt. Periodische Druckwerke sind Zeitungen, Zeitschriften und andere in ständiger, wenn auch unregelmäßiger Folge und im Abstand von nicht mehr als sechs Monaten erscheinende Druckwerke.[188] Druckwerke im Sinne des Gegendarstellungsrechts sind nicht nur gedruckte Schriften, sondern etwa auch gesprochene Tonträger oder Mitteilungen einer Nachrichtenagentur.[189]

87 Mit einer Gegendarstellung kann sich der Betroffene nur gegen eine **Tatsachenbehauptung** wenden, nicht gegen Meinungen. Für die Abgrenzung zwischen Tatsachenbehauptungen und Meinungsäußerungen gelten die allgemeinen Grundsätze. Der Betroffene kann sich auch gegen Behauptungen wenden, die nur als Behauptung eines Dritten wiedergegeben werden.[190] Eine gegendarstellungsfähige Behauptung liegt auch vor, wenn mehrere für sich genommen zutreffende Behauptungen zwingend einen **unzutreffenden Eindruck** erzeugen.[191] Gegenüber einem nur möglichen Eindruck ist eine Gegendarstellung ausgeschlossen.[192] Dass die Unwahrheit der Erstmitteilung feststeht, ist nicht Voraussetzung des Gegendarstellungsanspruchs. Zutreffende Berichte über Parlamentsdebatten und Gerichtsverhandlungen sind nicht gegendarstellungsfähig.[193] Echte, offene Fragen sind nicht gegendarstellungsfähig.[194]

88 **b) Entgegnung.** Die Entgegnung des Betroffenen hat formelle und materielle Anforderungen zu erfüllen.

89 *aa) Form.* Die Gegendarstellung muss dem Anspruchsgegner als **schriftliches Dokument** zugeleitet werden.[195] Bei natürlichen Personen muss der Betroffene selbst oder sein gesetzlicher Vertreter die Gegendarstellung **unterzeichnen.** Eine gewillkürte Vertretung ist bei der Unterzeichnung nur in einigen Bundesländern erlaubt.[196] Bei juristischen Personen muss die Gegendarstellung vom gesetzlichen Vertreter unterzeichnet werden.[197] Macht eine nicht-rechtsfähige Personengemeinschaft einen Gegendarstellungsanspruch geltend, müssen grundsätzlich

[187] Korte PresseR § 5 Rn. 221.
[188] § 7 Abs. 4 Hbg. PresseG; entsprechende Regelungen enthalten alle Landespressegesetze.
[189] § 7 Abs. 1 Hbg. PresseG; inhaltsgleiche Regelungen enthalten alle Landespressegesetze.
[190] OLG Hamburg AfP 1983, 345; OLG Brandenburg NJW-RR 2000, 326.
[191] Soehring/Hoene PresseR Rn. 29.12b.
[192] BVerfG AfP 2008, 58 – Spiegel.
[193] § 7 Abs. 5 Hbg. PresseG, entsprechend in den übrigen Landespressegesetzen.
[194] BVerfG NJW 2018, 1596; OLG Hamburg AfP 2019, 521 = BeckRS 2019, 32116.
[195] Vgl. § 11 Abs. 2 Hbg. PresseG und die vergleichbaren Regelungen der anderen Landespressegesetze.
[196] OLG Hamburg AfP 1981, 410; OLG München AfP 1976, 188; die Pressegesetze von Berlin, Bremen, Niedersachsen und Sachsen-Anhalt lassen „Schriftform" genügen und schließen damit nach der Rechtsprechung eine gewillkürte Stellvertretung nicht aus.
[197] OLG Düsseldorf AfP 2006, 473 zur Gesamtvertretung; OLG Frankfurt AfP 2003, 459: Prokurist reicht nicht.

alle Mitglieder dieser Gemeinschaft die Gegendarstellung unterzeichnen.[198] Ist eine Behörde von der Erstmitteilung unmittelbar betroffen, so hat ihr Leiter die Gegendarstellung zu unterzeichnen.

90 Eine natürliche Person muss die Gegendarstellung mit ihrem Namen unterzeichnen. Unterzeichnet der gesetzliche Stellvertreter für eine juristische Person, muss erkennbar sein, in welcher Funktion die Unterschrift geleistet wird.

91 *bb) Inhalt.* Die Entgegnung des Betroffenen darf – wie die Erstmitteilung – nur **tatsächliche Angaben** enthalten. Es gilt der Grundsatz „Tatsache gegen Tatsache".[199] Eine Überschrift ist für die Gegendarstellung nicht zwingend vorgeschrieben. Zumeist wird das Wort „Gegendarstellung" verwendet. Andere Formulierungen sind nicht zulässig.[200] Der Text der Gegendarstellung muss das Presseerzeugnis und die Stelle, an der die Erstmitteilung veröffentlicht wurde, konkret bezeichnen.[201] Üblich sind Formulierungen, die den Namen des Presseerzeugnisses oder der Sendung, die Ausgabe, die Überschrift eines Beitrags und die Seitenzahl erwähnen, wobei die Landespressegesetze keine bestimmte Formulierung vorschreiben. Die Gegendarstellung muss auch die Erstmitteilung, dh die Behauptung, gegen die sie sich wendet, wiedergeben.[202] Um Fehler bei der Mitteilung der Erstmitteilung zu vermeiden, ist eine wörtliche Wiedergabe ratsam.[203] Zitiert die Erstmitteilung nur die Aussage eines Dritten, muss die Wiedergabe der Erstmitteilung innerhalb der Gegendarstellung klarstellen, dass es sich nicht um eine Aussage des Verlags, sondern um ein Zitat handelt.[204]

92 Die Entgegnung des Anspruchstellers kann sich auf eine bloße Negation beschränken, wenn diese nicht irreführend ist.[205] Neben der **bloßen Verneinung** kann die Entgegnung dem in der Erstmitteilung dargestellten Sachverhalt eine andere Behauptung entgegensetzen. **Ergänzende Erläuterungen** sind nur zulässig, wenn sie zur Klarstellung eines Sachverhalts erforderlich sind.[206]

93 Der **Umfang** einer Gegendarstellung darf nicht unangemessen sein. Maßstab ist dabei nicht der vollständige Text der Erstmitteilung, sondern nur die beanstandete Textstelle.[207] Die Gerichte lassen sich bei der Bemessung des angemessenen Umfangs von der Erkenntnis leiten, dass zur Widerlegung einer Tatsachenbehauptung häufig mehr Worte erforderlich sind, als zur Verbreitung der in Rede stehenden Behauptung.[208] Allein der Umstand, dass die Gegendarstellung einen größeren Umfang als die Erstmitteilung hat, bedeutet nicht, dass die Gegendarstellung unverhältnismäßig ist.

94 *cc) Berechtigtes Interesse.* Die Durchsetzung eines Gegendarstellungsanspruchs ist ausgeschlossen, wenn das berechtigte Interesse fehlt.[209]

95 Es fehlt, wenn die Entgegnung offensichtlich unwahr ist. Von einer **offenkundigen Unwahrheit** ist auszugehen, wenn sich diese aus eigenen Veröffentlichungen des Betroffenen oder aus gerichtskundig bekannten Tatsachen ergibt.[210] Die Wahrheit einer Entgegnung wird im Gegendarstellungsverfahren zwar nicht im Wege einer Beweisaufnahme überprüft oder mittels Glaubhaftmachung erhärtet. Auch hier gilt jedoch die Verpflichtung, im Prozess wahrheitsgemäß vorzutragen (§ 138 Abs. 1 ZPO). Wenn der Anspruchsgegner Tatsachen vorträgt, aus denen sich die offenkundige Unwahrheit der Entgegnung ergibt, muss der Betroffene einer solchen Behauptung substantiiert entgegentreten (§ 138 Abs. 3 ZPO).

96 Ein berechtigtes Interesse an der Veröffentlichung einer Gegendarstellung fehlt auch, wenn die Entgegnung irreführend ist. Von einer **Irreführung** ist auszugehen, wenn die Entgegnung zur Erstmitteilung nur einseitig oder unvollständig Stellung nimmt, so dass für den Leser ein unrichtiger Eindruck entsteht.[211]

[198] OLG Köln AfP 1971, 173.
[199] OLG Hamburg AfP 1978, 155.
[200] OLG Hamburg AfP 1988, 345.
[201] Soehring/Hoene PresseR Rn. 29.18.
[202] Soehring/Hoene PresseR Rn. 29.18.
[203] OLG Hamburg AfP 1980, 106.
[204] OLG Karlsruhe AfP 1999, 373.
[205] OLG Hamburg AfP 1980, 106; OLG München NJW-RR 2000, 319.
[206] OLG Hamburg AfP 1987, 625.
[207] OLG Düsseldorf AfP 1988, 160; Soehring/Hoene PresseR Rn. 29.25.
[208] OLG Frankfurt AfP 1983, 279.
[209] Korte PreseR § 5 Rn. 222 f.
[210] Soehring/Hoene PresseR Rz. 29.32 f.; OLG Naumburg AfP 2006, 464; OLG Dresden AfP 2002, 55 (56) – Gysi; LG München I ZUM 2006, 349.
[211] Soehring/Hoene PresseR Rn. 29.20a f.; OLG München AfP 1998, 515.

97 Wenn der Betroffene bereits in der Erstmitteilung Gelegenheit hatte, seine Sicht der Dinge darzulegen, kann ein berechtigtes Interesse an der Veröffentlichung einer Gegendarstellung fehlen.[212] Auch wenn ein Verlag oder Sender von sich aus eine Richtigstellung oder einen Widerruf der angegriffenen Behauptung veröffentlicht, kann das berechtigte Interesse am Abdruck einer Gegendarstellung fehlen.[213] Der Grund dafür liegt auf der Hand: Die Veröffentlichung einer Entgegnung ist nicht Selbstzweck, sie hat vielmehr das Ziel, eine aus Sicht des Betroffenen unzutreffende Darstellung zu korrigieren.

98 c) **Zuleitung.** Der Anspruch auf Abdruck der Gegendarstellung entsteht materiell-rechtlich mit der Zuleitung der Gegendarstellung an den Verpflichteten. Bis zum Zugang des Abdruckverlangens und der Gegendarstellung trägt der Anspruchsteller das Risiko einer fehlgeschlagenen Übermittlung.[214] Die Zuleitung sollte stets an den **Verlag** oder den **verantwortlichen Redakteur** erfolgen. Richtet der Betroffene die Gegendarstellung an die Rechtsabteilung oder einen sachlich nicht zuständigen Redakteur, kann die Wirksamkeit der Zuleitung gerügt werden.

99 Die Gegendarstellung muss nach den einschlägigen gesetzlichen Bestimmungen **unverzüglich** zugeleitet werden. Dabei ist nicht auf das Datum der Veröffentlichung, sondern auf die erstmalige Möglichkeit der Kenntnisnahme durch den Betroffenen abzustellen. Es kommt auf die konkreten Umstände des Einzelfalls an. Wird die Gegendarstellung binnen zwei Wochen nach Kenntnis des Betroffenen zugeleitet, ist die Unverzüglichkeit in der Regel gewahrt. Lehnt der in Anspruch genommene Verlag den Abdruck der Gegendarstellung ab, erlauben die Gerichte die Zuleitung korrigierter Fassungen derselben Gegendarstellung, wenn jeweils die Grenze der Unverzüglichkeit eingehalten wird.[215] Neben der Grenze der Unverzüglichkeit gilt grundsätzlich eine absolute Ausschlussfrist von drei Monaten.[216] Nur in Bayern gilt insoweit stattdessen jeweils die „Aktualitätsgrenze".[217]

4. Gerichtliche Durchsetzung

100 Der Anspruch auf Abdruck einer Gegendarstellung kann in allen Bundesländern im Verfahren der einstweiligen Verfügung durchgesetzt werden. Der Instanzenzug endet stets bei den Oberlandesgerichten.

101 a) **Zuständigkeit.** Im Gegendarstellungsrecht ist stets der allgemeine Gerichtsstand nach § 12 ZPO maßgeblich. In der Regel ist der Anspruch daher bei den Gerichten geltend zu machen, die für den Sitz des Verlags oder des Sendeunternehmens zuständig sind. Wird der verantwortliche Redakteur in Anspruch genommen, ergibt sich der Gerichtsstand aus § 21 ZPO. Wurde die Erstmitteilung in einer Regionalausgabe veröffentlicht, kann der Anspruchsgegner auch am Sitz der Lokal- oder Regionalredaktion in Anspruch genommen werden.[218] Für die ARD gibt es keinen gemeinsamen Gerichtsstand, er richtet sich daher nach der in Anspruch genommenen Anstalt. In sachlicher Hinsicht ist zumeist die Zuständigkeit der Landgerichte gegeben, da der Streitwert im Regelfall mehr als EUR 5.000,– beträgt.

102 b) **Neuformulierung im gerichtlichen Verfahren.** Die Frage, ob es zulässig ist, eine Gegendarstellung im gerichtlichen Verfahren umzuformulieren, ist umstritten. Einige Gerichte gehen davon aus, dass die vom Betroffenen eigenhändig unterzeichnete Gegendarstellung einen **einheitlichen Streitgegenstand** bildet. Deshalb werde, wenn sich eine Änderung des Wortlauts als notwendig herausstellt, eine erneute Unterzeichnung und **Zuleitung der Neufassung** der Gegendarstellung an die Anspruchsgegner erforderlich.[219] Ob eine Hilfsfassung auch noch in der Berufungsinstanz im Wege eines Hilfsantrags eingeführt werden kann, ist umstritten.[220] Eine Ausnahme von diesem als „Alles-oder-Nichts-Prinzip" bezeichneten Grundsatz gilt nur für unwesent-

212 LG Düsseldorf AfP 1992, 315, aber BVerfG NJW 2018, 2250.
213 Soehring/Hoene PresseR Rn. 29.21d.
214 Soehring/Hoene PresseR Rn. 29.55.
215 OLG Hamburg AfP 1984, 155; OLG München AfP 1990, 53.
216 ZB § 11 Abs. 2 S. 5 Hbg. PresseG.
217 § 10 Bay. PresseG; zB OLG München ZUM-RD 2014, 104.
218 OLG Naumburg NJW-RR 2000, 475.
219 OLG Hamburg AfP 1984, 155; OLG Hamburg NJW-RR 1995, 1053 (1054); OLG München AfP 1998, 89; OLG Karlsruhe AfP 1999, 74; OLG Köln NJW-RR 1990, 1119; OLG Düsseldorf AfP 1972, 281; OLG Koblenz NJW-RR 1998, 23.
220 OLG Frankfurt a. M. AfP 2003, 459; aA KG AfP 2007, 52.

liche Änderungen wie etwa die Korrektur orthografischer Fehler. Nach dieser Auffassung ist der Anspruch auf Abdruck einer Gegendarstellung auch dann zurückzuweisen, wenn nur eine einzelne Passage mit den gesetzlichen Anforderungen nicht in Einklang steht.

Andere Gerichte erlauben die Änderung des Wortlauts der Gegendarstellung im Prozess **ohne Zuleitung der Neufassung** an den Anspruchsgegner. Das Gericht kann danach von Amts wegen oder auf Antrag des Betroffenen einen Gegendarstellungsanspruch unter Beschränkung auf die nicht zu beanstandenden Punkte zusprechen.[221] Aus Sicht der Betroffenen ist eine solche Regelung vorteilhaft, aber naturgemäß strittig.[222] 103

c) **Vollziehung und Rechtsbehelfe.** Eine einstweilige Verfügung, die den Abdruck einer Gegendarstellung anordnet, ist nach § 929 Abs. 2 ZPO im Parteibetrieb zuzustellen. Es genügt auch die Zustellung einer Ausfertigung der Sitzungsniederschrift, die eine Kurzausfertigung des Urteils enthält.[223] Erfolgt keine Vollziehung innerhalb der Monatsfrist, kann die einstweilige Verfügung im Widerspruchsverfahren oder im Berufungsverfahren aufgehoben werden.[224] Eine **Zustellung im Parteibetrieb** ist auch erforderlich, wenn die Anordnung zum Abdruck einer Gegendarstellung im Wege einer Urteilsverfügung erfolgt.[225] Die Zwangsvollstreckung richtet sich nach § 888 ZPO, da die Veröffentlichung einer Gegendarstellung eine unvertretbare Handlung ist. Die Entscheidung über den Antrag auf Festsetzung eines Zwangsgeldes kann nach Gewährung rechtlichen Gehörs (§ 891 ZPO) ohne mündliche Verhandlung ergehen. Das Zwangsgeld wird nur auf Antrag des Gläubigers zu Gunsten der Staatskasse vollstreckt. 104

Gegen die Beschlussverfügung ist der **Widerspruch** nach §§ 936, 924 ZPO als Rechtsbehelf statthaft, der nicht die Vollziehung hemmt. Der Antragsgegner ist daher gehalten, gleichzeitig mit Einlegung des Widerspruchs die **einstweilige Einstellung der Zwangsvollstreckung** zu beantragen.[226] Hat das Gericht den Antrag auf Erlass einer einstweiligen Verfügung zurückgewiesen, ist die Beschwerde nach § 567 Abs. 1 ZPO statthaft. Die Berufung gegen Urteile kann auch im Gegendarstellungsverfahren nicht darauf gestützt werden, dass das Gericht erster Instanz seine örtliche Zuständigkeit zu Unrecht angenommen hat (§ 513 Abs. 2 ZPO). Obwohl für den Betroffenen das Gebot unverzüglichen Handelns gilt, dürfen die Fristen für die Einlegung und Begründung der Berufung ausgeschöpft werden. 105

5. Erfüllung des Anspruchs

Die Leitidee für den Abdruck lautet, dass die Gegendarstellung genauso viel Aufmerksamkeit wecken können soll wie die beanstandete Erstmitteilung.[227] Steht die Veröffentlichung der Gegendarstellung nicht in Einklang mit der gerichtlichen Anordnung oder den gesetzlichen Bestimmungen, ist sie vollständig zu wiederholen. Eine erneute Veröffentlichung der Gegendarstellung kann danach erforderlich sein, wenn ein im Tenor angeordneter Hinweis auf die Gegendarstellung im Inhaltsverzeichnis vergessen oder diese an einer anderen als der angeordneten Stelle abgedruckt wurde. Schon ein fehlender Absatz reicht, um erneut Abdruck der Gegendarstellung zu verlangen.[228] 106

a) **Nächstfolgende Ausgabe.** Die Landespressegesetze sehen vor, dass die Gegendarstellung in der nach Zugang für den Druck noch nicht abgeschlossenen nächstfolgenden Ausgabe zu veröffentlichen ist. Es besteht kein Anspruch darauf, dass die Gegendarstellung an einem bestimmten Wochentag verbreitet wird.[229] Bis wann eine Zeitung oder Zeitschrift für den Druck noch nicht abgeschlossen ist, muss im Einzelfall beurteilt werden.[230] 107

b) **Gleicher Teil des Druckwerks.** Die Pressegesetze sehen vor, dass die Gegendarstellung in demselben Teil der Druckschrift veröffentlicht werden muss wie zuvor die Erstmitteilung. 108

221 OLG Frankfurt a. M. AfP 1982, 179; OLG München NJW-RR 1998, 1632; OLG Karlsruhe NJW-RR 2003, 109 (110) – Roberto Blanco.
222 Soehring/Hoene PresseR Rn. 29.45a–e.
223 OLG München AfP 2007, 53; OLG München MDR 2003, 53.
224 OLG Hamburg AfP 1982, 35; OLG Frankfurt AfP 1986, 248.
225 OLG München AfP 1988, 269.
226 §§ 936, 924 Abs. 3 S. 2, 707 ZPO.
227 BVerfG NJW 1998, 1381; LG Koblenz AfP 2005, 291.
228 OLG München AfP 2001, 308 (309) – NDR.
229 Soehring/Hoene PresseR Rn. 29.50.
230 Soehring/Hoene PresseR Rn. 29.51.

Die Gegendarstellung ist in derselben Schriftgröße wie die Erstmitteilung und ohne Einschaltungen oder Weglassungen zu veröffentlichen. Der Betroffene hat jedoch keinen Anspruch darauf, dass die Gegendarstellung an der identischen Stelle der Erstmitteilung oder auf einer bestimmten Seite gedruckt wird. Er kann nur verlangen, dass der Anspruchsgegner die Gegendarstellung in derselben Rubrik wie die Erstmitteilung veröffentlicht. Dies muss nicht die gleiche Seite sein, es sei denn, die Rubrik besteht nur aus einer Seite.[231] Ob die Gegendarstellung im Inhaltsverzeichnis anzukündigen ist, wenn auch die angegriffene Berichterstattung dort angekündigt wurde, ist umstritten.[232] Wurde die angegriffene Erstmitteilung auf der Titelseite abgedruckt, so kann der Betroffene verlangen, dass auch die Gegendarstellung dort veröffentlicht wird. Da die Identifikationsfunktion der Titelseite aber gewahrt bleiben muss, ist insoweit ggfs. auch eine etwas kleinere Schriftgröße für die Gegendarstellung hinzunehmen.[233] Eine Gegendarstellung ist nicht deswegen unangemessen, weil sie auf der Titelseite 120 % der Erstmitteilung ausmacht, aber nicht mehr als ein Drittel der Titelseite in Anspruch nimmt.[234]

109 c) **Kommentierung.** Die Landespressegesetze ordnen an, dass sich Verlage und Redaktionen zum Inhalt einer Gegendarstellung in derselben Ausgabe der Zeitung oder Zeitschrift nur mit „tatsächlichen Angaben“ äußern dürfen.[235] Im sogenannten „Redaktionsschwanz“ (auch: Glossierung) darf die Presse auf der Richtigkeit der früheren eigenen Darstellung beharren oder ihre Version vertiefen. Dies gilt freilich nur, sofern kein Unterlassungstitel vorliegt.[236] Die Presse darf im Redaktionsschwanz auch den Hinweis geben, dass der Abdruck der Gegendarstellung in Erfüllung einer gesetzlichen Verpflichtung oder gerichtlichen Anordnung ohne Rücksicht auf ihren Wahrheitsgehalt erfolgt.[237] Unzulässig sind Äußerungen, mit denen die Gegendarstellung kommentiert wird. Für Gegendarstellungen in Rundfunk und Fernsehen sowie im Internet gelten entsprechende Regelungen.[238]

6. Gegendarstellungen in elektronischen Medien

110 Auch Gegendarstellungen, die im Rundfunk verbreitet werden sollen, müssen vom Betroffenen unterzeichnet und zugeleitet werden. Die Gegendarstellung wird von der Redaktion, nicht aber vom Betroffenen selbst verlesen. Der Betroffene hat, sofern eine spezielle Regelung fehlt, jedenfalls einen aus § 242 BGB folgenden Anspruch auf Überlassung einer Abschrift des Beitrags, gegen den sich die Gegendarstellung richten soll.

111 Bei Erstmitteilungen, die im ARD-Gemeinschaftsprogramm ausgestrahlt werden, kann der Gegendarstellungsanspruch nur gegen diejenige Anstalt geltend gemacht werden, die die beanstandete Sendung in das ARD-Gemeinschaftsprogramm eingebracht hat. Ein gegen diese Anstalt titulierter Gegendarstellungsanspruch ist auch von allen übrigen beteiligten Rundfunkanstalten zu erfüllen.[239]

112 Nach **§ 20 MStV** kann ein Anspruch auf Veröffentlichung einer Gegendarstellung auch wegen einer Erstmitteilung geltend gemacht werden, die in journalistisch-redaktionell gestalteten Angeboten in einem **Telemedium** veröffentlicht wurde. Ein Anspruch auf Veröffentlichung einer Gegendarstellung kann nur bei journalistisch-redaktionell gestalteten Angeboten geltend gemacht werden. Im Übrigen gelten keine Besonderheiten. Nach § 20 Abs. 1 S. 3 MStV muss die Gegendarstellung mindestens so lange zugänglich gemacht werden, wie auch die angegriffene Tatsachenbehauptung in dem Mediendienst verbreitet wird. Wurde die Erstmitteilung bereits gelöscht, so ist die Gegendarstellung nach § 20 Abs. 1 S. 4 MStV an vergleichbarer Stelle so lange anzubieten, wie die ursprünglich angebotene Tatsachenbehauptung. Eine Erwiderung auf die Gegendarstellung muss sich auf tatsächliche Angaben beschränken und darf nicht unmittelbar mit der Gegendarstellung verknüpft werden.

[231] OLG München AfP 2000, 386 – Die Seite Drei.
[232] Einerseits OLG München AfP 1995, 667: grundsätzlich nein; andererseits OLG Hamburg AfP 1992, 278: ja.
[233] BVerfG NJW 1998, 1381; OLG Karlsruhe AfP 2006, 168 und AfP 2006, 372.
[234] OLG Karlsruhe NJW-RR 2016, 565.
[235] Im Bayerischen Pressegesetz fehlt eine solche Regelung.
[236] OLG Hamburg AfP 1989, 464.
[237] OLG Dresden NJW-RR 2013, 1382; Wenzel, Das Recht der Wort- und Bildberichterstattung, Tz. 11.203.
[238] Himmelsbach/Mann PresseR § 13 Rn. 224 ff.
[239] § 8 ARD-Staatsvertrag.

7. Checkliste zur Gegendarstellung

Checkliste 113

☐ Erstmitteilung
- Wo und wie wurde die Erstmitteilung veröffentlicht? Druckschrift, Rundfunkbeitrag, Internet-Veröffentlichung?
- Liegt eine gegendarstellungsfähige Erstmitteilung vor? Periodische Veröffentlichung?

☐ Beteiligte
- Person oder „Stelle" als Anspruchsteller?
- Unmittelbare Betroffenheit des Anspruchstellers?
- Anspruchsverpflichteter: Verleger, verantwortlicher Redakteur, Rundfunkanstalt, Anbieter?

☐ Formelle Erfordernisse
- Sprache
- Schriftform und Unterzeichnung
- Unverzügliche Zuleitung
- Veröffentlichungsverlangen

☐ Inhalt der Gegendarstellung
- Überschrift
- Erwiderung: Bloße Verneinung, Gegendarstellung des Betroffenen, Erläuterungen?
- Beschränkter Umfang der Gegendarstellung
- Kein unzulässiger Inhalt: Irreführung, offenkundige Unwahrheiten, strafbare oder werbende Aussagen

☐ Erfüllung der Veröffentlichungspflicht
- Nächstfolgende Ausgabe
- Druck noch nicht abgeschlossen
- Gleicher Teil des Druckwerks
- Keine Einschaltungen oder Weglassungen
- Keine Glossierung
- Unterzeichnung

IV. Berichtigung

Die Rechtsprechung hat den Berichtigungsanspruch aus § 1004 BGB entwickelt. Der Rechtsverletzer muss sich selbst korrigieren. Eine uneingeschränkte Berichtigung wird als „Widerruf" bezeichnet. Hingegen kann der Betroffene eine „Richtigstellung" oder eine „Berichtigung" verlangen, wenn eine Behauptung nur zum Teil unwahr ist.[240] 114

1. Voraussetzungen

Gegenstand eines Berichtigungsanspruchs kann nur eine unwahre Tatsachenbehauptung sein, die zu einer noch fortwirkenden Beeinträchtigung der Persönlichkeitsrechte des Betroffenen geführt hat. 115

a) **Tatsachenbehauptung.** Eine Meinungsäußerung kann niemals Gegenstand eines Berichtigungsanspruchs sein, sondern nur Tatsachenbehauptungen – auch Dritter.[241] 116

b) **Unwahrheit der Behauptung.** Die **Beweislast** für die Unwahrheit der angegriffenen Behauptung trägt der Kläger.[242] Dabei muss die Unwahrheit der beanstandeten Behauptung positiv feststehen, weil niemand zur Veröffentlichung einer Behauptung im eigenen Namen gezwungen werden kann, die uU selbst unzutreffend ist.[243] Allenfalls wenn es an jedem ersichtlichen Anhaltspunkt für die Wahrheit einer angegriffenen Behauptung fehlt, kommt eine Verurteilung zur 117

240 BVerfG NJW 2004, 354 zum Sonderfall unwahrer, aber rechtmäßiger Erstmitteilung.
241 BGH AfP 1982, 217 – Klinikdirektoren.
242 BGH AfP 1976, 75 – Panorama.
243 Soehring/Hoene PresseR Rn. 31.6.

Veröffentlichung einer Richtigstellung in Betracht.[244] Da der dem Kläger obliegende Negativbeweis häufig nur schwer zu führen ist, trifft den Beklagten in solchen Fällen eine erweiterte **Darlegungs- und Substantiierungspflicht.**[245] Der Beklagte kann danach auf den Sachvortrag Klägers nicht mit einfachem Bestreiten reagieren, wenn er die Folge des § 138 Abs. 3 ZPO vermeiden will.[246] Die Beweislast-Regel des § 186 StGB, die in Fällen der üblen Nachrede dem Beklagten die Beweislast für die Wahrheit der angegriffenen Behauptung auferlegt, findet bei der Geltendmachung von Berichtigungsansprüchen keine Anwendung.[247]

118 c) **Erforderlichkeit der Berichtigung.** Da es sich bei dem Berichtigungsanspruch um einen Folgenbeseitigungsanspruch handelt, muss die angegriffene Veröffentlichung zu einer im Zeitpunkt der Verurteilung noch **fortdauernden Beeinträchtigung** der Persönlichkeitsrechte des Betroffenen geführt haben. Eine fortdauernde Rufbeeinträchtigung kann entfallen, wenn die Medien auf eigene Initiative geeignete **Maßnahmen zur Beseitigung der Störung** getroffen haben, was etwa durch eine freiwillige Korrektur geschehen kann.[248] Eine abgedruckte Gegendarstellung reicht dafür nicht.[249] Ebenso wenig genügt ein Leserbrief. Der BGH hat festgestellt, dass die von einer Presseveröffentlichung ausgehende Rufschädigung mehrere Jahre andauern kann.[250] Im Regelfall ist das Rechtsschutzinteresse aber nach Zuwarten von mehr als einem Jahr entfallen.[251]

2. Inhalt des Anspruchs

119 Wie die berichtigende Äußerung formuliert werden muss, ist gesetzlich nicht geregelt. Grundsätzlich ist zwischen einem Widerruf, einer Richtigstellung und der Erklärung, dass eine Behauptung nicht aufrechterhalten wird, zu unterscheiden. Eine ergänzende Folgeberichterstattung kommt nur unter besonderen Umständen in Betracht.[252]

120 a) **Widerruf.** Wird der Beklagte zum Widerruf verpflichtet, so hat er die angegriffene Äußerung förmlich zurückzunehmen oder als unwahr zu bezeichnen. Dabei ist die angegriffene Behauptung zu wiederholen, da für den Adressaten sonst nicht erkennbar ist, welche Behauptung widerrufen werden soll. Ein förmlicher Widerruf kann nur verlangt werden, wenn die Unwahrheit der ursprünglich aufgestellten Behauptung feststeht.[253]

121 b) **Richtigstellung.** Eine Richtigstellung kommt als Maßnahme der Folgenbeseitigung in Betracht, wenn die Erstmitteilung nicht eine eindeutig unwahre Behauptung enthält, sondern einen zwingend hervorgerufenen unzutreffenden Eindruck erweckt oder nur einzelne von mehreren Behauptungen unwahr sind.[254] Anders als der Widerruf ist eine Richtigstellung nicht auf die bloße Verneinung der angegriffenen Behauptung beschränkt, sie ermöglicht vielmehr eine Erläuterung, aus der sich die Unwahrheit der angegriffenen Behauptung ergibt.[255]

122 c) **Eingeschränkter Widerruf/Richtigstellung.** Wenn der Beweis der Unwahrheit der angegriffenen Behauptung nicht zu führen ist, aber dennoch keine vernünftigen Anhaltspunkte für die Richtigkeit der in der Erstmitteilung verbreiteten Behauptung bestehen, kommt ein eingeschränkter Widerruf in Betracht, mit dem der Beklagte erklärt, die angegriffene Behauptung werde nicht aufrecht erhalten.[256]

123 d) **Ergänzende Folgeberichterstattung.** Ein Anspruch auf eine Folgeberichterstattung zB über neue Tatsachen besteht grundsätzlich nicht.[257] Eine Ausnahme gilt, wenn zunächst zulässig über den Verdacht einer Straftat und ein Ermittlungsverfahren berichtet wird.[258] Dann besteht

---

[244] BGH AfP 1976, 75 (78) – Panorama.
[245] BGH GRUR 1987, 397 – Insiderwissen.
[246] BGH GRUR 1987, 397 (399) – Insiderwissen.
[247] Soehring/Hoene PresseR Rn. 31.22.
[248] BGH GRUR 1969, 555 – Cellulitis.
[249] OLG Hamburg AfP 1995, 515.
[250] BGH NJW 1995, 861 (863) – Caroline von Monaco.
[251] Korte PresseR § 5 Rn. 192; OLG Karlsruhe NJW-RR 2004, 917.
[252] Soehring/Hoene PresseR Rn. 31.11.
[253] Soehring/Hoene PresseR Rn. 31.12.
[254] Soehring/Hoene PresseR Rn. 31.13.
[255] BGH AfP 1987, 502 – Insiderwissen; BGH AfP 1996, 137 – Caroline von Monaco.
[256] BGH AfP 1978, 73 – Wohnstättengemeinschaft.
[257] BGH GRUR 2015, 96; LG Hamburg AfP 1999, 93.
[258] Korte PresseR § 5 Rn. 207 f.; BGH AfP 1972, 220 – Freispruch.

dahingehend ein Anspruch nicht auf Richtigstellung, sondern auf einen Nachtrag, dass das Verfahren eingestellt sei.[259]

3. Verfahrensfragen

Ein Berichtigungsanspruch kann nur mit einer Hauptsacheklage geltend gemacht werden. Ein Verfügungsverfahren kommt nicht in Betracht.[260] Die gerichtliche Anordnung zur Veröffentlichung der Berichtigung kann erst nach Eintritt der Rechtskraft vollstreckt werden.[261] 124

V. Schadenersatz und Geldentschädigung

Wer von einer rechtswidrigen Berichterstattung in den Medien betroffen ist, kann unter den allgemeinen deliktsrechtlichen Voraussetzungen für die kausal verursachten Schäden Ersatz verlangen. Bei schweren Persönlichkeitsrechtsverletzungen besteht unabhängig vom Eintritt eines materiellen Schadens ein Anspruch auf Geldentschädigung. 125

1. Schadenersatz

Grundlage eines Schadenersatzanspruchs können nicht nur unwahre oder rechtswidrig veröffentlichte wahre Tatsachenbehauptungen, sondern auch rechtswidrige Meinungsäußerungen sein. 126

a) Voraussetzungen. Für den Anspruch auf Ersatz materieller Schäden, die durch die Berichterstattung der Medien verursacht wurden, gelten hinsichtlich der Haftungsvoraussetzungen keine Besonderheiten: Die Haftung setzt eine schuldhafte Rechtsverletzung, den Eintritt eines Schadens und den Nachweis voraus, dass der Schaden durch die Berichterstattung verursacht wurde. 127

aa) Haftungsbegründender Tatbestand. Grundlage der Haftung kann die Verletzung der von § 823 Abs. 1 BGB geschützten Rechte oder die Verletzung eines Schutzgesetzes im Sinne von § 823 Abs. 2 BGB sein. Als Schutzgesetze kommen in erster Linie die §§ 185 f. StGB in Betracht. Denkbare Anspruchsgrundlagen sind weiterhin die Kreditgefährdung nach § 824 BGB und die vorsätzliche sittenwidrige Schädigung nach § 826 BGB. Anders als bei der Geltendmachung von Unterlassungs- und Berichtigungsansprüchen setzt der Anspruch auf Ersatz materieller Schäden eine schuldhafte Rechtsverletzung voraus. Der Anspruchsteller muss folglich auch darlegen, dass die Berichterstattung auf einer Verletzung der pressemäßigen Sorgfalt beruht.[262] Im Fall der Verletzung des Vermarktungsinteresses an der eigenen Person kommen auch die Erben als Anspruchsteller in Betracht. In seiner „Marlene"-Entscheidung hat der Bundesgerichtshof anerkannt, dass das Recht zur Vermarktung der eigenen Person nicht mit dem Tod erlischt, sondern wie Vermögensrecht vererblich ist.[263] In Analogie zu § 22 S. 3 KUG erlöschen die vermögensrechtlichen Bestandteile des Persönlichkeitsrechts jedoch zehn Jahre nach dem Tod.[264] 128

bb) Schadenseintritt. Der Eintritt eines Schadens ist durch einen Vergleich der Vermögenslage vor und nach dem schädigenden Ereignis festzustellen. Nach § 252 S. 1 BGB ist auch der entgangene Gewinn zu ersetzen. Die Feststellung eines entgangenen Gewinns setzt eine Prognose der Gewinne voraus, die ohne die Berichterstattung erzielt worden wären. Grundlage einer solchen Prognose sind die in der Vergangenheit erzielten Gewinne.[265] 129

cc) Kausalität. Die Kausalität zwischen Berichterstattung und Schadenseintritt ist der Knackpunkt: An ihr scheitert der Anspruch meist, weil dem Kläger uneingeschränkt die Beweislast für die haftungsbegründende Kausalität obliegt.[266] Hinsichtlich der haftungsausfüllenden Kausalität findet zu Gunsten des Anspruchstellers § 287 ZPO Anwendung. 130

[259] BVerfG GRUR 2018, 963 – Chefjustiziar.
[260] OLG Hamm AfP 1979, 355; OLG Köln AfP 1981, 358.
[261] Soehring/Hoene PresseR Rn. 31.18.
[262] Soehring/Hoene PresseR Rn. 32.3.
[263] BGH NJW 2000, 2195 (2197) – Marlene Dietrich I; NJW 2002, 2317 – Marlene Dietrich II; gebilligt durch BVerfG NJW 2006, 3409.
[264] BGH NJW 2007, 684 – kinski-klaus.de.
[265] OLG Frankfurt ZUM 1992, 361 (366).
[266] OLG Düsseldorf AfP 1995, 500; BGH AfP 1997, 70[illegible] – Stern-TV.

131 b) **Haftungsumfang.** Für die Bemessung des Haftungsumfangs gelten keine Besonderheiten. Wird **entgangener Gewinn** als Folge der Medienberichterstattung geltend gemacht, ist dieser nach §§ 252, 249 BGB in Geld zu ersetzen. Die Methode der **Lizenzanalogie** kann zur Berechnung des Schadens herangezogen werden, wenn Grundlage des Anspruchs die Verletzung von Persönlichkeitsrechten, insbesondere des Rechts am eigenen Bild, ist. Die Lizenzsummen können im Einzelfall sehr hoch sein.[267] **Maßnahmen der Schadensabwehr,** die der Betroffene von sich aus einleitet, stellen nur dann einen ersatzfähigen Schaden dar, wenn sie unter Berücksichtigung der Umstände des Einzelfalls als erforderlich angesehen werden können.[268] Die Kosten für Anzeigen, die der Betroffene zur Richtigstellung eines Sachverhalts schalten lässt, können nur in engen Grenzen als erstattungsfähig angesehen werden.[269]

2. Geldentschädigung

132 Bei der Verletzung immaterieller Interessen kann der Betroffene einen Anspruch auf Geldentschädigung geltend machen. Nach der Rechtsprechung des Bundesgerichtshofs handelt es sich dabei nicht um ein Schmerzensgeld im Sinne des § 847 BGB, sondern um einen eigenständigen Rechtsbehelf, der verfassungsrechtlich auf den Art. 1 Abs. 1 und 2 Abs. 1 GG beruht.[270] Zweck der Geldentschädigung ist nicht der Ausgleich eines Schadens, sondern die Genugtuung des Betroffenen.[271] Daneben hat der BGH ausdrücklich die Prävention als Zweck der Geldentschädigung anerkannt.[272] Als Anspruchsteller kommen grundsätzlich nur lebende natürliche Personen in Betracht.[273] Anders als hinsichtlich der vermögensrechtlichen Seite des Persönlichkeitsrechts führt eine Verletzung des **postmortalen Persönlichkeitsrechts**[274] in seiner ideellen Komponente, durch die der aus der Menschenwürde abgeleitete Achtungsanspruch des Menschen auch über seinen Tod hinaus geschützt wird, nicht zu einem Anspruch der Angehörigen auf Geldentschädigung.[275]

133 a) **Voraussetzungen.** Der Entschädigungsanspruch setzt einen schwerwiegenden Eingriff in die Persönlichkeitsrechte des Betroffenen und das Fehlen anderer Ausgleichsmöglichkeiten voraus.[276] Daran kann es bei weitgehender Anonymisierung fehlen.[277]

134 *aa) Schwerwiegende Rechtsverletzung und schweres Verschulden.* Ein Anspruch auf Geldentschädigung kann nur zugesprochen werden, wenn der Eingriff in die Persönlichkeitsrechte des Betroffenen erhebliches Gewicht hat. Liegt eine Verletzung der Intimsphäre vor, ist in der Regel von einer schweren Persönlichkeitsrechtsverletzung auszugehen.[278] Im Bereich der Privatsphäre wurde eine schwerwiegende Rechtsverletzung bei fortgesetzt erfundenen Berichten über angebliche Heiratsabsichten,[279] Behauptungen über Konflikte im Privatleben[280] und eine angebliche Vermögenslosigkeit[281] angenommen. Eine schwerwiegende Verletzung der Persönlichkeitsrechte kann auch auf der Verbreitung beleidigender Äußerungen beruhen.[282] Der unzutreffende Vorwurf, jemand habe schwere Straftaten begangen, wird in der Regel auch als schwerwiegende Verletzung der Persönlichkeitsrechte anzusehen sein.[283] In der Regel setzt der Anspruch zudem schweres Verschulden des Äußernden voraus.[284]

[267] LG München I AfP 2006, 382 – Boris Becker: EUR 1,2 Mio., s. dazu aber OLG München AfP 2007, 237 und BGH AfP 2010, 237; LG Hamburg NJW 2007, 691 – Außenminister; OLG Karlsruhe AfP 1998, 326; LG Hamburg ZUM 2004, 399 – Mitarbeiter in der Probezeit; OLG München AfP 2003, 71 – Boris Becker, vgl. hierzu aber BGH NJW 2007, 689.
[268] BGH NJW 1976, 1198 (1200) – Panorama.
[269] BGH NJW 1986, 981 (982) – Preisvergleich.
[270] BVerfG NJW 2006, 595; BGH AfP 1996, 138.
[271] Soehring/Hoene PresseR Rn. 32.17.
[272] BGH NJW 1997, 1148 – Chefarzt.
[273] BGH NJW 2014, 2871 = AfP 2014, 328; BGH NJW 1980, 2807 – Medizin-Syndikat I.
[274] BGH NJW 1974, 1371 – Fiete Schulze; NJW 2000, 2195 (2198) – Marlene Dietrich I.
[275] BGH NJW 2006, 605 – postmortaler Persönlichkeitsschutz; anders noch BGH NJW 2022, 868 – Helmut Kohl.
[276] BGH NJW 1995, 861 (864) – Caroline von Monaco I.
[277] BVerfG NJW-RR 2007, 1055.
[278] BGH AfP 1988, 34 – Intime Beziehungen; BGH AfP 1985, 110 – Nacktfoto.
[279] BGH NJW 1995, 861 – Caroline von Monaco.
[280] OLG Hamburg NJW 1996, 2870.
[281] OLG Hamburg AfP 1992, 376.
[282] BGH NJW 1987, 1403 – Türkol; OLG Hamburg NJW-RR 1996, 90 (angebliche Straftaten); OLG Frankfurt ZUM 1994, 514.
[283] BGH AfP 1997, 144 – Polizeichef; BGH NJW 1980, 2807.
[284] BGH NJW 2010, 763 – Esra.

135 *bb) Kein anderer Ausgleich.* Der Anspruch auf Geldentschädigung ist stets subsidiär.[285] Eine umgehend nach der rechtswidrigen Veröffentlichung erfolgende Berichtigung kann in Ausnahmefällen den Anspruch auf Geldentschädigung vollständig entfallen lassen.[286] Allerdings geht das OLG Hamburg davon aus, dass eine freiwillig und unverzüglich veröffentlichte Richtigstellung allenfalls zu einer Minderung des Anspruchs auf Geldentschädigung führt.[287] Die Veröffentlichung einer Gegendarstellung führt nicht zu einer Minderung des Interesses an Genugtuung.[288] Wenn das verletzende Verhalten strafrechtlich sanktioniert ist, fehlt ein unabwendbares Bedürfnis. Wenn Ordnungsgelder für bestehende Unterlassungsverfügungen nicht durchgesetzt werden, gilt dasselbe.[289]

136 **b) Umfang der Entschädigung.** Bei der Bemessung des Umfangs der zu leistenden Entschädigung sind die Auswirkungen des Eingriffs, das Verschulden des Beklagten, das Genugtuungsbedürfnis und der Gesichtspunkt der Prävention zu beachten. Beträgen von weniger als EUR 3.000,– bis EUR 5.000,– wird man nur eher selten eine Genugtuungsfunktion zusprechen können.[290] Bei der Bemessung der Entschädigungshöhe ist auch zu berücksichtigen, dass unverhältnismäßige Beträge geeignet sein können, die Pressefreiheit einzuschränken.[291] Gleichwohl ist eine Tendenz zur Erhöhung der zugesprochenen Beträge nicht zu verkennen. EUR 70.000,– bekam eine 16jährige Teilnehmerin eines Schönheitswettbewerbs, die wegen ihres Namens mit sexuellen Anspielungen in einer Fernsehsendung längere Zeit persifliert wurde.[292] Bei der Entschädigung in Höhe von EUR 400.000,–, die einer schwedischen Prinzessin zugesprochen wurden, ist zu berücksichtigen, dass es um insgesamt 86 erfundene Geschichten, darunter 77 Titelgeschichten, teils über angebliche Schwangerschaften und vermeintliche Alkoholprobleme ging.[293] Der EGMR sprach einem als korrupt geschmähten Beamten EUR 4.500,– zu.[294] Ein Hochschulgeschäftsführer erhielt wegen vorverurteilender Äußerungen der Staatsanwaltschaft gegenüber der Presse EUR 10.000,–.[295] Das Foto-Outing einer Schwangerschaft wurde mit EUR 20.000,– sanktioniert.[296] Wer einem Politiker wünscht, der nächste Schlaganfall möge sein Werk gründlicher verrichten, haftet mit EUR 20.000,–.[297] Im Fall eines der Vergewaltigung angeklagten Moderators wurde diesem nach seinem Freispruch eine Geldentschädigung von EUR 395.000,– für mehrere rechtsverletzende Zeitungsartikel und Online-Texte zugesprochen.[298] Ein Alt-Bundeskanzler Helmut Kohl bekam EUR 1.000 000,– zugesprochen. Aber da er vor Rechtskraft verstarb, entfiel mit seinem Tod das Genugtuungsinteresse.[299] Lächerlich sind dagegen die EUR 7.000,–, die das OLG Hamm einer Schülerin zusprach, deren Ex-Freund ein Intimfoto von ihr in sozialen Medien gepostet hat und die dadurch einen gesundheitlichen Schaden erlitt.[300]

[285] BGH AfP 1976, 75 – Panorama.
[286] LG Berlin NJW-RR 1998, 316.
[287] OLG Hamburg AfP 1994, 42.
[288] BGH NJW 1995, 861 (863) – Caroline von Monaco.
[289] BVerfG GRUR-Prax 2009, 57; EGMR NJW 2017, 2891.
[290] LG Hannover AfP 2006, 193, OLG Düsseldorf NJW 2005, 1791; LG Berlin AfP 2004, 150; AG Hamburg NJW-RR 2004, 84; LG Münster NJW-RR 2005, 1065.
[291] BGH NJW 1995, 861 (865) – Caroline von Monaco.
[292] OLG Hamm NJW-RR 2004, 919.
[293] OLG Hamburg NJW-RR 2010, 624; OLG Hamburg AfP 1997, 538 – Caroline von Monaco.
[294] EGMR AfP 2015, 30 = BeckRS 2015, 80287.
[295] LG Wiesbaden NJW 2015, 2976 mAnm Huff NJW 2015, 2985.
[296] OLG München AfP 2014, 347 = BeckRS 2014, 16144.
[297] LG Berlin AfP 2013, 526 = BeckRS 2013, 14238.
[298] OLG Köln, Urteil vom 12.7.2016 – 15 U 175/15, BeckRS 2016 12714, und Urteil vom 12.7.2016 – 15 U 176/15 BeckRS 2016, 16931.
[299] BGH NJW 2022, 868.
[300] OLG Hamm NJW-RR 2017, 1124.

§ 26 Rundfunkrecht

Übersicht

I. Anwaltliche Beratungsfelder

Die Haupttätigkeitsfelder eines Anwalts in der rundfunkrechtlichen Praxis sind die **Abwicklung der regulatorischen Arbeit** und die **Erstellung von Gutachten** zu diversen rundfunkrechtlichen Problematiken, insbesondere zum Einsatz, zum Umfang und zur Gestaltung von Werbemaßnahmen. Ein weiteres Aufgabengebiet erwächst aus dem technischen Fortschritt der letzten Jahre im Bereich der elektronischen Datenübertragung. Die Grenzen zwischen den Printmedien, der sendergestützten Ausstrahlung und der Verbreitung über Internetplattformen sind fließend geworden. Aufgrund der sich stetig weiterentwickelnden technischen Möglichkeiten entsteht laufend neuer Beratungsbedarf, gerade bei der **Ausgestaltung von Verträgen.** 1

Praxistipps:

- Bei der Beantragung einer rundfunkrechtlichen Zulassung oder einer rundfunkrechtlichen Unbedenklichkeitsbescheinigung empfiehlt es sich, von Beginn an eng mit dem zuständigen Vertreter der jeweiligen Landesmedienanstalt zusammenzuarbeiten. Jedes Rundfunkangebot muss einzeln geprüft werden und jede Landesmedienanstalt handhabt das Verfahren etwas unterschiedlich.
- Der Medienstaatsvertrag enthält nicht nur Regelungen für den Rundfunk, sondern auch für Medienintermediäre und Medienplattformen. Für Anbieter von Medienplattformen und Benutzeroberflächen besteht eine Anzeigepflicht gegenüber der zuständigen Landesmedienanstalt, und zwar mindestens einen Monat vor Inbetriebnahme des Dienstes.
- Im Bereich der Werbung, des Sponsoring und der Produktplatzierung gilt es sowohl inhaltlich als auch in der Gestaltung die Grenzen des Erlaubten herauszufinden und dem Mandanten zu verdeutlichen. Hier muss der Anwalt beratend und gutachterlich tätig werden. Mandanten sollte nahegelegt werden, dass sich eine enge Zusammenarbeit im Vorfeld wirklich lohnt. Ordnungswidrigkeitsverfahren mit einer Landesmedienanstalt auszutragen, kann sehr mühsam sein, zumal die festgesetzte Geldbuße in der Regel empfindlich ist.
- Bei der Prüfung und Gestaltung von Verträgen, die sich mit Werbung, Sponsoring und Produktplatzierung befassen, ist immer zu bedenken, dass Verstöße gegen die betreffenden Bestimmungen des Medienstaatsvertrages und des Jugendmedienschutzstaatsvertrages auch zivilrechtliche Folgen haben können, bis hin zur Nichtigkeit des Vertrages. Sollte die Gefahr der Nichtigkeit eines Vertrages nicht von der Hand zu weisen sein, empfiehlt es sich, das in § 814 BGB liegende Risiko einer Rückforderung des Geleisteten im Voraus zu regeln.[1]
- Das Rundfunkrecht ist wie kaum ein zweites Rechtsgebiet in Deutschland geprägt durch das *case law* des Bundesverfassungsgerichts. In vielen rundfunkrechtlichen Bereichen wird es immer wieder Berührungspunkte mit diesen Grundsatzentscheidungen geben. Es empfiehlt sich daher, immer die verfassungsrechtliche Entwicklung im Auge zu haben.
- Private Fernsehsender werden eine erhöhte Aufmerksamkeit darauf richten müssen, dass der Begriff der Grundversorgung durch die öffentlich-rechtlichen Veranstalter nicht schleichend erweitert wird.

II. Rechtsgrundlagen

Bei einem Regelwerk im Rundfunkbereich gilt es sowohl regulatorische und politische Entwicklungen, die sich in erster Linie aus dem europäischen Umfeld ergeben, als auch technische Neuerungen in angemessener Weise zu berücksichtigen. Das Hauptregelungswerk im 2

[1] MüKoBGB/Schwab § 814 Rn. 9; Grüneberg/Sprau BGB § 814 Rn. 10.

Rundfunkrecht ist jetzt der Medienstaatsvertrag (MStV), der 2020 den bis dahin gültigen Rundfunkstaatsvertrag ablöste. Er wird durch die Regelungen des Jugendmedienschutzstaatsvertrages ergänzt.

3 Der rundfunkrechtliche Gesetzesrahmen wird stetig verändert und neu ausgestaltet, weil er an die sich rasant erweiterten technischen Möglichkeiten angepasst werden muss.[2] Die Entwicklung ist noch nicht abgeschlossen. Sie wird insbesondere durch den Wechsel von der analogen zur digitalen Übertragung elektronischer Signale bestimmt. Dieser technische Fortschritt entschärft einerseits das Kapazitätsproblem herkömmlicher Rundfunkübertragung. Andererseits verwischen sich die Unterschiede zwischen der Individual- und der Massenkommunikation.

4 Die technischen Umwälzungen und die sich dadurch auch im Hinblick auf die Medienakteure ändernde Medienlandschaft zwingen den Gesetzgeber, die Entwicklungen rechtlich nachzuzeichnen, aufzufangen und zu kanalisieren. Das gilt in gleicher Weise für den innerstaatlichen Gesetzgeber – Bund und Länder – wie für den Unionsgesetzgeber. Sie müssen nicht nur für den Rundfunk, sondern auch für Anbieter digitaler Medienplattformen und für die Ersteller und Verbreiter eigener digitaler Medienangebote einen rechtlichen Rahmen vorgeben.

1. EU-Richtlinie „Audiovisuelle Mediendienste ohne Grenzen"

5 Die heute gültige Richtlinie über Audiovisuelle Mediendienste[3] in ihrer im November 2018 vom EU-Gesetzgeber beschlossenen Form geht zurück auf die europäische Fernsehrichtlinie[4] 89/552/EWG und kann als deren dritte Revision bezeichnet werden. Bereits bei ihrer Revision im Jahr 2007, bei der auf der heute verwendete Titel ADMV-RL eingeführt wurde, wurde der Anwendungsbereich über das klassische Fernsehen hinaus auf audiovisuelle Mediendienste erweitert. Nach der letzten Revision umfasst die ADMV-RL nunmehr auch Video-Sharing-Plattformen.

6 Die Richtlinie unterscheidet zwischen **„linearen" und „nicht-linearen" Diensten.** Linear ist ein Dienst, wenn ein audiovisuelles Programm nach Sendeplan – zeitlich festgelegt – übertragen wird. Nicht-linear ist ein Abrufdienst: Dem Rezipienten ist es freigestellt, den Zeitpunkt zu bestimmen, zu welchem er den audiovisuellen Dienst in Anspruch nimmt. Nicht-lineare Dienste gelten nicht als Fernsehen (Art. 1 lit. e) AVMD-RL).

7 Mit der Einführung dieser Zweiteilung verlor die herkömmliche Unterscheidung zwischen Rundfunk und Mediendienst ihr europarechtliches Fundament. Die vorangegangenen Fernsehrichtlinien stützten den Anwendungsbereich auf die Übertragungstechnik. Die „Abrufplattform" bestimmte den Unterschied zwischen Rundfunk und Mediendienst. Dieses Unterscheidungsmerkmal ist der technischen Entwicklung zum Opfer gefallen.

8 Die wesentlichen inhaltlichen Regelungen der AVMD-RL sind dadurch gekennzeichnet, dass sie – teils neue, teils weiterentwickelte – Mindestnormen in den Bereichen „Werbung", „Kurzberichterstattung", „Schutz von Minderjährigen", „Förderung europäischer und unabhängiger Werke" sowie zur Übertragung von Großereignissen von erheblicher gesellschaftlicher Bedeutung vorgeben.[5]

9 Nach der erfolgten Umsetzung der Richtlinie in nationales Recht ist in der **Rechtsanwendung** bei Zweifelsfragen der Grundsatz der **richtlinienkonformen Auslegung** zu beachten, dh von der Exekutive und den Gerichten ist im Zweifel der Auslegung der Vorzug zu geben, die der Richtlinie entspricht. Letztinstanzlich ist der EuGH – über die Vorlagepflicht des Art. 267 AEUV – zur Auslegung berufen.[6]

10 Bei einem Konflikt zwischen verfassungskonformer und richtliniengetreuer Auslegung gilt der Anwendungsvorrang des Gemeinschaftsrechts.[7] Dieser Aspekt kann speziell auf dem Gebiet des Rundfunkrechts für Deutschland Bedeutung erlangen: Das Bundesverfassungsgericht hat in einer Entscheidung vom 11. September 2007[8] das duale Rundfunksystem in Deutschland bekräftigt. In

[2] Die aktuell gültigen Gesetzestexte finden sich unter www.die-medienanstalten.de/service/rechtsgrundlagen.

[3] RL 2018/1808/EU, ABl. L 303 v. 14.11.2018 S. 69 ff. zur Änderung der RL 2010/13/EU v. 10.3.2010 zur Koordinierung bestimmter Rechts- und Verwaltungsvorschriften der Mitgliedstaaten über die Bereitstellung audiovisueller Mediendienste im Hinblick auf sich verändernde Marktgegebenheiten.

[4] RL 89/552/EWG, ABl. L 298 v. 17.10.1989 S. 23 ff.

[5] Zu den im Rahmen der Neufassung der ADMV-RL erfolgten Ergänzungen, vgl. Gundel ZUM 2019, 131 ff.

[6] Vgl. zur jüngsten Vorlagefrage des LG Stuttgart, ob das Verbot regionaler Werbung in bundesweiten Rundfunkangeboten mit dem Unionsrecht vereinbar ist, Ory NJW 2021, 736 ff.

[7] Zu aktuellen Entwicklungen im Lichte neuerer Rechtsprechung des BVerfG, vgl. Britz NJW 2021, 1489 ff.

[8] BVerfG ZUM 2007, 712 ff.

einer ausführlichen Begründung hat es die Legitimation für den öffentlich-rechtlichen Rundfunk festgeschrieben. Die Überlegungen enthalten eine besondere rechtliche Brisanz, weil das Bundesverfassungsgericht in Kenntnis einer Entscheidung der Europäischen Kommission vom 24. April 2007[9] die Eigenart des deutschen Rundfunkwesens unterstreicht.

2. Medienstaatsvertrag

Der rechtliche Rahmen für das duale Rundfunksystem wurde unter dem Einfluss von wegweisenden Bundesverfassungsgerichtsentscheidungen[10] grundsätzlich 1987 durch den Rundfunkstaatsvertrag geschaffen. 1991 wurde dieser erstmals auf Grund der Wiedervereinigung und der zu berücksichtigenden europäischen Gesetzgebung[11] geändert. Die nächsten Änderungen, mit denen den weiteren Entwicklungen im Mediensektor Rechnung getragen werden sollte, erfolgten in den Jahren 1995 und 1997, als der Mediendienstestaatsvertrag und das Informations- und Kommunikationsdienste-Gesetz verabschiedet wurden. Seit dem 9. Rundfunkänderungsstaatsvertrag sind jetzt auch Telemedien erfasst, was schon aus der neuen Überschrift „Staatsvertrag für Rundfunk und Telemedien" hervorgeht.[12] Dieser Titel wurde bis 2019 beibehalten. Im Zuge der Umsetzung der AVMD-RL kam es jedoch zu einer Umbenennung. Seit dem 7. November 2020 gilt der Medienstaatsvertrag (MStV), der weiterhin die Rahmenbedingungen für die Verbreitung und Zugänglichmachung von Rundfunk und Telemedien vorgibt, aber auch die Regulierung neuer digitaler Medienformen umfasst.[13] 11

Der Medienstaatsvertrag ist in **neun Abschnitte** untergliedert. Nach den Begriffsbestimmungen im ersten Abschnitt finden sich im zweiten Abschnitt die für den öffentlich-rechtlichen und den privaten Rundfunk gleichermaßen geltenden Regelungen. Es zählen dazu die Bestimmungen zur Übertragung von Großereignissen, zur Kurzberichterstattung und zu europäischen Produktionen, ferner die für Werbung, Produktplatzierung, Teleshopping und Sponsoring geltenden Grundsätze. Der dritte Abschnitt enthält ausschließlich Regelungen für den öffentlich-rechtlichen Rundfunk. Die besonderen Regelungen für den privaten Rundfunk sind im vierten Abschnitt zusammengefasst. Der fünfte Abschnitt widmet sich den besonderen Bestimmungen für einzelne Telemedien. Hier finden sich die wesentlichen Neuerungen, denn erstmals sind dort Regelungen für sog. Medienintermediäre wie Suchmaschine, soziale Netzwerke oder Content-Portale sowie für Video-Sharing-Dienste aufgenommen. Nach einem kurzen sechsten Abschnitt zu den Übertragungskapazitäten folgt der siebte Abschnitt mit den Regelungen bezüglich der Medienaufsicht. Der achte Abschnitt regelt das prozessuale Recht der Revision zum Bundesverwaltungsgericht; das ist erforderlich, weil es sich beim Medienstaatsvertrag um transformiertes Landesrecht handelt. Die richterliche Kontrolle findet jedoch auf Bundesebene statt. Außerdem ist in diesem Abschnitt eine Vielzahl von Ordnungswidrigkeiten geregelt. Übergangs- und Schlussbestimmungen sowie eine Sonderregelung für Bayern bilden den neunten Abschnitt. 12

---

[9] Vgl. Staatliche Beihilfe E 3/2005, K(2007) 1761 endg. In dem europäischen Verfahren hatte der Verband Privater Rundfunk und Telemedien e. V. eine Beschwerde eingereicht. Die im Verband organisierten privaten Rundfunkveranstalter wollten beihilferechtliche Verstöße in zahlreichen Angeboten von ARD und ZDF erkannt haben. Die Kommission stellte zwar das Verfahren ein und garantierte dem öffentlich-rechtlichen Rundfunk eine den heutigen technischen Gegebenheiten angepasste Entwicklung, insbesondere rechnete sie Online-Angebote und die Programmverbreitung über mobile Plattformen noch dem öffentlich-rechtlichen Rundfunkauftrag zu. Gleichzeitig verlangte jedoch die Kommission von den deutschen Bundesländern, die für das Rundfunkwesen zuständig sind, sehr eingehende Maßnahmen zur Konkretisierung des Programmauftrags von ARD und ZDF. An dieser Stelle wird das Verfassungsproblem deutlich: Innerstaatlich setzt die Programmautonomie der Rundfunkanstalten dem Gesetzgeber Grenzen, denn er hat gemäß Art. 5 Abs. 1 Satz 2 GG die Rundfunkfreiheit zu achten. Er darf weder direkt noch mittelbar die Programmautonomie beeinträchtigen. Dagegen sieht die Europäische Kommission im Rundfunk eher ein Wirtschaftsgut. Daraus leitet sie die Berechtigung ab, von den Mitgliedstaaten eine gesetzliche Konkretisierung des Programmauftrags verlangen zu dürfen. Sie gibt deshalb dem deutschen Gesetzgeber auf, die Finanzierung des öffentlich-rechtlichen Rundfunks ins Detail gehend und so durchsichtig zu dokumentieren, dass eine Unterscheidung zwischen einer funktionsbedingten Finanzgrundlage im Rahmen des gebührengetragenen Programmauftrags und einer dem Beihilferecht unterfallenden Wirtschaftsförderung getroffen werden kann. Zu weiteren Einzelheiten siehe Wiedemann ZUM 2007, 800 ff.; Krausnick ZUM 2007, 806 ff. Vgl. auch Kreile/Heinrich ZUM 2016, 110 ff. zur Regulierung kommerzieller Tätigkeiten von Tochtergesellschaften des öffentlich-rechtlichen Rundfunks.

[10] BVerfGE 57, 295 – 3. Fernsehurteil; BVerfGE 73, 118 – 4. Rundfunkurteil.

[11] Richtlinie 89/552/EWG, ABl. L 298 v. 17.10.1989 S. 23 ff.

[12] Staatsvertrag vom 31.7.2006, abgedruckt ua in BayGVBl. 2007, 132 ff.; NW GVBl. 2007, 107 ff.

[13] Der aktuelle Gesetzestext findet sich unter www.die-medienanstalten.de/service/rechtsgrundlagen.

3. Rundfunkrechtliche Entscheidungen des Bundesverfassungsgerichts

13 Das Bundesverfassungsgericht hat in einer Vielzahl von Entscheidungen die Entwicklung der Rundfunk-, Fernseh- und Telekommunikationsordnung geprägt. Man spricht in diesem Zusammenhang vom Rundfunkrichterrecht.

14 Zu Beginn dieser Entwicklung steht das Deutschland-Fernseh-Urteil von 1961, auch erstes Fernsehurteil genannt. Es war der Auslöser für die Gründung des ZDF.[14] Richtschnur für das Verständnis der Rundfunkfreiheit waren außerdem die Urteile zur Umsatzsteuerfreiheit des öffentlich-rechtlichen Rundfunks,[15] zur Zulässigkeit des privaten Rundfunks einschließlich der Zugangsregeln,[16] zum Prinzip der gebührenfinanzierten Grundversorgung und gleichzeitig zum Ordnungskonzept für den werbefinanzierten privaten Rundfunk[17] und zur Bestands- und Entwicklungsgarantie des öffentlich-rechtlichen Rundfunks, die mehr als eine Mindestversorgung umfasst.[18] Ebenfalls bedeutsam sind die Entscheidungen zur Veröffentlichung von Druckwerken mit programmbezogenem Inhalt,[19] zur eingeschränkten Möglichkeit des öffentlich-rechtlichen Rundfunks, Werbeeinnahmen zu generieren,[20] zur Ermittlung des Finanzbedarfs des öffentlich-rechtlichen Rundfunks,[21] zur Umsetzung der EG-Fernsehrichtlinie,[22] zur präventiven Konzentrationskontrolle des privaten Rundfunks,[23] zur Kurzberichterstattung und Verhinderung von Informationsmonopolen,[24] zur Rundfunkfreiheit privater Anbieter speziell in Bayern,[25] zur Absicherung des öffentlich-rechtlichen Rundfunks im dualen System[26] und zu eingeschränkten Beteiligungsrechten von Parteien an Rundfunkunternehmen.[27] Die jüngsten Rundfunkentscheidungen des Bundesverfassungsgerichts betreffen die Verfassungsmäßigkeit der Rundfunkbeitragspflicht[28] sowie Grundsätze der Rundfunkfinanzierung.[29]

15 Der Bund und die Länder haben die Leitlinien der Rechtsprechung des Bundesverfassungsgerichts in ihrem jeweiligen Zuständigkeitsbereich beachtet.[30] Der Bayerische Verfassungsgerichtshof hat unter Aufgabe der früheren Position dem Bundesverfassungsgericht zugestimmt.[31]

III. Duales Rundfunksystem

16 Unter dualem Rundfunksystem ist das **Nebeneinander von öffentlich-rechtlichem und privatem Rundfunk** zu verstehen. Beide Formen des Rundfunks müssen in gleicher Weise an der freien und individuellen Meinungsbildung und der Meinungsvielfalt mitwirken. Auch in wirtschaftlicher Hinsicht werden an den öffentlich-rechtlichen und privaten Rundfunk die gleichen Anforderungen gestellt, dh sie müssen beide in der Lage sein, im nationalen und internationalen Wettbewerb bestehen zu können.

1. Öffentlich-rechtlicher Rundfunk

17 Anhand der dargestellten Entscheidungen des Bundesverfassungsgerichts wird deutlich, dass der öffentlich-rechtliche Rundfunk **zwei Kernbereiche** hat, nämlich die Aufgabe der Grundversorgung und die Bestands- und Entwicklungsgarantie – auch im Zeitalter der digitalen Medien („dynamischer Rundfunkbegriff").

[14] BVerfGE 12, 205 ff. (1. Rundfunk-Urteil).
[15] BVerfGE 31, 314 ff. (2. Rundfunk-Urteil).
[16] BVerfGE 57, 295 ff. (3. Rundfunk-Urteil).
[17] BVerfGE 73, 118 ff. (4. Rundfunk-Urteil).
[18] BVerfGE 74, 297 ff. (5. Rundfunk-Urteil).
[19] BVerfGE 83, 238 ff. (6. Rundfunk-Urteil).
[20] BVerfGE 87, 181 ff. (7. Rundfunk-Urteil).
[21] BVerfGE 90, 60 ff. (8. Rundfunk-Urteil).
[22] BVerfGE 92, 203 ff. (EG-Fernsehrichtlinie).
[23] BVerfGE 95, 163 ff. (DSF).
[24] BVerfGE 97, 228 ff. (Kurzberichterstattung).
[25] BVerfGE 97, 298 ff.
[26] BVerfGE 119, 181 ff.
[27] BVerfGE 121, 30 ff.
[28] BVerfGE 149, 222 ff.
[29] http://www.bverfg.de/e/rs20210720_1bvr275620.html.
[30] Die Rechtsprechung wird ausführlich dargestellt bei Spindler/Schuster RStV Rn. 23–42.
[31] BayVerfGH ZUM-RD 2005, 468; dagegen verhält sich die Bayerische Landesmedienanstalt zögerlich, wie einem Urteil des Bundesverwaltungsgerichts zur Klagebefugnis eines Fernsehproduzenten gegen ein Programmänderungsverlangen zu entnehmen ist, BVerwG ZUM 2015, 832.

18 a) **Aufgabe der Grundversorgung.** Die „Grundversorgung“, die aus dem Demokratieprinzip und dem Sozialstaatsgebot hergeleitet wird, kann als eine rundfunkspezifische Erscheinungsform der Daseinsvorsorge bezeichnet werden. Sie setzt sich aus drei Grundelementen zusammen:

- Die **Empfangbarkeit** der Rundfunksendungen muss durch die entsprechende Übertragungstechnik, sei es terrestrische Verbreitung, Kabelweitersendung oder Direktempfang durch Satellit sichergestellt sein.
- Die inhaltlichen **Standards des Programmangebots** müssen dem vom Bundesverfassungsgericht beschriebenen öffentlichen Auftrag des Rundfunks in vollem Umfang entsprechen.
- Es müssen organisatorische und verfahrensrechtliche Vorkehrungen getroffen werden, die auf wirksame Weise sicherstellen, dass alle bestehenden Meinungsrichtungen in gleichgewichtiger **Vielfalt** dargestellt werden.

19 Diese Vorgaben lassen erkennen, dass nicht einzelne Sendungen und Programme isoliert betrachtet und der Grundversorgung zugeordnet werden können. Die Grundversorgung wird durch eine Verbindung mehrerer Programme und Programmteile erreicht.[32] In den Rundfunkänderungsstaatsverträgen wird eine Konkretisierung dahingehend vorgenommen, dass das Programm der Information, Bildung, Beratung und Unterhaltung dienen muss und insbesondere Beiträge zur Kultur anzubieten sind. Es werden bewusst keine quantitativen Vorgaben für die einzelnen Rubriken gemacht. Dadurch soll die Flexibilität erhalten bleiben, sowohl Sendungen zu konzipieren, die nur eine Rubrik abdecken, als auch Sendungen, die mehrere Elemente verarbeiten.

20 b) **Bestands- und Entwicklungsgarantie.** Die Verpflichtung zur Bestands- und Entwicklungsgarantie ist eine Weiterentwicklung des Grundversorgungsauftrags, der damit eine gewisse dynamische Komponente erhält. Obgleich es dabei in erster Linie darum geht, sowohl in programmlicher als auch in technischer Hinsicht die Voraussetzungen für die Sicherung der Grundversorgung zu schaffen, wird eingeräumt, dass auch die öffentlich-rechtlichen Rundfunkanstalten ein Selbstbehauptungs- und Ausweitungsinteresse haben. Darunter fallen das Anbieten neuer Programme und Inhalte sowie die **Erschließung neuer Übertragungsformen.** Die vom öffentlich-rechtlichen Rundfunk zu leistende Bestands- und Entwicklungsgarantie ist allerdings nach Auffassung des Bundesverfassungsgerichts damit verbunden, dass weiterhin die finanziellen Grundlagen gegeben sind. Das Ausmaß der Finanzierungspflicht und eine dahingehende Zweckbindung, dass ausschließlich der Grundversorgung dienende Programme finanziert werden dürfen, werden vom Bundesverfassungsgericht in seinen Entscheidungen nicht konkretisiert.

21 Der Medienstaatsvertrag stellt – wie auch schon seine Vorläufer – in § 35 klar, dass der öffentlich-rechtliche Rundfunk weder ganze Programme noch einzelne Angebote gegen ein zusätzliches Entgelt verbreiten darf, dh sogenannte **Pay-per-Channel oder Pay-per-View-Angebote** sind ihm untersagt. Lediglich programmergänzendes Begleitmaterial darf berechnet werden. Jede programmbegleitende Aktivität steht unter dem Vorbehalt, dass sie letztlich der Erfüllung des öffentlich-rechtlichen Auftrags dienen und dass keine eigenen wirtschaftlichen Ziele damit verfolgt werden. Die wirtschaftliche Betätigung darf nicht zum Selbstzweck werden. Es dürfen auch keine Einnahmen aus Telefonmehrwertdiensten erzielt werden (§ 35 Satz 3 MStV).

22 c) **Beschränkungen für den öffentlich-rechtlichen Rundfunk.** Der mit dem 12. Rundfunkänderungsstaatsvertrag eingefügte § 11d RStV (jetzt § 30 MStV) beschränkt Angebote der öffentlich-rechtlichen Rundfunkanstalten im Internet. Danach dürfen Rundfunkanstalten ihre Programme und begleitenden Informationen in der Regel nicht länger als 30 Tage nach der Sendung zum Abruf bereitstellen. Nach § 32 MStV sind Angebote länger zulässig, wenn sie in ein Telemedienkonzept der betreffenden Rundfundanstalt aufgenommen sind und einen – in Großbritannien schon länger praktizierten – Drei-Stufen-Test absolviert haben.

23 Presseähnliche Angebote der öffentlich-rechtlichen Anstalten ohne Sendebezug sind grundsätzlich nicht gestattet. Weitere Angebote werden in Form einer **Negativliste**[33] untersagt. Zu ihnen zählen zB Anzeigenportale und Partnerbörsen.

24 Der Drei-Stufen-Test des § 32 Abs. 4 MStV bildet die Rahmenbestimmung für die Präsenz des öffentlich-rechtlichen Rundfunks im digitalen Bereich. In einem Beihilfe-Rechtsstreit betrieben von privaten Rundfunkanstalten in der Form eines Vertragsverletzungsverfahrens, das gegen die Bundesrepublik Deutschland geführt wurde, rang die EU-Kommission dem nationalen Ge-

[32] Vgl. BVerfGE 74, 297 (326).
[33] Vgl. Anlage zu § 30 Abs. 5 Satz 1 Nr. 4 des Medienstaatsvertrags.

setzgeber Zugeständnisse mit dem Ziel ab, Telemedienangebote der ARD-Anstalten, des ZDF und des Deutschlandradios zu begrenzen. Gebührenfinanzierte Online-Angebote sollen die Ausnahme sein. Sie müssen vor ihrer Zulassung durch staatliche Aufsichtsgremien den sogenannten **Drei-Stufen-Test** bestanden haben. Die Prüfung erfasst folgende Fragen:

1. Stufe: Inwieweit entspricht das vorgesehene Angebot den demokratischen, sozialen und kulturellen Bedürfnissen der deutschen Gesellschaft?

2. Stufe: In welchem Umfang trägt voraussichtlich das Angebot in qualitativer Hinsicht zum publizistischen Wettbewerb bei?

3. Stufe: Welcher finanzielle Aufwand ist erforderlich?

Praxistipp:
Ein von den Landesmedienanstalten entwickelter Leitfaden zum Drei-Stufen-Test[34] gibt Orientierungshilfen.

25 Es fließen also Aspekte der Meinungsvielfalt einerseits und der Einfluss auf den medialen Markt andererseits ein. Die EU-Kommission hat auch dafür gesorgt, dass die Entscheidung über das Bestehen des Tests nach objektiven Maßstäben und in Unabhängigkeit von Einflüssen der Geschäftsleitung der jeweiligen öffentlich-rechtlichen Anstalten gefunden wird. Der mit der Bundesrepublik Deutschland vereinbarte **„Beihilfekompromiss"** bleibt in seiner praktischen Umsetzung im Fokus der EU-Kommission. Das Vertragsverletzungsverfahren ist zwar eingestellt, könnte aber wieder aufgenommen werden.[35]

26 Der Bundesgerichtshof stuft § 30 Abs. 7 S. 1 MStV (damals noch § 11d Abs. 2 S. 1 Nr. 3 Hs. 3 RStV) als Marktverhaltensregel im Sinn von § 3a UWG ein.[36] In einer weiteren Entscheidung aus dem Jahr 2017 bekräftigt der Bundesgerichtshof seinen Standpunkt. Gegenstand des Rechtsstreits war eine Verknüpfung der Sendung „ARD Buffet" mit dem Titel einer Zeitschrift des Burda-Verlags „ARD Buffet – das monatliche Magazin zur erfolgreichen TV-Sendung". Der Bundesgerichtshof gab dem klagenden Verlagskonkurrenten Recht und entschied, dass eine öffentlich-rechtliche Rundfunkanstalt wettbewerbsrechtlich unlauter handelt, wenn sie einem Verlag das Recht einräumt, für ihre Sendung geschützte Marken zur Bezeichnung eines von dem Verlag angebotenen Druckwerks zu benutzen.[37]

2. Privater Rundfunk

27 Für die Gestaltung des privaten Rundfunks sind zwar aus der Rechtsprechung des Bundesverfassungsgerichts Vorgaben zu entnehmen. Wesentliche Grundprinzipien wie die Grundversorgung und die Bestands- und Entwicklungsgarantie wurden jedoch nicht detailliert formuliert. In der Präambel des Medienstaatsvertrags ist festgehalten, dass auch für den privaten Rundfunk dem öffentlich-rechtlichen Rundfunk vergleichbare Grundlagen geschaffen werden müssen. Der Ausbau und die Fortentwicklung des privaten Rundfunks sollen dadurch gewährleistet werden, dass dem privaten Rundfunk die Erschließung angemessener Einnahmequellen, insbesondere in Form von Werbung, ermöglicht wird und ihm zudem ausreichende Sendekapazitäten zur Verfügung gestellt werden. Damit wurde das früher vorherrschende technische **Problem der Frequenzknappheit** angesprochen. Den begrenzten technischen Möglichkeiten sollte dadurch begegnet werden, dass die terrestrischen Frequenzen zwischen den öffentlich-rechtlichen und privaten Veranstaltern möglichst gleichberechtigt aufgeteilt werden.

28 Obwohl durch die Digitaltechnik das Frequenzproblem entschärft ist, bleiben Auswahlschwierigkeiten bestehen. Die Veranstaltung von Rundfunk ist bei privaten Veranstaltern an eine Zulassung geknüpft. In dem Zulassungserfordernis manifestiert sich die vom Bundesverfassungs-

[34] Siehe dazu auch ergänzende Hinweise unter https://www.ard.de/die-ard/wie-wir-funktionieren/Rechtsgrundlagen-Dreistufentest-100.

[35] Näheres zum Drei-Stufen-Test und zur Ausführung der unbestimmten Rechtsbegriffe, Sokoll NJW 2009, 885 ff.; vgl. auch Peters NJW 2010, 335 f.

[36] Vgl. BGH ZUM 2015, 989 ff.; in der Entscheidung ging es um die sog. Tagesschau-App, die den Drei-Stufen-Test durchlaufen hatte. Die Rechtssache wurde vom Bundesgerichtshof an das OLG Köln zurückverwiesen, das im zweiten Anlauf zugunsten der Zeitungsverlage entschied; vgl. OLG Köln ZUM 2017, 247 ff.

[37] Vgl. BGH GRUR 2017, 422 ff.

gericht geforderte positive Ordnung für das Rundfunkwesen.[38] § 52 Abs. 2 MStV normiert für den privaten Rundfunk – gesetzestechnisch betrachtet – ein präventives Verbot mit Erlaubnisvorbehalt.

3. Telemedien und Rundfunk

29 In der digitalen Übertragungstechnik verschwimmen die Grenzen zwischen Rundfunk und Telemedien. Dieser Entwicklung trägt auch die Umbenennung des Staatsvertrags von „Staatsvertrag für Rundfunk und Telemedien" in „Medienstaatsvertrag" Rechnung.

30 Die wesentliche Begriffsbestimmung im Hinblick auf Rundfunk und Telemedien erfolgt in § 2 Abs. 1 MStV. Danach sind Telemedien alle elektronischen Informations- und Kommunikationsdienste, soweit sie nicht dem Rundfunkbegriff unterfallen oder reine Telekommunikationsdienste im Sinne des § 3 Nr. 24 und Nr. 25 TKG sind.

31 Bei der Abgrenzung von Telemedien und Rundfunk kommt es darauf an, ob sich der Dienst im Wege einer sog. **linearen Verbreitung,** dh Start und Ende des Angebots sind vorgegeben, entlang eines **Sendeplans** an die Allgemeinheit richtet und eine **journalistisch-redaktionelle Gestaltung** aufweist.[39] Die Landesmedienanstalten stellen – die Rechtsprechung des Bundesverfassungsgerichts aufnehmend – auf die **Breitenwirkung, Aktualität** und **Suggestivkraft** des Angebots ab. An die journalistisch-redaktionelle Gestaltung werden dabei allerdings keine hohe Qualitätsanforderungen gestellt. Im Prinzip reichen die bloße Inhaltsauswahl und -bearbeitung sowie eine gewisse publizistische Ausrichtung bereits aus. Eine berufsmäßige journalistische Tätigkeit ist hierfür nicht erforderlich, auch der Laien-Journalismus erfüllt dieses Merkmal.

32 Weist ein audiovisueller Mediendienst die erforderlichen Rundfunkeigenschaften auf, ist weiter zu prüfen, ob es sich um ein zulassungspflichtiges oder zulassungsfreies Rundfunkangebot gemäß § 54 MStV handelt. Dies ist abhängig von der Relevanz des Angebots für die Meinungsbildung sowie von der Reichweite des Angebots. Telemedien sind im Gegensatz dazu im Grundsatz zulassungs- und anmeldefrei (§ 17 MStV). Allerdings wird auch bei den Telemedien zwischen **unterschiedlichen Medienkategorien** unterschieden. Der Medienstaatsvertrag kennt rundfunk- und fernsehähnliche Telemedien (§§ 74 ff. MStV), sog. Medienplattformen und Benutzeroberflächen (§§ 78 ff. MStV), Medienintermediäre wie zB Suchmaschinen (§§ 91 ff. MStV) sowie Video-Sharing-Dienste (§§ 97 ff. MStV).[40] Die dazugehörigen Begriffsbestimmungen finden sich in § 2 Abs. 2 MStV. Für Anbieter von Medienplattformen oder Benutzeroberflächen besteht gemäß § 79 Abs. 2 MStV zumindest eine Anzeigepflicht gegenüber der zuständigen Landesmedienanstalt, und zwar einen Monat vor Inbetriebnahme des Dienstes.

IV. Rundfunkzulassung

33 Der Forderung des Bundesverfassungsgerichts nach einer positiven Ordnung für das Rundfunkwesen ist der Gesetzgeber unter anderem durch das Zulassungserfordernis für den privaten Rundfunk nachgekommen. Der Rundfunkstaatsvertrag enthält dabei nur die Rahmenbedingungen für die Zulassung, die genaue Ausgestaltung des Zulassungsverfahrens ist in den jeweiligen Landesmediengesetzen geregelt. Die einzelnen Landesmediengesetze ähneln sich insoweit, als alle die Vergabe der Rundfunkerlaubnis an ein bestimmtes **Auswahlverfahren** knüpfen. Unterschiede gibt es jedoch bei den angewandten Auswahlkriterien.

34 Zusätzlich regelt der Medienstaatsvertrag in dem neu eingefügten § 54 MStV, dass bestimmte Rundfunkangebote zulassungsfrei sein können. Solche Angebote können sich gemäß § 54 Abs. 1 S. 2 MStV eine Unbedenklichkeitsbescheinigung erteilen lassen. Geschaffen wurde diese Regelung im Wesentlichen im Hinblick auf das immer größer werdende Angebot von Video-Live-Streamings, die sich beispielsweise auf Portalen wie YouTube oder Twitch finden.[41] Hauptkriterien für eine mögliche Zulassungsfreiheit sind, dass diese Rundfunkprogramme entweder nur eine geringe Bedeutung für die individuelle und öffentliche Meinungsbildung haben oder bei einer Durchschnittsbetrachtung über sechs Monate weniger als 20.000 gleichzeitige Nutzer erreichen. Ob diese Kriterien erfüllt sind, ist immer anhand des konkreten Einzelfalls zu unter-

[38] Vgl. BVerfGE 83, 238 (295 ff.); zuletzt noch BVerfG ZUM 2007, 712 ff.
[39] Vgl. dazu „Checkliste: Wann benötige ich eine Rundfunklizenz" unter https://www.die-medienanstalten.de/service/rechtsgrundlagen/richtlinien.
[40] Zur Einordnung und Abgrenzung der Mediendienste, vgl. Ory ZUM 2021, 472 ff.; Siara MMR 2020, 523 ff.
[41] Vgl. zu den Hintergründen Schechinger ZUM 2021, 494 f.

suchen. Beurteilungsanhaltspunkte liefert die Satzung zur Konkretisierung der Zulassungsfreiheit (ZFS),[42] die von den Landesmedienanstalten gemeinsam erarbeitet und mittlerweile auch von allen Landesmedienanstalten erlassen wurde.

1. Rechtsnatur der Zulassung

35 Bei der Entscheidung über die Zulassung zur Veranstaltung von privatem Rundfunk handelt es sich um einen **Verwaltungsakt.**[43] Dementsprechend finden neben den jeweiligen Landesmediengesetzen und den verfahrensrechtlichen Vorgaben der §§ 55 ff. MStV auch die Bestimmungen der Verwaltungsgerichtsordnung und der Landesverwaltungsverfahrensgesetze Anwendung. Der auf den Zulassungsantrag folgende Verwaltungsakt kann entweder ein antragsgemäßer Zulassungsbescheid, ein Zulassungsbescheid unter Nebenbestimmungen oder eine Ablehnung sein.

36 Aus dem **Zulassungsbescheid** geht der zugewiesene Übertragungsweg hervor, nämlich Satellit, Kabel oder terrestrische Frequenz, der Zeitraum der Zulassung, der je nach Landesmediengesetz zwischen zwei und zehn Jahren liegt, und die gesellschaftsrechtliche Struktur des privaten Rundfunkveranstalters. Darüber hinaus wird die Programmkategorie festgelegt, auf die sich die Zulassung bezieht. Die Zulassung wird immer nur für ein bestimmtes Programm gewährt. Sie wird nicht einem Veranstalter pauschal für beliebig viele Programme erteilt. Zudem enthält der Zulassungsbescheid eine Begründung, aus der die für die Auswahl des betreffenden Veranstalters wesentlichen Aspekte hervorgehen.

37 Ist die Zeitspanne der Zulassung abgelaufen, können – insbesondere infolge von Markt- und Meinungsmachtveränderungen – Probleme bei der beantragten **Verlängerung der Zulassung** auftreten. Es geht wirtschaftlich um die Frage, welche Chancen Neubewerbern eingeräumt werden und ob dem Alt-Unternehmen ein Vertrauensschutz gebührt, und unter dem Aspekt der Sicherung der Meinungsvielfalt um die Befugnis der Kommission zur Ermittlung der Konzentration im Medienbereich (KEK), anlässlich der beantragten Verlängerung wie bei der Erstzulassung eingeschaltet zu werden.[44]

2. Zuständigkeit der Landesmedienanstalten und weiterer Zulassungsgremien

38 Der Antrag auf Zulassung zur Veranstaltung von Rundfunk ist an eine Landesmedienanstalt zu richten. Welche jeweils zuständig ist, geht aus § 106 MStV hervor. Sind mehrere zuständig, gilt das Prioritätsprinzip. In dem Verfahren der Zulassung oder des Widerrufs von erteilten Genehmigungen werden dann noch weitere Gremien mit unterschiedlichen Aufgabenfelder eingebunden. Besonderen Einfluss hat die Kommission für Zulassung und Aufsicht (ZAK) sowie die Kommission zur Ermittlung der Konzentration im Medienbereich (KEK).

39 Im Prinzip können nach § 104 Abs. 2 MStV neben den Landesmedienanstalten **vier Gremien** mit unterschiedlichen Aufgabenfeldern am Vorgang der Zulassung eines privaten Rundfunkveranstalters beteiligt sein. Der ZAK sind gemäß § 105 Abs. 1 MStV als Aufgabenfelder alle Fragen der Zulassung und der Kontrolle bundesweiter Veranstalter übertragen einschließlich der Entscheidung über das Zulassungserfordernis im Hinblick auf § 54 Abs. 1 MStV. Die Gremienvorsitzendenkonferenz (GVK) trifft nach § 105 Abs. 2 MStV die Auswahl bei den Zuweisungen für drahtlose Übertragungskapazitäten und entscheidet über die Belegung von infrastrukturgebundenen Medienplattformen. Von großer praktischer Bedeutung ist die KEK. Sie ist gemäß § 105 Abs. 3 MStV zur abschließenden Beurteilung von Fragestellungen der Meinungsvielfalt im Zusammenhang mit der bundesweiten Veranstaltung von Fernsehprogrammen aufgerufen. Die Landesmedienanstalten sind nach § 107 Abs. 1 MStV verpflichtet, Zulassungsanträge unverzüglich der ZAK und der KEK vorzulegen.

40 Als viertes Gremium kümmert sich die Kommission für Jugendmedienschutz (KJM) als Entscheidungsorgan der Landesmedienanstalten um den Jugendschutz im Rundfunk und in den Telemedien. Ihre Kernaufgabe ist die Umsetzung des Jugendmedienschutz-Staatsvertrags (JMStV). Sie prüft Rundfunksendungen und Internetangebote, legt Sendezeiten fest und wirkt bei Prüfung und Genehmigung von Verschlüsselungs- und Vorsperrungstechnik mit.[45]

---

[42] Zu finden unter https://www.die-medienanstalten.de/service/rechtsgrundlagen/satzungen.

[43] Vgl. Spindler/Schuster/Holznagel RStV § 20 Rn. 5; Beck RundfunkR/Bumke/Schuler-Harms/Schulz RStV § 20 Rn. 52–54.

[44] Zum Anspruch auf Verlängerung vgl. auch Beck RundfunkR/Bumke/Schuler-Harms/Schulz RStV § 20 Rn. 54.

[45] Zu Aufgaben und Aufsicht der KJM vgl. https://www.kjm-online.de/aufsicht.

3. Zulassungsvoraussetzungen

a) **Veranstaltung von Rundfunk.** Nur die Veranstaltung von Rundfunk im Sinne des § 2 Abs. 1 MStV erfordert eine Zulassung, und zwar seit Inkrafttreten des Medienstaatsvertrags auch nur dann, wenn er für die individuelle und öffentliche Meinungsbildung von Bedeutung und nicht nach den Maßgaben des § 54 MStV zulassungsfrei ist. Von der Veranstaltung von Rundfunk spricht man dann, wenn ein Veranstalter die **redaktionelle Verantwortung** für die Zusammenstellung eines Programms übernimmt. Die Veranstaltung von Rundfunk bestimmt sich nicht allein dadurch, dass ein Rundfunkprogramm durch den Veranstalter produziert oder verbreitet wird. Diese im Wesentlichen technischen Abläufe können ganz oder teilweise von anderen Personen übernommen und dem Veranstalter zugeliefert werden.[46] 41

Zu beachten ist, dass private Anbieter Grundrechtsträger sind[47] und dass auch noch nicht zugelassene Anbieter in den Schutzbereich des Grundrechts der Rundfunkfreiheit aus Art. 5 Abs. 1 GG einbezogen sind.[48] Die Ablehnung einer beantragten Sendelizenz kann darüber hinaus ein Eingriff in das Recht der freien Meinungsäußerung im Sinne der EMRK sein, ein nicht unwichtiger Aspekt nach dem Ausschöpfen des innerstaatlichen Rechtszugs.[49] 42

b) **Persönliche Zulassungsvoraussetzungen.** Der antragstellende Veranstalter bzw. seine gesetzlichen Vertreter müssen, gleichgültig in welcher Unternehmensform sie auftreten, den Anforderungen des § 53 MStV entsprechen, ua unbeschränkte Geschäftsfähigkeit haben sowie die Fähigkeit besitzen, öffentliche Ämter zu bekleiden. Hinsichtlich der **Wahl der Unternehmensform** ist der private Rundfunkveranstalter grundsätzlich frei. Politischen Parteien und Wählervereinigungen sowie juristische Personen des öffentlichen Rechts, ausgenommen Kirchen und Hochschulen, können jedoch nicht als private Rundfunkveranstalter agieren. 43

Der **Sitz des Antragstellers** muss in der Bundesrepublik Deutschland oder in einem Mitgliedstaat der europäischen Gemeinschaft liegen. Ferner muss Deutschland den Mittelpunkt der Tätigkeit des Veranstalters bilden, dh die Entscheidungen über die Programmpolitik und die Zusammenstellung der zu sendenden Programme müssen organisatorisch in Deutschland vorgenommen werden.[50] Dadurch soll nicht nur eine effektive Aufsicht über die Rundfunkveranstalter gewährleistet, sondern auch eine Umgehung der Bestimmungen anderer Staaten vermieden werden, wie auch § 52 Abs. 2 Nr. 3 MStV deutlich macht. 44

Des Weiteren darf der antragstellende Veranstalter nicht die **medienkonzentrationsrechtlichen Vorschriften** verletzen.[51] Der Medienstaatsvertrag liefert damit einen Schutzrahmen zur Wahrung der für die Demokratie so fundamentalen Meinungsvielfalt. Der Maßstab für das Messen der medialen Einflussnahme auf die Bevölkerung ist das so genannte Zuschaueranteilsmodell, welches das zuvor gültige Beteiligungsmodell abgelöst hatte. Gemäß § 60 Abs. 1 MStV darf ein Unternehmen bundesweit im Fernsehen eine unbegrenzte Anzahl von Programmen veranstalten, es sei denn, es erlangt dadurch eine vorherrschende Meinungsmacht. 45

Ob eine vorherrschende Meinungsmacht anzunehmen ist, richtet sich nach § 60 Abs. 2 MStV. In diesem Absatz werden **zwei Vermutungstatbestände** normiert. Nach der ersten Vermutungsregel des § 60 Abs. 2 S. 1 MStV wird eine vorherrschende Meinungsmacht angenommen, wenn die einem Unternehmen zurechenbaren Programme im Jahresdurchschnitt einen Zuschaueranteil[52] von 30 % erreichen. Das Gesetz knüpft an eine quantitative, nicht an eine qualitative Wirkungskraft an. 46

Die zweite Vermutungsregel des § 60 Abs. 2 S. 2 MStV setzt den Grenzwert niedriger an – auf 25 % jahresdurchschnittlichen Zuschaueranteil –, sofern das Unternehmen auf einem medienrelevanten Parallelmarkt eine marktbeherrschende Stellung hat oder eine Gesamtbeurteilung der Aktivitäten dieses Unternehmens im Fernsehen und auf medienrelevanten verwandten Märkten einen so starken Meinungseinfluss hat, dass er einem Zuschaueranteil von 30 % entspricht. Diese niedrigere Anteilsgrenze von 25 % kann durch die Anwendung der in § 60 Abs. 2 S. 2 MStV formulierten **Bonusregeln** entschärft werden, und zwar wenn das potentiell marktführende Unternehmen in dem ihm zurechenbaren Vollprogramm Regional- und Drittprogramme ausstrahlt. 47

---

[46] Vgl. BVerfG ZUM 1998, 306 (309); Beck RundfunkR/Bumke/Schuler-Harms/Schulz RStV § 20 Rn. 33.
[47] Vgl. BVerfGE 97, 298 (309).
[48] Vgl. Degenhardt ZUM 2003, 913 (915); Beck RundfunkR/Bumke/Schuler-Harms/Schulz RStV § 20 Rn. 13.
[49] Vgl. EGMR EuGRZ 2003, 488 ff.
[50] Vgl. EuGH Slg. 1996, I-4058, 4077 – Rs. C-222/94.
[51] Vgl. hierzu vertiefend MAH Urheber- und Medienrecht, § 20 Rn. 3 ff.
[52] In § 61 MStV wird der grobe Rahmen für die Bestimmung der Zuschaueranteile festgelegt.

48 Eine besondere Rolle bei der Sicherung der Meinungsvielfalt ist der **Kommission zur Ermittlung der Konzentration im Medienbereich (KEK)** zugewiesen.

Praxistipp:

Die KEK führt eine allgemein zugängliche Mediendatenbank mit Informationen zu Inhaberschaft und Beteiligungen von Unternehmen in den Bereichen Hörfunk, Fernsehen, Presse und Online.[53]

49 Nach § 105 Abs. 3 MStV ist die KEK zuständig für die abschließende Beurteilung von Fragen zur Sicherung der Meinungsvielfalt im Zusammenhang mit der bundesweiten Veranstaltung von Fernsehprogrammen. Die Landesmedienanstalten sind nach § 107 Abs. 1 MStV verpflichtet, Zulassungsanträge unverzüglich der KEK vorzulegen, wenn es um die Meinungsvielfalt geht. Die Beschlüsse der KEK haben für die Landesmedienanstalten Bindungswirkung. Das verschafft der KEK jedoch im Verwaltungsstreitverfahren über die Zulassung nicht die Stellung eines selbständigen Verwaltungsträgers. Die KEK ist deshalb nicht beiladefähig im Sinne von § 65 VwGO.[54]

50 Generell ist zu beachten, dass von jedem Veranstalter bzw. Antragsteller eine Erklärung bzw. **Garantie** abzugeben ist, sein Programm nur nach den Maßgaben der Zulassung und der Gesetze zu veranstalten. Diese Erklärung kann folgendermaßen formuliert werden:

Formulierungsvorschlag:

Die Antragstellerin wird für die Einhaltung der allgemeinen Gesetze, der Programmgrundsätze, der Vorschriften über den Schutz der Menschenwürde und der Jugend, der Bestimmungen über die Werbung, wie sie insbesondere § 3, 8 ff. und 51 MStV *(Vorschriften für den privaten Rundfunk)* sowie den jeweiligen Landesmediengesetzen niedergelegt sind, Sorge tragen.

51 Konkretere Zusagen können den zuständigen Landesmedienanstalten zum Zeitpunkt der Antragstellung kaum unterbreitet werden. Die Landesmedienanstalten müssen hier immer eine Prognoseentscheidung treffen. Die von der zuständigen Landesmedienanstalt getroffene Prognoseentscheidung ist gerichtlich uneingeschränkt überprüfbar.[55]

52 c) **Sachliche Zulassungsvoraussetzungen.** Anforderungen, die letztlich mit dem Programm des Rundfunkveranstalters verbunden sind, werden als sachliche Zulassungsvoraussetzungen bezeichnet.[56] Die Antragsteller haben ein Gesamtkonzept zu präsentieren und Unterlagen[57] zur Glaubhaftmachung vorzulegen, dass sich der private Rundfunkveranstalter sowohl in finanzieller als auch organisatorischer Hinsicht in der Lage sieht, die entsprechenden Voraussetzungen für die Veranstaltung und Verbreitung des Programms zu schaffen. In dem Antrag ist ausführen, wie der Rundfunk finanziert werden soll, ob zB durch Werbung, Abonnements oder Einspeiseentgelte, und mit welchen Umsätzen während des beantragten Zulassungszeitraums gerechnet wird. Auch die organisatorische und personelle Ausgangslage ist darzustellen, am besten in Form eines Organigramms.[58]

53 Sollten mehrere private Rundfunkveranstalter diese Voraussetzungen gleichermaßen erfüllen, aber nur begrenzte Übertragungskapazitäten zur Verfügung stehen, sehen die einzelnen Landesmediengesetze **weitere Auswahlkriterien** vor. Von entscheidender Bedeutung ist bei dieser Auswahl immer die Frage, ob das betreffende Programm zur Programmvielfalt und damit zur Sicherung der Meinungsvielfalt beiträgt. Daneben wird in manchen Bundesländern berücksichtigt, inwieweit das Programmangebot den landesweiten, regionalen oder lokalen Belangen

[53] http://www.kek-online.de.
[54] Vgl. BayVGH ZUM 2007, 501.
[55] Vgl. VG Stuttgart ZUM-RD 2008, 313 ff.
[56] Vgl. BeckOK InfoMedienR/Martini MStV § 52 Rn. 15; Beck RundfunkR/Bumke/Schuler-Harms/Schulz RStV § 20 Rn. 39.
[57] Vgl. Merkblatt „Rundfunkzulassung“, https://www.die-medienanstalten.de/service/rechtsgrundlagen/richtlinien.
[58] Vgl. zu weiteren Details das Merkblatt „Rundfunkzulassung“ der Medienanstalten.

dient. In Bayern und Hessen wird die Wahrung der Interessen von Minderheiten ebenfalls als Vergabekriterium genannt.

54 Den Landesmedienanstalten steht im Allgemeinen ein Ermessen zu, ob sie verfügbare Übertragungskapazitäten ausschreiben. Eine derartige Regelung hat drittschützende Wirkung, so dass ein Neu-Interessent gerichtlich überprüfen lassen kann, ob der Landesmedienanstalt ein Ermessensfehlgebrauch vorgeworfen werden kann.[59] Davon zu unterscheiden ist die Konkurrenzsituation nach einer Ausschreibung. In dieser Konstellation reduziert sich der Zulassungsanspruch auf einen Anspruch auf chancengleiche Teilhabe bei der Auswahlentscheidung.[60]

55 d) **Angaben zum Rundfunkprogramm.** Im Rahmen des Zulassungsantrags müssen detaillierte Angaben zum geplanten Rundfunkprogramm gemacht werden.[61] Es muss die **Art des Programms** angegeben werden, dh ob es sich um Hörfunk oder Fernsehen handeln soll, und der geplante **Übertragungsweg** (zB Kabel, Satellit, Internet)[62] sowie das **Verbreitungsgebiet**, insbesondere wenn über die Grenzen der Bundesrepublik Deutschland hinaus eine Verbreitung erfolgen soll. Ferner ist die gewünschte **Zulassungsdauer** anzugeben, die sich nach dem jeweils einschlägigen Landesrecht bestimmt.

56 Der Rundfunkveranstalter hat in dem Antrag die **Programmkategorie** zu nennen. Der Medienstaatsvertrag unterscheidet hier zwischen Voll- und Spartenprogramm.

- Ein **Vollprogramm** ist gemäß § 2 Abs. 2 Nr. 4 MStV ein Rundfunkprogramm mit vielfältigen Inhalten, in welchem Information, Bildung, Beratung und Unterhaltung einen wesentlichen Teil des Gesamtprogramms bilden. In welchem Verhältnis dabei die einzelnen Programmbereiche stehen, ist unerheblich. Es sollte vielmehr darauf geachtet werden, dass die genannten Bereiche zusammen die Hälfte des Gesamtprogramms ausmachen, um tatsächlich als „wesentlicher Teil" bezeichnet werden zu können.[63]
- Ein **Spartenprogramm** ist nach § 2 Abs. 2 Nr. 5 MStV ein Rundfunkprogramm mit im Wesentlichen gleichartigen Inhalt, wie beispielsweise Nachrichten, Sport- und Musikkanäle.

57 Darüber hinaus gibt es noch Regionalfensterprogramme, die § 2 Abs. 2 Nr. 6 MStV als ein zeitlich und räumlich begrenztes Programmangebot mit im Wesentlichen regionalen Inhalten im Rahmen eines Hauptprogramms beschreibt. Für die Organisation der Fensterprogramme sowohl in zeitlicher als auch technischer Hinsicht sind gemäß § 59 Abs. 4 S. 8 MStV die Landesmedienanstalten zuständig.

58 Dem Zulassungsantrag ist zudem eine **Programmbeschreibung** inklusive der Angaben zur Programmdauer beizufügen und das geplante Programmschema zu erläutern. Wenn es sich um einen Zulassungsantrag für Fernsehen handelt, ist gemäß § 7 JMStV auch ein konkreter Jugendschutzbeauftragter zu benennen und zu erklären, dass dieser über die erforderliche Kompetenz und gleichzeitig über Weisungsfreiheit verfügt (§ 7 Abs. 4 JMStV).

4. Zulassungsstreitigkeiten

59 Im Zusammenhang mit dem Zulassungserfordernis hinsichtlich der Veranstaltung von Rundfunk können sich Rechtsstreitigkeiten unterschiedlichster Art ergeben. Es kann sowohl ein rechtliches Vorgehen gegen die Verweigerung einer Zulassung erforderlich werden als auch aus einer Konkurrenzsituation heraus gegen die Erteilung einer Zulassung an einen Veranstalter. In der Praxis entscheidet sich ein Streit über Konkurrenzsituationen de facto oft schon im Verfahren des einstweiligen Rechtsschutzes. Das Verwaltungsgericht geht schon im Eilverfahren auf die Erfolgsaussichten des Hauptsacheverfahrens ein. Im Einzelnen ist für die Art des begehrten einstweiligen Rechtsschutzes die Frage nach der statthaften Klageart im Hauptsacheverfahren – Anfechtungs- oder Verpflichtungsklage – ausschlaggebend.[64]

60 a) **Verweigerung der Zulassung.** Sollte einem Veranstalter die beantragte Zulassung verweigert werden, kann er im Wege einer auf Erteilung der Zulassung gerichteten Verpflichtungsklage gemäß § 42 VwGO vorgehen. Gemäß § 105 MStV bedarf es keines Vorverfahrens bei Rechtsmit-

[59] Vgl. Sächsisches OVG ZUM-RD 2007, 440 ff.
[60] Vgl. Beck RundfunkR/Bumke/Schuler-Harms/Schulz RStV § 20 Rn. 49 unter Hinweis auf die Rechtsprechung des Bundesverfassungsgerichts zum Grundrechtsbeachtungsanspruch, vgl. BVerfGE 97, 298.
[61] Vgl. Merkblatt „Rundfunkzulassung", https://www.die-medienanstalten.de/service/rechtsgrundlagen/richtlinien.
[62] Vgl. zu den unterschiedlichen Übertragungsmöglichkeiten Hoeren/Sieber/Holznagel, MultimediaR-Hdb/Oster, Teil 4 Rn. 27 f.
[63] Vgl. VG Bremen Beschl. v. 14.6.1991 – 2 V 33/91 – nv; siehe auch Bullinger ZUM 1994, 596 (600).
[64] Zu rundfunkrechtlichen Ausgangslagen vgl. Beck RundfunkR/Schuler-Harms RStV § 37 Rn. 29.

teln gegen Entscheidungen nach § 104 MStV. Ob ein Anspruch auf Zulassung gegeben ist und ob alle Zulassungsvoraussetzungen vorliegen, bestimmt sich nach der zum Zeitpunkt der letzten mündlichen Verhandlung präsentierten Sachlage.[65]

61 Sollte ein Antragsteller gegen die Versagung der Zulassung im Wege des einstweiligen Rechtsschutzes vorgehen, wird ihm regelmäßig daran gelegen sein, eine mit dem abgelehnten Antrag angeordnete sofortige Vollziehung zu beseitigen. Er muss auf die Wiederherstellung der aufschiebenden Wirkung drängen (§ 80 Abs. 5 VwGO).[66] Ein schon zugelassener Alt-Veranstalter wird die vorläufige Verlängerung seiner Zulassung nach § 123 VwGO beantragen. Ihm erwächst ein Anordnungsgrund allein schon aus der Tatsache, dass für ihn eine im Bescheid verlangte Einstellung des Sendebetriebs existenzbedrohend sein kann. Aus seiner Fürsorgepflicht als Arbeitgeber wird er auch darauf verweisen dürfen, dass die Arbeitsverhältnisse der Mitarbeiter betroffen sind.

62 **b) Klage gegen die Erteilung einer Zulassung.** Andere Rundfunkveranstalter können sich gegen die Erteilung einer Zulassung, insbesondere im Fall der Vergabe von terrestrischen Frequenzen an einen Konkurrenten wehren.[67] Die Klagebefugnis des im Auswahlverfahren unterlegenen Konkurrenten ergibt sich aufgrund eines subjektiv-öffentlichen Rechts in Form eines Teilhaberechts.[68] Beklagte oder – im einstweiligen Rechtsschutz[69] – Antragsgegner ist dabei die Landesmedienanstalt, von der die Zulassung stammt. Der zugelassene Rundfunkveranstalter ist in einem solchen Verfahren Beigeladener gemäß § 65 Abs. 2 VwGO. In prozessualer Hinsicht ist bei einer solchen **Konkurrentenklage** jedoch zu bedenken, dass eine erfolgreiche Anfechtungsklage gegen die Landesmedienanstalt nicht die Erteilung der Zulassung zur Folge hat. Auch eine zusätzliche Verpflichtungsklage auf Zulassungserteilung wird – wie bereits dargestellt – nicht in jedem Fall zu dem gewünschten Ergebnis führen. Der Landesmedienanstalt wird lediglich aufgegeben, unter Berücksichtigung der Rechtsauffassung des Gerichts die Sache neu zu bescheiden.[70]

63 Grundsätzlich wird einer Landesmedienanstalt bei der Vergabe von Zulassungen ein gewisser **Ermessensspielraum** eingeräumt. Die Vergabe einer Zulassung wird als rechtmäßig angesehen, wenn die Landesmedienanstalt ihrer Entscheidung den vollständigen und zutreffenden Sachverhalt zugrunde gelegt, die gesetzlichen Beurteilungsmaßstäbe richtig angewandt und keine sachfremden Erwägungen angestellt hat.[71] Diese Kriterien werden allerdings nur bei der Vergabe von begrenzten terrestrischen Frequenzen und nicht bei der Erteilung einer Satellitenzulassung angelegt. Da bei einer Satellitenzulassung kein Auswahlverfahren zwischen mehreren Bewerbern stattfindet, würde bereits die Begründung der Klagebefugnis für den Konkurrenten Probleme bereiten.[72]

64 **c) Senden ohne Zulassung.** Wenn ein privater Rundfunkveranstalter ohne Zulassung sendet, kann die Landesmedienanstalt, in deren Land die Sendungen verbreitet werden, gegen ihn mittels einer **Untersagungsverfügung** vorgehen. Allein die Tatsache, dass für diese Veranstaltung von Rundfunk keine Zulassung vorliegt, reicht zur Begründung der Untersagungsverfügung und deren Durchsetzung durch Verwaltungszwang aus.[73] Es wird also nur auf die sog. **formelle Rechtswidrigkeit** abgestellt und nicht erörtert, ob der betreffende Rundfunkveranstalter grundsätzlich die Voraussetzung für die Erteilung einer Zulassung erfüllen kann. Gegebenenfalls kann aber eingewandt werden, dass es sich bei dem verbreiteten Programm um zulassungsfreien Rundfunk gemäß § 54 MStV handelt.

5. Zulassungsfreier Rundfunk

65 Der Medienstaatsvertrag enthält mit § 54 MStV erstmals eine Regelung zum zulassungsfreien Rundfunk. Die Einführung dieser Regelung ist die Folge eines zunehmend größer werdenden Angebots von Video-Livestreams, die zB auf YouTube oder als sog. Let's Plays[74] auf Twitch

[65] Vgl. BeckOK InfoMedienR/Martini MStV § 52 Rn. 40; Beck RundfunkR/Bumke/Schuler-Harms/Schulz RStV § 20 Rn. 114 f.
[66] Vgl. Beck RundfunkR/Bumke/Schuler-Harms/Schulz RStV § 20 Rn. 122 ff.
[67] Vgl. Fehling, Die Konkurrentenklage bei der Zulassung privater Rundfunkveranstalter.
[68] Vgl. OVG Berlin ZUM 1995, 497 (501).
[69] Vgl. Beucher/v. Rosenberg ZUM 1996, 643 ff.
[70] Vgl. OVG Berlin AfP 1995, 709 f.; VGH BW 1992, 562 (567).
[71] Vgl. VGH BW ZUM 1992, 562 (567).
[72] Vgl. Hess VerwGH NJW 1997, 1179 f.
[73] Vgl. VG Saarland ZUM 1995, 642 (643 f.).
[74] Vgl. hierzu Beyvers/Beyvers MMR 2015, 794 ff.

verbreitet werden. Vor Einführung des § 54 MStV hatten sich vermehrt Gerichte mit der Frage beschäftigen müssen, ob und unter welchen Voraussetzungen Video-Livestreams unter den Rundfunkbegriff des § 2 Abs. 1 S. 1, 2 MStV bzw. damals noch § 2 Abs. 1 S. 1, 2 RStV zu subsumieren sind.[75]

§ 54 Abs. 1 MStV regelt, unter welchen Voraussetzungen eine Zulassungspflicht entfällt. So bedürfen Rundfunkprogramme gemäß § 54 Abs. 1 S. 1 Nr. 1 MStV keiner Zulassung, wenn sie nur geringe Bedeutung für die individuelle und öffentliche Meinungsbildung entfalten. Ebenfalls keiner Zulassung bedarf es nach § 54 Abs. 1 S. 1 Nr. 2 MStV, wenn es im Durchschnitt von sechs Monaten weniger als 20.000 gleichzeitige Nutzer erreicht oder in seiner prognostizierten Entwicklung erreichen wird. Die im Medienstaatsvertrag normierten Rahmenbedingungen werden durch die **„Satzung zur Konkretisierung der Zulassungsfreiheit"** (ZFS)[76] der Landesmedienanstalten ergänzt. 66

§ 4 Abs. 1 ZFS nennt Kriterien, die bei der Beurteilung der Bedeutung eines Rundfunkprogramms für die individuelle und öffentliche Meinungsbildung herangezogen werden können. In § 4 Abs. 2 ZFS werden Programme aufgelistet, denen – vorbehaltlich einer Prüfung im Einzelfall – im Allgemeinen nur eine geringe Bedeutung für die individuelle und öffentliche Meinungsbildung zugeschrieben wird. Dazu zählen Programme, deren Schwerpunkt auf dem Absatz von Waren oder Dienstleistungen liegt und Belange der persönlichen Lebensgestaltung betreffen wie zB Heimwerkervideos. Dem im Zusammenhang mit Messen, Sportevents und Festivals bekannten sog. **Veranstaltungsrundfunk** (§ 4 Abs. 2 Nr. 3 ZFS) wird wie dem **Einrichtungsrundfunk** (§ 4 Abs. 2 Nr. 4 ZFS), zB Programme für Krankenhäuser, Seniorenheime und Schulen,[77] ebenfalls eine geringe Bedeutung für die individuelle und öffentliche Meinungsbildung attestiert. 67

Die in § 54 Abs. 1 Nr. 2 MStV normierten quantitativen Kriterien für die Zulassungsfreiheit werden durch § 5 ZFS konkretisiert. Bei der Bestimmung der Anzahl der Nutzer wird bei Fernsehübertragungen über klassische Verbreitungswege auf die durchschnittliche Anzahl von Zuschauern pro fünf Minuten über einen Sechs-Monats-Zeitraum abgestellt (§ 5 Abs. 1 Nr. 2 S. 1 ZFS). Bei Rundfunk im Internet ist hingegen der Durchschnitt der Aufrufe pro Minute über die gesamte Dauer des linearen Verbreitungsvorgangs in einem Zeitraum von sechs Monaten zu ermitteln (§ 5 Abs. 1 Nr. 1 S. 1 ZFS).[78] Nutzt ein Anbieter unterschiedliche Übertragungswege oder mehrere Kanäle im Netz, ist zu beachten, dass diese nicht automatisch als verschiedene Rundfunkprogramme gezählt werden. Hier wird in der Regel gemäß § 5 Abs. 2 ZFS eine Gesamtbetrachtung vorgenommen werden. 68

Als Veranstalter kann man sich gemäß § 54 Abs. 1 S. 2 MStV die Zulassungsfreiheit durch eine **Unbedenklichkeitsbescheinigung** der Landesmedienanstalten bestätigen lassen. Die Unbedenklichkeitsbescheinigung ist ein feststellender Verwaltungsakt.[79] Sie ist gemäß § 2 Abs. 2 ZFS bei der Landesmedienanstalt zu beantragen, in deren Bundesland der Rundfunkveranstalter seinen Sitz bzw. Wohnsitz hat. Der Antrag ist fakultativ, dh die Unbedenklichkeitsbescheinigung ist nicht Voraussetzung für den Start eines neuen Rundfunkprogramms iSd § 54 Abs. 1 MStV.[80] Sollte der Veranstalter zur eigenen Absicherung jedoch die Ausstellung einer Unbedenklichkeitsbescheinigung wünschen, besteht ein Anspruch auf ihre Erteilung,[81] wenn die Voraussetzungen des § 54 Abs. 1 S. 1 MStV vorliegen und dies gemäß § 3 Abs. 2 ZFS glaubhaft gemacht wurde. Falls sich ein Rundfunkprogramm nach der Erteilung einer Bescheinigung aufgrund zunehmender Popularität zu einem zulassungspflichtigen Angebot entwickelt, kann die Unbedenklichkeitsbescheinigung jedoch auch nach § 49 Abs. 2 S. 1 Nr. 3 VwVfG widerrufen werden.[82] Grundsätzlich haben die Landesmedienanstalten gemäß § 3 Abs. 3 ZFS stets die Möglichkeit zur Beurteilung der Zulassungsfreiheit von einem Rundfunkanbieter alle notwendigen Unterlagen und Informationen anzufordern, gleichgültig ob dieser zuvor einen Antrag gestellt hat oder nicht. 69

[75] Vgl. VG Berlin ZUM-RD 2020, 99 ff.; VG Augsburg ZUM-RD 2020, 345 ff.; VG Regensburg ZUM-RD 2020, 114 ff.
[76] Zu finden unter https://www.die-medienanstalten.de/service/rechtsgrundlagen/satzungen.
[77] Vgl. Beck RundfunkR/Bumke/Schuler-Harms/Schulz RStV § 20 Rn. 106.
[78] Vgl. zur Berechnung und deren Vor- und Nachteilen Schechinger ZUM 2021, 494, 498 f.
[79] Vgl. BeckOK Informations- und Medienrecht, MStV § 54 Rn. 18.
[80] Vgl. hierzu die Begründung zu § 54 MStV, BayLT-Drs. 18/7640, 97.
[81] Vgl. BeckOK Informations- und Medienrecht, MStV § 54 Rn. 18.
[82] Vgl. Begründung zu § 54 MStV, BayLT-Drs. 18/7640, 97.

6. Checkliste: Zulassungsantrag

70 **Checkliste:**

- ☐ Vorfrage: Handelt es sich um zulassungspflichtigen oder zulassungsfreien Rundfunk?
- ☐ Gegenstand des Antrags
  zB Erstantrag, Verlängerungsantrag
- ☐ Adressat des Antrags (Rn. 38)
  An welche Landesmedienanstalt soll der Antrag gerichtet werden?
- ☐ Antragsteller (Rn. 41 f.)
  Wer ist Veranstalter, dh wer übernimmt die redaktionelle Verantwortung für das Programm?
- ☐ Persönliche Zulassungsvoraussetzungen (Rn. 43 ff.)
  - unbeschränkte Geschäftsfähigkeit des Antragstellers
  - Sitz des Antragstellers in Deutschland oder in einem Mitgliedstaat der Europäischen Gemeinschaft
  - Programmzusammenstellung wird in organisatorischer Hinsicht in Deutschland gemacht
  - Garantieerklärung hinsichtlich der Einhaltung von Recht und Gesetz
  - keine medienkonzentrationsrechtlichen Bedenken
- ☐ Sachliche Zulassungsvoraussetzungen (Rn. 52 f.)
  - Glaubhaftmachung dahingehend, dass der Veranstalter über die notwendigen finanziellen und organisatorischen Mittel verfügtdurch die Vorlage eines Businessplans und/oder eines Finanzierungsplans
  - ggf. Angaben darüber, wie der Veranstalter zur Sicherheit der Meinungsvielfalt beitragen wird
- ☐ Wahl der Programmkategorie (Rn. 56)
  Soll ein Voll- oder Spartenprogramm angeboten werden?
- ☐ Festlegung des Übertragungsweges (Rn. 55)
  Soll das Programm über Satellit, Kabel, terrestrische Frequenzen oder über digitale Plattformen verbreitet werden?

V. Werbung

71 Die Rundfunkfreiheit des Art. 5 Abs. 1 Satz 2 GG ist für alle Veranstalter nur gewährleistet, wenn sie über ausreichende finanzielle Mittel verfügen. Deshalb ist Werbung als solche ein in Art. 5 Abs. 1 Satz 2 GG geschützter Bestandteil der Rundfunkfreiheit.[83] Werberegelungen finden sich in der 2018 novellierten EU-Richtlinie über audiovisuelle Mediendienste (AVMD-RL) und im danach ausgerichteten Medienstaatsvertrag, sie werden ergänzt durch den Jugendmedienschutzstaatsvertrag.[84] Zusätzlich gibt es für den privaten Rundfunk noch die Werbesatzung (WerbeS)[85] für Rundfunkangebote, dh Hörfunk und Fernsehen, sowie für rundfunkähnliche und linear verbreitete fernsehähnliche Telemedien, die von den Landesmedienanstalten aufgrund entsprechender Satzungskompetenz aufgestellt wurde.

1. Begriff

72 In früheren Fassungen des Rundfunkstaatsvertrags fehlte eine speziell auf das Medium „Rundfunk“ gemünzte Definition der Werbung. Man verstand sie in Anlehnung an das Wettbewerbsrecht überwiegend wirtschaftlich,[86] dh als die entgeltliche Vermittlung eines Einflusses auf den Markt. Das hat sich mit dem Inkrafttreten des Medienstaatsvertrags geändert. Sowohl „Werbung“ als auch „Rundfunkwerbung“ sind in § 2 Nr. 7 und Nr. 8 MStV jetzt legaldefiniert.

73 Gemäß § 2 Nr. 7 MStV ist Werbung jede Äußerung, die der unmittelbaren oder mittelbaren Förderung des Absatzes von Waren und Dienstleistungen oder des Erscheinungsbilds natürlicher oder juristischer Personen dient, die einer wirtschaftlichen Tätigkeit nachgehen und die gegen

[83] Vgl. BayVGH ZUM 1996, 173 (175).
[84] Sämtliche Gesetzestexte finden sich unter https://www.die-medienanstalten.de/service/rechtsgrundlagen.
[85] Zu finden unter https://www.die-medienanstalten.de/service/rechtsgrundlagen/satzungen.
[86] Vgl. Beck RundfunkR/Ladeur RStV § 7 Rn. 14 mwN.

Entgelt oder eine ähnliche Gegenleistung im Rundfunk oder in einem Telemedium aufgenommen wird. Damit übernimmt der Medienstaatsvertrag mit geringfügigen sprachlichen Anpassungen die in Art. 1 Abs. 1 lit. h) AVMD-RL zu findende Definition von „kommerzieller Kommunikation". Diese Definition dient als Obergriff für alle vom Medienstaatsvertrag erfassten Kommunikationswege.[87] Insbesondere erfasst die Definition aber Rundfunkwerbung, Sponsoring, Teleshopping und Produktplatzierung, wie in § 2 Nr. 7 S. 2 MStV klargestellt wird.

Unmittelbar in § 2 Nr. 8 MStV folgt dann die Legaldefinition der Rundfunkwerbung. Sie entspricht weitestgehend der noch im Rundfunkstaatsvertrag verwendeten Definition von Werbung und umfasst jede Äußerung bei der Ausübung eines Handels, Gewerbes, Handwerks oder freien Berufs, die im Rundfunk von einem öffentlich-rechtlichen oder einem privaten Veranstalter oder einer natürlichen Person entweder gegen Entgelt oder eine ähnliche Gegenleistung oder als Eigenwerbung gesendet wird, mit dem Ziel, den Absatz von Waren oder die Erbringung von Dienstleistungen, einschließlich unbeweglicher Sachen, Rechte und Verpflichtungen, gegen Entgelt zu fördern. 74

Früher fiel die **Eigenwerbung** nicht unter den Begriff „Werbung". Begrifflich setzte Werbung voraus, dass ein Markterfolg „für einen anderen gegen Entgelt" erzielt wurde. Man ging davon aus, dass es sich nicht um eine entgeltlich erworbene Sendezeit, sondern um eine unentgeltliche Programminformation des Veranstalters für seine Zuschauer handelte. Davon ist man jedoch bereits seit längerem abgewichen. Geblieben ist allerdings der Grundsatz, dass in einem Hinweis auf mediale Produkte, insbesondere Begleitmaterial zu einzelnen Programmen, keine Werbung zu sehen ist. Ausdrücklich wird geregelt, dass Eigenwerbung nicht auf die erlaubten Werbezeiten angerechnet wird (§§ 39 Abs. 4, 70 Abs. 2, 71 Abs. 2 MStV). Sie ist Werbung, zählt aber nicht. 75

Unter den Begriff der Werbung fällt nicht: 76

- **Bartering** – es ist dadurch gekennzeichnet, dass private, vor allem werbungtreibende Firmen oder in ihrem Auftrag Produzierende ihre Ware in Form von Sendematerial den Rundfunkveranstaltern zur Verwendung im redaktionellen – nicht im werbenden – Programm anbieten. Diese Produktionen sollen keinen Absatz fördern und stellen – Schleichwerbung ausgenommen – keinen verbotenen Einfluss auf das Programm dar.[88]
- **„Ideenwerbung"** – sie wirkt im Rahmen der pluralistischen Meinungsbildung im außerwirtschaftlichen Bereich auf die Gesellschaft ein. Sie darf nicht gegen Entgelt in Werbeprogrammen platziert werden. Für die Verfolgung nicht wirtschaftlicher Zwecke steht das Werbeprogramm nicht zur Verfügung. Auch Aufrufe, zum Beispiel zu wohltätigen Zwecken oder zum Schutz besonderer Rechtsgüter, wie Umwelt und Gesundheit, fallen nicht unter den Werbebegriff.

Eine weitere Konkretisierung erfährt der Werbebegriff durch die **Werbesatzung (WerbeS)**[89] der Landesmedienanstalten, die diese in Ausübung ihrer Satzungskompetenz gemäß § 72 MStV für den privaten Rundfunk erlassen haben. Sie gilt für von privaten Anbietern veranstalteten Hörfunk und Fernsehen sowie für deren rundfunkähnliche und linear verbreitete fernsehähnliche Telemedien. In § 3 WerbeS sind ergänzende Begriffsbestimmungen enthalten, ua in Bezug auf „Begleitmaterialien" und „Produkte". 77

Die WerbeS stellen in ihrer derzeitig gültigen Fassung vom 15. April 2021 insoweit eine Anleitung für die Werbewirtschaft dar. Die in Bezug auf die Vorgängerversion der Werbesatzung noch bestehenden Diskussionen über die Frage, ob Werberichtlinien, die Verwaltungsvorschriften sind, norminterpretierender oder normkonkretisierender Natur sind,[90] dürfte mittlerweile beigelegt sein. Das Bundesverwaltungsgericht hat sich für die nur norminterpretierende Sicht entschieden.[91] 78

2. Adressaten der Werberegelungen

Der wirtschaftliche Werbebegriff gilt nach der Konzeption des § 8 MStV, der bei den allgemeinen Bestimmungen im zweiten Abschnitt des Staatsvertrags zu finden ist, in gleicher Weise für den öffentlich-rechtlichen wie den privaten Rundfunk. Die rundfunkrechtlichen Werberegeln verpflichten im Prinzip die inländischen Rundfunkanstalten und alle, die das Programm weiter ver- 79

[87] Vgl. Querndt ZUM 2021, 501 (503).
[88] Vgl. Beck RundfunkR/Ladeur RStV § 7 Rn. 52, wo es als „Grenzbereich" bezeichnet wird.
[89] Zu finden unter https://www.die-medienanstalten.de/service/rechtsgrundlagen/satzungen.
[90] Vgl. zum Streitstand Engels/Semrau ZUM 2014, 946 ff.
[91] Vgl. BVerwG ZUM 2016, 194 ff.

breiten. In Sonderfällen kann allerdings deutsches Wettbewerbsrecht auch ausländische Sendeanstalten erfassen.

80 Die Werberegelungen gelten nicht nur für Fernseh- und Hörfunkveranstalter, sondern gemäß § 74 MStV auch für Anbieter rundfunkähnlicher Telemedien und sonstiger linear verbreiteter fernsehähnlicher Telemedien. Die Anbieter von Video-Sharing-Diensten müssen ebenfalls gemäß § 97 Abs. 1 MStV die wesentlichen Werbegrundsätze beachten.

3. Rahmenbedingungen der Werbevorschriften

81 In § 8 MStV sind die Werbegrundsätze niedergelegt. Neben den grundlegenden Vorgaben, dass Werbung nicht die Menschenwürde verletzen und keine Diskriminierungen enthalten darf, gibt § 8 Abs. 1 MStV zudem vor, dass auch keine Irreführung und Schädigung der Interessen von Verbrauchern und Förderung schädlichen Verhaltens erfolgen darf. § 8 Abs. 2 S. 1 MStV stellt darüber hinaus klar, dass die Rundfunkwerbung (inkl. Teleshopping-Spots und Teleshopping-Fenstern) Teil des Programms ist. Mit dieser schon seit langem im Staatsvertrag enthaltenen Klarstellung wurde die Rechtsprechung des europäischen Gerichtshofs zum sog. Bruttoprinzip[92] berücksichtigt. Das Bruttoprinzip besagt, dass die Werbezeit zur Programmsendezeit hinzugerechnet wird. Damit in Verbindung stehen die nachfolgend dargestellten weiteren Grundprinzipien.

82 a) **Trennungsgebot und Kennzeichnungspflicht.** Der aus den Printmedien stammende Grundsatz der Trennung zwischen der redaktionellen, programmatischen Aussage und den Beiträgen, die den Absatz von Waren und Dienstleistungen fördern sollen, gilt inzwischen für alle Medien, speziell für das Fernsehen. Mit der Trennung und Kennzeichnung soll einer unterschwelligen Einflussnahme auf den Konsumenten vorgebeugt werden. Der in § 8 Abs. 3 MStV normierte Trennungsgrundsatz und das Erkennbarkeitsgebot verfolgen insoweit dasselbe Ziel, haben aber jeweils eine eigenständige Bedeutung.[93]

83 *aa) Trennung und Kennzeichnung.* Die Trennung vom Programm muss deutlich erfolgen. § 8 Abs. 3 MStV spricht von „leicht erkennbar". Der hierbei anzulegende Maßstab ist ein nicht übermäßig konzentrierter Rezipient, der ein Angebot an sich vorüberziehen lässt und dem sich dabei ohne besonderen kognitiven Aufwand unmittelbar erschließt, dass es sich in dem Moment um Werbung handelt.[94] Es ist ein **optisches Signal** erforderlich, das als „Werbelogo" oder als „Werbetrenner" bezeichnet wird. Das Signal kündigt den andersartigen Charakter der Sendung an, sofern es, was im Allgemeinen ausreicht und in jedem Fall notwendig ist, zu Beginn der Werbesendung ausgestrahlt wird. Das zum Schluss gesendete Werbelogo stellt dem Betrachter im Nachhinein noch einmal vor Augen, dass er eine Werbesendung gesehen hat. Erforderlich ist eine nachfolgende Kennzeichnung, wenn das fortgesetzte Programm nicht als solches abgesetzt ist, wenn beispielsweise eine Ansage unterbleibt oder keine schriftliche Information eingeblendet wird, der die Programmankündigung entnommen werden kann. Das Werbelogo muss sich vom Logo des Senders und der Programmankündigung deutlich unterscheiden. Das Bundesverwaltungsgericht hat einer fließenden Kombination von Werbetrennern und Programmreferenzen eine Absage erteilt.[95]

Praxistipp:

In allen Fällen, in denen die Trennung zwischen Werbung und Programm nicht deutlich markiert ist, muss nach der Werbung ein Werbetrenner ausgestrahlt werden. Der vor- oder nachgeschaltete Werbetrenner soll gemäß § 5 der **Werbesatzung Fernsehen (WerbeS)**[96] den deutschen Begriff „Werbung" enthalten. Durch Fernsehansager oder Moderatoren kann die Werbung nicht angezeigt werden. Durch die Mitwirkung dieser Personen würde die Trennung zwischen dem redaktionellen Programm und der Werbung verschleiert. Zudem sind die privaten Rundfunkveranstalter auf freiwilliger Basis übereingekommen, Werbesendungen in der Nähe von Kinderprogrammen zu Beginn und am Ende sowohl visuell als auch akustisch zu kennzeichnen.

---

[92] Vgl. EuGH ZUM 2000, 58 ff.; Beck RundfunkR/Ladeur RStV § 7a Rn. 3.
[93] Vgl. Bornemann ZUM 2016, 198 ff.
[94] Vgl. BVerwG ZUM 2016, 194, 197; VG München ZUM-RD 2019, 355 (362).
[95] Vgl. BVerwG ZUM 2016, 194 ff.
[96] Vgl. aktuelle Fassung der Werbesatzung unter https://www.die-medienanstalten.de/service/rechtsgrundlagen/satzungen.

bb) Bildschirmteilung. Lange Zeit war zweifelhaft, ob das Trennungsgebot ein zeitliches Nacheinander von Werbung und Programm erfordere oder ob die räumliche Trennung ausreichend sei. Seit dem 4. Rundfunkänderungsstaatsvertrag ist für Deutschland klargestellt, dass die räumliche Trennung genügt. Diese Regelung dürfte auch in europarechtlicher Hinsicht Bestand haben. Europarechtlich vorgegeben ist, dass eine **zeitliche und/oder optische Kennzeichnung** erfolgen muss. Danach besteht auch die Möglichkeit, Werbung und Programm allein räumlich zu trennen. Folglich erlaubt § 8 Abs. 4 MStV zulässigerweise den geteilten Bildschirm, der auch als Splitscreen oder Screen-Splitting bezeichnet wird. Bei einer solchen Teilbelegung des ausgestrahlten Bildes durch Werbung muss selbstverständlich eine optische Trennung vom übrigen Programm und eine deutliche Kennzeichnung erfolgen. 84

Für die Art der Kennzeichnung besteht ein gewisser Spielraum.[97] Der Bildschirm kann horizontal und vertikal unterteilt werden. Zulässig ist auch eine ovale, kreisrunde, drei- oder viereckige Aufteilung, sofern die optische Trennung und die Kennzeichnung als Werbung gewährleistet sind. Eine signalhafte Ankündigung des auf den getrennten Bildschirm erscheinenden Werbespots ist nicht erforderlich, obgleich es durchaus erlaubt ist, zum Bild- auch ein Tonangebot zu senden.[98] Nicht gestattet ist jedoch, die Werbung über das laufende Programm zu legen. 85

In die Regelung über das Screen-Splitting sind auch die aus den Mediendiensten bekannten **Standbilder und Schriftbänder** einbezogen. Die Länder haben hier eine Gesamtbetrachtung der Rundfunk- und Mediendienste für angezeigt gehalten und daher bewusst dem Rundfunk einen Vorrang eingeräumt. Insofern ist eine gegenläufige Entscheidung des OVG Berlin[99] überholt. Davon zu unterscheiden sind die in § 39 Abs. 4 MStV und § 70 Abs. 2 MStV erwähnten sog. neutralen Einzelbilder.[100] Sie gelten nicht als Werbung. 86

Die Werbung über den geteilten Bildschirm ist nicht nur den privaten, sondern auch den öffentlich-rechtlichen Rundfunkveranstaltern erlaubt. Das Screen-Splitting ist Werbung, dh jede ausgestrahlte Art der Werbung über den geteilten Bildschirm „zählt" im Hinblick auf die zeitlichen Begrenzungen für die Werbung. Hier sind die unterschiedlichen Bemessungsgrenzen für den öffentlich-rechtlichen und privaten Rundfunk zu beachten. Beim Screen-Splitting ist ferner zu bedenken, dass der geteilte Bildschirm dazu führt, dass dem weiterlaufenden, nicht von der Werbung überdeckten Programm, etwas von seiner Wirkung genommen wird. Im Einzelfall ist vor der Aufschaltung der Werbung abzuklären, ob die rechtlichen Grundlagen für eine solche Beeinträchtigung des Programms bestehen. Diese Aufgabe fällt primär der Redaktion und dem Rundfunkveranstalter zu. Es ist insbesondere darauf zu achten, ob gegebenenfalls **Urheberrechte** zu wahren sind. 87

Nach § 8 Abs. 4 iVm § 9 Abs. 1 MStV ist der geteilte Bildschirm bei der Übertragung von Gottesdiensten und bei Sendungen für Kinder nicht zulässig. Es war diskutiert worden, auch Nachrichtensendungen vom Screen-Splitting auszunehmen. Dieser seinerzeit insbesondere vom Saarland verfolgte Wunsch ist jedoch nicht berücksichtigt worden. Deshalb ist es zulässig, Nachrichtensendungen mit einer Bildschirmteilung zu Werbezwecken zu versehen. 88

Besondere Erscheinungsformen des Screen-Splittings sind die **Werbe-Crawls.**[101] Man versteht darunter Text-Laufzeilen am Rand des Bildschirms mit Zusatzinformationen werbenden Inhalts. Bei ihnen muss die Laufzeile durch einen Trennbalken vom übrigen Bild abgesetzt sein. Außerdem ist der Text als Werbung zu kennzeichnen. Wie Werbe-Crawls zu behandeln sind auch die Graphik-„Sponsoring"-Einblendungen. Ein Graphik-Sponsor fördert eine redaktionelle Zusatzinformation, beispielsweise in Form eines Ergebnisdienstes bei Sportübertragungen. Obgleich es Graphik-Sponsoring heißt, wird es doch weitgehend der Werbung zugerechnet.[102] 89

b) Blockwerbungsgebot. Als ein weiteres Grundprinzip der Werbung sieht § 9 Abs. 2 MStV das Blockwerbungsgebot vor. Mit dieser Bestimmung soll verhindert werden, dass Spielfilme oder andere im Zusammenhang verständliche Beiträge durch Streuwerbung zerrissen und dadurch inhaltlich entwertet werden. Ein Block besteht im Prinzip aus **mindestens zwei Werbespots.** Ausnahmsweise dürfen einzelne Spots statt Unterbrecherwerbeblöcke ausgestrahlt werden. Das ließ bereits Art. 10 Abs. 2 der Fernsehrichtlinie zu. Aber § 9 Abs. 2 S. 1 RStV stellt noch einmal ausdrücklich klar, dass einzeln gesendete Werbespots die Ausnahme bleiben müssen, es sei denn, es 90

[97] Vgl. zu weiteren Gestaltungsdetails § 6 WerbeS.
[98] Vgl. Kreile ZUM 2000, 195 (197).
[99] OVG Berlin ZUM 1999, 500.
[100] Vgl. dazu auch § 15 WerbeS.
[101] Vgl. § 6 Abs. 1 WerbeS.
[102] Vgl. Beck RundfunkR/Ladeur RStV § 7 Rn. 35; differenzierend Kreile ZUM 2000, 194 (196 f.).

handelt sich um die Übertragung von Sportveranstaltungen, bei denen wiederum eine Ausnahme von der Ausnahme gilt.

Praxistipp:

Ausnahmsweise sind jetzt einzeln gesendete Werbe- und Teleshopping-Spots zulässig. Die amtliche Begründung für das europäische Fernsehübereinkommen kann insoweit immer noch als Orientierungshilfe für zulässige Ausnahmen herangezogen werden. Folgende Beispiele werden dort aufgezählt:

- ein einziger Spot beansprucht wegen seiner Länge den gesamten zugelassenen Zeitraum;
- generell sind die Werbeblöcke national so kurz bemessen, dass kaum mehrere Spots gesendet werden können;
- es fehlt an Aufträgen für mehrere Spots.

91 Das Argument, es fehle an Aufträgen für mehrere Spots, dürfte allerdings nur den privaten Rundfunkveranstaltern zur Verfügung stehen, da sie sich – anders als die öffentlich-rechtlichen – ausschließlich aus Werbeeinnahmen finanzieren.[103] Die gebührenfinanzierten öffentlich-rechtlichen Rundfunkanstalten können sich kaum darauf berufen, speziell auf diese Werbeeinnahmen angewiesen zu sein.

92 c) **Dauerwerbung und Werbespots.** In § 8 Abs. 5 MStV setzt der Medienstaatsvertrag die Vorgaben der AVMD-RL für Dauerwerbung und Werbespots um. Danach gelten folgende Einzelheiten:

- Eine Dauerwerbesendung erfordert eine mindestens **90 Sekunden** währende Werbung. Alles, was zeitlich darunter liegt, ist ein Werbespot. Diese Mindestzeit gilt als allgemein anerkannt. Dieser Richtwert stammt aus § 7 Abs. 1 WerbeS[104]
- Die Dauerwerbesendung gestaltet Werbung redaktionell. Werbe- und Programmelemente sind miteinander verbunden, zB bei Rate- und Quizsendungen. Der Werbeanteil steht erkennbar – nach Schwerpunktbildung und Zeitanteil sowie moderierter Betonung – im Vordergrund. Die **redaktionelle Gestaltung** hat nur eine verbindende und dienende Funktion.

Praxistipp:

Wegen der zeitlichen Ausdehnung auf mindestens 1½ Minuten und der redaktionellen Aufarbeitung der präsentierten Ware oder Dienstleistung ist es besonders wichtig, der Kennzeichnungspflicht, mit der die Trennung zwischen Werbung und Programm verdeutlicht wird, durch den ständig eingeblendeten Schriftzug „Werbesendung" oder noch klarer „Dauerwerbesendung" nachzukommen. Es kann zusätzlich ein Logo oder ein Firmenname gezeigt werden.[105] Der Schriftzug muss sich deutlich vom Hintergrund der laufenden Sendung abheben.

- Die Dauerwerbesendung darf ihrerseits Werbespots aufnehmen. Für diese Spots gelten zwei Erleichterungen, die man bei den kurzen Hinweisen sonst nicht hat: Da die Werbespots in eine ständig gekennzeichnete Werbesendung eingebettet sind, brauchen sie nicht angekündigt zu werden. Außerdem dürfen sie einzeln vorkommen, unterliegen also nicht dem Blockwerbegebot.[106]
- Auch der umgekehrte Fall ist zulässig. Dauerwerbesendungen können Teil eines Werbeblocks sein. Da ein Block aus mindestens zwei Teilen gebildet wird, liegt er schon vor, wenn ein kurzer Spot und eine Dauerwerbung zusammengefasst werden. Auch hier ist jedoch die erhöhte Kennzeichnungspflicht zu beachten.[107]
- Zweifelhaft ist, ob **Dauerwerbesendungen für Kinder** zulässig sind. Der Medienstaatsvertrag spricht diesen Punkt nicht an. Deshalb könnte man hier auf die Programmfreiheit der Rund-

[103] Im Fall LG Hamburg AfP 1993, 664 konnte vom Veranstalter nur ein Werbespot verkauft werden.
[104] Vgl. aktuelle Fassung der Werbesatzung unter https://www.die-medienanstalten.de/service/rechtsgrundlagen/satzungen.
[105] Vgl. Beck RundfunkR/Ladeur RStV § 7 Rn. 43.
[106] Vgl. HK-RStV/Kreile RStV § 7 Rn. 39.
[107] Vgl. zu den Kennzeichnungspflichten bei Dauerwerbesendung BVerwG ZUM-RD 2021, 54 ff.

funkveranstalter verweisen. Allerdings haben die Landesmedienanstalten in ihrer gemeinsam aufgestellten Werbesatzung Dauerwerbesendungen für Kinder gemäß § 7 Abs. 2 WerbeS für unzulässig erklärt.

Werbespots liegen zeitlich unter der 90-Sekunden-Grenze. In zeitlicher Hinsicht sind sie so zu platzieren, dass der Zusammenhang und der Wert des unterbrochenen Programms nicht beeinträchtigt werden. Der Zeitpunkt der Unterbrechung ist nach natürlichen Einschnitten und nach der Länge sowie der Art des Programms zu wählen. Ideal ist das **Einblenden zwischen eigenständigen Teilen** einer Sendung oder in Pausen zB von Sportveranstaltungen. Bei Sportveranstaltungen sind sogar einzelne Werbespots gemäß § 9 Abs. 2 MStV erlaubt. 93

Für **öffentlich-rechtliche Rundfunkveranstalter** gilt: 94

- Die Dauer der Werbung beträgt bei ARD und ZDF **an Werktagen höchstens 20 Minuten** im Jahresdurchschnitt. Nicht vollständig genutzte Werbezeit kann nicht beliebig angespart, sondern darf höchstens bis zu 5 Minuten an einem anderen Werktag nachgeholt werden. Die Werbezeit ist dann in diesem Ausnahmefall auf maximal 25 Minuten begrenzt. Nach 20 Uhr sowie an Sonntagen und im ganzen Bundesgebiet anerkannten Feiertagen dürfen Werbesendungen gemäß § 39 Abs. 1 MStV nicht ausgestrahlt werden.
- Gemäß § 39 Abs. 2 MStV findet keine Werbung in dem weiteren bundesweit ausgestrahlten Fernsehprogramm von ARD und ZDF, wie 3Sat, Arte und Phoenix, sowie in deren dritten Fernsehprogrammen statt. Gemäß § 9 Abs. 4 MStV gelten allerdings gewisse Ausnahmen für Programme, wie zum Beispiel Arte, die mit ausländischen Rundfunkveranstaltern oder Unternehmen international veranstaltet werden.
- Im Fernsehen darf die Dauer der Spotwerbung innerhalb eines Zeitraumes von einer Stunde 20 % nicht überschreiten.
- Fernsehsendungen von mehr als 30 Minuten Dauer dürfen einmal Werbeeinschaltungen und Teleshopping-Spots enthalten. Früher galt eine 45-minütige Dauer. Sie ist in Vollzug der AVMD-RL reduziert worden. Der Staatsvertrag sieht im § 46 MStV vor, dass die Länder für den öffentlich-rechtlichen Rundfunk Änderungen der Gesamtdauer der Werbung, ihrer tageszeitlichen Begrenzung und ihrer Beschränkung auf Werktage beschließen können. Es ist jedoch nicht zu erwarten, dass die Bundesländer in einer Weise von der Öffnungsklausel Gebrauch machen werden, die den Beihilfekompromiss mit der EU-Kommission gefährden könnte.

Den **privaten Rundfunkveranstaltern** räumt der Medienstaatsvertrag im Hinblick auf die quantitativen Werbevorgaben mehr Flexibilität und Gestaltungsfreiheit ein und vollzieht mit § 70 MStV weitestgehend die von der AVMD-RL vorgegebene Liberalisierung nach: 95

- Während früher der Anteil an Sendezeit für Fernsehwerbespots und Teleshopping-Spots je Stunde im privaten Rundfunk auch an eine 20 %-Grenze gebunden war, kann die Werbezeit jetzt über den Tag etwas freier eingeteilt werden. § 70 Abs. 1 MStV definiert jetzt konkrete Zeiträume, nämlich von 6:00 Uhr bis 18:00 Uhr, von 18:00 Uhr bis 23:00 Uhr sowie von 23:00 Uhr bis 24:00 Uhr, innerhalb deren die Grenze von 20 % nicht überschritten werden darf. Diese Neuregelung ermöglicht eine Verschiebung von Werbezeiten innerhalb der jeweiligen Zeitfenster und soll damit den privaten Rundfunkveranstaltern in Zeiten mit den höchsten Reichweiten mehr Dispositionsfreiheit geben.
- Die regionale Aufspaltung von Werbespots im bundesweiten Programm verstößt nicht gegen die Bestimmungen des Rundfunkrechts.[108]
- Gemäß § 9 Abs. 3 MStV können Kinospiel- und Fernsehfilme von 30 Minuten Länge aber weiterhin nur einmal unterbrochen werden.

  Handelt es sich jedoch um Serien, Reihen oder Dokumentarfilme, darf im 20-Minutentakt unterbrochen werden. Problematisch ist, ob Kinofilme eine „Reihe" bilden können. Die Landesmedienanstalten definieren den Begriff „Reihe" wie folgt: „eine Folge von eigenständigen Filmen, die aufgrund inhaltlicher, thematischer und formaler Schwerpunkte erkennbar ein gemeinsames inhaltliches Konzept aufweisen"[109] Damit wird eine früher von den Landesmedienanstalten geführte Diskussion beendet, ob auch aus Kinofilmen Reihen gebildet werden können.[110] Der Europäische Gerichtshof hatte die Rechtsfrage zuvor entschieden. Danach

[108] Vgl. BVerwG ZUM-RD 2015, 562 ff.; vgl. dazu aber auch Ory NJW 2021, 736 ff.

[109] Vgl. § 3 Nr. 6 WerbeS.

[110] Sie übernehmen damit den Standpunkt der EG-Kommission in dem Rechtsstreit Rs C-345/01 – RTL Television GmbH ./. Niedersächsische Landesmedienanstalt für privaten Rundfunk; vgl. zum Meinungsstreit ausführlich Engel ZUM 2003, 85 ff.

können auch Kinofilme ein „Reihe“ bilden. Zwischen den Filmen müssen Verbindungen bestehen, die sich aus dem Inhalt der betreffenden Filme ergeben, wie zB aus der Fortentwicklung einer Handlung von einer Sendung zur anderen oder dem Wiederkehren einer oder mehrerer Personen in den einzelnen Sendungen.[111]

96 Im Zusammenhang mit der Werbezeit wurde auch lange um das so genannte Bruttoprinzip gestritten. Es herrschte damals Uneinigkeit darüber, ob Art. 11 Abs. 3 der EG-Fernsehrichtlinie bei der programmierten Sendezeit von 45 Minuten für eine Unterbrechung die reine Programmzeit meint oder ob in dieser Zeitspanne auch die Werbedauer einbezogen werden darf. Im ersten Fall – dem Nettoprinzip – fällt weniger Werbezeit an, während beim Bruttoprinzip die zulässige Zahl der Werbeunterbrechungen steigt. Der Europäische Gerichtshof hat schließlich mit einer Entscheidung dem Bruttoprinzip zum Durchbruch verholfen, in der er Art. 11 Abs. 3 der EG-Fernsehrichtlinie eng auslegte. Diese Interpretation ist erstmals in den 4. Rundfunkänderungsstaatsvertrag eingeflossen und seitdem beibehalten worden.

4. Werbeverbote

97 Form und Inhalt der Werbung unterliegen Beschränkungen, und zwar entweder zum Schutz der Verbraucher oder im Interesse der Rundfunkfreiheit oder derjenigen Grundregeln, die für ein Zusammenleben in der Gesellschaft unerlässlich sind.

98 **a) Beeinflussungsverbot.** Bei der Werbung ist ebenso wie beim Sponsoring notwendig, eine unabhängige Programmgestaltung zu sichern. Rundfunkveranstalter dürfen in ihrer über die Programme zu erzielenden Wirkung nicht sachfremden Einflüssen ausgesetzt werden. Sachgerecht ist jedoch das Akquirieren von Werbung, sobald Zeitpunkt und Inhalt der Sendung feststehen. Desgleichen können der Ankauf von Senderechten oder die Entscheidung über Eigenproduktionen davon abhängig gemacht werden, ob das jeweilige Programm für die Werbeindustrie attraktiv ist. Der Privatfunk könnte anderenfalls wirtschaftlich nicht bestehen.

99 Zu einer **unzulässigen Beeinflussung** redaktioneller oder inhaltlicher Art zählen beabsichtigte Abhängigkeiten zwischen der Werbung und der Gestaltung der einzelnen Sendungen. Das „Was“ und „Wie“ einer Sendung sind ebenso wenig dem Einflussbereich der Werbung und der hinter ihnen stehenden Unternehmen zu überlassen wie die Frage, ob gesendet wird.[112]

100 **b) Verbot der Schleichwerbung.** Das bereits europarechtlich vorgegebene Verbot der Schleichwerbung wird im Medienstaatsvertrag durch § 8 Abs. 7 MStV umgesetzt. Dieses Verbot wird ergänzt und präzisiert durch die nunmehr in § 2 Abs. 2 Nr. 9 RStV vorgegebene **Legaldefinition,** wonach Schleichwerbung „die Erwähnung oder Darstellung von Waren, Dienstleistungen, Namen, Marken oder Tätigkeiten eines Herstellers von Waren oder eines Erbringers von Dienstleistungen in Sendungen (ist), wenn sie vom Veranstalter absichtlich zu Werbezwecken vorgesehen ist und mangels Kennzeichnung die Allgemeinheit hinsichtlich des eigentlichen Zwecks dieser Erwähnung oder Darstellung irreführen kann; eine Erwähnung oder Darstellung gilt insbesondere dann zu Werbezwecken beabsichtigt, wenn sie gegen Entgelt oder eine ähnliche Gegenleistung erfolgt“. Danach sind Merkmale der Schleichwerbung:

- die absichtliche Erwähnung zu Werbezwecken;
- die Irreführung des Zuschauers;
- die fehlende Rechtfertigung durch den Programmauftrag.

101 Liegt eine Entgeltlichkeit oder vergleichbare Gegenleistung vor, wird nach der widerleglichen gesetzlichen Vermutung des § 2 Abs. 2 Nr. 9 S. 2 MStV zunächst einmal von Schleichwerbung ausgegangen.

102 Die Schleichwerbung verletzt das Gebot, zwischen redaktionellen, programmatischen Aussagen und den Beiträgen zu trennen, die allein den Absatz von Waren oder Dienstleistungen fördern. Nach der Rechtsprechung liegt Schleichwerbung bereits dann vor, wenn die Verquickung des Programms mit der Darstellung von Waren, Marken etc. in werblicher Absicht wegen ihrer vermeidbaren Werbewirkung den Trennungsgrundsatz unterläuft. „Der täuschende Charakter liegt hierbei darin begründet, dass Werbung zum Inhalt des Programms gemacht wird, ohne als solche gekennzeichnet zu sein“.[113] Das Bundesverwaltungsgericht betont, dass Schleichwerbung vorliegt, wenn die in eine Sendung integrierte werbliche Darstellung eines Produkts bei einer werten-

[111] EuGH AfP 2003, 532 ff.
[112] Vgl. BeckOK InfoMedienR/Bornemann MStV § 8 Rn. 21; Beck RundfunkR/Ladeur RStV § 7 Rn. 27.
[113] OVG Rheinland-Pfalz AfP 2009, 193.

den Gesamtbetrachtung aller Umstände des Einzelfalls nicht durch programmlich-redaktionelle Erfordernisse gerechtfertigt ist.[114] Wenn die Werbeanmutung offenkundig ist, dann ist sogar ein Nachbeweis über die Entgeltlichkeit entbehrlich.[115]

103 Seit mehr als 10 Jahren ist nunmehr auch die Werbung in der Form der Produktplatzierung im Staatsvertrag geregelt. Unter **Produktplatzierung** versteht man nach der Definition in § 2 Abs. 2 Nr. 12 MStV „jede Form der Werbung, die darin besteht, gegen Entgelt oder eine ähnliche Gegenleistung ein Produkt, eine Dienstleistung oder die entsprechende Marke einzubeziehen oder darauf Bezug zu nehmen, sodass diese innerhalb einer Sendung oder eines nutzergenerierten Videos erscheinen". Die kostenlose Bereitstellung von Waren oder Dienstleistungen ist Produktplatzierung, sofern die betreffende Ware oder Dienstleistung von bedeutendem Wert ist. In Deutschland wird der „bedeutende Wert" im Wesentlichen relativ bestimmt. Wenn der Wert des Produkts höher als 100 Euro ist und zusätzlich 1 % der Produktionskosten der Sendung ausmacht, liegt eine Produktplatzierung im Sinne des Staatsvertrags vor. Dies ist auch immer dann der Fall, wenn der Produktwert den Betrag von EUR 10.000 erreicht bzw. überschreitet.[116]

104 Im Hinblick auf Produktplatzierungen nutzt der Medienstaatsvertrag den Freiraum, den die AVMD-RL bereits in ihrer Ursprungsfassung vom 19. Dezember 2007 eröffnet hat. Beim Übergang vom Rundfunkstaatsvertrag zum Medienstaatsvertrag hat allerdings ein gewisser Paradigmenwechsel stattgefunden, nämlich von einem Verbot mit Ausnahmen hin zu einer Gestattung mit Einschränkungen.

105 Selbst dem öffentlich-rechtlichen Rundfunk ist es mittlerweile gestattet, im Rahmen der Maßgaben des § 8 Abs. 7 S. 2 MStV iVm § 38 MStV Produktplatzierungen einzubauen. Nach § 38 MStV sind Produktplatzierungen in den dort genannten Programmformaten erlaubt, die unentgeltlich erfolgen, sogenannte **Produktbeistellungen.** Darüber hinaus dürfen sie in Fremdproduktionen im Bereich der Unterhaltung vorkommen. Allerdings zählen Auftragsproduktionen zu den Eigenproduktionen. Überschneidungen und Abgrenzungsschwierigkeiten kann es bei Co-Produktionen geben.[117]

106 Den privaten Rundfunkveranstaltern wurden schon früher als den öffentlich-rechtlichen Veranstaltern Freiheiten dahingehend eingeräumt, in ihren Programmen entgeltliche und unentgeltliche Programmplatzierungen einzuflechten. Dadurch wurde das Problem der Schleichwerbung etwas entschärft, gleichzeitig der Versuch unternommen, das Abwandern der Werbung ins Internet einzudämmen.

107 Für die privaten Rundfunkveranstalter gibt § 8 Abs. 7 MStV vor, dass Produktplatzierungen für zahlreiche Programmformate, wie zB Kinofilme, Sportsendungen und Sendungen der leichten Unterhaltung zulässig sind, vorausgesetzt die redaktionelle Unabhängigkeit ist dadurch nicht beeinträchtigt und das Produkt wird nicht zu stark herausgestellt.[118] Bei Nachrichten, Sendungen zum politischen Zeitgeschehen, Ratgeber- und Verbrauchersendungen, Sendungen für Kinder oder Übertragungen von Gottesdiensten ist eine Produktplatzierung jedoch unzulässig, ebenso wie bei Regionalfensterprogrammen und Fensterprogrammen. Zudem sind die Veranstalter angehalten, auf den Einsatz von Produktplatzierungen vor Beginn und am Ende einer Sendung hinzuweisen.

108 Auch wenn die staatsvertraglichen Regelungen der Produktplatzierungen für die privaten Veranstalter eine gewisse Gestaltungsfreiheit beinhalten und damit eine Verbesserung oder Erleichterung bei der Erzielung von Werbeeinnahmen bedeuten, so würde sie für sich allein betrachtet jedoch auch einige Interpretationsfragen aufwerfen. Deshalb liefert die gemeinsame **Werbesatzung der Landesmedienanstalten** hier eine wichtige **Interpretationshilfe,** beispielsweise bei der Frage, wann ein Produkt „zu stark herausgestellt" sein könnte.[119] Zwar sieht § 10 Abs. 4 WerbeS vor, dass grundsätzlich eine einzelfallbezogene Gesamtbetrachtung vorzunehmen ist, aber dabei ist immer die Art, Dauer und Intensität der Darstellung des Produkts zu berücksichtigen und zu beurteilen. Eine dem wirklichen Leben nicht entsprechende Häufigkeit des Produkts im Hand-

[114] BVerwG ZUM 2016, 900 (903); vgl. dazu Anmerkung Schoene GRUR-Prax 2016, 539.

[115] VG Bayreuth ZUM-RD 2019, 295 ff.

[116] Vgl. § 10 Abs. 1 WerbeS, zu finden unter https://www.die-medienanstalten.de/service/rechtsgrundlagen/satzungen.

[117] Vgl. Castendyk ZUM 2010, 29 (34); Kreile/Bräunig ZUM 2009, 709 (712 f.).

[118] Vgl. zu den neuen Erkenntnissen zur Produktplatzierung Castendyk/Lefeldt ZUM 2021, 655 ff.

[119] Laut Bundesverwaltungsgericht verwehrt § 7 Abs. 7 Satz 2 Nr. 3 RStV nicht, dass sich der mit der Produktplatzierung verfolgte Werbezweck eindeutig erkennbar im Sendungsgeschehen abbildet, vgl. BVerwG ZUM 2015, 78 (84 f.).

lungsablauf der Sendung, die so genannte Produkt-Penetranz ist nach wie vor unzulässig.[120] Ein positives Hervorhebung von Qualitätsmerkmalen oder der Darstellung von Vorzügen der platzierten gegenüber anderen Waren, Marken oder Dienstleistungen ähnlicher Art ist als ein „speziell verkaufsfördernder Hinweis“ ebenfalls unzulässig. Eine insoweit redaktionell getarnte Werbung ist irreführungsgeeignet.[121]

109 In § 8 Abs. 6 MStV wird ergänzend, aber nicht als zusätzliche Werbeform, die **virtuelle Werbung** geregelt, die erstmals im Jahr 2000 Eingang in den Rundfunkstaatsvertrag fand. Ihre Einfügung in Sendungen, dh die digitale Bearbeitung des Fernsehbildes ist zulässig, wenn

- am Anfang und am Ende der betreffenden Sendung darauf hingewiesen wird und
- durch sie eine am Ort der Übertragung ohnehin bestehende Werbung ersetzt wird.

110 Die **Kennzeichnung** der virtuellen Werbung kann optisch oder akustisch, zB durch eine schriftliche Einblendung oder einen Hinweis des Moderators erfolgen. Zu beachten ist die zweite Voraussetzung: Soweit in der Originalausstrahlung keine Werbung vorkommt, darf sie auch nicht virtuell eingefügt werden. Die digitalen Möglichkeiten sollen keine ursprünglich nicht gegebene, zusätzliche Werbefläche schaffen. Dies stellt auch § 8 Abs. 1 WerbeS ausdrücklich klar. Im Hinblick auf die täglichen Werbezeiten bringt die virtuelle Werbung jedoch den Vorzug mit, dass keine separate Anrechnung der virtuellen Werbung auf die Zeitgrenzen der §§ 39 und 70 MStV erfolgt. Ebenso wenig braucht die 20-Minuten-Abstands-Regelung eingehalten zu werden, da virtuelle Werbung nur eine zulässige, im Programm ohnehin vorhandene Werbung ersetzt.[122]

Praxistipp:

Ratsam ist, dass der Veranstalter, dh auch ein Anbieter von rundfunkähnlichen Telemedien, sich vom Ereignisveranstalter das Recht einräumen lässt, die vorhandenen Stadion- oder Raumwerbungen zu überblenden. Auch bei umgekehrter Interessenlage sollten die Ereignisveranstalter und Werbenden diesen Punkt zum Gegenstand ihrer vertraglichen Vereinbarung machen.

111 **c) Spezifische Verbote.** Gemäß § 8 Abs. 9 MStV ist die Werbung politischer,[123] weltanschaulicher oder religiöser Art grundsätzlich unzulässig.[124] Dabei ist allerdings zu berücksichtigen, dass unentgeltliche Beiträge im Dienst der Öffentlichkeit[125] einschließlich **Spendenaufrufe** zu Wohlfahrtszwecken nicht als Werbung gelten. § 8 Abs. 8 MStV sieht des Weiteren vor, dass Personen, die regelmäßig Nachrichtensendungen oder Sendungen zum politischen Zeitgeschehen moderieren, nicht in der Werbung oder beim Teleshopping auftreten dürfen.

112 **d) Unzulässige Werbeinhalte.** In § 8 Abs. 1 MStV sind vier Bereiche aufgeführt, die inhaltliche Werbeverbote oder -beschränkungen aufzeigen. Zudem ist der Jugendschutz zu beachten.

113 *aa) Menschenwürde.* Die Werbung darf nicht die Menschenwürde verletzen. Dieser Grundsatz trägt der verfassungsrechtlichen Vorgabe des Art. 1 GG Rechnung.

114 *bb) Diskriminierungen.* Es sind Werbeinhalte verboten, die diskriminieren oder Diskriminierungen fördern, und zwar im Hinblick auf das Geschlecht, die Rasse, die ethnische Herkunft, den Glauben oder die Religion, des Gleichen hinsichtlich einer Behinderung, des Alters oder der sexuellen Orientierung.

115 *cc) Irreführung und Verbraucherschutz.* Das Verbot der Irreführung schützt den Verbraucher vor einer Täuschung über die Eigenschaft des Produktes oder die Art der Dienstleistung. Es ist wettbewerbsrechtlicher Natur und geht nicht über die entsprechenden **Bestimmungen des Gesetzes gegen den unlauteren Wettbewerb** hinaus.[126] Es gelten die Maßstäbe der jeweiligen Ver-

[120] Vgl. zu den angesprochenen Problemlagen, Castendyk ZUM 2010, 29 (33 ff.).
[121] Vgl. VG München 11.7.2019 – 17 K 17.5395, BeckRS 2019, 16512 Rn. 45.
[122] Vgl. Kreile ZUM 2000, 194 (200).
[123] Vgl. dazu auch das Merkblatt der Landesmedienanstalten „Poltische Werbung in Rundfunk und Telemedien“, https://www.die-medienanstalten.de/service/rechtsgrundlagen/richtlinien.
[124] Zum Einfluss von Art. 10 EMRK auf das Verbot der ideellen Rundfunkwerbung, Gundel ZUM 2013, 921 ff.
[125] Vgl. dazu auch § 12 WerbeS sowie Bornemann MMR 2020, 453 ff.
[126] Vgl. Beck RundfunkR/Ladeur RStV § 7 Rn. 84.

kehrskreise und ein Wirkungsgrad von rechtlicher Relevanz. Insoweit kann auf die einschlägigen Kommentierungen zum UWG verwiesen werden.[127]

116 Bei dem Verbot der Schädigung von Verbraucherinteressen handelt es sich um eine generalklauselartige Bestimmung. In der gemeinsamen Werbesatzung der Landesmedienanstalten heißt es dazu, es seien die Werbeverbote oder inhaltlichen Einschränkungen auf dem Gebiet des Verbraucherschutzes, des Umweltrechts und des Wettbewerbsrechts zu beachten. Konkrete Beispiele sind das Verbot, den Verbraucher in der Werbung für Lebensmittel zu täuschen sowie das Verbot gesundheitsbezogener Werbung (§§ 17 und 18 LMBG).

117 *dd) Schutz vor gesundheits- und umweltgefährdenden Einflüssen.* Die Förderung von Verhaltensweisen, die die Gesundheit oder Sicherheit der Verbraucher oder den Schutz der Umwelt gefährden, sind gemäß § 8 Abs. 1 MStV verboten. Der Begriff des Förderns ist dabei sehr weitgreifend. Er umfasst sowohl die Empfehlung als auch die Anregung zur Nachahmung sowie das bloße Im-Positiven-Licht-Erscheinen-Lassen. Mit Gesundheit und Sicherheit der Verbraucher ist derjenige Schutzbereich gemeint, der sich vor allem aus dem **Lebensmittelbedarfsgegenständegesetz** ergibt. Wichtig ist auch das Gesetz über die Werbung auf dem Gebiet des Heilwesens, das in §§ 4, 10, 11 und 12 HWG Beschränkungen bezüglich der **Werbungen für Medikamente und Heilmittel** vorsieht. Das Verbot der Tabakwerbung besteht trotz der Entscheidung des Europäischen Gerichtshofes[128] zur Tabakrichtlinie weiterhin. Das Urteil des Europäischen Gerichtshofes bezog sich im Wesentlichen auf die Gesetzgebungskompetenz der Europäischen Gemeinschaft im Bereich des Gesundheitswesens. Bestehende nationale gesundheitsrechtliche Regelungen werden davon nicht berührt und sind nach wie vor zu beachten. Die Grundsätze der Tabakwerberichtlinie vom 26. Mai 2003[129] sind mittlerweile in das seit dem 20. Mai 2016 geltende **Tabakerzeugnisgesetz (TabakerzG)** eingeflossen. § 20 TabakerzG hat unmittelbaren Einfluss auf die Fernsehwerbung.

118 *ee) Jugendschutz.* Kinder und Jugendliche, die entsprechend der in anderen Gesetzen aufgestellten Altersgrenzen bei 14 bzw. 18 Jahren anzusiedeln sind, entscheiden sich oft gefühlsmäßig und spontaner als Erwachsene und sind unkritisch in der Nachahmung oder Einschätzung von Situationen. Es ist nicht zulässig, diese Umstände in der Werbung auszunutzen. Es ist jedoch grundsätzlich erlaubt, Werbung auch an diese Personenkreise zu richten. Allerdings ist zu beachten, dass unter das Werbeverbot sowohl die Werbung vor als auch die Werbung mit Kindern fällt. Es gelten ganz allgemein wiederum die **Grundsätze zum unlauteren Wettbewerb.** Soweit es um die Werbung mit und vor Kindern geht, können die Verhaltensregeln des deutschen Werberats[130] übernommen werden.

119 Eine besondere Bedeutung kommt dem Schutz der Jugend vor jugendgefährdenden Einwirkungen der Medien zu. Dieses Ziel verfolgt nicht nur das Jugendschutzgesetz, sondern insbesondere der jüngst novellierte **Jugendmedienschutzstaatsvertrag (JMStV).** Er ist eine einheitliche Rechtsgrundlage für den Jugendschutz in den elektronischen Medien. Der Jugendmedienschutzstaatsvertrag unterscheidet nach Altersstufen und achtet schon auf die Gruppe der Sechsjährigen.[131]

120 Mit dem Jugendschutz in der Werbung und im Teleshopping befasst sich § 6 JMStV.[132] Es gilt der Grundsatz, dass es verboten ist, für indizierte Angebote unter anderen Bedingungen zu werben als denen, die für die Verbreitung des Angebots selber gelten. Es ist ferner gemäß § 6 Abs. 1 JMStV untersagt, die Liste der jugendgefährdenden Medien zum Zwecke der Werbung zu verbreiten oder zugänglich zu machen oder mit dem Hinweis auf ein Indizierungsverfahren für ein Angebot zu werben. Kindern und Jugendlichen darf nach § 6 Abs. 1 JMStV weder körperlicher noch seelischer Schaden zugefügt werden. Die Werbung darf darüber hinaus nicht direkte Kaufappelle an Kinder und Jugendliche enthalten, mit denen deren Unerfahrenheit und Leichtgläubigkeit ausgenutzt wird. Des Weiteren ist nicht erlaubt, Kinder und Jugendliche unmittelbar aufzufordern, ihre Eltern oder Dritte zum Kauf der beworbenen Ware oder Dienstleistung zu bewegen, sowie das besondere Vertrauen auszunutzen, das Kinder und Jugendliche zu Eltern,

---

127 Siehe zur irreführenden Werbung auch Ahrens → § 20.

128 Vgl. EuGH 5.10.2000, Rs. C-376/98, NJW 2000, 3701.

129 Richtlinie 2003/33/EG, ABl. L 152 v. 20.6.2003 S. 16 ff.

130 Vgl. https://www.werberat.de/kinder-und-jugendliche.

131 Eingehend mit Beispielen aus der Rechtsprechung, Hopf/Braml ZUM 2016, 1001 ff.

132 Die vorausgehenden Vorschriften enthalten eine Aufzählung gänzlich unzulässiger Angebote (§ 4 JMStV) und formulieren Einschränkungen, unter denen entwicklungsbeeinträchtigende Angebote in Telemedien verbreitet oder durch Telemedien zugänglich gemacht werden dürfen (§ 5 JMStV), dazu Bornemann NJW 2003, 787 ff.

Lehrern oder anderen Vertrauenspersonen haben. Schließlich ist auch verboten, Kinder oder Jugendliche ohne berechtigten Grund in gefährlichen Situationen zu zeigen. § 6 Abs. 5 JMStV befasst sich speziell mit der Werbung für alkoholische Getränke. Sie darf sich weder an Kinder oder Jugendliche richten noch durch die Art der Darstellung Kinder und Jugendliche besonders ansprechen oder diese beim Alkoholgenuss darstellen.

5. Erscheinungsformen erlaubter Werbung – Merchandising und Licensing

121 Im Unterschied zu dem im Medienverbund erstellten Begleitmaterial, das den Programminhalt bei – vorwiegend unterrichtenden – Programmen in Form von schriftlich aufbereitetem Lernstoff sinnvoll ergänzt, handelt es sich beim Merchandising um Produkte, die gerade nicht der Aufbereitung oder Vertiefung eines mediengestalteten Themas dienen. Diese Produkte lehnen sich nur äußerlich an ein Programm an und entnehmen ihm einen wirtschaftlich verwertbaren Einzeleindruck. Eine systematische Verbindung zwischen Medien im Sinne einer programmatischen, manchmal sogar redaktionellen Abstimmung findet nicht statt. Ein thematischer Bezug lässt sich nicht herstellen. Derartige **Merchandising-Hinweise** sind Werbung und deshalb den rundfunkrechtlichen Werbebestimmungen zu unterwerfen.

122 Gleiches gilt für das „Licensing". Darunter versteht man die Vergabe von Lizenzen für Figuren, Personen, Gegenstände aber auch für Logos oder auch nur Begriffe zur Vermarktung von Produkten. Sie können nur unter den Rahmenbedingungen der Werbung im Rundfunk gesendet werden.

6. Gewinnspiele

123 Gewinnspiele sind nach § 11 MStV erlaubt. Solche Sendungen unterliegen, wie es im Gesetz heißt, dem Gebot der Transparenz und des Teilnehmerschutzes.[133] Zu ihnen zählen auch Mischformen aus Geschicklichkeits- und Gewinnspielen. Sie dürfen nicht irreführen und den Interessen der Teilnehmer nicht schaden. Der Rezipient muss im Programm über die Kosten der Teilnahme, die Teilnahmeberechtigung, die Spielgestaltung sowie über die Lösung der gestellten Aufgaben informiert werden. Selbstverständlich sind die Belange des Jugendschutzes zu wahren. Für die Teilnahme darf nur ein Entgelt bis zu 0,50 Euro verlangt werden.[134]

124 Zum Transparenzgebot gehört, dass bei redaktionell gestalteten Gewinnspielen und Quizveranstaltungen eine zweimalige Nennung der Firma, die Geld- und Sachpreise auslost, zulässig ist, ebenso darf eine zweimalige kurze optische Darstellung des Preises in Form von Bewegtbildern erfolgen. Außerdem ist bei Gewinnspielen, die außerhalb einer Gewinnspielsendung veranstaltet werden, § 11 Abs. 2 der **Gewinnspielsatzung der Landesmedienanstalten** (GWS)[135] zu beachten. Danach sind jedes Mal, wenn eine Teilnahmemöglichkeit eröffnet wird, Hinweise gemäß § 10 Abs. 1 S. 2 Nr. 1–4 GWS zu geben, und zwar mündlich, wenn die Teilnahme mündlich eröffnet wird, und durch Bildschirmeinblendungen, wenn eine Einblendung zum Spiel einlädt.

7. Checkliste: Werbeverbote

125 **Checkliste:**

- ☐ Beeinflussungsverbot (Rn. 98 f.)
  Die unabhängige Programmgestaltung muss sichergestellt sein.
- ☐ Verbot der Schleichwerbung, aber in Grenzen erlaubtes Product-Placement (Rn. 100 ff.)
- ☐ Verbot von Werbung politischer, weltanschaulicher oder religiöser Art (Rn. 112 f.)

[133] Vgl. dazu auch die Anwendungs- und Auslegungsregeln zur Gewinnspielsatzung, zu finden unter https://www.die-medienanstalten.de/service/rechtsgrundlagen/satzungen.

[134] Ob ein in eine Fernsehsendung eingebettetes Gewinnspiel Werbung oder Teleshopping ist, hängt von den Einzelheiten ab. Das Urteil des Europäischen Gerichtshofs v. 18.10.2007, Az. C 195/06, weist die Kriterien auf, vgl. ZUM 2008, 54 ff.

[135] Zu finden unter https://www.die-medienanstalten.de/service/rechtsgrundlagen/satzungen.

☐ Verbot bestimmter Werbeinhalte (Rn. 115 ff.)
- Verbot von Tabakwerbung
- Einschränkungen bei der Werbung für Alkohol und Medikamente
- Beachtung des Jugendschutzes
- Unzulässigkeit irreführender Werbung

VI. Sponsoring

126 Von der gezielten, auf unmittelbare Wirkung ausgerichteten Werbung ist die Imagepflege zu unterscheiden. Ein am Wirtschaftsleben Beteiligter nutzt als Hebel einen gesellschaftlich positiv besetzten Vorgang, um den Absatz seiner Produkte zu fördern und zu steigern. Der Sponsor will in der Öffentlichkeit als Mäzen erscheinen und auf diese Weise seiner Ware oder Dienstleistung einen umsatzfördernden Schub geben. Schon die europäische Fernsehrichtlinie stufte das Sponsoring als eine eigenständige Kategorie ein. In diesem Sinne hat bereits der Rundfunkstaatsvertrag und jetzt auch der Medienstaatsvertrag die europarechtlichen Vorgaben umgesetzt und der Werbung und dem Sponsoring getrennte Vorschriften gewidmet, nämlich §§ 8 und 9 MStV der Werbung und dem Teleshopping und § 10 MStV dem Sponsoring.

1. Definition

127 Der Medienstaatsvertrag enthält in § 2 Abs. 2 Nr. 10 MStV eine klare Definition. Danach ist Sponsoring der Beitrag
- einer natürlichen oder juristischen Person oder einer Personenvereinigung, die
- nicht an Rundfunktätigkeiten, der Bereitstellung von rundfunkähnlichen Telemedien oder Video-Sharing-Diensten oder an der Produktion audiovisueller Werke beteiligt ist,
- zur direkten oder indirekten Finanzierung einer Sendung oder von Rundfunkprogrammen, rundfunkähnlichen Telemedien, Video-Sharing-Diensten oder auch nutzergenerierten Videos,[136]
- um den Namen, die Marke, das Erscheinungsbild einer Person, ihrer Tätigkeit oder ihrer Leistungen zu fördern.

2. Art der Finanzierung

128 Die Art der wirtschaftlichen Unterstützung einer Sendung ist für die Frage, ob Sponsoring vorliegt, unerheblich. Es haben sich direkte und indirekte Finanzierungsarten herausgebildet, die gleichermaßen als Sponsoring anzusehen sind. Dabei sind folgende Grundsätze zu beachten:
- Die finanzielle Unterstützung muss nach § 2 Abs. 2 Nr. 10 MStV einer Sendung oder einem Programm gelten oder aber auch, wie der Medienstaatsvertrag seit neuem vorsieht, einem rundfunkähnlichen Telemedium, einem Video-Sharing-Dienst sowie selbst nutzergenerierten Videos. Die Produktion oder das Ausstrahlen einer Sendung wird gegenüber dem Veranstalter oder Anbieter des betreffenden Telemediums gefördert. Die Geldmittel fließen unmittelbar – und im Grundsatz ausschließlich – zur Förderung einer speziellen Produktion zu.
  Von einem solchen direkten Finanzierungsbeitrag zu unterscheiden ist die finanzielle Unterstützung eines Ereignisses. **Event-/Ereignissponsoring** kommt insbesondere bei sportlichen und kulturellen Veranstaltungen zB in Form von Bandenwerbung vor. Es hat häufig nicht so sehr das Ziel, dem Sport oder der Kultur zu dienen, sondern erfolgt in der Erwartung, die unterstützte Veranstaltung werde im Fernsehen übertragen. Ereignissponsoring ist kein Fall des § 10 MStV.[137] Das ist unmittelbar aus den einschlägigen Bestimmungen abzuleiten. Es verbietet sich auch eine entsprechende Anwendung der Bestimmungen, denn die Unterscheidung zur Werbung ließe sich sonst nicht mehr hinreichend sicher treffen.
  In Kenntnis der Unterscheidung zwischen echtem und Eventsponsoring wird bisweilen bewusst zur Form des **Doppelsponsorings** bzw. des parallelen Sendesponsorings gegriffen. Bei ihr fördert der Sponsor sowohl die Einzelveranstaltung als auch deren Fernsehübertragung. Das ist grundsätzlich zulässig.[138] Jedoch ist darauf zu achten, dass bei der Kameraführung nicht die im

[136] Vgl. Legaldefinition in § 2 Abs. 2 Nr. 24 MStV.
[137] Vgl. BGHZ 117, 353 ff.; Beck RundfunkR/Brinkmann RStV § 8 Rn. 5 und 10.
[138] Vgl. Beck RundfunkR/Brinkmann RStV § 8 Rn. 12; Greffenius/Fikentscher ZUM 1992, 526 (529).

Umfeld des Ereignisses angebrachte Werbung des Eventsponsors auffällig ins Blickfeld gerät. Ausnahmen oder sonstige Hinweise, die nicht programmatisch oder dramaturgisch begründet sind, müssen als verbotene Schleichwerbung gelten.

- Die Unterstützung durch den außenstehenden Dritten kann auch in der Weise geschehen, dass nicht ein Geldbetrag an den Veranstalter gezahlt wird, sondern dass Produktionsmittel als Geschenk oder leihweise zur Verfügung gestellt werden. Das **kostenlose Überlassen von Einrichtungen,** teurer Ausrüstung, Requisiten und anderen Gegenständen ist zunächst einmal eine Form des indirekten Sponsorings.[139] Denkbar ist es, beim Sponsor fest angestelltes Personal dem Programmveranstalter, beispielsweise für Massenszenen, aber auch zur Übernahme von Einzelrollen, kostenlos zu überlassen.

129 Die Übergänge von einer indirekten Finanzierung durch ein Sachsponsoring zum Product Placement bis hin zur unzulässigen Schleichwerbung sind jedoch fließend. Wenn die „Ausstattung" das Programm nicht primär unterstützt, sondern nur den Zweck hat, Werbewirkung zu erzeugen, zB über einen von den Zuschauern und Kunden sofort zu erkennenden Gegenstand aus dem Sortiment des „Sponsors", ist zu prüfen, ob die Vorgaben des § 8 Abs. 2 S. 2 MStV eingehalten sind und eine zulässige Produktplatzierung vorliegt. Eine vertragliche Verpflichtung des Veranstalters, das Produkt des Sponsors deutlich und wiederholt in den Blickpunkt zu rücken oder die Ware oder Marke des Sponsors in augenfälliger Weise vor einem im Hintergrund vorhandenen Werbeschild der Firma wiederzugeben, also besondere Präsentationsbemühungen anzustellen, sprechen für eine getarnte Werbung und gegen Sponsoring.[140] Kein indirektes Sponsoring ist das Zahlen von Geld oder die Hingabe von teuren Geschenken an die Mitarbeiter des Senders oder des Redaktionsteams, weil diese Zuwendungen die Beeinflussung des Programms im Auge haben. Die Absicht der Einflussnahme ist jedenfalls – widerleglich – zu vermuten.

3. Gegenstand des Sponsorings

130 Sponsoring dient in erster Linie der Finanzierung von Rundfunkprogrammen oder rundfunkähnlichen Telemedien. § 2 Abs. 2 Nr. 10 MStV spricht dabei auch explizit Sendungen an. Unter Sendungen ist eine programmlich eigenständige und von anderen Sendungen **abgrenzbare Ausstrahlung einer redaktionellen Einheit** zu verstehen. Ein Indiz für eine eigenständige – nicht unbedingt thematisch geschlossene – Sendung ist die Bezeichnung mit einem eigenen Programmtitel und/oder deren Ausweisung in der vom Sender an die Medien weitergeleiteten Programmvorschau.

131 Auf die Dauer der Sendung kommt es nicht an. Das wird auch in § 2 Abs. 2 Nr. 3 MStV im Rahmen der Begriffsbestimmungen betont. Deshalb können auch Kurzsendungen gesponsert werden. Eine in Europa weit verbreitete Form ist das sog. **Wetterpatronat.** Vor und nach dem Wetterbericht wird der Name des Sponsors eingeblendet. Der Wetterbericht verliert durch den Rahmen trotz der Kürze des Programms nicht seine Eigenständigkeit. Da die Zustandsbeschreibung des Wetters nicht zu den Nachrichten zählt, steht dem Sponsoring auch nicht § 10 Abs. 4 MStV entgegen. Zu beachten ist allerdings, dass sich der Wetterbericht nicht an den Werbeblock anschließt, dessen letzter Werbespot – oder der Erste eines neu beginnenden Werbeblocks nach dem Wetterbericht – gerade für die Produkte des Sponsors wirbt. In der zeitlichen Verknüpfung von Werbespot und gesponsertem Programm ist eine verkaufsfördernde Stimulierung zu sehen, die nach der Rechtsprechung des Europäischen Gerichtshofes kennzeichnend für ein unzulässiges Sponsoring ist.[141]

132 Zu den dem Sponsor zugänglichen Kurzsendungen zählt auch das sog. **Uhrenpatronat.** Es begegnet dem Zuschauer im Bereich des Sponsorings in der Form der einer Zeitmessung vorgelagerten oder nachgereichten Einblendung des Sponsors oder seiner Marke. Unzulässig ist es, statt der im Allgemeinen digitalen Zeitangabe und der Marke ein konkretes Produkt eines Unternehmens als Uhr zu verwenden. Es muss vermieden werden, dass der Zuschauer mit der Zeitangabe, die präzise und wertmäßig nicht relativierbar ist, eine inhaltsgleiche Aussage zum Produkt verbindet.

133 Von den Kurzsendungen zu unterscheiden sind **Programmteile.** Sie können, wie dem Wortlaut des § 10 Abs. 1 S. 1 MStV zu entnehmen ist, ebenfalls gesponsert werden. Allerdings setzt dies die Möglichkeit voraus, dass der Sponsorenhinweis nicht vor und nach dem Teil, sondern nur vor

139 Vgl. Beck RundfunkR/Brinkmann RStV § 8 Rn. 10.
140 Vgl. Henning-Bodewig ZUM 1997, 633 (637).
141 Vgl. EuGH Slg. 1996, I-6471 – verb. Rs. C-320/94, C-328/94, C-329/94, C-337–339/94.

und nach der Sendeeinheit ausgestrahlt werden darf. Manchmal lassen sich jedoch die thematisch einheitlichen Abfolgen eines Sendetages, wie bei den olympischen Spielen, oder eines Sendeabends, beispielsweise alle UEFA-Cup-Spiele, in eigenständige Sendungen zerlegen. Wenn diese Teile einen redaktionellen Eigenwert erhalten, sei es durch einen Nachrichtenblock oder eine unterhaltsame Auflockerung aus einer anderen Sparte oder auch durch einen Werbeblock,[142] und damit eine deutliche programmatische Absetzung voneinander stattfindet, darf auch unmittelbar vor und nach dem Teil der Gesamtsendung der Sponsor eingeblendet werden.

Problematisch ist, ob auch **Werbesendungen** gesponsert werden dürfen. Der Medienstaatsvertrag nimmt sie begrifflich nicht ausdrücklich aus und man könnte argumentieren, dass sich Dauerwerbesendungen oder Teleshopping-Sendungen von dem in § 2 Abs. 2 Nr. 3 MStV nicht näher eingeengten Begriff „Sendung" umfassen lassen. Die Landesmedienanstalten stellen in den Erläuterungen zu § 14 Abs. 1 WerbeS[143] jedoch klar, dass das Sponsern von Werbung, wie zB Spotwerbung, Dauerwerbesendungen oder Teleshopping-Fenstern, unzulässig ist. 134

Ebenfalls diskutiert wurde, ob **Programmankündigung oder Programmhinweise** gesponsert werden können.[144] Für die privaten Rundfunkveranstalter gilt gemäß § 14 Abs. 5 WerbeS, dass in Programmhinweisen auf gesponserte Sendungen der Sponsor der gesponserten Sendung erwähnt werden darf. Allerdings werden Sponsorenhinweise, die im Rahmen von Programmhinweisen ausgestrahlt werden, auf die Werbezeit angerechnet. 135

4. Ausgestaltung des Sponsorenhinweises

Bei der Ausstrahlung des Hinweises auf den Sponsor sind zeitliche und förmliche Aspekte zu beachten: 136

- In **zeitlicher Hinsicht** muss zu Beginn und am Ende einer gesponserten Sendung auf die Person oder Personenvereinigung aufmerksam gemacht werden, die der Sendung eine Unterstützung hat zukommen lassen. Zu Beginn heißt vor der eigentlichen Sendung. Der Vorspann gehört noch nicht zur Sendung selbst, ebenso wenig wie die Anmoderation. Während der Ausstrahlung des Vorspanns und des vorbereitenden Hinweises auf die Sendung darf der Sponsor genannt oder eingeblendet werden. Es muss ein Bezug zur Sendung deutlich werden. Nach dem Ende der Sendung ist ebenfalls die finanzielle Verbindung zur Sendung zu verdeutlichen. Während der Sendung kann der Hinweis erfolgen, wenn der Beitrag, der gesendet wurde, ein abgeschlossener Sendeteil ist.[145]
- Die **förmlichen Kriterien und Erfordernisse** setzen sich aus folgenden Elementen zusammen:
  - Der Hinweis hat deutlich zu sein; das verlangt § 10 Abs. 1 Satz 1 MStV. In Wort und/oder Schrift muss **unmissverständlich** die Tatsache der finanziellen Unterstützung zu erkennen sein.

Formulierungsvorschlag: 137

Diese Sendung präsentiert(e) Ihnen …

oder

Mit freundlicher Unterstützung von …

Heute kann auch wegen der Verfestigung des Begriffs im allgemeinen Sprachgebrauch das Wort „Sponsor" in irgendeiner Weise vorkommen. 138

- Der deutliche Hinweis hat **in gebotener Kürze** zu erfolgen. Dadurch soll dem verständlichen Wunsch eines jeden Sponsors vorgebeugt werden, Werbeeffekte beiläufig oder sogar hauptsächlich im Sponsorenhinweis unterzubringen. Umgekehrt darf der Hinweis sich nicht in Sekundenbruchteilen erschöpfen. Der Zuschauer muss ihn zur Kenntnis nehmen können. Nach § 10 Abs. 1 S. 1 MStV ist auch ein Hinweis durch ein Bewegtbild zulässig.

---

142 Vgl. Beucher/Leyendecker/v. Rosenberg RStV § 8 Rn. 8 aE.

143 Die „Erläuternden Hinweise zur Werbesatzung" sind ebenso wie die Werbesatzung zu finden unter https://www.die-medienanstalten.de/service/rechtsgrundlagen/satzungen.

144 Ein derartiges Sponsern untersagt ausdrücklich Ziff. 12.4. der ARD-Richtlinie, vgl. auch Beck RundfunkR/Brinkmann RStV § 8 Rn. 15.

145 Vgl. dazu auch § 14 Abs. 3 WerbeS.

– Name, Marke, Erscheinungsbild der Sponsoren, ihre Tätigkeit oder ihre Leistungen dürfen gemäß § 2 Abs. 2 Nr. 10 MStV gefördert werden.[146] Name ist im bürgerlich-rechtlichen und handelsrechtlichen Sinne zu verstehen. Erscheinungsbild, Tätigkeit und Leistung ergeben sich aus einer dem Lebens- und Wirkungsumfeld entnommenen Betrachtung.

5. Grenzen des erlaubten Sponsorings

139 Der Medienstaatsvertrag kennt verschiedene Verbote des Sponsorings. Sie überschneiden sich, wie aus § 10 Abs. 6 MStV zu entnehmen ist, mit den Werbeverboten. Von besonderer Bedeutung sind das Beeinflussungsverbot, das Verbot der Schleichwerbung sowie die an die Werbeverbote angelehnten Sponsorverbote, die sich entweder auf bestimmte Sendungen oder bestimmte Unternehmen beziehen. Zu beachten ist, dass beim öffentlich-rechtlichen Rundfunk nach § 39 Abs. 6 MStV – anders als früher – das Sponsoring nach 20 Uhr sowie an Sonntagen und im ganzen Bundesgebiet geltenden Feiertagen nicht zulässig ist. Ausgenommen ist das Sponsoring der Übertragung von Großereignissen. Die Einschränkung des Sponsorings gilt nur für die Unterstützung der Sendung selbst. Eventsponsoring, also die Förderung des Ereignisses, ist weiterhin zulässig.

140 a) **Beeinflussungsverbot.** Dem Sponsor ist auferlegt, eine klare Distanz zum Programm zu wahren. Gemäß § 10 Abs. 2 MStV dürfen Inhalt und Programmplatz einer gesponserten Sendung vom Sponsor nicht in der Weise beeinflusst werden, dass die Verantwortung und die **redaktionelle Unabhängigkeit** des Rundfunkveranstalters beeinträchtigt werden.

141 Diese Formulierung des Beeinflussungsverbots unterscheidet sich von der für die Werbung geltenden strengen Vorschrift des § 8 Abs. 2 MStV dadurch, dass sie nicht jeden noch so geringfügigen Einfluss verbietet, sondern beschreibend nur solche Einflüsse untersagt, die die grundsätzliche Verantwortlichkeit des Rundfunkveranstalters und seine redaktionelle Unabhängigkeit berühren. Im Einzelfall kann eine Grenze nicht so scharf gezogen werden. Das zeigt sich schon bei der Frage, ob der Programmplatz – bei zwei oder mehreren günstigen Sendezeiten oder bei mehreren thematisch nahe liegenden Programmen – von der Redaktion frei bestimmt oder den deutlichen oder versteckten Wünschen des Sponsors folgend gewählt wird. Zweifelsohne zulässig ist es, dass marktgegebene Umfeld, dem der Sponsor seine Ware oder seine Dienstleistung zuordnet, in der Sendung zu zeigen.[147]

142 **b) Verbot der Schleichwerbung.** Beim Sponsoring gilt gemäß § 10 Abs. 3 MStV wie bei der Werbung das Verbot des unterschwelligen Kaufanreizes. In der gesponserten Sendung dürfen die Erzeugnisse und Dienstleistungen des Sponsors nicht präsentiert, besonders hervorgehoben, als vorzugswürdig dargestellt oder in anderer Weise augenfällig beschrieben und betont werden.

Praxistipp:

Folgende Erscheinungsformen wird man als unzulässig einstufen müssen:
- Im Hintergrund der gesponserten Sendung werden Firmenembleme, Produkte und Namen des Sponsors in einem die Realität nicht treffenden oder sie gar übersteigenden Maß gezeigt;
- die Sendung macht in Sequenzen gezielt, deutlich und übertrieben auf Produkte des Sponsors aufmerksam, zB auf Autos, Elektroartikel oder Einrichtungsgegenstände, die Waren des jeweiligen Sponsors sind. Produktplatzierungen sind nur in den Grenzen der §§ 8 Abs. 7 und 38 MStV erlaubt.

143 Zwei weitere Fälle des Sponsorings sind etwas problematischer, aber in erster Linie deshalb, weil unklar ist, ob sie nicht den etwas strengeren Bestimmungen für die Werbung unterworfen sind. Es handelt sich dabei um das Titelsponsoring und die Preisauslobung. Hier liefert die gemeinsame Werbesatzung der Landesmedienanstalten[148] sowie die dazugehörigen Erläuterungen Orientierungshilfen.

144 Das **Titelsponsoring**[149] zeichnet sich dadurch aus, dass die Marke zur Erzielung von Werbewirkung an ein bestimmtes Programmformat gebunden wird. Eines der ersten Beispiele für ein

[146] Vgl. dazu auch § 14 Abs. 4 WerbeS.
[147] Vgl. Beispiel bei Beucher/Leyendecker/v. Rosenberg RStV § 8 Rn. 19.
[148] Vgl. dort § 14 Abs. 4 S. 3 WerbeS sowie Erläuterung zu § 9 WerbeS, zu finden unter https://www.die-medienanstalten.de/service/rechtsgrundlagen/satzungen.
[149] Nicht zu verwechseln mit sog. Verlags-TV wie beispielsweise Süddeutsche TV, Spiegel TV.

solches Titelsponsoring ist „Die lange Kulmbacher Filmnacht", die von Thomas Gottschalk moderiert wurde. Für die rechtliche Einordnung des Titelsponsorings ist nicht so sehr die Bezeichnung, sondern die Ausgestaltung der betreffenden Sendung von Bedeutung.[150] Einen solchen Fall wird man als Sponsoring ansehen müssen, und zwar in der erlaubten, auch unterschwellig nicht auf werbende Wirkung ausgerichteten Form.[151]

145 Bei der **Preisauslobung** muss in ähnlicher Weise differenziert werden. Wenn die Auslobung die Vorgaben von § 10 MStV einhält, dh das Produkt nur als Preis nennt und kurz beschreibt, aber es ansonsten nicht hervorhebt, ist diese nüchterne Form der Auslobung als erlaubtes Sponsoring zu behandeln. Eine über eine notwendige Funktionsbeschreibung hinausgehende deutliche werbliche Anpreisung des Preises ist jedoch unzulässig.[152]

146 c) **Ausdrückliche Sponsorverbote.** Mit § 20 TabakerzG und der dort enthaltenen Bezugnahme auf Art. 1 Abs. 1 lit. h) AVMD-RL wird klargestellt, dass diejenigen Personen oder Personenvereinigungen nicht Sponsoren sein dürfen, deren Haupttätigkeit die Herstellung von **Zigaretten und anderen Tabakerzeugnissen** ist. Ihnen ist jede Form der audiovisuellen kommerziellen Kommunikation und damit auch das Sponsoring untersagt.

147 Ein ähnlich strenges Sponsoringverbot für Unternehmen, deren Tätigkeit die Herstellung oder den Verkauf von Arzneimitteln und medizinischen Behandlungen umfasst, findet sich im Medienstaatsvertrag nicht. Bei den zuletzt genannten Unternehmen ist das Sponsoringverbot insoweit gelockert, dass hinsichtlich des Namens und Images des Unternehmens Sponsoring betrieben werden darf, nicht aber für verschreibungspflichtige **Arzneimittel** oder medizinische Behandlungen. So sponsert ua Hexal zeitweise den Wetterbericht des Morgenmagazins. Grundsätzlich sind bei einem Sponsoring die von Art. 10 Abs. 3 AVMD-RL vorgegebenen Rahmenbedingungen zu beachten, die früher in § 8 Abs. 5 RStV wiederholt wurden. Sie finden sich nach wie vor in § 12 HWG wieder.[153]

148 Grundsätzlich verhält es sich so, dass nur die Werbeverbote auf das Sponsoring übertragen werden, nicht aber Werbebeschränkungen. Deshalb ist es auch zulässig, **Kindersendungen** oder Gottesdienste zu sponsern.[154] Es dürfen dort aber gemäß § 10 Abs. 4 S. 2 MStV keine Sponsorenlogos gezeigt werden.

149 Verboten ist das Sponsoring durch Personen, die regelmäßig Nachrichtensendungen oder Sendungen zum politischen Zeitgeschehen vorstellen und durch politische, weltanschauliche oder religiöse Vereinigungen. Dementsprechend gilt ein programmspezifisches Sponsoringverbot für Nachrichtensendungen und Sendungen zum politischen Zeitgeschehen. Diese Sendungen sind mit besonderer Sensibilität zu behandeln und deshalb weder für die Werbung noch die Imagepflege freigegeben.

VII. Teleshopping

150 In § 2 Abs. 2 Ziff. 11 MStV findet sich die **Legaldefinition** dieser neben Werbung und Sponsoring bestehenden Form der Wirtschaftsförderung. Teleshopping ist danach „die Sendung direkter Angebote an die Öffentlichkeit für den Absatz von Waren oder die Erbringung von Dienstleistungen, einschließlich unbeweglicher Sachen, Rechte und Verpflichtungen, gegen Entgelt in Form von Teleshoppingkanälen, -fenstern und -spots". Diese Formulierung lehnt sich an Art. 1 Abs. 1 lit. l) der AVMD-RL an. Anfangs wurde Teleshopping auch als „Kaufhaus aus dem All" oder „Shopping via Satellit" bezeichnet. Der Unterschied zur Werbung ist darin zu sehen, dass zusätzlich zur wirtschaftlichen Anpreisung der unmittelbare Vertragsschluss ermöglicht wird.

1. Formen des Teleshopping

151 Bereits die ursprüngliche Fernsehrichtlinie enthielt außer der über die Jahre kaum veränderten Definition schon viele weitere Detailbestimmungen zum Teleshopping. In der Fernsehrichtlinie war bereits angelegt, dass europarechtlich eine Zweiteilung zwischen Kanälen, die ausschließlich Teleshopping anbieten und solchen Sendern ins Auge gefasst wurde, die lediglich Teleshopping-

[150] Siehe auch Hackbarth ZUM 1998, 974 ff.
[151] Vgl. Kreile ZUM 2000, 194 (199); Hahn/Vesting RStV § 7 Rn. 65.
[152] Vgl. Abs. 2 der Erläuterungen zu § 9 WerbeS mit weiteren Details in Bezug auf eine zulässige Präsentation des Gewinns, https://www.die-medienanstalten.de/service/rechtsgrundlagen/satzungen.
[153] Vgl. dazu BeckOK InfoMedienR/Himmelsbach MStV § 10 Rn. 69 ff.
[154] Vgl. BeckOK InfoMedienR/Himmelsbach MStV § 10 Rn. 79 f.

Fenster oder Teleshopping-Spots ausstrahlen. Dementsprechend gibt es unterschiedliche Bestimmungen für das permanente sowie das temporäre oder periodische Teleshopping. Letztere finden sich insbesondere in den §§ 8, 9, 47, 70, 71 MStV. Diese Vorschriften enthalten Aussagen über die Erscheinungsformen des Teleshopping sowie über zeitliche und inhaltliche Verbote und Beschränkungen.

152 Ob eine Darbietung, die innerhalb eines Gewinnspiels über eine **Mehrwerttelefonnummer** erfolgt, Teleshopping oder Werbung ist, hängt von der Ausprägung im Einzelnen ab. Steht der Anreiz im Vordergrund, dass der Zuschauer die präsentierten Waren oder Dienstleistungen zu erwerben oder die Vorzüge des Programms wahrzunehmen hat, handelt sich es um Werbung, und zwar im Fall der zweiten Variante um Eigenwerbung des Rundfunkveranstalters. Wenn aber die Teilnahme an dem **Gewinnspiel**[155] prägend ist, wird eine Dienstleistung angeboten. Dann handelt es sich um Teleshopping.[156] Grundsätzlich sind aber auch dort die staatsvertraglichen Regelungen in § 11 MStV zu Gewinnspielen zu beachten.

153 Neben reinen Teleshoppingkanälen sind prinzipiell zwei Formen des Teleshopping zu unterscheiden, nämlich Teleshopping-Fenster und Teleshopping-Spots. Ob daneben eine dritte Art bestehen darf, ist zweifelhaft.

154 a) **Teleshopping-Fenster.** Als Teleshopping-Fenster wird gemäß § 71 Abs. 1 MStV diejenige Distributionsform bezeichnet, die eine **ununterbrochene Mindestdauer von 15 Minuten** hat. Solche Fenster sind, wie aus § 47 MStV hervorgeht, den privaten Rundfunkveranstaltern vorbehalten. Die Fenster müssen nach § 71 Abs. 1 S. 2 MStV optisch und akustisch klar als Teleshopping-Fenster gekennzeichnet sein. Diese Regeln gelten sowohl für Fernsehvollprogramme als auch für Spartenprogramme, die nicht reine Teleshopping-Sender sind. Hervorzuheben ist, dass für Teleshopping-Fenster die engere zeitliche Grenze hinsichtlich der Dauer von Werbung nicht gilt, denn § 70 Abs. 1 MStV erwähnt neben den klassischen Fernsehwerbespots nur die Teleshopping-Spots.

155 b) **Teleshopping-Spots.** Vom Teleshopping-Fenster ist die kurze Einladung zum Kauf in Form des Teleshopping-Spots, die auch von öffentlich-rechtlichen Veranstaltern gesendet werden dürfen, zu unterscheiden. In Anlehnung an die Werbespots hat sich die verbreitete, allgemein akzeptierte Überzeugung herausgebildet, darunter solche Kurzvorstellungen zu fassen, deren Dauer **90 Sekunden** nicht überschreitet. Diese Zeitspanne geht auf Ziff. 6. Nr. 1 der alten Richtlinien der Landesmedienanstalten zur Trennung von Werbung und Programm zurück.

156 Teleshopping-Spots werden wie Werbespots behandelt. Der öffentlich-rechtliche wie der private Rundfunkveranstalter muss sich die Teleshopping-Spots auf die täglich erlaubte Werbedauer in voller Höhe anrechnen lassen.

157 c) **Andere Formen des Teleshopping.** Fraglich ist, ob es außer den Spots von höchstens 90 Sekunden Länge und den Fenstern, die mindestens 15 Minuten dauern, noch Teleshopping-Sendungen geben darf, die zeitlich zwischen 1½ und 15 Minuten liegen. Auf diese Frage findet sich weder in der AVMD-RL noch im Medienstaatsvertrag eine dezidierte Antwort. An keiner Stelle stößt man auf eine Formulierung, die einen Formzwang im Sinne der Zweiteilung „Spot“ und „Fenster“ festschreibt. Deshalb liegt es nahe, eine nicht geregelte, aber denkbare, sich geradezu aufdrängende Zwischenform als zulässig anzusehen. Aus europarechtlicher Sicht dürfte dieser Annahme nichts entgegenstehen, denn bei unklarem Richtlinientext ist die weniger einschränkende, in diesem Sinne weitere Auslegung geboten, wie der Europäische Gerichtshof zu der ebenfalls unklaren Frage des Brutto-Netto-Prinzips in der Fernsehrichtlinie unterstrichen hat.[157] Aber auch nach innerstaatlichem Recht steht der Annahme, dass solche Teleshopping-Sendungen zulässig sind, kein überzeugender Grund entgegen. Der gesetzgeberische Umsetzungswille orientierte sich hier an der europarechtlichen Vorgabe. Hätte der deutsche Gesetzgeber strenger sein wollen, wozu er berechtigt gewesen wäre, hätte er seine Gestaltungsfreiheit im Rahmen der Durchführungspflicht eindeutiger in Anspruch nehmen müssen.[158]

158 Da allerdings nur die Teleshopping-Fenster von der Pflicht befreit sind, die Höchstdauer der Werbung zu wahren, ist im Umkehrschluss jede andere Teleshopping-Sendung den **zeitlichen Werbebegrenzungen** unterworfen. Zudem dürfen die vom Staatsvertrag vorgegebenen Kennzeich-

[155] Vgl. zu Gewinnspielen generell die Anwendungs- und Auslegungsregeln zur Gewinnspielsatzung, zu finden unter https://www.die-medienanstalten.de/service/rechtsgrundlagen/satzungen.
[156] Vgl. EuGH ZUM 2008, 54 ff.
[157] Vgl. EuGH Slg. 1999 I-7599 ff. Rs. C-6/98.
[158] Vgl. Kreile ZUM 2000, 194 (201 f.).

nungspflichten nicht übersehen werden, denn das Kennzeichnungsgebot des § 8 Abs. 5 MStV gilt für jede Form von Werbung, wozu gemäß § 2 Abs. 2 Nr. 7 MStV auch Teleshopping zählt. Weiterhin ist zu beachten, dass dem öffentlich-rechtlichen Rundfunkveranstalter nach § 47 MStV nur Teleshopping-Spots, also weder Fenster noch die Zwischenform der Teleshopping-Sendung, erlaubt sind.

d) **Teleshopping-Kanäle.** Von Teleshopping-Fenstern und Teleshopping-Spots sowie denkbaren Zwischenformen sind die reinen Teleshopping-Kanäle wie HSE24 und QVC abzugrenzen. Sie unterliegen nicht den Sendezeitvorgaben des Medienstaatsvertrages.[159] In diesem Zusammenhang verdient Erwähnung, dass mit dem Inkrafttreten des Telemediengesetzes am 1. März 2007 Teleshopping nicht mehr als Rundfunk, sondern als Telemediendienst eingestuft ist, für den aber die Vorschriften des Rundfunkrechts nach § 74 MStV entsprechend anwendbar sind.[160] 159

2. Gebote, Verbote und Beschränkungen

Hinsichtlich der Gebote, Verbote und Beschränkungen für das Teleshopping besteht eine weitgehende Übereinstimmung mit den für die Werbung geltenden Regelungen. So sehen § 8 Abs. 1 und 3 MStV auch für das Teleshopping vor, dass die selben inhaltlichen Beschränkungen im Interesse der Verbraucher und der Umwelt sowie zum Schutz der Kinder und Jugendlichen gelten, keine Beeinflussung des Programms stattfinden darf, das Trennungs- und Kennzeichnungsgebot eingehalten werden muss und keine unterschwelligen Techniken eingesetzt werden dürfen. Im Unterschied zur Werbung dürfen außerdem Minderjährige gemäß § 6 Abs. 6 JMStV nicht dazu angehalten werden, Kauf-, Miet- oder Pachtverträge für Waren oder Dienstleistungen zu schließen. Anders ausgedrückt heißt das, dass sich die im Teleshopping ausgestrahlte invitatio ad offerendum nicht speziell an Minderjährige richten darf. 160

Das Verbot des Auftritts von Personen, die regelmäßig Nachrichtensendungen oder Sendungen zum politischen Zeitgeschehen vorstellen, sowie das Verbot zur Werbung politischer, weltanschaulicher oder religiöser Art gelten gemäß § 8 Abs. 8 und 9 MStV sinngemäß auch für das Teleshopping. Desgleichen sind die Regelungen zur Unterbrechungswerbung[161] in gleicher Weise wie bei der Werbung zu beachten. Allerdings ist zu bemerken, dass mit dem 4. Rundfunkänderungsstaatsvertrag die zwingende **Abstandsregelung** von mindestens 20 Minuten für Spots in Sendungen, die nicht aus eigenständigen Teilen bestehen, aufgegeben und nunmehr als Soll-Bestimmung formuliert wurde. 161

VIII. Telemedien

Die weitreichensten Änderungen und Neuregelungen bringt der Medienstaatsvertrag für die Telemedien. Nachdem sich die Regelungen des Rundfunkstaatsvertrags für das immer umfangreichere Angebot aus dem Bereich der neuen Medien als wenig praxistauglich erwiesen hat, aber gleichzeitig erkennbar geworden ist, dass die größtenteils nicht-linear verbreiteten Inhalte auf Abruf einen besonderen Einfluss auf die Meinungsbildung und Meinungsvielfalt haben, macht der Medienstaatsvertrag jetzt erstmals konkrete regulatorische Vorgaben für Telemedien, und zwar speziell für sog. **Gatekeeper-Telemedien.**[162] 162

1. Erscheinungsformen

Die Definition von Telemedien findet sich in § 2 Abs. 1 S. 2 MStV. Sie entspricht der schon seit längerem im **Telemediengesetz (TMG)** enthaltenen Definition (§ 1 Abs. 1 S. 1 TMG). Diese allgemeine Definition wird zunächst einmal anhand von Negativmerkmalen vorgenommen, denn ein Telemedium ist danach jeder elektronische Informations- und Kommunikationsdienst, der kein Telekommunikationsdienst oder telekommunikationsgestützter Dienst nach § 3 Nr. 24 und 25 TKG und kein Rundfunk ist. Ausgehend von dieser Definition definiert der Medienstaatsvertrag konkrete Dienste, für die spezielle medienrechtliche Vorgaben gelten, nämlich rundfunkähnliche Telemedien sowie Medienplattformen, Benutzeroberflächen, Medienintermediäre und Video-Sharing-Dienste. Eine Gemeinsamkeit der vier letztgenannten Dienste liegt darin, dass 163

[159] Vgl. VG Stuttgart MMR 1998, 322 (324).
[160] Vgl. Beck RundfunkR/Ladeur RStV § 7 Rn. 18.
[161] Vgl. § 9 Abs. 2 und 3 MStV.
[162] Vgl. dazu BeckOK InfoMedienR/Martini MStV § 2 Rn. 95.

sie im Wesentlichen die Vermittlung von fremden Inhalten zum Gegenstand haben.[163] Diese Mediendienste sind nicht immer leicht voneinander abzugrenzen.[164]

164 a) **Rundfunkähnliche Telemedien.** Rundfunkähnliche Telemedien sind gemäß § 2 Abs. 2 Nr. 13 MStV durch Inhalte gekennzeichnet, die nach Form und Gestaltung hörfunk- oder fernsehähnlich sind und die aus einem von einem Anbieter festgelegten Katalog zum individuellen Abruf zu einem vom Nutzer gewählten Zeitpunkt bereitgestellt werden. Zu diesen sog. **Abrufdiensten** zählen auch die in §§ 74 ff. MStV genannten fernsehähnlichen Telemedien, die im Gegensatz zu den rundfunkähnlichen Telemedien zu einer bestimmten Zeit linear einzeln den Nutzern angeboten werden. Der Begriff „rundfunkähnliche Telemedium" beschreibt dabei allerdings nicht den einzelnen Inhalt, sondern die Zusammenfassung aller Inhalte, etwa in einer Online-Mediathek.[165]

165 Eine weitere Spielart, die mit den rundfunkähnlichen Telemedien artverwandt ist, findet sich in § 19 Abs. 1 MStV. Dort sind die **journalistisch-redaktionell gestalteten Angeboten** erwähnt, in denen insbesondere vollständig oder teilweise Inhalte periodischer Druckerzeugnisse in Text oder Bild wiedergegeben werden. Diese Vorschrift gilt auch für andere geschäftsmäßig angebotene, journalistisch-redaktionell gestaltete Telemedien, die regelmäßig Nachrichten oder politische Informationen enthalten, und erfasst damit auch den Laienjournalismus, zB in Form von Blogs oder Angebote von Influencern, soweit darin auch Inhalte enthalten sind, die als journalistisch-redaktionell gestaltet gelten.[166] Das Kriterium der Geschäftsmäßigkeit erfordert nicht, dass das betreffende Angebot mit Gewinnerzielungsabsicht betrieben wird. Der Begründung zum Medienstaatsvertrag[167] ist zu entnehmen, dass eine Geschäftsmäßigkeit bereits dann vorliegt, wenn das Angebot wegen seiner Ausrichtung auf den Vertrieb von Waren oder Dienstleistungen kommerziell ausgestaltet ist oder aber Werbung enthält. Als Telemedium gilt auch hier nicht der einzelne Beitrag, sondern die Zusammenfassung zB als Website, Kanal oder Account.[168]

166 b) **Medienplattformen und Benutzeroberflächen.** Medienplattformen und Benutzeroberflächen werden zusammen im zweiten Unterabschnitt des den besonderen Bestimmungen für einzelne Telemedien gewidmeten fünften Abschnitts des Medienstaatsvertrags behandelt. Die jeweiligen Legaldefinitionen finden sich in § 2 Abs. 2 Nr. 14 und 15 MStV. Eine Medienplattform ist danach jedes Telemedium, das Rundfunk, rundfunkähnliche Telemedien oder die in § 19 Abs. 1 MStV beschriebenen Telemedien zu einem **Gesamtangebot** zusammenfasst. Entscheidend ist dabei, dass der Anbieter das auf seiner Plattform enthaltene Gesamtangebot bestimmt und dabei nicht nur eigene Angebote, sondern auch Angebote Dritter einbindet.[169]

167 Benutzeroberflächen sind textlich, bildlich oder akustisch vermittelte Übersichten über Angebote oder Inhalte einzelner oder mehrerer Medienplattformen, die der Orientierung dienen und im Wesentlichen die unmittelbare Ansteuerung von Rundfunk und rundfunkähnlichen Telemedien ermöglichen. Darunter fallen insbesondere **Electronic-Program-Guides (EPGs)**. Eine Benutzeroberfläche versetzt den Nutzer in der Lage, durch das Ansteuern einzelner Positionen in der Übersicht die fraglichen Angebote oder Einzelinhalte direkt aufzurufen.[170]

168 c) **Medienintermediäre.** Eine Neuheit im Medienstaatsvertrag sind die Medienintermediäre. Nach § 2 Abs. 2 Nr. 16 MStV ist ein Medienintermediär jedes Telemedium, das auch journalistisch-redaktionelle Angebote Dritter aggregiert, selektiert und allgemein zugänglich präsentiert, ohne diese – in Abgrenzung zu den Medienplattformen – in einem Gesamtangebot zusammenzufassen. Diese Begriffsbestimmung hat gerade im Verhältnis zur Definition der Medienplattformen den **Charakter eines Auffangtatbestands.**[171] Grundsätzlich sind aber, wie der Gesetzbegründung zum Medienstaatsvertrag zu entnehmen ist, auch Mischformen denkbar. Nichtsdestotrotz empfiehlt es sich in der Praxis, diese beiden Telemedienkategorien bestmöglich voneinander abzugrenzen, da Medienplattformen und Medienintermediäre unterschiedlichen medienrechtlichen Regelungsanforderungen unterliegen.

---

[163] Vgl. Siara MMR 2020, 523 ff.

[164] Vgl. Ory ZUM 2021, 472 ff.

[165] Vgl. BeckOK InfoMedienR/Martini MStV § 2 Rn. 99 ff.

[166] Vgl. zu den weiteren Voraussetzungen Gerecke/Stark GRUR 2021, 816 (821).

[167] Zu finden unter https://www.rlp.de/de/regierung/staatskanzlei/medienpolitik/rundfunkkommission/medienstaatsvertrag/.

[168] Vgl. Ory ZUM 2021, 472 (474).

[169] Vgl. BeckOK InfoMedienR/Martini MStV § 2 Rn. 104 f.

[170] Vgl. Siara MMR 2020, 523 (524 f.).

[171] Vgl. BeckOK InfoMedienR/Martini MStV § 2 Rn. 118.

Praxistipp:

Der Fragenkatalog der Landesmedienanstalten[172] hilft bei der Einordnung:
- Wer kann Teil des Angebots werden?
- Was soll den Nutzenden angeboten werden?
- Was wird den Nutzenden präsentiert?
- Wer kann das Angebot nutzen?
- Wie wird das Angebot beworben?

Die drei in § 2 Abs. 2 Nr. 16 MStV genannten Merkmale müssen in der Regel kumulativ vorliegen und sind tendenziell weit auszulegen.[173] Ein Präsentieren im Sinne der Definition liegt immer schon dann vor, wenn jedermann ohne größeren Aufwand über den Medienintermediär Kenntnis auch von den Angeboten erlangen kann. Ein Medienintermediär kann auch in Form eines **„integrierten Medienintermediär"** vorkommen (§ 91 Abs. 1 MStV). Diese Erscheinungsform liegt dann vor, wenn die intermediäre Funktion in die Angebote Dritter eingebunden wird. Auf diese Weise wird klargestellt, dass die Einbindung in das Angebot eines Dritten an der Definition des Medienintermediärs nicht ändert und die medienrechtlichen Vorschriften auch in diesem Fall gelten.[174] 169

d) Video-Sharing-Dienste. Eine weitere Telemedien-Kategorie sind die Video-Sharing-Dienste. Sie sind in § 2 Abs. 2 Nr. 22 MStV definiert und im Wesentlichen der Definition in Art. 1 lit. aa) AVMD-RL nachgebildet. Der Video-Sharing-Dienst beschreibt ein Angebot, dessen Hauptzweck darin besteht, Sendungen oder nutzergenerierte Videos, für die der Anbieter keine redaktionelle Verantwortung trägt, der Allgemeinheit zur Verfügung zu stellen. Das Bereitstellen von Inhalten muss der Hauptzweck des Dienstes sein oder zumindest seine wesentliche Funktion.[175] 170

Auch bei den Video-Sharing-Diensten kann es zu Überschneidungen mit der Kategorie der Medienintermediäre kommen. Wenn nämlich journalistisch-redaktionelle Angebote Dritter in einem sozialen Netzwerk oder einem Videodienst (zB YouTube) enthalten sind, sind diese in der Regel als Medienintermediäre einzuordnen, ganz unabhängig davon, ob der Inhalt des Dienstes ganz oder zu einem wesentlichen Teil aus nutzergenerierten Videos und Sendungen iSv § 2 Abs. 2 Nr. 22 MStV besteht.[176] Die Unterscheidung zwischen Medienplattformen und Video-Sharing-Diensten dürfte hingegen einfacher sein: Eine Medienplattform präsentiert ein Rundfunk- und rundfunkähnliches Angebot, dh ein Angebot, das nicht nur aus einem einzelnen Beitrag bestehen. Ein Video-Sharing-Dienst bietet hingegen einzelne **Sendungen oder nutzergenerierten Videos** an bzw. übernimmt die Organisation von deren Verbreitung, aber er trifft darüber hinaus keine inhaltliche Auswahl.[177] 171

2. Zulassungs- und Anzeigeerfordernisse

Gemäß § 4 TMG sind Telemedien im Prinzip zulassungs- und anmeldefrei. Dieser Grundsatz war so früher auch in § 54 Abs. 1 S. 1 RStV wiedergegeben. Im Medienstaatsvertrag wird diese Formulierung jedoch nicht mehr wiederholt. Allerdings wurde mit § 54 Abs. 1 MStV eine Möglichkeit eröffnet, auch **zulassungsfreie Rundfunkprogramme** zu verbreiten. Dies ist insbesondere für die rundfunkähnlichen Telemedien relevant, denn eine Rundfunklizenz benötigen diese nur dann, wenn sie im Durchschnitt der letzten sechs Monate mehr als 20.000 gleichzeitige Nutzer erreichen (§ 54 Abs. 1 Nr. 2 MStV). Zulassungsfreiheit besteht gemäß § 54 Abs. 1 Nr. 1 MStV ebenfalls, wenn die betreffenden Rundfunkprogramme nur eine geringe Bedeutung für die individuelle und öffentliche Meinungsbildung haben. Wenn die jeweiligen Anbieter in Bezug auf die Zulassungsfreiheit Klarheit wünschen, können sie bei der für sie zuständigen Landesmedienanstalt eine dahingehende Unbedenklichkeitsbescheinigung beantragen.[178] 172

[172] Vgl. Merkblatt zur Abgrenzung von Medienintermediären und Medienplattform, zu finden unter https://www.die-medienanstalten.de/service/rechtsgrundlagen/richtlinien.

[173] Vgl. Ory ZUM 2021, 472 (475).

[174] Vgl. Begründung zu § 19 MStV, zu finden unter https://www.rlp.de/de/regierung/staatskanzlei/medienpolitik/rundfunkkommission/medienstaatsvertrag/

[175] Vgl. zu weiteren Einzelheiten BeckOK InfoMedienR/Martini MStV § 2 Rn. 129 f.

[176] Vgl. Siara MMR 2020, 523 (526).

[177] Vgl. Siara MMR 2020, 523 (524).

[178] Vgl. dazu → Rn. 69.

173 **Medienplattformen und Benutzeroberflächen** benötigen zwar keine Lizenz, aber für ihre Anbieter besteht gemäß § 79 Abs. 2 MStV gegenüber der zuständigen Landesmedienanstalt eine **Anzeigepflicht.** Die Anzeige hat mindestens einen Monat vor Inbetriebnahme des betreffenden Dienstes zu erfolgen. Weitere Details in Bezug auf die Anzeige sind in § 2 der Satzung zur Konkretisierung der Bestimmungen des Medienstaatsvertrags über Medienplattformen und Benutzeroberflächen (MB-Satzung)[179] geregelt.

174 Die Anzeige muss Angaben zum Anbieter, dh Name, Sitz bzw. Wohnsitz, gesetzlicher Vertreter enthalten sowie eine **Beschreibung des Angebots** und gemäß § 79 Abs. 2 Nr. 2 MStV Angaben zur technischen und voraussichtlichen Nutzungsreichweite. Bei den Angaben zur technischen und voraussichtlichen Nutzungsreichweite ist zwischen infrastrukturgebundenen und nicht-infrastrukturgebundenen Medienplattformen und Benutzeroberflächen zu unterscheiden.[180] Letztere müssen Angaben zu den tatsächlichen täglichen Nutzern im Monatsdurchschnitt machen. Außerdem ist ein gesetzliches Führungszeugnis des Anbieters bzw. seines gesetzlichen oder satzungsmäßigen Vertreters vorzulegen sowie eine Erklärung zur Beachtung der gesetzlichen Anforderungen und zur Vollständigkeit der Angaben. Sollte die zuständige Landesmedienanstalt die eingereichten Unterlagen und Informationen für unvollständig halten, kann sie beim Anbieter weitere Unterlagen anfordern, falls dies für die Beurteilung der Anzeige erforderlich ist.

Praxistipp:

Die Landesmedienanstalten haben einen hilfreichen Leitfaden zur Anzeigepflicht von Medienplattformen und Benutzeroberflächen erstellt inklusive eines Vordrucks für die Erklärung nach § 79 Ans. 2. S. 2 Nr. 1 MStV.[181]

175 Die Anzeigepflicht erfasst nach § 79 Abs. 2 S. 3 MStV auch die Mitteilung von wesentlichen Änderungen, die sich im Laufe des Betriebes der Plattform oder der Benutzeroberfläche im Hinblick auf den Anbieter oder den Dienst ergeben können. Unterbleibt eine rechtzeitige und vollständige Anzeige bzw. die Mitteilung einer wesentlichen Änderung, kann dies als Ordnungswidrigkeit nach § 115 Abs. 1 Nr. 24 MStV geahndet werden.

3. Spezielle Handlungspflichten

176 Der Medienstaatsvertrag regelt an unterschiedlichen Stellen die Handlungspflichten und Verantwortlichkeiten von Anbietern von Telemedien. In den §§ 17 ff. MStV finden sich die allgemeinen Grundsätze und Sorgfaltspflichten, die gerade für Telemedien gelten, die journalistisch-redaktionell gestaltete Angebote verbreiten. Für alle Telemedienanbieter gilt, soweit es sich nicht ausschließlich um ein Angebot für persönliche oder familiäre Zwecke handelt, dass sowohl die Person des Anbieters oder bei einer juristischen Person der Vertretungsberechtigte leicht erkennbar und auch unmittelbar erreichbar sein muss (§ 18 Abs. 1 MStV). Dies entspricht im Wesentlichen den allgemeinen Informationspflichten nach § 5 TMG. Für Anbieter von journalistisch-redaktionell gestalteten Angeboten formuliert § 18 Abs. 2 MStV eine noch weitergehende Informationspflicht, die einer Impressumspflicht gleichkommt.

177 Im fünften Abschnitt des Medienstaatsvertrags, dh in den §§ 74 ff. MStV, finden sich noch weitere, auf die individuellen Telemedien zugeschnittene Vorgaben.

178 a) **Diskriminierungsverbot.** Anbietern von Medienplattformen und Benutzeroberflächen haben zur Sicherung der Meinungsvielfalt und Angebotsvielfalt die Pflicht, Angeboten Dritter den Zugang und die Auffindbarkeit zu ermöglichen. Gemäß § 82 Abs. 2 MStV dürfen die dort genannten publizistischen Angebote beim **Zugang** zu den Medienplattformen nicht unbillig behindert und gegenüber anderen gleichartigen Angeboten nicht ohne sachlich gerechtfertigten Grund unterschiedlich behandelt werden.[182] Mit dieser inhaltsbezogenen medienrechtlichen Zugangsrege-

[179] Zu finden unter https://www.die-medienanstalten.de/service/rechtsgrundlagen/satzungen.

[180] Vgl. dazu Gerecke/Stark GRUR 2021, 816 (820) sowie die im Merkblatt der Landesmedienanstalten zur Anzeigepflicht von Medienplattformen und Benutzeroberflächen angegebenen Berechnungshilfen, https://www.die-medienanstalten.de/service/rechtsgrundlagen/richtlinien.

[181] Zu finden unter https://www.die-medienanstalten.de/service/rechtsgrundlagen/richtlinien.

[182] § 6 MB-Satzung konkretisiert dieses Verbot.

lung, die von den technischen telekommunikationsmäßigen Zugangsregelungen zu unterscheiden sind,[183] soll sichergestellt werden, dass Plattformanbieter ihre Steuerungsfunktionen und Einflussmöglichkeiten nicht zulasten bestimmter Inhalte einsetzen.[184]

Die in § 84 MStV enthaltenen Vorgaben zur **Auffindbarkeit** richten sich an Anbieter von Benutzeroberflächen und sollen speziell den Rundfunk sowie die artverwandten Telemedienangebote schützen. Die Rundfunkangebote sollen in ihrer Gesamtheit unmittelbar erreichbar und leicht auffindbar sein, und zwar schon auf der ersten Auswahlebene (vgl. dazu auch § 10 MB-Satzung). Darüber hinaus formuliert § 84 Abs. 2 MStV ein allgemeines, § 82 Abs. 2 MStV ähnelndes Diskriminierungsverbot. 179

Auch für Medienintermediäre gibt es § 94 MStV ein entsprechend ausgestaltetes Diskriminierungsverbot.[185] Sie dürfen journalistisch-redaktionell gestaltete Angebote, auf deren Wahrnehmbarkeit sie besonders hohen Einfluss haben, nicht diskriminieren. 180

b) **Transparenzgebot.** Gemäß § 94 Abs. 2 MStV liegt dann eine Diskriminierung eines Medienintermediärs vor, wenn das in § 93 Abs. 1 bis 3 MStV normierte Transparenzgebot verletzt ist. Das Transparenzgebot sieht vor, dass die Kriterien für den Zugang von Inhalten sowie die zentralen Kriterien für Aggregation, Selektion und Präsentation offengelegt und ständig verfügbar gehalten werden müssen.[186] Dies schließt auch Informationen über die Funktionsweise der Algorithmen ein, die zudem in verständlicher Sprache darzulegen ist. 181

Eine vergleichbare Transparenzpflicht haben Anbieter von Medienplattformen und Benutzeroberflächen. Sie haben gemäß § 85 MStV die für die Auswahl und Sortierung von publizistischen Angeboten geltenden Grundsätze offenzulegen. Dies umfasst die Angaben, wie Inhalte durch den Nutzer individualisiert werden können und nach welchen grundlegenden Kriterien Empfehlungen erfolgen. Informationen hierzu sind dem Nutzer in leicht wahrnehmbarer, unmittelbar erreichbarer und ständig verfügbarer Weise anzubieten. Was zB unter „leicht wahrnehmbar" zu verstehen, konkretisiert § 11 Abs. 3 MB-Satzung.[187] 182

c) **Werbekennzeichnung.** Insbesondere die rundfunkähnlichen Medien aber auch Video-Sharing-Dienste haben die Vorgaben des Medienstaatsvertrags im Hinblick auf die Werbung zu beachten. Allgemein gilt gemäß § 22 Abs. 1 MStV für alle Telemedien, dass die Werbung als solche klar erkennbar und von dem übrigen Inhalt der Angebote eindeutig getrennt sein muss. Für die rundfunkähnlichen Telemedien stellt § 74 dann nochmals ausdrücklich klar, dass die §§ 8, 10 und 11 MStV, dh die Werbegrundsätze, Kennzeichnungspflichten sowie die Regelungen zum Sponsoring und zu Gewinnspielen hier entsprechend gelten. Die wesentlichen Werbegebote, wie das Diskriminierungsverbot, das Beeinflussungsverbot, das Schleichwerbeverbot und die Werbebeschränkungen für alkoholische Getränke müssen gemäß § 98 Abs. 1 MStV auch von Video-Sharing-Diensten eingehalten werden. Gemäß § 98 Abs. 3 MStV haben sie auch durch konkrete Maßnahmen sicherzustellen, dass diese Vorgaben eingehalten werden, wenn sie die Werbung nicht selbst zusammenstellen. 183

Praxistipp:

Eine gute Orientierungshilfe bei Fragen der richtigen Werbekennzeichnung von Online-Medienangeboten bietet ein eigens dafür erstellter Leitfaden der Landesmedienanstalten.[188]

4. Sonstige Verantwortlichkeiten

Der Medienstaatsvertrag regelt keine zivilrechtlichen Verantwortlichkeiten und greift auch nicht in das Regelungsregime der §§ 7 ff. TMG ein.[189] § 7 Abs. 1 TMG legt die **allgemeinen Grundsätze der Verantwortlichkeit** fest, in dem – letztlich eine Selbstverständlichkeit – klargestellt wird, dass Mediendiensteanbieter für ihre eigenen Inhalte, die sie zur Nutzung bereithalten, 184

[183] Vgl. Ory ZUM 2021, 472 (476 f.).
[184] Vgl. BeckOK InfoMedienR/Gummer MStV § 82 Rn. 11 ff.
[185] Vgl. dazu auch Schneiders ZUM 2021, 480 (484 ff.).
[186] Vgl. dazu Gerecke/Stark GRUR 2021, 816 (819).
[187] Zu finden unter https://www.die-medienanstalten.de/service/rechtsgrundlagen/satzungen.
[188] Zu finden unter https://www.die-medienanstalten.de/service/rechtsgrundlagen/richtlinien.
[189] Vgl. Ory ZUM 2021, 472 (475).

verantwortlich sind. Diese Verantwortlichkeit umfasst sowohl die mediengesetzlichen Bestimmungen als auch zivil- und strafrechtliche Regelungen. In den §§ 8–10 TMG wird geregelt, inwieweit eine Verantwortlichkeit für fremde Inhalte, dh eine so genannte Verbreiterhaftung besteht.[190]

[190] Siehe zur Haftung nach dem TMG Lotze/Heinson → § 27 Rn. 134 ff.

§ 27 Rechtsfragen der Telemedien

Übersicht

I. Einleitung

Dieser Abschnitt bietet einen Überblick über Fragen des Rechts der Telemedien in der anwaltlichen Praxis. Neben der Anwendbarkeit des TMG und der Abgrenzung zu anderen gesetzlichen Regelungen behandelt er rechtliche Anforderungen an den Betrieb von Telemedien und damit verbundene Haftungsrisiken. Den Schluss bilden Grundlagen zum Datenschutz bei Telemedien. 1

1. Begriff der Telemedien

Der Begriff des Telemediums ist im TMG nicht positiv legaldefiniert. Im Wege einer Negativdefinition gibt § 1 Abs. 1 S. 1 TMG vor, dass Telemedien alle elektronischen Informations- und Kommunikationsdienste sind, soweit es sich nicht um Telekommunikationsdienste nach § 3 Nr. 61 TKG, oder um telekommunikationsgestützte Dienste nach § 3 Nr. 63 TKG oder um Rundfunk nach § 2 RStV (jetzt: MStV) handelt. 2

2. Abgrenzung zu anderen Diensten

3 **a) Abgrenzung zu Telekommunikationsdiensten gem. § 3 Nr. 61 TKG.** Bei Telekommunikationsdiensten handelt es sich § 3 Nr. 61 TKG zufolge um Internetzugangsdienste, interpersonelle Telekommunikationsdienste und um Dienste, die ganz oder überwiegend[1] in der Übertragung von Signalen über Telekommunikationsnetze bestehen, einschließlich der Übertragungsdienste in Rundfunknetzen. Ein Signal ist der Träger einer Information; Telekommunikation dessen Aussenden, Übermitteln und Empfangen (§ 3 Nr. 59 TKG). Sogenannte **„Over the Top"-Dienste** sind ebenfalls Telekommunikationsdienste, auch wenn sie für die Signalübertragung ihrerseits Telekommunikationsdienste (meist das Internet) nutzen (zB Videotelefonie und Instant Messenger wie WhatsApp oder Skype). Dies ergibt sich aus dem Begriff „interpersonelle Telekommunikationsdienste" aus § 3 Nr. 61 lit. b i. V. m. § 3 Nr. 24 TKG. Telemediendienste können gleichzeitig Telekommunikationsdienste sein.[2] Das TMG gilt nur insoweit nicht, als ein Dienst „ganz oder überwiegend" der Signalübertragung dient (§ 1 Abs. 1 S. 1 TMG).[3]

4 Mischformen bereiten Abgrenzungsschwierigkeiten. Versuche, anhand einer funktionalen Betrachtung zu entscheiden, ob der Schwerpunkt eines Dienstes im bloßen Transport von Inhalten oder auf den Inhalten selbst liegt,[4] entsprechen nicht der Gesetzeslage. Zwischen TKG und TMG besteht kein Ausschließlichkeitsverhältnis.[5] Zudem ist vielfach kaum zu entscheiden, ob bei einem Dienst das Medienangebot oder der Kommunikationsdienst den „funktionalen" Schwerpunkt bildet. Soziale Netzwerke sind ein Beispiel. Nutzer können Inhalte einstellen und anschließend über sie diskutieren, also kommunizieren. Kommunikation ist aber auch losgelöst von Inhalten möglich.

5 Ähnlich betroffen sind auch andere Dienste, etwa Instant Messenger, E-Mail mit Weboberfläche (Webmail)[6] oder sogar der klassische Internetzugang, wenn der Dienst gleichzeitig Inhalte anbietet.[7] Ob hier die Kommunikation im Sinne einer Signalübertragung „überwiegt" (§ 3 Nr. 61c TKG), dh mehr als die Hälfte des Dienstes ausmacht, lässt sich kaum bestimmen, zumal es an Kriterien fehlt. Beispielsweise ist unklar, ob der Schwerpunkt quantitativ (zB anhand des Datenvolumens) oder qualitativ (zB anhand der Zwecksetzung des Dienstes) zu bestimmen ist. Auch der neu geschaffene § 3 Nr. 24 TKG hilft kaum. Ihm zufolge sind solche Dienste keine Telekommunikationsdienste, die eine interpersonelle und interaktive Telekommunikation lediglich als untrennbar mit einem anderen Dienst verbundene untergeordnete Nebenfunktion ermöglichen. Auch diese Definition lässt offen, unter welcher Schwelle man von einer „untergeordnete Nebenfunktion" ausgehen kann. In der Praxis sollte man deshalb immer dann, wenn bei einem Dienst die Kommunikationsmöglichkeit nicht eindeutig nebensächlich ist, davon ausgehen, dass sowohl das TKG als auch das TMG zu beachten sind.

Praxistipp:

Gehen Sie bei Diensten, die sowohl Telekommunikation ermöglichen als auch Inhalte anbieten davon aus, dass TKG und TMG einzuhalten sind. Das TKG fällt dann heraus, wenn die Signalübertragung lediglich eine untergeordnete Rolle spielt. Das TMG gilt nur insoweit nicht, wie ein Dienst ganz oder überwiegend der Signalübertragung dient (§ 1 Abs. 1 S. 1 TMG).

6 **b) Abgrenzung zu telekommunikationsgestützten Diensten gem. § 3 Nr. 63 TKG.** Telekommunikationsgestützte Dienste im Sinne des § 3 Nr. 63 TKG sind keine Telemediendienste (§ 1 Abs. 1 S. 1 TMG). Das TMG ist nicht anwendbar. Hierzu zählen Dienste, die keinen räumlich und zeitlich trennbaren Leistungsfluss auslösen, sondern bei denen die Leistung noch während der Tele-

[1] Überwiegend meint mehr als 50 %; s. auch Geppert/Schütz/Schütz TKG § 3 Rn. 78.
[2] So auch Spindler/Schuster/Nink TMG § 11 Rn. 28; VG Köln MMR 2016, 141 Rn. 53.
[3] § 8 TMG scheint hierzu im Widerspruch zu stehen. Access Provider erbringen reine Telekommunikationsdienstleistungen. Siehe dazu Frey MMR 2014, 650.
[4] VG Köln MMR 2016, 141 Rn. 50 ff.
[5] Arndt/Fetzer/Scherer/Graulich/Fetzer TKG § 3 Rn. 103.
[6] Siehe auch Sander CR 2014, 176.
[7] Bereits die Gesetzesbegründung zum TMG bezeichnet den Internetzugang dementsprechend ausdrücklich als doppelfunktionalen Dienst, der sowohl dem TKG als auch dem TMG unterstehe; BT-Drs. 16/3078, 13; inhaltlich gleichlautend Begr. § 2, 9. RÄStV.

kommunikationsverbindung erfüllt wird. Dazu zählen Mehrwertdienste, etwa unter Verwendung von 0900-Rufnummern.[8]

7 c) **Abgrenzung zum Rundfunk.** Der verfassungsrechtliche Rundfunkbegriff iSd Art 5 Abs. 1 S. 2 2. Var GG ist weit auszulegen und umfasst sowohl den Rundfunk als auch die Telemedien.[9] Die engere, einfachrechtliche Begriffsbestimmung deckt sich jedoch nicht mit dem verfassungsrechtlichen Rundfunkverständnis, sodass zwischen den Bereichen Rundfunk und Telemedien zu trennen ist.[10] Dies ergibt sich schon aus den Begriffsbestimmungen in § 2 Abs. 1 MStV, denn während die Bestimmung des Rundfunks in S. 1 erfolgt, findet sich die der Telemedien in S. 3. Gem. § 2 Abs. 1 S. 1 MStV ist Rundfunk „*ein linearer Informations- und Kommunikationsdienst; er ist die für die Allgemeinheit und zum zeitgleichen Empfang bestimmte Veranstaltung und Verbreitung von journalistisch-redaktionell gestalteten Angeboten in Bewegtbild oder Ton entlang eines Sendeplans mittels Telekommunikation.*"

8 Telemedien sind demgegenüber alle elektronischen Informations- und Kommunikationsdienste, soweit sie nicht Telekommunikationsdienste nach § 3 Nr. 61 TKG sind oder telekommunikationsgestützte Dienste nach § 3 Nr. 63 TKG oder Rundfunk iSd MStV sind. Rundfunk im Sinne des § 2 MStV ist also kein Telemedium nach § 1 Abs. 1 S. 1 TMG, § 2 Abs. 1 S. 3 MStV.[11]

9 Gemäß § 1 Abs. 4 TMG gilt der Staatsvertrag zwar auch für die Inhalte von Telemedien. Die Abgrenzung von Telemedien und Rundfunk ist jedoch deshalb relevant, weil für die Telemedien gesonderte Regelungen greifen (§§ 17–25 MStV) und diese gem. § 17 Abs. 1 MStV und § 4 TMG – im Unterschied zu Rundfunkdiensten – anmelde- und zulassungsfrei sind.

10 Rundfunk sind – wie im Rahmen der Begriffsbestimmung gesehen – solche Informations- und Kommunikationsdienste, die Inhalte entlang eines Sendeplans (dh einer zeitlich geordneten Folge von Inhalten) zum zeitgleichen Empfang (linear) aussenden.[12]

11 Gem. § 2 Abs. 3 MStV sind Angebote, die aus Sendungen bestehen, die jeweils gegen Einzelentgelt freigeschaltet werden („Pay-per-view-Angebote"), zwar kein Rundfunk. Nach § 74 S. 2 MStV finden jedoch auch auf diese Angebote sowie „*linear verbreitete **fernsehähnlichen Telemedien***" die Vorschriften über den Rundfunk (§§ 3–16 und 72 MStV) entsprechende Anwendung.[13] Auch für diese Bereiche gelten daher die rundfunktypischen Restriktionen.

12 Dafür, dass Live-Streaming-Angebote im Ergebnis wie Rundfunk zu behandeln sind, sprach sich die Rechtsprechung auch schon vor Inkrafttreten des MStV aus. Zwar ergaben sich vor dem Hintergrund des RStV bei dem Merkmal „*entlang eines Sendeplans*" Abgrenzungsschwierigkeiten. Die Rechtsprechung nahm jedoch eine weite Auslegung des Merkmals an, nach der es ausreiche, „*wenn die inhaltliche und zeitliche Abfolge weiterer Sendungen erkennbar beabsichtigt*" sei.[14] Das Begriffsverständnis des „Sendeplans" ist mittlerweile in § 2 Abs. 2 Nr. 2 MStV geregelt.

13 Mediatheken und (kostenpflichtige) Streamingdienste wie zB Netflix, Sky, Amazon Prime Video, Maxdome oder Disney Plus („Video-on-Demand"-Angebote") sind zwar als nicht-lineare Dienste ohne Sendeplan ebenfalls nicht als Rundfunk zu qualifizieren[15] Erstmalig wurde in dem MStV allerdings der Begriff des „***rundfunkähnlichen Telemediums***" in § 2 Abs. 2 Nr. 13 MStV eingeführt.[16] Danach ist ein „*rundfunkähnliches Telemedium ein Telemedium mit Inhalten, die nach Form und Gestaltung hörfunk- oder fernsehähnlich sind und die aus einem von einem Anbieter festgelegten Katalog zum individuellen Abruf zu einem vom Nutzer gewählten Zeitpunkt bereitgestellt werden (Audio- und audiovisuelle Mediendienste auf Abruf); Inhalte sind insbesondere Hörspiele, Spielfilme, Serien, Reportagen, Dokumentationen, Unterhaltungs-, Informations-*

---

[8] Geppert/Schütz/Büning TKG § 3 Rn. 51; ferner wurde während des Gesetzgebungsverfahrens diskutiert, ob nicht auch Peer-to-Peer-Netzwerke telekommunikationsgestützte Dienste nach § 3 Nr. 63 TKG sind und damit aus dem Anwendungsbereich des TMG fallen, vgl. dazu A-Drs. 16(9)530, 4.

[9] ErfK/Schmidt GG Art. 5 Rn. 90.

[10] BeckOK InfoMedienR/Martini, 34. Ed. 1.2.2021, MStV § 2 Rn. 1, 3; BVerwG 21.9.2005 – 6 C 16/04 (OVG Münster).

[11] Zur Abgrenzungsfrage Teledienste/Mediendienste/Rundfunk vgl. Bullinger AfP 1996, 1 ff.; ders. JZ 1996, 385; Hochstein NJW 1997, 2977; Michel ZUM 1998, 350; Ring ZUM 1998, 358.

[12] BeckOK InfoMedienR/Martini, 34. Ed. 1.2.2021, MStV § 2 Rn. 4 ff.; Schütz MMR 2009, 228 (231); zu diesem Verständnis des Rundfunks vgl. etwa die amtl. Begr. zum 12. RÄndStV, LT-Drs. RhPf 15/3116, 38.

[13] Vgl. auch amtl. Begr. zum MStV, LT-Drs. N 18/6414, 108.

[14] VG Berlin 26.9.2019 – VG 27 K 365.18; so auch BeckOK JMStV/Liesching, 20. Ed. 15.12.2021, JMStV § 3 Rn. 5; Siara MMR 2020, 370, 372.

[15] Siara MMR 2020, 370, 372 f.; BeckOK InfoMedienR/Martini, 34. Ed. 1.2.2021, MStV § 2 Rn. 96, 100.

[16] Der Begriff des „rundfunkähnlichen Telemediums" ersetzt die „vergleichbaren Telemedien" iSd § 58 RStV; Siara MMR 2020, 370,372 f.; BeckOK InfoMedienR/Martini, 34. Ed. 1.2.2021, MStV § 2 Rn. 96.

oder Kindersendungen". Neben den audiovisuellen Diensten, wie Netflix und Co., sind daher auch Audiodienste, etwa Podcasts, die auf Abruf angeboten werden, vom Anwendungsbereich des § 2 Abs. 2 Nr. 13 MStV erfasst.[17] Gem. § 74 S. 1 MStV haben die *„Anbieter rundfunkähnlicher Telemedien"* (§ 2 Abs. 2 Nr. 18 MStV) jedoch nur einzelne Rechte und Pflichten der für Rundfunkanbieter geltenden Vorschriften zu beachten. Namentlich sind dies die §§ 8, 10, 11 und 72 MStV.

14 Zu beachten ist daher die strenge Trennung zwischen den Begriffen „rundfunkähnlich" und „fernsehähnlich", da diese jeweils anderen Regelungen unterfallen (vgl. § 74 S. 1, 2 MStV).[18] Maßgebendes Abgrenzungskriterium dieser beiden Formen ist die Linerarität. Denn während § 74 S. 2 MStV *„linear verbreitete fernsehähnliche Telemedien"* verlangt, ist i. R. d. §§ 74 S. 1, 2 Abs. 2 Nr. 13 MStV der *„individuelle Abruf zu einem vom Nutzer gewählten Zeitpunkt"* entscheidend.[19] Die *„rundfunkähnlichen Telemedien"* bilden somit den Gegenbegriff zu den *„linear verbreiteten fernsehähnlichen Telemedien"*.[20]

II. Informationspflichten

15 Für Telemedien bestehen eine Vielzahl an Informationspflichten. Viele dienen dem Verbraucherschutz. Manche Pflichten gelten spezifisch für Telemedien, wie etwa die §§ 5, 6 und 13 TMG. Andere wurden allgemein für den elektronischen Geschäftsverkehr oder Fernabsatzverträge normiert, erfassen aber auch viele Telemedien. Dies sind insbesondere die §§ 312d, 312i und 312j BGB sowie § 1 Abs. 2 PAngV. Darüber hinaus bestehen auch datenschutzrechtliche Unterrichtungspflichten (→ Rn. 119 f.).

1. Geschäftsmäßige Telemedien

16 Nach § 5 TMG haben die Anbieter geschäftsmäßiger Telemedien die katalogartig aufgeführten Informationen leicht erkennbar, unmittelbar erreichbar und ständig verfügbar zu halten. Ein Diensteanbieter handelt geschäftsmäßig, wenn er Telemedien aufgrund einer nachhaltigen Tätigkeit mit oder ohne Gewinnerzielungsabsicht erbringt. Eine Tätigkeit ist nachhaltig, wenn sie auf einen längeren Zeitraum ausgerichtet ist und sich nicht auf den Einzelfall beschränkt.[21]

17 Gemäß § 5 Abs. 1 TMG sind insbesondere folgende Angaben erforderlich:

Nr. 1: Name, Anschrift des Anbieters sowie bei juristischen Personen die Bezeichnung des Vertretungsberechtigten. Sollte der Anbieter mehrere Niederlassungen haben, auf deren Geschäftstätigkeit der Dienst bezogen ist, ist es zu empfehlen, sämtliche Niederlassungen und deren Vertretungsberechtigte anzugeben. Wettbewerbswidrig handelt der Diensteanbieter nach Ansicht des OLG Hamburg regelmäßig dann, wenn er dem Nutzer nicht die Übersicht verschafft, an wen er sich bei einem Vertragsabschluss wenden muss, um seine Ansprüche durchzusetzen.[22]

Nr. 2: Angaben zur schnellen elektronischen Kontaktaufnahme und unmittelbaren Kommunikation, einschließlich der Angabe einer geeigneten E-Mail-Adresse.[23]

Nr. 3: Angaben zur zuständigen Aufsichtsbehörde, soweit der Dienst im Rahmen einer Tätigkeit angeboten oder erbracht wird, die der behördlichen Zulassung bedarf.

Nr. 4: Bezeichnung des Registers, in das der Anbieter eingetragen ist, und der Registernummer, sofern ein entsprechender Eintrag besteht.[24] Bei ausländischen Anbietern das ausländische Register und die Registernummer.[25]

---

[17] Gerecke/Stark GRUR 2021, 816, 822.

[18] Dazu auch Siara MMR 2020, 370, 373.

[19] Vgl. amtl. Begr. zum MStV, LT-Drs. N 18/6414, 108.

[20] BeckOK InfoMedienR/Martini, 34. Ed. 1.2.2021, MStV § 2 Rn. 97.

[21] Spindler/Schuster/Micklitz/Schirmbacher § 5 TMG Rn. 11; Stickelbrock GRUR 2004, 112.

[22] OLG Hamburg MMR 2003, 105 (106) zum damaligen § 6 TDG mit zustimmender Anm. Klute MMR 2003, 105 (107); vgl. auch LG Berlin MMR 2003, 202 (203); LG Düsseldorf MMR 2003, 340 (341); OLG Hamm MMR 2003, 410 (411).

[23] Verstöße sind laut BGH unlauter iSd § 3a UWG GRUR 2016, 957 Rn. 9 ff.; BGH NJW 2006, 3633 Rn. 15 (zur Vorgängervorschrift, § 4 Nr. 11 UWG aF); die Formulierung „Ich freu mich auf E-Mails" reicht nach dem OLG Naumburg nicht aus, da sie nicht den gleichen Erklärungsinhalt wie die Begriffe „Kontakt" und „Impressum" habe, MMR 2010, 760 (761).

[24] OLG Hamm MMR 2009, 552 (553) – Wettbewerbsverstoß bei fehlender Angabe.

[25] LG Frankfurt a. M. GRUR-RR 2003, 347 (348) = MMR 2003, 597 (598) zur Vorgängerregelung, § 6 Nr. 4 TDG.

Nr. 5: Angabe der Kammer, welcher der Anbieter angehört, gesetzliche Berufsbezeichnung und Staat, in dem die Berufsbezeichnung verliehen worden ist, und Bezeichnung der berufsrechtlichen Regelungen sowie dazu, wie diese zugänglich sind, soweit der Dienst in Ausübung eines der in § 5 Abs. 1 Nr. 5 TMG bezeichneten Berufe angeboten oder erbracht wird.

Nr. 6: Angabe der Umsatzsteueridentifikationsnummer gemäß § 27a Umsatzsteuergesetz oder der Wirtschafts-Identifikationsnummer nach § 139c der Abgabenordnung.[26]

Nr. 7: Bei Aktiengesellschaften, Kommanditgesellschaften auf Aktien und Gesellschaften mit beschränkter Haftung, die sich in Abwicklung oder Liquidation befinden, die Angabe hierüber.

Nr. 8: Angabe des Mitgliedstaats (des Sitzlandes) sowie der zuständigen Regulierungs- und Aufsichtsbehörden bei audiovisuellen Mediendiensteanbietern.[27] Hiervon sind etwa Web-TV-Anbieter, Video-Influencer und YouTube-Kanäle erfasst.[28]

Diese Informationspflichten gelten für alle Telemedien, einschließlich Apps. Auch bei **Präsenzen in sozialen Medien** (etwa Facebook Fanpages) oder auf Online-Plattformen (beispielsweise der Online-Handelsplattform eBay) sind sie in der Regel zu berücksichtigen.[29] Entscheidendes Kriterium ist, ob der Nutzer des sozialen Mediums oder der Online-Plattform gegenüber anderen Nutzern als eigener Anbieter eines Telemediums auftritt.[30] Indizien hierfür sollen beispielsweise sein, in welchem Maß sich die Darstellung von der Plattform abhebt und auch, inwieweit Einfluss auf die Inhalte der Präsenz genommen werden kann.[31] Voraussetzung ist zudem, dass das (beworbene) Angebot geschäftsmäßig und in der Regel gegen Entgelt angeboten wird (§ 5 Abs. 1 TMG).[32] Die **Plattformbetreiber** treffen insoweit wettbewerbsrechtliche Verkehrspflichten, ihre gewerblichen Anbieter auf die Informationspflichten hinzuweisen und Vorkehrungen zu treffen, die ein gesetzeskonformes Impressum ermöglichen.[33] Gegenüber ihren Kunden müssen Plattformen darauf hinweisen, ob es sich bei den Anbietern auf ihrer Plattform um einen Unternehmer iSv § 2 Abs. 1 Nr. 8 UWG handelt, vgl. § 5 Abs. 1 Nr. 6 UWG. 18

Wer vorsätzlich oder fahrlässig entgegen § 5 Abs. 1 TMG eine Information nicht, nicht richtig oder nicht vollständig verfügbar hält, handelt gemäß § 11 Abs. 2 Nr. 2 TMG ordnungswidrig. Dies kann gemäß § 11 Abs. 3 TMG eine Geldbuße bis zu 50.000 EUR zur Folge haben. Die Informationspflichten sind Marktverhaltensregelungen im Sinne des § 3a UWG und nach der Rechtsprechung als Rechtsbruch unlauter.[34] 19

Formulierungsvorschlag:
Die Anbieterinformation geschäftsmäßiger Telemedien einer AG könnte wie folgt lauten:

Name und Anschrift:
[Firma], [Straße], [Postleitzahl] [Ort]

Vertretungsberechtigung:
Vertreten durch den Vorstand, bestehend aus [Namen]

Elektronische Kontaktaufnahme:
E-Mail: [Adresse]@[Domain]

Regulierungs- bzw. Aufsichtsbehörde (soweit der Dienst im Rahmen einer Tätigkeit angeboten oder erbracht wird, die der behördlichen Zulassung bedarf bzw. bei audiovisuellen Mediendienstanbietern):
[Bezeichnung], [Straße], [Postleitzahl] [Ort]

---

26 OLG Hamm MMR 2009, 552 (553) – Wettbewerbsverstoß bei fehlender Angabe.

27 Neu eingefügt am 26.11.2020 zur Umsetzung von Art. 5 Abs. 1 lit. d der durch RL 2018/1808/EU geänderten RL 2010/13/EU (AVMD-Richtlinie)

28 BeckOK InfoMedienR/Ott, 34. Ed. 1.11.2021, TMG § 5 Rn. 48a.

29 Schröder/Bühlmann CR 2012, 318 (318 ff.); Spindler/Schuster/Schirmbacher/Micklitz TMG § 5 Rn. 19 ff.; Hoeren/Sieber/Holznagel/Solmecke Teil 21.1 Rn. 2 ff.; zu eBay s. KG MMR 2007, 791 (791).

30 OLG Düsseldorf MMR 2013, 649 (650); Spindler/Schuster/Schirmbacher/Micklitz § 5 TMG Rn. 18; Hoeren/Sieber/Holznagel/Solmecke Teil 21.1 Rn. 2.

31 OLG Frankfurt a. M. MMR 2007, 379 (379 f.); OLG Düsseldorf MMR 2008, 682 (683).

32 OLG Düsseldorf MMR 2008, 682 (683); Spindler/Schuster/Schirmbacher/Micklitz § 5 TMG Rn. 11 ff.

33 OLG Frankfurt a. M. MMR 2009, 194 (194 f.); OLG Düsseldorf MMR 2013, 649 (650).

34 BGH NJW 2006, 3633 Rn. 15 – Anbieterkennzeichnung im Internet (zu § 3, 4 Nr. 11 UWG aF und § 6 TDG); nach Köhler/Bornkamm/Feddersen/Köhler UWG § 3a Rn. 1.310 sollen Verletzungen unter § 5a Abs. 4 UWG fallen.

Bezeichnung des Registers und Registernummer:
[Bezeichnung], [Nummer]
Zuständige Kammer, gesetzliche Berufsbezeichnung und Staat, in dem diese verliehen worden ist, sowie Bezeichnung der berufsrechtliche Regelungen und Quellenangabe dazu (soweit die Voraussetzungen des § 5 Abs. 1 Nr. 5 TMG vorliegen):
Kammer: [Bezeichnung]
Berufsbezeichnung: [gesetzliche Bezeichnung]
Staat der Zulassung: [Staat]
Berufsrechtliche Regelungen: [Bezeichnung]
Informationen zu diesen Regelungen finden Sie [Informationen zur Zugänglichkeit]
Umsatzsteueridentifikationsnummer:
DE [Nummer]
(Bei journalistisch-redaktionell gestalteten Angeboten:
Verantwortlich nach § 18 Abs. 2 MStV:
[Name], [Straße], [Postleitzahl] [Ort])
Weitere Angaben:
ZB Hinweis auf Streitbeilegungs-Plattform (→ Rn. 52 ff.)

2. Kommerzielle Kommunikation

20 Weitere Informationspflichten bestehen für die kommerzielle Kommunikation durch Telemedien. Diese Pflichten gelten insbesondere für Bestandteile von Telemedien, die den Absatz und das Erscheinungsbild fördern sollen (vgl. § 2 Nr. 5 TMG). Hierzu zählt auch das sogenannte **Influencer Marketing,** Werbung in Form von Empfehlungen („Testimonials") durch bekannte Persönlichkeiten (Influencer).[35]

21 § 6 Abs. 1 TMG bestimmt:

Nr. 1 Kommerzielle Kommunikation muss für den Empfänger klar als solche zu erkennen sein.[36]

Nr. 2 Die natürliche oder juristische Person, in deren Auftrag kommerzielle Kommunikationen erfolgen, muss klar identifizierbar sein.

Nr. 3 Angebote zur Verkaufsförderung wie Preisnachlässe, Zugaben und Geschenke müssen klar als solche erkennbar sein, und die Bedingungen für ihre Inanspruchnahme müssen leicht zugänglich sein sowie klar und unzweideutig angegeben werden.

Nr. 4 Preisausschreiben oder Gewinnspiele mit Werbecharakter müssen klar als solche erkennbar und die Teilnahmebedingungen leicht zugänglich sein sowie klar und unzweideutig angegeben werden.[37]

22 Die Frage der Kennzeichnung von Social Media-Beiträgen, in denen Influencer mittels sog. Tap Tags auf den Social Media-Account von Unternehmen verlinken, entschied der BGH in drei wegweisenden Urteilen im September 2021.[38] Danach gelten § 6 Abs. 1 Nr. 1 TMG i. V. m. § 2 Nr. 5b TMG als bereichsspezifische Spezialvorschriften vorrangig vor den wettbewerbsrechtlichen Vorschriften, insbesondere § 5a Abs. 4 UWG (§ 5a Abs. 6 UWG aF).[39] Hieraus folgt, dass werbliche Beiträge nur im Fall einer wettbewerbsrechtlich relevanten Gegenleistung der Kennzeichnung bedürfen. Auf die Art der Gegenleistung kommt es dabei nicht an: Neben dem Entgelt, dass der Influencer erhält, sind auch PR Samples (kostenlose Testprodukte, Eventeinladungen oder Rabattcodes erfasst).[40] Der BGH nahm mit seiner Entscheidung die Neuerungen des am 28. Mai 2022 in Kraft getretenen § 5a UWG in Abs. 4 vorweg.[41] § 5a Abs. 4 S. 2 UWG sieht vor, dass ein kommerzieller Zweck bei einer Handlung zugunsten eines fremden Unternehmens nicht vorliegt, wenn der Handelnde kein Entgelt oder keine ähnliche Gegenleistung erhält oder sich versprechen lässt.

[35] Vgl. grundsätzlich hierzu Gerecke GRUR 2018, 153, Laoutoumai/Dahmen K&R 2017, 29 (30 f.).

[36] Verstöße können unlauter im Sinne des § 5a Abs. 6 UWG sein (→ § 21 Rn. 16 ff.; vgl. Köhler/Bornkamm/Köhler § 5a Rn. 7.74).

[37] Bei Vorliegen der weiteren Voraussetzungen von § 5a Abs. 2 iVm Abs. 5 UWG kann die Nichterfüllung unlauter sein (→ § 21 Rn. 35 ff. zu redaktionellen Preisauslobungen; vgl. Köhler/Bornkamm/Köhler § 5a UWG Rn. 5.31).

[38] BGH MMR 2021, 875, MMR 2021, 886, MMR 2021, 892 (sog. Influencer I-III).

[39] BGH MMR 2021, 875 Rn. 101; BGH MMR 2021, 886 Rn. 46, 58–61, 71; BGH MMR 2021, 892 Rn. 75.

[40] Vgl. zu den PR Samples: BGH 13.1.2022, I ZR 35/21, GRUR 2022, 490.

[41] Köhler/Bornkamm/Feddersen/Köhler UWG § 5a Rn. 1.8a.

Soweit kommerzielle Kommunikation mittels elektronischer Post erfolgt, sind zusätzlich § 6 Abs. 2 TMG und § 7 Abs. 2 Nr. 3 UWG zu beachten. 23

§ 6 Abs. 3 und 4 TMG sehen zudem besondere Pflichten für Videosharingplattform-Anbieter vor. Danach müssen die Anbieter eine Funktion bereitstellen, mit der Nutzer, die nutzergenerierte Videos hochladen, erklären können, ob diese Videos audiovisuelle kommerzielle Kommunikation enthalten. Zudem sind sie verpflichtet, diese Kommunikation, die Nutzer auf den Videosharingplattform-Dienst hochgeladen haben, als solche zu kennzeichnen. 24

3. Journalistisch-redaktionell gestaltete Telemedien

Für journalistisch-redaktionell gestaltete Telemedien[42] gelten zusätzlich die Anforderungen des § 18 Abs. 2 MStV, wonach ein Verantwortlicher unter Angabe von Namen und Anschrift zu benennen ist. Als Verantwortlicher darf nach § 18 Abs. 2 S. 3 MStV nur benannt werden, wer seinen ständigen Aufenthalt im Inland hat, die Fähigkeit, öffentliche Ämter zu bekleiden, nicht durch Richterspruch verloren hat, unbeschränkt geschäftsfähig ist sowie unbeschränkt strafrechtlich verfolgt werden kann. Ergänzt werden diese Informationspflichten für journalistisch-redaktionell gestalteten Telemedienangebote zudem durch die in § 19 Abs. 1 MStV vorgesehenen besonderen publizistischen Sorgfaltspflichten.[43] Hierdurch sollen journalistische Standards gewährleistet sowie Desinformationen und Fake News verhindert werden.[44] 25

4. Platzierung der Angaben

Wo genau die Anbieterinformationen zu platzieren sind, hat der Gesetzgeber nicht geregelt, sondern lediglich bestimmt, dass diese klar erkennbar, unmittelbar erreichbar und ständig verfügbar sein müssen (vgl. § 5 Abs. 1 TMG). Die Rechtsprechung interpretiert diese Vorgaben uneinheitlich. So genügt es nach Auffassung des OLG Hamburg nicht, wenn auf der Startseite zunächst ein mit der Bezeichnung „Backstage“ versehener Untermenüpunkt angeklickt werden muss, um auf eine Seite zu gelangen, auf der die Informationen zwar vorhanden sind, aber nur durch weiteres Scrollen vollständig lesbar werden.[45] Der BGH sieht das Merkmal der unmittelbaren Erreichbarkeit als erfüllt an, wenn die Anbieterinformation über einen als „Kontakt“ und **„Impressum“** bezeichneten, doppelten Link zu erreichen ist.[46] Anders soll es sich dagegen nach der Auffassung des OLG München verhalten, wenn der als Impressum bezeichnete Link zu der Anbieterinformation erst mittels Scrollen auf der 4. Bildschirmseite sichtbar wird.[47] 26

In jedem Fall unzulässig ist es, wenn die Anbieterinformation nur über mehrere Links zu erreichen und der Weg dorthin nicht ohne weiteres deutlich ist, etwa wenn sich die Anbieterinformation auf der 4. Ebene einer Website ohne erkennbare Wegführung befindet.[48] Daher ist es zu empfehlen, den Link auf der Startseite der Website in der oberen Navigationsleiste zu platzieren, auch wenn es überwiegend für zulässig erachtet wird, dass sich dieser in der unteren Navigationsleiste befindet.[49] Der Link muss aus sich heraus zudem eine verständliche Bezeichnung (zB „rechtliche Hinweise“, „Kontakt“ oder „Impressum“) tragen.[50] 27

III. Plattformhaftung

1. Grundlagen der Plattformhaftung

Die Grundlagen der Plattformenhaftung sind ein kompliziertes Nebeneinander von europarechtlichen und nationalen Regelungen. Der europäische Gesetzgeber erneuerte zu Beginn des Jahrtausends die rechtlichen Standards der Verantwortlichkeit von Internet-Providern in der 28

[42] Vgl. zum Begriff der journalistisch-redaktionellen Gestaltung vor dem Hintergrund des ehemaligen RStV schon Spindler/Schuster/Micklitz/Schirmbacher RStV § 55 Rn. 15 ff; zu § 17 MStV BeckOK InfoMedienR/Lent, 34. Ed. 1.11.2021, MStV § 17 Rn. 13.

[43] BeckOK InfoMedienR/Lent, 34. Ed. 1.11.2021, MStV § 19 Rn. 4.

[44] Gerecke/Stark GRUR 2021, 816 (821 f.); Lent ZUM 2020, 593 (599 f.).

[45] OLG Hamburg MMR 2003, 105.

[46] BGH NJW 2006, 3633 (3634 f.).

[47] OLG München MMR 2004, 321 (322).

[48] LG Düsseldorf CR 2003, 380 (381).

[49] Schwarz/Peschel-Mehner/Nelles 21-G 1.5.2 Rn. 55.

[50] OLG Hamburg MMR 2003, 105 (106) mit zustimmender Anm. Klute MMR 2003, 107; OLG München MMR 2004, 36 (37).

E-Commerce-Richtlinie 2000/31/EG („**E-Commerce-RL**").[51] Die Regelungen wurden vom deutschen Gesetzgeber im Telemediengesetz („**TMG**") umgesetzt.[52] Obwohl für alle Bereiche des geistigen Eigentumsrechts von Bedeutung, war Treiber der Rechtsentwicklungen zur Haftung der Intermediäre zuletzt insbesondere das Urheberrecht. Hierauf liegt daher nachfolgend der Schwerpunkt. Von Bedeutung sind vor allem die Richtlinie 2001/29/EG vom 22. Mai 2001 zur Harmonisierung bestimmter Aspekte des Urheberrechts und der verwandten Schutzrechte in der Informationsgesellschaft (nachfolgend „**InfoSoc-RL**")[53], die vom EU-Ministerrat am 15. April 2019 verabschiedete und äußerst kontrovers diskutierte Richtlinie über das Urheberrecht und verwandte Schutzrechte im Digitalen Binnenmarkt („**DSM-RL**")[54] und deren Umsetzung im Gesetz über die urheberrechtliche Verantwortlichkeit von Diensteanbietern für das Teilen von Online-Inhalten („**UrhDaG**")[55] sowie die nationalen Vorschriften des Urheberrechtsgesetzes („**UrhG**").

2. Haftung der Plattformbetreiber nach deutschem Recht

29 Es ist seit Jahren das erkennbare Ziel der deutschen und europäischen Gesetzgebung und Rechtsprechung, die Plattformen als Intermediäre stärker zu regulieren. Grund hierfür ist vor allem das Bedürfnis, angesichts der häufig anonymen Verletzungen durch unbekannte Nutzer wenigstens den Mittler als greifbaren Verantwortlichen haftbar zu machen. An dieser Entwicklung sind die Plattformen nicht ganz unschuldig: Sie wandeln an der Schnittstelle zum Content Provider und greifen auf diese Weise immer stärker in die Verarbeitung gespeicherter Nutzerinformationen ein.[56] Damit riskieren sie – abhängig vom jeweiligen Geschäftsmodell – ihre Rolle als rein passiver (und nach den Regelungen des TMG privilegierter) Host Provider zu verlieren. Im Urheberrecht weitet der EuGH den Täterbegriff konsequent auch für entfernte Verursachungsbeiträge aus und entwickelt so ein eigenständiges, von den nationalen Regelungen unabhängiges europäisches Haftungsmodell.[57] Die Regulierung von Plattformen soll aber auch dazu dienen, die nützlichen Aspekte, der durch sie ermöglichten sozialen Interaktionen zu fördern und die schädlichen Effekte einzudämmen.[58] Dies soll durch den Ausgleich der Rechte und Interessen aller Beteiligten geschehen.[59]

30 a) **Haftungsprivilegierungen des TMG.** *aa) Allgemeines.* Die Haftungsprivilegierungen des TMG begründen keine Haftung und stellen auch keine eigenen Anspruchsgrundlagen dar.[60] Sie schränken aber die Verantwortlichkeit von Diensteanbietern nach den allgemeinen Gesetzen[61] ein und wirken insoweit wie ein „Filter" für die anspruchsbegründenden Tatbestandsmerkmale des jeweiligen Verletzungstatbestands, so zB der §§ 97 UrhG, 14 Abs. 5, 15 Abs. 4 MarkenG, 8 UWG. Nach der gesetzlichen Konzeption sind zunächst die Voraussetzungen der §§ 7–10 TMG und anschließend die Verantwortlichkeit nach den allgemeinen Regelungen zu prüfen.[62] Mit ihrer Stellung im Tatbestand ist klargestellt, dass dem Anspruchsteller die Darlegungs- und Beweislast dafür obliegt, dass die Haftungsprivilegierungen nicht greifen.[63]

31 Ihre Rechtfertigung erlangen die Haftungsprivilegierungen aus dem Umstand, dass sie letztlich für automatisierte Vorgänge gelten, bei denen der Plattformbetreiber keine Kontrolle der Inhalte vornimmt und unter normalen Umständen ohne Hinweis auf die Rechtsverletzung auch nicht vornehmen kann.[64] Er ist deshalb nach den §§ 8–10 TMG für fremde Informationen nicht bzw. erst ab Kenntnis verantwortlich.

32 *bb) § 7 Abs. 1 TMG.* Nach § 7 Abs. 1 TMG ist der Diensteanbieter, der eigene Informationen zur Nutzung bereithält, für diese nach den allgemeinen Gesetzen verantwortlich. Er haftet damit

[51] ABl. EG L 178 v. 17.7.2000, S. 1.
[52] BGBl. I 2007, 179.
[53] ABl. EG L 167, 10 bzw. 2002 L 6, 71.
[54] 2016/0280 (COD).
[55] BGBl. I 2021, 1204.
[56] Frey ZUM 2019, 40 (43) und in: Die Haftung von Host-Providern für Immaterialgüterrechtsverletzungen 2018, S. 136 f.
[57] Nordemann GRUR Int. 2018, 526 (533).
[58] BT-Drs. 19/27426, 44.
[59] BT-Drs. 19/27426, 42.
[60] Mit Ausnahme des § 7 Abs. 4 S. 1 TMG.
[61] ZB §§ 97 UrhG, 14 Abs. 5, 15 Abs. 4 MarkenG, 8 UWG.
[62] BT-Drs. 13/7385, 20.
[63] Spindler/Schmitz/Spindler TMG § 10 Rn. 74.
[64] Fromm/Nordemann UrhG § 97 Rn. 186.

täterschaftlich ohne Privilegierung. Die Frage, was *eigene* Informationen sind, beantwortet die neuere nationale Rechtsprechung im Einklang mit den *L'Oréal/eBay-* und *Google France*-Entscheidungen des EuGH[65] mit dem Hinweis auf das Kriterium der „aktiven Rolle" des Diensteanbieters.[66] Damit greifen die Haftungsprivilegierungen nur dann, wenn sich die Plattform im Hinblick auf die zur Verfügung gestellten Informationen „neutral" verhält und diese rein technisch und automatisch verarbeitet. Obwohl häufig für die Anwendung des § 10 TMG diskutiert, können die Kriterien der Aktivität und Neutralität auch für die §§ 8 und 9 TMG herangezogen werden.[67] Ob daneben noch die vom BGH vor allem in den Entscheidungen *marionskochbuch.de*[68] und *Hotelbewertungsportal*[69] diskutierten Zurechnungskriterien des Zu-Eigenmachens fremder Informationen Anwendung finden, ist eine aktuell offene Frage.[70] Genau genommen fließen die maßgeblichen Aspekte des Zu-Eigenmachens (Prüfung der von Nutzern eingestellten Inhalte auf Vollständigkeit und Richtigkeit; Nutzungsrechtseinräumung an diesen Inhalten) in die Beurteilung der aktiven Rolle des Plattformbetreibers mit ein.

Was fremde Informationen anbelangt, sind bestimmte Diensteanbieter im Sinne der §§ 8–10 TMG nicht verpflichtet, die von ihnen übermittelten oder gespeicherten Informationen zu überwachen oder nach Umständen zu forschen, die auf eine rechtswidrige Tätigkeit hinweisen, § 7 Abs. 2 TMG. 33

cc) § 8 UWG. § 8 TMG betrifft Diensteanbieter, die fremde Informationen in einem Kommunikationsnetz übermitteln oder den Zugang zur Nutzung der Informationen vermitteln, zumindest, wenn sie die Übermittlung nicht veranlasst, den Adressaten der übermittelten Informationen nicht ausgewählt und die übermittelten Informationen nicht ausgewählt oder verändert haben. § 8 TMG meint den klassischen Access Provider (zB 1&1, Telekom). Seit dem 2. TMG-ÄndG 2016[71] werden aber auch WLAN-Betreiber unter die Norm gefasst (§ 8 Abs. 3 TMG).[72] Ziel des Gesetzgebers war es, die Verbreitung von freien und offenen WLAN-„Hotspots" zu fördern. Mit Einführung des § 8 Abs. 1 S. 2 TMG[73] hat der Gesetzgeber klargestellt, dass neben Ansprüchen auf Schadensersatz auch solche auf Unterlassung und Beseitigung gegen Zugangsprovider ausgeschlossen sind. Für Access Provider war dies zunächst strittig.[74] Nach Ansicht des BGH gilt der Ausschluss des § 8 Abs. 1 S. 2 TMG jedoch für alle Zugangsprovider, nicht nur zugunsten von WLAN-Providern.[75] Damit ist die Störerhaftung in der bisher bekannten Form abgeschafft. Dem Betroffenen verbleibt unter den Voraussetzungen des § 7 Abs. 4 TMG ein Sperranspruch. Der gilt zwar ausdrücklich seines Wortlauts nur für WLAN-Anbieter nach § 8 Abs. 3 TMG. Auch hier hat der BGH aber die Norm unionsrechtskonform ausgelegt und will sie analog auch auf sonstige Zugangsanbieter anwenden.[76] Die Sperrverpflichtung kann für die Diensteanbieter die Pflicht zur Verschlüsselung des Zugangs mit einem Passwort[77], die Sperrung bestimmter Ports im Router oder einer bestimmten Webseite, eine Datenmengenbegrenzung oder auch die Sperrung des gesamten Zugangs begründen, was letztlich einem Unterlassungsanspruch gleichkommt.[78] 34

---

[65] EUGH GRUR 2011, 1025 (1032) – EUGH GRUR 2010, 445 (451); L'Oréal/eBay – Google France.

[66] BGH GRUR 2015, 485 Rn. 53 – Kinderhochstühle im Internet III; siehe dazu noch unten Ziff. XY.

[67] So auch Spindler/Schmitz/Spindler TMG § 7 Rn. 14.

[68] BGH GRUR 2010, 616 (618 f.).

[69] BGH GRUR 2015, 1129 (1131 f.).

[70] Bereits bislang kritisch Spindler/Schmitz/Spindler TMG § 7 Rn. 8; Gersdorf/Paal/Paal/Hennemann TMG § 7 Rn. 32. Dieses Verständnis des BGH widerspreche der E-Commerce-RL. Maßgeblich sei allein die Herrschaftsmacht des Diensteanbieters über die Informationen sowie die Auswahlmöglichkeit des Diensteanbieters in Bezug auf die Inhalte oder die Adressaten.

[71] 2. TMG-ÄndG. BGBl. I S. 1766; Geltung ab 27.7.2016.

[72] Worunter auch der private W-Lan-Anschluss fällt, da § 8 Abs. 1 S. 2 TMG nicht zwischen privaten und öffentlichen (geschäftlichen) Zugängen unterscheidet. Für Suchmaschinen gilt § 8 TMG nicht, vgl. LG Frankfurt ZD 2017, 391, Rn. 53 (nicht rechtskräftig).

[73] Durch das 3. TMG-ÄndG 2017, BGBl. I, S. 1963 vom 27. Juni 2017.

[74] Vgl. OLG München, GRUR 2018, 1050, das § 8 Abs. 1 S. 2 TMG nur auf W-Lan-Provider anwenden wollte. Insofern zustimmend Nordemann, GRUR 2018, 1015 (1018).

[75] BGH GRUR Int. 2018, 1070 – Dead Island.

[76] BGH GRUR Int. 2018, 1070 – Dead Island.

[77] BGH GRUR Int. 2018, 1070 – Dead Island.

[78] Eine Verpflichtung des Zugangs-Providers zur Sperrung von Webseiten, auf denen rechtsverletzende Inhalte zugänglich gemacht werden, wurde von der deutschen Rechtsprechung zunächst abgelehnt, vgl. OLG Hamburg GRUR-RR 2014, 140. Der EuGH hielt solche Sperranordnungen durch Gerichte zumindest dann für möglich, wenn der Zugangsvermittler selbst entscheiden kann, welche Maßnahmen er hierfür ergreift und er Beugemaßnahmen wegen Verstoßes gegen die Anordnung durch den Nachweis, alles ihm Zumutbare zur Verhinderung des Verstoßes getan zu haben, abwenden kann, vgl. EuGH C-314/12, GRUR Int. 2014, 469 – UPC Telekabel Wien.

35 Eine Sperranordnung kommt jedoch nur in Betracht, wenn der Rechtsinhaber zunächst erfolglose oder wahrscheinlich erfolglose Anstrengungen unternommen hat, gegen diejenigen Beteiligten vorzugehen, die die Rechtsverletzung entweder selbst begangen (Nutzer) oder dazu beigetragen haben (Host Provider).[79] Die Anforderungen der Rechtsprechung an den Nachweis der erfolglosen Rechtsverfolgung sind streng und können den Einsatz staatlicher Ermittlungsbehörden oder privater Ermittlungen (zB Detektiv) umfassen.[80]

36 Der Anspruch besteht zudem nach § 7 Abs. 4 S. 2 TMG nur dann, wenn die Sperrung „technisch möglich, wirtschaftlich zumutbar und verhältnismäßig" ist[81]. Sie bedarf einer Interessenabwägung im Einzelfall unter angemessener Berücksichtigung sowohl der Grundrechte der betroffenen Parteien sowie des Telekommunikationsgeheimnisses.[82]

37 Anders als §§ 9 und 10 TMG entfällt die Privilegierung des § 8 TMG nicht ausdrücklich mit Kenntniserlangung von der Information. Theoretisch gilt die Haftungsprivilegierung für den Zugangsprovider daher auch, wenn er positive Kenntnis von der rechtswidrigen Information hat.[83] Allerdings wird es bei einer Kenntnis in der Regel an den Privilegierungsvoraussetzungen des § 8 Absatz 1 S. 1 TMG fehlen oder aber der Ausschluss des § 8 Absatz 1 S. 3 TMG (absichtliches kollusives Zusammenwirken) greifen.

38 *dd) § 9 TMG.* Nach § 9 TMG sind Diensteanbieter, die eine automatische, zeitlich begrenzte Zwischenspeicherung vornehmen, die allein dem Zweck dient, die Übermittlung fremder Informationen an andere Nutzer auf deren Anfrage effizienter zu gestalten, unter bestimmten Umständen privilegiert. Die Vorschrift zielt auf den Cache-Provider, jedenfalls solange er einen automatisiert ablaufenden Prozess initiiert, bei dem er keine eigene Entscheidung trifft und bei dem er bezogen auf die Inhalte selbst keine wirtschaftlichen Interessen verfolgt.[84]

39 *ee) § 10 TMG.* Nach § 10 TMG sind Diensteanbieter für fremde Informationen, die sie für einen Nutzer speichern, nicht verantwortlich, sofern sie (a) keine Kenntnis von der rechtswidrigen Handlung oder der Information haben und ihnen im Falle von Schadensersatzansprüchen auch keine Tatsachen oder Umstände bekannt sind, aus denen die rechtswidrige Handlung oder die Information offensichtlich wird, oder sie (b) unverzüglich tätig geworden sind, um die Information zu entfernen oder den Zugang zu ihr zu sperren, sobald sie diese Kenntnis erlangt haben. Die Darlegungs- und Beweislast für die Kenntnis des Diensteanbieters von der rechtswidrigen Handlung liegt beim Anspruchsteller.[85]

40 *(1) Aktive Rolle.* § 10 TMG betrifft den klassischen Host Provider[86], der sich als Vermittler auf die rein technische und automatische Verarbeitung der von seinen Kunden eingegebenen Daten beschränkt.[87] Tut er das nicht, sondern nimmt er – gleich einem Content Provider – eine aktive Rolle im Hinblick auf die Verarbeitung oder Darstellung von fremden Informationen ein, entfällt für ihn das Haftungsprivileg aus § 10 TMG. Keine Anwendung findet § 10 S. 1 TMG auf Diensteanbieter, die unter den Anwendungsbereich des UrhDaG fallen (§ 1 Abs. 3 UrhDaG). Für die Frage, wann der Host Provider seine passive Rolle verlässt, sodass für ihn nicht § 10 TMG, sondern § 7 Abs. 1 TMG gilt, lässt sich auf die Kriterien der Verantwortlichkeit im Rahmen der Störerhaftung zurückgreifen[88] Insofern besteht ein Gleichlauf mit den dortigen Überwachungs- und Prüfpflichten, die sich je nach Ausgestaltung des Geschäftsmodells intensivieren. So kann eine aktive Rolle dann gegeben sein, wenn eine Internetauktionsplattform seinen Kunden Hilfe bei der Präsentation der betreffenden Verkaufsangebote leistet oder diese Angebote durch Adwords-Anzeigen bei Google bewirbt.[89] Host Provider wie YouTube geraten durch Zurverfügungstellung bestimmter Funktionen zur Optimierung ihrer Dienste (Empfehlungen, Filter, Katalogisierung) nicht in eine aktive Rolle.[90] Eine Plattform nimmt nach dem EuGH auch keine

[79] § 7 Abs. 4 S. 1, BGH MMR 2016, 188 (189).
[80] BGH GRUR 2016, 268 (278) – Goldesel.
[81] BT-Drs. 18/12202, 12.
[82] BT-Drs. 18/12202, 12.
[83] Hoeren/Sieber/Holznagel MultimediaR-HdB/Sieber/Höfinger Teil 18.1 Rn. 69.
[84] BT-Drs. 14/6098, 24.
[85] BGH GRUR 2004, 74 (75) noch zu § 5 TDG; LG München, ZUM 2011, 944 (946).
[86] Ist darauf aber nicht beschränkt und erfasst insbesondere auch User-Generated-Content-Webseiten, soweit diese sich auf eine neutrale Rolle beschränken, Frey Anm. zu OLG Hamburg MMR 2016, 269 (275).
[87] Erwägungsgrund 42 der E-Commerce-RL.
[88] Siehe dazu noch unten → Rn. 56.
[89] BGH GRUR 2013, 1229 – Kinderhochstühle im Internet II.
[90] EuGH GRUR 2021, 1054 Rn. 114 – Peterson/Google u. a.

aktive Rolle ein, wenn technische Maßnahmen angewendet werden, um vorbeugend urheberrechtsverletzende Inhalte zu erkennen.[91] Ähnlich hatte zuvor schon der BGH entschieden.[92] Ebenfalls nicht ausreichend ist die bloße Speicherung von Verkaufsangeboten (auf Auktionsplattformen) oder die Festlegung der Funktionen für die Nutzung des Dienstes.[93] Stets geht es dabei aber um ein funktionales Verständnis der Privilegierungstatbestände. Es kommt für die Frage, ob eine aktive Rolle der Plattform vorliegt, also nicht darauf an, ob diese insgesamt als Anbieter aktiv handelt, sondern ob ihre konkrete Tätigkeit in Bezug auf die in Rede stehende, rechtsverletzende Information noch von der Haftungsprivilegierung umfasst ist.[94]

(2) Kenntnis. Die Haftungsprivilegierung nach § 10 S. 1 Nr. 1 TMG setzt voraus, dass der Host Provider keine Kenntnis von der rechtswidrigen Handlung oder der Information hat. Im Falle von Schadensersatzansprüchen dürfen ihnen auch keine Tatsachen oder Umstände bekannt sein, aus denen die rechtswidrige Handlung oder die Information offensichtlich wird. Während es für die erste Alternative der Nr. 1 auf die tatsächliche positive Kenntnis des Inhalts im Sinne eines dolus directus 2. Grades ankommt[95], genügt bei der zweiten Alternative die bewusst grob fahrlässige Unkenntnis.[96] 41

(3) Unverzügliches Tätigwerden. Host Provider müssen nach § 10 S. 1 Nr. 2 TMG unverzüglich tätig geworden sein, um die Information zu entfernen oder den Zugang zu ihr zu sperren, sobald sie entsprechende Kenntnis erlangt haben. Der BGH vertrat die Auffassung, dass sich die Kenntnis auf konkrete rechtswidrige Tätigkeiten oder Informationen beziehen muss. Es genüge nicht, wenn der Plattform allgemein bekannt oder bewusst sei, dass ihre Dienste für irgendwelche rechtswidrigen Tätigkeiten genutzt würden.[97] Dies bestätigte nun auch der EuGH. Danach reiche es für das Vorliegen von Art. 14 Abs. 1 lit. a E-Commerce-RL, umgesetzt in § 10 S. 1 Nr. 1 TMG, nicht aus, wenn sich der Betreiber allgemein der Tatsache bewusst ist, dass seine Plattform auch dazu verwendet wird, Inhalte zu teilen, die möglicherweise Rechte des geistigen Eigentums verletzen.[98] Aus Wortlaut, Zweck und Systematik der Vorschrift ergebe sich, dass sich die Kenntnis immer auf konkrete rechtswidrige Tätigkeiten und Informationen beziehen müsse.[99] Dies ist richtig, denn nur die konkrete Information kann den Diensteanbieter in die Lage versetzen, eine Beeinträchtigung abzustellen.[100] Ein anderes Ergebnis wäre im Übrigen auch nicht mit dem durch § 7 Abs. 2 TMG statuierten Verbot einer allg. Überwachungs- und Nachforschungspflicht vereinbar. Etwas anderes kann aber bei evident gefahrgeneigten Diensten wie zB im Falle der Piraterie-Plattform „Pirate Bay" gelten.[101] 42

Die Plattform muss bei Kenntniserlangung unverzüglich handeln und die rechtsverletzenden Inhalte entfernen oder sperren. Die Entfernung oder Sperrung muss technisch möglich und zumutbar sein.[102] Sie ist unverzüglich, also ohne schuldhaftes Zögern vorzunehmen.[103] Allerdings ist der Plattform eine angemessene Prüfungs- und Überlegungszeit zuzubilligen, da idR Rechte Dritter betroffen sind und der Anbieter ggf. mit der Entfernung oder Sperrung Vertragspflichten gegenüber seinem Kunden, für den er die Informationen speichert und bereithält, verletzt.[104] 43

(4) Anwendung auf Unterlassungs- und Beseitigungsansprüche? Der BGH wandte die §§ 7–10 TMG ursprünglich nur auf Schadensersatzansprüche und nicht (auch) auf Unterlassungs- und Beseitigungsansprüche an.[105] Damit war klargestellt, dass die im deutschen Recht verankerte ver- 44

[91] EuGH GRUR 2021, 1054 Rn. 109 – Peterson/Google u. a.
[92] BGH GRUR 2015, 1129 Rn. 35 – Hotelbewertungsportal; Hofmann, jurisPR-WettbR 7/2021 Anm. 1, S. 5.
[93] EuGH GRUR 2011, 1025 Rn. 115 – L'Oreal/eBay.
[94] Frey, Haftung von Host-Providern für Immaterialgüterrechtsverletzungen 2018, S. 140.
[95] OLG Brandenburg MMR 2004, 330; Gersdorf/Paal/Paal/Hennemann TMG § 10 Rn. 24.
[96] Str. dafür: Eck/Ruess MMR 2003, 363 (364); Hoeren/Sieber/Holznagel MultimediaR-HdB/Sieber/Höfinger Teil 18.1 Rn. 90; aA Hoeren Anm. zu BGH MMR 2004, 166 (169).
[97] BGH GRUR 2018, 1132 (1136).
[98] EuGH GRUR 2021, 1054 Rn. 111 – Peterson/Google u. a.
[99] EuGH GRUR 2021, 1054 Rn. 112 – Peterson/Google u. a.
[100] Hoeren/Sieber/Holznagel MultimediaR-HdB/Sieber/Höfinger Teil 18.1 Rn. 83.
[101] EUGH ZUM 2017, 746 – Stichting Brein/Ziggo BV u. a. Hier hat der EuGH die allgemeine Kenntnis von der Verletzungsgeneigtheit des Dienstes genügen lassen.
[102] BGH GRUR 2013, 1030 (1033) – File-Hosting-Dienst; BGH MMR 2013, 185 (187) – Alone in the Dark.
[103] Art. 14 Abs. 1 lit. b der E-Commerce-RL, § 121 Abs. 1 S. 1 BGB.
[104] Paal/Hennemann in: BeckOK InfoMedienR/Gersdorf/Paal § 10 TMG Rn. 46.
[105] BGH MMR 2004, 668 (670) – Internetversteigerung I, BGH MMR 2007, 507 (508) – Internet-Versteigerung II, BGH MMR 2007, 634 (635) – Jugendgefährdende Medien bei eBay; BGH MMR 2008, 531 (532) – Internet-Versteigerung III, BGH GRUR 2011, 152 Rn. 26 – Kinderhochstühle im Internet I.

schuldensunabhängige Störerhaftung mit ihren negatorischen Ansprüchen von den Haftungsprivilegierungen der §§ 8–10 TMG unberührt bleibt. Teile der Rechtsprechung[106] und Literatur[107] widersprechen dem, u. a. unter Verweis auf die Entscheidung des EuGH in der Rechtssache *L'Oréal,* der nicht zwischen Unterlassungs- und Schadensersatzansprüchen unterschied.[108]

45 Die Änderungen des Gesetzgebers zu den §§ 7–10 TMG im 3. TMG-ÄndG 2017 haben in dieser Frage keine weitere Klarheit gebracht. So enthält § 8 Abs. 1 S. 2 TMG im Hinblick auf Access Provider und W-Lan-Anbieter nun ausdrücklich einen Hinweis auf Beseitigungs- und Unterlassungsansprüche. Dieser aber ist wohl dahin zu verstehen, dass die Störerhaftung im Übrigen unberührt bleiben soll (anders gewendet: die Regelung wäre überflüssig, wenn Unterlassungs- und Beseitigungsansprüche ohnehin ausgeschlossen sind).[109] Die explizite Erwähnung der Schadensersatzansprüche in § 10 S. 1 Nr. 1 TMG spricht dagegen eher dafür, dass die vollständige Anwendung der §§ 9 und 10 TMG auch auf Unterlassungs- und Beseitigungsansprüche der Normalfall ist.

46 Genau genommen dürfen § 10 TMG und die Grundsätze der Störerhaftung ohnehin nicht widersprüchlich angewendet werden. § 10 TMG setzt für den Verlust der Haftungsprivilegierung Kenntnis bzw. fahrlässige Unkenntnis des Host Providers in Bezug auf die rechtswidrige Handlung oder die Information voraus. Fehlt diese Kenntnis, setzen auch die Prüfpflichten im Rahmen der Störerhaftung nicht ein. Daran zeigt sich, dass das Kenntniserfordernis nicht unbedingt eine originäre Voraussetzung der Störerhaftung, sondern eher Resultat des Verbots allgemeiner Überwachungspflichten nach § 7 Abs. 2 TMG ist.[110]

47 *(5) Überwachungspflichten.* Es ist auch kein Widerspruch, dass die Rechtsprechung zur Störerhaftung die Verletzung von Prüfpflichten voraussetzt, während § 7 Abs. 2 TMG Diensteanbieter von allgemeinen Überwachungspflichten freistellt. Überwachungspflichten meint in diesem Zusammenhang die allgemeine, anlasslose Pflicht zur Kontrolle, ob überhaupt Rechtsverletzungen vorliegen. Vor Kenntnissetzung haben aber auch Störer keine Prüfpflicht.[111] Die von der Rechtsprechung statuierte Pflicht zur Verhinderung von „gleichartigen" Rechtsverletzungen ab Kenntnis[112] bringt den Verletzer natürlich in die Nähe allgemeiner Überwachungspflichten; etwas, das § 7 Abs. 2 TMG an sich verhindern will. Dies gilt gerade angesichts der Unbestimmtheit des Begriffs der „gleichartigen" Rechtsverletzung. Kritiker sehen deshalb in der Rechtsprechung des BGH eine Aushöhlung des Verbots allgemeiner Überwachungspflichten[113] und wollen die Prüfungspflichten im Rahmen der Störerhaftung auf die konkret zu bezeichnende rechtswidrige Information und die konkrete Verletzungsform beschränken.[114]

48 Eine Umgehung des Verbots der allgemeinen Überwachungspflicht liegt auch dann nicht vor, wenn ein Hosting-Anbieter Informationen, die den wort- und sinngleichen Inhalt haben wie Informationen, die zuvor für rechtswidrig erklärt worden sind, entfernen oder den Zugang zu ihnen zu sperren muss.[115] Grund dafür ist, dass es sich hierbei um eine Überwachungspflicht in einem spezifischen Fall handelt.[116] Im vorliegenden EuGH-Urteil ging es konkret um ehrverletzende Kommentare auf Facebook.

49 *(6) Digital Services Act (DSA).* Die Europäische Kommission legte im Dezember 2020 einen Entwurf für den Digital Services Act vor (Verordnung über einen Binnenmarkt für digitale Dienste). Ziel der Verordnung ist es, einen Beitrag zum reibungslosen Funktionieren des Binnenmarkts für Vermittlungsdienste zu schaffen und einheitliche Regeln für ein sicheres, vorhersehbares und vertrauenswürdiges Online-Umfeld, in dem die in der Charta verankerten Grundrechte wirksam geschützt sind, festzulegen (Art. 1 Abs. 2 DSA-E). In Art. 3 ff. des Entwurfs werden die Haftungs-

[106] OLG Hamburg BeckRS 2015, 14371 Rn. 257, OLG Hamburg MMR 2016, 269 (271).
[107] Gercke Anm. zu LG Hamburg MMR 2006, 491 (493); Leible/Sosnitza WRP 2004, 592 (598); Specht ZUM 2017, 114 (117); differenzierend Ohly GRUR 2017, 441 (449); a. A. Volkmann K&R 2014, 375 (377); Frey Anm. zu OLG Hamburg MMR 2016, 269 (275).
[108] EUGH GRUR 2011, 1025; vgl. Spindler/Schmitz/Spindler TMG § 7 Rn. 46, wonach der EuGH hierfür aber auch keinen Anlass hatte.
[109] Vgl. Spindler/Schmitz/Spindler TMG § 7 Rn. 46 mit weiteren Argumenten.
[110] Grisse GRUR 2017, 1073 (1077).
[111] Siehe dazu noch unter → Rn. 63.
[112] BGH GRUR 2004, 860 (864) – Internet-Versteigerung I.
[113] BeckOK InfoMedienR/Paal/Hennemann TMG § 7 Rn. 65.
[114] BeckOK InfoMedienR/Paal/Hennemann TMG § 7 Rn. 67; Spindler/Schmitz/Spindler ZMG § 7 Rn. 75; Sieber/Höfinger in: Handbuch Multimedia-Recht, Teil 18.1, Rn. 60.
[115] EuGH GRUR 2019, 1208 Rn. 53 – Eva Glawischnig-Piesczek/Facebook.
[116] EuGH GRUR 2019, 1208 Rn. 34 – Eva Glawischnig-Piesczek/Facebook.

voraussetzungen der Art. 12–14 E-Commerce-RL, die in Deutschland in den §§ 7–10 TMG umgesetzt sind, übernommen.[117] Das Notice-and-take-down-Verfahren für Host Provider wird im DSA zu einem Notice-and-action-System weiterentwickelt.[118] Art. 14 DSA-E sieht vor, dass Host Provider leicht zugängliche und benutzerfreundliche Verfahren einrichten müssen, um Personen das Melden von illegalen Inhalten zu ermöglichen. Nach Abs. 6 müssen die Diensteanbieter zeitnah in sorgfältiger und objektiver Weise über die Meldungen entscheiden. Des Weiteren kommen auf „Very Large Online Platforms" (VLOPs) mit mindestens 45 Mio. monatlich aktiven Nutzern in Europa weitreichende Anforderungen zu; insbesondere müssen sie jährliche Risikobewertungen zu bspw. Verbreitung illegaler Inhalte im Internet oder negativen Auswirkungen auf die Ausübung von Grundrechten durchführen.[119]

b) Haftung für eigene Inhalte und Zu-Eigenmachen. *aa) Täterschaft.* Plattformen haften für eigenes deliktisches Handeln als Täter. Nach den im Strafrecht entwickelten Grundsätzen, denen auch das zivilrechtliche Haftungsregime folgt[120], ist Täter derjenige, der die Zuwiderhandlung (also zB die dem Urheber vorbehaltene Handlung ohne dessen Zustimmung) selbst, in mittelbarer Täterschaft (vgl. § 25 Abs. 1 StGB) oder in Mittäterschaft begeht. Mittäterschaft erfordert eine gemeinschaftliche Begehung, also ein bewusstes und gewolltes Zusammenwirken im Hinblick auf den Verletzungserfolg (vgl. § 830 Abs. 1 S. 1 BGB). 50

bb) Täterschaft bei Intermediären. In der Praxis trifft die täterschaftliche Haftung häufig Plattformen, die als Content Provider eigene Inhalte anbieten (zB Streamingplattformen in Bezug auf eigene Angebote). Dort, wo die Plattform nur Infrastrukturdienstleistungen für fremde Inhalte ihrer Nutzer anbietet, ist die täterschaftliche Haftung (noch) die Ausnahme, weil die Plattform in der Regel die unmittelbare Handlung nur ermöglicht oder unterstützt, nicht aber selbst vornimmt.[121] Das Videoportal lädt die Videos nicht selbst hoch und macht sie so auch nicht öffentlich zugänglich oder vervielfältigt sie[122], der Online-Marktplatz bietet rechtsverletzende Ware nicht selbst an oder bringt diese in den Verkehr[123] und ein Sharehoster, der Speicherplatz für den Upload von Dateien anbietet, beschränkt sich darauf, die technischen Mittel für die öffentliche Zugänglichmachung der Inhalte bereitzustellen, ohne diese selbst öffentlich zugänglich zu machen.[124] (Ein Sharehoster kann aber bspw. trotzdem Täter sein, wenn er in voller Kenntnis der Rechtsverletzungen durch 13 Intensivnutzer deren Accounts nicht sperrt, sondern diese trotz einer Dreiviertelmillion auf diese Nutzer entfallender Abuse-Mitteilungen weiter gewähren lässt).[125] Auch eine Mittäterschaft scheidet in der Regel aus, denn ohne Kenntnis der Tat des Nutzers kann kein vorsätzliches Zusammenwirken mit ihm erfolgen.[126] In der Rechtsprechung des EuGH zum Urheberrecht deutet sich jedoch eine Ausweitung der täterschaftlichen Haftung durch Verwirklichung der Verletzungstatbestände auch bei entfernteren, mittelbaren Handlungen an.[127] 51

cc) Verlust der Haftungsprivilegierungen. Der Verlust der Haftungsprivilegierungen der §§ 8–10 TMG ist für die Frage der täterschaftlichen Haftung ohne Belang. Nur weil der Diensteanbieter – in den Worten des EuGH – eine „aktive Rolle" übernimmt[128] und so aus dem Anwendungsbereich der §§ 8–10 TMG herausfällt, muss er nicht automatisch als Täter handeln.[129] Vielmehr sind die Voraussetzungen des Unrechtstatbestandes nach nationalem Recht gesondert zu prüfen. Liegen die Voraussetzungen der Täterschaft nicht vor, kann die Übernahme einer „aktiven Rolle" ein Aspekt sein, der im Rahmen der Verletzung der Prüfungs- und Überwachungspflichten des Störers eine Rolle spielt. 52

[117] Berberich/Seip GRUR-Prax 2021, 4.
[118] Berberich/Seip GRUR-Prax 2021, 4 (5).
[119] Berberich/Seip GRUR-Prax 2021, 4 (5 f.).
[120] BGHZ 63, 124 (126); 89, 383 (389); BGH GRUR 2015, 987 Rn. 15 – Trassenfieber.
[121] Kritisch Nordemann, GRUR Int. 2018, 526 (533) in Bezug auf das Urheberrecht: eine vollständige Verwirklichung der Tatbestände der §§ 15 f. UrhG sei gar nicht erforderlich, es genüge die adäquat kausale Mitwirkung.
[122] OLG Hamburg BeckRS 2015, 14371.
[123] BGH ZUM-RD 2015, 650 (654) – Kinderhochstühle im Internet III.
[124] OLG München MMR 2017, 628 (629) – Gray's Anatomy.
[125] LG Hamburg ZUM-RD 2021, 98 Rn. 69.
[126] BGH GRUR 2011, 152 (154) – Kinderhochstühle im Internet.
[127] Siehe dazu noch unter → Rn. 76.
[128] EuGH GRUR 2011, 1025 Rn. 113 – L'Oréal/eBay.
[129] BGH GRUR 2013, 1229 Rn. 30 – Kinderhochstühle im Internet II, OLG München, ZUM 2016, 447 (448) – Allegro Barbaro.

53 *dd) Zu-Eigenmachen.* Plattformen haften jedoch als Täter, wenn sie ihre neutrale Rolle als Mittler verlassen, indem sie sich fremde Informationen zu eigen machen. Dies ist der Fall, wenn sie nach außen erkennbar die inhaltliche Verantwortung für die in ihrem Internetauftritt veröffentlichten Inhalte übernehmen oder den zurechenbaren Anschein erwecken, sich mit den fremden Inhalten zu identifizieren.[130]

54 Ob ein Zu-Eigenmachen vorliegt, ist aus der Sicht eines verständigen Durchschnittsnutzers auf der Grundlage einer Gesamtbetrachtung aller relevanten Umstände zu beurteilen.[131] Bei der Annahme einer Identifikation mit fremden Inhalten ist grundsätzlich Zurückhaltung geboten.[132] Für ein Zu-Eigenmachen spricht, dass die Plattform die von Dritten hochgeladenen Inhalte inhaltlich-redaktionell auf Vollständigkeit und Richtigkeit kontrolliert oder auswählt[133], die Einräumung weitreichender Nutzungsrechte[134] oder dass sie Produkte auf ihrer Webseite im eigenen Namen und auf eigene Rechnung anbietet.[135]

55 Die maßgeblichen Grundsätze des Zu-Eigenmachens stammen aus dem Persönlichkeitsrecht. Der BGH hat sie in der *Marions-Kochbuch*-Entscheidung auf das Urheberrecht übertragen. Hier aber verschiebt sich die Frage der täterschaftlichen Haftung immer mehr vom Zu-Eigenmachen hin zu einem vom EuGH herausgestellten Kriterium der „aktiven Rolle“.[136] Der EuGH hat in der *Best Water*-Entscheidung ein Zu-Eigenmachen für die Begründung einer öffentlichen Wiedergabe iSd Art. 3 Abs. 1 InfoSoc-RL auch ausdrücklich abgelehnt.[137] Dies ist richtig, weil dem europäischen Recht das Konzept des „Zu-Eigenmachens“ fremd ist. Art. 14 E-Commerce-RL enthält (anders als das deutsche Pendant § 10 TMG) keine Unterscheidung zwischen eigenen und fremden Inhalten. Mit der zunehmenden Ausweitung des Täterbegriffs durch den EuGH im Rahmen des Art. 3 Abs. 1 InfoSoc-RL[138] verliert das Kriterium weiter an Bedeutung.

56 c) **Störerhaftung.** Für Handlungen Dritter haften Plattformen häufig nur in Form der Störerhaftung. Eine Gehilfenhaftung scheidet regelmäßig aus, denn diese setzt neben einer objektiven Teilnahmehandlung zumindest einen bedingten Vorsatz in Bezug auf die Haupttat voraus, der das Bewusstsein der Rechtswidrigkeit einschließen muss.[139] Daran fehlt es Plattformen in der Regel aber. Im Zusammenhang mit der Vorlageentscheidung des BGH in Sachen YouTube *(Peterson)*[140] wurde zuletzt jedoch häufiger das Modell einer *fahrlässigen* Gehilfenhaftung iSd § 830 Abs. 2 BGB diskutiert, wonach es genügt, dass die Plattform nur allgemein wusste oder hätte wissen müssen, dass es zu Rechtsverletzungen auf der Plattform kommt oder kommen kann.[141]

57 *aa) Grundlagen.* Die Störerhaftung hat ihre Grundlage nicht im Deliktsrecht, sondern in den Regelungen zur Besitz- und Eigentumsstörung der §§ 862, 1004 BGB. Sie basiert auf Art. 8 Abs. 3 InfoSoc-RL, der jedoch über die deutsche Störerhaftung hinausgeht: Unterlassungsansprüche dürfen auch gegen „Nichtstörer“ ergehen, die keine Verhaltenspflicht verletzt haben.[142]

58 Im Lauterkeitsrecht hat die Rechtsprechung die Störerhaftung bereits aufgegeben.[143] An ihre Stelle ist eine Täter- und Teilnehmerhaftung für die Verletzung wettbewerbsrechtlicher *Verkehrspflichten* getreten.[144] Im Bereich der Verletzung von Immaterialgüterrechten, insbesondere bei

---

130 OLG München ZUM 2016, 447 (449) – Allegro Barbaro.
131 BGH ZUM-RD 2010, 456 Rn. 23 – marions-kochbuch.de.
132 BGH GRUR 2009, 1093 (1094); BGH GRUR 2017, 844 (846) – Klinikbewertungen, BGH ZUM 2016, 437.
133 BGH GRUR 2017, 844 (846) – Klinikbewertungen.
134 BGH ZUM-RD 2010, 456 Rn. 26 – marions-kochbuch.de.
135 BGH GRUR 2016, 493 (494) – Al Di Meola.
136 EuGH GRUR 2011, 1025 Rn. 113 – L'Oréal/eBay.
137 EuGH GRUR 2014, 1196 (1197) – Best Water.
138 → Rn. 76.
139 BGH ZUM 2004, 831 (835) – Internet-Versteigerung I; ZUM 2007, 646 (649) – Internet-Versteigerung II.
140 BGH GRUR 2018, 1132.
141 Stieper jurisPR-WettbR 10/2018 Anm. 1, s. auch Jaworski/Nordemann GRUR 2017, 567.
142 Voraussetzungen und Umfang der Unterlassungsanordnungen des Art. 8 Abs. 3 InfoSoc-RL bleiben den Mitgliedstaaten überlassen, s. Erwägungsgrund 59 S. 5 InfoSoc-RL.
143 BGH GRUR 2007, 890 (894) – Jugendgefährdende Medien bei eBay, BGH GRUR 2011, 152 (156) – Kinderhochstühle im Internet, BGH GRUR 2013, 301 (304) – Solarinitiative.
144 Auch im Bereich des klassischen (analogen) Deliktsrechts und der Haftung für die Verletzung von Körper und Gesundheit existiert die Störerhaftung nicht; hier verbleibt es bei den Verkehrspflichten, zB des Kaufhausbetreibers oder Konzertveranstalters als Sachwalter oder „Raumbeherrscher“. Die Verhaltenspflichten im Rahmen der Störerhaftung gleichen aber den deliktischen Verkehrspflichten und auch die Entstehungsgründe sind ähnlich: auch die Diensteanbieter schaffen mit der Bereitstellung der Plattformen eine „Gefahrenquelle“. Vgl. allg. zur Verkehrssicherungspflicht: Gerecke, Rechtsgüterschutz und Einzelhandel, Diss. 2007.

den hier besprochenen Internetsachverhalten, hält die Rechtsprechung noch an der Störerhaftung fest.[145] Dies kritisieren Teile der Literatur.[146]

Dem europäischen Recht ist die Störerhaftung fremd. Nach der Vorlagefrage des BGH in Sachen YouTube *(Peterson)* und dem Konzept der Primärhaftung in Art. 17 DSM-RL schien die Störerhaftung in Deutschland zu wanken. Der EuGH stellte jedoch fest, dass die deutsche Störerhaftung mit dem Unionsrecht vereinbar ist. Danach können die Mitgliedstaaten dem verpflichtenden Rechtsbehelf nach Art. 8 Abs. 3 InfoSoc-RL ein weiteres Verfahren vorschalten.[147] Darunter fällt auch das „Notice-and-Takedown"- und „Notice-and-Staydown"-Verfahren der deutschen Störerhaftung.[148] Es muss jedoch darauf geachtet werden, dass die tatsächliche Beendigung einer Urheberrechtsverletzung oder eines verwandten Schutzrechts nicht derart verzögert wird, dass dem Rechtsinhaber unverhältnismäßige Schäden entstehen.[149] Dennoch wird die Störerhaftung im Urheberrecht an Bedeutung verlieren. Mit der Erweiterung der öffentlichen Wiedergabe nach Art. 3 InfoSoc-RL auf die Verletzung von Verkehrspflichten,[150] wurde die Haftungsstruktur der Verkehrspflichten in diese Prüfung verlagert.[151] Wenn jedoch die durch den EuGH neu erarbeiteten Voraussetzungen für täterschaftliches Handeln nicht erfüllt werden, bleibt weiterhin eine Störerhaftung möglich.[152] Eine fortbestehende Bedeutung der Störerhaftung ist außerdem außerhalb des digitalen Urheberrechts über Art. 11 S. 3 Enforcement-RL möglich, der das allgemeine Äquivalent zu Art. 8 Abs. 3 InfoSoc-RL und Art. 14 Abs. 3 Alt. 1 E-Commerce-RL darstellt.[153] 59

bb) Abwehransprüche. Die Störerhaftung vermittelt anders als die Täterhaftung nur Abwehransprüche. Der Störer haftet nur auf Unterlassung und Beseitigung, nicht aber auf Schadensersatz.[154] Dies gilt auch für höchst „aktive" und gefahrgeneigte Störer. Voraussetzung ist, dass die Plattform nicht selbst Täter oder Teilnehmer ist, denn Täter- bzw. Teilnehmerhaftung und Störerhaftung schließen sich aus. 60

cc) Keine Subsidiarität. Die Störerhaftung ist nicht subsidiär zur Täterhaftung. Der Umstand, dass mit dem Verletzer ein Täter bekannt ist, über den auf einfachem Weg die Rechtsverletzung abgestellt werden kann, ändert an der eigenen Haftung des Störers nichts.[155] Anderes gilt nur für Access Provider und W-Lan-Anbieter. Hier war schon vor der Regelung in §§ 7 Abs. 4, 8 Abs. 3 TMG von der Rechtsprechung die subsidiäre Haftung des Störers anerkannt, wenn ein Vorgehen gegen den unmittelbaren Täter eine effektivere Rechtsdurchsetzung verspricht.[156] Die fehlende Möglichkeit, gegen den Verletzer vorzugehen, kann intensivere Prüfungspflichten des Störers bewirken.[157] 61

dd) Begriff. Als Störer kann in der üblichen Formulierung der Rechtsprechung in Anspruch genommen werden, „wer – ohne Täter oder Teilnehmer zu sein – in irgendeiner Weise willentlich und adäquat kausal zur Verletzung des geschützten Rechts beiträgt".[158] Dafür genügt bereits, dass die Plattform ihren Nutzern eine Infrastruktur bereitstellt, über die die Rechtsverletzung begangen werden kann.[159] Das Merkmal der Willentlichkeit erfordert kein Verschulden; es genügt die gewillkürte Eröffnung einer Gefahrenquelle.[160] 62

---

[145] BGH GRUR 2010, 633 (634) – Sommer unseres Lebens, BGH GRUR 2011, 1038 (1039) – Stiftparfüm.

[146] Leistner, GRUR-Beilage 2010, 1 (22 f.), Spindler GRUR 2011, 101 (102 f.), Hohlweck ZUM 2017, 109 (113), Ohly FS Schulze, 2017, 387 (394), Nordemann, GRUR Int. 2018, 526 (533).

[147] EuGH GRUR 2021, 1054 Rn. 132 – Peterson/Google u. a.

[148] EuGH GRUR 2021, 1054 Rn. 133 – Peterson/Google u. a.; Hofmann jurisPK-WettbR 7/2021 Anm. 1, S. 6.

[149] EuGH GRUR 2021, 1054 Rn. 141 – Peterson/Google u. a.

[150] → Rn. 76 f.

[151] Zurth ZUM 2021, 829 (833).

[152] Hofmann jurisPR-WettbR 7/2021 Anm. 1, S. 7

[153] Zurth ZUM 2021, 829 (836).

[154] BGH GRUR 2002, 619 – Meißner Dekor, BGH GRUR 2010, 633 Rn. 17 – Sommer unseres Lebens, OLG Hamburg ZUM 2010, 440 (452) – Rapidshare II.

[155] BGH GRUR 2007, 724 (726) – Meinungsforum, aA OLG Köln GRUR-RR 2013, 49 (50) – Kirschkerne.

[156] KG MMR 2006, 392 (393), Leistner GRUR-Beilage 2010, 1 (32).

[157] BGH GRUR 2007, 890 (894) Tz. 40 – Jugendgefährdende Medien bei eBay, Ahrens WRP 2007, 1281 (1287, 1290).

[158] BGH GRUR 2011, 152 (155) – Kinderhochstühle im Internet, BGH NJW 2012, 2279 (2280) – regierung-oberfranken.de, BGH GRUR 2013, 1229 Rn. 34 – Kinderhochstühle im Internet II. „Störer" ist die Diktion des I. Zivilsenats, während der VI. Zivilsenat in diesen Fällen von einem „mittelbaren Störer" spricht und dafür Täter und Teilnehmer „unmittelbare Störer" nennt, vgl. Specht, ZUM 2017, 114 (115).

[159] OLG Hamburg BeckRS 2015, 14371, Specht in Dreier/Schulze UrhG § 97 Rn. 46.

[160] Dreier/Schulze/Specht UrhG § 97 Rn. 28.

63 *ee) Verletzung von Prüfungs- oder Überwachungspflichten* . Da die Störerhaftung nicht über Gebühr auf Dritte erstreckt werden darf, die die rechtswidrige Beeinträchtigung nicht selbst vorgenommen haben, setzt die Haftung als Störer die Verletzung zumutbarer Verhaltenspflichten, insbesondere Prüfungs- oder Überwachungspflichten, voraus.[161] Die Feststellung einer solchen Prüfungspflichtverletzung bedarf einer umfassenden Interessenabwägung und wertenden Risikozuweisung, ob die Prüfungspflicht überhaupt zumutbar war.[162] Eine Prüfungspflicht setzt Kenntnis des Störers vom Rechtsverstoß voraus, die er häufig nach einer Beanstandung durch Betroffenen erlangt. Erst die Inkenntnissetzung aktiviert die Prüfpflicht. Diensteanbieter treffen keine proaktiven Prüfpflichten (vgl. § 7 Abs. 2 TMG). Sie sind auch nicht verpflichtet, die von ihnen übermittelten oder gespeicherten Informationen zu überwachen oder nach Umständen zu forschen, die auf eine rechtswidrige Tätigkeit hindeuten. Alles andere würde Plattformen in ihrem Aufwand unzumutbar belasten. Folglich bestehen vor Kenntnis des Störers vom Rechtsverstoß in der Regel noch keine Unterlassungsansprüche des Rechteinhabers. Dies steht nach Ansicht des BGH auch nicht im Widerspruch zu Art. 8 Abs. 3 InfoSoc-RL, der Unterlassungsansprüche gegen Vermittler auch dann gewährt, wenn diese keine Verhaltenspflicht verletzt haben.[163]

64 Mit dem Schreiben, das den Störer in Kenntnis setzt, können keine Anwaltskosten oder sonstiger Aufwendungsersatz geltend gemacht werden.[164] Das Schreiben ist deshalb auch keine rechtsförmliche Abmahnung.

65 *ff) Hinweis auf die Rechtsverletzung.* Der Hinweis, der die Prüfpflicht in Gang setzt, kann auch im Rahmen der Störer-eigenen Meldesysteme (Abuse) erfolgen.[165] Der Hinweis des Betroffenen (oder eines Dritten) muss so konkret gefasst sein, dass der Adressat den Rechtsverstoß unschwer, dh ohne eingehende rechtliche und tatsächliche Überprüfung feststellen kann (Hinweis auf eine „klare Rechtsverletzung“).[166] Dafür ist es notwendig, dass das geschützte Werk oder die geschützte Leistung wie auch die beanstandete Verletzungsform hinreichend klar beschrieben und die Rechtsinhaberschaft konkret dargelegt wird.[167] Bei Hinweis auf eine schwerwiegende Rechtsverletzung (schwere Beleidigungen, Kinderpornographie etc.) muss der Störer diese unverzüglich abstellen, dh den betreffenden Inhalt sofort löschen oder den Zugang zu ihm sperren. In der Sache ist dies nichts anderes als ein vorgelagerter Beseitigungsanspruch. Ist die Rechtsverletzung weniger eindeutig, und kann der Täter zur Frage der Verletzung etwas beitragen, muss der Störer ihn zunächst zur Stellungnahme auffordern.[168] Im Persönlichkeitsrecht hat der BGH vor allem in Bezug auf Bewertungsportale ein differenziertes System der gegenseitigen Stellungnahme entwickelt.[169]

66 *gg) Klare Erkennbarkeit.* Die Anforderung der klaren Erkennbarkeit des Rechtsverstoßes darf nicht zur Annahme verleiten, der Diensteanbieter müsse überhaupt nur tätig werden, also die Prüfung auf rechtsverletzende Inhalte einleiten, wenn eine Rechtsverletzung klar und offensichtlich ist. Dem ist nicht so. Gerade der Bereich der Persönlichkeitsrechtsverletzungen im Internet verlangt üblicherweise eine genaue Abwägung der widerstreitenden Interessen des Betroffenen mit denen des Verletzers und der Plattform. Ungeprüft wird man hier nur in seltenen Fällen zu einer Einschätzung gelangen, nach der eine Rechtsverletzung von vornherein klar erkennbar ist.

67 Würde man die „offensichtliche Rechtsverletzung“ zur Voraussetzung der Prüfplicht machen, wäre dies für den Diensteanbieter eine leichte Ausrede zur Untätigkeit. Die „klare Rechtsverletzung“ ist deshalb Voraussetzung der Löschungspflicht des Diensteanbieters. Den Sachverhalt prüfen muss dieser bereits, sobald ihm der Betroffene ausreichend Informationen zum Inhalt

[161] BGH GRUR 2008, 702 (706) – Internet-Versteigerung III, BGH GRUR 2011, 152 (155) – Kinderhochstühle im Internet.

[162] BGH GRUR 2016, 268 (270) – Störerhaftung des Access-Providers, BGH GRUR 2013, 1030 (1032) – File-Hosting-Dienst, BGH GRUR 2013, 370 (371) – Alone in the Dark, Fromm/Nordemann UrhG § 97 Rn. 157.

[163] Weil Art. 8 Abs. 3 Info-Soc-RL auf „einer Art Hilfeleistungspflicht“ des „cheapest cost avoiders“ basiert, vgl. Frey ZUM 2019, 40 (45), Nordemann GRUR 2011, 977 (979), Hofmann GRUR 2015, 123 (127), Czychowski/Nordemann GRUR 2013, 986 (988, 990).

[164] OLG Hamburg ZUM-RD 2009, 317 (325) – Mettenden; OLG Hamburg ZUM-RD 2000, 173 (179).

[165] LG Hamburg MMR 2010, 433 (434).

[166] BGH GRUR 2011, 1038 (1041) – Stiftparfüm, BGH NJW 2012, 148 Rn. 26, BGH NJW 2018, 2324 Rn. 36. Anders jedoch in Verlinkungsfällen, hier genügt es, wenn der Betroffene die Diensteanbieter auf die Rechtsverletzung hinweist, vgl. BGH NJW 2016, 804 Rn. 27 – Haftung für Hyperlink.

[167] BGH GRUR 2018, 1239 (1243) – uploaded.

[168] In einem anders gelagerten Fall ablehnend: OLG Brandenburg GRUR-RS 2017, 100775.

[169] Siehe dazu noch unter → Rn. 110.

einer objektiv nachvollziehbaren Rechtswidrigkeit des beanstandeten Inhalts übermittelt hat.[170] Eine Fehleinschätzung über die Offensichtlichkeit des Rechtsverstoßes geht zu seinen Lasten, nicht aber eine Einschätzung, die bei unklarer Rechts- und Beweislage auch ein anderes Ergebnis rechtfertigen würde.

68 *hh) Verhinderung gleichartiger Verletzungen.* Eine Haftung des Plattformbetreibers auf Unterlassung und Beseitigung tritt nur ein, wenn er den klaren Rechtsverstoß nicht löscht oder bei unklarem Verstoß keine weiteren Schritte zur Klärung der Rechtslage (und ggfls. Beendigung des Verstoßes) einleitet.[171] Bei klarem Hinweis auf eine Rechtsverletzung ist der Störer allerdings nicht nur verpflichtet, das konkrete Angebot unverzüglich zu sperren. Das häufig in diesem Zusammenhang zitierte „notice and take down"-Verfahren genügt nicht. Vielmehr hat der Störer auch Vorsorge zu treffen, dass es nicht zu weiteren gleichartigen Schutzrechtsverletzungen kommt.[172] Diese Anforderung, die der BGH in Bezug auf die Verletzung von Markenrechten auf Auktionsplattformen im Internet entwickelt hat, gelten für das Urheberrecht und Content-Plattformen gleichermaßen.[173] Die Prüfpflichten richten sich aber nur in die Zukunft. Der Anspruch bezieht sich also nur auf solche rechtsverletzenden Inhalte, die nach der ersten Inkenntnissetzung neu in den Dienst der Plattform eingestellt wurden. Der Plattformbetreiber hat nicht die Pflicht, seinen Altbestand auf Rechtsverletzungen zu durchsuchen.[174] Wohl aber trifft ihn die Verpflichtung zur Beseitigung des beanstandeten Werkes auch aus seinen Altbeständen. Der Sache nach handelt es sich auch bei der Prüfpflicht nach gleichartigen Verletzungen um Verkehrspflichten, deren Umfang auf Basis einer umfassenden Interessenabwägung zu ermitteln ist.[175]

69 *ii) Zumutbarkeit.* Maßgeblich für den Umfang der Überwachungs- und Prüfpflichten ist insbesondere, ob und inwieweit dem als Störer in Anspruch Genommenen nach den Umständen eine Verhinderung der Verletzungshandlung technisch möglich und wirtschaftlich zumutbar ist.[176] Die Zumutbarkeit einer Prüfung, um Verletzungshandlungen zu vermeiden oder abzustellen, richtet sich nach den jeweiligen Umständen des Einzelfalls unter Berücksichtigung der Funktion und Aufgabenstellung des Störers sowie mit Blick auf die Eigenverantwortung desjenigen, der die rechtswidrige Beeinträchtigung selbst unmittelbar vorgenommen hat.[177] Bei der Frage der Zumutbarkeit spielt es u. a. eine Rolle,

- ob der Störer ohne Gewinnerzielungsabsicht im öffentlichen Interesse handelte[178] oder
- eigene erwerbswirtschaftliche Zwecke verfolgt oder
- ob der Störer die Rechtsverletzung erst nach spezieller Prüfung oder unmittelbar erkennen kann[179] oder
- ob ein Allgemeininteresse am reibungslosen Ablauf des Geschäftsbetriebs des Störers besteht.[180]

70 Die Zumutbarkeit ist bereits auf der Tatbestandsebene und nicht erst auf der Rechtsfolgenseite zu prüfen.

71 *jj) Intensivierte Überwachungspflichten.* Intensivierte Überwachungspflichten entstehen dort, wo der Diensteanbieter die rechtsverletzende Nutzung Dritter fördert[181], also zB aktiv bewirbt[182], diese herausfordert, ausnutzt oder in sonstiger Weise davon profitiert. Dies ist gerade in File

170 Im Ergebnis so auch Pille NJW 2018, 3545 (3547).

171 Kritisch Frey ZUM 2019, 40 (45) zum sog. „Erfordernis einer Doppelrechtsverletzung". Instruktiv auch Hohlweck ZUM 2017, 109 (113): die Frage sei legitim, warum die Plattform nach Kenntnis und ausbleibender Reaktion nicht zumindest als Teilnehmer haften sollte.

172 BGH GRUR 2004, 860 (864) – Internet-Versteigerung I; BGH GRUR 2008, 702 (706) – Internet-Versteigerung III; BGH GRUR 2011, 1038 (1040) – Stiftparfüm.

173 OLG Hamburg BeckRS 2015, 14371.

174 OLG Hamburg MMR 2016, 269 LS 4 – Störerhaftung von YouTube.

175 S. bereits oben unter → Rn. 47.

176 BGH GRUR 2008, 702 Rn. 50 – Internet-Versteigerung III, BGH GRUR 2010, 633 (634) – Sommer unseres Lebens, BGH GRUR 2011, 617 Rn. 37 – Sedo; LG Hamburg GRUR-RS 2021, 26845 Rn. 18.

177 BGH GRUR 2001, 1038 (1039) – ambiente de, BGH GRUR 2010, 633 (634) – Sommer unseres Lebens; BGH GRUR 2014, 657 (659) – BearShare, BGH GRUR 2003, 969 (970) – Ausschreibung von Vermessungsleistungen.

178 BGH GRUR 2001, 1038 (1040) – ambiente.de, BGH GRUR 2004, 619 (621) – kurt-biedenkopf.de.

179 BGH GRUR 2001, 1038 Rn. 20 – Stiftparfum.

180 BGH GRUR 2001, 1038 (1040) – ambiente.de.

181 BGH GRUR 2013, 1030 (1032) – File-Hosting-Dienst.

182 OLG Hamburg MMR 2009, 405 (409) – Alphaload; OLG Hamburg BeckRS 2014, 02166 Rn. 62.

Sharing-Fällen relevant, wenn der Anbieter über seine Plattform flächendeckend anonymen Nutzern die Möglichkeit zu massenweisen Rechtsverstößen gibt. Hier ist es gerechtfertigt, vom Betreiber gesteigerte Prüfpflichten zu verlangen, da er wirtschaftlich von dem Rechtsverstoß profitiert. Dem Diensteanbieter ist es dann zumutbar, Wortfilter einzusetzen und durch *manuelle Kontrolle* von Linkressourcen sicherzustellen, dass zukünftige Verstöße unterbunden werden.[183] Fördert der Anbieter den Absatz rechtsverletzender Angebote zB durch Schaltung von Anzeigen (etwa in Form der Buchung von Adwords-Anzeigen bei Google für von ihm ausgewählte Suchwörter), ist er nicht nur verpflichtet, weitere Angebote des Verletzers proaktiv zu löschen, sondern insgesamt die Ergebnislisten (und nicht nur die konkreten rechtsverletzenden Angebote) auf Verletzungen hin zu kontrollieren, wobei sich seine Prüfpflicht auf die durch die gebuchten Suchbegriffe und über den elektronischen Verweis erscheinenden Angebote beschränkt.[184] Ist das betroffene Rechtsgut besonders sensibel, kann der Störer nicht nur verpflichtet sein, gleichartige Rechtsverletzungen desselben Verletzers zu unterbinden; er muss auch Verletzungen desselben Rechts durch Dritte verhindern.[185] Zudem erscheint es angemessen, in derartigen Fällen die Überwachungspflicht auch auf andere ähnliche Informationen des gleichen Nutzers zu erstrecken.

72 *kk) Grenzen der Prüf- und Überwachungspflichten.* Die Prüf- und Überwachungspflichten werden allerdings durch technische und wirtschaftliche Zumutbarkeitskriterien begrenzt[186]. Zu beachten ist, dass viele Plattformen sozial erwünschte Funktionen übernehmen. Sie fördern nicht nur die Meinungs- und Informationsfreiheit ihrer Nutzer, sie sind auch selbst Träger dieser Grundfreiheiten (Artt. 5 Abs. 1, 12, 14 GG).[187] Die divergierenden Rechtsgüter sind deshalb schonend auszugleichen.[188]

73 Daher ist eine anlasslose und flächendeckende, manuelle Kontrolle im Massengeschäft regelmäßig für von der Rechtsordnung im Grundsatz gebilligte Geschäftsmodelle, die auch keiner besonderen Gefahrgeneigtheit einer Begehung von Rechtsverletzungen unterliegen, oder diese gar fördern, nicht zumutbar.[189] Zumutbar ist es indes, Filterprogramme einzusetzen und die ermittelten Informationen anschließend händisch auszuwerten bzw. einer manuellen *Nach*kontrolle zu unterziehen.[190] Die Plattform kann ihre Überwachungspflicht darauf beschränken, zukünftig gleichartige Verletzungen desselben Anbieters zu unterbinden.[191] Dabei kann es aber nur um grobe und unschwer zu erkennende Rechtsverstöße gehen.[192]

74 Der Einsatz von Filtersystemen versagt zudem dort, wo einfache Suchbegriffe die Rechtsverletzung nicht sicher aufspüren können, weil es hierfür einer juristischen Prüfung bedarf.[193] Dies ist gerade bei Persönlichkeitsrechtsverletzungen häufig der Fall.[194]

75 Fehlt dem Verletzten ein Einblick in die technischen Möglichkeiten und die internen Betriebsabläufe des Störers, so ist es an diesem, im Rahmen der sekundären Darlegungs- und Beweislast vorzutragen, welche Schutzmaßnahmen er konkret ergreifen kann und weshalb ihm ggf. weitergehende Maßnahmen nicht zuzumuten sind.[195]

76 c) **Plattformhaftung nach dem EuGH.** Der EuGH differenziert nicht zwischen Täter- und Teilnehmerhaftung. Auch eine dem deutschen Modell vergleichbare Störerhaftung kennt er nicht. Im Urheberrecht legt der EuGH in jüngeren Urteilen den Begriff der „Wiedergabe" in

[183] BGH GRUR 2013, 370 – Alone in the Dark; BGH GRUR 2013, 1030 – File Hosting Dienst.

[184] BGH GRUR 2013, 1229 Rn. 48 ff. – Kinderhochstühle im Internet II; BGH GRUR 2015, 485 Rn. 56 ff. – Kinderhochstühle im Internet III.

[185] BGH GRUR 2007, 890 (894) – Jugendgefährdende Medien bei eBay; OLG Hamburg ZUM-RD 2009, 146 (266) – Spring nicht (Usenet I).

[186] BGH GRUR 2013, 370 Rn. 31 f. – Alone in the Dark; GRUR 2013, 1030 Rn. 47 – File Hosting Dienst.

[187] BGH GRUR 2016, 209 Rn. 24 – Haftung für Hyperlink; BGH GRUR 2011, 513 (514 ff.) – AnyDVD; MMR 2009, 608 (610 ff.) – spickmich.de.

[188] BGH GRUR 2011, 513 (514 ff.) – AnyDVD; BGH MMR 2009, 608 (610 ff.) – spickmich.de.

[189] BGH GRUR 2011, 152 Rn. 38 ff. – Kinderhochstühle im Internet; BGH GRUR 2007, 890 Rn. 39 – Jugendgefährdende Medien bei eBay; BGH GRUR 2004, 860 (864) – Internetversteigerung I; OLG Karlsruhe MMR 2017, 487 Rn. 93.

[190] BGH GRUR 2013, 1229 Rn. 47 – Kinderhochstühle im Internet II.

[191] BGH GRUR 2007, 890 Rn. 43 – Jugendgefährdende Medien bei eBay.

[192] BGH GRUR 2011, 1038 Rn. 20 – Stiftparfüm; BGH GRUR 2001, 1038 (1039); OLG Köln ZUM-RD 2017, 134 Rn. 141; OLG Hamburg 16.8.2011 – 7 U 51/10 Rn. 19 (juris) – Google, Ergebnisliste.

[193] KG MMR 2014, 46 (49 f.); OLG München BeckRS 2007, 14684 Rn. 25 f. – Parfümfälschung.

[194] LG Karlsruhe MMR 2008, 190 (191 f.).

[195] BGH GRUR 2008, 1097 Rn. 20 – Namensklau im Internet; OLG Hamburg ZUM-RD 2009, 246 (260 f.) – Spring nicht (Usenet I); Spindler GRUR 2011, 101 (108).

Art. 3 InfoSoc-RL über den Sprachsinn hinaus extensiv aus[196] und führt so einen Einheitstäterbegriff ein, der die Grenzen zwischen Täterschaft, Teilnahme und Störerhaftung verschwimmen lässt.[197]

aa) Begriff der Wiedergabehandlung. Der EuGH prüft die Wiedergabehandlung des Art. 3 InfoSoc-RL zweistufig (bestehend aus den kumulativen Prüfungspunkten „Handlung der Wiedergabe" und „Öffentlichkeit der Wiedergabe") mit einer Reihe von selbstständigen und im Einzelfall zu gewichtenden Kriterien, die regelmäßig auf der Stufe der Öffentlichkeit bewertet werden. Für eine Einstufung als „öffentliche Wiedergabe" ist erforderlich, dass eine recht große und unbegrenzte Anzahl von Personen erreicht wird und zudem ein geschütztes Werk unter Verwendung eines technischen Verfahrens, das sich von den bisher verwendeten unterscheidet, oder ansonsten für ein „neues Publikum" wiedergegeben wird, d. h. für ein Publikum, an das die Inhaber des Urheberrechts nicht gedacht hatten, als sie die ursprüngliche öffentliche Wiedergabe erlaubten.[198] Für den Bereich des Hyperlinkings folgt daraus, dass der Linksetzer Täter der Wiedergabehandlung sein kann, auch wenn er den Inhalt auf der Ursprungsseite, auf die er verlinkt, nicht selbst hochgeladen hat.[199] 77

Im Rahmen der Prüfung der beiden o.g. Punkte berücksichtigt der EuGH eine Reihe weiterer Kriterien, die unselbstständig und miteinander verflochten seien.[200] 78

So führte der EuGH in der Entscheidung *GS Media*[201] das Kriterium der *Gewinnerzielungsabsicht* als neues Element für die Frage der Haftung für Hyperlinks ein.[202] Danach begehe der Verlinkende grundsätzlich eine öffentliche Wiedergabehandlung, wenn er wisse oder hätte wissen müssen, dass er auf einen rechtswidrigen Inhalt verlinkt.[203] Handele der Verlinkende in Gewinnerzielungsabsicht, bestehe sogar eine (widerlegbare) Vermutung dafür, dass das Setzen eines solchen Links in voller Kenntnis der fehlenden Erlaubnis des Urheberrechtsinhabers erfolgt ist.[204] Allerdings ist unklar, ob diese Vermutung auch für die Wiedergabe von Werken auf Plattformen gilt.[205] In seiner Entscheidung Peterson/Google distanzierte sich der EuGH von diesem Kriterium.[206] 79

Zuletzt entschied der EuGH, dass ein BitTorrent-Indizierer („The Pirate Bay"), der es Nutzern ermöglicht, im Wege des „Peer-to-Peer"-Verfahrens Inhalte auf fremden Servern auszutauschen, die Werke aber nicht selbst hochlädt (sondern nur eine Art Suchmaschine sowie einen Index bietet), ebenso eine Wiedergabehandlung vornimmt[207] wie derjenige, der einen Mediaplayer bereitstellt, der Links zu Webseiten mit illegalen, nicht von ihm kontrollierten, Inhalten enthält.[208] Maßgeblich sei die *zentrale Rolle* der Plattform, die eine Wiedergabehandlung vornehme, wenn sie „in voller Kenntnis der Konsequenzen ihres Verhaltens tätig [wird], um [Dritten] Zugang zu den geschützten Werken zu gewähren *(„deliberate intervention")*.[209] Der EuGH versteht die öffentliche Wiedergabe damit als bewussten Vorgang der Werknutzung,[210] ließ dafür in der *Stich-* 80

---

[196] EUGH ZUM 2014, 289 Rn. 17 – Svensson; EUGH GRUR 2016, 1152 – GS Media BV/Sanoma Media Netherlands BV ua.; EUGH ZUM 2017, 587 Rn. 36 f. – Stichting Brein/Wullems; EUGH GRUR 2021, 1054 Rn. 63 – Peterson/Google u. a.

[197] Ohly ZUM 2017, 793 (796).

[198] EUGH ZUM 2014, 289 Rn. 17 f. – Svensson und daran anschließend LG Hamburg BeckRS 2017, 127832, EUGH GRUR 2018, 911 Rn. 24, 26 f. – Land Nordrhein-Westfalen/Dirk Renckhoff.

[199] EUGH ZUM 2014, 289 Rn. 17 – Svensson, kritisch Spindler, GRUR 2016, 157 (158 f.).

[200] EUGH GRUR 2016, 1152, Rn. 34 – GS Media BV/Sanoma Media Netherlands BV u. a.; EUGH ZUM 2017, 587 Rn. 30 – Stichting Brein/Wullems; EUGH GRUR 2021, 1054 Rn. 67 f. – Peterson/Google u. a.

[201] EUGH GRUR 2016, 1152 – GS Media BV/Sanoma Media Netherlands BV ua.

[202] Tatsächlich war es so neu nicht. Schon in früheren Entscheidungen betonte der EuGH regelmäßig, es sei „nicht unerheblich" für die Frage der Wiedergabehandlung, ob der Wiedergebende Erwerbszwecke verfolge, vgl. EUGH ZUM 2011, 803 Rn. 204 ff.– FAPL; EUGH ZUM-RD 2012, 241 Rn. 88 f. – SCF.

[203] EUGH GRUR 2016, 1152 Rn. 47 f. – GS Media BV/Sanoma Media Netherlands BV u. a.

[204] EUGH GRUR 2016, 1152 Rn. 47 f. – GS Media BV/Sanoma Media Netherlands BV u. a.

[205] Offengelassen vom EuGH in: ZUM 2017, 746 – Stichting Brein/Ziggo BV u. a. Für Suchmaschinen gilt sie nach deutschem Recht nicht, vgl. BGH GRUR 2018, 178 Rn. 60 – Vorschaubilder III, zustimmend Spindler, MMR 2018, 48 (51). Hier muss positiv festgestellt werden, dass der Anbieter von der fehlenden Erlaubnis des Rechtsinhabers zur Veröffentlichung der Werke wusste oder hätte wissen müssen. Alles andere würde dazu führen, dass ihm eine allgemeine Pflicht zur Kontrolle der durch die Suchmaschine indexierten Inhalte auferlegt würde, was das Geschäftsmodell des Anbieters gefährden oder unverhältnismäßig erschweren würde.

[206] EUGH GRUR 2021, 1054 Rn. 67 f. – Peterson/Google u. a.

[207] EUGH ZUM 2017, 746 – Stichting Brein/Ziggo BV u. a.

[208] EUGH ZUM 2017, 587 Rn. 36 f. – Stichting Brein/Wullems.

[209] EUGH ZUM 2017, 746 Rn. 36 – Stichting Brein/Ziggo BV u. a.

[210] von Ungern-Sternberg, GRUR 2019, 1 (3).

ting Brein/Ziggo -Entscheidung aber die allgemeine Kenntnis über die Verletzungsgeneigtheit des Dienstes genügen.[211]

81 Die „aktive Rolle" ist damit nicht nur für die Frage des Eingreifens der Haftungsprivilegien der §§ 8–10 TMG relevant, sondern (ohne, dass ein Automatismus besteht) auch für die Frage der Täterschaft im Rahmen der Wiedergabehandlung des Art. 3 InfoSoc-RL, wobei der EuGH hier begrifflich vorrangig von einer „zentralen Rolle" spricht. Bei verletzungsgeneigten Diensten wie *„Pirate Bay"* kann es für die zentrale Rolle der Plattform genügen, wenn sie die Dateien ihrer Nutzer strukturiert erfasst und ihnen erleichtert zugänglich macht (Kategorisierung, Suchfunktion etc.).[212]

82 In der Entscheidung *Peterson/Google* stellte der EuGH das Vorsatzelement, das neben der zentralen Rolle der Plattform maßgeblich für die Wiedergabehandlung sei, noch deutlicher heraus.[213] Nach dem EuGH liegt danach eine öffentliche Wiedergabe vor, wenn

- der Betreiber der Plattform von der rechtsverletzenden Zugänglichmachung eines geschützten Inhalts konkret Kenntnis hat und diesen Inhalt nicht unverzüglich löscht oder den Zugang zu ihm sperrt, oder
- wenn der Betreiber der Plattform, obwohl er weiß oder wissen müsste, dass über seine Plattform im Allgemeinen durch Nutzer geschützte Inhalte rechtswidrig öffentlich zugänglich gemacht werden, nicht die geeigneten technischen Maßnahmen ergreift, die von einem die übliche Sorgfalt beachtenden Wirtschaftsteilnehmer in seiner Situation erwartet werden können, um Urheberrechtsverletzungen auf dieser Plattform glaubwürdig und wirksam zu bekämpfen, oder auch,
- wenn der Betreiber der Plattform an der Auswahl geschützter Inhalte, die rechtswidrig öffentlich zugänglich gemacht werden, beteiligt ist, auf seiner Plattform Hilfsmittel anbietet, die speziell zum unerlaubten Teilen solcher Inhalte bestimmt sind, oder ein solches Teilen wissentlich fördert.[214]

83 Für ein solches Fördern könne der Umstand sprechen, dass das Geschäftsmodell des Betreibers auf Rechtsverletzungen durch Nutzer angelegt sei.[215]

84 Die DSM-Richtlinie war nicht Gegenstand des *Peterson*-Urteils. Relevanz wird das Urteil trotz der neuen Rechtslage haben, bpsw. für Plattformen, die explizit vom Anwendungsbereich des die Richtlinie umsetzenden UrhDaG ausgenommen sind, oder die Voraussetzungen eines Diensteanbieters nach § 2 Abs. 1 UrhDaG nicht erfüllen.[216]

85 *bb) Haftung von Online-Marktplätzen.* Auch für die Haftung von Online-Marktplätzen im Bereich des Markenrechts fordert der EuGH eine zentrale oder aktive Rolle des Portalbetreibers.[217] Verlasse der Anbieter seine neutrale Vermittlerposition und nehme er eine Position ein, die ihm Kenntnis von bestimmten Daten oder eine Kontrolle über sie verschaffen kann, etwa indem er Nutzern Hilfestellung bei der Optimierung der Präsentation der Angebote oder bei deren Bewerbung leiste, könne er sich hinsichtlich dieser Daten nicht mehr auf die Haftungsprivilegien der §§ 8–10 TMG (Art. 12–14 E-Commerce-RL) berufen.[218] Selbst dann, wenn der Diensteanbieter keine aktive Rolle einnehme, sei Art. 14 E-Commerce-RL nicht anwendbar, sofern er sich Tatsachen oder Umständen bewusst war, die einen sorgfältigen Wirtschaftsteilnehmer auf die Rechtswidrigkeit der Verkaufsangebote hätten schließen lassen, und er diese nicht unverzüglich entfernt oder den Zugang zu ihnen gesperrt hat.[219]

86 *cc) Zukunft der Störerhaftung.* In der Konzeption des EuGH führt die zentrale Rolle und die Kenntnis von der Rechtsverletzung zu bestimmten Verhaltenspflichten (Verkehrspflichten) des Diensteanbieters. Die Verletzung dieser Verhaltenspflichten begründet die (Täter-)Haftung des Diensteanbieters. Damit führt der EuGH stückweise ein neues europäisches Haftungsmodell ein, neben dem die deutsche Störerhaftung nur schwer bestehen kann. Gewichtige Teile der Literatur

[211] Anders als in der GS Media-Entscheidung des EUGH GRUR 2016, 1152 – GS Media BV/Sanoma Media Netherlands BV u. a.

[212] EUGH ZUM 2017, 746 – Stichting Brein/Ziggo BV u. a.

[213] EUGH GRUR 2021, 1054 Rn. 78 – Peterson/Google u. a.

[214] EUGH GRUR 2021, 1054 Rn. 102 – Peterson/Google u. a.

[215] EUGH GRUR 2021, 1054 Rn. 102 – Peterson/Google u. a.

[216] Specht-Riemenschneider Anm. zu EUGH GRUR 2021, 1054 (1066); Spindler, NJW 2021, 2554 (2557).

[217] EUGH GRUR 2011, 1025 Rn. 113 f. – L'Oréal/eBay u. a.

[218] EUGH GRUR 2011, 1025 Rn. 118 f. – L'Oréal/eBay u. a. Für Suchmaschinen und Markenrechsverletzungen durch den von Google angebotenen Dienst „AdWords": EUGH EuZW 2010, 419 (426) – Google France SARL.

[219] EUGH GRUR 2011, 1025 Rn. 121 f. – L'Oréal/eBay u. a.

fordern daher die Aufgabe der Störerhaftung für mittelbare Verletzer und die Etablierung täterschaftlicher Verkehrspflichten, die der Sache nach den Verhaltenspflichten der Störerhaftung gleichen.[220] Für das Wettbewerbsrecht ist dieser Schritt schon vollzogen.[221] Die Funktion der Plattform und ihre Verletzungsgeneigtheit werden für die Frage der Verkehrspflichten in Zukunft eine entscheidende Rolle spielen.

In der Tatsache, dass ein Plattformbetreiber als Täter haftet, wenn er keine geeigneten technischen Maßnahmen ergreift, obwohl er weiß oder wissen müsste, dass über seine Plattform durch Nutzer geschützte Inhalte rechtswidrig öffentlich zugänglich gemacht werden, liegt aus deutscher Sicht vor allem eine Haftungserweiterung.[222] Abstrakte Kenntnis oder verschuldete Unkenntnis lösen konkrete Verkehrspflichten aus, deren Nichteinhaltung zu einer Haftung auf Schadensersatz führt.[223] 87

Die Ausweitung des Täterbegriffs birgt die Gefahr einer übermäßigen Haftung sozialerwünschter, neutraler Plattformen, solange der EuGH die genauen Kriterien der Abgrenzung von unmittelbarer und mittelbarer Tathandlung nicht klarer herausarbeitet.[224] Zudem ist unklar, wo bei einer derartigen Ausweitung der Wiedergabehandlung nach Art. 3 InfoSoc-RL noch Platz für die Vermittlerhaftung nach Art. 8 Abs. 3 InfoSoc-RL bleiben soll.[225] 88

3. Neues Urheberrechts-Diensteanbieter-Gesetz

Am 1. August 2021 trat das Gesetz über die urheberrechtliche Verantwortlichkeit von Diensteanbietern für das Teilen von Online-Inhalten (UrhDaG) in Kraft.[226] Es stellt die Umsetzung des Art. 17 DSM-Richtlinie in deutsches Recht dar. 89

a) **Anwendungsbereich.** In den Anwendungsbereich fallen nach § 2 Abs. 1 UrhDaG Anbieter von Diensten, die es als Hauptzweck ausschließlich oder zumindest auch verfolgen, eine große Menge an von Dritten hochgeladenen urheberrechtlich geschützten Inhalten zu speichern und öffentlich zugänglich zu machen, die Inhalte organisieren, zum Zweck der Gewinnerzielung bewerben und mit Online-Inhaltediensten um dieselben Zielgruppen konkurrieren. Einige Diensteanbieter, wie bspw. nicht gewinnorientierte Online-Enzyklopädien oder Entwicklungs- und Weitergabe-Plattformen für quelloffene Software, sind in § 3 UrhDaG explizit vom Anwendungsbereich ausgenommen. Für Startup-Diensteanbieter und kleine Diensteanbieter nach § 2 Abs. 2 und 3 UrhDaG gilt die Privilegierung nach § 7 Abs. 4 und 5 UrhDaG, wonach diese nicht zur qualifizierten Blockierung verpflichtet sind. 90

b) **Grundsatz: Täterschaft.** Das UrhDaG sieht vor, dass Diensteanbieter im Grundsatz zunächst täterschaftlich haften. Gemäß § 1 Abs. 1 UrhDaG gibt ein Diensteanbieter Werke öffentlich wieder, wenn er der Öffentlichkeit Zugang zu urheberrechtlich geschützten Werken verschafft, die von Nutzern des Dienstes hochgeladen wurden. Die Haftungsprivilegierung des § 10 S. 1 TMG gilt für die vom UrhDaG umfassten Diensteanbieter nicht mehr (§ 1 Abs. 3 UrhDaG). Im Ergebnis haften Diensteanbieter nicht nur auf Unterlassung, sondern auch auf Schadensersatz, unabhängig der Frage, ob der Diensteanbieter auch eine zentrale Rolle einnimmt.[227] § 1 Abs. 2 UrhDaG bietet allerdings auch die Möglichkeit zur Exkulpation von der Täterhaftung. Demnach ist der Diensteanbieter für die öffentliche Wiedergabe urheberrechtlich geschützter Werke nicht verantwortlich, wenn er seine Pflichten nach § 4 UrhDaG und den §§ 7 bis 11 UrhDaG nach Maßgabe hoher branchenüblicher Standards unter Beachtung des Grundsatzes der Verhältnismäßigkeit erfüllt. Zudem entfällt nach § 12 Abs. 2 S. 2 UrhDaG der Schadensersatzanspruch, wenn der Diensteanbieter nach der Entscheidung über eine Beschwerde das Verfahren ordnungsgemäß durchlaufen hat. 91

c) **Lizenzierungsobliegenheit.** § 4 UrhDaG verpflichtet Diensteanbieter dazu, bestmögliche Anstrengungen zu unternehmen, um die vertraglichen Nutzungsrechte für die öffentliche Wiedergabe urheberrechtlich geschützter Werke zu erwerben. Diese Pflicht erfüllt er, sofern er Nutzungs- 92

[220] Leistner GRUR-Beilage 2010, 1 (18 ff.); Ohly ZUM 2017, 793 (801); Nordemann GRUR Int. 2018, 526 (533); allgemeiner: Hofmann JuS 2017, 713 (718 f.).
[221] Siehe oben → Rn. 58
[222] Holznagel CR 2021, 603 (604).
[223] Holznagel CR 2021, 603 (604); Rauer/Bibi ZUM 2021, 819 (821).
[224] Ohly ZUM 2017, 793 (800).
[225] Leistner GRUR 2017, 755 (759).
[226] BGBl. I 2021, 1204.
[227] BT-Drs. 19/27426, 44.

rechte erwirbt, die 1. ihm angeboten werden, 2. über repräsentative Rechtsinhaber verfügbar sind, die der Diensteanbieter kennt, oder 3. über im Inland ansässige Verwertungsgesellschaften oder abhängige Verwertungseinrichtungen erworben werden können (§ 4 Abs. 1 S. 2 UrhDaG). Dies gilt jedoch nur für qualifizierte Lizenzangebote gemäß § 4 Abs. 2 UrhDaG, um die Diensteanbieter nicht übermäßig zu belasten.[228] § 4 UrhDaG stellt lediglich eine Obliegenheit dar, die keinen Kontrahierungszwang auslöst.[229] Zu beachten ist, dass die Lizenzierungspflicht des Diensteanbieters auch besteht, wenn ein Upload urheberrechtlich von einer Schranke gedeckt ist.[230] Dies wird kritisiert, da eine Haftung der Plattform ausscheiden muss, wenn es schon gar keine rechtswidrige Handlung eines Dritten gibt.[231] Zudem wird im Rahmen des § 4 UrhDaG kritisch betrachtet, dass die Gesetzesbegründung es für möglich erachtet, dass Diensteanbieter sich über ihre Allgemeinen Geschäftsbedingungen auf bestimmte Genres und Inhalte spezialisieren.[232] Dadurch könnten sie sich ihrer Lizenzierungspflicht entziehen.[233]

93 d) **Qualifizierte Blockierung.** § 7 UrhDaG enthält die Pflicht zur qualifizierten Blockierung. Dies bedeutet, dass der Diensteanbieter verpflichtet ist, durch Sperrung oder Entfernung (Blockierung) bestmöglich sicherzustellen, dass ein Werk nicht öffentlich wiedergegeben wird und hierfür auch künftig nicht verfügbar ist („stay down").[234] Dies gilt ab dem Zeitpunkt, ab dem der Rechtsinhaber dies verlangt und die hierfür erforderlichen Informationen zur Verfügung stellt. Praktisch kommen hier Upload-Filter zum Einsatz.[235] Dabei müssen laut § 7 Abs. 2 S. 2 UrhDaG die §§ 9–11 UrhDaG (mutmaßlich erlaubte Nutzungen) beachtet werden. Zudem muss nach § 7 Abs. 3 UrhDaG der Nutzer sofort über die Blockierung des von ihm hochgeladenen Inhalts informiert und auf das Recht hingewiesen werden, nach § 14 Beschwerde einzulegen.

94 e) **Einfache Blockierung.** Neben der Pflicht zur qualifizierten Blockierung gibt es in § 8 UrhDaG auch die Pflicht zur einfachen Blockierung. Hier muss der Diensteanbieter lediglich die öffentliche Wiedergabe eines Werkes durch Blockierung beenden („notice-and-takedown").[236] Diese Pflicht greift, sobald der Rechteinhaber dies verlangt und einen hinreichend begründeten Hinweis auf die unerlaubte öffentliche Wiedergabe des Werkes gibt. § 7 Abs. 2 und 3 UrhDaG sind entsprechend anzuwenden.

95 f) **Erlaubte Nutzungen.** Die öffentliche Wiedergabe von urheberrechtlich geschützten Werken und Teilen von Werken ist gemäß § 5 UrhDaG bei gesetzlich erlaubten Nutzungen zulässig. Dies gilt für Zitate nach § 51 UrhG, für Karikaturen, Parodien und Pastiches nach § 51a UrhG und für davon nicht erfasste gesetzlich erlaubte Fälle der öffentlichen Wiedergabe nach Teil 1 Abschnitt 6 des UrhG. Dadurch sollen insbesondere die Grundrechte der Meinungs- und Informationsfreiheit sowie der Kunstfreiheit gewahrt werden.[237] Als Ergänzung zu den gesetzlich erlaubten Nutzungen dürfen mutmaßlich erlaubte Nutzungen bis zum Abschluss eines Beschwerdeverfahrens öffentlich wiedergegeben werden (§ 9 Abs. 1 UrhDaG). Dazu zählen gemäß Abs. 2 nutzergenerierte Inhalte, die weniger als die Hälfte eines Werkes eines Dritten oder mehrerer Werke Dritter enthalten, diese Werkteile mit anderem Inhalt kombinieren und Werke Dritter nur geringfügig nutzen (§ 10 UrhDaG) oder als gesetzlich erlaubt gekennzeichnet sind (§ 11 UrhDaG). So soll sog. Overblocking durch Uploadfilter verhindert werden.[238] Dafür muss der Diensteanbieter den Rechtsinhaber nach § 9 Abs. 3 UrhDaG sofort über die öffentliche Wiedergabe informieren und auf sein Beschwerderecht hinweisen. „Sofort" soll dabei wie „unverzüglich" iSd § 121 Abs. 1 S. 1 BGB zu verstehen sein.[239] § 10 UrhDaG listet die Nutzungen von Werken auf, die als geringfügig im Sinne des § 9 Abs. 2 S. 1 Nr. 3 UrhDaG gelten, sofern sie nicht zu kommerziellen Zwecken oder nur zur Erzielung unerheblicher Einnahmen dienen. Darunter fallen bspw. bis zu 15 Sekunden je einer Tonspur oder bis zu 160 Zeichen je eines Textes. § 11 UrhDaG gestattet es dem Nutzer, Uploads als nach § 5 UrhDaG gesetzlich erlaubt zu kennzeich-

228 Hofmann NJW 2021, 1905 (1907); von Welser GRUR-Prax 2021, 463 (464).
229 BT-Drs. 19/27426, 132; von Welser, GRUR-Prax 2021, 463 (464).
230 BT-Drs. 19/27426, 132.
231 Hofmann NJW 2021, 1905 (1907).
232 Spindler WRP 2021, 1111 (1114); vgl. BT-Drs. 19/27426, 133.
233 BT-Drs. 19/27426, 133.
234 BT-Drs. 19/27426, 137.
235 Frey/Rudolph MMR 2021, 671 (673).
236 BT-Drs. 19/27426, 138.
237 Spindler WRP 2021, 1111 (1117).
238 BT-Drs. 19/27426, 139.
239 Spindler WRP 2021, 1245 (1246).

nen, wenn der Inhalt beim Hochladen automatisiert blockiert werden soll. Soll ein nutzergenerierter Inhalt erst nach dem Hochladen automatisiert blockiert werden, gilt der Inhalt auch ohne Vorliegen einer Kennzeichnung für 48 Stunden als mutmaßlich erlaubt. Dadurch wird dem Nutzer Gelegenheit zur Reaktion auf das Blockierverlangen gegeben.[240] Dennoch wird in der Literatur teilweise vertreten, dass die Sperrobliegenheiten unionsrechtswidrig umgesetzt wurden, da das Overblocking-Verbot nach Art. 17 Abs. 7 DSM-RL nicht nur mutmaßlich erlaubte Nutzungen umfasse, sondern alle zulässigen Inhalte.[241]

g) Vergütung der Rechteinhaber. Regelungen zu den Vergütungsansprüchen für Rechteinhaber finden sich in §§ 4, 5 und 12 UrhDaG. Zunächst enthält § 4 Abs. 3 UrhDaG einen Direktvergütungsanspruch des Urhebers. Danach muss der Diensteanbieter dem Urheber eine angemessene Vergütung für die öffentliche Wiedergabe eines Werkes zahlen, wenn der Urheber das Recht der öffentlichen Wiedergabe des Werkes einem Dritten eingeräumt hat. Mangels Schutzbedürftigkeit gilt dies aber nicht, wenn der Urheber das Recht der öffentlichen Wiedergabe eines Werkes einer Verwertungsgesellschaft oder einem Digitalvertrieb eingeräumt hat (§ 4 Abs. 3 S. 2 UrhDaG)[242] Gemäß § 21 Abs. 2 UrhDaG steht der Vergütungsanspruch auch Lichtbildnern und ausübenden Künstlern zu. Zum Schutz der Urheber ist in § 4 Abs. 4 S. 1 UrhDaG außerdem ein Verzichts- und Abtretungsverbot – ausgenommen an Verwertungsgesellschaften – geregelt.[243] 96

Ein weiterer Direktvergütungsanspruch findet sich in § 5 Abs. 2 UrhDaG für die öffentliche Wiedergabe von Karikaturen, Parodien und Pastiches nach § 51a UrhG. Dieser Anspruch ist ebenfalls nicht verzichtbar und nur an eine Verwertungsgesellschaft abtretbar (§ 5 Abs. 2 S. 2 UrhDaG). Allerdings steht der Anspruch zusätzlich nicht nur Lichtbildnern und ausübenden Künstlern zu, sondern gilt nach § 21 Abs. 1 UrhDaG für alle Inhaber verwandter Schutzrechte. Kritisiert wird an dieser teilweisen Vergütungspflicht von Schranken, dass Diensteanbieter selbst entscheiden, welche Schranke einschlägig ist, und somit im Zweifel Einzelfälle als Zitate eingestuft werden, um der Vergütungspflicht zu entgehen.[244] Schließlich enthält § 12 Abs. 1 S. 1 UrhDaG einen Vergütungsanspruch für die öffentliche Wiedergabe mutmaßlich erlaubter Nutzungen nach §§ 9–11 UrhDaG. § 5 Abs. 2 S. 2–4 ist entsprechend anzuwenden (§ 12 Abs. 1 S. 2 UrhDaG). 97

h) Rechtsbehelfe. Teil 5 des UrhDaG regelt die Rechtsbehelfe der Nutzer und Rechteinhaber. Der Diensteanbieter muss sicherstellen, dass ein wirksames, kostenfreies und zügiges Beschwerdeverfahren über die Blockierung und über die öffentliche Wiedergabe von geschützten Werken zur Verfügung steht (§ 14 Abs. 1 UrhDaG). Dazu kann er sich nach § 15 Abs. 1 UrhDaG allerdings auch einer externen Beschwerdestelle bedienen. Der Diensteanbieter muss die Beschwerde allen Beteiligten mitteilen, ihnen die Gelegenheit zur Stellungnahme geben und spätestens eine Woche nach Einlegung der Beschwerde darüber entscheiden (§ 14 Abs. 2 UrhDaG). Die Entscheidung muss gemäß § 14 Abs. 5 UrhDaG von einer natürlichen, unparteiischen Person getroffen werden. Abweichend von § 9 Abs. 1 UrhDaG, der eine öffentliche Wiedergabe mutmaßlich erlaubter Nutzungen bis zum Abschluss eines Beschwerdeverfahrens vorsieht, enthält § 14 Abs. 4 UrhDaG eine Regelung, wonach der Diensteanbieter zu einer sofortigen Blockierung verpflichtet ist, wenn ein vertrauenswürdiger Rechteinhaber nach Prüfung durch eine natürliche Person erklärt, dass die Vermutung nach § 9 Abs. 2 UrhDaG zu widerlegen ist und die fortdauernde öffentliche Wiedergabe die wirtschaftliche Verwertung des Werkes erheblich beeinträchtigt. Dieses auch als „Roter-Knopf-" oder „Red button"[245] bezeichnete Verfahren wird in der Praxis bspw. bei der rechtswidrigen Wiedergabe von Premiuminhalten Anwendung finden.[246] Zudem besteht die Möglichkeit, eine außergerichtliche Streitbeilegung durch private Schlichtungsstellen (§ 16 UrhDaG) oder durch die behördliche Schlichtungsstelle in Anspruch zu nehmen (§ 17 UrhDaG). 98

i) Maßnahmen gegen Missbrauch. Um einem Missbrauch der verschiedenen Rechte nach dem UrhDaG vorzubeugen, enthält § 18 UrhDaG verschiedene Maßnahmen gegen Missbrauch. Darunter zählen bspw. der Ausschluss von den verschiedenen Verfahren (§§ 7–8 UrhDaG, Beschwer- 99

240 BT-Drs. 19/27426, 141.
241 Jäger ZUM 2021, 903 (908); eine Gefahr des Overblocking sehend auch Spindler WRP 2021, 1245 (1245).
242 Spindler WRP 2021, 1111 (1114).
243 BT-Drs. 19/27426, 134.
244 Metzger/Pravemenn ZUM 2021, 755 (757).
245 BT-Drs. 19/27426, 143; Hofmann NJW 2021, 1905 (1908).
246 von Welser GRUR-Prax 2021, 463 (466).

deverfahren etc.) oder die Möglichkeit der Inanspruchnahme auf Unterlassung. Schließlich regelt § 19 UrhDaG einige Auskunftsrechte.

100 **j) Uploadfilter und Meinungsäußerungfreiheit.** In diesem Zusammenhang ist die Entscheidung des EuGH zur Vereinbarkeit von Art. 17 DSM-RL mit dem in Art. 11 der Charta der Grundrechte der Europäischen Union verankertem Recht auf freie Meinungsäußerung und Informationsfreiheit (Rs. C-401/19) interessant. Die Republik Polen hatte am 24. Mai 2019 Klage eingereicht und beantragte, Art. 17 Abs. 4 Buchst. b und Art. 17 Abs. 4 Buchst. c letzter Satzteil („und alle Anstrengungen unternommen hat, um gemäß Buchstabe b das künftige Hochladen dieser Werke oder sonstigen Schutzgegenstände zu verhindern") der DSM-RL für nichtig zu erklären.[247] In seinem Schlussantrag vom 15.7.2021 gab Generalanwalt *Saugmandsgaard Øe* die Empfehlung an den EuGH ab, die Klage Polens abzuweisen.[248] Er kam in seiner Einschätzung zu dem Ergebnis, dass die Einschränkung des Rechts auf freie Meinungsäußerung und Informationsfreiheit durch Art. 17 DSM-RL alle in Art. 52 Abs. 1 der Grundrechte-Charta festgelegten Bedingungen erfüllt und somit mit ihr vereinbar ist.[249] Dem folgte der EuGH mit seiner Entscheidung vom 26. April 2022 und wies die Klage Polens ab.[250] Die Aussage des EuGH in der *Peterson*-Entscheidung, wonach vorbeugende Filterpflichten ein taugliches technisches Mittel zur Einhaltung der Verkehrspflichten sind, wurde schon zuvor als Hinweis auf eine der dem Generalanwalt entsprechende Entscheidung im Hinblick auf die Nichtigkeitsklage Polens verstanden.[251]

4. Ausgewählte Plattformen

101 **a) Suchmaschinen.** Suchmaschinen berühren durch ihren Funktionszuschnitt in unterschiedlicher Weise Rechtspositionen Dritter. Zu den einzelnen Funktionen haben sich jeweils eigene Rechtsprechungslinien und Haftungsdogmatiken herausgebildet.

102 *aa) Hyperlinks auf Trefferseiten.* Die klassische Kernfunktion von Suchmaschinen bilden in Trefferlisten angezeigte Links. Bei den Hyperlinks handelt es sich nicht um eigene Inhalte der Suchmaschine. Die Suchmaschine macht sich diese auch nicht zu eigen.[252] Sie kann allerdings nach den allgemeinen Grundsätzen als Störer haften, dh nach konkretem Hinweis und Kenntnis von einer offensichtlich auf den ersten Blick klar erkennbaren Rechtsverletzung, und bei Verletzung einer Prüfpflicht.[253] Die gigantische zu verarbeitende Datenmenge mache eine weitergehende (Vorab-)Kontrolle unmöglich.[254] Die Privilegierungstatbestände der §§ 9, 10 TMG greifen nicht, weil die Drittangebote durch die Suchmaschine weder dauerhaft noch vorübergehend gespeichert werden.[255] Auch § 8 TMG greift für Suchmaschinen nicht ein, weil sich ihre Tätigkeit nicht nur auf die Übermittlung fremder Informationen oder auf die Zugangsvermittlung zu solchen Informationen beschränkt.[256] In der Literatur wird eine direkte[257] oder analoge[258] Anwendung des § 8 TMG befürwortet, weil die Suchmaschinen Zugang zu fremden Informationen innerhalb eines Kommunikationsnetzes öffnen bzw. deren Interessenlage zumindest der eines passiven Access Providers vergleichbar sei.

103 *bb) Algorithmisch erzeugte Kurzinformationen (sog. Snippets).* Die in Trefferlisten angezeigten Links werden durch automatisch generierte Kurzinformationen, sog. Snippets, ergänzt. Diese werden von den Suchmaschinenbetreibern aus fremden Angeboten im eigenen Suchindex gespeichert und dann neben den Suchergebnissen präsentiert.[259] Snippets können ehrverletzend sein und Betroffene in ihren Persönlichkeitsrechten berühren. Hin und wieder kommt es auch zu

[247] EuGH Gerichtsmitteilung v. 24.5.2019 – C-401/19, BeckEuRS 2019, 606662.
[248] Generalanwalt beim EuGH Schlussantrag v. 15.7.2021 – C-401/19, BeckRS 2021, 20614.
[249] Generalanwalt beim EuGH Schlussantrag v. 15.7.2021 – C-401/19, BeckRS 2021, 20614 Rn. 220.
[250] Urteil vom 26.4.2022 – C-401/19, NJW 2022, 1663.
[251] Specht-Riemenschneider Anm. zu EUGH GRUR 2021, 1054 (1066); EUGH GRUR 2021, 1054 Rn. 94 – Peterson/Google u. a.
[252] BGH NJW 2018, 2324 Rn. 29; OLG Dresden 7.1.2019 – 4 W 1149/18 Rn. 14 (juris).
[253] BGH NJW 2018, 2324 Rn. 36; BGH K&R 2019, 256 (257 Rn. 37); OLG Frankfurt GRUR 2018, 1283 (1288); Meyer K&R 2019, 221 (225 f.); kritisch Pille NJW 2018, 3545 (3549).
[254] Vgl. bereits LG Berlin MMR 2005, 786 (787); KG MMR 2006, 392; von Pentz AfP 2019, 113 (123).
[255] Sieber/Höfinger in: Hoeren/Sieber/Holznagel, Multimedia-Recht, Teil 18.1 Rn. 112.
[256] LG Frankfurt ZD 2017, 391, Rn. 53 (nicht rechtskräftig).
[257] Hoeren/Sieber/Holznagel MMR-HdB/Sieber/Höfinger Teil 18.1 Rn. 113 ff. m. w. N.; ablehnend Roggenkamp/Stadler in: Heckmann, jurisPK-Internetrecht, Kap. 10 Rn. 674 f.
[258] Beck TMD/Jandt TMG § 10 Rn. 51, Nolte/Wimmers GRUR 2014, 16 (25), LG Frankfurt MMR 2001, 405 f.
[259] Hoeren/Sieber/Holznagel MMR-HdB/Sieber/Höfinger Teil 18.1 Rn. 109.

sinnentstellenden Snippets mit persönlichkeitsrechtsverletzendem Inhalt, der sich im Originaltext so nicht wiederfindet.[260] Während in der Literatur vereinzelt jegliche Haftung abgelehnt wird,[261] ist in der Rechtsprechung auch insoweit anerkannt, dass Suchmaschinenbetreiber nur ab Kenntnis und bei Verletzung von Prüfpflichten als Störer haften.[262] Den Nutzern sei zwar verständlich, dass die Snippets nicht auf der intellektuellen Leistung von Menschen beruhende Aussagen sind, sondern ausschließlich zu Nachweiszwecken automatisch generiert werden.[263] Der Betreiber habe gleichwohl nach Hinweis auf die Rechtsverletzung den jeweiligen Link zu löschen und zukünftig gleichartige Rechtsverletzungen zu verhindern.[264] Der Betreiber sei jedoch nicht verpflichtet, den gesamten Inhalt von Internetseiten unter einer Domainadresse von der Anzeige als Suchergebnis über die Suchmaschine auszuschließen (sog. Vollsperrung).[265]

cc) Verkleinerte Vorschaubilder (sog. Thumbnails). Urheberrechtliche Haftungsfragen stellen sich auch im Zusammenhang mit verkleinerten Vorschaubildern, die bei einer Bildersuche zwecks Auswahlerleichterung zusätzlich zur URL-Angabe der Suchergebnisse präsentiert und so wie Snippets im Index der Suchmaschine gespeichert werden (sog. Thumbnails).[266] Die listenartige Darstellung der verkleinerten Abbildungen stellt ein eigenes öffentliches Zugänglichmachen iSd § 19a UrhG dar, weshalb eine täterschaftliche Haftung grundsätzlich in Betracht kommt. 104

Zunächst ging die Rechtsprechung davon aus, die Speicherung von Thumbnails in einem Suchmaschinenindex könne als zeitlich begrenzte Speicherung bis zum nächsten „Crawlen" gemäß § 10 TDG aF (heute § 9 TMG) haftungsrechtlich privilegiert sein.[267] Dagegen gelangte das LG Hamburg zu einer täterschaftlichen Haftung der Suchmaschine; urheberrechtliche Schranken (§§ 23, 51 UrhG) griffen nicht ein.[268] Das OLG Jena befand, eine Geltendmachung von Ansprüchen gegen den Suchmaschinenbetreiber sei rechtsmissbräuchlich (§ 242 BGB), wenn man in die Verwertung der Bilder nicht einwillige, gleichzeitig aber den Suchmaschinenzugriff auf diese durch Metatags erleichtere.[269] In ständiger Rechtsprechung nimmt der BGH nunmehr an, dass durch die Wiedergabe der Fotografie als Vorschaubild zwar der Tatbestand der öffentlichen Zugänglichmachung iSd § 19a UrhG erfüllt und diese Nutzung auch nicht durch eine Schrankenbestimmung des Urheberrechtsgesetzes (zB §§ 44a, 51 UrhG) gerechtfertigt sei. Allerdings erkläre der Urheber, der eine Abbildung eines urheberrechtlich geschützten Werks ins Internet einstellt, ohne technisch mögliche Vorkehrungen gegen ein Auffinden und Anzeigen dieser Abbildung durch Suchmaschinen zu treffen, durch schlüssiges Verhalten seine (schlichte) Einwilligung in eine Wiedergabe der Abbildung als Vorschaubild.[270] Später erstreckte der BGH dies auf Fälle, in denen ein Dritter die Abbildung des Urhebers rechtswidrig ins Internet eingestellt hat, der Rechteinhaber dies aber zumindest einem anderen gestattet hatte.[271] Danach haftet dem Urheber allein die Person, die den Bildupload zu verantworten hat. 105

Die jüngste Entscheidung „Vorschaubilder III" betrifft das Hyperlinking auf Suchmaschinen-Vorschaubilder durch Dritte. Der BGH spannt den Bogen zur urheberrechtlichen Einordnung von Links durch den EuGH und erblickt hierin potentiell eine täterschaftliche Haftung wegen Verletzung des Rechts der öffentlichen Wiedergabe nach § 15 Abs. 2 UrhG. Der Linksetzer hafte danach nicht als Störer, sondern als Täter, wenn er den Link trotz Kenntnis der fehlenden Einwilligung des Urhebers nicht entferne.[272] Denkbar ist, dass diese Rechtsprechung zukünftig auch auf Suchmaschinenbetreiber selbst übertragen wird.[273] 106

[260] OLG Köln MMR 2018, 613, Meyer K&R 2019, 221 (228).
[261] jurisPK-Internetrecht/Roggenkamp/Stadler Kap. 10 Rn. 694.
[262] OLG Köln AfP 2018, 356 (360); OLG Hamburg K&R 2019, 57; OLG Saarbrücken MMR 2018, 683; LG Hamburg NJW 2015, 796.
[263] OLG Hamburg MMR 2011, 685 (686 f.); OLG Hamburg MMR 2007, 315 f.; OLG Hamburg MMR 2010, 490 (492); OLG München MMR 2012, 108 (109); OLG Stuttgart MMR 2009, 190; KG MMR 2012, 129.
[264] OLG Braunschweig GRUR 2014, 1002 (1005 f.) – Posterlounge I; OLG Braunschweig GRUR-RR 2014, 385 (389 f.) – Posterlounge II.
[265] OLG Karlsruhe MMR 2017, 487.
[266] Hoeren/Sieber/Holznagel MMR-HdB/Sieber/Höfinger Teil 18.1 Rn. 109.
[267] AG Bielefeld MMR 2005, 556 (557).
[268] LG Hamburg MMR 2009, 55.
[269] OLG Jena MMR 2008, 408 (413).
[270] BGH NJW 2010, 2731 (2735) – Vorschaubilder I.
[271] BGH NJW 2012, 1886 (1888) – Vorschaubilder II.
[272] BGH NJW 2018, 772 (780 Rn. 67) – Vorschaubilder III; kritisch Spindler MMR 2018, 48 (50 f.).
[273] Ohly GRUR 2018, 187 (188).

107 *dd) Bezahlte Werbeanzeigen (Sponsored Links bzw. AdWords-Werbung).* Suchmaschinen zeigen mitunter bezahlte Werbeanzeigen zusammen mit den algorithmisch erzeugten Trefferlisten an. Werbungtreibende können durch die Auswahl von Schlüsselbegriffen vorab festlegen, dass eine Anzeige nur in den Ergebnissen für eine Suche nach den genannten Begriffen oder thematisch passenden Seiten dargestellt werden soll. Hier kommt insbesondere eine markenrechtliche Haftung in Betracht, wenn konkurrierende Markennamen als Schlüsselbegriffe verwendet werden.

108 In der Literatur werden Sponsored Links mitunter wie manuell gesetzte Hyperlinks bewertet.[274] Andere nehmen eine Haftungsprivilegierung zugunsten der Suchmaschinenbetreiber gem. § 10 TMG direkt oder analog an, da die Interessenlage mit Host Providern vergleichbar sei: Wenn der Inhalt der Werbeanzeige allein durch den Werbekunden gestaltet und beliebig verändert werden könne, sollten Prüfpflichten des Suchmaschinenbetreibers aus Zumutbarkeitserwägungen erst ab Kenntnis der Rechtswidrigkeit entstehen.[275] Auch nach Ansicht des EuGH ist für die Suchmaschinenhaftung von Bedeutung, welche Rolle sie bei der Abfassung der den Werbelink begleitenden Werbebotschaft oder bei der Festlegung oder der Auswahl der Schlüsselwörter spielen.[276] Eine Haftungsbeschränkung der Suchmaschinenbetreiber nach § 10 TMG komme in Betracht, wenn deren Rolle technisch, automatisch und passiv verbleibe und diese weder Kenntnis noch Kontrolle über die weitergeleitete oder gespeicherte Information haben.[277] Verlasse der Anbieter seine neutrale Vermittlerposition und nehme er eine Position ein, die ihm Kenntnis von bestimmten Daten oder eine Kontrolle über sie verschaffen könne, etwa indem er Nutzern Hilfestellung bei der Optimierung der Präsentation der Angebote oder bei deren Bewerbung leistet, könne er sich hinsichtlich dieser Daten nicht mehr auf die Haftungsprivilegien der §§ 8–10 TMG (Art. 12–14 E-Commerce-RL) berufen.[278]

109 *ee) Autocomplete-Funktion.* Mit Hilfe der Autocomplete-Funktion werden dem Nutzer bei der Eingabe eines Suchbegriffes in die Suchfunktion der Plattform über einen Algorithmus[279] verschiedene Suchvorschläge in Form von Wortkombinationen angezeigt. Hierbei generierte persönlichkeitsrechtsverletzende Inhalte sind eigene Inhalte der Plattform iSd § 7 Abs. 1 TMG.[280] Gleichwohl haftet die Plattform nur als Störer für die Verletzung von Prüfpflichten ab Kenntnis vom Rechtsverstoß.[281] Sie muss damit auch gleichartige Suchvorschläge unterbinden.

110 **b) Bewertungsportale.** *aa) Bedeutung.* Online-Bewertungsportale stehen wegen ihres Geschäftsmodells immer wieder im Fokus gerichtlicher Entscheidungen, hängen Kaufentscheidungen von Konsumenten doch zunehmend von positiven Kundenbewertungen in ebendiesen Portalen ab. Einer Studie des Branchenverbands der deutschen Informations- und Telekommunikationsbranche (Bitkom) zufolge erkundigt sich mehr als jeder zweite Bundesbürger (56 %) vor einer Online-Kaufentscheidung nach entsprechenden Kundenbewertungen.[282] Dabei reicht das Spektrum von Produkt- über Hotel- bis hin zu Ärztebewertungen oder Bewertungen von Lehrern und Professoren. Die Relevanz und Reichweite von Online-Bewertungsportalen birgt jedoch auch die Gefahr von Persönlichkeitsrechtsverletzungen der zu bewertenden Unternehmen bzw. der dahinterstehenden Personen. Negative Kritik kann sich geschäftsschädigend oder sogar existenzvernichtend auswirken. Die Einträge sind häufig anonym, was die Missbrauchsgefahr erhöht[283] und die Stigmatisierung und Prangerwirkung des Bewerteten[284] durch die jederzeitige, meist kostenfreie Abrufung befördert.

111 Im Interessenkonflikt stehen dabei in der Regel das allgemeine Persönlichkeitsrecht bzw. das Unternehmenspersönlichkeitsrecht sowie das Recht der freien Berufsausübung des Betroffenen und das Recht auf freie Meinungsäußerung bzw. der Kommunikationsfreiheit des Bewertenden

---

274 Hoeren/Sieber/Holznagel MMR-HdB/Sieber/Höfinger Teil 18.1. Rn. 132.
275 BecK TMD/Jandt § 10 TMG Rn. 57; jurisPK-Internetrecht/Roggenkamp/Stadler Kap. 10 Rn. 706; offengelassen in LG Regenburg MMR 2005, 478.
276 EUGH EuZW 2010, 419 (426) – Google France SARL.
277 EUGH EuZW 2010, 419 (426) – Google France SARL.
278 EUGH EuZW 2010, 419 (426) – Google France SARL.
279 Abhängig von der Häufigkeit der Nutzeranfragen.
280 BGH GRUR 2013, 751 Rn. 20 – „Autocomplete"-Funktion.
281 BGH GRUR 2013, 751 Rn. 23 ff. – „Autocomplete"-Funktion.
282 https://www.bitkom.org/Presse/Presseinformation/Jeder-Zweite-liest-Online-Bewertungen-vor-dem-Kauf, zuletzt abgerufen am 26.1.2022.
283 Kühling NJW 2015, 447 (448).
284 MMR-HdB/Solmecke Teil 21.1. Rn. 33; Spindler/Schuster/Mann BGB § 823 Rn. 26.

sowie des Portalbetreibers.[285] Ein Anspruch des Bewerteten gegen die Plattform auf Löschung seines Profils und seiner Basisdaten besteht trotz gesteigertem Missbrauchsrisiko nicht.[286] Die Berufstätigkeit von Ärzten, Hoteliers etc. spielt sich in der Regel in der der Öffentlichkeit zugewandten Sozialsphäre ab. Der Einzelne muss sich in diesem Bereich auf eine Beobachtung durch die Öffentlichkeit und auf Kritik einstellen („Markt der Meinungen"). Die öffentliche Bewertung beruflicher Leistungen führt zu Markttransparenz. Auch ein Anspruch auf Offenlegung der bei einem Bewertungsportal hinterlegten Anmeldedaten eines anonymen Bewerters besteht grundsätzlich nicht.[287]

bb) Haftung für eigene Inhalte. Der Betreiber eines Bewertungsportals haftet gem. § 7 Abs. 1 TMG nach den allgemeinen Regeln sowohl für eigene Inhalte als auch für die auf seinem Portal bereitgestellten Funktionen. Dazu gehören auch Inhalte, die zwar nicht von ihm erstellt wurden, die er sich aber zu eigen gemacht hat.[288] Ein Zu-Eigenmachen liegt vor, wenn der Portalbetreiber eine inhaltlich-redaktionelle Überprüfung der auf seinem Portal eingestellten Nutzerbewertungen auf Vollständigkeit und Richtigkeit vornimmt und dies nach außen kommuniziert.[289] Entscheidend ist, dass der Eindruck entsteht, der Betreiber identifiziere sich mit der jeweiligen Aussage.[290] Dies hängt davon ab, ob der Betreiber lediglich neutraler Vermittler ist oder vielmehr eine aktive Rolle einnimmt.[291] Die bloße Überprüfung der abgegebenen Bewertungen auf Unregelmäßigkeiten (Fake-Bewertungen) und die Errechnung einer Durchschnittsnote genügen regelmäßig noch nicht für die Annahme eines Zu-Eigenmachens.[292] Anders ist dies, wenn die von der Plattform verwendeten Filteralgorithmen nicht nur manipulierte Einträge aussondern, sondern einen Großteil der abgegebenen Bewertungen von der Errechnung der Gesamtnote ausschließen, zB weil dies ältere Einträge sind.[293] Filterkriterien dürfen deshalb nicht zu weitreichend die Einbeziehung von Kommentaren verhindern und müssen kritisch auf ihren Nutzen hinsichtlich der Ausfilterung von Fälschungen geprüft werden. Ebenfalls nicht ausreichend für ein Zu-Eigenmachen ist die Einordnung von Bewertungen in „empfohlen" und „nicht empfohlen", abhängig davon, wie hilfreich die Plattform die Bewertung einschätzt.[294] 112

cc) Haftung für fremde Inhalte Für fremde, nicht zu eigen-gemachte Inhalte haftet die Plattform als Störer, dh nach Verletzung zumutbarer Prüfpflichten.[295] Diese bestimmen sich in Abhängigkeit von dem Gewicht der angezeigten Rechtsverletzung und der Erkennbarkeit, der Funktion des Betreibers und Eigenverantwortung des Nutzers.[296] Der BGH hat ein ausdifferenziertes Prüfverfahren entwickelt, wonach der Betreiber im Falle konkret behaupteter Beanstandungen die Stellungnahmen des Bewerters und des Bewerteten einzuholen hat, um den Sachverhalt aufzuklären.[297] Ärztebewertungsplattformen sind gehalten, die Beanstandung des betroffenen Arztes dem Bewertenden zu übersenden und diesen zu einer Stellungnahme, zB über die Art des Behandlungskontaktes, aufzufordern.[298] Dazu zählt auch, den Bewertenden anzuhalten, Unterlagen, wie etwa Bonushefte, Rezepte oder sonstige Indizien, möglichst umfassend vorzulegen.[299] Diese sind – ggfls. geschwärzt und ohne Verstoß gegen § 12 Abs. 1 TMG – an den Bewertenden weiterzuleiten.[300] Darlegungs- und beweisbelastet für die Unrichtigkeit der Bewertung ist der klagende Arzt; die Plattform trifft allerdings eine sekundäre Darlegungslast.[301] Diese Grundsätze gelten auch für 113

[285] LG Nürnberg-Fürth ZUM 2013, 70; Claßen DRB 2018, 138–140.

[286] BGH NJW 2015, 489 (493) – Ärztebewertungsportal II. Anders aber, wenn die Plattform ihre Rolle als „neutrale" Informationsmittlerin verlässt: BGH GRUR 2018, 636 (640) – Ärztebewertung III. Zur Kennzeichnungspflicht der Plattform Jameda für sog. „Top-Platzierungen Fachgebiete": LG München I 18.3.2015 – 37 = 19570/14.

[287] BGH GRUR 2014, 902 – Ärztebewertung I.

[288] Vonhoff MMR 2012, 571 (572).

[289] BGH NJW 2016, 2106 (2107) – Ärztebewertungsportal III; OLG Dresden NJW-RR 2018, 675.

[290] BGH NJW 2020, 1520 (1521).

[291] BGH GRUR 2018, 636 (639) – Ärztebewertung III; OLG Dresden NJW-RR 2018, 675 (675).

[292] BGH NJW 2016, 2106 (2107) – Ärztebewertungsportal III.

[293] OLG München 13.11.2018 – 18 U 1280/16 Pre.

[294] BGH GRUR-RS 2020, 1917 Rn. 40.

[295] BGH MMR 2009, 752.

[296] BGH NJW 2016, 2106 (2109) – Ärztebewertungsportal III; Erman/Klass BGB Anh. § 12, Das Allgemeine Persönlichkeitsrecht, Rn. 90a.

[297] BGH GRUR 2012, 311 (313); BGH NJW 2016, 2106 (2108) – Ärztebewertungsportal III LG Nürnberg-Fürth ZUM 2013, 70 (72); LG Lübeck ZUM 2019, 74 (78).

[298] BGH NJW 2016, 2106 (2110).

[299] BGH NJW 2016, 2106 (2110).

[300] BGH NJW 2016, 2106 (2110).

[301] BGH NJW 2016, 2106 (2110).

Ansprüche auf Wiederveröffentlichung positiver Beiträge, die durch den Prüfalgorithmus der Ärztebewertungsplattform mangels Validität gelöscht wurden.[302]

114 c) **Marktplätze.** *aa) Haftungsgrundsätze* Maßgeblich zur Rechtsentwicklung der Providerhaftung von Marktplätzen (hier: eBay) haben die TrippTrapp-Kinderhochstühle der norwegischen Firma Stokke AS beigetragen.[303] Mit ihnen hat der BGH[304] in drei marken- und urheberrechtlichen Entscheidungen aus den Jahren 2010[305], 2013[306] und 2015[307] zunächst Abschied vom Institut der Störerhaftung für das wettbewerbsrechtliche Verhaltensunrecht genommen, um dann die Kontroll- und Überwachungspflichten von Marktplätzen, in diesem Fall eBay, zu konkretisieren. Danach sei es eBay nicht zuzumuten, jedes einzelne Angebot einer manuellen Kontrolle in Form von Bildvergleichen zu unterziehen, um so zu überprüfen, ob zB unter den Marken der Originalerzeugnisse Plagiate oder Fremdfabrikate angeboten werden.[308] Dies würde das Geschäftsmodell von eBay gefährden. Manuelle Kontrollen seien schon deshalb unangemessen, weil eBay mit dem sog. VeRI-Programm eine eigene Software bereitstelle, die rechtsverletzende Angebote herausfiltere.[309] Anders als das OLG Hamburg es in den YouTube-Fällen für das dortige Content ID-System annahm, hielt es der BGH in den eBay-Fällen für angemessen, den *Rechteinhaber* (und nicht die Plattform) auf die eigenverantwortliche Nutzung der Filtersoftware zu verweisen.[310] Anschließend könne die Plattform die gemeldeten Angebote einer manuellen Nachkontrolle unterziehen.[311] Den maßgeblichen Unterschied des Content ID-Verfahrens zum VeRI-Programm sieht das OLG Hamburg in der erleichterten Rechtsverfolgung für den Betroffenen.[312] Ebay teilt den Mitgliedern des VeRi-Programms die Kontaktdaten des Rechtsverletzers mit. Damit könne der Rechteinhaber den Nutzer ermitteln und seine Ansprüche unmittelbar gegen ihn geltend machen. Eine vergleichbare Möglichkeit biete YouTube nicht. Zwar unternehme die Plattform auch „gewisse Bemühungen zur Identifikation ihrer Nutzer".[313] Nutzerkonten könnten gleichwohl anonym und unter Fantasienamen angelegt werden, was bei eBay aufgrund des Umstandes, dass über die Plattform Kaufverträge und damit finanzielle Transaktionen abgewickelt würden, nicht so einfach möglich sei.[314]

115 *bb) Erweiterte Prüfpflichten* Erweiterte Prüfpflichten des Marktplatzes bestehen jedoch dann, wenn er seine Rolle als neutraler Vermittler aufgibt und Hilfestellung leistet, die Präsentation der Verkaufsangebote zu optimieren oder zu bewerben[315], zB dadurch, dass er AdWords-Anzeigen bei Google schaltet, die über einen Link unmittelbar zu einer automatisch generierten Liste von Angeboten bei eBay führen, unter denen sich auch schutzrechtsverletzende Angebote finden.[316] In diesem Fall sei es eBay zumutbar, die Ergebnislisten (und nicht nur die konkreten rechtsverletzenden Angebote), zu denen der Nutzer über den Link gelangt, auf Schutzrechtsverletzungen hin zu prüfen (wenn auch nicht proaktiv, sondern nach Hinweis auf die Rechtsverletzung).[317] Nach der jüngeren Rechtsprechung einiger Instanzgerichte zum Urheberrecht sollen Diensteanbieter auch dann eine „aktive Rolle" im Sinne der EuGH-Rechtsprechung[318] einnehmen (unter Verlust der Haftungsprivilegierung des § 10 TMG), wenn sie über automatische Algorithmen einheitliche Produktfotos für die Angebote vorgeben.[319]

---

302 LG München I 16.4.2019 – 33 O 6880/18.

303 Anfang der 1970er Jahre von Peter Opsvik entworfen.

304 Unter Fortführung seiner Entscheidungen BGH GRUR 2004, 860 – Internetversteigerung I, BGHZ 158, 236; BGH GRUR 2007, 708 – Internetversteigerung II; BGH GRUR 2008, 702 – Internetversteigerung III.

305 BGH MMR 2011, 172 – Kinderhochstühle im Internet I.

306 BGH GRUR 2013, 1229 – Kinderhochstühle im Internet II.

307 BGH GRUR 2015, 485 – Kinderhochstühle im Internet III.

308 BGH MMR 2011, 172 (173 f.) – Kinderhochstühle im Internet I, BGH GRUR 2013, 1229 (1233) – Kinderhochstühle im Internet II.

309 BGH GRUR 2013, 1229 (1233) – Kinderhochstühle im Internet II.

310 BGH MMR 2011, 172 (174) – Kinderhochstühle im Internet I.

311 BGH MMR 2011, 172 (174) – Kinderhochstühle im Internet I.

312 OLG Hamburg 1.10.2015 – 5 U 87/12, MMR 2016, 269 Rn. 501 f. – juris (GEMA).

313 OLG Hamburg 1.10.2015 – 5 U 87/12, MMR 2016, 269 Rn. 501 f. – juris (GEMA).

314 OLG Hamburg 1.10.2015 – 5 U 87/12, MMR 2016, 269 Rn. 501 f. – juris (GEMA).

315 EUGH GRUR 2011, 1025 Rn. 112 f. – L'Oréal/eBay u. a.

316 BGH GRUR 2013, 1229 – Kinderhochstühle im Internet II; BGH GRUR 2015, 485 – Kinderhochstühle im Internet III.

317 BGH GRUR 2013, 1229 (1233) – Kinderhochstühle im Internet II; BGH GRUR 2015, 485 (491) – Kinderhochstühle im Internet III.

318 EUGH GRUR 2011, 1025 Rn. 112 f. – L'Oréal/eBay u. a.

319 Für ein Preisvergleichsportal: KG GRUR-RR 2016, 265 (266); für die Anzeige bei Google-Shopping: OLG Düsseldorf ZUM 2016, 869 (874). Kritisch: Berberich GRUR-Prax 2017, 269 (270).

cc) Täterhaftung Die Grenze der Neutralität ist regelmäßig aber dann noch nicht überschritten, wenn Plattformen die Verkaufsangebote Dritter nur speichern, die Modalitäten für den Dienst festlegen (ohne diese gesondert aufzubereiten oder auf Richtigkeit und Vollständigkeit zu prüfen), wenn sie eine Vergütung für ihren Service nehmen und Auskünfte allgemeiner Art an Kunden erteilen oder diese auf neue Angebote aufmerksam machen.[320] 116

Die Plattform haftet als Täter und nicht nur als Störer, wenn sie mit der Bereitstellung des Dienstes eine in ihrem Verantwortungsbereich stehende Gefahrenquelle für Verletzungen des Jugendschutzes schafft und die hieraus erwachsenden Gefahrabwendungspflichten verletzt (Haftung wegen Verletzung einer wettbewerbsrechtlichen Verkehrspflicht).[321] 117

dd) P2B-Verordnung Weitere umfangreiche Pflichten für Marktplätze regelt die am 12. Juli 2020 in Kraft getretene Verordnung zur Förderung von Fairness und Transparenz für gewerbliche Nutzer von Online-Vermittlungsdiensten („P2B-VO").[322] Art. 1 P2B-VO legt das Ziel fest, zum reibungslosen Funktionieren des Binnenmarkts beitragen zu wollen, indem Vorschriften erlassen werden, mit denen sichergestellt wird, dass für gewerbliche Nutzer von Online-Vermittlungsdiensten und Nutzern mit Unternehmenswebseiten im Hinblick auf Suchmaschinen eine angemessene Transparenz, Fairness und wirksame Abhilfemöglichkeiten geschaffen werden. Der Fokus liegt insbesondere auf Vorgaben für die Gestaltung von Allgemeinen Geschäftsbedingungen (Art. 3 P2B-VO) und der Verpflichtung die Mechanismen offenzulegen, die einen Einfluss auf das Ranking von Angeboten in Online-Suchmaschinen haben (Art. 5 P2B-VO). 118

IV. Datenschutz im TMG

Das auf Telemedien anwendbare Datenschutzrecht wurde 2021 durch das Inkrafttreten des TTDSG grundlegend erneuert. Das Gesetz enthält bereichsspezifische Datenschutzregelungen für Telemedien. Zuvor hatte das TMG dies geregelt. Die Vorschriften des TMG hatten seit Inkrafttreten der DS-GVO zahlreiche Abgrenzungs- und Auslegungsfragen aufgeworfen. Gleichzeitig war die europarechtskonforme Umsetzung der ePrivacy-Richtlinie im TMG umstritten.[323] Mehrere Entscheidungen des EuGH zu Cookies hatten dem Gesetzgeber zusätzlichen Anlass gegeben, den Themenbereich gesetzlich neu zu regeln. 119

1. Geltungsbereich – Verhältnis von TMG, TTDSG und DS-GVO

TMG und TTDSG müssen zusätzlich zur DS-GVO eingehalten werden. Soweit Telemedien auch personenbezogene Daten verarbeiten, gelten die Vorgaben beider Gesetze. Dies ist bei fast jedem Telemedienangebot der Fall. Die DS-GVO ist europäisches Sekundärrecht. Sie genießt gegenüber Bundesgesetzen wie dem TMG und dem TTDSG Anwendungsvorrang. Bei Widersprüchen geht die DS-GVO deshalb vor. Dies kann insbesondere bei den Datenschutzregelungen des TTDSG der Fall sein. Eine Ausnahme von diesem Vorrang ist § 25 TTDSG. Diese Vorschrift dient zur Umsetzung insbesondere von Art. 5 Abs. 3 der ePrivacy-Richtlinie. Die DS-GVO erlegt gem. Art. 95 DS-GVO insoweit ausdrücklich keine zusätzlichen Pflichten auf.[324] 120

Das TTDSG hat als verpflichteten Normadressaten die Anbieterin von Telemediendiensten (§ 2 Abs. 2 Nr. 1 TTDSG). Die Anbieterinnen sind zugleich regelmäßig Verantwortliche im Sinne des Art. 4 Nr. 7 DS-GVO. Für den räumlichen Anwendungsbereich des TTDSG gilt, ähnlich der DS-GVO (s. Art. 3 DS-GVO), gem. § 1 Abs. 3 TTDSG das Marktortprinzip.[325] 121

2. Datenschutzinformation

Neben den oben genannten Informationspflichten für Telemedienanbieter (→ Rn. 15 ff.) müssen Telemedienanbieter die allgemeinen datenschutzrechtlichen Informationspflichten aus den Art. 13 und Art. 14 DS-GVO erfüllen, soweit ihr Dienst personenbezogene Daten verarbeitet. Die 122

[320] EUGH GRUR 2011, 1025 Rn. 112 f. – L'Oréal/eBay u. a.; BGH GRUR 2015, 485 – Kinderhochstühle im Internet III.

[321] BGH MMR 2007, 634 – Jugendgefährdende Medien bei eBay.

[322] ABl. L 186/57 v. 20. Juni 2019.

[323] Auch „Cookie-Richtlinie" genannt, Richtlinie 2002/58/EG in der durch die Richtlinie 2009/136/EG geänderten Fassung, siehe Gesetzesbegründung des TTDSG in BT-Drs. 19/27441, 33.

[324] Datenschutzkonferenz, Orientierungshilfe der Aufsichtsbehörden für Anbieter:innen von Telemedien ab dem 1. Dezember 2021 („OH Telemedien 2021"), 5 f.

[325] Siehe auch BT-Drs. 19/27441, 34.

Information erfolgt in der Praxis regelmäßig in Gestalt einer Datenschutzerklärung. Eine detaillierte Information ist insbesondere auch mit Blick auf die Wirksamkeit von Einwilligungen nach Art. 6 Abs. 1 lit. a DS-GVO wichtig. Denn die DS-GVO verlangt, dass den betroffenen Personen die Tragweite ihrer Erklärung bewusst ist (Informiertheit, Art. 4 Nr. 11 DS-GVO).

123 Hieran mangelt es in der Praxis häufig, insbesondere bei der Einbindung von Drittanbieter-Diensten. Telemedienanbieterinnen sind gem. Art. 4 Nr. 7, Art. 26, Art. 28 und Art. 29 DS-GVO für die Tätigkeit von Drittenanbietern datenschutzrechtlich grundsätzlich mit verantwortlich, wenn sie mit diesen gemeinsam Verantwortliche im Sinne von Art. 26 DS-GVO sind oder mit ihnen eine Auftragsverarbeitungs-Vereinbarung nach Art. 28 Abs. 3 DS-GVO abschließen.

124 Deshalb sollten Telemedienanbieter insbesondere beim Einsatz von Einwilligungs-Tools, die zB in sogenannten „Cookie-Bannern" eingesetzt werden, darauf achten, dass die Informationen für die Nutzerinnen (betroffenen Personen) transparent und vor allem nicht widersprüchlich sind. So dürfen die Angaben über Drittanbieter im Cookie-Banner nicht den Angaben in der Datenschutzerklärung widersprechen.

125 Die Datenschutzinformation muss, etwas vereinfacht, Folgendes enthalten:

Allgemeine Informationen

1. Namen und die Kontaktdaten der Verantwortlichen (Diensteanbieterin)
2. Die Kontaktdaten der Datenschutzbeauftragten
3. Hinweise auf die Betroffenenrechte auf Auskunft, Berichtigung, Löschung, Einschränkung, Widerspruch und Datenübertragbarkeit sowie das Beschwerderecht bei einer Aufsichtsbehörde

Informationen je Verarbeitung

1. Der Verarbeitungszweck sowie die Rechtsgrundlage für die Verarbeitung
2. Wenn die Verarbeitung auf Art. 6 Abs. 1 lit. a DS-GVO oder Art. 9 Abs. 2 lit. a DS-GVO beruht, das Bestehen eines Widerrufsrechts bezüglich der Einwilligung, dessen Ausübung die Rechtmäßigkeit Verarbeitung aufgrund der Einwilligung bis zum Zeitpunkt des Widerrufs nicht berührt
3. Ob die Bereitstellung der personenbezogenen Daten gesetzlich oder vertraglich vorgeschrieben oder für einen Vertragsabschluss erforderlich ist, ob die betroffene Person verpflichtet ist, die personenbezogenen Daten bereitzustellen, und welche mögliche Folgen die Nichtbereitstellung hätte
4. Wenn die Verarbeitung auf Art. 6 Abs. 1 lit. f DS-GVO beruht, die berechtigten Interessen, die von dem Verantwortlichen oder einem Dritten verfolgt werden
5. Die Speicherungsdauer oder, falls dies nicht möglich ist, die Kriterien für die Festlegung der Dauer
6. Gegebenenfalls die Empfänger oder Kategorien von Empfängern der personenbezogenen Daten
7. Gegebenenfalls Angaben zur Übermittlung von Daten außerhalb des Europäischen Wirtschaftsraums
8. Das Bestehen einer automatisierten Entscheidungsfindung einschließlich Profiling gemäß Art. 22 Abs. 1 und 4 DS-GVO und – zumindest in diesen Fällen – aussagekräftige Informationen über die involvierte Logik sowie die Tragweite und die angestrebten Auswirkungen einer derartigen Verarbeitung für die betroffene Person

126 Information zu den Punkten 2, 4, 6 und 7 kann entfallen, soweit diese Punkte nicht einschlägig sind. Zu den Punkten 3 und 8 muss auch „negativ" darüber informiert werden, wenn sie nicht einschlägig sind. Diese negative Information kann in Gestalt eines allgemeinen Hinweises erfolgen, d. h. nicht je einzelner Verarbeitung.

Artikel 13 und 14 verlangen, die Information den betroffenen Personen „mitzuteilen". Dies impliziert eine aktive Tätigkeit. Insoweit hat sich durchgesetzt, die Information passiv verfügbar zu machen, zB durch einen Hinweis nebst Hyperlink auf eine Website.

3. Einwilligung, Cookies und Nutzerverfolgung (User-Tracking)

127 a) **Technisches.** Cookies sind Daten, die ein Webserver während des Besuchs einer Website durch einen Nutzer auf dessen IT-System ablegt. Der Webserver kann diese Daten zu einem späteren Zeitpunkt wieder auslesen. Dies ermöglicht der Website, die Nutzerin bei einem späteren Besuch wiederzuerkennen. Darüber hinaus können in Cookies weitere Daten hinterlegt werden. Auf diese Weise können beispielsweise Voreinstellungen gespeichert werden. Cookies sind wegen

dieser Eigenschaften fester Bestandteil des **Internet-Marketing** geworden, namentlich um das Nutzerverhalten auszuwerten und die daraus gewonnenen Erkenntnisse zur Werbung und Marktforschung zu verwenden. Cookies dienen außerdem dazu, Website-Besucher zu authentifizieren. Mit ihnen wird die sogenannte „Session-ID" gespeichert. Bei Apps sind derartige Techniken technisch nicht unbedingt erforderlich. Die App ist ohnehin im IT-System des Nutzers gespeichert und legt dort Daten ab. Die Wiedererkennung der Nutzerin sowie das Auslesen und Übermitteln von Nutzerdaten kann in den Programmcode der App integriert werden, oder entsprechende Funktionen des Betriebssystems genutzt werden („Werbe-ID").

Ein Cookie kann über das Protokoll HTTP(S) an den Browser der Nutzerin übermittelt werden,[326] lokal durch JavaScript oder eine andere Skriptsprache erzeugt werden oder beispielsweise auch als sogenannter „Flash-Cookie" durch ein Browser-Plug-In. Man unterscheidet Cookies in solche, die zu einem bestimmten Datum verfallen, und in sogenannte bloße „Sitzungscookies" („session cookies"), die nur während der jeweiligen Sitzung gespeichert bleiben. Moderne Tracking-Technologien funktionieren auch ohne Hinterlegung von Daten beim Nutzer. Internet-Server erkennen Nutzer anhand von Metainformationen wieder, wie etwa Browsertyp und -version, Bildschirmauflösung oder eingebettete Inhalte (zB sogenannte Zählpixel oder Tracking Bugs). Die Treffsicherheit ist hoch.[327] 128

b) Rechtliche Anforderungen. Cookies und andere Identifikatoren, die Tracking ermöglichen, d.h. die Wiedererkennung von Nutzern, unterliegen rechtlichen Anforderungen. Nach § 25 TTDSG ist jede Speicherung von Informationen in Endeinrichtungen von Endnutzerinnen oder den Zugriff auf bereits darin gespeicherte Informationen nur mit Einwilligung zulässig. Sofern das Tracking personenbezogen erfolgt, muss die Einwilligung zusätzlich die Anforderungen des Art. 6 Abs. 1 lit. a, ggf. Art. 9 Abs. 2 lit. a und Art. 7 DS-GVO erfüllen. Die Vorschrift setzt die sogenannte Cookie-Richtline um. Sie erschuf 2009 spezifische europarechtliche Vorgaben, die in die ePrivacy-Richtlinie (2002/58/EG) eingefügt wurden.[328] 129

Der Begriff Endeinrichtung in § 25 TTDSG knüpft an die Verarbeitungssituation an. Es muss sich um Informationen aus dem Herrschaftsbereich der „Endnutzerin" handeln, d.h. einer natürlichen Person, die den Telemediendienst verwendet. „Zwischeneinrichtungen" zählen nicht dazu. Dies sind beispielsweise Teile der Infrastruktur, die Informationen nur weiterleiten. Der Begriff Endeinrichtung ist zudem technikneutral formuliert. Er umfasst also nicht nur physische Geräte wie einen Personal Computer oder ein Smartphone, sondern auch Nutzerkonten in Online-Diensten. Insoweit ist der Begriff gleich dem „eigengenutzten informationstechnischen System" im Sinne des IT-Grundrechts. 130

§ 25 Abs. 2 TTDSG formuliert zwei Ausnahmefälle, bei denen keine Einwilligung erforderlich ist. Hierzu zählt erstens, wenn die Speicherung bzw. der Zugriff der Übertragung einer Nachricht über ein öffentliches Telekommunikationsnetz dient (Nummer 1). Zweitens fällt darunter die Verarbeitung solcher Informationen, die unbedingt erforderlich sind, um einen von der Nutzerin ausdrücklich gewünschten Telemediendienst zur Verfügung zu stellen (Nummer 2). „Unbedingt erforderlich" ist der Gesetzesbegründung zufolge als technische, nicht jedoch wirtschaftliche Notwendigkeit zu verstehen.[329] Es kommt also auf den Verwendungszweck bzw. den Dienst an, der gegenüber dem Nutzer erbracht wird. Es könnte zB durchaus möglich sein, einen Dienst so zuzuschneiden, dass er in technischer Hinsicht nur mit Trackingtechnologien erbracht werden kann (beispielsweise Produktempfehlungen anhand von Nutzungsgewohnheiten). 131

Ist eine Einwilligung gem. § 25 TTDSG erforderlich, entsprechen die inhaltlichen Anforderungen weitestgehend denjenigen von Art. 6 Abs. 1 DS-GVO bzw. Art. 7 DS-GVO. Der Datenschutzkonferenz zufolge hängt die Wirksamkeit im Wesentlichen von den folgenden Punkten ab:[330] 132

- **Einwilligung durch die Endnutzerin der Endeinrichtung**
  Endnutzerin (zur Definition siehe oben → Rn. 130) ist anders als „betroffene Person" in der DS-GVO definiert (Art. 4 Nr. 1 DS-GVO). Deshalb ist die einwilligende Nutzerin nicht zwangsläufig auch die Person, die in eine Datenverarbeitung einwilligt. Denn aus dem Gerät werden möglicherweise auch Daten über Dritte ausgelesen, etwa solche, die die Endnutzerin

[326] Aktuelle Spezifikation gem. Internet-Society-Dokument RFC 6265, s. https://tools.ietf.org/html/rfc6265.
[327] Schmidt/Babilon K&R 2016, 86 (88); zu verhaltensbasierten Werbemethoden s. Steinhoff K&R 2014, 86.
[328] Durch die Richtlinie 2009/136/EG; Einzelheiten zu den Anforderungen s. Rauer/Ettig ZD 2014, 27.
[329] BT-Drs. 19/27441, 38.
[330] OH Telemedien 2021, 10.

über Dritte eingibt. Telemedienanbieter müssen dies berücksichtigen und beispielsweise Vorkehrungen treffen, um Daten von Dritten nicht mitzuverarbeiten.

- **Zeitpunkt der Einwilligung**
  Die Speicherung, der Zugriff bzw. die Datenverarbeitung darf erst nach der Einwilligung erfolgen. Eine rückwirkende Genehmigung ist nicht zulässig.
- **Informiertheit der Einwilligung**
  § 25 TTDSG macht hierzu keine näheren Vorgaben, sondern verweist in Abs. 1 S. 2 auf die DS-GVO (siehe hierzu oben → Rn. 13 ff.).
- **Unmissverständliche und eindeutig bestätigende Handlung**
  Eine wirksame Einwilligung erfordert ein Opt-In durch aktive Handlung. Nicht ausreichend beispielsweise sind bloßes Weitersurfen (nicht eindeutig) oder vorangewählte Auswahlfelder.[331] Noch immer ist häufig anzutreffen, dass Cookie-Banner einen Hinweis dahingehend enthalten, bereits in der Nutzung der Website liege eine Zustimmung zum Einsatz von Cookies (sog. Overlay). Oft lässt sich dieser Hinweis vom Nutzer durch Anwählen einer „Einwilligungs"-Schaltfläche entfernen. Eine derartige Koppelung von Einverständnis und Nutzung des Dienstes ist unzulässig. Problematisch ist auch die Kombination von mehreren Einwilligungen.
- **Bezogen auf den bestimmten Fall**
  Einwilligungen können nicht auf Vorrat eingeholt werden. Sie muss sich auch auf die spätere Verwendung beziehen, wenn diese von der Einwilligung mit umfasst sein soll.[332]
- **Freiwilligkeit der Willensbekundung**
  Die Einwilligung muss freiwillig sein, dh die Nutzerin darf nicht zu einer Einwilligung gedrängt werden, weil sie andernfalls Nachteile erleidet. Es muss sich um eine tatsächliche Wahlmöglichkeit handeln.[333]
- **Möglichkeit** zum Widerruf der Einwilligung, die ebenso einfach sein muss wie die Erteilung.
- **Dienste zur Einwilligungsverwaltung**
  § 26 TTDSG ermöglicht erstmals die Zertifizierung von Dienste zur Einwilligungsverwaltung. Die vielen unterschiedlichen Lösungen für Einwilligungsmanagement, die sich im Einsatz befinden, werden vielfach als unkomfortabel und nutzerunfreundlich empfunden. Dies betrifft insbesondere Cookie-Banner. Insoweit ist die Vorstellung verbreitet, die Ursache für Cookie-Banner liege allein in komplexen rechtlichen Regelungen der DS-GVO, nicht aber in der Verfolgung und Auswertung des Nutzerverhaltens für kommerzielle Zwecke, die der Gesetzgeber von der freiwilligen Entscheidung durch die Nutzer abhängig machen wollte. Um hierfür Vereinfachungen anzubieten, schafft § 26 TTDSG die Möglichkeit, Dienste zur Einwilligungsverwaltung staatlich anzuerkennen. Die Einzelheiten sollen sich aus einer Rechtsverordnung ergeben. § 26 Abs. 2 TTDSG enthält eine entsprechende Ermächtigung der Bundesregierung. Bundestag und Bundesrat müssen zustimmen. Da mit der staatlichen Anerkennung für Anbieter von Diensten für Einwilligungsmanagement keine besonderen rechtlichen Vorteile verbunden sind, ist der Anreiz, sich zertifizieren zu lassen, fraglich.

133 c) **Verhältnis von § 25 TTDSG und DS-GVO.** Der Anwendungsbereich von § 25 TTDSG ist breiter als derjenige von Art. 6 Abs. 1 DS-GVO. Die in der Endeinrichtung gespeicherten Informationen müssen nicht personenbezogen sein,[334] auch wenn dies häufig der Fall ist. Soweit die gespeicherten Daten jedoch einen Personenbezug aufweisen, ist der Anwendungsbereich der DS-GVO zusätzlich eröffnet, und ihre Anforderungen müssen ebenfalls eingehalten werden. Für übrige Verarbeitungen und insbesondere auch die Weiterverarbeitung von aus Endeinrichtungen ausgelesene personenbezogene Daten hat der Verantwortliche im Sinne der DS-GVO grundsätzlich die Wahl, auf welche Rechtsgrundlage er die Datenverarbeitung stützen möchte. Eine Einwilligung der von der Datenverarbeitung betroffenen Personen ist nur eine von mehreren Möglichkeiten (siehe Art. 6 Abs. 1 DS-GVO).

4. Pflichten zur IT-Sicherheit

134 Wer geschäftsmäßige Telemedien anbietet, muss gem. § 19 Abs. 4 TTDSG im Rahmen seiner Verantwortlichkeit technische und organisatorische Vorkehrungen für die IT-Sicherheit treffen.

[331] OH Telemedien 2021, 12 ff.
[332] OH Telemedien 2021, 14 f.
[333] Zum Thema siehe Leitlinien des Europäischen Datenschutzausschusses zur Einwilligung gem. Verordnung 2016/679, Version 1.1.
[334] OH Telemedien 2021, 8 f.

Ziele dieser Maßnahmen sind, keinen unerlaubten Zugriff auf die technischen Einrichtungen zu ermöglichen und diese gegen Datenschutzverletzungen und Störungen durch äußere Angriffe zu schützen. Die zu treffenden Vorkehrungen müssen technisch möglich und wirtschaftlich zumutbar sein (Satz 1) sowie den Stand der Technik berücksichtigen (Satz 2). Laut Satz 3 ist insbesondere die Anwendung eines als sicher anerkannten Verschlüsselungsverfahrens eine Maßnahme nach Satz 1. Welche Vorkehrungen jeweils zu treffen sind, lässt sich nur im Einzelfall bewerten.[335] Zu unterschiedlich sind IT-Systeme und Verarbeitungssituationen. Zudem müssen sich die Maßnahmen mit dem technischen Fortschritt weiterentwickeln. Trifft der Diensteanbieter erforderliche Maßnahmen nicht, so kann dies vor allem zivilrechtliche Haftung auslösen. Da § 19 Abs. 4 TTDSG ausdrücklich auf den Schutz des Einzelnen abstellt, wurde die insoweit identische Vorgängerfassung der Norm (§ 13 Abs. 7 TMG) überwiegend als Schutzgesetz im Sinne des § 823 Abs. 2 BGB gesehen.[336]

[335] Zur Konkretisierung der Anforderungen Djeffal MMR 2015, 716; Gerlach CR 2015, 581; s. auch Spindler CR 2016, 297 (302 ff.).

[336] Spindler CR 2016, 297 (307) mwN.

§ 28 Domainrecht

Übersicht

I. Einleitung

Das Internet ist Bestandteil unseres täglichen Lebens. In Deutschland nutzten 2021 fast 67 Millionen Menschen das Internet – 100 Prozent der unter 50-Jährigen, 95 Prozent der 50–69-Jährigen und 77 Prozent der ab 70-Jährigen.[1] Drei Viertel der deutschsprachigen Bevölkerung rufen das Internet täglich ab.[2] 66 Prozent aller Unternehmen haben eine eigene Website.[3] 95 Prozent der Internetnutzer in Deutschland haben in 2021 online eingekauft.[4] Nach Angaben des Bundesverband E-Commerce und Versandhandel (bevh) beliefen sich die durch Online-Handel erzielten Umsätze in Deutschland in 2019 im B2C-Bereich auf 99 Milliarden Euro, im B2B Bereich sogar auf 369 Milliarden Euro.[5] Gerade während des Lockdowns im Zuge der Corona-Pandemie ermöglichte der E-Commerce vielen Unternehmen, den Zugang zu Verbrauchern aufrecht zu erhalten. 1

Grundvoraussetzung eines erfolgreichen Internet-Auftritts ist für den Anbieter eines Online-Angebots eine schlagkräftige Domain. Aus diesem Grunde sind Beratungsleistungen in Bezug auf Domains und Auseinandersetzungen um Domains[6] fester Bestandteil der täglichen Arbeit des auf gewerblichen Rechtsschutz spezialisierten Anwalts.[7] 2

Das Internet ist ein Medium wie andere auch, mit den ihm eigenen **medienspezifischen Besonderheiten.** Für Domains und darunter erreichbare Inhalte ist die wichtigste Besonderheit die Tatsache, dass **mit einer Domain gleichzeitig Nutzer in allen Ländern der Erde erreicht werden** können. Damit kann der Internet-Unternehmer aber auch – dies ist zugleich die Schattenseite der Globalität des Mediums – **mit einer Domain und der darunter erreichbaren Website Rechte in allen Ländern der Erde verletzen.** Daher ist es für den Anwalt als Berater und Prozessvertreter von Mandanten, die im Internet aktiv sind, von großer Bedeutung, nicht nur mit dem spezifischen materiellen Recht, sondern auch mit den Regeln vertraut zu sein, nach denen sich Gerichtszuständigkeit und anwendbares Recht für Domains richten. 3

1. Gerichtszuständigkeit

Die allgemeinen Grundsätze der Gerichtszuständigkeit auf dem Gebiet des Wettbewerbsrechts und gewerblichen Rechtsschutzes werden in diesem Buch in § 6 dargestellt. Daher soll hier nur auf die **Besonderheiten bei der Beurteilung von Domains** eingegangen werden. Domains sind regelmäßig unter einer bestimmten nationalen oder generischen Top-Level-Domain registriert.[8] Bei nationalen Top-Level-Domains sind typischerweise die Gerichte des Landes, auf das die Top-Level-Domain verweist, für die Domainstreitigkeit zuständig. Sofern darüber hinaus Anknüpfungspunkte zu anderen Ländern bestehen – sei es, dass der Anmelder der Domain in einem anderen Land ansässig ist, sei es, dass die unter der Domain erreichbare Website auf eine bestimmte Person in einem anderen Land oder auf einen bestimmten ausländischen Markt abzielt – ist darüber hinaus die Zuständigkeit der Gerichte dieser Länder zu prüfen. Auch die Beurteilung der Zuständigkeit für Domains unter generischen Top-Level-Domains ist nicht immer eindeutig. Was die Zuständigkeitsbestimmung innerhalb Deutschlands angeht, stellt sich die Frage, ob aufgrund der Ubiquität des Internets an jedem beliebigen Ort in Deutschland ein Gerichtsstand für eine Domainstreitigkeit eröffnet ist. Vor Fragen der Gerichtszuständigkeit für Domainauseinandersetzungen sollen daher zunächst die Kriterien für die Bestimmung 4

[1] Quelle: http://www.ard-zdf-onlinestudie.de, zuletzt besucht am 13.1.2022.
[2] Quelle: http://www.ard-zdf-onlinestudie.de, zuletzt besucht am 13.1.2022.
[3] Quelle: http://www.de.statista.com, zuletzt besucht am 13.1.2022.
[4] Quelle: http://www.de.statista.com, zuletzt besucht am 13.1.2022.
[5] https://www.bevh.org/impact-of-e-commerce.html, zuletzt besucht am 30.6.2022.
[6] Eine einheitliche Diktion für diesen Begriff gibt es nicht. Die Internet-Adresse (auch Uniform Resource Locator oder kurz URL genannt) bestehend aus Second-Level-Domain und Top-Level-Domain wird bislang in deutscher juristischer Literatur und Rechtsprechung als Domäne, Domänenname, Domain-Name, Domain name, Domain Name, Internet-Domain oder Domain bezeichnet. Da Namensbestandteil einer Internet-Adresse regelmäßig nur die Second-Level-Domain ist, Streitgegenstand einer Auseinandersetzung jedoch in aller Regel die Second-Level-Domain in Kombination mit Top-Level-Domain, wird im Folgenden durchgängig der Begriff Domain verwandt werden, soweit es um die Second-Level-Domain in Kombination mit Top-Level-Domain als Gegenstand juristischer Betrachtung geht.
[7] Vgl. zum Ganzen auch Auer-Reinsdorff/Conrad IT- und DatenschutzR-HdB/Witte/Auer-Reinsdorf/Luckhaus § 7 Domainrecht und markenrechtliche Bezüge.
[8] Zur Registrierung s. → Rn. 23.

des internationalen Gerichtsstandes und sodann der nationalen Zuständigkeitsbestimmung erörtert werden. Anschließend wird auf das Spezialthema .eu-Domain eingegangen.

5 **a) Internationale Zuständigkeitsbestimmungen.** Wird ein deutscher Rechtsanwalt von seinem Mandanten mit einem Domain-Sachverhalt bzw. -streit konfrontiert, der internationale Bezüge aufweist, so wird er sich – je nach Mandantenperspektive – zunächst die Frage stellen, ob er den jeweiligen Gegner vor einem deutschen Gericht verklagen kann, oder – wenn sein Mandant vor einem deutschen Gericht verklagt worden ist – ob die internationale Zuständigkeit der deutschen Gerichte mit guten Gründen gerügt werden kann.

6 Soweit der Sachverhalt einen Bezug zu mindestens einem weiteren Mitgliedstaat der EU aufweist, richtet sich die Zuständigkeitsbestimmung, vorbehaltlich etwaiger Sonderzuweisungen (wie insbesondere der Zuständigkeitsregelungen der UMV), nach den Vorschriften der Brüssel-Ia-VO.[9] Soweit der Sachverhalt Bezugspunkte zu einem EFTA-Staat aufweist,[10] ist das Lugano-Übereinkommen (LugÜ)[11] maßgeblich. Die wesentlichen Zuständigkeitsregeln ergeben sich dabei aus Art. 4 (1) Brüssel-Ia-VO/Art. 2 (1) LugÜ (Gerichtsstand des Beklagten), Art. 7 Nr. 1a Brüssel-Ia-VO/Art. 5 Nr. 1a LugÜ (Vertragsgerichtsstand des Erfüllungsortes), Art. 7 Nr. 2 Brüssel-Ia-VO/Art. 5 Nr. 3 LugÜ (Gerichtsstand der unerlaubten Handlung) oder Art. 7 Nr. 5 Brüssel-Ia-VO/Art. 5 Nr. 5 LugÜ (Gerichtsstand der Zweigniederlassung). Eine im Inland ansässige Person kann nach Art. 4 (1) Brüssel-Ia-VO auch wegen der Innehaltung oder Nutzung von Domains unter einer beliebigen nationalen oder generischen Top-Level-Domain in Anspruch genommen werden.[12] Daneben kommt für Auseinandersetzungen um Domains in erster Linie der Gerichtsstand der unerlaubten Handlung nach Art. 7 Nr. 2 Brüssel-Ia-VO/Art. 5 Nr. 3 LugÜ in Betracht. Danach ist die Zuständigkeit des Gerichts an dem Ort begründet, an dem das schädigende Ereignis eingetreten ist oder einzutreten droht. Dieser Ort umfasst im Sinne einer autonomen Auslegung der Art. 7 Nr. 2 Brüssel-Ia-VO/Art. 5 Nr. 3 LügÜ sowohl den Erfolgsort oder Schadenseintrittsort als auch den Handlungsort.[13] Fallen beide Orte auseinander (Distanzdelikt), kann der Kläger zwischen dem Handlungsort und dem Erfolgsort als Anknüpfungspunkt für die Zuständigkeit wählen.[14] In Bezug auf Schäden, die aus Immaterialgüterrechtsverletzungen folgen, hat der EuGH klargestellt, dass der Erfolgsort in dem Staat liegt, in dem die angeblich verletzte Marke geschützt ist.[15] Dieses Erfordernis ist auf die Fälle übertragbar, in denen es um den Schutz eines solchen Rechts durch ein innerstaatliches Gesetz gegen den unlauteren Wettbewerb (wie etwa Domain-Grabbing durch unlautere Domainvermarktung und -blockade) geht.[16]

7 Deutsche Gerichte verlangten in der Vergangenheit für ihre Tatortzuständigkeit bei Domain-Verletzungen, dass die Domain in Deutschland zudem bestimmungsgemäß abrufbar sein bzw. einen wirtschaftlich relevanten Inlandsbezug aufweisen sollte.[17] Dem trat der EuGH aber in seinen „Wintersteiger" und „Pinckney" Entscheidungen entgegen: Hier betont er, dass die Frage, ob tatsächlich eine Verletzung der geltend gemachten Marke vorliege, allein eine solche der Begründetheit der Klage sei und es für die Anwendung des Art. 7 Nr. 2 Brüssel-Ia-VO (im Unter-

---

[9] Verordnung (EU) Nr. 1215/2012 vom 12.12.2012 über die gerichtliche Zuständigkeit und die Anerkennung und Vollstreckung von Entscheidungen in Zivil- und Handelssachen [Brüssel Ia-VO]; für Dänemark siehe Abkommen zwischen der Europäischen Gemeinschaft und dem Königreich Dänemark über die gerichtliche Zuständigkeit und die Anerkennung und Vollstreckung von Zivil- und Handelssachen vom 21.3.2013, ABl. EU vom 21.3.2013 L 79, S. 4, gültig seit 21.3.2013.

[10] Derzeit: Island, Liechtenstein, Norwegen und die Schweiz. Das Vereinigte Königreich strebte nach dem Brexit den Beitritt an, die Europäische Kommission erklärte am 5. Mai 2021 aber, dass sie den Beitritt ablehnt (Europäische Kommission: Mitteilung der Kommission an das Europäische Parlament und den Rat – Bewertung des Ersuchens des Vereinigten Königreichs Großbritannien und Nordirland um Beitritt zum Lugano-Übereinkommen von 2007. (PDF) COM(2021) 222 final. 4. Mai 2021, abgerufen am 31.12.2021).

[11] Lugano-Übereinkommen vom 16.9.1988, das seinerzeit im Wesentlichen die Regelungen des EuGVO übernommen hat, für Deutschland am 1.3.1995 in Kraft getreten (BGBl. 1995 II 221); abgelöst durch das revidierte Lugano-Übereinkommen von 2009, das am 1.1.2010 für die EU in Kraft getreten ist.

[12] BGH GRUR 2016, 810 Rn. 35 – profitbricks.es, wonach die Anwendung deutschen Namensrechts auch aus Art. 40 Abs. 2 EGBGB folgt.

[13] BGH GRUR 2015, 689 Rn. 19 – Parfumflakon III; GRUR 2012, 621 Rn. 18 – Oscar; GRUR 2005, 431 (432) – HOTEL MARITIME.

[14] EuGH GRUR Int. 2014, 873 Rn. 46 – Coty Germany GmbH/First Note Perfumes NV.

[15] EuGH GRUR 2012, 654 Rn. 27 – Wintersteiger; GRUR 2014, 100 Rn. 37 – Pinckney.

[16] ÖOGH GRUR Int. 2017, 281 (282) – stubhub, noch zu Art. 5 Nr. 3 EuGGVO.

[17] Zum UWG vgl BGH GRUR 2016, 946 Rn. 15 – Freunde finden; GRUR 2015, 1129 Rn. 12 – Hotelbewertungsportal (zu Art 5 Nr 3 LugÜ); GRUR 2015, 607 Rn. 11 – Uhrenankauf im Internet (zu Art 5 Nr 3 LugÜ); GRUR 2014, 601 – englischsprachige Pressemitteilung. Für das Markenrecht offengelassen BGH GRUR, 431 (432) – HOTEL MARITIME; BGH GRUR 2012, 621 (622) Rn. 21 – OSCAR.

schied zu Art. 17 Abs. 1 lit. c Brüssel-Ia-VO [Verbrauchergerichtsstand], in dem dieses Kriterium ausdrücklich genannt wird) gerade nicht darauf ankomme, ob der Internetinhalt auf den Gerichtsstaat ausgerichtet sei.[18] Der BGH hat sich dieser Auffassung in der Zwischenzeit angeschlossen und ausdrücklich festgestellt, dass im Rahmen der Zuständigkeitsbestimmung ein wirtschaftlich relevanter Inlandsbezug weder für behauptete Verstöße gegen das Urheberrecht noch für angebliche Verletzungen von nationalen Marken und geschäftlichen Bezeichnungen zu fordern ist.[19]

8 Für das Wettbewerbsrecht hält der BGH, aber an dem Kriterium der bestimmungsgemäßen Abrufbarkeit fest.[20] Anders der EuGH, der keine „bestimmungsgemäße Auswirkung" im Inland verlangt, sondern es genügen lässt, wenn durch eine Handlung in einem anderen Mitgliedsstaat ein Schaden im Zuständigkeitsbereich des angerufenen Gerichts verursacht wurde oder verursacht zu werden droht.[21] Es bleibt daher abzuwarten, ob der BGH hier noch eine Kurskorrektur vornehmen wird.

9 Im Falle von Ansprüchen gegenüber der Innehaltung und Nutzung von Domains, die aus Unionsmarken erhoben werden, sind daneben die Zuständigkeitsregeln der Art. 125 ff. UMV zu berücksichtigen. Nach Art. 125 Abs. 5 UMV besteht eine Zuständigkeit auch für Gerichte des Mitgliedsstaats, in dem eine Verletzungshandlung begangen worden ist oder droht. Nach der Rechtsprechung des EuGH ist der in der UMV enthaltene Begriff des Orts der Verletzungshandlung nicht analog zu dem in Art. 7 Nr. 2 Brüssel-Ia-VO verwendeten Begriff des Orts, an dem das schädigende Ereignis eingetreten ist, auszulegen.[22] Somit begründet Art. 125 Abs. 5 UMV nur eine Zuständigkeit am Handlungsort, nicht am Erfolgsort Dabei kommt es auf das aktive Verhalten des potentiellen Verletzers an.[23] International zuständig sind die Gerichte des Mitgliedsstaats, in dem sich der Vorfall, der der behaupteten Verletzung zugrunde liegt, ereignet hat oder zu ereignen droht. Nicht zuständig sind dagegen die Gerichte der Mitgliedsstaaten, in denen die behauptete Verletzung lediglich ihre Wirkungen entfaltet.[24] Realisiert sich der Verletzungstatbestand bereits durch die Registrierung der Domain, ist daher regelmäßig zu prüfen, wo der Registrierungsvorgang ausgelöst wurde. Realisiert sich hingegen der Verletzungstatbestand erst durch die Benutzungsaufnahme der Domain, ist zu prüfen wo die relevanten Domaininhalte bereitgestellt wurden. In beiden Fällen liegt dieser Ort regelmäßig am Sitz des Domaininhabers oder Domainnutzers. Darüber hinaus hat der EuGH jüngst bestätigt, dass im Fall einer Rechtsverletzung beim grenzüberschreitenden Online-Handels auch der Ort, an dem sich der bestimmungsgemäße Empfänger befindet, als Handlungsort anzusehen ist.[25] Dies steht in einem gewissen Spannungsverhältnis zu den Entscheidungen des EuGH und BGH auf das Kriterium der bestimmungsgemäßen Abrufbarkeit im Rahmen des Art. 7 Nr. 2 Brüssel Ia-VO bzw. Art. 5 Nr. 3 LugÜ zu verzichten.

10 So kann es im Ergebnis zu verschiedenen internationalen Zuständigkeiten kommen, wenn eine Rechtsverletzung durch die Registrierung und Nutzung einer Domain auf der Basis verschiedener Rechtsgrundlagen geltend gemacht wird.

Praxistipp:

Vor Einleitung eines Klageverfahrens sollte der Anwalt anhand des konkreten Verletzungssachverhalts sorgfältig abwägen, auf die Verletzung welchen Rechts die Klage sich primär stützt, insbesondere, ob es sachgerecht ist, zugleich Ansprüche aus UMV geltend zu machen.

---

18 EuGH GRUR 2012, 654 Rn. 21 ff. – Wintersteiger; vgl. zum Urheberrecht auch EuGH NJW 2013, 3627 Rn. 42 – Pinckney, im Unterschied zu den Schlussanträgen des GA Jääskinen v. 13.5.2013, C-170/12 Rn. 64 ff. in derselben Rechtssache.

19 BGH GRUR 2020, 647 Rn. 37 – Club Hotel Robinson.

20 BGH GRUR 2020, 647 Rn. 48 – Club Hotel Robinson.

21 EuGH GRUR 2014, 806 Rn. 57 – Coty First Note; dem folgend zunächst auch BGH GRUR 2015, 689 Rn. 30 – Parfumflakon III.

22 EuGH, GRUR 2014, 806 Rn. 32 – Coty Germany.

23 ÖOGH GRUR Int. 2017, 281 (282) – stubhub, unter Hinweis auf GRUR 2014, 806 Rn. 34 – Coty Germany. In diesem Falle führte diese Auffassung dazu, dass die Klage der Inhaberin dreier Unionsmarken gegen einen in Deutschland wohnhaften Beklagten, der Domains unter den Top-Level-Domains .at und .ch registriert hatte, ohne aber unter diesen Domains Inhalte zu veröffentlichen, in Österreich nicht auf die Zuständigkeitsbestimmung des Art. 97 Abs. 5 UMV aF (nunmehr Art. 125 Abs. 5 UMV) gestützt werden konnte.

24 BGH GRUR 2015, 689 Rn. 23 – Parfumflakon III.

25 EuGH GRUR 2019, 1047 Rn. 54 – AMS Neve ua/Heritage Audio ua.

11 Der Gerichtsstand hängt im Übrigen nicht davon ab, dass tatsächlich eine Verletzung des nationalen Rechtes erfolgt ist. Erforderlich ist indes, dass eine Verletzung behauptet wird und diese nicht von vornherein ausgeschlossen werden kann.[26] Ob tatsächlich ein schädigendes Ereignis eingetreten ist oder einzutreten droht, aus dem sich ein Rechtsverstoß ergibt, ist eine Frage der Begründetheit der Klage, die vom zuständigen Gericht anhand des anwendbaren nationalen Rechts zu prüfen ist.[27]

12 **b) Nationale Zuständigkeitsbestimmungen.** Innerhalb Deutschlands resultiert aus der bundesweiten Abrufbarkeit von Internet-Inhalten für Domain- und sonstige Internet-Streitigkeiten nach der überwiegenden Auffassung deutscher Gerichte der **fliegende Gerichtsstand,**[28] was dementsprechend grundsätzlich bundesweites **forum shopping** ermöglicht.[29] Innerhalb Deutschlands ist also aufgrund der bundesweiten Abrufbarkeit einer unter einer Domain erreichbaren Website gemäß § 32 ZPO grundsätzlich jedes Gericht zuständig, es sei denn, ein konkreter Bezug auf nur eine bestimmte Gegend in Deutschland ist erkennbar und gewollt.[30] In der Vergangenheit gab es Tendenzen, den als zu ausufernd empfundenen „fliegenden Gerichtsstand der bestimmungsgemäßen Verbreitung" einzuschränken und zusätzlich einen gewissen Ortsbezug bzw. die bestimmungsgemäße Auswirkung des Verstoßes im betreffenden Gerichtsbezirk zu fordern.[31] Diese Tendenzen haben sich bislang jedoch nicht durchgesetzt.[32]

13 Auch die einschränkende Regelung für den fliegenden Gerichtsstand bei Internetsachverhalten im UWG Bereich nach § 14 Abs. 2 S. 3 Nr. 1 UWG ist auf Domainstreitigkeiten nicht anwendbar. Die Ausnahme gilt nach dem Wortlaut der Norm bereits dann nicht, wenn der Beklagte im Inland keinen allgemeinen Gerichtsstand hat. Zudem ist mit der Rechtsprechung davon auszugehen, dass § 14 Abs. 2 S. 3 Nr. 1 UWG teleologisch auf Fälle zu reduzieren ist, die spezifische Informations- und Kennzeichnungspflichten im Online-Handel oder auf Webseiten betreffen.[33]

14 Soweit gegen eine Domain ein Anspruch aus Markenrecht geltend gemacht wird, sind innerhalb Deutschlands außerdem § 140 MarkenG (im Falle einer Unionsmarke Art. 125 ff. UMV) und die einzelnen Konzentrationsverordnungen der Bundesländer für Gerichtsstände in Markenangelegenheiten zu beachten.

15 Wird die internationale oder nationale Zuständigkeit nicht gerügt, so ergibt sich die Zuständigkeit des angerufenen Gerichts infolge rügeloser Einlassung der Beklagten aus Art. 26 Brüssel-Ia/Art. 24 LugÜ bzw. aus § 39 ZPO. Die Zuständigkeit muss zwar nicht ausdrücklich bestritten werden. Jedenfalls ist aber ein Vortrag erforderlich, aus dem sich ergibt, dass die Partei das Fehlen der Zuständigkeit geltend machen will.[34]

Praxistipp:

Vor Einleitung eines Klage- oder Verfügungsverfahrens sollten sowohl internationale als auch innerhalb Deutschlands bestehende Zuständigkeiten sorgfältig geprüft werden. Insbesondere im Falle eines geplanten Verfügungsverfahrens sollten unbedingt Erkundigungen über die Rechtsprechung des Zielgerichts eingeholt werden. Vertritt der Anwalt den Beklagten, gilt dasselbe. Die mangelnde internationale und/oder nationale Zuständigkeit muss bereits mit dem ersten Schriftsatz ausdrücklich gerügt werden.

16 **c) Zuständigkeit bei .eu-Domains.** Soweit **.eu-Domains** betroffen sind, gelten im Grundsatz keine Besonderheiten zu dem vorstehend Gesagten. Es ist aber zu berücksichtigen, dass – jedenfalls in praktischer Hinsicht – ein Großteil der Auseinandersetzungen um .eu-Domains bisher in erster Linie im Rahmen des alternativen Streitbeilegungsverfahrens für .eu-Domains vor dem

[26] BGH GRUR 2018, 935 Rn. 16 – goFit; GRUR 2018, 924, Rn. 16 – ORTLIEB I.
[27] BGH GRUR 2020, 647 (650) – Club Hotel Robinson.
[28] Vgl. zB LG Düsseldorf GRUR 1998, 159 (160) – epson.de; LG Hamburg BeckRS 2000, 12186 Rn. 15 – audi-lamborghini.net.
[29] Kritisch und instruktiv zum Thema Degen/Deister, Darf der Gerichtsstand noch fliegen?, NJOZ 2010, 1 ff.
[30] LG Hamburg BeckRS 2014, 11084.
[31] OLG Bremen EWiR 2000, 651; zum Urheberrecht KG GRUR-RR 2002, 343; LG Frankfurt am Main ZUM-RD 2012, 610.
[32] Vgl. auch LG Hamburg ZUM-RD 2014, 213 für den Bereich des Urheberrechts.
[33] Vgl. nur OLG Frankfurt a. M., GRUR-RS 2021, 31866; LG Hamburg, GRUR-RS 2021, 34597; LG Düsseldorf, GRUR-RR 2021, 333.
[34] KG BeckRS 2012, 3029 – essque.com.

Schiedsgericht bei der Wirtschaftskammer und der Landwirtschaftskammer der Tschechischen Republik in Prag (nachfolgend kurz: Tschechisches Schiedsgericht) oder vor der WIPO[35] ausgetragen worden sind.[36]

17 Soweit gemäß Art. 22 der VO (EG) Nr. 874/2004[37] im Anschluss an ein alternatives Streitbeilegungsverfahren Klage vor einem ordentlichen Gericht erhoben wird, ist das Gericht zuständig, an dem der Registrar seinen Stammsitz hat, soweit sich der Domaininhaber in seinem Registrierungsvertrag dieser Zuständigkeit unterworfen hat, oder aber das Gericht am Sitz des Domaininhabers.[38] Soweit deutsche Gerichte fristgerecht zur Überprüfung einer Entscheidung des .eu-Schiedsgerichts aufgefordert werden, entfällt durch die Klage der Wirkungsbereich der alternativen Streitbeilegung. Die Entscheidung kann rückgängig gemacht werden.[39]

18 **d) Zuständigkeit im Übrigen.** Die meisten ausländischen Rechtsordnungen kennen ebenfalls den Gerichtsstand des **forum delicti commissi.** Dementsprechend besteht umgekehrt für deutsche Domaininhaber die Gefahr, vor jedem Gericht der Welt verklagt zu werden. Bei ausländischen generischen Top-Level-Domains ist zusätzlich zu den im Übrigen gegebenen Gerichtsständen auch das Gericht zuständig, an dem der jeweilige Domain-Registrar seinen Sitz hat.

Praxistipp:

Ein Mandant, der eine Domain unter einer ausländischen Top-Level-Domain benutzt, sollte eine Recherche nach älteren geschützten Rechten in dem betreffenden Schutzland durchführen, bevor er in den Aufbau der Domain investiert. Einem Mandanten, dessen Website, unter welcher Top-Level-Domain auch immer, nicht nur auf den deutschen Markt zielt, sollte empfohlen werden, den Inhalt auch nach der Rechtsordnung des Zielmarktes prüfen zu lassen und insoweit auch eine Markenrecherche durchführen zu lassen. Soweit ein Mandant die Nutzung einer .eu-Domain plant, sollte eine Recherche nach älteren Schutzrechten in allen EU-Mitgliedstaaten sowie nach älteren Unionsmarken durchgeführt werden.

2. Anwendbares Recht

19 Auf .de-Domains wird deutsches Recht ohne Weiteres Anwendung finden. Für Domains unter ausländischen oder generischen Top-Level-Domains ist genauer zu prüfen. Bei der Nutzung einer Domain besteht aufgrund der Globalität des Internets grundsätzlich die Gefahr, dass **jede Rechtsordnung der Erde** darauf Anwendung findet oder Geltung beansprucht. Es stellt sich daher die Frage, ob Mandanten im Grundsatz empfohlen werden muss, vor der Aufnahme der Nutzung einer Domain eine weltweite Marken-, Firmen-, Titel-, Geschäftsbezeichnungs- und Domainrecherche durchzuführen. Andersherum betrachtet fragt sich, ob ein deutsches Unternehmen gegen jede Domain weltweit vorgehen kann, wenn sie nach deutschem Recht unzulässig ist.

20 **a) Domains im Allgemeinen.** Die Frage, welches Recht auf Domainstreitigkeiten, die eine Verbindung zum Recht verschiedener Staaten aufweisen, Anwendung findet, richtet sich in Deutschland nach der Rom II-Verordnung.[40] Die Verordnung bestimmt das auf außervertragliche Schuldverhältnisse und somit auch auf unerlaubte Handlungen – wie zB Wettbewerbs- und Immaterialgüterrechtsverletzungen aufgrund von Domainregistrierungen – anwendbare Recht. Gem. Art. 8 Abs. 1 Rom II-VO gilt bei der Verletzung von Immaterialgüterrechten und damit auch von Kennzeichenrechten – wie auch für die Zeit vor Inkrafttreten der Verordnung[41] – das

[35] Zum alternativen Streitbeilegungsverfahren für .eu-Domains siehe unten unter → Rn. 106 ff.

[36] Vgl. Müller GRUR Int. 2007, 990 ff. Seit Einführung der .eu-Domain im Jahr 2005 ergingen allein durch das Tschechische Schiedsgericht mehr als 8.000 Entscheidungen im Rahmen des alternativen Streitbeilegungsverfahrens für .eu-Domains (Stand Februar 2022).

[37] Verordnung (EG) Nr. 874/2004 der Kommission vom 28.4.2004 zur Festlegung von allgemeinen Regeln für die Durchführung und die Funktionen der Domäne oberster Stufe „.eu“ und der allgemeinen Grundregeln für die Registrierung.

[38] Art. B12(d), A1 der Regeln für die Alternative Streitbeilegung in .eu-Domainnamenstreitigkeiten („ADR-Regeln“).

[39] OLG Stuttgart MMR 2015, 133 – Kein Anspruch auf Übertragung einer .eu-Domain aus Marken- oder Namensrecht.

[40] Verordnung (EG) Nr. 864/2007 des Europäischen Parlaments und des Rates vom 11. Juli 2007 über das auf außervertragliche Schuldverhältnisse anzuwendende Recht („Rom II-VO“).

[41] Vgl. BGH GRUR 2005, 431 (432) – hotel-maritime.de.

Schutzlandprinzip (lex loci protectionis), wonach das Recht des Staates Anwendung findet, für dessen Gebiet Schutz beansprucht wird.[42] Für den Bereich des Wettbewerbsrechts gilt – wie ebenfalls für die Zeit vor Inkrafttreten der Verordnung[43] – das **Marktortprinzip** gem. Art. 6 Abs. 1 Rom II-VO, das auf den Ort der wettbewerblichen Interessenkollision abstellt.[44]

21 *aa) Gewerblicher Rechtsschutz, Kennzeichenrecht.* Nach dem Schutzlandprinzip ist das Recht all der Staaten anwendbar, für deren Gebiet Schutz beansprucht wird. Diese Frage ist nach dem Begehren des Klägers zu beurteilen.[45]

22 Dieser Ansatz hat in Deutschland jedoch **sachrechtliche** Einschränkungen erfahren. Hintergrund ist die Gefahr, dass es ohne entsprechende Einschränkungen zu einer uferlosen Ausdehnung des Schutzes nationaler Kennzeichenrechte und zu einer unangemessenen Beschränkung der wirtschaftlichen Entfaltung ausländischer Unternehmen kommen kann.[46] Es wird daher, neben einer Schutzrechtsverletzung im Inland insbesondere verlangt, dass das im Internet abrufbare Internetangebot auch einen hinreichenden **wirtschaftlich relevanten Inlandsbezug (bzw. einen sogenannten „commercial effect")** aufweist.[47]

23 Grundsätzlich kann von einer relevanten Verletzungshandlung im Inland ausgegangen werden, wenn im Inland unter dem Zeichen Waren oder Dienstleistungen angeboten werden. Erst wenn der Schwerpunkt der vorgeworfenen Rechtsverletzung im Ausland liegt, muss im Wege einer Gesamtabwägung der betroffenen Interessen und Umstände festgestellt werden, ob eine Rechtsverletzung nach deutschem Recht gegeben ist.[48]

24 Beim Aufeinandertreffen nationaler Kennzeichenrechte mit Domains unter generischen, ausländischen oder .eu-Top-Level-Domains ist deutsches Kennzeichenrecht bei Vorliegen jedenfalls auch nach Deutschland weisender Umstände anzuwenden,[49] etwa dann, wenn sowohl Verletzer als auch Verletzter ihren gewöhnlichen Aufenthalt in Deutschland haben.[50] Indizien für eine bestimmungsgemäße Abrufbarkeit und einen relevanten Inlandsbezug können die Tatsachen sein, dass eine inländische Kontaktadresse oder die Top-Level-Domain .de verwendet wird,[51] der Internetauftritt in der deutschen Sprache abgefasst ist, die Waren und Dienstleistungen deutschen Kunden angeboten werden bzw. ein Versand nach Deutschland erfolgt.[52] Auch die Nutzung von Metatags, die eine bessere Erreichbarkeit der betroffenen Domain im Inland begründen, kann neben der Angabe einer „.de"-Internetadresse als Kontakt für Deutschland und deutschsprachigen Ankündigungen für Fachmessen in Deutschland ein Indiz für eine bestimmungsgemäße Abrufbarkeit sein.[53]

25 Allein die Abrufbarkeit einer Website in deutscher Sprache kann noch keinen bestimmungsgemäßen Abruf in Deutschland begründen, zumal deutsch auch in Österreich und der Schweiz gesprochen wird. Dies insbesondere, wenn es zahlreiche und stärkere abdrängende Bezüge gibt.[54] Eine Website ist dann nicht auf Deutschland ausgerichtet, wenn sie in englischer Sprache gehalten ist, in der durch Flaggen gekennzeichneten Auswahl Deutschland fehlt, keine deutsche Kontaktadresse angegeben ist und mit Personen geworben wird, die in Deutschland nicht bekannt sind. Unterstützend wirken Gestaltungen, die in Deutschland unüblich sind.[55] Auch kann es nicht darauf ankommen, ob ein in der Internetveröffentlichung genannter Mitbewerber seinen

[42] Art. 8 Abs. 2 Rom II-VO enthält eine Sonderregelung für außervertragliche Schuldverhältnisse aus der Verletzung von gemeinschaftsweit einheitlichen Rechten des geistigen Eigentums, zB Rechten aus einer Unionsmarke, wonach auf Fragen, die nicht unter den einschlägigen Rechtsakt der Gemeinschaft fallen, das Recht des Staates anzuwenden, in dem die Verletzung begangen wurde.

[43] BGH GRUR 1962, 243 – Kindersaugflaschen.

[44] OLG Frankfurt aM GRUR-RS 2020, 3690 Rn. 31 ff.; OLG Hamm MMR 2014, 175 (176).

[45] MüKoBGB/Drexl, Rom II-VO Art. 8 Rn. 12; BGH GRUR Int 2007, 928 Rn. 24 – Wagenfeld-Leuchte.

[46] BGH GRUR 2012, 621 Rn. 35 – OSCAR, wonach dies insbesondere der Fall sein kann, wenn sich die Rechtsverletzung als unvermeidbare Begleiterscheinung technischer oder organisatorischer Sachverhalte darstellt, auf die der Inanspruchgenommene keinen Einfluss hat; GRUR 2018, 417 Rn. 37 – Resistograph.

[47] BGH GRUR 2005, 431 (432) – hotel-maritime.de; BGH GRUR 2012, 621 Rn. 17 ff. – OSCAR.

[48] BGH GRUR 2020, 647 Rn. 27 ff. – Club Hotel Robinson.

[49] Jaeger-Lenz K&R 1998, 9 (15); OLG Köln BeckRS 2010, 14424 – fcbayern.es; OLG Stuttgart MMR 2015, 122 – Kein Anspruch auf Übertragung einer .eu-Domain.

[50] BGH GRUR 2016, 810 Rn. 35 – profitbricks.es.

[51] BGH GRUR 2018, 417 Rn. 50 – Resistograph; OLG Karlsruhe GRUR-RS 2016, 10600 Rn. 32 ff – Resistograph.

[52] BGH MMR 2005, 239 (241) – HOTEL MARITIME; OLG Hamburg MMR 2000, 92 – goldenjackpot.com.

[53] BGH GRUR 2018, 417 Rn. 50 – Resistograph.

[54] Zur internationalen Zuständigkeit BGH GRUR 2011, 558 Rn. 8 – www.womenineurope.com.

[55] LG Köln CR 2002, 58 – budweiser.com.

gewöhnlichen Aufenthalt und Lebensmittelpunkt im Inland hat.[56] Schließlich kann die bestimmungsgemäße Abrufbarkeit einer Website in Deutschland nicht allein damit begründet werden, dass es grundsätzlich in Form von sogenannten „Geoblocking" möglich ist, Internetnutzer aus bestimmten Ländern von der Nutzung einer Webseite auszuschließen.[57]

26 Aus der bloßen Registrierung einer nicht genutzte Domain mit generischer Top-Level-Domain eines im Ausland Ansässigen kann eine Ausrichtung auf Deutschland – etwa in Form einer Erstbegehungsgefahr – im Regelfall nicht entnommen werden.[58] Auch wenn die Domain genutzt wird, ist daher im Rahmen der Fassung des Verbotsbegehrens darauf zu achten, dass dieses nicht so sehr abstrahiert wird, dass es auch Benutzungsformen umfasst, in denen eine Benutzungshandlung im Inland nicht gegeben ist. [59]

27 *bb) Wettbewerbsrecht.* Im Wettbewerbsrecht richtet sich das anwendbare Recht nach dem Marktort, dh dem Ort, an dem die wettbewerblichen Interessen der Konkurrenten kollidieren.[60] Anwendbar ist daher nicht das Recht eines jeden Ortes, an dem eine Website abgerufen werden kann, sondern nur des **Ortes, an dem die Abrufbarkeit auf die Marktgegenseite einwirken kann.**[61] Das bedeutet, dass ein deutsches Gericht deutsches Wettbewerbsrecht auf eine Domain mit ausländischer oder generischer Top-Level-Domain oder eines im Ausland ansässigen Beklagten anwenden wird, wenn die Marktinteressen der beiden Konkurrenten in Deutschland aufeinander treffen,[62] siehe auch Art. 6 Abs. 1 Rom-II-VO. Dabei ist es allerdings ausreichend, wenn die Interessen *auch* in Deutschland kollidieren.[63] Ein Indiz für die Betroffenheit auch des deutschen Marktes wird es sicherlich sein, wenn die Website, selbst wenn sie unter einer generischen oder ausländischen Top-Level-Domain abrufbar ist, auch in deutscher Sprache gefasst ist, über sie Produkte nach Deutschland geliefert werden und/oder sie von einem deutschen Unternehmen stammt. Die ausschließlich in französischer Sprache gehaltene Website eines französischen Unternehmens unter einer .fr-Top-Level-Domain wird im Zweifel nicht auf den deutschen Markt zielen, so dass deutsches Wettbewerbsrecht nicht anwendbar wäre oder ein Anspruch nach deutschem Wettbewerbsrecht mangels Wettbewerbsverhältnis im Inland ausschiede. Maßgeblich ist also wiederum die Zielrichtung der Werbung.[64]

Praxistipp:

Wer über das Internet unter einer bestimmten Domain Produkte mit bestimmten Kennzeichnungen für mehrere Zielmärkte anbietet, sollte wegen Domain und Kennzeichnungen für den jeweiligen Zielmarkt eine Recherche nach älteren entgegenstehenden Rechten durchführen lassen. Ein Website-Inhalt unter einer Domain sollte mit all den Rechtsordnungen vereinbar sein, auf deren Abnehmer sie zielt. Bei mehreren möglichen Rechtsordnungen sollte Vereinbarkeit mit dem Recht des „strengsten" Landes hergestellt werden.

28 **b) Spezifische europarechtliche Regelungen für .eu-Domains.** Soweit es um die Verletzung von Kennzeichenrechten durch .eu-Domains geht, findet vor den nationalen Gerichten zudem die Verordnung (EG) Nr. 874/2004[65] unmittelbar Anwendung.[66] Gemäß Art. 21 dieser Verordnung

[56] Zur internationale Zuständigkeit BGH GRUR 2014, 601 Rn. 32 – englischsprachige Pressemitteilung.

[57] BGH GRUR 2020, 647, Rn. 42 – Club Hotel Robinson.

[58] OLG Frankfurt a. M. GRUR-RR 2017, 229 Rn. 29 – ICANN.

[59] KG, MMR 2019, 325 (326) – berlin.com II.

[60] BGHZ 35, 329 ff. – Kindersaugflaschen. Zu berücksichtigen ist jedoch, dass das Marktortprinzip gem. Art. 6 Abs. 2 Rom II-VO bei einem Wettbewerbsverhalten, das ausschließlich die Interessen eines bestimmten Wettbewerbers beeinträchtigt, nicht anwendbar ist. Solange Wettbewerbshandlungen jedoch unmittelbar an die Marktgegenseite gerichtet sind – hierunter fallen die Produktförderung bzw. Werbung gegenüber potenziellen Kunden und damit auch Wettbewerbshandlungen im Internet –, gilt das Marktortprinzip (vgl. MüKoBGB/Drexl, Rom II-VO Art. 6 Rn. 166).

[61] Sack WRP 2000, 269 (277); Marktortprinzip wegen § 4 Abs. 2 TDG (jetzt: § 3 Abs. 2 TMG) auch befürwortet von OLG Hamburg NJW-RR 2003, 760 für in Deutschland abrufbares Glücksspiel eines englischen Anbieters.

[62] OLG Hamm MMR 2014, 175.

[63] BGH GRUR 1971, 151 – Tampax; BGH NJW 1988, 644 (645).

[64] Leupold/Bräutigam/Pfeiffer WRP 2000, 575 (582).

[65] Verordnung (EG) Nr. 874/2004 der Kommission vom 28.4.2004 zur Festlegung von allgemeinen Regeln für die Durchführung und die Funktionen der Domäne oberster Stufe „.eu" und der allgemeinen Grundregeln für die Registrierung.

[66] KG Berlin, MMR 2012, 747 (748) – Übertragung eines Domainnamens; OLG Düsseldorf MMR 2008, 107 – lastminute.eu; LG München I MMR 2007, 395 – neu.de/neu.eu; vgl. auch Goldberg MMR 2008, 111 (112); Müller

wird eine Domain aufgrund eines gerichtlichen Verfahrens widerrufen, wenn sie mit einem Begriff identisch oder verwirrend ähnlich ist, an dem nach nationalem oder Gemeinschaftsrecht Rechte bestehen, und wenn sie von einem Domaininhaber registriert wurde, der selbst keinerlei Rechte oder berechtigte Interessen an der Domain geltend machen kann, oder wenn sie in böser Absicht registriert wurde oder benutzt wird. Dabei bedarf es nicht zwingend eines vorgeschalteten alternativen Streitbeilegungsverfahrens gemäß Art. 22 der Verordnung (EG) Nr. 874/2004. Es besteht – jedenfalls soweit der Beklagte in Deutschland ansässig ist oder die unter der Domain vorgehaltenen Inhalte an deutsche Verkehrskreise gerichtet sind – vielmehr die Möglichkeit, direkt ein Gericht in Deutschland anzurufen und auf dieser Grundlage einen Widerruf der Domain geltend zu machen, ohne dass die vielfach höheren Voraussetzungen eines Löschungsanspruchs nach deutschem Kennzeichenrecht erfüllt sein müssten. Ansprüche nach nationalem Rechten bleiben davon unberührt und können gegebenenfalls parallel dazu geltend gemacht werden.[67]

II. Entstehung von Domains

1. Besonderheiten von Domains

29 Anders als traditionelle Kennzeichenrechte wie Marken oder Firmen basieren Domains nicht auf einer spezifischen gesetzlichen Grundlage. Auch erfolgt ihre Vergabe von Anbeginn an **nicht nach einem gesetzlich oder völkerrechtlich geregelten Instrumentarium.** Vielmehr werden sie seit Anfang der neunziger Jahre weltweit durch verschiedene Institutionen nach dem **„First-come-first-served-Prinzip“** dem jeweiligen Interessenten zugewiesen. Die Abwesenheit eines Rechtsrahmens und eines geordneten Verfahrens bedingt seither **Konflikte von Domains mit traditionellen Kennzeichenrechten.** Zudem war die **Einordnung von Domains in den Kanon der Kennzeichenrechte** lange Zeit ebenso offen wie deren Schutzvoraussetzungen und -wirkungen. Gerichte und Literatur haben sich des Themas jedoch in den vergangenen Jahren in beachtlichem Umfang angenommen.[68]

30 Warum sind Domains so begehrt und gleichzeitig so umkämpft? Die Antwort auf diese Frage ist für das Verständnis von Kennzeichenkonflikten um Domains entscheidend. Jeder dem Internet angeschlossene Rechner wird über eine eindeutige IP-Adresse identifiziert. Sie ist nach dem aktuellen Internet Protocol 6 (IPv6) beispielsweise wie folgt aufgebaut: 194.164.189.25. Erst durch diese Zuweisung einer IP-Adresse wird die Kommunikation zwischen zwei PCs über das Internet ermöglicht. Diese IP-Adressen sind allerdings wenig benutzerfreundlich und können sich zudem ändern. Aus diesem Grunde bedarf es des Domain-Name-Systems (DNS). Dieses funktioniert ähnlich einem Telefonbuch. Im DNS ist verzeichnet, welche IP-Adresse einer Domain zugewiesen ist. Gibt der Nutzer in die Adresszeile seines Browsers eine vollständige URL (**Uniform Resource Locator;** zB http://www.beck.de) oder zumindest die Second-Level-Domain, dh den „Domain-Name“ (wie in „denic.de“ der Bestandteil „denic“) und die zugehörige Top-Level-Domain (zB .de, .com oder .eu) ein, übersetzt das DNS diese Anfrage. Es wirft die IP-Adresse desjenigen Servers aus, auf welchem die gesuchten Websites abgelegt sind. Die IP-Adresse wird nun an den Browser zurückübermittelt, der sodann die Daten vom Server abruft. Kurz gesagt, die kombinierte Second- und Top-Level-Domain ist das benutzerfreundliche Synonym der IP-Adresse, die es für den Nutzer vereinfacht, eine gesuchte Website zu finden.

31 Ein Unternehmer kann zunächst zwischen verschiedenen Top-Level-Domains wählen. Je nach geografischer Ausrichtung des Unternehmens wählen deutsche Unternehmen vielfach die Top-Level-Domain .de bei nationaler Tätigkeit oder .com bei internationaler Tätigkeit. Die Second-Level-Domain kann er sodann grundsätzlich frei wählen. Sie kann beispielsweise aus einem Firmenschlagwort oder einer Marke bestehen. Diese Freiheit der Auswahl ist allerdings in tatsächlicher und rechtlicher Hinsicht gewissen Einschränkungen unterworfen. In tatsächlicher Hinsicht sind dies zunächst technische Vorgaben des Domain-Name-System (DNS), die regelmäßig in den Bedingungen der für die Vergabe einer Top-Level-Domain zuständigen Vergabestelle umgesetzt bzw. durch deren Bedingungen ergänzt werden. Nach den **Domainrichtlinien der Deutsches Net-**

GRUR Int. 2007, 990 (999); Bettinger, Handbuch des Domainrechts, 183; Schafft GRUR 2004, 986 (989); aA OLG Hamburg K&R 2007, 414 – original-nordmann.eu, wonach die Verordnung (EG) Nr. 874/2004 keine eigenständige Anspruchsgrundlage für einen Verzichtsanspruch darstellt, sondern diesen vielmehr voraussetzt.

[67] Siehe Art. 21 Abs. 4 Verordnung (EG) Nr. 874/2004.

[68] Fezer WRP 2000, 669 (670), sprach angesichts der Fülle instanzgerichtlicher Entscheidungen, Aufsätze, Zeitschriften etc. bereits im Jahr 2000 von einer „Überschwemmung der Rechtslandschaft“.

work Information Center e. G. (DENIC)[69] kann eine Second-Level-Domain unter der Top-Level-Domain .de nur aus Ziffern von 0–9, Bindestrichen sowie den lateinischen Buchstaben A–Z und weiteren Buchstaben bestehen, die in der Anlage zu den Domainrichtlinien aufgeführt sind. Zu diesen in der Anlage aufgeführten Buchstaben zählen unter anderem die Umlaute ä, ö und ü. Die Domain darf indes weder mit einem Bindestrich beginnen, enden, noch diesen an dritter oder vierter Stelle enthalten. Seit dem Jahre 2009 beträgt die vorgeschriebene Mindestlänge einer .de-Domain nunmehr ein[70] und die Höchstlänge 63 Zeichen.[71] Auch die Registrierung von reinen Zifferndomains sowie Domains, die einem Kfz-Kennzeichen oder einer Top-Level-Domain entsprechen, ist zulässig.[72] Diese erst seit 2009 registrierbaren Domains sind zwischenzeitlich bereits vergeben.[73] Diese Lockerung der Registrierungsbedingungen hat insbesondere bei zweistelligen Domains zu Auseinandersetzungen geführt.[74] Im Zuge der Freigabe der bis dahin unzulässigen Domains wurden Ansprüche auf Vorabregistrierung außerhalb des Prioritätsprinzips von zweistelligen Domains auf Basis eingetragener Marken geltend gemacht. Das OLG Frankfurt a. M. urteilte indes, dass ein Anspruch auf die Registrierung einer bislang unzulässigen Domain unter Ausschluss aller anderen potentiellen Interessenten jedenfalls dann nicht besteht, wenn der Antragsteller keine berühmte Marke innehat und das von der DENIC angewandte Prioritätsprinzip grundsätzlich nicht für Inhaber von Kennzeichenrechten durchbrochen werden muss.[75] Im Rahmen der Vergabe nach dem Prioritätsprinzip auch solche Anträge vorab zu berücksichtigen, die vor der Änderung der Vergaberichtlinien auf Eintragung bestimmter vormals unzulässiger Domains gestellt wurden, war ebenfalls nicht zu beanstanden.[76]

Weiter wird die Auswahl an Domains durch ihre Verfügbarkeit begrenzt. Können also identische Marken im Bereich unterschiedlicher Waren- und Dienstleistungsklassen grundsätzlich koexistieren, ist dies im Domain-Bereich unmöglich. Das DNS erfordert nämlich eine eindeutige Zuordnung einer Domain zu einer IP-Adresse. Aus diesem Grund kann es im Bereich einer Top-Level-Domain keine identischen Second-Level-Domains geben.[77] Es gilt das **„Highlander-Prinzip"**. Hierdurch entstehen Kennzeichenkonflikte im Internet, die nicht nur die deutsche Rechtsprechung regelmäßig beschäftigen. 32

2. Anmeldeverfahren für Domains

In der Mehrzahl der Fälle wird der Mandant erst an den Anwalt herantreten, wenn bereits eine Domain auf einen bestimmten Namen oder Begriff angemeldet worden ist. Entweder der Mandant ist bereits wegen seiner Nutzung der Domain von einem Dritten angegriffen worden oder aber er will gegen einen Dritten wegen dessen Nutzung einer angemeldeten Domain vorgehen. Denkbar sind jedoch ebenfalls Fallgestaltungen, in denen der Mandant den Anwalt um Beratung vor der Anmeldung einer Domain ersucht. In jeder dieser Beratungssituationen ist es wesentlich zu klären, bei welcher Institution eine Domain anzumelden ist bzw. angemeldet wurde. Die Antwort auf diese Frage entscheidet darüber, welche Optionen für das Vorgehen offenstehen. Daher ist es unerlässlich, dass der Anwalt über Kenntnisse über den Aufbau von Domains und deren Anmeldung verfügt. 33

[69] Vgl. http://www.denic.de/domainrichtlinien/.

[70] Im Gegensatz zu der Entscheidung in Sachen vw.de hielt das OLG Frankfurt a. M. es für kartellrechtlich nicht zu beanstanden, dass die DENIC auf Grundlage ihrer bis zum 23.10.2009 geltenden Vergaberichtlinien einen Anspruch auf Registrierung einer einstelligen Second-Level-Domain abgelehnt hat, OLG Frankfurt a. M. MMR 2010, 694.

[71] Sofern die Domain Buchstaben aus der Anlage zu den Domainrichtlinien enthält, ist für die Höchstlänge die gemäß dem Request for Comments 5890 in der sogenannten ACE-Form kodierte Fassung der Domain („A-Label") maßgebend; vgl. Ziffer V. der Domainrichtlinien.

[72] Siehe insoweit noch LG Frankfurt a. M. MMR 2009, 274 – rz.de, wonach ein Anspruch auf Registrierung einer Kfz-Kennzeichendomain zurückgewiesen wurde.

[73] Am 12. Januar 2011 sind die letzten 9 noch verfügbaren ein- und zweistelligen .de-Domains registriert worden, vgl. Welzel MMR-Aktuell 2011, 313 126.

[74] Vgl. BGH MMR 2014, 532 – sr.de; OLG Frankfurt a. M. MMR 2011, 181 – tv.de; OLG Düsseldorf GRUR-RS 2013, 11230 – ad.de; OLG Frankfurt a. M. GRUR-RS 2016, 16313.

[75] OLG Frankfurt a. M. MMR 2011, 181 – tv. de.

[76] OLG Frankfurt a. M. MMR 2010, 694.

[77] Das gilt im Bereich der Top-Level-Domain .de uneingeschränkt, da es hier keine Sub-Top-Level-Domains zu .de gibt. Im Bereich anderer Länder-Top-Level-Domains werden Unterdifferenzierungen bereitgehalten, wie beispielsweise in England .co.uk, .ltd.uk, .org.uk oder .gov.uk, so dass die Koexistenz einiger weniger identischer Zeicheninhaber möglich ist.

34 Eine Domain setzt sich zumeist aus einer Second-Level-Domain, dh dem „Domain-Name“ (wie in „denic.de“ der Bestandteil „denic“), und einer Top-Level-Domain zusammen.[78] Die Second-Level-Domains sind nach Maßgabe der Domainrichtlinien der jeweils zuständigen Vergabestelle und abhängig von der tatsächlichen Verfügbarkeit frei wählbar.[79] Anders verhält es sich hingegen bei den Top-Level-Domains. Bei diesen kann der Mandant nur aus einem bestimmten Bestand wählen. Es gibt zunächst sog. **country-code Top-Level-Domains**[80] (wie .de für Deutschland, .fr für Frankreich, .pl für Polen usw.).[81] Im Jahre 2005 wurde zudem die europäische Top-Level-Domain .eu eingeführt.[82] Daneben gibt es zudem sog. **generic Top-Level-Domains.**[83] Zwischen den Jahren 1984 und 2000 existierten zunächst nur die Top-Level-Domains .com für kommerzielle Unternehmen, .net für Netzwerkbetreiber, .org für internationale Organisationen[84] sowie die ausschließlich von der US-Regierung genutzte Top-Level-Domain .gov, die für das US-Verteidigungsministerium vorgesehene Top-Level-Domain .mil, die Top-Level-Domain .edu für Bildungseinrichtungen insbesondere in den USA und die Top-Level-Domain .int für internationale Regierungsorganisationen. Erst ab Juni 2001 kamen schrittweise die weiteren generic Top-Level-Domains .aero, .biz, .coop, .info, .museum, .name und .pro hinzu.[85] In den Jahren 2005 bis 2012 folgten sodann die Top-Level-Domains .asia, .cat, .jobs, .mobi, .post, .tel, .travel und .xxx. Nach einem langwierigen Konsultationsprozess beschloss die non-profit Internet-Organisation **Internet Corporation of Assigned Names and Numbers (ICANN)** im Oktober 2008 zur Erweiterung des Namensraumes sog. **new generic Top-Level-Domains**[86] zuzulassen.[87] Im Rahmen diesen Erweiterungsprogramms wurden seither insgesamt 1216 new generic Top-Level-Domains zugelassen, unter anderem .bank, .hamburg oder .nyc.[88] Die meisten der bisher eingeführten Top-Level-Domains sind jedoch weitgehend bedeutungslos geblieben. Dies ist auch darauf zurückzuführen, dass die Trennung nach dem Tätigkeitsbereich der Unternehmen, zB .com für kommerzielle Unternehmen, außerhalb der USA nicht eingehalten wurde. Zumeist haben sich geografische Top-Level-Domains durchgesetzt. Für eine in Deutschland ansässige Privatperson oder ein Unternehmen werden daher in aller Regel nur die Top-Level-Domains .de zur Identifikation des Sitzes in Deutschland, .eu für Sitz in Europa bzw. europaweite Aktivitäten, oder .com zur Identifikation als (weltweit operierendes) kommerzielles Unternehmen in Frage kommen.[89] Bei multinational operierenden Unternehmen werden jedoch darüber hinaus eine Reihe geografischer Top-Level-Domains für verbundene Unternehmen im jeweiligen Land interessant sein.

35 Für die Vergabe einer Second-Level-Domain unter einer Top-Level-Domain sind in Abhängigkeit der Top-Level-Domain bestimmte Vergabestellen zuständig. Für die generic Top-Level-Domains und die new generic Top-Level Domains sind dies eine stetig wachsende Anzahl von Unternehmen unter dem Dach der non-profit Internet-Organisation **ICANN (Internet Corporation of Assigned Names and Numbers)**, der die Aufsicht über das Domain-Name-System 1999 von der US-Regierung übertragen wurde.[90] Für die geografischen Top-Level-Domains sind dies zumeist nationale Vergabestellen. In Deutschland ist dies die DENIC.[91] **Der technische Vorgang der Konnektierung und Delegation** einer Domain erfolgt sodann durch einen vom Mandanten auszuwählenden **Internet-Service–Provider.**

[78] Zur Sondersituation der Verwendung einer zusätzlichen Third-Level-Domain siehe unten → Rn. 61.
[79] → Rn. 21.
[80] Diese werden als ccTLDs abgekürzt.
[81] Einen Überblick über alle verfügbaren geographischen Top-Level-Domains mit Links zu den nationalen Vergabestellen bietet beispielsweise die Website http://www.wipo.int/amc/en/domains/cctld_db/index.html.
[82] Ein Bericht der IANA über den Delegationsprozess hinsichtlich der Zuständigkeit für die.eu Domain an die European Registry for Internet Domains (EURid) ist abrufbar unter https://www.iana.org/reports/2005/eu-report-05aug2005.pdf.
[83] Diese werden als gTLDs abgekürzt.
[84] Die Eigenschaft als internationale Organisation ist jedoch seitens der zuständigen Vergabestelle nicht überprüft worden.
[85] Siehe https://www.icann.org/news/icann-pr-2000-11-16-en.
[86] Diese werden auch als new gTLDs abgekürzt.
[87] Zur Einführung der neuen Top-Level-Domains siehe Rn. 40 ff.
[88] Eine vollständige Liste aller gTLDs, new gTLDs und ccTLDs ist abrufbar unter https://www.iana.org/domains/root/db.
[89] Mittlerweile werden eine Reihe von country code Top-Level-Domains wie generische Top-Level-Domains genutzt, beispielsweise .ag (für Aktiengesellschaft), .tm (für trademark) oder .tv (für Fernsehen).
[90] Eine stets aktualisierte Liste der zugelassenen Registrierungs-Provider wird, neben anderen wichtigen Informationen über das DNS, unter http://www.icann.org vorgehalten.
[91] Nähere Informationen unter http://www.denic.de.

a) **Anmeldeverfahren und -bedingungen der DENIC.** Per 1.3.2017 waren mehr als **16,1 Millionen Domains** auf die Top-Level-Domain .de registriert.[92] Sie zählt zu den Top 3 Vergabestellen weltweit,[93] was die Bedeutung der .de Top-Level-Domain unterstreicht. Die DENIC wurde am 17.12.1996 als Genossenschaft von 37 deutschen Internet-Service-Providern gegründet. Sie übernahm vom Rechenzentrum der Universität Karlsruhe das ausschließliche Recht, Domains unter der Top-Level-Domain .de zu vergeben. Diese hatte ihrerseits im Jahre 1994 dieses Recht von der Informatikrechner-Betriebsgruppe (IRB) der Universität Dortmund übernommen, der es zuvor im Jahre 1988 von der **Internet Assigned Numbers Authority (IANA)** eingeräumt worden war.[94] Eine **gesetzliche Grundlage** für die Vergabe von .de-Domains gibt es bis heute – anders als für die .eu-Domains – nicht. Die monopolistische Vergabe von .de-Domains war zuletzt im Jahre 2010 Gegenstand eines Verfahrens vor dem OLG Frankfurt a. M.[95] Das Gericht bestätigte, dass die DENIC eine marktbeherrschende Stellung innehabe. Im Ergebnis verneinte das Gericht allerdings die Kartellrechtswidrigkeit des Sunrise-Verfahrens, welches die DENIC im Jahre 2009 vor Vergabe der Domains aus ein und zwei Buchstaben durchführte.[96] Im Jahre 2011 führte zwar ein Antragsteller im Rahmen eines einstweiligen Verfügungsverfahrens erneut an, dass das Sunrise-Verfahren kartellrechtswidrig ausgestaltet gewesen sei.[97] Das OLG Frankfurt a. M. ließ die Frage der behaupteten Kartellrechtswidrigkeit allerdings offen, da der Antrag bereits aus anderen Gründen unzulässig war. Das OLG Frankfurt a. M. verneinte nämlich das Rechtsschutzbedürfnis für den Antrag, da der Antragsteller nicht an dem Sunrise-Verfahren teilgenommen hatte. 36

Die Rahmenbedingungen für die Vergabe von .de-Domains ist in den **Domainrichtlinien**[98] der DENIC geregelt. Eine Domain darf hiernach nur aus Ziffern von 0–9, Bindestrichen sowie den lateinischen Buchstaben A–Z und weiteren Buchstaben, die in der Anlage zu den Domainrichtlinien aufgeführt sind, bestehen. Zu diesen in der Anlage aufgeführten Buchstaben zählen unter anderem die Umlaute ä, ö und ü. Die Domain darf indes weder mit einem Bindestrich beginnen, enden, noch diesen an dritter oder vierter Stelle enthalten. Die Mindestlänge einer Domain beträgt ein,[99] deren Höchstlänge 63 Zeichen.[100] Die DENIC registriert die Domain, wenn sie den in den Domainrichtlinien enthaltenen Anforderungen an eine Anmeldung entspricht[101] und nicht bereits für einen Dritten registriert ist. Sie behält sich indes vor, den Auftrag abzulehnen, wenn die Registrierung **offenkundig rechtswidrig** wäre. 37

Ist die Wunschdomain verfügbar und entspricht sie den Domainrichtlinien der DENIC, kommt mit der Registrierung ein Nutzungsvertrag zwischen der DENIC und der im Anmeldeformular als Domaininhaber bezeichneten Person zustande. Diesen Vertrag über die Nutzung der Domain zwischen der DENIC und dem Domaininhaber regeln die Domainbedingungen[102] als **allgemeine Geschäftsbedingungen.** Der Vertragsschluss erfolgt entweder über den Service „DENICdirect" oder über den Internet Service Provider des Domaininhabers, der im Rahmen eines Auftrags oder Geschäftsbesorgungsvertrages nach Weisungen des potentiellen Domaininhabers tätig wird.[103] Der Unternehmer erlangt durch die Zahlung der Vergütung an die DENIC das Recht, für seine IP-Adresse eine bestimmte Domain zu verwenden. Er erwirbt hingegen durch die erfolgende Registrierung kein Eigentum oder sonstiges absolutes Recht im Sinne des § 823 Abs. 1 BGB an dem Domainnamen.[104] Er erlangt lediglich ein relativ wirkendes vertragliches Nutzungsrecht. 38

---

[92] Siehe für die monatlichen Zahlen unter https://www.denic.de/wissen/statistiken/monatsauswertung/.

[93] Siehe https://www.denic.de/aktuelles/features/20-jahre-denic-eg/.

[94] Vgl. https://www.denic.de/ueber-denic/denic-geschichte/.

[95] OLG Frankfurt a. M. MMR 2010, 694; das Rechtsmittelverfahren ist weiterhin beim BGH anhängig (Az. KZR 66/10).

[96] OLG Frankfurt a. M. MMR 2010, 694 (695).

[97] OLG Frankfurt a. M. MMR 2011, 181 – tv. de.

[98] Vgl. https://www.denic.de/domains/de-domains/domainrichtlinien/.

[99] Im Gegensatz zu der Entscheidung in Sachen vw.de hielt das OLG Frankfurt a. M. es für kartellrechtlich nicht zu beanstanden, dass die DENIC auf Grundlage ihrer bis zum 23.10.2009 geltenden Vergaberichtlinien einen Anspruch auf Registrierung einer einstelligen Second-Level-Domain abgelehnt hat, OLG Frankfurt a. M. MMR 2010, 694.

[100] Sofern die Domain Buchstaben aus der Anlage zu den Domainrichtlinien enthält, ist für die Höchstlänge die gemäß dem Request for Comments 5890 in der sogenannten ACE-Form kodierte Fassung der Domain („A-Label") maßgebend; vgl. Ziffer V. der Domainrichtlinien.

[101] → Rn. 26.

[102] Vgl. https://www.denic.de/domains/de-domains/domainbedingungen/.

[103] Bücking/Angster, Domainrecht, 2. Aufl., Rn. 350, 354.

[104] BVerfG NJW 2005, 589 – ad-acta.de; BGH GRUR 2008, 1099 (1100) Rn. 21 – afilias.de; BGH GRUR 2009, 1055 (1058) Rn. 55 – airdsl; BGH GRUR 2012, 417 (418) Rn. 22 f. – gewinn.de.

Dieses ist ihm ausschließlich zugewiesen und über Art. 14 GG als eigentumsgleiches Recht geschützt.[105]

39 Gemäß § 1 Abs. 1 S. 2 der Domainbedingungen hat der Domaininhaber die Domain binnen vier Wochen nach Abschluss der Registrierung zu konnektieren. Kommt er dieser Verpflichtung nicht nach, bedingt dies die unmittelbare Auflösung des Domainvertrages. Einen echten Benutzungszwang stellt diese Bedingung jedoch nicht dar. Die Voraussetzung der Konnektierung erfüllt der Domaininhaber nämlich bereits, wenn sein Internet-Service-Provider die Domain bzw. deren Server mit seinem Nameserver verbindet. Hierdurch wird die Website letztlich im Internet auffindbar. Ein Benutzungszwang für Internet-Domains, wie er etwa für Marken besteht, ist schon vielfach mit guten Gründen gefordert worden,[106] bislang jedoch noch nicht Realität geworden. Gemäß § 2 Abs. 1 S. 1 der Domainbedingungen gehört es zu den Aufgaben der DENIC, die Domain und ihre technischen Daten in die Nameserver für die Top-Level-Domain .de aufzunehmen. Die DENIC übernimmt jedoch gemäß § 2 Abs. 2 der Domainbedingungen **keine Verantwortung** für die Prüfung, ob die Registrierung der Domain für oder ihre Nutzung durch den Domaininhaber Rechte Dritter verletzt.

40 Zum Schutz der Rechte Dritter bietet die DENIC Rechteinhabern, die gegen eine bestimmte Domain-Überlassung oder -nutzung vorgehen wollen, die Möglichkeit, einen sog. **Dispute-Eintrag** zu beantragen. Durch einen solchen Dispute-Eintrag wird das Verfügungsrecht des Domaininhabers beschränkt. Ihm wird insbesondere die Übertragung der Domain auf einen Dritten unmöglich gemacht (sog. **Cyberflight**). Darüber hinaus wird der Antragsteller unmittelbar neuer Domaininhaber, sobald der Dritte oder die DENIC den Domainvertrag kündigt oder der Dritte die Domain löscht. Da allerdings mehrere gleichzeitige Dispute-Einträge denkbar sind, wird nur derjenige neuer Domaininhaber, zu dessen Gunsten zuerst der Eintrag eingerichtet wurde. Um einen Dispute-Eintrag zu beantragen, hält die DENIC ein Formular bereit. Dieses kann telefonisch,[107] per Telefax[108] oder per Email[109] angefordert oder von der Website der DENIC heruntergeladen[110] werden. Im Formular sind zwingend die angefochtene Domain zu benennen und der Antragsteller anzugeben. Um die Übertragung der Domain nach ihrer Löschung durch den bisherigen Inhaber zu beschleunigen, ist es zudem empfehlenswert, den administrativen Ansprechpartner (admin-c) zu benennen. Der Antrag ist sodann zwingend und ausschließlich im Original an die Rechtsabteilung der DENIC zu übermitteln. Ihm sind Unterlagen beizufügen, durch welche die Rechtsposition des Antragstellers glaubhaft gemacht wird (zum Beispiel Kopie eines Handelsregisterauszuges oder einer Eintragungsurkunde einer Marke). In Fällen, in denen die Rechtsposition nicht eindeutig durch Urkundskopien oder Registerauszüge zu belegen ist, zum Beispiel bei Ansprüchen auf Domainlöschung kraft vertraglicher Beziehungen oder bei nicht eingetragenen Rechten, zum Beispiel geographischen Herkunftsangaben oder besonderen Geschäftsbezeichnungen, ist es empfehlenswert, dem Antrag ein (kurzes) erläuterndes Begleitschreiben beizufügen. Nach Eingang des Antrags prüft die DENIC den Antrag einschließlich der Glaubhaftmachungsmittel summarisch. Erachtet sie den Antrag für begründet, richtet sie den Dispute-Eintrag ein. Dieser ist zunächst auf **ein Jahr** befristet. Nach Ablauf eines Jahres löscht die DENIC den Dispute-Eintrag, soweit nicht der Antragsteller die **Verlängerung** beantragt und nachweist, dass die Auseinandersetzung noch nicht abgeschlossen ist.

41 Gegen unberechtigte Dispute-Einträge hat der Inhaber der Domain einen Löschungsanspruch.[111] Denn das Recht auf Nutzung einer Internetdomain ist ein sonstiges Recht im Sinne von § 823 Abs. 1 BGB.[112] Zu dem Nutzungsrecht an der Domain gehört nämlich auch die Möglichkeit, diese zu veräußern oder zu übertragen, die dem Domaininhaber durch einen unberechtigten Dispute-Eintrag genommen wird. Sollte die Auseinandersetzung außergerichtlich beigelegt werden können, sollte dies umgehend der DENIC angezeigt werden. Auch hierfür hält die DENIC ein entsprechendes Formular bereit.[113]

---

[105] BVerfG NJW 2005, 589 – ad-acta.de; OLG Düsseldorf MMR 2016, 399 (402) – zwiebel-muster.de; OLG Frankfurt a. M. GRUR-RR 2017, 107 – Fitnessgeräte-Domain.
[106] Vgl. zum Beispiel Schaff GRUR 2002, 664 ff.
[107] 069-27.235-0.
[108] 069-27.235–238.
[109] Siehe info@denic.de.
[110] Siehe https://www.denic.de/fileadmin/public/documents/legal/DISPUTE_Antragsformular_01–2015.pdf.
[111] Vgl. LG Köln GRUR-RR 2009, 260 – welle.de; OLG Köln GRUR-RR 2006, 267 – investment.de.
[112] Vgl. OLG Köln GRUR-RR 2006, 267 – investment.de im Anschluss an BVerfG GRUR 2005, 261 – ad-acta.de.
[113] Siehe https://www.denic.de/fileadmin/public/documents/legal/Aufhebung_DISPUTE.pdf.

Praxistipp:
Vor der Geltendmachung von Ansprüchen, die sich auf die Unterlassung der Nutzung oder Löschung einer Domain richten, sollte der Anspruchsteller seine Position gegenüber dem Domaininhaber durch einen Dispute-Eintrag absichern.

Nach § 3 Abs. 1 S. 1 der Domainbedingungen versichert der Domaininhaber mit dem Domainauftrag, dass seine darin enthaltenen Angaben richtig sind und er zur Registrierung bzw. Nutzung der Domain berechtigt ist, insbesondere, dass Registrierung und beabsichtigte Nutzung der Domain weder Rechte Dritter verletzen noch gegen allgemeine Gesetze verstoßen. Hat der Domaininhaber seinen Sitz nicht in Deutschland, hat er zugleich einen **in Deutschland ansässigen administrativen Ansprechpartner,** einen sogenannten Admin-c, zu benennen, der zugleich sein **Zustellungsbevollmächtigter** im Sinne von § 184 Abs. 1 ZPO, § 132 Abs. 1 StPO, § 55 Abs. 3 VwGO sowie § 15 VwVfG ist. Gemäß § 5 Abs. 4 der Domainbedingungen stellt der Domaininhaber die DENIC von allen Ansprüchen Dritter frei und leistet der DENIC Ersatz für alle Schäden und Kosten, die ihr dadurch entstehen, dass sie von Dritten mit der Begründung in Anspruch genommen wird, dass die Registrierung der Domain für oder ihre Nutzung durch den Domaininhaber deren Rechte verletze. Diese **Freistellungsverpflichtung** ist das Resultat einer Reihe von Rechtsstreitigkeiten, mit denen Dritte bislang versucht haben, die DENIC wegen Mitverantwortlichkeit für Kennzeichenverletzungen in Anspruch zu nehmen.[114] 42

Gemäß § 7 der Domainbedingungen kann die DENIC den Domainvertrag jederzeit aus **wichtigem Grund kündigen.** Die zur Kündigung berechtigenden Gründe sind in § 7 Abs. 2 der Domainbedingungen nicht abschließend aufgeführt. Besonders relevante Kündigungsgründe bestehen hiernach darin, dass (a) die Domain als solche eine offenkundig rechtswidrige Aussage enthält, (b) der Domaininhaber sich schriftlich, uneingeschränkt und strafbewehrt verpflichtet hat, die Domain nicht zu nutzen oder auf eine die Nutzung untersagende einstweilige Verfügung eine Abschlusserklärung abgegeben hat bzw. ein entsprechendes Hauptsacheurteil gegen ihn ergangen ist, (c) in einem rechtskräftigen Hauptsacheurteil festgestellt worden ist, dass die Registrierung der Domain für den Domaininhaber die Rechte Dritter verletzt oder (d) die Registrierung der Domain für den Domaininhaber ohne Rücksicht auf ihre konkrete Nutzung ganz offenkundig rechtswidrig ist. Darüber hinaus begründen bestimmte Vertragsverletzungen des Domaininhabers ebenfalls ein Kündigungsrecht der DENIC. Diese Gründe sind in § 7 Abs. 2 Buchst e–k der Domainbedingungen nicht abschließend benannt. 43

Praxistipp:
Vor dem Hintergrund dieser Bestimmungen ist es empfehlenswert, in Fällen besonders grober Kennzeichenrechtsverstöße oder in Fällen, die einen wichtigen Kündigungsgrund der DENIC darstellen, vor Einleitung eines Gerichtsverfahrens zunächst zu versuchen, die DENIC unter Hinweis auf die Verstöße des Domaininhabers gegen die Domainbedingungen dazu zu bewegen, den Domainvertrag fristlos zu kündigen.

Ist die Domain angemeldet, so kann die Website, die nichts anderes darstellt, als eine mehr oder weniger umfangreich programmierte Datei, auf einem Server installiert und mit der Domain konnektiert werden. Der Mandant benötigt dazu einen so genannten **Web-Host,**[115] der den Serverplatz für die Websites bereithält, von dem aus sie durch den Nutzer abgerufen werden können. 44

b) Anmeldeverfahren und -bedingungen für .com-, .net- und .org-Domains. Ebenso wie die Vergabe von .de-Domains zentralisiert ist, konnten zwischen 1991 und 1999 die generischen Top-Level-Domains .com, .net und .org ausschließlich bei der US-amerikanischen **Network Solutions Inc.**[116] angemeldet werden. Frühzeitig entstand jedoch Unbehagen mit dieser Monopolstellung und wegen der absehbaren Zeichenenge im Bereich der .com-Domains. Es wuchs der 45

[114] Vgl. zB BGH WRP 2001, 1305 – ambiente.de; BGH GRUR 2004, 619 – kurt-biedenkopf.de
[115] Zu Begriff und Vertragsgestaltung s. Roth, Praxis des Online Rechts, S. 75 ff.
[116] Im Jahr 2000 von VeriSign, Inc. übernommen, seit 2011 Teil der Web.com Group, Inc.

Wunsch nach neuen generischen Top-Level-Domains sowie einem einheitlichen außergerichtlichen Streitbeilegungsmechanismus. Dies löste bereits 1996 einen Diskussionsprozess ua zwischen der US-Regierung, Vertretern der Markenartikel-Industrie, der Europäischen Union und der WIPO aus.[117] In einem Green Paper schlug die US-Regierung im Januar 1998 die Übertragung der Verwaltung des DNS von der Network Solutions Inc. auf ein privatwirtschaftliches US-Unternehmen vor. Im Oktober 1998 vereinbarten das Amerikanische Handelsministerium und Network Solutions Inc. sodann die Trennung der Zuständigkeiten für Registrierungen von Domains, die den Registrars oblag, und die Verwaltung des DNS, die einer Registry oblag.[118] Die Network Solutions Inc. übernahm zunächst die Tätigkeit der Registry. Im November 1998 wies das Amerikanische Handelsministerium sodann allerdings, wie bereits im Green Paper aus dem Januar 1998 vorgeschlagen, dem privatwirtschaftlichen US-Unternehmen ICANN die Verwaltung des DNS wie auch die Akkreditierung neuer Registrars zu und entband Network Solutions Inc. von ihren Verwaltungstätigkeiten.[119] Heutzutage zählt Network Solutions Inc. zur Vielzahl der bei ICANN **akkreditierten Registrars.**[120] Neue Registrars haben nur dann Aussicht, von ICANN die begehrte Akkreditierung zu erhalten, wenn sie bestimmte Zuverlässigkeitsbedingungen erfüllen und sich vor allem verpflichten, Domainstreitigkeiten nach Maßgabe der für alle Provider vereinheitlichten **Uniform Domain Name Dispute Resolution Policy (UDRP)** von ICANN zu führen und über die „Uniform Rapid Suspension" Rechtsinhabern einen effektiven Schutz ihrer Rechte zu ermöglichen.[121]

46 Die Domains mit generischen Top-Level-Domains werden nach wie vor ohne Erforderlichkeit eines Berechtigungsnachweises nach dem „First-come-first-served"-Prinzip nach Verfügbarkeit an jede beliebige natürliche oder juristische Person weltweit vergeben. Außerdem ist jeder Anmelder aufgrund seiner Vereinbarung mit dem Registrar der UDRP[122] von ICANN unterworfen. Nach Ziff. 2. der UDRP versichert der Anmelder nicht nur, dass er gegenüber dem Registrar korrekte Angaben zur Person gemacht hat, sondern insbesondere auch, dass seine Anmeldung seines Wissens nach nicht in Rechte Dritter eingreift, die Domain nicht zu gesetzwidrigen Zwecken anmeldet und sie nicht wissentlich zu gesetzwidrigen Zwecken nutzen wird. Hauptzweck der UDRP ist es, den Anmelder zu verpflichten, sich dem UDRP-Verfahren zu unterwerfen, soweit ein Dritter wegen vermeintlicher eigener Rechte an der Domain eine **Schlichtungsstelle (Dispute Resolution Service Provider)** nach den **Rules** for Uniform Domain Name Dispute Resolution Policy anruft. Dieses Schlichtungsverfahren sieht eine zügige Streitschlichtung und Übertragung von Domains kraft Schiedsspruch für **Fälle bösgläubiger Domainanmeldungen** vor.[123]

47 c) **Anmeldebedingungen für .aero-, .biz-, .coop-, .info-, .museum-, .name-, .pro-, .travel-, .jobs-, .cat, .asia-, .mobi-** und **.tel-Domains.** Noch vor Errichtung von ICANN wurde wiederholt die Schaffung neuer Top-Level-Domains neben den bisherigen generischer Top-Level-Domains diskutiert. Diese Diskussion wurde insbesondere durch Unternehmen wie AlterNIC, Iperdrome und pgmedia angeheizt, die Registrierungen unter neuen Top-Level-Domains selbst vertreiben wollten.[124] IANA und Network Solution Inc. unterbanden seinerzeit allerdings durch die Weigerung der Schaffung der technischen Voraussetzungen für diese Domains dieses Vorhaben.[125] Die Diskussion hierüber flammte indes schon auf dem ICANN Treffen im Juli 2000 erneut auf.[126] Gegner einer solchen Erweiterung der Top-Level-Domains war insbesondere die Markenartikel-Industrie. Sie befürchtete – zu Recht – bei Schaffung neuer Top-Level-Domains eine neue Welle des **„Domain-Grabbings"** und der Rechtsverletzungen durch die Top-Level-Domains selbst sowie die darunter anzumeldenden Second-Level-Domains. Demgegenüber stand jedoch das Bedürfnis

---

[117] Dazu instruktiv Kur CR 1997, 325 ff.

[118] Siehe dazu „Registrar Accreditation: History of Shared Registry System" unter https://www.icann.org/resources/pages/history-2012-02-25-en.

[119] Siehe dazu „Registrar Accreditation: History of Shared Registry System" unter https://www.icann.org/resources/pages/history-2012-02-25-en.

[120] Eine stetig aktualisierte Liste der so genannten „approved registrars" findet man unter http://www.icann.org/en/registrars/accredited-list.html.

[121] → Rn. 67.

[122] Abrufbar unter https://www.icann.org/resources/pages/policy-2012-02-25-en.

[123] → Rn. 67 ff.

[124] Vorgeschlagen wurden beispielsweise .per, .web, .arts oder .xxx; Für mehr Hintergrund zB Paré, Internet Governance in Transition, 2003, S. 26.

[125] Paré, Internet Governance in Transition, 2003, S. 26.

[126] In Rede standen nach den bereits verabschiedeten neuen TLDs noch ca. 40 weitere zT branchenspezifische wie .bank oder auch .xxx.

aller am E-Commerce Beteiligten, den eng gewordenen Namensraum zu erweitern. Im Jahre 2001 wurden schließlich zunächst die Top-Level-Domains .aero, .biz, .coop, .info, .museum, .name und .pro eingeführt. Dass gerade diese Domains dem vorgenannten Interesse Rechnung trügen, erscheint allerdings zweifelhaft. Der Einführung insbesondere der .biz- und .info-Domains gingen so genannte **„Sunrise-Phasen"** voraus. In ihnen konnten Inhaber von Marken und sonstigen geschützten Kennzeichnungen ein Vorrecht auf eine Domain unter diesen Top-Level-Domains anmelden, um bei der späteren Domainvergabe in einem Vorabverfahren bevorzugt berücksichtigt zu werden. Die Prüfung dieser so genannten **„Sunrise-Claims"** durch die zuständigen Registrars war jedoch überaus mangelhaft. Domains wurden auf Basis unzureichender oder zT noch nicht einmal glaubhaft gemachter Angaben vergeben. An die Sunrise-Vorregistrierungsphase schloss sich sodann eine **Sunrise-Challenge-Phase** an. In ihnen konnten Dritte, die an den Domains interessiert waren, geltend machen, inwieweit derjenige, der auf Grund eines Sunrise-Claims in den Besitz einer Domain gelangt war, diese nicht rechtmäßig erlangt hatte.

In den Jahren 2005 bis 2008 kamen sodann die weiteren Top-Level-Domains .asia, .cat, .jobs, .mobi, .tel und .travel hinzu. Auch hier ging – jedenfalls bei den .asia, .cat, .mobi und .tel-Domains – der allgemeinen Registrierung eine Sunrise-Phase voraus. Dabei ist insbesondere bei der Einführung der .asia-Domain versucht worden, das Sunrise-Verfahren zu optimieren. Der Einführung der Top-Level-Domain .xxx, die für erotische Inhalte zur Verfügung steht, ging im Jahr 2011 eine besondere Sunrise-Phase voraus. Hier hatten Markeninhaber die Möglichkeit, ihre Marken für einen Zeitraum von 10 Jahren für die Registrierung unter dieser Top-Level-Domain zu sperren, um zu verhindern, dass Dritte Second-Level-Domains anmeldeten, die mit ihren Marken identisch waren und so die Markeninhaber mit den Inhalten unter den Domains in Verbindung gebracht würden.[127] In der Praxis stellen keine dieser Top-Level-Domains eine von Unternehmen ernsthaft in Betracht gezogene Alternative zur geographischen Top-Level Domain oder einer .com-Domain dar. 48

Die **Anmeldebedingungen** für diese Top-Level-Domains sind sehr unterschiedlich und sollten in der Beratungssituation beim jeweiligen Registrar abgerufen werden. In der Beratung ist insbesondere zu berücksichtigen, dass nicht jede dieser Domains für Unternehmen frei zugänglich ist. So stehen die Domains unter der Top-Level-Domain .aero nur Unternehmen der **Luftfahrt und Lufttransportindustrie,**[128] unter .coop nur **Genossenschaften,**[129] unter .museum im Wesentlichen **Museen,**[130] und unter .travel nur Unternehmen der **Reise- und Tourismusbranche**[131] zur Verfügung. Domains unter den Top-Level-Domains .asia,[132] .biz,[133] .cat,[134] .info,[135] .jobs,[136] .mobi,.[137] name,[138] .pro,[139] .tel[140] sowie .xxx[141] sind demgegenüber für Interessenten frei zugänglich. 49

d) Neue generische Top-Level-Domains. Im Juni 2008 sprach sich ICANN dafür aus, den beschränkten Namensraum unter den bis dahin bestehenden 22 generischen Top-Level- Domains zu erweitern. Top-Level-Domains sollten zukünftig frei gewählt werden können. Hierdurch sollten die Innovation, der Wettbewerb und die Wahlmöglichkeiten für Interessenten gefördert werden. Nach intensiven Auseinandersetzungen mit Internetnutzern, Markeninhabern, Interessengruppen und Regierungen um die Rahmenbedingungen für eine solche Erweiterung verabschiedete ICANN am 20.6.2011 das sogenannte **New gTLD Program.** Im Rahmen dieses Programms war es Interessenten möglich, die Aufnahme frei wählbarer Top-Level-Domains in das DNS zu beantragen. Die Bewerbungen konnten zwischen dem 12.1.2012 und dem 30.5.2012 bei der ICANN eingereicht werden. Hierbei waren allerdings nur Unternehmen, Organisationen und Institu- 50

[127] Siehe dazu Kazemi MMR-Aktuell 2011, 320 145.
[128] Registry mit weiteren Informationen zur Anmeldung erreichbar unter www.information.aero.
[129] Registry mit weiteren Informationen zur Anmeldung erreichbar unter www.nic.coop.
[130] Registry mit weiteren Informationen zur Anmeldung erreichbar unter about.museum.
[131] Registry mit weiteren Informationen zur Anmeldung erreichbar unter www.tralliance.travel.
[132] Registry mit weiteren Informationen zur Anmeldung erreichbar unter www.registry.asia.
[133] Registry mit weiteren Informationen zur Anmeldung erreichbar unter www.neustarregistry.biz.
[134] Registry mit weiteren Informationen zur Anmeldung erreichbar unter fundacio.cat.
[135] Registry mit weiteren Informationen zur Anmeldung erreichbar unter www.afilias.info.
[136] Registry mit weiteren Informationen zur Anmeldung erreichbar unter www.goto.jobs.
[137] Registry mit weiteren Informationen zur Anmeldung erreichbar unter www.dotmobi.mobi.
[138] Registry mit weiteren Informationen zur Anmeldung erreichbar unter www.verisign.com.
[139] Registry mit weiteren Informationen zur Anmeldung erreichbar unter www.registry.pro.
[140] Registry mit weiteren Informationen zur Anmeldung erreichbar unter www. do. tel.
[141] Registry mit weiteren Informationen zur Anmeldung erreichbar unter www.icmregistry.com.

tionen, nicht aber Privatpersonen, antragsberechtigt. Die Zuteilung erfolgte für die Dauer von 10 Jahren, wobei eine Verlängerung möglich ist.[142] Eine erneute Bewerberrunde ist zwar geplant, wann diese stattfinden wird, steht allerdings noch nicht fest. Die Anforderungen an eine solche Bewerbung finden sich in dem ohne Anlagen fast 340 Seiten umfassenden Bewerberhandbuch, dem sogenannten **gTLD Applicant Guidebook.**[143] Die Bewerbungen erfolgten auf Basis eines Bewerbungsformulars. In diesem musste der Bewerber insbesondere Angaben zu seinem Unternehmen bzw. seiner Organisation und deren Hintergrund, Ziel und Zweck der vorgeschlagenen Top-Level-Domain, zur technischen und betrieblichen Umsetzung sowie zur Finanzierung der Nutzung machen. Die Bewerbung wurde nur berücksichtigt, soweit die Bewerbungsgebühr (sog. Evaluation Fee) in Höhe von USD 185.000 gezahlt wurde. Innerhalb der Bewerbungsfrist gingen bei der ICANN insgesamt 1.930 Bewerbungen für 1409 verschiedene new gTLDs ein.[144] Diese Bewerbungen umfassten insbesondere Allgemeinbegriffe bzw. beschreibende Begriffe oder Marken. So bewarben sich beispielsweise die Unternehmen Amazon (zB .amazon, .audible oder .prime), Apple (.apple und .beats), Google (zB .google oder .youtube) oder Microsoft (zB .microsoft, .windows oder .xbox) ebenso um new TLDs wie BWM (.bmw und .mini), Lidl (.lidl) oder Nike (.nike). Darüber hinaus war es jedoch möglich, geographische Namen (sog. **geoTLDs**)[145] zu beantragen. Durch solche geoTLDs sollte es Städten, Regionen und Bundesländern ermöglicht werden, die lokale oder regionale Wirtschaft und Kultur zu fördern. Von dieser Möglichkeit haben trotz des nicht unwesentlichen Aufwands und der beträchtlichen Kosten zahlreiche Städte, Gemeinden und Bundesländer Gebrauch gemacht, so zB die Städte Amsterdam (.amsterdam),[146] Boston (.boston)[147] und New York (.nyc)[148] sowie die Bundesländer Bayern (.bayern),[149] Berlin (.berlin)[150] oder Hamburg (.hamburg).[151]

51 Zudem wurden mit dem New gTLD Program sog. **IDNs (Internationalised Domain Names)** eingeführt. IDNs sind Domains, die Nicht-ASCII-Zeichen enthalten, beispielsweise Umlaute oder Buchstaben des chinesischen, arabischen oder kyrillischen Alphabets. Eine Kombination der Buchstaben aus unterschiedlichen Schriften ist dabei indes nicht möglich.

52 Diese Erweiterung des Namensraumes war allerdings gleichfalls mit Risiken verbunden, insbesondere für Rechteinhaber. Diese fürchteten, dass es durch die neuen Top-Level-Domains selbst zu einer Verletzung ihrer Rechte kommen würde. Zum Schutz der Interessen der Rechteinhaber, anderer Dritter und der Allgemeinheit sah die ICANN daher im Bewerbungsprozess verschiedene Rechtsschutzmechanismen vor.[152] Hierdurch sollte in einem möglichst frühen Stadium deren Interessen geschützt, die Durchsetzung gesichert und die Kosten minimiert werden. Ein Widerspruch gegen eine Bewerbung um eine neue Top-Level-Domain ist möglich, falls

- die beantragte Top-Level-Domain den allgemein anerkannten rechtlichen Grundsätzen der Sittlichkeit und der öffentlichen Ordnung widerspricht, die in den Grundprinzipien des Völkerrechts verankert sind (sog. **Limited Public Interest Objection**); in diesem Fall ist das International Center of Expertise of the International Chamber of Commerce für den Widerspruch zuständig;
- sich auf Seiten der Nutzergemeinschaft, auf welche die beantragte Top-Level-Domain abzielt, erheblicher Widerstand gegen die Bewerbung regt (sog. **Community Objection**); in diesem Fall ist ebenfalls das International Center of Expertise of the International Chamber of Commerce für den Widerspruch zuständig;

[142] Insgesamt gingen 1.930 für 1.409 verschiedene New gTLDs ein. Ua gab es Bewerbungen für die Top-Level-Domains .adac, .airbus, .apple, .bbc, .berlin, .bmw, .chanel, .christmas, .gap – um nur einige wenige zu nennen. Eine vollständige Liste der Bewerber findet sich unter https://gtldresult.icann.org/application-result/applicationstatus.

[143] Das Bewerberhandbuch ist in der jeweils aktuellen Fassung und in den vorangegangenen Versionen abrufbar unter https://newgtlds.icann.org/en/applicants/agb/guidebook-full-04jun12-en. pdf.

[144] Von diesen 1.930 Bewerbungen waren bis April 2017 insgesamt 1.216 Bewerbungen erfolgreich, dh die entsprechenden TLDs wurden in das DNS aufgenommen und können genutzt werden.

[145] Bei geografischen Namen (sog. geoTLDs) ist Folgendes zu berücksichtigen: Die Registrierung als Top-Level-Domain bedarf der schriftlichen Zustimmung der betroffenen Gebietskörperschaft im Sinne eines Letter of Support oder Letter of Non-Objection; vgl. gTLD Applicant Guidebook Version 2012-06-04, Modul 2, 2.2.1.4.2.

[146] Informationen zu der geoTLD .amsterdam unter http://nic.amsterdam/.

[147] Informationen zu der geoTLD .boston unter http://nic.boston/.

[148] Informationen zu der geoTLD .nyc unter http://nic.nyc/.

[149] Informationen zu der geoTLD .bayern unter http://nic.bayern/.

[150] Informationen zu der geoTLD .berlin unter http://nic.berlin/.

[151] Informationen zu der geoTLD .hamburg unter http://nic.hamburg/.

[152] Die bereitgestellten Rechtsschutzmechanismen sind im gTLD Applicant Guidebook Version 2012-06-04, Modulen 3 und 4 aufgeführt; vgl. hierzu Rickert MMR 2012, 444; Schulte- Braucks GRUR Int. 2013, 322 (324).

- Verwechslungen der beantragten Top-Level-Domain mit einer bestehenden oder beantragten Top-Level-Domain wahrscheinlich sind (sog. **String Confusion Objection**), dies fällt in den Zuständigkeitsbereich des International Centre for Dispute Resolution;
- die beantragte Top-Level-Domain bestehende Rechte des Widersprechenden verletzt (sog. **Legal Rights Objection**); in einem solchen Fall ist das WIPO Arbitration and Mediation Center zuständig.[153]

Für Rechteinhaber, die eigene Rechte aus eingetragenen oder nicht-eingetragenen Marken durch 53
Bewerbungen um neue Top-Level-Domains verletzt sehen, ist der sog. Legal Rights Objection das einschlägige Verfahren.[154] Vor dem Hintergrund des mit einer Bewerbung um eine neue Top-Level-Domain verbundenen hohen finanziellen Aufwands dürften auch in Zukunft Missbrauchsfälle und Rechtsverletzungen auf dieser Ebene bzw. Fälle des (Top-Level-)Domain-Grabbings eher selten bleiben.[155] Darüber hinaus hat die Praxis gezeigt, dass Legal Rights Objections in der Vergangenheit nur sehr selten Erfolg hatten. Bis Ende 2013 waren zwar insgesamt 71 Legal Right Objections bei der WIPO erhoben worden. Von diesen waren allerdings nur vier erfolgreich.[156]

Auch nach Abschluss des Bewerbungsverfahrens bedürfen indes die Rechteinhaber eines weit- 54
reichenden Schutzes ihrer Rechte. Im Bewerbungsverfahren stellten bislang Aufwand und Kosten eine natürliche Hürde für Missbräuche und Rechtsverletzungen dar. Bei der Vergabe von Second-Level-Domains unter einer neuen Top-Level-Domain bestehen allerdings keine vergleichbaren Hürden. Um Rechteinhabern einen effektiven Schutz ihrer Rechte zu ermöglichen, hat ICANN daher im New gTLD Program erheblich mehr Rechtsschutzmechanismen[157] für die Vergabe von Second-Level-Domains vorgesehen, als bisher zur Verfügung standen.

Soweit eine neue Top-Level-Domain zugelassen und einer Registry zugewiesen wird, wird 55
Letztere durch ICANN verpflichtet, diese Rechtsschutzmechanismen zur Verfügung zu stellen. Registries müssen in der Startphase der Vergabe von Second-Level-Domains zunächst eine **Sunrise-Phase** vorsehen. In ihr kann der Inhaber von Marken[158] 30 Tage vor Beginn der Vergabe von Second-Level-Domains ein Vorrecht auf eine Domain unter der Top-Level-Domain anmelden, um bei der späteren Domainvergabe bevorzugt berücksichtigt zu werden

Darüber hinaus müssen die Registries einen sog. **Trademark Claims Service** einrichten. Durch 56
diesen werden auf der einen Seite Interessenten an einer Domain über gegebenenfalls entgegenstehende Markenrechte Dritter informiert. Auf der anderen Seite werden Inhabern von Kennzeichenrechten im Falle der Registrierung einer solchen Domain über diese benachrichtigt. Informiert wird in beiden Richtungen jedoch nur über solche Domains, die einen „identical match“[159] darstellen, also ein identisches Ebenbild des geschützten Kennzeichens. Tippfehlerdomains und sonstige, der Marke nur ähnliche Domains, werden nicht mitgeteilt. Dies relativiert den Wert dieses Rechtsschutzmechanismus deutlich.[160]

Um in der Sunrise-Phase ein Vorrecht geltend zu machen und im Rahmen des Trademark 57
Claims Service informiert zu werden, muss der Rechteinhaber sein Recht in die Datenbank des **Trademark Clearinghouse** eingetragen haben.[161] Hierbei handelt es sich um eine zentrale Datenbank,[162] bei der die Rechte nach ihrer Anmeldung validiert und erst sodann registriert werden.[163] Hierbei lassen sich indes nur registrierte Wortmarken, Wortmarken, die im Rahmen eines Gerichtsverfahrens validiert wurden, Wortmarken, die gesetzlichen oder vertraglichen Schutz genießen sowie sonstige Marken, die ein gewerbliches Schutzrecht darstellen, in die Datenbank aufnehmen.[164] Ein Benutzungsnachweis ist für die Eintragung nicht erforderlich.[165]

[153] Zu den einzelnen Widerspruchsverfahren siehe gTLD Applicant Guidebook Version 2012-06-04, Modul 3. Die Verfahrensregeln hierzu finden sich in der „New gTLD Dispute Resolution Procedure“ in Modul 3 des gTLD Applicant Guidebook Version 2012-06-04 sowie in den ergänzenden Bestimmungen der jeweils zuständigen Institution.

[154] Siehe gTLD Applicant Guidebook Version 2012-06-04, Modul 3, 3.2.2.2.

[155] Vgl. bereits Jaeger-Lenz GRUR-Prax 2012, 543 (544).

[156] Siehe WIPO Arbitration and Mediation Center End Report on Legal Rights Objection Procedure 2013, Ziffer 6.2, abrufbar unter http://www.wipo.int/export/sites/www/amc/en/docs/lroreport.pdf.

[157] Sog. Rights and Protection Mechanisms, kurz RPMs.

[158] In der Sunrise Period werden nur diejenigen Markeninhaber berücksichtigt, die ihre Marke zuvor im Trademark Clearinghouse angemeldet haben. Beachtlich ist hierbei allerdings, dass ein Benutzungsnachweis erforderlich ist.

[159] Vgl. gTLD Applicant Guidebook Version 2012-06-04, Trademark Clearinghouse, Ziffer 6.1 5.

[160] Vgl. Schulte-Braucks GRUR Int. 2013, 322 (325).

[161] Siehe dazu ausführlich gTLD Applicant Guidebook Version 2012-06-04, Trademark Clearinghouse.

[162] Das Clearinghouse soll von speziell von der ICANN beauftragten Serviceprovidern geführt werden.

[163] Siehe dazu ausführlich gTLD Applicant Guidebook Version 2012-06-04, Trademark Clearinghouse, Ziffer 5.

[164] Siehe dazu ausführlich gTLD Applicant Guidebook Version 2012-06-04, Trademark Clearinghouse, Ziffer 3.2.

[165] Siehe dazu ausführlich gTLD Applicant Guidebook Version 2012-06-04, Trademark Clearinghouse, Ziffer 3.2 ff.

58 Kommt es zur Registrierung von kennzeichenverletzenden Second-Level-Domains unter einer neuen Top-Level-Domain, steht Markeninhabern neben der **UDRP (Uniform Dispute Resolution Policy)**[166] auch das **URS (Uniform Rapid Suspension System)** als noch schnellerer und kostengünstigerer Streitbeilegungsmechanismus zur Verfügung, der bei Erfolg zu einer vorübergehenden Sperrung der Domain führt.[167] Als weiteres Streitbeilegungsverfahren für Markeninhaber sieht das New gTLD Program die **Trademark PDDRP (Trademark Post-Delegation Dispute Resolution Procedure)** vor, die sich gegen eine Registry einer neuen Top-Level-Domain richtet, wenn diese die böswillige Absicht zeigt, von der systematischen Registrierung unrechtmäßiger Domainnamen zu profitieren.[168] Bei der **RRDRP (Registry Restrictions Dispute Resolution Procedure)** handelt es sich ebenfalls um ein gegen eine Registry gerichtetes Verfahren, das dann Anwendung findet, wenn eine Registry einer sog. „community-based" Top-Level-Domain,[169] dh einer Top-Level-Domain, die zugunsten einer klar umrissenen Gemeinschaft betrieben werden soll, die im Registry Agreement mit ICANN enthaltenen besonderen Registrierungsbeschränkungen missachtet und eine mit dieser Gemeinschaft in Verbindung stehende Institution dadurch Schaden erleidet.[170] Dieses Verfahren dürfte für Markeninhaber nicht von Relevanz sein.

Praxistipp:

Bei der Beratung im Vorfeld von Domainanmeldungen sollte man auch nicht außer Acht lassen, den Mandanten darauf hinzuweisen, dass eine Reihe von eigentlich geographischen Top-Level-Domains auch als generische vermarktet bzw. genutzt werden. Beispiele für solche Top-Level-Domains sind .tm,[171] .ag[172] oder .tv.[173] Um den Schutzumfang eines Zeichens im Internet zu komplettieren, oder auch um Dritte daran zu hindern, den Zeicheninhaber mit entsprechenden Domains zu stören, sollte regelmäßig darüber nachgedacht werden, solche Domains mit anzumelden.

59 e) **Anmeldeverfahren und -bedingungen für .eu-Domains.** Im Jahr 1999 wurde erstmals die Idee der Einführung einer .eu-Domain im Europäischen Rat diskutiert. Um dieses Ziel zu verwirklichen, wurde auf der Tagung des Europäischen Rates vom 23. und 24.3.2000 die Initiative eEurope gebilligt.[174] Durch die Entschließung des Rates vom 3.10.2000[175] wurde Europäische Kommission mit der Koordinierung der Strategien zur Verwaltung des Internets beauftragt. Bereits am 27.3.2001 veröffentlichte die Europäische Kommission sodann ihren Vorschlag für eine Verordnung zur Einführung des Internet-Bereichs oberster Stufe „.EU".[176] Die Grundlage der Einführung und Verwaltung der geographischen Top-Level-Domain wurde mit der Verordnung (EG) Nr. 733/2002 des Europäischen Parlaments und des Rates vom 22.4.2002 geschaffen.[177] Im Mai 2003 übertrug die Europäische Kommission sodann die Administration der .eu-Domains der EURid als Registry.

[166] → Rn. 67 ff.

[167] Siehe dazu im Einzelnen im gTLD Applicant Guidebook Version 2012-06-04, Uniform Rapid Suspension System („URS"); → Rn. 87 ff.

[168] Zu den Einzelheiten des Verfahrens siehe gTLD Applicant Guidebook Version 2012-06-04, Trademark Post-Delegation Dispute Resolution Procedure; siehe auch Rn. 91. Die Trademark PDDRP ist nicht nur anwendbar bei kennzeichenverletzenden Second-Level-Domains, sondern auch dann, wenn die Top-Level-Domain selbst mit einem Kennzeichen identisch oder verwechselbar ähnlich ist und aufgrund des Verhaltens des Registry ein unberechtigter Vorteil aus der Unterscheidungskraft oder dem Ruf der Marke gezogen wird, oder die Unterscheidungskraft oder der Ruf der Marke beeinträchtigt werden oder eine Verwechslungsgefahr verursacht wird.

[169] Siehe dazu gTLD Applicant Guidebook Version 2012-06-04, Registry Restrictions Dispute Resolution Procedure.

[170] Zu den Einzelheiten des Verfahrens siehe gTLD Applicant Guidebook Version 2012-06-04, Registry Restrictions Dispute Resolution Procedure.

[171] Für Turkmenistan, aber gängige Abkürzung für „Trademark".

[172] Für Antigua und Barbuda, aber auch beliebt für deutsche Aktiengesellschaften oder um diese zu stören.

[173] Ursprünglich für die Pazifik-Insel Tuvalu, beliebt auch für Unternehmen aus dem Bereich des Fernsehens.

[174] Für Informationen über eEurope siehe http://eur-lex.europa.eu/legal-content/DE/TXT/?uri=URISERV%3Al24221.

[175] Entschließung des Rates vom 3. Oktober 2000 über die Organisation und Verwaltung des Internets, ABl. C 293 vom 14.10.2000, S. 3.

[176] ABl. C 96 E vom 27.3.2001, S. 333 ff.

[177] Verordnung (EG) Nr. 733/2002 des Europäischen Parlaments und des Rates vom 22.4.2002 zur Einführung der Domäne oberster Stufe „.eu".

60 EURid ist ein Zusammenschluss der drei Gründungsmitglieder DNS Belgium, der Registry für .be-Domains, dem Instituto de Informatica e Telematica, der Registry für it.-Domains und der Stiftelsen för Internetinfrastruktur, IIS, der Registry für .se-Domains, sowie der später hinzu getretenen vier assoziierten Mitglieder The Academic and Research Network of Slovenia (ARNES), der Registry für .si-Domains, CZ.NIC, der Registry für cz.-Domains, ISOC-ECC (European Chapter of the Internet Society) sowie BUSINESSEUROPE, einer Konföderation 39 branchenassoziierter Verbände aus 33 Ländern. Gemäß Art. 3 Abs. 2, 4 der Verordnung (EG) Nr. 733/2002 handelt es sich bei EURid um eine Nonprofit-Organisation. Sie darf zusätzlich zu ihrer Funktion als Vergabestelle nicht auch als Registrierstelle im Sinne eines Domainproviders tätig sein. EURid hat sich gemäß Art. 4 Abs. 1 der Verordnung (EG) Nr. 733/2002 an die von der Europäischen Union festgelegten Regeln und Verfahren zu halten und insbesondere transparent und nicht diskriminierend zu arbeiten. Sie hat gemäß Art. 4 Abs. 2 lit. d dieser Verordnung eine Politik der außergerichtlichen Beilegung von Streitfällen auf Kostendeckungsbasis zu betreiben, gemäß lit. e die Verfahren für die Zulassung der Registrierungsstellen festzulegen und Zulassungen durchzuführen sowie gemäß lit. f die Integrität der Datenbanken der Domains zu gewährleisten.

61 Um eine datenbezogene Abhängigkeit der Kommission von EURid zu vermeiden, sieht Art. 15 der Verordnung (EG) Nr. 874/2004[178] vor, dass EURid auf eigene Kosten mit einem angesehenen Treuhänder oder Escrow-Agenten mit Sitz in der Gemeinschaft einen **Vertrag über die Hinterlegung der Registerdaten** abzuschließen hat, worin die Gemeinschaft als Begünstigte des Hinterlegungsvertrages einzusetzen ist. Das Register hat dem Treuhänder täglich eine elektronische Kopie des aktuellen Inhalts der .eu-Datenbank zu übergeben. Wird der Vertrag zwischen EURid und der Kommission gekündigt, soll die Datenhinterlegung bei dem Treuhänder eine Dienstunterbrechung verhindern und reibungslose Übertragung der Domainverwaltung unter .eu sicherstellen.

62 Nach der Übertragung der Administration und Verwaltung der .eu-Top-Level-Domain auf EURid dauerte es zwei weitere Jahre, bis die ICANN die .eu-Domain im Mai 2005 in das DNS-Root aufnahm. Daraufhin wurde Ende 2005 der Startschuss für die Registrierung von Domains unter der Top-Level-Domain .eu gegeben. Im Vorfeld der Freigabe der Registrierungsmöglichkeiten für den Verkehr hatten Mitgliedstaaten und Beitrittsländer die Möglichkeit, ihre **amtlichen Staatsbezeichnungen** und ihre allgemein gebräuchlichen Namen in einer oder mehreren Sprachen der Europäischen Union zu reservieren.[179] So genannte Alpha-2-Codes, die Länder bezeichnen (zB „DE", „FR" und „UK"), waren davon nicht umfasst. Sie dürfen generell nicht als Domainname direkt unter der Top-Level-domain .eu registriert werden. Die Liste der für die Mitgliedstaaten und Beitrittsländer reservierten Bezeichnungen ist im Anhang der Verordnung (EG) Nr. 1255/2007 zur Änderung der Verordnung (EG) Nr. 874/2004 niedergelegt.[180] Hiernach darf beispielsweise nur die Bundesrepublik Deutschland die Domains deutschland.eu, allemagne.eu oder germany.eu registrieren. Ausnahmen gibt es auch für **geografische und geopolitische Namen.** Gemäß Art. 9 der Verordnung sind auch diese Namen einem Mitgliedsstaat vorbehalten, wenn dieser die Liste der Namen zuvor der Kommission übermittelt hat. Die Kommission kann ferner von der Registry die Registrierung von Domains für die Nutzung durch die Organe und Einrichtungen der Gemeinschaft verlangen. Demgegenüber hat der Inhaber einer Marke keinen rechtlich durchsetzbaren Anspruch auf Registrierung einer hiermit gleichlautenden Domain unter der Top-Level-Domain .eu, sobald diese für die EU-Kommission registriert ist.[181]

63 Im Anschluss an dieses Vorabverfahren eröffnete EURid die Registrierungsphase von Domains für die Inhaber von Rechten und öffentliche Einrichtungen. Diese Registrierungsphase war in die Sunrise-Phasen I und II unterteilt. In der ersten Phase waren die Inhaber von registrierten nationalen und Unionsmarken, geographischen Angaben sowie Namen von öffentlichen Einrichtungen bzw. öffentlichen Gebietskörperschaften zur Registrierung berechtigt. In der zweiten Phase kamen nicht eingetragene Marken, Handelsnamen, Geschäftsbezeichnungen, Unternehmensnamen, Familiennamen und Titel literarischer oder künstlerischer Werke zum Zuge, soweit sie nach dem

[178] Verordnung (EG) Nr. 874/2004 der Kommission vom 28. April 2004 zur Festlegung von allgemeinen Regeln für die Durchführung und die Funktionen der Domäne oberster Stufe „.eu" und der allgemeinen Grundregeln für die Registrierung.

[179] Das Verfahren zur Reservierung dieser Bezeichnungen ist in Art. 8 der Verordnung (EG) Nr. 874/2004 der Kommission vom 28. April 2004 niedergelegt.

[180] Vgl. auch Art. 8 der Verordnung (EG) Nr. 874/2004 in der durch die Verordnung (EG) Nr. 1654/2005 geänderten Fassung.

[181] EuGH MMR 2009, 388 – galileo.eu.

einzelstaatlichen oder Unionsrecht geschützt waren. Die allgemeine Registrierung startete sodann am 7.4.2006. Innerhalb von einer Woche verzeichnete EURid über 1,5 Millionen neue Registrierungen.[182] Besonders attraktiv waren dabei Domains aus drei Buchstaben. Für die insgesamt 23.251 verfügbaren Domains wurden 233.437 Registrierungsanfragen gesendet.[183] Die Domains werden seither streng nach dem sog. **Windhundprinzip** („First come, first served") vergeben. Zum 31.12.2016 waren rund 3,76 Millionen .eu-Domains registriert.[184] Besonderer Beliebtheit erfreuen sich die .eu-Domains bei deutschen Anmeldern, die zum 31.12.2016 insgesamt 1,05 Millionen .eu-Domains hielten.[185]

64 Eine .eu-Domain kann nur aus Buchstaben, Ziffern, Bindestrichen sowie bestimmten Unicode-Zeichen bestehen.[186] Wie andere generische und country code Top-Level-Domains dürften auch .eu-Domains grundsätzlich nicht mit einem Bindestrich beginnen, enden oder einen solchen an dritter oder vierter Stelle enthalten.[187] Während es sich bei den Buchstaben zunächst nur um lateinische Buchstaben handeln durfte, ist es seit Dezember 2009 möglich, auch unter der .eu-Top-Level-Domain sog. IDNs (**Internationalised Domain Names**) zu registrieren.[188] IDNs sind Domains, die Nicht-ASCII-Zeichen, beispielsweise Umlaute und die Buchstaben des griechischen und des kyrillischen Alphabets, enthalten.[189] Eine Kombination der Buchstaben aus unterschiedlichen Schriften ist nicht möglich.

65 Die Registrierung einer .eu-Top-Level-Domain ist gem. Art. 4 Abs. 2 lit. b der Verordnung (EG) Nr. 733/2002 ausschließlich **Unternehmen, Organisationen oder natürlichen Personen mit einem satzungsmäßigen Sitz, einer Hauptniederlassung oder einem Wohnsitz innerhalb der Europäischen Union** vorbehalten. In dem im alternativen Streitbeilegungsverfahren für .eu-Domains vor dem Tschechischen Schiedsgericht ausgetragenen Fall „50PLUS" hat die dortige Schiedskommission klargestellt, dass diese Registrierungsvoraussetzung auch ein Unternehmen erfüllt, das lediglich mit dem Ziel der Registrierung einer .eu-Domain gegründet wurde und das kein operatives Geschäft in der EU betreibt (Briefkastenfirma).[190] Bislang ist offen, welche Auswirkungen der Brexit für britische Inhaber von .eu-Domains haben wird. EURid erwartet gegenwärtig Instruktionen von der Europäischen Kommission, wird jedoch bis auf weiteres keine eigenen Maßnahmen ergreifen.[191] Weitere Registrierungsanforderungen enthält Art. 3 der Verordnung (EG) Nr. 874/2004. Neben der Erklärung, die dargelegten Voraussetzungen des Art. 4 Abs. 2 lit. b der Verordnung (EG) Nr. 733/2002 betreffend den Unternehmens- oder Wohnsitz zu erfüllen, haben Anträge auf Registrierung von Domains folgendes zu enthalten: den Namen und die Anschrift des Antragstellers, eine Bestätigung des Antragstellers in elektronischer Form, dass er die Registrierung der Domain in gutem Glauben beantragt und nach seinem besten Wissen und Gewissen dadurch keine Rechte Dritter verletzt sowie eine Anerkennung aller Registrierungsbedingungen einschließlich der in Kap. VI der Verordnung (EG) Nr. 874/2004 genannten Regeln für die außergerichtliche Streitbeilegung in elektronischer Form. **Wesentlich falsche Angaben** des Antrag-

[182] Siehe „EURid's Quaterly Progress Report to the European Commisssion" aus dem April 2006, abrufbar unter https://eurid.eu/media/filer_public/32/41/32416ced-c5c0–4b89-ba53-a77b52fa4a77/quarterly_2006_ q1.pdf, dort S. 7.

[183] Siehe „EURid's Quaterly Progress Report to the European Commisssion" aus dem April 2006, abrufbar unter https://eurid.eu/media/filer_public/32/41/32416ced-c5c0–4b89-ba53-a77b52fa4a77/quarterly_2006_ q1.pdf, dort S. 9.

[184] Siehe „EURid's Quaterly Progress Report to the European Commisssion" aus dem Dezember 2016, abrufbar unter https://eurid.eu/media/filer_public/45/98/4598b96c-f41c-4039-8caa-9993875a830e/quarterly_ report_q4_2016.pdf, dort S. 6.

[185] Siehe „EURid's Quaterly Progress Report to the European Commisssion" aus dem Dezember 2016, abrufbar unter https://eurid.eu/media/filer_public/45/98/4598b96c-f41c-4039-8caa-9993875a830e/quarterly_ report_q4_2016.pdf, dort S. 10.

[186] Siehe hierzu sowie zu weiteren Vorgaben (zB Domainlänge) betreffend die Registrierung von .eu-Domains https://eurid.eu/de/registrieren-sie-eine-eu-domain/regeln-fur-eu-domains.

[187] Eine Ausnahme gilt im Hinblick auf das Verbot von Bindestrichen an dritter oder vierter Stelle, soweit dem Bindestrich die Zeichen „xn" vorangestellt sind und die Domain in einen IDN konvertiert werden kann.

[188] Vgl. hierzu Art. 6 der Verordnung (EG) Nr. 874/2004 in der durch Art. 1 der Verordnung (EG) Nr. 560/2009 geänderten Version, der hierbei zur Anwendung gekommen ist.

[189] Siehe http://www.eurid.eu/de/eu-domaenennamen/idns-fuer-eu/unterstuetzte-schriftzeichen zu den Schriftzeichen, die zur Registrierung eines .eu-IDN verwendet werden dürfen.

Art. 6 der Verordnung (EG) Nr. 874/2004 in der durch Art. 1 der Verordnung (EG) Nr. 560/2009 geänderten Version.

[190] Tschechisches Schiedsgericht, Entscheidung Nr. 01012 – 50PLUS. Zustimmend Mietzel MMR 2007, 282 (283).

[191] https://eurid.eu/de/meldungen/outcome-of-the-uk-referendum.

stellers stellen einen Verstoß gegen die Registrierungsbestimmungen dar, die das Register gemäß Art. 20 lit. c iVm Art. 3 der Verordnung (EG) Nr. 874/2004 zum **Widerruf** der Domain berechtigen.

66 Art. 18 der Verordnung (EG) Nr. 874/2004 enthält – insoweit für Domains erstmalig – eine gesetzliche Regelung zum Umgang mit **verleumderischen oder rassistischen Domains** oder solchen, die gegen die **öffentliche Ordnung** verstoßen. Die EURid ist berechtigt, solche Domains nach Feststellung durch ein Gericht, dass diese verleumderisch oder rassistisch sind oder gegen die öffentliche Ordnung verstoßen, und Mitteilung eines entsprechenden Gerichtsbeschlusses zu sperren. Nach Übermittlung der rechtskräftigen Entscheidung widerruft die EURid die Domain. Diese Regelung stellt jedoch keine Anspruchsgrundlage Dritter auf Sperrung dar. Zudem regelt Art. 18 der Verordnung (EG) Nr. 874/2004 die Antragsbefugnis nicht. Geht man davon aus, dass diese Norm dem **Schutz der Allgemeinheit** dient, so müsste jedermann im Hinblick auf Löschungen gemäß Art. 18 der Verordnung antragsbefugt sein. Davon ausgehend, dass eine gegen Art. 18 der Verordnung verstoßende Domain einen Störungszustand hervorruft, könnte sich eine Anspruchsgrundlage, jedenfalls unter dem Gesichtspunkt des deutschen Rechts, aus § 1004 BGB analog in Verbindung mit § 823 Abs. 2 BGB in Verbindung mit Art. 18 der Verordnung (EG) Nr. 874/2004 ergeben.

67 Aus Art. 19 der Verordnung (EG) Nr. 874/2004 ergibt sich erstmals ein gesetzlicher Anhaltspunkt dafür, dass die aus einer Registrierung einer .eu-Domain resultierenden Nutzungsrechte eine eigentumsfähige Position darstellen.[192] Denn gemäß Art. 19 Abs. 1 der Verordnung können der Nachlassverwalter oder die gesetzlichen Erben eines verstorbenen Domaininhabers unter Vorlage geeigneter Nachweise die Übertragung der Domain auf die Erben verlangen. Ist bis zum Ablauf des Registrierungszeitraumes keine Übertragung eingeleitet worden, so wird die Domain für **40 Kalendertage ausgesetzt** und auf der Website des Registers angeboten. Innerhalb dieser Frist können Nachlassverwalter oder gesetzliche Erben die Registrierung beantragen. Erfolgt nach Ablauf der 40-Tage-Frist keine Reaktion, so wird die Domain wieder frei. Art. 19 Abs. 2 der Verordnung (EG) Nr. 874/2004 regelt erstmals gesetzlich auch die Frage, wie mit einer Domain in der **Insolvenz** des Inhabers umzugehen ist. Nach Art. 19 Abs. 2 dieser Verordnung kann der Insolvenzverwalter über einen Domaininhaber unter Vorlage geeigneter Nachweise die Übertragung der Domain an den Erwerber der Rechte des Domaininhabers beantragen. Dadurch ist gesetzlich bestätigt, dass jedenfalls die aus einer Domainregistrierung resultierenden Nutzungsrechte eine Rechtsposition darstellen, die in der Insolvenz vom Insolvenzverwalter verwertet bzw. im Rahmen anderer Zwangsvollstreckungsmaßnahmen gepfändet werden kann.

68 Der Widerruf von Domainnamen aufgrund der Verletzung der Registrierungsbedingungen oder sonst rechtswidrigen Verhaltens ist aus verschiedenen Gründen möglich. Zu differenzieren ist zwischen solchen Widerrufsgründen, die das Register von sich aus zum Widerruf berechtigen und solchen, die von Dritten in außergerichtlichen Schiedsverfahren oder in gerichtlichen Verfahren geltend gemacht werden können. Zu den erstgenannten Widerrufsgründen zählt der in Art. 20 der Verordnung (EG) Nr. 874/2004 normierte Widerrufstatbestand. Danach ist das Register berechtigt, aber nicht verpflichtet, bei **Bestehen fälliger, unbezahlter Schuldbeträge, bei Nichterfüllung der allgemeinen Registrierungsvoraussetzungen oder bei Verstoß des Domaininhabers gegen die Registrierungsbestimmungen**, beispielsweise bei wesentlichen Falschangaben bei Antragstellung, die Domain zu widerrufen.

69 Zu den letztgenannten Widerrufsgründen zählt der in Art. 21 der Verordnung (EG) Nr. 874/2004 normierte Widerrufstatbestand. Hiernach kann eine Domain auf Antrag eines Dritten in einem außergerichtlichen Schiedsverfahren oder gerichtlichen Verfahren aufgrund eines entsprechenden **Urteils oder Schiedsspruchs** durch das Register zu widerrufen sein. Danach gibt es zwei mögliche Verfahren, in denen ein Dritter den Widerruf einer Domain erstreiten kann, und zwar ein gerichtliches Verfahren nach Maßgabe der jeweiligen Verfahrensordnung eines EU-Mitgliedsstaates, in dem das Gericht angerufen wird oder ein außergerichtliches Verfahren nach Maßgabe von Art. 22, 23 der Verordnung (EG) Nr. 874/2004.[193]

70 f) **Anmeldeverfahren und -bedingungen für ausländische Domains.** Domains unter geographischen Top-Level-Domains werden im Regelfall von einer zuständigen Registry in dem jeweiligen Land vergeben. Das Anmeldeverfahren und die Anmeldebedingungen werden dabei von dieser

[192] Vgl. zu .de-Domains Rn. 28.
[193] → Rn. 95.

Stelle festgelegt. Die zuständige Registry ist regelmäßig über die Second-Level-Domain „nic" verbunden mit der jeweiligen geografischen Top-Level-Domain zu erreichen.[194] Über die Websites der jeweiligen Registry sind die Registrierungsbedingungen abzurufen. Ferner ist auf deren Websites zumeist eine WHOIS-Abfrage möglich, dh die Prüfung, ob die gewünschte Domain bereits vergeben ist. Die Anmeldevoraussetzungen der einzelnen Registries reichen von liberal bis restriktiv: In manchen Ländern ist es möglich, beliebig viele Domains anzumelden, ohne Berechtigungsnachweis und ohne dort einen Sitz zu haben;[195] in anderen Ländern ist die Ortsansässigkeit und eine inländische Rechtspersönlichkeit[196] oder auch das Vorliegen einer entsprechenden Marke[197] nachzuweisen. Einzelne Länder erfordern dabei **innerhalb der geographischen Domain zusätzliche generische Differenzierungen,** so beispielsweise das Vereinigte Königreich, wo die Länderdomain .uk isoliert grundsätzlich nicht zur Verfügung steht, sondern nur in Varianten wie .co.uk (für kommerzielle Anbieter) oder .org.uk (für non-profit-Organisationen). Da diese Bedingungen stetig Änderungen unterworfen sind, sollte jeweils vor der Beratung erneut ein Blick auf die jeweiligen Anmeldebedingungen geworfen werden. Auch im Fall einer Beratung wegen der Registrierung und/oder Nutzung einer ausländischen Domain sollten diese Anmeldebedingungen geprüft werden, da einzelne Registries spezielle **außergerichtliche Streiterledigungsmechanismen**[198] bzw. **Blockierungsmöglichkeiten** wie Dispute-Anträge[199] anbieten.

71 g) **Subdomains.** Als Alternative zu Domainregistrierungen unter geografischen Top-Level-Domains wie .de oder generischen Top-Level-Domains wie .com, die ausschließlich von der jeweils zuständigen Registry vergeben werden, bieten verschiedene Provider die Registrierung von sog. **Third-Level-Domains** an. Es handelt sich hierbei jedoch nicht etwa um eigenständige Top-Level-Domains, sondern um jeweils unter einer Top-Level-Domain wie .de oder .com registrierte Second-Level-Domains. CentralNic Ltd. vergibt beispielsweise die Third-Level-Domains unter den Endungen **.com.de** oder **.de.com.** Die Vergabe unterliegt den Bedingungen der CentralNic Ltd.[200] Für kennzeichenrechtliche Streitigkeiten betreffend derartige Domainregistrierungen sieht die **CentralNic Dispute Resolution Policy** ein außergerichtliches Streitbeilegungsverfahren bei dem National Arbitration Forum vor.[201] Jeder Inhaber einer Third-Level-Domain kann aufgrund der Übernahme der entsprechenden Verpflichtung in den Registrierungsbedingungen der CentralNic Ltd. in einem solchen außergerichtlichen Streitbeilegungsverfahren in Anspruch genommen werden.

3. Allgemeine Hinweise zur Vermeidung von und zum Vorgehen bei Domainauseinandersetzungen

72 Besteht der Wunsch des Mandanten darin, eine Domain anzumelden, so sollte der Anwalt ihn zunächst dazu befragen, für welche Waren und/oder Dienstleistungen oder für welche sonstigen Zwecke er die Domain nutzen möchte. Hieran anschließend ist zu klären, für welchen geografischen Markt der Mandant die unter der Domain auffindbaren Websites nutzen möchte. Auf Grundlage dieser Informationen sollte man dem Mandanten empfehlen, im Vorfeld einer Anmeldung nach **prioritätsälteren und verwechselbar ähnlichen Kennzeichen recherchieren** zu lassen. Das Risiko einer Inanspruchnahme wegen Zeichenverletzung in verschiedenen Jurisdiktionen kann zudem durch die unter der Domain abrufbaren Inhalte selbst ggf. weiter reduziert werden. Der Mandant sollte durch die inhaltliche Gestaltung der Websites sicherstellen, dass sich diese nur auf die tatsächlich relevanten (und recherchierten) Märkte richtet. Hinweise grenzen den Adressatenkreis eines Internetauftritts indes nur wirksam ein, wenn er eindeutig gestaltet und aufgrund seiner Aufmachung als ernst gemeint aufzufassen ist sowie vom Inhaber der Website tatsächlich beachtet wird.[202] Die geografische Begrenzung kann ggf. weiter durch Maßnahmen des

[194] Beispielsweise www.nic.fr, www.nic.dk, www.nic.it etc.

[195] So zB für .uk, .ch oder .li.

[196] ZB bei .fr.

[197] ZB bei .fr.

[198] Einzelne Länder-Registries haben sich der UDRP angeschlossen, zB .nu, .ve, .ws oder .tv. Andere Länder-Registries haben eigene Streitbeilegungsmechanismen, wie beispielsweise .be oder .se. Vergleichbares bietet auch die für die Vergabe von .uk-Domains zuständige Organisation Nominet.

[199] Die in Österreich für die Vergabe von Domains zuständige Organisation nic.at sieht beispielsweise einen so genannten Wartestatus vor, der einen Inhaberwechsel verhindert.

[200] Siehe beispielsweise .com.de-Vergabebedingungen unter http://com.de/faqs/policy/index-de.php.

[201] Siehe https://www.centralnic.com/support/dispute/overview sowie → Rn. 93.

[202] BGH GRUR 2006, 513, 514 f. – Arzneimittelwerbung im Internet; KG NJW 1997, 3321; OLG Köln GRUR-RR 2008, 71 – Internet-Fotos; OLG Schleswig NJW-RR 2014, 442 (443).

Geoblockings abgesichert werden.[203] Diese Maßnahmen sind von umso größerer Bedeutung bei englischsprachigen Websites, die in der Praxis regelmäßig verwendet werden, um ein internationaleres Publikum anzusprechen.

Handelt es sich bei der gewünschten Domain um einen waren- oder dienstleistungsbeschreibenden oder um einen **Gattungsbegriff,** so sollte man den Mandanten über damit verbundene **Risiken der Inanspruchnahme** in Deutschland wegen eventueller Irreführung hinweisen.[204] 73

Die Interessen des Mandanten in der domainrechtlichen Beratung können mannigfaltig sein. 74
Häufig sieht sich der Mandant durch die Domainnutzung eines Dritten in seinen Rechten verletzt und begehrt die Nutzung zu unterbinden. Teilweise strebt er indes sogar die Übertragung der Domain an. In jedem Fall sollte zunächst eine **Bestandsaufnahme der Kennzeichenrechte des Mandanten erfolgen,** dh der Namens-, Marken-, Firmen-, Titelschutz- oder Urheberrechte, deren Prioritäten, Stärke und sachliche Reichweite. Im Anschluss ist zu recherchieren, unter welcher Top-Level-Domain die Domain des Gegners angemeldet wurde, welche eigenen Rechte oder Rechtfertigungen der Gegner ins Feld führen könnte und welche Beziehungen es gegebenenfalls früher einmal zwischen den Parteien gegeben hat. Außerdem muss ermittelt werden, seit wann der Mandant von der möglichen Rechtsverletzung weiß. Vor diesem Hintergrund ist dann zu entscheiden, ob ein außergerichtlicher Streitbeilegungsmechanismus in Frage kommt, ob Verfügungen über die gegnerische Domain durch einen Dispute-Eintrag blockiert werden können, ob und in welchem Land ein gerichtliches Verfügungs- oder Hauptsacheverfahren anstrengen werden kann, oder ob man dem Mandanten rät, dem Gegner ein Kaufangebot zu unterbreiten. Gerade in den Fällen, in denen der Mandanten sich gegen die Nutzung einer Domain unter einer generischen oder ausländischen geografischen Top-Level-Domain richtet, ist sorgfältig zu prüfen, ob deutsche Gerichte international zuständig und deutsches Recht anwendbar ist oder ob im Ausland unter Anwendung ausländischen Kennzeichenrechts (bei im Ausland bestehenden Schutzrechten) vorzugehen ist. Gegebenenfalls kann es vorzugswürdig sein, dem Gegner unmittelbar ein Kaufangebot zu unterbreiten. Dies insbesondere in Fällen, in denen dem Mandanten keine Kennzeichenrechte zustehen, die ein hinreichend erfolgversprechendes Vorgehen ermöglichen, das Vorgehen nur mit wirtschaftlich erheblichem Aufwand möglich ist, zB in den USA, oder in Fällen, in denen die Anerkennung und Vollstreckung eines deutschen Titels im Ausland oder das Erstreiten eines Titels im Ausland problematisch erscheint. Das nachfolgende Schaubild verdeutlicht den Beratungsprozess schematisch:

[203] Beim Geoblocking wird der Zugang zur Domain für Nutzer mit bestimmten IP-Adressen blockiert. Dies ist möglich, da die jeweiligen Provider verpflichtet sind, in den IP-Adressen der Nutzer eine landesspezifische Kennziffer zu verwenden.

[204] Zu diesem Risiko-Komplex siehe unten Rn. 179 ff.

Vorprüfung für alle Domains: Kann der Mandant bessere/ältere Rechte an der Kennzeichnung/ verwechselbar ähnlicher Kennzeichnung ins Feld führen?

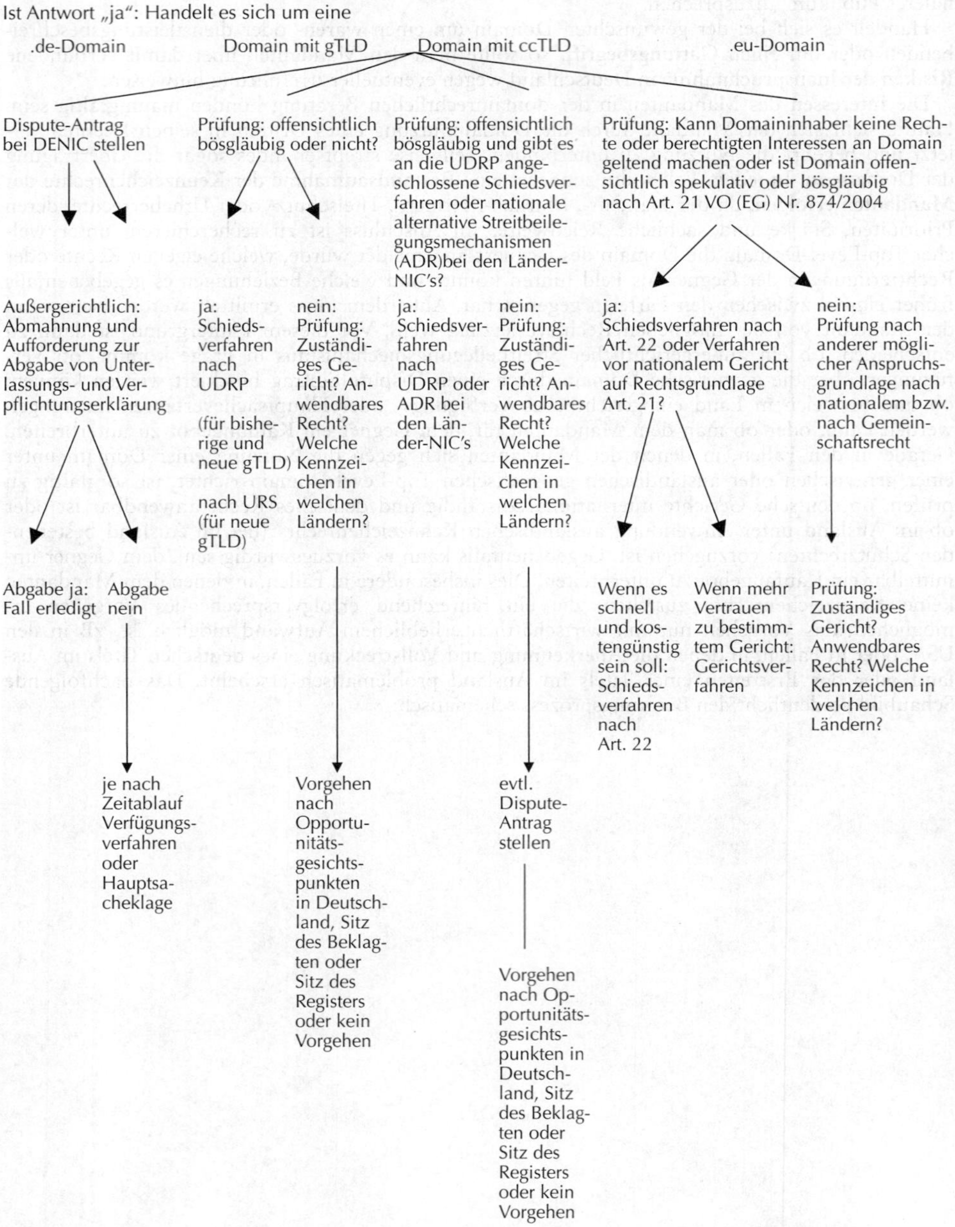

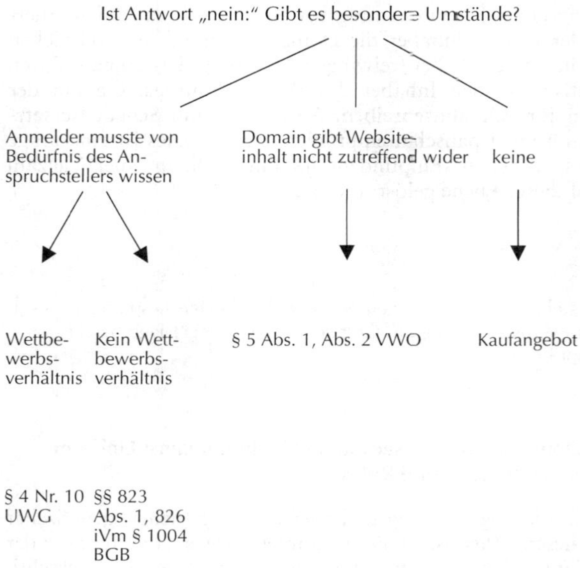

Diesen Handlungsoptionen folgt die weitere Darstellung.

III. Außergerichtliche Streitbeilegung

Die außergerichtliche Streitbeilegung spielt bei Domains eine ungleich größere Rolle als auf 75 allen anderen Gebieten des Grünen Bereichs. Hat die Prüfung des Sachverhalts ergeben, dass wegen bestehender Kennzeichenrechte des Mandanten mit einiger Aussicht auf Erfolg Ansprüche gegen die Nutzung der vom Gegner genutzten Domain geltend gemacht werden können, wird man in aller Regel versuchen, den Gegner außergerichtlich zum Einlenken zu bewegen. Dieses Vorgehen ist aufgrund der häufig internationalen Bezüge und zur Reduzierung der Kosten vielfach empfehlenswert. Hierzu stehen für .de-Domains, für generische .com, .net und .org-Domains, für die neuen generischen Top-Level-Domains, für .eu-Domains oder für Länderdomains unterschiedliche Mechanismen zur Verfügung.

1. .de-Domains: Dispute-Eintrag und Abmahnung

Richtet sich der Anspruch gegen die Nutzung einer .de-Domain, steht kein alternativer Streit- 76 beilegungsmechanismus zur Verfügung. Vielmehr richtet sich das Vorgehen in aller Regel nach deutschem Kennzeichen- und Prozessrecht. Der Inhaber der Domain wird unter Berufung auf prioritätsältere Kennzeichenrechte zunächst im Wege der **Berechtigungsanfrage** kontaktiert oder unmittelbar **abgemahnt,** also auf die Rechtsverletzung hingewiesen und zur **Abgabe einer Unterlassungs- und Verpflichtungserklärung** aufgefordert. Bestandteil der Erklärung ist in erster Linie die (je nach Zweckmäßigkeit bezifferte oder unbezifferte) strafbewehrte Verpflichtung des Gegners, die Domain nicht mehr zu nutzen. Diese Verpflichtung kann auf die Nutzung der Domain insgesamt erstreckt oder aber auf deren Nutzung für einen bestimmten Waren- oder Dienstleistungsbereich beschränkt werden. Hierbei ist zu beachten, dass die Nutzung der Domain insgesamt nur dann verlangt werden kann, wenn die Rechtsverletzung unabhängig von den unter der Domain abrufbaren Inhalten ist.[205] Ist der Anspruch ausreichend stark, wird man zweckmäßigerweise zugleich die **Löschung der Domain** verlangen. Für eine Übertragung der Domain auf den Mandanten fehlt es im deutschen Recht an einer Anspruchsgrundlage.[206] Vielfach ist es emp-

[205] Vgl. BGH GRUR 2002, 706 (708) – vossius.de; BGH GRUR 2007, 888, Tz. 13 – Euro Telekom; BGH GRUR 2008, 912 (913), Tz. 37 – Metrosex; BGH GRUR 2009, 685 (689), Tz. 36 – ahd.de; BGH GRUR 2012, 304 (305), Tz. 26 – Basler Haarkosmetik.

[206] Vgl. BGH GRUR 2002, 622 (626) – shell.de.

fehlenswert, im Vorfeld der Abmahnung einen Dispute-Antrag bei der DENIC zu stellen. Hierdurch kann verhindert werden, dass der Domaininhaber die Domain während der rechtlichen Auseinandersetzung auf einen Dritten überträgt.[207] Bei freiwilliger Löschung der Domain durch den Inhaber fällt diese dann automatisch an den Inhaber des Dispute-Eintrags. Ob mit der Abmahnung zudem die **Anwaltskosten für Abmahnschreiben, Auskunfts- und Schadensersatzansprüche** geltend gemacht werden, kann nicht pauschal empfohlen werden. Dies ist eine Frage der besonderen Fallgestaltung und des taktischen Empfindens im Einzelfall. In einer Vielzahl von Fällen können Konflikte bereits auf dieser Ebene gelöst werden.

Praxistipp:

Für den Steller eines Dispute-Antrags besteht die Gefahr, wegen eines unberechtigten Dispute-Eintrags auf Löschung in Anspruch genommen zu werden. Aus diesem Grunde sollte die Rechtslage bereits vor Stellung des Dispute-Antrags sorgfältig geprüft werden.

2. Verschiedene generische Top-Level-Domains sowie ausgewählte Länderdomains: Uniform Domain Name Dispute Resolution Policy (UDRP) und Rules

77 Vielfach will sich der Mandant gegen die Registrierung und/oder Nutzung (neuer) generischer Top-Level-Domains wenden. Auch in diesen Fällen ist es häufig empfehlenswert, den Inhaber der Domain unter Hinweis auf prioritätsältere Kennzeichenrechte zunächst im Wege der **Berechtigungsanfrage** zu kontaktieren oder unmittelbar **abzumahnen** und zur **Abgabe einer Unterlassungs- und Verpflichtungserklärung** aufzufordern.[208] Problematisch kann es allerdings oftmals sein, den Namen und die Kontaktdaten des Gegners zu recherchieren. Zahlreiche Domaininhaber lassen ihre Daten in Whois-Abfragen anonymisieren. Die entsprechenden Provider erteilen hierbei nur selten Auskunft über den eigentlichen Domaininhaber, da Zweck gerade die Verschleierung der Daten ist. In diesen Fällen kann zwar ein Vorgehen gegenüber dem Provider in Betracht gezogen werden. Vielfach ist dieses allerdings mit nicht unerheblichem Aufwand verbunden, sodass es zweckmäßig sein kann, unmittelbar eine **zügige und vergleichsweise kostengünstige Entscheidung** in einem UDRP-Verfahren bei der WIPO nach den **ICANN Rules for UDRP**[209] anzustreben.[210]

78 Zahlreiche Registries sehen in ihren Registrierungsbedingungen mittlerweile die Möglichkeit einer alternativen Streitbeilegung über ein UDRP-Verfahren vor. Aktuell finden UDRP-verfahren bei den Domains .aero, .asia, .biz, .cat, .com, .coop, .info, .jobs, .mobi, .museum, .name, .net, .org, .pro, .tel and .travel, bei allen new gTLDs sowie bei verschiedenen country code Top-Level-Domains Anwendung. Eine jeweils aktuelle Liste der nationalen Top-Level-Domains, für die ebenso wie für generische Top-Level-Domains UDRP-Verfahren oder an die UDRP angelehnte Verfahren durchgeführt werden, ist auf der Seite der WIPO stets aktualisiert abrufbar.[211] Für Registries von new gTLDs ist das Angebot eines UDRP-Verfahrens gegenüber Kunden und Dritten verpflichtend.[212] Die UDRP und die zugehörigen „Rules" als Verfahrensordnung für das Schiedsverfahren sind als Reaktion auf das Phänomen des **Domain-Grabbings** ins Leben gerufen worden. Ziel war es, die vordem von Network Solutions, Inc. praktizierte und vielfach als kompliziert und ineffizient empfundene Dispute Policy zu verbessern. Bei der Eröffnung des Wettbewerbs unter den Registrars generischer Top-Level-Domains hätte ein Verzicht auf eine allgemein verbindliche Schiedsordnung zu einem Forum-Shopping der „Grabber-Community" hin zu solchen Registrars geführt, die in Ländern mit schwach ausgeprägten Rechtssystemen zur Durchsetzung gewerblicher Schutzrechte ansässig sind. Um dies zu vermeiden, ist jeder Registrar nach der UDRP verpflichtet, **Entscheidungen eines Schiedspanels auf Umschreibung oder Löschung einer Domain Folge zu leisten.** Eine Entscheidung nach der UDRP hat mithin für den An-

[207] Zum Dispute-Eintrag siehe oben unter Rn. 30.
[208] → Rn. 66.
[209] Abrufbar unter http://www.icann.org/en/dndr/udrp/uniform-rules.htm, vgl. dazu auch Pfeiffer GRUR 2001, 92 ff.; Bettinger WRP 2000, 1109 ff.; Maher IIC 2002, 924.
[210] Dazu Bettinger CR 2000, 234 ff., im Folgenden mit UDRP bzw. UDRP-Rules abgekürzt.
[211] http://www.wipo.int/amc/en/domains/cctld/index.html.
[212] → Rn. 48.

spruchsteller den Vorteil, dass anders als bei einem gerichtlichen Titel kein Anerkennungs- und Vollstreckungsverfahren erforderlich ist. In den letzten Jahren hat sich allerdings herausgestellt, dass eine Reihe von Registrars bei der Umsetzung von Entscheidungen nach der UDRP auf Domainübertragung entweder nicht oder nicht ausreichend zügig reagieren. Teilweise ist es erforderlich, wiederholt bei dem Registrar nachzufassen, damit die angeordnete Domainumschreibung umgesetzt wird. In solchen und anderen Fällen sieht die ICANN die Möglichkeit einer Beschwerde gegen den Registrar vor.[213]

Aufsicht und Durchführung des Schiedsverfahrens obliegt den sog. **Dispute Resolution Service** 79
Providern (DRSP), weltweit derzeit fünf an der Zahl.[214] Bis 2008 war das **WIPO Arbitration and Mediation Center** die einzige in Europa ansässige Institution, der zugleich die größte Anzahl von Panelists mit einem kontinental-europäischen Markenrechtsverständnis angehörten. Das Tschechische Schiedsgericht, das zugleich für das alternative Streitbeilegungsverfahren für .eu-domains verantwortlich ist, wurde im Januar 2008 als DRSP anerkannt. Dennoch gilt das WIPO Arbitration and Mediation Center als der WIPO zugehörige Institution weiterhin als der beliebteste DRSP. Aus diesem Grunde liegt es nahe, seinem Mandanten diese Institution als DRSP zu empfehlen. Die Durchführung eines Verfahrens vor dem Tschechischen Schiedsgericht sollte wegen teilweise geringerer Beschwerdegebühren[215] und der Möglichkeit einer sog. Class Complaint[216] aber auch in Betracht gezogen werden. Dies gilt umso mehr als es zahlreiche Schiedsrichter gibt, die sowohl für das Tschechische Schiedsgericht als auch für das WIPO Arbitration and Mediation Center tätig sind. Das Tschechische Schiedsgericht[217] wie auch das WIPO Arbitration and Mediation Center[218] halten auf ihren Websites wichtige weiterführende Informationen und Dokumente bereit und ermöglichen den Zugriff auf ihre Entscheidungsdatenbanken.

Praxistipp:

Diese Seiten sollte der Anwalt zunächst eingehend studieren, bevor er erstmalig ein Beschwerdeverfahren nach UDRP für seinen Mandanten durchführt. Besonders relevant sind die Entscheidungsdatenbanken, die regelmäßig einen guten Überblick über bisherige Entscheidungen zu dem für den Mandanten relevanten Bereich bieten dürften.

Eine der maßgeblichen Personen in einem UDRP-Verfahren ist der **Beschwerdeführer.** Be- 80
schwerdeführer ist jede natürliche oder juristische Person, die fähig sein kann, Namens- oder Markenrechte innezuhalten.[219] **Beschwerdegegner** ist der Inhaber der Domain(s), gegen den die Beschwerde sich richtet. Die Beschwerde kann sich auf eine beliebig hohe Anzahl an Domains beziehen, die der konkrete Beschwerdegegner registriert hat, solange diese Domains nach ihrer

[213] Vgl. https://www.icann.org/resources/pages/registrars-2013-05-03-en.

[214] Asian Domain Name Dispute Resolution Centre (ADNDRC), National Arbitration Forum (NAF), World Intellectual Property Organisation (WIPO), das Czech Arbitration Court Arbitration Center for Internet Disputes (CAC) sowie das Arab Center for Domain Name Dispute Resolution (ACDR), Links zu allen Institutionen finden sich unter https://www.icann.org/resources/pages/providers-6d-2012-02-25-en.

[215] Die Beschwerdegebühren beim Tschechischen Schiedsgericht fallen – jedenfalls bei Verfahren mit einem Schiedsrichter – im Vergleich zu denen beim WIPO Arbitration and Mediation Center (siehe dazu Rn. 64) dann geringer aus, wenn der Beschwerdegegner keine Erwiderung einreicht und allein aufgrund der Beschwerde entschieden wird oder wenn der Schiedsrichter das Verfahren nicht als komplex ansieht. Dann nämlich fallen nur sogenannte „initial fees" an, die sich bei einer Beschwerde betreffend bis zu fünf Domains auf EUR 500,00 (zzgl. EUR 50,00 für die Überprüfung der Einhaltung der formellen Voraussetzungen) belaufen. Wird aber eine Beschwerdeerwiderung eingereicht oder hält die Schiedsstelle das Verfahren für komplex, fallen EUR 800,00 zusätzliche Beschwerdegebühren an; dann dürften die Gesamtkosten die Beschwerdegebühren beim WIPO Arbitration and Mediation Center übersteigen. Bei einer Beschwerde betreffend sechs bis zehn Domains sind bei einem Schiedsrichter zunächst EUR 800,00 (zzgl. EUR 60,00 für die Überprüfung der Einhaltung der formellen Voraussetzungen) zu zahlen. Fielen aber auch die zusätzlichen Beschwerdegebühren an, würden die Gesamtkosten wieder die beim WIPO Arbitration and Mediation Center zu zahlenden Gebühren überschreiten. (Zu den Gebühren bei einer darüber hinausgehenden Domainanzahl siehe http://udrp.adr.eu/arbitration_platform/fees.php.)

[216] Die sogenannte Class Complaint macht es möglich, dass eine Person, die verschiedene Beschwerdeführer vertritt, eine Beschwerde gegen einen Domaininhaber betreffend mehrere Domainnamen erhebt; vgl Art. 3 (a) der ergänzenden Verfahrensregeln des Tschechischen Schiedsgerichts (Supplemental Rules of the Czech Arbitration Court).

[217] Vgl. http://udrp.adr.eu/adr/decisions/index.php.

[218] Vgl. http://www.wipo.int/amc/en/domains/search/index.html.

[219] Vgl. Art. 3 (b) (viii) UDRP-Rules.

jeweiligen Top-Level-Domain auch UDRP-beschwerdefähig sind. Nach der Anzahl der angegriffenen Domains bemessen sich die Beschwerdegebühren. Beim WIPO Arbitration and Mediation Center kostet eine Beschwerde betreffend bis zu fünf Domains bei einem Schiedsrichter USD 1.500, bei drei Schiedsrichtern USD 4.000. Bei einer Beschwerde betreffend sechs bis zehn Domains fallen bei einem Schiedsrichter USD 2.000 und bei drei Schiedsrichtern USD 5.000 an. Bei einer darüber hinausgehenden Domainanzahl wird die Beschwerdegebühr in Absprache mit dem WIPO Arbitration and Mediation Center festgelegt. So genanntes **„Panel"** ist der bzw. sind die Schiedsrichter, die vom WIPO Arbitration and Mediation Center zur Entscheidung über die Beschwerde berufen werden. **Registrar** schließlich ist die Organisation, bei der die Domain unter der jeweiligen Top-Level-Domain registriert ist. Nach dem Registrar und der **Sprache, in der das Registration Agreement** zwischen dem Beschwerdegegner und dem Registrar abgeschlossen wurde, richtet sich die Sprache, in der die UDRP-Beschwerde durchzuführen ist. Das kann im Einzelfall bedeuten, dass ein deutscher Beschwerdeführer seine Beschwerde in koreanischer Sprache mit koreanischen Schriftzeichen einzureichen hat und die Entscheidung auch in dieser Sprache gefällt wird. Jeder DRSP hält eine ausreichende Anzahl Panelists zur Entscheidung der Verfahren bereit. Diese stammen aus unterschiedlichen Ländern, damit für alle denkbaren Sprach- und Parteikonstellationen geeignete Schiedsrichter zur Verfügung stehen. Es handelt sich dabei vor allem um fachlich anerkannte Professoren und Anwälte, die in Fragen des nationalen und internationalen Markenrechts versiert sind. Die jeweils aktuelle Liste von Panelists mit Lebenslauf ist auf den Seiten des jeweiligen DRSP abrufbar. Es herrscht kein Anwaltszwang. Wegen der Spezialmaterie und den speziellen, strikt zu beachtenden Verfahrensregeln, Formvorschriften und kurzen Fristen der UDRP ist die Vertretung durch einen Anwalt indes dringend zu empfehlen.

81 Die UDRP ist jedoch nicht zur Entscheidung von „normalen" markenrechtlichen Auseinandersetzungen geeignet, in denen eine mehr oder weniger effiziente Analyse der Verwechselungsgefahr entscheidend ist. Denn ein Verfahren nach der UDRP wird nur dann zum gewünschten Erfolg führen, wenn der **Beschwerdeführer den Beschwerdegrund nach Art. 3 (a)(ix) der UDRP** glaubhaft gemacht werden kann, dh dass

- die registrierte Domain einer zu seinen Gunsten geschützten Kennzeichnung **identisch oder verwechselbar** ähnlich ist,
- der Anmelder **kein Recht oder berechtigtes Interesse** an der Domain hat und
- der Anmelder die Domain in **bösem Glauben** angemeldet hat und benutzt.

82 Beachtlich ist hierbei zunächst, dass bei der Beurteilung der Identität oder Ähnlichkeit der Domain mit einem Kennzeichen die Top-Level-Domain nicht berücksichtigt wird, soweit es nicht selbst Teil der verletzten Marke ist.[220] Etwas anders gilt allerdings bei den new gTLDs, wenn die Domain die unter der Marke geschützten Waren oder Dienstleitungen beschreibt.[221] Teilweise wird vertreten, dass dies selbst bei offenen Top-Level-Domains wie .tools oder .services gelten soll.[222] Andernfalls bleibt auch bei diesen new gTLDs die Top-Level-Domain unberücksichtigt.[223]

83 **Indizien** für ein bösgläubiges Verhalten sind im Regelfall **Lösegeldforderungen** des Anmelders für die Übertragung der Domain. Schwierigkeiten bereiten Fälle, in denen der Anmelder sich passiv verhält, dh die Domain nicht in Benutzung nimmt, wenn er weder aktiv noch auf Abmahnung hin Zahlung für die Übertragung der Domain fordert und auch sonst weder agiert noch reagiert.

[220] Vgl. Ziffer 1.2 WIPO Overview of WIPO Panel Views on Selected UDRP Questions, Second Edition („WIPO Overview 2.0")" auf der Website der WIPO unter http://www.wipo.int/amc/en/domains/search/overview2.0/index.html; Vodafone Group Plc v. Orcun Ozyurt, WIPO case No. D 2015-1424 – vodafone.red.

[221] Vgl. Canyon Bicycles GmbH v. Domains By Proxy LLC/Rob can Eck, WIPO case No. D 2014-0206 – canyon.**bike;** Hultafors Group AB v. my domain limited, WIPO case No. D 2014-0597 – snickers.**clothing;** Zions Bancorporation v. Mohammed Akik Miah, WIPO case No. D2014-0269 – zionsbank.holdings; Novartis AG v. Hka c/o Dynadot Privacy, WIPO case No. D 2014-1737 – novartis.**buzz:** offengelassen; Baidu Online Network Technology (Beijing) Co., Ltd. v. Registration Private/Chen Chunsheng, WIPO case No. D 2016-1417 – baidu.**car;** De Beers Trademarks Limited and De Beers Diamond Jewellers Trade Mark Limited v. Sam Missoum, individually and dba AMG Diamond Conglomerate, Missoum*Aupfen Conglomerate, and/or VIP APAIRALL, WIPO case No. D 2016-1477 – debeersjewellery.**diamonds.**

[222] Vgl. Fiskars Corporation v. Whois Privacy Service/James Taverner, WIPO case No. D 2014-1590 – fiskars.**tools:** offengelassen; AB Electrolux v. Ahmed Aboeldahab, WIPO case No. D2015-0650 – zanussi.**services.**

[223] Vgl. Vodafone Group Plc v. Orcun Ozyurt, WIPO case No. D 2015-1424 – vodafone.**red;** AB Electrolux v. Uosof Nasrolahi, WIPO case No. D 2017-0197 – aeg.**company;** aA Zions Bancorporation v. Mohammed Akik Miah, WIPO case No. D2014-0269 – zionsbank.**holdings.**

Aber auch in einem solchen Fall können Indizien für die Feststellung der Bösgläubigkeit herangezogen werden. Eine Vielzahl der Panels geht davon aus, dass unter gewissen Voraussetzungen auch das passive Halten einer Domain, den Tatbestand der bösgläubigen Registrierung und Benutzung (!) erfüllt. Das passive Halten wird in solchen Fällen mit der aktiven Benutzung gleichgesetzt.[224] Als Faustregel wird man festhalten können, dass **je bekannter das geschützte Zeichen** weltweit oder jedenfalls im Land des Anmelders ist, desto eher eine missbräuchliche Anmeldung in Frage kommt, vor allem dann, wenn der Anmelder eine Privatperson ohne Geschäftsbetrieb ist und er bei der Registrierung der Domain falsche Angaben gemacht hat, was durch das Scheitern von Zustellversuchen des DRSP zutage tritt.[225]

Hat der Anwalt danach die Eignung des Streitfalles für die UDRP geprüft, leitet er das Verfahren ein, indem er eine Beschwerdeschrift beim WIPO Arbitration and Mediation Center einreicht. Folgende **Checkliste** gilt es bei der Einleitung eines Beschwerdeverfahrens nach der UDRP und den Rules zu beachten.[226] 84

Checkliste zu Einleitung und Ablauf der UDRP 85

- ☐ Formulierung und Inhalt der Beschwerdeschrift („Complaint") (Art. 3 der Rules):
- ☐ Ausdrückliche Bezeichnung des Schriftsatzes als „Complaint" mit dem Antrag auf Entscheidung (nach Wahl Löschung oder Übertragung) im Einklang mit der UDRP, den Rules sowie eventuellen Supplementary Rules des DRSP;
- ☐ Name, Post- und Email-Anschrift, Telefon- und Telefaxnummer des Complainant und seines Vertreters im Beschwerdeverfahren;
- ☐ Angabe des bevorzugten Kommunikationsweges (Email, Fax oder Post) und der Person, an die Kommunikation zu richten ist, dies alles sowohl für normalen Schriftverkehr als auch für Beweisstücke (Anlagen);[227]
- ☐ Angabe, ob die Beschwerde durch einen Panelist oder durch ein Gremium von drei Panelists entschieden werden soll. Nur im Falle der Wahl eines Dreier-Panels sollen Namen und Kontaktadressen von drei Kandidaten angegeben werden (der List of Panelists des DRSP zu entnehmen), die der Complainant benennt und aus der ein Panelist ausgewählt wird;
- ☐ Name des Beschwerdegegners („Respondent"), dh des Inhabers der angegriffenen Domain) und alle über ihn bekannten Angaben, zB Adresse, Email, Post, Telefon, Telefax oder Vertreter;
- ☐ Bezeichnung der angegriffenen Domain(s);
- ☐ Kontakt-Details des Registrars, bei dem die (jeweilige) Domain verwaltet wird;
- ☐ Angabe der Marke(n)[228] mit Nachweis der Inhaberschaft oder Prozessführungsbefugnis des Complainant,[229] auf welche die Complaint gestützt ist, und Angabe der unter dieser Marke geschützten Waren oder Dienstleistungen, oder – bei einer Benutzungmarke – Angaben darüber, seit wann und für welche Waren und Dienstleistungen und mit welcher Intensität die Marke genutzt wird;

[224] Die wegweisende Entscheidung eines Panels des WIPO Arbitration and Mediation Center ist weiterhin Telstra Corporation Ltd. v. Nuclear Marshmallows, WIPO case No. D 2000-0003 – telstra.org. Aus der neueren Entscheidungspraxis siehe beispielsweise ALDI GmbH & Co. KG v. Marius Mueller v. Wuxi Yilian LLC, WIPO case No. D 2014-1391 – aldi-produktrueckruf.com oder Neste Oil Oyj v. Noorinet, WIPO case No. D 2014-0019. Alle bislang gefällten Entscheidungen sind abrufbar unter http://www.wipo.int/amc/en/domains/search/.

[225] Vgl. Telstra Corporation Ltd. v. Nuclear Marshmallows, WIPO case No. D 2000-0003 – telstra.org.

[226] Ergänzend sollte unter allen Umständen die Website des ausgewählten DRSP studiert werden, wo eventuelle zusätzliche Verfahrensregeln (Supplementary Rules) des DRSP, eine Musterbeschwerde, die aktuellen Gebühren und weitere wichtige Verfahrenshinweise zu finden sind.

[227] Seit März 2010 kann die Beschwerdeschrift selbst nur noch auf elektronischem Wege eingereicht werden, Ziff. 3 (b) der Rules; auch für die an den Complainant gerichtete Kommunikation während des Beschwerdeverfahrens ist die elektronische Kommunikationsform vorgesehen, andere Kommunikationswege, sofern begründet, können aber vom Complainant gefordert werden, Ziff. 2 (b) der Rules.

[228] Auf Namensrechte (Personennamen, geographische Namen) kann die Complaint dann gestützt werden, wenn diese in einer Art und Weise verwendet werden, dass ein markenrechtlicher Schutz entsteht, vgl. Bundesrepublik Deutschland v. RJG Engineering, Inc., WIPO case No. D 2004-0676 – federalrepublicofgermany.biz; Zurich Insurance Company v. Shi Wang, WIPO case No. D 2005-0712 – zurichan.net; Jeffrey Archer v. Alberta Hotrods tda CELEBRITY 1000, WIPO case No. D 2006-0431 – jeffreyarcher.com; Geri Halliwell v. Rampe Purda Privacy-Protect.org, WIPO case no. D 2010-1419 – gerihalliwell.com; The Reverend Dr. Jerry Falwell and The Liberty Alliance v. Gary Cohn, Prolife.net, and God.info, WIPO case No. D 2002-0184 – jerryfallwell.com.

[229] Vgl. D. C. I. International S. A. v. The Link Corporation, WIPO case no. D 2000-1232–5asec.com, www.icann.org/udrp/proceedings-list-name.htm.

- ☐ Beschreibung, inwieweit die (jeweilige) Domain identisch oder verwechselbar ähnlich[230] mit geschützter Marke bzw. geschützten Marken ist;
- ☐ Angabe, weshalb Respondent weder ein Recht noch ein berechtigtes Interesse hinsichtlich der Inhaberschaft der Domain hat bzw. haben kann;
- ☐ Anhaltspunkte, aus denen sich ergibt, dass die Domain bösgläubig angemeldet wurde;
- ☐ Gerichtsstandswahl hinsichtlich des Rechtsbehelfs gegen die UDRP-Entscheidung;[231]
- ☐ Beibringung der Beschwerdegebühr, deren Höhe sich aus den Supplementary Rules des DRSP ergibt; sie soll mit der Beschwerdeschrift eingereicht werden und muss spätestens 10 Tage nach der Beschwerdeschrift beim DRSP eingehen;[232]
- ☐ Einreichen der Beschwerdeschrift bei einem bei ICANN akkreditierten DRSP, zeitgleich Übermittlung durch Complainant an den für die Domain zuständigen Registrar und den Respondent;
- ☐ DRSP prüft die Formalien der Beschwerdeschrift, insbesondere Zahlung der Beschwerdegebühr, und leitet sie – sofern keine Mängel festgestellt wurden – binnen 3 Tagen ab deren Eingang an den Respondent weiter;[233]
- ☐ Ist Beschwerde fehlerhaft, wird dem Beschwerdeführer bzw. dessen Vertreter die Möglichkeit gegeben, binnen 5 Tagen die angegebenen Mängel zu beheben.[234]
- ☐ Behebt er sie nicht, gilt Beschwerde als zurückgenommen; das hindert Beschwerdeführer aber nicht, die Beschwerde nochmals neu und komplettiert einzureichen.

86 Weiterhin großer Beliebtheit erfreuen sich sog. Privacy Services bei bösgläubigen Anmeldern. Sie ermöglichen es dem Domainanmelder, anonym zu bleiben. Formeller Domaininhaber ist dann der Privacy Service, wie etwa namecheap.com, WhoisGuard. In solchen Fällen ist dann stets zunächst der Privacy Service als Beschwerdegegner anzugeben. Bei der von dem WIPO Arbitration and Mediation Center nach Einreichung der Beschwerdeschrift vorgenommenen Registrar-Verification wird dann üblicherweise der Registrar Namen und Anschrift des hinter dem Privacy Service stehenden Individuums mitteilen.[235] Der Beschwerdeführer erhält dann von der WIPO die Gelegenheit, seine Beschwerde mit einem Amendment insoweit um den tatsächlichen Beschwerdegegner zu ergänzen.

87 Ist die Beschwerde nach Durchlaufen des beschriebenen Prozederes ordnungsgemäß eingelegt, wird der DRSP zunächst den Registrar der angegriffenen Domain kontaktieren, Art. 4 (a) UDRP-Rules, und ihm einen sog. Verification-Request übersenden und zur Eintragung eines sog. **Registrar Locks** auffordern. Während das Verfahren läuft, kann die Domain nicht an einen Dritten übertragen werden. Dies wird durch ein sog. Registrar Lock sichergestellt, der einem Dispute-Eintrag in der Wirkung vergleichbar ist. Dieser wird nach Einleitung eines UDRP-Verfahrens und Zustellung der Beschwerde an den Registrar von Letzterem spätestens binnen zwei Tagen ab der Zustellung eingerichtet gemäß Art. 4 (a) UDRP-Rules. Erst im Nachgang übersendet der DRSP die Beschwerde an den Beschwerdegegner zur Stellungnahme, soweit die Gebühren gezahlt worden sind. Hierdurch soll verhindert werden, dass der Beschwerdegegner die Domain nach Kenntnis der Beschwerde und vor Einrichtung des Registrar Locks an einen Dritten überträgt (sog. **Cyberflight**).[236] Der Beschwerdegegner hat binnen einer Frist von 20 Tagen zu erwidern, Art. 5 (a) UDRP-Rules. Diese Frist kann einmalig ohne Angabe von Gründen um vier Tage verlängert werden, Art. 5 (b) UDRP-Rules. Versäumt der Beschwerdegegner die

[230] Dabei gehen die Panelists zT von einem sehr weitem Ähnlichkeitsbegriff aus, vgl. Diageo p. l. c. v. John Zuccarini, WIPO case No. D 2000-0541 – guinnessreallyreallysucks.com, wo Transfer zugunsten von Guinness angeordnet wurde.

[231] Vgl. Schmelz GRUR-Prax 2012, 127 (129).

[232] Die Beschwerdegebühr wird dem Beschwerdeführer, wenn er sich für einen einzelnen Panelist entschieden hat, auch dann nicht erstattet, wenn er das Verfahren gewinnt. Bei einem vom Beschwerdegegner geforderten Dreier-Panel trägt der Gegner die Hälfte der Beschwerdekosten unabhängig von dessen Ausgang.

[233] Vgl. Art. 4 (c) UDRP-Rules.

[234] Vgl. Art. 4 (d) UDRP-Rules; Wegen dieser kurzen Fristen sollte der Anwalt darauf achten, dass er während des gesamten Beschwerdezeitraums von idealerweise 45 Tagen insbesondere per Email erreichbar ist und seine Emails auch liest.

[235] Vgl. beispielsweise UniCredit Spa v. Web Address Inc, Williams Makinde/Whoisguard Protected, Whoisguard, Inc., WIPO case No. D 2016–2307 – unicreditbnk.com; Weber-Stephen Products LLC v. WhoisGuard Protected, WhoisGuard, Inc./Daniela Gebauer, Kitchenhelpers GmbH, WIPO case No. D 2017-0118 – weber-grills.net.

[236] Dieses Procedere wurde erst durch die Änderung der UDRP-Rules zum 1.7.2015 eingeführt. Für Verfahren, die vor dem 31.7.2015 eingeleitet wurden, gelten weiterhin die Vorgängerregelungen (siehe Vorauflage).

Frist, entscheidet das vom DRSP eingesetzte Panel allein auf Grundlage des Vorbringens des Beschwerdeführers. Das Panel wird nach Ablauf der Stellungnahmefrist berufen und hat innerhalb von 14 Tagen nach seiner Ernennung zu entscheiden. Sofern es die Beschwerde nicht verwirft, kann es die **Löschung** oder **Übertragung** der Domain anordnen.[237] Diese Anordnung ist vom jeweiligen Registrar **sofort zu vollziehen**, ohne dass es eines speziellen Anerkennungs- oder Vollstreckungsverfahrens bedarf. Die Entscheidung durch einen DRSP hindert keine der Parteien daran, im Anschluss an das Verfahren ein ordentliches Gericht zwecks Entscheidung, die in Rechtskraft erwachsen kann, anzurufen.[238] Allerdings ist der Beschwerdeführer dabei an das oder die in der Beschwerde von ihm gemäß Art. 3 (b) (xii) UDRP-Rules bezeichneten Gerichte gebunden. Ein im Verfahren nach den UDRP-Rules unterlegener Beschwerdegegner hat insbesondere die Möglichkeit, das Nichtbestehen eines Unterlassungs- oder Übertragungstitels im Wege der negativen Feststellungsklage oder Rückübertragungsklage geltend zu machen.[239]

Das inzwischen vorliegende **Entscheidungsmaterial** ist außerordentlich umfangreich.[240] Allein im Jahre 2016 wurden insgesamt 3.036 neue UDRP-Verfahren beim WIPO Arbitration and Mediation Center anhängig gemacht und damit 10 % mehr als im Vorjahr.[241] Seit Einführung der UDRP-Verfahren in Jahre 1999 waren insgesamt 37.045 Fälle beim WIPO Arbitration und Mediation-Center anhängig.[242] Die Entscheidungen sind nicht immer konsistent. Dies hängt damit zusammen, dass Panelists unterschiedlichen Ländern mit unterschiedlichen Hintergründen, sowohl was die Rechtsordnung als auch was die kennzeichenrechtliche Ideologie[243] angeht, entstammen. Folgende materielle Anspruchsvoraussetzungen haben sich dabei als immer wiederkehrende **Schwerpunkte** der Erörterung herausgestellt: 88

Marke oder Dienstleistungsmarke („Trademark or service mark") des Beschwerdeführers. Im Hinblick auf diese Anspruchsvoraussetzung war es zunächst zweifelhaft, ob auch nicht als Marke registrierte Zeichen, die nach einzelnen Rechtsordnungen zu Zeichenrechten führen – wie zum Beispiel Namensrechte oder Firmenrechte –, eine Beschwerdeberechtigung des Beschwerdeführers begründeten. Diese Frage ist zwischenzeitlich im Sinne eines weiten Markenverständnisses zugunsten der Inhaber von Namen- und Firmenrechten sowie anderer nicht registrierter Zeichen geklärt, soweit diese in einer Weise verwendet werden, die zu einem markenrechtlichen Schutz führen.[244] 89

Identität oder zur Verwechslungsfähigkeit führende Ähnlichkeit zwischen Marke und Domain. Hier wird in aller Regel nach Grundsätzen verfahren, wie sie auch von der deutschen Markenrechtspraxis angewandt werden. Als besonderes Phänomen im Bereich von Domains hat sich die verwechslungsfähig ähnliche Tippfehler-Domain herausgebildet, bei der der Beschwerdegegner es mit der Wahl der Domain darauf anlegt, von Eingabefehlern von Internetnutzern zu profitieren.[245] Auch bei den sog. **„Sucks"-Fällen**, in denen die Domain aus einer Kombination einer Marke mit dem englischsprachigen Begriff „sucks" (dt.: negative Kritik im Sinne von „stinkt", „ist schlecht") besteht, wird von der Mehrzahl der Beschwerdepanels vom Vorliegen einer verwechslungsfähigen Ähnlichkeit ausgegangen, obgleich der Adressat in derartigen Fällen 90

[237] Vgl. Art. 4 (i) Uniform Domain Name Dispute Resolution Policy.

[238] Ruft eine Partei während eines UDRP-Verfahrens ein Gericht an, kann das Panel das UDRP-Verfahren aussetzen oder beenden gemäß Art. 18 UDRP-Rules.

[239] Vgl. hierzu KG MMR 2012, 747.

[240] Siehe hierzu ausführlich Bettinger, Handbuch des Domainrechts, S. 1166 ff. sowie die Übersicht „WIPO Overview of WIPO Panel Views on Selected UDRP Questions, Second Edition („WIPO Overview 2.0")" auf der Website der WIPO unter http://www.wipo.int/amc/en/domains/search/overview2.0/index.html.

[241] Vgl. http://www.wipo.int/pressroom/en/articles/2017/article_0003.html.

[242] Dies zeigt, dass die Bedeutung von UDRP als effektives Instrument stetig steigt und ein geeignetes Mittel zur zügigen Rechtsdurchsetzung darstellt.

[243] Gemeint ist hier vor allem, ob der Schiedsrichter gelernt hat, Markenrechte grundsätzlich zu respektieren, oder ob er ein Anhänger der These „Freiheit des Internets" ist. Von der letztgenannten Sorte von Schiedsrichtern gibt es jedoch glücklicherweise nicht sehr viele.

[244] Siehe Julia Viona Roberts v. Russell Boyd, WIPO case no. D 2000-0210 – juliaroberts.com; Seek Amerika Networks v. Tariq Masoud and Solo Sign WIPO case no. D 2000-0131 – seek-amerika.com; Jim Carrey v. BWI Domains, WIPO case no. D 2009-0563 – jimcarrey.com; Geri Halliwell v. Rampe Purda/Privacy-Protect.org, WIPO case no. D 2010-1419 – gerihalliwell.com; für Marke kraft Verkehrsgeltung siehe Deutsche Lufthansa AG v. Greenwald, WIPO case no. D 2001-1456 – milesandmore.com.

[245] ZB in den Fällen Diageo p.l.c. v. John Zuccarini, WIPO case no. D 2000-0541 – guinness.com und Express Scripts, Inc. v. Whois Privacy Protection Service, Inc /Domaindeals, Domain Administrator, WIPO case no. D 2008-1302 – expresscripts.com.

keiner Herkunftstäuschung unterliegen dürfte.[246] Als Faustregel lässt sich festhalten, dass Panels im Hinblick auf eine Verwechslungsgefahr umso großzügiger bei der Beurteilung der Zeichenähnlichkeit sind, je bekannter das Angriffszeichen ist.[247] Nicht überzeugend ist insoweit die kürzlich ergangene Entscheidung des National Arbitration Forum in Sachen Calvin Klein Trademark Trust & Calvin Klein, Inc. gegen Alan Sleator um die Domain fuckcalvinklein.com. Der Panelist lehnte eine Verwechslungsgefahr ab, da das Wort „fuck“ eine vermeintlich hinreichende Unterscheidung ermögliche.[248]

91 Bei der Frage, ob dem Beschwerdegegner ein **Recht oder berechtigtes Interesse** zur Seite steht, sind die Regelbeispiele der Art. 4 (c) UDRP-Policy zu berücksichtigen.[249] Soweit dem Beschwerdegegner tatsächlich ein **eigenes Recht** an der Bezeichnung im Sinne von Art. 4 (a) (c) UDRP-Policy zusteht, entspricht es dem Wortlaut der UDRP, dies auch gegenüber einer bekannten Marke, auf die der Beschwerdeführer sich stützen kann, anzuerkennen. Die Frage, inwieweit aus der bekannten Marke ein Schutz gegen die identische oder ähnliche Domain gegebenenfalls über den Waren- bzw. Dienstleistungsähnlichkeitsbereich hinaus gewährt werden kann, ist dann in einem nationalen Gerichtsverfahren nach Maßgabe der Schutzvorschriften über bekannte Marken geltend zu machen. Beliebt ist weiterhin der Einwand, die Domain diene der **Beschreibung eines Angebots.** Inwieweit der Einwand berechtigt ist, hat das Panel auf Grund der konkreten Umstände des Falles und allgemeinen Plausibilitätserwägungen zu entscheiden.[250] Vielfach wird der Beschwerdegegner zudem das Recht auf **freie Meinungsäußerung** einwenden, und zwar insbesondere in den vorerwähnten **„Sucks“- und „Fuck“-Fällen.** Diese werden von den Panelists nicht einheitlich gesehen. Zum Teil wird – insbesondere von den Panelists mit Common-Law-Hintergrund – die Kombination einer bekannten Marke mit „Sucks“ als Ausdruck freier Meinungsäußerung und damit berechtigtes Interesse angesehen.[251] Bei Panelists mit kontinentaleuropäischem Hintergrund ist das überwiegend nicht der Fall.[252] Im Hinblick auf sog. **Fan Sites** besteht ein vergleichbarer Meinungsstreit unter den Panelists.[253]

92 Als besonders schwierig erweist sich die Auslegung des Kriteriums **„has been registered and is being used in bad faith“.** Hier eine einheitliche Linie der UDRP-Entscheidungen zu ziehen, ist außerordentlich schwierig, zumal eine Reihe von Panelists das ergänzende Kriterium „and is

[246] Vgl. beispielsweise Wal-Mart Stores, Inc. v. Richard MacLeod d/b/a For Sale, WIPO Case No. D 2000-0662 walmartsucks.com; Societé Air France v. Virtual Dates, Inc, WIPO Case No. D 2005-0168 – airfrancesucks.com; Société Air France v. Mark Allaye-Chan, WIPO case No. D 2009-0327 – airfrance-suck.com; „Dr. Martens“ International Trading GmbH and „Dr. Maertens“ Marketing GmbH v. MCPS, Timothy Marten, WIPO case No. D 2011-1728 – drmartensucks.com; FirstMerit Corporation v. Registration Private, DomainsByProxy.com/Jon Murrell, WIPO case No. D 2015-1752 – firstmeritsucks.com.

[247] So verwechslungsfähige Ähnlichkeit zB angenommen in Sachen Wal-Mart Stores, Inc. v. Wal Sucks and Wal Market Puerto Rico, WIPO case no. D 2000-0477 – walmartcanadas.com; Philip Morris USA Inc. v. Johnny Angelone, Aware Marketing, WIPO case No. D 2015-0380 – philipmorrisusasacks.com.

[248] Calvin Klein Trademark Trust & Calvin Klein, Inc. v. Alan Sleator, NAF case No. 1547828 – fuckcalvinklein.com.

[249] Siehe Bettinger, Handbuch des Domainrechts, S. 1245 ff. zur Entscheidungspraxis.

[250] Siehe Libro AG v. Global Link Limited, WIPO case no. D 2000-0186 – libro.com, Süd-Chemie AG v. tonsil.com, WIPO Case No. D 2000-0376 – tonsil.com; Google Inc. v. Q Interactive Pty Ltd/Mr. Victor Quinteros, WIPO case No. DAU2012-0026 – androidappsstore.com.au.

[251] Siehe etwa Wal-Mart Stores, Inc. v. wallmartcanadasucks.com and Kenneth J. Harvey, WIPO Case No. D 2000-1104 – wallmartcanadasucks.com; Southern California Regional Rail Authority v. Robert Arkow, WIPO Case No. D 2008-0430 – metrolinksucks.com; Sermo, Inc. v. CatalystMD, LLC, WIPO case no. D 2008-0647 – sermosucks.com; Philip Morris USA Inc. v. Johnny Angelone, Aware Marketing, WIPO case No. D 2015-0380 – philipmorrisusasacks.com; FirstMerit Corporation v. Registration Private, DomainsByProxy.com/Jon Murrell, WIPO case No. D 2015-1752 – firstmeritsucks.com.

[252] Siehe etwa Wal Mart Stores, Inc. v. Wal Sucks and Wal-Mart Puerto Rico, WIPO case no. D 2000-0477 – walmartcanadasucks.com; National Westminster Bank PLC v. Purge I. T., WIPO case no. D 2000-0636 – natwestsucks.com; The Royal Bank of Scotland Group plc, National Westminster Bank plc A/K/A NatWest Bank v. Personal and Pedro Lopez, WIPO case no. D 2003-0166 – natwestbanksucks.com.

[253] Galatasaray Spor Kulubu Dernegi v. Maksimum Iletisim A. S., WIPO Case No. D 2002-0726 – galatasaray.com; Russell Peters v. George Koshy and Navigation Catalyst Systems, Inc., WIPO case no. D 2009-0173 – russelpeters.com: berechtigtes Interesse verneint; 2001 White Castle Way, Inc. v. Glyn O. Jacobs, WIPO Case No. D 2004-0001 – patbenatar.com; Estate of Francis Newton Souza v. ZWYX.org Ltd., WIPO case no. D 2007-0221- fnsouza.com: berechtigtes Interesse bejaht; Burberry Limited v. Carlos Lim, WIPO case No. D 2011-0344 – burberryworld.com: berechtigtes Interesse verneint wegen entgegenstehender Umstände; Federation Francaise De Tennis v. Redemption Ltd., WIPO case No. D 2015-0733 – fft-ticket.com: berechtigtes Interesse verneint, da erst nach Beschwerde in Fansite geändert; Comcast Corporation v. Tonic Marketing Ltd., WIPO case No. D 2015-1617 – thexfinitycenter.com: Interesse verneint wegen unzureichender Darlegung.

being used in bad faith" vollständig ignoriert und als überflüssiges Tatbestandsmerkmal erachtet. Einheitlich an der Rechtsprechung der Schiedsgerichte ist insoweit nur die Linie, dass, je bekannter der Name oder die Marke des Beschwerdeführers weltweit ist, desto leichter – zurecht – das Schiedsgericht von dem Kriterium der Bösgläubigkeit zu überzeugen ist. Dabei lassen sich die Panelists richtigerweise vor allem davon leiten, inwieweit es wahrscheinlich ist, dass der Beschwerdegegner schon einmal etwas von dem Zeichen, auf welches der Beschwerdeführer sich beruft, gehört haben kann.[254] Je eher ein Zeichen, das zwar in einem Markt oder einer Region eine bekannte Marke sein mag, in der Heimat des Beschwerdegegners eine beschreibende Wirkung haben kann, desto eher scheitert die Darlegung der Bösgläubigkeit.[255]

93 Die Darlegung der Bösgläubigkeit kann schließlich auch in Fällen scheitern, in denen die Domain zeitlich vor der Marke registriert wurde, auf die sich der Beschwerdeführer beruft. Grundsätzlich setzt ein Anspruch auf Domainübertragung oder -löschung nach der UDRP keine prioritätsälteren Rechte voraus. Der Nachweis der Bösgläubigkeit wird jedoch in Fällen, in denen die Marke später als die Domain angemeldet wurde, meist nur schwer zu führen sein.[256]

94 Schließlich sind Fälle denkbar, in denen das UDRP-Verfahren **missbräuchlich** vom Beschwerdeführer angestrengt wird, insbesondere wenn offensichtlich ist, dass der Beschwerdegegner ein eigenes Recht an der Domain hat bzw. ins Feld führen kann. Diese Fälle regelt Art. 15 (e) UDRP-Rules, wobei der Einwand der vermeintlichen Rechtsmissbräuchlichkeit der Beschwerde durchaus üblich ist.[257] In solchen Fällen kann der Beschwerdegegner beantragen, dass die Beschwerde nicht nur abgewiesen wird, sondern dem Beschwerdeführer auch **„Reverse Domain Name Hijacking"** ins Stammbuch geschrieben wird.

95 Nur eine geringe Zahl von UDRP-Entscheidungen sind zwischenzeitlich **gerichtlicher Überprüfung** unterzogen worden.[258] Anlass für eine Überprüfung einer Entscheidung ist immer wieder die zugesprochene Übertragung einer Domain auf den Beschwerdeführer, soweit das nationale Recht eine solche Übertragung nicht vorsieht.[259] Für den Rechteinhaber lässt sich hieraus der Rückschluss ziehen, dass mit dem (verhältnismäßig) zügigen und kostengünstigen UDRP-Verfahren in der Mehrzahl der Fälle eine abschließende Regelung in einer Auseinandersetzung zu erreichen ist.

[254] Maha Maschinenbau Haldenwang GmbH & Co. KG v. Deepak Rajani, WIPO case no. D 2000-1816, maha.com; The Gap, Inc. v. Deng Youqian, WIPO case No. D 2009-0113 – babygapclothing.com; Virgin Enterprises Limited v. WhoisGuard, Inc./Luis Alberto Laichter, WIPO case No. D 2016–2177 – virginmedia.online.

[255] Deutsche Lufthansa AG v. Paul Greenwald, WIPO case no. D 2001-1456 – milesandmore.com. In dem Fall wurde es von dem Panel für nicht ausreichend gehalten, dass selbst in dem Land, in dem der Beschwerdegegner ansässig war, über 350.000 Miles & More-Karteninhaber ansässig waren. Der Gegner behauptete, er wolle eine Website aufbauen, die sich mit Radsportaktivitäten beschäftigt. Dazu hatte er aber über Jahre seit der Registrierung hinweg keinerlei Anstalten gemacht, so dass es fraglich ist, ob das Panel die Einlassung als glaubhaft hätte hinnehmen dürfen. Vgl. auch John Fairfax Publications Pty Ltd v. Domain Names 4U and Fred Gray, WIPO Case No. D 2000-1403 – financialreview.com, VZ VermögensZentrum AG v. Anything.com, WIPO Case No. D 2000-0527 – vz.com und Hero v. The Heroic Sandwich, WIPO case no. D 2008-0779 – hero.com.

[256] Joe Cole v. Dave Skipper, WIPO Case No. D 2003-0843 – joecole.com; 537 397 Ontario Inc. operating as Tech Sales Co. v. EXAIR Corporation, WIPO case no. D 2009-0567 – nexflow.com: Bösgläubigkeit nachgewiesen; Swissvoice ag v. Chan chin sung; WIPO Case No. D 2004-0572 – swissvoice.com; Meeza QSTP-LLC v. Torsten Frank/medisite Systemhaus GmbH, WIPO case no. D 2009-0943 – meeza.com: Bösgläubigkeit nicht nachgewiesen.

[257] Vgl. K2r Produkte AG v. Jeremie Trigano, WIPO case no. D 2000-0622 – k2r.com; Deutsche Welle v. DiamondWare Limited, WIPO case no D 2000-1202 – dw.com; Rohl, LLC v. ROHL SA, WIPO Case No. D 2006-0645 – rohl.com; Proto Software, Inc. v. Vertical Axis, Inc/PROTO.COM, WIPO Case No. D 2006-0905 – proto.com; M. Corentin Benoit Thiercelin v. CyberDeal, Inc., WIPO case no. D 2010-0941 – virtualexpo.com; United Southwest Mortgage Corporation, Inc., d/b/a/All Reverse Mortgage Company v. Alliance Reverse Mortgage, WIPO case No. D2016-0497 – allreverse.com: bejaht; Florim Ceramiche S. p. A. v. Domain Hostmaster, Customer ID: 2439157242 6632, Whois Privacy Services Pty LTD/Domain Administrator, Vertical Axis Inc., WIPO case No. D 2015–2085 – cedit.com: verneint wegen älteren Rechten.

[258] Vgl. KG MMR 2012, 757 – essque; U. S. Court of Appeals for the First Circuit GRUR Int 2003, 82 – Corinthians Licenciamentos; eine beispielhafte Übersicht über angegriffene Entscheidungen ist abrufbar unter http://www.wipo.int/amc/en/domains/challenged.

[259] Siehe auch Word School Countries, Inc. vs. Republic of South Africa, Second Circuit Court of Appeals, 148F. Supp. 2d 256, 268 (FDNY 2001); Domain Name Clearing Company, LLC, vs. F. C. F., Inc. Fourth Circuit Court of Appeals, 200 F. 3d@237; McNeil vs. Standly Works, 9th Circuit Court of Appeals, 33 Fed. Appx. 322 (9th Cir. 2002); Eurotech, Inc. v. Cosmos European Travels, No. 01–1689-A, 2002 U. S. Dist. LEXIS 3984 (E. D. Va. Mar. 6, 2002); ERESMAS INTERACTIVA, S.A v. Excelentisimo Ayuntamiento de Barcelona, 189 F. Supp. 2d 367, 63 U. S. P. Q.2d 1189 (E. D. Va. Feb. 22, 2002) rev'd, vacated, remanded, 330 F.3d 617, 67 U. S. P. Q.2d 1025 (4th Cir. Va. June 2, 2003). Vgl. auch KG Urt. v. 21.10.2011 – 5 U 56/10. Zu weiteren allgemein UDRP-bezogenen Entscheidungen siehe http://www.wipo.int/amc/en/domains/challenged/index.html. Eine Liste der angegriffenen WIPO Cases findet sich unter http://www.wipo.int/amc/en/domains/search/legalindex.jsp?id=12920, 15010, 12940. Zum Thema auch Sorkin, Santa Clara Computer & Hightec L. J. 2001, 637.

96 Verschiedene nationale Gerichte,[260] ua auch in Deutschland,[261] fühlen sich die Gerichte ebenso wenig an Entscheidungen gebunden, die im Zuge eines UDRP-Verfahrens getroffen wurden. Dem ist zuzustimmen. Denn Art. 18 UDRP-Rules sieht ausdrücklich die Möglichkeit vor, während oder im Anschluss an das UDRP-Verfahren den Streit bzw. die daraus hervorgehende Entscheidung anzufechten.[262] Diese Regelung wäre sinnlos, wäre das staatliche Gericht im ordentlichen Gerichtsverfahren nicht in der Lage, eine durch ein UDRP-Panel im lediglich summarischen Verfahren getroffene Entscheidung zu revidieren. Die Unterwerfung unter die UDRP-Streitbeilegung, die ja bei der Registrierung einer Domain unter der entsprechenden Top-Level-Domain stets formularmäßig erfolgt, berührt die Zulässigkeit einer Klage vor den ordentlichen Gerichten nicht.[263] Sie kann aus Art. 23 EuGVVO resultieren.[264]

97 Problematisch ist in solchen Verfahren in der Regel, welches Recht auf ein solches Gerichtsverfahren anwendbar ist, die UDRP als solche, deutsches und/oder ausländisches Kennzeichenrecht. In dem Verfahren um die Domain essque.com, in dem es um die negative Feststellungsklage eines englischen Domaininhabers gegen eine im UDRP-Verfahren obsiegt habende arabische Hotelgesellschaft ohne deutsche Kennzeichenrechte, jedoch um Gemeinschaftsmarken ging, hielt das Kammergericht die Vorschriften der Gemeinschaftsmarkenverordnung für anwendbar. Diese trugen den geltend gemachten Übertragungsanspruch nicht.[265] Die Entscheidung zeigt, dass die Gerichtsstandswahl in Art. 3 (b)(xii) UDRP-Rules durch den Mandanten dringend unter Berücksichtigung der Entscheidungspraxis des jeweiligen Gerichts getroffen werden sollte.[266]

Praxistipp:

Für die wegen einer Domain angreifende Partei gilt: Zur Wahl stehen UDRP und ordentlicher Rechtsweg. UDRP bietet zwar keine Kostenerstattung, jedoch sehr übersichtliche Kosten, Handhabe gegen anonyme Domaininhaber, eine in deutschen Gerichtsverfahren nicht mehr mögliche Anordnung der Übertragung der Domain und eine gesicherte Vollstreckung. Das ist insbesondere dann von erheblichem Wert, wenn der Inhaber der Domain im Ausland ansässig ist und/oder sich hinter einem Privacy Service versteckt. UDRP-Entscheidungen auf Übertragung der Domain werden von den Registrars problemlos umgesetzt.

Für die verteidigende Partei:

Für den Fall, dass die angreifende Partei ein UDRP-Verfahren einleitet oder im Zuge eines UDRP-Verfahrens eine Übertragungsentscheidung erwirkt, steht hiergegen, sofern die verteidigende Partei in Deutschland ansässig ist, die negative Feststellungsklage vor den deutschen Gerichten zur Verfügung.

3. Zusätzliche Streitbeilegungsmechanismen für bestimmte generische Top-Level-Domains

98 Neben den bereits dargestellten Streitbelegungsmechanismen gibt es für einige der generischen Top-Level-Domains weitere Streitbeilegungsverfahren, deren Gegenstand jeweils die Frage ist, ob die Domain unter der jeweiligen Top-Level-Domain im Einklang mit den entsprechenden besonderen Bestimmungen für deren Registrierung hinterlegt wurde. Im Einzelnen handelt es sich um folgende Verfahren:

- **Charter Eligibility Dispute Resolution Policy (CEDRP):** Dieses Verfahren findet Anwendung auf die Domains unter den sponsored Top-Level-Domains .aero, .asia, .coop, .museum und .travel. Danach kann ein Beschwerdeführer eine unter diesen Top-Level-Domains registrierte

[260] Vgl. U. S. Court of Appeals for the First Circuit GRUR Int 2003, 82 – Corinthians Licenciamentos.
[261] KG MMR 2012, 747; die Revision wurde zwar wegen der grundsätzlichen Bedeutung der Bewertung einer UDRP-Entscheidung sowie des Verhältnisses zwischen einer auf der Grundlage der UDRP im außergerichtlichen Streitbeilegungsverfahren ergangenen Entscheidung zu dem nachfolgenden, vom unterlegenen Domaininhaber angestrengten Verfahren vor deutschen Gerichten zugelassen. Die Revision wurde jedoch nicht eingelegt.
[262] KG MMR 2012, 747.
[263] LG Köln MMR, 187.
[264] KG MMR 2012, 747; dazu Schmelz GRUR-Prax 2012, 127.
[265] KG MMR 2012, 747, mAnm Schmelz GRUR-Prax 2012, 127; das KG hatte wegen der Bedeutung der Sache die Revision zugelassen. Revision wurde nicht eingelegt.
[266] Vgl. Schmelz GRUR-Prax 2012, 127 (129).

Domain mit dem Argument angreifen, der Inhaber der Domain habe diese unter Verstoß gegen die Bedingungen für deren Vergabe in Anspruch genommen.[267]

- **Eligibility Reconsideration Policy (ERP):** Dieses Verfahren findet Anwendung auf die Domains unter der sponsored Top-Level-Domain .aero. Hiermit kann ein Anmelder eine Entscheidung der Registry angreifen.[268]
- **Eligibility Requirements Dispute Resolution Policy (ERDRP):** Dieses Verfahren findet Anwendung auf die Domains unter den Top-Level-Domains .name und .cat Hiermit kann sich ein Anmelder eine Entscheidung der Registry angreifen, dass seine Domain die Vorgaben an eine .name oder .cat-Domain nicht erfülle.[269]
- **Intellectual Property Defensive Registration Challenge Policy (IPDRCP):** Dieses Verfahren findet Anwendung auf die Domains unter der Top-Level-Domain .pro. Hiermit kann sich jeder Dritte gegen eine Defensivanmeldung eines Markeninhabers unter der .pro-Domain werden.[270]
- **Restrictions Dispute Resolution Policy (RDRP):** Dieses Verfahren findet Anwendung auf Domains unter der Top-Level-Domain .biz. Danach kann ein Beschwerdeführer ins Feld führen, die Top-Level-Domain, die gedacht ist für gutgläubige Unternehmens- und wirtschaftliche Zwecke, werde vom Domaininhaber insoweit missbraucht, als dieser keine Unternehmens- oder Wirtschaftszwecke verfolgt.[271]
- **Startup Trademark Opposition Policy (STOP):** war für Domains unter der Top-Level-Domain .biz während der Sunrise-Phase im Jahr 2001 verfügbar.
- **Sunrise Challenge Policy (SCP):** war für Domains unter der Top-Level-Domain .info während der Sunrise-Phase verfügbar.
- **Transfer Dispute Resolution Policy (TDRP):** Dieses Verfahren findet nur Anwendung auf Domains unter den Top-Level-Domains .biz, .com, .info, .name, .net, .org, und .pro. Es betrifft Auseinandersetzungen zwischen Registraren im Zusammenhang mit der Übertragung einer Domain von einem Registrar auf einen anderen.[272]

4. Zusätzliche Streitbeilegungsmechanismen bei neuen generischen Top-Level-Domains

UDRP-Verfahren können – wie dargestellt – auch für Domains durchgeführt werden, die unter den genannten neuen Top-Level-Domains registriert worden sind. Daneben besteht allerdings für den Rechteinhaber die Möglichkeit, bei Rechtsverletzungen durch new gTLD-Domains auf das noch kostengünstigere und schnellere Verfahren gemäß **URS (Uniform Rapid Suspension System)** zurückgreifen.[273] Hierbei handelt es sich um ein Streitbeilegungsverfahren, dass für „klare Fälle" geeignet ist. Ziel des Verfahrens ist allerdings nicht die Löschung oder Übertragung der Domain, sondern deren Aussetzung.[274] Die Kosten für ein solches Verfahren werden von den gegenwärtig drei Providern veranschlagt. Beim National Arbitration Forum betragen sie für um 1–14 Domains USD 375,[275] beim Asian Domain Name Dispute Resolution Center USD 360 für 1–5 und USD 400 für 6–14 Domains[276] und bei der MFSD zwischen USD 350 und USD 375 für 1–15 Domains, abhängig von der Person des Beschwerdeführers.[277] Eine Entscheidung dürfte regelmäßig innerhalb von drei bis vier Wochen ergehen.[278] 99

---

[267] Zur Policy vgl. https://www.icann.org/udrp/cedrp-policy.html; zu den Rules vgl. https://www.icann.org/udrp/cedrp-rules.html.

[268] Vgl. Website der Registry http://www.information.aero/index.php?id=15.

[269] Zur Policy vgl. https://www.icann.org/udrp/erdrp-policy.html; zu den Rules vgl. https://www.icann.org/udrp/erdrp-rules.html.

[270] Zur Policy vgl. https://www.icann.org/udrp/ipdrcp-policy.html; zu den Rules vgl. https://www.icann.org/udrp/ipdrcp-rules.html.

[271] Zur Policy https://www.icann.org/udrp/rdrp-policy.html; zu den Supplemental RDRP Rules https://www.icann.org/udrp/rdrp-rules.html.

[272] Zur Policy https://www.icann.org/transfers/dispute-policy-12jul04.htm.

[273] Siehe dazu im Detail das Bewerberhandbuch für neue Top-Level-Domains, das sog. gTLD Applicant Guidebook Version 2012-06-04, Uniform Rapid Suspension System („URS"); das URS-Verfahren steht ausschließlich für new gTLD-Domains zur Verfügung, Art. 3 (f) URS-Rules.

[274] Siehe Art. 9, 10.2 URS-Procedure.

[275] Siehe Art. 18 NAF URS Supplemental Rules.

[276] Siehe Art. 14 ADNDRC URS Supplemental Rules.

[277] Siehe Art. 17 MDSD URS Supplemental Rules.

[278] Das URS-Verfahren ist in besonderem Maße auf Schnelligkeit ausgelegt. Der URS-Provider prüft die Beschwerde binnen zwei Tagen nach ihrer Erhebung und leitet sie sodann umgehend an die Registry weiter, Art. 3.2 URS-Procedure. Diese muss binnen 24 Stunden einen Registry Lock eintragen und den Providerhierüber umgehend informieren, Art. 4.1 URS-Procedure. Binnen weiterer 24 Stunden leitet der URS-Provider sodann die Beschwerde an den

100 Voraussetzung für den Erfolg eines solchen Verfahrens ist, dass die registrierte Domain mit dem geschützten Kennzeichen **identisch oder verwechselbar ähnlich** ist, der Domaininhaber **kein Recht oder berechtigtes Interesse** an der Domain geltendmachen kann und die Domain **in bösem Glauben angemeldet und benutzt** hat. Insofern stimmen die Voraussetzungen mit denen der UDRP überein. Auch die Regelbeispiele für ein berechtigtes Interesse sowie für ein bösgläubiges Verhalten sind die gleichen.[279] Im Gegensatz zur UDRP kann sich der Beschwerdeführer allerdings nur auf registrierte Wortmarken (für die ein Benutzungsnachweis zu führen ist), Wortmarken, die im Rahmen eines Gerichtsverfahrens validiert wurden oder Wortmarken, die gesetzlichen oder vertraglichen Schutz genießen, nicht aber auf Marken kraft Verkehrsgeltung und andere nicht eingetragenen Markenrechte stützen. Dem Domaininhaber, dh dem Beschwerdegegner, stehen im Vergleich zur UDRP weiterreichende Verteidigungsmöglichkeiten zu. So gibt es Regelbeispiele, aufgrund derer der Beschwerdegegner die behauptete Bösgläubigkeit widerlegen kann, beispielweise wenn die Websites unter der Domain allein zum Zwecke der Kritik oder Ehrung eines bestimmten Unternehmens oder einer Person betrieben werden und der URS-Prüfer dies als faire Nutzung ansieht. Auch im Rahmen dieses Verfahrens kann der Beschwerdegegner einwenden, dass der Antrag missbräuchlich gestellt worden sei.[280] Der Beschwerdeführer hat – anders als unter der UDRP – auch kein Wahlrecht zwischen Übertragung und Löschung der Domain. Bei einer erfolgreichen Beschwerde kommt es lediglich zu einer vorübergehenden Sperrung der Domain in dem Sinne, dass für die Dauer des Registrierungszeitraumes – der von dem Beschwerdeführer um ein Jahr verlängert werden kann – eine Weiterleitung auf eine Informationsseite der URS-Schiedsstelle stattfindet.[281] Der Eintrag auf der WHOIS-Datenbank wird sich in diesem Zeitraum der Sperrung nur insofern ändern, als die Domain währenddessen nicht übertragen, gelöscht oder verändert werden darf.[282] Vergleichbar dem UDRP-Verfahren übersendet der DRSP die Beschwerde zunächst an die Registry mit der Aufforderung, binnen 24 Stunden einen Registry Lock einzutragen gemäß Art. 4 URS-Rules iVm Ziffer 4.1 URS-Procedure. Erst im Nachgang übersendet der DRSP die Beschwerde an den Beschwerdegegner zur Stellungnahme, um zu verhindern, dass der Beschwerdegegner die Domain nach Kenntnis der Beschwerde an einen Dritten überträgt (sog. **Cyberflight**). Aufgrund der Ausrichtung des Verfahrens auf eine zügige Entscheidung ist für den Mandanten zu berücksichtigen, dass Fehler in Beschwerdebegründung oder Beschwerdeerwiderung nicht korrigiert werden können und weiterer Sachverhalt nicht ergänzt werden kann. Zudem ist weder eine Discovery-Phase noch eine Verhandlung vorgesehen.[283] Der Prüfer entscheidet allein auf Grundlage der übersandten Unterlagen, wobei die Vorgaben zum Inhalt[284] und Umfang der Schriftsätze[285] durch den Rechtsanwalt zu berücksichtigen sind. Es besteht zwar die Möglichkeit, Sachvortrag kurz zu fassen und erst mit den Anlagen weiter zu substantiieren, dieses Vorgehen sollte allerdings nicht überreizt werden. Es besteht ansonsten die Gefahr, dass der Vortrag aufgrund der engen Zeitvorgaben nicht vollständig zur Kenntnis genommen wird.

101 Beide Parteien des Beschwerdeverfahrens haben die Möglichkeit, einen sog. **De Novo Appeal** gegen die Beschwerdeentscheidung anzustrengen, im Rahmen dessen ein von dem URS-Provider benanntes Panel über die Streitigkeit, ggf. unter Berücksichtigung weiterer Beweismittel, erneut entscheidet.[286] Zudem bleibt es dem Beschwerdeführer auch nach Durchführung eines URS-Verfahrens unbenommen, ein UDRP-Verfahren anzustrengen. Beide Parteien des Beschwerdeverfahrens haben zudem die Möglichkeit, im Anschluss ein Gericht anzurufen.[287] Weder UDRP- noch Gerichtsverfahren werden durch eine URS-Entscheidung berührt. Nach Ablauf eines Jahres

Beschwerdegegner weiter, informiert über den Lock und die Folgen der Nichteinlassung, Art. 4.2 URS-Procedure. Die Erwiderung muss binnen 14 Kalendertagen erfolgen, wobei nach dem Ermessen des URS-Providers in Ausnahmefällen eine Fristverlängerung um nicht mehr als sieben Tage möglich sein kann, Art. 5.1, 5.3 URS-Procedure. Eine Entscheidung soll sodann binnen 17 Tagen nach Eingang einer etwaigen Erwiderung erfolgen, Art. 9.6 URS-Procedure.

[279] Siehe Art. 1.2.6.3 URS-Procedure.

[280] Siehe Art. 11 URS-Procedure.

[281] Siehe Art. 9, 10.2 URS-Procedure.

[282] Siehe Art. 9, 10.2 URS-Procedure.

[283] Siehe Art. 9.1 URS-Procedure.

[284] Zur Beschwerdebegründung siehe Art. 1.2 URS-Procedure; zur Beschwerdeerwiderung siehe Art. 5.4, 5.7, 5.8 und 5.9 URS-Procedure.

[285] Die Beschwerdebegründung (ohne das Formblatt und die Anlagen) soll nicht länger als 500 Worte sein, Art. 1.2.7 URS-Procedure. Die Erwiderung soll nicht länger als 2.500 Worte (ohne Anlagen) sein, Art. 5.4 URS-Procedure.

[286] Siehe Art. 12 URS-Procedure.

[287] Siehe Art. 13 URS-Procedure.

nach Entscheidung über den Antrag erfolgt automatisch eine Überprüfung der Entscheidung im URS-Verfahren.[288]

102 Die Praxis hat bislang gezeigt, dass dieses Verfahren im Falle kennzeichenverletzender Domainregistrierungen von Rechteinhabern nur sehr zurückhaltend genutzt wird. Das National Arbitration Forum als der führende Anbieter von URS-Verfahren hat in den drei Jahren ab Einführung des Verfahrens im Jahr 2012 lediglich 529[289] und das Asian Domain Name Dispute Resolution Centre hat sogar nur 31[290] Verfahren durchgeführt. Trotz der geringen Kosten und der kurzen Verfahrensdauer ziehen die Rechteinhaber weiterhin UDRP deutlich dem URS vor. Dies mag darauf zurückzuführen sein, dass eine erfolgreiche URS-Beschwerde immer nur zu einer vorübergehenden Sperrung der Domain führt. Der Rechteinhaber erfährt somit keine langfristige Rechtssicherheit im Sinne einer Übertragung der Domain auf ihn selbst, sondern ist nach Ablauf der Sperrung erneut einem Missbrauchsrisiko ausgesetzt. Das URS-Verfahren sollte gleichwohl insbesondere dann in Betracht gezogen werden, wenn der Rechteinhaber selbst kein Interesse an der kennzeichenverletzenden Domain hat und nur deren jeweils aktuelle Nutzung unterbinden will.

103 Zeigt nicht ein Domaininhaber, sondern die Registry einer neuen Top-Level-Domain selbst die böswillige Absicht, von der systematischen Registrierung unrechtmäßiger Second-Level-Domains zu profitieren, steht dem Markeninhaber für ein Vorgehen gegen die Registry die **Trademark PDDRP (Trademark Post-Delegation Dispute Resolution Procedure)** zur Verfügung.[291] Gleiches gilt, wenn die Top-Level-Domain selbst mit einem Kennzeichen identisch oder verwechselbar ähnlich ist und aufgrund des Verhaltens der Registry ein unberechtigter Vorteil aus der Unterscheidungskraft oder dem Ruf der Marke gezogen wird oder die Unterscheidungskraft oder der Ruf der Marke beeinträchtigt werden oder eine Verwechslungsgefahr verursacht wird. Bei Erfolg kann die Schiedsstelle der Registry beispielsweise Monitoringpflichten auferlegen, neue Domainregistrierungen sperren oder – in Ausnahmefällen – die Beendigung des Registry Agreements veranlassen.

5. Länderdomains

104 Auch im Falle einer Domain mit ausländischer Top-Level-Domain empfiehlt sich grundsätzlich vor Einleitung eines Gerichtsverfahrens – je nach Sachlage in Deutschland oder im Ausland – eine Abmahnung mit dem Versuch, eine außergerichtliche Beilegung der Auseinandersetzung herbeizuführen. Im Regelfall sollte es nicht versäumt werden, vorher einen im Zielland ansässigen Anwalt zu konsultieren. Daneben bieten einzelne Länder-NICs Möglichkeiten der Sperrung der Domain[292] und zum Teil auch **außergerichtliche Streitbelegungsmechanismen.**[293] Inwieweit diese möglich sind und ob der betreffende Länderdomain-Registrar sich der UDRP angeschlossen hat, sollte im Hinblick auf die leichtere Vollstreckbarkeit geprüft werden, bevor einem nationalen Gerichtsverfahren nähergetreten wird.

6. Subdomains (.de.com und com.de)

105 Bei kennzeichenrechtlichen Streitigkeiten betreffend Third-Level-Domains sehen die Registrierungsbedingungen der zuständigen Provider regelmäßig alternative Streitbeilegungsverfahren vor. Bei den Subdomains .de.com und .com.de, die von dem Provider CentralNic Ltd. vergeben werden, findet die an die UDRP angelehnte, seit Mai 2011 geltende CentralNic Dispute Resolution Policy Anwendung. Diese sieht ein **außergerichtliches Streitbeilegungsverfahren vor dem WIPO Arbitration and Mediation Center** vor.[294] Voraussetzung für die Durchführung eines solchen Ver-

[288] Siehe Art. 14 URS-Procedure.

[289] Vgl. http://www.adrforum.com/news (Stand: 11.9.2015).

[290] Vgl. http://www.gigalaw.com/2016/08/03/overview-uniform-rapid-suspension-system-urs/.

[291] Siehe dazu im Detail das Bewerberhandbuch für neue Top-Level-Domains, das sog. gTLD Applicant Guidebook Version 9, Modul 5, Trademark Post-Delegation Dispute Resolution Procedure.

[292] So sieht die DENIC für .de-Domains den so genannten Dispute-Eintrag vor (siehe oben unter Rn. 26). Die Sperrung einer .at-Domain bei der in Österreich für die Vergabe von Domains zuständige Organisation nic.at wird als Wartestatus bezeichnet.

[293] So zum Beispiel das ADR-Verfahren für .be-Domains vor dem Belgian Centre for Arbitration and Mediation (CEPINA), vgl. dazu die Informationen auf der Website der belgischen Registry unter http://www.dns.be. Zu Einzelheiten und der Situation in weiteren Ländern siehe Bettinger, Handbuch des Domainrechts.

[294] Siehe dazu http://www.wipo.int/amc/en/domains/gtld/cnic/index.html. Erfasst sind Streitigkeiten um Third-Level-Domains unter .ae.org, .ar.com, .br.com, .cn.com, .de.com, .eu.com, .gb.com, .gb.net, .gr.com, .hu.com .jp.net, .jpn.com, .kr.com, .no.com, .qc.com, .ru.com, .sa.com, .se.com, .se.net, .uk.com, .uk.net, .us.com, .us.org, .uy.com und .za. com. Zu derartigen Third-Level-Domains siehe auch Rn. 61.

fahrens ist jedoch, dass derjenige, der ein solches Verfahren initiiert, zuvor bei CentralNic den Versuch einer Mediation nach der CentralNic Mediation Procedure und den entsprechenden Rules unternommen hat.

7. .eu-Domains

106 Auch wenn Kennzeichenrechte des Mandanten durch eine .eu-Domain verletzt werden, empfiehlt sich zunächst die Möglichkeiten des außergerichtlichen Vorgehens im Wege der Berechtigungsanfrage oder Abmahnung des Domaininhabers zu prüfen. Soweit es sich bei dem Domaininhaber um ein Unternehmen oder eine Organisation handelt, können dessen Name, Anschrift, Telefon- und Faxnummer sowie eine E-Mail-Adresse der WHOIS-Datenbank der EURid entnommen werden.[295] Handelt es sich bei dem Domaininhaber hingegen um eine Privatperson, enthält die WHOIS-Datenbank nur deren E-Mail-Adresse. In diesem Fall kann bei der EURid ein **Antrag auf Herausgabe persönlicher Daten** gestellt werden. In einer Begründung ist darzulegen, wofür diese Daten erforderlich sind, nämlich für die Durchsetzung von Kennzeichenrechten.[296]

107 Führt die Berechtigungsanfrage oder Abmahnung zu keinem Erfolg, kann der Mandant seine Rechte zunächst in einer Klage betreffend die .eu-Domain vor deutschen Gerichten durchsetzen, soweit diese international zuständig sind.[297] Darüber hinaus besteht indes die Möglichkeit, ein speziell für .eu-Domains vorgesehenes alternatives Streitbeilegungsverfahren (sog. **ADR-Verfahren**)[298] anzustrengen. Dieses Verfahren ist bei Auseinandersetzungen um .eu-Domains nicht zwingend vorgeschrieben und schließt daher ein Vorgehen im Klageweg nicht aus.[299] Es kann allerdings eine kostengünstigere[300] und weniger zeitintensive Alternative gegenüber dem Klagverfahren darstellen und findet in der Praxis durchaus beachtlichen Anklang.[301] Dies gilt insbesondere in den häufigen Fällen, in denen der Domaininhaber sich in einem entsprechenden Verfahren nicht verteidigt. Ein wesentlicher Vorteil liegt zudem darin, dass das Schiedsgericht unmittelbar die Übertragung der Domain auf den Beschwerdeführer anordnen kann. Für die Beratung ist allerdings zu beachten, dass der Anspruch auf Übertragung der Domain bei Überprüfung der ADR-Entscheidung durch die deutschen Gerichte[302] keinen Bestand haben wird.[303] Begehrt werden kann insoweit allein die Löschung der Domain. Den deutschen Gerichten steht insoweit eine umfassende Entscheidungskompetenz zu, wobei das deutsche Recht einen entsprechenden Übertragungsanspruch gerade nicht anerkennt.[304] Ein weiterer Vorteil eines ADR-Verfahrens gegenüber dem Klagverfahren besteht in der **im Vergleich zu einem Gerichtsurteil einfacheren Durchsetzung der Entscheidungen.** Die Entscheidung des Schiedsgerichts ist nämlich bei Streitigkeiten mit dem Domaininhaber nicht nur *inter partes* verbindlich, sondern auch für die EURid und wird von dieser entsprechend umgesetzt, soweit nicht innerhalb von 30 Tagen nach der Zustellung an die Parteien vor einem nationalen Gericht Klage erhoben wird.[305] Einer Anerkennung oder Vollstreckbarerklärung bedarf es daher nicht.

108 Für die Durchführung des ADR-Verfahrens ist das **Tschechische Schiedsgericht** als von der EURid ausgewählter unabhängiger Spruchkörper ausschließlich zuständig.[306] In materiell-recht-

[295] https://eurid.eu/en/whois.

[296] Das Antragsformular ist abrufbar unter https://eurid.eu/media/filer_public/0d/56/0d566bb0-291f-4ddc-92e7-cf9e42ad6292/request_form_disclosure_personal_data_de.docx.

[297] → Rn. 4.

[298] ADR: Alternative Dispute Resolution.

[299] Vgl. Art. 22 Abs. 1 der Verordnung (EG) 874/2004 („**kann** von jedermann angestrengt werden"); LG München I MMR 2007, 395; OLG Hamburg CR 2009, 512 – telekom-bundesliga.eu; aA High Court, 2012 EWHC 517 (Ch) – Toth vs. Emirates & Anor; das Gericht ging davon aus, dass nach einem ADR-Verfahren um eine rechtsmissbräuchliche Registrierung einer .uk-Domain die ordentlichen Gerichte nicht mehr angerufen werden könnten.

[300] Allerdings gibt es im ADR-Verfahren anders als im deutschen Zivilprozess (aber ebenso wie bei Beschwerdeverfahren nach UDRP um generische Top-Level-Domains und einer Reihe von nationalen Top-Level-Domains) keine Kostenerstattung für die obsiegende Partei.

[301] Im Jahr 2015 führte das Tschechische Schiedsgericht insgesamt rund 3000 Verfahren. Im Jahr 2016 (Stand: 30. September 2016) waren es rund 900 Verfahren. Sämtliche Entscheidungen der Tschechischen Schiedsgerichts sind abrufbar unter http://eu. adr.eu/adr/decisions/index.php.

[302] Art. 22 Abs. 11 der Verordnung (EG) Nr. 874/2004.

[303] OLG Stuttgart MMR 2015, 122 (124); kritisch hierzu Remmertz, GRUR-Prax 2015, 425.

[304] OLG Stuttgart MMR 2015, 122 (124); kritisch hierzu Remmertz, GRUR-Prax 2015, 425.

[305] Siehe Art. 22 Abs. 13 der Verordnung (EG) Nr. 874/2004.

[306] Bei dem Tschechischen Schiedsgericht handelt es sich um ein in Prag ansässiges Schiedsgericht bei der Wirtschaftskammer der Tschechischen Republik und der Landwirtschaftskammer der Tschechischen Republik. Die offizielle Website ist abrufbar unter http://www.adr.eu.

licher Hinsicht, bietet das ADR-Verfahren wie erwähnt gegenüber einem deutschen Klagverfahren einen wesentlichen Vorteil. So kann in einem solchen Verfahren nicht nur ein **Widerruf der Domain** erreicht werden, sondern sogar deren **Übertragung auf den Beschwerdeführer**.[307] Voraussetzung einer solchen Übertragung ist allerdings, dass der Beschwerdeführer selbst die allgemeinen Registrierungsvoraussetzungen erfüllt, dh es sich bei ihm um ein Unternehmen, eine Organisation oder eine natürliche Person mit einem satzungsmäßigen Sitz, einer Hauptniederlassung oder einem Wohnsitz innerhalb der EU handelt.[308] In dem Verfahren um die Domain „50PLUS" entschied das Schiedsgericht, dass diese Registrierungsvoraussetzung auch ein Unternehmen erfüllt, das lediglich mit dem Ziel der Registrierung einer .eu-Domain gegründet wurde, auch wenn es kein operatives Geschäft in der EU betreibt (Briefkastenfirma).[309]

Das Verfahren unterliegt den auf der Grundlage der **Verordnung (EG) Nr. 874/2004** von der EURid erlassenen **ADR-Regeln**[310] und den **Ergänzenden ADR-Regeln** des Schiedsgerichts.[311] 109
Nach diesen Regeln wird das Schiedsverfahren im Regelfall einem Einzelschiedsrichter übertragen.[312] Auf Antrag der Parteien kann es indes auch einem Panel von drei Schiedsrichtern übertragen werden.[313] Eine Entscheidung ergeht etwa zwei bis drei Monate nach Einreichen der Beschwerde. Die allein vom Beschwerdeführer zu tragenden Beschwerdegebühren liegen zwischen EUR 1.300 und EUR 7.600. Sie sind abhängig von Anzahl der von der Beschwerde betroffenen Domains und der Zusammensetzung des Schiedsgerichts.[314] Eine Kostenerstattung ist grundsätzlich nicht vorgesehen. Lediglich soweit der Beschwerdegegner anstelle der vom Beschwerdeführer gewählten Übertragung auf den Einzelschiedsrichter ein dreiköpfiges Schiedsgericht beantragt, hat er einen Teil der Gebühren mit zu tragen. Soweit von den Parteien oder durch den Registrierungsvertrag nicht anderweitig festgelegt, ist Verfahrenssprache die des Registrierungsvertrages für die angegriffene Domain. Unter Berücksichtigung der Umstände des Einzelfalls kann das Schiedsgericht auf Antrag des Beschwerdeführers festlegen, dass die Verfahrenssprache eine andere als die des Registrierungsvertrages sein soll.[315] Die Beschwerde ist nach Wahl der Parteien in rein elektronischer Form – hierfür ist die vom Schiedsgericht zur Verfügung gestellte Online-Plattform zu verwenden – oder per Post (Einschreiben oder Kurier) bzw. Telefax – in diesem Fall muss jedoch ein Duplikat über die Online-Plattform gesandt werden – einzureichen.[316] In jedem Fall ist das auf der Website des Schiedsgerichts zur Verfügung gestellte Beschwerdeformular zu verwenden.[317] Eine anwaltliche Vertretung der Parteien ist nicht vorgeschrieben. Sie empfiehlt sich jedoch mit Blick auf die verfahrensrechtlichen Anforderungen und die materiell-rechtliche Argumentation.

Die inhaltlichen Anforderungen an die Beschwerde sind im Detail in Art. B1(b)(1)–(17) der ADR-Regeln normiert. Spätestens fünf Tage nach Einreichen der Beschwerde und bevor der Beschwerdegegner über die Beschwerde informiert wird, wird die streitige Domain durch EURid **gesperrt.** Hierdurch wird eine Verfügung über die Domain unmöglich.[318] Diese Sperre entspricht in ihrer Wirkung dem von der DENIC bei Auseinandersetzungen um .de-Domains einzutragenden Dispute-Eintrag oder dem Lock bei UDRP- oder URS-Verfahren.[319] Nach Eingang der Beschwerde wird diese auf Konformität mit den Verfahrensregeln geprüft und anschließend – soweit die Beschwerdegebühren gezahlt worden sind – an den Beschwerdegegner weitergeleitet. Dieser soll darauf innerhalb von 30 Tagen erwidern.[320] Das Schiedsgericht kann nach eigenem Ermessen 110

[307] Vgl. Art. 11(c) der ADR-Regeln; im Falle einer Berufung vor den hierfür zuständigen deutschen Gerichten ist dieser Anspruch allerdings nicht durchsetzbar, siehe Rn. 66.

[308] Vgl. Art. 22 Abs. 11 der Verordnung (EG) Nr. 874/2004 iVm Art. 4 Abs. 2 der Verordnung (EG) Nr. 733/2002.

[309] Tschechisches Schiedsgericht, Entscheidung Nr. C1012 – 50PLUS; zustimmend Mietzel MMR 2007, 282 (283).

[310] „Regeln für die Alternative Streitbeilegung in .eu-Domainstreitigkeiten"; abrufbar unter http://eu.adr.eu/html/de/adr/adr_rules/eu%20adr%20rules.pdf.

[311] „Ergänzende ADR-Regeln des Schiedsgerichts bei der Wirtschaftskammer und der Landwirtschaftskammer der Tschechischen Republik", abrufbar unter http://eu.adr.eu/html/de/adr/adr_rules/eu%20Supplemental%20Rules.pdf.

[312] Vgl. Art. B4(b) der ADR-Regeln.

[313] Vgl. Art. B1(b)(4) der ADR-Regeln. Zum Auswahlprocedere siehe Art. B1(b)(4) iVm Art. B4 der ADR-Regeln.

[314] Eine Übersicht über die Gebühren findet sich unter http://eu.adr.eu/adr/fees/index.php; Bei Beschwerden, die bis zum 31. Dezember 2017 eingereicht werden, gewährt das Schiedsgericht einen Nachlass von EUR 1.000,00.

[315] Sämtliche Dokumente einschließlich der als Teil des ADR-Verfahrens stattfindenden Kommunikation haben in der Verfahrenssprache oder einer anderen vorgeschlagenen Sprache zu erfolgen, sofern der Beschwerdeführer in seiner Eingabe nachweist, dass der Beschwerdegegner über angemessene Kenntnis dieser anderen Sprache verfügt.

[316] Siehe Anlage C der Ergänzenden ADR-Regeln.

[317] Das Formular ist abrufbar unter http://eu.adr.eu/adr/forms/index.php.

[318] Vgl. Art. B1(e) der ADR-Regeln.

[319] Siehe dazu unter → Rn. 29, 76, 88.

[320] Vgl. Art. B3(a) der ADR-Regeln.

weitere Schriftsätze oder Dokumente seitens der Parteien anfordern oder zulassen.[321] Soweit keine Erwiderung eingereicht wird oder keine weiteren Schriftsätze zugelassen werden, entscheidet sie über die Beschwerde innerhalb eines Monats nach Eingang der Erwiderung.[322]

111 Ein ADR-Verfahren kann gemäß Art. 22 Abs. 1 der Verordnung (EG) Nr. 874/2004 **gegen den Domaininhaber** wegen spekulativer oder missbräuchlicher Registrierung oder aber **gegen EURid** wegen Verstoßes gegen die Verordnung (EG) Nr. 874/2004[323] oder die Verordnung (EG) Nr. 733/2002[324] gerichtet werden. Seit Ablauf der Sunrise-Phasen werden allerdings gegen EURid gerichtete Beschwerden praktisch nicht mehr eingeleitet[325] und haben für den Mandanten daher nahezu keine Bedeutung. Die nachfolgenden Ausführungen sollen daher auf das unmittelbar gegen den Inhaber einer kennzeichenverletzenden .eu-Domain gerichtete Verfahren beschränkt werden.

112 **Beschwerdeberechtigt** ist der Inhaber eines Rechts im Sinne des Art. 10 Abs. 1 der Verordnung (EG) Nr. 874/2004. Der Wortlaut der Regelung lässt offen, ob das Recht dem Beschwerdeführer zustehen muss. Deshalb ist zum Teil angenommen worden, dass Art. 22 Abs. 1 dieser Verordnung eine **Popularklage** vorsähe, der Beschwerdeführer also selbst nicht Inhaber der Rechte sein müsse, auf die er die Beschwerde stützt.[326] Diese Auffassung überzeugt jedoch nicht.[327] Es ist nicht ersichtlich, warum Dritte die Rechte von Kennzeicheninhabern verteidigen und selbst Inhaber der streitigen Domains werden sollten, ohne hierfür eine spezielle Berechtigung nachzuweisen. Dies bereitete ansonsten den Grund für neue Auseinandersetzungen mit dem Rechteinhaber. Anderes kann nur dann gelten, wenn der Beschwerdeführer **Lizenznehmer** ist oder sich sonst auf ein eigenes Recht berufen kann.[328]

113 **Beschwerdegründe** sind in Art. 22 Abs. 1 lit. a iVm Art. 21 Abs. 1 lit. a, b der Verordnung (EG) Nr. 874/2004 geregelt. Hiernach kann die Beschwerde darauf gestützt werden, dass

- die Domain mit einem anderen Namen, für den Rechte bestehen, die nach nationalen oder Unionsrecht anerkannt sind, identisch oder verwirrend ähnlich[329] ist
  und
- der Domaininhaber kein Recht oder berechtigtes Interesse an der Domain geltend machen kann
  oder
- die eine solche Domain in böser Absicht registriert wurde **oder** benutzt wird.[330]

114 Die Voraussetzungen nach Art. 21 Abs. 1 lit. a und b der Verordnung (EG) Nr. 874/2004 müssen lediglich **alternativ** vorliegen. Hierdurch unterscheiden sich die Anforderungen in ADR-Verfahren von solchen nach den UDRP-Rules,[331] die bei generischen Top-Level-Domains und einer Reihe von nationalen Top-Level-Domain anwendbar sind. Nach Letzteren kommt ein Widerruf oder Übertragung der streitigen Domain nur dann in Betracht, wenn der Inhaber der mit einem Kennzeichenrecht des Beschwerdeführers identischen oder verwechselbaren Domain kein Recht oder berechtigtes Interesse an der Domain hat **und** die Domain in bösem Glauben angemeldet hat

[321] Art. B8 der ADR-Regeln.
[322] Art. B12(b) der ADR-Regeln.
[323] Verordnung (EG) Nr. 874/2004 der Kommission vom 28.4.2004 zur Festlegung von allgemeinen Regeln für die Durchführung und die Funktionen der Domäne oberster Stufe „.eu" und der allgemeinen Grundregeln für die Registrierung.
[324] Verordnung (EG) Nr. 733/2002 des Europäischen Parlaments und des Rates vom 22.4.2002 zur Einführung der Domäne oberster Stufe „.eu".
[325] Laut Datenbank des Tschechischen Schiedsgerichts erging die letzte gegen EURid gerichtete (veröffentlichte) Beschwerde im Jahr 2007. Vgl. auch Müller GRUR Int. 2007, 990 (991). Zu den in der Einführungsphase der .eu-Domain gegen EURid geführten Verfahren siehe Pothmann/Guhn K&R 2007, 69 ff. sowie Mietzel MMR 2007, 282 ff. und Mietzel/Orth MMR 2007, 757 ff.
[326] Vgl. Tschechisches Schiedsgericht, Entscheidung, Nr. 04040 – WINAMP, welche die Domainübertragung anordnet, sowie Tschechisches Schiedsgericht, Entscheidung, Nr. 03444 – OCUNET, wonach die Verordnung (EG) Nr. 874/2004 eine Popularklage ausdrücklich erlaube, diese aber nur zur Löschung, nicht zur Übertragung einer Domain führen könne. Siehe auch Mietzel/Orth MMR 2007, 757 (759).
[327] Siehe hierzu Tschechisches Schiedsgericht, Entscheidung, Nr. 03938 – ARZT; vgl. auch Mietzel/Orth MMR 2007, 757 (759 f.).
[328] Tschechisches Schiedsgericht, Entscheidung Nr. 021818 – MCCLEAN; Tschechisches Schiedsgericht, Entscheidung, Nr. 02438 – ASK; Nr. 02381 – HAJI; Tschechisches Schiedsgericht, Entscheidung, Nr. 02235 – PALMERS-COCOABUTTER. Siehe auch Müller GRUR Int. 2007, 990 (992).
[329] Siehe dazu Bettinger WRP 2006, 548, 557 f. unter Hinweis auf die entsprechende Übersetzung des in der englischsprachigen Version der Uniform Domain Name Dispute Resolution Policy (UDRP) ebenfalls enthaltenen Begriffs „confusingly similar". In diesem Sinne auch Pothmann/Guhn, K&R 2007, 69 (73).
[330] Art. 21 Abs. 1 der Verordnung (EG) Nr. 874/2004.
[331] Siehe dazu unter → Rn. 71.

und benutzt. Der Inhaber von Kennzeichenrechten wird daher in einem ADR-Verfahren den Widerruf oder bei Vorliegen der Widerrufsvoraussetzungen die Übertragung einer mit seinen Rechten identischen oder verwirrend ähnlichen .eu-Domain eher erreichen können, als diejenige einer .com-, .net- oder anderen generischen Top-Level-Domain. **Unterschiede zwischen der UDRP und der Verordnung (EG) Nr. 874/2004** bestehen auch im Hinblick auf die Rechte, auf welche die Beschwerde gestützt werden kann. Der Katalog der eigenen Rechte nach Art. 21 Abs. 1 iVm Art. 10 Abs. 1 der Verordnung (EG) Nr. 874/2004 ist wesentlich weiter gefasst, als derjenige unter der UDRP. Er umfasst nicht nur Markenrechte,[332] sondern unter anderem auch registrierte nationale und Unionsmarken, geografische Angaben oder Ursprungsbezeichnungen sowie – sofern sie nach dem einzelstaatlichen Recht des jeweiligen Mitgliedstaats geschützt sind – nicht eingetragene Marken, Handelsnamen, Geschäftsbezeichnungen, Unternehmensnamen, Familiennamen und charakteristische Titel geschützter literarischer oder künstlerischer Werke.[333]

Die weiteren materiell-rechtlichen Voraussetzungen für einen Widerruf einer .eu-Domain sind in Art. 21 Abs. 2 und 3 der Verordnung (EG) Nr. 874/2004 geregelt. Hiernach wird eine Domain widerrufen, wenn sie 115

- mit einem anderen Namen identisch ist oder diesem „verwirrend ähnelt“,
- für den Namen Rechte bestehen, die nach nationalem und/oder Unionsrecht anerkannt oder festlegt sind und
- einer der Gründe des Art. 21 Abs. 1 lit. a, b der Verordnung (EG) Nr. 874/2004 vorliegt, nämlich
  - der Domainname von einem Domaininhaber registriert wurde, der selbst keinerlei Rechte oder berechtigte Interessen an diesem Domainname geltend machen kann oder
  - der Domainname in böser Absicht registriert oder benutzt wird.

Eingangs ist es zunächst erforderlich, dass der angegriffene Domainname mit einem anderen Namen **identisch oder mit diesem verwirrend ähnlich ist.** Die Formulierung „verwirrend ähnlich“ weicht von den marken- und kennzeichenrechtlichen Terminologie eines verwechselbar ähnlichen Zeichens ab. Tatsächlich ist diese Formulierung allerdings entsprechend auszulegen.[334] Dies entspricht zudem der englischen („confusingly similar“) und französischen („susceptible d'être confondu“) Fassung der Verordnung.[335] Die Top-Level-Domain .eu spielt nach allgemeiner Auffassung des Schiedsgerichts bei der Beurteilung der Identität bzw. Ähnlichkeit der Domains keine Rolle, da sie technische Voraussetzung der Registrierung ist.[336] Entscheidend ist allein die Second-Level-Domain. Auch Unterschiede in verwendeten Leer- und Interpunktionszeichen führen nicht zu einer relevanten Unterscheidung der Domains.[337] 116

Fälle des sog. **Typosquatting, dh Tippfehlerdomains,** bei denen es der Domaininhaber darauf angelegt hat, dass der Internetnutzer sich vertippt und nicht die Domain des Inhabers des geschützten Kennzeichens, sondern die streitige Domain eingibt, werden in der Regel als mit dem betroffenen Kennzeichen verwirrend ähnlich angesehen.[338] Wird innerhalb einer Domain **einem geschützten Kennzeichen ein Gattungsbegriff voran- oder nachgestellt,** so wird dies ebenfalls als 117

[332] Die UDRP bezieht sich von ihrem Wortlaut her nur auf Markenrechte, wird aber inzwischen weit ausgelegt und auch zugunsten der Inhaber von Namens- und Firmenrechten und anderer nicht registrierter Zeichen angewendet, allerdings nur, soweit diese in einer Weise verwendet werden, die zu einem markenrechtlichen Schutz führt.

[333] Art. 21 Abs. 1 iVm Art. 10 Abs. 1 der Verordnung (EG) Nr. 874/2004.

[334] Vgl. Tschechisches Schiedsgericht, Entscheidung Nr. 05543 – EUROPAY; Tschechisches Schiedsgericht, Entscheidung Nr. 06522 – AIG-INVESTMENT; Tschechisches Schiedsgericht, Entscheidung Nr. 06882 – RAKUTEN; Tschechisches Schiedsgericht, Entscheidung Nr. 07050 – ASROMA.

[335] Siehe dazu Bettinger WRP 2006, 548 (557 f.) unter Hinweis auf die entsprechende Übersetzung des in der englischsprachigen Version der Uniform Domain Name Dispute Resolution Policy (UDRP) ebenfalls enthaltenen Begriffs „confusingly similar“. In diesem Sinne auch Pothmann/Guhn K&R 2007, 69 (73); Müller, SchiedsVZ 2008, 76 (82).

[336] Tschechisches Schiedsgericht, Entscheidung Nr. 00453 – WEB; Tschechisches Schiedsgericht, Entscheidung Nr. 01693 – GASTROJOBS; Tschechisches Schiedsgericht, Entscheidung Nr. 02035 – WAREMA; Tschechisches Schiedsgericht, Entscheidung Nr. 07151 – BMW-NAVIGATION; Tschechisches Schiedsgericht, Entscheidung Nr. 07387 – WHATSAPPS; Tschechisches Schiedsgericht, Entscheidung Nr. 07403 – LUNDHAGSSKOR. Siehe auch Müller GRUR Int. 2007, 990 (993); Pothmann/Guhn K&R 2007, 69 (73).

[337] Tschechisches Schiedsgericht, Entscheidung Nr. 04829 – TOBIAS-GRAU; Tschechisches Schiedsgericht, Entscheidung Nr. 07127 – GOOGLE-STATISTICS; Tschechisches Schiedsgericht, Entscheidung Nr. 07316 – MAERSK-CARGO; Tschechisches Schiedsgericht, Entscheidung Nr. 07310 – MATEL-GROUP; Tschechisches Schiedsgericht, Entscheidung Nr. 07373 – ADL-PARTNER; Müller GRUR Int. 2007, 990, 993 unter Hinweis auf Art. 11 der Verordnung (EG) Nr. 874/2004.

[338] Tschechisches Schiedsgericht, Entscheidung Nr. 04089 – BANCOINTESA; Tschechisches Schiedsgericht, Entscheidung Nr. 06492 – OENOBIO; Tschechisches Schiedsgericht, Entscheidung Nr. 07012 – BAYLOR; vgl. auch Mietzel/Orth MMR 2007, 757 (760).

ein Fall verwirrender Ähnlichkeit betrachtet.[339] Hierbei kommt es nicht darauf an, ob dieser Gattungsbegriff durch ein Interpunktionszeichen von dem Kennzeichen getrennt ist.[340]

118 Wie auch in der Mehrzahl der von WIPO-Beschwerdepanels nach der UDRP[341] entschiedenen Fälle ging in dem bisher einzigen Fall einer sog. **„sucks"-Domain** – bestehend aus einer geschützte Marke und dem englischsprachigen Begriff „sucks" (dt.: negative Kritik im Sinne von „stinkt", „ist schlecht") – die Schiedskommission vom Vorliegen einer verwirrenden Ähnlichkeit aus,[342] obgleich auch hier gilt, dass der Internetnutzer im Zweifel keiner Herkunftstäuschung unterliegen dürfte. Die Frage, ob die Kombination einer bekannten Marke mit „sucks" als **Ausdruck freier Meinungsäußerung** bewertet werden kann, hat die Kommission nicht generell, jedoch in dem konkreten Fall mit der Begründung verneint, es lägen keine Anhaltspunkte dafür vor, dass der Domaininhaber die Domain tatsächlich für eine Kritikseite verwenden wollte.

119 Ferner ist es erforderlich, dass für den Namen **Rechte** bestehen, die nach nationalem und/oder Unionsrecht anerkannt oder festlegt sind. Dies umfasst die in Art. 10 Abs. 1 der Verordnung (EG) Nr. 874/2004 genannten Rechte, nämlich registrierte nationale und Unionsmarken, geografische Angaben oder Ursprungsbezeichnungen sowie auch – sofern sie nach dem einzelstaatlichen Recht des jeweiligen Mitgliedstaats geschützt sind – nicht eingetragene Marken, Handelsnamen, Geschäftsbezeichnungen, Unternehmensnamen, Familiennamen und charakteristische Titel geschützter literarischer oder künstlerischer Werke.

120 Soweit diese Voraussetzungen kumulativ vorliegen, kann eine Domain nach Maßgabe des Art. 21 Abs. 1 lit. a der Verordnung (EG) Nr. 874/2004 widerrufen werden, wenn diese von einem Domaininhaber registriert wurde, **der selbst keinerlei Rechte oder berechtigte Interessen** an dieser Domain geltend machen kann oder nach Maßgabe des Art. 21 Abs. 1 lit. b (EG) Nr. 874/2004 die Domain **in böser Absicht** registriert oder benutzt wird. Diese Widerrufsgründe müssen nur alternativ vorliegen. Trotz dieses Alternativ-Verhältnisses empfiehlt es sich, beide Tatbestandalternativen auf ihr Vorliegen zu überprüfen und gegebenenfalls in der Beschwerde anzusprechen, um deren Erfolg nicht unnötig zu gefährden. Sonstige Widerrufsgründe nach nationalem Recht bleiben allerdings unberührt nach Art. 21 Abs. 4 der Verordnung. Die Widerrufsgründe sind also **nicht abschließend** für die .eu-Domain.

121 Zunächst kann der Widerrufsantrag gemäß Art. 21 Abs. 1 lit. a der Verordnung (EG) Nr. 874/2004 darauf gestützt werden, dass der Domaininhaber **keine eigenen Rechte an dem Domainnamen** geltend machen könne. Hierbei kann sich der Domaininhaber insbesondere die in Art. 10 Abs. 1 der Verordnung (EG) Nr. 874/2004 genannten Rechte berufen. Dies sind insbesondere eingetragene Marken, sonstige nach nationalem oder Unionsrecht anerkannten Recht oder auch Markenlizenzen.[343] Die Darlegungs- und Beweislast für das Vorliegen eines entsprechenden Rechts liegt zwar beim Beschwerdeführer. Es ist allerdings regelmäßig von einer sekundären Darlegungslast des Beschwerdegegners auszugehen, da es sich bei dem Fehlen eines Rechts um eine negative Tatsache handelt.[344] Beachtlich ist allerdings, dass es nicht darauf ankommt, ob die Rechte des Domaininhabers prioritätsjünger oder -älter sind als diejenigen des Beschwerdeführers.[345] Unter Umständen kann eine auf prioritätsjüngere Rechte gestützte Domainregistrierung bösgläubig sein, wenn es dem Domaininhaber beispielsweise allein darum geht, den Inhaber der

[339] Tschechisches Schiedsgericht, Entscheidung Nr. 02798 – DVD-QUELLE; Tschechisches Schiedsgericht, Entscheidung Nr. 04052 – TARKETT-COMMERCIAL; Tschechisches Schiedsgericht, Entscheidung Nr. 07127 – GOOGLE-STATISTICS; Tschechisches Schiedsgericht, Entscheidung Nr. 07151 – BMW-NAVIGATION; Tschechisches Schiedsgericht, Entscheidung Nr. 07316 – MAERSK-CARGO; Mietzel/Orth MMR 2007, 757 (760).

[340] Tschechisches Schiedsgericht, Entscheidung Nr. 04319 – AIRFRANCEAURLINES; Tschechisches Schiedsgericht, Entscheidung Nr. 05332 – LERNERCATALOG; Tschechisches Schiedsgericht, Entscheidung Nr. 06212 – INTESA-COMMERCIALE; Tschechisches Schiedsgericht, Entscheidung Nr. 07127 – GOOGLE-STATISTICS; Tschechisches Schiedsgericht, Entscheidung Nr. 07151 – BMW-NAVIGATION; Tschechisches Schiedsgericht, Entscheidung Nr. 07316 – MAERSK-CARGO.

[341] beispielsweise Wal-Mart Stores, Inc. v. Richard MacLeod d/b/a For Sale, WIPO Case No. D 2000-0662 walmartsucks.com; Societé Air France v. Virtual Dates, Inc, WIPO Case No. D 2005-0168 – airfrancesucks.com; Societé Air France v. Mark Allaye-Chan, WIPO case No. D 2009-0327 – airfrance-suck.com.

[342] Tschechisches Schiedsgericht, Entscheidung Nr. 04 141 – AIRFRANCESUCKS.

[343] Tschechisches Schiedsgericht, Entscheidung Nr. 00081 – AIRTICKET; Tschechisches Schiedsgericht, Entscheidung Nr. 01456 – PRIVACY.

[344] Tschechisches Schiedsgericht, Entscheidung Nr. 01827 – MUELLER; Tschechisches Schiedsgericht, Entscheidung Nr. 05235 – JACKWOLFSKIN; Tschechisches Schiedsgericht, Entscheidung Nr. 07373 – ADL-PARTNER; Tschechisches Schiedsgericht, Entscheidung Nr. 07390 – GGDBSNEAKERS.

[345] Tschechisches Schiedsgericht, Entscheidung Nr. 00131 – MINITEC; Tschechisches Schiedsgericht, Entscheidung Nr. 01827 – MUELLER; Müller GRUR Int. 2007, 990 (994).

älteren Marke an der Nutzung der gleichnamigen Domain zu hindern und er gerade auch aus diesem Grund die Markenanmeldung vorgenommen hat.[346] Im Regelfall wird es in diesen Fällen allerdings an einer Bösgläubigkeit der Registrierung fehlen.[347]

Fraglich ist, ob als Rechte auch solche Markenregistrierungen angeführt werden können, die erst kurz vor Beginn der Sunrise-Phasen eingetragen worden sind, und allein mit dem Ziel angemeldet wurden, gleich bei Einführung der .eu-Top-Level-Domain eine Domain registrieren zu können. In einer Vielzahl der Fälle wurden auch diese Marken als ein Recht des Domaininhabers im Sinne des Art. 21 Abs. 1 der Verordnung (EG) Nr. 874/2004 angesehen.[348] Teilweise wurde den Beschwerden sodann allerdings wegen bösgläubiger Domainregistrierung oder -benutzung stattgegeben.[349] Zum Teil wurde in einem solchen Fall das Bestehen eines Rechts bzw. berechtigten Interesses des Domaininhabers verneint.[350] Diese Auffassung überzeugt jedoch nicht. Es darf nicht dem Schiedsgericht obliegen, den Bestand einer nach nationalem Recht eingetragenen Marke in Frage zu stellen.[351] Wenn in diesem Zusammenhang angeführt wird, dass auch die nationalen Gerichte im Falle einer bösgläubigen Markenanmeldung ausnahmsweise nicht an den Bestand der eingetragenen Marke gebunden seien,[352] so kann daraus nicht der Schluss gezogen werden, dass auch das Schiedsgericht, das – anders als die nationalen Gerichte – mit dem jeweils betroffenen nationalen Markenrecht und dem dort vorherrschenden Verständnis von Bösgläubigkeit nicht zwingend vertraut ist, keiner Bindung unterläge. Das Schiedsgericht hat keinerlei Befugnisse im Hinblick auf die Löschung von Marken. Anders als im deutschen Recht knüpft Art. 21 Abs. 1 lit. a der Verordnung (EG) Nr. 874/2004 zudem ausschließlich an den Bestand eines Rechts an. Eine Einrede der Löschungsreife des Rechts ist in der Verordnung hingegen ebenso wenig geregelt wie eine Befugnis des Schiedsgerichts von Amts wegen den Bestand des Rechts zu prüfen. Auch die Frage, ob die Nichtbenutzung der Marke des Domaininhabers dazu führt, dass dieser sich im Beschwerdeverfahren nicht auf die Rechte an dieser Marke berufen kann, sollte nicht anders beurteilt werden. Auch hier muss vom Bestand der Marke ausgegangen werden, solange diese nicht wegen Verfalls gelöscht wurde. 122

Darüber hinaus kann der Domaininhaber anführen, dass ein **rechtliches Interesse** an der Registrierung bestehe. Dieses Interesse muss nach dem Wortlaut des Art. 21 Abs. 1 lit. a der Verordnung (EG) Nr. 874/2004 bereits bei der Registrierung vorgelegen haben. Der Domaininhaber kann es nach Art. 21 Abs. 2 lit. a bis c der Verordnung (EG) Nr. 874/2004 daraus ableiten, dass 123

- er die Domain oder einen entsprechenden Namen vor Ankündigung eines alternativen Streitbeilegungsverfahrens im Zusammenhang mit dem Angebot von Waren oder Dienstleistungen bereits **verwendet** oder nachweislich solche **Vorbereitungen getroffen** hat,[353]
- er ein Unternehmen, eine Organisation oder eine natürliche Person ist, die unter dieser Domain allgemein **bekannt** ist, wobei es nicht auf das Bestehen von Rechten im Sinne des Art. 10 der Verordnung (EG) Nr. 874/2004 ankommt,
- er die Domain in rechtmäßiger und nichtkommerzieller oder fairer Weise nutze, ohne die Verbraucher in die Irre zu führen oder das Ansehen eines Namens zu beeinträchtigen, für den nach nationalem und/oder Unionsrecht anerkannte oder festgelegte Rechte bestehen.

Die Regelung des Art. 21 Abs. 2 lit. a bis c der Verordnung (EG) Nr. 874/2004 lässt offen, ob die angeführten Gründe alternativ oder kumulativ vorliegen müssen. Dem Sinn der Vorschriften nach zu urteilen, kann es sich hier aber nur um ein **Alternativ-Verhältnis** handeln.[354] Anderenfalls 124

[346] Tschechisches Schiedsgericht, Entscheidung Nr. 03668 – 123; im Ergebnis verneinend; Müller GRUR Int. 2007, 990 (994).

[347] Tschechisches Schiedsgericht, Entscheidung Nr. 06779 – MINIX.

[348] Tschechisches Schiedsgericht, Entscheidung Nr. 01196 – MEMOREX; vgl. auch EuGH MMR 2010, 538 – reifen.eu.

[349] Tschechisches Schiedsgericht, Entscheidung Nr. 01196 – MEMOREX; vgl. auch EuGH MMR 2010, 538 – reifen.eu.

[350] Tschechisches Schiedsgericht, Entscheidung Nr. 02438 – ASK. Vgl. auch Tschechisches Schiedsgericht, Entscheidung Nr. 00283 – LASTMINUTE, in der die Schiedskommission die Bösgläubigkeit der Markenanmeldung ebenfalls im Rahmen der Prüfung bestehender Rechte des Domaininhabers untersuchte, im konkreten Fall aber für nicht erwiesen hielt.

[351] So zu Recht auch Tschechisches Schiedsgericht, Entscheidung Nr. 00 131 – MINITEC.

[352] Tschechisches Schiedsgericht, Entscheidung Nr. 00283 – LASTMINUTE; Müller GRUR Int. 2007, 990 (994); Bettinger Handbuch des Domainrechts, 1372.

[353] Vgl. Tschechisches Schiedsgericht, Entscheidung Nr. 02818 – MCCLEAN.

[354] Dies spiegelt die Entscheidungspraxis des Tschechischen Schiedsgerichts in den alternativen Streitbeilegungsverfahren zu .eu-Domains wider, vgl. beispielsweise Tschechisches Schiedsgericht GRUR Int. 2006, 947, 949 f. – reifen.eu;

wäre die Hürde des berechtigten Interesses zu hoch angelegt. Die Liste der einzelnen Tatbestände ist zudem **nicht abschließend,** so dass ein berechtigtes Interesse auch auf andere Art und Weise als in den in Art. 21 Abs. 2 der Verordnung dargelegten Tatbestandsalternativen begründet werden kann.[355]

125 Nicht nur die Nutzung eines Namens im Zusammenhang mit Waren oder Dienstleistungen kann nach Art. 21 Abs. 1 lit. a der Verordnung (EG) Nr. 874/2004 ein berechtigtes Interesse begründen, sondern auch bereits Vorbereitungshandlungen für eine solche Nutzung. Soweit der Domaininhaber die Webseite lediglich als **„im Aufbau"** oder **„under construction"** kennzeichnet, soll dies nicht ausreichen, um den Nachweis der Vorbereitung zu führen.[356] Der Widerrufsgrund des Art. 21 Abs. 1 lit. a der Verordnung (EG) Nr. 874/2004 ist folglich besonders relevant, soweit sich der Beschwerdeführer gegen Domains zur Wehr setzen will, die lediglich **passiv gehalten und nicht genutzt werden.** Hierbei handelt es sich um Fälle, in denen nach den Voraussetzungen nationalen Markenrechts keine Benutzung im geschäftlichen Verkehr vorliegt und auch Ansprüche auf sonstiger Anspruchsgrundlage ausscheiden würden, obwohl der Domaininhaber keinerlei Beziehung zu der gewählten Domain darlegen kann.

126 **Bösgläubigkeit.** Darüber hinaus kann der Beschwerdeführer die Beschwerde gemäß Art. 21 Abs. 1 lit. b iVm Art. 21 Abs. 3 der Verordnung (EG) Nr. 874/2004 darauf stützen, dass die Domain in böser Absicht registriert wurde oder benutzt wird. In Art. 21 Abs. 3 der Verordnung (EG) Nr. 874/2004 sind fünf nicht abschließende Regelbeispiele der Bösgläubigkeit angeführt.[357] Bösgläubigkeit wird nach Art. 21 Abs. 3 der Verordnung angenommen,

- wenn aus den Umständen ersichtlich wird, dass die Domain hauptsächlich deshalb registriert oder erworben wurde, um sie an den Inhaber eines Namens, für den ein nach nationalem und/oder Unionsrecht anerkanntes Recht besteht, oder an eine öffentliche Einrichtung **zu verkaufen, zu vermieten oder anderweitig zu übertragen** (lit. a).

127 Bösgläubigkeit liegt des Weiteren vor,

- wenn die Domain registriert wurde, um **zu verhindern,** dass der Inhaber eines solchen Namens, für den ein anerkanntes Recht besteht, oder eine öffentliche Einrichtung diesen Namen als entsprechende Domain verwenden kann (lit. b), sofern
  - dem Domaininhaber eine solche Verhaltensweise nachgewiesen werden kann (was regelmäßig schwerfallen dürfte)
  - oder die Domain mindestens zwei Jahre lang ab der Registrierung nicht in einschlägiger Weise **genutzt** wurde,
  - oder der Inhaber einer Domain, für die ein anerkanntes Recht besteht, oder die dem Namen einer öffentlichen Einrichtung entspricht, zu **Beginn eines alternativen Streitbeilegungsverfahrens seine Absicht erklärt hatte, diese Domain in einschlägiger Weise zu benutzen, dies jedoch innerhalb von sechs Monaten nach dem Beginn des Streitbeilegungsverfahrens nicht getan hat.**

128 Gerade **die beiden letztgenannten Alternativen** dieses Bösgläubigkeitsbestandes sind **gesetzgeberisch innovativ** und vor dem Hintergrund der Erfahrungen mit Gerichtsverfahren und Streitbeilegungsverfahren auf dem Gebiet von Domains sehr zu begrüßen. Durch eine Art Benutzungszwang[358] wird erstmals das passive Halten und Blockieren von Domains, die den Namen von Berechtigten entsprechen, die wiederum sonstige Bösgläubigkeitsumstände beim Domaininhaber nicht darlegen können, sanktioniert. Gleichzeitig wird mit der letztgenannten Alternative eine weitere Handhabe gegen solche Domaininhaber eröffnet, die sich durch die Abgabe einer Ab-

Tschechisches Schiedsgericht, Entscheidung; Nr. 03949 – ACL; Tschechisches Schiedsgericht, Entscheidung Nr. 04363 – ENGRAM; Tschechisches Schiedsgericht, Entscheidung Nr. 06882 – RAKUTEN.

[355] Tschechisches Schiedsgericht, Entscheidung Nr. 00910 – REIFEN; Tschechisches Schiedsgericht, Entscheidung Nr. 06585 – JACKWOLFSKIN; Tschechisches Schiedsgericht, Entscheidung Nr. 06813 – DIVXSTAGE; Tschechisches Schiedsgericht, Entscheidung Nr. 07390 – GGDBSNEAKERS; Schaft GRUR 2004, 986 (987) unter Verweis auf die Regelungen der Nr. 4(b) und (c) der UDRP; Bettinger WRP 2006, 548 (558) unter Hinweis auf den englischen („a legitimate interest may be demonstrated") und den französischen („l'existence d'un intérêt légitime peut être démontrée") Wortlaut der Regelung; Pothmann/Guhn K&R 2007, 69 (75).

[356] Tschechisches Schiedsgericht, Entscheidung Nr. 00910 – REIFEN, bestätigt durch EuGH MMR 2010, 538 – reifen.eu; Tschechisches Schiedsgericht, Entscheidung Nr. 01375 – rabbin.

[357] Siehe auch EuGH MMR 2010, 538 – reifen.eu; Dies spiegelt zudem die Entscheidungspraxis des Tschechischen Schiedsgerichts in den alternativen Streitbeilegungsverfahren zu .eu-Domains wider, vgl. beispielsweise Tschechisches Schiedsgericht, Entscheidung Nr. 07112 – ph-redox-leitwert.

[358] Siehe Müller GRUR Int. 2007, 990 (996). Kritisch hierzu Bettinger WRP 2006, 548, 558 (560).

sichtserklärung dem Widerruf der Domain zu entziehen suchen. Erklärt der Domaininhaber nämlich zu Beginn eines alternativen Streitbeilegungsverfahrens, die Domain zukünftig in einschlägiger Weise benutzen zu wollen, und liegt ansonsten kein Widerrufsgrund vor, soll das Schiedsgericht gem. Art. B12 (g) der ADR-Regeln eine vorläufige Entscheidung erlassen, in der sie eine Bewertung des bisherigen Streitgegenstandes vornimmt. Anschließend soll das Verfahren bis zum Ablauf von sechs Monaten nach Beschwerdeerhebung ausgesetzt werden, damit der Domaininhaber gegebenenfalls die Benutzung der Domain nachweisen kann. Erforderlich ist hierfür jedoch, dass sich der Beschwerdeführer in seiner Beschwerde auch auf diesen Bösgläubigkeitstatbestand beruft.

Die beiden an die Nichtbenutzung der Domain anknüpfenden Alternativen des Bösgläubigkeitstatbestandes werden aber in der Praxis nur dann relevant, wenn dem Domaininhaber ein eigenes Recht oder berechtigtes Interesse an der Domain zustehen sollte. Anderenfalls ist die Domain schon aufgrund der Regelung des Art. 21 Abs. 1 lit. a der Verordnung (EG) Nr. 874/2004 zu widerrufen, ohne dass es auf die Benutzung ankäme. 129

Als weitere Bösgläubigkeitstatbestände kommt Art. 21 Abs. 3 lit. c bis e der Verordnung (EG) Nr. 874/2004 vor, 130

- dass die Domain hauptsächlich registriert wurde, um die berufliche oder geschäftliche Tätigkeit eines Wettbewerbers **zu stören** (lit. c)
- oder die Domain absichtlich benutzt wurde, um Internetnutzer aus Gewinnstreben auf eine dem Domaininhaber gehörende Website oder einer anderen Online-Adresse **zu locken, in dem eine Verwechslungsgefahr mit einem Namen**, für den ein nach nationalem oder Gemeinschaftsrecht anerkanntes Recht besteht, oder mit dem Namen einer öffentlichen Einrichtung geschaffen wird, wobei sich diese Verwechslungsmöglichkeit auf den Ursprung, insbesondere die Zugehörigkeit oder Belegung der Website oder Adresse des Domaininhabers oder eines dort angebotenen Produktes oder Dienstes beziehen kann (lit. d)
- oder die registrierte Domain der **Name einer Person** ist und **keine Verbindung** zwischen dem Domaininhaber und der registrierten Domain nachgewiesen werden kann (lit. e).

Auch der letztgenannte Bösgläubigkeitsgrund gemäß Art. 21 Abs. 3 lit. e der Verordnung ist gesetzgeberisch innovativ und resultiert aus der Diskussion, die Fälle um Domains mehr oder weniger berühmter Persönlichkeiten ausgelöst haben und in denen Anspruchsteller in UDRP-Verfahren zuweilen deshalb gescheitert sind, weil der Domaininhaber entweder eine „gute Ausrede" für seine Registrierung hatte oder aber passiv geblieben ist und keine Bösgläubigkeitsumstände nach Maßgabe der UDRP nachgewiesen werde konnten. Da der **Widerruf** einer Domain nach Art. 21 der Verordnung (EG) Nr. 874/2004 jedoch anders als nach den UDRP-Rules **nicht zwingend Bösgläubigkeit voraussetzt,** sondern es ausreichend ist, dass der Domaininhaber keine eigenen Rechte oder berechtigte Interessen an der Domain geltend machen kann (Abs. 1 lit. a), wird es auf letztgenannten Bösgläubigkeitsgrund in der Praxis vielfach gar nicht ankommen. 131

Insgesamt zeigt sich, dass der EU-Gesetzgeber auf den Erfahrungen nationaler Gerichte und alternativer Streitbeilegungsverfahren aufgebaut hat, die Fälle erkannt hat, in denen es auf Grund geschickten Verhaltens des Domaininhabers zu ungerechten Ergebnissen gekommen ist und auf dieser Basis eine in wesentlichen Punkten verbesserte Angriffsmöglichkeit gegen Inhaber spekulativ oder bösgläubig angemeldeter EU-Domains geschaffen hat.[359] 132

Die Entscheidungen zur Bösgläubigkeit erstrecken sich thematisch entlang der in Art. 21 Abs. 3 der Verordnung (EG) Nr. 874/2004 enthaltenen Regelbeispiele.[360] Bösgläubigkeit liegt unter anderem bei einer **Verkaufsabsicht** des Domaininhabers vor. Ein an die Allgemeinheit gerichtetes Verkaufsangebot des Domaininhabers, beispielsweise über eine Online-Handels-Plattform, hat deshalb in der bisherigen Entscheidungspraxis regelmäßig zum Erfolg der Beschwerde geführt.[361] Bösgläubigkeit ist ebenfalls zu bejahen, wenn der Domaininhaber die Domain mit **Behinderungsabsicht** registriert hat und ihm zB ein entsprechendes **Verhaltensmuster** nachgewiesen werden 133

[359] Zum alternativen Streitbeilegungsverfahren nach Art. 22 der Verordnung (EG) Nr. 874/2004, siehe unter III.7.

[360] Siehe zu den Regelbeispielen unter Rn. 57 ff. Diese sind jedoch nicht abschließend, vgl. EuGH MMR 2010, 538 – reifen.eu.

[361] Tschechisches Schiedsgericht, Entscheidung Nr. 00982 – SMARTMACHINE; Tschechisches Schiedsgericht, Entscheidung Nr. 02219 – ALTOVA; Tschechisches Schiedsgericht, Entscheidung Nr. 02733 – HOTEL-ADLON; Tschechisches Schiedsgericht, Entscheidung Nr. 06800 – NEXTBIT; Tschechisches Schiedsgericht, Entscheidung Nr. 06870 – GESTETNER.

kann – ein solches Verhaltensmuster wurde regelmäßig aus dem Vorliegen einer Mehrzahl von früheren, gegen den Domaininhaber gerichteten Entscheidungen herausgelesen[362] – oder die Domain mindestens zwei Jahre lang ab der Registrierung **nicht in einschlägiger Weise genutzt**[363] wurde. Von einer Bösgläubigkeit bei der Registrierung ist zudem auszugehen, wenn der Domaininhaber die Domain zur **Störung der Tätigkeit eines Wettbewerbers** registriert hat. Dies wurde angenommen im Falle der Umlenkung der Kunden des Wettbewerbers auf die eigene Website,[364] aber auch bei der Registrierung der Domain durch einen früheren Angestellten oder Geschäftspartner.[365] **Gewinnstreben,** das ebenfalls unter den Tatbestand der Bösgläubigkeit fällt, wird in der Regel bejaht bei **Domain-Parking-Programmen** oder ähnlichen Seiten mit so genannten **Sponsored Links,** dh Links zu kommerziellen Angeboten.[366] Bösgläubigkeit liegt schließlich auch vor, wenn die **Domain der Name einer Person** ist und zwischen dem Domaininhaber und der Domain keine Verbindung besteht.[367] Über die aufgeführten Regelbeispiele hinaus, geht das Schiedsgericht zudem regelmäßig davon aus, dass eine Bösgläubigkeit auch dann vorliegt, wenn der Domaininhaber durch falsche Angaben bei der Registrierung seine Identität zu verschleiern versucht.[368] In der Beratung empfiehlt es sich, im Rahmen der Beschwerde zu verschiedenen Regelbeispielen der Bösgläubigkeit vorzutragen, um den Erfolg der Beschwerde nicht zu gefährden.

IV. Gerichtsverfahren um Domains in Deutschland

134 Bei den Gerichtsverfahren in Deutschland, in denen es um Ansprüche gegen und von Domaininhabern auf der Grundlage deutschen Rechts geht, haben sich im Laufe der letzten Jahre **drei grundlegende Fallkonstellationen** herauskristallisiert. Diese stehen jeweils im Zusammenhang mit der Einordnung der Domain in den Kanon der traditionellen Kennzeichenrechte und deren Bedeutung für den Wettbewerb im Internet. Die immer noch weitaus meisten Fälle drehen sich zunächst um die Frage, welche Rechtschutzmöglichkeiten dem Inhaber eines **prioritätsälteren Kennzeichenrechts gegen die Nutzung einer Domain** durch einen Dritten zur Verfügung stehen (dazu 1.). Zweitens wird darum gestritten, ob allein durch **Nutzung einer Domain zugunsten von deren Nutzer ein Kennzeichenschutz** entstehen kann, der dem Inhaber der Domain Rechtschutzmöglichkeiten gegen prioritätsjüngere Kennzeichenrechte eröffnet (dazu 2.). Letztere Frage ist für virtuelle Unternehmen bzw. Projekte ebenso von Bedeutung wie für Unternehmen, die die von ihnen genutzte Domain nicht auch durch Eintragung als Marke haben schützen lassen. Drittens steht auch die wettbewerbsrechtliche Zulässigkeit einer Domain gelegentlich im Kreuzfeuer (3.). Ein Überblick über mögliche Ansprüche, Anspruchsgrundlagen und die Reichweite von Ansprüchen folgt unter 4. Die verschiedenen denkbaren Anspruchsgegner bzw. Störer werden unter 5. erörtert. Sind .eu-Domains betroffen, spielen in den Verfahren vor deutschen Gerichten neben den Ansprüchen aus deutschem Recht (Überblick zu Ansprüchen und Anspruchsgegnern unter 4. und 5.) auch **europarechtliche Ansprüche aus der Verordnung (EG) Nr. 874/2004**[369] eine Rolle (dazu unter 6.).

[362] Tschechisches Schiedsgericht, Entscheidung Nr. 03588 – XIRONA; Tschechisches Schiedsgericht, Entscheidung Nr. 04309 – OSRAM-OS; Tschechisches Schiedsgericht, Entscheidung Nr. 05969 – NGM; Tschechisches Schiedsgericht, Entscheidung Nr. 06800 – NEXTBIT.

[363] Tschechisches Schiedsgericht, Entscheidung Nr. 05208 – HAUG; Tschechisches Schiedsgericht, Entscheidung Nr. 05231 – BOLTZE; Tschechisches Schiedsgericht, Entscheidung Nr. 05482 – HOEFER; Müller GRUR Int. 2009, 653.

[364] Tschechisches Schiedsgericht, Entscheidung Nr. 02648 – BALVER-ZINN.

[365] Tschechisches Schiedsgericht, Entscheidung Nr. 02596 – STUDIO79; Tschechisches Schiedsgericht, Entscheidung Nr. 02810 – RATIOPARTS.

[366] Tschechisches Schiedsgericht, Entscheidung Nr. 03650 – QUELLE-KATALOG; Tschechisches Schiedsgericht, Entscheidung Nr. 03976 – ABAT; Tschechisches Schiedsgericht, Entscheidung Nr. 04049 – BORMILIOLIROCCO; Tschechisches Schiedsgericht, Entscheidung Nr. 06800 – NEXTBIT; Tschechisches Schiedsgericht, Entscheidung Nr. 06840 – PARAJUMPERS; Tschechisches Schiedsgericht, Entscheidung Nr. 06870 – GESTETNER; Tschechisches Schiedsgericht, Entscheidung Nr. 07049 – PIXIE; Tschechisches Schiedsgericht, Entscheidung Nr. 07377 – TRANSINFO.

[367] Tschechisches Schiedsgericht, Entscheidung Nr. 02727 – STAEDTLER.

[368] Tschechisches Schiedsgericht, Entscheidung Nr. 06585 – JACKWOLFSKIN; Tschechisches Schiedsgericht, Entscheidung Nr. 06813 – DIVXSTAGE; Tschechisches Schiedsgericht, Entscheidung Nr. 07390 – GGDBSNEAKERS.

[369] Verordnung (EG) Nr. 874/2004 der Kommission vom 28.4.2004 zur Festlegung von allgemeinen Regeln für die Durchführung und die Funktionen der Domäne oberster Stufe „.eu" und der allgemeinen Grundregeln für die Registrierung.

1. Schutz des prioritätsälteren Kennzeichens gegen die prioritätsjüngere Domain

Für den Inhaber eines prioritätsälteren Kennzeichens gegen den Inhaber und/oder Nutzer einer Domain kommen zur Geltendmachung von Unterlassungs- und Folgeansprüchen eine Fülle von Anspruchsgrundlagen, je nach der Natur des verletzten Kennzeichenrechts, in Betracht. Ein kennzeichenrechtlicher Schutz kann sich aus dem Namen einer Person oder eines Unternehmens (**§ 12 BGB**), einer eingetragenen oder verkehrsbekannten Marke (**§§ 4, 14 MarkenG**), einem Unternehmenskennzeichen, einer besonderen Geschäftsbezeichnung, Firma oder einem Werktitel (**§§ 5, 15 MarkenG**) oder einer geographischen Herkunftsangabe (**§ 127 MarkenG bzw. bilaterales Abkommen**) ergeben. Zu dem rein kennzeichenrechtlichen Schutz treten – bei ergänzenden Unlauterkeitsgesichtspunkten – wettbewerbsrechtliche, **§§ 3 iVm 4 Nr. 4 und/oder 5 Abs. 1 UWG**, und deliktsrechtliche Anspruchsgrundlagen, **§§ 823, 826 BGB**, hinzu, im Falle von Unterlassungsansprüchen jeweils in Verbindung mit **§ 1004 BGB analog**. 135

a) Ansprüche aus Namensrecht. Der bürgerlich-rechtliche Namensschutz aus § 12 BGB führt im Bereich des Gewerblichen Rechtsschutzes traditionell eher ein Schattendasein. Er hat sich indes gerade bei Domain-Auseinandersetzungen als äußerst scharfes Schwert bewährt, insbesondere als Anspruchsgrundlage gegen lediglich registrierte, aber noch nicht genutzte Domains oder wenn eine Löschung eines Domainnamens begehrt wird (da dies auf der Basis kennzeichenrechtlicher Vorschriften grundsätzlich nicht begehrt werden kann). Für **Namensschutz** ist eine Registrierung des Namens – anders als bei Marken – weder möglich noch erforderlich. Namensschutz nach § 12 BGB entsteht zugunsten natürlicher oder juristischer Personen, Personengemeinschaften oder öffentlich-rechtlicher Körperschaften dadurch, dass ein von Haus aus **unterscheidungs- und damit kennzeichnungskräftiger Name** in Benutzung genommen wird,[370] der geeignet ist, die Person oder den Geschäftsbetrieb unmittelbar zu individualisieren. Bei Verbandsnamen sind die Anforderungen an die Unterscheidungskraft geringer; es ist ausreichend, dass eine beschreibende Verwendung nicht feststellbar ist.[371] Auch eine bloße, nicht als Wort aussprechbare Buchstabenkombination kann die erforderliche namensmäßige Unterscheidungskraft aufweisen.[372] Aus dem Namen abgeleitete Abkürzungen und Schlagworte können ebenfalls Namensschutz genießen.[373] Auch das Unternehmen kann – neben Markenschutz und Schutz der besonderen Geschäftsbezeichnung – Namensschutz für seine Firma nach § 12 BGB in Anspruch nehmen.[374] Namensschutz kann auch einem ausgefallenen und daher kennzeichnungskräftigen Vornamen zukommen.[375] Selbst die namensmäßige Kennzeichnung eines Hauses kann – unabhängig von der Bekanntheit des Hauses – Schutz nach § 12 BGB begründen, wenn an einer solchen Bezeichnung ein schutzwürdiges Interesse besteht.[376] Ausländische Gebietskörperschaften können im Inland Schutz nach § 12 BGB in Anspruch nehmen. Entscheidend für die Schreibweise des Namens ist der im Inland herrschende Sprachgebrauch.[377] Das Namensrecht erlischt mit dem Tod des Namensinhabers.[378] Die vermögenswerten Bestandteile des Namensrechts im Sinne eines postmortalen Persönlichkeitsrechts sollen die Erben indes nicht in die Lage setzen, eine kritische Auseinandersetzung mit dem Toten zu steuern.[379] Bei Unternehmen erlischt der Namensschutz mit Beendigung der Geschäftstätigkeit. 136

Fehlen einem Namen Unterscheidungs- und damit Kennzeichnungskraft, so kann Namensschutz nur durch **Verkehrsbekanntheit bzw. Verkehrsgeltung** der betreffenden Person bzw. des Unternehmens entstehen.[380] 137

[370] BGH GRUR 2005, 517 (518) – Literaturhaus.de m.w.N; BGH GRUR 2014, 506 Rn 10 – sr.de. OLG Jena GRUR-RS 2013, 06043 – Namensschutz der (noch) nicht anerkannten Stiftung; im Falle der anerkannten Stiftung geht die Priorität des Namensschutzes auf das Stiftungsgeschäft und nicht die tatsächliche Inbenutzungnahme zurück, weil hier ein Ausweichen auf einen anderen Namen nach Errichtung des Stiftungsgeschäfts nicht mehr ohne weiteres möglich ist.

[371] BGH MMR 2012, 459 (460) – Freie Wähler.

[372] BGH GRUR 2005, 430 – mho.de; OLG Düsseldorf MMR 2012, 563 – w.de; OLG Köln MMR 2018, 750 – wir-sind-afd.de.

[373] BGH GRUR 2016, 749 (750) – Landgut A. Borsig; OLG Köln BeckRS 2010, 14424 Rn. 7 – fcbayern.es; LG Köln GRUR-RS 2016, 14565, Rn. 20 f. – fc.de.

[374] MükoBGB/Säcker BGB § 12 Rn. 18 ff. mwN.

[375] BGH GRUR 2009, 608 Rn. 8 – raule.de.

[376] LG München I, BeckRS 2008, 21391 – Schloss Eggersberg.

[377] KG GRUR-RR 2013, 490 (491) – aserbaidschan.de.

[378] BGH GRUR 2007, 168 Rn. 8 – kinski-klaus.de.

[379] BGH GRUR 2007, 168 Rn. 12 ff. – kinski-klaus.de.

[380] MükoBGB/Säcker BGBm § 12 Rn. 18 ff. mwN.

138 Bei der Überprüfung von Ansprüchen aus Namensrecht nach § 12 BGB ist von Bedeutung, inwieweit in der Verwendung der Domain eine **namensmäßige Benutzung** liegt (dazu aa)). Weiter stellt sich die Frage, wann von einer Identität von Kennzeichen auszugehen ist und welche Rolle die **Top-Level-Domain** bei der Beurteilung der Zeichenidentität oder -ähnlichkeit spielt (dazu bb)), und welchen Einfluss eine eventuelle Abweichung der unter dem Namen auf der einen Seite und der Domain auf der anderen Seite angebotenen **Waren oder Dienstleistungen,** ein **berechtigtes Interesse** auf Seiten des Domain-Inhabers und die **Bekanntheit** des Kennzeichens auf Ansprüche haben (dazu cc)).

139 *aa) Namensmäßige Benutzung.* § 12 bezweckt den Schutz des Namens in seiner Funktion als Identitätsbezeichnung des Namensträgers. Der kennzeichenrechtliche Unterlassungsanspruch gegen die Nutzung einer Domain aus § 12 BGB setzt daher zunächst voraus, dass in der Registrierung bzw. Nutzung einer Domain eine **namens- bzw. kennzeichenmäßige Benutzung** liegt. Nachdem es in der Frühzeit von Rechtsstreitigkeiten um Domains noch nicht unbestritten war, ob in der Registrierung einer Domain überhaupt eine namens- oder in sonstiger Weise kennzeichenmäßige Benutzung liegen kann,[381] hat der BGH dies in der Zwischenzeit in verschiedenen höchstrichterlichen Entscheidungen bejaht.[382] Bezogen auf **§ 12 BGB** liegt in der Verwendung eines fremden Namens oder eines namensrechtlichen Schutz genießenden Pseudonyms[383] als Domain eine **Namensanmaßung,**[384] nicht dagegen eine Namensleugnung.[385] Denn eine Namensleugnung würde voraussetzen, dass das Recht des Namensträgers zur Führung des Namens bestritten wird. Auch wenn jede Domain aus technischen Gründen nur einmal vergeben werden kann, fehlt es bei der Registrierung als Domain aber gerade an einem solchen Bestreiten, denn der Name wird als Domain okkupiert, mithin angemaßt.[386] Die Namensanmaßung ist an weitere Voraussetzungen gebunden. Sie liegt dann vor, wenn ein Dritter den gleichen Namen unbefugt gebraucht, dadurch eine **Zuordnungsverwirrung** auslöst und dabei **schutzwürdige Interessen** des Namensträgers verletzt.[387]

140 Im Falle der identischen Verwendung eines fremden Namens als Domain wird eine Zuordnungsverwirrung im Allgemeinen bejaht, ebenso bei „Vertipperdomains".[388] Denn der Gebrauch des fremden Namens führt zu einer Zuordnungsverwirrung, wobei unbeachtlich ist, ob der Internetnutzer später beim Betrachten der geöffneten Website bemerkt, dass er nicht die Seite des Namensträgers, sondern die eines Dritten erreicht hat.[389]

141 Unproblematisch anerkannt wird zudem ein schutzwürdiges Interesse von Privatpersonen, Unternehmen und Gebietskörperschaften, mit ihrem Namen unter den übernationalen und weit verbreitenden Top-Level Domains (zB „.com", „.net", „.info") im Internet vertreten zu sein. Dem Vorliegen schutzwürdiger Interessen tut es dabei keinen Abbruch, wenn der berechtigte Namensträger bereits über vergleichbare Domains (unter anderen Top-Level-Domains) verfügt.[390] Bei generischen Domains mit speziellen Sachbezug (zB „equipment", „shopping", „luxury", „build") kann ein schutzwürdiges Interesse hingegen wohl nur dann angenommen werden, wenn der Namensträger in dem Sachgebiet tätig ist oder einen sonstigen schützenswerten Bezug zu dem Sachgebiet hat. Ähnliches dürfte für die länderspezifischen Top-Level-Domains gelten: Auf § 12 BGB gestützte Ansprüche eines Namensträgers, die gegen den Inhaber von auf das Ausland bezogenen länderspezifischen Domains gerichtet sind, setzen die Feststellung voraus, dass konkrete schutzwürdige Interessen des Namensträgers an dem Gebrauch seines Namens unter der fremden län-

---

[381] Pro: Herrschende Meinung in der Rechtsprechung, beginnend mit der „Mutter aller Domain-Entscheidungen" LG Mannheim CR 1996, 353 (354) – heidelberg.de u. v. a. m.; dagegen nur LG Köln BB 1997, 1121 – kerpen.de; NJW-CoR 1997, 304 – huerth.de; NJW-RR 1998, 976 – pulheim.de.

[382] Beginnend mit BGH WRP 2002, 694 – shell.de.

[383] Siehe die Entscheidung BGH MMR 2007, 106 – kinski-klaus.de, in der ein Namensrecht an dem Pseudonym Klaus Kinski des Schauspielers Klaus Nakszynski grundsätzlich bejaht, Unterlassungsansprüche der Erben unter Hinweis auf das Erlöschen des Namensrechts nach dem Tode Kinskis jedoch verneint wurden.

[384] BGH WRP 2002, 694 – shell.de; BGH WRP 2003, 1215 – maxem.de; OLG Hamm NJW-RR 1998, 909 (910) – krupp.de.

[385] So früher OLG Düsseldorf WRP 1999, 343 (346) – ufa.de.

[386] BGH WRP 2002, 694 (697) – shell.de.

[387] BGHZ 119, 237 (245) – Universitätsemblem; BGH WRP 2002, 694 (697) – shell.de, nicht gegeben laut BAG im Falle der Registrierung einer Domain ial-br.de durch den Betriebsrat eines Unternehmens mit dem Namenskürzel „IAL", BAG MMR 2016, 317 Rn. 20 ff.; BGH GRUR 2016, 749 (750) – Landgut A. Borsig.

[388] OLG Stuttgart MMR 2009, 271 – Haftung des Admin-C bei Tippfehlerdomains.

[389] BGH WRP 2002, 694 (698) – shell.de; BGH GRUR 2014, 506 (508) Rn. 24 – sr.de.

[390] BGH GRUR 2016, 1093 (1095) – grit-lehmann.de.

derspezifischen Top-Level-Domain beeinträchtigt werden.[391] Derartige schutzwürdige Interessen können etwa damit begründet werden, dass die Person oder das Unternehmen im geografischen oder territorialen Wirkungsbereich der Top-Level-Domain hinreichend bekannt ist.[392]

Namensgebrauch liegt dabei bereits in der **Registrierung** und nicht erst in der Nutzung,[393] so dass auf **§ 12 BGB** gestützte Unterlassungsansprüche schon bei Registrierung der Domain durchgreifen, unabhängig davon, ob die Domain passiv gehalten wird oder darunter tatsächlich eine Website mit Inhalten abrufbar ist.[394] 142

Nach Auffassung des BGH gilt dies jedoch ausnahmsweise dann nicht, wenn die Registrierung der Domain einer – für sich genommen rechtlich unbedenklichen, weil branchenfernen – Benutzungsaufnahme als Unternehmenskennzeichen unmittelbar vorausgeht. Dem liegt die Erwägung zu Grunde, dass der Inhaber eines identischen Kennzeichens im Allgemeinen nicht die Entstehung eines Kennzeichenrechts an dem gleichen Zeichen durch Benutzungsaufnahme in einer anderen Branche verhindern kann. Ist ein solches Recht erst einmal entstanden, muss auch die Registrierung der entsprechenden Domain hingenommen werden. Da es vernünftiger kaufmännischer Praxis entspricht, sich bereits vor der Benutzungsaufnahme die entsprechende Domain zu sichern, muss dem BGH zufolge die gebotene Interessenabwägung dazu führen, dass eine **der Benutzungsaufnahme unmittelbar vorausgehende Registrierung nicht als Namensanmaßung** und damit nicht als unberechtigter Namensgebrauch anzusehen ist.[395] Voraussetzung ist allerdings, dass der Domainregistrierung **alsbald** die Benutzungsaufnahme folgt. Bemerkenswert an dieser Betrachtungsweise ist, dass der BGH im Rahmen der Interessenabwägung zugunsten des Domaininhabers ein Recht berücksichtigt, dass zum Zeitpunkt der Anmeldung noch gar nicht entstanden ist. 143

Eine Namensanmaßung kann regelmäßig auch dann nicht vorliegen, wenn der Domainname durch den Domaininhaber vor Entstehung des Namensrechts registriert wurde. Denn die prioritätsältere Registrierung einer Domain begründet ein dem Domaininhaber ausschließlich zugewiesenes Nutzungsrecht, was von Art. 14 GG umfasst ist. Insofern fällt die vorzunehmende Interessenabwägung regelmäßig zugunsten des Domaininhabers aus.[396] Folgerichtig hat das OLG Köln entschieden, dass ebenfalls keine namens- oder kennzeichenrechtliche Verletzung vorliegt, wenn zwar die Umschreibung einer Domain nach Entstehung des Namensrechts erfolgte, die Domain aber vor dessen Entstehung registriert wurde. In diesen Fällen hätte der Namensberechtigte jedenfalls einen prioritätsälteren Dispute-Eintrag erwirken können, sodass dieser nicht schutzwürdig sei. In diesen Fällen muss genauso der markenrechtliche Schutz des Kennzeichens ausscheiden.[397] 144

Bei der Beurteilung der Frage, ob die Nutzung einer Domain eine namensmäßige Benutzung darstellt, ist ein **differenzierter Beurteilungsmaßstab** geboten. Denn nicht in jedem Fall erwartet der Nutzer bei Anwahl der Domain das darunter abrufbare Angebot eines bestimmten Unternehmens (oder das Informationsangebot einer bestimmten Person oder Gebietskörperschaft). Dem namensmäßigen Gebrauch steht es entgegen, wenn der Verkehr in der Domain ausschließlich eine Beschreibung des Inhalts der damit bezeichneten Website sieht.[398] So kann beispielsweise bei Domains, die **inhaltsbeschreibenden Charakter** haben oder in Kombination mit einem Sachbegriff gebildet werden, die Erwartung des Nutzers bei Anwahl der entsprechenden Domain im Einzelfall dahin gehen, ein Portal oder allgemeine Informationen zum gesuchten Thema, gleich von welchem Anbieter, vorzufinden.[399] Der Inhaber eines Namens- oder Kennzeichenrechts kann gegen die Verwendung dieser Bezeichnung als Domain nicht mit Erfolg vorgehen, auch wenn der Dritte, der sich diese Bezeichnung hat registrieren lassen und die Domain als Sachhinweis nutzt, über kein eigenes Namens- oder Kennzeichenrecht ver- 145

[391] BGH GRUR 2016, 810 (815) – profitbricks.es.
[392] OLG Köln MMR 2010, 616 (617) – fcbayern.es.
[393] BGH WRP 2002, 694 (698) – shell.de; BGH GRUR 2014, 393 (395) Rn. 22 – wetteronline.de.
[394] OLG Karlsruhe GRUR-RS 2016, 10772 Rn. 39 – profitbricks.es.
[395] BGH MMR 2005, 313 – mho.de.
[396] BGH GRUR 2008, 1099 Rn. 30 ff. – afilias.de; ausnahmsweise nicht, wenn die Domain mit dem Ziel der Verwendung für das das Kennzeichenrecht innehabende Unternehmen registriert wurde, s. OLG Frankfurt a. M. GRUR-RR 2017, 107 – Fitnessgeräte Domain.
[397] OLG Köln MMR 2019, 321 (321 f.).
[398] BGH GRUR 2014, 506 Rn. 17 – SR.de; OLG Frankfurt a. M. GRUR-RS 2016, 16313 Rn. 14 – ki.de.
[399] BGH GRUR 2012, 832 – ZAPPA; OLG Hamburg GRUR-RR 2004, 178 (180) – schufafreie-kredite.de; OLG Düsseldorf MMR 2007, 187 (188) – professional-nails.de; zutreffend differenziert insoweit von LG Hamburg MMR 1998, 47 (48) – bike.de.

fügt.[400] Eine Zuordnungsverwirrung scheidet dann grundsätzlich aus, sodass auch keine Namensanmaßung vorliegt.[401]

146 Gerade auch bei Städtenamen oder Bezeichnungen von Regionen in der URL besteht nicht nur die Möglichkeit, dass der Nutzer Informationen *von* der Stadt erwartet, sondern möglicherweise auch lediglich Informationen *über* die Stadt.[402] Letzteres ist dem BGH zufolge jedoch lediglich dann der Fall, wenn der Name einer Stadt *innerhalb* der Second-Level-Domain mit klarstellenden Zusätzen verbunden ist. Wenn der Name einer Stadt in Alleinstellung als Second-Level-Domain verwendet und mit der Top-Level-Domain .info[403] oder .com[404] kombiniert wird, erwartet der Nutzer hingegen Informationen *von* der Stadt. Auch klarstellende Angaben im Impressum reichen grundsätzlich nicht aus.[405] Hat ein Namensinhaber aber kein eigenes Nutzungsinteresse, sondern ist sein Interesse nur darauf gerichtet, nicht durch die Benutzung der Domain oder den dort verbreiteten Inhalten mit dem Domaininhaber in Verbindung gebracht zu werden, kann der Domaininhaber diesem Interesse durch einen Disclaimer gerecht werden.[406]

147 Die Namensnutzung muss bei **lauterer beschreibender Benutzung** gestattet sein. Als lauter wurde die Nutzung eines Namens im Rahmen einer Domain dann angesehen, wenn der Name mit einem Begriff kombiniert wird, der eine Zuordnungsverwirrung ausschließt, vgl. etwa die Domain „betriebsrat-….de“, selbst wenn mit dem Namensbestandteil auf den Arbeitgeber verwiesen wird[407] oder „x-schaden.de“ für die Website eines Anwalts, der auf Schadensfälle im Zusammenhang mit dem Unternehmen „X“, dessen Name also in der Domain verwendet wird, hinweist.[408] Gleiches muss für Kennzeichnungen, die gleichzeitig beschreibenden Inhalt haben können, an anderer Stelle in der URL als in der Second-Level-Domain gelten.[409]

148 Anders ist der Fall zu beurteilen, wenn der Domaininhaber die Domain in einer Art und Weise benutzt, die klar auf den dem Zeicheninhaber zugeordneten Waren- oder Dienstleistungsbereich abzielt. Solange außerdem einem Allgemeinbegriff zugleich die Funktion zukommt, eine Person, ein Unternehmen oder eine Behörde mit sprachlichen Mitteln unterscheidungskräftig zu bezeichnen, und die Domain in einer eine Interessenkollision herbeiführenden Weise benutzt wird, dürfte weiterhin auch ein Schutz nach § 12 BGB in Betracht kommen.[410] Diese Situation kann auch auftreten bei **geographischen Herkunftsangaben,** die zugleich vom Verbraucher als Sachbegriff für das bestimmte Produkt aufgefasst werden. In solchen Fällen ist – neben den Spezialnormen zum Schutz geographischer Herkunftsangaben – insbesondere zu prüfen, ob über ein **bilaterales Abkommen** zwischen der Bundesrepublik Deutschland und dem betreffenden Land, in dem und nach dessen Vorschriften die geographische Herkunftsangabe Schutz beanspruchen kann, eine spezielle Anspruchsgrundlage gegen die Nutzung der Domain erwächst. Hier nur von den deutschen Vorstellungen auszugehen, wäre insoweit zu kurz gesprungen. Über das bilaterale Abkommen können **Normen des Herkunftsstaates** in der Bundesrepublik Deutschland unmittelbar oder über § 3 UWG iVm § 4 Nr. 4 UWG in der Konstellation des Rechtsbruchs gemäß § 3a UWG (nämlich fremden aber kraft Abkommens im Inland anwendbaren Rechts) oder § 823 Abs. 2 BGB (Verletzung ausländischen Rechts als Schutzgesetz) in Verbindung mit

400 BGH MMR 2005, 534 – weltonline. BGH GRUR 2016, 1300 Rn. 39 – Kinderstube.

401 OLG München GRUR-RR 2011, 228 – sonntag.de; LG Köln MMR 2009, 508 – welle.de; LG Hamburg K&R 2009, 61 – wachs.de.

402 Zutreffend daher OLG Düsseldorf GRUR-RR 2003, 25 – duisburg-info.de.

403 BGH MMR 2007, 38 – solingen.info.

404 KG MMR 2013, 656 – berlin.com.

405 KG MMR 2013, 656 (658) – berlin.com.

406 KG, MMR 2019, 325 (327) – berlin.com II.

407 LG Frankfurt/Main MMR 2009, 704 (705) – Lufthansa-Domain.

408 OLG Frankfurt GRUR-RS 2015, 18529 – fairvesta-schaden.de; siehe auch OLG Hamburg MMR 2004, 415 – awd-aussteiger.de: In dieser Entscheidung hielt das OLG eine markenmäßige Benutzung von „AWD“ im Rahmen der Domain nicht für gegeben, weil durch den weiteren Bestandteil „aussteiger“ eine kritische Haltung gegenüber dem Kläger zum Ausdruck gebracht wurde, die deutlich mache, dass die Domain lediglich auf eine fremde Marke Bezug nehme. Die Frage kennzeichenmäßiger Benutzung wurde insoweit im Rahmen einer Gesamtwürdigung beurteilt.

409 ZB www.cty.de/infos/kamp-lintfort.htm, vgl. hierzu LG Duisburg Urt. v. 2.12.1999 – 8 O 219/99 – kamp-lintfort.cty.de, www.netlaw.de/urteile/lgdu_1.htm.

410 Vgl. LG Bochum Urt. v. 19.6.2002 – 40166/02 – zoll.de für das Namensrecht der Bundesrepublik Deutschland an der Bezeichnung Zoll, www.jurpc.de/rechtspr/20040168.htm; siehe auch LG Frankfurt MMR 2004, 113 – mormonen.de für das Namensrecht der Kirche Jesu Christi der Heiligen der letzten Tage an der Bezeichnung „Mormonen“, unter der ihre Mitglieder im Verkehr landläufig bekannt sind.

§ 1004 BGB Anwendung finden.[411] Stellt eine Domain zugleich den Namen einer Gemeinde und die Bezeichnung eines Berufes als **Gattungsbegriff** dar, so hat die Rechtsprechung im Hinblick auf eine Namensverletzung der Gemeinde zunächst darauf abgestellt, was der überwiegende Teil der Internetnutzer aus dem gesamten Sprachraum der Top-Level-Domain unter dem Begriff der Domain versteht.[412] Sachbegriff kann auch die Bezeichnung einer Behörde sein, deren Benutzung gleichzeitig Namensschutz nach § 12 BGB vermitteln kann.[413] Rechteinhaber ist das Bundesland (beziehungsweise in Fällen von Bundesbehörden die Bundesrepublik Deutschland), das Träger der Behörde ist.[414] Die Abgrenzung zwischen Sachbegriff und geschütztem Namen ist mitunter nicht eindeutig.[415]

Es ist daher in jedem Einzelfall nach den Gesamtumständen zu prüfen, ob eine Zeichennutzung im Rahmen der Domain kennzeichenmäßig erfolgt oder nicht.[416] 149

bb) Vorliegen von Identität und Rolle der Top-Level-Domain. Bei der Beurteilung, ob ein Name[417] und eine Domain identisch sind, wurde gelegentlich angenommen, dass eine identische Zeichenbenutzung vorliegt, wenn die geschützte Marke in identischer Form als **Second-Level-Domain** unter Hinzufügung einer **Top-Level-Domain** benutzt wird.[418] Bereits in der Entscheidung „soco.de" verneinte der BGH jedoch eine Identität des Firmenschlagworts „Soco" mit der Domain „soco.de", sah aber eine hohe Ähnlichkeit als gegeben an, weil der Verkehr dem Zusatz „.de" allein eine funktionale Bedeutung beimesse, sodass die Domain „soco.de" im gewerblichen Verkehr auf ein Unternehmen mit dem Namen „Soco" hinweise.[419] **Kennzeichnungsrelevantes bzw. prägendes Element** der Domain ist daher in aller Regel die Second-Level-Domain, sodass es im Regelfall bereits bei identischer Zeichenübernahme in der Second-Level-Domain zu einer Zuordnungsverwirrung kommt, unabhängig von der jeweiligen Top-Level-Domain.[420] 150

Sofern offizielle **Staatsnamen** als Second-Level-Domain verwendet werden, hat das KG die Top-Level-Domain unter Hinweis darauf, dass diese nicht etwa auf die Nationalität des Domaininhabers, sondern allenfalls auf das Land der Registrierung hinweise, bei der Beurteilung einer Zuordnungsverwirrung ebenfalls weitestgehend unberücksichtigt gelassen. So sei bei der Domain „tschechische-republik.at" davon auszugehen, dass sich die Tschechische Republik diese Domain bei der österreichischen Domainvergabestelle habe registrieren lassen. In der Registrierung dieser Domain durch einen Dritten liege deshalb eine Namensanmaßung.[421] 151

Es ist aber nicht ausgeschlossen, dass allgemeine, nicht länderspezifische Top-Level-Domains wie beispielsweise .biz und .pro einer Zuordnung zu bestimmten Namensträgern entgegenwirken, wenn diese nicht den typischen Nutzern derartiger Top-Level-Domains zuzurechnen sind.[422] Gerade auch angesichts der letzten Welle neuer Top-Level-Domains, die neben beschreibenden Begriffen auch Marken und Fantasiebegriffe (zB „.shop", „.fashion", „.sports") enthalten können, wird die Rechtsprechung Top-Level-Domains bei der Beurteilung der Zuordnungsverwirrung 152

[411] Vgl. insoweit OLG München WRP 2002, 111 – champagner.de, Revision hiergegen nicht zugelassen durch Beschluss des BGH v. 13.6.2002 – I ZR 292/01. In diesem Fall wurde ein Unterlassungsanspruch aus der geschützten geographischen Herkunftsangabe Champagner ausschließlich nach § 127 MarkenG und dahingehend geprüft, ob der Verbraucher Informationen zu dem Thema erwarte. Außer Acht gelassen wurde dabei das Deutsch-Französische Herkunftsabkommen von 1961, wonach eine französische Herkunftsangabe in der Bundesrepublik Deutschland den gleichen Schutz genießt, wie im Heimatland selbst. In Frankreich aber verstößt es gegen Art. L 711-4 Code de la Proprieté Intellectuelle, eine geographische Herkunftsangabe in Form von Kennzeichenschutz zu monopolisieren, was insbesondere für Markenregistrierungen und Domainregistrierungen, die neben geographischen Herkunftsangaben keine weiteren unterscheidungskräftigen Merkmale enthalten, gilt.

[412] LG Deggendorf CR 2001, 266 – winzer.de.

[413] BGH MMR 2012, 529 – regierung-oberfranken.de.

[414] Der Freistaat Bayern im Falle der Mittelbehörde „Regierung Oberfranken", BGH MMR 2012, 529.

[415] OLG Hamm MMR 2016, 691 – polizei-jugend-schutz.de, wonach „Polizei" eine eindeutige Zuordnung zu den Polizeibehörden des Bundes und der Länder vermittelt und daher Namensschutz nach § 12 BGB genießt; dagegen LG Hamburg CR 2001, 131 – marine.de oder OLG Köln MMR 2006, 31 – mahngericht.de, wonach kein Namensschutz zugunsten des klagenden Landes bestand.

[416] Zutreffend insoweit OLG Stuttgart CR 2002, 529 – netz.de.

[417] Diese Ausführungen gelten für Marken und Geschäftsbezeichnungen als ältere Kennzeichen entsprechend.

[418] KG GRUR-RR 2004, 18 bandit.de; ebenso Goldmann, § 13 Rn 122; Ingerl/Rohnke, § 14 Rn 286, unter Verweis auf das weniger restriktive Verständnis des Begriffes Zeichenidentität in der Rechtsprechung des EugH (vgl. etwa EuGH GRUR 2010, 841 Rn. 47 – Portakabin/Primakabin).

[419] BGH GRUR 2005, 262 (263) – soco.de; ebenso BGH GRUR 2009, 1055 Rn. 66 – airdsl; BGH GRUR 2011, 617 Rn. 20 – Sedo; OLG Köln GRUR-RR 2015, 292 Rn. 47 – Ich bin dann mal weg (»hochgradig ähnlich«).

[420] BGH GRUR 2016, 810 Rn. 42 – Profitbricks.es.

[421] KG MMR 2007, 600 – tschechische-republik.at/.ch/.com.

[422] BGH MMR 2007, 38 – solingen.info.

oder Verwechslungsgefahr mit einzubeziehen haben.[423] Je nach Kennzeichnungskraft der Second-Level-Domain kann die Top-Level-Domain geeignet sein, den Gesamteindruck der Domain mit- oder vollständig zu prägen.[424] Auch kann die Top-Level-Domain allein eine Marke verletzen.[425]

153 Im Gegenzug kann eine Top-Level-Domain eine Zeichenidentität und in der Folge eine Zuordnungsverwirrung auch gerade erst begründen, nämlich dann wenn der geschützte Name nach Art eines Domainnamens (mit entsprechender Top-Level-Domain) gebildet ist.[426]

154 *cc) Rolle von berechtigtem Interesse und Bekanntheit des Zeichens, Identität bzw. Ähnlichkeit der Wirkungskreise, Branchen bzw. Waren oder Dienstleistungen:* Für das Durchgreifen namensrechtlicher Unterlassungsansprüche ist lediglich eine Interessenverletzung des Namensträgers erforderlich.

155 Eine Interessenverletzung setzt nicht unbedingt voraus, dass der Inhaber der Domain auf einem gleichen oder ähnlichen Gebiet wie der Inhaber des geschützten Namens tätig ist oder werden will.[427] Das Namensrecht ist insoweit – insbesondere seit der Entscheidung des BGH in Sachen „maxem.de" – ein scharfes Schwert. Denn ein namensrechtlicher **Unterlassungsanspruch** ist bereits dann gegeben, wenn der **eigene Name durch einen Nichtberechtigten registriert wird.** Nicht berechtigt ist insoweit jeder, der sich auf kein gleichwertiges Namensrecht oder sonstige berechtigte Interessen berufen kann.[428] Im Ergebnis bedeutet diese Entscheidung: Werden **namensrechtliche** Ansprüche geltend gemacht, so ist auch bei durchschnittlich kennzeichnungskräftigen Zeichen darauf zu erkennen, dass das Namensrecht sich **branchenübergreifend** durchsetzt, wenn der Beklagte weder ein vorrangiges noch ein gleichrangiges Recht oder berechtigtes Interesse an der Bezeichnung geltend machen kann.[429]

156 Im Falle von **Gleichnamigkeit** des Namensinhabers und des Domaininhabers gilt grundsätzlich das Prioritätsprinzip, dh derjenige hat Vorrang der sich die Domain zuerst gesichert hat. Der Namensinhaber hat nur dann Vorrang gegenüber dem Domaininhaber, wenn es sich um einen berühmten Namen oder einen Namen von überragender Verkehrsgeltung handelt, der gegen Verwässerungsgefahr und Rufausbeutung zu schützen ist.[430] Ebenso wenig setzt sich das Namensrecht einer Gemeinde grundsätzlich gegen das gleichwertige Namensrecht einer Privatperson oder eines Unternehmens durch.[431] Das Recht der Gleichnamigen findet auch Anwendung auf der Eigentümer einer Liegenschaft, die im allgemeinen Sprachgebrauch des maßgeblichen Verkehrs mit den bürgerlichen Namen einer Familie bezeichnet wird. Der Eigentümer der Liegenschaft kann diese Bezeichnung ungeachtet der Zustimmung der Namensträger für die Liegenschaft oder einen damit verbundenen Geschäftsbetrieb (weiter) verwenden, wenn hierfür ein berechtigtes Interesse besteht.[432] Für die Frage, ob ein Domaininhaber selbst über Namens- oder Kennzeichenrechte verfügt und damit ggf. das Recht der Gleichnamigen Anwendung findet, kommen grundsätzlich auch im Ausland bestehende Rechte in Betracht.[433] Bei einer Domain mit Top-Level-Domain .de ist aber zusätzlich ein berechtigtes Interesse an der länderspezifischen Domain erforderlich.[434]

157 Das Recht der Gleichnamigen ist im Verhältnis Namensinhaber – Domaininhaber auch dann anwendbar, wenn der Domaininhaber selbst gar nicht Namensträger, sondern lediglich **Treuhän-**

---

[423] Jaeger-Lenz GRUR-Prax 2012, 543.

[424] Prinz/Stüver WRP 2012, 920 (922); Leyebdecker-Langner MMR 2014, 288 (289).

[425] OLG Frankfurt a. M., WRP 2017, 478 – Erstbegehungsgefahr für Verletzung einer Unionsmarke nach Erwerb einer neuen generischen Top-Level-Domain.

[426] Vgl. Apel/Große-Ruse WRP 2000, 816 (817) unter Hinweis auf LG Hamburg Urt. v. 30.9.1998 – 315 O 278/98 – xtranet/xtra.net sowie auf den hypothetischen Fall „france-tele.com". Vgl. auch OLG Hamburg MMR 2004, 280 – tipp.AG/tipp.ag, das diesen Fall jedoch nach wettbewerbsrechtlichen Kriterien beurteilt hat.

[427] BGH WRP 2003, 1215 – maxem.de; OLG München MMR 2002, 627 (628)– duck.de.

[428] Gleichwertiges Namensrecht kann auch ein Pseudonym sein, sofern dieses dem namensrechtlichen Schutz zugänglich ist, dh der Verwender unter diesem Namen auch im Verkehr bekannt ist, siehe BGH WRP 2003, 1215 – maxem.de; daran anknüpfend AG Nürnberg ZUM-RD 2004, 600 – kerner.de. Zu Art. 5 GG als berechtigtes Interesse siehe auch KG MMR 2002, 686 – oil-of-elf.

[429] LG Düsseldorf MMR 1999, 369 – nazar.de; im Ergebnis auch LG Magdeburg K&R 1999, 426 – foris.de.

[430] OLG Hamm CR 1998, 241 – krupp.de; BGH WRP 2002, 694 – shell.de, zu Unrecht zweifelnd LG Düsseldorf MMR 2004, 111 – hudson.de; OLG Hamburg GRUR RR 2002, 100 – derrick.de.

[431] Zutreffend OLG Koblenz, WRP 2002, 340 – vallendar.de sowie LG Osnabrück MMR 2006, 248 – melle.de; insoweit zu Recht als „domainrechtlicher Fehltritt" beurteilt: OLG Oldenburg MMR 2004, 34 – schulenberg.de mAnm Nietzel.

[432] BGH MMR 2012, 376 – Landgut Borsig.

[433] BGH GRUR 2013, 294 (296) – dlg.de.

[434] BGH GRUR 2013, 294 (296) – dlg.de.

der für einen dahinter stehenden Namensträger ist. Der BGH hat der uneinheitlichen Rechtsprechung der Instanzgerichte[435] zu den so genannten **Treuhanddomains** mit der Entscheidung „grundke.de“ ein Ende gesetzt und klargestellt, dass sich der Treuhänder, auf dessen Namen die Domain registriert ist, im Falle einer Auftragsreservierung auf die Namensrechte des Auftraggebers berufen kann.[436] Voraussetzung ist jedoch eine **einfache und zuverlässige Möglichkeit der Überprüfung,** ob die Registrierung tatsächlich im Auftrag eines Namensträgers erfolgt ist.[437] Dies ist regelmäßig der Fall, wenn die Domain für einen Internetauftritt des dahinter stehenden Namensträgers genutzt wird. Der Nachweis über die Beauftragung kann nach Auffassung des Gerichts ansonsten auch durch eine **notarielle Beurkundung des Auftrags** geführt werden.[438] Wird zu dem Zeitpunkt, in dem ein Prätendent erstmals Ansprüche auf die Domain geltend macht, unter dieser im Internet lediglich der Hinweis „Hier entsteht eine neue Internetpräsenz“ angezeigt, rechtfertigt dies aber nicht die Annahme, dass die Registrierung im Auftrag des Namensträgers vorgenommen wird.[439] Gleiches wie bei Nachnamen gilt auch im Falle von Vornamen, jedoch nur dann, wenn der Vorname über eine überragende Bekanntheit oder außergewöhnliche Kennzeichnungskraft verfügt.[440] Wenngleich sich diese Rechtsprechung zu Treuhanddomains allein auf Namensrechte bezieht, muss Gleiches gelten, wenn die hinter dem Treuhänder stehende Person stattdessen über Markenrechte verfügt. Auch hierauf müsste sich der Treuhänder bei Vorliegen der vorgenannten Voraussetzungen berufen dürfen.[441] Wer behauptet, eine Domain im Auftrag des Inhabers registriert zu haben, trägt hierfür die Darlegungs- und Beweislast.[442]

Bei Gleichnamigkeit sind **Störungen einer bislang gleichgewichtigen Benutzungslage** zu vermeiden.[443] Unterhalten gleichnamige Handelsunternehmen ihre Ladengeschäfte nach einer zwischen ihnen geschlossenen Vereinbarung in verschiedenen Regionen, so kann die dadurch geschaffene Gleichgewichtslage gestört werden, wenn eines der beiden Unternehmen seinen Namen als Domain verwendet, ohne dabei deutlich zu machen, um welches der beiden Unternehmen es sich handelt.[444] Dem Prioritätsjüngeren ist zuzumuten, auch bei der Wahl seiner Internetadresse und nicht lediglich durch einen Hinweis auf der Website einen unterscheidungskräftigen Zusatz zu verwenden.[445] 158

Gegenüber dem namensrechtlichen[446] Unterlassungsanspruch können vor allem **Grundrechte** als berechtigte Interessen ins Feld geführt werden. Hier kommt insbesondere das Grundrecht auf **freie Meinungsäußerung gemäß Art. 5 GG** in Betracht. So kann der Gebrauch eines fremden Namens in einer Domain für ideelle Zwecke durch Art. 5 GG befugt sein.[447] Fälle politischen Meinungskampfes sind allerdings von den Gerichten mit unterschiedlichem dogmatischen Ansatz gelöst worden. In dem Fall der Domain „stoppesso.de“ hielt das LG Hamburg eine kennzeichenmäßige Benutzung der Marke „esso“ durch den Domaininhaber, eine Umweltorganisation, nicht für gegeben, da auch der flüchtige Verkehr bereits anhand des Bedeutungsgehalts der Formulierung „stoppesso“ erkenne, dass es sich um eine Plattform für Kritik an dem Unternehmen 159

[435] So vertrat das OLG Celle als Vorinstanz zum BGH in dem Fall raule.de die Auffassung, ein Domaininhaber könne sich nicht auf die Namensrechte eines Dritten berufen, vgl. OLG Celle MMR 2006, 558 – raule.de. Die gegenteilige Auffassung wurde unter anderem vom OLG Stuttgart vertreten, OLG Stuttgart MMR 2006, 41 – p. de.

[436] BGH MMR 2007, 594 – grundke.de. In diese Richtung schon BGH MMR 2006, 104 – segnitz.de in einem Fall, in dem sich die Holdinggesellschaft als Domaininhaberin auf die Kennzeichenrechte der Tochtergesellschaft berufen hat.

[437] BGH GRUR 2016, 1093 – grit-lehmann.com in Fortführung von BGH MMR 2007, 594 – grundke.de.

[438] BGH MMR 2007, 594 – grundke.de. Zusätzlich schlägt der BGH in dieser Entscheidung vor, dass die DENIC dem Treuhänder im Zuge der Registrierung die Möglichkeit einräumt, einen Hinweis auf seine Treuhänderstellung und den Treugeber zu hinterlegen, und diese Information nur mit Zustimmung des Treuhänders offenbart.

[439] BGH GRUR 2016, 1093 – grit-lehmann.com.

[440] BGH GRUR 2009, 608 – raule.de („Raule“ war der Vorname der Freundin des Domaininhabers).

[441] So auch Hellmich/Jochheim K&R 2007, 494 (495); Ströbele/Hacker/Thiering § 14 MarkenG, Rn. 46.

[442] OLG Karlsruhe MMR 2013, 517.

[443] BGH GRUR 2013, 397 Rn. 18 – Peek & Cloppenburg; BGH GRUR 2006, 159 (160) – hufeland.de; OLG Hamburg MMR 2004, 107 – holzmann-bauberatung.de.

[444] BGH GRUR 2010, 738 – Peek & Cloppenburg.

[445] OLG Hamburg MMR 2004, 107 – holzmann-bauberatung.de, insoweit in deutlicher Abgrenzung zu der Entscheidung BGH WRP 2002, 691 – vossius.de, wonach aus der Verpflichtung eines Namensträgers, seinen Namen im geschäftlichen Verkehr nur mit einem unterscheidenden Zusatz zu verwenden, nicht zwingend das Verbot folgt, den Namen als Internetadresse zu verwenden, die vom OLG Hamburg als Einzelfallentscheidung unter den dort besonderen Umständen des Falles bezeichnet wird.

[446] Diese Ausführungen gelten insoweit gleichermaßen für Namens- und Markenrechte sowie Rechte an Geschäftsbezeichnungen.

[447] KG MMR 2002, 686 – Oil-of-Elf.

handelt.[448] Demgegenüber sah das LG Düsseldorf in der Verwendung der Domain „scheiss-t-online.de" für eine Kritikseite eine Markenverletzung nach § 14 Abs. 2 Nr. 3 MarkenG, da dadurch die Wertschätzung der Marke „t-online" in unlauterer Weise beeinträchtigt werden könne.[449] Ließ das OLG Hamburg einen Unterlassungsanspruch in seiner Entscheidung zur Domain „awd-aussteiger.de", unter der eine Kritikseite vorgehalten wurde, noch an der fehlenden markenmäßigen Benutzung des Firmenkennzeichens „AWD" scheitern,[450] so bejahte es in seiner Entscheidung zur Domain „awd-aussteiger.us" einen Unterlassungsanspruch aus §§ 824, 826 BGB unter Hinweis darauf, dass jedenfalls für das Innehaben mehrerer solcher Domains kein schutzwürdiges Interesse bestehe.[451] Bei Domains, unter denen kritische Inhalte über den Markeninhaber abrufbar sind, muss sich allerdings **bereits aus der Domainbezeichnung** selbst für den Nutzer unmissverständlich ergeben, dass es sich nicht um eine Seite des Namensinhabers selbst, sondern eines Dritten handelt.[452] Dies gilt insbesondere auch im politischen Diskurs, sodass die Domain „wir-sind-afd.de" nicht ausreichend klar den sich dahinter verbergenden satirischen und die Partei (AfD) gerade kritisierenden Inhalt erkennbar machte. Denn insoweit liege nicht nur eine namensrechtliche Verletzung vor, sondern auch die grundrechtlich verbürgte Aufgabe von Parteien (Art. 21 Abs. 1 GG), ihren Beitrag zur politischen Willensbildung zu leisten, werde konterkariert.[453] Nicht überzeugend ist daher die Argumentation des OLG Hamm in Sachen „castor.de", da hier ein Hinweis auf eine kritische Einstellung in der Domain als solcher gerade fehlte und entscheidend auf den Inhalt der Website abgestellt wurde (Kritik einer Gruppierung von Atomkraftgegnern an den Herstellern der „Castor"-Behälter).[454]

160 *dd) Konkurrenzen.* Bei dem parallelen Bestehen von Markenrechten oder Rechten an einer besonderen Geschäftsbezeichnung ist das Kennzeichenrecht lex specialis gegenüber dem Namensrecht.[455] Namensrecht bleibt aber anwendbar, wenn die besonderen Voraussetzungen (zB Handeln im geschäftlichen Verkehr) im konkreten Streitfall nicht gegeben sind oder eine Rechtsfolge (zB Löschung des Domainnamens) begehrt wird, die aus kennzeichenrechtlichen Vorschriften deswegen nicht hergeleitet werden kann, weil das Halten des Domainnamens für sich genommen die Voraussetzungen einer Kennzeichenverletzung nicht erfüllt.[456]

161 **b) Ansprüche aus Marken.** Im geschäftlichen Bereich bieten vor allem § 14 MarkenG sowie Art. 9 UMV Anspruchsgrundlagen gegen die Benutzung von Domainnamen, wenn die Verletzung einer Marke in Frage steht. **Markenschutz** in Deutschland entsteht in der Regel durch Eintragung, dh durch Registrierung eines angemeldeten Kennzeichens beim DPMA, beim EUIPO oder durch Schutzerstreckung einer IR-Marke bei der WIPO. Markenrechtlichen Schutz können auch **geographische Herkunftsangaben** gegenüber prioritätsjüngeren Domains nach §§ 126 bis 129 MarkenG in Anspruch nehmen. Dabei kommt für geographische Herkunftsangaben im Falle von Sachverhalten, die nicht unter §§ 126 ff. MarkenG fallen, ein ergänzender wettbewerbsrechtlicher Schutz nach §§ 5 Abs. 1, 3 UWG oder im außerwettbewerbsrechtlichen Bereich nach §§ 823, 1004 BGB in Betracht, gegebenenfalls in Verbindung mit ausländischen Rechtsnormen, die kraft Abkommen (zB Deutsch-Französisches Abkommen zum Schutz von Ursprungsangaben von 1961) Schutz im Inland beanspruchen.[457]

162 *aa) Marke und Domain sind identisch.* Bei dem Zusammentreffen von Marke und Domain ist zunächst die Frage zu beantworten, wann eine **Identität** von geschütztem Zeichen und Domain vorliegt. Diese Frage ist deshalb von besonders großer Bedeutung, weil es in dem Fall, in dem das geschützte Zeichen eine Marke ist, für den Unterlassungsanspruch im Falle von **Doppelidentität**

[448] LG Hamburg MMR 2003, 53 – stoppesso.de; insoweit gleicher Lösungsansatz bei OLG Hamburg MMR 2004, 415 – awd-aussteiger.de.
[449] LG Düsseldorf JurPC Web-Dok. 267/2002 – scheiss-t-online.de.
[450] OLG Hamburg MMR 2004, 415 – awd-aussteiger.de.
[451] OLG Hamburg MMR 2005, 117 – awd-aussteiger.us.
[452] LG München I BeckRS 2008, 21391 – Schloss Eggerberg; nicht gegeben laut OLG München BeckRS 2012, 7095 – edw-info.de für eine Website, die sich kritisch mit dem Angebot des Namensträgers auseinandersetzt.
[453] OLG Köln GRUR-RS 2018, 23268 Rn. 11 – wir-sind-afd.de; ebenso LG Köln BeckRS 2018, 17344 Rn. 48 in Bezug auf die Domains afdmenden.de und afd-menden.de.
[454] OLG Hamm MMR 2003, 478 – castor.de. Ebenfalls nicht überzeugend KG CR 2002, 760 (762) – oil-of-elf.de, wonach die Wahl eines Domainnamens zur Platzierung von Unternehmenskritik unter dem Schutz des Art. 5 Abs. 1 GG stehen könne.
[455] GRUR 2002, 622 – shell.de mwN.
[456] BGH MMR 2012, 233 – Basler Haar-Kosmetik.
[457] Vgl. dazu die europarechtliche Lage in EuGH GRUR 2016, 970.

von Zeichen und Waren bzw. Dienstleistungen im Sinne von § 14 Abs. 2 Nr. 1 MarkenG nicht mehr darauf ankommt, ob Verwechslungsgefahr besteht. Grundsätzlich liegt Zeichenidentität nur dann vor, wenn zwischen Marke und benutzter Kennzeichnung vollständige Identität gegeben ist. Bei aus Buchstaben gebildeten Marken ist daher grundsätzlich **Übereinstimmung in allen Buchstaben** erforderlich.[458]

Bei Domains ist dabei von besonderer Bedeutung, wie Leerzeichen oder (fehlende) Sonderzeichen beurteilt werden, die bei einer „normalen" Marke auftreten können, bei Domains rein technisch bedingt jedoch nicht. Außerdem ist notwendiger Bestandteil einer jeden Domain gleichzeitig die Top-Level-Domain. Wie jedoch bereits im Zusammenhang mit namensrechtlichen Ansprüchen erörtert, liegt nach der Rechtsprechung des BGH entgegen der Entscheidungen einiger Instanzgerichte keine Zeichenidentität, sondern lediglich hochgradige Zeichenähnlichkeit vor, wenn eine geschützte Marke in identischer Form als Second-Level-Domain unter Hinzufügung einer Top-Level-Domain benutzt wird. Denn auch die Hinzufügung beschreibender Zusätze schließt die Annahme einer Zeichenidentität aus.[459] Zur Identität gelangt man allenfalls dann, wenn auch die geschützte Marke nach Art eines Domainnamens (mit entsprechender Top-Level-Domain) gebildet ist. 163

bb) Bedeutung des Websiteinhalts bzw. Waren-/Dienstleistungsidentität/-ähnlichkeit. Für das Durchgreifen **markenrechtlicher** Unterlassungsansprüche, die auf eine eingetragene Marke gegründet werden, ist bei Identität oder Ähnlichkeit zwischen Marke und Domain gemäß §§ 14 Abs. 2 Nr. 1, Nr. 2 MarkenG neben einer Nutzung der Domain im geschäftlichen Verkehr vor allem erforderlich, dass – wird die prioritätsjüngere Domain tatsächlich für das Bewerben oder Vertreiben bestimmter Waren und Dienstleistungen auf einer Website genutzt – zwischen den Waren bzw. der Branche, für die das Kennzeichen Schutz genießt, und dem Angebot, das sich hinter der Domain verbirgt bzw. darüber abrufbar ist, jedenfalls Ähnlichkeit besteht.[460] Der **Website-Inhalt** ist also für die Beurteilung markenrechtlicher Ansprüche gegen die Domainnutzung maßgebend.[461] Für Ansprüche als Unternehmenskennzeichen gemäß § 15 Abs. 2, 4 MarkenG ist die Branchennähe entscheidend.[462] Der Inhaber einer Marke oder einer geschäftlichen Bezeichnung kann nicht grundsätzlich verhindern, dass eine identische Domain für unähnliche Waren und Dienstleistungen bzw. in einer anderen Branche benutzt wird. Im Ergebnis ist die Verwendung einer mit einem geschützten Kennzeichen identischen Domain deshalb im seltensten Fall generell unzulässig, sondern regelmäßig nur für waren- oder dienstleistungsähnliche bzw. branchennahe Webinhalte. Ein auf das Markenrecht gestützter Anspruch auf Löschung der Domain (oder – damit gleichbedeutend – Verzicht), der auf die Verhinderung der Domainnutzung als solche abzielt, scheidet daher vielfach aus.[463] 164

Etwas anderes gilt gemäß § 14 Abs. 2 Nr. 3, 15 Abs. 3 MarkenG nur dann, wenn es sich bei dem Angriffskennzeichen um eine **bekannte Marke** oder bekannte geschäftliche Bezeichnung handelt.[464] Diese genießen Schutz auch über den Waren- und Dienstleistungsähnlichkeitsbereich hinaus. Erforderlich ist hierfür ergänzend, dass die Domainnutzung eine **unlautere Ausnutzung oder Beeinträchtigung der Unterscheidungskraft oder Wertschätzung** des bekannten Kennzeichens darstellt.[465] 165

[458] BGH GRUR 2015, 607 Rn. 22 – Uhrenankauf im Internet; GRUR 2015, 1009 Rn. 15 – BMW-Emblem; GRUR 2015, 1201, Rn. 63 – Sparkassen-Rot/Santander-Rot; GRUR 2016, 197 Rn. 23 – Bounty; GRUR 2016, 705, Rn. 30 – ConText; GRUR 2016, 1300, Rn. 61 – Kinderstube.

[459] BGH GRUR 2005, 262 (263) – soco.de; GRUR 2009, 1055, Rn. 66 – airdsl; GRUR 2011, 617, Rn. 20 – Sedo; OLG Köln GRUR-RR 2015, 292, Rn. 47 – Ich bin dann mal weg (»hochgradig ähnlich«); OLG München MMR 2002, 170 – mbp.de; KG NJW-RR 2001, 180 – checkin.com.

[460] Zutreffend OLG Frankfurt a. M. WRP 2000, 772 – alcon.de; OLG Köln MMR 2002, 475 – gus.de KG CR 2004, 135 – bandit.de.

[461] OLG Köln GRUR-RR 2006, 267 (268) – investment.de; KG CR 2004, 135 – bandit.de; OLG Hamburg MMR 2002, 682 – siehan.de; OLG Hamburg GRUR RR 2001, 126 – intershop; LG Berlin BeckRS 2015, 15007.

[462] Siehe die Entscheidungen BGH MMR 2005, 313 (314) – mho.de und BGH MMR 2005, 171 (172) – soco.de, in denen Branchennähe jeweils für erforderlich gehalten wurde. Vgl. auch LG Frankfurt a. M. GRUR-RS 2018, 13250 – abc-law.de.

[463] Zum Löschungsanspruch siehe im Einzelnen unten unter → Rn. 195 f.

[464] BGH GRUR 2007, 259 Rn. 52 – solingen.info; BGH GRUR 2002, 622 (627) – shell.de; OLG Karlsruhe MMR 2003, 399 – zwilling.de; OLG München K&R 1999, 569 f. – rollsroyce.de; CR 1998, 556 – freundin.de; OLG Hamm CR 1998, 241 – krupp.de.

[465] Vgl. die Entscheidung BGH MMR 2007, 702 – euro-telekom.de, in der das Gericht ausführt, dass bei branchenfernen Inhalten die Verwendung der Domain nur dann unzulässig ist, wenn darin eine nach § 15 Abs. 3 MarkenG un-

166 *cc) Marke und Domain sind ähnlich.* Nachdem in der Frühzeit des Internets die „Grabbing"-Fälle vorherrschten, dh Fälle, in denen der Dritte die mit einer geschützten Marke identische Domain okkupierte, wird das Prozessgeschehen heute von Fällen dominiert, in denen die Domain und das geschützte Kennzeichen **ähnlich** sind. Diese Konstellation tritt auch zunehmend bei der Verletzung von Namensrechten auf. Eine konsequent durchgeführte Markenstrategie fordert von Unternehmen zur Aufrechterhaltung der Kennzeichnungskraft ihrer Marken im Wege der Kollisionsüberwachung, dass diese gegen verwechselbare Kennzeichnungen vorgehen müssen, also auch gegen **verwechselbare Domains** im Internet. Die Besonderheit beim Vorgehen gegen eine mit einer Marke oder mit einem Namen lediglich ähnliche Domain liegt darin, dass für den berechtigten Marken- oder Namensinhaber **keine Blockierungswirkung** eintritt, dh er selbst an seinem Auftritt im Internet unter „seiner Marke" nicht gehindert ist.

167 Der überwiegende Teil von Rechtsprechung und Lehre sieht keine Veranlassung, bei der Beurteilung von ähnlichen Domains andere Maßstäbe als die des traditionellen Markenrechts anzulegen.[466] Dem steht die Auffassung entgegen, dass die **Anforderungen an die Verwechslungsgefahr** bei der Nutzung einer Kennzeichnung als Domain **höher** anzusetzen sind als bei der Prüfung von Kennzeichen außerhalb einer Domainbezeichnung.[467] Begründet wird dies mit den fehlenden **Koexistenz- sowie Ausweich- und Differenzierungsmöglichkeiten.** Anders als im Markenrechtssystem bestehen gerade keinerlei Koexistenzmöglichkeiten von identischen und verwechselbar ähnlichen Zeichen in unterschiedlichen Waren- und Dienstleistungsklassen. Damit sei weder die Nutzung einer Domain nur für die Darstellung einzelner Waren- oder Dienstleistungsgruppen möglich, noch könne eine Domain nur regionale Verwendung finden. Jede Domain könne weltweit nur einmal vergeben werden. Das führe zwangsläufig dazu, dass der zur Verfügung stehende Namensraum immer enger werde und sich die Domainbezeichnungen aneinander annähern. Dies schaffe im Gegenzug aber auch die Notwendigkeit für den Nutzer, sorgfältiger auf Unterschiede sowohl in der Schreibweise der Domain als auch in dem dargebotenen Inhalt zu achten. Schließlich handelt es sich bei dem Internetnutzer um einen verständigen Durchschnittsverbraucher, der weiß, dass er die Domain gezielt eintippen und ansteuern muss.[468] Diese Auffassung ist vorzugswürdig: Auch wenn ein Schutz von Marken gegen verwechselbar ähnliche Domains gegeben sein muss, so ist doch eine **restriktivere Praxis** geboten, jedenfalls sollten die Besonderheiten des Domainrechts berücksichtigt werden.

168 Trifft ein Kennzeichen auf einen Sachbegriff in Form einer Domain, so kann sie sich – Nutzung im geschäftlichen Verkehr für ähnliche Waren bzw. Dienstleistungen oder in ähnlichen Branchen unterstellt – gegenüber der Domain in der Regel nicht durchsetzen. Denn ist das **Zeichen zu Unrecht eingetragen** worden, kann es dennoch von anderen Wirtschaftsteilnehmern frei verwendet werden. Auf Übereinstimmungen mit der beschreibenden Angabe selbst kann die Prüfung der Verwechslungsgefahr von Marke und Domain regelmäßig nicht gestützt werden. In der Vergangenheit hat der BGH und die Instanzenrechtsprechung eine Zeichenähnlichkeit daher nur bejaht, soweit die für die Kennzeichnungskraft maßgeblichen Unterschiede der Marke auch in der Domain zum Ausdruck kommen und sich Marke und Domain damit in vergleichbarer Weise an einen beschreibenden Begriff anlehnen.[469] Zwischenzeitlich hat der BGH aber klargestellt hat, dass einander gegenüberstehende Zeichen bei der Prüfung der Zeichenähnlichkeit als Ganzes zu berücksichtigen sind und in ihrem Gesamteindruck zu vergleichen sind. Daher sind auch beschreibende Zeichenbestandteile in diese Betrachtung einzubeziehen und nicht von Vornherein vollkommen zu vernachlässigen.[470]

169 Bei Marken mit **unterdurchschnittlicher Kennzeichnungskraft,** die unter Umständen ihren Weg ins Markenregister nur durch einen Bildbestandteil gefunden haben, muss auch bei identischen Waren schon ein Bindestrich oder eine andere **geringfügige Abweichung ausreichen,** um Marke

---

lautere Ausnutzung oder Beeinträchtigung der Unterscheidungskraft oder Wertschätzung des bekannten Kennzeichens zu sehen ist.

[466] Bettinger, Handbuch des Domainrechts, S. 152; LG München CR 2000 464, – intershopping.de; LG Hamburg Urt. v. 30.9.1998 – 315 O 278.98 – xtranet ./. xtra-net.de und xtra.net.

[467] OLG Köln GRUR-RR 2005, 16 (18) – Kreuzfahrten; KG GRUR-RR 2001, 180 – checkin.com.

[468] OLG Köln GRUR-RR 2005, 82 – bit-bau.de; Obiter dictum in OLG Rostock K&R 2000, 303 – mueritz-online.de; OLG Hamm NJW-RR 1999, 631 – pizza-direkt; KG GRUR-RR 2001, 180 – checkin.com; Kur CR 1996, 590 (593); Poeck in: Schwarz, Recht im Internet, 4.4.4 (S. 14 ff.); Jaeger-Lenz K&R 1998, 9 ff.; Wegner CR 1999, 250 (255).

[469] OLG Hamburg MMR 2013, 101 (102) – creditolo/kredito.de unter Hinweis auf BGH GRUR 2011, 826 – Enzymax/Enzymix und GRUR 2008, 803 – HEITEC.

[470] BGH GRUR-RS 2020, 13957 Rn. 71 – INJEKT/INJEX.

und Domain ausreichend abzugrenzen.[471] Selbst bei Identität der Domain mit dem Wortbestandteil einer solchen Wort-/Bildmarke, deren Wortbestandteil ausgesprochen kennzeichnungsschwach ist, wird man eine Verwechslungsgefahr in der Regel verneinen müssen.[472] Teils legen Gerichte hier aber einen großzügigeren Maßstab an: So hat das OLG Frankfurt a. M. eine Verwechslungsgefahr bei identischen Waren und Dienstleistungen bejaht, wenn eine kennzeichnungsschwache Wortmarke in einer Domain identisch mit lediglich geographischem Zusatz benutzt wird („zahnklinik-dortmund.de").[473]

Wird aus einer Marke mit **durchschnittlicher Kennzeichnungskraft** vorgegangen, so sollte das Abwägungsergebnis grundsätzlich noch einmal kritisch vor dem Hintergrund der Besonderheiten von Domain-Auswahl und den Gewohnheiten der Internet-Nutzer geprüft werden. Ausschlaggebend für die Frage der Zeichenähnlichkeit dürfte regelmäßig die Second-Level-Domain sein, der im Rahmen der Gesamtgestaltung prägende oder zumindest eine selbstständig kennzeichnende Stellung zukommt. Hingegen ist die Top-Level-Domain bei der Bestimmung der Ähnlichkeit zu vernachlässigen, da ihre rein funktionale Bedeutung hinlänglich bekannt sei.[474] 170

Eine Markenähnlichkeit kann unter den folgenden Gesichtspunkten zu bejahen sein: (1) Ähnlichkeit im Klang, (2) Ähnlichkeit im Bild bzw. Schriftbild und (3)begriffliche Ähnlichkeit (Ähnlichkeit im Sinngehalt). Der Internet-Nutzer spricht – im Gegensatz zum Verbraucher, der im Laden ein Produkt nachfragt – die Domain in der Regel nicht aus, sondern tippt sie gezielt ein, nachdem er durch Werbung von ihr Kenntnis erlangt hat, oder wird durch einen Link zu ihr verbunden. In der Vergangenheit wurde daher zum Teil angenommen, dass es auf eine **klangliche Verwechselbarkeit nicht in einem so hohen Maße** ankommen kann, wie üblicherweise im Markenrecht.[475] Eher die schriftbildliche Ähnlichkeit müsse für mögliche Verwechslungen zum Tragen kommen. Die **klangliche Ähnlichkeit** zwischen Marke und Domain kann aber keinesfalls vollkommen vernachlässigt werden, weil eine Domain auch in Gesprächen und in der Werbung (zB in Fernseh- und Rundfunkwerbung) benannt werden kann.[476] Der Klang eines Wortes prägt daher auch dann, wenn er dem Verkehr – wie im Internet – überwiegend in schriftlicher Form begegnet, das Erinnerungsbild grundlegend mit und ist nicht von vollkommen untergeordneter Bedeutung.[477] Auch Abweichungen in der konzeptionellen Bedeutung von Marke und Domain können eine erhebliche Rolle spielen.[478] 171

Sind bei Mehrwortzeichen die Elemente von älterer Marke und jüngerer Domain identisch, aber die Reihenfolge umgekehrt, tritt diese als besonders irrtumsanfälliges Unterscheidungsmerkmal in den Hintergrund.[479] 172

Die Grundsätze der Verwechslungsgefahr bei Serienzeichen finden auch auf Domains Anwendung.[480] Relevant sind insofern vor allem die so genannten **Tippfehlerdomains,** bei denen der Domaininhaber letztlich darauf spekuliert, Internet-Nutzer durch die Einkalkulierung von Buchstabendrehern oder anderen Tippfehlern auf die eigene Website locken zu können.[481] Ebenso sind Fälle zu beurteilen, in denen der Inhaber einer Domain „de.de" Marken als Third-Level-Domain benutzt, um unter Ausnutzung einer irrtümlicherweise eingegebenen zusätzlichen .de-Endung Benutzer auf seine Seite zu bringen.[482] Demgegenüber ist die Auffassung des OLG Hamm abzulehnen, wonach die Domain „ringlockschuppen.com", auf der Werbung für eine Diskothek geschaltet wurde, nicht die Namensrechte des im Internet unter der Domain „ringlokschuppen.com" agierenden Veranstaltungszentrums „Ringlokschuppen" verletze, solange die Internetbenutzer den Fehler bemerken und weitersuchen würden.[483] Auch bei Tippfehler-Konstellationen ist ent- 173

[471] Zutreffend insoweit OLG Hamburg K&R 2007, 271 – test24.de sowie OLG Hamm NJW-RR 1999, 631 – pizza-direkt.de.
[472] BGH GRUR 2003, 963 (964) – AntiVir/AntiVirus; OLG Dresden MMR 2015, 193 (194) – fluege.de; OLG Frankfurt a. M. BeckRS 2015, 10902 – neuro-spine-center.de; OLG Hamm GRUR-RR 2015, 526 – grillstar.de. LG Frankenthal/Pfalz MMR 2006, 116 – guenstig.de.
[473] OLG Frankfurt a. M. MMR 2012, 553 – zahnwelt-dortmund.de.
[474] BGH MMR 2009, 534, Rn. 26 – ahd.de.
[475] Jaeger-Lenz K&R 1998, 9 (13).
[476] OLG Hamburg MMR 2006, 226 – kompit.de; OLG Hamburg MMR 2003, 669 – be-mobile.de.
[477] OLG Hamburg MMR 2013, 101 – creditolo/kredito.de; LG Hamburg GRUR-RS 2015, 179 – mspeed.de.
[478] BGH GRUR 2010, 235 – aidu.de.
[479] LG Köln BeckRS 2013, 14330– keyplanet/planetkey.
[480] LG Hamburg MMR 2010, 258 – boerse-vz.de.
[481] BGH GRUR 2014, 393 – wetteronline.de; LG Hamburg NJW-RR 2007, 338 – bundesliag.de.
[482] KG MMR 2012, 757 (759) – de.de.
[483] OLG Hamm MMR 2007, 391 – ringlockschuppen.com.

scheidend, inwieweit das verletzte Zeichen über ein Mindestmaß von Schutzfähigkeit und Unterscheidungskraft verfügt.[484]

174 Fälle mit **besonderen Unlauterkeitsmomenten,** in denen beispielsweise die Domain eine bewusste internetspezifische assoziative Weiterentwicklung zu der Marke darstellt und der Domaininhaber sich mit ihr gezielt an die Kreise wendet, denen die Marke bekannt ist (auch wenn es sich nicht um eine allgemein bekannte Marke handelt), könnten ergänzend über §§ 3, 5 Abs. 1 UWG, 826 BGB gelöst werden. Auch bei Streitigkeiten um Tippfehlerdomains sollten gegebenenfalls wettbewerbsrechtliche Ansprüche in Betracht gezogen werden.[485]

175 Bei dem Vergleich der einander gegenüberstehenden Zeichen ist im Falle von **mehrgliedrigen Zeichen** stets zu prüfen, ob Umstände dafür sprechen, dass der Verkehr die vollständigen Bezeichnungen auf einen ihrer – dann insoweit übereinstimmenden – Bestandteile reduzieren könnte.[486] Davon wird aber gerade im Fall einer Domain als verletzendes Zeichen noch weniger auszugehen sein als im Falle einer Offline-Kennzeichnung. Denn der Verkehr weiß, dass er Domains buchstabengenau einzutippen hat, da er sonst nicht auf die angesteuerte Seite treffen wird.

176 Entscheidend für die Beurteilung der Verwechslungsgefahr ist schließlich auch – wie bereits im Fall der identischen Domain – der Inhalt der Website, die mit der angegriffenen Domain aufgerufen werden kann, im Vergleich zu den Waren und Dienstleistungen, für die die Marke Schutz beansprucht.[487] Damit eine Verwechslungsgefahr gemäß § 14 Abs. 2 Nr. 2 MarkenG bzw. Art. 9 Abs. 2 lit. b UMV vorliegt muss in jedem Fall eine **Waren- oder Dienstleistungsähnlichkeit** bestehen.

177 Handelt es sich bei der Angriffsmarke um eine bekannte oder berühmte Marke, kommt dieser auch gegen ähnliche Domains ein erweiterter Schutzumfang gemäß § 14 Abs. 2 Nr. 3 MarkenG bzw. Art. 9 Abs. 2 lit. c UMV zu.[488] Der Inhaber einer **bekannten Marke** oder eines bekannten Namens ist stärker als der Inhaber einer Marke mit unterdurchschnittlicher Bekanntheit gehalten, den wertvollen Besitzstand, den die Marke darstellt, gegen Annäherungen zu verteidigen. Das ubiquitäre Medium Internet ist wohl auch mehr als die traditionellen Medien geeignet, eine bekannte Marke durch daran angenäherte Domain-Bezeichnungen zu verwässern und die Unterscheidungskraft der Marke zu beeinträchtigen.[489] Das ergibt sich vor allem daraus, dass eine Domain bei jedem Internetausdruck miterscheint, durch zahlreiche Links weltweit verknüpft und in Suchmaschinen millionenfach reproduzierbar ausgeworfen wird.[490] Die Bekanntheit hilft vor allem über eine Waren-/Dienstleistungsunähnlichkeit hinweg; jedenfalls ähnlich müssen Marke und Domain aber sein.

178 Bei der Prüfung von Ansprüchen der Inhaber von Marken gegen Domains, bei denen die Ähnlichkeit mit der älteren Marke aus der **Kombination von Marke und einem Allgemeinbegriff** resultiert oder die durch einen Zusatz auf einen bestimmten Anwendungsbereich verweisen, sind die Schutzschranken der **§ 23 MarkenG und § 24 MarkenG** zu beachten. Nach § 23 Abs. 1 Nr. 1 MarkenG hat der Inhaber einer geschäftlichen Bezeichnung etwa nicht das Recht, einem Dritten zu untersagen, im geschäftlichen Verkehr dessen Namen zu benutzen, sofern die Benutzung nicht gegen die guten Sitten verstößt. Diese Vorschrift ist vor allem für das Recht der Gleichnamigen relevant. Bestand zwischen Gleichnamigen eine kennzeichenrechtliche Gleichgewichtslage, ist die Prüfung, ob eine Partei trotz Störung der Gleichgewichtslage ein schutzwürdiges Interesse an der Ausweitung ihres Tätigkeitsbereiches hat, eine Änderung der Marktverhältnisse miteinzubeziehen, aufgrund derer der Verkehr erwartet, dass die in der Branche tätigen Unternehmen ein bestimmtes Produktsortiment anbieten.[491] Auch kann einem Dritten gemäß § 23 Abs. 1 Nr. 2, 2. Alt. MarkenG etwa nicht untersagt werden, ein mit der Marke iden-

---

[484] LG Hamburg K&R 2009, 745 – wwwmoebel.de.

[485] Vgl. OLG Köln MMR 2012, 462 (463) – wetteronlin.de; hierzu auch OLG Jena MMR 2005, 776 – deutsche-anwalthotline.de, allerdings zu Tippfehlern bei Gattungsdomains.

[486] OLG Köln MMR 2004, 170 – schneider-intercom.de.

[487] OLG Hamburg MMR 2002, 682 – siehan.de; LG Düsseldorf MMR 2002, 489 – exes.de.

[488] BGH NJW 2002, 2031 (2034 f.) – shell.de; BeckRS 2018, 33320 Rn. 17 ff. – keine-vorwerk-vertretung.de (trotz der Zusätze „keine … Vertretung" verknüpfe der Verkehr die Domain mit der bekannten Marke Vorwerk; zust. Hackbarth GRUR 2019, 484); OLG Stuttgart GRUR-RR 2007, 313 (315) – Carrera; OLG Hamburg GRUR-RR 2002, 100 (102 f.) – derrick.de; OLG Hamm MMR 2001, 749 (750) – veltins.com; OLG Hamburg GRUR 2001, 838 (841) – 1001buecher.de.

[489] Vgl. zB für den Bereich des Werktitelrecht OLG Hamburg GRUR-RR 2018, 286 (289 f.) – Werktitel Tagesschau; ebenso für den Bereich des Unternehmenskennzeichenrecht LG Hamburg, GRUR-RS 2018, 25822 – DBO.

[490] Völker/Weidert WRP 1997, 652 (659); vgl. auch OLG Karlsruhe MMR 1998, 148 ff. – Südwest-Online.

[491] BGH BeckRS 2013, 03428 – voelkl.com; GRUR-Prax 2013, 181 mAnm Jacobs.

tisches oder ähnliches Zeichen als Angabe über Merkmal oder Eigenschaften von Waren oder Dienstleistungen zu nutzen. Das Landgericht München hat jedoch entschieden, dass diese Schutzschranke im Fall der Domain schufa-anwalt.de nicht eingreife, da ein wie auch immer geartetes Rechtsgebiet „SCHUFA-Recht" nicht existiert und die Verwendung einer bekannten Marke als Domainname über die mit einer notwendigen Leistungsbestimmung einhergehende Werbewirkung hinausgeht und nicht den anständigen Gepflogenheiten in Gewerbe oder Handel (§ 23 Abs. 2 MarkenG) entspricht.[492] Schließlich kann einem Dritten gemäß § 23 Abs. 1 Nr. 3 MarkenG nicht untersagt werden, die Marke oder die geschäftliches Bezeichnung zu Zwecken der Identifizierung oder zum Verweis auf Waren oder Dienstleistungen als die des Inhabers der Marke zu benutzen. Wenn sich aus der Domain selbst das berechtigte Interesse des Domaininhabers ergibt, die Marke im Rahmen der Gesamtdomain beschreibend zu verwenden, ist ein Unterlassungsanspruch wegen Verwechslungsgefahr nicht gegeben.[493] Ob das zutrifft, ist Frage der Bewertung der Domain im Einzelfall. Einige Instanzgerichte haben in derartigen Fällen § 23 MarkenG jedoch nicht für einschlägig gehalten, da die Nutzung der Marke in der Domain eine Nutzung für eigenen Waren und Dienstleistungen darstellte.[494] Das OLG Düsseldorf hat im Hinblick auf die Domain „peugeot-tuning.de" ausgeführt, dass keine Notwendigkeit für die Benutzung des Kennzeichens in der konkreten Art und Weise bestehe und es dem Domaininhaber ohne weiteres möglich sei, durch Aufnahme seines Namens und eines weiteren Zusatzes (zB Tuning „von" Peugeot-Fahrzeugen) deutlich zu machen, dass er und nicht der Kennzeicheninhaber oder ein von diesem hierzu ermächtigtes Unternehmen Anbieter der fraglichen Dienstleistungen sei.[495] Das LG Düsseldorf hat zu der Domain „cat-ersatzteile.de" entschieden, dass diese Bezeichnung nicht erforderlich sei, um auf den Vertrieb von Ersatzteilen für die Produkte der Kennzeicheninhaberin hinzuweisen. Ausreichend wäre vielmehr, das Kennzeichen innerhalb des Internetauftritts aufzuführen. Eine Wiedergabe in der Domain gehe demgegenüber über das erforderliche und damit zulässige Maß hinaus.[496] Ähnlich sah es das LG Hamburg in Sachen der Domain ebay-anwalt.de. Die Domain erwecke den Eindruck einer besonderen Autorisierung durch den Zeicheninhaber; demgegenüber weise der Hinweis auf der Website auf Beratung im „Ebay-Recht" in durch § 23 MarkenG gerechtfertigter Weise auf den Verwendungszweck hin.[497] Der BGH hat unlängst dieses weite Verständnis des markenrechtlichen Schutzes unterstrichen. So sei die Nutzung der Domain „keine-vorwerk-vertretung.de" durch einen Wiederverkäufer, der neben gebrauchten Vorwerk-Produkten auch Drittprodukte vertreibt, sittenwidrig und damit nicht nach § 23 Abs. 1 Nr. 3 MarkenG zulässig.[498] Denn trotz der Verbindung der Marke mit negativ abgrenzenden, beschreibenden Begriffen in der Domain, entstehe so eine Werbewirkung und Verwirrungsgefahr.[499]

Die aufgrund der Verwendung eines beschreibenden Begriffes begründete Verwechslungsgefahr mit einer älteren, aus einem beschreibenden Begriff bestehenden Marke, die verkehrsdurchgesetzt ist, begründet nicht zwangsläufig die Annahme eines Sittenverstoßes nach § 23 Nr. 2 MarkenG.[500] 179

dd) Rolle der Nutzung der Domain. Kann man sich nicht auf namensrechtliche Ansprüche stützen, bereiten Fälle, in denen die Domain zwar angemeldet ist, aber nicht genutzt wird, Schwierigkeiten. Denn Unterlassungsansprüche aus der Marke und geschäftlichen Bezeichnung setzen voraus, dass das gegnerische Zeichen **im geschäftlichen Verkehr** und **markenmäßig** genutzt wird. Die markenmäßige Benutzung eines Domainnamens liegt regelmäßig dann vor, wenn auf der unter der Domain erreichbaren Seite ein konkretes Waren- oder Dienstleistungsangebot erreichbar ist.[501] Außerdem wird eine markenmäßige Benutzung darin gesehen, wenn 180

[492] LG München I GRUR-RS 2020, 13728 – schufa-anwalt.de.

[493] Siehe OLG Hamburg MMR 2004, 415 – awd-aussteiger.de; nicht nachzuvollziehen insoweit Entscheidung LG Stuttgart MMR 2002, 486 – playmatemoni96.de, da die dortige Beklagte, eine Dame namens Moni, in der Tat im Jahre 1996 Playmate der Zeitschrift „Playboy" gewesen ist.

[494] OLG Frankfurt a. M. BeckRS 2011, 21518 – branchenbuch-gelbeseiten.com.

[495] OLG Düsseldorf MMR 2007, 188 – peugeot-tuning.de.

[496] LG Düsseldorf NJW-RR 2007, 617 – cat-ersatzteile.de.

[497] LG Hamburg MMR 2009, 143; vgl. zum Ganzen Demuth, zur Verwendung geschützter Marken in Domainnamen, WRP 2011, 1381.

[498] BGH GRUR 2019, 165 – keine-vorwerk-vertretung.

[499] BGH GRUR 2019, 165, Rn. 30 und 64 – keine-vorwerk-vertretung.

[500] BGH GRUR 2009, 678 – kein Anspruch der Deutsche Post AG aus „Post" gegen regio-post.de; ebenso BGH MMR 503 – turbo-post.de.

[501] OLG Hamburg MMR 2006, 608 (611), insoweit bestätigt durch BGH GRUR 2009, 685 Rn. 22 – ahd.de; BGH GRUR 2009, 1055 Rn. 49 – airdsl.

auf der unter dem Domainnamen erreichbaren Seite ein Link angebracht ist, der zu einem weiteren Produktangebot führt.[502] Dabei reicht es für die Bejahung des geschäftlichen Verkehrs aus, dass eine Privatperson die unter der Domain vorgehaltene Website Dritten zur Nutzung mit **Bannerwerbung** zur Verfügung stellt[503] oder für die markenmäßige Benutzung, wenn darunter **branchennahe Links** vorgehalten werden.[504] Wer auf einer Website Werbeanzeigen schaltet, verwendet die Domain kennzeichenmäßig für Dienstleistungen der Werbung.[505] Eine bei einem Parking-Service geparkte Domain wird grundsätzlich nicht nur für Werbung, sondern (jedenfalls auch) für die unter den Werbehinweisen angebotenen Produkte oder Dienstleistungen verwendet.[506] Bei sogenannten **Tippfehler-Domains,** die dafür genutzt werden, Werbung für Unternehmen zu schalten, die ähnliche Waren oder Dienstleistungen anbieten wie der Domain- und der Markeninhaber, ist von einer markenmäßigen Benutzung auszugehen.[507] Keine markenmäßige Benutzung liegt vor, wenn die Domain ausnahmsweise eine reine Adressfunktion innehat oder vom Verkehr als beschreibende Angabe aufgefasst wird.[508] So ist die Nutzung einer Domain jedenfalls dann nicht als kennzeichenmäßig angesehen worden, wenn sie ausschließlich innerhalb umfangreicher kleingedruckter Anschriftsangaben ohne besondere Hervorhebung und nicht als schlagwortartige Unternehmensbezeichnung neben der – anderen – unternehmensmäßigen Angabe des Zeicheninhabers erfolgte. Darin sehe der Verkehr eine bloße Adressbezeichnung, aber nicht den Unternehmensnamen.[509]

181 Eine eingetragene Marke kann **rechtserhaltend durch eine Domain** benutzt werden. Ob die Nutzung rechtserhaltend wirkt, hängt von den Waren und Dienstleistungen und der Gestaltung der unter der Domain erreichbaren Website ab.[510]

182 In Fällen der Nichtbenutzung einer Domain werden Ansprüche auf markenrechtlicher Basis gleichwohl gelegentlich mit dem Argument zuerkannt, es bestehe die Gefahr zukünftiger Nutzung und Zuordnungsverwirrung,[511] oder ein Handeln im geschäftlichen Verkehr liege bereits in der mit der Anmeldung verbundenen Sperrwirkung.[512] Markenrechtsdogmatisch sind diese Ansätze nicht nachvollziehbar und daher verfehlt. Folgerichtig hat der BGH zwischenzeitlich entschieden, dass in der **bloßen Registrierung einer Domain keine markenmäßige Benutzung** liegt.[513] Auch das Anbieten einer Domain durch einen Händler ist noch keine kennzeichenmäßige Verwendung.[514] Die Verwendung der Domain in einem Blog stellt ebenfalls keine markenmäßige Benutzung dar, wenn nicht für ein Produkt geworben wird, sondern Gegenstand des Blogs eine Abmahnung ist, an der der Markeninhaber beteiligt war.[515] Hiervon zu unterscheiden ist jedoch die Frage, ob trotz der Nichtbenutzung der Domain konkrete Hinweise dafür vorliegen, dass und für welche Waren oder Dienstleistungen die Domain in Zukunft benutzt werden wird, sodass eine Erstbegehungsgefahr für eine Kennzeichnungsverletzung besteht, die einen Unterlassungsanspruch begründet.[516] Richtigerweise ist in Fällen mangelnder Nutzung der Domain, wenn sowohl markenrechtliche als auch namensrechtliche Anspruchsgrundlagen zur Verfügung stehen und soweit nicht der markenrechtliche Schutz in seinem Anwendungsbereich dem Namensschutz vorgeht,[517] auf die namensrechtlichen Ansprüche zu rekurrieren. Denn in dem bloßen Registrieren einer Domain, die aus dem Namen des Anspruchstellers besteht, kann bei Fehlen eines Rechts oder be-

[502] BGH GRUR 2009, 1055 Rn. 60 – airdsl; GRUR 2011, 617 – sedo; GRUR 2016, 1300 Rn. 35 – Kinderstube.
[503] LG Hamburg MMR 2000, 436 – luckystrike.de.
[504] BGH GRUR 2011, 617 – sedo.
[505] LG Hamburg MMR 2009, 218 – wachs.de.
[506] BGH GRUR 2011, 617 – sedo; LG Frankfurt a. M. BeckRS 2013, 11641.
[507] LG Frankfurt a. M. GRUR-RR 2009, 257 – jobbörse.
[508] BGH MMR 2009, 758 – airdsl.
[509] OLG Hamburg GRUR-RR 2011, 168 – patmondial.
[510] So wurde die Gemeinschaftsmarke „Zappa" für Tonträger nicht als rechtserhaltend benutzt angesehen durch eine Website unter zapper.com mit Informationen und Leben und Werk des Künstlers Frank Zappa, BGH BeckRS 2012, 13390 – Zapper, GRUR-Prax 2012, 302 mAnm Reuscher.
[511] LG Braunschweig CR 1998, 366 – deta.com.
[512] OLG Dresden CR 1999, 589 – cyberspace.de.
[513] BGH GRUR 2005, 687 – weltonline.de; BGH GRUR 2009, 484 – metrobus.de; BGH GRUR, 2008, 912, Rn. 16 – Metrosex; BGH GRUR 2009, 685 Rn. 36 – ahd.de.
[514] OLG Nürnberg MMR 2009, 768.
[515] OLG Frankfurt a. M. MMR 2009, 401.
[516] OLG Hamburg MMR 2006, 476 – metrosex.de; OLG Hamburg GRUR-RR 2002, 226 – berlin location; LG Braunschweig MMR 2007, 195 – irrlicht.de; LG Frankfurt a. M. GRUR-RS 2018,, 13250 – abc-law.de. Zur drohenden Benutzung vgl. auch BGH MMR 2005, 534 – weltonline.de.
[517] Vgl. hierzu BGH MMR 2005, 313 – mho.de.

rechtigten Interesses auf Seiten des Anmelders **eine Anmaßung des Namensrechts,** welches eine Verletzung von § 12 BGB darstellt,[518] oder eine **vorsätzliche sittenwidrige Schädigung**[519] liegen.

c) **Rechte aus geschäftlichen Bezeichnungen.** Auch die geschäftliche Bezeichnung, sei es als Un- 183
ternehmenskennzeichen im Sinne von § 5 Abs. 2 MarkenG, sei es als Werktitel im Sinne von § 5 Abs. 3 MarkenG, vermittelt ältere Kennzeichenrechte, auf die deren Inhaber sich für Abwehransprüche gegen eine prioritätsjüngere Domain stützen kann. Für den Unterlassungsanspruch aus der geschäftlichen Bezeichnung nach § 15 Abs. 2 MarkenG ist eine **unbefugte Benutzung im geschäftlichen Verkehr** erforderlich, was dann der Fall ist, wenn der Domaininhaber mit einer verwechselbar ähnlichen Domain[520] in einer identischen oder ähnlichen Branche aktiv ist.[521] Erweiterten Schutz vermittelt die bekannte geschäftliche Bezeichnung, § 15 Abs. 3 MarkenG.

Anders als die eingetragene Marke ist die geschäftliche Bezeichnung nicht zwangsläufig bun- 184
desweit geschützt, sondern regelmäßig nur an dem Ort bzw. in der Region, in der unter ihr geschäftliche Aktivitäten entfaltet werden.[522] Wenn sich die räumlichen Wirkungskreise des Inhabers des geschützten Kennzeichens und des Inhabers der Domain nicht überschneiden, etwa weil der **Schutzbereich des Kennzeichenrechts** sich nicht auf ganz Deutschland erstreckt, sondern **territorial begrenzt** ist, und auch der Domaininhaber von seinem Unternehmenszweck und -zuschnitt her nur lokal oder regional tätig ist, reicht das Recht an der besonderen Geschäftsbezeichnung selbst dann nicht aus, kennzeichenrechtliche Unterlassungsansprüche gegen die Nutzung der Domain zu begründen, wenn Branchennähe gegeben ist.[523] Denn die Domainnutzung und der daraus resultierende bundesweit abrufbare Internetauftritt des Domaininhabers lassen allein nicht auf dessen räumlich unbeschränkten Wirkungsbereich schließen. Vielmehr ist es darüber hinaus erforderlich, dass der Domaininhaber mit seinem Internetauftritt auch Kunden anspricht, die über seinen sonstigen Wirkungskreis hinausgehen.[524]

Rechte aus dem Werktitel gegen jüngere Domains setzen voraus, dass die Domain konkret 185
titelmäßig verwendet wird. Eine **titelmäßige Verwendung** liegt regelmäßig vor, wenn der Durchschnittsverbraucher in der Domain die Bezeichnung eines Werkes zur Unterscheidung von anderen Werken sieht.[525] Außerdem setzt der Unterlassungsanspruch aus § 15 Abs. 2 MarkenG – neben Verwechslungsgefahr – den unbefugten Gebrauch des Titels voraus. Befugter Gebrauch liegt nicht vor, solange die Nutzung durch einen vollstreckbaren Unterlassungstitel untersagt ist.[526] Genießt ein Titel oder eine Geschäftsbezeichnung, die an sich beschreibend ist, nur in seiner konkreten grafischen Ausgestaltung Schutz, so besteht kein Schutz gegen eine hochgradig ähnliche Domain.[527]

d) **Konkurrenzen.** Ist das ältere Zeichen sowohl als Name nach 12 BGB als auch als Unterneh- 186
menskennzeichen nach §§ 5, 15 MarkenG und als Marke nach §§ 4, 14 MarkenG geschützt, so wird der Namensschutz nach § 12 BGB grundsätzlich durch den anderweitigen Kennzeichenschutz verdrängt.[528] Namensschutz von Unternehmenskennzeichen kommt aber dann in Betracht, wenn der Name außerhalb der kennzeichenrechtlichen Verwechslungsgefahr oder außerhalb des geschäftlichen Verkehrs berührt wird, oder wenn eine Rechtsfolge begehrt wird, die aus den speziellen kennzeichenrechtlichen Vorschriften grundsätzlich nicht hergeleitet werden kann.[529]

2. Schutz der prioritätsälteren Domain gegen das prioritätsjüngere Kennzeichen

Hier soll erörtert werden, inwieweit auch aus einer Domain **Schutz gegen ein prioritätsjüngeres** 187
gesetzlich geregeltes Kennzeichen oder eine prioritätsjüngere verwechselbare Domain in Anspruch genommen werden kann.

---

518 BGH WRP 2002, 694 – shell.de; OLG Düsseldorf WRP 1999, 343 – ufa.de.

519 Siehe hierzu Ausführungen unter → Rn. 126.

520 Insoweit gelten die Ausführungen oben zur Ähnlichkeit von Marke und Domain entsprechend.

521 BGH NJW-RR 2005, 185 (186) – CompuNet/ComNet II; OLG Hamm MMR 2013, 791 – v-trockenbau systeme.de.

522 BGH MMR 2005, 171 – soco.de; OLG Frankfurt a.M. BeckRS 2015, 10902 – neuro-spine-center.com.

523 BGH MMR 2005, 171 – soco.de; OLG Frankfurt a.M. BeckRS 2015, 10902 – neuro-spine-center.com.

524 BGH MMR 2005, 171 – soco.de; vgl. auch BGH MMR 2006, 159 – hufeland.de.

525 BGH GRUR 2016, 939, Rn. 24 ff. u. 38 – wetter.de; OLG Hamburg GRUR-RR 2018, 285 Rn. 59 – Werktitel Tagesschau.

526 BGH GRUR 2010, 156 – Eiffelzeitung.

527 OLG Braunschweig GRUR 2010, 287 – tests.de.

528 BGH GRUR 2002, 622 – shell.de mw.N.; BGH MMR 2002, 456 – vossius.de.

529 BGH GRUR 2005, 430 – mho.de; BGH GRUR 2002, 622 – shell.de; BGH GRUR 2014, 506 – sr.de; BGH GRUR 2014, 393 – wetteronline.de; BGH GRUR 2016, 810 – Profitbricks.es.

188 Das Bundesverfassungsgericht hat für .de-Domains klargestellt, dass dem Domaininhaber zunächst nur Nutzungsrechte an der Domain zustehen, die aus dem Vertragsschluss mit der DENIC folgen.[530] Diese **Nutzungsrechte** stellen nach Auffassung des Gerichts eine **eigentumsfähige,** nach Art. 14 GG geschützte **Position** dar. Ein erst nach der Registrierung der Domain entstandenes Namens- oder Kennzeichenrecht eines Dritten setzt sich daher nicht in jedem Fall gegen das Nutzungsrecht des insoweit älteren Domaininhabers durch.[531] So kann die Registrierung einer im Anmeldezeitpunkt in keinerlei Rechte eingreifenden Domain etwa nicht ohne Weiteres wegen später entstandener Namensrechte als unrechtmäßige Namensanmaßung gesehen werden.[532] Das gilt auch dann, wenn der Inhaber der Domain diese über die Entstehung des jüngeren Namensrechtes hinaus nicht nutzt, solange er ein **nachvollziehbares eigenes schutzwürdiges Interesse** hat.[533] Bei der Interessenabwägung ist in einem solchen Fall auch zu berücksichtigen, ob es dem Namensträger möglich und zumutbar ist auf gleichwertige Domains auszuweichen.[534]

189 Mit der Registrierung des Domainnamens erwirbt der Eigentümer aber kein **absolutes Recht** im Sinne des § 823 Abs. 1 BGB.[535] Die Registrierung kann einem Inhaber zeitlich später entstandener Kennzeichenrechte daher nicht ohne Weiteres erfolgreich als prioritätsälteres Recht entgegengehalten werden.

190 Vor diesem Hintergrund ist jeweils zu untersuchen, ob dem Inhaber eines Domainnamens neben den vertraglichen Nutzungsrechten und der damit einhergehenden eigentumsähnlichen Position auch noch Kennzeichen- oder Namensrechte zukommen können. Diese entstehen natürlich nur dann, wenn die Benutzung des Domainnamens die Voraussetzungen eines der in Betracht kommenden kennzeichen- oder namensrechtlichen Erwerbstatbestände (§§ 4 Abs. 2, 5 Abs. 2 MarkenG, § 12 BGB) erfüllt.[536]

191 a) **Schutz der Domain als Name.** Der Name ist definiert als sprachliche Kennzeichnung einer Person zur Unterscheidung von anderen. Er ist Ausdruck der Individualität und dient zugleich der Identifikation des Namensträgers.[537] Sowohl eine natürliche Person als auch ein Unternehmen kann Namensschutz in Anspruch nehmen, sofern der Name **unterscheidungskräftig** ist oder **Verkehrsgeltung** genießt. Somit scheidet ein Namensschutz für gemessen am Website-Inhalt lediglich beschreibende Domains bereits von vornherein aus, es sei denn sie genießen Verkehrsgeltung.[538]

192 Im technischen Sinne handelt es sich bei Domains nicht um Namen, da sie weder einem bestimmten Namensträger im Sinne einer natürlichen oder juristischen Person noch dessen Produkten oder Dienstleistungen zugeordnet sind.[539] Denn technisch identifiziert die Domain nur einen bestimmten Server. Allerdings spielen beim Suchvorgang im Internet nicht nur technische, sondern auch **assoziative Aspekte** eine Rolle.[540] Der Internet-Nutzer sucht das bestimmte Unternehmen, das er im Internet erreichen will, üblicherweise durch Eingabe des Namens des Unternehmens oder eines gängigen Schlagwortes. Somit kann der Domain über den technischen Aspekt hinaus **Namensfunktion** zukommen, insoweit als über den Server die diese operierende natürliche oder juristische Person identifiziert wird. Dann wird vom Nutzer die Domainbezeichnung gedanklich mit der Person bzw. dem Unternehmen des gesuchten Anbieters in Verbindung gebracht. Nach den Kriterien des § 12 BGB könnte die nachhaltige und dauerhafte Benutzung einer unterscheidungskräftigen oder verkehrsdurchgesetzten Domain durchaus Namensschutz vermitteln.[541]

---

530 BVerfG GRUR 2005, 261 – ad-acta,de.

531 BGH GRUR 2009, 1099, Rn. 30 ff. – afilias.de; BGH MMR 2009, 534 – ahd.de.

532 BGH GRUR 2008, 1099 – afilias.de; OLG München GRUR-RS 2013, 14138 – mauricius.de; OLG Hamburg MMR 2016, 252; für Unternehmenskennzeichenrechte OLG Köln GRUR-RS 2018, 22717 – silverline.de.

533 OLG Hamburg, MMR 2016, 253 (256) – creditsafe.de; nicht als gegeben angesehen in OLG Frankfurt a. M. GRUR-RR 2017, 107 – Fitnessgeräte-Domain, da der Domaininhaber an der Gründung der Klägerin beteiligt und die streitige Domain von vornherein für die Klägerin bestimmt war.

534 BGH GRUR 2008, 1099 – afilias.de; OLG München GRUR 2013, 14138 – mauricius.de.

535 BGH GRUR 2012, 417 – gewinn.de.

536 BVerfG NJW 2005, 589 – ad-acta.de.

537 Grüneberg/Heinrichs § 12 Rn. 1.

538 So etwa nicht gegeben im Fall der Domain wetteronline.de für Wetterinformationen, siehe BGH GRUR 2014, 393 (394) – wetteronline.de.

539 Bücking, Internet-Domains – Neue Wege und Grenzen des bürgerlich-rechtlichen Namensschutzes, NJW 1997, 1185 (1186 f.); Kur CR 1996, 325 (327).

540 Bücking NJW 1997, 1186 (1187).

541 Vgl. LG Frankfurt MMR 2005, 782 – hessentag.de. Zu weitgehend OLG Hamburg MMR 1999 – emergency.de.

b) Schutz der Domain als Marke. Ein Markenschutz nach § 4 Nr. 1 MarkenG scheidet für Domains als solche aus, da hierfür als konstitutives Element die Eintragung des Zeichens als Marke in das vom Patentamt geführte Register erforderlich ist. Es ist jedoch selbstverständlich möglich, eine Domain als **Wortmarke** eintragen zu lassen, was in der Regel dann gelingt, wenn die die Domain kennzeichnende Second-Level-Domain die Amtsprüfung auf absolute Schutzhindernisse nach § 8 Abs. 2 MarkenG besteht.[542] Allerdings kann auch die bloße Benutzung eines Zeichens im geschäftlichen Verkehr nach § 4 Nr. 2 MarkenG Markenschutz entstehen lassen, soweit das Zeichen innerhalb der beteiligten Verkehrskreise als Herkunftshinweis für bestimmte Waren oder Dienstleistungen **Verkehrsgeltung** erworben hat. Der Nachweis der Verkehrsgeltung setzt in der Regel voraus, dass mindestens 50 % der beteiligten Verkehrskreise die Domain als Hinweis auf bestimmtes Unternehmen ansehen.[543] Zur Erlangung der Verkehrsgeltung wird es aber regelmäßig einer auch über die Verwendung im Internet hinausgehenden Benutzung bedürfen.[544] 193

c) Schutz der Domain als geschäftliche Bezeichnung. Nach § 5 Abs. 1 MarkenG sind **Unternehmenskennzeichen** als geschäftliche Bezeichnungen geschützt. Unternehmenskennzeichen sind Zeichen, die im geschäftlichen Verkehr als Name, als Firma oder als besondere Bezeichnung eines Geschäftsbetriebs eines Unternehmens benutzt werden, vgl. § 5 Abs. 2 S. 1 MarkenG. Wenn auf Grund der assoziativen Aspekte, die mit dem Suchvorgang für den Nutzer im Internet verbunden sind, eine Domain Namensschutz nach § 12 BGB genießen kann, so kann unter denselben Voraussetzungen eine im geschäftlichen Verkehr verwendete Domain als Unternehmenskennzeichen, insbesondere als Kennzeichen eines online operierenden Unternehmens, nach §§ 5 Abs. 2, 15 MarkenG geschützt sein, soweit diese im geschäftlichen Verkehr genutzt wird und ausreichende Unterscheidungskraft oder Verkehrsgeltung genießt.[545] Die Domain muss aber geeignet sein, auf die betriebliche Herkunft und die Geschäftstätigkeit eines Unternehmens hinzuweisen. Das ist nicht der Fall bei rein beschreibenden Domains, wie etwa fliesen.com oder fliesen24.com für einen Online-Fliesenhandel.[546] Domains mit unterdurchschnittlicher Unterscheidungskraft für die beworbenen Waren oder Dienstleistungen haben auch einen entsprechend geringen Schutzumfang.[547] Sie muss zudem in einer Art und Weise verwendet werden, die nach Auffassung der Verkehrskreise mehr ist als eine bloße Adressbezeichnung im Sinne einer Angabe, die – ähnlich wie eine Telefonnummer – Zugang zu dem Adressaten eröffnen, ihn aber nicht in seiner geschäftlichen Tätigkeit namentlich bezeichnen soll.[548] So hat das LG Köln etwa eigenständige Unternehmenskennzeichenrechte an einer für den Online-Handel mit Arzneimitteln verwendeten Domain (wohl: apo.de) verneint. Der betreibende Apotheker firmiere für den Verkehr ersichtlich unter gänzlich anderer Bezeichnung (wohl: Schloss-Apotheke …) und betreibe daneben auch eine stationäre Apotheke. Zwar könne ein Domainname neben seiner technischen Funktion auch als Herkunftshinweis fungieren. Trete aber ein Unternehmen sowohl im herkömmlichen Geschäftsverkehr unter einer bestimmten Firma als auch im Internet unter einer abweichenden Domain auf, sei grundsätzlich davon auszugehen, dass die Domain keine Namensfunktion aufweise. Sie könne dann nur als zusätzliche Unternehmenskennung einem Geschäftsabzeichen gleichzustellen sein, so dass ein Schutz nach § 5 Abs. 2 S. 2 MarkenG vom Vorliegen einer Verkehrsgeltung abhänge.[549] 194

Der Schutz der Domain als Geschäftsbezeichnung beginnt jedoch nicht bereits mit der Registrierung der Domain, sondern erst durch die **Ingebrauchnahme der Domain** für den konkreten 195

---

[542] EuG BeckRS 2013, 80954 – fluege.de, zu Recht als nicht schutzfähig beurteilt; BPatG MMR 2014, 545 – moebel.de als Marke für Einzelhandelsdienstleistungen [nicht aber solche für Möbel] eintragungsfähig.

[543] OLG Dresden MMR 2015, 193 – fluege.de; vgl. zum Markenrecht BGH, GRUR 2016, 1167 Rn. 92 ff. – Sparkassen Rot.

[544] Ingerl/Rohnke MarkenG nach § 15 Rn. 127.

[545] Vgl. die Entscheidung des BGH GRUR 2005, 430 – mho.de, in der das Gericht gleichzeitig klargestellt hat, dass die Registrierung der Domain allein keine Benutzungsaufnahme als Unternehmenskennzeichen darstellt. Siehe auch OLG Hamburg GRUR-RR 2005, 381 – abebooks.com, wonach die internationale und damit automatisch auch auf deutsche Verkehrskreise bezogene Ausrichtung der englischsprachigen Website der in Kanada ansässigen Betreiberfirma nach Auffassung des Gerichts für die Entstehung von Kennzeichenschutz an der Domain in Deutschland ausreichend ist; OLG München CR 1999, 778 ff. – tnet.de, Revision nicht angenommen: BGH Beschl. v. 25.5.2000 – I ZR 269/99 – nv; KG GRUR-RR 2003, 370 – arena-berlin.de.

[546] LG Hamburg NJOZ 2012, 539; verneint auch für Domain fluege.de, OLG Dresden MMR 2015, 193.

[547] OLG Köln MMR 2010, 473 – kein Anspruch aus Domain weg.de gegen Marke McWeg.

[548] BGH GRUR 2013, 638 (641) – Völkl; BGH MMR 2005, 761 – Seicom; BGH GRUR 2005, 262 – soco.de.

[549] LG Köln GRUR-RR 2019, 409 – apo.de.

Geschäftsbetrieb, zu deren Kennzeichnung die Domain dient.[550] Auch eine Vorverlagerung der Priorität durch Registrierung bei alsbaldiger Benutzungsaufnahme kommt nicht in Betracht.[551] Die Nutzung einer Domain ausschließlich zu Weiterleitungszwecken begründet auch keinen Schutz.[552] Entscheidend für die Benutzung ist insoweit der Inhalt der Website. Dafür, dass eine Domain ohne inhaltlich gestaltete Website keinen Schutz einer Geschäftsbezeichnung entfalten kann, spricht bereits die Tatsache, dass ohne Inhalt auch nicht bestimmt werden kann, in welchem Geschäftsbereich der Inhaber der Domain tätig ist, so dass auch gar keine Branchenähnlichkeit, die für die Verwechslungsgefahr entscheidend ist, beurteilt werden kann.[553]

196 **d) Schutz der Domain als Werktitel.** Als Werktitel sind nach § 5 Abs. 3 MarkenG die Namen oder besonderen Bezeichnungen von Druckschriften, Filmwerken, Tonwerken, Bühnenwerken oder sonstigen vergleichbaren Werken geschützt. Erfüllt der Inhalt einer Website einen der Werksbegriffe in § 5 Abs. 3 MarkenG (zB Online-Zeitung, Online-Computerspiel), kann die Domain, die diese Website titelmäßig kennzeichnet und im Netz auffindbar macht, entsprechend **Titelschutz** nach § 5 Abs. 3 genießen.[554] Auch für das Entstehen des Titelschutzes an einer Domain, wenn die Domain titelmäßig genutzt wird, ist die tatsächliche Benutzung des Titels für das Werk, insoweit die Website mit der Online-Zeitung oder dem Online-Computerspiel, entscheidend.[555] Der Schutz des Domainnamens als Titel kann einsetzen, sobald das Werk, das über die Domain erreichbar ist, weitgehend fertiggestellt ist.[556] Im Falle eines unterscheidungskräftigen Werktitels kann der Titelschutz gegebenenfalls durch eine Titelschutzanzeige vor die tatsächliche Benutzung des Titels vorverlagert werden. An andere Vorbereitungshandlungen, die die Vorverlagerung des Titelschutzes begründen sollen, sind aus Gründen der Rechtssicherheit und wegen der möglichen Titelschutzanzeige grundsätzlich strenge Anforderungen zu stellen.[557] Eine bloße Titelankündigung auf der eigenen Internetseite des Inhabers der als Titel Schutz beanspruchenden Domain kommt nicht in Frage.[558] Auch eine **App** kann, soweit kennzeichnungskräftig, gegebenenfalls Werktitelschutz beanspruchen.[559]

197 **e) Konsequenzen.** Aus der Zuerkennung von Kennzeichenschutz für Domains nach den traditionellen kennzeichenrechtlichen Kriterien ergibt sich zwangsläufig, dass aus Domains bei Vorliegen der entsprechenden Voraussetzungen nach kennzeichenrechtlichen Prioritätskriterien auch gegen jüngere Kennzeichen vorgegangen werden kann, mit allen Anspruchskonsequenzen bis zum **Löschungsanspruch** gegen die eingetragene jüngere Marke. Vor dem Hintergrund, dass kennzeichenrechtliche Unterlassungsansprüche kein Verschulden voraussetzen, kann in einer solchen Situation aber nichts anderes gelten als auch sonst im Kennzeichenrecht. Sind also die Tatbestandsvoraussetzungen für die Entstehung eines Kennzeichenrechts an der Domain erfüllt, dürfte die (in den ersten Jahren des Internetzeitalters verbreitete) Unkenntnis der Inhaber prioritätsjüngerer Marken von der Existenz des Internet keine Rolle spielen. Wer heutzutage eine Marke oder eine Firma anmeldet, sollte ohnehin mit dem Internet vertraut sein und insofern auch in Betracht ziehen, dass seiner Markenanmeldung prioritätsältere Kennzeichenrechte an einer Domain entgegenstehen können.

Praxistipp:

Im Vorfeld einer Schutzrechts-Anmeldung oder Inbenutzungnahme einer Kennzeichnung (sei es Marke oder Firma) sollte nicht nur die übliche Marken- und Firmenrecherche, sondern auch eine Domainrecherche auf eventuelle ältere Domainrechte erfolgen.

[550] BGH GRUR 2005, 871 – Seicom; BGH GRUR 2009, 685 (686) – ahd.de; KG GRUR-RR 2003, 370 (371) – arena-berlin.de; OLG Frankfurt a. M. MMR 2010, 831; LG Köln BeckRS 2013, 14330 – Keyplanet/Planetkey.
[551] OLG Frankfurt a. M. MMR 2010, 831.
[552] LG Hamburg NJOZ 2010, 2109 – Dildoparty; OLG Hamburg GRUR-RR 2011, 168 – patmondial.de.
[553] Siehe auch OLG Hamburg AfP 2001, 312 – sumpfhuhn.de.
[554] BGH MMR 2009, 758 – airdsl.; BGH GRUR 2010, 156 Rn. 20 – EIFEL-ZEITUNG; BGH GRUR 2016, 939 – wetter.de.
[555] BGH MMR 2009, 758 – airdsl.; OLG München WRP 2001, 572 – kuecheonline.de; OLG Hamburg AfP 2001, 312 – sumpfhuhn.de.
[556] BGH MMR 2009, 758 – airdsl.
[557] OLG Hamburg AfP 2001, 312 – sumpfhuhn.de.
[558] BGH MMR 2009, 758 – airdsl.
[559] OLG Köln, MMR 2014, 830 – wetter.de; BGH GRUR 2016, 939 Rn. 15 – wetter.de.

3. Wettbewerbsrechtliche Ansprüche

Die Nutzung einer Domain kann auch unter wettbewerbsrechtlichen Gesichtspunkten zu un- 198
tersagen sein, und zwar in erster Linie wegen Irreführung oder Behinderungswettbewerb, §§ 8, 3 iVm 4 Nr. 4 UWG. Dies gilt jedenfalls, soweit für das wettbewerbswidrige Verhalten nicht bereits markenrechtliche Vorschriften vorrangig einschlägig sind.

Dies setzt zunächst voraus, dass der Domaininhaber Mitbewerber iSd § 2 Abs. 1 Nr. 3 UWG 199
im Verhältnis zum Anspruchsteller ist, also zwischen den Angeboten der beiden Parteien ein wettbewerblicher Bezug besteht. Im Falle einer Rechtsanwaltsgesellschaft, die negative Pressemitteilungen hinsichtlich der Praxis einer Fondsgesellschaft unter einer den Namen der Fondsgesellschaft enthaltenden Domain verbreitete, hat der BGH dies verneint.[560]

Unterlassungsansprüche ergeben sich bei Vorliegen offensichtlich unlauterer Motive ins- 200
besondere aus § 4 Nr. 4 UWG (Behinderungswettbewerb).[561] Offensichtlich unlauter sind zunächst Fälle des klassischen **Domain-Grabbings,** in denen der Domain-Inhaber die Domain lediglich deshalb registriert, um den Inhaber des Kennzeichens zur Zahlung eines „Lösegelds" für die Herausgabe „seiner" Domain zu bewegen.[562] Man wird dies umso eher annehmen können, je bekannter die betroffene Marke oder der betroffene Name ist, weniger im Falle von „Allerweltsmarken", es sei denn, es können besondere Beziehungen oder Kontakte zwischen Markeninhaber und Domaininhaber zurückverfolgt werden. Es handelt sich dann um einen Spezialfall des so genannten **Sperrerwerbs** oder **Behinderungswettbewerbs,** in dem sich das Interesse des Domaininhabers an einer Nutzung der Domain ausschließlich darauf beschränkt, diese Domain für den berechtigte Nutzer entweder zu sperren oder sie ihm gegen Entgelt vollständig bzw. zur Nutzung zu überlassen.

Es muss eine gezielte Behinderung beabsichtigt sein. Diese ist grundsätzlich zweifelhaft, wenn 201
die Domainregistrierung vor Ingebrauchnahme des gleichlautenden Unternehmenskennzeichens erfolgt war.[563] Anders liegt der Fall allerdings, wenn für den Domaininhaber ein besonderes Interesse des Zeicheninhabers ersichtlich war, gerade unter diesem Domainnamen später einmal aufzutreten.[564] Grundsätzlich lässt sich allein aus dem Umstand, dass ein Domaininhaber Tausende von Namen für sich hat registrieren lassen, noch kein Schluss auf unlautere Motive herleiten.[565] Denn der Handel mit Domainnamen ist grundsätzlich zulässig und tatsächlich sogar verfassungsrechtlich geschützt.[566] In Fällen, in denen Anmelder eine Vielzahl von Domains, die aus den Namen oder Titeln fremder Unternehmen gebildet waren, in der spekulativen Absicht hatten registrieren lassen, die Namensträger zur Erteilung eines Auftrages oder zum Abkaufen der Domains zu bewegen und er zusätzlich Inhaber der Domain „domainzuverkaufen.de" war, reichte dies als Indiz für die unlautere Motivation aus.[567] Ein weiterer Fall betraf einen Domaininhaber, der neben dem streitgegenständlichen Namen ca. 4.000 weitere Domains registriert hatte, die zum Teil berühmte Kennzeichen oder Namen beinhalteten. Auch hier ging das Gericht davon aus, dass es sich um einen Spekulanten handelte, der ohne eigenes Nutzungsinteresse durch die Registrierung den Zeicheninhaber behindern und/oder ihn dazu bringen wollte, die Domain abzukaufen oder Nutzungsentgelte zu zahlen.[568] Ob eine Domain rechtsmissbräuchlich in wettbewerblicher Behinderungsabsicht angemeldet ist, beurteilt sich im Ergebnis nach einer **Würdigung sämtlicher Umstände des Einzelfalls,** zu denen auch der Zeitraum zwischen Registrierung der Domain und einem eventuellen Verkaufsangebot zählen kann.[569]

Behinderungswettbewerb liegt schließlich auch dann vor, wenn Domains von Domain-Grab- 202
bern unter Verwendung bekannter Namen für eigene Seiten verwendet werden, um entsprechend

---

560 BGH GRUR 2017, 918 Rn. 14 ff. – Wettbewerbsbezug.

561 OLG München MMR 2007, 115 – fwt-koeln.de; OLG Hamburg MMR 2006, 608 – ahd.de.

562 Siehe Vorinstanz zu BGH in Sachen ahd.de: OLG Hamburg MMR 2006, 608 – ahd.de; siehe auch LG Hamburg BeckRS 2008, 22951 – Area 45 Cycles; OLG Düsseldorf GRUR-RR 2008, 58 – lastminute.eu.

563 BGH GRUR 2008, 1099 – afilias.de; BGH MMR 2009, 534 – ahd.de.

564 BGH MMR 2009, 534 – ahd.de; OLG Hamburg GRUR-RR 2010, 208 – stadtwerke-uetersen.de.

565 BGH GRUR 2008, 1099 – afilias.de; BGH MMR 2009, 534 – ahd.de.

566 BGH GRUR 2009, 685 (690) Rn. 47 – ahd.de; OLG Hamburg MMR 2003, 668 – schuhmarkt.de.

567 OLG Frankfurt a. M./M. MMR 2001, 532 – praline-tv. de.

568 BGH, GRUR 2005, 687 – weltonline.de.

569 OLG Düsseldorf GRUR-RS 2013, 11230 – ad.de; Rechtsmissbrauch abgelehnt im Falle der Domain ad.de trotz Kaufangebot in Höhe von EUR 240.000 an den Markeninhaber, weil schon fraglich, ob dem Domaininhaber die Marke zum Zeitpunkt der Registrierung der Domain bekannt war und zwischen Registrierung und Angebot acht Monate lagen.

viele Besucher auf diese Seite zu lenken.[570] Diese Fälle sind insbesondere im Zusammenhang mit so genannten **abhanden gekommenen Domains** aufgetreten. Dabei handelt es sich um Domains, die zunächst durch den ursprünglichen Domaininhaber, der oft gleichzeitig auch Inhaber eines gleichlautenden Kennzeichens ist, genutzt wurden, diesem dann aber versehentlich verloren gingen wegen nicht bezahlter Registrierungsgebühren, nicht verlängerter Registrierungsverträge oder technischer Fehler auf Seiten des Providers.[571] Domain-Grabber profitieren davon mit Hilfe so genannter **Domain-Backorder-Systeme,** die die Domains automatisch registrieren, sobald diese frei werden. Zwar kann die bloße Registrierung solcher frei gewordener Domains nicht als wettbewerbswidrig angesehen werden. Vielmehr bedarf es im Einzelfall weiterer besonderer Anzeichen, die verdeutlichen, dass die betroffenen Domains unmittelbar nach ihrem Freiwerden „abgegriffen" wurden, um sie sofort für eigene Inhalte zu verwenden und von den Webseitenbesuchern zu profitieren, die die Domains noch jeweils als solche des vorherigen Inhabers kennen. In einem Fall, in dem die Webseitenbesucher von der abgegriffenen Domain aus auf pornographische, entgeltpflichtige Seiten geleitet wurden, sah das OLG München eine wettbewerbswidrige Behinderung des Unternehmens des ursprünglichen Domaininhabers, da dieses Gefahr laufe, durch die mit der neuen Domainnutzung verursachte Negativwerbung Kunden zu verlieren.[572] Zum Teil wird diese Praxis auch als **sittenwidrig gemäß § 826 BGB** angesehen, da niemand es hinnehmen müsse, dass eine Domain, die seiner Person sowohl auf Grund der konkreten Gestaltung als auch auf Grund einer bereits zuvor erfolgten jahrelangen Benutzung eindeutig zugeordnet werden könne, ohne seine Zustimmung für Inhalte genutzt würde, die geeignet seien, seinen Ruf negativ zu beeinflussen.[573] Ein unerlaubter Behinderungswettbewerb kommt zudem in Betracht im Falle der Verwendung einer Domain, die derjenigen eines Mitbewerbers außerordentlich ähnlich ist, und der automatischen Weiterleitung von dieser Domain auf das eigene Angebot.[574] Speziell **Tippfehlerdomains,** die die Nutzer auf die Seite eines Mitbewerbers weiterleiten, stellen Behinderungswettbewerb im Sinne von § 4 Nr. 4 UWG dar.

203 Unterlassungsansprüche gegen die Nutzung **beschreibender Domains** wegen der von diesen ausgehenden Kanalisierungsfunktion von Nutzerströmen hat der BGH in der Auseinandersetzung um „mitwohnzentrale.de" eine Absage erteilt.[575] Er hat in dieser Entscheidung ausdrücklich festgestellt, dass derjenige, der eine beschreibende Domain zu seinen Gunsten anmeldet, sich den Vorteil, der in dem Einsatz der Gattungsbezeichnung als Domain liegt, nicht in unlauterer Weise zunutze macht. Wenn der Gesetzgeber einen Sachverhalt, wie die Vergabe von Domains, nicht weiter regele, so könne in der Inanspruchnahme einer faktisch eröffneten Möglichkeit kein unlauteres Verhalten gesehen werden. Auch eine gezielte Behinderung bzw. Verdrängungswettbewerb sei durch die Nutzung einer beschreibenden Domain nicht ohne Hinzutreten weiterer Umstände gegeben.[576] Es bestehe auch kein Anlass für die Bildung einer neuen Fallgruppe unlauteren Wettbewerbs. Hingegen sei das Vorliegen einer Irreführung durch eine beschreibende Domain stets zu prüfen, weshalb der BGH den Rechtsstreit zur weiteren Entscheidung an das OLG zurückverwiesen hat.[577]

204 In der Entscheidung „weltonline.de" hat der BGH seine Rechtsprechung, wonach die **Registrierung generischer Begriffe als Domain im Grundsatz keinen rechtlichen Schranken** unterworfen sein dürfe, bestätigt. Er hat deshalb einen Unterlassungsanspruch – der allerdings nicht auf Marken- oder Wettbewerbsrecht, sondern auf § 826 BGB gestützt war – der Herausgeberin der Tageszeitung „Die Welt" gegen den Inhaber der Domain „weltonline.de" verneint und dies obwohl der Domaininhaber zahlreiche Domains für sich registriert und der Zeitungsherausgeberin die betreffende Domain auch zum Verkauf angeboten hatte.[578] Der BGH hielt dies zum **Nachweis einer Schädigungsabsicht** für nicht ausreichend, da die Zeitungsherausgeberin zuvor kein Interesse an der Registrierung der Domain gezeigt hatte und es sich bei „weltonline" zudem um einen Gattungsbegriff handele. Darüber hinaus hat er betont, dass es selbst dann, wenn an einem Gat-

[570] OLG München MMR 2007, 115 – fwt-koeln.de.
[571] Siehe hierzu Härting/Reinholz K&R 2007, 489 sowie K& R 2006, 429.
[572] OLG München MMR 2007, 115 – fwt-koeln.de. Während das OLG München allein auf Wettbewerbsrecht abstellte, hatte die Vorinstanz auch noch § 826 BGB herangezogen, siehe LG München I MMR 2006, 484 – fwt-koeln.de.
[573] LG München I MMR 2006, 823 – feuerwehr-fehrbellin.de.
[574] BGH GRUR 2014, 393, 396 (Rn. 35) – wetteronline.de.
[575] BGH CR 2001, 777 – mitwohnzentrale.de, mAnm Jaeger-Lenz = MMR 2001, 666, mAnm Hoeren.
[576] BGH CR 2001, 777 (778) – mitwohnzentrale.de mAnm Jaeger-Lenz.
[577] BGH CR 2001, 777 (779) mitwohnzentrale.de mAnm Jaeger-Lenz.
[578] BGH MMR 2005, 534 – weltonline.de.

tungsbegriff gleichzeitig Namens- oder Kennzeichenrechte bestehen, beim Prinzip der Priorität der Registrierung bleibt, so dass der Inhaber eines Namens- oder Kennzeichenrechts gegen die Verwendung dieser Bezeichnung als Domain nicht mit Erfolg vorgehen kann, auch wenn der Domaininhaber, der sich diese Bezeichnung als Domain hat registrieren lassen und sie auch als Sachhinweis nutzt, über kein eigenes Namens- oder Kennzeichenrecht verfügt.[579]

Ausnahmsweise kann die **Verwendung einer beschreibenden Domain** jedoch eine wettbewerbswidrige **Behinderung** darstellen, wenn damit gezielt der Zweck verfolgt wird, einen Mitbewerber an seiner Entfaltung zu hindern und ihn so zu beeinträchtigen, dass er die eigene Leistung am Markt nicht mehr in angemessener Weise zur Geltung bringen kann.[580] Im Falle der Domain wetteronlin.de hat der BGH entschieden, dass das Verwenden einer Domain, die aus der fehlerhaften Schreibweise einer bereits zuvor registrierten Internetadresse (hier: wetteronline.de) resultiert, unter dem Gesichtspunkt des **Abfangens von Kunden** gegen § 4 Nr. 10 UWG alte Fassung, nunmehr § 4 Nr. 4 UWG, verstößt, wenn der Internetnutzer auf eine Website geleitet wird, auf der er nicht die zu erwartende Dienstleistung (in dem Fall: Wetterinformationen), sondern lediglich Werbung vorfindet.[581] Wird aber der Nutzer sogleich und unübersehbar auf den Umstand aufmerksam gemacht, dass er sich nicht auf der Internetseite befindet, die er aufrufen wollte, wird eine unlautere Behinderung regelmäßig zu verneinen sein.[582] Ein Löschungsanspruch besteht indes nicht, soweit eine lautere Benutzung der Domain denkbar ist.[583] 205

Bedenklich ist die Entscheidung des OLG Köln zu der **Umlautdomain** „schlüsselbänder.de". Das Gericht sah keinen Behinderungswettbewerb in der Registrierung der Gattungsdomain „schlüsselbänder.de", obwohl die gleichlautende, allerdings keine Umlaute enthaltende Domain „schluesselbaender.de" bereits längere Zeit durch einen Mitbewerber im gleichen Marktsektor benutzt worden war.[584] Auch wenn die Registrierung von Gattungsdomains grundsätzlich wettbewerbsrechtlich unproblematisch ist, so birgt die seit dem 1.3.2004 eröffneten Möglichkeit, Domains unter der Top-Level-Domain .de mit Umlauten registrieren zu lassen, durchaus ein gewisses Missbrauchsrisiko, indem nämlich die Inhaber der neuen Umlautdomains die Kunden der Inhaber der quasi identischen, aber noch keine Umlaute enthaltenden Domains abzugreifen versuchen.[585] Dies dürfte sich insbesondere in der Einführungsphase der Umlautdomains ausgewirkt haben, wie der Fall „touristikbörse24.de" zeigt. Der Domaininhaber hatte diese Domain einem Reisevermittler, der lange Jahre unter der Domain „touristikboerse24.de" aufgetreten war, zunächst erfolglos gegen Finanzierung eines Luxusurlaubs angeboten und dann versucht, sie über das Internet zu versteigern. Das LG Köln bejahte in diesem Fall einen Unterlassungsanspruch.[586] 206

Wenn – abgesehen von den vorgestellten Ausnahmen – in der Registrierung beschreibender Domains im Grundsatz kein Behinderungswettbewerbs zu Lasten der Mitbewerber zu sehen ist, so kann in der Nutzung einer **generischen Domain** eine nach § 5 Abs. 1 UWG relevante **Irreführung** vorliegen. Denn unstreitig muss eine Website unter einer Domain, die einen allgemeinverständlichen Bedeutungsgehalt hat, das halten, was diese verspricht. Kritisch können daher Domains sein, die durch ihre spezifische Formulierung vorgeben, bestimmte umfassende Informationen zu einem Thema oder einen Überblick über ein Marktsegment vorzuhalten, wenn die dahinter liegende Website nur auf einen Anbieter oder auf gänzlich andere Inhalte verweist. In Sachen „mitwohnzentrale.de" kam nach Auffassung des OLG Hamburg nach Zurückverweisung eine relevante Irreführung der angesprochenen Verbraucher dann in Betracht, wenn diese auf Grund des Internetauftritts des Domaininhabers zu der **unzutreffenden Annahme** verleitet würden, es handele sich bei dem Domaininhaber um **den einzigen oder doch den größten Verband** von Mitwohnzentralen, so dass eine weitere Suche nach Alternativangeboten aussichtslos oder zumindest doch unergiebig erscheinen müsse.[587] Dabei stellte das OLG Hamburg – insoweit im Einklang mit der Rechtsprechung zur Verwechslungsgefahr im Bereich von Domains – klar, dass Beurteilungsgegenstand für eine mögliche Irreführung dabei zwar auch die Domainbezeichnung 207

[579] BGH MMR 2005, 534 – weltonline.de.
[580] OLG Jena MMR 2005, 776 – deutsche-anwalthotline.de.
[581] BGH GRUR 2014, 393 – wetteronlin.de; vgl. zuvor OLG Jena MMR 2005, 776 – deutsche-anwalthotline.de.
[582] BGH GRUR 2016, 393 – wetteronlin.de.
[583] BGH GRUR 2014, 393 (397) – wetteronlin.de.
[584] OLG Köln MMR 2005, 763 – schlüsselbänder.de.
[585] Vgl. Härting/Reinholz K&K 2005, 529 (529 f.).
[586] LG Köln Beschl. v. 12.3.2004 – 31 O 155/04 – touristikbörse24.de.
[587] OLG Hamburg GRUR 2003, 1058 – mitwohnzentrale.de II.

an sich, jedoch diese nicht isoliert, sondern nur im Zusammenwirken mit dem Website-Inhalt sein könne.[588] Abzustellen ist bei der Beurteilung der Frage, ob durch eine Domain in Zusammenwirken mit dem dahinter liegenden Website-Inhalt eine Irreführung im Sinne von § 5 Abs. 1 UWG liegt, auf den **durchschnittlich informierten, aufmerksamen und verständigen Internetnutzer,** der inzwischen wisse, dass allein die Verwendung einer beschreibenden Domain ohne das Hinzutreten anderer konkreter Ausschließlichkeitshinweise keinen Rückschluss auf eine Alleinstellungsberühmung zulässt.[589]

208 Auch die Verbindung von Berufsbezeichnung mit Ortsname in der Domain stellt für sich genommen keine **Spitzenstellungsberühmung** dar.[590] Im Übrigen muss die Website inhaltlich aber das, was die Domain verspricht, im Großen und Ganzen halten.[591] Diese Voraussetzung sah das OLG Hamburg im Fall „deutsches-handwerk.de" nicht als erfüllt an. Es ging davon aus, dass die Bezeichnung „Deutsches Handwerk" jedenfalls bei einem rechtlich erheblichen Teil der angesprochenen Verkehrskreise den Eindruck erwecken könne, es handele sich um den Internetauftritt einer offiziellen oder berufsständischen, bundesweit vertretenen Organisation des Deutschen Handwerks. Dieser möglichen Irreführung müsse in Anknüpfung an die Rechtsprechung des BGH in Sachen „Mitwohnzentrale" durch einen deutlichen Hinweis auf der Homepage entgegengewirkt werden.[592] Allerdings dürften die Anforderungen wohl überspannt sein, wenn eine Domain „steuererklaerung.de", hinter der sich ein Lohnsteuerhilfeverein verbirgt, der Hilfe bei Steuererklärungen nach der Lohnsteuer anbietet, deshalb für unzulässig erachtet wird, weil nicht auch Unterstützung für Steuererklärungen für andere Einkunftsarten angeboten wird.[593]

209 Im Übrigen können Domains auch nach **allgemeinen Grundsätzen der Irreführung** als wettbewerbswidrig zu beurteilen sein. So ist die Verwendung einer Domain x-international.de für einen Betrieb, der keine Niederlassung oder keinen Vertrieb im Ausland hat, irreführend,[594] ebenso wie die Verwendung der Domain resort-b.eu für ein einzelnes Ferienhaus.[595] Die Verwendung der Domain „praedikatsanwaelte.de" für ein Internetportal ist dann irreführend, wenn darunter auch Anwälte gelistet werden, die über keine Prädikatsexamina verfügen.[596]

210 Ein besonderes Streitfeld bieten vor dem Hintergrund der berufsspezifischen Werberegeln der § 43b BRAO bzw. § 6 BORA **Domains von Rechtsanwälten,** sowie Angehörigen vergleichbarer Berufe mit Werberestriktionen, wie **Steuerberater** oder **Notare.** Die instanzgerichtliche Rechtsprechung hat sich hierzu zunächst als recht uneinheitlich erwiesen. Die Verwendung beschreibender Domains durch Rechtsanwälte, die sich in aller Regel dadurch auszeichneten, dass eine Variante des Begriffs „Anwalt" mit einer Stadt oder einem Rechtsgebiet oder auch nur die Bezeichnung eines Rechtsgebiets in Alleinstellung verwandt wurde, wird zum Teil als berufsrechts- und wettbewerbswidrig erachtet.[597]

211 Zum Teil werden **beschreibende Domains** auch als **irreführend** im Sinne von § 5 Abs. 1 UWG angesehen, so etwa eine Domain „rechtsanwaelte-dachau.de", weil der Internetnutzer hierunter ein örtliches Anwaltsverzeichnis, nicht aber eine einzelne Kanzlei erwarte.[598] Die durch einen nichtanwaltlichen Dritten genutzte Domain „rechtsbeistand.info" wurde wettbewerbsrechtlich für unproblematisch gehalten,[599] ebenso das Betreiben eines Internet-Portals unter der Domain

[588] OLG Hamburg GRUR 2003, 1058 – mitwohnzentrale.de II, insoweit in Abgrenzung zu OLG Hamm GRUR-RR 2003, 289 – tauchschule-dortmund.de als Alleinstellungsberühmung.

[589] OLG Hamburg GRUR 2003, 1058 (1059) – mitwohnzentrale II; ebenso bereits OLG München MMR 2001, 615 (616) – autovermietung.com.

[590] BGH NJW 2011 210 – steuerberater-suedniedersachsen.deOLG Hamm MMR 2009, 5 – anwaltskanzlei-ortsname.de, OLG Hamm MMR 2013, 452 – tanzschule-f. de.

[591] OLG Nürnberg WRP 2002, 343 (344) – steuererklaerung.de.

[592] OLG Hamburg MMR 2007, 389 – deutsches-handwerk.de.

[593] So aber OLG Nürnberg WRP 2002, 343 (344) – steuererklaerung.de.

[594] OLG Dresden K&R 2010, 828 – „-international.de".

[595] OLG Düsseldorf MMR 2015, 387.

[596] LG Regensburg MMR 2009, 723.

[597] So AnwGH Hamm BRAK-Mitt 2002, 286 – immobilien-anwalt.de als Verstoß gegen § 43b BRAO; vgl. auch OLG Celle MMR 2001, 531 – rechtsanwaelte-hannover.de; OLG Celle NJW 2001, 2100 – anwalt-hannover.de.

[598] OLG München MMR 2002, 614 – rechtsanwaelte-dachau.de, anders zuvor OLG München Urt. v. 10.5.2001 – 29 U 1594/01 – rechtsanwalt-kempten.de, was nicht als wettbewerbswidrig beurteilt wurde; in diesem Sinne auch LG Duisburg NJW 2002, 2114 – anwalt-muelheim.de, wonach der Nutzer hier kein Eingangsportal aller Mülheimer Rechtsanwälte erwarte. Siehe auch LG Berlin MMR 2003, 490 – deutsches-anwaltsverzeichnis.de, wonach bei den angesprochenen Verkehrskreisen die Vorstellung geweckt würde, das Verzeichnis enthalte alle bzw. die allermeisten Namen der in Deutschland tätigen Rechtsanwälte.

[599] LG Berlin MMR 2004, 47 – rechtsbeistand.info.

„rechtsanwalt.com“ durch einen nichtanwaltlichen Dritten.[600] Demgegenüber beurteilte ein anderes Gericht einen gewerblichen Anwaltssuchdienst unter derselben Domain, dh unter „rechtsanwalt.com“, als Verstoß gegen § 3 UWG aF, weil der Verkehr darunter die inhaltliche Gestaltung durch einen Anwalt erwarte.[601] Der BGH dürfte mit mehreren Leitentscheidungen in diesem Bereich für weitgehende Klarheit gesorgt haben, indem er der grundlegenden Entscheidung des BVerfG,[602] wonach der Rechtsanwalt gemäß Art. 12 Abs. 1 GG im Zusammenhang mit seiner Berufsausübung auch zu damit zusammenhängenden **Maßnahmen der Werbung und Außendarstellung grundsätzlich berechtigt** ist, zur weiteren Geltung verholfen hat. Danach sah der BGH in einer Domain „presserecht.de“ durch einen einzelnen Anwalt weder einen Berufsrechtsverstoß noch eine unzulässige Kanalisierung noch eine Irreführung oder Alleinstellungsberühmung, da der Internetnutzer mit der Existenz beschreibender Domains vertraut sei, die zum Teil sehr unterschiedlich genutzt würden. Der verständige Internetnutzer erwarte daher hinter „presserecht.de“ nicht zwangsläufig ein regionales oder überregionales Anwaltsverzeichnis zum Thema Presserecht.[603] Aus denselben Gründen hielt der BGH auch die Domain „rechtsanwaelte-notar.de“ für weder berufsrechts- noch wettbewerbsrechtswidrig.[604] Auch die Verwendung der Domain „steuerberater-suedniedersachsen.de“ wurde nicht beanstandet, weil darin keine Sonder- oder Alleinstellungswerbung gesehen wurde, wenn eventuelle Fehlvorstellungen des Nutzers durch die konkrete Website ausgeräumt werden.[605] Demgegenüber hat er die Verwendung der Domain „anwalts-kanzlei-notariat.de“ durch einen Rechtsanwalt und Notar für unzulässig gehalten. Der BGH berief sich dabei auf den Unterschied zwischen dem personenbezogenen Amt des Anwaltsnotars oder des Notars im Hauptberuf einerseits und dem behördlichen Notariat iSd §§ 114 ff. BNotO andererseits und führte aus, dass für ersteren allein die Bezeichnung „Notar“ vorgesehen sei. Dieser sei deshalb nicht berechtigt, unter der Bezeichnung „Notariat“ aufzutreten, weder im Internet noch sonst im geschäftlichen Verkehr.[606] Wegen des strengeren Standesrechts der Notare, insbesondere betreffend die Werbung (§ 29 BNotO), kann die Verwendung einer Domain wie „notar-in-x-stadt.de“ durch einen Notar amtswidrige Werbung darstellen.[607]

Ähnlich strenge berufsspezifische Werberegeln für den Vertrieb insbesondere von Arzneimittel (§ 1 Abs. 1 Nr. 1 HWG) und Medizinprodukte (§ 1 Abs. 1 Nr. 1a HWG) sind im HWG statuiert. Mithin können etwa Domains von Medikamentenvertreibenden, die konkrete Medikamentennamen enthalten als produktbezogene Werbung gegen § 10 Abs. 1 HWG verstoßen und daher nach § 3 UWG unzulässig sein.[608] So hat das OLG Stuttgart, dass die Nutzung einer Internet-Domain „www.S.th.-Apotheke.de“ für eine Internetseite, auf der bestimmte S.th.-Präparate beworben werden, nicht eine bloße Unternehmenswerbung, sondern eine produktbezogene Werbung im Sinne von § 10 HWG beurteilt und verboten.[609] 212

4. Überblick über Ansprüche, Anspruchsgrundlagen und Anspruchsumfang

Die Geltendmachung des Unterlassungsanspruchs ist in Domainauseinandersetzungen wie in den meisten Gebieten des Grünen Bereichs regelmäßig das Primärziel des Verletzten, weil es darum geht, einen störenden Zustand, die Nutzung einer Domain, zu unterbinden. Auf der Begründetheit des Unterlassungsanspruchs bauen dann die Folgeansprüche auf. Je nach der Natur des verletzten Rechts sind **Unterlassungsansprüche** gegen Domains nach dem gegenwärtigen Stand der Rechtsprechung etwa denkbar aus §§ 14, 15 MarkenG, §§ 12, 823, 826, 1004 BGB, §§ 8 iVm 3, 4 Nr. 4 und/oder 5 Abs. 1 UWG. 213

Zum Schutzumfang des Verbotstenors ist grundsätzlich auf die Kerntheorie zurückzugreifen, wonach abstrakt-verallgemeinernde Wendungen im Klageantrag zulässig sind, wenn damit der Kern der konkreten Verletzungshandlung richtig erfasst wird. Das gilt allerdings nicht beim Tenor 214

[600] Fragwürdig insoweit LG Mannheim MMR 2002, 635 – rechtsanwalt.com.
[601] OLG Hamburg MMR 2002, 824 – rechtsanwalt.com.
[602] BVerfG NJW 2000, 3195.
[603] BGH MMR 2003, 253 – presserecht.de.
[604] BGH MMR 2003, 256 – rechtsanwaelte-notar.de.
[605] BGH MMR 2010, 820 – steuerberater-suedniedersachsen.de.
[606] BGH MMR 2005, 759 – anwaltskanzlei-notariat.de.
[607] BGH MMR 2010, 34 – notar-in-x-stadt.de.
[608] OLG Stuttgart GRUR-RR 2019, 90 Rn. 59 ff. – Defekturarzneimittel.
[609] OLG Stuttgart GRUR-RR 2019, 90 Rn. 59 ff. – Defekturarzneimittel.

von Entscheidungen zu Tippfehler-Domains für andere Tippfehler bzw. andere Buchstabenreihenfolgen, da eine derartige Antragsformulierung unter dem Primat des Bestimmtheitsgrundsatzes kaum zu bewerkstelligen ist.[610]

215 Es besteht **keine Marktbeobachtungspflicht** für kennzeichenverletzende Firmen – und Domainnamen. Daher ist die bloße Möglichkeit, eine Markenverletzung durch eine Internetrecherche zu entdecken, nicht dringlichkeitsschädlich für einen Unterlassungsantrag im einstweiligen Rechtsschutz.[611]

216 **Schadenersatzansprüche** wegen unzulässiger Domainnutzung können sich, wiederum in Abhängigkeit vom verletzten Recht, etwa ergeben aus §§ 14 Abs. 6, 15 Abs. 5 MarkenG, §§ 12, 823, 826 BGB, § 9 UWG. Dabei ist im Falle von Kennzeichenverletzungen der Schaden nach den Kriterien, die bei sonstigen Kennzeichenverletzungen zugrunde gelegt werden,[612] zu berechnen. Für die **Schadensberechnung** ist eine Auskunft (auf der Basis von §§ 19 MarkenG, 242 BGB) des Verletzers darüber erforderlich zu wie vielen Geschäftsabschlüssen mit welchen Umsätzen es unter Nutzung der streitigen Domain gekommen ist. Ist eine Schadensberechnung nicht anhand konkret erzielter Umsätze des Verletzers, auf die ein üblicher Lizenzsatz angewandt werden kann, möglich, so ist eine Schätzung gemäß § 287 ZPO unter dem Gesichtspunkt der Lizenzanalogie möglich.[613] Geschätzte Pauschalen des fiktiven Entgeltes sind je nach Bekanntheit des verletzten Rechts pro Monat der Nutzung anzusetzen.[614] Allerdings fehlt es für die Schätzung an einer ausreichenden Grundlage, wenn im Rechtsstreit die Dauer der Nutzung der Domain nicht belegt worden ist.[615]

Praxistipp:

Ergänzend sollte Auskunft nach der Anzahl der Page-Impressions[616] in der Vergangenheit verlangt werden. Auf Basis dieser Angabe kann Schadensersatz unter Zugrundelegung der üblichen Preise für Bannerwerbung auf der Website kalkuliert werden,[617] wenn es keine Umsätze auf der Website gab. Die Nachvollziehbarkeit bzw. Beweisbarkeit der Page-Impressions ist allerdings vielfach schwierig, insbesondere dann, wenn der Verletzer die Daten bereits gelöscht hat. Dann besteht aber immer noch die Möglichkeit, Kopien der ursprünglichen Webpages eventuell über die so genannte Wayback-Machine, bei der es sich um ein umfassendes Internetarchiv handelt, oder über die Google-Cache-Funktion beschaffen zu können.[618] Sollte der Verletzer auf seiner Website Bannerwerbung für Dritte geschaltet haben, so ist es

---

610 OLG Hamburg GRUR-RR 2009, 323 – Günstiger.

611 OLG Köln MMR 2013, 43 – proconzept-werbung.de.

612 Siehe dazu → § 32.

613 LG Hamburg MMR 2002, 628; LG Mannheim WRP 2002, 254.

614 Es gibt leider nach wie vor wenige Entscheidungen, die sich mit konkreten Schadenshöhen auseinandersetzen. Die Seitenzugriffe gelten allgemein als Indikator für die Attraktivität einer Domain und sind mithin für die Schadensbewertung ein Faktor, vgl. OLG Hamburg MMR 2003, 280 – dollhouse.de. Das LG Mannheim setzte noch vor Einführung des Euro DM 300,– für ein durchschnittliches Kennzeichenrecht und DM 600,– für bekannte Namen an, LG Mannheim WRP 2002, 254. Das LG Hamburg hielt kurz nach der Einführung des Euro in einem Urteil vom Juli 2002 einen Betrag von EUR 150 pro Monat der Domainnutzung für angemessen. In dem Fall konnte nicht festgestellt werden, dass die Benutzung der streitigen Domains durch die Beklagte auch nur von einiger Relevanz für den Absatz ihrer Produkte gewesen sei, LG Hamburg MMR 2002, 628. Unter Berücksichtigung von Inflation und Preissteigerungen im Allgemeinen dürften derzeit daher EUR 200 pro Monat Domainnutzung das Minimum im Fall einer gering bis gar nicht genutzten Domain gelten.

615 OLG Karlsruhe MMR 2003, 399, Berufungsurteil zu LG Mannheim WRP 2002, 254.

616 Dh wie oft die Website aufgerufen und innerhalb der Site „geklickt" worden ist.

617 Kosten für Bannerwerbung differieren danach, ob es sich um Pay-per-View oder Pay-per-Click Bannerwerbung handelt. Bei Pay-per-View Bannerwerbung, wenn Werbebanner auf einer Webseite eingeblendet werden, unabhängig davon, ob sie vom Internetznutzer angeklickt werden oder nicht. Bei Pay-per-Click Bannerwerbung zahlt man pro Click des Interessenten auf ein Video oder Banner, das die eigenen Produkte bewirbt. Diese Abrechnungsmethode gilt als die interessantere, denn nur wer wirklich auf die Werbung klickt, hat sich für das Produkt interessiert und ist tatsächlich auf der gewünschten Zielseite gelandet. Die Preise im Einzelnen differieren je nach Bekannt- und Beliebtheit des gewünschten Werbemediums. Im Durchschnitt kostet es aber zwischen 3–10 EUR 1.000 Leute mit einer Onlinewerbung zu erreichen (vgl. https://www.topdraw.com/insights/is-online-advertising-expensive/[zuletzt aufgerufen am 25.2.2022).

618 Wayback-Machine abrufbar unter http://www.archive.org/web/web.php, Google-Webseiten- Klicken auf den grauen Pfeil neben der URL der angesteuerten Seite in den Google-Suchergebnissen. Google speichert die Daten jedoch für einen wesentlich geringeren Zeitraum als die Wayback-Machine. Für genauere Informationen siehe Hoeren MMR 2006, Heft 1, V. Die Wayback-Machine wird zT auch von den Gerichten für eigene Nachforschungen verwendet, siehe OLG Hamburg BeckRS 2006, 01893.

sinnvoll Auskunft über die Werbeeinnahmen aus diesen Verträgen zu verlangen. Ist der Schadensersatzanspruch auf §§ 3, 5 Abs. 1, 9 UWG gestützt, dürfte der substantiierte Nachweis eines konkreten Schadens ebenso schwer fallen wie im Falle sonstiger Wettbewerbsrechtsverletzungen.[619]

Ein **Löschungsanspruch** bzw. **Verzichtsanspruch** gegen den Inhaber der rechtsverletzenden Domain wird in Fällen der Namenrechtsverletzung aus § 12 BGB, in Fällen der Kennzeichenverletzung zum Teil aus § 14, MarkenG iVm § 1004 I BGB,[620] zum Teil aus dem jeweils anwendbaren Schadensersatzanspruch hergeleitet mit dem Argument, die Löschung diene der Wiederherstellung des Zustandes vor der Rechtsverletzung.[621] Gegebenenfalls wird auch auf den wettbewerbsrechtlichen Beseitigungsanspruch abgestellt.[622] Löschungsansprüche können schließlich auch Folge von vertraglichen Schadensersatzansprüchen sein, wenn der Anspruch nur durch die Aufgabe der durch die Pflichtverletzung erlangten Rechtsposition erfüllt werden kann.[623] 217

Insbesondere der auf Kennzeichenrecht gestützte **Löschungsanspruch** ist keinesfalls immer dann gegeben, wenn auch ein Unterlassungsanspruch besteht. Er ist vielmehr **nur in Ausnahmefällen** zuzuerkennen. Wie der BGH in seiner Entscheidung „euro-telekom.de"[624] bestätigt hat, ist ein Löschungsanspruch nur dann begründet, wenn jedwede Benutzung der Domain eine Kennzeichenverletzung darstellen würde.[625] Dies ist aber – abgesehen von dem Erfordernis der Verwendung im geschäftlichen Verkehr – nur dann der Fall, wenn wegen überragender Bekanntheit des verletzten Zeichens entweder die Domainnutzung, auch wenn sie in branchenfernen Bereichen oder unähnliche Waren und Dienstleistungen erfolgt, eine nach § 14 Abs. 2 Nr. 3 oder § 15 Abs. 3 MarkenG unlautere Ausnutzung oder Beeinträchtigung der Unterscheidungskraft oder Wertschätzung des jeweiligen (bekannten) Kennzeichens darstellt[626] oder aber das Kennzeichen für alle Waren- und Dienstleistungsklassen registriert ist, so dass praktisch bei jeder Domainnutzung Waren- und Dienstleistungsähnlichkeit bzw. Branchennähe und damit Verwechslungsgefahr vorliegt. Beide Konstellationen sind jedoch eher die Ausnahme. Der markenrechtliche Schutz kann meist nur eine Untersagung der Domainnutzung in ganz bestimmten branchennahen Bereichen rechtfertigen, so dass eine darüber hinausgehende Untersagung im Wege der vollständigen Löschung unbegründet wäre.[627] Ein auf Löschung gerichteter Beseitigungsanspruch wird durch eine Erstbegehungsgefahr nicht begründet.[628] Mit der Klarstellung in „euro-telekom.de" hat der BGH dem früher bei Vorliegen eines Unterlassungsanspruchs von den Gerichten mehr oder weniger regelmäßig zugesprochenen Löschungsanspruch sachgerecht Grenzen gesetzt. 218

Ein wettbewerbsrechtlicher Löschungsanspruch ist in einem solchen Fall allerdings nicht von vornherein ausgeschlossen, sofern Wettbewerbsrecht neben dem Markenrecht zur Anwendung kommt.[629] So kann im Falle des unlauteren Domaingrabbings im Sinne von § 4 Nr. 4 UWG gegebenenfalls Löschung und Dekonnektierung der Domain verlangt werden, wenn bereits das Halten der Domain eine Rechtsverletzung darstellt.[630] 219

Aus § 12 BGB kann der Verzichtsanspruch nicht abgeleitet werden, wenn der Namensträger bereits über eine einschlägig bezeichnete Domain verfügt und die angegriffene Domain den Namen nur in Kombination oder in Abwandlung enthält.[631] Gleichwohl kann sich ein Löschungsanspruch aus § 12 BGB ergeben, wenn der markenrechtliche Schutz versagt und die vorzunehmende Interessenabwägung ergibt, dass eine andere als eine rechtsverletzende Nutzung der Domain nicht denkbar ist.[632] Aus § 12 BGB kann sich ein Löschungsanspruch auch ergeben, wenn **eine den Berechtigenden ausschließende Wirkung** mit der unbefugten Verwendung des 220

[619] Siehe dazu → § 3 III.
[620] So LG Düsseldorf GRUR 1998, 159 – epson.de.
[621] OLG Hamm CR 1998, 241 – krupp.de; zum Teil wurde die Löschung auch als Folgeverpflichtung zur Unterlassung betrachtet, LG Berlin MMR 2001, 323, was zu weit gehen dürfte.
[622] OLG Hamburg MMR 2006, 606 – ahd.de.
[623] OLG Hamburg MMR 2003, 280 – dollhouse.de.
[624] BGH MMR 2007, 702 – euro-telekom.de.
[625] Bestätigt durch BGH GRUR 2010, 235 – aidu.de; BGH GRUR 2016, 810 Rn. 37 – Profitbricks.es.
[626] BGH MMR 2007, 702 – euro-telekom.de.
[627] Siehe LG Köln K&R 2007, 221 – aidu.de; vgl. auch LG Frankfurt a. M. MMR 2019, 124.
[628] BGH GRUR 2010, 235 – aidu.de.
[629] Vgl. OLG Hamburg MMR 2006, 608 – ahd.de
[630] LG Hamburg BeckRS 2008, 22951– Area 45 Cycles.
[631] OLG Köln GRUR-RR 2010, 477 – dsds-news.de.
[632] BGH MMR 2014, 532 – sr.de; MMR 2012, 233 – basler-haar-kosmetik.de.

Namens nicht erst mit der Benutzung, sondern bereits mit der Registrierung einhergeht.[633] Eine Löschung der Domain kann geboten sein, wenn eine eindeutige, sich aufdrängende Verletzung des Namens vorliegt.[634]

221 Ein Anspruch gegen den Domaininhaber auf **Herausgabe, Übertragung bzw. Umschreibung der Domain** besteht nach deutschem Recht nach der Leitentscheidung des BGH in Sachen „shell.de“[635] grundsätzlich nicht. Ausschlaggebend dafür ist laut BGH, dass der Eintrag einer Domain nicht wie ein absolutes Recht einer bestimmten Person zugewiesen ist. Auch wenn einem Zeicheninhaber Ansprüche gegenüber dem Inhaber einer sein Kennzeichenrecht verletzenden Internet-Adresse zustehen, handelt es sich bei der Registrierung nicht unbedingt um sein Geschäft, denn die Domain kann auch die Rechte Dritter verletzten, denen gleich lautende Rechte zustehen. Außerdem würde der Verletzte durch einen Anspruch auf Umschreibung bessergestellt werden, als er ohne das schädigende Ereignis gestanden hätte. Dabei ist außerdem zu berücksichtigen, dass es noch weitere Prätendenten auf die Domain geben kann, die vor dem Verletzten auch durchaus berechtigterweise hätten zum Zuge kommen können.[636]

222 Das gilt auch für .eu Domains trotz etwaiger gegenteiliger Entscheidung des Schiedsgerichts, wenn in einem an den Schiedsspruch anschließenden Gerichtsverfahren, das rechtzeitig im Sinne von Art. 22 Abs. 13 der VO (EG) 874/2004 eine **negative Feststellungsklage** mit dem Ziel erhoben wird, feststellen zu lassen, dass ein Übertragungsanspruch für die streitgegenständliche Domain nach deutschem Recht nicht besteht.[637]

223 Daher besteht gegenüber **Disputeeinträgen,** die auf solchen Rechtsverletzungen beruhen, welche keine Löschungsansprüche in Bezug auf die Domain begründen können, seitens des Domaininhabers wiederum ein Anspruch gegenüber dem Steller des Disputeantrags auf **Löschung** desselben aus § 812 Abs. 1 S. 1, 2. Fall BGB (weil der Dispute-Inhaber einen Teil der uneingeschränkten wirtschaftlichen Verwertbarkeit, welche auch in der uneingeschränkten Übertragbarkeit ihren Ausdruck findet, auf Kosten des Domaininhabers ohne Rechtsgrund erlangt hat) sowie §§ 8 Abs. 1, Abs. 3 S. 1 iVm 4 Nr. 4 UWG (wenn ein berechtigtes Interesse des Dispute-Inhabers gerade an der mit einem Dispute versehenen Domain nicht erkennbar ist und daher die Behinderung im Vordergrund steht).[638]

224 Anders kann die Lage bei vertraglichen oder quasi-vertraglichen Anspruchsgrundlagen sein. Bei treuhänderischer Registrierung eines Domainnamens gründet sich der **Übertragungsanspruch des Treugebers** gegen den Domaininhaber auf § 667 BGB und richtet sich auf Übertragung und Umschreibung der Domain.[639] Auch nachvertragliche Mitwirkungspflichten im Zuge der Beendigung einer Vertragshändlerbeziehung können vertragliche Übertragungsansprüche auf Domains auslösen.[640] Schließlich kann sich ein Übertragungsanspruch aus der zwischen dem Domaininhaber und dem Registrar geschlossenen Registrierungsvereinbarung ergeben. Der Registrierungsvereinbarung kann insoweit als Vertrag zugunsten Dritter angesehen werden.[641] Zu berücksichtigen ist aber, dass ein Kläger allein aus den Bestimmungen der UDRP, auf denen aber wiederrum in Registrierungsvereinbarungen häufig Bezug genommen wird, keine vertraglichen Ansprüche gegen den Domaininhaber auf Übertragung herleiten kann.[642]

225 Dem verletzten Namens- bzw. Zeicheninhaber, der die Löschung einer Domain wegen Verletzung seiner Rechte gegenüber dem Domaininhaber veranlasst hat, steht kein Anspruch auf **Sperrung** der Domain für jede zukünftige Eintragung durch einen Dritten zu.[643] Die **DENIC** ist auch bei weiteren Anträgen Dritter auf Registrierung derselben Domain grundsätzlich **nicht zu der Prüfung verpflichtet,** ob die angemeldete Bezeichnung Rechte des Namensinhabers verletzt.[644]

---

633 BGH MMR 2014, 532 – sr.de; MMR 2012, 529 – regierung-oberfranken.de; BGHZ 155, 273 (276 f.) – maxem.de.

634 BGH MMR 2012, 529 – regierung-oberfranken.de.

635 BGH WRP 2002, 694 – shell.de.

636 BGH WRP 2002, 694 (700) – shell.de.

637 OLG Stuttgart MMR 2015, 122.

638 OLG Düsseldorf MMR 2016, 399 – zwiebel-muster.de, OLG Braunschweig MMR 2021, 641 – Rechtsschutz gegen unberechtigten DISPUTE Eintrag; nicht überzeugend LG Köln, MMR 2013, 469 – byebye (Anspruch aus § 823 Abs. 1, 1004 S. 1 BGB).

639 BGH MMR 2010, 757 – braunkohle-nein.de.

640 LG München GRUR Int. 2009, 527 – Lettische Domains.

641 LG Köln, BeckRS 2009, 27626; Calliess, Globales Zivilregime, Lex Mercatoria und ICANN UDRP, S. 21.

642 KG MMR 2012, 747 – e.com; aA LG Saarbrücken, GRUR-RS 2020, 37190, Rn. 131 ff. – adopteunemature.com.

643 BGH GRUR 2004, 619 – kurt-biedenkopf.de.

644 BGH GRUR 2004, 619 – kurt-biedenkopf.de.

Praxistipp:
Wenn vor Beginn der Auseinandersetzung ein Dispute-Eintrag auf .de-Domain gesetzt wurde, fällt die Domain dem Verletzten auch bei Zuerkennung nur des Löschungsanspruchs zu.

5. Störer

Wichtige Frage im Zusammenhang mit einer Domainauseinandersetzung ist nicht zuletzt, wer eigentlich **Anspruchsgegner** ist. Primär-Störer wird im Normalfall der in der WHOIS-Datenbank des Registrars eingetragene **Inhaber der Domain** sein, dh ein Unternehmen oder eine Privatperson. Denn der in der Datenbank eingetragene Inhaber ist, wenn nicht Handlungs-, so jedenfalls Zustandsstörer. 226

Der Domaininhaber ist zugleich **Anbieter von Telemedieninhalten** im Sinne des § 10 TMG und im Sinne des Jugendmedienstaatsvertrages.[645] Den Inhaber einer Domain, bei dem davon auszugehen ist, dass er Mitarbeiter des für eine auf der Domain erfolgte Markenverletzung verantwortlichen Unternehmens ist, trifft eine sekundäre Darlegungslast zur näheren Ausgestaltung seiner Stellung in dem Unternehmen und der näheren Umstände, aufgrund derer er die Domain dem Unternehmen zur Verfügung gestellt hat. Fehlt es am Vortrag dazu, ist davon auszugehen, dass er die Markenverletzung entweder selbst begangen hat oder zumindest nicht unterbunden hat, obwohl er sie kannte.[646] 227

Derjenige, der bei der WHOIS-Anfrage der DENIC als Inhaber aufgeführt wird, ohne materiell Berechtigter zu sein, kann die Stellung aus ungerechtfertigter Bereicherung erlangt haben.[647] Da das Innehalten einer Domain aber kein sonstiges Recht im Sinne des § 823 Abs. 1 BGB verleiht, besteht kein quasi-negatorischer Berichtigungsanspruch gegen die DENIC.[648] Wer als Domaininhaber Subdomains hostet, haftet auch für Rechtsverletzungen, die von Subdomains ausgehen, da er diese beherrscht. Er muss in der Lage sein, die Identität der Betreiber der unter den Subdomains genutzten Websites zu nennen.[649] Die Weiternutzung einer Internetplattform durch deren Erwerber begründet aber jedenfalls keine Haftung für früher begangene Rechtsverletzungen wegen Firmenfortführung nach § 25 HGB.[650] 228

Früher empfahl sich auch eine parallele Inanspruchnahme des **administrativen Kontaktes**, weil dieser nach den Richtlinien der DENIC berechtigt und verpflichtet war, sämtliche die Domain betreffenden Angelegenheiten verbindlich zu entscheiden. Diese Option fällt jedoch seit Umsetzung des DSGVO am 25. Mai 2018 weg, da entsprechende Kontaktdaten nicht mehr erhoben und zwangsläufig auch nicht mehr angezeigt werden. 229

Ist der Domaininhaber Betreiber eines **Online-Marktplatzes**, so haftet er als Störer für Rechtsverletzungen auf diesem ab dem Zeitpunkt, zu dem er einen hinreichend konkreten Hinweis auf eine Rechtsverletzung erhalten haben.[651] 230

Ergänzend kann auch der **Host-Provider** des Domain-Inhabers (also Internetunternehmen, die fremde Inhalte auf ihren Servern für andere Nutzer bereitstellen), der die Domain konnektiert hält, in Anspruch genommen werden, da dieser durch die Erreichbarkeit der Domain im Netz den Störungszustand aufrecht erhält und diesen in den meisten Fällen durch die über ihn erfolgte Anmeldung mitverursacht hat. Zwar sind „neutrale" Host-Provider nicht für die gespeicherten Informationen nach § 10 S. TMG verantwortlich, bei Verletzung von Immaterialgüterrechten kommt jedoch eine Störerhaftung in Frage, sofern sie Kenntnis von der Rechtsverletzung erlangen und sodann nicht unverzüglich tätig werden.[652] Im Fall von Wettbewerbsverletzungen kommt unter letztgenannten Bedingungen zudem unter dem Gesichtspunkt der Beihilfe oder täterschaftlichen Verletzung einer wettbewerbsrechtlichen Verkehrspflichten in Betracht.[653] 231

---

645 VG Hamburg BeckRS 2014, 48302.
646 OLG Köln BeckRS 2014, 11237– aztekenofen.
647 OLG Brandenburg MMR 2011, 94.
648 BGH GRUR 2012, 417 – gewinn.de.
649 LG Leipzig MMR 2004, 263.
650 LG Aachen K&R 2009, 816.
651 BGH MMR 2012, 178 – Stiftparfüm.
652 BGH GRUR 2012, 302 – basler-haar-kosmetik de; BGH MMR 2021, 138 Rn. 24 – Störerhaftung des Registrars.
653 OLG Hamburg MMR 2011, 49 – s.de.

232 Bei **Access-Providern,** also Telefondienstleister oder andere Telekommunikationsunternehmen die die technische Verbindung zum Internet zur Verfügung stellen, entsteht nach den bisher anerkannten Grundsätzen eine Prüf- oder Überwachungspflicht ebenfalls erst mit dem Hinweis auf eine klare Rechtsverletzung.[654] Die Haftung des Internetzugangsvermittlers ist aber nur gegeben, wenn der Rechtsinhaber zuvor erfolglos gegen vorrangig Verantwortliche vorgegangen ist.[655]

233 Der **Registrar** einer Domain kann nicht als Störer in Anspruch genommen werden, solange er keine Kenntnis von der rechtswidrigen Nutzung der Domain erlangt hat.[656] Er hat keine allgemeinen Prüfungs- und Überwachungspflichten.[657] Eine Störerhaftung besteht erst dann, wenn der Registrar so konkret auf die Rechtsverletzung hingewiesen wurde, dass er diese ohne tiefgreifende rechtliche Prüfung bejahen kann[658] Ab Kenntnis hat er auf den Domaininhaber einzuwirken, notfalls die Domain zu löschen, um die Rechtsverletzung zu unterbinden.[659] Nach Funktion und Aufgabe ist der Domain-Registrar eher einem Zugangsprovider (Access-Provider) als mit einem Host-Provider vergleichbar.[660] Um eine unverhältnismäßige Belastung des Registrars und damit eine Gefährdung seines Geschäftsmodells zu vermeiden, tritt auch hier die Haftung erst ein, wenn der Rechtsinhaber erfolglos gegen vorrangig Verantwortliche vorgegangen ist.[661]

234 Ein Internet-Provider, der im Rahmen einer WHOIS-Abfrage auf entsprechende Eingabe des Nutzers in einem automatisierten Verfahren Auskunft über die Verfügbarkeit der Domain gibt, begeht jedoch keine Namensverletzung.[662]

235 Der Pflichtenkreis der **DENIC** ist im Laufe der letzten Jahre gerichtlich weiter geklärt worden. Sie kommt als Anspruchsgegnerin nur eingeschränkt in Betracht. Die Registrierung und Verwaltung einer Domain für einen Dritten durch die DENIC stellt weder eine Kennzeichenverletzung iSd §§ 14, 15 MarkenG oder einen Wettbewerbsverstoß gemäß § 3 UWG[663] noch eine Namensanmaßung iSd § 12 BGB dar, so dass die DENIC als unmittelbare Verletzerin ausscheidet.[664] Mit Blick auf eine mögliche **Störerhaftung** für Kennzeichenverletzungen hat der BGH ausgeführt, dass die DENIC, die ohne Gewinnerzielungsabsicht handelt und ihre Aufgabe im Interesse sämtlicher Internetnutzer und damit zugleich im öffentlichen Interesse wahrnimmt, bei der Erstregistrierung einer Domain grundsätzlich keine Prüfungspflichten treffen. Auch auf völlig eindeutige, für jedermann erkennbare Verstöße braucht die DENIC in der Phase der Erstregistrierung einer Domain nicht zu achten.[665] Wird die DENIC aber von einem Dritten auf eine – angebliche – Verletzung von dessen Rechten hingewiesen, treffen sie **eingeschränkte Prüfungspflichten.** Die DENIC ist in dieser zweiten Phase aber nur dann gehalten, eine Registrierung zu löschen, wenn die Verletzung der Rechte Dritter offenkundig und für sie ohne Weiteres feststellbar ist[666] oder gegen den Inhaber der Domain ein rechtskräftiger Titel vorliegt[667] oder die Domain mit einer berühmten Marke identisch ist.[668] Offenkundigkeit ist auch gegeben, wenn Domains eindeutig auf bundesdeutsche Gebietskörperschaften verweisen, aber von Privatpersonen mit Sitz im Ausland registriert werden.[669] Mit dieser Rechtsprechung trägt der BGH der Tatsache Rechnung, dass die DENIC mit der automatisierten Domainvergabe und -verwaltung eine im öffentlichen Interesse und im Interesse aller Internetnutzer liegende Aufgabe wahrnimmt, die durch eventuelle Prüfungspflichten nicht beeinträchtigt werden darf. Dementsprechend kann die DENIC auch

[654] BGH, MMR 2016, 180 Rn. 25 – Störerhaftung des Access-Providers.
[655] BGH, MMR 2016, 180 Rn. 25 – Störerhaftung des Access-Providers.
[656] BGH MMR 2021, 138 Rn. 30 – Störerhaftung des Registrars; OVG Münster MMR 2010, 349.
[657] BGH MMR 2021, 138 Rn. 30 – Störerhaftung des Registrars; OLG Saarbrücken MMR 2015, 120.
[658] BGH MMR 2021, 138 Rn. 30 – Störerhaftung des Registrars; LG Köln MMR 2015, 523.
[659] KG MMR 2014, 776; OLG Saarbrücken MMR 2015, 120.
[660] OLG Köln GRUR 2014, 1081; OLG Frankfurt NJW-RR 2016, 618; zur Störerhaftung des Access-Providers auch BGH GRUR 2016, 268 – Störerhaftung des Access-Providers.
[661] BGH MMR 2021, 138 Rn. 31 – Störerhaftung des Registrars.
[662] OLG Köln CR 2002, 533 – guenter-jauch.de II.
[663] BGH WRP 2001, 1305 – ambiente.de.
[664] BGH GRUR 2001, 619 – kurt-biedenkopf.de.
[665] BGH GRUR 2001, 619 – kurt-biedenkopf.de; BGH WRP 2001, 1305 – ambiente.de; OLG Frankfurt a. M. MMR 2011, 176 – sr. de.
[666] BGH WRP 2001, 1305 – ambiente.de; OLG Frankfurt a. M. MMR 2010, 689 – regierung-mittelfranken.de, Welzel MMR-Aktuell 2011, 324 246; BGH GRUR 2012, 651 – regierung-oberfranken.de; OLG Frankfurt a. M. MMR 2010, 699 – huk-coburg24.de.
[667] Wenn im Tenor des Urteils der Bezeichnung der Domain unzutreffender Weise ein www. vorangestellt ist, steht das der Haftung der DENIC nicht entgegen, OLG Frankfurt a. M. GRUR-RS 2014, 55678.
[668] OLG Frankfurt a. M. MMR 2010, 699 – huk-coburg24.de; MMR 2011, 176 – sr. de.
[669] BGH 2012, 651 – regierung-oberfranken.de.; Welzel MMR-Aktuell 2011, 324 246.

nicht verpflichtet werden, eine Art Negativliste nicht registrierbarer, rechtsverletzender Domains vorzuhalten.[670] Nach den Kategorien des TMG ist die DENIC Zugangsvermittlerin im Sinne des § 8 TMG, keine Inhalteanbieterin nach § 10 TMG.[671]

Der **Betreiber eines Domain-Parking-Programms** kann im Falle eines von dritter Seite begangenen Markenverstoßes durch eine geparkte Domain grundsätzlich nicht nach den Grundsätzen der Störerhaftung in Anspruch genommen werden.[672] Die Sperrung einer Domain durch die Handelsplattform Sedo stellt einen Eingriff in den eingerichteten und ausgeübten Gewerbebetrieb dar.[673] Eine Störerhandlung liegt nicht bereits in der Zurverfügungstellung einer Plattform für Domainverkäufe. Wenn beim Aufruf aufgrund vorher bestimmter Schlüsselwörter Werbung von Drittunternehmen erscheint, haftet der Diensteanbieter nicht als Teilnehmer einer Kennzeichenverletzung, wenn die Auswahl ohne seine Mitwirkung erfolgt ist.[674] Die Kunden des Betreibers sind nicht seine Beauftragten im Sinne von §§ 14 Abs. 6, 15 Abs. 5 MarkenG. Ab Kenntniserlangung aber haftet der Betreiber für Markenrechtsverletzungen seiner Kunden.[675] Reagiert der Parking-Anbieter nach Kenntniserlangung des markenrechtlichen Verstoßes durch das Abmahnschreiben unverzüglich und angemessen, scheidet eine Inanspruchnahme aus.[676] 236

Ähnlich ist es in Fällen der **Domainpacht.** Der Verpächter haftet grundsätzlich nicht für Rechtsverletzungen, die der Pächter auf der unter der verpachteten Domain erreichbaren Website verübt.[677] Prüfungspflichten für den Verpächter entstehen erst dann, wenn er konkrete Anhaltspunkte für eine (drohende) Rechtsverletzung hat.[678] Der Domaininhaber haftet jedoch täterschaftlich für markenverletzende Angebote auf der von ihm treuhänderisch gehaltenen Domain. Er kann sich insbesondere nicht auf eine Haftungsprivilegierung berufen, auch wenn er die Domainregistrierung aufgrund eines Webdesignvertrags übernommen hat.[679] 237

6. Besonderheiten bei .eu-Domains

Soweit es um die Verletzung von Kennzeichenrechten durch .eu-Domains geht, findet vor deutschen Gerichten neben dem MarkenG, dem UWG und dem BGB die europäische **Verordnung (EG) Nr. 874/2004**[680] **unmittelbar Anwendung.**[681] Gemäß Art. 21 dieser Verordnung wird eine Domain aufgrund eines gerichtlichen Verfahrens widerrufen, wenn sie mit einem Begriff identisch oder verwirrend ähnlich ist, an dem nach nationalem oder Unionsrecht Rechte bestehen, und wenn sie von einem Domaininhaber registriert wurde, der selbst keinerlei Rechte oder berechtigte Interessen an der Domain geltend machen kann, oder wenn sie in böser Absicht registriert wurde oder benutzt wird. Ein vorgeschaltetes alternatives Streitbeilegungsverfahren gemäß Art. 22 der Verordnung (EG) Nr. 874/2004 ist hierfür nicht erforderlich. Es besteht – jedenfalls soweit der Beklagte in Deutschland ansässig ist oder die unter der Domain vorgehaltenen Inhalte an deutsche Verkehrskreise gerichtet sind – vielmehr die Möglichkeit, **direkt ein Gericht in Deutschland** anzurufen und auf dieser Grundlage einen Widerruf der Domain geltend zu machen. Von dieser Möglichkeit hat der Kläger in dem die Domain „neu.eu" betreffenden Verfahren vor dem LG München I Gebrauch gemacht. Das Gericht bestätigte zwar die Anwendbarkeit der Verordnung (EG) Nr. 874/2004, lehnte jedoch einen darauf gestützten Anspruch mangels Vorliegens der Anspruchsvoraussetzungen ab.[682] Auch das OLG Düsseldorf hat in dem Rechtsstreit um die 238

[670] LG Frankfurt/Main, MMR 2009, 704 – Lufthansa-Domains.

[671] VG Düsseldorf, MMR 2012, 846 (848).

[672] BGH GRUR 2011, 617 – Sedo; OLG Hamburg MMR 2012, 470; OLG Frankfurt a. M. MMR 2010, 414; OLG Stuttgart MMR 2012, 475; das gilt auch im Falle von Namensrechtsverletzungen, LG Düsseldorf GRUR-RR 2010, 477 – harry-z. de.

[673] LG Düsseldorf GRUR-RR 2014, 134 – markenboerse.de.

[674] BGH GRUR 2011, 617 – Sedo.

[675] OLG München MMR 2010, 100; OLG Stuttgart MMR 2012, 475.

[676] LG Düsseldorf GRUR-RR 2008, 122.

[677] BGH GRUR 2009, 1093 – focus-oneline.de.

[678] BGH GRUR 2009, 1093 (1094) – focus-online.de.

[679] LG Köln GRUR-RS 2018, 8620.

[680] Verordnung (EG) Nr. 874/2004 der Kommission vom 28.4.2004 zur Festlegung von allgemeinen Regeln für die Durchführung und die Funktionen der Domäne oberster Stufe „.eu" und der allgemeinen Grundregeln für die Registrierung.

[681] OLG Düsseldorf MMR 2008, 107 – lastminute.eu; LG München I MMR 2007, 395 – neu.de/neu.eu; vgl. auch Goldberg MMR 2008, 111 (112); Müller GRUR Int 2007, 990 (999); Bettinger Handbuch des Domainrechts, 183; Schafft GRUR 2004, 986 (989); aA OLG Hamburg K&R 2007, 414 – original-nordmann.eu.

[682] LG München I MMR 2007, 395 – neu.de/neu.eu.

Domain „lastminute.eu" die Verordnung (EG) Nr. 874/2004 unmittelbar angewandt, einen darauf gestützten Anspruch aber ebenfalls mangels Vorliegens der Anspruchsvoraussetzungen verneint.[683] Nicht zuzustimmen ist dagegen dem OLG Hamburg in Sachen „original-nordmann.eu". Das Gericht sah hier in der Verordnung (EG) Nr. 874/2004 keine eigenständige Anspruchsgrundlage, sondern ging davon aus, dass die Verordnung eine solche Anspruchsgrundlage vielmehr voraussetze. Da die Registrierung der Domain nach deutschem Marken- und Wettbewerbsrecht nicht rechtswidrig sei, käme es auf eine Berechtigung des Domaininhabers betreffend die Domain nicht an.[684] Die Frage, ob die Domainregistrierung nach deutschem Recht rechtmäßig oder rechtswidrig ist, ist jedoch im Rahmen der Verordnung (EG) Nr. 874/2004 unerheblich. Nationales Recht ist nur insofern relevant, als derjenige, der gegen den Domaininhaber vorgeht, an der Domain eigene nationale oder Unionsrechte, zum Beispiel Markenrechte, halten muss. Ist dies der Fall, richten sich die weiteren Voraussetzungen für einen Anspruch auf Widerruf der Domain allein nach Art. 21 der Verordnung (EG) Nr. 874/2004. Denn es handelt sich bei dieser Verordnung um ein von deutschen Gerichten zwingend anzuwendendes **spezifisches materielles Domainrecht,**[685] das als solches allein für .eu-Domains existiert. Bei allen anderen Domains prüfen die Gerichte, wie dargelegt, Ansprüche allein nach den jeweils anwendbaren nationalen Rechtsvorschriften. Diese Vorschriften sind im Zusammenhang mit .eu-Domains ebenfalls anwendbar. Es empfiehlt sich jedoch, immer auch die für den Mandanten im Zweifel günstigere Anspruchsgrundlage des Art. 21 der Verordnung (EG) Nr. 874/2004 in Betracht zu ziehen, insbesondere dann, wenn Markenrechte des Mandanten betroffen sind. Denn ein Löschungsanspruch scheidet nach deutschem Recht immer dann aus, wenn der markenrechtliche Schutz eine Untersagung der Domainnutzung nur in ganz bestimmten branchennahen Bereichen rechtfertigen kann.[686] Ein unionsrechtlicher Verzichtsanspruch könnte dagegen unter Umständen durchgreifen.

239 Problematisch ist jedoch, dass der Inhaber einer .eu-Domain während eines Rechtsstreits nur dann an der Übertragung der Domain an einen Dritten gehindert ist, wenn ein ADR-Verfahren vor dem Tschechischen Schiedsgericht oder der WIPO gegen ihn eingeleitet wird. Nur dann nämlich wird die Domain automatisch gesperrt.[687] Anderenfalls, beispielsweise wenn der Domaininhaber außergerichtlich abgemahnt oder aber ein Verfahren vor einem nationalen Gericht gegen ihn angestrengt wird, kann er **weiterhin frei über die Domain verfügen.** Einen mit einem Dispute-Eintrag vergleichbaren Mechanismus gibt es außerhalb des ADR-Verfahrens nicht. Selbst wenn gegen den Domaininhaber eine einstweilige Verfügung erwirkt wird, so kann diese aufgrund des Verbots der Vorwegnahme der Hauptsache regelmäßig nur auf Unterlassung, nicht jedoch auf Löschung bzw. Freigabe der Domain gerichtet sein,[688] so dass der Domaininhaber die Domain auch weiterhin an einen Dritten übertragen kann. Um dies zu verhindern, empfiehlt es sich, den Antrag auf Erlass einer einstweiligen Verfügung nicht nur auf Unterlassung der Benutzung, sondern auch auf Unterlassung einer entgeltlichen oder unentgeltlichen Verfügung der streitgegenständlichen Domain auf Dritte zu richten. Ein solcher Anspruch dürfte in der Regel dann gegeben sein, wenn der Antragsteller einen Löschungsanspruch, über den abschließend erst im Hauptsacheverfahren entschieden wird, sowie eine Begehungsgefahr hinsichtlich einer möglichen Weiterübertragung der Domain glaubhaft machen kann.[689]

V. Vollstreckungsfragen

240 Erfasst eine Unterlassungserklärung die (Nicht)-Verwendung einer Internetdomain, hat der Unterlassungsschuldner aktiv und umfassend dafür Sorge zu tragen, dass diese Domain über das Internet nicht mehr erreichbar ist und gegebenenfalls auch Erfüllungsgehilfen unter Hinweis auf mögliche Regressansprüche von der Notwendigkeit schnellen Handelns in Kenntnis zu setzen.[690] Eine Vertragsstrafe in Höhe von EUR 6.000 für den Fall, dass einer Unterlassungserklärung zu-

[683] OLG Düsseldorf MMR 2008, 107 – lastminute.eu.
[684] OLG Hamburg K&R 2007, 414 – original-nordmann.eu.
[685] Siehe Bettinger WRP 2006, 548 (556), der jedoch das praktische Bedürfnis an einem solchen Recht in Frage stellt.
[686] → Rn. 118.
[687] → Rn. 87.
[688] Vgl. OLG Frankfurt a. M. MMR 2000, 752.
[689] Siehe hierzu KG MMR 2008, 53.
[690] LG Berlin MMR 2000, 495.

wider eine Domain weiter verwandt wird, ist wegen des erheblichen Gewichts des Verstoßes nicht unbillig.[691]

Ein titulierter Anspruch, es zu unterlassen, unter einer Domain aufzutreten, ist nach Rechtskraft des Urteils nach § 888 ZPO vollstreckbar.[692] § 888 ZPO findet auch Anwendung auf die aus einem Prozessvergleich resultierende Verpflichtung zur Domainübertragung.[693] 241

Eine spezielle Vollstreckungsfrage im Bereich der Domain ist die **Pfändbarkeit** einer Domain. In Betracht kommt dies zwar nicht unmittelbar in Domainauseinandersetzungen. Denn wenn der Verletzte obsiegt, kommt es gelegentlich unabhängig von der Titulierung eines Löschungsanspruchs zur Löschung der streitgegenständlichen Domain. Relevant wird die Pfändung einer Domain aber dann, wenn der Domaininhaber Vollstreckungsschuldner eines Dritten ist und außer seiner oder seinen Domains dem Gläubiger keine weiteren Vermögensgegenstände zur Verfügung stehen. Eine Domain gilt als Vermögensgegenstand gemäß § 857 ZPO[694] und nach Auffassung des BGH[695] als pfändbar. Zwar stellt die Domain als solche kein absolutes Recht im Sinne des § 823 Abs. 1 BGB dar,[696] das nach § 857 Abs. 1 ZPO pfändbar ist. Gegenstand zulässiger Pfändung ist jedoch die Gesamtheit der schuldrechtlichen Ansprüche, die dem Domaininhaber gegenüber der DENIC oder einer anderen Domainvergabestelle aus dem der Domainregistrierung zu Grunde liegenden Vertragsverhältnis zustehen.[697] Der BGH knüpft damit an die Rechtsprechung des Bundesverfassungsgerichts an, wonach die Domain kein Immaterialgüterrecht oder sonstiges absolutes Recht des Domaininhabers darstellt, sondern dieser vielmehr vertragliche Nutzungsrechte an der Domain hält.[698] Diese Rechte sind pfändbar. Die Verwertung kann nach §§ 857 Abs. 1, 844 Abs. 1 ZPO durch Überweisung an Zahlungs statt zu einem Schätzwert erfolgen. Unpfändbar ist die Domain, wenn sie zur Fortsetzung der Erwerbstätigkeit des Schuldners erforderlich ist.[699] 242

Sowohl das Bundesverfassungsgericht als auch der BGH gehen davon aus, dass die **DENIC als Drittschuldnerin** im Rahmen der Pfändung anzusehen ist.[700] Die Frage der Drittschuldnereigenschaft ist insofern erheblich, als die Zustellung allein an den Schuldner für eine wirksame Pfändung nicht ausreichend ist. Erforderlich ist vielmehr auch die Zustellung an den Drittschuldner. 243

Ungeklärt war zunächst die Frage der **Verwertung**, wenn die Domain mit einem Dispute-Eintrag belastet ist. Ein Dispute-Eintrag blockiert nach den Domainbedingungen der DENIC mindestens ein Jahr lang die Übertragbarkeit der Domain.[701] Der BGH hat nun jedoch klargestellt, dass § 6 Abs. 2 der Domainbedingungen der DENIC gerade keine Übertragungssperre statuiert und der Pfändungsgläubiger durch Überweisung an Zahlungs statt die Rechtsposition des Schuldners übernimmt,[702] so dass der Inhaber eines Dispute-Eintrags im Zweifel damit rechnen muss, dass der Dispute-Eintrag nicht die Pfändung der Domain blockiert. 244

Für den Gläubiger besteht ein maßgebliches **Vollstreckungrisiko** darin, dass er bei der Verwertung der Domain durch Verkauf die Rechte Dritter oder auch des Vollstreckungsschuldners selbst (wenn die Domain zB aus dessen Namen besteht) verletzt.[703] Er kann dann von diesen auf Schadensersatz in Anspruch genommen werden. 245

VI. Übertragung von Domains und Rechtsgeschäfte mit Domains

Ist das Ergebnis der anwaltlichen Prüfung aller denkbaren für den Mandanten in Frage kommenden Anspruchsgrundlagen gegen die störende Domain oder auf deren Übertragung auf den 246

[691] BGH MMR 2017, 826 (829) – fishtailparka.
[692] OLG Frankfurt a. M. MMR 2002, 471 – drogerie.de; anders LG Berlin MMR 2001, 323, das aus § 890 ZPO ableitet.
[693] LG Frankfurt a. M. MMR 2006, 114 – fetenplaner II.
[694] Bejaht durch LG Essen CR 2000, 247; LG Düsseldorf ZUM 2002, 155; einschränkend LG München I CR 2000, 703; Plaß WRP 2000, 1077 ff.
[695] BGH GRUR 2005, 969 – Domainpfändung.
[696] BH GRUR 2012, 417 – gewinn.de.
[697] BGH GRUR 2005, 969 – Domainpfändung; BGH MMR 2019, 168 – Pfändung einer Internetdomain.
[698] BVerfG GRUR 2005, 261.
[699] LG Mülhausen MMR 2013, 664.
[700] BVerfG MMR 2015, 181 – Keine Haftung der Domainregistrierungsstelle; BGH MMR 2019, 168 Rn. 16 im Anschluss an BFH MMR 2017, 675.
[701] Zum Dispute-Eintrag → Rn. 66 ff.
[702] BGH GRUR 2019, 324 Rn. 23 ff. – d.de.
[703] LG München I CR 2000, 703.

Mandanten negativ, so kann man diesem nur noch raten, dem Gegner ein Kaufangebot für die Domain zu unterbreiten. Die Domain ist kein körperlicher Gegenstand, sondern eine Internetadresse, an der dem Domaininhaber aufgrund der Vertrags mit der DENIC oder einer anderen Vergabestelle ein übertragbares Nutzungsrecht zusteht. Auf den **Domainkauf** finden daher die Bestimmungen des **Rechtskaufs** Anwendung.[704] Beim Domainkauf sollte der Mandant sich zunächst Gedanken dazu machen, wie viel er zu zahlen maximal bereit wäre. Dabei ist zu berücksichtigen, dass insbesondere generische Domains von hohem Wert sind. So wurde die Domain cars.com etwa für ganze 800 Millionen EUR verkauft.[705] Wie der Wert einer Domain zu bemessen ist, ist nicht abschließend geklärt. Bisher ist hierfür zum Teil auf die für die Markenbewertung anerkannten Verfahren zurückgegriffen worden.[706] Zusätzlich zu den Methoden der Markenbewertung gibt es diverse andere Bewertungsmethoden für Domains,[707] darunter die so genannte „RICK-Formel", die den Wert aus Risiko, Image, Commerce und Kürze ermitteln will, womit das Risiko einer Abmahnung, das Image der TLD, die Kommerzialisierbarkeit der Second-Level-Domain und die schlagkräftige Kürze gemeint sind.[708] Nachdem all dies wenig greifbar ist, kommt es im Ergebnis darauf an, wie viel die Domain dem Mandanten subjektiv wert und er bereit zu zahlen ist. Die Verwertung von Internetdomains, die der Inhaber nicht bloß im Sinne eines Handels an- und verkauft, sondern zunächst selbst schafft, ist zudem eine gewerbliche Tätigkeit, die über eine bloße Vermögensverwaltung hinausgeht und damit § 15 EstG unterfällt (Einkünfte aus Gewerbebetrieb).[709] Domains stellen damit ein aktivierbares und abschreibungsfähiges Wirtschaftsgut dar.

247 Wer als Gesellschafter einer GbR eine Domain anmeldet, die einvernehmlich von der Gesellschaft genutzt wird, handelt gesellschaftsbezogen. Meldet er die Domain später auf sich um, so erlangt er eine Rechtsposition, die er nach § 667 BGB an die Gesellschaft herauszugeben hat.[710]

248 Haben die Parteien Einigkeit über **Domainübertragung** und Preis erzielt, sollte dies gemeinsam mit den Übergabemodalitäten für die Domain einerseits und Kaufpreis andererseits vertraglich festgehalten und umgesetzt werden. Dabei ist im Hinblick auf das Prozedere zu unterscheiden, was für eine Domain von der Übertragung betroffen ist.

249 Immer beliebter wird die **Lizenzierung** von Domains, die, soweit deutsches Recht Anwendung findet, vertragstypologisch als Rechtspacht iSd § 581 Abs. 2 BGB einzustufen ist.[711] Im Falle der Domainpacht stellen – ohne entsprechende anderweitige Vereinbarungen – die Umsätze, die der Domainpächter durch Verlinkung auf andere, eigene Internetseiten erzielt, keine vergütungspflichtigen Umsätze dar.[712]

1. .de-Domains

250 Im Falle der Übertragung einer .de-Domain reicht hierzu ein Dokument aus, in dem **Parteien, Domain und Preis** festgehalten sind. Dabei ist entscheidend, dass die tatsächliche und technische Übertragung der Domain nicht allein von den Parteien abhängt, sondern maßgeblich von deren jeweiligen Providern, die insoweit **Erfüllungsgehilfe** der Partei sind. Der Vertrag hat daher die verkäuferseitige Verpflichtung zu enthalten, seinen Provider unwiderruflich zur Delegation der zu übertragenden Domain auf den Provider zu veranlassen, den der Käufer im Vertrag bezeichnet und bei dem er ein entsprechendes **KK-Request**[713] eingereicht hat. Ist die Delegation erfolgt, so hat der Provider des Käufers den so genannten **„Inhaber-Update"** bei der DENIC auszuführen, der die Umschreibung der Domain im Register der DENIC bewirkt. Aus haftungsrechtlichen Gründen sollte der Vertrag daher auch eine – gegebenenfalls strafbewehrte – Verpflichtung des Käufers enthalten, diesen Inhaber-Update vorzunehmen, wozu dieser – hat vorher ein Dispute-Eintrag auf Veranlassung des Käufers bestanden – den Dispute-Eintrag zunächst zu löschen hat.

[704] Bettinger Handbuch des Domainrechts, 478; Ernst MMR 2002, 714 (720); Härting CR 2001, 37 (39).
[705] Vgl. https://www.goneo.de/blog/2017/06/27/cars-com-wie-kann-eine-domain-872-mio-dollar-wert-sein/ (zuletzt aufgerufen am 27.2.2022).
[706] Siehe Repenn, Handbuch der Markenbewertung.
[707] Siehe dazu Bettinger Handbuch des Domainrechts, 487 f.
[708] Ernst MMR 2002, 714 (720).
[709] FG Münster, MMR 2022, 166.
[710] OLG Brandenburg MMR 2014, 651.
[711] Auer-Reinsdorff/Conrad/Witte/Auer-Reinsdorff/Luckhaus, Handbuch IT- und Datenschutzrecht, 3. Auflage, § 7 Domainrecht und markenrechtliche Bezüge Rn. 167.
[712] LG Nürnberg-Fürth MMR 2009, 217.
[713] Technische Anfrage eines Providers an einen anderen, eine Domain-Anbindung zu übertragen.

Da bereits mit der Delegation die Domain im Machtbereich des Käufers ist, erscheint es sachgerecht, ein Fälligwerden des vereinbarten Kaufpreises mit dem Zeitpunkt der erfolgreichen Delegation zu vereinbaren. Ergänzend empfiehlt sich eine **Haftungsfreistellung** des Käufers durch den Verkäufer für die Zeit der Domainnutzung vor Delegation.

2. Domains unter generischen Top-Level-Domains

Zu diesen Domains können keine allgemein verbindlichen Angaben für bestimmte Formerfordernisse der Übertragung gegeben werden. Zu unterschiedlich sind die Anforderungen der einzelnen konkurrierenden Registrare von generischen Top-Level-Domains. Dies macht es im Falle des Erwerbs einer Domain unter einer solchen generischen Top-Level-Domain erforderlich, sich zunächst Klarheit über die formellen Anforderungen und weiteren vom Veräußerer zu leistenden Erklärungen und Handlungen zu verschaffen. Dazu sollte der Anwalt zunächst ermitteln, bei welchem konkreten Registrar die Domain eingetragen ist und welche Anforderungen der Registrar an die Übertragung und Umschreibung von Domains stellt. Danach sollten die Handlungen verpflichtend in den Vertrag zwischen Erwerber und Veräußerer mit aufgenommen werden. Insbesondere ist auch zu klären, ob der potentielle Erwerber nach den Bedingungen des Registrars überhaupt Inhaber der gewünschten Domain werden kann. In jedem Fall muss der Veräußerer den so genannten **Authorization Code** (AUTH CODE) der betreffenden Domain zur Verfügung stellen. Dieser ist für den mit der Domainübertragung regelmäßig verbundenen Registrar- bzw. Providerwechsel unverzichtbar. Es handelt sich dabei um ein Passwort, das der Domaininhaber bei der Registrierung seiner generischen Top-Level-Domain erhält und das diesen davor schützen soll, dass Unberechtigte einen solchen Wechsel durchführen. Im Übrigen gelten die essentialia negotii wie im Vertrag um die .de-Domain. Hinzu kommt sinnvollerweise eine **Rechtswahl-Klausel** und eine **Gerichtsstandsvereinbarung** für Fälle, in denen Erwerber und Veräußerer in unterschiedlichen Ländern ansässig sind. Unter Umständen sollte man dem Mandanten auch empfehlen, die Vereinbarung nach dem Recht des Landes, aus dem sein Vertragspartner stammt, auf **zwingendes anwendbares Recht** oder eventuelle **Vollzugshindernisse** nach diesem Recht überprüfen zu lassen. 251

3. .eu-Domains

Auch im Falle der Übertragung einer .eu-Domain sollte zunächst ein Dokument aufgesetzt werden, in dem Parteien, Domain und Preis festgehalten sind. Der eigentliche Inhaberwechsel und der damit meist verbundene Providerwechsel sind dann von dem Provider des Domainerwerbers zu veranlassen. Dieser muss die Vergabestelle EURid kontaktieren und die Übertragung der Domain beantragen. EURid wendet sich dann sowohl an den Veräußerer als auch an den Erwerber der Domain mit der Bitte um Bestätigung. Sobald diese von beiden Parteien vorliegt, wird dem Antrag stattgegeben.[714] Zu berücksichtigen ist, dass eine .eu-Domain ausschließlich auf Unternehmen, Organisationen oder natürliche Personen mit satzungsmäßigem Sitz, Hauptniederlassung oder Wohnsitz innerhalb der Europäischen Union übertragen werden kann.[715] 252

4. Länderdomains

Ist die zu übertragende Domain eine mit ausländischer geographischer Top-Level-Domain, so gilt grundsätzlich das zur .com-Domain gesagte. Es ist auch in diesen Fällen unerlässlich, die **speziellen Übertragungsanforderungen des nationalen Registrars** im Vorfeld zu prüfen, insbesondere auch daraufhin, ob der Mandant überhaupt Inhaber der Domain werden kann. Sonst läuft jede Vereinbarung mit der Gegenseite ins Leere. 253

VII. Ausblick

Im Zuge der fortschreitenden Digitalisierung bleibt das Domainrecht ein von Mandanten stark nachgefragtes Rechtsgebiet. Insbesondere im Rahmen der ADR-Verfahren ist weiterhin ein klarer Anstieg der Fallzahlen zu beobachten. So verzeichnete das Schieds- und Schlichtungszentrum der WIPO im Jahr 2021 einen Rekord von 5128 Fällen, die von Markeninhabern im Rahmen der 254

[714] Zu den Einzelschritten siehe www.eurid.eu/de/eu-domaenennamen/uebertragungen-trade-transfer.
[715] Siehe dazu auch oben unter → Rn. 65.

UDRP eingereicht wurden. Dies entspricht einem Anstieg von 22 % gegenüber 2020 (wobei bereits damals ein neuer Höchststand erreicht wurde).[716]

255 Dieser Trend ist vor dem Hintergrund zu sehen, dass in den letzten Jahren eine Vielzahl neuer Top-Level-Domains verfügbar geworden sind – von geografischen (.nyc) über Marken (.bmw) und generische (.shop) bis hin zu den internationalisierten Domains (IDN), die die Verwendung einer Reihe verschiedener Alphabete ermöglichen. All dies bietet vor allem Unternehmen die Möglichkeit, ihre Online-Ressourcen für Nutzer anhand ihres Standorts, ihrer Produkte und ihres Namens noch optimaler zu identifizieren. Doch auch für Privatpersonen werden digitale Identitäten immer wichtiger. In diesem Kontext sind beispielsweise die sogenannte „Blockchain-Domains" zu sehen. Die „Blockchain-Domain" ist dabei eine Art menschenlesbare Kryptowährungsadresse (maxmusterman.eth), die man zur Identifikation anstelle der derzeit üblichen langen Wallet-ID (wie zB 35hK24tcLEWcgNA4JxpvbkNkoAcJGqQPsP) verwenden kann, um Zahlungen mit Kryptowährung über die Wallet zu abzuwickeln.[717]

256 Kritisch sind – gerade auch unter Berücksichtigung der Relevanz, die Domains und digitale Identitäten im heutigen Wirtschaftsleben haben – hingegen die zum 25. Mai 2018 in Kraft getretenen umfangreiche Änderungen bei der whois-Abfrage für .de-Domains zu sehen. Insbesondere die Tatsache, dass mittlerweile kein administrativer Ansprechpartner (Admin-C) mit Sitz in Deutschland bei der DENIC angegeben werden muss, erschwert die Rechtsdurchsetzung vielfach. Bereits Ende 2019 hat der Bundesrat daher die Bundesregierung aufgefordert zu prüfen, ob nicht die Einführung einer Identitätsprüfung im Rahmen der Registrierung von .de-Domains geschaffen werden muss. Auch forderte der Bundesrat eine mit der Datenschutz-Grundverordnung (DS-GVO) in Einklang stehende öffentliche Abfrage der Domain-Inhaberdaten, nach Vorbild der bisherigen Whois-Abfrage der DENIC, eingeführt werden sollte.[718] Die Entschließung wurde der Bundesregierung zugeleitet. Sie entscheidet, ob sie das Anliegen des Bundesrates aufgreift und ein entsprechendes Gesetz auf den Weg bringt. Feste Fristen gibt es hierfür nicht.

[716] https://www.worldtrademarkreview.com/record-nobody-wants-udrp-actions-continue-upward-march (zuletzt abgerufen am 6.3.2022).

[717] https://www.ionos.de/digitalguide/domains/domain-news/blockchain-domains/ (zuletzt abgerufen am 6.3.2022).

[718] Bundesrat Drucksache Nr. 569/19 „Entschließung des Bundesrates – Verbraucherschutz im Onlinehandel stärken – Fake-Shops effektiv bekämpfen" (https://www.bundesrat.de/SharedDocs/beratungsvorgaenge/2019/0501–0600/0569-19.html, zuletzt abgerufen am 6.3.2022).

§ 29 Heilmittelwerberecht

Übersicht

I. Einführung

1 Für die Bearbeitung eines Mandats auf dem Gebiet des Heilmittelwerberechts gelten zunächst die übrigen allgemeinen Bestimmungen des Wettbewerbsrechts und des gewerblichen Rechtsschutzes. Die Restriktionen des Heilmittelwerberechts treten kumulativ zu den übrigen Normen des Wettbewerbsrechts hinzu. In einigen Bereichen gehen die Normen des HWG als lex specialis den übrigen wettbewerbsrechtlichen Vorschriften vor.

2 Zur Erleichterung der Bearbeitung eines Mandats auf dem Gebiet des Heilmittelwerberechts ist eine Checkliste „Informationen" (→ Rn. 117) beigefügt, nach welcher das Material von den Mandanten angefordert werden kann.

3 Die nachfolgenden Ausführungen dienen dem Einstieg in die Materie des Heilmittelwerberechts und zeigen einen Leitfaden auf, nach welchem ein heilmittelwerberechtliches Mandat bearbeitet werden kann. Für die einzelnen aufgeworfenen materiell-rechtlichen Fragestellungen soll und kann ein Kommentar zum Heilmittelwerbegesetz nicht ersetzt werden. Der gedankliche Leitfaden wird in der Checkliste „Prüfung von Heilmittelwerbung" (→ Rn. 118) aufgegriffen und kann für die Bearbeitung des Mandates eine Hilfestellung leisten.

II. Allgemeines

4 Der Gesetzgeber hat vorgesehen, dass die Werbung mit krankheitsbezogenen Aussagen für einige besondere Produktgruppen, wie beispielsweise Arzneimittel, Medizinprodukte, medizinische Therapien, Kosmetika und Gegenstände besonderen Voraussetzungen zur Zulässigkeit unterliegt. Dazu wurde ein Heilmittelwerberecht geschaffen. Erstmals in Deutschland einheitlich regelte die Polizeiverordnung über die Werbung auf dem Gebiet des Heilwesens (HWVO) vom 29.9.1941 nach der Heilmittelwerbeverordnung von 1936 das Recht der Heilmittelwerbung. Im Jahre 1965 wurde das erste Heilmittelwerbegesetz in Deutschland verabschiedet. Es wurde seitdem mehrfach geändert. Gemeinschaftsrechtliche Vorgaben waren zu berücksichtigen. Insbesondere wurden verschiedene EG- und EU-Richtlinien in deutsches Recht umgesetzt. Die Geltung des Heilmittelwerbegesetzes wurde ausdrücklich auch auf die Werbung für Medizinprodukte im Sinne des § 3 Medizinproduktegesetzes erstreckt. Zuletzt wurde das Heilmittelwerbegesetz durch Art. 6 des Gesetzes vom 27.9.2021 (BGBl. I Nr. 70, 4583 f.) geändert. Das Heilmittelwerbegesetz ist auf für die in § 1 HWG genannten Produktkategorien anzuwenden. Im Umkehrschluss entfaltet es für Lebensmittel und Futtermittel keine Wirkung.

5 Das Heilmittelwerberecht gehört zu den gemeinschaftsrechtlich harmonisierten Bereichen. Aus diesem Grunde sind die einzelnen Normen des Heilmittelwerbegesetzes im Lichte des europäischen Unionsrechts und insbesondere der verschiedenen Richtlinien wie beispielsweise 2001/83/EG auszulegen. Für Medizinprodukte sind die Verordnungen (EU) 2017/745 und 2017/746 zu beachten. Der EuGH hat in seiner Entscheidung zum HWG vom 8.11.2007 in der Rechtsache C-374/05 ausdrücklich festgestellt, dass das **Heilmittelwerberecht** gemeinschaftsrechtlich **vollharmonisiert** ist. Lediglich in Einzelbereichen, die in vorgenannten Richtlinien ausdrücklich beschrieben sind, dürfen die Mitgliedsstaaten strengere Vorschriften erlassen.

6 Grundsätzlich zählt das Heilmittelwerbegesetz zu den Normen des öffentlichen Rechts, deren Verstoß Straftatbestände und Tatbestände von Ordnungswidrigkeiten erfüllt. Werbematerial, welches Gegenstand von Straftaten oder Ordnungswidrigkeiten ist, kann eingezogen werden. Wettbewerbsrechtliche Ansprüche wegen Verletzung des Heilmittelwerbegesetzes können gemäß §§ 8, 3 iVm § 3a UWG geltend gemacht werden. Der Bundesgerichtshof hat für verschiedene Verstöße gegen Normen des Heilmittelwerbegesetzes eine sittenwidrige Handlung schon im Sinne des § 1 UWG aF beispielsweise in den Entscheidungen *„Sanatorium I"*,[1] *„Grippewerbung I"*,[2] *„Kavaform"*,[3] *„Iris"*,[4] *„Hyanit"*,[5] *„Heilpraktikerwerbung III"*[6] oder *„HerzASS"*[7] anerkannt.

[1] GRUR 1970, 558.
[2] GRUR 1981, 831.
[3] GRUR 1972, 561.
[4] GRUR 1963, 536.

Nach Inkrafttreten der UWG-Novelle im Jahr 2004 gilt die zu § 1 UWG aF ergangene Rechtsprechung weiter. Nach der Rechtsprechung des BGH und der Instanzgerichte ist ein Verstoß gegen die Normen des Heilmittelwerbegesetzes gegen §§ 3, 3a UWG anzusehen.[8]

7 Neben den Vorschriften des Heilmittelwerbegesetzes gibt es weitere Kodifikationen, welche Beachtung finden. Beispielsweise normiert der FSA-Kodex „Fachkreise" Richtlinien der Pharmazeutischen Industrie für Werbung. Diese Regeln sind mehrfach überarbeitet worden. Ein solcher Codex stellt selbst Wettbewerbsregeln auf, die jedoch keine Gesetzesqualität haben. Es handelt sich um eine Selbstbeschränkung der jeweiligen Mitglieder der Fachverbände. Das Landgericht Berlin hat mit Urteil vom 13.12.1990 einen Verstoß gegen den BPI-Codex durch ein Mitgliedsunternehmen dem Verstoß gegen das Heilmittelwerbegesetz gleichgesetzt und eine Verletzung des § 1 UWG aF festgestellt.[9] Dies ist jedoch überholt. Derartige Wettbewerbsregeln werden eher als Selbstbindung angesehen, die keine normative Verbindlichkeit entfalten.[10] Grundsätzlich dienen die Wettbewerbsregeln einzelner Fachverbände jedoch als Auslegungshilfe für einzelne Normen des Heilmittelwerbegesetzes und anderer Gesetze. Anhand dieser Wettbewerbsrichtlinien kann eine Branchenüblichkeit festgestellt werden. Darüberhinausgehend ist neben das Verbot der Abgabe von Werbegaben in § 7 HWG das Gesetz zur Bekämpfung der Korruption im Gesundheitswesen durch Einführung der § 299a und § 299b StGB getreten.

8 Die Normen des Heilmittelwerbegesetzes stehen in einem gewissen Stufenverhältnis zueinander. Zunächst ist zu prüfen, ob die Normen des Heilmittelwerbegesetzes überhaupt auf die konkrete Werbemaßnahme anwendbar sind (III. Anwendbarkeit). Sofern die Anwendbarkeit des Heilmittelwerberechts bejaht wird, sind zunächst die allgemeinen Normen mit Werbebeschränkungen (IV. Werbebeschränkungen) zu beachten. Sofern es sich um Werbemaßnahmen für Arzneimittel handelt, sind die besonderen Normen für diese Produktkategorien (V. Werbung für Arzneimittel) zu prüfen. Sofern sich die Werbung für Heilmittel (auch) an Laien richtet, sind weitere Normen zu beachten (VI. Publikumswerbung).

III. Anwendbarkeit

9 Das Heilmittelwerbegesetz sieht durchaus erhebliche Restriktionen im Gegensatz zu den übrigen Normen des Wettbewerbsrechts vor. Aus diesem Grunde ist vorab sorgfältig zu prüfen, ob das Heilmittelwerbegesetz auf den konkreten Lebenssachverhalt überhaupt anwendbar ist.

1. Begriff „Werbung"

10 Unter den **Begriff „Werbung"** im Sinne des Heilmittelwerbegesetzes fällt jede Produktinformation, die sich an Fachkreise oder das Publikum mit dem Ziel richtet, dem Verkauf von Produkten und/oder Dienstleistungen zu dienen.[11] Die EU-Richtlinie 2001/83/EG schafft in den Art. 86 ff. den unionsrechtlichen Rahmen für die Auslegung des HWG für Human-Arzneimittel. Insbesondere sind danach umfasst die Öffentlichkeitswerbung, Fachwerbung, Besuch von Arzneimittelvertretern, Lieferung von Arzneimittelmustern sowie das Schaffen von Anreizen zur Verschreibung oder Abgabe von Arzneimitteln durch das Gewähren, Anbieten oder Versprechen von finanziellen oder materiellen Vorteilen. Des Weiteren fällt darunter auch das Sponsern von Verkaufsförderungstagungen und wissenschaftlichen Kongressen, an denen Fachkreise beteiligt sind. Ausdrücklich ist in § 1 Abs. 5 HWG geregelt, dass der Schriftwechsel und die Unterlagen, die zur Beantwortung einer konkreten Anfrage zu einem bestimmten Arzneimittel erforderlich sind und nicht Werbezwecken dienen, keine Werbung im Sinne des Heilmittelwerbegesetzes darstellen. Auf einen solchen Sachverhalt findet das HWG ausdrücklich keine Anwendung. Gleiches gilt gemäß § 1 Abs. 6 HWG für das Bestellformular beim elektronischen Handel mit Arzneimitteln. Der Online-Handel mit Arzneimitteln durch Apotheken soll zwar ermöglicht und nicht durch das HWG in einigen Bereichen faktisch ausgeschlossen werden. Für die Bewerbung von Produkten – abgesehen vom Bestellformular – dagegen gelten die Beschränkungen des HWG.

[5] GRUR 1992, 874.
[6] GRUR 1984, 291.
[7] GRUR 1996, 806.
[8] GRUR 2015, 1244; WRP 2017, 1011.
[9] Zitiert bei Kleist/Hess/Hoffmann Einführung Rn. 12.
[10] Köhler/Bornkamm/Feddersen/Köhler UWG § 2 Rn. 115 ff.
[11] Kleist/Hess/Hoffmann HWG § 1 Rn. 5.

11 a) **Packungsbeilage/Umverpackung.**[12] Sehr häufig wird die Auffassung vertreten, dass weder die **Packungsbeilage** noch die **Umverpackung** des Arzneimittels unter den Begriff „Werbung" fallen.[13] Die Begründung liegt üblicherweise darin, dass die Packungsbeilage und auch die Umverpackung zwingend die Anforderungen der §§ 10, 11 und 11a AMG erfüllen müssen. Im Hinblick darauf, dass erhebliche weitergehende Restriktionen im Rahmen der Publikumswerbung, zB gemäß § 11 HWG, zu beachten sind, kann es zu Wertungswidersprüchen kommen. Aus diesem Grunde geht die überwiegende Auffassung dahin, dass zumindest die Angaben, welche nach den Normen des Arzneimittelgesetzes zwingend vorgeschrieben sind, nicht an den Normen des Heilmittelwerbegesetzes zu messen sind. Dessen ungeachtet allerdings geht die durchaus strenge Rechtsprechung heute überwiegend davon aus, dass der Text, welcher vom pharmazeutischen Unternehmer und/oder sonstigen Werbetreibenden frei bestimmt werden kann und noch von der Öffnungsklausel in § 11 Abs. 1 S. 5 AMG gedeckt ist, unter die Normen des Heilmittelwerberechts fällt. Damit ist zumindest dieser **„Kürtext"**, welcher sich sehr häufig in Packungsbeilagen wiederfindet, an den Normen des Heilmittelwerberechts zu messen. Der Bundesgerichtshof hat in der Entscheidung *„Katovit"* noch einmal ausdrücklich festgestellt, dass einzelne Normen des Heilmittelwerbegesetzes auch auf die Packungsbeilagen Anwendung finden.[14]

12 b) **Imagewerbung.** Die Normen des Heilmittelwerbegesetzes beziehen sich ausschließlich auf Absatzwerbung. Im Mittelpunkt der Werbung steht daher die Information zu Produkten und/oder Dienstleistungen. Davon zu unterscheiden ist die Werbung für ein Unternehmen, beispielsweise für einen pharmazeutischen Unternehmer. Hierbei steht das Unternehmen als solches im Vordergrund. Häufig wird auf die verschiedenen Forschungsabteilungen, die besondere Qualifikation sowie Besonderheiten der Fertigung von Produkten abgestellt. Eine solche **Imagewerbung** fällt grundsätzlich nicht in die Anwendbarkeit des Heilmittelwerbegesetzes. Die einzelnen Produkte des pharmazeutischen Unternehmers dürfen dann allerdings nicht im Einzelnen beworben werden.

13 c) **Redaktionelle Beiträge.** Redaktionelle Beiträge in Zeitungen und Zeitschriften, in denen von pharmazeutischen Unternehmen unabhängige Dritte über Arzneimittel, Verfahren, Gegenstände oder andere Mittel berichten, ohne von einem Unternehmen hierzu beauftragt worden zu sein, fallen als reine Berichterstattung unter die allgemeine Pressefreiheit gemäß Art. 5 GG. Grundsätzlich ist auch zulässig, dass ein Werbender wie zum Beispiel ein pharmazeutischer Unternehmer an einzelne Redaktionen zum Zwecke der freien Berichterstattung Produktinformationen, welche ihrerseits auch Werbung darstellen dürfen, versendet. Dann liegt es allein bei der Redaktion, eine unabhängige Meinung auf Grundlage der zugesandten Werbematerialien zu bilden und selbstständig zu entscheiden, ob und gegebenenfalls in welcher Weise über die Produkte oder Therapien berichtet wird. Das reine Zusenden von Produktinformationen ist daher zulässig. Anders ist es allerdings zu beurteilen, wenn die Redaktion nicht mehr frei über den Abdruck von Berichten entscheiden kann. Vor allem dann, wenn der Werbetreibende durch finanzielle Anreize den Abdruck bestimmter Berichte beeinflusst, liegt keine unabhängige Berichterstattung mehr vor. Dann sind die Normen des Heilmittelwerbegesetzes vollumfänglich anwendbar. Darüber hinaus liegt gegebenenfalls auch ein Verstoß gegen §§ 3 Abs. 3 iVm Nr. 11 des Anhangs zum UWG wegen **„getarnter Werbung"** vor. Der Bundesgerichtshof hat in der Entscheidung *„Getarnte Werbung"*[15] festgestellt, dass ein solcher finanzieller Anreiz auch dann vorliegt, wenn ein pharmazeutischer Unternehmer einen bereits vorbereiteten Beitrag zum Zwecke der Veröffentlichung im redaktionellen Teil einer Zeitschrift an Zeitschriftenverlage versendet, mit dem auch ein Insertionsauftrag erteilt wird. Werbung im Gewand eines redaktionellen Pressebeitrages wird als **„redaktionelle Werbung"** bezeichnet.[16] Die Rechtsprechung verteidigt sehr stark das Gebot der klaren Trennung von Werbung einerseits und redaktionellem Text andererseits. Danach wird es grundsätzlich für zulässig erachtet, über Arzneimittel und sonstige Mittel und/oder Verfahren in neutraler Form zu berichten. Produktnamen dürfen allerdings nur in einem notwendigen Umfang verwendet werden. Sobald die publizistisch veranlasste sachliche Information des Lesers zugunsten der Werbung vernachlässigt wird, wenn also Unternehmen und/oder ihre Erzeugnisse über-

[12] → Rn. 73 ff.
[13] ZB Kleist/Hess/Hoffmann HWG § 1 Rn. 10, 11.
[14] GRUR 1991, 860.
[15] GRUR 1981, 835.
[16] Kleist/Hess/Hoffmann HWG § 1 Rn. 16.

mäßig herausgestellt werden, liegt ein Wettbewerbsverstoß vor. Dies hat der Bundesgerichtshof in der Entscheidung *„Produktinformation II"*[17] bestätigt. Unzulässige redaktionelle Werbung kann in verschiedenen Erscheinungsformen auftreten.[18] Dabei darf nicht übersehen werden, dass auch der Verlag selbst bei einer solchen Werbung in Anspruch genommen werden kann.

2. Arzneimittel

14 Das Heilmittelwerbegesetz findet gemäß § 1 Abs. 1 Nr. 1 HWG Anwendung auf alle Arzneimittel im Sinne des § 2 AMG.

15 a) **Arzneimittelbegriff.** Unter diesen **Arzneimittelbegriff** fallen gemäß § 2 Abs. 1 AMG (**„echte Arzneimittel"**) sämtliche Stoffe und Zubereitungen aus Stoffen, die dazu bestimmt sind, durch Anwendung am oder im menschlichen oder tierischen Körper Krankheiten, Leiden, Körperschäden oder krankhafte Beschwerden zu heilen, zu lindern, zu verhüten oder zu erkennen. Darüber hinaus fallen Stoffe darunter, die dazu bestimmt sind, die Beschaffenheit, den Zustand oder die Funktionen des Körpers oder seelische Zustände erkennen zu lassen oder zu beeinflussen. Stoffe, welche vom menschlichen oder tierischen Körper erzeugte Wirkstoffe oder Körperflüssigkeiten ersetzen sollen, fallen ebenfalls unter den Arzneimittelbegriff wie solche Stoffe, die Krankheitserreger, Parasiten oder körperfremde Stoffe abwehren, beseitigen oder unschädlich machen sollen. Neben den echten Arzneimitteln fallen auch **„fiktive Arzneimittel"** im Sinne des § 2 Abs. 2 AMG unter den Arzneimittelbegriff. Danach gelten als Arzneimittel auch körperberührende Gegenstände, tierärztliche Instrumente, in den Körper eingebrachte Gegenstände, Diagnostika und Desinfektionsmittel. Unter den Arzneimittelbegriff fallen ausdrücklich nicht Lebensmittel, Tabakerzeugnisse, kosmetische Mittel, Futtermittel, Medizinprodukte und „Tierkosmetika".

16 b) **Arzneimittelrechtliche Zulassung.** Grundsätzlich bedürfen Arzneimittel gemäß § 21 AMG einer arzneimittelrechtlichen Zulassung. Arzneimittelrechtlich wird zwischen verschiedenen Typologien der arzneimittelrechtlichen Zulassungen unterschieden. Der Gesetzgeber geht grundsätzlich von einem umfangreichen **Zulassungsverfahren** bei Arzneimitteln aus, für welche der pharmazeutische Unternehmer neben einer Vielzahl weiterer Unterlagen eine analytische Prüfung, eine pharmakologisch-toxikologische Prüfung und eine klinische Prüfung im Sinne des § 22 AMG im Rahmen des Zulassungs-Dossiers vorzulegen hat. Dieses Zulassungsverfahren gilt grundsätzlich für alle neu entwickelten Präparate. Der pharmazeutische Unternehmer hat neben der Möglichkeit, eine rein nationale Zulassung bei der deutschen Bundesoberbehörde zu erwirken, auch die Alternative, in bestimmten Fällen ein europäisches Zulassungsverfahren für Arzneimittel bei der Europäischen Arzneimittelagentur EMA in London in Verbindung mit der Europäischen Kommission in Brüssel in Anspruch zu nehmen. Eine europäisch erteilte arzneimittelrechtliche Zulassung hat auch volle Wirksamkeit in der Bundesrepublik Deutschland. Neben diesen Zulassungen für neu entwickelte Produkte gibt es arzneimittelrechtliche Zulassungen auch für sogenannte „Alt-Präparate" (§ 105 AMG), traditionell angewandte Arzneimittel (§ 109 AMG), Arzneimittel auf Grund von Standardzulassungen (§ 36 AMG) und homöopathische Arzneimittel (§§ 38, 39 AMG). Unter den „Arzneimittel-Begriff" des Heilmittelwerberechts fallen sämtliche Arzneimittel, gleich auf welchen arzneimittelrechtlichen Grundlagen die Zulassung erfolgt ist. Dabei darf nicht übersehen werden, dass die Normen des Heilmittelwerberechts auch auf solche Arzneimittel Anwendung finden, die nicht zugelassen sind. Dieses gilt zum einen für solche Arzneimittel, welche in anderen Staaten der Welt über eine arzneimittelrechtliche Zulassung verfügen, nicht jedoch in Deutschland. Zum anderen geht die Rechtsprechung vermehrt davon aus, dass Unternehmungen Arzneimittel im Gewand von Lebensmitteln als Präsentationsarzneimittel ohne arzneimittelrechtliche Zulassung in den Verkehr bringen. Auch auf solche Präparate finden die Normen des Heilmittelwerberechts uneingeschränkt Anwendung. Grundsätzlich unterscheidet das Heilmittelwerbegesetz nicht zwischen den verschiedenen Kategorien der Arzneimittel – abgesehen von den Regelungen zur Werbung gegenüber Laien oder Fachkreisen; jedoch gelten gemäß § 5 HWG zusätzliche Besonderheiten bei der Werbung für homöopathische Arzneimittel – sowohl für die Werbung gegenüber Laien oder Fachkreisen.

17 c) **Abgrenzung zu Lebensmitteln.** In den vergangenen Jahren hatten die Gerichte in einer Vielzahl von Verfahren zu entscheiden, in denen es wesentlich um die Abgrenzung zwischen **Lebens-**

[17] BGH GRUR 1994, 819.
[18] Dazu näher Kleist/Hess/Hoffmann HWG § 1 Rn. 16.

mittel und Arzneimittel ging.[19] Sehr häufig haben Unternehmungen versucht, ein kostenträchtiges und zeitlich aufwändiges Zulassungsverfahren zu umgehen und Arzneimittel im Gewand von Lebensmitteln in den Verkehr zu bringen. Später wurde die Abgrenzung zwischen Lebensmittel und Arzneimittel noch schwieriger, weil auf Grund besonderer Verbrauchererwartung in Deutschland Unternehmungen gesundheitsfördernde Lebensmittel vertrieben und beworben haben. Diese Produkte werden mit „Nahrungsergänzung", „diätetische Lebensmittel", „Functional Food", „Nutriceuticals" und ähnlichen Begriffen belegt. Die Abgrenzung zwischen Lebensmittel und Arzneimittel richtete sich früher grundsätzlich nach § 1 LMBG und war am Lebensmittelbegriff vorzunehmen.[20] Inzwischen ist das Lebensmittelrecht gemeinschaftsrechtlich harmonisiert. Danach wird die Abgrenzung am Arzneimittel- und eben nicht mehr am Lebensmittelbegriff vorgenommen. Dieser Umstand ist bei der Lektüre früherer Rechtsprechung zu berücksichtigen. Der Lebensmittelbegriff wird in Art. 2 EU-Lebensmittel-Basis-Verordnung Nr. 178/2002 definiert. Diese Definition ist außerordentlich weitreichend und umfasst begrifflich auch Arzneimittel. Aus diesem Grunde sieht Art. 2 EU-Lebensmittel-Basis-Verordnung ausdrücklich vor, dass Arzneimittel keine Lebensmittel sind. Die Norm enthält daher eine Negativabgrenzung. Die Unterscheidung zwischen Lebensmittel und Arzneimittel ist danach am gemeinschaftsrechtlichen Arzneimittelbegriff vorzunehmen. Der Arzneimittelbegriff wird durch die Richtlinie 2001/83/EG klar definiert. Diese Definition ist Grundlage für die Abgrenzung zwischen Arzneimittel und Lebensmittel. In § 2 Abs. 3 Nr. 1 AMG als Umsetzungsnorm in deutsches Recht sind im deutschen Recht definiert. ACHTUNG: Gemäß Art. 2 Abs. 2 der Richtlinie 2001/83/EG geht in Zweifelsfällen die vorgenannte Richtlinie anderen Rechtsakten zum Lebensmittel- und Medizinprodukterecht als lex specialis vor.[21] Nach herrschender Auffassung in Literatur und Rechtsprechung wird die Abgrenzung aus der Sicht der angesprochenen Verkehrskreise und mithin aus „objektiver" Sicht vorgenommen. Ein Stoff ist dann ein Arzneimittel, wenn nach objektiver Zweckbestimmung das Mittel zu überwiegend anderen (nämlich arzneilichen) Zwecken als zur Ernährung oder zum Genuss verzehrt werden soll. Am 15.11.2007 hat der EuGH das erste Leiturteil zur Abgrenzung Arzneimittel/Lebensmittel in der Rechtsache C-319/05 gefällt und den Rahmen festgelegt, in dem ein Produkt als Arzneimittel eingestuft werden kann.[22] Die Rechtsprechung zur Abgrenzung hat der EuGH in den Urteilen zu den Rechtssachen C-88/07, C-140/07 und C-27/08 gefestigt. Bei der Abgrenzung zwischen Arzneimittel einerseits und Kosmetikum und Medizinprodukt andererseits greift der EuGH auf die vorgenannten Grundsätze zurück, wie er ausdrücklich im Urteil vom 6.9.2012 in der Rechtssache C-308/11 ausführt.

18 In Rechtsprechung und Literatur haben sich eine Vielzahl verschiedener Ansätze herausgebildet, anhand derer die **objektive Zweckbestimmung** eines Präparates festgelegt werden soll.[23] Sehr häufig wird auf einen Katalog abgestellt, welcher sowohl die pharmakologische/ernährungsphysiologische Wirkweise des Inhaltsstoffes, als auch die werbliche Präsentation beinhaltet. Folgende Kriterien[24] sind von der Rechtsprechung häufig berücksichtigt worden:

- pharmakologische Wirkung der Inhaltsstoffe,
- Dosierung der Wirkstoffe,
- Indikationsaussage des Herstellers,
- Verbrauchererwartungen, welche sich aus naturwissenschaftlichen Kenntnissen, allgemein zugänglicher Literatur, Produktinformationen und den Tagesmedien ergeben,
- Darreichungsform (Saft, Tablette, Kapsel, Pulver usw.),
- Distributionsort (Lebensmittelhandel, Apotheke),
- Abgabepreis des Produktes.

19 Ein Mittel kann nicht gleichzeitig Arznei- und Lebensmittel sein. Aus diesem Grunde ist eine Abgrenzung notwendig geworden. Zwar müssen nicht sämtliche, im vorstehenden Katalog genannten Elemente auf ein Arzneimittel hindeuten, um einen arzneilichen Charakter anzunehmen. Jedoch müssen einige Elemente verwirklicht sein, um im Rahmen einer Gesamtschau ein Lebensmittel oder ein Arzneimittel anzunehmen. Insoweit ist insbesondere auf die Entscheidung *„Knoblauchkapseln"* des EuGH vom 15.11.2007[25] zu verweisen.

[19] Überblick zB bei Doepner/Reese HWG § 1 Rn. 312 ff.
[20] Zur Abgrenzung von Lebensmitteln zu Arzneimitteln s. auch Eggers/Böhler § 30.
[21] Schlussanträge der Generalanwältin v. 19.6.2008 in der Rechtsache C-140/07.
[22] PharmR 2008, 59.
[23] Vgl. DoepnerReese HWG § 1 Rn. 322.
[24] Kügel/Klein Pharmarecht 1996, 386.
[25] PharmaR 2008, 59.

20 Auch in der Literatur wird üblicherweise ein erhebliches Gewicht auf die Bewerbung des Produktes als Abgrenzungskriterium gelegt.[26] Dieser Aspekt war in erheblicher Diskussion. Vereinzelt wurde die Auffassung vertreten, dass Werbeaussagen zum Produkt als Abgrenzungskriterium stark zurückzutreten haben, weil bereits mit dem Instrumentarium des Lebensmittelrechts selbst Möglichkeiten bestehen, unzulässige, krankheitsbezogene und irreführende Werbeaussagen zu Lebensmitteln zu untersagen, ohne dass die Produktkategorie betroffen ist.[27] Auch der Abgabeort Apotheke/Lebensmittelhandel sowie der Preis sind als Abgrenzungskriterium sehr fragwürdig. Nach § 27 Apothekenbetriebsordnung fallen auch Nahrungsergänzungen unter apothekenübliche Waren. Aus diesem Grunde kann über den Abgabeort auch im Hinblick auf die Veränderung des Marktes nicht zwingend auf ein Arzneimittel oder Lebensmittel geschlossen werden. Auch der Preis ist als Abgrenzungskriterium sehr zweifelhaft. Es ist nicht auszuschließen, dass ein Unternehmen gezwungen wird, ein Produkt preislich günstig anzubieten, um noch als Lebensmittel und nicht als Arzneimittel eingestuft zu werden. Dieser Aspekt allerdings kann sich durchaus negativ auf die Produktqualität und mithin auf die Produktsicherheit niederschlagen, da ein Hersteller sich durch solche rechtlichen Argumente gezwungen sehen kann, Kosten insbesondere bei der Fertigungsqualität einzusparen. Dieses dient aber weder der Arzneimittel- noch der Lebensmittelsicherheit. Auch geht der BGH nach der „L-Carnitin“-Entscheidung vom 10.2.2000 von einer objektivierten Betrachtungsweise der Abgrenzung von Arzneimitteln und Lebensmitteln aus.[28] Sowohl der gemeinschaftsrechtliche Gesetzgeber als auch der deutsche Gesetzgeber haben inzwischen zur weiteren Rechtsicherheit beigetragen. Auf der Grundlage der EG-Richtlinie über Nahrungsergänzungsmittel hat der deutsche Verordnungsgeber die Nahrungsergänzungsmittelverordnung vom 24.5.2004 erlassen. Unabhängig davon ist im Unionsrecht durch die Verordnungen (EU) Nr. 609/2013 und (EU) 2016/128 die besondere Kategorie „diätetische Lebensmittel für besondere medizinische Zwecke“ („bilanzierte Diäten“) mit den jeweiligen Voraussetzungen für das Inverkehrbringen eingeführt worden. Bei diesen Produkten handelt es sich um Lebensmittel, welche zur besonderen Ernährung bei besonderen Ernährungsanforderungen, zB bei kranken Personen, dienen sollen. Durch die Einführung der bilanzierten Diäten ist der Unterscheidungsgrad zwischen Arzneimitteln einerseits und Lebensmitteln andererseits deutlich schmaler geworden Dabei ist allerdings darauf hinzuweisen, dass bilanzierte Diäten eine Sonderstellung innerhalb der Lebensmittel einnehmen und besonderen gesetzlichen Anforderungen, welche in der Diätverordnung ihren Niederschlag finden, unterliegen.

3. Medizinprodukte

21 **a) Medizinprodukt-Begriff. Medizinprodukte** haben über das Medizinproduktegesetz (MPG) vom 2.8.1994 als eigene rechtliche Kategorie Bedeutung erlangt. Das Medizinproduktegesetz basiert auf den EG-Richtlinien 90/385/EWG über aktive implantierbare medizinische Geräte vom 20.6.1990 und 93/42/EWG über Medizinprodukte vom 14.6.1993. Darüber hinaus ist die Richtlinie 98/79/EG vom 27.10.1998 über In-vitro-Diagnostika hinzugetreten. Das Medizinprodukterecht ist durch die Verordnungen (EU) 2017/745 und 2017/746 in der Union harmonisiert worden. Medizinprodukte sind gemäß § 3 Nr. 1 MPG alle einzeln oder miteinander verbunden verwendeten Instrumente, Apparate, Vorrichtungen, Stoffe und Zubereitungen aus Stoffen und andere Gegenstände, einschließlich der für ein einwandfreies Funktionieren des Medizinprodukts eingesetzten Software, die zur Erkennung, Verhütung, Überwachung, Behandlung oder Linderung von Krankheiten, Verletzungen oder Behinderungen sowie zur Untersuchung oder Veränderung des anatomischen Aufbaus oder eines physiologischen Vorgangs oder zum Zwecke der Empfängnisregelung bestimmt sind. Dabei darf die bestimmungsgemäße Hauptwirkung im oder am menschlichen Körper weder durch pharmakologisch oder immunologisch wirkende Mittel noch durch Metabolismus erreicht werden.

22 **b) Abgrenzung zu Arzneimitteln.** Ein Mittel kann nur entweder ein Arzneimittel oder ein Medizinprodukt sein. Aus diesem Grunde sind auch Arzneimittel von Medizinprodukten abzugrenzen. Dabei ist zu beachten, dass definitionsgemäß nur solche Mittel Medizinprodukte darstellen können, welche am oder im Menschen angewendet werden sollen. Vergleichbare Produkte, welche zur Anwendbarkeit bei Tieren bestimmt sind, bleiben überwiegend fiktive Arzneimittel im Sinne des § 2 Abs. 2 AMG oder sonstige Gegenstände.

[26] Vgl. Kügel/Klein Pharmarecht 1996, 386.
[27] U. Grundmann LuR 5/1998, 3.
[28] BGH WRP 2000, 510. Näher dazu Köhler WRP 2001, 363.

23 Zur Abgrenzung eines Medizinproduktes von einem Arzneimittel kommt es wesentlich auf die **Zweckbestimmung** durch den Hersteller an. Diese vermeintlich subjektive Sichtweise muss nach der Rechtsprechung des Oberlandesgerichts Frankfurt a. M. aus der Sicht der angesprochenen Verkehrskreise objektivierbar sein.[29]

24 c) **Anwendbarkeit des HWG.** Das Heilmittelwerbegesetz findet ausdrücklich gemäß § 1 Abs. 1 Nr. 1a HWG Anwendung auf Medizinprodukte

25 Es darf jedoch nicht übersehen werden, dass die besonderen Restriktionen für die Bewerbung von Arzneimitteln nicht gleichzeitig auch in vollem Umfang für Medizinprodukte gelten. Vielmehr ist das Werberecht für Medizinprodukte durchaus weniger restriktiv als die Werbung für Arzneimittel.

4. Kosmetika

26 Das Heilmittelwerbegesetz findet gemäß § 1 Abs. 1 Nr. 2 HWG Anwendung auf die Werbung für *„andere Mittel, soweit sich die Werbeaussage auf die Erkennung, Beseitigung oder Linderung von Krankheiten, Leiden, Körperschäden oder krankhaften Beschwerden bei Mensch oder Tier bezieht“*. Gemäß § 1 Abs. 2 HWG fallen unter den Begriff „andere Mittel“ Kosmetika[30] im Sinne des § 2 Abs. 5 LFGB. Danach ist das Heilmittelwerbegesetz in vollem Umfang auf **Kosmetika** anzuwenden, sofern krankheitsbezogene Werbeaussagen getroffen werden. Korrespondierend mit dieser Vorschrift sieht § 27 Abs. 2 LFGB vor, dass neben dem Irreführungsverbot des § 27 Abs. 1 LFGB bei der Werbung für Kosmetika auch die Normen des Heilmittelwerbegesetzes zu beachten sind.

5. Gegenstände

27 Gemäß § 1 Abs. 1 Nr. 2 HWG findet das Heilmittelwerberecht auch auf die Werbung für **Gegenstände** Anwendung, soweit sie sich auf die Erkennung, Beseitigung oder Linderung von Krankheiten, Leiden, Körperschäden oder krankhaften Beschwerden bei Mensch oder Tier bezieht. Gemäß § 1 Abs. 2 HWG fallen unter den Begriff „Gegenstände“ auch Bedarfsgegenstände im Sinne des § 2 Abs. 6 LFGB, welche zur Körperpflege bestimmt sind. Daneben fallen auch alle anderen denkbaren Gegenstände unter den Begriff. Im Gegensatz zu „Mitteln“ sind „Gegenstände“ nicht zum Verbrauch, sondern zum Gebrauch bestimmt. Im Gegensatz zu kosmetischen Mitteln bleiben Gegenstände in ihrer Substanz erhalten, wenngleich sie durch wiederholten Gebrauch der Abnutzung und dem Verschleiß unterliegen.[31] Beispielsweise fallen Massagegeräte, Schlankheitskissen, Einziehbetten, Unterwäsche gegen Blasenschwäche oder Armreifen als „Bioregulator“ unter den Begriff „Gegenstand“ im Sinne des HWG.[32]

28 Es ist jedoch zu beachten, dass gemäß § 1 Abs. 4 HWG die Werbung für Gegenstände zur Verhütung von Unfallschäden nicht den Normen des Heilmittelwerberechts unterfällt.

6. Therapien

29 Gemäß § 1 Abs. 1 Nr. 2 HWG finden die Normen des Heilmittelwerberechts auch auf die Werbung für Verfahren und Behandlungen Anwendung, soweit sie sich auf die Erkennung, Beseitigung oder Linderung von Krankheiten, Leiden, Körperschäden oder krankhaften Beschwerden bei Mensch oder Tier beziehen. Damit macht der Gesetzgeber deutlich, dass das Heilmittelwerberecht nicht nur für die Werbung für körperliche Gegenstände, also für „Sachen“ im Sinne des § 90 BGB gilt, sondern auch auf die Werbung für **Therapien** Anwendung findet. Damit vergrößert sich auch der Kreis der **Normadressaten des Heilmittelwerberechts.** Nicht nur pharmazeutische Unternehmen, Hersteller und Vertreiber von Arzneimitteln, Medizinprodukten, Mitteln und Gegenständen müssen sich an die Normen des Heilmittelwerberechts halten. Vielmehr sind auch Anbieter von medizinischen Therapien, wie beispielsweise Sanatorien, Krankenhäuser, Ärzte, Heilpraktiker, Dentisten, Hebammen und Krankengymnasten verpflichtet, bei der Werbung für die Therapie die Normen des Heilmittelwerberechts zu beachten.

[29] OLG Frankfurt a. M. ZLR 1997, 174 (175).
[30] Zur Abgrenzung von Kosmetika zu Arzneimitteln siehe Schulte-Beckhausen in → § 31.
[31] Bülow/Ring HWG § 1 Rn. 141.
[32] Doepner/Reese HWG § 1 Rn. 387.

7. Krankheitsbegriff

30 Gemäß § 1 Abs. 1 Nr. 2 und 3 HWG gelten die Normen des Heilmittelwerberechts für die Werbung für Mittel, Verfahren, Behandlungen und Gegenstände, soweit sich die Werbeaussage *„auf die Erkennung, Beseitigung oder Linderung von Krankheiten, Leiden, Körperschäden oder krankhaften Beschwerden bei Mensch/ Tier bezieht"*. Hierbei ist wesentlich, dass unter die krankheitsbezogenen Aussagen auch solche fallen, die sich nicht nur auf die Linderung von Krankheiten, sondern auch auf die Verhütung von Krankheiten beziehen. Damit sind auch Aussagen, die die Prophylaxe betreffen, an den Normen des Heilmittelwerberechts zu messen. Der Geltungsbereich des Heilmittelwerberechts wird damit erheblich vorverlagert.

31 Die Restriktionen des Heilmittelwerbegesetzes gelten allerdings nur für Werbeaussagen für Mittel, Verfahren, Behandlung und Gegenstände, sofern sie einen Krankheitsbezug aufweisen. Sobald sich die Werbeaussagen für die vorgenannten Stoffe und Verfahren nicht auf Krankheiten, Leiden, Körperschäden oder krankhafte Beschwerden beziehen, gelten die Vorschriften des übrigen Wettbewerbsrechts, nicht jedoch die Normen des Heilmittelwerbegesetzes. Aus diesem Grunde kommt der Abgrenzung der Aussagen, die sich auf Krankheiten, Leiden, Körperschäden und krankhafte Beschwerden beziehen, von anderen Werbemaßnahmen erhebliche Bedeutung zu. Eine solche Abgrenzung findet nicht nur im Rahmen des Heilmittelwerberechts statt. Vielmehr wird die Abgrenzung praktisch auch im Lebensmittelrecht und im Futtermittelrecht relevant. Lebensmittelrechtlich ist es untersagt, für Lebensmittel mit krankheitsbezogenen Aussagen zu werben. Im Lebensmittelrecht findet daher eine starke Diskussion sowohl in der Literatur als auch in der Rechtsprechung im Hinblick auf die Abgrenzung zwischen gesundheitsbezogener und krankheitsbezogener Werbung statt.[33] Sehr weitgehend können die einzelnen Argumente aus der lebensmittelrechtlichen Diskussion auch in die Abgrenzung in heilmittelwerberechtlicher Sicht einfließen. Im Ergebnis ist damit festzuhalten, dass weder Lebensmittel noch Futtermittel mit krankheitsbezogenen Aussagen beworben werden dürfen. Im Gegensatz dazu ist es grundsätzlich zulässig, für Kosmetika, Gegenstände und Verfahren krankheitsbezogene Aussagen zu treffen. Dann allerdings sind diese Aussagen an den Normen des Heilmittelwerberechts zu messen.

32 Dieses vorausgeschickt, kommt der Eingrenzung der Begriffe „Krankheit", „Leiden", „Körperschäden" und „krankhafte Beschwerden" erhebliche Bedeutung zu. Nach der Rechtsprechung ist unter dem Begriff **„Krankheit"** zu verstehen *„jede, also auch nur eine unerhebliche oder vorübergehende Störung der normalen Beschaffenheit oder der normalen Tätigkeit des Körpers, die geheilt werden kann"*.[34] Damit werden natürliche Vorgänge wie die Menstruation, die Schwangerschaft, das Zahnen eines Kleinkindes, Ermüdungs- und Alterserscheinungen sowie Hunger nicht vom Krankheitsbegriff erfasst, wenn diese Erscheinungen nicht die Gesundheit über das übliche Maß hinausgehend beeinträchtigen.

33 Unter **„Leiden"** sind länger anhaltende Störungen der normalen Beschaffenheit oder der normalen Tätigkeit des Körpers zu verstehen. Darunter fallen auch unheilbare Störungen, die vom Krankheitsbegriff nicht erfasst werden, weil dieser die Heilbarkeit definitionsgemäß voraussetzt.[35]

34 **„Körperschäden"** sind irreparable Veränderungen des menschlichen Körpers, einzelner Gliedmaßen oder Organe, die weder Krankheit noch Leiden sind. Dazu zählen zum Beispiel auch der Verlust oder die dauerhafte Funktionsbeeinträchtigung eines Körperteils oder Organs, nicht aber anlagebedingte Beeinträchtigungen wie zB anlagebedingter (androgenetischer) Haarausfall.[36]

35 Unter dem Begriff **„krankhafte Beschwerden"** lassen sich im Hinblick auf den weiten Krankheitsbegriff nach der Auslegung des Bundesgerichtshofes und des Bundesverwaltungsgerichts kaum weitere von „Krankheiten" abgrenzbare Erscheinungen fassen. Insoweit ist dieser Begriff als Auffangtatbestand auszulegen.

8. Räumlicher Geltungsbereich

36 Grundsätzlich findet das Heilmittelwerbegesetz auf sämtliche Tatbestände in der Bundesrepublik Deutschland Anwendung. Problematisch ist vor allem die Frage, ob Werbemaßnahmen, die außerhalb der Bundesrepublik Deutschland initiiert und durchgeführt werden, jedoch auf das

---

[33] Instruktiver Überblick bei Doepner/Reese HWG § 1 Rn. 312 ff.
[34] BGH NJW 1958, 916 zu 6; Bülow/Ring HWG § 1 Rn. 56 mwN aus der Rspr.
[35] Bülow/Ring HWG § 1 Rn. 56.
[36] Bülow/Ring HWG § 1 Rn. 56.

Gebiet der Bundesrepublik Deutschland „ausstrahlen", von den Normen des Heilmittelwerbegesetzes umfasst werden. Hiervon betroffen sind beispielsweise Inserate in **ausländischen Zeitschriften,** die auch in Deutschland gelesen werden. Darüber hinaus sind Spots in **ausländischen Fernseh- und Rundfunksendern** betroffen, welche auch in Deutschland zu empfangen sind. Außerdem stellt sich die Frage des räumlichen Geltungsbereiches bei Angeboten im Internet, sofern der Anbietende sich nicht in der Bundesrepublik Deutschland befindet. Strafrechtlich und nach dem Recht der Ordnungswidrigkeiten gemäß §§ 3 ff. StGB, 5 OWiG können Handlungen im Grundsatz nur als Straftat oder Ordnungswidrigkeit geahndet werden, die in der Bundesrepublik Deutschland begangen werden. Hierfür kommt es jedoch nicht nur darauf an, von wo die Werbesendung ausgestrahlt wird. Vielmehr ist wesentlich, wo die Schutzsubjekte der Restriktionen des Heilmittelwerbegesetzes, also der deutsche Verbraucher sowie die deutschen Fachkreise, die Werbung vernehmen. An diesem Ort ist der Tatbestand vollendet.[37] Einschränkend wird dieser räumliche Geltungsbereich allerdings so auszulegen sein, dass nur solche Werbung, welche aus dem Ausland ausgestrahlt wird, vom Heilmittelwerberecht umfasst ist, die sich deutlich an Adressaten auf dem Gebiet der Bundesrepublik Deutschland richtet. Für den Fall, dass deutschsprachige Werbung in Teilen Frankreichs, den Niederlanden, Belgien, Österreich, der Schweiz und anderen Staaten ausgestrahlt wird und sich auf diese Gebiete bezieht, wird grundsätzlich zunächst davon auszugehen sein, dass sich die Werbung nicht zielgerichtet auf die Bundesrepublik Deutschland bezieht und mithin auch nicht den Normen des Heilmittelwerberechts unterfällt. Bei Arzneimitteln kommt besonders hinzu, dass aus der Werbung deutlich wird, um welches Arzneimittel es sich handelt. Sehr häufig sind Arzneimittel, für die in Deutschland Werbung betrieben werden darf, in anderen Staaten der Europäischen Union nicht oder unter einem anderen Namen arzneimittelrechtlich zugelassen. Damit lässt sich in der Praxis verhältnismäßig leicht der tatsächliche Adressatenkreis der Werbung feststellen. Er richtet sich nach dem Gebiet, auf welchem das beworbene Arzneimittel erhältlich ist.

37 Eine Besonderheit ergibt sich aus der Werbung im **Internet.** Gemäß § 8 HWG ist jegliche Werbung unzulässig, Arzneimittel im Wege des Teleshopping oder bestimmte Arzneimittel im Wege der Einzeleinfuhr nach § 73 AMG zu beziehen. Jedoch hat der Gesetzgeber durch Einführung des § 1 Abs. 6 HWG geregelt, dass das Bereithalten von Bestellformularen und solche Angaben zur ordnungsgemäßen Bestellung von Arzneimitteln im Internet nicht als Werbung anzusehen sind. Der EuGH hat mit Urteil vom 11.12.2003 („Doc Morris") entschieden, dass die Beschränkungen des Versandhandels mit Arzneimitteln und die Beschränkungen des HWG gemeinschaftsrechtlich auch bei grenzüberschreitendem Warenverkehr zulässig sind, soweit sie sich auf verschreibungspflichtige Arzneimittel beziehen. Nicht verschreibungspflichtige Arzneimittel unterfallen bei grenzüberschreitendem Verkehr nicht den Restriktionen des Arzneimittelgesetzes und des HWG.[38] Sofern ein Patient die Leistungen einer Internetapotheke zu nutzen wünscht, darf die Internetapotheke alle Angaben, insbesondere das Bestellformular, in das Netz stellen, um eine ordnungsgemäße Abwicklung der Bestellung sicherzustellen.

IV. Generelle Werbebeschränkungen

38 Grundsätzlich sind hinsichtlich Heilmitteln, für deren Werbung die Normen des Heilmittelwerberechts gelten, einige Einschränkungen gegenüber dem übrigen Wettbewerbsrecht zu beachten. Dieses gilt sowohl für einige Werbetreibende (§ 13 HWG), als auch für verschiedene Werbemaßnahmen. Insbesondere sind das Irreführungsverbot sowie die Werbung mit Gutachten, Werbegaben und einer Fernbehandlung zu beachten.

1. Werbung durch ausländische Unternehmen

39 Gemäß § 13 HWG darf eine Werbung, auf welche die Normen des Heilmittelwerbegesetzes Anwendung finden, nur dann in Deutschland betrieben werden, wenn das werbende Unternehmen oder die verantwortliche natürliche Person in der Bundesrepublik Deutschland, einem Mitgliedsstaat der Europäischen Gemeinschaft oder einem anderen Vertragsstaat des Abkommens über den europäischen Wirtschaftsraum ihren Sitz hat. Dabei muss das Unternehmen oder die natürliche Person ausdrücklich damit betraut worden sein, die sich aus dem Heilmittelwerbegesetz ergebenden Pflichten zu übernehmen. Die natürliche Person muss unbeschränkt

[37] So auch Bülow/Ring HWG § 1 Rn. 28.
[38] GRUR Int. 2004, 418.

strafrechtlich verfolgbar sein. Zweck dieser Regelung ist der Schutz der Adressaten der Werbung in Deutschland. Es soll vermieden werden, dass Werbematerial von **ausländischen Unternehmen** in Deutschland verteilt wird, ohne dass Verstöße gegen das Heilmittelwerberecht geahndet werden können.

2. Irreführungsverbot

Grundsätzlich ist bereits durch §§ 3, 5 UWG verboten, mit **irreführenden Angaben** zu werben. 40
Dieser allgemeine Verbotstatbestand wird in § 3 HWG für die Heilmittelwerbung noch einmal aufgenommen und konkretisiert. In jedem Falle bleibt § 5 UWG als Auffangtatbestand erhalten. Eine nähere Konkretisierung des Irreführungsverbotes findet sich auch in angrenzenden Rechtsvorschriften im Lebensmittel- und Kosmetikrecht. Sofern Kosmetika mit krankheitsbezogenen Aussagen ausgelobt werden, greift gemäß § 27 Abs. 2 LFGB das Irreführungsverbot des § 3 HWG Platz. Grundsätzlich bleibt das allgemeine Irreführungsverbot im Sinne des § 5 UWG auch hier als Auffangtatbestand bestehen. Bei der Auslegung des § 3 HWG gelten die gleichen Grundsätze, wie bei der Auslegung der allgemeinen Norm des § 5 UWG. Insbesondere sind die Beweismittel heranzuziehen, welche auch das Irreführungspotential des § 5 UWG nachweisen sollen. Eines der wesentlichen Hilfsmittel stellen insoweit auch im Heilmittelwerberecht demoskopische Gutachten sowie darüber hinausgehend wissenschaftliche Untersuchungen dar.

Zur Auslegung der Irreführungstatbestände sind auch untergesetzliche Normen wie bei- 41
spielsweise der **FSA-Kodex** oder andere **Wettbewerbsregeln** heranzuziehen. Anhand dieser Regeln soll vor allem eine **Branchenüblichkeit** abgeleitet werden.

Praxistipp:

Zum Beispiel tritt in der Praxis sehr häufig die Frage auf, wie lange ein Produkt als „neu" ausgelobt werden darf. Nach dem allgemeinen Wettbewerbsrecht ist die Beantwortung dieser Frage abhängig von der jeweiligen Situation innerhalb der beworbenen Branche. Im FSA-Kodex „Fachkreise" (Stand 14.11.2019) ist dieser Aspekt beispielsweise in § 7 Abs. 7 geregelt worden. Danach dürfen Arzneimittel nur innerhalb eines Jahres nach der ersten Ausbietung als „neu" bezeichnet werden.

Gemäß § 3 S. 2 HWG ist es insbesondere unzulässig, Arzneimitteln, Verfahren, Behandlungen, 42
Gegenständen oder anderen Mitteln eine therapeutische Wirksamkeit beizulegen, die sie nicht haben. Darüber hinaus darf nicht fälschlich der Eindruck erweckt werden, dass ein Erfolg mit Sicherheit erwartet werden kann, dass bei bestimmungsgemäßem oder längerem Gebrauch keine schädlichen Wirkungen eintreten oder dass die Werbung nicht zu Zwecken des Wettbewerbs veranstaltet wird. Außerdem nimmt der Gesetzgeber eine Irreführung an, wenn unwahre oder zur Täuschung geeignete Angaben über Zusammensetzung oder Beschaffenheit der beworbenen Gegenstände, über die Art und Weise der Therapie oder über die Person, Vorbildung, Befähigung oder Erfolge des Herstellers/Erfinders oder der für sie tätig werdenden Personen gemacht werden. Gemäß § 3 S. 1 HWG ist jede irreführende Werbung unzulässig. In § 3 S. 2 HWG werden in kasuistischer Aufzählung beispielhaft besondere Irreführungstatbestände wiedergegeben. Grundsätzlich gelten die Grundsätze im Hinblick auf die irreführende Werbung aus § 5 UWG auch zur Beurteilung eines Sachverhaltes nach § 3 HWG. Danach ist der Adressat der Werbung in die Irre geführt, wenn eine Divergenz zwischen Vorstellung und Wirklichkeit besteht.[39] Diese grundsätzlich leicht einleuchtende Formel bedarf einer Präzisierung. Es darf nicht übersehen werden, dass auch formal wahre Werbeaussagen den Irreführungstatbestand erfüllen können, wenn sie von den angesprochenen Verkehrskreisen unrichtig verstanden werden. Aus diesem Grunde ist bei der Heilmittelwerbung immer im Auge zu behalten, wer der Adressat der konkreten Werbeaussagen ist. Aussagen gegenüber Fachkreisen sind daher zuweilen anders zu beurteilen als Aussagen gegenüber Laien. Der werbende Unternehmer darf bei einer Werbung gegenüber Ärzten und Apothekern beispielsweise auf den Stand der Ausbildung und damit einen besonderen Kenntnisstand als Hintergrundinformation vertrauen. Aus diesem Grunde ist das jeweilige **Verbraucherleitbild** konkret an der jeweiligen Werbung und dem erkennbaren Adressatenkreis für die Beurteilung einer Irreführungsgefahr zu messen.

[39] Bülow/Ring HWG § 3 Rn. 6.

43 a) **Nicht vorhandene Wirkungen.** Unzulässig ist eine Werbung für Gegenstände oder Therapien, denen eine therapeutische Wirksamkeit oder Wirkung beigelegt wird, die sie nicht haben. Grundsätzlich trägt die Beweislast für Behauptungen von nicht **vorhandenen Wirkungen** oder von einer nicht bestehenden therapeutischen Wirksamkeit im Wettbewerbsprozess der die Unterlassung begehrende Kläger und nicht der Werbetreibende. Jedoch unterliegt die Beurteilung der Irreführung grundsätzlich der freien Beweiswürdigung durch den Tatrichter. Aus diesem Grunde kommt faktisch dem Werbetreibenden die Pflicht zu, die Richtigkeit der Werbeaussage zu belegen. Dann nämlich, wenn er unterlässt, die Richtigkeit der Werbeaussage glaubhaft zu machen, gehen die angerufenen Gerichte häufig davon aus, dass ein solcher Beleg nicht erbracht werden kann und somit die Werbeaussage irreführend ist.

Praxistipp:

Aus diesem Grunde sollte bereits bei der Vorbereitung einer Werbemaßnahme ein wesentliches Augenmerk auf die Belegbarkeit des Inhalts der Werbeaussage gelegt werden. Andernfalls bestehen erhebliche Risiken beim Werbetreibenden, wenn insbesondere in Verfahren des einstweiligen Rechtsschutzes in kürzester Zeit Belege beigebracht werden müssen, um die Richtigkeit der Aussage nachzuweisen. Soweit trifft den Werbetreibenden ein erhebliches wirtschaftliches Risiko.

44 In der Praxis tritt sehr häufig das Problem auf, dass unterschiedliche Lehrmeinungen in den Bereichen der Medizin und der Pharmazie über Wirksamkeit und Wirkungen der Therapie oder der sonstigen Heilmittel bestehen. Dann kann zwar der Werbetreibende die Richtigkeit seiner Werbeaussage mit Lehrmeinungen belegen; gleichzeitig allerdings hat der die Unterlassung begehrende Kläger Lehrmeinungen an seiner Seite, welche die Irreführung belegen. Dieses Problem der **fachlich umstrittenen Aussagen** wird üblicherweise dadurch gelöst, dass die erkennenden Gerichte eine Irreführung deshalb annehmen, weil der Werbetreibende nicht deutlich macht, dass die Aussagen nicht der einhelligen Lehrmeinung entsprechen. Der Irreführungsaspekt wird also faktisch vom Inhalt der Aussage vorverlagert auf das Unterlassen der Mitteilung, dass die Aussage in Fachkreisen umstritten sei. Aus diesem Grunde sollten Werbeaussagen, die nicht auf eine gesicherte einhellige Lehrmeinung zurückzuführen sind, als fachlich umstritten kenntlich gemacht werden.

45 Diese Angaben beziehen sich sowohl auf die Indikation als auch auf den Wirkstoff oder auf die Wirkungsweise und die Schnelligkeit der Wirkung. In jedem Falle kann somit ein Verstoß gegen § 3 S. 2 Nr. 1 HWG begangen werden.

46 b) **Erfolgsversprechen.** Gemäß § 3 S. 2 Nr. 2a HWG ist es untersagt, den Eindruck zu erwecken, dass ein Erfolg mit Sicherheit erwartet werden kann. Damit darf kein **„Erfolgsversprechen"** abgegeben werden. Damit hat der Gesetzgeber sämtliche Garantiezusagen als irreführende Angaben klassifiziert.

Praxistipp:

Problematisch ist in der Praxis vor allem der Fall, dass ein Produkt einen außerordentlich hohen Wirksamkeitsgrad erreicht. Selbst dann darf nicht damit geworben werden, dass der Erfolg sicher eintritt. Rechtlich bleibt immer die Möglichkeit offen, dass eine Therapie oder ein Mittel bei dem einen oder anderen einzelnen Patienten nicht anschlägt. Dieser Aspekt ist in jedem Falle zu berücksichtigen.

47 c) **Schädliche Wirkungen.** Gemäß § 3 S. 2 Nr. 2b HWG ist es untersagt, fälschlich den Eindruck zu vermitteln, dass bei bestimmungsgemäßem oder längerem Gebrauch keine **schädliche Wirkungen** eintreten. Dieses Verbot korrespondiert mit dem Verbot mit Erfolgsversprechen zu werben. Im vorliegenden Fall soll der Eindruck ausgeschlossen werden, dass schädliche Wirkungen wie beispielsweise Nebenwirkungen oder Wechselwirkungen grundsätzlich nicht vorhanden seien. Der Gesetzgeber geht davon aus, dass schädliche Wirkungen insbesondere bei Arzneimitteln nie ausgeschlossen werden können. Dies gilt sogar dann, wenn toxische Gutachten zeigen, dass schädliche Wirkungen so gut wie nicht zu erwarten sind. Denn es ist nicht völlig auszuschließen, dass bei einem Patienten Nebenwirkungen auftreten.

d) **„Getarnte Werbung".** Im Heilmittelwerberecht ist es durch § 3 S. 2 Nr 2 lit. c) HWG im Gegensatz zu vielen anderen Rechtsvorschriften ausdrücklich untersagt, fälschlich den Eindruck zu erwecken, dass die Werbung nicht zu Zwecken des Wettbewerbs veranstaltet wird. Insbesondere dient diese Regelung dazu, **getarnte Werbemaßnahmen** wie beispielsweise neutral erscheinende Vorträge, bei welchen es sich allerdings um Werbemaßnahmen handelt, zu unterbinden. Aufklärung über Therapien und Mittel einerseits und Anpreisung der Therapien und Mittel andererseits sollen sorgfältig voneinander abgegrenzt werden. 48

e) **Sach- und personenbezogene Angaben.** § 3 S. 2 Nr. 3 HWG untersagt ausdrücklich, mit unwahren oder zur Täuschung geeigneten Angaben zu werben, die sich auf die Zusammensetzung oder Beschaffenheit der Produkte oder die Art und Weise der Therapie oder Informationen zum Hersteller oder Therapeuten beziehen. Diese Aspekte gewinnen vor allem bei medizinischen Therapien Bedeutung. Insbesondere bei Ärzten, Krankenhäusern, Sanatorien und anderen Heilberufen werden Therapien mit der besonderen Erfahrung der Therapeuten beworben. Diese Bewerbung ist daher sorgfältig an richtigen Aussagen auszurichten. 49

3. Gutachtenwerbung

Gemäß § 6 HWG ist eine Werbung unzulässig, wenn **Gutachten** oder **Zeugnisse** veröffentlicht oder erwähnt werden, die nicht von wissenschaftlich oder fachlich hierzu berufenen Personen erstattet worden sind und nicht die Angaben des Namens, Berufes und Wohnortes des Gutachters sowie den Zeitpunkt der Ausstellung des Gutachtens enthalten. Darüber hinaus darf nicht auf wissenschaftliche, fachliche oder sonstige Veröffentlichungen Bezug genommen werden, ohne dass aus der Werbung hervorgeht, ob die Veröffentlichung das Mittel oder die Therapie selbst betrifft, für die geworben wird und ohne dass der Name des Verfassers, der Zeitpunkt der Veröffentlichung und die Fundstelle genannt werden. Außerdem müssen aus der Fachliteratur entnommene Zitate, Tabellen oder sonstige Darstellungen wortgetreu übernommen werden. 50

Mit diesen Werbebeschränkungen gemäß § 6 HWG soll sichergestellt werden, dass die angesprochenen Verkehrskreise durch Hinweise auf wissenschaftliche Gutachten nicht irregeführt werden. Vor allem soll ermöglicht werden, dass die einzelnen Aussagen über die zitierte Literatur wissenschaftlich nachvollzogen werden können. Es soll außerdem nur dann auf Zeugnisse und Gutachten hingewiesen werden, wenn der Aussteller wissenschaftlich befähigt ist, im Rahmen der von ihm behandelten Materie Aussagen zu treffen. Im Hinblick darauf, dass die Hinweise auf Zeugnisse und Gutachten eine hohe Werbewirkung erzielen, soll sichergestellt sein, dass im Rahmen der Heilmittelwerbung seriös und zum Schutze der Verbraucher Gutachten und Ergebnisse wissenschaftlicher Forschung verwendet werden. 51

Dem Wortlaut nach bezieht sich das Verbot aus § 6 HWG auf jegliche Werbung für Heilmittel und Therapien im Sinne des § 1 HWG, gleichgültig, an wen sich die Werbung richtet. Tatsächlich allerdings darf nicht übersehen werden, dass gemäß § 11 Abs. 1 Nr. 2 HWG gegenüber Laien mit Gutachten, Zeugnissen, fachlichen Veröffentlichungen oder mit Hinweisen darauf sowie mit fachlichen Empfehlungen nur eingeschränkt geworben werden darf. Aus diesem Grunde kommt § 6 HWG vor allem im Rahmen der Werbung gegenüber Fachkreisen Bedeutung zu. 52

4. Werbegaben

Gemäß § 7 HWG ist es unzulässig, Zuwendungen und sonstige **Werbegaben**, bei denen es sich um Waren oder Dienstleistungen handelt, anzubieten, anzukündigen oder zu gewähren. Dieses Verbot greift nur dann nicht durch, wenn es sich um Gegenstände von geringem Wert, die durch eine dauerhafte und deutlich sichtbare Bezeichnung des Werbetreibenden oder des Arzneimittels gekennzeichnet sind, oder wenn es sich um geringfügige Kleinigkeiten handelt. Ferner sind gemäß § 7 Abs. 1 Nr. 2 HWG Rabatte und/oder Naturalrabatte innerhalb der Handelsschienen zulässig. Bei Preisrabatten sind Preisvorschriften nach AMG zu beachten. Naturalrabatte sind unzulässig bei apothekenpflichtigen Arzneimitteln. Damit soll sichergestellt werden, dass Rabatte nicht zu Lasten der Krankenkassen gewährt werden. Gemäß § 7 Abs. 1 Nr. 3 HWG sind handelsübliches Zubehör oder handelsübliche Waren keine unzulässigen Werbegaben. Zulässig sind auch die Erteilung von Auskünften oder Ratschlägen (§ 7 Abs. 1 Nr. 4 HWG) und die Verteilung von Kundenzeitschriften (§ 7 Abs. 1 Nr. 5 HWG). Werbegaben für Angehörige der Heilberufe sind grundsätzlich nur dann zulässig, wenn sie zur Verwendung in der ärztlichen, tierärztlichen oder pharmazeutischen Praxis bestimmt sind (§ 7 Abs. 1 S. 2 HWG). Das Verbot der Werbegaben gilt 53 nicht für Zuwendungen im Rahmen ausschließlich berufsbezogener wissenschaftlicher Veranstaltungen, sofern diese einen vertretbaren Rahmen nicht überschreiten, insbesondere in Bezug auf den wissenschaftlichen Zweck der Veranstaltung von untergeordneter Bedeutung sind und sich nicht auf andere als im Gesundheitswesen tätige Personen erstrecken (§ 7 Abs. 2 HWG).

54 Die Restriktionen des § 7 HWG spielen nach wie vor in der Praxis eine nicht untergeordnete Rolle. Insbesondere bei der Frage der Gestaltung von Kundenbindungssystemen – vor allem in der Handelskette – sind die Restriktionen des § 7 HWG zu beachten. Die Auslobung von „Gratis"-Produkten beim Erwerb von Arzneimitteln und/oder Medizinprodukten stellt eine Werbung mit Werbegaben dar und ist mithin regelmäßig verboten. Möglich ist jedoch, dass in einem bestimmten Bereich Arzneimittel und/oder Medizinprodukte gemeinsam mit einem „bereichsfremden" Produkt gekoppelt und zu einem Gesamtangebot zusammengefasst werden. Dann bezieht sich der Preis auf das Gesamtangebot, und eine Abgabe von „bereichsfremden" Produkten erfolgt nicht unentgeltlich. Wesentlich bei der Preisgestaltung ist dabei natürlich, dass im Ergebnis das „bereichsfremde" Produkt im Vergleich zu den Preisen der Einzelprodukte nicht wirklich unentgeltlich abgegeben wird. Es muss also bei dem Gesamtangebot darauf geachtet werden, dass auch dem „bereichsfremden" Produkt kalkulatorisch ein Preis zugeordnet wird.

55 Neben der Auslobung von Kombinationsangeboten für bestimmte Produktgruppen stellen auch Kundenbindungssysteme vor dem Hintergrund der Restriktion des § 7 HWG eine Herausforderung dar. Sofern die Abgabe von (bereichsfremden) Produkten bei Erreichen bestimmter Umsatzschwellen ausgelobt wird, ist davon auszugehen, dass auch hier eine unentgeltliche Werbegabe vorliegt. Ein solches System dürfte gegen § 7 HWG verstoßen. Anders ist es dann, wenn bei Erreichen bestimmter Umsatzschwellen ein Geldrabatt gewährt wird. Dieser Geldrabatt muss dann auch an den Berechtigten ausgezahlt werden. Dabei ist es dem Rabattgewährenden durchaus möglich, einen „Kundenbindungs-Shop" zu etablieren, in welchem der Rabattempfänger mit dem Rabattentgelt Waren (günstig) erwerben kann. Dann liegt keine unentgeltliche Werbegabe mehr vor, weil ein echter Preisrabatt gewährt wird. Wesentlich ist dabei nur, dass der Preisrabatt auch tatsächlich in Geld ausgezahlt wird.

56 Mit dem Verbot des § 7 HWG soll vermieden werden, dass die angesprochenen Verkehrskreise beim Bezug von Heilmitteln oder der Inanspruchnahme von Therapien durch sachfremde Leistungen, nämlich die Zuwendungen, beeinflusst werden. Es soll nicht deshalb ein Heilmittel oder eine Therapie von Verbrauchern nachgefragt oder vom Arzt verschrieben werden, weil sie mit den Zuwendungen „angelockt" wurden oder bei Verschreibungen der Incentive-Gedanke eine Rolle spielt. Nach dem Willen des Gesetzgebers sollen Heilmittel und Therapien nur sehr zurückhaltend und nur bei Vorliegen einiger bestimmter Indikationen verwendet werden. Sachfremde Beeinflussungen sollen vermieden werden. Mit diesem Verbot sollen Unlauterkeitsaspekte im Sinne des § 3 UWG, wie zum Beispiel übertriebenes Anlocken oder Ausübung eines psychologischen Kaufzwanges ausgeschaltet werden. Insoweit stellt § 7 HWG positivrechtlich einen konkreten Rahmen für Tatbestände dar, die gegebenenfalls auch nach § 3 UWG unzulässig sind. Der Beurteilungsspielraum, der bei § 3 UWG besteht, wird durch § 7 HWG vom Gesetzgeber reduziert.

57 Neben § 7 HWG ist das Gesetz zur Bekämpfung der Korruption im Gesundheitswesen durch Einführung der § 299a und § 299b StGB getreten.

58 **Grenzen der Verbote:** Bei der Frage, ob Zuwendungen oder Anreize im geschäftlichen Verkehr im Zusammenhang mit Heilmitteln – insbesondere Arzneimitteln, Medizinprodukten, Kosmetika oder Dienstleistungen – zulässig sind, ist die Norm des § 7 HWG als verwaltungsrechtliche Norm an Europäischem Unionsrecht zu messen. So hat der Bundesgerichtshof mit Urteil vom 25.4.2012 „Das große Rätselheft"[40] entschieden, dass § 7 HWG bei der Gewährung von Zuwendungen im Zusammenhang mit Arzneimitteln an den Art. 86 ff. der Richtlinie 2001/83/EG zu messen ist.

59 Insbesondere in Art. 94 Abs. 1 der vorgenannten Richtlinie 2001/83/EG ist ausdrücklich festgelegt, dass die Gewährung von materiellen Vorteilen im Rahmen der Verkaufsförderung für Arzneimittel ausdrücklich erlaubt ist, sofern die Vorteile von geringem Wert und für die medizinische oder pharmazeutische Praxis von Belang sind. Daher ist die Feststellung des deutschen Gesetzgebers in der Begründung für das Gesetz zur Bekämpfung der Korruption im Gesundheitswesen dahingehend, dass eine Geringwertigkeitsgrenze nicht vorgesehen ist,[41] nicht vollständig im Einklang mit Europäischen Unionsrecht. Zumindest bei der Bewerbung von Arzneimitteln gilt – anders als die Gesetzesbegründung vorschreiben möchte – die Geringwertigkeitsgrenze im Art. 94

[40] I ZR 105/10.
[41] Drucksache des Bundesrates 360/15 vom 14.8.2015, Seite 14.

Abs. 1 der Richtlinie 2001/83/EG. Zu den Einzelheiten der Auslegung des Art. 94 der Richtlinie 2001/83/EG wird verwiesen auf das Urteil des Europäischen Gerichtshofes vom 22.4.2010 in der Rechtssache C-62/09. Für Medizinprodukte gibt es eine Regelung, welche mit den Art. 86 ff. insbesondere Art. 94 der Richtlinie 2001/83/EG vergleichbar ist, nicht. Im Hinblick auf Medizinprodukte ist daher die Rechtmäßigkeit einer Werbung im Licht des Europäischen Unionsrecht insbesondere an den Grundsätzen des freien Warenverkehrs zu messen.[42] Jedoch darf nicht übersehen werden, dass Medizinprodukte sehr häufig über das Internet angeboten werden. Dann gelten die Freiheiten der E-Commerce-Richtlinie 2000/31/EG. Diese gilt ausdrücklich auch im Bereich der Medizinprodukte, wie der Europäische Gerichtshof mit Urteil vom 2.10.2010 in der Rechtssache C-108/09 festgestellt hat. Auch für Kosmetika gilt insbesondere der Schutz der E-Commerce-Richtlinie, wie sie grundsätzlich auch für Medizinprodukte gilt.

5. Fernbehandlung

60 Gemäß § 9 HWG ist es unzulässig, für die Erkennung oder Behandlung von Krankheiten, Leiden, Körperschäden oder krankhaften Beschwerden, die nicht auf eigener Wahrnehmung beruhen, zu werben. Von dem Verbot ausgenommen ist gemäß § 9 S. 2 HWG die Werbung für Fernbehandlungen, die unter Verwendung von Kommunikationsmedien erfolgen, wenn nach anerkannten fachlichen Standards ein persönlicher ärztlicher Kontakt mit dem zu behandelnden Patienten nicht erforderlich ist. Die Regelungen zur Werbung für Fernbehandlungen folgen den Regelungen in der Musterberufsordnung für Ärzte. Danach ist eine Fernbehandlung unzulässig, sofern nach anerkannten fachlichen Standards ein persönlicher ärztlicher Kontakt mit dem zu behandelnden Patienten nicht erforderlich ist. In der Praxis ist es ratsam, dass der fernbehandelnde Arzt dokumentiert, weshalb ein persönlicher Kontakt zum Patienten im Einzelfall entbehrlich ist.

61 Von dem Verbot sind sowohl die Diagnose als auch die Therapie selbst umfasst.[43] Praktisch relevant wird die Verbotsnorm bei Therapie- und Diagnoseberatungen im Rahmen der Heilmittelwerbung. Unterbunden werden soll das Angebot der Fernbehandlung, um damit den Absatz von Produkten zu fördern. Hierunter fallen beispielsweise Angebote von pharmazeutischen Unternehmen, im Rahmen der Werbung für Arzneimittel Patienten zu animieren, Fragen zu Diagnose und Therapie von Krankheiten an den pharmazeutischen Unternehmer zu stellen, welche dann von ihm oder einem von ihm beauftragten Arzt beantwortet werden. Nicht unter **Fernbehandlungen** fallen jedoch Antworten eines pharmazeutischen Unternehmers zur Wirkungsweise eines Arzneimittels auf konkrete Anfragen durch einen Verwender. Unter die Fernbehandlung wird allerdings ein Tatbestand zu fassen sein, bei welchem ein Verbraucher bei einem pharmazeutischen Unternehmer beispielsweise anruft, ihm Symptome eines Krankheitsbildes erläutert und der pharmazeutische Unternehmer ein Arzneimittel oder Medizinprodukt empfiehlt, mit welchem die Beschwerden gelindert werden sollen.

V. Restriktionen bei der Werbung für Arzneimittel und Medizinprodukte

62 Das Heilmittelwerbegesetz sieht in einigen Normen besondere Restriktionen für die Bewerbung von Arzneimitteln vor. Diese Vorschriften finden keine Anwendung auf die Bewerbung von Therapien, Medizinprodukte oder anderen Heilmitteln als Arzneimittel. Damit wird dem Umstand Rechnung getragen, dass das Gefährdungspotential, welches von Arzneimitteln ausgeht, besonders hoch ist. Dem Arzneimittelfehlgebrauch soll soweit wie möglich entgegengewirkt werden. Neben den nachfolgend dargestellten Besonderheiten sind bei der Werbung außerhalb der Fachkreise auch § 10 Abs. 1 und 2 sowie § 11 Abs. 1 Nr. 14 und Abs. 2 HWG zu beachten (VI 2., 3., 5.). Ferner gelten für die Publikumswerbung (VI) die produktunabhängigen Beschränkungen.

1. Fehlende arzneimittelrechtliche Zulassung

63 Gemäß § 3a HWG ist es untersagt, für Arzneimittel zu werben, die der Pflicht zur Zulassung unterliegen und die nicht nach den arzneimittelrechtlichen Vorschriften zugelassen sind oder als zugelassen gelten. § 3a HWG ist zunächst eine besondere Ausformung des Irreführungsverbotes.

[42] Art. 34, 36 AEUV.
[43] Bülow/Ring HWG § 9 Rn. 5.

Gemäß § 3 HWG ist bereits untersagt, Arzneimitteln eine Wirkung in der Werbung beizumessen, die nicht vorhanden ist. Im Rahmen des § 3 HWG besteht allerdings die Möglichkeit, dass der Werbetreibende die Richtigkeit der von ihm getroffenen Werbeaussage nachweist. Damit wird faktisch in der Praxis ein **Gutachterstreit** heraufbeschworen. Der Gesetzgeber hat durch die Einführung des § 3a HWG diese Möglichkeit versperrt. Sobald ein Arzneimittel arzneimittelrechtlich nicht zugelassen ist oder als nicht zugelassen gilt, darf es unter keinen Umständen beworben werden. Dabei ist unerheblich, ob die Aussagen, die zu dem Arzneimittel getroffen sind, korrekt sind oder nicht.

64 Darüber hinaus stellt § 3a HWG sicher, dass nicht zugelassene Arzneimittel, welche auch arzneimittelrechtlich in Deutschland nicht vertrieben werden dürfen, keine weitere Verbreitung durch Werbeaussagen erfahren. Insoweit dient § 3a HWG der Arzneimittelsicherheit.

65 Nach den Normen des Arzneimittelgesetzes besteht die Möglichkeit, ein in Deutschland nicht zugelassenes Arzneimittel aus dem Ausland einzuführen, sofern es in dem Ausfuhrstaat rechtmäßig im Verkehr ist. Auch besteht die Möglichkeit, dass Arzneimittel im Einzelfall auf Verschreibung eines Arztes durch Apotheken aus dem Ausland beschafft werden. Für solche **im Ausland zugelassenen Arzneimittel,** welche durchaus rechtmäßig im Einzelfall nach Deutschland verbracht werden, darf in Deutschland gemäß § 3a HWG nicht geworben werden.

66 Unbestritten ist inzwischen, dass eine Werbung für ein in Deutschland zugelassenes Arzneimittel für eine **Indikation,** auf welche sich die arzneimittelrechtliche Zulassung nicht erstreckt („Off-Label-Use"), durch § 3a HWG ausgeschlossen ist. Nach § 3 S. 2 HWG erstreckt sich das Verbot auch auf die Werbung bei Indikationen, für die das Arzneimittel nicht zugelassen ist. Damit wird die Werbung für einen „Off-Label-Use" vom Verbot umfasst. Auch dann nämlich fehlt es hinsichtlich der nicht zugelassenen Indikation an der medizinisch-pharmakologischen Überprüfung durch Zulassungsbehörden. Das Risiko eines Arzneimittelfehlgebrauches ist dann ebenso anzunehmen, wie bei einem überhaupt nicht zugelassenen Arzneimittel. Dabei darf jedoch nicht übersehen werden, dass die Problematik auftaucht, ob eine Werbeaussage in einen von der Zulassung nicht umfassten Indikationsbereich fällt. Durchaus nämlich können Aussagen inhaltlich auch auf der zugelassenen Indikation beruhen, wenn dies auf den ersten Blick kaum erkennbar ist. Im Rahmen der medizinisch-pharmakologischen Forschung ist durchaus möglich, dass Erkenntnisse gewonnen werden, welche im Zusammenhang mit einer zugelassenen Indikation stehen und welche dann auch im Rahmen einer Werbemaßnahme kommuniziert werden dürfen.

67 Für Medizinprodukte ergibt sich das Verbot eines Off-Label-Use, wie es § 3a HWG für Arzneimittel vorsieht, aus Art. 7 lit. d) der Verordnung (EU) 2017/745. Für In-Vitro-Diagnostika findet sich das Verbot der Werbung für einen Off-Label-Use in Art. 7 lit. d) der Verordnung (EU) 2017/746.

Praxistipp:

Aus diesem Grunde ist bei § 3a HWG sorgfältig zu prüfen, ob Werbeaussagen sich tatsächlich innerhalb eines anderen Indikationsbereiches bewegen oder ob die Aussagen inhaltlich auf der zugelassenen Indikation beruhen und lediglich eine medizinisch-pharmakologische Folge beschreiben.

2. Homöopathische Arzneimittel

68 Gemäß § 5 HWG ist es untersagt, für **homöopathische Arzneimittel,** die nach dem Arzneimittelgesetz registriert oder von der Registrierung freigestellt sind, mit der Angabe von Anwendungsgebieten zu werben. Homöopathische Arzneimittel werden nach den Regeln der Homöopathie hergestellt und angewendet. Grundlage dieser besonderen Therapieform Homöopathie ist das von Samuel Hahnemann (1755–1843) beschriebene Ähnlichkeitsprinzip.[44] Homöopathische Arzneimittel können sowohl zur Anwendung beim Menschen als auch beim Tier bestimmt sein.

69 Für die Anwendbarkeit des § 5 HWG kommt es nicht allein darauf an, ob das Arzneimittel, für welches die Werbung betrieben wird, der Therapieform Homöopathie dient. Vielmehr ist erforderlich, dass das Arzneimittel darüber hinaus nach dem Arzneimittelgesetz registriert oder von der Registrierung freigestellt ist. Gemäß § 38 AMG können Fertigarzneimittel als homöopathische Arzneimittel bei der deutschen zuständigen Bundesoberbehörde in das Register für homöo-

[44] Doepner/Reese HWG § 5 Rn. 1 mit weiteren Ausführungen.

pathische Arzneimittel eingetragen werden. Dann handelt es sich um ein registriertes homöopathisches Arzneimittel, welches in Deutschland verkehrsfähig ist, ohne ein Zulassungsverfahren nach den Normen der §§ 21 ff. AMG durchlaufen zu haben. Das Arzneimittel muss jedoch nach einer homöopathischen Verfahrenstechnik hergestellt sein, die im Europäischen Arzneibuch oder im Deutschen Homöopathischen Arzneibuch oder in anderen gebräuchlichen Pharmakopoen der Mitgliedsstaaten der Europäischen Gemeinschaft beschrieben ist. Es kann aus Produkten, Substanzen oder Verbindungen, die homöopathische Ursubstanzen genannt werden, hergestellt werden. Die Registrierung folgt der EU-Richtlinie 2001/83/EG. Daneben besteht gemäß § 39 Abs. 3 AMG die Möglichkeit, homöopathische Arzneimittel von der Registrierung freizustellen.

Das Verbot des § 5 HWG, homöopathische Arzneimittel mit der Angabe von Anwendungsgebieten zu bewerben, betrifft ausschließlich solche homöopathischen Arzneimittel, welche nach § 38 AMG registriert oder gemäß § 39 Abs. 3 AMG von der Registrierung freigestellt sind. Daneben besteht durchaus die Möglichkeit, homöopathische Arzneimittel als echte zugelassene Arzneimittel nach den Normen der §§ 21 ff. AMG einem Zulassungsverfahren zu unterziehen und zuzulassen. Für solche zugelassenen Arzneimittel gilt § 5 HWG nicht. Diese Arzneimittel – auch wenn sie der Therapieform Homöopathie folgen – dürfen mit Anwendungsgebieten beworben werden. Darüber hinaus befinden sich sogenannte als zugelassen geltende Arzneimittel auch aus der Therapieform der Homöopathie im Verkehr. Bei diesen Arzneimitteln handelt es sich um solche im Sinne des § 105 AMG. Diese als zugelassen geltenden homöopathischen Arzneimittel fallen ebenfalls nicht unter das Verbot des § 5 HWG. Sie stehen nach dem Willen des Gesetzgebers gemäß § 105 AMG den tatsächlich zugelassenen Arzneimitteln im Sinne des §§ 21 ff. AMG gleich. Mithin findet auf solche Arzneimittel des § 105 AMG das Werbeverbot des § 5 HWG keine Anwendung.[45] Homöopathische Arzneimittel im Sinne des § 38 AMG sind gemäß § 10 Abs. 4 AMG und § 11 Abs. 3 AMG sowohl im Rahmen der Umverpackung als auch im Rahmen der Packungsbeilage mit der Angabe *„Registriertes homöopathisches Arzneimittel, daher ohne Angabe einer therapeutischen Indikation."* zu kennzeichnen. Ein Anwendungsgebiet für homöopathische Arzneimittel darf damit ausdrücklich nicht beschrieben werden. Aus diesem Grunde folgt § 5 HWG konsequenterweise den Kennzeichnungsvorschriften für homöopathische Arzneimittel, wie sie in § 10 Abs. 4 und § 11 Abs. 3 AMG vorgesehen sind. 70

3. Teleshopping/Einzeleinfuhr ausländischer Arzneimittel

Gemäß § 8 HWG ist es unzulässig, Arzneimittel zu bewerben, damit sie im Wege des **Teleshopping** oder im Wege der Einzeleinfuhr nach § 73 Abs. 2 Nr. 6a oder § 73 Abs. 3 AMG bezogen werden. Diese Vorschrift verbietet die Werbung für bestimmte Vertriebswege, nämlich für das Teleshopping und die Fälle der Einzeleinfuhr von ausländischen Arzneimitteln. Dabei ist wesentlich, dass der Vertriebsweg selbst durch § 8 HWG nicht verboten wird. Lediglich die Werbung für diese Vertriebswege ist vom Verbot umfasst. 71

Nicht unter den Begriff der Werbung und auch nicht unter die Anwendbarkeit des Heilmittelwerberechts fallen dagegen gemäß § 1 Abs. 6 HWG beim elektronischen Handel mit Arzneimitteln das Bestellformular und die dort angeführten Angaben, soweit diese für eine ordnungsgemäße Bestellung notwendig sind. Auch eine ausländische Versandapotheke darf daher zur Versendung von Arzneimitteln an deutsche Patienten das Bestellformular und alle notwendigen Angaben, welche für eine ordnungsgemäße Bestellung erforderlich sind, in das Netz einstellen. 72

4. Werbung in Packungsbeilagen

Gemäß § 4a HWG ist es unzulässig, in der **Packungsbeilage** eines Arzneimittels für andere Arzneimittel oder andere Mittel zu werben. Arzneimitteln ist gemäß § 11 AMG eine Packungsbeilage beizufügen. Unter der gesetzlich vorgeschriebenen Überschrift **„Gebrauchsinformation"** sind die Angaben gemäß § 11 AMG abzudrucken. Umstritten ist die Frage, ob die Packungsbeilage Werbung im Sinne des Wettbewerbsrechts ist.[46] Zunächst dienen die gesetzlich vorgeschriebenen Informationen ausschließlich der Arzneimittelsicherheit. Aus diesem Grunde ist bei neu zugelassenen Arzneimitteln sowohl im nationalen Verfahren als auch im europäischen Zulassungsverfahren der Text der Gebrauchsinformation Gegenstand der Zulassung. Bei fiktiv zugelassenen Arzneimitteln gemäß § 105 AMG benachrichtigen die pharmazeutischen Unter- 73

[45] So auch Doepner/Reese HWG § 5 Rn. 24; Kleist/Hess/Hoffmann HWG § 5 Rn. 14 ff.
[46] → Rn. 10 ff.

nehmer die zuständige Bundesoberbehörde über den Text der von ihnen verwendeten Gebrauchsinformation.

74 Unabhängig von dem Text der Gebrauchsinformation, welcher der zuständigen Bundesoberbehörde oder EMEA bekannt ist, werden üblicherweise sehr häufig eine Vielzahl weiterer Werbeaussagen in Packungsbeilagen getroffen. Hierbei handelt es sich um einen echten „Kür-Text", welcher häufig der näheren Information über das Arzneimittel dient. Der Bundesgerichtshof hat in der Entscheidung *„Katovit"* festgestellt, dass der Inhalt einer Packungsbeilage durchaus auch an den Normen des Heilmittelwerberechts zu messen ist.[47] Diese Entscheidung ist durchaus differenziert zu betrachten. Sofern ein Text von der Bundesoberbehörde oder der EMEA im Rahmen des Zulassungsverfahrens durch Auflagen verpflichtend ist, hat der pharmazeutische Unternehmer als Zulassungsinhaber den Text wortgetreu in der Packungsbeilage zu übernehmen. Aus diesem Grunde kommt dem Text kein werblicher Charakter mehr zu, so dass auch die Normen des Heilmittelwerberechts keine Anwendung mehr finden. In anderen Fällen, in denen der pharmazeutische Unternehmer den Text vorgibt oder über den vorgeschriebenen Text hinausgeht, kann allerdings durchaus ein Werbecharakter zu finden sein. Dann sind diese über die behördliche Anordnung hinausgehenden Aussagen an den Normen des Heilmittelwerberechts zu messen.

75 Vor diesem Hintergrund ist das Verbot des § 4a HWG zu sehen. Es darf in Packungsbeilagen nicht für andere Arzneimittel und „andere Mittel" geworben werden. Der Begriff „andere Mittel" richtet sich nach der Definition des § 1 Abs. 2 HWG. Mithin sind Kosmetika gemäß § 4 LMBG gemeint.

76 Ausdrücklich **nicht von § 4a HWG umfasst** sind Medizinprodukte, Gegenstände im Sinne des § 1 Abs. 2 HWG sowie Therapien. Insoweit ist allerdings § 11 Abs. 1 S. 5 AMG zu beachten. Danach nämlich ist in der Packungsbeilage über die vorgeschriebenen „Gebrauchsinformationen" hinausgehend der Abdruck von Angaben nur dann zulässig, soweit diese mit der Verwendung des Arzneimittels im Zusammenhang stehen, für die gesundheitliche Aufklärung wichtig sind und den Angaben in der Fachinformation gemäß § 11a AMG nicht widersprechen.

77 Problematisch ist die Frage, ob Arzneimittel, die zur selben Produktfamilie gehören, in derselben Packungsbeilage erwähnt werden dürfen. Sehr häufig kommt es vor, dass Arzneimittel mit denselben arzneilich wirksamen Bestandteilen und für dieselbe Indikation in verschiedenen Dosierungen und/oder in verschiedenen Darreichungsformen zugelassen sind. Bei jedem einzelnen Produkt, jeder einzelnen Dosierung und jeder einzelnen Darreichungsform handelt es sich um eine eigene arzneimittelrechtliche Zulassung. Aus diesem Grunde wäre es dem Wortlaut der Norm nach nicht zulässig, auf solche Produkte derselben Produktfamilie in einer Packungsbeilage hinzuweisen. Nach herrschender Auffassung allerdings ist bei Arzneimitteln derselben Indikation und desselben arzneilich wirksamen Bestandteils, die sich ausschließlich von dem angegebenen Arzneimittel durch Darreichungsform und/oder Dosierung unterscheiden, ein Hinweis auf Arzneimittel derselben Produktfamilie zulässig. Es ist nicht auszuschließen, dass in einer Packungsbeilage flankierende weitere Informationen zu Arzneimitteln derselben Produktfamilie notwendig werden. Dann bedarf es auch des flankierenden heilmittelwerberechtlichen Schutzes nicht.[48]

5. Pflichtangaben

78 Gemäß § 4 HWG muss jede Werbung für Arzneimittel im Sinne des § 2 Abs. 1 oder Abs. 2 Nr. 1 AMG die **Pflichtangaben** enthalten. Dabei unterscheiden sich die Anforderung an die Pflichtangaben nach dem Personenkreis, an welchen sich die Werbung richtet und nach dem Medium, mit welchem die Werbung übertragen wird.

79 **a) Werbung in audiovisuellen Medien.** Gemäß § 4 Abs. 5 iVm Abs. 3 HWG ist der Werbung für apothekenpflichtige Arzneimittel in audiovisuellen Medien der Text *„Zu Risiken und Nebenwirkungen lesen Sie die Packungsbeilage und fragen Sie Ihren Arzt oder Apotheker"* nachzustellen. Im Fernsehen ist der Text gut lesbar vor neutralem Hintergrund wiederzugeben und gleichzeitig zu sprechen. Bei Heilwässern wird nicht auf *„die Packungsbeilage"* sondern auf *„das Etikett"* verwiesen. Alle weiteren notwendigen Pflichtangaben können in audiovisuellen Medien entfallen. Bei nicht apothekenpflichtigen Arzneimitteln darf auch der vorgenannte Text entfallen, wenn in der Packungsbeilage oder auf dem Behältnis des beworbenen Arzneimittels keine Ne-

[47] GRUR 1991, 860.
[48] Doepner/Reese HWG § 4a Rn. 21; Kleist/Hess/Hoffmann HWG § 4a Rn. 8.

benwirkungen oder sonstige Risiken angegeben sind. Bei der Werbung in **audiovisueller Medien** handelt es sich vor allem um solche im Fernsehen, im Rundfunk sowie in Filmtheatern, Diapositivveranstaltungen und Videofilmen.

Umstritten ist, ob **Bildschirmtextwerbung** oder **Internetwerbung** unter „Werbung in audiovisuellen Medien" fällt. Zunächst kann man zu der Auffassung gelangen, dass solche Informationen über den Fernsehbildschirm oder den vergleichbaren Bildschirm eines Computers abzurufen sind. Aus diesem Grunde kann argumentiert werden, dass die Erleichterung für die Werbung in audiovisuellen Medien auch bei Bildschirmtexten und bei Informationen im Internet durchgreifen könnten. Dem ist allerdings entgegenzuhalten, dass sowohl beim Bildschirmtext als auch im Internet der jeweilige Verwender selbst entscheiden kann, wie lange er den Text aufruft oder auf der jeweiligen Seite einer Homepage verbleibt. Aus diesem Grunde wird er nicht, wie in audiovisuellen Medien, insbesondere in der Fernseh- oder der Hörfunkwerbung üblich, mit kurz aufeinander folgenden Informationen berieselt. Vielmehr kann er die Geschwindigkeit der ihm vermittelten Informationen selbst steuern. Daher ist eine Internetwerbung und auch eine Werbung per Bildschirmtext eher vergleichbar mit einer Printwerbung. Aus diesem Grunde greifen die Erleichterungen aus § 4 Abs. 5 HWG auf Werbung im Internet und per Bildschirmtext nicht Platz.[49] 80

Etwas anderes kann allerdings gelten, wenn insbesondere im Internet ein „Film" abgespult wird, bei welchem der Verwender keine Möglichkeit hat, Einfluss auf die Wiedergabe und die Geschwindigkeit der Wiedergabe der Informationen zu nehmen. 81

b) Sonstige Werbung außerhalb der Fachkreise. In anderen als audiovisuellen Medien ist bei einer Werbung gegenüber dem Publikum eine weitergehende Pflichtangabe erforderlich. Neben der in § 4 Abs. 3 HWG genannten und vorstehend zitierten Angabe sind weitere Informationen beizufügen. Hierbei handelt es sich um nachfolgende Angaben: 82

- die Bezeichnung des Arzneimittels,
- die Anwendungsgebiete,
- Warnhinweise, soweit sie für die Kennzeichnung der Umverpackung vorgeschrieben sind,
- bei Tierarzneimitteln die Wartezeit, die zur Anwendung bei Tieren bestimmt ist, die der Gewinnung von Lebensmitteln dienen,
- bei Arzneimitteln, die nur einen arzneilich wirksamen Bestandteil enthalten, der Hinweis *„Wirkstoff"*.

Der Pflichttext sowie die weiteren vorgenannten Pflichtangaben müssen gemäß § 4 Abs. 3 HWG gut lesbar und von den übrigen Werbeaussagen deutlich abgesetzt und abgegrenzt angeben werden. Auch hier dürfen die gesamten Pflichtangaben entfallen, wenn es sich um ein nicht apothekenpflichtiges Arzneimittel handelt, bei dem in der Packungsbeilage keine Nebenwirkungen oder sonstigen Risiken angegeben sind. Nach dem Wortlaut des § 4 Abs. 3 HWG ist neben den vorgenannten Angaben bei verschreibungspflichtigen Arzneimitteln auch der Hinweis *„verschreibungspflichtig"* abzudrucken, da die Angabe nach Absatz 1 Nr. 7a nicht entfallen kann. Hierbei handelt es sich allerdings um ein redaktionelles Versehen. Denn gemäß § 10 Abs. 1 HWG darf gegenüber Laien überhaupt nicht für verschreibungspflichtige Arzneimittel geworben werden. Mithin kommt dem Hinweis *„verschreibungspflichtig"* für den Tatbestand des § 4 Abs. 3 HWG praktisch keine Bedeutung zu. 83

c) Werbung gegenüber Fachkreisen. Bei Werbung außerhalb der audiovisuellen Medien **gegenüber Fachkreisen** sind eine Vielzahl von Informationen im Rahmen der Pflichtangaben erforderlich. Insbesondere sind folgende Angaben wiederzugeben: 84

- der Name oder die Firma und der Sitz des pharmazeutischen Unternehmers,
- die Bezeichnung des Arzneimittels,
- die Zusammensetzung des Arzneimittels gemäß § 11 Abs. 1 S. 1 Nr. 2 AMG,
- Anwendungsgebiete,
- Gegenanzeigen,
- Nebenwirkungen,
- Warnhinweise, soweit sie für die Kennzeichnung der Umverpackung vorgeschrieben sind,
- bei verschreibungspflichtigen Arzneimitteln der Hinweis *„verschreibungspflichtig"*,
- bei Tierarzneimitteln die Wartezeit, die zur Anwendung bei Tieren bestimmt ist, die der Gewinnung von Lebensmitteln dienen,

[49] So auch Doepner/Reese HWG § 4 Rn. 164 ff.

- bei Arzneimitteln, die nur einen arzneilich wirksamen Bestandteil enthalten, der Hinweis „*Wirkstoff*".

85 Sämtliche vorgenannten Informationen müssen mit denen übereinstimmen, die nach § 11 oder § 12 des AMG für die Packungsbeilage vorgeschrieben sind. Auch diese Angaben sind von den Werbeaussagen deutlich abgesetzt, abgegrenzt und gut lesbar wiederzugeben.

86 d) **Erinnerungswerbung.** Bei einer Erinnerungswerbung für Arzneimittel müssen keine Pflichtangaben wiedergegeben werden. Eine **Erinnerungswerbung** liegt gemäß § 4 Abs. 6 HWG dann vor, wenn ausschließlich mit der Bezeichnung eines Arzneimittels oder zusätzlich mit dem Namen, der Firma, der Marke des pharmazeutischen Unternehmers oder dem Hinweis „*Wirkstoff*" geworben wird. Darüber hinaus gilt die besondere Privilegierung für Erinnerungswerbung auch dann, wenn neben den vorgenannten gesetzlich erlaubten Aussagen auch die Menge und der Preis genannt werden. Außerdem sollen auch solche werblichen Eindrücke vermittelt werden dürfen, die keine medizinisch gesundheitliche Bedeutung haben.[50] Unter keinen Umständen dürfen allerdings Aussagen zu Anwendungsgebieten, Nebenwirkungen und anderen medizinisch-pharmazeutischen Zusammenhängen getroffen werden. Dann wird aus der Erinnerungswerbung eine Werbung, die die Pflicht der Wiedergabe der Pflichtangaben nach sich zieht. Zwar ist grundsätzlich davon auszugehen, dass graphische Darstellungen oder musikalische Untermalung in audiovisuellen Medien keinen medizinisch-gesundheitlichen Aspekt darstellen. Dies gilt allerdings nur soweit, als nicht von der graphischen Darstellung oder der musikalischen Untermalung auf Aussagen zum Arzneimittel wie beispielsweise die Anwendungsgebiete geschlossen werden kann.

VI. Restriktionen bei der Publikumswerbung

87 Im Heilmittelwerberecht wird auch unterschieden, welcher Personenkreis Adressat der Werbung ist. Für den Fall, dass Fachkreise Adressat sind, hat der Werbetreibende weitaus mehr Möglichkeiten, Aussagen zu treffen, da er darauf vertrauen darf, dass die Werbeadressaten über einen erheblichen fachlich-wissenschaftlichen Hintergrund verfügen, um die Werbeaussagen im richtigen Kontext zu sehen. Darüber hinaus haben Fachkreise die Möglichkeit, die Richtigkeit der Werbeaussage eher nachzuprüfen. Aus diesem Grunde hat der Gesetzgeber die Werbung außerhalb der Fachkreise, also gegenüber dem Publikum der Laien, eingeschränkt.

1. Fachkreise

88 Eine Vielzahl von Normen im Heilmittelwerbegesetz schaffen Restriktionen für Werbemaßnahmen, deren Adressaten andere als die **Fachkreise** sind. Aus diesem Grunde sind die „Fachkreise" zu definieren, um im Rahmen einer Negativauslese festzustellen, ob eine Werbung außerhalb der Fachkreise vorliegt.

Fachkreise sind in **§ 2 HWG** legaldefiniert. Danach sind Fachkreise

„Angehörige der Heilberufe oder des Heilgewerbes, Einrichtungen, die der Gesundheit von Mensch oder Tier dienen, oder sonstige Personen, soweit sie mit Arzneimitteln, Verfahren, Behandlungen, Gegenständen oder anderen Mitteln erlaubter weise Handel treiben oder sie in Ausübung ihres Berufes anwenden".

89 Unter den Begriff „Heilberufe" fallen sämtliche Ärzte, Zahnärzte, Tierärzte, Heilpraktiker, Tierheilpraktiker, Apotheker, nicht ärztliche Psychotherapeuten sowie Heilhilfsberufe.[51] Zu den Heilhilfsberufen, die unter die „Heilberufe" im Sinne des § 2 HWG fallen, werden beispielsweise Hebammen, Krankenschwestern, medizinisch-technische Assistenten, pharmazeutisch-technisches Assistenten, Apotheker-Assistenten sowie Personen mit einer abgeschlossenen Ausbildung als technische Assistenten in der Pharmazie, der Chemie, der Biologie, der Human- oder Veterinärmedizin, Masseure, Heilgymnasten, Krankenpfleger, Krankenpflegehelfer und medizinische Bademeister gefasst.[52] Unter den Begriff „Heilgewerbe" sind solche Personen zu fassen, die einen Heilberuf im Rahmen ihrer selbstständigen Tätigkeit ausüben.[53] Zu den Heilgewerben zählen daneben auch Optiker, Orthopäden und Bandagisten.[54] Unter den Begriff „Einrichtungen, die der

[50] Doepner/Reese HWG § 4 Rn. 187; Kleist/Hess/Hoffmann HWG § 4 Rn. 84.
[51] Kleist/Hess/Hoffmann HWG § 2 Rn. 2.
[52] Kleist/Hess/Hoffmann HWG § 2 Rn. 2.
[53] Bülow/Ring HWG § 2 Rn. 10.
[54] Kleist/Hess/Hoffmann HWG § 2 Rn. 2.

Gesundheit von Mensch und Tier dienen" sind Krankenanstalten, Gesundheitsämter, Veterinärämter, chemische und medizinische Untersuchungsämter sowie auf gesetzlicher Grundlage errichtete und von den zuständigen Behörden anerkannte zentrale Beschaffungsstellen für Arzneimittel.[55] Darüber hin aus werden auch Ausbildungsstätten für Heilberufe unter den Begriff „Fachkreise" gefasst, weil in § 47 Abs. 3 AMG diese Ausbildungsstätten Ärzten, Zahnärzten oder Tierärzten und anderen Personen, die die Heilkunde oder Zahnheilkunde berufsmäßig ausüben, gleichstellt werden.[56]

Unter den Begriff „Personen, die mit Arzneimitteln erlaubterweise Handel treiben" fallen Apotheker, Pharma-Großhändler, pharmazeutische Unternehmer sowie Tierärzte. Drogisten und andere Einzelhändler können dann zu den Fachkreisen gezählt werden, wenn sie erlaubter weise nicht apothekenpflichtige Arzneimittel oder andere Mittel und Gegenstände vertreiben. Daneben gehören dazu auch Mischfutterbetriebe, die Fütterungsarzneimittel herstellen. 90

„Personen, die Arzneimittel in Ausübung ihres Berufes anwenden" sind neben den Angehörigen der Heilberufe auch Optiker, Fußpfleger, Diätassistenten und Kosmetiker, die vor allem Therapien anbieten.[57] 91

2. Verschreibungspflichtige/-fähige Arzneimittel

Gemäß § 10 Abs. 1 HWG darf für **verschreibungspflichtige Arzneimittel** nur bei Ärzten, Zahnärzten, Tierärzten, Apothekern und Personen, die mit diesen erlaubterweise Handel treiben, geworben werden. Damit wird festgelegt, dass für verschreibungspflichtige Arzneimittel nicht gegenüber Fachkreisen im Sinne des § 2 HWG, sondern ausschließlich bei den in § 10 Abs. 1 HWG genannten Personen geworben werden darf. Der Personenkreis im Sinne des § 10 Abs. 1 HWG ist daher erheblich enger als der Personenkreis der „Fachkreise" im Sinne des § 2 HWG. Der Gesetzgeber bezweckt mit dieser starken Werberestriktion, dass verschreibungspflichtige Arzneimittel, bei welchen grundsätzlich davon auszugehen ist, dass sie einen höheren Grad an Patientengefährdung aufweisen, nur bei solchen Personenkreisen beworben werden dürfen, die auf Grund ihrer besonderen Ausbildung einen sachgemäßen Umgang mit den Produkten erwarten lassen und die darüber hinaus allein über die Verschreibung der Arzneimittel entscheiden. Gemäß § 4a Abs. 2 HWG darf außerhalb der Fachkreise auch nicht mit der Verordnungsfähigkeit im Rahmen der vertragsärztlichen Versorgung geworben werden. Hintergrund des Verbotes ist die im Einzelfall mögliche Verordnungsfähigkeit von nicht-verschreibungspflichtigen Arzneimitteln. Der Gesetzgeber möchte vermeiden, dass Arzneimittel, die aufgrund mangelnder Verschreibungspflicht gegenüber Laien beworben werden dürfen, damit angepriesen werden, dass die Kosten faktisch das staatliche Gesundheitssystem trägt. § 4a Abs. 2 HWG ergänzt damit faktisch § 10 Abs. 1 HWG – eine übermäßige Beanspruchung des Gesundheitssystems durch Patientenwünsche, die durch Werbemaßnahmen der Hersteller und Vertreiber gespeist werden, soll vermieden werden. 92

3. Psychotrope Stoffe

Gemäß § 10 Abs. 2 HWG darf für Arzneimittel, die dazu bestimmt sind, beim Menschen die Schlaflosigkeit oder psychische Störungen zu beseitigen oder die Stimmungslage zu beeinflussen, außerhalb der Fachkreise nicht geworben werden. 93

Im Gegensatz zu § 10 Abs. 1 HWG im Hinblick auf verschreibungspflichtige Arzneimittel gilt § 10 Abs. 2 HWG in Bezug auf Arzneimittel mit psychotropen Wirkstoffen mit der Gefahr der Abhängigkeit für die Indikationen Schlaflosigkeit/psychische Störungen/Beeinflusung der Stimmungslage nur für die Werbung gegenüber Fachkreisen im Sinne des § 2 HWG. Aus diesem Grunde ist der Personenkreis, dem gegenüber geworben werden darf, größer als bei § 10 Abs. 1 HWG. Das Verbot in § 10 Abs. 2 HWG folgt den Regelungen in Art. 88 der Richtlinie 2001/83/EG. 94

4. Hinweise auf Krankheiten im Sinne des § 12 HWG

Gemäß § 12 HWG ist es untersagt, außerhalb der Fachkreise für Arzneimittel und Medizinprodukte mit Hinweisen auf die Erkennung, Verhütung, Beseitigung oder Linderung der Krank- 95

[55] Kleist/Hess/Hoffmann HWG § 2 Rn. 3.
[56] Kleist/Hess/Hoffmann HWG § 2 Rn. 3.
[57] Kleist/Hess/Hoffmann HWG § 2 Rn. 5.

heiten in Abschnitt A der Anlage zum HWG zu werben, welche enumerativ in der Anlage zum Heilmittelwerbegesetz genannt sind. Für Arzneimittel gilt dies Verbot auch für die in Abschnitt B der Anlage genannten Krankheiten. Das Verbot gilt für Erkennung, Beseitigung oder Linderung der Krankheiten in der Anlage zum HWG bei der Werbung für andere Mittel, Verfahren, Behandlungen oder Gegenstände.

96 Das Werbeverbot hat den Zweck, der Selbstbehandlung der in der Anlage zum Heilmittelwerbegesetz genannten Krankheiten entgegenzuwirken. Bei den Krankheiten handelt es sich um solche, die nach der Auffassung des Gesetzgebers besonders schwerwiegend erscheinen und häufig bei Mensch und Tier auftreten.[58] Darüber hinaus darf nicht übersehen werden, dass die angesprochenen Verkehrskreise insbesondere bei schweren Krankheiten sowie Krankheiten mit überaus unangenehmen Symptomen eher dazu neigen, auf Grund werblicher Aussagen Arzneimittel zu verwenden. Aus diesem Grunde dient das Verbot in § 12 HWG auch der Vorbeugung eines Arzneimittel-Zuviel-Gebrauchs.

Praxistipp:

Bei der Auslegung des § 12 HWG in Verbindung mit der Anlage zum Gesetz kommt es wesentlich auf den Eindruck an, den die angesprochenen Verkehrskreise durch die Werbung erlangen. Dieses gilt insbesondere für Aussagen zu den jeweiligen Krankheiten. Wesentlich ist, ob die angesprochenen Verkehrskreise auf Grund der einzelnen Werbeaussagen auf eine Krankheit schließen, die in der Krankheitsliste wiedergegeben ist.

97 Von zentraler Bedeutung bei der Prüfung von Werbemaßnahmen im Hinblick auf § 12 HWG ist die Abgrenzung der „Krankheiten" von nicht krankhaften Zuständen. Sofern Werbeaussagen sich nicht auf Krankheiten, sondern auf die Erhaltung gesunder Zustände beziehen, kommt § 12 HWG nicht zur Anwendung. Dabei ist jedoch sorgfältig darauf zu achten, dass die Werbeaussage nicht von den angesprochenen Verkehrskreisen als Verhütung einer in der Anlage zum Heilmittelwerbegesetz genannten Krankheit aufgefasst wird.

5. Einzelne Werbeverbote gemäß § 11 HWG

98 Der Gesetzgeber hat eine Vielzahl verschiedener Einzelformen von Werbemaßnahmen neben anderen generellen Restriktionen in den übrigen Normen des Heilmittelwerbegesetzes untersagt. Diese einzelnen, mit einem Verbot belegten Formen der Werbung außerhalb der Fachkreise werden in § 11 HWG abschließend wiedergegeben. Jedes einzelne Verbot ist bei jeder Publikumswerbung für Heilmittel zu beachten. Die einzelnen Verbote in § 11 Abs. 1 HWG gelten gemäß § 11 Abs. 1 S. 2 HWG nur eingeschränkt auch für Medizinprodukte. Durch Gesetzesänderung sind die meisten Einzelverbote in § 11 Abs. 1 HWG neu gefasst oder sogar ganz gestrichen worden. Die Verbote folgen nun auch hinsichtlich der sprachlichen Fassung weitgehend den Regelungen in Art. 90 der Richtlinie 2001/83/EG.

99 **a) Fachliche Empfehlungen.** Gemäß **§ 11 Abs. 1 Nr. 2 HWG** ist es untersagt, außerhalb der Fachkreise mit Hinweisen auf **fachliche Empfehlungen** zu werben.

100 Mit diesem Verbot trägt der Gesetzgeber dem Umstand Rechnung, dass Laien üblicherweise fachlichen Empfehlungen jeder Art besonderes Vertrauen schenken. Sobald ein Mittel oder eine Therapie mit wissenschaftlichen Gutachten oder fachlichen Empfehlungen beworben wird, steigt der Aufmerksamkeitsgrad beim Verbraucher. Da der Laie allerdings nicht in der Lage ist, die jeweiligen Gutachten nachzuvollziehen oder den fachlichen Empfehlungen den ihr zukommenden Stellenwert in der Entscheidung über den Einsatz des Mittels oder der Therapie beizumessen, darf außerhalb der Fachkreise mit fachlichen Empfehlungen nicht geworben werden.

101 **b) Empfehlungen Dritter.** Gemäß **§ 11 Abs. 1 Nr. 3 und Nr. 11 HWG** ist es untersagt, außerhalb der Fachkreise mit der Wiedergabe von Krankengeschichten oder mit Hinweisen auf solche zu werben, sofern dies in missbräuchlicher, abstoßender oder irreführender weise geschieht. Ein generelles Verbot mit Empfehlungen Dritter zu werben, besteht daher nicht (mehr).

[58] Kleist/Hess/Hoffmann HWG § 12 Rn. 3.

Während mit Nr. 2 des § 11 Abs. 1 HWG untersagt werden soll, mit fachlichen Empfehlungen zu werben, bezwecken Nr. 3 und Nr. 11 des § 11 Abs. 1 HWG, dass nicht mit **Empfehlungen Dritter** oder mit Krankengeschichten ein Produkt oder eine Therapie ausgelobt wird. Krankengeschichten oder Hinweise auf solche können den Verbraucher dazu verleiten, bestimmte Produkte oder Therapieformen eher in Anspruch zu nehmen 102

Eine Besonderheit tritt bei der **Prominentenwerbung** auf. Sehr häufig nutzen Werbende das positive Image einer bekannten Persönlichkeit und lassen diese im Rahmen der Werbemaßnahme auftreten. Bei dieser sogenannten **„Testimonial-Werbung"** kommt es darauf an, ob die bekannte Persönlichkeit sich selbst zum Heilmittel äußert. Sofern es sich um Schauspieler handelt, ist sorgfältig zu prüfen, ob dieser als eigene Persönlichkeit eine eigene Empfehlung ausspricht oder ob eine Werbebotschaft des Werbenden erkennbar nur „gespielt" übermittelt ist, ohne dass der Schauspieler sich selbst mit der Werbebotschaft identifiziert. § 11 Abs. 1 Nr. 11 HWG greift nur dann Platz, wenn der Schauspieler selbst erkennbar eine eigene Äußerung zum Heilmittel abgibt. 103

Problematisch wird die Werbung insbesondere dann, wenn die bekannte Persönlichkeit nicht ein Schauspieler, sondern beispielsweise ein Politiker oder ein Sportler ist. Dann nämlich besteht nicht mehr die Möglichkeit, dass der Prominente als Sprachrohr des Werbenden auftritt. Vielmehr geht von Prominenten, die nicht Schauspieler sind, grundsätzlich eine eigene Botschaft aus. Zum Teil wurde angenommen, dass die Aussage eines Prominenten, die sich ein werbendes Unternehmen zu eigen macht, grundsätzlich als Testimonial zu verstehen und damit untersagt ist.[59] Seit der Entscheidung des Oberlandesgerichts Frankfurt a. M. vom 24.8.2000[60] zu einem TV-Spot, in welchem ein bekannter Formel 1-Rennfahrer Aussagen zum Rennsport tätigte und diese Aussagen von einem pharmazeutischen Unternehmen wie ein Gleichnis in die Werbung für ein Schmerzmittel übernommen wurden, ist es möglich, auch mit Aussagen Prominenter zu werben, die nicht Schauspieler sind. Dann allerdings ist notwendig, dass der Prominente erkennbar keine eigenen Aussagen zum Heilmittel trifft. Vielmehr ist erforderlich, dass der pharmazeutische Unternehmer die von dem Prominenten getroffene Aussage, die sich nicht auf das Heilmittel bezieht, aufnimmt und im Rahmen der Werbung verwertet. 104

c) **Bildliche Darstellungen.** Bildlichen Darstellungen kommt im Rahmen der Werbung für Heilmittel besondere Bedeutung zu. Die Aussagekraft ist besonders hoch. Die angesprochenen Verkehrskreise als Laien vertrauen besonders auf Bilder, da diese besonders einprägsam sind. Aus diesem Grunde ist es gemäß **§ 11 Abs. 1 Nr. 5 HWG** untersagt, außerhalb der Fachkreise mit **bildlichen Darstellungen** der Veränderungen des menschlichen Körpers auf Grund von Krankheiten/Schädigungen/Arzneimittel, sofern dies in missbräuchlicher, abstoßender oder irreführender weise geschieht, zu werben. Mit diesem Verbot der bildlichen Darstellung von Krankheiten beim Menschen soll vermieden werden, dass Laien auf der Grundlage der bildlichen Darstellung dazu verleitet werden, dargestellte Krankheitsbilder auf eigene Beschwerden zu beziehen. Damit dient **§ 11 Abs. 1 Nr. 5 HWG** ebenfalls der Vermeidung der Selbstmedikation durch den Laien. 105

d) **Fehlgebrauch.** Gemäß **Art. 11 Abs. 1 Nr. 7 HWG** ist es untersagt mit Aussagen zu werben, die nahe legen, dass die Nichtverwendung eines Arzneimittels die Gesundheit beeinträchtige oder die Verwendung des Mittels die Gesundheit verbessert werde. 106

e) **Werbevorträge und werbliche Veröffentlichungen.** Gemäß **§ 11 Abs. 1 Nr. 8 HWG** ist es untersagt, außerhalb der Fachkreise mit **Vorträgen** zu werben, mit denen ein Feilbieten oder eine Entgegennahme von Anschriften verbunden ist. Damit soll vermieden werden, dass die angesprochenen Verkehrskreise bei Vorträgen zu unüberlegten Käufen veranlasst oder einem psychologischen Druck ausgesetzt werden können. Dieser psychologische Druck entsteht bei den angesprochenen Verkehrskreisen vor allem dann, wenn sie ihre Identität durch die Abgabe ihrer Anschrift preisgeben müssen. 107

Gemäß § 11 Abs. 1 Nr. 9 HWG ist es untersagt, gegenüber Laien mit **Veröffentlichungen** zu werben, deren Werbezweck missverständlich oder nicht deutlich erkennbar ist. Diesem Verbot liegt die Vorstellung zugrunde, dass zum Teil allgemein gehaltene Veröffentlichungen herausgegeben werden, bei denen die angesprochenen Verkehrskreise nicht sofort den Werbecharakter erkennen. Mit § 11 Abs. 1 Nr. 9 HWG soll vor allem die klare Grenzziehung zwischen allgemei- 108

[59] Kleist/Hess/Hoffmann HWG § 11 Rn. 41.
[60] OLG Frankfurt a. M. – 6 U 107/00, – nv.

ner Information einerseits und Werbung andererseits gezogen werden. Insoweit wird auch der Gedanke des § 3 S. 2 Nr. 2 lit. c HWG aufgegriffen.

109 f) **Werbung gegenüber Kindern.** Gemäß **§ 11 Abs. 1 Nr. 12 HWG** ist es untersagt, Werbemaßnahmen zu treffen, die sich ausschließlich oder überwiegend an **Kinder** unter 14 Jahren richten. Mit diesem Verbot soll sichergestellt werden, dass Heilmittel als besonders sensible Wirtschaftsgüter nur gegenüber solchen Personen beworben werden, die auf Grund ihrer Lebenserfahrung mit den Werbeaussagen umgehen können. Es soll vermieden werden, dass der Werbetreibende die besondere Leichtgläubigkeit und Beeinflussbarkeit von Kindern ausnutzt.

110 g) **Werbung mit Preisausschreiben.** Gemäß **§ 11 Abs. 1 Nr. 13 HWG** ist es grundsätzlich unzulässig, gegenüber Laien für Heilmittel mit **Preisausschreiben,** Verlosungen oder anderen Verfahren zu werben, deren Ergebnis vom Zufall abhängig ist. Damit soll vermieden werden, dass über die besonderen Anreize, die von Preisausschreiben ausgehen, für Heilmittel geworben wird.

111 h) **Werbung mit der Abgabe von Mustern oder Proben.** Gemäß **§ 11 Abs. 1 Nr. 14 HWG** ist es untersagt, außerhalb der Fachkreise mit der Abgabe von **Mustern** oder **Proben** von Arzneimitteln oder durch Gutscheine für solche Muster oder Proben zu werben. Damit dürfen Muster oder Proben von Arzneimitteln grundsätzlich nicht im Rahmen der Publikumswerbung für Arzneimittel abgegeben werden.

112 Gemäß **§ 11 Abs. 1 Nr. 15 HWG** dürfen an Laien für kosmetische Mittel oder Gegenstände nur „verlangte" Muster oder Proben oder Gutscheine hierfür abgegeben werden. Damit ist das Werbeverbot für Kosmetika und Gegenstände nicht ganz so restriktiv wie für Arzneimittel. Während für Arzneimittel überhaupt keine Proben und Muster zu Werbezwecken abgegeben werden dürfen, können solche für Kosmetika und Gegenstände abgegeben werden, sofern sie vom Verbraucher nachgefragt werden. Angeboten werden allerdings dürfen sie ebenfalls nicht. Dieses Verbot soll der Beeinflussbarkeit des Laien entgegenwirken. Es soll vermieden werden, dass Laien auf Grund von Mustern oder Proben bestimmte Heilmittel stärker nachfragen.

113 i) **Vergleichende Werbung.** Gemäß **§ 11 Abs. 2 HWG** darf außerhalb der Fachkreise für Arzneimittel zur Anwendung beim Menschen nicht mit Angaben geworben werden, die nahe legen, dass die Wirkung des Arzneimittels einem anderem Arzneimittel oder einer anderen Behandlung entspricht oder überlegen ist. Damit gilt das Verbot der **vergleichenden Werbung** ausschließlich für Humanarzneimittel und nicht für Veterinärarzneimittel, Medizinprodukte, Kosmetika, Gegenstände oder Therapien. Mit diesem Verbot soll sichergestellt werden, dass der Vertrieb von Arzneimitteln nicht dadurch gefördert wird, dass das beworbene Arzneimittel hinsichtlich der Wirkung mit anderen Therapien oder Produkten verglichen wird.

VII. Sanktionen

114 Verstöße gegen das Heilmittelwerberecht stellen zum Teil Straftaten oder Ordnungswidrigkeiten dar. Die häufigste Form der **Sanktionierung** von Verstößen beruht allerdings auf dem wachsamen Auge von Mitbewerbern sowie Wettbewerbs- oder Verbraucherverbänden, welche den Werbetreibenden oder den heilmittelwerberechtlich Verantwortlichen wettbewerbsrechtlich in Anspruch nehmen.

1. Wettbewerbsrechtliche Ansprüche

115 Die häufigste Auseinandersetzung um die Normen des Heilmittelwerberechts ist die wettbewerbsrechtliche Auseinandersetzung. Zwar gewährt das Heilmittelwerberecht selbst Werbetreibenden keine wettbewerbsrechtlichen Ansprüche. Jedoch wird grundsätzlich angenommen, dass ein Verstoß gegen die Vorschriften des Heilmittelwerbegesetzes gleichzeitig unlauter ist und damit gegen §§ 3, 3a UWG verstößt. Zu Verstößen gegen einzelne Normen des Heilmittelwerbegesetzes haben verschiedene Gerichte unter Einschluss des Bundesgerichtshofes jeweils festgestellt, dass gleichzeitig Ansprüche aus § 1 UWG aF auf Unterlassung, Auskunft und Schadenersatz begründet sind.[61] Danach können Mitbewerber und sonst nach § 8 UWG Berechtigte Ansprüche aus §§ 8, 3, 3a UWG nach den Regelungen des Gesetzes gegen den

[61] Köhler/Bornkamm/Feddersen/Köhler UWG § 3a Rn. 1.218 ff.

unlauteren Wettbewerb geltend machen, wenn gegen Normen des Heilmittelwerberechts verstoßen wird.

2. Straftaten und Ordnungswidrigkeiten

Gemäß § 14 HWG ist ein vorsätzlich begangener Verstoß gegen das Verbot der irreführenden Werbung aus § 3 HWG mit Freiheitsstrafe bis zu einem Jahr oder mit Geldstrafe bedroht. Daneben kann gemäß § 15 Abs. 1 HWG ein vorsätzlich oder fahrlässig begangener Verstoß gegen die Verbote in den §§ 4 bis 13 HWG als Ordnungswidrigkeit mit einer Geldbuße bis zu EUR 50.000,– geahndet werden. Außerdem stellt der fahrlässige Verstoß gegen das Verbot der irreführenden Werbung im Sinne des § 3 HWG eine Ordnungswidrigkeit dar, die mit einer Geldbuße bis zu EUR 20.000,– geahndet werden kann. Werbematerial, das sich auf eine Straftat oder auf eine Ordnungswidrigkeit bezieht, kann **gemäß § 16 HWG eingezogen** werden. Inzwischen wird auch das Instrumentarium des Verfalls (§§ 87 ff. OWiG und §§ 73 ff. StGB) von den Verfolgungsbehörden angewendet. Dieses ist für das betroffene Unternehmen als Beteiligter sehr risikobehaftet, da bei **Verfall** das **Bruttoprinzip** (alle Umsätze ohne Abzug von Kosten) angewandt wird. Hierbei handelt es sich um eine in der Praxis sehr weit reichende Maßnahme. 116

VIII. Checklisten

1. Checkliste: Informationen 117

Für die Bearbeitung eines heilmittelrechtlichen Mandates ist es erforderlich, Informationen zu den zu prüfenden Werbematerialien zu erhalten. Insbesondere nachfolgende Fragestellungen erleichtern die Mandatsbearbeitung:

- ☐ Um was für eine Form der werblichen Darstellung handelt es sich (Werbeprospekte, Werbeanzeigen, Rundfunkspots, TV-Spots, als Berichterstattung getarnte Werbung)?
- ☐ Steht im Mittelpunkt der werblichen Maßnahme ein Unternehmen oder ein oder mehrere Produkte?
- ☐ Welche Kategorie von Produkten wird beworben (Arzneimittel, Medizinprodukte, Lebensmittel, Futtermittel, Kosmetika, Dienstleistungen wie zum Beispiel Verfahren und Therapien)? Bei Gegenständen ist es hilfreich, wenn die Produkte vorgelegt werden.
- ☐ An welche Adressaten richtet sich die Werbung (an Fachkreise oder Laien)?
- ☐ Wann wurde Kenntnis von der konkreten Werbemaßnahme erlangt? (Wesentlich für die Frage der Dringlichkeit im Sinne des § 12 UWG im einstweiligen Rechtsschutz)
- ☐ Gibt es bereits Gutachten und/oder Stellungnahmen Dritter, wie beispielsweise demoskopische Gutachten?

2. Checkliste: Prüfung von Heilmittelwerbung 118

Ist das Heilmittelwerberecht anwendbar?

ACHTUNG: Grundsätzlich müssen die Regelungen des HWG im Lichte der unionsrechtlichen Vorschriften ausgelegt und insbesondere an den Regelungen in Art. 88 ff. der Richtlinie 2001/83/EG gemessen werden. Neben dem HWG sind vor allem die §§ 299a/b StGB und bei Medizinprodukten der Art. 7 der Verordnung (EU) 2017/745 sowie bei In-Vitro-Diagnostika Art. 7 der Verordnung (EU) 2017/746 anwendbar.

- ☐ Es werden Heilmittel beworben; darunter fallen in jedem Falle Arzneimittel und Medizinprodukte. Darüber hinaus werden von dem Begriff der Heilmittel Kosmetika, Gegenstände sowie Therapien erfasst, die sich auf die Erkennung, Beseitigung oder Linderung von Krankheiten, Leiden oder Körperschäden oder krankhaften Beschwerden bei Mensch oder Tier beziehen.
- ☐ Es handelt sich um Absatzwerbung und nicht um Imagewerbung hinsichtlich des Werbenden oder um Maßnahmen, die keine Werbung darstellen.
- ☐ Die Werbemaßnahme betrifft das Gebiet der Bundesrepublik Deutschland und unterfällt geographisch dem Heilmittelwerberecht.

Bei Werbemaßnahmen ist für alle Heilmittel zu beachten:

☐ Für die Werbung ist ein Unternehmen oder eine natürliche Person mit Sitz in der Bundesrepublik Deutschland oder mit Sitz innerhalb der Europäischen Gemeinschaft oder einem anderen Vertragsstaat des Abkommens über den europäischen Wirtschaftsraum verantwortlich, welche nach dem HWG unbeschränkt strafrechtlich verfolgt werden kann (§ 13 HWG).
☐ Die Werbeaussagen sind nicht irreführend (§ 3 HWG).
☐ Gutachten oder Zeugnisse werden in heilmittelwerberechtlich vorgeschriebener Form erwähnt (§ 6 HWG).
☐ Gegenstand der Werbemaßnahme sind keine unzulässigen Werbegaben (§ 7 HWG).
☐ Die Werbemaßnahme darf keine Werbung für eine Fernbehandlung beinhalten (§ 9 HWG).

Bei Werbung für Arzneimittel ist darüber hinaus zu beachten, dass

☐ ein Arzneimittel ohne arzneimittelrechtliche Zulassung nicht beworben werden darf (§ 3a HWG);
☐ homöopathische Arzneimittel, welche nach dem AMG registriert oder von der Registrierung freigestellt sind, nicht mit Anwendungsgebieten beworben werden dürfen (§ 5 HWG);
☐ apothekenpflichtige Arzneimittel nicht mit Maßnahmen beworben werden dürfen, die darauf hinwirken, die Produkte im Wege des Teleshoppings oder der erlaubten Einzeleinfuhr zu beziehen (§ 8 HWG);
☐ in Packungsbeilagen von Arzneimitteln nicht für andere Arzneimittel oder Kosmetika geworben werden darf (§ 4a HWG);
☐ verschreibungspflichtige Arzneimittel nur bei Ärzten, Zahnärzten, Tierärzten, Apothekern und solchen Personen beworben werden dürfen, die mit diesen Arzneimitteln erlaubterweise handeln (§ 10 Abs. 1 HWG);
☐ außerhalb der Fachkreise nicht für Arzneimittel geworben werden darf, die dazu bestimmt sind, die Schlaflosigkeit oder psychische Störungen zu beseitigen oder die Stimmungslage zu beeinflussen (§ 10 Abs. 2 HWG);
☐ außerhalb der Fachkreise nicht mit der Abgabe von Mustern oder Proben von Arzneimitteln oder mit Gutscheinen dafür geworben werden darf (§ 11 Abs. 1 Nr. 14 HWG);
☐ außerhalb der Fachkreise Humanarzneimittel nicht im Hinblick auf die Wirksamkeit mit anderen Heilmitteln in vergleichender Weise beworben werden dürfen (§ 11 Abs. 2 HWG);
☐ in der Werbung für Arzneimittel die Pflichtangabe abhängig vom Adressatenkreis der Werbemaßnahme und von den Medien, über welche die Werbung erfolgt, anzugeben sind (§ 4 HWG).

Bei der Publikumswerbung sind hinsichtlich der Werbung für Heilmittel – unter Beachtung der Privilegierung der Werbung für Medizinprodukte – folgende Einschränkungen zu beachten:

☐ Es sind die §§ 10 Abs. 1 und Abs. 2 sowie 11 HWG zu berücksichtigen (siehe Werbung für Arzneimittel);
☐ es darf nicht auf die Krankheiten hingewiesen werden, welche in der Anlage zum Heilmittelwerbegesetz genannt sind (§ 12 HWG);
☐ Werbung gegenüber Kindern unter 14 Jahren ist unzulässig (§ 11 Abs. 1 Nr. 12 HWG);
☐ es darf nicht mit Preisausschreiben, Verlosungen oder anderen Verfahren, deren Ergebnis vom Zufall abhängig ist, geworben werden (§ 11 Abs. 1 Nr. 13 HWG);
☐ im Rahmen der Werbung dürfen nicht vom Patienten nicht nachgefragte Muster oder Proben von Kosmetika oder Gegenständen abgegeben werden (§ 11 Abs. 1 Nr. 15 HWG).

§ 30 Lebensmittelrecht

Übersicht

I. Einleitung

1. Einführung

1 a) **Schutzzweck des Lebensmittelrechts.** Das Lebensmittelrecht hat in Deutschland eine lange und bewegte Geschichte. Bereits im Reichsstrafgesetzbuch von 1871 wurde derjenige mit Strafe bedroht, der **„verfälschte oder verdorbene Getränke oder Esswaren, insbesondere trichinenhaltiges Fleisch feilhält oder verkauft."**

2 Dieser Regelung folgte 1879 das Nahrungsmittelgesetz, welches den Verkehr mit Nahrungsmitteln und Genussmitteln sowie eine Reihe anderer Erzeugnisse grundsätzlich der staatlichen Aufsicht unterstellte. Seit damals ist es in erster Linie das Ziel des Lebensmittelrechtes den Verbraucher und insbesondere seine **Gesundheit** vor Stoffen, die als Lebensmittel in Verkehr gebracht werden zu schützen, soweit bei diesen auch nur die begründete Besorgnis besteht, sie könnten gesundheitsschädlich oder gefährdend sein. Ebenso wurde von Anfang an ein umfassender **Täuschungsschutz** nicht nur vor verfälschten Lebensmitteln, sondern auch vor Täuschungen durch die Bezeichnung und Aufmachung von Lebensmitteln verfolgt. Zuletzt ist die Unterrichtung des Verbrauchers in den Vordergrund gerückt, der mündige Verbraucher soll durch umfassende Unterrichtung in den Stand versetzt werden, zu entscheiden, welche Lebensmittel er will und welche nicht. Demgegenüber ist der dem Wettbewerbsrecht vertraute Schutz der Wettbewerber oder des Wettbewerbs als Institution nie vorrangiges Ziel des Lebensmittelrechts gewesen.

3 b) **Rechtsquellen.** Das in Deutschland geltende Lebensmittelrecht stützt sich auf eine Vielzahl von Rechtsquellen. Das Nahrungsmittelgesetz ist im Jahre 1927 durch das Lebensmittelgesetz und in der Folge durch das Lebensmittel- und Bedarfsgegenständegesetz (LMBG) von 1974 ersetzt worden. Am 5.9.2005 ist schließlich das Lebensmittel- und Futtermittelgesetzbuch (LFGB) in Kraft getreten. Neben dieses „Grundgesetz" des Lebensmittelrechtes sind eine Vielzahl horizontaler und vertikaler Rechtssätze getreten, die schon das nationale Lebensmittelrecht außerordentlich unübersichtlich machen. Ferner haben auch supranationale Rechtsquellen Bedeutung erlangt. Hier ist insbesondere der **Codex Alimentarius,** der im Jahr 1962 gemeinsam von der Ernährungs- und Landwirtschaftsorganisation der Vereinten Nationen und der Weltgesundheitsorganisation gegründet wurde, zu nennen. 151 Staaten sind derzeit in der Codex-Alimentarius-Kommission organisiert. Aufgabe der Organisation ist es, nach einem detailliert vorgeschriebenen Verfahren Lebensmittelstandards zu erarbeiten.[1] Ursprünglich waren dies lediglich Empfehlungen, die für die Mitgliedsstaaten Verbindlichkeit hatten. Das hat sich innerhalb der WTO mit dem Inkrafttreten des **SPS-Übereinkommens**[2] geändert. Alle Warenstandards des Codex Alimentarius, aber auch der Code of Practice bilden den rechtlichen Maßstab für gesundheitspolizeiliche und pflanzenschutzrechtliche Maßnahmen der Mitgliedsstaaten.[3] Die Anwendung und Auslegung des nationalen wie europäischen Rechtes muss daher, wenn es um Waren aus Drittstaaten geht, immer wieder auf diese Rechtsquellen zurückgreifen.

4 Den wesentlichsten Einfluss auf das Deutsche Lebensmittelrecht hat die europäische Rechtsvereinheitlichung gehabt.[4] Insbesondere die Verabschiedung der VO (EG) 178/2002 zur Festlegung der Allgemeinen Grundsätze und Anforderungen des Lebensmittelrechts, zur Errichtung der Europäischen Behörde für Lebensmittelsicherheit und zur Festlegung von Verfahren zur Lebensmittelsicherheit vom 1.2.2002, der sogenannten Basis-Verordnung, hat neue Grundlagen für das Lebensmittelrecht geschaffen. Mit der Basis-Verordnung werden die allgemeinen Prinzipien des Lebensmittelrechts einheitlich geregelt. Dies sind insbesondere das Vorsorgeprinzip sowie das in Art. 18 festgehaltene Prinzip der Rückverfolgbarkeit. Die Vorschriften der Basis-Verordnung umfassen ferner den Import und Export von Lebensmitteln sowie die wesentlichen Anforderungen an die Lebensmittelsicherheit, das Allgemeine Irreführungsverbot, die so genannte Stufenverantwortung der Lebensmittelunternehmer sowie das Prinzip der Rückverfolgbarkeit.

[1] Die Sammlung der Codex Standards, Verfahrensleitsätze ist in Deutsch als Loseblattsammlung in vier Bänden erschienen.

[2] Agreement of the Application of Sanitary and Phytosanitary measures/Übereinkommen über die Anwendung gesundheitlicher und pflanzenschutzrechtlicher Maßnahmen.

[3] Dazu Spranger ZLR 2000, 111.

[4] Dazu van der Meulen/Gregor ZLR 2007, 265 f., die darauf hinweisen, dass das Gesamturteil der Lebensmittelindustrie zum EU-Lebensmittelrecht trotz der Vielzahl der Sekundärrechtsakte positiv ist. Der Wert eines harmonisierten Lebensmittelrechts in 27 Mitgliedstaaten wird für kaum überschätzbar gehalten.

Praxistipp:

Bei der Anwendung nationaler Verordnungen immer auch den Text der dazugehörigen EU-Richtlinie – und zwar in verschiedenen Sprachfassungen – heranziehen.

Daneben spielen **bilaterale Abkommen**, wie insbesondere die gegenseitigen Abkommen zum Schutz geographischer Herkunftsbezeichnungen oder internationale Übereinkommen wie zB die Käse-Konvention von Stresa, für einzelne Produktgruppen nach wie vor eine wesentliche Rolle. Das Geflecht von Richtlinien, die, gestützt auf verschiedene Kompetenzzuweisungen an die EU, das nationale Recht harmonisieren, horizontalen und vertikalen Verordnungen, mehr oder weniger gelungenen nationalen Umsetzungen sowie nationalen Regelungen, die die verbleibenden Lücken ausfüllen, wird noch ergänzt durch eine Vielzahl untergesetzlicher Regulierungen. 5

c) Untergesetzliche Rechtsquellen. An erster Stelle ist das auf § 15 LFGB beruhende **Deutsche Lebensmittelbuch** zu nennen. Dieses besteht aus einer Sammlung von Leitsätzen, in denen Herstellung, Beschaffenheit oder sonstige Merkmale von Lebensmitteln, die für die Verkehrsfähigkeit der Lebensmittel von Bedeutung sind, beschrieben werden. Diese Leitsätze werden nach ganz allgemeiner Auffassung als objektivierte Gutachten der beteiligten Verkehrskreise verstanden. Sie begründen eine – allerdings widerlegliche – Vermutung für eine bestehende Auffassung der beteiligten Verkehrskreise. Sie prägen den redlichen Handelsbrauch und darüber letztlich auch die Verkehrsauffassung der Endverbraucher.[5] Auch die Leitsätze gelten für inländische und ausländische Erzeugnisse gleichermaßen.[6] 6

Neben den Leitsätzen des Deutschen Lebensmittelbuches gibt es eine Vielzahl weiterer Leitsätze. Hier sind zunächst die Richtlinien des **Lebensmittelverband Deutschland**[7] zu nennen, die wegen der Beteiligung aller Fachkreise ebenfalls als eine Vermutung für eine bestehende Verkehrsanschauung anzusehen sind. Daneben gibt es Verbandsrichtlinien, wie etwa die Richtlinien des Diätverbandes oder des Verbandes der Hersteller kulinarischer Lebensmittel, die aber von den Lebensmittelüberwachungsbehörden häufig nicht als gutachterliche Stellungnahmen anerkannt werden, wenn an ihrer Erstellung die Verbraucherverbände und die Lebensmittelüberwachung nicht angemessen beteiligt waren. Da die Lebensmittelüberwachung Ländersache ist, haben die Länder bereits seit 1949 verschiedene Koordinierungsgremien eingerichtet, die eine einheitliche Anwendung des Lebensmittelrechts gewährleisten sollen. Die verschiedenen Gremien erarbeiteten in der Regel interne Stellungnahmen. Von Bedeutung für das Lebensmittelrecht sind jedoch die im Bundesgesundheitsblatt veröffentlichten Stellungnahmen des **ALS.**[8] Diese Stellungnahmen werden von der Lebensmittelüberwachung praktisch wie Ausführungsverordnungen angewandt und prägen auf diesem Umweg im Lauf der Zeiten immer wieder die allgemeine Verkehrsauffassung. Die Leitsätze befassen sich mit Einzelproblemen, die in den Focus der Lebensmittelüberwachung gerückt sind, wie etwa der Frage der Definition des Begriffes „Orange Pekoe", wie hoch der Zinn-Gehalt bei Dosenkonserven sein darf oder wie der Ei-Gehalt von Lebensmitteln aus dem Cholesterin-Gehalt berechnet werden kann.[9] Zusätzlich gibt es eine Vielzahl von Stellungnahmen aus Fachkreisen, wie etwa der Lebensmittelchemischen Gesellschaft und ihrer Arbeitskreise, die bei der Ermittlung der Verkehrsauffassung zusätzlich hergezogen werden können. Schließlich gibt es eine kaum noch überschaubare zivilrechtliche, verwaltungsrechtliche und strafrechtliche Judikatur, die in aller Regel solche Leitsätze wie Rechtssätze anwendet.[10] 7

2. Lebensmittelrecht und Wettbewerbsrecht

Dem Wettbewerbsrechtler begegnet im Regelfall nur ein enger Ausschnitt des Lebensmittelrechts; nämlich die Frage, ob die Ausstattung oder Kennzeichnung korrekt ist. Im Wettbewerbs- 8

[5] Vgl. BayVGH LRE 35, 211.
[6] Erklärung des Rechtsausschusses des BLL zum Deutschen Lebensmittelbuch: ZLR 2011, 134 f.
[7] Vormals Bund für Lebensmittelrecht und Lebensmittelkunde (BLL).
[8] Arbeitskreis Lebensmittelchemischer Sachverständiger.
[9] Vgl. die übersichtliche Darstellung bei Drews/Coduro, Verkehrsauffassung im Lebensmittelrecht IV, A – 2 ff.
[10] Vgl. etwa HansOLG ZLR 1999, 642 mAnm Martell, wo ein Leitsatz kritiklos angewandt wird, obwohl seine – entscheidungserhebliche – Abänderung bereits diskutiert wird, was ja immerhin Anlass zu der Überlegung geben könnte, dass dieser Leitsatz die aktuelle Verkehrsauffassung nicht mehr wiedergibt.

recht stellt sich regelmäßig die Frage, ob ein Lebensmittel und insbesondere seine Aufmachung gegen bestehendes Lebensmittelrecht verstößt und dieser Verstoß dann möglicherweise auch als Verstoß gegen das UWG zu werten ist. Die spezifischen Irreführungstatbestände in Art. 7 VO (EU) Nr. 1169/2011 oder §§ 11 und 12 LFGB, die inhaltlich von den Wertungen des UWG nicht abweichen, sind heranzuziehen, daneben bleiben die zusätzlichen Vorschriften des UWG, insbesondere die Irreführung durch Unterlassen gemäß § 5a UWG anwendbar.

9 Die nachfolgende Darstellung wird sich daher auf die Themen beschränken, die in der wettbewerbsrechtlichen Praxis ständig eine Rolle spielen; für eine umfassende Darstellung des Lebensmittelrechtes muss auf die einschlägigen Publikationen verwiesen werden.

3. Definition des Lebensmittels

10 **a) Lebensmittelbegriff.** Die Definition des Lebensmittelbegriffes findet sich in Art. 2 der Basis-Verordnung. Danach sind Lebensmittel

alle Stoffe oder Erzeugnisse, die dazu bestimmt sind oder von denen nach vernünftigem Ermessen erwartet werden kann, dass sie in verarbeitetem, teilweise verarbeitetem oder unverarbeitetem Zustand von Menschen aufgenommen werden.

11 Weiter wird klargestellt, dass zu Lebensmitteln auch Getränke, Kaugummi sowie alle Stoffe – einschließlich Wasser – die dem Lebensmittel bei seiner Herstellung oder Ver- oder Bearbeitung absichtlich zugesetzt werden, gehören.

12 Mit dieser Definition unterfallen zunächst alle Stoffe, die bestimmungsgemäß vom Menschen aufgenommen werden, dem Lebensmittelbegriff. Auf die Art und Weise der Aufnahme kommt es nicht an. Auch Stoffe, die durch Injektionen, Infusionen, Einreiben oder andere Verfahren dem Körper zugeführt werden, sind grundsätzlich Lebensmittel und zwar unabhängig von dem Zweck zu dem dies geschieht. Damit ist zunächst gegenüber der alten Rechtslage des LMBG eine erhebliche Ausweitung des Lebensmittelbegriffes erfolgt, da auch Stoffe, die keinen Ernährungszweck verfolgen, mitumfasst werden, ja sogar solche Stoffe, die dem Menschen in Schädigungsabsicht zugeführt werden, wie etwa Impfstoffe, Krankheitserreger oder, um es auf die Spitze zu treiben, biologische Waffen.

13 In Art. 2 Abs. 2 der Basis VO wurde daher ein umfassender Ausnahmekatalog aufgenommen. Danach gehören nicht zu den Lebensmitteln Futtermittel, lebende Tiere soweit sie nicht für das Inverkehrbringen zum menschlichen Verzehr hergerichtet worden sind,[11] Pflanzen vor dem Ernten;[12] Arzneimittel im Sinne der RL 65/65/EWG und 92/73/EWG, kosmetische Mittel im Sinne der RL 76/768/EWG,[13] Tabak und Tabakerzeugnisse im Sinne der RL 89/622/EWG, Betäubungsmittel und psychotrope Stoffe im Sinne des Einheitsübereinkommens der Vereinten Nationen über Suchtstoffe 1961 und des Übereinkommens der Vereinten Nationen über psychotrope Stoffe 1971, Rückstände und Kontaminanten. Auf die besonders problematische Abgrenzung zu den Arzneimitteln wird nachstehend gesondert eingegangen.

14 Die allgemeine Zweckbestimmung verlangt lediglich, dass ein Stoff nach dem objektiven Verständnis des Durchschnittsverbrauchers zur Aufnahme bestimmt ist, seine Eignung zum Verzehr wird nicht vorausgesetzt. Auch die allgemeine Genusstauglichkeit im Zeitpunkt der Aufnahme ist keine Voraussetzung; auch ein verdorbenes und sogar gesundheitsschädliches Lebensmittel bleibt Lebensmittel, solange bis die allgemeine Zweckbestimmung aufgehoben ist. Diese Aufhebung der allgemeinen Zweckbestimmung muss nach objektivierbaren Maßstäben zweifelsfrei feststehen. Lebensmittelabfälle bzw. Produktionsausschuss hört erst dann auf Lebensmittel zu sein, wenn der Wegfall der Zweckbestimmung zum Verzehr so eindeutig erkennbar ist, dass vernünftigerweise mit einem Verzehr nicht mehr gerechnet werden kann.

15 Allein die Aussonderung oder getrennte Lagerung, etwa zur Verwendung als Futtermittel reicht nicht aus. Die Aussonderung muss deutlich erkennbar sein, etwa durch Vermischung mit anderen Futtermitteln, durch besondere Kennzeichnung der Lagerbehältnisse oder sonstige Umstände, die im Einzelfall nach der allgemeinen Verkehrsauffassung die objektive Zweckbestimmung zum Verzehr aufheben. Andererseits begründet das bloße tatsächliche versehentliche Verzehren die Lebensmitteleigenschaft nicht.

[11] Das kann etwa bei Austern schwierige Abgrenzungsfragen hervorrufen.
[12] Der vom Stamm gefallene Apfel ist also noch kein Lebensmittel.
[13] Diese wurde ab dem 12.7.2013 durch die VO (EG) 1223/2009 (Kosmetikverordnung) abgelöst.

Andere Zwecke schließen die Lebensmitteleigenschaft nicht aus, solange diese andere Zweckbestimmung nicht dazu führt, dass die Stoffe in eine der Kategorien des Art. 2 Abs. 2 der BasisVO fallen. 16

b) Sonstige Definitionsansätze. Die Ablösung des Deutschen Lebensmittelbegriffs durch das Gemeinschaftsrecht hat für die Einordnung eines Produktes keine nennenswerten Erleichterungen gebracht. Weiterhin ist problematisch, dass das Gemeinschaftsrecht den Lebensmittelbegriff nicht eigenständig definiert, sondern zur Abgrenzung, insbesondere gegenüber Arzneimitteln, auf zwei Richtlinien verweist, die im Übrigen in der Zwischenzeit nicht mehr rechtskräftig sind, sondern durch die RL 2001/83/EG vom 6.11.2001 zur Schaffung eines Gemeinschaftscodexes für Humanarzneimittel abgelöst wurden. Neben der rechtstechnisch unbefriedigenden Verweisung auf eine Richtlinie, die somit auf dem Umweg über die Verweisung doch zu unmittelbar geltendem Recht wird, ist festzuhalten, dass es durch die gemeinschaftsrechtliche Definition zu einem Systemwechsel mit weitreichenden Konsequenzen gekommen ist. Während unter Geltung des LMBG der Lebensmittelbegriff anhand der überwiegenden Zweckbestimmung autonom im Lebensmittelrecht definiert wurde, ist die Definition nunmehr davon abhängig, wie weit andere Rechtsgebiete ihren Anwendungsbereich ausdehnen. 17

Der Codex Alimentarius hat eine ähnliche Definition des Lebensmittelbegriffes gegeben. Danach ist Lebensmittel 18

„jeder verarbeitete, halbfertige oder unverarbeitete, zum Verzehr durch die Menschen bestimmte Stoff, einschließlich der Getränke, des Kaugummis und sämtlicher zur Herstellung, Zubereitung oder Verarbeitung der Lebensmittel verwendeten Stoffe, nicht jedoch Körperpflegemittel, Tabak oder ausschließlich als Arzneimittel gebrauchte Stoffe."

Diese Definition stimmt mit derjenigen der BasisVO darin nicht überein, dass solche Stoffe ausgeschlossen sind, die **ausschließlich** als Arzneimittel gebraucht werden. Damit sind Lebensmittel, die immerhin überwiegend arzneiliche Funktion haben vom Lebensmittelbegriff des Codex umfasst. Das kann weitreichende Konsequenzen haben, wenn Stoffe, die überwiegend arzneilichen Zwecken dienen, nach Gemeinschaftsrecht als Arzneimittel einer Zulassung bedürfen. Inwieweit darin eine nach den WTO-Regeln ungerechtfertigte Handelsbeschränkung liegen kann, ist, soweit ersichtlich, bisher noch nicht geklärt.[14] 19

Nach der gemeinschaftsrechtlichen Definition des Lebensmittels ist neben der allgemeinen Zweckbestimmung zur Aufnahme durch den Menschen ausreichend, dass eine Aufnahme erwartet werden kann. Die RL 2001/83/EG unterwirft dem Arzneimittelbegriff alle Stoffe, die dazu bestimmt sind, Wirkungen im menschlichen Körper hervorzurufen. Davon sind praktisch sämtliche Lebensmittel erfasst. Damit liefert der Gesetzgeber letztlich kein objektivierbares Kriterium, mit dem Arzneimittel von Lebensmitteln zu trennen wären 20

c) **Abgrenzung der Lebensmittel im Einzelnen.** *aa) Arzneimittel.* Die Abgrenzung von Lebensmitteln zu Arzneimitteln hat wegen der weit reichenden Konsequenzen Anlass zu einer Vielzahl gerichtlicher Auseinandersetzungen gegeben. Die Abgrenzung wird in Zukunft noch schwieriger, da Rückgriff auf die jeweilige gemeinschaftsrechtliche Definition des Arzneimittelbegriffes genommen werden muss. Gegenwärtig ist der Arzneimittelbegriff gemeinschaftsrechtlich in Art. 1 Nr. 2 der RL 2001/83/EG zur Schaffung eines Gemeinschaftscodexes für Humanarzneimittel vom 6.11.2001 definiert. 21

Darin werden zunächst Bezeichnungsarzneimittel (Präsentationsarzneimittel) definiert als Stoffe oder Stoffzusammensetzungen, die als Mittel mit Eigenschaften zur Heilung oder zur Verhütung menschlicher Krankheiten bestimmt sind. Für die Abgrenzung der Lebensmittel von den Arzneimitteln anhand der Präsentation ist nach ständiger Rechtsprechung der Eindruck eines normal informierten verständigen Verbrauchers maßgeblich, der das Marktgeschehen mit einer der Situation angemessenen Aufmerksamkeit verfolgt.[15] Maßgeblich für den beim Verbraucher erweckten Eindruck von der Art und Beschaffenheit eines Erzeugnisses ist dabei das Gesamterscheinungsbild, in dem das Mittel dem Verkehr entgegentritt, so dass Werbeaussagen und Aufmachung des Lebensmittels im Zusammenhang zu würdigen sind. 22

[14] Dazu Hilf/Reuß ZLR 1997, 289.

[15] OLG Köln MD 2007, 1215 f.; dabei werden im Bereich der gesundheitsbezogenen Werbung von der Rechtsprechung regelmäßig besonders strenge Anforderungen an die Richtigkeit, Eindeutigkeit und Klarheit der Aussagen gestellt.

23 Daneben „gelten“ als Funktionsarzneimittel alle Stoffe oder Stoffzusammensetzungen, die im oder am menschlichen Körper verwendet oder einem Menschen verabreicht werden können, um entweder die menschlichen physiologischen Funktionen durch eine pharmakologische, immunologische oder metabolische Wirkung wiederherzustellen, zu korrigieren oder zu beeinflussen oder eine medizinische Diagnose zu erstellen. Durch die mit der RL 2004/27/EG neu in die Begriffsbestimmung des Funktionsarzneimittels aufgenommenen Wirkungen (pharmakologisch, immunologisch und metabolisch) stellt der Arzneimittelbegriff in größerem Umfang als die zuvor maßgebliche Definition des Art. 1 Nr. 2 Abs. 2 RL 2001/83/EG auf objektive Merkmale des Erzeugnisses ab.

24 Nach der Rechtsprechung des Europäischen Gerichtshofs sind die pharmakologischen Eigenschaften eines Erzeugnisses der Faktor, aufgrund dessen die mitgliedstaatlichen Behörden ausgehend von den Wirkungsmöglichkeiten dieses Erzeugnisses zu beurteilen haben, ob es dazu bestimmt ist, im oder am menschlichen Körper zur Erstellung einer ärztlichen Diagnose oder zur Wiederherstellung, Besserung oder Beeinflussung der menschlichen physiologischen Funktionen angewandt zu werden.[16]

25 Weder der Gemeinschaftsgesetzgeber noch der Europäische Gerichtshof stellen damit ein objektives Kriterium zur Verfügung, das für die Abgrenzung von Lebensmitteln und Arzneimitteln herangezogen werden könnte. Dies gilt insbesondere für Erzeugnisse, die sich einerseits als Lebensmittel präsentieren, andererseits aber niedrig dosierte ambivalente Stoffe enthalten, die sowohl ernährungsphysiologische als auch pharmakologische Wirkungen haben können (zB. Vitamine). Das Bundesverwaltungsgericht hat sich um eine Konkretisierung bei der Frage der Abgrenzung bei diesen „Grenzprodukten“ bemüht.[17] Bei der Abgrenzung zwischen Lebensmitteln und Arzneimitteln anhand der pharmakologischen Wirkung komme es, so das Gericht, darauf an, ob eine erhebliche Veränderung der Funktionsbedingungen des menschlichen Körpers und eine nennenswerte Auswirkung auf den Stoffwechsel vorliegen. Es gehe nicht an, zum Verzehr bestimmte Produkte „auf Verdacht“ den Arzneimitteln zuzurechnen. Die erhebliche Beeinflussung der Funktionsbedingungen des menschlichen Körpers und das Vorliegen erheblicher pharmakologischer Wirkungen müsse durch belastbare wissenschaftliche Erkenntnisse belegt sein. Ob aufgrund dieser Entscheidungen zukünftig eine klare Abgrenzung zu erwarten ist, ist zumindest zweifelhaft. Dies gilt auch für die „Knoblauchkapsel“-Entscheidung des Europäischen Gerichtshofs.[18] Nach dieser Entscheidung besitzt ein Erzeugnis, dessen Auswirkungen auf die physiologischen Funktionen nicht über die Wirkungen hinausgehen, die ein in angemessener Menge verzehrtes Lebensmittel auf diese Funktionen haben kann, keine nennenswerten Auswirkungen auf den Stoffwechsel und kann damit nicht als Funktionsarzneimittel eingestuft werden. Was allerdings eine „angemessene Menge“ sein soll, lässt der Gerichtshof offen. In seiner Entscheidung zu „Ginkgo“[19] hat der BGH ein Getränk, das zu 0,02 % aus Ginkgo-Extrakt besteht und ab einer bestimmten Menge eine pharmakologische Wirkung hat als Funktionsarzneimittel eingeordnet. Eine auf dem Produkt angegebene Verzehrmenge steht dieser Einordnung nach Auffassung des BGH nicht entgegen, wenn diese knapp unter der pharmakologisch wirksamen Menge liegt. Auch diese Entscheidung enthält keine allgemeingültigen Grundsätze zur Abgrenzung.

26 Trotz zahlloser Entscheidungen gibt es deshalb noch immer keine sicheren Kriterien für die Abgrenzung von Arzneimittel und Lebensmittel. Einen wichtigen Hinweis enthält immerhin die RL 2002/46/EG vom 10.6.2002 zur Angleichung der Rechtsvorschriften der Mitgliedsstaaten über Nahrungsergänzungsmittel,[20] die durch die Verordnung über Nahrungsergänzungsmittel vom 24.5.2004[21] in nationales Recht umgesetzt wurde. Dabei werden Nährstoffe, zunächst nur Vitamine und Mineralstoffe, einer eigenen Regelung zugeführt. Damit wird klargestellt, dass Nährstoffe, die in konzentrierter Form, insbesondere in Form von Kapseln, Pastillen, Tabletten, Pillen und ähnlichen Darreichungsformen mit der Zweckbestimmung, die allgemeine Ernährung zu ergänzen, in Verkehr gebracht werden, jedenfalls keine Arzneimittel sind.

[16] EuGH ZLR 2005, 435 f.

[17] BVerwG ZLR 2007, 727; ZLR 2007, 757; ZLR 2008, 80 f.; mit kritischer Anmerkung Doepner/Hüttebräuker ZLR 2008, 14 f.

[18] EuGH ZLR 2008, 48 f.

[19] BGH ZLR 2010, 612 f.

[20] ABl. 2002 L 183/51.

[21] BGBl. 2004 I 25, 1011.

Darüber hinaus ist zu beachten, dass die sog. „Zweifelsfallregelung“ in § 2 Abs. 3a Arzneimittelgesetz (AMG) vorgibt, dass Erzeugnisse, die Stoffe oder Zubereitungen aus Stoffen sind oder enthalten, die unter Berücksichtigung aller Eigenschaften des Erzeugnisses unter die Definition „Arzneimittel“ nach § 2 Abs. 1 AMG fallen und zugleich unter die Begriffsbestimmung eines Erzeugnisses nach § 2 Abs. 3 AMG (bspw. Lebensmittel, kosmetische Mittel, Futtermittel, Biozid-Produkte) fallen können, als Arzneimittel zu kategorisieren sind. 27

bb) Nahrungsergänzungsmittel. Nahrungsergänzungsmittel sind eine eigenständig definierte Lebensmittelkategorie. Die Verordnung über Nahrungsergänzungsmittel vom 24.5.2004 (NemV) definiert sie als Lebensmittel, das dazu bestimmt ist, die allgemeine Ernährung zu ergänzen, ein Konzentrat von Nährstoffen oder sonstigen Stoffen mit ernährungsspezifischer oder physiologischer Wirkung allein oder in Zusammensetzung darstellt und in dosierter Form – insbesondere in Form von Kapseln, Pastillen, Tabletten, Pillen und anderen ähnlichen Darreichungsformen – in den Verkehr gebracht wird. Nährstoffe sind danach Vitamine und Mineralstoffe. Entgegen der Ankündigung der RL 2002/46/EG vom 10.6.2002 zur Angleichung der Rechtsvorschriften der Mitgliedsstaaten über Nahrungsergänzungsmittel, zu einem späteren Zeitpunkt Vorschriften über andere Nährstoffe als Vitamine und Mineralstoffe oder über andere Stoffe mit ernährungsspezifischer oder physiologischer Wirkung festzulegen, ist dies bis heute nicht geschehen. Auch wurden bisher weder auf europäischer noch auf nationaler Ebene Mindest- und Höchstmengen für Vitamine und Mineralstoffe festgelegt.[22] Die Abgrenzungsproblematik zwischen Nahrungsergänzungsmitteln und Arzneimitteln ist dabei genauso ungelöst, wie diejenige zwischen Lebensmittel im Allgemeinen und Arzneimitteln. Daneben stellt sich bei Nahrungsergänzungsmitteln häufiger die Frage der Abgrenzung zwischen „sonstigen Stoffen“, die zwar in Nahrungsergänzungsmitteln enthalten, aber noch nicht definiert sind, und den Zusatzstoffen gleichgestellten Stoffen.[23] Den Zusatzstoffen gleichgestellt waren gemäß Art. 2 Abs. 3 LFGB Stoffe, die üblicherweise weder selbst als Lebensmittel verzehrt noch als charakteristische Zutaten eines Lebensmittels verwendet werden. Diesem Pauschalverbot ganzer Stoffgruppen hat der EuGH[24] eine Absage erteilt. Dieses Verbot mit Erlaubnisvorbehalt darf nicht mehr angewendet werden. Bis sich die Bundesregierung zu einer Neuregelung durchringt, wird die Zulässigkeit solcher Stoffe nur noch nach Art. 14 BasisVO beurteilt. 28

Praxistipp:

Bei der Auslobung besonderer Eigenschaften von Nahrungsergänzungen nicht übertreiben, sonst droht die Einstufung als Arzneimittel. Deshalb Genusszweck und allgemeinen Ernährungszweck nach Möglichkeit deutlich in den Vordergrund rücken, da das Erzeugnis im Zweifel als Arzneimittel kategorisiert wird, § 2 Abs. 3a AMG.

Auf Grundlage des im Januar 2021 beschlossenen Gesetzes zur Stärkung des Verbraucherwesens wird es ab Mai 2022 durch § 56a GewO verboten sein auf sogenannten **„Kaffefahrten“** Nahrungsergänzungsmittel zu vertreiben. Im Falle eines Verstoßes droht ein Bußgeld in Höhe von 1.000 bis 10.000 Euro.

cc) Functional Food/Anreicherung. Seit vielen Jahren verstärkt sich der Trend, manchen Lebensmitteln besondere Eigenschaften zuzuschreiben und sie zu spezifisch funktionellen Lebensmitteln oder **Super Foods** zu erklären. 29

In der wissenschaftlichen Literatur fehlt bisher eine eindeutige Definition der „funktionellen Lebensmittel“.[25] Die Verordnung (EG) Nr. 1925/2006 vom 20.12.2006[26] (**„Anreicherungsverordnung“**), die seit dem 1.7.2007 gilt, regelt den Zusatz von Vitaminen und Mineralstoffen sowie bestimmten anderen Stoffen zu Lebensmitteln. Nach Erwägungsgrund (1) können diese „andere“ Stoffe beispielsweise Aminosäuren, essentielle Fettsäuren, Ballaststoffe und verschiedene Pflanzen- und Kräuterextrakte sein. Eine Positivliste über diese „anderen Stoffe“ ist zukünftig ebenso vorgesehen wie die Festlegung von Höchst- und Mindestmengen für die im Anhang I aufgeführ- 30

[22] Allein das Bundesinstitut für Risikobewertung (BfR) veröffentlicht regelmäßig Höchstmengenvorschläge.
[23] Vgl. hierzu Büttner ZLR 2008, 99 f.
[24] Queisser, Urteil, Rs. C-282/15.
[25] Preuß ZLR 2000, 151.
[26] Verordnung (EG) Nr. 1925/2006 des Europäischen Parlaments und des Rates vom 20.12.2006 über den Zusatz von Vitaminen und Mineralstoffen sowie bestimmten anderen Stoffen zu Lebensmitteln ABl. L 404 vom 30.12.2006.

ten Vitamine und Mineralstoffe. Diese Vitamine und Mineralstoffe dürfen seit dem 1.7.2007 nur in den in Anhang II aufgeführten Formen zugesetzt werden (Art. 3). Ein generelles Zusatzverbot besteht bei alkoholischen Getränken mit einem Alkoholgehalt von mehr als 1,2 Volumenprozent und bei nicht verarbeitetem Lebensmitteln wie etwa Obst, Gemüse und Fleisch (Art. 4).

31 Der Zusatz eines Vitamins oder eines Mineralstoffs zu Lebensmitteln muss bewirken, dass das Vitamin oder der Mineralstoff mindestens in einer **signifikanten Menge** vorhanden ist. Welche Menge das ist, ergibt sich aus der Anlage 1 zur Nährwertkennzeichnungsverordnung, die die Richtlinie 90/496/EWG in nationales Recht umsetzt. Danach sollte in der Regel eine Menge von mindestens 15 % der in der Anlage 1 angegebenen empfohlenen Tagesdosis in 100 g oder 100 ml oder in einer Portion bei der Festsetzung einer signifikanten Menge berücksichtigt werden. Eine nicht signifikante Menge darf deshalb, in Abweichung zur alten Rechtslage, nicht mehr zugesetzt werden, und zwar unabhängig davon, ob der Zusatz werblich hervorgehoben wird oder nicht. Zu beachten ist, dass der Zusatz von Vitaminen und Mineralstoffen zu einer erweiterten Nährwertkennzeichnungspflicht führt (Art. 7 Abs. 3), trotz des fehlerhaften Verweises aber nicht mehr in Form der Big 8, sondern der Big 7.

Praxistipp:

Die „Big 7" (Brennwert, Fett, gesättigte Fettsäuren, Kohlenhydrate, Zucker, Eiweiß, Salz) sind grundsätzlich immer anzugeben. Werden gesundheits- oder nährwertbezogene Angaben zu anderen Stoffen oder Stoffgruppen gemacht, sind diese gesondert auszuweisen.[27]

32 Die Anreicherungsverordnung gilt nicht für den Zusatz der vorgenannten Stoffe zu Nahrungsergänzungsmitteln[28] sowie für funktionelle Lebensmittel, die natürlicherweise gesundheitsfördernde Stoffe beinhalten. Einigkeit besteht darin, dass funktionelle Lebensmittel einen besonderen, erhöhten oder erniedrigten, Gehalt an Stoffen enthalten, die entweder in dem Lebensmittel natürlich vorkommen oder ihm zugesetzt wurden und dieser besondere Gehalt wissenschaftlich nachweisbar einen positiven Einfluss auf die Gesundheit des Menschen hat, die so genannte **Tertiäre Funktion.** Ein schönes Beispiel für diese tertiäre Funktion ist der Rotwein, dessen primäre Funktion in seinen ernährungsphysiologischen Eigenschaften, seine sekundäre Funktion in seinen soziokulturellen Auswirkungen, und dessen tertiäre Funktion in der Zuführung von Polyphenolen in der Vorbeugung der Arteriosklerose liegt.

33 Neben der Verordnung (EG) Nr. 1925/2006 gelten für funktionelle Lebensmittel die gleichen gesetzlichen Regelungen, wie für sonstige Lebensmittel auch, eine exakte Definition ist daher verzichtbar.[29] Zu den wichtigsten Wirksubstanzen, die funktionelle Lebensmittel ausmachen können, zählen die Pro- und Prebiotika. **Probiotika** sind Zubereitungen mit lebenden Mikroorganismen, welche das Verhältnis der Mikroorganismen in der Darmflora so beeinflussen, dass positive Effekte auf den Organismus entstehen. Die bekanntesten Beispiele sind Lactobazillen und Bifidobakterien, die in erster Linie in fermentierten Milchprodukten eingesetzt werden. **Prebiotika** sind demgegenüber nicht verdauliche Nahrungsbestandteile, die durch gezielte Einflussnahme auf die Wachstumsbedingungen von Mikroorganismen im Darm positive Effekte bewirken. Zu den Bekanntesten zählen nicht verdauliche Kohlenhydrate, wie Oligo- und Polysaccharide. Weiter sind Antioxidantien[30] zu nennen, denen positive Auswirkungen auf die Prophylaxe von Herzerkrankungen und anderen degenerativen Erkrankungen zugeschrieben werden. Relativ gut beschrieben sind auch die Wirkungen, die gesättigte und ungesättigte Fettsäuren, Omega-3-Fettsäuren, Ballaststoffe und Phytosterine, insbesondere auf den Cholesterinspiegel, haben.[31]

34 Wettbewerbsrechtlich bedeutsam sind nicht so sehr die tatsächlichen Wirkungen, sondern vielmehr die **Funktionsaussagen,** mit denen diese Wirkungen ausgelobt werden. Werbeaussagen für funktionelle Lebensmittel unterliegen den gleichen Grenzen wie Wirkungsaussagen für Le-

[27] Gemäß Art. 30 Abs. 2 LMIV können darüber hinaus freiwillige Angaben (zB ungesättigte Fettsäuren, Ballaststoffe) gemacht werden.

[28] Dazu Teufer ZLR 2007, 577.

[29] Vgl. die Zusammenstellung in der Wissenschaft verbreiteter Definitionen in der ILWI-Studie funktioneller Lebensmittel, zu beziehen beim Institut für Lebensmittel, Wissenschaft und Informationen GmbH, Godesberger Allee 157, 53.175 Bonn.

[30] Insbesondere die Vitamine C und E, Carotinoide und Flavonoide.

[31] Ebersdobler/Meyer, Praxishandbuch Functional Food, I 1–4.

bensmittel allgemein. Insbesondere das in Art. 7 LMIV und § 11 Abs. 1 LFGB konkretisierte allgemeine Irreführungsverbot sowie das Verbot der krankheitsbezogenen Werbung in Art. 7 Abs. 3 LMIV kommen hier zum Tragen. Auch beim aufmerksamsten und verständigsten Verbraucher können wissenschaftliche Kenntnisse über Wirkungsweisen und Zusammenspiel verschiedener Substanzen im Körper nicht erwartet werden. Wirkungsaussagen müssen nicht nur den Grundsätzen der Wahrheit und Klarheit genügen. Wenn zusätzliche Produktvorteile ausgelobt werden, reicht es – wie sonst im Wettbewerbsrecht auch – nicht aus, wenn dieser Vorteil ganz grundsätzlich gegeben ist. Er muss darüber hinaus eine solche Größenordnung haben, dass **die Funktionsverbesserung** für den Verbraucher auch von Relevanz ist. Hier ist insbesondere das Irreführungsverbot des Art. 7 Abs. 1 lit. c) LMIV bzw. § 11 Abs. 1 S. 2 Nr. 2 LFGB von Bedeutung. Wenn Lebensmitteln nach der allgemeinen Verkehrsauffassung der verständigen Verbraucher Wirkungen beigelegt werden, die ihnen nach den Erkenntnissen der Wissenschaft nicht zukommen oder die **wissenschaftlich nicht hinreichend gesichert sind,** so sind solche Aussagen per se verboten. Die Beweislast liegt beim Verwender. Auch etwaige Zweifel gehen zu seinen Lasten. Das gilt auch für das einstweilige Verfügungsverfahren. Die entsprechende wissenschaftliche Dokumentation muss also stets „greifbar" sein. Von besonderer Bedeutung ist in diesem Zusammenhang das in Art. 7 Abs. 3 LMIV enthaltene Verbot, in der Werbung für Lebensmittel Aussagen zu verwenden, die sich auf die Vorbeugung, Behandlung oder Heilung von Krankheiten beziehen.[32] Gleichwohl führt die strenge Auslegung des Begriffs der krankheitsbezogenen Werbung durch die deutsche Rechtsprechung zu einer misslichen Lage. Gerade dem interessierten und informierten Verbraucher kann die Funktionsweise besonderer, gesundheitlich unbedenklicher und sogar wünschenswerter Stoffe häufig nicht erklärt werden, ohne dass auf bestimmte Krankheitsbilder Bezug genommen wird.

Gerade für funktionelle Lebensmittel hat die Verordnung (EG) Nr. 1924/2006 vom 20.12. 2006, die seit dem 1.7.2007 gilt, besondere Bedeutung erlangt. Diese Verordnung, kurz „Health-Claims-Verordnung" genannt, regelt umfassend die nährwert- und gesundheitsbezogenen Angaben, die in der Werbung für Lebensmittel zulässig sind. In ihrem Anhang sind abschließend sämtliche nährwertbezogene Angaben sowie die Bedingungen ihrer Verwendung festgelegt. Die zukünftig allein zulässigen gesundheitsbezogenen Angaben finden sich in einer Gemeinschaftsliste, die mit erheblicher Verzögerung im Mai 2012 verabschiedet wurde. Seit dem 14. November 2012 dürfen nur noch die dort aufgeführten gesundheitsbezogenen Angaben verwendet werden. Alle anderen gesundheitsbezogenen Angaben dürfen nicht mehr benutzt werden, unabhängig davon, ob sie von der EU-Kommission geprüft wurden. Die gleichzeitige Veröffentlichung der bisher abgelehnten Claims dient nur der Klarstellung. Eine Ausnahme gilt für Pflanzeninhaltsstoffe, die so genannten Botanicals. Für diese Stoffe gilt noch die Übergangsregelung, wonach angemeldete Claims weiterhin verwendet werden können, wenn sie nach bisherigem nationalen Recht zulässig, also wissenschaftlich hinreichend abgesichert waren. Die Beurteilung der Botanicals ist derzeit ausgesetzt, eine endgültige Regelung wird noch Jahre auf sich warten lassen. 35

dd) Novel Food. Traditionell war das Lebensmittelrecht vom Grundsatz der Rezepturfreiheit gekennzeichnet. Mit Ausnahme von natürlichem Mineralwasser und Heilwasser, für die heute noch der Grundsatz der amtlichen Anerkennung gilt, konnten **neuartige Lebensmittel** erfunden oder neuartige Herstellungsverfahren angewandt werden, ohne dass grundsätzlich eine staatliche Genehmigung für das Inverkehrbringen erforderlich war. Die Anfang der 80er Jahre mit dem Aufkommen der ersten gentechnisch veränderten Pflanzen[33] einsetzende Diskussion hat zu einem Paradigmenwechsel geführt. Nach 12-jährigen Vorarbeiten gilt seit dem 15.5.1997 die Novel Food Verordnung.[34] Danach unterliegt das Inverkehrbringen neuartiger Lebensmittel, die in den Anwendungsbereich der Verordnung fallen einem Anmeldeverfahren, bei einem erhöhten Gefährdungspotential einem Genehmigungsverfahren. 36

Neuartig ist ein Lebensmittel, wenn es bisher[35] nicht in nennenswertem Umfang in der Gemeinschaft[36] für den menschlichen Verzehr verwendet wurde und in eine der 4 Gruppen neuarti- 37

[32] Zu § 12 LFGB aF: Schroeter ZLR 2000, 141.

[33] Vgl. zu der Bedeutung der Biotechnologie in der Lebensmittelwirtschaft Gassen/Bangsow/Hektor/König/Sinemus ZLR 1996, 381.

[34] VO (EG) 258/97 des Europäischen Parlamentes und des Rates über neuartige Lebensmittel und neuartige Lebensmittelzutaten vom 27.1.1997, ABl. L 43/1.

[35] Also vor dem 15.5.1997, dem Tag des Inkrafttretens der Verordnung.

[36] Der Beleg einer „History of Safe Use" in den USA oder Kanada reicht nicht aus, vgl. OLG München ZLR 2010, 474 f. mAnm Eggers.

ger Lebensmittel und Lebensmittelzutaten fällt. Dabei geht der Europäische Gerichtshof davon aus, dass ein Lebensmittel oder eine Lebensmittelzutat in der Gemeinschaft noch nicht in nennenswertem Umfang für den menschlichen Verzehr verwendet wurde, wenn unter Berücksichtigung aller Umstände des Einzelfalls feststeht, dass dieses Lebensmittel oder diese Lebensmittelzutat vor dem Bezugszeitpunkt in keinem Mitgliedstaat in erheblicher Menge für den menschlichen Verzehr verwendet wurde.[37] Ein besonderer Distributionsgrad wird nicht verlangt, andererseits reicht das bloße, auch flächendeckende Angebot nicht aus – die tatsächliche Verwendung zum Verzehr muss nachgewiesen sein.

38 Die Novel-Food-Verordnung kennt noch vier Gruppen neuartiger Lebensmittel und Lebensmittelzutaten. Dies sind solche,

- die eine neue oder gezielt modifizierte primäre Molekülstruktur besitzen;
- die aus Mikroorganismen, Pilzen oder Algen bestehen, oder aus diesen isoliert wurden;
- die aus Tieren oder Pflanzen bestehen, mit Ausnahme solcher, die mit herkömmlichen Zuchtmethoden gewonnen wurden und die erfahrungsgemäß unbedenklich sind;
- bei deren Herstellung ein nicht unübliches Verfahren angewandt wurde und bei denen dieses Verfahren eine bedeutende Veränderung ihrer Zusammensetzung oder Struktur bewirkt hat;

39 Für gentechnisch veränderte Erzeugnisse gibt es eigene Regelungen. Hierzu wird auf die Ausführungen im Abschnitt III Ziff. 1 K) „Gentechnik-Kennzeichnung" verwiesen.

40 Die vier anderen Anwendungsgruppen des Art. 1 Abs. 2c)–f) reichen über die Gentechnik weit hinaus. Zu den Erzeugnissen des Abs. 2c)[38] gehört etwa der Fettersatzstoff **Olestra,** bei dem Saccharose und Fettsäuren durch einen chemischen Prozess zu einem Saccharose-Polyester werden, wie er natürlich nicht vorkommt und der vom Organismus unverdaut ausgeschieden wird. Zur Gruppe Abs. 2d) gehören Lebensmittel, die aus Mikroorganismen, Pilzen oder Algen bestehen bzw. aus diesen isoliert wurden, wie fermentierte Schimmelpilze, die mit Eiweiß und pflanzlichen Geschmacksstoffen zu einem Fleischersatzstoff verarbeitet werden können. In die Gruppe Abs. 2e) fallen exotische Pflanzen und Tiere, wie Käferlarven, Heuschrecken, Meeresfrüchte und exotisches Obst und Gemüse, von dem immer noch neue Sorten für den menschlichen Verzehr „entdeckt" werden. Für diese gilt allerdings zu Gunsten des Exports wirtschaftsschwacher Drittstaaten eine Ausnahme für solche Lebensmittel und ihre Zutaten, die mit herkömmlichen Vermehrungs- oder Zuchtmethoden gewonnen wurden. In die letzte Gruppe nach Abs. 2 f) fallen schließlich Produkte, die mit Hilfe neuer Verfahren und Technologien hergestellt wurden und deren Zusammensetzung und Struktur eine bedeutende Veränderung erfahren hat, die sich wiederum auf den Nährwert, den Stoffwechsel oder die Menge unerwünschter Stoffe im Lebensmittel auswirkt. Hierunter fällt etwa die Oberflächensterilisierung mit energiereichen Lichtblitzen oder die Haltbarmachung von Erzeugnissen mittels Pasteurisierung durch Hochdruck oder energiereiche elektrische Felder.

41 Alle Lebensmittel, die in den Anwendungsbereich der Verordnung fallen, müssen entweder das Notifizierungsverfahren oder das zweistufige Prüfverfahren durchlaufen. Nach Art. 3 Abs. 5 iVm Art. 5 der Verordnung kann das vereinfachte Notifizierungsverfahren für alle Novel Foods gewählt werden, wenn der Nachweis gelingt, dass sie herkömmlichen Lebensmitteln und -zutaten hinsichtlich der Zusammensetzung, Nährwertstoffwechsel, Verwendungszweck und Gehalt an unerwünschten Stoffen **im Wesentlichen gleichwertig** sind. Die Notifizierung steht dem Inverkehrbringen nicht entgegen. Wird ein neuartiges Lebensmittel notifiziert, leitet die Kommission diese Information innerhalb von 60 Tagen an die zuständigen Behörden der Mitgliedsstaaten weiter. Widersprechen diese dem Notifizierungsverfahren, weil sie die „wesentliche Gleichwertigkeit" als nicht gegeben ansehen, entscheidet nach dem Verfahren des Art. 13 der ständige Lebensmittelausschuss über diese Frage.

42 In allen anderen Fällen ist das Prüfungsverfahren zu durchlaufen. Es beginnt auf Antrag des Inverkehrbringers mit einer nationalen Prüfung durch die so genannte Erstprüfungsbehörde. Hat die Erstprüfungsbehörde keine durchgreifenden Bedenken und erfolgt seitens der Kommission und der anderen Mitgliedsstaaten kein Einwand, wird das Produkt anerkannt. Andernfalls ist das Ergänzungsverfahren nach Art. 7 der Verordnung durchzuführen. In allen Fällen muss der Antragsteller den Nachweis erbringen, dass das Novel Food keine Gefahr für den Verbraucher darstellt, keine Irreführung des Verbrauchers bewirkt und sich von den Lebensmitteln oder Lebensmittelzutaten, die es ersetzen soll, nicht so unterscheidet, dass sein normaler Verzehr Ernäh-

[37] EuGH ZLR 2005, 435 f.
[38] Lebensmittel und Zutaten mit neuer oder gezielt modifizierter Molekularstruktur.

rungsmängel für den Verbraucher mit sich brächte.[39] Die Verfahrensdauer ist in allen Fällen unerfreulich lang. Sie beträgt im Zulassungsverfahren durchschnittlich 31 Monate, und allein dies führt zu einer Gefährdung des Return on Investment. Durch die lange Verfahrensdauer und den notwendigen finanziellen Aufwand sind kleine und mittelständische Unternehmen vom Zulassungsverfahren praktisch ausgeschlossen. Von Seiten der Wirtschaft wird deshalb schon lange eine Überarbeitung, wenn nicht gar eine ersatzlose Streichung der Novel-Food-Verordnung gefordert. Ein Vorschlag der Kommission zur Novellierung der Novel-Food-Verordnung ist kürzlich am Widerstand des Europäischen Parlaments gescheitert. Es besteht derzeit damit kaum Hoffnung auf irgendwelche Erleichterungen für Antragsteller.[40]

Praxistipp:

Es empfiehlt sich dringend, alle Anträge und Notifizierungen anhand dieser Empfehlung zu erstellen und die zuständige Behörde vor Einreichung eines Antrags zu konsultieren. Fehler werden in der Regel schon in der Vorbereitung, bei der Konzeption der klinischen Studien gemacht, dies zu korrigieren ist zeitaufwändig und teuer.

ee) Kosmetische Mittel. Kosmetische Mittel sind nach der Definition des Art. 2 Abs. 1 lit. a) KosmetikVO Stoffe oder Gemische, die dazu bestimmt sind, äußerlich mit den Teilen des menschlichen Körpers (Haut, Behaarungssystem, Nägel, Lippen und äußere intime Regionen) oder mit den Zähnen und den Schleimhäuten der Mundhöhle in Berührung zu kommen, und zwar zu dem ausschließlichen oder überwiegenden Zweck, diese zu reinigen, zu parfümieren, ihr Aussehen zu verändern, sie zu schützen, sie in gutem Zustand zu halten oder den Körpergeruch zu beeinflussen. 43

Ebenso wie die gemeinschaftsrechtliche Definition des Lebensmittels stellt auch diejenige des kosmetischen Mittels auf die Zweckbestimmung ab, wobei es zur Feststellung der Zweckbestimmung auf die allgemeine Verkehrsauffassung nach objektiven Gesichtspunkten am Maßstab des Durchschnittsverbrauchers ankommt. Diese wird sich meist nach den konkreten Verwendungsangaben entwickeln.[41] Die so ermittelte überwiegende Zweckbestimmung wird auch nicht durch eine vereinzelte abweichende Verwendung aufgehoben. Zahnpasta bleibt damit ein Kosmetikum, auch wenn sie versehentlich verschluckt wird. Umgekehrt sind Stoffe, die dazu bestimmt sind, vom Menschen aufgenommen zu werden, niemals Kosmetika.[42] 44

Praxistipp:

Den Pflegeaspekt in der Auslobung immer deutlich in den Vordergrund stellen. Für kosmetische Mittel gilt das allgemeine Verbot krankheitsbezogener Werbung nicht.

Man wird mit *Zipfel*[43] sagen müssen, dass die Einordnung als Lebensmittel Vorrang hat und nur solche Stoffe vom Lebensmittelbegriff ausgenommen sind, die „überwiegend" anderen Zwecken dienen. Die allgemeine Zweckbestimmung zum Verzehr wird daher nicht dadurch ausgeschlossen, dass daneben noch eine andere Art der Verwendung des Stoffes gebräuchlich ist und/oder die Stoffe im konkreten Einzelfall nach dem Willen der Beteiligten auch zu anderen Zwecken Verwendung finden sollen. Auch hier ist auf die objektive Zweckbestimmung nach der allgemeinen Verkehrsauffassung abzustellen. So können auch Zahnpflegekaugummis Lebensmittel sein, wenn der Pflegeaspekt werblich gegenüber dem Genussaspekt in den Hintergrund gerückt wird. Bei koffeinhaltigen Lippenstiften etwa, wird der kosmetische Zweck – Erweiterung 45

[39] Das kann beispielsweise bei Fettersatzstoffen zweifelhaft sein, da diese die Aufnahme lebenswichtiger löslicher Nährstoffe, insbesondere essentielle Fettsäuren und die Vitamine A, D und E verringern.

[40] Vgl. hierzu die Anmerkung von Meisterernst zum Urteil des EuGH in der Rechtssache C-327/09 („Mensch und natur"), ZLR 2011, 348 f.

[41] Vgl. Zipfel Lebensmittelrecht C 101 Art. 2 Rn. 95 f.

[42] Erzeugnisse, die unter dem Schlagwort „Kosmetik von innen" angeboten werden, sind auch nach der gemeinschaftsrechtlichen Begriffsbestimmung keine kosmetischen Mittel, weil sie nicht äußerlich angewendet werden, vgl. Zipfel Lebensmittelrecht C 101 Art. 2 Rn. 105.

[43] Zipfel Lebensmittelrecht C 101 Art. 2 Rn. 25a.

der Blutgefäße – überwiegen. Eine überwiegende kosmetische Zweckbestimmung bietet wettbewerbsrechtlich zunächst den Vorteil, dass in größerem Umfang krankheitsbezogene Aussagen verwendet werden können. Allerdings ist hier Vorsicht geboten. Die Anforderungen der KosmetikVO an die gute Herstellungspraxis sowie die zwingend vorzuhaltenden Sicherheitsdossiers für kosmetische Mittel, sind von vielen Lebensmittelherstellern nicht einzuhalten.

46 *ff) Reinigungsmittel/Biozidprodukte.* Lebensmittel mit vielfältigen Verwendungszwecken (sog. Multiple- oder Dual-Use-Produkte) gibt es seit Menschengedenken. Die Beispiele reichen von Natron und Essig, die neben der Funktion als Nahrungsmittel als Reinigungsmittel zum Einsatz gelangen, bis hin zu Gurkenwasser, welches Krämpfe lindern oder auch als Reiniger und/oder Unkrautvernichter eingesetzt werden kann. Problematisch ist, dass Lebensmittel, Reinigungsmittel und Biozidprodukte unterschiedlichen Regelungsregimen unterliegen und somit auch unterschiedliche Kennzeichnungsvorgaben erfüllen müssen.

47 Die BiozidVO (VO (EU) Nr. 528/2012) definiert in Art. 3 Abs. 1 lit. a ein Biozidprodukt als jeglichen Stoff oder jegliches Gemisch in der Form, in der er/es zum Verwender gelangt, und der/das aus einem oder mehreren Wirkstoffen besteht, diese enthält oder erzeugt, der/das dazu bestimmt ist, auf andere Art als durch bloße physikalische oder mechanische Einwirkung Schadorganismen zu zerstören, abzuschrecken, unschädlich zu machen, ihre Wirkung zu verhindern oder sie in anderer Weise zu bekämpfen. Für den Begriff „Lebensmittel" wiederrum greift die BiozidVO in Art. 3 Abs. 1 lit. u auf die Definition in Art. 2 der BasisVO zurück.

48 Die rechtliche Klassifikation derartiger Produkte hat anhand der objektiven, für den Verkehr erkennbaren Zweckbestimmung zu erfolgen.[44] Hierbei soll, so das OLG Frankfurt, die bloße Bewerbung von biozidären Eigenschaften in Werbespots nicht zwangsläufig eine Einstufung des Produkts als Biozid zur Folge haben, wenn das Produkt selbst in seiner Ausstattung keine derartigen Angaben vorhält. Werbemaßnahmen soll demnach allenfalls eine flankierende Funktion zukommen, die im Rahmen der Gesamtbetrachtung zu bewerten ist.

49 Das OLG Frankfurt a. M. vertritt ferner die Ansicht, dass ein Biozidprodukt, welches auch unter die Kategorie Lebensmittel subsumiert werden kann, den Anforderungen der BiozidVO uneingeschränkt genügen muss.[45] Diese im einstweiligen Verfügungsverfahren geäußerte Rechtsauffassung scheint vor dem Hintergrund, dass es für Biozidprodukte an einer gesetzlichen Zweifelsfallregelung, wie etwa für Arzneimittel gemäß § 2 Abs. 3a AMG, fehlt, zweifelhaft. Ferner vermag es nicht zu überzeugen, wenn das OLG Frankfurt den Anwendungsvorrang der BiozidVO damit begründet, dass die Verordnung für ein hohes Schutzniveau für die Gesundheit von Mensch und Tier und für die Umwelt Sorge tragen soll. Vorgenannter Schutzzweck findet sich auch in den lebensmittelrechtlichen Vorschriften und ist mithin ungeeignet einen etwaigen Anwendungsvorrang zu begründen.

Praxistipp:

Die Zweckbestimmung als Lebensmittel sollte gerade bei Dual-Use-Produkten stets deutlich hervorgehoben sein. Hierbei ist insbesondere zu beachten, dass die bloße Kennzeichnung als Lebensmittel (Zutatenverzeichnis, Nährwertangabe etc.) unter Umständen für sich nicht ausreichend sein kann, wenn sich im Übrigen objektive Anhaltspunkte finden, die für eine überwiegende Zweckbestimmung als Reinigungsmittel oder Biozidprodukt sprechen. In dieser Thematik ist dringend dazu geraten die sich entwickelnde Rechtsprechung zu beobachten, bis die durch das OLG Frankfurt im einstweiligen Verfügungsverfahren aufgeworfenen Rechtsfragen einer abschließenden Klärung zugeführt wurden.

II. Grundsätze der Lebensmittelkennzeichnung

1. Anwendbarkeit der Lebensmittelinformationsverordnung

50 Das Grundgesetz der Lebensmittelkennzeichnung findet sich in den Art. 8 und 16 der BasisVO. Danach hat das Lebensmittelrecht den Schutz der Verbraucherinteressen zum Ziel und muss Ver-

[44] OLG Frankfurt a. M. 9.9.2021 – 6 U 61/21. Ebenso Bendias ZLR 2021, 129 (130); aA LG Frankfurt 19.2.2021 – 3 – 10 O 105/20, welches die subjektive Zweckbestimmung durch den Hersteller ungeachtet der objektiven Produktausstattung für maßgeblich erachtet.

[45] OLG Frankfurt a. M. 9.9.2021 – 6 U 61/21.

brauchern die Möglichkeit bieten, in Bezug auf Lebensmittel, die sie verzehren, eine sachkundige Wahl zu treffen. Das wird durch Aufklärung, insbesondere einen umfassenden Täuschungsschutz gewährleistet.

Durch die Lebensmittelinformationsverordnung (LMIV – VO (EU) Nr. 1169/2011) wurden ab ihrem Geltungsbeginn im Dezember 2016 europaweit einheitliche Kennzeichnungsvorschriften für Lebensmittel Verpflichtung. Die Verordnung konsolidiert und aktualisiert zwei Bereiche des Lebensmittelkennzeichnungsrechts: Das allgemeine Lebensmittelkennzeichnungsrecht und das Nährwertkennzeichnungsrecht. Die zuvor geltenden gemeinschaftsrechtlichen und nationalen Vorgaben zu „Kennzeichnung" und „Nährwertkennzeichnung" sowie die entsprechenden Umsetzungen in nationales Recht (LMKV und NKV) sind damit weitgehend obsolet. Die Verordnung dient der Straffung und Modernisierung des geltenden Kennzeichnungsrechts und soll dadurch mehr Klarheit schaffen (Erwägungsgrund 9). Ob dies gelungen ist, bleibt fraglich.[46] Die umfangreichen bestehenden Pflichtkennzeichnungselemente sind ebenso wenig überarbeitet worden wie die Formulierungen und Regelungsansätze. Vielmehr sind neue Vorgaben hinzugekommen, wie etwa Vorgaben zur Allergenkennzeichnung bei loser Ware, zur Herkunftskennzeichnung und zur Nährwertdeklaration.[47] 51

Gemäß Art. 1 Abs. 3 LMIV gilt die Lebensmittelinformationsverordnung für Lebensmittelunternehmer auf allen Stufen der Lebensmittelkette, sofern deren Tätigkeit die Bereitstellung von Informationen über Lebensmittel an Verbraucher betrifft. Ferner gilt die LMIV für alle Lebensmittel, die für den Endverbraucher bestimmt sind. Hierunter sind explizit auch Lebensmittel zu fassen, die von Anbietern von Gemeinschaftsverpflegung abgegeben werden, bzw. für diese bestimmt sind. 52

Die Anwendbarkeit auf Lebensmittelunternehmer auf allen Stufen der Lebensmittelkette umfasst eine Kooperationspflicht auch auf Stufen, die nicht der Herstellung oder dem Vertrieb informationspflichtiger Produkte dienen. Dies ergibt sich aus Art. 8 Abs. 6 LMIV, wonach Lebensmittelunternehmer sicherzustellen haben, dass Informationen über nicht vorverpackte Lebensmittel, die für die Abgabe[48] an den Endverbraucher bestimmt sind, an den Unternehmer übermittelt werden, der die Lebensmittel erhält, damit die Informationen an den Endverbraucher übermittelt werden können. Weiterhin müssen die Lebensmittel für den **Endverbraucher** bestimmt sein. Das ist nach Art. 2 Abs. 1 lit. a iVm Art. 3 Nr. 18 der Basisverordnung der letzte Verbraucher eines Lebensmittels, der ein Lebensmittel nicht im Rahmen einer Tätigkeit als Lebensmittelunternehmer verwendet. Ihm stehen Gaststätteneinrichtungen zur Gemeinschaftsverpflegung gleich, soweit sie die Lebensmittel zum Verbrauch innerhalb ihrer Betriebsstätte beziehen. Vom Anwendungsbereich der LMIV ausgenommen ist hingegen die Abgabe an weiterverarbeitende gewerbliche Abnehmer. Ebenfalls ausgenommen sind Lebensmittel in Fertigpackungen, die an der Verkaufsstätte zur alsbaldigen Abgabe an den Verbraucher hergestellt und dort, jedoch nicht zur Selbstbedienung, abgegeben werden. Erfasst hiervon ist vor allem Fast Food. Derjenige, der Lebensmittel zum alsbaldigen Verzehr abgibt, soll nicht deshalb schlechter gestellt werden, weil er die Lebensmittel so sorgfältig verpackt, dass die Umhüllung die Anforderungen an eine Fertigpackung im Übrigen erfüllt. 53

Gemäß Art. 1 Abs. 4 LMIV sind unionsrechtliche Vorschriften spezieller, soweit sie abweichende Kennzeichnungsvorschriften für bestimmte Lebensmittel enthalten.[49] Dieses Spezialitätsverhältnis ist für Vorschriften zur Nährwertdeklaration eigens in Art. 29 LMIV normiert. 54

2. Verantwortlicher im Sinne der LMIV

Die Verantwortlichkeit für Informationen über Lebensmittel ist in Art. 8 LMIV geregelt. In erster Linie verantwortlich ist demnach der Lebensmittelunternehmer, unter dessen Namen das Lebensmittel vermarktet oder wenn der Unternehmer nicht in der Union niedergelassen ist, der Importeur, der das Produkt in die Union eingeführt hat. Dieser hat entsprechend Art. 8 Abs. 2 LMIV nicht nur die gemeinschaftsrechtlichen, sondern auch die jeweiligen einzelstaatlichen Vorschriften zu beachten. 55

[46] Hierzu bereits Schwinge ZLR 2008, 31 f.; Domeier LMuR 2014, 225 f.

[47] Zur Information und Kommunikation in der lebensmittelrechtlichen Praxis vgl. Eggers ZLR 2010, 145.

[48] Als „Abgabe" soll auch der Verkauf des Lebensmittels als Teil einer Mahlzeit zu verstehen sein, Schlussantrag der Generalanwältin Sharpston in der Rechtssache C-113/15.

[49] Derartige Lebensmittel sind ua Eier, Fisch, Fruchtsaft, Rindfleisch, Schokolade, Wein und Zucker.

56 Lebensmittelunternehmer, deren Tätigkeit die Information über Lebensmittel nicht beeinflussen, unterliegen den geringeren gesetzlichen Anforderungen des Art. 8 Abs. 3–5 LMIV.

57 a) **Kettenverantwortung.** Nach LFGB und LMKV wurde zwar der „Erstinverkehrbringer" als Verantwortlicher angesehen, daneben wurde allerdings auch die Verantwortlichkeit aller Lebensmittelunternehmer angenommen, die das Lebensmittel in Verkehr gebracht haben. Gemäß dem Prinzip der „Kettenverantwortung" war jeder in der Lebensmittelkette – vom Erzeuger der Urprodukte über den Lebensmittelhersteller bis hin zum Groß- und Einzelhändler – dafür verantwortlich, dass das Produkt im Zeitpunkt des Inverkehrbringens alle lebensmittelrechtlichen Vorgaben erfüllte.[50]

58 b) **Stufenverantwortung.** In Abweichung von diesem Prinzip begründet Art. 8 Abs. 1 und Abs. 3 LMIV nunmehr ein Stufenverhältnis der Verantwortlichkeit. Demnach bestimmt sich die Verantwortlichkeit nach dem jeweiligen Tätigkeitsbereich der Lebensmittelunternehmer. Nach Art. 8 Abs. 1 LMIV liegt die Verantwortung primär bei demjenigen der das Lebensmittel vermarktet oder demjenigen, der das Lebensmittel in die Union importiert.

59 Sekundär verantwortlich sind Lebensmittelunternehmer, deren Tätigkeit die Informationen über Lebensmittel nicht beeinflussen. Hierunter ist insbesondere der Groß- und Einzelhandel zu fassen. Diese dürfen Lebensmittel dann nicht abgeben, wenn sie wissen oder wissen müssen, dass die Produkte nicht den gesetzlichen Vorgaben entsprechen.

60 Art. 8 Abs. 4 LMIV stellt klar, dass derjenige Lebensmittelunternehmer, der Änderungen an vorhandenen Informationen vornimmt, hierfür die volle Verantwortung trägt. Gleichzeitig wird deutlich, dass der sekundär Verantwortliche Kennzeichnungsfehler des Primärverantwortlichen beheben darf.

61 Art. 8 Abs. 5 LMIV stellt unbeschadet der vorhergehenden Absätze klar, dass Lebensmittelunternehmer aller Stufen sicherzustellen und zu prüfen haben, ob die Anforderungen des Lebensmittelinformationsrechts beachtet wurden.

62 Die sich aus Art. 19 VO (EG) Nr. 178/2002 ergebende eingeschränkte Verantwortung der Händler für die Einhaltung lebensmittelrechtlicher Vorgaben ist neben Art. 8 LMIV anwendbar.[51]

3. Art der Kennzeichnung

63 Die Lebensmittelinformationsverordnung stellt einige **Grundregeln** für die Art der Kennzeichnung auf, die über ihren Anwendungsbereich hinaus von Bedeutung sind, da sie immer wieder zur Auslegung herangezogen werden.

64 a) **Kennzeichnungssprache.** Nach Art. 15 Abs. 1 LMIV ist die Kennzeichnung in einer für die Verbraucher des Mitgliedsstaates leicht verständlichen Sprache anzubringen. Die Angaben können auch in einer anderen **leicht verständlichen Sprache**[52] angegeben werden, wenn dadurch die Information des Verbrauchers nicht beeinträchtigt wird. Diese Regelung erleichtert entscheidend die Gestaltung von Packungen, die in mehreren Ländern einheitlich in Verkehr gebracht werden. Die Regelung geht auf eine Entscheidung des EuGH zur Etikettierungsrichtlinie zurück,[53] in der festgestellt wurde, dass eine nationale Regelung gegen Gemeinschaftsrecht verstößt, wenn sie ausschließlich die Verwendung einer bestimmten Sprache vorschreibt, ohne die Möglichkeit bestehen zu lassen, den Käufer durch eine andere leicht verständliche Sprache oder auf sonstige andere Weise hinreichend zu informieren. Leicht verständlich ist eine Kennzeichnung immer dann, wenn die Information des Verbrauchers nicht spürbar beeinträchtigt oder erschwert wird.[54] Die meisten Mitgliedstaaten haben mittlerweile von der Möglichkeit Gebrauch gemacht und die Kennzeichnung in einer und zwar jeweils der eigenen Amtssprache vorgeschrieben. Durch die Lebensmittelinformations-Durchführungsverordnung aus dem Jahr 2017 hat der deutsche Gesetzgeber in § 2 Abs. 1 LMIDV vorgegeben, dass die Pflichtkennzeichnung in **deutscher Sprache** zu erfolgen hat. Dennoch kommen unterschiedliche **Schreibweisen** von Verkehrsbezeichnungen und Zutaten

[50] Vgl. Hufen, Verfassungsrechtliche Maßstäbe und Grenzen lebensmittelstrafrechtlicher Verantwortung, 1987, S. 34 sowie Hufen, Lebensmittelrecht und Verfassungsrecht: Eine ausbaufähige Beziehung. Vgl. hierzu auch von Bernuth/Gutmann ZLR 2007, 541. In diesem Sinne auch der EuGH in der Lidel-Entscheidung, ZLR 2007, 75 f.

[51] Voit/Grube/Voit Art. 8 Rn. 4.

[52] LMIV: Art. 15 Abs. 1 LMIV erfordert ebenfalls eine „für die Verbraucher der Mitgliedstaaten, in denen ein Lebensmittel vermarktet wird, leicht verständlichen Sprache".

[53] EuGH Piageme/Peeters (Slg. 1990 I 2971).

[54] EuGH LRE 36, 205.

in Betracht. Noch reicht es aus, wenn statt der deutschen Schreibweise „Likör“ die französische Schreibweise „Liqueur“ verwendet wird.[55] Auch „Aqua“ anstatt „Wasser“ oder „Mineral Water“ anstelle von „Mineralwasser“ dürfte für den deutschsprachigen Verbraucher noch hinreichend verständlich sein, so dass es jedenfalls an der notwendigen Relevanz eines Kennzeichnungsverstoßes fehlen dürfte.[56] Allerdings dürfen die Erwartungen an die Sprachkenntnisse des deutschen Verbrauchers nicht zu hoch geschraubt werden.[57] Die Angabe „best before“ reicht gegenüber dem deutschen Verbraucher als Angabe des Mindesthaltbarkeitsdatums nicht aus. Es reicht überdies nicht aus, wenn eine Bezeichnung von der Mehrzahl aller Verbraucher verstanden werden kann; notwendig ist die Information sämtlicher Verbraucher. Die Verkehrsbezeichnung „Spirit Drink“ wird etwa von den Überwachungsbehörden kritisch gesehen und sollte zumindest von der deutschen Bezeichnung „Spirituose“ flankiert werden. Ebenso verhält es sich bei **mundartlichen Ausdrücken,** deren Verständnis regional begrenzt ist. Eine Verwendung dürfte nur dann unproblematisch sein, wenn zwar die Verwendung des mundartlichen Ausdrucks regional begrenzt ist, dessen Verständnis aber im gesamten Land erwartet werden kann.

Praxistipp:

Die Anbringung der Angaben in der richtigen Sprache auf einem zusätzlichen Schild am Regal reicht nicht aus, sie muss auf dem Etikett selbst erfolgen.[58] Ausreichend ist allerdings die Kennzeichnung auf einer Umverpackung, wenn allein diese dem Verbraucher zum Zeitpunkt der Kaufentscheidung entgegen tritt. Die Kennzeichnung eines dem Verbraucher erst nach dem Kauf sichtbaren Etiketts ist mithin irrelevant.

b) Verständlichkeit. Dem Tatbestandsmerkmal der „leichten Verständlichkeit“ kommt demgegenüber nur untergeordnete Bedeutung zu. Es soll vor allem verhindert werden, dass bei mehreren sprachlich korrekten Fassungen ohne Not die kompliziertere Fassung verwendet und dadurch die Information des Verbrauchers erschwert wird. Dass der Gesetzgeber selbst gelegentlich durch willkürlich anmutende, gleichwohl verbindliche Kennzeichnungsvorschriften der Verständlichkeit der Kennzeichnung Grenzen setzt, sei hier nur angemerkt. Wie fast alle anderen Mitgliedstaaten hat Deutschland in Form der LMIDV von der Möglichkeit des Art. 15 Abs. 2 Gebrauch gemacht und die deutsche Sprache als verbindlich und damit einzig verständlich vorgeschrieben. § 2 LMIDV.[59] 65

c) Lesbarkeit. Art. 13 Abs. 1 S. 1 LMIV setzt eine **Deutlichkeit und gute Lesbarkeit** der Kennzeichnung voraus. Unzweifelhaft müssen die Angaben so gestaltet werden, dass sie von einem Menschen mit **normaler Sehkraft** ohne Anstrengung und ohne Zuhilfenahme technischer Mittel gelesen werden können. Art. 13 Abs. 2 LMIV schreibt eine Mindestschriftgröße von 1,2 mm bezogen auf die Größe des kleinen „x“ (**„x-Höhe“**) für alle Lebensmittel vor. Ist die größte Oberfläche einer Fertigpackung kleiner als 80 cm², beträgt die x-Höhe gemäß Art. 13 Abs. 3 LMIV mindestens 0,9 mm. 66

Aus der in Art. 13 Abs. 2 LMIV iVm Anhang IV normierten „x-Höhe“ ergibt sich einerseits, dass die verwendeten Buchstaben mindestens diese Größe haben müssen, gleichzeitig ist diese Größe allerdings auch ausreichend, sofern die übrigen Anforderungen erfüllt sind. Eine Angabe unter ausschließlicher Verwendung von Kleinbuchstaben, die die „x-Höhe“ wahren, ist somit zwar grammatikalisch inkorrekt, rechtlich jedoch nicht zu beanstanden. Auch die Verwendung lediglich von Großbuchstaben ist zulässig, muss dann aber nach gefestigter Auffassung in entsprechend größeren Buchstaben erfolgen. Aus dem Gesetzestext lässt sich eine bestimmte Relation zwischen Groß- und Kleinbuchstaben nicht ableiten. Die deutschen Behörden haben sich je- 67

---

[55] Vgl. Horst ZLR 1982, 193 (203).

[56] Eine ausschließlich italienische Kennzeichnung von Mineralwasser („Aqua Minerale Naturale“) reicht aber nicht, OLG Dresden GRUR 2000, 88.

[57] Gemäß BGH ZLR 2013, 586 (595) „Barilla“ ist die alleinige Verwendung der Begriffe „grassi“ für Fett, „acidi grassi“ für gesättigte Fettsäuren sowie „fibra alimentare“ für Ballaststoffe nicht leicht verständlich. Vgl. aber AG Aachen LRE 35, 319, das „Jus d'Orange“ für verständlich genug hält.

[58] EuGH LRE 35, 61.

[59] In Belgien wird beispielsweise bei Kosmetika häufig eine zusätzliche Kennzeichnung in flämisch gefordert und deren Fehlen beanstandet.

doch darauf verständigt,[60] eine Schriftgröße von mindestens 2.1 mm zu fordern, es dürfte in der Praxis wenig aussichtsreich sein, dies in Frage zu stellen, auch wenn man natürlich die Frage stellen kann, ob es verhältnismäßig ist, eine Adressangabe in Großbuchstaben von 1.9 mm zu beanstanden, während die gleiche Angabe in Kleinbuchstaben von 1.2 mm hinzunehmen wäre. Für Packungen mit kleiner Oberfläche bedeutet dies, dass sich die Buchstabengröße von 0.9 mm auf 1.6 mm für Großbuchstaben erhöht.

68 Ferner sind in § 38 Fertigpackungsverordnung bestimmte **Schriftgrößen** für die Angabe der Nennfüllmenge vorgeschrieben. In der Abhängigkeit von der Nennfüllmenge einer Packung muss die Mindestschriftgröße zwischen 2 und 6 mm betragen.[61] Die Schriftgröße allein entscheidet jedoch nicht über die Lesbarkeit. Daneben sind die Art der Schrift, der Farbkontraste zum Hintergrund, die Art der Anbringung etwa durch Ausstanzen der Schrift, sowie die Beschaffenheit des Hintergrundes zu berücksichtigen. Bei verschnörkelter Schrift und verspiegelten Oberflächen muss die Schrift größer sein, ist sie farblich deutlich abgesetzt, ist das nicht nötig.

69 Die Einhaltung der Mindestgrößen der Fertigpackungsverordnung garantiert keineswegs in allen Fällen die Lesbarkeit. Fehlender Farbkontrast kann die Lesbarkeit beeinträchtigen. Der BGH hat allerdings in einer Entscheidung zu § 4 HWG festgehalten, dass im Regelfall die sogenannte 6-Punkt-Schrift[62] ausreichend ist, wenn nicht andere, besondere Umstände die Lesbarkeit verringern.[63] Die Anforderungen dürfen daher bei der Verwendung der jetzt vorgeschriebenen größeren Schriften nicht zu streng werden.

70 **d) Dauerhaftigkeit.** Die Angaben müssen **dauerhaft** angebracht werden, Art. 13 Abs. 1 S. 1 LMIV.[64] Das ist dann erfüllt, wenn die Kennzeichnung vorhersehbaren mechanischen Einwirkungen, wie Reiben oder Wischen widersteht. Es ist nicht notwendig, dass dies während der gesamten, vorhersehbaren Lebensdauer des Produktes erfüllt ist. Ausreichend ist, wenn die Unverwischbarkeit während der üblichen Verweildauer im Handel einschließlich des Verkaufes und des Transports zum Endverbraucher gegeben ist. Nicht notwendig ist, dass die Kennzeichnung **vorsätzlichen** Versuchen ihrer Beseitigung widersteht. Das Kammergericht[65] ist hier in einem Einzelfall zu weit gegangen.

71 Auch die Anbringung der Etiketten insgesamt muss diesem Erfordernis genügen. Klebeetiketten, die sich durch vorhersehbare Temperatur- oder Feuchtigkeitseinwirkungen leicht ablösen, genügen dem Erfordernis nicht. Die Anforderungen an die Dauerhaftigkeit können bei der Loskennzeichnung strenger sein.

72 **e) Unverdeckt und Ungetrennt.** Ferner dürfen Pflichtkennzeichnungselemente nach Art. 13 Abs. 1 S. 2 LMIV nicht durch andere Angaben oder Bildzeichen oder sonstiges eingefügtes Material verdeckt, undeutlich gemacht oder getrennt werden, und der Blick darf nicht davon abgelenkt werden. Unzulässig ist es etwa Markennamen in das Zutatenverzeichnis oder Firmenlogos in die Adressangabe zum verantwortlichen Lebensmittelunternehmer aufzunehmen. Gerade Beanstandungen von Markennamen im Zutatenverzeichnis kommen häufig vor und laufen letztendlich dem Zweck einer bestmöglichen Verbraucherinformation entgegen.

73 **f) Sichtfeld.** Die Pflichtkennzeichnungselemente mussten bis 1990 an „einer in die Augen fallenden Stelle" angebracht sein. Seither genügt die Kennzeichnung an gut sichtbarer Stelle. Dafür genügt jede Stelle, die der Verbraucher ohne weiteres finden kann, insbesondere genügt auch die Anbringung auf der Standfläche einer Fertigpackung. Es schadet nicht, wenn eine Packung gedreht werden muss. Auch die Innenseite von Flaschenetiketten kann ausreichen, wenn die Lesbarkeit durch Flasche und Inhalt nicht beeinträchtigt wird. Problematisch ist die Anbringung in der Falz einer Packung, die häufig die Anforderungen an die Lesbarkeit nicht erfüllen wird. Ist das Kennzeichnungselement durch einen Aufkleber verdeckt, so soll der Hinweis durch einen

[60] So auch die Europäische Kommission, Amtsblatt der Europäischen Union C 196 v. 8.6.2018.

[61]

Nennfüllmenge g/ml	Schriftgröße mm
5 bis 50	2
mehr als 50 bis 200	3
mehr als 200 bis 1000	4
mehr als 1000	6.

[62] Ein Punkt entspricht 0,38 mm.

[63] ZLR 1989, 161 = LRE 20, 182. Ebenso LG München LMuR 2008, 102; VG Stuttgart 7.4.2011 – 4 K 5161/10.

[64] Die vormalige Terminologie „unverwischbar" aus § 3 Abs. 3 S. 1 LMKV wurde nun in „dauerhaft" geändert. Inhaltliche Änderungen sind damit nicht verbunden.

[65] KG LRE 29, 208.

Pfeil, der Aufkleber könne abgezogen werden, nicht genügen, da es dem Verbraucher unzumutbar sei, sich hierdurch möglicherweise einem Kaufzwang ausgesetzt zu sehen.[66] Peel-Off-Etiketten dürfen nicht dazu verwendet werden, Pflichtangaben zu Gunsten von Marketingtexten oder Bildern zu verstecken.

Art. 13 Abs. 5 LMIV verlangt darüber hinaus, dass die Verkehrsbezeichnung, ein kennzeichnungspflichtiger Alkoholgehalt sowie die Füllmengenangabe **im selben Sichtfeld** angebracht werden müssen.[67] Das bedeutet gemäß Art. 2 Abs. 2 lit. k LMIV, dass diese Angaben gleichzeitig sichtbar sein müssen, ohne dass die Packung zusätzlich gedreht oder gewendet werden muss. Gleichzeitig macht die Formulierung der Definition von „Sichtfeld" in Art. 2 Abs. 2 lit. k LMIV deutlich, dass alle Oberflächen (Plural) gemeint sind, die von einem einzigen Blickpunkt aus gelesen werden könne, bspw. also vorne, links und oben. Die Angaben können seitlich versetzt oder in der Senkrechten angebracht sein. Auch die Angabe auf unterschiedlichen Etiketten, etwa einer Halsschleife, ist zulässig. Dem Gesetz kann nicht entnommen werden, dass dieses Sichtfeld mit der **Schauseite** der Packung identisch ist;[68] die in der Praxis häufig gestellte Frage „Was muss denn zwingend aufs Vorderetikett?" kann getrost mit „gar nichts" beantwortet werden. 74

Praxistipp:

Bei runden Packungen ist es ausreichend, wenn man diese Angaben aus einem Blickwinkel erkennen kann. Es reicht, wenn diese Forderung einmal erfüllt ist. Wenn Einzelangaben, wie die Verkehrsbezeichnung, aus einem bestimmten Blickwinkel allein wahrgenommen werden, ist das unschädlich.

III. Kennzeichnungselemente im Einzelnen

1. Pflichtkennzeichnungselemente

Grundlage für die Pflichtkennzeichnung ist die LebensmittelinformationsVO, welche die vormals maßgebliche **Etikettierungsrichtlinie** abgelöst hat.[69] Art 9 und 10 LMIV normieren, welche Angaben auf Lebensmitteln verpflichtend sind, wobei die Anbringung aller zwingend vorgeschriebenen Angaben jeweils den in Kapitel II aufgeführten Voraussetzungen entsprechen muss. 75

a) **Rechtlich vorgeschriebene Bezeichnung.** Herzstück der Lebensmittelkennzeichnung ist die **rechtlich vorgeschriebene Bezeichnung.**[70] Gemäß Art. 17 Abs. 1 S. 1 LMIV ist ein Lebensmittel mit seiner rechtlich vorgeschriebene Bezeichnung zu bezeichnen. Nach Art. 2 Abs. 2 lit. n LMIV ist unter „rechtlich vorgeschriebener Bezeichnung" die Bezeichnung eines Lebensmittels, die durch die für dieses Lebensmittel geltenden Rechtsvorschriften der Union vorgeschrieben ist oder, wenn es keine derartigen Unionsvorschriften gibt, die Bezeichnung, welche in den Rechts- und Verwaltungsvorschriften des Mitgliedsstaates vorgesehen ist, in dem das Lebensmittel an die Endverbraucher oder Anbieter von Gemeinschaftsverpflegung verkauft wird. Hieraus folgt, dass im Falle der Existenz einer solchen Bezeichnung diese zwingend ist und nicht durch verkehrsübliche oder beschreibende Bezeichnungen substituiert werden darf.[71] Ist eine Bezeichnung unionsrechtlich vorgeschrieben, so ist diese allein maßgebend. Fehlt es hingegen an einer rechtlich vorgeschriebenen Bezeichnung, besteht, nach wie vor, ein **Wahlrecht** zwischen der verkehrsüblichen Bezeichnung oder einer Beschreibung, die es dem Verbraucher ermöglicht, die Art des Lebensmittels zu erkennen und es von verwechslungsfähigen Erzeugnissen zu unterscheiden. 76

Die in der LMIV gewählte Terminologie unterscheidet sich somit von dem in der Vorgängernorm des Art. 5 der Etikettierungsrichtlinie gebrauchten Begriffs der „Verkehrsbezeichnung". Eine inhaltliche Änderung ist damit nicht verbunden. 77

---

[66] VG Frankfurt a. M. 18.9.2013 – 5 K 2513/12.F = GRUR-RS 2013, 58573.

[67] Eine noch von § 3 Abs 3 LMKV geforderte Angabe des Mindesthaltbarkeits- bzw. Verbrauchsdatums im selben Sichtfeld ist nicht länger erforderlich.

[68] Zu weitgehend OLG Koblenz LRE 24, 262.

[69] Richtlinie des Rates v. 20.3.2000 zur Angleichung der Rechtsvorschriften der Mitgliedstaaten über die Etikettierung und Aufmachung von Lebensmitteln sowie die Werbung hierfür (2000/13/EG).

[70] Vgl. hierzu Eggers, Die Dinge beim Namen nennen – leichter gesagt als getan, in Hagenmeyer/Loosen, FS für Michael Welsch, S. 247.

[71] Vgl. OVG Niedersachsen ZLR 1988, 565 (567 f.); OLG Stuttgart LMRR 2008, 58.

78 Die Frage der richtigen rechtlichen vorgeschriebenen Bezeichnung darf allerdings nicht verwechselt werden mit der Frage, in welcher Sprache die Bezeichnung anzugeben ist. Für manche Erzeugnisse existiert keine deutsche Bezeichnung.[72] Eine rechtlich vorgeschriebene Bezeichnung in einer anderen Sprache kann, auch wenn es zu ihr keine Alternative gibt, schwer verständlich sein. Dann ist eine zusätzliche Beschreibung nötig. Grundsätzlich gehört die rechtlich vorgeschriebene Bezeichnung zu den Pflichtkennzeichnungselementen und ist somit entsprechend § 2 LMIDV in deutscher Sprache anzubringen.

79 *aa) Vorgeschriebene Verkehrsbezeichnung.* Hierunter fallen nur vom Gesetzgeber ausdrücklich vorgeschriebene Bezeichnungen, die dem definierten Lebensmittel vorbehalten, aber auch vorgeschrieben sind. Werden in einer Vorschrift lediglich Mindestanforderungen für eine bestimmte Bezeichnung aufgestellt, fällt sie noch nicht hierunter. Vorgeschriebene Bezeichnungen finden sich im EU-Recht, wie etwa der Spirituosen-Grundverordnung[73] sowie nationalen Vorschriften. Als Beispiele sind zu nennen die NahrungsergänzungsmittelVO, die Konfitürenverordnung, die Margarine- und Mischfettverordnung, die Fruchtsaftverordnung, die Kaffeeverordnung und die Milcherzeugnisseverordnung. Vorsicht ist bei der Ergänzung solcher vorgeschriebenen Verkehrsbezeichnungen geboten. Wer eine obligatorische Sortenbezeichnung ausschmückt, kann dadurch gelegentlich irreführen.[74] Solche Regelungen sind unglücklich, weil gelegentlich höherwertige Erzeugnisse eine unschöne Verkehrsbezeichnung tragen müssen[75] oder eine (tatsächlich vorliegende) besondere Reinheit nicht hervorgehoben werden darf, auch wenn das der Information des Verbrauchers dienlich wäre.[76] Andererseits täuschen manche vorgeschriebenen Verkehrsbezeichnungen mitunter eine bessere Beschaffenheit vor, als tatsächlich vom Verbraucher erwartet wird.[77] Besonders hinzuweisen ist noch auf die erläuternde Mitteilung der Kommission über die Verkehrsbezeichnung von Lebensmitteln,[78] die neben allgemeinen Hinweisen auch besondere Erläuterungen für die Bezeichnungen **Essig, Joghurt** und **Kaviar** enthält.

80 *bb) Verkehrsübliche Bezeichnungen.* Dies ist die zahlenmäßig bedeutsamste Gruppe der Verkehrsbezeichnungen. Hierunter ist gemäß Art. 2 Abs. 2 lit. o LMIV eine Bezeichnung, die von den Verbrauchern in dem Mitgliedsstaat, in dem das Lebensmittel verkauft wird, als Bezeichnung dieses Lebensmittels akzeptiert wird, ohne dass eine weitere Erläuterung notwendig wäre. Als Rechtsquelle für die allgemeine Verkehrsauffassung sind zunächst die Leitsätze des **Deutschen Lebensmittelbuches** zu nennen.[79] Daneben haben Leitsätze, Richtlinien und Begriffsbestimmungen der Fachverbände, insbesondere des Lebensmittelverband Deutschland,[80] der Wirtschaftsverbände sowie die Stellungnahmen des Arbeitskreises Lebensmittelrechtlicher Sachverständiger eine erhebliche Bedeutung.[81] Solche Richtlinien prägen den Handelsbrauch und darüber insbesondere die Auffassung der angesprochenen Verbraucher. Sie begründen gleichwohl nur eine widerlegliche Vermutung des Bestehens einer entsprechenden Verkehrsauffassung. Die Auswahl

[72] Man denke etwa an Mozzarella.

[73] Verordnung (EU) 2019/787 DES EUROPÄISCHEN PARLAMENTS UND DES RATES vom 17. April 2019 über die Begriffsbestimmung, Bezeichnung, Aufmachung und Kennzeichnung von Spirituosen, die Verwendung der Bezeichnungen von Spirituosen bei der Aufmachung und Kennzeichnung von anderen Lebensmitteln, den Schutz geografischer Angaben für Spirituosen und die Verwendung von Ethylalkohol und Destillaten landwirtschaftlichen Ursprungs in alkoholischen Getränken sowie zur Aufhebung der Verordnung (EG) Nr. 110/2008. Anhang I der Spirituosen-Grundverordnung regelt etwa bestimmte Spirituosenkategorien, die eine bestimmte Bezeichnung, etwa „Rum" oder „Eierlikör", zwingend vorgeben, allerdings ausschließlich Erzeugnissen vorbehalten sind, die die Anforderungen an die jeweilige Kategorie erfüllen. Vgl. auch „Whisky" für eine Spirituose mit weniger als 40 % vol. Akohol, EuGH, LRE 35, 65: ausführlich Böhler GRUR 2022, 689 ff.

[74] So das OLG Köln, „Naturjoghurt mild", ZLR 1999, 509; „Jogurt mild" war vorgeschrieben, „Naturjoghurt mild" wurde wegen Vortäuschen einer neuen Standartsorte verboten, obwohl sich die richtige Verkehrsbezeichnung zusätzlich auf der Ausstattung fand.

[75] Joghurt, der den vorgesehenen Fettgehalt von 3,5 % übersteigt, muss als Joghurterzeugnis bezeichnet werden; ein von der Konfitürenverordnung nicht mehr erfasstes Erzeugnis muss als „Fruchtaufstrich" gekennzeichnet werden, auch wenn der Verbraucher „mehr Frucht" erhält, als bei einer Konfitüre.

[76] Vgl. EuGH ZLR 2011, 77 f.: Das Wort „rein" darf der in der Richtlinie 2000/36/EG vorgeschriebenen Verkehrsbezeichnung „Schokolade" nicht vorangestellt werden (Italien hatte dies in nationalen Rechtsvorschriften für Schokolade, die keine anderen pflanzlichen Fette als Kakaobutter enthält, vorgesehen).

[77] So etwa die Bezeichnung Fruchtnektar für Fruchtsäfte, die bis zu 50 % mit Wasser verdünnt wurden oder Tafelwasser, das vom Verbraucher immer wieder mit dem natürlichen Mineralwasser verwechselt wird.

[78] ABl. C 270/2 v. 15.10.1991.

[79] Vgl. das Verzeichnis der veröffentlichen Leitsätze im Anhang.

[80] Vormals BLL – Bund für Lebensmittelrecht und Lebensmittelkunde.

[81] S. die fast vollständige Übersicht bei Drews/Coduro, Verkehrsauffassung im Lebensmittelrecht.

der richtigen Verkehrsbezeichnung ist mit großer Sorgfalt vorzunehmen, da anderenfalls der Vorwurf einer irreführenden Kennzeichnung nach Art. 7 LMIV droht.

81 *cc) Beschreibende Bezeichnung.* Anstelle der verkehrsüblichen Bezeichnung kann stattdessen eine Beschreibung des Lebensmittels gegeben werden, Art. 17 Abs. 1 S. 2 2. Alt. LMIV. Art. 2 Abs. 2 lit. p LMIV definiert diese als eine Bezeichnung, die das Lebensmittel und erforderlichenfalls seine Verwendung beschreibt und die hinreichend genau ist, um es den Verbrauchern zu ermöglichen, die tatsächliche Art des Lebensmittels zu erkennen und es von Erzeugnissen zu unterscheiden, mit denen es verwechselt werden könnte.[82] Eine vollständige Beschreibung ist danach nicht erforderlich. Zusätze, wie „mit Geflügelfleisch", können danach Bestandteil der Verkehrsbezeichnung sein, wenn sie zur Vermeidung einer Irreführung erforderlich sind.[83] Eine Marke oder Herstellerangabe kann die Verkehrsbezeichnung nicht ersetzen. Die rein beschreibende Verwendung einer im Inland unbekannten Verkehrsbezeichnung kann nach § 23 Nr. 2 Markengesetz trotz identischer Wortmarke erlaubt sein.[84] Ausnahmen kommen nur bei berühmten Marken im Rechtssinne mit einem Bekanntheitsgrad von deutlich über 90 % in Betracht, wenn diese ausschließlich für Erzeugnisse verwendet werden, die über einen längeren Zeitraum in unveränderter Zusammensetzung angeboten werden. Hier ist größte Zurückhaltung angebracht.

82 b) **Angabe des verantwortlichen Lebensmittelunternehmers.** Nach Art. 9 Abs. 1 lit. h iVm Art. 8 Abs. 1 LMIV ist der **Name** oder die **Firma** und die Anschrift des Lebensmittelunternehmers, unter dessen Namen oder Firma das Lebensmittel vermarktet wird, oder, wenn dieser Unternehmer nicht in der Union niedergelassen ist, der Importeur, der das Lebensmittel in die Union einführt, anzugeben. Hierbei ist seit dem **BREXIT** von Großbritannien zu beachten, dass die Angabe eines in Großbritannien ansässigen Lebensmittelunternehmers nicht mehr ausreichend ist, sondern wenigstens zusätzlich ein in einem Mitgliedsstaat ansässiger Verantwortlicher zu benennen ist. Lebensmittelunternehmer sind nach Art. 3 Nr. 3 BasisVO die natürlichen oder juristischen Personen, die dafür verantwortlich sind, dass die Anforderungen des Lebensmittelrechts in dem ihrer Kontrolle unterstehenden Lebensmittelunternehmen erfüllt werden. Diese Regelung ersetzt die vormals nach § 3 Abs. 1 Ziff. 2 LMKV erforderliche Angabe des Inverkehrbringers.

83 Nicht notwendig ist die Angabe der vollständigen, im Handelsregister eingetragenen Firmierung sowie der kompletten Adresse. Es ist regelmäßig ausreichend, wenn entsprechend **adressierte Post ohne weiteres ankommt.** Die Angabe dient dazu, der Lebensmittelüberwachung die zweifelsfreie Feststellung des Verantwortlichen zu ermöglichen. Eine Angabe wie „HARIBO – Bonn" wäre völlig ausreichend, während eine Firma Schmidt in Berlin wohl nicht nur die Postleitzahl, sondern auch die genaue postalische Adresse angeben muss. Die Angabe von Postfach- bzw. Internetadressen wird von den Behörden nach wie vor nicht akzeptiert. Es war zwar gerade Ziel des Gesetzgebers, eine Modernisierung des Lebensmittelinformationsrechts zu erreichen (Erwägungsgrund 9) und „neuen Entwicklungen im Bereich der Lebensmittelinformation Rechnung zu tragen".[85] Im digitalen Zeitalter sollte man erwarten, dass der geringe Aufwand zur Ermittlung der postalischen Adresse auf einer Internetseite auch Behörden ohne weiteres zumutbar ist; es aber noch kein Fall bekannt geworden, in dem ein Unternehmen sich damit hat durchsetzen können.

84 Die zusätzliche Angabe der **Funktion** des bezeichneten Lebensmittelunternehmers ist nicht erforderlich, aber auch nicht schädlich.

85 c) **Zutatenverzeichnis.** Nach Art. 18 Abs. 1 LMIV sowie deren Anhängen VI und VII ist das Verzeichnis der Zutaten anzugeben in Form einer Aufzählung der Zutaten des Lebensmittels in absteigender Reihenfolge ihres Gewichtsanteils zum Zeitpunkt ihrer Verwendung bei der Herstellung des Lebensmittels. Der Aufzählung ist zwingend ein Hinweis voranzustellen, der das Wort **Zutaten** enthält.

86 Als im Rahmen der LMIV eingeführte Neuerungen sind insbesondere hervorzuheben die in Anhang VI Teil A. Ziff. 4.–7. enthaltenen Vorgaben zur **Kennzeichnung von Lebensmittelimitaten:** Die „Ersatzzutat" muss in unmittelbarer Nähe der Produktbezeichnung in einer Mindestschriftgröße von 75 % der Größe der Produktbezeichnung, jedoch nicht kleiner als 1,2 mm, genannt

[82] Hans OLG ZLR 1996, 65, Dinkelreis als Verkehrsbezeichnung für ein Getreideprodukt irreführend, weil Verwechselungsgefahr mit Reisprodukten.

[83] Vgl. aber OVG NRW ZLR 1997, 81, das FRIKADELLE für eine ausreichende Verkehrsbezeichnung hält, wenn der 5 %ige Geflügelanteil im Zutatenverzeichnis richtig deklariert ist.

[84] OLG Frankfurt a. M. ZLR 2000, 94 für die mazedonische Gattungsbezeichnung PINDJUR.

[85] Ebenso Voit/Grube/Grube Art. 9 Rn. 50.

werden. Zudem ist bei aus Stücken **zusammengefügten Fleisch- und Fischzubereitungen** die Angabe „aus Fleischstücken [bzw. Fischstücken] zusammengefügt" vorgesehen, wenn sonst der Anschein eines gewachsenen Stücks Fleisch oder Fisch erweckt werden könnte.

87 Ferner besteht die Verpflichtung für das Zutatenverzeichnis, dass alle Zutaten, die in Form technisch hergestellter Nanomaterialien vorhanden sind, eindeutig aufgeführt werden müssen und der Zusatz **„Nano"** dahinter in Klammern stehen muss, Art. 18 Abs. 3 LMIV.

88 *aa) Zutatenbegriff.* Der Zutatenbegriff findet sich in Art. 2 Abs. 2 lit. f LMIV. Danach ist Zutat jeder Stoff und jedes Erzeugnis, einschließlich Aromen, Lebensmittelzusatzstoffen und Lebensmittelenzymen, sowie jeden Bestandteil einer zusammengesetzten Zutat, der bei der Herstellung oder Zubereitung eines Lebensmittels verwendet wird und der – gegebenenfalls in veränderter Form – im Enderzeugnis vorhanden beleibt; Rückstände gelten nicht als Zutat. Der Begriff der Verwendung ist dabei umfassend zu verstehen. Darauf, welchen Einfluss die Zutat auf die Beschaffenheit des Lebensmittels hat, kommt es nicht an. Verwendung ist jeder Gebrauch eines Stoffes bei der Herstellung auch in seinen Verarbeitungsformen, wenn der Stoff bestimmungsgemäß im Enderzeugnis unverändert oder verändert vorhanden ist.

89 Natürliche Bestandteile von Zutaten sowie Stoffe, die während des Herstellvorgangs im Erzeugnis entstehen, sind keine Zutaten. So sind die Vielzahl der Bestandteile von Kaffee genauso wenig Zutat, wie eventuell in Schweinefleisch vorhandene Antibiotika. Stoffe, die bestimmungsgemäß beim Öffnen der Fertigpackung entweichen, wie etwa Packgase, sind nicht Bestandteil des Lebensmittels und damit nicht Zutat, weswegen der Gesetzgeber ihre gesonderte Kennzeichnung vorgesehen hat.[86] Hingegen sind die Bestandteile zusammengesetzter Zutaten ihrerseits Zutat des Lebensmittels.

90 *bb) Art der Kennzeichnung.* Die Zutaten sind in einer Aufzählung in bestimmter Reihenfolge, nämlich in **absteigender Reihenfolge ihrer Gewichtsanteile** aufzuführen. Dabei kommt es nicht auf den Anteil im fertigen Lebensmittel an, abgestellt wird vielmehr auf den **Zeitpunkt der Verwendung** einer Zutat. Nachträgliche Veränderungen des Gewichtsanteils einer Zutat am Enderzeugnis bleiben unberücksichtigt. In Art. 18 Abs. 4 LMIV iVm Anhang VII finden sich zahlreiche Ausnahmen und Sonderregelungen für das Zutatenverzeichnis.

91
- In Anhang VII Teil A Ziff. 1 ist eine Wasser-Rechen-Klausel enthalten. Während der Herstellung von Lebensmitteln wird häufig einzelnen Zutaten Wasser entzogen und später wieder hinzugeführt. Die Berücksichtigung des gesamten hinzugefügten Wassers würde oft den irreführenden Eindruck erwecken, Wasser sei die Hauptzutat vieler Lebensmittel. Daher wird im Unterschied zu allen anderen Zutaten bei Wasser auf den Gewichtsanteil im Enderzeugnis abgestellt. Dieser wird ermittelt, indem vom gesamten zugesetzten Wasser das gesamte im Verlauf der Herstellung entzogene Wasser abgezogen wird; nur wenn der Gewichtsanteil 5 % im Enderzeugnis überschreitet, ist Wasser in das Zutatenverzeichnis aufzunehmen. Zu den übrigen Ausnahmetatbeständen des Anhang VII Teil A Ziff. 2–7 LMIV das Nachfolgende:
- Eine ähnliche Rechen-Klausel ist für konzentrierte oder getrocknete Zutaten vorgesehen. Hier kann der Gewichtsanteil vor der Eindickung oder dem Trocknen angegeben werden, Voraussetzung ist allerdings, dass die konzentrierten Zutaten im Laufe der Herstellung wieder in ihren ursprünglichen Zustand zurückversetzt werden.
- Auf den Zusatz von Wasser kann bei Aufgussflüssigkeiten, die üblicherweise nicht mitverzehrt werden, nicht verzichtet werden.
- Wird bei konzentrierten oder getrockneten Lebensmitteln bestimmungsgemäß vor dem Gebrauch Wasser zugesetzt und werden dadurch konzentrierte oder getrocknete Zutaten wieder in ihren ursprünglichen Zustand zurückgeführt, so kann auch hier der Gewichtsanteil des ursprünglichen Zustandes verwandt werden. Darauf ist in geeigneter Form, etwa mit der Angabe „Zutaten des gebrauchsfertigen Erzeugnisses" hinzuweisen.
- Bei Obst und Gemüsemischungen sowie Gewürzmischungen und Gewürzzubereitungen können die Obst-, Gemüse- und Gewürzarten dann in anderer Reihenfolge angegeben werden, wenn ihre Gewichtsanteile sich nicht wesentlich unterscheiden und ein entsprechender Hinweis, wie „in veränderlichen Gewichtsanteilen", erfolgt. Diese Erleichterung kommt auch dann zum Zug, wenn sich die Gewichtsanteile tatsächlich nicht verändern, sofern die Unterschiede nicht wesentlich sind. Unterschiede von 15 bis 20 % wird man hier hinnehmen können.

---

[86] Nach Art. 10 Abs. 1 iVm Anhang III 1.1. LebensmittelinformationsVO ist der Hinweis **unter Schutzatmosphäre verpackt** anzugeben, wenn der Verpackung Schutz- und Packgase zugegeben sind, die die Haltbarkeit des Lebensmittels verlängern.

- Zusammengesetzte Zutaten, die ihrerseits aus mehreren Zutaten bestehen, wie Schokoladenüberzüge auf Keksen, Eierteigwaren in einer Suppenmischung, können nach Maßgabe ihres Gesamtgewichtsanteils eingeordnet werden, sofern für diese zusammengesetzte Zutat eine Verkehrsbezeichnung nach Rechtsvorschrift oder allgemeiner Verkehrsauffassung besteht. Die Angabe als zusammengesetzte Zutat ist nur dann zulässig, wenn diese eine vorgeschriebene oder eine übliche Bezeichnung darstellt. Für eine übliche Bezeichnung ist es erforderlich, dass diese ohne weitere Erläuterung und ohne nachfolgende Aufzählung der Einzelzutaten verstanden wird. Hierbei legt die Rechtsprechung einen strengen Maßstab an.[87] Verstöße können eine Irreführung darstellen. Derzusammengesetzten Zutat ist dann ihrerseits zweckmäßigerweise (oder auf andere Art und Weise deutlich gemacht) ein Verzeichnis ihrer eigenen Zutaten, wiederum in absteigender Reihenfolge der Gewichtsanteile, nachzustellen. Diese zusätzliche Aufzählung kann konsequenterweise entfallen, wenn die Zutat ihrerseits ein Lebensmittel ist, für das ein Zutatenverzeichnis nicht vorgeschrieben ist, oder aber der Anteil der zusammengesetzten Zutat weniger als 2 Gewichtsprozente im Enderzeugnis beträgt.[88]
- Farbstoffe können im Zutatenverzeichnis grundsätzlich in beliebiger Reihenfolge angegeben werden.

Weitere Erleichterungen sind in Art. 18 Abs. 4 LMIV iVm Anhang VII Teil B, vorgesehen. Danach können die dort aufgeführten Zutaten mit diesem Klassennamen angegeben werden. Das gilt insbesondere für pflanzliche und tierische Öle und Fette, Mehl, Stärke, Fisch, Käse, Gewürze und Kräuter. Zu beachten ist hierbei, dass die Bezeichnungen „pflanzliches Öl“ oder „pflanzliches Fett“ künftig um die pflanzliche Herkunft der jeweiligen Öle oder Fette zu ergänzen ist. (zB Palmöl oder Sojaöl), vgl. Anhang VII Teil A Ziff. 8 und 9. Nach Art. 18 Abs. 4 LMIV iVm Anhang VII Teil C ist zwingend vorgesehen, dass dort aufgeführten Stoffe mit ihrem Klassennamen angegeben werden. 92

Zahlreiche Zusatzstoffe können verschiedenen Klassen angehören und je nach Verwendungszweck als Säuerungsmittel, Konservierungsmittel ua verwendet werden. Abzustellen ist jeweils auf die hauptsächliche technologische Wirkung im Einzelfall. 93

cc) Ausnahmen. Art. 19 und 20 LMIV enthalten Ausnahmen vom Erfordernis des Zutatenverzeichnisses bzw. von der Angabe bestimmter Bestandteile im Zutatenverzeichnis. Diese gilt zunächst einmal für Lebensmittel, die nur aus einer Zutat bestehen, sofern die Verkehrsbezeichnung des Lebensmittels identisch ist, wie die der Zutat oder aber die Verkehrsbezeichnung eindeutig auf die Art der Zutat schließen lässt. Daneben sind frisches Obst, frisches Gemüse und Kartoffeln, soweit sie nicht geschält, geschnitten oder ähnlich behandelt sind, ausgenommen, sowie Getränke mit einem Alkoholgehalt von mehr als 1,2 % vol. Deutschland hat von der Ermächtigung des § 41 LMIV Gebrauch gemacht und ein Zutatenverzeichnis für Bier (§ 6 Abs. 6 Nr. 2 LMKV) vorgeschrieben. Im Übrigen werden Zutatenverzeichnis und Nährwertkennzeichnung für alkoholische Getränke seit über 30 Jahren diskutiert. Zuletzt hatte die Kommission im März 2017 den verspäteten Bericht nach Art. 16 Abs. 4 LMIV vorgelegt, allerdings nur vorgeschlagen, dass die Industrie einen eigenen Vorschlag für die freiwillige Kennzeichnung vorlegen soll. Eine gesetzliche Regelung dürfte noch weitere Jahre auf sich warten lassen. 94

dd) Allergene. Umgekehrt sind allergene Zutaten, die in Anhang II zur LMIV aufgeführt sind, immer ausdrücklich zu kennzeichnen, wenn sie nicht ohnehin im Zutatenverzeichnis oder der Verkehrsbezeichnung genannt sind. Hierbei handelt es sich unter anderem um glutenhaltiges Getreide, Eier, Erdnüsse, Soja, Sellerie, Schalenfrüchte und Senf. Ferner sind Allergene nach Art. 21 Abs. 1 lit. b im Zutatenverzeichnis zusätzlich optisch **hervorzuheben,** zB durch eine abweichende Schriftart oder Hintergrundfarbe. 95

d) QUID – quantitative Angabe von Zutaten.[89] Im Jahre 1997 ist in das Europäische Lebensmittelkennzeichnungsrecht eine neue Kennzeichnungsverpflichtung eingeführt worden,[90] mit der die vorher nur vereinzelt vorgeschriebene **mengenmäßige Zutatenkennzeichnung** verbindlich 96

[87] So LG München I 21.12.2021 – 33 O 3572/21 (nicht rechtskräftig), wonach die Bezeichnung „Mandelerzeugnis“ nicht als verkehrsübliche Bezeichnung zu verstehen ist.

[88] Anhang VII Teil E LMIV.

[89] LMIV: zur quantitativen Angabe von Zutaten vgl. Art. 22 sowie Anhang VIII.

[90] RL 97/4/EG des Europäische Parlamentes und des Rates v. 27.1.1997 zur Änderung der RL 79/112/EWG zur Angleichung der Rechtsvorschriften der Mitgliedsstaaten über die Etikettierung und Aufmachung von Lebensmitteln sowie die Werbung hierfür, ABl. L 43/1 am 14.2.1997.

wurde – die so genannte **QUID**-Regelung.[91] Diese Regelung ist mit einer Ausnahmerichtlinie[92] geändert und präzisiert worden. Mittlerweile finden sich entsprechende Regelungen in Art. 22 LMIV sowie in deren Anhang VIII. Mit der ab Mai 2021 geltenden Spirituosen-Grundverordnung wurde wiederum eine weitere Verpflichtung zur mengenmäßigen Kennzeichnung der alkoholischen Bestandteile im Falle von Anspielungen auf in Anhang I geschützter rechtlicher Bezeichnungen (Art. 12) oder Spirituosenmischungen (Art. 13) vorgeschrieben (**sog. alkoholisches QUID**), die neben der QUID-Regelung des Art. 22 LMIV zu beachten ist, wenn Spirituosen betroffen sind.

97 *aa) QUID nach LMIV.* Die Verpflichtung zur mengenmäßigen Kennzeichnung betrifft nur Lebensmittel, die aus mehreren Zutaten zusammengesetzt sind. Dem Kennzeichnungspflichtigen steht es frei, einzelne Zutaten zu einer einzelnen Gruppe zusammenzufassen, etwa durch Auslobung wie „mit Gemüsemischung, mit leckeren Waldbeeren". Zwar wird der Begriff der „Gruppen von Zutaten" in der LMIV nicht mehr gebraucht, letztlich dürfte er sich indes weitestgehend mit dem Begriff der „Zutatenklasse" decken. Solche Klassen sind dann nur insgesamt hinsichtlich der Menge zu kennzeichnen. Nicht ausdrücklich geregelt ist die mengenmäßige Kennzeichnung von zusammengesetzten Zutaten wie „Fruchtzubereitung", „Käsecremefüllung" und ähnlichem. Neben der Kennzeichnung der zusammengesetzten Zutat insgesamt kann, wenn einer der Auslösetatbestände erfüllt ist, auch die Einzelkennzeichnung der Mengen zusammengesetzter Zutaten erforderlich sein.[93] Die QUID-Kennzeichnungspflicht ist an insgesamt vier **Auslösetatbestände** gebunden, Art. 22 Abs. 1 LMIV. Sie greift ein, wenn

- die die Zutat oder Zutatenklasse in der Bezeichnung des Lebensmittels angegeben ist;
- wenn die Bezeichnung darauf hindeutet, dass das Lebensmittel die Zutat oder Zutatenklasse enthält;
- wenn die Zutat oder Zutatenklasse auf dem Etikett durch Worte, Bilder oder graphische Darstellung hervorgehoben ist oder
- wenn die Zutat oder Zutatenklasse von wesentlicher Bedeutung für Charakterisierung des Lebensmittels und seine Unterscheidung von anderen Lebensmitteln ist, mit denen es auf Grund seiner Bezeichnung oder seines Aussehens verwechselt werden könnte.

98 Nur wenn ein solcher **Auslösetatbestand** erfüllt ist, ist für die jeweilige Zutat eine **Mengenkennzeichnung** erforderlich. Dann ist zunächst zu prüfen, ob einer der Ausnahmetatbestände des Art. 22 Abs. 2 LMIV iVm deren Anhang VIII Ziff. 1 eingreift. Die mengenmäßige Kennzeichnung kann danach entfallen, wenn

- das Abtropfgewicht nach gemäß Anhang IX Ziff. 5 anzugeben ist;
- die Mengenangabe bereits durch Unionsvorschriften vorgeschrieben ist;
- die Zutat oder Zutatenklasse in geringer Menge[94] zur Geschmacksgebung verwendet wird oder
- die Zutat oder Zutatenklasse, obwohl sie in der Bezeichnung des Lebensmittels vorkommt wird, für die Wahl des Verbrauchers im Land der Vermarktung nicht ausschlaggebend ist, da unterschiedliche Mengen für die Charakterisierung des betreffenden Lebensmittels nicht wesentlich sind oder es nicht von ähnlichen Lebensmitteln unterscheiden.[95]

99 Weitere Ausnahmen gelten, wenn die Menge der Zutat in Unionsbestimmungen konkret festgelegt ist, ohne dass die Angabe auf dem Etikett vorgesehen wäre und wenn gemäß Anhang VII Teil A Ziff. 4 der LMIV Obst-, Gemüse- oder Gewürzarten mit dem Hinweis „in veränderlichen Gewichtsanteilen" gekennzeichnet sind. Die Ausnahmetatbestände gelten unabhängig davon, welcher Auslösetatbestand die Kennzeichnung erforderlich gemacht hätte. Problematisch ist allerdings die möglicherweise bedeutendste Ausnahme in Anhang VIII Ziff. 1 lit. a iv) für Zutaten, die für die Wahl des Verbrauchers nicht ausschlaggebend sind. Diese Ausnahme soll für Zutaten gelten, obwohl sie in der „Bezeichnung des Lebensmittels vorkommt". Die Formulierung deutet zunächst darauf hin, dass ein anderer Auslösetatbestand als die Nennung in der Bezeichnung des Lebensmittels die Kennzeichnungserleichterung uneinwendbar macht, so dass eine graphische Hervorhebung etwa nicht erfasst wäre. Diese Schlussfolgerung entspricht jedoch nicht dem Sinn

---

[91] QUantitative Ingredient Declaration.

[92] RL 1999/10/EG v. 8.3.1999 über Ausnahmen von Art. 7 der RL 79/112/EWG, ABl. L 69/1 v. 16.3.1999.

[93] Bei einer Käsecreme ist nur der Anteil der Creme insgesamt zu kennzeichnen, da der verwendete Käse keine Zutat ist; wird statt dessen eine Eiercreme ausgelobt, kann der Eigehalt kennzeichnungspflichtig sein.

[94] In der Regel liegt die Grenze bei 2 % Mengenanteil.

[95] Als Beispiel lässt sich hier ein „Kirschwasser" anführen. Trotz Hervorhebung der Kirschen, dürfte deren Anteil im Destillat für die Wahl des Verbrauchers nicht ausschlaggebend sein.

und Zweck der Ausnahmeregelung. Wird eine Zutat nur im Rahmen der Produktgestaltung kenntlich gemacht, so ist der darin enthaltene Hinweis für den Verbraucher weniger deutlich, als es eine (explizite) Aufnahme in die Bezeichnung selbst wäre. Demnach muss die Ausnahme in derartigen Fällen erst Recht eingreifen (argumentum a maiore ad minus).[96]

Die Kennzeichnungsverpflichtung entfällt auch nicht für jede Zutat, die für die Wahl des Verbrauchers nicht ausschlaggebend ist, sondern nur dann, weil entweder unterschiedliche Mengen für die Charakterisierung des betreffenden Lebensmittels nicht wesentlich sind oder unterschiedliche Mengen das Lebensmittel nicht von ähnlichen Lebensmitteln unterscheiden. Die Regelung wirft mehr Fragen auf, als sich aus dem Gesetzestext beantworten lassen, weshalb die Kommission zur Erläuterung die im Anhang abgedruckten „allgemeinen Leitlinien für die Umsetzung" dieser Verordnung veröffentlicht hat. Diese Leitlinien enthalten eine Vielzahl von Beispielen und Anwendungshinweisen. 100

Die mengenmäßige Angabe hat in **vollen Prozentpunkten** zu erfolgen. Sie hat entweder in der Bezeichnung des Lebensmittels selbst, in deren unmittelbaren Nähe oder im Verzeichnis der Zutaten zu erfolgen. Abzustellen ist auf die Menge zum Zeitpunkt der Verwendung bei der Herstellung des Lebensmittels. Dies ist etwa darin begründet, dass die Zutat etwa während eines Backprozesses dezimiert wird. Es ist daher festzustellen, welche Menge an Zutaten bei der Herstellung insgesamt verwendet wird und der Prozentsatz der verwendeten Zutat in Relation hierzu zu ermitteln. Welchen mengenmäßigen Anteil die Zutat dagegen im Enderzeugnis letztlich hat, bleibt dabei unberücksichtigt. Das erleichtert die Berechnung bei der Herstellung und erschwert zugleich eine nachträgliche Überprüfung. Das ist problematisch, insbesondere bei Zutaten, deren Gehalt während der Mindesthaltbarkeitsdauer abnimmt. Hier kann, wie etwa bei der Nährwertkennzeichnung, auf den durchschnittlichen Wert abgestellt werden, der den Gehalt des jeweiligen Stoffes am besten repräsentiert. Die Regelung ist gleichwohl sachgerecht, weil sich der Mengenanteil einer Zutat im Verlaufe der Zubereitung ganz erheblich ändern kann und dies im Übrigen die einzige Berechnungsmethode ist, die sicherstellt, dass der Gesamtwert von 100 % niemals überschritten wird. Art. 22 Abs. 2 LMIV iVm Anhang VIII Ziff. 4 sieht hiervon wiederum Ausnahmen vor und zwar für Zutaten, denen Feuchtigkeit entzogen wird oder die bei oder vor der Verwendung verdickt oder getrocknet werden oder rückverdünnt werden. 101

Die Angabe in vollen Prozentpunkten ist nicht als Mindestmengengarantie ausgestaltet. Es ist vielmehr vom Mittelwertprinzip auszugehen. Regelungen über die zulässige Höchstabweichung bestehen nicht. Die eichrechtlichen Bestimmungen für zulässige Mengenabweichungen in der FPackV greifen nicht, da sie sich ausdrücklich nur auf die Gesamtmenge beziehen. Sondervorschriften für die Berechnung des Mengenanteils gibt es nur in Ausnahmefällen,[97] so dass nach Ziff. 27 der amtlichen Leitlinien die jeweils im Einzelfall zu ermittelnde „gute Herstellungspraxis" zugrunde zu legen ist. 102

Da sich die Kennzeichnungsverpflichtung ohnehin nur auf solche Zutaten bezieht, die durch die Art ihrer Hervorhebung für den Kaufentscheid des Verbrauchers maßgeblich sein können, dürften technisch vermeidbare, übermäßige Abweichungen regelmäßig gleichzeitig eine **Irreführung** über qualitätsbestimmte Merkmale sein. 103

bb) Alkoholisches QUID. Für Spirituosen sieht die seit Mai 2021 geltende Spirituosen-Grundverordnung[98] im Falle von **Anspielungen** auf in Anhang I der Spirituosen-Grundverordnung besonders geschützte rechtliche Bezeichnungen, wie etwa „Rum" oder „Gin", nach Art. 12 Abs. 2 und Abs. 3 sowie für **Spirituosenmischungen** nach Art. 13 eine zusätzliche Verpflichtung zur Kennzeichnung der Anteile der einzelnen alkoholischen Bestandteile vor (sog. **alkoholisches QUID**). 104

Beim alkoholischen QUID ist der Anteil der einzelnen alkoholischen Bestandteile mindestens einmal im selben Sichtfeld wie die Anspielung oder im Falle von Mischungen wie die rechtlich vorgeschriebene Bezeichnung in absteigender Reihenfolge der verwendeten Mengen angegeben; dieser Anteil entspricht dem prozentualen Volumenanteil reinen Alkohols am Gesamtgehalt an reinem Alkohol des Fertigerzeugnisses. Hierbei ist also anders als beim QUID nach Art. 22 der LebensmittelinformationsVO nicht der mengenmäßige Anteil des Bestanteils zum Zeitpunkt der Verwendung der Zutat maßgeblich, sondern der Anteil des alkoholischen Bestanteils am Gesamtalkoholgehalt des Erzeugnisses. 105

[96] Ebenso Voit/Grube/Grube Art. 22 Rn. 30.
[97] So etwa für die Berechnung des Alkoholgehaltes oder den Gesamtzuckeranteil nach der KonfitürenVO.
[98] VO (EU) Nr. 2019/787.

106 Die Verpflichtung zur mengenmäßigen Kennzeichnung nach Art. 22 LebensmittelinformationsVO (QUID) lässt die Verpflichtung zur Auslobung der Anteile der einzelnen alkoholischen Bestandteile (alkoholisches QUID) unberührt. Gleiches gilt umgekehrt, es kann daher durchaus verpflichtend sein ein **Doppeltes-QUID** (QUID + alkoholisches QUID) auszuloben. Werden demnach bei einem Likör die Zutaten Ei, Whisky und Rum besonders hervorgehoben, so wären die Zutaten „Ei", „Whisky" und „Rum" zunächst nach Art. 22 QUIDen. Gleichzeitig wäre hier eine alkoholische QUID Kennzeichnung nach Art. 12 Abs. 3 lit. b) Spirituosen-Grundverordnung für die alkoholischen Bestandteile „Whisky" und „Rum" erforderlich. Die jeweiligen Bezugsgrößen sind freilich jeweils andere, was die Kennzeichnungsverpflichtung auch aus Sicht der adressierten Verbraucher kaum nachvollziehbarer machen dürfte, da er sich letztlich mit zwei verschiedenen Prozentangaben konfrontiert sieht. Dennoch kann ein Fehlen einer der beiden QUID Angaben beanstandet werden. Hinsichtlich der alkoholischen QUID Angaben sind in Art. 12 und Art. 13 der Spirituosen-Grundverordnung auch noch genaue Formvorgaben geregelt, die bei der Kennzeichnung zwingend eingehalten werden müssen.

107 e) **Nährwertkennzeichnung.** Seit dem Jahr 2016 ist die Nährwertdeklaration verpflichtend vorgeschrieben. Art. 30 Abs. 1 LMIV normiert die sogenannten **„Big Seven"**: den **Brennwert,** die Menge an **Fett, gesättigten Fettsäuren, Kohlenhydraten, Zucker, Eiweiß** und **Salz.** Diese sieben Nährwertangaben sind stets zu kennzeichnen. Entgegen der Vorgängerregelung in § 4 Abs. 1 NKV ist es nun nicht mehr zulässig die Nährwertdeklaration auf vier Elemente zu begrenzen („Big Four"). Art. 30 Abs. 2 LMIV eröffnet die Möglichkeit die verpflichtende Nährwertdeklaration um die Mengenangabe von einfachen ungesättigten Fettsäuren, mehrfach ungesättigten Fettsäuren, mehrwertige Alkohole, Stärke, Ballaststoffe, sowie die in Anhang XIII aufgeführten Vitamine und Mineralstoffe in signifikanten Mengen zu ergänzen. Hierbei ist zu beachten, dass sowohl die Aufzählung in Absatz 1, als auch die des Absatz 2 abschließend ist. Hieraus folgt, dass eine Angabe von Cholesterin in der Nährwerttabelle, entgegen der früheren Rechtslage nach § 4 Abs. 2 Ziff. 5 NKV, nicht länger zulässig ist. Die Angaben nach Art. 30 Abs. 1 und 2 müssen in Form einer Tabelle, in der die Nährstoffe untereinander aufgeführt sind, gemacht werden, vgl. Anhang XV zur LMIV.[99] Nur wenn eine Tabelle aus Platzgründen nicht verwendet werden kann, können die Angaben hintereinander aufgeführt werden, wobei der Platzmangel selbstverständlich nicht willkürlich durch die Wünsche einer Marketingabteilung herbeigeführt werden darf.

Praxistipp:

Die Reihenfolge und Form, die sich aus Anhang XV der LMIV ergibt, sollte im Rahmen der Darstellung unbedingt eingehalten werden.

108 Gemäß Art. 32 LMIV haben sich die Angaben nach Art. 30 Abs. 1 bis 5 jeweils auf **100 g** oder **100 ml** des **Lebensmittels** zu beziehen. Bei Lebensmitteln, die erst durch Zugabe anderer Lebensmittel verzehrfertig werden, kann sich die Angabe auch auf das verzehrfertige Lebensmittel beziehen, wenn hinreichend genaue Zubereitungsanleitungen vorhanden sind, so dass die entsprechende Hochrechnung einigermaßen zuverlässig ist, vgl. Art. 31 Abs. 3. Bei **Nahrungsergänzungsmitteln,** die in den Anwendungsbereich der RL 2002/46/EG fallen, wie **Vitaminen** und **Mineralstoffen,** ist zusätzlich der Prozentsatz der empfohlenen Tagesdosis anzugeben, der in 100 g oder 100 ml des Erzeugnisses enthalten ist.[100] Die Nährwertdeklaration der LMIV ist für Nahrungsergänzungsmittel nicht verpflichtend, darf jedoch auf freiwilliger Basis vorgenommen werden.

109 Art. 30 Abs. 3 sieht die Möglichkeit vor, folgende Angaben (und **nur** diese!) in der Kennzeichnung des Lebensmittels (im Hauptsichtfeld in einer Mindestgröße von 1,2 bezogen auf das kleine „x") zu wiederholen: entweder den Brennwert oder den Brennwert zusammen mit Fett gesättigten Fettsäuren, Zucker und Salz. Hier gilt für GDA-Angaben die Besonderheit, dass für Fett, gesättigte Fettsäuren, Zucker und Salz die portionsbezogene Angabe genügt und keine 100 g/100 ml-Angabe erfolgen muss (für den Brennwert hingegen schon!), vgl. Art. 33 Abs. 2.

---

[99] Die in Anhang XV zur LMIV gemachten Vorgaben sollten genau beachtet werden, auch kleinste Abweichungen werden von Behörden beanstandet.

[100] Eine Definition von Nahrungsergänzungsmitteln findet sich in Art. 2 lit. a RL 2002/46/EG.

Wird der Brennwert oder die Nährstoffmengen als Prozentsatz zu den in Anhang XIII Teil B festgelegten Referenzmengen (bislang GDA-Angaben) ausgedrückt, ist gem. Art. 32 Abs. 5 folgende Angabe hinzuzufügen: *„Referenzmenge für einen durchschnittlichen Erwachsenen (8499 kJ/2000 kcal)“*. 110

Nach Art. 16 Abs. 3 LMIV ist eine Nährwertdeklaration, ebenso wie ein Zutatenverzeichnis, für **Getränke mit einem Alkoholgehalt von mehr als 1,2 Volumenprozent** nicht verpflichtend. Etwaige Bestrebungen eine verpflichtende Kennzeichnung einzuführen blieben bislang ohne Ergebnis. Fraglich ist insbesondere die dann relevante Bezugsgröße. Eine 100 ml Angabe dürfte gerade bei Spirituosen nicht dem zu erwartenden Trinkverhalten entsprechen, eine andere Angabe ginge wiederum zu Lasten der Vergleichbarkeit. Der BSI[101] ist im Jahr 2019 freiwillig dazu übergegangen auf seiner Internetseite[102] über Nährwertangaben und Zutaten von in der EU und Deutschland angebotenen Spirituosen zu informieren. Die vom BSI gemachten Angaben erfolgen in der üblichen Trinkeinheit von 20 ml und zusätzlich bezogen auf 100 ml. 111

f) Mindesthaltbarkeitsdatum (MHD). *aa) MHD im engeren Sinn.* Art. 2 Abs. 2 lit. r LMIV definiert das **Mindesthaltbarkeitsdatum** als das Datum, bis zu dem dieses Lebensmittel bei richtiger Aufbewahrung seine spezifischen Eigenschaften behält. Das Mindesthaltbarkeitsdatum stellt nur eine allgemeine Information des Verbrauchers dar, eine Garantie beinhaltet es nicht. Wenn ein Lebensmittel vor Ablauf des MHD diese Eigenschaften verliert, erlaubt dies noch nicht den Rückschluss, dass die Angabe des MHD irreführend war. Ebenso wenig kann der Kauf wegen des Fehlens einer zugesicherten Eigenschaft angefochten werden. Das Mindesthaltbarkeitsdatum wird in Art. 24 LMIV sowie in Anhang X noch detaillierter geregelt. 112

Die Festlegung des MHD obliegt dem Hersteller der Fertigpackung; eine nachträgliche Änderung durch Dritte ist nicht zulässig. Sie stellt eine Urkundenfälschung dar. 113

Der Hersteller hat die **richtigen Aufbewahrungsbedingungen** zu ermitteln. Hierbei ist gegenüber der vormaligen Definition des § 7 LMKV zu beachten, dass nun nicht mehr „angemessene Aufbewahrungsbedingungen“ maßgeblich sind, sondern die „richtige Aufbewahrung“. Demnach können für die Ermittlung des MHD nunmehr nur die richtigen, also definierten Aufbewahrungsumstände entscheidend sein. Eine fehlerhafte Aufbewahrung ist nicht zu antizipieren. Dabei ist von den Lagerumständen auszugehen, denen die Fertigpackung voraussichtlich bis zum bestimmungsgemäßen Öffnen unterworfen ist. Es ist daher gegebenenfalls auf besondere Aufbewahrungsbedingungen gesondert hinzuweisen. Da Einzelfälle, in denen das MHD unterschritten wurde, Ansprüche gegen den Verantwortlichen in der Regel noch nicht begründen, spielt dieses Kennzeichnungselement im Wettbewerbsrecht eine untergeordnete Rolle. 114

Die Art der Angabe ist in Anhang X Ziff. 1 zur LMIV exakt vorgeschrieben. Das Mindesthaltbarkeitsdatum ist mit den Worten **„Mindestens haltbar bis …“** unverschlüsselt unter Angabe von Tag, Monat und Jahr anzugeben. Beträgt die Haltbarkeit weniger als drei Monate, so ist die Angabe des Tages und Monats ausreichend, bei einer Haltbarkeit von mehr als drei Monaten, aber weniger als 18 Monaten ist die Angabe des Monats und des Jahres zu machen. Bei einer Haltbarkeit vom mehr als 18. Monaten ist das Jahr anzugeben. Genauere Angaben, inkl. der Uhrzeit, sind aber zulässig. Es ist gestattet Tag, Monat und Jahr an anderer Stelle anzugeben, wenn in Verbindung mit dem Hinweis auf diese Stelle hingewiesen wird. Wendungen wie „Mindestens haltbar bis: siehe Deckelaufdruck“ sind ohne weiteres zulässig. Die Angaben können abgekürzt werden, wobei darauf zu achten ist, dass sie leicht verständlich bleiben, was bei der Kombination des MHD mit der Loskennzeichnung oder anderen Codierungen gelegentlich problematisch ist.[103] Es muss für den Verbraucher jederzeit erkennbar sein, welches Datum das MHD ist. Eine Angabe wie „Best before end …“ reicht nicht,[104] da sie nicht die gleiche Warnfunktion für den deutschen Verbraucher hat[105] und überdies nicht der gesetzlichen Anforderung genügt, dass Pflichtangaben in deutscher Sprache zu machen sind. 115

Anhang X Ziff. 1 lit. d) enthält eine Reihe von Ausnahmen für frisches Obst und Gemüse, Getränke mit einem Alkoholgehalt ab 10 vol.%, verschiedene Getränke des KN-Codes 2206 00, 116

---

[101] Bundesverband der deutschen Spirituosen-Industrie und -Importeure e. V.

[102] Abrufbar unter: https://www.spirituosen-verband.de/naehrwertangaben.

[103] Vgl. LG Essen 23.11.2005, BeckRS 2009, 27311.

[104] Ebenso für die gleichsinnige italienische Kennzeichnung „Da Consumarsi Preferibilmente Entro“, OLG Dresden GRUR 2000, 89.

[105] Hans OLG ZLR 97, 57.

Essig, Backwaren, die üblicherweise innerhalb von 24 Stunden verzehrt werden, Speisesalz, Zucker in fester Form, Zuckerwaren, die **fast nur aus Zucker aber mit Aromastoffen und/oder Farbstoffen** bestehen sowie Kaugummi und ähnlichen Erzeugnissen zum Kauen.

Praxistipp:

Aufgrund der eindeutigen formalen Vorgaben des Anhang X Ziff. 1 zur LMIV ist in der Praxis von etwaigen Abkürzungen (etwa MHD) abzuraten, um unnötige Beanstandungen zu vermeiden.

117 *bb) Verbrauchsdatum.* Das MHD wird von Verbrauchern nach wie vor weitgehend mit einem **Verbrauchsdatum** verwechselt. Ein solches Verbrauchsdatum ersetzt gemäß Art. 24 Abs. 1 LMIV das MHD bei **in mikrobiologischer Hinsicht sehr leicht verderblichen Lebensmitteln,** die folglich bereits nach kurzer Zeit eine unmittelbare Gefahr für die menschliche Gesundheit darstellen können. Auch dies bezieht sich auf fertigverpackte Lebensmittel, die Gefahr der Verderbnis muss also bei ungeöffneter und angemessen gelagerter Packung bestehen. Eine exakte Definition der sehr leichten Verderblichkeit gibt es nicht, in § 2 Nr. 3 Lebensmittel-Hygiene-Verordnung ist nur von „leicht verderblich" die Rede. Eine unmittelbare Gesundheitsgefahr ist damit in der Regel nicht verbunden. Man wird einen Zeitraum von einigen wenigen Tagen[106] zugrunde legen müssen.[107]

118 Die Art der Kennzeichnung ist die gleiche wie beim Mindesthaltbarkeitsdatum. Auf das Verbrauchsdatum ist zwingend mit den Worten **„Verbrauch bis"** hinzuweisen, Anhang X Ziff. 2. Nach Ablauf des Verbrauchsdatums darf das Lebensmittel nicht mehr in Verkehr gebracht werden, während Lebensmittel, deren MHD abgelaufen ist unter entsprechenden Hinweisen verkauft werden dürfen, dies allerdings auch nur, wenn der Inverkehrbringer sich zusätzlich zumindest durch Stichproben davon überzeugt hat, dass auch diese Lebensmittel noch nicht verdorben sind.

119 *cc) Einfrierdatum:* Zusätzlich zum Mindesthaltbarkeits- und Verbrauchsdatum ist nun durch Art. 24 iVm Anhang X Ziff. 3 auch die Angabe des **Einfrierdatums** in vorgegebener Form verpflichtend vorgeschrieben.

Praxistipp:

Gemeint ist das Datum des ersten Einfrierens, nicht etwa ein späteres Wiedereinfrieren.

120 **g) Alkoholgehalt.** Bei Getränken mit einem **Alkoholgehalt von mehr als 1,2 vol.%** ist dieser anzugeben, Art. 9 Abs. 1 lit. k) LMIV. Getränke sind nach allgemeiner Verkehrsauffassung Flüssigkeiten, die zum Trinken für den Menschen bestimmt und geeignet sind: sonstige flüssige Lebensmittel, wie Suppen, Soßen, Fonds ua sind nicht erfasst. Lebensmittel, die bestimmungsgemäß vor dem Verzehr in Flüssigkeiten, insb. Wasser oder Milch aufgelöst werden, sind Getränkegrundstoffe. Die bloße Löslichkeit in einer Flüssigkeit[108] reicht für die Getränkeeigenschaft nicht aus. Durchaus zu diskutieren ist die Getränkeeigenschaft bei alkoholischen Produkten, die flüssig vertrieben werden, jedoch vor dem Verzehr gefroren werden sollen. Hier ist im Einzelfall zwischen Eis und Getränk abzugrenzen.[109] Getrockneter Alkohol ist bezogen auf das verzehrfertige Getränk anzugeben. Der Alkoholgehalt ist mit maximal einer Dezimalstelle anzugeben, wobei auf

[106] Für Hackfleisch ist, mit wenigen Ausnahmen, nach § 13a Tierische Lebensmittel-Hygieneverordnung (Tier-LMHV) das Inverkehrbringen noch am Tag der Herstellung vorgeschrieben.

[107] Zipfel/Rathke Lebensmittelinformations-VO/VO (EU) Nr. 1169/2011 Art. 24 Rn. 63.

[108] Wie der gefürchtete Honig in heißer Milch – Honig ist kein Getränk, auch wenn man ihn mit solchen mischen kann, wird ihm jedoch durch die Auslobung die überwiegende Zweckbestimmung zur Auflösung in Tee oder Milch beigelegt, kann sich das ändern.

[109] Der Arbeitskreis Lebensmittelchemischer Sachverständiger der Länder und des Bundesamtes für Verbraucherschutz und Lebensmittelsicherheit (ALS) ordnete in seiner 117. Sitzung mit der Stellungnahme 2021/22 Slush-Eis aufgrund der Herstellungsweise als alkoholfreies Erfrischungsgetränk und nicht als Speiseeis ein. Diese Stellungnahme kann Indizwirkung entfalten, ist indes nicht bindend.

den tatsächlichen Alkoholgehalt abzustellen ist.[110] In diesem Zusammenhang stellt sich die Frage, wie die Angabe 0,00 vol. % zu werten ist. Einerseits lässt sich die sehr formale Position einnehmen, dass es bei der Angabe um die Angabe des Alkoholgehalts handelt, welche den Anforderungen des Art. 36 iVm. Anhang XII LMIV entsprechen muss. Die zweite Dezimalstelle müsste somit entfallen. Andererseits kann in der Angabe 0,00. vol. % als Synonym zur Auslobung „alkoholfrei" aufgefasst werden, der Anwendungsbereich von Art. 36 iVm Anhang XII LMIV wäre dann nicht eröffnet. Im Interesse einer optimalen Verbraucherinformation, auf welche auch die LMIV abzielt, ist der zweiten Ansicht der Vorzug zu geben, da gerade vor dem Hintergrund, dass alkoholische Getränke ab einem Alkoholgehalt von 0,5 % vol. oder weniger (noch)[111] als „alkoholfrei" gelten, für beispielsweise schwangere Verbraucherinnen, die Information, dass ein Produkt tatsächlich keinen Restalkoholenthält, einen durchaus wertvollen Mehrwert darstellt, den man nicht durch Förmelei untergraben sollte.

In Anhang XII zur LMIV werden in Abweichung der sonst geltenden eichrechtlichen Bestimmungen zulässige Schwankungsbreiten festgelegt, die berücksichtigen, dass bei vergorenen Getränken der Alkoholgehalt nicht immer exakt festgelegt werden kann und bei Getränken mit eingelegten Früchten und Pflanzenteilen der Alkoholgehalt sich auch nach oben oder nach unten ändern kann. Die in Anhang XII festgelegten Schwankungsbreiten lassen sich indes nicht auf die zwingenden Vorgaben zum Mindestalkoholgehalt der unter Anhang I der Spirituosen-Grundverordnung (VO (EU) Nr. 2019/787) geregelten Spirituosenkategorien (bspw. Rum, Gin oder Likör) übertragen. Eine Unterschreitung des dort vorgegebenen Mindestalkoholgehalts (etwa 37,5 % vol. für Rum nach Anhang I Nr. 1) hat etwa zur Folge, dass die jeweils vorgesehene rechtliche Bezeichnung nicht länger geführt werden darf.[112] Dies gilt ungeachtet der Tatsache, ob sich die Unterschreitung innerhalb der gesetzlichen Schwankungsbreiten des Anhang XII der LMIV bewegt. 121

Praxistipp:

Der Prozentzahl ist zwingend das Symbol „% vol." anzufügen, die Angabe des Wortes „Alkohol" oder die Abkürzung „alc." darf voran- aber nicht nachgestellt werden. Die Kennzeichnung in dieser Reihenfolge ist zwingend. Es gibt Fälle, in denen wegen der Angabe „15 % alc. vol." nicht nur eine Beanstandung ausgesprochen, sondern auch ein Bußgeldbescheid erlassen wurde. Ebenso sollte sich zwingend auf die Angabe einer Dezimalstelle beschränkt werden. Das Argument, dass zwei Dezimalstellen zu einer besseren Verbraucherinformation führen, mag zwar stichhaltig, aber für Behörden nicht immer überzeugend sein.

Für alkoholhaltige Getränke sei ergänzend auf die Verhaltensregeln des Deutschen Werberates über die Werbung und das Teleshopping für alkoholische Getränke[113] hingewiesen. Obwohl keine unmittelbar geltenden Rechtsnormen, können sie bei der Auslegung der § 3 UWG herangezogen werden. 122

h) Primäre Zutat. Art. 26 Abs. 3 LMIV schreibt vor, dass, wenn das Ursprungslande oder der Herkunftsort eines Lebensmittels angegeben ist und diese Angabe nicht mit dem Ursprungsland oder dem Herkunftsort der „primäre Zutat" übereinstimmt, auch das Ursprungsland oder der Herkunftsort der primären Zutat anzugeben ist (lit. a) oder anzugeben ist, dass die primäre Zutat aus einem anderen Ursprungsland oder Herkunftsort kommt als das Lebensmittel. Die Einzelheiten zur Anwendung des Art. 26 Abs. 3 LMIV sind in der Durchführungsverordnung (EU) Nr. 2018/775 geregelt. Der Begriff „primäre Zutat" wird in Art. 2 Abs. 2 lit. q LMIV definiert. Hiernach ist diejenige Zutat oder diejenigen Zutaten eines Lebensmittels, die über 50 % 123

[110] Fraglich ist, ob die Angabe „Alc. 0,00 % Vol." nach Art. 36 und Anhang XII der LMIV beanstandet werden kann. Auf den ersten Blick widerspricht die Angabe der geregelten Beschränkung auf eine Dezimalstelle. Andererseits stellt sich in diesem Zusammenhang die Frage, ob hier nicht eine mit der Auslobung „alkoholfrei" gleichbedeutende Angabe angenommen werden muss, die allein nach dem Anhang der HCVO zu bewerten ist.

[111] Gerade bei Spirituosen ist die Grenze von 0,5 vol. % nicht festgeschrieben und kann sich gerade mit dem aktuellen Trend zu alkoholfreien Ersatzprodukten, die teilweise in der Tat auch keinen Restalkohol mehr aufweisen, künftig verschieben, so dass es hier das Verkehrsverständnis künftig zu beobachten gilt.

[112] Ausführlich Böhler GRUR 2022, 689 ff.

[113] Zu beziehen: Deutscher Werberat, Am Weidendamm 1a), 10117 Berlin, www.werberat.de.

dieses Lebensmittels ausmachen oder die Verbraucher üblicherweise mit der Bezeichnung des Lebensmittels assoziieren und für die in den meisten Fällen eine mengenmäßige Angabe vorgeschrieben ist, als primäre Zutat anzusehen.

124 In der **ersten Alternative** knüpft die Definition der primären Zutat daran an, ob einzelne Zutaten oder Zutatengruppen **mehr als 50 %** eines zusammengesetzten Lebensmittels ausmachen (bspw. italienischer Balsamico mit Essig aus Marokko). In der **zweiten Alternative** ist die Zutat als primäre Zutat anzusehen, die der Verbraucher üblicherweise mit der Bezeichnung des Lebensmittels assoziiert und für die in den meisten Fällen eine mengenmäßige Kennzeichnung vorgeschrieben (Art. 22 Abs. 1 LMIV/QUID) ist (bspw. deutscher Fruchtjoghurt mit Erdbeeren aus den Niederlanden). Bei Lebensmitteln, bei denen mehrere Zutaten als „primäre Zutat" in Betracht kommen, etwa einerseits aufgrund des mengenmäßigen Anteils von über 50 %, andererseits aber eine andere Zutat vom Verbraucher üblicherweise mit der Bezeichnung assoziiert wird, ist dann die Zutat anzugeben, die vom Verbraucher mit dem Lebensmittel assoziiert wird, auch wenn eine andere mengenmäßig überwiegt. Im Fall einer Gemüsesuppe, wäre also auf das Gemüse und nicht auf den mengenmäßig größeren Wasseranteil abzustellen.[114]

125 Anstatt ein konkretes Ursprungsland oder einen konkreten Herkunftsort zu benennen, kann alternativ auch darüber informiert werden, dass die Primärzutat aus **„EU"**, **„Nicht-EU"** oder **„EU und nicht EU"** stammt. Dies ist gerade bei Lebensmitteln hilfreich, deren Primärzutat aus verschiedenen Ländern bezogen wird und eine einwandfreie Zuordnung auf die einzelnen Chargen nicht mehr möglich ist (Apfelmus mit Äpfeln aus EU und nicht EU). Weiteres hierzu ist in Art. 2 Durchführungsverordnung (EU) Nr. 2018/775 geregelt.

126 i) **Loskennzeichnung-Traceability.** Art. 18 der BasisVO führt das Prinzip der Rückverfolgbarkeit als eines der Grundprinzipien in das Lebensmittelrecht ein. Danach ist der Lebensmittelunternehmer verpflichtet, seine betrieblichen Abläufe so zu organisieren, dass er jederzeit in der Lage ist, den zuständigen Behörden auf Anfrage mitzuteilen, von wem er ein Lebensmittel oder einen Stoff, der dazu bestimmt ist, in einem Lebensmittel verarbeitet zu werden, erhalten oder an wen er es geliefert hat. Damit wird der Loskennzeichnungsverordnung vom 23.6.1993, die wiederum in Umsetzung einer Europäischen Richtlinie[115] erfolgte, in Zukunft entscheidende Bedeutung zukommen. Lebensmittel müssen – auch dann, wenn sie nicht in Fertigpackungen in Verkehr gebracht werden – mit einer Angabe gekennzeichnet sein, aus der ersichtlich ist, welchem Herstellungslos sie entstammen. Das Gesetz geht davon aus, dass das Los die **Gesamtheit von Verkaufseinheiten** eines Lebensmittels ist, das praktisch unter gleichen Bedingungen erzeugt, hergestellt und verpackt wurde. Sie erlangt Bedeutung insbesondere, wenn von Lebensmitteln bzw. einzelnen Zutaten gesundheitliche Gefahren ausgehen und möglicherweise Lebensmittel zurückgerufen werden müssen. Um dem Gebot der Rückverfolgbarkeit zu genügen, empfiehlt es sich daher jeder Produktionscharge, in der auch nur eine Zutat aus einer anderen Lieferung eines Vorlieferanten verarbeitet wird, eine neue Losnummer zuzuerkennen.

Praxistipp:

Wer hier zu großzügig verfährt, trägt das Risiko, dass im Falle einer Beanstandung die Rückverfolgbarkeit hinsichtlich einzelner Zutaten nicht exakt möglich ist und gegebenenfalls sehr viel größere Mengen an Lebensmitteln zurückgerufen werden müssen, als es sonst notwendig geworden wäre. Während es bei komplex zusammengesetzten Lebensmitteln, etwa Backwaren mit vielerlei Zutaten, ratsam sein kann, die Herstellungslose und damit die Rückverfolgbarkeit der Zutaten auf Zeiträume von wenigen Minuten zu begrenzen, kann in anderen Fällen wie etwa bei Obstdestillaten einer kleinen Brennerei durchaus die gesamte Jahresproduktion in einem einzelnen Los zusammengefasst werden. Hier ist unter gebotener Risikoabwägung im Einzelfall zu entscheiden.

127 Die Loskennzeichnung hat aus einer frei gewählten Buchstaben und/oder Ziffernkombination zu bestehen. Dieser ist der Buchstabe L voranzustellen, sofern sie nicht ohnehin deutlich von sonstiger Kennzeichnung unterschieden ist. Die Angabe ist häufig identisch mit dem Mindesthaltbarkeitsdatum inkl. Uhrzeit und Angabe der Fertigungsstraße.

[114] Ebenso Meisterernst in Zipfel/Rathke LebensmittelR, 179. EL März 2021, LMIV Art. 26 Rn. 37.
[115] Richtlinie des Rates v. 14.6.1989 über Angaben oder Marken, mit denen sich das Los, zu dem ein Lebensmittel gehört, feststellen lässt, ABl. L 186/21 v. 30.6.1989.

Auch für die Loskennzeichnung gilt, dass sie gut sichtbar, deutlich lesbar und dauerhaft angebracht sein muss. Dieses Kennzeichnungselement hat aber eine andere Funktion, als die bisher beschriebenen Kennzeichnungselemente, die in erster Linie der Unterrichtung des Verbrauchers beim und nach dem Kauf des Erzeugnisses dienen soll. Die Loskennzeichnung dient in erster Linie **Überwachungszwecken** und wird für den Verbraucher erst im Moment eines Rückrufs relevant. Daher kann es im Einzelfall gerechtfertigt sein, bei der Sichtbarkeit, also der Frage, wo auf der Packung die Angabe angebracht ist, großzügiger zu sein als bei anderen Angaben, während man bei der Frage der Lesbarkeit, also der Unzweifelhaften Identifikation der Buchstaben/Zahlenkombination eher strenger wird sein müssen. 128

§ 2 Loskennzeichnungsverordnung enthält eine Reihe von Ausnahmen, insbesondere für Lebensmittel, die lose abgegeben werden und mit deren Verbrauch ohne Weiterverarbeitung alsbald zu rechnen ist, also Speiseeis, Bratwurst, frische Backwaren und anderes mehr. Bedeutsam sind die Befreiungen für Fertigpackungen, deren größte Einzelfläche weniger als 10 Quadratzentimeter beträgt sowie für solche Lebensmittel, bei denen das Mindesthaltbarkeits- oder Verbrauchsdatum unverschlüsselt unter Angabe mindestens des Tages und des Monats – in dieser Reihenfolge – angegeben ist. Damit ist aber keineswegs eine Befreiung vom Prinzip der Rückverfolgbarkeit verbunden; auch für nicht kennzeichnungspflichtige Erzeugnisse muss jederzeit feststellbar sein, aus welcher Lieferung die verarbeiteten Zutaten stammen. 129

j) Füllmenge. Die Angabe der „Nettofüllmenge" vorverpackter Lebensmittel ist in Art. 9 Abs. 1 lit. e LMIV vorgeschrieben und wird durch Art 23 iVm Anhang IX LMIV näher konkretisiert. Nicht vorverpackte Lebensmittel sind von der Kennzeichnungspflicht ausgenommen, Art. 12 Abs. 5 iVm Art. 44 Abs. 1 lit. b LMIV. Besagte Vorschriften dienen, wie die LMIV im Übrigen, der Verbraucherinformation und finden daher auf das B2B Verhältnis keine Anwendung, so dass sich die Angabe der Füllmenge in letzterem Fall nach wie vor nach den §§ 6 ff. FpackV richtet, welche im B2C-Bereich wiederum nur noch teilweise gelten. Dazu sogleich. 130

Art. 23 Abs. 1 LMIV normiert abschließend fünf mögliche Einheiten zur Angabe der Nettofüllmenge: l, cl, ml, oder kg, g. Es muss stets die Einheit benutzt werden, die „angemessen ist", wobei zwischen flüssigen und sonstigen Erzeugnissen differenziert wird. Abzugrenzen ist einzelfallbezogen anhand der Verkehrsauffassung bei einer Raumtemperatur von 20 °C.[116] Gemäß Art. 13 Abs. 5 LMIV muss die Angabe der Nettofüllmenge im gleichen Sichtfeld wie die Angabe der Bezeichnung des Lebensmittels erfolgen. Für Speiseeis hat die Angabe etwa in ml zu erfolgen, obwohl das Produkt in gefrorenem also festem Zustand vertrieben wird. 131

Nach Art. 23 Abs. 3 LMIV enthält Anhang IX die technischen Vorschriften zu Abs. 1. So ist die Angabe der Nettofüllmenge nach dessen Ziff. 1 etwa nicht verpflichtend, wenn bei Lebensmitteln nach Volumen oder Masse erhebliche Verluste auftreten können und sie nach Stückzahlen in den Verkehr gebracht oder in Anwesenheit des Käufers abgewogen werden, gleiches gilt für Nettofüllmengen unter 5 g oder 5 ml, mit Ausnahme von Kräutern und Gewürzen. Entsprechend Ziff. 5 von Anhang IX ist bei festen Lebensmitteln in einer Aufgussflüssigkeit das Abtropfgewicht anzugeben. Eine Angabe nach Stückzahl erfolgt etwa bei Muskatnüssen oder Vanilleschoten. 132

Sind mehrere identische Lebensmittel (bspw. Pralinen) jeweils mit einer verschweißten Folie umgeben, so sind diese als Einzelpackungen nach § 23 Abs. 3 iVm Anhang IX Nr. 4 der LMIV anzusehen, so dass im Falle einer Umverpackung die Anzahl der enthaltenen Einzelpackungen angegeben werden muss. Die bloße Angabe der Nettofüllmenge in Gramm ist unzureichend.[117] 133

Nach Art. 36 LMIV ist es grundsätzlich zulässig dem Verbraucher weitere Informationen bereit zu stellen, wobei insbesondere die Anforderungen des Abs. 2 zu beachten sind. Die gleichzeitige Angabe vom Gewicht und Volumen zulässig. Oliven werden etwa mit Volumen und Gewicht und Abtropfgewicht gekennzeichnet. Auch bei Eis ist die zusätzliche Angabe in mg wegen des unterschiedlichen Luftaufschlags hilfreich. Irreführend kann hingegen etwa die zusätzliche Angabe eines Gesamtgewichts bei glasierten Lebensmitteln sein, da nach Anhang IX Ziff. 5 das Überzugsmittel gerade nicht im angegebenen Nettogewicht enthalten sein darf [118] 134

Nach Art. 42 LMIV ist es Mitgliedstaaten erlaubt bestimmte Vorschriften nach Mitteilung an die Kommission aufrecht zu erhalten. Dies hat Deutschland für §§ 6 Abs. 4, 5, 7 Abs. 1, 2 Nr. 1–5 135

[116] Ebenso Voit/Grube/Grube Art. 23 Rn. 37.
[117] OLG Frankfurt a.M. 25.10.2018 – 6 U 175/17, GRUR-RR 2019, 283. Bestätigt durch Zurückweisung der Nichtzulassungsbeschwerde, BGH 5.3.2018 – I ZR 80/19, BeckRS 2020, 4033.
[118] Siehe auch Voit/Grube/Grube Art. 23 Rn. 85.

und § 8 Abs. 1–3 FPackV getan.[119] Im Übrigen findet die FPackV im B2B Bereich weiterhin Anwendung. In § 6 Abs. 1 der FPackV findet sich die Verpflichtung zur Kennzeichnung der Füllmenge für Fertigpackungen. Die Füllmenge ist regelmäßig nach Gewicht, Volumen oder Stückzahl anzugeben. Sofern nicht in den § 7 bis § 9 FPackV eine bestimmte Größe vorgeschrieben ist, kann eine andere Größe wie Fläche, Länge, Blattzahl oder Anzahl der Anwendungen/Portionen gewählt werden. Bei der Wahl der angegebenen Größe ist also zunächst anhand der §§ 7 bis 9 FPackV zu ermitteln, ob eine bestimmte Größe vorgeschrieben wird, ist dies nicht der Fall, kann die Angabe gewählt werden, die der allgemeinen Verkehrsauffassung entspricht. Unabhängig davon kann neben der vorgeschriebenen Maßeinheit zusätzlich eine weitere angegeben werden. Wer also beispielsweise Bonbons nach Gewicht kennzeichnet, darf zusätzlich die Stückzahl angeben.

136 Einige Befreiungen sind in § 10 FpackV vorgesehen, sie beziehen sich insbesondere auf Fälle, in denen die Stückzahl angegeben wird und die Anzahl der Stücke sichtbar oder leicht zählbar sind.

137 Nur noch für wenige Produkte, nämlich Wein, Sekt und Spirituosen, sind nur ganz bestimmte Nennfüllmengen und **Gebindegrößen** zugelassen. Die Auflistung findet sich in Anlage 1 FPackV, alle anderen Produkte können die Gebindegröße grundsätzlich frei wählen.

138 Die Art und Weise der Füllmengenangaben ist in den §§ 18 und 20 FpackV geregelt. Sie entspricht den üblichen Anforderungen mit der Besonderheit, dass in § 20 in Abhängigkeit von der Nennfüllmenge bestimmte Mindestschriftgrößen für die Ziffern vorgesehen sind. Der Füllmengenangabe, kann das in Anlage 9 zur FPackV wiedergegebene EWG Zeichen „e" beigefügt werden. Dies kann aber die Angabe der verwendeten Größe nicht ersetzen.

139 Die Ermittlung der richtigen Nennfüllmenge ist in den §§ 22 ff. FpackV und einer Vielzahl hierzu ergangener RLn geregelt.[120]

140 Das Deutsche Eichrecht geht dabei von dem weltweit mittlerweile vorherrschenden **Mittelwertprinzip** aus. Die angegebene Nennfüllmenge ist also keine Mindestmenge; es ist lediglich erforderlich, dass alle Fertigpackungen einer bestimmten Charge im Durchschnitt die angegebene Nennfüllmenge enthalten. Für einzelne Packungen sind in § 22 Abs. 3 FPackV zulässige **Minusabweichungen** vorgesehen, die sich in Abhängigkeit von der Nennfüllmenge zwischen 1,5 und 9 % bewegen. Zu diesen Minusabweichungen sind gegebenenfalls noch **Messtoleranzen** hinzu zu zählen. Diese zulässigen Minusabweichungen dürfen allenfalls von 2 % aller Packungen einer Charge um maximal das Doppelte unterschritten werden. Für die Feststellung eines Kennzeichenverstoßes reicht es somit nicht aus, wenn in einzelnen Fällen festgestellt wird, dass die angegebene Nennfüllmenge nicht erreicht wurde. Es ist vielmehr erforderlich, den Umfang der gesamten Charge festzustellen, zu ermitteln, ob das Mittelwertprinzip eingehalten wurde und festzustellen, ob nicht mehr als 2 % der Packungen einer Charge die zulässige Minusabweichung überschreiten. Nur wenn im Einzelfall die Überschreitung der Minusabweichung über das Doppelte festgestellt werden kann, liegt auch bei einer Einzelpackung ein Kennzeichenverstoß vor.

141 Bei der Kennzeichnung nach Stückzahlen gilt die Besonderheit, dass bei einer Nennfüllmenge von bis zu 30 Stück die angegebene Zahl mindestens erreicht sein muss, darüber hinaus darf pro angefangenes Hundert ein Stück fehlen. Wenn also die Nennfüllmenge, etwa bei Süßstoff mit „450 Stück" angegeben wird, so ist die Kennzeichnung nur ordnungsgemäß, wenn im Durchschnitt 450 Stück erreicht und im Einzelfall die Nennfüllmenge von 445 nicht unterschritten wird.

142 Bei der Kennzeichnung nach Länge beträgt die Minusabweichung gemäß § 23 Abs. 3 FPackV 2 %, bei einer Flächenangabe 3 %.[121] Weitere Besonderheiten gelten für Erzeugnisse in Aerosolform – etwa Sahne zum Sprühen – für die sowohl das Volumen des Lebensmittels als auch das Nennvolumen der Packung insgesamt[122] anzugeben sind, wobei vom Verordnungsgeber bestimmte Größenverhältnisse zwischen Nennfüllmenge und Packungsvolumen fest vorgegeben sind.

143 Problematisch ist gelegentlich die Überfüllung, ein Fall, der dann auftreten kann, wenn aus Drittländern Erzeugnisse in Packungen eingeführt werden, die größer sind als die nach Anlage 1

[119] Im Einzelnen Zipfel/Rathke Lebensmittelinformations-VO/VO (EU) Nr. 1169/2011 Art. 23 Rn. 5.

[120] Vgl. hierzu die umfassende Darstellung Strecker/Reinhard/Roesner/Rüssing/Engberg, Kommentar Fertigpackungsrecht Abschnitt V; vgl. ebenso OLG Koblenz ZLR 2008, 70 f.

[121] Für die Frage, welche Obst- und Gemüsesorten nach Stück bzw. Gewicht zu kennzeichnen sind, wird auf die Verordnung über die gesetzlichen Handelsklassen für frisches Obst und Gemüse sowie die Aufzählung bei Strecker § 8 Rn. 2 verwiesen. Eine Sonderregelung gilt für die Kennzeichnung von Eiern.

[122] Diese Angabe muss zur Unterscheidung von einem Rahmen umgeben sein.

vorgeschriebenen Gebindegrößen. Ein Beispiel sind Spirituosen aus den USA, die in Flaschen von 0,75 l importiert werden, obwohl eine Größe von 0,7 l zwingend vorgeschrieben ist. Das Problem wird gelöst, indem die Originalpackung auf die zulässige Nennfüllmenge von 0,7 l herunterdeklariert wird. Die Eichbehörden tolerieren ein solches Vorgehen in aller Regel, weil der Verbraucher „mehr" erhält, als er glaubt. Wettbewerbsrechtlich kann die Beurteilung anders ausfallen, wenn der Importeur sich einen Vorsprung durch Rechtsbruch verschafft, weil der Verbraucher eher zu der größeren Flasche greifen wird.

k) **Kennzeichnung von Zusatzstoffen.** Mit Inkrafttreten des Vierten Gesetzes zur Änderung des LFGB sowie anderer Vorschriften vom 27. Juli 2021[123] wurden die nationalen Vorschriften zu den den Zusatzstoffen gleichgestellten Stoffen aufgehoben. In der aktuellen Fassung des LFGB kann sich der Eindruck einstellen, dass § 2 Abs. 3, welcher bisher in Satz 1 die Lebensmittelzusatzstoffe und in Satz 2 die den Lebensmittelzusatzstoffen gleichgestellten Stoffe definierte, vollständig aufgehoben wurde. Dies ist indes nicht richtig. Der mit dem Vierten Änderungsgesetz ebenfalls in das LFGB eingefügte § 1a regelt die weitere Anwendung von Vorschriften über Lebensmittelzusatzstoffen gleichgestellte Stoffe. Hiernach bleiben die Regelungen des § 2 Abs. 3 S. 2 Nr. 2 Nr. 4 jeweils in Verbindung mit § 4 Abs. 1 Nr. 2 und § 6 Abs. 1 in der bisherigen Fassung weiterhin anwendbar soweit noch nicht mittels der in § 7 Abs. 2 geregelten Ermächtigung eine Rechtsverordnung durch das zuständige BMEL für die Verwendung bestimmter Stoffe in Lebensmitteln erlassen wurde. Hieraus folgt, dass nur § 2 Abs. 3 Nr. 1 und Nr. 3 LFGB, also die sog. **„sonstigen Stoffe"**, die üblicherweise weder selbst als Lebensmittel verzehrt noch als charakteristische Zutat eines Lebensmittels verwendet werden und die in Lebensmitteln aus anderen als technologischen Gründen beim Herstellen und Behandeln zugesetzt werden (vormals Nr. 1), und die **Aminosäuren und deren Derivaten** (vormals Nr. 3), mit sofortiger Wirkung aufgehoben wurde. Für diese gilt das generelle Verbot mit Ausnahmevorbehalt nicht mehr. Die Nr. 2 und Nr. 3 des § 2 Abs. 3 gelten jedoch bis zur Schaffung einer Rechtsverordnung durch das BMEL fort. Demnach ist der Zusatz von **Mineralstoffen, Spurenelementen** und die **Vitamine A und D** (mit Ausnahme der in der Verordnung über vitaminisierte Lebensmittel aufgeführten Regelungen für Vitamin A und D) weiterhin (durch Ausnahmegenehmigung nach § 68 LFGB oder Allgemeinverfügung nach § 54 LFGB) zulassungspflichtig. 144

aa) Zusatzstoffbegriff. Nach vormaligem deutschen Recht umfasste der Zusatzstoffbegriff sowohl solche Stoffe, die einem Lebensmittel zu technologischen Zwecken (englisch: Additives) zugesetzt werden, als auch Stoffe, die zu ernährungsphysiologischen Zwecken (englisch: Nutrients) zugesetzt werden. Additives wurden allerdings bereits nach deutschem Recht eine Sonderstellung zuteil, da sie auch nach den vormaligen nationalen Vorgaben einer **Zulassung** bedurften. Dieses sowohl Additives als auf Nutrients umfassende deutsche Verständnis findet sich im Gemeinschaftsrecht nicht wieder. Für Zusatzstoffe gilt die Verordnung über Lebensmittelzusatzstoffe (VO (EG) Nr. 1333/2008), welche die Zusatzstoff-Rahmenrichtlinie 89/107/EWG sowie die dazu ergangenen Konkretisierungsrichtlinien abgelöst hat.[124] Art. 3 Abs. 2 lit. a) UA 1 VO (EG) 1333/2008 definiert Lebensmittelzusatzstoff als einen Stoff mit oder ohne Nährwert, der in der Regel weder selbst als Lebensmittel verzehrt noch als charakteristische Lebensmittelzutat verwendet wird und einem Lebensmittel aus technologischen Gründen bei der Herstellung, Verarbeitung, Zubereitung, Behandlung, Verpackung, Beförderung oder Lagerung zugesetzt wird, wodurch er selbst oder seine Nebenprodukte mittelbar oder unmittelbar zu einem Bestandteil des Lebensmittels werden oder werden können. In Unterabsatz 2 unter i) bis xi) wiederrum werden verschiedene Stoffe aus dem Lebensmittelzusatzstoffbegriff ausgenommen, hierzu zählen etwa verschiedene Zucker. Die Formulierung der Verordnung lässt wiederrum darauf schließen, dass es sich bei den benannten Stoffen und Stoffgruppen auch dann nicht um Lebensmittelzusatzstoffe handelt, wenn sie dem Lebensmittel aus technologischen Gründen zugefügt wurden. Das Verkehrsverbot des Art. 5 findet somit auf diese Stoffe ebenfalls keine Anwendung.[125] 145

Die Begriffsbestimmung in Art. 3 der Verordnung (EG) 1333/2008 stellt bezüglich des zu bestimmenden Verwendungszwecks nicht auf die allgemeine Verkehrsauffassung ab, wie beispielsweise die ehemalige Abgrenzungsvorschrift zwischen Lebensmittelzusatzstoffen und Nicht-Lebensmittelzusatzstoffen in § 2 Abs. 1 HS. 1 LMBG. Vielmehr spricht mit *Zipfel/Rathke* viel dafür, dass die Kategorisierung eines Stoffes als Lebensmittelzusatzstoff nicht abstrakt anhand einer 146

123 BGBl. S. 3274.
124 RL 94/35/EWG für Süßungsmittel, RL 94/36/EG für Farbstoffe, RL 95/2/EG für sonstige Zusatzstoffe.
125 Ebenso Zipfel/Rathke, Lebensmittelrecht, C 121, Art. 3 Rn. 35.

allgemeinen Zweckbestimmung zu erfolgen hat, sondern am konkreten Verwendungszweck des Stoffes im jeweiligen Einzelfall.[126] Besonders schwierig kann die **Abgrenzung von färbenden Lebensmitteln,** wie Rote Beete Extrakt oder Karottensaft zu Farbstoffen sein. Erfolgt eine gezielte Aufkonzentration eines Lebensmittels mit Blick auf dessen färbende Wirkung, so kann es zum deklarationspflichtigen Farbstoff werden.

Praxistipp:

Bei der Abgrenzung zwischen färbendem Lebensmittel und deklarationspflichtigen Farbstoff sollte ab einem Konzentrationsfaktor von 6 eine genaue Prüfung vorgenommen werden. Hilfestellungen können dem von der Natural Food Colours Association (NATCOL) veröffentlichten Code of Practice zu Färbenden Lebensmitteln entnommen werden.[127]

147 Im Rahmen der VO (EG) Nr. 1333/2008 definiert Anhang I Funktionsklassen von Lebensmittelzusatzstoffen in Lebensmitteln und Lebensmittelzusatzstoffen in Lebensmittelzusatzstoffen und –enzymen. Anhang II enthält die für die Verwendung in Lebensmitteln zugelassenen Zusatzstoffe sowie deren Verwendungsbedingungen. Geordnet sind die Listen nach einem System von Lebensmittelkategorien mit verschiedenen Unterkategorien, denen wiederum die verschiedenen Zusatzstoffe zugeordnet werden. Anhang III enthält die Gemeinschaftsliste der Zusatzstoffe, die in Lebensmittelzusatzstoffen, -enzymen und -aromen zugelassen sind sowie deren Verwendungsbedingungen.

148 Zusatzstoffe können allgemein zugelassen werden, beschränkt auf bestimmte Lebensmittel, beschränkt auf bestimmte Verwendungszwecke und beschränkt auf bestimmte Höchstmengen. Die Zulassungen finden sich in den Anlagen zu VO (EG) Nr. 1333/2008 Es wird unterschieden zwischen Zusatzstoffen mit, ohne sowie mit einer kombinierten Höchstmengenbeschränkung. Soweit eine bestimmte Höchstmenge nicht angegeben ist, ist das **Quantum satis** vorgegeben. Dabei handelt es sich nach Art. 3 Abs. 2 lit. h) der VO (EG) Nr. 1333/2008 nicht um die numerische Angabe einer Höchstmenge. Die Stoffe sind gemäß der guten Herstellungspraxis nur in der Menge zu verwenden, die erforderlich ist, um die gewünschte Wirkung zu erzielen und unter der Voraussetzung, dass die Verbraucher nicht irregeführt werden.

149 Seit dem 20. Januar 2010 erfolgt die Zulassung neuer Zusatzstoffe aufgrund der VO (EG) Nr. 1331/2008 über ein einheitliches Zulassungsverfahren für Lebensmittelzusatzstoffe, -enzyme und -aromen europaweit einheitlich. National auf Deutschland beschränkte Zulassungen nach der ZZulV sind seither nicht mehr möglich. Die Zulassung wird nur erteilt, wenn der entsprechende Stoff und seine Anwendung gesundheitlich unbedenklich ist und nachgewiesen werden kann, dass eine hinreichende technische Notwendigkeit für den Zusatz des Stoffes besteht. Das Verfahren zur Aktualisierung der Gemeinschaftsliste kann gemäß Art. 3 Abs. 1 VO (EG) Nr. 1331/2008 auf Initiative der Kommission, oder auf Antrag eingeleitet werden. Der Antrag kann von einem Mitgliedsstaat oder aber von einer betroffenen Person eingereicht werden. Der Antrag auf Zulassung eines neuen Zusatzstoffs oder auf Zulassung eines zusätzlichen Verwendungszwecks ist an die Europäische Kommission zu richten sowie parallel an die EFSA. Der Antragsteller hat den Nachweis zu erbringen, dass der Zusatzstoff gesundheitlich unbedenklich ist. Hierzu müssen Studien und toxikologische Untersuchungen durchgeführt werden.

150 Ein Lebensmittelzusatzstoff darf nach dem in Art. 18 der VO (EG) Nr. 1333/2008 geregelten **Migrationsgrundsatzes** in einem zusammengesetzten Lebensmittel enthalten sein, auch wenn das zusammengesetzte Lebensmittel nicht in Anhang II aufgeführt ist, wenn der Zusatzstoff in einer Zutat des zusammengesetzten Lebensmittels zugelassen ist und im endgültigen Lebensmittel keine technologische Funktion mehr erfüllt (sog. **carry over**).

151 Die Verordnung über die Zulassung von Zusatzstoffen zu Lebensmitteln zu technologischen Zwecken (Zusatzstoff-Zulassungsverordnung oder ZZulV) galt bis 9.6.2021 neben der VO (EG) Nr. 1333/2008 und wurde die Lebensmittelzusatzstoff-Durchführungsverordnung (LMZDV) er-

[126] Zipfel/Rathke, Lebensmittelrecht, C 121, Art. 3 Rn. 28. Rathke führt diesbezüglich zutreffend Ascorbinsäure als Beispiel an, die als Lebensmittelzusatzstoff zugelassen ist, aber zu ernährungsphysiologischen Gründen als Vitamin C verwendet werden kann.

[127] Der NATCOL Code of Practice for the Classification, Manufacturing, Use and Labelling of Colouring Foods (EU) ist abrufbar unter https://natcol.org/library/natcol-position-papers/.

setzt. Die LMZDV sieht nationale Regelungen vor, die über die europäische VO (EU) Nr. 1333/2008 hinausgehen und betrifft insbesondere die Kennzeichnung von Zusatzstoffen bei nicht vorverpackten Lebensmitteln, die Kennzeichnung von vorverpackten Getränken mit einem Alkoholgehalt von mehr als 1,2 % vol. sowie Obst und Gemüse.

bb) Kenntlichmachung. Da Lebensmittelzusatzstoffe gemäß Art. 2 Abs. 2 lit. f LMIV auch „Zutaten" sind, muss das **Vorhandensein von Zusatzstoffen** in Lebensmitteln im Zutatenverzeichnis **kenntlich** gemacht werden. Eine Kennzeichnung – etwa auf dem Rückenetikett oder bei der Verkehrsbezeichnung – ist nicht mehr zwingend vorzunehmen. Erfolgt eine solche, entbindet dies NICHT von der Kennzeichnung im Zutatenverzeichnis. Bei der Angabe von Lebensmitteln in Gaststätten und Einrichtungen zur Gemeinschaftsverpflegung sieht das Gesetz vor, dass diese Angaben in Fußnoten angebracht werden können, wenn bei der Verkehrsbezeichnung auf diese hingewiesen wird. Daraus ist der Rückschluss zu ziehen, dass die Kennzeichnung im Übrigen in unmittelbarer Nähe zur Verkehrsbezeichnung zu erfolgen hat. Nach Anhang V Ziff. 11 der LMIV sind Lebensmittelzusatzstoffe von der Nährwertdeklaration ausgenommen. 152

cc) Ausnahmen von der Kennzeichnungspflicht. Die Kenntlichmachung von Zusatzstoffen kann entfallen, wenn der Zusatzstoff nur den Zutaten eines Lebensmittels zugesetzt ist, sofern er im Lebensmittel selbst keine technologische Wirkung mehr ausübt. Darüber hinaus ist die Zusatzstoff-Kennzeichnung bei Lebensmitteln entbehrlich, die lose, in Umhüllungen oder Fertigpackungen an Endverbraucher abgegeben werden, wenn in einem Aushang oder einer dem Endverbraucher unmittelbar zugänglichen schriftlichen Aufzeichnung auf die Zusatzstoffe hingewiesen wird.[128] Der fehlende Hinweis auf einen vorhandenen kennzeichnungspflichtigen Zusatzstoff begründet praktisch eine **Irreführung** über wesentliche Eigenschaften des Lebensmittels. Der Hinweis auf das Nichtvorhandensein eines ohnehin nicht zugelassenen Zusatzstoffes, ist im Regelfall eine unlautere **Werbung mit Selbstverständlichkeiten**, soweit nicht angemessen auf das gesetzliche Verbot hingewiesen ist.[129] 153

l) Verarbeitungshilfsstoffe. Nach Art. 2 Abs. 2 lit. a) der VO (EG) Nr. 1333/2008 sind Verarbeitungshilfsstoffe aus dem Anwendungsbereich der VO (EG) Nr. 1333/2008 ausgenommen, allerdings nicht, wenn sie als Lebensmittelzusatzstoffe verwendet werden. Liegt eine Verwendung als Lebensmittelzusatzstoff vor, so finden auch die Verbote nach Art. 4 und 5 der VO (EG) Nr. 1333/2008 Anwendung. Gemäß Art. 3 Abs. 2 lit. b) der VO (EG) Nr. 1333/2008 ist Verarbeitungshilfsstoff als Stoff definiert, der nicht als Lebensmittel verzehrt wird (i), bei der Verarbeitung von Rohstoffen, Lebensmitteln oder deren Zutaten aus technologischen Gründen während der Be- oder Verarbeitung verwendet wird (ii) und unbeabsichtigte, technisch unvermeidbare Rückstände des Stoffes oder seiner Derivate im Enderzeugnis hinterlassen kann, sofern diese Rückstände gesundheitlich unbedenklich sind und sich technologisch nicht auf das Enderzeugnis auswirken (iii). 154

Verarbeitungshilfsstoffe sind also Zusatzstoffe, die keiner Zulassung bedürfen und deren Verwendung[130] auch nicht zu kennzeichnen ist. Nach Anhang V Ziff. 12 zur LMIV sind Verarbeitungshilfsstoffe von der Nährwertdeklaration ausgenommen. Technisch unvermeidbar ist ein Rückstand nur dann, wenn er bei einer Entfernung des Hilfsstoffes nach dem Stand der Technik bei lege artis angewandten aktuellen Verfahren, nicht vollständig, sondern nur fast vollständig entfernt werden kann. Die Regelung wird gelegentlich dahingehend verstanden, dass Stoffe, die in ganz geringer Menge verwendet werden, deren Verwendung für das gewünschte Endergebnis aber **technisch unvermeidbar** ist, als technische Hilfsstoffe zulassungs- und kennzeichnungsfrei sind. Der verbleibende Restanteil des Stoffes muss darüber hinaus technologisch unwirksam sein, dh er darf weder selbst noch im Verbund mit anderen Stoffen irgendeine Wirkung entfalten.[131] Der Reststoff muss darüber hinaus **gesundheitlich unbedenklich** sein. Das verlangt die positive Feststellung, dass nach derzeitigem Stand der Wissenschaft keine toxikologischen Wirkungen von dem Reststoff ausgehen. 155

m) Gentechnik-Kennzeichnung.[132] Die Verkehrsfähigkeit und Kennzeichnung von Lebensmitteln, die genetisch veränderte Organismen (GVO) enthalten oder aus ihnen hergestellt sind, ist 156

[128] Wenn also in einer Würstchen-Bude phosphathaltige Bratwürste an den Endverbraucher abgegeben werden, reicht es aus, wenn in einem ohne weiteres einsehbaren Aushang der Hinweis „mit Phosphat" angeben wird.
[129] Ein Hinweis wie „Lt. Gesetz ohne Konservierungsmittel" wird im Regelfall als ausreichend angesehen.
[130] Mit der Ausnahme gentechnischer Veränderungen.
[131] VGH Kassel ZLR 1991, 195.
[132] Zur Gentechnikkennzeichnung ausführlich: Leible ZLR 2011, 5–46.

neben der Novel-Food-Verordnung gesondert geregelt. Nach einer langen Diskussion sind im September 2003 die VO (EG) 1829/2003 des Europäischen Parlamentes und des Rates vom 22.9.2003 über gentechnisch veränderte Lebensmittel und Futtermittel sowie die VO (EG) Nr. 1830/2003 des Europäischen Parlamentes und des Rates vom 22.9.2003 über die Rückverfolgbarkeit und Kennzeichnung von gentechnisch veränderten Organismen und über die Rückverfolgbarkeit von aus gentechnisch veränderten Organismen hergestellten Lebensmitteln und Futtermitteln veröffentlicht worden. Beide Verordnungen sind am 7.11.2003 in Kraft getreten, nach Ablauf einer sechsmonatigen Übergangsfrist sind sie seit dem 15.4.2004 (VO (EG) Nr. 1830/2003) bzw. dem 18.4.2004 (VO (EG) Nr. 1829/2003) anzuwenden.

157 Hierzu ist am 26.6.2004 das Gesetz zur Durchführung von Verordnungen der Europäischen Gemeinschaft auf dem Gebiet der Gentechnik und zur Änderung der Neuartige Lebensmittel- und Lebensmittelzutatenverordnung[133] in Kraft getreten. In dem Gesetz werden die Aufgaben der Behörden des Bundes und der Länder im Zuge der Zulassungs-, Genehmigungs- und Meldeverfahren auf Grund der genannten Verordnungen geregelt. Darüber hinaus enthält das Gesetz die Sanktionsnormen, nach denen Verstöße gegen das Gemeinschaftsrecht geahndet werden.

158 Die Kennzeichnung gentechnisch veränderter Lebensmittel und Lebensmittelzutaten ist in Art. 12 bis 14 der VO (EG) 1829/2003 geregelt. Die Kennzeichnungsverpflichtung gilt umfassend und beschränkt sich nicht auf bestimmte Darbietungsformen. Sie gilt daher nicht nur für Fertigpackungen, sondern auch für lose Ware. Die Regelung zur „ohne-Gentechnik"-Kennzeichnung sind zum 1.5.2008 durch das Gesetz zur Änderung des Gentechnik-Gesetzes, zur Änderung des EG-Gentechnik-Durchführungsgesetzes und zur Änderung der Neuartige Lebensmittel- und Lebensmittelzutaten-Verordnung vom 1.4.2008[134] in das EG-Gentechnik-Durchführungsgesetz übernommen worden.

159 *aa) VO (EG) 1829/2003 über gentechnisch veränderte Lebensmittel und Futtermittel.* Die Kennzeichnung nach der VO (EG) Nr. 1829/2003 soll nach dem gesetzgeberischen Willen objektive Informationen darüber enthalten, dass ein Lebensmittel oder Futtermittel aus genetisch veränderten Organismen (GVO) besteht, diese enthält oder daraus hergestellt wird. Der Hauptanlass der Kritik besteht darin, dass die Kennzeichnungspflicht dabei unabhängig von der Nachweisbarkeit von DNA oder Proteinen aufgrund der genetischen Veränderung im Endprodukt besteht.

160 Kennzeichnungspflichtig sind nach Art. 12 Abs. 1 Lebensmittel, die als solche an den Endverbraucher oder an Anbieter von Gemeinschaftsverpflegung innerhalb der Gemeinschaft geliefert werden sollen. Die Kennzeichnungspflicht gilt für Lebens- und Futtermittel, die GVO enthalten oder aus solchen bestehen sowie Lebens- und Futtermittel, die entweder selbst oder deren Zutaten aus GVO hergestellt worden sind, ungeachtet der analytischen Nachweisbarkeit von DNA- oder Proteinanteilen. Damit sind auch Produkte wie Zuckerkulör aus Maisstärke, hochraffiniertes Soja-, Mais- oder Rapsöl, Sojalecithin oder Glukosesirup kennzeichnungspflichtig.

161 Dagegen sind Produkte, die lediglich mit bzw. mit Hilfe von GVO hergestellt wurden, nicht kennzeichnungspflichtig. Damit werden Verarbeitungshilfsstoffe, die nur während der Herstellung verwendet werden, vom Anwendungsbereich ausgenommen.

162 Bemerkenswert ist das „Honig"-Urteil des EuGH vom 6. September 2011,[135] in dem der Gerichtshof entgegen der zuvor herrschenden Rechtsauffassung entschieden hat, dass Maispollen, in dem sehr geringe Mengen der DNA von gentechnisch verändertem Mais nachgewiesen wurden, als „hergestellt aus GVO" einzustufen und damit als eine "Zutat" des Honigs anzusehen ist. Der Pollen stellt hiernach keinen Fremdstoff und keine Verunreinigung dar, sondern einen normalen Bestandteil des Produkts. Damit ist der Pollen mit GVO-Anteilen vom Anwendungsbereich der VO 1829/2003 erfasst und ist der Zulassungspflicht nach dem europäischen Gentechnikrecht unterworfen. Ohne eine entsprechende Zulassung ist der Honig nicht verkehrsfähig. Der EuGH betonte zudem, dass es gerade nicht darauf ankomme, ob der Pollen dem Honig absichtlich zugefügt oder aber nur zufällig eingetragen wurde. Auch auf den Anteil des genetisch veränderten Materials im Endprodukt komme es nicht an.

163 Die Verordnung kennt zwei Schwellenwerte. Nach Art. 47 Abs. 1 gilt ein sogenannter Verkehrsfähigkeitsschwellenwert, wonach Material, das in der EU noch nicht zugelassene GVO enthält, in Lebens- und Futtermitteln in Spuren bis zu 0,5 % enthalten sein darf, allerdings nur unter der Voraussetzung, dass für dieses GVO von den zuständigen wissenschaftlichen Ausschüssen der

[133] BGBl. I Nr. 29 v. 25.6.2004, S. 1244 (zuletzt geändert durch BGBl I v. 27. Mai 2008, S. 919).
[134] BGBl. I Nr. 12 v. 4.4.2008, S. 499.
[135] Rechtssache C-442/09.

EU bereits eine positive Risikobewertung abgegeben wurde. Auch dann gilt dieser Schwellenwert jedoch nur für technisch nicht vermeidbare oder versehentliche Verunreinigungen, weswegen dieser Schwellenwert, der ohnehin auf eine Übergangsfrist von drei Jahren begrenzt ist, wenig praktische Wirkung haben wird.

Daneben enthält Art. 12 Abs. 2 einen Kennzeichnungsschwellenwert. Danach ist eine Kennzeichnung nur erforderlich, wenn die einzelne Lebensmittelzutat oder das Lebensmittel selbst mindestens 0,9 % transgenes Material enthält. Auch dieser Schwellenwert bezieht sich nur auf zufällige technisch unvermeidbare Spuren. 164

Die Art und Weise der Kennzeichnung ist in Art. 13 detailliert geregelt. Die Kennzeichnung hat grundsätzlich im Zutatenverzeichnis unter Hinzufügung der Wörter „gentechnisch verändert" oder „aus gentechnisch verändertem (Bezeichnung der Zutat) hergestellt" zu erfolgen. Das kann in einer Fußnote zum Zutatenverzeichnis geschehen, allerdings unter Verwendung mindestens der gleichen Schriftgröße. Wird kein Verzeichnis der Zutaten angegeben, ist die Kennzeichnung deutlich auf dem Etikett anzubringen. Zusätzlich sind nach Maßgabe der Zulassung in der Kennzeichnung Merkmale und Eigenschaften mitzuteilen, die dazu führen, dass das Lebensmittel in Bezug auf Zusammensetzung, Nährwert oder Ernährungseigenschaften, Verwendungszweck sowie gesundheitliche Auswirkungen von vergleichbaren konventionellen Lebensmitteln abweicht oder Anlass zu religiösen bzw. ethischen Bedenken geben könnte. 165

Praxistipp:

Die Sanktionen für einen Verstoß gegen die Kennzeichnungspflicht treffen jeden Inverkehrbringer, auch wenn er analytisch gar nicht in der Lage ist, festzustellen, ob die an ihn gelieferten Zutaten oder Vorprodukte GVO enthalten. Es ist daher erforderlich, aber auch ausreichend, sich von allen Vorlieferanten schriftlich versichern zu lassen, dass die von ihnen gelieferten Erzeugnisse weder GVO enthalten noch aus ihnen hergestellt sind und damit der Kennzeichnungspflicht nicht unterliegen.

bb) VO (EG) 1830/2003 über die Rückverfolgbarkeit und Kennzeichnung von GVO und daraus hergestellten Lebens- und Futtermitteln. Mit der VO 1830/2003 werden spezifische Pflichten zur Gewährleistung der Rückverfolgbarkeit aufgestellt, die das Prinzip der Rückverfolgbarkeit (Traceability) des Art. 18 der Basisverordnung 178/2002 weiter konkretisieren. Jedem Inverkehrbringer von Produkten, die aus GVO bestehen oder GVO enthalten – also nicht nur Lebens- und Futtermittel – wird danach eine aktive Informationspflicht gegenüber seinen Abnehmern auferlegt. Derjenige, der die Produkte das erste Mal in Verkehr bringt, muss dem Abnehmer schriftlich die Information übergeben, dass das Produkt GVO enthält oder daraus besteht sowie den sogenannten „spezifischen Erkennungsmarker", einen einfachen numerischen oder alphanumerischen Code, der zur Identifizierung eines GVO dient und den Zugriff auf spezifische Informationen über diesen GVO ermöglicht. Nähere Informationen zur Art und Ausgestaltung dieser Erkennungsmarker enthält die VO (EG) Nr. 65/2004 der Kommission vom 14.1.2004.[136] 166

Weiter enthält Art. 4 Abs. 6 der VO (EG) Nr. 1830/2003 die Verpflichtung, den Hinweis „dieses Produkt enthält gentechnisch veränderte Organismen" auf dem Etikett vorzunehmen. Für den Bereich der Lebens- und Futtermittel wird diese Kennzeichnungspflicht durch die oben erwähnten Kennzeichnungspflichten der Verordnung (EG) Nr. 1829/2003 verdrängt. 167

cc) Kennzeichnung „ohne Gentechnik". Der deutsche Gesetzgeber hat mit Wirkung zum 1.5. 2008 die Regelungen zur „ohne Gentechnik"-Kennzeichnung aus der Neuartigen Lebensmittel- und Lebensmittelzutatenverordnung (NLV) herausgenommen und in das EG-Gentechnik-Durchführungsgesetz (EGGenTDurchfG) überführt. 168

Einerseits ist politisch gewollt, mit einem solchen zusätzlichen Hinweis die Auswahlmöglichkeiten des Verbrauchers zu verbessern, andererseits soll durch besonders strenge Anforderungen erreicht werden, dass dieser Hinweis nur unter besonderen Voraussetzungen verwendet werden kann. Der Gesetzgeber hat die Kennzeichnung auf die allein zulässige Werbeaussage **„ohne Gentechnik"** beschränkt, jeder andere Hinweis wie „gentechnikfrei" ist unzulässig. Um diesen Hinweis verwenden zu dürfen, muss zunächst selbstverständlich sichergestellt sein, dass die Produkte nicht bereits der Kennzeichnungspflicht der Verordnungen (EG) Nr. 1829/2003 und 1830/2003 169

[136] ABl. Nr. L 10/5 v. 16.1.2004.

unterliegen. Ferner dürfen Lebensmittel und Lebensmittelzutaten, die den Hinweis „ohne Gentechnik" tragen, keine zufälligen oder technisch unvermeidbaren Einträge von GVO oder daraus hergestellten Erzeugnissen enthalten. Für die mit dem „ohne Gentechnik"-Hinweis beworbenen Produkte wird der Kennzeichnungsschwellenwert gemäß Art. 12 Abs. 2 der VO (EG) Nr. 1829/2003 aufgehoben. Nach § 3a Abs. 3 EGGenTDurchfG gilt ein Schwellenwert von 0 % für Einträge von in der EU zugelassenen GVO. Im Falle von Lebensmitteln **tierischer Herkunft** darf der „ohne Gentechnik"-Hinweis nur dann erfolgen, wenn an das Tier, von dem das Lebensmittel gewonnen worden ist, keine kennzeichnungspflichtigen Futtermittel gemäß Art. 24 und 25 VO (EG) Nr. 1829/2003 oder Art. 4 bzw. 5 der VO (EG) Nr. 1830/2003 verfüttert worden sind. Der Einsatz von Futtermittelzusatzstoffen, Enzymen, Vitaminen oder Aminosäuren, die mit GVO erzeugt wurden, steht – im Gegensatz zur bisherigen Rechtslage – seit dem 1.5.2008 nicht mehr einer Auslobung mit dem Hinweis „ohne Gentechnik" entgegen. Darüber hinaus gilt für die eingesetzten Futtermittel auch weiterhin der Kennzeichnungsschwellenwert für zufällige technisch unvermeidbare Einträge in Höhe von 0,9 %. Die Verwendung gentechnisch hergestellter Tierarzneimittel ist entsprechend den Vorgaben der VO (EG) Nr. 834/2007 ohne Einschränkung erlaubt.

170 Seit Herbst 2009 gibt ein einheitliches „Ohne Gentechnik"-Logo des BMELV dem Verbraucher Auskunft darüber, dass in einem mit diesem Logo gekennzeichneten Lebensmittel keine – bzw. nur in den zuvor genannten Grenzen – gentechnisch veränderten Bestandteile enthalten sind.

Praxistipp:

Unternehmen, die den werblichen Hinweis „ohne Gentechnik" bei Lebensmitteln verwenden wollen, müssen über Nachweise verfügen, dass die vorgeschriebenen Anforderungen eingehalten wurden. Als geeignete Nachweise werden in § 3b EGGenTDurchfG insbesondere Erklärungen der Vorlieferanten, Dokumentationen und Analyseberichte genannt. Vorsätzliche Verstöße gegen die Bestimmungen des § 3a EGGenTDurchfG werden mit bis zu einem Jahr Freiheitsstrafe, fahrlässige Verstöße mit einer Geldbuße bis zu EUR 20.000,00 bewehrt.

171 Wer als „ohne Gentechnik" hergestellte Lebensmittel in Verkehr bringt oder bewirbt, hat also jederzeit den Nachweis zu führen, dass das Lebensmittel tatsächlich den oben genannten Anforderungen entspricht.[137] Die Art der Beweisführung ist nicht vorgegeben. Die Rückverfolgbarkeit kann auch durch eine lückenlose Kette von Erklärungen aller an der Herstellung beteiligten Betriebe erbracht werden.[138] Kritisiert wurde seitens der Lebensmittelwirtschaft insbesondere, dass die Werbeaussage „ohne Gentechnik" beim Verbraucher die berechtigte Erwartung auslöst, dass das so ausgelobte Lebensmittel überhaupt nicht, das heißt auch nicht über Verarbeitungshilfsstoffe, Enzyme, Zusatzstoffe oder Vitamine mit Gentechnik in Berührung gekommen ist. Es wird den Verbrauchern wohl nicht glaubwürdig vermittelbar sein, so der Lebensmittelverband Deutschland (vormals BLL), dass mit dem prominenten Hinweis „ohne Gentechnik" gekennzeichnete Lebensmittel bewusst mit gentechnischen Verfahren hergestellt werden können.[139] Dies zeigt auch eine Studie, welche die Erwartungen der Verbraucher an die Kennzeichnung „ohne Gentechnik" mit den gesetzlichen Voraussetzungen für diese Kennzeichnung vergleicht und dabei zu dem Schluss kommt, dass „die Verbrauchererwartung nicht mit den Kriterien der Kennzeichnungsregelung übereinstimmen". 73 % der Verbraucher erwarten demnach, dass Tiere ihr ganzes Leben lang ohne gentechnisch veränderte Futtermittel gefüttert wurden. Dass der gesamte Produktionsprozess frei von Gentechnik sein sollte bzw. dass die Futtermittel völlig frei von Gentechnik sein sollten, meinten jeweils 70 %.[140] Diese empirischen Erkenntnisse können freilich nichts an den gesetzlichen Vorgaben ändern, sodass ein Auseinanderfallen der tatsächlichen Ver-

[137] Wegen der daran geknüpften strafrechtlichen Sanktionen wird sich eine lückenlose Kette solcher Erklärungen nur in Ausnahmefällen beibringen lassen.

[138] Eine solche Erklärung beinhaltet die Zusicherung einer Eigenschaft mit den sich daraus ergebenden zivilrechtlichen Konsequenzen. Das Sicherstellen der Rückverfolgbarkeit verursacht erhebliche zusätzliche Kosten, die sich nach vorsichtigen Schätzungen bei BT-Mais auf mindestens 60 bis 70 %, wahrscheinlich aber mehr als 100 % des Herstellerabgabepreises belaufen. Dies hat sehr viel wirksamer zum erheblichen Rückgang des Anbaus gentechnisch veränderter Pflanzen in den USA geführt, als jede andere Maßnahme.

[139] Presseinformation des BLL v. 15.2.2008.

[140] Vgl. Hermann/Kubitzki/Henseleit/Henkel, Lebensmittelkennzeichnung „ohne Gentechnik": Verbraucherwahrnehmung- und verhalten, Gießen 2008.

brauchererwartung und des rechtlich normierten Verständnisses des Modellverbrauchers, welches den Kennzeichnungsvorgaben zugrunde liegt, zu akzeptieren ist, sofern keine Änderung der normativen Kennzeichnungspflichten erfolgt.[141]

n) Bestrahlte Lebensmittel. Die **Bestrahlung** von Lebensmitteln mit ultravioletten oder ionisierenden Strahlen ist nach § 8 LFGB grundsätzlich verboten. Lebensmittel, die einer nicht genehmigten Bestrahlung unterzogen worden sind, unterliegen einem Verkehrsverbot.[142] 172

Bereits 1959 war die Behandlung von Lebensmitteln mit Elektronen, Gamma- und Röntgenstrahlen zu Kontroll- und Messzwecken zugelassen worden, ebenso wie die Entkeimung von Trinkwasser, der Oberfläche von Obst und Gemüseerzeugnissen sowie Hartkäse durch direkte Bestrahlung mit ultravioletten Strahlen. Der Codex Alimentarius geht von einem zulässigen Höchstwert von 10 kGy[143] aus. In Deutschland dürfen nach der Lebensmittelbestrahlungsverordnung (LMBestrV), die der Umsetzung der RL 1999/2/EG und 1999/3/EG dient, lediglich getrocknete aromatische Kräuter und Gewürze ohne entsprechende Allgemeinverfügung bestrahlt angeboten bzw. verkauft werden. Belgien, Frankreich, Italien, Großbritannien und die Niederlande haben eine Strahlenbehandlung auch für andere Lebensmittel erlaubt.[144] Nach Anhang VI Teil A Ziff. 3 zur LMIV, welcher § 3 der LMBestrV ohne inhaltliche Änderungen ersetzt, müssen bestrahlte getrocknete aromatische Kräuter und Gewürze durch die Angabe „bestrahlt" oder „mit ionisierenden Strahlen behandelt" gekennzeichnet werden.[145] 173

Das Bestrahlungsverbot dient unmittelbar dem Schutz der menschlichen Gesundheit; das Inverkehrbringen von unzulässig bestrahlten oder zulässig bestrahlten aber nicht hinreichend gekennzeichneten Lebensmittel verstößt daher per se gegen § 3 UWG.[146] 174

o) Schutzatmosphäre. Bei der Abgabe von Lebensmitteln in Fertigpackungen, also vorverpackten Lebensmitteln iSv. Art. 2 Abs. 2 lit. e LMIV, ist ein Hinweis auf die verwendeten Packgase dann notwendig, wenn diese Gase allein oder in Verbindung mit der normal vorhandenen Atmosphäre eine **Verlängerung der Haltbarkeit** bewirken. Packgase sind nach der Definition in Anhang I Ziffer 20 der Verordnung (EG) Nr. 1333/2008 „Gase außer Luft, die vor oder nach dem Lebensmittel oder gleichzeitig mit diesem in das entsprechende Behältnis abgefüllt worden sind". Die wichtigsten in Anlage II Teil E der der VO (EG) Nr. 1333/2008 aufgeführten Packgase sind Kohlendioxid und Stickstoff, in gewissem Umfang können auch Edelgase wie Argon und Helium verwendet werden. Wenn diese Packgase, unabhängig von ihrer Zweckbestimmung, tatsächlich eine Verlängerung der Haltbarkeit bewirken, ist nach Anhang III Ziff. 1.1 zur LMIV zwingend die Kennzeichnung „unter Schutzatmosphäre verpackt" erforderlich. 175

Werden Packgase mit anderen Packungen eingesetzt, ist eine Kennzeichnung nicht erforderlich. In der amtlichen Begründung sind einige Beispiele aufgeführt, etwa Gase, die beim Abfüllen von Bier eingesetzt werden, Gase, die löslichem Kaffee zugeführt werden um ein Zusammenkleben des Produktes zu verhindern oder die Verwendung von Gasen, um lebensmitteltypische organoleptische Eigenschaften zu erzeugen, wie bei kohlensäurehaltigem Mineralwasser und Limonaden. 176

Hat ein Packgas andere Wirkungen, als die Verlängerung der Haltbarkeit, besteht die Gefahr, dass dadurch der Verbraucher über wesentliche Eigenschaften des Erzeugnisses irregeführt wird, etwa wenn ein Schutzgas das natürliche Vergrauen von Fleischerzeugnissen verhindert, so kann das Unterlassen eines aufklärenden Hinweises gegen das Allgemeine Irreführungsverbot verstoßen. 177

p) Allergene. Mit der RL 2003/89/EG vom 10.11.2003 ist die Kennzeichnungsrichtlinie 2000/13/EG unter anderem um eine Kennzeichnungspflicht von Zutaten, die zu Überempfindlichkeiten 178

---

[141] Dieses Phänomen des Auseinanderfallens von tatsächlicher und rechtlicher Verbrauchererwartung ist unter dem Stichwort normative Irreführung bekannt.

[142] Dederer ZLR 1999, 437.

[143] KiloGray; Einheit der Energiedosis, ein Gray = der Energiedosis, die bei der Übertragung der Energie von ein Joule auf homogene Materie der Masse ein Kilogramm durch ionisierende Strahlung einer räumlich konstanten spektralen Energiefluenz entsteht.

[144] Eine Übersicht findet sich auf den Internetseiten des Bundesamtes für Verbraucherschutz und Lebensmittelsicherheit unter www.bvl.bund.de.

[145] Diese Kenntlichmachung muss in Verbindung mit der Verkehrsbezeichnung erfolgen; ist nur eine Zutat bestrahlt worden, reicht es aus, wenn sich der Hinweis an der entsprechenden Stelle im Zutatenverzeichnis findet. Diese Lebensmittel dürfen nur bei Vorliegen einer entsprechenden Allgemeinverfügung in den Verkehr gebracht werden.

[146] Zu Frage der Vereinbarkeit eines Verkehrsverbotes von Erzeugnissen die in Drittstaaten rechtmäßig bestrahlt wurden: Dederer ZLR 1999, 695.

führen können, die sogenannte Allergen-Kennzeichnung, erweitert worden.[147] Hierauf beruhend ist die Allergenkennzeichnung in Art. 21 LMIV[148] sowie deren Anhang II geregelt. Danach sind bestimmte, in Anhang II zur LMIV aufgeführte Zutaten in jedem Fall in der Etikettierung anzugeben, eine gesonderte Angabe kann nur dann entfallen, wenn die Zutat eindeutig in der Bezeichnung des Lebensmittels genannt ist. Zu den kennzeichnungspflichtigen allergenen Stoffen gehören glutenhaltige Getreide, Krebstiere, Eier, Fische, Erdnüsse, Sojabohnen, Milch, Schalenfrüchte, Sellerie, Senf, Sesamsamen, Schwefeldioxid, Lupinen, Weichtiere und aus den vorgenannten Stoffen hergestellte Erzeugnisse. Die Bezeichnung der Stoffe muss zwar „eindeutig" sein, jedoch nicht die Bezeichnungen des Anhang II wörtlich wiedergeben. Vielmehr genügt eine äquivalente Bezeichnung, welche dann nach Art. 21 Abs. 1 lit. b LMIV drucktechnisch oder graphisch hervorzuheben ist, um eine erhöhte Wahrnehmbarkeit für den Rezipienten zu erzeugen.

179 Die gesonderte Kennzeichnung ist auch erforderlich, wenn es sich um Zutaten handelt, die an sich nur mit den Klassennamen angegeben werden dürfen. Auch wenn es sich um zusammengesetzte Zutaten handelt, deren einzelne Bestandteile an sich nicht kennzeichnungspflichtig wären, muss auf den allergenen Stoff hingewiesen werden. Die Kennzeichnung „pflanzliches Öl" wäre nicht ausreichend, es muss „enthält Sojaöl" heißen.

180 Kann das Vorhandensein von Allergen-Spuren nicht mit Sicherheit ausgeschlossen werden, empfiehlt sich aus produkthaftungsrechtlichen Gründen eine freiwillige Kennzeichnung **„kann Spuren von [Name der Zutat] enthalten"**.[149] Eine derart freiwillige Kennzeichnung ist nicht auf die in Anhang II der LMIV genannten Stoffe begrenzt.

Praxistipp:

Die Verpflichtung zur Allergenkennzeichnung trifft, ebenso wie die Verpflichtung zur Angabe der Zutaten, auch Lebensmittellieferdienste. Der etwaige Hinweis, dass die Angaben im Internet von denen auf der gelieferten Packung abweichen können, hilft nicht. Sowohl die Angaben zur Allergenen als auch die über Zutaten sind wesentliche Informationen die die Kaufentscheidung und müssen demnach dem Verbraucher vor Abgabe der Online-Bestellung verfügbar gemacht werden. Auf den formalen Abschluss des Kaufvertrages, welcher rechtlich erst nach Abgabe der Bestellung erfolge, kommt es nicht an. Ebenso irrelevant ist es, ob dem Kunden an der Haustüre noch die Möglichkeit eingeräumt wird sich umzuentscheiden.[150]

181 q) **Pfandpflicht.** § 31 VerpackG regelt die Pfandpflicht für Einweggetränkeverpackungen. Eine Pfandpflicht für Mehrverpackungen ist gesetzlich nicht geregelt. Seit dem 1.1.2022 sind alle **Einweggetränkeflaschen aus Kunststoff** pfandpflichtig. Eine Übergangsfrist bis 2024 gilt für Plastikflaschen mit Milchgetränken. Auch alle **Getränkedosen** sind ab 2022 ausnahmslos pfandpflichtig. Bisherige Ausnahmen von der Pfandpflicht, unter anderem für Fruchtsäfte, Spirituosen (Monogetränke) oder alkoholische Mischgetränke in Einweg-Getränkeflaschen aus Kunststoff oder Getränkedosen, fallen komplett weg. Pfandpflichtig sind somit etwa Bier, Wein (auch weinähnlich wie Apfelwein), Sekt, sonstige alkoholische Getränke, die der Alkoholsteuer unterliegen, wenn diese in Dosen oder Einweggetränkeflaschen aus Kunststoff abgegeben werden. Nach § 31 Abs. 1 sind Hersteller deren Produkte der Pfandpflicht unterliegen verpflichtet sich einem bundesweit tätigen einheitlichen Pfandsystem anzuschließen. Üblicherweise wird hierzu eine Lizenz der Deutsche Pfandsystem GmbH (DPG) erworben, um deren markenrechtlich geschütztes Pfandsymbol führen und am Pfandsystem partizipieren zu können.

182 r) **Grundpreisangabe.** Durch die Umsetzung der „EG-Grundpreis-Richtlinie"[151] über den Schutz der Verbraucher bei der Angabe der Preise der ihnen angebotenen Erzeugnisse und die entsprechende Umsetzung in § 2 Preisangabenverordnung besteht eine Verpflichtung zur Angabe des Grundpreises. Grundsätzlich hat jeder, der Endverbrauchern im geschäftlichen Verkehr Waren in Fertigpackungen, offenen Packungen oder als Verkaufseinheiten ohne Umhüllung, nach **Gewicht, Volumen, Länge** oder **Fläche** anbietet, neben dem Verkaufspreis auch den Grundpreis pro

[147] ABl. L 307/15 v. 25.11.2003.
[148] Entspricht § 6 Abs. 5a LMKV.
[149] Vgl. die „Lederspray" Entscheidung BGH NJW 1990, 2560 = ZLR 1991, 34.
[150] OLG Düsseldorf 7.5.2020 – 15 U 82/19, LMuR 2020, 323.
[151] RL 98/6/EG des Europäischen Parlaments und des Rates v. 16.2.1998, ABl. 80/27 v. 18.3.1998.

Kilo, pro Liter, pro Meter oder pro Quadratmeter anzugeben. Die anzugebende Maßeinheit richtet sich nach der für die Füllmenge vorgegeben ist. Diese Verpflichtung gilt also für den Handel. Der Begriff der Fertigpackung wird unter Rückgriff auf § 42 Abs. 1 Mess- und Eichgesetz bestimmt.[152] Hiernach ist eine Fertigpackung eine Verpackung beliebiger Art, in die in Abwesenheit des Käufers Erzeugnisse abgepackt und die in Abwesenheit des Käufers verschlossen werden, wobei die Menge des darin enthaltenen Erzeugnisses ohne Öffnen oder merkliche Änderung der Verpackung nicht verändert werden kann. Maßgebliches Merkmal der Fertigpackung ist demnach, dass sie verschlossen vorverpackt ist. Ein Verstoß[153] hiergegen war und ist ohne weiteres wettbewerbswidrig.[154] Waren, die nach anderen Maßeinheiten, insbesondere nach Stückzahl oder Portion, angeboten werden, sind von der Grundpreisangabe befreit. Die willkürliche Verwendung unüblicher Bezugsgrößen, wie etwa das Ersetzen der vom Verkehr erwarteten Gewichtsangabe durch die Verwendungsdauer,[155] ist zusätzlich möglich, aber in der Regel wegen Verstoßes gegen § 6 Fertigpackungsverordnung nicht ausreichend.

Problematisch wird dies bei Fertigpackungen mit unterschiedlichen Erzeugnissen, für die ein einheitlicher Preis angegeben wird. Eine Sammelpackung mit fünf verschiedenen Marmeladen- oder Teesorten wird einen einheitlichen Grundpreis ausweisen müssen, auch wenn die Einzelpreise durchaus unterschiedlich wären. Bei einer Kombipackung „Käsefondue & Weinflasche" wird man dagegen davon ausgehen müssen, dass diese Packung nicht nach Gewicht angeboten und daher von der Grundpreisangabe befreit ist. Gratiszugaben, etwa „2 Flaschen gratis", müssen bei der Grundpreisangabe einberechnet werden. Nach Ansicht des Bundesgerichtshofs kommt es für den Verkehr darauf an, welche Gesamtmenge er für einen bestimmten Preis erhält. Dementsprechend erwartet ein verständiger Durchschnittskunde, dass „gratis" hinzugegebene Warenmengen in die Berechnung des vom Verkäufer angegebenen Grundpreises einbezogen worden sind.[156] Ferner muss der Grundpreis nach Auffassung des BGH für den normalsichtigen Verbraucher so angegeben werden, dass dieser den Preis aus einer Entfernung von 50 cm erkennen kann.[157] 183

Auch wenn sich die Angabe nach Stücken im Verkehr durchgesetzt haben mag, kann eine Angabe nach Gewicht oÄ dennoch gesetzlich geboten sein. Der BGH[158] leitete für Kaffeekapseln etwa aus Art. 9 Abs. 1, 23 LMIV eine Verpflichtung zur Angabe der Füllmenge nach Gewicht ab. Eine etwaige anderslautende Verkehrsauffassung sei in diesem Zusammenhang unbeachtlich. Vorbenannte Rechtsprechung lässt sich indes nicht auf alle Produktkategorien übertragen. Das OLG Celle stufte Nahrungsergänzungsmittel, die anders als Kaffeekapseln im Ganzen verzehrt werden, wohin gegen bei Kaffeekapseln nur der Inhalt konsumiert werden, zwar als Fertigpackung ein, verneinte aber eine Verpflichtung zur Angabe der Nettofüllmenge nach Art. 9 Abs. 1, 23 iVm Anhang IX Nr. 1 lit. c zur LMIV.[159] 184

Praxistipp:

Die Verpflichtung trifft jeden, der Waren anbietet, also auch Onlinehändler, die von sich glauben, Verträge nur zu vermitteln. Auch die zur Umgehung des Fernabsatzgesetzes gelegentlich verwendete Fiktion, der Kaufvertrag käme erst dann zustande, wenn der Endverbraucher das Angebot an der Haustür akzeptiert, hilft hier nicht weiter.

2. Fakultativ-obligatorische Kennzeichnungselemente

Im Folgenden werden Kennzeichnungselemente behandelt, die beim Inverkehrbringen von Lebensmitteln nicht zwingend vorgeschrieben sind. Geschieht dies aber doch, müssen die Angaben im Hinblick auf Klarheit, Wahrheit und Richtigkeit den allgemeinen Anforderungen genügen. Für 185

[152] BGH GRUR 2019, 641 Rn. 16 – Kaffeekapseln. Wie in vorbenannter Entscheidung vom BGH entschieden sind auch Kaffeepulver enthaltende Kaffeekapseln als Fertigpackung zu verstehen.
[153] Vgl. Hammerl ZLR 2000, 731.
[154] BGH ZLR 1996, 93, für Frischkäse in 400 g-Bechern.
[155] Zu denken ist an Wendungen wie „ein Tagesbedarf", „enthält fünf Tagesportionen".
[156] BGH 31.10.2013 – I ZR 139/12 – 2 Flaschen GRATIS.
[157] BGH 7.3.2013 – I ZR 30/12.
[158] BGH GRUR 2019, 641– Kaffeekapseln.
[159] Ebenso OLG Köln 26.3.2019 – 6 W 26/19 – EeckRS 2019, 16260.

Pflichtkennzeichnungselemente hält Art. 36 LMIV dies ausdrücklich fest. Über die allgemeinen Irreführungsverbote gilt dieser Grundsatz aber auch für alle anderen freiwilligen Kennzeichnungen. Wenn aber bestimmte **Auslösetatbestände** erfüllt sind, folgt daraus die Verpflichtung zu einer bestimmten Kennzeichnung. Hier gilt der Satz des Mephistopheles: „Im ersten sind wir frei, beim zweiten sind wir Knechte."

186 a) **Vegetarisch/Vegan.** Die Anzahl der vegetarisch oder vegan lebenden Menschen steigt beständig an. Im Jahr 2020 ernährten sich 4,4 % der Gesamtbevölkerung vegetarisch und 3,2 % vegan.[160] Angesichts dieser Zahlen ist es nur verständlich, dass die Produktkennzeichnung als „vegetarisch" oder „vegan" von erheblicher Bedeutung in der Lebensmittelindustrie ist. Nach intensiver Diskussion wurden im Jahr 2018 die **Leitsätze für vegane und vegetarische Lebensmittel mit Ähnlichkeit zu Lebensmitteln tierischen Ursprungs**[161] veröffentlicht. Die Leitsätze haben hierbei die von der Verbraucherschutzministerkonferenz[162] verwaltungsintern aufgestellte Begriffsbestimmung aus dem Jahr 2016 übernommen. Danach gelten Lebensmittel als **vegan,** wenn sie keine Erzeugnisse tierischen Ursprungs sind und bei denen auf allen Produktions- und Verarbeitungsstufen auf den Zusatz von Zutaten (einschließlich Zusatzstoffe, Trägerstoffe, Aromen und Enzyme) oder Verarbeitungshilfsstoffen oder nicht-Lebensmittelzusatzstoffen, die wie Verarbeitungshilfsstoffe verwendet werden, tierischen Ursprungs in verarbeiteter oder unverarbeiteter Form, zugesetzt wurden.

187 Die Definition **vegetarischer** Lebensmittel erlaubt dagegen den Zusatz von Milch, Kolostrum, Farmgeflügeleier, Bienenhonig, Bienenwachs, Propolis oder Wollfett/Lanolin aus von lebenden Schafen gewonnener Wolle. Nach Klarstellung in den Leitlinien stehen unbeabsichtigte Kontaminationen der Bezeichnung als vegan/vegetarisch nicht entgegen, wenn und soweit diese auf allen Produktionsverarbeitungs- und vertriebsstufen trotz geeigneter Vorkehrungen bei Einhaltung der guten Herstellungspraxis, technisch unvermeidbar sind. Gleichzeitig stellen die Leitsätze klar, dass Verpackungsmaterialien bei der Beurteilung, ob ein Lebensmittel vegan oder vegetarisch ist, unberücksichtigt bleiben.

188 Nach Art. 36 Abs. 2 lit. a) und b) iVm. Art. 7 Abs. 1 lit. a) der LMIV dürfen freiwillige Informationen bspw. nicht über Art, Identität oder Eigenschaften des Lebensmittels täuschen. Bei veganen und vegetarischen Ersatzprodukten kann dies durchaus herausfordernd sein. Bei Fleischersatzprodukten lässt sich keine die Irreführung ausschließende Klarheit etwa nur über eine deutliche und unmissverständliche Deklaration erreichen. Die Leitsätze regeln diesbezüglich ein System abgestufter Ansprüche an die Ähnlichkeit der Ersatzprodukte und ermöglichen Herstellern auf diese Weise eine rechtsichere Kennzeichnung. Begriffe wie „Schnitzel", „Bratwurst" oder „Steak" können verwendet werden, wenn die Eigenschaften des Ersatzproduktes diese Bezugnahme rechtfertigen. Der Anwendungsbereich der Leitsätze ist hierbei auf Lebensmittel begrenzt, die „vegan" oder „vegetarisch" ausloben, Lebensmitteln tierischen Ursprungs ähnlich sind und auch in der Bezeichnung, dem Produktnamen oder der Aufmachung an die verkehrsübliche Bezeichnung von Lebensmitteln mit tierischen Zutaten angelehnt sind. Unerheblich ist hierbei, ob die verkehrsübliche Bezeichnung in einem Leitsatz des Deutschen Lebensmittelbuches niedergelegt ist, vielmehr ist eine gefestigte Verkehrsauffassung davon, dass es sich um eine vom Tier stammende Zutat handelt, entscheidend.[163]

189 In der Aufmachung des veganen oder vegetarischen Lebensmittels ist nach Ziffer 1.4 der Leitsätze eindeutig und an gut sichtbarer Stelle, deutlich und gut lesbar auf den veganen oder vegetarischen Charakter hinzuweisen. Dies hat durch die Angabe „vegan" bzw. „vegetarisch" oder durch eine gleichbedeutende Angabe zu erfolgen. Vorsicht ist bei mehrdeutigen Angaben wie **„Veggie"** geboten, hier geht eine Mehrdeutigkeit – wie immer – zu Lasten des Verwenders und es sollten jedenfalls weitere klarstellenden Hinweise verwendet werden, die eindeutig darüber aufklären, ob ein Produkt „vegan" oder „vegetarisch" ist. Unter Ziffer 2 finden sich in den Leitlinien weitere Beurteilungsmerkmale für bestimmte vegane und vegetarische Lebensmittel (etwa Fleisch und Fleischerzeugnisse oder Erzeugnisse iSd Leitsätze für Fisch und Fischerzeugnisse und Krebs- und Weichtiere).[164]

---

[160] Abzurufen unter https://veganz.de/blog/veganz-ernaehrungsstudie-2020/.
[161] Abzurufen unter https://www.bmel.de.
[162] Abzurufen unter www.verbraucherschutzministerkonferenz.de.
[163] So auch Horn in Streinz/Kraus LebensmittelR-HdB, II. Grundlagen des Lebensmittelrechts Rn. 245b.
[164] In einem ähnlichen Fall hat das OLG Nürnberg die Bezeichnung „Weide-Milch" wohl nur deshalb akzeptiert, weil auf jeder Packung darauf hingewiesen wurde, dass die Kühe an 120 Tagen im Jahr sechs Stunden auf der Weide stehen.

Praxistipp:

Im Falle der Auslobung „vegan" oder „vegetarisch" ist daher immer das damit einhergehende Irreführungspotential der jeweiligen Angabe zu berücksichtigen. Für Lebensmittel mit Ähnlichkeit zu Lebensmitteln mit tierischem Ursprung finden sich in den neuen Leitsätzen sinnvolle und hilfreiche Vorgaben. Allerdings sollte in der Praxis nicht unterschätzt werden, dass die Auslobung „vegan" oder „vegetarisch" häufig mit vermehrten und detailreichen Verbraucherrückfragen einhergeht. Jedem, der über die Auslobung „vegan" oder „vegetarisch" nachdenkt, sei daher bereits an dieser Stelle geraten, sich auch darüber Gedanken zu machen ob die Verpackungsmaterialen die hohen Ansprüche der veganen und/oder vegetarischen Verbraucherschaft erfüllen. Ist auch der verwendete Kleber für die Etiketten vegan? Eine Frage, die im Rahmen der Leitlinie ausgeblendet werden kann, nicht jedoch mit Blick auf die tatsächliche Verbrauchererwartung.

b) Halal/Koscher. Die Bezeichnungen *Halal*[165] bzw. *Koscher* stehen für die Einhaltung der muslimischen bzw. jüdischen Speisevorschriften. Beide Bezeichnungen sind in Deutschland gesetzlich nicht geregelt. Sie werden aber nicht nur von Muslimen und Juden, sondern zunehmend von anderen Verbrauchergruppen als Qualitätsmerkmale wahrgenommen. Wer eine dieser Bezeichnungen verwendet, sei es in Form eines Siegels oder sonst in der Aufmachung eines Lebensmittels, muss damit rechnen, dass damit der Anwendungsbereich der Ziffern 1 bis 4 der „schwarzen Liste", dem Anhang zu § 3 UWG, eröffnet ist. Es gibt für beide Bezeichnungen weder national noch international eine anerkannte zentrale Stelle. Die Zertifizierungen werden von verschiedenen Organisationen angeboten,[166] eines dieser Angebote sollte in jedem Fall genutzt werden. 190

Rechtlich problematisch ist insbesondere das betäubungslose Schächten von Schlachttieren. Problematisch ist die praktische Konkordanz zwischen Art. 10 der Grundrechtecharta (Religionsfreiheit) und der Tierwohl-Querschnittsklausel aus Art. 13 AEUV. Art. 4 der VO (EG) Nr. 1099/2009 über den Schutz von Tieren zum Zeitpunkt der Tötung gibt insoweit vor, dass Tiere grundsätzlich nur nach einer Betäubung getötet werden dürfen, diese Anforderungen aber bei speziellen Schlachtmethoden, die durch religiöse Riten vorgeschrieben sind, nicht gelten, sofern die Schlachtung in einem Schlachthof erfolgt. In Deutschland ist nach § 17 TierSchG die Schächtung verboten. Das Bundesverfassungsgericht[167] hat unter Berücksichtigung von Art. 4 GG festgelegt, dass einem islamischen Metzger auf Antrag eine Ausnahmegenehmigung erteilt werden muss, sofern das Schächten von einer sachkundigen Person in einem zugelassenen und registrierten Schlachtbetrieb erfolgt und vom zuständigen Veterinäramt überwacht wird. Die rituelle Schlachtung von Tieren ohne vorherige Betäubung erfüllt nach Feststellung des EuGHs[168] nicht die höchsten Tierschutzstandards und steht somit der gleichzeitigen Auslobung eines **EU-Bio-Logos** auf Halal-Fleisch entgegen. 191

c) Garantiert traditionelle Spezialität. Das Vorhandensein **besonderer Merkmale,** mit denen sich ein Lebensmittel von anderen gleichartigen Erzeugnissen hinreichend deutlich unterscheidet, kann in der Kennzeichnung, Aufmachung und Werbung jederzeit kenntlich gemacht werden. Mit der VO (EU) 1151/2012,[169] welche die VO (EG) Nr. 509/2006[170] abgelöst hat, ist es möglich, durch Verwendung eines Siegels und die Angabe **garantiert traditionelle Spezialität** (g. t. S.) auf das Vorhandensein besonderer Merkmale hinzuweisen. Diese können sich auf die besonderen Eigenschaften des Erzeugnisses wie die physikalischen, chemischen, mikrobiologischen oder organoleptischen Eigenschaften oder auf das Verfahren der Erzeugung des Produkts oder auf besondere Bedingungen beziehen, die bei der Erzeugung des Produkts herrschen müssen. In Abweichung zu VO (EG) Nr. 509/2006 ist nach VO (EU) Nr. 1151/2012 nun auch der Schutz von Rezepten möglich. 192

Eine garantiert traditionelle Spezialität kann unter anderem für Bier, Schokolade, Backwaren, Teigwaren und Süßwaren anerkannt werden.[171] Voraussetzung hierbei ist eine nachgewiesene 193

[165] Im Türkischen „Helal".

[166] Vorliegend soll aus Unparteilichkeit keine Adresse genannt werden; die Anbieter sind online ohne weiteres auffindbar.

[167] Schächturteil, BVerfG NVwZ 2007, 461.

[168] EuGH 26.2.2019 C-497/17, BeckRS 2019, 2107.

[169] VO (EU) Nr. 1151/2012 über Qualitätsregelungen für Agrarerzeugnisse und Lebensmittel.

[170] VO (EG) Nr. 509/2006 über die garantiert traditionellen Spezialitäten bei Agrarerzeugnissen und Lebensmitteln.

[171] Vgl. Anhang I zur VO (EU) Nr. 1151/2012.

Verwendung auf dem Gemeinschaftsmarkt während eines Zeitraums, in dem das Wissen zwischen den Generationen weitergegeben wird; dieser Zeitraum sollte mindestens 30 Jahre betragen.[172] Die bekanntesten Beispiele sind vermutlich Mozzarella und Serrano-Schinken.

194 Die Berechtigung zur Führung des Siegels und der Bezeichnung wird in einem **Eintragungsverfahren** gewährt. Antragsberechtigt sind nur Vereinigungen von Erzeugern und/oder Verarbeitern des jeweiligen Agrarerzeugnisses oder Lebensmittels.

195 Das Eintragungsverfahren ist in zwei Phasen geregelt. In der ersten Phase ist die **Bundesanstalt für Landwirtschaft und Ernährung** nach dem Lebensmittelspezialitätengesetz für das nationale Eintragungsverfahren zuständig. Im Rahmen dieser nationalen Phase sind bereits Einwendungen zu erheben. In der zweiten Phase werden die Anträge auf europäischer Ebene geprüft und ein Einspruchsverfahren durchgeführt.

196 Der in Art. 26 Abs. 1 LMIV vorhandene Verweis auf die VO (EG) Nr. 509/2006 ist veraltet und als Verweis auf die VO (EU) Nr. 1151/2012 zu verstehen. Der Wortlaut des Art. 26 Abs. 1 LMIV „lässt unberührt" macht deutlich, dass ein unter den Schutz der VO (EU) Nr. 1151/2012 fallendes Lebensmittel ausschließlich nach dieser VO zu beurteilen ist. Die VO (EU) Nr. 1151/2012 stellt eine vorrangige und abschließende Regelung dar, die jeglichen zusätzlichen Schutz ausschließt. Unstrittig ist, dass einfache geographische Herkunftsangaben die nicht in den Anwendungsbereich der VO (EU) Nr. 1151/2012 fallen, Schutz nach §§ 126, 127 Abs. 1 MarkenG erreichen können.[173]

197 d) **Geographische Herkunft.** Geographische Herkunftsangaben haben in der Aufmachung von Lebensmitteln seit jeher eine große Bedeutung, die in der jüngsten Vergangenheit noch weiter zugenommen hat. Mit der Herkunft aus einer bestimmten Region verbindet der Verbraucher in der Regel besondere Qualitätsvorstellungen ohne Rücksicht darauf, ob diese objektiv gerechtfertigt sind. Es wird zwischen **nationalen geographischen Herkunftsangaben** (§§ 126 ff. MarkenG) und **geographischen Angaben und Ursprungsbezeichnungen** unterschieden, für die es eine zwingende EU-weite Regelung gibt.[174]

198 *aa) VO (EU) Nr. 1151/2012 des Rates über Qualitätsregelungen für Agrarerzeugnisse und Lebensmittel.* Mit ihrem Inkrafttreten wurde die VO (EG) Nr. 509/2006 aufgehoben. Nach der VO (EG) Nr. 1151/2012 können geographische Angaben für Agrarerzeugnisse und Lebensmittel in ein von der Europäischen Kommission geschütztes Verzeichnis eingetragen werden, wodurch sie in allen Mitgliedstaaten Schutz erlangen. Ziel der Verordnung ist es unter anderem, gleiche Wettbewerbsbedingungen für die Hersteller derart gekennzeichneter Produkte sicherzustellen und die Glaubwürdigkeit solcher Produkte beim Verbraucher zu erhöhen.

199 Die Angaben können als **Ursprungsbezeichnungen** (Art. 5 Abs. 1) und **geografische Angaben** (Art. 5 Abs. 2) geschützt werden. Diese beiden Prädikate stehen nicht in einem Ausschließlichkeitsverhältnis, vielmehr umfasst die Ursprungsbezeichnung stets auch die geografischen Angabe. Beiden Angaben ist gemeinsam, dass sie sich nur auf unmittelbare geographische Herkunftsangaben beziehen. Die **geschützte geographische Angabe (g. g. A.)** ist dadurch gekennzeichnet, dass das Erzeugnis eine bestimmte Qualität, sein besonderes Ansehen oder eine andere wesentliche Eigenschaft unmittelbar aus dem geographischen Ursprung ableitet und dass es in diesem Gebiet erzeugt und/oder verarbeitet und/oder hergestellt wurde. Die **geschützte Ursprungsbezeichnung (g. U.)** kann also nur in Anspruch genommen werden, wenn das Erzeugnis seine Güte oder Eigenschaften ausschließlich oder zumindest überwiegend der Herkunft verdankt, wobei nicht nur die geographischen Verhältnisse der Region sondern auch die natürlichen und menschlichen Einflüsse berücksichtigt werden. Darüber hinaus muss es in diesem Gebiet erzeugt, verarbeitet und hergestellt werden, einzelne Herstellungsschritte reichen nicht aus.[175]

200 Die Eintragung in das Verzeichnis kann nur von Vereinigungen beantragt werden, die mit den Erzeugnissen arbeitet, für die Schutz begehrt wird (Art. 49 Abs. 1). Voraussetzung für den Schutz ist neben der Antragstellung die Angabe einer Produktspezifikation (Art. 8 Abs. 1). Diese Spezifi-

---

[172] Hierbei ist zu beachten, dass durch VO (EU) Nr. 1151/2012 die Frist von vormals 25 Jahren auf nunmehr 30 Jahre verlängert wurde.

[173] EuGH Rs. C-35/13, GRUR 2014, 674 (676) – Salame Felino.

[174] Ausführlich Böhler WRP 2022, 561 ff.; Böhler LMuR 2022, 105 ff.

[175] Das BPatG hat (Az. 30w (pat) 33/09) die Kriterien für die geschützte Bezeichnung „Schwarzwälder Schinken" dahingehend verschärft, dass Schwarzwälder Schinken nicht nur im Schwarzwald hergestellt, sondern auch im Schwarzwald geschnitten und verpackt werden muss.

kation enthält unter anderem Angaben über das Agrarerzeugnis oder Lebensmittel, das Verfahren zur Gewinnung sowie Angaben, aus denen hervorgeht, dass das Erzeugnis oder das Lebensmittel aus dem abgegrenzten geografischen Gebiet im Sinne von Art. 5 Abs. 1 oder 2 stammt. Die Einhaltung der Spezifikation wird von Kontrolleinrichtungen der Mitgliedstaaten gewährleistet. Jeder Hersteller eines einschlägigen Produkts muss sich einem gebührenpflichtigen Kontrollsystem anschließen.

Die konstitutive Eintragung ist zeitlich unbegrenzt und verhindert, dass der Name des Agrarer- 201
zeugnisses oder Lebensmittels zu einer – nicht schutzfähigen – Gattungsbezeichnung (Art. 6) wird.[176] Im Unterschied zu den übrigen Gemeinschaftsschutzrechten – zum Beispiel der Gemeinschaftsmarke oder dem Gemeinschaftsgeschmackmuster – können Ursprungsbezeichnungen oder geografische Angaben aber nicht allein durch entsprechende Registrierung erworben werden. Vielmehr setzt der Schutz der Bezeichnung bereits eine mit der Region verknüpfte Besonderheit der Agrarerzeugnisse und Lebensmittel voraus. Entsprechend handelt es sich bei diesen Angaben in der Regel um Traditionsbezeichnungen, die sich über einen längeren Zeitraum hinweg einen besonderen Ruf erworben haben.[177]

Praxistipp:

Man kann auch neue geografische Herkunftsangaben schaffen. Der oder die Hersteller in einer bestimmten Region müssen dazu eine Wettbewerbsregel schaffen, in der das Gebiet und die besonderen qualitativen Anforderungen an das Erzeugnis gekennzeichnet werden. Diese Regel ist nach § 24 GWB beim Bundeskartellamt anzumelden und durch dieses anzuerkennen. In Kombination mit der Eintragung einer Verbandsmarke kann so ein Schutz für geografische Herkunftsangaben geschaffen werden, die bisher noch nicht oder noch nicht hinreichend bekannt und geschätzt waren.

Das Eintragungsverfahren[178] ist relativ aufwändig. Für das nationale Eintragungsverfahren 202
ist die Bundesanstalt für Landwirtschaft und Ernährung (BLE) nach dem Lebensmittelspezialitätengesetz zuständig (nationale Phase).[179] Die Anmeldung wird dort einer inhaltlichen Prüfung unterzogen und anschließend im Bundesanzeiger veröffentlicht. Es läuft eine einmonatige Einwendungsfrist, wobei Einwendungen schriftlich mit Hilfe des vom BLE bereitgestellten Einwendungsformular zu erheben sind.[180] Anschließend werden Stellungnahmen und Gutachten von Ministerin und Verbraucherbehörden eingeholt. Auf dieser Grundlage findet eine erneute Prüfung durch das BLE statt. Im Erfolgsfall wird der Antrag an die Europäische Kommission weitergeleitet (europäische Phase). Dort wird der Antrag im Antragsverzeichnis (Datenbank DOOR) veröffentlicht und geprüft. Ein erfolgreicher Antrag wird sodann im Amtsblatt der EU veröffentlicht und eine dreimonatige Einspruchsfrist beginnt zu laufen. Hierbei ist zu beachten, dass Einsprüche auf europäischer Ebene bei der jeweiligen Mitgliedsstaatsbehörde zu erheben sind und Personen, welche aus dem Mitgliedsstaat des Anmelders stammen präkludiert sind. Schlussendlich wird eine erfolgreiche Anmeldung im Spezialitätenregister eingetragen und im Amtsblatt veröffentlicht.

---

176 Für die Bezeichnung „Feta" hat der EuGH zuletzt entschieden, dass sie nur noch für einen Weißkäse aus einer bestimmten Region Griechenlands verwendet werden darf, obwohl Feta zuvor in einigen Mitgliedstaaten als Gattungsbezeichnung verwendet wurde, EuGH GRUR 2006, 71; auch die Bezeichnung „Parmesan" ist nach der Entscheidung des EuGH vom 26.2.2008 Hartkäse vorbehalten, der den Voraussetzungen der Ursprungsbezeichnung Parmigiano Reggiano genügt.

177 McGuire WRP 2008, 620 f.

178 Nach Erlass der VO gab es für einen Übergangszeitraum die Möglichkeit, von einem vereinfachten Verfahren nach Art. 17 Gebrauch zu machen. Die danach eingetragenen Bezeichnungen sind im Anhang der VO (EG) Nr. 1107/96 vom 12.6.1996 im ABl. L 148/1 veröffentlicht. Für Deutschland waren dies: Diepholzer Moorschnucke, Lüneburger Heidschnucke, Schwäbisch-Hällisches Qualitätsfleisch, Allgäuer Bergkäse, Allgäuer Emmentaler, Altenburger Ziegenkäse, Odenwälder Frühstückskäse, Lausitzer Leinöl, Spreewälder Gurken, Spreewälder Meerrettich, Schwarzwaldforelle, Kölsch, Rieser, Gögginger, Reuther, Wernesgrüner, Münchner, Kulmbacher, Hofer, Dortmunder, Bremer und Mainfranken Bier, sowie eine Reihe von Mineralwässern, die aber ohnehin nach der MTVO unter dem Grundsatz: „eine Quelle – ein Name" stehen. Ferner wurden im März 2012 die Schwäbischen Spätzle als g. g. A. eingetragen.

179 http://www.ble.de/SharedDocs/Downloads/02_Kontrolle/09_GTSpezialitaeten/EintragungsantragDE.html?nn=3057586.

180 Anmelde- und Einwendungsformular sind abrufbar unter: www.ble.de.

Praxistipp:

Formulare für den Antrag auf Eintragung, den Antrag auf Änderung der Spezifikation, den Antrag auf Löschung und für den Einspruch finden sich zum Download auf den Internetseiten des BLE.

203 Wird der Schutz gewährt, sind **alle Erzeuger,** die die angegebenen Spezifikationen einhalten, berechtigt, die Bezeichnungen „g. U." bzw. „g. g. A." zu verwenden, auch wenn sie nicht der antragstellenden Vereinigung angehören. Da die Spezifikationen veröffentlicht werden, kann grundsätzlich jeder, der nach diesen Spezifikationen im betroffenen Gebiet das jeweilige Lebensmittel herstellt, die Bezeichnung auch für sich in Anspruch nehmen. Dieser Umstand hat viele Erzeugergemeinschaften bisher davon abgehalten, entsprechende Anträge zu stellen, da der gewährte Schutz die damit verbundene Preisgabe von Betriebsgeheimnissen nicht in allen Fällen rechtfertigt. Wenn sich im Nachhinein herausstellt, dass die Bezeichnung doch einem Freihaltebedürfnis unterliegt oder in anderen Mitgliedsstaaten als Gattungsbezeichnung angesehen wird, kann sie auf Antrag wieder gelöscht werden.

204 *bb) Geographische Herkunftsangaben.* Nach § 126 MarkenG sind geografischen Herkunftsangaben die Namen von Orten, Gegenden, Gebieten oder Ländern sowie sonstige Angaben oder Zeichen, die im geschäftlichen Verkehr zur Kennzeichnung der geografischen Herkunft von Waren oder Dienstleistungen benutzt werden. Im Gegensatz zur g. U. und g. g. A. gewährt die geografische Herkunftsangabe nach §§ 126 ff. MarkenG nur einen auf das Gebiet der Bundesrepublik Deutschland begrenzten Schutz. Dieser Schutz entfällt mit erfolgreicher Eintragung auf Gemeinschaftsebene, da der Schutz nach der VO (EG) Nr. 1151/2012 insofern nationales Recht verdrängt.[181]

205 Vor Inkrafttreten des MarkenG wurde der Begriff der geografischen Herkunftsangabe auf der Grundlage des § 3 UWG aF entwickelt, der die irreführende Angabe über den Ursprung untersagte. Der wesentliche Unterschied der §§ 126 ff. MarkenG zu § 3 UWG nF besteht darin, dass es hier auf die dem Wettbewerbsrecht sonst geläufige Relevanz einer eventuellen Irreführung nicht ankommt. Stammt ein Erzeugnis nicht aus dem betroffenen Gebiet, darf die Angabe nicht verwendet werden. Das gilt auch dann, wenn sich eine Irreführung tatsächlich nicht feststellen lässt. Der BGH hat seinerseits in der Entscheidung „Warsteiner I"[182] ein Korrektiv in Form einer Interessenabwägung eingeführt. Die wirtschaftlich vernünftige Fortentwicklung des Unternehmens und seiner Markenartikel darf nicht an einer dem gegenüber kaum ins Gewicht fallenden Irreführungsgefahr scheitern.[183] Damit ist eine bona fide erfolgende Weiterentwicklung von Unternehmen, deren Existenz auch an einer geographischen Angabe hängt, gesichert. Aber auch nur diese. Eine Freigabe von geographischen Herkunftsangaben bei bloßen wirtschaftlichen Interessen ist damit nicht verbunden. Der Zukauf eines Unternehmens mit anschließender Verlagerung der Produktion an andere Stelle bleibt grundsätzlich irreführend.

206 *cc) Umfassender Schutz.* Die hier geschützten Angaben sind umfassend geschützt und zwar nicht nur gegen eine identische Verwendung, sondern auch gegen jede Anspielung. Der Schutzbereich wird ausgesprochen weit gezogen. So hat der EuGH die Bezeichnung „Verlados" für einen in der finnischen Stadt Verla hergestellten Apfelschnaps als unzulässige Anspielung auf die geschützte Bezeichnung „Calvados" und zwar unter ausdrücklichem Hinweis darauf, dass es überhaupt nicht darauf ankomme, ob eine Irreführung des Verbrauchers drohe. Damit wird eingetragenen Bezeichnungen praktisch der Schutz zugesprochen, den sonst nur berühmte Marken in Anspruch nehmen können. Ebenso wurde die für eine Anspielung erforderliche gedankliche Verbindung bei der Verwendung von Bildelementen bejaht. Konkret sah der EuGH[184] in verschiedenen Bildelementen (Windmühle, Reiterfigur, Schafe) eine Anspielung auf die geschützte Bezeichnung „Queso Manchego", da der Verbraucher besagte Bildelemente mit der Region La

[181] Zum Verhältnis zwischen Marken und geografisch geschützten Angaben: EuGH GRURPrax 2011, 55 mAnm Schoene.

[182] GRUR 1999, 251.

[183] Man denke nur an den Fall, dass die von einer Brauerei genutzte Quelle versiegt oder nicht mehr benutzt werden kann. Es wäre unangemessen, bei einer dann notwendigen Verlagerung der Produktionsstätte, die ja auch auf die Qualität keinen Einfluss hat, die Aufgabe einer im Markt eingeführten Bezeichnung, insbesondere, wenn sie selbst Markenschutz genießt, zu verlangen.

[184] EuGH 2.5.2019 – C-614/17 – Queso Manchego, GRUR 2019, 737.

Mancha in Spanien und der für diese Region bekannten Roman Figur „Don Quijote" in eine gedankliche Verbindung bringt. Ebenso sah der EuGH in der Auslobung „Glen" auf einem deutschen Whisky eine Anspielung auf die geschützte Bezeichnung „Scotch Whisky".[185] Der EuGH[186] hat ferner festgestellt, dass die Bezeichnungen „Balsamico", „Aceto" oder „Aceto Balsamico" keine Anspielung auf die geschützte Bezeichnung „Aceto Balsamico di Modena" darstellen, da es den Angaben an einer geographischen Kontonation fehle und eine Anspielung nicht durch Gattungsbegriffe erfolgen kann. Der Bezeichnung „deutscher Balsamico" steht daher grundsätzlich nichts im Wege. Wird die Auslobung „deutscher Balsamico" indes mit weiteren Elementen verbunden, die auf eine Herkunft aus Italien oder gar Modena sprechen könnte (bspw. die italienische Trikolore), so kann eine Irreführung gegeben sein.[187]

Der Schutz geographischer Herkunftsangaben ist indes auch als Kollektivmarke möglich. Diese selbstständig neben dem Schutz nach der VO (EU) Nr. 1151/2012 bestehen. Ist eine nach deutschem Recht als Kollektivmarke eingetragene geografische Herkunftsangabe, etwa „Hohenloher Landschwein", nicht nach der VO (EU) Nr. 1151/2012 eingetragen und wurde auch kein Antrag auf eine Eintragung dorthin gestellt, wird die Anwendung des § 100 Abs. 1 MarkenG bei der Bestimmung der Grenzen zur Benutzung der Angabe seitens eines Dritten durch die VO (EU) Nr. 1151/2012 daher weder gesperrt noch eingeschränkt. Im Rahmen der Abwägung, ob die Benutzung durch einen Dritten den guten Sitten im Sinne des § 100 Abs. 1 MarkenG entspricht, kann demgemäß auch die Qualitätsfunktion der Marke Berücksichtigung finden. 207

Praxistipp:
Bei der Überprüfung geographischer Herkunftsangaben sind stets auch die bilateralen Abkommen zum Schutz geographischer Herkunftsangaben zu berücksichtigen.[188] Zudem ist sich stets zu vergegenwärtigen, dass es auf eine Irreführung der angesprochenen Verkehrskreise im Rahmen des absoluten Anspielungsschutzes gerade nicht ankommt. Etwaige aufklärende Hinweise sind daher – unabhängig von deren Deutlichkeit – für die rechtliche Beurteilung irrelevant.

e) **Lebensmittel aus ökologischer/biologischer Produktion.** Die neue ÖkoVO[189] löste die EG-Öko-Basisverordnung[190] ab und nun regelt, wie bereits die Vorgänger-VO, die Voraussetzungen, unter denen landwirtschaftliche Erzeugnisse und Lebensmittel als **aus ökologischer/biologischer Produktion stammend** gekennzeichnet werden dürfen. Die Kennzeichnungsvorschriften beziehen sich nicht nur auf die Etikettierung der Erzeugnisse, die in den Anwendungsbereich der Verordnung fallen sollen, sondern gemäß Art. 30 Abs. 1 auch auf die Werbung oder jede Angabe in den Geschäftspapieren. Jede Angabe der in Anhang IV aufgeführten Bezeichnungen, wie **ökologisch** oder **biologisch,** sowie daraus abgeleitete Bezeichnungen oder Diminutive **„Bio-"** und/oder **„Öko-"** allein oder in Kombination in allen in Anhang IV genannten Sprachen dürfen nur dann verwendet werden, wenn die Vorgaben der ÖkoVO eingehalten wurden. Aber auch andere Bezeichnungen, die diese Silben nicht enthalten, können auf ökologischen Landbau/Biologische Landwirtschaft hindeuten.[191] Jedes Unternehmen, das diese Kennzeichnung verwenden will und zwar unabhängig davon, ob es das Erzeugnis erzeugt, aufbereitet oder aus einem Drittland einführt, ist nicht nur verpflichtet, die Spezifikationen der ÖkoVO einzuhalten, sondern muss sich darüber hinaus dem **Kontroll-/Zertifizierungsverfahren** nach Art. 34 der Verordnung unter- 208

[185] EuGH Urt. v. 7.6.2018 – C-44/17 – Glen Buchenbach, GRUR 2018, 843. Auf nationaler Ebene wurde eine unzulässige Anspielung für die Auslobung „Glen Els" bereits durch das OLG Hamburg Urt. v. 19.9.2019 – 3 U 262/16, GRUR-RR 2020, 351 bejaht. Die nationale Entscheidung über den Fall „Glen Buchenbach" steht derzeit noch aus.

[186] EuGH Urt. v. 4.12.2019 – C-432/18 – Aceto Balsamico, GRUR 2020, 69. Der guten Ordnung halber weisen die Autoren darauf hin, dass beide als Vertreter der Balema GmbH am Verfahren beteiligt waren.

[187] Ausführlich Böhler WRP 2022, 561 ff.; Böhler LMuR 2022, 105 ff.

[188] Eine Auflistung findet sich bei Zipfel Lebensmittelrecht C 100 § 17 Abs. 1 Nr. 5 Rn. 229g.

[189] VERORDNUNG (EU) 2018/848 DES EUROPÄISCHEN PARLAMENTS UND DES RATES vom 30. Mai 2018 über die ökologische/biologische Produktion und die Kennzeichnung von ökologischen/biologischen Erzeugnissen sowie zur Aufhebung der Verordnung (EG) Nr. 834/2007 des Rates.

[190] VO (EG) Nr. 834/2007 des Rates über die ökologische/biologische Produktion und die Kennzeichnung von ökologischen/biologischen Erzeugnissen und zur Aufhebung der Verordnung (EWG) Nr. 2092/91 v. 28.6.2007.

[191] Wer mit „naturnaher, kontrollierter, umweltbewusster, chemiefreier" Landwirtschaft wirbt, kann damit ebenfalls den Eindruck erwecken, das Prädikat „ökologisch/biologisch" zu verdienen; die Bezeichnung „Naturkind" reicht aber nicht, BGH LRE 34, 29 „Naturkind".

ziehen. Die im Rahmen des Kontrollverfahrens vergebene Codenummer ist nach Art. 32 Abs. 1 in der Kennzeichnung des Erzeugnisses anzugeben. Nach Art. 33 Abs. 4 erfolgt die Verwendung des EU-Bio-Logos für aus Drittländern eingeführte Erzeugnisse auf freiwilliger Basis. Allerdings muss im selben Sichtfeld wie das Logo der Ort der Erzeugung des landwirtschaftlichen Ausgangsstoffes erscheinen, aus dem sich das gekennzeichnete Erzeugnis zusammensetzt und zwar je nach Fall in folgenden Formen (a) „EU-Landwirtschaft", wenn die landwirtschaftlichen Ausgangstoffe in der Union erzeugt wurden, (b) „Nicht-EU-Landwirtschaft", wenn die landwirtschaftlichen Ausgangsstoffe in Drittländern erzeugt wurden oder (c) „EU-/Nicht-EU-Landwirtschaft", wenn die landwirtschaftlichen Ausgangsstoffe zum Teil in der Union und zum Teil in Drittstaaten erzeugt wurden. Die Begriffe „EU" oder „Nicht-EU" können hierbei durch die Angabe des Landes oder des Landes und der Region ersetzt oder ergänzt werden, wenn alle landwirtschaftlichen Ausgangsstoffe in dem Land oder der Region erzeugt wurden.

209 Im Hinblick auf die Kennzeichnung ist insbesondere von Bedeutung, dass verarbeitete Erzeugnisse in der Verkehrsbezeichnung nur dann als „Öko" oder „Bio" ausgelobt werden dürfen, wenn sie einen Öko-Anteil von wenigstens 95 Gewichtsprozent der Zutaten landwirtschaftlichen Ursprungs aufweisen, Art. 30 Abs. 5. Die vormalige 70 %-Grenze nach VO (EWG) Nr. 2092/91 war bereits unter der Vorgänger- EG-Öko-Basisverordnung entfallen. Stammen weniger als 95 Gewichtsprozent der Zutaten landwirtschaftlichen Ursprungs des Erzeugnisses aus ökologischer/biologischer Produktion, so ist eine Kennzeichnung als „Bio" oder „Öko" im Zutatenverzeichnis möglich (bspw. Bio-Tomaten). Nicht zulässig ist es beispielsweise mittels Sternchenfußnote am Zutatenverzeichnis einen künstlichen Zusammenhang zu der Auslobung „** 59 % der landwirtschaftlichen Zutaten stammen aus ökologischer Landwirtschaft (DE-ÖKO-003)*" herzustellen. Die vorgenannte Ausnahme des Art. 30 Abs. 5 lit. b) bezieht sich ausschließlich auf Pflichtangaben des Zutatenverzeichnisses. Die vorstehende Beispielsangabe wäre als Verstoß gegen Art. 30 Abs. 5 lit. a) ii) unzulässig.

210 Produkte die nicht vom Anwendungsbereich der Verordnung erfasst werden, dürfen indes unter Umständen mit dem Zusatz „öko" oder „bio" gekennzeichnet werden. Der BGH hat demgemäß die Bezeichnung „Bio-Mineralwasser" als zulässig erachtet, wenn das Produkt unbehandelt, frei von Zusatzstoffen ist und im Hinblick auf Rückstände und Schadstoffe „deutlich unterhalb" der für natürliche Mineralwässer vorgesehenen Höchstwerten liegt.[192]

3. Werbebehauptungen in der Etikettierung und Aufmachung von Lebensmitteln

211 a) **Grundsatz der Kennzeichnungsfreiheit.** Werbebehauptungen für Lebensmittel stehen seit Jahren im Zentrum politischer und juristischer Diskussionen. Für Werbeaussagen, die im Zusammenhang mit dem Vertrieb von Lebensmitteln gemacht werden, gilt grundsätzlich nichts anderes als auch sonst im Wettbewerbsrecht. Auszugehen ist vom Grundsatz der Kennzeichnungsfreiheit, der eingeschränkt wird durch das allgemeine Irreführungsverbot. Für das Lebensmittelrecht finden sich Konkretisierungen dieses Irreführungsverbots in Art. 7 LMIV. Besondere Beachtung verdient daneben das allgemeine Verbot krankheitsbezogener Werbung in Abs. 3. Werbeaussagen müssen dem Grundsatz der Wahrheit und Klarheit entsprechen. Werden besondere Produktvorteile ausgelobt, müssen diese Vorteile tatsächlich vorhanden und für den Verbraucher relevant sein. Die nach dem UWG geltenden Rechtsgrundsätze sind in vollem Umfang auf das Lebensmittelrecht anzuwenden.

212 b) **Nährwert- und gesundheitsbezogene Angaben.** Mit der Health-Claims-Verordnung (HCVO)[193] bestehen seit dem 1.7.2007 besondere Vorschriften für **nährwert- und gesundheitsbezogene Angaben** in der Werbung für Lebensmittel. Für nährwert- und gesundheitsbezogene Angaben statuiert die HCVO ein **präventives Verbot mit Erlaubnisvorbehalt** in Form von Positivlisten. Angaben, die sich nicht auf einer Positivliste finden, sind danach nicht mehr zulässig.[194]

213 *aa) Allgemeine Anforderungen.* Die HCVO gilt für nährwert- und gesundheitsbezogene Angaben, die in kommerziellen Mitteilungen bei der Kennzeichnung und Aufmachung von oder bei der Werbung für Lebensmittel gemacht werden, die als solche an den Endverbraucher abgegeben werden sollen. Zu beachten ist, dass grundsätzlich auch Handelsmarken, Markennamen

[192] BGH ZLR 2013, 310 f. Kritisch hierzu Leible/Schäfer GRUR-Prax 2013, 101 f. Ebenso wurde vom LG Köln für wildgefangenen Fisch entschieden, LMRR 2011, 122 f.
[193] VO (EG) Nr. 1924/2006 des Rates über nährwert- und gesundheitsbezogene Angaben über Lebensmittel.
[194] Dazu eingehend Loosen ZLR 2006, 251 f.

und Phantasiebezeichnungen als nährwert- oder gesundheitsbezogene Angabe aufgefasst werden können (Art. 1 Abs. 3).[195]

214 Kapitel II der HCVO legt allgemeine Grundsätze für die Verwendung nährwert- und gesundheitsbezogener Angaben fest. So dürfen diese Angaben nicht falsch, mehrdeutig oder irreführend sein, dürfen nicht zum übermäßigen Verzehr des Lebensmittels anregen und nicht erklären oder mittelbar zum Ausdruck bringen, dass eine ausgewogene und abwechslungsreiche Ernährung generell nicht die erforderlichen Mengen an Nährstoffen liefern kann (Art. 3). Darüber hinaus werden zukünftig nicht alle Lebensmittel diese Angaben tragen dürfen, sondern nur diejenigen, die einem bestimmten Nährwertprofil entsprechen (Art. 4),[196] wobei sich die nährwert- und gesundheitsbezogenen Angaben auf allgemein anerkannte wissenschaftliche Nachweise stützen und durch diese abgesichert sein müssen (Art. 6).[197]

215 Getränke mit einem Alkoholgehalt von mehr als 1,2 Volumenprozent dürfen keine gesundheitsbezogenen Angaben tragen. Nährwertbezogene Angaben sind nur zulässig, wenn diese sich auf einen geringeren Alkoholgehalt oder eine Reduzierung des Alkoholgehalts oder eine Reduzierung des Brennwerts beziehen. Ist der Alkoholgehalt gesetzlich vorgegeben, wie bei Spirituosen des Anhang I der Spirituosen-Grundverordnung (bspw. Gin, Whisky, Rum, oder Eierlikör), so scheidet eine Reduktion des Alkoholgehalts regelmäßig aus, da dann die Anforderungen der jeweiligen Kategorie nicht länger erfüllt wären.[198]

216 *bb) Nährwertbezogene Angaben.* Wer im Verkehr mit Lebensmitteln oder in der Werbung für oder der Kennzeichnung von Lebensmitteln, soweit sie zur Abgabe an den Letztverbraucher bestimmt sind, nährwertbezogene Angaben macht, ist zur Kennzeichnung verpflichtet. Nach Art. 2 Abs. 2 Nr. 4 HCVO ist unter einer „nährwertbezogenen Angabe" jede Angabe zu verstehen, mit der erklärt, suggeriert oder auch nur mittelbar zum Ausdruck gebracht wird, dass ein Lebensmittel **besondere positive Nährwerteigenschaften** besitzt, und zwar aufgrund des Brennwertes, die es nicht liefert, liefert oder in vermindertem bzw. erhöhtem Maße liefert (Abs. 2 Nr. 4a) oder aufgrund der Nährstoffe oder anderen Substanzen, die es enthält, nicht enthält oder in vermindertem bzw. erhöhtem Maße enthält (Abs. 2 Nr. 4b). Es bedarf kaum weiterer Ausführungen, dass aufgrund der Weite dieser Definition nahezu jede Angabe auf einer Verpackung letztlich eine nährwertbezogene Angabe darstellen kann.[199]

217 Die für Lebensmittel zulässigen nährwertbezogenen Angaben sind **abschließend** im Anhang der HCVO aufgeführt. Dort finden sich beispielsweise die bekannten Angaben „fettarm", „zuckerfrei", „enthält [Vitamin/Mineralstoff]" oder auch „leicht". Besonderen Anlass zur Diskussion gibt derzeit die nährwertbezogene Angabe „enthält [Name des Nährstoffs oder anderen Substanz]". Während der Begriff des Nährstoffs in Art. 2 handhabbar definiert wird – unter diesem Begriff werden Proteine, Kohlenhydrate, Fette, Ballaststoffe, Natrium, Vitamine und Mineralstoffe des Anhangs der RL 90/496/EWG sowie zu diesen Kategorien gehörende Stoffe zusammengefasst –, vermisst man bei der „anderen Substanz" eine praxistaugliche Begrenzung.[200] Nach der Legaldefinition des Art. 2 Abs. 2 Nr. 3 soll hierunter ein Stoff zu verstehen sein, der nicht „Nährstoff" im vorgenannten Sinne ist und der eine ernährungsbezogene oder physiologische Wirkung hat. Man wird nicht annehmen können, dass ein vollständiges Lebensmittel, das als Zutat eines Lebensmittels verwendet wird, eine „andere Substanz" ist und die Angabe „mit Kräuterbutter" folglich als nährwertbezogene Angabe anzusehen wäre.[201] Vielmehr wird der Be-

[195] Zur Markenstrategie unter der Health-Claims-Verordnung vgl. Ziegler ZLR 2007, 529 f.

[196] Nach Art. 4 waren die Nährwertprofile bis zum 19.1.2009 zu erstellen; vgl. hierzu die Stellungnahme der EFSA vom 31.1.2008 „The setting of nutrient profiles for foods bearing nutrition and health claims pursuant to Article 4 of the Regulation (EC) No 1924/2006", abrufbar unter www.efsa.europa.eu.

[197] In der Regel wird hier die Vorlage von Humanstudien erforderlich sein, wobei in-vitro-Studien und Tier-Studien ergänzend vorgelegt werden können.

[198] Ausführlich Böhler GRUR 2022, 689 ff.

[199] Mittelbare Nährwertangaben, insbesondere durch den Hinweis auf das Vorhandensein oder das Fehlen bestimmter Zutaten, können nur im Einzelfall beurteilt werden. Ein Hinweis, wie „mit guter Butter", kann eine allgemeine Qualitätsanpreisung sein oder, je nach Art der Aufmachung, Hinweis auf einen besonderen Fettgehalt. Die Abbildung von aufgeschnittenen Orangen kann ein Geschmackshinweis sein, kann aber auch, wiederum je nach Art der Aufmachung, auf einen besonderen Vitamingehalt hinweisen und damit nährwertbezogene Angabe sein. Der BGH hat entschieden, dass die Angabe „so wichtig wie das tägliche Glas Milch" keine nährwertbezogene Angabe darstellt (BGH GRUR 2015, 403 f.), da positive Nährstoffeigenschaften nicht explizit angesprochen werden.

[200] LMIV: Nährstoffdefinition in Art. 2 Abs. 2 lit. s).

[201] Dies führt jedoch in der Regel zur Pflicht der mengenmäßigen Auslobung des Gewichtanteils der Zutat gemäß Art. 22 LMIV (QUID); siehe → Rn. 56.

griff „andere Substanz“ einschränkend dahingehend auszulegen sein, dass es sich um einen bestimmten einzelnen Stoff – „mit Lutein“ – oder ein Stoffgemisch handeln muss.[202]

218 *cc) Vergleichende nährwertbezogene Angaben.* Art. 9 der VO (EG) Nr. 1924/2006 regelt besondere Voraussetzungen für vergleichende nährwertbezogene Angaben.[203] Nach Abs. 1 ist ein Vergleich nur zwischen Lebensmitteln derselben Kategorie und unter Berücksichtigung einer Reihe von Lebensmitteln dieser Kategorie zulässig. In Abs. 2 wird festgelegt, dass vergleichende nährwertbezogene Angaben die Zusammensetzung des betreffenden Lebensmittels mit derjenigen einer Reihe von Lebensmitteln derselben Kategorie vergleichen müssen, deren Zusammensetzung die Verwendung einer Angabe nicht erlaubt, darunter auch Lebensmittel anderer Marken. Diese Vorschrift wird zu Recht als umständlich und unklar kritisiert. Da die vorgenannte VO auch im Übrigen inhaltliche Schwächen aufweist, hat die Europäische Kommission im Dezember 2007 einen Leitfaden für die Anwendung herausgegeben („Guidance on the Implementation of Regulation № 1924/2006 on Nutrition and Health Claims made on Food“).

219 Der Leitfaden stellt klar, dass bei vergleichenden nährwertbezogenen Angaben dieselbe „Kategorie“ im Sinne des Art. 9 Abs. 1 anhand des Nährwertgehaltes („nutritional content“) zu bestimmen ist. So könnte beispielsweise „Milch“ und „Käse“ als Kategorie angesehen werden, während die Kategorie „Milchprodukte“ wohl zu unspezifisch für einen sachgerechten Vergleich wäre. Daneben können auch Ernährungsalternativen (zB Margarine statt Butter) eine zulässige Vergleichskategorie definieren; in diesem Fall sollte jedoch das Referenzprodukt nach den Vorgaben des Leitfadens ausdrücklich erwähnt werden. Grundsätzlich gilt, dass die Umstände des Einzelfalls bei der Festlegung der Lebensmittelkategorien weiterhin eine entscheidende Rolle spielen werden.

220 „Verunglückt“ und sprachlich umständlich ist auch die Vorschrift des Art. 9 Abs. 2. Mit dieser Vorschrift soll, was sich dem Leser nicht ohne Weiteres erschließt, der Vergleich mit einem „Ausreißer“, der nicht repräsentativ für die betreffende Kategorie ist, vermieden werden. So darf beispielsweise als Referenzprodukt nicht ein solches gewählt werden, dessen Kaloriengehalt deutlich über demjenigen der übrigen Produkte dieser Kategorie liegt; bei Wahl eines solchen „Ausreißers“ als Maßstab könnte ein Produkt mit der Angabe „leicht“ (da 30 % weniger Kalorien) beworben werden, obgleich gegenüber der Mehrzahl der Produkte dieser Kategorie eine 30 %ige Reduktion nicht festzustellen ist und damit die Auslobung „leicht“ unzulässig wäre.

Praxistipp:

Auslobungen wie „weniger süß“ werden regelmäßig mit der Angabe „reduzierter Zuckeranteil“ gleichgesetzt und dürfen nur verwendet werden, wenn der Zuckeranteil gegenüber herkömmlichen Produkten um mindestens 30 % reduziert ist. Aber Achtung, wird der Zuckeranteil, wie häufig bei Schokoladenprodukten, durch eine andere Zutat ersetzt und erhöht sich dadurch der Brennwert (Kaloriengehalt) des Produktes, so darf nicht mit einer Zuckerreduzierung geworben werden.

221 *dd) Gesundheitsbezogene Angaben.* „Gesundheitsbezogen“ ist nach der Legaldefinition der Health-Claims-Verordnung[204] jede Angabe, mit der erklärt, suggeriert oder auch nur mittelbar zum Ausdruck gebracht wird, dass ein Zusammenhang zwischen einer Lebensmittelkategorie, einem Lebensmittel oder einem seiner Bestandteile einerseits und der Gesundheit andererseits besteht (Art. 2 Abs. 2 Nr. 5).[205] Diese Definition umfasst einerseits Angaben über die **Verringerung eines Krankheitsrisikos** sowie Angaben über die **Entwicklung und Gesundheit von Kindern** (Art. 14) und andererseits **sonstige gesundheitsbezogene Angaben** (Art. 13).

222 Die Angaben nach Art. 13 lassen sich unterteilen in Angaben, die die Bedeutung eines Nährstoffs oder einer anderen Substanz für Wachstum, Entwicklung, und Körperfunktionen (Art. 13 Abs. 1a), die psychischen Funktionen oder Verhaltensfunktionen (Art. 13 Abs. 1b) oder

[202] So auch Meisterernst/Haber WRP 2007, 363; aA: Zipfel Lebensmittelrecht C 111 Art 2 Rn. 33.

[203] Für die vergleichenden Angaben „reduzierter [Name des Nährstoffs]-Anteil“, „erhöhter [Name des Nährstoff]-Anteils“, „leicht“ und „energiereduziert“ enthält der Anhang der VO (EG) Nr. 1924/2006 bestimmte Voraussetzungen.

[204] VERORDNUNG (EG) Nr. 1924/2006 DES EUROPÄISCHEN PARLAMENTS UND DES RATES vom 20. Dezember 2006 über nährwert- und gesundheitsbezogene Angaben über Lebensmittel.

[205] Zur Verwendung Angabe „bekömmlich“ als gesundheitsbezogen iSd HCVO vgl. Eggers, Ein unbekömmliches Bonbon, S. 253.

die schlank machenden oder gewichtskontrollierenden Eigenschaften des Lebensmittels oder die Verringerung des Hungergefühls oder ein verstärktes Sättigungsgefühl oder eine verringerte Energieaufnahme durch den Verzehr des Lebensmittels (Art. 13 Abs. 1c) beschreiben oder darauf verweisen. Damit ist das absolute Verbot der „Schlankheitswerbung" entfallen. Die Definition des Begriffs gesundheitsbezogene Angabe ist außerordentlich weit gefasst. Der EuGH hat in der Rechtsache C-544/10[206] entschieden, dass die Bezeichnung „bekömmlich" für Wein verbunden mit dem Hinweis auf einen verminderten Säuregehalt als „gesundheitsbezogene Angabe" zu werten ist. In der Entscheidung hat der EuGH nicht zwischen dem allgemeinen Wohlbefinden und dem gesundheitsbezogenen Wohlbefinden unterschieden. Eine Vorlagefrage des BGH,[207] die Klärung in dieser Sache bringen sollte, wurde zurückgezogen. Diese weite Auslegungspraxis wurde vom BGH auch in der Entscheidung „Monsterbacke II" beibehalten.[208] Zuletzt ist auch die Auslobung „besonders magenfreundlich" für Kaffee verboten worden. Die sehr strenge Auslegung setzt sich also durch. Eine „gesundheitsbezogene Angabe" ist nach gängiger Praxis bereits ohne expliziten Gesundheitsbezug möglich, wenn dies der Verbrauchererwartung entspricht. Dieser Auslegungsmaßstab nimmt künftig Gerichte noch mehr in die Pflicht die Verbrauchererwartung zu ermitteln und diese gegebenenfalls sogar empirisch ermitteln zu lassen.[209]

Im Mai 2012 hat die EU-Kommission mit der Verordnung (EU) Nr. 432/2012 eine erste Liste zulässiger gesundheitsbezogener Angaben veröffentlicht. Diese betreffen in erster Linie Vitamine, Mineralstoffe, ungesättigte Fettsäuren, Ballaststoffe sowie Eiweiß und Kohlenhydrate. Damit sind etwa die Hälfte der gesundheitsbezogenen Angaben, die zur Prüfung anstanden, bearbeitet. Die Bewertung von Pflanzenstoffen, den so genannten Botanicals, ist ausgesetzt worden. Es hat sich die Erkenntnis durchgesetzt, dass es im Ergebnis systemwidrig ist, wenn die Zulassung traditioneller Heilmittel geringeren Anforderungen unterliegt als die Zulassung von Health Claims für traditionelle Lebensmittel. Eine endgültige Klärung ist für die nächsten Jahre nicht zu erwarten. 223

Angaben über die Verringerung eines Krankheitsrisikos sowie Angaben über die Entwicklung und Gesundheit von Kindern (Art. 14) müssen nach dem in den Art. 15, 16, 17 und 19 HCVO geregelten Verfahren zugelassen werden. Auf die Details und Anforderungen kann an dieser Stelle nicht eingegangen werden. Insoweit wird auf die Vorschriften der Art. 15 bis 17 verwiesen, die im Einzelnen die Anforderungen benennen.[210] 224

Gesundheitsbezogene Angaben, die in den Listen nach Art. 13 und 14 enthalten sind, können schließlich von jedem Lebensmittelunternehmer unter den für sie geltenden Bedingungen verwendet werden, wenn ihre Verwendung nicht nach Art. 21 (Datenschutz) eingeschränkt ist (Art. 17 Abs. 5). 225

ee) Übergangsmaßnahmen. Die Health-Claims-Verordnung enthält schließlich umfangreiche und umständliche Übergangsvorschriften, die sich in Art. 28 über sechs Absätze verteilen und sich zum Glück im Wesentlichen erledigt haben. Nur Produkte, die bereits vor dem 1.1.2005 mit eingetragenen Marken – die Verordnung spricht von Handelsmarken oder Markennamen, Bezeichnungen, die dem Markenrecht ansonsten fremd sind – versehen waren und der Verordnung nicht entsprechen, dürfen nur noch bis zum 19.1.2022 verwendet werden. Darüber hinaus sollen Traditionsbezeichnungen, die zwar gesundheitsbezogen sind, vom Verkehr so aber nicht verstanden werden, durch Entscheidung der EU-Kommission nach Art. 1 Abs. 4 vom Anwendungsbereich ausgenommen werden können. Erwägungsgrund 5 nennt als Beispiele den Digestif oder das Hustenbonbon. Hier sind in der Tat erste Anträge für Bezeichnungen wie „Hustenbonbon" gestellt worden. Besagtem Antrag wurde mittlerweile in Form der VO (EU) Nr. 2019/343 stattgegeben. Begriffe wie „Hustenbonbon", „Hustenzuckerl" oder „Hustenstopp und andere Bezeichnungen, die an sich nach der äußerst strengen Rechtsprechung längst verboten sein müssten,[211] verzichten bisher auf eine Antragstellung und treffen mithin die mutige Entscheidung, sich 226

[206] EuGH Rs. C-544/10, GRUR 2012, 1161.

[207] Rs. C-51/11.

[208] BGH NJW 2015, 1453 f. Ebenso darf Bier nicht mit dem Begriff „vitalisierend" beworben werden, wenn dem Begriff keine speziellen gesundheitsbezogenen Angaben iSv Art. 13 III HCVO in Verbindung mit dem Anhang zur VO (EU) 432/2012 beigefügt werden und in dem Bier Stoffe enthalten sind, die in der Verordnung beschrieben werden, OLG Hamm MRR 2014, 55.

[209] So auch Teufer NJW 2015, 1458.

[210] Vgl. hierzu den Leitfaden der EFSA „Scientific and technical Guidance for the preparation and presentation of the application for authorisation of a health claim", abrufbar unter www.efsa.europa.eu.

[211] Zu denken sei etwa an Bezeichnungen wie „Blasentee", „Halspastillen" oder „Fitness-Schokoriegel".

darauf zu verlassen, dass eine Beanstandung schon nicht erfolgen werde. Im Hinblick auf die sehr strenge Rechtsprechung kann hierzu nicht geraten werden.

IV. Wettbewerbsrechtliche Ansprüche – Lebensmittelrechtliche Besonderheiten

1. § 3a UWG

227 a) **Verstoß gegen wettbewerbsregelnde Normen.** Die Missachtung wettbewerbsregelnder Schutzvorschriften des Lebensmittelrechtes, insbesondere auch der Kennzeichnungsvorschriften ist grundsätzlich nach § 3a, vormals § 4 Ziff. 11 UWG wettbewerbswidrig, ohne dass es zusätzlicher Unlauterkeitskriterien bedarf. **Wettbewerbsregelnde Normen** im Sinne des § 3a UWG sind nicht nur solche Produktregelungen, die unmittelbar dem Schutz des **Verbrauchers** dienen, sondern auch alle Regelungen, die einen **Täuschungsschutz** bezwecken. Das wird seit der „Eifein"-Entscheidung des Bundesgerichtshofes[212] nicht mehr ernsthaft bezweifelt. Der Verstoß gegen Vorschriften, die demgegenüber in erster Linie **gewerbepolizeilichen Zwecken** oder der Erleichterung der Lebensmittelüberwachung dienen, insbesondere die Vorschriften des Eichrechtes, ist dagegen kein per se Verstoß, da der Verbraucherschutz nur Reflex, nicht Zweck der jeweiligen Regelung ist.[213] In der Vergangenheit war statt dessen zwischen wertbezogenen und wertneutralen Vorschriften unterschieden worden. Verstöße gegen das Lebensmittelrecht, insbesondere die Kennzeichnungsvorschriften, werden in aller Regel als Verstoß gegen die §§ 3 und 3a UWG zu werten sein.

228 b) **Vorsprung durch Rechtsbruch.** Grundsätzlich ist nahezu jeder Verstoß unter dem Gesichtspunkt des **Vorsprungs durch Rechtsbruch** unter § 3a UWG zu subsumieren. Das war nach der Entscheidung des BGH zum Verstoß gegen umweltschutzrechtliche Vorschriften in diesem Umfang zweifelhaft geworden.[214] Danach war zunächst zu prüfen, ob eine Vorschrift auch wettbewerbs- bzw. wettbewerberschützenden Charakter hat. So ist beispielsweise das Inverkehrbringen von Perlwein in nicht zugelassener Nennfüllmenge trotz unstreitigen Verstoßes gegen § 1 iVm Anlage 1 FertigpackungsVO nicht als wettbewerbswidrig angesehen worden.[215] Mit der Neufassung des UWG im Jahr 2004 und der Verabschiedung des mittlerweile von der LMIV abgelösten LFGB im Jahr 2005 ist diese Diskussion im Sinne eines strengeren Verbraucherschutzes entschieden worden.

2. Lebensmittelrechtlicher Täuschungsschutz

229 Das wettbewerbsrechtliche Täuschungsverbot gilt für Lebensmittel wie für alle anderen Waren auch. Es gibt jedoch einige Besonderheiten, auf die nachstehend eingegangen werden soll. Art. 7 Abs. 1 LMIV enthält einige Konkretisierungen des allgemeinen Irreführungsverbotes und erweitert damit den Beispielskatalog des § 5 UWG. Die besonderen Fallgruppen des Art. 7 LMIV haben daneben besondere Bedeutung im Straf- und Ordnungswidrigkeitenverfahren. Hier bereitet die Regelung in § 58 Abs. 3 LFGB besondere Schwierigkeiten. Danach wird auch bestraft, wer – heute noch nicht erlassenen zukünftigen – unmittelbar geltenden Vorschriften in Rechtsakten der Europäischen Gemeinschaft zuwider handelt, soweit diese inhaltlich einem der jeweils in Abs. 1 genannten Verbote entsprechen. Soweit eine – ebenfalls dann erst zu erlassende – Rechtsverordnung für einen bestimmten Tatbestand auf die Strafvorschrift verweist. Dies begründet einen erheblichen Konflikt mit dem strafrechtlichen Bestimmtheitsgebot.

---

[212] BGH GRUR 1958, 68; seinerzeit hielt der BGH § 2 Abs. 4 Margarinegesetz für wertbezogen, der für Margarine die Würfelform vorschrieb, damit sie nicht mit Butter verwechselt wird, die Vorschrift ist inzwischen obsolet geworden; fortgesetzt mit „Ei wie fein", GRUR 1963, 539.

[213] So zuletzt auch das OLG Frankfurt a. M. 9.9.2021 – 6 U 61/21, wonach die Vorschriften des UStG keine Marktverhaltensregelungen darstellen, da sie nicht darauf abzielen, die Lauterkeit des Marktverhaltens der Steuerpflichtigen zu gewährleisten. So bereit OLG Oldenburg WRP 2007, 685 (689).

[214] Vgl. dazu Dittert in → § 21.

[215] Es war der Vertrieb von Perlwein in einer 1,0 l Flasche beanstandet worden, diese Gebindegröße ist zwar für Wein nicht aber für Schaumwein und Perlwein zugelassen. Der Inverkehrbringer konnte nachweisen, dass seit vielen Jahren mehr als 80 % des in Deutschland vertriebenen Perlweins in 1,0 l-Flaschen vertrieben wurde. Ein wettbewerblich relevanter Vorsprung konnte nicht festgestellt werden, es fand sich kein Hersteller, der die 1,0 l-Flasche nicht im Programm gehabt hätte; der mit der Festlegung obligatorischer Nennfüllmengen auch verfolgte Zweck des erleichterten Preisvergleiches, war mithin nicht beeinträchtigt.

a) **Tatbestände des Art. 7 LMIV.** Art. 7 LMIV regelt die Lauterkeit der Informationspraxis und hat den zuvor in § 11 LFGB enthaltenen Täuschungsschutz vollständig abgelöst. Hiernach dürfen Informationen über Lebensmittel nicht irreführend sein. **Information über Lebensmittel** ist nach Art. 2 Abs. 2 lit. a LMIV jede Information, die ein Lebensmittel betrifft und dem Endverbraucher zur Verfügung gestellt wird. Von dieser weiten Definition werden Aussagen ohne Tatsachenkern auszunehmen sein.[216] Dennoch sei darauf hingewiesen, dass die Grenzen zwischen Informationen und werblicher Anpreisung fließend sind.[217] Für eine **Irreführung** im Sinne der Vorschrift genügt die Täuschungseignung der Information, einer tatsächlichen Täuschung bedarf es nicht. Maßgeblich für die Frage der Irreführungseignung ist die Gesamtaufmachung des Lebensmittels. So können einerseits mehrdeutige Angaben irreführend sein, andererseits ist bei der Beurteilung auf alle Kennzeichnungsaspekte abzustellen, sodass auch durch das Zutatenverzeichnis oder etwaige Zusätze eine Klarstellung erfolgen kann. Maßstab für die Beurteilung der Irreführungseignung ist das normative Modell des **Durchschnittsverbraucher,** hierbei ist nach wie vor vom mündigen Verbraucher auszugehen, wobei auch Erkenntnisse der **Verhaltensökonomie** einfließen können.[218] Ebenso wie bisher in § 11 Abs. 1 S. 2 LFGB enthält Art. 7 Abs. 1 LMIV Tatbestände zur Konkretisierung des Irreführungsverbots, was sich aus dem Wort „insbesondere" ergibt. Nach **Buchstabe a** ist eine Irreführung über Eigenschaften des Lebensmittels verboten. Diese werden in nicht abschließender Aufzählung konkretisiert in Art, Identität, Eigenschaften, Zusammensetzung, Menge, Haltbarkeit, Ursprungsland, Herkunftsort und Methode der Herstellung oder Erzeugung. Nach **Buchstabe b** ist von einer Irreführung auch dann auszugehen, wenn einem Lebensmittel Wirkungen oder Eigenschaften beigelegt werden, die ihm nach den Erkenntnissen der Wissenschaft nicht zukommen oder wissenschaftlich nicht hinreichend gesichert sind. Darin liegt keine Beweislastumkehr,[219] das Tatbestandsmerkmal muss schon der Strafbewehrung wegen nachgewiesen werden. Dazu ist allerdings nicht die Widerlegung einer vertretbaren wissenschaftlichen Aussage notwendig.[220] Wenn eine Gegenmeinung nicht nur von einem Außenseiter, sondern von anerkannten Wissenschaftlern nach dem Stand der Wissenschaft formuliert wird, reicht dies im Regelfall aus.[221] Im Ergebnis muss dann der Werbende nachweisen, dass die überwiegende, herrschende Meinung auf seiner Seite ist.[222] **Buchstabe c** bestimmt, dass es als irreführend anzusehen ist, wenn Merkmale eines Lebensmittels beworben werden, wenn alle vergleichbaren Lebensmittel dieselben Merkmale haben. Schließlich ist es nach **Buchstabe d** auch irreführend, das Vorhandensein eines bestimmten Lebensmittels oder einer Zutat zu suggerieren, obwohl nur eine Austauschzutat vorhanden ist. Hierdurch wird die Rechtsprechung des EuGH in „Sauce Hollandaise",[223] wonach es ausreichend war im Zutatenverzeichnis auf die Austauschzutat hinzuweisen, durch die LMIV eine Absage erteilt. Diese hat sich inzwischen auch in der Rechtsprechung durchgesetzt. Spätestens seit den verschiedenen Entscheidungen in Sachen „Felix-Himbeer-Vanille-Abenteuer" ist die traditionell strengere Auffassung des BGH auch durch den EuGH sanktioniert. Wer in der Werbung oder auf der Schauseite einer Verpackung eine Falschinformation, die vom BGH so genannte *dreiste Lüge,* verbreitet, darf sich nicht mehr darauf verlassen, der Verbraucher werde unter Heranziehung des Zutatenverzeichnisses, sonstiger versteckter Hinweise und all seiner intellektuellen Kapazitäten doch noch entdecken, dass die blickfangmäßig hervorgehobene Werbeaussage so ernst nicht gemeint war. 230

Nachstehend einige **Beispiele** aus der kaum zu überschauenden Judikatur:

Irreführung bejaht: KG Berlin ZLR 2020, 204 ff. mAnm Böhler – Nimm 2, wonach die Deklaration der Vitamine und Nährwerte in zwei parallele Tabellen als Verstoß gegen die formalen Kennzeichnungsvorgaben der LMIV gewertet wurde und mithin durch die Berliner Richter die erhebliche Gefahr einer Verbraucherirreführung bejaht wurde; OLG München, GRUR-RS 2019, 36005 wonach die Angabe „natürliche Darmbakterien" in der Bewerbung eines Lebensmittels für besondere medizinische Zwecke als Werbung mit einer Selbstverständlichkeit einzustufen sei, da der irreführende Eindruck erweckt werde, dass „natürliche" Darmbakterien gegenüber „sonstigen" Darmbakterien etwas Besonderes seien; BGH VuR 2016, 80 für eine Teeverpackung 231

216 So der BGH zu „Das Beste jeden Morgen" für Frühstücksflocken, BGH GRUR 2002, 182 (183).
217 Ebenso Voit/Grube/Grube LMIV Art. 7 Rn. 43–44.
218 Ausführlich zu Verbraucherleitbild und Verhaltensökonomie Böhler ZLR 2014, 27 f.
219 Meyer Lebensmittelrecht S. 97.
220 BVerwG ZLR 1984, 318.
221 KG Berlin LRE 200 „Q 10".
222 Vgl. etwa HansOLG ZLR 1991, 214 mAnm Coduro zu „levitiertem Wasser".
223 EuGH Rs C-51/94, LMRR 1995, 47.

mit der hervorgehobenen Angabe „Himbeer-Vanille-Abenteuer“ und der Abbildung Vanilleblüten und Himbeeren, wenn das Produkt tatsächlich weder Bestandteile noch Aromen dieser Zutaten enthält. Das Zutatenverzeichnis ist nach dem BGH nicht geeignet die Fehlvorstellung zu beseitigen; OLG Frankfurt 6 U 40/11 zur Irreführung durch eine Nährstoff- und Vitamintabelle für „Nutella“, in der die Angaben für Zucker und Fett auf 15 g und diejenigen für Vitamine und Mineralstoffe auf 100g bezogen sind; EuGH LRE 38, 40 für „Diätkäse“, wenn ein Milchbestandteil durch Pflanzenfett ersetzt ist; BayVGH ZLR 2000, 938 für „Schinken“ in Babyfertignahrung für ungepökeltes gekochtes Schweinefleisch aus der Vorderextremität; BayVGH ZLR 1995, 87 „Kosmetik von Innen“ für Buttermilchprodukte; OLG München LRE 35, 324 „das Geheimnis für ein besseres Leben/Was das Leben wirklich besser macht“ für Nahrungsergänzungen; HansOLG ZLR 1996, 191 „Sahne zum schlagen“ statt Schlagsahne für Erzeugnis mit nur 20 % Fett statt der vorgesehenen 30 %; OLG Köln LRE 34, 214 „Ackern für Deutschland/Handarbeit“ für in Holland auf Nährstoffmatten gezogenes Gemüse; OLG Köln ZLR 1999, 509 für „Naturjoghurt mild“ statt Joghurt mild; OLG Nürnberg LRE 38, 383 „Multivitaminsaft“ für Fruchtnektar; LG Trier LRE 38, 269 „TRIAQUA“ für Trinkwasser statt Mineralwasser aus Trier; VG Neustadt a. d. Weinstraße LRE 35, 220 „Zigeunersteak aus magerem Schweinebauch“, wenn Erzeugnis insgesamt nur aus Schweinebauch, OLG Köln 12.3.2004, 6 U 1/03 für „ohne Kochen Hergestellt“, wobei eine Irreführungsquote von 10 % ausreicht; OLG Hamburg ZLR 2006, 163 „Ohne Fett II“ bei Molke mit einem Fettanteil von 0,04 %.

232 **Irreführung verneint:** BGH ZLR 2015, 357 ff. mAnm Eggers – Monsterbacke III für den Werbeslogan „So wichtig wie das tägliche Glas Milch“. Dem Verbraucher sei der Unterschied zwischen Milch und Fruchtquark bekannt, sodass es zu keiner Fehlvorstellung komme; EuGH LRE 38, 130 „naturrein“ für Honig mit Schadstoffrückständen; BGH LRE 29, 182 „Naturkind“; BayVGH ZLR 1996, 95 „Bauern-“ für Fleischprodukte, wenn Zutaten im Zutatenverzeichnis gekennzeichnet; OLG Koblenz GRUR-RR 2001, 32 für „Pizza Scampi“ für Pizza mit Shrimps statt Scampi; OVG NRW ZLR 1997, 81 „Frikadelle“ wenn 50 %iger Geflügelfleischanteil im Zutatenverzeichnis enthalten; OLG Karlsruhe LRE 38, 90 „Bodensee-Tafelwasser“ kein Mineralwasser; OLG Nürnberg LRE 38, 379 „Saft“ in der Werbung für Erzeugnis, das der FruchtsaftVO nicht entspricht, wenn Verkehrsbezeichnung richtig; VG Neustadt a. d. Weinstraße ZLR 1996, 731 „Hausmacher Bratwurst“ trotz Farbstabilisator; OLG Bremen ZLR 2005, 404 „Mit Traubenzucker“ bei überwiegender Verwendung von Kristallzucker.

233 Ergänzend ist darauf hinzuweisen, dass eine Vielzahl von Auslobungen, die auf „natürlich, naturrein oder frei von Rückständen oder Schadstoffen“ hinweisen, als gleichsinnig mit den Bezeichnungen „bio“ bzw. „öko“ anzusehen sind. Für deren Zulässigkeit gilt aber die ÖkoVO. Da es sich hierbei um harmonisiertes Recht handelt, verbietet sich ein weitergehendes Verbot solcher Bezeichnungen nach nationalem Recht.

234 **b) Mogelpackungen.** Eine für das Lebensmittelrecht bedeutsame Ausprägung des Irreführungsverbotes findet sich in § 43 Abs. 2 MessEG.[224] Danach ist es verboten, Fertigpackungen herzustellen, herstellen zu lassen, in den Geltungsbereich des Gesetzes zu verbringe, in den Verkehr zu bringen oder sonst auf dem Markt bereit zu stellen, wenn sie ihrer Gestaltung und Befüllung nach eine **größere Füllmenge vortäuschen** als in ihnen enthalten ist. Die Zweifel an der hinreichenden Bestimmtheit dieser strafrechtlich relevanten Blankettvorschrift sind in der Zwischenzeit behoben. In der Praxis werden die vom Bundeswirtschaftsministerium herausgegebenen Gestaltungsrichtlinien[225] zu § 43 Abs. 2 MessEG als Gutachten über das Vorliegen einer bestimmten Verbrauchererwartung angesehen, was für die hinreichende Bestimmtheit ausreichen soll.

235 Nicht nur das Herstellen, sondern das Inverkehrbringen einer sogenannten **Mogelpackung** verstößt gegen das Irreführungsverbot. Die Frage, ob durch die Gestaltung einer Fertigpackung eine größere als die tatsächlich enthaltene Füllmenge vorgetäuscht wird, ist anhand der Verbrauchererwartung und nicht, wie sonst im Lebensmittelrecht üblich, anhand der Auffassung aller beteiligten Verkehrskreise zu ermitteln.

236 Beachtenswert hierzu ist, dass nach dem OLG Hamburg[226] eine Irreführung auch dann zu bejahen ist, wenn ein wertigeres Behältnis (einer Tagescreme) vorgetäuscht wird als tatsächlich verwendet wird. Das Gericht hat hierbei einen Verstoß gegen § 43 Abs. 2 MessEG verneint und

[224] Dieser ersetzt den früheren § 7 Abs. 2 EichG, wobei sich, im Gegensatz zum Wortlaut, inhaltlich keine Änderungen ergeben Zu § 7 Abs. 2 EichG umfassend Kiethe/Groeschke WRP 2003, 962.
[225] Abgedruckt ua bei Strecker, Kommentar Fertigpackungsrecht, V.
[226] OLG Hamburg WRP 2016, 612 f.

eine Irreführung nach § 5 Abs. 1 S. 2 Nr. 1 UWG angenommen. Der Verbraucher sei zwar daran gewöhnt, dass bestimmte Produkte, etwa Parfums oder Pralinen, eine unverhältnismäßige Divergenz zwischen Verpackungsgröße und Inhalt aufweisen, verbinde mit einem größeren Behältnis aber auch eine höhere Wertigkeit des Produkts, sodass das Vorspielen eines größeren Behältnisses durch eine überdimensionale Umverpackung eine Fehlvorstellung über die Wertigkeit des Produkts bedinge. Diese vom Gericht festgestellte Täuschung werde auch nicht durch entsprechende Hinweise auf der Verpackungsseite und -unterseite beseitig (hier eine fotorealistische Abbildung des Tiegels in Originalgröße), da diese der „flüchtige" Verbraucher in der Kaufsituation nicht wahrnehme. Die Auffassung des OLG Hamburg wurde vom über die Revision befindenden BGH indes nicht geteilt.[227] Die Aufmerksamkeit des Durchschnittsverbrauchers sei situationsabhängig zu beurteilen. Bei Gütern des täglichen Bedarfs sei zwar durchaus eine flüchtige Aufmerksamkeit anzunehmen, bei Lebensmitteln hingegen schaue der Verbraucher genauer hin und befasse sich mit den Informationen auf der Umverpackung. Diese Annahme gelte auch für die hier streitgegenständlichen Kosmetikprodukte, da diese am Körper zur Anwendung gelangen würden und der Verbraucher daher ein besonderes Augenmerk auf deren Zusammensetzung lege. Unter dieser Prämisse käme der Verbraucher nicht umhin, auch die fotorealistische Abbildung des Tiegels in Originalgröße wahrzunehmen, was eine Irreführung im konkreten Fall ausschließe. Zwar kann man mit *Alexander*[228] daran zweifeln, dass die beschriebene Abbildung eine mögliche Irreführung durch die äußere Größe der Umverpackung, welche als erste und besonders starke Schlüsselinformation wahrgenommen werden dürfte,[229] beseitigt, allerdings spricht gegen die Wertigkeitsargumentation des OLG Hamburg auch, dass gerade im Kosmetikbereich eine hohe Wertigkeit durch kleine Füllmengen suggeriert wird. Das hier vom BGH dargelegte Verständnis der situationsadäquaten Aufmerksamkeit des Verbrauchers beim Lebensmittelkauf findet mit Blick auf die BGH Entscheidung „Himbeer-Vanille-Abenteuer II"[230] aber wohl dort seine Grenze, wo die irreführende Information auf der Schauseite derart deutlich hervortritt, dass mit einem aufklärenden Hinweis im Zutatenverzeichnis keine hinreichende Aufklärung betrieben werden kann. Der zuvor erwähnte Ankereffekt spielt also auch im Rahmen der Erwägungen des Bundesgerichtshof durchaus eine Rolle.

Das Verbot beschränkt sich auf Fertigpackungen. Sonstige Umhüllungen, wie etwa die Einwickler von Süßwaren, unterfallen dem Verbot nicht. Auch Kombipackungen, in denen mehrere Fertigpackungen zusätzlich umhüllt werden, fallen nicht darunter. Der Hauptanwendungsfall ist das **Missverhältnis zwischen Packungsvolumen und Füllmenge.** Ist das Füllvolumen äußerlich nicht erkennbar, wird allgemein von einer Vermutung ausgegangen, wonach eine Mogelpackung vorliegt, wenn das Füllvolumen **weniger als 70 %**[231] des jeweiligen Randvollvolumens der Packung beträgt. Dabei ist die gesamte Packung einschließlich aller Einlagen zu berücksichtigen. Die Vermutung kann durch technische Gründe oder besondere Kennzeichnungen widerlegt werden. Die korrekte Angabe der Nennfüllmenge nach der Fertigpackungsverordnung reicht dafür alleine nicht aus.[232] 237

Eine „ordnungsgemäße Füllmengenkennzeichnung" ist ohnehin vorgeschrieben. Auch technische Gründe allein rechtfertigen eine Überdimensionierung der Fertigpackung nicht. Zwar kann das Interesse der Allgemeinheit an einer technischen Neuentwicklung eine verbleibende geringfügige Irreführung überlagern. Aber auch in diesen Fällen gilt, dass anhand einer Interessenabwägung zu ermitteln ist, ob eine verbleibende Irreführungsgefahr hinzunehmen ist. Eine entsprechende Gestaltung ist dem Inverkehrbringer in der Regel zumutbar. 238

Es gibt eine Vielzahl von **Richtlinien zur Gestaltung von Fertigpackungen**,[233] die von der Rechtsprechung entweder als antizipierte Sachverständigengutachten oder aber unmittelbar als Ausdruck der bestehenden Verbrauchererwartung angewandt werden.[234] Dabei ist im Einzelfall 239

227 BGH 11.10.2017 – I ZR 78/16 – GRUR 2018, 431.

228 Alexander GRUR 2018, 437.

229 Die Verpackungsgröße dürfte in der Tat im Rahmen der Verbraucherentscheidung als sog. Anker (Ankereffekt) wirken, dessen Wirkung nur schwer überwunden werden kann. Ausführlich zum Ankereffekt und dem Entscheidungsverhalten von Verbrauchern: Böhler, Verbraucherschützende Informationspflichten im Lauterkeitsrecht, insb. S. 37 ff.

230 BGH 2.12.2015 – I ZR 45/13 – Himbeer-Vanille-Abenteuer II.

231 Bei Gewürzen wird von lediglich 60 % ausgegangen.

232 Zu einer aufgrund von Luftpolstern prall gefüllt erscheinenden Weichfertigpackung für Gewürze: OLG Frankfurt ZLR 2009, 618 mAnm Beyerlein.

233 Im Wesentlichen abgedruckt bei Strecker, Kommentar Fertigpackungsrecht IV, § 7 (2) Eichgesetz, Ziff. 12 ff.

234 Die Wesentlichsten sind die allgemeinen Grundsätze für die Gestaltung von Fertigpackungen im Sinne von § 17 Eichgesetz (alte Fassung) (MinBlFin 1977, S. 26 ff.) geändert durch die Grundsätze vom 23.1.1978 (MinBlFin 1978, S. 56).

zu prüfen, inwieweit das gewandelte Verbraucherleitbild die darin aufgestellten Vermutungen inzwischen widerlegt. Es ist festgelegt, dass die äußere Gestaltung, insbesondere das Schnittbild der Fertigpackung, irreführend ist, wenn durch hochgezogene Böden, Hohlräume, doppelte Wandungen oder übergroße Verschlüsse eine größere Füllmenge vorgetäuscht wird. Weiter wird hier festgehalten, dass Füllmengen, berechnet nach der DIN 55514 dann irreführend sind, wenn der Freiraum der Fertigpackung 30 von 100 oder mehr beträgt, wenn er nicht produktbedingt oder technisch unumgänglich ist.

240 Weiter bestimmen die Richtlinien, dass die Verringerung der Füllmenge einer Fertigpackung gegenüber der bisherigen Nennfüllmenge zur Einstufung als Mogelpackung führt, wenn das Leervolumen nicht prozentual um etwa das gleiche Volumen reduziert wird, oder das Leervolumen zwar prozentual verringert, die Gestaltung der Packung auf der Hauptschauseite aber in etwa den gleichen Abmessungen beibehalten wird. Dieses Problem stellt sich häufig bei dem Relaunch von Produktserien, bei denen zwar die Füllmenge verringert wird, etwa aus technischen Gründen wie der Weiterverwendung der gleichen Abfüllanlagen, aber die äußere Packungsgestaltung im Wesentlichen unverändert bleibt. Grundsätzlich ist die Frage der Irreführung aus der Gestaltung der einzelnen Packung selbst zu ermitteln.§ 43 Abs. 2 MessEG, der zugleich Strafvorschrift ist, erlaubt eine Auslegung dahin, dass der Vergleich mit anderen Fertigpackungen ebenfalls heranzuziehen ist, nicht.

241 Darüber hinaus gibt es eine Vielzahl weiterer, spezieller Richtlinien, wie diejenige über die Gestaltung von Schachteln für Tuben,[235] die Richtlinie zur Gestaltung von Kunststoff- und Kartonbehältnissen in Becherform für Fertigpackungen,[236] die Richtlinie zur Gestaltung von Fertigpackungen mit Pralinen,[237] die Richtlinie zur Gestaltung von Fertigpackungen mit Dauerbackwaren und Feinbackwaren,[238] die Zuordnung von anzugebenden Abtropfgewichten zu anzugebenden Gesamtgewichten bzw. Behältnisvolumen bei Fertigpackungen mit Kennzeichnung des Abtropfgewichtes und andere mehr.

Praxistipp:

Vorsicht vor § 29a OWiG. Der persönlich Betroffene muss sich davor hüten, Eichverstöße, die er selbst womöglich als Bagatelle empfindet, in Erwartung eines moderaten Bußgeldes einzuräumen. Das zieht in vielen Fällen ein Verfall-Verfahren nach § 29a Abs. 2 OWiG nach sich, in dem sich das betroffene Unternehmen dann in der Sache selbst kaum noch verteidigen kann.

3. Krankheitsbezogene Werbung

242 Art. 7 Abs. 3 LMIV hat § 12 LFGB abgelöst. Die Vorschrift verbietet, dass Informationen über Lebensmittel diesen Eigenschaften der Vorbeugung, Behandlung oder Heilung einer menschlichen Krankheit zuschreiben oder den Eindruck dieser Eigenschaften entstehen lassen.

243 Das Werbeverbot gilt vorbehaltlich der in den Unionsvorschriften vorgesehenen Ausnahmen für natürliche Mineralwässer und über Lebensmittel, die für eine besondere Ernährung bestimmt sind.[239] Ferner dürfte sich das Werbeverbot nicht auf **Werbemaßnahmen gegenüber Fachkreisen**

[235] 32 Teil 3, die verschiedenen Tubenabmessungen je nachdem, ob es sich um zylindrische oder konische Tuben handelt, sind mit einem Faktor zwischen 0,8 und 1,57 zu multiplizieren, wozu gewisse Zuschläge hinzurechnen sind.

[236] Hier wird zB für Becher mit Hohlboden festgelegt, dass der Hohlboden nicht höher als 12 mm sein darf, sein Außendurchmesser um 5 % geringer sein muss, als der Außendurchmesser der Becherbodenfläche, der Hohlbodenfuß von außen mit Rippen zu versehen ist, deren Abstand höchsten 5mm betragen darf, wobei die Rippen selbst höchstens 2 mm kürzer sein dürfen, als Hohlbodenhöhe. Auf die Anbringen von Rippen kann allerdings verzichtet werden, wenn der Fuß mindestens 4 leicht erkennbare Durchbrüche gleichmäßig verteilt enthält. Bei Bechern aus Karton sind die Rippen mit senkrechten Strichen, einer Strichstärke von mindestens 1mm sowie einem deutlich erkennbaren Rippen zu versehen, jedenfalls dann, wenn die Höhe 8mm überschreitet. Die Anforderungen an kelchförmige Becherfüße sind nicht wesentlich komplizierter.

[237] Diese bezieht sich nur auf Pralinenpackungen, die einen Spiegeleinsatz beinhalten. Grundsätzlich ist das Verhältnis von 6 ml/1 g zu Grunde zu legen.

[238] Hier sind in Abhängigkeit von Backware Höchstmengen für das Volumen der Packung pro Gramm der Nennfüllmenge festgelegt.

[239] Beispielsweise wenn krankheitsbezogene Informationen als Angabe diätischer Indikation für bilanzierte Diäten nach Art. 7 Abs. 4 lit. a der RL 1999/21/EG, Art. 8 Abs. 2 RL 2009/39/EG zugelassen sind. So auch ausführlich Voit/Grube/Grube Art. 7 Rn. 301 ff.

beziehen. Dies ergibt sich bereits aus der Definition in Art. 2 Abs. 2 lit. a) LMIV, wonach Informationen über ein Lebensmittel dem Endverbraucher zur Verfügung gestellt werden müssen. Dies ist bei Informationen an Fachkreise, nämlich Angehörige der Heilberufe, des Heilgewerbes oder der Heilhilfsberufe nicht der Fall, sodass diesbezüglich Art. 7 Abs. 3 LMIV nach seinem Sinn und Zweck nach wie vor nicht greifen dürfte.

Praxistipp:

Die Werbung mit Aussagen, die sich auf die Beseitigung, Linderung oder Verhütung von Krankheiten beziehen, mag nach Art. 7 Abs. 3 LMIV zulässig sein, entsprechende Broschüren werden aber häufig von der Rechtsprechung herangezogen, um die Zweckbestimmung als Arzneimittel zu begründen. Bei der Formulierung von Werbemitteln für Fachkreise sollte streng darauf geachtet werden, dass nur „über beobachtete Wirkungen" gesprochen wird, nicht aber über eine entsprechende Zweckbestimmung.

Kernproblem bei der Anwendung dieser Vorschrift ist der Begriff der **„Krankheit"**. Der Begriff der Krankheit ist europarechtlich definiert. Ein Rückgriff auf die deutsche Rechtsprechungspraxis ist zwar rechtsmethodisch unsauber, im Ergebnis aber unschädlich. Demgemäß ist unter Krankheit jede, auch nur vorübergehende, Störung der normalen Beschaffenheit oder der normalen Tätigkeit des Körpers zu verstehen.[240] Der Begriff ist grundsätzlich weit auszulegen. Er umfasst jede Störung der normalen Körperfunktionen, sei sie auch geringfügig oder vorübergehend und schließt Mangelerscheinungen jeder Art mit ein. Dagegen sind Störungen des allgemeinen Wohlbefindens, die auf normale Vorgänge zurückgehen, wie Menstruation, Schwangerschaft, Ermüdungserscheinungen oder Alterserscheinungen, keine von der Norm abweichenden Gesundheitsbeeinträchtigungen. 244

Sowohl der wissenschaftliche als auch der umgangssprachliche Name einer Krankheit stellt stets einen Krankheitsbezug dar. Die konkrete und korrekte Bezeichnung einer Krankheit ist nicht notwendig. Eine Aussage bezieht sich auch dann auf eine Krankheit, wenn sie lediglich die Assoziation mit einer bestimmten Krankheit hervorruft. Auch die Nennung von Krankheitssymptomen, wie Husten, Heiserkeit, Schwindelgefühl, Bluthochdruck vermitteln dem Verbraucher die Assoziation zu einem Krankheitsbild und sind daher Art. 7 Abs. 3 LMIV mit erfasst.[241] Mit der Entscheidung über ein trinkfähiges Nahrungsergänzungsmittel, welches mit der Auslobung „Anti Hangover Drink – Natürlich bei Kater" vermarktet wurde, verdeutlichte das OLG Frankfurt am Main[242] die Reichweite des lebensmittelrechtlichen Krankheitsbegriffs. Die allgemeinsprachlich als „Kater" bezeichneten Symptome die in Folge des körperlichen Alkoholabbaus nach übermäßigem Alkoholkonsum auftreten, seien als Krankheit einzustufen. 245

Die Abgrenzung zu positiven, gesundheitsbezogenen Angaben ist im Einzelfall außerordentlich umstritten.[243] Da Art. 7 Abs. 3 LMIV ein absolutes Verbot enthält, kommt es nicht darauf an, ob der Verbraucher möglicherweise eine krankheitsbezogene Aussage richtig in dem Sinne versteht, dass der Verzehr eines bestimmten Lebensmittel zwar günstig sei, aber gleichwohl weder Heilung noch Linderung verschaffen könne. Das KG Berlin hat 1993[244] die Aussage „Oxidationsschutz für die Zelle" als Krankheitsbezug angesehen, obwohl der Hinweis auf ein bestimmtes Krankheitsbild fehlt. Dagegen hat das OLG Frankfurt a. M. 1998[245] den Hinweis auf die Senkung des Cholesterinspiegels, wie auch die Angabe, dass Eskimos selten erhöhte Blutfettwerte aufweisen und dies auf regelmäßige Fischdiät, die reich an Omega-3-Fettsäuren ist, zurückzuführen sei, nicht beanstandet. Auch Bezeichnungen wie „magenverträglich", „cholesterinfrei", „pro Vitamin A, wichtig für die Sehkraft und die Haut",[246] „zur Stärkung des Immunsystems"[247] sind als zulässig angesehen worden. 246

[240] Etwa BGHSt 11, 304 (316), BGHZ 44, 208, BVerwGE LRE 8, 99 (101), Voit/Grube/Grube Art. 7 Rn. 292.
[241] Zum Verhältnis von Art. 7 Abs. 3 LMIV zur Health-Claims-Verordnung vgl. Voit/Grube/Grube Art. 7 Rn. 298 ff.
[242] OLG Frankfurt a. M. 12.9.2019 – 6 U 114/18, GRUR 2019, 1300.
[243] Als krankheitsbezogen wurde beispielsweise angesehen „Gelenkschmiere", BGH LRE 34, 347; „Blut bildend" BayOLG ZLR 1985, 369; „zur Behandlung bei erhöhtem Blutdruck", OLG Bamberg 12.2.2014 – 3 U 192/13, LMRR 2014, 29.
[244] ZLR 1993, 483.
[245] LMuR 99, 28.
[246] OVG Hamburg LRE 19, 297.
[247] OLG Hamburg Pharmarecht 1994, 362.

247 Auch unter Art. 7 Abs. 3 LMIV sind **Hinweise auf ärztliche Empfehlungen und Gutachten** verboten. Ein bestimmter Arzt muss nicht genannt werden, auch allgemeine Hinweise wie „ärztlich empfohlen" sind verboten. Allgemeine Hinweise auf ärztliche Kontrolle wie „Qualitätskontrolle Prof. Dr. K" sind dagegen zulässig. Die Nennung bestimmter Wissenschaftler ist nur dann erlaubt, wenn diese eindeutig keinem Heilberuf angehören.

248 Die Werbung mit **Krankengeschichten** ist in jeder Form verboten, auch wenn in der textlichen Darstellung versucht wird, dem Eindruck entgegenzuwirken, der Verzehr bestimmter Lebensmittel habe mit dem Krankheitsverlauf etwas zu tun.

249 Ferner ist das vormals in § 12 Abs. 1 Nr. 4 geregelte Verbot der so genannten **Testimonialwerbung** von Art. 7 Abs. 3 LMIV erfasst. Nicht nur das Zitieren, sondern auch andere Hinweise auf Äußerungen Dritter sind verboten, soweit sie sich auf die Beseitigung oder Linderung von Krankheiten beziehen. Erfasst ist jeder Dritte, nicht etwa nur Angehörige von Heilberufen. Auch jeder Hinweis eines Verbrauchers „Seit ich … regelmäßig esse, sind meine Beschwerden spürbar zurückgegangen" ist verboten, unabhängig davon, ob die Aussage richtig und beweisbar ist oder nicht.

250 Weiter sind **bildliche Darstellungen** von Personen in der Berufskleidung oder bei der Ausübung der Tätigkeit von Angehörigen der Heilberufe, des Heilgewerbes oder des Arzneimittelhandels verboten. Das trifft insbesondere die Darstellung von Personen in Laborkitteln oder Krankenhauskleidung, aber auch von zivilgekleideten Personen, wenn diese irgendeine „heilende" Tätigkeit ausüben.

Praxistipp:
Wenn Personen in einer Laborumgebung abgebildet werden und unmissverständlich darauf hingewiesen wird, dass es sich um Lebensmittelchemiker, Ernährungswissenschaftler etc. handelt, so kann die Assoziation zum Heilgewerbe verhindert werden.

251 Aussagen, die geeignet sind, **Angstgefühle** hervorzurufen oder auszunutzen, sind ebenso vom Verbot erfasst. Unter „Angst" ist nicht jede Befürchtung einer Beeinträchtigung des allgemeinen Wohlbefindens zu verstehen, sondern lediglich Aussagen, die besondere besorgniserregende Gefahren hervorrufen. *Zipfel/Radtke*[248] nennen als Beispiel „Der Tod sitzt im Darm", „Krebs ist unheilbar, ernähre Dich natürlich" oder „Dicke Menschen sterben früher". *Meyer*[249] hält die Aussage „Die freien Radikale greifen stetig unsere Zellen an, können sie schädigen und zerstören" nicht für Angstwerbung, das zu Recht, weil keine bestimmte, besondere Gefahr heraufbeschworen wird.

252 Schließlich sind auch sämtliche schriftlichen Angaben, die dazu anleiten, Krankheiten mit Lebensmitteln zu behandeln, untersagt. Der Verbraucher soll von einer **Selbstbehandlung von Krankheiten** unter Verzicht auf den Arztbesuch abgehalten werden. Das Verbot gilt absolut, selbst dann, wenn die Wirkungsaussage im Einzelfall zutreffend sein sollte.

Praxistipp:
Gerade bei der im Lebensmittelsektor beliebten Influencer-Werbung ist besondere Vorsicht und Kontrolle geboten. Äußert sich ein Influencer in Posts oder Vlogs beispielsweise positiv über die Wirkung eines bestimmten Lebensmittels auf seine Diabetes-Erkrankung, so ist hierin eine krankheitsbezogene Werbung zu sehen, die sich ein Unternehmer unter Umständen, etwa wenn die Aussage des Influencers Teil einer Werbekampagne ist, zurechnen lassen muss.[250]

[248] C 102 → § 12 Rn. 48.
[249] Lebensmittelrecht S. 108.
[250] Ausführlich zu Influencer-Werbung: Böhler K&R 2020, 697.

4. Besonderheiten im Verfahren – Das Nebeneinander von öffentlich-rechtlicher Überwachung und Zivilrecht

Das Lebensmittelrecht ist in erster Linie **öffentliches Recht.** Die Überwachung und Einhaltung lebensmittelrechtlicher Vorschriften obliegt der Lebensmittelüberwachung. Es handelt sich um gewerbepolizeiliche Vorschriften, bei deren Anwendung die im Wettbewerbsrecht gewohnte Interessenabwägung entweder gar nicht oder nach anderen Kriterien stattfindet. 253

Die Struktur der Lebensmittelkontrolle kann an dieser Stelle nicht vollständig dargestellt werden.[251] Zur Erläuterung für den Wettbewerbsrechtler sei der **übliche Verfahrensablauf** kurz dargestellt: 254

Durch eine untere Verwaltungsbehörde, in der Regel der Wirtschaftskontrolldienst, wird eine Probe gezogen. Diese Probe wird dem für die probeziehende Behörde zuständigen Lebensmitteluntersuchungsamt, in der Regel eine Landesoberbehörde, zur Überprüfung übermittelt. Die Untersuchungsämter begutachten in der Regel nicht nur die stoffliche Zusammensetzung des Lebensmittels und seiner Verpackung, sondern beurteilen auch die Kennzeichnung und Aufmachung der Lebensmittel, und zwar nicht nur hinsichtlich zwingend vorgeschriebener Kennzeichnungselemente. Ungeachtet der häufigen Klage von anwaltlicher Seite werden regelmäßig auch Stellungnahmen zur Frage der Irreführungsgefahr und der Verbrauchererwartung abgegeben, ohne dass die besondere Sachkunde der beteiligten Veterinäre oder Lebensmittelchemiker bei der Auslegung unbestimmter Rechtsbegriffe nachgewiesen wäre. 255

Wird eine Probe beanstandet, wird sie sodann von der probeziehenden Behörde an diejenige untere Verwaltungsbehörde übermittelt, die für den Sitz des lebensmittelrechtlich Verantwortlichen zuständig ist. In der Regel wird das Gutachten dem betroffenen Unternehmen mit der Bitte um Stellungnahme vorgelegt. Wird der Beanstandung nicht abgeholfen, könnte die Verwaltungsbehörde einen Verwaltungsakt erlassen, der für die Zukunft die beanstandete Art der Kennzeichnung untersagt. Dieser Verwaltungsakt könnte sodann von dem betroffenen Unternehmen mit der Anfechtungsklage angefochten werden. 256

Dieser Weg wird jedoch nur in seltenen Ausnahmefällen gewählt. Statt dessen wird regelmäßig der für das Inverkehrbringen lebensmittelrechtlich Verantwortliche – also die in dem Unternehmen zuständige natürliche Person – ermittelt und gegen diese ein Bußgeldverfahren eingeleitet. Wenn es nicht gelingt, das Verfahren vorzeitig einstellen zu lassen, wird die Entscheidung in der Regel vom Strafrichter bei dem zuständigen Amtsgericht getroffen. Da dieser häufig nicht über die notwendige Sachkunde verfügt, wird in Übereinstimmung mit den Regeln der StPO Beweis erhoben. Der zur Beurteilung herangezogene Sachverständige ist in der Regel derjenige, der die ursprüngliche Beanstandung ausgesprochen hat. Es erscheint auf den ersten Blick sachgerecht, da der Betroffene mit den Umständen des Einzelfalles ja bereits vertraut ist. 257

Für den Rechtsunterworfenen ist die Situation aber ausgesprochen misslich. Er befindet sich in der Prozesssituation, die der römisch-rechtlichen *ACUSATIO* entspricht. Derjenige, der eine Beanstandung veranlasst hat, ist zwar nicht der Richter, aber doch der entscheidende Zeuge/Sachverständige. Der Ausgang solcher Verfahren ist in der Regel vorhersehbar 258

Praxistipp:

Häufig ist mit der örtlich zuständigen Verwaltungsbehörde eine Einigung erzielbar, scheitert aber daran, dass die Behörde/das Untersuchungsamt, welches die ursprüngliche Beanstandung ausgesprochen hat, darauf besteht, die Beanstandung sei zu Recht erfolgt. Es empfiehlt sich in solchen Fällen, der Beanstandung entgegenzutreten, gleichwohl aber die Erstattung der angefallenen Untersuchungskosten anzubieten, damit die offene Kostenforderung einer einvernehmlichen Beilegung nicht im Wege steht.

Solche Verfahren lassen sich gelegentlich durch Erhebung **einer negativen Feststellungsklage** zum Verwaltungsgericht vermeiden. Hier besteht die Schwierigkeit jedoch darin, dass die Feststellungsklage eben erst dann zulässig ist, wenn ein hinreichend konkretisiertes Rechtsverhältnis vorliegt. Das ist nicht bereits dann der Fall, wenn die örtlich zuständige Verwaltungsbehörde eine Beanstandung mit der Bitte um Stellungnahme vorlegt, sondern erst dann, wenn sie deutlich zu 259

[251] Vgl. hierzu Streinz/Hammerl Lebensmittelrechtshandbuch IV.

erkennen gibt, dass sie sich die Rechtsauffassung des beanstandeten Lebensmitteluntersuchungsamtes zu eigen macht und gewillt ist, hieran rechtliche Konsequenzen zu knüpfen. Von dieser inneren Entscheidung der Behörde wird der Betroffene jedoch häufig nicht unterrichtet. Er erfährt von dieser Entscheidung oft erst durch die Zustellung einer Verfügung, mit der ihm mitgeteilt wird, dass das Hauptverfahren vor dem Strafrichter eröffnet ist. Dann aber ist die negative Feststellungsklage bereits wieder unzulässig, weil wegen der Rechtshängigkeit ein Feststellungsinteresse für die verwaltungsgerichtliche Klage nicht mehr vorliegt.

260 Auch dies wird häufig als unbefriedigend empfunden, eine Änderung zeichnet sich jedoch nicht ab.[252] Zu häufig waren die Fälle, in denen Inverkehrbringer, insbesondere Importeure, von Lebensmitteln versucht haben, im Wege der negativen Feststellungsklage im Vorhinein den Umfang ihrer Sorgfaltspflichten bei der Überprüfung von Lebensmitteln feststellen zu lassen. Das Bundesverwaltungsgericht hat im Hinblick darauf die Anforderungen für die Zulässigkeit der negativen Feststellungsklage, insbesondere die hinreichende Konkretisierung des feststellungsfähigen Rechtsverhältnisses relativ hoch angesetzt.

261 Gleichwohl ist bei der Heranziehung von Urteilen, die im Verwaltungsstreitverfahren oder im Straf- bzw. Ordnungswidrigkeitenverfahren ergangen sind, regelmäßig zu berücksichtigen, dass das Lebensmittelrecht eine andere Zweckbestimmung hat als das Wettbewerbsrecht. Insbesondere die Beurteilung einer gegebenenfalls noch hinzunehmenden restlichen Irreführungsgefahr orientiert sich an den unterschiedlichen Schutzzwecken, so dass Entscheidungen aus einem Rechtszug nicht ohne weiteres für den anderen verbindlich sind.

[252] Gaedertz, FS Vieregge, S. 256.

§ 31 Kosmetikrecht

Übersicht

I. Rechtsgrundlagen

1. EG-Kosmetik-Richtlinie

1 Das Kosmetikrecht war über viele Jahre nicht in einem einheitlichen Gesetz geregelt und zusammengefasst. Vielmehr fanden sich gesetzliche Bestimmungen, die Kosmetikerzeugnisse betreffen, in einer Vielzahl unterschiedlicher Gesetze und Verordnungen. Bis dahin basierten die nationalen Bestimmungen, die sich mit **kosmetischen Mitteln** befassen, weitgehend – das trifft insbesondere auf die Regelungen im LFGB und in der Kosmetikverordnung (aF) zu – auf der Kosmetik-Richtlinie der EU aus dem Jahr 1976.[1] Die **Kosmetikrichtlinie** war mehrfach ergänzt und geändert worden, zuletzt im Jahr 2011.[2] Eine gewisse Vereinheitlichung der einschlägigen Rechtsvorschriften ergab sich daraus, dass der EuGH in ständiger Rechtsprechung betonte, dass die Kosmetik-Richtlinie eine abschließende Harmonisierung der nationalen Bestimmungen über die Verpackung und Etikettierung kosmetischer Mittel herbeigeführt habe[3] und mit ihr in den einzelnen Mitgliedstaaten nicht nur ein Mindeststandard eingeführt worden sei. Daher durften beispielsweise bei den Irreführungstatbeständen, die sich wie § 27 LFGB ausdrücklich auf kosmetische Mittel bezogen, keine strengeren Maßstäbe gelten, als sie von der Kosmetik-Richtlinie vorgegeben waren.[4]

2. EG-Kosmetikverordnung

2 Seit dem Inkrafttreten der EG-Kosmetikverordnung (KosmetikVO)[5] am 11. Juli 2013 gilt ein vereinheitlichtes Recht für Kosmetikerzeugnisse im gesamten Gebiet der Europäischen Union. Die Kommission hat sich dazu entschieden, eine eigenständige Verordnung für den Bereich der kosmetischen Mittel zu erlassen. Sie möchte dadurch rechtliche Unklarheiten und Widersprüche sowie Abweichungen bei der nationalen Umsetzung vermeiden, um auf diese Weise eine hohe Sicherheit der kosmetischen Mittel, die in der EU in den Verkehr gebracht werden, zu gewährleisten. Die KosmetikVO gilt in allen Mitgliedstaaten der EU unmittelbar, ohne dass es der Mitwirkung der nationalen Gesetzgebungsorgane bedarf. Den Regelungen der KosmetikVO kommt ein Anwendungsvorrang gegenüber dem nationalen Recht zu. Die nationalen kosmetikrechtlichen Vorschriften können nicht mehr angewendet werden, wenn in der KosmetikVO eine Regelung getroffen ist.[6] Das galt insbesondere für die zunächst noch bestehenden Vorschriften im LFGB.

3. Nationale Bestimmungen

3 Im nationalen Recht finden sich an unterschiedlichen Stellen Regelungen, die sich mit kosmetischen Mitteln befassen.

4 a) **Lebensmittel- und Futtermittelgesetzbuch.** Die wichtigsten gesetzlichen Grundlagen für das Kosmetikrecht waren im Lebensmittel- und Futtermittelgesetzbuch (LFGB)[7] enthalten, so die Definition des kosmetischen Mittels in § 2 Abs. 5 LFGB sowie der Abschnitt 4 (§§ 26 bis 29 LFGB) mit den Regelungen über den Verkehr mit kosmetischen Mitteln. Mit dem vierten Gesetz zur Änderung des LFGB vom 27. Juli 2021 hat der Gesetzgeber die materiell-rechtlichen Vorschriften, die im LFGB in Bezug auf kosmetische Mittel enthalten waren, ersatzlos aufgehoben. Das betrifft die Regelungen in § 2 LFGB über die Definitionen bezüglich kosmetischer Mittel sowie die Verbote zum Schutz der Gesundheit gem. § 26 LFGB und die Vor-

[1] Die genaue Bezeichnung dieser Richtlinie lautet: Richtlinie des Rates zur Angleichung der Rechtsvorschriften der Mitgliedstaaten über kosmetische Mittel v. 27.7.1976 (76/768/EWG).

[2] Die Richtlinie ist zuletzt geändert worden durch die Richtlinie 2011/84/EU vom 20.9.2011.

[3] EuGH GRUR Int. 1994, 303 – Clinique; EuGH GRUR Int. 2000, 355 (356) – Estée Lauder/Lancaster.

[4] So ausdrücklich der EuGH GRUR Int. 1994, 303 – Clinique.

[5] Verordnung (EG) Nr. 1223/2009 des Europäischen Parlaments und des Rates vom 30. November 2009 über kosmetische Mittel (nachfolgend „KosmetikVO").

[6] Vgl. dazu BGH GRUR 2016, 418 – Feuchtigkeitsspendendes Gel-Reservoir, der BGH wendet für den Zeitraum ab dem 13. Juli 2013 nur und ausschließlich die Regelungen der KosmetikVO an, nicht mehr die nationalen Bestimmungen.

[7] Früher fanden sich die entsprechenden Bestimmungen im Lebensmittel- und Bedarfsgegenständegesetz (LMBG); dieses Gesetz ist am 2.9.2005 durch das Lebensmittel- und Futtermittelgesetzbuch (LFGB) abgelöst worden.

schriften zum Schutz vor Täuschung gem. § 27 LFGB. Die beiden letzten Regelungen gelten heute nur noch für Mittel zum Tätowieren, nicht mehr für kosmetische Mittel. Die Regelungen der §§ 28, 29 LFGB gelten auch nach der Änderung noch für kosmetische Mittel. Das ist deshalb der Fall, da sie nach wie vor als Ermächtigungsnormen für die nationale Kosmetik-Verordnung dienen.

Die nationale Kosmetikverordnung (aF), die im Wesentlichen auf den Ermächtigungsnormen 5
der §§ 28, 29 LFGB beruhte, enthielt wichtige Regelungen bezüglich des Vertriebs von kosmetischen Mitteln. Diese Verordnung hat der Gesetzgeber aufgehoben und im Jahr 2014 durch eine neue Kosmetik-Verordnung (nachfolgend „KosmetikV“) ersetzt.[8] Sie dient der Überwachung des Verkehrs mit kosmetischen Mitteln sowie der Durchführung der KosmetikVO. Inhaltlich finden sich in der Verordnung nur noch wenige materielle Regelungen. Von erheblicher Bedeutung sind die Vorschriften der §§ 8, 9 KosmetikV. Mit Hilfe dieser Vorschriften stellt der Gesetzgeber sicher, dass Verstöße gegen die Vorgaben, wie sie sich aus der KosmetikVO ergeben, als Straftaten bzw. als Ordnungswidrigkeiten geahndet werden können.

b) Arzneimittelgesetz. Im Arzneimittelgesetz findet sich ebenfalls eine Regelung in Bezug auf 6
Kosmetikerzeugnisse, nämlich § 2 Abs. 3 Nr. 2 AMG. Es handelt sich um die rechtliche Grundlage für die Abgrenzung zwischen **Arzneimitteln** einerseits und **kosmetischen Mitteln** andererseits. Diese Abgrenzungsfrage ist in der Praxis von großem Interesse, da Arzneimittel nur mit entsprechender Zulassung verkehrsfähig sind, wohingegen kosmetische Mittel keiner Zulassung bedürfen. Die Abgrenzungsproblematik wird in II. 2. näher erläutert.

c) Sonstige Bestimmungen. Es finden sich in einer Vielzahl von Gesetzen weitere Regelungen, 7
die sich ausdrücklich mit kosmetischen Mitteln befassen. Zu nennen sind – ohne abschließende Aufzählung – das Heilmittelwerbegesetz, das Chemikaliengesetz mit der Gefahrstoffverordnung, das Wasch- und Reinigungsmittelgesetz, das Mess- und Eichgesetz und die Fertigpackungsverordnung. Einige wichtige Bestimmungen dieser Gesetze und Verordnungen werden weiter unten gesondert erläutert.[9]

II. Definitionen

1. Kosmetikerzeugnis

Die gesetzliche Definition des **kosmetischen Mittels** findet sich in Art. 2 Abs. 1a) KosmetikVO. 8
Der deutsche Gesetzgeber hatte eine Definition in § 2 Abs. 5 LFGB gegeben, die seit der Geltung der KosmetikVO nicht mehr maßgeblich war und im Sommer 2021 abgeschafft worden ist. Gem. Art. 2 Abs. 1a) KosmetikVO sind kosmetische Mittel Stoffe oder Gemische, die dazu bestimmt sind, äußerlich mit den Teilen des menschlichen Körpers (Haut, Behaarungssystem, Nägel, Lippen und äußere intime Regionen) oder mit den Zähnen und den Schleimhäuten der Mundhöhle in Berührung zu kommen, und zwar zu dem ausschließlichen oder überwiegenden Zweck, diese zu reinigen, zu parfümieren, ihr Aussehen zu verändern, sie zu schützen, sie in gutem Zustand zu halten oder den Körpergeruch zu beeinflussen.

Die maßgebliche Abweichung zu der früheren Begriffsbestimmung, wie sie noch aus § 4 LMBG 9
bekannt war, besteht darin, dass ein kosmetisches Mittel nur dann gegeben ist, wenn der Stoff ausschließlich oder überwiegend zu kosmetischen Zwecken bestimmt ist. Ist die kosmetische Zweckbestimmung nur gleichwertig mit anderen Zwecken, kann das Mittel nicht als Kosmetikum eingeordnet werden.[10] Relevant wird das in den Fällen, in denen ein Mittel eine nicht nur untergeordnete vorbeugende Wirkung gegen Krankheiten hat, die über den kosmetischen Zweck hinausgeht; ein solches Mittel ist kein kosmetisches Mittel.[11]

---

[8] Kosmetik-Verordnung vom 16. Juli 2014 (BGBl. I 1054) am 24. Juli 2014 in Kraft getreten, am 26. Januar 2016 geändert; durch das vierte Gesetz zur Änderungen des LFGB vom 27. Juli 2021 nochmals in § 8 KosmetikV geändert, aber ohne inhaltliche Auswirkung.

[9] → Rn. 82–87.

[10] Vgl. Gesetzesbegründung BT-Drs. 15/3657, 59; Meyer/Streinz/Reinhart LFGB § 2 Rn 95; Reinhart/Reinhart KosmetikVO Art. 2 Rn. 44.

[11] Meyer/Streinz/Reinhart LFGB § 2 Rn. 95; Reinhart/Reinhart KosmetikVO Art. 2 Rn. 45; Doepner/Reese/Doepner HWG § 1 Rn. 342; Zipfel/Rathke LebensmittelR/Rathke VO (EG) Nr. 1223/2009 Art. 2 Rn. 14.

Praxistipp:

Für einen Stoff lassen sich regelmäßig kaum gleichwertige Zweckbestimmungen feststellen, so dass ein Erzeugnis entweder überwiegend kosmetischen oder arzneilichen Zwecken zuzuordnen ist. Daher gibt es in der Praxis regelmäßig im Ergebnis keine Abgrenzungsprobleme.[12]

10 Durch die Begriffsdefinition ist eine weitere Unklarheit, die sich aus der alten Begrifflichkeit ergab, beseitigt. In § 4 LMBG war die **Verhütung von Krankheiten** als Zweckbestimmung nicht erwähnt. Das hatte zur Folge, dass ein Stoff, der zumindest auch kosmetischen Zwecken diente, kosmetisches Mittel sein konnte, auch wenn die Verhütung von Krankheiten der überwiegende Zweck des Mittels war. Nur in dem Fall, dass der einzige Zweck des Mittels darin bestand, Krankheiten zu verhüten, lag kein Kosmetikum, sondern ein Arzneimittel vor.[13] Aufgrund der Definition wie sie sich in Art. 2 Abs. 1a) KosmetikVO findet und wie sie bereits in § 2 Abs. 5 LFGB gegeben war, kann man an dieser Auffassung nicht mehr festhalten. Ein kosmetisches Mittel liegt nur dann vor, wenn der Stoff ausschließlich oder überwiegend kosmetischen Zwecken dient. Die Verhütung von Krankheiten darf daher bei einem Mittel, wenn es ein kosmetisches Mittel sein soll, nur eine untergeordnete Bedeutung haben. Überwiegt der Zweck, Krankheiten zu verhüten, liegt, anders als unter der Geltung des § 4 LMBG, kein kosmetisches Mittel, sondern ein Arzneimittel vor.[14]

11 **a) Stoffe, Gemische.** Das Merkmal „Stoffe" ist in Art. 2 Abs. 1b) KosmetikVO definiert. Es umfasst alle Substanzen, die beim Herstellen kosmetischer Mittel verwendet werden. Es kommt nicht darauf an, ob den Stoffen eine bestimmte Wirkung zukommt, da es nach dem Schutzzweck des Gesetzes, nämlich Gesundheitsschäden zu vermeiden, erforderlich ist, alle Stoffe zu erfassen. Der Begriff „Stoffe" ist daher anerkanntermaßen weit auszulegen.[15] In welchem Aggregatzustand sich die Stoffe befinden, fest, flüssig, pulverig oder gasförmig, ist irrelevant. Gemische sind gemäß Art. 2 Abs. 1c) KosmetikVO Gemische oder Lösungen, die aus zwei oder mehr Stoffen bestehen.

12 Geräte und andere Gegenstände, die kosmetischen Zwecken dienen, sind jedoch nicht als Stoffe anzusehen. Daher sind beispielsweise Zahnbürsten, Kämme, Rasiergeräte, Bürsten und Schwämme keine kosmetischen Mittel, sondern Bedarfsgegenstände im Sinne des § 2 Abs. 6 LFGB.[16]

13 **b) Zur äußerlichen Anwendung.** Stoffe und Gemische sind nur dann kosmetische Mittel, wenn sie dazu bestimmt sind, äußerlich mit den Teilen des menschlichen Körpers (Haut, Behaarungssystem, Nägel, Lippen und äußere intime Regionen) oder mit den Zähnen und den Schleimhäuten der Mundhöhle in Berührung zu kommen. Dieses Merkmal weicht von der Voraussetzung „zur äußerlichen Anwendung am Menschen oder in seiner Mundhöhle", wie sie in § 2 Abs. 5 LFGB gegeben war, etwas ab. Nach der Definition muss eine unmittelbare Behandlung des menschlichen Äußeren gegeben sein.[17] Erfasst werden daher nur die sichtbare Haut des menschlichen Körpers, Haare und Nägel. Die Nasenschleimhäute zählen hierzu nicht, so dass Mittel zur Verhinderung von Entzündungen der Nasenschleimhäute keine Kosmetika sind.[18]

14 Mittel, die zwar auf die Haut wirken sollen, aber eingenommen werden, sind ebenfalls keine kosmetischen Mittel.[19] Demnach ist die sogenannte „Kosmetik von innen" kein kosmetisches Mittel im Sinne Art. 2 Abs. 1a) KosmetikVO.[20] Augenlotionen, die zur oberflächlichen Reinigung des Augapfels bestimmt sind, waren demgegenüber als kosmetische Mittel eingeordnet worden, da sie nicht im Auge bzw. im Körper, sondern äußerlich angewendet werden.[21] Diese Auffassung ist überholt, da nach der aktuellen Definition nur bestimmte Teile des menschlichen Körpers

[12] Kritisch Doepner/Reese/Doepner HWG § 1 Rn. 342.
[13] Kloesel/Cyran AMG § 2 Anm. 139; Doepner/Reese/Doepner HWG § 1 Rn. 343.
[14] Meyer/Streinz/Reinhart LFGB § 2 Rn. 122; Reinhart/Reinhart KosmetikVO Art. 2 Rn. 45.
[15] Meyer/Streinz/Reinhart LFGB § 2 Rn. 100; Reinhart/Reinhart KosmetikVO Art. 2 Rn. 227 ff.
[16] Reinhart/Reinhart KosmetikVO Art. 2 Rn. 26; LG Münster MD 2021, 964 Rn. 74 Geräte zur kosmetischen Behandlung sind keine kosmetischen Mittel.
[17] Meyer/Streinz/Reinhart LFGB § 2 Rn. 109; Reinhart/Reinhart KosmetikVO Art. 2 Rn. 28; Zipfel/Rathke LebensmittelR/Rathke VO (EG) Nr. 1223/2009 Art. 2 Rn. 22 ff.
[18] Kloesel/Cyran AMG § 2 Anm. 143; Zipfel/Rathke LebensmittelR/Rathke VO (EG) Nr. 1223/2009 Art. 2 Rn. 25.
[19] Meyer/Streinz/Reinhart LFGB § 2 Rn. 109; Doepner/Reese/Doepner HWG § 1 Rn. 328 f.
[20] So auch OLG Düsseldorf ZLR 1990, 150 (151); BayVGH ZLR 1995, 87 (89 ff.); Doepner/Reese/Doepner HWG § 1 Rn. 328; Zipfel/Rathke LebensmittelR/Rathke VO (EG) Nr. 1223/2009 Art. 2 Rn. 26.
[21] Vgl. OVG Nordrhein-Westfalen LRE 31, 153 (154); Meyer/Streinz/Reinhart LFGB § 2 Rn. 109.

angesprochen sind, auf die äußerlich eingewirkt wird. Der Augapfel gehört nicht dazu.[22] Mittel zum Tätowieren erfüllen typischerweise nicht die Definition des kosmetischen Mittels, da sie in und unter der Haut appliziert werden und damit nicht äußerlich angewendet werden. Der Gesetzgeber hatte die Mittel zum Tätowieren gem. § 4 Abs. 1 Nr. 3 LFGB den kosmetischen Mittel gleich gestellt.[23] Aufgrund des vierten Gesetzes zur Änderung des LFGB hat der Gesetzgeber diese Gleichstellung nicht mehr aufrechterhalten, da das LFGB jetzt unmittelbar für Mittel zum Tätowieren gilt. Damit hat sich die Frage, ob diese nationale Regelung über die Gleichstellung von kosmetischen Mitteln und Mitteln zum Tätowieren aus europarechtlicher Sicht Bestand haben kann, erledigt.

c) **Wirkungen.** In der Definition des kosmetischen Mittels finden sich verschiedene Wirkungen, die mit einem solchen Mittel erzielt werden können. Unter Reinigung ist die Entfernung von Substanzen zu verstehen, die am Körper (Haut, Haaren oder Nägeln) mehr oder weniger fest anhaften. Es kann sich dabei sowohl um körperfremde Substanzen wie Schmutz oder Schminke als auch um körpereigene Substanzen wie Schweiß handeln.[24] Die Entfernung von Stoffen, die mit dem Körper fest verbunden sind, wie beispielsweise Haare, Hühneraugen, Muttermale, Pickel, Tätowierungen oder Warzen, stellt keine Reinigung dar. 15

In der Definition des kosmetischen Mittels sind ausdrücklich die Begriffe des „Schutzes" und der „Erhaltung eines guten Zustandes' enthalten. Durch die Formulierung ist in jedem Fall klargestellt, dass ein Schutzeffekt für sich genommen eine kosmetische Wirkung begründen kann. Das gilt beispielsweise für Sonnenschutzmittel, Zahnpasten, die nicht nur reinigen, sondern auch vor Karies und Parodontose schützen, oder Babycremes und -puder zur Pflege und gegen das Wundwerden. Ein Mittel dient der Erhaltung eines guten Zustandes, wenn die normale Beschaffenheit des menschlichen Äußeren oder der Mundhöhle erhalten oder wiederhergestellt werden soll, wobei die Wiederherstellung sich nicht auf krankhafte Veränderungen beziehen darf.[25] Es geht also um den normalen gesunden körperlichen Zustand. Soll mit einem Mittel auf eine besondere Beanspruchung der Haut durch extreme Verhältnisse reagiert werden, steht dies der Annahme eines kosmetischen Mittels nicht entgegen, da das Ziel letztendlich die Erhaltung bzw. Wiederherstellung der normalen Beschaffenheit der Haut ist.[26] 16

Bei der Parfümierung geht es darum, Geruchseindrücke zu vermitteln. Es soll nicht der Körpergeruch beeinflusst werden. Unter diesem Merkmal werden daher Parfums, Toilettenwasser, Kölnisch Wasser, parfümierte Rasierwasser, parfümierte Bade- und Duschzusätze als kosmetische Mittel erfasst.[27] 17

Eine in Art. 2 Abs. 1a) KosmetikVO vorgesehene Wirkung von kosmetischen Mittel ist die Veränderung des Aussehens. Mit Aussehen ist das äußere, optisch wahrnehmbare Erscheinungsbild des Menschen gemeint, also Farbe und Struktur der Haut, der Haare und der Nägel. Mittel zur Beeinflussung dieser Eigenschaften sind kosmetische Mittel, wie beispielsweise Schminkmittel, Frisiermittel, Nagellack, Rasiermittel.[28] 18

Gem. § 2 Abs. 5 S. 2 LFGB galten Stoffe oder Zubereitungen aus Stoffen, die zur **Beeinflussung der Körperformen** bestimmt sind, nicht als kosmetische Mittel. Hätte es diesen gesetzlichen Ausnahmetatbestand nicht gegeben, so wären diese Mittel kosmetische Mittel gewesen, da auch die Körperformen des Menschen das Aussehen bestimmen, so dass zur äußeren Anwendung vorgesehene Mittel kosmetische Mittel im Sinne des § 2 Abs. 5 LFGB gewesen wären. Der Grund für diese Ausnahmebestimmung bestand darin, dass solche Mittel stark in den menschlichen Organismus eingreifen und daher eher als Arzneimittel einzuordnen sind. Eine Beeinflussung der Körperform war angenommen worden, wenn die räumliche Ausdehnung des Körpers oder von Körperteilen verändert wird. Dies konnte auch dadurch erreicht werden, wenn unter der Haut befindliches Gewebe an eine andere Stelle verlagert wird. Wie die Veränderung der 19

[22] EuGH 3.9.2015 – C-321/14 Rz. 21; BGH GRUR 2017, 409 Rn. 15 – Motivkontaktlinsen; Zipfel/Rathke LebensmittelR/Rathke VO (EG) Nr. 1223/2009 Art. 2 Rn. 26.

[23] Vgl. Gesetzesbegründung BT-Drs. 15/3657, S. 50.

[24] Zipfel/Rathke LebensmittelR/Rathke VO (EG) Nr. 1223/2009 Art. 2 Rn. 30; Meyer/Streinz/Reinhart LFGB § 2 Rn. 113; Reinhart/Reinhart KosmetikVO Art. 2 Rn. 47; Doepner/Reese/Doepner HWG § 1 Rn. 331.

[25] Zipfel/Rathke LebensmittelR/Rathke VO (EG) Nr. 1223/2009 Art. 2 Rn. 36 ff.; Doepner/Reese/Doepner HWG § 1 Rn. 334; Meyer/Streinz/Reinhart LFGB § 2 Rn. 114; Reinhart/Reinhart KosmetikVO Art. 2 Rn. 51.

[26] Meyer/Streinz/Reinhart LFGB § 2 Rn. 114; Reinhart/Reinhart KosmetikVO Art. 2 Rn. 54; Zipfel/Rathke LebensmittelR/Rathke VO (EG) Nr. 1223/2009 Art. 2 Rn. 36 ff.

[27] Zipfel/Rathke LebensmittelR/Rathke VO (EG) Nr. 1223/2009 Art. 2 Rn. 32; Doepner/Reese/Doepner HWG § 1 Rn. 335; Meyer/Streinz/Reinhart LFGB § 2 Rn. 117; Reinhart/Reinhart KosmetikVO Art. 2 Rn. 48.

[28] Zipfel/Rathke LebensmittelR/Rathke VO (EG) Nr. 1223/2009 Art. 2 Rn. 40 ff.; Doepner/Reese/Doepner HWG § 1 Rn. 336; Meyer/Streinz/Reinhart LFGB § 2 Rn. 118; Reinhart/Reinhart KosmetikVO Art. 2 Rn. 49.

Körperform erfolgt, war irrelevant. Die Beschaffenheit der Haut selbst gehörte nicht zu den Körperformen. Daher unterlagen Mittel zur Straffung der Haut regelmäßig nicht § 2 Abs. 5 S. 2 LFGB. In der KosmetikVO gibt es keine Regelung, die mit § 2 Abs. 5 S. 2 LFGB vergleichbar ist. Gleichwohl wird man nach wie vor davon ausgehen können, dass Büstenmittel zur Straffung, Stärkung, Hebung, Vergrößerung oder Verkleinerung der weiblichen Büste keine kosmetischen Mittel sind, da sie auf die Beeinflussung physiologischer Funktionen abzielen.[29] Schlankheitsmittel zur äußerlichen Anwendung, wie Zehrcremes oder Schlankheitsbäder, dürften ebenfalls keine kosmetischen Mittel sein.[30] Cellulite-Cremes können Kosmetika sein;[31] etwas anderes gilt wohl dann, wenn sie dazu dienen, in das tieferliegende Gewebe einzugreifen, um Fettpölsterchen und Wasseransammlungen zu beseitigen.[32]

20 Unter Körpergeruch sind Ausdünstungen des menschlichen Körpers zu verstehen, die zur Geruchsbildung führen. Mittel zur Beeinflussung des Körpergeruchs sind solche zur Vermeidung, Verminderung und Überdeckung von Ausdünstungen wie Antitranspirationsmittel, Deodorants, Fußsprays, Intimsprays aber auch Mundwasser, das vorhandenen Mundgeruch überdecken soll.[33]

21 **d) Zweckbestimmung.** Wichtigstes Kriterium für die gesetzliche Definition des kosmetischen Mittels ist die **Zweckbestimmung.** Es kommt daher grundsätzlich nicht auf die Zusammensetzung oder die Eignung des Mittels an.[34] Der Grund dafür besteht darin, einen möglichst weiten Schutz der Verbraucher zu erreichen, da nur bei dieser Betrachtungsweise erreicht werden kann, dass auch solche Erzeugnisse den Schutzbestimmungen unterliegen, die bei den Verkehrskreisen den Eindruck eines kosmetischen Mittels hervorrufen. Maßgeblich ist eine objektiv-abstrakte Zweckbestimmung, also die allgemeine Verkehrsauffassung, mithin der Eindruck, den die beteiligten Verkehrskreise über die Verwendung des Erzeugnisses gewinnen.[35] Dabei spielt die Wirkungsweise einzelner Substanzen des Mittels keine Rolle; vielmehr ist die Wirkungsweise des Gesamterzeugnisses zu würdigen.[36] Die subjektiv-konkreten Vorstellungen desjenigen, der das Erzeugnis herstellt oder in den Verkehr bringt, sind irrelevant.[37] Bei der Ermittlung der Verkehrsauffassung ist auf den durchschnittlich informierten, aufmerksamen und verständigen Durchschnittsverbraucher abzustellen.[38] Die Verkehrsauffassung wird von einer Vielzahl von Faktoren bestimmt, nämlich von naturwissenschaftlichen, produktbezogenen und marktbezogenen Kriterien.[39] Maßgeblich kann insbesondere die im Verkehr übliche Verwendungspraxis eines Mittels sein. Für die Zweckbestimmung kann auch wesentlich sein, in welcher Weise das Produkt gestaltet, gekennzeichnet, beschriftet und beworben wird, wenn eine allgemeine Verwendungspraxis nicht festgestellt werden kann. Insoweit kann der Hersteller auf die festzustellende Verkehrsauffassung Einfluss nehmen.[40]

---

[29] OLG Karlsruhe ES-HWG § 1 Arzneimittel Nr. 53; Zipfel/Rathke LebensmittelR/Rathke VO (EG) Nr. 1223/2009 Art. 2 Rn. 46; Doepner/Reese/Doepner HWG § 1 Rn. 336, 345; Kleist/Albrecht/Hoffmann § 1 Rn. 38; Reinhart/Reinhart KosmetikVO Art. 2 Rn. 33.

[30] OLG Frankfurt WRP 1977, 804; OLG Nürnberg WRP 1971, 336 (337); Zipfel/Rathke LebensmittelR/Rathke VO (EG) Nr. 1223/2009 Art. 2 Rn. 46 f.; Kleist/Albrecht/Hoffmann § 1 Rn. 38; Reinhart/Reinhart KosmetikVO Art. 2 Rn. 113.

[31] Reinhart/Reinhart KosmetikVO Art. 2 Rn. 120; kritisch Doepner/Reese/Doepner HWG § 1 Rn. 336, 345.

[32] KG LRE 23, 234 (237); KG WRP 1988, 534; Zipfel/Rathke LebensmittelR/Rathke VO (EG Nr. 1223/2009 Art. 2 Rn. 47; Doepner/Reese/Doepner HWG § 1 Rn. 345; Kleist/Albrecht/Hoffmann § 1 Rn. 38a; Reinhart/Reinhart KosmetikVO Art. 2 Rn. 120.

[33] Zipfel/Rathke LebensmittelR/Rathke VO (EG) Nr. 1223/2009 Art. 2 Rn. 48; Doepner/Reese/Doepner HWG § 1 Rn. 337; Meyer/Streinz/Reinhart LFGB § 2 Rn. 120; Reinhart/Reinhart KosmetikVO Art. 2 Rn. 57.

[34] Vgl. Zipfel/Rathke LebensmittelR/Rathke VO (EG) Nr. 1223/2009 Art. 2 Rn. 8 ff.; Doepner/Reese/Doepner HWG § 1 Rn. 338 ff.; Meyer/Streinz/Reinhart LFGB § 2 Rn. 103; Bungard Pharma Recht 1981, 276; OVG Berlin Pharma Recht 1986, 108 (110).

[35] BVerwG ZLR 1998, 226 (230); Zipfel/Rathke LebensmittelR/Rathke VO (EG) Nr. 1223/2009 Art. 2 Rn. 8 ff.; Doepner/Reese/Doepner HWG § 1 Rn. 339; Forstmann ZLR 1992, 587 (591 ff.).

[36] BVerwG ZLR 1998, 226 (236).

[37] Zipfel/Rathke LebensmittelR/Rathke VO (EG) Nr. 1223/2009 Art. 2 Rn. 8; vgl. auch Doepner/Reese/Doepner HWG § 1 Rn. 338.

[38] BGH GRUR 2000, 528 (529) – L-Carnitin; BVerwG ZLR 1998, 226 (230); Meyer/Streinz/Reinhart LFGB § 2 Rn. 103; Reinhart/Reinhart KosmetikVO Art. 2 Rn. 38 f.

[39] BGH GRUR 2000, 528 (529) – L-Carnitin; BGH GRUR 1995, 419 (420) – Knoblauchkapseln; Meyer/Streinz/Reinhart § 2 Rn. 103; Reinhart/Reinhart KosmetikVO Art. 2 Rn. 39; Doepner/Reese/Doepner HWG § 1 Rn. 339; Forstmann ZLR 1992, 587 (591 ff.).

[40] BGH GRUR 2000, 528 (529) – L-Carnitin; BGH GRUR 1995, 419 (420) – Knoblauchkapseln; Doepner/Reese/Doepner HWG § 1 Rn. 341; Zipfel/Rathke LebensmittelR/Rathke VO (EG) Nr. 1223/2009 Art. 2 Rn. 9; Reinhart/Reinhart KosmetikVO Art. 2 Rn. 40.

Praxistipp:

Auf Grund der konkreten Zweckbestimmung des Herstellers kann ein Erzeugnis, das an sich ein Lebensmittel ist, zu einem kosmetischen Mittel werden. So kann ein aus Oliven hergestelltes Speiseöl zu einem kosmetischen Mittel werden, wenn es als Sonnenschutzmittel in entsprechender Aufmachung angeboten wird.[41]

2. Abgrenzung zu Arzneimitteln, Lebensmitteln, Medizinprodukten und Biozid-Produkten

Die Abgrenzung zwischen **kosmetischen Mitteln** einerseits sowie **Arzneimitteln, Lebensmitteln, Medizinprodukten** und **Biozid-Produkten** andererseits ist deshalb notwendig, da für diese Erzeugnisse jeweils andere Regelungen mit sehr unterschiedlichen Folgen gelten. 22

Praxistipp:

Zu beachten ist, dass ein Mittel immer nur kosmetisches Mittel oder Arzneimittel oder Lebensmittel sein kann. Zwischen diesen Mitteln besteht ein Ausschlussverhältnis.[42]

Abgrenzungsschwierigkeiten bestehen regelmäßig dann, wenn Stoffe oder Zubereitungen aus Stoffen sowohl kosmetischen als auch anderen, beispielsweise medizinischen Zwecken dienen können. 23

a) **Arzneimittel.** Die Definition des Arzneimittels ist in § 2 Abs. 1 AMG enthalten. Mit der 15. AMG-Novelle aus dem Jahre 2009 wurde der Gesetzestext an die europarechtlichen Vorgaben der Richtlinie 2001/83/EG in der Fassung der Richtlinie 2004/27/EG angepasst. Nach Ansicht des nationalen Gesetzgebers sollen diese Änderungen jedoch kaum Auswirkungen auf die bisherige Anwendungspraxis haben.[43] Hinsichtlich der Legaldefinition von Arzneimitteln unterscheidet § 2 Abs. 1 AMG zwischen sog. **Präsentationsarzneimitteln** (Nr. 1) und **Funktionsarzneimitteln** (Nr. 2). 24

Präsentationsarzneimittel sind Stoffe oder Zubereitungen aus Stoffen, die zur Anwendung im oder am menschlichen oder tierischen Körper bestimmt sind und als Mittel mit Eigenschaften zur Heilung oder Linderung oder zur Verhütung menschlicher oder tierischer Krankheiten oder krankhafter Beschwerden bezeichnet werden. Dieser Arzneimittelbegriff entscheidet für sich genommen aber nicht darüber, ob im konkreten Fall ein Arzneimittel gegeben ist oder nicht. Vielmehr wird der Arzneimittelbegriff gemäß § 2 Abs. 3 Nr. 2 AMG insoweit eingeschränkt, als kosmetische Mittel im Sinne des Art. 2 Abs. 1a) KosmetikVO nicht zugleich Arzneimittel sein können, und zwar auch dann nicht, wenn das in Rede stehende Mittel die Voraussetzungen einer der Definitionen des Arzneimittelbegriffs nach § 2 Abs. 1 AMG erfüllt.[44] 25

Das hat zur Folge, dass ein bestimmtes Mittel dann nicht als Arzneimittel eingestuft werden kann, wenn es an sich die Voraussetzungen des § 2 Abs. 1 AMG erfüllt, gleichzeitig aber unter den Begriff des kosmetischen Mittels im Sinne des Art. 2 Abs. 1a) KosmetikVO fällt. Für die Abgrenzung zwischen einem kosmetischen Mittel und einem (Präsentations-)Arzneimittel kommt es daher maßgeblich auf die Zweckbestimmung an, die sich aus der Sicht eines **verständigen Durchschnittverbrauchers** bestimmt.[45] Dient das Mittel aus dessen Sicht überwiegend dazu, Krankheiten etc. zu beseitigen oder zu lindern, liegt ein Arzneimittel vor. Hat das Mittel neben kosmetischen Zwecken auch arzneiliche Zwecke, stehen die kosmetischen Zwecke aber im Vordergrund, so ist ein kosmetisches Mittel gegeben.[46] Dient das Mittel neben kosmetischen Zwecken auch der **Verhütung von Krankheiten**, so ist es, anders als unter Geltung des § 4 Abs. 1 26

[41] Vgl. Meyer/Streinz/Reinhart LFGB § 2 Rn. 105; Reinhart/Reinhart KosmetikVO Art. 2 Rn. 41; Zipfel/Rathke LebensmittelR/Rathke VO (EG) Nr. 1223/2009 Art. 2 Rn. 16.

[42] BGH GRUR 2000, 528 – L-Carnitin; BVerwG ZLR 1998, 226 (231); OVG NW LRE 31, 440 (443); Doepner/Reese/Doepner HWG § 1 Rn. 323.

[43] Siehe BT-Drs. 16/12256, 41.

[44] BGH GRUR 2001, 450 (451) – Franzbranntwein-Gel; BVerwG NJW 1998, 3433 (3434).

[45] Vgl. OLG Karlsruhe GRUR-RR 2016, 166 Rn. 9; OLG Hamburg GRUR-RR 2016, 131 Rn. 74.

[46] Vgl. Kügel/Müller/Hofmann § 2 Rn. 190.

LMBG, nur dann ein kosmetisches Mittel, wenn die Zweckbestimmung der Verhütung von Krankheiten untergeordnet ist.[47] Bei einer Gleichwertigkeit von arzneilicher und kosmetischer Zweckbestimmung ist ein Arzneimittel gegeben.[48]

Praxistipp:

Derselbe Stoff kann bei unterschiedlicher Präsentation und Angabe des Anwendungsbereichs Arzneimittel oder kosmetisches Mittel sein. Die Einordnung hängt dann davon ab, wie sich der Zweck des entsprechenden Mittels auf Grund der produkt- und marktbezogenen Kriterien, wie Produktbezeichnung, Kennzeichnung, Aufmachung und Bewerbung, nach der Verkehrsauffassung ermittelt.[49]

27 So sind Franzbranntweinerzeugnisse beispielsweise unterschiedlich eingeordnet worden.[50] Eine Wundpflegecreme ist grundsätzlich ein kosmetisches Mittel; sie wird nicht dadurch zum Präsentationsarzneimittel, dass in einer Anzeige in einer Fachzeitschrift Heilwirkungen der Creme beworben werden.[51]

28 Für die rechtliche Einordnung eines Mittels ist es irrelevant, ob das Mittel für den nach der Verkehrsauffassung ermittelten Zweck tatsächlich geeignet ist. Darauf kann es deshalb nicht ankommen, da ansonsten die Vorschriften zum Schutz der Verbraucher, die insbesondere dann eingreifen müssen, wenn solche unwirksamen Mittel in den Verkehr gebracht werden, ausgehebelt werden könnten.[52]

29 **Funktionsarzneimittel** sind gem. § 2 Abs. 1 Nr. 2 AMG Stoffe oder Zubereitungen aus Stoffen, die im oder am menschlichen Körper angewendet oder einem Menschen oder einem Tier verabreicht werden können, um entweder die physiologischen Funktionen durch eine pharmakologische, immunologische oder metabolische Wirkung wiederherzustellen, zu korrigieren oder zu beeinflussen (lit. a) oder eine medizinische Diagnose zu erstellen (lit. b). Im Unterschied zum Präsentationsarzneimittel kommt es also nicht auf die Sichtweise eines Durchschnittsverbrauchers, sondern auf die objektive Wirkung des Stoffes an. Ob im Einzelfall ein Funktionsarzneimittel gegeben ist, ist anhand aller Merkmale des Erzeugnisses zu prüfen, wobei seine Zusammensetzung, seine pharmakologische, immunologische oder metabolischen Eigenschaften, wie sie sich nach dem jeweiligen Stand der Wissenschaft feststellen lassen, die Modalitäten seines Gebrauchs, der Umfang seiner Verbreitung, seine Bekanntheit bei den Verbrauchern und die Risiken, die seine Verwendung mit sich bringen kann, zu berücksichtigen sind.[53] Die pharmakologischen Eigenschaften eines Erzeugnisses sind als wesentlicher Faktor für die Beurteilung der Frage anzusehen, ob diesem die Eignung zur Beeinflussung der menschlichen physiologischen Funktionen zugesprochen werden kann.[54] Dies soll jedenfalls dann nicht der Fall sein, wenn das Erzeugnis keine nennenswerten Auswirkungen auf den Stoffwechsel des Anwenders hat.[55] Ein Mittel kann daher nur dann ein Funktionsarzneimittel sein, wenn es auf Grund seiner Zusammensetzung, einschließlich der Dosierung seiner Wirkstoffe, und bei bestimmungsgemäßen Gebrauch physiologische Funktionen des Menschen in signifikanter Weise wiederherstellen, korrigieren oder beeinflussen kann.[56] Bei der Beurteilung ist auf den normalen Gebrauch bzw. die normale Anwendungsweise des in Rede stehenden Produktes abzustellen.

[47] Meyer/Streinz/Reinhart LFGB § 2 Rn. 123; Zipfel/Rathke LebensmittelR/Rathke VO (EG) Nr. 1223/2009 Art. 2 Rn. 62.
[48] Vgl. Meyer/Streinz/Reinhart LFGB § 2 Rn. 123; Reinhart/Reinhart KosmetikVO Art. 2 Rn. 105; Kügel/Müller/Hofmann, § 2 Rn. 190.
[49] Doepner/Reese/Doepner HWG § 1 Rn. 338 ff.
[50] Das OLG Köln hat ein Franzbranntweinerzeugnis als Arzneimittel eingeordnet, GRUR 1988, 852; das OLG München hat ein Franzbranntweinprodukt als Kosmetikum angesehen MD 1998, 963 ff.
[51] OLG Karlsruhe GRUR-RR 2016, 166.
[52] Bülow ZLR 1988, 597 (608).
[53] EuGH GRUR 2009, 790 – BIOS Naturprodukte; EuGH GRUR 2009, 511 – Hecht-Pharma/Gewerbeaufsichtsamt Lüneburg; Reinhart/Reinhart KosmetikVO Art. 2 Rn. 82.
[54] EuGH GRUR 2008, 271 ff. – Knoblauch-Extrakt-Pulver-Kapsel; Reinhart/Reinhart KosmetikVO Art. 2 Rn. 84.
[55] EuGH GRUR 2009, 790 – BIOS Naturprodukte; EuGH GRUR 2009, 511 – Hecht-Pharma/Gewerbeaufsichtsamt Lüneburg; Reinhart/Reinhart KosmetikVO Art. 2 Rn. 85.
[56] EuGH GRUR 2012, 1167 – Chemische Fabrik Kreussler.

Der Vollständigkeit halber ist in diesem Zusammenhang auf die Regelung in Art. 2 Abs. 2 der Richtlinie 2001/83/EG in der Fassung der Richtlinie 2004/27/EG zur Schaffung eines Gemeinschaftskodexes für Humanarzneimittel zu verweisen, wonach in Zweifelsfällen ein Erzeugnis als Arzneimittel anzusehen ist. Mit der 15. AMG-Novelle ist auch diese Regelung nun umgesetzt worden und findet sich in § 2 Abs. 3a AMG. Diese Vorschrift führt jedoch anerkanntermaßen nicht dazu, dass ein Erzeugnis immer schon dann als Arzneimittel einzuordnen ist, wenn die Rechtslage nicht von vorneherein eindeutig ist, was zu einem Vorrang des Arzneimittelrechts führen würde. Vielmehr greift die Zweifelsregelung erst ein, wenn eine umfassende Abwägung aller Umstände des Einzelfalls durchgeführt worden ist und danach eine eindeutige Zuordnung des Erzeugnisses immer noch nicht möglich ist.[57] Die „Zweifelsregelung" dürfte in der Praxis daher kaum eine maßgebliche Rolle spielen. 30

Für die Abgrenzung von Arzneimitteln und Kosmetika ist ferner die Definition des **Krankheitsbegriffs** von Bedeutung, da es zu Abgrenzungsfragen nur kommen kann, wenn ein Mittel auch dazu bestimmt ist, Krankheiten etc. zu beseitigen, zu lindern oder zu verhüten. Eine Krankheit ist jede, auch nur geringfügige oder vorübergehende Störung der normalen Beschaffenheit oder Funktion des Körpers, die beseitigt oder gelindert werden kann. Dieser Krankheitsbegriff wird von der Rechtsprechung denkbar weit gefasst und schließt alle Beschwerden ein, die von der gesundheitlichen Norm abweichen.[58] Im Gegensatz dazu sind natürliche Erscheinungen und Veränderungen des Körpers oder normale Schwankungen seiner Funktionen, die nicht über das übliche Maß hinausgehen, nicht als Krankheit einzuordnen. Normale Beschwerden, wie altersbedingte Hauterschlaffung, Sonnenbrand, Austrocknung der Haut, Leberflecken, Muttermale, Warzen, nicht schmerzhafte Hornhaut, Hühneraugen, Pickel, Mitesser, Hautunreinheiten, brüchige Nägel, sind daher keine Krankheiten.[59] Mittel, die zur Beseitigung dieser Beschwerden dienen, sind daher keine Arzneimittel, sondern Kosmetika. 31

b) Lebensmittel. Lebensmittel sind nach der gesetzlichen Definition des Art. 2 S. 1 BasisVO 178/2002 alle Stoffe oder Erzeugnisse, die dazu bestimmt sind oder von denen nach vernünftigem Ermessen erwartet werden kann, dass sie in verarbeitetem, teilweise verarbeitetem oder unverarbeitetem Zustand von Menschen aufgenommen werden. Lebensmittel werden also verzehrt und sind daher nicht, wie kosmetische Mittel, zur äußerlichen Anwendung bestimmt. Damit ist grundsätzlich eine klare Trennung zwischen kosmetischen Mitteln und Lebensmitteln gegeben.[60] Art. 2 S. 4 BasisVO 178/2002 hält fest, dass bestimmte Erzeugnisse und so auch kosmetische Mittel keine Lebensmittel sind. Es besteht daher ein Ausschließlichkeitsverhältnis, so dass ein Erzeugnis nur entweder Lebensmittel oder kosmetisches Mittel sein kann. 32

Die Abgrenzung erfolgt wiederum über die Zweckbestimmung.[61] Abgrenzungsschwierigkeiten kann es nur bei Mitteln geben, die zur Anwendung in der Mundhöhle bestimmt sind, wegen ihres Geschmacks dem Genuss dienen und verzehrt werden sollen, aber gleichzeitig kosmetischen Zwecken dienen, zB den Mundgeruch positiv beeinflussen oder die Zähne reinigen sollen. 33

Praxistipp:

Wegen Vorrangs des Lebensmittelbegriffs kann in solchen Fällen nur von einem kosmetischen Mittel ausgegangen werden, wenn die kosmetische Zweckbestimmung überwiegt.[62]

So sind Pfefferminztabletten daher einerseits in der Regel Lebensmittel, wenn sie wegen ihres Geschmacks gekauft werden, aber gleichzeitig auch den Mundgeruch verbessern. Andererseits sind kaubare Mittel, die überwiegend der Zahn- oder Mundpflege dienen, kosmetische Mittel, 34

[57] Meyer/Streinz/Reinhart LFGB § 2 Rn. 125 f.; Reinhart/Reinhart KosmetikVO Art. 2 Rn. 97 ff.; Zipfel/Rathke LebensmittelR/Rathke VO (EG) Nr. 1223/2009 Art. 2 Rn. 52 ff.; kritisch Doepner/Reese/Doepner HWG § 1 Rn. 344.

[58] BVerwGE 7, 172; BVerwGE 37, 209; BGHZ 23, 184, 190 ff.; Kleist/Albrecht/Hoffmann § 1 Rn. 30.

[59] Vgl. Doepner/Reese/Doepner HWG § 1 Rn. 234 ff. mit einem ausführlichen Beispielskatalog; Meyer/Streinz/Reinhart LFGB § 2 Rn. 131 ff.; Reinhart/Reinhart KosmetikVO Art. 2 Rn. 115 ff.

[60] Doepner/Reese/Doepner HWG § 1 Rn. 324; Zipfel/Rathke LebensmittelR/Rathke VO (EG) Nr. 1223/2009 Art. 2 Rn. 69 ff.; OLG Stuttgart LRE 33, 352 (359).

[61] Reinhart/Reinhart KosmetikVO Art. 2 Rn. 175 ff.

[62] Doepner/Reese/Doepner HWG § 1 Rn. 328; Zipfel/Rathke LebensmittelR/Rathke VO (EG) Nr. 1223/2009 Art. 2 Rn. 69.

auch wenn sie gemäß ihrer Nebenbestimmung mit Genuss gekaut werden oder sogar geschluckt werden.[63]

35 **c) Medizinprodukte.** Art. 1 Abs. 6e) VO (EU) 2017/745 (Medizinprodukte-VO)[64] besagt, dass die Medizinprodukte-VO nicht für kosmetische Mittel gilt. Ein Erzeugnis kann daher entweder ein Medizinprodukt oder ein kosmetisches Mittel sein, so dass ein Ausschließlichkeitsverhältnis besteht.[65] Die Begriffsbestimmung des Medizinproduktes findet sich in Art 2 Ziffer 1. Medizinprodukte-VO. Es geht um Erzeugnisse, die dazu bestimmt sind, Krankheiten zu erkennen, zu verhüten, zu überwachen, zu behandeln oder zu lindern. Wenn diese Zweckbestimmung bei einem Erzeugnis überwiegt oder zumindest gleichwertig neben kosmetischen Zwecken vorhanden ist, ist schon deshalb kein kosmetisches Mittel gegeben.[66] Darüber hinaus müssen auch die übrigen Tatbestandsmerkmale des Art. 2 Abs. 1a) KosmetikVO gegeben sein, um ein Erzeugnis als kosmetisches Mittel einordnen zu können. Medizinprodukte können im oder am menschlichen Körper angewendet werden, kosmetische Mittel beschränken sich auf eine äußerliche Anwendung.[67] Davon ausgehend sind Zahnbleichmittel, anders als Zahnweißer, nicht als kosmetische Mittel, sondern als Medizinprodukte angesehen worden, da die Wirkung der Anwendung dieser Mittel nicht äußerlich, sondern im Zahn selbst erfolgt.[68]

36 **d) Biozid-Produkte.** Art. 2 Abs. 2 VO (EU) Nr. 528/2012 (Biozid-Verordnung) regelt, dass Produkte, die kosmetische Mittel sind, keine Biozid-Produkte sein können. Die Abgrenzung ist deshalb von Bedeutung, da Biozid-Produkte anders als kosmetische Mittel zulassungs- bzw. genehmigungspflichtig sind. Biozid-Produkte sind dazu bestimmt, Schadorganismen zu zerstören, abzuschrecken, unschädlich zu machen, ihre Wirkung zu verhindern oder sie in anderer Weise zu bekämpfen; es geht also um Stoffe, die dazu dienen, auf oder gegen Schadorganismen zu wirken. Für die Abgrenzung zu einem kosmetischen Mittel kommt es auch hier maßgeblich auf die Zweckbestimmung des Mittels an. Eine Abgrenzung ist erforderlich, wenn neben kosmetischen Zwecken auch eine sekundäre Zweckbestimmung eines Mittels gegeben ist, wie beispielsweise bei Anti-Schuppenshampoo, Insektenschutzmitteln, Mundspülungen, Seifen mit desinfizierender Wirkung oder antibakterieller Zahnpasta. Von einem kosmetischen Mittel kann nur dann ausgegangen werden, wenn der kosmetische Zweck des Produktes überwiegt. Ob das der Fall ist, beurteilt sich aus der Sicht der durchschnittlich informierten, aufmerksamen und verständigen Durchschnittsbetrachter. Es hat eine Einzelfallbetrachtung unter Berücksichtigung aller Merkmale des Erzeugnisses zu erfolgen.[69]

III. Materielles Recht

37 In der KosmetikVO wird im Einzelnen geregelt, was beim Umgang mit kosmetischen Mitteln zu beachten ist. Nach den Begriffsbestimmungen im ersten Kapitel (Art. 1, 2) finden sich im zweiten Kapitel (Art. 3–9) Bestimmungen über die Sicherheit, Verantwortung und den freien Warenverkehr in Bezug auf kosmetische Mittel. Das dritte Kapitel (Art. 10–13) befasst sich mit der Sicherheitsbewertung. Im vierten Kapitel (Art. 14–17) ist festgehalten, welche Stoffe in kosmetischen Mitteln nicht enthalten sein dürfen. Das fünfte Kapitel (Art. 18) befasst sich mit Tierversuchen. Im sechsten Kapitel (Art. 19–21) geht es um die Informationen für die Verbraucher. Die letzten Kapitel befassen sich mit den Eingriffsmöglichkeiten der zuständigen Behörden.

---

[63] VG Wiesbaden LRE 29, 400 (403 f.); Zipfel/Rathke LebensmittelR/Rathke VO (EG) Nr. 1223/2009 Art. 2 Rn. 70.

[64] Die EU hatte den rechtlichen Rahmen für Medizinprodukte in der Europäischen Union, wie im Kosmetikbereich, zunächst durch Richtlinien vorgegeben. Mit der Verordnung (EU) 2017/745 des Europäischen Parlaments und des Rates vom 5. April 2017 über Medizinprodukte hat der europäische Gesetzgeber, wie schon zuvor für die kosmetischen Erzeugnisse, eine einheitliche rechtliche Grundlage geschaffen, die unmittelbar in der ganzen Europäischen Union gilt. Der deutsche Gesetzgeber hat daher die materiell-rechtlichen Vorschriften, die bisher im Gesetz über Medizinprodukte (MPG) enthalten waren, aufgehoben. Die maßgeblichen Vorschriften finden sich nunmehr in der Medizinprodukte-Verordnung.

[65] Vgl. OVG Nordrhein-Westfalen ZLR 2004, 208; Meyer/Streinz/Reinhart LFGB § 2 Rn. 144; Reinhart/Reinhart KosmetikVO Art. 2 Rn. 137.

[66] Meyer/Streinz/Reinhart LFGB § 2 Rn. 144; Reinhart/Reinhart KosmetikVO Art. 2 Rn. 137 ff.

[67] → Rn. 13.

[68] OVG Nordrhein-Westfalen ZLR 2004, 208; kritisch zu dieser Entscheidung Meyer/Streinz/Reinhart LFGB § 2 Rn. 151.

[69] Vgl. Reinhart/Reinhart KosmetikVO Art. 2 Rn. 192 ff.

1. Sicherheitsanforderungen an kosmetische Mittel

a) Allgemeine Regelung: Art. 3 KosmetikVO schreibt vor, dass die auf dem Markt bereitgestellten kosmetischen Mittel bei normaler oder vernünftigerweise vorhersehbarer Verwendung für die menschliche Gesundheit sicher sein müssen. Die Regelung knüpft an das Bereitstellen an, das in Art. 2 Abs. 1g) KosmetikVO als jede entgeltliche oder unentgeltliche Abgabe eines kosmetischen Mittels zum Vertrieb, Verbrauch oder zur Verwendung auf dem Gemeinschaftsmarkt im Rahmen einer gewerblichen Tätigkeit definiert ist. 38

Die Regelung in Art. 3 KosmetikVO stimmt inhaltlich im Wesentlichen mit der alten Regelung des § 26 LFGB überein, wobei sich jedoch eine gewisse Verschärfung im Vergleich zur bisherigen Rechtslage ergeben hat. Während es nach § 26 LFGB verboten war, Stoffe als kosmetische Mittel in den Verkehr zu bringen, die bei bestimmungsgemäßem Gebrauch geeignet sind, die Gesundheit zu schädigen, ist Art. 3 KosmetikVO umkehrt formuliert. Demnach müssen die auf dem Markt bereitgestellten kosmetischen Mittel bei normaler oder vernünftigerweise vorhersehbarer Verwendung sicher sein. Dies bedeutet im Ergebnis eine Umkehr der Beweislast.[70] Nicht die Eignung zur Gesundheitsschädigung muss im Zweifel bewiesen werden, sondern der Hersteller muss die Sicherheit seines Produkts darlegen und gegebenenfalls beweisen. 39

Die in Art. 3 KosmetikVO verlangte Sicherheit der kosmetischen Mittel muss bezogen auf die menschliche Gesundheit nicht uneingeschränkt gegeben sein, sondern nur bei einer Verwendung, die normal oder vernünftiger Weise vorhersehbar ist. Unter Verwendung ist jeder Gebrauch des kosmetischen Mittels zu verstehen unabhängig davon, ob er zu kosmetischen oder anderen Zwecken erfolgt. Bei der Beurteilung, was als normale oder vernünftigerweise vorhersehbare Verwendung anzusehen ist, sind nach dem Gesetz bestimmte Aspekte zu berücksichtigen wie die Aufmachung, die Kennzeichnung, die Gebrauchs- und Entsorgungsanweisungen sowie alle sonstigen Angaben oder Informationen seitens der verantwortlichen Person. Diese Auflistung der Kriterien ist nicht abschließend, was durch die Verwendung des Wortes „insbesondere" zum Ausdruck kommt.[71] 40

Praxistipp:
Der Hersteller kann durch klar verständliche Hinweise den normalen Gebrauch und damit den Tatbestand des Art. 3 KosmetikVO einschränken, indem er deutliche Warnhinweise bezüglich bestimmter Anwendungsbereiche wie beispielsweise „Nicht in die Augen sprühen" gibt.

Vorhersehbar ist jeder Gebrauch, der erfahrungsgemäß so häufig vorkommt, dass mit ihm gerechnet werden muss.[72] Auch muss mit ähnlichen Arten von Anwendungen gerechnet werden, also zB, dass ein Haarwaschmittel auch zur Reinigung anderer Körperstellen verwendet wird.[73] 41

Praxistipp:
Auch unvernünftiges Handeln des Verbrauchers kann vorhersehbar sein. So kann man nicht davon ausgehen, dass Gebrauchsanleitungen gelesen werden. Daher müssen Warnungen klar und deutlich auf der Verpackung und dem Produkt selbst stehen.

Eine Schädigung der Gesundheit ist gegeben, wenn eine vorübergehende Beeinträchtigung der Gesundheit wie zB Übelkeit, Haarausfall oder eine allergische Reaktion vorliegt. Es muss also kein krankhafter Zustand gegeben sein.[74] Da schon die Eignung zur Schädigung tatbestandlich 42

[70] Bruggmann LMuR 2010, 141 (142); Pfeiffer/Meyer, Kapitel 1.3; vgl. auch Reinhart/Reinhart KosmetikVO Art. 3 Rn. 11.
[71] Reinhart/Reinhart KosmetikVO Art. 3 Rn. 16; Zipfel/Rathke LebensmittelR/Rathke VO (EG) Nr. 1223/2009 Art. 3 Rn. 13 ff.
[72] BayObLG LRE 4, 309 (310); Reinhart/Reinhart KosmetikVO Art. 3 Rn. 13; Zipfel/Rathke LebensmittelR/Rathke VO (EG) Nr. 1223/2009 Art. 3 Rn. 26.
[73] Reinhart/Reinhart KosmetikVO Art. 3 Rn. 13.
[74] Reinhart/Reinhart KosmetikVO Art. 3 Rn. 10.

ist, muss die Schädigung nicht eingetreten sein.[75] Vielmehr genügt die Möglichkeit einer Gesundheitsbeschädigung, die dann zu bejahen ist, wenn sich die Gefahr von Gesundheitsschädigungen nicht ausschließen lässt. Ein Verdacht der Eignung einer Gesundheitsschädigung reicht jedoch nicht aus.[76]

43 **b) Art. 14 KosmetikVO.** Die Regelung des Art. 14 KosmetikVO knüpft ausdrücklich an Art. 3 KosmetikVO an. Sie schreibt vor, dass bestimmte Stoffe in kosmetischen Mitteln nicht enthalten sein dürfen. Es wird jeweils Bezug genommen auf Stoffe, die in Listen, die in den Anhängen II bis VI zur KosmetikVO wiedergegeben sind, genannt sind. Zu beachten ist, dass die Begriffsbestimmungen zu den Anhängen II bis VI in einer Präambel zusammengefasst sind, die den Anhängen vorangestellt ist. Der Gesetzgeber will durch die Definitionen sicherstellen, dass stoffliche Regelungen nicht unterschiedlich interpretiert werden. Die Regelungen dienen der Sicherheit und sind dazu bestimmt, die menschliche Gesundheit zu schützen.

44 Art. 14 Abs. 1a) KosmetikVO befasst sich mit den verbotenen Stoffen. Es geht um die Stoffe, die im Anhang II genannt sind. Sie dürfen in kosmetischen Mitteln nicht enthalten sein. Damit ist ein Unterschied zu der bisher in Deutschland geltenden Regelung des § 1 KosmetikV (aF) gegeben, wonach es verboten war, beim gewerbsmäßigen Herstellen oder Behandeln von kosmetischen Mitteln die Stoffe zu verwenden, die in der Anlage 1 zur KosmetikV (aF) aufgeführt waren. Art. 14 Abs. 1 KosmetikVO knüpft nicht an ein Tätigwerden des Herstellers an, also ob er einen bestimmten Stoff für das kosmetische Mittel verwendet, sondern stellt nur darauf ab, ob der verbotene Stoff im kosmetischen Mittel enthalten ist. Das kann eine Rolle spielen, wenn der verbotene Stoff natürlicher Bestandteil eines nicht verbotenen Stoffes ist.[77] Dann darf das kosmetische Mittel auch den an sich nicht verbotenen Stoff nicht enthalten. Bei einigen Stoffen, die im Anhang II ausdrücklich genannt sind, gibt es insoweit aber Ausnahmen.

45 Ergänzend ist in diesem Zusammenhang auf Art. 17 KosmetikVO zu verweisen. Danach wird die unbeabsichtigte Anwesenheit kleiner Mengen einer verbotenen Substanz, die sich aus Verunreinigungen natürlicher oder synthetischer Bestandteile, dem Herstellungsprozess, der Lagerung, der Migration aus der Verpackung ergibt und die bei guter Herstellungspraxis technisch nicht zu vermeiden ist, erlaubt. Das gilt aber nur, wenn die Sicherheit des kosmetischen Mittels gem. Art. 3 KosmetikVO nicht in Frage steht.

46 Art. 14 Abs. 1b) KosmetikVO regelt die Verwendung eingeschränkt zugelassener Stoffe. Diese Stoffe dürfen nur mit den Beschränkungen verwendet werden, wie sie in Anhang III zur KosmetikVO ausdrücklich genannt sind. Dort werden für die einzelnen Stoffe jeweils ganz bestimmte Ver- bzw. Anwendungsgebiete, teilweise Höchstmengen und weitere Einschränkungen vorgegeben. Bei einigen Stoffen sind in der Spalte „Anwendungsbedingungen und Warnhinweise" Formulierungen vorgegeben, die bei der Kennzeichnung des Erzeugnisses gem. Art. 19 KosmetikVO anzugeben sind. Werden diese Vorgaben nicht beachtet, so dürfen diese Stoffe in einem kosmetischen Mittel nicht enthalten sein.

47 In Art. 14 Abs. 1c) KosmetikVO sind die Regelungen über die Verwendung von Farbstoffen für kosmetische Mittel enthalten. Es heißt, dass in kosmetischen Mitteln nur die Farbstoffe enthalten sein dürfen, die im Anhang IV aufgeführt sind. Zusätzlich sind die dort genannten Bedingungen zu beachten. Eine Ausnahme gilt für Haarfärbemittel, die der gesonderten Regelung des Art. 14 Abs. 2 KosmetikVO unterliegen.

48 Art. 14 Abs. 1d) KosmetikVO regelt die Verwendung von Konservierungsstoffen für kosmetische Mittel. Danach dürfen kosmetische Mittel nur solche Konservierungsstoffe enthalten, die im Anhang V genannt sind und für die dort genannten Bedingungen verwendet werden. Ergänzend ist zu bemerken, dass der Begriff „Konservierungsstoffe" in Art. 2 Abs. 1l) KosmetikVO definiert ist. Danach sind Konservierungsstoffe solche Stoffe, die in kosmetischen Mitteln ausschließlich oder überwiegend die Entwicklung von Mikroorganismen hemmen sollen. Sind in einem kosmetischen Mittel Stoffe enthalten, die lediglich eine untergeordnete konservierende Wirkung haben, gilt für diese die Regelung des Art. 14. Abs. 1d) KosmetikVO nicht, da sie dann keine Konservierungsstoffe im Sinn der KosmetikVO sind.

[75] RGSt 74, 26 (28); OLG Hamm BB 1958, 1279; Zipfel/Rathke LebensmittelR/Rathke VO (EG) Nr. 1223/2009 Art. 3 Rn. 4 ff.; Reinhart/Reinhart KosmetikVO Art. 3 Rn. 9.

[76] RGSt 74, 26 (28); Zipfel/Rathke LebensmittelR/Rathke VO (EG) Nr. 1223/2009 Art. 3 Rn. 4; Reinhart/Reinhart KosmetikVO Art. 3 Rn. 9.

[77] Reinhart/Reinhart KosmetikVO Art. 14 Rn. 16.

49 Art. 14 Abs. 1e) KosmetikVO enthält Regelungen über die Verwendung von UV-Filtern in kosmetischen Mitteln. In kosmetischen Mitteln dürfen nur die UV-Filter enthalten sein, die im Anhang VI genannt sind und zwar zur Verwendung unter den Bedingungen, wie sie dort genannt sind.

50 c) **Verbot gem. Art. 15 KosmetikVO.** Die Absätze 1 und 2 des Art. 15 KosmetikVO betreffen die Verwendung sog. CMR-Stoffe (cancerogen, mutagen, reproduktionstoxisch). Nach Art. 15 Abs. 1 KosmetikVO ist die Verwendung von Stoffen, die als CMR-Stoffe der Kategorie 2 eingestuft sind, verboten. Die entsprechenden Einstufungen finden sich in Teil 3 des Anhangs VI der KosmetikVO.

51 Eine Verwendung dieser Stoffe ist ausnahmsweise dann zulässig, wenn sie vom SCCS[78] bewertet und für sicher befunden wurden. Gem. Art. 15 Abs. 2 KosmetikVO ist ferner die Verwendung solcher Stoffe verboten, die als CMR-Stoffe der Kategorie 1A oder 1B eingestuft sind. Die hierfür geltenden Ausnahmen sind enger als die vorgenannten Ausnahmen zu Kategorie 2. Neben der Freigabe durch das SCCS dürfen gem. Art. 15 Abs. 2b) KosmetikVO keine geeigneten Alternativstoffe existieren. Ferner ist für eine besondere Kennzeichnung Sorge zu tragen, um den Missbrauch des kosmetischen Mittels zu verhindern.

52 d) **Art. 18 KosmetikVO.** Art. 18 KosmetikVO befasst sich mit Tierversuchen in Bezug auf kosmetische Mittel. Die Vorschrift stellt das Ende einer gesetzlichen Entwicklung dar. Erstmals gab es im Oktober 2004 in der KosmetikV (aF) ein Verbot zum Inverkehrbringen von kosmetischen Erzeugnissen, die auf Tierversuchen beruhten. Das Verbot galt zunächst nicht uneingeschränkt. Vielmehr griff das Verbot für bestimmte Zeiträume nur ein, wenn keine alternativen Methoden vorgesehen waren. In einer ersten Stufe kam es auf alternative Methoden an, die in der Richtlinie 67/548/EWG genannt sind. Gab es keine alternativen Methoden, durften bis zum 11.3.2009 kosmetische Mittel auch dann noch in den Verkehr gebracht werden, wenn sie im Tierversuch überprüft worden sind. In einer zweiten Phase durften im Tierversuch überprüfte kosmetische Mittel nur dann in den Verkehr gebracht werden, wenn sich der Tierversuch auf die Kriterien Toxizität bei wiederholter Verabreichung, Reproduktionstoxizität oder Toxikokinetik beschränkte und wenn für diese Tierversuche keine alternativen Methoden geprüft worden sind. Dieser zweite Zeitraum endete am 11.3.2013. Heute, also in der dritten Phase, gilt das Verbot von Tierversuchen für kosmetische Mittel ohne Einschränkungen.

53 Art. 18 Abs. 1a) KosmetikVO verbietet das Inverkehrbringen von kosmetischen Mitteln, deren endgültige Zusammensetzung zur Einhaltung der Bestimmungen der KosmetikVO durch Tierversuche bestimmt worden ist, wobei eine andere als eine alternative Methode angewandt wurde, nachdem eine solche alternative Methode unter gebührender Berücksichtigung der Entwicklung der Validierung innerhalb der OECD auf Gemeinschaftsebene validiert und angenommen wurde. In Art. 18 Abs. 3a) KosmetikVO ist der Begriff des „kosmetischen Fertigerzeugnisses" definiert; es handelt sich um das kosmetische Mittel in seiner endgültigen Zusammensetzung, in der es in den Verkehr gebracht und dem Verbraucher zugänglich gemacht wird. Tierversuche dürfen somit mit dem kosmetischen Mittel, wie es auf den Markt gebracht werden soll, nicht durchgeführt werden, um festzustellen, ob die Bestimmungen der KosmetikVO eingehalten werden. Das Verbot erstreckt sich nicht auf Tierversuche, die dazu bestimmt sind, zu überprüfen, dass andere nicht-kosmetikrechtliche Bestimmungen eingehalten werden. Art. 18 Abs. 1b) KosmetikVO untersagt das Inverkehrbringen von kosmetischen Mitteln, deren Bestandteile oder Kombinationen von Bestandteilen zur Einhaltung der Bestimmungen der KosmetikVO durch Tierversuche bestimmt worden sind. Bestandteile im Sinn dieser Regelung sind die Stoffe und Gemische, die absichtlich im Prozess der Herstellung des kosmetischen Mittels verwendet werden.[79] Das Verbot ist nach der Rechtsprechung des EuGH weit auszulegen. So kann das Inverkehrbringen eines Mittels in der Europäischen Union auch dann verboten werden, wenn die Tierversuche außerhalb der Union durchgeführt wurden, um das Mittel in Drittländern vermarkten zu können, und das Ergebnis dieser Versuche verwendet wird, um die Sicherheit des Mittels auf dem Unionsmarkt nachzuweisen.[80] Art. 18 Abs. 1c) KosmetikVO untersagt die Durchführung von Tierversuchen mit kosmetischen Fertigerzeugnissen zur Einhaltung der Bestimmungen der KosmetikVO; Art. 18 Abs. 1d) KosmetikVO enthält ein entsprechendes Verbot in Bezug auf die Durchführung von

[78] Scientific Committee on Consumer Safety (SCCS) der Europäischen Kommission; weitere Informationen abrufbar unter http://ec.europa.eu/health/scientific_committees/consumersafety/indexen.htm.
[79] Reinhart/Reinhart KosmetikVO Art. 18 Rn. 32.
[80] EuGH 21.9.2016 C-592/14 Rn. 45.

Tierversuchen mit Bestandteilen oder Kombinationen von Bestandteilen kosmetischer Mittel. Der Begriff der Durchführung umfasst nicht nur Handlungen, die der Hersteller oder seine Zulieferer selbst vornehmen, sondern auch die Beauftragung dritter Einrichtungen, wie Forschungs- oder Hochschuleinrichtungen, durch den Hersteller.[81]

2. Verantwortlichkeit

54 Die Kosmetik-Richtlinie sah eine ganze Reihe von Verpflichtungen vor, die unterschiedliche Personen betrafen. Die Verantwortlichkeiten waren unübersichtlich geregelt. Der Gesetzgeber hat sich dazu entschieden, den Begriff der verantwortlichen Person zentral festzulegen, um die Verantwortlichkeiten eindeutig zu regeln.[82] Er hat daher den Begriff der „verantwortlichen Person" in Art. 4 KosmetikVO geschaffen, um jedes kosmetische Mittel einer in der Gemeinschaft niedergelassenen verantwortlichen Person zuzuordnen. Gemäß Art. 4 Abs. 2 KosmetikVO hat die **„verantwortliche Person"** die Einhaltung der sich aus der KosmetikVO ergebenden Verpflichtungen zu gewährleisten. Verantwortliche Person in diesem Sinne ist gem. Art. 4 Abs. 3 KosmetikVO grundsätzlich der Hersteller, soweit er innerhalb der Gemeinschaft ansässig ist. Ein Hersteller, der seinen Sitz außerhalb der Gemeinschaft hat, kann nicht verantwortliche Person sein. Für ein importiertes kosmetisches Mittel ist gemäß Art. 4 Abs. 5 KosmetikVO jedenfalls der Importeur die verantwortliche Person. Der Hersteller und auch der Importeur kann durch schriftliche Vereinbarung (Mandat) eine andere, in der Gemeinschaft ansässige Person als verantwortliche Person benennen, die das Mandat schriftlich annimmt.

55 Ferner normiert die KosmetikVO in den Artt. 6 und 7 ausdrücklich diverse Sorgfaltspflichten für Händler von kosmetischen Produkten. So muss ein Händler etwa vor der Bereitstellung des kosmetischen Mittels prüfen, ob die Produkte den Kennzeichnungsanforderungen und Sprachanforderungen (Art. 19) genügen und ob das Mindesthaltbarkeitsdatum abgelaufen ist. Ferner muss ein Händler auf Anforderung der Behörden auch noch nach maximal drei Jahren diejenigen Personen benennen können, von denen er bestimmte kosmetische Mittel bezogen hat.

3. Sicherheitsbewertung, Produktinformationsdatei, Notifizierung

56 a) **Art. 10 KosmetikVO Sicherheitsbewertung.** Durch die Regelung des Art. 10 KosmetikVO soll erreicht werden, dass die Sicherheit eines kosmetischen Mittels, das in den Verkehr gebracht worden ist, auch tatsächlich belegt werden kann. Art. 10 KosmetikVO schreibt daher eine ganze Reihe von Verpflichtungen vor, damit die Sicherheit von kosmetischen Mitteln bewertet werden kann. Vergleichbare Regelungen waren zuvor in § 5b Abs. 1 Nr. 4 KosmetikV (aF) enthalten. Die in Art. 10 KosmetikVO vorgesehenen Verpflichtungen gehen über die alten Regelungen hinaus.[83] Die verantwortliche Person muss sicherstellen, dass das kosmetische Mittel eine Sicherheitsbewertung durchläuft und ein Sicherheitsbericht für das kosmetische Mittel gemäß den Vorgaben, wie sie sich aus dem Anhang I ergeben, erstellt worden ist. Gemäß Art. 10 Abs. 2 KosmetikVO muss eine fachlich qualifizierte Person die Sicherheitsbewertung vornehmen. Der Sicherheitsbewerter muss über ein Diplom oder einen Hochschulabschluss aus den Studiengängen Pharmazie, Toxikologie, Medizin oder eines ähnlichen Faches bzw. eines von einem Mitgliedstaat als gleichwertig anerkannten Studiengangs verfügen. Der EuGH hat entschieden, dass nach dieser Vorschrift nicht nur Studiengänge in Drittstaaten, sondern auch Studiengänge in dem Mitgliedstaat selbst anerkannt werden können, wenn gewährleistet ist, dass die mit der Aufgabe betraute Person über hinreichende Qualifikationen verfügt, und so das Gesundheitsschutzniveau gewährleisten kann.[84]

57 b) **Art. 11 KosmetikVO Produktinformationsdatei.** Neben der Durchführung einer Sicherheitsbewertung verlangt Art. 11 KosmetikVO das Anlegen einer **Produktinformationsdatei.** Diese Datei, deren notwendiger Inhalt sich aus Art. 11 Abs. 2 KosmetikVO ergibt, muss über einen Zeitraum von zehn Jahren nach Inverkehrbringen der letzten Charge den Behörden unter der auf dem Etikett angegebenen Adresse in elektronischem oder anderem Format leicht zugänglich sein (vgl. Art. 11 Abs. 3 KosmetikVO). Durch diese Verpflichtung soll eine effektive und effiziente Marktüberwachung durch die zuständigen Behörden gewährleistet werden. Die Produktinforma-

[81] Reinhart/Reinhart KosmetikVO Art. 18 Rn. 36.
[82] Reinhart/Reinhart KosmetikVO Art. 4 Rn. 6 ff.
[83] Vgl. Bruggmann LMuR 2010, 141 (143); Pfeiffer/Meyer Kapitel 1.3; Reinhart/Reinhart KosmetikVO Art. 10 Rn. 9 ff.
[84] EuGH Urteil vom 12.4.2018 C-13/17 Rn. 43 und Rn. 51.

tionsdatei muss zu folgenden Aspekten Angaben enthalten, die gegebenenfalls aktualisiert werden müssen: a) Beschreibung des kosmetischen Mittels, die eine eindeutige Zuordnung ermöglicht, b) Sicherheitsbericht (Art. 10), c) Beschreibung der Herstellungsmethode und eine Erklärung zur Einhaltung der guten Herstellungspraxis (Art. 8), d) Wirkungsnachweise des kosmetischen Mittels, e) Daten über Tierversuche. Die Angaben müssen gem. Art. 11 Abs. 3 KosmetikVO in einer für die zuständigen Behörden des Mitgliedstaats leicht verständlichen Sprache verfügbar sein. Zuständig sind die Behörden des Mitgliedstaates, in dem sich die Anschrift befindet, die auf dem Etikett des kosmetischen Mittels angegeben ist. Abzustellen ist auf das Verständnis der Behörden, da die Unterlagen für diese bestimmt sind. Ob die englische Sprache in diesem Sinne in Deutschland leicht verständlich ist,[85] dürfte er zu verneinen sein,[86] da es auf das Verständnis der Mitarbeiter der zuständigen Behörde ankommt. Die Produktinformationsdatei ist in vollständiger Form nur den zuständigen Behörden zugänglich zu machen.[87] Dritten steht insoweit grundsätzlich kein Einsichtsrecht zu, da regelmäßig geschützte Informationen und Geschäftsgeheimnisse der verantwortlichen Person betroffen sind. Informationen über das kosmetische Mittel muss die verantwortliche Person nur unter den Voraussetzungen des Art. 21 KosmetikVO der Öffentlichkeit zugänglich machen.

c) **Art. 13 KosmetikVO Notifizierung.** Gemäß Art. 13 KosmetikVO muss die verantwortliche Person vor dem Inverkehrbringen des kosmetischen Mittels der Kommission bestimmte Angaben notifizieren. Nach der Definition des Art. 2 Abs. 1h) KosmetikVO kommt es insoweit auf das erstmalige Bereitstellen des kosmetischen Mittels auf dem Gemeinschaftsmarkt an. Die Kommission hat für kosmetische Mittel das Cosmetic Products Notification Portal (CPNP) eingerichtet. Dort sollen alle in der Gemeinschaft vertriebenen kosmetischen Mittel einheitlich und zentral zusammengefasst werden, um bei Schwierigkeiten eine schnelle und angemessene medizinische Behandlung zu ermöglichen.[88] Welche Angaben im Einzelnen zu machen sind, ergibt sich aus Art. 13 Abs. 1 KosmetikVO. Zu betonen ist, dass von Seiten der Kommission keine inhaltliche Prüfung der Angaben erfolgt und mit der Notifizierung auch keine Zulassung verbunden ist; es handelt sich lediglich um eine Anzeige bzw. Mitteilung von Informationen.[89] Eine weitere Anzeige oder Information auf nationaler Grundlage, wie sie früher in § 5d KosmetikV (aF) vorgesehen war, ist nicht mehr erforderlich. 58

4. Art. 19 KosmetikVO Kennzeichnung

Art. 19 KosmetikVO hält ausdrücklich fest, dass kosmetische Mittel nur dann auf dem Markt bereitgestellt werden dürfen, wenn sie bestimmte Angaben tragen. Die entsprechenden Kennzeichnungspflichten waren bisher an unterschiedlichen Stellen in der KosmetikV (aF) geregelt. Die heutigen Regelungen stimmen inhaltlich weitgehend mit den alten Regelungen überein. Bei den Kennzeichnungsvorschriften handelt es sich um Bestimmungen, die im Interesse der Verbraucher dazu bestimmt sind, das Marktverhalten zu regeln, so dass Verstöße gegen diese Vorschriften über § 3a UWG verfolgt werden können.[90] 59

Die vorgeschriebenen Angaben müssen grundsätzlich auf den Behältnissen und den Verpackungen der kosmetischen Mittel angebracht werden; es besteht also grundsätzlich die Verpflichtung zur doppelten Kennzeichnung. Unter einer **Verpackung** ist die Gesamtheit der Packmittel zu verstehen, mit denen ein Füllgut umhüllt ist.[91] Der Begriff der Verpackung umfasst daher auch Behältnisse, die als Verpackungen in einer bestimmten Form angesehen werden, die während der Verwendung des Füllgutes weitgehend auch beibehalten werden. Behältnisse sind in der Regel aus festem oder stabilem Material, also Gläser, Dosen, Töpfe, Krüge, Tuben etc.[92] Ist nur ein Behältnis vorhanden, so ist die Angabe nur auf dem Behältnis anzubringen.[93] 60

[85] So Reinhart/Reinhart KosmetikVO Art. 11 Rn. 36.
[86] So auch Zipfel/Rathke LebensmittelR/Rathke VO (EG) Nr. 1223/2009 Art. 11 Rn. 18.
[87] Reinhart/Reinhart KosmetikVO Art. 11 Rn. 34 ff.
[88] Reinhart/Reinhart KosmetikVO Art. 13 Rn. 15.
[89] Reinhart/Reinhart KosmetikVO Art. 13 Rn. 14; Zipfel/Rathke LebensmittelR/Rathke VO (EG) Nr. 1223/2009 Art. 13 Rn. 3.
[90] Vgl. zur alten Rechtslage, BGH GRUR 1994, 642 – Chargennummer; BGH GRUR 1989, 673 – Zahnpasta; OLG Frankfurt GRUR 1991, 231; OLG Köln NJW-WettbR 1997, 267. Das gilt auch für die entsprechenden Bestimmungen der KosmetikVO.
[91] Reinhart/Natterer Art. 19 Rn. 11 f.; Zipfel/Rathke LebensmittelR/Rathke VO (EG) Nr. 1223/2009 Art. 19 Rn. 90.
[92] Reinhart/Natterer Art. 19 Rn. 11; Zipfel/Rathke LebensmittelR/Rathke VO (EG) Nr. 1223/2009 Art. 19 Rn. 91.
[93] Reinhart/Natterer Art. 19 Rn. 10; Zipfel/Rathke LebensmittelR/Rathke VO (EG) Nr. 1223/2009 Art. 19 Rn. 4.

Die Verpackungen und Behältnisse, die zu kennzeichnen sind, müssen vor Abgabe an den Verbraucher verschlossen sein.[94]

61 Die Angaben nach Art. 19 KosmetikVO sind unverwischbar, leicht lesbar und deutlich sichtbar anzubringen. Unverwischbar ist eine Angabe, wenn sie bei normaler Nutzung der Verpackung bzw. des Behältnisses bis zur Leerung durch den Verbraucher leserlich bleibt.[95] Daher muss eine Schrift beispielsweise gegen Feuchtigkeit resistent sein, wenn ein Behältnis mit einem Kosmetikum üblicherweise in Feuchträumen genutzt wird.[96] Für die Beurteilung der leichten Lesbarkeit und der deutlichen Sichtbarkeit kommt es auf die Größe, die Anordnung, die Farbe und den Hintergrund der Schrift an. Die Angaben brauchen zwar nicht an einer ins Auge fallenden Stelle angebracht sein.[97] Die Anbringung an einer versteckten Stelle, die üblicherweise nicht angeschaut wird, reicht jedoch nicht aus.[98]

62 **a) Name und Anschrift der verantwortlichen Person Art. 19 Abs. 1a) KosmetikVO.** Gemäß Art. 19 Abs. 1a) KosmetikVO sind der Name und die Anschrift der verantwortlichen Person des kosmetischen Mittels anzugeben. Die Angaben dürfen abgekürzt werden, wenn das Unternehmen aus der Abkürzung allgemein erkennbar bleibt.[99] Werden mehrere Anschriften angegeben, so ist die Anschrift der verantwortlichen Person hervorzuheben, bei der die Produktinformationsdatei leicht zugänglich gemacht wird. Für kosmetische Mittel, die importiert werden, muss das Ursprungsland angegeben werden. Eine Verpflichtung, die Angaben zur verantwortlichen Person mit dem ausdrücklichen Hinweis „Verantwortliche Person" zu kennzeichnen, besteht nicht.[100]

63 **b) Nenninhalt Art. 19 Abs. 1b) KosmetikVO.** Gemäß Art. 19 Abs. 1b) KosmetikVO muss der Nenninhalt zur Zeit der Abfüllung als Gewichts- oder Volumenangabe angegeben werden. Eine solche Regelung war bisher in der KosmetikV (aF) nicht enthalten.[101] Es galten die Regelungen der Fertigpackungsverordnung einheitlich für alle Produktkategorien und so auch für kosmetische Mittel. Eine Ausnahme gilt für Packungen, die weniger als 5g oder weniger als 5 ml enthalten, sowie für Gratisproben und Einmalpackungen.

64 **c) Mindesthaltbarkeitsdatum Art. 19 Abs. 1c) KosmetikVO.** Art. 19 Abs. 1c) KosmetikVO schreibt vor, dass das Mindesthalbbarkeitsdatum anzugeben ist. Als Mindesthaltbarkeitsdatum ist das Datum definiert, bis zu dem das Erzeugnis bei sachgemäßer Aufbewahrung seine ursprüngliche Funktion erfüllt und insbesondere mit Artikel 3 KosmetikVO vereinbar ist. Die Definition knüpft demnach grundsätzlich an die Wirkungen des kosmetischen Erzeugnisses an.[102] Es ist aber auch dann nicht mehr als haltbar anzusehen, wenn es zwar noch seine Wirkungen erzielt, aber sich in seine Substanzen zersetzt hat oder übel riecht.[103] Die Haltbarkeit ist schließlich auch dann nicht mehr gegeben, wenn das Erzeugnis nach Ablauf einer bestimmten Zeit zu Gesundheitsgefährdungen führen kann.[104] Vor dem Datum selbst oder dem Hinweis auf die Stelle, an der es auf der Verpackung angegeben ist, sind das Symbol, das im Anhang VII Nr. 3 genannt ist, oder die Wörter: „Mindestens haltbar bis" anzubringen.[105] Das Mindesthaltbarkeitsdatum setzt sich aus der Angabe von Monat und Jahr oder Tag, Monat und Jahr in dieser Reihenfolge zusammen. Zusätzliche Hinweise sind notwendig, wenn die angegebene Mindesthaltbarkeit nur bei Einhaltung bestimmter Aufbewahrungsbedingungen gewährleistet ist.[106]

65 Wenn ein kosmetisches Mittel eine Mindesthaltbarkeit von mehr als 30 Monaten hat, ist gem. Art. 19 Abs. 1c) KosmetikVO kein Mindesthaltbarkeitsdatum anzugeben, sondern anzugeben, wie lange das Mittel nach dem Öffnen sicher ist und ohne Schaden für den Verbraucher verwendet werden kann. Die Verwendungsdauer endet damit in jedem Fall, bevor eine Gefährdung der

[94] Zipfel/Rathke LebensmittelR/Rathke VO (EG) Nr. 1223/2009 Art. 19 Rn. 92; aA Reinhart/Natterer Art. 19 Rn. 11.
[95] Zipfel/Rathke LebensmittelR/Rathke VO (EG) Nr. 1223/2009 Art. 19 Rn. 107.
[96] Dazu OLG Köln LRE 14, 315 (317); Reinhart/Natterer Art. 19 Rn. 13; Zipfel/Rathke LebensmittelR/Rathke VO (EG) Nr. 1223/2009 Art. 19 Rn. 107.
[97] Reinhart/Natterer Art. 19 Rn. 15; Zipfel/Rathke LebensmittelR/Rathke VO (EG) Nr. 1223/2009 Art. 19 Rn. 108.
[98] OLG Düsseldorf LRE 26, 215 (217 ff.); Reinhart/Natterer Art. 19 Rn. 15; Zipfel/Rathke LebensmittelR/Rathke VO (EG) Nr. 1223/2009 Art. 19 Rn. 108.
[99] Dazu BGH GRUR 1994, 456 – Presciptives; Reinhart/Natterer Art. 19 Rn. 16; Zipfel/Rathke LebensmittelR/Rathke VO (EG) Nr. 1223/2009 Art. 19 Rn. 13.
[100] OGH (Österreich) GRUR Int. 2016, 1048 (1050).
[101] Reinhart/Natterer Art. 19 Rn. 21 ff.
[102] Zipfel/Rathke LebensmittelR/Rathke VO (EG) Nr. 1223/2009 Art. 19 Rn. 27.
[103] Zipfel/Rathke LebensmittelR/Rathke VO (EG) Nr. 1223/2009 Art. 19 Rn. 29.
[104] Reinhart/Natterer Art. 19 Rn. 24; Zipfel/Rathke LebensmittelR/Rathke VO (EG) Nr. 1223/2009 Art. 19 Rn. 30.
[105] Zipfel/Rathke LebensmittelR/Rathke VO (EG) Nr. 1223/2009 Art. 19 Rn. 46 ff.
[106] Zipfel/Rathke LebensmittelR/Rathke VO (EG) Nr. 1223/2009 Art. 19 Rn. 38 ff.

Gesundheit zu erwarten ist.[107] Es muss auch nicht eine Schädigung der Gesundheit eintreten können, vielmehr genügt es, wenn eine Beeinträchtigung der Gesundheit entstehen kann. Die Verwendungsdauer ist durch das im Anhang VII unter Nr. 2 abgebildete Symbol anzugeben und zwar ergänzt um den entsprechenden Monats- bzw. Jahreszeitraum.

d) Besondere Vorsichtsmaßnahmen Art. 19 Abs. 1d) KosmetikVO. Gemäß Art. 19 Abs. 1d) KosmetikVO sind Vorsichtsmaßnahmen für den Gebrauch des kosmetischen Mittels anzugeben. So finden sich insbesondere in den Anhängen III bis VI Warnhinweise zu einzelnen Stoffen, auf die hingewiesen werden muss. Die Verpflichtung zur Angabe solcher Vorsichtsmaßnahmen ist allerdings nicht beschränkt auf die dort genannten Warnhinweise; vielmehr sind die Angaben „mindestens" zu machen. Bezüglich welcher kosmetischen Mittel darüber hinaus Warnhinweise erforderlich sind und wie diese Warnhinweise inhaltlich zu formulieren sind wird nicht näher festgelegt. Daher muss dies von der verantwortlichen Person selbst bestimmt werden.[108] 66

e) Chargennummer Art. 19 Abs. 1e) KosmetikVO. Gemäß Art. 19 Abs. 1e) KosmetikVO ist die Chargennummer bzw. ein Zeichen, das eine Identifizierung der Herstellung ermöglicht, anzugeben. Durch die anzugebende **Chargennummer** bzw. das Kennzeichen muss der Herstellungsposten, das heißt der Zeitpunkt der Herstellung und die Zusammensetzung des kosmetischen Mittels, identifiziert werden können. Das bedeutet, dass sich die Identifizierung des Herstellungspostens nicht aus der Chargen-Nummer selbst ergeben muss; vielmehr reicht es aus, dass eine eindeutige Identifizierung anhand betriebsinterner Aufzeichnungen des Herstellers möglich ist.[109] Gleichwohl sind die Chargen-Nummern so anzugeben, dass sie für die Endverbraucher gut lesbar sind. Durch die Angaben der Chargen-Nummern sollen unter anderem auch Rückrufaktionen ermöglicht werden. Das setzt voraus, dass die Chargen-Nummer oder das entsprechende Kennzeichen so angebracht sind, dass der Verbraucher sie lesen kann.[110] 67

Grundsätzlich ist die Chargennummer sowohl auf der Verpackung als auch auf dem Behältnis anzubringen, es muss also doppelt gekennzeichnet werden. Ist die Angabe wegen der geringen Abmessungen des kosmetischen Mittel praktisch unmöglich, so muss die Chargennummer gemäß Art. 19 Abs. 1e) KosmetikVO nur einmal – und zwar auf der Verpackung – angebracht werden. Zu betonen ist, dass die Ausnahme nur für die „praktische Unmöglichkeit" gilt, praktische Schwierigkeiten, wie sie in § 4 Abs. 2 KosmetikV (aF) genannt waren, also nicht ausreichen.[111] 68

f) Verwendungszweck Art. 19 Abs. 1f) KosmetikVO. Gemäß Art. 19 Abs. 1f) KosmetikVO ist der Verwendungszweck des kosmetischen Mittels anzugeben, wenn sich dieser nicht aus der Aufmachung des Produktes ergibt. Mit dem Verwendungszweck ist eine generelle Information über den Anwendungsbereich des kosmetischen Mittels gemeint. Die Aufmachung bezeichnet das gesamte äußere Erscheinungsbild des Erzeugnisses, wozu nicht nur die Beschriftung, sondern auch bildliche Darstellungen gehören. Daher kann sich der Verwendungszweck auch aus einer Abbildung auf der Verpackung des Produktes ergeben.[112] Die Angabe des Verwendungszwecks muss stets auf dem Behältnis und der Verpackung eines kosmetischen Mittels angegeben werden; sie muss den Verbraucher in die Lage versetzen, das Mittel sicher anzuwenden, so dass sie nicht auf eine bloße Angabe zu den mit dem Gebrauch des Mittels verfolgten Zweck im Sinne des Art. 2 Abs. 1a) KosmetikVO beschränkt werden darf.[113] 69

g) Liste der Bestandteile Art. 19 Abs. 1g) KosmetikVO. Gemäß Art. 19 Abs. 1g) KosmetikVO ist die Liste der Bestandteile anzugeben; die Angabe ist nur auf der Verpackung erforderlich. Der Liste ist die Überschrift „Ingredients" voranzustellen. Die Bestandteile sind in abnehmender Reihenfolge ihres Gewichtes anzugeben. Allein maßgeblich ist dabei das Gewicht im Zeitpunkt der Herstellung des kosmetischen Mittels. Das ist der Zeitpunkt, zu dem das Erzeugnis seine wesentlichen Bestandteile erhält.[114] Bestandteile mit einem Gehalt bis zu einem Prozent dürfen in 70

[107] Reinhart/Natterer Art. 19 Rn. 25; Zipfel/Rathke LebensmittelR/Rathke VO (EG) Nr. 1223/2009 Art. 19 Rn. 48 ff.

[108] Vgl. Reinhart/Natterer Art. 19 Rn. 34; Zipfel/Rathke LebensmittelR/Rathke VO (EG) Nr. 1223/2009 Art. 19 Rn. 59 ff.

[109] OLG Stuttgart LRE 28, 90; OLG Köln NJWE-WettbR 1997, 267; Reinhart/Natterer Art. 19 Rn. 35 f.; Zipfel/Rathke LebensmittelR/Rathke VO (EG) Nr. 1223/2009 Art. 19 Rn. 67; aA KG ZLR 1987, 648 (649).

[110] So zutreffend Reinhart/Natterer Art. 19 Rn. 37; Zipfel/Rathke LebensmittelR/Rathke VO (EG) Nr. 1223/2009 Art. 19 Rn. 68.

[111] Reinhart/Natterer Art. 19 Rn. 38.

[112] Reinhart/Natterer Art. 19 Rn. 39; Zipfel/Rathke LebensmittelR/Rathke VO (EG) Nr. 1223/2009 Art. 19 Rn. 72.

[113] Vgl. EuGH Urteil vom 17. Dezember 2020 – C 66/19, PharmaR 2021, 130 ff.

[114] Reinhart/Natterer Art. 19 Rn. 41 ff.; Zipfel/Rathke LebensmittelR/Rathke VO (EG) Nr. 1223/2009 Art. 19 Rn. 86.

ungeordneter Reihenfolge angegeben werden. Entsprechendes gilt für Farbstoffe, die mit Ausnahme von solchen, die zum Färben von Haaren bestimmt sind, ebenfalls in beliebiger Reihenfolge angegeben werden dürfen, jedoch erst nach der Angabe der übrigen Bestandteile.

71 Bezüglich der Bezeichnung der einzelnen Bestandteile gilt Folgendes: Für Farbstoffe muss die CI (Colour Index)-Nomenklatur verwendet werden. Riech- oder Aromastoffe sowie ihre Ausgangsstoffe sind mit der Angabe „Parfum“ oder „Aroma“ zu kennzeichnen. Einzelne Riech- und Aromastoffe, die im Anhang III aufgeführt sind, sind anzugeben, wenn sie zu bestimmten Prozentsätzen in kosmetischen Mitteln vorhanden sind. Die sonstigen Bestandteile müssen gem. Art. 19 Abs. 6 KosmetikVO mit den Bezeichnungen benannt werden, die in dem Glossar der gemeinsamen Bezeichnungen von Bestandteilen zur Verwendung bei der Kennzeichnung kosmetischer Mittel genannt sind. Die Kommission hat mit ihrem Beschluss 2019/701 vom 5.4.2019 das entsprechende Glossar festgelegt.[115]

72 **h) Ausnahmeregelung des Art. 19 Abs. 2 KosmetikVO.** Art. 19 Abs. 2 KosmetikVO sieht Erleichterungen bezüglich der Angaben zu den besonderen Vorsichtsmaßnahmen und der Liste der Bestandteile vor, wenn es aus praktischen Gründen nicht möglich ist, die Angaben auf dem Etikett zu kennzeichnen. Die Angaben müssen dann auf einem dem kosmetischen Mittel beigepackten oder an ihm befestigten Zettel, Etikett, Papierstreifen, Anhänger oder Kärtchen aufgeführt werden. Der Verbraucher muss darauf jedoch durch einen verkürzten Hinweis oder durch das Symbol, das im Anhang VII Nr. 1 dargestellt ist, hingewiesen werden. Wenn es um die Kennzeichnung der Vorsichtsmaßnahmen geht, muss das Symbol sowohl auf dem Behältnis als auch auf der Verpackung angebracht werden, wohingegen bei der Kennzeichnung bezüglich der Liste der Bestandteile das Symbol nur auf der Verpackung angebracht werden muss.[116] Zu den praktischen Gründen im Sinne dieser Vorschrift gehört in jedem Fall auch die geringe Größe des Behältnisses oder der Verpackung.[117] Wenn allerdings auf der Verpackung freiwillige Angaben gemacht werden, insbesondere werbliche Hinweise erfolgen, und deshalb kein Platz mehr für die Kennzeichnungen besteht, die aufzubringen sind, liegt kein praktischer Grund im Sinne des Art. 19 Abs. 2 KosmetikVO vor.[118] Die Ausnahmeregelung des Art. 19 Abs. 2 KosmetikVO ist eng auszulegen und bezieht sich auf Fälle, in denen es schon aufgrund der Art und der Aufmachung des kosmetischen Mittels faktisch unmöglich ist, bestimmte Angaben erscheinen zu lassen.[119] Allein die Absicht des Herstellers, die Verkehrsfähigkeit des Kosmetikmittels innerhalb der Gemeinschaft zu erleichtern, reicht für sich nicht aus, um eine unvollständige Angabe der Warnhinweise zu rechtfertigen.[120] Als externer Träger für die Angaben können nur Etiketten, Papierstreifen, Anhänger oder Kärtchen dienen; Angaben, die nur in einem Firmenkatalog erfolgen, reichen nicht aus.[121]

73 **i) Kleinartikel.** Art. 19 Abs. 3 KosmetikVO sieht eine weitere Ausnahmeregelung für Kleinartikel, wie Seifen, Badeperlen etc., vor. In der Regel sind diese so klein, dass an ihnen auch kein Etikett oder Anhänger befestigt werden kann. In diesem Fall ist es zulässig, die Liste der Bestandteile auf einem Schild in unmittelbarer Nähe des Behältnisses, in dem das kosmetische Mittel angeboten wird, anzubringen.

74 **j) Nicht vorverpackte kosmetische Mittel Art 19 Abs. 4 KosmetikVO.** Bei kosmetischen Mitteln, die nicht vorverpackt sind bzw. die erst in der Verkaufsstelle auf Wunsch des Käufers verpackt werden, können die Angaben, wie sie sich aus Art. 19 Abs. 1 KosmetikVO ergeben, nicht angebracht werden. Für diese gilt die Regelung des Art. 19 Abs. 1 KosmetikVO daher nicht. In Art. 19 Abs. 4 KosmetikVO ist vorgesehen, dass die Mitgliedstaaten die Vorschriften erlassen, aufgrund derer die Angaben zu machen sind. Der deutsche Gesetzgeber hat in § 5 Abs. 1 KosmetikV (2014) die entsprechende Regelung erlassen. Danach dürfen solche kosmetischen Mittel, die nicht vorverpackt sind und die auf Wunsch des Käufers an den Verkaufsstellen verpackt werden, nur dann auf dem Markt bereitgestellt werden, wenn die in Art. 19 Abs. 1 KosmetikVO genannten Angaben auf einem dem kosmetischen Mittel beigepackten oder an ihm befes-

[115] Veröffentlicht im Amtsblatt L 121 vom 8. Mai 2019, S. 1–370.

[116] Zipfel/Rathke LebensmittelR/Rathke VO (EG) Nr. 1223/2009 Art. 19 Rn. 98.

[117] EuGH Urt. v. 13.9.2001, C-169/99 Erwägungsgrund 34; Reinhart/Natterer Art. 19 Rn. 49.

[118] Zipfel/Rathke LebensmittelR/Rathke VO (EG) Nr. 1223/2009 Art. 19 Rn. 94.

[119] So ausdrücklich EuGH Urteil vom 13.9.2001, C-169/99 Rn. 32 f.; EuGH Urteil vom 17.12.2020, C-667/19 – Rn. 45.

[120] Vgl. EuGH 13.9.2001, C-169/99 Rn. 35 ff.

[121] EuGH 17.12.2020 C-667/19 Rn. 49.

tigten Etikett, Papierstreifen, Anhänger oder Kärtchen aufgeführt sind. In § 5 Abs. 2 KosmetikV ist ergänzt, dass die Liste der Bestandteile auf einem Schild in unmittelbarer Nähe des kosmetischen Mittels oder des Behältnisses, in dem das kosmetische Mittel zum Verkauf angeboten wird, anzubringen ist, wenn aus praktischen Gründen eine Kennzeichnung nach § 5 Abs. 1 KosmetikV nicht möglich ist. Praktische Gründe sind nach dem Wortlaut des Gesetzes die geringe Größe oder die Form des kosmetischen Mittels.

k) Sprache der Angaben. Art. 19 Abs. 5 KosmetikVO überlässt es den Mitgliedstaaten, in denen das kosmetische Mittel bereitgestellt wird, festzulegen, in welcher Sprache die Angaben gem. Art. 19 Abs. 1b), c), d) und f) und gem. den Absätzen 2, 3 und 4 abzufassen sind. In Deutschland findet sich die maßgebliche Regelung in § 4 KosmetikV. Danach müssen die entsprechenden Angaben in deutscher Sprache bereitgestellt werden. 75

5. Werbeaussagen Art. 20 KosmetikVO

Art. 20 KosmetikVO befasst sich mit Werbeaussagen bezogen auf kosmetische Mittel. 76

a) Täuschungsverbot. Gemäß Art. 20 Abs. 1 KosmetikVO dürfen bei der Kennzeichnung, Bereitstellung auf dem Markt und der Werbung für kosmetische Mittel keine Texte, Bezeichnungen, Warenzeichen, Abbildungen und andere bildhafte oder nicht bildhafte Zeichen verwendet werden, die Merkmale oder Funktionen vortäuschen, die die betreffenden Erzeugnisse nicht besitzen. Diese Regelung stimmt inhaltlich im Wesentlichen mit der Regelung aus der EG-Kosmetik-Richtlinie überein, die in Deutschland in § 27 LFGB umgesetzt und vom Bundesgerichtshof richtlinienkonform ausgelegt worden ist.[122] In der Sache geht es um ein Verbot der Irreführung. Die Bestimmung des Art. 20 Abs. 1 KosmetikVO stellt eine Marktverhaltensregelung im Sinne des § 3a UWG dar.[123] 77

Die Regelung des Art. 20 Abs. 1 KosmetikVO knüpft ausdrücklich an die Kennzeichnung, die Bereitstellung und die Werbung an. Damit wird deutlich, dass auch im Rahmen der Pflichtangaben und der Etikettierung der kosmetischen Mittel eine Irreführung in Betracht kommen kann.[124] Gegenstand der Beurteilung sind Texte, Bezeichnungen, Warenzeichen, Abbildungen und andere bildhafte oder nicht bildhafte Zeichen. Die Auflistung ist bewusst weit gefasst, um alle Erscheinungsformen einer Irreführung im Zusammenhang mit kosmetischen Mitteln erfassen zu können.[125] Die in Rede stehenden Angaben müssen sich auf Merkmale oder Funktionen der kosmetischen Mittel beziehen. Der Begriff „Funktionen" umfasst die Verwendungszwecke des kosmetischen Mittels, wobei nicht nur der Hauptzweck, sondern auch Nebenzwecke des kosmetischen Mittels erfasst werden.[126] Der Begriff „Merkmale" geht darüber hinaus und erfasst im Grunde genommen jeden Aspekt, der für die Kaufentscheidung nicht ganz unmaßgeblich ist;[127] so können die Herstellungsart, die Zusammensetzung, die Herkunft des kosmetischen Mittels und seiner Bestandteile sowie die Sicherheit Merkmale in diesem Sinne sein. Gemäß Art. 20 Abs. 1 KosmetikVO ist es verboten, Merkmale oder Funktionen vorzutäuschen, die das kosmetische Mittel nicht besitzt. Es kommt also darauf an, ob die in Rede stehende Angabe einen Eindruck vermittelt, der von der Wirklichkeit abweicht. Für die Beurteilung, welchen Eindruck eine Angabe vermittelt, kommt es auf die Sicht des durchschnittlich informierten, aufmerksamen und verständigen Durchschnittsverbrauchers an. Der Tatbestand ist bereits erfüllt, wenn die Angabe geeignet ist, eine Täuschung herbeizuführen; es muss nicht zu einer Täuschung kommen.[128] 78

b) Darlegungs- und Beweislast. Nach Art. 20 Abs. 1 KosmetikVO liegt die Darlegungs- und Beweislast dafür, dass einem kosmetischen Mittel Merkmale oder Funktionen fehlen, über die es nach seiner Aufmachung oder nach der dafür betriebenen Werbung verfügen soll, grundsätzlich 79

[122] Vgl. dazu BGH GRUR 2010, 359 (360) – Vorbeugen mit Coffein!; BGH GRUR 2016, 418 – Feuchtigkeitsspendendes Gel-Reservoir.

[123] BGH GRUR 2016, 418 Rn. 11 – Feuchtigkeitsspendendes Gel-Reservoir.

[124] Vgl. Reinhart/Reinhart KosmetikVO Art. 20 Rn. 20; Zipfel/Rathke LebensmittelR/Rathke VO (EG) Nr. 1223/2009 Art. 20 Rn. 54.

[125] Zipfel/Rathke LebensmittelR/Rathke VO (EG) Nr. 1223/2009 Art. 20 Rn. 60 ff.

[126] Reinhart/Reinhart KosmetikVO Art. 20 Rn. 24; Zipfel/Rathke LebensmittelR/Rathke VO (EG) Nr. 1223/2009 Art. 20 Rn. 49 ff.

[127] Reinhart/Reinhart KosmetikVO Art. 20 Rn. 24; Zipfel/Rathke LebensmittelR/Rathke VO (EG) Nr. 1223/2009 Art. 20 Rn. 35 ff.

[128] Reinhart/Reinhart KosmetikVO Art. 20 Rn. 25; Zipfel/Rathke LebensmittelR/Rathke VO (EG) Nr. 1223/2009 Art. 20 Rn. 6.

bei demjenigen, der dies geltend macht.[129] Etwas anderes gilt, wenn der Durchschnittsverbraucher, der von der Werbung angesprochen wird, die Werbung dahingehend versteht, dass die Wirksamkeit des kosmetischen Mittels abgesichert ist. In diesem Fall trifft den Werbenden die Darlegungs- und Beweislast.[130]

80 **c) Verordnung (EU) Nr. 655/2013.** In Art. 20 Abs. 2 KosmetikVO ist vorgesehen, dass die Kommission in Zusammenarbeit mit den Mitgliedstaaten einen Aktionsplan zu verwendeten Werbeaussagen erstellt und die Prioritäten für die Festlegung gemeinsamer Kriterien, die die Verwendung einer Werbeaussage rechtfertigen, bestimmt. Gestützt auf diese Vorschrift hat die Kommission die Verordnung (EU) Nr. 655/2013 zur Festlegung gemeinsamer Kriterien zur Begründung von Werbeaussagen im Zusammenhang mit kosmetischen Mitteln erlassen. Die Verordnung gilt gemäß Art. 1 für Werbeaussagen in Form von Texten, Bezeichnungen, Marken, Abbildungen und anderen bildhaften oder nicht bildhaften Zeichen, die sich explizit oder implizit auf Merkmale oder Funktionen eines Produkts beziehen und die bei der Kennzeichnung, bei der Bereitstellung auf dem Markt und in der Werbung für kosmetische Mittel eingesetzt werden. Sie gilt für alle Werbeaussagen, unabhängig davon, welches Medium oder Marketinginstrument genutzt wird, welche Funktionen des Produkts Gegenstand der Aussagen sind und welche Zielgruppe angesprochen wird. Art. 2 der Verordnung schreibt vor, dass die verantwortliche Person dafür zu sorgen hat, dass Formulierungen von Werbeaussagen in Bezug auf kosmetische Mittel die gemeinsamen Kriterien in Anhang I erfüllen und mit der Dokumentation zum Nachweis der für das kosmetische Mittel angepriesenen Wirkung in Einklang stehen, die Teil der Produktinformationsdatei gemäß Art. 11 KosmetikVO ist. Im Anhang sind die gemeinsamen Kriterien in sechs Gruppen eingeteilt. Kriterien sind die Einhaltung von Rechtsvorschriften (Nr. 1), die Wahrheitstreue (Nr. 2), die Belegbarkeit (Nr. 3), die Redlichkeit (Nr. 4), die Lauterkeit (Nr. 5) und die fundierte Entscheidungsfindung (Nr. 6). Die zu den einzelnen Unterpunkten gegebenen Kriterien liegen auf der Linie, die die Gerichte bereits in der Vergangenheit im Rahmen des § 27 LFGB angewendet haben. Es ergeben sich insoweit keine maßgeblichen Besonderheiten. Bemerkenswert ist lediglich, dass in Nr. 3 Kriterien für die Belegbarkeit von Werbeaussagen genannt sind. Danach müssen Werbeaussagen über kosmetische Mittel durch hinreichende und überprüfbare Nachweise belegt werden, die den Stand der Technik berücksichtigen, und müssen als Nachweis herangezogene Studien für das Produkt und den behaupteten Nutzen relevant sein, auf einwandfrei entwickelten und angewandten Methoden basieren und ethischen Erwägungen Rechnung tragen. Ferner muss die Beweiskraft der Nachweise bzw. Belege mit der Art der getätigten Werbeaussage in Einklang stehen. Aus diesen Kriterien ergibt sich, dass der Werbende in der Lage sein muss, die Richtigkeit seiner Behauptungen zu belegen. Daher liegt unter Anwendung dieser Kriterien die Darlegungs- und Beweislast dafür, dass die verwendeten Werbeaussagen zutreffend sind, beim Werbenden.[131] Das bedeutet allerdings nicht, dass der Werbende Werbeaussagen nur verwenden darf, wenn diese als wissenschaftlich gesichert anzusehen sind.[132] Erfahrungsberichte, die der Hersteller bei Anwendern des kosmetischen Mittels abfragt, genügen allerdings diesen Vorgaben nicht.[133] Abschließend sei in diesem Zusammenhang auf den fünften Unterpunkt zu Nr. 3 der Verordnung Nr. 655/2013 verwiesen. Danach müssen eindeutig übertriebene Behauptungen, die vom durchschnittlichen Endverbraucher nicht wörtlich genommen werden (Hyperbel), und Behauptungen abstrakter Natur nicht belegt werden.[134]

81 **d) Werbung bezogen auf Tierversuche.** Gemäß Art. 20 Abs. 3 KosmetikVO ist die verantwortliche Person berechtigt, auf der Verpackung des Erzeugnisses und auf jedem dem kosmetischen Mittel beigefügten oder sich darauf beziehenden Schriftstück, Schild, Etikett, Ring oder Verschluss darauf hinzuweisen, dass keine Tierversuche durchgeführt worden sind, sofern der Hersteller und seine Zulieferer keine Tierversuche für das kosmetische Fertigerzeugnis oder dessen Prototyp oder Bestandteile davon durchgeführt oder in Auftrag gegeben haben, noch Bestandteile verwendet haben, die in Tierversuchen zum Zweck der Entwicklung neuer kosmetischer Mittel durch Dritte geprüft wurden. Die Bestimmung entspricht der alten Regelung des § 5 Abs. 4

[129] BGH GRUR 2016, 418 Rn. 16 – Feuchtigkeitsspendendes Gel-Reservoir; Reinhart/Natterer Art 20 Rn. 27.

[130] BGH GRUR 2016, 418 Rn. 16 – Feuchtigkeitsspendendes Gel-Reservoir; Reinhart/Natterer Art 20 Rn. 29; Bruggmann, LMuR 2010, 141 (145).

[131] BGH GRUR 2016, 418 Rn. 17 – Feuchtigkeitsspendendes Gel-Reservoir; Reinhart/Natterer Art 20 Rn. 27.

[132] BGH GRUR 2016, 418 Rn. 19 – Feuchtigkeitsspendendes Gel-Reservoir; Reinhart/Natterer Art 20 Rn. 30.

[133] LG München GRUR-RS 2020, 34007 Rn. 32.

[134] Die Aussage: „Dieses Parfum verleiht Flügel" ist als eine solche Aussage einzustufen.

KosmetikV (aF), die auf der EG-Kosmetik-Richtlinie beruhte.[135] Nach dieser Vorschrift ist die verantwortliche Person nicht zu einer solchen Angabe verpflichtet, sondern berechtigt, darauf hinzuweisen, dass keine Tierversuche durchgeführt worden sind, wenn denn die genannten Vorgaben gegeben sind. Nimmt eine verantwortliche Person eine entsprechende Kennzeichnung vor, ohne dass die Voraussetzungen des Art. 20 Abs. 3 KosmetikVO erfüllt sind, ergibt sich aus der Vorschrift selbst keine Sanktion. Vielmehr ist dann auf das Täuschungsverbot des Art. 20 Abs. 1 KosmetikVO zurückzugreifen, da der angesprochene Verkehr bei einer Kennzeichnung gem. Art. 20 Abs. 3 KosmetikVO davon ausgeht, dass die Voraussetzungen dieser Bestimmung erfüllt sind. Ist das nicht der Fall, liegt regelmäßig eine Täuschung vor.

6. Sonstige gesetzliche Bestimmungen

a) Heilmittelwerbegesetz. Das **Heilmittelwerbegesetz** (HWG) ist grundsätzlich auf Kosmetikerzeugnisse anwendbar. So gilt dieses Gesetz gem. § 1 Abs. 1 Nr. 2 HWG in Bezug auf die Werbung für so genannte „andere Mittel“, soweit sich die Werbeaussage auf die Erkennung, Beseitigung oder Linderung von Krankheiten, Leiden, Körperschäden oder krankhaften Beschwerden bei Mensch oder Tier bezieht. Andere Mittel im Sinne dieser Vorschrift sind nach der ausdrücklichen gesetzlichen Definition des § 1 Abs. 2 HWG **kosmetische Mittel**, wie sie in Art. 2 Abs. 1a) KosmetikVO definiert sind. Zu betonen ist, dass in § 1 Abs. 1 Nr. 2 HWG das Verhüten von Krankheiten nicht erwähnt wird. Daher fallen Werbeaussagen für ein kosmetisches Mittel, die sich auf die Verhütung von Krankheiten beziehen, anders als bei Arzneimitteln, die in jeder Hinsicht dem HWG unterliegen, nicht in den Anwendungsbereich des HWG.[136] 82

Praxistipp:

Bei der Bewerbung von kosmetischen Mitteln ist zu beachten, dass Hinweise auf die Eignung zur Verhütung von Krankheiten das Erzeugnis aus objektiver Sicht als Arzneimittel erscheinen lassen können. Sie wären dann nur mit einer entsprechenden Arzneimittelzulassung verkehrsfähig. Deshalb ist insoweit Vorsicht geboten.

Die einzelnen Tatbestände des HWG gelten für kosmetische Mittel nur dann, wenn sie als andere Mittel in den Tatbestandsvoraussetzungen genannt sind oder sich dies aus dem Sinn und Zweck der Vorschrift ergibt.[137] Das Irreführungsverbot des § 3 HWG mit seiner Generalklausel in Satz 1 und seinem Katalog von Einzeltatbeständen in Satz 2, bei denen eine Irreführung immer als gegeben angesehen wird, gilt einschränkungslos auch für die anderen Mittel im Sinne des § 1 Abs. 1 Nr. 2 HWG und damit für kosmetische Mittel, für die entsprechende Werbeaussagen getätigt werden. Die Vorschriften über die Pflichtangaben (§ 4 HWG) und über die Werbung in Packungsbeilagen (§ 4a HWG) gelten nicht für andere Mittel, sondern nur für Arzneimittel, und damit nicht für kosmetische Mittel. Die Bestimmung über die Werbung mit Gutachten in § 6 HWG sowie das Verbot der Werbegaben gem. § 7 HWG sind auf die Werbung bezüglich anderer Mittel anwendbar. Schließlich sind für kosmetische Mittel, die andere Mittel im Sinne des § 1 Abs. 1 Nr. 2 HWG sind, die Verbote des § 11 HWG sowie des § 12 Abs. 2 HWG zu beachten. Daher darf für solche kosmetische Mittel außerhalb der Fachkreise weder mit den Werbemitteln, die in dem Verbotskatalog des § 11 HWG ausdrücklich genannt sind, noch mit Aussagen, die sich auf die Erkennung, Beseitigung oder Linderung der in der Anlage zu § 12 HWG genannten Krankheiten beziehen, geworben werden. 83

b) Chemikaliengesetz. Das Gesetz zum Schutz vor gefährlichen Stoffen (**Chemikaliengesetz**) findet ebenfalls grundsätzlich auf Kosmetikerzeugnisse Anwendung. Gem. § 2 Abs. 1 Nr. 1 ChemG gelten bestimmte Vorschriften allerdings nicht für kosmetische Mittel im Sinne des Art. 2 Abs. 1a) KosmetikVO. Früher galt eine Vielzahl der Bestimmungen der **Gefahrstoffverordnung** nicht für kosmetische Mittel. Das trifft heute nicht mehr zu. Gem. § 1 Abs. 2 Nr. 1 GefStoffV gilt diese Verordnung für gefährliche Stoffe und Gemische. Das können auch kosmetische Mittel sein. 84

[135] Reinhart/Natterer Art. 19 Rn. 39 ff.

[136] Doepner/Reese/Doepner HWG § 1 Rn. 388, die aber zu Recht darauf hinweisen, dass die Abgrenzung, ob ein Mittel nur der Verhütung bzw. Vorbeugung dient, in der Praxis schwierig sein kann.

[137] Doepner/Reese/Doepner HWG § 1 Rn. 381.

§ 1 Abs. 2 S. 2 GefStoffV hält lediglich fest, dass der zweite Abschnitt der Gefahrstoffverordnung nicht für Lebensmittel und Futtermittel in Form von Fertigerzeugnissen, die für den Endverbrauch bestimmt sind, gilt. Eine entsprechende Ausnahme ist für kosmetische Mittel nicht vorgesehen. Wenn kosmetische Mittel die Tatbestandsvoraussetzungen des § 3a ChemG erfüllen, so gelten für sie auch die Regelungen der GefStoffV.

85 c) **Wasch- und Reinigungsmittelgesetz.** Das Gesetz über die Umweltverträglichkeit von Wasch- und Reinigungsmitteln (**Wasch- und Reinigungsmittelgesetz** – WRMG) ist grundsätzlich auch auf kosmetische Mittel anzuwenden. Als Wasch- und Reinigungsmittel im Sinne dieses Gesetzes gelten gem. § 2 Abs. 1 S. 2 Nr. 1 WRMG auch tensidhaltige, zur Reinigung bestimmte kosmetische Mittel im Sinne des Art. 2 Abs. 1a) KosmetikVO, die erfahrungsgemäß nach Gebrauch in Gewässer gelangen können, und gem. § 2 Abs. 1 S. 2 Nr. 2 WRMG von Satz 1 nicht erfasste Produkte, die bestimmungsgemäß den Reinigungsprozess unterstützen und erfahrungsgemäß nach Gebrauch in Gewässer gelangen können. Das können auch kosmetische Mittel sein, die zur Reinigung bestimmt sind. Daher müssen im Hinblick auf diese kosmetischen Mittel die Vorgaben des WRMG beispielsweise bezüglich der Abbaubarkeit, der Höchstmengen und der Umweltverträglichkeit der verwendeten Stoffe eingehalten werden. Die Kennzeichnungspflichten für Verpackungen gem. § 8 WRMG gelten jedoch gem. § 8 Abs. 2 WRMG für kosmetische Mittel im Sinn des § 2 Abs. 1 S. 2 Nr. 1 WRMG nicht; vielmehr greift die Kennzeichnungspflicht nur für Wasch- und Reinigungsmittel im Sinne des § 2 Abs. 1 S. 1 und S. 2 Nr. 2 und Nr. 3 WRMG.

86 d) **Mess- und Eichgesetz.** Die Bestimmungen des **Mess- und Eichgesetzes (MessEG)**[138] und der darauf fußenden Fertigpackungsverordnung gelten auch für kosmetische Erzeugnisse. Von praktischer Bedeutung für diese Produkte ist insbesondere die Bestimmung des § 43 Abs. 2 MessEG. Danach müssen Fertigpackungen so gestaltet und befüllt sein, dass sie keine größere Füllmenge vortäuschen, als in ihnen enthalten ist. Es geht also um den Schutz der Verbraucher vor sogenannten **„Mogelpackungen"**. Wegen der großen Unbestimmtheit dieses Tatbestands sind bereits zu den Vorgängervorschriften des § 43 Abs. 2 MessEG objektive Kriterien für die Auslegung bezüglich verschiedener Produktkategorien erarbeitet und als amtlich bekannt gemachte Richtlinien veröffentlicht worden. Diese Richtlinien haben zwar keinen verbindlichen Charakter. Sie werden aber von den zuständigen Behörden regelmäßig als Auslegungshilfe herangezogen. Daher besteht für denjenigen, der die Vorgaben der Richtlinien einhält, ein geringeres Risiko, gegen die Bestimmung des § 43 Abs. 2 MessEG zu verstoßen. Für kosmetische Mittel ist die Richtlinie zur Gestaltung von Fertigpackungen mit Körperpflegemitteln vom 3. Februar 1982 einschlägig, die heute noch gilt.[139] Ob die Verpackung in einem angemessenen Verhältnis zu der darin enthaltenen Füllmenge des Produkts steht, beurteilt sich nach der Verkehrsauffassung, die je nach Art des verpackten Produkts divergieren kann. Wenn dem Verkehr aufgrund entsprechender Gewöhnung bekannt ist, dass die Verpackungsgröße regelmäßig außer Verhältnis oder in keinem bestimmten Verhältnis zum Inhalt des eigentlichen Produkts steht, ist eine solche Verpackungsgröße nicht zur Täuschung geeignet. Das kommt bei Parfum- oder Cremeverpackungen in Betracht.[140]

87 e) **Fertigpackungsverordnung.** Die **Fertigpackungsverordnung** (FPackV) befasst sich in §§ 13, 14 FPackV mit den Anforderungen an Fertigpackungen mit kosmetischen Mitteln. § 13 Abs. 1 FPackV verweist für vorverpackte kosmetische Mittel auf Art. 19 Abs. 1 KosmetikVO. Die Nennfüllmengen der Verpackungen müssen gem. § 13 Abs. 2 FPackV den Anforderungen des § 9 Abs. 1, Abs. 2 S. 1, Abs. 3 und Abs. 4 FPackV entsprechen. Für vorverpackte kosmetischen Mittel, die nach Gewicht oder Volumen gekennzeichnet werden, sind § 4 Abs. 4, § 6 Abs. 1, §§ 11 und 42 FPackV entsprechend anzuwenden. § 14 FPackV befasst sich mit kosmetischen Mitteln im Sinne des Art. 19 Abs. 4 KosmetikVO, also mit den kosmetischen Mitteln, die an den Verkaufsstellen auf Wunsch des Käufers verpackt werden oder im Hinblick auf ihren sofortigen Verkauf vorverpackt sind. Für diese kosmetischen Mittel verweist die Regelung auf § 5 KosmetikV. Zusätzlich müssen die Regelungen der § 9, § 4 Abs. 4 und § 42 FPackV eingehalten werden.

---

[138] Das Gesetz über das Inverkehrbringen und die Bereitstellung von Messgeräten auf dem Markt, ihre Verwendung und Eichung sowie über Fertigpackungen (Mess- und Eichgesetz – MessEG) vom 25.7.2013 hat das Eichgesetz abgelöst.

[139] Vgl. Richtlinie v. 3.2.1982 MinBlFin 1982, 41, abgedruckt bei Zipfel/Rathke LebensmittelR/Rathke MessEG § 43 Rn. 61.

[140] BGH GRUR 2018, 431 Rn. 41 ff. – Tiegelgröße.

IV. Verfahrensfragen

1. Zivilrechtliche Ansprüche

Verstöße gegen die oben genannten Bestimmungen der KosmetikVO können in Form von Unterlassungsansprüchen sowohl von Mitbewerbern gem. § 8 Abs. 3 Nr. 1 UWG, von qualifizierten Einrichtungen im Sinne des § 8 Abs. 3 Nr. 3 UWG zum Schutz der Verbraucherinteressen und von rechtsfähigen Verbänden im Sinne des § 8 Abs. 3 Nr. 2 UWG in zivilrechtlichen Verfahren geltend gemacht werden. Anspruchsgrundlage ist §§ 8 Abs. 1, 3 UWG. Einschlägig ist der Tatbestand des § 3a UWG. Danach handelt unlauter, wer einer gesetzlichen Vorschrift zuwiderhandelt, die auch dazu bestimmt ist, im Interesse der Marktteilnehmer das Marktverhalten zu regeln. Die Vorschriften der KosmetikVO haben einen Marktbezug, dienen also dazu das Marktverhalten zu regeln. Die Bestimmungen sind insbesondere zum Schutz des Verbrauchers bestimmt, der nach der Definition des § 2 Nr. 3 UWG Marktteilnehmer ist. Damit erfasst § 3a UWG grundsätzlich Verstöße gegen die Regelungen der KosmetikVO als unlauteres Verhalten.[141] Auf die früher von der Rechtsprechung vorgenommen Differenzierung zwischen wertneutralen und wertbezogenen Vorschriften kommt es damit nicht mehr an. 88

2. Verwaltungsrechtliche Maßnahmen

Bei Verstößen gegen die Bestimmungen der KosmetikVO können die zuständigen Behörden, in der Regel die Lebensmittelüberwachungsbehörden der Länder, ordnungsbehördliche Verfügungen gegen die verantwortlichen Personen erlassen, mit denen in der Regel der Vertrieb der kosmetischen Erzeugnisse untersagt wird. Gegen solche Maßnahmen können die betroffenen Personen Widerspruch einlegen und die Verwaltungsgerichte anrufen. 89

3. Strafrechtliche Folgen

Bei einigen Verstößen gegen die Bestimmungen des KosmetikVO hat der Gesetzgeber vorgesehen, dass diese als Straftaten bzw. als Ordnungswidrigkeiten verfolgt werden können. Die maßgebliche Grundlage dafür findet sich mittlerweile in §§ 8, 9 KosmetikV, die ausdrücklich Verstöße gegen die Regelungen der KosmetikVO als Strafbestände bzw. Ordnungswidrigkeiten einstufen. Dabei ist einerseits vorsätzliches und fahrlässiges Verhalten, andererseits nur vorsätzliches Handeln strafbar. Andere Verstöße werden nur als Ordnungswidrigkeit eingestuft. 90

V. Beratungscheckliste

Die nachstehende Beratungscheckliste soll dem Rechtsanwalt helfen, der ein Mandat erhält, die Rechtslage für die Neueinführung eines Mittels, das unter anderem auch kosmetischen Zwecken dienen soll, zu überprüfen. Dabei sollten folgende Fragen mit dem Mandanten geklärt werden: 91

- ☐ Welche Inhaltsstoffe – auch Farbstoffe, UV-Filter, Konservierungsstoffe – hat das Mittel mit welchen Mengenverhältnissen? 92
  Wichtig für Frage, ob die Stoffe überhaupt oder eingeschränkt für ein kosmetisches Mittel zugelassen sind vgl. Rn. 43–49; wichtig für Liste der Bestandteile vgl. Rn. 70, 71.
- ☐ Welchem Zweck soll das Mittel dienen? Gibt es für ein solches Mittel im Verkehr bereits eine übliche Verwendungsform? Ist vom Hersteller ein bestimmter Anwendungsbereich bzw. eine bestimmte Anwendungsform vorgesehen?
  Wichtig für die Abgrenzung kosmetisches Mittel, Arzneimittel, Lebensmittel und Medizinprodukt vgl. Rn. 22–36; bedeutsam für Kennzeichnung vgl. Rn. 69.
- ☐ Ist das Mittel dazu in der Lage bzw. dazu bestimmt, die Körperformen zu beeinflussen? Soll dies werblich herausgestellt werden, beispielsweise auf der Verpackung?
  Von Bedeutung für die Frage, ob ein kosmetisches Mittel gegeben ist vgl. Rn. 13/14.

[141] Vgl. BGH GRUR 2016, 418 Rn. 11 – Feuchtigkeitsspendendes Gel-Reservoir.

- ☐ Wie soll das Mittel selbst gestaltet sein, wie seine äußere Darreichungsform? Soll es nur ein Behältnis geben oder auch eine weitere Verpackung? Soll ein Beipackzettel verwendet werden?
  Anhaltspunkte für Abgrenzung kosmetisches Mittel/Arzneimittel vgl. Rn. 24–31; wichtig für Kennzeichnungspflichten Rn. 69–75.
- ☐ Wie groß soll das Behältnis im Verhältnis zur Umverpackung gestaltet sein? Wie groß ist die Fläche, die auf der Verpackung bzw. dem Behältnis beschriftet werden kann?
  Siehe Mogelpackung Rn. 86; praktische Gründe Rn. 72.
- ☐ Wer soll verantwortliche Person für das Erzeugnis sein? Ist eine Person mit fachlicher Kompetenz vorhanden? Sind die betrieblichen Voraussetzungen gegeben? Sind die betrieblichen Interna so organisiert, dass jeder Herstellungsposten identifiziert werden kann?
  Kennzeichnungspflichten vgl. Rn. 62; Herstellungsvorgaben vgl. Rn. 38–42.
- ☐ Sind Nebenwirkungen oder sonstige Umstände bekannt, die zu einer gesundheitlichen Gefährdung führen könnten?
  Kennzeichnungspflichten vgl. Rn. 66.
- ☐ Wie lange ist das Mittel bei üblicher Aufbewahrung haltbar? Gibt es besondere Anforderungen an die Aufbewahrung?
  Kennzeichnungspflichten vgl. Rn. 64, 65.
- ☐ Kommen dem Mittel bestimmte Wirkungen zu, die wissenschaftlich abgesichert sind? Liegen insoweit gegenteilige Beurteilungen vor?
  Werbebeschränkungen vgl. Rn. 76–80.
- ☐ Wie soll das Mittel beworben werden, auch mit krankheitsbezogenen Aussagen?
  Werbebeschränkungen vgl. Rn. 82, 83.
- ☐ Gelangt das Mittel üblicherweise nach Gebrauch in Gewässer?
  Vgl. Rn. 85.

Teil F. Markenrecht, Gewerblicher Rechtsschutz und Urheberrecht

1. Abschnitt. Markenrecht

§ 32 Markenrecht

Übersicht

I. Einleitung

1 Mit seinem Inkrafttreten am 1.1.1995 ist das MarkenG an die Stelle verschiedener kennzeichenrechtlicher Regelungen getreten, die bis dahin im Warenzeichengesetz und im UWG enthalten waren.[1] Das MarkenG stellt eine umfassende und in sich geschlossene Regelung dar, deren Anwendungsbereich neben den Marken auch alle anderen Kennzeichen umfasst. Allerdings bestimmt § 2 MarkenG, dass die Anwendung anderer Vorschriften zum Schutz von Kennzeichen nicht ausgeschlossen ist.[2]

2 Mit dem MarkenG war seinerzeit die Markenrechts-RL 1989 in deutsches Recht umgesetzt worden.[3] Damit kam es gleichzeitig zu einer Verzahnung des nationalen Markenrechts mit der GMV 1994 (heute UMV).[4] Angesichts der damit erreichten Vereinheitlichung des europäischen Markenrechts ist die Rechtsprechung zur Unionsmarke in vielen Bereichen auch von Bedeutung für die Anwendung des MarkenG. Direkten Einfluss haben darüber hinaus die Entscheidungen des EuGH zur Auslegung der jeweiligen Richtlinienbestimmungen.[5]

3 Unterdessen haben das Europäische Parlament und der Rat der EU im Jahr 2015 die MRL erlassen, die am 12.1.2016 in Kraft trat.[6] Die Mitgliedstaaten mussten die MRL zum größten Teil bis zum 14.1.2019 in nationales Recht umsetzen. Die Richtlinie war Teil eines Maßnahmenpaketes zur Modernisierung des europäischen Markenrechts. Anlass hierfür war eine im Jahr 2011

[1] Gesetz über den Schutz von Marken und sonstigen Kennzeichen v. 25.9.1994 (BGBl. I S. 3082; 1995 I S. 156; 1996 I S. 682), zul. geänd. d. Art. 5 des Gesetzes v. 10.8.2021 (BGBl. I S. 3490.

[2] → Rn. 300.

[3] RL 89/104/EWG v. 21.12.1988 zur Angleichung der Rechtsvorschriften der Mitgliedstaaten über die Marken.

[4] VO (EG) Nr. 40/94 v. 20.12.1993 über die Gemeinschaftsmarke.

[5] → § 34.

[6] RL (EU) 2015/2436 v. 16.12.2015 zur Angleichung der Rechtsvorschriften der Mitgliedsstaaten über die Marken.

veröffentlichte Studie zum Funktionieren des europäischen Markenrechtssystems,[7] die gewisse Schwachstellen des bisherigen Systems aufdeckte und zahlreiche Verbesserungsvorschläge enthielt. Das erklärte Ziel der Reformbemühungen war es, das Markenrecht in der EU weiterzuentwickeln und zu harmonisieren. Zu den Maßnahmen gehörte auch eine Neufassung der UMV, die am 23.3.2016 in Kraft trat.[8] Neben der geänderten Terminologie, nach der die „Gemeinschaftsmarke" nun „Unionsmarke" und das „HABM" nun „EUIPO" heißt, haben sich dadurch im Bereich der Unionsmarke zahlreiche Neuerungen ergeben.[9]

Zur Umsetzung der MRL hat der deutsche Gesetzgeber das MaMoG verabschiedet, das weitgehend am 14.1.2019 in Kraft trat.[10] Es bewirkte eine Reihe von Änderungen des MarkenG: 4

- Wegfall des Erfordernisses einer grafischen Darstellbarkeit schutzfähiger Zeichen
- Einführung neuer absoluter Schutzhindernisse
- Einführung eines Verfalls- und Nichtigkeitsverfahrens vor dem DPMA
- Regelungen zum Verbot der Durchfuhr markenrechtsverletzender Ware
- Einführung einer nationalen Gewährleistungsmarke

Entsprechende Änderungen waren für die Unionsmarke bereits umgesetzt worden, sodass insoweit mit Inkrafttreten des MaMoG wieder der Gleichlauf zwischen nationaler Marke und Unionsmarke hergestellt worden ist. 5

Das MarkenG stellt Unionsmarken nationalen Marken in mancher Hinsicht gleich. So kann etwa aus einer Unionsmarke Widerspruch gegen die Eintragung einer nationalen Marke beim DPMA erhoben werden.[11] Da die UMV nur einen Unterlassungsanspruch gewährt, kann der Inhaber einer Unionsmarke hinsichtlich weitergehender Ansprüche auf die Bestimmungen des MarkenG zurückgreifen.[12] Eine international registrierte Marke, deren Schutz auf Deutschland erstreckt ist, genießt in demselben Umfang Schutz wie eine im Inland eingetragenen Marke.[13] 6

Das MarkenG enthält umfassende Vorschriften zu Eintragungs- und Löschungsverfahren. Anders als beim Verfahren über die Eintragung einer Unionsmarke ist das Widerspruchsverfahren nach dem MarkenG der Eintragung der Marke nachgeschaltet. Die Marke wird nach Abschluss des amtlichen Prüfungsverfahrens zunächst eingetragen. Die Veröffentlichung und ein mögliches Widerspruchsverfahren schließen sich hieran an. Im Rahmen der Kollisionstatbestände wird zudem das Aufeinandertreffen rechtlich geschützter Kennzeichen untereinander bzw. mit tatsächlich verwendeten Zeichen umfassend geregelt. Erfasst ist auch der erweiterte Schutz der bekannten Marke und der bekannten geschäftlichen Bezeichnung etwa in Bezug auf Verwässerung. 7

II. Anwendungsbereich und Grundsätze

1. Marken und sonstige Kennzeichen

Das MarkenG schützt drei Arten von Kennzeichen: Marken, geschäftliche Bezeichnungen und geografische Herkunftsangaben. Ein Zeichen, das geeignet ist, Waren und Dienstleistungen eines Unternehmens von denen anderer Unternehmen zu unterscheiden, kann als **Marke** geschützt werden. Unterschieden werden mit Blick auf ihre unterschiedlichen Entstehungstatbestände 8

- Registermarken
- Benutzungsmarken
- notorisch bekannte Marken.[14]

Bei den **geschäftlichen Bezeichnungen** wird zwischen Unternehmenskennzeichen und Werktitel unterschieden (§ 5 Abs. 1 MarkenG). Zu den Unternehmenskennzeichen gehören Name, Firma, besondere Geschäftsbezeichnung und Geschäftsabzeichen (§ 5 Abs. 2 MarkenG). Anders als 9

[7] Weitere Informationen abrufbar unter https://www.mpg.de/1260518/Europaeisches_Markenrecht.

[8] Neufassung der GMV durch VO (EU) 2015/2424 v. 16.12.2015; nunmehr kodifiziert in VO (EU) 2017/1001 v. 14.6.2017 über die Unionsmarke.

[9] → § 34.

[10] Entwurf für ein Gesetz zur Umsetzung der RL (EU) 2015/2436 v. 16.12.2015 zur Angleichung der Rechtsvorschriften der Mitgliedstaaten über die Marken, BT-Drs. 19/2898; ausf. zu den Änderungen Hacker GRUR 2019, 113.

[11] → Rn. 414.

[12] Die Verknüpfung mit dem System der Unionsmarke ist in den §§ 125b–125i MarkenG bzw. infolge des PatMoG ab dem 1.5.2022 in den §§ 119–125a MarkenG geregelt.

[13] → § 33; die nationalen Vorschriften betreffend international registrierte Marken finden sich in den §§ 107–125i MarkenG bzw. infolge des PatMoG ab dem 1.5.2022 in den §§ 107–118 MarkenG.

[14] → Rn. 11 ff.; zu Kollektiv- u. Gewährleistungsmarken → Rn. 459.

Marken dienen sie dazu, ein Unternehmen zu identifizieren. Werktitel wiederum dienen der namentlichen Bezeichnung von Werken (§ 5 Abs. 3 MarkenG).

10 **Geografische Herkunftsangaben** dienen der Kennzeichnung der geografischen Herkunft von Waren oder Dienstleistungen.

2. Entstehung des Schutzes

11 Der Schutz als Registermarke entsteht durch **Anmeldung und Eintragung** eines Zeichens in das beim DPMA geführte Markenregister, § 4 Nr. 1 MarkenG. Die Wirkungen des Schutzes beginnen erst mit der Eintragung und erst ab diesem Zeitpunkt stehen dem Markeninhaber Verbietungsrechte zu.[15] Die Eintragung setzt eine formgerechte Anmeldung und die Einzahlung der amtlichen Anmeldegebühren voraus.[16] Das Amt prüft, ob das Zeichen als Marke schutzfähig ist und trägt es ein, sofern keine Eintragungshindernisse bestehen. Auch wenn das Markenrecht erst mit der Eintragung entsteht, ist der Anmeldetag für den Beginn des Markenschutzes von maßgeblicher Bedeutung. Denn nach ihm bestimmt sich die Priorität der Marke.[17]

12 Außer durch Eintragung können Schutzrechte an einer Marke auch durch Benutzung erworben werden. Voraussetzung ist, dass das Zeichen infolge der Benutzung innerhalb beteiligter Verkehrskreise als Marke **Verkehrsgeltung** erworben hat, § 4 Nr. 2 MarkenG. In der Praxis wird es häufig vorkommen, dass eine Marke, die kraft Verkehrsgeltung Schutz genießt, zugleich auch im Register eingetragen ist. In diesem Fall genießt die Marke doppelten Schutz mit der Folge, dass dem Inhaber zwei unterschiedliche Rechtsgrundlagen für die Verteidigung seiner Marke zur Verfügung stehen. Mitunter wird jedoch versäumt, ein im Verkehr benutztes Zeichen, welches an sich eintragungsfähig wäre, als Marke anzumelden. In diesen Fällen kann eine Marke trotz fehlender Eintragung wegen Verkehrsgeltung geschützt sein. Der Markenschutz entsteht hier in dem Zeitpunkt, zu dem die Marke erstmals Verkehrsgeltung erworben hat.[18]

13 Letztlich kann ein Markenrecht auch durch die **notorische Bekanntheit** einer Marke entstehen, § 4 Nr. 3 MarkenG. Eine „notorische Bekanntheit" iSd Art. 6bis PVÜ setzt voraus, dass die Marke allgemein bekannt ist. Hierfür bedarf es eines außerordentlich hohen Bekanntheitsgrades bei den inländischen Verkehrskreisen, der deutlich höher anzusetzen ist als bei der Verkehrsgeltung.[19] Eine Registrierung oder Benutzung der Marke im Inland ist demgegenüber nicht erforderlich. Es genügt eine Benutzung nur im Ausland, solange die ausländische Benutzung auf das Inland ausstrahlt und hier für eine ausreichend hohe Bekanntheit sorgt. Wird die bekannte Marke im Inland benutzt, wird sie im Regelfall bereits infolge Verkehrsgeltung Schutz genießen. Anwendungsfälle des § 4 Nr. 3 MarkenG sind daher in der Praxis äußerst selten. Sie sind auf Fälle beschränkt, in denen bekannte Weltmarken im Inland nicht benutzt werden.

14 Das MarkenG enthält keine Regelung für das Entstehen des Schutzes an einer **geschäftlichen Bezeichnung** iSd § 5 MarkenG. Nach den von der Rechtsprechung entwickelten Grundsätzen entsteht der Schutz, sobald ein zur Unterscheidung geeignetes Zeichen erstmals nach außen als Hinweis auf das Unternehmen benutzt wird.[20]

3. Inhaberschaft

15 Inhaber einer Registermarke können **natürliche und juristische Personen** oder Personengesellschaften sein, sofern sie rechtsfähig sind, § 7 MarkenG. Auch eine Gesellschaft bürgerlichen Rechts ist markenrechtsfähig.[21] Als Inhaber können zudem mehrere natürliche oder juristische Personen eingetragen werden.[22] Inhaber, die keinen Sitz oder keine Niederlassung im Inland haben, müssen allerdings für Verfahren vor dem Amt oder dem BPatG einen Inlandsvertreter bestellen, § 96 MarkenG.

16 Für **Benutzungsmarken** fehlt eine gesetzliche Regelung zur Inhaberschaft, es wird aber auf den in § 7 MarkenG genannten Personenkreis zurückgegriffen.[23]

---

[15] Allerdings können Markenanmeldungen bereits ein Schutzhindernis iSd § 9 MarkenG darstellen → Rn. 113; mit der Anmeldung entsteht zudem ein Anwartschaftsrecht, das zB übertragen werden kann.

[16] → Rn. 385 ff.

[17] → Rn. 17.

[18] → Rn. 102 ff.

[19] Ströbele/Hacker/Thiering MarkenG § 4 Rn. 83 ff.

[20] → Rn. 220.

[21] BPatG GRUR 2004, 1030 (1031) – Markenregisterfähigkeit einer GbR.

[22] BPatG GRUR 2004, 685 (688) – LOTTO; BeckOK MarkenR/Weiler § 7 Rn. 24.

[23] Ströbele/Hacker/Thiering MarkenG § 4 Rn. 60; → Rn. 103.

4. Vorrang und Zeitrang

17 Im Kennzeichenrecht gilt das Prioritätsprinzip, das in § 6 MarkenG für die einzelnen Rechte näher erläutert ist. Danach genießt stets das **ältere Recht Vorrang vor dem jüngeren.** Bei Kollisionsfällen kommt es folglich auf den Zeitrang der sich gegenüberstehenden Rechte an.[24] Dieser wird bei eingetragenen Marken im Normalfall durch den Tag der Anmeldung bestimmt. Durch Inanspruchnahme einer ausländischen Priorität (§ 34 MarkenG) oder einer Ausstellungspriorität (§ 35 MarkenG) kann der maßgebliche Zeitpunkt bis zu 6 Monaten vor dem Tag der Anmeldung liegen. Der für den Zeitrang maßgebliche Zeitpunkt ist bei Benutzungsmarken und bei sonstigen Kennzeichen in der Praxis mitunter nur schwer zu ermitteln, da es hier an einem Anmeldetag als Anknüpfungspunkt fehlt.[25]

18 Das Prioritätsprinzip gilt nicht nur beim Konflikt zwischen Marken, sondern im **Verhältnis aller Kennzeichen zueinander.** Dabei ist entscheidend, wer für sein Kennzeichenrecht die bessere Priorität in Anspruch nehmen kann.[26] So kann zB der Inhaber einer älteren Geschäftsbezeichnung im Verletzungsfall seine ihm nach dem MarkenG zustehenden Ansprüche gegen eine später angemeldete Marke durchsetzen und gegebenenfalls deren Löschung herbeiführen.[27]

Praxistipp:

Will der Inhaber einer eingetragenen Marke gegen die Benutzung eines nicht eingetragenen Zeichens vorgehen, so sollte er zunächst prüfen, seit wann das angegriffene Zeichen benutzt wird und ob und zu welchem Zeitpunkt es Verkehrsgeltung erlangt hat. Nur durch entsprechende Recherchen kann der Markeninhaber sicherstellen, dass das angegriffene Zeichen nicht seinerseits einen besseren Zeitrang genießt als das eigene Kennzeichenrecht und damit die Gefahr eines Gegenangriffes ausschließen.

III. Voraussetzungen des Markenschutzes

19 Ein Zeichen kann nur als Marke geschützt werden, wenn es markenfähig ist. Es muss vor allem die Unterscheidungsfunktion einer Marke erfüllen können, § 3 Abs. 1 MarkenG. Darüber hinaus stellt Abs. 2 insbesondere für Warenformmarken spezielle Ausschlusstatbestände auf.[28] Ist ein Zeichen markenfähig, ist in einem weiteren Schritt zu prüfen, ob der Eintragung eines angemeldeten Zeichens absolute Schutzhindernisse iSd § 8 MarkenG entgegenstehen bzw. ob ein benutztes Zeichen Verkehrsgeltung iSd § 4 Nr. 2 MarkenG besitzt. Bei den Registermarken können Dritte zudem relative Schutzhindernisse, wie zB ältere Marken, im Rahmen eines Widerspruchsverfahrens vorbringen, § 9 MarkenG.

1. Als Marke schutzfähige Zeichen, § 3 MarkenG

20 § 3 Abs. 1 MarkenG enthält einen nicht abschließenden Katalog von Zeichen, die dem Markenschutz zugänglich sind. Erfasst werden demnach Wörter (einschließlich Personennamen), Abbildungen, Buchstaben und Zahlen, Klänge, dreidimensionale Gestaltungen (einschließlich der Warenform und der Warenverpackung) sowie Farben und Farbzusammenstellungen. Der Begriff des Zeichens ist denkbar weit zu verstehen. Gefordert wird lediglich, dass der Schutzgegenstand sinnlich wahrnehmbar ist und sich zumindest gedanklich vom Produkt abstrahieren lässt.[29]

21 a) **Markenfähigkeit.** Ein Zeichen ist markenfähig, wenn es die abstrakte Eignung zur Unterscheidung besitzt. Es muss geeignet sein, irgendwelche Waren oder Dienstleistungen eines Unternehmens von denjenigen anderer Unternehmen zu unterscheiden. Dabei kommt es nicht darauf an, ob das Zeichen für bestimmte Waren oder Dienstleistungen unterscheidungskräftig ist. Dies ist erst eine Frage der konkreten Unterscheidungskraft, die im Rahmen der absoluten Schutzhin-

[24] BeckOK MarkenR/Weiler § 6 Rn. 1; Ingerl/Rohnke MarkenG § 6 Rn. 11.
[25] → Rn. 12–14.
[26] Auf einen Vorrang kommt es aber nur an, wenn überhaupt ein entgegenstehendes Recht an einem Kennzeichen besteht, sodass ein Berufen auf eine bloße Vorbenutzung nicht ohne weiteres ausreicht, Ingerl/Rohnke MarkenG § 14 Rn. 31; → Rn. 236.
[27] BGH GRUR 2004, 512 (513) – Leysieffer.
[28] Zu § 3 Abs. 2 als absolutes Schutzhindernis für Registermarken s. Ströbele/Hacker/Thiering MarkenG § 3 Rn. 98.
[29] Ströbele/Hacker/Thiering MarkenG § 3 Rn. 4 f.

dernisse (§ 8 Abs. 2 MarkenG) zu beurteilen ist.[30] Auch einem markenfähigen Zeichen kann also die Unterscheidungskraft in Bezug auf bestimmte Produkte fehlen.

22 Die Zeichenqualität und die abstrakte Unterscheidungseignung haben letztlich **kaum praktische Bedeutung.**[31] Die Voraussetzungen sind bei Wort- und Bildmarken einschließlich Buchstaben und Zahlen in aller Regel gegeben. So besitzt zB das Wortzeichen „Diesel" abstrakte Unterscheidungseignung, auch wenn ihm die konkrete Unterscheidungskraft für Dieselkraftstoff oder Dieselfahrzeuge fehlen mag.[32] Grundsätzlich zur Unterscheidung geeignet sind auch Klänge oder abstrakte Farben.[33] Auch ein über den Tastsinn wahrnehmbares Zeichen kann eine Marke sein (sog. Tastmarke).[34]

23 b) **Ausschlusstatbestände.** Eine größere Rolle spielen in der Praxis hingegen die in § 3 Abs. 2 MarkenG aufgestellten Ausschlusstatbestände. Ursprünglich war die Vorschrift auf solche Zeichen ausgerichtet, die nur die Form der Ware bzw. ihrer Verpackung zum Gegenstand haben.[35] Durch die Anpassung des MarkenG an die MRL nennt die Vorschrift aber inzwischen nicht nur die Form, sondern auch andere charakteristische Merkmale einer Ware.[36] Vom Markenschutz ausgeschlossen sind demnach Zeichen, die ausschließlich aus Formen oder anderen charakteristischen Merkmalen bestehen, die

- durch die Warenart selbst bedingt sind
- erforderlich sind, um eine technische Wirkung zu erzielen
- der Ware ihren wesentlichen Wert verleihen.

24 Wie die Rechtsprechung die Vorschrift auf **andere charakteristische Merkmale** anwenden wird, bleibt abzuwarten. Diskutiert wird, dass zB eine Farbe für die beanspruchten Waren eine technische Funktion haben oder dass ein Geräusch durch die Art der Ware bedingt sein könne.[37] Ungeklärt ist zudem, inwieweit solche Zeichen vom Schutz ausgeschlossen sind, die sowohl aus einer Form als auch aus anderen charakteristischen Merkmalen der Ware bestehen.[38]

25 Der Begriff „ausschließlich" ist so zu verstehen, dass die Ausschlusstatbestände bereits dann anwendbar sind, wenn die **wesentlichen Merkmale** des Zeichens die in der Vorschrift genannten Kriterien erfüllen.[39] Die wesentlichen, dh wichtigsten, Merkmale sind anhand einer objektiven Prüfung zu ermitteln, wobei die Verkehrsauffassung allenfalls ein nützliches, aber nicht das ausschlaggebende Kriterium sein soll.[40] Bei der Beurteilung können neben der grafischen Darstellung der Marke und den beanspruchten Waren/Dienstleistungen auch die tatsächlich vertriebenen Produkte des Anmelders sowie Informationen zu früher in Bezug auf die Waren erteilten Patenten berücksichtigt werden.[41]

26 Die Ausschlusstatbestände des Abs. 2 lassen sich **nicht durch Verkehrsdurchsetzung bzw. -geltung überwinden.**[42] Die Regelung soll die Monopolisierung bestimmter Produkt- oder Verpackungsgestaltungen und eine damit einhergehende Behinderung des Wettbewerbs verhindern. Das Markenrecht verbietet nur die Verwendung des geschützten Kennzeichens, soll Wettbewerber aber nicht am Absatz womöglich identischer Waren unter Benutzung anderer Zeichen hindern. Bei den erfassten Gestaltungen können Produkt und Kennzeichen allerdings zusammenfallen. Die Gewährung von Markenschutz würde dann ein Ausweichen des Wettbewerbs auf andere Kennzeichen erschweren oder sogar unmöglich machen.[43]

---

[30] → Rn. 38.

[31] Vgl. EuGH GRUR 2002, 804 (807) – Philips: es gibt keine Marken, denen nicht mangels konkreter Unterscheidungskraft, wohl aber wegen fehlender abstrakter Unterscheidungseignung Schutz versagt werden kann.

[32] Vgl. BGH GRUR 2001, 240 (241) – SWISS ARMY.

[33] EuGH GRUR 2003, 604 – Libertel; BGH GRUR 1999, 491 – Gelb/Schwarz; BPatG GRUR 2007, 428 – Rot.

[34] BGH GRUR 2007, 148 – Tastmarke; Fezer MarkenG § 3 Rn. 626.

[35] Die Vorschrift ist auch auf Bildmarken und zumindest auch auf solche Verpackungen anzuwenden, welche die Warenform selbst wiederspiegeln, vgl. EuGH GRUR 2004, 428 – Henkel; BGH GRUR 2018, 404 (410) – Quadratische Tafelschokoladenverpackung; zu Farbgestaltungen s. EuGH GRUR 2018, 842 (843) – Louboutin; zur Unterscheidungskraft → Rn. 59.

[36] Dies gilt jedenfalls für nach dem 14.1.2019 angemeldete Marken, s. Ströbele/Hacker/Thiering MarkenG § 3 Rn. 157; Hacker GRUR 2019, 113 (115); s. a. BeckOK MarkenR/Kur § 3 Rn. 59 ff.; EuGH GRUR 2019, 513 – Textilis.

[37] Ströbele/Hacker/Thiering MarkenG § 3 Rn. 159; s. a. BPatG BeckRS 1999, 15325 – Farbmarke violett.

[38] Ströbele/Hacker/Thiering MarkenG § 3 Rn. 117.

[39] EuGH GRUR 2002, 804 (809) – Philips; zur technischen Bedingtheit zusf. Paul Lexikon GewRS.

[40] EuGH GRUR 2020, 631 (633) – Gömböc; EuGH GRUR 2010, 1008 (1011) – Lego.

[41] EuGH GRUR 2017, 66 (68) – Rubik's cube.

[42] BPatG GRUR-RS 2020, 14329 Rn. 29 – Runde Filterscheibe.

[43] Vgl. Thewes Schutz der dreidimensionalen Marke, S. 59.

aa) Warenbedingte Formen. Nach § 3 Abs. 2 Nr. 1 MarkenG sind durch die Warenart bedingte Zeichen vom Markenschutz ausgeschlossen. Maßgeblich ist, ob alle wesentlichen Gestaltungsmerkmale der Marke einer (für den Verbraucher) gattungstypischen Funktion der Ware zugeordnet werden können.[44] Die Rechtsprechung legte diesen Ausschlussgrund anfangs restriktiv aus und stellte darauf ab, ob die Marke bei objektiver Betrachtung ausschließlich der typischen Grundgestaltung der betreffenden Produktgattung entsprach. Die Schutzfähigkeit wurde bejaht, wenn es neben der Form, für die Schutz beansprucht wurde, auf dem relevanten Warengebiet noch eine Vielzahl anderer Formen gab. Die praktischen Auswirkungen der Vorschrift waren daher zunächst gering. Geändert hat sich dies durch die Rechtsprechung des EuGH, der Warenformen, deren wesentliche Elemente dem Gebrauchszweck dienen oder die den üblichen Erwartungen der Verbraucher an das Aussehen solcher Waren entsprechen, vom Markenschutz ausschließt.[45] Das BPatG hatte daraufhin einer quadratischen Verpackungsform für Schokolade die Markenfähigkeit abgesprochen.[46] Dem hat der BGH allerdings widersprochen, weil das erleichterte Transportieren der quadratischen Schokolade keine für den Verbraucher relevanten Eigenschaften darstelle.[47] 27

bb) Funktionale Formen. Ferner sind technisch bedingte Zeichen vom Markenschutz ausgeschlossen. Der Ausschlusstatbestand des § 3 Abs. 2 Nr. 2 MarkenG ist anwendbar, wenn alle wesentlichen Merkmale der Erfüllung einer technischen Funktion dienen.[48] Mitbewerber sollen durch eine Markeneintragung nicht daran gehindert sein, ihre Waren mit den betreffenden technischen Lösungen oder Eigenschaften zu versehen.[49] Der Ausschlussgrund ist nicht auf technische Geräte beschränkt.[50] Erforderlich ist aber eine technische und nicht bloß ästhetische oder haptische Wirkung.[51] Erfasst werden zB eine verbesserte Leistungsfähigkeit der Ware oder die Ermöglichung der Verknüpfung mit anderen Waren.[52] Die Feststellung der technischen Wirkung soll objektiv und unabhängig von der Verkehrsauffassung erfolgen.[53] Unerheblich ist, ob für die Wettbewerber gleichwertige und wirtschaftlich zumutbare Alternativen zur Erreichung der gleichen technischen Wirkung zur Verfügung stehen.[54] Allerdings werden Gestaltungsmerkmale nicht schon deshalb von der Vorschrift erfasst, weil sie das Ergebnis eines technischen Herstellungsprozesses sind.[55] Die Vorschrift ist zuletzt extensiv ausgelegt worden. So hat der EuGH die Schutzfähigkeit des „Zauberwürfels“ verneint, obwohl die Funktion, dh die Drehbarkeit der einzelnen Teilelemente, aus der grafischen Darstellung der Marke nicht ersichtlich war.[56] 28

cc) Wertverleihende Formen. Der dritte Ausschlusstatbestand betrifft wertverleihende Zeichen. Nach § 3 Abs. 2 Nr. 3 MarkenG ist eine Marke nicht schutzfähig, wenn der Verkehr allein in dem ästhetischen Gehalt ihrer wichtigsten Merkmale den wesentlichen Wert der Ware sieht.[57] Erforderlich ist, dass die Wettbewerbsbedingungen verfälscht würden, wenn die Merkmale nur einem Unternehmen vorbehalten blieben.[58] Dies kann zB bei Kunstwerken, die ausschließlich nach ihrem ästhetischen und künstlerischen Gehalt bewertet werden, der Fall sein. Zu berücksichtigen sind etwa die Warenkategorie, der künstlerische Wert der Form sowie deren Andersartigkeit im Vergleich zu anderen allgemein genutzten Formen.[59] Hat die Ware einen bestimmten Nutz- und Verwendungszweck, der über die ästhetische Wirkung hinausgeht und stellt sich demnach eine besonders gelungene ästhetische Formgebung aus Sicht des Verkehrs nur als Zutat 29

---

[44] Ströbele/Hacker/Thiering MarkenG § 3 Rn. 132.
[45] EuGH GRUR 2014, 1097 (1098) – Hauck [mAnm Kur].
[46] BPatG GRUR 2017, 275 – Quadratische Schokoladenverpackung.
[47] BGH GRUR 2018, 404 – Quadratische Tafelschokoladenverpackung; krit. Ströbele/Hacker/Thiering MarkenG § 3 Rn. 132.
[48] EuGH GRUR 2002, 804 (806) – Philips; BPatG GRUR-RS 2020, 14329 – Runde Filterscheibe.
[49] EuGH GRUR 2010, 1008 – Lego; GRUR 2002, 804 (806) – Philips; BGH GRUR 2010, 231 – Legostein; GRUR 2010, 138 – ROCHER-Kugel; GRUR 2006, 589 – Rasierer mit drei Scherköpfen.
[50] BGH GRUR-RS 2018, 11715 – Standbeutel; GRUR 2008, 206 – Milchschnitte.
[51] BGH GRUR 2018, 411 (415) – Traubenzuckertäfelchen.
[52] Ströbele/Hacker/Thiering MarkenG § 3 Rn. 135.
[53] BGH GRUR 2018, 411 (413) – Traubenzuckertäfelchen.
[54] Vgl. BGH GRUR 2010, 231 – Legostein; GRUR 2004, 502 (505) – Gabelstapler II.
[55] EuGH GRUR 2015, 1198 (1200) – Kit Kat.
[56] EuGH GRUR 2017, 66 (67) – Rubik's cube; zu den Schlussanträgen s. GRUR-Prax 2016, 300 [mAnm Tenkhoff] u. nachf. EuG GRUR-Prax 2019, 550 [mAnm Tenkhoff]; s. a. Kur GRUR 2017, 134.
[57] BGH GRUR 2010, 138 (139) – ROCHER-Kugel;
[58] EuGH GRUR 2020, 631 (633) – Gömböc.
[59] EuGH GRUR 2014, 1097 (1098) – Hauck [mAnm Kur].

zu der Ware dar, so sollen die Voraussetzungen des Ausschlusstatbestands nach der deutschen Rechtspraxis nicht vorliegen.[60]

2. Absolute Schutzhindernisse, § 8 MarkenG

30 § 8 MarkenG regelt die absoluten Schutzhindernisse für angemeldete und eingetragene Marken. Die Vorschrift enthält in Abs. 1 ein Bestimmtheitsgebot und in Abs. 2 eine abschließende Auflistung der einzelnen Schutzversagungsgründe, die das DPMA im Eintragungsverfahren von Amts wegen prüft. Liegt ein Schutzhindernis vor, wird die Markenanmeldung als schutzunfähig zurückgewiesen.[61]

31 Die Vorschriften dienen dazu, das Entstehen **ungerechtfertigter Monopolrechte** im allgemeinen Interesse und im Interesse der Wettbewerber zu verhindern.[62] Trägt das Amt eine Marke trotz Bestehens eines absoluten Schutzhindernisses ein, so kann die Marke später unter bestimmten Voraussetzungen gem. § 50 MarkenG wieder gelöscht werden.[63]

32 In der Praxis haben die ersten drei Eintragungshindernisse des Abs. 2 die weitaus **größte Bedeutung**, wobei der Fokus wiederum auf den ersten beiden Nummern liegt. Demnach sind Marken nicht schutzfähig, denen jede Unterscheidungskraft fehlt (Nr. 1), die für die betroffenen Waren und Dienstleistungen beschreibend sein können (Nr. 2) oder die zu einer üblichen Gattungsbezeichnung geworden sind (Nr. 3). Diese Schutzhindernisse kann der Anmelder allerdings gem. § 8 Abs. 3 MarkenG überwinden, wenn er innerhalb des Anmeldeverfahrens nachweisen kann, dass sich seine Marke infolge intensiver Benutzung im Verkehr durchgesetzt hat.[64]

33 Die Schutzhindernisse des Abs. 2 sind konkret in Bezug auf die **Waren und Dienstleistungen** zu prüfen, für die das angemeldete Zeichen Schutz beansprucht. Ein Zeichen kann demnach für bestimmte Waren/Dienstleistungen schutzfähig sein und für andere nicht. Dann ist die Marke nur für einen Teil der angemeldeten Produkte einzutragen, im Übrigen zurückzuweisen. Dabei muss das DPMA seine Entscheidung grundsätzlich für jedes der beanspruchten Produkte begründen.[65]

34 Bei der Beurteilung ist auf die **inländischen Verkehrskreise** abzustellen, an die sich die beanspruchten Waren/Dienstleistungen richten.[66] Hierzu gehören auch diejenigen Verbraucher, die die entsprechenden Produkte in ihre Kaufüberlegungen mit einbeziehen oder die die Produkte als Geschenk für Dritte erwerben könnten.[67] Bei Produkten des täglichen Bedarfs entspricht dies im Grunde der Gesamtbevölkerung.[68] Bei Genussartikeln, wie etwa Alkohol oder Tabakwaren, sollen sich die beteiligten Verkehrskreise allerdings auf die tatsächlichen Abnehmer beschränken.[69] Dies kann auch für exklusive oder hochpreisige Erzeugnisse gelten, für die sich mitunter nur ein relativ kleiner Teil der Bevölkerung interessiert. Zu den Verkehrskreisen können neben oder anstelle von Endverbrauchern auch der Handel sowie Fachleute gehören. Bei Waren und Dienstleistungen, die sich ausschließlich an Fachkreise richten, ist nur auf deren Verständnis abzustellen.[70] Richten sich die Produkte hingegen sowohl an Endverbraucher als auch das Fachpublikum, kann ein Schutzhindernis schon dann vorliegen, wenn dessen Voraussetzungen jedenfalls innerhalb eines dieser Kreise erfüllt sind.

35 Die Prüfung erfolgt aus der Perspektive eines durchschnittlich informierten, angemessen aufmerksamen und verständigen **Durchschnittsverbrauchers** der fraglichen Waren und Dienstleistungen (sog. Verbraucherleitbild).[71] Dabei handelt es sich weitgehend um eine „normative Kunst-

[60] BGH GRUR 2008, 71 – Fronthaube; BPatG BeckRS 2008, 26073 – Kelly-bag.

[61] Für die Schutzversagung genügt das Vorliegen eines der Schutzhindernisse, liegen mehrere gleichzeitig vor, kann das Amt eine Zurückweisung auf einen der Gründe stützen und das Vorliegen weiterer Hindernisse offenlassen. Die Feststellungslast trifft im Eintragungsverfahren das DPMA, vgl. BPatG GRUR 2015, 796 (803) – Sparkassen-Rot II.

[62] Während bei § 8 Abs. 2 Nr. 1–3 MarkenG idR auch Mitbewerberinteressen betroffen sind, stehen bei § 8 Abs. 2 Nr. 4–14 MarkenG öffentliche Belange im Vordergrund, s. Ströbele/Hacker/Thiering MarkenG § 8 Rn. 14 ff.

[63] → Rn. 441.

[64] → Rn. 78; zu den eingeschränkten Löschungsmöglichkeiten bei Verstoß gegen § 8 Abs. 2 Nr. 1–3 MarkenG → Rn. 443.

[65] Pauschale Begründungen für homogene Gruppen von Produkten sind allerdings ausreichend, soweit sie von denselben Bewertungen getragen sind und eine gerichtliche Überprüfung im Einzelnen möglich ist, vgl. EuGH GRUR-RR 2019, 463 (464) – fly.de; BPatG GRUR 2010, 336 (337) – My World.

[66] EuGH GRUR 2006, 411 (412) – Matratzen-Concord; BGH GRUR 2009, 411 (412) – STREETBALL.

[67] BGH GRUR 1982, 672 (674) – Aufmachung von Qualitätsseifen; BGH GRUR 1971, 305 – Konservenzeichen II.

[68] Ingerl/Rohnke MarkenG § 8 Rn. 74.

[69] BPatG GRUR 1994, 627 – ERDINGER.

[70] BGH GRUR 1982, 49 (50) – Insulin Semitard.

[71] Zur missverständlichen Verwendung des Begriffs „Verbraucher" s. Ingerl/Rohnke MarkenG § 14 Rn. 441; zum europäischen Verbraucherleitbild ausf. Gloy/Loschelder/Denckwerts UnlWettbR § 40 Rn. 1 ff.

figur", deren Sichtweise grundsätzlich durch Erfahrungswissen bestimmt wird, jedoch zT auch empirische Nuancen aufweist.[72] Hinsichtlich der Sprachkenntnisse wird jedenfalls bei englischen Begriffen, die dem Grundwortschatz entnommen sind, davon ausgegangen, dass deren Bedeutung vom Verbraucher erfasst wird.[73] Die Sprachenkenntnisse der Fachkreise werden auf ihrem Fachgebiet regelmäßig höher eingestuft.[74]

Maßgeblicher Zeitpunkt für die Beurteilung ist das Anmeldedatum. Der Anmelder muss im Eintragungsverfahren einen erst nach dem Zeitpunkt der Anmeldung eingetretenen Verlust der Schutzfähigkeit nicht gegen sich gelten lassen.[75] 36

a) Bestimmbarkeit. Nach § 8 Abs. 1 MarkenG muss das Zeichen geeignet sein, im Register so dargestellt zu werden, dass der Gegenstand des Schutzes klar und eindeutig bestimmt werden kann.[76] Mit dieser Vorgabe hat das MaMoG das frühere Erfordernis einer grafischen Darstellbarkeit abgeschafft, entsprechend den Anforderungen der MRL. An den materiellen Kriterien ändert sich in der Praxis aber voraussichtlich nicht viel. Marktteilnehmer sollen sich durch Einsichtnahme in das Markenregister über den Gegenstand der eingetragenen Marke und ihren Schutzbereich informieren können. Die Darstellung muss klar, eindeutig, in sich abgeschlossen, leicht zugänglich, verständlich, dauerhaft und objektiv sein.[77] Bei Farbmarken genügt hierfür die Bezeichnung des Farbtones anhand eines gängigen Farbklassifizierungssystems.[78] Bei Marken, mit denen die Kombination mehrerer Farben beansprucht wird, müssen zusätzlich Angaben zur systematischen Anordnung der Farben gemacht werden.[79] Bei dreidimensionalen und Positionsmarken wird gefordert, dass die wesentlichen Merkmale des Schutzgegenstands erfasst sind.[80] Die Neuregelung des § 8 Abs. 1 MarkenG kann im Hinblick auf Klangmarken relevant werden (wie zB Tierlaute), die nun auch durch eine Tondatei bestimmbar gemacht werden können.[81] 37

b) Fehlende Unterscheidungskraft. Nicht schutzfähig sind Marken, denen für die in Frage stehende Waren oder Dienstleistungen jegliche Unterscheidungskraft fehlt, § 8 Abs. 2 Nr. 1 MarkenG. Die Hauptfunktion einer Marke besteht darin, die Ursprungsidentität der entsprechend gekennzeichneten Waren/Dienstleistungen zu gewährleisten (sog. Herkunftsfunktion).[82] Diese Funktion wird ein Zeichen nur ausüben können, wenn es der Verkehr überhaupt als Unterscheidungsmittel hinsichtlich der betrieblichen Herkunft verstehen kann. Um Unterscheidungskraft zu besitzen, muss ein Zeichen daher geeignet sein, die von der Anmeldung erfassten Produkte als von einem Unternehmen stammend zu kennzeichnen und von denjenigen anderer Unternehmen zu unterscheiden.[83] 38

aa) Überblick. Bei Ermittlung der Unterscheidungskraft handelt es sich um eine Rechtsfrage, während die hierzu erforderliche Bestimmung der (mutmaßlichen) Verkehrsauffassung weitgehend auf der Würdigung von Tatsachen beruht unter Berücksichtigung allgemeiner Erfahrungssätze.[84] 39

---

[72] Grdl. Ströbele/Hacker/Thiering MarkenG § 8 Rn. 49 ff.; zu den kognitionswissenschaftlichen Grundlagen der Verbraucherwahrnehmung s. Tenkhoff MarkenR 2018, 281; Scheier/Lubberger MarkenR 2014, 453; s. a. Weber ZRP 2020, 98; Schebesta/Purnhagen ELR 2016, 41(4), 590; Hildebrandt Marken und andere Kennzeichen, § 12 Rn. 23.

[73] BGH GRUR 2019, 173 (175) – combit/Commit; zu den Sprachkenntnissen der Verkehrskreise ausf. Ströbele/Hacker/Thiering MarkenG § 8 Rn. 588 ff.; s. a. EuGH GRUR-RS 2020, 12961 – PLOMBIR.

[74] Ströbele/Hacker/Thiering MarkenG § 8 Rn. 592

[75] EuGH GRUR-RS 2010, 91251 – FLUGBÖRSE; BGH GRUR 2013, 1143 (1144) – Aus Akten werden Fakten; zum Erwerb der Unterscheidungskraft erst nach dem Anmeldetag → Rn. 89.

[76] Zu § 8 Abs. 1 MarkenG als Aspekt der Markenfähigkeit s. Ströbele/Hacker/Thiering MarkenG § 8 Rn. 92.

[77] BPatG GRUR-RS 2021, 29375 – KappenElement; zum alten Recht vgl. EuGH GRUR-RS 2019, 15894 – Blau/Silber; GRUR 2019, 511 (513) – Hartwall; GRUR 2003, 145 (148) – Sieckmann.

[78] EuGH GRUR 2003, 604 – Libertel; BGH GRUR 2001, 1154 – violettfarben.

[79] EuGH GRUR Int 2004, 846 – Blau/Gelb; BGH GRUR 2007, 55 – Gelb/Grün II; BPatG GRUR 2019, 403 – Grün/Orange.

[80] BPatG GRUR-RS 2021, 29375 – KappenElement; GRUR-RS 2018, 41872 – Schokoladenstäbchen; die Darstellungen dürfen einander nicht widersprechen, s. BPatG BeckRS 2018, 19839 – Minskaya; in der Darstellung nicht sichtbare Elemente nehmen nicht am Schutz der Marke teil, s. BGH BeckRS 2001, 1057 – Uhrengehäuse.

[81] → Rn. 81 ff.; hins. weiterer Markenformen s. EuGH GRUR Int 2014, 945 – Flagship Store; BGH GRUR 2007, 148 – Tastmarke; BPatG GRUR 2008, 328 – Tastmarke; GRUR 2000, 1044 (1048) – Riechmarke;

[82] Vgl. EuGH GRUR 1998, 922 (924) – Canon; BGH GRUR 1999, 245 (246) – LIBERO; zu den sonstigen Markenfunktionen s. Ströbele/Hacker/Thiering MarkenG § 8 Rn. 94.

[83] EuGH GRUR 2014, 776 (778) – Sparkassen-Rot; GRUR 2010, 228 (229) – Vorsprung durch Technik; BGH GRUR 2018, 932 – #darferdas?; GRUR 2015, 581 (582) – Langenscheidt-Gelb; GRUR 2014, 565 (567) – smartbook.

[84] Ausf. Ströbele/Hacker/Thiering MarkenG § 8 Rn. 136 ff.; BeckOK MarkenR/Eichelberger § 8 Rn. 134 ff.

Die Unterscheidungskraft kann je nach Art des Zeichens unterschiedlich ausgeprägt sein. Eine reine Phantasiebezeichnung (wie „Adidas“) besitzt in der Regel eine höhere Unterscheidungskraft als ein gängiges Eigenschaftswort (zB Turbo),[85] bei dem der Verkehr eher wenig Anlass hat, darin einen Hinweis auf eine betriebliche Herkunft zu sehen. Vom Schutz ausgeschlossen sind jedoch nur solche Marken, denen für die in Frage stehenden Waren/Dienstleistungen jegliche Unterscheidungskraft fehlt. Demnach ist die Schutzfähigkeit zu bejahen, wenn auch nur ein Minimum an Unterscheidungskraft gegeben ist.[86] Der BGH hat wiederholt betont, dass ein großzügiger Maßstab anzulegen ist, wonach jede auch noch so geringe Unterscheidungskraft ausreicht, um die Schutzfähigkeit zu begründen.[87] Dennoch muss die Prüfung der Unterscheidungskraft „streng und umfassend“ erfolgen, wonach eine lediglich summarische Prüfung nicht genügt.[88] Erforderlich ist eine Prognoseentscheidung, bei der alle relevanten Tatsachen und Umstände zu berücksichtigen sind.[89]

40 Prüfungsgegenstand ist das angemeldete **Zeichen in seiner Gesamtheit.** Denn nach der Rechtsprechung nimmt der Verkehr eine Marke so auf, wie sie ihm entgegentritt, ohne sie einer analysierenden Betrachtungsweise zu unterziehen.[90] Entscheidend ist der Gesamteindruck.[91] Die Unterscheidungskraft des gesamten Zeichens kann sich allerdings aus einzelnen Bestandteilen ergeben, soweit sie sich ausreichend auf den Gesamteindruck auswirken.[92] Auch die Kombination von Bestandteilen, die für sich gesehen nicht unterscheidungskräftig wären, kann die Schutzfähigkeit des Gesamtzeichens begründen.[93]

41 Dabei spielen auch die **Kennzeichnungsgewohnheiten** eine Rolle. Denn ob der Verkehr ein Zeichen als Herkunftshinweis oder etwa als bloß dekoratives Element versteht, hängt auch davon ab, wo und wie die Produkte damit typischerweise gekennzeichnet werden. So werden Verbraucher einen Herkunftshinweis zB eher auf einem eingenähten Etikett erwarten als auf der Vorderseite eines Bekleidungsstücks.[94] Für die Annahme der Schutzfähigkeit im Eintragungsverfahren genügt es, wenn es praktisch bedeutsame und naheliegende Möglichkeiten gibt, das angemeldete Zeichen für die beanspruchten Waren/Dienstleistungen so zu verwenden, dass es vom Verkehr ohne Weiteres als Marke verstanden wird.[95]

42 *bb) Fallgruppen.* Phantasiebegriffe besitzen grundsätzlich die erforderliche Unterscheidungskraft. Hierzu gehören alle sprachlichen Neubildungen ohne Bedeutungsgehalt, die weder in der deutschen noch einer Fremdsprache existieren.[96] Allerdings kommen auch bereits existierende Wörter oder etwa Symbole sowie Gestaltungselemente als betrieblicher Herkunftshinweis in Betracht. Hinsichtlich der Unterscheidungskraft solcher Zeichen existiert eine nahezu unübersehbare Fülle von Einzelfallentscheidungen und Fallgruppen.[97]

43 Keine Unterscheidungskraft besitzen in erster Linie Begriffe, die vom Verkehr als unmittelbar beschreibende Angabe in Bezug auf die konkret betroffenen Waren und Dienstleistungen verstanden werden.[98] Vom Markenschutz ausgeschlossen sind demnach alle Begriffe, die der Verkehr unmittelbar als **Hinweis auf bestimmte Eigenschaften** der beanspruchten Produkte, deren Verwendungszweck, deren Abnehmerkreise oder auch sonstige Umstände, wie etwa die Verkaufs-

[85] Vgl. BGH GRUR 1995, 410 (411) – TURBO.

[86] Vgl. amtl. Begr., BT-Drs. 12/6581, 143.

[87] BGH GRUR 2015, 1012 (1013) – Nivea-Blau; GRUR 2015, 581 – Langenscheidt-Gelb.

[88] EuGH GRUR 2011, 1035 (1038) – 1000; BGH GRUR 2010, 138 (141) – ROCHER-Kugel; s. a. Ströbele/Hacker/Thiering MarkenG § 8 Rn. 199.

[89] Ob der Verkehr die Marke hingegen rein tatsächlich als Herkunftshinweis versteht, wird im Eintragungsverfahren idR nicht zu ermitteln sein, vgl. Ströbele/Hacker/Thiering MarkenG § 8 Rn. 135.

[90] EuGH GRUR 2019, 511 – Hartwall; GRUR 2008, 608 – EUROHYPO; GRUR 2004, 428 (431) – Henkel; BGH GRUR 2018, 301 (302) – Pippi-Langstrumpf-Marke; GRUR 2014, 565 (567) – smartbook.

[91] In einem ersten Schritt dürfen dennoch die Markenbestanteile jeweils einzeln untersucht werden, s. EuGH GRUR 2010, 534 (535) – PRANAHAUS; Ingerl/Rohnke MarkenG § 8 Rn. 47f.

[92] BGH GRUR 2001, 1153 – anti-KALK; GRUR 1991, 136 – NEW MAN; nicht erforderlich ist, dass der schutzfähige Bestandteil das Gesamtzeichen prägt oder dominiert, s. Ströbele/Hacker/Thiering MarkenG § 8 Rn. 234.

[93] Vgl. BGH GRUR 2014, 1206 (1207) – ECR-Award.

[94] BGH GRUR 2017, 730 (732) – Sierpinski-Dreieck; GRUR 2008, 1093 (1096) – Marlene-Dietrich-Bildnis I.

[95] BGH GRUR-RS 2020, 26482 Rn. 20 – Lichtmiete; GRUR 2020, 411 (413) – #darferdas? II; vgl. aber EuGH, GRUR-RR 2018, 507 – Birkenstocksohle-Oberflächenmuster.

[96] Vgl. zB BGH GRUR 1966, 436 – VITA-MALZ.

[97] Einen guten Überblick mit einer Fülle aktueller Entscheidungen geben die jeweils Mitte des Jahres in der GRUR veröffentlichten Berichte „Aus der Rechtsprechung des Bundespatentgerichts“, zB Kortge/Mittenberger-Huber GRUR 2021, 793.

[98] EuGH GRUR 2011, 1035 – 1000; BGH GRUR 2014, 1204 (1205) – DüsseldorfCongress.

stätte, versteht.[99] Die Unterscheidungskraft wird schon dann verneint, wenn ein enger beschreibender Bezug besteht,[100] selbst wenn der fragliche Begriff vage bleibt.[101] Unerheblich ist, ob das Wort bislang beschreibend verwendet wird.[102] Auch mehrdeutige Wörter sind nicht unterscheidungskräftig, wenn zumindest eine ihrer möglichen Bedeutungen beschreibend ist.[103]

Die Frage nach dem Fehlen jeglicher Unterscheidungskraft stellt sich oft bei **Wörtern des allgemeinen Sprachgebrauchs,** die allgemein verständlich und dem deutschen oder einem fremdsprachigen Sprachschatz entnommen sind, ohne allerdings die in Frage stehenden Waren oder Dienstleistungen zu beschreiben. Nicht unterscheidungskräftig sind gebräuchliche (Schlag-) Wörter oder Wendungen, die der Verkehr – etwa auch wegen einer entsprechenden Verwendung in der Werbung – stets nur als solche und nicht als Unterscheidungsmittel versteht.[104] Es kommt darauf an, ob der Begriff vom Verkehr auf das bloße Wortverständnis beschränkt wird oder ob ihm eine darüber hinausgehende Eigenschaft zukommt. So wurde der für chemische Erzeugnisse angemeldeten Marke „Bonus“ die Unterscheidungskraft zugebilligt, da der Begriff ungeachtet seiner in der Geschäftssprache verbreiteten Benutzung kein Wort ist, das vom Verkehr stets nur als solches verstanden wird.[105] Dagegen wurde die die Marke „hey!“ als nicht unterscheidungskräftig angesehen, da es sich um ein vom Verkehr im Zusammenhang mit den beanspruchten Produkten nur als Zuruf, Ausruf oder Grußformel aufgefasstes Wort handelt.[106] 44

Bei **fremdsprachigen Wörtern** kommt es darauf an, ob der in Frage stehende Begriff in seiner Bedeutung überhaupt von den inländischen Verkehrskreisen verstanden wird.[107] Ist dies nicht der Fall, so wird der Verkehr hierin eine Phantasiebezeichnung sehen, der die erforderliche Unterscheidungskraft zukommt.[108] Wenn ein klar verständlicher Bezug zu den betroffenen Waren oder Dienstleistungen fehlt, ist allerdings auch hier die Unterscheidungskraft zu bejahen.[109] 45

Bei **sprachregelwidrig gebildeten Wortmarken** ist eine Unterscheidungskraft zu bejahen, sofern die Regelwidrigkeit vom Verkehr bemerkt wird und sich daraus eine individualisierende Eigenart ergibt.[110] Der bloße Umstand, dass es sich bei dem fraglichen Zeichen um eine Wortneuschöpfung handelt, ist für sich genommen nicht schutzbegründend.[111] Die Unterscheidungskraft ergibt sich häufig gerade aus der unüblichen Zusammenfügung einzelner Bestandteile.[112] Das gilt selbst dann, wenn der Verkehr in der Abwandlung eine inhaltliche Bezugnahme auf den Fachbegriff noch erkennt.[113]Auch sog. sprechende Marken, die lediglich eine entfernte Anspielung auf die Produkte oder deren Verwendungszecke enthalten, können mithin schutzfähig sein.[114] Demgegenüber wird sprachüblich gebildeten Wortzeichen, auch wenn sie lexikalisch nicht nachweisbar sind, die Unterscheidungskraft häufig fehlen.[115] 46

Bei **Mehrwortzeichen,** die aus jeweils nicht schutzfähigen Einzelbegriffen zusammengesetzt sind, kann sich die Unterscheidungskraft aus der unüblichen Kombination der einzelnen Bestandteile ergeben.[116] Häufig sind allerdings auch derartige Zeichen nicht unterscheidungskräftig, weil sie in der Gesamtschau nicht geeignet sind, die Produkte als von einem bestimmten Unternehmen 47

---

[99] BGH GRUR 2009, 952 (953) – DeutschlandCard; GRUR 2009, 411 (412) – STREETBALL; GRUR 2007, 1071 (1072) – Kinder II; BPatG GRUR 2007, 61 – Christkindlesmarkt.

[100] BGH GRUR 2018, 301 – Pippi-Langstrumpf-Marke.

[101] BGH GRUR 2014, 1206 (1207) – ECR-Award.

[102] BPatG BeckRS 2019, 8041 – INTERMATE.

[103] BGH GRUR 2014, 569 (571) – HOT; abw. EuG GRUR-Prax 2015, 370 [mAnm Tenkhoff]; der Kritik zust. Eisenführ/Schennen UMV § 7 Rn. 145 u. BeckOK MarkenR/Kur § 8 Rn. 151.

[104] EuGH GRUR-RS 2020, 21408 Rn. 28 – achtung!; BGH GRUR 2016, 934 (935) – OUI.

[105] BGH GRUR 2002, 816 – Bonus II.

[106] BGH GRUR 2010, 640 – hey!.

[107] EuGH GRUR 2006, 411 (412) – Matratzen-Concord; BGH GRUR 2012, 270 (271) – Link economy.

[108] BGH GRUR 1992, 515 (516) – Vamos; GRUR 1992, 514 – Ole.

[109] Vgl. BGH GRUR 2003, 1050 – Cityservice (nicht schutzfähig); BPatG GRUR 1990, 195 – Marvel (schutzfähig).

[110] BGH GRUR 2002, 540 (541) – OMEPRAZOK (statt „Omeprazol“); BPatG GRUR-RR 2008, 49 – Lastminit (statt „Last Minute“); GRUR 2004, 873 – FRISH (statt „Frisch“).

[111] BPatG GRUR-RS 2020, 26157 – GreenClean.

[112] BGH GRUR 1995, 408 (409) – PROTECH; GRUR 1989, 666 (667) – Sleepover; sofern die veränderte Schreibweise einer Sachangabe bereits gebräuchlich ist, fehlt jegliche Unterscheidungskraft, s. BPatG GRUR-RS 2020, 40367 – VROMAGE; BeckRS 2013, 11260 – Xtra Klimaplatte.

[113] BGH GRUR 2005, 258 (259) – Roximycin; s. a. EuGH GRUR 2004, 680 (681) – BIOMILD: die Abweichung muss nicht nur visuell, sondern auch akustisch wahrnehmbar sein (anders als etwa unterscheidungskräftige Bildelemente, die einer beschreibenden Angabe zur Schutzfähigkeit verhelfen, obwohl sie nicht ausgesprochen werden).

[114] BPatG GRUR 2006, 155 (156) – Salatfix.

[115] BGH GRUR 2001, 1153 – anti KALK.

[116] EuGH GRUR 2008, 608 (609) – EUROHYPO.

stammend zu kennzeichnen.[117] Auch längere Wortfolgen entbehren in der Regel jeglicher Unterscheidungskraft.[118] Bei Internetadressen werden den Top-Level-Domains (zB „com“) und weiteren Adressenbestandteilen (wie „www“) eine bloß funktionale Bedeutung beigemessen, weshalb sich die Unterscheidungskraft aus der Second-Level-Domain der eigentlichen Domainbezeichnung ergeben muss.[119]

48 **Event- oder Ereignismarken** unterliegen den gleichen Anforderungen wie andere Marken, sodass sie im Falle bloßer Sachangaben nicht schutzfähig sind. So hat der BGH etwa in dem Zeichen „FUSSBALL WM 2006“ nur eine sprachübliche Bezeichnung für das Ereignis der Fußballweltmeisterschaft im Jahre 2006 gesehen und klargestellt, dass sprachübliche Bezeichnungen von Großveranstaltungen nicht unterscheidungskräftig sind.[120]

49 **Werbeslogans** unterliegen keinen strengeren Voraussetzungen als andere Wortmarken.[121] Soweit der Gehalt eines Slogans aber nicht über das Niveau einer üblichen anpreisenden Werbeaussage hinausgeht, besitzen sie keine Unterscheidungskraft.[122] Demgegenüber sind Slogans, die mehrdeutig sind und eine gewisse Originalität und Prägnanz aufweisen, schutzfähig. Gleiches gilt, wenn der Slogan beim Verkehr einen Denkprozess auslöst bzw. einen gewissen Interpretationsaufwand erfordert.[123] Als schutzfähig wurde der Werbeslogan „NOW YOU CAN“ beurteilt, da er keinen eindeutigen Aussagegehalt vermittelt und ihm ein unmittelbarer Bezug zu den beanspruchten Waren und Dienstleistungen fehlt.[124]

50 **Personennamen** sind grundsätzlich schutzfähig.[125] Im Einzelfall ist anhand der Kennzeichnungsgewohnheiten in der betroffenen Branche festzustellen, ob ein Name als betrieblicher Herkunftshinweis aufgefasst wird oder ob er nur als Identifizierung einer bestimmten Person verstanden wird.[126] In Kombination mit einem bestimmten Vornamen oder sonstigen Wort- oder Bildbestandteilen werden auch gängige Nachnamen in der Regel als unterscheidungskräftig an gesehen.[127] Schutzfähig sind grundsätzlich auch die Namen bekannter oder fiktiver Personen (zB von Romanfiguren). Maßgeblich ist dabei, ob der Name womöglich bloß als Sachhinweis verstanden wird, was insbesondere bei Produkten mit einem erfassbaren gedanklichen Inhalt in Betracht kommt.[128] So wurde dem Namen „Winnetou“ für Druckereierzeugnisse der Schutz versagt.[129]

51 Die Namen von **Kulturgütern und Sehenswürdigkeiten** sind grundsätzlich nicht vom Markenschutz ausgeschlossen. Häufig wird derartigen Marken allerdings die Schutzfähigkeit für solche Produkte fehlen, bei denen der Verkehr in dem Namen keinen Herkunftshinweis, sondern lediglich einen Hinweis auf die Sehenswürdigkeit sieht, wie etwa bei Merchandising-Artikeln oder Reisedienstleistungen.[130]

52 Auch **Buchstaben und Zahlen** können die Funktion einer Marke erfüllen. So sind Buchstabenkombinationen seit jeher als Firmenbezeichnungen gebräuchlich und der Verkehr ist daran gewöhnt, derartige Kombinationen als Kennzeichen aufzufassen.[131] Stellt die Buchstabenkombination jedoch eine für die betroffenen Produkte gebräuchliche Abkürzung dar oder ist sie nach Art einer in der jeweiligen Branche verbreiteten Typenbezeichnung gestaltet, so ist die Unterscheidungskraft zu verneinen.[132] Auch Zahlenkombinationen oder Zahlwörtern fehlt die Unter-

[117] BGH GRUR 2009, 952 – DeutschlandCard; abw. BPatG GRUR-RS 2022, 1594 – Connected Drinking.

[118] BGH GRUR 2010, 935 – Marke: „Die Vision: EINZIGARTIGES ENGAGEMENT IN TRÜFFELPRALINEN – Der Sinn: Jeder weiß WAS wann zu tun ist und was NICHT zu tun ist – Der Nutzen: Alle tun das RICHTIGE zur richtigen Zeit.“

[119] BPatG BeckRS 2008, 25657 – handy.com.

[120] BGH GRUR 2006, 850 – FUSSBALL WM 2006.

[121] EuGH GRUR 2004, 1027 (1029) – DAS PRINZIP DER BEQUEMLICHKEIT.

[122] BGH GRUR 2009, 778 (779) – Willkommen im Leben; GRUR 2002, 1070 – Bar jeder Vernunft.

[123] EuGH GRUR 2010, 228 (231) – Vorsprung durch Technik; BGH GRUR 2014, 565 (567) – smartbook; es genügt, dass die Marke auch als Herkunftshinweis verstanden wird.

[124] BPatG GRUR-RS 2021, 27532 Rn. 15 – NOW YOU CAN; s. a. BGH GRUR 2000, 321 – Radio von hier; BPatG BeckRS 2011, 7895 – VIVA LA MONEY; BeckRS 2011, 16240 – Wir machen morgen möglich.

[125] EuGH GRUR 2004, 674 – Postkantoor; dies gilt, obwohl Namen primär der Bezeichnung der Namensträger dienen, vgl. BeckOK MarkenR/Eichelberger § 8 Rn. 303 ff.

[126] BPatG GRUR-RS 2020, 15034 Rn. 21 – Fritz Walter.

[127] BGH GRUR 2008, 801 – Hansen-Bau; BPatG GRUR 2012, 1148 – Robert Enke.

[128] BGH GRUR 2018, 301 – Pippi-Langstrumpf-Marke; Ströbele/Hacker/Thiering MarkenG § 8 Rn. 306 ff.

[129] BGH GRUR 2003, 342 – Winnetou.

[130] EuGH GRUR 2018, 1146 – NEUSCHWANSTEIN (schutzfähig); BGH GRUR 2012, 1044 – Neuschwanstein (nicht schutzfähig); BPatG GRUR-RS 2020, 12495 Rn. 8 – Elbterrassen (nicht schutzfähig).

[131] BGH GRUR 2001, 344 (345) – DB Immobilienfonds; BGH GRUR 2002, 261 (262) – AC.

[132] BPatG BeckRS 2011, 26895 – B & P.

scheidungskraft, wenn sie eine beschreibende Bedeutung haben, wie zB „360 Grad“ als Hinweis auf eine ganzheitliche Therapie.[133] Eine an sich schutzfähige Buchstabenkombination kann ihre Unterscheidungskraft verlieren, wenn sie mit einer beschreibenden Angabe kombiniert wird und als deren Abkürzung wirkt.[134] Mit dieser Begründung hat das BPatG etwa der Marke „TRM Tenant Relocation Management“ den Schutz versagt.[135]

Praxistipp:

Soll eine Buchstabenkombination als Marke geschützt werden, bei der die einzelnen Buchstaben jeweils die Abkürzung einer beschreibenden Angabe, eines Gattungsbegriffs oder einer geografischen Angabe darstellen, so sollte angesichts der vorerwähnten Rechtsprechung die Buchstabenkombination auf jeden Fall in Alleinstellung und ohne die einzelnen ausgeschriebenen Begriffe angemeldet werden. Andernfalls kann die Kombination der Buchstabenfolge mit den ausgeschriebenen Begriffen zur Schutzunfähigkeit des Gesamtzeichens führen.

Beispiel:

Wenn die Buchstabenkombination „AZE“ geschützt werden soll, darf nicht die Bezeichnung „AZE Auto Zentrum Essen“ angemeldet werden. Angemeldet werden sollte nur „AZE“.

Grundsätzlich sind auch **Einzelbuchstaben und Ziffern** unterscheidungskräftig, sofern sie nicht als beschreibende Angabe, wie etwa als Hinweis auf Größe, Menge, Preis oder Qualität eines Produktes verstanden werden.[136] Der EuGH hat jedoch darauf hingewiesen, dass die Unterscheidungskraft für Einzelbuchstaben schwieriger als für andere Markenformen festzustellen sein kann.[137] Als unterscheidungskräftig ist etwa der Einzelbuchstabe „M“ für Fahrzeuge erachtet worden.[138] Unterscheidungskräftig können grundsätzlich auch die Ziffern 0 bis 9 sein, wobei hier in der Praxis oftmals eine sachbezogene Angabe vorliegen kann. Der BGH hat zB die Unterscheidungskraft der Zahl „1“ für Tabak bestätigt.[139] 53

Die Unterscheidungskraft wird **besonderen Schriftzeichen und Symbolen** versagt, wenn sie lediglich als allgemeine Hinweise verstanden werden. So ist das #-Zeichen (sog. Hashtag) als Hinweis auf ein Diskussionsthema für nicht unterscheidungskräftig befunden worden und das @-Zeichen als bloßer Verweis auf das Internet.[140] Buchstaben in fremden (zB chinesischen) Schriftzeichen, deren Sinngehalt der inländische Verkehr nicht erkennt, können allenfalls als Bildzeichen unterscheidungskräftig sein.[141] 54

Kombinierte Wort-/Bildmarken sind schutzfähig, wenn zumindest einer der Zeichenbestandteile die erforderliche Unterscheidungskraft aufweist. Auch wenn der Wortbestandteil als solcher nicht schutzfähig ist, kann etwa die grafische Gestaltung dem Gesamtzeichen die nötige Unterscheidungskraft verleihen.[142] Dekorative Gestaltungen oder (auch farbliche) Verzierungen des Schriftbildes, an die der Verkehr durch häufige werbemäßige Verwendung gewöhnt ist, sind allerdings nicht geeignet, einem schutzunfähigen Wort die nötige Unterscheidungskraft zu verleihen.[143] Ebenso wenig genügt ein Bildbestandteil, der lediglich die beschreibende Bedeutung der Wortbestandteile veranschaulicht.[144] 55

[133] BPatG GRUR-RS 2020, 28908 – 360 Grad; GRUR-RS 2019, 33395 – EINS; BeckRS 2019, 32216 Rn. 21 – Verwalter 4.0; BeckRS 2017, 137899 Rn. 17 – HEADLINE 24.

[134] EuGH GRUR 2012, 616 – NAI – Der Natur-Aktien-Index.

[135] BPatG BeckRS 2007, 11225 – TRM Tenant Relocation Management; abw. von den allg. Regeln für Kombinationsmarken wird hier der schutzfähige Bestandteil durch die übrigen Elemente „infiziert“, s. Ströbele/Hacker/Thiering MarkenG § 8 Rn. 235.

[136] BGH GRUR 2003, 343 – Buchstabe „Z“; GRUR 2001, 161 – Buchstabe „K“; BPatG GRUR-RS 2020, 18523 – Rotes „e“; vgl. BeckOK MarkenR/Schumacher § 8 Rn. 379.

[137] EuGH GRUR 2010, 1096 (1097) – Buchstabe „a“.

[138] BPatG GRUR-RR 2013, 288 – Buchstabe „M“.

[139] BGH GRUR 2002, 970 (971) – Zahl „1“; s. a. Ströbele/Hacker/Thiering MarkenG § 8 Rn. 560.

[140] BPatG GRUR-RS 2020, 46445 – Rautezeichen; BeckRS 2017, 121706 – Klammeraffe; s. a. BeckRS 2016, 4300 – QR-Code; BeckRS 2017, 106840 – Meisterschrank („Daumen-Hoch“-Zeichen als Geste iSv „okay“); BeckRS 2009, 166 – Paragraphenzeichen; GRUR-RR 2009, 426 (428) – Yoghurt-Gums (zur Bedeutung des ®-Symbols).

[141] BGH GRUR 2000, 502 – St. Pauli Girl.

[142] BGH GRUR 1991, 136 – NEW MAN.

[143] BGH GRUR 2010, 640 – hey!; GRUR 2009, 954 – Kinder III; GRUR 2001, 1153 – anti-KALK.

[144] BGH GRUR 2014, 376 (377) – grill meister (mit Abbildung einer Wurst).

56 Bei **Bildmarken** ist entscheidend, ob die bildliche Darstellung in Bezug auf die beanspruchten Produkte die erforderliche Unterscheidungskraft besitzt. Vom Schutz ausgeschlossen sind Bildzeichen beschreibenden Inhalts und Piktogramme, die für den Verkehr erkennbar auf bestimmte Eigenschaften oder den Bestimmungszweck der Ware hinweisen.[145] So fehlt der bildlichen Darstellung eines Hundekopfes für die Warengattung „Hundefutter" jegliche Unterscheidungskraft.[146] Genauso wenig sind Bildzeichen schutzfähig, die nur aus der fotografischen Abbildung eines Gegenstandes oder Ortes bestehen, auf den sich die beanspruchten Dienstleistung beziehen oder an dem sie erbracht werden.[147] Die erforderliche Unterscheidungskraft kann allerdings vorliegen, wenn erst infolge einzelner Gedankenschritte von der Abbildung auf die betreffenden Produkte geschlossen werden kann.

57 Bildzeichen, die ausschließlich aus **einfachen geometrischen Figuren** oder bloß üblichen Gestaltungselementen bestehen, sind auch nicht unterscheidungskräftig.[148] Dies gilt vor allem dann, wenn der Verkehr entsprechende Elemente als Etikett oder gewöhnliche Verzierung wahrnehmen wird.[149] Hier kann sich die Schutzfähigkeit allenfalls aus der Kombination verschiedener einfacher Elemente ergeben. Auch eine Abbildung von Kunstwerken kann unterscheidungskräftig sein, soweit der Verkehr darin nicht lediglich ein Werbemotiv erkennt.[150]

58 Bei **dreidimensionalen Marken** ist zu unterscheiden zwischen der abstrakten Formmarke (zB Mercedes-Stern) und Marken, mit denen für die Form der Ware selbst oder deren Verpackung Markenschutz beansprucht wird. Für die abstrakten Formmarken kann im Wesentlichen auf die zu den Bildmarken entwickelte Eintragungspraxis zurückgegriffen werden.

59 Marken, die aus der **Waren- oder Verpackungsform** bestehen, unterliegen zwar grundsätzlich keinen strengeren Anforderungen. Dennoch wird deren Unterscheidungskraft oftmals verneint, weil der Verkehr nicht daran gewöhnt ist, aus einer Produktgestaltung auf dessen betriebliche Herkunft zu schließen.[151] Warenformmarken sind folglich nur dann unterscheidungskräftig, wenn die Form erheblich von der üblichen Grundform der betreffenden Warengattung abweicht.[152] An der Unterscheidungskraft fehlt es dennoch, wenn der Verkehr annimmt, dass die Abweichung funktional bedingt ist oder rein ästhetische Gründe hat.[153] Die Schutzfähigkeit kann sich, wie bei anderen Markenformen, aus der Kombination mit zusätzlichen Elementen ergeben, wie zB einem Wortzeichen oder einer unterscheidungskräftigen Farbe, soweit sie dem Zeichen in seinem Gesamteindruck die erforderliche Unterscheidungskraft verleihen.[154] So kann die Form eines Automobils, wenn sie sich aufgrund besonderer Gestaltungsmerkmale erheblich von anderen Fahrzeugen unterscheidet, vom Verkehr als Herkunftshinweis verstanden werden.[155]

60 Bei **abstrakten Farbmarken** wird der Schutz für eine Farbe an sich beansprucht, ohne dass die Marke eine bestimmte Kontur oder eine konkrete Aufmachung aufweist. Es ist in der Rechtsprechung anerkannt, dass derartige Farbmarken schutzfähig sein können, sofern sie keinen Sachbezug aufweisen.[156] In der Praxis wird die Eintragung allerdings restriktiv gehandhabt, da der Verkehr im Normalfall wenig Anlass hat, bestimmte Waren ausschließlich aufgrund ihrer farblichen Gestaltung einem bestimmten Unternehmen zuzuordnen.[157] Etwas anderes kann auf einem spezifischen Markt gelten, wenn abstrakte Farben dort grundsätzlich als betrieblicher

[145] BPatG GRUR-RS 2020, 30553 – roter Werkzeugkoffer.
[146] BGH GRUR 2004, 331 – Westie-Kopf.
[147] BGH GRUR 2005, 257 – Bürogebäude.
[148] BGH GRUR 2011, 158 – Hefteinband; BPatG GRUR 2010, 338 – Blankoetikett.
[149] BPatG GRUR 1987, 826 (827) – Einfache geometrische Form.
[150] BPatG GRUR 1998, 1021 (1022) – Mona Lisa.
[151] EuGH GRUR 2004, 428 – Henkel; BGH GRUR 2004, 502 – Gabelstapler II; GRUR 2004, 329 – Käse in Blütenform; GRUR 2003, 712 – Goldbarren; BPatG GRUR 2008, 420 – Rocher-Kugel.
[152] Um Umgehungen auszuschließen, werden diese Grundsätze auf Bild- u. 3D-Marken angewendet, welche die Form der beanspruchten Waren bzw. deren Verpackung oder Teile betreffen, s. EuGH GRUR-RS 2019, 31325 – Amphore; GUR 2012, 610 – Freixenet; GRUR-RR 2018, 507 – Birkenstocksohle; BGH GRUR 2011, 158 – Hefteinband.
[153] BGH GRUR 2004, 507 (509) – Transformatorengehäuse; GRUR 2003, 332, 334 Abschlussstück; BPatG BeckRS 2013, 17736 – Kunststoffflasche; GRUR 2011, 68 (71) – Goldhase.
[154] BPatG GRUR-Prax 2021, 597 [mAnm Tenkhoff/Grotkamp]; GRUR 1998, 581 (582) – weiße Kokosflasche; s. a. Ströbele GRUR 1999, 1041 (1043); Grabrucker GRUR 2001, 373 (375).
[155] BGH GRUR 2006, 679 – Porsche Boxster; BPatG BeckRS 2019, 21734 – Sportwagen.
[156] BGH GRUR 2002, 538 – grün eingefärbte Prozessorengehäuse; GRUR 2001, 1154 – violettfarben.
[157] EuGH GRUR 2003, 604 – Libertel; BGH GRUR 2016, 1167 – Sparkassen-Rot; GRUR 2015, 1012 – Nivea-Blau; BPatG GRUR 2020, 878 – Farbmarke Orange.

Herkunftshinweis geeignet sind und sich der Verkehr bereits an deren herkunftshinweisende Verwendung für den konkreten Produktbereich zB als Hausfarben gewöhnt hat.[158]

61 Mit einer **Positionsmarke** wird Schutz für ein Zeichen in einer bestimmten Positionierung auf der Ware beansprucht. Die Schutzfähigkeit ergibt sich bei dieser Markenform aus der besonderen Anbringung eines Zeichens auf einem Produkt. Bedeutung kommt der Positionsmarke eigentlich nur in den Fällen zu, in denen das auf der Ware anzubringende Zeichen nicht schutzfähig ist. Dann kann sich die Schutzfähigkeit des Gesamtzeichens aus der Positionierung auf der Ware ergeben. Insoweit kommt es auf die Kennzeichnungsgewohnheiten der jeweiligen Branche an.[159]

62 Als **Klangmarke** können Töne und Tonfolgen, Geräusche und akustisch wiedergegebene Texte geschützt werden. Als Voraussetzung der Unterscheidungskraft wird eine gewisse Merkfähigkeit gefordert.[160] Sachbezogene Geräusche sind regelmäßig nicht unterscheidungskräftig, da sie nur als Hinweis auf ein Produkt selbst und nicht auf einen bestimmten Hersteller verstanden werden.[161] Die Unterscheidungskraft akustisch wiedergegebener Texte bestimmt sich im Wesentlichen nach dem Text.[162]

63 c) **Beschreibende Angaben.** Neben der fehlenden Unterscheidungskraft kommt dem Schutzversagungsgrund des § 8 Abs. 2 Nr. 2 MarkenG in der Praxis die weitaus größte Bedeutung zu.[163] Danach sind Marken von der Eintragung ausgeschlossen, die ausschließlich aus Angaben bestehen, die im Verkehr zur Bezeichnung der Art, der Beschaffenheit, der Menge, der Bestimmung, des Wertes, der geografischen Herkunft, der Zeit der Herstellung der Waren oder der Erbringung der Dienstleistungen oder zur Bezeichnung sonstiger Merkmale dienen können.[164] Derartige Zeichen sollen allen Wirtschaftsteilnehmern zur Verfügung stehen und es ist daher im allgemeinen Interesse, dass entsprechende Angaben nicht durch eine Markeneintragung zugunsten eines Wettbewerbers monopolisiert werden können.[165]

64 *aa) Überblick.* Beschreibend iSd Nr. 2 ist ein Zeichen jedenfalls dann, wenn sich gegenwärtig eine beschreibende Verwendung dieses Begriffes für die in Frage stehenden Waren und Dienstleistungen feststellen lässt.[166] Allerdings kann der Schutz auch schon versagt werden, wenn vernünftigerweise zu erwarten ist, dass die Angabe zukünftig als Beschreibung der beanspruchten Produkte verwendet werden könnte.[167] Hat das Amt festgestellt, dass das Zeichen in diesem Sinne beschreibend ist, kann sich der Anmelder nicht darauf berufen, etwaige Wettbewerber seien nicht auf die Verwendung des Begriffs angewiesen.[168] Ebenso wenig kann sich der Anmelder darauf berufen, dass das Zeichen mehrdeutig ist und nur eine seiner möglichen Bedeutungen als beschreibende Angabe dienen kann.[169]

[158] BGH GRUR 2010, 637 – Farbe Gelb; BPatG BeckRS 2018, 29580 – Farbmarke für Vergussmörtel; BeckRS 2015, 9646 – Farbmarke Rot; für Farbkombinationen gelten grds. die gleichen Maßstäbe, s. EuGH GRUR-RS 2019, 15894 – Blau/Silber; GRUR Int 2012, 333 – Deutsche Bahn; BPatG BeckRS 2016, 130490 – Schwarz/Orange/Silber; zur Bestimmbarkeit → Rn. 37.

[159] EuGH GRUR 2020, 1195 (1197) – Aktiebolaget; BPatG GRUR-RS 2019, 36781 – zwei Streifen Schuhe; GRUR-RS 2020, 17935 – L-förmige Blende; GRUR-Prax, 2013, 201 – Roter Halbrahmen.

[160] EuG GRUR-RS 2016, 82345 – PLIM PLIM; Ströbele/Hacker/Thiering MarkenG § 8 Rn. 400 ff.

[161] EuG GRUR 2021, 1307 – Getränkedose.

[162] Ingerl/Rohnke MarkenG § 8 Rn. 193; bei nicht schutzfähigen Texten kann die Unterscheidungskraft ggf. aus zusätzlichen Klängen hergleitet werden, s. Ströbele GRUR 1999, 1041 (1045).

[163] Beschreibenden Zeichen fehlt allerdings stets auch die Unterscheidungskraft, s. EuGH GRUR 2016, 80 – BGW.

[164] Die Nennung der Merkmale ist nicht abschließend, s. EuGH GRUR 2019, 163 (165) – Portugal Ramos; zur Bedeutung des Begriffs „ausschließlich“, s. Ströbele/Hacker/Thiering MarkenG § 8 Rn. 457.

[165] Vgl. EuGH GRUR 2011, 1035 – 1000, wonach es auch Überschneidungen mit dem Allgemeininteresse gibt, welches dem Schutzhindernis der fehlenden Unterscheidungskraft zugrunde liegt.

[166] EuGH GRUR 2010, 534 (536) – PRANAHAUS; GRUR 2004, 674 (676) – Postkantoor; BGH GRUR 2012, 276 – Institut der Norddeutschen Wirtschaft e. V.

[167] Man spricht insoweit in Anlehnung an die frühe deutsche Rechtspraxis von einem Freihaltebedürfnis, ohne dass ein Nachweis erforderlich wäre, dass ein echtes Bedürfnis Dritter an der Verwendung besteht. Im Verhältnis zu § 8 Abs. 2 Nr. 1 MarkenG kommt es weniger auf das tatsächliche Verkehrsverständnis an als auf die objektive Eignung zur (ggf. auch nur künftigen) beschreibenden Verwendung, vgl. Ingerl/Rohnke MarkenG § 8 Rn. 200.

[168] EuGH GRUR 2004, 674 (676) – Postkantoor; BGH GRUR 2008, 900 (902) – SPA II; GRUR 2006, 760 (761) – LOTTO; so können selbst Unternehmen, die über ein Monopol verfügen, für beschreibende Zeichen keinen Markenschutz etablieren.

[169] EuGH GRUR 2004, 146 – DOUBLEMINT; BGH GRUR 2009, 669 – POST; auch der Verweis auf eine privilegierte Verwendung beschreibender Angaben nach § 23 Nr. 2 MarkenG greift nicht durch, vgl. EuGH GRUR 2011, 1035 – 1000.

65 Ob im Einzelfall eine beschreibende Angabe besteht, ist jeweils konkret für die **Waren und Dienstleistungen** zu prüfen, für die das Zeichen Schutz beansprucht.[170] Eine Schutzversagung kommt nicht in Betracht, wenn das Zeichen zwar für ähnliche Waren oder Dienstleistungen, nicht aber für die angemeldeten Produkte beschreibend ist.[171] Ein Schutzhindernis besteht allerdings bereits dann, wenn im Waren- und Dienstleistungsverzeichnis Oberbegriffe verwendet werden und das Zeichen auch nur für eine unter diesen Oberbegriff fallende Ware oder Dienstleistung beschreibend ist.[172]

Praxistipp:

Vertritt das Amt im Rahmen des Anmeldeverfahrens die Auffassung, dass für bestimmte Waren oder Dienstleistungen, die in der Anmeldung aufgeführt sind, ein Freihaltebedürfnis besteht, so lässt sich dieses Hindernis mitunter durch eine nachträgliche Einschränkung des Verzeichnisses beseitigen, indem die vom Amt als problematisch beanstandeten Waren oder Dienstleistungen herausgenommen werden. Vorsicht ist allerdings geboten, wenn die Bezeichnung für die verbleibenden Produkte als ersichtlich irreführend zurückgewiesen werden könnte.[173]

Denkbar ist auch eine Teilung der Anmeldung, die es dem Anmelder erlaubt, hinsichtlich der als unproblematisch empfundenen Produkte rasch eine Eintragung zu erreichen, während hinsichtlich der beanstandeten Waren- und Dienstleistungsbereiche das Anmeldeverfahren durch die Instanzen weiter betrieben werden kann.

66 *bb) Fallgruppen.* Bei Abwandlungen beschreibender Angaben liegt in der Regel kein Freihaltebedürfnis vor. Eine Schutzversagung kommt dann nur in Betracht, wenn die Abwandlung derart eng an das Fachwort angelehnt ist, dass sie mit diesem unmittelbar und hochgradig verwechselbar ist und der Verkehr daher in dem Zeichen ohne weiteres die Sachbezeichnung als solche erkennt.[174] In der Rechtsprechung haben sich gewisse Fallgruppen herausgebildet.

67 **Wortneubildungen** können einem Freihaltebedürfnis unterliegen, wenn sie aus Sicht des Verkehrs eindeutig beschreibenden Charakter haben und sie unmittelbar als Eigenschaftsangabe aufgefasst werden. So wurde die Bezeichnung „LOKMAUS" als beschreibend für einen Handregler zur Steuerung von Modelleisenbahnen angesehen.[175] Wird der beschreibende Inhalt eines Zeichens erst nach eingehenden Überlegungen und mehreren Gedankenschritten erkennbar, so ist das Zeichen schutzfähig. Versagt werden kann der Schutz nur, wenn der Verkehr den beschreibenden Charakter sofort und ohne weiteres Nachdenken erkennt.[176]

68 Für **fremdsprachliche Begriffe** gelten keine Besonderheiten. Auch hier kommt es maßgeblich darauf an, ob der inländische angesprochene Verkehr dessen Bedeutung versteht und darin eine beschreibende Angabe sieht.[177] Bei fremdsprachigen Begriffen, die in Deutschland gängig sind und allgemein verstanden werden, wird man dies unterstellen können. In anderen Fällen ist zu ermitteln, ob der konkrete Begriff verstanden wird.[178] Da bei herkömmlichen Produkten regelmäßig der Handel (mit erhöhten Fremdsprachenkenntnissen) zu den angesprochenen Verkehrskreisen zählt, wird den meisten fremdsprachigen Beschaffenheitsangaben der Schutz versagt.[179]

69 Eine **Paralleleintragung des Zeichens** im Ausland entfaltet im Inland keine Bindungswirkung dahingehend, dass das Markenamt verpflichtet wäre, die Marke auch im Inland zur Eintragung zuzulassen. Dies gilt selbst für Eintragungen in anderen EU-Mitgliedstaaten.[180] Allerdings kommt ausländischen Voreintragungen in rein tatsächlicher Hinsicht häufig eine Indizwirkung zu.[181]

---

170 BGH GRUR-RS 2018, 29832 Rn. 17 ff. – Pippi-Langstrumpf-Marke II.
171 EuGH GRUR 2010, 534 (535) – PRANAHAUS; BGH GRUR 2012, 272 (273) – Rheinpark-Center Neuss.
172 BGH GRUR 2015, 1012 (1016) – Nivea-Blau.
173 Vgl. BPatG BeckRS 2009, 15097 – Kombucha: irreführend für Biere, ohne Zusatz von Kombucha; → Rn. 90.
174 Vgl. BGH GRUR 1984, 815 (817) – Indorektal; BGH GRUR 1988, 379 (380) – RIGIDITE I.
175 BGH GRUR 2005, 578 – LOKMAUS; abw. BGH GRUR 2001, 1046 – Genescan.
176 EuGH GRUR Int 2012, 754 (758) – XXX-Lutz; BGH GRUR 2013, 729 (730) – READY TO FUCK.
177 EuGH GRUR 2006, 411 (412) – Matratzen-Concord; BGH GRUR 2000, 502 – St. Pauli Girl; ausf. BeckOK MarkenR/Eichelberger § 8 Rn. 271 ff.
178 BGH GRUR 2012, 270 (271) – Link economy; BPatG BeckRS 2014, 16781– Секрет красоты.
179 BPatG GRUR-Prax 2016, 239 – Lille Smuk; vgl. Ströbele MarkenR 2006, 433; → Rn. 35.
180 Vgl. Ströbele/Hacker/Thiering MarkenG § 8 Rn. 82.
181 BGH GRUR 2001, 1046 – GENESCAN; s. a. EuGH GRUR 2004, 428 – Henkel.

Praxistipp:

Wird einer fremdsprachigen Angabe die Eintragung wegen Bestehens eines Freihaltebedürfnisses versagt, sollte der Anmelder auf korrespondierende Eintragungen in Ländern des betreffenden Sprachkreises hinweisen. Auch wenn derartige Paralleleintragungen keine Bindungswirkung aufseiten des DPMA entfalten, können sie in der Praxis gerade in Zweifelsfällen den Ausschlag zugunsten des Anmelders geben. Ist ein Zeichen in einem Land, dessen Sprachkreis es angehört, zur Eintragung zugelassen worden, besteht jedenfalls eine gewisse Vermutung dahingehend, dass das Zeichen in der betreffenden Fremdsprache nicht glatt beschreibend ist.

Freihaltebedürftig können auch **Abkürzungen von Beschaffenheitsangaben** sein, sofern sie für die in Frage stehenden Waren und Dienstleistungen gebräuchlich und aus sich heraus verständlich sind. Ist die Buchstabenkombination in einem Abkürzungsverzeichnis gelistet, soll dies ein Indiz für ein Freihaltebedürfnis sein.[182] 70

Zeichen, die eine **geografische Bezeichnung** enthalten, sind grundsätzlich geeignet, auf den Herstellungsort der Waren, den Unternehmenssitz oder den Ort, an dem Dienstleistungen erbracht werden, hinzuweisen.[183] Voraussetzung für die Schutzversagung ist allerdings, dass der Verkehr das Zeichen überhaupt als geografische Angabe erkennt, was bei im Inland unbekannten Namen in der Regel nicht der Fall ist. Auch wenn die geografische Angabe dem Verkehr bekannt ist, liegt ein Schutzhindernis nur dann vor, wenn er einen Bezug zwischen der geografischen Angabe und den beanspruchten Produkten herstellt, etwa weil er annimmt, dass die Produkte von dort stammten. Diese Annahme kann fernliegend sein, wenn sich der betreffende Ort zur Herstellung solcher Waren nicht eignet. Andererseits setzt die Schutzversagung nicht voraus, dass der Ort bereits für derartige Produkte bekannt ist. Es kommt darauf an, ob eine beschreibende Benutzung der Ortsangabe vernünftigerweise in Zukunft denkbar ist.[184] Danach wird jedenfalls bei Namen von wirtschaftlich bedeutenden Regionen davon auszugehen sein, dass sie als geografische Herkunftsangabe für die verschiedensten Produkte in Betracht kommen und daher nicht schutzfähig sind. Bei fremdsprachigen Ortsangaben kann die Markeneintragung im Herkunftsland ein Indiz gegen ein Freihaltebedürfnis sein.[185] Die Tatsache, dass ein Ortsname mehrfach vorkommt, steht der Bejahung eines Freihaltebedürfnisses nicht entgegen.[186] 71

Auch **Buchstaben und Zahlen,** die als Preis-, Zeit-, Mengen- oder Wertangabe in Betracht kommen, sind als Marke nicht schutzfähig.[187] Auch hier muss aber das Freihaltebedürfnis der einzelnen Zahl in Bezug auf die beanspruchten Waren und Dienstleistungen konkret festgestellt werden. Die bloß abstrakte Eignung einer Zahl als Mengenangabe kann das Bestehen eines Freihaltebedürfnisses nicht begründen.[188] 72

Bei Zeichen, die für **Druckschriften** angemeldet werden sowie bei Bezeichnungen, die als Titel für andere Werke (wie etwa Tonträger, Software oder Fernsehsendungen) in Betracht kommen, kommt es darauf an, ob der Verkehr das Zeichen als beschreibende Angabe in Bezug auf den Inhalt der Druckschrift oder des betreffenden Werkes versteht.[189] 73

Auch **Bildzeichen** können beschreibend sein, sofern sie sich auf die einfache bildliche Darstellung sachbezogener Objekte beschränken.[190] Allerdings lassen sich solche Gegenstände in der Regel auf unterschiedliche Weise bildlich darstellen, sodass Bildzeichen aufgrund einer ungewöhnlichen Gestaltung schutzfähig sein können.[191] 74

[182] EuG BeckRS 2011, 81066 – TDI; anders ist es, wenn die Buchstabenverbindung als Abkürzung für verschiedene beschreibende Begriffe auf dem relevanten Warengebiet dienen kann, vgl. BPatG GRUR 1999, 330 (331) – CT.

[183] Der Begriff der geografischen Angabe ist dabei weit zu verstehen und umfasst etwa auch Gewässer und Weinlagen, vgl. EuGH GRUR 1999, 723 (726) – Chiemsee; BGH GRUR 2001, 73 – Stich den Buben.

[184] EuGH GRUR 1999, 723 (726) – Chiemsee; BGH GRUR 2012, 272 – Rheinpark Center Neuss; GRUR 2003, 882 – Lichtenstein; BPatG GRUR 2000, 149 (150) – Wallis; Ströbele/Hacker/Thiering MarkenG § 8 Rn. 498 ff.

[185] Vgl. BPatG GRUR 1993, 12 – Enfield.

[186] BGH GRUR 2003, 882 – Lichtenstein.

[187] EuGH GRUR 2011, 1035 (1036) – 1000; Ströbele/Hacker/Thiering MarkenG § 8 Rn. 544 ff.

[188] BGH GRUR 1997, 366 – quattro II: die für Personenkraftwagen angemeldete Zahlenangabe „quattro" (italienisch für vier) besitzt für die in Frage stehenden Produkte keine konkrete praktische Bedeutung.

[189] BGH GRUR 2010, 1100 (1101) – TOOOR!; GRUR 2009, 949 (950) – My World; GRUR 2003, 342 – Winnetou.

[190] BGH GRUR 2004, 331 – Westie-Kopf.

[191] Vgl. BGH GRUR 1955, 421 (423) – Forellenzeichen; BPatG GRUR 1995, 814 (815) – Absperrpoller; zu Piktogrammen s. Ströbele/Hacker/Thiering MarkenG § 8 Rn. 341.

75 Auch **Farbmarken** können unter bestimmten Umständen wegen ihres beschreibenden Charakters schutzunfähig sein. Dies gilt zunächst für alle Farben, die das natürliche Äußere eines Produktes beschreiben, wie etwa Braun für Schokolade.[192] Schutzunfähig ist eine Farbe auch dann, wenn sie auf dem Bestimmungszweck oder bestimmte Eigenschaften des fraglichen Produktes hinweist.[193]

76 **d) Übliche Bezeichnungen.** Nach § 8 Abs. 2 Nr. 3 MarkenG sind solche Zeichen nicht schutzfähig, die im allgemeinem Sprachgebrauch oder in den redlichen und ständigen Verkehrsgepflogenheiten zur Bezeichnung der betreffenden Waren oder Dienstleistungen üblich geworden sind. Derartigen Zeichen wird allerdings in den meisten Fällen der Schutz bereits nach Nr. 1 oder 2 zu versagen sein.

77 In der Praxis spielt die Vorschrift daher eine **untergeordnete Rolle.**[194] In der Regel wird eine übliche Bezeichnung zugleich eine Angabe über die Art der Waren oder Dienstleistungen darstellen, sodass auch ein Freihaltungsbedürfnis vorliegt. Zwar können auch nicht beschreibende Zeichen nach Nr. 3 vom Markenschutz ausgeschlossen sein, wenn sie als Bezeichnung für bestimmte Waren/Dienstleistungen üblich geworden sind.[195] Allerdings ist von einer üblichen Bezeichnung nur auszugehen, wenn sie nachweislich verwendet wird und dem Verkehr geläufig ist. Dann wird dem Zeichen aber häufig jegliche Unterscheidungskraft fehlen, da der Verkehr darin keinen Herkunftshinweis erblickt.

78 **e) Durch Benutzung erlangte Unterscheidungskraft (Verkehrsdurchsetzung).** Die Schutzhindernisse des § 8 Abs. 2 Nr. 1 bis 3 MarkenG können durch eine Verkehrsdurchsetzung des angemeldeten Zeichens überwunden werden, § 8 Abs. 3 MarkenG.[196] Ein an sich nicht unterscheidungskräftiges Zeichen kann demnach als Marke eingetragen werden, wenn es durch seine Benutzung im geschäftlichen Verkehr Unterscheidungskraft erworben hat.[197] Das Zeichen hat sich dann in den beteiligten Verkehrskreisen für die in Frage stehenden Waren und Dienstleistungen durchgesetzt.[198] Wenn der Verkehr das betreffende Zeichen infolge seiner Benutzung tatsächlich mit einem bestimmten Unternehmen verbindet, besteht kein Anlass mehr, dem Zeichen die Eintragung zu verweigern.

79 Das Amt ist nicht verpflichtet, aus eigener Initiative Ermittlungen zu einer etwaigen Verkehrsdurchsetzung einer nicht schutzfähigen Marke durchzuführen. Vielmehr muss sich der Anmelder hierauf **ausdrücklich berufen.** Dies kann er in jedem Verfahrensstadium tun, auch noch im Rahmen des Beschwerdeverfahrens. Der Anmelder kann demnach zunächst abwarten, ob seine Marke als originär schutzfähig anerkannt wird und sich nur hilfsweise oder zu einem späteren Verfahrenszeitpunkt auf eine Verkehrsdurchsetzung berufen. Die Beweislast für das Vorliegen einer Verkehrsdurchsetzung liegt beim Anmelder. Zwar führt das Amt in gewissem Umfang eigene Ermittlungen durch, wenn sich der Anmelder auf eine Verkehrsdurchsetzung beruft. Dies geschieht allerdings erst dann, wenn der Anmelder die wesentlichen Umstände, die für das Vorliegen einer Verkehrsdurchsetzung sprechen, vorgetragen und glaubhaft gemacht hat.[199]

80 *aa) Beurteilungskriterien.* Ob das angemeldete Zeichen infolge seiner Benutzung bereits Unterscheidungskraft erlangt hat bzw. sich im Verkehr durchgesetzt hat, ist anhand bestimmter Kriterien zu prüfen. Relevant sind dabei die Dauer und die Intensität der Nutzung der Marke, der Werbeaufwand und sonstige Investitionen, die in die Marke getätigt wurden, der von den betroffenen Waren oder Dienstleistungen gehaltene Marktanteil sowie letztlich auch der Grad der Bekanntheit der Marke bei den angesprochenen Verkehrskreisen.[200] Der Anmelder sollte demnach zu all diesen Punkten möglichst detaillierte Angaben machen und diese durch Vorlagen ge-

[192] Grabrucker WRP 2000, 1331 (1338); s. a. BeckOK Markenrecht/Schumacher § 8 Rn. 453.
[193] EuGH GRUR 2003, 604 – Libertel.
[194] Dies gilt vor allem, weil iRd Nr. 3 auf den Anmeldezeitpunkt abzustellen ist. Entwickelt sich ein Zeichen erst später zum Gattungsbegriff, kommt nur eine Löschung nach § 49 MarkenG in Betracht, vgl. Ingerl/Rohnke MarkenG § 8 Rn. 247 ff.
[195] EuGH GRUR 2001, 1148 – Bravo: in Betracht kommen insbes. Gattungsbezeichnungen, aber keine Werbeschlagwörter.
[196] Die Schutzhindernisse des § 8 Abs. 2 Nr. 4–14 MarkenG oder eine fehlende Markenfähigkeit iSd § 3 MarkenG können hingegen nicht im Wege der Verkehrsdurchsetzung überwunden werden.
[197] Vgl. Art. 4 Abs. 4 RL (EU) 2015/2436.
[198] Der Begriff „Verkehrsdurchsetzung" ist eine auf die frühere deutsche Rechtspraxis zurückgehende Besonderheit.
[199] Ausf. Ströbele/Hacker/Thiering MarkenG § 8 Rn. 667 ff.
[200] BeckOK MarkenR/Kur § 8 Rn. 86.

eigneter Unterlagen glaubhaft machen.[201] Das Vorliegen der Verkehrsdurchsetzung ist dann im Rahmen einer Gesamtschau zu beurteilen.[202]

Die Verkehrsdurchsetzung kann nach dem Wortlaut des § 8 Abs. 3 MarkenG nur durch **Benutzung** der Marke erfolgen. Das setzt eine Benutzung des angemeldeten Zeichens als Marke voraus. Erforderlich ist, dass das fragliche Zeichen in Bezug auf die beanspruchten Produkte als Unterscheidungsmittel hinsichtlich deren betrieblicher Herkunft verwendet worden ist.[203] Eine Verwendung des Zeichens als bloße Verzierung oder beschreibende Angabe genügt hierzu nicht. 81

Das Zeichen muss sich **für den Anmelder** im Verkehr durchgesetzt haben. Es genügt die Benutzung durch einen Dritten, wenn diese dem Anmelder zugerechnet werden kann, wie etwa bei der Verwendung durch ein konzernverbundenes Unternehmen oder durch einen Lizenznehmer.[204] 82

bb) Beurteilungsgegenstand. Die Verkehrsdurchsetzung muss für das konkret angemeldete Zeichen nachgewiesen werden. Hier können sich Komplikationen ergeben, wenn das angemeldete Zeichen von der benutzten Zeichenform abweicht oder es als Bestandteil eines kombinierten Zeichens zusammen mit anderen Bestandteilen benutzt wurde. Dann muss glaubhaft gemacht werden, dass eine Verkehrsdurchsetzung gerade für den angemeldeten Zeichenbestandteil vorliegt.[205] Ein eigenständiger Herkunftshinweis wird aus dem angemeldeten Zeichen in der Regel dann hergeleitet, wenn den Zusätzen keine kennzeichnender Charakter zukommt oder wenn der Verkehr darin eine Mehrfachkennzeichnung erkennt.[206] Dies nachzuweisen kann im Einzelfall schwierig sein, da die Angaben zu Marktanteilen, Werbeaufwendungen, Umsatzzahlen etc. meist nur Rückschlüsse auf die Verkehrsdurchsetzung des kombinierten Zeichens zulassen. In diesem Fällen hilft nur eine Verkehrsumfrage, in deren Rahmen gerade nach der Bekanntheit des einzelnen Bestandteils gefragt wird.[207] 83

Ferner muss die Verkehrsdurchsetzung für alle **Waren und Dienstleistungen** festgestellt werden, für die das Zeichen Schutz beansprucht. Eine Durchsetzung für lediglich ähnliche Waren oder Dienstleistungen reicht nicht aus. Gleiches gilt, wenn in der Markenanmeldung Oberbegriffe verwendet werden, unter die eine Vielzahl einzelner Waren und Dienstleistungen fallen. Dann muss die Verkehrsdurchsetzung für alle Waren/Dienstleistungen nachgewiesen werden, die unter den Oberbegriff fallen.[208] 84

cc) Beurteilungsmaßstab. Ob ein Zeichen Unterscheidungskraft erlangt hat, soll nach Meinung des EuGH nicht ausschließlich von den Ergebnissen demoskopischer Gutachten oder gar festen Prozentsätzen abhängig gemacht werden.[209] Gleichwohl verlangt die Spruchpraxis in Deutschland als Nachweis der Verkehrsdurchsetzung in der Regel die Vorlage einer Verkehrsumfrage, aus der sich ergibt, dass die Mehrheit der beteiligten Verkehrskreise das Zeichen einem bestimmten Unternehmen zuordnen können.[210] Soweit ein entsprechendes Gutachten vorgelegt wird, fordert der BGH grundsätzlich einen Zuordnungsgrad von mindestens 50 %.[211] Liegen die Zuordnungswerte deutlich darunter, scheidet eine Verkehrsdurchsetzung in der Regel aus.[212] Die Anforderungen an den Nachweis der Verkehrsdurchsetzung wurden bei bestimmten Zeichenkategorien in der Vergangenheit höher angesetzt.[213] Der EuGH hat allerdings der Ansicht, 85

---

[201] Wie zB Werbeanzeigen, Angaben zu Werbeaufwendungen, Lieferunterlagen, Rechnungen, Marktforschungsunterlagen und Erklärungen von Berufsverbänden oder anderen unabhängigen Institutionen.

[202] EuGH GRUR 1999, 723 – Chiemsee; GRUR 2005, 763 (764) – Nestlé.

[203] EuGH GRUR 2015, 1198 – Kit Kat; BGH GRUR 2014, 1232 – S-Bahn; GRUR 2007, 780 – Pralinenform I; einem etwaigen Anliegen, bestimmte Zeichen aus rechtspolitischen Gründen dauerhaft der Monopolisierung zu entziehen, kann ggf. durch eine strenge Prüfung der markenmäßigen Benutzung entsprochen werden, s. Ströbele GRUR 2008, 569 (573).

[204] Vgl. BGH GRUR 2011, 232 (238) – gelbe Seiten; GRUR 2008, 505 (508) – TUC-Salzcracker.

[205] EuGH GRUR 2015, 1198 – Kit Kat; GRUR 2005, 763 (764) – Nestlé; BGH GRUR 2016, 197 – Bounty.

[206] BGH GRUR 2009 954 (956) – Kinder III.

[207] BGH GRUR 2008, 710 (713) – VISAGE; s. a. Ingerl/Rohnke MarkenG § 8 Rn. 321; → § 9.

[208] BGH GRUR 2011, 65 (68) – Buchstabe T mit Strich; GRUR 2008, 510 (512) – Milchschnitte.

[209] EuGH GRUR 1999, 723 (727) – Chiemsee; Grabrucker GRUR-Prax 2016, 93.

[210] Nicht gefordert wird hingegen, dass der Verkehr das konkrete Unternehmen auch benennen kann, vgl. BGH GRUR 2011, 232 (238) – gelbe Seiten; GRUR 2009, 954 (956) – Kinder III; GRUR 2007, 235 (238) – Goldhase.

[211] BGH GRUR 2010, 138 (142) – ROCHER-Kugel, wobei die deutsche Rechtsprechung das Vorliegen der Verkehrsdurchsetzung als Rechtsfrage versteht, s. BVerfG GRUR 2018, 403 – Farbmarke Sparkassen-Rot.

[212] Vgl. BGH GRUR 2014, 483 – test; BPatG GRUR 2013, 1145 – TOTO.

[213] BGH GRUR 2009, 669 (671) – POST II; GRUR 2006, 760 (762) – LOTTO: Bekanntheitsgrad von 59 % nicht ausreichend;

wonach etwa bei Farbmarken stets ein höherer Durchsetzungsgrad von 70 % zu fordern sei, eine Absage erteilt.[214] Demnach gelten jetzt auch nach deutscher Rechtspraxis für Farb- und Formmarken keine strengeren Maßstäbe als bei anderen Markentypen. So hielt der BGH einen Durchsetzungsgrad von 58 % für das „Nivea-blau" für ausreichend.[215]

86 Die beteiligten Verkehrskreise müssen das fragliche Zeichen auch gerade in seiner Eigenschaft als betrieblicher Herkunftshinweis kennen. Eine **bloße Bekanntheit** eines Zeichens genügt nicht als Nachweis der Verkehrsdurchsetzung. Das Problem stellt sich in erster Linie bei dreidimensionalen Marken und Farbmarken. So mag es durchaus sein, dass bestimmte Farben oder Produkt- bzw. Verpackungsformen einer Mehrheit der angesprochenen Verkehrskreise bekannt sind und von diesen auch mit einem bestimmten Unternehmen in Verbindung gebracht werden. Damit ist allerdings noch nicht gesagt, dass der Verkehr die Farbe oder die Form auch als Marke im Sinn eines Herkunftshinweises wahrnimmt.[216] Denn Farben oder Produktformen werden in der Regel nicht isoliert als Kennzeichnungsmittel eingesetzt, sondern überwiegend in Kombination mit Bild- und/oder Wortmarken. Verkehrsdurchgesetzt ist eine Farbe oder Form jedoch nur dann, wenn der Verkehr darin einen eigenständigen Herkunftshinweis sieht.[217]

87 Das Zeichen muss sich **„in den beteiligten Verkehrskreisen"** durchgesetzt haben. Eine Durchsetzung lediglich innerhalb eines Teils der tatsächlich angesprochenen Verkehrskreise (zB für bestimmte Verbrauchergruppen) genügt hingegen grundsätzlich nicht.[218]

88 Da durch die Eintragung der Marke ein Schutzrecht für das gesamte Gebiet der Bundesrepublik Deutschland entsteht, muss die Verkehrsdurchsetzung grundsätzlich auch **im gesamten Bundesgebiet** erreicht sein. Eine Durchsetzung nur in einzelnen Regionen genügt nicht.

89 *dd) Beurteilungszeitpunkt.* Die Verkehrsdurchsetzung muss für den Zeitpunkt der Markenanmeldung nachgewiesen werden. In der Praxis stellt sich häufig das Problem, dass demoskopische Umfragen erst im Rahmen des Anmeldeverfahrens durchgeführt werden und die Verkehrsdurchsetzung somit nur für einen späteren Zeitpunkt, nicht aber rückwirkend für die Vergangenheit festgestellt werden kann. In diesen Fällen kann die Marke dennoch eingetragen werden, wenn der Anmelder einer Verschiebung des Prioritätszeitpunktes auf den Zeitpunkt zustimmt, zu dem die Verkehrsgeltung nachweislich gegeben war, § 37 Abs. 2 MarkenG.[219]

Praxistipp:

Die Eintragung einer an sich schutzunfähigen Marke unter Berufung auf eine Verkehrsdurchsetzung ist mit einem erheblichen Aufwand verbunden. Um zu vermeiden, dass sich das Verfahren über Jahre hinzieht, sollte der Anmelder schon zum Zeitpunkt der Anmeldung in der Lage sein, die Verkehrsdurchsetzung glaubhaft zu machen, sobald das Amt die Schutzfähigkeit der Marke beanstandet, sofern nicht ohnehin bereits bei der Anmeldung entsprechendes Material mit eingereicht wird. Bei allen Produkten, die sich auch an Endverbraucher richten, wird zum Nachweis der Verkehrsdurchsetzung in aller Regel eine demoskopische Umfrage erforderlich sein. Hier droht die Gefahr, dass ein entsprechendes Umfrageergebnis erst erhebliche Zeit nach dem Anmeldetag vorliegt und es dadurch zu einer Prioritätsverschiebung zu Lasten des Anmelders kommt. Ferner kann nicht ausgeschlossen werden, dass Mitbewerber eine mit der durchgesetzten Marke verwechslungsfähiges Zeichen benutzen, ohne dass hiergegen vorgegangen werden kann, solange die eigene Marke noch nicht eingetragen ist. Derartige Drittbenutzung kann zu einer Verwässerung der Wahrnehmung des Verkehrs und damit zu einer Reduzierung des Durchsetzungsgrades während des Anmeldeverfahrens führen.

Aus diesen Gründen ist es aus Sicht des Anmelders, der seine Markenanmeldung auf Verkehrsdurchsetzung stützt, sinnvoll, dass er bereits unmittelbar vor der Anmeldung oder gleichzeitig mit dieser eine Ver-

[214] EuGH GRUR 2014, 776 – Sparkassen-Rot.

[215] BGH GRUR 2015, 1012 (1016) – Nivea-Blau; s. a. GRUR 2016, 1167 – Sparkassen-Rot.

[216] Eine vergleichbare Problematik stellt sich bei einer Monopolstellung des Anmelders, s. EuGH GRUR Int. 2002, 842 – Philips; BGH GRUR 2009, 669 – POST II.

[217] Vgl. Ströbele/Hacker/Thiering MarkenG § 8 Rn. 688; Ingerl/Rohnke MarkenG § 8 Rn. 321; BGH GRUR 2015, 1012 – Nivea-Blau; GRUR 2014, 1101 (1103) – Gelbe Wörterbücher; GRUR 2010, 138 – ROCHER-Kugel.

[218] Zur Bestimmung der Verkehrskreise → Rn. 34; obwohl der BGH von einem „erheblichen Teil" der Verkehrskreise spricht, genügt ein nur teilweiser Erwerb der Unterscheidungskraft innerhalb bestimmter Verkehrsteile gerade nicht, anders als bei der Verkehrsgeltung iSd § 4 Nr. 2 MarkenG, vgl. BGH GRUR 2014, 483 (486) – test; zur Verkehrsgeltung → Rn. 107.

[219] BGH GRUR 2014, 483 (486) – test; Fezer/Bingener Hdb Markenpraxis, Bd I, 1. Teil, Kap I, Rn 34; s. a. Ströbele/Hacker/Thiering MarkenG § 8 Rn. 24; zur Rechtsdemoskopie → § 9.

kehrsbefragung durchführen lässt, um dann im Rahmen des Anmeldeverfahrens die Verkehrsdurchsetzung bereits für den Zeitpunkt der Anmeldung dokumentieren zu können. Um sicherzustellen, dass das Umfrageergebnis vom DPMA anerkannt wird, sollten bei der Formulierung des Fragebogens unbedingt die Richtlinien des DPMA für die Durchführung derartiger Umfragen berücksichtigt und mit der Durchführung ein anerkanntes demoskopisches Institut beauftragt werden.

f) **Täuschungsgefahr.** Nach § 8 Abs. 2 Nr. 4 MarkenG sind auch solche Marken von der Eintragung ausgeschlossen, die geeignet sind, das Publikum zu täuschen. In Betracht kommt insbesondere eine Täuschung über die Art, die Beschaffenheit oder die geografische Herkunft der Waren oder Dienstleistungen, wobei diese Aufzählung nicht abschließend ist. Die Täuschungsgefahr muss sich aus dem angemeldeten Zeichen selbst ergeben und „ersichtlich" sein, § 37 Abs. 3 MarkenG. Sonstige Umstände, wie etwa die Art und Weise der tatsächlichen Markenbenutzung bleiben unberücksichtigt.[220] 90

Eine Schutzversagung kommt nur in Betracht, wenn das Zeichen **ersichtlich zur Täuschung geeignet** ist. Das DPMA führt nur eine kursorische Prüfung durch und ist nicht gehalten, umfangreiche Nachforschungen anzustellen.[221] Der irreführende Charakter muss ohne weiteres erkennbar sein. Das Amt kann vom Anmelder den Nachweis für die objektive Richtigkeit der in der Marke enthaltenen Angaben verlangen.[222] Allerdings kommt es letztlich nicht entscheidend darauf an, ob die in der Marke enthaltene Angabe objektiv richtig ist. Abzustellen ist vielmehr auf das Verständnis der angesprochenen Verkehrskreise.[223] So wurde die Marke „VROMAGE" als irreführend für „Käseersatz" angesehen, da die Bezeichnung beim Verkehr durch die Anspielung auf das französische Wort „fromage" den unzutreffenden Eindruck echter Käseprodukte erwecke.[224] 91

Wenn die Möglichkeit einer nicht irreführenden Markenbenutzung für die **beanspruchten Waren und Dienstleistungen** besteht, liegt keine Täuschungsgefahr vor.[225] Kommt das Amt also zu dem Ergebnis, dass Waren/Dienstleistungen vom Verzeichnis erfasst werden, für die die Angabe nicht irreführend ist, kann der Marke nicht der Schutz versagt werden.[226] Eine Beschränkung des Warenverzeichnisses auf einzelne Waren oder Dienstleistungen innerhalb weiter Oberbegriffe kann nicht gefordert werden.[227] 92

Praxistipp:

Auch in Bezug auf eine Schutzversagung wegen möglicher Irreführung gilt, dass der Formulierung des Waren- und Dienstleistungsverzeichnisses große Sorgfalt gewidmet werden sollte. Zu vermeiden sind solche Waren- oder Dienstleistungsbezeichnungen, für die die angemeldete Marke ersichtlich irreführend ist. Beanstandungen des DPMA im Rahmen des Anmeldeverfahrens könnten häufig durch eine klarstellende Einschränkung ausgeräumt werden.

Mögliche Änderungen und Einschränkungen des Verzeichnisses sollten mit dem Prüfer gegebenenfalls telefonisch abgestimmt werden. Zu beachten ist, dass eine nachträgliche Erweiterung des Waren- und Dienstleistungsverzeichnisses nicht in Betracht kommt. Es liegt daher nahe, sich auf Oberbegriffe zu beschränken.

Eine Täuschungseignung kann auch bei **geografischen Namen oder fremdsprachlichen Begriffen** bestehen, wenn diese die unzutreffende Vorstellung einer Produktherkunft aus einem bestimmten Gebiet hervorrufen.[228] Aber auch hier wird eine Eignung zur Irreführung nur in Aus- 93

[220] Die Beurteilung der tatsächlichen Benutzung irreführender Angaben richtet sich ua nach dem UWG.
[221] BPatG GRUR 1996, 885 (886) – Schloss Wachenheim; GRUR 1992, 516 (517) – EGGER Natur-Bräu.
[222] Vgl. BPatG GRUR 1995, 411 – SEIT 1895.
[223] EuGH GRUR Int 2000, 354 – Estée Lauder; wobei auf den Durchschnittsverbraucher abzustellen ist → Rn. 35.
[224] BPatG GRUR-RS 2020, 40367 – VROMAGE; s. a. BeckOK MarkenR/Albrecht § 8 Rn. 590 ff.
[225] Vgl. BPatG GRUR 1999, 746 (747) – Omeprazok; GRUR 1992, 516 – EGGER Natur-Bräu; GRUR 1989, 593 – Molino; s. a. Ströbele/Hacker/Thiering MarkenG § 8 Rn. 880.
[226] BGH GRUR 2017, 186 – Stadtwerke Bremen;
[227] BPatG GRUR 1989, 593 (594) – Molino; GRUR 1991, 145 (146) – Mascasano.
[228] BGH GRUR 1973, 361 – SanRemo; BPatG GRUR 1989, 593 (594) – Molino.

nahmefällen zu bejahen sein, da die Verwendung derartiger fremdsprachiger Bezeichnungen heute allgemein üblich ist und der Verkehr gewohnt ist, auf klarstellende Zusätze zu achten.[229]

94 Enthält das angemeldete Zeichen Hinweise auf **Prämierungen oder Qualitätskontrollen** der entsprechenden Waren oder auf das Alter oder bestimmte Auszeichnungen des anmeldenden Unternehmens, so ist die Richtigkeit dieser Angaben gegebenenfalls zu belegen.[230] Selbst die Anmeldung des Namens einer fremden, tatsächlich existierenden Person kann im Normalfall nicht unter dem Gesichtspunkt der Irreführung zurückgewiesen werden. Sofern es sich nicht zugleich um notorisch bekannte Marken iSd § 10 MarkenG handelt, stellen die Namen anderer Personen keine (absoluten) Schutzhindernisse dar.[231] Das DPMA kann auch nicht etwa eine Zustimmungserklärung des Namensträgers verlangen.[232]

95 **g) Verstoß gegen die guten Sitten.** § 8 Abs. 2 Nr. 5 MarkenG schließt Zeichen, die gegen die öffentliche Ordnung oder gegen die guten Sitten verstoßen, vom Markenschutz aus. Die Sittenwidrigkeit muss sich unmittelbar aus der Marke selbst ergeben. Die Begleitumstände der tatsächlichen Benutzung spielen hierbei grundsätzlich keine Rolle. Bei vulgären Ausdrücken ist die Schutzschranke angesichts der zunehmenden Liberalisierung der Verkehrsauffassung relativ niedrig.[233] Eine Schutzversagung kommt aber in Betracht, wenn das Zeichen das Scham- oder Sittlichkeitsgefühl eines wesentlichen Teils der angesprochenen Verkehrskreise unerträglich verletzt.[234] Gleiches gilt für rassistische oder solche Angaben, die die Menschenwürde oder das religiöse Empfinden beeinträchtigen.[235] Dabei ist auf das Verständnis der angesprochenen Verkehrskreise abzustellen. Im Einzelfall kann auch der gegenwärtige soziale Kontext einer Markenverwendung berücksichtigt werden.[236] Wenn im Alltag bestimmte Bevölkerungskreise, wie etwa Kinder und Jugendliche, mit dem Zeichen in Berührung kommen, kann ein strengerer Maßstab anzulegen sein.[237] Ein Verstoß gegen die öffentliche Ordnung ist insbesondere dann zu bejahen, wenn Strafbestimmungen verletzt werden (zB wenn die angemeldete Marke NS-Symbole enthält).

96 **h) Hoheitszeichen und Prüfzeichen.** Nach § 8 Abs. 2 Nr. 6 bis 8 MarkenG sind Hoheitszeichen, amtliche Prüf- oder Gewährzeichen sowie die Kennzeichen internationaler zwischenstaatlicher Organisationen unter bestimmten Voraussetzungen vom Markenschutz ausgenommen. Die genannten Vorschriften werden ergänzt durch § 8 Abs. 4 MarkenG, der Einschränkungen und Klarstellungen zur Anwendung der genannten Schutzversagungsgründe enthält.[238] Vom Schutz ausgeschlossen sind demnach Marken, die in- oder ausländische Staatswappen oder Staatsflaggen oder andere Hoheitszeichen enthalten.[239] Nach Abs. 4 erstreckt sich das Eintragungsverbot auch auf Nachahmungen derartiger staatlicher Hoheitszeichen.[240] Dabei kommt es nicht darauf an, ob das Hoheitszeichen der einzige oder prägende Bestandteil der angemeldeten Marke ist. Maßgeblich ist allein, ob durch das in der Marke enthaltene Hoheitszeichen der Eindruck erweckt wird, es bestehe ein irgendwie gearteter Bezug zu einer staatlichen Gewalt.[241]

97 Nach § 8 Abs. 4 S. 2 MarkenG sind Hoheitszeichen zur Eintragung zuzulassen, sofern der Anmelder zur Führung des Zeichens **befugt** ist. Marken, die amtliche Prüf- oder Gewährzeichen enthalten, sind nur von der Eintragung ausgeschlossen, wenn die betreffenden Prüfzeichen durch Veröffentlichung im Bundesgesetzblatt bekannt gemacht worden sind.[242] Auch hier gilt, dass die Marke für den Berechtigten eingetragen werden kann. Eine Eintragung ist auch dann möglich, wenn die Waren und Dienstleistungen, für die der Schutz beansprucht wird, nicht mit denjenigen identisch oder ähnlich sind, für die das Prüfzeichen eingetragen ist, Abs. 4 S. 3. Ferner ist der Schutz nach Abs. 4 S. 4 zu bewilligen, wenn die angemeldete Marke nicht geeignet ist, bei den

[229] BGH GRUR 1994, 320 – Mozzarella II; s. a. Ströbele/Hacker/Thiering MarkenG § 8 Rn. 912.
[230] Ströbele/Hacker/Thiering MarkenG § 8 Rn. 919; zur Gewährleistungsmarke → Rn. 463.
[231] Ingerl/Rohnke MarkenG § 8 Rn. 269; es können allerdings relative Schutzhindernisse nach § 13 Abs. 2 MarkenG bestehen.
[232] Vgl. BPatG BeckRS 2012, 11035 – Gürzenich.
[233] BPatG BeckRS 2012, 692 – FICKEN LIQUORS.
[234] BPatG GRUR 2013, 739 – Headfuck.
[235] BPatG GRUR-RR 2011, 311 – RCQT.
[236] Das gilt jedenfalls, wenn der Anmelder Aspekte vorgetragen hat, die Zweifel daran begründen, dass die Marke tatsächlich als sittenwidrig empfunden wird, s. EuGH GRUR 2020, 395 – Fack Ju Göhte,
[237] BGH GRUR 2013, 729 – READY TO FUCK; s. a. Ströbele/Hacker/Thiering MarkenG § 8 Rn. 943, 961 mwN.
[238] Vgl. Ströbele/Hacker/Thiering MarkenG Rn. 964 ff.
[239] Zu den anderen Hoheitszeichen gehören ua Zahlungsmittel und Briefmarken.
[240] BPatG GRUR-RR 2013, 428 – Schweizer Kreuz.
[241] EuGH GRUR Int 2010, 45 – Ahornblatt.
[242] Fezer MarkenG § 8 Rn. 599 ff.

angesprochenen Verkehrskreisen den unzutreffenden Eindruck einer Verbindung mit der internationalen Organisation hervorzurufen.

98 i) **Ursprungsbezeichnungen und geografische Angaben.** Nach § 8 Abs. 2 Nr. 9 MarkenG sind solche Marken von der Eintragung ausgeschlossen, deren Benutzung geschützte Ursprungsbezeichnungen (gU) oder geschützte geografische Angaben (ggA) verletzen würde.[243] Die Vorschrift ist durch das MaMoG eingeführt worden und ist als dynamische Rechtsgrundverweisung ausgestaltet.[244] Erfasst werden gU/ggA, die nach deutschem Recht, Unionsregelungen oder internationalen Übereinkünften geschützt sind.[245] Die eigentlichen Verletzungstatbestände sind allerdings nicht im MarkenG geregelt, sondern ergeben sich aus den jeweiligen Normen zum Schutz der gU/ggA.[246]

99 j) **Traditionelle Bezeichnungen für Weine, Bezeichnungen traditioneller Spezialitäten und Sortenbezeichnungen.** Ebenfalls neu eingeführt wurden die Schutzhindernisse der § 8 Abs. 2 Nr. 10 bis 12 MarkenG. Nach Nr. 10 und 11 sind Marken nicht eintragungsfähig, die nach Unionsregelungen oder internationalen Übereinkünften zum Schutz traditioneller Bezeichnungen für Weine oder traditioneller Spezialitäten von der Eintragung ausgeschlossen sind.[247] Nach Nr. 12 wird Marken der Schutz verwehrt, die mit einer in der EU oder in Deutschland geschützten älteren Sortenbezeichnung übereinstimmen oder diese in ihren wesentlichen Elementen wiedergeben und sich auf Pflanzensorten derselben Art oder eng verwandter Arten beziehen.[248]

100 k) **Benutzungsverbote.** § 8 Abs. 2 Nr. 13 MarkenG schließt Zeichen vom Markenschutz aus, deren Benutzung ersichtlich nach sonstigen Vorschriften im öffentlichen Interesse untersagt werden kann. Nicht unter diese Vorschrift fallen Benutzungsverbote, die auf privatrechtlichen Ansprüchen basieren. Das Benutzungsverbot muss im öffentlichen Interesse bestehen und es muss sich auf die Verwendung der Marke an sich beziehen. Die bloße Möglichkeit einer nicht verbotenen Nutzung der Marke schließt die Anwendung dieses Schutzhindernisses aus.[249]

101 l) **Bösgläubigkeit des Anmelders.** Nach § 8 Abs. 2 Nr. 14 MarkenG dürfen bösgläubig angemeldete Marken nicht eingetragen werden. Eine Zurückweisung der Anmeldung nach dieser Vorschrift setzt jedoch voraus, dass die Bösgläubigkeit „ersichtlich" ist, § 37 Abs. 3 MarkenG. In der Praxis kommt eine Schutzversagung wegen bösgläubiger Anmeldung demnach nur in eindeutigen Fällen in Betracht. Umfangreiche Ermittlungen sind dem zuständigen Prüfer nicht zuzumuten. Das Amt ist folglich meist gar nicht in der Lage, die Bösgläubigkeit des Anmelders zu erkennen.[250] Erhebliche praktische Bedeutung hat die Vorschrift allerdings im Rahmen von Nichtigkeitsverfahren nach § 50 MarkenG.[251]

3. Markenschutz durch Verkehrsgeltung (Benutzungsmarke)

102 Außer durch Eintragung beim DPMA kann Markenschutz nach § 4 Nr. 2 MarkenG auch durch bloße Benutzung eines Zeichens entstehen, wenn dieses Verkehrsgeltung erlangt hat.[252] Dies setzt voraus, dass das Zeichen infolge seiner Benutzung bei den angesprochenen Verkehrskreisen eine gewisse Bekanntheit besitzt.

---

243 Nicht zu verwechseln mit geografischen Herkunftsangaben nach §§ 126 ff. MarkenG → Rn. 465; neben dem (absoluten) Eintragungshindernis besteht auch die Möglichkeit eines Widerspruchs → Rn. 414; erg. BeckOK MarkenR/Schoene § 8 Rn. 800.

244 Demnach muss die Vorschrift im MarkenG nicht geändert werden, wenn sich die erfassten Regelungen ändern; zusf. Hacker GRUR 2019, 113 (115).

245 Ausf. BeckOK MarkenR/Schoene § 8 Rn. 802.

246 Vgl. auf EU-Ebene zB Art. 102 I iVm Art. 103 II VO (EU) Nr. 1308/2013 (Weine) u. Art. 21 II VO (EU) Nr. 2019/787 (Spirituosen), wonach ggf. schon eine Anspielung eine Verletzung darstellen kann nach § 158 Abs. 7 MarkenG soll das Eintragungshindernis nicht für Marken gelten, die vor dem 14.1.2019 angemeldet worden sind, krit. BeckOK MarkenR/Schoene § 8 Rn. 802.

247 Zusf. Hacker GRUR 2019, 113 (116).

248 Ausf. Ströbele/Hacker/Thiering MarkenG § 8 Rn. 1169 ff.

249 BPatG GRUR-RR 2009, 131 – DRSB Deutsche Volksbank; s.a. Ströbele/Hacker/Thiering MarkenG § 8 Rn. 1003 ff.

250 Ausnahmsweise wurde eine ersichtliche Bösgläubigkeit berücksichtigt in BPatG BeckRS 2011 6540 – Xpress.

251 → Rn. 444.

252 Nicht zu verwechseln mit der Verkehrsdurchsetzung gem. § 8 Abs. 3 MarkenG, die im Eintragungsverfahren bestimmte Schutzhindernisse überwinden kann. Bei der Verkehrsgeltung geht hingegen es um die Frage, ob ein (an sich ggf. schutzfähiges) Zeichen ohne Eintragung Markenschutz genießt, s. Ströbele/Hacker/Thiering MarkenG § 4 Rn. 26 ff.

103 Dem Inhaber einer Benutzungsmarke stehen grundsätzlich die **gleichen Rechte** zu wie dem Inhaber einer eingetragenen Marke. Auch eine Übertragung und eine Lizenzierung des durch Verkehrsgeltung erworbenen Markenrechts ist möglich. Die Rechtsdurchsetzung ist in der Praxis aber häufig schwieriger, da das Vorliegen einer Verkehrsgeltung im Einzelfall jeweils nachgewiesen werden muss. Der Schutz an der Benutzungsmarke erwächst grundsätzlich demjenigen, zu dessen Gunsten die Verkehrsgeltung erworben wurde.[253]

104 a) **Prüfungsgrundsätze.** Die absoluten Schutzhindernisse des § 8 MarkenG gelten unmittelbar nur für die zur Eintragung angemeldeten Marken. Gleichwohl sind die dort verankerten Rechtsgedanken auch für die Beurteilung der Schutzfähigkeit von Benutzungsmarken zu berücksichtigen mit der Folge, dass für nicht originär unterscheidungskräftige Benutzungsmarken strengere Schutzvoraussetzungen gelten.[254] Die Schutzhindernisse des § 8 Abs. 2 Nr. 4 bis 14 MarkenG sind auf Benutzungsmarken entsprechend anwendbar.[255] Denn diese Ausschlussgründe sind auch nicht im Wege der Verkehrsdurchsetzung zu überwinden und es wäre systematisch nicht zu begründen, weshalb insoweit ein Markenschutz im Wege der Verkehrsgeltung möglich sein sollte. Eine Darstellbarkeit nach § 8 Abs. 1 MarkenG ist nicht erforderlich, wohl aber eine hinreichende Bestimmtheit.[256]

105 Gegenstand einer Benutzungsmarke ist das **konkret im Verkehr benutzte** Zeichen. Während bei der eingetragenen Marke die konkrete Form des Zeichens aus dem Register ersichtlich ist, muss der Schutzgegenstand bei der Benutzungsmarke im Streitfall jeweils ermittelt werden.[257] Probleme kann dies bereiten, wenn Schutz für ein Zeichen beansprucht wird, das Teil eines Kombinationszeichens ist oder im Rahmen einer komplexen Produktaufmachung verwendet wird. Dann muss der Markeninhaber darlegen, dass gerade für diesen Bestandteil einer Gesamtkennzeichnung eine Verkehrsgeltung besteht. Wird ein Zeichen im Laufe der Zeit immer wieder modifiziert, kann es gleichwohl durch Verkehrsgeltung Markenschutz erlangen, wenn der wesentliche Bestandteil des Zeichens aus Sicht des Verkehrs unverändert bleibt.[258] Ferner muss auch jeweils konkret ermittelt werden, für welche Waren und Dienstleistungen das Zeichen die Verkehrsgeltung in Anspruch nehmen kann.

106 Den **Nachweis der Verkehrsgeltung** muss derjenige führen, der Rechte aus einer Benutzungsmarke geltend machen will. Da die Existenz des Markenrechts, anders als bei der eingetragenen Marke, nicht über eine Registrierungsurkunde dokumentiert werden kann, entsteht über die Frage, ob die behauptete Verkehrsgeltung tatsächlich besteht, häufig Streit. Im Rahmen der Auseinandersetzung sind dann entsprechende Feststellungen zu treffen, wobei der Inhaber zunächst Art und Umfang der Markenbenutzung anhand von Werbematerialien, Umsatzzahlen, Marktanteilen, Werbeaufwendungen etc. nachzuweisen hat. Ein Gericht wird nur in Ausnahmefällen in der Lage sein, anhand derartiger Unterlagen aufgrund eigener Sachkunde das Bestehen einer Verkehrsgeltung zu bejahen. Die Feststellung der Verkehrsgeltung erfolgt daher in der Praxis meist durch eine nach wissenschaftlich anerkannten Methoden der Demoskopie durchgeführte Verkehrsbefragung.[259]

107 b) **Schutzvoraussetzungen.** Stets setzt ein Markenschutz kraft Verkehrsgeltung voraus, dass das betreffende Zeichen im Verkehr als Hinweis auf eine bestimmte betriebliche Herkunft verstanden wird. Das erfordert zunächst, dass die Benutzung auch in diesem Sinne markenmäßig erfolgt ist.[260] Daran anknüpfend scheidet eine Benutzungsmarke aus, wenn das Zeichen lediglich bekannt ist, es jedoch nicht gleichzeitig als betrieblicher Herkunftshinweis aufgefasst wird, weil etwa die Verkehrskreise annehmen, das Zeichen werde von verschiedenen Herstellern benutzt. Nicht erforderlich ist in diesem Zusammenhang, dass der Verkehr den Hersteller benennen kann. Entscheidend ist vielmehr, dass die Vorstellung besteht, entsprechend gekennzeichnete Waren oder Dienstleistungen stammten von einem bestimmten Anbieter.[261]

---

[253] Vgl. amtl. Begr., BT-Drs. 12/6581, 60.
[254] → Rn. 110.
[255] BGH GRUR 2013, 729 (730) – READY TO FUCK; BeckOK MarkenR/Weiler § 4 Rn. 33.
[256] BGH GRUR 2009, 783 – Uhu; s. a. Ströbele/Hacker/Thiering MarkenG § 4 Rn. 21.
[257] BGH GRUR 2009, 783 (786) – Uhu; in einem Verfahren zur Durchsetzung einer Benutzungsmarke hat zunächst der Inhaber anzugeben, worin das konkrete Zeichen nach seiner Ansicht besteht.
[258] Vgl. BGH GRUR 1969, 686 (687) – Roth-Haendle.
[259] Vgl. Ströbele/Hacker/Thiering MarkenG § 4 Rn. 52; Pflüger GRUR 2004, 652.
[260] BGH GRUR 1993, 151 (152) – Universitätsemblem.
[261] Ingerl/Rohnke MarkenG § 4 Rn. 18; problematisch insbes. bei ehem. Monopolen → Rn. 86.

Die Verkehrsgeltung muss nur **„innerhalb der beteiligten Verkehrskreise"** vorliegen. Anders als bei der Verkehrsdurchsetzung nach § 8 Abs. 3 MarkenG genügt es daher, wenn die Verkehrsgeltung nur in ein einem Teil der Verkehrskreise vorliegt, sofern dieser für den wirtschaftlichen Verkehr der betroffenen Produkte nicht unerheblich ist.[262] 108

Im Gegensatz zur eingetragenen Marke entsteht der Schutz der Marke kraft Verkehrsgeltung **nicht automatisch für das gesamte Bundesgebiet.** Wurde die Marke nur in einem bestimmten regionalen Gebiet benutzt und kann folglich nur innerhalb dieses Gebiets die Verkehrsgeltung nachgewiesen werden, ist der Markenschutz räumlich beschränkt, und zwar auf einen entsprechenden einheitlichen Wirtschaftsraum, der sich durch Länder- oder Gemeindegrenzen definieren lässt (wie zB ein oder mehrere Bundesländer oder die Region einer Großstadt).[263] 109

Bei der Benutzungsmarke wird der **erforderliche Zuordnungsgrad** deutlich niedriger angesetzt als im Rahmen der Verkehrsdurchsetzung. Dies gilt jedenfalls dann, wenn das Zeichen als Registermarke ohne weiteres eintragungsfähig wäre. Dann genügt es, wenn ein jedenfalls nicht unerheblicher Teil der angesprochenen Verkehrskreise in dem Zeichen einen Hinweis auf die betriebliche Herkunft sieht (sog. einfache Verkehrsgeltung).[264] Davon kann nach der deutschen Spruchpraxis nur dann ausgegangen werden, wenn der Zuordnungsgrad nicht unter 20 % liegt. Ein Zuordnungsgrad von 25 % wird in der Regel als ausreichend angesehen.[265] Bei Zeichen mit geringer Unterscheidungskraft wird dieser Prozentsatz höher anzusetzen sein. Sofern der benutzten Marke jegliche Unterscheidungskraft fehlt oder eine Beschaffenheitsangabe vorliegt, wirken sich die Schutzhindernisse der § 8 Abs. 2 Nr. 1 und 2 MarkenG hier zumindest mittelbar dahingehend aus, dass sich der Maßstab für die Verkehrsgeltung ändert. Markenschutz kraft Verkehrsgeltung kann für derartige Marken nur bejaht werden, wenn ein entsprechend hoher und der Verkehrsdurchsetzung entsprechender Grad von Verkehrsgeltung erreicht wird (sog. qualifizierte Verkehrsgeltung).[266] 110

4. Relative Schutzhindernisse

Relative Schutzhindernisse sind ältere Rechte Dritter, die dem Schutz einer jüngeren Marke entgegenstehen. Das Bestehen relativer Schutzhindernisse wird im Rahmen des Eintragungsverfahrens von Amts wegen nicht geprüft. Liegen keine absoluten Schutzhindernisse vor, wird die Marke zunächst eingetragen. 111

Die relativen Schutzhindernisse (§§ 9 bis 13 MarkenG) können jedoch zur Löschung der jüngeren Marke führen.[267] Unmittelbare Rechtsfolge ist zunächst die sog. **Löschungsreife,** die grundsätzlich erst bei Geltendmachung durch den Inhaber des älteren Rechts ihre Wirkung entfaltet.[268] Es obliegt also den Inhabern älterer Rechte, die Initiative zu ergreifen und die Löschung der jüngeren Marke zu betreiben.[269] Hierzu stehen das Widerspruchsverfahren[270] (§§ 42, 43 MarkenG) und Nichtigkeitsverfahren[271] (§§ 51, 53 MarkenG) bzw. die Nichtigkeitsklage (§§ 51, 55 MarkenG) zur Verfügung. Weitere Ansprüche (zB auf Unterlassung) zugunsten des Inhabers des älteren Rechts richten sich nach den für das jeweilige ältere Recht geltenden Verletzungsvorschriften (zB §§ 14, 15 MarkenG).[272] Dies gilt auch für Fälle, in denen das jüngere Zeichen keine eingetragene Marke ist. 112

Als **ältere Individualrechte** kommen insbesondere angemeldete oder eingetragene Marken (§ 9 MarkenG), notorisch bekannte Marken (§ 10 MarkenG), Benutzungsmarken oder geschäft- 113

---

262 BGH GRUR 1969, 681 (682) – Kochendwassergerät.

263 BGH GRUR 1979, 470 (471) – RBB/RBT; OLG Dresden GRUR-RR 2002, 257 – Halberstädter Würstchen; wurde die Marke ausschl. im Ausland benutzt, kommt nur § 4 Nr. 3 MarkenG in Betracht, s Ströbele/Hacker/Thiering MarkenG § 4 Rn. 42.

264 BGH GRUR 2008, 917 (920) – EROS; GRUR 1960, 130 (133) – Sunpearl II.

265 Ströbele/Hacker/Thiering MarkenG § 4 Rn. 49.

266 BGH GRUR 2021, 1199 (1203) – Goldhase III; GRUR 1999, 730 (731) – Farbmarke magenta/grau; erg. Ströbele/Hacker/Thiering MarkenG § 4 Rn. 50 f.; BeckOK MarkenR/Weiler § 4 Rn. 77.

267 Eine Ausnahme gilt für notorisch bekannte Marken, die auch vAw wie ein absolutes Schutzhindernis zu berücksichtigen sind → Rn. 189; zusf. Ingerl/Rohnke MarkenG § 8 Rn. 8.

268 Zur Einrede der Löschungsreife der Klagemarke in einem Verletzungs- bzw. Löschungsprozess → Rn. 236; in einem Widerspruchsverfahren ist eine solche Einrede nicht möglich, s. BeckOK MarkenR/Kur § 9 Rn. 84.

269 Vor Eintragung des jüngeren Zeichens ist eine Klage auf Rücknahme einer deutschen Markenanmeldung möglich, s. Ingerl/Rohnke MarkenG § 9 Rn. 8 ff.

270 → Rn. 413 ff.

271 → Rn. 451 ff.

272 → Rn. 271.

liche Bezeichnungen (§ 12 MarkenG) sowie sonstige ältere Rechte iSd § 13 MarkenG in Betracht.[273]

114 **a) Registermarken.** In der Praxis entfällt der größte Teil der Verfahren auf ältere angemeldete oder eingetragenen Marke iSd § 9 MarkenG.[274] Hierzu gehören neben deutschen Marken auch die in Deutschland Schutz genießenden international registrierten Marken sowie Unionsmarken.[275] Die Vorschrift enthält drei Kollisionstatbestände:

- Doppelidentität (§ 9 Abs. 1 Nr. 1 MarkenG)[276]
- Verwechslungsgefahr (§ 9 Abs. 1 Nr. 2 MarkenG)[277]
- Schutz der bekannten Marke (§ 9 Abs. 1 Nr. 3 MarkenG).[278]

115 Diese Kollisionstatbestände sind für das gesamte Kennzeichenrecht **von zentraler Bedeutung.** So enthalten die §§ 14 und 15 MarkenG entsprechende Regelungen für Kennzeichenverletzungen jeder Art.

116 **b) Doppelidentität.** Eine eingetragene Marke kann gelöscht werden, wenn sie mit einer älteren angemeldeten oder eingetragenen Marke identisch ist und die Waren oder Dienstleistungen, für die beide Marken Schutz beanspruchen, ebenfalls identisch sind. Man spricht dann von Doppelidentität, da die Übereinstimmung sowohl die Marken selbst als auch die jeweiligen Produkte betrifft. Liegen die Voraussetzungen des § 9 Abs. 1 Nr. 1 MarkenG vor, müssen keine weiteren Voraussetzungen erfüllt sein. Insbesondere besteht auch kein Anlass für die Prüfung einer Verwechslungsgefahr.[279]

117 Doppelidentität liegt nur dann vor, wenn die **Marken vollständig übereinstimmen.** Unbeachtlich sind geringfügige Unterschiede, die dem Durchschnittsverbraucher entgehen können. [280] Bei unterschiedlicher Schreibweise oder Abweichungen in Bildbestandteilen genügt eine klangliche Übereinstimmung für die Annahme einer Identität nicht. Identität kann aber auch dann vorliegen, wenn die sich gegenüberstehenden Zeichen lediglich durch die unterschiedliche Groß- und Kleinschreibung im Schriftbild unterscheiden.[281] Unbeachtlich sind geringfügige Unterschiede, die dem Durchschnittsverbraucher entgehen können. Werden einer Marke beschreibende Angaben hinzugefügt, die nicht bloß geringfügig sind, so führt auch eine solche Hinzufügung aus dem Identitätsbereich heraus.[282]

118 Beim Vergleich der betroffenen **Waren- und Dienstleistung** ist die Sichtweise weniger streng. Die Frage der Identität ist hier angesichts unterschiedlich formulierter Waren- und Dienstleistungsverzeichnisse in der Praxis ohnehin schwierig. Entscheidend ist dabei, ob die Produkte der jüngeren Marke tatsächlich vollständig von der Klassifizierung der älteren Marke umfasst werden. Dabei ist zu berücksichtigen, dass Waren und Dienstleistungen häufig mit unterschiedlichen Begriffen benannt und dass Ober- und Unterbegriffen verwendet werden können. Ist die Formulierung der Waren/Dienstleistungen bei der jüngeren Marke weiter gefasst als bei der älteren Marke, so kommt gegebenenfalls nur eine teilweise Löschung in Betracht.[283]

119 **c) Verwechslungsgefahr.** Dem Begriff der Verwechslungsgefahr liegt die Idee zugrunde, dass eine Kollision zwischen zwei Kennzeichen nicht nur im Falle der Doppelidentität, sondern auch dann auftreten kann, wenn die Zeichen unter irgendeinem Aspekt ähnlich sind. Dem trägt die Vorschrift des § 9 Abs. 1 Nr. 2 MarkenG Rechnung. Demnach ist die jüngere Marke auch dann zu löschen, wenn für das Publikum aufgrund der Ähnlichkeit zwischen den sich gegenüberstehenden Marken sowie der Ähnlichkeit zwischen den Waren/Dienstleistungen, für die beide

---

[273] Zum Prioritätsgrundsatz → Rn. 17; zur sog. Agentenmarke → Rn. 198 ff.; zum Widerspruch gestützt auf gU/ggA → Rn. 415.

[274] Eine ältere Markenanmeldung stellt nur unter dem Vorbehalt ihrer Eintragung einen Löschungsgrund dar, § 9 Abs. 2 MarkenG; iRd § 9 MarkenG ist eine eintragungsgemäße Benutzung der jüngeren Marke gedanklich zu unterstellen, vgl. Ingerl/Rohnke MarkenG § 9 Rn. 7; s. a. Ströbele/Hacker/Thiering MarkenG § 4 Rn. 5;

[275] IR-Marken: §§ 107–125i bzw. 107–118 MarkenG (ab dem 1.5.2022 infolge des PatMoG); Unionsmarken: §§ 125b–125i bzw. 119–125a MarkenG (ab dem 1.5.2022 infolge des PatMoG).

[276] → Rn. 116 ff.

[277] → Rn. 119 ff.

[278] → Rn. 172 ff.

[279] Vgl. BPatG GRUR 1996, 204 (206) – Swing; Sack WRP 1998, 1127.

[280] EuGH GRUR 2003, 422 – Arthur/Arthur et Félicie; bei einer Farbmarke kann eine Markenidentität nur bei völliger Farbidentität angenommen werden, s. BGH GRUR 2004, 151 – Farbmarkenverletzung I.

[281] BGH GRUR 2019, 1058 (1062) – KNEIPP; GRUR 2019, 522 (524) – SAM; GRUR 2019, 165 (170) – keinevorwerk-vertretung; abw. GRUR 2010, 835 (837) – Powerball.

[282] BGH GRUR 2020, 405 (407) – ÖKO-TEST II; GRUR 2019, 1289 (524) – Damen Hose MO.

[283] Ingerl/Rohnke MarkenG § 14 Rn. 276 ff.; BGH GRUR 2009, 484 (488) – Metrobus.

Marken Schutz beanspruchen, eine Verwechslungsgefahr besteht. Durch diese zentrale Regelung des Markenrechts wird die Herkunftsfunktion der Marke absichert. Denn die Marke soll die Gewähr dafür bieten, dass alle entsprechend gekennzeichneten Produkte unter der Kontrolle eines Unternehmens hergestellt werden, das für die Qualität verantwortlich gemacht werden kann.[284]

Der Begriff der Verwechslungsgefahr ist für das Kennzeichenrecht von **zentraler Bedeutung.** 120
Er bestimmt über die in der Praxis eher seltenen Fälle der Identität hinaus, wann eine Kollision zwischen zwei Kennzeichen vorliegt.[285] Die Verwechslungsgefahr stellt nicht nur ein absolutes Schutzhindernis dar, sondern bildet darüber hinaus auch einen in der Praxis wichtigen Verletzungstatbestand in § 14 Abs. 2 Nr. 2 MarkenG.

Mit § 9 Abs. 1 Nr. 2 MarkenG werden die bindenden Vorgaben der MRL umgesetzt.[286] Daher 121
ist die Verwechslungsgefahr **richtlinienkonform auszulegen.** Die inhaltliche Ausgestaltung und die Bestimmung der für die Beurteilung der Verwechslungsgefahr relevanten Kriterien obliegen letztlich dem EuGH.[287]

aa) Beurteilungsfaktoren. Eine Verwechslungsgefahr liegt vor, wenn die angesprochenen Ver- 122
kehrskreise annehmen, dass die beidseitigen Waren und Dienstleistungen von demselben Unternehmen stammen oder zwischen den Unternehmen wirtschaftliche Verbindungen bestehen.[288] Die Frage der Verwechslungsgefahr ist unter Berücksichtigung aller (markenrechtlich relevanten) Umstände des Einzelfalls zu beurteilen.[289] Bei der Gesamtwürdigung spielen insbesondere die folgenden drei Faktoren eine Rolle:

- Ähnlichkeit der Waren/Dienstleistungen: Verwechslungsgefahr setzt voraus, dass die Produkte, für die die sich gegenüberstehenden Marken jeweils Schutz beanspruchen, zumindest ähnlich sind.
- Schutzumfang der älteren Marke: Als ungeschriebenes Tatbestandsmerkmal ist der Grad an Kennzeichnungskraft der älteren Marke und ihr daraus resultierender Schutzumfang zu berücksichtigen.
- Ähnlichkeit der Marken: Die Zeichen müssen jedenfalls ähnlich sein. Die Ähnlichkeit ist unter Berücksichtigung klanglicher, bildlicher und begrifflicher Gesichtspunkte zu ermitteln.

Diese drei Faktoren stehen in einer **Wechselbeziehung** zueinander (sog. Wechselwirkungs- 123
lehre).[290] Danach kann etwa ein hoher Grad an Ähnlichkeit oder eine Identität der Waren/Dienstleistungen einen niedrigeren Grad an Ähnlichkeit zwischen den Zeichen ausgleichen und umgekehrt. Auch kann bei hoher Kennzeichnungskraft der älteren Marke eine Verwechslungsgefahr zu bejahen sein, obwohl die Ähnlichkeit der Zeichen und der betroffenen Waren eher im unteren Bereich liegt.[291] Sind die Vergleichszeichen oder die Produkte jedoch unähnlich, scheidet eine Verwechslungsgefahr aus.[292] Im Rahmen der Gesamtabwägung bei der Beurteilung der Verwechslungsgefahr ist demnach der jeweilige Grad der Waren- bzw. Dienstleistungsähnlichkeit und der Zeichenähnlichkeit zu berücksichtigen.

Maßgeblicher Zeitpunkt für das Vorliegen der Verwechslungsgefahr ist im registerrechtlichen 124
Verfahren der für den Zeitrang des jüngeren Zeichens maßgebliche Tag (sog. Kollisionszeitpunkt).[293] Allerdings muss der Löschungsgrund auch im Zeitpunkt der Entscheidung über den Widerspruch noch vorliegen.[294] Eine nach dem Kollisionszeitpunkt entstehende Ausweitung

[284] Vgl. EuGH GRUR 1998, 992 – Canon.

[285] Zweck ist dabei die Bestimmung des Abstands, den ein Markeninhaber ggü. konkurrierenden jüngeren Marken einfordern kann, s. Ströbele/Hacker/Thiering MarkenG § 9 Rn. 17; der Verbraucherschutz steht hingegen nicht im Vordergrund, s. Ingerl/Rohnke MarkenG § 14 Rn. 369.

[286] → Rn. 2; die Vorschrift entspricht der korrespondierenden Regelung des Art. 8 UMV für Unionsmarken.

[287] → § 34.

[288] EuGH GRUR 2020, 52 (54) – PRV; unterschieden werden unmittelbare Verwechslungsgefahr, (mittelbare) Verwechslungsgefahr unter dem Aspekt eines Serienzeichens sowie Verwechslungsgefahr iwS → Rn. 167 ff.

[289] EuGH GRUR 1998, 387 (389) – Sabèl; BGH GRUR 2010, 235 – AIDA/AIDU; Belange der Produkt- oder Arzneimittelsicherheit bleiben außer Betracht, s. Ingerl/Rohnke MarkenG § 14 Rn. 760; vgl. aber iRd Beurteilung von Keyword-Advertising BGH GRUR 2009, 500 – Beta Layout.

[290] BGH GRUR 2020, 870 (872) – INJEKT/INJEX.

[291] EuGH GRUR 1998, 922 (923) – Canon; BGH GRUR 2014, 488 – DESPERADOS; GRUR 2010, 833 (834) – Maltheserkreuz II.

[292] Vgl. EuGH 1998, 922 (923) – Canon; s. a. BGH GRUR 2001, 507 – EVIAN/REVIAN.

[293] Ströbele/Hacker/Thiering MarkenG § 9 Rn. 53.

[294] BGH GRUR 2020, 870 – INJEKT/INJEX; GRUR 2019, 1058, 1059 – KNEIPP; BeckOK MarkenR/Kur § 9 Rn. 14.

des Schutzumfangs der älteren Marke muss unberücksichtigt bleiben. Demgegenüber soll eine nachträglich eintretende Schwächung der Kennzeichnungskraft bei der Entscheidung zu berücksichtigen sein.[295]

125 Das Bestehen einer Verwechslungsgefahr ist aus Sicht des „Publikums", dh der angesprochenen Verkehrskreise zu beurteilen. Bei der erforderlichen Ermittlung der **Verkehrsauffassung** wird auf den Durchschnittsverbraucher der betroffenen Waren und Dienstleistungen abgestellt.[296] Maßgeblich sind dabei die Abnehmer sowohl aufseiten des Markeninhabers als auch auf der Gegenseite.[297] Die Aufmerksamkeit des Verkehrs kann je nach Art der betroffenen Waren/Dienstleistungen unterschiedlich sein.[298] In der Regel werden Verbraucher beim Kauf hochwertiger Gegenstände eine größere Sorgfalt an den Tag legen als bei Produkten des Massenkonsums, die häufig ohne gesteigerte Aufmerksamkeit mitgenommen werden. Mit steigender Aufmerksamkeit des Verkehrs nimmt die Verwechslungsgefahr ab.[299] Dies gilt auch, wenn es sich bei den beteiligten Verkehrskreisen um Fachleute handelt. Bei diesen wird unterstellt, dass sie eine erhöhte Aufmerksamkeit an den Tag legen.[300] Auch bei Arzneimitteln wird ein hoher Aufmerksamkeitsgrad jeglicher Verkehrskreise angenommen, unabhängig von einer Verschreibungspflicht.[301]

126 Trotz dieser praktischen Erwägungen ist die Verwechslungsgefahr sowie die Ermittlung der drei Hauptfaktoren nach deutschem Verständnis eine **Rechtsfrage,**[302] die allerdings auf vorgelagerten Tatsachenfeststellungen beruht.[303] Dabei spielen von der Rechtsprechung aufgestellte Erfahrungssätze eine wichtig Rolle als Auslegungshilfen.[304] Es reicht die abstrakt-normative Gefahr, dass es zwischen den Zeichen zu Verwechslungen kommen kann. Nicht erforderlich ist, dass Verwechslungen tatsächlich vorgekommen sind.[305] Nachweisliche Verwechslungen stellen zwar ein Indiz dar, können jedoch für sich gesehen die Verwechslungsgefahr im rechtlichen Sinn nicht begründen.[306] Unter Umständen kann sogar aus Rechtsgründen eine Verwechslungsgefahr ausgeschlossen sein, obwohl nach der Lebenserfahrung faktische Verwechslungsrisiken offensichtlich sind.[307]

Praxistipp:

Die Beurteilung der Verwechslungsgefahr ist einer Beweiserhebung nicht zugänglich. Dies schließt nicht aus, dass zunächst bestimmte Tatsachen (wie zB Bekanntheit einer Marke, Aussprache einer Marke im Verkehr; Verkehrsverständnis von einer Kennzeichnung etc.) zu ermitteln sind, auf deren Basis dann die Frage der Verwechslungsgefahr beantwortet werden kann.

127 *bb) Ähnlichkeit der Waren/Dienstleistungen.* Fehlt jegliche Waren-/Dienstleistungsähnlichkeit, scheidet eine Verwechslungsgefahr aus. Nach der Rechtsprechung kann eine derartige absolute

[295] EuGH GRUR 2006, 495 – Levi Strauss; BGH GRUR 2008, 903 (904) – SIERRA; es sei denn, die Schwächung beruht auf der rechtswidrigen Benutzung gerade durch den Gegner, s. Ingerl/Rohnke MarkenG § 14 Rn. 411.

[296] → Rn. 35.

[297] Relevant sind jeweils die Waren/Dienstleistungen ihrer gattungsmäßigen Art nach, unabhängig von individuellen Werbekonzepten oder etwa dem Preis, vgl. BGH GRUR 2008, 710 – VISAGE; Ingerl/Rohnke MarkenG § 14 Rn. 447.

[298] Zu diesbzgl. Erkenntnissen der Kognitionswissenschaften s. Tenkhoff MarkenR 2018, 281; Ackermann MarkenR 2017 195; Scheier/Lubberger, MarkenR 2014, 453.

[299] EuGH GRUR Int 1999, 734 (736) – Lloyd.

[300] BGH GRUR 2015, 1004 (1006) – IPS/ISP; GRUR 2012, 64 – Maalox/Melox-GRY.

[301] Ströbele/Hacker/Thiering MarkenG § 9 Rn. 266 ff.; EuGH GRUR Int 2007, 718 (721) – TRAVATAN II; BGH GRUR 2012, 64 – Maalox/Melox-GRY; GRUR 2002, 342 – Astra/Estra-Puren.

[302] Demgegenüber behandelt der EuGH die Prüfung als Tatsachenfeststellung, mit einem zT empirischen Ansatz, vgl. BeckOK UMV/Büscher/Kochendörfer Art. 8 Rn. 26.

[303] Zur Revisibilität s. BGH GRUR 2006, 594 – SmartKey; zur Beweislast bzgl. der Tatsachengrundlage einzelner Faktoren s. Ingerl/Rohnke MarkenG § 14 Rn. 531.

[304] Zur Gemengelage aus normativen und empirischen Erwägungen s. Ingerl/Rohnke MarkenG § 14 Rn. 457; Tenkhoff MarkenR 2018, 281; Scheier/Lubberger MarkenR 2014, 453.

[305] BGH GRUR 2009, 1055 (1058) – airdsl.

[306] BGH GRUR 1995, 507 (508) – City-Hotel; GRUR 1960, 103 (131) – Sunpearl II; Sack WRP 1998, 1127 (1130); auch eine Koexistenz der Marken ist nach deutscher Rechtspraxis nicht entscheidend, s. BPatG BeckRS 2010, 1227 – MAX Pilsener.

[307] Ströbele/Hacker/Thiering MarkenG § 9 Rn. 20.

Unähnlichkeit allerdings nur in eindeutigen Fällen bejaht werden.[308] Dies setzt voraus, dass die Waren einen derart großen Abstand zueinander einhalten, dass trotz (unterstellter) Zeichenidentität und hoher Kennzeichnungskraft der älteren Marke das Bestehen einer Verwechslungsgefahr von vornherein ausgeschlossen werden kann.[309] Nach dem Gesetzeswortlaut muss die Ähnlichkeit zwischen den von den beiderseitigen Zeichen „erfassten" Waren/Dienstleistungen bestehen. Bei eingetragenen oder angemeldeten Marken werden die relevanten Produkte durch die Formulierung des Waren-/Dienstleistungsverzeichnisses definiert. So kommt es im Widerspruchsverfahren nicht darauf an, für welche Produkte die Marken tatsächlich im Verkehr benutzt werden.[310]

Etwas anderes gilt, wenn die ältere Marke schon seit längerer Zeit eingetragen und daher benutzungspflichtig ist.[311] In diesem Fall kann der Inhaber der angegriffenen Marke im Widerspruchsverfahren nach § 43 Abs. 1 MarkenG die rechtserhaltende Benutzung der älteren Marke bestreiten.[312] Dann werden aufseiten der älteren Marke nur solche Waren/Dienstleistungen berücksichtigt, für die der Markeninhaber eine **rechtserhaltende Benutzung** nachweisen kann.[313] Ist die ältere Marke für Oberbegriffe eingetragen, so kommt es darauf an, ob das vertriebene Produkt unter einen dieser Oberbegriffe subsumiert werden und ob die Benutzung auch für einen weiteren Produktbereich rechtserhaltend sein kann.[314] 128

Praxistipp:

Fallen bestimmte Waren/Dienstleistungen der älteren Marke unter einen Oberbegriff, der im Verzeichnis der jüngeren Marke enthalten ist, sollte der Inhaber der jüngeren Marke prüfen, ob sich der Konflikt nicht durch eine Einschränkung des Waren- und Dienstleistungsverzeichnisses seiner Marke beilegen lässt, indem der entsprechende Oberbegriff durch einschränkende Hinweise ergänzt wird.

Die Klassenzugehörigkeit einzelner Waren/Dienstleistungen besagt für sich gesehen noch nichts über deren Ähnlichkeit aus, § 9 Abs. 3 MarkenG. Es ist demnach nicht so, dass alle Waren/Dienstleistungen derselben Klasse stets ähnlich und Produkte verschiedener Klassen stets unähnlich sind. Ob die erfassten Produkte ähnlich sind, ist vielmehr anhand der **Verkehrsauffassung** festzustellen.[315] Ähnlichkeit liegt vor, wenn zwischen den Produkten so enge Beziehungen bestehen, dass der Verkehr davon ausgehen wird, dass die Produkte, wenn sie dieselbe Marke tragen, von demselben Unternehmen stammen.[316] Entscheidend ist dabei, ob der Verkehr annimmt, die Waren/Dienstleistungen würden unter der Kontrolle desselben Unternehmens hergestellt bzw. erbracht.[317] 129

Die Ähnlichkeit wird insbesondere anhand folgender **Gesamtumstände** ermittelt: 130

- übliche betriebliche Herkunft der beidseitigen Waren/Dienstleistungen
- Beschaffenheit
- üblichen Vertriebskanäle
- Verwendungszweck und der typische Einsatzbereich
- Eigenschaft als miteinander konkurrierende oder einander ergänzende Produkte[318]

Erhebliche Bedeutung kommt dabei der **gewöhnlichen betrieblichen Herkunft** zu. Maßgeblich ist, ob für die Herstellung beider Warengattungen die Qualitätsverantwortung üblicherweise bei demselben Betrieb liegt.[319] So wurde in der Entscheidung „Ferrari-Pferd" eine Ähnlichkeit zwischen Automobilen einerseits und Lenkrädern für Computersimulationen von Autorennen 131

[308] BGH GRUR 2021, 724 – PEARL.
[309] BGH GRUR 2016, 382 (384) – BioGourmet.
[310] Vgl. BGH GRUR 1999, 164 (166) – JOHN LOBB.
[311] → Rn. 332.
[312] Zur Einrede des Beklagten gem. § 25 Abs. 2 MarkenG im Verletzungsprozess → Rn. 335.
[313] → Rn. 337.
[314] → Rn. 345.
[315] → Rn. 35.
[316] Der Ähnlichkeitsbegriff wird iErg an der Herkunftsfunktion der Marke ausgerichtet; vgl. entsprechende Formulierung zur Warenverkehrsfreiheit in EuGH GRUR Int 1994, 614 – Ideal Standard II.
[317] EuGH GRUR 1998, 922 (924) – Canon; BGH GRUR 1999, 731 (732) – Canon II; wobei eine graduelle Abstufung in entfernte, normale und hohe Ähnlichkeit sowie Identität der Waren/Dienstleistungen vorzunehmen ist.
[318] EuGH GRUR 1998, 922 (924) – Canon; BGH GRUR 200[illegible], 428 – Big Bertha; GRUR 1999, 164 (166) – JOHN LOBB.
[319] BGH GRUR 2007, 321 (322) – COHIBA.

andererseits verneint, weil die Waren bei der Herstellungsverantwortung keine Gemeinsamkeiten aufweisen.[320] Auch Übereinstimmungen in der stofflichen und der technischen Beschaffenheit der sich gegenüberstehenden Produkte können ein Indiz für eine Ähnlichkeit sein, soweit diese Produkteigenschaften dem Verkehr bekannt sind.[321] Dabei sind jedoch Merkmale unberücksichtigt zu lassen, die nicht im Waren-/Dienstleistungsverzeichnis zum Ausdruck kommen (zB Vermarktungsmodalitäten).[322] Wenn Waren typischerweise über dieselben Kanäle vertrieben oder gemeinsam in den gleichen Fachgeschäften angeboten werden, kann dies für eine Warenähnlichkeit sprechen. Auch der Verwendungszweck der Vergleichswaren spielt eine wichtige Rolle.[323]

132 Trotz unterschiedlicher Beschaffenheit und Herstellungsstätten kann eine Ähnlichkeit zu bejahen sein, wenn sich die gegenüberstehenden Waren/Dienstleistungen **ergänzen oder miteinander konkurrieren.** So wurde eine Ähnlichkeit zwischen bespielten Videofilmkassetten und Videoaufnahmegeräten bejaht.[324] Normalerweise muss allerdings ein derart enger Sachzusammenhang bestehen, dass aus Sicht des Verkehrs die Annahme naheliegt, die unterschiedlichen Produkte würden jedenfalls unter der Verantwortung desselben Unternehmens hergestellt.[325] Lizenzierungspraktiken, wie sie zB im Bereich der Modemarken üblich geworden sind, rechtfertigen nicht die Annahme einer Ähnlichkeit eigentlich unähnlicher Waren. So wurde eine Ähnlichkeit zwischen Duftwässern einerseits und Lederwaren andererseits verneint.[326]

133 Bei Produkten, die aus mehreren Einzelteilen zusammengesetzt sind und eine **Sachgesamtheit** bilden, ist eine Ähnlichkeit zwischen der Sachgesamtheit und den Einzelteilen nicht zwangsläufig zu bejahen.[327] Zubehörteile sind mit der entsprechenden Hauptware nicht ohne weiteres ähnlich. Auch hier kommt es auf die Verkehrsauffassung an.[328] Rohstoffe und Halbfertigprodukte sind im Normalfall mit den entsprechenden Endprodukten nicht ähnlich, da sie häufig unterschiedlichen Herstellungsbetrieben entstammen, unterschiedlichen Zwecken dienen und sich auch an unterschiedliche Abnehmer richten.[329] Etwas anderes gilt, wenn die Vorprodukte maßgebend die Eigenschaft und die Wertschätzung des Endprodukts bestimmen und die Marke des Rohproduktes üblicherweise auch auf dem Endprodukt erscheint.[330]

134 Bei der Beurteilung der **Ähnlichkeit von Dienstleistungen** untereinander kommt es in erster Linie auf die Branchennähe der üblichen Anbieter an.[331] Als ähnlich eingestuft wurde etwa die Vermittlung von Reisen und der öffentliche Nahverkehr.[332] Zwischen Dienstleistungen einerseits und Waren andererseits besteht grundsätzlich keine Ähnlichkeit.[333] Sie können aber dann als ähnlich zu beurteilen sein, wenn der Verkehr Anlass zu der Annahme hat, die Waren und Dienstleistungen stammten von demselben Unternehmen.[334] Denkbar sind vor allem Fälle, in denen ein Dienstleister unter seiner Marke auch Waren, die mit seinen Dienstleistungen im Zusammenhang stehen, in Verkehr bringt (zB Reinigungsunternehmen und Reinigungsmittel).[335]

135 *cc) Kennzeichnungskraft.* Für die Bestimmung der Verwechslungsgefahr kommt dem Schutzumfang der älteren Marke erhebliche Bedeutung zu. Der Schutzumfang einer Marke bemisst sich nach ihrer Kennzeichnungskraft. Darunter versteht man die Eignung der Marke, sich dem Publikum von Haus aus oder ggf. aufgrund eines durch Benutzung erlangten Bekanntheitsgrades als Herkunftshinweis einzuprägen.[336] Die Rechtsprechung unterscheidet zwischen starken,

[320] BGH GRUR 2004, 594 – Ferrari-Pferd.
[321] BGH GRUR 1995, 216 (218) – Oxygenol II.
[322] BGH GRUR 2004, 598 – Kleiner Feigling (Flaschengröße).
[323] BGH GRUR 2001, 507 – EVIAN/REVIAN.
[324] BGH GRUR 1999, 731 – Canon II; s. a. Ströbele/Hacker/Thiering MarkenG § 9 Rn. 87 ff.
[325] BGH GRUR 2014, 488 (489) – Desperados.
[326] BGH GRUR 2006, 941 – Tosca Blu.
[327] BPatG GRUR 1994, 377 – LITRONIC: Bagger und Radlader nicht gleichartig mit Bremskraftverstärker.
[328] BGH GRUR 1976, 698 (699) – MAHAG; Fezer MarkenG § 14 Rn. 698 ff.
[329] BGH GRUR 2000, 886 – Bayer/BeiChem.
[330] BPatG GRUR 1998, 725 – Plantapret: Ähnlichkeit zwischen einem chemischen Grundprodukt als Zusatz für Haar- u. Körperwaschmittel einerseits und Seifen/Mittel zur Körper- u. Schönheitspflege andererseits.
[331] BGH GRUR 2002, 544 – BANK 24: zur Ähnlichkeit von Dienstleistungen auf dem Gebiet des Finanzwesens einerseits und Betrieb einer Immobiliendatenbank im Internet andererseits.
[332] BGH GRUR 2009, 484 – Metrobus.
[333] BGH GRUR 2007, 321 – Cohiba: keine Ähnlichkeit zwischen Zigarren und Verpflegung von Gästen; GRUR 2000, 883 – PAPPAGALLO.
[334] BGH GRUR 2012, 1145 (1148) – Pelikan.
[335] Zusf. Ströbele/Hacker/Thiering MarkenG § 9 Rn. 113 ff.
[336] BGH GRUR 2014, 382 (383) – REAL-Chips; Ingerl/Rohnke MarkenG § 14 Rn. 497.

normalen oder schwachen Marken.[337] Je höher die Kennzeichnungskraft einer Marke, desto größer ist ihr Schutzumfang.[338]

136 Für die **Feststellung des Schutzumfangs** muss zunächst die originäre Unterscheidungskraft der Marke ermittelt werden. Bestehen keine Anhaltspunkte für eine verminderte Eignung des Zeichens, als Herkunftshinweis zu dienen, ist von normaler originärer Unterscheidungskraft auszugehen.[339] Auch besonders phantasievolle Zeichen genießen von sich aus keine überdurchschnittliche Kennzeichnungskraft. Demgegenüber sind Marken, die nur eine geringe Eignung als Herkunftshinweis aufweisen, weil sie zB an eine beschreibende Angabe angelehnt sind, originär kennzeichnungsschwach.[340] Diese Kennzeichnungsschwäche tritt jedenfalls gegenüber der zugrundeliegenden Sachangabe zutage, wie etwa bei der Marke „antiVir‘ in Bezug auf den freihaltebedürftigen Begriff „Antivirus“.[341] Erst in einem zweiten Schritt ist zu ermitteln, ob die originäre Kennzeichnungskraft infolge bestimmter Umstände eine Stärkung oder eine Schwächung erfahren hat.[342]

137 Grundsätzlich ist die Kennzeichnungskraft der **älteren Marke in ihrer Gesamtheit** zu ermitteln. Auch wenn die einzelnen Zeichenelemente für sich gesehen kennzeichnungsschwach sind, kann sich für das gesamte Zeichen durchaus eine normale Kennzeichnungskraft ergeben. Dabei orientiert sich die Kennzeichnungskraft des Gesamtzeichens grundsätzlich an dessen kennzeichnungskräftigsten Element.[343] Auf die Kennzeichnungskraft des prioritätsjüngeren Zeichens kommt es hingegen nicht an.[344]

138 Die Kennzeichnungskraft muss bezogen auf die Abnehmer der **Waren und Dienstleistungen** der älteren Marke ermittelt werden.[345] Dabei muss sie nicht für alle Waren/Dienstleistungen einheitlich sein. Eine Kennzeichnungsschwäche kann auch beschränkt auf bestimmte Produkte vorliegen, etwa weil die Marke insoweit einen beschreibenden Anklang hat.[346]

139 Marken, die infolge nachgewiesener **Verkehrsdurchsetzung** eingetragen worden sind, besitzen in der Regel mindestens durchschnittliche Kennzeichnungskraft.[347] Der Grad der Kennzeichnungskraft muss jedoch bei diesen ursprünglich nicht kennzeichnungskräftigen Marken anhand der konkreten Umstände bestimmt werden. Eine erhöhte Kennzeichnungskraft wird nur ausnahmsweise bejaht werden können.[348]

140 Bei Marken, die trotz Bestehens absoluter Schutzhindernisse im Sinn von § 8 Abs. 2 MarkenG eingetragen worden sind, besteht eine **Bindung an die Eintragung.**[349] Die einmal anerkannte Schutzwürdigkeit eines Zeichens darf nicht aus Anlass der Eintragung eines anderen Zeichens infrage gestellt werden, sondern ist allenfalls in einem gesonderten Nichtigkeitsverfahren zu ergründen.[350] Eine Reduzierung des Schutzumfanges der eingetragenen Marke auf null kommt demnach nicht in Betracht. Jedoch kann die Kennzeichnungskraft im Rahmen der Prüfung der Verwechslungsgefahr an der untersten Grenze angesetzt werden. Im Ergebnis kann der Schutz

[337] EuGH GRUR 1998, 387 (390) – Sabèl; BGH GRUR 2004, 779 – Zwilling/Zweibrüder.

[338] Umstritten ist, ob es sich hierbei um einen empirischen oder einen normativen Grundsatz handelt, s. Ingerl/Rohnke MarkenG § 14 Rn. 644; eine Reduzierung des Verwechslungsrisikos aufgrund des vermeintlich genaueren Kenntnisgrades der Abnehmer des älteren Kennzeichens ist abzulehnen, s. BGH GRUR 2002, 171 (174) – Marlboro-Dach.

[339] BGH GRUR 2017, 75 (76) – Wunderbaum II; GRUR 2016, 283 – BSA; GRUR 2000, 1031 – Carl Link.

[340] Vgl. zB BGH GRUR 2010, 729 – Mixi; GRUR 2010, 642 – WM-Marken; insoweit kann auf die zu § 8 Abs. 2 MarkenG genannten Grundsätze abgestellt werden, wobei es hier auf den Grad der Unterscheidungskraft ankommt, nicht auf das Fehlen.

[341] BGH GRUR 2003, 963 – antiVir/AntiVirus.

[342] Zur Beweislast s. Ingerl/Rohnke MarkenG § 14 Rn. 531

[343] BGH GRUR 2016, 382 (385) – BioGourmet; GRUR 2009, 766 (769) – Stofffähnchen.

[344] EuGH GRUR Int 2010, 129 – La Española; ein etwaiger Bekanntheitsgrad des jüngeren Zeichens kann sich jedenfalls nicht zugunsten dessen Inhabers auswirken, s. BGH GRUR 1957, 499 (503) – Wipp; ausf. Lüthge/Friedrich GRUR 2020, 138; vgl. aber EuGH GRUR-RS 2020, 23065 Rn. 33 ff. – MESSI/MASSI.

[345] EuGH GRUR Int 1999, 734 (736) – Lloyd.

[346] BGH GRUR 2019, 1058 (1060) – KNEIPP; GRUR 2009, 484 (486) – Metrobus; dabei darf der Schutzumfang der älteren Marken nicht auf solche Produkte ausgedehnt werden, für die sie schutzunfähig ist, vgl. BPatG BeckRS 2008, 5275 – gap it!; OLG Hamburg GRUR 2021, 76 (79) – SchoolJUMP.

[347] BGH GRUR 2010, 1103 – Pralinenform II; dies gilt aber nicht zwangsläufig für Unionsmarken mit Blick auf das Inland, s BGH GRUR 2018, 79 (81) – OXFORD/Oxford Club.

[348] BGH GRUR 2007, 780 – Pralinenform I.

[349] Die Bindungswirkung entfällt auch im Verletzungsprozess erst mit der Rechtskraft der Löschungsanordnung, wobei vorab eine Aussetzung des Verfahrens in Betracht kommt, s. BGH GRUR 2008, 1040 – Kinder I; GRUR 2008, 798 – POST I; zum Umfang und den Ausnahmen der Bindung s. Ingerl/Rohnke MarkenG § 14 Rn. 22 ff.

[350] BGH GRUR 2020, 870 – INJEKT/INJEX.

solcher Marken aus Rechtsgründen auf Fälle beschränkt sein, in denen sowohl die Vergleichszeichen als auch die Produkte nahezu identisch sind.[351]

141 Die Kennzeichnungskraft eines Zeichens ist nicht statisch. Eine **Stärkung der Kennzeichnungskraft** kommt insbesondere bei intensiver Benutzung des Zeichens und einer daraus resultierenden Verkehrsbekanntheit in Betracht. Hierbei sind, wie bei der Prüfung der Verkehrsdurchsetzung nach § 8 Abs. 3 MarkenG,[352] ua der Marktanteil, die Intensität und Dauer der Markenbenutzung, der Werbeaufwand sowie der letztlich erreichte Bekanntheitsgrad innerhalb der angesprochenen Verkehrskreise zu berücksichtigen, wobei als Beweismittel auch demoskopische Umfragegutachten infrage kommen.[353] Durch eine intensive Benutzung und eine damit einhergehende Steigerung der Bekanntheit kann demnach eine ursprünglich vorhandene Kennzeichnungsschwäche überwunden werden. Eine Steigerung der Kennzeichnungskraft ist im registerrechtlichen Verfahren nicht schon dann anzunehmen, wenn nur eines der Zeichenelemente bekannt ist.[354]

142 Eine **Schwächung** der Kennzeichnungskraft kann eintreten, wenn der Markeninhaber die Nutzung einer Vielzahl ähnlicher Marken duldet. Denn wenn dem Verkehr in einem bestimmten Waren- oder Dienstleistungsbereich viele ähnliche Marken begegnen, wird er zwangsläufig auch auf geringe Unterschiede zwischen den Zeichen achten. Dann reichen bereits kleine Abweichungen zwischen den Marken, um eine Verwechslungsgefahr auszuschließen.[355] Dies führt zu einer Reduzierung des Schutzumfangs der älteren Marke. Dabei kann eine Schwächung nur durch solche Drittmarken eintreten, die der älteren Marke mindestens so nahe kommen, wie die angegriffene Marke.[356] Die Drittmarken müssen auch tatsächlich benutzt werden.[357] Nur dann ist der Verkehr tatsächlich gezwungen, auf etwaige Unterschiede zwischen den Marken zu achten. Ferner muss es sich um eine beträchtliche Anzahl entsprechender Drittmarken handeln.[358] Die Benutzung der Drittmarken muss für gleiche oder jedenfalls eng benachbarte Waren/Dienstleistungen erfolgen.[359] Ähnliche Drittmarken, die, ohne benutzt zu werden, im Register eingetragen sind, können allenfalls ein Indiz für einen Originalitätsmangel und einen damit einhergehenden geringen Schutzumfang der älteren Marke anzusehen sein.[360]

Praxistipp:

Die Berufung auf ähnliche Drittzeichen kann im Einzelfall ein geeignetes Verteidigungsmittel sein. Durch entsprechende Recherchen lässt sich relativ rasch feststellen, ob ähnliche Drittzeichen registriert sind oder benutzt werden. Sofern diese Drittzeichen die oben näher erläuterten Voraussetzungen erfüllen, kann unter Vorlage entsprechender Nachweise eine Schwächung des Schutzumfangs der älteren Marke eingewendet werden.

143 *dd) Ähnlichkeit der Marken.* Eine Markenähnlichkeit kann unter den folgenden Gesichtspunkten zu bejahen sein:

- Ähnlichkeit im Klang
- Ähnlichkeit im Bild bzw. Schriftbild
- Ähnlichkeit im Sinngehalt.

144 Diese Kategorien müssen nicht kumulativ vorliegen, sodass eine **Ähnlichkeit auf einer der Ebenen** ausreichen kann.[361] Eine Markenähnlichkeit kann also auch dann gegeben sein, wenn

[351] BPatG BeckRS 2009, 25946 – THERMARIVM; einzelne Zeichenbestandteile können sehr wohl als schutzunfähig eingeordnet werden → Rn. 160 ff.

[352] → Rn. 78 ff.

[353] BGH GRUR 2002, 544 (547) – Bank 24.

[354] BPatG GRUR-RS 2019, 39826 – Flügeldarstellung Longines; im Verletzungsverfahren können zugunsten des Markeninhabers auch Aspekte der Benutzung der älteren Marke berücksichtigt werden, die zu einer Steigerung der Kennzeichnungskraft einzelner Elemente führen, s. EuGH GRUR Int 2013, 928 – Specsavers; BGH GRUR 2009, 766 – Stofffähnchen.

[355] BGH GRUR 2009, 685 (687) – ahd.de.

[356] Ströbele/Hacker/Thiering MarkenG § 9 Rn. 183 ff.

[357] BGH GRUR 2009, 685 – ahd.de.

[358] BGH GRUR 2011, 826 (827) – Enzymax/Enzymix.

[359] BGH GRUR 1990 – alpi/Alba Moda.

[360] Vgl. EuGH GRUR 2007, 700 – Shaker; BGH GRUR 1999, 586 (587) – White Lion.

[361] EuGH GRUR Int 2010, 129 (132) – La Española; BGH GRUR 2016, 382 (386) – BioGourmet; s. a. LG Hamburg GRUR-Prax 2022, 84 [mAnm Tenkhoff/Barth].

sich die Zeichen nur in klanglicher oder visueller Hinsicht ähneln, wobei eine Prüfung auf allen Ebenen erforderlich bleibt.[362] Es kommt stets auf die Auffassung der beteiligten Verkehrskreise an.[363]

Maßgeblich für die Beurteilung der Ähnlichkeit ist der **Gesamteindruck** der sich gegenüberstehenden Marken.[364] Dabei sind insbesondere die unterscheidungskräftigen und dominierenden Elemente zu berücksichtigen.[365] Zu beachten ist, dass dem Verkehr die sich gegenüberstehenden Marken meist nicht gleichzeitig gegenübertreten, sodass er auf ein mitunter undeutliches Erinnerungsbild zurückgreifen muss.[366] Zudem unterzieht der Verkehr nach der allgemeinen Erfahrung die Zeichen nicht einer analysierenden Betrachtungsweise, sondern nimmt sie grundsätzlich so wahr, wie sie ihm entgegentreten.[367] Hierbei treten nach ständiger BGH-Rechtsprechung die übereinstimmenden Merkmale deutlicher hervor als die Unterschiede.[368] 145

Gegenstand des Vergleichs sind im registerrechtlichen Verfahren die Zeichen in ihrer eingetragenen Form. Das gilt für eine ältere Registermarke grundsätzlich auch dann, wenn sie in einer abweichenden Form rechtserhaltend benutzt worden ist.[369] Das Amt hat alle (kennzeichenbezogenen) Umstände zu beachten, unter denen die angegriffene Marke eintragungsgemäß benutzt werden könnte.[370] Berücksichtigung können insoweit auch die Art der Waren/Dienstleistungen sowie die die Bedingungen, unter denen sie typischerweise vertrieben werden, finden.[371] 146

Besonderheiten weisen Fälle der sog. **gespaltenen Verkehrsauffassung** auf, bei der zB aufgrund unterschiedlicher Sprachkenntnisse ein Teil des Verkehrs in dem Zeichen eine beschreibende Angabe sieht, während der andere Teil das Zeichen als betrieblichen Herkunftshinweis versteht.[372] Eine gespaltene Verkehrsauffassung kommt aber immer nur dann in Betracht, wenn von den Vergleichszeichen verschiedene Verkehrskreise angesprochen werden, die sich objektiv abgrenzen lassen.[373] Das ist auch dann denkbar, wenn Fachkreise einerseits und das allgemeine Publikum andererseits aufgrund des jeweils vorhandenen Fachwissens ein unterschiedliches Verständnis von einer Marke haben. Für die Annahme einer Verwechslungsgefahr reicht es dann aus, wenn Verwechslungen bei nur einem der beiden Verkehrskreise zu befürchten sind.[374] 147

Unter besonderen Umständen kann eine in klanglicher und/oder schriftbildlicher Hinsicht bestehende Ähnlichkeit durch Unterschiede im Bedeutungsgehalt neutralisiert werden. Nach der Rechtsprechung des EuGH kommt eine **Neutralisierung** jedenfalls dann in Betracht, wenn mindestens eines der beiden Zeichen in der Wahrnehmung der Verkehrskreise eine eindeutige und bestimmte Bedeutung hat.[375] Die deutsche Rechtsprechung ist bisher zurückhaltender, erkennt aber auch an, dass eine Verwechslungsgefahr zu verneinen sein kann, wenn etwa eine klangliche Ähnlichkeit durch deutliche begriffliche und visuelle Unterschiede neutralisiert wird.[376] 148

(1) Wortzeichen. Zum Vergleich von Wortzeichen nach Klang, Schriftbild und Sinngehalt hat die Rechtsprechung zahlreiche Vorgaben aufgestellt, die nicht immer einfach in Einklang miteinander zu bringen sind. Im Normalfall kommt einer Übereinstimmung der Wortanfänge größere Bedeutung zu als bei den Wortendungen, da der inländische Verkehr gewöhnlich von links nach rechts liest bzw. auf Wortanfänge besonders achtet.[377] Das gilt aber nicht, wenn es sich um 149

---

[362] Vgl. EuGH GRUR 1998, 387 (390) – Sabèl; BPatG GRUR-RS 2021, 37401 – Bobo.

[363] EuGH GRUR Int 2015, 463 – MEGA Brands; BGH GRUR 2013, 631 (637) – AMARULA/Marulablu; → Rn. 35.

[364] EuGH GRUR Int 2013, 928 – Specsavers; BPatG GRUR-RS 2021, 8494 – ROTKÄPPCHEN.

[365] BGH GRUR 2020, 870 (876) – INJEKT/INJEX; → Rn. 159 ff.

[366] BGH GRUR 2003, 1047 (1049) – Kellogg's/Kelly's.

[367] BGH GRUR 2010, 235 – AIDA/AIDU; GRUR 2008, 909 – Pantogast.

[368] EuGH GRUR Int 2010, 129 (132) – La Española.

[369] Ausf. BeckOK MarkenR/Kur § 9 Rn. 47.

[370] EuGH GRUR 2008, 698 (701) – O2.

[371] EuGH GRUR Int 1999, 734 (736) – Lloyd.

[372] BGH GRUR 2013, 631 (637) – AMARULA/Marulablu, wobei der BGH den Ausnahmecharakter betont, da eine Verwechslungsgefahr (als Rechtsfrage) nicht „teilweise" angenommen werden kann.

[373] BGH GRUR 2015, 587 (589) – PINAR; Ströbele/Hacker/Thiering MarkenG § 9 Rn. 19.

[374] BGH GRUR 2012, 64 – Maalox/Melox-GRY.

[375] So wurde unter Hinweis auf die eindeutig erfassbare Bedeutung eines der sich gegenüberstehenden Begriffe eine Neutralisierung trotz bestehender Ähnlichkeit angenommen in EuGH GRUR 2006, 413 – ZIRH/SIR; zur Neutralisierung durch visuelle Bestandteile s. EuGH GRUR 2020, 640 (645) – BLACK LABEL BY EQUIVALENZA/LABELL.

[376] BGH GRUR 2019, 173 – combit/Commit; GRUR 2017, 914 (916) – Medicon-Apotheke/MediCo Apotheke; offen gelassen in GRUR, 2011, 824 (825) – Kappa; erg. BeckOK MarkenR/Onken § 14 Rn. 375 ff.

[377] BGH GRUR 2015, 1004 (1007) – IPS/ISP; GRUR 2004, 783 (785) – NEURO-VIBOLEX/NEURO-FIBRAFLEX.

gängige Vorsilben oder solche mit beschreibendem Charakter handelt und der Verkehr deshalb eher auf die anderen Zeichenbestandteile achtgibt.[378] Bei kürzeren Wörtern fallen Abweichungen naturgemäß eher ins Gewicht als bei längeren Wörtern. Aber auch bei Kurzwörtern kann nicht pauschal unterstellt werden, dass die Abweichung bereits in einem Buchstaben genügt, um eine Zeichenähnlichkeit auszuschließen.[379] Selbst die Umstellung einzelner Markenteile oder -silben schließt die Verwechslungsgefahr nicht zwangsläufig aus, solange der Gesamteindruck ähnlich bleibt.[380]

150 Bei der Beurteilung der **klanglichen Ähnlichkeit** wendet die Rechtsprechung folgende phonetische Kriterien an, anhand derer die sich gegenüberstehenden Begriffe miteinander vergleichen lassen:
- Wortlänge
- Vokalfolge
- Silbenzahl
- Silbengliederung
- Betonung

151 Maßgeblich ist, wie der Verkehr die sich gegenüberstehenden Zeichen **ausspricht.**[381] Soweit keine abweichenden Erkenntnisse vorliegen, ist eine Aussprache gemäß den allgemeinen Sprachregeln zu unterstellen.[382] Zusammengeschriebene Begriffe werden in der Regel auch zusammenhängend ausgesprochen.[383] Erhebliche Bedeutung wird der Übereinstimmung zweier Marken in der Vokalfolge beigemessen, da dies meist ein ähnliches Klangbild bewirkt.[384] Im Einzelfall können jedoch weitere Umstände, wie etwa abweichende Betonung oder Anfangskonsonanten sowie unterschiedliche Verbindungskonsonanten die Bedeutung der Vokalfolge zurückdrängen.[385] Bei längeren Worten genügt das Einschieben oder das Weglassen unbetonter Zwischensilben meist nicht, um die Verwechslungsgefahr entfallen zu lassen.[386]

152 Bei **fremdsprachigen Worten** ist neben der richtigen Aussprache ggf. auch eine fehlerhafte Aussprache nach deutschen Sprachregeln zu berücksichtigen. Dies gilt insbesondere bei Begriffen, die nicht zum geläufigen Grundwortschatz gängiger Fremdsprachen gehören und deren richtige Aussprache demnach einem großen Teil des deutschen Publikums nicht geläufig ist.[387]

153 Der **Stellenwert** der klanglichen Ähnlichkeit von Wortzeichen wird in der Rechtsprechung nicht einheitlich bewertet.[388] Dabei ist eine gewisse Differenzierung abhängig von den jeweils betroffenen Produkten zu erkennen. Soweit die Produkte vorwiegend „auf Sicht" gekauft werden, soll die Bedeutung des klanglichen Eindrucks gegenüber einer visuellen Wahrnehmung der Marken eher zurücktreten.[389]

154 Eine Verwechslungsgefahr kann sich auch im Hinblick auf eine **schriftbildliche Ähnlichkeit** der sich gegenüberstehenden Zeichen ergeben. Wesentliche Kriterien sind hierbei:
- Wortlänge,
- Übereinstimmungen an Ober- und Unterlängen
- grafische Ähnlichkeit sehr nah aufeinander folgender Buchstaben.[390]

155 Entscheidend ist der **visuelle Eindruck**, den die Zeichen vermitteln. Dabei kommt es nicht darauf an, ob die ältere Marke in Groß- oder Kleinbuchstaben eingetragen ist, da der Schutz einer Wortmarke beide Varianten abdeckt und somit alle verkehrsüblichen Schreibweisen als ähnlich zu berücksichtigen sind (zB DIESEL, Diesel, diesel).[391] Gleiches gilt auch für gängige Schrifttypen, da die Wiedergabe der Wortmarken in der vom DPMA gewählten Schrift keine Fest-

[378] BGH GRUR 2015, 1004 (1007) – IPS/ISP.
[379] BGH GRUR 2002, 167 (171) – Bit/Bud; Ingerl/Rohnke MarkenG § 14 Rn. 867 mwN.
[380] BPatG GRUR 2008, 77 (79) – QUELLGOLD/Goldquell; s. a. BeckRS 1996, 12426 – babalu/BALUBA.
[381] Vgl. Ströbele/Hacker/Thiering MarkenG § 9 Rn. 279 ff.
[382] BGH GRUR 1995, 50 (52) – Indorektal/Indohexal.
[383] BGH GRUR 2004, 240 – MIDAS/medAS: Verwechslungsgefahr bejaht, da der Verkehr keinen Anlass hat, die Marke „medAS" in die Bestandteile „med" und „AS" aufzuteilen.
[384] BGH GRUR 2015, 1004 (1007) – IPS/ISP.
[385] Ausf. Fezer MarkenG § 14 Rn. 500.
[386] BGH GRUR 1964, 294 (296) – Triosorbin/Trisomin; BPatG GRUR 1964, 464 – Preta/Prämeta.
[387] BGH GRUR 1998, 938 (939) – Dragon.
[388] Ingerl/Rohnke MarkenG § 14 Rn. 869 ff.
[389] EuGH GRUR 2008, 343 – Il Ponte Finanziaria.
[390] BGH GRUR 2016, 83 (87) – Amplidect/ampliteq.
[391] BPatG GRUR 2005, 777 – NATALLA/nutella.

legung auf bestimmte Buchstabenformen bedeutet.[392] Bei verschreibungspflichtigen Arzneimitteln soll wegen der häufig handschriftlich verfassten Rezepte auch die Ähnlichkeit handschriftlich wiedergegebener Zeichen zu berücksichtigen sein.[393]

Trotz Fehlens einer klanglichen oder schriftbildlichen Ähnlichkeit kann eine Verwechslungsgefahr unter dem Gesichtspunkt der **begrifflichen Zeichenähnlichkeit** vorliegen,[394] wenn beide Begriffe aus Sicht des Verkehrs die gleiche Bedeutung haben. Dies ist besonders dann der Fall, wenn es sich bei den gegenüberstehenden Begriffen um Synonyme handelt.[395] Eine begriffliche Verwechselbarkeit kommt auch zwischen Begriffen unterschiedlicher Sprachen in Betracht, sofern die übereinstimmende Bedeutung den deutschen Verkehrskreisen geläufig ist.[396] Nach deutscher Rechtspraxis kann allerdings die Übereinstimmung zweier Zeichen in einer produktbeschreibenden Angabe nicht genügen, um eine relevante begriffliche Ähnlichkeit zu begründen.[397] 156

(2) Bildzeichen. Verwechslungsgefahr zwischen zwei Bildzeichen kommt in erster Linie bei Übereinstimmungen der bildlichen Darstellung in Betracht. Maßgebend ist der Gesamteindruck der Zeichen. Besteht insoweit Ähnlichkeit, sind Unterschiede im Detail unerheblich.[398] Demgegenüber sind Übereinstimmungen bei Bildmarken nachrangig, die in Bezug auf die betroffenen Waren oder Dienstleistungen einen beschreibenden Anklang haben.[399] Ist eine Marke in schwarz/weiß eingetragen, so erstreckt sich ihr Verwechslungsschutz ohne weiteres auch auf farbige Wiedergaben.[400] Ist eine Marke demgegenüber in einer bestimmten Farbe eingetragen, kann eine Verwechslungsgefahr mit einer andersfarbigen Gestaltung im Einzelfall zu verneinen sein.[401] 157

Praxistipp:

Wird eine Marke in Farbe angemeldet, so ist gerade die Farbgebung häufig ein wesentliches Merkmal der Gesamtmarke. Der Schutzumfang dieser farbigen Marke kann daher gegenüber ähnlichen Zeichen die andersfarbig sind, eingeschränkt sein mit der Folge, dass eine Verwechslungsgefahr zu verneinen ist. Die Eintragung der Marke in schwarz/weiß bietet demgegenüber eine grundsätzliche Schutzmöglichkeit gegen alle Farbvarianten. Die farbig eingetragene Marke wiederum besitzt einen weiteren Schutz gegenüber gleichfarbigen Benutzungsformen. Es sollte daher bei der Anmeldung derartiger Marken sorgfältig überlegt werden, ob die Marke in schwarz/weiß oder in Farbe angemeldet wird. Kommt es dem Anmelder gerade auf den Schutz der grafischen Darstellung an, ist der schwarz/weiß-Anmeldung der Vorzug zu geben. Nur wenn demgegenüber gerade die konkrete Farbgestaltung Schwerpunkt des Markenschutzes sein soll, sollte die Farbanmeldung gewählt werden. Die Farbanmeldung ist ferner sinnvoll, wenn erst die Farbgebung der Marke ihre besondere Eigenart oder gar ihre Unterscheidungskraft verleiht.

Bei der Prüfung ist zu beachten, dass **kein Motivschutz** gewährt wird. Eine Verwechslungsgefahr liegt demnach nicht schon dann vor, wenn in zwei bildlich unterschiedlichen Darstellungen dasselbe Motiv erkannt wird.[402] Bei Bildmarken, die Vorbilder aus der Natur wiedergeben oder nur häufig gebrauchte Motive (zB Herz, Stern, Krone etc.) zeigen, ist der Schutz im Wesentlichen auf die konkrete Darstellung beschränkt, sodass bereits geringfügige Abweichungen ausreichen können, um trotz des gleichen Motivs eine Verwechslungsgefahr zu verneinen.[403] Ein weitergehender Schutz kommt allenfalls dann in Betracht, wenn der betreffenden Marke etwa aufgrund ihrer Verkehrsbekanntheit eine besondere Kennzeichnungskraft zuerkannt werden kann.[404] 158

392 BPatG GRUR 1980, 59 – MARC/MARS.
393 Ingerl/Rohnke MarkenG § 14 Rn. 898.
394 Ströbele/Hacker/Thiering MarkenG § 9 Rn. 303 ff.
395 Vgl. BGH GRUR 2004, 779 – Zwilling/Zweibrüder.
396 EuGH BeckRS 2014, 82421 – BALLON D'OR/GOLDEN BALLS; zusf. Fezer MarkenG § 14 Rn. 529 ff.
397 BGH GRUR 2003, 1040 (1043) – Kinder I; Ingerl/Rohnke MarkenG § 14 Rn. 918.
398 BGH GRUR 2004, 286 (289) – Ferrari-Pferd.
399 Vgl. Ingerl/Rohnke MarkenG § 14 Rn. 954 mwH.
400 BGH GRUR 2015, 1009 (1011) – BMW-Emblem; GRUR 2006, 859 (861) – Malteserkreuz; allerdings steht eine abweichende farbliche Gestaltung idR der Annahme von Zeichenidentität entgegen.
401 BPatG GRUR 1997, 285 (286) – VISA/Streifenbild.
402 BGH GRUR 1989, 510 – Teekanne II; GRUR 1989, 425 – Herzsymbol; BeckOK MarkenR/Onken § 14 Rn. 417.
403 Vgl. BGH GRUR 1984, 872 (873) – Wurstmühle; zusf. Ingerl/Rohnke MarkenG § 14 Rn. 963 ff.
404 EuGH GRUR 1998, 387 (390) – Sabèl.

159 *(3) Wort-/Bildzeichen und mehrgliedrige Zeichen.* Marken bestehen häufig nicht nur aus einem Wort oder aus einem Bild, sondern sind aus mehreren Bestandteilen zusammengesetzt. Enthalten diese Kombinationszeichen einen übereinstimmenden oder ähnlichen Bestandteil, so kann dies unter Umständen bereits eine Zeichenähnlichkeit begründen. Ausgeschlossen ist die Herleitung einer Zeichenähnlichkeit in der Regel aus der bloßen Übereinstimmung zweier Zeichen in schutzunfähigen Bestandteilen.[405] Da die Verwechslungsgefahr auch bei mehrgliedrigen Marken stets unter Berücksichtigung des Gesamteindrucks zu ermitteln ist, begründen auch überstimmende unterscheidungskräftige Bestandteil nicht immer eine relevante Zeichenähnlichkeit.[406] Der Markenschutz wird nicht isoliert für die einzelnen Bestandteile einer Marke gewährt, ein derartiger Elementenschutz ist dem Markenrecht fremd.[407]

160 Ausschlaggebend ist in derartigen Fällen die Kennzeichnungskraft der ähnlichen bzw. unähnlichen Bestandteile. Zunächst ist zu ermitteln, ob dem übereinstimmenden oder ähnlichen Bestandteil innerhalb einer älteren (mehrgliedrigen) Marke eine **selbstständig schutzfähige** Bedeutung zukommt.[408] Sodann ist zu überlegen, ob der entsprechende Bestandteil innerhalb der jüngeren Marke kollisionsbegründend sein kann.[409] Hierzu sind von der Rechtsprechung mehrere Grundsätze aufgestellt worden.

161 Eine relevante Zeichenähnlichkeit kann dann vorliegen, wenn der übereinstimmende Markenbestandteil den Gesamteindruck der Marken prägt (sog. **Prägetheorie**).[410] Zwar dürfen kennzeichnungsschwache oder schutzunfähige Bestandteile einer Marke nicht von vorneherein bei der Beurteilung der Zeichenähnlichkeit unberücksichtigt bleiben.[411] Denn sie können durchaus zum Gesamteindruck der sich gegenüberstehenden Zeichen beitragen.[412] Die Kennzeichnungsschwäche eines Bestandteils kann allerdings zur Prägung durch den anderen Bestandteil führen.[413] Eine Prägung liegt vor, wenn der Gesamteindruck einer Kombinationsmarke durch einen Bestandteil „zumindest maßgeblich mitbestimmt" wird.[414] Selbst bei einem schutzunfähige Bestandteil soll in Betracht gezogen werden, ob er sich durch seine Position im Zeichen oder durch seine Größe der Wahrnehmung des Verbrauchers aufdrängen und in sein Gedächtnis einprägen kann.[415] Uneinheitlich wird die Frage beantwortet, inwieweit eine erhöhte Kennzeichnungskraft der älteren Marke bei der Beurteilung des prägenden Charakters innerhalb des jüngeren Zeichens zu berücksichtigen ist.[416]

162 Eine Zeichenähnlichkeit kommt jedoch nicht nur dann in Betracht, wenn die jüngere mehrteilige Marke von dem Zeichenbestandteil, der mit der älteren Marke identisch oder ähnlich ist, geprägt wird. Vielmehr kann eine Verwechslungsgefahr bereits dann zu bejahen sein, wenn der Bestandteil innerhalb des jüngeren Zeichens eine **selbständig kennzeichnende Stellung** behält.[417] Eine solche Stellung ist gegeben, wenn der Verkehr erkennt, dass es sich bei dem angegriffenen Zeichen um die Kombination mehrerer eigenständiger Zeichen handelt, also zB um eine Kombination einer Marke mit einer Unternehmensbezeichnung.[418] So standen sich

[405] BGH GRUR 2002, 814 – Festspielhaus; so auch EuG GRUR-Prax 2018, 168 [mAnm Tenkhoff]; s. aber GRUR-Prax 2018, 74 [mAnm Tenkhoff].

[406] BGH GRUR 2004, 514 – Telekom: keine Verwechslungsgefahr trotz Branchenidentität zwischen „Telekom" und „01 051 Telecom"; GRUR 1996, 198 (199) – Springende Raubkatze.

[407] Problematisch ist daher im registerrechtlichen Verfahren die Aufspaltung einer aus mehreren Bestandteilen bestehenden (aber kombiniert angemeldeten) älteren Marke mit der Begründung, der Verkehr erkenne darin eine Erst- u. eine Zweitmarke, vgl. Ingerl/Rohnke MarkenG § 14 Rn. 817.

[408] Zur Frage, ob sich der Inhaber der älteren Marke in einem registerrechtlichen Verfahren auf eine Verkehrsdurchsetzung oder Bekanntheit eines Bestandteils berufen kann, der originär nicht unterscheidungskräftig war s. BGH GRUR 2008, 505 (508) – TUC-Salzcracker; GRUR 1965, 183 (186) – derma.

[409] Zusf. Ströbele/Hacker/Thiering MarkenG § 9 Rn. 42 ff.; zur Bedeutung von Disclaimern s. EuGH, GRUR Int 2019, 936 (938) – Hansson.

[410] EuGH GRUR 2020, 52 (939) – Hansson; BGH GRUR 2020, 1202 (1204) – YOOFOOD/YO.

[411] BGH GRUR 2020, 870 (877) – INJEKT/INJEX; ausf. BeckOK MarkenR/Kur § 9 Rn. 25 f.

[412] BGH GRUR 2005, 326 – Il Padrone/Il Portone; GRUR 2004, 783 – Neuro-Vibolex/Neuro-Vibralex; vgl. BPatG GRUR 1997, 838 (840) – PAPPA GALLO;.

[413] BGH GRUR 2008, 1002 – Schuhpark.

[414] BGH GRUR 2009, 766 (772) – Stofffähnchen.

[415] EuGH, GRUR Int 2015, 463 (465) – MEGA Brands; BGH GRUR 2019, 1058 (1063) – KNEIPP; s. a. EuGH GRUR 2016, 80 (82) – BGW.

[416] Zust. BGH GRUR 2009, 484 – Metrobus; GRUR 2003, 880 – City Plus; abw. EuGH GRUR-RS 2020, 11938 – CCB/CB.

[417] EuGH GRUR 2005, 1042 (1044) – Thomson Life; BGH GRUR 2007, 1066 (1069) – Kinderzeit; s. a. Rohnke GRUR 2006, 21; zur Anwendung auf Bildmarken s. EuG GRUR-Prax 2019, 409 [mAnm Tenkhoff].

[418] BGH GRUR 2010, 833 – Malteserkreuz II; GRUR 2010, 646 – Offroad.

die ältere Marke „Life“ und das jüngere Zeichen „Thomson Life“ gegenüber, wobei letzteres nicht durch den Begriff „Life“ geprägt wird. Der Bestandteil „Life“ behielt jedoch eine selbstständig kennzeichnende Stellung. Geht der einzelne Zeichenbestandteil demgegenüber in der jüngeren Gesamtbezeichnung derart auf, dass er nicht mehr als eigenständig wahrgenommen wird, liegt keine selbständig kennzeichnende Stellung vor. Dies ist etwa dann der Fall, wenn die Kombination einzelner Begriffe zu einem Gesamtbegriff oder einer Aussage mit eigenem Sinngehalt führt.[419]

Praxistipp:

Angesichts der mit der „Thomson Life“-Rechtsprechung des EuGH einhergehenden Stärkung von Einzelwort- und Einzelbildmarken empfiehlt es sich, bei aus mehreren Wort- oder Bildbestandteilen zusammengesetzten Zeichen, die jeweils für sich eine eigenständige Kennzeichnungskraft besitzen, die einzelnen Worte oder Bildzeichen jeweils als gesonderte Marke anzumelden und sich nicht auf die Anmeldung von Kombinationsmarken zu beschränken. Derartige Einzelwortmarken bieten gegenüber kombinierten Marken einen größeren Schutzumfang, was die zusätzlichen Kosten für gesonderte Markenanmeldungen in vielen Fällen rechtfertigt.

Stehen sich zwei jeweils aus Wort- und Bildbestandteilen zusammengesetzte Marken gegenüber, so kann sich eine hinreichende Ähnlichkeit bereits aufgrund der übereinstimmenden oder ähnlichen Wortbestandteile ergeben. Dies gilt auch bei der Kollision einer Wort-/Bildmarke mit einer Wortmarke. Denn der **oft prägende Wortbestandteil** stellt die einfachste Möglichkeit der Benennung der Marke dar, sodass meist eine Verwechslungsgefahr aufgrund klanglicher Ähnlichkeit vorliegt.[420] Zwingend ist dieses Ergebnis nicht. So ist ein entsprechender isolierter Schutz des Wortbestandteils in der kombinierten Wort-/Bildmarke „Kinder“ für „Schokolade“ wegen der ausschließlichen Beschreibung der Abnehmerkreise verneint worden.[421] Auch kann sich eine Zeichenähnlichkeit gerade aus einer Übereinstimmung der Bildbestandteile ergeben.[422] 163

(4) Weitere Zeichenkategorien. Eine Ähnlichkeit kann auch zwischen unterschiedlichen Markenformen bestehen, so etwa zwischen Bildzeichen und dreidimensionaler Wiedergabe. Dies betrifft insbesondere Bildzeichen, die aus der Darstellung eines dreidimensionalen Gegenstandes bestehen.[423] Ferner kann sich eine begriffliche Ähnlichkeit auch zwischen Bildmarken bzw. 3D-Marken einerseits und Wortmarken andererseits ergeben, wenn die Wortmarke nach dem Verständnis des Verkehrs die naheliegende und ungezwungene Bezeichnung des Bildes bzw. der Gestaltung darstellt.[424] 164

Bei **Formmarken** ergibt sich für den Markeninhaber häufig das Problem, dass das jüngere Zeichen bzw. die angegriffene Benutzungsform auch unterscheidungskräftige Wort-/Bildbestandteile enthält, sodass der Verkehr die Waren- oder Verpackungsform als solche nicht notwendigerweise als betrieblichen Herkunftshinweis auffasst, sondern sich an den Wort- bzw. Bildmarken orientiert. Maßgeblich ist auch insoweit grundsätzlich der Gesamteindruck der Vergleichszeichen.[425] Eine Ähnlichkeit kann bereits dann zu verneinen sein, wenn sich die Gesamtaufmachung der Produkt-/Verpackungsformen durch aufgedruckte Wortzeichen hinreichend unterscheiden.[426] Eine relevante Zeichenähnlichkeit setzt voraus, dass der Verkehr gerade den ähnlichen (Form-)Elementen innerhalb der Gesamtaufmachung eine herkunftshinweisende Bedeutung beimisst.[427] 165

---

[419] BGH GRUR 2010, 729 – MIXI.

[420] Vgl. etwa LG Hamburg GRUR-Prax 2022, 84 [mAnm Tenkhoff/Barth].

[421] BGH GRUR 2003, 1040 – Kinder; s. a. GRUR 2004, 778 – Urlaub direkt.

[422] EuGH GRUR Int 2010, 129 (132) – La Española.

[423] Vgl. BGH GRUR 1966, 681 (684) – Laternenflasche; Ingerl/Rohnke MarkenG § 14 Rn. 969 mwH.

[424] BGH GRUR 2015, 1214 (1218) – Goldbären; GRUR 2006, 60 – coccodrillo; Ingerl/Rohnke MarkenG § 14 Rn. 611.

[425] Der Schutz einer Formmarke richtig sich weder gegen die bloße Übernahme einzelner Details, noch erstreckt er sich auf gestalterische Grundideen oder Motive → Rn. 158 ff.

[426] OLG Frankfurt GRUR-RR 2004, 134; versteht der Verkehr aber ein Gestaltungselement des in einem Verletzungsprozess angegriffenen Zeichens aufgrund einer dahingehenden Übung als Zweitkennzeichnung, kann sich der Vergleich darauf beschränken, s. BGH GRUR 2002, 171 – Marlboro-Dach.

[427] BGH GRUR 2003, 332 – Abschlussstück.

Eine Übereinstimmung in nicht schutzfähigen Merkmalen wird für sich genommen in der Regel keine relevante Zeichenähnlichkeit begründen.[428]

166 Bei der Durchsetzung von Rechten aus einer **Farbmarke** ergeben sich in der Praxis ähnliche Probleme. Hier stellt sich regelmäßig die Frage, inwieweit der angesprochene Verkehr der Farbe innerhalb des jüngeren Zeichens bzw. der angegriffenen Benutzungsform eine Herkunftsfunktion zuordnet.[429]

167 *ee) Gedankliches Inverbindungbringen.* § 9 Abs. 1 Nr. 2 MarkenG enthält im letzten Halbsatz die Formulierung, dass die Verwechslungsgefahr auch die Gefahr einschließt, dass die Marken gedanklich miteinander in Verbindung gebracht werden.[430] Die Erwähnung des „gedanklichen Inverbindungbringens" stellt jedoch keine Alternative zum Begriff der Verwechslungsgefahr dar, sondern soll lediglich den Umfang der Verwechslungsgefahr näher bestimmen. Es handelt sich letztlich um einen Unterfall der Verwechslungsgefahr.[431]

168 *(1) Mittelbare Verwechslungsgefahr.* Praktische Relevanz bekommt das gedankliche Inverbindungbringen vor allem bei der Verwechslungsgefahr unter dem Gesichtspunkt eines Serienzeichens. Viele Unternehmen haben für ihre unterschiedlichen Waren/Dienstleistungen ein Kennzeichnungssystem entwickelt, das darin besteht, dass eine Serie verschiedener Marken benutzt wird, die jedoch alle den gleichen charakteristischen Stammbestandteil aufweisen. Ist der Verkehr daran gewöhnt, wird er auch fremde Zeichen, die diesen Stammbestandteil aufweisen, dem gleichen Zeicheninhaber zuordnen.[432] Da das Markenrecht grundsätzlich keinen Schutz für einzelne Elemente einer Marke gewährt, sind an die Bejahung einer Verwechslungsgefahr unter dem Gesichtspunkt des Serienzeichens strenge Anforderungen zu stellen. Im Normalfall genügt es für die Annahme einer Verwechslungsgefahr nicht, wenn die zu vergleichenden Marken lediglich einen gemeinsamen Bestandteil enthalten.[433]

169 So kann vom Vorliegen einer Serienmarke nur ausgegangen werden, wenn der Verkehr in dem gemeinsamen Element tatsächlich einen **Stammbestandteil erkennt,** der für sich als Hinweis auf den Inhaber der älteren Marke geeignet ist. Dies wird nur dann der Fall sein, wenn der Markeninhaber den Verkehr durch die Benutzung mehrerer Marken einer Serie an den Stammbestandteil gewöhnt hat.[434] Fehlen derartige besondere Umstände, wird der Verkehr keinen Anlass haben, in einem Markenbestandteil einen Hinweis auf den Inhaber zu sehen.[435] Gegen das Vorliegen eines Stammcharakters spricht insbesondere, wenn es sich bei dem fraglichen Bestandteil um eine beschreibende oder kennzeichnungsschwache Bezeichnung handelt.[436]

170 Eine Verwechslungsgefahr unter dem Gesichtspunkt des Serienzeichens setzt ferner voraus, dass der Stammbestandteil auch in der jüngeren Marke identisch oder jedenfalls in **nahezu identischer Form** (die Rechtsprechung spricht von „Wesensgleichheit") vorhanden ist.[437]

171 *(2) Verwechslungsgefahr im weiteren Sinn.* Eine Verwechslungsgefahr kann sogar dann vorliegen, wenn die angesprochenen Verkehrskreise zwar anhand der Unterschiede der Marken erkennen können, dass die betreffenden Waren oder Dienstleistungen aus unterschiedlichen Unternehmen stammen, sie jedoch aufgrund besonderer Umstände gleichwohl annehmen, beide Unternehmen seien wirtschaftlich oder organisatorisch miteinander verbunden. Entsprechende Voraussetzungen werden allerdings nur in relativ seltenen Ausnahmefällen gegeben sein. Über die Ähnlichkeit der Marken und der betroffenen Waren und Dienstleistungen hinaus müssen weitere besondere Umstände vorliegen, die aus Sicht des Verkehrs die Annahme von wirtschaftlichen oder organisatorischen Verbindungen zwischen den Unternehmen rechtfertigen.[438]

---

[428] BGH GRUR 2000, 888 – MAG-LITE; soweit die Schutzfähigkeit einer Formmarke gerade nicht in ihrer Form zum Ausdruck kommt (sondern zB aus Wortbestandteilen hergeleitet ist), wird auch von pseudodreidimensionalen Marken gesprochen, s. Ingerl/Rohnke MarkenG § 14 Rn. 541.

[429] BGH GRUR 2014, 1101 – Gelbe Wörterbücher.

[430] Der Halbsatz hat seine Grundlage in Art. 5 Abs. 1 lit. b MRL und ist für den Verletzungsfall auch in der korrespondierenden Vorschrift des § 14 Abs. 2 Nr. 3 MarkenG enthalten.

[431] Vgl. EuGH GRUR 1998, 387 (389) – Sabèl.

[432] EuGH GRUR 2008, 343 (346) – Il Ponte Finanziaria; BGH GRUR 2010, 729 (732) – MIXI.

[433] BGH GRUR 2013, 840 (842) – PROTI II; GRUR 2009, 484 – Metrobus; → Rn. 159 ff.

[434] BGH GRUR 2013, 1239 (1242) – VOLKSWAGEN.

[435] BPatG GRUR 2020, 194 (197) – YO; s. a. Ingerl/Rohnke MarkenG § 14 Rn. 1172 u. 1201 mwN.

[436] BGH GRUR 2003, 1040 – Kinder I.

[437] BGH GRUR 2009, 672 (676) – OSTSEE-POST.

[438] BGH GRUR 2009, 772 – Augsburger Puppenkiste; Ströbele/Hacker/Thiering MarkenG § 9 Rn. 543 ff.

d) Erweiterter Schutz der bekannten Marke. Der erweiterte Schutz bekannter Marken beruht auf der Überlegung, dass sie häufig dem Versuch ausgesetzt sind, ihre Wertschätzung und den mit ihnen einhergehenden Aufmerksamkeitseffekt auszunutzen und zwar auch für Waren/Dienstleistungen außerhalb des Ähnlichkeitsbereichs. Darüber hinaus wird auch ein Schutzbedürfnis im Hinblick auf die mit dem Status der bekannten Marke verbundenen Investitionen des Markeninhabers sowie den wirtschaftlichen Wert der Marke anerkannt.[439] In gewisser Hinsicht wird bei bekannten Marken der Schutz von den beanspruchten Waren/Dienstleistungen gelöst und auf das Zeichen als solches erstreckt.[440] Der Bekanntheitsschutz orientiert sich dabei nicht an der Herkunftsfunktion der Marke, sondern zielt auf die übrigen Markenfunktionen ab. So hat der EuGH anerkannt, dass neben der Herkunftsfunktion auch weitere Funktionen einer Marke eine Rolle spielen können, wie etwa deren Investitions- oder Werbefunktion.[441] Die Investitionsfunktion wird zB darin gesehen, dass der Inhaber eine Marke dazu einsetzen kann, einen Ruf auszubauen und zu wahren, der geeignet ist, Verbraucher anzuziehen und zu binden.[442] 172

Der Schutz der bekannten Marke kommt bei **kumulativem Vorliegen** folgender Voraussetzungen in Betracht, wobei auch im Rahmen des § 9 Abs. 1 Nr. 3 MarkenG eine Benutzung des jüngeren Zeichens zu unterstellen ist: 173

- Identität oder Ähnlichkeit der Zeichen
- Bekanntheit der älteren Marke
- gedankliche Verknüpfung
- Ausnutzung/Beeinträchtigung der Unterscheidungskraft oder der Wertschätzung
- Fehlen eines rechtfertigenden Grundes

aa) Identität oder Ähnlichkeit der Zeichen. Zur Frage der Zeichenähnlichkeit kann grundsätzlich auf die Ausführungen zur Verwechslungsgefahr iSd § 9 Abs. 1 Nr. 2 MarkenG verwiesen werden.[443] Im Rahmen des Bekanntheitsschutzes sind insoweit keine anderen Kriterien anzuwenden.[444] Die Zeichen müssen allerdings (nur) so ähnlich sein, dass sie gedanklich miteinander verknüpft werden.[445] Nicht erforderlich ist, dass die Zeichen auch verwechselt werden können.[446] Mithin werden weniger strenge Anforderungen an den Grad der Zeichenähnlichkeit gestellt als bei der Prüfung einer Verwechslungsgefahr, was zu einer deutlichen Ausweitung des Schutzes bekannter Marken führt.[447] Sind die Zeichen allerdings gänzlich unähnlich, scheidet auch der Bekanntheitsschutz aus.[448] 174

Soweit es sich bei der älteren Marke um eine Registermarke handelt, sind im registerrechtlichen Verfahren die Zeichen in ihrer jeweils **eingetragenen Form** zu bewerten. Das soll selbst dann gelten, wenn dem Verkehr die ältere Marke nur in einer abgewandelten Form bekannt geworden ist.[449] 175

bb) Bekanntheit der älteren Marke. Eine Marke ist bekannt iSd Nr. 3, wenn sie über einen gewissen Grad an Bekanntheit beim maßgeblichen Publikum verfügt.[450] Dabei ging die bisherige Rechtspraxis davon aus, dass die ältere Marke gerade als Kennzeichnungsmittel für bestimmte Waren/Dienstleistungen bekannt sein muss.[451] Eine bloße Bekanntheit als historische Persönlichkeit oder als Produktgestaltung genügt diesen Anforderungen nicht.[452] Ausreichen soll nunmehr aber, wenn der Verkehr „das Zeichen kennt", ohne dass ihm dessen Eintragung als Marke bekannt sein muss.[453] 176

[439] EuGH GRUR 2009, 756 – L'Oréal; vgl. Ingerl/Rohnke MarkenG § 14 Rn. 1249.
[440] Ströbele/Hacker/Thiering MarkenG § 14 Rn. 351 ff.; auch international wird der bekannten Marke ein erweiterter Schutz zugebilligt, Art. 6bis PVÜ u. Art. 16 Abs. 3 TRIPS.
[441] EuGH GRUR 2009, 756 (761) – L'Oréal; GRUR 2011, 1124 (1127) – Interflora; zur Herkunftsfunktion → Rn. 38; ausf.
[442] Ausf. Hildebrandt/Sosnitza UMV Art. 9 Rn. 38.
[443] → Rn. 143 ff.
[444] BGH GRUR 2009, 672 (677) – OSTEE-POST; GRUR 2004, 598 – Kleiner Feigling.
[445] BGH GRUR 2015, 1114 (1116) – Springender Pudel.
[446] EuGH GRUR 2004, 58 – Adidas-Salomon.
[447] EuGH GRUR-RR 2016, 147 (149) – El Corte Inglés; GRUR 2009, 756 (759) – L'Oréal; Ströbele/Hacker/Thiering MarkenG § 14 Rn. 359 ff.
[448] EuGH GRUR Int 2011, 500 (504) – TiMi KiNDERJOGHURT.
[449] Ströbele/Hacker/Thiering MarkenG § 14 Rn. 360.
[450] BGH GRUR 2020, 405 (408) – ÖKO-Test II; BPatG GRUR-RS 2021, 16735 – BASF.
[451] BGH GRUR 2015, 1214 (1216) – Goldbären; GRUR 2004, 235 (238) – Davidoff II.
[452] EuGH GRUR 2006, 237 – Ruiz-Picasso; BGH GRUR 2007, 70 – Pralinenform.
[453] EuGH GRUR 2019, 621 (625) – ÖKO-Test [mAnm Sattler]; BGH GRUR 2022, 229 – ÖKO-TEST III [mAnm Raue].

177 Die Marke muss einem **bedeutenden Teil des Verkehrs** bekannt sein.[454] Es gibt keinen festen Prozentsatz, bei dessen Vorliegen von einer bekannten Marke ausgegangen werden kann.[455] Die Einordnung hängt stets von den Umständen des jeweiligen Einzelfalles ab. Dazu gehören ua der Marktanteil der älteren Marke, die Intensität, die geografische Ausdehnung und die Dauer ihrer Benutzung sowie der Umfang der Investitionen, die das Unternehmen zu ihrer Förderung getätigt hat.[456] Selbst an einer festen Untergrenze hält die Rechtsprechung nicht mehr fest, sodass auch bei relativ niedrigen Prozentsätzen eine Verkehrsbekanntheit nicht von vorneherein ausgeschlossen werden kann.[457] Die Marke muss im Inland bekannt sein, ohne dass zwangsläufig eine hiesige Benutzung vorliegen muss.[458] Die Bekanntheit einer deutschen Marke in einem wesentlichen Teil des Bundesgebiets soll ausreichend sein.[459]

178 Die Feststellung der Bekanntheit kann das Gericht aus **eigener Sachkunde** und Lebenserfahrung treffen, wobei als Indizien die oben genannten Kriterien berücksichtigt werden. Unter Umständen können die Tatsachen, die der Bekanntheit der Marke zugrunde liegen, sogar offenkundig iSv § 291 ZPO sein, sodass eine Einholung eines Verkehrsgutachtens nicht erforderlich ist.[460] In Zweifelsfällen ist die Bekanntheit anhand geeigneter Beweismittel, insbesondere durch ein demoskopisches Sachverständigengutachten, durch den Inhaber der älteren Marke nachzuweisen.[461]

179 Die Bekanntheit muss stets innerhalb der angesprochenen **Verkehrskreise der älteren Marke** bestehen. Relevant sind diejenigen Verkehrskreise, die von der Marke betroffen sind.[462] Je nach Art der betroffenen Produkte können das die Gesamtbevölkerung oder bestimmte Fachkreise sein.[463] Für die unten dargestellten Fallgruppen der Herabsetzung oder Verwässerung kommt es nicht darauf an, ob die ältere Marke darüber hinaus auch in den von der jüngeren Marke angesprochenen Kreisen bekannt ist. Soweit es um eine Beeinträchtigung der älteren Marke geht, ist nach der Rechtsprechung des EuGH also nur die Perspektive des von ihr angesprochenen Publikums relevant.[464] Demgegenüber soll ein Trittbrettfahren nur in Betracht kommen, wenn die ältere Marke auch in der Zielgruppe der jüngeren Marke bekannt ist. Daran kann es fehlen, wenn sich die angesprochenen Verkehrskreise klar voneinander trennen lassen.[465]

180 Der **maßgebliche Zeitpunkt** für die Feststellung der Bekanntheit richtet sich im Verletzungsprozess nach den geltend gemachten Ansprüchen.[466] In einem registerrechtlichen Verfahren muss die Bekanntheit sowohl zum Prioritätszeitpunkt der jüngeren Marke als auch im Entscheidungszeitpunkt noch vorliegen.[467] Verschlechterungen zulasten des Inhabers der älteren Marke sind mithin zu berücksichtigen.

181 *cc) Gedankliche Verknüpfung*. Der Verkehr muss die Zeichen gedanklich miteinander verknüpfen, dh einen Zusammenhang zwischen den Zeichen annehmen. Ein solcher Zusammenhang ist zu bejahen, wenn das jüngere Zeichen die ältere Marke in Erinnerung ruft.[468] Auch insoweit ist auf die Sichtweise des Durchschnittsverbrauchers abzustellen,[469] wobei alle relevanten Umstände des Einzelfalls zu berücksichtigen sind. Von Bedeutung sind ua der Grad der Ähnlichkeit der Zeichen, die Art der Waren/Dienstleistungen, der Bekanntheitsgrad der älteren Marke, ihre Kennzeichnungskraft und das Bestehen einer Verwechslungsgefahr.[470]

---

454 EuGH GRUR Int 2000, 73 – Chevy.
455 EuGH GRUR 2009, 1158 (1159) – PAGO; BGH GRUR 2011, 1043 (1045) – TÜV II.
456 EuGH GRUR Int 2000, 73 – Chevy; BGH GRUR 2015, 1214 (1216) – Goldbären.
457 BGH GRUR 2020, 401 (403) – ÖKO-TEST (50,3 % mehr als ausreichend); GRUR 2002, 340 – Faberge (selbst 8,1 % nicht per se ungenügend); Fezer MarkenG § 14 Rn. 420 (20 % als unterste Schwelle, 50 % als Faustregel); Ingerl/Rohnke MarkenG § 14 Rn. 810 (30–33 % normalerweise ausreichend); Ströbele/Hacker/Thiering MarkenG § 14 Rn. 366.
458 BGH GRUR 2008, 160 (163) – CORDARONE.
459 Ströbele/Hacker/Thiering MarkenG § 14 Rn. 375.
460 BGH GRUR 2015, 1214 (1216) – Goldbären; GRUR 2014, 378 (380) – OTTO CAP.
461 BGH GRUR 1991, 863 (865) – Avon; zur Verkehrsumfrage allg. s. Pflüger GRUR 2004, 652; → § 9.
462 EuGH GRUR Int 2000, 73 – Chevy.
463 EuGH GRUR 2009, 1158 (1159) – PAGO; BGH GRUR 2003, 428 (433) – BIG BERTHA; → Rn. 34.
464 EuGH GRUR 2009, 56 (58) – Intel.
465 EuGH GRUR 2017, 1257 (1261) – Darjeeling; Ingerl/Rohnke MarkenG § 14 Rn. 1281; → Rn. 185.
466 Ströbele/Hacker/Thiering MarkenG § 14 Rn. 379.
467 BGH GRUR 2017, 75 (77) – Wunderbaum II; GRUR 2008, 903 (904) – SIERRA ANTIGUO.
468 EuGH GRUR 2009, 56 (59) – Intel; BGH GRUR GRUR 2015, 1214 (1217) – Goldbären.
469 → Rn. 34.
470 EuGH BeckRS 2010, 91002 – nasdaq; BGH GRUR 2020, 401 (403) – ÖKO-TEST I.

182 *dd) Ausnutzung/Beeinträchtigung der Wertschätzung oder Unterscheidungskraft.* Die (unterstellte) Benutzung des jüngeren Zeichens muss objektiv geeignet sein, die Wertschätzung oder Unterscheidungskraft der älteren Marke auszunutzen oder zu beeinträchtigen.[471] Im Rahmen des registerrechtlichen Verfahrens kommt es darauf an, ob insoweit eine ernsthafte Gefahr besteht.[472]

183 Obwohl der Gesetzeswortlaut vier Varianten nahelegt, werden nach der Rechtsprechung lediglich **drei Eingriffstatbestände** unterschieden:
- Ausnutzung der Unterscheidungskraft/Wertschätzung (Trittbrettfahren)
- Beeinträchtigung der Wertschätzung (Herabsetzung)
- Beeinträchtigung der Unterscheidungskraft (Verwässerung).

184 In der Praxis lassen sich diese Varianten nicht immer klar trennen. Bei der Beurteilung ist eine gewisse **Wechselbeziehung** der einzelnen Faktoren anerkannt. Je größer die gedankliche Verknüpfung ist, desto eher wird auch einer der Eingriffstatbestände vorliegen.[473] Je größer die Unterscheidungskraft, umso eher ist auch ihre Ausnutzung oder Beeinträchtigung zu bejahen, wobei insbesondere bei einmaligen Marke eine höhere Wahrscheinlichkeit für einen Eingriff angenommen wird.[474] Der Begriff der Unterscheidungskraft hat hier allerdings nicht die gleiche Bedeutung wie bei § 8 Abs. 2 Nr. 1 MarkenG. Gemeint ist vielmehr die Strahlkraft, die die Marke von Haus aus besitzt bzw. durch Benutzung erlangt hat.[475] Auch der Abstand der betroffenen Branchen spielt eine Rolle. Je weiter die Produkte voneinander entfernt sind, desto eher wird eine Beeinträchtigung/Ausnutzung zu verneinen sein.[476]

185 *(1) Trittbrettfahren.* Die Ausnutzung der Unterscheidungskraft/Wertschätzung betrifft Fälle, in denen die besondere Aufmerksamkeit, die das Publikum einer bestimmten Marke entgegenbringt, durch die Benutzung eines identischen oder ähnlichen Zeichens ausgebeutet wird. Die Fallgruppe liegt vor, wenn der Dritte durch Verwendung eines Zeichens versucht, sich in den Bereich der Sogwirkung der älteren Marke zu begeben, um von ihrer Anziehungskraft, ihrem Ruf und ihrem Ansehen ohne jede finanzielle Gegenleistung und ohne eigene Anstrengungen zu profitieren oder auf andere Weise an der Aufmerksamkeit teilzuhaben, die mit der Verwendung eines der bekannten Marke ähnlichen Zeichens verbunden ist.[477] Dabei können auch subjektive Elemente berücksichtigt werden. Genießt eine Marke nachweislich ein besonders exklusives, luxuriöses oder in sonstiger Weise positiv besetztes Image, so sind die damit einhergehende Wertschätzung sowie die Gütevorstellungen, die der Verkehr mit der Marke verbindet, in Betracht zu ziehen.[478] Maßgeblich soll in solchen Fällen sein, ob ein Imagetransfer stattfindet.[479]

186 *(2) Herabsetzung.* Eine Beeinträchtigung der Wertschätzung ist zu bejahen, wenn die Benutzung eines mit der bekannten Marke ähnlichen oder identischen Zeichens geeignet ist, negative Assoziationen entstehen zu lassen und das durch den unternehmerischen Einsatz des Markeninhabers geschaffene positive Markenimage zu beschädigen. Maßgeblich ist, ob die Anziehungskraft der Marke geschmälert wird.[480] Dies ist häufig der Fall, wenn das Zeichen für minderwertige Produkte oder von Unternehmen mit schlechtem Ruf benutzt wird, da eine durch Qualitätsmängel oder schlechten Service hervorgerufene Unzufriedenheit der Verbraucher dann mittelbar auf den Inhaber der bekannten Marke zurückfällt.[481] Gleiches gilt, wenn die Produkte, für die das Zeichen benutzt wird, von ihrer Art und ihrem Image her nicht zu der bekannten Marke passen.[482] Hierunter fallen auch die Fälle der Markenverunglimpfung, bei denen die bekannte Marke in einer herabsetzenden Darstellungsform benutzt wird.[483] Allerdings kann

[471] Nach der jüngeren Rechtsprechung sollen iRd Gesamtabwägung auch die Wertungen der §§ 23 u. 24 MarkenG berücksichtigt werden, s. BGH GRUR 2019, 165 (168) – keine-vorwerk-vertretung.

[472] EuGH GRUR 2015, 1002 (1004) – Iron & Smith; GRUR 2009, 56 (58) – Intel.

[473] EuGH GRUR Int 2000, 73 – Chevy.

[474] EuGH GRUR 2009, 56 – Intel.

[475] BGH GRUR 2002, 622 (625) – shell.de.

[476] EuGH GRUR-RS 2017, 118406 – MEISSEN; BGH GRUR 2022, 229 (233) – ÖKO-TEST III.

[477] EuGH GRUR 2009, 756 (760) – L'Oréal; BGH GRUR 2015, 1114 (1118) – Springender Pudel; nicht erforderlich ist insoweit, dass dem Markeninhaber auch ein Nachteil entsteht.

[478] EuGH GRUR 2011, 1124 (1129) – Interflora; BGH GRUR 1996, 508 (509) – Uhren-Applikation.

[479] Ströbele/Hacker/Thiering MarkenG § 14 Rn. 406.

[480] EuGH GRUR 2009, 756 (759) – L'Oréal; BGH GRUR 2010, 726 (728) – Opel-Blitz II.

[481] Sack GRUR 1995, 81 (83).

[482] BGH GRUR 1991, 612 – S L: Benutzung des Zeichens „SL" für preisgünstigen Kleinwagen.

[483] BGH GRUR 1995, 57 – Markenverunglimpfung II (NIVEA: Kosmetika/Kondome); GRUR 1994, 808 – Markenverunglimpfung I (Mars: Süßwaren/Kondome); s. a. Ingerl/Rohnke MarkenG § 14 Rn. 1380.

die Verwendung einer bekannten Marke unter dem Gesichtspunkt der Kunstfreiheit nach Art. 5 Abs. 3 GG zulässig sein, wenn sie bei der Aufmachung eines fremden Produktes in witziger und humorvoller Weise verwandt wird (sog. Markenparodie).[484]

187 *(3) Verwässerung.* Eine Beeinträchtigung der Unterscheidungskraft liegt vor, wenn die Eignung der bekannten Marke, die von ihr erfassten Waren/Dienstleistungen zu identifizieren, geschwächt wird. Zu prüfen ist, ob die Verwendung des jüngeren Zeichen zu einer Auflösung der Identität oder Bekanntheit der älteren Marke beim Publikum führt, weil die ältere Marke keine unmittelbare Verbindung mit den von ihr erfassten Produkten mehr hervorrufen kann.[485] Dabei wird gefordert, dass sich das wirtschaftliche Verhalten des Durchschnittsverbrauchers infolge der Benutzung des jüngeren Zeichens geändert hat oder zu ändern droht.[486]

188 *ee) Unlauterkeit/Fehlen eines rechtfertigenden Grundes.* Das Vorliegen einer der drei genannten Eingriffstatbestände impliziert regelmäßig die Unlauterkeit.[487] Die Beweislast liegt insoweit beim Inhaber der älteren Marke, dem jedoch oft eine faktische Beweislastumkehr zugutekommt. Im Einzelfall kann die Unlauterkeit unter dem Aspekt der Kunstfreiheit ausgeschlossen sein, so etwa im Falle einer Parodie.[488]

189 e) **Notorisch bekannte Marken.** Nach § 10 MarkenG stellt auch eine ältere notorisch bekannte Marke[489] ein Schutzhindernis dar, soweit die weiteren Voraussetzungen des § 9 Abs. 1 MarkenG vorliegen.[490] Wenn die Notorietät amtsbekannt ist und Doppelidentität oder Verwechslungsgefahr vorliegt, wird die Anmeldung von Amts wegen zurückgewiesen, § 37 Abs. 1, 4 MarkenG.[491] Der Inhaber einer notorisch bekannten Marke kann zudem gem. § 51 MarkenG gegen eine jüngere Marke entweder vor den ordentlichen Gerichten Nichtigkeitsklage erheben (§ 55 MarkenG) oder einen Nichtigkeitsantrag beim DPMA stellen (§ 53 MarkenG). Nach § 42 MarkenG können die Rechte aus der notorisch bekannten Marke auch im Widerspruchsverfahren geltend gemacht werden.[492]

190 f) **Benutzungsmarke/geschäftliche Bezeichnungen.** Die Vorschrift des § 12 MarkenG trägt dem Gedanken der Gleichwertigkeit von nicht eingetragenen Kennzeichen und Registermarken Rechnung. Wenn ein Kollisionstatbestand gegeben ist, hat ein älteres nicht eingetragenes Kennzeichenrecht demnach Vorrang vor einer jüngeren Registermarke.[493]

191 Nach § 12 MarkenG kann eine Marke gelöscht werden, wenn ihr ein älteres Recht an einer Benutzungsmarke[494] oder an einer geschäftlichen Bezeichnung[495] entgegensteht. Voraussetzung ist, dass die jüngere Marke das ältere Kennzeichenrecht verletzt und dessen Inhaber dementsprechend **Unterlassungsansprüche** zustehen. Wenn die jüngere Marke noch nicht benutzt wird, ist deren Benutzung zu fingieren. Die Frage, ob ein Löschungsanspruch besteht, ist dann nach Maßgabe der §§ 14 und 15 MarkenG zu prüfen.[496] Der Anspruch auf Löschung kann im Wege der Nichtigkeitsklage (§§ 51, 55 MarkenG), eines Nichtigkeitsantrags (§§ 51, 53 MarkenG) oder, sofern die Widerspruchsfrist noch nicht abgelaufen ist, im Wege des Widerspruchs (§ 42 Abs. 2 Nr. 4 MarkenG) geltend gemacht werden.

Praxistipp:

Eine Löschung der jüngeren Marke kommt nur in Betracht, wenn das ältere Kennzeichen bundesweiten Schutz genießt. Im Einzelfall können Marken kraft Verkehrsgeltung und geschäftliche Bezeichnungen in ihrer Schutzwirkung territorial beschränkt sein. Dann kann der Inhaber des älteren Rechts dem Inhaber

[484] BGH GRUR 2005, 583 – Lila-Postkarte.
[485] EuGH GRUR 2009, 756 (759) – L'Oréal.
[486] EuGH GRUR 2009, 56 – Intel; ausf. zu empirischen Erkenntnissen auf diesem Gebiet Tenkhoff GRUR In. 2018, 900; nicht erforderlich ist, dass dem Dritten ein Vorteil entsteht.
[487] EuGH GRUR 2005, 509 (512) – Gillette; BGH GRUR 2011, 1043 (1047) – TÜV II.
[488] BGH GRUR 2005, 583 – Lila-Postkarte.
[489] → Rn. 11.
[490] → Rn. 114 ff.
[491] Ausf. Ströbele/Hacker/Thiering MarkenG § 10 Rn. 3.
[492] Möglich bleibt auch Verletzungsklage nach Maßgabe des § 14 MarkenG, s. BeckOK MarkenR/Eckhartt § 10 Rn. 13.
[493] Zur Bestimmung des Zeitrang des nicht eingetragenen Kennzeichens → Rn. 12 u. 14.
[494] → Rn. 102 ff.
[495] → Rn. 204 ff.
[496] → Rn. 234 ff. u. 301 ff.

der jüngeren Marke nur die Benutzung der Marke innerhalb des jeweiligen geografischen Gebietes, nicht jedoch, wie es § 12 MarkenG vorschreibt, im gesamten Gebiet der Bundesrepublik Deutschland untersagen. In diesen Fällen scheidet demnach ein Löschungsanspruch aus. Unterlassungsansprüche für den betroffenen geografischen Teilbereich werden hierdurch allerdings nicht berührt.

g) Sonstige ältere Rechte. Unter den gleichen Voraussetzungen wie im Falle des § 12 MarkenG kann eine Registermarke auch dann gelöscht werden, wenn sie sonstige ältere Rechte verletzt. Hierbei muss es sich um solche Rechte handeln, die ihrem Inhaber erlauben, die Benutzung der eingetragenen jüngeren Marke im gesamten Bundesgebiet zu untersagen. Besteht ein Unterlassungsanspruch nur für einen geografischen Teilbereich, kommt ein Löschungsanspruch nicht in Betracht. 192

§ 13 Abs. 2 MarkenG enthält eine **nicht abschließende Aufzählung** von „sonstigen älteren Rechten“.[497] Ob diese sonstigen älteren Rechte einen Unterlassungsanspruch gewähren, bestimmt sich nach den für diese Rechte einschlägigen Vorschriften, während § 13 MarkenG diese Unterlassungsansprüche nur hinsichtlich der auf Löschung der eingetragenen Marke gerichteten Rechtsfolge ergänzt. 193

Als sonstige ältere Rechte kommen in erster Linie **Namensrechte** in Betracht. Gemeint sind hiermit Namensrechte iSv § 12 BGB, also die Namen von natürlichen Personen und nicht geschäftlich tätiger Personenvereinigungen, juristischer Personen oder öffentlich-rechtlicher Einrichtungen. § 12 BGB schützt den Namen gegen unbefugten Gebrauch nur, wenn schutzwürdige Interessen verletzt werden. Die bloße Übereinstimmung der Marke mit dem Namen genügt daher nicht. Die Rechtsverletzung setzt im Regelfall voraus, dass die Marke fälschlich dem Namensträger zugeordnet oder mit diesem in Verbindung gebracht wird.[498] Nicht anwendbar ist die Vorschrift, wenn für den Namen zusätzlich ein kennzeichenrechtlicher Schutz als Marke oder Unternehmenskennzeichen besteht.[499] Insoweit ist das Namensrecht nach § 12 BGB grundsätzlich nachrangig.[500] Auch Namen von Gebäuden können nach § 12 BGB schutzfähig sein.[501] 194

Als weiteres sonstiges Recht nennt § 13 Abs. 2 MarkenG das **Recht an der eigenen Abbildung.** Die Vorschriften der §§ 22 bis 24 KunstUrhG schützen Personenabbildungen vor ungenehmigter Verbreitung und Veröffentlichung. Bereits die Anmeldung einer Marke, die die Abbildung einer anderen Person enthält, kann die Rechte des Abgebildeten verletzen. Derartige Bildmarken unterliegen der Löschung, sofern die Schutzvoraussetzungen des KunstUrhG vorliegen. 195

Eine Kollision mit **Urheberrechten** kommt insbesondere bei Bildmarken und dreidimensionalen Marken in Betracht, sofern diese eine nach dem UrhG schutzfähige Darstellung oder Gestaltung zum Gegenstand haben und die Einwilligung des Werkschöpfers nicht vorliegt. Kollisionen sind auch zwischen Klangmarken und urheberrechtlich schutzfähigen Werken der Musik möglich. Bei Werbeslogans ist ein Urheberrechtsschutz ebenfalls denkbar. 196

Fälle des Sortenschutzes sind in der Praxis äußerst selten. Der Schutz der Sortenbezeichnungen ergibt sich aus dem SortSchG oder der europäischen Sortenschutz-VO.[502] Auf Rechte an einer **geografischen Herkunftsangabe** kann ein Löschungsantrag gestützt werden, sofern die Benutzung der jüngeren Marke gegen §§ 128, 135 MarkenG verstößt.[503] Als sonstige gewerbliche Schutzrechte kommen insbesondere nach dem DesignG oder der GGV geschützte Designs bzw. Geschmacksmuster in Betracht, bei denen eine Kollision mit dreidimensionalen Marken und Bildzeichen denkbar ist. 197

h) Agentenmarke. § 11 MarkenG regelt den Sonderfall der sog. Agentenmarke. Die Vorschriften über den Schutz der Agentenmarke beruhen auf der Überlegung, dass der Markeninhaber vor eigenmächtigen Markenanmeldungen eines ungetreuen Agenten oder Vertriebspartners geschützt werden muss.[504] 198

---

497 Die Schutzhindernisse der §§ 9–12 MarkenG stellen keine sonstigen Rechte iSd Vorschrift dar.

498 Ströbele/Hacker/Thiering MarkenG § 13 Rn. 18 ff.

499 Ausf. BeckOK MarkenR/Weiler § 13 Rn. 19 ff.

500 BGH GRUR 2014, 506 – sr.de; GRUR 2010, 1020 (1021) – Verbraucherzentrale; zu Spezialfällen, in denen Raum für die Anwendung von § 13 Abs. 2 Nr. 1 MarkenG besteht, s. Ströbele/Hacker/Thiering MarkenG § 13 Rn. 7.

501 BGH GRUR 2012, 534 (536) – Landgut Borsig.

502 Zusf. BeckOK MarkenR/Schoene § 8 Rn. 831 ff.

503 → Rn. 465 ff.

504 Nach dem zugrundeliegenden Art. 6[septies] PVÜ kann der Markeninhaber in einem der Verbandsländer der Eintragung der Agentenmarke widersprechen, deren Löschung/Übertragung verlangen und sich der Benutzung der Agentenmarke widersetzen.

199 § 11 MarkenG setzt zunächst voraus, dass der Geschäftsherr **Inhaber einer älteren Marke** ist. Soweit das Gesetz die Formulierung „Inhaber der Marke" benutzt, ist dies missverständlich. Bei dem Markenrecht des Inhabers und der zu löschenden Marke des Agenten/Vertreters handelt es sich um zwei verschiedene Marken. Das ältere Markenrecht muss nicht ein inländisches sein, ein ausländisches Markenrecht genügt. Dabei kann es sich auch um eine Benutzungsmarke oder eine notorisch bekannte Marke handeln.[505] Wenn Markenschutz im Inland besteht, kann der Geschäftsherr bereits nach § 9 MarkenG gegen die jüngere Marke des Agenten vorgehen. Praktische Bedeutung hat § 11 MarkenG daher in erster Linie in Fällen, bei denen der Geschäftsherr nur über eine ausländische ältere Marke verfügt. Der Geschäftsherr muss jedoch spätestens zu dem Zeitpunkt eigene Rechte an einer entsprechenden Marke halten, in dem der Agent seine Markenanmeldung einreicht. Insoweit genügt es, wenn die Marke des Geschäftsherrn zum Zeitpunkt der Agentenanmeldung bereits angemeldet war. Zu dem Zeitpunkt, zu dem der Geschäftsherr seine Ansprüche geltend macht, muss seine Marke eingetragen sein.[506] Der Schutz der Marke des Geschäftsherrn nach § 11 MarkenG besteht nicht nur gegenüber identischen Agentenmarken, sondern erstreckt sich auch auf ähnliche Marken.[507]

200 Als **Agenten-/Vertreterverhältnis** ist jedes Vertragsverhältnis anzusehen, das zur Wahrnehmung der Interessen des Geschäftsherrn im geschäftlichen Verkehr verpflichtet. Der Begriff ist wirtschaftlich zu verstehen und daher weit auszulegen. Handelsvertreterverhältnisse und Vertragshändlerbeziehungen fallen ohne weiteres hierunter.[508] Ein Agentenverhältnis liegt auch immer dann vor, wenn der Agent über den bloßen Abschluss reiner Austauschverträge mit dem Geschäftsherrn hinaus für diesen auch als Vertriebspartner tätig sein soll. Das ist bei Rechtsbeziehungen zwischen Verkäufer und Käufer nicht der Fall, soweit diese keine über den bloßen Güteraustausch hinausgehende Geschäftsbeziehung unterhalten.[509] Wer laufend Waren eines bestimmten Herstellers bezieht und sich in dessen Absatzorganisation eingliedert, wird aber meist als Agent/Vertreter anzusehen sein.[510]

201 Das Agentenverhältnis muss grundsätzlich **zum Zeitpunkt der Anmeldung** der angegriffenen Marke bestehen.[511] Für Anmeldungen, die nach Beendigung des Agentenverhältnisses eingereicht werden, ist § 11 MarkenG jedenfalls dann anzuwenden, wenn sich die Anmeldung als ein Verstoß gegen die nachvertragliche Treuepflicht darstellt.[512] Auch wenn sich der Agent zur Anmeldung der Marke eines Strohmannes bedient, findet § 11 MarkenG Anwendung. Ein gutgläubiger Erwerb der Agentenmarke ist nicht möglich. Veräußert der Agent die Marke an einen Dritten, so muss dieser die Ansprüche des Geschäftsherrn aus den §§ 11, 17 MarkenG gegen sich gelten lassen.[513]

202 Nach § 11 MarkenG kann die durch einen ungetreuen Agenten eingetragene Marke gelöscht werden. Die **Löschung** kann vom Markeninhaber durch Einlegung eines Widerspruches (§ 42 MarkenG), im Wege des Nichtigkeitsantrags (§§ 51, 53 MarkenG) oder der Nichtigkeitsklage (§§ 51, 55 MarkenG) geltend gemacht werden. Der Löschungsanspruch nach § 11 MarkenG ist ausgeschlossen, wenn eine Zustimmung des Geschäftsherrn vorlag. Diese Zustimmung muss nicht ausdrücklich erfolgen, sondern kann sich auch aus den Gesamtumständen ergeben.[514]

203 Der Löschungsanspruch des § 11 MarkenG wird durch die Vorschrift des § 17 MarkenG ergänzt, die dem Markeninhaber (Geschäftsherrn) einen Anspruch auf **Übertragung** der für den Agenten angemeldeten oder eingetragenen Marke gewährt. Der Geschäftsherr kann damit alternativ zur Löschung auch die Übertragung des Markenrechts auf sich beanspruchen. Dies kann wegen des Erhalts der mit der Markenanmeldung des Agenten verbundenen Priorität interessant sein. Der Anspruch auf Übertragung kann durch Klage geltend gemacht werden.[515] § 17 Abs. 2

---

505 BGH GRUR 2008, 917 (921) – EROS.

506 BGH GRUR 2008, 611 – Audison; s. a. BeckOK MarkenR/Eckhartt § 11 Rn. 35.

507 BGH GRUR 2010, 828 (831) – DiSC; Fezer MarkenG § 11 Rn. 24.

508 BGH GRUR 2010, 828 (831) – DiSC; GRUR 2008, 611 (613) – Audison.

509 BGH GRUR 2008, 611 – Audison.

510 Dies gilt jedenfalls für den sog. Eigenhändler, wenn ihm in entspr. Anwendung von § 89b HGB Ausgleichsansprüche zustehen; s. a. Ströbele/Hacker/Thiering MarkenG § 11 Rn. 8 mwH.

511 Zu Ausnahmen vgl. Ströbele/Hacker/Thiering MarkenG § 11 Rn. 11; s. a. BeckOK MarkenR/Eckhartt § 11 Rn. 24 f.

512 Vgl. amtl. Begr. zu § 11 MarkenG, BT-Drs. 12/6581.

513 BGH GRUR 2008, 611 – Audison; Ströbele/Hacker/Thiering MarkenG § 11 Rn. 12.

514 BeckOK MarkenR/Eckhartt § 11 Rn. 41; Ströbele/Hacker/Thiering MarkenG § 11 Rn. 22 mwH.

515 Im Wege der einstweiligen Verfügung kann eine vorläufige Sicherung dadurch erreicht werden, dass dem Agenten untersagt wird, über die Markenrechte anderweitig zu verfügen, Ströbele/Hacker/Thiering MarkenG § 17 Rn. 15.

MarkenG gewährt dem Geschäftsherrn unter Verweisung auf § 14 MarkenG einen Unterlassungs- und Schadensersatzanspruch, sofern die Voraussetzungen des § 11 MarkenG vorliegen.[516] Nach § 17 Abs. 3 MarkenG sind die in Abs. 1 und 2 vorgesehenen Ansprüche allerdings ausgeschlossen, wenn Rechtfertigungsgründe für die Handlungsweise des Agenten bestehen.

IV. Geschäftliche Bezeichnungen

Die geschäftlichen Bezeichnungen stellen neben den Marken eine eigene Kategorie von Kennzeichen dar.[517] § 5 Abs. 1 MarkenG bestimmt in Verbindung mit § 1 Nr. 2 MarkenG, dass auch geschäftliche Bezeichnungen nach dem MarkenG geschützt sind. Damit sind auch die Schutzschranken der §§ 20 ff. MarkenG auf geschäftliche Bezeichnungen anwendbar. Die Ansprüche des Kennzeicheninhabers im Verletzungsfall (§ 15 MarkenG) laufen mit denen des Markeninhabers (§ 14 MarkenG) im Wesentlichen parallel. Die geschäftliche Bezeichnung ist der Marke auch insoweit gleichgestellt, als nach § 12 MarkenG der Inhaber einer älteren geschäftlichen Bezeichnung sein Recht als relatives Schutzhindernis der Eintragung einer Marke entgegenhalten und die Löschung der jüngeren Marke betreiben kann. Dem Inhaber der geschäftlichen Bezeichnung steht wie dem Markeninhaber gem. § 15 MarkenG das ausschließliche Recht an der Bezeichnung zu. Auch die Strafvorschriften (§ 143 MarkenG) sowie die Vorschriften über die Grenzbeschlagnahme (§§ 146 ff. MarkenG) finden auf Marken und geschäftliche Bezeichnungen in gleicher Weise Anwendung.[518] 204

Ein Unternehmenskennzeichen oder ein Werktitel können **parallel** auch als Marke geschützt sein. Die unterschiedlichen Kennzeichenrechte bestehen dann unabhängig voneinander und die hieraus resultierenden Rechte ergeben sich aus den jeweils anwendbaren Vorschriften. 205

1. Unternehmenskennzeichen

Unternehmenskennzeichen sind Zeichen, die im geschäftlichen Verkehr als Name, als Firma oder als besondere Bezeichnung eines Geschäftsbetriebes oder eines Unternehmens benutzt werden, § 5 Abs. 2 MarkenG. Anders als eine Marke identifiziert ein Unternehmenskennzeichen nicht die Herkunft einer Ware oder Dienstleistung, sondern das Unternehmen an sich. 206

Der Schutz als Unternehmenskennzeichen setzt voraus, dass die Bezeichnung **hinreichende Unterscheidungskraft** besitzt. Denn nur dann ist sie geeignet, das Unternehmen im Verkehr zu identifizieren und von anderen zu unterscheiden. Ausschlaggebend ist die Verkehrsauffassung, für deren Ermittlung insbesondere eine Verkehrsbefragung berücksichtigt werden kann. Die Beurteilung kann sich auch an den Kennzeichnungsgewohnheiten der betroffenen Branche orientieren.[519] 207

Die **Anforderungen an die Unterscheidungskraft** sind bei Marken und Unternehmenskennzeichen unterschiedlich, da die Funktion beider Kennzeichenarten verschieden ist. Deshalb kann die markenrechtliche Unterscheidungskraft nach § 8 Abs. 2 Nr. 1 MarkenG nicht mit der Unterscheidungskraft von Unternehmenskennzeichen gleichgesetzt werden.[520] Die Anforderungen an die Eignung, ein Unternehmen zu individualisieren, werden in der Praxis relativ niedrig angesetzt, sodass ein Zeichen, das als Marke schutzunfähig ist, durchaus als Unternehmenskennzeichen geschützt sein kann. Bereits geringe Abwandlungen üblicher Angaben genügen, um die Schutzfähigkeit zu bejahen.[521] Auch die Kombination mehrerer an sich nicht schutzfähiger Bestandteile kann ebenso Unterscheidungskraft besitzen wie mehrdeutige Bezeichnungen oder Abkürzungen.[522] 208

Sprachübliche oder beschreibende Begriffe, die im Hinblick auf die relevante Branche vom Verkehr nur als **Hinweis auf den Gegenstand** des Unternehmens verstanden werden, besitzen 209

[516] Fezer MarkenG § 11 Rn. 39; Ströbele/Hacker/Thiering MarkenG § 17 Rn. 185 ff.

[517] → Rn. 8 ff.

[518] Die Übernahme in das MarkenG hat zu keiner inhaltlichen Änderung des Schutzes der geschäftlichen Bezeichnungen geführt, sodass die zu § 16 UWG aF ergangenen Entscheidungen relevant bleiben, vgl. amtl. Begr. zu § 5 MarkenG, BT-Drs. 12/6581; dem ist die Rspr. ausdr. gefolgt, s. BGH GRUR 2008, 1104 – Haus & Grund II; erg. Fezer MarkenG § 11 Rn. 1.

[519] BGH GRUR 1996, 68 (69) – COTTON LINE; zur erforderlichen Namensfunktion s. BeckOK MarkenR/Weiler § 5 Rn. 11.

[520] Ströbele/Hacker/Thiering MarkenG § 5 Rn. 38.

[521] BGH GRUR 2003, 792 (793) – Festspielhaus II.

[522] BGH GRUR 2001, 344 – DB Immobilienfonds; GRUR 1999, 492 – Altberliner; s. a. Ströbele/Hacker/Thiering MarkenG § 5 Rn. 48.

keine hinreichende Unterscheidungskraft. Insbesondere bei reinen Sachfirmen wird daher häufig ein Schutz nicht in Betracht kommen.[523]

210 Ist die geschäftliche Bezeichnung aus einem **Familiennamen** gebildet, so steht dies dem Schutz durch § 5 MarkenG nicht entgegen und zwar auch dann nicht, wenn es sich um einen häufig vorkommenden Namen handelt. Die Häufigkeit des Namens hat insoweit nur Auswirkungen auf die Kennzeichnungskraft und reduziert ggf. den Schutzumfang der Bezeichnung.[524]

211 Anders als bei eingetragenen Marken kann der Schutz des Unternehmenskennzeichens **räumlich beschränkt** sein, wenn das betreffende Unternehmen nur in einem geografisch abgrenzbaren Bereich tätig und das Unternehmenskennzeichen nur ortsgebunden benutzt wird, wie dies etwa bei Handwerksunternehmen, Apotheken, Gastronomiebetrieben oder Regionalbrauereien üblich ist.[525] Nicht räumlich begrenzt ist der Schutzbereich aber dann, wenn das Unternehmen auf Expansion ausgerichtet ist. Allerdings muss sich ein derartiges Ausdehnungsinteresse schon erkennbar manifestiert haben, wie zB durch Eröffnung örtlich verstreut liegender Filialbetriebe.[526]

212 **a) Name und Firma.** Der Begriff des Namens ist mit dem des § 12 BGB identisch, wobei § 5 MarkenG nur den Schutz des Namens im geschäftlichen Verkehr gewährt. Hierunter fallen zunächst die nicht im Handelsregister eingetragenen und im geschäftlichen Verkehr von Gewerbetreibenden zur Kennzeichnung ihres Unternehmens benutzten Bezeichnungen. Bei natürlichen Personen kommt neben dem bürgerlichen Namen auch ein Schutz für Spitz- und Künstlernamen sowie Vornamen in Betracht, sofern diese eine konkrete Person hinreichend individualisieren, was allerdings eine entsprechende Bekanntheit bzw. Kennzeichnungskraft des Namens voraussetzt.[527] Namensschutz kommt ferner in Betracht für Gesellschaften bürgerlichen Rechts, Vereine, Gewerkschaften, Religionsgemeinschaften und Parteien sowie Gebietskörperschaften.[528]

213 Die **Firma** ist der Name des Vollkaufmannes entsprechend den einschlägigen Bestimmungen des HGB. Die Firma kann aus dem Namen einer natürlichen Person gebildet sein. Insoweit sind Überschneidungen möglich. Die Unterscheidung zwischen Name und Firma ist für die Anwendung des § 5 MarkenG in der Praxis allerdings kaum relevant.

214 Der Firmenschutz umfasst auch **Bestandteile der Firma.** Der Verkehr neigt dazu, längere Firmenbezeichnungen auf einzelne Bestandteile, meist sog. Firmenschlagworte, zu verkürzen. Derartige Bestandteile genießen Schutz, wenn sie für sich gesehen Kennzeichnungskraft besitzen und dementsprechend geeignet sind, das Unternehmen im Verkehr zu individualisieren und als Name des Unternehmens zu wirken.[529] Auch ein gängiger Familienname genießt als Firmenschlagwort grundsätzlich Schutz.[530] Auf die tatsächliche Benutzung als Firmenschlagwort kommt es nicht an, eine entsprechende abstrakte Unterscheidungseignung genügt.[531]

215 **b) Besondere Bezeichnungen eines Unternehmens.** Besondere Bezeichnungen eines Unternehmens oder Geschäftsbetriebes werden meist neben der Firma oder zusätzlich zu dieser benutzt. Dies sind meist Geschäftsbezeichnungen, die aus Sicht des Verkehrs einen Geschäftsbetrieb oder einen Teil hiervon individualisieren. Typisch sind etwa die Etablissement-Bezeichnungen für Hotels oder Apotheken, die unabhängig vom Namen des Betreibers eine eigene Geschäftsbezeichnung führen.[532]

216 Geschützt sind auch solche besonderen Bezeichnungen, die ein Unternehmen für bestimmte **eigenständige Geschäftszweige** benutzt und die nicht mit der Firmenbezeichnung übereinstimmen. Allerdings muss es sich um einen nach der Wahrnehmung des Verkehrs organisatorisch selbstständigen oder jedenfalls abgrenzbaren Geschäftszweig handeln.[533]

---

523 Zusf. Ströbele/Hacker/Thiering MarkenG § 5 Rn. 47; BGH GRUR 2005, 873 – Star Entertainment.

524 BGH GRUR 2010, 1020 – Verbraucherzentrale; GRUR 2008, 1104 – Haus & Grund II; GRUR 2008, 801 – Hansen-Bau.

525 BGH GRUR 2007, 884 – Cambridge Institut; GRUR 1977, 165 (166) – Parkhotel; Ingerl/Rohnke MarkenG § 5 Rn. 24 f.

526 BGH GRUR 1993, 923 (924) – Pic Nic.

527 BGH GRUR 2003, 897 – maxem.de; GRUR 2000, 709 (715) – Marlene Dietrich.

528 BGH GRUR 2010, 1020 (1021) – Verbraucherzentrale; GRUR 2002, 917 (918) – Düsseldorfer Stadtwappen; Ingerl/Rohnke MarkenG § 5 Rn. 19 f. mwH.

529 BGH GRUR 2016, 705 (706) – ConText; GRUR 2011, 831 (833) – BCC; GRUR 2009, 772 – Augsburger Puppenkiste; GRUR 2009, 413 – Haus & Grund I.

530 BGH GRUR 2008, 80 – Hansen Bau.

531 BGH GRUR 2008, 80 – Hansen Bau; BeckRS 2001, 2949 – Windsurfing Chiemsee.

532 BGH GRUR 1996, 109 (110) – Grant Hotel; GRUR 1995, 507 – City-Hotel.

533 BGH GRUR 1988, 560 (561) – Christophorus-Stiftung; OLG München GRUR 1980, 1004 – Arena.

Nach der Rechtsprechung kann auch eine **Internetdomain** als besondere Bezeichnung eines Geschäftsbetriebes Schutz nach § 5 MarkenG genießen. Bedeutsam kann dies sein, wenn die Domain nicht mit dem Namen oder den eingetragenen Marken eines Unternehmens übereinstimmt. Sofern die Domain hinreichende Unterscheidungskraft besitzt und vom Verkehr nicht nur als reine Adresse angesehen wird, kann sie als besondere Bezeichnung eines Geschäftsbetriebes geschützt sein.[534] Ein Schutz der Domain nach § 5 MarkenG kommt insbesondere dann in Betracht, wenn die Domain auch sonst in Form eines Geschäftsabzeichens, etwa in hervorgehobener Weise auf dem Briefkopf oder in der Werbung benutzt wird und wenn die Domain aus der Firmen- oder einer Produktbezeichnung abgeleitet wird oder es sich um eine Abkürzung der Firma handelt.[535] 217

Häufig werden **Buchstabenkombinationen** zur Kennzeichnung von Unternehmen benutzt (zB BMW, AEG, DB). Wie Marken sind derartige Buchstabenkombinationen, auch wenn sie nicht als Wort aussprechbar sind, nach § 5 MarkenG schutzfähig, sofern sie nicht einen konkret beschreibenden Begriffsinhalt aufweisen.[536] 218

c) Schutz kraft Verkehrsgeltung. Fehlt dem Unternehmenskennzeichen jegliche Unterscheidungskraft, so kann der Schutz nach § 5 MarkenG im Wege der Verkehrsgeltung erreicht werden.[537] Dies setzt voraus, dass die Unternehmenskennzeichnung einem nicht unerheblichen Teil der angesprochenen Verkehrskreise bekannt ist und dem betreffenden Unternehmen zugeordnet wird.[538] Insoweit gelten die oben erläuterten Grundsätze für den kraft Verkehrsgeltung entstandenen Markenschutz entsprechend. Kann die Verkehrsgeltung nur für einen regional begrenzten Teil des Bundesgebietes nachgewiesen werden, so besteht der Schutz nur für das entsprechende geografische Gebiet, soweit es sich um einen hinreichend abgrenzbaren Wirtschaftsraum handelt. Allein die Möglichkeit einer späteren Ausdehnung des Tätigkeitsbereichs auf das gesamte Bundesgebiet rechtfertigt nicht die Annahme eines bundesweiten Schutzes.[539] 219

d) Beginn und Ende des Schutzes. Der Schutz eines originär unterscheidungskräftigen Unternehmenskennzeichens entsteht mit der erstmaligen Benutzung im geschäftlichen Verkehr. Hierfür genügt jede nach außen gerichtete geschäftliche Tätigkeit unter dem betreffenden Unternehmenskennzeichen. Allerdings muss die Art der Benutzung auf den Beginn einer dauerhaften wirtschaftlichen Betätigung schließen lassen.[540] Nicht in jedem Fall muss hierzu der Geschäftsbetrieb in vollem Umfang aufgenommen werden. Vielmehr genügen Vorbereitungshandlungen, wie zB die Benutzung des Zeichens in Zusammenhang mit der Anmietung von Geschäftsräumen oder der Strukturierung eines Vertriebsnetzes.[541] Rein interne Vorbereitungshandlungen, genügen demgegenüber nicht. Allerdings kann die Eintragung des Firmennamens ins Handelsregister vor Aufnahme der Geschäftstätigkeit bereits Rechte begründen.[542] Andererseits ist die Eintragung in das Handelsregister keine Schutzvoraussetzung. 220

Ausländische Unternehmen können im Hinblick auf Art. 8 PVÜ im gleichen Umfang Schutz für ihre Unternehmenskennzeichen im Inland beanspruchen wie inländische Unternehmen. Erforderlich ist aber auch hier, dass zumindest Vorbereitungstätigkeiten im Inland stattgefunden haben und dass die wirtschaftliche Tätigkeit im Inland auf Dauer angelegt ist. Bereits die Korrespondenz mit deutschen Geschäftspartnern kann hierfür ausreichen.[543] Auch die Benutzung des ausländischen Unternehmenskennzeichens durch einen Lizenznehmer, ein Vertriebsunternehmen, ein verbundenes Unternehmen etc. im Inland lässt den Schutz entstehen, wenn derartige Benutzungshandlungen vom Verkehr als Hinweis auf das ausländische Unternehmen angesehen werden.[544] Selbst die Benutzung der ausländischen Firma im Zusammenhang mit dem Einkauf von Waren im Inland kann für die Entstehung des Rechts genügen.[545] 221

[534] BGH GRUR 2010, 156 (157) – EIFEL-ZEITUNG; GRUR 2005, 262 – soco.de.
[535] BGH GRUR 2001, 1061 (1063) – mitwohnzentrale.de; s. a. Ströbele/Hacker/Thiering MarkenG § 5 Rn. 62 ff.
[536] BGH GRUR 2001, 344 – DB Immobilienfonds.
[537] BGH GRUR 2010, 1020 (1021) – Verbraucherzentrale; GRUR 2008, 1104 (1105) – Haus & Grund II.
[538] BGH GRUR 1996, 267 (269) – Aqua; GRUR 1992, 865 – Volksbank.
[539] BGH GRUR 1979, 470 (472) – RBB/RBT; → Rn. 149.
[540] BGH GRUR 1969, 357 – Sihl.
[541] BGH GRUR 1997, 905 – Garonor; GRUR 1966, 38 (41) – Centra.
[542] BGH GRUR 2008, 1104 (1107) – Haus & Grund II.
[543] BGH GRUR 2008, 1099 (1100) – afilias.de; GRUR 1997, 905 – Garnor.
[544] BGH GRUR 1994, 652 (654) – Virion; GRUR 1980, 114 (115) – Concordia-Uhren; GRUR 1971, 517 (519) – SWOPS.
[545] BGH GRUR 1980, 114 (115) – Concordia-Uhren.

222 Der Schutz des Unternehmenskennzeichens **erlischt mit endgültiger Aufgabe der Benutzung.**[546] Die Löschung der Firma im Handelsregister beendet den Schutz nicht automatisch.[547] In der Regel ist jedoch mit der endgültigen Aufgabe der Firma auch der Verlust des aus dem Firmenschlagwort gebildeten Unternehmenskennzeichens verbunden.[548] Die Weiterbenutzung nur noch als Marke genügt nicht.[549] Eine nur vorübergehende Unterbrechung der Nutzung ist unschädlich. Die Aufgabe der Benutzung muss dauerhaft sein. Davon kann im Normalfall erst bei einer endgültigen Aufgabe des Geschäftsbetriebes ausgegangen werden.[550] Ist der Geschäftsbetrieb eingestellt, erlischt der Schutz trotz Fortbestand der Handelsregistereintragung. Wird der Geschäftsbetrieb nur vorübergehend eingestellt, so stellt sich die Frage, ab welchem Zeitraum die Unterbrechung zu einem Verlust des Kennzeichenrechtes führt. Maßgeblich ist, ob der Verkehr in der wieder aufgenommenen Bezeichnung noch eine Fortsetzung des ursprünglichen Geschäftsbetriebes sieht. Dies wird bei kürzeren Unterbrechungen von wenigen Monaten eher der Fall sein als bei langjähriger Unterbrechungsdauer.[551]

223 Anders als eine Marke ist das Recht am Unternehmenskennzeichen **nicht frei übertragbar.** Die Rechtsprechung hält daran fest, dass das Recht am Unternehmenskennzeichen nur zusammen mit dem betreffenden Geschäftsbetrieb übertragen werden kann.[552] Anders als eine Marke ist das Recht am Unternehmenskennzeichen auch nicht lizenzierbar.

224 e) **Geschäftsabzeichen.** Geschäftsabzeichen und sonstige Kennzeichen zur Unterscheidung des Geschäftsbetriebes sind nach § 5 Abs. 2 S. 2 MarkenG dann wie geschäftliche Bezeichnungen geschützt, wenn sie innerhalb der beteiligten Verkehrskreise als Kennzeichen des betreffenden Geschäftsbetriebes gelten. Dies betrifft in erster Linie Zeichen, die für sich gesehen keine Kennzeichenfunktion besitzen, wie etwa einfache Bildsymbole (Logos), Telefonnummern, Hausfarben, Aufmachungen von Geschäftslokalen oder Fahrzeugflotten, Werbesprüche etc. Derartige Zeichen sind geeignet, ein Unternehmen zu identifizieren, wenn sie dem Verkehr bekannt sind und der Verkehr hierin einen Hinweis auf das betreffende Unternehmen sieht.[553] Der Schutz besteht demnach nur, wenn eine Verkehrsgeltung für das Geschäftsabzeichen nachgewiesen wird.[554]

2. Werktitelschutz

225 Werktitel sind als Namen oder besondere Bezeichnungen von geistigen Leistungen geschützt. Anders als bei der Marke liegt die Funktion des Titels nicht darin, ein Produkt seiner betrieblichen Herkunft nach zu identifizieren. Der Titel unterscheidet vielmehr ein bestimmtes Werk von anderen Werken nach Inhalt und Beschaffenheit.[555] Wie bei Unternehmenskennzeichen setzt der Schutz des Werktitels weder eine Registrierung noch eine Verkehrsgeltung voraus, sondern entsteht durch die bloße Benutzung.

226 Als **Schutzobjekte** nennt § 5 Abs. 3 MarkenG ausdrücklich Druckschriften, Filmwerke, Tonwerke, Bühnenwerke oder „sonstige vergleichbare Werke". Unter den Begriff der Druckschriften fallen Printmedien jeder Art, also insbesondere Bücher, Zeitungen, Zeitschriften[556] und Kalender[557] und sogar Warenkataloge.[558] Auch die Titel eigenständiger Teile von Printmedien, wie Rubriken oder Beilagen können schutzfähig sein.[559] Zu den Filmwerken zählen auch Fernsehsendungen und Fernsehserien.[560] Der Titelschutz für Tonwerke besteht auch für Hörfunksendungen.[561] Zu den Bühnenwerken zählt die Rechtsprechung neben Theaterstücken auch Mu-

[546] BGH GRUR 1962, 420 (422) – Leona.
[547] BGH GRUR 1961, 420 (422) – Cuypers.
[548] BGH GRUR 2005, 871 – Seicom.
[549] BGH GRUR 2013, 1150 (1152) – Baumann I.
[550] BGH GRUR 2016, 1066 (1067) – mt-perfect.
[551] BGH GRUR 2002, 967 – Hotel Adlon; Ströbele/Hacker/Thiering MarkenG § 5 Rn. 76 ff.
[552] BGH GRUR 2002, 972 – FROMMIA.
[553] BGH GRUR 1957, 281 – Karo-as; GRUR 1952, 290 – Fernsprechnummer.
[554] → Rn. 219.
[555] BGH GRUR 2019, 535 (537) – Das Omen; Fezer MarkenG § 11 Rn. 5.
[556] BGH GRUR 2002, 1083 – 1, 2, 3 im Sauseschritt; GRUR 1991, 153 – Pizza & Pasta.
[557] OLG München GRUR 1992, 327 (328) – Osterkalender.
[558] BGH GRUR 2005, 959 (960) – FACTS II.
[559] BGH GRUR 2010, 156 – EIFEL-ZEITUNG.
[560] BGH GRUR 2001, 1050 (1051) – Tagesschau; GRUR 1993, 692 (693) – Guldenburg.
[561] BGH GRUR 1993, 769 – Radio Stuttgart.

sicals, Operetten und Opern. Demgegenüber stellt die Veranstaltung eines Musikfestivals in der Regel kein titelschutzfähiges Werk, sondern lediglich eine Dienstleistung dar.[562]

Zu den **sonstigen vergleichbaren Werken**, die dem Titelschutz zugänglich sind, gehören zB Computerprogramme, Computerspiele und Apps für Smartphones.[563] Auch für Gesellschaftsspiele kommt ein Titelschutz grundsätzlich in Betracht.[564] Umstritten ist, ob ein Titelschutz für bestimmte periodische Veranstaltungen, wie etwa Messen, in Anspruch genommen werden kann.[565] 227

Unerheblich ist, ob das zugrundeliegende Werk urheberrechtlichen Schutz genießt.[566] Titelschutz kann auch für urheberrechtlich nicht schutzfähige oder gemeinfrei gewordene Werke bestehen. Mit dem Hinweis auf die Gemeinfreiheit eines Werkes lässt sich die Benutzung eines geschützten Werktitels folglich nicht rechtfertigen.[567] Um schutzfähig zu sein, muss der Titel ein Mindestmaß an Unterscheidungskraft besitzen. Sonst kann er das betreffende Werk nicht individualisieren und von anderen Werken unterscheidbar machen. Dabei gelten allerdings andere Anforderungen als bei den Marken. So werden an die Unterscheidungskraft von Titeln nur **geringe Anforderungen** gestellt. Folglich kann für ein Zeichen Werktitelschutz bestehen, auch wenn es als Marke zB für Druckerzeugnisse oder Filme nicht schutzfähig wäre. Angaben, die den Inhalt eines Werkes glatt beschreiben, sind allerdings auch als Titel nicht schutzfähig. Die Anforderungen sind bei den einzelnen Werkarten unterschiedlich. So sind die Anforderungen bei Titeln von Zeitschriften und Zeitungen von der Rechtsprechung auf ein Minimum reduziert worden. Titel wie „Hamburger Morgenpost“, „Hessenreport“, „TV-Movie“, „Berliner Zeitung“ sind demnach als schutzfähig angesehen worden.[568] 228

Auch für Werktitel gilt, dass der **Titelschutz entsteht,** sobald der Titel für ein Werk benutzt wird. Dies erfordert eine Verwendung als Titel im geschäftlichen Verkehr.[569] Diese Voraussetzungen liegen regelmäßig mit dem Erscheinen des Werkes vor.[570] Auch Vorbereitungshandlungen in Form von Werbung können Titelrechte entstehen lassen, sofern das Werk dann auch in zeitlich angemessenem Zusammenhang mit diesen Maßnahmen erscheint.[571] Eine sog. Titelschutzanzeige stellt noch keine Benutzung des betreffenden Titels dar und ist somit nicht geeignet, für sich gesehen Titelschutzrechte zu begründen. Wird die Benutzung des Titels dann innerhalb eines überschaubaren Zeitraums aufgenommen, führt die Titelschutzanzeige jedoch zu einer Vorverlagerung des Zeitranges.[572] 229

Praxistipp:

Eine Besonderheit des Titelschutzes besteht darin, dass der für den Beginn des Schutzes maßgebliche Zeitpunkt durch eine öffentliche Titelschutzanzeige vorverlegt werden kann. Hierdurch kann schon vor dem tatsächlichen Erscheinen des Werkes die Priorität des Titelschutzes gesichert werden. Voraussetzung ist allerdings, dass das betreffende Werk dann auch unter dem in der Titelschutzanzeige bekannt gegebenen Titel innerhalb angemessener Frist erscheint. Welche Frist angemessen ist, hängt von den Umständen des Einzelfalles ab, wobei insbesondere die übliche Vorbereitungsdauer für entsprechende Projekte zu berücksichtigen ist. Grundsätzlich liegt die Grenze bei Druckerzeugnissen bei sechs Monaten.[573] Wirkung entfaltet eine Titelschutzanzeige nur dann, wenn sie in branchenüblicher Weise öffentlich angekündigt worden ist. Dies erfordert, dass die Veröffentlichung in einer der für Titelschutzanzeigen üblicherweise benutzten Printmedien erfolgt.[574] Pressemitteilungen oder sonstige öffentliche Äußerungen

[562] BGH GRUR 1989, 626 – Festival europäischer Musik.
[563] BGH GRUR 2016, 939 (940) – wetter.de; GRUR 1998, 155 – Power Point.
[564] BGH GRUR 1993, 767 (768 f.) – Zappelfisch: Schutz wegen beschreibenden Gehaltes allerdings verneint.
[565] BGH GRUR 2010, 642 – WM-MARKEN.
[566] BGH GRUR 2016, 1300 (1302) – Kinderstube.
[567] BGH GRUR 2003, 440 – Winnetous Rückkehr.
[568] BGH GRUR 2002, 176 – Auto Magazin; GRUR 1999, 235 (237) – Wheels Magazine; GRUR 1992, 547 – Hamburger Morgenpost; Ströbele/Hacker/Thiering MarkenG § 5 Rn. 110 mwH.
[569] BGH GRUR 2010, 642 (644) – WM-Marken.
[570] BGH GRUR 2000, 70 (71) – Szene.
[571] BGH GRUR 1997, 902 – FTOS: Lieferung einer Pilotversion eines Computerprogramms genügt nicht, da noch keine Markteinführung; Ingerl/Rohnke MarkenG § 5 Rn. 86.
[572] Grdl. Ströbele/Hacker/Thiering MarkenG Rn. 127 ff.
[573] Ausf. BeckOK MarkenR/Weiler § 5 Rn. 236 ff.
[574] BGH GRUR 2009, 1055 – airdsl: Veröffentlichung auf eigener Internetseite genügt nicht. In Betracht kommen: „Börsenblatt des deutschen Buchhandels“, „Der Titelschutzanzeiger“, „Der Software Titel“.

genügen demgegenüber nicht. Inwieweit unter besonderen Umständen andere öffentliche Verlautbarungen zur Entstehung des Schutzes ausreichen können, ist umstritten.[575] Mitunter besteht ein Interesse des Berechtigten, seine Identität im Rahmen einer Titelschutzanzeige zunächst anonym zu halten. Die Titelschutzanzeige kann daher wirksam auch ohne Nennung des Titelberechtigten durch einen Vertreter veröffentlicht werden.[576]

230 Der **Titelschutz endet,** sobald der Titel nicht mehr benutzt wird. Für Werke, bei denen in regelmäßigen Abständen eine Neuauflage erfolgt (zB Bücher, Computerspiele) bleibt der Titelschutz bestehen, auch wenn die Vorauflage vergriffen ist, solange die Neuauflage innerhalb angemessener Frist erscheint. Bei Zeitungen, Zeitschriften und periodischen Werken kann eine vorübergehende Unterbrechung unschädlich sein, wenn aus Sicht des Verkehrs mit einer Fortsetzung zu rechnen ist.[577]

V. Schutzwirkungen

231 Eine Marke verleiht ihrem Inhaber ein ausschließliches Recht.[578] Der Markeninhaber kann demnach Dritte von der unberechtigten Benutzung seiner Marke ausschließen. Im Falle einer Markenverletzung stehen dem Markeninhaber die in den §§ 14 ff. MarkenG näher geregelten Ansprüche zu. Danach kann der Markeninhaber vom Verletzer die Unterlassung der Markenverletzung, Schadensersatz, umfassende Auskunft über den Umfang der Verletzungshandlungen sowie Vernichtung und Rückruf der verletzenden Gegenstände verlangen.

232 § 14 MarkenG ist **richtlinienkonform** auszulegen.[579] Hierfür ist der EuGH zuständig. Auf die frühere Spruchpraxis der deutschen Gerichte zur Zeichenverletzung nach dem WZG kann nicht unmittelbar zurückgegriffen werden.[580]

233 Für die Inhaber **geschäftlicher Bezeichnungen** enthält § 15 MarkenG eigene Verletzungstatbestände, die ebenfalls Unterlassungs- und Schadensersatzanspruche vorsehen.[581] Im Übrigen gelten die §§ 18 bis 19c MarkenG ausdrücklich für Markeninhaber und Inhaber geschäftlicher Bezeichnungen in gleichem Maße.

1. Rechte aus der Marke

234 § 14 MarkenG regelt als zentrale Vorschrift die Rechte, die einem Markeninhaber im Falle der Zeichenbenutzung durch Dritte zustehen.[582] Wann eine Markenverletzung vorliegt, regelt § 14 Abs. 2 MarkenG. Die Aufzählung von rechtsverletzenden Benutzungshandlungen in Abs. 3 ist nicht abschließend. Abs. 4 bestimmt, dass auch Vorbereitungshandlungen bereits eine Markenverletzung darstellen können. Der Unterlassungsanspruch des Markeninhabers ergibt sich aus Abs. 5, während Abs. 6 iVm Abs. 7 dem Markeninhaber einen verschuldensabhängigen Schadenersatzanspruch gewährt. Ergänzende Ansprüche sind in den §§ 18 bis 19c MarkenG geregelt.[583]

235 Voraussetzung für eine Markenverletzung ist der Bestand von Markenschutz, wobei die drei in § 4 MarkenG genannten Entstehungstatbestände in Betracht kommen, dh neben Registermarken auch Benutzungsmarken und notorisch bekannten Marken. Zu **welchen Zeitpunkten** die dort genannten Schutzvoraussetzungen sowie die übrigen Voraussetzungen der Markenverletzung vorgelegen haben müssen, hängt von dem jeweils geltend gemachten Anspruch ab.[584]

[575] Ströbele/Hacker/Thiering MarkenG § 5 Rn. 120 f.

[576] BGH GRUR 1989, 760 – Titelschutzanzeige.

[577] OLG Köln GRUR 1997, 63 – PC-Welt: Zu langer Zeitraum bei vierjähriger Unterbrechung.

[578] Das ist iSe umfassenden Verbietungsrechts zu verstehen. Das Recht an der Marke ist ein Immaterialgüterrecht, das verfassungsrechtlichen Schutz nach Art. 14 Abs. 1 GG genießt, vgl. BGH GRUR 2009, 678 – Post; zur Frage, ob die Marke auch ein positives Benutzungsrecht gewährt, s. Ingerl/Rohnke MarkenG § 14 Rn. 8.

[579] Für die Unionsmarke enthalten Art. 9 Abs. 1 und Abs. 2 UMV korrespondierende Vorschriften → § 34.

[580] Ströbele/Hacker/Thiering MarkenG § 14 Rn. 3.

[581] → Rn. 301 ff.

[582] Besondere Vorschriften für den Fall der Agentenmarke enthält § 17 MarkenG → Rn. 208 ff.; richten sich die Ansprüche des Markeninhabers gegen eine eingetragene Marke, so kommen zusätzliche Löschungsansprüche nach § 9 MarkenG in Betracht → Rn. 112 ff.

[583] → Rn. 281 ff.

[584] Ingerl/Rohnke MarkenG § 14 Rn. 13, 411, wonach es zur Bestimmung der Verwechslungsgefahr grds. auf die letzte Tatsachenverhandlung ankommt, es sei denn, das angegriffene Zeichen genießt ebenfalls Kennzeichenschutz.

Der Markeninhaber kann seine Rechte dann nicht durchsetzen, wenn dem Inhaber des angegriffenen Zeichens eigene ältere und damit **vorrangige Kennzeichenrechte** zustehen.[585] Derartige eigene Rechte kann der Angegriffene dem Markeninhaber ua im Wege der Einrede entgegen halten.[586] Möglich ist aber auch eine Verletzung durch die Verwendung ungeschützter Zeichen. Verfügt der Dritte nicht über ein eigenes älteres Kennzeichenrecht, kann er sich nicht darauf berufen, sein Zeichen schon vor Entstehen des älteren Rechtes benutzt zu haben.[587] Im Übrigen kann die Benutzung eines Drittzeichens auch dann berechtigt sein, wenn eine der Schutzschranken der §§ 20 bis 27 MarkenG greift.[588] 236

Eine Verletzung setzt zudem voraus, dass die fragliche Handlung durch einen Dritten, dh nicht den Markeninhaber begangen wird und zwar **ohne dessen Zustimmung.** Für das Vorliegen einer solchen Zustimmung trägt der Zeichenverwender die Darlegungs- und Beweislast.[589] 237

a) **Verletzungstatbestände.** § 14 Abs. 2 MarkenG bestimmt, wann eine Markenverletzung vorliegt. Dabei werden folgende drei Tatbestände unterschieden: 238

- Doppelidentität.
- Verwechslungsgefahr.
- Schutz der bekannten Marke.

Diese Verletzungstatbestände entsprechen inhaltlich den in § 9 MarkenG geregelten Kollisionstatbeständen. §§ 9 und 14 MarkenG werden insoweit **einheitlich ausgelegt,** sodass auf die obigen Ausführungen verwiesen werden kann.[590]Anders als iRd § 9 MarkenG kommt es jedoch für § 14 MarkenG ausschließlich auf eine Beurteilung der konkret angegriffenen Zeichenverwendung an. Entscheidend kann insbesondere im Rahmen der Prüfung einer Verwechslungsgefahr sein, ob die angegriffene Aufmachung nach der Verkehrsauffassung als einheitliche Gesamtkennzeichnung verstanden wird oder ob einzelne Kennzeichnungsmittel isoliert betrachtet werden dürfen.[591] Trotz Abwägung aller Umstände sind bei der Verwechslungsgefahrprüfung nur die relevanten kennzeichenbezogenen Aspekte des Einzelfalls zu berücksichtigen.[592] Es genügt die Gefahr der irrtümlichen Befassung mit dem Angebot eines Dritten, selbst wenn bei näherer Betrachtung der Irrtum ausgeräumt werden würde.[593] Bei Verwendungshandlungen vor oder spätestens beim Kauf der Produkte können zT auch Umstände, die erst nach dem Kaufabschluss eintreten, berücksichtigt werden.[594] 239

b) **Verletzungshandlung.** *aa) Handeln im geschäftlichen Verkehr.* Eine Markenverletzung setzt stets voraus, dass die beanstandete Benutzungshandlung im geschäftlichen Verkehr erfolgt. Dafür genügt jede auf die Erzielung eines wirtschaftlichen Vorteils gerichtete Tätigkeit.[595] Eine Gewinnerzielungsabsicht oder Entgeltlichkeit ist dabei nicht erforderlich.[596] Auch die Erwerbstätigkeit von Künstlern und Wissenschaftlern stellt ein Handeln im geschäftlichen Verkehr dar.[597] Gleiches gilt für die Erwerbstätigkeit der öffentlichen Hand oder gemeinnütziger Organisationen. Bei Gewerbetreibenden gilt die widerlegbare Vermutung, dass ein Handeln im geschäftlichen Verkehr vorliegt.[598] Erforderlich ist eine Benutzung im Inland.[599] 240

Insgesamt sind die Anforderungen gering. Nicht unter den geschäftlichen Verkehr fallen demnach **rein private Handlungen,** wie etwa private Käufe und Verkäufe sowie die Einfuhr von 241

585 Dies ergibt sich aus § 6 MarkenG → Rn. 17.

586 BGH GRUR 2013, 1150 (1152) – Baumann; maßgeblich ist, ob aus dem Gegenrecht ein Löschungsanspruch gegen die Klagemarke hergeleitet werden kann (BGH GRUR 2018, 516 – form-strip II) oder jedenfalls eine Berechtigung zur Koexistenz (BGH GRUR 2009, 1055 – airdsl).

587 Ingerl/Rohnke MarkenG § 14 Rn. 3.

588 → Rn. 313 ff.

589 BGH GRUR 2000 879 – stüssy I; BeckOK MarkenR/Mielke § 14 Rn. 57 31.

590 → Rn. 114 ff.

591 BGH GRUR 2002, 171 (174) – Marlboro-Dach: Aufmachung mit Wort- u. Bildelementen, wobei der Verkehr einzelnen Elementen eine eigenständige Kennzeichnungsfunktion als eine Zweitmarke zuschreiben kann; → Rn. 353.

592 EuGH GRUR 2008, 698 – O2; BGH GRUR 2004, 860 – Internet-Versteigerung I; Begleitumstände können aber iRd Schutzschranken und beim Schutz der bekannten Marke berücksichtigt werden, s. Ingerl/Rohnke MarkenG § 14 Rn. 837.

593 BGH GRUR 2007, 65 (67) – Impuls; Ingerl/Rohnke MarkenG § 14 Rn. 398.

594 EuGH GRUR 2003, 55 – Arsenal; BGH GRUR 2008, 793 – Rillenkoffer; GRUR 2005, 1044 – Dentale Abformmasse.

595 EuGH GRUR 2010, 445 (447) – Google France; BeckOK MarkenR/Mielke § 14 Rn. 57 ff.

596 BGH GRUR 1987, 438 (440) – Handtuchspender; GRUR 1975, 321 – Werbegeschenke.

597 BGH GRUR 1991, 607 – VISPER; BPatG BeckRS 2019, 19604 – CRAFT-WERK.

598 BGH GRUR 1993, 761 – Makler-Privatangebot.

599 BGH GRUR 2020, 647 (649) – Club Hotel Robinson; GRUR 2018, 417 (422) – Resistograph

Waren zu privaten Zwecken.[600] Privatverkäufe im Internet gehen allerdings über den rein privaten Bereich hinaus, sofern die Gesamtumstände, wie etwa der Umfang und die Häufigkeit der Angebote für ein gewerbliches Handeln sprechen.[601] Auch die Registrierung einer Domain durch eine Privatperson sowie die Nutzung der Domain für eine ausschließlich private Website stellt kein Handeln im geschäftlichen Verkehr dar. Anders kann es in Fällen des sog. Domain-Grabbings liegen oder wenn mehrere Domains zu dem Zweck registriert werden, diese später potentiellen Interessenten zum Kauf anzubieten.[602]

242 Die **rein hoheitliche Tätigkeit,** bei der die öffentliche Hand nicht am Wettbewerb teilnimmt, stellt kein Handeln im geschäftlichen Verkehr dar.[603] Gleiches gilt für die rein ideell ausgerichtete Tätigkeit von Vereinen und Verbänden sowie die rein wissenschaftliche, politische, gewerkschaftliche oder kirchliche Tätigkeit.[604]

243 *bb) Rechtsverletzende Benutzung.* Nicht jede ungenehmigte Benutzung eines fremden Zeichens im geschäftlichen Verkehr stellt eine Markenverletzung dar. Dies ist erst dann der Fall, wenn die spezifischen Interessen des Inhabers betroffen sind, weil die Benutzung des Drittzeichens die geschützten Markenfunktionen beeinträchtigt oder beeinträchtigen könnte.[605] Unter Berufung auf die Herkunftsfunktion hatte die deutsche Rechtsprechung früher einheitlich für alle Verletzungstatbestände eine markenmäßige Benutzung verlangt, das heißt das verletzende Zeichen musste im Sinne eines betrieblichen Herkunftshinweises verwendet werden.[606] Die Entwicklung der Rechtsprechung des EuGH hat jedoch in den zurückliegenden Jahren zu einer differenzierteren Betrachtungsweise geführt, sodass nun für die einzelnen Verletzungstatbestände die im Folgenden näher erläuterten unterschiedlichen Benutzungsanforderungen gelten.[607]

244 *(1) Doppelidentität.* Im Falle des § 14 Abs. 2 Nr. 1 MarkenG ist der Markenschutz sehr weitreichend. Hier gilt jede Benutzung als rechtsverletzend, die in irgendeine der anerkannten Markenfunktionen eingreift. Zu diesen gehört neben der Herkunftsfunktion ua die Werbefunktion der Marke.[608] Eine Verletzung dieser Funktion setzt jedoch nicht unbedingt voraus, dass das verletzende Zeichen markenmäßig, also in Form eines Herkunftshinweises benutzt wird.[609] Damit kann iRd § 14 Abs. 2 Nr. 1 MarkenG nahezu jede Benutzung rechtsverletzend sein, insbesondere auch in den Fällen, in denen das Zeichen gar nicht zur Kennzeichnung der eigenen Waren/Dienstleistungen erfolgt. Dies ist etwa dann der Fall, wenn bei vergleichender Werbung auf fremde Originalprodukte Bezug genommen oder die fremde Marke zu dekorativen oder redaktionellen Zwecken benutzt wird.

245 *(2) Bekanntheitsschutz.* Im Rahmen des § 14 Abs. 2 Nr. 3 MarkenG muss das verwendete Zeichen ebenso wenig als Marke aufgefasst werden. Für die Annahme einer Markenverletzung kann es genügen, wenn der Verkehr eine gedankliche Verknüpfung mit der bekannten Marke herstellt, was auch bei einer dekorativen und somit nicht markenmäßigen Benutzung der Fall sein kann.[610]

246 *(3) Verwechslungsgefahr.* Für die Anwendung des § 14 Abs. 2 Nr. 2 MarkenG bleibt es demgegenüber bei der langjährigen deutschen Rechtsprechung, wonach eine Markenverletzung stets eine markenmäßige Benutzung des jüngeren Zeichens voraussetzt.[611] Erforderlich ist, dass die Bezeichnung im Rahmen des Produkt- oder Leistungsabsatzes jedenfalls auch der Unterscheidung der Waren oder Dienstleistungen eines Unternehmens von denen anderer dient. Die Benutzung des Zeichens muss demnach aus Sicht der angesprochenen Verkehrskreise als Marke, dh zumindest auch als betrieblicher Herkunftshinweis, erfolgen.[612] Dies kann auch dann der Fall sein,

---

[600] EuGH GRUR 2020, 744 (746) – A/B; GRUR 2003, 55 (57) – Arsenal; BGH GRUR 1998, 696 – Rolex-Uhr.
[601] EuGH GRUR 2011, 1025 (1027) – L'Oréal/ebay; BGH GRUR 2009, 871 (872) – Ohrclips.
[602] BGH GRUR 2002, 622 (624) – shell.de.
[603] BGH GRUR 2019, 189, (195) – Crailsheimer Stadtblatt II.
[604] BGH GRUR 2004, 241 – GeDIOS.
[605] EuGH GRUR 2003, 55 – Arsenal; BeckOK MarkenR/Mielke § 14 Rn. 124.
[606] Zur Herkunftsfunktion als Hauptfunktion einer Marke → Rn. 38.
[607] Grdl. Ströbele/Hacker/Thiering MarkenG § 14 Rn. 102 ff.
[608] EuGH GRUR 2009, 756 (761) – L'Oréal; GRUR 2011, 1124 (1127) – Interflora; zu den Markenfunktionen → Rn. 172.
[609] BGH GRUR 2011, 1135 – GROßE INSPEKTION FÜR ALLE.
[610] EuGH GRUR 2004, 58 (60) – Adidas-Salomon; BGH GRUR 2020, 401, 404 – ÖKO-TEST I.
[611] EuGH GRUR Int 1999, 438 (441) – BMW; GRUR 2002, 171 (173) – Marlboro-Dach.
[612] BGH GRUR 2019, 953 (955) – Kühlergrill; GRUR 2019, 522 (524) – SAM; die „markenmäßige Benutzung" ist eine Rechtsfrage, die auf der tatsächlichen Vorfrage des Verkehrsverständnisses beruht, Ingerl/Rohnke MarkenG § 14 Rn. 137.

wenn die Verbraucher das Zeichen erst nach dem Auspacken beim Verbrauch der Ware wahrnehmen.[613] An einer Benutzung als Marke kann es insbesondere bei rein dekorativem Gebrauch eines Zeichens fehlen.[614] Es genügt bereits die objektive, nicht völlig fernliegende Möglichkeit, dass der Verkehr einen Herkunftshinweis annimmt.[615]

Keine markenmäßige Benutzung liegt vor, wenn ein Zeichen **rein beschreibend** verwendet wird. 247
Ob dies der Fall ist, ist aus Sicht der angesprochenen Verkehrskreise unter Berücksichtigung der konkreten Umstände zu beurteilen. Dabei kann es wesentlich darauf ankommen, wie das Zeichen auf der Ware oder der Verpackung positioniert und ob es wie eine Marke optisch hervorgehoben ist. Dann liegt häufig eine markenmäßige Benutzung vor.[616] Auch die Kennzeichnungsgewohnheiten auf dem betroffenen Warengebiet können hierbei eine Rolle spielen. So wurde die Anbringung eines Logos mit dem DDR Staatssymbol auf Textilwaren nicht als markenmäßig beurteilt, da der Verkehr dies nicht als betrieblichen Herkunftshinweis auffasst.[617] Eine Markenverletzung kann zu bejahen sein, wenn die beschreibende Angabe nach Art einer Marke blickfangmäßig hervorgehoben wird oder sie sich gezielt an eine bekannte Marke anlehnt.[618]

(4) Fallgruppen. Bei Farb- und Formmarken stellt sich häufig die Frage, ob die Benutzung 248
einer Farbe oder einer Produkt- oder Verpackungsform markenmäßig geschieht. Das ist nicht der Fall, wenn der Verkehr in der Farbe oder Form keinen Herkunftshinweis, sondern nur ein ästhetisch wirkendes Gestaltungsmittel sieht, der Farbe bzw. Form also keine herkunftshinweisende Funktion beimisst.[619] Allein aus dem Umstand, dass eine konkrete Gestaltungsform als Marke eingetragen worden ist, kann nicht hergeleitet werden, dass deren Verwendung unter allen Umständen als Herkunftshinweis verstanden wird.[620] Andererseits kann eine markenmäßige Benutzung dann unterstellt werden, wenn die Farbmarke über eine gesteigerte Bekanntheit verfügt und der Verkehr gerade deshalb die Farbe innerhalb eines (beinahe identischen) verletzenden Zeichens auch als Herkunftshinweis auffasst.[621] Auch bei Produktformen kommt es darauf an, ob der Verkehr gerade in der angegriffenen Produktgestaltung einen Herkunftshinweis sieht,[622] was eher dann angenommen werden kann, wenn die Kennzeichnungskraft der Formmarke durch intensive Benutzung erhöht ist.[623] In der Benutzung der stilisierten Abbildung eines Gebäudes wird der Verkehr eher keinen Hinweis auf die Herkunft von Waren oder Dienstleistungen sehen.[624]

Bei einer Verwendung einer **Marke im Internet** gelten zunächst keine besonderen Grund- 249
sätze.[625] So liegt eine markenmäßige Benutzung jedenfalls dann vor, wenn ein Zeichen als Domain oder in sonstiger Weise zur Kennzeichnung von über das Internet angebotenen Waren oder Dienstleistungen benutzt wird. Darunter kann auch die Verwendung eines fremden Zeichens als sog. Metatag, das heißt als verstecktes Suchwort auf der Internetseite fallen. Das ist jedoch dann nicht der Fall, wenn die Verwendung rein beschreibend ist.[626]

Die Benutzung einer fremden Marke im Rahmen von **Keyword-Advertising** beeinträchtigt 250
zwar in der Regel nicht die Werbefunktion der Marke. Jedoch kann im Einzelfall eine Verletzung der Herkunftsfunktion vorliegen, wenn aus der Art und Weise der Anzeigengestaltung nicht hervorgeht, dass keine Verbindung zwischen dem Werbenden und dem Markeninhaber besteht oder der angesprochene Verkehr erwartet, beim Anklicken der Anzeige ausschließlich Produkte des Markeninhabers angeboten zu bekommen.[627] Demnach kommt eine rechtsverletzende Benut-

[613] BGH GRUR 2010, 1103 (1105) – Pralinenform II.
[614] EuGH GRUR 2009, 756 (761). – L'Oréal; BGH GRUR 2010, 726 – Opel Blitz II.; vgl. aber GRUR 2011, 1135 – GROSSE INSPEKTION FÜR ALLE.
[615] EuGH GRUR 2003, 55 – Arsenal; unerheblich ist die bloße Absicht des Verwenders, BGH GRUR 1974, 80 – Trumpf.
[616] BGH GRUR 2012, 1040 – pjur/pure: Verwendung der stilisierten und hervorgehobenen Bezeichnung „pure" auf Kosmetikprodukten markenmäßig; GRUR 2009, 502 (505) – pcb.
[617] BGH GRUR 2010, 838 (840) – DDR-Logo.
[618] BGH GRUR 2012, 1040 (1042) – pjur/pure.
[619] BGH GRUR 2004, 151 – Farbmarkenverletzung I; GRUR 2004, 154 – Farbmarkenverletzung II.
[620] BGH GRUR 2007, 780 – Pralinenform I.
[621] BGH GRUR 2005, 427 – Lila-Schokolade.
[622] BGH GRUR 2005, 414 – Russisches Schaumgebäck.
[623] BGH GRUR 2007, 780 – Pralinenform I; GRUR 2010, 1103 – Pralinenform II.
[624] BGH GRUR 2005, 419 – Räucherkate.
[625] Zusf. Ströbele/Hacker/Thiering MarkenG Rn. 265 ff.
[626] BGH MMR 2011, 608 (609) – Impuls II; GRUR 2007, 65 (67) – Impuls I.
[627] EuGH GRUR 2010, 841 (843) – Portakabin; GRUR 2010, 445 – Google France; GRUR 2010, 641 – Bananabay; BGH GRUR 2020, 1311 (1317) – Vorwerk; GRUR 2019, 1053 (1056 ff.). – ORTLIEB II.

zung in Betracht, wenn für den Durchschnittsverbraucher nicht oder nur schwer zu erkennen ist, ob die in der Anzeige beworbene Ware oder Dienstleistung von dem Inhaber der Marke oder einem mit ihm wirtschaftlich verbundenen Unternehmen oder doch von einem Dritten stammt. Der BGH geht davon aus, dass die Buchung einer Marke als Keyword insbesondere dann keine Markenverletzung darstellt, wenn in der Anzeige selbst durch die dort angegebene Domain auf eine andere Herkunft hingewiesen wird und die fremde Marke nicht in der Anzeige erscheint.[628] In Betracht kommt aber auch eine Markenverletzung nach § 14 Abs. 2 Nr. 3 MarkenG. Denn bekannte Marken eignen sich in besonderer Weise als Suchwort, um Internetnutzer auf Werbeanzeigen zu locken, die keine Angebote von Waren oder Dienstleistungen der bekannten Marke enthalten.[629]

251 Eine **Domain** ist ein Wortzeichen und ihre Benutzung kann demnach ältere Kennzeichenrechte verletzen, wenn sie in geschäftlichem Verkehr und nicht nur zu rein privaten Zwecken benutzt wird.[630] Die bloße Registrierung einer mit einer fremden Marke identischen Domain stellt nicht bereits per se eine markenmäßige Benutzung dar. Solange nicht feststeht, für welchen Zweck und insbesondere für welche Branche die Domain benutzt wird, kann nicht unterstellt werden, dass der Domaininhaber Handlungen begeht, die eine Verletzung fremder Kennzeichnungen iSd §§ 14, 15 MarkenG darstellt. Dies gilt auch bei bekannten Marken, solange eine Verwendung der Domain denkbar ist, die die Voraussetzungen an das Vorliegen einer Verwechslungsgefahr nicht erfüllt und auch keine unlautere Ausnutzung oder Beeinträchtigung der Unterscheidungskraft und der Wertschätzung der bekannten Marke darstellt.[631] Die Verwendung einer Domain für eine aktive Website stellt in der Regel eine markenmäßige Benutzung dar, da der Verkehr in ihr einen Hinweis auf die betriebliche Herkunft der auf der Website angebotenen Waren/Dienstleistungen sieht.[632]

252 Auch die Verwendung eines Zeichens in **Computerspielen und virtuellen Welten** kann uU eine markenmäßige Benutzung darstellen.[633] So hatte das OLG Frankfurt eine markenmäßige Verwendung im Zusammenhang mit Vereinsnamen und Trikotdesigns innerhalb des Spiels „C-Manager 2004" bestätigt.[634] Marken können grundsätzlich auch zur Kennzeichnung der Herkunft virtueller Güter verwendet und vom Verkehr als entsprechendes Unterscheidungsmittel verstanden werden.[635] Für die Kennzeichnung der Computerspiele als solche gelten die allgemeinen Grundsätze. So hat der BGH in der Verwendung der Bezeichnung „World of Warcraft Bot" eine markenmäßige und nicht bloß beschreibende Verwendung für Computerspielsoftware gesehen.[636]Auch Marken mit einem fiktionalen Ursprung, die im Wege einer „umgekehrten Produktplatzierung" für reale Produkte verwendet werden, sind nach allgemeinen Kriterien zu beurteilen.[637]

253 *(5) Schranken.* Soweit die Mitbewerber oder der allgemeine Verkehr im Einzelfall ein berechtigtes Interesse an der Benutzung von Begriffen haben, die mit einer älteren Marke identisch oder

[628] BGH GRUR 2011, 828 – Bananabay II; GRUR 2013, 290 (293) – MOST-Pralinen; s. ausf. Lubberger MarkenR 2019, 431.

[629] EuGHGRUR 2011, 1124 (1130) – Interflora; BGH GRUR 2013, 1044 (1046) – Beathe Uhse.

[630] BGH GRUR 2008, 1099 (1100) – afilias.de.

[631] BGH GRUR 2007, 888 – Euro Telekom.

[632] BGH GRUR 2009, 1055 – airdsl.

[633] So auch bzgl. Computerspielen Schmid/Düwel MMR 2020, 155 (159); hins. virtueller Welten von Fuchs, GRUR-Prax 2019, 104; Glöckner/Kur, GRUR-Beilage 2014, 29 (40); zur Wandlung der Einbindung von Marken und Werbebotschaften in Computerspielen s. bereits Tenkhoff In-Game Advertising, S. 8; vgl. zur wachsenden Bedeutung neuer Geschäftsmodelle im sog. Metaverse Hentsch MMR 2021, 837 (838).

[634] OLG Frankfurt BeckRS 2011, 19270, offen bleibt dabei, ob die Benutzung für das Computerspiel, die tatsächlichen Trikots oder etwa die virtuellen Gegenstände erfolgt; ob dieses Ergebnis dadurch infrage gestellt wird, dass in dem Aufbringen einer Marke auf Spielzeugmodellen keine rechtsverletzende Verwendung gesehen wird, wenn der Verkehr die Verwendung lediglich als Mittel zur originalgetreuen Nachbildung versteht, ist nicht abschließend geklärt, s. EuGH GRUR 2007, 318 – Adam Opel; BGH GRUR 2010, 726 – Opel-Blitz II; trotz grds. Übertragbarkeit auf virtuelle Modelle iErg vern. für den Fall einer besonderen Herausstellung Ingerl/Rohnke MarkenG § 14 Rn. 214; s. a. Körber/Lee WRP 2007, 512.

[635] Vgl. LG Hamburg BeckRS 2011, 26096 zu virtuellen Waren im Zusammenhang mit Massively Multiplayer Online Games; bestätigt durch s. OLG Hamburg GRUR-RS 2013, 01937 – Runes of Magic; vgl. auch zur rechtlichen Einordnung virtueller Güter mit einem frühen Hinweis auf ein „Metaversum" Lober/Weber CR 2006, 837; s. a. LG Hamburg GRUR-RS 2021, 3735 zur Kennzeichnung virtueller Automobile.

[636] BGH GRUR 2017, 397 – World of Warcraft II [mAnm Berberich].

[637] Zur rechtserhaltenden Benutzung iSd § 26 MarkenG vgl. BGH GRUR 2013, 725 – Duff Beer: zur Verwendung einer rein fiktionalen Marke s. BPatG BeckRS 2009, 175 – Duff Beer; s. a. Slopek/Napiorkowski GRUR 2012, 337.

verwechselbar ähnlich sind, erfolgt der notwendige Interessenausgleich erst über die Vorschrift des § 23 MarkenG, die eine wichtige Schutzschranke enthält und unter bestimmten Voraussetzungen die freie Benutzung entsprechender Angaben zulässt.[638]

254 *cc) Bespielhafte Handlungsformen.* Das Verbot der Benutzung verletzender Zeichen wird in § 14 Abs. 3 Nr. 1 bis 7 MarkenG durch einen nicht abschließenden Beispielskatalog ergänzt.[639] Soweit die Voraussetzung des Abs. 2 erfüllt sind,[640] kann eine rechtsverletzende Benutzung nach Abs. 3 insbesondere dann vorliegen, wenn der Verletzer im geschäftlichen Verkehr

- das Zeichen auf Waren oder ihrer Aufmachung oder Verpackung anbringt,
- unter dem Zeichen Waren anbietet, in Verkehr bringt oder zu den genannten Zwecken besitzt,
- unter dem Zeichen Dienstleistungen anbietet oder erbringt,
- unter dem Zeichen Waren einführt oder ausführt,
- das Zeichen als Handelsnamen oder geschäftliche Bezeichnung oder als Teil eines Handelsnamens oder einer geschäftlichen Bezeichnung zu benutzt
- das Zeichen auf Geschäftspapieren oder in der Werbung benutzt
- das Zeichen in der vergleichenden Werbung benutzt.

255 *(1) Anbringung des Zeichens auf Waren oder ihrer Aufmachung oder Verpackung.* Als rechtsverletzenden Benutzungshandlung genügt bereits die Anbringung der Marke auf der Ware oder ihrer Verpackung. Die Verletzerware muss also nicht erst in den Verkehr gelangen, sodass auch nur für den Export bestimmte Waren vom Verletzungstatbestand erfasst werden.[641] Auch eine leicht ablösbare oder nur vorübergehende Kennzeichnung kann genügen. Mit den Begriffen „Aufmachung" und „Verpackung" wird alles erfasst, was zur Aufnahme oder Gestaltung von Waren geeignet ist, und insbesondere auch jede Art der Kennzeichenbenutzung, die eine enge räumliche Beziehung zur Ware aufweist.[642] Dabei können das Zeichen und die Waren auch zusammenfallen.[643]

256 Nr. 1 erfasst auch die Fälle, in denen eine Ware unter Beibehaltung ihrer Originalkennzeichnung von Dritten verändert wird oder fremde Waren in ein mit der Marke gekennzeichnetes Verpackungsbehältnis nachgefüllt werden. Hierunter fallen zB das Nachfüllen entsprechend gekennzeichneter Handtuchspender oder das Abfüllen eigener Getränke in eine mit einer fremden Marke gekennzeichnete Flasche.[644] Auch wenn die Originalware in eine andere Verpackung umgepackt und diese dann mit der Marke versehen wird, liegt eine rechtsverletzende Benutzung vor.[645] Die **Beseitigung einer fremden Marke** soll nach neuerer Rechtsprechung des EuGH ebenfalls uU eine Markenverletzung darstellen.[646]

257 *(2) Anbieten, Inverkehrbringen und Besitzen der Waren.* Alleine der Markeninhaber entscheidet, ob und wann Waren oder Dienstleistungen unter seiner Marke in Verkehr gelangen.[647] Die Begriffe des „Anbietens" und „Inverkehrbringens" sind weit auszulegen. Insbesondere Werbemaßnahmen, bei denen zum Erwerb der beworbenen Produkte aufgefordert wird, können die Anforderungen an das Anbieten erfüllen, wie zB Darstellung in Prospekten, Werbeanzeigen, Schaufenstern etc.[648] Inverkehrbringen umfasst die tatsächliche Überlassung, unabhängig davon, ob es sich um einen Kauf, eine Schenkung, eine Miete etc. handelt. Auch der bloße Besitz stellt eine rechtsverletzende Benutzung dar, sofern er zum Zwecke des Anbietens oder Inverkehrbringens erlangt oder aufrechterhalten wird.[649]

---

638 → Rn. 313 ff.

639 EuGH GRUR 2010, 445 (447) – Google France.

640 S. Art. 10 Abs. 3 MRL.

641 BGH GRUR 2020, 57 (58) – Valentins.

642 Ströbele/Hacker/Thiering MarkenG § 14 Rn. 177.

643 BGH GRUR 2015, 1009 (1011) – BMW-Emblem.

644 BGH GRUR 2019, 79 (81) – Tork; GRUR 2005, 763 (764) – Seifenspender; GRUR 2005, 162 (163) – Sodastream; GRUR 1987, 438 (440) – Handtuchspender.

645 BGH GRUR 1984, 352 (354) – Ceramix; ausf. → Rn. 325 zu § 24 MarkenG.

646 EuGH GRUR 2018, 917 (921) – Mitsubishi; demgegenüber hatte der BGH bislang nur Ansprüche unter dem Gesichtspunkt der Werbebehinderung nach § 4 UWG oder des Eingriffs in den Gewerbebetrieb nach § 823 Abs. 1 BGB anerkannt, GRUR 2004, 1039 (1041) – SB-Beschriftung; krit. Ströbele/Hacker/Thiering MarkenG § 14 Rn. 186 ff.

647 Jedoch darf auch der Wiederverkäufer oder Händler die Originalware unter der Marke anbieten, da das Markenrecht nach dem erstmaligen Inverkehrbringen erschöpft ist nach § 24 MarkenG; → Rn. 322.

648 BGH GRUR 2010, 1103 – Pralinenform II; GRUR 2015, 603 – Keksstangen; BeckOK MarkenR/Mielke § 14 Rn. 232 ff.

649 Im Einzelnen Ingerl/Rohnke MarkenG § 14 Rn. 236 ff; vgl. zum „Besitzen" EuGH GRUR 2020, 637 (639) – Coty/Amazon.

258 *(3) Einfuhr, Ausfuhr, Durchfuhr.* Die Ein- und Ausfuhr von rechtsverletzend gekennzeichneter Ware stellt eine rechtsverletzende Benutzung dar, ohne dass es darauf ankommt, ob die betreffende Ware im Inland tatsächlich in Verkehr gelangt. Bei der Einfuhr wird nach der Rechtsprechung des EuGH vorausgesetzt, dass ein Inverkehrbringen der Waren bezweckt ist.[650]

259 Der Tatbestand der **Durchfuhr** ist in § 14 MarkenG nicht erwähnt. Nach der Rechtsprechung stellte der ungebrochene Transit von Waren im Rahmen eines zollamtlichen Nichterhebungsverfahrens keine Verletzung einer inländischen Marke dar.[651] Eine Markenverletzung durch Transit wurde allerdings dann angenommen, wenn Anhaltspunkte vorliegen, die den Verdacht begründen, dass die Transitware doch im Inland in Verkehr gelangen könnte.[652] In Umsetzung der MRL ist der Markenschutz nunmehr durch den neu eingefügten § 14a MarkenG auf den Warentransit erstreckt worden.[653]

260 *(4) Handelsnamen oder geschäftliche Bezeichnungen.* Eine rechtsverletzende Benutzung kann auch in der Verwendung eines Zeichens als Handelsname oder geschäftliche Bezeichnung iSd § 5 Abs. 1 MarkenG liegen. Selbst die Benutzung als Teil der Bezeichnung kann genügen.[654]

261 Erforderlich bleibt stets eine Verwendung des Zeichens „für Waren oder Dienstleistungen" nach § 14 Abs. 2 MarkenG.[655] Die Verwendung **ausschließlich als Unternehmenskennzeichen** soll demnach entgegen der frühen deutschen Rechtspraxis keine markenmäßige Benutzung darstellen, weil das Zeichen dabei nicht für bzw. zur Unterscheidung von Waren oder Dienstleistungen verwendet wird.[656] Dennoch wird in der Praxis häufig eine mittelbare Verwendung als Herkunftshinweis vorliegen, da sich marken- und firmenmäßige Nutzung kaum hinreichend deutlich voneinander abgrenzen lassen. So wird der Verkehr in vielen Fällen eine Verwendung zwischen dem Unternehmenskennzeichen und den Waren oder Dienstleistungen dieses Unternehmens herstellen, etwa, weil die Waren/Dienstleistungen unter diesen Unternehmenskennzeichen angeboten werden.[657] Daran fehlt es aber bei einer auf das Unternehmen bezogenen Image-Werbung, die keinen konkreten Waren- oder Dienstleistungsbezug aufweist.[658]

262 *(5) Benutzung auf Geschäftspapieren und in der Werbung.* Zu den Geschäftspapieren zählen nicht nur Briefköpfe von Unternehmen, sondern auch Kataloge, Preislisten, Rechnungen, Speisekarten etc. Unter den Begriff der Werbung fällt auch der mündliche Gebrauch des Zeichens, zB in der Hörfunkwerbung oder bei Verkaufsgesprächen.[659]

263 *(6) Benutzung in der vergleichenden Werbung.* Die Benutzung einer fremden Marke im Rahmen einer vergleichenden Werbung stellt keine Markenverletzung dar, wenn die Werbung die wettbewerbsrechtlichen Anforderungen an eine zulässige vergleichende Werbung erfüllt.[660] Ist das nicht der Fall, kann die Werbung bereits wettbewerbsrechtlich untersagt werden. Daneben kommt nach Nr. 7 eine Markenverletzung in Betracht, was allerdings voraussetzt, dass durch die vergleichende Werbung in eine der Markenfunktionen eingegriffen wird. Im Falle einer doppelidentischen Benutzung wird in der Regel eine Verletzung der Werbefunktion gegeben sein. Kommt nur eine Markenverletzung unter dem Aspekt der Verwechslungsgefahr in Betracht, wird es häufig an einer Beeinträchtigung der Herkunftsfunktion fehlen.[661] Denn der Verkehr wird in der Benutzung der fremden Marke im Rahmen einer vergleichenden Werbung meist keinen Hinweis auf die Herkunft der Waren/Dienstleistungen des Werbenden sehen.

264 *dd) Vorbereitungshandlungen.* § 14 Abs. 4 MarkenG dehnt das Verbietungsrecht des Markeninhabers auf Handlungen aus, die im Vorfeld der Markenverletzung erfolgen und deren Vorberei-

---

[650] EuGH GRUR 2006, 146 (148) – Class International; s. a. GRUR 2015, 897 – TOP Logistics.
[651] EuGH GRUR 2007, 146 (147) – Montex Holdings; BGH GRUR 2012, 1263 (1265) – Clinique happy.
[652] EuGH GRUR 2012, 828 (831) – Philips und Nokia; GRUR 2007, 146 (147) – Diesel.
[653] Erg. Engels GRUR-Prax 2016, 51; Hacker GRUR 2019, 235 (237).
[654] → Rn. 204; wobei der deutsche Gesetzgeber auch die Verwendung als Werktitel erfasst hat; durch die Regelung wird Art. 10 Abs. 3 MRL umgesetzt, welcher die Rechtsprechung des EuGH zur firmenmäßigen Zeichenverwendung aufgreift.
[655] Vgl. Ströbele/Hacker/Thiering MarkenG § 14 Rn. 212.
[656] EuGH GRUR 2007, 971, (972) – Celiné; BGH GRUR 2011, 1140 – Schaumstoff Lübke.
[657] BGH GRUR 2012, 1145 (1147) – Pelikan.
[658] BGH GRUR 2015, 1201 (1209) – Sparkassen-Rot.
[659] Ingerl/Rohnke MarkenG § 14 Rn. 256.
[660] Der EuGH geht von einem einheitlichen Begriff der Verwechslungsgefahr aus, s. GRUR 2008, 698 (699) – O_2; zu klären ist daher, ob die Werbung den Anforderungen der Werbe-RL genügt. Eine entsprechende Vorschrift findet sich in Art. 9 Abs. 3 lit. f UMV; s. a. Hacker GRUR 2019, 235 (236).
[661] → Rn. 246.

tung dienen. Die Vorschrift soll primär die Bekämpfung der Produktpiraterie erleichtern und qualifiziert bereits das bloße Anbringen des Zeichens auf Verpackungen oder Etiketten als Verletzungshandlung.

Voraussetzung der Rechtsverletzung ist allerdings auch hier, dass im Inland die **Gefahr** besteht, dass die erwähnten Aufmachungen tatsächlich zur Kennzeichnung bestimmter Waren oder Dienstleistungen benutzt werden. Hierbei kommt es nicht darauf an, ob der Besitzer oder Hersteller selbst oder ein Dritter die Verletzungshandlungen vornimmt. Der Kenntnisstand und die Absichten der handelnden Personen sind dabei nicht maßgeblich, sodass auch gutgläubige Zulieferer von Kennzeichnungsmitteln auf Unterlassung in Anspruch genommen werden können.[662] 265

c) **Ansprüche gegen den Verletzer.** *aa) Aktivlegitimation.* Die Ansprüche wegen Verletzung einer Marke stehen dem materiell-rechtlichen Inhaber des Markenrechts zu.[663] Nach § 30 Abs. 3 MarkenG kann auch der Lizenznehmer gegen den Verletzter vorgehen, wenn der Markeninhaber zustimmt. Verletzungsansprüche können auch in gewillkürter Prozessstandschaft geltend gemacht werden, wenn eine wirksame Ermächtigung und ein eigenes schutzwürdiges Interesse des Prozessstandschafters vorliegt.[664] 266

bb) Passivlegitimation. Als Verletzer haften Täter und Teilnehmer, wobei deren Verantwortung nach den zum Strafrecht entwickelten Grundsätzen zu beurteilen ist.[665] Die Haftung des Betriebsinhabers für Handlungen seiner Angestellten oder Beauftragten folgt aus § 14 Abs. 7 MarkenG. Voraussetzung ist dabei, dass der Handelnde in den Betriebsorganismus eingegliedert ist und dass die Verletzungshandlung in einem unmittelbaren Zusammenhang mit den Aufgaben steht, die der Handelnde wahrzunehmen hat.[666] 267

Große Bedeutung in der Praxis hat die Frage, inwieweit die Betreiber von Internetplattformen als **Störer** auf Unterlassung in Anspruch genommen werden können, wenn Dritte auf der Plattform markenverletzende Produkte anbieten. Die Störerhaftung setzt die Verletzung von Prüfungspflichten voraus. Die Rechtsprechung lehnt eine grundsätzliche Prüfungspflicht der Diensteanbieter in Bezug auf rechtsverletzende Angebote unter Hinweis auf deren Haftungsprivileg nach § 7 Abs. 2 TMG ab.[667] Eine Prüfungspflicht entsteht aber, sobald der Diensteanbieter auf eine klare Rechtsverletzung hingewiesen worden ist.[668] Um einer Haftung zu entgehen, muss er Vorsorge dafür treffen, dass es möglichst nicht zu weiteren entsprechenden Markenverletzungen kommt.[669] Um das Geschäftsmodell der Dienstanbieter nicht zu gefährden, müssen sich die Anforderungen an derartige Maßnahmen an dem orientieren, was zumutbar und technisch möglich ist.[670] 268

cc) Unterlassungsanspruch. § 14 Abs. 5 MarkenG gewährt dem Markeninhaber einen verschuldensunabhängigen Unterlassungsanspruch. Nach der Rechtsprechung des BGH soll der Unterlassungsanspruch auch gewisse Beseitigungspflichten nach sich ziehen, wenn durch bereits begangene Verletzungshandlungen ein fortdauernder Störungszustand geschaffen wurde.[671] 269

(1) Wiederholungsgefahr. Wie im Wettbewerbsrecht setzt die Geltendmachung des Anspruches voraus, dass eine sog. Begehungsgefahr besteht. Hat der Verletzer bereits eine Verletzungshandlung begangen, wird das Bestehen einer Wiederholungsgefahr vermutet. Diese kann dann nur durch Abgabe einer strafbewehrten Unterlassungserklärung ausgeräumt werden.[672] 270

---

[662] Ströbele/Hacker/Thiering MarkenG § 14 Rn. 297.

[663] Zur Eintragung des Inhabers → Rn. 370.

[664] Ingerl/Rohnke MarkenG Vor §§ 14 bis 19 Rn. 19.

[665] BGH GRUR 2016, 961 (963) – Herstellerpreisempfehlung bei Amazon; GRUR 2011, 152 (154) – Kinderhochstühle im Internet; der EuGH stellt auf den „Benutzer" ab, s. EuGH GRUR 2020, 868 (869) – mk advokaten; GRUR 2020, 637 – Coty.

[666] Ausf. Ströbele/Hacker/Thiering MarkenG § 14 Rn. 467 ff.

[667] BGH GRUR 2007, 708 – Internetversteigerung II; auch in anderen Fallkonstellationen kommt eine Störerhaftung in Betracht, s. BGH GRUR 2016, 936 – Angebotsmanipulation bei Amazon.

[668] BGH GRUR 2011, 1038 – Stiftparfüm.

[669] BGH GRUR 2004, 860 (864) – Internet-Versteigerung I.

[670] BGH GRUR 2007, 708 (712) – Internet-Versteigerung II; s. a. Ströbele/Hacker/Thiering MarkenG § 14 Rn. 509 ff.

[671] BGH GRUR 2018, 1183 – Wirbel um Bauschutt; GRUR 2017, 823 (824) – Luftentfeuchter; erg. Ströbele/Hacker/Thiering MarkenG § 14 Rn. 570 ff; s. a. EuGH GRUR 2020, 868 (869). – mk advokaten; Thiering GRUR 2021, 527.

[672] Ausf. Ingerl/Rohnke MarkenG Vor §§ 14 bis 19 Rn. 86 ff.; ferner zum Unterlassungsanspruch → § 3; zum außergerichtlichen Verfahren → § 4.

271 *(2) Erstbegehungsgefahr.* Liegt eine Markenverletzung noch nicht vor, kommt ein vorbeugender Unterlassungsanspruch in Betracht, wenn eine sog. Erstbegehungsgefahr besteht, dh eine Verletzungshandlung erstmalig droht, § 14 Abs. 5 S. 2 MarkenG.[673] Ein hierfür typischer Fall ist etwa die Einreichung einer Markenanmeldung beim DPMA. Denn es wird vermutet, dass der Anmelder beabsichtigt, die angemeldete Marke auch zu nutzen. Eine Markenanmeldung löst demnach einen vorbeugenden Unterlassungsanspruch aus.[674] Hier entfällt die Wiederholungsgefahr jedoch mit Rücknahme der Markenanmeldung.[675] Bei der Anmeldung einer Unionsmarke soll hingegen nicht ohne weiteres davon auszugehen sein, dass eine Benutzung in Deutschland droht.[676] Etwas anderes gilt, wenn zusätzliche Umstände vorliegen, die gerade eine Benutzung im Inland nahelegen.[677]

272 Eine Erstbegehungsgefahr ist ferner zu bejahen, wenn der potentielle Verletzer behauptet, zur Nutzung des beanstandeten Zeichens und damit zu einer rechtsverletzenden Handlung berechtigt zu sein.[678] Hier muss allerdings differenziert werden zwischen einer ernsthaften **Berühmung** und bloßen Äußerungen, wie sie üblicherweise im Rahmen der Rechtsverteidigung oder anlässlich von Vergleichsgesprächen gemacht werden.[679]

273 *dd) Schadensersatz.* Der Schadensersatzanspruch nach § 14 Abs. 6 MarkenG setzt Verschulden voraus, dh Vorsatz oder Fahrlässigkeit. Die Fälle des vorsätzlichen Handelns beschränken sich im Wesentlichen auf die Fälle der Markenpiraterie. Ansonsten wird bei Markenverletzungen zumindest Fahrlässigkeit des Verletzers unterstellt. Dieser kann sich in der Regel auch nicht mit dem Einwand verteidigen, die verletzte Marke nicht gekannt zu haben. Die Rechtsprechung stellt strenge Anforderungen an die Sorgfaltspflichten derjenigen, die im geschäftlichen Verkehr Zeichen benutzen oder Marken anmelden.[680] Verwiesen wird in diesem Zusammenhang auf die Möglichkeiten, im Vorfeld zu recherchieren, ob das eigene Zeichen mit eingetragenen Marken oder Firmennamen kollidiert. Soweit ältere nicht eingetragene Kennzeichenrechte betroffen sind, bestehen weitgehende Sorgfaltspflichten im Hinblick auf Marktbeobachtungs- und Nachforschungspflichten in der eigenen und auch in benachbarten Branchen. Im Zweifel muss rechtskundiger Rat eingeholt werden, auf den sich der Verletzer aber nicht ohne weiteres zu seiner Entlastung berufen kann.[681]

274 Verschulden liegt spätestens ab Zugang eines **Abmahnschreibens** vor, wobei ggf. noch eine Überprüfungsfrist zu berücksichtigen ist.[682] Die Eintragung einer eigenen Marke beim DPMA lässt das Verschulden unberührt, da vom Amt nicht geprüft wird, ob das angemeldete Zeichen frei von Rechten Dritter benutzt werden darf. Selbst ein Erfolg des Verletzers in einem Widerspruchsverfahren beseitigt die Fahrlässigkeit nicht, da das Zivilgericht in einem späteren Verletzungsstreit an derartige Vorentscheidungen des Amtes nicht gebunden ist.[683]

275 Nach § 14 Abs. 6 MarkenG stehen dem Markeninhaber **drei Methoden zur Berechnung des Schadensersatzes** zur Verfügung, zwischen denen er freie Wahl hat. Er kann Ersatz des konkreten Schadens einschließlich des ihm entgangenen Gewinns oder Herausgabe des Verletzergewinns oder Zahlung einer angemessenen Lizenzgebühr verlangen.[684] Die drei Berechnungsmethoden kommen nur alternativ zur Anwendung. Die Wahlfreiheit des Markeninhabers besteht jedenfalls bis zum Abschluss eines erstinstanzlichen Verfahrens.[685] Der Markeninhaber muss auch nicht einen Mindestschaden darlegen. Vielmehr wird davon ausgegangen, dass bereits durch den Eingriff in das geschützte Recht als solchen ein Schaden entstanden ist.[686]

276 *(1) Lizenzanalogie.* In der Praxis erfolgt die Schadensberechnung häufig im Wege der Lizenzanalogie, da der Markeninhaber dabei die Entstehung eines konkreten eigenen Schadens nicht

[673] BGH GRUR-RS 2020, 10825 – On-Board-Shopping; GRUR 2011, 1038 (1042) – Stiftparfüm.
[674] BGH GRUR 2015, 1201 (1206) – Sparkassen-Rot; GRUR 2014, 382 (384) – REAL-Chips.
[675] Entsprechendes gilt für den Antrag auf Schutzerstreckung einer IR-Marke, s. BGH GRUR 1990, 361 (363) – Kronenthaler.
[676] Ströbele/Hacker/Thiering MarkenG § 14 Rn. 554; Ingerl/Rohnke MarkenG Vor §§ 14 bis 19 Rn. 119.
[677] OLG München GRUR-RS 2019, 46182.
[678] BGH GRUR 1987, 125 – Berühmung.
[679] BGH GRUR 2019, 947 (949) – Bring mich nach Hause; GRUR 1992, 672 (620) – Pajero.
[680] BGH GRUR 2008, 1104 (1107) – Haus & Grund II; GRUR 2002, 622 – shell.de.
[681] BGH GRUR 2010, 738 (743) – Peek & Cloppenburg; GRUR 1971, 251 (253) – Oldtimer.
[682] BGH GRUR 2009, 515 (517) – Motorradreiniger.
[683] BGH GRUR 1995, 50 (53) – Indorektal; Ströbele/Hacker/Thiering MarkenG § 14 Rn. 689.
[684] Zu den Arten der Schadensberechnung → § 3; s. a. Ingerl/Rohnke MarkenG Vor § 14 bis 19 Rn. 229 ff.
[685] BGH GRUR 2008, 93 – Zerkleinerungsvorrichtung; GRUR 2000, 226 – Planungsmappe.
[686] BT-Drs 16/5048, 37; Ströbele/Hacker/Thiering MarkenG § 14 Rn. 697.

darlegen muss. Die Höhe der zu zahlenden Lizenz hängt in erster Linie davon ab, was in der jeweiligen Branche unter vergleichbaren Umständen üblich ist.[687] Dabei kommt es auch auf den Bekanntheitsgrad und den Ruf der verletzten Marke, Art und Ausmaß der Zeichenbenutzung, die Umsatzrendite sowie die Intensität der Verletzungshandlung an.[688] Hierbei soll der Verletzer nicht schlechter, aber auch keinesfalls besser gestellt werden als ein Lizenznehmer. Die Berechnung des Schadensersatzes im Wege der Lizenzanalogie erfolgt üblicherweise in Form einer Stücklizenz mit einem prozentualen Lizenzsatz. Allgemein gültige Prozentsätze lassen sich dabei nicht festschreiben. In der Praxis werden meist Lizenzsätze zwischen 1 % und 5 % zugrunde gelegt, wobei in besonders gelagerten Fällen, etwa bei identischer Benutzung einer bekannten Marke, auch deutlich höhere Sätze gerechtfertigt sein können.[689] Die Schadensberechnung nach der Lizenzanalogie steht auch dann zur Verfügung, wenn der Markeninhaber die verletzte Marke selbst gar nicht benutzt und ihm kein weiterer Schaden entstanden ist.[690]

(2) Verletzergewinn. Verlangt der Markeninhaber die Herausgabe des Verletztergewinns, so kann er nicht die Herausgabe der gesamten Erlöse geltend machen. Vielmehr sind bei der Berechnung der Schadensersatzsumme zunächst die Gestehungskosten des Verletzers abzuziehen, wobei das aber nur für die auf die schutzrechtsverletzenden Waren entfallenden Kosten gilt.[691] Andererseits ist nur der Anteil des Gewinns, den der Verletzer gerade aufgrund der widerrechtlichen Kennzeichenbenutzung erlangt hat, herauszugeben. Diesen Anteil kann das Gericht im Wege der Schätzung ermitteln.[692] 277

Praxistipp:

Der Rechtsinhaber sollte bei der Geltendmachung von Schadensersatzansprüchen stets sorgfältig prüfen, bei welcher Berechnungsmethode sich voraussichtlich ein höherer Schadensersatzanspruch ergibt. Die sicherere Methode ist häufig der Weg über die Lizenzanalogie, da die Gerichte bei der Bemessung des herauszugebenden Verletzergewinns einen weiten Spielraum haben und der Verletzer hier auch eher in der Lage ist, Einwendungen zu erheben, etwa mit dem Hinweis, er hätte auch bei Benutzung einer anderen Kennzeichnung den gleichen Gewinn erzielt, sodass sich die Verletzungshandlung nicht gewinnsteigernd ausgewirkt hat. Dies kann sich für den Rechtsinhaber insbesondere bei von ihm selbst nicht benutzten oder unbekannten Marken als Problem erweisen. Werden demgegenüber die üblichen Lizenz- oder Merchandisingprodukte unter Benutzung einer bekannten Marke in Verkehr gebracht, so ist meist offensichtlich, dass der erzielte Gewinn ausschließlich auf der Kennzeichenverletzung beruht, sodass in diesen Fällen die Herausgabe des Verletzergewinns für den Rechtsinhaber die bessere Alternative sein kann.

(3) Konkreter Schaden. Insbesondere als Bestandteil des konkreten Schadens kann der Markeninhaber unter bestimmten Umständen auch Ersatz eines sog. Marktverwirrungsschadens verlangen. Dies ist derjenige Schaden, der dadurch entsteht, dass es im Verkehr durch die unbefugte Zeichennutzung zu Fehlvorstellungen über die Herkunft der Waren und damit zu einer Zuordnungsverwirrung gekommen ist.[693] Zu erstatten sind danach etwa die Kosten für Werbe- oder Aufklärungsaktionen, die der Rechtsinhaber aufwendet, um den durch die Marktverwirrung entstandenen Störungszustand zu beseitigen. Die Höhe des Schadens lässt sich meist nur im Wege der Schätzung nach §§ 286, 287 ZPO ermitteln.[694] 278

(4) Absatzketten. Bei mehreren Verletzern innerhalb einer Absatzkette kann der Markeninhaber grundsätzlich von jedem Verletzter innerhalb der Verletzerkette die Herausgabe des von diesem erzielten Gewinns fordern, wobei jedoch Ersatzzahlungen der Verletzter untereinander angerechnet werden.[695] Bei der Geltendmachung des Schadens im Wege der Lizenzanalogie erfolgt hingegen keine Anrechnung der Ersatzzahlungen.[696] 279

[687] BGH GRUR 2009, 660 (663) – Resellervertrag.
[688] BGH GRUR 2010, 239 – BTK.
[689] Ausf. BeckOK MarkenR/Goldmann § 14 Rn. 771 ff.; s. a. Ströbele/Hacker/Thiering MarkenG § 14 Rn. 724 ff.
[690] BGH GRUR 95, 349 (351) – objektive Schadensberechnung.
[691] BGH GRUR 2006, 419 (420) – Noblesse; GRUR 2001, 329 – Gemeinkostenanteil.
[692] OLG Frankfurt GRUR-RR 2003, 274 – 4-Streifen-Kennzeichnung; s. a. BGH GRUR 2002, 532 (535) – Unikatrahmen (zum UrhG); GRUR 2001, 329 (331) – Gemeinkostenanteil (zum GeschmG).
[693] BGH GRUR 2010, 239 (241) – BTK; Lange Marken- und KennzeichenR, § 9 Rn. 5662 ff.
[694] Grdl. Ströbele/Hacker/Thiering MarkenG § 14 Rn. 743 ff.
[695] BGH GRUR 2009, 856 – Tripp-Trapp-Stuhl; BeckOK MarkenR/Goldmann § 14 Rn. 829 ff.
[696] BGH GRUR 2009, 660 – Resellervertrag.

280 *(5) Wertersatz.* Scheidet ein Schadensersatzanspruch wegen fehlenden Verschuldens oder Eintritts der Verjährung ausnahmsweise aus, kann der Markeninhaber immer noch einen Bereicherungsanspruch geltend machen. Der Verletzer hat durch den Gebrauch des verletzenden Zeichens etwas erlangt, was er nicht herausgeben kann, sodass gem. § 812 BGB Wertersatz an den Markeninhaber zu leisten ist. Hierbei ist der objektive Wert des Erlangten herauszugeben, was jedenfalls einer marktüblichen Lizenzgebühr entspricht.[697]

281 *ee) Vernichtungsanspruch.* § 18 Abs. 1 MarkenG gewährt dem Markeninhaber einen verschuldensunabhängigen Anspruch auf Vernichtung der widerrechtlich gekennzeichneten Gegenstände. Der Anspruch richtet sich gegen den Eigentümer oder Besitzer derartiger Waren. Der Markeninhaber kann regelmäßig auch die Herausgabe der Verletzungsgegenstände mit dem Ziel verlangen, diese selbst zu vernichten.[698]

282 Der Vernichtungsanspruch umfasst alle Gegenstände, die mit dem verletzenden Zeichen versehen worden sind. Dies betrifft auch die Verpackung, entsprechend gekennzeichnete Werbemittel oder Geschäftspapiere, sowie die in § 14 Abs. 4 MarkenG genannten Kennzeichnungsmittel. Nach § 18 Abs. 1 S. 2 MarkenG erfasst der Anspruch auch die der widerrechtlichen **Kennzeichnung dienenden Vorrichtungen,** sofern sie im Eigentum des Verletzers stehen, sodass der bloße Besitz hier nicht genügt. Zu diesen Vorrichtungen gehören alle Einrichtungen und Geräte, die ausschließlich oder nahezu ausschließlich zur Anbringung der verletzenden Kennzeichen benutzt werden oder hierzu geeignet sind, wie etwa Gussformen, Negative und Druckstöcke, Stempel und sonstige Vervielfältigungsgeräte.

283 Nach Abs. 2 kann der Markeninhaber den **Rückruf** von widerrechtlich gekennzeichneten Waren verlangen. Der Verletzer muss danach bereits ausgelieferte Waren von den Abnehmern zurückrufen und dafür Sorge tragen, dass die markenverletzenden Waren aus den Vertriebskanälen entfernt werden.

284 Vernichtung oder Rückruf können ausnahmsweise dann nicht verlangt werden, wenn der durch die Verletzung eingetretene Zustand anderweitig beseitigt werden kann und die Vernichtung oder der Rückruf **unverhältnismäßig** ist, Abs. 3. Als anderweitige Beseitigung der widerrechtlichen Kennzeichnung kommen zB die Abtrennung von Etiketten oder die dauerhafte Unkenntlichmachung von Kennzeichnungen in Betracht. Ein Überkleben des Kennzeichens genügt im Normalfall nicht, da dies keine dauerhafte Beseitigung des Zeichens darstellt. Im Rahmen der Verhältnismäßigkeitsprüfung muss der Verletzer darlegen, dass zwischen dem Vernichtungsanspruch und seinem wirtschaftlichen Interesse an der weiteren Existenz der Waren ein krasses Missverhältnis besteht. In Fällen der Markenpiraterie wird in der Regel nur eine Vernichtung in Betracht kommen.[699]

285 *ff) Auskunftsanspruch.* § 19 MarkenG gewährt dem Markeninhaber einen verschuldensunabhängigen Auskunftsanspruch bzgl. der Herkunft und der Vertriebswege der verletzenden Waren. In Fällen offensichtlicher Rechtsverletzung richtet sich der Anspruch gem. Abs. 2 auch gegen Dritte, die mit den verletzenden Waren in Berührung gekommen sind. Zur Auskunft verpflichtet sind damit insbesondere auch diejenigen, die rechtsverletzende Ware für andere herstellen, verpacken, vertreiben, transportieren oder lagern. Auch wenn keine offensichtliche Rechtsverletzung vorliegt, kann der Rechtsinhaber von Dritten Auskunft verlangen, sobald er gegen den Verletzer Klage erhoben hat. Das Gericht kann nach der Regelung des Abs. 2 S. 2 in diesem Fall das gegen den Verletzer gerichtete Verfahren auf Antrag aussetzen, bis der wegen des Auskunftsanspruches gegen den Dritten geführte Rechtsstreit erledigt ist. Der zur Auskunft Verpflichtete kann vom Rechtsinhaber allerdings Ersatz der für die Auskunftserteilung erforderlichen Aufwendungen verlangen. Soweit ein Zeugnisverweigerungsrecht nach den Vorschriften der ZPO besteht, besteht die Verpflichtung zur Auskunftserteilung nicht.

286 Nach Abs. 3 schuldet der zur Auskunft verpflichtete folgende **Angaben:**
- Name und Anschrift von Herstellern, Lieferanten, anderer Vorbesitzer, gewerblichen Abnehmer und etwaiger Auftraggeber
- Anzahl der hergestellten, ausgelieferten, erhaltenen oder bestellten Artikel
- Preise, die für die betreffenden Waren oder Dienstleistungen bezahlt wurden.

[697] BGH GRUR 2016, 1280 (1288) – Everytime we touch; GRUR 2009, 515 (519) – Motorradreiniger.
[698] BGH GRUR 2015, 1009 (1012) – BMW-Emblem; GRUR 2014, 378 (381) – OTTO CAP.
[699] Erg. Ingerl/Rohnke MarkenG § 18 Rn. 25; zur Möglichkeit einer Aufbrauchsfrist Ingerl/Rohnke MarkenG § 18 Rn. 29.

Der Auskunftsanspruch ist zeitlich nicht beschränkt. Geschuldet wird daher auch die Auskunft über frühere, dem Markeninhaber bislang nicht bekannte Handlungen.[700] Ein Auskunftsanspruch kann nach Abs. 4 **unverhältnismäßig** sein.[701] Gerade bei Vorliegen eines Wettbewerbsverhältnisses zwischen den Parteien kann die Preisgabe geschäftlicher Daten über Hersteller, Lieferanten und Abnehmer für den Verletzer mit erheblichen Nachteilen verbunden sein. Im Einzelfall ist anhand einer Interessenabwägung zu prüfen, ob das Geheimhaltungsinteresse des Verletzers das Interesse des Markeninhabers an der Auskunftserteilung überwiegt. Dies kann zu bejahen sein, wenn der Verletzungsumfang gering ist, Verletzungshandlungen Dritter nicht zu befürchten sind und ein Schaden nicht entstanden oder bereits ausgeglichen ist.[702] Die angemessene Geheimhaltung lässt sich unter Umständen auch durch Zwischenschaltung eines zur Verschwiegenheit verpflichteten Wirtschaftsprüfers erreichen.[703] 287

Abs. 5 begründet eine Schadensersatzpflicht des Auskunftsverpflichteten für **Schäden**, die dem Markeninhaber durch eine vorsätzliche oder grob fahrlässig falsche oder unvollständig erteilte Auskunft entstehen. Nach Abs. 6 haftet derjenige, der eine Auskunft erteilt hat, ohne dazu verpflichtet gewesen zu sein, Dritten gegenüber nur, wenn er wusste, dass er zur Auskunftserteilung nicht verpflichtet war. 288

Nach Abs. 7 kann der Anspruch bei offensichtlicher Rechtsverletzung auch im Wege der **einstweiligen Verfügung** durchgesetzt werden. Eine offensichtliche Rechtsverletzung wird allerdings nur in eindeutigen Fällen, insbesondere in Fällen der Markenpiraterie, zu bejahen sein.[704] 289

Die durch die Auskunftserteilung gewonnenen Erkenntnisse dürfen nach Abs. 8 in einem **Strafverfahren,** das eine vor Erteilung der Auskunft begangene Tat des Auskunftsverpflichteten betrifft, nur mit dessen Zustimmung verwertet werden. 290

Die Abs. 9 und 10 regeln den Sonderfall, dass die Auskunft nur unter Verwendung von **Verkehrsdaten** nach § 3 Nr. 30 des TMG erteilt werden kann. In diesen Fällen ist für die Auskunftserteilung eine vorherige richterliche Anordnung über die Zulässigkeit der Verwendung dieser Daten erforderlich, die der Markeninhaber zu beantragen hat. 291

Der Markeninhaber kann neben dem Anspruch aus § 19 MarkenG **weitergehende Auskunftsansprüche** zur Vorbereitung eines bestehenden Schadensersatz- oder Bereicherungsanspruches nach den gewohnheitsrechtlich anerkannten allgemeinen Grundsätzen geltend machen.[705] 292

gg) Vorlage- und Besichtigungsansprüche. Mit § 19a MarkenG steht dem Markeninhaber auch ein Anspruch auf Vorlage von Urkunden oder Besichtigungen von Sachen zu, die sich in der Verfügungsgewalt des Verletzers befinden. Voraussetzung ist, dass die Kennzeichenverletzung hinreichend wahrscheinlich und die Vorlage bzw. die Besichtigung zur Begründung der Ansprüche erforderlich ist. Der Anspruch erstreckt sich auch auf die Vorlage von Bank-, Finanz- oder Handelsunterlagen, sofern die Rechtsverletzung in gewerblichem Ausmaß begangen wurde. 293

Der Anspruch auf Vorlage von Urkunden oder Besichtigung von Sachen kann nach Abs. 3 auch im Wege der **einstweiligen Verfügung** angeordnet werden. Dies eröffnet dem Markeninhaber die Möglichkeit, sich notwendiges Beweismaterial, das sich im Besitz des Verletzers befindet, mit gerichtlicher Hilfe zu beschaffen. Allerdings ist der Vorlage- und Besichtigungsanspruch ausgeschlossen, wenn dessen Geltendmachung im Einzelfall unverhältnismäßig ist. Das Gesetz enthält auch Schutzmaßnahmen zugunsten des Verletzers, sofern es sich um vertrauliche Informationen handelt. In diesen Fällen muss das zuständige Gericht geeignete Maßnahmen treffen, um den im Einzelfall gebotenen Schutz des Verletzers zu gewährleisten. Nach Abs. 3 S. 3 gilt dies insbesondere in Fällen, in denen eine einstweilige Verfügung ohne mündliche Verhandlung erlassen wird. In jedem Fall wird der Markeninhaber sorgfältig darzulegen haben, dass eine Rechtsverletzung hinreichend wahrscheinlich ist, bevor ihm ein Anspruch auf Vorlage oder Besichtigung zugesprochen werden kann. 294

hh) Sicherung von Schadensersatzansprüchen. Nach § 19b MarkenG kann der Markeninhaber den Verletzer bei bestehender Schadensersatzpflicht auch auf Vorlage von Bank-, Finanz- oder Handelsunterlagen in Anspruch nehmen, soweit diese zur Durchsetzung des Schadensersatzes erforderlich sind und wenn ohne die Vorlage die Erfüllung des Schadensersatzanspruches fraglich 295

700 Ingerl/Rohnke MarkenG § 19 Rn. 34; Fezer MarkenG § 19 Rn. 12; Ströbele/Hacker/Thiering MarkenG § 19 Rn. 42; BGH GRUR 2007, 877 (879) – Windsor Estate.

701 Zum Umf. des Auskunftsanspruches s. BGH GRUR 2003, 433 – Cartier-Ring.

702 Ströbele/Hacker/Thiering MarkenG § 19 Rn. 57 ff

703 Zum Wirtschaftsprüfervorbehalt s. Ströbele/Hacker/Thiering MarkenG § 19 Rn. 66 mwH.

704 OLG Frankfurt BeckRS 2002, 30247035; OLG Hamburg WRP 97, 103 – Cotto.

705 Zum Auskunftsanspruch → § 3.

ist. Auch dieser Anspruch kann im Wege einer einstweiligen Verfügung durchgesetzt werden, sofern die Schadensersatzpflicht offensichtlich ist.

296 *ii) Urteilsbekanntmachung.* Nach § 19c MarkenG kann der in einem Rechtsstreit obsiegenden Partei im Urteil die Befugnis zugesprochen werden, das Urteil auf Kosten der anderen Partei öffentlich bekannt zu machen, wenn ein berechtigtes Interesse an einer derartigen Veröffentlichung besteht. Dabei sind die widerstreitenden Interessen der Parteien gegeneinander abzuwägen. Nach dem Wortlaut der Vorschrift steht dieses Recht somit auch dem Beklagten im Falle einer Klageabweisung zu. Jedenfalls sind Art und Umfang der Veröffentlichung im Urteil genau zu bezeichnen. Die Befugnis zur Urteilsbekanntmachung erlischt drei Monaten nach Eintritt der Rechtskraft.

297 *jj) Beschlagnahme.* Die §§ 146 ff. MarkenG enthalten Schutzvorschriften zugunsten des Markeninhabers in Zusammenhang mit der Einfuhr oder Ausfuhr von markenverletzenden Waren. Hinsichtlich der Details kann hier auf die Ausführungen in dem Kapitel „Tätigwerden der Zollbehörden (Grenzbeschlagnahme)" Bezug genommen werden.[706]

298 *kk) Wiedergabe der Marke in Nachschlagewerken.* Da die bloße Nennung der Marke in Lexika in der Regel keine rechtsverletzende Benutzungshandlung iSd § 14 MarkenG darstellt, kann der Markeninhaber hiergegen grundsätzlich nicht vorgehen. Wird durch die Markennennung aber der Eindruck erweckt, dass es sich dabei um eine Gattungsbezeichnung handelt, besteht die Gefahr, dass der Markenschutz verwässert und die Marke nach § 49 Abs. 2 Nr. 1 MarkenG gelöscht wird. Um dies zu verhindern, kann der Inhaber einer eingetragenen Marke vom Verleger des (elektronischen) Nachschlagewerks verlangen, dass in geeigneter Form auf den existierenden Markenschutz hingewiesen wird. Dies geschieht üblicherweise durch das ®-Symbol.

299 § 16 MarkenG erfasst nicht die redaktionelle Benutzung eingetragener Marken in anderen Druckerzeugnissen, noch die Benutzung nicht eingetragener Marken und **sonstiger Kennzeichenrechte.** Auch in derartigen Fällen kann jedoch ein berechtigtes Interesse des Inhabers gegen die Verwendung seines Zeichens als Gattungsbegriff bestehen, um einer Entwicklung des Zeichens zur Gattungsbezeichnung vorzubeugen. Da in diesen Fällen markenrechtliche Ansprüche nach §§ 14, 15 MarkenG regelmäßig mangels markenmäßigen Benutzung scheitern, bleibt dem Rechtsinhaber nur der Rückgriff auf § 823 BGB.[707]

300 *ll) Ergänzender wettbewerbsrechtlicher Schutz.* Neben dem markenrechtlichen Bekanntheitsschutz kommt grundsätzlich auch ein ergänzender Schutz nach den Bestimmungen des UWG in Betracht. Nach § 2 MarkenG ist die Anwendung anderer Vorschriften zum Schutz von Kennzeichen neben dem MarkenG zulässig. Gleichwohl hatte die deutsche Rechtsprechung lange die Auffassung vertreten, dass das MarkenG eine umfassende und abschließende Regelung in Bezug auf kennzeichenrechtliche Sachverhalte enthält und insoweit gegenüber dem UWG vorrangig ist. In der jüngeren Rechtsprechung ist der BGH nun von dieser Vorrangthese weitgehend abgerückt.[708]

2. Rechte aus der geschäftlichen Bezeichnung

301 Die dem Inhaber einer geschäftlichen Bezeichnung iSv § 5 MarkenG im Falle einer Verletzung seines Kennzeichens zustehenden Rechte und Ansprüche sind zentral in § 15 MarkenG geregelt.

302 Die Vorschrift weist **Parallelen zu den Tatbeständen der Markenverletzung** nach § 14 auf, enthält aber keine ausdrückliche Regelung betreffend die in § 14 Abs. 3 und 4 MarkenG erwähnten Verletzungstatbestände. Gleichwohl kann der Inhaber einer geschäftlichen Bezeichnung gegen derartige Handlungen ebenfalls vorgehen. Denn die unbefugte Benutzung der Kennzeichnung auf Waren, ihrer Aufmachung oder Verpackung, in der Werbung oder auf Geschäftspapieren oder Kennzeichnungsmitteln fällt jeweils unter die Vorschrift des § 15 Abs. 2 MarkenG, die jede unbefugte Benutzung einer geschäftlichen Bezeichnung oder eines mit ihr ähnlichen Zeichens verbietet, sofern eine Verwechslungsgefahr mit der geschützten geschäftlichen Bezeichnung besteht.[709] Der

[706] → § 8.
[707] OLG Frankfurt GRUR 2000, 1066 (1067) – ACC.
[708] Vgl. BGH GRUR 2016, 965 (966) – Baumann II; GRUR 2013, 1161 (1165) – Hard Rock Cafe; GRUR 2008, 628 (629) – Imitationswerbung; GRUR 2010, 642 (645) – WM-Marken; ausf. BeckOK MarkenR/Weiler § 2 Rn. 14 ff.
[709] Der auf Transitverkehr erweiterte Schutz iRd neu eingefügten § 14a MarkenG erstreckt sich ebenfalls auf geschäftliche Bezeichnungen → Rn. 259.

Rechtsinhaber kann aus § 15 MarkenG nicht nur gegen einen firmenmäßigen Gebrauch des Zeichens, sondern auch gegen eine Benutzung des Zeichens als Produktkennzeichen vorgehen.[710] Inhaltlich entspricht § 15 Abs. 2 MarkenG dem Tatbestand der markenrechtlichen Verwechslungsgefahr nach § 14 Abs. 2 Nr. 2 MarkenG. Der Begriff der Verwechslungsgefahr ist für Marken und geschäftliche Bezeichnungen weitgehend einheitlich auszulegen.[711] Damit kann insoweit grundsätzlich auf die Ausführungen zu § 9 Abs. 1 Nr. 2 MarkenG Bezug genommen werden.[712]

Auch bei den Kollisionstatbeständen des § 15 MarkenG ist das **Prioritätsprinzip** zu beachten. Der Inhaber der geschäftlichen Bezeichnung muss demnach im Streitfall nachweisen, dass er über ein gegenüber der angegriffenen Bezeichnung älteres Recht verfügt.[713] Zum Begriff des Handelns im geschäftlichen Verkehr wird auf die Ausführungen zu § 14 Abs. 2 MarkenG verwiesen.[714] 303

a) **Unternehmenskennzeichen.** Bei der Beurteilung der Verwechslungsgefahr iSd § 15 MarkenG ergeben sich einige Besonderheiten aus dem Umstand, dass ein Unternehmenskennzeichen nicht als Herkunftshinweis für bestimmte Waren oder Dienstleistungen dient, sondern ein Unternehmen identifiziert. 304

Anders als im Bereich der Marken kommt es daher auch nicht auf eine etwaige Ähnlichkeit von Waren- und Dienstleistungen an, sondern auf die sog. **Branchennähe** der sich gegenüberstehenden Unternehmen. Eine Verwechslungsgefahr setzt demnach hier neben einer Identität oder Ähnlichkeit der sich gegenüberstehenden Bezeichnungen auch eine gewisse Nähe der Branchen voraus, in denen die Unternehmen tätig sind. Es müssen hinreichende sachliche Berührungspunkte bestehen, da der Verkehr nur dann annimmt, zwischen den betroffenen Unternehmen bestünden geschäftliche Zusammenhänge.[715] Nicht erforderlich ist demgegenüber, dass beide Unternehmen zueinander im Wettbewerb stehen. So kommt eine Kennzeichenverletzung auch in Betracht, wenn sich ein produzierendes und ein Handelsunternehmen gegenüberstehen. Maßgeblich ist jeweils der Schwerpunkt der Unternehmenstätigkeit, wobei allerdings auch eine potentielle zukünftige Ausweitung der geschäftlichen Tätigkeit mit zu berücksichtigen ist, sofern sie nicht völlig fernliegend ist.[716] Eine Branchennähe wird häufig anzunehmen sein, wenn die Angebote beider Unternehmen miteinander konkurrieren. Eine markenrechtliche Ähnlichkeit der beidseitigen Waren oder Dienstleistungen iSd § 14 Abs. 2 MarkenG ist dabei nicht erforderlich. Liegt diese aber vor, so ist dies ein Indiz für eine Branchennähe.[717] 305

Für die **Beurteilung der Zeichenähnlichkeit** kann auf die Grundsätze der markenrechtlichen Verwechslungsgefahr zurückgegriffen werden.[718] Somit kommt es auch hier auf den Gesamteindruck an, wobei Übereinstimmungen zwischen den Zeichen mehr ins Gewicht fallen als Unterschiede.[719] Es gelten allerdings einige Besonderheiten, die sich etwa dadurch ergeben, dass der Verkehr dazu neigt, längere Firmenbezeichnungen auf ihre unterscheidungskräftigen Bestandteile zu verkürzen. Beschreibende Zusätze in den Firmierungen bleiben daher regelmäßig außer Betracht.[720] Insbesondere auch Firmenschlagworte oder Firmenabkürzungen können isoliert auf das Vorliegen einer Verwechslungsgefahr überprüft werden.[721] Dies gilt auch bei zwei- oder dreistelligen Buchstabenfolgen, die, auch wenn sie nicht als Wort aussprechbar sind, gegen Verwechslungsgefahr geschützt sind. Hier kann die Abweichung schon in einem Buchstaben aus dem Schutzbereich des älteren Zeichens herausführen, da der Verkehr wegen der weiten Verbreitung derartiger Buchstabenzeichen daran gewöhnt ist, bereits auf geringfügige Abweichungen zu achten.[722] Die Rechtsprechung geht davon aus, dass insbesondere bei Verbandsbezeichnungen bei der Beurteilung der Unterscheidungskraft ein großzügiger Maßstabe anzulegen ist, da der Ver- 306

[710] BGH GRUR 2011, 623 – Peek & Cloppenburg II; GRUR 2004, 512 – Leysieffer.
[711] Ströbele/Hacker/Thiering MarkenG § 15 Rn. 40 f.
[712] → Rn. 119 ff.
[713] → Rn. 17.
[714] → Rn. 240 ff.
[715] BeckOK MarkenR/Thalmaier § 2 Rn. 45; Ströbele/Hacker/Thiering MarkenG § 15 Rn. 67.
[716] BGH GRUR 2009, 484 (490) – Metrobus.
[717] BGH GRUR 2006, 937 (941) – Ichthyol II; GRUR 2011, 831 (833) – BCC.
[718] → Rn. 143 ff.
[719] BGH GRUR 2012, 635 (636) – METRO; GRUR 1995, 825 (827) – Torres; BeckOK MarkenR/Thalmaier § 2 Rn. 45.
[720] BGH GRUR 2002, 898 – defacto.
[721] BGH GRUR 2008, 803 (804) – HEITEC; s. a. Ströbele/Hacker/Thiering MarkenG § 15 Rn. 56 f.
[722] BGH GRUR 2002, 1067 (1069) – DKV/OKV; OLG Köln GRUR-RR 2002, 293 – T3.

kehr an Bezeichnungen gewöhnt sei, die aus einem Sachbegriff gebildet seien und sich an den jeweiligen Tätigkeitsbereich anlehnen.[723]

307 Wie bei der Beurteilung der markenrechtlichen Verwechslungsgefahr nach §§ 9, 14 MarkenG besteht auch hier zwischen dem Grad der Ähnlichkeit der sich gegenüberstehenden Zeichen, dem Grad der Branchennähe und der Kennzeichnungskraft des älteren Unternehmenskennzeichens eine **Wechselwirkung** mit der Folge, dass ein höherer Grad an Zeichenähnlichkeit ein geringeres Maß an Branchennähe ausgleicht, während eine Verwechslungsgefahr im Gegenzug auch bei hoher Branchennähe und geringerer Zeichenähnlichkeit vorliegen kann.[724] Bei der Ermittlung der Kennzeichnungskraft eines Unternehmenskennzeichens gelten die gleichen Grundsätze, wie bei der Bestimmung des Schutzumfanges von Marken.[725] Die geringen Anforderungen, die an die originäre Unterscheidungskraft von Unternehmenskennzeichen gestellt werden, führen allerdings in vielen Fällen zu einem entsprechend geringen Schutzumfang. Eine Reduzierung des Schutzes auf identische Zeichen kommt gleichwohl nur in Ausnahmefällen in Betracht.[726]

308 **b) Werktitel.** Werktitel dienen nicht zur Identifizierung der betrieblichen Herkunft des Werkes, sondern der Unterscheidung eines bestimmten Werks von anderen Werken. Sie sind daher in der Regel nur gegen eine unmittelbare Verwechslungsgefahr geschützt, die jedenfalls dann vorliegt, wenn aufgrund der Benutzung des angegriffenen Titels die Gefahr besteht, dass der Verkehr den einen Titel für den anderen hält.[727] Wegen der häufig geringen Kennzeichnungskraft von Titeln ist deren Schutzumfang meist gering und mitunter auf identische Benutzungshandlungen beschränkt. Jedenfalls können bereits geringe Unterschiede zwischen zwei Titeln ausreichen, um eine Verwechslungsgefahr zu verneinen. So wurde eine Verletzung des Titels „Automagazin" durch den Titel „Das neue Automobilmagazin" verneint.[728]

309 Eine Verwechslungsgefahr setzt normalerweise voraus, dass beide Werke der gleichen Werkkategorie angehören und somit eine sog. **Werknähe** besteht. Auch bei Werken der gleichen Kategorie kann aber die Werknähe fehlen, wie zB bei Software mit deutlich unterschiedlichen Anwendungsbereichen.[729] Ähnliches gilt im Bereich der Druckerzeugnissen. Hier kommt es bei verwechselbar ähnlichen Titeln von Zeitungen, Zeitschriften und Büchern zusätzlich auf Übereinstimmungen oder Unterschiede zwischen Inhalt und Gegenstand der Publikationen, deren Aufmachung, der Erscheinungsweise und Vertriebsformen an. Die Werknähe fehlt zB bei einem Sachbuch einerseits und einer Broschüre über Telefontarife andererseits.[730] Handelt es sich um völlig unterschiedliche Werke, scheidet eine Verwechslungsgefahr meist aus, wie etwa bei Titelähnlichkeit zwischen einer Zeitschrift und einem Internetportal.[731] Bei sehr bekannten Titeln kann aber ausnahmsweise dennoch ein Verwechslungsgefahr vorliegen, wenn zwischen den Werken sachliche Berührungspunkte bestehen, so wie dies etwa bei der Verfilmung von Romanen der Fall ist.[732]

310 Nur wenn der Verkehr mit dem Titel (auch) einen **betrieblichen Herkunftshinweis** verbindet, kann im Einzelfall auch eine Verletzung des Werktitels durch andere Zeichen vorliegen. Neben einer entsprechenden Bekanntheit des Titels setzt eine derartige Verwechslungsgefahr im weiteren Sinne voraus, dass aus Sicht des Verkehrs zwischen dem Werk, für das der Titel geschützt ist, und den beanstandeten Produkten oder Dienstleistungen ein konkreter Sachzusammenhang besteht.[733]

311 **c) Schutz der bekannten geschäftlichen Bezeichnung.** § 15 Abs. 3 MarkenG gewährt einen erweiterten Schutz für bekannte geschäftliche Bezeichnungen aller Art. Ist eine geschäftliche Bezeichnung bekannt, ist sie auch ohne Vorliegen einer Verwechslungsgefahr gegen die Benutzung identischer oder ähnlicher Zeichen geschützt, soweit dadurch die Unterscheidungskraft oder die

---

[723] BGH GRUR 2008, 1108 – Haus & Grund III.
[724] BGH GRUR 2006, 594 – SmartKey; GRUR 2002, 898 – defacto; BeckOK MarkenR/Thalmaier § 2 Rn. 45.
[725] → Rn. 135 ff.
[726] BGH GRUR 1992, 550 (551) – ac pharma; GRUR 1999, 492 (494) – Altberliner.
[727] BGH GRUR 2005, 264 (265) – Das Telefon-Sparbuch.
[728] BGH GRUR 2002, 176 – Auto Magazin.
[729] BGH GRUR 2006, 594 (595) – SmartKey.
[730] BGH GRUR 2005, 264 – Das Telefon-Sparbuch.
[731] BGH GRUR 2016, 1300 (1302) – Kinderstube.
[732] BGH GRUR 2003, 440 (441) – Winnetous Rückkehr.
[733] BGH GRUR 1999, 581 (582) – Max; GRUR 1993, 692 (694) – Guldenburg: kein Sachzusammenhang zwischen Titel einer Fernsehserie einerseits und Lebensmitteln bzw. Schmuck andererseits; erg. Ingerl/Rohnke MarkenG § 15 Rn. 155 ff.

Wertschätzung der geschäftlichen Bezeichnung ohne rechtfertigenden Grund in unlauterer Weise ausgenutzt oder beeinträchtigt wird. Die Vorschrift entspricht nahezu wörtlich dem § 14 Abs. 2 Nr. 3 MarkenG, der den Schutz für bekannte Marken regelt. Der Bekanntheitsbegriff des § 15 Abs. 3 MarkenG ist danach nicht grundlegend anders auszulegen als beim Schutz bekannter Marken, sodass auf die Ausführungen zu § 9 MarkenG zurückgegriffen werden kann.[734] Gleiches gilt für die Gestaltung der einzelnen Verletzungstatbestände.

d) **Ansprüche.** Im Falle einer Rechtsverletzung stehen dem Inhaber der geschäftlichen Bezeichnung gem. § 15 Abs. 4 MarkenG ein Unterlassungsanspruch und gem. Abs. 5 ein verschuldensabhängiger Schadenersatzanspruch zu. Die Regelungen der § 18 MarkenG (Vernichtungsanspruch) und § 19 MarkenG (Auskunftsanspruch), § 19a MarkenG (Vorlage- und Besichtigungsanspruch), § 19b MarkenG (Sicherung von Schadensersatzansprüchen) und § 19c MarkenG (Urteilsbekanntmachung) gelten uneingeschränkt auch für die Verletzung geschäftlicher Bezeichnungen.[735] 312

3. Schranken des Markenschutzes

a) **Benutzung von Namen und beschreibenden Angaben.** § 23 MarkenG schränkt die Rechte des Kennzeicheninhabers ein, indem er es Dritten unter bestimmten Voraussetzungen gestattet, persönliche oder beschreibende Angaben in Bezug auf Merkmale eigener Waren oder Dienstleistungen zu benutzen. Soweit derartige Benutzungshandlungen nicht gegen die guten Sitten verstoßen, werden sie vom Verbietungsrecht des Kennzeicheninhabers nicht erfasst, sondern sind sozusagen freigestellt, obwohl sie eigentlich eine Verletzungshandlung darstellen. Freigestellt bzw. privilegiert in diesem Sinne ist Dritten 313

- die Benutzung ihres Namens und ihrer Anschrift,
- die Benutzung eines Zeichens als Angabe über Merkmale oder Eigenschaften von Waren oder Dienstleistungen,
- die notwendige Benutzung eines Zeichens als Bestimmungsangabe, insbesondere als Hinweis auf Zubehör oder Ersatzteile.

§ 23 MarkenG dient dem **Ausgleich der Interessen** des Rechteinhabers an einer Ausschließlichkeit einerseits und dem Interesse des Wettbewerbs an der freien Benutzbarkeit des eigenen Namens bzw. sachbezogener Angaben im geschäftlichen Verkehr andererseits.[736] § 23 MarkenG findet auch Anwendung, wenn die Angaben markenmäßig oder nach Art einer Marke benutzt werden.[737] Keine Anwendung findet die Vorschrift bei der Benutzung bekannter Kennzeichen, da hier ein entsprechender Interessenausgleich bereits iRd §§ 14 Abs. 2 Nr. 3 und 15 Abs. 3 MarkenG stattfindet.[738] 314

aa) Namen. Nach § 23 Nr. 1 MarkenG ist niemand durch ein existierendes Kennzeichenrecht gehindert, den eigenen Namen auch im geschäftlichen Verkehr zu benutzen. Nach dem Willen des Gesetzgebers soll der Begriff „Name" dabei eng auszulegen sein. Privilegiert ist damit in erster Linie die Benutzung des Geburts- oder Familiennamens, ggf. in Kombination mit dem Vornamen.[739] Nach Ansicht des EuGH sollte dies auch für Handelsnamen, also Unternehmenskennzeichen iSv § 5 Abs. 2 MarkenG gelten.[740] Infolge der MRL kam es über das MaMoG zu einer Korrektur dieser Rechtsprechung, sodass jetzt ausdrücklich nur die Benutzung des Namens „natürlicher Personen" freigestellt ist.[741] 315

Nach den von der Rechtsprechung entwickelten Grundsätzen zum **Recht der Gleichnamigen** ist niemand daran gehindert, unter seinem Familiennamen im geschäftlichen Verkehr tätig zu werden.[742] Diese Grundsätze kommen zur Anwendung, wenn das aus dem Personennamen bestehende jüngere Zeichen mit einem älteren Kennzeichenrecht kollidiert. In diesem Fällen muss der 316

[734] → Rn. 172 ff.
[735] → Rn. 281 ff.
[736] EuGH BeckRS 2008, 70049 – Adidas; GRUR 2007, 318 – Opel; BGH GRUR 2009, 678 (681) – POST/Regio-Post.
[737] EuGH GRUR 2004, 234 – Gerolsteiner Brunnen; BGH GRUR 2015, 1223 (1225) – Posterlounge; vgl. zur markenmäßigen Verwendung von Namen Ströbele/Hacker/Thiering MarkenG § 23 Rn. 19.
[738] BGH GRUR 2009, 1162 (1165) – DAX; ebenso wenig ist die Vorschrift in registerrechtlichen Verfahren anwendbar, s. BGH GRUR 2013, 631 (635) – AMARULA/Marulablu.
[739] Ingerl/Rohnke MarkenG § 23 Rn. 12.
[740] EuGH GRUR 2005, 153 (156) – Anheuser-Busch.
[741] Ausf. Hacker GRUR 2019, 235 (240).
[742] BGH GRUR 2011, 623 (627) – PEEK & Cloppenburg II; GRUR 2008, 801 (802) – Hansen-Bau.

Zeicheninhaber die sich aus der Namensgleichheit ergebende Verwechslungsgefahr bis zu einem gewissen Grad hinnehmen, sofern der Träger des jüngeren Namensrechts alles Zumutbare unternimmt, um die Verwechslungsgefahr möglichst weit zu reduzieren oder auszuschließen, etwa durch Verwendung unterscheidungskräftiger Zusätze.[743] Diese Grundsätze gelten ausnahmsweise auch für andere Firmenbezeichnungen entsprechend, wenn zwei gleichnamige Unternehmen über lange Zeit unbeanstandet verwechslungsfähige Unternehmenskennzeichen benutzt und dadurch jeweils einen schützenswerten Besitzstand erworben haben.[744] Eine derart bestehende Gleichgewichtslage zwischen zwei gleichnamigen Unternehmen darf grundsätzlich nicht gestört werden. Eine Störung kann darin liegen, dass eines der Unternehmen seinen Tätigkeitsbereich ausdehnt, einzelne Namensbestandteile hervorhebt, Zusätze weglässt oder den Namen als Marke anmeldet.[745]

317 *bb) Beschreibende Angaben.* Nach Nr. 2 kann der Inhaber eines Kennzeichenrechts Dritten nicht untersagen, ein mit seinem Kennzeichen identisches oder ähnliches Zeichen als beschreibende Angabe benutzen. Das MaMoG hat die Schutzschranke auf nicht unterscheidungskräftige Zeichen erweitert.[746] Durch die Regelung ist gewährleistet, dass aus einer an eine beschreibende Angabe angelehnten Marke keine Ansprüche gegen die Benutzung dieser beschreibenden Angabe durch Dritte hergeleitet werden können.[747] Auch eine originär nicht unterscheidungskräftige Angabe kann kraft Verkehrsdurchsetzung nach § 8 Abs. 3 MarkenG in das Register eingetragen worden sein. Ein weiterer Anwendungsfall der Vorschrift ist die Freistellung gegenüber fehlerhaft eingetragener Marken. Schließlich kann ein als Marke geschütztes Zeichen, das für die eingetragenen Waren nicht beschreibend ist, für im Ähnlichkeitsbereich liegende andere Waren beschreibend sein. Auch in diesem Fall ist die Benutzung des Zeichens freigestellt.[748]

318 *cc) Ersatzteilgeschäft.* Nach Nr. 3 kann die Benutzung einer Marke nicht untersagt werden, soweit sie als Hinweis auf die Bestimmung einer Ware als Zubehör oder Ersatzteil notwendig ist. In der Praxis betrifft dies in erster Linie Fälle, in denen Dritte Waren anbieten, die die Originalware des Markeninhabers ergänzen oder mit dieser kompatibel sind oder die dazu bestimmt sind, zum Verbrauch bestimmte Bestandteile der Originalware zu ersetzen, wie dies etwa bei Staubsaugertüten oder nachzufüllenden Flüssigkeiten der Fall ist. In diesem Fall besteht ein Bedürfnis der Drittanbieter, durch Benutzung der fremden Marke auf die Bestimmung bzw. den Einsatzbereich ihrer Waren hinzuweisen. Dies ist zulässig, soweit dadurch die berechtigten Interessen des Markeninhabers nicht in unlauterer Weise beeinträchtigt werden. Entscheidend sind hier die konkreten Umstände des Einzelfalles, insbesondere die Art und Weise, wie die Ware des Drittanbieters aufgemacht wird und in welcher Form die Fremdmarke im Vergleich zu sonstigen eigenen Kennzeichnungsmitteln verwendet wird.

319 Die Benutzung einer Marke ist **notwendig,** wenn die Information über den Zweck der Dienstleistung anders nicht sinnvoll übermittelt werden kann. Dabei muss Benutzung der Marke praktisch das einzige Mittel darstellen, um diese Informationen zu liefern.[749] Jede Täuschungsgefahr bzw. Irreführung über die betriebliche Herkunft der Waren muss dabei vermieden werden. Ebenso wenig darf die Bekanntheit der fremden Marken über Gebühr ausgenutzt oder diese als Blickfang eingesetzt werden.[750] Nach Auffassung des BGH überschreitet die blickfangmäßige Verwendung des VW-Logos durch eine nicht markengebundene Autowerkstatt den Rahmen des iSd Nr. 3 Notwendigen, da auch eine Verwendung der Wortmarke „VW" oder „Volkswagen" möglich gewesen wäre, was einen geringere Ausnutzung der Bekanntheit der Klagemarke dargestellt hätte.[751] Für zulässig wurde es allerdings erachtet, dass ein Hersteller von Aluminiumfelgen in seiner Werbung einen exklusiven Sportwagen abbildet, für den die beworbenen Alufelgen bestimmt sind und der mit diesen Alufelgen ausgerüstet ist.[752]

[743] Ströbele/Hacker/Thiering MarkenG § 23 Rn. 40 ff.; BGH GRUR 2010, 738 (742) – PEEK & Cloppenburg I.
[744] BGH GRUR 2010, 738 (742) – PEEK & Cloppenburg I.
[745] BGH GRUR 2011, 623 (626) – PEEK & Cloppenburg II; Ströbele/Hacker/Thiering MarkenG § 23 Rn. 49 ff.
[746] Entgegen des Wortlauts der Nr. 2 soll es nicht darauf ankommen, ob dem Zeichen „jegliche Unterscheidungskraft fehlt", sondern ob das Zeichen in der konkreten Verwendung unterscheidungskräftig ist, s. Ströbele/Hacker/Thiering MarkenG § 23 Rn. 78; s. a. BeckOK MarkenR/Kretschmar § 23 Rn. 27; erg. Hacker GRUR 2019, 235 (240).
[747] BGH GRUR 1999, 238 – Tour de culture: Keine Verletzung der eingetragenen Marke „Tour de KULTUR".
[748] OLG Hamburg BeckRS 1996, 7280 – Cotto: Benutzung des Zeichens für Ziegelböden aus der Toskana trotz Bestehens einer Markenregistrierung für Baumaterialien zulässig.
[749] EuGH GRUR Int 1999, 38 – BMW/Deenik; GRUR 2005, 310 (312) – Gilette.
[750] Vgl. BGH GRUR 2005, 423 – Staubsaugerfiltertüten; s. a. GRUR 2009, 1162 – DAX.
[751] BGH GRUR 2011, 1135 – Große Inspektion für alle.
[752] BGH GRUR 2005, 163 – Aluminiumräder.

320 Werden Originalprodukte von einem Dritten aufgearbeitet und bringt dieser neben der Marke des Herstellers **seine eigene Marke** an diesen aufgearbeiteten Produkten an, so kann die Benutzung der ursprünglichen Herstellermarke auf den aufgearbeiteten Produkten nach Nr. 3 gerechtfertigt sein. Dies setzt voraus, dass die Art der Kennzeichnung so beschaffen ist, dass die angesprochenen Verkehrskreise die Wiederaufarbeitung nicht dem ursprünglichen Originalhersteller, sondern einem unabhängigen Unternehmen, nämlich dem Aufarbeitenden, zuordnen.[753]

321 *dd) Kein Verstoß gegen anständige Gepflogenheiten.* Voraussetzung für die Freistellung ist in allen Fällen, dass die die Benutzung den anständigen Gepflogenheiten in Gewerbe oder Handel entspricht.[754] Wird eine Angabe in sittenwidriger Weise benutzt, scheidet eine Freistellung aus. Das ist etwa iRd Nr. 2 der Fall, wenn sich das verwendete Zeichen hinsichtlich der grafischen oder farblichen Gestaltung an das geschützte Kennzeichen annähert.[755] Erforderlich ist eine Gesamtwürdigung aller Umstände des Einzelfalls, wobei – anders als iRd § 14 MarkenG – auch Begleitumstände zu berücksichtigen sind, die außerhalb der eigentlichen Zeichenverwendung liegen.[756]

322 **b) Erschöpfung.** Nach § 24 Abs. 1 MarkenG ist der Inhaber einer Marke oder einer geschäftlichen Bezeichnung nicht berechtigt, den Weitervertrieb von Originalwaren, die mit seiner Zustimmung unter seiner Marke in Verkehr gebracht worden sind, zu beschränken oder zu verhindern.[757] Durch dieses Inverkehrbringen ist das Recht des Markeninhabers erschöpft, die betreffenden Waren dürfen von Dritten unter Nutzung der Marke beworben und weitervertrieben werden. Dies gilt allerdings nur für Waren, die erstmals in der EU bzw. einem Vertragsstaat des Abkommens über die Schaffung eines Europäischen Wirtschaftsraums (EWR) in Verkehr gebracht wurden. Wenn die Markenware erstmals außerhalb des EWR in Verkehr gesetzt wurde, kann der Markeninhaber den Import der Originalwaren in die EU verhindern und den weiteren Vertrieb derartiger Waren im Inland unterbinden.

323 *aa) Inverkehrbringen.* Die Waren müssen „unter der Marke" in Verkehr gebracht worden sein.[758] Der Markeninhaber muss die Verfügungsgewalt über die Markenware willentlich auf einen Dritten übertragen haben.[759] Mit der willentlichen Übertragung der Verfügungsgewalt im EWR verliert der Markeninhaber die Möglichkeit, den weiteren Vertrieb der Markenware innerhalb dieses Wirtschaftsgebiets zu kontrollieren.[760] Damit entfallen die Ansprüche des Markeninhabers auf Unterlassung, Schadensersatz, Vernichtung und Auskunft vollständig. Da Dienstleistungen nicht „weitervertrieben" werden können, kommt hier eine Erschöpfung schon begrifflich nicht in Betracht.

324 **Vereinbarungen** mit dem Abnehmer, nach denen dieser die Ware nur außerhalb des EWR vertreiben darf, sind unbeachtlich. Das gilt auch dann, wenn der Käufer seinen Sitz außerhalb des EWR hat. Derartige vertragliche Beschränkungen können die Erschöpfung nicht verhindern. Mit Übergabe der Ware innerhalb der EU an einen vom Käufer beauftragten Frachtführer tritt die Erschöpfung ein.[761] Eine Erschöpfung soll nach der Rechtsprechung des BGH auch dann eintreten, wenn der Markeninhaber Waren in der EU in Verkehr bringt, die ausdrücklich nicht zum Verkauf, sondern nur zu Werbe- bzw. Testzwecken bestimmt sind.[762] Der EuGH hat dies allerdings zT anders beurteilt.[763] Werden Waren innerbetrieblich oder innerhalb eines Konzerns bewegt, tritt dadurch in der Regel noch keine Erschöpfung ein.[764] Die Veräußerung an nicht kon-

[753] BGH GRUR 2007, 705 – Aufarbeitung von Fahrzeugkomponenten.

[754] BGH GRUR 2009, 1162 (1164) – DAX; GRUR 2009, 789 (799) – POST I; GRUR 2009, 678 (681) – POST/RegioPost.

[755] BGH GRUR 2008, 798 (800) – POST I.

[756] Ströbele/Hacker/Thiering MarkenG § 23 Rn. 148.

[757] Zweck der Regelung ist, die Belange des Markenschutzes mit denen des freien Warenverkehrs in Einklang zu bringen, s. EuGH GRUR Int 1996, 1144 (1147) – Bristol-Myers Squibb; erg. BeckOK MarkenR/Steudtner § 24 Rn. 6; für die Unionsmarke enthält Art. 15 UMV eine nahezu identische Regelung.

[758] Ströbele/Hacker/Thiering MarkenG § 24 Rn. 28 ff.

[759] EuGH GRUR 2005, 507 (509) – Peak Holding; BGH GRUR 2007, 882 – Parfümtester; Starck MarkenR 2004, 41 (43).

[760] Denn durch die Erstveräußerung hat der Markeninhaber den wirtschaftlichen Wert seiner Marke realisiert. Weitere Veräußerungen der (unveränderten) Ware beeinträchtigen keine der anerkannten Markenfunktionen.

[761] BGH GRUR 2006, 863 (864) – ex works.

[762] BGH GRUR 2015, 1108 (1111) – Green-IT; GRUR 2007, 882 – Parfumtester.

[763] EuGH GRUR 2010, 723 – Coty; vgl. aber GRUR 2005, 507 (509) – Peak Holding.

[764] BGH GRUR 2011, 820 (822) – Kuchenbesteck-Set.

zernmäßig verbundene Handelsunternehmen kann auch dann zur Erschöpfung führen, wenn sie in ein exklusives oder selektives Vertriebssystem eingebunden sind.[765]

325 Erschöpfung tritt auch ein, wenn die Ware **durch einen Dritten** mit Zustimmung des Markeninhabers in Verkehr gebracht wird.[766] Die Zustimmung kann konkludent, etwa bei einem Vertrieb durch konzernverbundene Unternehmen, erfolgen. Sie muss sich aber auf konkrete Produkte beziehen. Bloßes Schweigen kann nicht als Zustimmung gewertet werden.[767]

326 *bb) Ausnahmen.* Der Erschöpfungsgrundsatz ist nach Abs. 2 nicht anwendbar, wenn berechtigte Gründe für das Verbietungsrecht des Rechtsinhabers gegeben sind. Dies ist insbesondere dann der Fall, wenn der Zustand der Waren nach ihrem Inverkehrbringen verändert oder verschlechtert wird.[768] Eine solche Produktveränderung hat der BGH etwa angenommen, wenn Mobiltelefone, mit denen aufgrund einer Sperre nur in einem bestimmten Mobilfunknetz telefoniert werden kann, nach dem Inverkehrbringen durch den Markeninhaber ohne dessen Zustimmung entsperrt werden.[769] Das Entfernen von Codierungen mit denen sich der Vertriebsweg von Waren im Rahmen selektiver Vertriebssysteme nachvollziehen lässt, kann zum Ausschluss der Erschöpfung jedenfalls dann führen, wenn damit ein sichtbarer Eingriff in die Substanz der Ware oder deren Verpackung verbunden ist.[770] Ein bestimmungsgemäßer Gebrauch liegt demgegenüber vor, wenn Gaszylinder für ein Besprudelungsgerät von Dritten wieder befüllt werden. Denn hierdurch wird der Originalzustand des mit der Marke versehenen Zylinders nicht verändert, sodass die Erschöpfung eintritt.[771]

327 Bei Waren mit **Luxus- oder Prestigecharakter** ist zu prüfen, ob die konkreten Umstände des Angebots dazu geeignet sind, das den Marken zukommende Luxusimage zu beeinträchtigen. Das kann auch beim Verkauf über Online-Plattformen der Fall sein.[772] Der bloße Umstand, dass die Waren in einem „discountartigen" Umfeld angeboten werden, reicht für sich genommen aber nicht aus, um einen Verbotsgrund nach Abs. 2 anzunehmen. Erforderlich bleibt eine Interessenabwägung im Einzelfall.[773]

328 Auch **das Umpacken von Originalwaren** kann zu einer Veränderung oder einer Verschlechterung des Warenzustandes führen.[774] Werden bei der Aufmachung und Verpackung eines Produktes Eingriffe vorgenommen, kann dies das Markenimage beeinträchtigen. Ist ein Umpacken oder eine Neuverpackung unnötig, liegt in der Regel ein Fall des Abs. 2 vor. Relevant ist die Frage des Umverpackens in der Praxis insbesondere beim Import von Markenarzneimitteln aus einem Mitgliedsstaat der EU, da hier aufgrund unterschiedlicher Zulassungen vom Importeur meist die Packungsgrößen verändert werden müssen.[775] Es existieren zahlreiche Entscheidungen von EuGH und BGH zu diesem Themenbereich, so ua zu der Frage, ob eine EU-weite Erschöpfung des Markenrechts auch dann vorliegt, wenn in die Produktbeschaffenheit nicht eingegriffen wird, vielmehr nur die äußere Umhüllung ersetzt wird und ein Hinweis auf das Umpacken und den Vertrieb durch den Importeur erfolgt.[776]

329 *cc) Beweislast.* Die Beweislast für das Vorliegen der Erschöpfung trifft grundsätzlich denjenigen, der als Verletzer in Anspruch genommen wird.[777] Er muss darlegen, dass es sich bei den beanstandeten Produkten um Originalwaren handelt, die vom Markeninhaber oder mit dessen Zustimmung im EWR in Verkehr gebracht worden sind, wobei er in der Regel seine Lieferkette

[765] BGH GRUR 2007, 882 – Parfümtester; vgl. aber EuGH GRUR 2010, 723 – Coty.
[766] Zusf. EuGH GRUR 2018, 191 – Schweppes.
[767] EuGH GRUR 2002, 156 (159) – Davidoff; BGH GRUR 2011, 820 (822) – Kuchenbesteck-Set; s. a. Ingerl/Rohnke MarkenG § 24 Rn. 28.
[768] BGH GRUR 2012, 392 (393) – Echtheitszertifikat.
[769] BGH GRUR 2005, 160 – SIM-LOCK I.
[770] BGH GRUR 2001, 448 (450) – Kontrollnummernbeseitigung II.
[771] BGH GRUR 2005, 162 – SodaStream.
[772] EuGH GRUR Int 1998, 140 – Dior; OLG Düsseldorf GRUR-Prax 2018, 235 [mAnm Rohrßen/Tenkhoff].
[773] Vgl. EuGH GRUR 2018, 211 – Coty; BGH GRUR 2019, 76 (78) – beauty for less; OLG München GRUR-Prax 2019, 235 [mAnm Rohrßen/Tenkhoff].
[774] BGH GRUR 2017, 71 – Debrisoft I; zur Parallelvorschrift auf EU-Ebene s. Hildebrandt/Sosnitza UMV Art. 15 Rn. 55.
[775] Ausf. Ströbele/Hacker/Thiering MarkenG § 24 Rn. 99 ff.
[776] EuGH GRUR 2018, 736 – Junek Europ-Vertrieb; GRUR Int 1996, 1144 – Bristol-Myers-Squibb; BGH GRUR 2019, 515 – Debrisoft II; GRUR 2019, 518 – Curapor; BGH GRUR 2011, 817 – Rennie; GRUR 2010, 756 – One Touch Ultra; GRUR 2008, 160 – Cordarone; GRUR 2008, 156 – Aspirin II.
[777] EuGH GRUR 2003, 512 – stüssy; BGH GRUR 2015, 1248 – Tonerkartusche; ausf. Ingerl/Rohnke MarkenG § 24 Rn. 88.

aufdecken muss.[778] Zu einer Beweislastumkehr kommt es allerdings, wenn der Markeninhaber über ein exklusives oder selektives Vertriebssystem verfügt. Denn dann besteht die Gefahr einer Marktabschottung, wenn der Verletzer seine Quelle offenlegen müsste.[779] In diesen Fällen muss daher der Markeninhaber nachweisen, dass die konkret in Frage stehenden Produkte erstmals außerhalb des EWR in Verkehr gesetzt wurden, was ihm in der Regel anhand geeigneter Codierungssysteme möglich sein sollte.[780] Bei selektiven Vertriebssystemen innerhalb der EU soll eine Abschottung der nationalen Märkte aber nur in Betracht kommen, wenn den Vertragshändlern auch die Belieferung von Vertragshändlern in jeweils anderen Mitgliedstaaten untersagt ist.[781]

c) **Benutzungszwang.** Eingetragene Marken unterliegen einem Benutzungszwang, der als solcher allerdings nicht normiert ist. Vielmehr führt eine fehlende Benutzung der Marke zum Ausschluss bestimmter Ansprüche des Markeninhabers sowie zur Löschungsreife der Marke. Das Prinzip des Benutzungszwanges soll eine Blockade von Zeichen, die von ihrem Inhaber über einen längeren Zeitraum nicht benutzt werden, im Interesse der Allgemeinheit verhindern, indem die Zahl der unbenutzten Marken im Markenregister reduziert und gleichzeitig die Anzahl möglicher Markenkonflikte verringert wird.[782] 330

Das MarkenG enthält an mehreren Stellen **Vorschriften zum Benutzungszwang,** was die Übersichtlichkeit erschwert. Als zentrale Vorschrift enthält § 26 MarkenG eine Definition des Begriffs der Benutzung. Nach § 49 MarkenG kann eine Marke auf Antrag wegen Verfalls gelöscht werden, wenn sie nicht gemäß den Bestimmungen des § 26 MarkenG benutzt worden ist. Unabhängig hiervon bestimmt § 25 MarkenG, dass Ansprüche wegen Markenverletzungen bei fehlender Benutzung der eigenen Marke ausgeschlossen sind. Allerdings wird der Mangel der Benutzung im Verletzungsprozess nicht von Amts wegen, sondern nur auf Einrede des Verletzers berücksichtigt (§ 25 Abs. 2 MarkenG). Korrespondierende Vorschriften für Nichtigkeits- und Widerspruchsverfahren enthalten §§ 53 Abs. 6 bzw. 55 Abs. 3 MarkenG und § 43 Abs. 1 MarkenG.[783] 331

aa) Fünfjahreszeiträume. Die für den Inhaber negativen Folgen der fehlenden Benutzung treten allerdings erst ein, wenn die Marke über mindestens fünf Jahre hinweg nicht benutzt worden ist. Zur Anwendung kommt die Schutzschranke daher nur dann, wenn eine Marke bereits für einen entsprechenden Zeitraum eingetragen ist. Allerdings wird insoweit nicht unmittelbar auf den Eintragungszeitpunkt abgestellt. Vielmehr beginnt infolge des MaMoG der Fünfjahreszeitraum, selbst wenn kein Widerspruch eingelegt wurde, erst mit Ablauf der Widerspruchsfrist. Wenn gegen die Marke Widerspruch eingelegt wurde, beginnt der Zeitraum mit dem Abschluss des Widerspruchsverfahrens, § 26 Abs. 5 MarkenG.[784] Nach Ablauf von fünf Jahren ist die Marke dann benutzungspflichtig.[785] Während der fünfjährigen sog. Benutzungsschonfrist kann der Markeninhaber hingegen die Rechte aus der Marke unabhängig von einer eigenen Benutzung geltend machen.[786] 332

Nach § 25 Abs. 1 MarkenG kann der Inhaber einer eingetragenen Marke bestimmte Ansprüche nicht geltend machen, wenn die Marke innerhalb der **letzten fünf Jahre vor der Geltendmachung** des Anspruchs für die relevanten Waren oder Dienstleistungen nicht gem. § 26 MarkenG benutzt worden ist.[787] Dabei muss die Benutzung der Marke nicht während des gesamten 333

[778] BGH GRUR 2012, 626 (629) – CONVERSE I; krit. zur Abgrenzung zwischen Originalware und Produktfälschung, Ströbele/Hacker/Thiering MarkenG § 24 Rn. 17.

[779] Die Gefahr einer Marktabschottung kann aber entfallen, vgl. BGH GRUR 2012, 630 – CONVERSE II.

[780] BGH GRUR 2012, 626 (629) – CONVERSE I; GRUR 2004, 156 – stüssy II; s. a. Ingerl/Rohnke MarkenG § 24 Rn. 89.

[781] BGH GRUR 2020, 1306 (1308) – Querlieferungen; OLG München GRUR-Prax 2018, 578 [mAnm Rohrßen/Tenkhoff].

[782] Vgl. Knaak/Kur/von Mühlendahl GRUR Int 2012, 197 (198).

[783] Diese Vorschriften konkretisieren auch den Stichtag für die Beurteilung der jeweiligen Fünfjahreszeiträume.

[784] Die gem. § 25 Nr. 20a MarkenV vorgesehene Eintragung vom Beginn und Ende der Benutzungsschonfrist hat dabei nur deklaratorische Wirkung, vgl. Hacker GRUR 2019, 235 (241); die Übergangsvorschrift in § 158 Abs. 5 MarkenG ist für Widersprüche zu beachten, die vor dem 14.1.2019 erhoben worden sind.

[785] Für IR-Marken sind die § 107 ff. MarkenG zu berücksichtigen → § 34.

[786] EuGH GRUR 2020, 635 (636) – AR; die Begriffe „benutzungspflichtig" und „Benutzungsschonfrist" sind missverständlich, weil eine fehlende Benutzungsaufnahme innerhalb des Fünfjahreszeitraums unmittelbar nach dessen Ablauf zu einer Löschung der Marke führen kann. Innerhalb der ersten fünf Jahre kann eine fehlende Benutzung aber der Marke nicht entgegengehalten werden.

[787] Es handelt sich insoweit um einen „zweiten" Fünfjahreszeitraum, der unabhängig von der fünfjährigen Benutzungsschonfrist zu bestimmen ist, vgl. Ströbele/Hacker/Thiering MarkenG § 25 Rn. 12.

fünfjährigen Zeitraums kontinuierlich stattgefunden haben. Es genügt, wenn die Benutzung irgendwann innerhalb dieses relevanten Fünfjahreszeitraums erfolgt ist, sofern diese Benutzung den Anforderungen des § 26 MarkenG entsprochen hat.

334 Wird die Benutzung einer benutzungspflichten Marke eingestellt, so beginnt ein neuer Zeitraum für die Berechnung einer ununterbrochenen fünfjährigen Nichtbenutzung. Durch **Wiederaufnahme der Benutzung** kann eine bereits eingetretene Löschungsreife einer Marke grundsätzlich geheilt werden, sodass ein nach diesem Zeitpunkt eingereichter Verfallsantrag keinen Erfolg mehr hat.[788]

335 Im Rahmen der Verletzungs-, Widerspruchs- und Nichtigkeitsverfahren sind für die Bestimmung der Löschungsreife jeweils **unterschiedliche Stichtage** relevant. Im Verletzungsprozess stellt § 25 Abs. 2 MarkenG eine in der Praxis wichtige Schutzschranke dar. Ist die Klagemarke bei Erhebung der Verletzungsklage benutzungspflichtig, so hat der Kläger auf Einrede des Beklagten nachzuweisen, dass er die Marke innerhalb der letzten fünf Jahre vor Klageerhebung in einer dem § 26 MarkenG genügenden Form benutzt hat, § 25 Abs. 2 S. 1 MarkenG. Wird die Benutzung erst während des Verfahrens aufgenommen, bleibt sie unberücksichtigt. Endet der fünfjährige Zeitraum der Nichtbenutzung erst nach dem Zeitpunkt der Klageerhebung, jedoch vor Schluss der letzten mündlichen Verhandlung, kann der Beklagte nach dem Gesetzeswortlaut im laufenden Verfahren die Einrede der fehlenden Benutzung erheben. Der Kläger muss dann nachweisen, dass er die Marke innerhalb der letzten fünf Jahre (zurückgerechnet vom Schluss der letzten mündlichen Verhandlung in den Tatsacheninstanzen) benutzt hat, Abs. 2 S. 2.[789]

Praxistipp:

Sofern Ansprüche aus einer nicht benutzten Marke geltend gemacht werden, empfiehlt es sich, im Verletzungsprozess den Ablauf der Fünfjahresfrist im Auge zu behalten. Zieht sich das Verfahren länger hin, riskiert der Kläger andernfalls, dass der fünfjährige Nichtbenutzungszeitraum noch während des Verfahrens vollendet wird und die Klage dann auf entsprechende Einrede des Beklagten hin als unbegründet abzuweisen ist. Gleiches gilt, wenn eine ursprünglich benutzte Marke über einen längeren Zeitraum hinweg nicht mehr benutzt worden ist. Auch hier ist auf eine rechtzeitige Wiederaufnahme der Benutzung vor Schluss der mündlichen Verhandlung zu achten.

336 § 43 Abs. 1 MarkenG enthält korrespondierende Vorschriften für das **Widerspruchsverfahren.** Stichtag ist insoweit der Anmelde- oder Prioritätstag der jüngeren Marke. Auch hier ist der Markeninhaber gehalten, eine rechtserhaltende Benutzung seiner Marke im Bestreitensfall in geeigneter Form nachzuweisen. Geschieht dies nicht, ist der Widerspruch bereits aus diesem Grund zurückzuweisen. Ein entsprechender Nachweis der Markenbenutzung obliegt dem Markeninhaber auch im Rahmen des Nichtigkeitsverfahrens gem. §§ 53 Abs. 6 bzw. 55 Abs. 3 MarkenG.

337 *bb) Wiederholungsanmeldungen.* In der Praxis wird mitunter versucht, den Benutzungszwang durch eine sog. Wiederholungsanmeldung zu umgehen. Es gibt keine Bestimmung, die es dem Markeninhaber verbietet, eine bereits eingetragene Marke vor Ablauf der Benutzungsschonfrist erneut zur Eintragung anzumelden. Zwar kann für die Neuanmeldung jeweils nur der spätere Zeitrang in Anspruch genommen werden. Gleichwohl kann durch eine geeignete zeitliche Staffelung der Wiederholungsanmeldung, bei der sich die Fünfjahreszeiträume jeweils überlappen, eine zeitlich unbegrenzte Sperrwirkung erzielt werden, obwohl die betreffende Marke nicht benutzt wird. Es ist offensichtlich, dass diese Wirkung dem Ziel, das der Gesetzgeber mit der Einführung des Benutzungszwanges verfolgt, zuwiderläuft. Die Anmeldung von Wiederholungsmarken wird daher verschiedentlich auch als Rechtsmissbrauch beurteilt.[790]

338 Das DPMA beanstandet die Anmeldung von Wiederholungsmarken **nicht von Amts wegen,** sondern trägt diese ohne weiteres ein. Auch im Widerspruchsverfahren wird der Einwand, bei der Widerspruchsmarke handele es sich um eine Wiederholungsmarke, nicht berücksichtigt. Dem-

[788] → Rn. 438.

[789] BeckOK MarkenR/Bogatz § 25 Rn. 23; diese „zweite Einrede" entspricht jedoch nicht Art. 17 MRL, der – wie im Widerspruchsverfahren richtig umgesetzt – bloß noch eine Einrede vorsieht. Satz 2 ist daher nicht mehr richtlinienkonform und sollte folglich nicht mehr angewendet werden, Ströbele/Hacker/Thiering MarkenG § 25 Rn. 29.

[790] Ausf. Ströbele/Hacker/Thiering MarkenG § 26 Rn. 335 ff.; zur Einordnung als bösgläubige Anmeldung auf EU-Ebene s. EuG GRUR-RS 2021, 8097 – MONOPOLY; GRUR Int 2013, 144 – PELIKAN.

gegenüber kann der Beklagte im Verletzungsprozess durchaus einwenden, dass die Geltendmachung der Rechte aus einer Wiederholungsmarke rechtsmissbräuchlich ist und eine unzulässige Rechtsausübung darstellt. Die Rechtsprechung beurteilt die Wiederholungsmarke unterschiedlich streng.[791] Allerdings wird man nicht schon allein aufgrund der Tatsache, dass die Benutzungsschonfrist für die alte Marke abgelaufen war, davon ausgehen können, dass die Wiederholungsanmeldung automatisch rechtsmissbräuchlich ist. So kann es durchaus sein, dass für die neu angemeldete Marke ein Benutzungswille vorliegt.[792] Eine Wiederholungsanmeldung liegt jedenfalls dann nicht vor, wenn Unterschiede zwischen der alten und der neuen Marke oder innerhalb der Waren- und Dienstleistungsverzeichnisse bestehen.

cc) Voraussetzungen der rechtserhaltenden Benutzung. § 26 MarkenG bestimmt, unter welchen Voraussetzungen die Benutzung einer Marke rechtserhaltend ist. Nach Abs. 1 muss die Marke für die eingetragenen Waren und Dienstleistungen im geschäftlichen Verkehr im Inland ernsthaft benutzt werden. Der Benutzungsbegriff des § 26 MarkenG kann mit dem Begriff der rechtsverletzenden Verwendung von Zeichen iSd § 14 MarkenG nicht ohne weiteres gleichgesetzt werden, er reicht aber jedenfalls auch nicht weiter als jener.[793] Die Marke muss entsprechend ihrer Hauptfunktion als Herkunftshinweis benutzt werden.[794] Eine rein firmenmäßige Benutzung genügt nicht, wobei die Abgrenzung zwischen marken- und firmenmäßiger Benutzung im Einzelfall schwierig sein kann.[795] Die Marke muss auch im geschäftlichen Verkehr benutzt werden, sodass rein private oder betriebsinterne Verwendungen nicht ausreichen.[796] 339

(1) Benutzung für bestimmte Waren/Dienstleistungen. Wie die Marke im Einzelfall für Waren oder Dienstleistungen benutzt werden muss, bestimmt sich nach den in der jeweiligen Branche üblichen Verwendungsformen.[797] Dabei ist es nicht in jedem Fall erforderlich, die Marke auf der Ware selbst oder ihrer Verpackung anzubringen. Ein konkreter Produktbezug ist allerdings immer nötig, sodass eine Benutzung der Marke lediglich auf Geschäftspapieren oder in Katalogen grundsätzlich nicht genügt, soweit hieraus nicht auch zugleich die Anbringung der Marke auf der Ware deutlich wird.[798] Etwas anderes kann ausnahmsweise dann gelten, wenn eine körperliche Verbindung der Marke mit der Ware faktisch nicht möglich, unzumutbar oder wirtschaftlich unsinnig ist. Dies gilt etwa für die Herstellung von Produkten, die für den Einbau in Erzeugnisse der Abnehmer bestimmt sind oder bei denen die Abnehmer aus anderen Gründen darauf Wert legen, dass die Waren keine Markenangaben aufweisen. Auch bei Schüttgut oder Flüssigkeiten, die in Wechselcontainern vertrieben werden, ist die Anbringung einer Marke auf der Ware oder der Verpackung häufig nicht möglich.[799] In diesen Fällen ist dann die Benutzung der Marke in Geschäftspapieren, Katalogen und sonstigen Werbeunterlagen ausreichend. 340

Wird eine Marke für eine **Warengesamtheit** benutzt, so liegt hierin nicht zugleich automatisch die Benutzung für die einzelnen Warenbestandteile.[800] Dies gilt auch für sog. „begleitende Marken“, die für Rohstoffe oder Vorprodukte benutzt und dann häufig auch auf dem Endprodukt angebracht sind.[801] Auch eine für eine bestimmte Verpackung benutzte Marke stellt regelmäßig keine Benutzung für die verpackte Ware dar.[802] 341

Für **Dienstleistungen** gelten insoweit Besonderheiten, da hier eine körperliche Anbringung der Marke, anders als bei Waren, nicht möglich ist. Allerdings muss auch hier die Marke funktionsgemäß zur Kennzeichnung der entsprechenden Dienstleistungen benutzt und vom Verkehr in diesem Sinne verstanden werden. Das wird bei branchenüblichen Benutzungsformen, wie etwa 342

---

[791] Ingerl/Rohnke MarkenG § 25 Rn. 35 f.

[792] BGH GRUR 2006, 333 – GALILEO; OLG München WRP 1985, 515 (516) – Ka.

[793] Er kann aber dahinter zurückbleiben, weil es iRd § 26 MarkenG um eine Benutzung iSd Hauptfunktion einer Marke geht, dh als Herkunftshinweis; Ingerl/Rohnke MarkenG § 26 Rn. 29; BGH GRUR 2012, 1261 Rn. 13 – Orion.

[794] EuGH GRUR-RR 2020, 100 (101) – Steirisches Kürbiskernöl; GRUR 2020, 1301 (1304) – testarossa.

[795] EuGH GRUR 2007, 971 (972) – Céline; BGH GRUR 2016, 1167 (1172) – Sparkassen-Rot; GRUR 2013, 925 (928) – VOODOO; GRUR 2010, 270 (271) – ATOZ III; GRUR 2008, 254 (256) – THE HOME STORE.

[796] EuGH GRUR 2003, 425 (427) – Ansul; GRUR 2009, 156 (157) – Radetzky-Orden.

[797] BGH GRUR 2014, 662 (664) – Probiotik; GRUR 2013, 725 (726) – Duff Beer.

[798] BGH GRUR 2006, 150 – Norma; GRUR 2005, 1047 – Otto; Ströbele/Hacker/Thiering MarkenG § 26 Rn. 47 f.

[799] BGH GRUR 1996, 267 (278) – AQUA; GRUR 1999, 995 (997) – Honka; GRUR 1995, 347 (348 f.) – Tetrasil.

[800] BGH GRUR 1995, 583 (584) – Montana.

[801] BGH GRUR 1984, 813 (814) – Ski-Delial; BPatG BeckRS 2012, 24788 – Ergo Work.

[802] BGH GRUR 1985, 46 (48) – IDEE-Kaffee; zur Abgrenzung von Neben- und Hilfswaren s. Ströbele/Hacker/Thiering MarkenG § 26 Rn. 76 ff; zum Verhältnis zwischen Hauptware und Ersatzteilen s. EuGH GRUR 2020, 1301 (1304) – testarossa.

der Anbringung der Marke auf Firmenfahrzeugen, Berufsbekleidung und anderen Gegenständen, die bei der Erbringung der Dienstleistung verwendet werden, regelmäßig zu bejahen sein.[803]

343 Für **Einzelhandelsdienstleistungen** gelten insoweit keine Besonderheiten, sodass die Anbringung der Marke am Geschäftslokal und in Werbematerialien genügen kann. Von der Benutzung erfasst werden dabei aber nur solche Dienstleistungen, die in direkten Zusammenhang mit der Einzelhandelstätigkeit stehen, wie zB die Auswahl und Zusammenstellung des Sortiments, nicht jedoch alle sonstigen vom Markeninhaber erbrachten Leistungen wie zB Reparaturdienstleistungen, Bewirtung von Kunden oder die Vermittlung von Krediten.[804]

344 Die Marke muss für die **Waren und Dienstleistungen, für die sie geschützt ist,** benutzt werden. Eine Benutzung für Waren/Dienstleistungen, die mit den eingetragenen Produkten lediglich ähnlich sind, reicht für eine rechtserhaltende Benutzung nicht aus.[805] Deshalb stellt sich zunächst die Frage, ob sich die Waren/Dienstleistungen, für die die Marke benutzt worden ist, unter entsprechende Begriffe im Verzeichnis der Waren- und Dienstleitungen der Marke subsumieren lassen (Subsumtionsfrage). Für die Beurteilung ist auf den Zeitpunkt der Eintragung der betroffenen Marke abzustellen.[806]Allerdings dürfen technische Neuerungen berücksichtigt werden.[807] Auch ist eine Subsumtion unter mehrere im Register enthaltene Begriffe möglich.[808]

345 Ist eine Marke für breite **Oberbegriffe** registriert und wird sie nur für eine spezielle Ware oder Dienstleistung benutzt, stellt sich darüber hinaus die sog. Integrationsfrage, dh die Frage, ob diese Benutzung dann auch als rechtserhaltend für die im Warenverzeichnis enthaltenen Oberbegriffe oder tatsächlich nur für die konkret benutzen Produkte zu werten ist. In der Praxis wird das ua bei Arzneimittelmarken relevant, die etwa für „pharmazeutische Erzeugnisse" eingetragen sind. Häufig werden diese Marken nur für ein konkretes Arzneimittel mit besonderer Indikation benutzt. In Verfallsverfahren gegen eine solche Marke wendet die Rechtsprechung mit der sog. „erweiterten Minimallösung" einen Mittelweg an. Damit soll der Markeninhaber nicht zu sehr in seiner wirtschaftlichen Bewegungsfreiheit beschränkt werden. Die Marke gilt danach nicht nur für die konkrete Ware oder Dienstleistung, aber eben auch nicht für einen weiten Oberbegriff als benutzt, sondern für eine dazwischen liegende Untergruppe von Waren/Dienstleistungen.[809] Demnach sind solche Waren zu berücksichtigen, für die die Marke tatsächlich benutzt worden ist sowie der dazugehörige „verkehrsübliche Produktbereich".[810]

346 Im **Verletzungs- und Widerspruchsverfahren** verfolgt der BGH demgegenüber eine strengere Minimallösung. Hierbei wird der Schutz der Marke auf die tatsächlich benutzte Spezialware eingeschränkt.[811] Allerdings wird auch insoweit nicht nur das konkrete Einzelprodukt erfasst, sondern gleichartige Waren/Dienstleistungen.[812] Somit kommt es dann darauf an, ob die Verletzerware im Ähnlichkeitsbereich der benutzten Produkte liegt.

347 *(2) Person des Benutzers.* Die Benutzung muss grundsätzlich durch den Markeninhaber erfolgen. § 26 Abs. 2 MarkenG lässt allerdings die Benutzung durch einen Dritten genügen, wenn eine Zustimmung des Markeninhabers vorliegt. Dies betrifft in erster Linie die Fälle einer Benutzung durch einen Lizenznehmer. Ein bloßes Dulden der Benutzung stellt keine Zustimmung dar.[813] Die Zustimmung kann auch nicht rückwirkend erteilt werden.[814]

348 *(3) Form der Benutzung.* Eine Marke muss so benutzt werden, wie sie eingetragen ist, wobei geringfügige Abweichungen von der eingetragenen Form unschädlich sind. Geringfügig ist eine Abweichung, wenn dadurch der kennzeichnende Charakter der Marke nicht verändert wird, § 26 Abs. 3 MarkenG. Hierbei handelt es sich um eine Rechtsfrage, wobei die Anschauung der angesprochenen Verkehrskreise zu berücksichtigen ist.[815] Entscheidend ist, ob der Verkehr die

---

[803] BGH GRUR 2008, 616 (617) – AKZENTA; GRUR 2010, 270 (271) – ATOZ III.
[804] EuGH GRUR 2005, 764 (766) – Praktiker; BPatG GRUR 2006, 63 (65) – Einzelhandelsdienstleistungen II.
[805] Vgl. BPatGE 22, 204 – Polygrom: Benutzung für Kunststofffolien nicht rechtserhaltend für „Papier u. Pappwaren"; erg. Ströbele/Hacker/Thiering MarkenG § 26 Rn. 297 f.
[806] BGH GRUR 2014, 662 (667) – Probiotik.
[807] BPatG BeckRS 2014, 1361 – ElecDESIGN.
[808] BGH GRUR 2015, 685 (688) – STAYER.
[809] BGH GRUR 2013, 833 (839) – Culinaria; GRUR 2008, 616 (618) – AKZENTA.
[810] BGH GRUR 1990, 39 – Taurus; s. auch GRUR 2002, 65 – Ichthyol; Ströbele/Hacker/Thiering MarkenG § 26 Rn. 308 ff.
[811] BGH GRUR 2006, 937 (939) – Ichthyol II; vgl. aber EuGH GRUR-RS 2020, 16105 Rn. 29 ff. – tigha/TAIGA.
[812] BGH GRUR 2020, 870 (873) – INJEKT/INJEX.
[813] OLG Hamburg GRUR 1997, 843 (844) – MATADOR.
[814] BGH GRUR 2013, 925 (929) – VOODOO.
[815] BGH GRUR 2000, 886 – Bayer/BeiChem; Ströbele/Hacker/Thiering MarkenG § 26 Rn. 175.

eingetragene Marke und die abweichend benutzte Markenform unter Berücksichtigung des Gesamteindruckes noch als ein und dieselbe Marke ansieht und die Benutzungsform mit der eingetragenen Marke gleichsetzt.[816]

Bei **Wortmarken** kann grundsätzlich jede Schreibweise rechtserhaltend sein. Unschädlich sind daher Abweichungen in der Groß-/Kleinschreibung, die Benutzung einer abweichenden Schrifttype, der Wegfall eines Bindestrichs, die Aufspaltung eines Begriffs des normalen Sprachgebrauchs in zwei Wörter sowie die zweizeilige Darstellung von zwei einzeilig eingetragenen getrennten Wörtern.[817] Bei der Trennung von Markenbestandteilen kommt es darauf an, ob hierdurch der Begriffsinhalt oder die Kombinationswirkung, aus der sich der Schutz der Marke erst ergibt, verändert wird.[818] Auch das Weglassen oder Hinzufügen eines einzigen Buchstaben kann unschädlich sein, solange dies nicht zu einer phonetischen oder begrifflichen Veränderung führt.[819] 349

Geringfügige Änderungen des **Bildbestandteils oder der grafischen Gestaltung** von Marken sind zulässig, solange der kennzeichnende Charakter der Marke dabei nicht verändert wird.[820] Insbesondere sind stilistische Modernisierungen unschädlich, soweit das unveränderte Motiv oder die grafische Gestaltungselemente im Vordergrund stehen.[821] Eine schwarz-weiß eingetragene Marke kann grundsätzlich durch die Verwendung in irgendeiner anderen Farbe rechtserhaltend benutzt werden.[822] 350

In den meisten anderen Fällen führt eine Abweichung von der eingetragenen Markenform sehr rasch dazu, dass der kennzeichnende Charakter der Marke verändert wird und eine rechtserhaltende Benutzung nicht mehr bejaht werden kann. Problematisch ist regelmäßig die **Weglassung von Zeichenteilen,** auch wenn es sich insoweit um beschreibende Markenteile[823] oder den Gesamteindruck lediglich mitprägende Bildbestandteile[824] handelt. Bei Wort-/Bildmarken kann der Wegfall des Bildelements unschädlich sein, wenn dieses nur als Verzierung, werbeübliche Verstärkung eines dominierenden Wortelements oder als beschreibende Angabe verstanden wird.[825] 351

Werden der eingetragenen Marke im Rahmen der Benutzung weitere **Zeichenbestandteile hinzugefügt,** so kommt es darauf an, ob der Verkehr den hinzugefügten Bestandteilen eine maßgebende eigene kennzeichnende Wirkung beimisst. Bei der Hinzufügung glatt beschreibender Angaben wird letzteres in der Regel nicht der Fall sein, sofern es sich um eindeutig nicht herkunftskennzeichnende Begriffe handelt. Dabei darf der hinzugefügte Bestandteil auch nicht mit dem eingetragenen Zeichen zu einem einheitlichen Zeichen verschmelzen.[826] Wird die eingetragene Marke jedoch in Verbindung mit Elementen benutzt, die eine eigenständige Kennzeichnungskraft aufweisen, so ist dies in der Regel schädlich. 352

Bei **Mehrfachkennzeichnungen** kommt es darauf an, ob der Verkehr die einzelnen Zeichen als eigenständige Marken ansieht. Das wird häufig der Fall sein, da der Verkehr daran gewöhnt ist, dass neben einer Haupt- oder Unternehmensmarke noch eine Zweitmarke als Produktkennzeichen benutzt wird. Dann erfüllen alle gleichzeitig genutzten Marken jeweils ihre betriebliche Herkunftsfunktion und können jeweils für sich als rechtserhaltend benutzt angesehen werden.[827] Das kann auch bei einer räumlichen Trennung oder deutlich unterschiedlicher grafischer Gestaltung beider Zeichen, oder bei Verwendung des Schutzrechtshinweises „®“ angenommen werden.[828] 353

Der rechtserhaltenden Benutzung durch eine abgewandelte Zeichenform steht auch nicht der Umstand entgegen, dass die **abgewandelte Form selbst als Marke** registriert ist. Dies ist in § 26 Abs. 3 MarkenG ausdrücklich geregelt, sodass die Benutzung eines Zeichens auch für mehrere 354

[816] BGH GRUR 2017, 1043 (1045) – Dorzo; GRUR 2015, 587 (588) – PINAR.
[817] BGH GRUR 2000, 1038 (1039) – Kornkammer; GRUR 1999, 167 (168) – Karolus-Magnus.
[818] BPatG GRUR 1990, 276 (277) – Petersburger Schlittenfahrt; GRUR 1998, 1030 (1031) – pro-fit.
[819] BGH GRUR 2009, 888 (889) – Thermoroll; BPatG GRUR 2005, 592 (593) – Lisat/Ysat.
[820] BGH GRUR 2013, 725 (727) – Duff Beer; GRUR 2008, 719 (723) – idw Informationsdienst Wissenschaft.
[821] BGH GRUR 1989, 510 (512) – Teekanne II; BeckOK MarkenR/Bogatz § 25 Rn. 129.
[822] BGH GRUR 2006, 859 (863) – Malteserkreuz.
[823] BGH GRUR 1997, 744 (746) – Ecco I; Ströbele/Hacker/Thiering MarkenG § 26 Rn. 226 ff.
[824] BGH GRUR 1999, 498 – Achterdiek; BGH GRUR 1984, 813 (814) – Ski-Delial.
[825] BGH GRUR 2013, 725 (727) – Duff Beer; GRUR 2010, 729 (730) – MIXI.
[826] BGH GRUR 2013, 840 (842) – PROTI II; GRUR 2010, 729 (730) – MIXI; GRUR 1985, 46 (47) – IDEE-Kaffee.
[827] EuGH GRUR-RS 2019, 330 – Klement II; GRUR 2015, 1198 (1201) – Kit Kat; BGH GRUR 2017, 1043 (1045) – Dorzo.
[828] BGH GRUR 2013, 840 (843) – PROTI II; GRUR 2008, 254 (256) – THE HOME STORE.

Marken rechtserhaltend sein kann, solange jeweils der kennzeichnende Charakter nicht verändert wird.

355 *(4) Gebiet der Benutzung.* Die Marke muss im Inland benutzt worden sein. Ein örtlich begrenzter Gebrauch genügt.[829] Die bloße Benutzung im Ausland genügt demgegenüber nicht.[830] Bei einer Benutzung im Internet ist ein wirtschaftlich relevanter Inlandsbezug erforderlich. Nach § 26 Abs. 4 MarkenG genügt es für eine rechtserhaltende Benutzung, wenn die entsprechend gekennzeichneten Produkte ausschließlich für den Export bestimmt sind.

356 *(5) Umfang der Benutzung.* § 26 MarkenG verlangt eine ernsthafte Benutzung der Marke.[831] Dies setzt nach der Rechtsprechung eine Benutzung in einer üblichen und wirtschaftlich sinnvollen Art und Weise voraus. Erforderlich ist, dass der Inhaber die Marke benutzt, um für die jeweiligen Waren oder Dienstleistungen einen Marktanteil zu gewinnen oder zu behalten.[832] Die Benutzung muss dabei nicht besonders umfangreich sein, auch eine geringfügige Verwendung kann ausreichen.[833] Es darf sich aber nicht nur um eine Scheinbenutzungshandlung handeln, die nur dazu dient, die für den Markeninhaber negativen Folgen der Nichtbenutzung zu vermeiden. Ob eine ernsthafte Benutzung vorliegt, ist anhand verschiedener Kriterien zu ermitteln. Dazu gehören Art, Umfang und Dauer der Benutzung sowie Marktanteile, verkaufte Stückzahlen, Umsatzzahlen sowie Art und Umfang der betriebenen Werbung, wobei auch branchenspezifische Besonderheiten mit zu berücksichtigen sind.[834] Bei Luxusgütern oder hochpreisigen Waren können auch sehr geringe Stückzahlen für eine ernsthafte Benutzung genügen.[835] Gleiches gilt, wenn sich die Waren nur an einen sehr speziellen Abnehmerkreis richten.[836] Auch die Tatsache, dass Waren unentgeltlich abgegeben werden, spricht für sich gesehen noch nicht gegen eine rechtlich relevante Benutzung der Marke.[837] Anders ist dies, wenn die unentgeltliche Abgabe keinen Bezug zu einer geschäftlichen Tätigkeit aufweist.[838]

357 *(6) Gründe für Nichtbenutzung.* In Ausnahmefällen kann die Nichtbenutzung gem. § 26 Abs. 1 MarkenG gerechtfertigt sein. Relevant ist dies in erster Linie für die Benutzung von Marken für Arzneimittel und andere zulassungspflichtige Produkte, solange die entsprechenden Zulassungsverfahren noch nicht abgeschlossen sind.[839] Auch ein für einen vorübergehenden Zeitraum geltendes Werbeverbot kann die Nichtbenutzung unter bestimmten Voraussetzungen rechtfertigen. Hier kommt es allerdings stets auf die konkreten Umstände des Einzelfalles sowie auch die Dauer des Verbotes während des relevanten Fünfjahreszeitraums an.[840]

358 **d) Verwirkung.** Nach § 21 MarkenG kann der Inhaber eines älteren Kennzeichenrechts die Benutzung einer prioritätsjüngeren eingetragenen Marke oder eines jüngeren sonstigen Kennzeichenrechts nicht untersagen, wenn er die Benutzung des jüngeren Zeichens während eines Zeitraums von fünf Jahren in Kenntnis dieser Benutzung geduldet hat, es sei denn, der Inhaber des jüngeren Rechts war im Zeitpunkt des Rechtserwerbs bösgläubig. Es handelt sich um eine kennzeichenrechtliche Spezialregelung, die nur auf bestimmte Sachverhalte anwendbar ist. So findet Abs. 1 nur Anwendung, wenn sich der Anspruch des Rechtsinhabers gegen eine jüngere eingetragene Marke richtet. Abs. 2 regelt Fälle, in denen sich Ansprüche gegen Marken kraft

[829] BGH GRUR 2013, 925 (928) – VOODOO; BeckOK MarkenR/Bogatz § 25 Rn. 94.

[830] EuGH GRUR 2020, 1301 (1304) – testarossa; BGH GRUR 2012, 1261 (1261) – Orion; etwas anderes gilt, wenn zwischenstaatliche Verträge, wie zB das Übereinkommen zwischen dem Deutschen Reich und der Schweiz v. 13.4.1892, eine Gleichstellung von Inlands- und Auslandsbenutzung regeln. Hierzu Ströbele/Hacker/Thiering MarkenG § 26 Rn. 271 ff. mwH.

[831] Die Beurteilung der ernsthaften Benutzung ist eine Rechtsfrage, der gewisse Tatsachenfeststellungen vorgeschaltet sind, EuGH GRUR 2007, 702 (704) – Armin Häupl; BGH GRUR 2000, 886 (887) – Bayer/BeiChem.

[832] EuGH GRUR 2013, 182 (183) – Leno; GRUR 2003, 425 – Ansul; BGH GRUR 2013, 68 (69) – Castell/VIN CASTEL.

[833] EuGH GRUR 2006, 582 (584) – VITAFRUIT; GRUR 2003, 425 (428) – Ansul; BGH GRUR 2006, 152 (154) – GALLUP.

[834] BGH GRUR 2003, 1047 (1048) – Kellogg's/Kelly's: Belieferung allein des Münchner Olympiastadiums mit Knabberartikeln genügt nicht; Umsätze von wöchentlich durchschnittlich rund EUR 1.100 lassen die Benutzung nicht als wirtschaftlich vernünftig u. nachvollziehbar erscheinen.

[835] BPatG GRUR 1997, 287 (289) – Intecta/tecta für Designermöbel, erg. Ingerl/Rohnke MarkenG § 26 Rn. 235 ff.

[836] BGH GRUR 2006, 152 – GALLUP.

[837] EuGH GRUR 2009, 156 – Radetzky-Orden; BGH GRUR 2012, 180 (183) – Werbegeschenke.

[838] EuGH GRUR 2009, 410 – Silberquelle/Maselli; BGH GRUR 2006, 152 – GALLUP.

[839] EuGH GRUR-RS 2019, 12912 Rn. 64 – Boswelan; BGH GRUR 2000, 890 (891) – IMMUNINE; Ströbele/Hacker/Thiering MarkenG § 26 Rn. 140.

[840] BGH GRUR 2007, 321 – Cohiba.

Verkehrsgeltung oder notorisch bekannte Marken, geschäftliche Bezeichnungen oder sonstige Rechte des § 13 MarkenG richten. Nach dem Wortlaut erfasst die Vorschrift nur Unterlassungsansprüche, die Verwirkung betrifft jedoch alle Ansprüche des Markeninhabers in gleicher Weise.[841]

Die Anwendung des § 21 Abs. 1 MarkenG hat folgende **Voraussetzungen:** 359

- Bei dem angegriffenen Zeichen muss es sich um eine eingetragene Marke handeln;
- die jüngere Marke muss nach dem Zeitpunkt ihrer Eintragung über fünf Jahre hinweg ununterbrochen benutzt worden sein. Endet die Benutzung vor Ablauf von fünf Jahren, setzt eine spätere erneute Benutzungsaufnahme eine neue Fünfjahresfrist in Lauf
- der Inhaber der älteren Marke muss während eines Zeitraumes von fünf aufeinander folgenden Jahren positive Kenntnis von der Benutzung der jüngeren Marke gehabt haben (Kenntnis der Registrierung genügt nicht);[842]
- der Inhaber des älteren Rechts muss die Benutzung geduldet haben, dh untätig gewesen sein;
- der Inhaber der jüngeren Marke darf zum Zeitpunkt der Anmeldung seiner Marke nicht bösgläubig gewesen sein.[843]

Für Abs. 2 gelten im Wesentlichen die gleichen Grundsätze, nur dass es sich bei dem angegriffenen Zeichen nicht um eine eingetragene Marke, sondern um eine Marke kraft Verkehrsgeltung, eine geschäftliche Bezeichnung oder **sonstige Rechte** iSd § 13 MarkenG handelt. Generell gilt, dass es bei der Verwirkung nach § 21 MarkenG, anders als im Rahmen der allgemeinen Verwirkungsgrundsätze nicht des Nachweises eines wertvollen Besitzstandes aufseiten des Inhabers des angegriffenen Rechts bedarf. 360

Richten sich die kennzeichenrechtlichen Ansprüche nicht gegen jüngere Kennzeichenrechte, sondern **gegen die bloße Benutzung** eines verwechslungsfähigen Zeichens, findet § 21 MarkenG keine Anwendung. In diesen Fällen kommen weiterhin die allgemeinen, zu § 242 BGB entwickelten Verwirkungsgrundsätze zur Anwendung, § 21 Abs. 4 MarkenG. Dabei soll eine Verwirkung auch schon nach einem Zeitraum von weniger als fünf Jahren eintreten können, etwa wenn die Parteien in ständiger Geschäftsbeziehung stehen.[844] Im Gegensatz zu § 21 MarkenG setzt die Verwirkung in diesen Fällen stets voraus, dass der Verletzer einen wertvollen Besitzstand erlangt hat.[845] 361

Grundsätzlich gilt für alle Fälle der Verwirkung, dass es der Rechtsinhaber nicht hinnehmen muss, wenn der Verletzer seine Benutzungshandlungen in sachlicher oder räumlicher Beziehung signifikant über das bisherige Maß hinaus **ausdehnt**, indem er zB ein bislang nur als Warenbezeichnung benutztes Zeichen nun auch als Firmennamen einsetzt.[846] 362

Nach Abs. 3 kann, was eigentlich selbstverständlich ist, der Inhaber des jüngeren Rechts seinerseits die **Benutzung des älteren Rechts** auch dann nicht untersagen, wenn die Rechte aus dem älteren Kennzeichen verwirkt sind. 363

e) **Verjährung.** Die dem Kennzeicheninhaber im Falle einer Rechtsverletzung nach §§ 14 bis 19c MarkenG zustehenden Ansprüche verjähren nach den allgemeinen Regeln der §§ 194 ff. BGB. Die regelmäßige Verjährungsfrist beträgt demnach 3 Jahre, § 20 MarkenG iVm § 195 BGB. Die Verjährungsfrist beginnt nach § 199 Abs. 1 BGB mit dem Schluss des Jahres, in dem der Anspruch entstanden ist und der Rechtsinhaber von der Verletzungshandlung und der Identität des Verletzers Kenntnis erlangt hat. 364

Der Unterlassungsanspruch entsteht mit der Verletzungshandlung, der Schadensersatzanspruch, sobald ein Schaden eingetreten ist.[847] Richtet sich der Unterlassungsanspruch gegen eine fortlaufende Verletzungshandlung, so beginnt die Verjährungsfrist erst, wenn die Zuwiderhandlung beendet ist.[848] Gleiches gilt für den Löschungsanspruch, da hier der Störungszustand durch die Eintragung des beanstandeten Zeichens kontinuierlich besteht. Schadensersatzansprü- 365

[841] Ströbele/Hacker/Thiering MarkenG § 21 Rn. 49.
[842] BeckOK MarkenR/Goldmann § 21 Rn. 11; Ströbele/Hacker/Thiering MarkenG § 21 Rn. 36 ff.
[843] → Rn. 444 ff.; Ströbele/Hacker/Thiering MarkenG § 21 Rn. 46; Helm GRUR 1996, 593.
[844] Ströbele/Hacker/Thiering MarkenG § 21 Rn. 59; BeckOK MarkenR/Goldmann § 21 Rn. 22; BGH GRUR 2000, 605 – comtex/ComTel.
[845] BGH WRP 2004, 1043 – NEURO-VIBOLEX/Neuro-Fibraflex; erg. Fezer MarkenG § 21 Rn. 27; Ströbele/Hacker/Thiering MarkenG § 21 Rn. 86 ff.
[846] BGH GRUR 1992, 45 (57) – Cranpool.
[847] Ströbele/Hacker/Thiering MarkenG § 20 Rn. 9 ff.
[848] BGH GRUR 2003, 448 (450) – Gemeinnützige Wohnungsgesellschaft.

che sowie die damit einhergehenden Auskunftsansprüche verjähren hingegen für jede Verletzungshandlung gesondert jeweils für den betroffenen 3-Jahres-Zeitraum.[849] Ein Schadensersatzanspruch verjährt somit in Abschnitten, wobei auch hier die Verjährung nach § 199 Abs. 1 BGB erst jeweils mit dem Schluss des Jahres beginnt. Für die **Kenntnis** von der Verletzungshandlung und der Identität des Verletzers reichen bloße Vermutungen oder ein Verdacht nicht. Erforderlich ist die positive Kenntnis in einem Umfang, der es dem Rechtsinhaber erlaubt, die Ansprüche mit einiger Aussicht auf Erfolg gerichtlich geltend zu machen. Dies erfordert andererseits nicht eine vollständige Kenntnis über alle Umstände des Einzelfalls.[850] Die grob fahrlässige Unkenntnis wird der positiven Kenntnis insoweit allerdings gleichgestellt.

366 Auch für Ansprüche auf Erstattung von **Abmahnkosten** findet die 3-Jahres-Frist Anwendung.[851] Demgegenüber verjähren Ansprüche auf die Zahlung einer Vertragsstrafe, die im Rahmen einer Unterlassungserklärung versprochen wurde, erst nach 30 Jahren.[852] Ohne Kenntnis von der Verletzungshandlung verjähren die Ansprüche wegen Kennzeichenverletzung erst nach 10 bzw. 30 Jahren, § 20 Abs. 1 MarkenG iVm § 199 Abs. 3 BGB.

Praxistipp:

Greift der Schadenersatzanspruch nach §§ 14 Abs. 4 oder 15 Abs. 5 MarkenG für bestimmte Verletzungshandlungen nicht mehr, weil diese zum Zeitpunkt der Klageerhebung bereits mehr als drei Jahre zurückliegen, kann nach § 20 Abs. 3 MarkenG vom Verletzer immer noch die Herausgabe einer ungerechtfertigten Bereicherung verlangt werden. In der Praxis läuft dies meist auf die Zahlung einer angemessenen und üblichen Lizenzgebühr hinaus.[853]

VI. Die Marke als Gegenstand des Vermögens

1. Übertragung des Markenrechts

367 Der Markeninhaber kann das Recht an einer Marke jederzeit frei und ohne gleichzeitige Übertragung seines Geschäftsbetriebes auf einen Dritten übertragen, § 27 MarkenG. Dies gilt nicht nur für Registermarken, sondern auch für Marken kraft Verkehrsgeltung und notorisch bekannte Marken, nicht jedoch für geschäftliche Bezeichnungen.[854] Die Übertragung des Markenrechtes erfordert ein entsprechendes Veräußerungsgeschäft zwischen dem Inhaber und dem Erwerber.[855] Anders als bei der Unionsmarke (Art. 17 Abs. 3 UMV) bedarf es hierfür keiner besonderen Form, sodass eine entsprechende Vereinbarung auch mündlich oder konkludent zustande kommen kann. Erforderlich ist jedoch stets, dass die konkrete Marke als Gegenstand des Rechtsübergangs genau bestimmbar ist.

Praxistipp:

In der Praxis empfiehlt es sich, die Übertragung von Markenrechten schriftlich zu fixieren, etwa in folgender Form:

(1) A ist Inhaber der beim DPMA unter der Nr. … für Waren/Dienstleistungen der Klassen … mit einer Priorität vom … am … eingetragenen Wort (Bild-)marke ABC.

(2) A überträgt hiermit sämtliche Rechte an der unter Ziffer 1 näher bezeichneten Marke auf B. B nimmt die Übertragung der Markenrechte hiermit an.

(3) B wird die Umschreibung der Marke auf eigene Kosten beantragen. A erklärt hiermit, dass er die Umschreibung und die Eintragung von B als neuem Markeninhaber in das Markenregister bewilligt.

---

849 BGH GRUR 2015, 780 – Motorradteile; GRUR 2013, 1161 (1164); GRUR 1999, 751 (754) – Güllepumpen; Ströbele/Hacker/Thiering MarkenG § 20 Rn. 19.
850 Ströbele/Hacker/Thiering MarkenG § 20 Rn. 31 ff.
851 Fezer MarkenG § 20 Rn. 10, 58; aA Ingerl/Rohnke MarkenG § 20 Rn. 6.
852 OLG Hamm GRUR 1989, 67.
853 Ingerl/Rohnke MarkenG § 20 Rn. 34; → Rn. 280.
854 Der Übergang der Firma ist nach § 23 HGB nur gemeinsam mit dem Unternehmen möglich.
855 In Betracht kommt auch ein gesetzlicher Erwerbsvorgang, zB im Rahmen erbrechtlicher Bestimmungen.

Nach § 27 Abs. 2 MarkenG wird bei der **Veräußerung eines Geschäftsbetriebes** vermutet, dass die zum Geschäftsbetrieb gehörenden Marken mit diesem übertragen werden. Das gilt auch für Teile eines Geschäftsbetriebs. Sofern ein Übergang der Markenrechte in diesem Fall nicht gewünscht ist, muss dies zwischen den Parteien vereinbart werden. Konfliktträchtig ist dabei insbesondere die Veräußerung von Teilen eines Geschäftsbetriebes oder von Produktlinien, etwa im Rahmen eines Asset Deals. Hier ist eine ausdrückliche Regelung darüber, ob bestimmte Marken mit übertragen werden, dringend zu empfehlen. Fehlt es daran, stellt sich die Frage, ob die betreffenden Marken von der Übertragung ausgenommen sind. Das kann insbesondere dann der Fall sein, wenn sich die betreffende Marke nicht eindeutig dem übertragenen Geschäftsteil zuordnen lässt. Dabei kommt es ua auch darauf an, ob der Erwerber für die angesprochenen Verkehrskreise erkennbar die Geschäftstradition fortsetzt.[856] Erwirbt ein Dritter zB im Wege der Zwangsversteigerung Betriebsgrundstücke sowie Zubehör, nicht aber die Marke selbst, so kann sich der Erwerber nicht auf einen Übergang des Markenrechts mit der Begründung berufen, dass er an derselben Örtlichkeit ein dem früheren Unternehmen vergleichbares Geschäft betreibt und der Verkehr deshalb von einer tatsächlichen Kontinuität der Markennutzung ausgeht.[857] 368

Der **Rechtsnachfolger** tritt in die Rechtsstellung des bisherigen Markeninhabers ein. Lizenzvereinbarungen, die der Rechtsvorgänger abgeschlossen hat, muss der neue Inhaber gegen sich gelten lassen, § 30 Abs. 5 MarkenG. Schuldrechtliche Verpflichtungen aus Abgrenzungsvereinbarungen wirken demgegenüber nicht zu Lasten des Rechtsnachfolgers, wenn Sie ihm nicht in einem mit ihm geschlossenen Vertrag auferlegt werden. Auf für ihn günstige Bestimmungen soll sich der Rechtsnachfolger demgegenüber berufen können.[858] Mit der Übertragung der Marke beginnt keine neue Benutzungsschonfrist zu laufen. Ist die Marke bislang nicht benutzt worden, so muss der Erwerber stets die insoweit relevante Fünfjahresfrist für die Aufnahme der rechtserhaltenden Benutzung im Auge behalten.[859] 369

Praxistipp:

Beim Erwerb einer Marke, die länger als fünf Jahre eingetragen ist, sollte sich der Erwerber vom bisherigen Markeninhaber geeignete Benutzungsnachweise vorlegen lassen, um sicherzustellen, dass das erworbene Markenrecht nicht wegen Verfalls löschungsreif ist. Der Erwerber hat allerdings die Möglichkeit, eine bestehende Löschungsreife durch sofortige Aufnahme der Benutzung zu heilen. Hier ist dann allerdings zu beachten, dass während der Dauer der Löschungsreife sog. Zwischenrechte zugunsten Dritter nach § 22 Abs. 1 Nr. 2 MarkenG entstanden sein können, was sich unter Umständen nachteilig auf den Wert der erworbenen Marke auswirkt.[860]

Die **Eintragung** des neuen Inhabers in das Register des DPMA wirkt nur deklaratorisch und ist keine notwendige Voraussetzung für einen wirksamen Rechtsübergang. Die Rechte aus der Marke stehen ausschließlich dem jeweiligen materiellen Rechtsinhaber zu. Allerdings enthält § 28 Abs. 1 MarkenG eine gesetzliche Vermutung dafür, dass das Markenrecht dem im Register Eingetragenen zusteht. Stimmen Rechtsinhaber und Eingetragener nicht überein, kann dies dem wahren Markeninhaber zunächst als formales Argument im Verletzungsstreit entgegengehalten werden, sodass er dann zunächst seine Inhaberschaft nachzuweisen hat. Schon aus diesem Grund empfiehlt es sich, den neuen Inhaber im Register eintragen zu lassen. Dies ist auch im Hinblick auf Abs. 3 sinnvoll, wonach Zustellungen des Amtes ausschließlich dem im Register als Inhaber Eingetragenen zugestellt werden, solange nicht ein Antrag auf Umschreibung vorliegt. Nach Abs. 2 ist der Rechtsnachfolger im Verfahren vor dem DPMA, im Beschwerdeverfahren vor dem BPatG und im Rechtsbeschwerdeverfahren vor dem BGH (nicht jedoch im zivilprozessualen Verletzungsstreit) mit der Geltendmachung von Rechten aus der Marke ausgeschlossen, solange kein Antrag auf Umschreibung vorliegt. 370

[856] BGH GRUR 2004, 790 – Gegenabmahnung; GRUR 2002, 972 – FROMMIA.

[857] BGH GRUR 2004, 868 – Dorf Münsterland II.

[858] Ingerl/Rohnke MarkenG § 27 Rn. 15.

[859] Zur Änderung der Inhaberschaft während laufender Verfahren s. Ingerl/Rohnke MarkenG § 28 Rn. 11 f.

[860] § 22 Abs. 1 Nr. 2 MarkenG wird infolge der versäumten Anpassung an die MRL dahingehend richtlinienkonform auszulegen sein, dass anstelle des Tages der Veröffentlichung der Eintragung der jüngeren Marke nun der Anmelde- oder Prioritätstag der jüngeren Marke tritt; weitere Regelungen zu Zwischenrechten befinden sich in § 51 Abs. 4 MarkenG; grdl. zu Zwischenrechten Ströbele/Hacker/Thiering MarkenG § 22 Rn. 1 ff.

371 Im Rahmen des **Umschreibungsverfahrens** vor dem DPMA muss der Rechtsübergang nachgewiesen werden, § 27 Abs. 3 MarkenG. Dafür genügt ein vom bisherigen Inhaber und dem Rechtsnachfolger unterschriebener Antrag. Alternativ dazu kann auch der Rechtsnachfolger den Antrag alleine stellen, wenn er gleichzeitig eine Umschreibungsbewilligungserklärung oder Dokumente vorlegt, aus denen sich der Rechtsübergang ergibt.[861]

372 Die Marke kann auch nur für **einen Teil der Waren/Dienstleistungen**, für die sie Schutz beansprucht, übertragen werden, § 27 Abs. 4 MarkenG. Ein Antrag auf Teilübertragung führt letztlich zu einer Teilung des Markenrechts, weshalb Abs. 4 auf die insoweit einschlägigen Vorschriften des § 46 MarkenG verweist.

2. Dingliche Rechte, Zwangsvollstreckung und Insolvenz

373 Eine Marke kann nach § 29 MarkenG auch Gegenstand dinglicher Rechte oder von Maßnahmen der Zwangsvollstreckung sein. So kann sie ua verpfändet werden. Der Eintragung eines Vertragspfandrechtes kommt allerdings in der Praxis wegen der schwierigen Verwertungsmöglichkeiten keine große Bedeutung zu. Die Einräumung des Pfandrechtes richtet sich nach den einschlägigen Vorschriften des BGB (§§ 1273 ff.). Eine Eintragung in das Markenregister ist nach § 29 Abs. 2 MarkenG möglich, jedoch nicht erforderlich.

374 Der **Sicherungsübereignung** einer Marke kommt in der Praxis größere Bedeutung zu. Letztlich handelt es sich hierbei um eine Übertragung des Markenrechts nach § 27 MarkenG.[862] Als sonstiges dingliches Recht iSd § 29 Abs. 1 Nr. 1 MarkenG kommt ferner noch die Bestellung eines Nießbrauchs in Betracht.[863]

375 Eine Marke kann nach Abs. 1 Nr. 2 auch Gegenstand von **Maßnahmen der Zwangsvollstreckung** sein. Sie kann demnach gepfändet werden. Die Pfändung erfolgt durch den Erlass eines Pfändungsbeschlusses, in dem die gepfändete Marke hinreichend bestimmt bezeichnet sein muss. Erforderlich ist ferner die Zustellung an den Markeninhaber, nicht jedoch auch an das DPMA.[864] Die Verwertung des Pfandrechts geschieht in der Regel durch Versteigerung oder freihändige Veräußerung, §§ 875, 844 ZPO. Durch den Erwerb des Pfandrechts wird der Gläubiger nicht Inhaber der Marke und er erwirbt auch kein eigenes Benutzungsrecht. Gegen Markenverletzungen kann der Pfandgläubiger jedoch selbstständig vorgehen.[865] Der Schuldner als Markeninhaber ist weiter zur Nutzung berechtigt, kann aber keine das Pfandrecht beeinträchtigenden Verfügungen treffen. Im Falle der Verwertung des Pfandrechtes stellt sich häufig auch die Frage nach dem wirtschaftlichen Wert einer Marke und der richtigen Bewertungsmethode.[866]

376 Das Markenrecht wird auch von einer **Insolvenz** des Markeninhabers erfasst, § 29 Abs. 3 MarkenG. Mit der Eröffnung des Insolvenzverfahrens wird der Insolvenzverwalter alleiniger Verfügungsbefugter, §§ 80, 81 InsO. Die Verwertung des Markenrechts durch den Insolvenzverwalter erfolgt durch Verkauf oder Lizenzvergabe.

3. Lizenzen

377 Das Recht an einer Marke kann Gegenstand von Lizenzen sein, § 30 S. 1 MarkenG. Nach § 31 MarkenG gilt dies entsprechend für Markenanmeldungen. Der Gesetzgeber hat die Markenlizenz als dingliches Recht ausgestaltet. Der Markeninhaber kann demnach eine ausschließliche Lizenz vergeben, ohne sich ein eigenes Mitbenutzungsrecht vorzubehalten. Darüber hinaus besitzt der Markeninhaber im Hinblick auf den Umfang der Lizenz weitgehende Gestaltungsmöglichkeiten. So kann die Lizenz für das gesamte Inland oder auch nur für einen räumlich begrenzten Bereich eingeräumt werden. Die Lizenz kann zeitlich begrenzt oder unbefristet sein. Sie kann auch nur für einen Teil der Waren oder Dienstleistungen, für die die lizenzierte Marke Schutz genießt, erteilt werden.

378 Nach § 30 Abs. 6 MarkenG besteht nun die Möglichkeit, eine Lizenz in das Register **einzutragen.**[867] Im Gegensatz zur Unionsmarke ist diese Eintragung allerdings nur informatorisch und zieht keine materiell-rechtlichen Konsequenzen nach sich.

---

861 Die Einzelheiten sind in § 28 DPMAV geregelt.
862 Erg. Ingerl/Rohnke MarkenG § 27 Rn. 13.
863 Fezer MarkenG § 29 Rn. 12 ff.
864 Ausf. Fezer MarkenG § 29 Rn. 18 ff.; Ströbele/Hacker/Thiering MarkenG § 29 Rn. 15.
865 Ströbele/Hacker/Thiering MarkenG § 29 Rn. 4, 17.
866 Repenn Handbuch der Markenbewertung und -verwertung.
867 Ausf. Hacker GRUR 2019, 235 (244).

Nach den Bestimmungen des MarkenG bedarf der Lizenzvertrag **keiner bestimmten Form.** Zur Vermeidung von Beweisschwierigkeiten empfiehlt sich aber die Schriftform. In jedem Fall sollten im Rahmen eines Lizenzvertrages aus markenrechtlicher Sicht folgende Punkte geregelt werden:[868] 379

- Es sollte klargestellt werden, ob und in welchem Umfang der Lizenznehmer zur Erteilung von Unterlizenzen berechtigt ist und ob und inwieweit die Lizenz auch durch Dritte, wie etwa mit dem Lizenznehmer verbundene Unternehmen, ausgeübt werden darf.
- Im Hinblick auf den markenrechtlichen Benutzungszwang sollte dem Lizenznehmer eine Pflicht zur Ausübung der Lizenz und zur Nutzung der Marke auferlegt werden. Wichtig ist dies insbesondere bei der ausschließlichen Lizenz, da der Lizenzgeber dort selbst von der Benutzung ausgeschlossen ist.
- Der Vertrag sollte eine Bestimmung zur Laufzeit enthalten, da bei Fehlen einer anderweitigen Vereinbarung anzunehmen ist, dass er auf unbestimmte Zeit abgeschlossen wurde.[869]
- Die Festlegung bestimmter Qualitätsstandards ist sinnvoll, um die mit der Marke verbundenen Qualitätsvorstellungen sowie deren guten Ruf nicht zu gefährden.
- Dem Lizenznehmer sollte die Verpflichtung auferlegt werden, bei jeder Benutzung der Marke einen geeigneten Lizenzvermerk anzubringen. Andernfalls ist der wahre Markeninhaber für den Verkehr nicht erkennbar, was dazu führen kann, dass die Marke nicht mehr dem Lizenzgeber zugerechnet wird.

Praxistipp:
Im Rahmen von Lizenzverhältnissen kann die Benutzung eines im Inland nicht zugunsten des Lizenzgebers als Marke eingetragen Zeichens durch den Lizenznehmer zu Problemen führen, wenn der Lizenznehmer das Zeichen ohne Hinweis auf die Lizenzierung in Verbindung mit seinem eigenen Firmennamen nutzt, der Verkehr das Zeichen folglich dem Lizenznehmer zuordnet und der Lizenznehmer dadurch ein Markenrecht kraft Verkehrsgeltung erwirbt. Der Lizenzgeber kann sich hiervor durch eine vertragliche Regelung schützen, wonach ein durch Verkehrsgeltung entstehendes Markenrecht ausschließlich ihm zusteht.

Bei **Insolvenz** des Lizenzgebers ist die Lizenz nicht insolvenzfest. Der Insolvenzverwalter kann wählen, ob er den Lizenzvertrag fortsetzen will. Entscheidet sich der Insolvenzverwalter gegen die Fortsetzung des Lizenzvertrages, endet dieser mit sofortiger Wirkung. Wird der Lizenznehmer insolvent, steht dem Insolvenzverwalter ebenfalls gem. § 103 InsO ein Wahlrecht über die Fortsetzung des Vertrages zu. Umstritten ist, ob der Kündigungsausschluss des Lizenzgebers gem. § 112 InsO auch für Lizenzverträge gilt.[870] 380

§ 30 Abs. 2 Nr. 1 bis 5 MarkenG eröffnet den Weg für eine **Markenverletzungsklage gegen den Lizenznehmer,** wenn dieser gegen die Bestimmungen über die Lizenzdauer, die vertraglich festgelegte Form der Markenbenutzung, den Umfang des eingeräumten Rechts (in Bezug auf Waren/Dienstleistungen), den räumlichen Geltungsbereich der Lizenz oder gegen Qualitätsabsprachen verstößt. Die Aufzählung in dieser Vorschrift ist abschließend und eine entsprechende Anwendung auf andere Verletzungshandlungen kommt nicht in Betracht. Die Vorschrift ermöglicht dem Markeninhaber die Geltendmachung der markenrechtlichen Ansprüche gem. §§ 14, 18 und 19 MarkenG auch gegen Abnehmer des Lizenznehmers, obwohl er mit diesen keine vertraglichen Beziehungen unterhält. Stünden dem Markeninhaber in diesem Fall keine markenrechtlichen Ansprüche gegen den Lizenznehmer zu, müsste er sich gegenüber Dritten so behandeln lassen, als seien die Waren mit seiner Zustimmung in Verkehr gelangt, sodass dann gegebenenfalls eine Erschöpfung des Markenrechts eintritt.[871] 381

Auch im Falle einer **ausschließlichen Lizenz** stehen die Markenrechte und damit die Verletzungsansprüche der §§ 14, 18 und 19 MarkenG nur dem Lizenzgeber zu. Der Lizenznehmer kann allerdings gem. § 30 Abs. 3 MarkenG mit Zustimmung des Markeninhabers im eigenen Namen Klage gegen den Verletzer erheben. Dies gilt unabhängig davon, wie die Lizenz im Einzel- 382

[868] → § 45.
[869] BGH GRUR 2006, 56 – BOSS-Club.
[870] Ströbele/Hacker/Thiering MarkenG § 30 Rn. 121 ff.
[871] → Rn. 322 ff.; erg. Ingerl/Rohnke MarkenG § 30 Rn. 30.

fall ausgestaltet ist. Allerdings kann die Zustimmung zur Geltendmachung der Rechte auch bereits im Lizenzvertrag für zukünftige Streitigkeiten erteilt werden.[872] Wenn der Markeninhaber nach förmlicher Aufforderung durch den Lizenznehmer nicht innerhalb einer angemessenen Frist Klage wegen Verletzung der Marke erhebt, kann der Inhaber einer ausschließlichen Lizenz gem. § 30 Abs. 3 S. 2 MarkenG auch ohne Zustimmung des Markeninhabers Klage erheben.

383 Der Lizenznehmer kann eigene **Schäden** wegen einer Markenverletzung nicht aus eigenem Recht geltend machen. Er kann zu diesem Zweck gem. Abs. 4 jedoch einer Markenverletzungsklage des Markeninhabers beitreten. Diese Vorschrift stellt allerdings eine rein prozessuale Regelung dar. Denn nach Ansicht des BGH stehen dem Lizenznehmer keine eigenen Schadensersatzansprüche zu, sodass der Lizenznehmer lediglich auf Leistung des Schadensersatzes an den Lizenzgeber klagen kann.[873] Der Lizenznehmer kann seinen Schaden aber nach den Grundsätzen der Drittschadensliquidation vom Verletzer ersetzt verlangen.[874]

384 In Zusammenhang mit Lizenzverträgen sind grundsätzlich auch **kartellrechtliche Gesichtspunkte** mit zu berücksichtigen. So galt für die vor dem 1.1.1999 abgeschlossenen Verträge das Schriftformerfordernis nach § 34 GWB. Dieses Erfordernis ist zwischenzeitlich durch eine Gesetzesänderung entfallen. Für reine Markenlizenzverträge gelten im Hinblick auf mögliche Wettbewerbsbeschränkungen die allgemeinen Regeln des GWB.[875]

VII. Eintragungsverfahren

385 Das Verfahren zur Eintragung von Registermarken ist in den §§ 32 bis 44 MarkenG geregelt. Ergänzt werden diese Vorschriften durch die MarkenV sowie die DPMAV.[876] Zuständig für das Eintragungsverfahren ist das DPMA.[877] Das Amt hält über seinen Internetauftritt Hinweise für Anmelder sowie eine Vielzahl von Formblättern (für die Markenanmeldung, Einlegung eines Widerspruchs, Antrag auf Verlängerung der Schutzdauer etc.) bereit, deren Verwendung zwar nicht zwingend vorgeschrieben, zur Vermeidung formeller Fehler jedoch zu empfehlen ist. [878] Hilfreich ist auch das dort angebotene „Merkblatt für Markenanmelder“.

386 Den **schrittweisen Ablauf des Anmeldeverfahrens** verdeutlicht folgender Überblick:

- Einreichung der Anmeldung
- Prüfung der formellen Ordnungsgemäßheit der Anmeldung durch das DPMA (gegebenenfalls Hinweis auf Mängel und Aufforderung zu deren Beseitigung innerhalb bestimmter Frist)
- Festlegung des offiziellen Anmeldetages und Zustellung einer Empfangsbescheinigung, der sich der Prioritätstag sowie das Aktenzeichen entnehmen lässt, an den Anmelder (ggf. verbunden mit der Aufforderung, die Anmeldegebühren einzubezahlen, sofern dies nicht bereits geschehen ist)
- Prüfung der Anmeldung auf absolute Schutzhindernisse durch das DPMA
- Eintragung der Marke und Übersendung der Markenurkunde an den Anmelder
- Veröffentlichung der Markeneintragung im Markenblatt (Beginn der dreimonatigen Widerspruchsfrist)
- Mitteilung an den Anmelder, dass gegen die Eintragung der Marke kein Widerspruch eingegangen ist.[879]

387 Das Verfahren vor dem DPMA ist durch den **Untersuchungsgrundsatz** geprägt.[880] Das DPMA klärt den Sachverhalt demnach von Amts wegen auf. Der Untersuchungsgrundsatz ist allerdings in vielen Fällen dahin eingeschränkt, dass das Amt nicht verpflichtet ist, jedweder Behauptung der Parteien nachzugehen und den Sachverhalt bis ins Detail von Amts wegen zu ermitteln. Insbesondere im Rahmen des Widerspruchsverfahrens oder wenn eine Markenanmeldung auf den Gesichtspunkt der Verkehrsdurchsetzung gestützt wird, ist das Amt auf substantiierten Vortrag der Parteien angewiesen.

---

[872] Ingerl/Rohnke MarkenG § 30 Rn. 94.

[873] BGH GRUR 2007, 877 (880) – Windsor Estate; krit. Ingerl/Rohnke MarkenG § 30 Rn. 96; Ströbele/Hacker/Thiering MarkenG § 30 Rn. 107 ff.

[874] BGH GRUR 2007, 877 (880) – Windsor Estate.

[875] Ströbele/Hacker/Thiering MarkenG § 30 Rn. 136 ff.; → § 47.

[876] Markenverordnung v. 11.5.2004 (BGBl. I S. 872), zul. geänd. d. Art. 6 des Gesetzes v. 10.8.2021 (BGBl. I S. 3490); DPMA-Verordnung v. 1.4.2004 (BGBl. I S. 514), zul. geänd. d. Art. 7 des Gesetzes v. 10.8.2021 (BGBl. I S. 3490).

[877] Postanschrift: Deutsches Patent- und Markenamt, 80297 München; Telefon: 089 2195-1000; E-Mail: info@dpma.de.

[878] www.dpma.de/service/formulare/marken/index.html.

[879] Diese Darstellung betrifft nur den Fall, dass keine absoluten oder relativen Schutzhindernisse bestehen.

[880] §§ 59, 60 MarkenG.

388 Im Übrigen gilt grundsätzlich das **Antragsprinzip**, das heißt, dass das Amt nur auf Antrag tätig wird. Eine Ausnahme gilt insoweit nur für das Amtsnichtigkeitsverfahren nach § 50 Abs. 3 MarkenG, das in der Praxis aber keine Rolle spielt. Ist ein Verfahren durch Antrag eingeleitet worden, wird es vom Amt bis zu seinem Abschluss geführt, wobei ggf. nach Aktenlage entschieden wird. Den Parteien ist es jedoch unbenommen, das betreffende Verfahren durch Rücknahme ihrer Anträge jederzeit zu beenden.

389 Im Verfahren vor dem DPMA besteht **kein Vertretungszwang,** auch wenn sich Anmelder in der Praxis häufig durch Rechts- oder Patentanwälte vertreten lassen.[881] Eine Ausnahme gilt gem. § 96 MarkenG für Markeninhaber und Verfahrensbeteiligte, die im Inland keinen Sitz oder keine Niederlassung haben.[882] Dieser Personenkreis muss sich durch einen im Inland zugelassenen Rechtsanwalt oder Patentanwalt vertreten lassen (§ 96 Abs. 3 MarkenG eröffnet bei ausländischen Markeninhabern für Klagen wegen vermögensrechtlicher Ansprüche gem. § 23 ZPO einen Gerichtsstand an dem Ort, an dem der Inlandsvertreter ansässig ist). Die Vorlage einer schriftlichen Vollmacht wird vom DPMA im Anmelde- oder Widerspruchsverfahren im Normalfall nicht verlangt. Gleichwohl empfiehlt es sich, eine Vollmachtsurkunde auszufertigen, um gegebenenfalls bei Einwendungen Dritter die ordnungsgemäße Vertretung belegen zu können. Eine mündliche Verhandlung findet vor dem DPMA allenfalls im Rahmen von Verfalls- und Nichtigkeitsverfahren statt.

390 Die an das Amt in Zusammenhang mit Markenangelegenheiten zu zahlenden **amtlichen Gebühren** ergeben sich aus dem PatKostG. Das DPMA gibt hierzu ein Kostenmerkblatt heraus, auf dem die Einzelnen amtlichen Gebühren übersichtlich auch für Markenangelegenheiten aufgelistet sind. Das Kostenmerkblatt kann über den Internetauftritt des DPMA aufgerufen werden. Wie bei der Unionsmarke fällt bei deutschen Marken keine Gebühr für die letztliche Eintragung der Marke an, wohl aber im Rahmen der Anmeldung. Die Zahlung der Gebühren an das Amt kann durch Barzahlung, Banküberweisung oder Erteilung einer Abbuchungsermächtigung erfolgen.

1. Anmeldung

391 Die Anmeldung ist in schriftlicher Form beim DPMA, bei dessen Außenstelle in Jena oder bei einem Patentinformationszentrum einzureichen. Übermittlung per Fax ist zulässig, nicht jedoch per E-Mail. Die Möglichkeit einer elektronischen Markenanmeldung besteht über die Software DPMAdirektPro. Zur Vermeidung von formalen Defiziten empfiehlt es sich, bei der Anmeldung das amtliche Formblatt zu benutzen. Die Anmeldung muss in jedem Fall einen Antrag auf Eintragung, ausreichende Angaben zur Identität des Anmelders, eine Darstellung der Marke und ein Verzeichnis der Waren/Dienstleistungen, für die der Schutz beansprucht wird, enthalten, § 32 Abs. 2 MarkenG. [883]

392 Die weiteren Details, die im Rahmen der Anmeldung zu berücksichtigen sind, ergeben sich aus den §§ 2 bis 20 MarkenV. Differenziert wird dort nach folgenden **Markenformen,** für die zT unterschiedliche Anforderungen aufgestellt werden: Wort- und Bildmarken, dreidimensionale Marken, Farb- und Klangmarken, Positions-, Kennfaden-, Muster-, Bewegungs-, Hologramm-, Multimedia- und sonstige Marken.[884]

393 Bei der **Darstellung der Marke** werden Wortmarken üblicherweise in Schreibmaschinenschrift im Anmeldeformular wiedergegeben. Das Amt trägt die Wortmarke dann in einer der üblichen und neutralen Druckschriften ein, wobei die Groß-/Kleinschreibung aus dem Antrag übernommen wird. Soll die Wortmarke in einer besonderen grafischen Gestaltung, in einer außergewöhnlichen Schrift, in einer besonderen Anordnung (zB untereinander angeordnet) oder in Kombination mit einem Logo eingetragen werden, so muss diese besondere Markendarstellung wie bei einer Bildmarke gemeinsam mit dem Antrag in drucktechnisch einwandfreier Darstellung eingereicht werden. In diesem Fall ist im Formular anzukreuzen, dass es sich um eine Bildmarke handelt. Soll die Marke farbig eingetragen werden, so ist die grafische Darstellung in Farbe einzureichen und die Farben sind in der Anmeldung zu bezeichnen.

394 Bei **dreidimensionalen Marken** muss je eine zweidimensionale grafische Darstellung von bis zu sechs verschiedenen Ansichten der Marke eingereicht werden, § 9 MarkenV.[885]

---

[881] § 96 MarkenG.

[882] Ströbele/Hacker/Thiering MarkenG § 96 Rn. 2 ff.

[883] BeckOK MarkenR/Schmid § 32 Rn. 1 ff.; zu den notwendigen Anmelderangaben s. § 5 Abs. 1 MarkenVO.

[884] Hacker GRUR 2019, 113 (114); ausf. BeckOK MarkenR/ Schmid § 32 Rn. 28 ff.; zur Bedeutung der Auswahl für die Prüfung der Schutzfähigkeit s. EuGH GRUR-RS 2019, 10537 Rn. 39 ff. – Deichmann.

[885] Nach § 6a Abs. 3 MarkenV entscheidet der Anmelder selbst über die Art der Darstellung, wenn diese durch verschiedene Mittel möglich ist. Bei einer Einreichung der Darstellung auf Papier und auf einem Datenträger ist

395 Mit der Anmeldung von **abstrakten Farbmarken** muss ein Farbmuster eingereicht und die Farbe mit der Nummer eines international anerkannten Farbklassifikationssystems bezeichnet werden, § 10 MarkenV. Bei Mehrfarbenmarken muss die Anmeldung auch die systematische Anordnung enthalten, in der die betreffenden Farben in festgelegter und beständiger Weise verbunden sind.[886]

396 In der Anmeldung müssen die **Waren und Dienstleistungen,** für die der Schutz beansprucht wird, benannt werden. Das Waren- und Dienstleistungsverzeichnis muss nach Klassen geordnet in der Reihenfolge der amtlichen Klasseneinteilung eingereicht werden, § 20 Abs. 3 MarkenV. Dafür ist die amtliche Einteilung in 45 Klassen nach der Nizza-Klassifikation maßgebend.[887] Dabei können sowohl die amtlichen Oberbegriffe verwendet, als auch konkrete Waren bzw. Dienstleistungen aufgezählt werden. Die gewählten Begriffe müssen die Waren und Dienstleistungen hinreichend klar bestimmen.

397 Undefinierte Oberbegriffe genügen diesem Bestimmtheitsgebot nicht. Auch die international im Rahmen der Nizza-Klassifikation festgelegten Listen von Waren/Dienstleistungen reichen in der Praxis zT nicht aus, um alle existierenden Waren und Dienstleistungen sicher einer bestimmten Klasse zuordnen zu können. Das DPMA hat daher mit dem EUIPO und anderen nationalen Ämtern eine einheitliche **Klassifikationsdatenbank (eKDB)** mit etwa 73.000 Waren- und Dienstleistungsbegriffen entwickelt. In dieser Klassifikationsdatenbank sind auch alle Begriffe der alphabetischen Listen der Nizza-Klassifikation enthalten.[888] In diesem Zusammenhang wurden auch sog. Gruppentitel entwickelt, die es dem Anmelder ermöglichen, mit wenigen Oberbegriffen einen maximalen Schutz für alle in der Datenbank enthaltenen Waren oder Dienstleistungen einer gesamten Klasse beanspruchen zu können. Es empfiehlt sich daher, die Hinweise auf der Internetseite des DPMA und die dort verfügbaren Suchfunktionen bei der Erstellung des Waren-/Dienstleistungsverzeichnisses zu nutzen. Die erforderliche Klarstellung kann bei unbestimmten Oberbegriffen auch durch ergänzende Angaben hergestellt werden (zB „Maschinen, nämlich Lüftungs- und Kühlmaschinen" oder „Maschinen zum Beschichten von Bauteilen mit Pulver"). Unzulässig sind unbestimmte Angaben, wie „und ähnliches". Auch der Begriff „Zubehör" wird regelmäßig vom Amt als zu unbestimmt beanstandet.[889] Zu vermeiden ist bei unbestimmten Begriffen auch eine ergänzende Erläuterung unter Benutzung des Wortes „insbesondere" (zB „Maschinen, insbesondere Kühlmaschinen"), da dies keine verbindliche Einschränkung darstellt und offenbleibt, für welche weiteren Produkte der Schutz beansprucht wird.

398 Die endgültige Klassifizierung wird vom Amt vorgenommen, das auch diejenige Klasse als Leitklasse festlegt, auf der der Schwerpunkt der Anmeldung liegt. Der Anmelder kann allerdings in der Anmeldung eine Leitklasse angeben, wobei das Amt an diese Angabe nicht gebunden ist, § 21 Abs. 2 MarkenV. Nach Einreichung der Anmeldung kann das Waren-/Dienstleistungsverzeichnis **nachträglich eingeschränkt** oder durch Änderung einer ungenauen Formulierung konkretisiert, aber nicht mehr erweitert werden, § 39 Abs. 1 MarkenG.[890]

399 Mit der Anmeldung sind die **amtlichen Anmeldegebühren** nach dem geltenden Tarif zu zahlen.[891] Die Anmeldegebühren können auch noch innerhalb von drei Monaten nach der Anmeldung einbezahlt werden.[892] Die Höhe der Gebühren richtet sich nach der Anzahl der Waren- und Dienstleistungsklassen, für die Schutz beansprucht wird. Dabei deckt die Grundgebühr drei Klassen ab, für jede weiter Klasse ist eine zusätzliche Klassengebühr zu zahlen. Die gebührenpflichtigen Klassen und der vom Anmelder zu zahlende Gesamtbetrag werden vom Amt festgesetzt und dem Anmelder mit der Empfangsbescheinigung der Markenanmeldung bekannt gegeben. Soweit noch Anmeldegebühren zur Zahlung offen sind, wird der Anmelder aufgefordert, die Zahlung innerhalb eines Monats vorzunehmen. Zahlt der Anmelder die Gebühren nicht innerhalb der vom DPMA gesetzten Frist, gilt die Anmeldung als zurückgenommen, § 36 Abs. 3 MarkenG.

für den Schutzgegenstand die Darstellung auf dem Datenträger maßgeblich; s. auch BeckOK MarkenR/Schmid § 32 Rn. 45 ff.

[886] Für Klangmarken und die übrigen Markenformen s. §§ 11–12a MarkenV; ausf. BeckOK MarkenR/Schmid § 32 Rn. 32 ff.

[887] Zum 1.1.2022 ist die Version 2022 der 11. Ausgabe der Klassifikation von Nizza (NCL 11–2022) in Kraft getreten.

[888] Abrufbar unter http://tmclass.tmdn.org/ec2/.

[889] Allerdings soll eine fehlende Eindeutigkeit der Begriffe keinen eigenständigen Löschungsgrund darstellen, vgl. EuGH GRUR 2020, 288 – Sky.

[890] BGH GRUR 1988, 377 (378) – Apropos Film; Ingerl/Rohnke MarkenG § 32 Rn. 17.

[891] §§ 3 Abs. 1, 2 Abs. 1 PatKostG.

[892] § 6 Abs. 1 S. 2 PatKostG.

Der Markeninhaber hat die Möglichkeit, eine **beschleunigte Prüfung** seiner Anmeldung zu beantragen, § 38 MarkenG. Hierfür ist eine zusätzliche Gebühr zu entrichten. 400

Praxistipp:

Sinnvoll ist eine derartige beschleunigte Prüfung insbesondere dann, wenn der Anmelder möglichst rasch Rechte aus der Marke geltend machen will, etwa weil er festgestellt hat, dass Dritte unberechtigt sein Zeichen benutzen. Die Rechte aus der Registermarke entstehen erst mit deren Eintragung.

Der Anmelder kann unter bestimmten Voraussetzungen für seine Anmeldung die **Priorität einer früheren ausländischen Markenanmeldung** in Anspruch nehmen, § 34 MarkenG.[893] Dann wird die Nachanmeldung der Marke in Deutschland so behandelt, als wäre sie zum Zeitpunkt der ausländischen Prioritätsanmeldung eingereicht worden, § 6 Abs. 2 MarkenG. Dadurch kann der Zeitrang der Marke vorverlegt werden, was im Kollisionsfall von Bedeutung sein kann.[894] Voraussetzung ist, dass der Anmelder über eine identische ausländische Voranmeldung verfügt. Hierbei kann es sich auch um eine Unionsmarke handeln. Die Anmeldung der Auslandsmarke genügt, eine Eintragung ist nicht erforderlich. Die Nachanmeldung vor dem DPMA muss innerhalb von sechs Monaten nach dem Zeitpunkt der Auslandsanmeldung erfolgen.[895] Besteht eine identische Voranmeldung nur für einen Teil der im Inland angemeldeten Waren/Dienstleistungen, kann die Priorität auch nur für den entsprechenden Teil der Waren und Dienstleistungen der inländischen Anmeldung in Anspruch genommen werden.[896] 401

Die **Erklärung,** mit der die Priorität in Anspruch genommen wird, kann noch innerhalb von zwei Monaten nach dem Tag der deutschen Anmeldung gegenüber dem DPMA abgegeben werden, wobei gleichzeitig der Staat und der Zeitpunkt der Voranmeldung anzugeben sind. Das DPMA setzt dem Anmelder daraufhin eine Frist von zwei Monaten, um das Aktenzeichen der Voranmeldung und eine einfache Abschrift dieser Anmeldung einzureichen, § 34 Abs. 3 MarkenG.[897] 402

Die **Durchführung einer Recherche** ist vor jeder Anmeldung dringend zu empfehlen. Die Recherche dient der Überprüfung, ob die gewünschte Marke nicht in identischer oder verwechselbar ähnlicher Form anderweitig registriert ist und damit ein relatives Schutzhindernis vorliegt. Denn das DPMA prüft von Amts nicht, ob die angemeldete Marke mit älteren Markenrechten kollidiert. Selbst dann, wenn gegen die Eintragung der eigenen Marke kein Widerspruch eingelegt wurde oder ein Widerspruch erfolglos blieb, bietet eine Markeneintragung keine Gewähr dafür, dass die Marke unbeanstandet benutzt werden kann. Auch wenn der Inhaber eines älteren kollidierenden Markenrechts keinen Widerspruch einlegt, kann er später noch immer die Löschung der jüngeren Marke betreiben oder gegen deren Benutzung vorgehen. 403

Praxistipp:

Das geschilderte Risiko lässt sich mit Hilfe von Markenrecherchen deutlich reduzieren. Manche Markenämter (zB DPMA, EUIPO) bieten die Möglichkeit, online in ihren Registern zu recherchieren. Hierbei sind aber meist nur Recherchen nach identischen Marken möglich. Da auch verwechselbar ähnliche Marken eine Gefahr darstellen, sollte im Normalfall auch eine Ähnlichkeitsrecherche über externe Dienstleister erfolgen. Grundsätzlich empfiehlt sich ein stufenweises Vorgehen, wobei zunächst eine rasche und kostengünstige Identitätsrecherche durchgeführt wird und nur für den Fall, dass nicht diese schon ein negatives Ergebnis zeigt, die aufwändigere Ähnlichkeitsrecherche in Auftrag gegeben wird. Da auch ältere geschäftliche Bezeichnungen, Domains und Titel als relative Schutzhindernisse in Betracht kommen, sollte auch die Durchführung entsprechender Recherchen nach Firmenrechten, Titeln oder Domainregistrierungen in Betracht gezogen werden.

893 Sog. Unionspriorität gem. Art. 4 PVÜ; erg. Fezer MarkenG § 34 Rn. 4.
894 → Rn. 17 ff.
895 Art. 4 C PVÜ.
896 Fezer MarkenG § 32 Rn. 50.
897 Zum seltenen Fall der Ausstellungspriorität s. § 35 MarkenG.

Ergibt das Rechercheergebnis, dass ältere identische oder ähnliche Kennzeichen existieren, muss das sich hieraus ergebende Risiko bewertet werden. Bei Marken, die benutzungspflichtig sind, besteht theoretisch die Aussicht, dass sie mangels entsprechender Benutzung ganz oder für einen Teil der eingetragenen Waren und Dienstleistungen löschungsreif sind.[898] Sofern sich die Waren- und Dienstleistungsverzeichnisse beider Marken nicht vollständig decken, lässt sich das Risiko einer Kollision durch die Einschränkungen oder Änderungen des eigenen Verzeichnisses mitunter reduzieren oder ausschließen. Zu prüfen ist auch, ob die Möglichkeit besteht, mit dem Inhaber des älteren Zeichens eine Abgrenzungsvereinbarung zu erzielen um einen möglichen Konflikt schon im Vorfeld zu beseitigen. Im Übrigen ist anhand der oben[899] näher erläuterten Kriterien zu prüfen, wie die Erfolgsaussichten in einem Widerspruchsverfahren oder einem Verletzungsprozess voraussichtlich zu werten sind und ob die sich hieraus ergebenden Risiken vernünftigerweise eingegangen werden können.

2. Prüfungsverfahren

404 Das Amt überprüft nach § 36 MarkenG die Markenanmeldung zunächst dahingehend, ob die formalen Erfordernisse erfüllt sind, die Anmeldegebühren entrichtet wurden und der Anmelder Inhaber einer Marke iSd § 7 MarkenG sein kann.[900] Sind die Formalien in Ordnung, setzt das Amt den Anmeldetag fest und übersendet dem Anmelder eine Empfangsbescheinigung, die neben dem Anmeldedatum das Aktenzeichen und gegebenenfalls eine Aufforderung zur Zahlung der Anmeldegebühren enthält. Weist die Anmeldung Mängel auf, wird der Anmelder aufgefordert, diese innerhalb einer bestimmten Frist zu beseitigen. Beanstandungen ergeben sich in der Praxis meist wegen einer zu unbestimmten Formulierung des Waren- und Dienstleistungsverzeichnisses. Weist die Anmeldung schwerwiegende Formmängel auf, kann dies zu einer Verschiebung des amtlichen Anmeldetages führen, § 36 Abs. 2 MarkenG.

405 Das DPMA prüft ferner, ob der Eintragung der Marke **absolute Schutzhindernisse**[901] entgegenstehen. Hierzu existiert eine Richtlinie für die Prüfung von Markenanmeldungen,[902] deren Ziel es ist, den Ablauf des amtsinternen Prüfungsverfahrens einheitlich zu strukturieren und für die Öffentlichkeit transparent zu machen. Bestehen aus Sicht des Amtes absolute Schutzhindernisse, so teilt das Amt dem Anmelder dies in einem schriftlichen Bescheid mit und gibt ihm Gelegenheit, sich innerhalb bestimmter Frist hierzu zu äußern, § 59 Abs. 2 MarkenG. Führt die anschließende Stellungnahme des Anmelders zu keiner anderen Beurteilung durch das Amt, erfolgt die Zurückweisung der Anmeldung durch einen entsprechenden Beschluss.

406 Infolge des MaMoG ist nun auch im MarkenG geregelt (wie schon in der UMV), dass Dritte vor Eintragung der Marke in Form **schriftlicher Bemerkungen** ihre Bedenken gegen die Schutzfähigkeit des Zeichens äußern können, ohne dadurch Beteiligte des Anmeldeverfahrens zu werden, § 37 Abs. 6 MarkenG.

407 Kommt es zu einer **Beanstandung**, kann der Anmelder hierauf auf verschiedene Weise reagieren. Er kann zunächst die Anmeldung zurücknehmen oder, sofern sich die Beanstandungen nur auf bestimmte Waren oder Dienstleistungen bezieht, einschränken. In diesem Fall kann der Anmelder die Anmeldung auch teilen (§ 40 MarkenG), um für die als unproblematisch erachteten Waren und Dienstleistungen rasch eine Eintragung zu erhalten.

408 Demgegenüber kann sich der Anmelder nicht darauf berufen, dass identische oder vergleichbar ähnliche Marken bereits früher zur Eintragung zugelassen worden sind. Im Hinblick auf das Gebot des rechtmäßigen Verwaltungshandelns können derartige **Voreintragungen keine Bindungswirkung** entfalten.[903] Der Prüfer kann demnach bei jeder Neuanmeldung unabhängig von Vorentscheidungen die Schutzfähigkeit einer Marke beurteilen. Im Einzelfall kann dies zu einer Ungleichbehandlung von Wettbewerbern mit weitreichenden Folgen führen, wie etwa dann, wenn die Markenanmeldung eines Unternehmens für einen bestimmten Begriff zurückgewiesen wird und die gleichlautende spätere Anmeldung eines Wettbewerbers zur Eintragung führt.

---

898 → Rn. 330 ff. u. Rn. 436 ff.
899 → Rn. 114 ff.
900 Grdl. BeckOK MarkenR/Schmid § 36 Rn. 1 ff.
901 → Rn. 30 ff.
902 Richtlinie für die Prüfung von Markenanmeldungen in der Fassung v. 1.9.2020, zugänglich über www.dpma.de.
903 EuGH GRUR 2009, 667 (668) – Bild digital; BGH GRUR 2014, 872 (876) – Gute Laune Drops; BPatG BeckRS 2011, 22123 – Figurzauber.

Praxistipp:

Das Problem der Ungleichbehandlung von an sich gleichlautenden Markenanmeldungen durch das DPMA stellt sich auch in Fällen, in denen ein Anmelder eine Markenserie anmeldet oder bereits eingetragene Marken erneut registrieren lassen möchte. Auch wenn das angemeldete Zeichen bereits zugunsten eines Dritten eingetragen ist und die Beurteilung der Unterscheidungskraft bzw. des Vorliegens eines Freihaltebedürfnisses in Bezug auf die jeweils betroffenen Waren und Dienstleistungen auf den ersten Blick keine andere Beurteilung rechtfertigt, sollte der Anmelder in all diesen Fällen im Rahmen des Anmeldeverfahrens auf die Voreintragungen identischer oder nahezu identischer Zeichen hinweisen, wenn seitens des Prüfers die Schutzfähigkeit des neu angemeldeten Zeichens beanstandet wird.

Wird die angemeldete Marke bereits benutzt und hat sie eine gewisse Bekanntheit auf dem Markt erreicht, kann sich der Anmelder auch darauf berufen, dass sich die Schutzfähigkeit der Marke aus deren **Verkehrsdurchsetzung** ergibt.[904] Das Amt wird den Anmelder dann auffordern, entsprechende Mittel zur Glaubhaftmachung der Verkehrsdurchsetzung vorzulegen und anschließend gegebenenfalls ergänzende Ermittlungen zu dieser Frage anstellen. Sofern es dem Anmelder nicht gelingt, die Verkehrsdurchsetzung rückwirkend bereits zum Zeitpunkt der Anmeldung glaubhaft zu machen, kann es in diesem Fall allerdings zu einer Verschiebung des Prioritätszeitpunktes kommen, § 37 Abs. 2 MarkenG. Der Anmelder muss dieser Verschiebung zustimmen. Werden die Bedenken des Amtes gegen die Schutzfähigkeit der Marke nicht ausgeräumt, so wird die Anmeldung durch Beschluss als nicht eintragungsfähig zurückgewiesen. 409

3. Eintragung und Veröffentlichung

Besteht kein Eintragungshindernis, trägt das DPMA die angemeldete Marke in das Markenregister ein. Der Anmelder erhält eine Registrierungsurkunde und eine Bescheinigung über die eingetragenen Angaben, § 26 MarkenV. Diesen Unterlagen kann auch entnommen werden, wann die Veröffentlichung der Markeneintragung im Markenblatt erfolgt. Seit Juli 2004 wird das Markenblatt ausschließlich in elektronischer Form über die amtliche Internetplattform DPMAregister publiziert.[905] 410

4. Schutzdauer und Verlängerung

Die Schutzdauer einer Marke beträgt zehn Jahre. Die Frist beginnt mit dem Tag der Anmeldung und endet für nach dem 14.1.2019 eingetragene Marken exakt zehn Jahre nach dem Anmeldetag, § 47 Abs. 1 MarkenG. Fristende ist für vor dem 14.1.2019 eingetragene Marken der Ablauf des letzten Tages des betreffenden Monats.[906] 411

Die Schutzdauer kann beliebig oft **um jeweils zehn Jahre verlängert** werden, indem die amtlichen Verlängerungsgebühren beim DPMA einbezahlt werden.[907] Die Zahlung kann von jedermann, muss also nicht vom Markeninhaber oder seinem Vertreter geleistet werden. Ein förmlicher Antrag ist nicht erforderlich, bei der Zahlung muss jedoch der Verwendungszweck unter Angabe der Registrierungsnummer angegeben werden. Die Verlängerung kann auch formell beantragt werden, zur Fristwahrung kommt es jedoch auf die Zahlung der Gebühren an. Die Höhe der Verlängerungsgebühren hängt ab von der Zahl der Klassen, für die die Marke Schutz genießt. Bei mehr als drei Klassen ist neben der Verlängerungsgebühr noch jeweils eine Klassengebühr zu bezahlen. Die Marke kann auf entsprechenden Antrag hin auch nur für bestimmte Klassen verlängert werden.[908] 412

[904] → Rn. 78 ff.

[905] DPMAregister ist über einen Link auf der Homepage des Amtes unter www.dpma.de zugänglich.

[906] Vgl. Hacker GRUR 2019, 113 (120); § 188 Abs. 2 iVm § 187 Abs. 1 BGB; Bsp.: Anmeldetag 8.6.1999 – Ablauf der Schutzdauer: 30.6.2009; ausf. BeckOK MarkenR/Schmid § 47 Rn. 1 ff.

[907] Die Verlängerungsgebühren sind gem. § 3 Abs. 3 PatKostG sechs Monate vor dem Ablauf der Schutzdauer fällig und können gem. § 7 Abs. 3 PatKostG bis zum Ablauf der Schutzdauer bezahlt werden. Die Zahlung kann noch bis zum Ablauf von sechs Monaten nach Ablauf der Schutzdauer mit einem pauschalen Verspätungszuschlag wirksam geleistet werden, § 7 Abs. 3 S. 2 PatKostG. Erst nach ergebnislosem Ablauf dieser Frist wird die Marke gelöscht, § 47 Abs. 6 MarkenG; vgl. Hacker GRUR 2019, 113 (120).

[908] Ströbele/Hacker/Thiering MarkenG § 47 Rn. 5 ff.

VIII. Widerspruchsverfahren

413 Gegen die Eintragung einer Marke kann gem. § 42 Abs. 1 MarkenG innerhalb einer Frist von drei Monaten nach der Veröffentlichung der Eintragung im elektronischen Markenblatt Widerspruch beim DPMA erhoben werden. Für die Fristberechnung ist der Tag maßgeblich, an dem das betreffende Markenblatt erschienen ist.[909] Gem. § 42 Abs. 4 MarkenG wird den Parteien zu Beginn des Widerspruchsverfahrens auf Antrag eine sog. „Cooling-Off"-Frist von mindestens zwei Monaten eingeräumt, um ihnen so die Möglichkeit einer gütlichen Einigung zu bieten.

414 Als **Widerspruchsgründe** kommen alle relativen Schutzhindernisse (mit Ausnahme der „sonstigen Rechte" iSd § 13 MarkenG) in Betracht.[910] Abs. 2 enthält eine abschließende Aufzählung der älteren Rechte, auf die ein Widerspruch gestützt werden kann:

- angemeldete/eingetragene nationale Marke, Unionsmarke oder IR-Marke (mit Schutz in Deutschland)
- notorisch bekannte Marke
- Benutzungsmarke oder geschäftliche Bezeichnung

415 Ein Widerspruch kann gem. Abs. 2 **darüber hinaus** nach den Bestimmungen über die Agentenmarke auch gegen die zugunsten eines ungetreuen Agenten eingetragenen Marke eingelegt werden.[911] Schließlich kann der Widerspruch gestützt werden auf eine gU oder ggA mit älterem Zeitrang.[912]

1. Formalien

416 Mit dem Widerspruch ist eine **Widerspruchsgebühr** zu entrichten.[913] Die Zahlung muss innerhalb der Widerspruchsfrist erfolgen.[914]

417 In **formeller Hinsicht** muss der Widerspruch die angegriffene Marke und die Widerspruchsmarke bezeichnen und Angaben zu Namen und Anschrift des Widersprechenden enthalten. Wird der Widerspruch auf ein nicht eingetragenes älteres Recht gestützt, so müssen die zur Ermittlung des nicht eingetragenen Kennzeichens erforderlichen Angaben, wie die Art, die Form, der Zeitrang und der Gegenstand des Kennzeichens innerhalb der Widerspruchsfrist beim DPMA vorgelegt werden. Der Widerspruch sollte darüber hinaus auch den Namen des Inhabers der angegriffenen Marke und eine Kopie der Widerspruchsmarke enthalten, sowie die Waren und Dienstleistungen bezeichnen, auf die der Widerspruch gestützt wird bzw. gegen die der Widerspruch sich richtet. Das DPMA hat hierzu ein Formblatt herausgegeben, dessen Benutzung gewährleistet, dass keine der relevanten Angaben übersehen wird.

418 Widerspruch kann auf bestimmte Waren und Dienstleistungen der angegriffenen Marke **beschränkt** werden. Sinnvoll ist dies dann, wenn die angegriffene Marke für Waren/Dienstleistungen Schutz beansprucht, die ganz offensichtlich keine Ähnlichkeit zu den Waren und Dienstleistungen der Widerspruchsmarke aufweisen und insoweit kein Kollisionstatbestand vorliegt.[915]

419 **Widerspruchsberechtigt** ist der materiell-rechtliche Inhaber des Widerspruchszeichens.

Praxistipp:
Probleme können sich im Hinblick auf die Widerspruchsberechtigung ergeben, wenn der materielle Rechtsinhaber und der im Register als Inhaber eingetragene nicht identisch sind. Diese Situation kann dann entstehen, wenn der materielle Rechtsübergang vollzogen ist, die Umschreibung der Marke auf den Rechtsnachfolger beim DPMA jedoch noch nicht beantragt worden ist. Solange der Antrag auf Umschreibung nicht gestellt wird, kann der Rechtsnachfolger nicht Widerspruch erheben, § 28 Abs. 2

---

[909] Zum Fristbeginn beim Widerspruch gegen IR-Marken → § 33.
[910] Nach § 42 Abs. 3 MarkenG kann ein Widerspruch auch auf mehrere ältere Rechte desselben Inhabers gestützt werden.
[911] → Rn. 198 ff.
[912] Das gilt für nach dem 14.1.2019 angemeldete Marken, § 158 Abs. 3 MarkenG. Es kommt darauf an, ob die Benutzung der Marke im gesamten Gebiet der Bundesrepublik untersagt werden könnte, § 13 MarkenG; zu den Begriffen gU/ggA → Rn. 89; ausf. Hacker GRUR 2019, 113 (119).
[913] Gebührenverzeichnis zu § 2 Abs. 1 PatKostG.
[914] § 6 Abs. 1 S. 1 PatKostG.
[915] Erg. Ingerl/Rohnke MarkenG § 42 Rn. 38 ff.

MarkenG. Der noch im Register eingetragene Rechtsvorgänger ist ebenfalls nicht widerspruchsberechtigt, da er materiell-rechtlich nicht mehr Markeninhaber ist. Die zu seinen Gunsten bestehende Vermutung der Inhaberschaft, § 28 Abs. 1 MarkenG, ist widerlegbar. Demnach kann in der Zeit zwischen Übertragung des Markenrechts und Einreichung des Umschreibungsantrages aus der Marke ein Widerspruch nur eingelegt werden, wenn noch vor Ablauf der Widerspruchsfrist der Umschreibungsantrag gestellt wird. Dann folgt die Aktivlegitimation des Rechtsnachfolgers aus § 28 Abs. 2 MarkenG.[916]

2. Einrede der fehlenden Benutzung

420 Die Einrede der fehlenden Benutzung ist eine in der Praxis häufig genutzte Verteidigungsmöglichkeit des Inhabers der angegriffenen Marke.[917] Die Einrede ist zulässig, wenn die Widerspruchsmarke zum Zeitpunkt des Anmelde- oder Prioritätstags der angegriffenen Marke bereits benutzungspflichtig war.[918] Wird die Einrede erhoben, muss der Widersprechende darlegen, dass er die Widerspruchsmarke innerhalb der letzten fünf Jahre vor diesem Zeitpunkt benutzt hat, § 43 Abs. 1 S. 1 MarkenG.

421 Die rechtserhaltende Benutzung wird **nicht von Amts wegen** geprüft, der Inhaber der angegriffenen Marke muss vielmehr hinreichend deutlich machen, dass er die Einrede erheben will, wobei eine besondere Form nicht vorgeschrieben und eine Begründung nicht erforderlich ist. Die Einrede muss nicht zum frühestmöglichen Zeitpunkt, sie kann vielmehr auch erst im Beschwerdeverfahren erhoben werden.[919]

Praxistipp:

Der Inhaber der angegriffenen Marke sollte im Fall eines Widerspruchs zunächst prüfen, ob die Widerspruchsmarke sich noch in der fünfjährigen Benutzungsschonfrist befindet. Ist die Marke benutzungspflichtig, sollte die Einrede der mangelnden Benutzung in Betracht gezogen werden. Es besteht insoweit keine Verpflichtung, umfangreiche eigene Nachforschungen anzustellen und zu ermitteln, ob die Widerspruchsmarke in dem relevanten Zeitraum tatsächlich benutzt worden ist. Auf Bedenken stößt es allerdings, wenn der Einwand, wie dies in der Praxis mitunter geschieht, automatisch erhoben wird, obwohl evident ist, dass die Marke benutzt wird. Ist demgegenüber nicht klar erkennbar oder zweifelhaft, ob in welcher Form, in welchem Umfang und für welche Waren/Dienstleistungen die Widerspruchsmarke benutzt wurde, sollte die Einrede erhoben werden.

422 Wird die Einrede der mangelnden Benutzung erhoben und ist die Widerspruchsmarke benutzungspflichtig, so fordert das DPMA den Widersprechenden auf, die **Benutzung nachzuweisen.**[920] In diesem Zusammenhang hat der Widersprechende Einzelheiten zur Benutzung seiner Marke darzulegen, aus denen sich ergibt, in welcher Form, für welche Waren/Dienstleistungen, in welchem Zeitraum, in welchem Umfang, an welchem Ort und durch wen die Benutzung erfolgte. Diese Angaben müssen durch geeignete Mittel belegt werden. Als Nachweismittel kommen in erster Linie Dokumente wie Preislisten, Werbematerial, Verpackungsmaterial, Rechnungen und sonstige Geschäftskorrespondenz sowie alle anderen nach der ZPO zulässigen Beweismittel in Betracht.[921] Die Benutzung muss infolge der Neuformulierung durch das MaMoG zur vollen Überzeugung bewiesen werden, sodass eine bloß überwiegende Wahrscheinlichkeit nicht mehr ausreicht.[922]

[916] Ausf. Ströbele/Hacker/Thiering MarkenG § 42 Rn. 30 ff.

[917] Grdl. Kliems MarkenR 2001, 185; § 158 Abs. 5 MarkenG enthält eine Übergangsvorschrift für Widerspruchsverfahren, die vor dem 14.1.2019 erhoben worden sind.

[918] → Rn. 332 ff.; zu dieser Neubestimmung des Stichtages durch das MaMoG und zum Wegfall der „zweiten Einrede" ausf. Hacker GRUR 2019, 235 (241).

[919] Die Grundsätze über das Zurückweisen verspäteten Vorbringens können im Verfahren vor dem BPatG zu berücksichtigen sein, BGH GRUR 1998, 938 (939) – Dragon; erg. Ströbele/Hacker/Thiering MarkenG § 43 Rn. 46 ff.

[920] Ausf. Hacker GRUR 2019, 235 (242).

[921] Zu den Anforderungen an Art und Umfang einer rechtserhaltenden Benutzung → Rn. 339 ff.

[922] Dies gilt nicht für vor dem 14.1.2019 eingelegte Widersprüche, s. Ströbele/Hacker/Thiering MarkenG § 43 Rn. 56 f.

423 § 43 Abs. 1 S. 2 MarkenG stellt ausdrücklich klar, dass **eidesstattliche Versicherungen** von Mitarbeitern, Geschäftspartnern oder auch des Markeninhabers selbst weiterhin als Mittel zum Nachweis zulässig sind. Die vom Widersprechenden vorgelegten Unterlagen sind in ihrer Gesamtheit auf etwaige widersprüchliche Angaben hin zu beurteilen.[923]

Praxistipp:

Der Widersprechende sollte beim Nachweis der Benutzung besondere Sorgfalt an den Tag legen. Es müssen möglichst präzise Angaben zu Art und Umfang der Markenbenutzung gemacht werden, insbesondere auch unter Angabe des Zeitraums. Sofern sich der Benutzungszeitraum nicht aus Katalogen, Preislisten oder sonstiger Geschäftskorrespondenz ergibt, ist es erforderlich, hierzu eine eidesstattliche Versicherung einer Person vorzulegen, die aus eigener Kenntnis hierzu Angaben machen kann. Soweit möglich, sollte auch Anschauungsmaterial in Form von Warenverpackungen, Originalprospekten, Werbeanzeigen etc. vorgelegt werden. Dies kann mitunter Schwierigkeiten bereiten, wenn die Benutzung der Marke schon vor längerer Zeit eingestellt wurde. Gleichwohl sollte der Versuch unternommen werden, geeignetes Material zusammenzustellen.

3. Entscheidung

424 Ist der Widerspruch begründet, weil das Widerspruchszeichen ein relatives Schutzhindernis darstellt, wird die Löschung der angegriffenen Marke angeordnet.[924] Greift der Widerspruch nur hinsichtlich eines Teils der Waren und Dienstleistungen durch, wird die Marke in dem entsprechenden Umfang teilweise gelöscht. Die Löschung wirkt auf den Zeitpunkt der Eintragung zurück, das heißt die Markenrechte entfallen mit ex-tunc-Wirkung, § 43 Abs. 4 MarkenG iVm § 52 Abs. 2 MarkenG. Befindet sich die Widerspruchsmarke selbst noch in einem gegen sie gerichteten Widerspruchsverfahren oder ist gegen sie ein Verfalls- oder Nichtigkeitsverfahren anhängig, wird das DPMA das Verfahren in der Regel aussetzen und abwarten, ob die Widerspruchsmarke Bestand hat.

425 Das DPMA kann im Rahmen des Widerspruchs einem Beteiligten auferlegen, die **Kosten** ganz oder teilweise zu erstatten, wenn dies der Billigkeit entspricht, § 63 MarkenG. In der Praxis berücksichtigt das Amt allerdings den Grundsatz, dass im Widerspruchsverfahren jeder Beteiligte die ihm entstandenen Kosten selbst trägt.

4. Abgrenzungs-/Vorrechtsvereinbarungen

426 In der Praxis erledigt sich ein erheblicher Teil der Widerspruchsverfahren durch eine außeramtliche Vereinbarung der Parteien (sog. Abgrenzungsvereinbarung oder Vorrechtsvereinbarung). Derartige Vereinbarungen bieten sich insbesondere dann an, wenn sich die Produkte oder Dienstleistungen der Parteien am Markt gar nicht berühren, obwohl sie derselben Klasse angehören und rechtlich als ähnlich einzustufen sind. Der Inhaber der jüngeren Marke verpflichtet sich hierbei in der Regel, das Vorrecht der älteren Marke uneingeschränkt anzuerkennen. Die Registrierung und Benutzung der jüngeren Marke wird auf bestimmte Waren/Dienstleistungen beschränkt, gegebenenfalls ergänzt durch weitere Regelungen zu Art und Umfang der zulässigen Benutzung. Im Gegenzug verpflichtet sich der Widersprechende, die Benutzung und Eintragung der jüngeren Marke in den vereinbarten Grenzen zu dulden und den eingelegten Widerspruch zurückzunehmen. In die Vereinbarung sollten auch Regelungen über den örtlichen Geltungsbereich, das anwendbare Recht sowie eine Rechtsnachfolgeklausel mit aufgenommen werden. Auch kartellrechtliche Aspekte sind zu berücksichtigen.[925]

5. Eintragungsbewilligungsklage

427 Wird im Rahmen des Widerspruchsverfahrens die Löschung der angegriffenen Marke angeordnet, kann deren Inhaber eine zivilgerichtliche Klage gegen den Widersprechenden erheben, die

[923] Zur eidesstattlichen Versicherung s. Ströbele/Hacker/Thiering MarkenG § 43 Rn. 82 ff; BeckOK MarkenR/Draheim § 43 Rn. 48 f.

[924] Zur Darlegungs- und Beweislast im Widerspruchsverfahren → Rn. 387 u. 434; erg. Ströbele/Hacker/Thiering MarkenG § 42 Rn. 67 ff.

[925] Fezer MarkenG § 14 Rn. 1102 ff.; ein Bsp. für ein in der Praxis üblicherweise verwendetes Muster einer Abgrenzungs- u. Vorrechtsvereinbarung s. MPFormB GewRS/Kloth/Briske, B.4.

darauf gerichtet ist, den Widersprechenden zur Einwilligung in die Eintragung der angemeldeten Marke zu verurteilen, § 44 MarkenG.[926] Die Klage ist nur zulässig innerhalb einer Frist von sechs Monaten, die mit der Rechtskraft der Entscheidung im Widerspruchsverfahren beginnt. Ist die Klage erfolgreich, wird die Marke unter Wahrung des Zeitrangs der Anmeldung eingetragen, § 44 Abs. 3 MarkenG. Dieses Klageverfahren eröffnet dem Widerspruchsgegner die Möglichkeit, diejenigen Einwände geltend zu machen, die im Rahmen des Widerspruchsverfahrens wegen dessen summarischen Charakters keine Berücksichtigung finden können. Obwohl das Zivilgericht grundsätzlich nicht an die Entscheidungen des DPMA oder des BPatG im Widerspruchsverfahren gebunden ist, gilt für die Eintragungsbewilligungsklage eine Ausnahme dahingehend, dass die Entscheidung insoweit Bindungswirkung hat, als eine Identität oder eine Verwechslungsgefahr zwischen den Marken festgestellt worden ist.[927] Der Kläger kann in diesem Verfahren demnach nicht mit dem Argument gehört werden, die Marken seien entgegen der Feststellungen des DPMA gar nicht verwechselbar.

Als **Klagegründe** kommen jedoch insbesondere folgende Fälle in Betracht: 428

- Der Kläger besitzt seinerseits Kennzeichenrechte, die gegenüber der Widerspruchsmarke älter sind und dieser gegenüber ein relatives Schutzhindernis darstellen.
- Der Widersprechende hat rechtsmissbräuchlich gehandelt.
- Die Frage der rechtserhaltenden Benutzung der Widerspruchsmarke wurde im Widerspruchsverfahren unzutreffend beurteilt.
- Der Kläger ist aufgrund vertraglicher Vereinbarung (zB Lizenzvertrag, Vorrechtsvereinbarung) zur Eintragung berechtigt.[928]

Der Überprüfung durch das Gericht unterliegen ferner die Feststellungen des DPMA zur **Priorität** der Widerspruchsmarke. 429

IX. Verzicht, Verfalls- und Nichtigkeitsverfahren

Der Markeninhaber selbst kann seine Marke jederzeit durch die Erklärung eines Verzichts ganz oder für einen Teil der Waren und Dienstleistungen löschen lassen, § 48 MarkenG. Die Löschung wirkt nur ex nunc. Die Rücknahme einer Markenanmeldung ist in § 39 Abs. 1 MarkenG geregelt. 430

Daneben enthält das MarkenG mehrere Tatbestände, bei deren Vorliegen eine Markeneintragung auf Betreiben Dritter und zT von Amts wegen **gelöscht** werden kann. Danach kommt eine Löschung in folgenden Fällen in Betracht: 431

- die Marke ist wegen fehlender Benutzung oder aus anderen nach der Eintragung entstandenen Gründen verfallen, § 49 MarkenG
- die Marke ist nichtig, da sie wegen Bestehens absoluter Schutzhindernisse des Anmelders gar nicht erst hätte eingetragen werden dürfen, § 50 MarkenG
- die Marke ist nichtig, weil ihr ein älteres Recht als relatives Schutzhindernis entgegensteht, § 51 MarkenG.

Die §§ 49 bis 55 MarkenG regeln die einzelnen Tatbestandsvoraussetzungen einschließlich der jeweiligen Aktivlegitimation und enthalten Bestimmungen über das Verfahren und die Zuständigkeit. Im Rahmen der Neuformulierung des MarkenG durch das MaMoG hat sich dabei die **Zuständigkeit des DPMA erweitert,** das nun auch für Nichtigkeitsverfahren wegen relativer Schutzhindernisse zuständig ist.[929] Darüber hinaus sind jetzt auch Verfallsverfahren vor dem DPMA möglich.[930] Für Nichtigkeitsverfahren wegen absoluter Schutzhindernisse ist das DPMA weiterhin ausschließlich zuständig. 432

Die Verfahrensvorschriften für ein Verfalls- und Nichtigkeitsverfahren vor dem DPMA sind weitgehend in § 53 MarkenG enthalten. Ein Nichtigkeits- oder Verfallsantrag ist schriftlich **beim DPMA** einzureichen. Dabei müssen die zur Begründung dienenden Tatsachen und Beweismittel angegeben werden, Abs. 1.[931] Den Antrag auf Erklärung des Verfalls oder der Nichtigkeit wegen 433

[926] Zuständig sind die Kennzeichengerichte, § 140 MarkenG; BeckOK MarkenR/Draheim § 44 Rn. 17.

[927] BGH GRUR 2002, 59 (61) – ISCO.

[928] Ausf. Ströbele/Hacker/Thiering MarkenG § 44 Rn. 22 ff.

[929] Während bisher insoweit nur Klage nach § 55 MarkenG möglich war, Ströbele/Hacker/Thiering MarkenG § 53 Rn. 1 f.

[930] Mit diesen Änderungen wurden die Vorgaben des Art. 45 MRL umgesetzt.

[931] Aus dem Antrag muss sich jedenfalls der Streitgegenstand des Nichtigkeitsverfahrens bestimmen lassen, s. Hacker GRUR 2019, 113 (121); ferner ist eine Gebühr einzuzahlen, § 2 Abs. 1 PatkostG.

absoluter Schutzhindernisse kann jedermann stellen, ein besonderes Interesse des Antragstellers an der Löschung ist nicht erforderlich, Abs. 2.[932] In einem nächsten Schritt fordert das DPMA den Markeninhaber auf, sich innerhalb von zwei Monaten zu dem Antrag zu erklären, Abs. 4. Widerspricht er innerhalb dieser Frist nicht, wird die Marke gelöscht, Abs. 5 S. 1.[933] Widerspricht er, wird dem Antragsteller der Widerspruch mitgeteilt und das Nichtigkeitsverfahren einschließlich einer Sachprüfung durchgeführt, Abs. 5 S. 2.[934] Das Verfallsverfahren vor dem DPMA wird demgegenüber nur nach fristgerechter Zahlung der Gebühr zur Weiterverfolgung durch den Antragsteller fortgesetzt, Abs. 5 S. 3 und 4.[935]

434 In den Amtsverfahren gilt grundsätzlich der Amtsermittlungsgrundsatz, wobei der Antragsteller insbesondere für die seinen Antrag tragenden tatsächlichen Voraussetzungen **darlegungs- und beweispflichtig** ist, die einer Ermittlung von Amts wegen nicht zugänglich sind.[936] Da der Antragsteller keinen Einblick in die internen Betriebsvorgänge des Markeninhabers hat, dürfen die Anforderungen nicht zu hoch angesetzt werden. Der Markeninhaber hat etwa im Verfallsverfahren eine sekundäre Darlegungslast in Bezug auf die Benutzung.[937]

435 Für Nichtigkeitsverfahren wegen relativer Schutzhindernisse oder Löschungsverfahren wegen Verfalls besteht eine Wahlmöglichkeit zwischen dem amtlichen Verfahren und einem gerichtlichen Klageverfahren.[938] So besteht die Möglichkeit, eine Verfalls- oder Nichtigkeitsklage **vor den ordentlichen Gerichten** einzureichen, § 55 MarkenG. Nach den Vorschriften des § 53 Abs. 1 S. 4 und 5 MarkenG ist dabei der Antrag zum DPMA unzulässig, wenn bereits eine entsprechende Klage anhängig ist bzw. eine unanfechtbare Entscheidung vorliegt. Ebenso ist eine Klage nach § 55 Abs. 1 S. 2 MarkenG unzulässig, wenn bereits ein Antrag beim DPMA gestellt oder darüber bereits entschieden wurde.

1. Löschung wegen Verfalls

436 § 49 MarkenG enthält eine abschließende Aufzählung der Gründe, aus denen eine Marke für verfallen erklärt und gelöscht werden kann:

- Die Marke ist innerhalb eines ununterbrochenen Zeitraums von fünf Jahren nicht in rechtserhaltender Weise benutzt worden, Abs. 1
- Die Marke hat sich infolge des Verhaltens oder der Untätigkeit des Inhabers zu einer Gattungsbezeichnung entwickelt, Abs. 2 Nr. 1
- Die Marke ist infolge ihrer Benutzung für bestimmte Waren oder Dienstleistungen geeignet, die angesprochenen Verkehrskreise über die Beschaffenheit oder die geografische Herkunft zu täuschen, Abs. 2 Nr. 2
- Der Markeninhaber hat seine Rechtsfähigkeit verloren, Abs. 2 Nr. 3

437 Der in der Praxis häufigste Verfallsgrund ist die **fehlende Benutzung** der Marke. Die angegriffene Marke ist danach zu löschen, wenn sie benutzungspflichtig ist und innerhalb der letzten fünf Jahre nicht ernsthaft iSd § 26 MarkenG benutzt worden ist.[939] Der Verfall tritt ein, sobald ein ununterbrochener Zeitraum von fünf Jahren der Nichtbenutzung vollendet ist.[940]

438 Eine bestehende Löschungsreife **kann geheilt werden**, wenn die Benutzung der Marke wieder aufgenommen wird, bevor der Antrag auf Löschung gestellt wird. Allerdings bleibt die Aufnahme der Benutzung unberücksichtigt, wenn sie innerhalb von drei Monaten vor Stellung des Löschungsantrags erfolgt und die Vorbereitungen für die Benutzung erst zu einem Zeitpunkt stattgefunden haben, zu dem der Markeninhaber von einem möglichen Löschungsantrag Kenntnis erhalten hat, § 49 Abs. 1 S. 3 MarkenG. Hierfür ist positive Kenntnis des Markeninhabers erforderlich, die in der Regel nur angenommen werden kann, wenn ein Dritter die Stellung eines Löschungsantrages angedroht hat.[941]

---

932 Ein Nichtigkeitsantrag wegen älterer Rechte kann nur von den jew. Berechtigen gestellt werden, § 53 Abs. 3 MarkenG.
933 Ausf. BeckOK MarkenR/Kopacek § 53 Rn. 54 ff.
934 Ströbele/Hacker/Thiering MarkenG § 53 Rn. 53.
935 Hacker GRUR 2019, 113 (122); BeckOK MarkenR/Kopacek § 53 Rn. 70 ff.
936 Grdl. Ströbele/Hacker/Thiering MarkenG § 53 Rn. 60 ff.; → Rn. 387 ff.
937 BGH GRUR 2009, 60 f. – LOTTOCARD; OLG München GRUR-RR 2008, 300 – ODDSET; Ingerl/Rohnke MarkenG § 49 Rn. 12.
938 Dem Inhaber älterer Rechte steht auch eine Wahl zwischen Löschungs- u. Widerspruchsverfahren zu.
939 Zum Benutzungszwang → Rn. 330 ff.
940 Zum jeweiligen Zeitpunkt, wann der Verfall iRd amtlichen bzw. gerichtlichen Verfahrens eingetreten sein muss, s. Ströbele/Hacker/Thiering MarkenG § 49 Rn. 9 ff.; → Rn. 335.
941 Ausf. Ströbele/Hacker/Thiering MarkenG § 49 Rn. 21 ff.; BeckOK MarkenR/Kopacek § 49 Rn. 19 ff.

Praxistipp:

Aus Sicht des Antragstellers empfiehlt es sich daher, dem Markeninhaber den bevorstehenden Löschungsantrag zu einem möglichst frühen Zeitpunkt anzudrohen. Bereitet der Markeninhaber erst anschließend Benutzungshandlungen vor, so führen diese nicht mehr zur Heilung der Löschungsreife. Der Antragsteller muss allerdings den Löschungsantrag dann spätestens drei Monate nach der Löschungsandrohung einreichen, da andernfalls die Sperrwirkung wieder entfällt.

Nach § 49 Abs 2 Nr. 1 MarkenG tritt ein Verfall des Markenrechts auch ein, wenn die Marke sich zu einer **gebräuchlichen Bezeichnung** für die eingetragenen Waren/Dienstleistungen entwickelt hat und diese Entwicklung auf einem Verhalten des Markeninhabers beruht, etwa weil dieser gegen eine Verwendung seines Zeichens als Gattungsbegriff durch Dritte nicht tätig geworden ist. Das kann nur unter strengen Voraussetzungen ausnahmsweise bejaht werden.[942] 439

Führt der Löschungsantrag wegen Verfalls zum Erfolg, entfallen die Wirkungen der Markeneintragung grundsätzlich ab **dem Zeitpunkt des Verfallsantrages bzw. der Klagerhebung**, § 52 Abs. 1 MarkenG.[943] Der Verfall des Markenrechts und die damit einhergehende Löschung kann sich auch nur auf einen Teil der eingetragenen Waren oder Dienstleistungen beziehen. Insoweit kann der Löschungsantrag von Anfang an nur gegen einen entsprechenden Teil der Marke gerichtet werden. 440

2. Nichtigkeit wegen absoluter Schutzhindernisse

Nach § 50 Abs. 1 MarkenG kann eine Marke für nichtig erklärt und gelöscht werden, wenn sie entgegen einer der Vorschriften des § 3 MarkenG (fehlende Markenfähigkeit) § 7 MarkenG (fehlende Markenrechtsfähigkeit) oder § 8 MarkenG (absolute Schutzhindernisse) eingetragen worden ist. Prüfungsgegenstand ist dabei die Marke in ihrer eingetragenen Form.[944] 441

Das Eintragungshindernis muss bereits zum Zeitpunkt der Anmeldung bestanden haben.[945] Eine Löschung erfolgt in den Fällen der §§ 3, 7, 8 Abs. 2 Nr. 1 bis 13 MarkenG allerdings nur, wenn das Hindernis **auch noch zum Zeitpunkt der Entscheidung** über den Antrag auf Erklärung der Nichtigkeit besteht.[946] Lediglich bei einem Nichtigkeitsantrag wegen bösgläubiger Markenanmeldung (§ 8 Abs. 2 Nr. 14 MarkenG) kommt es allein auf den Zeitpunkt der Anmeldung an. 442

Soweit die Eintragung unter Missachtung der Schutzhindernisse der § 8 Abs. 2 Nr. 1 MarkenG (fehlende Unterscheidungskraft), Nr. 2 (beschreibende Angabe) oder Nr. 3 (übliche Bezeichnung) eingetragen wurde, unterliegt der Löschungsantrag ferner einer **zeitlichen Grenze** von zehn Jahren, gerechnet ab dem Tag der Eintragung. Ist die Marke mehr als zehn Jahre eingetragen, kommt eine Löschung nicht mehr in Betracht. Nach § 50 Abs. 2 S. 2 MarkenG kann eine nachträgliche Verkehrsdurchsetzung zudem nur berücksichtigt werden, wenn die Verkehrsdurchsetzung noch vor dem Antrag auf Nichtigerklärung erworben wurde.[947] Wird die Nichtigerklärung einer ursprünglich als verkehrsdurchgesetzt eingetragenen Marke beantragt, ist noch immer umstritten, wen die Beweislast dafür trifft, dass die Verkehrsdurchsetzung zum Anmeldezeitpunkt vorgelegen hat. Nach Auffassung von EuGH und BPatG soll dies der Markeninhaber sein, der BGH hatte 443

[942] Ausf. Ströbele/Hacker/Thiering MarkenG § 49 Rn. 42 ff.

[943] Auf Antrag ist die Festsetzung eines früheren Zeitpunkts möglich, § 52 Abs. 1 S. 2 MarkenG. Zu beachten ist § 52 Abs. 3 MarkenG: Diese Vorschrift schränkt die Folgen der Verfallserklärung für den betroffenen Markeninhaber insoweit ein, als rechtskräftige u. vollstreckte Entscheidungen im Verletzungsverfahren u. erfüllte Verträge vom Verfall der Marke nicht berührt werden.

[944] BeckOK MarkenR/Kopacek § 50 Rn. 4, sodass es auf die benutzte Form nicht ankommt.

[945] Vormals stellte die deutsche Rechtspraxis auf den Eintragungszeitpunkt ab, vgl. BGH GRUR 2005, 158 – Stabtaschenlampe; nachträglich durch den Gesetzgeber geschaffene Eintragungshindernisse sollen unberücksichtigt bleiben, wohingegen Änderungen der Rechtsprechung zulasten des Markeninhabers zu berücksichtigen sind, Ingerl/Rohnke MarkenG § 50 Rn. 11 f.

[946] Abzustellen ist grds. auf den Schluss der mündlichen Verhandlung bzw. Anhörung, BGH GRUR 2016, 1167 – Sparkassen-Rot; mangels Verweis auf § 37 Abs. 2 u. 3 MarkenG erfolgt weder eine Zeitrangverschiebung, noch ist das Nichtigkeitsverfahren auf Antrag auf ersichtliche Fälle beschränkt, Ströbele/Hacker/Thiering MarkenG § 50 Rn. 19 ff.

[947] Dies gilt für Nichtigkeitsanträge, die nach dem 14.1.2019 gestellt werden. Die Vorschrift ist durch das MaMoG in Umsetzung des Art. 4 Abs. 4 S. 2 MRL eingeführt worden, während nach bisheriger deutscher Rechtspraxis eine Verkehrsdurchsetzung im Zeitpunkt der mündlichen Verhandlung genügte, vgl. BGH GRUR 2009, 954 – Kinder III; ausf. BeckOK MarkenR/Kopacek § 50 Rn. 4.

die Beweislast demgegenüber bislang beim Antragsteller gesehen und diese Frage zuletzt offengelassen.[948]

444 Nach § 50 Abs. 1 MarkenG iVm § 8 Abs. 2 Nr. 14 MarkenG ist eine Marke für nichtig zu erklären, wenn der Anmelder **bei der Anmeldung bösgläubig** war.[949] Die Bösgläubigkeit haftet der Anmeldung an und kann folglich weder nachträglich entfallen, noch kann sie erst später entstehen.[950] Der Begriff der Bösgläubigkeit ist im Gesetz nicht definiert. Nach der Rechtsprechung ist es bösgläubig, wenn eine Marke nicht mit dem Ziel angemeldet worden ist, sie für die beanspruchten Waren/Dienstleistungen zu benutzen, sondern in der Absicht, entweder in einer den redlichen Handelsbräuchen widersprechenden Weise Drittinteressen zu schaden oder sich (auch ohne Bezug zu einem konkreten Dritten) ein ausschließliches Recht zu anderen als zu den zur Funktion einer Marke gehörenden Zwecken zu verschaffen.[951]

445 Ob der Anmelder bösgläubig war, ist anhand objektiver Umstände sowie unter Berücksichtigung der Person des Anmelders und seiner Pläne und Motive zu ermitteln.[952] In der Rechtsprechung haben sich **Fallgruppen** herausgebildet, die in der Praxis eine Orientierungshilfe bieten, sich aber oft nicht klar voneinander abgrenzen lassen. Maßgeblich sind dabei immer die mutmaßlichen Motive, die der Anmelder mit der Anmeldung verfolgt. Bösgläubigkeit wird regelmäßig angenommen, wenn der Anmelder keine Absicht hat, die Marke selbst zu nutzen, sondern die Anmeldung primär mit dem Ziel erfolgt, andere an der Nutzung der Marke zu hindern. Eine entsprechende Absicht muss anhand objektiver Umstände ermittelt werden, wobei auch ein späteres Verhalten des Anmelders berücksichtigt werden kann.

446 Eine Markenanmeldung gilt vor allem dann als bösgläubig, wenn sie **ohne Benutzungswillen** in bloßer Behinderungsabsicht erfolgt. So kann die Hortung von sog. Spekulationsmarken für eine Vielzahl von Waren/Dienstleistungen ohne ernsthaften Benutzungswillen des Anmelders ein Indiz für Bösgläubigkeit sein, insbesondere, wenn die Marke dazu eingesetzt werden soll, andere zu behindern oder zu finanziellen Zugeständnissen zu veranlassen.[953] Dabei genügt allerdings nicht der bloße Umstand, dass der Anmelder wohlmöglich noch kein konkretes Vermarktungskonzept in Bezug auf alle Produkte entwickelt hat.[954] Auch kann einem Anmelder nicht pauschal zur Last gelegt werden, die Monopolisierung allgemein gebräuchlicher Begriffe beabsichtigt zu haben.[955]

447 Erfolgt die Anmeldung in Kenntnis der Tatsache, dass ein Dritter das Zeichen benutzt und hieran, ohne selbst einen formalen Schutz erworben zu haben, einen **wertvollen Besitzstand** aufgebaut hat, so kann auch dies bösgläubig sein. Dies gilt jedenfalls dann, wenn kein rechtfertigender Grund für die Anmeldung vorliegt. Bösgläubigkeit scheidet aus, wenn die eigenen Interessen des Anmelders im Vordergrund stehen, er die Marke selbst ernsthaft nutzt oder sie sich in sein Markenportfolio einfügt.[956] Alleine die Kenntnis, dass ein Dritter das Zeichen bereits nutzt, führt ebenfalls nicht zur Bösgläubigkeit, solange keine weiteren besonderen Umstände hinzutreten.[957] Andererseits schließt ein eigener Benutzungswillen die Bösgläubigkeit nicht per se aus.

448 Auch wenn ein wertvoller Besitzstand zugunsten eines anderen Zeichenbenutzers nicht besteht, kann eine Bösgläubigkeit vorliegen, wenn die Markenanmeldung ersichtlich mit dem Ziel erfolgte, die **Marke zweckfremd als Mittel des Wettbewerbskampfes einzusetzen,** etwa um die Benutzungsaufnahme eines bislang nur im Ausland benutzten Zeichens im Inland zu verhindern oder andere beim weiteren Vertrieb ihrer Produkte zu behindern.[958] In der Praxis kommt es häufig vor, dass Wettbewerber oder auch ehemalige Geschäftspartner die bislang nicht geschützten Marken ihrer Konkurrenten anmelden, um diese im Wettbewerb zu behindern oder zu bestimmten Zugeständnissen geschäftlicher Art zu veranlassen. Besteht eine derartige Wettbewerbssitua-

---

948 EuGH GRUR 2014, 776 (779) – Sparkassen-Rot; BPatG GRUR 2015, 796 – Sparkassen-Rot II; abw. BGH GRUR 2010, 138 (142) – ROCHER-Kugel; BGH GRUR 2009, 669 (672) – Post II; zuletzt offengelassen in BGH GRUR 2014, 1101 (1102) – Gelbe Wörterbücher.

949 → Rn. 68: bösgläubige Anmeldung als Eintragungshindernis; Schmidt MarkenR 2003, 1.

950 Ströbele/Hacker/Thiering MarkenG § 50 Rn. 18.

951 EuGH GRUR 2020, 288 – Sky; GRUR-RS 2019, 20743 – Koton; BGH GRUR 2015, 1214 (1220) – Goldbären.

952 EuGH GRUR 2009, 763 – Lindt & Sprüngli.

953 Vgl. BGH GRUR 2020, 292 (293) – Da Vinci; MarkenR 2004, 238 – S 100; GRUR 2001, 242 – ClasseE.

954 Ströbele/Hacker/Thiering MarkenG § 8 Rn. 1065; zur Bedeutung weiter Warenverzeichnisse EuGH GRUR 2020, 288 – Sky.

955 BGH GRUR 2016, 380 (382) – GLÜCKSPILZ, soweit kein sonstiges Eintragungshindernis vorliegt.

956 S. hierzu Ullmann GRUR 2009, 364; das Vorliegen einer Verwechslungsgefahr ist nicht erforderlich EuGH GRUR-RS 2019, 34969 Rn. 60 – Outsource Professional; GRUR-RS 2019, 20743 – Koton.

957 EuGH GRUR 2009, 763 – Lindt & Sprüngli; BGH GRUR 2009, 780 Rn. 18 – Ivadal.

958 EuGH GRUR 2009, 763 (765) – Lindt & Sprüngli; BGH GRUR 2016, 380 (381) – GLÜCKSPILZ.

tion oder bestanden früher Geschäftsbeziehungen, so kann ein zu beanstandendes Motiv für die Anmeldung vorliegen.

449 Hat der Nichtigkeitsantrag Erfolg, wird die Marke mit **ex-tunc-Wirkung** für nichtig erklärt und gelöscht, § 52 Abs. 2 MarkenG.

450 Wer sich durch eine bösgläubige Markenanmeldung behindert sieht, kann die Löschung auch nach den Vorschriften des UWG im Klagewege vor den ordentlichen Gerichten verfolgen. Die Bestimmungen der §§ 50 Abs. 1, 8 Abs. 2 Nr. 14 MarkenG stellen insoweit keine abschließende oder vorrangige Regelung dar und schließen die **Löschungsklage nach den Vorschriften des UWG** nicht aus.[959]

3. Nichtigkeit wegen des Bestehens älterer Rechte

451 Nach § 51 MarkenG kann die Eintragung einer Marke für nichtig erklärt und gelöscht werden, wenn ihr relative Schutzhindernisse in Form kollidierender Rechte mit älterem Zeitrang gem. §§ 9 bis 13 MarkenG entgegenstehen.[960] Hinsichtlich der Nichtigkeitsgründe kann auf die Ausführungen zu den relativen Schutzhindernissen Bezug genommen werden. Inhaber älterer Rechte, die keinen Widerspruch eingelegt haben, sind nicht gehindert, nach Ablauf der Widerspruchsfrist die Löschung der jüngeren Marke zu betreiben. Auch wenn ein Widerspruchsverfahren erfolglos durchgeführt wurde, kann der Inhaber des älteren Rechts anschließend noch ein Nichtigkeitsverfahren betreiben. Ein Bindung an die Entscheidung im Widerspruchsverfahren besteht nicht.[961]

452 Eine Löschung der Marke ist unter dem Gesichtspunkt der **Verwirkung** ausgeschlossen, wenn der Antragsteller die Benutzung der jüngeren Marke über einen Zeitraum von fünf aufeinander folgenden Jahren hinweg in Kenntnis dieser Benutzung geduldet hat, sofern der Inhaber der jüngeren Marke bei deren Anmeldung nicht bösgläubig gehandelt hat.[962]

453 Ferner kommt eine Löschung nicht in Betracht, wenn die ältere Marke am Anmelde- oder Prioritätstag der angegriffenen Marke wegen Verfalls oder Bestehens absoluter Schutzhindernisse **löschungsreif** war, § 51 Abs. 4 MarkenG.

454 Im Übrigen kann die **Einrede** der fehlenden rechtserhaltenden Benutzung der älteren Marke erhoben, §§ 53 Abs. 6 bzw. 55 Abs. 3 MarkenG.[963] Auch hier ist jeweils in S. 2 eine sog. „zweite Einrede" für den Fall vorgesehen, dass die fünfjährige Nichtbenutzung nach Antragstellung bzw. Klageerhebung endet.[964]

X. Erinnerung, Beschwerde und Rechtsbeschwerde

455 Gegen Entscheidungen der Markenstellen des DPMA steht der Rechtsbehelf der Erinnerung zur Verfügung. So kann zB gegen den Beschluss, mit dem die Anmeldung eines Zeichens zurückgewiesen wird, Erinnerung eingelegt werden, § 64 MarkenG. Der Rechtsbehelf der Erinnerung steht auch den Parteien des Widerspruchsverfahrens zur Verfügung. Wurde die Erstentscheidung des DPMA von einem Beamten des höheren Dienstes erlassen, steht die Erinnerung nicht zur Verfügung. In diesem Fall ist gegen den Erstbeschluss sogleich Beschwerde einzulegen.[965] Welches Rechtsmittel im konkreten Fall einzulegen ist, ergibt sich jeweils aus der Rechtsbehelfsbelehrung. Die Erinnerung ist innerhalb eines Monats nach Zustellung des Beschlusses beim DPMA einzulegen, § 64 Abs. 2 MarkenG. Dies muss schriftlich geschehen, wobei eine bestimmte Form nicht vorgeschrieben ist. Innerhalb der Frist muss auch die Erinnerungsgebühr bezahlt werden, § 6 Abs. 1 S. 1 PatKostG. Eine Begründung ist nicht vorgeschrieben, jedoch zu empfehlen. Die Begründung kann auch nach Ablauf der Erinnerungsfrist nachgereicht werden. Zuständig für die Entscheidung ist der sog. Erinnerungsprüfer, ein Beamter des höheren Dienstes. Die Erstentscheidung wird hierbei vollinhaltlich überprüft, wobei das Verbot der Schlechterstellung gilt. Die Entscheidung ergeht durch Beschluss und ist zu begründen.

---

959 BGH GRUR 2004, 790 – Gegenabmahung; GRUR 2001, 242 – Class E; GRUR 2000, 1032 (1034) – Equi2000; Ingerl/Rohnke MarkenG vor §§ 14–19 Rn. 328.

960 → Rn. 111 ff.

961 Ströbele/Hacker/Thiering MarkenG § 55 Rn. 11; zu den Unterschieden der beiden Verfahren s. Hacker GRUR 2019, 113.

962 § 51 Abs. 2 MarkenG; zu den Grundsätzen der Verwirkung → Rn. 358 ff.

963 → Rn. 330 ff.

964 Zur Vereinbarkeit mit der MRL s. Ströbele/Hacker/Thiering MarkenG § 55 Rn. 82.

965 §§ 66 Abs. 1 iVm 56 Abs. 2, 64 Abs. 1 MarkenG.

456 Wird über eine Erinnerung **nicht innerhalb von sechs Monaten** entschieden, kann unter bestimmten Voraussetzungen gegen den Erstbescheid unmittelbar Beschwerde eingelegt werden, ohne dass die Entscheidung im Erinnerungsverfahren abgewartet werden muss.[966]

457 Anstelle der Erinnerung kann aber auch sogleich **Beschwerde** zum BPatG eingelegt werden, § 64 Abs. 6 MarkenG.[967] Die Parteien können dadurch das Verfahren unter Vermeidung einer Instanz beschleunigen. Auch gegen die im Erinnerungsverfahren ergangenen Beschlüsse sowie gegen Erstentscheidungen, die von einem Beamten des höheren Dienstes erlassen wurden, findet die Beschwerde zum BPatG statt, § 66 MarkenG. Die Beschwerde ist innerhalb eines Monats nach Zustellung des angegriffenen Beschlusses schriftlich beim DPMA einzulegen. Mit der Beschwerde ist eine Beschwerdegebühr innerhalb der Beschwerdefrist beim DPMA einzuzahlen. Wird die Gebühr nicht rechtzeitig gezahlt, gilt die Beschwerde als nicht eingelegt, § 82 Abs. 1 MarkenG iVm § 6 Abs. 2 PatKostG. Eine bestimmte Form ist auch hier nicht vorgeschrieben, die Beschwerdeschrift muss lediglich die ausdrückliche Erklärung enthalten, dass Beschwerde gegen die näher zu bezeichnende Vorentscheidung eingelegt wird. Bestimmter Anträge oder eine Begründung bedarf es für die Wirksamkeit nicht.[968] Vor dem BPatG besteht kein Anwaltszwang. Eine mündliche Verhandlung findet statt, wenn sie von den Beteiligten beantragt oder vom Gericht für sachdienlich erachtet wird oder wenn eine Beweiserhebung erforderlich ist, § 69 MarkenG. Über die Beschwerde entscheidet ein Beschwerdesenat des BPatG, § 67 Abs. 1 MarkenG. Die Entscheidung des Gerichts ergeht durch Beschluss, §§ 70, 79 MarkenG. Im Übrigen kann zum Verfahren vor dem BPatG auf die Regelungen in §§ 72 bis 79 MarkenG Bezug genommen werden. Grundsätzlich können auch im Beschwerdeverfahren neue Tatsachen von den Parteien vorgebracht werden. Hinsichtlich der Kosten gilt, dass diese einer Partei auferlegt werden können, wobei in der Praxis allerdings nahezu immer entschieden wird, dass jede Partei ihre Kosten selbst trägt, § 71 Abs. 1 MarkenG.

458 Gegen Beschlüsse des BPatG kann **Rechtsbeschwerde zum BGH** eingelegt werden, wenn das BPatG die Rechtsbeschwerde in dem anzugreifenden Beschluss ausdrücklich zugelassen hat, § 83 Abs. 1 MarkenG. Die Rechtsbeschwerde muss zugelassen werden, wenn eine Rechtsfrage von grundsätzlicher Bedeutung zu entscheiden ist oder wenn die Fortbildung des Rechts oder die Sicherung einer einheitlichen Rechtsprechung eine Entscheidung des BGH erfordert. Ausnahmsweise ist die Rechtsbeschwerde auch ohne Zulassung möglich, wenn schwerwiegende Verfahrensmängel vorliegen, wie etwa bei Besetzungsmängeln oder einer fehlenden Begründung.[969] Die Rechtsbeschwerde ist innerhalb eines Monats nach Zustellung des Beschlusses beim BGH schriftlich einzulegen. Es besteht Anwaltszwang. Die Rechtsbeschwerde ist auch zu begründen. Hinsichtlich des Verfahrensablaufs der Rechtsbeschwerde wird auf die Regelungen in den §§ 84 bis 90 MarkenG verwiesen.

XI. Kollektiv- und Gewährleistungsmarken

459 Die §§ 97 bis 106h MarkenG enthalten Sondervorschriften für sog. Kollektivmarken und Gewährleistungsmarken.

460 **Kollektivmarken** iSd 97 MarkenG dienen, anders als Einzelmarken, nicht dazu, auf die Herkunft der Produkte aus einem bestimmten Geschäftsbetrieb hinzuweisen. Ihre Funktion besteht vielmehr darin, die Produkte der Kollektivmitglieder von denjenigen der nicht kollektivangehörigen Unternehmen zu unterscheiden.[970] Nach Abs. 1 können Kollektivmarken auch eingetragen werden, wenn sie geeignet sind, Produkte nach deren geografischer Herkunft, Art, Qualität oder sonstigen Eigenschaften von anderen Produkte zu unterscheiden. Kollektivmarken werden in der Praxis häufig für Produkte eingesetzt, die sich aus Sicht der angesprochenen Verkehrskreise nicht oder nicht ausschließlich durch die Herkunft aus einem bestimmten Unternehmen, sondern durch bestimmte Eigenschaften der betroffenen Waren, wie etwa die Qualität oder die geografische Herkunft auszeichnen. So kann zB bei Zusammenschlüssen kleinerer oder mittlerer Unternehmen oder Handwerksunternehmen das Bedürfnis bestehen, im Verkehr eine Kollektivmarke als Qualitätsmerkmal einzusetzen.[971] Auch in Franchisesystemen kann die Benutzung einer Kollektivmar-

[966] Sog. „Durchgriffsbeschwerde", § 66 Abs. 3 MarkenG.
[967] BeckOK MarkenR/Albrecht § 66 Rn. 7.
[968] Hierzu im Einzelnen Ströbele/Hacker/Thiering MarkenG § 66 Rn. 40.
[969] BGH GRUR 97, 636 – Makol; ausf. Fezer MarkenG § 83 Rn. 1 ff.
[970] Zur Kollektivmarke allg. Helm WRP 1999, 41.
[971] ZB das Zeichen „WKS Möbel", BGH GRUR 1994, 381; BGHZ 21, 182 – Ihr Funkberater.

ke anstelle einer Lizenzierung einer Einzelmarke sinnvoll sein. Kollektivmarken werden häufig auch in Form von Güte- oder Garantiezeichen eingetragen.

Für Kollektivmarken gelten die **allgemeinen Vorschriften** des MarkenG, soweit sich aus den §§ 97 bis 106 MarkenG nichts anderes ergibt. Inhaber von Kollektivmarken können nur rechtsfähige Verbände und juristische Personen des öffentlichen Rechts sein, § 98 MarkenG. In Abweichung von normalen Marken können auch geografische Herkunftsangaben als Kollektivmarken registriert werden, § 99 MarkenG. 461

Mit der Anmeldung der Marke muss beim DPMA eine **Markensatzung** eingereicht werden, die die in § 102 Abs. 2 MarkenG näher genannten Regelungen enthält. Dazu gehören auch die Bedingungen für die Benutzung der Kollektivmarke sowie Angaben zum Kreis der Nutzungsberechtigten. Nutzungsberechtigt sind in erster Linie Mitglieder des Verbandes, soweit sie die in der Satzung geregelten Voraussetzungen erfüllen. Auch Nichtmitglieder können, zB im Wege der Lizenzeinräumung, nutzungsberechtigt sein. Bei geografischen Herkunftsangaben muss die Satzung darüber hinaus vorsehen, dass jede Person, deren Waren/Dienstleistungen aus dem entsprechenden Gebiet stammen und die die Benutzungsbedingungen erfüllt, die Benutzungsberechtigung erhalten muss, § 102 Abs. 3 MarkenG. Bei anderen Kollektivmarken kann sich ein Anspruch auf Aufnahme in den Kreis der Nutzungsberechtigten auch aus wettbewerbsrechtlichen und kartellrechtlichen Gesichtspunkten ergeben. Verstößt ein Verbandsmitglied bei der Benutzung der Kollektivmarke gegen die Bedingungen der Markensatzung, so kann der Markeninhaber das Verbandsmitglied in entsprechender Anwendung des § 30 Abs. 2 Nr. 2 MarkenG (der die Ansprüche des Lizenzgebers gegen einen Lizenznehmer im Falle der Markenverletzung regelt) wegen einer Verletzung der Kollektivmarke in Anspruch nehmen. 462

Ein **Verfall** der Kollektivmarke tritt nach § 105 MarkenG dann ein, wenn der Inhaber der Kollektivmarke nicht mehr besteht, im Übrigen jedoch auch bereits dann, wenn der Markeninhaber keine geeigneten Maßnahmen trifft, um eine missbräuchliche Benutzung der Kollektivmarke zu verhindern.[972] Ändert der Markeninhaber nachträglich die Markensatzung, so muss er darauf achten, dass die geänderte Fassung weiterhin den Voraussetzungen der §§ 102, 103 MarkenG entspricht. Andernfalls tritt ein Verfall der Marke ein und damit das Risiko, dass die Marke aus diesem Grund gelöscht wird. 463

Gewährleistungsmarken iSd § 106a MarkenG dienen dazu, in Bezug auf die beanspruchten Waren und Dienstleistungen das Vorliegen bestimmter Eigenschaften zu gewährleisten. Erfasst werden das Material, die Art und Weise der Herstellung bzw. Erbringung der Waren/Dienstleistungen sowie die Qualität, die Genauigkeit und andere Eigenschaften mit Ausnahme der geografischen Herkunft. Die Gewährleistungsmarke muss geeignet sein, Waren und Dienstleistungen, für die eine Gewährleistung im obigen Sinn besteht, von solchen Produkten zu unterscheiden, für die eine entsprechende Gewährleistung nicht besteht. 464

Der deutsche Gesetzgeber hat insoweit von der Möglichkeit des Art. 28 Abs. 1 MRL Gebrauch gemacht, um das deutsche Recht auch in diesem Punkt dem System der Unionsmarke anzugleichen. Auf Gewährleistungsmarken sind gem. § 106a Abs. 2 MarkenG die **allgemeinen Vorschriften** anwendbar, soweit in den §§ 106a bis 106h MarkenG keine abweichenden Regelungen aufgestellt werden. Nach § 106b Abs. 1 MarkenG kann Inhaber einer Gewährleistungsmarke nur jemand sein, der keine Tätigkeit ausübt, die die Lieferung der beanspruchten Waren/Dienstleistungen umfasst (sog. formalisiertes Neutralitätsgebot). Als Benutzung iSd § 26 MarkenG gilt jede ernsthafte Benutzung der Gewährleistungsmarke durch mindestens eine hierzu befugte Person, § 106b Abs. 2 MarkenG.[973] 465

XII. Geografische Herkunftsangaben

Das MarkenG regelt auch den Schutz geografischer Herkunftsangaben, § 1 Nr. 3 MarkenG. Die §§ 126 bis 139 MarkenG enthalten hierzu die entsprechenden Vorschriften. Internationale Abkommen und nationale Spezialgesetzen enthalten zusätzliche Bestimmungen zum Schutz bestimmter geografischer Herkunftsangaben.[974] Die geografische Herkunftsangabe ist, anders als die Marke, kein subjektives Recht. Sie hat daher keinen Inhaber. Zweck der Vorschriften über den Schutz geografischer Herkunftsangaben ist der Schutz vor Irreführung. 466

[972] S. auch EuGH GRUR-RR 2020, 250 (252) – Der Grüne Punkt.
[973] Ausf. BeckOK MarkenR/Vohwinkel § 106a Rn. 1 ff.
[974] Erg. Ströbele/Hacker/Thiering MarkenG § 126 Rn. 16 ff.

467 Als geografische Herkunftsangaben schutzfähig sind nach § 126 Abs. 1 MarkenG die Namen von Orten, Gegenden, Gebieten oder Ländern, darüber hinaus aber auch anderen Angaben, die im geschäftlichen Verkehr zur Kennzeichnung der geografischen Herkunft von Produkten benutzt werden. Voraussetzung ist, dass der Verkehr die betreffenden Angabe überhaupt als geografische Herkunftsangabe versteht, was nur bei völlig unbekannten Ortsangaben fraglich sein kann.[975] Daneben kommt auch für sog. **mittelbare geografische Herkunftsangaben** ein Schutz in Betracht, sofern der Verkehr aus diesen Angaben auf eine bestimmte geografische Herkunft schließt. Dies betrifft zB Wahrzeichen, Flaggen, Nationalfarben oder auch bestimmte Flaschenformen.[976] Keinen Schutz genießen solche Angaben, die sich zu Gattungsbezeichnungen entwickelt haben, § 126 Abs. 2 MarkenG.[977]

468 Den Schutz geografischer Herkunftsangaben können alle Unternehmen in Anspruch nehmen, die Waren oder Dienstleistungen in dem entsprechenden Gebiet herstellen oder erbringen. Unternehmen, deren Waren oder Dienstleistungen nicht aus dem betreffenden geografischen Gebiet stammen, dürfen eine geografische Herkunftsangabe nicht benutzen, wenn dies eine **Gefahr der Irreführung** über die geografische Herkunft bei den angesprochenen Verkehrskreisen hervorruft, § 127 Abs. 1 MarkenG. Einen weiterreichenden Schutz genießen sog. qualifizierte Herkunftsangaben, bei denen sich die Produkte aus der betreffenden Region durch besondere Eigenschaften oder eine besondere Qualität auszeichnen § 127 Abs. 2 MarkenG. Eine qualifizierte Herkunftsangabe darf nur benutzt werden, wenn die entsprechenden Produkte aus dem genannten Gebiet stammen und zusätzlich die besonderen Eigenschaften oder die besondere Qualität auch tatsächlich aufweisen.[978] Unabhängig vom Bestehen einer Irreführungsgefahr genießen bekannte geografische Herkunftsangaben auch einen besonderen Schutz gegen Verwässerung und Ausnutzung oder Beeinträchtigung ihres Rufes durch Produkte anderer Herkunft.[979]

469 Der Schutz der geografischen Herkunftsangabe richtet sich auch gegen Bezeichnungen, die den **geschützten Herkunftsangaben nur ähnlich** sind, wenn trotz bestehender Abweichungen die Gefahr einer Irreführung über die geografische Herkunft besteht oder im Falle einer bekannten geografischen Herkunftsangabe deren guter Ruf ausgenutzt oder deren Unterscheidungskraft verwässert wird, § 127 Abs. 4 MarkenG. Eine kennzeichenmäßige Benutzung oder blickfangartige Herausstellung der geografischen Bezeichnung ist keine Voraussetzung für eine Verletzungshandlung. So kann auch die Einbindung des Begriffs in einen Werbeslogan geeignet sein, den Schutz der geografischen Herkunftsangabe zu verletzen.[980] Hinsichtlich der Bedeutung des Begriffs der Ähnlichkeit kann auf die Ausführungen zur Verwechslungsgefahr bei Marken zurückgegriffen werden.[981]

470 Im Einzelfall können sog. **entlokalisierende** oder aufklärende Zusätze den Verletzungsvorwurf entfallen lassen. Dies wird man bei dem Zusatz „nach Art von …" nicht ohne weiteres bejahen können. Entscheidend sind die Umstände des Einzelfalles.[982]

471 Die nach § 127 MarkenG **unzulässige Benutzung** der geografischen Herkunftsangabe löst Unterlassungsansprüche und bei schuldhafter Verletzung Schadensersatzansprüche aus, § 128 MarkenG. Aktivlegitimiert sind nicht nur die in dem betreffenden geografischen Gebiet ansässigen Unternehmen,[983] sondern auch die in § 8 Abs. 3 UWG genannten Gewerbetreibenden und Verbände. Dies sind Mitbewerber, Verbraucherschutzverbände, Industrie- und Handelskammern sowie Handwerkskammern. Den genannten Personen und Unternehmen stehen auch die Ansprüche gem. §§ 18 ff. MarkenG zu.

472 Die §§ 130 bis 139 MarkenG enthalten **ergänzende Bestimmungen** zur Verordnung (EWG) Nr. 2081/92 des Rates vom 14.6.1992 zum Schutz von geografischen Angaben und Ursprungsbezeichnungen für Agrarerzeugnisse und Lebensmittel.

---

975 EuGH GRUR 1999, 723 – Chiemsee; diff. BGH GRUR 1999, 252 (254) – Warsteiner II.

976 BGH GRUR 1971, 313 (314) – Bocksbeutelflasche; Ingerl/Rohnke MarkenG § 126 Rn. 6 mwH.

977 ZB Prager Schinken, Wiener Schnitzel, Fezer MarkenG § 126 Rn. 16; zur Möglichkeit der Rückentwicklung zu einer geografischen Herkunftsangabe Fezer MarkenG § 126 Rn. 27.

978 Erg. Ströbele/Hacker/Thiering MarkenG § 127 Rn. 30 ff.

979 BGH GRUR 1988, 453 – Ein Champagner unter den Mineralwässern; Ströbele/Hacker/Thiering MarkenG § 127 Rn. 36.

980 BGH GRUR 2002, 426 – Champagner bekommen, Sekt bezahlen; s. a. GRUR 2005, 957 – Champagner Bratbirne.

981 OLG Frankfurt GRUR Int 1997, 751 – Cambozola; erg. Ingerl/Rohnke MarkenG § 127 Rn. 20.

982 Vgl. BGH GRUR 2002, 1074 – Original Oettinger; GRUR 1982, 564 (569) – Elsässer Nudeln: deutsche Firmenbezeichnung beseitigt Verletzung der ausländischen geografischen Herkunftsangabe nicht; GRUR 1971, 29 – Deutscher Sekt; erg. Fezer MarkenG § 127 Rn. 32 f.

983 BGH GRUR 2007, 884 – Cambridge Institut.

XIII. Verletzungsverfahren

Für Prozesse wegen Verletzung von Kennzeichenrechten steht der Rechtsweg zu den ordentlichen Gerichten offen. Dies gilt nicht nur für die Geltendmachung der in den §§ 14 bis 19c MarkenG näher bezeichneten Ansprüche, sondern auch für das Verfalls- und Nichtigkeitsverfahren gem. § 55 MarkenG. 473

Unabhängig vom Streitwert besteht eine **ausschließliche Zuständigkeit der Landgerichte**, § 140 Abs. 1 MarkenG. Allerdings haben alle Bundesländer gem. § 140 Abs. 2 MarkenG die Zuständigkeit für Kennzeichenstreitsachen auf bestimmte Landgerichte konzentriert.[984] Der Begriff der Kennzeichenstreitsache ist weit auszulegen und betrifft Verfahren, in denen ein Anspruch aus einem im MarkenG geregelten Rechtsverhältnis geltend gemacht wird. Hierunter fallen auch vertragliche Ansprüche, sofern sie Kennzeichenrechte betreffen[985] sowie auch der Anspruch auf Erstattung außergerichtlicher Abmahnkosten.[986] Markensachen sind nach § 95 Abs. 1 Nr. 4c GVG Handelssachen und fallen somit in den Zuständigkeitsbereich einer Handelskammer. 474

Wirkt aufseiten der Parteien ein **Patentanwalt** mit, so sind dessen Kosten, sofern es sich um eine Kennzeichenstreitsache handelt, stets in voller Höhe als erstattungsfähig anzuerkennen, § 140 Abs. 3 MarkenG. Damit wird unwiderlegbar unterstellt, dass bei Kennzeichenstreitsachen, in denen neben einem Rechtsanwalt ein Patentanwalt auftritt, dessen Mitwirkung notwendig war.[987] 475

Für die **örtliche Zuständigkeit** gelten die allgemeinen Vorschriften der §§ 12 ff. ZPO.[988] Örtlich zuständig ist demnach in erster Linie das Gericht, in dessen Bezirk die Verletzungshandlung begangen wurde oder das Gericht, an dem der Beklagte seinen Sitz hat, wobei jeweils die oben erwähnte Zuständigkeitskonzentration zu berücksichtigen ist. In der Praxis spielt der Gerichtsstand der unerlaubten Handlung eine bedeutende Rolle. Der Rechtsinhaber hat insoweit die Wahl zwischen den Landgerichten, in deren Bezirk die Kennzeichenverletzung begangen wurde oder zumindest droht. Wird die Verletzungshandlung in bundesweit verbreiteten Medien, wie etwa Presseerzeugnissen, oder im Internet vorgenommen, so besteht eine örtliche Zuständigkeit aller Kennzeichenstreitgerichte. Ein Gerichtsstand kann durch den Rechtsinhaber auch durch Testkäufe oder Testbestellungen begründet werden.[989] 476

Für das **einstweilige Verfügungsverfahren** gelten keine Besonderheiten. Auch hier sind ausschließlich die Kennzeichenstreitgerichte zuständig. Das Bestehen einer Dringlichkeit wird gem. § 140 Abs. 3 MarkenG grundsätzlich vermutet. In Fällen offensichtlicher Rechtsverletzung kann ein Auskunftsanspruch auch im Wege der einstweiligen Verfügung durchgesetzt werden, § 19 Abs. 3 MarkenG. 477

§ 142 MarkenG sieht unter bestimmten Voraussetzungen die Möglichkeit einer **Streitwertbegünstigung** vor. 478

XIV. Beratungschecklisten

Checkliste: Markenanmeldung 479

☐ Festlegung der Markenform
- Wortmarke oder kombinierte Wort-/Bildmarke?
  Wird eine Wortmarke in einer besonderen grafischen Gestaltung oder in Kombination mit einem Logo benutzt, wird es meist sinnvoll sein, sowohl das Wort als auch das Logo markenrechtlich schützen zu lassen. An diesem Punkt ist zu entscheiden, ob eine kombinierte Wort-/

[984] Zu den zuständigen Landgerichten s. Ströbele/Hacker/Thiering MarkenG § 140 Rn. 55 ff.; für Unionsmarkenstreitsachen wurde die sachliche Zuständigkeit bestimmten Landgerichten ausdrücklich zugewiesen. Nicht jedes nationale Kennzeichenstreitgericht nach § 140 MarkenG ist zugleich auch für Unionsmarkenstreitsachen zuständig.

[985] BGH GRUR 2004, 622 – ritter.de; Ingerl/Rohnke MarkenG § 140 Rn. 13.

[986] Vgl. Fezer MarkenG § 140 Rn. 5 ff.

[987] BGH GRUR 2012, 756 (757) – Kosten des Patentanwalts III.

[988] Zur internationalen Zuständigkeit s. BGH GRUR 2020, 647 (€50) – Club Hotel Robinson; BeckOK MarkenR/Gruber § 140 Rn. 89 ff.

[989] Ingerl/Rohnke MarkenG § 140 Rn. 50.

Bildmarke eingereicht werden soll oder ob eine gesonderte Wortmarke und zusätzlich eine Bildmarke angemeldet werden soll. Grundsätzlich ist die getrennte Anmeldung vorzuziehen, da hierdurch für Wort und Bild ein eigenständiger und im Zweifel auch weitergehender Schutzumfang begründet wird als bei der kombinierten Marke. Ist demgegenüber der Wortbestandteil für sich gesehen nicht schutzfähig (da ihm jegliche Unterscheidungskraft fehlt oder ein Freihaltebedürfnis besteht), ergibt sich die Schutzfähigkeit der Marke demgegenüber erst aus der Kombination mit dem Bildbestandteil, sodass hier nur die Anmeldung des kombinierten Zeichens in Betracht kommt.

- Anmeldung in Farbe oder in schwarz/weiß?
  Der Schutz der Schwarz/Weiß-Marke umfasst alle denkbaren Farbdarstellungen im Wege des Verwechslungsschutzes, sodass ihr im Zweifel der Vorzug zu geben ist. Kommt es dem Anmelder jedoch gerade auf die farbliche Gestaltung an (da es sich zB um eine „Hausfarbe" handelt), oder ergibt sich die Schutzfähigkeit der Marke überhaupt erst aus der farblichen Gestaltung, so sollte die Anmeldung in Farbe erfolgen.
- Ist absehbar, dass eine Wortmarke wegen Fehlens jedweder Unterscheidungskraft oder Bestehen eines Freihaltebedürfnisses nicht schutzfähig ist, sollte sie in grafisch verfremdeter Form oder in Kombination mit einem Logo oder einem sonstigen Bildbestandteil angemeldet werden, um hierdurch die Schutzfähigkeit des Gesamtzeichens zu begründen. Es darf allerdings nicht übersehen werden, dass auch hierdurch ein isolierter Schutz für den schutzunfähigen Markenbestandteil nicht erreicht werden kann.
- Bei der Festlegung der Markenform sollte berücksichtigt werden, dass die Marke später auch in der eingetragenen Form und/oder Farbe benutzt werden muss. Wird die Marke in einer abweichenden Form benutzt, so kann dies zum Verlust des Markenrechts führen.

☐ Wurden Recherchen durchgeführt, um festzustellen, ob die gewünschte Marke nicht bereits anderweitig geschützt ist und damit relative Schutzhindernisse einer Eintragung entgegenstehen?
Neben eingetragenen Marken kommen auch Firmennamen, Internetdomains, durch Benutzung erworbene Markenrechte und Werktitel als relative Schutzhindernisse in Betracht, sodass auch die Durchführung entsprechender Firmen-, Domain- oder Titelrecherchen sinnvoll sein kann.

☐ Es muss festgelegt werden, für welche Waren/Dienstleistungen der Markenschutz beansprucht werden soll. Bei der Formulierung eines Waren/Dienstleistungsverzeichnisses kann auf die vom DPMA herausgegebene Empfehlungsliste für die Klasseneinteilung und die dort enthaltenen Formulierungsvorschläge zurückgegriffen werden. In jedem Fall müssen die einzelnen Waren und Dienstleistungen hinreichend bestimmt und verständlich bezeichnet werden.

☐ Die Anmeldung selbst sollte mittels des vom DPMA herausgegebenen Formulars eingereicht werden.

☐ Die Anmeldung muss in jedem Fall den Namen und die Adresse des Anmelders, eine Angabe der Markenform, eine Wiedergabe der Marke sowie ein Verzeichnis der Waren und Dienstleistungen enthalten. Handelt es sich nicht um eine Wortmarke, müssen zusätzliche Anforderungen an die Darstellung der Marke berücksichtigt werden. Beim Ausfüllen des Formulars sollte das vom DPMA zu diesem Zweck herausgegebene Merkblatt beigezogen werden.

☐ Verfügt der Anmelder bereits über korrespondierende Markenanmeldungen in anderen Staaten, ist zu prüfen, ob gegebenenfalls die Inanspruchnahme einer Priorität nach dem PVÜ in Anspruch genommen werden kann.

☐ Falls der Schutz der nationalen Marke im Wege einer internationalen Registrierung nach dem Madrider Markenabkommen auf andere Staaten ausgedehnt werden soll, kann es sinnvoll sein, eine beschleunigte Prüfung der deutschen Anmeldung zu beantragen.

☐ Die amtlichen Anmeldegebühren müssen innerhalb der vom DPMA gesetzten Frist einbezahlt werden.

☐ Wird die Marke wegen Bestehens eines absoluten Schutzhindernisses vom Amt als nicht eintragungsfähig beanstandet, sollte, sofern die Rechtslage nicht eindeutig ist, von der Möglichkeit einer schriftlichen Stellungnahme Gebrauch gemacht werden.

☐ Wird gegen die Eintragung der Marke Widerspruch eingelegt, sollte stets geprüft werden, ob die Widerspruchsmarke benutzungspflichtig ist und demnach die Möglichkeit besteht, die Einrede der fehlenden Benutzung zu erheben.

Checkliste: Widerspruchsverfahren 480

- ☐ Der Widerspruch kann insbesondere gestützt werden auf eine beim DPMA angemeldete oder eingetragene Marke, eine angemeldete oder eingetragene Gemeinschaftsmarke, eine IR-Marke, sofern sie Schutz im Inland genießt, eine Benutzungsmarke (§ 4 Nr. 2 MarkenG) oder ein Zeichenrecht nach § 5 MarkenG.
- ☐ Vor Einlegung eines Widerspruchs sollte sichergestellt werden, dass das eigene Markenrecht vor der anzugreifenden Marke angemeldet wurde und damit die bessere Priorität besitzt. Hierbei sollte auch die Möglichkeit berücksichtigt werden, dass der Inhaber der angegriffenen Marke unter Umständen auch noch über andere Kennzeichenrechte verfügt, die ihrerseits älter sind als das eigene Recht. Der Widerspruch kann in diesem Fall eine Gegenreaktion auslösen, die das eigene Recht ernsthaft gefährdet. Im Zweifelsfall empfiehlt es sich, nähere Recherchen durchzuführen.
- ☐ Der Widerspruch kann auf die Kollisionstatbestände des § 9 Abs. Nr. 1 MarkenG (Identität der Marken) oder § 9 Abs. 1 Nr. 2 MarkenG (Verwechslungsgefahr) gestützt werden, sowie auf § 9 Abs. 1 Nr. 3 MarkenG (Schutz der bekannten Marke).
- ☐ Ist die eigene Marke bereits benutzungspflichtig, sollte vor Einlegung des Widerspruchs geprüft werden, ob die Marke entsprechend den Vorschriften über den Benutzungszwang in rechtserhaltender Weise benutzt worden ist. Andernfalls besteht die Gefahr, dass der Inhaber der angegriffenen Marke die Einrede der fehlenden Benutzung erhebt und unter Umständen sogar die Löschung der eigenen Marke wegen Verfalls beantragt.
- ☐ Der materiell-rechtliche Inhaber der Marke und der im Register eingetragene Inhaber müssen übereinstimmen. Ist die Marke übertragen worden und der neue Inhaber noch nicht im Register eingetragen, muss innerhalb der Widerspruchsfrist der Antrag auf Umschreibung gestellt werden, da der Widerspruch andernfalls nicht wirksam eingelegt werden kann.
- ☐ Die Widerspruchsfrist beträgt drei Monate ab dem Tag, an dem die angegriffene Marke im Markenblatt veröffentlicht worden ist. Innerhalb der Frist muss die Widerspruchsgebühr beim DPMA eingehen.
- ☐ Für die Einlegung des Widerspruches sollte das vom DPMA herausgegebene Formblatt benutzt werden. Der Widerspruch muss in jedem Fall eindeutige Angaben zur angegriffenen Marke und zur Widerspruchsmarke enthalten. Der Widerspruch muss nicht begründet werden. Es empfiehlt sich jedoch, eine Begründung nachzureichen.

Checkliste: Vorgehen im Verletzungsfall 481

a) Vorüberlegungen
- ☐ Liegt ein Kollisionstatbestand des § 14 MarkenG vor?
- ☐ Ist die eigene Marke eingetragen?
- ☐ Ist derjenige, der Ansprüche geltend macht, als Markeninhaber eingetragen?
- ☐ Sofern die Ansprüche auf eine Marke kraft Verkehrsgeltung gestützt werden sollen, ist zu prüfen, ab welchem Zeitpunkt und ob überhaupt die Verkehrsgeltung nachgewiesen werden kann.
- ☐ Ist die eigene eingetragene Marke rechtserhaltend benutzt worden?
- ☐ Kann ausgeschlossen werden, dass der mutmaßliche Verletzer seinerseits ältere Kennzeichenrechte besitzt und damit die Gefahr eines Gegenangriffs besteht?
- ☐ Welches ist die richtige Verfahrensart?
  - Ist die jüngere Marke eingetragen und wird sie nicht benutzt, kommt in Betracht
    - Widerspruch (setzt eigenes Kennzeichenrecht voraus/nur innerhalb dreimonatiger Frist möglich)
    - Klage/Antrag auf Nichtigerklärung
    - Vorbeugende Unterlassungsklage
  - Das jüngere Zeichen wird (auch) benutzt
    - Klage auf Unterlassung, Schadensersatz, Auskunftserteilung, Vernichtung
    - Klage/Antrag auf Nichtigerklärung
    - Bei Vorliegen der Dringlichkeit einstweilige Verfügung auf Unterlassung und Auskunftserteilung

b) Verletzungsprozess
- ☐ ausschließlich zuständig sind die Landgerichte
- ☐ bei der örtlichen Zuständigkeit ist die Konzentration auf wenige Kennzeichengerichte zu beachten.
- ☐ Sofern Verletzungshandlungen an verschiedenen Orten begangen wurden, besteht die Möglichkeit des sog. Forum-Shopping;
- ☐ Wer ist passiv legitimiert? Kann der Betriebsinhaber nach § 14 Abs. 7 MarkenG zusätzlich mit in Anspruch genommen werden? Können Ansprüche auch gegen Organe von juristischen Personen gerichtet werden?

482 **Checkliste: Verteidigungsmöglichkeiten des Beklagten im Verletzungsprozess**

- ☐ Existenz eigener, gegenüber dem Klagezeichen prioritätsälterer Kennzeichenrechte
- ☐ Fehlen einer Verwechslungsgefahr
- ☐ Fehlen ausreichender Bekanntheit der Klagemarke (wenn Ansprüche aus dem Schutz der bekannten Marke hergeleitet werden)
- ☐ Einrede der fehlenden rechtserhaltenden Benutzung der Klagemarke
- ☐ Bestandskraft der eigenen Marke nach § 22 MarkenG
- ☐ Privilegierte Benutzung iSd § 23 MarkenG
- ☐ Verjährung
- ☐ Verwirkung
- ☐ Erschöpfung des Markenrechts
- ☐ Fehlendes Verschulden bei verschuldensabhängigen Ansprüchen

§ 33 Die internationale Registrierung von Marken

Übersicht

I. Grundzüge der internationalen Registrierung

1. Das Madrider System

1 Das **Protokoll zum Madrider Markenabkommen (PMMA)**[1] bildet gemeinsam mit dem formell fortbestehenden, allerdings nicht mehr anwendbaren **Madrider Markenabkommen (MMA)**[2] das **Madrider System** zur internationalen Registrierung von Marken. Das Madrider System wird von der Weltorganisation für Geistiges Eigentum[3] in Genf (Schweiz) verwaltet. Es ermöglicht dem Inhaber einer in einem Vertragsstaat dieser Übereinkünfte eingetragenen bzw. angemeldeten Marke (**Basismarke**) durch eine einzige Registrierung beim Internationalen Büro Schutz für seine Marke auch in anderen Verbandsstaaten zu erlangen. Der Markeninhaber kann im Wege der **wahlweisen Schutzerstreckung** bestimmen, für welche anderen Verbandsländer die Marke international registriert werden soll. Inhalt und Umfang des Schutzes einer IR-Marke in den beanspruchten Verbandsländern bestimmen sich nach dem nationalen Recht der einzelnen Mitgliedsstaaten. Jede dieser Verbandsparteien kann den Schutz für ihren territorialen Geltungsbereich innerhalb bestimmter Fristen versagen. Soweit der Schutz nicht versagt wird, hat die internationale Registrierung in jedem ausgewählten Markenverbandsstaat die Wirkung einer nationalen Eintragung und damit den gleichen Schutz, wie wenn die Marke dort unmittelbar hinterlegt worden wäre.

2 Eine internationale Registrierung ist für den Markeninhaber aus verschiedenen Gründen von Vorteil. Im Vordergrund steht die parallele Markenanmeldung in mehreren Ländern durch die Möglichkeit einer einheitlichen internationalen Registrierung beim Internationalen Büro. Die Formalitäten zur Erlangung des Markenschutzes werden durch dieses Verfahren gegenüber dem Schutzerwerb nach unterschiedlichen Verfahren in den verschiedenen Mitgliedstaaten wesentlich verringert und erleichtert. Diese Praktikabilität einer einzelnen Anmeldung setzt sich auch nach Eintragung der IR-Marke durch eine flexible Gestaltung des weiteren Verfahrens und der Verwaltung der Marke fort. So kann der Schutz einer IR-Marke nach ihrer Eintragung noch auf beliebige weitere Vertragsländer erstreckt werden. Die Eintragung von Änderungen, wie beispielsweise einer Übertragung, oder die Verlängerung der Marke können dennoch weiterhin durch einen einzigen Antrag erledigt werden und müssen nicht für alle beanspruchten Länder einzeln angezeigt oder beantragt werden. Auch dies bedeutet außer der erheblichen Kostenersparnis für den Markeninhaber einen deutlich reduzierten Aufwand gegenüber der Verwaltung einer Vielzahl einzelner nationaler Marken mit unterschiedlichen Schutzfristen im Ausland.

2. Die Verträge und ihre Parteien

3 **a) Die Verträge des Madrider Verbandes.** Das **MMA** wurde im Jahre 1891 abgeschlossen und trat 1892 in Kraft. Im Zuge von Reformbestrebungen wurde das MMA mehrfach revidiert.[4]

4 Das am 27.6.1989 abgeschlossene **PMMA** ist ein **Zusatzvertrag zum MMA** und wird seit dem 1.4.1996 angewendet. Es wurde geschaffen, um bestimmte neue Aspekte in das System der internationalen Registrierung einzuführen und dadurch den Beitritt auch der Länder zu erreichen, für die eine Mitgliedschaft im MMA aufgrund bestimmter Regelungen nicht akzeptabel war.[5] Die

[1] Protokoll zum Madrider Abkommen über die internationale Registrierung von Marken vom 27.6.1989, BGBl. 1995 II 1017, geändert am 3.10.2006 und am 12.11.2007, BGBl. 2008 II 823.

[2] Madrider Abkommen über die internationale Registrierung von Marken vom 14.4.1891, zuletzt revidiert in Stockholm am 14.7.1967, BGBl. 1970 II, 418, geändert am 2.10.1979, BGBl. 1984 II 799.

[3] Die Bezeichnung der Weltorganisation für Geistiges Eigentum in den beiden offiziellen Verfahrenssprachen lautet: WIPO (World Intellectual Property Organization) bzw. OMPI (Organisation Mondiale de la Propriété Intellectuelle).

[4] Die Stockholmer Fassung des MMA ist nach der Bekanntmachung vom 26.2.1971 (BGBl. 1971 II 200) für die Bundesrepublik Deutschland am 22.12.1970 in Kraft getreten; vgl. zu den Revisionen des MMA: Fezer Markenrecht, 4. Aufl. 2009, MMA Vorb. Rn. 2.

[5] Vgl. zur Vorgeschichte des PMMA: Kunze MittdtPatA 1996, 190 (191 ff.); Denkschrift zum PMMA, BlPMZ 1996, 55 f.; WIPO Guide to the International Registration of Marks, Rn. 91, der WIPO Guide ist elektronisch über die Internetseite des Internationalen Büros verfügbar, vgl. www.wipo.int/publications/en/details.jsp?id=4600&plang=EN.

Verträge des Madrider Systems stellen sog. **Sonderabkommen** im Sinne des Art. 19 der Pariser Verbandsübereinkunft zum Schutz des gewerblichen Eigentums (PVÜ)[6] dar, die die Verbandsländer untereinander zum Schutz des gewerblichen Eigentums geschlossen haben. Jeder Staat, welcher der PVÜ angehört, kann gem. Art. 14 Abs. 1 Buchst. a PMMA Mitglied des PMMA werden. Vertragspartei des PMMA können bei Vorliegen der in Artikel 14 Abs. 1 Buchst. b PMMA bestimmten Voraussetzungen zusätzlich auch **zwischenstaatliche Organisationen** mit einem eigenen Markenschutzsystem werden. Hierdurch wurde der **Europäischen Gemeinschaft** der Beitritt ermöglicht und so eine Verbindung des Madrider Verbandes zum System der Unionsmarke geschaffen.

Nachdem am 31.10.2015 mit Algerien das letzte ausschließlich dem Madrider Abkommen angehörende Land dem Madrider Protokoll beitrat, gibt es keinen Mitgliedsstaat der Madrider Union mehr, der nicht auch Mitglied des PMMA ist. Aufgrund des Vorrangs des PMMA erfolgt die internationale Registrierung von Marken nun nur noch nach dem PMMA. Das MMA bleibt in Kraft, gilt aber nur noch bei ausdrücklichem Verweis auf seine Vorschriften. Damit gilt faktisch jetzt ein einheitliches Vertragssystem (**„One-Treaty-System“**) mit übereinstimmenden Regelungen für alle internationalen Registrierungen.[7] 5

Das PMMA wird durch die **Ausführungsordnung zum Protokoll zum Madrider Abkommen über die internationale Registrierung von Marken (PMMAAusfO)**[8] ergänzt, die Einzelheiten des Verfahrens der internationalen Registrierung regelt und die seit dem 1.2.2020 die frühere Gemeinsame Ausführungsordnung (GAusfO) ersetzt. Zusätzlich gibt es seit dem 1.4.2002 **Verwaltungsvorschriften**[9] für die Anwendung der Madrider Verträge, die auf Regel 41 PMMAAusfO beruhen und in der Fassung vom 1.1.2021 in Kraft sind. 6

b) Die Parteien des Madrider Verbandes unter besonderer Berücksichtigung des Beitritts der USA sowie der Europäischen Gemeinschaft. Die Zahl der Länder, die dem Madrider Verband angehören, erhöht sich durch die Beitritte neu hinzukommender Vertragsparteien ständig. Der **aktuelle Stand der Vertragsparteien** kann jederzeit über die Internet Adresse des Internationalen Büros[10] abgefragt werden. 7

Durch die lang erwarteten Beitritte der **USA** im Jahre 2003 und der **Europäischen Gemeinschaft** im Jahre 2004 zum PMMA sind inzwischen zwei der größten Wirtschaftsmärkte der Welt mit dem Madrider System verbunden. Die internationale Registrierung hat hierdurch weiter an Bedeutung gewonnen. Dies gilt sowohl für die Anmelder einzelner Marken als auch für weitere potentielle Beitrittskandidaten. Durch die zusätzliche Einführung von **Spanisch** als dritter Arbeitssprache ist das Madrider System insbesondere für Länder mit dieser Amtssprache attraktiver als bisher. 8

Mit dem Beitritt der Europäischen Gemeinschaft zum Madrider Protokoll entstand eine Verbindung zwischen dem von der Internationalen Behörde verwalteten System und dem System der Unionsmarke, das vom Amt der Europäischen Union für Geistiges Eigentum (EUIPO) in Alicante verwaltet wird und bei dem alle Anmeldungen für eine Unionsmarke eingereicht werden. 9

Seit **Wirksamwerden des Beitritts[11] am 1.10.2004** können sowohl die Anmelder als auch die Inhaber einer Unionsmarke den internationalen Schutz ihrer Marken beantragen, indem sie eine internationale Registrierung beantragen. Umgekehrt haben die Inhaber internationaler Registrierungen das Recht, den Schutz ihrer Marken unter dem System der Unionsmarke zu beantragen. Wie erwartet, macht die letztgenannte Möglichkeit die besondere Attraktivität der Verbindung beider Systeme aus. 10

[6] Pariser Verbandsübereinkunft zum Schutz des gewerblichen Eigentums vom 20.3.1883; revidiert in Brüssel am 14.12.1900, in Washington am 2.6.1911, in Haag am 6.11.1925, in London am 2.6.1934, in Lissabon am 31.10.1958 und in Stockholm am 14.7.1967, BGBl. 1970 II 391; geändert am 2.10.1979, BGBl. 1984 II 799.

[7] Vgl. WIPO Proposal regarding accessions to the Madrid Agreement only, MM/A/50/3, abrufbar unter www.wipo.int/meetings/en/doc_details.jsp?doc_id=340976; vgl. WIPO Information Notice No. 39/2015 vom 2.10.2015; alle WIPO Information Notices abrufbar unter www.wipo.int/madrid/en/notices/index.jsp.

[8] Ausführungsordnung zum Protokoll zum Madrider Abkommen über die internationale Registrierung von Marken (PMMAAusfO) vom 27.8.2020 in der Fassung vom 1.2.2021, BGBl. 2020 II 530, 531, BGBl. 2021 II 144, 348.

[9] Abrufbar unter: wipolex.wipo.int/en/treaties/textdetails/1978.

[10] Vgl. www.wipo.int/madrid/en/members/.

[11] Vgl. Beschluss des Rates vom 27.10.2003 über die Genehmigung des Beitritts der Europäischen Gemeinschaft zu dem am 27.6.1989 in Madrid angenommenen Protokoll zum Madrider Abkommen über die internationale Registrierung von Marken, ABl. EU, L 296 vom 14.11.2003, S. 20 f.

Praxistipp:

Aufgrund der Abhängigkeit einer internationalen Registrierung von ihrer Basismarke in den ersten fünf Jahren nach Eintragung ist die Wahl einer Unionsmarke als Basismarke riskant. Obwohl dies mangels der Erforderlichkeit einer (weiteren) nationalen Registrierung Kosten sparen kann, sollte dieser Weg gut überlegt sein. Denn die Unionsmarke ist nicht nur in einem, sondern derzeit in 27 Ländern möglichen Zurückweisungen ausgesetzt, die die gesamte internationale Registrierung zu Fall bringen können.

11 Wird dagegen der Schutz der Unionsmarke im Rahmen der internationalen Registrierung einer Basismarke anderen Ursprungs beansprucht, hat dies für den Anmelder verschiedene Vorteile. Insoweit ist insbesondere die sog. **„Opting Back Provision"** zu nennen, welche es ermöglicht, im Falle des Scheiterns der Unionsmarke im Rahmen des Systems der internationalen Registrierung eine Umwandlung durch die nachträgliche Benennung einzelner EU-Länder des Madrider Systems zu beantragen.[12]

12 Auch im Hinblick auf den **Beitritt der USA** haben sich die Erwartungen einer intensiven Nutzung des Madrider Systems erfüllt. Die Zahl der IR-Anmeldungen aus den USA ist seit 2003 ständig gestiegen; im Jahre 2020 kamen die meisten IR Anträge aus den USA, gefolgt von Deutschland und China. Gleiches gilt für die Länderbenennungen durch Anmelder anderer Vertragsparteien des Madrider Systems. Auch hier ist die USA (nach der EU und vor China) die zweithäufigst gewünschte Erstreckung.[13] Daneben traten in jüngerer Vergangenheit auch **Kanada** (2019) und **Brasilien** (2019) als bedeutende Wirtschaftsnationen dem Protokoll bei. Erwähnenswert erscheint überdies der Beitritt einiger asiatischer Länder, darunter **Thailand** (2017), **Indonesien** (2018), **Malaysia** (2019) und **Pakistan** (2021), sowie zuletzt der **Vereinigten Arabischen Emirate** (2021) und **Chile** (2022).

13 Für die Inhaber deutscher Marken stellt sich das System der internationalen Registrierung aber insbesondere aufgrund der erweiterten Länderoptionen und einer damit einhergehenden Kostenersparnis gegenüber nationalen Auslandsanmeldungen als weiter optimiertes Instrument eines territorial umfassenden Markenschutzes dar.

14 **c) Das Verhältnis des MMA zum PMMA.** Solange nicht alle Mitgliedsstaaten des MMA dem PMMA beigetreten waren, gab es drei verschiedene Gruppen von Mitgliedern des Madrider Verbandes: Staaten, die nur dem MMA angehören; Staaten und Organisationen, die nur dem PMMA angehören und Staaten, die beiden Abkommen angehören. Da die Bundesrepublik Deutschland beiden Verträgen angehört, ist für die deutschen Anmelder seit jeher das Protokoll anwendbar. Dies gilt seit dem Beitritt Algeriens zum Protokoll seit dem 31.10.2015 nun für alle Mitgliedsstaaten.

15 Obwohl sich die grundsätzlichen Regelungen beider Abkommen weitgehend entsprechen, gibt es einige **wesentliche Unterschiede** zwischen dem MMA und dem PMMA.[14] Ein entscheidender Unterschied besteht darin, dass die internationale Registrierung nach Art. 2 PMMA schon auf Basis einer nationalen **Markenanmeldung** im Ursprungsland beantragt werden kann, während nach Art. 1 Abs. 2 MMA nur eine im Ursprungsland bereits **eingetragene Marke** Grundlage einer IR-Marke sein konnte. Durch die Einführung dieser Neuerung wurde der Forderung der Vorprüfungsländer nach Beseitigung des Ungleichgewichts zwischen Vorprüfungs- und Hinterlegungsländern Rechnung getragen, da nach dem MMA in Staaten mit Vorprüfungsverfahren häufig das Eintragungsverfahren nicht innerhalb der sechsmonatigen Prioritätsfrist des Art. 4 C Abs. 1 PVÜ abgeschlossen werden konnte.[15]

16 Ein zweiter wesentlicher Unterschied des PMMA zum MMA besteht bei Wegfall des Heimatschutzes während der Fünfjahresfrist, innerhalb derer die IR-Marke nach dem in Art. 6 Abs. 2–4 MMA/PMMA geregelten Grundsatz der Akzessorietät in ihrem Bestand von der Heimateintragung abhängig ist. Nach Art. 9^{quinquies} PMMA hat der Inhaber einer innerhalb dieser Frist gelöschten IR-Marke die Möglichkeit, in den von der IR-Marke erfassten Ländern unter Wahrung der

[12] → Rn. 77 ff.

[13] Vgl. hierzu www.wipo.int/madrid/en/statistics/.

[14] Vgl. ausführlich zu den Abweichungen des PMMA vom MMA: Kunze MittdtPatA 1996, 190 (192 ff.); Denkschrift zum PMMA, BlPMZ 1996, 55 (56).

[15] Vgl. zum Interessenkonflikt zwischen Hinterlegungs- und Vorprüfungsländern: Beier/Kur GRUR Int. 1991, 677 (678 ff.).

IR-Priorität die **Umwandlung in nationale Markenanmeldungen** zu beantragen. Darüber hinaus enthält das PMMA abweichende Regelungen hinsichtlich der Schutzverweigerungsfristen vor den regionalen Ämtern sowie die Möglichkeit zur Festlegung individueller Gebühren durch die einzelnen Vertragsparteien. Die Details dieser Regelungen werden unten im Einzelnen erläutert.

3. Die Verfahrensarten

Aufgrund der unterschiedlichen Mitgliedschaften der Verbandsstaaten kamen für die internationale Registrierung früher **drei verschiedene Verfahrensarten** zur Anwendung: Es wurde unterschieden zwischen Verfahren, auf die ausschließlich das MMA Anwendung findet, Verfahren, auf die ausschließlich das PMMA Anwendung findet und Verfahren, auf die beide Abkommen Anwendung finden. Welches Verfahren zur Anwendung kam, hing davon ab, welches Ursprungsland gewählt wurde und auf welche Mitgliedsländer das internationale Gesuch erstreckt werden sollte. 17

Nach der Rückkehr zu einem einheitlichen Vertragssystem auf Grundlage des PMMA ist nunmehr nur noch das Verfahren nach Art. 2 PMMA, Regel 1 (ix) PMMAAusfO möglich. 18

In der **Wahl des Ursprungslandes** und damit der Basis der internationalen Registrierung ist der Anmelder durch die Anforderungen des Verfahrens an seine **Hinterlegungsberechtigung** an die Erfüllung bestimmter Voraussetzungen gebunden. 19

Zur Hinterlegung einer internationalen Registrierung nach dem PMMA berechtigt ist der Antragssteller einer für ihn im Ursprungsland angemeldeten oder eingetragenen Marke dann, wenn er entweder **Angehöriger dieses Staates** ist, dort seinen **Wohnsitz** oder eine tatsächliche und nicht nur zum Schein bestehende **gewerbliche Niederlassung oder Handelsniederlassung** hat. Gemäß **Art. 2 Abs. 1 (i) PMMA** kann der Anmelder das Ursprungsland frei nach Niederlassung, Wohnsitz oder Nationalität wählen. Entsprechendes gilt gemäß Art. 2 Abs. 1 (ii) PMMA, wenn das Basisgesuch über die Behörde einer Vertragsorganisation – wie dem EUIPO – erfolgt. Nach dem PMMA genügt es, wenn die Verbindung des Hinterlegers zum Ursprungsland bzw. einem EU-Land alternativ unter einem der vorgenannten Gesichtspunkte besteht. Die internationale Registrierung kann dann auf Grundlage der Marke im Ursprungsland, der sog. Basismarke bzw. -anmeldung, auf die Länder des PMMA erstreckt werden. 20

Praxistipp:

Da Algerien der einzige Staat war, der nur dem MMA, nicht aber dem PMMA angehörte, kommen die Verfahren nach dem MMA und das Mischgesuch, also das Verfahren nach dem MMA und dem PMMA, derzeit nicht mehr zur Anwendung. Aktuell gilt nur noch das Verfahren nach dem PMMA

4. Die Bundesrepublik Deutschland als Vertragspartei des Madrider Verbandes

Die Bundesrepublik Deutschland ist Vertragspartei sowohl des MMA als auch des PMMA.[16] Das PMMA wurde für die Bundesrepublik Deutschland am 20.3.1996 wirksam.[17] 21

International registrierte Marken betreffen die Bundesrepublik Deutschland dann, wenn entweder die internationale Registrierung auf Grundlage einer deutschen Basismarke erfolgt oder es sich um eine international registrierte Marke handelt, deren Schutz auf die Bundesrepublik Deutschland erstreckt wurde. Im Falle ihrer Schutzbewilligung genießt die Marke in der Bundesrepublik Deutschland dann den gleichen Schutz wie eine in das deutsche Markenregister eingetragene nationale Marke. 22

Die für die **innerstaatliche Umsetzung** erforderlichen Regelungen über die internationale Registrierung von Marken nach dem Madrider System sind im **6. Teil des Markengesetzes**[18] **(§§ 107 bis 118 MarkenG)** enthalten. Im Zuge des zweiten Patentrechtsmodernisierungsgesetzes 23

[16] Vgl. das Beitrittsgesetz zum MMA vom 12.7.1922, RGBl. 1933 I 669; aufgehoben durch Art. 15 Markenrechtsreformgesetz vom 25.10.1994, BGBl. 1994 I 3082; vgl. ausführlich zum Beitritt Deutschlands zum MMA: Beier/Kur GRUR Int. 1991, 677 ff.

[17] Vgl. die Bekanntmachung über das Inkrafttreten des Protokolls über die internationale Registrierung von Marken vom 29.3.1996, BGBl. 1996 II 557.

[18] Gesetz über den Schutz von Marken und sonstigen Kennzeichen (Markengesetz) vom 25.10.1994, BGBl. 1994 I 3082, berichtigt BGBl. 1995 I 156; zuletzt geändert durch Art. 5 des Gesetzes vom 10.8.2021, BGBl. 2021 I 3490.

(2. PatMoG)[19] erfolgte eine **Neuordnung** der Vorschriften des 6. Teils des MarkenG,[20] die die alleinige Anwendbarkeit des PMMA wiederspiegelt.

24 Der den Schutz von Marken nach dem PMMA betreffende vormalige Abschnitt 2 wird zum neuen Abschnitt 1. Die neugefassten §§ 107–111 MarkenG enthalten Regelungen für ein Registrierungsgesuch nach dem PMMA und entsprechen den vormaligen §§ 119–123 MarkenG. In § 107 MarkenG sind nunmehr die Grundregelungen über die ergänzende Anwendbarkeit des Markengesetzes auf internationale Registrierungen normiert. Danach sind die Vorschriften des Markengesetzes auf die internationale Registrierung von Marken entsprechend anzuwenden, soweit sich aus den Regelungen in Teil 6 des Markengesetzes sowie aus den – vorrangigen – Vorschriften des PMMA nichts anderes ergibt. Die §§ 108–111 MarkenG enthalten Regelungen zum Antrag auf internationale Registrierung bzw. zur nachträglichen Schutzerstreckung auf Basis einer deutschen Eintragung oder Anmeldung. Die §§ 112–117 MarkenG bleiben inhaltlich unverändert und enthalten Bestimmungen über die nach Art. 3ter PMMA auf das Gebiet der Bundesrepublik Deutschland erstreckten IR-Marken mit ausländischer Basismarke. § 118 MarkenG enthält die Umsetzung des Art. 9^{quinquies} PMMA und bestimmt die Voraussetzungen der Umwandlung einer nach dem PMMA erfolgten internationalen Registrierung in eine nationale Markenanmeldung.

25 Die Vorschriften des MarkenG werden durch die **§§ 44, 46 der Markenverordnung** (MarkenV)[21] ergänzt, in denen weitere Einzelheiten zu internationalen Registrierungen geregelt sind.

II. Die internationale Registrierung deutscher Marken nach dem PMMA

1. Der Antrag auf internationale Registrierung (Art. 3 Abs. 1–3 PMMA)

26 **a) Das Formblatt für das internationale Gesuch (Regel 9 Abs. 2 PMMAAusfO).** Der Antrag auf internationale Registrierung unterliegt strengen Formerfordernissen, die sich im Einzelnen aus dem PMMA und der PMMAAusfO ergeben. Die Ausführungsordnung zum PMMA verweist zu Detailfragen ihrerseits regelmäßig auf die Verwaltungsvorschriften. Für jede Marke ist ein **gesonderter Antrag** zu stellen. Ein ordnungsgemäßes Gesuch setzt voraus, dass das von der WIPO herausgegebene Formblatt in einer der Verfahrenssprachen vollständig ausgefüllt und unter Beifügung aller notwendigen Unterlagen über das DPMA eingereicht wird.[22]

27 Gesuche nach dem PMMA sind unter Verwendung des **Formblatts MM2**[23] zu beantragen. Die **Sprachregelungen für das Registrierungsgesuch** sind im Einzelnen in Regel 6 PMMAAusfO enthalten. Danach ist es je nach Vorschrift des Staates der Ursprungsbehörde möglich, internationale Gesuche wahlweise in Englisch, Französisch oder Spanisch einzureichen.[24] In Deutschland kann das Gesuch gemäß § 107 Abs. 2 MarkenG nur in französischer oder englischer Sprache eingereicht werden.

28 Die vom Internationalen Büro erstellten Formblätter sind, ebenso wie Anleitungen zum Ausfüllen der Vordrucke, über die Webseiten des DPMA oder der WIPO erhältlich.

Praxistipp:

Die früher zulässige Verwendung selbst gestalteter oder anderer Formblätter ist nach der MarkenV nicht mehr möglich. Die Verwendung der amtlichen Formblätter der Internationalen Behörde ist nach § 44 MarkenV nunmehr zwingend vorgeschrieben.[25]

[19] Zweites Gesetz zur Vereinfachung und Modernisierung des Patentrechts (2.PatMoG) vom 10.8.2021, BGBl. 2021 I 3490; die durch das 2.PatMoG bewirkten Änderungen der §§ 107 bis 118 MarkenG sind ausweislich des Art. 13 Abs. 2 Nr. 5 dieses Gesetzes zum 1.5.2022 in Kraft getreten.

[20] RegE, 2.PatMoG, S. 16 ff., 37, 73, abrufbar unter: www.bmj.de/SharedDocs/Gesetzgebungsverfahren/Dokumente/RegE_PatMog2.pdf?__blob=publicationFile&v=2.

[21] Verordnung zur Ausführung des Markengesetzes vom 11.5.2004, BGBl. 2004 I 872 ff., zuletzt geändert durch Art. 6 des Gesetzes vom 10.8.2021, BGBl. 2021 I 3490.

[22] DPMA, Merkblatt über die internationale Registrierung von deutschen Marken über das Madrider System, S. 3, abrufbar unter www.dpma.de/docs/formulare/marken/m8940.pdf.

[23] Alle Formblätter sind abrufbar unter www.wipo.int/madrid/en/forms/.

[24] Vgl. zur Regel 6 PMMAAusfO; WIPO Information Notice 18/2007.

[25] Vgl. auch Hinweis des DPMA über die Neufassung der Markenverordnung vom 24.6.2016 unter www.dpma.de/dpma/veroeffentlichungen/hinweise/archiv/hinweis_24062016/index.html.

Im Einzelnen sind für das Registrierungsgesuch entsprechend Regel 9 Abs. 4 PMMAAusfO folgende Angaben zu machen:[26] 29

- **Staat der Ursprungsbehörde**

Als Vertragspartei bzw. Staat der Ursprungsbehörde ist – je nach der maßgeblichen Sprachregelung für die gewählte Verfahrensart – **„Germany"** oder **„Allemagne"** anzugeben. 30

- **Angaben zum Hinterleger (Regel 9 Abs. 4 Buchst. a i–iii PMMAAusfO, iVm Teil 4 Abschnitt 12 und 13 der Verwaltungsvorschriften)**

Der Antrag muss die **Namens- und Adressangaben,** sowie eine **E-Mail-Adresse des Hinterlegers** enthalten. 31

- **Berechtigung zur Hinterlegung (Art. 2 Abs. 1 PMMA, Regel 9 Abs. 5 Buchst. b und c PMMA-AusfO)**

Für eine internationale Registrierung sind die bereits dargelegten Bedingungen im Hinblick auf die Vertragspartei zu erfüllen, durch deren Behörde das Hinterlegungsgesuch eingereicht wird. Daher muss der Hinterleger in dem Gesuch seine Verbindung zur Bundesrepublik Deutschland und die daraus folgende Berechtigung zur Einreichung des Registrierungsgesuchs über das DPMA als Ursprungsbehörde angeben. 32

Für die **Hinterlegungsberechtigung nach dem PMMA** reicht es aus, dass entweder eine Niederlassung oder der Wohnsitz in Deutschland ist oder der Anmelder die deutsche Staatsangehörigkeit hat. Damit ist im Falle einer im Ausland bestehenden Niederlassung eine internationale Registrierung auf deutscher Basis auch dann möglich, wenn der Hinterleger seinen Wohnsitz in der Bundesrepublik Deutschland hat oder deutscher Staatsangehöriger ist. 33

Der Begriff der „Niederlassung" umfasst sowohl den Hauptsitz als auch jede Zweigniederlassung eines Unternehmens. Juristisch selbstständige Tochterfirmen fallen aber nicht unter diese Definition. Daher können beispielsweise amerikanische Muttergesellschaften nicht die Adresse einer selbstständigen Tochtergesellschaft in einem europäischen Vertragsstaat des PMMA für eine internationale Registrierung in ihrem eigenen Namen benutzen.[27] 34

- **Angaben zum Vertreter (Regel 3 PMMAAusfO, Teil 4 Abschnitt 12 und 13 der Verwaltungsvorschriften)**

Das Registrierungsgesuch wird in der Regel von einem anwaltlichen Vertreter eingereicht, den der Hinterleger zur Wahrnehmung seiner Interessen vor dem Internationalen Büro bestellt. Die **Namens- und Adressangaben,** sowie eine **E-Mail-Adresse des Vertreters** sind in der entsprechenden Rubrik des internationalen Gesuchs anzuführen. 35

Praxistipp:

Zu beachten ist, dass eine etwaige Bevollmächtigung nur für Tätigkeiten gegenüber dem Internationalen Büro gilt und nicht zugleich für eine später im Falle von Schutzversagungen notwendigen Vertretung vor den Behörden der einzelnen Länder.

- **Basisanmeldung oder Basiseintragung (Art. 2 Abs. 1 PMMA)**

Als Basis der internationalen Registrierung ist die **Registernummer** der deutschen Marke sowie deren **Eintragungsdatum** oder, sofern die internationale Registrierung auf eine Anmeldung gestützt wird, das **Aktenzeichen der Anmeldung** einschließlich der Prüfziffer sowie der zweistelligen Klassenangabe sowie das **Anmeldedatum** anzugeben. Die international zu registrierende Marke muss mit der Basismarke identisch und für die gleichen Waren oder Dienstleistungen eingetragen sein.[28] 36

In der Regel wird das internationale Gesuch eine einzelne Anmeldung oder Eintragung zur Basis haben. Es ist aber auch möglich, ein internationales Gesuch auf mehrere Anmeldungen und/ 37

[26] Vgl. zu weiteren Einzelheiten des Registrierungsgesuchs: WIPO Guide to the International Registration of Marks, Rn. 218–338.

[27] Kunze MittdtPatA 1996, 190 (193), WIPO Guide to the International Registration of Marks, Rn. 157 ff.

[28] Vgl. zur Identität der Marken und unbedeutenden Markenabweichungen, Fezer Markenrecht, 4. Aufl. 2009, MMA Art. 1 Rn. 5.

oder Eintragungen zu stützen, die zusammen die Waren und Dienstleistungen abdecken, die mit der internationalen Registrierung beansprucht werden sollen.[29]

Praxistipp:

Hat der Antrag auf internationale Registrierung eine noch nicht eingetragene, bisher nur angemeldete Marke zur Basis, empfiehlt es sich, mit der Einreichung des Antrages bis zum Erlangen der Kenntnis des Aktenzeichens der Basismarke durch die Empfangsbescheinigung zu warten. Eine Prüfung des internationalen Gesuches ist dem DPMA ohne das Aktenzeichen der Basismarke nicht möglich. Von Vorteil ist daher eine elektronische Basismarkenanmeldung, bei der der Anmelder das Aktenzeichen unmittelbar nach Einreichung über das System erhält.

- **Prioritätsanspruch (Art. 4 C PVÜ, Regel 9 Abs. 4 Buchst. a iv PMMAAusfO)**

38 Für die internationale Registrierung kann die Priorität einer früheren Anmeldung nach **Art. 4 C PVÜ** beansprucht werden, wenn diese nicht länger als sechs Monate zurückliegt. In diesem Fall sind gemäß Regel 9 Abs. 4 Buchst. a iv PMMAAusfO die **Behörde,** bei der die frühere Anmeldung erfolgte, das **Anmeldedatum** sowie die **Registernummer der früheren Anmeldung** im Antrag auf internationale Registrierung anzugeben. Wird die Priorität nicht für alle Waren und Dienstleistungen beansprucht, so sind diese im Einzelnen anzuführen, um den Umfang des Prioritätsanspruches eindeutig festzulegen.[30] Die Einreichung einer Abschrift der früheren Anmeldung ist nicht erforderlich.

- **Wiedergabe der Marke (Regel 9 Abs. 4 Buchst. a v–vii PMMAAusfO)**

39 Die international zu registrierende Marke ist in mit der Basiseintragung bzw. -anmeldung übereinstimmender Form im Antrag wiederzugeben. **Wortmarken** sind in Standarddruckschrift anzuführen. Zusätzlich ist die entsprechende Erklärung im Formblatt anzukreuzen. Bei **Bildmarken, Wort-/Bildmarken, dreidimensionalen Marken** und bei **Hörmarken** sind Abbildungen in dem hierfür vorgesehenen Quadrat (max. 8 cm x 8 cm) im Formblatt wiederzugeben. Die internationale Registrierung ist nur für grafisch darstellbare Marken möglich, sodass bspw. eine Hörmarke nicht durch eine MP3-Datei präsentiert werden kann.

Praxistipp:

Ein Farbanspruch kann gemäß Art. 3 Abs. 3 PMMA als Merkmal der internationalen Registrierung beansprucht werden. In diesem Fall sind zusätzlich zu einer Abbildung der Marke in Farbe in den amtlichen Formblättern die einzelnen Farben der Marke in gängigen Farbangaben anzugeben. Insoweit sollte auf eine Übereinstimmung mit den Farbangaben in der Basisregistrierung geachtet werden.

- **Sonstige Angaben (Regel 9 Abs. 4 Buchst. a vii^{bis}–xii PMMAAusfO)**

40 Soweit erforderlich, sind weitere Angaben zu der Marke zu machen. Diese können eine Transliteration in lateinische Schriftzeichen oder arabische Zahlen, eine Übersetzung der Marke in eine der zulässigen Sprachen, die Angabe besonderer Markenformen oder die Einreichung einer Beschreibung, sofern diese schon im Basisgesuch oder in der Basiseintragung enthalten ist, betreffen. Weitere Einzelheiten zum Inhalt der Anmeldung sind Regel 9 Abs. 4 Buchst. a vii^{bis}–xii PMMAAusfO zu entnehmen.

- **Waren- und Dienstleistungsverzeichnis (Art. 3 Abs. 2 PMMA, Regel 9 Abs. 4 Buchst. a xiii PMMAAusfO, § 108 Abs. 3 MarkenG)**

41 Das Waren- und Dienstleistungsverzeichnis der international zu registrierenden Marke ist in einer der zulässigen **Sprachen** einzureichen. Alle Angaben haben klassifiziert und gruppiert entsprechend der internationalen Klasseneinteilung[31] zu erfolgen. Gegenüber dem Waren- und

[29] Vgl. WIPO Guide to the International Registration of Marks, Rn. 252 f.
[30] Vgl. WIPO Guide to the International Registration of Marks, Rn. 253 f.
[31] Internationale Klassifikation von Waren und Dienstleistungen für die Eintragung von Marken (Klassifikation von Nizza), 11. Ausgabe, Version 2022, jeweils aktuelle Fassung abrufbar unter www.dpma.de/marken/klassifikation/waren_dienstleistungen/nizza/index.html.

Dienstleistungsverzeichnis der Basismarke darf das mit der internationalen Registrierung beanspruchte Verzeichnis keine Erweiterungen beinhalten. Einschränkungen sind dagegen möglich und können sogar hinsichtlich der einzelnen Vertragsparteien verschieden sein.[32]

Praxistipp:

Wird das Waren- und Dienstleistungsverzeichnis nicht in der ausgewählten Sprache abgefasst, so gilt es als nicht beigefügt. Aus diesem Grund kann sich die Wahl der falschen Sprachfassung negativ auf das Datum der internationalen Registrierung auswirken.[33]

- **Angabe der beanspruchten Vertragsparteien**

42 Die einzelnen Vertragsparteien, für die der Schutz der internationalen Registrierung beansprucht werden soll, müssen durch Ankreuzen auf dem Anmeldeformular ausdrücklich benannt werden. Im Hinblick auf den Brexit ist daran zu denken, neben der EU eine gesonderte Erstreckung auf Großbritannien mit zu beantragen.

- **Angabe der internationalen Gebühren** (Regel 10 Abs. 2 PMMAAusfO; Art. 8 PMMA iVm § 109 MarkenG)

43 Für eine internationale Registrierung sind darüber hinaus Gebühren an das Internationale Büro zu entrichten, die in **Schweizer Franken (SFR)** unmittelbar an die WIPO zu zahlen sind. Die Beträge der internationalen Gebühren ergeben sich entweder aus dem Gebührenverzeichnis, das Bestandteil der PMMAAusfO ist, oder werden – im Falle von individuellen Gebühren – von den jeweiligen Vertragsparteien festgestellt.

44 Die internationale Gebühr besteht aus einer **Grundgebühr,** aus **Klassengebühren** und aus **Ländergebühren.** Die Grundgebühr beträgt 653 SFR, wenn die Wiedergabe der Marke nicht farbig ist bzw. 903 SFR bei farbigen Wiedergaben. Des Weiteren sind eine Zusatzgebühr von 100 SFR für jede die dritte Klasse übersteigende Klasse der Waren und Dienstleistungen sowie eine Ergänzungsgebühr von 100 SFR für jedes Verbandsland, für das der Schutz beansprucht wird, zu zahlen.

45 Nach dem PMMA besteht für die Vertragsparteien gemäß Art. 8 Abs. 7 PMMA die Möglichkeit, **individuelle Gebühren** für die Benennung im Rahmen der internationalen Registrierung festzusetzen. Von dieser Möglichkeit haben schon zahlreiche Länder Gebrauch gemacht. In diesen Fällen ersetzt die von der jeweiligen Vertragspartei festgesetzte individuelle Gebühr die ansonsten für die Benennung eines jeden Vertragsstaates zu zahlenden Zusatz- und Ergänzungsgebühren von jeweils 100 SFR. Die individuelle Gebühr kann im Einzelfall ein Vielfaches der Zusatz- und Ergänzungsgebühren betragen. Eine aktuelle Übersicht, welche Vertragsparteien individuelle Gebühren in welcher Höhe verlangen, kann auf der Website der WIPO[34] abgefragt werden. Falls die Höhe der Gebühren geändert wird, so ist der neue Betrag für die internationalen Registrierungen, die das Datum des Inkrafttretens der Änderung oder ein späteres Datum tragen, maßgebend. Zu beachten ist weiter, dass für einzelne Länder – derzeit Kuba, Japan und Brasilien – die individuellen Gebühren in zwei Teilen zu zahlen sind.

46 Die Gebühren können durch Überweisung auf eines der Konten der WIPO, per Kreditkarte oder durch Abbuchung von einem bei der WIPO eingerichteten Konto gezahlt werden.[35] Die Höhe der Gebühren ist unter Angabe der Zahlungsart im **Gebührenberechnungsblatt,** das Bestandteil der amtlichen Formblätter ist, anzugeben.

47 **b) Besonderheiten des Antrages auf internationale Registrierung bei Beanspruchung des Schutzes für die USA und die Europäische Union.** *aa) Benennung der USA.* Werden im Rahmen der internationalen Registrierung die USA benannt, ist dem Antrag auf internationale Registrierung (oder einer nachträglichen Schutzerstreckung) eine **Erklärung über die Absicht zur Benutzung** der international zu registrierenden Marke in den USA beizufügen (oder innerhalb von zwei Mona-

[32] Vgl. WIPO Guide to the International Registration of Marks, Rn. 294, 296.

[33] Vgl. DPMA Merkblatt über die internationale Registrierung von deutschen Marken über das Madrider System, S. 3, abrufbar unter www.dpma.de/docs/formulare/marken/m3940.pdf.

[34] Die Gebührentabelle ist abrufbar unter www.wipo.int/madrid/en/fees/sched.html.

[35] Vgl. die Vorschrift der Verwaltungsbestimmungen (Section 19 – „Modes of Payment").

ten nachzureichen). Diese Erklärung ist auf einem separaten amtlichen **Formblatt MM 18** abzugeben und muss in englischer Sprache erfolgen. Sie hat genau dem Wortlaut des in dem amtlichen Formblatt wiedergegebenen Textes zu entsprechen; Änderungen oder Zusätze sind nicht gestattet.[36]

48 Ferner ist im Hinblick auf die Formulierung der für die USA beanspruchten Waren und Dienstleistungen zu berücksichtigen, dass die Prüfungspraxis der US-Behörden zum Teil erheblich von der des Internationalen Büros und den nationalen Ämtern anderer Vertragsparteien des Madrider Systems abweicht. Es werden in der Regel nur wesentlich engere Formulierungen akzeptiert, so dass es sich empfiehlt, das Waren- und Dienstleistungsverzeichnis schon in dem IR-Antrag für die USA entsprechend zu beschränken, und zwar auf die Waren und Dienstleistungen, für die der IR-Anmelder bereits benutzt oder die er tatsächlich in Benutzung nehmen will. Bei einer darüber hinausgehenden Benutzungsabsichtserklärung besteht zusätzlich die Gefahr, dass wegen der Annahme einer bewussten Irreführung über die tatsächliche Benutzungsabsicht der gesamte US-Anteil der IR-Marke wieder gelöscht werden kann.

Praxistipp:

Die von der amerikanischen Behörde (USPTO) akzeptierten Formulierungen sind auf der Website des Amtes (www.uspto.gov) einsehbar. Werden diese von vornherein berücksichtigt, kann eine vorläufige Schutzversagung unter Umständen vermieden werden.[37]

49 Der **Status des US-Schutzbewilligungsverfahrens** ist für den Anmelder jederzeit über die Webseite des USPTO einzusehen. Hierfür kann entweder die IR-Markennummer oder die für das US-Verfahren gesondert vergebene Anmeldenummer, die sog. „Serial Number", als Suchfilter eingegeben werden. So können der Anmelder oder sein Vertreter eine eventuelle vorläufige Schutzversagung häufig schon vor ihrer offiziellen Zustellung recherchieren („approved for application" oder – im Falle von Beanstandungen – „a non-final Office Action has been mailed").

50 Häufigste Beanstandungen – neben der bereits erörterten Beanstandung der Formulierung des Waren- und Dienstleistungsverzeichnisses – sind:

- Erfordernis der Erklärung einer Gesellschaftsform, wie bspw. der GmbH
- Erklärung zur Inhaberschaft des Anmelders bereits eingetragener US-Marken
- Übersetzung von Bestandteilen der Marke in die englische Sprache
- Erfordernis eines Disclaimers bezüglich beschreibender Angaben

51 Die Beantwortung einer US Office Action hat durch einen **in den USA zugelassenen Anwalt** zu erfolgen. Ausländische Anwälte mit US Qualifikation sind nur noch bei Erfüllung besonderer Voraussetzungen und nach vorheriger USPTO Zulassung befugt, Markenangelegenheiten vor dem US Markenamt zu vertreten.[38] Eine Korrespondenz durch den Anmelder selbst ist nicht mehr möglich.[39] Nach erfolgreichem Abschluss des Schutzbewilligungsverfahrens in den USA erhält der Inhaber hierüber eine gesonderte Eintragungsurkunde des USPTO. Für den Rechtserhalt des US-Anteils einer internationalen Registrierung muss bis zum Ende des sechsten sowie des zehnten Jahres nach Datum der US-Registrierung (und danach alle weiteren zehn Jahre) eine Benutzungserklärung mit ausreichenden Nachweisen (**Declaration of Continued Use**) direkt beim USPTO abgegeben werden.

52 *bb) Benennung der Europäischen Union.* Im Zusammenhang mit dem **Beitritt der Europäischen Gemeinschaft zum PMMA** sind drei zusätzliche Regelungen in das System der internatio-

[36] Vgl. zu der auf Regel 7 Abs. 2 PMMAAusfO beruhenden Notifikation der USA: WIPO Information Notice No. 15/2003 und WIPO Information Notice No. 23/2003. Die ebenfalls für Brunei Darussalam, Großbritannien, Indien, Irland, Kambodscha, Lesotho, Mexiko, Mozambik, Neuseeland, die Philippinen und Singapur geforderte Benutzungsabsichtserklärung wird mit Stellung des Antrages als abgegeben erachtet.

[37] Vgl. zu den Einzelheiten: WIPO Information Notice No. 24/2003 und No. 4/2009.

[38] Für nähere Details zu den Voraussetzungen und dem Zulassungsverfahren, vgl. US-Handbuch für Markenprüfungsverfahren (Trademark Manual of Examination Procedure, TMEP), Nr. 602 ff., abrufbar unter: tmep.uspto.gov/RDMS/TMEP/current#/current/TMEP-600d1e1.html.

[39] Vgl. WIPO Information Notice No. 52/2019.

nalen Registrierung eingeführt worden, die es zum Teil schon bei der Antragstellung zu beachten gilt:[40]

Die Erste dieser Regelungen betrifft die **Angabe einer zweiten Sprache** für das Verfahren vor dem Unionsmarkenamt (EUIPO) nach Regel 9 Abs. 5 Buchst. g (ii) PMMAAusfO. Die zweite Sprache muss eine der offiziellen Amtssprachen des EUIPO sein und ist in den Formblättern des Internationalen Büros durch Ankreuzen zu vermerken. 53

Die zweite Neuregelung betrifft die Beanspruchung von Senioritäten für Länder, in denen der Antragsteller über ein älteres Recht verfügt, sog. **Seniority Claim.** Einzelheiten sind in Regel 21bis PMMAAusfO, Art. 191 f. UMV bestimmt. Die danach erforderlichen Angaben sind auf dem Formblatt MM17 zu machen und mit dem Antrag auf internationale Registrierung (oder nachträgliche Schutzerstreckung) einzureichen. Ein Seniority Claim kann auch noch nach der internationalen Registrierung der Unionsmarke beantragt und eingetragen werden. In diesem Fall ist der entsprechende Antrag aber direkt beim EUIPO einzureichen. 54

Eine weitere Neuregelung stellt die nachträgliche Schutzerstreckung auf Vertragsstaaten des Madrider Systems nach Umwandlung einer Unionsmarkenanmeldung oder -registrierung dar. Diese sog. **„Opting Back Provision"** (Regel 24 Abs. 7 Buchst. a PMMAAusfO, Art. 202 UMV) betrifft das weitere Verfahren und wird unten gesondert dargestellt.[41] 55

c) **Das DPMA als Ursprungsbehörde.** *aa) Einreichung und Prüfung des internationalen Gesuchs (Art. 3 Abs. 1 PMMA; § 108 Abs. 1 MarkenG).* Der Antrag an die WIPO auf internationale Registrierung einer Marke ist bei der jeweiligen nationalen **Behörde des Ursprungslandes,** in Deutschland dem DPMA, einzureichen. Eine direkte Einreichung beim Internationalen Büro begründet keinen wirksamen Antrag und wird dem Anmelder ohne Prüfung zurückgesandt. Der Antrag ist unter Beifügung eines Anschreibens an das DPMA einzureichen, für das es ebenfalls ein **Formblatt (M 8005)** gibt, welches alle erforderlichen Angaben ausweist. 56

Das DPMA hat bei der Weiterleitung der Registrierungsgesuche an die Internationale Behörde im Wesentlichen eine **Kontroll- und Vermittlungsfunktion.**[42] Als Ursprungsbehörde prüft das DPMA, ob der Antrag auf internationale Registrierung den gesetzlichen Anforderungen entspricht. Dabei bescheinigt das DPMA die Übereinstimmung der Angaben im Registrierungsgesuch mit den Angaben im nationalen Register und macht zugleich Angaben über die Daten und Nummern der Hinterlegung und der Eintragung der Marke sowie über das Datum des Gesuchs auf internationale Registrierung. Im Rahmen seiner Prüfungstätigkeit muss das DPMA auch die Zahlungsangaben einschließlich der Zahlung der internationalen Gebühren bestätigen. Nach Prüfung und Bestätigung der Angaben im internationalen Gesuch leitet das DPMA den Antrag dann an das Internationale Büro weiter. 57

bb) Nationale Gebühren (Art. 8 Abs. 1 PMMA; § 64a MarkenG iVm PatKostG). Mit dem Antrag auf internationale Registrierung ist pro Marke eine **nationale Gebühr** an das DPMA zu zahlen. Die Zahlung der Gebühren richtet sich nach den Bestimmungen des Patentkostengesetzes (PatKostG)[43] und der Verordnung über die Zahlung der Kosten des DPMA und des BPatG (PatKostZV).[44] Die Höhe der Gebühr ergibt sich aus dem Gebührenverzeichnis zu § 2 Abs. 1 PatKostG und beträgt gemäß Tarif Nr. 334 100 derzeit EUR 180,–. Die nationale Gebühr ist mit dem Eingang des Registrierungsgesuchs beim DPMA fällig. Die Gebühr muss innerhalb eines 58

[40] Die maßgeblichen Rechtsakte zur Änderung der Gemeinschaftsmarkenverordnung und der entsprechenden Durchführungsverordnung waren:

1) Verordnung (EG) Nr. 1992/2003 des Rates vom 27.10.2003 zur Änderung der Verordnung (EG) Nr. 40/94 über die Gemeinschaftsmarke, ABl. EU L 296 vom 14.11.2003, S. 1 ff., nunmehr abgelöst durch Verordnung (EU) 2017/1001 des Europäischen Parlaments und des Rates vom 14. Juni 2017 über die Unionsmarke, ABl. EU L 154 vom 16.6.2017, 1 ff.;

2) Verordnung (EG) Nr. 782/2004 der Kommission zur Änderung der Verordnung 2868/95 der Kommission zur Durchführung der Verordnung (EG) Nr. 40/94 über die Gemeinschaftsmarke, ABl. EU L 123 vom 27.4.2004, 88 ff., nunmehr abgelöst durch Durchführungsverordnung (EU) 2018/626 der Kommission vom 5. März 2018 mit Einzelheiten zur Umsetzung von Bestimmungen der Verordnung (EU) 2017/1001 des Europäischen Parlaments und des Rates über die Unionsmarke und zur Aufhebung der Durchführungsverordnung, ABl. EU L 104 vom 24.4.2018, 37 ff.

[41] → Rn. 77 ff.

[42] Vgl. Fezer Markenrecht, 4. Aufl. 2009, Art. 3 MMA Rn. 3.

[43] Gesetz über die Kosten des DPMA und des BPatG vom 13.12.2001, BGBl. 2001 I 3656, zuletzt geändert durch Art. 8 des Gesetzes vom 10.8.2021, BGBl. 2021 I 3490 ff.

[44] Verordnung über die Zahlung der Gebühren des DPMA und des BPatG vom 15.10.2003, BGBl. 2003 I 2083, zuletzt geändert durch Art. 4 der Verordnung vom 1.11.2013, BGBl. 2013 I 3906.

Monats nach Einreichen des Antrags an das DPMA bezahlt werden (vgl. § 109 Abs. 2 MarkenG). Bei Nichtzahlung der Gebühr gilt der Registrierungsantrag gemäß § 6 Abs. 2 PatKostG als zurückgenommen.[45]

59 **d) Die Prüfung des Registrierungsgesuchs durch das Internationale Büro (Regel 11–13 PMMAAusfO).** Nach Eingang des Registrierungsgesuchs beim Internationalen Büro wird geprüft, ob der Antrag den Vorschriften des PMMA und insbesondere den **Anforderungen der PMMAAusfO** entspricht. Enthält das Gesuch Mängel, so teilt das Internationale Büro dies sowohl dem DPMA als Ursprungsbehörde als auch dem Anmelder mit. Wer für die Beseitigung der Mängel verantwortlich ist, richtet sich danach, um welche Unregelmäßigkeiten es sich handelt. In der PMMAAusfO ist die Verantwortlichkeit für die verschiedenen Mängel im Einzelnen festgelegt. **Drei Arten von Mängeln** sind zu unterscheiden:

- Mängel in Bezug auf die Angabe der Waren und Dienstleistungen (Regel 13 PMMAAusfO)
- Mängel in Bezug auf die Klassifikation der Waren und Dienstleistungen (Regel 12 PMMAAusfO)
- Andere Mängel (Regel 11 PMMAAusfO).

60 Die Behandlung unvollständiger und nicht vorschriftsmäßiger Anträge sowie das Verfahren der Mängelbeseitigung ist den angeführten Vorschriften der PMMAAusfO detailliert geregelt.[46] Zur Beseitigung der Mängel werden der nationalen Behörde bzw. dem Hinterleger Fristen gesetzt, innerhalb derer die Beanstandungen beseitigt werden können. Erfolgt innerhalb der vorgesehenen Fristen keine Zahlung der zusätzlich geforderten Gebühren oder Beseitigung der sonstigen Beanstandungen, hat dies in der Regel zur Folge, dass das internationale Gesuch als zurückgenommen gilt. Bereits gezahlte Gebühren werden dem Hinterleger dann teilweise erstattet.

2. Die internationale Registrierung

61 **a) Eintragung im internationalen Register (Regel 14 PMMAAusfO).** Entspricht das Gesuch den geforderten Voraussetzungen, so trägt das Internationale Büro die Marke mit den in **Regel 14 PMMAAusfO** genannten Angaben in das internationale Register ein. Die Behörden der benannten Vertragsstaaten sowie das DPMA als Ursprungsbehörde werden von der Eintragung in Kenntnis gesetzt. Der Antragsteller erhält eine Bescheinigung über die internationale Registrierung, die außerdem im Veröffentlichungsblatt der Internationalen Behörde bekanntgemacht wird. Gemäß **§ 110 Abs. 2 MarkenG** werden der Tag und die Nummer der internationalen Registrierung einer deutschen Marke auch in das Markenregister beim DPMA eingetragen; eine weitere Veröffentlichung erfolgt jedoch nicht.

62 **b) Datum der internationalen Registrierung (Art. 3 Abs. 4 PMMA, Regel 15 PMMAAusfO).** Das Registrierungsdatum der IR-Marke bestimmt, sofern nicht eine Priorität nach Art. 4 PVÜ beansprucht wird, den Schutzbeginn sowie die Laufzeit der Marke. Es richtet sich grundsätzlich nach dem **Datum des Eingangs des Registrierungsgesuchs bei der WIPO.** Übermittelt das DPMA den Antrag allerdings innerhalb von zwei Monaten nach der Antragstellung an das Internationale Büro und entspricht es den Anforderungen des PMMA sowie der PMMAAusfO, so erhält die internationale Registrierung als Registrierungsdatum das Eingangsdatum des Gesuchs beim DPMA.

63 Nach Art. 4 Abs. 2 PMMA genießen IR-Marken das durch Art. 4 PVÜ festgelegte **Prioritätsrecht,** sofern die Sechsmonatsfrist nach Art. 4 Buchst. C PVÜ gewahrt ist. Die Priorität einer IR-Marke bestimmt sich demnach nach dem Tag der Anmeldung zur Eintragung im Ursprungsland, wenn bei einem Gesuch nach dem PMMA die internationale Registrierung innerhalb von sechs Monaten nach der Anmeldung der nationalen Marke beantragt wurde und das Gesuch innerhalb von zwei Monaten an das Internationale Büro weitergeleitet wurde.

64 Mängel des Gesuchs und Verzögerungen im Rahmen der Behebung von Beanstandungen können dazu führen, dass das Registrierungsdatum nicht das Datum des Eingangs des Gesuchs beim DPMA ist. Werden fehlende Anlagen oder Unterlagen so spät eingereicht, dass die Weiterleitung an das Internationale Büro nicht innerhalb der Zweimonatsfrist ab Eingang des Gesuchs beim DPMA erfolgen kann, erhält die internationale Registrierung das Datum, an dem der letzte fehlende Bestandteil bei der Internationalen Behörde eingeht. Einzelheiten hierzu sind in **Regel 15**

[45] Vgl. dazu auch Ströbele/Hacker/Thiering MarkenG § 121 Rn. 2.

[46] Vgl. die ausführliche Erläuterung des Verfahrens der Regeln 11–13 PMMAAusfO in: WIPO Guide to the International Registration of Marks, Rn. 340 ff.

PMMAAusfO bestimmt. Führen Verzögerungen dazu, dass die IR-Marke ein Datum trägt, das mehr als sechs Monate nach einem geltend gemachten Prioritätsanspruch liegt, geht der Prioritätsanspruch verloren und wird nicht im Register eingetragen.

3. Schutzverweigerung durch die Behörden der Vertragsparteien

a) Gründe für die Schutzverweigerung (Art. 5 Abs. 1 PMMA). Die regionalen Behörden der benannten Vertragsparteien können der internationalen Registrierung den Schutz in ihrem Gebiet nach Maßgabe der nationalen Gesetze verweigern. Als Gründe für die Schutzverweigerung kommen gemäß Art. 5 Abs. 1 S. 2 PMMA nur solche in Betracht, die unter Art. 6quinquies B PVÜ im Falle einer Marke anwendbar wären, die unmittelbar bei der Behörde hinterlegt wird, welche die Schutzverweigerung ausspricht. Dies können auf gesetzlichen Bestimmungen beruhende Gründe sein, wie die mangelnde Schutzfähigkeit aufgrund fehlender Unterscheidungskraft der Marke, ein bestehendes Freihaltebedürfnis oder die Entgegenhaltung prioritätsälterer kollidierender Marken von Amts wegen oder aufgrund von Widersprüchen Dritter. Eine Schutzversagung kann auch durch einen Verstoß der Marke gegen die guten Sitten oder die öffentliche Ordnung begründet sein.[47] Gegen die Schutzverweigerung kann sich der Hinterleger mit den Rechtsmitteln zur Wehr setzen, die nach dem Verfahren der Vertragspartei auf eine nationale Anmeldung anwendbar sind. 65

b) Fristen für die Schutzverweigerung (Art. 5 Abs. 2 Buchst. a–c PMMA iVm Regel 16 PMMAAusfO). Die Mitteilung der Schutzverweigerung an die WIPO hat unter detaillierter Angabe aller Gründe zu erfolgen, auf die sich die Schutzverweigerung stützt. Die Frist für die Mitteilung der Schutzverweigerung an das Internationale Büro beträgt gem. Art. 5 Abs. 2 PMMA grundsätzlich **ein Jahr.** Für den Beginn der Jahresfrist ist das Datum der tatsächlichen Registrierung der IR-Marke entscheidend. Die Vertragsparteien sind berechtigt, die Frist, innerhalb derer ihre Behörde eine Schutzverweigerung mitteilen muss, durch nationales Recht zu verkürzen oder gemäß Art. 5 Abs. 2 Buchst. b PMMA auf **18 Monate** zu verlängern.[48] In der diese Fristverlängerung bestimmenden Erklärung können die Vertragsparteien des PMMA gemäß Art. 5 Abs. 2 Buchst. c PMMA außerdem bestimmen, dass eine auf einem Widerspruch basierende Schutzverweigerung dem Internationalen Büro von der nationalen Behörde des schutzerstreckten Landes auch noch nach Ablauf von 18 Monaten mitgeteilt werden kann. Allerdings muss die nationale Behörde in diesen Fällen das Internationale Büro vor Ablauf von 18 Monaten über die Möglichkeit unterrichten, dass Widersprüche noch nach Ablauf dieser Frist eingelegt werden können und die Mitteilung der auf einen Widerspruch gestützten Schutzverweigerung nicht später als **7 Monate** nach Beginn der Widerspruchsfrist gemacht wird. Läuft die Widerspruchsfrist in weniger als 7 Monaten ab, so muss die entsprechende Mitteilung an das Internationale Büro innerhalb eines Monats nach Ablauf der Widerspruchsfrist erfolgen. Von der Möglichkeit einer entsprechenden Erklärung nach Art. 5 Abs. 2 Buchst. c PMMA haben schon zahlreiche Vertragsparteien Gebrauch gemacht.[49] 66

Das **Nachschieben von Gründen** nach Ablauf der Mitteilungsfristen ist gemäß Art. 5 Abs. 5 PMMA nicht möglich. Nach Ablauf der gesetzlich festgelegten Fristen weiß der Hinterleger daher genau, ob seine Marke Schutz in den von ihm beanspruchten Staaten erlangt hat oder ob der Schutz für bestimmte Länder verweigert wurde bzw. ob noch weiterhin die Möglichkeit einer Schutzversagung wegen eines Widerspruches besteht. 67

c) Das weitere Verfahren der Schutzverweigerung vor dem Internationalen Büro und den regionalen Behörden der Vertragsparteien (Art. 5 Abs. 3 PMMA, Regel 17 PMMAAusfO). Im Falle einer Schutzversagung trägt das Internationale Büro die Schutzversagung im internationalen Register ein und übermittelt Kopien der Mitteilungen über die Schutzversagung an die Ursprungsbehörde sowie gleichzeitig an den Inhaber der internationalen Registrierung bzw. dem von ihm zur Entgegennahme von Zustellungen bevollmächtigten Vertreter. Der Inhaber hat insoweit dieselben Rechte und Rechtsmittel, sich gegenüber den regionalen Behörden zu verteidigen und 68

[47] Ausführlich zum Prüfungsumfang nach Art. 6quinquies PVÜ: Fezer Markenrecht, Art. 6quinquies PVÜ Rn. 5 ff.

[48] Die Vertragsparteien, welche von dieser Möglichkeit nach Art. 5 Abs. 2 Buchst. b PMMA Gebrauch gemacht haben, sind auf der Liste „Declarations made by contracting parties" der WIPO Website entsprechend gekennzeichnet, vgl. www.wipo.int/madrid/en/members/declarations.html.

[49] Die Vertragsparteien, welche von dieser Möglichkeit nach Art. 5 Abs. 2 Buchst. c PMMA Gebrauch gemacht haben, sind auf der Liste „Declarations made by contracting parties" der WIPO Website entsprechend gekennzeichnet, vgl. www.wipo.int/madrid/en/members/declarations.html.

die Entscheidung überprüfen zu lassen, wie im Falle einer direkt in dem betreffenden Staat vorgenommenen Anmeldung.

Praxistipp:
Die Möglichkeiten einer Überprüfung oder Beschwerde gegen die Schutzverweigerung werden in dem Bescheid genannt, ebenso die Fristen zur Einreichung eines entsprechenden Antrages und einem Hinweis, sofern für das Verfahren ein anwaltlicher Vertreter bei der die Schutzversagung mitteilenden Behörde zu bestellen ist.

69 Sofern die Schutzversagung nur einen Teil der Waren und Dienstleistungen der internationalen Registrierung betrifft und die Schutzversagung vom Hinterleger nicht angegriffen wird, bleibt die Marke für die verbleibenden Waren und Dienstleistungen geschützt, ohne dass es einer weiteren Tätigkeit seitens des Hinterlegers bedarf.

70 Nach **Abschluss des Verfahrens** vor den regionalen Behörden wird die Internationale Behörde vom Ausgang des Verfahrens informiert und erhält eine Mitteilung, ob und in welchem Umfang der Marke der Schutz endgültig erteilt bzw. versagt wurde. Das Internationale Büro trägt diese Angaben im Register ein und benachrichtigt davon anschließend den Hinterleger, vgl. Regel 18ter PMMAAusfO.

71 **d) Das Verfahren vor dem EUIPO in Alicante.** *aa) Das Verfahren nach Art. 189–206 UMV.* Eine internationale Registrierung, in der die Europäische Union benannt ist, hat vom Tage ihrer Registrierung an gemäß **Art. 189 Abs. 1 UMV** zunächst dieselbe Wirkung wie die Anmeldung einer Unionsmarke. Die WIPO informiert dann das EUIPO über die Benennung der Europäischen Union. Nach Eingang der IR-Anmeldung beim EUIPO wird die Marke mit den in Art. 190 Abs. 1 UMV genannten Daten veröffentlicht, sog. **„Republication".** Diese Veröffentlichung erfolgt unter Nennung der zweiten gewählten Sprache und der Nummern der beanspruchten Klassen, jedoch ohne die Angabe des konkreten Waren- und Dienstleistungsverzeichnisses.

72 Im Anschluss daran erfolgt beim EUIPO die gleiche **Amtsprüfung wie bei Unionsmarkenanmeldungen,** die unmittelbar beim EUIPO eingereicht werden. Das EUIPO erstellt gemäß Art. 195 iVm Art. 43 UMV auf Antrag einen Recherchebericht, so wie es auch für direkt beim EUIPO angemeldete Marken üblich ist.

73 Internationale Registrierungen, in denen die Europäische Union benannt ist, werden ebenso wie Anmeldungen von Unionsmarken auf absolute Eintragungshindernisse geprüft, vgl. Art. 193 Abs. 1 UMV. Hat das Amt bis zum Beginn der Widerspruchsfrist keine absoluten Schutzversagungsgründe festgestellt, so übermittelt es dem Internationalen Büro eine sog. **„erste" Schutzbewilligung,** in der angegeben ist, dass keine absoluten Schutzversagungsgründe bestehen, dass aber gegen die internationale Registrierung immer noch Widersprüche oder Bemerkungen Dritter eingereicht werden können. Die Internationale Behörde leitet diese Mitteilung an den Antragsteller weiter.

74 Auch das **Widerspruchsverfahren** entspricht gemäß **Art. 196 Abs. 1 UMV** dem Verfahren, welches gegen Anmeldungen von Unionsmarken Anwendung findet. Allerdings ist der Widerspruch gemäß Art. 196 Abs. 2 UMV innerhalb einer Frist von drei Monaten zu erheben, die einen Monat nach dem Datum der Veröffentlichung gemäß Art. 190 Abs. 1 UMV beginnt.

75 Liegt ein absolutes Eintragungshindernis vor oder wurde ein Widerspruch eingereicht, wird dem Anmelder über die Internationale Behörde eine vorläufige Schutzversagung zugestellt, gegen die er sich unter Bestellung eines Vertreters in dem für Unionsmarken üblichen Verfahren vor dem EUIPO verteidigen kann. Im Falle eines Widerspruchs wird dieser dem Anmelder auch noch einmal direkt zugestellt, Art. 8 Abs. 2 DVUM, wodurch die im Verfahren vor dem EUIPO übliche, zweimonatige **Cooling-Off** Frist in Gang gesetzt wird. Stellen beide Parteien einen entsprechenden Antrag, so kann das Amt eine Verlängerung der Cooling-Off Frist um 22 Monate gewähren.

76 Hat das EUIPO keine vorläufige Schutzverweigerung wegen eines absoluten Eintragungshindernisses übermittelt oder von Amts wegen aufgrund der Bemerkungen eines Dritten erlassen und ist beim EUIPO auch kein fristgerecht eingelegter Widerspruch eingegangen, übermittelt das EUIPO der Internationalen Behörde eine weitere Mitteilung, dass die Marke in der Euro-

päischen Union geschützt ist, vgl. Art. 79 UMDV. In diesem Falle hat die IR-Marke gemäß Art. 189 Abs. 2 UMV vom Tage ihrer Registrierung an dieselbe Wirkung wie die Eintragung einer Unionsmarke. Es erfolgt eine weitere Veröffentlichung. Der Tag der Veröffentlichung ist auch für den Beginn der fünfjährigen Benutzungsschonfrist maßgeblich.

bb) Umwandlung der IR-Marke bei Benennung der Europäischen Union (Art. 204 UMV). Sofern die Benennung der Europäischen Union im Wege einer internationalen Registrierung zurückgewiesen wurde oder ihre Wirkung verloren hat, kann der Inhaber der IR-Marke beantragen, dass die Benennung umgewandelt wird. Neben der aus dem Unionsmarkensystem bereits bekannten Möglichkeit einer Umwandlung in eine Anmeldung für eine nationale Marke (Art. 204 Abs. 1 iVm Art. 139–141 UMV), besteht nun insbesondere die Möglichkeit, eine **Umwandlung in die Benennung von Mitgliedstaaten der Madrider Verbände** zu beantragen (Art. 204 UMV, sog. **„Opting Back Provision"**). Auf diesem Wege kann der Antragsteller sich den Schutz der IR-Marke in den Ländern der Europäischen Union sichern[50] und gleichzeitig die administrativen Vorteile der IR-Marke beanspruchen. Dies ist bei Anmeldung einer einzelnen Unionsmarke nicht möglich, die, wie zuvor ausgeführt, nur in nationale Markenanmeldungen umgewandelt werden kann. 77

Einzelheiten der Umwandlungsmöglichkeit sind in **Regel 24 PMMAAusfO** bestimmt. Abs. 7 von Regel 24 PMMAAusfO enthält die für den Antrag zusätzlich zu den üblicherweise bei nachträglicher Benennung erforderlichen Angaben zu erfüllenden Voraussetzungen. Diese betreffen die Nennung der umzuwandelnden Vertragsorganisation, also der EU, sowie die für den jeweils benannten Staat beanspruchten Waren und Dienstleistungen, vgl. Regel 24 Abs. 7 Buchst. b PMMAAusfO. 78

Der Antrag auf Umwandlung ist unter Verwendung des amtlichen **Formblatts MM16** zu stellen und über das EUIPO bei der Internationalen Behörde einzureichen. 79

Stellt das Internationale Büro fest, dass die nachträgliche Benennung den geltenden Erfordernissen entspricht, so trägt es sie im internationalen Register ein und teilt dies dem Antragsteller, dem EUIPO und insbesondere den nationalen Behörden der nachträglich benannten Vertragsparteien mit. Sodann schließt sich in entsprechender Anwendung von Regeln 16–18ter PMMAAusfO das übliche Schutzbewilligungsverfahren vor den nationalen Behörden an.[51] 80

4. Abhängigkeit von der Heimatmarke (Art. 6 Abs. 2–4 PMMA)

Die internationale Registrierung ist in ihrem Rechtsbestand für die Dauer von **fünf Jahren** von der Eintragung im Ursprungsland abhängig. Die Fünfjahresfrist beginnt gemäß Art. 6 Abs. 2 PMMA mit dem Zeitpunkt der internationalen Registrierung. Der Zweck dieser Regelung besteht darin, Dritten die Durchsetzung ihrer Rechte gegenüber der internationalen Registrierung durch einen zentralen Angriff auf die Heimatmarke zu erleichtern. Dies macht ein Vorgehen gegen die Marke in jedem Verbandsstaat, auf den sich der Schutz der internationalen Registrierung erstreckt, entbehrlich. Die **Akzessorietät** besteht auch dann weiter, wenn die Marke während dieser Zeit auf einen Dritten übertragen wird. 81

Innerhalb der Fünfjahresfrist entsteht und erlischt der Schutz der internationalen Registrierung in gleichem Umfang wie der Heimatschutz. Ist die Basismarke Gegenstand eines **Verzichts**, einer **Rücknahme**, einer **Zurückweisung**, einer **Löschung**, einer **Nichtig- oder Ungültigerklärung**, kann der Schutz aus der internationalen Registrierung im anwendbaren Umfang ebenfalls nicht länger beansprucht werden. Gleiches gilt, wenn der Schutz der Heimatmarke aus den vorgenannten Gründen erst nach Ablauf von fünf Jahren entfällt, das entsprechende Verfahren, also beispielsweise eine Klage auf Löschung, aber schon vor Ablauf der Fünfjahresfrist eingeleitet wurde.[52] Wird die Basiseintragung ganz oder teilweise gelöscht, so teilt die Ursprungsbehörde dies der Internationalen Behörde mit, welche daraufhin die Löschung der internationalen Registrierung vornimmt. Die entsprechenden Rechtsfolgen treten auch dann ein, wenn die internationale Registrierung auf eine Anmeldung im Ursprungsland gestützt war und diese innerhalb der Fünfjahresfrist scheitert oder die sich aus ihr ergebende Eintragung ihre Wirkung verliert. Ist die Heimatmarke nach Ablauf von fünf Jahren unverändert in Kraft, wird die internationale Registrierung selbstständig. 82

[50] Mit Ausnahme von Malta, dem einzigen EU-Land, welches bisher nicht Mitglied des Madrider Systems ist.
[51] → Rn. 68 ff.
[52] Vgl. auch Fezer Markenrecht, Art. 6 MMA Rn. 5.

5. Schutzdauer und Verlängerung einer internationalen Registrierung (Art. 7 PMMA, Regeln 30, 31 PMMAAusfO)

83 Die Registrierung einer **Marke nach dem MMA** erfolgte für einen Zeitraum von **zwanzig Jahren** und konnte anschließend beliebig oft verlängert werden. Die Laufzeit einer **IR-Marke nach dem PMMA** beträgt **zehn Jahre** ab Registrierung und kann ebenfalls immer wieder für weitere zehn Jahre erneuert werden. Mit Regel 30 Abs. 4 PMMAAusfO wird klargestellt, dass die für jede Erneuerung erforderlichen Gebühren für einen Zeitraum von zehn Jahren entrichtet werden. Sechs Monate vor Ablauf der Schutzfrist erinnert das Internationale Büro den Inhaber der Marke und seinen Vertreter durch Zusendung einer Mitteilung an den genauen Zeitpunkt des Ablaufs der Schutzfrist.

84 Die Erneuerung erfolgt durch Zahlung der entsprechend dem Tarif für die Erneuerung der Marke fälligen Gebühren. Zusätzlich kann ein schriftlicher Antrag unter Verwendung des **Formblatts MM11** gestellt werden. Die Gebühren müssen spätestens am Tage des Ablaufs der Schutzfrist gezahlt werden. Sie setzen sich aus einer Grundgebühr, Zusatzgebühren sowie Ergänzungs- bzw. individuellen Gebühren zusammen. Die Höhe der Gebühren, die unmittelbar an die Internationale Behörde zu zahlen sind, ist im Einzelnen dem Gebührenmerkblatt zu entnehmen. Nationale Gebühren für die Verlängerung von internationalen Registrierungen fallen in der Bundesrepublik Deutschland nicht an.

Praxistipp:

Nach Ablauf der Schutzfrist ist eine Verlängerung noch innerhalb von sechs Monaten möglich, sofern neben den Verlängerungsgebühren ein Zuschlag in Höhe von 50 % der Grundgebühr für die Inanspruchnahme der Nachfrist gezahlt wird (Vgl. Regel 30 Abs. 1 Buchst. a PMMAAusfO).

85 Sind alle Voraussetzungen für die Verlängerung erfüllt, wird die Erneuerung in das Register eingetragen und die WIPO übersendet dem Markeninhaber sowie der nationalen Behörde eine gesonderte schriftliche Bestätigung über die Verlängerung. Die neue Schutzfrist beginnt mit dem Ablauf der alten Schutzfrist. Darüber hinaus wird die Verlängerung im Veröffentlichungsblatt des Internationalen Büros veröffentlicht. Die erneute Veröffentlichung der Marke erfolgt mit derselben Eintragungsnummer. Die Praxis der Kennzeichnung mit den Buchstaben „R" bzw. „2R" (bei der zweiten Verlängerung) besteht nicht mehr. Stattdessen erfolgt jetzt eine **Veröffentlichung mit drei Daten,** nämlich dem der internationalen Registrierung, dem Datum der letzten Verlängerung und dem der nächsten fälligen Zahlung.

86 Wird eine internationale Registrierung nicht erneuert, informiert das Internationale Büro den Inhaber, ggf. den Vertreter, sowie in jedem Fall die Behörden aller in der internationalen Registrierung benannten Vertragsparteien und macht die Nichterneuerung darüber hinaus im Veröffentlichungsblatt bekannt, vgl. Regel 32 Abs. 1 Buchst. a xii PMMAAusfO. Der Schutz der internationalen Registrierung endet in diesem Fall mit Ablauf der vorangegangenen Schutzperiode.

6. Nachträgliche Schutzerstreckung (Art. 3ter Abs. 2 PMMA iVm § 111 MarkenG; Regel 24 PMMAAusfO)

87 Der Schutz einer internationalen Registrierung kann nach ihrer Eintragung noch auf weitere Verbandsstaaten ausgedehnt werden, die von der ursprünglichen Registrierung nicht erfasst waren. Nachträgliche Schutzerstreckungen kommen insbesondere dann in Betracht, wenn sich das Interesse des Inhabers am Schutz der Marke in weiteren Ländern erst später herausstellt oder im Falle des Beitritts weiterer Staaten zum PMMA.

88 Der Antrag auf nachträgliche Schutzerstreckung ist, wie das ursprüngliche Gesuch, durch **Vermittlung des DPMA** als Heimatbehörde zu stellen und sollte unter Verwendung des hierfür vorgesehenen amtlichen **Formblatts MM4** der Internationalen Büros erfolgen. Mit der Antragstellung ist eine **nationale Gebühr** zu zahlen, die EUR 120,– (Nrn. 334.300 GebVerz zu § 2 Abs. 1 PatKostG) beträgt. Wird die Gebühr nicht gezahlt, gilt der Antrag auf nachträgliche Schutzerstreckung als nicht gestellt. Darüber hinaus sind für nachträgliche Schutzausdehnungsgesuche **internationale Gebühren** zu entrichten, die unmittelbar an das Internationale Büro zu

zahlen sind. Die internationale Gebühr beträgt nach den aktuellen Tarifen 300 SFR zuzüglich einer Ergänzungsgebühr in Höhe von jetzt 100 SFR für jedes benannte Land.

Hat ein Verbandsland des PMMA von der Möglichkeit der Festsetzung individueller Gebühren nach Art. 8 Abs. 7 Buchst. a PMMA Gebrauch gemacht, so ist statt der Ergänzungsgebühr die individuelle Gebühr zu zahlen, vgl. Nr. 5 GebVerz zu Regel 10 PMMAAusfO. Nach dem PMMA kommt es nach § 111 Abs. 1 S. 2 MarkenG zu einer Verschiebung des Registrierungszeitpunkts, sofern die Erstreckung auf Antrag des Anmelders erst auf Grundlage der eingetragenen Marke – nicht der Anmeldung – erfolgen soll. 89

7. Fortdauer internationaler Registrierungen in Nachfolgestaaten (Regel 39 PMMAAusfO)

Von der nachträglichen Benennung weiterer Vertragsstaaten ist die **Schutzfortsetzung** der Wirkung internationaler Registrierungen in bestimmten Nachfolgestaaten zu unterscheiden, die sich im Einzelnen nach den in Regel 39 PMMAAusfO festgelegten Voraussetzungen bestimmt. Hat ein Staat, dessen Hoheitsgebiet vor der Unabhängigkeit Teil des Hoheitsgebietes eines Vertragsstaates war, die Anwendung der Madrider Abkommen durch den Nachfolgestaat durch Abgabe einer **Weitergeltungserklärung** bewirkt, kann der Schutz der IR-Marke auch auf den Nachfolgestaat ausgedehnt werden. Dies setzt neben einem fristgerechten Gesuch auch die Zahlung der in Regel 39 Abs. 1 (ii) PMMAAusfO festgelegten Gebühren voraus. Von der Möglichkeit der Schutzfortsetzung haben zum Beispiel Kroatien, Slowenien, Mazedonien, Estland, Litauen und Montenegro Gebrauch gemacht. 90

8. Änderungen (Regel 25–27 PMMAAusfO) und Berichtigungen (Regel 28 PMMAAusfO) der internationalen Registrierung

Der Inhaber hat die Möglichkeit, Änderungen seiner internationalen Registrierung eintragen zu lassen. Im Einzelnen sind folgende Anträge möglich: 91
- Änderung des Inhabers der internationalen Registrierung in Bezug auf alle oder einige Waren und Dienstleistungen und alle oder einige benannte Vertragsparteien (amtliches **Formblatt MM5**)
- Einschränkung des Verzeichnisses der Waren und Dienstleistungen in Bezug auf alle oder einige benannte Vertragsparteien (amtliches **Formblatt MM6**)
- Verzicht in Bezug auf einige benannte Vertragsparteien bezüglich aller Waren und Dienstleistungen (amtliches **Formblatt MM7**)
- Änderung des Namens oder der Anschrift des Inhabers (amtliches **Formblatt MM9**)
- Löschung der internationalen Registrierung in Bezug auf alle benannten Vertragsparteien bezüglich aller oder einiger Waren und Dienstleistungen (amtliches **Formblatt MM8**).

Andere, die Marke betreffende Änderungen können nicht im internationalen Register eingetragen werden. Für die meisten Anträge, wie für die Eintragung einer Einschränkung oder die Änderung des Inhabers, müssen die im Gebührenverzeichnis angegebenen Gebühren bezahlt werden. Die **gebührenfreien Anträge,** wie die Eintragung eines Verzichts oder einer Löschung, sind im Einzelnen in Regel 36 PMMAAusfO aufgeführt. 92

Berichtigungen im internationalen Register können bei Vorliegen eines Fehlers von Amts wegen oder auf Antrag vorgenommen werden. Einzelheiten sind in Regel 28 PMMAAusfO bestimmt. 93

9. Eintragung einer Lizenz (Regel 20bis PMMAAusfO) oder einer Verfügungsbeschränkung des Inhabers (Regel 20 PMMAAusfO) in das internationale Register

Seit 2002 besteht die Möglichkeit, Lizenzen betreffend IR-Marken in das internationale Register eintragen zu lassen. Entsprechende Anträge sind, sofern es auf deutschen Basismarken beruhende IR-Marken betrifft, unter Verwendung des **Formblatts MM 13** direkt beim Internationalen Büro einzureichen. 94

Neben Angaben über die Parteien der Lizenzvereinbarung sind in dem Antrag insbesondere die Länder sowie die nach Klassen spezifizierten Waren und Dienstleistungen aufzuführen, für die die Lizenz erteilt wurde. Einzelheiten der erforderlichen Angaben und des Verfahrens sind in Regel 20bis PMMAAusfO bestimmt. Entsprechendes gilt für die Anträge auf Eintragung einer Änderung (Formblatt MM 14) und Löschung (Formblatt MM 15) einer Lizenz.[53] Darüber hinaus 95

[53] Vgl. zu weiteren Einzelheiten WIPO Information Notice No. 14/2002.

kann unter Verwendung des **Formblatts MM19** eine Verfügungsbeschränkung des Inhabers der IR-Marke in das internationale Register eingetragen werden, wenn dieser bspw. die Marke in einem oder mehreren Ländern als Sicherheit verpfändet hat. Der Antrag kann nur durch den Inhaber selbst oder die zuständige Heimatbehörde unter den in Regel 20 PMMAAusfO geregelten Voraussetzungen gestellt werden.[54]

10. Teilung und Zusammenführung internationaler Registrierungen (Regeln 27bis, 27ter PMMA-AusfO)

96 Seit Februar 2019 können internationale Registrierungen bei Vorliegen bestimmter Voraussetzungen geteilt und wieder zusammengeführt werden. Die Rechtsgrundlagen hierfür finden sich in Regeln 27bis, 27ter PMMAAusfO. Die Anträge sind für jedes einzelne Land gesondert einzureichen und sind nur möglich, wenn das nationale Recht des jeweiligen Mitgliedsstaates dieses Instrument ebenfalls vorsieht.[55] Sofern dies nicht der Fall ist, kann die Vertragspartei eine Erklärung bei der WIPO einreichen und veröffentlichen lassen, dass entsprechende Anträge nicht bei der WIPO eingereicht werden, vgl. Regeln 27bis Abs. 6; 27ter Abs. 2. Buchst. b PMMA-AusfO.

97 Eine Teilung bietet sich insbesondere dann an, wenn eine internationale Registrierung nur für einen Teil der beanspruchten Waren und Dienstleistungen beanstandet wurde. Die Teilung ermöglicht es, für die unbeanstandeten Waren und Dienstleistungen ohne Verzögerung Schutz zu erlangen und die beanstandeten Waren und Dienstleistungen nach der Teilung in einem gesonderten Verfahren weiter zu verfolgen.[56] Der abgetrennte Teil der internationalen Registrierung erhält die Nummer der ursprünglichen IR, zusammen mit einem Großbuchstaben, also „A“ im Falle der ersten Teilung.[57]

98 Für eine Teilung ist das WIPO **Formblatt MM22** beim nationalen Markenamt des gewünschten Landes einzureichen, vgl. Regel 27bis Abs. 1 Buchst. a.[58] Es ist eine Gebühr in Höhe von CHF 177,– an die WIPO sowie ggf. zusätzlich eine nationale Gebühr zu zahlen.

99 Eine Zusammenführung internationaler Registrierungen kann beantragt werden, wenn diese zuvor geteilt oder teilweise auf einen anderen Inhaber übertragen wurden. Sie ist nur möglich, wenn die Teilung von derselben internationalen Registrierung erfolgte und die zu verschmelzenden Registrierungen hinsichtlich des Inhabers identisch sind. [59]

100 Beruht die Zusammenführung auf einer vorangegangenen Teilübertragung, ist das **Formblatt MM23** zu verwenden und über das nationale Markenamt des gewünschten Landes einzureichen.[60] Für die Zusammenführung nach einer vorherigen Teilung ist das **Formblatt MM24** der WIPO zu verwenden, welches über das nationale Markenamt oder die WIPO eingereicht werden kann.[61] Die WIPO berechnet für eine Zusammenführung keine Gebühren; ggf. sind jedoch nationale Gebühren zu entrichten.

101 Sind die Voraussetzungen für eine Teilung oder Zusammenführung nach Prüfung durch die WIPO erfüllt, werden die Eintragungen in der WIPO Gazette veröffentlicht.[62]

11. Auswirkungen des Brexit auf internationale Registrierungen mit EU Erstreckung

102 Für alle IR-Marken, die am 1.1.2021 bereits Schutz in der EU hatten, entstand mit Wirkung des Stichtages ein entsprechendes nationales Markenrecht in Großbritannien.[63] Dieses nationale Markenrecht besteht unabhängig von der IR-Marke fort, unterliegt britischem Recht und muss demzufolge auch direkt beim UKIPO verwaltet werden. Die so entstandene Marke ist im britischen Register an der Ziffernfolge 008 am Beginn der Eintragungsnummer zu erkennen. Sie ist zeitgleich mit der entsprechenden EU-Marke zu verlängern.

[54] Vgl. hierzu WIPO Guide to the International Registration of Marks, Rn. 698.
[55] Vgl. WIPO Guide to the International Registration of Marks, Rn. 648 ff., 654.
[56] Vgl. WIPO Guide to the International Registration of Marks, Rn. 648.
[57] Vgl. WIPO Guide to the International Registration of Marks, Rn. 650.
[58] Vgl. zu den einzelnen Schritten auch WIPO Guide to the International Registration of Marks, Rn. 654 ff.
[59] Vgl. WIPO Guide to the International Registration of Marks, Rn. 695 ff.
[60] Siehe hierzu auch: WIPO Guide to the International Registration of Marks, Rn. 680 ff.
[61] Vgl. zu den einzelnen Schritten auch WIPO Guide to the International Registration of Marks, Rn. 686 ff.
[62] Vgl. WIPO Guide to the International Registration of Marks, Rn. 670 ff., 694 ff.
[63] Vgl. Art. 54, 56 Brexit Austrittsabkommen (Abkommen über den Austritt des Vereinigten Königreichs Großbritannien und Nordirland aus der Europäischen Union und der Europäischen Atomgemeinschaft, ABl. EU C 384 I/29 vom 12.11.2019).

Für eine IR-Marke mit EU-Erstreckung, die am 31.12.2020 noch anhängig war, erfolgte dagegen keine automatische Entstehung eines nationalen britischen Markenrechts. In diesen Fällen musste bis zum 30.9.2021 beim UKIPO unter Beibehaltung des Anmeldedatums bzw. der Priorität der Unionsmarke ein Anmeldeantrag gestellt, die nationalen UK-Anmeldegebühren gezahlt und ein lokaler Vertreter benannt werden.[64] Gleiches galt für den Fall, dass vor dem Stichtag ein Antrag auf Umwandlung einer IR-Marke in eine Unionsmarkenanmeldung gestellt wurde.[65] 103

Um dem Inhaber einer IR-Marke die Verwaltung einer zusätzlichen Marke durch das entstandene UK-Recht zu ersparen, sieht das PMMA in Art. 4bis folgendes vor: Wird im Wege der nachträglichen Schutzerstreckung das Vereinigte Königreich erneut benannt, kann das zuvor aus der Benennung der EU entstandene nationale Recht durch diese nachträgliche Erstreckung ersetzt und so unter Beibehaltung der ursprünglichen Priorität wieder in den Schutz der IR-Marke einbezogen werden.[66] 104

III. Die Schutzbewilligung international registrierter ausländischer Marken in der Bundesrepublik Deutschland

1. Wirkung der internationalen Registrierung (§ 112 MarkenG)

Nach der Bestimmung des § 112 Abs. 1 MarkenG hat die internationale Registrierung einer Marke, die auf das Gebiet der Bundesrepublik Deutschland erstreckt worden ist, dieselbe Wirkung, wie wenn die Marke am Tage der Registrierung nach Art. 3 Abs. 4 PMMA oder der Eintragung nach Art. 3ter Abs. 2 S. 2 PMMA beim DPMA als nationale Marke angemeldet oder eingetragen wäre. Dies gilt vorbehaltlich einer **Schutzverweigerung** nach den §§ 113 bis 114 MarkenG oder einer **nachträglichen Schutzentziehung** nach § 115 MarkenG. In diesem Fall entfällt die Wirkung der internationalen Registrierung rückwirkend und gilt gemäß § 112 Abs. 2 MarkenG als nicht eingetreten. 105

Aufgrund der Registrierung der IR-Marke können Rechte aus der Marke für das Gebiet der Bundesrepublik Deutschland geltend gemacht werden, die es dem Inhaber ermöglichen, im Verletzungsfall bereits vor Abschluss des Schutzbewilligungsverfahrens nach §§ 113 ff. MarkenG Unterlassung der Beeinträchtigung zu verlangen oder Schadenersatzansprüche geltend zu machen. Allerdings ist zu bedenken, dass es sich zunächst um ein nur **vorläufiges Recht** handelt, welches unter dem Vorbehalt einer nachfolgenden Schutzverweigerung steht. Insoweit trägt der Markeninhaber also das mit der nachträglichen Schutzverweigerung verbundene Risiko von Schadenersatzansprüchen durch Dritte, die von ihm auf Grundlage der IR-Marke in Anspruch genommen wurden. Dabei handelt es sich jedoch um ein im Bereich gewerblicher Schutzrechte bekanntes Risiko, welches ein Verletzter insbesondere im einstweiligen Rechtsschutz bei der Vollstreckung aus einer einstweiligen Verfügung wegen § 945 ZPO immer bedenken muss. 106

2. Schutzverweigerung wegen absoluter Schutzhindernisse oder aufgrund Widerspruchs (§§ 113, 114 MarkenG)

a) **Prüfung auf absolute Schutzhindernisse (§ 113 MarkenG).** International registrierte Marken werden gemäß §§ 113 Abs. 1, 37 Abs. 1 MarkenG in gleicher Weise auf das Vorliegen absoluter Schutzhindernisse geprüft wie angemeldete Marken.[67] Das DPMA prüft IR-Marken auf die Schutzfähigkeit des Zeichens als Marke nach **§ 3 MarkenG,** das Vorliegen von absoluten Schutzhindernissen nach **§ 8 MarkenG** und auf das Bestehen älterer notorisch bekannter Marken nach **§ 10 MarkenG.** Die Prüfung hat innerhalb der durch Art. 6^quinquies^ B Nr. 1–3 PVÜ festgelegten Grenzen zu erfolgen, der die möglichen Schutzversagungsgründe erschöpfend aufzählt. Sachlich besteht damit kein Unterschied zum deutschen Recht.[68] 107

[64] Vgl. Art. 59 Brexit Austrittsabkommen.

[65] Vgl. hierzu sowie im Allgemeinen zu den Auswirkungen des Brexit-Abkommens die Madrid News vom 23.7.2020, abrufbar unter: www.wipo.int/madrid/en/news/2020/news_0015.html.

[66] Ausführliche Antworten auf die häufigsten Fragen bezüglich der markenrechtlichen Auswirkungen des Brexits finden sich unter: www.euipo.europa.eu/tunnel-web/secure/webdav/guest/document_library/contentPdfs/Brexit/Brexit_Q_and_A_en.pdf.

[67] Vgl. zum Gegenstand der Prüfung: Ströbele/Hacker/Thiering MarkenG § 113 Rn. 6.

[68] Vgl. Ströbele/Hacker/Thiering MarkenG § 113 Rn. 3.

108 **b) Widerspruch gegen die Schutzbewilligung international registrierter Marken (§ 114 MarkenG).** Gegen IR-Marken, deren Schutz auf die Bundesrepublik Deutschland erstreckt worden ist, kann in gleicher Weise wie gegen nationale deutsche Marken Widerspruch erhoben werden. Dies ergibt sich aus den §§ 107, 42 MarkenG. § 114 MarkenG enthält besondere Bestimmungen für den Widerspruch gegen IR-Marken.

109 Die **Widerspruchsfrist** beträgt ebenfalls **3 Monate,** berechnet sich aber anders als bei nationalen Marken, bei denen die Frist mit der Veröffentlichung im elektronischen Markenblatt beginnt. An die Stelle der Veröffentlichung der Eintragung tritt bei IR-Marken die Veröffentlichung in dem vom Internationalen Büro herausgegebenen Veröffentlichungsblatt. Das Blatt wird ausschließlich auf der Internetseite der WIPO veröffentlicht.[69] Die Widerspruchsfrist beginnt mit dem ersten Tag des Monats, der dem Monat folgt, der als Ausgabemonat des Veröffentlichungsblattes angegeben ist, in dem die betreffende international registrierte Marke veröffentlicht ist, vgl. § 114 Abs. 2 MarkenG. Ist zum Beispiel eine Marke im Blatt vom 11.8.2020 veröffentlicht, beginnt die Widerspruchsfrist am 1.9.2020 und endet am 30.11.2020.

110 Der Widerspruch ist beim DPMA einzulegen und unterliegt im weiteren Verfahren denselben Vorschriften des MarkenG und der MarkenV wie ein gegen eine nationale Marke eingelegter Widerspruch.

111 **c) Das Verfahren der Schutzverweigerung (§ 46 MarkenV).** Ergibt die Prüfung durch das DPMA das Vorliegen absoluter Schutzhindernisse oder wurde ein Widerspruch gegen die Erstreckung einer IR-Marke auf die Bundesrepublik Deutschland eingelegt, wird der internationalen Registrierung der Schutz für die Bundesrepublik Deutschland verweigert. Das DPMA teilt dem Internationalen Büro unter Beachtung der Jahresfrist nach Art. 5 Abs. 2 PMMA etwaig bestehende absolute Schutzhindernisse und eventuell erhobenen Widersprüche mit. Dieser Schutzverweigerungsbescheid hat zunächst nur **vorläufigen Charakter** und wird anschließend durch das Internationale Büro an die nationale Behörde des Ursprungslandes als auch den Markeninhaber übermittelt. Mit dem Bescheid werden zugleich die Voraussetzungen mitgeteilt, unter denen sich der Markeninhaber gegen die vorläufige Schutzversagung zur Wehr setzen kann und die im Einzelnen in § 46 MarkenV geregelt sind.

Praxistipp:

Der Markeninhaber muss, um eine endgültige Schutzverweigerung für die Bundesrepublik Deutschland zu verhindern, innerhalb von vier Monaten ab dem Tage der Absendung der Mitteilung über die Schutzverweigerung durch das Internationale Büro, einen Inlandsvertreter zur Vertretung seiner internationalen Registrierung vor dem DPMA bestellen.

112 Das Datum der Absendung der vorläufigen Schutzversagung durch das Internationale Büro ist in der Mitteilung gesondert ausgewiesen und ermöglicht dem Markeninhaber so die genaue Berechnung der laufenden Viermonatsfrist. Zur Fristwahrung ist es ausreichend, dass sich ein anwaltlicher Vertreter für die IR-Marke gegenüber dem DPMA legitimiert. Dem Vertreter werden dann die Widersprüche und/oder Beanstandungen durch das DPMA unter Einräumung einer Äußerungsfrist erneut zugestellt. Bestätigt die erneute Prüfung nach Ablauf der dem Inhaber eingeräumten Äußerungsfrist das Vorliegen absoluter Schutzhindernisse, so wird der IR-Marke der Schutz für die Bundesrepublik Deutschland endgültig verweigert. Gleiches gilt, wenn vom Inhaber der international registrierten Marke innerhalb der Viermonatsfrist kein Inlandsvertreter bestellt wird. Der Schutz kann nur aus solchen Gründen verweigert werden, die das DPMA dem Internationalen Büro fristgemäß mitgeteilt hat.[70] Gegen die **endgültige Schutzverweigerung** kann gemäß § 46 Abs. 2 S. 1 MarkenV innerhalb eines weiteren Monats das jeweils eröffnete Rechtsmittel eingelegt werden. Das weitere Verfahren richtet sich dann grundsätzlich nach den §§ 32 ff. MarkenG und entspricht dem für nationale deutsche Marken, die vom DPMA beanstandet wurden oder gegen die durch Dritte Widerspruch aufgrund prioritätsälterer Rechte eingelegt wurde.

[69] Vgl. WIPO Information Notice No. 1/2012.

[70] Vgl. zur Schutzverweigerung bei nachfolgend gesetzlich neu geregelten Schutzverweigerungstatbeständen: BPatGE 36, 130 – PREMIERE II; BPatG GRUR 1996, 494 – PREMIERE III im Anschluss an BGH GRUR 1993, 43 – Römigberg; Fezer Markenrecht, 4. Aufl. 2009, § 113 Rn. 4 und Art. 5 MMA Rn. 10 ff.

Das DPMA entscheidet über die Schutzverweigerung im **Beschlussverfahren,** welches dem Markeninhaber im Falle des Unterliegens ermöglicht, die Entscheidung im Wege der Erinnerung oder der Beschwerde einer erneuten Überprüfung in der nächsthöheren Instanz zu unterziehen. Die Verweigerung des Schutzes tritt gemäß § 113 Abs. 2 MarkenG an die Stelle der Zurückweisung der Anmeldung. Im Falle eines Widerspruches endet das Verfahren entweder mit der Zurückweisung des Widerspruches oder, wenn ein Widerspruch erfolgreich ist, gemäß § 114 Abs. 3 MarkenG mit der Verweigerung des Schutzes der internationalen Registrierung für die Bundesrepublik Deutschland.[71] Die Internationale Behörde wird vom Abschluss des Verfahrens unterrichtet.

3. Nachträgliche Schutzentziehung (§ 115 MarkenG)

113 IR-Marken, deren Schutz auf die Bundesrepublik Deutschland erstreckt worden ist, kann gemäß Art. 5 Abs. 6 PMMA noch nachträglich der Schutz entzogen werden. Dies ist unter den Voraussetzungen der **Löschung einer nationalen Marke wegen Verfalls** (§ 49 MarkenG), wegen des **Vorliegens absoluter Schutzhindernisse** (§ 50 MarkenG) oder **aufgrund eines älteren Rechts** (§ 51 MarkenG) möglich, wobei gemäß § 115 Abs. 1 MarkenG an die Stelle des Antrags oder der Klage auf Löschung für international registrierte Marken der Antrag oder die Klage auf Schutzentziehung tritt.

4. Die Regelungen der Benutzungsfrist bei schutzerstreckten IR-Marken (§§ 115 Abs. 2, 116, 117 MarkenG)

114 Die Durchsetzung von Rechten aus einer IR-Marke setzt in gleicher Weise wie eine nationale Marke voraus, dass die IR-Marke rechtserhaltend benutzt wurde. Bei nationalen, im Register des DPMA eingetragenen deutschen Marken berechnet sich der Beginn der fünfjährigen Benutzungsfrist von dem Tag an, ab dem gegen die Markeneintragung kein Widerspruch mehr möglich ist. Dieser Tag ist entweder der Tag des Ablaufs der Widerspruchsfrist oder derjenige, zu dem die das Widerspruchsverfahren beendende Entscheidung Rechtskraft erlangt, bzw. an dem der (letzte) Widerspruch zurückgenommen wird, vgl. § 26 Abs. 5 MarkenG. Da IR-Marken nicht in das vom DPMA geführte Markenregister eingetragen werden, bedurfte es für die verschiedenen Fallkonstellationen, in denen Rechte aufgrund oder gegen den Rechtsbestand einer IR-Marke geltend gemacht werden, der Festlegung des Zeitpunkts, mit dem die fünfjährige Benutzungsfrist beginnt. Diese Regelungen sind in den **§§ 115 Abs. 2, 116, 117 MarkenG** für die nach dem PMMA mit Wirkung für die Bundesrepublik Deutschland international registrierten Marken getroffen.

115 Für IR-Marken beginnt die **Fünfjahresfrist** danach mit dem Tag, an dem die Mitteilung über die Schutzbewilligung dem Internationalen Büro der Weltorganisation für geistiges Eigentum zugegangen ist oder an dem die Frist des Art. 5 Abs. 2 PMMA abgelaufen ist, sofern zu diesem Zeitpunkt weder die Mitteilung über die Schutzbewilligung bei der WIPO noch eine Mitteilung über eine vorläufige Schutzverweigerung zugegangen ist.[72] In der Bekanntmachung der internationalen Registrierung im Veröffentlichungsblatt der Internationalen Behörde ist das Datum der tatsächlichen Eintragung unter dem INID-Code 151 angegeben.[73] Das **Zugangsdatum der Abschlussmitteilung** wird dem Markeninhaber mitgeteilt und außerdem in der Datenbank der WIPO (**Madrid Monitor**)[74] veröffentlicht. Die Veröffentlichung der für den Beginn der Benutzungsfrist entscheidenden Daten ermöglicht so auch Dritten, die Benutzungsfrist internationaler Registrierungen zu berechnen und die Zulässigkeit einer Einrede der Nichtbenutzung zu überprüfen. Gibt es keinen Eintrag, gilt die Jahresfrist.

---

[71] Vgl. zum Verfahren der Entscheidung über Widersprüche gegen international registrierte ausländische Marken: Schöndeling GRUR 1996, 105.

[72] Der zugrundeliegende § 115 Abs. 2 MarkenG wurde inhaltlich neugefasst durch Art. 1 des Markenrechtsmodernisierungsgesetzes (MaMoG) vom 11.12.2018 (BGBl. 2018 I 2357), in Kraft getreten am 14.1.2019. Das 2.PatMoG führte lediglich zur direkten Bezugnahme der Norm auf das PMMA, statt wie vorher auf das MMA.

[73] Die Daten einer internationalen Registrierung werden nach dem INID-Code von der Internationalen Behörde veröffentlicht. Die Abkürzung INID steht für „Internationally agreed Numbers for the Identification of Data". Eine Erläuterung aller verwendeten INID Codes findet sich unter www.wipo.int/export/sites/www/standards/en/pdf/03-60-01.pdf.

[74] Die Datenbank ist unter www3.wipo.int/madrid/monitor/en/ zu finden.

5. Umwandlung einer internationalen Registrierung (Art. 9quinquies PMMA, § 118 MarkenG)

116 Nach dem **Grundsatz der Akzessorietät** ist die IR-Marke für die Dauer von 5 Jahren von der Heimateintragung abhängig. Die IR-Marke erlischt, wenn innerhalb dieser Frist der Schutz aus der Basismarke entfällt. Nach Art. 9quinquies PMMA hat der Inhaber einer gelöschten IR-Marke jedoch die Möglichkeit, die internationale Registrierung unter Wahrung ihrer Priorität in nationale Markenanmeldungen in den Mitgliedstaaten umzuwandeln, in denen die IR Marke wirksam war. Entsprechendes gilt nach Art. 204 UMV für die Unionsmarke als Bestandteil der internationalen Registrierung. Nach dem MMA war eine solche Transformation nicht vorgesehen.

117 Die Regelungen zur **Umsetzung von Art. 9quinquies PMMA** sind für die Bundesrepublik Deutschland in § 118 MarkenG enthalten. Danach muss der Antrag auf Umwandlung in eine nationale Markenanmeldung innerhalb von 3 Monaten nach Löschung der IR-Marke beim DPMA eingereicht werden. Wird diese Frist gewahrt, bestimmt sich der Zeitrang der nationalen Marke nach der Priorität der IR-Marke, § 118 Abs. 1 MarkenG. Mit Stellung des Umwandlungsantrages ist eine Gebühr fällig, die der für eine Markenanmeldung nach § 32 Abs. 3 MarkenG zu zahlenden Gebühr entspricht (Nr. 334.500 GebVerz zu § 2 Abs. 1 PatKostG).

118 Gemäß § 118 Abs. 2 MarkenG muss der Antragsteller darüber hinaus eine **Bescheinigung des Internationalen Büros** einreichen, um so dem DPMA die Prüfung der Übereinstimmung der gelöschten IR-Marke mit der angemeldeten Marke zu ermöglichen. Des Weiteren hat der Antragsteller gemäß § 118 Abs. 3 MarkenG eine **Übersetzung des Waren- und Dienstleistungsverzeichnisses,** für das die Eintragung beantragt wird, einzureichen. Im weiteren Verfahren wird der Umwandlungsantrag wie eine Anmeldung zur Eintragung einer Marke behandelt. Eine Einschränkung besteht nur insoweit, als die Marke ohne vorherige Prüfung eingetragen wird, wenn für die IR-Marke am Tage ihrer Löschung die Frist zur Verweigerung des Schutzes bereits abgelaufen war und kein Verfahren zur Schutzverweigerung oder zur nachträglichen Schutzentziehung anhängig war. Auch ein Widerspruch gegen die Eintragung ist in diesem Falle ausgeschlossen.

IV. Anhang

1. Beratungscheckliste für die internationale Registrierung von Marken

119 **Checkliste:**

- ☐ Wahl der Ursprungsbehörde
- ☐ Prüfung der Hinterlegungsberechtigung
- ☐ Ausfüllen des amtlichen Formblattes MM2 sowie
- ☐ Ggf. der Formblätter MM18 (USA) und/oder MM17 (EU)
- ☐ Zahlung der internationalen Gebühren
- ☐ Einreichung des Registrierungsgesuchs bei der Ursprungsbehörde (in Deutschland mit Begleitantrag M8005 beim DPMA) unter Zahlung der nationalen Gebühren
- ☐ Ggf. nach Aufforderung: Beseitigung von Mängeln und Zahlung zusätzlicher Gebühren an das Internationale Büro
- ☐ Ggf. nach Aufforderung: Vertreterbestellung im Falle von Schutzversagungen durch nationale Behörden benannter Vertragsparteien
- ☐ Überwachung der Schutzfrist und Zahlung der Erneuerungsgebühren nach 10 Jahren

2. Verzeichnis der Formblätter der internationalen Behörde[75]

120 MM2 Gesuch um eine internationale Registrierung nach dem PMMA
MM4 Nachträgliche Benennung weiterer Vertragsparteien
MM5 Antrag auf Eintragung einer Änderung des Inhabers
MM6 Antrag auf Eintragung einer Einschränkung des Verzeichnisses der Waren und Dienstleistungen

[75] Die Formblätter können von der Website des Internationalen Büros, www.wipo.int/madrid/en/forms/, heruntergeladen werden.

MM7 Antrag auf Eintragung eines Verzichts
MM8 Antrag auf Eintragung einer Löschung der internationalen Registrierung
MM9 Antrag auf Eintragung einer Änderung des Namens oder der Adresse des Inhabers
MM10 Antrag auf Eintragung einer Änderung des Namens oder der Adresse des Vertreters
MM11 Erneuerung der internationalen Registrierung
MM12 Benennung eines Vertreters
MM13 Antrag auf Eintragung einer Lizenz
MM14 Antrag auf Eintragung von Änderungen einer Lizenz
MM15 Antrag auf Eintragung der Löschung einer Lizenz
MM16 Nachträgliche Benennung bei Umwandlung (EU)
MM17 Inanspruchnahme des Zeitrangs einer oder mehrerer älterer Marken (EU)
MM18 Erklärung zur Benutzungsabsicht (USA)
MM19 Antrag auf Eintragung einer Verfügungsbeschränkung des Inhabers
MM20 Antrag auf Weiterführung des Verfahrens
MM21 Antrag auf Berichtigung einer Eintragung im internationalen Register
MM22 Antrag auf Teilung einer internationalen Registrierung
MM23 Antrag auf Verschmelzung internationaler Registrierungen nach vorheriger Teilübertragung
MM24 Antrag auf Verschmelzung internationaler Registrierungen nach vorheriger Teilung

3. Nützliche Informationsseiten für die internationale Registrierung

- WIPO Homepage: www.wipo.int/madrid/en 121
- Aktuelle, Relevante Rechtsnormen: www.wipo.int/madrid/en/legal_texts/
- WIPO Guide: www.wipo.int/publications/en/series/index.jsp?id=185
- Aktuelle Fassung der Nizzaer Klassifikation: www.wipo.int/classifications/nice/en/
- Mitgliedsstaaten, Länderkürzel, etc: www.wipo.int/madrid/en/members/
- WIPO Statistik-Datenbank: www.wipo.int/madrid/statistics/?lang=en
- Gebühren: www.wipo.int/madrid/en/fees/
- Gebührentabelle: www.wipo.int/madrid/en/fees/sched.html
- Gebührenrechner: madrid.wipo.int/feecalcapp/

§ 34 Unionsmarkenrecht

Übersicht

I. Einleitung

1. Allgemeines

Seit nunmehr über 25 Jahren kann beim eigens dafür eingerichteten Amt in Alicante/Spanien der Antrag auf Registrierung unionsweit einheitlich geltender Markenrechte gestellt werden. Den 1

Rechtsrahmen hierfür setzte die seit ihrem Inkrafttreten zum 1. April 1996 mehrfach geänderte Gemeinschaftsmarken-Verordnung (GMV),[1] die im Zuge ihrer letzten, umfassenden Reform[2] mit Wirkung zum 23. März 2016 in Unionsmarken-Verordnung (UMV)[3] umbenannt wurde. Terminologisch galt es, ohne dass damit inhaltliche Änderungen einhergehen,[4] die Begrifflichkeiten an den seit 1. Dezember 2009 geltenden Vertrag von Lissabon (EUV und AEUV) anzupassen. Seither begegnet uns die „Gemeinschaftsmarke" als „Unionsmarke" und das bisherige „Harmonisierungsamt für den Binnenmarkt (Marken, Muster und Modelle)" nunmehr als „Amt der Europäischen Union für Geistiges Eigentum" (Art. 2 Abs. 1 UMV), das anders als bis dato[5] in allen Sprachen des Amtes einheitlich mit **EUIPO** abgekürzt wird. Mit Wirkung zum **1. Oktober 2017** ist die Unionsmarkenverordnung durch die VO (EU) 2017/1001 in **kodifizierter Textform** verabschiedet worden, was aus Gründen der Übersichtlichkeit und Klarheit zu begrüßen ist.[6]

2 Die **Unionsmarke** war von Beginn an ein Erfolg[7] und daran hat sich bis zum heutigen Tage nichts geändert. So hieß es über Jahre hinweg im Editorial der sehr übersichtlichen und damit nützlichen Website des EUIPO[8] treffend: Der große europäische Binnenmarkt, so unentbehrlich für die wirtschaftliche Entwicklung Europas, ist undenkbar ohne den freien Verkehr von Waren und Dienstleistungen. Für diesen Verkehr ohne Grenzen ist die Unionsmarke das **Hilfsmittel par excellence.** Sie wird den Wirtschaftsverkehr fördern und zweifellos neue Märkte eröffnen".[9] Ziel war und ist es, für die harmonische Entwicklung des Wirtschaftslebens innerhalb der Union und das reibungslose Funktionieren des Binnenmarktes rechtliche Bedingungen zu schaffen, die es den Unternehmen ermöglichen, in einem einzigen Verfahren Markenrechte zu erwerben, die einen einheitlichen Schutz genießen und ohne Rücksicht auf Grenzen im gesamten Gebiet der Union wirksam sind.[10] Diesen Wert der Unionsmarke haben gewerbliche Wirtschaft und Handel längst erkannt. In grenzüberschreitenden Markenschutzszenarien hat die Unionsmarke entsprechend ihren festen Platz. Inzwischen sind mehr als 2,07 Mio. Unionsmarken registriert. Jährlich kommen gut 150.000 Unionsmarkenanmeldungen hinzu.[11] Die breite Akzeptanz der Unionsmarke lässt sich des Weiteren ablesen an der Herkunft der Anmelder; die über 350.000 Unternehmen, die das Unionsmarkensystem nutzen, kommen aus über 170 Ländern weltweit. Großer Beliebtheit erfreut sich auch das Gemeinschaftsgeschmacksmuster, das seit 1.4.2003 registriert werden kann; inzwischen sind über 850.000 Gemeinschaftsgeschmacksmuster eingetragen.[12]

---

[1] VO (EG) Nr. 40/94 des Rates vom 20.12.1993 über die Unionsmarke, ABl. 1994 L 11/1–35, ua geändert durch Verordnung (EG) Nr. 422/2004 des Rates vom 19.2.2004 zu Änderungen der Verordnung (EG) Nr. 40/94 über die Unionsmarke, ABl. 2004 L 70/1–7, geändert durch VO 2006 Nr. 1891/2006, ABl. L 386/14; geändert durch VO Nr. 207/2009 des Rates vom 26.2.2009 über die Gemeinschaftsmarke, ABl. L 78 vom 24.3.2009, S 1.

[2] S. ausführlich zu den der Änderung der UMV vorangegangenen Reformvorschlägen Hasselblatt/Hasselblatt Art. 1 EUTMR Rn. 52–60; ferner Eisenführ/Schennen/Schennen UMV Einl. Rn. 3–16.

[3] VO (EU) 2015/2424 des Europäischen Parlaments und des Rates vom 16. Dezember 2015 zur Änderung der VO (EG) Nr. 207/2009 des Rates über die Gemeinschaftsmarke und der VO (EG) Nr. 1468/95 der Kommission zur Durchführung der VO (EG) Nr. 40/94 des Rates über die Gemeinschaftsmarke und zur Aufhebung der VO (EG) Nr. 2869/95 der Kommission über die an das Harmonisierungsamt für den Binnenmarkt (Marken, Muster und Modelle) zu entrichtenden Gebühren, in Kraft getreten am 23.3.2016, wobei einige der – worauf in der vorliegenden Kommentierung aufmerksam gemacht wird – Bestimmungen erst zum 1.10.2017 Gültigkeit erlangen; ABl. L 341/21 v. 24.12.2015.

[4] Wie sich aus der Bestimmung des Art. 211 Abs. 2 UMV ergibt.

[5] Der etwas sperrige Name „Harmonisierungsamt für den Binnenmarkt" wurde in den fünf Sprachen des Amtes (s. Art. 146 Abs. 2 UMV) wie folgt abgekürzt: deutsch = HABM, englisch = OHIM, französisch = OHMI, italienisch = UAMI und spanisch = OAMI.

[6] VO (EU) 2017/1001 des Europäischen Parlaments und des Rates vom 14.6.2017, ABl. EU L 154/1 ff.

[7] So auch Bender Die neue Unionsmarke, der von einer „grandiosen Erfolgsstory" spricht, Vorwort zur 2. Aufl., S. V; s. ferner die Pressemitteilung der Europäischen Kommission v. 27.3.2013 (IP/13/147), S. 1: „The EU trade mark system has stood the test of time".

[8] Inzwischen mehrfach umfassend neu gestaltet, abrufbar unter http://euipo.europa.eu.

[9] Früher abrufbar unter http://oami.europa.eu/de/mark/role/brochure.htm#edito (Link inzwischen inaktiv; Hervorhebung vom Verfasser).

[10] In diesem Sinne Erwägungsgrund 3 und 4 Präambel der VO (EU) Nr. 2017/1001 (UMV).

[11] In 2020 erfolgten 153.571 Registrierungen, in 2021 (trotz der zahlreichen Restriktionen infolge der Corona-Pandemie) sogar 180.618, s. euipo.europa.eu → statistics of EUTMs (Stand 07/03/2022), at 5.1–2/2.

[12] S. euipo.europa.eu → about euipo → the office → statistics-of-community-designs (02–2022).

2. EU-weites Markenrecht

Nicht nur wegen der ca. 35-jährigen Vorbereitungszeit[13] war die GMV (bzw. heutige „UMV") mit großer Spannung erwartet worden, sondern auch und gerade wegen der mit einem **unionsweiten Markenrecht** einhergehenden Chancen. Mit ihren – seit Erweiterung der Europäischen Union in den Jahren 2004, 2007 und 2013, und dem nachfolgenden Austritt des Vereinigten Königreichs per 1.2.2020 – 27 Mitgliedsstaaten mit knapp 500 Mio. Einwohnern bildet die EU den größten Markt der Welt und damit neben Nordamerika und Südostasien einen der wichtigsten Wirtschaftsräume weltweit. Jedes Jahr werden allein in oder mit Wirkung für die Mitgliedsstaaten der EU über 500.000 neue Marken angemeldet; der Bestand an eingetragenen Marken beträgt über 5 Mio. Die bestehenden 25 Markenschutzsysteme[14] weisen trotz inzwischen erfolgter (Teil-)Harmonisierung insbesondere derzeit noch beachtliche Differenzen zueinander auf, die jedoch durch die neu gefasste Markenrechts-Richtlinie vom 16. Dezember 2015 deutlich abgemildert werden.[15] Vor allem aber erfordern die bisherigen nationalen und internationalen Registrierungsmöglichkeiten allein mit Blick auf die EU das Betreiben von bis zu 25 Eintragungsverfahren; damit geht einher die entsprechende Anzahl an offiziellen Gebühren, Anwaltshonoraren, Verlängerungsgebühren und dergleichen. Insgesamt erweist sich der Erwerb des gleichzeitigen Markenschutzes in mehreren EU-Mitgliedsstaaten gegenwärtig als relativ aufwändig, kostspielig und zeitintensiv, was umso mehr gilt, in je mehr der 27 Mitgliedsstaaten Markenschutz nachgesucht wird. 3

Demgegenüber eröffnet das Unionsmarkensystem die Möglichkeit, zu relativ geringen Kosten in **einem Anmelde- und Registrierungsverfahren gemeinschaftsweit geltende Markenrechte** zu erwerben. Während der (damalige) Präsident des Amtes im Zuge der EU-Erweiterung im Jahre 2004 noch öffentlich geäußert hat, dass die „größte Herausforderung im Rahmen der Erweiterung darin bestand, diesen Prozess ohne Erhöhung der Eintragungsgebühren umzusetzen", wurden die Anmelde- und Registrierungs- sowie die Verlängerungsgebühren in den folgenden Jahren sukzessive sogar erheblich **reduziert**.[16] Das Amt erwirtschaftet weiterhin Überschüsse, was auf die weiter wachsende Zahl der Unionsmarken- und Geschmacksmusteranmeldungen zurückzuführen ist; dass trotz des beachtlichen Anwachsens der EU-Mitgliedstaaten und dem damit verbundenen Mehr- und namentlich gestiegenen Übersetzungsaufwand die Gebühren sogar reduziert werden konnten, ist aus Sicht der Schutzrechtsanmelder und -inhaber zu begrüßen.[17] 4

3. Prinzipien der Autonomie, der Koexistenz und der Einheitlichkeit

Die Unionsmarkenverordnung stellt ein eigenes und **autonomes Regelwerk** dar (Prinzip der Autonomie), das[18] grundsätzlich alle materiell-rechtlichen und prozeduralen Aspekte der Uni- 5

---

[13] S. den ausführlichen historischen Abriss inklusive der verschiedenen Stationen auf dem Weg zur heutigen Unionsmarke bei Hasselblatt/Hasselblatt Art. 1 EUTMR Rn. 27–60: die ersten Textvorschläge stammten von einer „Trade Mark Working Group", die auf eine Initiative der Kommission am 31.7.1959 ins Leben gerufen worden war mit der Aufgabe, ein europäisches Markensystem zu entwerfen; diese „Trade Mark Working Group" nahm ihre Arbeit Ende 1961 auf und präsentierte ihren ersten Entwurf als „Preliminary Draft of a Convention for a European Trade Mark" bereits 1964 (bekannt geworden als „1964 Draft"), der jedoch erst 1973 veröffentlicht wurde; Einzelheiten bei Hasselblatt aaO, Rn. 28 ff.; s. zur Entstehungsgeschichte des Gemeinschaftsmarkenrechts ferner Knaak GRUR Int. 2001, 665.

[14] Die Benelux-Staaten haben ein einheitliches Schutzsystem (Belgien/Niederlande/Luxemburg); die weiteren 12 Markenschutzsysteme bis 30.4.2004 sind die in Dänemark, Deutschland, Finnland, Frankreich, Griechenland, Irland, Italien, Österreich, Portugal, Schweden und Spanien; seit 1.5.2004 sind hinzugekommen die Markenschutzsysteme in: Estland, Lettland, Litauen, Malta, Polen, Slowakei, Slowenien, Tschechien, Ungarn und Zypern, seit 1.1.2007 sind hinzugekommen Rumänien und Bulgarien und seit 1.7.2013 Kroatien.

[15] In Form der Ersten Richtlinie des Rates vom 21.12.1988 zur Angleichung der Vorschriften der Mitgliedsstaaten über die Marken, ABl. 1989 L 40/1 ff., neu gefasst durch RL (EU) 2015/2436 des Europäischen Parlaments und des Rates v. 16.12.2015 zur Angleichung der Rechtsvorschriften der Mitgliedsstaaten über die Marken, ABl. L 336/1 v. 23.12.2015, in Kraft seit 12.1.2016, die von den Mitgliedsstaaten bis 14.1.2019 in nationales Recht umzusetzen war (bezüglich Art. 45 MarkenRL bis 14.1.2023).

[16] Erklärung des Präsidenten des HABM Wubbo de Boer vom 1.5.2004, über Jahre abrufbar unter www.oami.europa.eu/de/office/aspects/communications/05.03.htm (inzwischen ist dieser Link nicht mehr aktiv).

[17] Insgesamt liegt die Gebührenreduktion bei durchschnittlich ca. 10 %; andererseits darf nicht übersehen werden, dass die Umstellung der Anmeldegebühren auf das „Ein-Klassen-Prinzip" auch eine Erhöhung der Amtsgebühren mit sich brachte.

[18] Zunächst in Verbindung mit der Verordnung (EG) Nr. 2868/95 der Kommission vom 13.12.1995 zur Durchführung der VO (EG) 40/94 des Rates über die Gemeinschaftsmarke, ABl. 1995 L 303/1–32, „DV GMV"; geändert v. 26.4.2004 durch VO Nr. 782/2004 (ABl. L 123/88), geändert v. 29.6.2005 durch VO Nr. 1041/2005 (ABl. L 172/4),

onsmarke regelt.[19] Ziel des Gesetzgebers war es, im Interesse der Stärkung und des reibungslosen Funktionierens des Binnenmarktes die rechtlichen Bedingungen für die Verwendung solcher Marken zu schaffen, mit denen Unternehmen ihre Waren oder Dienstleistungen „in der gesamten Gemeinschaft ohne Rücksicht auf Grenzen kennzeichnen können".[20] Entsprechend gilt die Unionsmarke überall in der Union und entfaltet in allen Mitgliedsstaaten einheitliche Wirkungen. Die Unionsmarke tritt als **gleichrangiges Markenschutzsystem *neben* den auf mitgliedsstaatlicher Ebene verfügbaren Markenschutz (Prinzip der Koexistenz)**, mit der Folge, dass jede Person, die Markenschutz beantragen möchte, frei entscheiden kann, ob „der Markenschutz nur als nationale Marke in einem oder mehreren Mitgliedsstaaten oder nur als Unionsmarke oder für beide Ebenen beantragt wird".[21] Demgemäß kann aus einer älteren Unionsmarke gegen eine jüngere identische oder verwechselbare nationale Markenanmeldung und/oder -benutzung vorgegangen werden und umgekehrt.

6 Der Grundsatz der **Autonomie** impliziert, dass die UMV grundsätzlich alle relevanten Fragen betreffend die Unionsmarke regelt, etwa Fragen der Inhaberschaft der Marken, welche Zeichen angemeldet werden können, welche Rechte die Unionsmarke gewährt, die Gründe für Verfall und Nichtigkeit, ohne dass auf nationales Recht der Mitgliedsstaaten zurückzugreifen ist.[22] Nationales Recht der Mitgliedsstaaten bzw. im Fall des Art. 3 UMV das für die fragliche juristische Einheit maßgebende Recht, findet mithin nur Anwendung, soweit dies in der UMV ausdrücklich vorgesehen ist. Da sich in der UMV eine Reihe von Vorschriften[23] finden, die die Anwendbarkeit nationalen Rechts vorsehen, wird der autonome Ansatz, den die UMV verfolgt, bisweilen auch als *relative* Autonomie bezeichnet.[24] Aus dem Prinzip der Autonomie folgt weiter, dass das Amt sowie EuG und EuGH grundsätzlich nicht an Entscheidungen nationaler Gerichte bezüglich identischer oder ähnlicher Marken gebunden ist. Dies gilt selbst dann nicht, wenn die fraglichen Entscheidungen in Anwendung einer gemäß der MarkenRL harmonisierten nationalen Regelung erlassen worden sind.[25] Allerdings ist diese Sichtweise nicht unumstritten. Vielmehr wird im Schrifttum argumentiert, dass in einem harmonisierten europäischen Markenschutzsystem dieselbe Marke, jedenfalls grundsätzlich, dieselbe Behandlung erfahren sollte und entsprechend vergleichbare Fälle in vergleichbarer Weise sowohl auf EU- als auch auf Mitgliedsstaatebene entschieden werden sollten.[26] Andererseits wäre damit die Gefahr verbunden, dass eine Bindungswirkung des Amtes und des EuG/EUGH an nationale vergleichbare Entscheidungen dazu führen könnte, dass Besonderheiten aus den Mitgliedsstaaten zementiert werden könnten, was wiederum unvereinbar wäre mit dem von der UMV verfolgten Harmonisierungsziel.[27] Tatsächlich dürfte der richtige Ansatz darin zu erkennen sein, was im Übrigen auch im Einklang stünde mit den Harmonisierungszielen der UMV und des harmonisierten nationalen Markenrechts der Mitgliedsstaaten, Entscheidungen betreffend die Eintragung bzw. Versagung der Registrierung identischer oder ähnlicher Marken **indikativen Wert** beizumessen für die Beurteilung der Unterscheidungskraft einer Unionsmarke, soweit die fragliche nationale Marke auf der Basis des harmonisierten Rechts eingetragen wurde.[28] Diese Sichtweise wird offenbar auch vom EuGH ge-

---

geändert durch VO Nr. 355/2009 der Kommission vom 31.3.2009 (ABl. 2009 Nr. L 109/3); nach dem Inkrafttreten des neu kodifizierten UMV nunmehr geregelt in der DurchführungsVO (EU) 2018/626 der Kommission vom 5.3.2018 sowie der Delegierten VO über die Unionsmarke (DelVO (EU) 2018/625 der Kommission vom 5.3.2018).

[19] Soweit die Regelungen der UMV nicht abschließend sind, gelangen die jeweiligen nationalen Regelungen ergänzend zur Anwendung; siehe etwa Art. 129 Abs. 2, Art. 130 Abs. 2 und Art. 134 UMV.

[20] Siehe den ersten Erwägungsgrund der GMV (EG) Nr. 40/94, gleichlautend der zweite Erwägungsgrund der VO (EG) Nr. 207/2009 und nunmehr der dritte Erwägungsgrund der VO (EU) 2017/1001.

[21] So ausdrücklich in Erwägungsgrund 8 der Präambel der VO (EU) 2017/1001.

[22] EuG ECLI:EU:T:2016:161 – Winnetou, Rn. 35; EuG ECLI:EU:T:2006:87 – WEISSE SEITEN, Rn. 30; EuG ECLI:EU:T:2007:179 – EUROPIG/HABM, Rn. 42.

[23] S. etwa die älteren nationalen Rechte in Art. 8 und Art. 60 UMV in Bezug auf die dort genannten nationalen (älteren) Rechte; Art. 129 Abs. 2 UMV, Art. 130 Abs. 2 UMV; Art. 137, 138 UMV.

[24] Eisenführ/Schennen/Schennen UMV Art. 1 Rn. 4.

[25] EuG ECLI:EU:T:2016:161 – Winnetou, Rn. 35: Dort hatte sich das HABM ua darauf berufen, dass vorliegend ein oberstes nationales Gericht (der BGH) entschieden hätte, dass der Begriff „Winnetou" in Deutschland beschreibend sei, was dann auch für die Unionsmarke gelten müsse; EuG ECLI:EU:T:2006:87 – WEISSE SEITEN, Rn. 30; EuG ECLI:EU:T:2007:179 – EUROPIG/HABM, Rn. 42.

[26] Gielen/v. Bomhard/v. Mühlendahl EUTMR Art. 1 Rn. 2a.

[27] Eisenführ/Schennen/Schennen UMV Art. 1 Rn. 16.

[28] In dieser Richtung argumentierend die Commissio, deren Sichtweise zusammengefasst ist in der Entscheidung EuGH ECLI:EU:C:2004:88 – HENKEL, Rn. 56, 57; s. zu diesem Streitstand Hasselblatt/Hasselblatt EUTMR Art. 1 Rn. 71–75, dort auch zu den verbundenen Entscheidungen Volks. Handy und Schwabenpost EuGH Aktenzeichen

teilt, der in jüngeren Entscheidungen ausführt, dass Entscheidungen anderer Mitgliedsstaaten zu identischen/ähnlichen Marken zumindest in Rücksicht zu ziehen sind, ohne dass diese jedoch per se bindend sein können.[29]

Gewissermaßen das Rückgrat der Unionsmarke bildet das in Art. 1 Abs. 2 UMV geregelte **Prinzip der Einheitlichkeit.** Danach hat die Unionsmarke einheitliche Wirkung für die gesamte Union. Entsprechend kann sie nur für die gesamte EU eingetragen oder übertragen werden oder Gegenstand eines Verzichts oder einer Entscheidung über den Verfall oder die Nichtigkeit sein; ferner kann ihre Benutzung nur für die gesamte Union untersagt werden (Art. 1 Abs. 2 S. 2 UMV). Allerdings duldet auch dieses wichtige Prinzip Ausnahmen, da dieser Grundsatz gilt, „sofern in dieser Verordnung nichts anderes bestimmt ist" (Art. 1 Abs. 2 S. 3 UMV). Eine wichtige Ausnahme ist darin zu erkennen, dass der Inhaber einer Unionsmarke die Markenrechte nur für bestimmte Mitgliedsstaaten oder Regionen lizensieren kann, auch an verschiedene Lizenznehmer. Eine territoriale Teilübertragung der Unionsmarke ist im Hinblick auf vorgenanntes Prinzip der Einheitlichkeit hingegen ausgeschlossen. Eine weitere Durchbrechung des Einheitlichkeitsgrundsatzes findet sich etwa in den seltenen Fällen der Untersagung der Benutzung einer Unionsmarke aufgrund eines älteren nationalen Rechts in einem „neuen Mitgliedstaat" iSd Art. 209 UMV (ex Art. 165). 7

4. Neufassung der UMV (23.3.2016/1.10.2017)

Das Unionsmarkenrecht ist durch die VO (EU) 2015/2424 v. 16. Dezember 2015 umfänglich neu gefasst und durch die VO (EU) 2017/1001 vom 14. Juni 2017 neu kodifiziert worden. Parallel dazu wurde die Richtlinie zur Angleichung der Rechtsvorschriften der Mitgliedsstaaten über die Marken (MarkenRL) neu gefasst, die bis zum 14. Januar 2019 von den Mitgliedsstaaten umzusetzen war.[30] Vorausgegangen waren jahrelange Reformdiskussionen, die ua auf einer von der Kommission beauftragten und zwischen November 2009 und Februar 2011 durchgeführten Studie des Max Planck Instituts basierten.[31] Mit Blick auf die Bewertung der allgemeinen Funktionsweise des Gemeinschaftsmarkensystems wurde erkannt, dass die Grundsätze, auf denen es basiert, sich bewährt hätten, zugleich jedoch Bedarf bestehe, das Markensystem „in der Union zu modernisieren, indem es **effektiver, effizienter und insgesamt kohärenter** gemacht und an das Zeitalter des Internets angepasst wird".[32] Dabei erweisen sich die Neuregelungen und Modifizierungen des Unionsmarkenrechts gegenüber der Neufassung der MarkenRL als weniger einschneidend, obgleich allein Art. 1 der VO (EU) Nr. 2015/2424 insgesamt 145(!) Änderungen beinhaltet. Teilweise sind die Änderungen rein terminologischer Natur, die keine substantiellen Änderungen beinhalten, wie beispielsweise die Umbenennung der Gemeinschaftsmarke in „Unionsmarke", des Amts in „EUIPO" oder des „Präsidenten" in „Exekutivdirektor", ohne dass sich dessen Kompetenzen signifikant geändert haben.[33] 8

Im Einklang mit dem im Juli 2012 beschlossenen „Gemeinsamen Konzept in Bezug auf dezentrale Agenturen der EU"[34] ist das EUIPO nunmehr als „Agentur" ausgestaltet, das unverändert Rechtspersönlichkeit besitzt,[35] was im Übrigen schon in dem beibehaltenen Begriff „Amt" zum Ausdruck kommt.[36] In materieller und prozeduraler Hinsicht bringt die UMV eine Reihe von Neuerungen mit sich, von denen jedoch viele lediglich klarstellender Natur sind oder den 9

C 39/08 und C 43/08 – Kurzfassung (der volle Text ist abrufbar unter http://curia.europa.eu), Rn. 17, zustimmend Töbelmann GRUR 2009, 1007 (1008).

[29] Hasselblatt/Hasselblatt EUTMR Art. 1 Rn. 71–75, dort auch zu den verbundenen Entscheidungen EuGH ECLI:EU:C:2009:91 – Volks.Handy und Schwabenpost, Rn. 17; ebenso Hasselblatt/Hasselblatt EUTMR Art. 1 Rn. 75 f.

[30] Bzw. mit Blick auf Art. 45 MarkenRL bis 14.1.2023; ABl. L 336/1 v. 23.12.2015, in Kraft seit 12.1.2016; s. dazu die Darstellung bei Raab § 32.

[31] „Study on the Overall Functioning of the European Trade Mark System", überreicht am 15.2.2011 seitens des MPI, abrufbar unter http://ec.europa.eu/internal_market/indprop/tm/index/en.htm; ausführliche Reformdiskussionen Hasselblatt/Hasselblatt EUTMR Art. 1 Rn. 52–60.

[32] S. Erwägungsgrund 7 der Präambel der UMV (EU) 2015/24, unter Bezugnahme auf die Mitteilung der Kommission „Ein Binnenmarkt für Rechte des Geistigen Eigentums" v. 24.5.2011 (Hervorhebungen vom Verfasser).

[33] S. im einzelnen Art. 157 UMV im Vergleich zu dem mit Wirkung zum 23.3.2016 außer Kraft getretenen Art. 124 GMV.

[34] S. Erwägungsgrund 31 der Präambel VO (EU) Nr. 2015/2424.

[35] S. Art. 142 Abs. 1 UMV sowie insbesondere die unverändert gebliebene Vorschrift des Art. 115 Abs. 2 UMV.

[36] Anstelle des mit Blick auf die Rechtstellung treffenderen Begriffs „Agentur"; s. dazu Eisenführ/Schennen/Schennen UMV Art. 142 Rn. 2.

Gesetzestext an gefestigte Rechtsprechung anpassen.[37] Sämtliche praxisrelevanten Änderungen werden in der vorliegenden Kommentierung im jeweiligen Kontext behandelt, so dass hier von einer detaillierten Darstellung der Auswirkung der Reform abgesehen werden kann. Lediglich stellvertretend sei hingewiesen auf den **Wegfall des Erfordernisses der grafischen Darstellbarkeit** (Art. 4, 31 UMV), die **Ausweitung des Kataloges der absoluten Eintragungshindernisse** in Art. 7 UMV, die signifikante **Erweiterung der Rechte aus der Unionsmarke** gem. Art. 9 UMV (etwa gegenüber rein firmenrechtlicher Benutzung, Vorbereitungshandlungen oder Waren im Transit), der erstmaligen Regelung des **Erwerbs von Zwischenrechten** auf EU-Ebene (in Art. 16 UMV) bis hin zur Einführung der **Unionsgewährleistungsmarke** gem. Art. 83–93 UMV.

10 Insgesamt ist die Umsetzung der Reformbemühungen des Gesetzgebers in Form der Verordnung (EU) 2015/2424, kodifiziert gemäß VO (EU) 2017/1001, als gelungen zu bezeichnen. Treffend heißt es hierzu, dass sich der Gesetzgeber für eine „kleine" Lösung entschieden und nicht den „großen Wurf" gemacht habe,[38] was angesichts der Vielzahl der Änderungen zunächst überraschend klingt. Sehr zu begrüßen ist, dass die Unionsmarke in ihrem charakteristischen und bewährten Wesen unverändert und insbesondere die sie prägenden Prinzipien unangetastet geblieben sind. Auch darf nicht übersehen werden, dass eine ganze Reihe von im Vorfeld diskutierten Neuregelungen, die nachhaltige Veränderungen mit sich gebracht hätten, nicht umgesetzt worden sind. Dies gilt etwa für die Reduzierung der Benutzungsschonfrist auf drei Jahre, die Abgabe einer Erklärung der Benutzungsabsicht bei Anmeldung bzw. der fortgesetzten Benutzung bei Verlängerung der Marke oder die Überprüfung relativer Eintragungshindernisse von Amts wegen.[39] Zu begrüßen ist ferner, dass in Form der VO (EU) 2017/1001 mit Wirkung zum **1. Oktober 2017**[40] eine **kodifizierte Fassung der UMV** vorliegt.

5. Konsequenzen der EU-Erweiterungen (2004, 2007 und 2013)

11 Im Zuge der EU-Erweiterungen ist die UMV ergänzt worden, namentlich um die (territoriale) Einheitlichkeit der Unionsmarke auch weiterhin zu gewährleisten. Seit 1996 ist die Anzahl der Mitgliedsstaaten auf 27 gestiegen. Mit Wirkung zum 1. Mai 2004, 1. Januar 2007 und zuletzt zum 1. Juli 2013 sind 13 weitere Mitgliedsstaaten der EU beigetreten, gefolgt von dem Austritt des Vereinigten Königreichs mit Wirkung vom 1. Februar 2020.[41] Damit die Unionsmarke dieselbe Wirkung in der gesamten Union hat, sieht Art. 209 UMV die **automatische Erstreckung** der *vor dem jeweiligen Beitrittsdatum* eingetragenen oder angemeldeten Unionsmarken auf das Gebiet der Mitgliedsstaaten vor, ohne dass damit zusätzliche Kosten für den Markeninhaber verbunden waren. Unionsmarken, die *nach* dem 1. Juli 2013 angemeldet wurden, genießen Schutz in sämtlichen Mitgliedsstaaten.

12 Im Hinblick auf eventuell prioritätsältere nationale Rechte in den jeweiligen Beitrittsländern kann einer bestehenden Unionsmarke die Benutzung nur in den jeweiligen Beitrittsländern iSv Art. 137, 138 UMV untersagt werden, vorausgesetzt dass die älteren Rechte gutgläubig erworben wurden. Für die anderen Mitgliedsstaaten der Union bleibt der Schutzumfang der Unionsmarke hingegen unberührt. Damit entsteht nicht etwa eine Unionsmarke „mit Löchern";[42] vielmehr hat die Unionsmarke einheitliche EU-weite Wirkung; sie kann lediglich, solange das ältere nationale Recht besteht, in dem jeweiligen neuen Mitgliedsstaat nicht benutzt werden.

13 Entstehen **absolute Schutzhindernisse** lediglich aufgrund der Erweiterung – beispielsweise weil die Unionswortmarke eine beschreibende Angabe in kroatischer Sprache darstellt –, so kann deswegen die Unionsmarke nicht zu Fall gebracht werden, Art. 209 Abs. 2 UMV. Insoweit ist klarzustellen, dass die beschreibende Bedeutung aufgrund des Beitritts entstanden sein muss; nicht erfasst ist mithin eine Konstellation, in der die fragliche Angabe auch mit Blick auf das Territorium und die Sprachgewohnheiten der bisherigen Mitgliedsstaaten beschreibend war.[43] Hin-

[37] Beispielhaft sei hier verwiesen auf die Änderung des Art. 33 UMV infolge der Grundsatzentscheidung des EuGH ECLI:EU:C:2012:361 – IP Translator.

[38] Marten GRUR Int. 2016, 114 (122).

[39] Marten GRUR Int. 2016, 114 (120), unter Bezugnahme auf die Studie des Max-Planck-Instituts aus dem Jahre 2011.

[40] VO (EU) 2017, 1001 des Europäischen Parlaments und des Rates vom 14.6.2017, ABl. Nr. L 154, 1 ff.

[41] Zum 1.5.2004 sind beigetreten: Tschechische Republik, Estland, Zypern, Lettland, Litauen, Ungarn, Malta, Polen, Slowenien und die Slowakei; zum 1.1.2007 sind beigetreten: Bulgarien und Rumänien; zum 1.7.2013 ist Kroatien beigetreten.

[42] So treffend Eisenführ/Schennen/Schennen UMV Art. 209 Rn. 8.

[43] Zutreffend Eisenführ/Schennen/Schennen UMV Art. 209 Rn. 24.

sichtlich der **relativen Schutzhindernisse** sind die Besonderheiten des Art. 209 Abs. 3, Abs. 4 lit. b sowie Abs. 5 UMV zu berücksichtigen. Nach Art. 209 Abs. 4 lit. b iVm Art. 53 Abs. 1, Abs. 2 UMV kann eine Unionsmarke nicht für nichtig erklärt werden aufgrund eines älteren innerstaatlichen Rechtes in einem neuen Mitgliedsstaat, das vor dem Tag des jeweiligen Beitritts eingetragen, angemeldet oder erworben wurde. Soweit ältere nationale Marken oder sonstige ältere Rechte zum Zeitpunkt des Beitritts des jeweiligen Mitgliedsstaates bestanden und nicht bösgläubig erworben wurden, so bewirkt dies gegenüber nach Art. 209 Abs. 1 UMV erstreckten Unionsmarken nicht deren Angreifbarkeit als solche, sondern lediglich die Untersagung der Benutzung nach Art. 137, 138 UMV iVm Art. 209 Abs. 5 UMV.[44]

6. Konsequenzen des EU-Austritts Großbritanniens (Brexit)

Gewissermaßen das Gegenstück zu den soeben dargestellten Konsequenzen der EU-Erweiterungen nahm 2016 in Form des Austritts Großbritanniens[45] aus der EU Gestalt an. In einem Referendum vom 23. Juni 2016 hat eine knappe Mehrheit (51,9 %) der Briten für den Austritt Großbritanniens aus der EU gestimmt. Am 29. März 2017 teilte die englische Premierministerin sodann dem Europäischen Rat mit, dass Großbritannien beschlossen hat, aus der EU auszutreten. Anders als im Fall der EU-*Erweiterung* und den damit verbundenen Konsequenzen für die Unionsmarke[46] enthält das Unionsmarkensystem keine Regelung darüber, wie in einem – bis dato nie dagewesenen – Fall des *Austritts* eines Mitgliedsstaats aus der EU zu verfahren ist und wie sich dies auf die Unionsmarke auswirkt. Dass Auswirkungen für die Unionsmarke mit einem **Brexit** (kurz für „British exit") notwendig verbunden sind, ergibt sich aus Art. 1 Abs. 2 S. 2 UMV, wonach sie „einheitliche Wirkung für die gesamte Union" hat. Inzwischen ist der Brexit längst Realität geworden. Gemäß dem **Austrittabkommen**[47] hat das Vereinigte Königreich die EU am 1. Februar 2020 verlassen. Der in dem „Brexit Abkommen" vorgesehene **Übergangszeitraum**, in dem das Unionsrecht – einschließlich der UMV du der dazugehörigen Durchführungsverordnungen – auch für das Vereinigte Königreich weiter gelten sollte, endete am **31. Dezember 2020.** Kurz vor Toresschluss konnte der von vielen befürchtete „hard Brexit", also der ungeregelte Austritt aus der EU, durch ein am 24. Dezember 2020 unterzeichnetes und zum 1. Januar 2021 in Kraft getretenes Handels- und Kooperationsabkommen[48] zwischen der EU und dem Vereinigten Königreich abgewendet werden. Bezüglich der geistigen Eigentumsrechte enthielt bereits das Austrittsabkommen im Titel V (Art. 54 ff.) Regelungen für die Fortgeltung von eingetragenen oder gewährten Schutzrechten im Vereinigten Königreich auch nach dem Ende der Übergangsphase (dem sogenannten *Exit Day*).[49] Die in Art. 54 des Austrittsabkommen geregelten Brexit-Vorschriften sind seit Ende der Übergangsphase in Kraft, von denen die wichtigsten nachfolgend kurz dargestellt werden: 14

Bezüglich der Auswirkungen auf Unionsmarken ist zwischen zum *Exit Day* angemeldeten respektive eingetragenen Schutzrechten zu unterscheiden. **Anmeldungen** von Unionsmarken galten ab dem *Exit Day* nicht mehr in UK, allerdings konnte die Beantragung „vergleichbarer nationaler UK-Rechte" bis 30. September 2021 beantragt werden; Gleiches galt bei internationalen Eintragungen mit EU-Benennung. Seit dem *Exit Day* beanspruchen **Eintragungen** von Unionsmarken keine Wirkung mehr in UK. Anders als bei den Unionsmarken*anmeldungen* wurde in diesen Fällen jedoch automatisch ein entsprechendes nationales UK-Recht generiert, das zum Zeitpunkt des Jahreswechsels bereits eingetragen war (sogenannte „abgeleitete britische Marken" oder „comparable trademarks"). Diese neuen, nationalen UK-Marken, oftmals als *Klone* be- 15

[44] Dazu ausf. Hasselblatt/Hallemans EUTMR Art. 209 Rn. 10 ff. sowie Eisenführ/Schennen/Schennen UMV Art. 209 Rn. 30 ff.

[45] Offiziell „Vereinigtes Königreich Großbritannien und Nordirland".

[46] Wobei nicht übersehen werden sollte, dass auch die Regelung über die territorialen Konsequenzen der Erweiterung des Gebiets der Union erst nachträglich in die GMV aufgenommen worden sind, nämlich zunächst durch Art. 159a GMV, ab 2009 Art. 165 GMV, der – von sprachlichen Änderungen abgesehen – mit dem jetzigen Art 209 UMV übereinstimmt.

[47] Abkommen über den Austritt des Vereinigten Königreichs Großbritannien und Nordirland aus der Europäischen Union und der Europäischen Atomgemeinschaft (2019 C 384 I/01), ABl. 2020 L 29, 7 ff.

[48] Amtsbl. L 444/14 v. 31.12.2020; beide vorgenannten Abkommen abzurufen über die Startseite des EUIPO: → Recht und Praxis → Brexit, einschließlich der Mitt Nr. 2/20 des Exekutivdirektors vom 10.9.2020 über die Auswirkungen des Austritts des Vereinigten Königreiches aus der EU auf bestimmte Aspekte der Praxis des Amtes sowie das Q&A Dokument selben Datums.

[49] S. die ausführlichen Darstellungen von Lütke Schwienhorst, GRUR-Prax 2021, 72 ff. sowie Bogatz, GRUR-Prax 2021, 130 ff., v. Bomhard in BeckOK UMV Art. 1 Rn. 15 ff.

zeichnet, entsprechen hinsichtlich ihrer Eckdaten, Inhaber, Schutzumfang/-dauer und Priorität, vollumfänglich ihren entsprechenden Unionsmarken. Internationale Eintragungen mit Benennung der EU wurden entsprechend behandelt und in „vergleichbare UK-Marken (IR)" umgewandelt. Für die Verlängerung der Schutzdauer von Unionsmarken ergeben sich keine Besonderheiten; soweit nicht auf den UK-Klon verzichtet wurde, ist die Verlängerung der Schutzdauer für das vergleichbare UK-Markenrecht (selbstverständlich) vor dem UKIPO zu beantragen.

16 Besonderheiten sind für die **Benutzung von Unionsmarken** zu beachten. Bis zum *Exit Day* galten Benutzungshandlungen in Großbritannien als solche in der EU. Soweit ausreichende Benutzungshandlungen in der Union außerhalb des Vereinigten Königreichs unternommen werden, ergeben sich mithin im Hinblick auf die rechtserhaltende Benutzung der Unionsmarke keine Besonderheiten. Wird/wurde die Unionsmarke jedoch überwiegend oder gar ausschließlich in Großbritannien benutzt, was mit Blick auf die Größe des Vereinigten Königreichs – selbstverständlich abhängig von der Intensität und Dauer der unternommenen Benutzungshandlungen – grundsätzlich als ernsthafte und hinreichende Benutzung in Betracht käme, wäre die Marke nach Ablauf von fünf Jahren löschungsreif nach Art. 18, 53 UMV. In einem solchen Szenario gilt es mithin, geeignete Benutzungshandlungen in anderen Mitgliedsstaaten der Union aufzunehmen. Für die rechtserhaltende Benutzung des UK-Klons sind seit dem 1. Januar 2021 ausschließlich Benutzungshandlungen in UK maßgeblich.

Praxistipp:

Vor dem *Exit Day* geschlossene **Lizenz-, Abgrenzungs- oder Vergleichsvereinbarungen** in Bezug auf Unionsmarkenrechte sind, soweit die Wirkung auch für UK weiterhin gewünscht ist, zu überprüfen und gegebenenfalls anzupassen. Für nach dem 1. Januar 2021 geschlossenen Verträge ist von vornherein in Rücksicht zu ziehen, dass Großbritannien und Nordirland nicht länger der Union angehören und gegebenenfalls explizit einzubeziehen sind.

7. Beitritt zum Madrider Protokoll

17 Der lange erwartete Beitritt der Europäischen Union zum **Madrider Protokoll** ist zum **1.10.2004** wirksam geworden.[50] Das Protokoll zum Madrider Markenabkommen wurde 1989 gezeichnet, trat am 1. Dezember 1995 in Kraft und ist seit 1. April 1996 wirksam;[51] es ergänzt das Madrider Abkommen von 1891, über das internationale Markenregistrierungen zeit- und kosteneffizient vorgenommen werden können.[52] Der ursprüngliche Kommissionsvorschlag stammt aus dem Jahr 1996, es folgten dann jahrelange Verhandlungen, um einen politischen Konsens im Rat über die notwendigen Rechtsakte herbeizuführen. Am 27.10.2003 beschloss der Rat die notwendigen Gesetzgebungsmaßnahmen, um die Verbindung zwischen der Unionsmarke und dem Madrider Protokoll herzustellen.[53] Durch den Beitritt der EU zum Madrider Protokoll ist es möglich, die Europäische Union in einer internationalen Anmeldung nach dem Madrider Protokoll zu benennen und dadurch den gleichen Schutz wie den einer eingetragenen Unionsmarke zu erlangen, sofern keine Schutzverweigerung erfolgt. Umgekehrt ist seit 1.10.2004 möglich, eine internationale Anmeldung nach dem Madrider Protokoll auf eine Unionsmarke oder Unionsmarkenanmeldung als Basismarke zu stützen. Dadurch gewinnt das Unionsmarkenschutz-

[50] S. dazu: Beschluss des Rates vom 27.10.2003 über die Genehmigung des Beitritts zur Europäischen Union zu dem am 27.6.1989 in Madrid angenommenen Protokolls zum Madrider Abkommen über die Internationale Registrierung von Marken, ABl. 2003 L 296/20/21; VO (EG) Nr. 1992/2003 des Rates vom 27.10.2003 zur Änderung der VO (EG) Nr. 40/94 über die Gemeinschaftsmarke, um den Beitritt der Europäischen Union zu dem am 27.6.1989 in Madrid angenommenen Protokoll zum Madrider Abkommen über die Internationale Registrierung von Marken wirksam werden zu lassen, ABl. 2003 L 296/1 bis 5; VO (EG) Nr. 782/2004 der Kommission vom 26.4.2004 zur Änderung der VO (EG) Nr. 2868/95 infolge des Beitritts der Europäischen Union zum Madrider Protokoll, ABl. 2004 L 123/88 bis 97; VO (EG) Nr. 781/2004 der Kommission vom 26.4.2004 zur Änderung der VO (EG) Nr. 2869/95 der Kommission über die an das HABM zu entrichtenden Gebühren infolge des Beitritts der Europäischen Union zum Madrider Protokoll, ABl. 2004 L 123/85 bis 87; dazu ausführlich Bender MarkenR 2004, 129 (130 f.).

[51] S. dazu den Beschluss des Rates der Europäischen Union vom 27.10.2003, abgedr. bei Eisenführ/Schennen Anh. 7.1, S. 2248 ff.

[52] Ausführlich zur internationalen Registrierung von Marken (IR-Marken) Karow → § 33, auch zur Verzahnung mit dem Unionsmarkenschutzsystem.

[53] Abgedr. bei Eisenführ/Schennen Anh. 7.1., S. 2248 ff.

system weiter an Attraktivität. Derzeit umfasst das Madrider Markenschutzsystem (Madrider Abkommen und Protokoll) **110 Mitglieder** weltweit, die **126 Länder** und damit wirtschaftlich weit über **80 % des Welthandels** abdecken.[54] Dabei ist ebenso bemerkenswert wie erfreulich, dass dem Madrider Schutzsystem nach den USA (2003), sowie der EU (2004) eine ganze Reihe bedeutsamer Länder und Organisationen beigetreten ist, etwa die African Intellectual Property Organization (2015), Brasilien und Kanada (2019), die Vereinigten Arabischen Emirate (2021) sowie zuletzt Jamaika (2022). Es ist zu erwarten, dass weitere Länder aus Afrika, Südamerika und anderen Teilen der Welt das Protokoll zeichnen werden, wodurch die Abdeckung des internationalen Markenschutzes auf der Basis einer EU- oder nationalen Markenanmeldung weiter erleichtert wird.

Durch die Verbindung des Unionsmarken- und des internationalen Registrierungssystems wird den Markeninhabern ermöglicht, die Vorteile beider Systeme zu kombinieren, namentlich die Verwaltung großer Markenportfolios effizienter zu gestalten und nicht zuletzt die Kosten zu senken. Bereits jetzt wird von der Kombination der Unionsmarke mit dem IR-Schutzsystem – in beiden Richtungen –[55] lebhaft Gebrauch gemacht; so dürfte bereits heute etwa jede 6. Unionsmarkenanmeldung als Teil einer IR-Marke erfolgen.[56] Dieser Trend dürfte weiter anhalten und vermag nicht weiter zu überraschen, da das Madrider Schutzsystem die wichtigsten Wirtschaftsballungsräume sowie zahlreiche Länder in Afrika, Südamerika und Südostasien erfasst. 18

Gleichwohl sollte für die Beratungspraxis in jedem Einzelfall sorgfältig geprüft werden, ob die über das Madrider Markenschutzsystem intendierte territoriale Schutzausdehnung auf eine Unionsmarken**anmeldung** gestützt wird. Dies ist möglich, da die EU dem Madrider Protokoll beigetreten ist, so dass – anders als nach dem Madrider Markenabkommen – auch Anmeldungen als Basis für die territoriale Schutzausdehnung dienen können. Zudem mag sich dies auf den ersten Blick anbieten, nicht zuletzt auch aus Gründen der Verwaltungs- und Kostenersparnis. Gereicht allerdings die Unionsmarkenanmeldung nicht zur Eintragung, etwa wegen absoluter oder relativer Eintragungshindernisse (beispielsweise in Folge eines Widerspruches auf Grund eines nationalen älteren Marken- oder Unternehmenskennzeichnungsrechts in nur einem EU-Mitgliedstaat), so wird dadurch die gesamte IR-Marke zu Fall gebracht.[57] 19

Praxistipp:

In aller Regel, insbesondere wenn mit Widersprüchen auf Grund nationaler älterer Kennzeichenrechte zu rechnen ist, sollte deshalb die Schutzausdehnung nach dem Madrider Markenschutzsystem (Madrider Abkommen und Protokoll) nicht auf der Basis einer Unionsmarken*anmeldung,* sondern auf der Grundlage einer registrierten Unionsmarke vorgenommen werden. Ansonsten droht der Angriff auf die Basismarke die gesamte IR-Marke zu erfassen (so genannter erfolgreicher „Zentralangriff“).[58]

8. Territoriale Reichweite der Unionsmarke

Die Unionsmarke genießt Schutz im gesamten Gebiet der (erweiterten) Union, Art. 1 Abs. 2, Art. 209 UMV. Im Hinblick darauf scheint die Frage nach der territorialen Reichweite der „Union“ fast müßig zu sein. Tatsächlich lohnt sich aber ein näherer Blick auf den Geltungs- 20

[54] Die vollständige Liste der Mitgliedsstaaten des Madrider Protokolls/Madrider Markenabkommens ist abrufbar unter: http://www.wipo.int. IP Services → Madrid System → Members.

[55] Also Benennung von Mitgliedsstaaten des Madrider-Schutzsystems auf der Basis einer Unionsmarke/Anmeldung oder Benennung der EU auf der Basis einer nationalen Marke; ausführlich zum IR-Markenschutzsystem Karow → § 33.

[56] S. Säulendiagramm gem. Statistik des EUIPO (Stand: 10/2021), unter http://euipo.europa.eu → Über das EUIPO → Strategieplan 2025 → IPExcellence Qualität → weitere Statistiken.

[57] So genannter „Zentralangriff“, sofern der – erfolgreiche – Angriff auf die Basismarke innerhalb von fünf Jahren nach Eintragung der IR-Marke erfolgt; zur Verzahnung des EU-Markenschutzsystems mit dem Madrider Schutzsystem (Madrider Abkommen und Protokoll sowie der prioritätswahrenden Konversion in nationale Marken) ausführlich Karow → § 33.

[58] Sollte ein erfolgreicher Zentralangriff vorgenommen werden, ist zu beachten, dass unter Inanspruchnahme des Anmeldetages der zugrunde liegenden Unionsmarkenanmeldung und gegebenenfalls einer beanspruchten Priorität eine Umwandlung in nationale Marken der über die IR-Marken erfassten Länderteile erfolgen kann, ausf. zur Konversion unten → **Rn. 352 ff.**, s. ferner Raab sowie Karow → §§ 32, 33.

bereich der EU-Verträge und damit auch der Reichweite des Unionsmarkenrechts, namentlich bezüglich der überseeischen Länder und Hoheitsgebiete einiger der Mitgliedsstaaten.[59] Als Verordnung hat die UMV allgemeine Geltung. Sie ist – ohne weiteren Umsetzungsakt – in allen ihren Teilen verbindlich und gilt unmittelbar in jedem Mitgliedsstaat, Art. 288 Abs. 2 AEUV. Somit entfaltet die UMV unmittelbare Wirkung in **allen Mitgliedsstaaten der EU**, aufgelistet – seit dem 1. Februar 2020 exklusive des Vereinigten Königreiches Großbritannien und Nordirland – in Art. 52 Abs. 1 EUV.[60]

21 Die **territoriale Reichweite** der Union (Art. 355 Abs. 1 AEUV) **umfasst ferner:** Guadeloupe, Französisch Guyana, Martinique, Réunion, Saint-Barthélemy, Saint-Martin, Azoren, Madeira sowie die Kanarischen Inseln.[61] Des Weiteren ist, mit Wirkung zum 1.1.2014, Mayotte (Frankreich) als außereuropäisches Territorium iSd Artt. 349, 355 Abs. 1 AEUV anerkannt worden.

22 Hingegen **umfasst** das Gebiet der Union **nicht** (Art. 355 Abs. 5 AEUV): Färöer Inseln, Kanalinseln und die Isle of Man.

23 Ebenfalls **nicht umfasst** von der Unionsmarke sind bestimmte überseeische Länder und Hoheitsgebiete, von denen die wichtigsten nachfolgend genannt sind:[62] Grönland, Französisch Polynesien, Aruba, Niederländische Antillen, Anguilla, Cayman Islands, Falklandinseln, Montserrat, Saint Helena, Turks- und Caicosinseln, Britische Jungfraueninseln, Bermuda.

II. Die Unionsmarke im Überblick

1. Vorzüge der Unionsmarke

24 Die Unionsmarke bietet, nicht zuletzt im Vergleich zu den sonstigen internationalen Schutzmöglichkeiten, zahlreiche Vorzüge. Nachfolgend sollen die wesentlichen Vorteile der Unionsmarke kurz vorgestellt werden:

- Im Vergleich zu mehreren – mit Blick auf die gesamte EU bis zu 25[63] – nationalen Markenregistrierungen ist das Betreiben **eines** Anmelde- und Eintragungsverfahrens wesentlich **effizienter** und damit zugleich **kostengünstiger;** dabei hat der Anmelder über die Sprachenwahl die Möglichkeit, die Sprache für etwaige spätere Verfahren mitzubestimmen;
- Die Unionsmarkenanmeldung kann elektronisch vorgenommen werden, was zu einer Reduzierung der amtlichen Gebühren führt. Von dieser attraktiven und unkomplizierten Möglichkeit des **E-Filing** machen bereits 99,9 % der Anmelder Gebrauch;[64]
- über die sogenannte **Fast Track-Anmeldung besteht** die Möglichkeit, die durchschnittliche Eintragungsdauer im Vergleich zu regulären Anmeldungen auf die Hälfte der Zeit oder weniger zu reduzieren; zudem lassen sich über die für das beschleunigte Verfahren erforderliche Auswahl der Waren/Dienstleistungen aus der sog. Harmonisierten Datenbank etwaige Mängel (der Ober-/Unterbegriffe) größtenteils vermeiden;[65]
- der **Zeitrang** nationaler Marken kann bei gegebener Identität der Marken und der Waren oder Dienstleistungen in die Unionsmarke **eingebunden** werden; damit entfällt im selben Umfang die Notwendigkeit der Aufrechterhaltung nationaler Marken, nachdem die Unionsmarke registriert worden ist;
- über die Möglichkeit der **Konversion** kann bei (drohendem) Verlust des Markenschutzes auf Unionsebene durch Rücknahme oder Zurückweisung der Anmeldung, Verzicht oder Nichtverlängerung oder Nichtigerklärung der Eintragung die Priorität der Unionsmarke über die Umwandlung in nationale Markenanmeldungen beansprucht werden;[66]

---

[59] Die überseeischen Länder und Hoheitsgebiete sind aufgeführt in Anhang II zu Art. 355 AEUV.

[60] Als letztes EU-Mitglied ist mit Wirkung zum 1.7.2013 die Republik Kroatien der EU beigetreten.

[61] Unter Berücksichtigung der strukturbedingten sozialen und wirtschaftlichen Lage, s. Art. 349 AEUV.

[62] S. die vollständige Liste gem. Annex II zu Art. 355 Abs. 2 AEUV, ABl. C 326 v. 26.10.2012, S. 336.

[63] Die Benelux-Staaten haben ein einheitliches Schutzsystem (Belgien/Niederlande/Luxemburg); hinzu kommen die nationalen Schutzsysteme der weiteren 24 EU-Mitgliedsstaaten.

[64] S. den Jahresbericht (2020) des EUIPO, abrufbar unter http://euipo.europa.eu → Über das EUIPO → Wer wir sind → Veröffentlichungen → Jahresbericht.

[65] Die Fast Track-Anmeldung einer Unionsmarke in fünf Schritten wird auf der Startseite des EUIPO anschaulich erläutert einschließlich der Voraussetzungen dieses Anmeldeverfahrens.

[66] Soweit die Unionsmarke nicht wegen Nichtbenutzung für verfallen erklärt wurde (es sei denn, in dem betreffenden Mitgliedsstaat hat eine ernsthafte Benutzung stattgefunden) oder in dem betreffenden Mitgliedsstaat ein Eintragungshindernis oder sonstiger Verfalls- bzw. Nichtigkeitsgrund entgegensteht, Art. 139 Abs. 2 UMV.

- die Unionsmarke bietet ein EU-weites Monopolrecht auch bei ernsthafter **Benutzung der Unionsmarke nur in Teilen der Union,** beispielsweise in lediglich einigen größeren Mitgliedsstaaten;
- für die Bestimmung der Reichweite des Schutzumfanges der Unionsmarke ist nicht allein die „Herkunftsfunktion", sondern darüber hinaus etwa die „Werbefunktion" sowie die „Qualitätsfunktion" der Marke maßgeblich; vorteilhaft ist ferner, auch wenn dies inzwischen selbstverständlich ist, dass **bekannte Marken Schutz auch außerhalb des Ähnlichkeitsbereichs** genießen;
- die Rechte aus der Unionsmarke können auch gegenüber Parallelimporten aus Drittstaaten durchgesetzt werden; das Prinzip der „internationalen" Erschöpfung ist insoweit ausdrücklich nicht mehr anwendbar, es gilt vielmehr ausschließlich der **Grundsatz der EWR-weiten Erschöpfung;**
- vielfach lassen sich Schutzrechtslücken innerhalb der Union wirtschaftlich sinnvoll nur mit der Unionsmarke schließen; ferner kann der **Unionsmarkenschutz kombiniert** werden mit den **internationalen Schutzmöglichkeiten nach dem Madrider Markenschutzsystem;**
- zudem bietet die Unionsmarke auch prozessuale Vorteile; im Verletzungsverfahren kann der Kläger frei wählen, ob er den Prozess vor einem für die gesamte Union zuständigen Unionsmarkengericht oder vor den Unionsmarkengerichten des Verletzungsortes anhängig macht; das dadurch ermöglichte **„forum shopping"** begünstigt den Kläger;
- die für die Unionsmarke geltenden Bestimmungen sind eng orientiert an dem für die nationalen Markenschutzsysteme geltenden Rechtsrahmen, so dass der mit nationalem Markenrecht Vertraute – zumindest in materiell-rechtlicher Hinsicht – **bekanntes Terrain** vorfindet;
- das Amt übermittelt dem Anmelder auf Antrag einen **Unionsrecherchebericht**; zudem besteht seit 2008 die Möglichkeit, im Zuge der Anmeldung die (kostenpflichtige) Erstellung von **nationalen Rechercheberichten** zu beantragen;[67] dieserart kann die Unionsmarkenanmeldung als (vergleichsweise) kostengünstige, wenngleich sehr lückenhafte – und damit riskante – Recherchemöglichkeit genutzt werden; allerdings ist die Bereitschaft der nationalen Ämter zur Erstellung solcher nationalen Rechercheberichte mangels hinreichender Nachfrage auf Anmelderseite stark rückläufig; deshalb empfiehlt es sich in aller Regel, *vor* der Unionsmarkenanmeldung selbst Recherchen in den einschlägigen Klassen und Registern durchzuführen bzw. durchführen zu lassen.

2. Nachteile

Den zahlreichen Vorteilen des Unionsmarkenschutzsystems stehen auch einige wenige Nachteile gegenüber, die sich letztlich aus dem Wesen der Unionsmarke ergeben: 25

- der Unionsmarkenschutz besteht EU-weit; gewissermaßen als „Kehrseite der Medaille" ist damit verbunden, dass eine **territoriale Aufteilung** der Unionsmarke auf die Gebiete der einzelnen Mitgliedsstaaten **nicht** möglich ist;
- ein **älteres nationales Recht** in nur einem Mitgliedsstaat bringt die Unionsmarkenanmeldung **insgesamt** zu Fall, jedenfalls in den betroffenen Waren-/Dienstleistungsklassen.

Praxistipp:

Stehen einer intendierten Unionsmarkenanmeldung nur in einem oder in wenigen Mitgliedsstaaten ältere nationale Rechte entgegen, ist zu erwägen, vorher mit den Schutzrechtsinhabern der nationalen Marke Kontakt zur Erzielung einer einvernehmlichen Regelung (im Wege einer Koexistenz- oder Vorrechtsvereinbarung) aufzunehmen; alternativ (oder parallel) kommt in Betracht, das Waren-/Dienstleistungsverzeichnis bewusst „eng" abzufassen; in solchen Konstellationen (Entgegenstehen älterer nationaler Rechte in wenigen Ländern oder nur einem Mitgliedsstaat) kann sich die Registrierung einer nationalen Marke mit Schutzrechtsausdehnung nach dem IR-Markensystem als effizienter erweisen, da sich so die relativen Eintragungshindernisse gezielt in den fraglichen Ländern umgehen lassen.

[67] Nationale Rechercheberichte werden lediglich noch von sechs nationalen Ämtern erstellt (CZ, DK, LT, HU, RO sowie SK), s. die Nachweise bei Eisenführ/Schennen/Schennen Art. 43 Rn. 17f.; als weitere Einschränkung kommt hinzu, dass bei der Benennung der EU im Zuge einer IR-Registrierung die Beantragung solcher nationalen Recherchen auf dem WIPO-Formularen MM2 nicht vorgesehen ist, so dass der Antrag unmittelbar (binnen Monatsfrist ab Mitteilung der IR) gegenüber dem EUIPO zu stellen ist.

III. Materielles Recht

1. Inhaber von Unionsmarken

26 Die Unionsmarke ist nach Art. 5 UMV einem breiten Personenkreis zugänglich. Die frühere umständliche Fassung des Art. 5 ist mit Wirkung zum 10.3.2004 geändert worden.[68] Inhaber von Unionsmarken können sowohl **natürliche** als auch **juristische Personen** sein, einschließlich der Körperschaften des öffentlichen Rechts. Maßgeblich kommt es auf die **Rechtsfähigkeit** des Anmelders an, wobei nach Art. 3 UMV solche Zusammenschlüsse juristischen Personen gleichgestellt sind, die nach dem für sie maßgeblichen Recht die Fähigkeit haben, im eigenen Namen Träger von Rechten und Pflichten zu sein, Verträge abzuschließen, vor Gericht zu stehen oder sonstige Rechtshandlungen vorzunehmen. Unproblematisch ist demzufolge der Unionsmarkenschutz für **AG, GmbH, OHG, KG** usw. bzw. deren Äquivalente nach dem jeweils lokalen Recht. Nicht unumstritten ist – bzw. war – demgegenüber der Unionsmarkenschutz zugunsten von nicht rechtsfähigen Personengemeinschaften, etwa der deutschen **Gesellschaft bürgerlichen Rechts** oder den britischen Partnerships.[69] Richtigerweise ist sowohl der deutschen GbR als auch den britischen Partnerships die Rechtsfähigkeit zuzuerkennen. Art. 5 UMV ist in engem Kontext mit Art. 3 zu sehen. Soweit eine Gesellschaft oder andere juristische Einheit keine juristische Person im strengen rechtlichen Sinne ist, ist nach Art. 3 UMV zu prüfen, ob die juristische Einheit Rechtsfähigkeit iSd Art. 3 UMV aufweist, insbesondere im eigenen Namen Träger von Rechten und Pflichten zu sein. Der Begriff der „juristischen Einheit" ist **weit auszulegen.**[70] Für die Überprüfung der Kriterien des Art. 3 UMV ist das für die fragliche juristische Einheit einschlägige (lokale) Recht maßgebend. Als Nachweis dafür, Träger von Rechten und Pflichten sein zu können, Verträge oder andere Rechtsgeschäfte vorzunehmen und „legal standing" vor Gericht zu haben, eignen sich Verträge der jeweiligen Gesellschaft, Gerichtsentscheidungen und dergleichen.[71] Zu bejahen ist die Rechtsfähigkeit iSd Art. 3 UMV und damit die Berechtigung zur Inhaberschaft von Unionsmarken iSd Art. 5 UMV etwa für die englischen Partnerships nach dem UK Partnership Act of 1890,[72] der holländischen Maatschap[73] sowie der deutschen Gesellschaft bürgerlichen Rechts.[74]

27 Nicht erforderlich ist, dass der Markeninhaber im jeweils fraglichen Waren-/Dienstleistungsbereich aktiv geschäftlich tätig ist oder gar einen diesbezüglichen „Geschäftsbetrieb" unterhält.[75] Folglich können auch reine Holding-Gesellschaften ebenso wie Privatpersonen Unionsmarken zu ihren Gunsten registrieren oder erwerben. Gleiches gilt für Verbände, die ihren Mitgliedern die Möglichkeit eröffnen wollen, die von ihnen vertriebenen Waren/Dienstleistungen unter einer Kollektivmarke anzubieten. Ferner ist es nicht notwendig, wie es einem bisweilen im Ausland begegnet, eine Benutzungsabsicht zu behaupten oder darzulegen; dies ist mit Blick auf den aus Art. 18 UMV folgenden Benutzungszwang nur konsequent.

28 Die früheren Beschränkungen hinsichtlich Wohnsitz oder Staatsangehörigkeit gem. Art. 5 Abs. 1 bis 3 GMV aF sind fortgefallen.[76] Allerdings waren auch die bis 10.3.2004 geltenden Beschränkungen praktisch kaum spürbar, da die an die Markeninhaberschaft geknüpften Voraus-

[68] VO (EG) Nr. 422/2004 des Rates vom 19.2.2004 zur Änderung der VO (EG) Nr. 40/94 über die Unionsmarke, ABl. 2004 L 70/1 bis 7; dort Art. 1 Nr. 1 iVm Art. 2 Abs. 1 (Inkrafttreten); zur alten Regelung des Art. 5 s. Eisenführ/Schennen/Schennen UMV Art. 5 Rn. 2 ff.

[69] S. aus deutscher Sicht (zu der parallelen Frage in § 7 MarkenG): verneinend Ingerl/Rohnke MarkenG § 7 Rn. 11; bejahend demgegenüber Starck MarkenR 2001, 90; s. dazu die Entscheidung des (gesellschaftsrechtlichen Senates des) BGH NJW 2001, 1056 ff., wonach die GbR Rechtsfähigkeit attestiert wurde.

[70] S. auch Hasselblatt/Hasselblatt EUTMR Art. 3 Rn. 12, mit Beispielen nach dem für sie anwendbaren (nationalen) Recht rechtsfähigen Gesellschaften und anderer juristischer Einheiten iSd Art. 3 Rn. 27–30.

[71] S. dazu ausführlich Hasselblatt/Hasselblatt EUTMR Art. 3 Rn. 16–30.

[72] S. dazu die (bejahende) Sichtweise des Amtes, OAMI News 3–1998.

[73] HABM Entscheidung v. 14.7.1999 – R 195/1998-1 – Nauta Dutilh/HABM, Rn. 12–17; kritisch insoweit Eisenführ/Schennen/Schennen UMV Art. 3 Rn. 19, da das holländische Burgerliejk Wetboek (BGB) der Maatschap keine Rechtsfähigkeit zuerkennt; im konkreten Fall hatte die klagende Kanzlei Nauta Dutilh Gerichtsentscheidungen vorgelegt (als beteiligte auf Kläger- und Beklagtenseite); s. ausf. hierzu Hasselblatt/Hasselblatt EUTMR Art. 3 Rn. 23 f.

[74] Dies dürfte nach der Entscheidung des BGH NJW 2001, 1056–1061 nicht länger zweifelhaft sein.

[75] Dies wird teils von ausländischen Markenrechtsordnungen verlangt und war auch in Deutschland bis zum 1.5.1992 noch notwendig.

[76] Auf Grund VO (EG) Nr. 422/2004 des Rates vom 19.2.2004 zur Änderung der GMV, ABl. 2004 L 70/1, dort Art. 1 Nr. 1 iVm Art. 2 Abs. 1; zu den früheren Beschränkungen s. Eisenführ/Schennen/Schennen UMV Art. 5 Rn. 2 ff.

setzungen so weit gefasst waren, dass der Unionsmarkenschutz praktisch jedermann offen stand. Im Hinblick darauf ist die zwischenzeitlich vorgenommene Straffung des Wortlauts des Art. 5 UMV zu begrüßen.

2. Erwerb ausschließlich durch Eintragung

29 Nach Art. 6 UMV kann die Unionsmarke lediglich durch **Eintragung** erworben werden. Damit unterscheidet sich das Unionsmarkenrecht in diesem Punkt von einigen Markenrechtsordnungen der Mitgliedsstaaten, nach denen der Markenschutz außer durch Eintragung darüber hinaus begründet werden kann durch Benutzung eines Zeichens im geschäftlichen Verkehr, soweit es innerhalb der beteiligten Verkehrskreise Verkehrsgeltung erlangt hat, sowie durch notorische Bekanntheit einer Marke im Sinne des Art. 6bis PVÜ.[77]

30 Eine **Benutzungsmarke,** wie sie das deutsche Recht in § 4 Nr. 2 MarkenG anerkennt, gibt es mithin im Unionsmarkenrecht nicht. Intentionen in der Richtung sind auch *de lege ferenda* nicht absehbar. Ausgeschlossen erscheint ein solcher infolge Benutzung erworbener Unionsmarkenschutz für die Zukunft jedoch nicht, wenngleich sich daran einige problematische Aspekte knüpfen würden, schon mit Blick auf den EU-weiten Schutzanspruch der Unionsmarke; eine Unionsmarke für ein verkleinertes Territorium der EU ist nach der derzeitigen Systematik nicht vorgesehen.[78] Einen gewissen Schutz für ältere Rechte nach nationalem Recht, auch von nur örtlicher Bedeutung, begründen Art. 137, 138 UMV.

3. Als Marke schutzfähige Zeichen (Art. 4 UMV)

31 Der europäische Gesetzgeber hat in Art. 4 UMV zunächst abstrakt die an ein Zeichen zu stellenden Mindestanforderungen für die Eintragungsfähigkeit festgelegt. Zur Beurteilung der konkreten Schutzfähigkeit als Marke ist weiter erforderlich, dass das Zeichen den Numerus Clausus der in Art. 7 UMV definierten absoluten Schutzhindernisse zu überwinden vermag. Beide Vorschriften sind deshalb im Kontext zu sehen.

32 a) **Weiter Markenbegriff.** Art. 4 UMV umschreibt einen vom europäischen Gesetzgeber bewusst **weit gefassten Katalog** der generell markenschutzfähigen Zeichen. Dazu zählen nach dem Verordnungstext „insbesondere Wörter einschließlich Personennamen, Abbildungen, Buchstaben, Zahlen und die Form oder Aufmachung der Ware“. Das Wort „insbesondere“ verdeutlicht den beispielhaften Charakter der somit nicht abschließenden Aufzählung eintragungsfähiger Zeichen. Die Kette von Beispielen ließe sich beliebig erweitern, da keine Kategorie denkbarer Zeichen von vornherein ausgeschlossen werden sollte.[79] Grundsätzlich kommen alle Zeichen als Marke in Betracht. Ganz in diesem Sinne hat der EuGH festgestellt, dass es „keine Kategorie von auf Grund ihres Wesens oder ihrer Benutzung unterscheidungskräftigen Marken gibt, die nicht geeignet wäre, die Waren oder Dienstleistungen eines Unternehmens von denjenigen anderer Unternehmen zu unterscheiden“.[80] An diesen weiten Kanon der als eintragungsfähig in Betracht kommenden Zeichen sowie der zu fordernden Herkunfts- und Hinweiseignung ändert sich auch nichts durch die zum 1. Oktober 2017 geänderte Neufassung des Art. 4 UMV. Vielmehr wird der Beispielskatalog der grundsätzlich markenfähigen Zeichen sogar weiter gefasst; in Übereinstimmung mit der bisherigen Amtspraxis sowie der Sichtweise der Gerichte werden nun ausdrücklich auch Farben und Klänge angeführt. In Art. 4 lit. a) UMV heißt es, wie bislang auch schon, dass das Zeichen geeignet sein muss, Waren oder Dienstleistungen eines Unternehmens von denjenigen anderer Unternehmen zu unterscheiden. Soweit darin von Unternehmen die Rede ist, ist dies streng gesehen inkorrekt, da nicht nur Unternehmen, sondern auch natürliche Personen oder – bei gegebener Rechtsfähigkeit iSd Art. 3 UMV – auch andere juristische Einheiten Anbieter von Waren oder Dienstleistungen sein können. An der zu fordernden Unterscheidungseignung hat sich mithin durch die Reform nichts geändert.

33 Als Marke eintragungsfähig sind daher auch Slogans,[81] Portraits, Unterschriften, dreidimensionale und akustische Marken[82] bis hin zu bloßen Farbzusammenstellungen oder gar ausschließ-

---

77 Siehe etwa § 4 Nr. 2 und 3 des deutschen MarkenG.

78 So auch Eisenführ/Schennen/Eberhardt UMV Art. 137 Rn. 1 aE; Hasselblatt/Hasselblatt EUTMR Art. 6 Rn. 3.

79 V. Mühlendahl/Ohlgart § 3 Rn. 2; zur vergleichbaren deutschen Bestimmung des § 3 Abs. 1 MarkenG, Ingerl/Rohnke MarkenG § 3 Rn. 6.

80 EuGH ECLI:EU:C:2002:377 – Philips Rn. 39.

81 S. nur EuGH ECLI:EU:C:2010:29 – „Vorsprung durch Technik“ (Eintragungsfähigkeit bejahend), ausführlich zu dieser Entscheidung Hasselblatt IPRB 2010, 87 ff.; EuGH ECLI:EU:C:2004:645 – „Das Prinzip der Bequemlichkeit“

lich aus einer Farbe bestehende Zeichen,[83] sowie Geruchs- und Tastmarken.[84] Darüber hinaus ist an weitere eintragungsfähige Zeichen zu denken wie etwa die Bewegungsmarke, Multimedia- oder Hologrammmarken.[85] Grundsätzlich ist mithin jedes nur erdenkliche Zeichen, unabhängig von Art und Wesen, dem Unionsmarkenschutz zugänglich.

34 **b) Klare und eindeutige Darstellbarkeit der Marke.** Mit Wirkung zum **1. Oktober 2017** gilt Art. 4 UMV in geänderter Fassung; an dem früheren Erfordernis der **grafischen Darstellbarkeit der Marke** wurde **nicht länger festgehalten.** Hinsichtlich der Wiedergabe muss danach das Schutz nachsuchende Zeichen geeignet sein, im Register „in einer Weise dargestellt zu werden, dass die zuständigen Behörden und das Publikum den Gegenstand des dem Inhaber einer solchen Marke gewährten Schutzes klar und eindeutig bestimmen können" (Art. 4 lit. b) UMV). Wie der Gesetzgeber ausdrücklich klargestellt hat, ist damit **keine materielle Änderung** verbunden; vielmehr galt es, die Wiedergabe der Zeichen, namentlich mit Blick auf nicht konventionelle Marken, den inzwischen gegebenen technologisch fortgeschrittenen Darstellungsmöglichkeiten anzupassen. Hierzu heißt es im 10. Erwägungsgrund der Präambel der VO (EU) 2017/1001 ausdrücklich: *„Ein Zeichen sollte in jeder geeigneten Form unter Verwendung allgemein zugänglicher Technologien dargestellt werden dürfen und damit nicht notwendigerweise mit grafischen Mitteln, soweit* ***die Darstellung eindeutig, präzise, in sich abgeschlossen, leicht zugänglich, verständlich, dauerhaft und objektiv ist.***"[86] In materieller Hinsicht, nämlich im Hinblick auf die unzweideutige und objektive Wiedergabe des Zeichens, ergeben sich somit keine Änderungen gegenüber den bislang geltenden sogenannten „Sieckmann-Kriterien".[87] Nach dem Sieckmann-Kriterien-Katalog wurde für Zeichen, die als solche nicht visuell wahrnehmbar sind, gefordert, dass es insbesondere mithilfe von Figuren, Linien oder Schriftzeichen grafisch dargestellt werden kann und die Darstellung „klar, eindeutig, in sich abgeschlossen, leicht zugänglich, verständlich, dauerhaft und objektiv" ist.[88] Exakt diese Attribute sind mithin auch seit 1. Oktober 2017 nach Art. 4 lit. b) UMV zu fordern, nur – wie der Gesetzgeber in der Präambel ausdrücklich zum Ausdruck gebracht hat – nicht bezogen auf grafische Mittel, sondern auf allgemein zugängliche Technologien, die für die Darstellung benutzt werden.[89] Somit kann durchaus auf ältere Rechtsprechungsgrundsätze zurückgegriffen werden, soweit sich diese nicht auf das Mittel der grafischen Darstellbarkeit, sondern auf die Merkmale wie Eindeutigkeit, Objektivität, Verständlichkeit, etc. beziehen.

35 Bei der Neufassung des Art. 4 lit. b) UMV hatte der Gesetzgeber insbesondere moderne Zeichenformen wie Hörmarken, Geruchsmarken oder Holografien vor Augen. Würde an dem Erfordernis der *grafischen* Darstellbarkeit festgehalten werden, wäre einigen nicht konventionellen Markenformen – die jedenfalls abstrakt ohne Weiteres herkunftshinweisende Funktion ausüben können – der Markenschutz generell verwehrt.

36 Wie auch schon zuvor sind dabei an die hinreichend präzise Darstellung der Marke im Interesse der Rechtssicherheit keine zu geringen Anforderungen zu stellen.[90] Insbesondere gilt es den In-

(Eintragungsfähigkeit bejahend); HABM GRUR-RR 2002, 332 – „Mehr für Ihr Geld" (Eintragungsfähigkeit des Slogans bejaht); HABM MarkenR 1999, 173 (175) zu „Beauty isn't about looking young but looking good"; HABM GRUR 2002, 702 – „Das Beste geben" (Schutzfähigkeit verneint); s. zur vergleichbaren deutschen Rechtslage: BGH GRUR 2002, 1070 – „Bar jeder Vernunft"; BGH MarkenR 2000, 50 – Partners with the best; BGH MarkenR 2000, 48 – Radio von hier.

[82] EuGH ECLI:EU:C:2003:641 – Shield Mark/Kist (Hörzeichen); EuGH ECLI:EU:C:2003:206 – Linde (3D-Marke); ausführlich zum Schutz von Farb-, Hör-, Geruchs- und dreidimensionalen Marken s. Bender MarkenR 1999, 117 (121 ff.); zur 3D-Marke ferner: Strowel (1995) 3 EIPR, 154 ff.

[83] EuGH ECLI:EU:C:2003:244 – Libertel (Farbmarke); EuG ECLI:EU:T:2002:243 – „Orangeton"; ausf. zum Farbmarkenschutz: Bender MarkenR 2003, 253 ff., ders. MarkenR 2012, 41 (47) zu Farb- und Ausstattungsmarken.

[84] Zur Geruchsmarke: EuGH ECLI:EU:C:2002:748 – Sieckmann; HABM MarkenR 1999, 142 ff. „Geruch von frisch geschnittenem Gras" mAnm Viefhues MarkenR, 1999, 249 ff.; Bender MarkenR 2000, 118 (119); ders. MarkenR 1999, 117 ff.

[85] Weitere Bsp. dem Markenschutz zugänglicher Zeichen unter euipo.europa.eu → Grundlegendes zu Marken → Beispiele für Marken.

[86] Hervorhebungen vom Verfasser; ebenso zuvor schon im 9. Erwägungsgrund der Präambel der VO (EU) 2015/2424.

[87] Benannt nach der gleichnamigen Entscheidung EuGH ECLI:EU:C:2002:748.

[88] EuGH ECLI:EU:C:2002:748 – Sieckmann, Rn. 55.

[89] Die Kriterien gem. 9. Erwägungsgrund der Präambel der VO (EU) 2015/2424 unterscheiden sich von den Sieckmann-Kriterien lediglich dadurch, dass das Wort „klar" (EuGH ECLI:EU:C:2002:748 – Sieckmann Rn. 55) durch das Wort „präzise" ersetzt wurde.

[90] So heißt es bei EuGH ECLI:EU:C:2002:748 – Sieckmann Rn. 37 ausdrücklich: „Das System der Eintragung der Marken stellt ein wesentliches Element ihres Schutzes dar, das sowohl in Bezug auf das Gemeinschaftsrecht als auch hinsichtlich der verschiedenen nationalen Rechte zur Rechtssicherheit und zur ordnungsgemäßen Verwaltung bei-

teressen der weiteren Beteiligten Rechnung zu tragen. Es folgt aus der Systematik des Unionsmarkensystems, nicht zuletzt dem Registrierungserfordernis gem. Art. 6 UMV, dass die Eintragung einer Marke ausschließlich auf der Basis und in den Grenzen der dem Amt übermittelten Anmeldung erfolgen kann.[91] Die **Wiedergabe** des Zeichens in der Anmeldung ist **maßgeblich für die Bemessung des Schutzgegenstands und des Schutzumfangs der Marke.**[92] Demgemäß ist auf die präzise Wiedergabe der Marke größtes Augenmerk zu richten. Für das Amt wie für die Allgemeinheit, insbesondere Wettbewerber, muss der Schutzgegenstand eindeutig aus dem Register ersichtlich sein.[93] Dazu zählt im Übrigen auch die Angabe in der Anmeldung, welcher Markentyp zur Anmeldung gebracht werden soll, beispielsweise bei Einreichung als Foto oder grafische Wiedergabe die Einordnung als Farbmarke, 3D-Marke oder Positionsmarke.[94] Um die Funktionsfähigkeit des Markenanmeldesystems nicht zu beeinträchtigen, ist eine einheitliche Auslegung der Markenart erforderlich.[95] So trägt etwa die Qualifikation eines Zeichens in der Anmeldung als „Farbmarke“ *oder* „Bildmarke“ zur Konkretisierung von Gegenstand und Reichweite des beantragten Markenschutzes bei, als es ermöglicht zu bestimmen, ob die Konturen Teil des Gegenstands der Anmeldung sind.[96] Ein solcher Widerspruch, der die zu fordernde Klarheit und Eindeutigkeit des beantragten Schutzes vermissen lässt, zieht die Zurückweisung der begehrten Markeneintragung nach sich.[97] Zu berücksichtigen ist ferner, dass der Lebenszyklus einer Marke Jahrzehnte andauern kann. Schon im Hinblick darauf muss die Darstellung dauerhaft sein.[98] Des Weiteren muss mit der Darstellung jedes subjektive Element im Prozess der Identifizierung und Wahrnehmung des Zeichens ausgeschlossen werden. Demgemäß muss das Mittel und die Art und Weise der Darstellung unzweideutig und objektiv sein.[99]

Das Erfordernis der eindeutigen, präzisen, in sich abgeschlossenen, leicht zugänglichen, verständlichen, dauerhaften und objektiven Darstellung erweist sich in der **Praxis zumeist als völlig unproblematisch,** etwa bei reinen **Wort- oder Bildzeichen** sowie Kombinationen von Buchstaben-, Zahlen- und/oder Grafikelementen. Auch lassen sich **dreidimensionale Marken** ohne Weiteres darstellen. Gleiches gilt für akustische Zeichen, insbesondere Tonfolgen, die durch Noten oder eine Tondatei hinreichend bestimmbar sind. Im Übrigen ist es bei **Hörmarken** seit Jahren Amtspraxis, dass elektronische Musikdateien (sound files) mit der Anmeldung eingereicht werden. Dabei ist zu beachten, dass bislang die – optionale – Einreichung von sound files nur im Wege des **E-Filings** möglich ist, das sound file muss im MP3-Format eingereicht werden, wobei diese umfangmäßig 2 MB nicht überschreiten darf.[100] Inzwischen sind 441 Hörzeichen als Unionsmarken registriert, was freilich nur 0,2 % aller eingetragenen Marken entspricht.[101] Inwieweit hingegen künftig **Geruchs-, Geschmacks- oder Tastmarken** zur Eintragung gelangen, gilt es abzuwarten. Zwar haben das Amt, der EuG sowie der EuGH verschiedenen Gerüchen wiederholt die abstrakte Markenfähigkeit attestiert und damit das Tor zur Eintragungsfähigkeit von Ge- 37

trägt“; ebenso EuGH ECLI:EU:C:2003:244 – Libertel, Rn. 59; in der Richtung zuvor schon EuGH ECLI:EU:C:1998:442 – Canon, Rn. 21.

[91] S. beispielsweise EUIPO – R 1077/2012-4 – RED SHACKLE PIN, Rn. 8, wonach die Unterscheidungskraft der Marke auf der Basis der Wiedergabe der Marke in der Anmeldung zu beurteilen ist („judged on the basis of the representation as filed“).

[92] Ausführlich dazu Hasselblatt/Hasselblatt EUTMR Art. 6 Rn. 13 f.

[93] S. etwa EUIPO (BK) – R 1631/2011-1 – Shape of a Vending Machine, Rn. 15.

[94] S. etwa EuGH ECLI:EU:C:2019:261 – OY HARTWALL, Rn. 25, 40 ff.; EuG ECLI:EU:T:2013:538 – Blended Shades of Greens; dort war die Einordnung als Farbmarke oder reine Bildmarke kontrovers gesehen; s. ferner bei EuG ECLI:EU:T:2014:509 – K-Swiss: Dort hat der Anmelder später versucht, im laufenden Verfahren von einer Bildmarke in Form einer zweidimensionalen Wiedergabe eines mit fünf Streifen versehenen Sportschuhdesigns auf eine Positionsmarke umzustellen.

[95] EuGH ECLI:EU:C:2019:261 – OY HARTWALL, Rn. 23.

[96] EuGH ECLI:EU:C:2019:261 – OY HARTWALL, Rn. 25.

[97] EuGH, ebenda – OY HARTWALL, Rn. 41 f.

[98] EUIPO (BK) – R 1631/2011-1 – Shape of a Vending Machine, Rn. 16.

[99] EuGH ECLI:EU:C:2002:748 – Sieckmann, Rn. 53, 54; EuGH ECLI:EU:C:2003:244 – Libertel, Rn. 59; s. etwa EUIPO (BK) – R 1631/2011-1 – Shape of a Vending Machine, Rn. 17 ff.: dort waren zwei verschiedene Abbildungen eines Verkaufsautomaten wiedergegeben, die jedoch – offensichtlich – nicht zwei verschiedene Perspektiven des Objekts, sondern zwei verschiedene Verkaufsautomaten erkennen ließen; wegen dieser Unklarheit ist die Markenanmeldung richtigerweise zurückgewiesen worden.

[100] Prüfungsrichtlinien des EUIPO, Teil B, Abschnitt 2, Unterabschnitt 9, Wiedergabe, Beschreibung und Art der Marke, 9.3.7. Hörmarke; .

[101] S. EUIPO Statistics for EUTM, p. 2.3 – 1/1 (Stand 02/2022); s. ferner die durchaus unterhaltsame EUIPO Press Release CP 07/01 v. 5.11.2007 „Tarzan's Trade Mark Yell“; so auch der „Tarzanschrei“ als solcher in Notenschrift, eingetragen als UM 003673308.

ruchsmarken aufgestoßen.[102] Allerdings dürften Geruchs- und Geschmackszeichen ebenso wie Tast- oder haptische Marken – bis auf Weiteres – mangels zuverlässig wiederholbarer, objektiver und dauerhafter Darstellbarkeit nicht als Marke eintragungsfähig sein.[103]

38 c) **Abstrakte Unterscheidungseignung.** Das schutznachsuchende Zeichen muss gem. Art. 4a) UMV die Eignung aufweisen, „Waren oder Dienstleistungen eines Unternehmens von denjenigen anderer Unternehmen zu unterscheiden". Dabei folgt aus der Gesetzessystematik, insbesondere dem Zusammenspiel der Versagungsgründe der Art. 7 Abs. 1 lit. a) und b) UMV, dass auf die **abstrakte Unterscheidungskraft** abzustellen ist, da andernfalls für das absolute Eintragungsverbot solcher Zeichen, die „keine Unterscheidungskraft haben", kein eigener Regelungsgehalt verbliebe.[104] Etwas anderes könnte nur für den Fall gelten, dass die Formulierung, wonach „Zeichen, die nicht unter Art. 4 fallen", nach Art. 7 Abs. 1 lit. a UMV von der Eintragung ausgeschlossen sind, lediglich auf die „grafische Darstellbarkeit" (bis 1. Oktober 2017) bzw. die hinreichend klare und eindeutige Darstellung (seit 1. Oktober 2017) iSd Art. 4 UMV bzw. Art. 4b) UMV (nF) bezogen wird.[105]

39 Allerdings kommt es auf die Frage der abstrakten Unterscheidungseignung in der Praxis deshalb nicht entscheidend an, da sie keinem Zeichen *per se* abgesprochen werden kann.[106] Nur wenn sich die Unterscheidungseignung **abstrakt für alle Waren/Dienstleistungen,** also nicht nur die (konkret) von der Anmeldung erfassten, verneinen lässt, ist der Versagungsgrund des Art. 7 Abs. 1 lit. a) iVm Art. 4 UMV anzunehmen. Das aber wird kaum jemals der Fall sein, da auch solche Zeichen, die etwa aus weithin bekannten Namen historischer Gebäude oder musealer Orte bestehen[107] oder bezüglich einer bestimmten Warengruppe die Form der Güter wiedergeben oder Gattungsbezeichnungen sind (Beispiel: „Apple" in Bezug auf Obst), mit Blick auf andere Leistungen ohne Weiteres unterscheidungskräftig sein können (Beispiel: „Apple" bezogen auf Computer oder Plattenlabel). Demgemäß tendiert die praktische Bedeutung dieses Versagungsgrundes gegen Null. So fand sich in der bis vor einigen Jahren über die Website des Amtes einsehbare Liste der zurückgewiesenen Marken[108] nahezu keine einzige Versagung, die ausschließlich auf Art. 7 Abs. 1 lit. a) UMV gestützt wurde; vielmehr wurden etwa die Zurückweisungen der Marken „Appel" für Waren der Klassen 29, 30 und 33 und „Apple-Tea" für Waren der Klassen 32/33 auf Art. 7 Abs. 1 lit. b) und c) UMV gestützt.

40 In die Richtung scheint auch der EuGH zu tendieren, wenngleich jedenfalls terminologisch ein anderer Weg beschritten wird. Ausgangspunkt der Überlegungen des EuGH bildet die Hauptfunktion der Marke, die darin erkannt wird, dem Verbraucher oder Endabnehmer die Ursprungsidentität der durch die Marke gekennzeichneten Ware oder Dienstleistung zu garantieren, indem sie ihm ermöglicht, diese Ware oder Dienstleistung ohne Verwechslungsgefahr von Waren oder Dienstleistungen anderer Herkunft zu unterscheiden; damit die Marke ihre Aufgabe als wesentlicher Bestandteil des Systems eines unverfälschten Wettbewerbs, das der Vertrag errichten will, erfüllen kann, muss sie die Gewähr bieten, dass alle Waren oder Dienstleistungen, die sie kennzeichnet, unter der Kontrolle eines einzigen Unternehmens hergestellt oder erbracht worden sind, das für ihre Qualität verantwortlich gemacht werden kann.[109] Dabei kann ein Zeichen infolge seiner Benutzung eine Unterscheidungskraft, die es ursprünglich nicht hatte, erwerben und daher als Marke eingetragen werden.[110] Mithin lässt sich die – von Hause aus gegebene oder infolge

---

[102] Erstmals HABM MarkenR 1999, 142 ff. „Geruch von frisch geschnittenem Gras" mAnm Viefhues MarkenR 1999, 249 ff.; EuGH ECLI:EU:C:2002:748 – Sieckmann; HABM GRUR 2002, 348 – Der Duft von Himbeeren.

[103] In der Richtung schon frühzeitig Meister WRP 2000, 967 (968 f.); Kur/v. Bomhard/Albrecht Art. 4 UMV Rn. 8, 9.

[104] Hasselblatt The Community Trademark (in The International Intellectual Property Year Book, 1997), 143 (149); ebenso v. Mühlendahl/Ohlgart § 3 Rn. 5.

[105] Dann allerdings wäre es wünschenswert gewesen, wenn der Wortlaut in Art. 7 Abs. 1 lit. a UMV sinngemäß wie folgt formuliert worden wäre, etwa: „Von der Eintragung ausgeschlossen sind (a) Zeichen, die nicht den Anforderungen an die Darstellbarkeit gem. Art. 4 lit. b) UMV genügen, …".

[106] Besonders deutlich in EuGH ECLI:EU:C:2002:377 – Philips, Rn. 38 und 39: „38. … Zeichen müssen geeignet sein, die Waren oder Dienstleistungen eines Unternehmens von denjenigen anderer Unternehmen zu unterscheiden (…); 39. Daraus folgt, dass es keine Kategorie von auf Grund ihres Wesens oder auf Grund ihrer Benutzung unterscheidungskräftigen Marken gibt, die nicht geeignet wäre, die Waren oder Dienstleistungen (…) zu unterscheiden …".

[107] EuG ECLI:EU:T:2021:164 – WINDSOR CASTLE, Rn. 20.

[108] Bis 2012 abrufbar unter www.oami.europa.eu unter „zurückgewiesene Marken", bei Eingabe der Suchbegriffe „Appel" und „Apple-Tea" (inzwischen ist dieser Link inaktiv).

[109] Statt vieler: EuGH ECLI:EU:C:2002:377 – Philips, Rn. 30; EuGH ECLI:EU:C:1998:442 – Canon, Rn. 28; EuGH ECLI:EU:C:1997:530 – Loendersloot Rn. 22, 24.

[110] EuGH ECLI:EU:C:1999:230 – Windsurfing Chiemsee, Rn. 44.

Benutzung erworbene – Unterscheidungskraft als Voraussetzung für die Eintragung einer Marke dahin definieren, dass die Eignung gegeben sein muss, die Ware/Dienstleistung, für die die Eintragung beantragt wird, als von einem bestimmten Unternehmen stammend zu kennzeichnen und von denjenigen anderer Unternehmen zu unterscheiden.[111] Ausgehend von diesem Ansatz gelangt der EuGH, insoweit folgerichtig, zu der Schlussfolgerung, dass es **keine Kategorie** von auf Grund ihres Wesens oder ihrer Benutzung unterscheidungskräftigen Marken gibt, die nicht geeignet wäre, die Waren oder Dienstleistungen eines Unternehmens von solchen anderer zu unterscheiden.[112] Mit anderen Worten wird auch durch diese Sichtweise bestätigt, dass eine abstrakte Unterscheidungseignung einem Zeichen innewohnen muss; ansonsten kann es nicht als Herkunftshinweis fungieren. Zwar spricht der EuGH nicht von „abstrakter Unterscheidungskraft", sondern geht schlicht auf die für die Markenfähigkeit unerlässliche „Unterscheidungskraft" ein, die – sofern sie nicht originär gegeben ist – infolge Benutzung erlangt werden kann.[113] Denkt man etwa an Zeichen wie „Deutsche Bank", also solche Marken, die zunächst von Hause aus rein beschreibend waren, inzwischen aber fraglos infolge der jahrzehntelangen Benutzung ausschließlich *einem* Unternehmen zugerechnet werden, wird die Richtigkeit und zugleich auch die Trivialität dieses Ansatzes deutlich. Selbstverständlich kann jedes ursprünglich nicht unterscheidungskräftige Zeichen auch als Marke fungieren, dann nämlich, wenn die zunächst nicht vorhandene Unterscheidungskraft durch intensive Benutzung später erworben wird; dies regelt Art. 7 Abs. 3 UMV bzw. im deutschen Markenrecht § 8 Abs. 3 MarkenG.[114]

4. Zeichenformen im Einzelnen

Der Vielfalt der Markenformen sind keine Grenzen gesetzt. Alle erdenklichen Zeichen kommen als Marke in Betracht, sofern sie geeignet sind, Leistungen eines Unternehmens von solchen eines anderen Unternehmens zu unterscheiden.[115] Bei den (zehn) gängigsten, in der UMDV näher beschriebenen Markenformen muss in der Anmeldung der Markentyp angegeben und die jeweiligen Vorgaben für die Wiedergabe der Marke beachtet werden, Art. 3 Abs. 3 UMDV. Bei allen abweichenden Zeichenformen sind die strengen Anforderungen an die hinreichend klare und eindeutige Darstellung (Art. 4 lit. b) UMV) zu beachten und *können* von einer Beschreibung begleitet werden, Art. 3 Abs. 1 iVm Abs. 4 UMDV. Bevor im Einzelnen auf die absoluten Schutzhindernisse nach Art. 7 UMV eingegangen wird,[116] sollen die wichtigsten Markenformen und gegebenenfalls besondere Problempunkte kurz vorgestellt werden: 41

a) **Wortmarken, Zahlen und Buchstaben.** Die in der Praxis weitaus bedeutsamste Gruppe von Markenanmeldungen/-registrierungen machen solche Zeichen aus, die aus **Wörtern, Buchstaben, Zahlen oder Kombinationen** daraus gebildet werden. Nach der Terminologie des Amtes handelt es sich gemäß Art. 3 lit. a) UMDV nur dann um eine Wortmarke, wenn das Zeichen „in normaler Schrift und normalem Layout ohne grafische Darstellung oder Farbe wiedergegeben" wird. Bei nur geringfügiger Abweichung durch „nicht standardisierte Schriftzeichen, Stilisierung oder ein besonderes Zeichenlayout" oder die Verwendung eines grafischen Merkmals oder einer Farbe, liegt begrifflich eine Bildmarke vor, die in der Anmeldung als solche zu benennen ist, Art. 3 Abs. 3 42

[111] EuGH ECLI:EU:C:2002:377 – Philips, Rn. 35, Bezug nehmend auf EuGH ECLI:EU:C:1999:230 – Windsurfing Chiemsee, Rn. 46.

[112] Inzwischen ständige Rspr; s. etwa EuGH ECLI:EU:C:2002:377 – Philips, Rn. 39; EuGH ECLI:EU:C:2014:2012 – Sparkassen-Rot, Rn. 45 f.; s. in Bezug auf Werbeslogan etwa EuGH ECLI:EU:C:2010:29 – Vorsprung durch Technik; zu 3D-Marken etwa EuG ECLI:EU:T:2007:304 – Form eines Lautsprechers (s. dazu aber nunmehr auch EuG, ECLI:EU:T:2011:575 – Lautsprecher II, dort zur Eintragungsunfähigkeit eines Lautsprechers als Marke, dessen Form der Ware einen wesentlichen Wert verleiht); ausf. dazu Hasselblatt IPRB 2010, 87 (88 f.).

[113] Diesen Gedanken hat der EuGH in seiner Sparkassen-Rot Entscheidung (ECLI:EU:C:2014:2012) aufgegriffen, indem er festhält, dass die dort fragliche Marke zwar eine Marke iSd Art. 2 der MarkenRL (der im hier maßgeblichen Teil im Wortlaut mit Art. 4 UMV übereinstimmt) darstellen kann, aber keine originäre Unterscheidungskraft besitzt; mit anderen Worten: zwar kann ein Zeichen abstrakt markenfähig, gleichwohl mangels originärer (oder infolge Benutzung erlangter) Unterscheidungskraft iSd Art. 7 Abs. 1 lit. b) UMV = Art. 3 Abs. 1 lit. b) MarkenRL nicht eintragungsfähig sein.

[114] Zur durch Benutzung erlangten Unterscheidungskraft ausführlich unten Rn. 137 ff.

[115] In Art. 4 UMV ist die Rede von der Unterscheidungseignung in Bezug auf „Waren oder Dienstleistungen eines Unternehmens von denjenigen anderer Unternehmen"; die Wortwahl „Unternehmen" ist sachlich unzutreffend, auch wenn in der Praxis die überwiegende Zahl der Markeninhaber tatsächlich „Unternehmen" darstellen dürften; allerdings ist die Markeninhaberschaft jedermann eröffnet, also auch natürlichen Personen. Deshalb ist ‚Unternehmen" iSd Art. 4 UMV zu verstehen wie „Herkunftsquelle" oä.

[116] Dazu ausführlich unten im weiteren Text Rn. 93 ff.

lit. b) UMDV. So wird etwa ein Wortzeichen, das sich über mehrere Zeilen erstreckt, bereits als Bildmarke eingestuft.[117] Über die letzten Jahre lagen die Anmeldezahlen bezüglich der verschiedenen Markentypen nahezu unverändert; die (reinen) Wortmarken machen 57 % aus; die Bildzeichen (nach der Terminologie des EUIPO „figurative marks", unter die nach deutschem Verständnis auch Wort-/Bildzeichen fallen) schlagen mit 42 % zu Buche; danach folgen 3D-Marken mit 0,48 %, Farbmarken mit 0,05 % und Hörmarken mit 0,02 %.[118]

43 Für **Wortmarken,** Kombinationen aus Buchstaben und/oder Zahlen[119] gelten keine Besonderheiten. Solche Zeichen sind unbedenklich dem Markenschutz zugänglich. Insbesondere gibt es für Buchstaben- und Zahlenmarken bzw. Kombinationen daraus keine Vorbehalte, wie sie früher im deutschen Markenrecht (nach „altem" WZG, also bis 31.12.1994) noch vorzufinden waren, wonach „Buchstaben als solche von der Eintragung grundsätzlich ausgeschlossen waren, es sei denn, dass sie in ihrem Gesamteindruck so fantasievoll gestaltet sind, dass der Charakter der freizuhaltenden Buchstaben dahinter zurücktrat".[120] Diese Sichtweise ist gänzlich überholt; inzwischen wird in ständiger Rechtsprechung vertreten, dass ein wie auch immer gearteter Phantasiegehalt oder ein bestimmtes Maß an künstlerischer Kreativität eines Zeichens für dessen Eintragungsfähigkeit nicht zu fordern ist.[121]

44 Besonderes Augenmerk ist bei (kombinierten) **Wort-, Buchstaben- und Zahlenzeichen** zu richten auf die absoluten Eintragungshindernisse der fehlenden Unterscheidungskraft und des entgegenstehenden Freihaltebedürfnisses, Art. 7 Abs. 1 lit. b und lit. c UMV. Die insoweit zurückhaltende Eintragungspraxis insbesondere von Einzelbuchstaben sowie Zahlen zeigt in den letzten Jahren leichte Liberalisierungstendenzen. Verwiesen sei hierzu auf die beiden EuGH-Entscheidungen *Einzelbuchstabe „α"* sowie *Wortmarke „1.000"*.[122] In Bezug auf Buchstabenmarken stellte der EuGH zunächst – was eigentlich selbstverständlich sein sollte – klar, dass die gleichen Kriterien wie für alle übrigen Markenkategorien gelten, wobei die Unterscheidungskraft im Rahmen einer konkreten Prüfung mit Blick auf die fraglichen Waren/Dienstleistungen vorzunehmen ist. Diese Prüfung darf nicht auf ein Mindestmaß beschränkt werden, sondern muss „streng und umfassend" sein und darf sich insbesondere nicht ohne schlüssige Begründung auf Annahmen oder bloße Zweifel stützen.[123] Ähnliche Erwägungen kommen bei reinen Zahlenmarken zum Tragen. Hier bestätigte der EuGH zwar im Ergebnis die fehlende Eintragungsfähigkeit der Zahl „1.000", die ua für die Waren „Zeitschriften, einschließlich Rätsel- und Spielehefte" Schutz nachsuchte. Zugleich wurde jedoch die grundsätzliche Markenfähigkeit von Zahlenmarken betont, namentlich sei kein kreativer Überschuss im Sinne einer besonderen grafischen Gestaltung notwendig. Zudem könne die Eintragung eines ausschließlich aus Ziffern bestehenden Zeichens nur dann mit der Begründung verneint werden, es bezeichne eine Menge oder dergleichen, wenn – aufgrund einer konkreten Prüfung im Einzelfall – **vernünftigerweise davon auszugehen sei,** dass die durch diese Ziffern angegebene Menge in den Augen der beteiligten Verkehrskreise die Waren oder Dienstleistungen charakterisiere, für die die Eintragung beantragt werde.[124] Diese – in jüngerer Zeit freilich wieder restriktiver gehandhabten – Rechtsprechungsgrundsätze sind zu begrüßen, da damit dem EUIPO **strengere Prüfmaßstäbe** für das Fehlen der Unterscheidungskraft bzw. die Annahme einer Freihaltebedürftigkeit bei Buchstaben- und Zahlenmarken auferlegt werden.

[117] S. Richtlinien, Teil B, Abschnitt 2, Nr. 101.

[118] S. die Statistik des EUIPO, abrufbar unter http://euipo.europa.eu → Wer wir sind → Das Amt → weitere Statistiken (Stand 02/2022); in den Jahren 2019-02/2022 werden die Markentypen Hologramm und „Unknown" mit jeweils 0 % angegeben, Multimediamarken mit 0,1 %, Muster- und Bewegungsmarken mit 0,2 % und Positionsmarken erreichen durchschnittlich 0,4 % und „other" 0,3 % (ohne Klarstellung, was unter „other" und „unknown" fallen soll), obgleich über die Jahre 17 Hologrammmarken angemeldet wurden (Stand 02/2022).

[119] S. zu Buchstaben- und Zahlenmarken ausführlich Hasselblatt/George IPRB 2011, 131 ff.; ferner Gründig-Schnelle GRUR 2003, 1002 ff., insbesondere aus Sicht der Verwechslungsgefahr und Herausarbeitung der Unterschiede zwischen deutschem Recht und der GMV; aus der Rspr. etwa EuGH ECLI:EU:C:2004:532 – SAT.2.

[120] Aus Sicht des deutschen Markenrechts etwa, allerdings rekurrierend auf die Rechtslage bis 31.12.1994 (dort lag eine Anmeldung vom 11.11.1994 zugrunde): BGH GRUR 2002, 1077 (1078) – BWC.

[121] EuG ECLI:EU:T:2021:164 – WINDSOR CASTLE, Rn. 22 mwN.

[122] EuGH ECLI:EU:C:2010:508 – Einzelbuchstabe „α" sowie EuGH ECLI:EU:C:2011:139 – Zahl „1.000"; ausführlich dazu Hasselblatt/George IPRB 2011, 131 ff.

[123] EuGH ECLI:EU:C:2010:508 Rn. 45 f. – Einzelbuchstabe „α"; zustimmend Hasselblatt/George IPRB 2011, 131 (133).

[124] EuGH ECLI:EU:C:2011:139 Rn. 50 – Zahl „1.000", dazu ausführlich Hasselblatt/George IPRB 2011, 131 (134); wegen eines hinreichend direkten und konkreten Zusammenhangs zwischen dem Zeichen 1000 und einem Merkmal der erfassten Waren, nämlich der Druckstärke (von druckluftbetriebenen Farbspritzpistolen) Eintragungsfähigkeit nach Art. 7 Abs. 1 lit. c) UMV verneint, EuG ECLI:EU:T:2018:309 – 1000, Rn. 46 ff.

Werden die beanspruchten Ziffern oder Buchstaben jedoch vom angesprochenen Publikum sofort und ohne weiteres Nachdenken als Beschreibung der Eigenschaften der konkreten Waren/Dienstleistungen und deshalb gerade nicht als Hinweis auf die betriebliche Herkunft aufgefasst, ist die Markenfähigkeit zu verneinen. Darüber vermag auch eine geringfügige grafische Ausgestaltung nicht hinweghelfen, was namentlich dann gilt, wenn das (beschreibende) Buchstaben- und/oder Zahlenelement die Marke dominiert.[125]

Praxistipp:

Soll trotz eines beschreibenden Gehaltes etwa einer Wortmarke das Zeichen als Unionsmarke angemeldet werden, lassen sich absolute Eintragungshindernisse dadurch überwinden, dass das beschreibende und damit typischerweise nicht unterscheidungskräftige und freihaltebedürftige Zeichenwort in oder zusätzlich mit besonderer grafischer und/oder farbiger Ausgestaltung zur Anmeldung gebracht wird; damit lässt sich, sofern die zusätzliche „Bildkomponente" selbstständig eintragungsfähig ist, die Markenfähigkeit sicher bewerkstelligen, wobei auf der anderen Seite nicht übersehen werden darf, dass der Schutzumfang sich dann nicht oder allenfalls nur als Teil des Gesamtzeichens auf den für sich gesehen nicht eintragungsfähigen Wortbestandteil bezieht.

Das Merkmal der (fehlenden) Unterscheidungskraft und/oder des beschreibenden Charakters eines Zeichens ist selbstverständlich mit Blick auf die konkret beanspruchten Waren/Dienstleistungen zu prüfen. Auch wenn eine Zahlen-/Buchstabenkombination wie das Kürzel „3D" als Abkürzung für „dreidimensional" weithin bekannt und geläufig ist, kann sie durchaus in Bezug auf bestimmte Produkte hinreichend unterscheidungskräftig und nicht beschreibend sein. Dies wurde vom EuG mit Blick auf die Wortmarke und zwei grafisch abgewandelte Wort-/Bildmarken mit dem dominierenden Bestandteil „3D's" für Waren der Klasse 29 und 30 bestätigt und dem darauf gegründeten Widerspruch gegenüber der jüngeren Wort-/Bildmarke „3D" für ähnliche Waren stattgegeben.[126] 45

b) **Slogans, Werbeschlagwörter.** Insbesondere in den letzten zwei Jahrzehnten erlebt die Anmeldung von **Werbeslogan** als Marke gewissermaßen einen Boom. Die anfänglich (aus deutscher Sicht bis 31. Dezember 1994) zögerliche Eintragungspraxis wurde zwischenzeitlich aufgegeben, wobei inzwischen wieder rückläufige Tendenzen zu erkennen sind. Dabei ist im Ausgangspunkt anerkannt, dass für Werbeslogans die allgemeinen Anforderungen des Art. 7 UMV gelten. Auch ist für Werbeslogan nicht etwa ein „Fantasieüberschuss" zu fordern.[127] Mithin sind Werbeslogans schlicht am Numerus Clausus der absoluten Eintragungshindernisse des Art. 7 UMV zu messen, ohne dass strengere oder mildere Maßstäbe anzulegen wären. Bejaht wurde die Eintragungsfähigkeit der Slogans „Das Prinzip der Bequemlichkeit"[128], „Beauty isn't about looking young but looking good", „Defining tomorrow, today", „we restore, you recover" sowie „Passion for People".[129] Verneint wurde demgegenüber etwa die Eintragungsfähigkeit des Slogans „Das Beste geben"[130] sowie – zumindest teilweise – des Werbespruches „Mehr für Ihr Geld";[131] ebenso fehle dem Wortzeichen „Live richly" die Unterscheidungskraft, da es in Bezug auf Finanzdienstleistungen und Geldgeschäfte vor allem als Werbeslogan verstanden werde.[132] Die Liste der Slogan, 46

[125] So auch Bender MarkenR 2012, 41 (45).

[126] EuG ECLI:EU:T:2016:463 – 3D's.

[127] S. insbesondere EuGH ECLI:EU:C:2010:29 Rn. 36, 39 – Vorsprung durch Technik mit zustimmender Anmerkung von Hasselblatt IPRB 2010, 87 ff.; zuvor schon EuG ECLI:EU:T:2001:286 – „Das Prinzip der Bequemlichkeit" Rn. 44; bestätigt durch EuGH ECLI:EU:C:2004:645; anders noch das HABM, das dem Werbeslogan „Das Prinzip der Bequemlichkeit" die Eintragungsfähigkeit abgesprochen hat, die ihm dann allerdings vom EuG und EuGH attestiert wurde.

[128] EuGH ECLI:EU:C:2004:645 – „Das Prinzip der Bequemlichkeit", zuvor EuG ECLI:EU:T:2001:286 Rn. 44; bejaht wurde auch die Eintragungsfähigkeit des Werbespruches „Mehr für Ihr Geld", jedoch lediglich in Bezug auf die dort beanspruchten Dienstleistungen der Klasse 35, nicht jedoch – da insoweit ausschließlich beschreibend und nicht unterscheidungskräftig – mit Blick auf die nachgefragten Waren der Klassen 3, 29 und 30: HABM GRUR-RR 2002, 332 (334) – Mehr für Ihr Geld, dort mit weiteren Beispielen in Rn. 43 (nicht unterscheidungskräftige Slogan) und Rn. 44 (unterscheidungskräftig).

[129] S. die Nachweise bei Eisenführ/Schennen/Brecht UMV Art. 7 Rn. 47, der insoweit von „interessanten Begründungen" der 2. BK spricht.

[130] HABM GRUR 2002, 702 – Das Beste geben.

[131] HABM GRUR-RR 2002, 332 – Mehr für Ihr Geld, die Eintragungsfähigkeit verneint in Bezug auf die Waren der Klasse 3, 29 und 30 (demgegenüber bejaht für die Dienstleistungen der Klasse 35).

[132] EuG ECLI:EU:T:2005:325 – Live richly; ebenfalls verneint wurde die Markenschutzfähigkeit des Slogans „Vom Ursprung her vollkommen", s. EuG ECLI:EU:T:2007:330 (für Waren der Klassen 32 und 33).

denen die Eintragung – zumeist wegen fehlender Unterscheidungskraft – versagt blieb, ließe sich fast beliebig fortsetzen.[133]

47 Besonders hervorzuheben ist in diesem Zusammenhang die sowohl mit Blick auf die dogmatische Herleitung als auch die Konsequenz der Anwendung zu begrüßende Entscheidung des EuGH, mit der dem Slogan „Vorsprung durch Technik" die Eintragungsfähigkeit attestiert wurde.[134] Der von den Vorinstanzen und auch an anderer Stelle geäußerten Ansicht,[135] wonach das Vorliegen der Unterscheidungskraft von Werbesprüchen bereits dann zu verneinen sei, wenn das Zeichen in Bezug auf die fraglichen Leistungen vom maßgeblichen Publikum als Werbeslogan aufgefasst wird, trat der EuGH entschieden entgegen. Der Umstand allein, dass eine Marke von den angesprochenen Verkehrskreisen als Slogan wahrgenommen wird und dass andere Unternehmen diese sich im Hinblick auf ihren lobenden Charakter zu eigen machen könnten, rechtfertige nicht den Rückschluss auf deren fehlende Unterscheidungskraft; vielmehr könne eine solche Marke **gleichzeitig als Werbeslogan und als Herkunftshinweis** wahrgenommen werden.[136] Für die Unterscheidungskraft eines Slogans ist mithin unerheblich, dass er gleichzeitig oder gar in erster Linie als Werbeslogan aufgefasst wird, wenn und soweit die Marke von den angesprochenen Verkehrskreisen als Herkunftshinweis verstanden wird.[137] Zu betonen ist – gewissermaßen aus nach wie vor gegebenem Anlass – in Bezug auf Werbeslogan in aller Deutlichkeit, dass insoweit „keine strengeren Maßstäbe anzulegen sind als an sonstige Arten von Zeichen".[138] Gleiches gilt für **Werbeschlagwörter,** deren Eintragungsfähigkeit an den für Slogans geltenden – strengen – Maßstäben gemessen werden.[139] Allerdings dauerte die durch das Urteil *Vorsprung durch Technik* ausgelöste „Schreckstarre"[140] nur kurze Zeit an, bis EUIPO und EuG wieder zur früheren restriktiven Entscheidungspraxis übergingen; so erfolgten kurz darauf eine Reihe von Zurückweisungen von Werbeslogans, da darin lediglich kurze und gängige Werbebotschaften zu erkennen wären.[141] Slogans haben regelmäßig nur dann Aussicht auf eine erfolgreiche Eintragung, wenn in ihnen mehr als eine bloße Werbebotschaft zu erkennen ist, wofür werbeübliche Übertreibungen aus sich heraus nicht ausreichen.[142]

Praxistipp:

Der nach wie vor zu beobachtenden restriktiven Haltung des EUIPO sowie des EuG sollte im Anmeldeverfahren in Bezug auf Werbeslogans unter Rekurs auf die *Vorsprung durch Technik*-Entscheidung des EuGH entgegengetreten werden, wenngleich dem/der Anmelder/in von vornherein klar sein muss, dass er/sie „bergauf" kämpft. Slogans müssen nicht besonders geistreich sein oder über einen besonderen Merkeffekt verfügen, um die notwendige Unterscheidungskraft aufzuweisen. Andererseits kann es sich für die Praxis als sinnvoll erweisen, besonderes Augenmerk auf Mehrdeutigkeit, Fantasiegehalt, das Auslösen eines Denkprozesses oder ein Überraschungselement zu richten, da darüber absolute Eintragungshindernisse von vornherein unproblematisch zu überwinden sind.[143]

---

[133] Eisenführ/Schennen/Brecht Art. 7 UMV Rn. 45 f.; zu Recht ablehnend – in concreto bezogen auf die Zurückweisung des Slogans „SPÜRBAR ANDERS" (EuG ECLI:EU:T:2017:688) – Douglas, GRUR-Prax 2017, 487 (488), der mit Blick auf die restriktive Eintragungspraxis der Registrierung von Slogans „düstere Aussichten" prophezeit.

[134] EuGH ECLI:EU:C:2010:29 – Vorsprung durch Technik, ausführlich dazu Hasselblatt IPRB 2010, 87 ff.; s. nunmehr auch unter ausdrücklicher Anknüpfung an die „Vorsprung durch Technik"-Entscheidung, EuG ECLI:EU:T:2018:936 – Multifit, Rn. 17 (im Erg. aber den Markenschutz verneinend).

[135] S. etwa EuG ECLI:EU:T:2005:325 – Live richly.

[136] EuG ECLI:EU:T:2018:936 – Multifit, Rn. 55 f.

[137] EuGH ECLI:EU:C:2010:29 Rn. 45 – Vorsprung durch Technik; EuG ECLI:EU:T:2018:936 – Multifit, Rn. 55 f.; Hasselblatt IPRB 2010, 87 (88 ff.); anders noch das EuG ECLI:EU:T:2008:266, das die Eintragungsfähigkeit insbesondere deshalb verneinte, weil die beteiligten Verkehrskreise „diese Marke vor allem als einen Werbeslogan" auffassen würden.

[138] So schon EuGH ECLI:EU:C:2004:645 – Das Prinzip der Bequemlichkeit.

[139] EuG ECLI:EU:T:2021:659 – Unstoppable, Rn. 33 f.

[140] So treffend Bender MarkenR 2012, 41 (45).

[141] S. etwa EuG ECLI:EU:T:2011:16 – executive edition; negativ beschieden wurde ferner die Eintragungsfähigkeit der Slogan „insulate for life", „Wir machen das Besondere einfach" sowie „Run the globe", zitiert nach Bender MarkenR 2012, 41 (45), der sich insoweit zu Recht kritisch äußert; namentlich bei der Wortmarke „Wir machen das Besondere einfach" ist die Eintragungsfähigkeit schon aufgrund der Originalität dieses Slogans zu bejahen; s. ferner die lange Auflistung zurückgewiesener Slogan bei Brecht in Eisenführ/Schennen Art. 7 UMV, Rn. 45 f.

[142] EuG ECLI:EU:T:2018:932 – upgrade your personality, Rn. 55 f.

[143] S. etwa EuG ECLI:EU:T:2021:21 – It's like milk but made for humans, Rn. 55 f.; ausführlich dazu Hasselblatt IPRB 2010, 87 ff.

Nach den Prüfungsrichtlinien[144] ist von einer hinreichenden Unterscheidungskraft des Werbeslogans auszugehen, wenn er als **mehr als eine bloße Werbebotschaft** wahrgenommen wird, die die Qualitäten der Waren oder Dienstleistungen anpreist, da er: 48
- ein Wortspiel verkörpert und/oder
- Elemente konzeptioneller Faszination oder Überraschung einfließen lässt, mithin als fantasievoll, überraschend oder unerwartet wahrgenommen wird,
- über eine gewisse besondere Originalität oder Wirkung verfügt und/oder
- bei den angesprochenen Verkehrskreisen einen kognitiven Prozess auslöst oder einen Deutungsaufwand erfordert.

Dabei können sich ungewöhnliche syntaktische Strukturen als hilfreich erweisen ebenso wie die Verwendung linguistischer und stilistischer Mittel wie Alliteration, Metaphorik, Reim, Paradoxon etc. 49

c) **Bildmarke.** Zu den klassischen Marken zählen seit jeher auch **Bildmarken,** die aus dem heutigen Wirtschaftsleben kaum noch wegzudenken sind. Auch für sie gelten die allgemeinen Eintragungserfordernisse, ohne dass spezifische Besonderheiten zum Tragen kämen. Terminologisch ist bereits dann von einer – in der Anmeldung auch als solche zu benennenden – Bildmarke die Rede, wenn die Marke „nicht standardisierte Schriftzeichen, Stilisierung oder ein besonderes Zeichenlayout", Farben oder grafische Merkmale aufweist, Art. 3 Abs. 3 lit. b) UMDV. Die angemeldeten Zeichen müssen insbesondere hinreichend unterscheidungskräftig und nicht freihaltebedürftig sein. Dabei erweist sich vielfach vor allem die Überwindung des Eintragungshindernisses der **fehlenden Unterscheidungskraft** als besonders problematisch, da einfache oder **gewöhnliche Bildelemente,** schlichte **typografische Symbole** oder **Piktogramme** ebenso wie allgemein **übliche Etiketten** regelmäßig das zu fordernde Mindestmaß an (konkreter) Unterscheidungseignung vermissen lassen.[145] Bejaht wurde etwa die Eintragungsfähigkeit einer für die Ware „Samt" in Klasse 24 angemeldete Bildmarke, die lediglich aus einer Webkante mit Streifen bestand, der nach Ansicht des Amtes nicht jegliche Unterscheidungskraft iSd Art. 7 Abs. 1 lit. b UMV abgesprochen werden konnte.[146] Notwendig ist, dass das fragliche Bildzeichen aus Sicht des durchschnittlich informierten und angemessen aufmerksamen und verständigen Durchschnittsverbrauchers als Herkunftshinweis wahrgenommen wird. Daran wird es bei einfachen, aus geometrischen Grundfiguren wie einem Kreis, einer Linie oder einem achteckigen Polygon,[147] zwei konvexen roten Linien,[148] einem Parallelogramm,[149] einem Rechteck,[150] einem Winkel,[151] einem üblichen Fünfeck[152] oder fünf parallel verlaufenden Streifen[153] regelmäßig fehlen. Ebenso wurde die Unterscheidungskraft einem für Klasse 30 angemeldeten Bildzeichen abgesprochen, das im Wesentlichen aus der Wiedergabe einer Bonbonverpackung bestand. Der Verbraucher erkenne darin lediglich eine Verpackung für ein Bonbon und nehme ein solches Zeichen nicht von Haus aus als Hinweis auf einen Geschäftsbetrieb wahr, da es sich bei einem so genannten „Wickler" um eine normale traditionelle Form für die Verpackung von Bonbons handelt und die – im konkreten Fall goldfarbene, hellbraune – Farbe für Bonbonverpackungen nicht ungewöhnlich sei.[154] Nach der zwei- oder auch dreidimensionalen Wiedergabe der Form der Waren oder ihrer Verpackung schließt der Durchschnittsverbraucher gewöhnlich nicht auf die Herkunft dieser Waren, wenn grafische oder Wortelemente fehlen; daraus schließt der EuGH, dass Unterscheidungskraft nur bei einer solchen Marke anzunehmen ist, die „erheblich von der Norm oder der Branchenüblichkeit abweicht" und deshalb ihre wesentliche herkunftskennzeichnende 50

[144] Prüfungsrichtlinie EUIPO, Teil B, Abschnitt 4, S. 395 (Stand 01/03/2021), anknüpfend an die Entscheidungen EU:C:2010:29 – Vorsprung durch Technik und EuG EU:T:2011/175 – Wir machen das Besondere einfach.

[145] S. die zahlreichen Bsp. von Bildzeichen mit mangelnder Unterscheidungskraft in den EUIPO-Prüfungsrichtlinien Teil B, Abschnitt 4, Kapitel 3, 5–9 (Stand 01/03/2021), S. 400–415.

[146] HABM GRUR-RR 2002, 330 – Webkante.

[147] EuG ECLI:EU:T:2019:386 – achteckiges Polygon, Rn. 28 ff.

[148] EuG ECLI:EU:T:2019:218 – Gegenüberliegende Klammern, Rn. 23–27.

[149] EuG ECLI:EU:T:2011:176 – Parallelogramm.

[150] EuG ECLI:EU:T:2011:367 – Rechteck in Purpur.

[151] EuG ECLI:EU:T:2011:168 – Winkel.

[152] EuG ECLI:EU:T:2007:271 – Darstellung eines Fünfecks, Rn. 22 f.; weitere Beispiele bei Bender MarkenR 2012, 41 (46).

[153] EuG ECLI:EU:T:2014:509 – K-Swiss, Rn. 16 ff.

[154] EuG ECLI:EU:T:2004:330 – Bonbonverpackung; bestätigt durch EuGH ECLI:EU:C:2006:422; zur fehlenden Unterscheidungskraft aus Sicht des deutschen Markenrechts s. BPatG Beschl. v. 23.1.2002 – 32W(pat) 156/00, besprochen von Grabrucker GRUR 2003, 469 (in dortiger Fn. 23).

Funktion erfüllt.[155] Aus denselben Erwägungen wurden auch die zweidimensionale Wiedergabe einer (rot-weißen) Waschmitteltablette[156] sowie die dreidimensionale Wiedergabe der Verpackung von Fruchtgetränken in Form von Standbeuteln[157] als nicht eintragungsfähig angesehen.

Praxistipp:

Bei der Anmeldung von Bildzeichen sollte für eine gewisse Individualität bzw. Originalität, insbesondere auch mit Blick auf die konkret schutznachsuchenden Waren/Dienstleistungen, Sorge getragen werden; einem etwaigen Freihaltebedürfnis kann durch besondere grafische Ausgestaltung und/oder Farbkomposition entgegengewirkt werden.

51 Soweit ein Logo angelehnt ist an Wappen, Flaggen, staatliche Hoheitszeichen usw., sind insbesondere die absoluten Versagungsgründe nach Art. 7 Abs. 1 lit. i und lit. j UMV (iVm Art. 6ter der PVÜ) zu beachten.[158]

Praxistipp:

Von der Verwendung von offiziellen Wappen, Flaggen und anderen staatlichen Hoheitszeichen sollte in Bildmarken grundsätzlich Abstand genommen werden; soweit mit der Anmeldung Anklänge an ein bestimmtes Herkunftsland hervorgerufen werden sollen, können beispielsweise die Nationalfarben einer Fahne (allerdings in hinreichend abgewandelter Form) oder typische Bauwerke (Windmühlen aus Holland; Hochhauskulisse als Sinnbild für New York etc.) eingesetzt werden.

52 **d) Positionsmarke.** Vergleichsweise selten, aber grundsätzlich markenfähig, sind auch **Positionsmarken.**[159] Terminologisch handelt es sich bei Positionsmarken um solche Zeichen, die aus der besonderen Platzierung oder Anbringung der Marke auf der Ware bestehen; für die Anmeldung ist zu beachten, dass in der Darstellung der – auch als solche zu bezeichnenden – Positionsmarke die Positionierung der Marke und die Größe oder Proportion in Bezug auf die betreffenden Waren durch die Darstellung angemessen identifiziert werden. Elemente, für die kein Schutz beantragt wird, sind durch unterbrochene oder gestrichelte Linien visuell auszuschließen, Art. 3 Abs. 3 lit. d) UMDV.

53 Da die Positionsmarke begrifflich die besondere Platzierung oder Anbringung der Marke auf der Ware erfordert, ist für sie typisch, dass der **Markengegenstand** regelmäßig mit dem **Erscheinungsbild der Ware verschmilzt.** Deshalb stehen Positionsmarken den Kategorien der Bild- und 3D-Marken nahe, da sie die Anbringung von Bild- oder dreidimensionalen Elementen auf der Produktoberfläche zum Gegenstand haben. Für die Beurteilung ihrer Unterscheidungskraft ist die Qualifizierung als Bild-, als eine dreidimensionale Marke oder eine eigene Markenkategorie ohne jegliche Relevanz.[160] Unterscheidungskraft ist (ähnlich wie bei Formmarken) nur dann anzunehmen, wenn die Marke erheblich von den handelsüblichen Grundformen der betreffenden

[155] EuGH ECLI:EU:C:2006:422 – Storck (Bonbonwickler), Rn. 27, 28; EuG ECLI:EU:T:2014:509 – K-Swiss, → Rn. 16.

[156] EuG ECLI:EU:T:2006:19 – Rechteckige Waschmitteltablette, Rn. 37 ff., insbesondere unter Hinweis darauf, dass die angemeldete Marke einer naturgetreuen grafischen Darstellung einer Wasch- oder Geschirrspülmitteltablette entsprach (Rn. 25).

[157] EuGH ECLI:EU:C:2006:20 – Standbeutel, Rn. 31 ff.

[158] S. HABM GRUR 2002, 620 – Bildmarke „ECA": dort wurde eine Bildmarke nach Art. 7 Abs. 1 lit. h GMV iVm Art. 6ter PVÜ die Eintragung versagt, da der die Marke wesentlich prägende „Sternenkranz" einer Nachahmung des Europa-Emblems gleichkam.

[159] Bis 02/2022 wurden lediglich 309 Positionsmarken angemeldet, was über die Jahre gerechnet 0,01 % aller Anmeldungen ausmachte, s. euipo.europa.eu → Über das EUIPO → Wer wird sind → Das Amt → Weitere Statistiken S. 2.3 – 1.1.; nicht ganz ohne Grund ist deshalb auch bisweilen von einem eher stiefmütterlichen Dasein die Rede, so etwa Heise GRUR 2008, 146.

[160] EuG ECLI:EU:T:2021:319 – Birkenstock, Rn. 37 ff.

Ware abweicht.[161] Bestehen bestimmte Branchennormen oder -usancen, so sind diese ähnlich wie bei 3D- sowie Warenformmarken in Rücksicht zu ziehen; je stärker die fragliche Ausstattungsmarke von einer etwaig bestehenden Branchenübung abweicht, desto eher ist die Markenfähigkeit anzunehmen.[162]

Insgesamt erweist sich die Eintragungspraxis von Positionsmarken als **äußerst restriktiv.** Dies ist teils der Natur der Sache – also diesem Markentyp – geschuldet, da die hinreichend präzise und eindeutige Darstellung des regelmäßig mit dem Erscheinungsbild der Ware verschmolzenen Markengegenstandes sich mitunter als schwierig erweist. Teils liegt dies aber auch an einer vorschnellen Annahme einer vermeintlich gegebenen Branchenüblichkeit durch die Gerichte, wonach etwa Knöpfe (mit oder ohne Fähnchen) im Ohr von Stofftieren übliche Gestaltungsmerkmale oder auf Gesäß-Hosentaschen angebrachte Ziernähte „per se nicht geeignet" wären, Jeanshosen des einen von solchen des anderen Herstellers zu unterscheiden.[163] Beispiele für zulässige Positionsmarken für einen „roten Streifen, der in Längsrichtung eines Schuhs verläuft" sowie „zwei sich in einem Punkt kreuzende Kurven auf einer Hosentasche" finden sich in den EUIPO-Prüfungsrichtlinien.[164] Weitere Beispiele erfolgreicher Positionsmarken und Registrierungen finden sich in den beiden mattierten Flaschenformen der Cava-Herstellerin Freixenet.[165] 54

e) **Farbmarke.** Würde man der Vielzahl der zu **Farbmarken und Farbkompositionen** ergehenden Entscheidungen[166] indiziellen Wert beimessen, ließe sich daraus nur der Schluss ziehen, dass sich Farbmarken insbesondere in den vergangenen 20 Jahren einer hohen Beliebtheit erfreuen.[167] Statistisch zeigt sich insoweit jedoch ein eher ernüchterndes Bild. Seit 1.4.1996 sind lediglich 1.262 Farbmarkenanmeldungen beim EUIPO eingereicht worden, was 0,05 % aller Anmeldungen entspricht. Mitursächlich für die Fülle der hierzu ergangenen Judikate dürfte sein, dass der EuGH an die zur Eintragung notwendige Unterscheidungskraft und ein nicht entgegenstehendes Freihaltebedürfnis strenge Anforderungen stellt.[168] Frühzeitig gaben der Rat der Europäischen Union und die Kommission eine gemeinsame Erklärung zu Protokoll, wonach „als Marke eine Farbzusammenstellung oder eine einzige Farbe einzutragen (ist), vorausgesetzt, dass sie geeignet sind, Waren oder Dienstleistungen eines Unternehmens von denen anderer Unternehmen zu unterscheiden".[169] Allerdings hat der EuGH klargestellt, dass diese gemeinsame Erklärung für ihn nicht bindend ist, zumal der Erklärung selbst zu entnehmen ist, dass sie „nicht Bestandteil des Rechtsakts (ist) und daher nicht dessen Auslegung durch den EuGH präjudizieren" könne.[170] Gleichwohl attestiert der EuGH auch der abstrakten – konturlosen – Farbmarke grundsätzlich die Schutzfähigkeit als Marke.[171] 55

---

[161] EuG ECLI:EU:T:2021:319 – Birkenstock, Rn. 38 – 40; EuG ECLI:EU:T:2010/235 547/08 – Strom, Rn. 20 f.; EuG ECLI:EU:T:2014:8 und EuG ECLI:EU:T:2014:6 – Knopf im Ohr/Knopf im Ohr mit Fähnchen (Margarete Steiff), Rn. 20 f.; weitere Nachweise bei Eisenführ/Schennen/Brecht UMV Art. 7 Rn. 95 ff.

[162] EuG ECLI:EU:T:2014:509 – K-Swiss, Rn. 16, wobei in Rn. 17 klargestellt wird, dass dieser Grundsatz unabhängig vom Zeichentyp gilt.

[163] S. die Nachweise bei Eisenführ/Schennen/Brecht unter Art. 7 UMV Rn. 99 bzw. 102 unter Bezugnahme auf die Entscheidung Knopf im Ohr (mit und ohne Fähnchen/Margarete Steiff) sowie HABM MarkenR 2000, 110, Hosentasche (Hugo Boss); Brecht spricht insoweit von einer „ziemlich ignoranten Begründung", aaO, Rn. 99.

[164] UM Nr. 1027747, UM Nr. 6900808 sowie UM Nr. 8856489, s. ferner EUIPO-Prüfungsrichtlinien, Teil B, Abschnitt 4, Kapitel 3, 11, S. 452 (Stand 01/03/2021), mit einem weiteren Bsp. (figuratives Element auf der äußeren Oberfläche des oberen Teils eines Schuhs).

[165] EuGH ECLI:EU:C:2011:680 – Freixenet-Flaschen, Rn. 7 f. (dort freilich ohne Abbildung) für eine „mattierte weiße Flasche, die, wenn sie mit Wein gefüllt ist, ein matt goldenes Aussehen annimmt, als sei sie mit Raureif überzogen" sowie eine „mattierte mattschwarze Flasche"; ob diese UM auch heute noch eingetragen würden, erscheint zumindest zweifelhaft.

[166] EuG ECLI:EU:T:2021:163 – Farben Grau und Orange, Rn. 29 ff.; EuGH ECLI:EU:C:2014:2012 – Sparkassenrot; EuGH ECLI:EU:C:2004:384 – Heidelberger Bauchemie (Farben blau/gelb); EuGH ECLI:EU:C:2003:244 – Libertel (Farbe orange); BGH GRUR 2016, 1167 – Sparkassen-Rot; BGH GRUR 2015, 581 – Langenscheidt-gelb; BGH GRUR 2015, 581 – Langenscheidt-gelb; BGH GRUR 2015, 2012 – Niveablau.

[167] Ausdrücklich zum Ende der Sachverhaltswiedergabe vor Rn. 21: EuGH ECLI:EU:C:2003:244 – Libertel.

[168] S. die Statistik des Amtes, abrufbar unter http://euipo.europa.eu → Wer wir sind → Das Amt → weitere Statistiken (dort in der Statistik „Aufschlüsselung nach Art der Marke"; Stand 10/2021).

[169] Gemeinsame Erklärung des Rates und der Kommission zu Art. 2 der Markenrechtsrichtlinie (insoweit identisch mit Art. 4 GMV), ABl. HABM, 5/96, S. 607.

[170] EuGH ECLI:EU:C:2003:244 – Libertel, Rn. 25.

[171] EuGH ECLI:EU:C:2004:384 – Heidelberger Bauchemie (Farben blau/gelb); EuGH ECLI:EU:C:2003:244 – Libertel (Farbe orange); kritisch zum Schutz abstrakter Farbmarken Baechler GRUR Int. 2006, 115, zur Rechtsprechung des EuGH ab 120 ff.; kritisch zu der Differenzierung danach, wie ausgefallen eine Farbe ist, um ihr dann eher Unterscheidungskraft zu attestieren Rohnke MarkenR 2006, 480 (482).

56 Bei der Farbmarke handelt es sich um ein Zeichen, dass ausschließlich aus **einzelnen, konturlosen** Farben oder aus einer **Kombination abstrakter Farben** besteht. Im Falle der Registrierung erstreckt sich der Schutzgegenstand auf den jeweiligen Farbton bzw. die Farbtöne und bei einer Kombination mehrerer Farben auf die systematische Anordnung der betreffenden Farben in vorher festgelegter und beständiger Weise.[172] Gemäß Art. 3 Abs. 2, Abs. 3 lit. f UMDV ist der Markentyp bei der Anmeldung anzugeben; wird zusätzlich zur Wiedergabe eine Beschreibung vorgelegt, muss die Beschreibung im Einklang mit der Wiedergabe stehen und darf den Anwendungsbereich nicht vergrößern. Die (konturlose oder kombinierte) Farbmarke ist in einer einzigen JPEG-Datei oder auf einem DIN A4-Blatt wiederzugeben; bei einer Farbkombination muss die Wiedergabe die systematische Anordnung veranschaulichen. Obligatorisch ist zudem der Verweis auf einen **allgemein anerkannten Farbcode** wie Pantone, Hex, Ral, RGB oder CMYK. Stimmt der Code nicht mit der Wiedergabe der Marke überein oder fehlt dieser gänzlich, ist dieser Mangel auf entsprechende Aufforderung des Amtes hin zu beheben. Enthält die Farbmarke weitere Elemente, beispielsweise Wörter, handelt es sich nach der Terminologie des Amtes um eine *Bildmarke.*[173]

57 Das im Zusammenhang mit der Eintragung von Farbmarken größte Problem stellt die Frage der hinreichenden **Unterscheidungskraft** und eines etwaig entgegenstehenden **Freihaltebedürfnisses** dar. Ob eine Farbe als solche eintragungsfähig ist, muss von der Warte des maßgeblichen Publikums aus beurteilt werden. Dabei ist in tatsächlicher Hinsicht in Rücksicht zu ziehen, dass die Zahl der Farben (sehr) begrenzt ist, was sich sowohl auf die Unterscheidungseignung einer Farbe als auch das Freihaltebedürfnis auswirken kann. Von Hause aus ist eine einzelne Farbe regelmäßig **nicht** geeignet, auf die Herkunft eines bestimmten Unternehmens hinzuweisen. Vielmehr wird eine Farbe gewöhnlich als bloße Eigenschaft von Produkten, Produktausstattungen oder Werbematerialien wahrgenommen. Zwar können Farben an Gefühle appellieren und Emotionen wecken, allerdings sind sie aus Sicht des EuGH nicht geeignet, „eindeutige Informationen zu übermitteln", was umso mehr gilt, als sie im Zuge der Anpreisung der eigenen Waren „wegen ihrer Anziehungskraft gewöhnlich in großem Umfang ohne eindeutigen Inhalt verwendet".[174] Zwar gelten für die Beurteilung der Unterscheidungskraft konturloser Farbmarken die **gleichen Kriterien** wie für andere Kategorien von Marken, insbesondere dürfen keine strengeren Beurteilungskriterien für die Ermittlung der Unterscheidungskraft aufgestellt werden.[175] Indes ist bei bestimmten Markenkategorien zu beachten, dass sie vom Verkehr nicht notwendig in gleicher Weise wahrgenommen werden wie eine herkömmliche Wort- oder Bildmarke, die ein gesondertes Zeichen darstellt und vom Erscheinungsbild der gekennzeichneten Ware unabhängig ist. Demgemäß schließen Verbraucher häufig aus der Form der Ware oder aus der Farbe eines Produkts nicht auf die Herkunft der Ware aus einem bestimmten Unternehmen.[176] Deshalb kommt aus Sicht der maßgeblichen Verkehrskreise einem Farbton regelmäßig keine originäre Herkunftsfunktion zu. Dies kann ausnahmsweise bei Vorliegen **besonderer Umstände** anders zu beurteilen sein, die die Annahme der Unterscheidungskraft rechtfertigen. Solche Umstände können darin zu erkennen sein, dass die Zahl der Waren oder Dienstleistungen, für die die Marke angemeldet ist, sehr gering und der maßgebliche Markt sehr spezifisch ist.[177] Hinzu kommt, dass insbesondere eintönige Farben (ohne Umgrenzung) grundsätzlich für den Verkehr freizuhalten sind. Zu Recht wird in diesem Zusammenhang das **hohe Allgemeininteresse** bekräftigt, dass Zeichen oder Angaben, die die Waren oder Dienstleistungsgruppen beschreiben, von allen frei verwendet werden können.[178]

---

[172] EuGH ECLI:EU:C:2004:384 – Heidelberger Bauchemie (Farben blau/gelb), Rn. 33; EuG ECLI:EU:T:2012:302 – Colour per se, Rn. 50.

[173] Prüfungsrichtlinien EUIPO, Teil B, Abschnitt 2 9.3.6 (Stand: 1.3.2021), dort mit Beispielen zulässiger Farbmarken (im Sinne der Formerfordernisse).

[174] EuGH ECLI:EU:C:2003:244 – Libertel, Rn. 40; s. ferner EuGH ECLI:EU:C:2004:384 Rn. 38 – Heidelberger Bauchemie (Farben blau/gelb); diese Sichtweise ist im Schrifttum nicht unumstritten: s. zum Meinungsstand Eichelberger, GRUR 2016, 138 (139).

[175] EuGH ECLI:EU:C:2014:2012 – Sparkassen-rot, Rn. 45 f.

[176] EuGH ECLI:EU:C:2003:244 – Libertel, Rn. 65; EuGH ECLI:EU:C:2004:384 – Heidelberger Bauchemie, Rn. 39; aus deutscher Sicht etwa GRUR 2016, 1167 (1169) – Sparkassen-Rot Rn. 14 f.

[177] EuGH ECLI:EU:C:2003:244 – Libertel, Rn. 66, Rn. 71; EuGH ECLI:EU:C:2004:649 – Farbe Orange, Rn. 79; BGH GRUR 2015, 1012 – Nivea-Blau, Rn. 12; krit. zu den Kriterien eines „spezifischen Marktes" und eines „überschaubaren Waren-/Dienstleistungsverzeichnisses" Eichelberger GRUR 2016, 138 (140), der in den vorgenannten Kriterien keine markenrechtliche Voraussetzung für die Annahme der originären Unterscheidungskraft eines abstrakten Farbzeichens erkennt.

[178] S. etwa Baechler GRUR Int. 2006, 115 (121 f.); nicht nur im Zusammenhang mit Farb-, sondern auch in Verbindung mit anderen Marken: EuGH ECLI:EU:C:2004:532 – SAT.2, Rn. 25; EuGH ECLI:EU:C:2003:244 – Libertel, Rn. 52; EuGH ECLI:EU:C:2003:206 – Linde Winward u. Rado, Rn. 73; EuGH ECLI:EU:C:1999:230 – Windsurfing

Was die Eintragung als Farben als solche ohne räumliche Begrenzung als Marke anbelangt, so ist des Weiteren zu berücksichtigen, dass die geringe Zahl der tatsächlich verfügbaren Farben bedingt, dass „mit wenigen Eintragungen als Marke für bestimmte Dienstleistungen oder Waren der ganze Bestand an verfügbaren Farben erschöpft werden könnte; ein derart weites Monopol wäre mit dem System eines unverfälschten Wettbewerbs unvereinbar, insbesondere, weil es einem einzelnen Wirtschaftsteilnehmer einen unzulässigen Wettbewerbsvorteil verschaffen könnte".[179] Im Hinblick darauf fehlt einfarbigen Farbmarken ohne räumliche Umgrenzung regelmäßig die notwendige Unterscheidungskraft, zudem steht ein hohes Allgemeininteresse der Eintragung entgegen, so dass regelmäßig Bedenken bestehen gemäß Art. 7 Abs. 1 lit. b *und* lit. c UMV. Allerdings können diese Eintragungshindernisse nach Art. 7 Abs. 3 UMV überwunden werden, wenn die Farbe infolge ihrer intensiven Benutzung Unterscheidungskraft iSd Art. 7 Abs. 3 erlangt hat und mithin herkunftshinweisende Funktion übernehmen kann.[180]

58 Graduell anders verhält es sich hingegen bei **Farbkompositionen** sowie farbig wiedergegebenen **Logos** und/oder Wort-, Buchstaben- und/oder Zahlenkombinationen. Insoweit ist in Bezug auf die schutznachsuchenden Waren/Dienstleistungen zu untersuchen, ob Unterscheidungskraft gegeben und ein Freihaltebedürfnis zu verneinen ist. Diesbezüglich gelten die allgemeinen Maßstäbe nach Art. 7 UMV. Allerdings ist die Rechtsprechung auch gegenüber Farbkompositionen weiterhin zurückhaltend.[181] So ist beispielsweise der waagerechten Kombination der Farben grau und rot die Eintragungsfähigkeit abgesprochen worden, da es sich dabei in Bezug auf die Schutz beanspruchenden Dienstleistungen (Beförderung von Personen und Gütern mittels Schienenbahnen) ohne Weiteres um Dekorationselemente etwa an Zügen handeln könnte.[182] Ebenso blieb einer Farbmarke die Eintragung versagt, die aus einer Kombination von 24 (unterschiedlich gefärbten) Farbkästchen bestand, angeordnet in sechs Spalten und vier Reihen. Wegen der konkreten Darstellung sei es für das Publikum schwierig, den von dem Zeichen hervorgerufenen bildlichen Gesamteindruck in Erinnerung zu behalten; demzufolge würden die maßgeblichen Verkehrskreise dem Anmeldezeichen lediglich dekorative, nicht jedoch herkunftshinweisende Funktion beimessen.[183] Die *Farbkästchen*-Entscheidung mag als Beleg dafür dienen, wie restriktiv die Rechtsprechung sich gegenüber Farbkombinationsmarken nach wie vor zeigt, da in concreto aufgrund der aus 24 quadratischen Farbfeldern bestehenden Anordnung eine Unterscheidungseignung durchaus anzunehmen gewesen wäre; zudem stand ein Freihaltebedürfnis nicht entgegen. Ein **gewisser Spielraum** wird der **abstrakten Farbmarke** durch eine jüngere Entscheidung des EuG eröffnet, die der Farbkombination „Grau-Orange" für „Kettensägen" Markenschutz zubilligte.[184] Zwar reiche die schlichte Darstellung der Farben nebeneinander für sich allein nicht aus; im konkreten Fall würde jedoch durch die eingereichte Beschreibung klar, dass sich die Farbkombination nur auf ein spezifisches Produkt (das Gehäuse einer Kettensäge), und eben nicht auf jede denkbare Form beziehen könne.[185] Enthält die Anmeldung einer abstrakten Farbkombination mithin eine Beschreibung, die angibt, welcher Teil eines Produktes in welcher Farbe gestaltet werden soll, soll die hinreichende Bestimmtheit der Darstellung anzunehmen sein.[186]

59 Als Resümee zu Farbmarken lässt sich Folgendes festhalten: auch die objektungebundene, konturlose Farbmarke ist als solche schutzfähig. Keinesfalls kann ihr per se die Eignung aberkannt werden, als Herkunftshinweis zu fungieren. Im Allgemeinen jedoch wird der abstrakten Farbmarke das Mindestmaß an Unterscheidungskraft abzusprechen sein. Selbstverständlich können die Eintragungshindernisse gemäß Art. 7 Abs. 1 lit. b, c und d gem. Art. 7 Abs. 3 UMV überwunden werden.[187] Unternehmerisch ist in jedem Einzelfall genau zu untersuchen, worin das wirtschaftlich Wertvolle zu erkennen ist, das farbig geschützt werden soll.

Chiemsee, Rn. 25; ausführlich zur gemeinschaftsrechtlichen Bedeutung des markenrechtlichen Freihaltebedürfnisses Krüger MarkenR 2002, 145 ff.

[179] EuGH ECLI:EU:C:2003:244 – Libertel, Rn. 54.

[180] Ausführlich zur infolge Benutzung erlangten Unterscheidungskraft unten Rn. 137–142.

[181] S. etwa EuG ECLI:EU:T:2017:852 – RED BULL (blau/silber), Rn. 41 ff.

[182] EuGH ECLI:EU:C:2011:808 – Farben grau und rot; ebenso erging es den Farbkombinationsmarken blau/silber der Red Bull GmbH, EuG ECLI:EU:T:2017:852 – Rn. 41 ff.

[183] EuG ECLI:EU:T:2008:492 – Farbkästchen; dazu Bender MarkenR 2009, 85 (93 f.).

[184] EuG ECLI:EU:T:2021:163 – „Grau-Orange" (Stihl), Rn. 29 ff.

[185] EuG – Grau-Orange, ebda.

[186] EuG – Grau-Orange, ebda; kritisch gegenüber diesem „Spagat der abstrakten Farbmarke zwischen Abstraktheit und konkreter Form", Klein GRUR-Prax 2021, 277 (278).

[187] S. dazu EuGH ECLI:EU:C:2014:2012 ff. Oberbank ua/DSGV (Sparkassen-rot), sowie im Anschluss daran zu derselben Farbmarke („Sparkassen-rot") BGH GRUR 2016, 1167 ff.

Praxistipp:

Die Gewöhnung des umworbenen Publikums an eine bestimmte Farbgebung oder Farbkombination erfordert ihre Zeit. Unternehmensintern sollte darauf geachtet werden, dass konstant der gleiche Farbton bzw. dieselbe Farbkomposition eingesetzt wird. Frühzeitig sollte zudem für registrierten Markenschutz von – regelmäßig unproblematisch schutzfähigen – Markenwörtern, Unternehmenskennzeichen oder Ausstattungsmerkmalen in der entsprechenden Farbe oder Farbkombination Sorge getragen werden.

60 f) **3D-Marke.** In der heutigen Anmeldepraxis spielt die **dreidimensionale Marke** eine vitale Rolle. Noch vor wenigen Jahren wurde fast jede hundertste Marke als 3D-Marke angemeldet. Jedoch scheint der große „Boom" inzwischen abzuebben,[188] was sicherlich auch darauf zurückzuführen ist, dass den meisten 3D-Marken bislang die Eintragung versagt geblieben ist, was namentlich für (reine) Warenformmarken gilt. Insgesamt, also mit Blick auf alle Unionsmarkenanmeldungen seit dem 1. April 1996, beläuft sich der Anteil an 3D-Markenanmeldungen auf **0,48 %.**[189] Grundsätzlich ist die Registrierung dreidimensionaler Marken unproblematisch möglich, solange die betreffenden Zeichen herkunftsindividualisierende Funktion übernehmen können, nicht beschreibend und nicht als die Warenform wiedergegebene oder funktionale Formmarke gem. Art. 7 Abs. 1 lit. e) i), ii) UMV an der Eintragung gehindert sind. Dabei ist klarzustellen, dass Art. 4 – in alter wie in der ab 1. Oktober 2017 geltenden Fassung – die Form oder Aufmachung (bzw. nach Art. 4 UMV nF die Verpackung) der Waren ausdrücklich als markenfähige Zeichen aufführt. Generell lässt sich jedoch sagen, dass die Schutzfähigkeit von 3D-Marken **unauflösbar verbunden** ist mit der **Nähe des fraglichen Zeichens** zu den **Waren** (und zu einem geringeren Grad, zu den Dienstleistungen), für die **Schutz nachgesucht wird.** Soweit keine oder lediglich eine entfernte Ähnlichkeit zwischen der angemeldeten Marke und der Form der von der Anmeldung erfassten Waren (oder der Form der Verpackung) festzustellen ist, begegnet die Eintragung keinen besonderen Herausforderungen. Klassische Beispiele für solche dreidimensionalen Marken sind etwa das *Michelinmännchen*®[190] oder die *„Flying Lady"* als *Rolls Royce*®-Kühlerfigur.[191] Umgekehrt lässt sich sagen, dass einer 3D-Marke nach Art. 7 Abs. 1 lit. b), c) und/oder e) UMV umso eher der Schutz zu versagen ist, je stärker sie der fraglichen Warenform angenähert ist.

61 Gemäß Art. 3 Abs. 3 lit. c UMDV ist in der Anmeldung die Formmarke als solche zu benennen. Dabei handelt es sich um eine Marke, die aus einer **dreidimensionalen Form besteht oder sich darauf erstreckt,** einschließlich Verpackungen, Behälter, dem Produkt selbst oder deren Gestaltung. Zu beachten ist, dass es seit dem **1. Oktober 2017 nicht mehr möglich** ist, eine **Markenbeschreibung** oder Farbangabe **einzureichen.** Der Schutzgegenstand der Eintragung wird definiert durch die Wiedergabe der Marke.[192] Die Marke kann entweder durch graphische Darstellung der Form, einschließlich computergenerierter Bilder, oder einer fotografischen Abbildung wiedergegeben werden. Erfolgt die Wiedergabe nicht elektronisch, kann sie bis zu **sechs unterschiedliche Ansichten** umfassen, Art. 3 Abs. 2 lit. c UMDV. Soweit in der gesetzlichen Definition der Formmarke gemäß Art. 3 Abs. 3 lit. f UMDV darin von „sich erstrecken auf" (die 3D-Form) die Rede ist, wird damit dem Umstand Rechnung getragen, dass die Formmarke auch andere Elemente wie Wörter, graphische oder farbige Bestandteile bis hin zu Etiketten enthalten kann. Bezüglich der Wiedergabe der Marke kann auf neue Technologien rekurriert werden, beispielsweise in Form von animierten Designs etc., wobei die Dateiformate OBJ, STL und X3D die Dateigröße von 20 MB nicht überschreiten dürfen. Soll die UM-Anmeldung die Basis für eine IR-Erstreckung bil-

[188] Eine solch rückläufige Tendenz beobachtend schon Bender MarkenR 2012, 41 (47).

[189] S. die Statistik des EUIPO, abrufbar unter http://euipo.europa.eu → Wer wird sind → Das Amt → weitere Statistiken (Statistik „Aufschlüsselung nach Art der Marke", 02/2022).

[190] Das Michelinmännchen wird oft als klassisches Beispiel dreidimensionaler Marken angeführt, die unabhängig von der Form der Waren (in concreto: Autoreifen) ausgestaltet sind, s. etwa Eisenführ/Schennen/Brecht Art. 4 UMV Rn. 36 oder Gielen/v. Bomhard/v. Kapff Art. 7 UMV Anm. 8.C (c), wobei interessanterweise, soweit ersichtlich, das „Michelinmännchen" nur als zweidimensionale Bildmarke registriert ist (s. UM 009914763, IR 392 056, IR 571 170).

[191] Die *Rolls Royce*-Kühlerfigur „Flying Lady" (die sogenannte *Emily*) wird ebenfalls als typisches Beispiel einer dreidimensionalen Marke angeführt, s. Brecht aaO; obwohl die „Emily" sicherlich als 3D-Marke eintragungsfähig wäre, ist sie lediglich als zweidimensionale Marke geschützt, soweit ersichtlich, nämlich als UM 00002667; ein weiteres Beispiel einer 3D-Marke, welches völlig "unabhängig" von den durch die Registrierung erfassten Waren/Dienstleistungen ist, bildet das Maskottchen des Fußballclubs *1. FC Köln*® geschützt als UM 010942316.

[192] Prüfungsrichtlinien EUIPO Teil B, Abschnitt 2, 9.3.3 (Stand 1.3.2021).

den, ist zu beachten, dass das Madrider System computergenerierte Bilder, animierte Designs und dergleichen (derzeit) nicht als zulässige Wiedergabe der Marke anerkennt.[193]

Praxistipp:
Bei der Einreichung von Foto- und Bildmaterial ist darauf zu achten, dass die 3D-Marke zum einen perspektivisch, zum anderen – und vor allem – vor neutralem Hintergrund wiedergegeben wird; vielfach werden Unterlagen eingereicht, die den abgebildeten Gegenstand in seiner „natürlichen" Umgebung zeigen, etwa mit anderen Gegenständen, Pflanzen etc. im Hintergrund. Dadurch wird nicht notwendig die Eintragungsfähigkeit gefährdet, jedoch der Schutzumfang und Schutzinhalt verändert, was sich nachteilig im Verletzungsprozess auswirken kann.

Im Prinzip lassen sich dreidimensionale Marken in **drei Kategorien** unterteilen, nämlich (i) Formen, die keinen Bezug zu den von der Anmeldung erfassten Waren oder Dienstleistungen aufweisen, (ii) Zeichen, die aus der Form der Ware selbst oder einem Teil davon bestehen und (iii) Zeichen, die aus der Form der Verpackung der Produkte oder des Behältnisses, in dem sie angeboten werden, bestehen. Die Registrierung von 3D-Marken, die in die *Kategorie (i)* fallen, erweist sich regelmäßig als unproblematisch, da Formen ohne jeden Bezug zu den erfassten Waren/Dienstleistungen **von Hause aus unterscheidungskräftig** sind. Auch fallen derartige Zeichen nicht unter Art. 7 Abs. 1 lit. e UMV. Hingegen erweist sich die Registrierung von 3D-Marken der vorgenannten *Kategorien (ii)* und *(iii)* als **äußerst problematisch.** Solchen Zeichen, die aus der Form der Ware selbst (oder einem Teil davon oder der Verpackung) bestehen, fehlt üblicherweise die Unterscheidungskraft und/oder sie unterfallen den Versagungsgründen gem. Art. 7 Abs. 1 lit. e UMV und/oder, obgleich eher seltener, sie sind beschreibend iSd Art. 7 Abs. 1 lit. c UMV. Gerade diese problematischen Zeichen werden vergleichsweise häufig zur Eintragung angemeldet, also Marken, die entweder aus der Form der Ware bestehen oder dieser nachgebildet sind. Damit wird offenbar das Ziel verfolgt, eine bestimmte Form der Waren oder der Verpackung über das Instrument des Markenschutzes dem Zugriff der Konkurrenz zu entziehen. Erfolgreich kann eine solche Anmeldung indes nur dann sein, wenn das angemeldete Zeichen insbesondere die Hauptfunktion der Marke, als Herkunftshinweis zu dienen, erfüllen kann. Besonderes Augenmerk ist deshalb schon im Zuge der Anmeldung auf die hinreichende Unterscheidungseignung und den fehlenden beschreibenden Charakter der 3D-Marke zu richten.[194] Insbesondere zu diesen Konstellationen hat der EuGH Leitlinien entwickelt, die mit Blick auf das hinter den Versagungsgründen des Art. 7 Abs. 1 lit. b, c und e UMV stehende Allgemeininteresse zu Recht **restriktiv** sind.[195] 62

Dabei besteht im Ausgangspunkt Einigkeit darüber, dass auch bei dreidimensionalen Marken, die aus der Form der Ware bestehen oder dieser nachempfunden sind, grundsätzlich **keine strengeren Maßstäbe** anzulegen sind als bei anderen Markenformen.[196] Jedoch ist zu berücksichtigen, dass Marken, die aus dem Erscheinungsbild der Ware selbst bestehen, von den „maßgeblichen 63

[193] Prüfungsrichtlinien EUIPO Teil B, Abschnitt 2, 9.3.3 (Stand 1.3.2021).

[194] Eine Sichtung der jüngeren Spruchpraxis zeigt, dass die meisten der angemeldeten Marken das absolute Eintragungshindernis der hinreichenden Unterscheidungskraft nicht zu überwinden vermögen, s. etwa: EuG ECLI:EU:T:2011:331 – Uhr mit gezahntem Rand (n. rkr.); EuGH ECLI:EU:C:2015:303 – 3-dimensional bottle (n. rkr.); EuG ECLI:EU:C:2007:577 – Rot-weiße rechteckige Tablette mit blauem ovalem Kern; EuG ECLI:EU:T:2007:263 – Mikrofonkorb; EuG ECLI:EU:T:2007:151 – quadratische (Waschmittel-)Tablette mit Blütenmuster; EuG ECLI:EU:T 2006:84, bestätigt durch EuGH ECLI:EU:C:2007:635 – Form einer Plastikflasche; EuGH ECLI:EU:C:2006:20 – Standbeutel (dreidimensionale Marke für Fruchtgetränke); EuGH ECLI:EU:C:2006:422 – Storck (Bonbon in Wicklerform); EuG ECLI:EU:T:2005:463 – Form eines Steinfeuerzeugs; EuG ECLI:EU:T:2005:434 – Almdudler-Limonadenflasche; EuG ECLI:EU:T:2006:142 – Form einer Wurst; EuGH ECLI:EU:C:2006:421 – Form eines Bonbons II; EuG ECLI:EU:T:2004:120 – Corona Flasche mit Zitrone, bestätigt durch EuGH ECLI:EU:C:2005:422; demgegenüber beispielsweise Markenschutz zuerkennend EuG ECLI:EU:T:2007:304 – Form eines Lautsprechers (s. dazu aber nunmehr auch EuG ECLI:EU:T:2011:575 – Lautsprecher II, dort zur Eintragungsunfähigkeit eines Lautsprechers als Marke, dessen Form der Ware einen wesentlichen Wert verleiht); s. ferner EuGH ECLI:EU:C 2003:206 – Linde, Winward u. Rado (Gabelstapler, Taschenlampe bzw. Armbanduhr); aus deutscher Sicht siehe, zumindest bei willkürlicher charakteristischer Gestaltung einer Warenform, den Schutz zuerkennend, BGH GRUR 2004, 329 – Käse in Blütenform.

[195] Ausf. dazu Hasselblatt/Hasselblatt EUTMR Art. 7 Rn. 286–302, mit Beispielen registrierter und zurückgewiesener 3D-Marken.

[196] S. etwa EuGH ECLI:EU:C:2003:206 – Linde, Winward u. Rado (1. LS); EuGH ECLI:EU:C:2006:422 – Storck, Rn. 26; EuGH ECLI:EU:C:2004:592 – Form einer Stabtaschenlampe (Mag), Rn. 30.

Verkehrskreisen nicht notwendig in gleicher Weise wahrgenommen (werden) wie eine Wort- oder Bildmarke, die aus einem Zeichen besteht, das vom Erscheinungsbild der mit der Marke bezeichneten Waren unabhängig ist; denn wenn grafische oder Wortelemente fehlen, so schließen die Durchschnittsverbraucher aus der Form der Waren oder der ihrer Verpackung *gewöhnlich* nicht auf die Herkunft dieser Waren; daher kann es schwieriger sein, die Unterscheidungskraft einer solchen dreidimensionalen Marke nachzuweisen als diejenige einer Wort- oder Bildmarke".[197] Daraus zieht der EuGH die Schlussfolgerung, dass nur solchen (aus der Form der Ware selbst bestehenden) Marken Unterscheidungskraft iSv Art. 7 Abs. 1 lit. b UMV zukommt, die **„erheblich von der Norm oder der Branchenüblichkeit** abweichen und deshalb ihre wesentliche herkunftskennzeichnende Funktion erfüllen",[198] zumal sich die Branchenüblichkeit nicht allein auf die statistisch in dem jeweiligen Produktsegment am häufigsten vorkommende Form beschränkt.[199] Diese Forderung der „erheblichen Abweichung von der Norm" des EuGH dürfte zu weit gehen und ist auch mit dem Grundsatz nicht zu vereinbaren, wonach für 3D-Marken die allgemeinen und eben keine strengeren Kriterien zu gelten haben.[200] Zuzustimmen ist dem EuGH allerdings in seiner Einschätzung, dass, je mehr sich die angemeldete 3D-Marke der Form annähert, in der die betreffende Ware am wahrscheinlichsten in Erscheinung tritt, umso eher zu erwarten ist, dass dieser Form die Unterscheidungskraft fehlt.[201]

64 Soweit Verpackungen, Container oder Flaschen- bzw. Flakonformen als 3D-Marken hinterlegt werden, dürfen auch diese selbstverständlich nicht jeglicher Unterscheidungskraft entbehren und mit Blick auf die Warengattung nicht beschreibend sein. Zur Annahme der Unterscheidungskraft muss das Zeichen keine „willkürliche Ergänzung" aufweisen.[202] Andererseits ist eine willkürliche, von der Form oder der Verpackung der Ware losgelöste Gestaltung durchaus hilfreich.[203] Marken, die aus einer der Form der Ware gleichzusetzenden Verpackung in dreidimensionaler Form bestehen, können zur Beschreibung bestimmter Merkmale der verpackten Ware dienen.[204] Insoweit ist auf Branchenusancen und -gewohnheiten in bestimmten Produktsegmenten Rücksicht zu nehmen. So mag es richtig sein, dass der Verbraucher *gewöhnlich* aus einer Verpackung oder besonderen Produktgestaltung nicht auf den Ursprung bestimmter Waren schließt, mit anderen Worten nimmt der Verkehr die konkrete Produktausgestaltung typischerweise nicht als Herkunftshinweis wahr. Dies variiert jedoch nachhaltig innerhalb der verschiedenen Produktbereiche. So ist namentlich im Parfümsektor schon längst eine Gewöhnung des Verkehrs eingetreten dergestalt, dass die Konsumenten etwa der Form eines Parfümflakons mit besonderer Aufmerksamkeit begegnen. In Teilen des Kosmetiksektors ist die vom EuGH angesprochene Regel, wonach die Verbraucher in (dreidimensionalen) Produktgestaltungen üblicherweise keinen Herkunftshinweis erkennen, fast ins Gegenteil verkehrt.[205]

Praxistipp:

Je weniger die als 3D-Marke angemeldete Form durch die Ware selbst vorgegeben ist und bereits dadurch eine gewisse Individualität aufweist, desto eher ist die Eintragungsfähigkeit anzunehmen. Verneint

[197] EuGH ECLI:EU:C:2006:422 – Storck Rn. 27; EuGH ECLI:EU:C:2006:20 – Deutsche SiSi-Werke, Rn. 28.

[198] So ausdrückl. EuGH ECLI:EU:C:2006:422 – Storck, Rn. 28 mwN; EuG ECLI:EU:T:2020:128 – Geflochtener Käsestrang, Rn. 21 f., 33; s. zur strengen Handhabe EuGH ECLI:EU:C:2019:1073 – Glasamphore, Rn. 29, 32; EuG ECLI:EU:T:2020:561 – Dunkle Flasche, Rn. 37 ff.; EuG ECLI:EU:T:2019:455 – Gitarrenkorpus, Rn. 46 ff.

[199] EuG ECLI:EU:T:2021:443 – Form eines Lippenstifts, Rn. 44, 48.

[200] So ausdrücklich EuGH ECLI:EU:C:2003:206 – Linde (1. LS); ebenso EuGH ECLI:EU:C:2004:592 – Form einer Stabtaschenlampe (Mag), Rn. 30; kritisch zu diesen Tendenzen in der EuGH-Spruchpraxis ferner Rohnke MarkenR 2006, 480 (482), der sogar von einem „Lippenbekenntnis" spricht in Bezug auf den (angeblich) gleichen Beurteilungsmaßstab von 3D-Marken.

[201] EuGH ECLI:EU:C:2004:592 – Form einer Stabtaschenlampe (Mag), Rn. 31, dort allerdings im zweiten Satz wiederum das Erfordernis betonend, dass die Unterscheidungskraft voraussetze, dass die Marke „erheblich von der Norm oder der Branchenüblichkeit abweicht".

[202] EuGH ECLI:EU:C:2002:377 – Philips, Rn. 49, 50.

[203] In diesem Sinne hat der BGH ausgeführt, dass, wenn und soweit bereits eine Vielfalt an Gestaltungen üblich ist, der Verkehr bei solchen Waren häufig dazu neigen wird, „die jeweilige Gestaltung mit einer bestimmten betrieblichen Herkunft zu verbinden, wenn es sich erkennbar um eine **willkürliche Form** handelt, die sich von den Gestaltungen (anderer) durch wiederkehrende charakteristische, also **identitätsstiftende Merkmale** unterscheidet", BGH GRUR 2004, 329 (320) – Käse in Blütenform.

[204] EuGH ECLI:EU:C:2004:88 – Henkel, Rn. 42, 43; zu Bildmarken mit beschreibendem Gehalt s. auch EuG ECLI:EU:T:2006:157 – Schwarz-weiße Kuhhaut.

[205] So auch Klawitter Zur Schutzfähigkeit branchenunüblicher Flaschenformen, GRUR-Prax 2018, 508.

wurde etwa die Eintragungsfähigkeit diverser Flaschenformen,[206] bezüglich der Form eines Steinfeuerzeugs,[207] Bonbons,[208] für diverse Waschmitteltabs,[209] oder die plastische Gestalt eines „Zahnbürstenkopfes mit den Farben weiß, hellgrün und hellblau ohne zusätzliche individualisierende Merkmale für die beanspruchten Waren (Zahnbürsten und Bürsten für Zahnprothesen etc.)".[210] Bejaht wurden, im Anschluss an die vorangegangene EuGH-Entscheidung, die konkrete Unterscheidungskraft eines Uhrengehäuses,[211] die dreidimensionale Form eines Gabelstaplers[212] und für eine Stabtaschenlampe in dreidimensionaler Form,[213] ebenso für 3D-Marke in Form eines Lautsprechers.[214] Weitere Fälle unproblematisch eintragungsfähiger 3D-Markenformen sind etwa die typische „Coca Cola"-Flasche, die „Dimple"-Flasche oder die besondere Form der „WC-Ente", um nur einige Beispiele zu nennen.

Bei Formmarken sind weiter die absoluten Eintragungshindernisse nach Art. 7 Abs. 1 lit. e), i)–iii) UMV zu berücksichtigen.[215] Diese Versagungsgründe sind im Lichte des Allgemeininteresses auszulegen, das auch darin besteht, zu verhindern, dass der Schutz des Markenrechts seinem Inhaber ein **Monopol für technische Lösungen** oder Gebrauchseigenschaften einer Ware einräumt.[216] Mit Blick auf das Allgemeininteresse an der freien Verfügbarkeit solcher Formen sind die daran zu stellenden Anforderungen nicht zu gering zu bemessen. Art. 7 Abs. 1 lit. e UMV verfolgt somit auch das im Allgemeininteresse liegende Ziel, dass eine Form, deren wesentlichen Merkmale einer technischen Funktion entsprechen und gewählt wurden, um diese zu erfüllen, von allen frei verwendet werden kann; solche Zeichen dürfen deshalb nicht zugunsten eines Unternehmens monopolisiert werden.[217] Das Freihaltebedürfnis an einer solchen, im Wesentlichen einer technischen Funktion entsprechenden Form wird **nicht** dadurch ausgeräumt, dass es andere Formen gibt, die die **gleiche technische Wirkung** ermöglichen.[218] Dieser recht strengen Sichtweise, die der EuGH konsequent über die Entscheidungen *Philips* (2002), *LEGO* (2010) und *Rubik's Cube* (2016) konsequent fortgeführt hat, ist uneingeschränkt zuzustimmen.[219] Dahinter steht die Verfolgung des legitimen Zieles, durch technische Lösungen vorgegebene oder dadurch indizierte Formen zugunsten der Allgemeinheit freizuhalten. 65

Im Zusammenhang mit 3D-Marken ist mit dem Anmelder im Vorhinein stets das Erfordernis der **rechtserhaltenden Benutzung** zu erörtern. Im Falle der erfolgreichen Registrierung müssen die 3D-Marken nach Abschluss der Benutzungsschonfrist (grundsätzlich) in der registrierten Form benutzt werden. Soweit *flankierend* eine zweidimensionale Nutzung erfolgt, ist dies nicht nur unschädlich, sondern hilfreich. 66

g) **Hörmarke.** Inzwischen haben auch **Hörmarken** ihren festen Platz in der Anmeldepraxis, auch wenn sie mit lediglich **0,02 %** aller Anmeldungen statistisch bislang nur einen bescheidenen Raum einnehmen.[220] Jüngere Tendenzen deuten jedoch darauf hin, dass die Hörmarke auf dem 67

[206] S. EuG ECLI:EU:T:2004:120, bestätigt durch EuGH ECLI:EU:C:2005:422 – Corona Flasche mit Zitrone; zur Form einer Plastikflasche EuG ECLI:EU:T:2006:84, best. durch EuGH ECLI:EU:C:2007:635; EuG ECLI:EU:T:2005:434 – Almdudler-Limonade.

[207] EuG ECLI:EU:T:2005:463.

[208] EuGH ECLI:EU:C:2006:422 – Storck sowie EuGH ECLI:EU:C:2006:421 – Form eines Bonbons II.

[209] EuGH ECLI:EU:C:2007:577 – Rot-weiße rechteckige Tablette mit blauem ovalen Kern; EuG ECLI:EU:T:2006:19 – rechteckige Waschmitteltablette.

[210] HABM GRUR 2001, 1049 – Zahnbürstenkopf; s. ferner HABM GRUR 2001, 443 – Waffelform.

[211] BGH GRUR 2004, 505 – Rado-Uhr II.

[212] BGH GRUR 2004, 502 – Gabelstapler II.

[213] BGH GRUR 2004, 506 – Stabtaschenlampen II, wobei der BGH bezüglich 8 Abs. 2 Nr. 1, Nr. 2 MarkenG zurückverwiesen hat; allerdings wurde die Markenfähigkeit iSv § 3 Abs. 1 MarkenG bejaht und der Ausschlussgrund nach § 3 Abs. 2 MarkenG verneint, anders zuvor noch das BPatG; zur Unterscheidungskraft von Taschenlampen als dreidimensionale Marke s. ferner EuGH ECLI:EU:C:2004:592.

[214] EuG ECLI:EU:T:2007:4 – Form eines Lautsprechers I; allerdings ist dieser Anmeldung dann Jahre später die Eintragung versagt worden nach Art. 7 Abs. 1 lit. e) (i) UMV, EUG ECLI:EU:T:2011:575 – Lautsprecher II; krit. dazu Hasselblatt/Hasselblatt EUTMR Art. 7 Rn. 108 sowie → Rn. 118.

[215] S. dazu im Einzelnen → Rn. 118–125.

[216] EuGH ECLI:EU:C:2003:206 – Linde Winward u. Rado, Rn. 71, 72.

[217] EuGH ECLI:EU:C:2002:377 – Philips, Rn. 80; in diesem Sinne zuvor schon EuGH ECLI:EU:C:1999:230 – Windsurfing Chiemsee, Rn. 25.

[218] EuGH ECLI:EU:C:2002:377 – Philips, Rn. 81.

[219] EuGH ECLI:EU:C:2002:377 – Philips; EuGH ECLI:EU:C:2010:516 – LEGO; EuGH ECLI:EU:C:2016:849 – Rubik's Cube; ausf. dazu Hasselblatt/Hasselblatt EUTMR Art. 7 Rn. 102 ff.

[220] S. die Statistik des Amtes, abrufbar unter http://euipo.europa.eu → Wer wir sind → Das Amt → weitere Statistiken, dort unter der Statistik „Aufschlüsselung nach Art der Marke".

besten Weg ist, dieses (rein numerische) Schattendasein nicht länger zu fristen. Insoweit mag als Fingerzeig gesehen werden, dass „Klänge" in der mit Wirkung zum 1. Oktober 2017 neu gefassten Vorschrift des Art. 4 UMV ausdrückliche Erwähnung finden,[221] mithin Zeichen, die nicht visuell, sondern lediglich akustisch wahrgenommen werden können. Aus diesem Umstand rekrutierten sich auch die anfänglichen Schwierigkeiten bezüglich der Eintragung von Hörmarken, die häufig an dem – seit dem 1. Oktober 2017 nicht mehr geltenden – Kriterium der grafischen Darstellbarkeit scheiterten.[222] Nicht zuletzt dank moderner Technologien können die früheren technischen Probleme als ausgeräumt angesehen werden, so dass der Weg für eine umfangreiche Registrierungspraxis von Hörzeichen geebnet zu sein scheint.[223] Hör- bzw. Schallmarken begegnen uns vielerorts im täglichen Verkehr. Stellvertretend seien hier die bekannten Klangfolgen etwa von *Intel Inside®* oder der *Deutschen Telekom®*, aber auch das Gebrüll eines Löwen oder der bekannte „Tarzanschrei" genannt.[224] Zu beachten ist, dass eine Hörmarke begrifflich nur dann vorliegt, wenn sie ausschließlich aus einem Klang oder einer Kombination von Klängen besteht. Zeichen hingegen, die Klänge und andere Elemente vereinen, etwa ein Bewegungsmuster, gelten terminologisch als Multimediamarken.[225]

68 Hinsichtlich der Eintragungsfähigkeit von Hörmarken gelten materiell-rechtlich die **allgemeinen Kriterien**, wie sie sich aus dem Numerus Clausus der absoluten Versagungsgründe des Art. 7 UMV ergeben. Insbesondere ist zu überprüfen, ob das jeweilige Hörzeichen geeignet ist, als Marke – also als Herkunftshinweis – zu fungieren. So dürfte einem Hörzeichen die Markenregistrierung verwehrt bleiben, wenn es aus dem Anlassgeräusch eines Motors besteht und Schutz nachsucht für Waren der Klasse 12,[226] da dieses Zeichen für die von der Anmeldung erfassten Waren nicht unterscheidungskräftig und überdies beschreibend ist (Art. 7 Abs. 1 lit. b und lit. c UMV). Abgesehen von solchen Konstellationen stehen Hörmarken grundsätzlich keine absoluten Eintragungshindernisse entgegen, so dass melodische Klangfolgen, aber eben auch Geräusche und andere akustische Marken ohne Weiteres eintragungsfähig sind. Die originäre Unterscheidungskraft von Hörmarken wird regelmäßig zu verneinen sein, wenn das Schutz nachsuchende Hörzeichen besteht aus: sehr einfachen Musikstücken, die nur aus einer oder zwei Noten bestehen, gemeinfreien Klängen (zB La Marseillaise, Für Elise), solche Klänge, die zu lang sind, um als Herkunftshinweis wahrgenommen zu werden, und Klänge, die typischerweise mit bestimmten Waren und Dienstleistungen in Verbindung gebracht werden.[227]

69 Besonderes Augenmerk ist bei der Anmeldung einer Hörmarke auf die Wiedergabe des Zeichens zu richten. Melodien können in Notenschrift eingereicht werden. Eine elektronische Tondatei muss in diesen Fällen nicht angehängt werden. Zu achten ist jedoch darauf, dass die Notenschrift alle nötigen Angaben enthält;[228] wenn eine Notenschrift vorgelegt wurde, ist das Anhängen einer zusätzlichen MP3-Tondatei fakultativ, was jedoch nur im Wege des E-Filing möglich ist. Sound files sind im MP3-Format zu übermitteln und dürfen nicht größer sein als 2 MB. Unzulässig ist hingegen das Abspielen von Klängen über Datenfernverbindungen („Streaming") oder Tonschleifen („Loops").[229] Soweit ein **Sonagramm** eingereicht wird, ist zugleich

[221] Dieser – jedenfalls mit Blick auf die Eintragungspraxis – noch recht junge Markentyp umfasst Klang-, Schall- und Geräuschmarken, wie hier Eisenführ/Schennen/Brecht Art. 4 Rn. 46.

[222] S. etwa die der *Shield Mark*-Entscheidung zugrunde liegenden Markenanmeldungen bei EuGH ECLI:EU:C:2003:641, bei denen jedoch zumindest die ersten neun Töne des Musikstücks „Für Elise" von Ludwig von Beethoven unproblematisch auch damals schon hätten eingetragen werden können, wenn der Anmelder sie in Notenschrift wiedergegeben hätte (das bloße Aufzählen der Abfolge der Noten „e, dis, e, dis, e, h, d, c, a" reicht insoweit nicht aus); Gleiches galt für die dort ebenfalls zur Anmeldung beantragte Wiedergabe des (niederländisch) krähenden Hahnes „Kukelekuuuuu", da derartige Onomatopoetika individuell oder je nach Mitgliedsstaat unterschiedlich aufgefasst werden können; s. EuGH, aaO, Rn. 60.

[223] Bis November 2007 waren immerhin 40 Hörmarken registriert, s. OHIM Press Release CP 07/01 v. 5.11.2007 „Tarzan's Trade Mark Yell".

[224] Zum Löwengebrüll s. HABM GRUR 2003, 1054 – Roar of a lion; der Tarzanschrei ist in den USA registriert als Marke unter der Nr. 2 210 506; der „Tarzanschrei" ist inzwischen als UM 3673308 registriert.

[225] EUIPO-Prüfungsrichtlinien, Teil B, 14. Hörmarken, S. 460 f. (Stand 03/2021).

[226] Oder das Gackern eines Huhnes in Bezug auf Hühnereier, Beispiel nach Eisenführ/Schennen/Brecht UMV Art. 7 Rn. 91.

[227] EUIPO-Prüfungsrichtlinien, Teil B, 14. Hörmarken, S. 461 f. (Stand 03/2021).

[228] Erforderlich ist ein intakt gegliedertes Notensystem mit einem Notenschlüssel (G, F oder C), Noten- und Pausenzeichen, deren Form (für die Noten: Ganze, Halbe, Viertel, Achtel, usw.; für die Pausen: Ganze, Halbe, Viertel; Achtel, usw.) ihren relativen Wert angibt und gegebenenfalls Vorzeichen (Kreuz, b, Auflösungszeichen); s. EuGH ECLI:EU:C:2003:641 – SHIELD MARK, Rn. 62; diese Angaben waren in der Anmeldung (erstaunlicherweise) unterblieben.

[229] S. Prüfungsrichtlinien EUIPO, Teil B, Abschnitt 2 (Formerfordernisse), Rn. 9.3.7.

eine den Klang selbst wiedergebende elektronische Datei zu übermitteln. Dies gilt also für solche Klänge, wie etwa das Gebrüll eines Löwen, die sich nicht in herkömmlicher Notenschrift wiedergeben lassen; in diesen Fällen stellt das Sonagramm zusammen mit einer Tondatei die einzige Möglichkeit der Wiedergabe der Marke dar.[230] Nicht ausreichend sind ferner die zweidimensionalen Wiedergaben in Form von sogenannten **„Oszillogrammen"** und **„Spektren"**, da beide Wiedergabeformen die eindeutige Reproduktion des fraglichen Klanges nicht ermöglichen.[231] Mithin erweist sich als ideale Wiedergabeform von Hörmarken, die sich nicht über Notenschrift darstellen lassen, die Einreichung eines Sonagramms in Verbindung mit einer Musikdatei.[232]

h) Geruchsmarke. Verschiedentlich ist schon der Versuch unternommen worden, **Geruchsmarken** als Unionsmarken zu registrieren. All diese Anläufe waren bislang nicht von Erfolg gekrönt. Dabei steht die abstrakte Markenfähigkeit der Duftmarke außer Frage, die dann anzunehmen ist, wenn das „Duftzeichen" unternehmensunterscheidende, herkunftshinweisende Eignung aufweist.[233] Im Ausgangspunkt kann keinem Zweifel unterliegen, dass der weite Markenbegriff des Art. 4 UMV olfaktorische Marken umfasst, sofern diese herkunftsidentifizierende Wirkung haben. Allerdings gilt es diese Unterscheidungseignung – abstrakt wie konkret (also mit Blick auf die Schutz nachsuchenden Waren und Dienstleistungen) – bezüglich des fraglichen Duftes zu überprüfen.[234] 70

Regelmäßig scheitert die Eintragung jedoch an der Möglichkeit der hinreichend **präzisen Darstellbarkeit,** die im Interesse der Rechtssicherheit nur dann anzunehmen ist, wenn die Darstellung klar, eindeutig, in sich abgeschlossen, leicht zugänglich, verständlich, dauerhaft und objektiv ist.[235] Diese sogenannten „*Sieckmann*"-Kriterien gelten auch nach Wegfall des Erfordernisses der grafischen Darstellbarkeit, da auch nach der seit dem 1. Oktober 2017 geltenden Fassung des Art. 4 lit. b UMV zu fordern ist, dass die Darstellung eindeutig, präzise, in sich abgeschlossen, leicht zugänglich, verständlich, dauerhaft und objektiv ist.[236] Den Anforderungen genügen nicht die Wiedergabe einer chemischen Formel, die Beschreibung in Worten, die Hinterlegung einer Probe des Geruchs oder die Kombination dieser Elemente.[237] Die Hinterlegung einer chemischen Formel ist nicht hinreichend verständlich, zudem gibt die chemische Formel nicht den Geruch einer Substanz, sondern die Substanz selbst wieder; es fehlt ihr überdies die nötige Klarheit und Eindeutigkeit. Auch ist eine Beschreibung des Geruchs nicht hinreichend klar, eindeutig und objektiv. Die Hinterlegung einer Geruchsprobe scheidet nach Auffassung des EuGH mangels nötiger Stabilität und Dauerhaftigkeit aus.[238] Die derzeitige Praxis des EUIPO, den Bannstrahl des EuGH fürchtend, lässt die erfolgreiche Registrierung einer Geruchsmarke kaum zu. Gegenüber den praktisch nicht zu erfüllenden Anforderungen des EuGH an die Darstellbarkeit von Duftmarken ist zu Recht Kritik laut geworden.[239] Auch der EuGH verfolgt ein modernes, umfassendes Mar- 71

[230] Prüfungsrichtlinien EUIPO, Teil B, Abschnitt 2 (Formerfordernisse), Rn. 9.3.; Beispiele für Unionsmarken, bei denen ein Sonagramm in Verbindung mit einer Tondatei hinterlegt wurde, sind etwa UM 81163337 sowie UM 9199134.

[231] OHIM – R 781/1999 – 4 – Roar of a Lion (Hörmarke), Rn. 23–25.

[232] OHIM – R 781/1999 – 4 – Roar of a Lion (Hörmarke), Rn. 26, wobei darauf zu achten ist, dass das Sonagramm eine horizontale Zeit- und eine vertikale Frequenzangabe aufweist; dann nämlich, wie das Amt zutreffend ausführt, ist diese Wiedergabeform der Darstellung in Notenform überlegen, da Klangcharakteristika etc. nuancenreicher abgebildet werden.

[233] Erstmals die Markenfähigkeit so genannter olfaktorischer Marken bejaht von HABM WRP 1999, 681 „The smell of fresh cut grass" (für Tennisbälle); HABM GRUR 2003, 348 – Der Duft von Himbeeren (für Waren der Klasse 4, Brennstoffe, Motorentreibstoffe, insbesondere Diesel als Heiz-, Brenn- und Kraftstoff); EuGH ECLI:EU:C:2002:748 – Sieckmann für die Riechmarke „Methylcinnamat" = Duft mit einem leichten Anklang an Zimt.

[234] Abstrakt bejaht beispielsweise für den „Geruch von frisch geschnittenem Gras" HABM WRP 1999, 681 oder den Duft von Himbeeren, HABM GRUR 2003, 348; verneint etwa für den „Duft einer reifen Erdbeere", EuG ECLI:EU:T:2005:380, wobei dort sowohl die erforderliche Unterscheidungskraft iSv Art. 7 Abs 1 lit. b GMV als auch die grafische Darstellbarkeit iSd Art. 4, Art. 7 Abs. 1 lit. a GMV verneint wurde; im konkreten Fall war eine Abbildung einer reifen Erdbeere zusammen mit einer sprachlichen Beschreibung des Duftes im Zuge der Anmeldung der Riechmarke hinterlegt worden.

[235] Seinerzeit noch bezogen auf das Merkmal der „grafischen Darstellbarkeit", EuGH ECLI EU:C:2002:748 – Sieckmann Rn. 42 bis 55; für Farbmarken EuGH ECLI:EU:C:2003:244 – Libertel, Rn. 29 ff.; für Hörzeichen EuGH ECLI:EU:C:2003:641 – Shield Mark/Kist Rn. 42, insbesondere Rn. 64.

[236] S. Erwägungsgrund 9 Präambel VO (EU) 2015/2424.

[237] S. etwa EuG ECLI:EU:T:2005:380 – Duft einer reifen Erdbeere.

[238] EuGH ECLI:EU:C:2002:748 – Sieckmann, Rn. 56 ff., insbesondere Rn. 69 bis 71; dazu Eisenführ/Schennen/Brecht UMV Art. 4 Rn. 50 ff.

[239] Eisenführ/Schennen/Brecht UMV Art. 4 Rn. 50 ff.

kenkonzept. Dann aber sollte bei dem Erfordernis der eindeutigen und dauerhaften Wiedergabe keine unüberwindbare Hürde aufgestellt werden, die zudem nicht berücksichtigt, dass jede nicht visuell wahrnehmbare Marke nur eine mittelbare grafische – also visuell wahrnehmbare – Darstellung erlaubt.[240] Andererseits muss selbstverständlich, schon im Interesse der Rechtssicherheit und auch mit Blick auf spätere Verletzungsverfahren, die klare und eindeutige Bemessung des Schutzumfanges einer Duftmarke gewährleistet sein. Hier sind die Anmelder und ihre Berater weiter aufgerufen, zielführende Wege zu erkunden, etwa in Form der Kombination der Wiedergabe der chemischen Formel, der Hinterlegung einer Geruchsprobe sowie einer gaschromatografischen Analyse, verbunden mit einer exakten Beschreibung. Allerdings hängt die Messlatte nach der *Sieckmann*-Entscheidung des EuGH hoch.[241] Die praktischen Konsequenzen dieses – mit Recht – strikten Regimes sind äußerst begrenzt. Nach den statistischen Informationen, abrufbar über die Internetseite des EUIPO, ist bis heute lediglich in *sieben* Fällen der (untaugliche) Versuch unternommen worden, eine Geruchsmarke zu registrieren.[242]

72 **i) Geschmacksmarke.** Aus den gleichen Gründen muss auch Geschmacksmarken – jedenfalls derzeit – die Eintragung versagt bleiben. Soweit ersichtlich, ist bislang lediglich ein einziges Mal versucht worden, ein „Geschmackszeichen“ als Unionsmarke anzumelden.[243] Solche Zeichen begegnen enormen Schwierigkeiten schon wegen der unterschiedlichen Wahrnehmung auf Seiten des allgemeinen Verkehrs, was wiederum notwendig zu erheblicher Rechtsunsicherheit führt. So kann etwa der Geruch oder der Geschmack von reifen Erdbeeren variieren, je nach der Sorte der Erdbeere und/oder dem speziellen Geschmackssinn des jeweiligen Konsumenten. Zudem stellt das Erfordernis einer hinreichend objektiven und **präzisen Wiedergabe,** jedenfalls einstweilen, ein unüberwindliches Hindernis für die Eintragung derartiger Zeichen dar.[244] Ebenso wie bei den olfaktorischen Zeichen reicht auch bei den Geschmacksmarken eine bloße Beschreibung des Geschmacks nicht aus.[245]

73 **j) Tastmarke.** Generell kann auch der haptisch wahrnehmbaren Gestaltung, insbesondere der Oberfläche von Gegenständen, die Markenfähigkeit nicht abgesprochen werden.[246] Soweit ersichtlich, sind bislang nur sehr wenige Versuche unternommen worden, Tastmarken zu registrieren.[247] Solche Zeichen unterliegen **erheblichen Bedenken** sowohl im Hinblick auf ihre **eindeutige Wiedergabe** als auch ihre **erforderliche Unterscheidungskraft,** um als Herkunftshinweis zu fungieren. So hat das Amt die hinreichend klare und präzise Wiedergabe verneint bezüglich der haptischen Wahrnehmung eines Griffes an einem Knopf zur Einstellung eines Autositzes, obwohl der Anmelder eine zweidimensionale Abbildung dieses Griffes, ein Muster und eine Beschreibung eingereicht hatte. Zu Recht wies das Amt darauf hin, dass darin nicht alle für die haptische Wahrnehmung maßgeblichen Elemente enthalten waren, da Angaben zu den Ausmaßen des Zeichens und den Charakteristika der verwendeten Materialien fehlten.[248] Generell steht das Amt auf dem Standpunkt, dass eine hinreichende Darstellung mit den derzeit zur Verfügung stehenden technologischen Mitteln nicht möglich ist.[249] Als weiteres **großes Hindernis** erweist sich das notwendige Maß an Unterscheidungskraft iSd Art. 7 Abs. 1 lit. b UMV. Zwar gelten für alle Markenkategorien die gleichen Anforderungen, so dass für Tastmarken keine strengeren Kriterien gelten.[250] Gleichwohl dürfte die Annahme des Amtes zutreffend sein, dass die beteiligten Verkehrskreise nicht gewohnt sind, Rückschlüsse auf die Herkunft eines Produktes nur anhand der haptischen Wahrnehmung zu ziehen, mit der weiteren Folge, dass der Nachweis der (auch noch so geringen) Unterscheidungskraft bei Tastmarken schwieriger zu führen ist als etwa bei

[240] Dazu Eisenführ/Schennen/Eisenführ UMV Art. 4 Rn. 60 (so noch in der 5. Aufl.).

[241] EuGH ECLI:EU:C:2002:748 – Sieckmann.

[242] http.://euipo.europa.eu → Wer wir sind → Das Amt → weitere Statistiken → Aufschlüsselung nach Art der Marke bis 2018 noch gesondert ausgewiesen; inzwischen (Stand 02/2022) wird die Geruchsmarke nicht mehr explizit gelistet, dürfte mithin unter die Rubrik „other trademarks“ fallen.

[243] OHIM – R 120/2001 – 2 – Geschmack von künstlichen Erdbeeren.

[244] EUIPO Prüfungsrichtlinien, Teil B, Abschnitt 4 (Absolute Eintragungshindernisse), Kap. 1 Rn. 1.3 (unter Bezugnahme auf Abschnitt 2.9.).

[245] OHIM – R 120/2001 – 2 – Geschmack von künstlichen Erdbeeren, Rn. 12.

[246] Eisenführ/Schennen/Brecht UMV Art. 4 Rn. 53; nunmehr ebenso: Ströbele/Hacker/Thiering/Miosga aus deutscher Sicht, § 3 MarkenG Rn. 80; ausf. zu Tastmarken Hasselblatt/Hasselblatt EUTMR Art. 7 Rn. 327–331.

[247] OHIM – R 1174/2006 – 1 – DaimlerChrysler/OHIM; OHIM – R 479/2012 – 5 – Procter & Gamble/OHIM (Tastmarke); s. ferner aus deutscher Sicht BGH GRUR 2007, 148 – Tastmarke.

[248] OHIM – R 1174/2006 – 1 – DaimlerChrysler/OHIM Rn. 16 f.

[249] Prüfungsrichtlinien EUIPO, Teil B, Abschnitt 2, 9.3.11.3, S. 256 (Stand: 1.3.2021).

[250] OHIM – R 479/2012 – 5 – Procter & Gamble/OHIM (Tastmarke), Rn. 17.

Wort- oder Bildmarken.[251] Im Lichte dessen hat das Amt zutreffend angenommen, dass der relevante Verkehr aufgrund der besonderen (haptischen) Ausgestaltung des Griffes einer Zahnbürste nicht auf deren kommerzielle Herkunft schließen würde.[252]

Soweit vorstehend beschriebene Hürden überwunden werden können, wäre der Schutzgegenstand der Tastmarke zu bestimmen. Der Schutz bezieht sich auf die haptische Wahrnehmung, die durch die mechanische Stimulation bei der haptischen Wahrnehmung durch das Zeichen hervorgerufen wird. Dieses Empfinden kann erreicht werden durch unterschiedliche Oberflächengestaltung, Konturen, Größe und/oder den physischen Aggregatzustand eines Produktes (bzw. eines Teils davon). Hier gilt es die weitere Entwicklung abzuwarten. Bisweilen werden auch Wörter, die in **Blindenschrift** wiedergegeben werden, als Beispiele für Tastmarken angeführt.[253] So ist beispielsweise die Marke *UNDERBERG®*, geschrieben in Blindenschrift, zutreffend vom DPMA eingetragen worden.[254] 74

k) **Weitere Markenformen.** Daneben gibt es weitere besondere Markenformen, die in der Praxis bislang noch eine vergleichsweise untergeordnete Rolle spielen. Ein relativ junges Phänomen stellen sogenannte **Bewegungsmarken** dar, womit Schutz für einen Bewegungsablauf – als Ablauf von zwei- oder dreidimensionalen Bildern – beansprucht wird. Wenn mit der Anmeldung Schutz für eine spezielle Bewegung erreicht werden soll, ist eine Beschreibung der Marke mit der Angabe, dass es sich um eine Bewegungsmarke handelt, zwingendes Formerfordernis.[255] Soweit ersichtlich, liegt Spruchpraxis des EUIPO zu diesen Marken nicht vor; allerdings sind inzwischen einige Bewegungsmarken eingetragen.[256] Schließlich sei von den endlos vielen denkbaren Markenformen noch auf **Hologramme** hingewiesen. Diesbezüglich dürfte die Unterscheidungskraft – jedenfalls im Grundsatz – nicht ernstlich problematisch sein; nach der Neufassung des Art. 4 lit. b dürfte auch die hinreichend eindeutige und dauerhafte Wiedergabe technisch unproblematisch möglich sein, eben in Form eines Hologramms. Neu sind die Multimediamarken (Art. 3 Abs. 3 lit. i UMDV, Richtlinien Teil B, Abschnitt 2, Nr. 10.9). Diese können Kombinationen aus Farb-, Wort- und Bildbestandteilen sein, voranging sind sie jedoch Kombinationen von Bild und Klang. Die Anmeldung kann allein per E-Filing und die Wiedergabe im Format MP4 erfolgen; dabei ist die Größe auf 8.000 Kilobyte pro Sekunde bzw. 20 MB beschränkt.[257] 75

5. Allgemeine Prüfungsgrundsätze für die absoluten Versagungsgründe in Art. 7 UMV

a) **Ratio legis der absoluten Versagungsgründe.** Heutzutage ist allgemein anerkannt, dass Marken ein **wesentliches Element** im System des **unverfälschten Wettbewerbs** darstellen.[258] Die durch die Marke gewährten Rechte müssen im Lichte dieses gesetzgeberischen Zieles gesehen werden.[259] Aus der Natur der Marken als exklusive Rechte und dem Umstand, dass die Schutzdauer beliebig verlängert werden kann, folgt die Konsequenz, dass die Inhaber Marken für bestimmte Waren und Dienstleistungen für eine unbegrenzte Dauer **monopolisieren** können. Die Möglichkeit der Registrierung von Marken kann hingegen beschränkt werden aus Gründen des **Allgemeininteresses.**[260] Aus genau diesem Grund errichtet Art. 7 UMV **absolute Eintragungshindernisse,** da es im Allgemeininteresse liegt, bestimmte Kategorien von Zeichen oder Angaben vom Markenschutz generell auszunehmen, wobei die zugrunde liegende Motivation für diese Beschränkung bei den einzelnen Versagungsgründen variiert. Während etwa bei den praktisch be- 76

---

[251] OHIM – R 479/2012 – 5 – Procter & Gamble/OHIM (Tastmarke), Rn. 24 mwN.

[252] OHIM – R 479/2012 – 5 – Procter & Gamble/OHIM (Tastmarke), Rn. 20 f.

[253] S. etwa Fabry Mitt. 2008, 160 (168); s. dazu Hasselblatt/Hasselblatt EUTMR Art. 7 Rn. 330 mwN in dortiger Fn. 790.

[254] S. deutsche Marke Nr. 30259811 (interessanterweise seitens des Amtes ursprünglich klassifiziert als 3D-Marke).

[255] Prüfungsrichtlinien, Teil B, Abschnitt 2 (Formerfordernisse), Rn. 9.3.8; die Anzahl der Bilder, in denen die Marke wiedergegeben wird, ist praktisch unbegrenzt; zu beachten ist jedoch, dass sich die Markenwiedergaben bei Einreichen in Papierform auf einem einzigen DIN A4-Blatt bzw. bei elektronischer Anmeldung in einem einzigen JPEG-Dokument befinden müssen.

[256] S. etwa UM 5338629 oder UM 13225107.

[257] Prüfungsrichtlinien, Teil B, Abschnitt 2 (Formerfordernisse), Rn. 9.3.8., eine Videodatei darf nur im Falle einer Anmeldung per E-Filing eingereicht werden.

[258] Dies wurde noch in Erwägungsgrund 2 der Präambel VO (EG) 207/2009 v. 26.2.2009 ausdrücklich hervorgehoben; ähnlich in Erwägungsgrund 3 der Präambel VO (EU) 2017/1001 v. 14.6.2017; dieses Verständnis hat sich erst im Laufe der Jahrzehnte entwickelt, s. dazu die ausführliche Darstellung bei Hasselblatt/Hasselblatt EUTMR Art. 1 Rn. 39–41.

[259] EuGH ECLI:EU:C:2003:244 – Libertel, Rn. 48.

[260] EuGH ECLI:EU:C:2003:244 – Libertel, Rn. 49, 50.

deutsamsten Eintragungshindernissen der Art. 7 Abs. 1b–d UMV[261] das gesetzgeberische Ziel verfolgt wird, dass diese Zeichen nicht zugunsten einzelner Unternehmen monopolisiert werden können, um sie für die Allgemeinheit freizuhalten,[262] verfolgen die weiteren Versagungsgründe ebenfalls im Allgemeininteresse liegenden Ziele, etwa täuschende oder gegen die öffentliche Ordnung verstoßende Zeichen vom Markenschutz auszuschließen. Art. 7 UMV bezweckt somit eine **Balance** zwischen den **individuellen Interessen** potenzieller Schutzrechtsinhaber an der Registrierung bestimmter Marken einerseits und dem den jeweiligen Versagungsgrund rechtfertigenden **Allgemeininteresse** andererseits. Jedes dieser absoluten Eintragungshindernisse muss deshalb im Lichte des jeweils zugrunde liegenden Allgemeininteresses ausgelegt werden.[263] Im Unterschied zu den *relativen* Eintragungshindernissen gem. Art. 8 UMV, die auf älteren Rechten der jeweiligen Inhaber basieren, sind die Versagungsgründe in Art. 7 UMV[264] ***absolut,*** da sie den Interessen *aller* dienen.

77 **b) Jeweils zugrunde liegendes Allgemeininteresse.** Wie praktisch alle Markenschutzsysteme sieht auch das Unionsmarkenrecht – und ebenso das über die MarkenRL harmonisierte Markenrecht der Mitgliedsstaaten – bestimmte (absolute) Versagungsgründe als unerlässlich an. Das System der absoluten **Eintragungshindernisse** wird, soweit ersichtlich, allseits erkannt als fundamentaler Eckpfeiler des Europäischen Markenrechts, der dem Europäischen Gesetzgeber offenbar so selbstverständlich erschien, dass er es nicht für notwendig erachtete, dieses Prinzip in der Präambel der GemeinschaftsmarkenVO, der UnionsmarkenVO oder der MarkenRL zu verankern.[265]

78 Die Eintragungshindernisse in Art. 7 Abs. 1 UMV sind **voneinander unabhängig** und müssen demgemäß **gesondert geprüft** werden.[266] Ferner sind die Eintragungshindernisse **im Lichte des Allgemeininteresses auszulegen,** das ihnen jeweils zugrunde liegt.[267] Da die zugrunde liegende Ratio jeweils unterschiedlich ist, lässt „die Tatsache, dass eine Marke nicht unter eines dieser Eintragungshindernisse fällt, nicht den Schluss zu, dass sie nicht unter ein anderes fallen kann".[268] Bei der Prüfung der verschiedenen Versagungsgründe muss das jeweils zugrunde liegende Allgemeininteresse jeweils separat untersucht werden.[269]

79 Dies gilt insbesondere auch für die Hindernisse des Art. 7 Abs. 1b–d UMV, obgleich sich diese bis zu einem gewissen Grad **überlappen.**[270] So können Zeichen, denen jegliche (konkrete) Unterscheidungskraft fehlt, in Bezug auf die von der Anmeldung erfassten Waren und Dienstleistungen auch beschreibend iSd Art. 7 Abs. 1 lit. c UMV sein. Gleichwohl ist dies separat zu analysieren.

80 c) **Abschließende Aufzählung.** Der Numerus Clausus der absoluten Versagungsgründe in Art. 7 UMV ist abschließend.[271] Die Eintragungshindernisse des Art. 7 UMV sind weder voneinander abhängig noch schließen sie sich gegenseitig aus und sind jeweils separat zu untersuchen.[272] Daraus folgt, dass der Unionsmarkenanmeldung die Registrierung zu versagen ist, wenn *eines* der Eintragungshindernisse des Art. 7 Abs. 1 UMV erfüllt ist.

81 **d) Prüfung anhand der von der Anmeldung erfassten Waren und Dienstleistungen.** Die Eintragungshindernisse sind spezifisch im Hinblick auf die **Schutz nachsuchenden Waren und Dienstleistungen** zu beurteilen.[273] Diese eigentlich triviale Feststellung verdient gleichwohl, namentlich

[261] Bis zu einem weitreichenden Grad ebenso die absoluten Hindernisse des Art. 7 1e (i) und (ii).

[262] EuGH ECLI:EU:C:1999:230 – Windsurfing Chiemsee, Rn. 25; EuGH ECLI:EU:C:2003:206 – Linde Winward Rado, Rn. 73.

[263] EuGH ECLI:EU:C:2002:377 – Philips, Rn. 77; EuGH ECLI:EU:C:2003:244 – Libertel, Rn. 48.

[264] Und ebenso Art. 3 MarkenRL.

[265] Worauf Phillips IIC 2005, 389 (390), zu Recht hinweist.

[266] EuGH ECLI:EU:C:2003:206 – Linde Winward Rado, Rn. 67; EuGH ECLI:EU:C:2004:86 – Postkantoor, Rn. 67; EUIPO E. v. 25.3.2022 – C 7 527 – Farbiger 3D-Rubikwürfel, S. 12.

[267] EuGH ECLI:EU:C:2002:377 – Phillips, Rn. 77; EuGH ECLI:EU:C:2003:244 – Libertel, Rn. 51; EuGH ECLI:EU:C:2004:86 – Postkantoor, Rn. 68.

[268] EuGH ECLI:EU:C:2004:86 – Postkantoor, Rn. 69.

[269] EuGH ECLI:EU:C:2008:261 – EUROHYPO AG/HABM, Rn. 55; EuGH ECLI:EU:C:2004:532 – SAT.1/HABM, Rn. 25.

[270] EuGH ECLI:EU:C:2001:510 – MERZ & KRELL GmbH & Co., Rn. 35 (dort bezogen auf die gleichlautenden Verbote gem. Art. 3 (1) c, d MarkenRL); EuGH ECLI:EU:C:2008:261 – EUROHYPO AG/HABM, Rn. 54.

[271] Der abschließende Charakter der Liste der absoluten Versagungsgründe wurde in der Harmonisierungs-RL 2008/95 EC vom 22.10.2008 (dort im 8. Erwägungsgrund) in Bezug auf die dortigen, im Wesentlichen mit Art. 7 UMV übereinstimmenden, Eintragungshindernisse des Art. 3 MarkenRL ausdrücklich hervorgehoben.

[272] EuGH ECLI:EU:C:2003:206 – Linde Winward Rado, Rn. 67; EuGH ECLI:EU:C:2004:86 – Postkantoor, Rn. 67.

[273] EuGH ECLI:EU:C:2004:86 – Postkantoor, Rn. 71; EuGH ECLI:EU:C:2012:361 – IP-TRANSLATOR, Rn. 43.

im Hinblick auf ihre praktische Bedeutung, der Hervorhebung. Ein Zeichen kann rein beschreibend sein im Hinblick auf bestimmte Waren/Dienstleistungen mit der Folge der Schutzversagung, aber zugleich in anderen Bereichen ohne Weiteres eintragungsfähig sein. Demgemäß ist das Vorliegen eines Eintragungshindernisses, sofern die Markenanmeldung verschiedene Waren und Dienstleistungen umfasst, in Bezug auf **jede** dieser Waren oder Dienstleistungen zu überprüfen, wobei das Amt bei den betreffenden Waren oder Dienstleistungen zu unterschiedlichen Ergebnissen kommen kann.[274]

e) **Maßgebliche Verkehrskreise.** Maßgebend für die Beurteilung der absoluten Eintragungshindernisse ist die Anschauung der beteiligten Verkehrskreise, die sich aus den Verbrauchern der von der Anmeldung konkret erfassten Waren oder den Empfängern der fraglichen Dienstleistungen zusammensetzen. Abzustellen ist auf die Wahrnehmung eines **durchschnittlich informierten, aufmerksamen und verständigen Durchschnittsverbrauchers** der betreffenden Waren oder Dienstleistungen.[275] Sind die von der Anmeldung erfassten Waren und Dienstleistungen für alle Verbraucher bestimmt, so ist davon auszugehen, dass das maßgebliche Publikum die normal informierten und angemessen aufmerksamen sowie verständigen Durchschnittsverbraucher sind.[276] Je nach Art der betreffenden Waren oder Dienstleistungen kann die Aufmerksamkeit der maßgeblichen Verkehrskreise **unterschiedlich hoch** sein. So ist die Aufmerksamkeit des Durchschnittsverbrauchers bei Artikeln des täglichen Verbrauchs geringer als etwa bei höherwertigen Gütern oder solchen mit ungewöhnlichem Verwendungszweck.[277] Richten sich die fraglichen Waren oder Dienstleistungen sowohl an gewerbliche Abnehmer als auch an den Letztverbraucher, so gehört zum maßgeblichen Publikum auch die breite Öffentlichkeit.[278] Soweit sich die maßgeblichen Verkehrskreise (ausschließlich) aus Fachpublikum oder solchen Adressaten zusammensetzen, die im Umgang mit den fraglichen Waren und Dienstleistungen über **Erfahrung in dem betreffenden Bereich** verfügen, so ist dies in Rücksicht zu ziehen, da in diesen Fällen von einem **höheren Grad von Aufmerksamkeit** ausgegangen werden kann.[279] Zu beachten ist ferner, dass sich die **Wahrnehmung** der beteiligten Verkehrskreise im Laufe der Zeit **verändern** kann. Heutzutage sind Konsumenten gewohnt, nicht nur auf traditionelle Marken zu achten, vielmehr durchaus auch Farbkombinationen, bestimmte Formen eines Produktes oder die bloße Aufmachung einer Ware als Herkunftshinweis zu erkennen. Allerdings ist sowohl beim Amt als auch bei den Gerichten eine Zurückhaltung zu beobachten, sich auf veränderte Wahrnehmungen der maßgeblichen Verkehrskreise einzulassen. 82

Zu dem Grundsatz, dass die Eintragungshindernisse des Art. 7 Abs. 1 UMV unter Rekurs auf die Wahrnehmung der beteiligten Verkehrskreise zu beurteilen sind, gibt es jedoch eine **Ausnahme:** Bei der Ermittlung der wesentlichen Merkmale eines dreidimensionalen Zeichens im Hinblick auf eine etwaige Anwendung des Eintragungshindernisses des Art. 7 Abs. 1 **lit. e** (ii) **UMV** ist die Wahrnehmung des allgemeinen Publikums ausnahmsweise nicht entscheidend und kann allenfalls für die Identifizierung der wesentlichen Charakteristika des Zeichens herangezogen werden. Grund hierfür ist, dass der angesprochene Konsument nicht über das technische Wissen verfügt, das notwendig ist, um die Funktionalität in concreto zu beurteilen. Vielmehr kann je nach Fallgestaltung, insbesondere unter Berücksichtigung der Komplexität und des Schwierigkeitsgrads des konkreten Falles es angezeigt sein, weitere „für die Beurteilung nützliche Elemente, wie Meinungsumfragen und Gutachten oder Angaben zu Rechten des geistigen Eigentums, die im Zusammenhang mit der betreffenden Ware früher verliehen wurden," zu berücksichtigen.[280] 83

[274] S. nur EuGH ECLI:EU:C:2004:86 – Postkantoor, Rn. 73.

[275] EuGH ECLI:EU:C:2004:88 – Henkel, Rn. 50; EuGH ECLI:EU:C:2003:206 – Linde, Winward u. Rado, Rn. 41; EuGH ECLI:EU:C:2002:377 – Philips, Rn. 63; zuletzt etwa EuG ECLI:EU:T:2021:381 – GT 10, Rn. 42 ff.

[276] EuGH ECLI:EU:C:2004:532 – SAT.2, Rn. 24.

[277] EuG ECLI:EU:T:2007:304 – Form eines Lautsprechers, Rn. 32 f. mwN aus der EuGH Spruchpraxis (s. dazu aber nunmehr auch EuG ECLI:EU:T:2011:575 – Lautsprecher II, dort zur Eintragungsunfähigkeit eines Lautsprechers als Marke, dessen Form der Ware einen wesentlichen Wert verleiht); eher geringer, allenfalls durchschnittlicher Aufmerksamkeitsgrad bei preiswerten Lebensmitteln und Getränken, EuG ECLI:EU:T:2018:530 – PRIMART Marek Łukasiewicz, Rn. 37; hohes Maß an Aufmerksamkeit hingegen bei Arzneimitteln, EuG ECLI:EU:T:2019:818 – DermoFaes, Rn. 26, EuG ECLI:EU:T:2017:783 – MULTIPHARMA, Rn. 26 f.

[278] EuG ECLI:EU:T:2018:309 – 1000, Rn. 36.

[279] EuG ECLI:EU:T:2018:569 – UROAKUT, Rn. 26: bei Arzneimitteln, ob verschreibungspflichtig oder nicht, kann beim verständigen Verbraucher von einem erhöhten Grad an Aufmerksamkeit ausgegangen werden; EuGH ECLI:EU:C:2005:547 – BIOID AG/HABM, Rn. 68; HABM – R 178/2008-4 – IQNET (European Emblem), Rn. 19; ausführlich dazu Hasselblatt/Hasselblatt EUTMR Art. 7 Rn. 15–18.

[280] EuGH ECLI:EU:C:2010:516 – LEGO, Rn. 68 ff., 71.

Deshalb ist die vermutete Wahrnehmung des Zeichens durch den Durchschnittsverbraucher in diesen Fällen **kein entscheidender Faktor** bei der Anwendung des Eintragungshindernisses des Art. 7 Abs. 1 lit. e (ii) UMV, sondern kann allenfalls „ein nützliches Kriterium (…) bei der Ermittlung der wesentlichen Merkmale des Zeichens bilden".[281]

84 **f) Maßgeblicher Zeitpunkt.** Art. 7 Abs. 1 UMV enumeriert die absoluten Eintragungshindernisse ohne Angabe des für die Beurteilung **maßgeblichen Zeitpunkts.** Somit stellt sich die Frage, ob das *Datum der Anmeldung* oder das der *Registrierung* für die Anwendung der Versagungsgründe relevant sein soll. Dies ist von besonderer Bedeutung für die Versagungsgründe des Art. 7 Abs. 1 lit. b–lit. d, also den Hindernissen, die durch intensive Benutzung des Zeichens nach Art. 7 Abs. 3 UMV überwunden werden können.

85 Mit Blick auf die **erworbene Unterscheidungskraft** nach Art. 7 Abs. 3 UMV lässt der Gesetzeswortlaut keinen ernsten Zweifel zu, dass insoweit der **Zeitpunkt der Anmeldung** der Unionsmarke maßgeblich sein muss.[282] Zudem würde der Rückgriff auf den Zeitpunkt der Registrierung zu dem unsinnigen Ergebnis führen, dass die Chancen, die Hindernisse gem. Abs. 1 lit. b–d durch erworbene Unterscheidungskraft zu überwinden, mit fortschreitender Verfahrensdauer größer würden.[283] Mit Blick auf die mögliche Verfahrensdauer der Eintragung von Marken aufgrund erworbener Unterscheidungskraft ist dieser Gesichtspunkt auch nicht rein akademischer Natur.

86 Demgegenüber lässt sich der Vorschrift des Art. 7 Abs. 1 UMV kein entsprechender Fingerzeig dafür entnehmen, welches der maßgebliche Zeitpunkt für die Untersuchung sein soll. Vielmehr könnte unter Hinweis auf Art. 59 Abs. 2 UMV argumentiert werden, dass der *Zeitpunkt der Registrierung* entscheidend sein sollte, da eine entgegen Art. 7 Abs. 1 lit. b–d UMV eingetragene Marke *nicht* für nichtig zu erklären ist, wenn sie nach der Registrierung Unterscheidungskraft erworben hat.[284] Ein Abstellen auf den Zeitpunkt der Eintragung vermag jedoch nicht zu überzeugen und wäre überdies unvereinbar mit der logischen Systematik der absoluten und der relativen Eintragungshindernisse. Nach dem Unionsmarkenrecht ist das Anmeldedatum entscheidend für die Frage der besseren Priorität einer Marke gegenüber einer anderen.[285] Entsprechend muss das **Anmeldedatum** der **maßgebliche Zeitpunkt** für die Prüfung der absoluten Eintragungshindernisse gem. Art. 7 Abs. 1 UMV sein.[286] Würde indes auf den Zeitpunkt der Registrierung abgestellt werden, könnte dies zu dem inakzeptablen Ergebnis führen, dass aus einer früher angemeldeten, noch nicht unterscheidungskräftigen Marke gegenüber einer jüngeren, zum Zeitpunkt deren Anmeldung jedoch bereits unterscheidungskräftigen Marke vorgegangen werden könnte, obgleich die zuerst angemeldete Marke erst zu einem späteren Zeitpunkt (eben dem ihrer Eintragung) Unterscheidungskraft erlangt hätte.[287]

87 **g) Umfassende Überprüfung der Versagungsgründe ex officio.** Die Untersuchung der absoluten Versagungsgründe erfordert eine **eingehende und umfassende Überprüfung,** um zu verhindern, dass Marken zu Unrecht eingetragen werden.[288] Aus Gründen der „Rechtssicherheit und der ordnungsgemäßen Verwaltung" ist sicherzustellen, dass Marken, deren Benutzung später erfolgreich entgegengetreten werden könnte, nicht zur Eintragung gelangen.[289] Dies erfordert eine ein-

[281] EuGH ECLI:EU:C:2010:516 – LEGO, Rn. 76; ausführlich Hasselblatt/Hasselblatt EUTMR Art. 7 Rn. 114.

[282] So heißt es ausdrücklich in Art. 7 Abs. 3 UMV, dass die Hindernisse gem. Abs. 1 lit. b – d nur dann nicht zur Anwendung gelangen, wenn die betreffende Marke „infolge ihrer Benutzung Unterscheidungskraft *erlangt hat*"; s. dazu EuGH ECLI:EU:C:2009:362 – IMAGINATION TECHNOLOGIES Ltd./HABM, Rn. 42; EuG ECLI:EU:T:2002:319 – ECOPY Inc./HABM, Rn. 38; so zuletzt ausdrücklich, unter Hinweis auf die Systematik von Art. 3 Abs. 3 S. 1 und S. 2 MarkenRL EuGH ECLI:EU:C:2014:2012 – Sparkassen-Rot, Rn. 57–61.

[283] EuG ECLI:EU:T:2002:319 – ECOPY Inc./HABM, Rn. 39; so auch EuGH ECLI:EU:C:2014:2012 – Sparkassen-Rot, Rn. 56 ff.; Hasselblatt/Hasselblatt EUTMR Art. 7 Rn. 22.

[284] In dieser Richtung wohl Eisenführ/Schennen/Eisenführ UMV Art. 7 Rn. 32, anders nunmehr Brecht in Eisenführ/Schennen Art. 7 Rn. 10; wie hier ebenfalls Kur/v. Bomhard/Albrecht/Hanf UMV Art. 7 Rn. 2.

[285] EuGH ECLI:EU:C:2009:362 – IMAGINATION TECHNOLOGIES Ltd./HABM, Rn. 51; s. ferner EuGH ECLI:EU:C:2010:225 – HABM/FROSCH TOURISTIK GmbH, Rn. 52.

[286] Zuletzt etwa EuG ECLI:EU:T:2020:32 – Schnürsenkel, Rn. 51.

[287] Dies zutreffend hervorhebend EuGH – Imagination Technologies Ltd./HABM, Rn. 52; s. ferner EuGH ECLI:EU:C:2010:225 – HABM/FROSCH TOURISTIK GmbH, Rn. 52.

[288] EuGH ECLI:EU:C:2003:244 – Libertel, Rn. 59; EuGH ECLI:EU:C:2004:86 – Postkantoor, Rn. 123; ausführl. dazu Hasselblatt/Hasselblatt EUTMR Art. 7 Rn. 26–28.

[289] EuGH ECLI:EU:C:2010:508 – HABM/BORCO-MARKEN-IMPORT MATTHIESEN, Rn. 45; EuGH ECLI:EU:C:2003:244 – Libertel, Rn. 59; EuGH ECLI:EU:C:1998:442 – CANON KABUSHIKI KAISHA/MAKRO-GOLDWYN-MAYER INC., Rn. 21.

gehende Untersuchung *vor* der Eintragung, und nicht etwa a posteriori. Das System des Unionsmarkenrechts basiert auf einer Kontrolle vor der Eintragung, auch wenn sie überdies eine nachträgliche Kontrolle vorsieht.[290] Der entgegengesetzten Ansicht, wonach – unter Hinweis auf Art. 14 UMV (bzw. Art. 6 MarkenRL) – eine auf das „Mindestmaß beschränkte" Überprüfung der Eintragungshindernisse ausreichen würde,[291] hat der EuGH zu Recht eine Abfuhr erteilt.[292]

h) Entscheidungen nationaler Gerichte nicht bindend. Das Unionsmarkensystem bildet ein autonomes und (grundsätzlich) abgeschlossenes System, das unabhängig neben dem nationalen Schutzsystem in den Mitgliedsstaaten besteht.[293] Daraus folgt, wie bereits oben skizziert, dass das Amt wie auch EuG und EuGH nicht an Entscheidungen nationaler Behörden oder Gerichte gebunden sind.[294] Allerdings können derartige Entscheidungen nationaler Ämter und Gerichte in Bezug auf identische oder ähnliche Marken durchaus von **indikativem Wert** sein.[295] 88

i) Eintragungshindernis nur in einem Teil der Union. Wie sich aus Art. 1 Abs. 2 UMV ergibt, hat die Unionsmarke einheitliche Wirkung für die gesamte Union und kann, als Konsequenz dessen, „nur für dieses gesamte Gebiet eingetragen" werden. Um dieses Prinzip der Einheitlichkeit zu erreichen, das gewissermaßen das Rückgrat der Unionsmarke bildet, sieht der EU-Gesetzgeber das Territorium der Union als einheitlichen Markt.[296] Daraus folgt zwingend, dass ein Eintragungshindernis in einem Teil des **einheitlichen Marktes** der Eintragungsfähigkeit der Unionsmarke insgesamt entgegensteht. Art. 7 Abs. 2 UMV trägt genau diesem Prinzip Rechnung, treffend umschrieben als die **„All or nothing rule"**.[297] 89

Die EU besteht (nach den verschiedenen Erweiterungen und dem Brexit) aus 27 Mitgliedsstaaten und umfasst einen Wirtschaftsmarkt von fast 500 Mio. Einwohnern mit **unterschiedlichen linguistischen, kulturellen, sozialen und ökonomischen Hintergründen.** Dies hat zur Folge, dass ein Zeichen in einem Teil der EU als nicht unterscheidungskräftig, täuschend oder unmoralisch, aber ohne Weiteres eintragungsfähig in anderen Teilen sein kann, in denen die Bedeutung einer Angabe nicht verstanden und demgemäß etwa als fantasievoller und damit unterscheidungskräftiger Begriff aufgefasst wird.[298] Die Ratio der Vorschrift des Art. 7 Abs. 2 UMV ist im Lichte dieses multilingualen und multikulturellen Hintergrundes und zugleich im systematischen Kontext mit der Natur der Unionsmarke als EU-weites Exklusivrecht zu sehen. Sowohl die Präambel als auch der Verordnungstext selbst lassen nicht erkennen, was unter „einem Teil der Union" zu verstehen ist. Im Hinblick auf die sprachliche, kulturelle und sozioökonomische Vielfalt der EU ist in jedem Falle ein ausgewogener Maßstab angezeigt.[299] 90

Die Sprachenkenntnisse, soziale oder Einkaufsgewohnheiten und dergleichen sind nicht an bestimmte Regionen in der EU gebunden. Mit Blick darauf besteht weiterhin Einigkeit, dass der Begriff „Teil der Union" **nicht an Staatsgrenzen gebunden** ist,[300] obschon damit bisweilen, je nach Lage des Falles, ein einzelner Mitgliedsstaat gemeint sein kann.[301] Das entscheidende Kriterium ist, wie das fragliche Zeichen – und damit das Eintragungshindernis – von den beteiligten Ver- 91

[290] EuGH ECLI:EU:C:2004:86 – Postkantoor, Rn. 123; EuGH ECLI:EU:C:2003:244 – Libertel, Rn. 59 (in Bezug auf Art. 3 MarkenRL).

[291] So die Sichtweise der Kommission in der *Libertel*-Entscheidung, zusammengefasst in EuGH ECLI:EU:C:2003:244 – Libertel, Rn. 58.

[292] EuGH ECLI:EU:C:2004:86 – Postkantoor, Rn. 123; EuGH ECLI:EU:C:2003:244 – Libertel, Rn. 58 f., unter Hinweis darauf, dass damit letztlich die Aufgabe der Beurteilung der Eintragungshindernisse vom Amt auf die Gerichte übertragen würde.

[293] EuG ECLI:EU:T:2000:283 – MESSE MÜNCHEN/HABM (electronica), Rn. 47; EuG ECLI:EU:T:2006:87 – TELEFON & BUCH VERLAGSGESELLSCHAFT/HABM (WEISSE SEITEN), Rn. 30.

[294] S. nur EuG ECLI:EU:T:2020:425 – ElitePartner, Rn. 63; EUIPO E. v. 25.3.2022 – C 7 527 – Farbiger 3D-Rubikwürfel, S. 20 (1 Abs.).

[295] EUIPO E. v. 25.3.2022 – C 7 527 – Farbiger 3D-Rubikwürfel, S. 20 (2. Abs.: „… should be duly considered …"); ausf. Hasselblatt/Hasselblatt EUTMR Art. 7 Rn. 30 mwN.

[296] Zumeist „Binnenmarkt" genannt, s. Erwägungsgründe 3, 5 Präambel der UMV, zuvor schon Erwägungsgründe 2, 3 Präambel der GMV c. 26.2.2009.

[297] Gielen/v. Bomhard/v. Kapff EUTMR Art. 7 Anm. 17. (a); s. zuletzt etwa EuG ECLI:EU:T:2019:513 – AUDIMAS, Rn. 23 f.

[298] S. etwa EuGH ECLI:EU:C:2006:164 MATRATZEN CONCORD, Rn. 25; EuGH ECLI:EU:C:2007:635 – DEVELEY/HABM, Rn. 58.

[299] Ausführl. dazu Hasselblatt/Hasselblatt EUTMR Art. 7 Rn. 35–39.

[300] Eisenführ/Schennen/Brecht UMV Art. 7 Rn. 236; Gielen/v. Bomhard/v. Kapff EUTMR Art. 7 Anm. 17 b; Hasselblatt/Hasselblatt EUTMR Art. 7 Rn. 37.

[301] S. etwa OHIM – R 254/2012-2 – Curve, Rn. 12; OHIM – R 147/1998-2 KALI, Rn. 11 ff. bezüglich der griechischen Transliteration des Wortes „Kali"; Hasselblatt aaO Rn. 37 f.

kehrskreisen wahrgenommen wird. Die meisten der Eintragungshindernisse in Art. 7 Abs. 1 UMV beziehen sich auf bestimmte Wörter oder Angaben in einer bestimmten Sprache. Somit kann die Wahrnehmung von **sprachbezogenen Versagungsgründen** von einer Sprachregion zur anderen differieren.[302] Entsprechend hat das Amt in Bezug auf das Wort „Appel" auf die Sprachregion abgestellt, die einen (zumindest) verwandten Dialekt beherrschen und die sich im konkreten Fall über Norddeutschland, die Niederlande und den holländisch-sprechenden Teil Belgiens erstreckt.[303] Hinsichtlich Größe, geografischer Ausdehnung und/oder Anzahl der Konsumenten, die zu fordern sind, um „einen Teil der Union" iSd Art. 7 Abs. 2 UMV auszumachen, gibt es keine – geschweige denn strikten – Vorgaben. Zwei Aspekte sollten in jedem Falle in Rücksicht gezogen werden. Mit Blick auf die Größe des Binnenmarktes, und damit der Reichweite der Unionsmarke, sollte die Region, in der das Eintragungshindernis besteht, nicht gänzlich unerheblich sein.[304] Des Weiteren ist die Art. 7 Abs. 2 UMV zugrunde liegende Ratio zu berücksichtigen. Da Unionsmarken per Definition unionsweite Geltung beanspruchen, sollte die (größen- oder anzahlmäßige) Grenze nicht zu restriktiv gezogen werden. So hat das Amt zutreffend die Sprachregion, die sich über Norddeutschland, die Niederlande und Belgien erstreckte, von **21 Mio.** Bürgern als hinreichend relevant und damit als „Teil der Union" iSd Art. 7 Abs. 2 UMV angesehen.[305] Ebenso als relevanter Teil der Union iSd Art. 7 Abs. 2 UMV wurden die in Deutschland und anderen Ländern der EU, etwa den baltischen Staaten, lebenden Verbraucher angesehen, die über hinreichende Russischkenntnisse verfügten, um in dem ua für Speiseeis (Kl. 31) Schutz nachsuchenden Wortzeichen *PLOMBIR* die Transliteration des russischen Begriffes für „Sahneeis" zu erkennen.[306]

92 Eine Unionsmarke, der wegen eines Eintragungshindernisses nur in einem Teil der Union nach Art. 7 Abs. 2 UMV die Eintragung verwehrt wird, kann auf Antrag des Anmelders unter Beibehaltung der Priorität nach Art. 139 UMV in nationale Marken **umgewandelt** werden. Eine solche Umwandlung kommt (nach Art. 139 Abs. 2 lit. b UMV) selbstverständlich für die Mitgliedsstaaten nicht in Betracht, in denen der absolute Versagungsgrund besteht.

6. Absolute Schutzhindernisse im Einzelnen (Art. 7 UMV)

93 Der Numerus Clausus der absoluten Versagungsgründe ist in Art. 7 UMV abschließend aufgezählt und wird von Amts wegen geprüft (Art. 42 Abs. 1 iVm Art. 7 UMV). Jedes der Eintragungshindernisse ist separat zu prüfen; sind die Tatbestandsmerkmale eines Versagungsgrundes erfüllt, ist die Anmeldung zurückzuweisen. Bevor eine Anmeldung zurückgewiesen werden kann, wird dem Anmelder Gelegenheit gegeben, die Anmeldung zurückzunehmen, zu ändern oder eine Stellungnahme einzureichen.[307] Die praktisch bedeutsamsten Eintragungshindernisse sind die der (konkret) fehlenden Unterscheidungskraft und des entgegenstehenden Freihaltebedürfnisses wegen beschreibender Angaben des Art. 7 Abs. 1 lit. b und c UMV. Etwa 80 % der bislang vom Amt zurückgewiesenen Anmeldungen wurde die Eintragung wegen dieser Hindernisse versagt, weshalb darauf nachfolgend besonderes Augenmerk gerichtet werden soll.

94 a) **Fehlende Markenfähigkeit.** Art. 7 Abs. 1 lit. a UMV regelt iVm Art. 4 UMV zwei verschiedene Eintragungshindernisse. Zunächst sind von der Eintragung solche Zeichen ausgeschlossen, denen bereits generell – abstrakt – die Eignung abzusprechen ist, eigene Waren oder Dienstleistungen von solchen anderer Unternehmen zu unterscheiden. Wie ausgeführt, kommt der Versagungsgrund der **fehlenden abstrakten Unterscheidungseignung** eines Zeichens praktisch nicht zum Tragen.[308] Nach der Sichtweise des EuGH gibt es keine Zeichen, denen – buchstäblich – kategorisch aufgrund ihres Wesens die Eigenschaft abgesprochen werden kann, die Leistungen eines Unternehmens von solchen anderer zu unterscheiden.[309] Praktische Bedeutung kommt demge-

[302] Beispiele zeigen sich in den Entscheidungen OHIM – R 147/1998-2 KALI, Rn. 14, in der das Amt das Wort „Kali", was im Griechischen „gut" bedeutet, nicht als rein anpreisend und beschreibend angesehen hat; s. ferner OHIM – R 298/1999-3 Appel, Rn. 18; ausführl. dazu Hasselblatt/Hasselblatt EUTMR Art. 7 Rn. 38 f.

[303] OHIM – R 298/1999-3 Appel, Rn. 18.

[304] So dürfte beispielsweise der Name eines Bergdorfes sehr viel weniger als geografische Herkunft ins Gewicht fallen als beispielsweise der einer europäischen Großstadt, Beispiel nach Eisenführ/Schennen/Brecht UMV Art. 7 Rn. 236.

[305] OHIM – R 298/1999-3 Appel, Rn. 18.

[306] EuG ECLI:EU:T:2018:941 – Plombir, Rn. 52 ff.; zust. Haberer GRUR-Prax 2019, 84 f.

[307] Art. 42 Abs. 2 UMV. Sätze 2 und 3 in Art. 42 Abs. 2 UMV sind durch VO (EU) 2015/2424 eingefügt worden und wurden zum 1.10.2017 wirksam.

[308] S. hierzu die Darstellung oben unter → **Rn. 99.**

[309] EuGH ECLI:EU:C:2002:377 – Philips, Rn. 39; EuGH ECLI:EU:C:2014:2012 – Sparkassen-Rot, Rn. 45 f.

genüber dem Erfordernis der hinreichend präzisen, eindeutigen und dauerhaften Darstellbarkeit der Marke zu. Insoweit ist zu beachten, dass zum 1. Oktober 2017 das Erfordernis der **grafischen Darstellbarkeit entfallen** ist. Seitdem gilt bezüglich der Wiedergabe der Marke die neugefasste Vorschrift des Art. 4 lit. b UMV, wonach die Zeichen geeignet sein müssen, im Register „in einer Weise dargestellt zu werden, dass die zuständigen Behörden und das Publikum den Gegenstand des dem Inhaber einer solchen Marke gewährten Schutzes klar und eindeutig bestimmen können". Diese Änderung ist insbesondere für die sogenannten „nicht traditionellen" Marken von Bedeutung. Nunmehr sollen Zeichen in jeder geeigneten Form unter Verwendung allgemein zugänglicher Technologien – und damit nicht notwendigerweise mit grafischen Mitteln – wiedergegeben werden dürfen, soweit die Darstellung **eindeutig, präzise, in sich abgeschlossen, leicht zugänglich, verständlich, dauerhaft und objektiv** ist.[310] Weggefallen ist mithin lediglich das Element der *grafischen* Darstellbarkeit, während an dem – auch schon zuvor geltenden – strengen Kriterienkatalog hinsichtlich der Wiedergabe festgehalten wird.[311] Zwar wurde die Abschaffung des Erfordernisses der grafischen Darstellbarkeit in Art. 4 lit. b UMV bisweilen als wichtige oder gar die wichtigste Änderung hinsichtlich der Anmeldungserfordernisse etikettiert.[312] Bei näherem Hinsehen lässt sich jedoch konstatieren, dass sich am bis dato geltenden Status quo dadurch kaum etwas geändert hat. Für die *klassischen* Marken stellte das Merkmal der grafischen Darstellbarkeit ohnehin keine Hürde dar, was im Übrigen auch für viele der *nicht traditionellen* Marken galt (und künftig gilt), wie etwa Farbmarken, 3D-Marken sowie Hörmarken. Für bestimmte neue Markentypen, wie etwa Geruchs- oder Geschmacksmarken, wird das Erfordernis einer hinreichend objektiven und präzisen Wiedergabe weiterhin ein unüberwindliches Hindernis für die Eintragung darstellen.[313] Gleichwohl ist die Gesetzesänderung zu begrüßen, da damit der technologischen Fortentwicklung Tribut gezollt und zugleich für manche neuen Markentypen die Möglichkeit eröffnet wird, zumindest in naher Zukunft den Weg ins Register zu schaffen.[314]

95 **b) Fehlende (konkrete) Unterscheidungskraft.** Eine für die Eintragungspraxis sehr bedeutsame Schranke bildet Art. 7 Abs. 1 lit. b UMV für „Marken, die **keine Unterscheidungskraft**" haben. Dabei folgt aus der Gesetzessystematik, dass insoweit das Fehlen der Unterscheidungskraft im Hinblick auf die **konkreten Waren oder Dienstleistungen** festzustellen ist,[315] da andernfalls das Zeichen schon nach der allgemeinen Bestimmung des Art. 4 (iVm Art. 7 Abs. 1 lit. a) UMV schutzunfähig wäre.[316] Mit Blick auf ihre praktische Bedeutung der Eintragungshindernisse des Art. 7 Abs. 1 UMV ist der Versagungsgrund nach lit. b) der aus markenrechtlicher Sicht bedeutsamste. Nicht unterscheidungskräftige Zeichen können die Hauptfunktion einer Marke nicht erfüllen, da sie nicht geeignet sind, Waren und Dienstleistungen eines Unternehmens von solchen eines anderen zu unterscheiden. Folglich ist diesen Zeichen – mit Blick auf die konkret Schutz nachsuchenden Waren und Dienstleistungen – ihre **Eigenschaft als Herkunftshinweis abzusprechen.**[317] Im Schrifttum wird dazu treffend bemerkt, dass die Feststellung fehlender konkreter Unterscheidungskraft die fragliche Markenanmeldung „gewissermaßen ins Herz" trifft.[318] In diesen Konstellationen, wie der EuGH zutreffend hervorhebt, gehen das Art. 7 Abs. 1 lit. b UMV zugrunde liegende Allgemeininteresse an der Versagung der Eintragung solcher Zeichen und die wesentliche Funktion der Marke „offensichtlich ineinander über".[319]

96 Art. 7 Abs. 1 lit. b UMV schließt solche Zeichen von der Eintragung aus, die (überhaupt) keine Unterscheidungskraft aufweisen. Aus dieser Formulierung folgt, dass auch eine nur **geringe** Un-

[310] S. Erwägungsgrund 10 Präambel UMV, zuvor schon Erwägungsgrund 9 Präambel VO (EU) 2015, 2424.

[311] Zu den sogenannten „Sieckmann-Kriterien" (benannt nach der gleichnamigen Entscheidung EuGH ECLI:EU:C:2002:748, s. bereits ausführlich oben Rn. 34–37.

[312] S. etwa Walicka GRUR-Prax 2016, 161 („wichtigste Änderung").

[313] S. zu den hinsichtlich der Wiedergabe zu beachtenden Anforderungen die ausführliche Darstellung im Zusammenhang mit den einzelnen Markenformen oben III.4. lit. a–k.

[314] S. etwa zur Geruchsmarke die Überlegungen zur hinreichend präzisen Wiedergabe oben Rn. 70, 71.

[315] So ausdrücklich zuletzt etwa EUG ECLI:EU:T:2021:164 – WINDSOR CASTLE, Rn. 30; ähnl. zuvor schon EuGH ECLI:EU:C:2012:460 – Wir machen das Besondere einfach, Rn. 24.

[316] S. etwa EuG ECLI:EU:T:2002:243 – Orangeton Rn. 26: „Daraus, dass eine Kategorie von Zeichen allgemein geeignet ist, eine Marke auszumachen, folgt jedoch nicht, dass die zu dieser Kategorie gehörenden Zeichen im Hinblick auf eine bestimmte Ware oder Dienstleistung notwendige Unterscheidungskraft nach Art. 7 Abs. 1 lit. b) GMV besitzen"; inzwischen ständige Rechtsprechung und allgemeine Ansicht, s. etwa EuGH ECLI:EU:C:2010:29 – Vorsprung durch Technik, Rn. 34, ausf. dazu Hasselblatt IPR 2010, 780 ff.

[317] Ausf. dazu Hasselblatt/Hasselblatt EUTMR Art. 7 Rn. 52.

[318] Eisenführ/Schennen/Brecht UMV Art. 7 Rn. 29.

[319] EuGH ECLI:EU:C:2004:532 – SAT.1/HABM, Rn. 27.

terscheidungskraft ausreicht, um dieses Schutzhindernis zu überwinden.[320] Ob diese Unterscheidungskraft vorliegt, ist anhand der konkreten Einzelfallumstände zu ermitteln. Eng am Wortlaut des Art. 4 UMV angelehnt, definiert der EuGH die Unterscheidungskraft eines Zeichens dahin, dass die Marke geeignet sein muss, die Ware oder Dienstleistung, für die die Eintragung beantragt wird, als von einem bestimmten Unternehmen stammend zu kennzeichnen und von denjenigen anderer Unternehmen zu unterscheiden.[321] Die an die Unterscheidungskraft zu stellenden Anforderungen sind nicht allzu hoch anzusetzen. Während der EuGH die Frage zunächst offen gelassen hat, ob eine nur minimale Unterscheidungskraft zur Überwindung des Versagungsgrundes der fehlenden Unterscheidungskraft ausreicht,[322] ist inzwischen mehrfach ausdrücklich klargestellt worden, dass ein **Minimum an Unterscheidungskraft** genügt, um das absolute Eintragungshindernis des Art. 7 Abs. 1 lit. b UMV zu überwinden[323] und entspricht nunmehr **gefestigter Rechtsprechung.**[324] So muss ein Zeichen nicht besonderes fantasievoll sein oder über einen besonderen Überraschungs- oder Merkeffekt verfügen, um die nötige Unterscheidungskraft zu bejahen.[325] Umgekehrt lässt sich die fehlende Unterscheidungskraft nicht schon daraus ableiten, dass die angemeldete Marke weder ungewöhnlich noch auffallend ist.[326] Maßgeblich ist die Eignung des Zeichens zur „Abgrenzung" des Leistungsangebots von dem der Wettbewerber, ohne dass dafür die Feststellung „eines bestimmten Maßes an künstlerischer Kreativität oder Einbildungskraft des Anmelders" zu fordern wäre.[327]

97 Bei der Beurteilung der Schutzfähigkeit einer Marke ist von deren **Gesamteindruck** auszugehen.[328] Dabei fließen in die Beurteilung der Wahrnehmung durch die angesprochenen Verkehrskreise auch Sprachgepflogenheiten und -usancen ein; so ist der Wortmarkenanmeldung *XOXO* zutreffend der Schutz versagt worden, da dieses Zeichen in der Jugendsprache als Synonym für „hugs and kisses" verstanden werde.[329] Grundsätzlich verbietet sich eine zergliedernde oder analytische Betrachtung. Der Verkehr unterzieht im Allgemeinen ein Kennzeichen keiner analytischen Betrachtung, sondern nimmt dieses vielmehr als Ganzes – wie es sich ihm präsentiert – wahr. Zur Beurteilung der Unterscheidungskraft einer Marke ist daher auf den von ihr hervorgerufenen Gesamteindruck abzustellen, wobei insbesondere ihre unterscheidungskräftigen und dominierenden Elemente zu berücksichtigen sind.[330] Eine solche **Aufspaltung einer Mehrwort- oder Kombinationsmarke** in ihre Bestandteile kommt allenfalls in Betracht, wenn ein Element keine oder nur eine sehr schwache Kennzeichnungskraft hat, so dass die Gesamtmarke aus-

[320] Etwas weitergehend die amtliche Begründung zur korrespondierenden Bestimmung des § 8 Abs. 2 Nr. 1 MarkenG, dort durch den deutschen Gesetzgeber expressis verbis betont, s. BT-Drs. 12/6581, 70, linke Spalte; ausdrücklich auch für Art. 7 Abs. 1 lit. b) GMV das HABM GRUR Int. 1999, 760 (3. LS) – Transeuropa; ebenso v. Mühlendahl/Ohlgart § 4 Rn. 14; so ausdrückl. für das deutsche Markenrecht BGH GRUR 2004, 329 (330) – Käse in Blütenform, wonach „grundsätzlich von einem großzügigen Maßstab auszugehen ist, dh jede auch noch so geringe Unterscheidungskraft reicht aus, um das Schutzhindernis zu überwinden".

[321] EuGH ECLI:EU:C:2004:88 – Henkel, Rn. 48; EuGH ECLI:EU:C:2003:206 – Linde, Winward u. Rado, Rn. 40; EuGH ECLI:EU:C:2002:377 – Philips, Rn. 35, wobei der EuGH in dieser Entscheidung deutlich macht, dass nach seiner Auffassung kein Unterschied zwischen originärer und erworbener Unterscheidungskraft zu machen ist.

[322] EuGH ECLI:EU:C:2002:506 – Companyline, Rn. 20: wörtlich heißt es dort: „das EuG durfte sich deshalb zu Recht auf die Prüfung dieser Frage beschränken und brauchte nicht auch die etwaige Abgrenzung zwischen dem Begriff der fehlenden Unterscheidungskraft und dem der minimalen Unterscheidungskraft zu entscheiden".

[323] EuG ECLI:EU:T:2007:178 – Buchstabe I in der Farbe königsblau Rn. 42; EuG ECLI:EU:T:2002:28 – Form einer Stabtaschenlampe, Rn. 34, bestätigt durch EuGH ECLI:EU:C:2004:592; ebenso Gielen/v. Bomhard/v. Kapff EUTMR Art. 7, Anm. 5d; Rohnke MarkenR 2006, 480 (482); Hasselblatt/Hasselblatt EUTMR Art. 7 Rn. 55.

[324] S. nur EuG ECLI:EU:T:2014:29 – CARE TO CARE, Rn. 12; EUIPO E. v. 30.1.2019 – R 958/2017 – G – BREXIT, Rn. 43, 44.

[325] EuGH ECLI:EU:C:2010:29 Rn. 39 – Vorsprung durch Technik, ausf. dazu Hasselblatt IPRB 2010, 87 ff.; EuGH ECLI:EU:C:2004:532 – SAT.1/HABM, Rn. 41; EuG ECLI:EU:T:2001:286 – Das Prinzip der Bequemlichkeit Rn. 44, bestätigt durch EuGH ECLI:EU:C:2004:645; EuG ECLI:EU:T:2001:31 – Cine Comedy; EuG ECLI:EU:T:2001:119 – Easy Bank; in dem Sinne führt auch Bender schon frühzeitig unter Hinweis auf die Rechtsprechung der Kammern aus, dass sich die Spruchpraxis dahingehend stabilisiert hat, dass lediglich „ein Minimum an Unterscheidungskraft gefordert wird", Bender MarkenR 2003, 253 (254).

[326] EuG ECLI:EU:T:2007:178 – Buchstabe I in der Farbe königsblau Rn. 49; EuG ECLI:EU:T:2001:119 – Easybank Rn. 39.

[327] EuG ECLI:EU:T:2021:164 – WINDSOR CASTLE, Rn. 22.

[328] EuGH ECLI:EU:C:2007:514 – Bainbridge; EuGH ECLI:EU:C:2007:333 – Limoncello; EuGH ECLI:EU:C:2004:592 – Form von Taschenlampen Rn. 20; EuG ECLI:EU:T:2001:286 – Das Prinzip der Bequemlichkeit; Rn. 26, bestätigt durch EuGH ECLI:EU:C:2004:645; EuGH ECLI:EU:C:2005:422 – Corona Flasche mit Zitrone Rn. 22.

[329] EuG ECLI:EU:T:2020:183 – XOXO, Rn. 28 ff. m. zust. Anm. v. Bock GRUR-Prax 2020, 335 f.

[330] EuGH ECLI:EU:C:2007:514 – Bainbridge; EuGH ECLI:EU:C:2005:422 – Corona Flasche mit Zitrone Rn. 22.

schließlich oder überwiegend von nur einem Zeichenbestandteil geprägt wird.[331] Bei Kombinations- oder Mehrwortzeichen ist das Vorliegen eines Eintragungshindernisses mithin nicht auf Grund einzelner Elemente, sondern in Bezug auf sämtliche Bestandteile festzustellen.[332] Denn allein der Umstand, dass jeder Bestandteil einer Kombinationsmarke für sich gesehen nicht unterscheidungskräftig ist, schließt nicht aus, dass deren Kombination unterscheidungskräftig sein kann.[333] Gleichwohl kann es sich als zweckmäßig erweisen, zunächst jeden einzelnen Bestandteil der betreffenden Marke isoliert zu untersuchen, solange sichergestellt ist, dass das Erfordernis der Unterscheidungskraft auf die **Gesamtwahrnehmung der Marke** aus Sicht des Durchschnittsverbrauchers bezogen wird.[334]

Praxistipp:

Bestehen Zweifel etwa bei einem Zeichenwort mit beschreibendem Anklang (sogenanntes „sprechendes Zeichen"), ob hinreichende Unterscheidungskraft gegeben ist (und kein entgegenstehendes Freihaltebedürfnis besteht), ist zu erwägen, parallel zur Wortmarke eine hinreichend farbig/grafisch und/oder textlich modifizierte Wort-/Bildmarke zur Anmeldung zu bringen.

Obgleich schon ein Minimum an Unterscheidungskraft genügt, um das absolute Eintragungshindernis des Art. 7 Abs. 1 lit. b) UMV zu überwinden,[335] sind durchaus restriktive Tendenzen in der jüngeren Spruch- und Eintragungspraxis zu erkennen.[336] Die Spruchpraxis ist insoweit uneinheitlich; überwiegend zeigt sich eine recht strenge Handhabe,[337] jedoch finden sich auch großzügigere Entscheidungen.[338] 98

Keinesfalls ausreichend ist bei rein beschreibenden Zeichenwörtern ein Wechsel des Schriftbildes, etwa in Kursivschrift, die Wiedergabe in mit einfachsten Mitteln moderner Werbegraphik zu erzielender Form, die **Hinzufügung gewöhnlicher Bildelemente, einfacher geometrischer Figuren** oder **typografischer Symbole.**[339] Voraussetzung ist lediglich, dass die Anmeldemarke eine herkunftshinweisende Information vermittelt, so dass der durchschnittlich informierte, aufmerksame und verständige Durchschnittsverbraucher die fraglichen Waren/Dienstleistungen **nach ihrer betrieblichen Herkunft und nicht nach ihrer Beschaffenheit** unterscheiden kann.[340] Ausreichend ist regelmäßig ein auch noch so geringes Maß an **Eigentümlichkeit** und/oder **Fantasiegehalt** bezüglich der konkreten Waren/Dienstleistungen. Dabei ist jedoch zu betonen, dass eine besondere 99

[331] EuGH ECLI:EU:C:2007:333, Rn. 41 – Limoncello; HABM (1. Nichtigkeitsabt.) E. v. 21.9.1999 – C000225250/1 – Teekampagne.

[332] EuG ECLI:EU:T:2001:286 – Das Prinzip der Bequemlichkeit Rn. 27, bestätigt durch EuGH ECLI:EU:C:2004:645.

[333] EuGH ECLI:EU:C:2004:532 – SAT.2 Rn. 28.

[334] Es gibt mithin keine Vermutung, dass Bestandteile, die isoliert betrachtet, nicht unterscheidungskräftig sind, auch im Falle ihrer Kombination nicht hinreichend unterscheidungskräftig sind, so ausdrückl. EuGH ECLI:EU:C:2005:422 – Corona Flasche mit Zitrone, Rn. 23, 26.

[335] S. nur EuGH ECLI:EU:C:2004:532 – SAT.1/HABM, Rn. 41; EuG ECLI:EU:T:2007:178 – Buchstabe I in der Farbe königsblau, Rn. 42.

[336] Hierzu sei angesichts der Fülle der Entscheidungen verwiesen auf die Übersicht zu den Eintragungshindernissen gem. lit. b) und lit. c) unten Rn. 132–136.

[337] EuG ECLI:EU:T:2004:347 – Nurseryroom; EuG ECLI:EU:T:2005:14 – Bio-Knowledge; EuG ECLI:EU:T:2005:167 – Naipes Heraclio/HABM (bezüglich typischer Elemente spanischer Spielkarten); EuG ECLI:EU:T:2005:201 – Munich Financial Services; EuG ECLI:EU:T:2005:211 – Rockbass; EuG ECLI:EU:T:2005:247 – paperlab; EuG ECLI:EU:T:2005:303 – DigiFilm sowie DigiFilmMaker.

[338] S. etwa EuG ECLI:EU:T:2005:4 – Deutsche Post Euro Express, HABM betreffend die Worte Europremium; zu Recht demgegenüber verneinend EuG ECLI:EU:T:2005:340 bezüglich der Marke „Cargo Partner" für Dienstleistungen im Bereich Transportwesen, Verpackung und Lagerung.

[339] Verneinend etwa für die Darstellung eines simplen Fünfecks, EuG ECLI:EU:T:2007:271; auf dieser Linie liegen auch Entscheidungen wie: EuG ECLI:EU:T:2011:163 – Winkel (n. rkr.), Eintragungsfähigkeit verneinend für Anmeldung eines Winkels in Nahtform für die Waren „orthopädische Schuhe"; EuG ECLI:EU:T:2011:176 – Parallelogramm; EuG ECLI:EU:T:2011:367 – Rechteck in purpur; s. die zahlr. Bsp. in Prüfungsrichtlinien EUIPO, Teil B, Abschnitt 4, Kap. 3, 5–7.

[340] Statt vieler: EuGH ECLI:EU:C:2008:261 Rn. 66 – EuroHypo/HABM; EuG ECLI:EU:T:2007:304, Rn. 27 – Form eines Lautsprechers (s. dazu aber nunmehr auch EuG ECLI:EU:T:2011:575 – Lautsprecher II, dort zur Eintragungsunfähigkeit eines Lautsprechers als Marke, dessen Form der Ware einen wesentlichen Wert verleiht); EuGH ECLI:EU:C:2004:88 – Henkel Rn. 48; EuG ECLI:EU:T:2004:120 – Corona Flasche mit Zitrone, Rn. 17, bestätigt durch EuGH ECLI:EU:C:2005:422; HABM GRUR Int. 1999, 760 (2. LS) – Transeuropa; HABM GRUR Int. 1999, 758 (759) – selecta; HABM GRUR Int. 1999, 541 (542) – NETMEETING.

Originalität oder gar ein Fantasieüberschuss zur Annahme der Unterscheidungskraft nicht notwendig ist.[341] Die konkrete Unterscheidungseignung kann sich aus verschiedensten Umständen ergeben, bei Wort-, Mehrwort- oder Kombinationsmarken etwa aus einer mit Blick auf die konkreten Waren-/Dienstleistungen sinnwidrigen Verwendung der in der Anmeldung enthaltenen Begriffe (Beispiel: „Apple" für Computer, „Opium" für Parfum etc.), einer grammatikalisch unrichtigen oder semantisch ungewöhnlichen Wortverbindung (Beispiel: „safetytech" für bestimmte Anlagen der Verpackungsindustrie; „Früher an später denken!" für Vermögensberatung und Finanzdienstleistungen), einer falschen Schreibweise (Beispiel: „Minnnni"),[342] der Hinzufügung bestimmter – für sich gesehen kennzeichnungskräftiger – Bildelemente, einer ausgefallenen bildlichen und/oder farbigen Wiedergabe und dergleichen. Unerheblich ist nach alledem, woraus sich das erforderliche Mindestmaß an Unterscheidungseignung des Anmeldezeichens rekrutiert, solange es mit Blick auf die jeweiligen Waren/Dienstleistungen zumindest minimal vorhanden ist.

100 Allerdings ist dabei der – in weiten Teilen zu Recht, teils aber auch über das Ziel hinausschießenden[343] – restriktiven Eintragungs- und Spruchpraxis des EUIPO sowie des EuG/H Rechnung zu tragen. Nicht jede geringfügige Modifizierung eines mit Blick auf die Schutz nachsuchenden Waren/Dienstleistungen nicht unterscheidungskräftigen Zeichens führt zur Überwindung dieses Schutzhindernisses. Als **Faustformel** lässt sich feststellen, dass die nachfolgenden Abwandlungen ansonsten nicht unterscheidungskräftiger Zeichen der Marke **nicht** aus sich heraus das notwendige Minimum an **Unterscheidungskraft verleihen:**

- Verwendung von standardisierten Schriftarten, selbst bei der Verwendung verschiedener Schriftarten;[344]
- unterschiedliche Stilisierung;[345]
- lobende Anpreisungen;[346]
- Anordnung von Wörtern/Wortelementen in vertikaler und/oder horizontaler Form;
- Hinzufügung von Farben;[347]
- simple grafische Formen/Quadrate (Hinzufügung von Quadraten, Rechtecken und dergleichen);[348]
- Falschschreibung oder grammatikalische Unrichtigkeiten, beispielsweise „maxxi" anstelle von „maxi", „!magine" statt „imagine", „profvmo" statt „profumo",[349] etc.;
- die bloße Kombination beschreibender Angaben;[350]
- die nicht weiter (bzw. nicht hinreichend) modifizierte Verwendung sogenannter sound-alikes oder Neologismen.[351]

---

[341] EuGH ECLI:EU:C:2010:29, Rn. 39 – Vorsprung durch Technik; EuG ECLI:EU:T:2007:178 – Buchstabe I in der Farbe königsblau Rn. 42; EuG ECLI:EU:T:2001:286 – Das Prinzip der Bequemlichkeit, Rn. 44 mit zahlreichen weiteren Nachweisen aus der Rechtsprechung, bestätigt durch EuGH ECLI:EU:C:2004:645.

[342] Während die Eintragungs- und Spruchpraxis insoweit früher großzügig war, ist diese nun deutlich restriktiver, s. etwa EuG ECLI:EU:T:2008:528 – FRESHHH; weitere Bsp. in Prüfungsrichtlinien EUIPO, Teil B, Abschnitt 4, Kap. 3, 5–7 (Stand 01/03/2021).

[343] S. die zu Recht kritischen Anmerkungen der jeweiligen Zurückweisungen von Douglas GRUR-Prax 2018, 303 zu dem Wort-/Bildzeichen EFUSE (trotz erheblicher Eigenprägung des Zeichens), sowie ders. GRUR-Prax 2017, 487 zu dem vermeintlich präzisen Bedeutungsinhalt des Slogans SPÜRBAR ANDERS.

[344] HABM – R 1475/2013-5 – I'M SMART (Entscheidung nur auf Italienisch verfügbar; inoffizielle englische Übersetzung abrufbar unter http://euipo.europa.eu → Recht und Praxis → Suche), Rn. 10 mit Blick auf das Schutz nachsuchende Zeichen „i'm SMART".

[345] EuG ECLI:EU:T:2021:89 – I love (Buchstabe „I" mit Herzsymbol), Rn. 62, m. Anm. George GRUR-Prax 2021, 341; EUIPO E. v. 30.1.2019 – R 958/2017 – G – BREXIT, Rn. 40 ff. (nicht unterscheidungskräftiges Wort in recht gewöhnlicher Schriftart u. farbigem Bildelement in Form eines Kreuzes); HABM – R 1475/2013-5 – I'M SMART, Rn. 18.

[346] EuG ECLI:EU:T:2020:314 –FAVORIT, Rn. 27; EuG ECLI:EU:T:2017:845 – Juwel, Rn. 33 ff.; HABM – R 1702/2013-2 – Simply EXPRESS, Rn. 21 ff., wobei die Beschwerdekammer zutreffend hervorhebt, dass die Wortfolge „simply express" als anpreisender Ausdruck wahrgenommen wird, der den beteiligten Verkehrskreisen die schnelle Verfügbarkeit etc. der so gekennzeichneten Waren verdeutliche.

[347] HABM – R 221/2013-1 – IL PROFUMO, Rn. 12 ff.

[348] S. etwa EuGH/ECLI:EU:C:2005:547 – BIOID/HABM, Rn. 68–71.

[349] EuG ECLI:EU:T:2008:528 – FRESHHH; HABM – R 221/2013-1 – IL PROFUMO, Rn. 16, 17, da der Verbraucher die Verwendung des Buchstabens „v" anstelle von „u" gewöhnt ist, beispielsweise durch die Marke „Bulgari®"; weitere Bsp. in Prüfungsrichtlinien EUIPO, Teil B, Abschnitt 4, Kap. 3, 5–7 (Stand 01/03/2021).

[350] EuGH ECLI:EU:C:2008:268 – EUROHYPO/HABM, Rn. 68, 69; EuGH/ECLI:EU:C:2005:547 – BIOID/HABM, Rn. 66–75; s. hierzu ferner die POSTKANTOOR Formel des EuGH für aus mehreren (beschreibenden) Wortelementen zusammengesetzten Zeichen; ausf. dazu unten Rn. 110.

[351] S. etwa HABM – R 20/1997-1 – Xtra, Rn. 16; HABM – R 230/1998-3 – Xpert, Rn. 17; weitere Beispiele bei Hasselblatt/Hasselblatt EUTMR Art. 7 Rn. 85 ff.

Praxistipp 1:

Bei Zeichenwörtern oder auch Wortkombinationen reicht im Allgemeinen die fehlende lexikalische Nachweisbarkeit als solche nicht mehr aus; dies sollte zwar – im Falle einer Beanstandung – gegenüber dem Amt vorgetragen werden; allerdings neigen die Prüfer/innen inzwischen dazu, die fehlende lexikalische Nachweisbarkeit als unerheblich anzusehen. Zudem werden absoluten Beanstandungen nach Art. 7 Abs. 1 lit. b)–d) UMV häufig, wenn nicht regelmäßig, Ausdrucke von *Google*-Recherchen beigefügt. Deshalb kann es sich als hilfreich erweisen, den fraglichen Begriff bzw. die Wortkombination vor der Anmeldung zu „googeln" und nötigenfalls unterscheidungskräftig zu modifizieren.

Praxistipp 2:

Auch wenn eine besondere Originalität oder gar ein Fantasieüberschuss zur Annahme der Unterscheidungskraft nicht notwendig ist, ist für die Markenanmeldung zu erwägen, dass das Schutz nachsuchende Zeichen bei gegebener Originalität oder fantasievoller Ausgestaltung (in Bezug auf die Schutz nachsuchenden Waren/Dienstleistungen) die Hürden der Versagungsgründe nach Art. 7 Abs. 1 lit. b) und c) UMV regelmäßig problemlos überwindet.

Bei Mehrwort- oder Kombinationszeichen konnte bislang bezüglich einzelner, nicht unterscheidungskräftiger Bestandteile und daraus resultierender Zweifel über den Schutzumfang ein so genannter **disclaimer** bereits in der Anmeldung, oder auch nach Aufforderung durch das Amt, erklärt werden (Art. 37 Abs. 2 GMV aF). Mit Wirkung zum 23. März 2016 ist diese Möglichkeit **ersatzlos weggefallen.**[352] Damit sollte zum Ausdruck gebracht werden, dass der Markeninhaber an dem fraglichen, nicht unterscheidungskräftigen Bestandteil keine Exklusivrechte reklamiert. Allerdings hat auch die bisherige Praxis gezeigt, dass das Amt und Anmelder von dieser Möglichkeit sehr zurückhaltend Gebrauch gemacht haben;[353] vermutlich dürfte der Grund für die Abschaffung gerade in dieser geringen praktischen Relevanz zu sehen sein.[354] Für die Wahrnehmung der Marken durch das Publikum war die Hinterlegung eines solchen Disclaimers im Register ohnehin ohne jegliche Relevanz. In den wenigen Fällen, in denen solche Erklärungen (Disclaimer) abgegeben worden sind, bleiben diese wirksam und bindend.[355] 101

c) **Beschreibende Angaben.** Art. 7 Abs. 1 lit. c UMV begründet ein absolutes Eintragungshindernis für Marken, die „ausschließlich als Zeichen oder Angaben bestehen, welche den Verkehr zur Bezeichnung der Art, der Beschaffenheit, der Menge, der Bestimmung, des Wertes, der geografischen Herkunft oder der Zeit der Herstellung der Ware oder der Erbringung der Dienstleistung oder zur Bezeichnung sonstiger Merkmale der Ware oder Dienstleistung dienen können". Diese recht lange Aufzählung von direkten oder indirekten Bezugnahmen auf die fraglichen Waren/Dienstleistungen bzw. deren Charakteristika wird weithin zusammengefasst unter dem Begriff **beschreibender Angaben.** Über diese Vorschrift wird verhindert, dass solche beschreibenden Angaben über die Registrierung als Marke zugunsten eines Unternehmens monopolisiert werden können. Art. 7 Abs. 1 lit. c UMV verfolgt das im **Allgemeininteresse** liegende Ziel, dass solche beschreibenden Zeichen oder Angaben von allen **frei verwendet werden können.**[356] Wie die Formulierung „oder zur Bezeichnung sonstiger Merkmale der Ware oder Dienstleistung" verdeutlicht, ist die Aufzählung in Art. 7 Abs. 1 lit. c UMV **nicht abschließend.** Einem Zeichen muss deshalb die Eintragung versagt bleiben, wenn es lediglich in Bezug auf *eine* Eigenschaft der von der Anmeldung erfassten Waren/Dienstleistungen eine beschreibende Bedeutung hat. Bei mehrdeutigen Angaben greift der absolute Versagungsgrund des Art. 7 Abs. 1 lit. c UMV ein, wenn das Zeichen 102

352 Art. 37 Abs. 2 UMV ist durch die VO (EU) 2015/2424 ersatzlos gestrichen worden.

353 S. etwa EuG ECLI:EU:T:2009:454 – AGENCJA WYDAWNICZA TECHNOPOL/HABM: Dort wurde die Anmelderin seitens des Amts aufgefordert, bezüglich der in den angemeldeten Kombinationsmarken enthaltenen Zahlen „100" sowie „300" zu erklären, dass sie darin kein ausschließliches Recht beanspruchte, was jedoch von der Klägerin verweigert wurde.

354 Walicka GRUR-Prax 2016, 161.

355 Walicka aaO; Eisenführ/Schennen/Schennen UMV Art. 42 Rn. 73.

356 Statt vieler s. EuGH ECLI:EU:C:1999:230 – WINDSURFING CHIEMSEE, Rn. 25; EuG ECLI:EU:T:2005:4 – DEUTSCHE POST EUROEXPRESS/HABM (Europremium), Rn. 23; EuG ECLI:EU:T:2018:309 – Zahl 1000, Rn. 28.

in zumindest *einer* seiner möglichen Bedeutungen von den maßgeblichen Verkehrskreisen als Information über die angemeldeten Waren/Dienstleistungen vermittelnd wahrgenommen wird.[357] Dabei ist das Wort „ausschließlich" nicht wörtlich zu verstehen. Vielmehr fällt ein Zeichen bereits dann unter das Verbot gem. lit. c, wenn es zu den fraglichen Waren oder Dienstleistungen einen **hinreichend direkten und konkreten Bezug** aufweist, der es den beteiligten Verkehrskreisen ermöglicht, **unmittelbar und ohne weitere Überlegung** eine Beschreibung der in Rede stehenden Waren/Dienstleistungen oder eines ihrer Merkmale zu erkennen.[358]

103 Die Überprüfung des Versagungsgrundes nach lit. c muss **eingehend und umfassend** sein, um zu verhindern, dass Marken unrechtmäßig eingetragen werden.[359] Bisweilen wird unter Hinweis auf Art. 14 UMV argumentiert, dass die Überprüfung des Eintragungshindernisses gem. lit. c „auf ein Mindestmaß beschränkt werden" könnte.[360] Dieser Sichtweise ist der EuGH in begrüßenswerter Klarheit entgegengetreten.[361]

104 Zwischen dem Anwendungsbereich des Art. 7 Abs. 1 **lit. b** und dem des Art. 7 Abs. 1 **lit. c** UMV besteht eine **gewisse Überschneidung.** Beide unterscheiden sich aber dadurch, dass der Versagungsgrund des lit. b alle Umstände umfasst, deretwegen einem Zeichen die Unterscheidungseignung abzusprechen ist.[362] Diese fehlende Unterscheidungskraft kann sich in concreto aus dem beschreibenden Charakter des Zeichens ergeben, aber auch aus einer Vielzahl weiterer Gründe. Insofern ist der Anwendungsbereich von lit. b weiter. Daraus folgt zugleich, dass den von Art. 7 Abs. 1 lit. c UMV erfassten **beschreibenden Zeichen stets** auch **keine Unterscheidungskraft** iSv lit. b zukommt.[363] Indessen kann umgekehrt einem Zeichen aus anderen Gründen als wegen seines etwaigen beschreibenden Charakters die Unterscheidungskraft iSv Art. 7 Abs. 1 lit. b fehlen.[364]

105 Wie sich schon dem Wortlaut der Bestimmung entnehmen lässt,[365] ist die Prüfung des Versagungsgrundes gem. lit. c anhand der **spezifischen Waren und Dienstleistungen** vorzunehmen, die von der Anmeldung umfasst sind. Entscheidend ist, wie oben bereits skizziert, die **Wahrnehmung** des durch die Waren/Dienstleistungen **angesprochenen Verkehrs.**[366] Soweit sich die konkreten Waren/Dienstleistungen *auch* an den Endkonsumenten richten, so ist auf die Beurteilung eines durchschnittlich informierten, aufmerksamen und verständigen Durchschnittsverbraucher der betreffenden Warenart abzustellen.[367] Enthält das angemeldete Zeichen beispielsweise ein Wort der englischen Sprache, ist abzustellen auf die Wahrnehmung und Verständnismöglichkeiten der der englischen Sprache mächtigen Verbraucher,[368] wobei zu berücksichtigen ist, dass die englische Sprache sehr verbreitet und gängige englische Vokabeln weithin geläufig sind.

106 Aus dem im Allgemeininteresse liegenden Ziel, rein beschreibende Begriffe zur freien Verwendung aller freizuhalten, folgt jedoch **nicht,** dass seitens des Amtes nachzuweisen wäre, dass das fragliche Zeichen zum Zeitpunkt der Anmeldung **tatsächlich benutzt** würde.[369] Auch setzt die Anwendung des Art. 7 Abs. 1 lit. c UMV **nicht** voraus, dass ein **konkretes, aktuelles oder ernsthaftes Freihaltebedürfnis** besteht. Dem deutschen Begriff des „Freihaltebedürfnisses", wie er von deutschen Gerichten über Jahrzehnte praktiziert wurde, hat der EuGH für das europäische

[357] So auch Prüfungsrichtlinien EUIPO, Teil B, Abschnitt 4 (Absolute Eintragungshindernisse), Kapitel 4 Anm. 1.1 (Stand 01/03/2021).

[358] EuG ECLI:EU:T:2018:309 – Zahl 1000, Rn. 30; EuG ECLI: EU:T:2005:247 – METSO PAPER AUTOMATION/OHIM (Paperlab), Rn. 25; EuG ECLI:EU:T:2004:245 – LIMO, Rn. 30; EuG ECLI:EU:T:2005:4 – Europremium, Rn. 24, 25.

[359] EuGH ECLI:EU:C:2004:86 – Postkantoor, Rn. 123; EuGH ECLI:EU:C:2003:244 – Libertel, Rn. 59.

[360] S. statt vieler EuGH ECLI:EU:C:2003:244 – Libertel, Rn. 59 f.; ausführl. dazu Hasselblatt/Hasselblatt EUTMR Art. 7 Rn. 27 ff.

[361] ECLI:EU:C:2003:244 – Libertel, Rn. 58 f.; zust. Hasselblatt/Hasselblatt EUTMR Art. 7 Rn. 28.

[362] EuGH ECLI:EU:C:2012:254 – Deichmann (Umsäumter Winkel), Rn. 47; ebenso EuG ECLI:EU:T:2007:171 – TWIST & POUR, Rn. 39.

[363] EuGH ECLI:EU:C:2012:254 – Deichmann (Umsäumter Winkel), Rn. 46.

[364] EuGH ECLI:EU:C:2011:139 – Zahl 1000, Rn. 46; EuGH ECLI:EU:C:2012:254 – Deichmann (Umsäumter Winkel), Rn. 46.

[365] So heißt es in Art. 7 Abs. 1 lit. c ausdrücklich, dass sich der beschreibende Charakter beziehen muss auf die „Ware oder Dienstleistung".

[366] S. zu den maßgeblichen Verkehrskreisen ausführlich bereits oben Rn. 82 f.

[367] Statt vieler: EuGH ECLI:EU:C:1999:323 – LLOYD, Rn. 26; EuGH ECLI:EU:C:2002:377 – Philips, Rn. 63; EuGH ECLI:EU:C:2003:206 – Linde Winward Rado, Rn. 41.

[368] EuG ECLI:EU:T:2004:347 – ANNE GEDDES/OHIM (Nurseryroom), Rn. 18; EuG ECLI:EU:T:2008:553 – COLGATE-PALMOLIVE/HABM (Visible White), Rn. 36.

[369] EuGH ECLI:EU:C:2004:86 – Postkantoor, Rn. 97; EuG ECLI:EU:T:2008:381 – PRANA HOUSE/HABM, Rn. 36.

Markenrecht verbal ausdrücklich eine Abfuhr erteilt.[370] Daraus folgt, dass der Versagungsgrund des lit. c nicht dadurch ausgeräumt werden kann, dass der Anmelder nachweist, dass die Wettbewerber das betreffende (beschreibende) Wort nicht benötigten.[371]

Für die Annahme des Versagungsgrundes nach Art. 7 Abs. 1 lit. c UMV ist ausreichend, wenn das fragliche Zeichen von den beteiligten Verkehrskreisen als eine Beschreibung eines der Merkmale der erfassten Leistungen erkannt werden *kann*.[372] Referenzbasis hierfür ist das gewöhnliche Verständnis, das die durch die Waren/Dienstleistungen angesprochenen Verkehrskreise von dem fraglichen Wort haben. Ein solches Verständnis kann durch lexikalischen Nachweis oder Wörterbucheinträge sowie Beispiele für die Benutzung des Begriffs in einer beschreibenden Art und Weise dargetan werden; Gleiches gilt für Benutzungshandlungen im Internet. Aus dem Umstand, dass sich ein solcher lexikalischer Nachweis nicht führen lässt, folgt jedoch nicht, dass dem Begriff keine beschreibende Bedeutung zukommt. Der beschreibende Charakter eines Zeichens oder einer Angabe kann, bei Zugrundelegung der Wahrnehmung der angesprochenen Verkehrskreise, dem Begriff selbst zu entnehmen sein.[373] Der absolute Versagungsgrund des lit. c erfasst Zeichen nur dann, wenn diese einen hinreichend „direkten und konkreten Zusammenhang mit den fraglichen Waren oder Dienstleistungen aufweisen, die es den betroffenen Verkehrskreisen ermöglicht, **sofort und ohne weiteres Nachdenken** eine Beschreibung der fraglichen Art von Waren oder Dienstleistungen oder eines ihrer Merkmale wahrzunehmen".[374] Von diesem Eintragungshindernis sind hingegen **nicht** erfasst solche Zeichen oder Angaben, die bestimmte Charakteristika der von der Anmeldung erfassten Waren/Dienstleistungen **lediglich andeuten,** im englischen Sprachgebrauch oft als „suggestive marks" bezeichnet.[375] Typischerweise sind diese Zeichen im Hinblick auf die erfassten Waren/Dienstleistungen eher **vage und zweideutig.** Hinsichtlich solcher Zeichen verfolgte das Amt anfänglich eine liberalere Eintragungspraxis, ohne dass dies negative Konsequenzen nach sich gezogen hätte. Eine ganze Reihe solcher Zeichen sind gerade wegen ihres vagen Charakters, die einen beschreibenden Gehalt nur andeuten, zur Eintragung gelangt.[376] Auf dieser Linie bewegt sich auch die Entscheidung des EuGH, mit der dem durchaus anpreisenden Wort *Bravo* Eintragungsfähigkeit attestiert wurde, da unklar bliebe, wer „Bravo" zu wem sagt und was angepriesen wird.[377] Inzwischen hat sich dieser liberale Ansatz jedoch zu einem tendenziell restriktiveren Regime gewandelt.[378] 107

Praxistipp:

Für die Anmeldung solcher **sprechenden Zeichen** ist deshalb zu empfehlen, die Marke bis zu einem gewissen Grad **vage oder mehrdeutig** zu halten oder sie mit einem **Überraschungsmoment** oder **ungewöhnlichem Umstand** zu versehen, um das Eintragungshindernis gem. lit. c zu überwinden. Zwar ist ein besonderer Überraschungs- oder Merkeffekt oder ein gewisser Fantasiegehalt keineswegs notwendig, allerdings im Hinblick auf die Überwindung der Eintragungshindernisse nach Art. 7 Abs. 1 lit. b *und* lit. c UMV sehr hilfreich.[379]

---

370 Erstmals in EuGH ECLI:EU:C:1999:230 – WINDSURFING CHIEMSEE, Rn. 35 (unter ausdrücklicher Bezugnahme auf die dortige Rn. 16, in der die Ausführungen des LG München I zum „Freihaltebedürfnis" zu finden sind); inzwischen mehrfach in dieser Richtung entschieden, s. etwa EuG ECLI:EU:T:2002:81 – DAIMLERCHRYSLER/HABM (TruckCard), Rn. 28; dabei darf allerdings nicht übersehen werden, dass inhaltlich letztlich die nach herkömmlichem deutschem Verständnis des „Freihaltebedürfnisses" geltende Ratio legis auch vom EuG und EuGH verfolgt wird (insbesondere also im Hinblick auf einen gegenwärtigen Freihaltebedarf und ein mögliches zukünftiges ernsthaftes Freihaltebedürfnis).

371 EuG ECLI:EU:T:2002:81 – DAIMLERCHRYSLER/HABM (TruckCard), Rn. 28.

372 EuGH ECLI:EU:C:2011:139 – Zahl „1000", Rn. 38 f.; EuGH ECLI:EU:C:2010:62 – Mergel ua/HABM, Rn. 37.

373 Prüfungsrichtlinien EUIPO Teil B Abschnitt 4, Kapitel 4 Anm. 1.2 (Stand 01/03/2021).

374 EuG ECLI:EU:T:2005:4 – Europremium, Rn. 24 f.; kritisch zu der restriktiven Ausdeutung des Versagungsgrundes gem. Abs. 1 lit. c iSv „unmittelbar beschreibend" Eisenführ/Schennen/Brecht Art. 7 UMV, Rn. 116.

375 Bisweilen auch „allusive marks" genannt.

376 S. etwa HABM – R 129/1999-3 – BASIC; HABM – R 185/1998-3 – alltravel; HABM – R 36/1998 – 2-Oilgear.

377 EuGH ECLI:EU:C:2001:510 – MERZ & KRELL (BRAVO); diese Entscheidung „passt" auch in die damalige Zeit der großzügigeren Eintragungspraxis (1996 bis ca. 2003).

378 S. etwa EuG ECLI:EU:2004:347 – ANNE GEDDES/HABM (Nurseryroom), Rn. 21–23; EuG ECLI:EU:T:2005:247 – METSO PAPER AUTOMATION/HABM (Paperlab), Rn. 25 f.

379 Auch bedarf es für die Annahme der Unterscheidungskraft keiner sprachlichen oder artistischen Kreativität; ausf. dazu Hasselblatt/Hasselblatt EUTMR Art. 7 Rn. 75 f.

108 Die beschreibende Natur eines Zeichens kann sich ergeben aus einem der in Art. 7 Abs. 1 lit. c UMV (nicht abschließend) aufgeführten Anknüpfungspunkte, sei es in Bezug auf die von der Anmeldung erfassten Waren oder Dienstleistungen,[380] in Bezug auf die **Qualität oder Beschaffenheit der Waren,**[381] oder in Bezug auf den **Verwendungszweck** oder die **Bestimmung** einer Ware oder Dienstleistung.[382] So wurde beispielsweise dem Wort *TRUCKCARD* die Eintragung für Waren/Dienstleistungen der Klassen 9, 36–39 und 42 versagt, da aus Sicht der angesprochenen Verkehrskreise ein hinreichend direkter und konkreter Zusammenhang zwischen dem Wort *TRUCKCARD* und den erfassten Leistungen (ua „Ausgabe von Kreditkarten" etc.) bestehe.[383] Dem Zeichen *VISIBLE WHITE* wurde die Eintragung verwehrt, da zumindest eine der Bedeutungen eine Eigenschaft der Schutz nachsuchenden Waren Zahnpasta und Mundwasser beschreibend.[384] Des Weiteren wurde der Begriff *NURSERYROOM* als beschreibend angesehen im Hinblick auf „Bücher, Schreibwaren" (Klasse 16), „Teller und Tassen" (Klasse 21), etc., da das fragliche Zeichen durch die Zusammenschreibung der beiden Wörter in der nach der englischen Grammatik richtigen Reihenfolge **nicht einen Eindruck hervorruft,** der „von dem sich aus dem bloßen Nebeneinanderstellen der Wort („nursery" und „room") ergebenden Eindruck **weit genug abweicht, um den Sinn oder die Bedeutung der Wörter zu verändern**".[385] Insbesondere die zuletzt genannte Entscheidung mag als Beleg dafür dienen, dass die Eintragungspraxis des Amtes und der Gerichte bisweilen äußerst restriktiv ist.

109 Die Beurteilung von lediglich **aus einem Wort** bestehenden Wortmarken bereitet keine besonderen Schwierigkeiten. Solche Zeichen sind als beschreibend anzusehen, wenn sie von den angesprochenen Verkehrskreisen **sofort und ohne weiteres Nachdenken als Information** in Bezug auf die konkreten Waren/Dienstleistungen oder deren Eigenschaften **verstanden werden.** So sind beispielsweise die Zeichen *PRIMA* und *LITE* als beschreibend angesehen worden, da sie positive Eigenschaften der erfassten Waren/Dienstleistungen benennen.[386] Allerdings können auch lobende Anpreisungen eintragungsfähig sein, sofern sie nur vage Konnotationen zu den Waren/Dienstleistungen wachrufen. So ist die Wortmarke *BRAVO* unbeanstandet geblieben, da unklar bliebe, wer zu wem „bravo" sagen würde und was damit angepriesen werden sollte.[387] Eine einheitliche Linie ist insoweit nicht zu erkennen, da sich nicht ohne Weiteres erschließt, weshalb von den beiden anpreisenden Werbeschlagwörtern *BRAVO* und *PRIMA* nur das Erstgenannte eintragungsfähig sein soll. Andererseits hätte im Lichte der strengeren Spruchpraxis der letzten Jahre *BRAVO* durchaus auch als beschreibend und nicht unterscheidungskräftig angesehen werden können. Beizupflichten ist dem EuGH jedoch darin, dass auch Marken, die aus Zeichen oder Angaben bestehen, die als Werbeschlagworte, Qualitätshinweise oder Aufforderungen zum Kauf gebildet sind, nicht schon wegen einer solchen Verwendung als beschreibend anzusehen sind.[388]

110 Für die Beurteilung des beschreibenden Charakters von **Wortkombinationen** ist auf das Zeichen als Ganzes abzustellen. Für die Annahme des Versagungsgrundes gem. lit. c ist nicht ausreichend, dass jedes der Wortelemente beschreibend ist; vielmehr muss die Wortkombination selbst beschreibend sein. Für diese Konstellationen gibt die sogenannte *POSTKANTOOR*-Formel Leitlinien für die Prüfung vor. Danach sind Zeichen, die sich aus beschreibenden Elementen zusammensetzen, auch in der Kombination beschreibend, sofern nicht **ein merklicher Unter-**

[380] EuG ECLI:EU:T:2007:76 – GOLF USA/HABM, Rn. 36: Zutreffend hat das Gericht einen direkten Bezug zwischen dem Markenwort „Golf" (als Teil der Marke „Golf USA") und den von der Anmeldung erfassten Waren (Golf Equipment in Klasse 28) angenommen, wobei abgestellt wurde auf die durch die Waren angesprochenen Konsumenten, nämlich Golfspieler.

[381] EuG ECLI:EU:T:2003:327 – AUDI/HABM (TDI), Rn. 34: Das Wortzeichen „TDI" bezeichnet die Beschaffenheit der Warenart Kraftfahrzeuge, da die Ausrüstung eines Kfz mit einer „Turbocharged Diesel Injection" eines seiner wesentlichen Merkmale darstellt.

[382] EuG ECLI:EU:T:2005:247 – METSO PAPER AUTOMATION/HABM, Rn. 31: Das Gericht führt aus, dass das angesprochene Publikum in der Lage sei, das Zeichen Paperlab als Bezeichnung eines Systems zu verstehen, das als Labor für die Kontrolle und die Prüfung von Papier konzipiert ist.

[383] EuG ECLI:EU:T:2002:81 – DAIMLERCHRYSLER/HABM (TRUCKCARD), Rn. 33 ff.

[384] EuG ECLI:EU:T:2008:553 – COLGATE PALMOLIVE/HABM (VISIBLE WHITE), Rn. 34 ff.

[385] EuG ECLI:EU:T:2004:347 – ANNE GEDDES/HABM, Rn. 21, 22.

[386] HABM – R 83/1999-2 – PRIMA, Rn. 11; EuG ECLI:EU:T:2002, 42 – REWE ZENTRAL AG/HABM (LITE), Rn. 35.

[387] EuGH ECLI:EU:C:2001:510 – MERZ & KRELL (BRAVO), Rn. 17 ff., wobei diese Entscheidung zu Art. 7 Abs. 1 lit. d UMV ergangen ist.

[388] EuGH ECLI:EU:C:2001:510 – MERZ & KRELL (BRAVO), Rn. 39.

schied zwischen den Worten und der bloßen Summe seiner Bestandteile besteht.[389] Gemäß dieser Formel **„Eins plus eins gleich mehr als zwei"** ist eine Wortkombination **nicht** beschreibend, sofern der von ihr erweckte **Eindruck hinreichend weit von dem abweicht, der durch die bloße Zusammenfügung ihrer Bestandteile entsteht.**[390] Ein solcher merklicher Unterschied kann sich aus der **Ungewöhnlichkeit der Kombination** der für sich gesehen beschreibenden Bestandteile ergeben; ferner kann die Wortkombination im allgemeinen Sprachgebrauch eine **eigene Bedeutung** erlangt haben, die es gegenüber seinen Bestandteilen **autonom** erscheinen lässt.[391] Im Lichte dieser Leitlinien ist der kombinierten Wortmarke *EUROHYPO,* die Schutz nachsuchte für Finanzdienstleistungen in Klasse 36, zutreffend die Eintragung versagt worden, da die bloße Kombination der beschreibenden Komponenten EURO und HYPO dem Gesamtbegriff keine Ungewöhnlichkeit oder eine eigenständige Bedeutung verleiht.[392] Bisweilen fällt es schwer, insoweit eine saubere Trennlinie zu erkennen, da etwa die Wortmarke *EUROPREMIUM* – trotz ihrer anpreisenden Konnotation – als hinreichend unterscheidungskräftig und nicht beschreibend angesehen wurde.[393]

111 Diese Prinzipien sind in gleicher Weise anzuwenden auf **Neologismen,** also Wortzeichen, die zusammengesetzt sind aus Silben und/oder Worten, um dieserart eine ungewöhnliche Kombination zu bilden. Solche „lexikalischen Erfindungen" werden oft für die Komposition sprechender Zeichen eingesetzt. Für das Vorliegen des Hindernisses nach Art. 7 Abs. 1 lit. c UMV reicht nach eben Gesagtem nicht aus, dass die einzelnen Komponenten beschreibend sind; vielmehr muss der Gesamtbegriff beschreibender Natur sein. Den *POSTKANTOOR*-Grundsätzen folgend fallen solche Hindernisse unter lit. c, sofern die Kombination der beschreibenden Elemente der Marke nicht eine eigene – nicht beschreibende – Bedeutung verleiht.[394]

112 Die **Weglassung** von Buchstaben oder die bewusst **falsche Schreibweise** nehmen einem Zeichenwort nicht notwendig seinen beschreibenden Charakter. In der heutigen modernen – sowohl gesprochenen als auch geschriebenen – Sprache ist es durchaus üblich, sich solcher (häufig aus dem Slang kommenden) Modifikationen zu bedienen, etwa um das Wort modischer erscheinen zu lassen. Trotz der falschen Schreibweise wurde beispielsweise den Zeichen *Xtra, Xpert, FRESHHH* oder *Rely-able* die Eintragung aufgrund Art. 7 Abs. 1 lit. c UMV versagt.[395] Führt die Weglassung oder falsche Schreibweise jedoch dazu, dass sie das Zeichen als fantasievoll oder auffallend erscheinen lässt oder die Wortbedeutung ändert, sind derartige Zeichen eintragungsfähig. Akzeptiert wurden die Wortmarken *D'LICIOUS* (statt „delicious") oder *FANTASTICK* (statt „fantastisch").[396]

113 Nach denselben Prinzipien sind sogenannte **sound-alikes** zu beurteilen. So wurde dem Wortzeichen *BioGeneriX,* das Schutz nachsuchte ua für biotechnologisch hergestellte pharmazeutische Erzeugnisse und damit verwandte Dienstleistungen, wegen seines deskriptiven Charakters der Schutz versagt. Der Ausdruck „biogenerics" wird allgemein als beschreibende Angabe im Bereich

---

389 Die Wortmarke POSTKANTOOR war zusammengesetzt aus dem beschreibenden Begriffen POST und KANTOOR (das holländische Wort für „Office"); die Wortkombination ist zutreffend als beschreibend angesehen worden ua für Dienstleistungen wie direkt Direkt-Mailings oder die Ausgabe von Briefmarken; EuGH ECLI:EU:C:2004:86 – POSTKANTOOR, Rn. 99, 100; s. ferner die Zurückweisung der Marke BIOMILD mit Entscheidung vom selben Tag, EuGH ECLI:EU:C:2004:87, Rn. 39, 43; mit diesen beiden Entscheidungen wurde zugleich die nur wenig ältere Entscheidung, mit der BABY-DRY für Babywindeln die Eintragungsfähigkeit attestiert wurde, ad acta gelegt, s. EuGH ECLI:EU:C:2001:461 – BABY-DRY, Rn. 43: Dort heißt es, was im Lichte der BIOMILD- und POSTKANTOOR-Entscheidungen nicht länger haltbar wäre, wörtlich: „Auch wenn nämlich jeder der beiden Wörter, aus denen das Gesamtzeichen besteht, Teil im üblichen Sprachgebrauch verwendeter Ausdrücke zur Bezeichnung der Funktion von Babywindeln sein kann, ist ihre der Struktur nach ungewöhnliche Verbindung kein bekannter Ausdruck der englischen Sprache, um diese Waren zu bezeichnen oder ihre wesentlichen Merkmale wiederzugeben".

390 EuGH ECLI:EU:C:2004:86 – POSTKANTOOR, Rn. 99, 100; s. zuletzt etwa EuG ECLI:EU:T:2020:144 – Innerbarend, Rn. 24, 31; EuG ECLI:EU:T:2019:311 – Lieblingswein, Rn. 31, 50; zustimmend Hasselblatt/Hasselblatt Art 7 EUTMR Rn 86.

391 EuGH ECLI:EU:C:2004:86 – POSTKANTOOR, Rn. 100; EuGH ECLI:EU:C:2004:87 – BIOMILD, Rn. 39, 43.

392 EuGH ECLI:EU:C:2008:261 – EUROHYPO/HABM (EUROHYPO), Rn. 68, 69.

393 In Bezug auf Waren und Dienstleistungen der Klassen 16, 20, 35 und 39, EuG ECLI:EU:T:2005:4 – EURO-EXPRESS/HABM (EUROPREMIUM) Nr. 34 ff. (das gegen diese Entscheidung eingelegte Rechtsmittel – Rechtssache C-121/05 P ist zurückgenommen worden, nachdem sich die Parteien über die Kosten geeinigt hatten).

394 S. etwa EuG ECLI:EU:T:2005:247 – METSO PAPER AUTOMATION/HABM (Paperlab), Rn. 27 (Eintragung versagt).

395 HABM – R 20/1997-1 – Xtra, Rn. 16; HABM – R 230/1998-3 – Xpert, Rn. 17; EuG ECLI:EU:T:2008:528 – FRESHHH; EuG ECLI:EU:T:2013:225 – Rely-able.

396 Beispiele aus den Prüfungsrichtlinien EUIPO, Teil B., Abschnitt 4, Kapitel 4 Rn. 12.3 (Stand 01/03/2021): UM 13729348 D'LICIOUS und UM 13820378 FANTASTICK.

der Herstellung und des Vertriebs von Arzneimitteln verwendet.[397] Der Austausch der (bei richtiger Schreibweise) beiden Schlusskonsonanten „cs" durch den Buchstaben „x" vermöge nichts daran zu ändern, dass die Marke phonetisch identisch sei mit dem (glatt) beschreibenden Begriff „biogenerics".[398] Bisweilen kommt die Grenzziehung auch hier einer schwierigen Gratwanderung gleich; als nicht beschreibend und hinreichend unterscheidungskräftig wurden etwa die soundalikes *linq* und *Liqid* akzeptiert, während die Verfremdungen (durch Falschschreibung) der Zeichenwörter *extraordinario* und *activmotion sensor* als nicht ausreichend und diese Begriffe somit als beschreibend angesehen worden sind.[399]

114 Nicht anders zu beurteilen ist der **Austausch von Buchstaben durch Symbole,** wie beispielsweise @ anstelle von „a", „!" statt „I" oder „EUR" anstelle des Buchstabens „E". Trotz solcher – inzwischen durchaus üblicher – Modifizierungen wird der durch die Waren/Dienstleistungen angesprochene Verbraucher die Bedeutung des Wortes ohne weitere Reflektion erkennen. Deshalb sind derartige Abweichungen von ansonsten beschreibenden Begriffen nur dann hilfreich, wenn sie das Zeichen mit Unterscheidungskraft ausstatten (und dadurch zugleich den beschreibenden Charakter rauben), wovon auszugehen ist, wenn danach das Zeichen **überraschend, auffällig oder willkürlich** die Wortbedeutung verändert oder **auf Seiten des Verbrauchers eine geistige Anstrengung erfordern,** um gedanklich die Verknüpfung zu dem Begriff herzustellen, auf den sich die verfremdete Wortbedeutung beziehen soll.[400]

115 Unter den verschiedenen Merkmalen, die ausdrücklich in Art. 7 Abs. 1 lit. c UMV als möglicher Bezugspunkt für den beschreibenden Charakter eines Zeichens aufgelistet sind, nehmen die Angaben über die **geografische Herkunft** eine gewisse Sonderrolle ein. Wie vom EuGH schon frühzeitig betont, liegt es im Allgemeininteresse, solche Zeichen oder Angaben vom Markenschutz freizuhalten, die zur Bezeichnung der geografischen Herkunft dienen können, das insbesondere darauf beruht, dass derartige Herkunftsangaben nicht nur die Qualität oder andere Eigenschaften der betroffenen Warengruppen benennen, sondern auch die Vorlieben der Verbraucher etwa dadurch beeinflussen können, dass diese eine Verbindung zwischen den Waren und einem Ort herstellen, mit dem sie positiv besetzte Vorstellungen verbinden.[401] Anders als bei den geschützten Ursprungsbezeichnungen und geografischen Angaben, den traditionellen Bezeichnungen für Weine und traditionellen Begriffen für nationale Spezialitäten, die über Art. 7 Abs. 1 lit. j, k und l UMV geschützt und auch nicht durch erlangte Unterscheidungskraft gem. Art. 7 Abs. 3 UMV zu überwinden sind, ist für den Versagungsgrund nach lit. c zu überprüfen, ob die geografische Angabe geeignet ist, objektive Charakteristika der fraglichen Waren und Dienstleistungen zu beschreiben.[402] Im Falle dieser allgemeinen – dh nicht über Unionsvorschriften, nationales Recht oder internationale Übereinkünfte speziell geschützten – geografischen Angaben ist es unerlässlich, exakt zu ermitteln, wie die fragliche Angabe von den beteiligten Verkehrskreisen verstanden wird. Wird die Angabe schlicht als **fantasievolle Bezeichnung** wahrgenommen, steht lit. c der Registrierung solcher Zeichen **nicht entgegen.** Beispielhaft sei verwiesen auf die Marke *Capri-Sun®,*[403] das unter der Marke *Capri®* vermarktete Speiseeis oder die Automarke *Ford Capri®,* die vom Verkehr nicht mit der kleinen Insel Capri in Verbindung gebracht werden. Ebenso unterfällt die Verwendung bekannter Städtenamen im Zusammenhang mit Waren/Dienstleistungen, die keinen Bezug zu der Bekanntheit zu der betreffenden Stadt aufweisen, nicht unter das Verbot des lit. c, wie beispielsweise *Hollywood* für Kaugummi oder *Port Louis* für Textilien.[404] Umgekehrt ist bei geografischen Angaben, die aus Sicht der maßgeblichen Verkehrskreise **informativen Wert über die Herkunft, Qualität oder Produktion** aufweisen, zu untersuchen, ob

---

[397] EuG ECLI:EU:2008:377 – RATIOPHARM/HABM (BioGeneriX), Rn. 22–24.

[398] EuG ECLI:EU:2008:377 – RATIOPHARM/HABM (BioGeneriX), Rn. 31.

[399] S. die Entscheidungen des HABM – R 9/2001-1 – LINQ, Rn. 13; HABM – R 1769/2007-2 – LIQID, Rn. 25; HABM – R 716/2012-4 – ACTIVMOTION SENSOR (hier ist lediglich das Wort „ACTIV" falsch geschrieben, da es richtig „active" hätte heißen müssen) sowie R 2297/2011-5 – Xtraordinario, Rn. 11 f.

[400] Prüfungsrichtlinien EUIPO Teil B, Abschn. 4 (Absolute Eintragungshindernisse), Kapitel 4 (Beschreibende Marken), Anm. 2.3 (Stand 01/03/2021).

[401] EuGH ECLI:EU:C:1999:230 – WINDSURFING CHIEMSEE, Rn. 26 f.

[402] S. dazu auch Eisenführ/Schennen/Brecht UMV Art. 7 Rn. 152 ff.; Gielen/v. Bomhard/v. Kapff EUTMR Art. 7 Anm. 6 (i); ausf. dazu Hasselblatt/Hasselblatt EUTMR Art. 7 Rn. 79 ff. mit zahlreichen Bsp. eintragungs- und nicht eintragungsfähiger geografischer Zeichen, Rn. 83, 84.

[403] Unionsmarke 138271 Capri-Sun (geschützt für Waren der Klasse 32).

[404] EuG ECLI:EU:T:2008:443 – PORT LOUIS, Rn. 40–44 (Schutz nachsuchend für Textilien der Klassen 18, 24 und 25); s. ferner Prüfungsrichtlinien EUIPO Teil B, Abschn. 4 (Absolute Eintragungshindernisse), Kapitel 4 (Beschreibende Marken), Anm. 2.6.2 (Stand 01/03/2021).

die angemeldete Marke „einen Ort bezeichnet, der von den beteiligten Verkehrskreisen *gegenwärtig* mit der betreffenden Warengruppe in Verbindung gebracht wird, oder ob *dies vernünftigerweise für die Zukunft zu erwarten* ist".[405] Im letztgenannten Fall ist insbesondere von Belang, inwieweit den beteiligten Verkehrskreisen die fragliche Bezeichnung sowie die Eigenschaften des bezeichneten Ortes und die betreffende Warengruppe mehr oder weniger gut bekannt sind. Mithin steht der Versagungsgrund des lit. c der Registrierung als Marke dann nicht entgegen, wenn unwahrscheinlich ist, dass aus Sicht des Verkehrs die betreffende Warengruppe von diesem Ort stammt.[406] Mithin ist mit Blick auf die konkret Schutz nachsuchenden Waren und Dienstleistungen zu ermitteln, ob die in der Marke enthaltene geografische Angabe – beispielsweise der Name einer Stadt, einer Region oder eines Landes – Herkunfts- oder Qualitätsvorstellungen weckt. So ist Mailand bekannt als Metropole der Modeindustrie, so dass die Angabe „Mailand" (oder „Milano") für Waren der Klasse 25 nicht eintragungsfähig wäre; Gleiches gilt etwa für die Städtenamen Frankfurt und London für Finanzdienstleistungen oder die Angabe Zürich für Versicherungswesen.[407] Hingegen ist die Marke *Alaska®* als eintragungsfähig für Mineralwasser und andere Waren der Klasse 32 angesehen worden, da der bloße Umstand, dass Alaska über natürliches Wasser im Überfluss verfügte, aus sich heraus nicht vernünftigerweise den Schluss zulässt, dass die Bezeichnung „Alaska" in Verbindung gebracht wird mit der Vermarktung von Quellwasser und dergleichen in der EU.[408] Zutreffend wurde hingegen der Unionskollektivmarke *Original Eau de Cologne* als beschreibender Angabe für die Waren „Kölnisch Wasser" gem. Art. 7 Abs. 1 lit. c UMV die Eintragung versagt.[409]

d) Üblich gewordene Zeichen oder Angaben. Nach Art. 7 Abs. 1 lit. d UMV sind Marken von der Eintragung ausgeschlossen, die „ausschließlich aus Zeichen oder Angaben zur Bezeichnung der Ware oder Dienstleistung bestehen, die im allgemeinen Sprachgebrauch in den redlichen und ständigen Verkehrsgepflogenheiten üblich geworden sind". Solchen zur Bezeichnung bestimmter **Waren oder Dienstleistungen üblich gewordene Begriffe** fehlt bereits die Eignung, als Herkunftshinweis zu dienen und damit die wesentliche Markenfunktion zu erfüllen.[410] Nicht minder wichtig ist, dass über diesen absoluten Versagungsgrund sichergestellt wird, dass generische Begriffe für die Allgemeinheit frei verfügbar bleiben.[411] Generische Zeichen und Angaben können – und sind es oft auch – beschreibend sein, da sie typischerweise Eigenschaften der betroffenen Waren und Dienstleistungen bezeichnen. Demgemäß besteht eine klare Überschneidung zwischen den Eintragungshindernissen gem. lit. c und denjenigen in lit. d. Allerdings wird Marken, die unter lit. d fallen, die Eintragung nicht wegen ihres beschreibenden Charakters versagt, sondern wegen ihrer **üblichen Benutzung** in den **Industriezweigen** der von der Anmeldung erfassten Waren/Dienstleistungen.[412] Ein gutes Beispiel einer solchen generischen Bezeichnung, die ursprünglich keine erkennbare Bedeutung hatte, ist die Angabe *Bateaux Mouches*, die sich über den Lauf der Jahre zu einer üblichen Angabe für bestimmte Touristenboote in Frankreich entwickelt hat.[413] Ein weiteres Beispiel für den Verfall einer Marke wegen Entwicklung zur gebräuchlichen Bezeichnung einer Marke infolge Untätigkeit des Markeninhabers bildet die Angabe *KORNSPITZ*, die von den Verbrauchern als gebräuchliche Bezeichnung einer Backware aufgefasst wird.[414] 116

Ob ein Zeichen oder eine Angabe für bestimmte Waren oder Dienstleistungen üblich geworden ist, ist auf der Grundlage der Gepflogenheiten und Usancen in dem betroffenen Industriesektor zu beurteilen. Ein klares Anzeichen für eine solche Üblichkeit ist die **Verwendung** des Begriffes durch 117

[405] EuGH ECLI:EU:C:1999:230 – WINDSURFING CHIEMSEE, Rn. 31 (Hervorhebungen vom Verfasser).

[406] EuGH ECLI:EU:C:1999:230 – WINDSURFING CHIEMSEE, Rn. 32, 33.

[407] Beispiele nach Prüfungsrichtlinie EUIPO, Teil B, Abschn. 4, Kapitel 4, Anm. 2.6.2 (Stand 01.03/2021).

[408] EuG ECLI:EU:T:2009:257 – MINERALBRUNNEN RHÖN SPRUDEL/HABM (Alaska), Rn. 30 ff.

[409] EuGH ECLI:EU:C:2015:799 – Original Eau de Cologne, Rn. 23 ff. (wobei der EuGH gem. Art. 181 der Verfahrensordnung das Rechtsmittel als „offensichtlich unzulässig" zurückgewiesen hat).

[410] EuGH ECLI:EU:C:2001:510 – MERZ & KRELL (BRAVO), Rn. 37; ausf. Hasselblatt/Hasselblatt EUTMR Art. 7 Rn. 93 ff. mit zahlreichen Bsp. von lit. d) nicht erfassten bzw. darunter zu subsumierenden Zeichen, Rn. 100, 101.

[411] Diesen Aspekt betont zu Recht Gielen/v. Bomhard/v. Kapff EUTMR Art. 7, Anm. 7 (a).

[412] EuGH ECLI:EU:C:2001:510 – MERZ & KRELL (BRAVO), Rn. 37.

[413] EuG ECLI:EU:T:2008:559 – COMPAGNIE DES BATEAUX MOUCHES/HABM, Rn. 37: Ursprünglich im Jahr 1950 als Marke geschützt, hat sich dieser Begriff im Laufe der nächsten 50 Jahre zu einem Gattungsbegriff entwickelt und dadurch die Unterscheidungseignung verloren.

[414] EuGH ECLI:EU:C:2014:130 – Backaldrin Österreich The Kornspitz Company GmbH/Pfahnel Backmittel GmbH (KORNSPITZ), Rn. 10, 17 ff.

verschiedene Wettbewerber **ohne nähere Erläuterung der Bedeutung.**[415] Im Gegensatz dazu deutet etwa der willkürliche Charakter einer Bezeichnung darauf hin, dass diese im allgemeinen Sprachgebrauch oder in den redlichen und ständigen Verkehrsgepflogenheiten (noch) nicht üblich geworden ist. Für den Nachweis einer solchen Willkürlichkeit ist nicht ausreichend, dass das fragliche Zeichen in geschriebener Form keine Verwendung findet. Vielmehr genügt es, dass der Begriff in der fraglichen Branche bei mündlicher Benennung üblich geworden ist, wie etwa das Wort *Caipi* als übliche Abkürzung für den Cocktail *Caipirinha.*[416] Beispiele für Zeichen, die die Hürde des Art. 7 Abs. 1 lit. d UMV überwunden haben, sind etwa *MY WAY* (Klassen 9, 42),[417] *SERAFINO* (Klasse 25)[418] oder *Vesuvia* (Klasse 31).[419] Demgegenüber wurden beanstandet nach lit. d etwa die Begriffe *BRUSCHETTA* (Klassen 30, 35, 38, 42),[420] *Marketingcloud* (Klasse 42),[421] *CFO* (Klassen 16, 35, 41)[422] sowie *WEISSE SEITEN* (Klassen 9, 16, 41, 42).[423]

118 e) **Absolut ausgeschlossene Form oder eines anderen charakteristischen Merkmals der Ware.** Nach Art. 4 UMV sind dreidimensionale Zeichen, auch die „Form oder Verpackung der Ware", prinzipiell dem Unionsmarkenschutz zugänglich.[424] Davon ausgenommen sind nach Art. 7 Abs. 1 lit. e), i)–iii) UMV solche Zeichen, die ausschließlich aus einer Form oder – seit der Änderung des Art. 7 Abs. 1 lit. e) UMV durch VO (EU) Nr. 2015/2424 – einem anderen charakteristischen Merkmal bestehen, die bzw. das durch die Art der Ware selbst bedingt ist, die zur Erreichung einer technischen Wirkung erforderlich ist oder die der Ware einen wesentlichen Wert verleiht.[425] Im Blickpunkt der Versagungsgründe gem. lit. e) i)–iii) stand bislang lediglich die **Form der Ware,** wobei damit nicht ausschließlich die dreidimensionale Wiedergabe der Warenform, sondern auch deren zweidimensionale Darstellung gemeint war.[426] Durch die Unionsmarkenreform ist dieses Funktionalitätsverbot gemäß dem neu gefassten Art. 7 Abs. 1 lit. e) UMV erweitert worden auf Marken, die aus **„einem charakteristischen Merkmal"** der Ware bestehen, die dieser einen wesentlichen Wert verleihen. Was genau als *charakteristisches Merkmal* in diesem Sinne zu qualifizieren ist, bleibt der Fortbildung und Ausgestaltung durch die Rechtsprechung vorbehalten. Zu denken ist insoweit etwa an die Farbe einer Ware, ihre Oberflächengestaltung, ihren Klang oder Geruch.[427] Bei diesen Versagungsgründen handelt es sich letztlich um **spezielle Ausprägungen des im Allgemeininteresse liegenden Freihaltebedürfnisses** zugunsten der Konkurrenz, die nicht durch Exklusivrechte Dritter an der Verwendung von Formen oder anderen charakteristischen Merkmalen von Waren gehindert werden, denen gattungstypische Funktionen respektive technische Lösungen oder Gebrauchseigenschaften der betreffenden Ware innewohnen.[428] Während Markenrechte (theoretisch) zeitlich unbefristet bestehen können, sind patentierte technische Lösungen nur für eine begrenzte Dauer schutzfähig, so dass sie nach Ablauf des Schutzes von allen Wirtschaftsteilnehmern frei verwendet werden können.[429] Diese Zielsetzung würde konterkariert, wenn etwa der Patentschutz nach dessen Ablauf für die fragliche technische Lösung über das Markenrecht perpetuiert werden könnte. Folgerichtig können die Eintragungshindernisse nach

---

[415] EuG ECLI:EU:T:2006:87 – TELEFON & BUCH VERLAGSGESELLSCHAFT/HABM (WEISSE SEITEN), Rn. 60, unter Hinweis darauf, dass der Begriff „WEISSE SEITEN" bereits üblich wäre für Branchenbücher nicht nur in Österreich, sondern auch in Belgien und Frankreich („Pages Blanches"), in Italien („Pagine Bianche"), in Rumänien („White Pages"), usw.

[416] Entsprechend wurde dem Zeichen „Caipi" zutreffend die Eintragung versagt für alkoholische Getränke in Klasse 33, s. EuG ECLI:EU:T:2007:315 – BORCO-MARKEN-IMPORT MATTHIESEN/HABM, Rn. 33 (Volltext verfügbar über http://curia.europa.eu).

[417] HABM – R 1310/2008-1 – MY WAY.

[418] HABM – R 715/2008-1 – SERAFINO, obgleich damit ein bestimmter Poloshirt-Typ bezeichnet wird.

[419] HABM – R 1743/2007-1 – VESUVIA.

[420] HABM – R 328/2002-2 – BRUSCHETTA.

[421] HABM – R 1854/2013-1 – MARKETINGCLOUD.

[422] HABM – R 1758/2007-1 – CFO.

[423] EuG ECLI:EU:T:2006:87 – TELEFON & BUCH VERLAGSGESELLSCHAFT/HABM (WEISSE SEITEN), Rn. 60.

[424] Dies ist selbstverständlich und folgt bereits aus der weit gefassten Formulierung des Art. 4 UMV, dies nochmals explizit klarstellend: EuGH ECLI:EU:C:2010:516 – Lego, Rn. 39.

[425] Ausführlich zu diesen Versagungsgründen Eisenführ/Schennen/Brecht UMV Art. 7 Rn. 172 ff. sowie Hasselblatt/Hasselblatt EUTMR Art. 7 Rn. 102 ff.

[426] Dies in Bezug auf die grafische Darstellung der Form klarstellend, EuGH ECLI:EU:C:2014:2233 – HAUCK/STOKKE, Rn. 40; zuvor EuGH ECLI:EU:C:2002:377 – PHILIPS, Rn. 66.

[427] Walicka GRUR-Prax 2016, 161; Eisenführ/Schennen/Brecht Art. 7 UMV Rn. 180.

[428] Zu lit. e) i) s. etwa EuGH ECLI:EU:C:2014:2233 – HAUCK/STOKKE, Rn. 25, 27; zu lit. e) ii): EuGH ECLI:EU:C:2010:516 – Lego, Rn. 43; EuGH ECLI:EU:C:2016:849 – RUBIK'S CUBE, Rn. 39.

[429] S. nur EuGH ECLI:EU:C:2010:516 – Lego, Rn. 46.

Art. 7 Abs. 1 lit. e) UMV **nicht infolge Benutzung erlangter Unterscheidungskraft überwunden** werden.[430] Demgemäß ist zutreffend dem als dreidimensionales Zeichen angemeldeten *Lego*-Stein der Markenschutz nach Art. 7 Abs. 1e) ii) UMV verwehrt worden, obgleich dieser unstreitig über infolge Benutzung erlangte Unterscheidungskraft verfügte.[431] Aus diesem Grunde sind die Versagungsgründe nach Art. 7 Abs. 1 lit. e) UMV (nach der korrespondierenden Vorschrift des Art. 4 Abs. 1 lit. e) MarkenRL) **vorrangig** zu prüfen.[432] Dies würde den Eintragungsprozess beschleunigen und dazu beitragen, manch überflüssiges und langwieriges Verfahren zu vermeiden, indem der Anmelder zunächst das vom Amt vorgebrachte Hindernis der fehlenden Unterscheidungskraft nach lit. b) erfolgreich überwindet, nur um – Jahre später in Bezug auf dieselbe Markenanmeldung – an der Hürde nach lit. e) iii) zu scheitern.[433]

119 Die Schutzhindernisse gem. Art. 7 Abs. 1 lit. e) UMV sind **isoliert** und **unabhängig voneinander** zu überprüfen.[434] Mithin ist jedes dieser Eintragungshindernisse im Lichte des jeweils zugrunde liegenden Allgemeininteresses zu untersuchen.[435] Wie bereits skizziert, ist weiter zu beachten, dass im Hinblick auf die Analyse nach lit. e) ii) die Sichtweise der angesprochenen Verkehrskreise allenfalls *ein* nützliches Beurteilungskriterium, nicht jedoch die allein maßgebliche Sichtweise darstellt.[436]

120 Nicht als Marke eintragungsfähig ist zunächst die **durch die Art der Ware bedingte Form oder ein charakteristisches Merkmal,** Art. 7 Abs. 1 lit. e), i) UMV. Mit Blick auf die Ausdeutung der „charakteristischen Merkmale" der Ware gibt die Vorschrift keine Anhaltspunkte, anders als etwa die beispielhafte Auflistung beschreibender Angaben iSd lit. c). Als Anknüpfungspunkte kommen Charakteristika wie **Farbe, Klang oder Geruch** in Betracht. Zu denken ist etwa an die Signalfarben Orange oder Gelb einer Sicherheitsweste oder den eindringlichen Warnklang eines Brandsensors.[437] Aber auch hinsichtlich sogenannter **Formmarken** wird keineswegs sämtlichen Zeichen die Eintragungsfähigkeit abgesprochen, mittels derer die jeweilige Ware zwei- oder dreidimensional dargestellt wird. Maßgeblich ist vielmehr, ob die gewählte Form zwingend durch die Art der Ware vorgegeben ist. Mit „Art" der Ware ist die **jeweilige Gattung** gemeint; bedingt durch die „Art der Ware" sind mithin solche Charakteristika, die ein generisches Produkt dieser Gattung aufweist, etwa bei einem Messer dessen Griff und Klinge.[438] Mit Blick auf das dieser Eintragungshürde zugrunde liegende Allgemeininteresse, gewissermaßen Monopolrechte an Produktgattungen zu gewähren, ist eine **restriktive Sichtweise** geboten. Zu weit dürfte es deshalb gehen, lediglich danach zu fragen, ob aus Sicht des Verkehrs bei funktionaler Betrachtung die Form der schutznachsuchenden Warengattung nur in der konkreten Ausgestaltung denkbar ist, oder es sinnvolle Alternativen gibt.[439] Richtigerweise ist danach zu fragen, ob der Schutz nachsuchenden Form wesentliche Eigenschaften oder gattungstypische Funktionen der betreffenden Ware innewohnen. Von der Eintragung ausgeschlossen werden müssen somit solche Zeichen, die ausschließlich aus der Form einer Ware bestehen, die eine oder mehrere **wesentliche Gebrauchseigenschaften** aufweist, die der gattungstypischen Funktion der Ware immanent sind.[440] Dabei steht der Eintragungsfähigkeit nicht entgegen, dass die konkrete Form auch funktionalen Charakter aufweist, wenn und soweit ihr **Gesamteindruck durch über die funktionale Formgebung hinaus-**

[430] Dies ergibt sich schon aus der Gesetzessystematik und dem Wortlaut des Art. 7 Abs. 3 GMV, ausdrückl. klarstellend: EuGH ECLI:EU:C:2003:206 – Linde, Winward u. Rado, Rn. 45, dort auch zur Vorgreiflichkeit des Eintragungshindernisses nach lit. e) gegenüber dem Eintragungshindernis nach lit. b); ebenso EuGH ECLI:EU:C:2010:516 – Lego, Rn. 47; EuGH ECLI:EU:C:2007:542 – Benetton/G-Star, Rn. 25 f.

[431] EuGH ECLI:EU:C:2010:516 – Lego Rn. 40.

[432] S. etwa EuGH ECLI:EU:C:2002:377 – Philips, Rn. 76; EuGH ECLI:EU:C:2003:206 – Linde, Winwards u. Rado, Rn. 65; ausf. dazu Hasselblatt/Hasselblatt EUTMR Art. 7 Rn. 108.

[433] Ein Beispiel hiervon gibt die unglückliche und im Ergebnis erfolglose Eintragungshistorie der Form eines Lautsprechers in EuG ECLI:EU:T:2007:304 – Lautsprecher I, mit der die vorangegangene Amtsentscheidung auf der Basis von Art. 7 Abs. 1 lit. b) UMV annulliert wurde, woraufhin das Amt in der nachfolgenden Entscheidung (HABM – R 497/2005-1) die Anmeldung nach lit. e) iii) zurückwies, bestätigt durch EuG ECLI:EU:T:2011:575 – Lautsprecher II, Rn. 28 ff.

[434] EuGH ECLI:EU:C:2014:2233 – HAUCK/STOKKE, Rn. 39.

[435] Ausf. Hasselblatt/Hasselblatt EUTMR Art. 7 Rn 114, 115.

[436] S. dazu ausf. Hasselblatt/Hasselblatt EUTMR Art. 7 Rn. 114 f. sowie → Rn. 83.

[437] Wallicka GRUR-Prax 2016, 161.

[438] Ingerl/Rohnke MarkenG § 3 Rn. 47, zur korrespondierenden Bestimmung des § 3 Abs. 2 Nr. 1 MarkenG; Beispiel nach Kur FS 100 Jahre Markenamt, 175, 186; s. ferner das Beispiel bei Eisenführ/Schennen/Brech: UMV Art. 7 Rn. 177.

[439] v. Mühlendahl/Ohlgart § 4 Rn. 32 f.

[440] EuGH ECLI:EU:C:2014:2233 – HAUCK/STOKKE, Rn. 25–27.

reichende, ästhetische Gesichtspunkte – mit – geprägt wird.[441] Somit dürften Warenformmarken eintragungsfähig sein, die dekorative oder fantasievolle Elemente aufweisen, die für das Gepräge dieser Marke wesentlich sind und von der gattungstypischen Funktion der Ware abweichen.[442] Hinreichend sind somit nicht durch die Art der Ware vorgegebene, ästhetische oder sonst eigentümliche Veränderungen, um dieses Eintragungshindernis zu überwinden; damit korrespondiert gegebenenfalls ein entsprechend geringer Schutzumfang der Marke nach erfolgter Eintragung. Zu beachten ist jedoch auch im Zusammenhang mit diesem Versagungsgrund die zurückhaltende Spruchpraxis des EuGH bezüglich Art. 7 Abs. 1 lit. e) i) UMV.[443]

121 Art. 7 Abs. 1 lit. e) ii) UMV schließt solche Zeichen von der Eintragung aus, die ausschließlich aus einer **Form oder einem charakteristischen Merkmal** bestehen, die **zur Erreichung einer technischen Wirkung** erforderlich ist. Sinn und Zweck dieser Vorschrift ist es, technische Neuerungen und Verbesserungen nicht auf unbegrenzte Dauer über den Markenschutz zugunsten eines Wettbewerbers zu monopolisieren, sondern diese – gegebenenfalls nach Ablauf bestehender technischer Schutzrechte – der Allgemeinheit zugänglich zu machen.[444] Mit Blick auf dieses Allgemeininteresse ist der Schutzversagungsgrund des Art. 7 Abs. 1 lit. e) ii) UMV nicht zu eng auszulegen. Zwar könnte die Gesetzesformulierung („erforderlich") darauf hindeuten, dass der Markenschutz nur dann zu versagen wäre, wenn es – bei objektiver Betrachtung – praktisch keine vernünftigen und gleichwertigen Alternativen gäbe.[445] Vielmehr bedeutet die Voraussetzung der „Erforderlichkeit" (zur Erreichung einer technischen Wirkung) nicht, dass die betreffende Form die einzige sein muss, die die Erreichung der technischen Wirkung erlaubt. Dem steht schon entgegen, dass die Eintragung einer ausschließlich funktionellen Form einer Ware als Marke es deren Inhaber ermöglichen würde, anderen Unternehmen die Verwendung nicht nur der gleichen Form, sondern auch (verwechslungs-)ähnlicher Formen zu untersagen. Dies begründete die Gefahr, dass zahlreiche alternative Formen für Wettbewerber des Markeninhabers unbenutzbar wären.[446] Abzustellen ist auf die konkret Schutz beanspruchende Form. Ausreichend ist aber nicht schon, dass die Formgestaltung trotz vorhandener technischer, funktionaler Merkmale einen darüber hinausgehenden Überschuss an (ästhetischer) Eigentümlichkeit aufweist.[447] Diese Sichtweise findet nur vordergründig Rückhalt im Gesetzeswortlaut, wenn es dort heißt, dass die Eintragung nur solcher Zeichen untersagt ist, die *„ausschließlich"* aus einer zur Erreichung einer technischen Wirkung erforderlichen Form der Ware bestehen. Richtig ist vielmehr, dass die Eintragung eines dreidimensionalen Zeichens nach diesem Versagungsgrund nicht abgelehnt werden kann, wenn „in der Form der betreffenden Ware ein wichtiges nichtfunktionales Element, wie ein dekoratives oder fantasievolles Element, verkörpert wird, das für diese Form von Bedeutung ist".[448] Demgegenüber ändert „das Vorhandensein eines oder mehrerer geringfügiger willkürlicher Elemente in einem dreidimensionalen Zeichen, bei dem alle wesentlichen Merkmale durch die technische Lösung bestimmt werden, nichts daran, dass das Zeichen ausschließlich aus der Form der Ware besteht, die zur Erreichung einer technischen Wirkung erforderlich ist".[449] Mit Blick auf die zugrunde liegende Ratio schlägt der EuGH in seiner jüngeren Spruchpraxis insoweit konsequent einen **restriktiven** Weg ein. Hiernach sind nach Art. 7 Abs. 1 lit. c) ii) UMV solche Zeichen nicht eintragungsfähig, die ausschließlich aus der Form der Ware bestehen, wenn nachgewiesen wird, dass die wesentlichen funktionellen Merkmale dieser Form nur der technischen Wirkung zuzuschreiben sind. Zudem kann der Nachweis, dass es andere Formen gibt, mit denen sich die **gleiche technische Wirkung** erzielen lässt, das Eintragungshindernis nicht

[441] HABM GRUR 1999, 1080 (1081) – Granini-Flasche; so wohl auch Eisenführ/Schennen/Brecht UMV Art. 7 Rn. 175 f., der darauf hinweist, dass eine ungewöhnliches und vom Verkehr als Besonderheit erkanntes dekoratives zweidimensionales Muster durchaus eine Formmarke bilden kann und der Versagungsgrund des Art. 7 Abs. 1 lit. e) (i) UMV nicht eingreift.

[442] In diesem Sinne EuGH ECLI:EU:C:2014:2233 – HAUCK/STOKKE, Rn. 22.

[443] EuGH ECLI:EU:C:2002:377 – Philips, Rn. 80 ff., dazu ausführlich sogleich im weiteren Text.

[444] EuGH ECLI:EU:C:2010:516 – Lego, Rn. 43 bis 46; zur korrespondierenden Bestimmung des § 3 Abs. 2 Nr. 2 MarkenG Ingerl/Rohnke MarkenG § 3 Rn. 50.

[445] Dies ist zumindest im frühen Schrifttum vereinzelt gefordert worden, s. etwa v Mühlendahl/Ohlgart § 4 Rn. 35; Bender MarkenR 2000, 118 (128).

[446] EuGH ECLI:EU:C:2010:516 – Lego, Rn. 53 bis 56.

[447] In der Richtung wohl HABM GRUR 1999, 1080 (1081) – Granini-Flasche; ebenso Eisenführ/Schennen/Brecht UMV Art. 7 Rn. 179.

[448] EuGH ECLI:EU:C:2010:516 – Lego, Rn. 52.

[449] Inzwischen gefestigte Rechtsprechung, EuGH ECLI:EU:C:2010:516 – Lego, Rn. 52; EuGH ECLI:EU:C:2002:377 – Philips, Rn. 80 bis 84.

beseitigen.[450] Wesentlich für diese Sichtweise ist die im Allgemeininteresse liegende Zielsetzung, dass eine Form, deren wesentliche Merkmale einer technischen Funktion entsprechen und gewählt wurden, um diese zu erfüllen, von allen frei verwendet werden kann, so dass solche aus der Form einer Ware bestehenden Zeichen auch dann von der Eintragung ausgeschlossen sind, wenn die fragliche technische Wirkung durch andere Formen erzielt werden kann.[451] Diese **mit Recht strenge Linie** der Entscheidungen *Philips* und *Lego* hat der EuGH mit seinem *Rubik's Cube*-Urteil konsequent fortgeschrieben.[452] Neuerlich wird betont, dass der Versagungsgrund gem. lit. e) ii) **verhindern** soll, einem Unternehmen über das Markenrecht **ad infinitum ein Monopol für technische Lösungen oder Gebrauchseigenschaften** einer Ware zu gewähren.[453] Zudem ist der EuGH entschieden der von den Vorinstanzen (Beschwerdekammer und EuG) angeführten Sichtweise entgegengetreten, wonach äußerlich nicht sichtbare Elemente bei der Prüfung der Funktionalität der wesentlichen Merkmale unberücksichtigt zu bleiben hätten, wie etwa die Drehbarkeit von Einzelteilen eines dreidimensionalen Puzzles der Art *Rubik's Cube*.[454] Vielmehr müssen die wesentlichen Merkmale einer Form im Hinblick auf die technische Funktion der betreffenden konkreten Ware beurteilt werden.[455] So kann es je nach Fallgestaltung, namentlich mit Rücksicht auf die Komplexität und den Schwierigkeitsgrad des konkreten Falles, geboten erscheinen, weitere „für die Beurteilung nützliche Elemente, wie Meinungsumfragen und Gutachten oder Angaben zu Rechten des geistigen Eigentums, die im Zusammenhang mit der betreffenden Ware früher verliehen wurden," zu berücksichtigen.[456] Bei der Untersuchung des technischen Charakters der wesentlichen Merkmale der fraglichen Ware ist mithin auch deren „Innenleben" zu berücksichtigen, wie es für technische Lösungen geradezu typisch ist. Zudem ist zu beachten, dass eine großzügige Eintragungspraxis von funktional geprägten Marken dazu führen würde, über den Verwechslungsschutz **ganze Produktgruppen** zugunsten eines Wettbewerbers zu monopolisieren.[457]

Allerdings sollte diese zu Recht strenge Sichtweise des EuGH nicht dazu führen, die Registrierung von Warenform-Marken über Gebühr einzuschränken.[458] Sorgfältiges Augenmerk ist deshalb auf Anmelderseite im Vorfeld und sodann vom Amt darauf zu richten, ob mit Blick auf die konkret Schutz beanspruchende Warenform – einschließlich der Berücksichtigung der Erzielung gleicher technischer Wirkungen – ein vom Allgemeininteresse getragener Freihaltebedarf besteht. In aller Regel ist als **starkes Indiz** für ein bestehendes Freihaltebedürfnis zu werten, wenn die in der Warenform verkörperte technische Form in ihren wesentlichen Merkmalen **zuvor patentgeschützt** oder zum Patent angemeldet war,[459] wie das Amt im Zuge der **Zurückweisung** auch der **farbigen 3D-Rubik's Cube** Marke jüngst ausdrücklich betont hat.[460] 122

[450] EuGH ECLI:EU:C:2010:516 – Lego, Rn. 52 –; EuGH ECLI:EU:C:2002:377 – Philips, Rn. 80 bis 84 (zu der identisch formulierten Bestimmung des Art. 3 Abs. 1 lit. e) der Marken-RL, 2. Spiegelst.); Eisenführ/Schennen/Brecht UMV Art. 7 Rn. 178 f.

[451] EuGH ECLI:EU:C:2003:206 – Linde, Winward u. Rado, Rn. 70; EuGH ECLI:EU:C:2002:377 – Philips, Rn. 80, 83.

[452] EuGH ECLI:EU:C:2002:377 – Philips; EuGH ECLI:EU:C:2010:516 – Lego; EuGH ECLI:EU:C:2016:849 – RUBIK'S CUBE; s. die ausf. Analyse dieser ebenso wichtigen wie richtigen Entscheidung bei Hasselblatt/Hasselblatt EUTMR Art. 7 Rn. 120–130; jüngst ist vom Amt mit ausführlicher Begründung und erfreulicher Deutlichkeit auch die farbige 3D-Marke nach Art. 7 Abs. 1 lit. e (ii) UMV beanstandet worden; EUIPO E. v. 25.3.2022 – C 7 527 – Farbiger 3D-Rubikwürfel, S. 13 ff.

[453] EuGH ECLI:EU:C:2016:849 – RUBIK'S CUBE, Rn. 39, unter Bezugnahme auf EuGH ECLI:EU:C:2010:516 – Lego, Rn. 43; zuletzt etwa EuG ECLI:EU:T:2019:674 – Schwarzes Quadrat mit 7 konzentrischen blauen Kreisen, Rn. 26–28.

[454] EuGH ECLI:EU:C:2016:849 – RUBIK'S CUBE, Rn. 43, 51; s. die ausführliche Kritik der EuG-Entscheidung zu Rubik's Cube bei Hasselblatt/Hasselblatt EUTMR Art. 7 Rn. 121 f.

[455] EuGH ECLI:EU:C:2016:849 – RUBIK'S CUBE, Rn. 46; EuGH ECLI:EU:C:2010:516 – Lego, Rn. 72.

[456] EuGH ECLI:EU:C:2016:849 – RUBIK'S CUBE, Rn. 50, 68 ff., 71 ua unter Bezugnahme auf die Entscheidungen Philips und Lego.

[457] In der Richtung EuGH ECLI:EU:C:2016:849 – RUBIK'S CUBE, Rn. 52, aE; ebso. EuG ECLI:EU:T:2019:674 – Schwarzes Quadrat mit 7 konzentrischen blauen Kreisen, Rn. 29.

[458] So heißt es im Schrifttum, es wäre „fatal", wenn das Philips-Urteil exzessiv ausgelegt würde, so die Mahnung von Eisenführ/Schennen/Brecht UMV Art. 7 Rn. 180.

[459] Wie hier: Gielen/v. Bomhard/v. Kapff Concise European Trade Marke and Design Law, Art. 7 Anm. 8 (f); so lagen die Dinge in der Entscheidung EuGH ECLI:EU:C:2016:849 – RUBIK'S CUBE, der unter dem 30.1.1975 als ungarisches Patent (Nr. 170062) angemeldet (und geschützt) war; s. die Wiedergabe der mit der Patentanmeldung eingereichten Grafik zur Erläuterung der Funktionalität des Würfels bei Hasselblatt/Hasselblatt EUTMR Art. 7 Rn. 121.

[460] Wörtlich heißt es dort: „… constitutes prima facie evidence…", EUIPO E. v. 25.3.2022 – C 7 527 – Farbiger 3D-Rubikwürfel, S. 20.

123 Des Weiteren sind nach Art. 7 Abs. 1 lit. e) iii) UMV solche Zeichen vom Markenschutz ausgenommen, die ausschließlich aus einer Form oder einem anderen charakteristischen Merkmal bestehen, die bzw. das der **Ware einen wesentlichen Wert verleiht.** Welchen Stellenwert diese vielfach – und völlig zu Recht – kritisierte Bestimmung[461] in der Eintragungspraxis einnehmen wird, lässt sich nur schwer prognostizieren. Die bislang zu diesem Versagungsgrund ergangenen Entscheidungen zeugen von einer unübersehbaren und **weitreichenden Unsicherheit.** Tatsächlich ist die ratio legis dieser Vorschrift unklar.[462] Dabei ist vornehmliche Ursache der (verständlichen) Verunsicherung die vage Formulierung des Gesetzestextes, da gänzlich unklar bleibt, was genau der Ware „einen wesentlichen Wert" verleihen und wie dieser gegebenenfalls zu bemessen sein soll. Nicht zuletzt deshalb ist bereits mehrfach der Hoffnung Ausdruck gegeben worden, dass diese Bestimmung in näherer Zukunft abgeschafft werden sollte.[463] Dabei dürfte im Ausgangspunkt völlige Einigkeit bestehen, dass auch ästhetisch anspruchsvolle (zwei- oder dreidimensionale) Formgestaltungen dem Markenschutz zugänglich sind. Keinem Zweifel unterliegen dürfte ferner, dass ein und dasselbe Design sowohl marken- als auch geschmacksmuster- und überdies urheberrechtlich – wie dies Art. 96 Abs. 2 GGV ausdrücklich klarstellt – Schutz genießen kann.[464] Vor diesem Hintergrund lässt sich nur erahnen, jedoch *nicht* dem Gesetzeswortlaut entnehmen, welches gesetzgeberische Motiv der Verordnungsgeber vor Augen gehabt hat: Es soll vermieden werden, ähnlich wie dies Art. 7 Abs. 1 lit. e) ii) UMV für technische Lösungen vorsieht, dass über das Instrument des Markenschutzes zeitlich *begrenzte* Schutzrechte wie beispielsweise das Design- oder das Urheberrecht zeitlich *unbegrenzt* perpetuiert werden könnten. Einem solchen Ansinnen wäre zuzustimmen. Wäre dies die erklärte ratio legis gewesen, hätte der Gesetzgeber es freilich nicht bei der Verleihung eines „wesentlichen Wertes" bewenden lassen dürfen. Schon im Hinblick darauf ist der Versagungsgrund des lit. e) iii) bis auf Weiteres, dh bis zu seiner Abschaffung oder Neufassung, **äußerst restriktiv** anzuwenden, nicht zuletzt deshalb, da die Bestimmung in ihrer jetzigen Formulierung **gutes Design bestraft.**[465] Verkürzen ließe sich der Anwendungsbereich des lit. e) iii) in seiner derzeitigen Ausgestaltung auf die Formel: Gutem, also ästhetisch anspruchsvollem Design muss der Markenschutz versagt bleiben, während schlechtes Design markenschutzfähig ist.

124 In diesem Sinne versuchen die Gerichte, die Bestimmung des lit. e) iii) mit Leben zu erfüllen. So soll eine Form, in concreto ein in der Tat ansprechendes und außergewöhnliches Design eines Lautsprechers, nach lit. e) iii) nicht eintragungsfähig sein, wenn von dem Design eine „Anziehungskraft der fraglichen Ware" ausgeht, die ihren Wert erhöht; bei den fraglichen Lautsprechern wurden in Online-Foren und dergleichen „die ästhetischen Merkmale dieser Form an erster Stelle hervorgehoben", so dass eine solche Form als „eine reine, schlanke und zeitlose Skulptur zur Wiedergabe von Musik wahrgenommen" würde. Dies wiederum würde der Form „erhebliches Gewicht als Verkaufsargument" verleihen.[466] Wie diese nicht weiter fundierten Gedanken rechtlich einzuordnen sind, bleibt unklar. Deshalb wird im Schrifttum teilweise angenommen, dass für die Prüfung nach lit. e) iii) maßgeblich sei, ob der angesprochene Verkehr allein in dem ästhetischen Gehalt der Form den wesentlichen Wert der Ware sieht und somit von vornherein ausgeschlossen sei, dass der Gestaltung „neben ihrer ästhetischen Wirkung zumindest auch die Funktion eines kommerziellen Herkunftshinweises zukommen" kann.[467] Danach soll für die Ermittlung der **ästhetischen Funktionalität** wohl (mit)entscheidend sein, ob das Zeichen „ausschließlich" aus einer ausgeschlossenen Form oder einem charakteristischen Merkmal bestehe;

[461] S. Kur FS 100 Jahre Markenamt, 175, 192; ebenso Ingerl/Rohnke MarkenG § 3 Rn. 58; kritisch ferner Eisenführ/Schennen/Brecht UMV Art. 7 Rn. 182, der von einer „nicht ganz glücklich formulierten" Vorschrift spricht.

[462] S. dazu die ausf. Kritik von Gielen EIPR 2014, 164 ff. sowie Hasselblatt/Hasselblatt EUTMR Art. 7 Rn. 131 ff.

[463] S. etwa die Studie des Max Planck Instituts (2011), „Study on the Overall Functioning of the European Trade Mark System", präsentiert am 15.2.2011, Rn. 2.34, S. 73; Gielen EIPR 2014, 164 (169); Hasselblatt/Hasselblatt EUTMR Art. 7 Rn. 132.

[464] S. statt vieler Ruhl Art. 96 GGV Rn. 7; Hasselblatt/Nordemann Community Design Regulation Art. 96 CDR Rn. 7 ff.; Schlötelburg GRUR 2005, 123 f.

[465] So ausdrückl. Gielen/v. Bomhard/v. Kapff Concise European Trade Mark and Design Law, Art. 7 EUTMR, Rn. 8 (g); ähnlich Gielen EIPR 2014, 164 ff.; Hasselblatt/Hasselblatt EUTMR Art. 7 Rn. 132.

[466] EuG ECLI:EU:T:2006:575 – Form eines Lautsprechers II, Rn. 74, 75; bemerkenswert ist, dass bei der vorangegangenen Entscheidung in Bezug auf dieselbe Markenanmeldung eben darin die erheblich von der Norm abweichende Gestaltung erkannt wurde, die dem Anmeldezeichen über die Hürde des Versagungsgrundes der mangelnden Unterscheidungskraft nach lit. b) hinweghalf; EuG ECLI:EU:T:2007:304 – Lautsprecher I, Rn. 42 ff.; krit. dazu ebenfalls Gielen/v. Bomhard/v. Kapff Concise European Trade Mark and Design Law, Art. 7 EUTMR, Anm. 8 (g).

[467] Eisenführ/Schennen/Brecht UMV Art. 7 Rn. 185 unter Hinweis auf BGH GRUR 2008, 71 – Fronthaube, Rn. 18.

dies gelte für Werke der bildenden Kunst oder reine Dekorationsgegenstände, nicht hingegen für Bilderrahmen, Aufsatzträger für Skulpturen etc., die ungeachtet hoher designerischer Qualität keineswegs an dem Hindernis nach lit e) iii) scheiterten.[468] Wirklich überzeugend klingt dies nicht, und namentlich findet eine solche conclusio keinen hinreichenden Rückhalt im Gesetz.[469] Angesichts des unklaren Gesetzeswortlauts könnte andererseits darauf abzustellen sein, ob die ästhetisch besonders ausgeprägte Form der Ware aus Verbrauchersicht deren eigentlichen Wert ausmacht, diese in (beliebig) anderer Form für ihn hingegen wertlos wäre. Unschädlich dürfte in jedem Falle sein, wenn der Verkehr anhand der konkreten Formgebung ein ihm bekanntes Produkt eines bestimmten Herstellers erkennt und deshalb bestimmte Gütevorstellungen geweckt werden. Das nur mittelbare Hervorrufen positiver Assoziationen durch eine bestimmte Formgestaltung einer Ware bedeutet nicht, dass ihr dadurch ein wesentlicher Wert verliehen wird.[470]

Ebenfalls unklar bleibt, welche **charakteristischen Merkmale** den fraglichen Waren einen we- 125
sentlichen Wert verlangen könnten. Angeführt werden hier etwa Melodien, die Teil des Weltkulturerbes bildeten, etwa *„Für Elise"* von Beethoven.[471] Das Gleiche sollte gelten für Marken, die Charakteristika der Waren verkörpern, die Einfluss auf die konkrete Kaufentscheidung haben können,[472] was aus sich heraus jedoch nicht zu überzeugen vermag.

f) Verstoß gegen die öffentliche Ordnung oder die guten Sitten. Nach Art. 7 Abs. 1 lit. f UMV 126
vom Markenschutz ausgeschlossen sind Zeichen, die gegen die **öffentliche Ordnung** oder die **guten Sitten** verstoßen. Die „öffentliche Ordnung" ist dabei nicht im polizei- oder ordnungsrechtlichen Sinne zu verstehen, sondern – einschränkend – als diejenigen Regeln umfassend zu interpretieren, die für ein geordnetes Zusammenleben der Union, deren Mitgliedstaaten und Bürger wesentlich sind; die „guten Sitten" lassen sich aus deutscher Sicht, wenn man einen Definitionsversuch wagen möchte, mit dem Anstandsgefühl aller billig und gerecht Denkenden umschreiben.[473] Aus Sicht des EuGH bezieht sich der Begriff der guten Sitten „auf die grundlegenden **moralischen Werte und Normen, an denen eine bestimmte Gesellschaft im jeweiligen Zeitpunkt festhält**"; diese Werte und Normen können von Ort zu Ort unterschiedlich sein und sich im Laufe der Zeit fortentwickeln.[474] Bei ihrer Beurteilung ist dem gesellschaftlichen Kontext ebenso wie kulturellen, religiösen oder philosophischen Unterschieden angemessen Rechnung zu tragen, um so **objektiv** bewerten zu können, was diese Gesellschaft zum fraglichen Zeitpunkt für **moralisch hinnehmbar** hält.[475]

Eine exakte Trennung zwischen einem Verstoß gegen die öffentliche Ordnung *oder* die guten 127
Sitten dürfte vielfach kaum möglich sein, da die Begriffe in nicht geringem Maße überlappen. Bereits die Fülle der zu §§ 1 UWG aF, 138 Abs. 1 und 826 BGB ergangenen Judikatur und Literatur belegt die Konturlosig- und Ausfüllungsbedürftigkeit allein des Begriffes der „guten Sitten". Ein Rekurs auf die deutsche Spruchpraxis kann jedoch allenfalls zurückhaltend erfolgen, da das Vorliegen eines Verstoßes gegen die öffentliche Ordnung oder die guten Sitten **europaweit einheitlich** zu erfolgen hat.[476] Einheitlich ist der Versagungsgrund des Art. 7 Abs. 1 lit. f UMV in seinem Anwendungsbereich begrenzt und restriktiv auszulegen.[477] Zu beachten ist, dass dieser Versagungsgrund gem. Art. 7 Abs. 2 UMV bereits eingreift, wenn das Eintragungshindernis nur in einem Teil der Union vorliegt.[478] Mithin ist abzustellen auf den Begriff der öffentlichen Ordnung

[468] Eisenführ/Schennen/Brecht UMV Art. 7 Rn. 185.

[469] In dieser Richtung auch Gielen/v. Bomhard/v. Kapff Concise European Trade Mark and Design Law, Art. 7 EUTMR, Anm. 8 (g).

[470] Eisenführ/Schennen/Brecht UMV Art. 7 Rn. 182 (keine Bedenken gegenüber der – auch werterhöhenden – „ästhetisch besonders gelungenen Gestaltung" einer Ware); v. Mühlendahl/Ohlgart § 4 Rn. 36; Ingerl/Rohnke MarkenG § 3 Rn. 58.

[471] Gielen/v. Bomhard/v. Kapff Concise European Trade Mark and Design Law, Art. 7 EUTMR Anm. 8 (g).

[472] v. Kapff aaO, EUTMR Art. 7 Anm. 8 (g).

[473] Zu beiden Deutungen: v. Mühlendahl/Ohlgart § 4 Rn. 38; s. aus jüngerer Zeit etwa EuG ECLI:EU:T:2013:596 – FICKEN, Rn. 24, wo es zutreffend heißt, dass das angemeldete Zeichenwort FICKEN „Anstoß erregt und gegen die Regeln des Anstands und damit gegen die guten Sitten verstößt".

[474] EuGH ECLI:EU:C:2020:118 – Fack Ju Göhte, Rn. 39 (Hervorhebungen nur hier).

[475] EuGH aaO – Fack Ju Göhte, Rn. 39.

[476] Zum Erfordernis der einheitlichen Auslegung zentraler Sachvorschriften des Markenrechts (trotz nicht vollständig erfolgter Harmonisierung) s. EuGH ECLI:EU:C:2003:145 – Ansul/Ajax, Rn. 26, 27; EuGH ECLI:EU:C:2002:706 – Robelco/Robeco, Rn. 30 bis 33; ferner v. Mühlendahl/Ohlgart § 4 Rn. 40.

[477] HABM – R 356/2005-4 – EROTIK LOUNGE.

[478] Dies folgt unmittelbar aus dem Gesetz, nochmals betonend, EuGH ECLI:EU:C:2020:118 – Fack Ju Göhte, Rn. 37.

bzw. die guten Sitten in den jeweiligen Mitgliedsstaaten, so dass hier Besonderheiten nach nationalem Recht zu beachten sein können, da die auslegungsbedürftigen Begriffe der öffentlichen Ordnung und der guten Sitten innerhalb der Union nicht einheitlich interpretiert werden. Abzustellen ist dabei auf die Wahrnehmung der Marke durch die breite Öffentlichkeit und nicht nur auf die von den so gekennzeichneten Leistungen unmittelbar angesprochenen Verkehrskreise. Besondere Un-/Empfindlichkeiten sind dabei unberücksichtigt zu lassen; zugrunde zu legen ist vielmehr die Wahrnehmung einer vernünftigen Person mit durchschnittlicher Empfindlichkeits- und Toleranzschwelle.[479] Maßgeblich ist das **objektive Verständnis** des Anmeldezeichens nach dem Empfängerhorizont.[480]

128 Als sittenwidrig von der Eintragung ausgeschlossen sind **beleidigende**[481] **oder blasphemische Zeichen,** wie Schimpfwörter oder rassistische Abbildungen, hingegen ist lediglich geschmacklosen Zeichen der Markenschutz nicht verwehrt. Besteht ein Zeichen aus einem Begriff, der aus Sicht englischsprachiger Verkehrskreise einen zutiefst beleidigenden und herabwürdigenden Charakter aufweist, ist ein Verstoß gegen die guten Sitten oder die öffentliche Ordnung anzunehmen auch für den Fall, dass eine nicht beleidigende Verwendung möglich ist.[482] Zu denken ist hier ferner an Markenanmeldungen, die das **Schamgefühl** oder die **religiöse Anschauung** verletzen, wobei insoweit *nicht* auf die teils „übersensiblen" Entscheidungen aus der deutschen Spruchpraxis zurückgegriffen werden kann.[483] Zu Recht zurückgewiesen wurde ein auf Art. 7 Abs. 1 lit. f, Abs. 2 UMV gestützter Nichtigkeitsantrag bezüglich der Marke „Intertops", da die behauptete Verletzung der öffentlichen Ordnung – in concreto: die angeblich fehlende, nach deutschem Recht erforderliche Erlaubnis für die Veranstaltung von Glücksspielen – keinen Einfluss auf die Beurteilung der Markenrechtsfähigkeit des Zeichens selbst hatte.[484] Vielmehr ist für die Beurteilung, ob eine Marke gegen Art. 7 Abs. 1 lit. f UMV verstößt, auf die Marke selbst abzustellen.[485] Dies könnte – außer in den vorgenannten Beispielen – anzunehmen sein bei in der Marke selbst enthaltenen Gewalt verherrlichenden Abbildungen.[486] Als Verstoß gegen die öffentliche Ordnung wurde die Markenanmeldung „Bin Ladin" angesehen und ihr entsprechend die Eintragungsfähigkeit versagt, da darin mangelnder Respekt gegenüber den Opfern eines Terroristen zum Ausdruck komme.[487] Demgegenüber wurde die Marke „Dick & Fanny" als eintragungsfähig eingesehen und ein Verstoß gegen die öffentliche Ordnung und Moral abgelehnt, obgleich diese Wortkombination in der englischen Umgangssprache die menschlichen Geschlechtsorgane beschreibt.[488] Auch wurde die Gemeinschaftsmarkenanmeldung *DIE WANDERHURE* – wie es durchaus humorvoll expressis verbis im Tenor der Entscheidung heißt – „zum Weiterwandern zugelassen", da das Zeichenwort keinen Ausdruck verkörpere, der einen Anstoß erregt und gegen die guten Sitten verstößt; die Anmeldung der Marke enthalte keine semantische Aussage, die auf eine bestimmte Person oder Gruppe bezogen werden könne; auch fordere sie nicht zu einer bestimmten Handlung auf.[489] Auf der gleichen Linie liegt die Entscheidung des EuGH, mit der er eine dem Wortzeichen *Fack Ju Göhte* innewohnende – von der BK und dem EuG angenomme-

[479] EuG ECLI:EU:T:2013:596 – FICKEN, Rn. 24: Abzustellen ist auf den „Durchschnittsverbraucher mit normaler Empfindlichkeits- und Toleranzschwelle"; ebenso Bender MarkenR 2012, 41 (49), unter Bezugnahme auf EuG ECLI:EU:T:2011:564 – PAKI.

[480] HABM – R 2889/2014-4 – DIE WANDERHURE, Rn. 12; Sittenwidrigkeit zutreffend verneint (vor der großen BK) bzgl. des Wortes BREXIT, aber eben auch dessen hinreichende Unterscheidungseignung, EUIPO – R 958/2017 – G – BREXIT, Rn. 37–39 (zu lit. f), Rn. 41 ff (zu lit. b).

[481] Einen solchen Fall betraf EuG ECLI:EU:T:2011:564 – PAKI, Rn. 15.

[482] EuG ECLI:EU:T:2011:564 – PAKI, Rn. 15 f.

[483] BGH GRUR 1995, 592 – Busengrapscher; BPatG GRUR 1994, 377 – Messias; BPatG Mitt. 1985, 215 – Schlüpferstürmer; diese Entscheidungen dürften aus heutiger Sicht teilweise durchaus anders zu entscheiden sein.

[484] HABM GRUR 2002, 897 f. – Intertops, best. durch EuG ECLI:EU:T:2005:312.

[485] HABM GRUR 2002, 897 – Intertops, best. durch EuG ECLI:EU:T:2005:312.

[486] Weitergehend Eisenführ/Schennen/Eisenführ UMV Art. 7 Rn. 253 ff., wonach – unabhängig von der Marke – dieses Eintragungshindernis auch dann eingreifen soll, wenn kriminelle oder terroristische Vereinigungen Marken anmelden; dann jedoch ergäbe sich die Sittenwidrigkeit oder der Verstoß gegen die öffentliche Ordnung nicht aus der Marke selbst, so dass der Wortlaut insoweit – trotz des berechtigten Anliegens dieser Sichtweise – dagegen spricht (so noch in der 5. Aufl.).

[487] HABM – R 176/2004-2 – Bin Ladin.

[488] HABM – R 111/2004-2 – Dick & Fanny; s. ferner HABM Entscheidung vom 6.7.2006 – R 498/2005-G – Screw you.

[489] HABM – R 2889/2014-4 – DIE WANDERHURE, Rn. 5 ff., 13 und 14; dabei wurde der Publikumserfolg des Buches wie auch der Verfilmung als Beleg dafür angeführt, dass die Öffentlichkeit an dem Inhalt des Buches keinen Anstoß nehme und erst recht nicht an dem Begriff, der diesen Titel darstelle; „die Wanderdame darf also weiterwandern", Rn. 11 f., Rn. 14; mit ausführlicher Anm. von Cranshaw, jurisPR-IWR 3/2016 Anm. 3.

ne – „prägende Vulgarität“[490] und damit die Anwendbarkeit des Art. 7 Abs. 1 lit. f UMV verneinte. Dabei wertete das Gericht den Erfolg des gleichnamigen Filmes als Indiz für eine gesellschaftliche Akzeptanz des Titels und eines gleichlautenden Wortzeichens, und würdigte im Rahmen der Einzelfallprüfung ferner, dass der Film vom Goethe-Institut als weltweit tätigem Kulturinstitut der Bundesrepublik Deutschland zu Unterrichtszwecken freigegeben wurde.[491] Hingegen wurde die Wort- wie auch die zugleich angemeldete Wort-/Bildmarke *FICKEN* bzw. *FICKEN Liquors*, die ua Schutz nachsuchten für Waren der Klasse 25 sowie Biere und alkoholische Getränke (Kl. 32, 33), zutreffend als vulgär und anstößig und gegen die guten Sitten verstoßend beanstandet.[492] Zu Recht betonen die Gerichte in diesem Kontext, dass ein Wort nicht diskriminierend, beleidigend oder herabsetzend zu sein braucht, um auf einen Teil der maßgeblichen Verkehrskreise anstößig zu wirken. Ausreichend ist, dass das Zeichenwort als obszön und abstoßend wahrgenommen wird, etwa weil es sich in einer derben Ausdrucksweise eindeutig auf Sexualität bezieht und als vulgär eingestuft wird.[493] Keinesfalls aus sich heraus ausreichend ist indes, wenn das betreffende Zeichen lediglich als geschmacklos angesehen wird.[494]

g) **Täuschende Marken.** Art. 7 Abs. 1 lit. g UMV nimmt solche Zeichen vom Markenschutz aus, die geeignet sind, das Publikum über die Art, die Beschaffenheit oder die geografische Herkunft der Waren oder Dienstleistungen zu täuschen. Irreführende Benutzungen einer Marke durch den Inhaber oder Dritte können von Wettbewerbern nach § 5 UWG bzw. den entsprechenden Verbotstatbeständen der Mitgliedstaaten erfolgreich angegriffen werden, ohne dass dem der Umstand der Markenregistrierung entgegenstünde oder der Eintragung auch nur indizielle Bedeutung für eine nicht täuschende Anwendung beigemessen werden könnte.[495] Vor diesem Hintergrund setzt der Schutzzweck des Versagungsgrundes lit. g deshalb zeitlich früher an: verhindert werden sollen Eintragungen, bei denen sich die **Täuschungseignung** bereits **objektiv aus der Marke selbst** in Verbindung mit den schutzbeanspruchenden Waren/Dienstleistungen ergibt. Aus diesem Grund ist das Wortzeichen *CANNABIS*, das ua Schutz nachsuchte für Biere, Weine, Spirituosen und weitere alkoholische Getränke (Kl. 32, 33), zutreffend nach lit. g beanstandet worden.[496] Aus vergleichbaren Gründen ist die Angabe *Tea by Thé* in Bezug auf Waren, die keinen Tee enthielten, nach lit. g beanstandet worden.[497] Sind demgegenüber Anwendungen der Marke bezüglich der jeweiligen Waren/Dienstleistungen möglich, die nicht täuschend sind, greift dieses Eintragungsverbot nicht durch.[498] Abzustellen ist auf die Sichtweise der relevanten Verkehrskreise, unter besonderer Berücksichtigung der Branche und Abnehmer der fraglichen Leistung. Namentlich ist bei der sich aus der Marke selbst ergebenden Irreführung auf das – inzwischen in gefestigter Rechtsprechung judizierte – Verständnis des durchschnittlich informierten, aufmerksamen und verständigen Verbrauchers abzustellen.[499] Diesem Verbraucherleitbild ist bei der Beurteilung der Irreführungseignung einer Marke Tribut zu zollen. Bejaht wurde beispielsweise die Täuschungsgefahr der Marke *International Star Registry*, da der Anmelder auf die offizielle Sternnomenklatur keinen Einfluss ausüben konnte, gleichwohl in den schutznachsuchenden Dienstleistungen versprach, Sternen vom Kunden selbst wählbare Namen zu erteilen.[500] Verneint wurde eine Eignung der Publikumstäuschung hin- 129

[490] EuGH ECLI:EU:C:2020:118 – Fack Ju Göhte, Rn. 24.
[491] EuGH ECLI:EU:C:2020:118 – Fack Ju Göhte, Rn. 50 ff.
[492] EuG ECLI:EU:T:2013:596 – FICKEN, Rn. 18 ff., Rn. 24 sowie EuG ECLI:EU:T:2013:593 – FICKEN LIQUORS, Rn. 17 ff.
[493] EuG ECLI:EU:T:2013:5593 – FICKEN LIQUORS, Rn. 19; ebenso EuG ECLI:EU:T:2013:596 – FICKEN, Rn. 24.
[494] EuGH ECLI:EU:C:2020:118 – Fack Ju Göhte, Rn. 41.
[495] In Deutschland gefestigte Rechtsprechung, s. nur: BGH GRUR 1955, 251 – Silberal.
[496] EuG ECLI:EU:T:2009:448 – GIAMPIETRO TORRESAN/HABM (Cannabis), Rn. 11 ff.: Dabei hat das Gericht – zu Recht – das Vorbringen des Anmelders verworfen, wonach die fraglichen Biere und alkoholischen Getränke keine unzulässigen Zutaten enthalten würden. Dem hielt das Gericht entgegen, dass die fraglichen Getränke entweder Hanf enthielten und Hanf auch enthalten dürften, womit die Marke CANNABIS beschreibend sei oder diese Getränke dürften kein Hanf enthalten und enthalten tatsächlich keinen solchen, wonach die Marke CANNABIS irreführend wäre (Rn. 43); Entscheidung bestätigt durch EuGH ECLI:EU:C:2011:306 (Beschluss v. 16.5.2011, verfügbar in französischer und italienischer Sprache).
[497] HABM – R 426/2012-5 – Tea by Thé, Rn. 16.
[498] v. Mühlendahl/Ohlgart § 4 Rn. 41; nach deutschem Markenrecht ist dies klarer ausgestaltet, da §§ 37 Abs. 3 iVm 8 Abs. 2 Nr. 4 MarkenG eine „ersichtliche“ Täuschungseignung fordern.
[499] Statt vieler: EuGH ECLI:EU:C:2003:169 – Arthur/Arthur et Félicie; EuG ECLI:EU:T:2003:267 – Oldenburger Rn. 35.
[500] HABM – R 468/1999-1 – International Star Registry.

gegen bei einer Marke, die aus dem Namen einer Designerin gebildet war und nach Registrierung auf ein drittes Unternehmen übertragen und von diesem weiter genutzt wurde.[501] Verneint wurde die Täuschungseignung ferner für die Marke „Metal Jacket" für (nicht-metallische) Jacken, obgleich in dieser ironischen Angabe gemäß der buchstäblichen Bedeutung eine Täuschung zu sehen wäre.[502]

Praxistipp:

Vielfach lässt sich eine drohende Schutzversagung durch Klarstellung bzw. (geringfügige) Einschränkung des Waren-/Dienstleistungsverzeichnisses verhindern. Wie in den Prüfungsrichtlinien angeregt, sollte hier – was sich generell empfiehlt – enger Kontakt zum Prüfer gehalten und gegebenenfalls erforderliche Änderungen der Klassifizierung mit ihm abgestimmt werden. Beispiel: enthält die Anmeldung einen die Beschaffenheit oder die Herkunft angebenden Bestandteil wie „XYZ-*Silber*" oder „ZYX Brautradition aus *Köln*", so kann der Beanstandung des Prüfers wegen ersichtlicher Täuschungseignung der Marke durch einschränkende Zusätze des Warenverzeichnisses begegnet werden, etwa: „ …; alle vorgenannten Waren aus Silber gefertigt" bzw. „ …; alle vorgenannten Waren hergestellt in Köln".

130 **h) Hoheitszeichen, Wappen und Embleme.** Des Weiteren ist gemäß Art. 7 Abs. 1 lit. h), i) UMV – selbstverständlich – die markenrechtliche Registrierung von **Wappen, Flaggen und anderen staatlichen Hoheitszeichen** sowie amtlichen Prüf- und Gewährzeichen im Sinne des Art. 6ter PVÜ untersagt. Gleiches gilt für Embleme und Wappen, auch wenn sie nicht unter Art. 6ter PVÜ fallen, soweit sie von besonderem öffentlichen Interesse sind. Zutreffend wurde, gestützt auf den Versagungsgrund nach Art. 7 Abs. 1 lit. h) UMV, einer Bildmarke die Eintragung versagt, die aus einer Nachahmung des Europa-Emblems bestand.[503] Aus dem gleichen Grunde blieb der Bildmarke (mit dem zusätzlichen Text „*Member Of EUR e euro experts*") der Schutz versagt, da es wegen der Abbildung des Euro-Symbols und der EU-typischen gelben Sterne auf blauem Hintergrund Assoziationen zu europäischen Institutionen weckte.[504] Demgegenüber können hinreichende Modifizierungen von bildlichen Symbolen die Markenschutzfähigkeit begründen.[505] Die Amtspraxis ist insoweit eher streng. So wurde ein Bildzeichen, welches nahezu identisch mit einem nationalen Hoheitszeichen (des Vereinigten Königreiches) ist, als nicht eintragungsfähig angesehen, obwohl nachgewiesen werden konnte, dass sich das Hoheitszeichen aus historischen Gründen aus dem Familienwappen des Markenanmelders herleitete.[506]

131 **i) Geschützte Ursprungsbezeichnungen, geografische Angaben, traditionelle Bezeichnungen etc. (lit. j–lit. m).** Wie im 10. Erwägungsgrund der Präambel der Änderungsverordnung (EU) 2015/2424 ausgeführt wird, boten die absoluten Versagungsgründe gem. Art. 7 Abs. 1 lit. j und k UMV (aF) nicht denselben Umfang an Schutz für Ursprungsbezeichnungen und geografische Angaben wie andere Instrumente des Unionsrechts. Um die vollständige Kohärenz der absoluten Eintragungshindernisse mit den einschlägigen Unionsvorschriften und nationalem Recht zu gewährleisten, sind die Versagungsgründe gem. Art. 7 Abs. 1 lit. j–m UMV neu gefasst und teils erstmalig neue Schutzhindernisse eingefügt worden (lit j: Ursprungsbezeichnungen und geografische Angaben; lit. k: traditionelle Bezeichnungen für Weine; lit. l: garantiert traditionelle Spezialitäten sowie lit. m: zu Sortenschutzrechten eingetragene frühere Sortenbezeichnungen). Insoweit ist zu beachten, dass sich infolge des Inkrafttretens des Vertrags von Lissabon[507] auch die

[501] Auch ist darin kein Verfallsgrund iSd Art. 51 Abs. 1 lit. c) GMV zu erkennen; EuGH ECLI:EU:C:2006:215 – Elizabeth Emanuel Rn. 53; Eisenführ/Schennen/Brecht UMV Art. 7 Rn. 198.

[502] HABM – R 314/2002-1 – Metaljacket; zustimmend: Eisenführ/Schennen/Brecht UMV Art. 7 Rn. 196, mit weiteren Beispielen: Rn. 198 ff.

[503] HABM GRUR 2002, 620 f. (Bildmarke ECA): das Logo bestand aus einem dem Emblem der Europäischen Institutionen nachgeahmten Sternenkranz; die zusätzliche enthaltene Abkürzung „ECA" vermochte an dem Ausschlussgrund nach Art. 7 Abs. 1 lit. h) GMV nichts zu ändern; EuG ECLI:EU:T:2004:110 – ECA.

[504] HABM – R 1804/10-2 – Member of EUR e euro experts.

[505] HABM – R 1444/2005-2 – Malteserkreuz; Eisenführ/Schennen/Brecht UMV Art. 7 Rn. 209.

[506] EuG ECLI:EU:T:2011:246 – Prinz von Hannover; weitere Beispiele von Markenanmeldungen, die Art. 6ter der Pariser Verbandsübereinkunft verletzen und solcher, die unbeanstandet geblieben sind, bei Hasselblatt/Hasselblatt EUTMR Art. 7 Rn. 176 mwN.

[507] Durch die geänderte Kompetenzregelung gem. Art. 290, 291 AEUV sind alle wesentlichen Aspekte dem jeweiligen Gesetzgebungsakt vorbehalten.

Regelungstechnik geändert hat, da die Versagungsgründe gem. Art. 7 (1) lit. i–m UMV nunmehr Rechtsgrundverweise auf die einschlägigen Vorschriften enthalten.[508]

j) **Spruchpraxis des EUIPO zu den wichtigsten Versagungsgründen im Überblick.** Eine Sichtung der bisherigen Spruchpraxis des Amtes, insbesondere auch im Lichte der Entscheidungen des EuG und des EuGH, lässt durchaus Schwankungen erkennen. Die tendenziell eher großzügigere Eintragungspraxis in den ersten knapp zehn Jahren nach Einrichtung des Unionsmarkenschutzsystems zum 1. April 1996 ist einer deutlich restriktiveren Haltung des EUIPO gewichen (etwa seit 2005/2006). 132

Praxistipp:

Bisweilen lassen sich amtlicherseits vorgebrachte Eintragungshindernisse dadurch ausräumen, dass auf bestimmte Waren/Dienstleistungen „verzichtet" wird, bezüglich derer amtlicherseits gerügte fehlende Unterscheidungskraft oder ein beschreibender Charakter am ehesten zutrifft. Hierbe empfiehlt es sich bisweilen engen – auch telefonischen – Kontakt zu den sehr kooperativen und auskunftsfreudigen Prüferinnen und Prüfern zu halten.

Mehr als 80 % der amtlichen **Zurückweisungen** werden gestützt auf **fehlende Unterscheidungskraft und/oder den beschreibenden Charakter** des angemeldeten Zeichens. Die nachfolgende – bei weitem keinen Anspruch auf Vollständigkeit erhebende – Übersicht soll einen Eindruck vermitteln, welches Maß an Eigentümlichkeit der Zeichen – bezogen auf die konkreten Waren/Dienstleistungen – erforderlich ist, um die Schranken der Art. 7 Abs. 1 lit. b)–d UMV erfolgreich zu überwinden. 133

Als **unterscheidungskräftig und nicht beschreibend** haben das EUIPO (bzw. EuG und EuGH) folgende Marken angesehen: 134

Übersicht:

Markentyp	Waren/ Dienstleistungen	Marke	Fundstelle
Wort	16, 35, 39, 41, 42	transeuropa	HABM R 125/98-3
Wort	9, 16	Portfolio	HABM R 71/98-3
Wort	20, 37	Leicht	HABM R 120/1998-1
Wort	6, 16	Cine Comedy	HABM R 97/98-3
Wort	6, 16	Cine Action	HABM R 98/98-3
Wort	7, 8	Safetytech	HABM R 119/98-3
Wort/Bild/Farbe	diverse Klassen	selecta	HABM R 104/98-3
Slogan	36	Früher an Später denken!	HABM R 153/98-2/UM 267781
Slogan	3, 42	Beauty isn't about looking young but looking good	MarkenR 1999, 173/UM 418392
Bild	36, 39	Dreiecke	HABM R 37/1999-3
Wort	36	TRAVELCARE	HABM R-24/1999-3
3D	29, 30, 32	Granini-Flasche	HABM R 139/1999-1
Wort	12	Hyperlite	HABM R 163/1999-3
Wort	11	Basic	HABM R 129/1999-3
Bild	3, 11, 16, 21, 24, 26–28	out of the blue	UM 1193514
Wort	35, 38	Cosumer Scan	HABM R 446/1999-2
Wort	12, 36, 37, 39, 41, 42	SMART	HABM R 618/1999-2
Geräusch (Sonagramm)	9, 38, 41, 42	Roar of a lion	HABM R 731/1999-4

[508] Walicka GRUR-Prax 2016, 161 (162); Marten GRUR Int. 2016, 114 (118 f.).

Markentyp	Waren/ Dienstleistungen	Marke	Fundstelle
Wort	3	ESSENTIALS	HABM R 202/2000-3
Wort	36	EASYBANK	EuG T-87/00
Wort	9, 16, 35, 41, 42	SEM	HABM R 312/2000-3
Wort	2	MULTIMIX	HABM R 367/2000-1
Wort	6, 20	doortech	HABM R 447/2000-1
Bild	25	Streifen auf Schuh	HABM R 938/2000-1
Slogan	35	Mehr für Ihr Geld	EuG T-281/02
Slogan	12, 20	Das Prinzip der Bequemlichkeit	EuG T-138/00
Wort	14, 16, 18, 21, 25, 38, 41	euroclassics	HABM R 588/2001-3
Wort	3	COLLECTION	HABM R 708/2001-3
Wort	35	Data Intelligence Group	HABM R 173/2001-4
Wort	39	Multibox	HABM R 205/2002-3
Bild	24	Webkante	HABM R 174/2002-2
Wort	diverse Klassen	SAT.2	EuGH C-329/02 P
Wort	16, 20, 32, 39	Europremium	EuG T-334/03
Wort	12, 37	GUARD	HABM R-175/2001-2
Buchstabe/Zahl	35, 36, 37, 39, 42, 43	Buchstabe I	EuG T-441/05
Wort	3, 25, 32	New Yorker	UM 4807897
Wort	18, 24, 25	PORT LOUIS	EuG T-230/06
Wort	12	FUN	EuG T-67/07
Wort	9, 38, 42	Homezone	EuG T-344/07
Wort/Bild	32	ALASKA mit Eisbär auf Scholle	EuG T-225/08
Wort	32	ALASKA	EuG T-226/08
Slogan	9, 12, 14, 16, 18, 25, 28, 35–43 und 45	Vorsprung durch Technik	EuGH C-398/08 P
Wort	9, 16, 35, 41, 42	16 PF	EuG T-507/08
Positionsmarke	25	rote Sohle eines Stöckelschuhs	HABM R 2272/10-2
Wort	5, 10	complete	EuG T-123/10
Wort	36	Deutscher Ring Sachversicherungs-AG	EuG T-209/10
Wort	9, 16, 35, 36, 38	MPAY 24	EuG T-275/10
Wort	39, 43	College	EuG T-165/11
Bild	9, 16, 25, 28, 41	Biber	HABM R 1122/2013-2
Wort	25	Voodoo	EuG T-50/13
Slogan	3, 7, 37	Wet dust can't fly	EuG T-133/13
Wort	25	HOT SOX	EuG T-543/14
Wort	25	Love to Lounge	EuG T-305/16
Bild	29	EL TOFIO El sabor de CANARIAS	EuG T-765/16
Wort	3, 8, 14–16, 18, 21, 25, 28, 30, 32–36, 38, 44	Neuschwanstein	EuGH C-488/16 P
Bild	9, 11, 35, 38, 42	fluo.	EuG T-120/17
3D	29, 30, 32, 33	Flasche mit Wulst	EuGH C-783/18 P
Farbe	7	Grau/Orange	EuG T-193/18
Wort	9, 10, 42	MobiPACS	EuG T-272/18
Wort	7, 9	FLEXLOADER	EuG T-373/18
Wort	7, 11, 21	vita	EuG T-423/18

Markentyp	Waren/ Dienstleistungen	Marke	Fundstelle
Wort	35	real nature	EuG T-458/18
Wort	16, 30	WINDSOR CASTLE	EuG T-93/20

Als **nicht unterscheidungskräftig und/oder beschreibend** (nach Art. 7 Abs. 1 lit. b)–d) UMV) hat das EUIPO (bzw. EuG/EuGH) folgenden Marken die Eintragung versagt: 135

Übersicht:

Markentyp	Waren/ Dienstleistungen	Marke	Fundstelle
Wort	9, 16, 42	Clinic-ware	HABM R 87/1999-3
Wort	ua Klasse 22	Easy Cover	HABM R 120/1999-3
Wort	38, 41, 42	Cine Comedy	EuG T-136/99
Wort	38, 41, 42	Cine Action	EuG T-135/99
Zahl	12, 28, 37	Zahl ‚7'	HABM R 63/1999-3
Wort	12	EASY ENTRY	HABM R 631/1999-2
Bild/Form (3D)	21	Zahnbürstenkopf	HABM R 406/2000-3
Bild/Form (3D)	30	Waffelform	HABM R 565/1999-1
Wort	35	Megaposter	HABM R 304/1999-3
Duftmarke	4	Der Duft von Himbeeren	HABM R 711/1999-3
Form (3-D)	30	Schogetten-Stück	HABM R 203/2000-3
Wort	16, 35, 36, 38, 42	TOTAL RISK PROFILING	HABM R 256/2000-1
Wort	29, 30, 32	OLDENBURGER	HABM R 826/2000-3
Farbe	7	Farbmarke orange/hellgrau	HABM R 477/2000-1
Wort	36	Companyline	EuGH C-104/00 P
Wort	9, 16, 42	DigiFilm; DigiFilmMaker	EUG T-178/03; 179/03
Slogan	18, 25, 30	DAS BESTE GEBEN	HABM R 232/2001-3
Wort	3, 5, 30	DOUBLEMINT	EuGH C-191/01
Bild	30	Bonbonverpackung	EuGH C-25/05 P
Wort	16, 18, 21, 25, 28	Nurseryroom	EuG T-173/03
Wort	9, 16, 42	Bioknowledge	EuG T-387/03
Wort/Slogan	36	Live richly	EuG T-320/03
Wort	9, 38, 42	BioID.	EuGH C-37/03 P
Wort	9, 16, 41, 42	Weisse Seiten	EuG T-322/03
3-D	16, 25, 32, 42	Corona Bierflasche (mit Zitrone)	EuGH C-286/04 P
3-D	32	Almdudler-Flasche	EuG T-12/04
3-D	34	Form eines Feuerzeugs	EuG T-262/04
3-D	3	quadratische Waschmitteltablette	T-241/05; 262/05; 264/05; 346/05; 347/05; 29/06; 31/06
Wort	21	TWIST & POUR	EuG T-190/05
Bildmarke	33	Darstellung eines Fünfecks	EuG T-304/05
Wort	36	EUROHYPO	EuGH C-304/06 P
Wort	9, 41, 42	map&guide	EuGH C-512/06 P
Bild	3	rechteckige Waschmitteltablette	EuGH C-144/06 P
Slogan	32, 33	Vom Ursprung her vollkommen	EuG T-28/06
Wort	9, 16, 35, 36, 38, 42	suchen.de	EuG T-117/06

Markentyp	Waren/ Dienstleistungen	Marke	Fundstelle
3-D	29, 30, 32	Plastikflasche für Lebensmittel	EuGH C-238/06 P
Wort	11	HONEYCOMB	EuG T-256/06
3-D	29, 30, 43	Anordnung von Würsten	EuG T-449/07
Wort	8, 22, 41, 44	Hairtransfer	EuGH C-212/07 P
Wort	11, 30	Golden Toast	EuG T-163/08
Bild	18, 25, 31	Hunde- und Pferde-Silhouette	EuG T-385/08
Wort	36, 41, 44	Deutsche BKK	EuG T-289/08
Wort	3	Color Edition	EuGH C-408/08 P
Slogan	6; 17; 19	INSULATE FOR LIFE	EuG T-157/08
Wort	9, 16, 35, 41, 42	16 PF	EuG T-507/08
Slogan	5, 29, 30	PASSION FOR BETTER FOOD	EuG T-251/08
Wort	9, 16, 35	PRANAHAUS	EuGH C-494/08 P
Wort	45	Patentconsult	EuGH C-80/09 C
3-D	28	Lego-Stein (Warenform)	EuGH C-48/09 P
Slogan	9	WIR MACHEN DAS BESONDERE EINFACH	EuGH C-311/11 P
Wort	9, 37, 38, 42	arraybox	EuG T-321/09
Slogan	41	Run the globe	EuG T-12/09
Slogan	16, 35, 41, 43, 44	PASSIONATELY SWISS	EuG T-377/09
Slogan	3, 19, 37	LE GOMMAGE DES FACADES	EuG T-31/09
Wort/Bild	1, 2, 5–12, 14–17, 20–22, 27, 28, 35, 37, 38, 40–42	BEST BUY	EuGH C-92/10
Wort	19, 27	Atrium	EuG T-513/10
Wort	6	Highprotect	EuG T-565/10
Bild	3	natural beauty	EuG T-559/10
3-D	18	Form einer Handtasche	EuG T-409; 410/10
3-D	32	Flasche mit reliefartiger Abbildung	EuG T-347/10
Wort	9, 28	MEMORY	EuGH C-369/10 P
Wort	17	Carbon Green	EuG T-294/10
3-D	30	Schokoladen-Goldhase	EuGH C-98/11 P
Wort	36	NAI – Der Natur Aktien Index	EuGH C-90/11, C 91/11
Farbe	39	lichtgrau/verkehrsrot/lichtgrau	EuGH C-45/11
Bild	10	3D eXam	EuG T-242/11
Farbe/Bild	18, 24, 25	Karomuster	EuG T-50/11
Wort	38, 41, 42	Rely-able	EuG T-640/11
Bildmarke	5	Tampons	EuG T-492/11
Wort	6	EcoPerfect	EuG T-328/11
3-D	8	Form eines manuellen Fliesenschneiders	EuG T-25/11
Wort	17	CLIMA COMFORT	EuG T-371/11
Wort	9, 42, 45	PHOTOS.COM	EuGH C-70/13 P
Wort	9, 11	Premium XL	EuG T-582/11
Wort	3, 25, 33	PERLE'	EuG T-104/11
Slogan	29, 30, 32	La qualité est la meilleure des recettes	EuG T-570/11
Wort	3, 5, 44	BIODERMA	EuG T-427/11
Wort	12	PURE POWER	EuG T-248/11
Slogan	35, 36, 38	Leistung aus Leidenschaft	EuG T-539/11
Wort	1, 3, 5, 9, 10, 17, 35, 38, 39, 41, 42, 44	medi	EuGH C-410/12 P

Markentyp	Waren/ Dienstleistungen	Marke	Fundstelle
3-D	10	Form eines Vibrators	EuG T-137/12
Wort	9, 12	ECO PRO	EuG T-145/12
Bild	30	Yoghurt-Gums	EuG T-366/12
Wort	18, 25	Flexi	EuG T-352/12
Bild	30	gifflar	EuG T-520/12
Bild	3, 5	Notfall Creme	EuG T-504/12
Wort	35, 39, 43	fluege.de	EuG T-244/12
Positionsmarke	7, 9–11	gelber Bogen am unteren Rand einer Anzeigeeinheit	EuG T-331/12
Slogan	37, 43	Wash & Coffee	EuG T-5/12
Slogan	35, 39, 41, 43	Ab in den Urlaub	EuG T-273/12
Slogan	6, 7, 9, 20, 35, 39, 42	Inspired by efficiency	EuG T-126/12
Bild	9	BIG PAD	EuG T-567/13
Wort	9, 16, 42	Exact	EuG T-228/13
Wort	3, 5	THE YOUTH EXPERTS	EuG T-484/13
Wort/Bild	35, 39, 42	Watt	EuG T-494/13
Wort	3, 5	GREASECUTTER	EuG T-610/13
Slogan	7, 9, 10, 12	INNOVATION FOR THE REAL WORLD	EuGH C-448/13 P
3-D	28, 35	Form einer Spieleschachtel	EuG T-547/13
Wort	7, 9, 11	ecoDoor	EuGH C-126/13 P
Wort	39	Norwegian Getaway	EuG T-513/12
Bild	16, 35, 36, 38, 39, 41–43	2 Linien und 5 Sterne	EuG T-687/13
3-D	25	Rote Schnürsenkelenden	EuGH C-521/13 P
Bild	18, 25	Wellenlinie	EuG T-53/13
Wort, Slogan	41, 42	care to care	EuG T-68/13
Wort	9	SMARTER SCHEDULING	EuG T-499/13
Wort	33	Castel	EuGH C-622/13 P
Bild	9, 16, 28, 41	Spielbrett	EuG T-492/13
Wort	9, 16, 39, 41, 43	Monaco	EuG T-197/13
Farbe	7, 16, 28	fünf grüne Streifen	EuG T-655/13
Wort	3, 9, 14, 16, 18, 21, 24, 25, 28–30, 39, 41–43	Winnetou	EuG T-501/13
Wort	9, 28	SmartTV Station	EuG T-649/13
Slogan	16, 20, 35, 42	MAKING LIFE BETTER AT WORK	EuG T-697/13
Slogan	7, 9, 11, 37, 42	Pioneering for you	EuG T-601/13
Slogan	35, 36	so what do I do with my money	EuG T-609/13
Bild	5, 29	Deluxe	EuG T-344/14
Slogan	35, 36	investing for a new world	EuG T-59/14
Slogan	35, 44	THE LEADERSHIP COMPANY	EuG T-43/14
Wort	9	Rauschbrillen	EuG T-319/14
Wort	9, 36, 38, 42	IDIRECT24	EuG T-225/14
3-D	29, 30	Gesichtsform mit Hut	EuG T-243/14
Wort	16, 35, 39, 41–43	BigXtra	EuGH C-253/14 P
Wort	7	Hiperdrive	EuGH C-374/14 P
Wort	12, 28, 35	Street	EuG T-321/14
Slogan	30	2good	EuGH C-636/15 P
Farbe	7, 9, 16, 25, 35–39, 41, 42, 45	weiße Punkte auf blauem Hintergrund	EuG T-94/14

Markentyp	Waren/ Dienstleistungen	Marke	Fundstelle
Bild	35, 41, 44, 45	schwarze Schleife	EuG T-530/14
Bild	3, 5, 32, 33	Weißer Kreis und weißes Rechteck in schwarzem Rechteck	EuG T-695/14
3-D	12, 28	Form eines Pkw	EuG T-629/14
3-D	30	Form einer Tortilla	EuGH C-476/15 P
Bild	35	achteckiger grüner Rahmen	EuGH C-653/15 P
Wort	4, 35, 39	Greenworld	EuG T-106/14
Wort	6, 17, 19	Vent Roll	EuG T-223/14
Bild	3, 21, 30	Extra	EuG T-552/14
Slogan	18, 25, 35	Equipment for life	EuG T-642/14
Bild	18, 25	Splendid	EuG T-203/14
3-D	29, 30	Gesichtsform mit Hörnern	EuG T-242/14
Bild	35, 36, 45	Malta Cross International Foundation	EUIPO R 863/2011 – G
Bild	16, 25, 41	Vereinswappen	EuG T-615/14
Wort	29	HALLOUMI	EuG T-292/14
Wort	5, 10, 41, 42, 44	NOURISHING PERSONAL HEALTH	EuG T-336/14
Wort, Slogan	12, 28, 35, 37	CHOICE	EuG T-431/14
Wort	9	ELITEPAD	EuG T-470/14
Wort	36, 41	WIN365	EuG T-264/14
Wort	12	race GTP	EuG T-520/14
Wort	7, 11	Aroma	EuGH C-389/16 P
3-D	6, 21, 32	Coca-Cola-Flasche	EuG T-411/14
Slogan	3, 5	BIO INGRÉDIENTS VÉGÉTAUX PROPRE FABRICATION	EuG T-30/14
Slogan	3, 8, 11, 21	gel nails at home	EuG T-140/14
Bild	32	MELT WATER Original	EuG T- 69/14
Wort	10	Flex	EuG T-187/14
Wort	7	GentleCare	EuG T-188/14
Bild	3, 25	Mango	EuG T-761/14
Wort/Bild	1, 3, 7–9, 11, 12, 16, 21, 24, 25	STONE	EuG T-454/14
Slogan	28, 35, 42	Slim legs by airpressure body-forming	EuG T-842/14
Bild	1, 6, 9, 17, 19, 25, 28, 37, 41	We Care	EuG T-222/15
Wort	5, 29	BasenCitrate	EuGH C-37/17 P
Wort	7, 9, 11, 37, 42	ultra.air ultrafilter	EuGH C-232/15 P
Bild	7, 16, 28	Fünf Grüns	EuGH C-170/15 P
Wort	3	Original Eau de Cologne	EuGH C-29/15 P
Wort	36	Scope	EuG T-90/15
Bild	9, 14, 18, 25	Royal County of Berkshire Polo Club/Beverly Hills Polo Club	EuGH C-278/15 P
Wort	9, 35, 41, 42, 45	SOCIAL.COM	EuG T-134/15
Farbe	32	Blau/Silber	EuG T-101 u. 102/15
Wort	9, 12, 14, 16, 18, 20, 22, 25	SWISSGEAR	EuG T-869/16

Markentyp	Waren/ Dienstleistungen	Marke	Fundstelle
Wort	4, 10	Karelia	EuG T-878/16
Bild	30	Storck	EuGH C-417/16 P
Wort	7	1000	EuG T-299/17
Wort	41	St. Andrews	EuG T-790/17, 791/17
Bild	21, 33, 43	Lieblingswein	EuG T-55/18
3D	21, 32, 33	Bocksbeutelflasche	EuG T-68/18
Wort	18	SCHUTZ	EuG T-256/18
Wort	7, 8, 9, 11	MicroGarden	EuG T-364/18
Wort	19	Bioton	EuG T-255/19

Zum 1. Oktober 2017 ist das Erfordernis der grafischen Darstellbarkeit entfallen. Insbesondere für Geruchs- und Geschmacksmarken wird die hinreichend präzise und eindeutige Wiedergabe der Marke – bis auf Weiteres – auch künftig problematisch bleiben. Wegen **fehlender grafischer Darstellbarkeit** wurden ua folgende Marken zurückgewiesen: 136

Übersicht:

Markentyp	Waren/ Dienstleistungen	Marke	Fundstelle
Duft	Tennisbälle	Duft von frisch geschnittenem Gras	HABM R 156/1998-2
Duft	35, 41, 42	Duft von Zimt	EuGH C-273/00
Klang	9, 16, 35 ff.	„Krähen eines Hahnes" und „Für Elise"	EuGH C-283/01[509]
Duft	3, 16, 18, 25	Duft einer reifen Erdbeere	EuG T-305/04
Geschmack	5	künstlicher Geschmack einer Erdbeere	HABM R 120/2001-2

k) Durch Benutzung erlangte Unterscheidungskraft. An nicht unterscheidungskräftigen Zeichen und/oder beschreibenden Angaben können markenrechtliche Exklusivrechte nicht begründet werden; sie sind nicht geeignet, so gekennzeichnete Leistungen nach ihrer Herkunft zu individualisieren und/oder zugunsten der Allgemeinheit freizuhalten. Durch intensive, andauernde Benutzung und Bewerbung können aber auch an sich nicht monopolisierbare Zeichen herkunftshinweisende Funktion übernehmen, dann nämlich, wenn sie aus Sicht des Verkehrs auf Leistungen eines Unternehmens hindeuten. Diesem Phänomen trägt Art. 7 Abs. 3 UMV Rechnung, indem die Eintragungshindernisse des Absatzes 1, Buchstaben b)–d) überwunden werden können, „wenn die Marke für die Waren oder Dienstleistungen, für die die Eintragung beantragt wird, **infolge ihrer Benutzung Unterscheidungskraft** erlangt" hat, vergleichbar der Eintragung kraft Verkehrsdurchsetzung nach § 8 Abs. 3 MarkenG. Ist die Eintragung nach Art. 7 Abs. 3 UMV erfolgt und entsprechend im Register als verkehrsdurchgesetzte Ware vermerkt, gelten für solche Marken dieselben Grundsätze wie für von Hause aus unterscheidungskräftige, nicht freihaltebedürftige Zeichen.[510] 137

[509] S. dazu ausführlich oben Rn. 38 ff.; die ersten neun Töne von „Für Elise" von Ludwig von Beethoven sind deshalb als nicht eintragungsfähig angesehen worden, da der Anmelder diese nicht, was ausgereicht hätte, wiedergegeben hat in Form eines in Takte gegliederten Notensystemes mit einem Notenschlüssel, Noten- und Pausenzeichen, deren Form (für die Noten: ganze, halbe, Viertel-, Achtel- usw.) ihren relativen Wert angibt und gegebenenfalls Vorzeichen (Kreuz, b, Auflösungszeichen), s. EuGH ECLI:EU:C:2003:641 – Shield Mark/Kist Rn. 62.

[510] Ist die Unterscheidungskraft einer Marke gegeben, ist dann für die Beurteilung der Marke nicht mehr zwischen originär und infolge Benutzung erworbener Unterscheidungskraft zu differenzieren, s. EuGH ECLI:EU:C:2002:377 – Philips, Rn. 35; in der Richtung auch EuGH ECLI:EU:C:2005:432 – Have a break … have a KitKat (Nestlé), Rn. 25.

138 Wie schon dem Gesetzeswortlaut zu entnehmen ist, muss die durch Benutzung erlangte Unterscheidungskraft für **jede schutznachsuchende Ware/Dienstleistung** nachgewiesen werden.[511] Abzustellen ist bei der Beurteilung, ob Unterscheidungskraft infolge Benutzung erlangt wurde, auf die mutmaßliche Wahrnehmung eines normal informierten und angemessen aufmerksamen und verständigen Durchschnittsverbrauchers der in Rede stehenden Kategorie von Waren oder Dienstleistungen.[512] Richtet sich die fragliche Ware oder Dienstleistung an ein breites Publikum, ist die erlangte Unterscheidungskraft für alle beteiligten Verkehrskreise nachzuweisen.[513] Ob eine Marke infolge Benutzung Unterscheidungskraft erworben hat, ist anhand einer **umfassenden und konkreten Prüfung** zu ermitteln.[514] Antragstellerseits ist die durch die Benutzung erlangte Unterscheidungskraft klar und deutlich darzulegen.[515] Bei Marken, die in allen Mitgliedsstaaten über keine originäre Unterscheidungskraft verfügen oder beschreibend sind, etwa reinen Farb- oder 3D-Marken, muss der **Nachweis** grundsätzlich für das **gesamte Hoheitsgebiet der Union** erbracht werden.[516] Besteht das **absolute Eintragungshindernis** hingegen **lediglich in einem Teil** der Union, etwa wegen des beschreibenden Charakters eines Zeichenwortes in einem bestimmten Sprachraum, so ist die **infolge Benutzung erlangte Unterscheidungskraft nur für diesen Teil** der Union nachzuweisen, während das Zeichen in den weiteren Mitgliedstaaten von vornherein schutzfähig sein kann.[517] Zu beachten ist insoweit, dass bei anderen Marken als Wortmarken davon auszugehen ist, dass die Beurteilung ihrer Unterscheidungskraft in der gesamten Union gleich ausfällt, es sei denn, es liegen konkrete gegenteilige Anhaltspunkte vor.[518]

139 Nachzuweisen ist eine durch Benutzung erlangte Unterscheidungskraft, die auf eine **markenmäßige Benutzung** zurückgeht; dies erfordert nicht notwendig eine eigenständige Benutzung, solange nachgewiesen wird, dass es sich um eine **herkunftsidentifizierende** Benutzung handelt.[519] Wird das angemeldete Zeichen in unmittelbar beschreibender Weise verwendet, kommt eine durch *markenmäßige* Benutzung erlangte Unterscheidungskraft nicht in Betracht.[520] Für die Relevanz der Benutzungshandlungen ist mithin maßgeblich, ob die Marke **entsprechend ihrer Hauptfunktion,** also als Herkunftshinweis der so gekennzeichneten Waren und Dienstleistungen, **benutzt** wird.[521] Die Eintragung der Marke nach Art. 7 Abs. 3 UMV erfordert zudem den Nachweis, dass der Verkehr allein aufgrund des angemeldeten Zeichens, und nicht aufgrund etwaiger anderer auf der Ware vorhandenen Elemente oder Marken, auf die Herkunft der Waren schließt.[522] Andererseits gilt auch für Art. 7 Abs. 3 UMV in gleicher Weise wie für Art. 59 Abs. 2 UMV, dass auch solche **Benutzungshandlungen zu berücksichtigen** sind, die nur **marginal** von der eingetragenen Marke **abweichen.**[523]

140 Anders als nach Art. 8 Abs. 3 MarkenG, der für die Verkehrsdurchsetzung auf den „Zeitpunkt der Entscheidung über die *Eintragung*" abstellt, muss die erlangte Unterscheidungskraft nach Art. 7 Abs. 3 UMV bereits zum **Zeitpunkt des Anmeldetages** vorliegen und nachgewiesen werden, eine danach erfolgte Durchsetzung der Marke reicht nicht aus.[524]

---

511 EuGH ECLI:EU:C:2003:244 – Libertel, Rn. 67; EuGH ECLI:EU:C:1999:230 – Windsurfing Chiemsee, Rn. 49; kritisch und gleichzeitig differenzierend zu der Windsurfing Chiemsee-Entscheidung des EuGH, Ingerl GRUR Int. 2001, 581 (584).

512 S. etwa EuGH ECLI:EU:C:2014:2012 – Sparkassen-Rot, Rn. 39; zuvor schon EuGH ECLI:EU:C:2005:432 – Have a break … have a KitKat (Nestlé), Rn. 25; EuGH ECLI:EU:C:2002:377 – Philips, Rn. 59, 63.

513 EuG ECLI:EU:T:2019:210 – Form einer Schuhsohle, Rn. 148.

514 EuGH ECLI:EU:C:2014:2012 – Sparkassen-Rot, Rn. 40; EuGH ECLI:EU:C:2004:538 – Nichols, Rn. 27.

515 EuG ECLI:EU:T:2020:183 – XOXO, Rn. 74.

516 EuGH ECLI:EU:C:2018:596 – NESTLÉ (KitKat), Rn. 76; EuG ECLI:EU:T:2020:425 – ElitePartner, Rn. 65.

517 EuGH ECLI:EU:C:2018:596 – KITKAT, Rn. 75; ECLI:EU:C:2006:442 – STORCK, Rn. 83.

518 Deshalb müssen solche Marken, beispielsweise Warenform-Marken, infolge der Benutzung Unterscheidungskraft in der *gesamten Gemeinschaft* erlangt haben, um nach Art. 7 GMV eingetragen werden zu können, EuG ECLI:EU:T:2004:120 – Corona Flasche mit Zitrone Rn. 47, best. durch EuGH ECLI:EU:C:2005:422.

519 So wurde es im konkreten Fall vom EuGH nicht als schädlich angesehen, dass im Zusammenhang mit einem Slogan auch die Marke benutzt wurde, EuGH ECLI:EU:C:2005:432 – Have a break … have a KitKat, Rn. 26 bis 29.

520 EuGH ECLI:EU:T:2019:447 – Panoramicznych, Rn. 54, 88, 136; ebenso ungeeignet für Art. 7 Abs. 3 UMV ist die Verwendung des Zeichens als geografischer Herkunftshinweis (EuG ECLI:EU:T:2018:335 – Steirisches Kürbiskernöl, Rn. 38 ff.) oder als Qualitätshinweis (EuG ECLI:EU:T:2018:337 – N&NF TRADING, Rn 63 ff.).

521 EuGH ECLI:EU:C:2019:80 – Cystus, Rn. 91–93.

522 EuG ECLI:EU:T:2019:666 – PDF Expert, Rn. 28–31.

523 EuG ECLI:EU:T:2019/427 – ADIDAS: „forms which differ from [the registered] form solely by insignificant variations and that are able, therefore, to be regarded broadly equivalent to that form."

524 EuG ECLI:EU:T:2004:120 – Corona Flasche mit Zitrone Rn. 45, 47, best. durch EuGH ECLI:EU:C:2005:422; s. hierzu ferner Eisenführ/Schennen/Förster UMV Art. 7 Rn. 245.

141 Für den Nachweis der Durchsetzung wird regelmäßig eine gewisse **Wechselwirkung** dergestalt zu beachten sein, dass die Anforderungen umso höher liegen, wenn es sich um glatt beschreibende oder klar jegliche Unterscheidungskraft entbehrende Zeichen handelt, während in weniger krassen Fällen ein geringerer Durchsetzungsgrad ausreicht. Zwar verbietet sich eine Differenzierung des zu fordernden Durchsetzungsgrades je nach Bewertung des Interesses, die Bezeichnung für die Benutzung durch andere Unternehmen freizuhalten;[525] allerdings wird etwa bei glatt beschreibenden Angaben die herkunftsindividualisierende Eignung nur durch „offenkundig besonders langfristige und intensive Benutzung der Marke nachgewiesen werden" können.[526] Von den zahlreichen Anträgen auf Eintragung einer Unionsmarke kraft Verkehrsdurchsetzung ist nur wenigen stattgegeben worden, was angesichts der – nicht immer einheitlich angewendeten – hohen Anforderungen kaum zu überraschen vermag.[527] Mit Blick auf die äußerst restriktive Zuerkennung der Verkehrsdurchsetzung nach Art. 7 Abs. 3 UMV stellt sich mit Blick auf die **Rechtssicherheit** in der Tat die Frage, ob nicht die nach *deutschem* Markenrecht praktizierte Lösung bei der Beurteilung erworbener Unterscheidungskraft vorzugswürdig erscheint. Danach nämlich ist beim Vorliegen eines Durchsetzungsgrades von mehr als 50 % für ein benutztes Zeichen unabhängig von der Markenform auf eine Verkehrsdurchsetzung zu schließen.[528] Immerhin anerkennen auch das EuG und der EuGH, was im Einzelfall durchaus hilfreich sein kann, dass ein **Extrapolieren** der für einzelne Mitgliedsstaaten nachgewiesenen Durchsetzungsgrade auch für andere Regionen Geltung beanspruchen kann. Es sollen Beweismittel dann nicht spezifisch für jeden einzelnen betroffenen Mitgliedsstaat beigebracht werden müssen, wenn der Anmelder dargetan hat, dass sich die Beweiskraft der vorgelegten Beweismittel auf andere Mitgliedsstaaten übertragen lässt.[529] Dem Amt obliegt bei entsprechendem Sachvortrag des Anmelders die Pflicht, sämtliche Beweismittel in einer Gesamtschau zu würdigen und zu ermitteln, ob Rückschlüsse auf die Verbraucherkreise in der gesamten Union möglich sind.[530] Dabei gilt es aus der Perspektive des Anmelders selbstverständlich, ein völliges Fehlen von Beweismitteln für relevante Verkehrskreise bzw. -gebiete zu vermeiden.[531]

142 Für den Nachweis der infolge Benutzung erlangten Unterscheidungskraft in der gesamten Union stehen grundsätzlich alle **Beweismittel** offen. Die Beweislast trägt die Anmelderin, die grundsätzlich in der Wahl der nach Art. 97 UMV zulässigen und ihr geeignet erscheinenden Beweismittel frei ist, die nach dem allgemeinen unionsrechtlichen Grundsatz der freien Beweiswürdigung auf ihre Beweiskraft hin zu untersuchen sind; dies umfasst direkte wie auch indirekte Nachweise.[532] Zu beachten ist jedoch, dass amtlicherseits zu Recht **sehr hohe Anforderungen** gestellt werden. Deshalb sollte, soweit auf Meinungsumfragen rekurriert wird,[533] Wert darauf gelegt werden, dass sich diese auf mehrere Mitgliedstaaten erstrecken.[534] Zudem sollte nicht auf schlichte Verkaufszahlen, die Vorlage von Verkaufskatalogen und Presseartikeln verwiesen, sondern zugleich der – möglichst hohe – Marktanteil dargestellt werden.[535] Die Bedeutung des **Marktanteils** im Zusammenhang mit der erlangten Unterscheidungskraft wird vom EuGH regelmäßig betont; für die Bestimmung des Marktanteils der betreffenden Marke ist insbesondere zu überprüfen die **Intensität, geografische Verbreitung und Dauer ihrer Benutzung,** der **Werbeaufwand** des Unternehmens für die Marke, der Anteil der beteiligten Verkehrskreise, der das frag-

---

[525] So ausdrücklich EuGH ECLI:EU:C:1999:230 – Windsurfing Chiemsee, Rn. 48; damit kaum vereinbar ist die herkömmliche deutsche Sichtweise, wonach sich der notwendige Durchsetzungsgrad am Freihaltebedürfnis orientiert, wenngleich beide Sichtweisen überwiegend zu denselben Ergebnissen führen dürften.

[526] EuGH ECLI:EU:C:1999:230 – Windsurfing Chiemsee, Rn. 50.

[527] S. die insgesamt nur gut 30 erfolgreichen Anträge von mehreren hunderten von Fällen, in denen Verkehrsdurchsetzung geltend gemacht wurde, jetzt Eisenführ/Schennen/Förster UMV Art. 7 Rn. 272 mit Nachw. in dortiger Fn. 540.

[528] So nicht ohne Grund Eisenführ/Schennen/Förster UMV Art. 7 Rn. 273 unter Hinweis auf die Entscheidungen Nivea-Blau und Oberbank (Sparkassen-Rot).

[529] EuGH ECLI:EU:C:2018:596 – KitKat, Rn. 67 ff., 80–84.

[530] EuG ECLI:EU:T:2020:258 – Schachbrettmuster, Rn. 80 ff.

[531] EuGH ECLI:EU:C:2018:862 – Darstellung dreier vertikaler Streifen, Rn. 28 ff.

[532] EuG ECLI:EU:T:2020:405 – Lila, Rn. 67 ff., 92, 94.

[533] Ausführlich zu rechtsdemoskopischen Gutachten Pflüger/Dobel oben in § 9; der Rekurs auf Meinungsumfragen ist vom EuGH ausdrücklich als zulässig angesehen worden, s. EuGH ECLI:EU:C:1999:230 – Windsurfing Chiemsee Rn. 51 bis 53; zuletzt etwa EuGH ECLI:EU:C:2014:2012 – Sparkassen-Rot, Rn. 43.

[534] S. dazu EuG ECLI:EU:T:2003:327 – TDI, Rn. 56, 60 ff.

[535] Ausdr. zuletzt etwa EuGH ECLI:EU:C:2014:2012 – Sparkassen-Rot, Rn. 41; EuGH ECLI:EU:C:2006:422 – Storck, Rn. 75, 76; zustimmend Rohnke MarkenR 2005, 480 (483); so auch Bender MarkenR 2004, 169 (177).

liche Zeichen als Herkunftshinweis wahrnimmt, sowie **Erklärungen von Industrie- und Handelskammern oder anderen Berufsverbänden und Meinungsumfragen.**[536]

Praxistipp:
Eine solche Eintragung kraft Verkehrsdurchsetzung erweist sich – schon auf nationaler Ebene – erfahrungsgemäß als aufwändiges und komplexes Unterfangen. Sie sollte nur erwogen werden, wenn – unionsweit oder bezüglich des relevanten Teils der EU – eine signifikante, bereits länger andauernde Benutzung dargetan werden kann. Wie auch sonst in Verfahren vor dem Amt, sind dabei alle nur erdenklichen Beweismittel zugelassen, Art. 97 UMV. In Betracht kommen somit Angaben zu dem von der Marke gehaltenen Marktanteil einschließlich darunter generierter Umsätze, zur Intensität, der geografischen Verbreitung und der Dauer der Nutzung, dem betriebenen Werbeaufwand (Print-, Hörfunk-, TV- und/oder Kinowerbung) und dergleichen. Der besonderen Erwähnung verdient, dass der EuGH auch Erklärungen von Industrie- und Handelskammern oder anderen Berufsverbänden sowie namentlich Verbraucherbefragungen als zulässige Beweismittel anerkannt hat.[537] Augenmerk – insbesondere bei demoskopischen Gutachten – ist darauf zu richten, dass die hinreichende Durchsetzung des Zeichens für den Zeitpunkt der Anmeldung nachzuweisen ist.

7. Relative Eintragungshindernisse (Art. 8 UMV)

143 Art. 8 UMV regelt die so genannten **relativen Eintragungshindernisse.** Diese werden **nicht von Amts wegen** berücksichtigt, sondern müssen im Wege des Widerspruches (innerhalb von einer Frist von drei Monaten nach Veröffentlichung der Anmeldung, Art. 46, 47 UMV), Stellung eines nicht fristgebundenen Nichtigkeitsantrages (Art. 63 iVm Art. 58 bis 60 UMV) oder im Verletzungsverfahren durch Widerklage (Art. 128 UMV) geltend gemacht werden. Steht der Unionsmarke(nanmeldung) ein nationales älteres Eintragungshindernis entgegen, ist die Eintragung der Unionsmarke insgesamt, also nicht nur in den betreffenden Mitgliedsstaaten, zu versagen.[538] Zwar fehlt Art. 8 UMV eine dem Art. 7 Abs. 2 UMV vergleichbare Regelung. Jedoch folgt dies zwingend aus der Gesetzessystematik, wie aus Art. 1 Abs. 2 UMV ersichtlich ist; danach hat die Unionsmarke einheitliche Wirkung für die gesamte Union und kann nur für die gesamte Union eingetragen oder übertragen werden. In einer solchen Konstellation kann der Inhaber der Unionsmarke(nanmeldung) unter Beibehaltung der Priorität die Umwandlung in nationale Marken gem. Art. 139 UMV verfolgen.[539] Nachfolgend werden zuerst die älteren Kennzeichenrechte, und im Anschluss daran die einzelnen Kollisionstatbestände skizziert:

144 **a) Erweiterter Katalog „älterer Marken" (Art. 8 Abs. 2 bis 4 UMV).** Die Widerspruchsberechtigung folgt zunächst dem **Prioritätsprinzip;** die Kennzeichenrechte, auf die sich der Widerspruch gründet, müssen mithin über eine bessere Anmelde- oder Benutzungspriorität als die angemeldete Unionsmarke verfügen.[540] Grundlegend für die Unionsmarke ist weiter, dass diese nicht an die Stelle, sondern gleichrangig neben die nationalen Markenschutzsysteme tritt.[541] Daraus erklärt

[536] EuGH ECLI:EU:C:2014:2012 – Sparkassen-Rot, Rn. 41; EuGH ECLI:EU:C:2006:422 – Storck, Rn. 76, 77; ausf. zu den für die Verkehrsdurchsetzung wesentlichen Faktoren und Fragen der Beweisführung Hasselblatt/Hasselblatt EUTMR Art. 7 Rn. 348–355, mit Nachweisen zu erfolgreich nach Art. 7 Abs. 3 UMV eingetragenen Marken unter dortiger Rn. 356.

[537] EuGH ECLI:EU:C:2014:2012 – Sparkassen-Rot, Rn. 43; EuGH ECLI:EU:C:1999:230 – Windsurfing Chiemsee, Rn. 51 bis 53; EuG ECLI:EU:C:2000:8 – Lifting, Rn. 31; EuGH ECLI:EU:C:2005:432 – Have a break … have a Kit-Kat (Nestlé), Rn. 31.

[538] Einen solchen Fall betraf EuG ECLI:EU:T:2002:261 – Matratzen Concord, best. durch EuGH ECLI:EU:C:2004:233: dort ist die Unionsmarkenanmeldung „Matratzen Markt Concord" aufgrund Widerspruches gestützt auf die nationale spanische Marke „Matratzen" – interessanterweise ua Schutz beanspruchend für die Waren ‚Matratzen' – der Schutz für die gesamte Gemeinschaft versagt worden s. ferner; EuG ECLI:EU:T:2006:397 – Mast-Jägermeister/HABM, Rn. 76 mwN.

[539] Zum Widerspruchsverfahren s. unten ausf. Rn. 325 ff., zu den besonderen Verfahrensarten, Verzicht, Antrag auf Erklärung des Verfalls und der Nichtigkeit, Konversion etc. (s. → Rn. 336 ff.).

[540] Art. 8 Abs. 1, Abs. 2 UMV; „älter" sind Marken mit einem früheren Anmeldetag als dem Tag der Anmeldung der Unionsmarke, gegebenenfalls mit der für diese Marken in Anspruch genommenen Prioritäten; ausdrückl. den Prioritätsgrundsatz betonend Erwägungsgrund 12 Präambel UMV unter Bezugnahme auf Art. 16 Abs. 1 TRIPS.

[541] Siehe dazu den 5. Erwägungsgrund der VO 40/94, den 6. Erwägungsgrund der VO 207/2009 sowie nunmehr Erwägungsgründe 7, 8 Präambel UMV; zum Prinzip der Koexistenz ausf. Hasselblatt/Hasselblatt EUTMR Art. 1 Rn. 77–80.

sich der **weit gefasste Katalog älterer Kennzeichenrechte,** die zum Widerspruch – und alternativ oder parallel im Verletzungsfall zur Geltendmachung von Unterlassungs-, Auskunfts-, Schadensersatz- und gegebenenfalls weiteren Ansprüchen – berechtigen.[542]

aa) Unionsmarken, Nationale und IR-Marken; Markenanmeldungen. Als Grundlage für solche älteren Markenrechte kommen nicht nur prioritätsbessere **Unionsmarken** in Betracht, Art. 8 Abs. 2a), i) UMV. Vielmehr kann gemäß Art. 8 Abs. 2a), ii)–iii) UMV darüber hinaus Widerspruch erhoben werden aus allen in einem Mitgliedsstaat oder beim Benelux-Markenamt eingetragenen **nationalen Marken** sowie den mit Wirkung für einen Mitgliedsstaat **international registrierten Marken;** vorbehaltlich ihrer (späteren) Eintragung gelten vorgenannte Widerspruchsberechtigungen gleichermaßen für **Anmeldungen,** Art. 8 Abs. 2b) UMV. Wird der Widerspruch gestützt auf den **EU-Teil einer IR-Marke** ist zu beachten, dass für den Nachweis des älteren Rechts ein **Auszug aus der EUIPO-Datenbank nicht ausreicht,** vielmehr der entsprechende WIPO-Registerauszug innerhalb der Widerspruchsfrist vorzulegen ist.[543] 145

bb) Notorisch bekannte Marken. Zum Kreise der zum Widerspruch berechtigenden Marken gehören ferner solche, die am maßgeblichen Anmeldetag in einem der Mitgliedsstaaten als **notorisch bekannt** im Sinne des Art. 6bis der PVÜ anzusehen waren, Art. 8 Abs. 2c) UMV. In der praktischen Rechtsanwendung spielt die notorisch bekannte Marke eine untergeordnete Rolle, da die Marken, die eine Notorietät im Sinne des Art. 6bis PVÜ für sich reklamieren können, zumeist – zumindest in einigen der Mitgliedsstaaten – auch registriert sind oder Verkehrsgeltung erlangt haben (etwa iSd § 4 Nr. 2 MarkenG), so dass sich die Widerspruchsberechtigung bereits unproblematisch aus Art. 8 Abs. 2a)–b) oder Abs. 4 UMV ableiten lässt. Ist eine Registrierung oder Verkehrsgeltung in zumindest einem Mitgliedstaat nicht gegeben, ist die notorische Bekanntheit der Marke vom Widersprechenden nachzuweisen. Umstritten ist welcher Bekanntheitsgrad insoweit notwendig und wie dieser zu ermitteln ist. Art. 8 Abs. 2c) UMV stellt zunächst klar, dass die notorische Bekanntheit der Marke **in einem Mitgliedstaat** ausreicht. Nicht erforderlich ist eine Benutzung der Marke in dem Land, für das die notorische Bekanntheit in Anspruch genommen wird, auch wenn diese regelmäßig vorliegen dürfte. Erforderlich ist der Nachweis der Notorietät im gesamten Hoheitsgebiet des fraglichen Mitgliedsstaates oder zumindest in einem wesentlichen Teil davon.[544] Abzustellen ist auf die Bekanntheit bei den durch die fraglichen Waren und/oder Dienstleistungen angesprochenen Verkehrskreisen; nur wenn diese sich an breite Abnehmerkreise wenden, ist auf die Bekanntheit im allgemeinen Verkehr zu rekurrieren.[545] Die Frage des erforderlichen Bekanntheitsgrades ist mit Blick auf die ratio des Art. 8 UMV, eine breite Widerspruchsberechtigung zu schaffen, eher großzügig zu beantworten. Starre Prozentsätze lassen sich kaum aufstellen, zumal die Anforderungen an die Verkehrsbekanntheit bei schwach kennzeichnungskräftigen (bis hin zu nicht unterscheidungskräftigen oder beschreibenden) Zeichen höher anzusetzen ist als bei von Hause aus (über)durchschnittlich kennzeichnungskräftigen Marken,[546] und vice versa. In Rücksicht zu ziehen ist freilich, dass eine Benutzung der (notorisch bekannten) Marke in dem fraglichen Land nicht notwendig ist; schon aus Gründen der Rechtssicherheit ist deshalb ein gegenüber dem für die Bestimmung der (nationalen) Verkehrsgeltung erhöhter Zuordnungsgrad bei **erheblichen Teilen der Verkehrskreise** zu fordern.[547] In jedem Falle ist erforderlich, dass für das Land, für welches die Notorietät beansprucht wird, die notorische Bekanntheit substantiiert wird.[548] Zu berücksichtigen – und entsprechend vom Widersprechen- 146

[542] Zum Nichtigkeits- und Verletzungsverfahren s. → Rn. 338 ff. bzw. 363 ff.; zum Widerspruchsverfahren s. unten ausf. Rn. 325 ff., zu den besonderen Verfahrensarten, Verzicht, Antrag auf Erklärung des Verfalls und der Nichtigkeit, Konversion etc. (s. → Rn. 336 ff.).

[543] EuG ECLI:EU:T:2004:994 – AUDI/EUIPO, Rn. 26 ff.

[544] EuGH ECLI:EU:C:2007:704 – Fincas Tarragona.

[545] Wie hier: v. Mühlendahl/Ohlgart § 5 Rn. 8; etwas enger: Ingerl/Rohnke MarkenG § 4 Rn. 29.

[546] Grund hierfür ist allein, dass bei solchen Zeichen die Eignung, bestimmte Leistungen als von einem bestimmten Unternehmen stammend zu kennzeichnen, erst ab einem höheren Bekanntheitsgrad anzunehmen sein wird; EuGH ECLI:EU:C:1999:230 – Windsurfing Chiemsee Rn. 47 bis 50.

[547] Ähnlich wie hier: v. Mühlendahl/Ohlgart § 5 Rn. 8; strenger demgegenüber Ingerl/Rohnke MarkenG § 4 Rn. 31, die eine Verkehrsbekanntheit von ca. 70 % verlangen.

[548] S. dazu EuG ECLI:EU:T:2005:177 – TELETECH GLOBAL VENTURES, Rn. 41 ff.: dort ist zu Recht die vom Kläger behauptete notorische Bekanntheit der Marke in den USA außer Betracht gelassen worden; unbeachtet ließ das Gericht – im Übrigen in einer Konstellation, in der der nationalen Widerspruchsmarke angeblich ältere nationale Notorietätsrechte entgegen standen den signifikanten Umsatz von immerhin 82,7 Mio. US$ in 15 europäischen Staaten, da der Vortrag des Klägers keinerlei ausdrückliche Bezugnahme auf das entscheidende (französische) Staatsgebiet enthielt.

den vorzutragen, zu substantiieren und im besten Falle weitest möglich zu dokumentieren – sind dabei alle Aspekte, die für die Bekanntheit der Marke maßgeblich sind, namentlich Dauer und Umfang der Benutzung, Werbeaufwendungen, Teilnahme an Messen, erfolgreiche Rechtsverteidigung der Marke, bis hin zu Bestätigungsschreiben von Behörden, Institutionen und dergleichen, die den Status der notorisch bekannten Marke belegen.[549]

147 *cc) Agentenmarke.* Einen Sonderfall, nämlich den der so genannten **Agentenmarke,** betrifft die Regelung des Art. 8 Abs. 3 UMV. Danach werden auf Widerspruch des Prinzipals solche Marken gelöscht oder gem. Art. 21 UMV übertragen, die dessen Vertreter oder Agent treuwidrig[550] und ungerechtfertigt im eigenen Namen angemeldet hat. Hier kann der Widerspruch also auf Markenrechte gestützt werden, die (unter Umständen ausschließlich) außerhalb der Union und deren Mitgliedstaaten in Kraft stehen. Die (vier) Voraussetzungen, die kumulativ erfüllt sein müssen, damit ein Widerspruch nach Art. 8 Abs. 3 UMV Erfolg haben kann, lauten: (i) der Widersprechende ist Inhaber der älteren Marke, (ii) der Anmelder ist Agent oder Vertreter des Markeninhabers, (iii) der Agent oder Vertreter hat die Marke ohne Zustimmung des Markeninhabers auf seinen eigenen Namen angemeldet und (iv) die Anmeldung betrifft hauptsächlich identische oder ähnliche Zeichen und Waren.[551] Die auch praktisch durchaus relevante Problematik der Agentenmarke ist auf internationaler Ebene schon frühzeitig erkannt,[552] aber nicht immer konsequent in nationales Recht umgesetzt worden,[553] so dass die explizite Ausformulierung in der UMV zu begrüßen ist, da der Prinzipal ansonsten auf außermarkenrechtliche, namentlich wettbewerbsrechtliche Ansprüche verwiesen wäre. Die Begriffe des „Agenten" und „Vertreters" sind nicht wörtlich zu interpretieren, vielmehr weit auszulegen. Gemeint sind damit all diejenigen, die – sei es auf Grund mündlicher oder schriftlicher Abrede – in einer über die übliche Verkäufer-Käufer-Beziehung hinausgehenden Weise in das Absatzsystem des Prinzipals eingebunden sind:[554] Typische Fälle sind solche des Handelsvertreters, des Distributoren, des Eigenhändlers usw. Allerdings kann sich die Markenanmeldung nach dem zugrunde liegenden Vertrag als gerechtfertigt erweisen. Besteht die Geschäftsbeziehung zwischen Prinzipal und Agenten noch nicht oder nicht mehr, sind vor- oder nachvertragliche Treuepflichten in Rücksicht zu ziehen.[555]

148 Zu beachten ist, dass sich die Regelung der UMV von dem Ansatz der §§ 11, 17 MarkenG unterscheidet. Dort nämlich fehlt die Rechtfertigungsmöglichkeit des Agenten, wie sie – in Übereinstimmung mit der Regelung des Art. 6bis PVÜ – in Art. 8 Abs. 3 UMV vorgesehen ist. **Streitig** war überdies aufgrund gegenläufiger Entscheidungen des EuG, ob sich die Widerspruchsberechtigung des Markeninhabers nach Art. 8 Abs. 3 UMV gegenüber dem Agenten **nur auf die identische oder auch verwechslungsähnliche Marken** bezieht.[556] Der Wortlaut der UMV gibt insoweit keinen Aufschluss. Mit Blick auf die Markenähnlichkeit wäre ein Ansatz darin zu erkennen, dass solche Zeichen, die zur rechtserhaltenden Benutzung ausreichen würden, als erfasst anzusehen sind, die Agentenmarke mithin in einer modifizierten Form angemeldet/registriert wurde, so dass dadurch die Unterscheidungskraft der Marke iSd Art. 18 Abs. 2 lit. a) UMV nicht beeinflusst wird.[557] Diese bis 2018 seitens des EuG kontrovers beurteilte Frage hat der **EuGH** nunmehr mit

[549] EuG ECLI:EU:T:2008:203 – Boomerang TV, Rn. 80.

[550] S. zu dem Merkmal der Markenanmeldung durch den Agenten oder Vertreter des Markeninhabers „ohne dessen Zustimmung": EuG ECLI:EU:T:2006:241 – First Defence I, Rn. 33 ff; ausf. zu dieser Entscheidung Ullmann GRUR 2009, 364 ff.; s. ferner EuG ECLI:EU:T:2011:171 – First Defence II, Rn. 60 f.

[551] EuG ECLI:EU:T:171 – First Defence II, Rn. 61.

[552] S. Art. $6^{septies}$ PVÜ, ferner Art. 2 Abs. 1 TRIPS, der die Bestimmungen der Art. 1 bis 12 und 19 PVÜ auch für das TRIPS-Übereinkommen als verbindlich erklärt.

[553] S. in Deutschland §§ 11, 17 MarkenG, die bereits seit dem 1.1.1995 den gegen den Agenten gerichteten Rückübertragungsanspruch des Prinzipals regeln; ausf. zum nationalen Markenrecht Raab in § 32.

[554] EuG ECLI:EU:T:2011:171 – First Defense Aerosol Pepper Protector/First Defence II, Rn. 64: erfasst sind alle Arten vertraglicher Gestaltungen, bei der die eine Seite die Interessen der anderen Seite wahrnimmt, unabhängig von der Qualifizierung des Vertragsverhältnisses zwischen dem Inhaber oder dem Auftraggeber auf der einen und dem Anmelder der Marke auf der anderen Seite.

[555] S. hierzu Eisenführ/Schennen/Walicka UMV Art. 8 Rn. 228 ff.

[556] Zunächst durch den EuG dahingehend entschieden, dass nicht nur identische, sondern auch ähnliche Zeichen und Waren betroffen sind, EuG ECLI:EU:T:2011:171 – First Defence II, Rn. 61 ff.; anders hingegen, nämlich Anwendung des Art. 8 Abs. 3 UMV nur auf identische Zeichen, EuG ECLI:EU:T:2018:679 – MINERAL MAGIC, Rn. 25 ff., krit. dazu Hackbarth GRUR-Prax 2019, 350 f.

[557] Zu denken wäre mithin an eine Abwandlung der Marke des Prinzipals „Akademiks" in abgewandelter Form, etwa „Academics"; dies war allerdings in der gleichnamigen BGH-Entscheidung nicht der Fall; dort wurde die identische Marke – dazu noch für weitgehend identische Produkte – vom dortigen Anmelder/Nutzer registriert, s. BGH GRUR 2008, 621 ff. – Akademiks.

ausführlicher Begründung und begrüßenswerter Klarheit dahin entschieden, dass das Widerspruchsrecht nach Art. 8 Abs. 3 UMV nicht auf identische Marken beschränkt ist, sondern sich auch auf lediglich **ähnliche Marken** erstreckt.[558] Unter Hinweis auf die Entstehungsgeschichte des infolge des Beitritts zum TRIPS-Übereinkommens auch für die Union maßgeblichen Art. 6septies PVÜ führt der EuGH aus, dass unter diese Bestimmung auch solche Anmeldungen des Agenten fallen können, die der älteren Marke nur ähnlich sind.[559] Dafür spreche im Übrigen auch der Zweck der Norm, nämlich den Agenten daran zu hindern, die Kenntnisse und Erfahrungen aus der Geschäftsbeziehung mit dem Prinzipal in missbräuchlicher Weise auszunutzen und aus dessen erbrachten Anstrengungen und Investitionen ungerechtfertigte Vorteile zu ziehen. Dann aber könne nicht davon ausgegangen werden, dass ein solcher Missbrauch nur eintreten kann, wenn es sich um identische Marken handelt, nicht aber, wenn die einander gegenüberstehenden Marken lediglich ähnlich sind.[560] Für den Markeninhaber (Prinzipal) besteht zudem die Möglichkeit, gegen den ungetreuen Agenten oder Vertreter wegen Bösgläubigkeit der Markenanmeldung gem. Art. 59 Abs. 1 lit. b) UMV vorzugehen.[561]

dd) Nicht registrierte Kennzeichenrechte von „mehr als lediglich örtlicher Bedeutung“. 149
Schließlich können sich relative Eintragungshindernisse überdies aus **nicht eingetragenen Marken** oder sonstigen im geschäftlichen Verkehr **benutzten Kennzeichenrechten** ergeben, soweit diese nach dem jeweiligen nationalen Recht dem Inhaber das Recht geben, die Benutzung einer jüngeren Marke zu untersagen, Art. 8 Abs. 4 UMV. Die Prüfung nach nationalem Recht ist, aufgrund des gemäß Art. 8 Abs. 4 lit. b UMV unbeschränkten Verweis auf das nationale Recht, umfassend und bezieht sich damit grundsätzlich auch auf Einreden.[562] Zu denken ist hier an durch schlichte Benutzung erworbene Marken- oder sonstige Unternehmenskennzeichenrechte, also aus deutscher Sicht insbesondere an die Benutzungsmarke im Sinne des § 4 Nr. 2 MarkenG, die verwechslungsähnliche Firmierung von Unternehmen sowie Werktitel gemäß § 5 MarkenG.[563] Als solche sonstigen im geschäftlichen Verkehr benutzten Kennzeichenrechte kommen auch **Bandnamen** – in concreto *DEEP PURPLE* – in Betracht, soweit sie von mehr als lediglich örtlicher Bedeutung sind und die Schutzvoraussetzungen nach dem nationalen Recht erfüllen.[564] Nicht hierher zählen demgegenüber das Namensrecht,[565] das Recht am eigenen Bild, Urheber- sowie gewerbliche Schutzrechte, die nach Art. 60 Abs. 2 UMV im Nichtigkeitsverfahren geltend zu machen sind. Hinsichtlich der **Priorität** ist abzustellen auf den nach nationalem Recht zu beurteilenden Entstehungszeitpunkt des durch Benutzung erworbenen Widerspruchzeichens, bei Benutzungsmarken somit auf den Zeitpunkt der Erlangung der Verkehrsgeltung, wohingegen es bei Firmenrechten im Allgemeinen auf den Zeitpunkt der (im weiteren Verlauf ununterbrochenen) Benutzungsaufnahme ankommt.[566] Zum Widerspruch berechtigen diese durch Benutzung erworbenen Kennzeichenrechte jedoch nur, wenn sie **von mehr als lediglich örtlicher Bedeutung** sind; sind sie es nicht, können sie nach Maßgabe des Art. 138 UMV lediglich in dem regional begrenzten Raum der Unionsmarke entgegengehalten werden, sofern das nationale Recht dies zulässt. Das Merkmal der überörtlichen Bedeutung ist im Hinblick auf den EU-weiten Schutzanspruch der Unionsmarke auf den **gesamten Binnenmarkt** zu beziehen.[567] In jedem Falle ausreichend ist ein Kennzeichenrecht, das in einem beliebigen – also nicht nur einem flächen- bzw. bevölkerungsmäßig größeren oder wirtschaftlich stärkeren – Mitgliedstaat Bedeutung erlangt hat, da weder dem Gesetzestext noch den Erwägungsgründen zu entnehmen ist, dass diesbezüglich andere Maßstäbe gelten sollen als bei registrierten oder durch Notorietät erlangten Markenrechten. Im Übrigen ist, und zwar unabhängig von Ländergrenzen, anhand der Einzelfallumstände auf die relative Bedeutung des Wirtschaftsraumes (im Vergleich zum Gesamtbinnenmarkt) abzustellen, in dem das

558 EuGH ECLI:EU:C:2020:902 – MINERAL MAGIC, Rn. 63, 68–73, 92 f., 99 f.

559 EuGH ebenda – MINERAL MAGIC, Rn. 58 f. unter Hinweis auf die Akten der Konferenz von Lissabon aus Oktober 1958, in deren Verlauf Art. 6septies PVÜ eingeführt wurde.

560 EuGH ebenda – MINERAL MAGIC, Rn. 72 f.; diese Sichtweise deckt sich im Übrigen mit den EUIPO-Widerspruchsrichtlinien, dort Abschnitt 3, S. 19 ff.; ebenso Hackbarth in GRUR-Prax 2019, 350 f.

561 Zur Überschneidung bei bösgläubigen Markenanmeldungen sowie Agentenmarken ausf. Ullmann GRUR 2009, 364 (365 ff.).

562 EuG ECLI:EU:T:2020:184 – Peek & Cloppenburg, Rn. 69.

563 Zu den Anforderungen an die Entstehung der Benutzungsmarke iSd § 4 Nr. 2 MarkenG und der Unternehmenskennzeichenrechte gemäß §§ 5, 15 MarkenG s. o. Raab § 32.

564 Gestützt auf passing-off nach UK-Recht, EuG ECLI:EU:T:2018:652 – DEEP PURPLE, Rn. 20 ff., 43 ff.

565 EUIPO – R 358/2021-4 – Dr. Grimm, Rn. 28 f.

566 S. dazu oben ausf. Raab → § 32.

567 S. dazu EuG ECLI:EU:T:2009:77 – GENERAL-OPTICA, Rn. 39 ff.

Kennzeichenrecht benutzt wird. Indiziell für eine überörtliche Bedeutung im vorgenannten Sinne dürfte die Benutzung in einem Teil der größeren Mitgliedstaaten sprechen, der von der wirtschaftlichen Bedeutung einem der kleineren Staaten entspricht.[568] Zu beachten ist, dass an den Nachweis der mehr als örtlichen Bedeutung des Kennzeichens im Sinne des Art. 8 Abs. 4 UMV **keine geringen Anforderungen** gestellt werden. Als nicht ausreichend angesehen wurde die Vorlage eines Auszuges aus dem Handelsregister, Auszüge aus Katalogen und eine Erklärung des Rechtsabteilungsleiters, wonach Kataloge in Millionenauflage verteilt worden seien, da darüber „die erforderliche Benutzung durch tatsächliche Verbreitung der Kataloge sowie durch Bestellungen und den Versand von darin angebotenen Produkten" nicht ausreichend bewiesen sei".[569] Das Untersagungsrecht nach nationalem Recht und die hinreichende wirtschaftliche Präsenz auf dem relevanten Markt müssen nicht nur zum Anmeldezeitpunkt der streitigen Unionsmarke bestehen, sondern auch zum **Zeitpunkt der abschließenden Entscheidung** des Amtes.[570]

Praxistipp:

Wird der Widerspruch nur auf einen Bestandteil einer älteren Firma gestützt, weil nur dieser infolge Benutzung im Verkehr hinreichend Bedeutung erlangt hat (Beispiel: das dem Verkehr bekannte Firmenschlagwort lautet „XYZ"), so sollte im Widerspruchsformblatt nur dieses, nicht aber die gesamte Firma angegeben werden (Beispiel: die volle Firmierung mag etwa lauten „XYZ Vertriebs GmbH"). Andernfalls besteht die Gefahr, dass zum Nachweis der überörtlichen Bedeutung lediglich der lokale Handelsregisterauszug und (wenige) andere, die volle Firma wiedergebende Unterlagen zur Verfügung stehen, wohingegen aussagekräftige Beweismittel wie Produktmuster, Umsatzbelege, Mediaschaltpläne, Verkehrsbefragungen usw. vom EUIPO eventuell nicht anerkannt werden, weil sich diese nur auf das Firmenschlagwort („XYZ"), nicht aber auf die im Widerspruch angegebene Firmierung („XYZ Vertriebs GmbH") beziehen.

150 *ee) Ursprungsbezeichnungen und geografische Angaben.* Mit Wirkung zum **23. März 2016** ist die Vorschrift des Art. 8 Abs. 6 UMV neu eingefügt worden.[571] Bis dato wurden Widersprüche aufgrund von **Ursprungsbezeichnungen** oder **geografischen Angaben** nach Art. 8 Abs. 4 GMV aF behandelt. Diese unterfallen nunmehr Art. 8 Abs. 6 UMV. Danach ist auf Widerspruch einer Person, die gemäß dem einschlägigen Recht zur Ausübung der aus einer Ursprungsbezeichnung oder geografischen Angabe entstehenden Rechte berechtigt ist, der angemeldeten Marke die Eintragung zu versagen, wenn und soweit nach Unions- oder nationalem Recht zum Schutz der Ursprungsbezeichnung oder geografischen Angabe (i) der Antrag auf Eintragung der fraglichen Ursprungsbezeichnung bzw. geografischen Angabe im Einklang mit den einschlägigen Vorschriften bereits *vor* dem Antrag auf Eintragung der Unionsmarke (oder der für die Anmeldung in Anspruch genommenen Priorität) *vorbehaltlich der späteren Eintragung* gestellt worden ist, und (ii) diese Ursprungsbezeichnung oder die geografische Angabe das Recht verleiht, die Benutzung der jüngeren Marke zu untersagen. Die mit der Neueinfügung des Art. 8 Abs. 4 UMV verbundene Rechtsänderung ist ohne Einfluss auf bereits vor dem 23. März 2016 eingelegte Widersprüche und auf vor diesem Zeitpunkt angemeldete Unionsmarken.[572] Das Kriterium der „mehr als lediglich örtlichen Bedeutung" iSd Art. 8 Abs. 4 UMV (= Art. 8 Abs. 4 GMV aF) ist für den Widerspruch auf der Grundlage von Ursprungsbezeichnungen oder geografischen Angaben für die Zeit ab dem 23.3.2016 nicht länger von Bedeutung.[573]

151 **b) Doppelidentität (Art. 8 Abs. 1 lit. a) UMV).** Eine angemeldete Marke ist zunächst von der Eintragung ausgeschlossen, wenn ihr eine ältere **identische Marke** entgegensteht, die für **identische Waren oder Dienstleistungen** eingetragen worden ist. In diesen Fällen setzt sich die ältere Marke stets durch, ohne dass es auf weitere Erfordernisse, etwa die Feststellung einer – regelmä-

568 Wie hier: Eisenführ/Schennen/Eberhardt UMV Art. 138 Rn. 6; etwas weiter: v. Mühlendahl/Ohlgart § 5 Rn. 11.
569 EuG ECLI:EU:T:2011:472– K-Mail Order/HABM.
570 EuG ECLI:EU:T:2021:318 – Polo Player, Rn. 26–30.
571 Eingefügt durch VO (EU) Nr. 2015/2424 v. 16.12.2015, ABl. 341, S. 21.
572 Bender Die neue Unionsmarke (3. Aufl.), Rn. 1421 ff.
573 Was etwa die Konstellationen betraf bei EuG ECLI:EU:T:2007:168 – BUD sowie EuG ECLI:EU:T:2013:31 – BUD II; so auch Bender Die neue Unionsmarke (3. Aufl.), Rn. 1426.

ßig vorliegenden – Verwechslungsgefahr ankommt.[574] Im Hinblick auf den Zweck des durch die Marke gewährten Schutzes, insbesondere also die Garantie der Herkunftsfunktion der Marke, ist der Schutz älterer Markenrechte in den Fällen der **doppelten Identität** der Marken und der beiderseitigen Waren oder Dienstleistungen „absolut“,[575] wie es im 8. Erwägungsgrund der VO (EG) Nr. 207/2009 ausdrücklich ausgeführt war („ist … absolut“).[576] Etwas abgeschwächt heißt es nun im Erwägungsgrund 11 der Präambel der UMV, dass in den Fällen der Doppelidentität der Schutz „absolut sein *soll*“. Trotz dieser sprachlichen Abmilderung ist sehr zu begrüßen, dass der von der Kommission im Vorfeld der jüngsten Reform unterbreitete Vorschlag nicht weiter verfolgt wurde, wonach sowohl in Fällen der doppelten Identität als auch des Verwechslungsschutzes „ausschließlich die Herkunftsfunktion maßgeblich“ sein soll.[577] In Fällen der Benutzung eines mit der Marke identischen Zeichens für Waren, die mit denjenigen identisch sind, für die sie eingetragen ist, reicht auch ein – unter Umständen sogar schriftlicher – Hinweis nicht aus, wonach es sich bei den veräußerten Erzeugnissen nicht um „offizielle Ware“ des Markeninhabers handele.[578] Liegt Doppelidentität nicht vor, sind mithin entweder die Marken oder die jeweils erfassten Leistungen nur ähnlich, ist das Vorliegen einer Kollisionsgefahr nach Art. 8 Abs. 1 lit. b) UMV zu prüfen, eventuell auch der erweiterte Schutz der bekannten Marke gem. Art. 8 Abs. 5 UMV.

Der Begriff der Identität der jeweiligen Zeichen ist restriktiv auszulegen: die Marken müssen 152
vollständig übereinstimmen, eine bloß begriffliche oder klangliche Übereinstimmung ist nicht ausreichend. Identität eines Zeichens mit der älteren Marke ist gegeben, wenn etwaige Abweichungen so marginal sind, dass sie einem Durchschnittsverbraucher entgehen könnten.[579] Bestehen die sich gegenüberstehenden Zeichen aus mehreren Elementen, muss Übereinstimmung bezüglich aller Bestandteile gegeben sein; demgemäß wurde zutreffend die Identität zwischen „Arthur“ und „Arthur et Félicie“ verneint.[580] Bei reinen Wortzeichen ist die Zeichenfolge maßgeblich, wobei hier die unterschiedliche Groß- bzw. Kleinschreibung – nicht aber die Abweichung in einer grafisch besonders ausgestalteten Schrifttype oder in der farblichen Wiedergabe – unschädlich ist; irrelevant für die Feststellung der Zeichenidentität, insbesondere bei Bildmarken, sind ferner maßstabgetreue Vergrößerungen oder Verkleinerungen sowie marginale, dem Betrachter nicht auffallende optische Abweichungen.[581]

Soweit zusätzlich Identität der beiderseitigen Waren/Dienstleistungen gegeben ist, ist die ange- 153
meldete Unionsmarke von der Eintragung ausgeschlossen. Umfasst die Klassifizierung der älteren Marke die Waren/Dienstleistungen der Anmeldung, ist bei gegebener Zeichenidentität die jüngere Unionsmarke insgesamt zu löschen; ist das Verzeichnis der älteren Marke enger, ist zu prüfen, ob bezüglich der weiteren Waren/Dienstleistungen ein anderer Kollisionstatbestand eingreift. Nicht entscheidend kommt es auf die verbale Übereinstimmung der beiderseitigen Klassifizierungen an; Identität ist vielmehr auch dann gegeben, wenn etwa die schutznachsuchende Ware unter einen

[574] Nach Art. 16 Abs. 1 S. 2 TRIPS ist in diesen Fällen der „Doppelidentität“ die Verwechslungsgefahr zu vermuten.

[575] So ausdrücklich auch der EuGH ECLI:EU:C:2003:169 – Arthur/Arthur et Félicie, Rn. 49: „Dagegen ist festzustellen, dass die Gewährung eines absoluten Schutzes in Fällen der Identität sowohl des Zeichens und der Marke als auch der Waren oder Dienstleistungen nicht vom Nachweis einer solchen Gefahr (scil.: „Verwechslungsgefahr) abhängig“ ist, ebso. Eisenführ/Schennen/Walicka UMV Art. 8 Rn. 23 f., der zutreffend hervorhebt, dass für die Prüfung der Frage kein Raum bleibt, ob trotz Doppelidentität aus bestimmten Gründen eine relevante Verwechslungsgefahr zu verneinen sein könnte.

[576] Einen solchen Fall der „Doppelidentität“, also der Identität der Waren/Dienstleistungen betraf die Entscheidung EuGH ECLI:EU:C:2002:651 – Arsenal FC, in dem der EuGH die Hauptfunktion der Marke, namentlich die Herkunftsfunktion zu gewährleisten, besonders hervorhebt, Rn. 47, 48 sowie Rn. 50.

[577] Commission Proposal for an Amended CTMR, 27.3.2013 COM (2013) 161 – Final Explanatory Memorandum S. 8, krit. dazu Hasselblatt/Hasselblatt EUTMR Art. 1 Rn. 57.

[578] Zu Recht ist diese „Verteidigung“ des Beklagten vom EuGH als irrelevant angesehen worden, EuGH ECLI:EU:C:2002:651 – Arsenal FC, Rn. 57 (betreffend die Veräußerung von Fußball-Merchandising-Artikeln mit diversen Marken des klagenden Fußballvereins Arsenal FC, ua den Wörtern „Arsenal“ und „Arsenal Gunners“); kritisch zu dieser Entscheidung Hotz GRUR 2003, 993 (1000 f.); s. andererseits EuGH ECLI:EU:C 2002:287 – Hölterhoff: keine Berührung der Interessen des Markeninhabers trotz identischer Benennung der Marke für identische Waren, sofern das betreffende Zeichen ausschließlich zur „Kennzeichnung“ (besser: Beschreibung) der besonderen Eigenschaften der von ihm angebotenen Ware verwendet, so dass ausgeschlossen ist, dass die benutzte Marke im Verkehr als betriebliches Herkunftszeichen aufgefasst wird; diese Bewertung ist (nur) dann zutreffend, wenn tatsächlich die Interessen des Markeninhabers nicht tangiert werden, was anhand der knappen Sachverhaltsschilderung nicht zweifelsfrei festzustellen ist.

[579] Bender Die neue Unionsmarke (3. Aufl.) Rn. 1221.

[580] EuGH ECLI:EU:C:2003:169 – Artur/Arthur et Félicie, Rn. 53, 54.

[581] Eisenführ/Schennen/Walicka UMV Art. 8 Rn. 36 ff; Bender Die neue Unionsmarke (3. Aufl.) Rn. 1221.

Oberbegriff der von der älteren Marke umfassten Klassifizierung fällt oder lediglich unterschiedliche Formulierungen für dieselbe Leistung gewählt werden.[582] Beispiel: so finden sich bei älteren Marken bisweilen antiquierte Begriffe, etwa „pharmazeutische Drogen" im Bereich der Klasse 5, bezüglich derer Identität mit der inzwischen gebräuchlichen Umschreibung derselben Leistung anzunehmen ist; im gewählten Beispiel bestünde Identität mit den Waren „Pharmazeutische Erzeugnisse" oder „Arzneimittel".

154 **c) Verwechslungsgefahr (Art. 8 Abs. 1 lit. b) UMV).** Von immenser Praxisrelevanz für das Widerspruchsverfahren ist demgegenüber die Bestimmung des Art. 8 Abs. 1 lit. b) UMV. Danach ist einer Markenanmeldung der Schutz zu versagen, wenn im Hinblick auf die Identität oder Ähnlichkeit der Marken und die Identität oder Ähnlichkeit der Waren und Dienstleistungen die **Gefahr von Verwechslungen** mit der Widerspruchsmarke besteht. Nach dem Gesetzeswortlaut schließt die Verwechslungsgefahr ausdrücklich die Gefahr mit ein, dass das jüngere Zeichen mit der älteren Marke gedanklich in Verbindung gebracht wird. Die Fälle der Verwechslungsgefahr nach Art. 8 Abs. 1 lit. b) UMV dürften zahlenmäßig weit über 90 % der relativen Schutzhindernisse in Widerspruchsverfahren beim EUIPO ausmachen.

155 *aa) Bestimmungsfaktoren.* Der Begriff der Verwechslungsgefahr nimmt im Markenschutz eine zentrale Rolle ein. Ob im konkreten Fall Kollisionsgefahr vorliegt, ist anhand mehrerer Bestimmungsfaktoren festzustellen. So heißt es im 11. Erwägungsgrund der UMV (und zuvor schon gleichlautend im 8. Erwägungsgrund der VO (EG) Nr. 207/2009 sowie im 7. Erwägungsgrund der VO (EG) 40/94), dass die Feststellung der Verwechslungsgefahr, die „die spezifische Voraussetzung für den Schutz" darstelle, „von einer **Vielzahl von Umständen** ab(hängt), insbesondere dem Bekanntheitsgrad der Marke auf dem Markt, der gedanklichen Verbindung, die das benutzte oder eingetragene Zeichen zu ihr hervorrufen kann, sowie dem Grad der Ähnlichkeit zwischen der Marke und dem Zeichen und zwischen den damit gekennzeichneten Waren oder Dienstleistungen". Zwei der für die Beurteilung der Verwechslungsgefahr maßgeblichen Kriterien werden mithin vom Gesetzgeber klar festgelegt, nämlich die **Identität bzw. Ähnlichkeit** der sich gegenüberstehenden **Marken** und die der beiderseitigen **Waren/Dienstleistungen.** Als weiteres Kriterium kommt die **Kennzeichnungskraft der älteren Marke** hinzu.[583]

156 *bb) Europäische Auslegung; Spruchpraxis des EuGH.* Der Begriff der Verwechslungsgefahr ist wegen des EU-weiten Schutzanspruches der Unionsmarke **unionsrechtlich auszulegen.**[584] Auf nationale Markenrechtsgrundsätze kann deshalb nur soweit zurückgegriffen werden, als diese im Einklang mit dem Unionsmarkenrecht stehen. Letztinstanzlich verantwortlich für die inhaltliche Ausdeutung und abschließende Festlegung der Beurteilungsgrundsätze der Kollisionsregeln der UMV ist die Spruchpraxis des **EuGH.** Wiederholt hat der EuGH betont, dass trotz der nicht abschließenden Harmonisierung zentrale markenrechtliche Sachvorschriften EU-weit **autonom** und **einheitlich** auszulegen sind.[585] Inzwischen sind die Kollisionstatbestände der Art. 8 und 9 UMV sowie namentlich der Begriff der Verwechslungsgefahr durch eine Reihe von EuGH-Urteilen mit Leben erfüllt worden.[586] Daraus lassen sich wichtige Bewertungsprinzipien ableiten.

[582] Ebso. Eisenführ/Schennen/Walicka UMV Art. 8 Rn. 30.

[583] Die Berücksichtigung der Kennzeichnungskraft als selbstständiges Merkmal war anfangs streitig, durfte jedoch nach frühen EuGH-Entscheidungen als gesichert gelten, s. etwa EuGH ECLI:EU:C:1998:442 – Canon; dies scheint mit Blick auf die Spruchpraxis der letzten Jahre sowohl des EuG als auch des EuGH nicht ganz unstreitig zu sein, so dass dies im weiteren Text näher untersucht wird; s. dazu auch Knaak GRUR Int. 2007, 821 ff.; Berneke WRP 2007, 1417 ff; wie hier Bender Die neue Unionsmarke (3. Aufl.) Rn. 1236.

[584] Das bedeutet freilich nicht, dass nicht auf nationale Besonderheiten eingegangen werden kann; namentlich bei der Beurteilung der klanglichen Verwechslungsgefahr kann es auf das Sprachverständnis und sprachliche Besonderheiten nur eines EU-Mitgliedstaates ankommen; s. dazu das treffende Beispiel von Hye-Knudsen/Schafft MarkenR 2004, 209 f.

[585] EuGH ECLI:EU:C:2003:145 – Ansul/Ajax, Rn. 26, 27; EuGH ECLI:EU:C:2002:706 – Robelco/Robeco, Rn. 27 (Harmonisierung des Umfangs des Schutzes für Marken innerhalb der Gemeinschaft bezweckt), s. andererseits Rn. 30, 31 (verstärkter Schutz der Unterscheidungskraft oder der Wertschätzung einer Marke gegenüber bestimmten Formen der Benutzung zu anderen Zwecken als der Unterscheidung von Waren/Dienstleistungen fällt nicht unter die gemeinschaftliche Harmonisierung).

[586] Zu Art. 8 Abs. 1 lit. b) GMV bzw. den inhaltsgleich formulierten Art. 4 Abs. 1 lit. b) Marken-RL s. etwa: EuGH ECLI:EU:C:1997:528 – Sabèl/Puma; EuGH ECLI:EU:C:1999:323 – Lloyd, Rn. 18; EuGH ECLI:EU:C:1998:442 – Canon; EuGH ECLI:EU:C:2001:510 – Bravo; EuGH ECLI:EU:C:2003:9 – Davidoff/Gofkid; EuGH ECLI:EU:C:2005:594 – Thomson Life; EuGH ECLI:EU:C:2006:25 – Picasso; EuGH ECLI:EU:C:2006:194 – ZIRH/SIR; EuGH ECLI:EU:C:2007:252 – Trivastan/Travatan.

Vereinfacht gesagt, ist nach ständiger Rechtsprechung Verwechslungsgefahr dann anzunehmen, wenn das Publikum glauben könnte, dass die betreffenden Waren oder Dienstleistungen aus demselben Unternehmen oder gegebenenfalls aus wirtschaftlich miteinander verbundenen Unternehmen stammen.[587] Das Vorliegen der Verwechslungsgefahr ist unter Berücksichtigung aller **Umstände des Einzelfalls** umfassend zu würdigen.[588] Hinsichtlich der Ähnlichkeit der betreffenden Marken im Bild, im Klang oder in der Bedeutung ist auf den **Gesamteindruck** abzustellen, den die Marken hervorrufen, wobei namentlich die jeweils **unterscheidungskräftigen und dominierenden Elemente** zu berücksichtigen sind.[589] Entscheidend kommt es darauf an, wie die Marke auf den **Durchschnittsverbraucher** dieser Art von Waren oder Dienstleistungen wirkt.[590] Bei dieser umfassenden Beurteilung ist auf einen normal informierten und angemessen aufmerksamen und verständigen Durchschnittsverbraucher der betreffenden Waren/Dienstleistungen abzustellen.[591] Je nachdem, welche Waren oder Dienstleistungen betroffen sind, kann der Grad der Aufmerksamkeit und der Verständnishorizont der angesprochenen Verbraucherkreise graduell verschieden sein. Dies wiederum kann sich nachhaltig auf die Beurteilung der Verwechslungsgefahr im konkreten Fall auswirken. So ist vom EuG/H im Zuge der umfassenden Beurteilung der Verwechslungsgefahr berücksichtigt worden, ob sich die betroffenen Waren (im konkreten Fall Energiegetränke) an ein junges, im Allgemeinen mit Markenartikeln vertrautes Publikum,[592] an gewerbliche Abnehmer mit entsprechend erhöhter Aufmerksamkeit,[593] an Personen in leitender Funktion oder qualifizierte Angestellte[594] oder an einen Kreis von Durchschnittsverbrauchern richtet, der aufgrund der Natur der fraglichen Waren (beispielsweise Kraftfahrzeuge) sowie insbesondere ihres Preises und ihres technischen Charakters bei deren Kauf einen besonders hohen Grad an Aufmerksamkeit aufbringen wird.[595] 157

Handelt es sich bei der älteren Marke um eine nationale Marke, ist für die Beurteilung der Frage der Verwechslungsgefahr auf die Sichtweise der maßgeblichen Verkehrskreise in den Mitgliedern abzustellen, in denen die ältere Marke registriert ist;[596] wird demgegenüber aus einer älteren Unionsmarke vorgegangen, so ist für die Prüfung der Verwechslungsgefahr die Sichtweise der Verbraucher in der gesamten Union relevant.[597] 158

Zu betonen ist, dass das für die Harmonisierungs-Richtlinie ursprünglich vorgesehene Merkmal der „ernsthaften“ Verwechslungsgefahr weder in den Wortlaut der Richtlinie noch den der UMV aufgenommen wurde; daraus lässt sich entnehmen, dass eine **restriktive Interpretation** des Begriffes der Verwechslungsgefahr, mit der zugleich eine Beschneidung der Rechte des Markeninhabers einhergehen würde, **nicht geboten** ist.[598] Die Feststellung der Verwechslungsgefahr betrifft Tatsachenfragen, während der EuGH bislang offen gelassen hat, ob die Feststellung der Verwechslungsgefahr als solche eine Rechts- oder Tatsachenfrage darstellt.[599] 159

cc) Wechselwirkung. Die Verwechslungsgefahr ist umso höher, je größer sich die Kennzeichnungskraft der älteren Marke darstellt; somit genießen Marken, die von Haus aus oder wegen ihrer Bekanntheit auf dem Markt eine hohe Kennzeichnungskraft besitzen, einen um- 160

[587] S. etwa EuG ECLI:EU:T:2007:214 – Tosca/Tosca Blu, Rn. 25; EuG ECLI:EU:T:2006:397 – Mast-Jägermeister/HABM, Rn. 71; EuGH ECLI:EU:C:1999:323 – Lloyd, Rn. 17; EuGH ECLI:EU:C:1998:442 – Canon, Rn. 29.

[588] EuGH ECLI:EU:C:2006:25 – Picaro/Picasso, Rn. 18; EuGH ECLI:EU:C:1999:323 – Lloyd Rn. 18; EuGH ECLI:EU:C:1998:442 – Canon, Rn. 16 f.; EuGH ECLI:EU:C:1997:528 – Sabèl/Puma, Rn. 22.

[589] EuGH ECLI:EU:C:2006:194 – ZIRH/SIR, Rn. 19; EuGH ECLI:EU:C:1998:442 – Canon, Rn. 16; EuGH ECLI:EU:C:2006:25 – Picaro/Picasso, Rn. 19; EuGH ECLI:EU:C:1997:528 – Sabèl/Puma, Rn. 22, 23 (soweit in der deutschen Fassung von „… sie unterscheidenden Elementen …“ die Rede ist, aaO Rn. 23, sei auf die englische, weitaus präzisere Fassung verwiesen, in der es heißt: „ .. distinctive …“).

[590] EuGH ECLI:EU:C:1997:528 – Sabèl/Puma, Rn. 23 aE.

[591] Statt vieler, EuG ECLI:EU:T:2006:397 – Mast-Jägermeister/HABM, Rn. 75; anders noch etwa: EuGH ECLI:EU:C:1995:224 – Mars; s. dazu auch Kur MarkenR 1999, 1 (5), die zu Recht davor warnt, einem einheitlichen Verbraucherleitbild folgend die Verwechslungsgefahr auf dieselbe Stufe wie diejenige der wettbewerbsrechtlichen Irreführungsgefahr zu stellen.

[592] EuG ECLI:EU:T:2005:89 – SHARK/Hai, Rn. 63.

[593] EuG ECLI:EU:T:2005:135 – Faber Chimica/HABM, Rn. 23, 24.

[594] EuG ECLI:EU:T:2005:177 – TeleTech Holdings/HABM, Rn. 78.

[595] EuGH ECLI:EU:C:2006:25 – Picaro/Picasso, Rn. 39.

[596] EuG ECLI:EU:T:2006:82 – Ferro/Ferrero.

[597] S. etwa EuG ECLI:EU:T:2004:62 – ZIRH/Sir, Rn. 34, best. durch EuGH ECLI:EU:C:2006:194.

[598] So mit Recht bereits frühzeitig kritisch gegenüber anderslautenden Tendenzen: Kur MarkenR 1999, 1 (5), ebenso insbesondere Knaak GRUR Int. 2007, 801 ff.

[599] Für die Einordnung der Verwechslungsgefahr als Rechtsfrage: v. Mühlendahl/Ohlgart § 5 Rn. 24, Knaak GRUR Int. 2007, 801 (803); für Einordnung als Tatsachenfrage Rohnke MarkenR 2006, 480 (484).

fassenderen Schutz als Marken, deren Kennzeichnungskraft geringer ist;[600] **kennzeichnungsstarken Marken** ist mithin ein **erweiterter Schutzumfang** einzuräumen, während bei kennzeichnungsschwachen Zeichen bereits geringere Abweichungen ausreichen, um einen die Kollisionsgefahr bannenden Zeichenabstand herzustellen.[601] Weiter ist in Rücksicht zu ziehen, dass zwischen den drei – nachfolgend separat dargestellten – für die Beurteilung der Verwechslungsgefahr maßgeblichen Kriterien der Identität/Ähnlichkeit der sich gegenüberstehenden Kennzeichnungen, der Identität/Ähnlichkeit der beiderseitigen Waren/Dienstleistungen und der Kennzeichnungskraft der älteren Marke eine **Wechselwirkung** besteht.[602] So kann Verwechslungsgefahr auch bei einem nur geringen Ähnlichkeitsgrad der beiderseitigen Waren/Dienstleistungen anzunehmen sein, wenn die Ähnlichkeit zwischen den Marken groß und die Kennzeichnungskraft der älteren Marke hoch ist,[603] während beispielsweise ein höherer Ähnlichkeitsgrad bezüglich der Zeichen erforderlich ist, wenn die Kennzeichnungskraft der älteren Marke nur schwach und/oder der Warenabstand größer ist.[604] Sind danach aus Sicht der beteiligten Verkehrskreise die Zeichen nicht sicher zu unterscheiden, ist das relative Eintragungshindernis der Verwechslungsgefahr gegeben.

161 Zu Recht wird jedoch im Schrifttum darauf aufmerksam gemacht, dass die in der Präambel der VO 40/94, der VO 207/2009 sowie der UMV (im 11. Erwägungsgrund) klar zum Ausdruck kommende gleichberechtigte Berücksichtigung der – durchschnittlichen, unterdurchschnittlichen oder gesteigerten – Kennzeichnungskraft der Marke in der Gerichtspraxis, gerade auch derjenigen der Unionsmarkengerichte, zu kurz kommt, was der Intention des Unionsgesetzgebers zuwider läuft.[605] Der Formulierung im 11. Erwägungsgrund der VO (EU) 2017/1001 ist unmissverständlich zu entnehmen, dass die Verwechslungsgefahr von einer Vielzahl von Umständen abhängt, insbesondere dem Bekanntheitsgrad der Marke auf dem Markt. Dies ist in frühen Entscheidungen des EuGH zum harmonisierten Markenrecht reflektiert worden, in denen es heißt, dass die Verwechslungsgefahr umso größer ist, je höher sich die Kennzeichnungskraft der älteren Marke darstellt, mit der Folge, dass trotz eines geringen Grads der Ähnlichkeit zwischen den Marken Verwechslungsgefahr gegeben sein kann, wenn die Ähnlichkeit zwischen den von ihr erfassten Waren oder Dienstleistungen groß und die Kennzeichnungskraft der älteren Marke hoch ist.[606] Diese Grundsätze scheinen in jüngeren Gerichtsentscheidungen etwas in Vergessenheit zu geraten und sollten deshalb vor dem Amt wie auch den Gerichten von den Beratern stärker betont werden.[607]

162 *dd) Ähnlichkeit der Marken, Prägetheorie, Neutralisierungslehre.* Für die Kollisionsprüfung ist zunächst die Identität bzw. **Ähnlichkeit der Marken** zu bewerten, wobei der vom Gesetzgeber gewählte Begriff der „Ähnlichkeit" der Marken im Hinblick auf die Verwechslungsgefahr auszulegen ist. Nicht erforderlich ist insoweit, dass es in der Vergangenheit zu Verwechslungen gekommen ist, wenngleich tatsächlich nachgewiesene Verwechslungsfälle sicherlich

[600] EuGH ECLI:EU:C:1998:442 – Canon, Rn. 18; EuGH ECLI:EU:C:1997:528 – Sabèl/Puma, Rn. 24 aE; EuG ECLI:EU:T:2003:288 – CASTILLO/El Castillo, Rn. 44; inzwischen allg. Ansicht, s. etwa Kur/v. Bomhard/Albrecht/Hennigs UMV Art. 8 Rn. 121; Bender Die neue Unionsmarke (3. Aufl.) Rn. 1236.

[601] In Deutschland st. Rspr.; so aber auch EuGH ECLI:EU:C:1997:528 – Sabèl/Puma, Rn. 25, wo es heißt, dass bei Marken ohne „besondere Verkehrsgeltung" geringere Übereinstimmungen zwischen den Zeichen zur Annahme der Kollisionsgefahr nicht ausreichen; in der Richtung auch EuGH ECLI:EU:C:1999:323 – Lloyd, Rn. 20; EuGH ECLI:EU:C:2000:339 – Marca/Adidas, Rn. 40.

[602] EuG ECLI:EU:T:2006:397 – Mast-Jägermeister/HABM, Rn. 74; EuG ECLI:EU:T:2006:82 – Ferro/Ferrero, Rn. 40; EuGH ECLI:EU:C:1999:323 – Lloyd; EuGH ECLI:EU:C:1997:528 – Sabèl/Puma, Rn. 19.

[603] EuGH ECLI:EU:C:1998:442 – Canon, Rn. 19; EuGH ECLI:EU:C:1999:323 – Lloyd, Rn. 20 f.; EuGH ECLI:EU:C:1997:528 – Sabèl/Puma Rn. 24; HABM GRUR 2002, 817 (818) – HYP/Deutsche Hyp Deutsche Hypothekenbank, Rn. 32; Preglau/Neuffer MarkenR 1999, 41 (44); Hasselblatt The Community Trademark (1997), 143 (152, 153).

[604] In Deutschland st. Rspr., statt vieler BGH GRUR 2001, 158 (159 f.) – Drei-Streifen-Kennzeichnung; BGH GRUR 2000, 506 (508) – Attaché/Tisserand; BGH Mitteilungen 1995, 107 (110) – Oxygenol II; BGH WRP 1993, 694 (695) – Apetito/Apitta; BGH GRUR 1993, 118 (119) – Corvaton/Corvasal; BGH GRUR 1991, 609 (611) – S L; so ausdr. EuGH ECLI:EU:C:1999:323 – Lloyd, Rn. 20 f.

[605] So schon frühzeitig die berechtigte Kritik von Knaak GRUR Int. 2007, 801 ff., in der Richtung ebenso Berneke WRP 2007, 1417 (1421 ff.).

[606] EuGH ECLI:EU:C:1997:528 – Sabèl/Puma, Rn. 24; EuGH ECLI:EU:C:1998:442 – Canon, Rn. 18; EuGH ECLI:EU:C:1999:323 – Lloyd, Rn. 20, 31.

[607] In der Richtung auch Knaak GRUR Int. 2007, 801 ff., Berneke WRP 2007, 1417 (1421 ff.) und wohl auch Rohnke MarkenR 2006, 480 ff., der von einer Neigung zur „formelhaften Wiederholung der immer gleichen Obersätze aus der eigenen Rechtsprechung mit einer nur knappen einzelfallbezogenen juristischen Argumentation" spricht, aaO S. 481.

ein starkes Indiz für das Bestehen von Verwechslungsgefahr im Rechtssinne darstellen.[608] Zu beurteilen ist die Ähnlichkeit der Marken in puncto **Bild, Klang und Bedeutung** der Zeichen.[609] Diese Kategorien sind **alternativ** zu verstehen: Ähnlichkeit der Zeichen ist somit bereits dann gegeben, wenn diese schriftbildlich, phonetisch *oder* mit Blick auf ihren Bedeutungsgehalt angenähert sind.[610]

Typischerweise begegnen die Marken dem Verbraucher im Verkehr nicht gleichzeitig, oftmals ist der Verbraucher vielmehr bezüglich der älteren Marke auf sein Erinnerungsvermögen angewiesen.[611] Die Zeichenähnlichkeit ist auf der Grundlage des **Gesamteindrucks** zu prüfen, den die sich gegenüberstehenden Zeichen in Anbetracht ihrer dominierenden Bestandteile im Gedächtnis der maßgeblichen Verkehrskreise hinterlassen.[612] Deshalb sind bei der Überprüfung der Verwechslungsgefahr die Marken **nicht nebeneinander** zu halten, sondern es ist eine Geschäftssituation zugrunde zu legen, in der der durchschnittlich aufmerksame Verbraucher die Zeichen nacheinander wahrnimmt und diese keiner sorgsamen Betrachtung unterzieht.[613] Auch verbietet sich – insbesondere bei aus mehreren Worten und/oder grafischen Elementen zusammengesetzten Marken – eine **zergliedernde Betrachtung**, bezogen lediglich auf einzelne, übereinstimmende Bestandteile.[614] Der durchschnittliche Verbraucher nimmt eine Marke normalerweise als Ganzes wahr und achtet nicht auf verschiedene Einzelheiten; zu würdigen ist deshalb der Gesamteindruck der Marke, wie sie den angesprochenen Verkehrskreisen entgegentritt.[615] Deshalb ist auch bei längeren Zeichen die Marke in ihrer Gesamtheit zu betrachten; zu **Zeichenverkürzungen** besteht für den Verkehr im Allgemeinen kein Anlass.[616] Handelt es sich demgegenüber um **Kurzzeichen**, die nur aus wenigen Buchstaben oder Zahlen bestehen, treten Abweichungen im Gesamtbild der Marke erheblich stärker hervor als dies etwa bei langen, unübersichtlichen Zeichenwörtern der Fall ist.[617] Allerdings spielt der Umstand, dass zwei Kurzzeichen in der Anzahl ihrer Buchstaben übereinstimmen, für sich genommen regelmäßig keine entscheidende Rolle.[618] 163

Bei Mehrwort- oder Kombinationszeichen ist im Rahmen der Gesamtbetrachtung besonderes Augenmerk auf die „sie unterscheidenden und dominierenden Elemente" zu richten.[619] Stimmen die Zeichen nur in einzelnen Bestandteilen überein, ist deren selbstständige Kollisionseignung festzustellen; nur wenn der übereinstimmende bzw. ähnliche Teil in beiden Marken mit Blick auf deren Gesamteindruck nicht nur wesentlich mitbestimmend, sondern **prägend** ist, kann eine 164

[608] So die amtliche Begründung zu dem insoweit im Wortlaut identischen § 9 Abs. 1 Nr. 2 des Deutschen Markengesetzes, siehe Amtliche Begründung, BT-Drs. 12/6581 vom 14.1.1994, S. 71.

[609] EuGH ECLI:EU:C:1997:528 – Puma, Rn. 23; HABM GRUR 2002, 817 (818) – HYP/Hyp Deutsche Hypothekenbank, Rn. 37.

[610] HABM GRUR 2002, 817 (819) – HYP/Hyp Deutsche Hypothekenbank, Rn. 38; HABM GRUR-RR 2002, 104 – Mystery/Mixery, Rn. 28; s. auch den nicht amtlichen ersten LS im Abdruck der Picasso-Entscheidung des EuGH in MarkenR 2006, 67, in dem es zum Ende ausdrücklich heißt, dass „an sich die hinreichende Ähnlichkeit in einer dieser Hinsichten reicht" (also Verwechslungsgefahr im Hinblick auf Bild, Klang oder Bedeutung); so heißt es ausdr. bei EuGH ECLI:EU:C:1999:323 – Lloyd, Rn. 28, dass „nicht auszuschließen ist, dass allein die klangliche Ähnlichkeit der Marken eine Verwechslungsgefahr hervorrufen kann"; explizit gegen eine solche Bedeutung wurde EuGH ECLI:EU:C:2006:194 – ZIRH/SIR, Rn. 22.

[611] EuG ECLI:EU:T:2006:397 – Mast-Jägermeister/HABM, Rn. 75; EuGH ECLI:EU:C:2003:169 – Arthur/Arthur et Félicie, Rn. 52; HABM GRUR 2002, 817 (818) – HYP/Hyp Deutsche Hypothekenbank, Rn. 36.

[612] EuGH ECLI:EU:C:2020:469 – CCB/CB, Rn. 54 ff., 60.

[613] EuG ECLI:EU:T:2006:397 – Mast-Jägermeister/HABM, Rn. 75, dort heißt es wörtlich: „Dabei ist zu berücksichtigen, dass sich dem Durchschnittsverbraucher nur selten die Möglichkeit bietet, verschiedene Marken unmittelbar mit der Marke zu vergleichen, sondern dass er sich auf das unvollkommene Bild verlassen muss, das er von ihnen im Gedächtnis hat"; EuGH ECLI:EU:C:2003:169 – Arthur/Arthur et Félicie Rn. 52; HABM, Entscheidung Nr 90/1998, ZADOVIR/RADOVIR; zustimmend: Preglau/Neuffer MarkenR 1999, 41 (48).

[614] EUIPO – R 767/2018-2 – VIVANIA/VIVANDA, Rn. 46 ff.: der Verbraucher „zerlegt" die Zeichen nicht in den beschreibenden Bestandteil „VIVA"; EuG ECLI:EU:T:2003:267 – Oldenburger Rn. 42; EuG ECLI:EU:T:2001:286 – Das Prinzip der Bequemlichkeit Rn. 26, best. durch EuGH ECLI:EU:C:2004:645.

[615] EuGH ECLI:EU:C:2006:25 – Picaro/Picasso, Rn. 19; EuG ECLI:EU:T:2001:286 – Das Prinzip der Bequemlichkeit Rn. 25, best. durch EuGH ECLI:EU:C:2004:645; EuGH ECLI:EU:C:1997:528 – Sabèl/Puma; HABM GRUR 2002, 817 (818) – HYP/Hyp Deutsche Hypothekenbank, Rn. 35.

[616] Die Neigung, lange Zeichen zu verkürzen, kann bei im übrigen vernachlässigbaren Bestandteilen gegeben sein, EuG ECLI:EU:T:2019:640 – NATURAL INSTINCT, Rn. 39 ff., 47.

[617] EuG ECLI:EU:T:2018:567 – Eico, Rn. 31 ff.

[618] EuG ECLI:EU:T:2019:39 – ARBET v. BORBET, Rn. 28 ff., 41.

[619] EuGH ECLI:EU:C:1997:528 – Sabèl/Puma, Rn. 23, wenngleich es richtiger heißen müsste: „… unterscheidungskräftigen …" (vgl. die englische Fassung, in der insoweit von „… distinctive (…) elements …" die Rede ist); ebso: EuGH ECLI:EU:C:2006:25 – Picaro/Picasso, Rn. 19.

Verwechslungsgefahr angenommen werden.[620] Bei kombinierten Wort-Bildmarken ist im Allgemeinen davon auszugehen, dass sich der Verkehr die Marke zumeist anhand des Wortbestandteiles einprägen wird, da dieses einfacher in Erinnerung zu behalten ist;[621] nach diesem Grundsatz „Wort vor Bild"[622] wird in solchen Marken vielfach nur das Wortelement selbstständige Kollisionseignung aufweisen. Allerdings kann, je nach grafisch-textlicher Ausgestaltung des Kombinationszeichens, durchaus (auch) dem Bildbestandteil prägende Bedeutung im Gesamtzeichen zukommen.[623] Demgemäß kann auch bei aus Bild- und Wortbestandteilen kombinierten Marken Verwechslungsgefahr lediglich aufgrund der **Übereinstimmung der Bildelemente** anzunehmen sein.[624]

Praxistipp:

Sind Wort- und Bildelement gleichermaßen prägend für den Gesamteindruck der Marke, so ist keiner der Bestandteile selbstständig kollisionsbegründend; deshalb sollte vor der Anmeldung einer solchen Marke erwogen werden, jeweils separaten Wort- und Bildmarkenschutz nachzusuchen; ansonsten läuft man Gefahr, gegen solche Marken nicht erfolgreich vorgehen zu können, die nur in einem Element – unter Umständen bis hin zur Identität – bei im Übrigen unterschiedlichem Gesamteindruck übereinstimmen.

165 Bei **Kombinationszeichen,** insbesondere aus mehreren Wortelementen zusammengesetzten Marken, kann nicht ohne Weiteres auf die (frühere) **Prägetheorie** des BGH rekurriert werden, wobei auch nach deutschem Recht die an den prägenden Zeichenbestandteil gestellten Anforderungen mit Blick auf die Gesamtmarke immer strenger geworden sind.[625] Hier sind namentlich die Grundsätze der vielfach diskutierten ***Thomson Life***-Entscheidung zu beachten.[626] Zugrunde lag ein Rechtsstreit, in dem die Klägerin aus der in Deutschland registrierten Marke *LIFE,* ua eingetragen für Waren aus dem Bereich der Unterhaltungselektronik, gegen die Vermarktung von Produkten der Firma *Thomson,* die ebenfalls der Unterhaltungselektronikbranche zugehörig ist, unter der Bezeichnung THOMSON LIFE vorging. Der EuGH bejahte die Kollisionsgefahr. Dabei betonte er zunächst, dass im Zuge der umfassenden Beurteilung der Verwechslungsgefahr die fraglichen Marken jeweils als Ganzes miteinander zu vergleichen sind, was nicht ausschließt, dass unter Umständen ein oder mehrere Bestandteile einer komplexen Marke für den durch die Marke im Gedächtnis der angesprochenen Verkehrskreise hervorgerufenen Gesamteindruck prägend sein könnten.[627] Sodann heißt es in der Entscheidung weiter: „Jenseits des *Normalfalls,* dass der Durchschnittsverbraucher eine Marke als Ganzes wahrnimmt und ungeachtet dessen, dass der Gesamteindruck von einem oder mehreren Bestandteilen einer komplexen Marke dominiert werden kann, ist jedoch keineswegs ausgeschlossen, dass im Einzelfall eine ältere Marke, die von einem Dritten in einem zusammengesetzten Zeichen benutzt wird, das die Unternehmensbezeichnung dieses Dritten enthält, eine **selbstständig kennzeichnende Stellung** in dem zusammengesetzten Zeichen behält, ohne aber darin den dominierenden Bestandteil zu bilden; in einem solchen Fall kann der von dem zusammengesetzten Zeichen hervorgerufene Gesamteindruck das Publikum glauben machen, dass die fraglichen Waren oder Dienstleistungen zumindest aus wirt-

[620] EuGH ECLI:EU:C:1997:528 – Sabèl/Puma, Rn. 23; HABM GRUR 2002, 817 (818) – HYP/Hyp Deutsche Hypothekenbank, Rn. 35.

[621] Preglau/Neuffer MarkenR 1999, 41, S. 49.

[622] Einen solchen Fall betraf etwa EuG ECLI:EU:T:2005:156 – Star TV, in dem Verwechslungsgefahr zwischen einem Wortzeichen (Star TV) und einer älteren Wort-/Bildmarke bejaht wurde, deren prägendes Element ein gleichlautender Text war (trotz markant grafischer Ausgestaltung; s. demgegenüber EuG ECLI:EU:T:2005:248 – Turkish Power); s. ferner EuG ECLI:EU:T:2005:337 – Travatan/Trivastan, in dem die Verwechslungsgefahr aufgrund von bildlicher **und** klanglicher Ähnlichkeit bejaht wurde.

[623] HABM Entscheidung Nr. 53/1998, Swinny/WINDEL WINNY.

[624] EuG ECLI:EU:T:2006:245 – Arbre Magique/Aire Limpio.

[625] S. hierzu aus deutscher Sicht die ausführliche Darstellung etwa bei Ströbele/Hacker/Thiering/Hacker MarkenG § 9 Rn. 371 ff., dort auch mit Nachweisen zur „Entstehungsgeschichte", beginnend mit der Entscheidung BGH GRUR 1976, 353 – Colorboy; ausf. zur Entwicklung der Prägetheorie Keller/Glinke WRP 2006, 21 (22 ff.).

[626] EuGH ECLI:EU:C:2005:594 – Thomson Life, s. dazu ua Keller/Glinke WRP 2006, 21 ff.; Bergmann GRUR 2006, 793 (797 ff.) sowie Tilmann GRUR 2007, 99 ff., den Grundsätzen der Thomson Life Entscheidung folgend aus deutscher Sicht BGH GRUR 2006, 859 ff. – Malteser Kreuz.

[627] So ausdr. EuGH ECLI:EU:C:2005:594 – Thomson Life, Rn. 29; nahezu identisch die Formulierungen bei EuG ECLI:EU:T:2005:169 – Grupo SADA sowie EuG ECLI:EU:T:2006:82 – Ferro/Ferrero, Rn. 29.

schaftlich miteinander verbundenen Unternehmen stammen, in welchem Fall das Vorliegen von Verwechslungsgefahr zu bejahen ist".[628] Deshalb dürfe die Feststellung der Verwechslungsgefahr nicht davon abhängig gemacht werden, dass der von dem zusammengesetzten Zeichen hervorgerufene Gesamteindruck von dem Teil des Zeichens, das die ältere Marke bildet, dominiert werde.[629]

Dazu ist zunächst zu betonen, dass auch nach dem Ausgangspunkt des EuGH mithin – wie nach der früheren Prägetheorie – im „Normalfall" aus Sicht des Durchschnittsverbrauchers einzelne Elemente in komplexen Marken prägend sein können; ausgeschlossen ist lediglich nicht, dass in Konstellationen, in denen beispielsweise eine ältere Marke identisch einem Unternehmenskennzeichen hinzugefügt wird, diese eine selbstständig kennzeichnende Stellung im Gesamtzeichen behält, ohne dieses zu dominieren.[630] Dem ist zuzustimmen, wobei zu unterstreichen ist, dass damit die Prägetheorie nicht aufgegeben,[631] sondern lediglich modifiziert oder – bezogen auf solche Konstellationen – ergänzt wird. Ob einem solchen Bestandteil, der mit einer älteren Marke identisch oder verwechslungsähnlich ist, selbstständig kennzeichnende Bedeutung zukommt, ist tatrichterlich festzustellen. Ist dies der Fall, ist Verwechslungsgefahr anzunehmen. Anzeichen dafür können insbesondere darin zu erkennen sein, dass die ältere Marke identisch in dem Kombinationszeichen aufgenommen wird und der weitere Zeichenbestandteil sich davon deutlich abhebt, etwa weil es sich dabei um ein als solches erkennbares Unternehmenskennzeichen oder aber eine bekannte Marke handelt; Anzeichen dafür können auch eine farbige und/oder grafische Absetzung der Zeichenelemente sein. Maßgeblich ist folglich aus Sicht der angesprochenen Verbraucher darauf abzustellen, ob der fragliche Zeichenbestandteil eine „selbstständig prägende Stellung" behält.[632] Kennzeichnende Wirkung kann auch anzunehmen sein, wenn beispielsweise eine ältere Warenformmarke (nahezu) identisch übernommen und mit einem neuen Unternehmens- oder sonstigen Kennzeichen von einem Wettbewerber übernommen wird.[633] Dagegen dürfte der im Verhältnis zur *Thomson Life*-Konstellation umgekehrte Fall nicht erfasst sein, in dem von einer älteren zusammengesetzten Marke lediglich ein einzelner Bestandteil in ein jüngeres Zeichen übernommen wird. Hier ist auch die Ausgangslage eine andere, da der Zeicheninhaber, der lediglich eine aus Einzelelementen zusammengesetzte Marke registriert, einen eingeschränkten Schutz dieses Zeichens hinnehmen muss und dessen nicht beraubt wird, es sei denn, diese in jüngeren Zeichen übereinstimmenden Bestandteile sind mit Blick auf das Gesamtzeichen prägend.[634] 166

Bei Wortmarken oder Wortbestandteilen ist zu beachten, dass der Verkehr dem **Wortanfang** regelmäßig mit größerer Aufmerksamkeit zu begegnen pflegt, was bedingt, dass Abweichungen am Wortanfang bei der Beurteilung der Verwechslungsgefahr stärker ins Gewicht fallen als solche in der Wortmitte oder am Wortende.[635] Miteinander zu vergleichen sind Wortaufbau und -länge, Silbenzahl, Silbentrennung sowie der Sprechrhythmus der Zeichenwörter, wobei Unterschiede in der **Vokalfolge** klanglich stärker hervortreten[636] als konsonantische Abweichungen. Diese Grundsätze gelten uneingeschränkt auch für solche Marken, die ganz oder teilweise aus einem oder mehreren **Personennamen** bestehen.[637] Ist ein Zeichenwort wegen des erkennbar beschreibenden Gehaltes **kennzeichnungsschwach,** und ist diese Kennzeichnungsschwäche auch nicht durch in- 167

[628] EuGH ECLI:EU:C:2005:594 – Thomson Life, Rn. 30, 31 (Hervorhebungen nur hier).

[629] EuGH aaO, Rn. 32.

[630] Zu der Konstellation, dass die ältere Marke vollständig übernommen und um ein weiteres Wort ergänzt wird, was regelmäßig für die Ähnlichkeit der Marken spricht, s. EuG ECLI:EU:T:2017:605 – Alpenschmaus/Alpen, Rn. 39 ff., 64, 70, 81; EuGH ECLI:EU:C:2018:349 – EENZO Tsujimoto v. EUIPO, Rn. 57 ff.

[631] So auch Bender Die neue Unionsmarke (3. Aufl.), Rn. 1259.

[632] S. auch das Beispiel des EuGH, in dem der Inhaber einer bekannten Marke ein zusammengesetztes Zeichen benutzt, das die bekannte Marke und eine ältere, selbst nicht bekannte Marke, aneinanderreiht, EuGH ECLI:EU:C:2005:594 – Thomson Life Rn. 34; ausf. zu dieser Entscheidung die ausführlichen Aufbereitungen von Keller/Glinke WRP 2006, 21 ff. (S. 28 auch abstellend auf die schriftbildliche, farbliche und sonstige grafische Gestaltung bzw. räumliche Anordnung des Kollisionszeichens, die ebenfalls eine Rolle spielen können) und ferner Tilmann GRUR 2007, 99 ff.

[633] Zutreffend Keller/Glinke WRP 2006, 21 (28).

[634] So auch Keller/Glinke WRP 2006, 21 (28).

[635] EuG ECLI:EU:T:2007:152 – COR/DOR, Rn. 42; dies gilt nicht, wenn der Wortanfang kennzeichnungsschwach ist, EuG ECLI:EU:T:2019:818 – DermoFaes, Rn. 33 ff., 41.

[636] Wie hier Bender Die neue Unionsmarke (3. Aufl.), Rn. 1254–1259; Preglau/Neuffer MarkenR 1999, 41 (43).

[637] Ausdr. EuG ECLI:EU:T:2005:285 – MURUA/Julian Murua Entrena; der EuG wie auch der EuGH messen starke Bedeutung dem *Nachnamen* zu, wobei maßgeblich der Gesamteindruck bleibt, Kollisionsgefahr ferner bejaht in EuG ECLI:EU:T:2005:73 – ENZO FUSCO/Vinzenzo Fusco und ECLI:EU:T:2005:420 – Arthur/Arthur et Felice.

tensive Benutzung überwunden worden, genügen bereits **geringere Unterschiede** zur Ausräumung der Kollisionsgefahr.[638] Außer Betracht bleiben bei der Kollisionsprüfung rein beschreibende Angaben, was schon aus deren Nichteintragbarkeit wegen absoluter Schutzhindernisse nach Art. 7 Abs. 1 UMV folgt; solche Bestandteile sind lediglich bei der Bewertung der Gesamtzeichen mit zu berücksichtigen, reichen für sich gesehen aber zur Herstellung eines ausreichenden Abstandes zu einer älteren Kennzeichnung kaum jemals aus. Indes sind bei der Beurteilung der Zeichenähnlichkeit auch nur **schwach kennzeichnungskräftige Elemente** – etwa der Wortbestandteil *PHARMA* – **kollisionsfördernd** zu berücksichtigen.[639]

Praxistipp:

Bereits bei der Markenanmeldung sollte erwogen werden, von rein beschreibenden Angaben – sei es in Form der direkten Angabe der schutznachsuchenden Ware/Dienstleistung („XYZ Obsthandel", „XYZ Vertriebsgesellschaft"), der Wiedergabe der Gesellschaftsform („GmbH", „AG") oder sonstiger nicht unterscheidungskräftiger Zusätze („XYZ.de", „XYZ.com") – von vornherein abzusehen, da diese am (eigentlichen) Zeichenschutz ohnehin nicht teilhaben und vielfach die Aussagekraft und Prägnanz einer Marke verwässern.

168 Insbesondere bei Wortzeichen, aber auch bei kombinierten Wort-/Bildmarken, können einzelne Bestandteile unmittelbar einprägsam sein und somit dem Verbraucher – auch aus der Erinnerung heraus – zur besseren Orientierung und Differenzierung zur Verfügung stehen. Auf ähnlichem Gedankengut fußt die zunächst vom EUIPO entwickelte und sodann vom EuG/H fortgeführte **Neutralisierungslehre.**[640] Die umfassende Beurteilung der Verwechslungsgefahr impliziere, dass die begrifflichen und visuellen Unterschiede zwischen zwei Zeichen die zwischen ihnen bestehenden klanglichen Ähnlichkeiten neutralisieren können, wenn zumindest eines der Zeichen eine **eindeutige und bestimmte Bedeutung** hat, so dass die maßgeblichen Verkehrskreise sie ohne Weiteres erfassen können.[641] Nach diesen Grundsätzen wurde die Verwechslungsgefahr trotz der (hohen) klanglichen Ähnlichkeit der sich gegenüberstehenden Zeichen verneint in den Fällen *„MESSI/MASSI"*,[642] *„ZIRH/SIR"*, *„PICARO/PICASSO"* und *„OBELIX/MOBILIX"*.[643] Die eindeutige und bestimmte Bedeutung der Marken *SIR*, *PICASSO* und *OBELIX* neutralisiere die klangliche Ähnlichkeit, so dass insgesamt Verwechslungen ausgeschlossen seien.[644] Im Ergebnis sind in concreto alle drei Fälle zutreffend entschieden worden, da – freilich aus unterschiedlichen tatsächlichen Umständen – Verwechslungsgefahr in keinem der Fälle bestand. So sorgte bei den sich gegenüberstehenden Parfümmarken *SIR/ZIRH* schon die ungewöhnliche Schreibweise der jüngeren Marke dafür, dass diese zumeist auf Sicht gekauften Produkte nicht miteinander verwechselt werden; die Marke *PICASSO* war in dem relevanten Produktbereich (Kraftfahrzeug) alles andere als bekannt, so dass die Marke *PICARO* möglicherweise Assoziationen an den berühmten Künstler Pablo Picasso hervorrufen, nicht jedoch eine Verwechslungsgefahr begründen konnte; die Marken *MOBILIX* und *OBELIX* begegneten sich in teils ähnlichen Waren-/Dienstleistungsbereichen der Klassen 9, 16, 35 und 37, wobei nicht zuletzt aufgrund der ungewöhnlichen – auf „Mobilität" hindeutenden – Wortschöpfung *MOBILIX* ein insgesamt wohl (noch) hinreichender Zeichenabstand gesichert war. Keinesfalls aber darf die Neutralisierungslehre **formelhaft** angewandt werden; vielmehr ist Augenmaß geboten, da ansonsten gerade **bekannte Marken** in ihrem Schutzbereich eben wegen ihres gesteigerten Bekanntheitsgrades enorm eingeschränkt würden. Wird eine solche schemenhafte Anwendung der „Neutralisierungslehre" vermieden, ermöglicht diese sachgerechte Ergebnisse; sie kann somit vielfach als Korrektiv für die

[638] HABM GRUR 2002, 817 (818) – HYP/Hyp Deutsche Hypothekenbank, Rn. 33 bis 35; Eisenführ/Schennen/Walicka UMV Art. 8 Rn. 194.

[639] EuG ECLI:EU:T:2017:783 – Multipharma/Mundipharma, Rn. 37 ff., 41.

[640] S. zuletzt etwa EuGH ECLI:EU:C:2020:722 – EUIPO v. Lionel Andrés Messi, Rn. 35 ff., 45 ff.

[641] EuGH ECLI:EU:C:2006:194 – ZIRH/SIR, Rn. 35; EuGH ECLI:EU:C:2006:25 – Picaro/Picasso, Rn. 20; kritisch zu dieser „Neutralisierungslehre", mit zahlreichen Beispielen aus der Spruchpraxis, Felchner MarkenR 2005, 377 ff.

[642] EuGH ECLI:EU:C:2020:722 – Messi, Rn. 35 ff.; ähnl. EuG ECLI:EU:T:2021:372 – Miley Cyrus, Rn. 35 ff., 51 ff.

[643] EuGH ECLI:EU:C:2006:194 – ZIRH/SIR; EuGH ECLI:EU:C:2006:25 – Picaro/Picasso; EuG ECLI:EU:T:2005:379 – Mobilix/Obelix; zuletzt etwa EuGH ECLI:EU:C:2007:514 – BainBridge, Rn. 34.

[644] EuGH ECLI:EU:C:2006:194 – ZIRH/SIR, Rn. 35; EuGH ECLI:EU:C:2006:25 – Picaro/Picasso Rn. 20 sowie EuG ECLI:EU:T:2005:379 – Mobilix/Obelix, Rn. 79, 80; ebenso EuGH ECLI:EU:C:2007:514 – BainBridge, Rn. 34.

bisweilen starre Handhabe der zur Beurteilung der Verwechslungsgefahr heranzuziehenden Faktoren eingesetzt werden.[645] Es steht zu erwarten, dass das EUIPO wie auch die Unionsmarkengerichte auch weiterhin mit diesem „Neutralisierungselement" arbeiten werden, da der EuGH auch in einer Entscheidung, die dazu nicht unmittelbar Anlass gab, wiederum darauf rekurriert hat.[646]

Auch bei **Zahlen-** und/oder (keinen Wortsinn ergebenden und/oder nicht aussprechbaren)[647] **Buchstabenkombinationen** gilt es, in vergleichbarer Weise, anhand der Übereinstimmungen den Ähnlichkeitsgrad der Zeichen zu ermitteln.[648] Hier werden selten besonders kennzeichnungskräftige und prägende Ziffern bzw. Buchstaben gegeben sein, so dass es umso mehr auf die Gesamtwürdigung der Zeichen ankommt. Andererseits sind auch bei solchen Marken weniger oder kaum unterscheidungskräftige Elemente anzutreffen; so wurden zur Jahrtausendwende etliche Marken registriert, die die Zahl „2.000" enthalten, so dass Übereinstimmungen darin – wenn überhaupt – nur eine äußerst geringe Annäherung bedeuten. Stehen sich Zeichen gegenüber, die nur aus zwei oder drei Zahlen/Buchstaben bestehen, wird häufig schon die Abweichung in nur einer Stelle ausreichen, um Kollisionen sicher zu bannen (beispielsweise: „XYZ" gegenüber „XOZ" oder „34" gegenüber „39"). Entsprechend wurde verneint – trotz Identität der sich gegenüberstehenden Waren – die Verwechslungsgefahr zwischen den Marken „HP" und „HPC"[649] sowie zwischen den Marken „MX" und „TMX".[650] Hier reichte mithin die Anfügung eines weiteren Buchstabens zur Ausräumung der Kollisionsgefahr aus. Demgegenüber wurde wegen der starken Annäherung zwischen den Konsonanten „d" einerseits und „p" andererseits die Verwechslungsgefahr zwischen den Marken „DMT" und „PMT" bei gegebener Identität der beiderseitigen Waren angenommen.[651] Ebenso für verwechslungsähnlich wurden angesehen die Marken „ILS" und „ELS", wobei sich auch insoweit identische Dienstleistungen gegenüberstanden.[652] 169

Bildmarken respektive Bildbestandteile mit prägender bzw. selbstständig kennzeichnender Wirkung sind auf ihre **optische Übereinstimmung** hin zu überprüfen; besonderes Augenmerk ist wiederum auf die besonders unterscheidungskräftigen und dominanten Elemente zu richten,[653] da diesen im Gesamtzeichen eine stärker prägende Wirkung zukommt als beschreibenden Bestandteilen oder über das in der modernen Werbegraphik Übliche nicht hinausgehenden Ausschmückungen.[654] Erhöhte Bedeutung kommt dem Bildvergleich insbesondere zu, wenn es sich bei den jeweils erfassten Waren um gängige Konsumartikel handelt, die „auf Sicht" gekauft werden.[655] Sind Bildmarken – etwa bei Verwendung simpler geometrischer Figuren oder für eine Waren- oder Dienstleistungsgruppe nahe liegender, visuell nur geringfügig abgewandelter Bildmotive – kennzeichnungsschwach, verdienen sie nur einen reduzierten Schutzumfang, so dass bereits geringe Abwandlungen – auch desselben Motives – zur Ausräumung der Verwechslungsgefahr ausreichen;[656] dies gilt umso mehr, je stärker der innere Bezug des gewählten Motives zur fraglichen Leistung gegeben ist, etwa die Verwendung eines Kuhhaut-Fleckenmusters für Milch- und Joghurt-Produkte,[657] die (ohnehin erst durch besondere grafische Ausgestaltung eintragungs- 170

645 Im Ergebnis wie hier Felchner MarkenR 2005, 377 (385) sowie Bender Die neue Unionsmarke (3. Aufl.) Rn. 1270 ff.

646 EuGH ECLI:EU:C:2007:514 – BainBridge, Rn. 34.

647 Für die Schutzfähigkeit als Marke ist es nicht erforderlich, dass Buchstabenkombinationen einen Wortsinn ergeben oder (anders als nach der deutschen Spruchpraxis zum WZG) ohne Weiteres artikulierbar sind.

648 Ausführlich zur Verwechslung von Buchstaben- und Zahlenmarken Gründig/Schnelle GRUR 2003, 1002 (1003 f.) mit zahlreichen Nachweisen.

649 HABM Beschl. v. 22.2.2000 – Nr. 282/2000.

650 HABM Beschl. v. 28.2.2001 – Nr. 512/2001.

651 HABM Beschl. v. 30.4.2001 – Nr. 1117/2001.

652 EuG ECLI:EU:T:2002:260 – ILS/ELS (die Vorinstanzen hatten die Kollisionsgefahr verneint).

653 Einzubeziehen sind beim bildlichen Vergleich alle „konstitutiven" Elemente, einschließlich einer etwaigen Farbgebung, s. EuG ECLI:EU:T:2019:690 – Volvo, Rn. 48; frühzeitig schon EuGH ECLI:EU:C:1997:528 – Sabèl/Puma, Rn. 23; HABM GRUR 2002, 817 (818) – HYP/Hyp Deutsche Hypothekenbank, Rn. 35.

654 Beispiele, in denen lediglich aufgrund der Übereinstimmungen in Bildbestandteilen von sich gegenüberstehenden Marken die Kollisionsgefahr bejaht wurde, bilden: EuG ECLI:EU:T:2006:245 – Arbre Magique/Aire Limpio (für ua in Tannenbaumform ausgestaltete parfümierte Luftverbesserer, trotz unterschiedlicher Kennzeichnung) sowie EuG ECLI:EU:T:2006:397 – Mast-Jägermeister/HABM (Verwechslungsgefahr zwischen Gemeinschaftsbildmarken für Getränke, die einen Hirschkopf darstellen).

655 EuG ECLI:EU:T:2020:450 – 7 seven, Rn. 90 ff.

656 EuG ECLI:EU:T:2006:157 – Schwarz-weiße Kuhhaut (geringe Unterscheidungskraft mit entsprechend eingegrenztem Schutzumfang für Kuhhaut-Fleckenmuster im Zusammenhang mit Milchprodukten); HABM GRUR 2002, 817 (818) – HYP/Hyp Deutsche Hypothekenbank, Rn. 32.

657 EuG ECLI:EU:T:2006:157 – Schwarz-weiße Kuhhaut.

fähige) Abbildung einer Schere für das Friseurhandwerk und dergleichen. Übereinstimmungen der sich gegenüberstehenden Marken lediglich in einem **schwach kennzeichnungskräftigen Bestandteil** reichen zur Annahme der Verwechslungsgefahr **regelmäßig *nicht*** aus.[658] Komplexe, phantasievolle Bildmarken beanspruchen hingegen – von Hause aus – einen weiteren Schutzumfang, so dass jüngere Marken einen entsprechend größeren Abstand zu wahren haben, um Verwechslungen vorzubeugen. Trotz der jeweils enthaltenen (verschiedenen) Wortbestandteile wurde Verwechslungsgefahr angenommen bei teils identischen/teils ähnlichen Waren im Bereich von alkoholischen und nicht alkoholischen Getränken wegen der Verwendung eines ähnlich ausgestalteten Hirschkopf-Motivs[659] oder aufgrund der grafischen Darstellung eines Tannenbaumes für parfümierte Luftverbesserer.[660] Behält ein mit der älteren Marke identischer oder ähnlicher Bildbestandteil in einer komplexen jüngeren Marke eine selbstständig kennzeichnende Stellung, kann Verwechslungsgefahr anzunehmen sein; dies gilt etwa, wenn einer älteren Bildmarke in einem Kombinationszeichen lediglich ein Marken- oder Firmenschlagwort hinzugefügt wird.[661]

171 Davon zu unterscheiden ist die Konstellation, in der ein mit einer älteren Wortmarke (nahezu) identisches Markenwort in eine kombinierte Wort-/Bildmarke integriert wird. Verwechslungsgefahr kann dann nur anzunehmen sein, wenn in der jüngeren Marke der Wortbestandteil prägend ist oder eine selbstständig kennzeichnende Wirkung behält. Dieser Sachverhalt lag im Wesentlichen den viel beachteten ***Limoncello***-Entscheidungen des EuG/H zugrunde.[662] Als Unionsmarke angemeldet war eine komplexe Marke mit dem Wortbestandteil „LIMONCELLO della Costeira Amalfitana", einem vergleichsweise klein gehaltenen Unternehmenskennzeichen „Shaker" und einer großen Abbildung eines Tellers mit Zitronenmotiven; die Anmeldung beanspruchte ua Schutz für alkoholische Getränke (Klasse 33); Widerspruch wurde erhoben aus der spanischen Wortmarke „LIMONCHELO", die ebenfalls Schutz für Waren der Klasse 33 beanspruchte. Nach Ansicht des EuG bestand keine Verwechslungsgefahr; die Dominanz der Abbildung eines mit Zitronen verzierten runden Tellers im Verhältnis zu den übrigen Bestandteilen schließe Verwechslungen aufgrund von Ähnlichkeiten der in den Marken enthaltenen Begriffen „LIMONCHELO" und „LIMONCELLO" in Bezug auf Bild, Klang oder Bedeutung aus.[663] Mangels umfassender Beurteilung der Verwechslungsgefahr, so der EuGH, hielt diese Entscheidung der höchstrichterlichen Überprüfung nicht stand. Die Prüfung des Vorliegens der Verwechslungsgefahr erlaube nicht die Berücksichtigung lediglich eines Bestandteiles einer komplexen Marke; vielmehr seien die fraglichen Marken jeweils als Ganzes miteinander zu vergleichen, was selbstverständlich nicht ausschließt, dass einzelne Bestandteile einer zusammengesetzten Marke für den im Gedächtnis der maßgeblichen Verkehrskreise hervorgerufenen Gesamteindruck prägend sein können.[664] Ob der für die Kollision allein in Betracht kommende Zeichenbestandteil in dem kombinierten Zeichen prägend ist, gilt es mit Blick auf den durch das Gesamtzeichen hervorgerufenen Eindruck zu eruieren. Dabei ist auch bei Wortelementen selbstverständlich zu beachten, ob diese wiederum mit Blick auf die beanspruchten Leistungen ihrerseits beschreibend sind, so wie beispielsweise die Angabe *„LIMONCELLO"* (bzw. *„LIMONCHELO"*) im Hinblick auf einen Zitronenlikör.[665]

172 Im Grundsatz gilt nichts anderes für **Hör-, Geruchs- und Tastmarken,** zu denen Spruchpraxis noch nicht in aussagekräftiger Form vorliegt. Wie ausgeführt, sind jedoch auch hier die sich gegenüberstehenden Zeichen in ihrer Gesamtheit, unter besonderer Berücksichtigung der prägenden Elemente, zu bewerten und so der Ähnlichkeitsgrad zu ermitteln. Bei **plastischen Marken,** die letztlich eine besondere Form der Bildmarke darstellen, ist nicht nur auf die dreidimensionale, sondern speziell auch auf Übereinstimmungen bei der zweidimensionalen Wiedergabe zu achten.

173 *ee) Ähnlichkeit der Waren/Dienstleistungen.* Für die Beurteilung der Verwechslungsgefahr ist als weiterer Bestimmungsfaktor die **Identität/Ähnlichkeit** der sich gegenüberstehenden **Waren/ Dienstleistungen** zu untersuchen; wird aus einem älteren Unternehmenskennzeichen vorgegangen, sind insoweit die darunter vertriebenen Waren/Dienstleistungen heranzuziehen und mit denjeni-

[658] EuGH ECLI:EU:C:2020:489 – PRIMA/PRIMART, Rn. 53.
[659] EuG ECLI:EU:T:2006:397 – Mast-Jägermeister/HABM.
[660] EuG ECLI:EU:T:2006:245 – Arbre Magique/Aire Limpio.
[661] Einen solchen Fall betraf (aus deutscher Sicht) die BGH-Entscheidung Malteser Kreuz, BGH GRUR 2006, 859 ff.
[662] EuG ECLI:EU:T:2005:222 – LIMONCELLO; EuGH ECLI:EU:C:2007:333 – HABM/Shaker (LIMONCELLO); dazu ua Bender MarkenR 2008, 89 ff.; Tyra MarkenR 2005, 481 ff.
[663] EuG ECLI:EU:T:2005:222 – LIMONCELLO, Rn. 66; recht kritisch dazu Tyra MarkenR 2005, 481 ff.
[664] EuGH ECLI:EU:C:2007:333 – HABM/Shaker (LIMONCELLO), Rn. 419.
[665] Ausf. zu Marken mit eindeutigem Singgehalt Felchner MarkenG 2006, 253 ff.

gen der jüngeren Marke zu vergleichen. Hervorzuheben ist, dass nach der Spruchpraxis des EuGH eine – und sei es nur entfernte – **Mindestähnlichkeit** notwendig ist, selbst in Fällen, in denen „Identität mit einer Marke besteht, deren Kennzeichnungskraft besonders ausgeprägt ist".[666] Diese Sichtweise ist in der konkreten Ausformulierung und Handhabe sehr formalistisch und wird der gebotenen umfassenden Beurteilung der Verwechslungsgefahr nicht gerecht. Deshalb ist das Merkmal (auch) der Waren-/Dienstleistungsähnlichkeit **flexibel** zu handhaben; nur soweit die sich gegenüberstehenden Leistungen **absolut unähnlich** sind, scheidet eine Verwechslungsgefahr nach Art. 8 bzw. 9 Abs. 1 lit. b) UMV aus.[667]

Bei der Bewertung der Ähnlichkeit der beiderseitigen Waren/Dienstleistungen sind **alle erheblichen Faktoren** zu berücksichtigen, die das Verhältnis der Waren oder Dienstleistungen kennzeichnen; dazu zählen namentlich **Art, Verwendungszweck und Nutzung** sowie ihre Eigenart als miteinander konkurrierende oder einander ergänzende Leistungen sowie deren Vertriebskanäle.[668] Nach der Spruchpraxis des EuGH ist Warenähnlichkeit anzunehmen, wenn die zu vergleichenden Waren nach Auffassung der relevanten Verkehrskreise eine gemeinsame betriebliche Herkunft haben (können) oder unter der Kontrolle desselben Unternehmens gefertigt werden.[669] Demgemäß sind in die Bestimmung der Ähnlichkeit der Leistungen Gesichtspunkte wie die stoffliche Übereinstimmung von Erzeugnissen, verwandte oder gleiche Inhaltsstoffe, vergleichbare Absatzstrukturen und -kanäle, gleiche Vertriebsstätten und dergleichen einzubeziehen.[670] Dabei kann der Zugehörigkeit zu derselben Waren-/Dienstleistungsklasse bereits eine gewisse Indikatorfunktion beizumessen sein, jedenfalls zur Annahme der soeben skizzierten „Mindestähnlichkeit";[671] andererseits ist die Zugehörigkeit zur selben Produkt-/Dienstleistungsklasse für die Feststellung eines bestimmten Ähnlichkeitsgrades keineswegs erforderlich. Namentlich können auch Waren und Dienstleistungen einander ähnlich sein: exemplarisch sei hier verwiesen auf Hard- und Softwareprodukte (einschließlich Speichermedien wie CD, CD-ROM, DVD oder USB-Sticks) der Klasse 9 einerseits und EDV-Bearbeitung und Programmierung der Klasse 42 andererseits; zu denken ist ferner an verschiedene Lebensmittel aus den Klassen 29 bis 31 oder Getränke der Klassen 32 bis 33. Maßgeblich ist abzustellen auf die **Primärfunktionen** der sich gegenüberstehenden Leistungen und danach zu fragen, ob diese miteinander konkurrieren oder einander funktional ergänzen. Dabei ist selbstverständlich die Sichtweise der angesprochenen Verkehrskreise, etwa der Endverbraucher, zu berücksichtigen. Nicht jedoch ist entscheidend, dass sich die Waren/Dienstleistungen an identische Abnehmerkreise richten.[672] Aus sich heraus nicht ausreichend ist ferner die Möglichkeit der Vergabe von Lizenzen.[673] Soweit sich die Vergabe von Lizenzen in bestimmten – verschiedenen – Produktsegmenten zu gefestigteren Usancen ausgestaltet, kann insoweit eine Verkehrsgewöhnung eintreten, was in tatsächlicher Hinsicht zu untersuchen und gegebenenfalls zu berücksichtigen sein kann. Von der funktionalen Komplementarität zu unterscheiden ist ein **ästhetisches Ergänzungsverhältnis,** welches Berücksichtigung finden kann, wenn es sich aus Verbrauchersicht als ein echtes ästhetisches Bedürfnis in dem Sinn darstellt, dass die eine Ware für die Verwendung der anderen Ware unentbehrlich oder wichtig ist und es die 174

[666] EuGH ECLI:EU:C:1998:442 – Canon, Rn. 22, zu der parallelen Vorschrift des Art. 4 Abs. 1 lit. b) der Marken-RL; darauf Bezug nehmend etwa EuG ECLI:EU:T:2005:72 – SISS I ROSS I/MISS ROSS I, Rn. 53; ferner EuG ECLI:EU:T:2007:214 – TOSCA/TOSCA BLU, Rn. 34.

[667] Wie hier: Eisenführ/Schennen/Walicka UMV Art. 8 Rn. 177.; zumindest in der Formulierung anders (und etwas zu formalistisch, wenngleich im Ergebnis das Richtige meinend) EuG ECLI:EU:T:2005:72 – SISS I ROSS I/MISS ROSS I, Rn. 53 sowie EuG ECLI:EU:T:2007:214 – TOSCA/TOSCA BLU, Rn. 34.

[668] EuGH ECLI:EU:C:1998:442 – Canon, Rn. 23; EuG ECLI:EU:T:2020:286 – Pavel v. EUIPO („b"), Rn. 39; EuG ECLI:EU:T:2005:49 – LINDENHOF, Rn. 49; HABM GRUR 2002, 817 (819) – HYP/Hyp Deutsche Hypothekenbank, Rn. 39; Eisenführ/Schennen/Walicka UMV Art. 8 Rn. 162.

[669] Dabei existiert kein abschließender Katalog zur Bestimmung der Waren/DL-Ähnlichkeit, EuG ECLI:EU:T:2021:312 – Hispano Suiza, Rn. 42 ff., 53 ff.; EuG ECLI:EU:T:2019:525 – TROPICAL, Rn. 30, 38 ff.; EuG ECLI:EU:T:2003:7 – Mystery/Mixery, Rn. 41; EuG ECLI:EU:T:2003:288 – Castillo Rn. 38; EuG ECLI:EU:T:2006:300 – Nomafoam/Amafoam.

[670] EuGH ECLI:EU:C:1998:442 – Canon, Rn. 23; ebso. Eisenführ/Schennen/Walicka UMV Art. 8 Rn. 162, unter Hinweis auf die Ideal Standard-Entscheidung des EuGH ECLI:EU:C:1994:261.

[671] Allerdings ist die Klassenzugehörigkeit der einander gegenüberstehenden Produkte kein sicherer Indikator für Ähnlichkeit oder Nicht-Ähnlichkeit, Eisenführ/Schennen/Walicka UMV Art. 8 Rn. 164.

[672] So hatte wohl die Klägerin argumentiert in EuG ECLI:EU:T:2005:72 – SISS I ROSS I/MISS ROSS I, Rn 56 aE; wie hier auch Eisenführ/Schennen/Walicka UMV Art. 8 Rn. 175.

[673] EuG ECLI:EU:T:2007:214 – TOSCA/TOSCA BLU Rn. 33: dort wurde es für die Annahme einer Warenähnlichkeit zwischen Parfümerie- und Lederartikeln als nicht ausreichend angesehen, dass Unternehmen der Modebranchen an ihren Marken Lizenzen für den Vertrieb von Parfümeriewaren vergäben.

Verbraucher als üblich und normal empfinden, die fraglichen Produkte zusammen zu benutzen.[674] Zutreffend verneint wurde etwa eine solche ästhetische oder subjektive Komplementarität zwischen Schuhen einerseits und Lederwaren und Handtaschen andererseits.[675] Als ähnlich wurden demgegenüber, um nur einige wenige Beispiele aus der Eintragungspraxis zu nennen, vom EUIPO „Bohnerwachs" und „(Auto-)Lackwachse"[676] – wegen der gleichen Inhaltsstoffe und der aus Sicht des Verkehrs mutmaßlich ähnlichen Fertigungsweise – sowie – wegen des gemeinsamen Bezuges zu elektrischen Stromkreisen – „elektrische Schalter und Sensoren" einerseits und „Stromanschluss- und abzweigungsklammern"[677] andererseits angesehen; als unähnlich wurden demgegenüber eingestuft „Konditorwaren" auf der einen und (nicht süße) Lebensmittel wie „Fleisch, Fisch, Gemüse etc."[678] auf der anderen Seite sowie „Kücheneinrichtungen" einerseits und „Scharniere" andererseits.[679]

175 *ff) Kennzeichnungskraft der älteren Marke.* Gemäß dem 11. Erwägungsgrund der Präambel der UMV (und zuvor schon des 8. bzw. 7. Erwägungsgrunds der VOen (EG) 207/2009 und 40/94) ist im Rahmen der Prüfung der Verwechslungsgefahr „insbesondere (der) Bekanntheitsgrad der Marke auf dem Markt" zu berücksichtigen. Als drittes Element der Kollisionsprüfung ist deshalb auf die **Kennzeichnungskraft** abzustellen, und zwar gleichberechtigt neben den Merkmalen der Ähnlichkeit, der Identität der Zeichen sowie der Ähnlichkeit/Identität der Waren/Dienstleistungen. Die im Einzelfall konkret festzustellende Kennzeichnungskraft bestimmt zugleich den Schutzumfang der Marke und ist damit unabdingbare Voraussetzung und Grundlage für die Beurteilung der Verwechslungsgefahr. Dies entspricht gefestigter deutscher Rechtsprechungstradition[680] und bildete in den anfänglichen Entscheidungen zum harmonisierten Markenrecht zugleich auch den Ausgangspunkt der Überlegungen des EuGH.[681] Danach ist die Verwechslungsgefahr umso größer, je stärker sich die Kennzeichnungskraft der älteren Marke darstellt.[682] So heißt es ausdrücklich in der *Lloyd*-Entscheidung des EuGH, dass „die Verwechslungsgefahr umso größer ist, je höher sich die Kennzeichnungskraft der älteren Marke darstellt" und deshalb die „Marken, die von Haus aus oder wegen ihrer Bekanntheit auf dem Markt, eine hohe Kennzeichnungskraft besitzen, einen umfassenderen Schutz (genießen) als Marken, deren Kennzeichnungskraft geringer ist".[683] Daher kann trotz eines geringen Grades der Ähnlichkeit zwischen den Marken eine Verwechslungsgefahr gegeben sein, wenn die Ähnlichkeit zwischen den von ihnen erfassten Waren oder Dienstleistungen groß und die Kennzeichnungskraft der älteren Marke hoch ist.[684]

176 Diese gleichrangige Berücksichtigung der Kennzeichnungskraft, vom EuG/H zumeist „besondere Unterscheidungskraft" genannt,[685] ist in der jüngeren EuG/H-Spruchpraxis von Verfallserscheinungen bedroht. So ist eine **Tendenz in der Rechtsprechung** zu beobachten, die Kennzeichnungskraft der älteren Marke als einen Faktor zu behandeln, dem keine gleichrangige, sondern nach der Zeichen- und Warenähnlichkeit nur sekundäre Bedeutung eingeräumt wird.[686] Vorgezeichnet wird diese Zweidimensionalität dieser Spruchpraxis durch den EuG, offenbar mit Duldung des EuGH, der es jedenfalls bislang unterlassen hat, eine der zahlreichen Möglichkeiten zu nutzen, um diese Tendenz als verfehlt zu etikettieren. Zwar bekräftigt auch das EuG gebets-

[674] S. nur EuG ECLI:EU:T:2007:214 – TOSCA/TOSCA BLU; EuG ECLI:EU:T:2005:72 – SISS I ROSS I/MISS ROSS I Rn. 60.

[675] Dort hatte die Klägerin vorgetragen, dass die Verbraucher es als ungewöhnlich oder „schockierend" (!) empfänden, eine Tasche zu tragen, die nicht „perfekt auf ihre Schuhe abgestimmt" sei, EuG ECLI:EU:T:2005:72 – SISS I ROSS I/MISS ROSS I, Rn. 62.

[676] HABM Entscheidung Nr. 65/1998, SONAX/BONAX; ausführlich zur Produktähnlichkeit Eisenführ/Schennen/Walicka UMV Art. 8 Rn. 158 ff.

[677] HABM Entscheidung Nr. 66/1998, SIGMA/SIGMA.

[678] HABM Entscheidung Nr. 76/1998, Negritelle/LOS NEGRITOS.

[679] HABM Entscheidung Nr. 77/1998, MODUL 3/MODUL; weitere Beispiele bei Eisenführ/Schennen/Walicka UMV Art. 8 Rn. 178 bis 186.

[680] Statt vieler s. die zahlreichen Nachweise bei Ströbele/Hacker/Thiering/Hacker MarkenG § 9 Rn. 132.

[681] EuGH ECLI:EU:C:1997:528 – Sabèl/Puma, Rn. 24; EuGH ECLI:EU:C:1998:442 – Canon, Rn. 18.

[682] EuGH ECLI:EU:C:1997:528 – Sabèl/Puma, Rn. 24; EuGH ECLI:EU:C:1998:442 – Canon, Rn. 18; EuGH ECLI:EU:C:1999:323 – Lloyd Rn. 19.

[683] EuGH ECLI:EU:C:1999:323 – Lloyd, Rn. 20.

[684] EuGH ECLI:EU:C:1998:442 – Canon, Rn. 19; EuGH ECLI:EU:C:1999:323 Rn. 21.

[685] Statt vieler EuG ECLI:EU:T:2006:245 – Arbre Magique/Aire Limpio, Rn. 102, die einer Marke entweder „von Haus aus oder kraft Verkehrsgeltung" innewohnen kann, aaO Rn. 99.

[686] S. hierzu die ausführliche Analyse von Knaak GRUR Int. 2007, 801 ff., der zu Recht darauf hinweist, dass diese Praxis zu einem zweidimensionalen Schutz gegen Verwechslungsgefahr führt.

mühlenartig, dass das Vorliegen der Verwechslungsgefahr unter Berücksichtigung aller Umstände des Einzelfalles umfassend zu beurteilen sei. Auch wird verwiesen auf die Wechselwirkung der in Rücksicht zu ziehenden Faktoren, wobei dabei die Kennzeichnungskraft nicht oder allenfalls nachrangig angeführt wird. So heißt es zumeist wörtlich, dass „diese umfassende Beurteilung eine gewisse Wechselbeziehung zwischen den in Betracht kommenden Faktoren impliziert, insbesondere der Ähnlichkeit der Marken und der Ähnlichkeit der damit gekennzeichneten Waren oder Dienstleistungen; so kann ein geringer Grad der Ähnlichkeit der gekennzeichneten Waren oder Dienstleistungen durch einen höheren Grad der Ähnlichkeit der Marken ausgeglichen werden und umgekehrt“.[687] Teils wird sogar ausgeführt, dass lediglich die Merkmale der Zeichen- und Waren-/Dienstleistungsähnlichkeit gewissermaßen vorab zu prüfen sind, „unabhängig davon, welche Kennzeichnungskraft die ältere Marke infolge ihrer möglichen Bekanntheit beim relevanten Publikum genießt“.[688] Dieser insbesondere in den letzten 10–15 Jahren zu beobachtenden EuG-Spruchpraxis kann aus verschiedenen Gründen nicht gefolgt werden. Die Erwägungen 11 bzw. 16 aus den Präambeln der UMV bzw. Marken-RL (EU) 2015/2436 sind in der Beschreibung der ratio des Markenschutzes unmissverständlich. Zwar heißt es im zweiten Satz zunächst, dass „sich der Schutz ebenfalls auf Fälle der Ähnlichkeit von Zeichen und Marken sowie Waren und Dienstleistungen“ erstreckt. Diese Formulierung bezieht sich jedoch auf den zweiten Halbsatz des ersten Satzes der 11. Erwägung/Präambel der UMV, da dort vom *absoluten* Schutz im Falle der Doppelidentität die Rede ist. Aus dem letzten Satz des 11. Erwägungsgrundes lässt sich jedoch die gleichrangige (wenn nicht vorrangige) Stellung der Kennzeichnungskraft bzw. des Bekanntheitsgrades der Marke ablesen, wonach das Vorliegen der Verwechslungsgefahr von einer Vielzahl von Umständen abhängt, „insbesondere dem Bekanntheitsgrad der Marke auf dem Markt (...) sowie dem Grad der Ähnlichkeit zwischen der Marke und dem Zeichen und zwischen den damit gekennzeichneten Waren oder Dienstleistungen“. Hier wird mithin die Kennzeichnungskraft/Bekanntheit der älteren Marke vor-, zumindest aber gleichrangig mit den beiden weiteren Merkmalen genannt. Bemerkenswert, aber eben auch falsch ist, wenn der EuG sich zur Stützung seiner „zweidimensionalen“ Sichtweise zu der Beurteilung der Verwechslungsgefahr auf die *Lloyd*-Entscheidung des EuGH beruft.[689] Zitiert wird regelmäßig die Rn. 19, in der im Übrigen ausdrücklich „vom Bekanntheitsgrad der Marke auf dem Markt“ die Rede ist, und in Rn. 20 jener Entscheidung expressis verbis ausgeführt wird, dass „die Verwechslungsgefahr umso größer ist, je höher sich die Kennzeichnungskraft der älteren Marke darstellt“.[690] Im Übrigen finden sich auch in der EuG-Judikatur vereinzelte Entscheidungen, in denen die Kennzeichnungskraft der älteren Marke in gleichem Maße Berücksichtigung findet wie die Ähnlichkeit der Zeichen und Waren/Dienstleistungen.[691]

Jeder (schutzfähigen) Marke wohnt von Hause aus eine so genannte **originäre Kennzeichnungskraft** inne.[692] Je stärker ein Zeichen im Hinblick auf die geschützten Waren/Dienstleistungen beschreibenden Charakter aufweist, desto geringer ist von Hause aus die Kennzeichnungskraft. Nach Ansicht des EuGH sind für die Feststellungen einer besonderen Unterscheidungskraft die Eigenschaften zu berücksichtigen, die die Marke „von Haus aus besitzt, einschließlich des Umstands, ob sie beschreibende Elemente in Bezug auf die Waren oder Dienstleistungen, für die sie eingetragen worden ist, aufweist, des von der Marke gehaltenen Marktanteils, der Intensität, der geografischen Verbreitung und der Dauer der Benutzung dieser Marke, des Werbeaufwands des Unternehmens für die Marke, des Teils der beteiligten Verkehrskreise, der die Waren oder Dienstleistungen aufgrund der Marke als von einem bestimmten Unternehmen stammend erkennt, sowie der Erklärungen von Industrie- und Handelskammern oder von anderen Berufsverbänden“.[693] Generell lässt sich sagen, dass die Kennzeichnungskraft umso geringer ist, je stärker der beschreibende Gehalt der Zeichen ausgeprägt ist. Dies gilt gleichermaßen für Wort- wie auch für Bildzeichen. So wurde etwa einem Kuhhaut-Fleckenmuster in Bezug auf Milch- und Jo- 177

[687] EuG ECLI:EU:T:2006:397 – Mast-Jägermeister/HABM, Rn. 74; EuG ECLI:EU:T:2005:379 – Obelix/Mobilix, Rn. 55; EuG ECLI:EU:T:2006:82 – Ferro/Ferrero, Rn. 40.

[688] So ausdrücklich EuG ECLI:EU:T:2007:214 – TOSCA/TOSCA BLU, Rn. 34.

[689] S. exemplarisch etwa EuG ECLI:EU:T:2006:397 – Mast-Jägermeister/HABM, Rn. 74, dort wird explizit Bezug genommen auf die Lloyd-Entscheidung des EuGH, Rn. 19.

[690] EuGH ECLI:EU:C:1999:323 – Lloyd, Rn. 19, 20.

[691] Ausdr. etwa in EuG ECLI:EU:T:2006:245 – Arbre Magique/Aire Limpio, Rn. 99, 102, dort die besondere Unterscheidungskraft bejahend.

[692] Eisenführ/Schennen/Walicka UMV Art. 8 Rn. 194.

[693] EuGH ECLI:EU:C:1999:323 – Lloyd, Rn. 23.

ghurtprodukte wegen des mittelbar beschreibenden Gehalts ein nur eingeschränkter Schutzumfang zugebilligt.[694] Kennzeichnungsschwache Markenbestandteile bei Mehrwortzeichen sind etwa Silben wie „med“ oder „pharm“ im Bereich ärztlicher oder pharmazeutischer Leistungen; Gleiches gilt – unabhängig vom jeweiligen Waren- oder Dienstleistungsbereich – für Zeichenelemente wie „multi“, „mega“ oder „euro“ und dergleichen. Insgesamt gilt, dass die Kennzeichnungskraft einer Marke von Hause aus höher ist, die über originelle, ungewöhnliche oder auffallende Elemente verfügt als diejenige einer solchen, die eng an beschreibende Elemente angelehnt ist und keine fantasievolle Gestaltung aufweist.[695]

178 Die Kennzeichnungskraft kann durch langjährige **intensive Benutzung,** hohe Werbeaufwendungen oder etwa eine starke geografische Verbreitung erheblich gesteigert werden.[696] Die Kennzeichnungskraft korreliert eng mit dem Bekanntheitsgrad der Marke, der wiederum wesentlich für die Beurteilung der Verwechslungsgefahr zweier Marken ist.[697] Für die Bestimmung des Bekanntheitsgrades kann nicht allein auf bestimmte Prozentsätze aufgrund von Verkehrsbefragungen zurückgegriffen werden, wenngleich diese ein geeignetes Mittel sein können, zusammen mit Angaben zum Marktanteil, Werbeaufwendungen, Befragungen von Berufs- oder Handelskammer und dergleichen, die gesteigerte Bekanntheit nachzuweisen.[698] In **territorialer Hinsicht** ist zu beachten, dass bei einem Vorgehen auf der Basis einer Unionsmarke gegenüber einer anderen Unionsmarke bzw. unionsweiten Benutzung eine Bekanntheit in einem **wesentlichen Teil** der Union bestehen muss, während bei einem Vorgehen gegenüber einer nationalen Marke auf die gesteigerte Bekanntheit in dem betreffenden Mitgliedsstaat abgestellt werden kann.[699] Dabei ist zu berücksichtigen, dass im Eintragungs- wie im Verletzungsverfahren die behauptete Bekanntheit der Marke gegebenenfalls für jede Ware/Dienstleistung nachzuweisen ist.

179 *gg) Sonderfall der assoziativen Verwechslungsgefahr.* Die Verwechslungsgefahr umfasst ausdrücklich auch das **gedankliche Inverbindungbringen** der jüngeren mit der älteren Marke. Die gesetzliche Ausformulierung dieser „assoziativen“ Verwechslungsgefahr hat zahlreiche Kritik geerntet, wobei die Attribute von „widersprüchlich“ über „sprachlicher Unsinn“ bis hin zu „völlig verunglückt“ reichten.[700] Die Kritik ist zumindest aus sprachlicher Sicht berechtigt, da nach dem Gesetzeswortlaut der (zumindest sprachlich) *engere* Begriff der Verwechslungsgefahr den (semantisch) *weiteren* Begriff des gedanklichen Inverbindungbringens einschließen soll. Angesichts dieser unklaren Formulierung kommt eine eng am Wortlaut orientierte Interpretation zur Ausdeutung der Assoziationsgefahr nicht in Betracht. Auch kann schon mit Blick auf die gebotene unionsweite Auslegung nicht auf die frühere Fassung des Art. 13 A Benelux-MarkenG zurückgegriffen werden, der bei der Formulierung Pate gestanden hatte und nach dem es – vereinfacht gesagt – für die Annahme einer Markenverletzung bereits ausreichte, dass die jüngere Marke die ältere in Erinnerung rief.[701] Keineswegs kann hier jede wie auch immer geartete Assoziationsmöglichkeit als ausreichend angesehen werden, etwa im Sinne eines *Déjà-vu*-Erlebnisses des Verbrauchers, auch wenn er sich über die unterschiedliche Herkunft der jeweiligen Leistungen vollkommen im Klaren ist.[702] Entscheidend muss vielmehr sein, ob das gedankliche Inverbindungbringen im kon-

[694] EuG ECLI:EU:T:2006:157 – Schwarz-weiße Kuhhaut.

[695] HABM GRUR 2002, 817 (818) – HYP/Hyp Deutsche Hypothekenbank, Rn. 34; Bender MarkenR 2004, 216 (218).

[696] EuG ECLI:EU:T:2003:288 – CASTILLO/El Castillo Rn. 44; EuGH ECLI:EU:C:1997:528 – Sabèl/Puma, Rn. 25.

[697] Zutreffend Eisenführ/Schennen/Walicka UMV Art. 8 Rn. 196.

[698] S. etwa EuG ECLI:EU:T:2007:35 – TDK; EuGH ECLI:EU:C:1999:323 – Lloyd, Rn. 23.

[699] Treffend die Analyse, mit zahlreichen Nachweisen, von Knaak GRUR Int. 2007, 801 (805 ff.) s. ferner zur gemeinschaftsweiten Bekanntheit EuG ECLI:EU:T:2007:35 – TDK; unzutreffend demgegenüber EuG ECLI:EU:T:2006:245 – Arbre Magique/Aire Limpio, Rn. 102, in dem lediglich auf die „besondere Unterscheidungskraft“ in Italien rekurriert wurde; unzutreffend ferner der österreichische OGH, der bei einem gemeinschaftsweiten Abwehranspruch nach Art. 9 Abs. 1 lit. c) GMV lediglich auf die Bekanntheit der Marke „Red Bull“ in Österreich abhob, GRUR Int. 2007, 82 – Red Bull/Red Dragon; s. schließlich aus deutscher Sicht der korrekte Rekurs auf das Territorium der Bundesrepublik Deutschland in dem Goldhasen-Fall, da dort lediglich Untersagung der Benutzung in Deutschland verlangt wurde, BGH GRUR Int. 2007, 344; dazu Knaak GRUR Int. 2007, 801 (807).

[700] Sack GRUR 1996, 663 (667) (m. Nachweisen aus der Literatur in dortigen Fn. 38 bis 45); Kur MarkenR 1999, 1 (4); Mansani GRUR Int. 1998, 830 (832).

[701] Str.; zu den engeren, eine Kollisionsgefahr fordernden Ansichten s. die Nachweise bei Sack GRUR 1996, 663 (665) (in dortigen Fn. 8 bis 11), zur Gegenansicht in dortiger Fn. 12.

[702] So auch Mansani GRUR Int. 1998, 830 (831); Sack GRUR 1996, 663 (665 ff.); Kur MarkenR 1999, 1 (4 f.); wie hier: Eisenführ/Schennen/Förster UMV Art. 8 Rn. 318, der zutreffend hervorhebt, dass damit nicht gemeint ist, dass jede gedankliche Verbindung zwischen unterschiedlichen und/oder unterschiedlich gekennzeichneten Produkten schon die Gefahr von Verwechslungen heraufbeschwört.

kreten Fall für das Publikum die **Gefahr relevanter Verwechslungen** begründet, und sei es nur in der Form, dass der Rechtsverkehr (irrig) annimmt, zwischen den Unternehmen bestünden unternehmerische oder vertragliche Beziehungen.[703]

180 In diesem Sinne hat sich auch der EuGH zu der parallelen Bestimmung des Art. 4 Abs. 1 lit. b) der Marken-RL geäußert. Der Begriff der gedanklichen Verbindung stelle „keine Alternative zum Begriff der Verwechslungsgefahr dar, sondern (soll) dessen Umfang genauer bestimmen“, so dass der Tatbestand des gedanklichen Inverbindungbringens „nicht anwendbar (ist), wenn für das Publikum keine Verwechslungsgefahr besteht“.[704] Die somit für die Annahme eines gedanklichen Inverbindungbringens erforderliche Kollisionsgefahr scheidet jedoch aus, „wenn sich nicht ergibt, dass die betreffenden Leistungen aus demselben Unternehmen oder gegebenenfalls aus wirtschaftlich miteinander verbundenen Unternehmen stammen“.[705] Als instruktiv in diesem Zusammenhang erweist sich die Intel-Entscheidung des EuGH, in der zunächst betont wird, dass die **gedankliche Verknüpfung** unter Berücksichtigung der Besonderheiten des konkreten Falles umfassend zu prüfen ist.[706] Zugleich führt das Gericht die dafür **relevanten Umstände** an, nämlich die Ähnlichkeit der sich gegenüberstehenden Zeichen, der Bekanntheitsgrad der älteren Marke und der ihr innewohnenden oder erworbenen Unterscheidungskraft sowie die Art der jeweils erfassten Waren/Dienstleistungen einschließlich deren Nähe oder Unähnlichkeit zueinander aus Sicht der betreffenden Verkehrskreise.[707] Dabei ist die Wahrscheinlichkeit, dass die jüngere Marke den maßgeblichen Verkehrskreisen die ältere in Erinnerung ruft, umso höher, **je ähnlicher** sich **die Zeichen** sind, was erst recht für **identische Marken** gilt. Andererseits kann allein aus der Zeichenidentität nicht auf eine gedankliche Verknüpfung geschlossen werden.[708] Zu berücksichtigen ist ferner, dass mit **steigender** – originärer oder erworbener – **Unterscheidungskraft** der älteren Marke die Wahrscheinlichkeit der gedanklichen Verknüpfung der beiden Zeichen zunimmt.[709]

181 Der bislang ergangenen EuGH-Judikatur ist mithin zu entnehmen, dass Assoziationsgefahr namentlich in Konstellationen der **mittelbaren Verwechslungsgefahr** und der **Verwechslungsgefahr im weiteren Sinne** anzunehmen ist.[710] bei der mittelbaren Verwechslungsgefahr nimmt der Verkehr eine Zeichenabwandlung desselben Unternehmens an (Stichwort: Serienzeichen), während das Publikum bei der Kollisionsgefahr im weiteren Sinne zwar die unterschiedliche Herkunft der Leistungen erkennt, jedoch irrig das Bestehen unternehmerischer sowie insbesondere lizenzvertraglicher Verbindungen annimmt. Eine solche assoziative Verwechslungsgefahr kommt insbesondere bei **Markenfamilien**[711] oder **Serienmarken** in Betracht. Beiden ist gemeinsam, dass sie jeweils einen stets gleichen Stammbestandteil und/oder identischen Aufbau der Zeichen aufweisen. Beispielhaft sei verwiesen auf die weithin bekannte „Mac“-Familie der Fast-Food-Kette *McDonalds,* etwa „FishMac“, „BigMac“, „MacChicken“ etc. Kennzeichnend für eine solche Markenfamilie bzw. -serie ist mithin ein unterscheidungskräftiger Stammbestandteil, dem weitere, unterschiedliche Bestandteile hinzugefügt werden.[712] Registriert oder nutzt ein Dritter eine aufgrund der Ähnlichkeit aus Sicht des Verkehrs der Markenfamilie oder Zeichenserie zugehörige Marke, ergibt sich in solchen Konstellationen die Verwechslungsgefahr daraus, dass der Verbraucher sich entweder über die Herkunft der so gekennzeichneten Waren irren kann oder zu Unrecht annimmt, dass jüngere Zeichen zu der Familie oder Serie von Marken gehören.[713]

---

703 Hasselblatt The Community Trademark, in International Intellectual Property (1997), 143 (153).

704 EuGH ECLI:EU:C:1997:528 – Sabèl/Puma, Rn. 18.

705 EuGH ECLI:EU:C:1998:442 – Canon; s. hierzu auch Vorlagebeschluss des BGH GRUR Int. 2012, 70 – PROTI.

706 EuGH ECLI:EU:C:2008:655 – Intel/CPM, Rn. 41; EuGH ECLI:EU:C:2003:582 – Adidas/Fitnessworld, Rn. 30; ausf. dazu Eisenführ/Schennen/Förster UMV Art. 8 Rn. 319 ff.

707 EuGH ECLI:EU:C:2008:655 – Intel/CPM, Rn. 42.

708 EuGH ECLI:EU:C:2008:655 – Intel/CPM, Rn. 44 f.

709 EuGH ECLI:EU:C:2008:655 – Intel/CPM, Rn. 54 f.: erweist sich das Zeichen als (nahezu) einmalig, also W-/DL-klassenübergreifend, steigert dies die Kennzeichnungskraft, was in Bezug auf das Zeichenwort „Intel“ ausgenommen wurde.

710 So auch Eisenführ/Schennen/Förster UMV Art. 8 Rn. 319 f.; ausführlich zu den Begriffen der mittelbaren Verwechslungsgefahr und der Verwechslungsgefahr im weiteren Sinne im deutschen Markenrecht oben Raab § 32; s. in Ergänzung zur Entscheidung Bainbridge den Vorlagebeschluss des BGH GRUR Int. 2012, 70 – PROTI.

711 S. dazu EuGH ECLI:EU:C:2011:405 – Union Investment/UniCredito Italiano: bei der Berücksichtigung aller Einzelumstände durch das Gericht ist auch der Frage nachzugehen, ob sich die Kollisionsgefahr daraus ergeben kann, dass sich der Verbraucher hinsichtlich der Herkunft der von der Anmeldemarke erfassten Leistungen täuschen und zu Unrecht annehmen kann, dass die Anmeldemarke zu einer Markenfamilie oder Serie von Marken gehört.

712 So wie hier Eisenführ/Schennen/Eisenführ/Sander UMV Art. 8 Rn. 153 (noch in der 5. Aufl.).

713 So ausdr. EuGH ECLI:EU:C:2007:514 – BainBridge, Rn. 63.

Voraussetzung für die Annahme einer solchen Markenfamilie bzw. Zeichenserie ist jedoch, wie der EuGH in der viel beachteten *BainBridge*-Entscheidung ausgeführt hat, dass die der Familie oder Serie angehörenden älteren Marken auf dem Markt präsent sind, also **tatsächlich** auch **genutzt** werden; die bloße Registrierung – insbesondere als so genannte Defensivzeichen – reicht nicht aus.[714] Hierzu wird ua auf die 10. Begründungserwägung der VO 207/2009 (nunmehr: 11. Erwägungsgrund der Präambel UMV) verwiesen, wonach der Schutz der Unionsmarke sowie jeder eingetragenen älteren Marke, die ihr entgegensteht, nur insoweit berechtigt ist, „als diese Marken tatsächlich benutzt werden".[715] Ob dieser Hinweis in der Präambel der UMV tatsächlich auf solche Konstellationen und nicht eher – wofür viel spricht – auf den Benutzungszwang als solchen zu beziehen ist, mag offen bleiben. Zuzustimmen ist dem EuG/H jedenfalls darin, dass die Verkehrskreise sich über die Zugehörigkeit der fraglichen Marke zu einer Serie nur dann irren können, wenn die älteren Marken, die dieser Serie angehören, im Rechtsverkehr genutzt werden, was zumindest auf eine hinreichende Anzahl von Marken zutreffen muss, die eine Serie bilden können.[716] Im konkreten Fall wurde der Seriencharakter der insgesamt elf italienischen Marken verneint (von denen lediglich drei in Benutzung waren und in der Mehrzahl ausschließlich aus dem Wort „Bridge" bestanden).[717] Bejaht wurde demgegenüber der Serienzeichencharakter der Bildmarke eines „Polospielers" für Parfümwaren,[718] verneint hingegen bezüglich der Wortmarke „MOBILIX" die Zugehörigkeit zur Markenfamilie der *ASTERIX*-Figuren, da die Klägerin keinerlei Rechte zur ausschließlichen Benutzung der Endung „ix" geltend machen könne.[719]

182 **d) Übersicht zur Spruchpraxis zur Verwechslungsgefahr (EUIPO, EuG, EuGH).** Es wäre vermessen, im Rahmen der vorliegenden Darstellung den Anspruch erheben zu wollen, auch nur einigermaßen annähernd die umfangreiche und nicht immer ganz widerspruchsfreie Eintragungs- und Spruchpraxis des EUIPO, des EuG sowie des EuGH wiederzugeben. Allerdings soll nachfolgend der Versuch unternommen werden, einen **soliden Überblick** zur Beurteilung der immens praxisrelevanten Konstellationen der **Verwechslungsgefahr** zu geben („WB" steht für „Wort-Bildmarke", ohne dass in der nachfolgenden Übersicht kenntlich gemacht ist, ob die grafische Ausgestaltung eines oder beider sich gegenüberstehenden Zeichen für die Entscheidung maßgeblich war; die ältere Marke ist jeweils zuerst genannt; in Klammern sind die **Aktenzeichen der EUIPO- bzw. Fundstellen der EuG/H-Entscheidungen** angegeben):

183 **Verwechslungsgefahr verneint:** MANO/RADO (67/1999); EMA (WB)/EMAC (WB) (368/1999); NT (WB)/NTS (WB) (337/1999); MAS/&MAX (375/1999); M (WB)/M (WB) (10/1999); Eugastrim/Gastrin (83/2000); febel (WB)/REBEL (80/1999); TAI/Taisho (92/1999); GO/GO-SEXY (WB) (640/1999); Simple/Simple life (1425/1999); Planet/Planet Soccer (1322/1999); Deli/Deli Chef (1195/1999); Mountain Biker/Mountain (WB) (146/1999); Big Deal/D. E. A. L. (651/1999); Eastpak/Eastpole (1054/1999); METRO (WB)/MAESTRO (1443/1999); Marco (WB)/MARCA (WB); Das Goldene Blatt/Golden Pages (1121/1999); Alta Fidelidad/ALTA (WB) (873/1999); T/iti (965/2000); VITAFIT/VITAFRUIT (855/2000); A2A/A. zwei (1099/2000); Linderhof/Lindenhof (36/2001); HYP/Deutsche Hypo Deutsche Hypothekenbank (763/2001); MOZART-BONS/Bons (953/2001); Kabel 1/ARD 1 (70/2002); Linderhof trocken (WB)/Lindenhof (GRUR-RR 2005, 217); Calypso/Calpico (GRUR Int 2005, 597); Faber/Naber (GRUR Int 2005, 600); POWER/Turkish Power (WB) (EuGH C-324/05 P)); OBELIX./. MOBILIX (GRUR Int 2009, 397); SHARK (WB)/Hai (GRUR-RR 2006, 155); SIR/ZIRH (GRUR Int. 2006/504); Picasso/Picaro (GRUR Int. 2006/229); Vitakraft/Vitacoat (GRUR-RR 2006, 316); KINJI by SPA/Kinnie (GRUR Int 2006, 236); B. K. Rods/B. K. R. (WB) (GRUR Int 2005, 1026); BIT./. BUD (GRUR-RR 2007, 5); Trek/Alltrek (GRUR-RR 2007, 230); DOR/COR (GRUR Int 2007, 842); Castelluca/Castellani (GRUR Int. 2008, 231); Bauhaus (WB)/BAU HOW (WB) (GRUR Int. 2008, 746); Flaschenform (3D)/Flaschenform (3D) (GRUR Int. 2010, 717); MEMORY (W)/EDUCA Memory game (WB) (EuGH C-370/10 P); Krafft/TOP CRAFT (GRUR Int. 2011, 1086); GIOVANNI (W)/

[714] EuGH ECLI:EU:C:2007:514 – BainBridge, Rn. 64; zuvor schon EuG ECLI:EU:T:2006:65, Rn. 40 bis 45.
[715] EuG ECLI:EU:T:2006:65 Rn. 44, nicht zuletzt in Reaktion auf den Vortrag der dortigen Klägerin, wonach gemäß italienischem Markenrecht Defensivmarken vom Benutzungsnachweis ausgenommen seien.
[716] EuG ECLI:EU:T:2006:65 – BainBridge, Rn. 124, insbesondere 126; best. durch EuGH ECLI:EU:C:2007:514; ausf. zu Serienzeichen ferner Eichelberger MarkenR 2006, 436 ff.
[717] S. nur EuGH ECLI:EU:C:2007:514 – BainBridge mit im Ergebnis zustimmender Anmerkung von Eichelberger MarkenR 2008, 7 ff.
[718] EuG ECLI:EU:T:2006:58 – Berkshire Polo Club/Polo.
[719] EuG ECLI:EU:T:2005:379 – Mobilix/Obelix, Rn. 85.

GIOVANNI GALLI (WB) (EuG T-559/13); Kelly's (WB)/welly (WB) (EuG T-763/17); UroCys (WB)/UROAKUT (W) (EuG T-266/17); EAU PRECIEUSE (W)/NUIT PRECIEUSE (WB) (EuGH C-739/18 P); vive bingo (WB)/Bingo VIVA! Slots (WB) (EuG T-63/17); HALLOUMI (W)/Pallas Halloumi (WB) (EuGH C-608/18 P); HALLOUMI (W)/BBQLOUMI (WB) (EuGH C-766/18 P); DECATHLON (W)/athlon custom sportswear (WB) (EuG T-349/19).

Verwechslungsgefahr bejaht: RENOVA (WB)/XENOVA (592/1999); Enanton/Enantyum (74/1999); Lubrigel/Lubrigyn (164/2000); SHAPER/SHAPERITE (1587/1999); Daria/Dario (786/1999); GASTROBIN/GASTROMIL (174/2000); Photokina/Photonica (35/1999); Predonium/Sedonium (444/1999); Suvimax/Sulinax (291/1999); Everdeen/Evergreen (852/1999); Codidol/Coderol (469/1999); LIMMIT/No Limits (182/2000); Stones/Precious Stones (430/1999); Smooth Illusions/ILUSION (425/1999); Lindeboom/Lindener (348/1999); Welcome/Welcome 2000 (1299/1999); AirPlus/AirPlus Business Solutions (62/1999); Notes/Telenotes (1520/1999); b barnett (WB)/B BARNET (WB) (523/1999); SEVEN 7 SPORTS/7 K SPORT 7KZ (WB) (657/1999); LINEA/Linea (WB) 1437/1999); RAGS (WB)/RAGS (WB) (296/1999); SOONERS/OU SOONERS (WB) (447/1999); Secret Pleasures/Private Pleasures (495/1999); CINCO OCEANOS/5 OCEANS (WB) (131/1999); Sunrise/Sunset (113/1998); Mystery/Mixery (251/2000); PAUL GREEN/MARY GREEN (2077/2002); ILS/ELS (GRUR Int. 2003, 237); Schuhpark/Jellow Schuhpark (GRUR Int 2005, 583); Wilkinson Sword Xtreme III (WB)/Right Guard Xtreme sport (WB) (GRUR Int 2005, 594); Antonio Fusco/Enzo Fusco (GRUR Int 2005, 499); MURUA/Julian Murua Entrena (WB) (GRUR Int 2005, 846); Riffels/Ruffels (GRUR Int 2005, 604); Star TV (WB)/Star TV (GRUR Int 2005, 925); Arthur (WB)/ARTHUR ET FELICE (GRUR Int 2006, 144); Ferrero/Ferro (WB) (EuGH C-225/06); Derbivariant/Variant (GRUR Int 2006, 312); bus/Online Bus (GRUR Int 2006, 232); ARTEX/ALREX (GRUR Int. 2006, 141); Quantieme (WB)/Quantum (WB) (EuGH C-171/06 P); Cristal/Cristal Castellbanch (WB) (EuGH C-131/06 P); Respicort/Respicur (GRUR Int 2007, 593); Calsyn/Galzin (GRUR Int 2007, 416); Armafoam/Nomafoam (EuGH C-514/06 P); Pam/Pam-Pim's (GRUR Int 2007, 412); Golden Eagle (WB)/Golden Eagle (WB) (GRUR Int. 2010, 722); BOTOX (W)/BOTOLIST (W) sowie BOTOCYL (W) (GRUR Int. 2011, 420); COMET (W)/COMIT (W) (GRUR Int. 2011, 608); Omnicare Clinical Researches (W)/Omnicare (W) (GRUR Int 2012, 57); PUB CASINO Harrys RESTAURANG (WB)/HARRY'S Bar (W) (EuG T-711/13, 716/13); TPRESSO (WB)/teepresso, teaepresso (W) (EuG T-67/17, 68/17); SANGRE DE TORO (W)/SANTORO (WB) (EuG T-102/17); RUTINI (WB)/ANTONIO RUBINI (W) (EuG T-707/16); Dietor (WB)/DIETOX (WB) (EuG T-486/17); Glemadur Freude an Farbe (WB)/Freude an Farbe (WB) (EuG T-401/19); HALLOU MI (W)/GRILLOUMI (W) (EuG T-555/19). 184

e) **Erweiterter Schutz für bekannte Marken (Art. 8 Abs. 5 UMV).** Der dritte Kollisionsfall betrifft schließlich den Schutz so genannter **bekannter Marken.**[720] Das erweiterte Schutzbedürfnis bekannter Marken ist auf internationaler Ebene seit langem anerkannt, in Art. 6bis PVÜ beschränkt auf den Waren-/Dienstleistungsähnlichkeitsbereich der älteren Marke und, modernem Markenverständnis folgend, in Art. 16 Abs. 3 TRIPS – bei Vorliegen bestimmter Voraussetzungen – ausgedehnt auf sämtliche Leistungsbereiche. Diesem Ansatz trägt das europäische Markenrecht mit Art. 8 Abs. 5 UMV in ganz ähnlicher Weise Rechnung; danach ist die Eintragung identischer oder ähnlicher Kennzeichnungen auch für **nichtähnliche Waren oder Dienstleistungen** zu verwehren, wenn die Benutzung des angemeldeten Zeichens „die Unterscheidungskraft oder die Wertschätzung der älteren (bekannten) Marke ohne rechtfertigenden Grund in unlauterer Weise ausnutzen oder beeinträchtigen würde". Die Vorschrift des Art. 8 Abs. 5 UMV wurde durch die VO Nr. 2015/2424 mit Wirkung zum 23.3.2016 neu gefasst. Danach kann der Widerspruch aus Art. 8 Abs. 5 UMV nur noch auf **registrierte** ältere Marken gestützt werden. Des Weiteren ist im Zuge der Neufassung des Gesetzeswortlauts klargestellt worden, wie es zuvor schon gefestigter Spruchpraxis entsprach, dass der Bekanntheitsschutz nicht auf Fälle fehlender Waren/Dienstleistungsähnlichkeit beschränkt ist, sondern – bei Vorliegen der weiteren Voraussetzungen – ungeachtet dessen durchgreift.[721] 185

[720] Zum Schutz bekannter Marken etwa EuGH ECLI:EU:C:2009:378 – L'Oréal/Bellure; EuGH GRUR 2009, 56 – Intel/CPM; ferner EuGH ECLI:EU:C:2003:582 – adidas/Fitness World, zuvor EuGH ECLI:EU:C:2003:9 – Davidoff/Gofkid; EuG ECLI:EU:T:2007:35 – TDK, EuG ECLI:EU:T:2007:93 – VIPS.

[721] S. zu vor schon etwa EuGH ECLI:EU:C:2003:9 – Davidoff/Gofkid, Rn. 24 f. (zu der inhaltsgleich formulierten Bestimmung des Art. 5 Abs. 2 MarkenRL aF); bekräftigt durch EuGH ECLI:EU:C:2003:582 – adidas/Fitness World, Rn. 22; ferner EuG ECLI:EU:T:2007:93 – VIPS, Rn. 32

186 *aa) Erforderlicher Bekanntheitsgrad.* Zunächst gilt es die hinreichende **Bekanntheit** der älteren eingetragenen Marke zu ermitteln. Die Bekanntheit der älteren Marke stellt das zentrale Kriterium des Markenschutzes nach Art. 8 Abs. 5 UMV und zugleich die elementare Rechtfertigung für den erweiterten Schutz nach dieser Vorschrift dar.[722] Für deren Ermittlung sind territoriale, quantitative und bis zu einem gewissen Grad auch qualitative Gesichtspunkte maßgeblich. In **territorialer** Hinsicht besagt Art. 8 Abs. 5 UMV, dass es bezüglich einer älteren Unionsmarke auf die Bekanntheit „in der Union" und im Falle einer älteren nationalen Marke auf diejenige „in dem betreffenden Mitgliedsstaat" ankommt. Mangels näherer Präzisierung durch den Gesetzgeber kann nicht, wie der EuGH in seiner *Chevy*-Entscheidung betont hat, verlangt werden, dass sich die Bekanntheit auf das „gesamte" Gebiet der Union bzw. des fraglichen Mitgliedstaates erstreckt; ebenso ausreichend wie erforderlich ist, dass sie in „einem wesentlichen Teil davon" vorliegt.[723] In **quantitativer** Hinsicht ist das Erreichen einer bestimmten **Bekanntheitsschwelle** erforderlich; denn nur bei Vorliegen eines hinreichenden Bekanntheitsgrades des älteren Zeichens kann das Publikum, wenn es der jüngeren Marke begegnet, gegebenenfalls auch bei nicht ähnlichen Leistungen eine Verbindung zwischen den Marken herstellen, so dass die ältere Marke beeinträchtigt werden kann.[724] Starre Grenzen, in bestimmten Prozentsätzen definiert, lassen sich nicht festlegen. Maßgeblich ist vielmehr, ob die Marke einem **bedeutenden Teil** der durch die jeweiligen Leistungen angesprochenen Verkehrskreise bekannt ist. Je nach der vermarkteten Ware/Dienstleistung ist also entweder auf die „breite Öffentlichkeit oder ein spezielles Publikum, zB ein bestimmtes berufliches Milieu" abzustellen, nach deutscher Terminologie vergleichbar der Sichtweise der allgemeinen Verkehrskreise bzw. des Fachpublikums.[725] Ob die Marke einem „bedeutenden Teil" der angesprochenen Verkehrskreise bekannt ist, gilt es unter Berücksichtigung aller relevanten Fallumstände zu klären, „insbesondere (mit Blick auf) den Marktanteil der Marke, die Intensität, die geografische Ausdehnung und die Dauer ihrer Benutzung sowie den Umfang der Investitionen, die das Unternehmen zu ihrer Förderung getätigt hat".[726] Aus deutscher Sicht besteht eine gewisse Tradition, den Bekanntheitsgrad in Prozentsätzen zu messen. Insoweit ist jedoch Vorsicht geboten. Wiederholt ist vom EuG/H ausgesprochen worden, dass weder nach dem Wortlaut noch nach dem Geist des Art. 5 Abs. 2 (aF, nunmehr Abs. 3 lit. a) Marken-RL/Art. 8 Abs. 5 UMV verlangt werden könne, dass die Marke einem *bestimmten Prozentsatz* des angesprochenen Publikums bekannt sei.[727] Der Nachweis der erforderlichen Bekanntheit ist vom EUIPO[728] sowie EuG/H mehrfach anerkannt worden.[729] Die **Beweislast** für die Bekanntheit der Marke liegt beim Inhaber der älteren Marke.[730] Die Bekanntheit der Marke ist in Bezug auf jede **einzelne Ware/Dienstleistung** sowie in Bezug auf das **Territorium,** für das Bekanntheit reklamiert wird, nachzuweisen.[731]

Praxistipp:

Als Faustformel lässt sich nach wie vor sagen, dass für die Annahme einer „Bekanntheit" iSd Art. 8 Abs. 5 UMV in einem bedeutenden Teil der Union ein Bekanntheitsgrad von ca. 40–50 % und darüber ausreichen dürfte; soweit mit der Marke bestimmte Image- und/oder Gütevorstellungen verbunden werden, kann in Ausnahmefällen auch ein Bekanntheitsgrad von 30 % als hinreichend angesehen werden. Das Einholen demoskopischer Gutachten zur Belegung eines gesteigerten Bekanntheitsgrades erweist sich als

[722] Zutreffend hervorgehoben von Hasselblatt/Skrzydlo-Tefelska EUTMR Art. 8 Rn. 328.

[723] EuGH ECLI:EU:C:1999:408 – Chevy, Rn. 28; s. ausf. zur Bekanntheit Hasselblatt/Skrzydlo-Tefelska EUTMR Art. 8 Rn. 339 ff.; ferner Knaak MarkenR 2007, 2 (7).

[724] EuGH ECLI:EU:C:1999:408 – Chevy, Rn. 21 bis 23.

[725] EuGH ECLI:EU:C:1999:408 – Chevy, Rn. 24, 26; Starck MarkenR 2000, 73 (75).

[726] EuGH ECLI:EU:C:1999:408 – Chevy, Rn. 27; wortgleich EuG ECLI:EU:T:2007:35 – TDK, Rn. 49; s. ferner EuG ECLI:EU:T:2005:140 – monBeBé, Rn. 31 ff. sowie EuG ECLI:EU:T:2008:112 – Citi/Citibank Rn. 81 (dort unstreitig); ausf. zu den Anforderungen an die Bekanntheit und notwendigen Vortrag Gürtler GRUR Int. 2005, 273 (276 ff.).

[727] S. nur EuG ECLI:EU:T:2007:35 – TDK Rn. 49; EuGH ECLI:EU:C:1999:408 – Chevy, Rn. 26, 27.

[728] S. etwa HABM – R 1588/2009-4 – Pineapple/Apple, Rn. 41 (für die Wortmarke Apple® in Bezug auf die Waren „data processing equipment and computers"/Klasse 9 sowie die Dienstleistung „design and development of computer hardware and software"/Klasse 42).

[729] S. etwa EuG ECLI:EU:T:2007:35 – TDK; EuG ECLI:EU:T:2008:112 – Citi/Citibank.

[730] EuG ECLI:EU:T:2005:29 – Hooligan/Olly Gan, Rn. 30; Eisenführ/Schennen/Förster UMV Art. 8 Rn. 307.

[731] HABM – R 1588/2009-4 – Pineapple/Apple, Rn. 41 ff.; HABM – R 1718/2008-1 – Linglong/LL, Rn. 53; ebenso Eisenführ/Schennen/Förster UMV Art. 8 Rn. 317.

wertvoll. Keinesfalls aber sollte – mit Blick auf die ablehnende Haltung der Unionsgerichte gegenüber starren Prozentsätzen – ausschließlich auf Verkehrsgutachten zurückgegriffen werden: zusätzlich sollten Ausführungen zum gehaltenen Marktanteil, zur Intensität, Dauer und territorialen Ausdehnung der Nutzung sowie beispielsweise Werbeaufwendungen gemacht werden. Auch können Auskünfte von Verbänden, Berufsorganisationen oder auch den Industrie- und Handelskammern vorgelegt werden.

Zusätzlich sollten auch **qualitative Gesichtspunkte** in Rücksicht gezogen werden, schon mit Blick auf die auch vom EuGH wiederholt anerkannte und hervorgehobene Qualitäts- und Werbefunktion der Marke.[732] Wenn und soweit die Marke aus Sicht der Verbraucher eine besondere Wertschätzung genießt, sollte dies ebenfalls dokumentiert werden (Aufwendungen für Imagekampagnen, Qualitätssicherung, Schulungsseminare, POS-Training etc.).[733] 187

bb) (Fehlende) Waren-/Dienstleistungsähnlichkeit. Der Gesetzeswortlaut begrenzte den Bekanntheitsschutz zunächst ausdrücklich auf solche Waren und Dienstleistungen, die denjenigen nicht ähnlich sind, für die die bekannte Marke registriert ist. Gefestigter Spruchpraxis des EuGH folgend[734] ist dieser Widerspruchsgrund mit Wirkung zum 23.3.2016 dahingehend abgeändert worden, dass der Bekanntheitsschutz – bei Vorliegen der weiteren Voraussetzungen – **ungeachtet gegebener oder fehlender Waren-/Dienstleistungsähnlichkeit** durchgreift.[735] 188

Schon lange vor der nunmehr im Zuge der Reform des Unionsmarkenrechts erfolgten Gesetzesänderung wurde eine analoge Anwendung des Bekanntheitsschutzes auch für ähnliche Waren/Dienstleistungen propagiert, vornehmlich unter Hinweis darauf, dass dieser für den Bereich unähnlicher Waren und Dienstleistungen gewährte Markenschutz gewissermaßen erst recht für einander ähnliche Leistungen gelten müsse. Dafür sprach (und spricht) in der Tat, dass bei ähnlichen Waren/Dienstleistungen das Verwechslungsrisiko und entsprechend das Schutzbedürfnis der älteren Marke erhöht ist. Dieser Sichtweise hat sich der **EuGH** frühzeitig angeschlossen.[736] Tragend dafür war die zutreffende Erwägung, dass ansonsten der Zweck der Vorschrift konterkariert werden könnte.[737] Intendiert war auch zuvor schon die Stärkung des Schutzes bekannter Marken, namentlich über den Produkt-/Dienstleistungsähnlichkeitsbereich hinaus. Demgemäß galt es auch nach Art. 8 Abs. 5 GMV (aF) der allgemeinen Systematik und Zielsetzung der Vorschrift Rechnung zu tragen.[738] Die gegenteilige Auffassung hätte die unsinnige Konsequenz zur Folge gehabt, dass „bekannte Marken im Fall der Benutzung eines Zeichens für identische oder ähnliche Waren/Dienstleistungen in geringerem Maße geschützt wären, als im Fall der Benutzung eines Zeichens für nicht ähnliche Waren oder Dienstleistungen".[739] 189

[732] Statt vieler: EuGH ECLI:EU:C:1997:517 – Dior/Evora, Rn. 39; EuGH ECLI:EU:C:1990:359 – HAG II, Rn. 13, 14; besonders instruktiv EuGH ECLI:EU:C:2009:378 – L'Oréal/Bellure, Rn. 41, 43, 58, in denen die Gemeinschaftsrichter als die „anderen Funktionen" der Marke in nicht abschließender Aufzählung nennen: die Gewährleistung der Qualität der Waren/Dienstleistungen, die Kommunikationsfunktion, die Investitionsfunktion und die Werbefunktion; ausführlich dazu Hasselblatt/Kipping KSzW 2010, 236 ff. (zur so genannten „neuen" Markenfunktionenlehre des EuGH).

[733] S. etwa EuG ECLI:EU:T:2012:348 – The Royal Shakespeare Company (Royal Shakespeare), Rn. 38, wonach die ältere Marke ausweislich eines Verkehrsgutachtens über eine Reputation verfügte, die verbunden war mit „quality and artistic excellent", „longstanding reputation for excellence" sowie „recognized for its contribution to English heritage"; s. ferner HABM – R 1659/2011-2 – KENZO, Rn. 29 (ohne Vorliegen eines demoskopischen Gutachtens gelangte das Amt gleichwohl zu der Annahme einer bekannten Marke, die zu den „legendary figures in the fashion world") zählte.

[734] S. nur EuGH ECLI:EU:C:2009:378 – L'Oréal/Bellure, Rn. 35, unter ausdrücklicher Bezugnahme auf EuGH ECLI:EU:C:2003:582 – adidas/Fitness World, Rn. 30 sowie EuGH ECLI:EU:C:2003:9 – Davidoff/Gofkid, Rn. 30.

[735] Geändert durch Verordnung (EU) Nr. 2015/2424 v. 16.12.2015, ABl. L 341, S. 321.

[736] EuGH ECLI:EU:C:2003:9 – Davidoff/Gofkid; bestätigend EuGH ECLI:EU:C:2003:582 – adidas/Fitness World; EuGH ECLI:EU:C:2009:378 – L'Oréal/Bellure, Rn. 35 EuG ECLI:EU:T:2007:93 – VIPS, Rn. 33.

[737] Mit Blick auf die Wechselwirkung der drei Bestimmungsfaktoren der Verwechslungsgefahr waren allerdings echte Schutzlücken auch bei wortlautkonformer Auslegung kaum zu befürchten, da ein geringer Ähnlichkeitsgrad der Zeichen ausgeglichen werden kann durch einen höheren Ähnlichkeitsgrad der beiderseitigen Waren/Dienstleistungen (und umgekehrt), zumal bei bekannten Marken deren – durch ihre Bekanntheit – gesteigerte Kennzeichnungskraft zu berücksichtigen war. Demgemäß war in den zugrunde liegenden Fallkonstellationen zumeist ohnehin Verwechslungsgefahr anzunehmen, zumindest unter dem Gesichtspunkt des gedanklichen Inverbindungbringens.

[738] EuGH ECLI:EU:C:2003:9 – Davidoff/Gofkid, Rn. 24, zu der inhaltsgleich formulierten Bestimmung des Art. 5 Abs. 2 der Marken-RL aF.

[739] So ausdrücklich bereits frühzeitig EuGH ECLI:EU:C:2003:9 – Davidoff/Gofkid, Rn. 25; bekräftigt durch EuGH ECLI:EU:C:2003:582 – adidas/Fitness World, Rn. 22; zuletzt ausdr. EuG ECLI:EU:T:2007:93 – VIPS, Rn. 32.

190 *cc) Ähnlichkeit/Identität der Zeichen.* Weiter muss Identität bzw. Ähnlichkeit der einander gegenüberstehenden Marken gegeben sein. Insoweit gelten die allgemeinen Grundsätze,[740] wobei der Bekanntheitsschutz nach Art. 8 Abs. 5 UMV **nicht voraussetzt,** dass **Verwechslungsgefahr besteht.**[741] Ausreichend ist vielmehr, dass die jüngere Marke den maßgeblichen Verkehrskreisen die **ältere bekannte Marke in Erinnerung ruft.**[742] Derartige Beeinträchtigungen – vor denen Art. 8 Abs. 5 UMV gerade schützen möchte – sind Folge eines bestimmten Grades der Ähnlichkeit zwischen der Marke und dem Zeichen, auf Grund dessen die beteiligten Verkehrskreise einen Zusammenhang herstellen, dh die Marken gedanklich miteinander verknüpfen, ohne sie jedoch – notwendig – zu verwechseln.[743] Ob eine solche gedankliche Verknüpfung vorliegt, ist unter Berücksichtigung aller relevanten Umstände des konkreten Einzelfalles umfassend zu beurteilen. Nicht abschließend nennt der EuGH als maßgebliche Umstände (i) den Grad der Ähnlichkeit der sich gegenüberstehenden Marken, (ii) die Art der Waren und Dienstleistungen, für die die einander gegenüberstehenden Marken jeweils eingetragen sind, einschließlich des Grades der Nähe oder der Unähnlichkeit dieser Waren und Dienstleistungen sowie die betreffenden Verkehrskreise, (iii) das Ausmaß der Bekanntheit der älteren Marke, (iv) der Grad der der älteren Marke innewohnenden oder von ihr durch Benutzung erworbene Unterscheidungskraft sowie (v) das Bestehen einer Verwechslungsgefahr für das Publikum.[744] Dabei ist die Gefahr einer solchen gedanklichen Verknüpfung umso größer, je ähnlicher die sich gegenüberstehenden Zeichen sind, was erst recht bei Identität der Marken gilt. Allerdings reicht die Identität – und noch weniger deren bloße Ähnlichkeit – der einander gegenüberstehenden Marken nicht aus, um auf eine gedankliche Verknüpfung zu schließen.[745] Während in den Fällen der „normalen" Verwechslungsgefahr der Verbraucher einer Herkunftstäuschung unterliegt, fehlt es beim erweiterten Bekanntheitsschutz typischerweise an einem solchen Irrtum über den betrieblichen Ursprung, vielmehr fühlt sich der Abnehmer durch die Anbringung der ihm bekannten älteren Marke angezogen.[746] In jüngeren Entscheidungen ist insoweit treffend davon die Rede, dass sich der Dritte in den Bereich der **Sogwirkung** der älteren Marke begibt.[747] Eine solche **gedankliche Verknüpfung** ist anhand aller relevanten Umstände des konkreten Falles umfassend zu beurteilen.[748] Dabei steht der Umstand, dass ein Zeichen von den beteiligten Verkehrskreisen als Verzierung aufgefasst wird, dem erweiterten Schutz nach Art. 5 UMV nicht entgegen, sofern der Grad der Ähnlichkeit so hoch ist, dass die beteiligten Verkehrskreise die beiden Zeichen gedanklich miteinander verknüpfen. Fasst das Publikum das (jüngere) Zeichen hingegen ausschließlich als Verzierung auf, scheidet eine gedankliche Verknüpfung mit der älteren Marke aus, mit der Folge, dass der Schutz nach Art. 8 Abs. 5 UMV zu verneinen ist. Diese Tatsachenfrage ist durch das nationale Gericht zu klären.[749]

191 *dd) Verwässerung, Rufausnutzung oder -beeinträchtigung.* Schutz genießt die bekannte Marke – außerhalb und innerhalb des Waren-/Dienstleistungsähnlichkeitsbereiches –[750] gegenüber der unlauteren Ausbeutung oder Beeinträchtigung ihrer Unterscheidungskraft oder ihrer Wertschätzung. Bei diesen Fallkonstellationen, die unübersehbar wettbewerbsrechtliche Züge aufweisen,[751] steht weniger der Schutz der Herkunftsfunktion als vielmehr der der „anderen Funktionen" der Marke im Vordergrund, also etwa der Qualitäts-, Kommunikations-, Investitions- oder der Werbefunktion.[752] Sinn und Zweck des erweiterten Bekanntheitsschutzes nach Art. 8 Abs. 5 UMV

---

[740] S. etwa EuGH ECLI:EU:C:2009:378 – L'Oréal/Bellure, Rn. 36; EuG ECLI:EU:T:2005:29 – Hooligan/Olly Gan, Rn. 54 f.

[741] EuG ECLI:EU:T:2007:93 – VIPS, Rn. 34 ff.; EuGH ECLI:EU:C:2003:582 – adidas/Fitness World, Rn. 27; EuGH ECLI:EU:C:2000:339 – Marca Mode/adidas, Rn. 34, 36.

[742] EuGH ECLI:EU:C:2008:655 – INTEL/CPM, Rn. 44.

[743] ausdr. EuG ECLI:EU:T:2007:93 – VIPS, Rn. 41, 42; EuGH ECLI:EU:C:2003:582 – adidas/Fitness World, Rn. 29; zuvor EuGH GRUR Int. 2000, 73 (74) – General Motors, Rn. 23.

[744] EuGH ECLI:EU:C:2008:655 – INTEL/CPM, Rn. 41, 42.

[745] EuGH ECLI:EU:C:2008:655 – INTEL/CPM, Rn. 44, 45.

[746] EuG ECLI:EU:T:2007:93 – VIPS, Rn. 42.

[747] EuGH ECLI:EU:C:2009:378 – L'Oréal/Bellure, Rn. 49.

[748] EuGH ECLI:EU:C:2003:582 – adidas/Fitness World, Rn. 30; EuGH ECLI:EU:C:2000:339 – Marca Mode/adidas Rn. 40; EuGH ECLI:EU:C:1997:528 – Sabèl/Puma, Rn. 22; zuletzt etwa EuGH ECLI:EU:C:2008:655 – INTEL/CPM, Rn. 41.

[749] EuGH ECLI:EU:C:2003:582 – adidas/Fitness World, Rn. 41.

[750] St. Rspr.: EuGH ECLI:EU:C:2009:378 – L'Oréal/Bellure, Rn. 35; EuGH ECLI:EU:C:2003:9 – Davidoff/Gofkid; EuGH ECLI:EU:C:2003:582 – adidas/Fitness World.

[751] So auch Eisenführ/Schennen/Förster UMV Art. 8 Rn. 399 ff.

[752] Ausf. zur „neuen" Markenfunktionenlehre im Lichte der Spruchpraxis des EuGH, Hasselblatt/Kipping KSzW 2010, 236 (237 ff.).

liegt nicht darin, jegliche Verwendung identischer oder ähnlicher Kennzeichen verhindern zu können, sondern dem Inhaber einer bekannten älteren Marke die Möglichkeit zu eröffnen, sich der Eintragung oder Nutzung solcher Zeichen zu widersetzen, durch die die Wertschätzung oder die Unterscheidungskraft der älteren Marke beeinträchtigt oder in unlauterer Weise ausgenutzt werden könnte. Zu betonen ist, dass die Feststellung des Tatbestandsmerkmals der gedanklichen Verknüpfung mit der älteren Marke zwar eine notwendige Voraussetzung für diesen Kollisionstatbestand darstellt, als solche aber nicht ausreichend ist.[753] Vielmehr ist weiter zu untersuchen, ob einer der **drei Tatbestände** des Art. 8 Abs. 5 UMV erfüllt ist, nämlich „erstens die Beeinträchtigung der Unterscheidungskraft der Marke, zweitens die Beeinträchtigung der Wertschätzung dieser Marke und drittens das unlautere Ausnutzen der Unterscheidungskraft oder der Wertschätzung dieser Marke".[754] Dabei ist das Vorliegen einer tatsächlichen und gegenwärtigen Beeinträchtigung der älteren Marke nicht nachzuweisen; wohl aber müssen Gesichtspunkte angeführt werden, aus denen dem ersten Anschein nach auf die **nicht nur hypothetische Gefahr** einer künftigen unlauteren Ausnutzung oder Beeinträchtigung geschlossen werden kann.[755] Noch weitergehend hat der EuGH ausgeführt, dass sich der Vorteil, den ein Dritter aus der Unterscheidungskraft oder der Wertschätzung der Marke zieht, auch dann als unlauter erweisen kann, wenn die Benutzung des identischen oder ähnlichen Zeichens weder die Unterscheidungskraft noch die Wertschätzung der Marke oder allgemeiner den Inhaber der Marke beeinträchtigt.[756] Bei sämtlichen Tatbestandsalternativen des Art. 8 Abs. 5 UMV kann es aufgrund der randunscharfen Konturen zu Überlappungen kommen; soweit die Voraussetzungen einer Alternative erfüllt sind, reicht dies – vorbehaltlich des Fehlens einer Rechtfertigung – aus. Zur Feststellung, ob die Benutzung eines Zeichens die Unterscheidungskraft oder die Wertschätzung der Marke in unlauterer Weise ausnutzt, ist – wie stets – eine umfassende Beurteilung aller relevanten Umstände des konkreten Falls vorzunehmen, insbesondere des Ausmaßes der Bekanntheit und des Grades der Unterscheidungskraft der älteren Marke, des Grades der Ähnlichkeit der einander gegenüberstehenden Marken sowie der Art der betroffenen Waren und Dienstleistungen und des Grades ihrer Nähe.[757] Für alle drei Tatbestandsvarianten ist eine **Wechselwirkung** zu berücksichtigen dergestalt, dass das Ausnutzungs- bzw. Beeinträchtigungspotential durch Verwendung der Drittmarke umso höher ist, je größer sich Unterscheidungskraft und Wertschätzung der älteren Marke darstellen.[758]

Bei der unzulässigen Beeinträchtigung der Unterscheidungskraft geht es in erster Linie um den Schutz der bekannten Marke vor **Verwässerung.**[759] Darunter ist die Schwächung der Kennzeichnungskraft der bekannten Marke in einem bestimmten Waren-/Dienstleistungssektor durch Verwendung identischer oder ähnlicher Kennzeichen in anderen oder auch ähnlichen Leistungsbereichen zu verstehen. Im Allgemeinen ist eine Verwässerung sehr viel eher bei Identität bzw. hochgradiger Ähnlichkeit der Zeichen und einer relativ hohen Bekanntheit der älteren Marke anzunehmen, was es selbstverständlich anhand der konkreten Sachverhaltsumstände festzustellen gilt. Graduell geringer fällt die Verwässerungsgefahr aus, wenn die ältere Marke aus einem Begriff besteht, der aufgrund einer ihm eigenen Bedeutung unabhängig von der daraus gebildeten älteren Marke weit verbreitet und gängig ist.[760] Zutreffend wurde die Schwächung der Kennzeichnungskraft der älteren Marken *SPA* durch Benutzung der Marke *SPA-FINDERS* verneint, da der Gebrauch des Wortes „Spa" zur Bezeichnung der belgischen Stadt Spa oder der belgischen Motorsportrennbahn Spa-Francorchamps oder als Gattungsbegriff für Saunen üblich und im Übrigen nicht nachgewiesen sei, dass durch eine solche Verwendung die Anziehungskraft der älteren Marke geschmälert werde.[761] 192

[753] EuGH ECLI:EU:C:2008:655 – Intel/CPM, Rn. 31 f.; EuGH ECLI:EU:C:2009:378 – L'Oréal/Bellure, Rn. 37.

[754] EuGH ECLI:EU:C:2008:655 – Intel/CPM, Rn. 27; EuGH ECLI:EU:C:2009:378 – L'Oréal/Bellure Rn. 38; tatsächlich handelt es sich eigentlich um insgesamt vier Alternativen, wenn das „unlautere Ausnutzen der Unterscheidungskraft" und das „unlautere Ausnutzen der Wertschätzung" separat gezählt werden; allerdings fallen diese Tatbestandsvarianten zumeist untrennbar zusammen.

[755] EuG ECLI:EU:T:2005:179 – Spa-Finders, Rn. 40; EuG ECLI:EU:T:2007:93 – VIPS, Rn. 46.

[756] EuGH ECLI:EU:C:2009:378 – L'Oréal/Bellure, Rn. 43, 50.

[757] EuGH ECLI:EU:C:2009:378 – L'Oréal/Bellure, Rn. 44.

[758] EuGH ECLI:EU:C:2008:655 – Intel/CPM, Rn. 67 bis 69; EuGH ECLI:EU:C:2009:378 – L'Oréal/Bellure Rn. 44; EuG ECLI:EU:T:2007:93 – VIPS, Rn. 47, aE; in der Richtung zuvor schon EuGH ECLI:EU:C:1999:408 – Chevy, Rn. 30.

[759] EuGH ECLI:EU:C:2009:378 – L'Oréal/Bellure, Rn. 39.

[760] EuG ECLI:EU:T:2007:93 – VIPS, Rn. 38.

[761] EuG ECLI:EU:T:2007:93 – VIPS, Rn. 38 f.; EuG ECLI:EU:T:2005:179 – Spa-Finders, Rn. 44 f.

193 Demgegenüber handelt es sich bei dem Tatbestand der Ausnutzung der Wertschätzung der Marke um einen Fall der **Rufausbeutung.** Dritten soll es verwehrt sein, unautorisiert am Erfolg der bekannten Marke und deren Image zu partizipieren, indem identische bzw. ähnliche Kennzeichnungen in anderen oder auch vergleichbaren Leistungsbereichen eingesetzt werden. Maßgeblich kommt es in diesen – durchaus vielschichtigen – Konstellationen darauf an, dass durch die Verwendung der jüngeren Marke an dem mit der bekannten Marke verbundenen guten Ruf schmarotzt wird. Durch die Verwendung des ähnlichen/identischen Drittzeichens wird die bekannte Marke „**parasitär ausgebeutet** oder versucht, Vorteile aus ihrem guten Ruf zu ziehen".[762] Ein solches **Trittbrettfahren** ist regelmäßig dann anzunehmen, wenn ein Dritter versucht, sich durch die Verwendung eines identischen oder ähnlichen Zeichens in den Bereich der **Sogwirkung** der älteren Marke zu begeben, um von ihrer Anziehungskraft und ihrem Ansehen zu profitieren, „ohne jede finanzielle Gegenleistung und ohne dafür eigene Anstrengungen machen zu müssen, (um) die wirtschaftlichen Anstrengungen des Markeninhabers zur Schaffung und Aufrechterhaltung des Images dieser Marke auszunutzen".[763] Dies setzt regelmäßig – aus Sicht der beteiligten Verkehrskreise – einen (möglichen) Imagetransfer voraus. Ob ein solcher Transfer des Renommees einer Marke bei vorhandener oder trotz fehlender Waren-/Dienstleistungsähnlichkeit anzunehmen ist, gilt es anhand der sich gegenüberstehenden Leistungen zu überprüfen: zu denken ist etwa an den Ruf besonderer Präzision von Uhren, der sich ohne Weiteres auf (Präzisions-)Werkzeuge transferieren lässt, oder die Ausbeutung des Exklusivimages so genannter „Nobelmarken", das sich für etliche andere Waren- oder Serviceleistungen „ausschlachten" lässt.[764] Erfolgreich war beispielsweise das Vorgehen des Unterhaltungselektronikkonzerns *TDK* wegen unlauterer Ausnutzung der Unterscheidungskraft bzw. der Wertschätzung der bekannten Marke durch Verwendung der identischen Kennzeichnung für Waren der Klasse 25.[765] Ebenfalls erfolgreich war das Vorgehen eines Inhabers von Luxusparfummarken gegenüber der Benutzung von Vergleichslisten im Zusammenhang mit minderwertigen Imitationen dieser Parfums.[766] Nicht erfolgreich war demgegenüber das Vorgehen auf der Basis der sehr bekannten (wenn nicht gar berühmten) Marke IKEA gegenüber einer ebenfalls für den Möbelbereich Schutz beanspruchenden Marke *idea,* da die klangliche Ähnlichkeit durch begriffliche und grafische Abweichungen neutralisiert werde.[767]

194 Eine **Beeinträchtigung der Wertschätzung** einer Marke kann insbesondere in Fällen der Verwendung identischer oder ähnlicher Kennzeichnungen für solche Waren gegeben sein, deren stoffliche Zusammensetzung, Verwendungszweck oder Minderwertigkeit dem besonderen Renommee einer Exklusivmarke, die wegen ihrer Bekanntheit mit diesen Leistungen in Verbindung gebracht wird, abträglich wäre. Bisweilen ist insoweit auch von **Verunglimpfung** oder **Herabsetzung** die Rede. Eine solche Beeinträchtigung der Wertschätzung der Marke liegt vor, wenn die Nutzung des identischen oder ähnlichen Zeichens aus Sicht des angesprochenen Publikums bewirkt, dass die **Anziehungskraft der Marke geschmälert** wird. Die Gefahr einer solchen Beeinträchtigung kann sich namentlich daraus ergeben, dass die von Dritten angebotenen Waren/Dienstleistungen Eigenschaften aufweisen, die sich negativ auf das Bild der bekannten älteren Marke auswirken können.[768] Zu untersuchen ist anhand der konkreten Fallumstände mithin regelmäßig, ob durch die konkrete Benutzung der jüngeren Marke das gute Image der bekannten Marke beschädigt wird, was namentlich auch durch Verballhornung geschehen kann.[769]

762 EuG ECLI:EU:T:2005:179 – Spa-Finders, Rn. 51; EuGH ECLI:EU:C:2009:378 – L'Oréal/Bellure, Rn. 41, wo treffend von parasitärem Verhalten und „Trittbrettfahren" die Rede ist; ebenso EuG ECLI:EU:T:2007:93 – VIPS, Rn. 40; s. dazu auch Knaak MarkenR 2007, 2 (8).

763 EuGH ECLI:EU:C:2009:378 – L'Oréal/Bellure Rn. 49.

764 Nach wie vor liefern insoweit gute Beispiele die Sachverhalte in: BGH GRUR 1985, 550 – Dimple; BGH GRUR 1983, 274 – Rolls-Royce.

765 EuG ECLI:EU:T:2007:35 – TDK, wobei dort – wie oft in solchen Konstellationen – vom Amt das Fehlen einer Verwechslungsgefahr iSd Art. 8 Abs. 1 lit. b) GMV festgestellt und dem Widerspruch auf der Grundlage des Art. 8 Abs. 5 GMV stattgegeben wurde.

766 EuGH ECLI:EU:C:2009:378 – L'Oréal/Bellure, Rn. 46 ff.

767 EuG ECLI:EU:T:2008:10 – IKEA/idea, (n. rkr., wobei anzumerken ist, dass die Schutzdauer der zugrunde liegenden Wort-/Bildmarke Nr. 000283952 „idea" am 20.6.2016 abgelaufen ist.); dazu recht kritisch weitere Beispiele aus der Spruchpraxis des Amtes bei Gürtler GRUR Int. 2005, 273 ff.

768 EuGH ECLI:EU:C:2009:378 – L'Oréal/Bellure, Rn. 40.

769 Beispielhaft sei verwiesen auf die – seinerzeit nach Wettbewerbsrecht beurteilten – Konstellation in: BGH GRUR 1985, 550 – Dimple; zur Verballhornung: BGH GRUR 1994, 808 und GRUR 1995, 92 – Markenverunglimpfung I und II.

Erfolgt die Benutzung des mit der älteren Marke identischen oder ähnlichen Zeichens im Zuge eines **Werbevergleiches,** der nicht sämtliche Voraussetzungen für eine zulässige vergleichende Werbung erfüllt, kann der Inhaber der bekannten Marke eine solche Verwendung untersagen, auch wenn in concreto die Herkunftsfunktion der älteren Marke nicht verletzt ist, soweit die fragliche Benutzung eine der anderen Funktionen der Marke beeinträchtigt oder beeinträchtigen kann.[770] Diese Ratio der O2-Entscheidung des EuGH hat letztlich Pate gestanden für die Normierung des Art. 9 Abs. 3 lit. f) UMV, eingefügt durch VO (EU) 2015/2424 mit Wirkung zum 23.3.2016. 195

ee) Keine Rechtfertigung. Untersagt ist die Beeinträchtigung/Ausnutzung der Unterscheidungskraft bzw. Wertschätzung der bekannten Marke, soweit dies in unlauterer Weise **ohne rechtfertigenden Grund** geschieht. Darlegungs- und beweisbelastet für eine Rechtfertigung des Art. 8 Abs. 5 UMV ist der Anmelder bzw. Nutzer des jüngeren Kennzeichens.[771] Typischerweise wird sich die fehlende Rechtfertigung gewissermaßen spiegelbildlich aus der festgestellten Unlauterkeit ablesen lassen, da etwaig rechtfertigende Elemente – beispielsweise eine langjährige, weder rufausbeutende noch rufschädigende Koexistenz der älteren und der jüngeren Kennzeichnung auf den jeweiligen Märkten – bereits im Rahmen der Unlauterkeitsprüfung zu berücksichtigen sind.[772] Umstände, die eine Rechtfertigung tragen können, sind – neben der bereits bestehenden Koexistenz der Marken – beispielsweise die Ableitung der jüngeren Marke aus dem (eigenen) Unternehmenskennzeichen, die Verwendung des Zeichens für andere Produkte/Dienstleistungen oder die Auswahl der Bezeichnung, die in Bezug auf die Waren und Dienstleistungen der jüngeren Marke beschreibende oder suggestive Anklänge aufweist.[773] Letztgenannter Gesichtspunkt dürfte bisweilen zum Tragen kommen. Im Übrigen aber dürfte eine solche Rechtfertigung kaum jemals praxisrelevant werden, da es dann regelmäßig schon an der Ausnutzung bzw. Beeinträchtigung „in unlauterer Weise" fehlen dürfte.[774] 196

8. Rechte aus der Unionsmarke

Der Katalog der Rechte des Unionsmarkeninhabers ergibt sich im Wesentlichen aus Art. 9 bis 13 UMV. Hier haben sich im Zuge der Unionsmarkenreform durch die VO 2015/2424[775] eine Reihe von Änderungen ergeben, auf die im Text näher eingegangen wird. Dabei handelt es sich in Teilen um die Umsetzung bereits ergangener und anerkannter EuGH-Spruchpraxis,[776] teilweise um Klarstellung zu Verunsicherungen infolge bestimmter EuGH-Entscheidungen,[777] sowie sehr hilfreiche Ergänzungen wie die Ermöglichung des Vorgehens gegenüber Markenverwendungen im Zusammenhang mit „Waren im Transit", Art. 9 Abs. 4 UMV. Sehr zu begrüßen ist auch die Neueinfügung des Art. 10 UMV zur Untersagung von Vorbereitungshandlungen. Demgegenüber handelt es sich bei Art. 11 UMV letztlich um die Umsetzung des bisherigen Art. 9 Abs. 3 GMV, also des Anspruchs auf angemessene Entschädigung für Markenverletzungen zwischen „der Anmeldung und Veröffentlichung der Eintragung". Nicht geändert wurde hingegen der grundsätzliche Ansatz, wonach alle nicht unmittelbar in der UMV geregelten Ansprüche dem nationalen Recht überlassen werden, und zwar in prozeduraler wie auch in materieller Hinsicht, Art. 17 Abs. 2, 197

[770] EuGH ECLI:EU:C:2008:339 – O2/H3G Rn. 36 f.; EuGH ECLI:EU:C:2009:378 – L'Oréal/Bellure, Rn. 65; zur „neuen" Markenfunktionenlehre des EuGH ausf. Hasselblatt/Kipping KSzW 2010, 236 ff.

[771] Statt vieler Gürtler GRUR Int. 2005, 273 (280).

[772] Beispiel nach v. Mühlendahl/Ohlgart § 5 Rn. 40.

[773] Gürtler GRUR Int. 2005, 273 (281) mit weiteren Beispielen.

[774] So lagen die Dinge in der Entscheidung EuG ECLI:EU:T:2005:179 – Spa-Finders, Rn. 51: keine Schmälerung der Anziehungskraft der älteren Marke *SPA* durch Benutzung der jüngeren Marke „SPA-FINDERS", da der Gebrauch des Wortes „SPA" ua zur Bezeichnung der belgischen gleichnamigen Stadt, der belgischen Motorsportrennbahn Spa-Francorchamps sowie als Gattungsbezeichnung für Saunen üblich sei, so dass es auf die Frage einer etwaigen Rechtfertigung nicht weiter ankam.

[775] Verordnung (EU) Nr. 2015/2424 v. 16.12.2015, ABl. L 341, 321, kodifiziert in UMV 2017.1001 v. 14.6.2017 ABl. L 154, 1.

[776] Etwa EuGH ECLI:EU:C:2001:617 – Davidoff sowie EuGH ECLI:EU:C:2003:582 – adidas Fitness World: Bekanntheitsschutz unabhängig davon, ob das jüngere Zeichen für identische/ähnliche bzw. nicht identische/nicht ähnliche W/DL benutzt wird → neu gefasst Art. 9 Abs. 2 lit. c) UMV; s. ferner EuGH ECLI:EU:C:2008:339 – O2/H3G: keine Markenverletzung bei zulässiger vergleichender Werbung → neu eingefügter Art. 9 Abs. 3 lit. f) UMV.

[777] S. etwa EuGH ECLI:EU:C:2007:497 – Céline: Klarstellung bzw. Ergänzung, dass aufgrund einer älteren Unionsmarke auch gegen die reine Benutzung von Handelsnamen oder Unternehmensbezeichnungen vorgegangen werden kann → neu eingefügter Art. 9 Abs. 3 lit. d) UMV.

129 Abs. 2, 130 Abs. 1 S. 2 UMV. Dies gilt folglich namentlich für den Auskunfts- und Schadensersatzanspruch, aber eben auch für weitere Ansprüche wie diejenigen auf Vernichtung, Rückruf, Urteilsveröffentlichung und dergleichen. Eine große Erleichterung stellt es insoweit dar, dass durch die Enforcement-Richtlinie (2004/48/EG) das nationale Recht in weiten Teilen vereinheitlicht worden ist.[778]

198 **a) Kollisionstatbestände des Art. 9 UMV.** Im Zuge der Reform des Europäischen Markenrechts ist Art. 9 UMV, nahezu gleichlautend mit Art. 10 MarkenRL (EU) 2015/2436, neu gefasst. Nach Art. 9 Abs. 1 UMV erwirbt der Inhaber ein **ausschließliches Recht** an der Marke. Der Markenschutz beginnt grundsätzlich mit der Eintragung (Art. 6, 9 Abs. 1, 11 Abs. 1 UMV), wobei der Entschädigungsanspruch für Verletzungshandlungen zwischen dem Zeitpunkt der Veröffentlichung der Anmeldung und der Veröffentlichung der Eintragung nunmehr in Art. 11 Abs. 2 UMV geregelt ist. Die Kollisionstatbestände für Verletzungshandlungen sind in Art. 9 Abs. 2 lit. a) bis c) UMV in nahezu gleicher Weise ausgestaltet wie die relativen Eintragungshindernisse, so dass auf die dortigen Ausführungen verwiesen werden kann. Auch für das Verletzungsverfahren gilt es zu differenzieren zwischen den drei Tatbeständen des **Identitätsschutzes,** des **Verwechslungsschutzes** und des **Bekanntheitsschutzes.**[779] Dabei gilt es selbstverständlich Unterschieden zwischen den einzelnen Verfahrensarten Rechnung zu tragen. Während es in Verletzungsverfahren ausschließlich zumindest auch darauf ankommt, wie das jüngere Zeichen *benutzt* wird, ist etwa in Widerspruchs- und Nichtigkeitsverfahren maßgeblich, in welcher Form die jüngere Marke *registrierten* Schutz nachsucht.

199 **b) Unionsweite Wirkung.** Die Unionsmarke gewährt ihrem Inhaber ein ausschließliches Recht, das seiner Natur nach ohne territoriale Beschränkungen im **gesamten Unionsgebiet** gilt.[780] Fraglich ist, ob von diesem Grundsatz der einheitlichen Wirkung der Unionsmarke in der Union (und deren unionsweit einheitlicher Bestimmung des Schutzumfanges durch die Gerichte in Verletzungsverfahren) in Fällen nur **regional begrenzter Verwechslungsgefahr** bzw. bei bekannten Marken mit **regional beschränkter Bekanntheit** abgewichen werden kann oder gar muss. So sind durchaus Konstellationen denkbar, in denen wegen regional unterschiedlichen Sprach- und/oder Verbraucherverständnisses eine Benutzungshandlung nur in einem bestimmten Sprachraum die Gefahr von Verwechslungen begründet;[781] in vergleichbarer Weise ist es bei bekannten Marken möglich, dass die Verwendung ähnlicher oder identischer Kennzeichnungen durch Dritte eine Rufschädigung oder -ausbeutung nur in solchen Mitgliedstaaten bzw. Regionen hervorruft, in denen die ältere Marke eine hohe Bekanntheit genießt. Art. 138 UMV hilft über dieses Problem nur bedingt hinweg, nämlich lediglich in dem Umfang, in dem es um ältere Rechte von lediglich örtlicher Bedeutung geht.

200 Im Schrifttum wird mitunter vorgeschlagen, diese Problematik über eine flexible Handhabe des Streitgegenstandes zu lösen, so dass der Unionsmarkeninhaber ein und dieselbe Benutzungshandlung in bestimmten Regionen verbieten könnte, und in anderen Teilen der Union hinnehmen müsste.[782] Gegen eine solche regional unterschiedliche Bestimmung des Schutzumfangs der Unionsmarke spricht jedoch das in Art. 1 Abs. 2 S. 1 UMV verankerte Prinzip, wonach die Unionsmarke „einheitliche Wirkung für die gesamten Union" hat. In dieser Richtung hat sich auch der EuGH wiederholt geäußert. Zutreffend wird gefordert, dass für die einheitliche Auslegung des Unionsmarkenrechts zentrale Sachvorschriften EU-weit autonom und einheitlich auszulegen sind.[783] Dem steht die nicht abschließende Harmonisierung jedenfalls in Bezug auf elementare Fragen nicht entgegen.[784] Richtiger erscheint es deshalb, diesen Problemen bereits im Eintragungsverfahren durch Versagung der Eintragung zu begegnen; besteht das absolute Eintragungshindernis nur in einem Teil der Union, so ist der Unionsmarkenanmeldung die Eintragung insgesamt zu verwehren. Im Verletzungsverfahren ist, namentlich bei beschreibender Verwendung eines Zeichens (oder Zeichenbestandteiles), insbesondere die Be-

[778] S. ausf. zur Enforcement Richtlinie Hasselblatt/Többelmann EUTMR Teil B, S. 1411–1422 sowie Hasselblatt/Menebröcker Community Design Regulation Teil B, 689–698.

[779] S. o. Rn. 151–153 (Doppelidentität), Rn. 154–181 (Verwechslungsgefahr) und Rn. 185–196 (bekannte Marke).

[780] Ausf. Hasselbatt/Hasselblatt EUTMR Art. 1 Rn. 88 f., 93 ff.

[781] Dazu ausführlich Hye-Knudsen/Schafft MarkenR 2004, 209 ff.

[782] v. Mühlendahl/Ohlgart § 6 Rn. 3 bis 9; ebenso Hye-Knudsen/Schafft MarkenR 2004, 209 (213).

[783] Ausf. zu der einheitlichen Wirkung der UM Hasselblatt/Hasselblatt EUTMR Art. 1 Rn. 82–87.

[784] EuGH ECLI:EU:C:2003:145 – Ansul/Ajax Rn. 25 bis 28; EuGH ECLI:EU:C:2003:204 – stüssy, Rn. 32; in der Richtung auch EuG ECLI:EU:T:2011:564 – PAKI, Rn. 32.

schränkung des Art. 14 UMV zu beachten.[785] Bezüglich des Schutzes bekannter Unionsmarken kann dieser Problematik – im Widerspruchs- wie im Verletzungsverfahren – über die Forderung eines hinreichend hohen Bekanntheitsgrades begegnet werden, der es rechtfertigt, von einer Bekanntheit „in der Union“ ausgehen zu können.

c) **Verletzungshandlungen.** Der Katalog rechtsverletzender Zeichenbenutzungen ist im Zuge 201
der jüngsten Unionsmarkenreform umfassend neu gefasst und ergänzt worden. Liegt einer der drei Kollisionstatbestände – sowie die weiteren Tatbestandsmerkmale der Markenverletzung –[786] vor, so können vom Unionsmarkeninhaber insbesondere die in Art. 9 Abs. 3 lit. a) bis f), Abs. 4 UMV benannten Markennutzungen untersagt werden. Die Benutzungsbeispiele des Art. 9 Abs. 3, Abs. 4 UMV stimmen in ihrer Ausformulierung nahezu identisch mit denjenigen des (nunmehr neu gefassten) Art. 10 Abs. 3, Abs. 4 MarkenRL (EU) 2015/2436 und des § 14 Abs. 3, Abs. 4 MarkenG überein, so dass hier zur Vermeidung von Wiederholungen grundsätzlich auf die obigen Ausführungen verwiesen sei.[787]

Im Zuge der **Neufassung des Art. 9 UMV durch die VO 2015/2424,** nunmehr in der kodifi- 202
zierten Textfassung der UMV, haben sich **einige Änderungen** und Erweiterungen des Rechtekanons des Unionsmarkeninhabers ergeben. Zunächst ist durch den Wortlaut des Art. 9 Abs. 2 UMV klargestellt worden, dass die Unionsmarke nicht gegenüber prioritätsälteren Kennzeichen durchgesetzt werden kann.[788] Diese Klarstellung ist zu begrüßen, da sich eine vergleichbare Regelung zuvor nur „versteckt“ in Art. 99 Abs. 3 GMV aF fand.[789] Ferner kann nunmehr nach Art. 9 Abs. 3 lit. b) UMV verboten werden, das Zeichen als **Handelsnamen oder Unternehmensbezeichnung** (oder eines Teils davon) zu benutzen. Damit wird die durch die *Céline*-Entscheidung[790] des EuGH hervorgerufene Unsicherheit beseitigt; die Verletzung einer Unionsmarke umfasst auch die Benutzung des Zeichens als Handelsnamen oder ähnliche Benennung, solange die Benutzung der Unterscheidung von Waren oder Dienstleistungen dient.[791] Ausdrücklich geregelt ist in Art. 9 Abs. 3 lit. f) UMV nunmehr auch das Verbot der Zeichennutzung im Zuge einer **vergleichenden Werbung** in einer der Richtlinien 2006/114/EG **zuwider laufenden Weise,** womit lediglich geltende Rechtsprechungsgrundsätze kodifiziert wurden.[792] Um den Markenschutz zu stärken und das Vorgehen gegenüber **Produktpiraterie** effektiver auszugestalten, ist es nach Art. 9 Abs. 4 Unterabsatz 1 UMV dem Unionsmarkeninhaber erlaubt, die **Einfuhr rechtsverletzender Waren** und ihre Überführung in alle zollrechtlichen Situationen, einschließlich Durchfuhr, Umladung, Lagerung, Freizonen, vorübergehender Verwahrung, aktiver Veredelung oder vorübergehender Verwendung, zu **verhindern,** und zwar auch dann, wenn diese **nicht dazu bestimmt** sind, in der **Union in Verkehr** gebracht zu werden.[793] Begrenzt ist dieses Recht auf mit der eingetragenen Unionsmarke identische oder in ihren wesentlichen Aspekten nicht von der Unionsmarke zu unterscheidende Kennzeichnungen. Dieses Recht des Markeninhabers erlischt jedoch nach Art. 9 Abs. 4 Unterabsatz 2 UMV, wenn während des Verfahrens der zollrechtliche Anmelder oder der Besitzer der Waren nachweist, dass der Unionsmarkeninhaber das Inverkehrbringen der Waren im endgültigen Bestimmungsland nicht untersagen kann. Im Interesse der besseren Bekämpfung der Produktpiraterie ebenfalls zu begrüßen ist die Neuregelung des Art. 10 UMV,[794] wonach bestimmte **Vorbereitungshandlungen,** nämlich bereits das **Anbringen einer rechtsverletzenden Marke auf Verpackungen, Etiketten, Anhängern** usw., untersagt werden können, noch

[785] Zu Recht heißt es bei EuGH ECLI:EU:C:2003:244 – Libertel, Rn. 58, dass die Beurteilung der Eintragungshindernisse im Zeitpunkt der Eintragung der Marke vorgenommen werden müssen und nicht auf die Bemessung des Schutzumfangs im Rahmen späterer Verletzungsprozesse verlagert werden kann.

[786] S. dazu sogleich → Rn. 205 ff.

[787] S. oben die Ausführungen bei Raab → § 32; s. ferner ausführlich Eisenführ/Schennen/Eberhardt UMV Art. 9 Rn. 20 bis 52.

[788] Dies wird deutlich durch die Formulierung in Art. 9 Abs. 1 UMV: „Der Inhaber dieser Unionsmarke hat *unbeschadet der von Inhabern vor dem Zeitpunkt der Anmeldung oder dem Prioritätstag der Unionsmarke erworbenen Rechte* das Recht, Dritten zu verbieten …“; ausdrückl. hervorgehoben im Erwägungsgrund 12 Präambel UMV unter Bezugnahme auf Art. 16 Abs. 1 TRIPS.

[789] Wonach Kennzeichenrechte im Verletzungsverfahren einredeweise geltend gemacht werden konnten; Eisenführ/Schennen/Eberhardt UMV Art. 9 Rn. 6.

[790] EuGH ECLI:EU:C:2007:497 – Céline.

[791] So ausdrücklich in Erwägungsgrund 13 der VO (EU) 2015/2424 v. 16.12.2015 und gleichlautend in Erwägungsgrund 12 Präambel UMV.

[792] EuGH ECLI:EU:C:2008:339 – O2/H3G.

[793] S. Erwägungsgründe 15 und 16 der Präambel der VO (EU) 2015/2424 v. 16.12.2015.

[794] Neu eingefügt durch Verordnung Nr. 2015/2424 v. 16.12.2015 mit Wirkung zum 23.3.2016.

bevor diese für die betreffenden Waren oder Dienstleistungen unmittelbar benutzt werden. Ausreichend dafür ist bereits das Bestehen der *Gefahr* einer solchen Nutzung auf Verpackungen, Etiketten etc.[795]

203 Der besonderen Erwähnung verdient schließlich die **Entschädigungsregelung** des Art. 11 UMV, die weitestgehend mit dem früheren Art. 9 Abs. 3 GMV übereinstimmt. Danach kann das Recht aus der Unionsmarke Dritten erst nach der Veröffentlichung der *Eintragung* entgegengehalten, im Kollisionsfall eine angemessene Entschädigung jedoch bereits für den Zeitpunkt nach *Veröffentlichung* der Anmeldung verlangt werden. Diese Bestimmung trägt dem Umstand Rechnung, dass die Unionsmarke nach Art. 6 UMV – anders als nach deutschem Markenrecht – nur durch Eintragung erworben, und folglich erst ab diesem Zeitpunkt Verletzungsklagen zugrunde gelegt werden kann. Allerdings hatte die Allgemeinheit schon ab der Veröffentlichung der Anmeldung die Möglichkeit der Kenntnisnahme, so dass es konsequent erscheint, hinsichtlich der Ersatzberechtigung auf diesen früheren Zeitpunkt abzustellen. Nach dem Gesetzeswortlaut bleibt unklar, wonach sich die Entschädigung zu richten hat. Hier dürfte sich ein Rekurs auf die Grundsätze der Lizenzanalogie anbieten.[796]

204 Wie dem Wort „insbesondere" in Art. 9 Abs. 3 UMV zu entnehmen ist, ist der im Gesetz aufgeführte Katalog **nicht abschließend.** Vielmehr sind dort typische Benutzungshandlungen genannt, die Eingriffe in das Unionsmarkenrecht darstellen. Es bleibt den Unionsmarkengerichten und letztinstanzlich dem EuGH vorbehalten, näher zu konturieren, welche Benutzungshandlungen als Markenverletzung zu qualifizieren sind. Im Interesse eines effektiven Zeichenschutzes ist zu fordern, dass die Gerichte bei der Einstufung nicht ausdrücklich geregelter Benutzungsfälle keine zu strenge und formalistische Haltung einnehmen. So wäre es verfehlt, etwa bei Wortmarken nur die schriftliche Markenverwendung als Verletzungshandlung im Sinne des Art. 9 Abs. 2 lit. d) UMV anzusehen. Gegen eine solch enge Auslegung spricht der bereits erwähnte, nicht abschließende Charakter der Vorschrift. Hingegen hat der EuGH die – identische – mündliche Benennung einer Marke im Zusammenhang mit identischen Leistungen nicht als Markenverletzung angesehen, da der Dritte „das betreffende Zeichen ausschließlich zur Kennzeichnung der besonderen Eigenschaften der von ihm angebotenen Ware verwendet" hat.[797] Gleichwohl erscheint es sowohl im Hinblick auf die Herkunfts- als auch die Werbefunktion der Marke geboten, das Verbietungsrecht des Inhabers zumindest im Grundsatz auch auf die bloß mündliche Benutzung einer Unionsmarke in der Werbung zu erstrecken.[798] Auf ein solch **weites Verständnis** der erfassten Benutzungshandlungen deuten andere Entscheidungen des EuGH hin.[799] Einen vergleichsweise klaren Fall – der so genannten Doppelidentität – betraf die „Arsenal"-Entscheidung des EuGH; dort hatte der Beklagte über Jahre hinweg Fußball-Merchandising-Artikel mit den (identischen) Marken des Arsenal FC versehen, ua den Wortmarken „Arsenal" und „Arsenal Gunners" sowie verschiedenen Wappenemblemen. Zwar hatte der Beklagte im Ausgangsverfahren einen Hinweis im Verkaufsstand angebracht, wonach die betroffenen Waren „keine offiziellen Waren des Arsenal FC" seien. Dennoch und völlig zu Recht erkannte der EuGH in dieser Nutzung eine Markenverletzung, zumal der „aufklärende Hinweis" ohnehin dann nicht (mehr) zum Tragen kommen kann, wenn Dritten die so gekennzeichnete Ware vorgelegt wird, nachdem sie verkauft worden ist.[800]

205 **d) Weitere Tatbestandsmerkmale, insb. Markenfunktionsbeeinträchtigungen.** Allein das Vorliegen eines der Kollisionstatbestände des Art. 9 Abs. 2 lit. a)–c) UMV[801] reicht für die Annahme einer Markenverletzung noch nicht aus. Vielmehr müssen, wie bereits dem Gesetzeswortlaut zu entnehmen ist, drei weitere Voraussetzungen erfüllt sein, nämlich das Handeln des Dritten

[795] S. ausf. dazu Eisenführ/Schennen/Eberhardt UMV Art. 10 Rn. 2 ff.

[796] So auch Eisenführ/Schennen/Eberhardt UMV Art. 11 Rn. 2.

[797] EuGH ECLI:EU:C:2002:287 – Hölterhoff, LS und Rn. 16 (wobei anstelle von „Kennzeichnungszwecken" wohl eher die Formulierung „zur Beschreibung der Ware" zutreffend gewesen wäre); kritisch zu dieser Entscheidung Hotz GRUR 2002, 993 (999 f.).

[798] So ausdrückl. die damalige amtliche Begründung zur Einführung des deutschen MarkenG zum 1.1.1995, BT-Drs. 12/6581, S. 75, rechte Spalte.

[799] S. nur EuGH ECLI:EU:C:1999:82 – BMW, Rn. 38, 39.

[800] EuGH ECLI:EU:C:2002:651 – Arsenal FC, Rn. 57, wobei der eindeutige Sachverhalt im Ausgangsverfahren durchaus klarere Worte des EuGH verdient hätte; unter Hinweis auf diese „post-sale-confusion" ebenso Rohnke MarkenR 2006, 480 (484).

[801] S. dazu → Rn. 151 ff. (Identität), → Rn. 154 ff. (Verwechslungsgefahr) und → Rn. 185 ff. (Schutz der bekannten Marke).

- im geschäftlichen Verkehr
- ohne Zustimmung des Markeninhabers sowie
- Benutzung des (identischen oder ähnlichen) Zeichens für Waren oder Dienstleistungen.

Das Verbietungsrecht des Markeninhabers ist zunächst beschränkt auf das Handeln im **geschäftlichen Verkehr,** also **kommerzielle, auf einen wirtschaftlichen Vorteil ausgerichtete Tätigkeiten.**[802] Ausgenommen sind mithin nicht-kommerzielle Benutzungshandlungen, also solche, die nicht auf den Waren- und Dienstleistungsverkehr abzielen. Zu denken ist etwa an den Privatverkauf von Markenartikeln oder die Bezugnahme auf Marken im Zuge von wissenschaftlichen Abhandlungen, Statistiken und dergleichen.[803] Für die Wiedergabe von Unionsmarken in Wörterbüchern, Lexika und ähnlichen Nachschlagewerken ist hier wiederum die besondere Regelung in Art. 12 UMV zu beachten.[804] Allerdings ist das Verbietungsrecht des Markeninhabers auch im geschäftlichen Bereich nicht uneingeschränkt. Wichtige Beschränkungen des Markenschutzes gegenüber Drittbenutzungen bilden insbesondere die Verwendung von Namen, waren- und dienstleistungsbeschreibenden Angaben im Sinne von Art. 14 UMV sowie der Grundsatz der Erschöpfung nach Art. 15 UMV.[805] 206

Des Weiteren muss die fragliche Drittbenutzung **ohne Zustimmung** des Markeninhabers erfolgen. Ist demgegenüber eine Autorisierung durch den Markeninhaber erfolgt, scheidet eine Markenverletzung aus. Zu denken ist an die Zustimmung im Wege der Lizenzerteilung, wobei hier im Einzelfall zu ermitteln ist, wie weit die Befugnis des Lizenznehmers reichen soll. Zu beachten ist ferner, dass die Zustimmung auch konkludent erteilt werden kann, was sich wiederum nach den Einzelfallumständen bemisst.[806] 207

Ferner ist das Verbietungsrecht des Markeninhabers gegenüber unautorisierten Handlungen im geschäftlichen Verkehr daran geknüpft, dass das identische oder ähnliche Zeichen **„für Waren oder Dienstleistungen benutzt"** wird (Art. 9 Abs. 2 lit. a)–c) UMV). Was genau der Begriff der „Benutzung" umfassen soll, ist weder dem Gesetzeswortlaut – oder den Präambeln – der UMV noch der MarkenRL zu entnehmen. Ebenso fehlt eine Definition des Begriffs der „rechtsverletzenden Benutzung".[807] Demgemäß bedarf die etwas umständliche Formulierung der Benutzung eines „Zeichens für Waren oder Dienstleistungen" der näheren Ausdeutung. Nach deutschem Markenrechtsverständnis hat man sich hierzu über Jahre hinweg des Begriffes der *markenmäßigen Benutzung* respektive der Benutzung nach *Art einer Marke* bedient.[808] Gemeint ist damit im Allgemeinen eine *herkunftshinweisende* Verwendung eines mit der älteren Marke identischen oder ähnlichen Zeichens. Tatsächlich bildet diese Herkunftsfunktion das Rückgrat der Marke. Jedoch greift eine ausschließlich auf diese mitunter so genannte „Lotsenfunktion" fokussierte Sichtweise zu kurz, da sie dem Wesen der Marke – rechtlich wie tatsächlich – nicht gerecht wird. So fungiert die Marke längst nicht mehr ausschließlich als Herkunftshinweis, sondern weitergehend als Qualitätsgarant, als Kommunikator von Werbebotschaften oder Ausdruck von Luxus und Prestige.[809] Dieser Multifunktionalität der Marke gilt es bei der Bemessung ihres Schutzumfanges, also der Festlegung der Reichweite des Ausschließlichkeitsrechts, Rechnung zu tragen. Angemessen in Rücksicht zu ziehen ist, dass die Ursprungsgarantie der Marke im Sinne der kommerziellen Herkunft der so gekennzeichneten Leistungen über die betriebliche Herkunftsbezeichnung als solche hinausgeht und andere kommerzielle und werbliche Marketingfunktionen der Marke umfasst.[810] Diese Funktionspluralität der Marke findet Rückhalt in den gleichlautenden Formulierungen der Präambeln zur MarkenRL und der UMV, wonach es „Zweck des durch die eingetragene (Unions)Marke gewährten Schutzes ist, *insbesondere* die Herkunftsfunktion der Marke zu gewährleisten".[811] Anhand dieser Formulierung wird deutlich, dass nach Vorstellung des Normgebers die Marke neben ihrer Herkunftseignung über weitere Funktionen verfügt. Diese Multifunktionalität der Marke hat inzwischen längst Einzug in die 208

[802] S. d. Nachw. bei Kur/v. Bomhard/Albrecht/Grundmann UMV Art. 9 Rn. 47.
[803] Wie hier Eisenführ/Schennen/Eberhardt UMV Art. 9 Rn. 52.
[804] S. dazu → Rn. 211, 212.
[805] S. dazu ausführlich → Rn. 220 ff.
[806] Zur konkludent erteilten Zustimmung iSd Art. 15 Abs. 1 UMV s. ausf. → Rn. 223.
[807] S. nur Eisenführ/Schennen/Eberhardt UMV Art. 9 Rn. 20.
[808] S. zu den Begrifflichkeiten nach deutschem Markenrecht Fezer MarkenG § 14 Rn. 54 ff.
[809] Ausf. dazu Hasselblatt/Kipping KSzW 2010, 236 ff. sowie Hasselblatt/Hasselblatt EUTMR Art. 1 Rn. 1–3.
[810] Treffend Fezer MarkenG § 14 Rn. 51; Hasselblatt/Hasselblatt EUTMR Art. 1 Rn. 1–4.
[811] S. den 11. Erwägungsgrund der MarkenRL (2008/95/EG v. 22.10.2008) und den 8. Erwägungsgrund in der Präambel zur GMV (VO (EG) Nr. 207/2009 v. 26.2.2009) sowie 11. Erwägungsgrund Präambel UMV 2017/1001 v. 14.6.2017.

Spruchpraxis des EuGH gehalten.[812] Dabei war der Weg der Entwicklung dieser Spruchpraxis nicht immer gradlinig. Sprach sich der EuGH in seiner BMW-Entscheidung[813] noch prinzipiell für die markenmäßige Benutzung als Merkmal einer Markenverletzung aus, wurde dem Begriff der *markenmäßigen Benutzung* nur wenig später eine Abfuhr erteilt.[814] Parallel betonte der EuGH zunehmend häufiger, dass die Marke neben der Herkunftsfunktion weitere (Neben-)Funktionen auszuüben vermag.[815] Diese höchstrichterliche Spruchpraxis kann inzwischen als (wohl) **gefestigte Rechtsprechung** bezeichnet werden, wenngleich noch zahlreiche Aspekte der näheren Ausdeutung und Konturierung bedürfen.

209 Der (inzwischen nicht mehr ganz) neuen Markenfunktionenlehre des EuGH ist zuzustimmen. Zur Bemessung des Schutzumfanges ist auf den „spezifischen Gegenstand des Markenrechts" abzustellen.[816] Dieser umfasst neben der Herkunfts- auch weitere Funktionen der Marke. Zu diesen „anderen Funktionen der Marke" zählen die **Qualitäts-**, die **Kommunikations-**, die **Investitions-** und die **Werbefunktion** der Marke.[817] Im Zuge dessen führt der EuGH ein **neues Tatbestandsmerkmal** ein, wonach eine Markenverletzung voraussetzt, dass zumindest **eine der Markenfunktionen beeinträchtigt** wird.[818] Diesem neuen Ansatz des EuGH zur Markenfunktionenlehre ist grundsätzlich beizupflichten, auch wenn die bislang ergangene Spruchpraxis nicht immer stringent ist und zahlreiche Fragen noch offen sind. Für die Praxis ist zunächst zu beachten, dass die Markenfunktionen in den Fällen des Identitätsschutzes, des Verwechslungsschutzes und des Bekanntheitsschutzes **unterschiedlich erfasst** werden. Vereinfacht gesagt, lässt sich folgende Faustformel aufstellen:

- Im Falle des *Identitätsschutzes* wird die Marke vor der Beeinträchtigung der Hauptfunktion oder einer der weiteren Funktionen geschützt.[819]
- Im Falle des *Verwechslungsschutzes* wird die Marke lediglich vor der Beeinträchtigung der Herkunftsfunktion geschützt.[820]
- Beim *Bekanntheitsschutz* werden grundsätzlich ebenfalls alle Markenfunktionen geschützt, wobei es typischerweise nicht zu einer Herkunftsverwechslung, sondern regelmäßig zu einer Beeinträchtigung der Nebenfunktionen der Marke kommt.[821]

210 Die Rechtsprechung erweist sich als (noch) nicht einheitlich. Während etwa für den Fall der Doppelidentität ausdrücklich anerkannt wurde, dass über die Hauptfunktion der Herkunftsgarantie hinaus auch die Nebenfunktionen Schutz genießen,[822] wird in der Opel/Autec-Entscheidung versäumt, eine Beeinträchtigung der Sekundärfunktionen zu diskutieren.[823] So liegt in derartigen Konstellationen der Drittbenutzung einer identischen Marke – in concreto: Verwendung

[812] Zur Entwicklung dieser „neuen" Markenfunktionenlehre s. ausf. Hasselblatt/Kipping KSzW 2010, 236 bis 241.

[813] EuGH ECLI:EU:C:1999:82 – BMW; zustimmend Verkade/Bruining MarkenR 2000, 41 ff., kritisch demgegenüber Ingerl GRUR Int. 2001, 581 (584 bis 586).

[814] EuGH ECLI:EU:C:2004:11 – Gerolsteiner/Putsch Rn. 15.

[815] S. etwa: EuGH ECLI:EU:C:1978:108 – Hoffmann La Roche/Centrafarm II, Rn. 7: dort ist von der „Hauptfunktion des Warenzeichens (die Rede), die darin besteht, dem Verbraucher oder Endabnehmer die Ursprungsidentität des gekennzeichneten Erzeugnisses zu garantieren" – aus der Formulierung „Hauptfunktion" folgt zugleich, dass an weitere Funktionen gedacht war, wenn sie auch nicht namentlich benannt wurden; EuGH ECLI:EU:C:1997:517 – Dior/Evora, Rn. 45, in der von einer Beeinträchtigung des Luxus- und Prestigecharakters der betreffenden Waren gesprochen wird; EuGH ECLI:EU:C:2002:651 – Arsenal Football Club, Rn. 51: das Gericht spricht hier von Funktionen (Plural) der Marke; EuGH ECLI:EU:C:2007:55 – Opel/Autec, Rn. 25; ausf. dazu, mwN, Hasselblatt/Kipping KSzW 2010, 236 (237 ff.).

[816] EuGH ECLI:EU:C:1999:82 – BMW Rn. 38, 39 und Rn. 52 f.; s. dazu die differenzierendere Betrachtung von Ingerl GRUR Int. 2001, 581 (584).

[817] Explizit in EuGH ECLI:EU:C:2009:378 – L'Oréal/Bellure, Rn. 58; s. ferner EuGH ECLI:EU:C:2007:55 – Opel/Autec Rn. 25; EuGH ECLI:EU:C:2002:651 – Arsenal Football Club, Rn. 51.

[818] S. insbesondere EuGH ECLI:EU:C:2009:378 – L'Oréal/Bellure, Rn. 58 (dort in Bezug auf Haupt- und Nebenfunktionen der Marke beim Bekanntheitsschutz); EuGH ECLI:EU:C:2008:339 – O2/H3G, Rn. 57 (Beeinträchtigung der Herkunftsfunktion beim Verwechslungsschutz); EuGH ECLI:EU:C:2007:55 (319) – Opel/Autec Rn. 21 (dort für den Fall der Doppelidentität), kritisch zu der *Opel*-Entscheidung des EuGH sowie der BGH-Entscheidung Opel-Blitz II (GRUR 2010, 726 ff.): Hasselblatt/Kipping KSzW 2010, 236 (240) sowie ausf. Hasselblatt in FS Fezer (2016), Rn. 441 ff.

[819] S. etwa EuGH ECLI:EU:C:2002:651 – Arsenal Football Club, insbes. Rn. 51.

[820] S. etwa EuGH ECLI:EU:C:2008:339 – O2/H3G, Rn. 57.

[821] Instruktiv insb. EuGH ECLI:EU:C:2009:378 – L'Oréal/Bellure; s. im Einzelnen Hasselblatt/Kipping KSzW 2010, 236 (237 ff.).

[822] EuGH ECLI:EU:C:2002:651 – Arsenal Football Club Rn. 51.

[823] EuGH ECLI:EU:C:2007:55 – Opel/Autec, Rn. 25; ebso. wenig überzeugend BGH GRUR 2010, 726 – Opel Blitz II; ablehnend gegenüber der Linie in den Opel Blitz-Entscheidungen des EuGH und des BGH: Hasselblatt in FS Fezer (2016), 441 ff.

des *Opel*-Logos der bekannten Automobilmarke durch einen Spielzeugautohersteller – die Beeinträchtigung der Werbefunktion nahe, und sei es durch die dem Markeninhaber dadurch abgesprochene Möglichkeit der entgeltlichen Lizenzvergabe.[824] Ungeklärt bleibt ferner die exakte Ausdeutung der Nebenfunktionen. Vereinzelt finden sich Definitionsversuche, etwa mit Blick auf die Werbefunktion, nach denen eine Markenverletzung anzunehmen sein soll, wenn durch die fragliche Benutzung die Möglichkeit des Zeicheninhabers, „die Marke als Element der Verkaufsförderung oder Instrument der Handelsstrategie einzusetzen, beeinträchtigt" werde.[825] Andererseits heißt es in derselben Entscheidung, dass bestimmte „Auswirkungen der Benutzungen eines mit der Marke identischen Zeichens durch Dritte (...) für sich allein keine Beeinträchtigung der Werbefunktion der Marke" darstellen sollen.[826] Anhand dieser Ausführungen wird sogleich sichtbar, dass ebenfalls noch ungeklärt ist, welchen *Grad* die Beeinträchtigung einer Markenfunktion erreichen muss, um eine Markenverletzung zu begründen. Während die Grundsätze der *Google*-Entscheidung darauf hindeuten, dass es zu einer *konkreten* Beeinträchtigung der Werbefunktion kommen muss, setzt sich dies in diametralen Gegensatz zu früheren Ausführungen, wonach die „Ausübung des Rechts aus der Marke auf Fälle beschränkt bleiben müsse, in denen die Benutzung des Zeichens durch einen Dritten die Funktionen der Marke und insbesondere ihre Hauptfunktion beeinträchtigt oder *beeinträchtigen könnte*".[827] Richtigerweise ist die *Möglichkeit* der Beeinträchtigung einer der Markenfunktionen als hinreichend anzusehen, wie der EuGH an anderer Stelle selbst hervorhebt.[828] Angesichts dieser kontroversen und schwer miteinander zu vereinbarenden Aussagen des EuGH ist im konkreten Fall sehr genau zu untersuchen, ob die fragliche Drittbenutzung eine der Funktionen des Markenrechts beeinträchtigt oder zu beeinträchtigen vermag. Davon ist bereits dann auszugehen, wenn die Möglichkeit einer Beeinträchtigung einer der Markenfunktionen nicht auszuschließen ist.[829]

e) **Wiedergabe in Wörterbüchern.** Der Markeninhaber hat ein berechtigtes Interesse daran, 211
dass seine Marke vom (nicht notwendig geschäftlichen) Verkehr nicht als Gattungsbegriff eingesetzt wird. Ansonsten läuft er Gefahr, dass die Marke ihren herkunftshinweisenden Charakter verliert, bis hin zum endgültigen Verlust der Markenrechte (nach Art. 58 Abs. 1 lit. b UMV) infolge der im Laufe der Zeit erfolgten Umwandlung in einen **generischen Begriff.**

Beispiele:

In den USA wird „Aspirin" als Gattungsbezeichnung für Kopfschmerztabletten und „xerox" häufig im Sinne von „to copy" eingesetzt; in Deutschland liefen (bzw. laufen) Marken wie „Tempo" Gefahr, lediglich als die Gattung, nicht aber die Herkunft so gekennzeichneter Waren beschreibende Angaben eingesetzt zu werden.

In solchen Konstellationen wird nicht selten die eigentlich vom Markeninhaber erwünschte – 212
teils überragende – Bekanntheit der Marke zum Fluch. Zu denken ist etwa an den inzwischen üblichen Gebrauch der Marke *Google®* zur Beschreibung der Tätigkeit, etwas über eine Suchmaschine online zu recherchieren. Selbstverständlich ist es für den Anwender einfacher, schlicht von *googlen* zu sprechen als von der sperrigen Umschreibung der internetbasierten Recherche über einen Referenzierungsdienst oder dergleichen. Solche Entwicklungen sollte der Inhaber der sich im Sprachgebrauch zunehmend größerer Beliebtheit erfreuender Marken nicht uneingeschränkt als Segen betrachten, vielmehr der gattungsmäßigen Verwendung seiner Marke rechtzeitig Einhalt gewähren.[830] Diesem Interesse, der Verwendung einer Marke als Gattungsbezeichnung entgegenzuwirken, trägt **Art. 12 UMV** Rechnung. Wird in Lexika oder anderen Nachschlagewerken bezüglich einer Marke der irrige Eindruck einer Gattungsbezeichnung hervorgerufen, ist dies vom Verleger auf Antrag des Markeninhabers bei einer Neuauflage zu korrigieren. Ihrem Zweck nach ist diese Vorschrift, wenngleich im Gesetz nicht erwähnt, auch auf Nachschlagewerke in Form ei-

[824] Dazu bereits kritisch Hasselblatt/Kipping KSzW 2010, 236 (241) sowie Hasselblatt in FS Fezer (2016), 441 ff.

[825] EuGH ECLI:EU:C:2010:159 – Google/Louis Vuitton Malletier, Rn. 92.

[826] EuGH ECLI:EU:C:2010:159 – Google/Louis Vuitton Malletier, Rn. 95.

[827] EuGH ECLI:EU:C:2002:651 – Arsenal Football Club, Rn. 51 (Kursivhervorhebung nur hier).

[828] EuGH ECLI:EU:C:2009:378 – L'Oréal/Bellure (2. LS), wo es ausdrücklich heißt, dass eine Markenverletzung anzunehmen ist, „... vorausgesetzt, diese Benutzung beeinträchtigt eine der anderen Funktionen der Marke oder *könnte sie beeinträchtigen*" (Kursivhervorhebung nur hier); ebso. EuGH ECLI:EU:C:2007:497 – Céline, Rn. 16 („... die Funktionen der Marke (....) beeinträchtigen oder beeinträchtigen können").

[829] In dieser Richtung, wenn auch in der Anwendung nicht konsequent, EuGH ECLI:EU:C:2010:159 – Google/Louis Vuitton Malletier, Rn. 92 ff.; EuGH ECLI:EU:C:2002:651 – Arsenal Football Club, Rn. 51; s. dazu insbesondere die für die Praxis gute Ansätze liefernde Entscheidung des EuGH ECLI:EU:C:2009:378 – L'Oréal/Bellure.

[830] Ausführlich hierzu Hasselblatt/Ring EUTMR Art. 12 Rn. 6 ff.

ner elektronischen Datenbank anzuwenden, wie es in § 16 Abs. 3 MarkenG ausdrücklich geregelt ist. Ebenfalls unter den Begriff des Nachschlagewerks fallen etwa Produktverzeichnisse einer Branche, nicht hingegen die Markennennung in wissenschaftlichen Abhandlungen und dergleichen.[831]

Praxistipp:

Erkennt der Markeninhaber, dass seine Marke im geschäftlichen Verkehr zu einer die Waren oder Dienstleistungen gebräuchlichen Beschreibung eingesetzt wird, sollte er sich dagegen durch Aufklärung des Publikums, etwa in Form von Anzeigenkampagnen, „zur Wehr" setzen; dies geschieht zumeist über Anzeigen, in denen auf die Eigenschaft als Marke besonders hingewiesen wird, teils begleitet von der Bitte, die Marke nicht adjektivisch oder als Verb zu benutzen (in soeben genanntem Beispiel: „please do not use the trademark *Xerox* when describing the activity *to copy*").

213 **f) Agentenmarke.** Ähnlich wie dies in §§ 11, 17 MarkenG für das deutsche Markenrecht geregelt ist, statten die Bestimmungen der Art. 13, 21 UMV in den Fällen der so genannten **Agentenmarke** den Prinzipal mit bestimmten Rechten aus.[832] Danach kann der Prinzipal von seinem Agenten oder Vertreter **Unterlassung** der Verwendung und/oder **Übertragung** einer Unionsmarke verlangen, wenn diese unautorisiert in nicht gerechtfertigter Weise eingetragen worden ist. Zu den Begriffen des „Agenten" und „Vertreters", die nicht wörtlich auszulegen sind, sowie zur möglichen Rechtfertigung des Handelns des Agenten, kann auf die obigen Ausführungen zu Art. 8 Abs. 3 UMV verwiesen werden,[833] da die Termini jeweils identisch verwendet werden. Der Wortlaut des Art. 13 sowie des (jetzigen) Art. 21 Abs. 1 UMV ist im Zuge der Unionsmarkenreform lediglich terminologisch angepasst worden. Zu beachten ist, dass durch die VO (EU) 2015/2424 Art. 21 Abs. 2 UMV mit Wirkung zum **1. Oktober 2017** neu eingefügt worden ist. Danach kann der Antrag auf Übertragung der Agentenmarke statt des Antrags auf Nichtigerklärung beim Amt nach Art. 60 Abs. 1 lit. b) bzw. bei einem Unionsmarkengericht nach Art. 123, 128 Abs. 1 UMV gestellt werden.

9. Schranken des Markenschutzes

214 Das Recht aus der Unionsmarke besteht selbstverständlich nicht unbeschränkt. Wichtige Beschränkungen ergeben sich unmittelbar aus der UMV selbst, insbesondere aus Art. 14, 15 und 18 UMV. Besonders hinzuweisen ist ebenfalls auf die erst im Zuge der jüngsten Reform mit Wirkung zum 23. März 2016 eingefügte Regelung betreffend den Erwerb von Zwischenrechten, nunmehr verankert in Art. 16 UMV. Nach Art. 17 Abs. 1 S. 1 UMV bestimmt sich die Wirkung der Unionsmarke ausschließlich nach der UMV, während „im Übrigen" die Verletzung der Unionsmarke dem für die Verletzung nationaler Marken geltenden Recht gemäß Titel X unterliegt. Dies ist nicht nur für die in der UMV nicht geregelten Ansprüche des Unionsmarkeninhabers, sondern auch für die Frage der Verjährung unionsmarkenrechtlicher Ansprüche von Bedeutung. Auf alle vorgenannten Schranken wird nachfolgend im Einzelnen eingegangen.

215 **a) Benutzung von Namen, waren- und dienstleistungsbeschreibenden Angaben (Art. 14 UMV).** Eine für die Praxis bedeutsame Beschränkung des Rechts aus der Unionsmarke ergibt sich aus **Art. 14 UMV.** Zu beachten ist, dass diese Vorschrift (mit Wirkung zum 23. März 2016) im Zuge der jüngsten Unionsmarkenreform gleich in zweifacher Hinsicht, worauf gleich noch näher einzugehen ist, Änderungen erfahren hat. Ausgangspunkt dafür ist die Erwägung, dass die ausschließlichen Rechte aus einer Unionsmarke den Inhaber nicht zum Verbot der Benutzung von Zeichen oder Angaben durch Dritte berechtigen soll, die rechtmäßig und damit im Einklang mit den anständigen Gepflogenheiten in Gewerbe und Handel erfolgen.[834] Die Bestimmung des Art. 14 UMV ist inhaltsgleich ausgestaltet wie Art. 6 Abs. 1 der MarkenRL, nunmehr geregelt in Art. 14 der MarkenRL (EU) 2015/2436. In der Vorgängerbestimmung zu dieser Regelung war die

[831] Eisenführ/Schennen/Eberhardt UMV Art. 12 Rn. 2; Hasselblatt/Ring EUTMR Art. 12 Rn. 6.
[832] Seit der Änderung durch das MaMoG sieht nunmehr auch § 11 die Rechtfertigungsmöglichkeit des Agenten vor, die letztlich schon aus Art. 6^septies PVÜ folgt; s. dazu Ströbele/Hacker/Thiering/Hacker MarkenG § 11 Rn. 25.
[833] S. ausführlich → Rn. 147, 148.
[834] S. Erwägungsgrund 21 der VO Nr. 2015/2424 v. 16.12.2015, ABl. L 341, S. 21.

Wendung enthalten, wonach das Recht des Markeninhabers nur gegenüber solchen Handlungen beschränkt werden sollte, die „nicht eine markenmäßige Benutzung" darstellten.[835] Diese Formulierung ist später zum Zweck „größerer Klarheit" ersetzt worden durch die jetzige Gesetzesfassung, wonach „die Benutzung gemäß den anständigen Gepflogenheiten in Gewerbe oder Handel" erfolgen muss. Daraus hat der EuGH bereits in früheren Entscheidungen gefolgert, dass es für die Anwendbarkeit des Art. 6 Abs. 1 Marken-RL aF (nunmehr Art. 14 Abs. 1, Abs. 2 MarkenRL) bzw. die insoweit identisch formulierte Bestimmung des Art. 14 UMV **nicht** auf eine **markenmäßige Benutzung** ankommt.[836] Allerdings kann, der „neuen" Markenfunktionenlehre des EuGH folgend, auf den Begriff der *markenmäßigen Benutzung* ohnehin nicht länger rekurriert werden.[837] Zu fragen ist mithin auch im Zusammenhang mit den Schranken aus Art. 14 UMV danach, ob die konkrete Benutzung die Hauptfunktion oder eine der Nebenfunktionen der älteren Marke beeinträchtigt, wobei der anzulegende Maßstab bei den Verletzungstatbeständen der Doppelidentität, der Verwechslungsgefahr und dem Schutz der bekannten Marke durchaus unterschiedlich ist. Auch wenn die Konturen dieser „neuen" Markenfunktionenlehre noch nicht abschließend justiert sind, lässt sich doch sagen, dass im Falle der Verwechslungsgefahrprüfung die Möglichkeit der Beeinträchtigung der Hauptfunktion der Marke – also der Herkunftsfunktion – erforderlich ist, während eine Verletzung in den Fällen der Doppelidentität und dem Schutz der bekannten Marke auch bei einer Beeinträchtigung der „anderen Funktionen" anzunehmen sein kann, also etwa bei Beeinträchtigung der Qualitäts-, Kommunikations-, Investitions- oder der Werbefunktion.[838] Dem gilt es auch bei der Beurteilung der Zulässigkeit eines Bestimmungshinweises in der Werbung für eigene Waren/Dienstleistungen im Sinne des Art. 14 Abs 1 lit. c) UMV Rechnung zu tragen.[839]

Nach Art. 14 Abs. 1 lit. a), b) UMV kann der Markeninhaber Dritten die Benutzung des eigenen **Namens**, der eigenen **Anschrift** sowie **waren- und dienstleistungsbeschreibender Angaben** grundsätzlich nicht untersagen. Bezüglich der Beschränkung gem. Art. 14 Abs. 1 lit. a) UMV war vom EuGH mehrfach entschieden worden, dass diese Bestimmung nicht auf die Namen natürlicher Personen beschränkt sei.[840] Diese frühere Spruchpraxis des EuGH, die zu beachtlichen Unsicherheiten geführt hat, ist durch die Änderung des Art. 14 Abs. 1 lit. a) UMV durch die VO 2015/2424 überholt. Anwendung findet diese Vorschrift nur noch in Fällen, in denen es sich bei dem Dritten um eine **natürliche Person** handelt.[841] Hintergrund dieser Regelungen ist letztlich ein Freihaltebedürfnis zugunsten des einzelnen bzw. der Allgemeinheit: jedem einzelnen muss es unbenommen bleiben, im geschäftlichen Verkehr Angaben zur eigenen Identifikation tätigen zu können; ebenso muss es der Allgemeinheit freistehen, die Beschaffenheit, geografische Herkunft oder andere Merkmale der eigenen Leistungen zu beschreiben. Eine weitere wichtige Änderung hat Art. 14 Abs. 1 lit. b) UMV erfahren, indem nunmehr auch die Verwendung von **deskriptiven oder nicht unterscheidungskräftigen Zeichen** oder Angaben allgemein gestattet sein soll.[842] Diese Klarstellung ist letztendlich zu begrüßen, da – ähnlich wie bei Hinweisen über die geografische Herkunft – über den Markenschutz kein Monopolrecht an solchen Zeichen oder Angaben begründet werden kann, die mit Blick auf die fraglichen Waren/Dienstleistungen nicht schutzfähig sind. Damit wird einer zuvor bisweilen sogar erfolgreichen Praxis Einhalt geboten.[843] 216

Nach Art. 14 lit. c) UMV dürfen Dritte die Marke als **Bestimmungshinweis** verwenden. Die praktisch wichtigsten Fälle sind diejenigen des Ersatzteil- und Reparaturgeschäfts in der Auto- 217

[835] Vorgängervorschrift zu Art. 6 Abs. 1 der Marken-RL 89/104/EWG, ABl. 1980 C 351/1.

[836] EuGH ECLI:EU:C:2004:11 – Gerolsteiner/Putsch, Rn. 14, 15, 18; demgegenüber hatte der vorlegende BGH ausdrücklich danach gefragt, ob die „markenmäßige Benutzung einen Umstand (darstelle), der im Rahmen der gebotenen Abwägung beim Merkmal der anständigen Gepflogenheiten in Gewerbe oder Handel mit zu berücksichtigen" wäre, BGH GRUR 2002, 613 – Gerri/Kerry.

[837] Zur neuen Markenfunktionenlehre bereits → Rn. 209 f.; instruktiv insbesondere die Entscheidungen EuGH ECLI:EU:C:2007:55 – Opel/Autec; EuGH ECLI:EU:C:2009:378 – L'Oréal/Bellure; EuGH ECLI:EU:C:2010:159 – Google/Louis Vuitton Malletier; ausf. dazu Hasselblatt/Kipping KSzW 2010, 236 ff.

[838] Hasselblatt/Kipping KSzW 2010, 236 (237, 240 f.).

[839] S. dazu aus deutscher Sicht etwa BGH GRUR 2011, 1135 – Große Inspektion für alle – VW; dazu ausführlich Hasselblatt/George IPRB 2012, 59 ff.

[840] EuGH ECLI:EU:C:2007:497 – Céline, Rn. 31; EuGH ECLI:EU:C:2004:717 – Anheuser-Busch, Rn. 77 bis 80.

[841] Zur diesbezüglichen gesetzgeberischen Motivation s. Erwägungsgrund 21 der Präambel VO 2015/2424 v. 16.12. 2015 (ABl. L 341, S. 21) und gleichlautend 21. Erwägungsgrund Präambel UMV.

[842] Geändert durch Vo 2015/2424 (ABl. L 341, S. 21) mit Wirkung zum 23.3.2016, und ausdrückl. in Erwägungsgrund 21 Präambel UMV adressiert.

[843] Eisenführ/Schennen/Eberhardt UMV Art. 14 Rn. 21

mobilbranche,[844] wobei allerdings zu betonen ist, dass das Wort „insbesondere“ den lediglich beispielhaften Charakter der ausdrücklichen Nennungen verdeutlicht. Zulässig ist ein solcher Gebrauch der Unionsmarke zur Zweckbestimmung der eigenen Leistung jedoch nur, wenn und soweit dies „erforderlich ist“, also in vom Gesetzgeber eng gezogenen Grenzen. In jedem Falle sollte, wie es in Erwägung 21 Präambel UMV explizit heißt, die Benutzung einer Marke rechtmäßig sein, die Verbraucher auf den Wiederverkauf (erschöpfter) Originalwaren aufmerksam machen.

218 Gemeinsame Voraussetzung für diese Beschränkungen des Unionsmarkenschutzes ist weiter, dass die fragliche Benutzung „den anständigen Gepflogenheiten im Gewerbe oder Handel entspricht“. Ob sich die Benutzung als **unlauter** in diesem Sinne erweist, ist anhand der besonderen Fallumstände zu ermitteln.[845] Dabei ist schon mit Blick auf den Gesetzeswortlaut davon auszugehen, dass allein die Gefahr von – vielfach bei Nutzung identischer Namen oder beschreibender Angaben unvermeidbaren – Verwechslungen ohne Hinzutreten weiterer Umstände nicht ausreicht, um Unlauterkeit anzunehmen.[846] Der Sache nach entspricht die Beachtung der „anständigen Handelsgepflogenheiten“ der Pflicht, den **berechtigten Interessen des Markeninhabers** nicht in unlauterer Weise zuwiderzuhandeln.[847] Unzulässig ist deshalb die Benutzung der älteren Marke in rufausbeutender oder -beeinträchtigender Weise, was regelmäßig bei blickfangartiger Hervorhebung anzunehmen sein dürfte, aber auch in einer Form, die den Eindruck erwecken kann, dass eine – tatsächlich nicht existierende – Handelsbeziehung zwischen dem Inhaber und dem (unautorisierten) Nutzer der Marke besteht. Der neuen Funktionenlehre des EuGH[848] folgend ist bei den Bestimmungshinweisen im Sinne des Art. 14 Abs. 1 lit. c) UMV zu untersuchen, ob sich der Dritte in den Bereich der **Sogwirkung**[849] einer bekannten Marke begibt, um von ihrer Anziehungskraft, ihrem Ruf und ihrem Ansehen zu profitieren und ohne dafür eigene Anstrengungen machen zu müssen, die wirtschaftlichen Anstrengungen des Markeninhabers zur Schaffung und Aufrechterhaltung des Images dieser Marke ausnutzt.[850] Im Lichte dessen hat der BGH für eine vergleichbare Konstellation (zu § 23 Nr. 3 MarkenG) für derartige Bestimmungshinweise ausgeführt, dass die Verwendung einer Wortmarke die berechtigten Interessen des Markeninhabers regelmäßig weniger einschneidend berühren als die Benutzung seiner Wort-/Bildmarke oder der Bildmarke als solcher. Dies gelte umso mehr mit Blick auf bekannte Marken, da ein bekanntes Wort-/Bildzeichen oft eine darüber hinausgehende Aufmerksamkeit erzeugen und deshalb eher die Gefahr der Rufausbeutung in sich bergen werde.[851] Eine vergleichbare Entscheidung des EuG oder des EuGH zu Art. 14 lit. c) UMV steht bislang aus, jedoch ist im Hinblick auf den neuen Ansatz des ungeschriebenen Tatbestandsmerkmals der Beeinträchtigung einer der Markenfunktionen mit vergleichbarer tendenzieller Ausrichtung auch auf europäischer Ebene zu rechnen.

219 Fraglich ist, ob die Bestimmungen des Art. 14 Abs. 1 UMV, insbesondere die beschreibenden und bestimmungsbezogenen Angaben, für den **Modellbau** eine andere Handhabe erlauben. Dies scheint durch die sowohl dogmatisch als auch mit Blick auf das Ergebnis unbefriedigenden ***Opel-Blitz***-Entscheidungen des EuGH und des BGH möglich zu sein.[852] Danach wurde in Fällen des Identitätsschutzes, nämlich der Anbringung des identischen Opel-Logos auf identischen Wa-

---

844 Ein typisches Beispiel liefert der Sachverhalt in: EuGH ECLI:EU:C:1999:82 – BMW, in dem eine von BMW nicht autorisierte Kfz-Werkstatt die BMW-Marke in Anzeigen einsetzte, um auf den Verkauf von BMW-Gebrauchtfahrzeugen sowie deren Wartung hinzuweisen.

845 EuGH ECLI:EU:C:2004:11 – Gerolsteiner/Putsch, Rn. 26; ausführl. Hasselblatt/Ebert-Weidenfeller EUTMR Art. 14 Rn. 41 ff.

846 So ausdrücklich EuGH ECLI:EU:C:2004:11 – Gerolsteiner/Putsch, Rn. 25.

847 EuGH ECLI:EU:C:1999:82 – BMW, Rn. 61, 63 iVm 51 bis 54; zuletzt ebenso EuGH ECLI:EU:C:2007:497 – Céline, Rn. 33.

848 Dazu bereits ausführlich oben Rn. 209 f. sowie Hasselblatt/Kipping KSzW 2010, 236 ff.

849 So auch LG Hamburg GRUR-RS 2016, 17968, das ausführte, dass einer erlaubten Markenverwendung nach Art. 12 lit. c) UMV aF (nunmehr Art. 14 Abs. 1 lit. c)) entgegensteht, wenn sich der Verwender damit „in den Sogbereich der bekannten Marke“ begibt.

850 Wenngleich in anderem Zusammenhang, nämlich zur Frage des Bekanntheitsschutzes im Sinne des Art. 5 Abs. 2 MarkenRL, EuGH ECLI:EU:C:2009:378 – L'Oréal/Bellure, Rn. 49, 50.

851 BGH GRUR 2011, 1135 (1137 f.) Rn. 24 – Große Inspektion für alle – VW (unter ausdrücklicher Bezugnahme auf EuGH ECLI:EU:C:2009:378 – L'Oréal/Bellure, Rn. 49), dort wegen der Bekanntheit der blau-weißen Bildmarke „VW“ einen Verstoß gegen die guten Sitten im Sinne des § 23 Nr. 3 MarkenG bejahend; ausführlich dazu Hasselblatt/George IPRB 2012, 59 ff.

852 S. EuGH ECLI:EU:C:2007:55 – Opel/Autec; BGH GRUR 2010, 726 – Opel-Blitz II; sehr ausführlich (und ablehnend) Hasselblatt FS Fezer (2016), 441–464.

ren (in concreto: Modellautos) der Markenschutz negiert, da seitens der Verbraucher ein bestimmter Erwartungshorizont gegenüber derartigen Spielzeugautomobilen bestünde und sich auf diese „jahrzehntelange Üblichkeit detailgetreuer Nachbildungen ein berechtigtes Interesse der Beklagten“ gründen würde.[853] Von einer exakten dogmatischen Verordnung dieser – tatsächlich schon zweifelhaften – Erwägung sieht der BGH ab, insbesondere von einer direkten Anwendung des § 23 Nr. 2 MarkenG, und verweist stattdessen lediglich auf ein (vermeintliches) „berechtigtes Interesse“.[854] Für eine solche Aufweichung des Identitätsschutzes im Bereich des Kfz- und Spielzeug(auto)bereiches besteht keine Veranlassung, zumal dabei die tatsächlichen Marktgegebenheiten gänzlich unberücksichtigt bleiben.[855] Die Absicherung des Markenschutzes durch Originalkraftfahrzeughersteller *auch* in der Spielzeugklasse stellen keine Ausnahme dar, sondern entsprechen **gängiger Industriepraxis.**[856] Treffend heißt es dazu im Schrifttum, dass der EuGH – und im weiteren Verfolg der BGH – mit seinem Urteil der Markeninhaberin „Steine statt Brot gegeben“ hat.[857]

b) **Erschöpfung (Art. 15 UMV).** Art. 15 UMV regelt den im gewerblichen Rechtsschutz weithin 220
anerkannten Grundsatz der **Erschöpfung** des Schutzrechts.[858] Nach dieser im Regelungsgehalt und im Wortlaut mit Art. 15 Marken-RL[859] identisch übereinstimmenden Vorschrift kann der Markeninhaber Dritten die Benutzung der Marke für solche Waren *nicht* verbieten, die unter dieser Marke von ihm oder mit seiner Zustimmung **im Europäischen Wirtschaftsraum**[860] in den Verkehr gebracht worden sind. Die Vorschrift gilt nicht für Dienstleistungen, sondern (selbstverständlich) nur für **Waren,** da nur diese mehrfach in den Verkehr gebracht werden können. Sinn und Zweck dieser Regelung werden sprachlich deutlicher in der amerikanischen Umschreibung der Erschöpfungslehre, die dort mit „right of first sale“ bezeichnet wird; der Markeninhaber soll grundsätzlich nur einmal das Recht haben, die Waren selbst oder mit seiner Zustimmung durch Dritte in den Verkehr zu bringen. Nur soweit „berechtigte Gründe“ vorliegen, kann sich der Schutzrechtsinhaber der Benutzung der Marke sowie insbesondere dem weiteren Vertrieb der Waren widersetzen. Bestehen an einer Ware mehrere gewerbliche Schutzrechte, ist also das Produkt (oder Teile davon) beispielsweise patent- und die Kennzeichnung markenmäßig geschützt, ist die Erschöpfung eines jeden Schutzrechtes **separat** zu überprüfen.[861] Liegen die Voraussetzungen des Art. 15 Abs. 1 UMV vor, und ist kein entgegenstehendes berechtigtes Interesse iSd Abs. 2 gegeben, erfasst die Erschöpfung nicht nur das Veräußerungsrecht, sondern auch das sogen. Ankündigungsrecht, also das Recht, in der werblichen Kommunikation auf die mit der Marke gekennzeichneten Produkte hinzuweisen und dabei wiederum die Marke zu verwenden.[862]

Der Gedanke der Erschöpfung von Markenrechten bildete auch schon vor Umsetzung der 221
Markenrechtsrichtlinie in nationales Recht einen festen Bestandteil der Rechtsordnungen der

[853] BGH 2010, 726 (729) – Opel-Blitz II, bezeichnenderweise unter Bezugnahme auf eine noch zum WZG ergangene Entscheidung, die noch aus Zeiten des nicht harmonisierten Markenrechts herrührte (BGH 9.6.1994, NJW-RR 1994, 1323 – McLaren).

[854] Zu Recht ablehnend insoweit: Knaak GRUR Int. 2008, 91 (94); Hacker MarkenR 2009, 333 (337) Rohnke/Thiering GRUR 2011, 8 (14); Hackbarth GRUR-Prax 2004, 499 (501); ausf. (ebenfalls ablehnend) Hasselblatt FS Fezer (2016), 441 (449 ff.); ausdrücklich lobend demgegenüber Fezer GRUR-Prax 2010, 377 (378 ff.).

[855] Soweit ersichtlich, genießen Pkw-Marken nicht nur im Bereich der Warenklasse 12 (Fahrzeuge, Ersatzteile etc.), sondern eben auch in der für Spielzeugautos maßgeblichen Klasse 28 Markenschutz; s. die Übersicht bei Hasselblatt FS Fezer (2016) 441 (461).

[856] Hasselblatt FS Fezer (2016) 441 (461).

[857] Eisenführ/Schennen/Eberhardt UMV Art. 14 Rn. 56 ff., Rn. 65; außer Acht gelassen wurde von den Gerichten (LG und OLG Nürnberg, BGH) zudem, dass durch ein demoskopisches Gutachten eine Fehlvorstellung von immerhin 13 % aller Befragten nachgewiesen war, weshalb von der *Möglichkeit* der Beeinträchtigung der Herkunftsfunktion sicher auszugehen war, s. dazu Hasselblatt aaO, S. 451 unter Hinweis auf EuGH ECLI:EU:C:2009:378 – L'Oréal Bellure, Rn. 65.

[858] Ausf. zur praktischen Bedeutung der Erschöpfung s. Hasselblatt/Bettink/Bekema EUTMR Art. 15 Rn. 1–9.

[859] Zuvor Art. 7 MarkenRL 2008/95/EG (ABl. Nr. L 399 S. 25), nunmehr geregelt in Art. 15 der RL (EU) 2015/2436 des Europäischen Parlaments und des Rates v. 16.12.2015 zur Angleichung der Rechtsvorschriften der Mitgliedstaaten über die Marken (Neufassung).

[860] In Art. 13 GMV aF war noch von „Union“ die Rede, während dies im Zuge der Neufassung des heutigen Art. 15 UMV durch VO 2015/2424 mit Wirkung zum 23.3.2016 auf den „Europäischen Wirtschaftsraum“ abgeändert wurde.

[861] Zur Erschöpfung der einzelnen nationalen Schutzrechte s. Milbradt → § 11.

[862] EuGH ECLI:EU:C:1997:517 – Dior Evora, Rn. 136; EuGH ECLI:EU:C:2010:416 – PortaKabin/Primakabin, Rn. 77; ein „berechtigter Grund“ des Art. 15 Abs. 2 UMV ist nicht schon dann gegeben, wenn in der angegriffenen Werbung die Marke mehrfach und besonders exponiert verwendet wird, so OLG München GRUR-RR 2016, 499 – Verkaufsaktion für Brillenfassungen, Rn. 42 ff.

Mitgliedsstaaten.[863] Hervorzuheben gilt es indessen, dass das früher in vielen EU-Staaten angewandte und außerhalb des EWR nach wie vor vorherrschende Prinzip der **internationalen Erschöpfung** nach Art. 15 UMV nicht gilt. Zu Recht wurde dagegen eingewandt, die Regelung verletze internationale Handelsbräuche. Gleichwohl hat der Verordnungsgeber von einer territorial unbegrenzten Erschöpfung Abstand genommen, wie sie etwa in früheren Entwürfen der Marken-RL noch vorgesehen war.[864] Erschöpfung tritt nur ein, wenn das erste Inverkehrbringen in einem Mitgliedsstaat der Union oder des EWR[865] stattgefunden hat. Dieser Grundsatz der **EWR-weiten Erschöpfung** war zuvor bereits durch zahlreiche Urteile nationaler Gerichte sowie namentlich des EuGH bestätigt worden,[866] so dass die im Zuge der Neufassung des Art. 15 UMV nunmehr im Gesetz verankerte Bezugnahme „auf den Europäischen Wirtschaftsraum" keine Änderung gegenüber der bis dato geltenden Wirtschaftslage mit sich bringt.[867]

Praxistipp:

Die Begrenzung der Erschöpfungslehre auf den EWR-Raum eröffnet multinational tätigen Unternehmen, die über Markenschutz inner- und außerhalb der EU verfügen, beachtliche Spielräume beim Vorgehen gegen (meist „ungeliebte") Parallel-Importe von Originalware; erfolgte das erste Inverkehrbringen außerhalb des EWR, können Importe dieser Ware in den EWR (NB: nicht aber umgekehrt) grundsätzlich ohne Weiteres untersagt werden; dadurch wird es dem Markeninhaber ermöglicht, unterschiedliche Preisniveaus in verschiedenen Ländern aufrecht zu erhalten, ohne Gefahr zu laufen, von Parallel-Importeuren innerhalb des EWR preislich unterboten zu werden.

222 Weiter ist zu beachten, dass die Frage der Erschöpfung auch bei rein **innergemeinschaftlichem Handel** relevant sein kann. Wie ausgeführt, werden die Exklusivrechte des Markeninhabers auch erschöpft, wenn die Ware „mit seiner Zustimmung" im EWR in den Verkehr gebracht werden. Ob eine solche Zustimmung des Markeninhabers vorliegt, ist anhand der besonderen Fallumstände sowie der vertraglichen, insbesondere lizenzvertraglichen, Abreden zu bestimmen. Mangels anderweitiger Absprachen ist von einer solchen Zustimmung auszugehen etwa beim „klassischen", für die Beteiligten als solchen erkennbaren Warenvertrieb über die Kette: Hersteller (= Markeninhaber) – Groß- und/oder Einzelhandel – Endkunde. Bei einem Vertrieb durch Dritte innerhalb bestehender Vertriebs- oder sonstiger **Lizenzverträge** ist zu überprüfen, ob der konkrete Vertrieb durch den Lizenznehmer der vertraglichen Regelung entspricht. Zustimmung des Markeninhabers ist folglich nicht anzunehmen, wenn der Lizenznehmer unter Missachtung seiner Vertragspflichten bestimmte Qualitätsstandards oder (kartellrechtlich zulässige) Gebietsabsprachen nicht einhält.[868] In diesen Fällen kann der Markeninhaber nicht nur wegen Vertragsverletzung gegen seinen Lizenznehmer, sondern mangels Erschöpfung seiner Markenrechte auch gegen weitere Nutzungen seiner Marke durch Dritte im geschäftlichen Verkehr vorgehen.[869]

223 Die Zustimmung im Sinne des Art. 15 Abs. 1 UMV kann auch **konkludent** erfolgen. Ob eine solche schlüssig erteilte Zustimmung zum Vertrieb der Markenware innerhalb des Territoriums des EWR vorliegt, ist anhand der Einzelfallumstände zu ermitteln. Nach der Rechtsprechung des EuGH ist von einer solchen konkludenten Zustimmung des Markeninhabers zu einem Vertrieb

[863] Beier/v. Mühlendahl Mitt. 1980, 101 (105); Rasmussen (1995) 4 EIPR S. 174.

[864] Siehe zur Entstehungsgeschichte des im Wortlaut identischen Art. 7 der Markenrechtsrichtlinie: Harte-Bavendamm/Scheller WRP 1994, 571 (574 bis 575); Rasmussen (1995) 4 EIPR S. 175 bis 176.

[865] Zusätzlich zu den EU-Mitgliedstaaten zählen zum EWR: Island, Liechtenstein und Norwegen.

[866] S. statt vieler: EuGH ECLI:EU:C:2003:204 – stüssy Rn. 25; EuGH ECLI:EU:C:2001:617 – Davidoff Rn. 32; EuGH ECLI:EU:C:1998:374 – Silhouette, Rn. 26; BGH GRUR 2004, 156 (157 f.) – stüssy II; BGH MarkenR 2000, 266 (267 f.) – stüssy I; BGH GRUR 2003, 878 (879) – Vier Ringe über Audi; BGH GRUR 1996, 271 – Gefärbte Jeans; OLG München GRUR 1996, 137 (138) – GT ALL TERRA; LG Düsseldorf GRUR 1996, 96 (97) – Adidas-Import.

[867] Neugefasst durch VO 2015/2424 mit Wirkung zum 23.3.2016; so auch OLG München GRUR-RR 2016, 499 – Verkaufsoption für Brillenfassung, Rn. 39, das zutreffend hervorhebt, dass sich die Rechtslage nach Art. 13 GMV und der geänderten Fassung des Art. 13 GMV inhaltlich nicht unterscheidet.

[868] S. etwa EuGH GRUR Int. 2009, 716 – Copad/Dior: entgegen einer (zulässigen) Vereinbarung im Lizenzvertrag verkaufte der Lizenznehmer ohne Zustimmung des Markeninhabers Luxuskosmetika an einen Discounter, wodurch das Image der bekannten Marke beeinträchtigt wurde; ebso. Sack GRUR Int. 2010, 198 (201).

[869] Ausf. zur Erschöpfung von Markenrechten bei lizenzvertragswidrigem Vertrieb, Sack GRUR Int. 2010, 198 (199 ff.).

im europäischen Wirtschaftsraum von mit der Marke versehenen Waren auszugehen, wenn sie „sich aus Anhaltspunkten und Umständen vor, bei oder nach dem Inverkehrbringen außerhalb des europäischen Wirtschaftsraumes ergibt, die nach der Beurteilung des nationalen Gerichts mit Bestimmtheit einen Verzicht des Inhabers auf sein Recht erkennen lassen, sich einem Inverkehrbringen im europäischen Wirtschaftsraum zu widersetzen".[870] Der Entscheidung lagen Sachverhaltskonstellationen zugrunde, in denen der erste Vertrieb *außerhalb* des EWR stattgefunden hatten. Allerdings reicht es für die Annahme einer konkludenten Zustimmung zum Vertrieb innerhalb des EWR nicht aus, dass der Markeninhaber nicht alle nachfolgenden Erwerber der außerhalb des EWR in Verkehr gebrachten Waren über seinen Widerspruch gegen den Vertrieb innerhalb des EWR unterrichtet hat; nicht ausreichend für eine schlüssig erteilte Zustimmung ist ferner, dass auf den Markenwaren nicht angegeben ist, dass das Inverkehrbringen vom Markeninhaber nicht geduldet wird; des Weiteren ergibt sich eine konkludente Zustimmung nach Ansicht des EuGH nicht daraus, dass der Markeninhaber das Eigentum an den mit der Marke versehenen Waren ohne vertragliche Beschränkungen übertragen hat und dass nach dem auf den Vertrag anwendbaren Recht die Markenware uneingeschränkt weiterverkauft und grundsätzlich auch ein Recht auf weiteren Vertrieb der Waren im EWR umfasst.[871] Auch kommt es auf die Kenntnis des Importeurs nicht an, also des Wirtschaftsteilnehmers, der die Markenware in den EWR einführt; unbeachtlich ist nach Ansicht des EuGH ferner, dass gegebenenfalls autorisierte Einzel- und Großhändler ihren eigenen Abnehmern keine vertraglichen Beschränkungen auferlegt haben, die einen Widerspruch des Markeninhabers gegen den Vertrieb innerhalb des EWR erkennen lassen, obwohl sie darüber vom Markeninhaber zuvor unterrichtet worden sind.[872]

Praxistipp:
In Distributions- und Lizenzverträgen sollte exakt definiert werden, welche Herstellungs-, Vertriebs- und sonstigen Benutzungen der Marke, gegebenenfalls unter Festlegung eines bestimmten Territoriums sowie der Vergabe von Unterlizenzen, die Zustimmung des Lizenzgebers finden. Dies gilt insbesondere bei erstmaligem Vertrieb der Markenware außerhalb des EWR. Ansonsten läuft der Markeninhaber Gefahr, später nicht mit Erfolg dem Erschöpfungseinwand begegnen zu können.

Freilich ist die Frage der Erschöpfung mit der – inzwischen mehrfach bestätigten – Silhouette-Entscheidung noch nicht erschöpfend beantwortet.[873] Unbeantwortet lässt das Silhouette-Urteil die sehr bedeutsame Frage der **Darlegungs- und Beweislast.** Diese Frage ist dem EuGH auf Grund eines Vorabentscheidungsgesuches des BGH[874] zur Beantwortung vorgelegt worden. Dem lag folgende Sichtweise des BGH zugrunde: nach der systematischen Ausgestaltung der Erschöpfungsregelung und den allgemeinen, auch im Bereich der gewerblichen Schutzrechte und des Urheberrechts geltenden, Grundsätzen ist für den Einwand der Erschöpfung als Ausnahme zu den Ausschließlichkeitsrechten derjenige darlegungs- und beweispflichtig, der sich auf Erschöpfung beruft.[875] Bei im Binnenmarkt (infolge Erschöpfung) frei zirkulationsfähiger Ware käme dies jedoch im Ergebnis einer „geheimen Erschöpfungslehre"[876] gleich, da es dem Beklagten entweder unmöglich oder unzumutbar sein dürfte, seiner Darlegungslast nachzukommen, da mit Offenlegung der Bezugsquellen (innerhalb des EWR) diese voraussichtlich für die Zukunft versiegen würden.[877] Dieses Ergebnis bedeutete vielfach zumindest faktisch die Beendigung des Vertriebs von an sich frei zirkulationsfähiger Ware, was Bedenken unter dem Gesichtspunkt des freien Wa- 224

870 EuGH ECLI:EU:C:2001:617 – Davidoff, Rn. 47.
871 So ausdrücklich EuGH ECLI:EU:C:2001:617 – Davidoff, Rn. 48 ff.
872 EuGH ECLI:EU:C:2001:617 – Davidoff, Rn. 48.
873 S. statt vieler: EuGH ECLI:EU:C:2003:204 – stüssy, Rn. 25; EuGH ECLI:EU:C:2001:617 – Davidoff, Rn. 32; EuGH ECLI:EU:C:1998:374 – Silhouette, Rn. 26; BGH GRUR 2004, 156 (157 f.) – stüssy II.
874 BGH MarkenR 2000, 266 ff. – stüssy, mit zustimmender Anm. Johannes MarkenR 2000, 251 f.; sehr instruktiv die Anmerkungen zu der stüssy-Entscheidung von Lubberger WRP 2001, 75 ff.; zuvor schon: Rohnke WRP 1999, 889 ff.
875 BGH MarkenR 2000, 266 (268) – stüssy, mwN aus der Rspr.
876 Rohnke WRP 1999, 889 f.; zustimmend Johannes MarkenR 2000, 251.
877 Ausf. auch zur Situation inner- und außerhalb selektiver Vertriebssysteme, BGH MarkenR 2000, 266 (269) – stüssy.

renverkehrs aufwirft, Art. 34, 36 AEUV. In der Tat erscheint es mit Blick auf die wirtschaftlichen Interessen der Beteiligten sinnvoll, die Darlegungs- und Beweislast des Beklagten davon abhängig zu machen, dass zunächst der klagende Hersteller oder Vertreiber die ihm zumutbaren Möglichkeiten genutzt hat, um die Ware, die von ihm oder mit seiner Zustimmung *innerhalb* des EWR vertrieben wird von solcher Ware zu unterscheiden, die *außerhalb* dieses Bereichs in Verkehr gebracht worden ist; erforderlich wäre dazu nach Ansicht des BGH lediglich eine entsprechende Kennzeichnung auf der Ware selbst.[878] Der verklagte Händler wäre dann lediglich in den Fällen darlegungs- und beweisbelastet, in denen er Ware anbietet, die dem ersten Anschein nach nicht Gegenstand der Erschöpfung sein kann. Damit wären die Bedenken nach Art. 34, 36 AEUV ausgeräumt, und zugleich den widerstreitenden Parteiinteressen sowie dem Prinzip der EU-weiten Erschöpfung in praktisch vernünftiger Weise Rechnung getragen.

225 Diesen Erwägungen ist der **EuGH** im Wesentlichen gefolgt.[879] Nach allgemeinen Beweislastgrundsätzen stellt die Geltendmachung der Erschöpfung des Markenrechts – nach deutschem Recht – eine Einwendung dar, die der vom Markeninhaber belangte Dritte nötigenfalls darzulegen und zu beweisen hat. Eine solche Beweisregel ist mit dem Unionsrecht vereinbar.[880] Allerdings ist mit Blick auf den in Art. 34 bis 36 AEUV verankerten Schutz des freien Warenverkehrs eine Modifizierung dieser Beweisregel geboten, um den Markeninhabern die Möglichkeit zu nehmen, die nationalen Märkte abzuschotten und damit die Beibehaltung von etwaigen Preisunterschieden zwischen den Mitgliedsstaaten zu begünstigen. Eine solche Gefahr der Abschottung besteht insbesondere beim Vertrieb von Waren innerhalb (und außerhalb) des EWR über ein selektives Vertriebssystem. Mit Rücksicht darauf gelangt der EuGH zu folgender, **modifizierter Beweislastregel:** Grundsätzlich hat der von dem Markeninhaber belangte Dritte, der sich auf die Erschöpfung beruft, das Vorliegen der Voraussetzung der Erschöpfung darzulegen und zu beweisen. Mit Blick auf den Schutz des freien Warenverkehrs (Art. 34, 36 AEUV) ist dieser Grundsatz zu modifizieren: dem Markeninhaber obliegt insbesondere dann, wenn er seine Waren im EWR über ein ausschließliches Vertriebssystem in den Verkehr bringt, der Nachweis, dass die Waren ursprünglich von ihm selbst oder mit seiner Zustimmung *außerhalb* des EWR in den Verkehr gebracht wurden, wenn der Dritte seinerseits nachweisen kann, dass eine tatsächliche Gefahr der Abschottung der nationalen Märkte besteht; gelingt dem Markeninhaber dieser Nachweis, obliegt es wiederum dem Dritten, nachzuweisen, dass der Markeninhaber dem weiteren Vertrieb der Waren im EWR zugestimmt hat.[881]

226 Bei der Feststellung des Vorliegens der „Zustimmung" des Markeninhabers iSd Art. 15 Abs. 1 UMV ist zu beachten, dass der Begriff der Zustimmung ausschließlich nach **Unionsrecht auszulegen** ist.[882] Zu Recht hebt der EuGH hervor, dass sich für den Markeninhaber ein unterschiedlicher Schutz in den einzelnen Ländern ergeben könnte, wenn die Auslegung und inhaltliche Ausdeutung des Begriffes der Zustimmung dem nationalen Recht der Mitgliedsstaaten unterfiele. Deshalb ist der Begriff der Zustimmung zu einem Inverkehrbringen im EWR **EU-weit einheitlich** auszulegen.[883]

227 Das Erschöpfungsprinzip findet keine Anwendung, wenn **berechtigte Gründe** die Untersagung des weiteren Vertriebs der Waren rechtfertigen. Eine solche Rechtfertigung ist nach dem – nicht abschließenden – Beispielskatalog des Art. 15 Abs. 2 UMV insbesondere anzunehmen, wenn der Zustand der Waren nach ihrem Inverkehrbringen verändert oder verschlechtert ist. Vielfach wird die Wertschätzung einer Ware aus Sicht des Kaufpublikums erheblich oder sogar wesentlich bestimmt durch die Produktaufmachung und -präsentation. Fraglos kann deshalb die Neuverpackung oder Änderung der Produktausstattung für den Markeninhaber ein legitimes Interesse begründen, sich dem weiteren Vertrieb zu widersetzen.[884] Notwendig ist ein durch den **spezifischen Gegenstand des Markenrechts** bedingtes Interesse,[885] das eine gewisse Qualität aufweisen muss. Als berechtigter Grund anzuerkennen sind deshalb außer der im Gesetz genannten

[878] BGH MarkenR 2000, 266 (270) – stüssy.
[879] EuGH ECLI:EU:C:2003:204 – stüssy, ergangen zu der identisch formulierten Bestimmung des (damaligen) Art. 7 Abs. 1 der Markenrechtsrichtlinie 89/104/EWG, die die Erschöpfung in gleicher Weise wie Art. 13 GMV regelte; nunmehr normiert in Art. 15 Marken-RL 2015/2436 vom 16.12.2015.
[880] EuGH ECLI:EU:C:2003:204 – stüssy, Rn. 35, 36.
[881] EuGH ECLI:EU:C:2003:204 – stüssy, Rn. 31 bis 41, Rn. 42.
[882] EuGH ECLI:EU:C:2001:617 – Davidoff, Rn. 42, 43; zustimmend Rohnke GRUR Int. 2002, 979 (987).
[883] So ausdrücklich EuGH ECLI:EU:C:2001:617 – Davidoff, Rn. 42, 43.
[884] So wie hier: Eisenführ/Schennen/Eberhardt UMV Art. 15 Rn. 36.
[885] EuGH ECLI:EU:C:1997:517 – Dior, Rn. 43; EuGH ECLI:EU:C:1996:282 – Bristol-Myers Squibb, Rn. 75.

Verschlechterung der Ware auch rufschädigende oder – ausbeutende Handlungen, wobei es für die Annahme einer Rufschädigung nicht schon ausreicht, dass der Wiederverkäufer üblicherweise nur Waren gleicher Art, nicht aber gleicher Qualität veräußert, oder die Marke lediglich in branchenüblicher, nicht notwendig dem Markenimage adäquater Werbeform weiter verkauft wird.[886] Woraus sich das berechtigte Interesse des Markeninhabers ergibt, sich dem weiteren Vertrieb der Waren zu widersetzen, wird in Art. 15 Abs. 2 UMV *nicht abschließend* benannt. So sind die explizit angesprochene Veränderung oder Verschlechterung lediglich Beispiele, die einen berechtigten Grund indizieren mögen, allerdings muss eine Qualitätseinbuße oder Verschlechterung nicht notwendig vorliegen, um das berechtigte Interesse annehmen zu können.[887] Maßgeblich sind die Umstände des Einzelfalls. Sicher anzunehmen ist ein „berechtigter Grund" iSd Art. 15 Abs. 2 UMV etwa bei Vorliegen einer Imagegefährdung – etwa durch **Schädigung der luxuriösen Ausstrahlung von Prestigeware** –,[888] nachhaltigen Qualitätseinbußen oder Sicherheitsrisiken infolge des Vertriebs der Ware beispielsweise nach einem erfolgten Umbau; ein berechtigtes Interesse ist hingegen zu verneinen bei Veränderungen infolge von Reparatur- oder Wartungsarbeiten, der Hinzufügung einer „Zweitmarke", sofern damit keine Rufschädigung einhergeht, oder der Anbringung von Zubehörteilen, namentlich dann, wenn die Hauptware dafür vorgesehen ist, beispielsweise im Automobil- und Motorradbau.[889] Das Entfernen oder Überkleben einer Marke des Erstanbieters führt nicht notwendig zu einem „berechtigten Interesse" iSd Art. 15 Abs. 2 UMV.[890] Generell steht es dem Erwerber eines Markenproduktes frei, das Kennzeichen beliebig zu beseitigen. Darin ist nach herkömmlicher Auffassung keine Kennzeichenverletzung zu erkennen.[891] Anhand der besonderen Einzelfallumstände ist zu überprüfen, ob ein berechtigtes Interesse des Markeninhabers gegeben ist. Dabei sind nicht nur markenrechtliche Ansprüche zu untersuchen, vielmehr – nach dem jeweiligen nationalen Recht – auch wettbewerbsrechtliche Grundlagen. So kann aus Sicht des deutschen Wettbewerbsrechts die Markenentfernung jedenfalls dann als unlauter zu qualifizieren sein, wenn dies systematisch geschieht und die Produkte eines Markenherstellers beispielsweise als anonyme Dutzendware verkauft wird.[892] Auch lässt das bloße Umpacken von Markenartikeln – einschließlich der Neuverpackung – das an sich erschöpfte Markenrecht des Inhabers nicht ohne Weiteres wiederaufleben. Soweit **umgepackte Arzneimittel** betroffen sind, kann sich der Markeninhaber der mit jedem Umpacken eines mit seiner Marke versehenen Arzneimittel verbundenen Veränderung, die ihrem Wesen nach eine Beeinträchtigung des Originalzustands des Arzneimittels schafft, widersetzen, es sei denn, es liegen die (fünf) vom EuGH entwickelten Voraussetzungen vor (keine künstliche Abschottung der Märkte, keine Beeinträchtigung des Originalzustandes der Verpackung, klare Angabe des – neuen – Inverkehrbringens, keine Rufschädigung sowie vorherige Unterrichtung des Markeninhabers und – auf Verlangen – Vorlage des Musters der umgepackten Ware).[893] Die Frage, ob die für den Parallelimport von Arzneimitteln entwickelten Grundsätze auf den Parallelimport von Medizinprodukten zu übertragen sind, war zwischenzeitlich Gegenstand einer Vorlage an den EuGH.[894] Die Vorlagefrage zielte darauf ab, ob Art. 15 Abs. 2 UMV dahin auszulegen ist, dass der Markeninhaber sich dem weiteren Vertrieb eines aus einem anderen Mitgliedstaat eingeführten Medizinproduktes in seiner lediglich mit einem zusätzlichen äußeren Aufkleber versehenen Originalverpackung widersetzen kann, es sei denn, (i) es ist erwiesen, dass die Geltendmachung der Markenrechte durch den Inhaber zu einer künstlichen Abschottung der Märkte beitragen würde, (ii) es ist dargetan, dass die Neuetikettierung den Originalzustand der in der Verpackung enthaltenen Ware nicht beeinträchtigen kann, (iii) auf der Verpackung ist angegeben, von wem der neue Aufkleber auf der Ware angebracht worden ist und wer deren Hersteller ist, (iv) das neu

[886] EuGH ECLI:EU:C:1997:517 – Dior, Rn. 44 bis 46; ein klares Beispiel einer rufgefährdenden Handlung des Wiederverkäufers bildet: BGH GRUR 1996, 271 – Gefärbte Jeans.

[887] EuGH ECLI:EU:C:2009:260 – COPAD/DIOR, Rn. 26 ff.; Eisenführ/Schennen/Eberhardt UMV Art. 15 Rn. 37.

[888] EuGH ECLI:EU:C:2009:260 – COPAD/DIOR, Rn. 26–37: Verkauf von Prestigewaren (Parfums, Kosmetika) durch einen Lizenznehmer an Discounter, obgleich eben dies lizenzvertraglich untersagt war.

[889] Letztgenanntes Beispiel von Eisenführ/Schennen/Eberhardt UMV Art. 15 Rn. 40.

[890] So auch Eisenführ/Schennen/Eberhardt UMV Art. 15 Rn. 41.

[891] S. aus deutscher Sicht etwa OLG Düsseldorf WRP 2001, 288 – Wiederverwendbare Gaszylinder; sehr früh schon RG MuW 1931, 613 (617) – Rhenania-Benzin.

[892] Zur Schädigung der luxuriösen Ausstrahlung von Prestigewaren durch den Lizenznehmer an einen Discounter s. EuGH ECLI:EU:C:2009:260 – COPAD/DIOR, Rn. 25 ff.

[893] EuGH ECLI:EU:C:1996:282 – Bristol-Myers Squibb/Paranova, Rn. 79; EuGH ECLI:EU:C:2007/249 – Boehringer Ingelheim/Swingboard II, Rn. 21; s. ferner BGH GRUR 2013, 739 – Barilla, Rn. 40.

[894] BGH GRUR 2017, 71 – Debrisoft (betreffend Verbandsmaterial).

etikettierte Erzeugnis ist nicht so aufgemacht, dass dadurch der Ruf der Marke und ihres Inhabers geschädigt werden kann, der Aufkleber mithin nicht schadhaft, von schlechter Qualität oder unordentlich sein darf *und* (v) der Importeur den Markeninhaber *vor* dem Inverkehrbringen des mit einem neuen Aufkleber versehenen Erzeugnisses unterrichtet und ihm auf Verlangen Muster dieser Ware liefert.[895] In seinem Vorlagegesuch äußerte der BGH die Ansicht, die unionsrechtlichen Grundsätze zur Rechtmäßigkeit des Parallelimports von Arzneimitteln auf alle Medizinprodukte entsprechend anzuwenden.[896] In seiner daraufhin ergangenen Entscheidung bekräftigt der EuGH nochmals, dass dem Markeninhaber eine Berufung auf Art. 15 Abs. 2 UMV verwehrt ist, wenn darin eine **verschleierte Beschränkung des Handels zwischen den Mitgliedstaaten iSv Art. 36 S. 2 AEUV** zu erkennen wäre.[897] Anders aber als in dem Böhringer Ingelheim-Fällen, in denen jeweils die Originalverpackung der Arzneimittel geöffnet wurde, um einen Beipackzettel in einer anderen Sprache als der des Herkunftslandes der Ware hinzuzufügen, würde im Debrisoft-Fall lediglich ein zusätzlicher Aufkleber auf einem unbedruckten Teil der zudem ungeöffneten Originalverpackung des fraglichen Medizinproduktes angebracht.[898] Mithin handle es sich um einen gegenüber dem Parallelimport umverpackter Arzneimittel deutlich weniger gravierenden Sachverhalt, so dass Erschöpfung im Sinne des Art. 15 Abs. 1 UMV eingetreten ist; auch liege ein berechtigter Grund im Sinne des Art. 15 Abs. 2 UMV nicht vor. Der Inhaber einer Marke kann sich entsprechend dem weiteren Vertrieb eines Medizinproduktes in seiner inneren und äußeren Originalverpackung durch einen Parallelimport *nicht* widersetzen, sofern lediglich ein Aufkleber auf der Umverpackung angebracht wurde, der aufgrund seines Inhaltes, seiner Funktion, seiner Größe, seiner Aufmachung und seiner Platzierung die **Herkunftsgarantie des mit der Marke versehenen Medizinprodukts** nicht gefährdet.[899]

228 **c) Zwischenrechtserwerb (Art. 16 UMV).** Diese mit Wirkung zum 23. März 2016 durch die VO Nr. 2015/2424 als Art. 13a eingefügte und nunmehr in Art. 16 UMV verortete Bestimmung betrifft den sogenannten **Zwischenrechtserwerb,** der vom Inhaber einer später eingetragenen Marke im Verletzungsverfahren einredeweise geltend gemacht werden kann. Zwischenrechte entstehen dadurch, dass später registrierte Unions- oder nationale Marken in einem Zeitpunkt erworben werden, zu dem die älteren Markenrechte der jüngeren Registrierung nicht hätten entgegengehalten werden können. Der praktisch wichtigste Fall betrifft die Konstellationen, in denen die ältere Marke infolge mangelnder Benutzung wegen Verfalls löschungsreif war. Allerdings geht die Bestimmung des Art. 16 UMV darüber hinaus und erfasst auch beispielsweise Konstellationen, in denen das ältere Markenrecht mangels Unterscheidungskraft gegenüber dem jüngeren registrierten Markenrecht nicht durchsetzbar gewesen wäre. Eine parallele Regelung findet sich in Art. 18 der neu gefassten MarkenRL 2015/2436 für nationale Marken. Wie es im Erwägungsgrund 22 der VO 2015/2424 (sowie Erwägung 30 der MarkenRL 2015/2436) ausdrücklich heißt, ist es in den Situationen zur **Gewährleistung von Rechtssicherheit** und zum **Schutz rechtmäßig erworbener Markenrechte** ebenso angemessen wie notwendig, ungeachtet des Grundsatzes, wonach jüngere Marken gegenüber älteren Marken zurückzustehen haben, dem Inhaber des älteren Markenrechts zu untersagen, sich der Benutzung einer jüngeren Marke zu widersetzen, wenn diese „zu einem Zeitpunkt erworben wurde, zu dem die ältere Marke gegenüber der jüngeren Marke nicht durchgesetzt werden konnte". Diese Regelung – in der UMV und der neugefassten MarkenRL – ist ausdrücklich zu begrüßen, da die Normierung dieses wichtigen Prinzips mit Ausnahme der Benelux-Staaten und der Bundesrepublik Deutschland zuvor in der UMV nicht bzw. nur an „unerwarteter Stelle" geregelt war.[900] Art. 16 Abs. 1 UMV betrifft später eingetragene Unionsmarken, während Abs. 2 sich auf jüngere nationale Marken bezieht. Die Regelung gilt ausschließlich für **Markenregistrierungen,** nicht hingegen für bloße Anmeldungen. Der Inhaber

[895] BGH GRUR 2017, 71 – Debrisoft, unter Hinweis auf die entsprechenden Prinzipien für den Parallelimport von umgepackten Arzneimitteln (Rn. 14 f.).
[896] BGH GRUR 2017, 71 – Debrisoft, Rn. 29.
[897] EuGH ECLI:EU:C:2018:322 – Junek Europ-Vertrieb GmbH/Lohmann & Rauscher International GmbH & Co. KG (Debrisoft), Rn. 25.
[898] EuGH ECLI:EU:C:2018:322 – Junek Europ-Vertrieb GmbH/Lohmann & Rauscher International GmbH & Co. KG (Debrisoft), Rn. 32, 33.
[899] EuGH ECLI:EU:C:2018:322 – Junek Europ-Vertrieb GmbH/Lohmann & Rauscher International GmbH & Co. KG (Debrisoft), Rn. 37–39; siehe zu den Anforderungen an ein erneutes Umverpacken von Arzneimitteln EuGH GRUR 2017, 69 – Ferring/Orifarm; zur markenrechtlichen Erschöpfung zu parallel importierten Medizinprodukten OLG Ffm GRUR-RR 2017, 403 – Verbandsstoff.
[900] Gielen/v. Bomhard/Tsoudsanis Concise European Trade Mark and Design Law, Art. 13a EUTMR, Anm. 1.; Eisenführ/Schennen/Eberhardt UMV Art. 16 Rn. 1.

des eingetragenen jüngeren Markenrechts kann sich gegen die Untersagung der **Benutzung** aufgrund einer älteren Unionsmarke zur Wehr setzen, wenn seine jüngere Marke in einem entsprechenden „gedachten Nichtigkeitsverfahren"[901] nach den in Art. 16 Abs. 1 respektive Abs. 2 UMV angeführten Bestimmungen nicht zu Fall gebracht werden könnte. Die Frage der Nichtigerklärung des jüngeren Rechts richtet sich mithin nach den referenzierten Vorschriften, wohingegen Art. 16 UMV lediglich die Benutzung der jüngeren Unionsmarke bzw. der nationalen Marke betrifft.[902]

229 Kann sich der Inhaber der jüngeren Marke erfolgreich auf einen Zwischenrechtserwerb nach Art. 16 Abs. 1, Abs. 2 UMV berufen, führt dies zu einer **friedlichen Koexistenz** der älteren und der jüngeren Marke. Dies ist in Art 16 Abs. 3 UMV ausdrücklich geregelt, wonach sich der Inhaber der später eingetragenen Marke seinerseits der Benutzung der älteren Unionsmarke nicht widersetzen kann.

230 d) **Benutzungszwang (Art. 18 UMV).** Ein elementares markenrechtliches Prinzip und zugleich eine praktisch bedeutsame Einschränkung des Markenschutzes beinhaltet der so genannte **Benutzungszwang.** Ziel des Benutzungszwanges ist es, die Zahl der eingetragenen auf die der benutzten Marken zu begrenzen.[903] Dadurch wird die Anzahl verwechslungsfähiger Marken reduziert und die Eintragung neuer Zeichen ermöglicht, und zugleich die Zahl wirtschaftlich nicht gerechtfertigter Markenkonflikte eingedämmt.[904] Rechtzeitig vor Ablauf einer **fünfjährigen Schonfrist,** gerechnet ab dem Tag der Eintragung, bzw. bei länger eingetragenen Marken vor Ablauf einer fünfjährigen Periode der ununterbrochenen Nichtbenutzung, muss die Marke zur Aufrechterhaltung des Markenschutzes im geschäftlichen Verkehr ernsthaft benutzt werden (Art. 18 Abs. 1 UMV). Bis zum Ablauf der Schonfrist kann der Markeninhaber sein ausschließliches Recht geltend machen, ohne dass es auf die tatsächliche Benutzungslage ankommt.[905] Unterbleibt eine solche Benutzung, ohne dass berechtigte Gründe für die Nichtbenutzung vorliegen, verfallen die Rechte aus der Unionsmarke und sind auf Antrag zu löschen.[906] Namentlich können dem Benutzungszwang unterliegende, aber nicht (ernsthaft) benutzte Marken im Widerspruchs- oder Verletzungsverfahren nicht erfolgreich gegenüber jüngeren Anmeldungen oder Benutzungshandlungen vorgebracht werden. Jedoch kann auch ein infolge Nichtbenutzung löschungsreifes Zeichen wieder zu rechtlichem Leben erstarken, wenn mindestens drei Monate vor Antragstellung eines Dritten auf Löschung oder vor Erhebung der Widerklage die Benutzung ernsthaft begonnen oder wieder aufgenommen worden ist.[907] Zu beachten ist, dass die Frage der Rechtserhaltung der älteren, dem Benutzungszwang unterliegenden Marke nicht von Amts wegen, sondern erst auf entsprechende **Einrede** der mangelnden Benutzung überprüft wird.[908] Gründet sich der Widerspruch auf eine Unionsmarke, ist auf entsprechendes Verlangen des Anmelders vom Inhaber die hinreichende Benutzung in der Union für die Waren und Dienstleistungen, wie sie eingetragen ist, nachzuweisen (Art. 47 Abs. 2 UMV); ist der Widerspruch hingegen auf eine ältere nationale Marke gestützt, so ist die Benutzung in dem Mitgliedsstaat nachzuweisen, in dem die ältere Marke geschützt ist (Art. 47 Abs. 3 UMV). Das Verlangen nach Erbringen des Benutzungsnachweises ist **zwingend** vor der **Widerspruchsabteilung** vorzutragen; das Vorbringen vor einer der Beschwerdekammern des EUIPO gilt als verspätet und bleibt deshalb unberücksichtigt.[909]

[901] Eisenführ/Schennen/Eberhardt UMV Art. 16 Rn. 5.

[902] Zu den Voraussetzungen der Verwirkung durch Duldung s. → Rn. 246 ff.

[903] Entsprechend heißt es im 10. Erwägungsgrund der Präambel zur VO Nr. 207/2009 (und nahezu wortgleich im 24. Erwägungsgrund der UMV) ausdrücklich, dass der Unionsmarkenschutz „nur insoweit berechtigt (ist), als diese Marken tatsächlich benutzt werden".

[904] S. zuletzt etwa EuGH ECLI:EU:C:2016:998 – Länsförsäkringa, Rn. 25: Unter Hinweis auf den 10. Erwägungsgrund der VO Nr. 207/2009 führt der EuGH aus, dass nichtbenutzte Marken den Wettbewerb dadurch behindern, dass das Spektrum der für andere Marktteilnehmer zur Verfügung stehenden Zeichen dadurch beschränkt und den Mitbewerbern die Möglichkeit der Verwendung eines mit dieser Marke identischen oder ihr ähnlichen Zeichens genommen wird.

[905] Obgleich dies eigentlich selbstverständlich sein sollte, hat dies der EuGH auf entsprechende Vorlagefrage hin ausdrücklich klargestellt, EuGH ECLI:EU:C:2016:998 – Länsförsäkringa, Rn. 26.

[906] Art. 58 Abs. 1 lit. a) UMV iVm Art. 18 Abs. 1 UMV.

[907] Diese Dreimonatsfrist ergibt sich aus Art. 51 Abs. 1 lit. a) GMV; damit soll verhindert werden, dass Benutzungshandlungen erst nach sich abzeichnender bzw. schon angedrohter Stellung eines Löschungsantrages oder nur im Hinblick auf anstehende Widerspruchs- oder Verletzungsverfahren (wieder) aufgenommen werden.

[908] S. dazu: Art. 47 Abs. 2 UMV für das Widerspruchsverfahren, Art. 64 Abs. 2 UMV für das Nichtigkeitsverfahren bzw. Art. 127 Abs. 3 UMV für das Verletzungsverfahren.

[909] Dies war umstritten, ist jedoch mit recht formalistischer Begründung nunmehr ausdrücklich vom EuG geklärt worden, s. EuG ECLI:EU:T:2007:311 – AMS ADVANCED MEDICAL SERVICES/HABM, Rn. 98 ff. (wörtlich heißt

Praxistipp:

Im Hinblick auf diese strenge Rechtsprechung ist dem Unionsmarkenanmelder dringend anzuraten, unverzüglich im ersten Schriftsatz vor der Widerspruchsabteilung den Nachweis der ernsthaften Benutzung zu verlangen, sofern die Widerspruchsmarke außerhalb der Benutzungsschonfrist ist.

231 Umgekehrt ist für den Widerspruchsführer die recht strenge Amtspraxis bei der Vorlage von Unterlagen zum Nachweis von Benutzungsunterlagen zu befolgen. **Eidesstattliche Versicherungen** sind zwar nach Art. 97 Abs. 1 lit. f) UMV zulässige Beweismittel; zu beachten ist jedoch, dass diese (höchst) kritischen Anforderungen genügen müssen und – jedenfalls nach der Spruchpraxis des Amtes, bestätigt durch das EuG – einen deutlich reduzierten Beweiswert aufweisen.[910] So ist der Nachweis der rechtserhaltenden Benutzung allein in Form einer eidesstattlichen Erklärung als unzureichend angesehen worden.[911] Die ernsthafte Benutzung ist nachzuweisen; nicht ausreichend ist hingegen, wenn die Benutzung nach den vorgelegten Unterlagen lediglich wahrscheinlich oder glaubhaft erscheint.[912] Der Amtsermittlungsgrundsatz nach Art. 95 Abs. 1 UMV findet insoweit keine Anwendung; vielmehr hat der Markeninhaber den Nachweis der ernsthaften Benutzung zu führen.[913] Dabei gehen die Gerichte zutreffend davon aus, dass der Markeninhaber selbst am besten und in bestimmten Fällen sogar als einziger in der Lage ist, konkrete Handlungen zu belegen, die die Ernsthaftigkeit der Benutzung untermauern, was insbesondere für den Nachweis der Benutzung geeigneter Urkunden und Beweisstücke gelte (Verpackungen, Etiketten, Preislisten, Kataloge, Rechnungen, Fotografien und Zeitungsanzeigen).[914]

Praxistipp:

Für den Widerspruchsführer empfiehlt es sich, die rechtserhaltende Benutzung vor der Widerspruchsabteilung des EUIPO (und nicht erst vor der Beschwerdekammer) umfassend nachzuweisen und ausführlich zu dokumentieren.

232 Ob die Unionsmarke rechtserhaltend benutzt wird, ist EU-weit **autonom und einheitlich** zu bestimmen. Zwar ist, wie schon der dritten Begründungserwägung der Markenrechtsrichtlinie 89/104/EWG zu entnehmen war, das Markenrecht ebenso wie das Unionsmarkenrecht nicht vollständig harmonisiert. Dies steht jedoch der einheitlichen Auslegung nicht entgegen. So war auch der 7., 8. und 9. Begründungserwägung der RL 2008/95/EG zu entnehmen, dass der Unionsgesetzgeber die Wahrung der Markenrechte in allen Mitgliedsstaaten den gleichen Anforderungen hinsichtlich der ernsthaften Benutzung unterwerfen wollte, so dass der Begriff der rechtserhaltenden Benutzung nicht von einem zum anderen Mitgliedsstaat unterschiedlich, vielmehr EU-weit einheitlich auszulegen ist.[915]

233 Erforderlich ist eine Benutzung der Marke **in der Union.** Dies erfordert selbstverständlich nicht die Benutzung in sämtlichen Mitgliedstaaten. In einer für die Gerichte nicht bindenden Protokollerklärung (Nr. 10 zum damaligen Art. 15 GMV) äußern der Rat und die Kommission die Auffassung, dass „eine ernsthafte Benutzung im Sinne von Art. 15 (scil.: entspricht Art. 18 UMV) in nur **einem einzigen Land** eine ernsthafte Benutzung in der Union darstellt". Der darin zu erkennende Vorzug ist nicht zu unterschätzen. Mithin kann in territorialer Hinsicht die ernsthafte

es: „Da der Nachweis der ernsthaften Benutzung der Marke nach Art. 43 Abs. 2 GMV nur vom Anmelder der Gemeinschaft der Marke verlangt werden kann, muss dieses Verlangen ausdrücklich vor der Widerspruchsabteilung geäußert werden, weil es zu einer Änderung der Natur des Rechtsstreits führt, indem es dem Widersprechenden eine Verpflichtung auferlegt, die ihm nicht notwendigerweise oblag", EuG aaO Rn. 107).

[910] EuG ECLI:EU:T:2005:200 – Salvita, Rn. 45 mit zahlreichen Nachweisen aus der HABM-Spruchpraxis.

[911] EuG ECLI:EU:T:2005:200 – Salvita, Rn. 42 ff.; ausf. zur Einstufung der eidesstattlichen Versicherung (nach deutschem Verständnis) als einfache schriftliche Auskunft iSd Art. 97 Abs. 1 lit. c) UMV, Eisenführ/Schennen/Schennen UMV Art. 97 Rn. 118, 119.

[912] EuG ECLI:EU:T:2011:9 – VOGUE.

[913] EuGH ECLI:EU:C:2013:593 – ZENTROTHERM II, Rn. 63, 65.

[914] EuGH ECLI:EU:C:2013:593 – ZENTROTHERM II, Rn. 62.

[915] So zu Recht ausdrücklich EuGH ECLI:EU:C:2003:145 – Ansul/Ajax, Rn. 26 bis 31; in der Richtung ebenso EuGH ECLI:EU:C:2014:2089 – Walzertraum, Rn. 36; Eisenführ/Schennen/Holderied UMV Art. 18 Rn. 5 f.

Benutzung für die fraglichen Waren und Dienstleistungen beispielsweise in Deutschland, den Niederlanden oder Spanien, aber auch in territorial und bevölkerungsmäßig kleineren Mitgliedsstaaten zur Rechtserhaltung bereits ausreichen.[916] Nicht ausreichend ist hingegen eine Benutzung von „lediglich örtlicher Bedeutung".[917] Ob dies allerdings auch für Kleinststaaten wie etwa Malta gilt, erscheint fraglich; Spruchpraxis dazu liegt, soweit ersichtlich, noch nicht vor.[918] Als ausreichend angesehen wurde etwa die Benutzung einer Unionsmarke in den Niederlanden und der Tschechischen Republik.[919] Ebenfalls als ausreichend wurde angesehen die Benutzung lediglich im Großraum London.[920] Je begrenzter jedoch das Handelsvolumen der Markenverwertung ist, desto größer ist die Notwendigkeit, ergänzende Angaben zu machen, um etwaige Zweifel an der Ernsthaftigkeit der Benutzung der betreffenden Marke ausräumen zu können. Mit Blick darauf ist die zwar kontinuierliche, jedoch auf eine einzige Konditorei in Bad Reichenhall begrenzte Abgabe von Konditoreiwaren „als eng und lokal" qualifiziert und somit nicht als ernsthafte Benutzung einer Unionsmarke angesehen worden.[921]

Praxistipp:

Die Benutzung der Unionsmarke, und zwar auch bei Benutzung der Marke in nur einem EU-Mitgliedsstaat, sollte von vornherein überregional, nach Möglichkeit landesweit ausgerichtet sein. Dies reicht in territorialer Hinsicht zumindest in den bevölkerungs- und flächenmäßig größeren Mitgliedstaaten zur Rechtserhaltung aus. Über Art und Weise der Benutzung, auch bezogen auf die regionale Erstreckung, sollten Benutzungsbeispiele (etwa in Form von Produktmustern, Werbematerialien, Verpackungen etc.) in geeigneter Form dokumentiert und aufbewahrt werden.

234 Über das Merkmal der **Ernsthaftigkeit** ist die rechtserhaltende Benutzung von der bloßen Scheinbenutzung abzugrenzen, die typischerweise lediglich zur Vermeidung der Konsequenzen der Nichtbenutzung vorgenommen wird. Nach inzwischen gefestigter Rechtsprechung ist von einer ernsthaften Benutzung auszugehen, wenn sie entsprechend ihrer Hauptfunktion – die Ursprungsidentität der Waren oder Dienstleistungen, für die sie eingetragen wurde, zu garantieren – benutzt wird, um für die unter der Marke vertriebenen Leistungen einen **Absatzmarkt zu erschließen oder zu sichern,** unter Ausschluss **symbolischer Verwendungen,** die allein der Wahrung der durch die Marke verliehenen Rechte dienen.[922] Maßgebliche Kriterien sind Art, Umfang und Dauer der Benutzung im Geschäftsverkehr, wobei der objektive Gesamtsachverhalt der Benutzung, gegebenenfalls unter Berücksichtigung von leistungs- oder branchenspezifischen Usancen, zu bewerten ist.[923] Zu berücksichtigen sind sämtliche Umstände, die die Nutzung der Marke im geschäftlichen Verkehr unter Berücksichtigung etwaiger Besonderheiten des fraglichen Wirtschaftszweiges belegen. Neben den Merkmalen des jeweiligen Marktsegmentes ist dabei insbesondere Umfang, Häufigkeit und Dauer der Benutzung Rechnung zu tragen.[924] Eine **mengenmäßige Grenze,** ab wann eine Benutzung als ernsthaft anzusehen ist, lässt sich nicht abstrakt bestimmen.[925] Bei der Prüfung der Ernsthaftigkeit der Benutzung der älteren Marke ist eine umfassende Beurteilung unter Berücksichtigung aller relevanten Faktoren des Einzelfalles vorzunehmen.[926] Dabei dürfen die Anforderungen an die rechtserhaltende Benutzung nicht überzogen

[916] So ausdrücklich EuGH ECLI:EU:C:2012:816 – Leno Merken v Hagelkruis Beheer BV, Rn. 50.

[917] Wie hier Eisenführ/Schennen/Holderied UMV Art. 18 Rn. 78.

[918] So auch Eisenführ/Schennen/Holderied UMV Art. 18 Rn. 79.

[919] HABM – R1295/2007-4 – LOTUS, Rn. 21; HABM – R 64/2010-4 – STORM, Rn. 22.

[920] Selbstverständlich für die Zeit vor dem „Brexit": EuG ECLI:EU:T:2015:57 – NOW, Rn. 53 (Benutzung in „London and the Thames Valley").

[921] EuG ECLI:EU:T:2013:22 – Reber/HABM (Walzer Traum), Rn. 48 ff.

[922] EuG ECLI:EU:T:2013:22 – Reber/HABM (Walzer Traum), Rn. 26: EuGH ECLI:EU:C:2003:145 – Ansul/Ajax, Rn. 35, 36; ebenso EuGH ECLI:EU:C:2006:310 – Vitafruit, Rn. 70; ausf. Hasselblatt/Nordemann EUTMR Art. 18 Rn. 21 ff.

[923] EuG ECLI:EU:T:2013:22 – Reber/HABM (Walzer Traum), Rn. 27, 29; EuGH ECLI:EU:C:2006:310 – Vitafruit, Rn. 41, 42.

[924] EuG ECLI:EU:T:2015:503 – TVR Automotive Ltd v EUIPO, Rn. 44; EuGH ECLI:EU:C:2003:145 – Ansul/Ajax, Rn. 38 f.; EuG ECLI:EU:T:2013:22 – Reber/HABM (Walzer Traum), Rn. 26 ff.; bestätigt durch EuGH ECLI:EU:C:2014:2089.

[925] EuGH ECLI:EU:C:2006:310 – Vitafruit, Rn. 72; ausf. zu dieser Entscheidung Berlit WRP 2006, 1077 (1079 f.).

[926] EuGH ECLI:EU:C:2006:310 – Vitafruit, Rn. 71; EuG ECLI:EU:T:2005:200 – Salvita, Rn. 38.

werden. So führt der EuGH ausdrücklich aus, dass die Benutzung der Marke nicht immer umfangreich zu sein braucht, um als ernsthaft eingestuft zu werden, nicht zuletzt im Hinblick darauf, dass eine solche Einstufung auch von den Merkmalen der betreffenden Ware/Dienstleistung auf dem entsprechenden Markt abhängt.[927] Ausreichend ist es, wenn die Benutzung den für die fragliche Ware/Dienstleistung üblichen wirtschaftlichen Gegebenheiten entspricht, das heißt unter Berücksichtigung vorgenannter Umstände (noch) wirtschaftlich sinnvoll erscheint. Dabei ist tendenziell davon auszugehen, dass bei größeren Unternehmen die Ernsthaftigkeitsschwelle höher anzusetzen ist als bei kleineren.[928] Dies gilt jedoch keineswegs ausnahmslos. So ist es auch bei größeren Unternehmen denkbar und ebenso üblich wie wirtschaftlich sinnvoll, zur Abrundung der eigenen Leistungspalette auch solche Produkte vorzuhalten, die bestimmte Nischen ausfüllen oder aus anderen Gründen seltener abgenommen werden. Dies stellt aus sich heraus die wirtschaftliche Ernsthaftigkeit nicht in Frage. Zutreffend weist der EuGH deshalb darauf hin, dass der unter einer Marke erzielte Umsatz als solcher nur begrenzten Aussagewert hinsichtlich der Ernsthaftigkeit der Benutzung aufweist.[929] Deshalb kann selbst eine geringfügige Benutzung, soweit sie zur Erschließung und Sicherung eines Absatzmarktes erfolgt, als ausreichend angesehen werden, um das Vorliegen der Ernsthaftigkeit zu belegen.[930] Je nach Lage des Falles kann der Nachweis ernsthafter Benutzung einer Marke für die von ihr erfassten Leistungen selbst bei kostenfreiem Angebot anzunehmen sein.[931]

Beispiel:

Die Benutzung einer Marke für wenige tausend Zigaretten im Jahr reicht angesichts der in der Zigarettenproduktion und -distribution üblichen Mengen zur rechtserhaltenden Benutzung nicht aus; demgegenüber dürften die gleichen jährlichen Stückzahlen etwa bei hochpreisigen Zigarren über die bloße Scheinbenutzung (je nach Marke sogar weit) hinausgehen.

235 Die Benutzung muss im **geschäftlichen Verkehr** erfolgen, da die Unionsmarke andernfalls für Abnehmer und Mitbewerber nicht wahrnehmbar ist. Andererseits kann nicht jede nachgewiesene geschäftliche Verwertung automatisch als ernsthafte Benutzung der fraglichen Marke qualifiziert werden, was es vielmehr im Einzelfall zu überprüfen gilt.[932] Anders als bei den vom Ausschließlichkeitsrecht des Markeninhabers erfassten Verletzungshandlungen des Art. 9 Abs. 2 UMV, welches auch den – für den Geschäftsverkehr als solchen nicht wahrnehmbaren – Besitz markenrechtswidrig gekennzeichneter Produkte umfasst, sind zur Rechtserhaltung grundsätzlich nur Benutzungshandlungen *mit Außenwirkung* geeignet. Eine gewisse Ausnahme davon bildet Art. 18 Abs. 1 lit. b) UMV, wonach die Anbringung der Unionsmarke auf ausschließlich für den Export bestimmten Waren als rechtserhaltende Benutzung anerkannt ist.[933] Im Übrigen kommen prinzipiell **alle denkbaren Benutzungsformen** in Betracht, insbesondere also die Anbringung der Marke auf der Verpackung, Bedienungs- und Montageanleitungen, auf Briefbögen, Orderformen, Fakturen und anderen Geschäftspapieren, in der TV-, Kino-, Rundfunk-, Internet-, Print-, Plakat- und sonstiger Werbung (Bandenwerbung, Sponsoring etc.). Bei für Waren registrierten Unionsmarken ist die Anbringung der Marke auf dem Produkt selbst die häufigste und naheliegendste Form der Anbringung der Marke. Allerdings ist dies nicht zwingend, etwa bei chemischen Flüssigkeiten oder anderen Waren, die auf Grund ihrer Beschaffenheit die unmittelbare Anbringung der Marke nicht ermöglichen oder zweckmäßig erscheinen lassen.[934] In solchen Konstellationen reicht auch die Benutzung in Liefer-, Order-, Rechnungs- oder sonstigen Geschäftsunterlagen aus.[935] Bei der Nutzung einer Marke für Dienstleistungen ist ohnehin nur die Verwendung der Marke im Zuge der Erbringung der Dienstleistung möglich, etwa auf der Internetpräsenz, Briefpapier, Visitenkarten, Geschäfts-, Vortrags- und Rechnungsunterlagen und dergleichen. Stets hat jedoch die Anbringung der Marke in einer auf die Herkunft der so gekennzeichneten Leistung hinweisenden

[927] EuGH ECLI:EU:C:2014:2089 – Walzertraum, Rn. 33; EuGH ECLI:EU:C:2013:826 – Rivella International AG v EUIPO Rn. 47 ff.

[928] Ausf. Hasselblatt/Nordemann EUTMR Art. 18 Rn. 21 ff.; Eisenführ/Schennen/Holderied UMV Art. 18 Rn. 70.

[929] EuGH ECLI:EU:C:2003:145 – Ansul/Ajax, Rn. 39; EuGH ECLI:EU:C:2006:310 – Vitafruit, Rn. 71; zustimmend Berlit WRP 2006, 1077 (1079 f.).

[930] EuGH ECLI:EU:C:2006:310 – Vitafruit, Rn. 72.

[931] EuG ECLI:EU:T:2011:452 – Omnicare.

[932] EuGH ECLI:EU:C:2014:2089 – Walzertraum, Rn. 32.

[933] S. dazu Hasselblatt/Nordemann EUTMR Art. 18 Rn. 55.

[934] In dieser Richtung auch Eisenführ/Schennen/Holderied UMV Art. 18 Rn. 45; s. aus deutscher Sicht BGH GRUR 1995, 347 – Tetrasil.

[935] So ausdrücklich für die Benutzung flüssiger Chemikalien, BGH GRUR 1995, 347 – Tetrasil.

Form zu erfolgen. Dies kann problematisch sein in Fällen, in denen die aus dem Register ersichtliche Marke mit dem Produkt gewissermaßen identisch ist, die Marke also nicht auf der Ware angebracht wird, sondern das vertriebene Produkt gewissermaßen eine Verkörperung der eingetragenen Markenform darstellt.[936] Dabei kommt dem Begriff der „markenmäßigen Benutzung" bzw. der Verwendung „als Marke" nach Sicht des EuGH keine eigenständige Bedeutung zu.[937] Maßgeblich ist auf die Sichtweise der beteiligten Verkehrskreise abzustellen: soweit diese in der **konkreten Benutzungsform eine Verwendung** der Marke **als Herkunftshinweis** erkennen, sind solche Benutzungshandlungen als relevant anzusehen.

Ob die rein **firmenmäßige** Benutzung zur Rechtserhaltung ausreicht, ist abhängig von den Einzelfallumständen. Maßgeblich ist insoweit darauf abzustellen, ob der unmittelbare Bezug zur jeweiligen Leistung für den Rechtsverkehr hinreichend deutlich zuzuordnen ist, also die Unionsmarke aus Sicht der beteiligten Verkehrskreise für die fragliche Ware/Dienstleistung als Kennzeichnungsmittel eingesetzt wird. In jedem Falle wird zu fordern sein eine Benutzung gemäß der Hauptfunktion der Marke, also mit Bezug auf Waren und Dienstleistungen und zur Erschließung oder Sicherung von Absatzmärkten;[938] wenn zugleich *auch* eine firmenmäßige Nutzung erfolgt, ist dies unschädlich. 236

Praxistipp:

Wird eine Marke überwiegend oder gar ausschließlich als Unternehmenskennzeichen eingesetzt, was insbesondere im Einzelhandel nicht selten vorkommt, empfiehlt es sich, die Marke auch auf Produktauszeichnungen an Regalflächen, in der Werbung, auf Preisetiketten, der Rechnungsquittung („Kassenbon") etc. und, soweit möglich, auf der Ware selbst anzubringen.

Noch nicht in allen Facetten höchstrichterlich entschieden ist die Frage, ob auch Benutzungshandlungen über das **Internet** für die Beurteilung des Rechtserhalts heranzuziehen sind. Dies ist jedenfalls im Grundsatz zu bejahen, wobei maßgeblich auf die Einzelfallumstände abzustellen ist. Erfolgt beispielsweise ein Direktvertrieb von Waren auch oder ausschließlich über einen internetgesteuerten „Marktplatz", dürften solche Benutzungshandlungen bei der Bewertung der Frage der rechtserhaltenden Benutzung für die vertriebenen Waren ohne Weiteres heranzuziehen sein. Wenn und soweit eine Nutzung im Internet erfolgt, so ist diese neben anderen Faktoren bei der Prüfung der ernsthaften Nutzung heranzuziehen, wobei zu differenzieren sein wird zwischen der bloßen Abbildung der Marke einerseits und einer Verwendung, die eine Bestellung der somit gekennzeichneten Leistung über das Internet ermöglicht, andererseits.[939] 237

Praxistipp:

Bis zur abschließenden Klärung dieser Frage durch den EuGH ist es empfehlenswert, gegebenenfalls flankierend zu einer Markennutzung über das Internet die jeweilige Kennzeichnung auch auf Bestell-, Liefer- und sonstigen Geschäftsunterlagen einzusetzen.

Die Benutzung muss – nach Ablauf der fünfjährigen Schonfrist – für **alle Waren/Dienstleistungen** erfolgen. Wird die Unionsmarke nur für einen Teil der geschützten Leistungen rechtserhaltend eingesetzt, tritt im Übrigen Löschungsreife ein. Allerdings ist jeweils zu überprüfen, ob eine 238

[936] Einen solchen Sachverhalt betraf die Entscheidung BGH GRUR 2002, 1072 – Sylt-Kuh: dort waren Marke und Ware identisch (schwarz-bunte Kuh mit dem Schriftzug „Sylt" als Aufkleber und Schlüsselanhänger), wobei der BGH – anders als das erstinstanzliche Gericht – die rechtserhaltende Benutzung in Form von Sylt-Kuh-Aufklebern und -Schlüsselanhängern bejahte.

[937] EuGH ECLI:EU:C:2004:11 – Gerolsteiner-Putsch, Rn. 15.

[938] Dies dürfte schon mit Blick auf die – eine andere Konstellation betreffende, nämlich die Frage der Verletzung einer älteren Marke durch Verwendung eines identischen Unternehmenskennzeichens – Céline-Entscheidung des EuGH (ECLI:EU:C:2007:497) sowie die oben dargestellten Grundsätze der ernsthaften Benutzung geboten erscheinen.

[939] Dies war im konkreten Fall bei der Abbildung von Schokoladenwaren unter Verwendung der Marke zu verneinen, EuG ECLI:EU:T:2013:22 – Reber/HABM (Walter Traum), Rn. 48; bestätigt durch EuGH ECLI:EU:C:2014:2089 – Walzertraum.

Teilbenutzung zur Rechtserhaltung auch des aus dem Waren-/Dienstleistungsverzeichnis ersichtlichen Oberbegriffes ausreicht: ist eine Marke beispielsweise für „Uhren“ registriert, wird aber lediglich für „Taschenuhren“ ernsthaft benutzt, sollte dies gleichermaßen für Widerspruchs-, Verletzungs- und Nichtigkeitsverfahren als rechtserhaltende Benutzung (auch) des Oberbegriffes „Uhren“ angesehen werden. Für eine besonders rigide Handhabung des Benutzungszwanges, wie sie bisweilen gefordert wird, besteht kein zwingendes Bedürfnis; im Gegenteil könnte dies dazu führen, dass die Markeninhaber verstärkt bei nationalen Registrierungen Zuflucht suchen, was die eingangs skizzierte Zielsetzung des Benutzungszwanges zumindest teilweise konterkarieren würde.[940] Dieser Sichtweise hat sich tendenziell auch das EuG angeschlossen. Nicht zuletzt wegen der recht *breiten* Formulierung der Oberbegriffe gemäß der Nizzaer Klassifizierung stellt sich häufig das Problem, dass Marken nur für eine begrenzte Untergruppe der jeweiligen Warengruppe genutzt werden. In einem solchen Fall der Teilbenutzung von Marken gilt die rechtserhaltende Benutzung nur für diejenige Untergruppe, zu der die Waren oder Dienstleistungen gehören, für die die Marke tatsächlich benutzt worden ist. Ist es nicht möglich, innerhalb der betreffenden Gruppe eindeutige Unterteilungen vorzunehmen, deckt der Nachweis der ernsthaften Benutzung der Marke für diese Waren oder Dienstleistungen demgegenüber zwangsläufig die ganze Gruppe ab.[941] Allerdings darf der Begriff der teilweisen Benutzung nicht bewirken, dass der Inhaber der älteren Marke jeden Schutz für Waren verliert, die zwar nicht völlig mit den Waren identisch sind, für die er eine ernsthafte Benutzung hat nachweisen können, die sich jedoch von diesen nicht wesentlich unterscheiden; so könne vom Markeninhaber nicht verlangt werden, die „Benutzung von allen denkbaren Varianten der von der Eintragung betroffenen Waren nachzuweisen“.[942]

239 Grundsätzlich muss die Marke in der **eingetragenen Form** benutzt werden. Die Benutzung einer schwarz/weiß registrierten Marke in farbiger Form ist als Benutzung der eingetragenen Marke anzusehen; hingegen ist die schwarz/weiß-Nutzung eines farbig eingetragenen Zeichens als Benutzung in abgewandelter Form anzusehen. 3D-Marken sind grundsätzlich in plastischer Form zu nutzen, was im Übrigen schon bei der Anmeldung berücksichtigt werden sollte (typisches Beispiel einer 3D-Nutzung ist das „Michelin-Männchen“); flankierend, nicht aber ausschließlich dürfte auch die zweidimensionale Nutzung in Print- und sonstiger Werbung als Benutzung in der eingetragenen Form anzusehen sein. Bei der Benutzung einer dreidimensionalen Marke, die der Form der Ware nachgebildet ist, sind regelmäßig Feststellungen dazu erforderlich, weshalb die Form der Marke von den Verkehrskreisen als Hinweis auf die betriebliche Herkunft und nicht nur auf eine technische Funktionalität wahrgenommen wird.[943] Bezüglich **Hörmarken** ergibt sich die Besonderheit, dass diese zwar als Sonagramm respektive in Notenschrift registriert werden, die Benutzung freilich akustisch zu erfolgen hat.

240 Jedoch ist auch die Benutzung in einer von der Eintragung **abweichenden Form** ausreichend, sofern dadurch die „Unterscheidungskraft der Marke“ nicht beeinflusst wird. In der englischen Fassung ist insoweit vom „distinctive character“ die Rede, womit schon rein sprachlich deutlicher wird, worauf die Ratio der Vorschrift abzielt. Unerheblich ist insoweit, was der Gesetzgeber nunmehr in Art. 18 Abs. 1 lit. a) UMV klargestellt hat, ob die Marke in der benutzten Form zugunsten des Inhabers registriert ist oder nicht.[944] Entscheidend kommt es bei Benutzung der Marke in abgewandelter Form darauf an, ob der **kennzeichnende Charakter** der Marke unverändert bleibt.[945] Nicht ganz einheitlich beantwortet wird die Frage, wie zu ermitteln ist, ob die von der Eintragung abweichende Benutzung relevant im Sinne des Art. 18 Abs. 2 UMV ist. Dem Publikum ist die registrierte Form der Marke nicht bekannt, so dass es auf dessen Sichtweise nicht entscheidend ankommen solle; vielmehr sei im konkreten Einzelfall **objektiv** unter Berücksichtigung typischer Verwendungsformen festzustellen, ob das kennzeichnende Gepräge der Marke durch die jeweilige Abweichung mehr als nur unerheblich beeinflusst wird.[946] Richtiger dürfte

[940] Für strenge Handhabe insb. Hackbarth S. 31 ff.; wie hier: Kellerhals GRUR Int. 1999, 14 ff.; Ingerl Die Gemeinschaftsmarke S. 108; s. zur rechtserhaltenden Teilbenutzung von Marken, Beierlein WRP 2008, 306 ff.

[941] EuG ECLI:EU:T:2005:288 – Aladin, Rn. 45.

[942] EuG ECLI:EU:T:2005:288 – Aladin, Rn. 46, dazu auch Beierlein WRP 2008, 306 f.

[943] EuGH ECLI:EU:C:2016:918 – Bullerjan.

[944] Geändert durch VO 2015/2424 v. 16.12.2015 (ABl. L 42, S. 21) mit Wirkung zum 23.3.2016; diese Klarstellung durch den Gesetzgeber ist ausdrücklich zu begrüßen, da sie damit durch die *Bainbridge*-Entscheidung (EuGH ECLI:EU:C:2007:514 Rn. 86) ausgelöste Rechtsunsicherheit endgültig beendet (auch wenn diese zuvor schon durch die *Proti*-Entscheidung weitestgehend ausgeräumt war (EuGH ECLI:EU:C:2012:671 – Proti, Rn. 30).

[945] Ausf. Hasselblatt/Nordemann EUTMR Art. 18 Rn. 46 ff.

[946] Hasselblatt/Nordemann EUTMR Art. 18 Rn. 47 ff. zahlreichen Beispielen; ferner v. Mühlendahl/Ohlgart § 8 Rn. 25.

demgegenüber sein, die Frage der Relevanz der Abweichung von der eingetragenen Form aus Sicht des Verkehrs festzustellen; zu fragen ist mithin danach, ob die angesprochenen Verkehrskreise in der benutzten Marke die eingetragene erkennen, mit anderen Worten die tatsächlich benutzte Marke *dieselbe* Individualisierung wie die eingetragene Marke bewirkt.[947] Eine zu strenge und formalistische Handhabe würde dem Markenschutz nicht gerecht. Im Übrigen ist auch in Art. 5 C (2) PVÜ vorgesehen, dass eine Abweichung von der registrierten Form unschädlich sein soll, solange dies nicht „die Unterscheidungskraft der Marke beeinflusst". Ganz in diesem Sinne zeigt sich ein recht liberaler Umgang des EuG;[948] so ist die von der registrierten (kursiven und grafisch besonders ausgestalteten) Wort-/Bildmarke abweichende Benutzung der Marke *Quantieme* in modifizierter grafischer Gestaltung, insbesondere des Buchstaben „Q", als unschädlich angesehen worden, da die Abweichungen „die Unterscheidungskraft der älteren Marke nicht beeinflussten".[949] Unschädlich ist für die rechtserhaltende Benutzung ferner, wenn eine Wortmarke – *CRISTAL* für Champagner – in Kombination mit weiteren Angaben benutzt wird, insbesondere dem Herstellernamen und einer geografischen Herkunftsangabe.[950] Zutreffend betont deshalb die Rechtsprechung, dass eine strikte Übereinstimmung der verwendeten zu der eingetragenen Form nicht erforderlich ist, so dass dem Markeninhaber solche Veränderungen des Zeichens gestattet sind, die – ohne dessen Unterscheidungsfunktion zu beeinflussen – „seine **bessere Anpassung an die Erfordernisse der Vermarktung** und der Förderung des Absatzes der betreffenden Waren oder Dienstleistung gestatten".[951] Dazu zählt beispielsweise auch die zweizeilige Wiedergabe einer einzeilig eingetragenen Marke.[952]

241 Zulässig ist im Allgemeinen die Benutzung zusammen mit anderen Marken, da die Anbringung mehrerer Marken – etwa in Form des „double-branding"[953] – inzwischen durchaus üblich ist; erforderlich ist aber, dass das jeweilige Zeichen als individuelle Marke erkennbar ist. Typische Fälle der von der registrierten Form abweichenden Benutzung sind solche der Zeichenmodernisierung. Insbesondere bei länger eingetragenen Bildmarken oder Bildbestandteilen wird deren Benutzung bisweilen vom Inhaber im Laufe der Jahr(zehnt)e aktuellen Darstellungsformen und modernen Trends in der Werbegrafik geringfügig angepasst. Eine solche Nutzung steht der Rechtserhaltung im Allgemeinen nicht entgegen, soweit der Gesamtcharakter der Marke dadurch nicht beeinflusst wird.[954] Unschädlich sind ferner geringfügige Modifizierungen und/oder Weglassungen, namentlich bei Kombinationszeichen, soweit die Veränderungen sich nicht (oder nur ganz unwesentlich) auf kennzeichnende Teile erstrecken: enthält eine Marke neben unterscheidungskräftigen Bestandteilen auch – beispielsweise den Waren- oder Dienstleistungsbereich – beschreibende Angaben[955], oder eine vorwiegend durch das Zeichenwort bestimmten Wort-/Bildmarke auch gewisse grafische Elemente, sind Abweichungen von der eingetragenen Form in solchen Bestandteilen regelmäßig unbeachtlich.

Beispiele zulässiger Abweichungen:

Eingetragen ist „XYZ Werkstätten", benutzt wird das Zeichen als „XYZ Werke"; registriert ist „XZY GmbH", nach Änderung der Rechtsform wird benutzt „XZY AG" usw.

242 Nach Art. 18 Abs. 1 UMV ist grundsätzlich der Inhaber der Unionsmarke zu deren rechtserhaltenden Benutzung verpflichtet. Ist eine Personengemeinschaft als Inhaber registriert, ist – mangels anderweitiger vertraglicher Abrede – jeder Einzelne zur Markennutzung berechtigt und imstande, mit Wirkung für die Gemeinschaft Benutzungshandlungen zu entfalten.[956] Dies kann

[947] Ausdrücklich auf die Sichtweise des Endverbrauchers abstellend: EuG ECLI:EU:T:2014:1070 – Drinkfit, Rn. 47; S. dazu ferner Eisenführ/Schennen/Holderied UMV Art. 18 Rn. 11.

[948] S. etwa EuG ECLI:EU:T:2015:635 – Nestlé Unternehmungen Deutschland GmbH v EUIPO Rn. 72–80; EuGH ECLI:EU:C:2016:642 – Lotte Co. Ltd v Nestlé Unternehmungen Deutschland GmbH, Rn. 38.

[949] EuG ECLI:EU:T:2006:10 – Quantum/Quantieme, Rn. 29.

[950] EuG ECLI:EU:T:2005:438 – Cristal, Rn. 33 ff. unter Hinweis darauf, dass es keine Unionsmarkenrechtliche Bestimmung gebe, wonach der Widersprechende nachzuweisen habe, dass er die Marke „isoliert und unabhängig von jeder anderen Marke" benutzt habe.

[951] EuGH ECLI:EU:C:2013:497 – Specsavers, Rn. 29; EuG ECLI:EU:T:2014:1070 – Drinkfit, Rn. 43.

[952] Im konkreten Fall die Wiedergabe der Marke „Drinkfit", EuG ECLI:EU:T:2014:1070 – Drinkfit, Rn. 43.47.

[953] Ausdr. EuG ECLI:EU:T:2005:438 – Cristal, Rn. 36, unter Hinweis darauf, dass es sich bei dem Zusatz „Louis Roederer" auf dem Hauptetikett der Flaschen um den Herstellernamen handele.

[954] Beispiel zulässiger Modernisierung einer Bildmarke in: BGH GRUR 1987, 822 – Panda-Bär; s. dazu ausf., mit zahlr. Bsp., Eisenführ/Schennen/Holderied UMV Art. 18 Rn. 12 ff.

[955] So wurden die Zusätze „PLUS" und „POWER" als unschädlich in Bezug auf die Benutzung der Wortmarke „Profi" angesehen, BGH GRUR 2013, 840 (842) – PROTI II, Rn. 26 ff.

[956] Eisenführ/Schennen/Holderied UMV Art. 18 Rn. 74.

insbesondere bei Kollektivmarken zum Tragen kommen. Neben der eigenen Markennutzung gilt jedoch auch die **mit Zustimmung** des Inhabers **durch Dritte erfolgte Benutzung** der Unionsmarke als solche des Inhabers, Art. 18 Abs. 3 UMV. In diesen praktisch ebenso häufigen wie wichtigen Fällen werden fremde Benutzungshandlungen dem Markeninhaber zugerechnet. Die hierfür erforderliche Zustimmung ist *vor* Aufnahme der fraglichen Benutzung zu erteilen und kann schriftlich, mündlich oder auch konkludent erklärt werden; von einer solchen schlüssig erteilten Zustimmung wird regelmäßig bei Unternehmen im Konzernverbund auszugehen sein. Eine nachträgliche Vereinbarung mit einem Dritten in Bezug auf eine über fünf Jahre nach Eintragung zwar nicht vom Markeninhaber, jedoch von ihm – ohne vorherige Zustimmung des Markeninhabers – genutzte Unionsmarke dahingehend, dass die fremden Benutzungshandlungen dem Inhaber zugutekommen, ist wegen des Erfordernisses der vorherigen Zustimmung nicht möglich.[957] Die Beweislast für das Vorliegen der Zustimmung zur Nutzung durch den Dritten obliegt dem Markeninhaber.[958] Häufige Fälle der Nutzung der Unionsmarke durch Dritte mit Zustimmung des Inhabers sind Vertriebs- oder sonstige **Lizenzverträge**, wobei hervorzuheben ist, dass die Zurechnung der Benutzungshandlungen des Lizenznehmers nicht die Registrierung der Lizenz nach Art. 27 UMV erfordert.[959]

243 Nach Art. 18 Abs. 1 UMV ist die Nichtbenutzung dem Markeninhaber nicht entgegenzuhalten, sofern **berechtigte Gründe** für die Nichtbenutzung vorliegen. Mit Blick auf den Gesetzeszweck der Regelung, die zurückgeht auf Art. 5 C Abs. 1 PVÜ, sind insoweit strenge, wenngleich nicht überzogene Maßstäbe anzulegen.[960] Nicht ausreichen dürften solche Umstände, die ausschließlich in die Sphäre des Markeninhabers fallen. Auch dürften konjunkturelle Engpässe oder gesamtwirtschaftliche Schwankungen die Nichtbenutzung einer Marke nicht rechtfertigen. Soweit ersichtlich, liegen hierzu Entscheidungen des EuG bzw. des EuGH noch nicht vor. In Anknüpfung an frühere Spruchpraxis zum Benutzungszwang nach § 26 MarkenG dürften darunter lediglich solche Umstände zu subsumieren sein, die „dem Einfluss des Markeninhabers nicht zugänglich sind, wie insbesondere höhere Gewalt".[961] Dazu zählen mithin Kriegszustände, staatliche Zwangsmaßnahmen, Konfiszierungen, Katastrophen und dergleichen. Dazu können aber auch, etwa bei Arzneimittelmarken, Verzögerungen im Arzneimittelzulassungsverfahren zählen, soweit der Markeninhaber das etwaig notwendige Zulassungsverfahren rechtzeitig eingeleitet hat und ihm andere Verwendungsmöglichkeiten nicht möglich waren. Durch die Anerkennung berechtigter Gründe wird die rechtserhaltende Benutzung nicht gewissermaßen geheilt; für die Dauer des Vorliegens der berechtigten Gründe wird der Lauf der fünfjährigen Benutzungsschonfrist lediglich **gehemmt.**[962] Es obliegt mithin in solchen Fällen dem Markeninhaber, nach Fortfall des die Nichtbenutzung rechtfertigenden Grundes alsbald Benutzungshandlungen aufzunehmen.

244 Für das **Widerspruchsverfahren** ist zu beachten, dass – anders als nach deutschem Markenrecht – sich die Benutzungseinrede nach einem starren Benutzungszeitraum bemisst, wenn und soweit die Benutzungsschonfrist oder ein Zeitraum von fünfjähriger Nichtbenutzung der älteren Marke erst nach Veröffentlichung der mit dem Widerspruch angegriffenen Anmeldung abläuft.[963] Der vom Markeninhaber nachzuweisende Benutzungszeitraum „wandert" mithin nicht entsprechend der fortschreitenden Verfahrensdauer mit. Dies kann dazu führen, dass trotz zwischenzeitlich, dh bis zum Zeitpunkt der Entscheidung über den Widerspruch, eingetretener Löschungsreife der älteren Marke dem Widerspruch gleichwohl stattzugeben ist. Dies ist verfahrensökonomisch wenig sinnvoll. Allerdings verbleibt in diesen Fällen dem Anmelder die Möglichkeit, das separate Löschungsverfahren zu betreiben.

245 Unzulässig ist die **missbräuchliche Umgehung des Benutzungszwanges** durch Anmeldung eines mit der seit mehr als fünf Jahren registrierten, aber nicht benutzten Marke (nahezu) identischen Zeichens, um erneut in den Genuss der Benutzungsschonfrist zu kommen.[964]

[957] Eisenführ/Schennen/Holderied UMV Art. 18 Rn. 75.

[958] EuGH ECLI:EU:C:2006:310 – Vitafruit Rn. 43 ff.

[959] So ausdrücklich Protokollerklärung Nr. 13 noch zu Art. 23 Abs. 1 GMV, ABl. 1996, 612 (616).

[960] Etwas weitergehend Eisenführ/Schennen/Holderied UMV Art. 18 Rn. 84; wie hier, Hasselblatt/Nordemann EUTMR Art. 18 Rn. 44: auszulegen im Lichte des Art. 19 TRIPS.

[961] BGH GRUR 2000, 890 (891) – Immunine/Imukin; s. dazu auch Art. 19 Abs. 1 S. 1, S. 2 TRIPS, wenngleich dort von „triftigen Gründen" die Rede ist.

[962] Zutreffend Eisenführ/Schennen/Holderied UMV Art. 18 Rn. 87.

[963] Von Mühlendahl/Ohlgart § 14 Rn. 42.

[964] Zutreffend HABM – BK R 1785/2008-4 – PATH-FINDER/MARS PATHFINDER Rn. 19 ff.; Eisenführ/Schennen/Holderied UMV Art. 18 Rn. 56.

e) **Verwirkung (Art. 16, 61 UMV).** Eine weitere Beschränkung der Durchsetzung der Rechte aus der Unionsmarke bildet die **Verwirkung durch Duldung.** Rein zahlenmäßig sind Fälle der Verwirkung in der Praxis eher selten; kommt die Verwirkung jedoch zum Tragen, hat sie recht einschneidende Konsequenzen. Die Verwirkung durch Duldung war zunächst ausschließlich in Art. 54 GMV (aF) geregelt. Im Zuge der Unionsmarkenverordnung ist der Verwirkungstatbestand mit Wirkung zum 23. März 2016 neu gefasst und auf zwei Vorschriften aufgeteilt worden.[965] Diese mit Wirkung zum 1. Oktober 2017 in Art. 61 UMV geregelte Vorschrift betrifft die Beschränkung der Geltendmachung älterer Unionsmarkenrechte (Abs. 1) und nationaler Kennzeichenrechte (Abs. 2) im **Nichtigkeitsverfahren** gegenüber jüngeren Unionsmarken, während die Verwirkung des Rechts, sich der **Benutzung** einer jüngeren Marke widersetzen zu können, nunmehr in Art. 16 UMV geregelt ist. Eine materielle Rechtsänderung ist mit dieser Aufsplittung des Verwirkungstatbestandes nicht verbunden.[966] Die Voraussetzungen der Verwirkung durch Duldung sind in Art. 61 Abs. 1, Abs. 2 UMV geregelt; Art. 16 UMV normiert das einredeweise geltend zu machende Zwischenrecht des Inhabers einer später eingetragenen Marke im Verletzungsverfahren. Nach Art. 61 Abs. 1 UMV ist es dem Inhaber einer älteren Unionsmarke verwehrt, die Nichtigerklärung einer jüngeren Unionsmarke zu verlangen, wenn er die Benutzung der jüngeren Unionsmarke in der Union während eines Zeitraums von fünf aufeinanderfolgenden Jahren (wissentlich) geduldet hat, sofern der Inhaber der jüngeren Unionsmarke bei der Anmeldung nicht bösgläubig war.[967] 246

Der Verwirkungstatbestand erfordert zunächst einen **ununterbrochenen Fünf-Jahreszeitraum** der wissentlichen Duldung der Benutzung einer jüngeren Unionsmarke. Dabei ist es in territorialer Hinsicht ausreichend, wenn der Inhaber der älteren Marke von der Benutzung einer jüngeren Unionsmarke in nur einem Mitgliedstaat Kenntnis hatte.[968] Hat die wissentliche Duldung der Benutzung einer jüngeren Unionsmarke in nur einem Teil der Gemeinschaft die Verwirkung zur Folge, erstreckt sich diese – bei Vorliegen der weiteren Voraussetzungen nach Art. 61 Abs. 1 bzw. Abs. 2 UMV – auf das Gebiet der gesamten Union. Die Verwirkung ist dabei für alle fraglichen Waren/Dienstleistungen **separat** zu untersuchen. Hatte beispielsweise der Inhaber der älteren Marke lediglich Kenntnis von der Nutzung der jüngeren Marke für bestimmte Waren, wären auch nur insoweit die Markenrechte verwirkt, nicht jedoch in Bezug auf etwaig weitergehende Waren/Dienstleistungen, die von der jüngeren Unionsmarkenregistrierung erfasst sind. 247

Schon semantisch insinuiert der Begriff der Duldung, dass sich der Duldende passiv verhält, indem er davon absieht, ihm zur Verfügung stehende Maßnahmen zur Beendigung eines ihm bekannten und nicht zwangsläufig erwünschten Zustandes zu ergreifen. Anders gewendet setzt der Begriff der Duldung voraus, dass der Duldende gegenüber einem **Zustand untätig bleibt, dem er sich widersetzen** könnte.[969] Verwirkung tritt deshalb *nicht* ein, wenn der Inhaber einer älteren Marke eine lange andauernde (im konkreten Fall über mehrere Jahrzehnte) Benutzung einer mit seinem Zeichen identischen Marke durch einen Dritten geduldet hat, von der er zwar Kenntnis, indes keine Möglichkeit hatte, sich ihr zu widersetzen.[970] Der Verwirkungseinwand greift nur durch, wenn der Inhaber der älteren Marke in **positiver Kenntnis der Nutzung** einer jüngeren identischen oder ähnlichen Marke untätig geblieben ist. Einfach oder grob fahrlässige Unkenntnis seitens des Inhabers der älteren Marke ist unschädlich; erforderlich ist vielmehr positives Wissen um die Nutzung – nicht bloß die Eintragung – der jüngeren Kennzeichnung, was im Streitfall zu nicht unerheblichen Beweisproblemen führen kann. Erforderlich ist **doppelte Kenntnis;** der Inhaber der älteren Marke muss Kenntnis von der Eintragung der jüngeren Marke *und* von der Benutzung dieser Marke nach ihrer Eintragung haben.[971] Problematisch kann sein, auf wessen Kenntnis abzustellen ist. Handelt es sich bei dem Inhaber der älteren Marke um eine natürliche Person, ist deren Kenntnis maßgeblich. Vielfach jedoch wird die ältere Marke zugunsten einer ju- 248

[965] Geändert durch VO (EU) 2015/2424 v. 16.12.2015.

[966] So auch Eisenführ/Schennen/Eberhardt UMV Art. 61 Rn. 2.

[967] Spiegelbildlich betrifft die Vorschrift des Art. 61 Abs. 2 UMV die Verwirkung der Inhaber älterer nationaler Markenrechte oder sonstiger älterer Kennzeichenrechte des Art. 8 Abs. 2, 8 Abs. 4 UMV. Die entsprechende Beschränkung der Rechte des Unionsmarkeninhabers gegenüber später eingetragenen nationalen Marken ergibt sich aus Art. 16 Abs. 2 UMV iVm Art. 9 Abs. 1 oder Abs. 2 bzw. Art. 46 Abs. 3 der RL (EU) 2015/2436.

[968] Wie hier Eisenführ/Schennen/Eberhardt UMV Art. 61 Rn. 11; anders etwa Fernandez Novoa GRUR 1996, 442 (444), der für die Verwirkung stets die (wissentliche) Benutzung in mindestens zwei Mitgliedstaaten fordert.

[969] EuGH ECLI:EU:C:2011:605 – Budweiser II, Rn. 44 unter Bezugnahme auf Nr. 70 der Schlussanträge der Generalanwältin.

[970] EuGH ECLI:EU:C:2011:605 – Budweiser II, Rn. 45.

[971] EuGH ECLI:EU:C:2011:605 – Budweiser II, Rn. 58.

ristischen Person registriert sein. In diesen Fällen kann es sich als fraglich erweisen, wessen Kenntnis maßgeblich sein soll.[972] Ausdrückliche Regelungen oder Entscheidungen des EuG/H existieren zu dieser Frage nicht. Richtigerweise wird man die Kenntnis von Personen mit unternehmensleitender Funktion (Vorstand, Geschäftsführer, uU auch Vertriebs- oder Abteilungsleiter) als ausreichend ansehen müssen. Demgegenüber ist die Kenntnis von einfachen Angestellten, Außendienstmitarbeitern, Arbeitern und sonstigen Personen im Unternehmen ohne eigene Sachentscheidungs- und/oder Führungskompetenz nicht genügend, um diese dem Markeninhaber zuzurechnen. Allgemeinen Regeln folgend ist derjenige darlegungs- und **beweisbelastet,** der sich auf Verwirkung beruft. Die Führung dieses Beweises – über die innere Tatsache der positiven Kenntnis auf Seiten des Markeninhabers – bereitet in der Praxis regelmäßig Schwierigkeiten. Gleichwohl ist insoweit gegenüber Beweiserleichterungen Zurückhaltung geboten. Keinesfalls aus sich heraus ausreichend, und auch nicht als Indiz für eine Kenntnis (in doppelter Hinsicht) ist der Umstand zu werten, dass der Inhaber älterer Markenrechte gegenüber einer späteren Unionsmarke keinen Widerspruch eingelegt hat.[973] Allerdings bestehen keine Bedenken gegenüber einer Indizienbeweisführung. Derjenige, der sich auf die Verwirkung beruft, muss mithin Tatumstände darlegen und beweisen, die keinen vernünftigen Zweifel an der positiven Kenntnis des Markeninhabers hinsichtlich der Duldung zulassen. Grobfahrlässige Unkenntnis reicht hingegen nicht aus; vielmehr müssen sich die vorgetragenen Beweisanzeichen soweit verdichten, dass das Gericht von (doppelter) Kenntnis ausgehen kann.

Beispiel:
Die Inhaber beider Marken waren über Jahre hinweg auf mehreren Messen in der gleichen Halle zugegen, wobei die jeweiligen Messestände unmittelbar nebeneinander aufgestellt waren; hat der Inhaber der jüngeren Marke diese auf solchen Messeständen prominent ausgestellt, kann von Kenntniserlangung auf Seiten des Inhabers der älteren Marke auszugehen sein.

249 Von positiver Kenntnis sowohl der Registrierung als auch der Benutzung der jüngeren Unionsmarkenregistrierung ist stets dann auszugehen, wenn beispielsweise eine Abmahnung oder Berechtigungsanfrage schriftlich ausgesprochen, dann aber nicht weiterverfolgt wird. Gleiches gilt bei ähnlich aussagekräftiger Korrespondenz. Aus Sicht des Inhabers der älteren Marke ist deshalb **dringend anzuraten,** bevor eine Verwirkung durch Duldung eintritt, die Ungültigerklärung der jüngeren Unionsmarkenregistrierung gegenüber dem Amt durchzusetzen oder sich der Benutzung mittels einer Verletzungsklage zu widersetzen.[974] In solchen Fällen sollte die Fünf-Jahres-Frist, berechnet ab dem Zeitpunkt der nachweislichen Kenntnis des Mehrwerts der jüngeren Marke von der (doppelten) Kenntnis des Inhabers der älteren Marke, notiert und im Auge behalten werden.[975] Wird die ältere Marke während des relevanten 5-Jahres-Zeitraums übertragen, kann die (positive) Kenntnis des früheren Markeninhabers dem Rechtsnachfolger zuzurechnen sein.[976]

250 Ausgeschlossen ist die Verwirkung nur für den Fall der **Bösgläubigkeit** des Inhabers der jüngeren Marke, wobei es maßgebend auf den Zeitpunkt der Anmeldung der jüngeren Marke ankommt. Eine gesetzliche Definition der Bösgläubigkeit enthält der Verordnungstext nicht. Jedoch ist aus der Gesetzessystematik zu folgern, dass allein eine objektive Kenntnis von älteren Zeichenrechten *nicht* ausreicht, vielmehr für die Annahme der Bösgläubigkeit auch **subjektive Unlauterkeitsmomente** vorliegen müssen. Andernfalls nämlich wäre Bösgläubigkeit zumindest in den Fällen des Art. 61 Abs. 1 UMV regelmäßig gegeben, da der Inhaber der jüngeren Unionsmarkenregistrierung über ältere identische oder verwechslungsähnliche Unionsmarken seitens des EUIPO in den Fällen des Art. 43 Abs. 7 UMV unterrichtet wird. Bösgläubigkeit ist anzunehmen, wenn der Inhaber der jüngeren Marke in Schädigungsabsicht, treuwidrig oder rechtsmissbräuchlich handelt.[977]

251 Die Verwirkung der Zeichenrechte führt nicht zum Verlust der älteren Unionsmarke insgesamt, sondern bedingt lediglich, dass die Markenrechte gegenüber dem Inhaber der jüngeren Marke

[972] Offen gelassen von Eisenführ/Schennen/Eberhardt UMV Art. 61 Rn. 16.
[973] EuGH ECLI:EU:C:2013:91 – FCI/FCIPP, Rn. 48.
[974] Was selbstverständlich möglich ist, gleichwohl betont durch den EuGH ECLI:EU:C:2015:161 – Wortzeichen „uh", Rn. 25.
[975] S. den (dort freilich untauglichen) Versuch der Unterbrechung des Duldungszeitraums exakt einen Tag vor Ablauf der Fünf-Jahres-Frist in EuGH ECLI:EU:C:2011:605 – Budweiser II (Vorgehen gegenüber der jüngeren Marke nach vier Jahren und 364 Tagen!).
[976] Hasselblatt/Vos EUTMR Art. 61 Rn. 8.
[977] Eisenführ/Schennen/Eberhardt UMV Art. 61 Rn. 20; Kur/v. Bomhard/Albrecht/Hanne UMV Art. 61 Rn. 24, Art. 59 Rn. 12 ff.

nicht durchsetzbar sind. Soweit Verwirkung gegeben ist, entsteht eine **Koexistenz** der älteren und der jüngeren Marke; dies wird durch Art. 61 Abs. 3 UMV ausdrücklich klargestellt.

252 f) **Verjährung.** Die Frage der **Verjährung** von Markenrechten hat in der UMV weder eine eigene Regelung erfahren noch findet sich ein eindeutiger Verweis auf die – durchaus unterschiedlich ausgestalteten – Verjährungsvorschriften der Mitgliedstaaten. Angesichts der immensen praktischen Bedeutung der Verjährungsfrage für die Durchsetzung des Unionsmarkenrechts wäre eine Klarstellung durch den EU-Gesetzgeber im Zuge der jüngsten Reform wünschenswert gewesen.

253 De lege lata ist Folgendes zu beachten: Gemäß Art. 17 Abs. 1 S. 2 UMV soll die Unionsmarke, soweit die Verordnung keine speziellen Regelungen vorsieht, „im Übrigen" dem für die Verletzung nationaler Marken geltenden Recht unterliegen, woraus zunächst folgt, dass auch Ansprüche aus der Unionsmarke prinzipiell der Verjährung unterliegen. Problematisch ist jedoch, nach welchen Vorschriften sich der Lauf der Verjährung bemisst. Einen Fingerzeig gibt Art. 129 Abs. 2 UMV, wonach die Unionsmarkengerichte in allen nicht durch die UMV geregelten Markenfragen „das geltende nationale Recht" anwenden. Demgemäß richtet sich die Verjährung der in der UMV *nicht unmittelbar geregelten* Ansprüche nach dem jeweiligen **nationalen Recht,** also insbesondere die Verjährung der Ansprüche auf **Auskunft** und **Schadenersatz.** Zu beachten sind abweichende Verjährungsregelungen in den einzelnen Mitgliedstaaten. Aus bundesdeutscher Sicht ist die Rechtslage nicht ganz eindeutig, nachdem die sich mit der Unionsmarke befassenden §§ 125a ff. MarkenG nicht auf § 20 MarkenG verweisen.[978] Gelangt § 20 MarkenG nicht zur Anwendung, ist auf die Verjährungsvorschriften des Abschnittes 5 des ersten Buches des BGB zurückzugreifen. Allerdings ist der Unterschied in der dogmatischen Herleitung – etwa unmittelbar über § 20 MarkenG oder § 194 BGB – praktisch irrelevant, da § 20 S. 1 MarkenG zeit- und im Wesentlichen inhaltsgleich im Zuge des Schuldrechtsmodernisierungsgesetzes mit den §§ 194 ff. BGB neu gefasst wurde.[979] Zu beachten ist insbesondere die im Zuge der damaligen Neufassung der zivilrechtlichen Vorschriften vorgenommene – sehr zu begrüßende – Klarstellung, wonach der Lauf der Verjährung nicht nur bei Kenntnis von Anspruchsgegner und den anspruchsbegründenden Umständen in Gang gesetzt wird, vielmehr der Kenntnis die grobfahrlässige Unkenntnis gleichgestellt ist (§ 199 Abs. 1 Nr. 2 BGB).[980] Unklar bleibt die Verjährungsfrage bezüglich der in Art. 130 Abs. 1 bzw. 9 Abs. 3 UMV *unmittelbar geregelten* **Unterlassungs-** und **Entschädigungsansprüche,** da diese – streng besehen – von der Verweisungsvorschrift des Art. 129 Abs. 2 UMV nicht erfasst sind.[981] Im Interesse einer einheitlichen Handhabe ist auch die Verjährung dieser Ansprüche nach nationalem Recht zu beurteilen. Bei der **Verjährungsunterbrechung** durch Klageerhebung ist zu beachten, dass die insoweit maßgebliche Frage der Rechtshängigkeit der Klage in den Mitgliedstaaten unterschiedlich ausgestaltet ist.[982]

10. Unionsmarke als Gegenstand des Vermögens

254 Nach Art. 19 UMV ist die Unionsmarke Gegenstand des Vermögens. Wie andere Eigentumsrechte auch kann die Unionsmarke übertragen, belastet oder lizensiert werden. Die Unionsmarke begründet selbst kein dingliches Recht; allerdings ist sie ein absolutes Recht, an der dingliche Rechte begründet werden können, etwa nach Art. 22 UMV. Welche dinglichen Rechte an der Unionsmarke eingeräumt werden können, richtet sich nach dem nationalen Recht des Mitgliedstaates, dessen Recht sie unterliegt.[983] Dies bestimmt sich nach Art. 19, der zu diesem Zweck die Unionsmarke einer nationalen Marke gleichstellt, die in dem Mitgliedstaat eingetragen ist, in dem der Inhaber seinen Wohn-/Geschäftssitz oder, sollte beides nicht der Fall sein, eine Niederlassung hat (Art. 19 Abs. 1 lit. a) und lit. b) UMV). Sollten diese Voraussetzungen für den für die Begründung des dinglichen Rechts maßgebenden Zeitpunkt nicht vorliegen, findet nach Art. 19 Abs. 2 UMV subsidiär spanisches Recht Anwendung. Sind mehrere Personen als Inhaber im Unions-

[978] Wie hier: v. Mühlendahl/Ohlgart § 7 Rn. 36, anders demgegenüber Ströbele/Hacker/Thiering/Thiering MarkenG § 20 Rn. 5, wo es schlicht heißt, dass für die Verjährung von Ansprüchen aus Unionsmarken „§ 20 MarkenG über Art. 129 II UMV zur Anwendung kommt".

[979] S. Art. 5 Abs. 22 des SchuModG vom 26.11.2001, BGBl. I 3138.

[980] Zur positiven Kenntnis und grobfahrlässigen Unkenntnis s. Ingerl/Rohnke MarkenG § 20 Rn. 17, 18.

[981] S. Schulte-Beckhausen WRP 1999, 300 (304 f.); ohne nähere Begründung ebenso Eisenführ/Schennen/Kampmann/Eberhardt UMV Art. 129 Rn. 7.

[982] Eine gute Übersicht findet sich bei Bumiller Durchsetzung der Gemeinschaftsmarke in der EU S. 235 f.

[983] Ausf. Hasselblatt/McGuire EUTMR Art. 19 Rn. 18 ff. (allg.) sowie Rn. 47 ff. zu den Einzelregelungen; s. ferner Fammler WRP 2006, 534 ff., insbesondere auch zum Einsatz der Unionsmarke als Kreditsicherheit.

markenregister eingetragen, so ist die Regelung des Art. 19 Abs. 3 UMV zu beachten, wonach wiederum subsidiär spanisches Recht zur Anwendung gelangt.

255 a) **Freie Übertragbarkeit der Unionsmarke; Teilübertragung.** Die Unionsmarke kann, unabhängig von der Übertragung des Geschäftsbetriebes, **frei übertragen** werden. Die Übertragung bedarf der **Schriftform** und der Unterschrift der Vertragsparteien; andernfalls ist sie nichtig.[984] Eine Ausnahme vom Schriftformerfordernis postuliert Art. 20 Abs. 2 S. 1 UMV für den Fall der Übertragung des Unternehmens (und entsprechendes gilt gemäß S. 2 für eine diesbezügliche rechtsgeschäftliche Verpflichtungserklärung); in diesen Fällen wird, soweit nicht „etwas anderes vereinbart oder eindeutig aus den Umständen hervorgeht", der Rechtsübergang der zum Unternehmen gehörigen Unionsmarke vermutet. Weitere Formerfordernisse, wie etwa die notarielle Beglaubigung und dergleichen, bestehen im Interesse einer möglichst freien Übertragbarkeit nicht. Insbesondere ist eine Eintragung und Veröffentlichung des Rechtsüberganges *nicht* erforderlich, wird jedoch auf Antrag eines Beteiligten vorgenommen, Art. 20 Abs. 4 UMV. Die Stellung des Antrages auf Eintragung und Veröffentlichung des Rechtsüberganges der Unionsmarke ist namentlich zu beachten bei der **Wahrung von Fristen,** da der neue Inhaber erst ab **Antragseingang** zur Geltendmachung der Markenrechte berechtigt ist.[985]

Praxistipp:

Bei dem Erwerb von (Unions-)Marken, insbesondere größerer Portfolios, empfiehlt es sich, die Umschreibungserklärungen bei (Unternehmens-)Kaufvertragsschluss als Anlagen beizufügen und bei Vertragsschluss vom Übertragenden separat unterzeichnen zu lassen; unverzüglich nach Abschluss der Transaktion sollten die Umschreibungsanträge beim EUIPO eingereicht werden, da zum einen die Erfahrung lehrt, dass dies nach erfolgreichem „closing" bisweilen – erstaunlich oft – vergessen wird, und zum anderen nur so sichergestellt ist, dass vom Erwerber fristwahrend Schriftsätze beim Amt eingereicht werden können.

256 Der besonderen Erwähnung verdient die Möglichkeit der **Teilübertragung,** so dass die Unionsmarke auch nur für einen Teil der Waren oder Dienstleistungen übertragen werden kann. Mithin ist eine Aufspaltung einer Marke in eine Vielzahl von Marken möglich, die dann zwar neue Registernummern erhalten, jedoch dieselbe Priorität und gegebenenfalls denselben nationalen Zeitrang genießen.[986] Die abgespaltenen Marken gelten dann – wie die ursprüngliche Unionsmarke – unionsweit. Eine Teilung nach **örtlichen Grenzen,** etwa nur für einzelne Mitgliedsstaaten, ist demgegenüber *nicht* möglich.

257 In diesem Zusammenhang ist auf den im Februar 2004 eingefügten Art. 48a) UMV aF,[987] nunmehr Art. 56 UMV, aufmerksam zu machen. Art. 56 UMV konkretisiert die in Art. 20 Abs. 1 UMV vorgesehene Teilübertragung einer Unionsmarke. Erforderlich ist eine Erklärung, dass ein Teil der in der ursprünglichen Eintragung enthaltenen Waren oder Dienstleistungen Gegenstand einer oder mehrerer Teileintragungen sein soll. Dabei dürfen sich die Waren oder Dienstleistungen der Teileintragung – selbstverständlich – nicht mit den Waren oder Dienstleistungen der ursprünglichen Eintragung oder anderen Teileintragungen überschneiden, Art. 56 Abs. 1 Satz 2 UMV, Art. 14 UMDV. Für die neue Anmeldung erteilt das Amt eine neue Eintragungsnummer, Art. 14 Abs. 2 S. 2 UMDV.

258 b) **Dingliche Rechte, Zwangsvollstreckung, Insolvenz.** Als Gegenstand des Vermögens kann die Unionsmarke unabhängig vom Unternehmen **verpfändet** werden oder Gegenstand eines sonstigen dinglichen Rechts sein (Art. 22 Abs. 1 UMV), was im Hinblick auf die freie Übertragbarkeit der Unionsmarke nur konsequent ist. Dabei ist hinsichtlich des maßgeblichen Rechts zu beachten, dass sich die *schuldrechtliche* Wirksamkeit der Rechtseinräumung nach dem auf das jeweilige Vertragsverhältnis – je nach Lage der Dinge unter Berücksichtigung des Internationalen Privat-

[984] Art. 20 Abs. 3 UMV; Entsprechendes gilt für Anmeldungen, Art. 28 UMV.

[985] Art. 20 Abs. 12 UMV (ebenso für Anmeldungen: s. Art. 28 UMV); hierzu ausf. Hasselblatt/McGuire EUTMR Art. 20 Rn. 9 ff.; dies. GRUR 2008, 11 ff.

[986] Art. 20 Abs. 1 UMV; für Anmeldungen ist auch hier wieder Art. 28 UMV zu beachten; der teilweise Rechtsübergang ist in Art. 14 UMDV näher erläutert.

[987] Eingefügt durch VO (EG) Nr. 422/2004 des Rates vom 19.2.2004 zur Änderung der GMV, dort Art. 1 Nr. 14, ABl. vom 9.3.2004 L 70/1/3 f.

rechts – anwendbaren Recht bestimmt, während die wirksame Begründung des *dinglichen* Rechts dem Recht des Ursprungsstaates nach Art. 19 UMV unterliegt.[988] Nach Art 22 Abs. 2 UMV wird die Pfand- oder sonstige Rechtsbestellung auf Antrag eines der Beteiligten in das Register eingetragen und veröffentlicht.

In der Praxis wird von den Möglichkeiten der **Verpfändung** (nach deutschem Recht sind die §§ 1273 ff. BGB einschlägig) und der Einräumung eines **Nießbrauches** (§ 1030 BGB) sehr zurückhaltend Gebrauch gemacht, mit Blick auf das Vertragspfandrecht wohl wegen der Schwierigkeiten bei der Verwertung.[989] Bedeutsamer für die Praxis ist hingegen die **Sicherungsübereignung** der Unionsmarke; diese führt zur Änderung der Rechtsinhaberschaft, so dass diese *nicht* ein „sonstiges dingliches Recht" an, sondern die Verfügung über die Marke insgesamt betrifft. Als Sicherungsmittel ist diese Gestaltungsform deshalb besonders geeignet, da hier die Konditionen des Sicherungsfalles, der Verwertung bis hin zur Rückübertragung vertraglich frei ausgestaltet werden können. Zu beachten ist, dass die Sicherungsabtretung – anders als das Pfandrecht – nicht im Register eingetragen werden kann.[990] 259

Als selbstständiger Vermögensbestandteil unterliegt die Unionsmarke dem Zugriff von Maß- 260
nahmen der **Zwangsvollstreckung,** Art. 23 UMV. Für die Beurteilung der Rechtmäßigkeit der Zwangsvollstreckungsmaßnahme ist das nach dem Ausgangsrechtsstreit verbindliche Recht, hingegen für die Durchführung der Vollstreckung das Recht des Ursprungsstaates, bei fehlendem Sitz oder Niederlassung des Inhabers mithin spanisches Recht, maßgeblich.[991] Zwangsvollstreckungsmaßnahmen werden auf Antrag eines der Beteiligten ins Register eingetragen, wobei anzumerken ist, dass dies für die Wirkung gegenüber Dritten unbeachtlich ist; diese bestimmt sich vielmehr ausschließlich nach dem Recht des Ursprungsstaates (Art. 27 Abs. 3, Art. 19 UMV). Gelangt nach Art. 19 UMV deutsches Recht zur Anwendung, richtet sich die Pfändung der Unionsmarke nach §§ 857, 814 ZPO; der vom Amtsgericht des Vollstreckungsgerichtes erlassene Pfändungsbeschluss wird mit Zustellung an den Schuldner (Markeninhaber) wirksam, ch ihm wird ein Verfügungsverbot auferlegt.[992] Die Pfändung als solche lässt die Stellung des Markeninhabers unberührt; auch hat sie keine Auswirkung auf das Verfahren gegenüber dem EUIPO. Besonders hervorzuheben ist jedoch die Bestimmung des Art. 57 Abs. 3 Satz 1 UMV, wonach der etwaige **Verzicht** des Unionsmarkeninhabers nur mit Zustimmung derjenigen Personen wirksam wird, die Inhaber eines im Register eingetragenen Rechts sind.

Praxistipp:

Im Hinblick auf die Schutzwirkung des Art. 57 Abs. 3 UMV im Falle eines Verzichts durch den Markeninhaber sollte im Einzelfall mit dem Pfandgläubiger erwogen werden, die Zwangsvollstreckungsmaßnahme im Register einzutragen.

Für **Insolvenzverfahren** ist die 2004 geänderte Vorschrift des Art. 24 UMV zu beachten.[993] Im 261
Zuge der Neuregelung wurde die Vorschrift nicht nur sprachlich – der Begriff des Konkurses wurde zugunsten der Insolvenz aufgegeben –, sondern auch inhaltlich geändert. Nach der alten Regelung konnte die Unionsmarke von einem solchen Verfahren nur in dem Mitgliedstaat erfasst werden, in dem es zuerst eröffnet wurde.[994] Seit 2004 wird die Unionsmarke nur dann von einem Insolvenzverfahren erfasst, wenn dieses in dem Mitgliedstaat eröffnet wird, in dessen Hoheitsgebiet der Schuldner den **Mittelpunkt seiner Interessen** hat. Anhand der etwaig über mehrere Mitgliedstaaten verteilten Geschäftsaktivitäten und/oder Vermögenswerte ist der Interessenschwerpunkt des Schuldners zu ermitteln. Nur soweit das Insolvenzverfahren in dem so bestimm-

[988] Dazu ausf. Hasselblatt/McGuire EUTMR Art. 19 Rn. 7 ff.; hat der Markeninhaber weder Sitz noch Niederlassung in der EU, ist nach Art. 19 Abs. 2 GMV für die dingliche Rechtseinräumung spanisches Recht anwendbar.

[989] Zum Vertragspfandrecht (einschließlich Verwertung) und Nießbrauch aus deutscher Sicht s. Ingerl/Rohnke MarkenG § 29 Rn. 5, 8; ausführlich zu IP-Rechten in der Insolvenz unten Töbelmann in § 48.

[990] Zutreffend Eisenführ/Schennen/Schennen UMV Art. 22 Rn. 12; aA Ingerl/Rohnke MarkenG § 29 Rn. 11.

[991] Hasselblatt/McGuire EUTMR Art. 20 Rn. 8.

[992] Eisenführ/Schennen/Schennen UMV Art. 23 Rn. 5 f.

[993] In Kraft getreten am 10.3.2004, neu gefasst durch VO (EG) Nr. 422/2004 des Rates vom 19.2.2004 zur Änderung der GMV, ABl. 2004 L 70/1/2/7; ausf. zu IP-Rechten in der Insolvenz, Töbelmann § 48.

[994] S. zur alten Regelung etwa v. Mühlendahl/Ohlgart § 9 Rn. 14, zur gesetzgeberischen Motivation s. Hasselblatt/McGuire EUTMR Art. 24 Rn. 2 f.

ten Mitgliedsstaat eröffnet wurde, erfasst es die Unionsmarke. Diese Regelung erscheint gegenüber der Vorgängervorschrift vorzugswürdig, die gewissermaßen ein „Windhundrennen“ zuließ oder gar förderte, indem es auf die „zuerst“ erfolgte Verfahrenseröffnung abstellte. Abweichend davon können zugunsten Versicherungsunternehmen oder Kreditinstituten eingetragene Unionsmarken nur dann von einem Insolvenzverfahren erfasst werden, wenn dieses in dem Mitgliedstaat eröffnet wird, in dem das Unternehmen bzw. Institut zugelassen ist, Art. 24 Abs. 1 S. 2 UMV.[995] Im Fall der Mitinhaberschaft an einer Unionsmarke gelten diese Regelungen entsprechend für den Anteil des Mitinhabers, Art. 24 Abs. 2 UMV. Auf Antrag der zuständigen nationalen Stelle kann die Erfassung der Unionsmarke von einem Insolvenzverfahren in das Markenregister eingetragen und im Blatt für Unionsmarken veröffentlicht werden, Art. 24 Abs. 3, 116 UMV.[996] Aus deutscher Sicht ist zu beachten, dass die Unionsmarke (sowie die Unionsmarkenanmeldung) gemäß § 35 InsO in die Insolvenzmasse fällt, so dass nach Eröffnung des Insolvenzverfahrens der Insolvenzverwalter **alleiniger Verfügungsbefugter** ist, §§ 80, 81 InsO. Demgemäß kann auch nur der Lizenzverwalter Ansprüche aus der Marke geltend machen, Lizenzen vergeben oder die Marke veräußern.

262 c) **Lizenzierung der Unionsmarke.** Die Unionsmarke kann für alle oder einen Teil der Waren oder Dienstleistungen, für die sie eingetragen ist, und für das gesamte Gebiet oder einen Teil der Union Gegenstand von **ausschließlichen** oder **nicht ausschließlichen Lizenzen** sein. Die praktisch sehr bedeutsame Lizenzierung der Unionsmarke ist – nahezu gleichlautend mit Art. 25 der Marken-RL – in Art. 25 UMV geregelt. Einzelheiten zur – insbesondere aus Sicht des Lizenznehmers zu empfehlenden – Eintragung der Lizenz ergeben sich aus der durch die VO (EU) Nr. 2015/2424 mit Wirkung zum 1. Oktober 2017 eingefügten Vorschrift des Art. 26) UMV.[997] Nach Art. 28 UMV gelten die Bestimmungen über die Lizenzierung entsprechend für Unionsmarkenanmeldungen. In der Praxis wird die Lizenzierung der Unionsmarke vielfach verbunden mit Lizenzen für weitere (nationale) Marken oder **andere gewerbliche Schutzrechte** oder urheberrechtliche Nutzungs- oder Verwertungsrechte einschließlich damit einhergehender Herstellungs- und/oder Vertriebsrechte. Insoweit wird hier ausdrücklich verwiesen auf die jeweiligen Darstellungen in diesem Handbuch;[998] demgemäß werden nachfolgend lediglich spezifische Aspekte der Lizenzierung der Unionsmarke skizziert:

263 *aa) Natur und Gegenstand der Lizenz.* Wie jede Lizenzierung kann auch die Unionsmarkenlizenz umfassend oder räumlich, inhaltlich oder zeitlich begrenzt gewährt werden. Einige wichtige, aber keineswegs alle Begrenzungsmöglichkeiten sind in Art. 25 Abs. 1, 2 UMV aufgeführt.

264 **Territorial** kann die Lizenz „für das gesamte Gebiet oder einen Teil der Union“ erteilt werden. Folglich kann – unionsweit – eine beliebige Parzellierung vorgenommen werden,[999] über Ländergrenzen hinweg und/oder beschränkt auf Teile eines Mitgliedstaates. Es liegt jedoch im Interesse der Vertragsparteien, für eine möglichst **klare räumliche Festlegung** Sorge zu tragen, etwa durch Aufteilung des Lizenzgebietes nach Mitgliedstaaten und deren Länder. Zudem ist die territoriale Festlegung, namentlich bei Exklusivlizenzen, nach nationalem bzw. EU-Kartellrecht zu überprüfen. Hervorzuheben ist jedoch, dass die Erteilung einer territorial begrenzten Lizenz zum Schutzrechtsinhalt gehört, was durch Art. 25 Abs. 1 UMV ausdrücklich klargestellt wird. Demgemäß ist die Vereinbarung einer räumlich begrenzten Lizenz als solche nicht kartellrechtswidrig.[1000]

265 In **inhaltlicher** Hinsicht sind vielzählige Beschränkungen möglich. So kann die Lizenz für alle oder nur einen Teil der schutzbeanspruchenden Waren/Dienstleistungen gewährt werden. Weitere Aspekte, die die Parteien schon aus Gründen der Rechtssicherheit im Vorhinein festlegen sollten, betreffen die Berechtigung zur **Ausübung der Lizenz auch durch Dritte** (etwa konzernzugehörige Unternehmen des Lizenzpartners oder dessen Verkaufsrepräsentanten) oder zur Erteilung von **Unterlizenzen,** die Einhaltung bestimmter **Qualitätsstandards,** die Benutzung der Marke nur in der **eingetragenen Form,** die Festlegung bestimmter Präsentationsformen sowie Werbemittel, selbstständiges Klagerecht des Lizenznehmers und dergleichen bis hin zur **Dauer sowie Nicht-/ Exklusivität der Lizenz.**

[995] Für die Begriffe der „Versicherungsunternehmen“, „Kreditinstitute“ sind RL 2009/138/EG, ABl. L 335, und 2001/24/EG maßgeblich, ABl. 2001 L 110/14, ABl. 2001 L 125/15.

[996] Zum Eintragungsverfahren s. Eisenführ/Schennen/Schennen UMV Art. 24 Rn. 22, 25 ff.; sowie Hasselblatt/ McGuire EUTMR Art. 24 Rn. 14–16.

[997] S. zum Verfahren Eisenführ/Schennen/Schennen UMV Art. 26 Rn. 2 ff.

[998] S. insbesondere die ausf. Darstellung bei Straßer § 45.

[999] Wie hier: Hasselblatt/McGuire EUTMR Art. 25 Rn. 30; Eisenführ/Schennen/Schennen UMV Art. 25 Rn. 17.

[1000] So auch Eisenführ/Schennen/Schennen UMV Art. 25 Rn. 18.

Praxistipp:

Ferner empfiehlt es sich, namentlich bei Exklusivlizenzen, von vornherein – einschließlich der „automatischen" Terminierung zum Ende der Vertragslaufzeit – festzulegen, ob der Lizenznehmer die Marke als Bestandteil des Unternehmenskennzeichens und/oder einer Internetdomain verwenden darf.

bb) Erteilung und Eintragung der Lizenz. Besondere **Formerfordernisse** sind für die Lizenzvereinbarung nicht vorgesehen, so dass auch eine mündliche Lizenzeinräumung grundsätzlich möglich ist. Allerdings kann sich aus nationalem Kartellrecht die Notwendigkeit der Schriftform ergeben, zumal sich eine möglichst präzise Festlegung des Umfanges der Lizenz in territorialer, gegenständlicher und zeitlicher Hinsicht ohnehin (dringend) empfiehlt. 266

Auf Antrag eines Beteiligten wird die Erteilung oder der Übergang einer Lizenz in das Register **eingetragen** und veröffentlicht. Um einen gutgläubigen „lizenzfreien" Erwerb einer Unionsmarke durch Dritte zu verhindern, ist insbesondere aus Sicht des Lizenznehmers die Registrierung der Lizenz anzuraten, da nach Art. 27 Abs. 1 UMV die Lizenzerteilung gegenüber Dritten – abgesehen von Fällen positiver Kenntnis – erst mit dem Zeitpunkt der Eintragung Wirkung entfaltet.[1001] 267

cc) Markenverletzungsklage gegen Lizenznehmer; Klagerecht des Lizenznehmers. In Übereinstimmung mit Art. 25 Abs. 2 MarkenRL (EU) 2015/2436 eröffnet Art. 25 Abs. 2 UMV dem Markeninhaber die Möglichkeit, im Einzelnen näher bestimmte Verstöße gegen vertragliche Vereinbarungen[1002] im Wege der **Markenverletzungsklage** gegenüber dem Lizenznehmer zu verfolgen. Da dem Markeninhaber diese Rechte unter anderem auch bei Verletzung vertraglich vereinbarter Qualitätsstandards zustehen, wird deutlich, dass die Unionsmarke nach der UMV nicht nur in ihrer *Herkunfts*funktion, sondern auch in ihrer *Qualitäts*funktion markenrechtlichen Schutz genießt.[1003] 268

Von Bedeutung ist diese Regelung auch im Hinblick auf den **Erschöpfungsgrundsatz.** Soweit der Lizenznehmer Waren unter Missachtung lizenzvertraglicher Bestimmungen in den Verkehr bringt, führt dies mangels Zustimmung des Markeninhabers nicht zur Erschöpfung des Markenrechts. Folglich kann der Markeninhaber in diesen Fällen auch unmittelbar gegen die Abnehmer des Lizenznehmers wegen Markenverletzung vorgehen. 269

Verletzen Dritte die Rechte aus der Unionsmarke, so kann der Lizenznehmer Verletzungsklage grundsätzlich nur mit Zustimmung des Markeninhabers erheben. Etwas anderes gilt nur, soweit es zwischen den Parteien ausdrücklich anders vereinbart ist oder der Markeninhaber nach Aufforderung durch den *Exklusiv*lizenznehmer nicht selbst innerhalb einer angemessenen Frist Verletzungsklage erhoben hat.[1004] Aus der Formulierung des Art. 25 Abs. 3 UMV lässt sich entnehmen, dass aus dem Umstand der Erteilung einer *exklusiven* Lizenz nicht schon das eigene Klagerecht folgt, dieses vielmehr erst nach fruchtloser Aufforderung gemäß Art. 25 Abs. 3 S. 2 UMV entsteht. 270

IV. Verfahrensfragen

Die UMV enthält spezielle, teils von den nationalen Bestimmungen erheblich abweichende Regelungen für das Eintragungs-, das Widerspruchs- sowie das Verletzungsverfahren und sieht darüber hinaus besondere Instanzenzüge und Verfahrensarten vor. Diese werden nachfolgend jeweils separat erläutert; zuvor wird auf allgemeine Grundsätze im Umgang mit dem EUIPO eingegangen. 271

1. Allgemeines

a) Grundzüge des Verfahrens vor dem EUIPO. *aa) Amtsermittlung, Parteivorbringen, Verspätung.* Im Verfahren vor dem Amt wird der Sachverhalt grundsätzlich **von Amts wegen** ermit- 272

[1001] Für den Antrag auf Eintragung von Lizenzen und anderen Rechten in das Register ist der zum 1.10.2017 neu eingefügte Art. 26 UMV zu beachten.

[1002] Art. 25 Abs. 2 UMV nennt ua Verletzungen vertraglicher Regelungen über die Dauer, die Lizenzgebiete sowie die Qualität der vom Lizenznehmer hergestellten Waren oder erbrachten Dienstleistungen.

[1003] So ausdrücklich die amtliche Begründung zu § 24 des Deutschen Markengesetzes, mit dem der gleich lautende Art. 8 Abs. 2 der Marken-RL umgesetzt wurde (seit Neufassung der MarkenRL geregelt in Art. 25 VO (EU) 2015/2436); siehe Amtl. Begründung, BT-Drs. 12/6581, 86.

[1004] Art. 25 Abs. 3 UMV.

telt.[1005] Abweichend von dieser Regel ist das Amt in Verfahren relativer Eintragungshindernisse bei seinen Ermittlungen auf das Vorbringen und die Anträge der Beteiligten beschränkt. Ebenfalls eingeschränkt ist die Amtsermittlung gemäß dem durch die VO 2015/2424 neu eingefügten Art. 95 Abs. 1 S. 3 UMV im Nichtigkeitsverfahren nach Art. 59 UMV; in diesen Verfahren betreffend absolute Nichtigkeitsgründe hat das Amt lediglich die von den Beteiligten angeführten Gründe und Argumente zu prüfen. Zu betonen ist, dass das Amt Tatsachen und Beweismittel, die von den Parteien **verspätet** vorgebracht werden, gem. Art. 95 Abs. 2 UMV nicht zu berücksichtigen braucht. Aus dem Gesetzeswortlaut, wonach das Amt verspäteten Vortrag nicht zu berücksichtigen braucht, ist zu entnehmen, dass es den Beteiligten durchaus unbenommen bleibt, Tatsachen und Beweismittel auch dann noch vorzubringen, wenn die geltenden oder gesetzten Fristen abgelaufen sind. Mit anderen Worten ist es dem **Amt nicht untersagt,** solche **verspätet vorgebrachten Tatsachen und Beweismittel zu berücksichtigen.**[1006] Aus dem Wortlaut ergibt sich aber ebenso klar, dass die Beteiligten keinen Anspruch darauf haben, dass verspätet vorgetragene Beweismittel berücksichtigt werden. Durch diese Klarstellung, dass das Amt verspätete Vorbringen nicht zu berücksichtigen „braucht", wird deutlich, dass dem EUIPO diesbezüglich **weites Ermessen** eingeräumt wird.[1007] Wie der bisherige Umgang mit dem EUIPO zeigt, wird von diesem Ermessen großzügig Gebrauch gemacht, um die Parteien zu raschem Vorbringen anzuhalten. Grundsätzlich ist eine strenge Handhabe durch das Amt im Interesse eines zügigen Verfahrensablaufes zu begrüßen. Im Schrifttum ist insoweit nicht ganz zu Unrecht von einem **striktem Fristenregime** die Rede.[1008] Der Anmelder und dessen Vertreter sollten deshalb bemüht sein, Tatsachen und Beweismittel **unverzüglich und umfassend** bereits gegenüber dem Amt (gegebenenfalls unter Beachtung gesetzter Fristen) vorzubringen; keinesfalls sollte auf eine *Heilungsmöglichkeit* in zweiter Instanz vertraut werden.

273 Diese strenge Spruchpraxis zum verspäteten Vorbringen ist ausdrücklich vom EuGH bestätigt worden, einschließlich des dem EUIPO zur Berücksichtigung verbleibenden Ermessensspielraumes.[1009] Diese Grundsätze des *Kaul-Urteils* des EuGH sind längst zu ständiger Spruchpraxis erwachsen und inzwischen in der **Delegierten Verordnung** (EU) **2018/625** vom März 2018 umgesetzt worden.[1010] Die entsprechenden Vorschriften finden sich für das Widerspruchsverfahren, die Vorlage der Benutzungsnachweise und das Beschwerdeverfahren in **Art. 8 Abs. 5, Art. 10 Abs. 7 respektive Art. 27 Abs. 4 DelVO.** Für die in Erwägungsgrund 8 der Präambel der DelVO explizit hervorgehobene Ermessensbefugnis des Amtes ist vor allem dem Verfahrensstadium Rechnung zu tragen und weiter zu berücksichtigen, ob die Tatsachen oder Beweismittel auf den ersten Blick für den Ausgang des Falls bedeutend erscheinen und ob die Tataschen oder Beweismittel aus berechtigten Gründen nicht fristgemäß vorgelegt wurden. Zu beachten ist, dass Art. 8 Abs. 5 und Art. 10 Abs. 7 DelVO, jeweils in Satz 1, auf solche verfristeten Angaben oder Beweismittel abhebt, die den bisherigen Vortrag lediglich *ergänzen.*

274 Hinter dieser rigiden Handhabe des Amtes stehen die Grundsätze des **fairen Verfahrens** und namentlich der **Gleichbehandlung** sowie der Gewährung rechtlichen Gehörs (Art. 94 Abs. 1 S. 2 UMV). Nicht zuletzt deshalb wird für *ex-parte*-Verfahren verspätetes Vorbringen im Zweifel eher zuzulassen sein, soweit keine Anzeichen für Verfahrensverschleppung gegeben sind, etwa mehrfach bereits Fristen verlängert wurden.[1011]

Praxistipp:

Im Hinblick auf die strenge Spruchpraxis des Amtes ist zügiges und umfassendes Vorbringen nebst Vorlage aller relevanten Dokumente und anderer Beweisstücke bereits vor dem Amt (nicht erst im Beschwerdeverfahren) dringend anzuraten, um die Nichtberücksichtigung des Vortrages einschließlich vorgelegter Unterlagen und Beweisantritte zu verhindern. Dies gilt grundsätzlich sowohl für das Vorbringen im einseitigen als auch (erst recht) im kontradiktorischen Verfahren.

[1005] So zuletzt ausdrückl. für die Prüfung der *absoluten* Eintragungshindernisse, EuG ECLI:EU:T:2019:86 – Dentaldisk, Rn. 30 ff.

[1006] EuGH ECLI:EU:C:2007:162 – HABM/Kaul, Rn. 42; EuG ECLI:EU:T:2020:404 – Adlon, Rn. 44.

[1007] EuG ECLI:EU:T:2020:404 – Adlon, Rn. 45; EuGH ECLI:EU:C:2007:162 – HABM/Kaul, Rn. 43.

[1008] Schoene, GRUR-PRAX 2021, 475 (476) in seiner Urteilsanmerkung zur EuG-Entscheidung Kneissel.

[1009] EuGH ECLI:EU:C:2007:162 – HABM/Kaul, Rn. 41 ff.

[1010] S. nur die zahlreichen Nachweise zur Rechtsprechung des EuGH, aber auch der Spruchpraxis des EUIPO, in dortiger Fußnote 1 zu VO (EU) 2018/625, ABl. L 104/1/2.

[1011] Zutreffend Eisenführ/Schennen/Schennen UMV Art. 95 Rn. 68 ff.

Das vorstehend skizzierte strenge Regime bezüglich verspäteten Vorbringens ist von allen Verfahrensbeteiligten, insbesondere deren Bevollmächtigten, ernst zu nehmen. Allerdings darf dabei nicht übersehen werden, dass die Handhabe des Amtes und die dazu ergangene Spruchpraxis durchaus **Kritik** verdient. Uneingeschränkt zuzustimmen ist dem Ausschluss etwa der zur Stützung des Widerspruchs vorgebrachten Tatsachen, Beweismittel und Bemerkungen und Beifügung einschlägiger Unterlagen oder Benutzungsnachweise, soweit dies nach Fristsetzung durch das Amt durch die darlegungsbelastete Partei insgesamt unterbleibt. Ansonsten wäre im kontradiktorischen Verfahren der Gegenseite die Möglichkeit – jedenfalls für eine Instanz – geraubt, sich mit dem Tatsachenvortrag der anderen Partei angemessen auseinander zu setzen. Dies sollte, nicht zuletzt im Interesse der Beschleunigung der Verfahren, in der Tat strikt gehandhabt werden. Dies gilt namentlich für das Erheben des **Nichtbenutzungseinwandes**, der bereits vor dem Amt geltend zu machen ist. Jedoch ist der kategorischen Handhabe durch das Amt nur insoweit beizupflichten, als es um die Gewährung und Aufrechterhaltung der **Waffengleichheit** und eines **fairen Verfahrens** geht, insbesondere mithin im kontradiktorischen Verfahren. Typischerweise erfährt die betroffene Partei erst durch die Entscheidung selbst, dass etwa vorgelegte Unterlagen als unzureichend angesehen wurden, so dass ein „Nachbessern" erst im nächsten Rechtszug möglich ist. Unter Berücksichtigung des fairen Verfahrens sollte nach alledem von dem Ermessen iSd Art. 95 Abs. 2 UMV durch das Amt **angemessen** Gebrauch gemacht werden. 275

Praxistipp:

Soweit Unterlagen gegenüber dem Amt ausnahmsweise nicht rechtzeitig, insbesondere nicht innerhalb von gesetzten Fristen, vorgelegt werden können, sollte gegenüber dem Amt eine Fristverlängerung ersucht werden, unter Angabe von Gründen, die die Verzögerung erklärlich und entschuldbar machen.

Werden Tatsachen oder Beweismittel aus Gründen der Verspätung nicht berücksichtigt, so ist zu prüfen, ob eine **Wiedereinsetzung in den vorigen Stand** (Art. 104 UMV) oder ein **Antrag auf Weiterbehandlung** (Art. 105 UMV) erfolgsversprechend erscheinen.

bb) Mündliche Verhandlung. Gem. Art. 96 Abs. 1 UMV wird – von Amts wegen oder auf Antrag eines Verfahrensbeteiligten – eine **mündliche Verhandlung** nur durchgeführt, sofern das Amt dies für **sachdienlich** hält. Ein Anspruch auf Durchführung einer mündlichen Verhandlung besteht nicht.[1012] Das Amt verfügt über einen **weiten Ermessensspielraum** bei der Beurteilung der Sachdienlichkeit.[1013] Die Beantragung der mündlichen Verhandlung kann etwa damit begründet werden, dass die eigene Rechtsposition im schriftlichen Verfahren nicht so effektiv oder gar nicht ausgeführt werden kann.[1014] Die Amtspraxis ist insoweit sehr **restriktiv.** Soweit ersichtlich, sind seit der Einführung des Unions- (bzw. zuvor: Gemeinschafts-) Markenschutzsystems zum 1 April 1996 insgesamt vier(!) mündliche Verhandlungen vor dem Amt durchgeführt worden.[1015] Kommt es zu einer mündlichen Verhandlung, ist diese in der jeweiligen Verfahrenssprache durchzuführen, sofern die Beteiligten nicht mit der Verwendung einer anderen Amtssprache der Union einverstanden sind, Art. 50 DelVO.[1016] Zumeist aber wird die Frage der Sachdienlichkeit und damit zugleich auch der Antrag auf Durchführung einer mündlichen Verhandlung negativ beschieden.[1017] Auf der Grundlage des Präsidiumsbeschlusses vom 22. April 2020 können mündliche Verhandlungen vor den Beschwerdekammern alternativ **per Videokonferenz** durchgeführt werden, an der sich die Beteiligten und deren Vertreter (selbstverständlich) von verschiedenen Orten zuschalten können.[1018] 276

1012 Hasselblatt/Böckenholt/Ratjen EUTMR Art. 96 Rn. 5.

1013 EuG ECLI:EU:T:2013:83 – Franz-Wilhelm Langguth Erben/OHIM, Rn. 72, bestätigt durch EuGH ECLI:EU:C:2014:269, Rn. 66–69.

1014 EuG ECLI:EU:T:2013:83 – Franz-Wilhelm Langguth Erben/OHIM, Rn. 89; Hasselblatt/Böckenholt/Ratjen EUTMR Art. 96 Rn. 5.

1015 S. dazu die Nachweise bei Eisenführ/Schennen/Schennen UMV Art. 96 Rn. 7 f.

1016 Delegierte Verordnung (EU) 2018/625 der Kommission vom 5.3.2018, ABl. 104, 1 ff. (DelVO).

1017 S. dazu die Nachweise bei Eisenführ/Schennen/Schennen UMV Art. 96 Rn. 9.

1018 S. dazu im einzelnen Art. 1 und 2 des Beschlusses 2020-2 des Präsidiums vom 20.4.2020 über mündliche Verhandlungen vor den BK per Videokonferenz, abrufbar unter euipo.europa.eu → EUIPO → Beschwerdekammern → Beschlüsse des Präsidiums; ausf. dazu Kur/v. Bomhard/Albrecht/Söder UMV Art. 96 Rn. 9 ff.

277 *cc) Beweismittel.* Zur Darlegung und zum Beweis des eigenen Vorbringens kommen all diejenigen **Beweismittel** in Betracht, die der Sachverhaltsaufklärung dienlich sind. Als Beweismittel zugelassen sind insbesondere die Vernehmung von Beteiligten, die Einholung von Auskünften, die Vorlegung von Urkunden und sonstigen Beweisstücken, die Vernehmung von Zeugen, Sachverständigengutachten sowie eidesstattliche Versicherungen und Erklärungen mit ähnlicher Wirkung. Wie das Wort „insbesondere" indiziert, ist dieser Katalog zulässiger Beweismittel *nicht* abschließend. Vorgelegt werden können mithin beispielsweise auch Verkehrsbefragungen zur Verkehrsdurchsetzung oder Bekanntheit einer Marke[1019] und dergleichen. Die praktisch bedeutsamsten Beweismittel sind Geschäftsunterlagen, Produkt- und Verpackungsmuster etc. sowie eidesstattliche Versicherungen, namentlich zur Glaubhaftmachung der rechtserhaltenden Benutzung einer Marke im Widerspruchsverfahren. Keinesfalls jedoch sollte der Nachweis der ernsthaften Benutzung im Widerspruchsverfahren *alleine* auf eine eidesstattliche Erklärung des Widerspruchsführers gestützt werden, da diese – ebenso wie andere aus dessen Sphäre stammende Unterlagen – vom Amt regelmäßig als nicht ausreichend angesehen werden, wobei nicht relevant sein soll, ob der Widerspruchsgegner die Angaben konkret bestreitet.[1020] Dieser **rigiden Praxis** des Amtes und des EuG ist bei der Einreichung von eidesstattlichen Versicherungen sowie weiteren Dokumenten Rechnung zu tragen, auch wenn sie in dieser apodiktischen Form zu weit gehen würde, zumal dabei die Strafandrohung für die (fahrlässige) falsche Versicherung an Eides statt unberücksichtigt bleibt. Für **eidesstattliche Versicherungen** bedeutet diese Amtspraxis, dass Erklärungen an Eides statt von Personen, die enge Bindungen zu der beweispflichtigen Partei haben, durch **weitere Beweiselemente untermauert** werden *müssen,* um einen hinreichenden Beweis darzustellen.[1021] Für eidesstattliche Erklärungen Dritter empfiehlt sich eine Untermauerung mit weiteren Dokumenten ebenfalls. Zwar stellen nach Sichtweise des Amtes Erklärungen an Eides statt grundsätzlich zulässige Beweismittel dar, jedoch sind bei der Beurteilung des Beweiswerts solcher Erklärungen die Wahrscheinlichkeit und der Wahrheitsgehalt der darin enthaltenen Informationen zu prüfen. Dies gilt namentlich für „die Herkunft des Dokuments, die Umstände seiner Ausarbeitung, sein Adressat und die Frage, ob es seinem Inhalt nach vernünftig und glaubhaft erscheint".[1022]

278 Für die **Beweiswürdigung** gelten die allgemeinen Grundsätze, dh die einzelnen Beweismittel sind in freier Beweiswürdigung anhand ihrer Beweiskraft umfassend zu prüfen.[1023] Für die Bemessung des Beweiswertes von Dokumenten ist maßgeblich, wer Aussteller ist und unter welchen Umständen diese angefertigt wurden. Im Grundsatz gelten die auch nach deutschem Prozessrecht anzuwendenden Prüfparameter: handelt es sich bei den Erklärungen um solche aus eigener Wahrnehmung oder Überprüfung, finden sich die Erklärungen im Einklang mit früheren Erklärungen, insbesondere sind sie in sich schlüssig; bei Erklärungen von Dritten kommt es darauf an, wie diese zur Partei stehen und ob sie gegebenenfalls eigene Interessen am Verfahrensausgang haben; weiter ist zu beachten, dass Erklärungen eines Vertreters oder eines angestellten (leitenden) Mitarbeiters der Beteiligten grundsätzlich wie ein **eigener Parteivortrag** eingestuft wird.[1024] Für die **deutsche Erklärung an Eides statt** ist zu beachten, dass dies nicht als Beweismittel iSd Art. 97 Abs. 1 lit. f), sondern nur als **einfache schriftliche Auskunft** iSd Art. 97 Abs. 1 **lit. c)** UMV anzusehen ist. Hintergrund dafür ist der Umstand, dass weder nach deutschem noch nach Unionsmarkenrecht eine gegenüber dem EUIPO wahrheitswidrig abgegebene Erklärung strafbar oder in sonstiger Form zu sanktioniert wäre.[1025]

[1019] So erstmals EuGH ECLI:EU:C:1999:230 – Windsurfing Chiemsee Rn. 53, bestätigt ua durch EuGH ECLI:EU:C:2014:2012 – SPARKASSEN-ROT, Rn. 43.

[1020] S. zuletzt etwa EuG ECLI:EU:T:2015:385 – GAUFF, Rn. 29, Rn. 30; zuvor schon EuG ECLI:EU:T:2005:200 – Salvita, Rn. 42.

[1021] EuG ECLI:EU:T:2020:101– JOKERS WILD CASINO, Rn. 46; EuG ECLI:EU:T:2015;385 – GAUFF, Rn. 29, Rn. 30; EuG ECLI:EU:T:2014:116 – SPORT TV INTERNACIONAL, Rn. 34.

[1022] EuG ECLI:EU:T:2005:2000 – Salvita, Rn. 40 f.; EuG ECLI:EU:T:2014:674 – La Nana, Rn. 30 f.; zuletzt etwa EuG ECLI:EU:T:2015:385 – GAUFF, Rn. 28.

[1023] S. nur EuG ECLI:EU:T:2015:446 – VINA ALBERDI, Rn. 58 f.; EuG ECLI:EU:T:2005:200 – SALVITA, Rn. 42, 43; instruktiv auch HABM – R 993/2005-4 – COSANA/SONANA, Rn. 22–25, 27.

[1024] S. die ausführliche Darstellung und die zahlreichen Nachweise bei Kur/v. Bomhard/Albrecht/Söder UMV Art. 97 Rn. 69, 74 f.

[1025] Eisenführ/Schennen/Schennen UMV Art. 97 Rn. 118, 119, insbesondere unter Hinweis auf die COSANA/SONANA-Entscheidung der 4. BK/EUIPO.

279 Eine Beweisaufnahme vor dem Amt findet nur selten statt.[1026] Dies sollte die Parteien gleichwohl nicht davon abhalten, die für sie günstigen Tatsachen ausführlich darzulegen und – genau bezeichneten – Beweis anzutreten. Das Amt muss einem Beweisantritt nicht Folge leisten, sofern die – dargelegte und mit Beweisantritt versehene – Tatsache nicht beweisbedürftig ist, etwa in Fällen offenkundiger oder amtsbekannter Tatsachen; gleiches gilt für solche Tatsachen, die bereits erwiesen oder unstreitig sind.[1027] Ist die behauptete Tatsache hingegen erheblich und ist unter hinreichend präziser Bezeichnung der zu beweisenden Tatsache und der Beweismittel Beweis angeboten worden, so hat das Amt Beweis zu erheben; dem steht nicht entgegen, dass die Beweisaufnahme mit beachtlichen Kosten verbunden oder die angebliche Tatsache aus Sicht des Amtes unwahrscheinlich ist; dies wäre eine unzulässige vorweggenommene Beweiswürdigung.[1028] Allerdings muss das Amt solchen Beweisanträgen nicht nachgehen, die unvollständig oder über das angeführte Beweismittel unerreichbar sind.[1029]

Praxistipp:

Beweismittel für erhebliche – streitige – Tatsachen sind hinreichend präzise zu formulieren, insbesondere bei benannten Zeugen und Sachverständigen deren vollständiger Name und (ladungsfähige) Anschrift anzugeben. Erklärungen an Eides statt sollten flankiert werden durch weitere Unterlagen, die ihren Beweiswert untermauern.

Praxistipp:

Im Hinblick auf die skeptische Haltung des EUIPO und des EuG gegenüber eidesstattlichen Erklärungen, soweit diese aus der „Sphäre des Widerspruchsführers" herrühren, sollte – soweit möglich – die darlegungsbelastete Partei dieser Spruchpraxis dadurch Rechnung tragen, dass weitere Beweismittel, (zusätzlich) auch durch weitere Erklärungen von unabhängigen Dritten vorgelegt werden. Insgesamt ist zu empfehlen, auf die Abfassung der eidesstattlichen Versicherung besonderes Augenmerk zu richten, etwa hinsichtlich Dauer, Umfang und Verbreitung der Benutzung, Hintergrundinformationen zu der die Erklärung abgebenden Person (weshalb ist die Person kompetent, zu der beweisenden Tatsache etwas auszusagen) sowie gegebenenfalls Beifügung aussagekräftiger (Benutzungs-)Unterlagen.

280 *dd) Wiedereinsetzung in den vorigen Stand.* Für Fristen, die trotz Beachtung aller nach den gegebenen Umständen gebotenen Sorgfalt versäumt wurden, sieht Art. 104 UMV die Möglichkeit der **Wiedereinsetzung in den vorigen Stand** vor. Der Antrag ist – maximal innerhalb eines Jahres nach Ablauf der versäumten Frist – innerhalb von zwei Monaten nach Wegfall des Hindernisses schriftlich einzureichen, innerhalb dieser Frist die versäumte Handlung nachzuholen und zu begründen, Art. 104 Abs. 2, 3 UMV. Zu beachten ist, dass Wiedereinsetzung nicht in Betracht kommt bei Versäumung der **Widerspruchsfrist**;[1030] bei Versäumung der Widerspruchsfrist bleibt der Klageweg zu den Unionsmarkengerichten eröffnet. Gleiches gilt für den **Weiterbehandlungsantrag** (Art. 104 Abs. 5 iVm 104 Abs. 1 UMV). Aus Gründen der Rechtssicherheit, um „Kettentatbestände" zu vermeiden, sind auch die Fristen des Art. 104 Abs. 2 UMV nicht wiedereinsetzungsfähig.[1031] Seit der Änderung durch die VO Nr. 422/2004[1032] kann hingegen auch die

[1026] In den seltenen Fällen, in denen das Amt die Vernehmung eines Beteiligten, Zeugen oder Sachverständigen für erforderlich hält, wird der Betroffene mit einer Frist von einem Monat geladen, Art. 97 Abs. 3 UMV.

[1027] Kur/v. Bomhard/Albrecht/Söder UMV Art. 97 Rn. 2 ff.

[1028] Zutreffend Eisenführ/Schennen/Schennen UMV Art. 97 Rn. 29, ebenfalls für den Fall, dass nach Sicht des Amtes die behauptete Tatsache angeblich bereits feststehe.

[1029] Name und Anschrift des Zeugen oder Sachverständigen werden nicht mitgeteilt; als Zeuge wird eine Person benannt, die zu der behaupteten Tatsache aus eigener Wahrnehmung nichts bekunden kann. weitere Beispiele bei Eisenführ/Schennen/Schennen UMV Art. 97 Rn. 17–24.

[1030] Art. 104 Abs. 5 iVm Art. 46 Abs. 1 und 3 UMV.

[1031] Also bspw. Antrag auf Wiedereinsetzung wegen versäumter Frist auf Wiedereinsetzung der zunächst verpassten Frist, s. Eisenführ/Schennen/Schennen UMV Art. 104 Rn. 33; bzgl. Art. 104 Abs. 5 iVm Abs. 2 ausdrücklich: EuG ECLI:EU:T:2020:450 – 7Seven, Rn. 53 ff. für den Fall der Unterlassung der rechtzeitigen Verlängerung der Schutzdauer der UM.

[1032] VO Nr. 422/2004 v. 19.2.2004, ABl. L 70/1.

Wiedereinsetzung in die **sechsmonatige Prioritätsfrist** beantragt werden, was zuvor noch ausdrücklich ausgeschlossen war.

281 Die Voraussetzungen für die Anwendung von Art. 104 Abs. 1 UMV sind **strikt auszulegen.** Hintergrund ist, dass die Beachtung von Fristen zum zwingenden Recht gehört und entsprechend die Wiedereinsetzung einer Frist in den vorigen Stand nach ihrem Ablauf der **Rechtssicherheit schaden** könnte.[1033] Neben dem Erfordernis der Rechtssicherheit entspricht die **strikte Anwendung der unionsrechtlichen Vorschriften über die Verfahrensfristen** der Notwendigkeit, jegliche diskriminierende oder willkürliche Behandlung zu verhindern.[1034] Demgemäß ist die gesetzliche Formulierung „aller nach den gegebenen Umständen gebotenen Sorgfalt" dahin zu verstehen, dass die Einrichtung eines Systems zur internen Kontrolle und Überwachung der Fristen notwendig ist, das die **unbeabsichtigte Versäumnis von Fristen generell ausschließt.** Demgemäß können nach der insoweit strengen Rechtsprechung nur außergewöhnliche und somit nicht kraft Erfahrung vorhersehbare Ereignisse zu einer Wiedereinsetzung in den vorigen Stand führen.[1035] Die Beachtung der erforderlichen Sorgfalt obliegt in erster Linie dem Inhaber des im Verfahren vor dem Amt betroffenen Rechts. Delegiert dieser administrative Aufgaben, beispielsweise an einen anwaltlichen Vertreter, so ist auf dessen (mangelnde) Sorgfaltswaltung abzustellen; diese wird dem Inhaber der Unionsmarke (bzw. der Anmeldung) zugerechnet.[1036] Dabei stellen Amt und EuG an die nach den gegebenen Umständen gebotene Sorgfalt keine geringeren Anforderungen. Unterläuft etwa in einer Vertreterkanzlei dem Personal, das im Umgang mit der für die Fristenkontrolle maßgeblichen Software geschult ist, ein Fehler, so ist darin trotz angemessener Ausbildung und Überwachung seitens des EuG mangelnde Sorgfaltswaltung erkannt worden, da „menschliche Fehler auch bei qualifizierten Mitarbeitern niemals auszuschließen sind", so dass ein außergewöhnliches nicht vorhersehbares Ereignis verneint wurde.[1037] Maßgeblich sind die Umstände des Einzelfalles, anhand derer darzulegen ist, weshalb das Fristversäumnis ausnahmsweise entschuldbar war. Dabei ist der Sorgfaltsmaßstab starr anzuwenden; insbesondere verbietet sich eine graduelle Abstimmung im Sinne eines Proportionalitätsprinzips je nach Bedeutung der Frist oder den Auswirkungen für Dritte.[1038] Zutreffend wird im Schrifttum darauf hingewiesen, dass nur ein geringer Prozentsatz der Anzeigen die „hohen Hürden" meistert.[1039] Zur Beweisführung darf auf eidesstattliche Versicherungen rekurriert werden, wobei diesen nach der Amtspraxis je nach Enge der Bindung zu der betroffenen Partei geringerer Beweiswert beigemessen wird als Erklärungen Dritter. Eidesstattliche Erklärungen Dritter und beispielsweise solche vom Vertreter der betroffenen Parteien *müssen* **durch weitere Beweiselemente untermauert** werden, um einen hinreichenden Beweis darzustellen.[1040]

282 *ee) Antrag auf Weiterbehandlung.* Im Jahre 2004 ist der durch die VO Nr. 2015/2424 nochmals geringfügig modifizierte Antrag auf Weiterbehandlung gem. Art. 105 UMV eingeführt worden.[1041] Darüber wird die Möglichkeit des „Freikaufens" von den Folgen bestimmter Fristversäumnisse eröffnet.[1042] Danach kann im Falle der **Versäumnis** einer der in Art. 105 UMV näher bezeichneten **Fristen** Antrag auf Weiterbehandlung gewährt werden, wenn mit dem Antrag die versäumte Handlung nachgeholt wird. Der Antrag auf Weiterbehandlung ist nur innerhalb

[1033] EuG ECLI:EU:T:2013:575 – STROMBERG, Rn. 38; EuG ECLI:EU:T:2015:385– Gauff Ingenieure GmbH & Co. KG/HABM (GAUFF), Rn. 26.

[1034] EuG ECLI:EU:T:2020:450 – 7Seven, Rn. 34.

[1035] EuG ECLI:EU:T:2020:450 – 7Seven, Rn. 34; EuG ECLI:EU:T:2009:155 – AURELIA, Rn. 26; EuG ECLI:EU:T:2011:478 – ROMUALD PRINZ SOBIESKI ZU SCHWARZENBERG, Rn. 61; Rn. 38; EuG ECLI:EU:T:2015:385 – GAUFF, Rn. 25.

[1036] EuG ECLI:EU:T:2011:464 – ARA, Rn. 25.

[1037] EuG ECLI:EU:T:2011:464 – ARA, Rn. 29 (fehlerhafte Notierung der Frist für die Beschwerdebegründung durch qualifizierte Mitarbeiterin der Kanzlei); s. ferner HABM – R 976/2001-1 – Scala/Skala, Rn. 17 ff. (Papierstau in Telefaxgerät des bevollmächtigten Anwalts des Markeninhabers, der in einer unvollständigen Übermittlung einer fristgebundenen Entscheidung des Amtes endete).

[1038] HABM – R 1211/2008-4 – Supersleek, Rn. 23; Eisenführ/Schennen/Schennen UMV Art. 104 Rn. 35 ff.

[1039] HABM – R 1211/2008-4 – Supersleek, Rn. 23; Eisenführ/Schennen/Schennen UMV Art. 104 Rn. 37, unter Hinweis auf die Übersicht etwa bei Pfleghar/Schramek, MarkenR 2007, 288 und Curell Suñol, in FS Elzaburu (Barcelona, 2009), S. 306 (zu erfolgreichen Anträgen).

[1040] EuG ECLI:EU:T:2014:116 – SPORT TV INTERNACIONAL, Rn. 34; EuG ECLI:EU:T:2015:385 – GAUFF, Rn. 30; ausf. zu (grundsätzlich wie eigener Parteivortrag zu wertenden) Erklärungen eines Beteiligten, seines leitenden Angestellten oder Vertreters, Kur/v. Bomhard/Albrecht/Söder UMV Art. 97 Rn. 69 ff.

[1041] VO (EG) Nr. 422/2004 des Rates v. 19.2.2004 zur Änderung der GMV, ABl. 2004 L 70/1 ff.; s. zu den Änderungen durch VO Nr. 2015/2424 Eisenführ/Schennen/Schennen UMV Art. 105 Rn. 4–9.

[1042] Eisenführ/Schennen/Schennen UMV Art. 105 Rn. 2.

von zwei Monaten nach Ablauf der versäumten Frist zulässig und gilt erst als gestellt, wenn die – zur Vermeidung von Missbräuchen spürbar hohe[1043] – Weiterbehandlungsgebühr in Höhe von 400,– EUR gezahlt worden ist, Art. 105 UMV. Der Antrag auf Weiterbehandlung ist uns bekannt aus Art. 121 EPÜ.[1044] Über den Weiterbehandlungsantrag entscheidet die Stelle, die über die versäumte Handlung zu entscheiden hat; gibt das Amt dem Antrag statt, so gelten die mit dem Fristversäumnis verbundenen Folgen als nicht eingetreten, Art. 105 Abs. 3, Abs. 4 UMV. Jedoch ist dem Amt bei der Entscheidung über den Antrag kein eigentliches Prüfungsermessen eingeräumt, auch wenn dies durch die Formulierung in Art. 105 Abs. 3 UMV suggeriert wird. Vielmehr dürfte die Prüfung beschränkt sein auf die rechtzeitige Stellung des Antrages (gegenüber dem Amt) und die Zahlung der Weiterbehandlungsgebühr, sowie das Vorliegen der Säumnis einer der in Art. 105 Abs. 2 UMV genannten Fristen. Liegen diese Voraussetzungen vor, ist dem Antrag stattzugeben. Weist das Amt – bei Nichtvorliegen vorgenannter Voraussetzungen – den Antrag zurück, so wird die Gebühr erstattet, Art. 105 Abs. 5 UMV.

b) **Vertretung vor dem EUIPO.** Nach Art. 119 Abs. 1 UMV ist grundsätzlich niemand verpflichtet, sich vor dem Amt vertreten zu lassen. Daran hat sich auch durch die im Zuge der Änderung gem. VO Nr. 2015/2424 der Bestimmungen der Art. 119, 120 UMV im Wesentlichen nichts geändert. **Unternehmen** wie Privatpersonen können **unmittelbar vor dem Amt** auftreten. Eine Ausnahme gilt für solche natürliche oder juristische Personen, die weder Wohnsitz noch Sitz oder eine tatsächliche und nicht nur zum Schein bestehende gewerbliche oder Handelsniederlassung in der Union – bzw. seit dem 23. März 2016: im Europäischen Wirtschaftsraum – haben; diese können zwar die Anmeldung der Unionsmarke selbst einreichen, müssen sich jedoch im Übrigen in allen Verfahren der Unionsmarkenverordnung durch einen Rechtsanwalt oder einen anderen zugelassenen Vertreter vertreten lassen, sofern Vertretungszwang besteht.[1045] Demgegenüber können sich natürliche oder juristische Personen mit Wohn- oder Geschäftssitz oder einer tatsächlich und nicht nur zum Schein bestehenden Niederlassung vor dem EUIPO auch durch einen ihrer Angestellten vertreten lassen. 283

Soweit der Anmelder nicht selbst über hinreichende **Expertise** verfügt, empfiehlt sich wegen der Komplexität (insbesondere) der Verfahrensabläufe und der zu beachtenden Fristen die Hinzuziehung eines Markenspezialisten. Zur Vertretung vor dem EUIPO sind nur Rechtsanwälte und „zugelassene Vertreter" befugt, die beim Amt in einer speziellen Liste registriert sind. Prinzipiell können sich in Deutschland alle **Patentanwälte** in diese Liste der „zugelassenen Vertreter" eintragen lassen; sodann sind sie als zugelassene Vertreter befugt, vor dem Amt aufzutreten. Demgegenüber sind alle **Rechtsanwälte** zur Vertretung Dritter *automatisch* autorisiert, soweit sie in einem EU Mitgliedstaat zugelassen sind und nach nationalem Recht, wie es in Deutschland der Fall ist, in Markensachen beratend und forensisch tätig sein dürfen. Für Rechtsanwälte entfällt mithin das Erfordernis, sich in der Liste der „zugelassenen Vertreter" eintragen lassen zu müssen. Sowohl für Rechtsanwälte als auch für zugelassene Vertreter gilt, dass eine Vollmacht nur auf Verlangen des Amtes oder – im kontradiktorischen Verfahren – des anderen Verfahrensbeteiligten zu den Akten zu reichen ist, Art. 120 Abs. 1 S. 2 UMV.[1046] Infolge der Neufassung des Art. 120 UMV mit Wirkung zum 23. März 2016 sind nunmehr auch Vertreter aus Island, Liechtenstein und Norwegen berechtigt, vor dem Amt aufzutreten. 284

c) **Zahlungen an das EUIPO; Abbuchungskonto.** Zahlungen gegenüber dem Amt können per Kreditkarte, per Banküberweisung oder über ein bei dem EUIPO eingerichtetes laufendes Konto (Abbuchungskonto) erfolgen; sämtliche Zahlungen sind in **Euro** zu leisten. Zahlungen in anderen Währungen sind ungültig und ziehen eventuell den Verlust der Rechte nach sich. Zahlungen per Scheck sind **nicht länger** möglich. Die Zahlungsfrist gilt nach Art. 181 UMV nur dann als eingehalten, wenn der **volle Gebührenbetrag** rechtzeitig gezahlt worden ist; mithin muss der Einzahler dafür Sorge tragen, dass die Zahlung „bankspesenfrei" erfolgt. Bei der Einzahlung sind die notwendigen Angaben anzuführen, die es dem Amt ermöglichen, den Zahlungszweck ohne Weiteres zu erkennen; gem. Art. 179 Abs. 2 lit. a bis lit. c UMV[1047] ist 285

[1043] Eisenführ/Schennen/Schennen UMV Art. 105 Rn. 2.
[1044] S. mit Wirkung ab 1.1.2005 ferner § 123a PatG sowie § 91a MarkenG.
[1045] S. dazu ausführlich Prüfungsrichtlinien EUIPO, Teil A Abschnitt 5 (Berufsmäßige Vertretung), S. 80 ff. (Stand 01/03/2021).
[1046] Zu Brexit-bezogenen Aspekten im Zusammenhang mit der Vertretung vor dem Amt s. Hasselblatt/Scourfield EUTMR Art. 120 Rn. 21 f.
[1047] Art. 144a–c UMV eingefügt durch VO Nr. 2015/2424 mit Wirkung zum 23.3.2016.

mithin anzugeben „Anmeldegebühr“, „Widerspruchsgebühr“ etc. Die Bankverbindungen[1048] des Amtes lauten:

EUIPO-Konto La Caixa
Calle Capitán Segarra, 6, E-03.004 Alicante, Spanien
Kontonummer: 2100–2353–01–0700000888
Swift code: CAIXESBBXXX
IBAN: ES 03 2100 2353 0107 0000 0888
bzw.
EUIPO-Konto Banco Santander
Explanada de España, 11, E-03.002 Alicante, Spanien
Kontonummer: 0049 6659 0121 1622 4792
Swift code: BSCHESMMXXX
IBAN: ES08 0049 6659 0121 1622 4792

286 Für professionelle Nutzer dringend zu empfehlen ist die Einrichtung eines Abbuchungskontos, da dann Zahlungen **fristwahrend** durch Abbuchungsauftrag (per E-Filing) erfolgen können; hervorzuheben ist, dass Zahlungen nur gegenüber dem EUIPO, nicht aber an ein nationales Amt eines Mitgliedstaats fristwahrend geleistet werden können. Die Einrichtung eines laufenden Kontos beim EUIPO ist ebenso praktikabel wie ratsam, da das Amt keine besonderen Zahlungsaufforderungen versendet, andererseits die Zahlung der jeweiligen Gebühr maßgeblich ist **ua** für

- Rechtzeitigkeit der Einlegung des **Widerspruchs,**
- Rechtzeitigkeit der Erhebung der **Beschwerde** oder
- Rechtzeitigkeit des **Wiedereinsetzungsantrages.**

287 Demgegenüber ist es bei Anmeldungen für die Zuerkennung des Eingangsdatums als Anmeldetag ausreichend, wenn die Grundgebühr **innerhalb eines Monats ab dem Tag der Einreichung** der Anmeldung entrichtet wird. Der Antrag auf Eröffnung eines laufenden Kontos ist an folgende Anschrift zu übersenden:

EUIPO
Hauptabteilung Finanzen
Avenida de Europa, 4
E-03008 ALICANTE
SPANIEN
Tel.: +34-9 65 13 9 100
Fax: +34-9 65 131 344
Email: fee.information@euipo.europa.eu

288 Sodann übermittelt das Amt die erforderlichen Unterlagen. Abbuchungen durch das EUIPO erfolgen automatisch; Kontoauszüge werden wöchentlich übersandt. Bei Eröffnung muss das Konto mindestens EUR 1.000,– Deckung aufweisen.[1049]

289 **d) Korrespondenz mit EUIPO; wichtige Adressen.** Anmeldungen sowie weiterer Schriftverkehr direkt gegenüber dem Amt erfolgt über folgende Adresse:[1050]

Amt der Europäischen Union für Geistiges Eigentum (EUIPO)
Avenida de Europa, 4
E-03008 Alicante
SPANIEN

290 Ausreichend ist die Einreichung von Anmeldungen, Schriftsätzen und weiterer Korrespondenz **ausschließlich online.** Die Übermittlung nochmals per Post ist grundsätzlich nicht erforderlich (außer bei farbigen Anmeldungen und dergleichen, die nicht online übermittelt wurden, da die farbige Abbildung für die Veröffentlichung der Marke benötigt wird), und kann im Übrigen zu lästigen Doppelanmeldungen, Mehrfachabbuchungen etc. führen. Sollte die Übermittlung per

[1048] Angaben zur Zahlung per Kreditkarte sowie die Bankverbindungen und Angaben zu den Abbuchungskonten sind einsehbar unter: http://euipo.europa.eu → Marken → Gebühren und Zahlungsmodalitäten → Zahlungsmodalitäten → Bankkonten.

[1049] Weitere Informationen zum laufenden Konto beim EUIPO sind abrufbar unter http://euipo.europa.eu → Marken → Gebühren und Zahlungsmodalitäten → Laufendes Konto.

[1050] Die Anschrift und wichtige Telefonnummern des EUIPO können eingesehen werden unter: http://euipo.europa.eu → Über das EUIPO → Kontaktieren Sie uns.

Email einmal nicht ausreichen, erbittet das Amt von sich aus weitere Angaben. Telefonische Auskünfte erteilt das Amt (mehrsprachig) unter: 0034-9 651 391 00. Die telefonische Kontaktaufnahme erweist sich oft als zeitsparend und hilfreich, zumal die (ganz überwiegend fließend mehrsprachigen) Prüfer im Allgemeinen kompetent und generell auskunftsbereit sind.

e) **Sprachenregelung.** Der besonderen Erwähnung verdient ferner die **Sprachenregelung,** die neben der Frage des Amtssitzes von den Vertretern der Mitgliedsstaaten bis zuletzt kontrovers diskutiert wurde und somit das Inkrafttreten der UMV nicht unerheblich verzögerte. Eine Vollsprachenregelung, die jede der Landessprachen als „gleichwertig" zuließe, wäre für das EUIPO aus finanziellen Gründen nicht darstellbar und zudem für die Verfahrensbeteiligten mit größeren Nachteilen verbunden, namentlich einem erhöhten Aufwand und höheren Kosten.[1051] Geeinigt hat man sich nach langen Verhandlungen[1052] schließlich auf **fünf Sprachen des Amtes:** deutsch, englisch, französisch, italienisch und spanisch. Anmeldungen können zwar in einer der – infolge der EU-Osterweiterung um neun neue Amtssprachen ergänzten – **offiziellen (vierundzwanzig) Landessprachen**[1053] eingereicht werden; jedoch hat der Anmelder eine der fünf Sprachen des Amtes als mögliche Verfahrenssprache für Widerspruchs-, Verfalls- und Nichtigkeitsverfahren anzugeben Art. 146 Abs. 1, 3 UMV. Demgegenüber sind Widersprüche und Anträge auf Erklärung des Verfalls oder der Nichtigkeit grundsätzlich in einer der Sprachen des Amtes einzureichen.[1054] Für das Verfahren vor dem EUIPO ist zu beachten, dass der Anmelder – trotz des insoweit entgegenstehenden Wortlauts des Art. 146 UMV – zwischen den beiden von ihm benannten Sprachen frei wählen kann.[1055] 291

Die **Verfahrenssprache** wird dabei wie folgt ermittelt: ist die für den Widerspruch (oder den Antrag auf Erklärung des Verfalls oder der Nichtigkeit) gewählte Sprache diejenige, in der die Anmeldung der Unionsmarke eingereicht oder als zweite Sprache angegeben wurde, so ist diese Sprache Verfahrenssprache. 292

Beispiel:

Anmeldung in Englisch oder Anmeldung in Portugiesisch, Englisch als zweite Sprache angegeben; Widerspruch in Englisch: Verfahrenssprache = Englisch (Art. 146 Abs. 7, 1. Unterabsatz UMV).

Wählt der Widersprechende/Antragsteller indessen eine andere Sprache des Amtes, so hat er auf *eigene Kosten* eine Übersetzung des Widerspruchs (bzw. des Antrags auf Verfall oder Nichtigkeit) entweder in der Sprache, in der die Anmeldung der Unionsmarke eingereicht wurde – sofern sie eine Sprache des Amtes ist –, oder in der vom Anmelder angegebenen zweiten Sprache vorzulegen; die Sprache, in der die Übersetzung vorliegt, wird dann die Verfahrenssprache. 293

Beispiel:

Anmeldung in Englisch oder Anmeldung in Portugiesisch, Englisch als zweite Sprache angegeben; Widerspruch in Französisch; Widersprechende muss auf eigene Kosten englische Übersetzung vorlegen, Verfahrenssprache = Englisch (Art. 146 Abs. 7, 2. Unterabsatz UMV).

Da dies mit zusätzlichen Kosten verbunden ist, werden Widersprüche oder Anträge auf Verfall/Nichtigkeit fast ausschließlich in der vom Anmelder angegebenen zweiten Sprache bzw. der Sprache der Anmeldungen selbst erfolgen, sofern es sich dabei um eine der Sprachen des Amtes handelt. 294

Demgemäß wäre etwa aus deutscher, englischer, französischer, italienischer oder spanischer Sicht zu überlegen, Anmeldungen aus „taktischen" Gründen bewusst in einer der 19 Landessprachen, die nicht Sprachen des Amtes sind, einzureichen und als zweite Sprache die eigene Muttersprache anzugeben; diese würde in etwaigen späteren Verfahren wahrscheinlich die Verfahrenssprache werden.[1056] Allerdings kann eine solche Sprachenwahl auch kontraproduktiv 295

[1051] Ausführlich zur historischen Entwicklung der Sprachenregelung der UMV, Eisenführ/Schennen/Schenner UMV Art. 146 Rn. 13 ff.

[1052] S. v. Mühlendahl/Ohlgart, Die Gemeinschaftsmarke (1998), S. 6 ff.; Hasselblatt/Stamm EUTMR Art. 146 Rn. 2 f.

[1053] Außer den fünf Sprachen des Amtes waren dies bis 30.4.2004: dänisch, finnisch, griechisch, niederländisch, portugiesisch und schwedisch; per 1.5.2004 kamen neun neue Amtssprachen hinzu, nämlich: estnisch, lettisch, litauisch, maltesisch, polnisch, slowakisch, slowenisch, tschechisch und ungarisch; per 1.1.2007: bulgarisch, rumänisch und irisch (gälisch), wobei irisch erst seit dem 1.1.2022 mit Aufhebung der Ausnahmeregelung offiziell als Amtssprache genutzt wird; zum 1.7.2013 kam im Zuge der 3. EU-Erweiterung kroatisch als Amtssprache hinzu.

[1054] Art. 146 Abs. 5 UMV; nach Art. 146 Abs. 7, 2. Unterabsatz UMV können beim Widerspruch Übersetzungen innerhalb von einem Monat nachgereicht werden.

[1055] Hasselblatt/Stamm EUTMR Art. 146 Rn. 4 f.

[1056] Beispiel: Anmeldung eines englischen Anmelders in Griechisch, Englisch als zweite Sprache angegeben.

sein. Ist nämlich der Anmelder in einem Verfahren vor dem Amt der einzige Beteiligte, so ist Verfahrenssprache die Sprache, in der die Anmeldung der Unionsmarke eingereicht wurde.[1057]

296 **f) Gebühren des EUIPO/Überblick.** Im Zuge der Reform des Unionsmarkenrechts ist die frühere GebührenVO[1058] ersetzt worden durch die Art. 178–181 UMV.[1059] Die einzelnen Gebührentatbestände und die Höhe der Gebühren ergeben sich aus Anhang I zu Art. 178 UMV.[1060] Die **amtlichen Gebühren** lassen sich **einsehen unter http://euipo.europa.**eu → Marken → Gebühren und Zahlungsmodalitäten → unmittelbar an das EUIPO zu entrichtende Gebühren. Bemerkenswert ist sicherlich, dass die Gebühren seit ihrer Einführung zum 1. April 1996 nicht erhöht, sondern vielmehr im Oktober 2005, nochmals im März 2009 und sodann durch die VO 2015/2424 erneut **reduziert** worden sind.[1061] Gemessen an den durch Gebühren generierten Einnahmen des Amtes wären weitere Senkungen der Gebühren durchaus denkbar, da das EUIPO dank der Beliebtheit sowohl der UM als auch des GGM anhaltend steigende Gebühreneinnahmen erwirtschaftet.[1062] Allerdings kam eine solche weitere Reduktion nicht in Betracht, namentlich um das Nebeneinanderbestehen der Unionsmarken- und nationalen Markenregistrierungssysteme nicht zu gefährden. Von grundlegender Bedeutung für die Bemessung der Höhe der an das Amt zu entrichtenden Gebühren ist, dass die damit erzielten Einnahmen grundsätzlich einen ausgeglichenen Haushalt, zugleich – und vor allem – aber eben auch eine „**harmonische Koexistenz und Komplementarität** zwischen dem Markensystem der Europäischen Union und den nationalen Markensystem" gewährleisten.[1063]

297 Einige der wichtigsten, in der Praxis oft vorkommenden Gebührentatbestände seien nachfolgend genannt und im Übrigen auf vorgenannte Gebührentabelle verwiesen:

Gebührentabelle

• Grundgebühr für Verlängerung der Unionsmarke	1.000,– EUR
• Grundgebühr für die elektronische Verlängerung einer Unionsmarke	850,– EUR
• Grundgebühr für Verlängerung der Unionskollektivmarke	1.800,– EUR
• Grundgebühr für die elektronische Verlängerung der Unionskollektivmarke	1.500,– EUR
• Verlängerungsgebühr je Klasse ab dritter Klasse	150,– EUR
• bei Unionskollektivmarke	150,– EUR
• Gebühr für nationale Recherchenberichte[1064]	60,– EUR
• Beschwerdegebühr	720,– EUR
• Widerspruchsgebühr	320,– EUR
• Wiedereinsetzungsgebühr	200,– EUR
• Weiterbehandlungsgebühr	400,– EUR
• Antrag Erklärung des Verfalls oder der Nichtigkeit	630,– EUR
• Gebühr für die Löschung der Eintragung einer Lizenz oder eines anderen Rechts, je Löschung (bei gleichzeitiger Stellung mehrerer Anträge, nicht mehr als max. 1.000,– EUR)	200,– EUR

[1057] Art. 146 Abs. 4 UMV; allerdings **kann** das Amt auch in der zweiten Sprache mit dem Anmelder korrespondieren.

[1058] Verordnung der Kommission Nr. 2696/95 v. 13.12.1995, ABl. EG Nr. L 303/33 ff.

[1059] Hintergrund dafür war die geänderte Kompetenzregelung gem. Art. 290, 291 AEUV als Konsequenz des seit 1.12.2009 geltenden Vertrages von Lissabon, wonach alle *wesentlichen Aspekte* dem jeweiligen Gesetzgebungsakt selbst vorbehalten sein müssen.

[1060] Neugefasst durch VO Nr. 2015/2424 mit Wirkung zum 23.3.2016; abgedr. bei Eisenführ/Schennen/Schennen UMV, Anhang I, S. 2019 ff.

[1061] S. VO (EG) Nr. 2869/95 der Kommission über die an das Harmonisierungsamt für den Binnenmarkt (Marken, Muster und Modelle) zu entrichtenden Gebühren vom 13.12.1995 (ABl. L 303/33), zuletzt geändert durch VO v. 14.10.2005 Nr. 1687/2005, ABl. L 271/14; ferner VO Nr. 355/2009, ABl. EG 2009 L 109/3.

[1062] Die Anmeldezahlen sind sogar während der Pandemie-Jahre 2020 und 2021 weiter gestiegen, s. http://euipo.europa.eu → Über das EUIPO → Wer wir sind → Das Amt → Weitere Statistiken, dort 2.1–2/4 (Stand 02/2022).

[1063] So ausdrücklich in Erwägungsgrund 39 Präambel UMV (EU) 2017/1001 vom 14.6.2017; s. dazu ausf. Hasselblatt/Schneider EUTMR Art. 178 Rn. 2 f.

[1064] Die Gebühr beträgt 12 EUR multipliziert mit der in § 43 Abs. 2 UMV genannten Zahl der Zentralbehörden für den gewerblichen Rechtsschutz (derzeit 5 Ämter).

Bereits 2004 ist die Gebühr für die Eintragung eines Rechtsübergangs abgeschafft worden. Damit wurde der bisweilen zu beobachtenden Praxis die Grundlage entzogen, zwecks Gebührenersparnis einen Rechtsübergang als Namensänderung zu „tarnen".[1065] Ein Blick auf die oben wiedergegebenen Gebührentatbestände verdeutlicht, dass amtlicherseits das **E-Filing** wie auch **E-Renewals** durch **reduzierte Gebührensätze privilegiert** werden. Davon wird in der Praxis lebhaft Gebrauch gemacht; über 99 % aller Anmeldungen werden online vorgenommen.[1066] 298

2. Anmeldung und Eintragung der Unionsmarke

a) Vorüberlegungen. *aa) EU-Marke, nationale und/oder IR-Marke.* Der nationale und erst recht der internationale Markenschutz hat sich stets an den **wirtschaftlichen Interessen** – sowie dem sich daraus ergebenden Schutzbedürfnis – und den zur Verfügung stehenden **finanziellen Mitteln** des Anmelders zu orientieren; gleiches gilt selbstverständlich für den Unionsmarkenschutz. Dabei ist, etwa wenn die finanziellen Ressourcen – beispielsweise bei Start-up Gesellschaften – zunächst noch limitiert sind, durchaus ein abgestuftes Vorgehen denkbar, gestaffelt zum Beispiel nach Länder-/Zeitprioritäten: 1. Jahr: Unionsmarke zuzüglich Schweiz; 2.–3. Jahr: zusätzlich USA/Kanada/Mexiko; 4.–5. Jahr: zusätzlich Japan, China, Singapur, Südafrika, Brasilien etc. 299

Andererseits empfiehlt sich die Unionsmarke nicht für jedermann; unsinnig, weil weit über das Schutzbedürfnis hinausgehend, ist die Unionsmarke etwa für ein Unternehmen, das gegenwärtig wie zukünftig nur in einem Mitgliedstaat der EU tätig ist. Als **Faustformel** lässt sich sagen, dass Unionsmarkenschutz solchen Anmeldern zu empfehlen ist, deren wirtschaftliche Betätigung gegenwärtig oder in absehbarer Zukunft in **drei** oder mehr **Mitgliedstaaten** der EU ausstrahlt. In jedem Falle sollte die Markenstrategie individuell auf die Bedürfnisse des Anmelders zugeschnitten sein, wobei selbstverständlich auch eine Kombination der verschiedenen Schutzsysteme zu erwägen ist.[1067] 300

bb) Vorherige Durchführung einer Recherche. Der Unionsmarkenschutz steht selbstständig und gleichberechtigt *neben* den nationalen Markenschutzsystemen. Daraus folgt, dass bereits ein in nur *einem* Mitgliedstaat bestehendes prioritätsbesseres Kennzeichenrecht, das mit der intendierten Unionsmarke identisch oder verwechslungsähnlich ist, dem Unionsmarkenschutz im Wege stehen kann. 301

Deshalb ist unbedingt anzuraten, vor der Anmeldung die Verfügbarkeit der jeweiligen Kennzeichnung im Wege einer **Recherche** zu überprüfen. Dies kann entweder über Online-Zugriff auf die entsprechenden Datenbanken (Markenregister für nationale, Unions- und IR-Marken, die Schutz in einem der Mitgliedstaaten beanspruchen) oder über externe Recherchedienste erfolgen. Als äußerst hilfreich erweisen sich, jedenfalls um sich einen ersten Überblick zu verfassen, die kostenfreien Recherchemöglichkeiten über die Websites der WIPO für IR-Marken, des EUIPO für Unionsmarken und des DPMA für deutsche Marken.[1068] Zu differenzieren ist zwischen einer Identitäts- und der weitergehenden Ähnlichkeitsrecherche. Aus Kostengründen kann etwa zunächst nach identischen älteren Marken recherchiert, und bei „negativem" Verlauf dieser **Identitätsrecherche,** eine – kostenintensivere – **Ähnlichkeitsrecherche** angeschlossen werden. Je nach Lage der Dinge sind ferner die Durchführung einer Firmen- und/oder Titelschutzrecherche zu erwägen. Zwar besteht (auch) aus deutscher Sicht zwischen den drei Kennzeichnungsrechten der Marke, des Unternehmenskennzeichens (der „Firma") und dem Werktitel nicht mehr ohne Weiteres eine Wechselwirkung dergestalt, dass bei gegebener Kollisionsgefahr und besserer Priorität aus einem dieser Kennzeichnungsrechte gegen die jeweils anderen vorgegangen werden kann,[1069] 302

[1065] S. Art. 1 Nr. 38 der Verordnung (EG) Nr. 422/2004 des Rates vom 19.2.2004 zur Änderung der GMV, ABl. 2004 L 70/1, 7: danach wurden Art. 157 Abs. 2 Nr. 1 bis 4 GMV aF gestrichen.

[1066] S. den Jahresbericht (2020) des EUIPO, abrufbar unter http://euipo.europa.eu → Über das EUIPO → Wer wir sind → Veröffentlichungen → Jahresbericht; zum E-Filing s. unten Rn. 308.

[1067] Ausführlich zum IR-Markenschutzsystem s. oben Karow → § 33.

[1068] Dies gilt gleichermaßen für Markenanmeldungen; die Websites sind abrufbar unter: https://ipportal.wipo.int/, www.euipo.europa.eu, www.dpma.de; auf der Website des DPMA kann zu verschiedenen Schutzrechten recherchiert werden, für deutsche Marken (Anmeldungen) sind unter „Marken" mehrere Suchfunktionen vorgesehen (Basisrecherche, Erweiterte Recherche, Expertenrecherche, etc.).

[1069] So früher: BGH GRUR 1991, 331 – Ärztliche Allgemeine; sodann aber BGH GRUR 2008, 454 – The Home Store, wonach regelmäßig keine Markenverletzung bei rein firmenmäßigem Gebrauch anzunehmen ist; Pate gestanden hatte insoweit EuGH ECLI:EU:C:2007:497 – Céline.

allerdings ist insoweit Vorsicht geboten, da häufig Situationen gegeben sind, in denen aus älteren Unternehmenskennzeichen- oder Werktitelrechten gegenüber Marken vorgegangen werden kann und umgekehrt.

303 Ergibt das Rechercheergebnis, dass ältere Rechte nur für bestimmte Waren und/oder Dienstleistungen existieren, kann dem bereits durch **Begrenzung** des Waren-/Dienstleistungsverzeichnisses der Unionsmarkenanmeldung Rechnung getragen werden.

304 Wenn und soweit der Rechercheaufwand sehr umfangreich und kostspielig zu werden droht, ist durchaus zu überlegen, es mit der Markenidentitäts- und/oder -ähnlichkeitsrecherche (in nur einigen Ländern) bewenden zu lassen, da ansonsten die Recherchekosten das „ersparte Risiko" deutlich übersteigen können. Zudem kann im Falle etwaiger Widersprüche von dritter Seite noch zu einem späteren Zeitpunkt versucht werden, eine für alle Beteiligten interessengerechte Abgrenzung in Form einer **„Vorrechtsvereinbarung"**[1070] zu erzielen. Ferner ist über die **Konversion**[1071] die Möglichkeit eröffnet, im Falle erfolgreichen Widerspruches aus nationalen älteren Rechten die Unionsmarkenanmeldung unter Beibehaltung deren Anmeldepriorität in nationale Marken in allen oder einigen anderen Mitgliedstaaten umzuwandeln. Die verbleibenden Risiken sollten stets mit dem Anmelder erörtert werden.

305 **b) Grundzüge des Anmelde-/Eintragungsverfahrens.** Das Unionsmarkenanmelde- und -eintragungsverfahren bringt einige Besonderheiten mit sich. Schon mit Blick darauf empfiehlt es sich, sich mit den Prüfungsrichtlinien für Unionsmarken des EUIPO, die regelmäßig – zuletzt zum 1. März 2021 – aktualisiert werden, vertraut zu machen, und eng daran zu orientieren, da diese die aktuelle Amtspraxis wiedergeben. Schon aus Raumgründen muss hier auf die einschlägige Kommentarliteratur[1072] sowie auf die Website des Amtes verwiesen werden.[1073] Deshalb werden nachfolgend die Grundzüge des Verfahrensganges aufgezeigt:

306 *aa) Unionsmarkenanmeldung.* Seit dem 23. März 2016 können **Unionsmarkenanmeldungen** gem. Art. 30 Abs. 1 UMV **nur noch beim EUIPO** eingereicht werden.[1074] Hintergrund für diese Änderung war der fortschreitende Rückgang und die geringe Anzahl der bei den Zentralbehörden für den gewerblichen Rechtsschutz der Mitgliedstaaten und dem Benelux-Amt für Geistiges Eigentum eingereichten Anmeldungen.[1075] Die Unionsmarkenanmeldung kann beim Amt elektronisch (E-Filing), per Post oder per Kurier eingereicht werden. Für den Fall der elektronischen Einreichung bietet das Amt über den Nutzerbereich (sog. User Area) die Möglichkeit eines **beschleunigten Verfahrens** (sog. Fast-Track-Verfahren).[1076] Das Amt empfiehlt, die Anmeldung mithilfe des amtlichen E-Filing-Formulars vorzunehmen, das in den EU-Amtssprachen zur Verfügung steht. [1077] Alternativ stellt das Amt, auf entsprechende Anfrage, Formulare im PDF-Format kostenlos in sämtlichen Amtssprachen der EU zur Verfügung.[1078] Unverzüglich nach Erhalt der Anmeldung stellt das Amt gem. Art. 30 Abs. 2 UMV eine Empfangsbestätigung aus.

307 Die Anmeldeerfordernisse ergeben sich aus Art. 31 Abs. 1 UMV. Zunächst muss der Antrag auf Eintragung einer Unionsmarke gerichtet sein. Ferner muss die Anmeldung Angaben enthalten, die es erlauben, die Identität des Anmelders festzustellen; soweit das Amt dem Anmelder bereits eine ID zugeteilt hat, ist es ausreichend, diese ID-Nummer und den Namen anzugeben. Das Verzeichnis der Waren und Dienstleistungen richtet sich nach der internationalen Klassifizierung des Nizzaer Klassifizierungsabkommens. Zudem ist die Art der Marke anzugeben (Wortmarke, Bildmarke, 3D-Marke etc.).[1079] Dabei sind, je nach Markentyp, hinsichtlich der Wiedergabe gemäß Art. 3 UMDV spezifische Besonderheiten zu berücksichtigen (beispielsweise bei Farbmarken

---

[1070] Ohne dass dies (notwendig) einen materiellen Unterschied bedeutete, finden sich auch andere Bezeichnungen wie „Abgrenzungsvereinbarung", „Prior-Right Agreement", „Pre-Right Agreement", „Coexistence Agreement" etc.; ausf. zu Abgrenzungsvereinbarungen speziell betreffend Unionsmarken: Harte-Bavendamm/v. Bomhard GRUR 1998, 530 ff.

[1071] Dazu sogleich im weiteren Text → Rn. 352, 353.

[1072] Beispielsweise Eisenführ/Schennen/Schennen UMV Art. 30 ff.; Hasselblatt/Kipping EUTMR Art. 30.

[1073] S. etwa die Hinweise unter „Der Weg zur Eintragung", abrufbar über http://euipo.europa.eu → Marken → Der Weg zur Eintragung.

[1074] Art. 25 UMV aF wurde durch VO Nr. 2015/2424 neu gefasst mit Wirkung zum 23.3.2016 (nunmehr Art. 30 UMV).

[1075] S. 24. Erwägungsgrund der VO Nr. 2015/2424.

[1076] S. dazu http://euipo.europa.eu → Marken → Der Weg zur Eintragung.

[1077] Prüfungsrichtlinien Teil B Abschnitt 2 (Formerfordernisse) Rn. 4.1.2, S. 215 (Stand 01/03/2021).

[1078] Prüfungsrichtlinien Teil A Abschnitt 1 (Kommunikationsmittel, Fristen), S. 16 (Stand 01/03/2021).

[1079] S. dazu Prüfungsrichtlinien Teil B Abschnitt 2 (Formerfordernisse) Rn. 9.3.1 bis 9.3.11.

die Bezeichnung nach einem international anerkannten Kennzeichnungscode, etwa nach den Farbsystemen HKS, Pantone und RAL).[1080] Namentlich für die sogen. nicht **traditionellen Markenformen** ist zu berücksichtigen, dass mit Wirkung zum 1. Oktober 2017 das Erfordernis der grafischen Darstellbarkeit entfallen ist. Ausreichend, aber auch notwendig ist eine Wiedergabe der Marke, die den Erfordernissen des Art. 4 lit. b UMV genügt; danach muss die Darstellung eindeutig, präzise, abgeschlossen, leicht zugänglich, verständlich, dauerhaft und objektiv sein.[1081] Mit der Anmeldung sind die Anmeldegebühren zu zahlen, wobei zu beachten ist, dass nunmehr für jede Waren- und Dienstleistungsklasse jeweils eine Klassengebühr anfällt. Allerdings ist es für die Zuerkennung des Eingangsdatums als Anmeldetag ausreichend, wenn die Anmeldegebühr innerhalb eines Monats nach Einreichung der Anmeldeunterlagen entrichtet wird (Art. 32 UMV).

bb) E-Filing, fast-track. Bereits seit mehreren Jahren besteht die Möglichkeit der elektronischen Anmeldung von Unionsmarken, das sogen. **E-Filing.** Inzwischen werden über 99 % der Anmeldungen (und Schutzrechtsverlängerungen) online vorgenommen. Das E-Filing ist effizient und kostenprivilegiert und schon deshalb besonders zu empfehlen; hinzu kommt die einfache Handhabe. Dabei werden folgende Schritte unmittelbar vom Browser ausgeführt: das Ausfüllen des elektronischen Anmeldeformulars, Beifügen notwendiger Anlagen und die Angabe der Zahlungsmodalitäten. Das E-Filing bietet verschiedene Vorzüge, ua den unverzüglichen Erhalt einer Empfangsbestätigung sowie die elektronische Kontrolle der Angaben auf Vollständigkeit; auch wird der Anmeldetag automatisch zugewiesen. Innerhalb von drei Tagen erhält der Anmelder eine Unionsmarkennummer zugeteilt. Darüber hinaus bietet das Amt für „Großkunden" spezielle business-to-business-Lösungen an, bei denen Nutzer ihre Unionsmarkenanmeldungen auf der Grundlage eines vereinbarten Übertragungsmechanismus über das Internet direkt von einem Back-Office-System an das Amt versenden können. Besonders zu empfehlen ist die Möglichkeit der sogen. ***fast*-track**-Anmeldung. Im Vergleich zu regulären Anmeldungen erfolgt die Veröffentlichung in der Hälfte der Zeit oder weniger. Zudem müssen bei der fast-track-Anmeldung die Waren und Dienstleistungen aus einer sogen. *harmonisierten Datenbank* von Begriffen ausgewählt werden, die bereits vom EUIPO und allen Ämtern für Geistiges Eigentum in der EU akzeptiert wurden. Darüber lassen sich etwaige Mängel der Waren-/Dienstleistungsklassifizierung von vornherein vermeiden.[1082] 308

cc) Besonderheiten bei Unionskollektiv- und Unionsgewährleistungsmarken. Nach Art. 74 Abs. 1 UMV dienen **Unionskollektivmarken** dazu, Waren und Dienstleistungen der Mitglieder des Verbandes, der Markeninhaber ist, von denen anderer Unternehmen zu unterscheiden.[1083] Demgegenüber handelt es sich bei der im Zuge der Reform durch die VO 2015/2424 mit Wirkung zum **1. Oktober 2017** neu geschaffenen **Unionsgewährleistungsmarke** um eine Unionsmarke, die geeignet ist, Waren oder Dienstleistungen, für die der Inhaber der Marke „das Material, die Art und Weise der Herstellung der Waren oder der Erbringung der Dienstleistungen, die Qualität, Genauigkeit oder andere Eigenschaften – mit Ausnahme der geografischen Herkunft – gewährleistet, von solchen zu unterscheiden, für die keine derartige Gewährleistung besteht" (Art. 83 Abs. 1 UMV). Anders als bei Kollektivmarken ermöglichen Gewährleistungsmarken den Mitgliedern einer qualitätsprüfenden Organisation Zugang zu einem System, das einen geprüften Qualitätsstandard garantieren soll. Mithin kennzeichnen Gewährleistungsmarken Waren und Dienstleistungen einer überprüften Qualität, was auf Kollektivmarken nicht zutrifft.[1084] Sowohl die Unionskollektivmarke als auch die Unionsgewährleistungsmarke ist bei der Anmeldung als solche zu bezeichnen, Art. 74 Abs. 1 bzw. Art. 83 Abs. 1 UMV. Des Weiteren gilt für beide Marken, dass mit der Anmeldung, spätestens jedoch innerhalb von **zwei Monaten** nach dem Anmeldetag eine Verbandssatzung (Art. 75 Abs. 1 UMV) respektive eine Satzung der Gewährleistungsmarke (Art. 84 Abs. 1 UMV) vorzulegen ist, die den jeweiligen Anforderungen genügt (Art. 75 Abs. 2 bzw. Art. 84 Abs. 2 UMV, iVm Art. 16, 17 UMDV). 309

[1080] Zu den verschiedenen Markenformen s. bereits → Rn. 41–75.

[1081] S. dazu Prüfungsrichtlinien Teil B (Formerfordernisse) Rn. 9.1, S. 236 ff.

[1082] S. dazu die Angaben des Amtes, abrufbar unter http://euipo.europa.eu → Der Weg zur Eintragung → jetzt anmelden.

[1083] Ausf. v. Mühlendahl/Ohlgart § 11 Rn. 11 ff.; ausführlich zu den Kriterien für die Schutzfähigkeit von Unionskollektivmarken Eisenführ/Schennen/Schennen UMV Art. 74 Rn. 18 ff.; Hasselblatt/Nordemann EUTMR Art. 74 Rn. 5 ff.

[1084] Marten GRUR Int. 2016, 114 (117); ausf. Eisenführ/Schennen/Schennen UMV Art. 83 Rn. 6 ff.

Praxistipp:

Bisweilen gestaltet sich die Ausformulierung der Satzung in einer dem Amt genehmen Weise als nicht ganz einfach. Zudem sind die (amtlichen) Gebühren der Unionskollektivmarke im Verhältnis zur „normalen" Unionsmarke deutlich höher.[1085] Im Einzelfall sollte deshalb stets untersucht werden, ob nicht über eine „normale" Unionsmarke in Verbindung mit – die Nutzungsbedingungen, Qualitätsanforderungen und dergleichen regelnden – Lizenzverträgen dasselbe Ergebnis einfacher und kostengünstiger zu erzielen ist.

310 *dd) Prioritätsrecht, Ausstellungspriorität.* Nach Maßgabe der Art. 34 bis 37 UMV können Inhaber älterer Marken(-anmeldungen), die mit Wirkung für einen Vertragsstaat der PVÜ oder der WHO vorschriftsmäßig angemeldet sind, die Priorität der ersten Anmeldung beanspruchen.[1086] Dieses **Prioritätsrecht** besteht während einer Frist von **sechs Monaten** nach Einreichung der ersten Anmeldung und kann der Anmeldung **derselben** (Unions-)**Marke** nur für die Waren/Dienstleistungen zugrunde gelegt werden, die mit denen *identisch* sind, für welche die Marke angemeldet ist, oder die von diesen Waren oder Dienstleistungen umfasst werden.[1087] Das Prioritätsrecht bewirkt, dass für die Bestimmung des Vorrangs von Rechten der Prioritätstag als Tag der Anmeldung der Unionsmarke gilt. Durch dieses – letztlich auf Art. 4 PVÜ basierende und damit bis 1883 zurückreichende – Prioritätsrecht können gewissermaßen bis zu sechs Monate Prioritätszeit „gewonnen" werden, was dessen enorme praktische Bedeutung zu erklären vermag. Bei Inanspruchnahme der Priorität muss der Anmelder innerhalb von **drei Monaten** nach dem Anmeldetag das Aktenzeichen der früheren Anmeldung sowie eine – von der Ausstellungsbehörde beglaubigte – Abschrift von ihr einreichen (Art. 35 Abs. 1 UMV). Voraussetzung für die Inanspruchnahme der Priorität ist eine **dreifache Identität,** nämlich in Bezug auf die Marken, die Waren und Dienstleistungen sowie den Inhabern.[1088] Soweit nur einzelne der Waren oder Dienstleistungen identisch sind, kann bei – im Übrigen gegebener Identität der Markeninhaber – das Prioritätsrecht nur insoweit beansprucht werden. Das Prioritätsrecht bezieht sich auf eine erste, mit Wirkung für einen Vertragsstaat der PVÜ vorschriftsmäßig angemeldeten Marke. Nach Art. 4 A Abs. 3 **PVÜ** ist unter **regulärer nationaler Anmeldung** jede Anmeldung zu verstehen, „die zur Festlegung des Tages ausreicht, an dem die Anmeldung in dem betreffenden Land hinterlegt worden ist, wobei das spätere Schicksal der Anmeldung ohne Bedeutung ist". Maßgeblich für die „Vorschriftsmäßigkeit" der ersten Anmeldung ist mithin, dass diese in einem Land vorgenommen wurde, das Vertragspartei der PVÜ oder des Abkommens zur Errichtung der Welthandelsorganisation (WTO) ist oder Gegenseitigkeit gemäß Art. 34 Abs. 5–7 UMV gewährt. Bei Staaten und anderen Rechtsträgern, die weder Mitglieder der relevanten Übereinkommen sind noch von Gegenseitigkeitsabkommen profitieren, werden auf solche Erstanmeldungen bezogene Prioritätsansprüche zurückgewiesen.[1089]

311 Ferner kann nach Art. 38 UMV für die Anmeldung, ebenfalls binnen **sechs Monaten** nach der ersten Zurschaustellung, die so genannte **Ausstellungspriorität** beansprucht werden. Auch insoweit sind Unterlagen, insbesondere die Benutzungsbestätigung der für Gewerblichen Rechtsschutz der fraglichen Ausstellung zuständigen Stelle, innerhalb von drei Monaten, gerechnet ab Anmeldung der Unionsmarke, beim EUIPO einzureichen.

312 Die mögliche Inanspruchnahme einer Ausstellungspriorität spielt in der Praxis jedoch eine untergeordnete Rolle. Hintergrund ist, dass nur sehr wenige Ausstellungen solche im Sinne des Abkommens über internationale Ausstellungen vom 22.11.1928 sind; neben den Weltausstellungen kommt nur einer geringen Anzahl der Status einer „amtlichen oder amtlich anerkannten internationalen Ausstellung" iSd Art. 38 UMV zu.[1090]

[1085] Grundgebühr für die Anmeldung einer Unionsmarke (bis zu 3 Klassen) 1.000,– EUR bzw. 850,– EUR bei elektronischer Anmeldung, für Unionskollektivmarke 1.800,– EUR respektive 1.500,– EUR.

[1086] Für erste Anmeldungen in einem nicht zu den Vertragsstaaten der PVÜ oder WHO gehörenden Staat ist Art. 34 Abs. 5 UMV zu beachten; s. zu den formalen Anforderungen f. die Inanspruchnahme der Priorität, Prüfungsrichtlinien Teil B, Abschnitt 2 (Formerfordernisse), Rn. 11.1, S. 263 ff.

[1087] Art. 34 Abs. 1 UMV; zur Definition der „ersten Anmeldung" siehe Art. 34 Abs. 4 UMV.

[1088] S. dazu Prüfungsrichtlinien Teil B, Abschnitt 2 (Formerfordernisse), 11.2.2, S. 266 ff.

[1089] S. die Liste der unabhängigen Staaten (bspw. Afghanistan, Aruba, Cook-Inseln, Eritrea) und sonstigen Rechtsträgern (Anguilla, Bermuda, Cayman-Inseln, Isle of Man, Jersey) in: Prüfungsrichtlinien, Teil B, Abschnitt 2 (Formerfordernisse), 11.2.1, S. 266.

[1090] Die Ausstellungen sind auf der Website des Bureau International des Expositions/Paris einzusehen unter http://www.bie-paris.org/site/en; s. die Bsp. bei Hasselblatt/Manderla/Gruneberg EUTMR Art. 38 Rn. 6; weitergehend

ee) Inanspruchnahme des Zeitranges einer nationalen Marke. Darüber hinaus kann für die Unionsmarkenanmeldung der **Zeitrang** einer identischen nationalen oder mit Wirkung für einen Mitgliedsstaat international registrierten älteren Marke in Anspruch genommen werden, Art. 39 UMV.[1091] Hervorzuheben ist, dass die Inanspruchnahme des Zeitranges auch – Jahre später – nach Eintragung der Unionsmarke noch nachgeschoben werden kann, Art. 40 UMV. Dadurch soll letztlich ein Anreiz geschaffen werden, nationale Markenrechte in die Unionsmarke zu integrieren und auslaufen zu lassen. Der Zeitrang kann nur für eine ältere **Registrierung**, nicht hingegen für eine ältere Markenanmeldung beansprucht werden. Ebenso wie bei der Beanspruchung der Priorität ist auch hier für den Zeitrang eine **dreifache Identität** erforderlich.[1092] 313

Voraussetzung ist zunächst, dass es sich um **dieselben Marken** handelt. Das Erfordernis der Identität der Form von nationaler Marke und Unionsmarke ist grundsätzlich zwingend. Allerdings sind in engen Grenzen Ausnahmen zuzulassen, bei als IR-Marken in mehreren Mitgliedstaaten geschützten (reinen) Wortmarken etwa, wenn diese keine besondere grafische Gestaltung aufweisen und lediglich auf Grund der unterschiedlichen Eintragungspraxis der verschiedenen Zentralbehörden in Schrifttypen und/oder Groß-/Kleinschreibung differieren.[1093] Die Identität der Zeichen ist hingegen zu verneinen, wenn bei Wortmarken die Buchstabenfolge verändert wird und dergleichen. Bei Bildmarken ist Identität nicht mehr anzunehmen, wenn diese bei verkehrsüblicher Betrachtung wahrnehmbare Unterschiede aufweisen; unschädlich sind hingegen marginale, bei üblicher Wahrnehmung nicht erkennbare Abweichungen. Unbeachtlich dürfte im Allgemeinen ferner die Weglassung oder Hinzufügung solcher Bestandteile sein, die ohnehin am Zeichenschutz nicht teilnehmen (etwa Symbole wie „®“, „™“ oder „©“). Bei Farb- oder farbigen Marken muss Übereinstimmung (auch) der Farben gegeben sein.[1094] 314

Weiteres Erfordernis ist **Identität der jeweiligen Waren oder Dienstleistungen.** Ausdrücklich klargestellt ist in Art. 39 Abs. 1 UMV, dass es insoweit ausreicht, wenn die Klassifizierung der Unionsmarke diejenigen der älteren Marke **umfasst.** Diese Fälle, also Identität mit oder Umfassung der Waren/Dienstleistungen der älteren Marke, sind unproblematisch. Liegt nur teilweise Kongruenz vor, kann auch nur insoweit der nationale Zeitrang beansprucht werden, wobei in einem solchen Fall zu erwägen ist, die ältere Marke teilweise in die Unionsmarke zu integrieren, und bezüglich der nicht identischen oder umfassten Waren/Dienstleistungen künftig nicht mehr zu verlängern. Allerdings ist bei der Beurteilung der Identität eine wirtschaftliche Betrachtung geboten, jedenfalls soweit es die Einbindung alter Marken mit teils „antiquiert“ formulierten Warenverzeichnissen betrifft; so sind beispielsweise „pharmazeutische Drogen“ – wie es früher bisweilen hieß – durchaus identisch mit respektive umfasst von „pharmazeutischen Erzeugnissen“.[1095] 315

Weiter muss **Identität der Inhaber** gegeben sein. Der Inhaber der Unionsmarke muss mit dem Inhaber der älteren (nationalen) Marke, für die der Zeitrang in Anspruch genommen wird, identisch sein. Bloße Zugehörigkeit zur selben Unternehmensgruppe ist nicht ausreichend, da es sich insoweit um unterschiedliche juristische Personen handelt. Unschädlich ist hingegen, wenn – bei gegebener Unternehmensidentität – sich beispielsweise die Firmierung geändert hat, ohne dass dies dem Register angezeigt worden ist.[1096] 316

Die Inanspruchnahme des Zeitranges hat zur Folge, dass dem Inhaber der Unionsmarke, falls er auf die ältere Marke verzichtet oder sie erlöschen lässt, auch künftig **dieselben Rechte** zustehen, die er haben würde, wenn die ältere Marke weiter eingetragen wäre.[1097] Folglich können 317

besteht im deutschen Markenrecht die Möglichkeit der Inanspruchnahme der Ausstellungspriorität einer „sonstigen inländischen oder ausländischen Ausstellung“, § 35 Abs. 1 Nr. 2 MarkenG.

1091 S. dazu Schäfer GRUR 1998, 350 ff., der sich krit. gegenüber der Formulierung „Zeitrang“ äußert; ähnlich Eisenführ/Schennen/Brecht UMV Art. 39 Rn. 3; statt von „Zeitrang“ kann auch der Begriff „Seniorität“ verwandt werden.

1092 Prüfungssrichtlinien Teil B, Abschnitt 2 (Formerfordernisse), 13.3 ff., S. 283 ff.; Hasselblatt/Manderla/Gruneberg EUTMR Art. 39 Rn. 12–18.

1093 Beispiele für zulässige Zeitrangansprüche gemäß Prüfungsrichtlinien für Unionsmarken Teil B Abschnitt 2 (Formerfordernisse) Rn. 13.6, S. 284 f.: UM-Anmeldung (Wortmarke) „CELOTAPE“, ältere Marke „Celotape“ sowie UM-Anmeldung „CULTILENE“, ältere Marke „Cultilène“; dort auch zahlreiche Beispiele für unzulässige Zeitansprüche etwa bei reinen Bild- oder kombinierten Wort-/Bildmarken.

1094 Etwas strenger, im Ergebnis aber ähnlich Eisenführ/Schennen/Brecht UMV Art. 39 Rn. 17: lediglich unterschiedliche, aber übliche Typografien desselben Markenwortes führen nicht zur Verneinung der Identität.

1095 Ausf. mit weiteren Beispielen: Meister WRP 1997, 1022 (1033 ff.).

1096 Hasselblatt/Manderla/Gruneberg EUTMR Art. 39 Rn. 13 f.

1097 Art. 39 Abs. 3 UMV; ausf. Kur/v. Bomhard/Albrecht/Rohlfing-Dijoux UMV Art. 39 Rn. 25 ff.

identische ältere Marken gewissermaßen in die Unionsmarke „eingebunden" werden. Damit erübrigt sich die Aufrechterhaltung identischer nationaler Markenregistrierungen, was insbesondere für Inhaber identischer Marken in mehreren (oder allen) Mitgliedsstaaten **erhebliche Kostenvorteile** mit sich bringt, da nur *eine* Verlängerungsgebühr zu zahlen ist. Nach Art. 39 Abs. 4 UMV erlischt der Zeitranganspruch bei Nichtigerklärung oder Verfall der älteren Marke sowie im praktisch wohl seltenen Falle des Verzichts.

Praxistipp:

Bei nationalen Markenrechten, die lediglich in einem bestimmten Mitgliedstaat oder wenigen EU-Mitgliedstaaten, nicht jedoch in der gesamten Union über eine Bekanntheit verfügen, sollte trotz Vorliegens der vorgenannten dreifachen Identität sorgfältig abgewogen werden, ob es nicht sinnvoll erscheint, die **Schutzdauer** der **national bekannten Marke(n) aufrecht** zu **erhalten.**

318 *ff) Prüfung Inhaberschaft und absoluter Eintragungshindernisse.* Außer den allgemeinen Anmeldeerfordernissen überprüft das Amt die Voraussetzungen der **Inhaberschaft**[1098] sowie insbesondere das Eingreifen **absoluter Schutzhindernisse.**[1099] Soweit die Marke (teilweise) absolut eintragungsunfähig ist, so wird die Anmeldung insgesamt oder teilweise zurückgewiesen. Zuvor wird dem Anmelder Gelegenheit zur Rücknahme oder Änderung der Anmeldung oder Abgabe einer Stellungnahme gegeben.

319 *gg) Prüfung der Waren-/Dienstleistungsklassifizierung.* Auch die **Waren-/Dienstleistungsklassifizierung** wird amtlicherseits überprüft. Das Waren-/Dienstleistungsverzeichnis sollte mit dem Anmelder sorgfältig vorbesprochen werden, um es auf die individuellen Bedürfnisse abzustimmen.

Praxistipp:

Im Allgemeinen ist es ratsam, jeweils sämtliche Waren/Dienstleistungen einer Klasse abzudecken, da so die Möglichkeit offen gehalten wird, künftig in angrenzende – zum Zeitpunkt der Anmeldung noch nicht „bearbeitete" – Waren-/Dienstleistungsbereiche vorzustoßen, ohne neuen Markenschutz herbeiführen zu müssen. Im Übrigen besteht auch ohne Entfaltung von Benutzungshandlungen zumindest bis zum Ablauf der Benutzungsschonfrist Markenschutz bezüglich solcher Waren/Dienstleistungen. Letzteres kann sich insbesondere zu „Defensivzwecken" als hilfreich erweisen.

320 Im Zuge der Reform des Unionsmarkenrechts durch VO Nr. 2015/2424 ist der die Bezeichnung und Klassifizierung von Waren und Dienstleistungen regelnde Art. 33 UMV **grundlegend neu gefasst** worden. Ausgangspunkt hierfür bildete die viel beachtete *IP-Translator*-Entscheidung des EuGH vom 19. Juni 2012.[1100] Die Grundsätze dieser Entscheidung sind nunmehr in Art. 33 UMV verankert. Die Klassifizierung der von einer Meldung erfassten Waren und Dienstleistungen richtet sich nach der sogen. Nizzaer Klassifikation (Art. 33 Abs. 1 UMV).[1101] Die von der Anmeldung erfassten Waren und Dienstleistungen sind vom Anmelder so **klar und eindeutig** anzugeben, dass die zuständigen Behörden und die Wirtschaftsteilnehmer allein auf dieser Grundlage den beantragten Schutzumfang bestimmen.[1102] Dies schließt die Beanspruchung der in den Klassenüberschriften der Nizzaer Klassifikation enthaltenen **Oberbegriffe** oder anderer allgemeiner Begriffe nicht aus, sofern sie den Anforderungen in Bezug auf Klarheit und Eindeutigkeit entsprechen, Art. 33 Abs. 3 UMV. Allerdings blieben nach der *IP-Translator* Entscheidung Zweifel zu-

[1098] Die frühere Bestimmung des Art. 37 wurde bereits mit VO 422/2004 mit Wirkung zum 10.3.2004 aufgehoben, da durch Änderung des Art. 5 nunmehr keine Beschränkungen hinsichtlich Staatsangehörigkeit oder Wohnsitz des Anmelders mehr bestehen; ausf. zu Art. 5 UMV bereits → Rn. 26–28.

[1099] Zu den absoluten Versagungsgründen ausf. bereits → Rn. 93 ff.

[1100] EuGH ECLI:EU:C:2012:361 – IP-TRANSLATOR.

[1101] Abkommen von Nizza über die Internationale Klassifikation von Waren und Dienstleistungen für die Eintragung von Marken vom 15.6.1957, abrufbar über www.wipo.int/madrid/en/notices; die Nizzaer Klassifikation wird in Abständen von fünf Jahren überarbeitet und zum 1. Januar neu angepasst.

[1102] Art. 33 Abs. 2 UMV; skeptisch insoweit Eisenführ/Schennen/Schennen UMV Art. 33 Rn. 5.

rück, da darin ausgeführt wird, dass „**einige** der **Oberbegriffe** der Nizzaer Klassifikation (…) **klar und eindeutig** [wären], während **andere diesem Erfordernis nicht genügen** können, wenn sie zu allgemein formuliert sind und zu unterschiedliche Waren oder Dienstleistungen abdecken, als dass sie mit der Herkunftsfunktion der Marke vereinbar wären".[1103] Mit Blick auf diese Unklarheit hat das Amt in Zusammenarbeit mit ua den Markenämtern der Union eine Liste von Oberbegriffen von Klassenüberschriften der Nizzaer Klassifikation erstellt, die den Anforderungen hinsichtlich Klarheit und Eindeutigkeit gem. Art. 33 Abs. 2 UMV nicht genügen. Von den **197 Oberbegriffen** erwiesen sich lediglich **11** als **nicht hinreichend klar und genau**, um den ihnen gewährten Schutzumfang zu bestimmen und werden somit ohne nähere Spezifizierung nicht akzeptiert. Eine Auflistung dieser elf Oberbegriffe, bei denen es sich überwiegend um solche mit dem Zusatz „… und Waren aus diesen Materialien" handelt, findet sich in den Prüfungsrichtlinien des Amtes.[1104] Die übrigen 186 Oberbegriffe sind hinreichend klar und präzise und daher für Klassifizierungszwecke ohne weitere Ergänzung oder Spezifizierung akzeptabel. Enthält die Klassifizierung der Schutz nachsuchenden Waren und Dienstleistungen solche allgemeinen Begriffe oder Oberbegriffe in der Nizzaer Klassifikation, so sind diese dahin auszulegen, dass lediglich diejenigen Waren oder Dienstleistungen umfasst sind, die eindeutig von der semantischen Bedeutung des Begriffs erfasst sind, Art. 33 Abs. 5 S. 1 UMV. Um diesen mit Recht strengen Anforderungen an die Klassifizierung zu entsprechen, empfiehlt sich die Nutzung der sogen. **harmonisierten Datenbank** des EUIPO (HDB). Dabei handelt es sich um die weltweit größte mehrsprachige Datenbank für die Klassifizierung von Waren und Dienstleistungen, die in Zusammenarbeit mit der WIPO und nationalen Markenämtern erstellt wurde und mehr als 1.5 Mio. Begriffe in über 20 Sprachen enthält.[1105] Umfasst sind darin Begriffe, die für Klassifizierungszwecke von allen nationalen und regionalen Ämtern der EU akzeptiert worden sind.[1106] Über das Klassifikations-Tool *TM Class* lassen sich einzelne Begriffe (Waren oder Dienstleistungen) nicht nur dahin überprüfen, ob sie über die HDB als harmonisiert gelten, sondern zugleich eindeutig einer bestimmten Klasse zuordnen.[1107] Bei Online-Anmeldungen wird der Anmelder durch ein Ampelsystem begleitet, das ihm anzeigt, ob der jeweilige Begriff akzeptiert, derzeit unbekannt oder eben unklar und damit nicht registrierbar ist; dabei werden dem Anmelder regelmäßig Alternativvorschläge unterbreitet.[1108] Insgesamt erweist sich die Nutzung der HDB als sehr effizient.

hh) Recherchen. Ist den allgemeinen Anmeldungserfordernissen genügt und liegen absolute Schutzhindernisse nicht vor, erstellt das Amt einen **Unionsrecherchenbericht**, in dem ältere Unionsmarken und Unionsmarkenanmeldungen aufgeführt werden, die als relative Schutzhindernisse der Eintragung teilweise oder insgesamt entgegengehalten werden können. Zunächst wurde der Unionsrecherchenbericht einschließlich der nationalen Rechercheberichte dem Anmelder übermittelt. Seit 2008 werden nationale Recherchen durch die Zentralbehörden für den Gewerblichen Rechtsschutz der Mitgliedsstaaten nur noch optional, also auf Antrag und gegen Zahlung einer Recherchegebühr, erstellt und dem Anmelder zugeleitet.[1109] An dem System der Erstellung nationaler Recherchenberichte nehmen lediglich noch fünf der 26 nationalen Ämter teil.[1110] Wegen des abebbenden Interesses auf Seiten der Anmelder ist mit einem weiteren Rückgang der Bereitschaft der jeweiligen Zentralbehörden zu rechnen, nationale Recherchen durchzuführen, auch wenn dies – ebenso wie bei den Unionsrechercheberichten – maschinell erfolgt.[1111] 321

Der Wert der Rechercheberichte spielt für die Anmeldepraxis eine **völlig untergeordnete Rolle**, und wird bisweilen gar als gänzlich überflüssig empfunden. Dies vermag nicht zu überraschen, da die Rechercheberichte keinen Anspruch auf Vollständigkeit erheben und ohnehin nur von wenigen nationalen Behörden durchgeführt werden, so dass die **Recherche zwangsläufig lückenhaft** ist. Hinzu kommt, dass die Rechercheberichte teils ältere Marken auflisten, die der Anmeldemarke nicht entfernt ähnlich, geschweige denn verwechslungsähnlich sind. Insgesamt erweisen 322

[1103] EuGH ECLI:EU:C:2012:361 – IP-Translator, Rn. 54 (Hervorhebungen nur hier); s dazu Kurzv. Bomhard/Albrecht/v. Bomhard/Rohlfing-Dijoux UMV Art. 33 Rn. 8.

[1104] Prüfungsrichtlinien, Teil B, Abschnitt 3, 4.3.1, S. 304, 305.

[1105] Bender, Die neue Unionsmarke, 2. Aufl., 324.

[1106] Prüfungsrichtlinien, Teil M (Internationale Marken), 3.3.3.4, S. 1774 f.

[1107] Abrufbar unter http://euipo.europa.eu → Marken → Der Weg zur Eintragung → Waren und Dienstleistungen → harmonisierte Datenbank → TM Class.

[1108] Bender Die neue Unionsmarke, Rn. 325.

[1109] Änderung des Art. 39 GMV aF infolge der VO (EG) Nr. 422/2004 des Rates v. 19.2.2004 zur Änderung der GMV, ABl. 2004 L 70/1/2/7.

[1110] Dies sind: CZ, DK, HU, RO sowie SK.

[1111] Eisenführ/Schennen/Schennen UMV Art. 43 Rn. 17.

sich die Rechercheberichte nicht als der wertvolle Beitrag zu erhöhter Verfahrensökonomie, den sich manche erhofft haben. Der mangelnden Praxistauglichkeit des derzeitigen Recherchesystems scheint sich auch der EU-Gesetzgeber bewusst zu sein. So heißt es in Erwägungsgrund 26 der VO 2015/2424, dass der Rahmen für Recherchen zu straffen und stärker auf die Bedürfnisse und Präferenzen der Nutzer auszurichten sei. Zudem sollten die optionalen Recherchen dadurch ergänzt werden, dass dem Publikum „schnelle und leistungsfähige Rechercheinstrumente zur Verfügung gestellt werden".[1112] Sobald dieses Ziel umgesetzt ist, sollte zukünftig von der automatischen Erstellung der Unionsmarkenberichte insgesamt abgesehen werden.[1113]

323 *ii) Eintragung.* Ist gegen die (formell und materiell ordnungsgemäße) Anmeldung kein Widerspruch eingelegt worden oder hat sich ein Widerspruch durch Rücknahme, Zurückweisung oder auf andere Weise endgültig erledigt, wird die angemeldete Marke in das Register eingetragen und die Eintragung im Blatt für Unionsmarken veröffentlicht.

324 c) **Verlängerung der Schutzdauer.** Die Dauer des Unionsmarkenschutzes beträgt **zehn Jahre,** beginnend mit dem Tag der Anmeldung. Die Eintragung kann beliebig oft um jeweils zehn Jahre verlängert werden, Art. 52 UMV. Mindestens sechs Monate vor Ablauf der Eintragung unterrichtet das Amt den Markeninhaber sowie die Inhaber von im Register eingetragenen Rechten (etwa Lizenzinhaber) vom bevorstehenden Ablauf, wobei das Amt nicht für unterbliebene Unterrichtung haftet. Der **Verlängerungsantrag** ist gemäß der zum 23. März 2016 neu gefassten Vorschrift des Art. 53 Abs. 3 S. 1 UMV innerhalb eines Zeitraumes von **sechs Monaten vor Ablauf der Eintragung** unter gleichzeitiger Entrichtung der Verlängerungsgebühr zu stellen. Gegen Zahlung einer Zuschlagsgebühr kann die Verlängerung noch innerhalb einer Nachfrist von sechs Monaten nach Ablauf der Eintragung beantragt werden, Art. 53 Abs. 3 S. 3 UMV.[1114]

3. Widerspruchsverfahren

325 Das Widerspruchsverfahren ist geregelt in Art. 46, 47 UMV, die durch die VO 2015/2424 im Wesentlichen nur redaktionelle Änderungen erfahren haben. Die einzige inhaltliche Änderung ist die Vorverlegung der Fünf-Jahres-Frist in Art. 47 Abs. 2 S. 1 UMV vom (zuvor) Datum der Veröffentlichung der angefochtenen Unionsmarkenanmeldung auf den Anmeldetag oder den Prioritätstag. Dies hat zur Folge, dass im Vergleich zur Rechtslage bis zum 23. März 2016 weniger ältere Marken dem Benutzungszwang unterliegen.[1115] Da das Datum der Anmeldung (und nicht das Datum der Veröffentlichung oder der Registrierung) etwa auch für die Anwendung der Versagungsgründe nach Art. 7 Abs. 1 UMV sowie die infolge Benutzung erlangte Unterscheidungskraft gem. Art. 7 Abs. 3 UMV maßgeblich ist,[1116] erscheint die Bezugnahme auf den Anmeldetag (bzw. den Prioritätstag) in Art. 47 Abs. 2 S. 1 UMV nur konsequent.

326 Allerdings darf der Rekurs auf den Anmeldetag als maßgeblichem Zeitpunkt nicht zu der **widersinnigen Situation** führen, dass einem Widerspruch stattgegeben wird, obwohl die ältere Marke der jüngeren Unionsmarke zum Zeitpunkt der Entscheidung nicht mehr entgegengehalten werden könnte. In diesem Sinne hat jedoch unlängst der EuG[1117] entschieden. Danach sei „der Umstand, dass die **ältere Marke ihren Status** als in einem Mitgliedstaat eingetragene Marke zu einem Zeitpunkt nach der Einreichung der Anmeldung der UM, insbesondere nach einem möglichen Austritt des betreffenden Mitgliedstaats aus der Union [scil.: in concreto nach dem Brexit], **verlieren könnte, grundsätzlich für das Ergebnis des Widerspruchs unwesentlich**".[1118] *De lege ferenda* ist insoweit eine Gesetzesänderung zu fordern, die mit der früheren Rechtsprechung[1119] (auch) auf die Lage zum Zeitpunkt der Entscheidung der Beschwerdekammer abhebt. *De lege lata* sollten Entscheidungen in Widerspruch- und Nichtigkeitsverfahren gegenstandslos werden, wenn das ältere Markenrecht noch vor Eintritt der Rechtskraft seinen Schutz verliert.

1112 Erwägungsgrund 26, Satz 2 der VO 2015/2424.

1113 Zumal die Inhaber der in dem Unionsbericht angeführten älteren Unionsmarken oder Anmeldungen unterrichtet werden, unabhängig davon, ob der Anmelder gem. Art. 43 Abs. 6 UMV die Übermittlung des Unionsrecherchenberichts beantragt hat.

1114 Nach Art. 47 Abs. 3 GMV (aF) nur maßgeblich der letzte Tag des Monats, in dem die Schutzdauer endete; geändert durch VO 2015/2424 mit Wirkung zum 23.3.2016.

1115 Wohl kritisch insoweit Eisenführ/Schennen/Schennen UMV Art. 47 Rn. 5.

1116 S. dazu bereits → Rn. 137–142.

1117 EuG ECLI:EU:T:2022:139 – Nowhere Co. Ltd v. EUIPO – Junguo Ye, Rn. 28 f.

1118 EuG ECLI:EU:T:2022:139 – Nowhere Co. Ltd v. EUIPO – Junguo Ye, Rn. 29.

1119 EuG ECLI:EU:T:2006:254 – MIP Metro Group v. HABM, Rn. 31 ff.

a) Form, Frist, Widerspruchsberechtigte. Gegen die Eintragung einer Unionsmarke kann innerhalb einer Frist von **drei Monaten nach Veröffentlichung** der Anmeldung Widerspruch auf Grund eines der relativen Schutzhindernisse im Sinne des Art. 8 UMV erhoben werden.[1120] Der Widerspruch, ebenso wie (seit März 2016) die Anmeldung, kann wirksam **nur beim EUIPO** eingereicht werden. Die Einzelheiten des Widerspruchsverfahrens richten sich nach Art. 46, 47 UMV. **Widerspruchsberechtigt** ist im Allgemeinen der Inhaber der älteren Markenrechte; ferner können Lizenznehmer Widerspruch erheben, sofern sie vom jeweiligen Markeninhaber hierzu ausdrücklich ermächtigt worden sind. In Fällen des Rechtsüberganges ist zu beachten, dass der **Rechtsnachfolger** erst nach Eintragung des Rechtsüberganges in das Register berechtigt ist; zumindest muss der Umschreibungsantrag gegenüber dem Amt gestellt worden sein, Art. 20 Abs. 10, 11 UMV.[1121] 327

Der Widerspruch ist schriftlich einzureichen und zu begründen, Art. 46 Abs. 3 UMV. Zur Fristwahrung ist es erforderlich, dass die in **Art. 2 Abs. 2 lit. a–c)** und **Art. 5 Abs. 3 DelVO** aufgeführten sogen. **absoluten Zulässigkeitsvoraussetzungen** in der Widerspruchsschrift enthalten sind.[1122] Demnach muss angegeben werden, welche Unionsmarkenanmeldung angefochten wird, auf welchem älteren Recht (bzw. welchen älteren Rechten) der Widerspruch beruht und welche Gründe für den Widerspruch sprechen (Beispiel: angefochtene Unionsmarke: 012345678; ältere nationale Marke: DE Nr. 987654321 „XYZ“; Verwechslungsgefahr“). Demgegenüber stehen die in **Art. 2 Abs. 2 lit. d–h)** und **Art. 5 Abs. 5 DelVO** genannten **relativen Zulässigkeitsvoraussetzungen,** deren Fehlen der Widersprechende auch nach Fristablauf binnen zwei Monaten nach einem entsprechenden Hinweis des Amtes ergänzen kann.[1123] Die in Art. 2 Abs. 2 lit. i) und Abs. 4 DelVO festgehaltene Begründung des Widerspruchs sowie dessen Reichweite sind hingegen bloß fakultative Angaben, deren Fehlen nicht zur Unzulässigkeit führen.[1124] Zu beachten ist, dass der Widerspruch erst als erhoben gilt, wenn die **Widerspruchsgebühr** entrichtet worden ist.[1125] 328

Für die Erfolgsaussichten des Widerspruches ist maßgeblich, ob einer der **Kollisionstatbestände** des Art. 8 UMV erfüllt ist. Als Konsequenz des Benutzungszwangs ist es dem Anmelder möglich, die **ausreichende Benutzung** der Widerspruchsmarke zu bestreiten, sofern diese seit mindestens fünf Jahren eingetragen ist. In diesem Falle ist vom Widersprechenden die rechtserhaltende Benutzung der Marke für den Zeitraum der letzten fünf Jahre vor dem Anmelde- oder gegebenenfalls Prioritätstag nachzuweisen.[1126] Für Unionsmarken ist die ernsthafte Benutzung innerhalb der Union, für nationale Marken die Benutzung in dem jeweiligen Mitgliedsstaat nachzuweisen. Wird der Benutzungsnachweis nur teilweise erbracht, so werden zum Zwecke der Prüfung des Widerspruchs nur die Waren oder Dienstleistungen berücksichtigt, für die die Marke benutzt wurde. Eine echte **Frist** für die Geltendmachung des Nichtbenutzungseinwandes gibt es nicht. Wegen der bereits oben skizzierten **Verspätungsvorschriften** sollte die Nichtbenutzung zwingend innerhalb etwaig vom Amt gesetzter Schriftsatzfristen, unabhängig von amtlicherseits gesetzten Fristen, in jedem Fall **vor der Widerspruchsabteilung** gerügt werden.[1127] 329

b) Besonderheiten des Widerspruchsverfahrens vor dem EUIPO. Der (schriftliche) Widerspruch muss **eindeutig** erkennen lassen, gegen welche Anmeldung er sich richtet (insoweit reichen Name des Anmelders *und* Aktenzeichen der angefochtenen Anmeldung aus) und auf welche Rechte er sich stützt; ansonsten ist er unzulässig. Der Widerspruch kann **kumulativ** auf mehrere ältere Kennzeichnungsrechte gestützt werden; auch für diesen Fall muss nur *eine* Widerspruchsgebühr gezahlt werden. Nach Verstreichen der Widerspruchsfrist dürfen keine älteren Rechte zur Begründung des Widerspruchs nachgeschoben werden.[1128] Basiert der Widerspruch auf verschiede- 330

1120 Siehe zu den relativen Versagungsgründen die Ausführungen → Rn. 143 ff.

1121 Zum Inhaberwechsel bei der angegriffenen Unionsmarke sowie auf Seiten der älteren Marke (GM oder nationale Marke) s. ausführlich Eisenführ/Schennen/Schennen UMV Art. 47 Rn. 213 ff.; s. dazu auch EuGH ECLI:EU:C:2012:27 – HABM/Nike; zu dem ungewöhnlichen Fall, dass eine Unionsmarke vom registrierten Inhaber nacheinander an zwei verschiedene Erwerber übertragen wird und lediglich der Zweiterwerber die für die wirksame Übertragung der Marke notwendigen Dokumente vorzulegen vermag, s. EuG ECLI:EU:T:2011:450 – Chalk/HABM.

1122 Prüfungsrichtlinien, Teil C, Abschnitt 1 (Widerspruchsverfahren), Rn. 2.4, S. 771 f.

1123 Prüfungsrichtlinien, Teil C, Abschnitt 1 (Widerspruchsverfahren), Rn. 2.4.2, S. 776 ff.

1124 Prüfungsrichtlinien, Teil C, Abschnitt 1 (Widerspruchsverfahren), Rn. 2.4.3, S. 785 ff.

1125 Art. 46 Abs. 3 UMV; die Widerspruchsgebühr beträgt 320,– EUR.

1126 Eine bloße Glaubhaftmachung, wie etwa nach deutschem Markenrecht, reicht nicht aus, s. dazu bereits → Rn. 175 ff.

1127 S. zu den Verspätungsvorschriften sowie insbesondere zur Erhebung der Nichtbenutzungseinrede → Rn. 275.

1128 EUIPO – R 1589/2010-4 – Tavolavade Vinho Verde, Rn. 35.

nen älteren Rechten, so können die Widerspruchsgründe variieren (etwa nach Art. 8 Abs. 1a, b oder Art. 8 Abs. 5 UMV). Nach Einlegung des Widerspruchs dürfen diese jedoch nicht mehr geändert werden.[1129]

331 Die Widerspruchsschrift ist stets in einer der fünf **Sprachen des Amtes** zu verfassen. Entweder ist der Widerspruch in der Sprache der Anmeldung, wenn diese eine der fünf Sprachen des Amtes ist, oder in der anlässlich der Anmeldung angegebenen zweiten Sprache einzureichen; anderenfalls ist innerhalb eines Monats nach Ablauf der Widerspruchsfrist eine Übersetzung des Widerspruches in einer dieser Sprachen einzureichen, gegebenenfalls einschließlich Übersetzungen weiterer einschlägiger Unterlagen, etwa zur Benutzung des Widerspruchszeichens (Art. 146 Abs. 7 UMV).[1130]

332 Eine weitere Besonderheit des Widerspruchsverfahrens vor dem EUIPO ist darin zu erkennen, dass dem kontradiktorischen Widerspruchsverfahren eine „Abkühlphase" vorgeschaltet wird. Im Zuge dessen wird der Anmelder vom Amt über den (zulässigen) Widerspruch in Kenntnis gesetzt und innerhalb einer vom Amt gesetzten Frist zur Abgabe einer Stellungnahme aufgefordert; weiter wird der Anmelder darauf hingewiesen, dass das Widerspruchsverfahren **zwei Monate** nach Empfang dieser Mitteilung beginnt (so genannte **cooling-off-period**); diese Frist kann auf *gemeinsamen* Antrag (bzw. gleich lautende separate Anträge) des Widersprechenden und des Anmelders verlängert werden, wobei das Amt (entgegen früherer Praxis und unabhängig des von der seitens der Parteien beantragten Dauer) immer eine Verlängerung von 22 Monaten gewährt. Nach gewährter Fristverlängerung kann jede Partei einseitig optieren, die COP zu beenden und ins kontradiktorische Verfahren überzugehen.[1131] Die cooling-off-period gibt dem Anmelder Gelegenheit, die Anmeldung vor Ablauf der Frist zurückzunehmen oder auf solche Waren/Dienstleistungen zu beschränken, die nicht Gegenstand des Widerspruches sind. In der überwiegenden Zahl der Fälle nutzen die Parteien die cooling-off-period, um eine außeramtliche Einigung zu erörtern, etwa durch (teilweise) Beschränkung der Klassifizierung der Anmeldung und/oder Abschluss einer Abgrenzungsvereinbarung; derzeit werden ca. **70 %** der Widerspruchsverfahren ohne streitige Entscheidung des Amtes einvernehmlich beigelegt.[1132] Nur wenn die Anmeldung innerhalb der cooling-off-period zurückgenommen oder eingeschränkt wird, erstattet das Amt dem Widersprechenden die Widerspruchsgebühr; demgegenüber wird die Widerspruchsgebühr nicht schon dann erstattet, wenn der Widerspruch nach erfolgter Einigung der Parteien, etwa durch eine Koexistenzvereinbarung, zurückgenommen wird, ohne dass es zu einer zumindest teilweisen Beschränkung der Anmeldung kommt.[1133]

Praxistipp:

Wegen dieser – nicht ganz konsequenten – Erstattungsregelung ist in der Praxis stets zu prüfen, ob eine – auch noch so marginale – Eingrenzung der Klassifizierung der Anmeldung (beispielsweise bei solchen Waren/Dienstleistungen, die für den Anmelder von untergeordneter Bedeutung sind) in Betracht kommt, um die Erstattung der Widerspruchsgebühr zu ermöglichen. Dadurch kann der Anmelder einen (zusätzlichen) Anreiz zum Abschluss einer allseits genehmen Abgrenzungsvereinbarung schaffen.

333 **c) Kostenregelung.** Besonderes Augenmerk verdient schließlich die für die Verfahrensbeteiligten wichtige Frage der **Kostenverteilung.** Nach Art. 109 UMV gilt für die beiden ersten Instanzenzüge grundsätzlich die „English Rule". Der unterliegende Beteiligte trägt im Verhältnis zum Grad des völligen oder teilweisen Unterliegens die dem weiteren Beteiligten entstandenen Gebühren sowie die für die Durchführung des Verfahrens notwendigen Kosten, einschließlich Reise- und Aufenthaltskosten und der Kosten der Bevollmächtigten.[1134] Allerdings kann das Amt eine andere Kostenverteilung beschließen, „soweit es die Billigkeit erfordert", Art. 109 Abs. 3 UMV. Ferner

[1129] Eisenführ/Schennen/Schennen UMV Art. 47 Rn. 17–19 mwN.

[1130] Die Monatsfrist gem. Art. 146 Abs. 7 ist eine Ausschlussfrist, deren Versäumung zur Unzulässigkeit des Widerspruches führt; s. Eisenführ/Schennen/Schennen UMV Art. 47 Rn. 25 ff.

[1131] Prüfungsrichtlinien Teil C, Abschnitt 1, 3.2, S. 789.

[1132] Bender, Die neue Unionsmarke, 2. Aufl., Rn. 901 f.

[1133] S. dazu Art. 6 Abs. 5 DelVO.

[1134] Art. 109 Abs. 1, 3 UMV, iVm Art. 18 UMDV; für das Verfahren ist im Übrigen zwischen der Kostengrundentscheidung und der in einem gesonderten Verfahren erfolgenden Festsetzung der Kosten zu unterscheiden; s. dazu Eisenführ/Schennen/Schennen UMV Art. 109 Rn. 69 f.

ist derjenige zur vollen Erstattung der Gebühren und Kosten des anderen Teiles verpflichtet, der das Verfahren durch die Rücknahme der Unionsmarkenanmeldung, des Widerspruches oder der Beschwerde beendet.[1135] Dabei gilt es jedoch bestimmte **Höchstsätze** zu beachten, die für die Vertretung von Anmelder oder Widersprechenden im Widerspruchsverfahren auf 300 EUR und im Beschwerdeverfahren auf 550,00 EUR begrenzt sind. Angesichts dieser Deckelung wird die Kostenfrage praktisch eher selten den entscheidenden Ausschlag geben, ob Widerspruch (womöglich gestützt auf mehrere Zeichen) erhoben werden soll.

d) **Bemerkungen Dritter.** Nach Art. 45 Abs. 2 UMV (ex Art. 40 Abs. 2) können die darin näher bezeichneten Personenkreise beim Amt nach der Veröffentlichung der Anmeldung der Unionsmarke schriftliche Bemerkungen mit der Begründung einreichen, die Marke insbesondere wegen Bestehens absoluter Versagungsgründe von der Eintragung auszuschließen. Ratio der über diese Vorschrift ermöglichten so genannten **Bemerkungen Dritter** ist die Verhinderung bzw. Korrektur eindeutiger Fehler der Prüfstellen.[1136] Oftmals verfügen die Prüfer nicht über die gleiche Sachkenntnis wie die in Art. 45 Abs. 1 UMV näher bezeichneten Dritten, insbesondere Wettbewerber des Anmelders, die etwa über den beschreibenden Charakter eines Zeichens – und damit beispielsweise über die Versagungsgründe nach Art. 7 Abs. 1 lit. c), lit. d) UMV – qualifiziert Auskunft geben können. Eine entsprechende Regelung findet sich in Art. 77 UMV für Unionskollektivmarken und in Art. 86 UMV für Unionsgewährleistungsmarken. 334

Die Vorschrift des Art. 45 UMV (ex Art. 40) wurde durch die VO Nr. 2015/2424 neu gefasst. Dies betrifft insbesondere auch das Zeitfenster für das Vorbringen der Bemerkungen Dritter. Diese sind nach Art. 45 Abs. 2 UMV **vor Ablauf der Widerspruchsfrist** oder, sofern ein Widerspruch gegen eine Marke eingereicht wurde, **vor der abschließenden Entscheidung über den Widerspruch** einzureichen. Die schriftlichen Bemerkungen sind nach Veröffentlichung der Anmeldung bis zum Ablauf der Widerspruchsfrist von drei Monaten beim EUIPO einzureichen, ansonsten bleiben sie unberücksichtigt; bei einem anhängigen Widerspruchsverfahren muss der Schriftsatz vor Abschluss des Widerspruchsverfahrens beim Amt eingehen, ansonsten gelten die Bemerkungen als verspätet und bleiben unberücksichtigt.[1137] Nach Ablauf dieses Zeitraums bleibt nur die Stellung des Nichtigkeitsantrags nach Art. 59 UMV. Der „Dritte" ist nicht Verfahrensbeteiligter. Anders als nach früherer Amtspraxis wird der Dritte über den weiteren Verlauf des Verfahrens nicht unterrichtet[1138]; ihm bleibt mithin lediglich die Möglichkeit, sich online über den weiteren Verfahrensgang zu unterrichten. 335

4. Besondere Verfahrensarten

a) **Verzicht.** Der Markeninhaber kann für alle oder einen Teil der Waren/Dienstleistungen, für die sie eingetragen ist, schriftlich gegenüber dem Amt den **Verzicht** erklären. Die Einzelheiten des Verfahrens ergeben sich aus Art. 57 UMV. Ist im Register ein Recht eines Dritten an der Unionsmarke eingetragen, so wird der Verzicht nur mit Zustimmung dieser Person wirksam, Art. 57 Abs. 3 S. 1 UMV. Der Verzicht ist gebührenfrei.[1139] 336

Ein Verzicht wird kaum jemals ohne besonderen Anlass erklärt werden; ist etwa eine Verlängerung der Eintragung nicht beabsichtigt, kann der Markeninhaber den Markenschutz nach Ablauf der Schutzperiode ohne Verlängerungsantrag schlicht auslaufen lassen. Zu **erwägen** ist ein – gegebenenfalls teilweiser, lediglich auf einige Waren/Dienstleistungen bezogener – Verzicht jedoch, wenn von dritter Seite ein Antrag auf Erklärung des Verfalls oder Nichtigkeit gestellt wurde, um dieserart einem zeit- und kostenaufwändigen Verfahren vor dem EUIPO zu entgehen. Außer der Zustimmung von Inhabern registrierter Rechte ist der Verzicht nicht von weiteren Zustimmungen (etwa der des Antragstellers im Löschungsverfahren) abhängig, so dass der Verzicht auch in einem anhängigen Löschungsverfahren erklärt werden kann. 337

b) **Antrag auf Erklärung des Verfalls oder der Nichtigkeit.** Nach Art. 58, 59 UMV kann die Unionsmarke für **verfallen** oder **nichtig** erklärt werden, entweder auf **Antrag** beim Amt oder auf **Widerklage** im Verletzungsverfahren. 338

[1135] Siehe dazu die weiteren Fälle des Art. 109 Abs. 4 UMV.
[1136] S. dazu ausf. Eisenführ/Schennen/Schennen UMV Art. 45 Rn. 1 ff., der zutreffend darauf hinweist, dass durch diese Vorschrift interessierten Dritten die Möglichkeit eröffnet wird, dem Amt Gründe für die Schutzunfähigkeit einer Unionsmarkenanmeldung mitzuteilen, ohne dadurch am Eintragungsverfahren beteiligt zu werden.
[1137] Eisenführ/Schennen/Schennen UMV Art. 47 Rn. 10.
[1138] Hasselblatt/Marschollek/Jacobs EUTMR Art. 45 Rn. 17.
[1139] Eisenführ/Schennen/Schennen UMV Art. 57 Rn. 11.

339 *aa) Verfallsgründe.* Die Verfallsgründe sind abschließend in Art. 58 Abs. 1 UMV genannt, wobei der praktisch wichtigste derjenige der **nicht rechtserhaltenden Benutzung** ist.[1140] Zu beachten ist, dass im Nichtigkeitsverfahren der Fünfjahreszeitraum der Nichtbenutzung vom Zeitpunkt der Antragstellung zurückzurechnen, während im Widerspruchsverfahren für die Fristberechnung das Anmelde- bzw. Prioritätsdatum der angemeldeten Marke entscheidend ist. Zudem bleiben – wie es auch im deutschen Recht in § 49 Abs. 1 S. 3 MarkenG geregelt ist – solche Benutzungshandlungen unberücksichtigt, die der Markeninhaber innerhalb von **drei Monaten vor Antragstellung** oder vor der Erhebung der Widerklage begonnen oder wieder aufgenommen hat, sofern diese erst stattgefunden haben, nachdem der Inhaber Kenntnis von der möglichen Antragstellung oder Widerklageerhebung erlangt hat, Art. 58 Abs. 1 lit. a) UMV. Hervorzuheben ist, dass eine infolge unterbliebener oder nicht hinreichender Benutzung eingetretene **Löschungsreife** durch – erstmalige oder erneute – ernsthafte Benutzungsaufnahme jederzeit **geheilt** werden kann.[1141]

340 Für den Markeninhaber überaus bedrohliche, wenngleich praktisch äußerst seltene Verfallsgründe sind diejenigen der **Entwicklung** der Marke zur **Gattungsbezeichnung** oder zur **irreführenden Bezeichnung,** Art. 58 Abs. 1 lit. b), c) UMV. Diese Bestimmungen korrespondieren gewissermaßen spiegelbildlich mit den absoluten Versagungsgründen der Art. 7 Abs. 1 lit. c), d) und g) UMV, nach denen solche Zeichen markenunfähig sind, die „im geschäftlichen Verkehr zur gebräuchlichen Bezeichnung (der konkret betroffenen) Ware oder Dienstleistung" geworden oder zur Täuschung des Publikums „insbesondere über die Art, Beschaffenheit oder die geografische Herkunft" der fraglichen Leistungen geeignet sind.[1142] Typisch für die Wandlung einer Marke in eine Gattungsbezeichnung ist zunächst ein übergroßer Erfolg einer Marke und eine – im Gesetz ausdrücklich erwähnte – anschließende Untätigkeit des Markeninhabers, der die auch beschreibende Verwendung der Marke durch den Rechtsverkehr hinnimmt oder ihr nicht geeignet entgegentritt.[1143]

Beispiel:

Exemplarisch sei verwiesen auf die geschützten Marken „Tempo" und „Walkman", die bis zum Entgegentreten der jeweiligen Inhaber als Gattungsbezeichnungen für Papiertaschentücher bzw. tragbare Kassettenrecorder eingesetzt wurden.

341 Mit welchen Mitteln der Gefahr entgegengetreten wird, dass sich eine Marke zu einem generischen Begriff entwickelt, bleibt dem Inhaber selbst überlassen. Dies kann etwa durch das **Schalten von Anzeigen** geschehen, die darüber unterrichten, dass eine bestimmte Marke nicht generisch eingesetzt werden soll, da es sich dabei um einen Herkunftshinweis handelt. Auch empfiehlt es sich, dass der Markeninhaber – wie dies beispielsweise über die Homepage von *Apple*® geschieht – einen generischen Begriff benennt, wie das **Markenprodukt seiner Gattung nach** bezeichnet werden kann; so unterrichtet *Apple*® auf seiner Website darüber, dass es sich bei den iPad- oder iPod-Produkten um „mobile digital devices" handelt und die Zeichen *iPad*® und *iPod*® als Marken geschützt sind.[1144] Auch sollte der Inhaber bei der Wiedergabe der Unionsmarke in einem Wörterbuch, Lexikon oder ähnlichem Nachschlagewerk von seinem Recht nach **Art. 12 UMV** Gebrauch machen, vom Verleger spätestens bei der Neuauflage des Werkes den Hinweis zu fordern, dass es sich um eine eingetragene Marke handelt.[1145] In der *Kornspitz*-Entscheidung wurde der Verfall der Marke ua damit begründet, dass der Markeninhaber die Verkaufsstellen nicht dazu angehalten hat, gegenüber den Endverbrauchern klarzustellen, dass es sich bei Kornspitz nicht um einen generischen Begriff, sondern um einen Herkunftshinweis handelte.[1146]

342 Vor diesem Hintergrund ist die „Hölterhoff"-Entscheidung des EuGH kritisch zu sehen.[1147] Danach kann sich der Inhaber einer Marke nicht auf sein Ausschließlichkeitsrecht berufen, wenn ein Dritter im Rahmen eines Verkaufsgesprächs die Herkunft der Ware aus seiner eigenen Produktion offenbart und er die betreffende Marke ausschließlich zur Kennzeichnung der be-

1140 S. zur rechtserhaltenden Benutzung die ausführliche Darstellung → Rn. 230 ff.

1141 Ausf. v. Mühlendahl FS Vieregge, S. 641 ff.; die Problematik so genannter „Zwischenrechte" ist nunmehr in Art. 16 UMV geregelt, dazu → Rn. 228, 229.

1142 S. die ausf. Darstellung dieser absoluten Schutzhindernisse oben Rn. 102 ff., 116, 117 bzw. 129.

1143 Wie hier Hasselblatt/Heremans EUTMR Art. 58 Rn. 28 ff.

1144 S. Apple Trademarks List, https:///www.apple.com/legal/intellectual-property/trademark/appletm-list.html; s. dazu auch Heremans in Hasselblatt EUTMR Art. 58 Rn. 30.

1145 Hasselblatt/Heremans EUTMR Art. 58 Rn. 32.

1146 EuGH ECLI:EU:C:2014:130 – Backaldrin Österreich The Kornspitz Company GmbH v. Pfahnl Backmittel GmbH.

1147 EuGH ECLI:EU:C:2002:287 – Hölterhoff.

sonderen Eigenschaften der von ihm angebotenen Ware verwendet, so dass ausgeschlossen ist, dass die benutzte Marke im Verkehr als betriebliches Herkunftszeichen aufgefasst wird.[1148] Wenn und soweit die Marke sich noch nicht zu einer Gattungsbezeichnung entwickelt hat, ist Dritten – mit Ausnahme der Fälle des Art. 14 UMV und der zulässigen vergleichenden Werbung – die Verwendung der Marke zu untersagen.

343 Der Verfallsgrund der **Irreführung** ist nur gegeben, wenn die Marke auf Grund der Benutzung inhaltlich irreführend geworden ist, das heißt keine nicht irreführende Benutzung gegeben sein darf.[1149] Ausreichend ist allerdings, wenn die Irreführungseignung nur in einem Teil der Union gegeben ist.[1150] Soweit sich eine irreführende Verwendung der Marke abzeichnet, ist dem Inhaber anzuraten, mit geeigneten Maßnahmen entgegenzuwirken. Maßgeblicher Zeitpunkt für die Feststellung dieser beiden Verfallsgründe ist der der Entscheidung. Der frühere Verfallsgrund des Wegfalls der Voraussetzungen der Inhaberschaft gem. Art. 51 Abs. 1 lit. d), Art. 5 UMV ist im Zuge der im Jahre 2004 weiter gefassten Regelung der Markeninhaberschaft fortgefallen.[1151]

344 *bb) Absolute Nichtigkeitsgründe.* Art. 59 UMV nennt die **absoluten Nichtigkeitsgründe.** Zunächst ist die Eintragung für nichtig zu erklären, wenn sie den Vorschriften des Art. 7 zuwider eingetragen wurde, Art. 59 Abs. 1 lit. a) UMV. Im Anmeldeverfahren sind die **absoluten Versagungsgründe** von Amts wegen zu beachten; über diesen Nichtigkeitsgrund wird Dritten mithin die Möglichkeit eröffnet, auf entsprechenden Antrag hin die absolute Schutz(un)fähigkeit der Marke nochmals – freilich nach denselben Kriterien wie im Anmeldeverfahren – überprüfen zu lassen. Zu betonen ist, dass der nachträgliche Wegfall der zum Eintragungszeitpunkt erfüllten Schutzvoraussetzungen unbeachtlich ist (wenn etwa eine Marke auf Grund Verkehrsdurchsetzung registriert wird, diese Verkehrsbekanntheit nach erfolgter Eintragung erheblich nachlässt); hervorzuheben ist ferner die Möglichkeit des Nachweises einer nachträglich erlangten Verkehrsbekanntheit, so dass die – zunächst entgegen Art. 7 Abs. 1 lit. b), c) oder d) UMV registrierte – Marke dann nicht für nichtig erklärt wird, wenn sie für die betreffenden Waren „durch Benutzung im Verkehr Unterscheidungskraft erlangt" hat, Art. 59 Abs. 2 UMV.

345 Einen weiteren Nichtigkeitsgrund bildet schließlich die **Bösgläubigkeit** des Anmelders zum Zeitpunkt der Anmeldung, Art. 59 Abs. 1 lit. b) UMV. Hier sind verschiedene Konstellationen denkbar, etwa die sittenwidrige Anmeldung einer identischen, von einem Dritten außerhalb der Union bereits erfolgreich eingesetzten Marke, um diesem den Marktzugang zu verwehren, und dergleichen.[1152] Einen solchen Sachverhalt betraf die Entscheidung *AKademiKs.*[1153] Mit dieser Entscheidung hat der BGH festgestellt, dass eine wettbewerbswidrige Behinderung grundsätzlich auch in der Anmeldung und Eintragung einer Marke im Inland zu erkennen sein kann. Einen ähnlich gelagerten Sachverhalt betraf das wenig später verabschiedete *Goldhasen*-Urteil des EuGH.[1154] Diese Entscheidung gibt eine Richtschnur der für die Bösgläubigkeit zu berücksichtigen Faktoren vor. Danach sind anhand des konkreten Sachverhalts alle maßgeblichen Aspekte zum Zeitpunkt der Einreichung der Anmeldung eines Zeichens als Unionsmarke zu berücksichtigen, insbesondere

- die Tatsache, dass der Anmelder weiß oder wissen muss, dass ein Dritter in mindestens einem Mitgliedsstaat ein gleiches oder ähnliches Zeichen für eine gleiche oder mit dem angemeldeten Zeichen verwechselbar ähnliche Ware verwendet,
- die Absicht des Anmelders, diesen Dritten an der weiteren Verwendung eines solchen Zeichens zu hindern, sowie
- den Grad des rechtlichen Schutzes, den das Zeichen des Dritten und das angemeldete Zeichen genießen.[1155]

1148 EuGH ECLI:EU:C:2002:287 – Hölterhoff, Rn. 16, wobei dort statt von „Kennzeichnungszwecken" wohl besser von „zu Zwecken der Bezeichnung" die Rede sein sollte.

1149 Str., wie hier: v. Mühlendahl/Ohlgart § 19 Rn. 33; differenzierend Eisenführ/Schennen/Holderied UMV Art. 58 Rn. 23 ff.

1150 Zutreffend Eisenführ/Schennen/Holderied UMV Art. 58 Rn. 31.

1151 Art. 1 Nr. 15, Art. 2 Abs. 1 der VO (EG) Nr. 422/2004 des Rates v. 19.2.2004 zur Änderung der GMV, ABl. 2004 L 70/1/4/7, mit Wirkung zum 10.3.2004.

1152 Wie hier Eisenführ/Schennen/Brecht UMV Art. 59 Rn. 10 ff., wonach bösgläubige Markenanmeldungen in erster Linie solche sind, die in Behinderungsabsicht getätigt werden: Der Anmelder der Unionsmarke hat positive Kenntnis davon, dass ein Mitbewerber in einem anderen Mitgliedsstaat eine identische Marke für identische Leistungen benutzt; in diesem Falle handelt der Anmelder bösgläubig.

1153 BGH GRUR 2008, 621 – AKADEMIKS.

1154 EuGH ECLI:EU:C:2009:361 – Lindt & Sprüngli/Franz Hauswirth (Goldhase).

1155 EuGH ECLI:EU:C:2009:361 Rn. 53 – Goldhase.

346 Mit Blick auf die Kenntnis („Wissenmüssen") kann auch zu berücksichtigen sein, dass sich diese bereits aus einer Verwendung eines identischen oder ähnlichen Zeichens in dem jeweiligen Wirtschaftssektor – insbesondere, wenn dies über einen längeren Zeitraum erfolgte – herleiten lässt. Je länger eine solche Verwendung zurückreicht, umso eher ist anzunehmen, dass der Anmelder zum Zeitpunkt der Anmeldung davon Kenntnis hatte.[1156] Bösgläubigkeit im Sinne des Art. 59 Abs. 1 lit. b) UMV kann ferner anzunehmen sein bei Anmeldung einer so genannten **Agentenmarke,** ein ungetreuer Agent oder Vertreter also ohne Zustimmung des Markeninhabers eine identische Marke anmeldet und dabei vertragliche oder nachvertragliche Pflichten verletzt; dazu zählen auch nachwirkende Treuepflichten.

347 *cc) Relative Nichtigkeitsgründe.* Der numerus clausus der **relativen Nichtigkeitsgründe** findet sich in Art. 60 UMV. Zunächst sind dies die bereits oben ausführlich erörterten **relativen Eintragungshindernisse** des Art. 8, Art. 60 Abs. 1 UMV.[1157] Weiter sieht Art. 60 Abs. 2 UMV die Nichtigerklärung solcher Unionsmarken vor, die mit nationalen „sonstigen älteren Rechten" kollidieren. Dabei handelt es sich um – nicht zum Widerspruch berechtigende und im Gesetz *nicht* abschließend aufgezählte – absolute nationale Schutzrechte wie das **Namensrecht,** das **Recht am eigenen Bild, Urheberrechte** und sonstige **gewerbliche Schutzrechte,** die gegenüber der Unionsmarke eine bessere Priorität aufweisen und nach dem für deren Schutz maßgeblichen Recht zur Geltendmachung ua von Unterlassungsansprüchen berechtigen. Mit Wirkung zum 10.3.2004 ist die Bestimmung um die Worte „Gemeinschaftsrecht oder …" ergänzt worden.[1158] Dies war notwendig geworden in Folge der Einführung des Gemeinschaftsgeschmacksmusters zum 6.3.2002.[1159] Deshalb kann als relativer Nichtigkeitsgrund iSd Art. 60 Abs. 2 UMV nicht nur ein nationales gewerbliches Schutzrecht, sondern auch ein prioritätsbesseres **Gemeinschaftsgeschmacksmuster** herangezogen werden.

348 Ausgeschlossen ist die Geltendmachung dieser Rechte jedoch in Fällen, in denen der jeweilige Rechtsinhaber der Eintragung der Unionsmarke vor der Stellung des Nichtigkeitsantrages oder der Erhebung der Widerklage ausdrücklich zugestimmt hat, Art. 60 Abs. 3 UMV. In verfahrenstechnischer Hinsicht ist weiter das Kumulierungsverbot des Art. 60 Abs. 4 UMV zu beachten.

349 *dd) Wirkung.* Die Wirkungen der Verfalls- und Nichtigkeitserklärungen sind in Art. 62 UMV geregelt, und zwar für den Verfall – grundsätzlich – **ex nunc** (bezogen auf den Zeitpunkt der Geltendmachung), und für die Nichtigkeit **ex tunc.**[1160] Allerdings kann bei Darlegung und Glaubhaftmachung eines berechtigten Interesses auch die Verfallserklärung auf einen früheren Zeitpunkt datiert werden, was beispielsweise dann von Interesse sein wird, wenn der Antragsteller bzw. Widerklagende sich gegen eine – nach Registerlage – prioritätsbessere Marke zur Wehr setzt.

350 Eine Ausnahme von der Rückwirkung des Verfalls oder der Nichtigkeit bilden die in Art. 62 Abs. 3 UMV genannten Fälle der rechtskräftig gewordenen und vollstreckten Urteile sowie vor der Entscheidung abgeschlossenen und erfüllten Verträge, wobei insoweit – durch die nationalen Gerichte, also nicht die Unionsmarkengerichte – nach Billigkeitsgesichtspunkten die Rückerstattung in Erfüllung solcher Verträge geleisteter Beträge zugesprochen werden kann.

351 *ee) Verfahren.* Das Verfalls- und Nichtigkeitsverfahren richtet sich nach Art. 63, 64 UMV respektive Art. 128 UMV für die Geltendmachung im Widerklagewege. Zu betonen ist, dass sowohl der Verfall als auch die Nichtigkeit auf Antrag beim **Amt** oder im Wege der Widerklage im **Verletzungsverfahren** geltend gemacht werden kann. Liegen die Verfalls- oder Nichtigkeitsgründe nur für einen Teil der Waren oder Dienstleistungen der Unionsmarke vor, so wird nur dieser **Teil** für verfallen oder nichtig erklärt, Art. 58 Abs. 2, Art. 59 Abs. 3, 60 Abs. 5 UMV.

352 c) **Konversion.** Eine weitere wichtige Besonderheit regeln die Art. 139 bis 141 UMV. Danach kann der Anmelder oder Inhaber einer Unionsmarke innerhalb von **drei Monaten** beantragen, dass die Anmeldung/Unionsmarke in eine Anmeldung für eine nationale Marke **umgewandelt** wird, „soweit die Anmeldung zurückgewiesen oder zurückgenommen wird oder als zurückge-

[1156] EuGH ECLI:EU:C:2009:361 Rn. 39 – Goldhase.

[1157] S. Eisenführ/Schennen/Walicka UMV Art. 60 Rn. 5 ff.; ferner die ausf. Darstellung der relativen Schutzhindernisse → Rn. 143–196.

[1158] S. Art. 1 Nr. 17 der VO (EG) Nr. 422/2004 des Rates v. 19.2.2004 zur Änderung der GMV, ABl. 2004 L 70/1/4.

[1159] VO (EG) Nr. 6/2002 des Rates v. 12.12.2001 über das Gemeinschaftsgeschmacksmuster, ABl. 2002 L 3/1 ff.; ausführlich dazu Späth § 44.

[1160] Ausführlich Eisenführ/Schennen/Eberhardt UMV Art. 62 Rn. 4 ff.

nommen gilt“ oder „die Unionsmarke ihre Wirkung verliert“.[1161] Die aus dieser Umwandlung hervorgehende nationale Marke genießt in dem betreffenden Mitgliedsstaat die Priorität sowie gegebenenfalls den Zeitrang der Anmeldung der Unionsmarke.[1162]

Diese praktisch sehr bedeutsame Regel bietet den nicht zu unterschätzenden **Vorteil,** dass beispielsweise im Falle eines von dritter Seite erfolgreich erhobenen Widerspruches die Priorität und gegebenenfalls der Zeitrang der Unionsmarkenanmeldung vom Anmelder für nationale Markenanmeldungen beansprucht werden können.[1163] Folglich besteht keine Notwendigkeit, etwa bis zum endgültigen Abschluss des Eintragungsverfahrens der Unionsmarke nationale Markenregistrierungen zu betreiben oder aufrechtzuerhalten. Vielmehr kann im Falle der endgültigen Versagung der Eintragung die Unionsmarke **ohne Prioritätsverlust** in nationale Marken konvertiert werden. 353

d) **Beschwerde.** Die Entscheidungen des Amtes sind mit der **Beschwerde** anfechtbar. Die Beschwerde hat aufschiebende Wirkung.[1164] Beschwerdeberechtigt ist jeder Verfahrensbeteiligte, der durch die Entscheidung beschwert ist.[1165] Die Beschwerde ist innerhalb von **zwei Monaten** nach Zustellung der Entscheidung schriftlich beim Amt einzulegen und binnen weiterer zwei Monate zu begründen. Zu beachten ist, dass innerhalb der Beschwerdefrist die **Beschwerdegebühr** zu entrichten ist; die bloße Überweisung der Beschwerdegebühr ist der für die Einlegung einer Beschwerde notwendigen Schriftform nicht gleichwertig und mithin zur Fristwahrung nicht ausreichend.[1166] 354

In mehrseitigen Verfahren ist es gem. Art. 68 Abs. 2 S. 1 UMV möglich, **Anschlussbeschwerde** zu erheben. Die Anschlussbeschwerde muss gemäß Art. 25 Abs. 1, 2 DelVO mit gesondertem, von der Stellungnahme getrenntem Schriftstück innerhalb der (nicht verlängerbaren) Frist zur Erwiderung auf die Beschwerde eingereicht werden; sie kann für den Beschwerdeführer zu einer Verschlechterung führen bezüglich von ihm nicht angegriffener Positionen, da die Anträge auch „auf Aufhebung oder Abänderung der angefochtenen Entscheidung in einem in der Beschwerde nicht geltend gemachten Punkt“ gerichtet sein können.[1167] Wird die Beschwerde zurückgenommen, werden derartige Anträge gegenstandslos, Art. 68 Abs. 2 S. 2 UMV. 355

e) **Klage beim Gerichtshof.** Gem. Art. 72 UMV sind Entscheidungen der Beschwerdekammern innerhalb von **zwei Monaten**[1168] nach Zustellung der Entscheidung mit der **Klage zum Europäischen Gericht (EuG)** anfechtbar. Im Zuge der Unionsmarkenreform ist der Wortlaut von Art. 72 UMV geändert worden.[1169] Anders als in Art. 72 Abs. 1 GMV („Klage beim Gerichtshof“) ist nunmehr in Art. 72 Abs. 1 UMV die Rede von der „Klage beim Gericht“. Damit ist jedoch keine inhaltliche Änderung verbunden, vielmehr wird mit der im Zuge der Neufassung erfolgten Umbenennung die Zuständigkeit des „Gerichts“ – also des EuG – als Eingangsinstanz klargestellt. Das Verfahren vor dem Gerichtshof ist **zweizügig** ausgestaltet. Gegen die Urteile des EuG kann ein auf Rechtsfragen beschränktes **Rechtsmittel zum EuGH** eingelegt werden.[1170] Dabei gilt es für beide Verfahren – gegenüber dem EuG und dem EuGH – zahlreiche Besonderheiten zu beachten, wobei sich die Verfahren gegenüber EuG bzw. EuGH in einigen Punkten wiederum voneinander unterscheiden, etwa hinsichtlich der Sprachenregelung. Eine einheitliche Prozessordnung für das Verfahren vor dem EuG und dem EuGH gibt es – leider – nicht; vielmehr ergeben sich die einschlägigen Vorschriften aus verschiedenen Rechtsquellen.[1171] Insbesondere gilt es eine **Reihe for-** 356

[1161] Art. 139 Abs. 1 lit. a), lit. b) Abs. 4–6 UMV; zu beachten ist, dass in den in Art. 139 Abs. 2 UMV genannten Fällen eine Konversion nicht in Betracht kommt (zB im Falle des Verfalls wegen Nichtbenutzung).

[1162] Art. 139 Abs. 3 iVm Art. 39, 40 UMV.

[1163] S. ausf. zur Umwandlung Hasselblatt/Ebert-Weidenfeller EUTMR Art. 139 Rn. 12 ff. sowie insbesondere zur Umwandlung der Unionsmarke nach Zurückweisung oder Löschung wegen relativer Schutzhindernisse, Kouker GRUR 2008, 119 ff.

[1164] Art. 66 Abs. 1 UMV iVm Art. 159 lit. a) bis d), lit. f) UMV; Art. 66 Abs. 1 S. 2 UMV.

[1165] Art. 67 UMV; ausf. zur Beschwer Hasselblatt/Parviainen EUTMR Art. 67 Rn. 10 ff.

[1166] EuG ECLI:EU:T:2005:191 – Parmitalia.

[1167] Ausf. Eisenführ/Schennnen/Schennnen UMV Art. 68 Rn. 47 ff.

[1168] Zuzüglich einer pauschalen „Entfernungsfrist“ von zehn Tagen, Art. 60 VerfOEuG (ABl. L 105 S. 1); für die Fristberechnung sind die Art. 58–62 VerfOEuG maßgeblich.

[1169] Neu gefasst durch VO (EU) Nr. 2015/2424 mit Wirkung zum 22.3.2016.

[1170] Art. 56 der Satzung des Gerichtshofs der Europäischen Union (Satzung EuGH); die Rechtsmittelfrist beträgt zwei Monate und beginnt mit der Zustellung der angefochtenen Entscheidung, Art. 56 Abs. 1 Satzung EuGH zuzüglich der Entfernungsfrist von zehn Tagen (Art. 51 VerfOEuGH).

[1171] Diese sind sämtlichst über die sehr übersichtliche Website www.curia.europa.eu einsehbar, dort wiederum unter Gericht (EuG) bzw. Gerichtshof (EuGH) → Verfahren → verfahrensrechtliche Vorschriften.

meller Besonderheiten sowohl für das Verfahren vor dem EuG als auch vor dem EuGH zu beachten. Insoweit empfiehlt sich die Lektüre der über die Website des Gerichtshofs abrufbaren Hinweise, etwa die „Praktischen Durchführungsbestimmungen zur Verfahrensordnung des Gerichts", die „Hinweise für den Vortrag in der mündlichen Verhandlung" etc.[1172] Zu beachten ist, dass die „Praktischen Anweisungen für die Parteien vor dem Gericht" vom 24. Januar 2012 aufgehoben und ersetzt worden sind durch die „Praktischen Durchführungsbestimmungen zur Verfahrensordnung des Gerichts".[1173] Nachfolgend werden die wichtigsten Besonderheiten für das Verfahren vor dem EuG und dem EuGH skizziert, während im Übrigen aus Raumgründen auf die ausführliche Kommentarliteratur verwiesen werden muss.[1174]

357 *aa) Verfahren vor dem EuG.* Für die formell und inhaltlich korrekte und fristgerechte Einreichung von Verfahrensschriftstücken und zugehörigen Anlagen sind die Vorgaben der 2015 neu gefassten Verfahrensordnung des Gerichts[1175] iVm den „Praktischen Durchführungsbestimmungen zur Verfahrensordnung des Gerichts"[1176] zwingend. Die Klageschrift ist wie alle Verfahrensschriftstücke – entgegen früher geltender Praxis nicht mehr auf dem Postweg oder per Telefax – **ausschließlich über e-Curia** vorzunehmen. Nur soweit Anlagen zu Schriftsätzen ihrer Art nach nicht mittels e-Curia eingereicht werden können, ist die betreffende Anlage getrennt über den Postweg zu übermitteln oder der Kanzlei zu übergeben, Art. 72 Abs. 1, 4 VerfOEuG. Diese Ausnahme dürfte praktisch kaum eine Rolle spielen, da vor dem EuG/H ohnehin keine neuen oder veränderten Beweismittel zugelassen sind.[1177] Wie sich aus Ziff. 91 ff. der Praktischen Durchführungsbestimmungen zur Verfahrensordnung des Gerichts ergibt, müssen die Schriftsätze in einer Form eingereicht werden, die die elektronische Verwaltung und insbesondere ihre Digitalisierung und die Zeichenerkennung ermöglicht. Die Schriftsätze selbst sind mit folgenden Angaben zu versehen: Bezeichnung des Schriftsatzes (Klageschrift, Klagebeantwortung, Antrag auf Zulassung als Streithelfer etc.), der Nummer der Rechtssache (T-…/…), sofern das Aktenzeichen bereits mitgeteilt wurde, den Namen des Klägers und des Beklagten sowie den Namen der Partei, für die der Schriftsatz eingereicht wird. Die Absätze der Schriftsätze sind zu nummerieren, die Schriftsätze selbst sind – selbstverständlich – zu unterzeichnen. Es ist hervorzuheben, dass der Klageschrift eine Zusammenfassung der Klagegründe und wesentliche Argumente beizufügen ist, die die Abfassung der in Art. 79 VerfOEuG vorgesehene Mitteilung zu erleichtern. Eine pauschale Bezugnahme auf die in der Anlage zur Klageschrift beigefügten Schriftstücke ist nicht geeignet, das Fehlen der wesentlichen Bestandteile der Rechtsausführungen auszugleichen.[1178] Zu beachten ist ferner die reglementierte – und limitierte – **Länge der Schriftsätze.** Für Rechtssachen des geistigen Eigentums beträgt die **Obergrenze 20 Seiten** für die Klageschrift und die Klagebeantwortung.[1179] Eine Überschreitung dieser Grenzen wird nur in Fällen genehmigt, die in rechtlicher oder tatsächlicher Hinsicht besonders komplex sind. Zu den Besonderheiten bezüglich des Inhaltes der Klageschrift und der Klagebeantwortung, der Einreichung von Anlagen zu den Schriftsätzen und Anträgen auf Entscheidung einer Rechtssache im beschleunigten Verfahren sowie auf Aussetzung des Vollzugs oder der Zwangsvollstreckung und auf sonstige einstweilige Anordnungen wird auf die „Praktischen Durchführungsbestimmungen" selbst verwiesen.[1180] Für die Fristberechnung ist zu beachten, dass (allein) maßgebend die Ortszeit des Großherzogtums Luxemburg ist, was für die Fristberechnung durchaus entscheidend sein kann. Fällt das Fristende auf offizielle Feiertage, so sind mithin allein (offizielle) Feiertage in Luxemburg maßgeblich.[1181]

1172 Abrufbar unter http://curia.europa.eu: Gerichtshof bzw. Gericht → Verfahren → verfahrensrechtliche Vorschriften.

1173 ABl. EU v. 18.6.2015 L 152/1 (s. Ziff. 269 der Praktischen Durchführungsbestimmungen zur Verfahrensordnung des Gerichts).

1174 S. etwa Eisenführ/Schennen/Schennen UMV Art. 72 Rn. 8 ff.; Hasselblatt/Többelmann EUTMR Art. 72 Rn. 14 ff.

1175 Verfahrensordnung des Gerichts v. 4.3.2015, ABl. Nr. L 105 S. 1.

1176 ABl. EU v. 18.6.2015 L 152 S. 1; die früheren „Praktischen Anweisungen für die Parteien" sind durch vorgenannte Durchführungsbestimmungen ersetzt worden.

1177 Kur/v. Bomhard/Albrecht/v. Bomhard UMV Art. 72 Rn. 36.

1178 So ausdr. EuG ECLI:EU:T:2006:330 – BUD/BIT (1. LS); s. ferner zu Art. 32 lit. i) DelVO, wonach die Entscheidung der Beschwerdekammer Entscheidungsgründe enthalten müssen, EuG ECLI:EU:T:2006:245 – Arbre Magique/Aire Limpio, Rn. 113 ff.

1179 Ziff. 116 der Praktischen Durchführungsbestimmungen zur Verfahrensordnung des Gerichts: für die Anschlussklage und deren Beantwortungen ist die maximale Länge auf 15 Seiten limitiert und im Übrigen auf 10 Seiten festgelegt.

1180 „Praktische Durchführungsbestimmungen zur Verfahrensordnung des Gerichts", ABl. EU 18.6.2015, L 152/1.

1181 EuG ECLI:EU:T:2011:353 – CITITRAVEL DMC/citibank, Rn. 9 ff.; ebso. Bender MarkenR 2012, 41 (52).

Anfechtbar sind solche Entscheidungen der Beschwerdekammern, durch die über eine Beschwerde entschieden wird, Art. 72 Abs. 1 UMV. **Klagebefugt** ist jede der an dem Verfahren vor der Beschwerdekammer beteiligten Parteien, soweit sie materiell durch die Entscheidung beschwert ist.[1182] Die Klage ist stets gegen das **EUIPO** zu richten, was in ex-parte-Verfahren auch sachgerecht ist; in kontradiktorischen Verfahren, in denen mit der fraglichen Entscheidung etwa abschlägig über einen von dritter Seite erhobenen Widerspruch oder Antrag auf Erklärung des Verfalls oder der Nichtigkeit entschieden wird, wäre an sich nur die unterliegende Partei beschwert, obwohl der Markeninhaber ein vitales eigenes Interesse am Ausgang des Verfahrens hat. Hier kann ein **Streitbeitritt** helfen, um am Verfahren mitzuwirken.[1183] Die **Verfahrenssprache** kann der Kläger aus einer der Amtssprachen – einschließlich Gälisch (Irisch) – frei wählen, Art. 44, 45 Abs. 1 lit. a) VerfOEuG.[1184] Die **Klagegründe** sind abschließend in Art. 72 Abs. 2 UMV aufgeführt; mit der Klage angegriffen werden können mithin lediglich: Unzuständigkeit, Verletzung wesentlicher Formvorschriften, Verletzung des Vertrages, der UMV oder einer bei ihrer Durchführung anzuwendenden Rechtsnorm oder Ermessensmissbrauch. In der Praxis erlangt besondere Bedeutung vor allem der Klagegrund der Verletzung der Bestimmungen der UMV.[1185] Der Begriff des Ermessensfehlgebrauchs ist – anders als nach deutschen Verständnis – dahin zu verstehen, dass der Erlass der angefochtenen Entscheidung ausschließlich oder zumindest maßgebend dadurch bestimmt war, andere als die angegebenen Zwecke zu erreichen.[1186] In Fällen besonderer Dringlichkeit kann eine Entscheidung im **beschleunigten Verfahren** beantragt werden, Art. 151 VerfOEuG. Der Antrag auf Durchführung des beschleunigten Verfahrens ist mit **gesondertem Schriftsatz** – gleichzeitig mit der Klage oder der Klagebeantwortung – einzureichen und muss eine Begründung enthalten, in der die besondere Dringlichkeit und die sonstigen relevanten Umstände dargelegt werden, Art. 152 Abs. 1 VerfOEuG.[1187] Solche Dringlichkeitsgründe dürften in Unionsmarken-Angelegenheiten eher selten sein; so ergibt sich eine besondere Dringlichkeit nicht schon daraus, dass dem Amt eine Vielzahl von Parallelfällen vorliegen, auf die sich die Entscheidung – zumindest indirekt – auswirken könnte.[1188] 358

Das EuG kann die angefochtene Entscheidung aufheben oder abändern. Das Amt hat gegebenenfalls sich aus dem Urteil des Gerichtshofes ergebende Maßnahmen zu ergreifen (Art. 72 Abs. 6 UMV), also etwa eine zuvor als schutzunfähig angesehene Marke zu veröffentlichen und einzutragen.[1189] Das EuG entscheidet – auf Antrag – über die **Kosten**, Art. 133 VerfOEuG. Grundsätzlich trägt die unterlegene Partei die Kosten entsprechend dem Grad des Unterliegens; bei teilweisem Obsiegen bzw. Unterliegen oder Vorliegen eines außergewöhnlichen Grundes kann das Gericht die Kosten entsprechend quoteln oder auf Kostenaufhebung entscheiden, Art. 134 VerfOEuG. 359

Die Verfahren vor dem EuG (sowie vor dem EuGH) gestaltet sich als recht formalistisch. Die durch die VerfOEuG vorgegebenen Formalien sind strikt zu beachten. Besonderes Augenmerk ist auch auf die Klagegründe, und insbesondere die Antragsfassung, zu richten. Wiederholt ist entschieden worden, dass der EuG/H dem EUIPO keine Anordnungen erteilen kann, was bei der Antragsfassung entsprechend zu berücksichtigen ist.[1190] In formeller Hinsicht ist der vor dem EuG bestehende **Vertretungszwang** hervorzuheben, Art. 51 VerfOEuG. Ferner ist zu beachten, dass der vor dem EuG auftretende **Rechtsanwalt** von der von ihm vertretenen Partei **vollständig unabhängig** sein muss. Juristen, die als Syndikus oder in sonst abhängiger Stellung für die Partei tätig sind, scheiden mithin als Prozessvertreter aus, da die Rechtsvertretung durch einen (unabhängigen) Anwalt erfolgen muss, der nicht durch ein Beschäftigungsverhältnis an die Partei gebunden ist.[1191] 360

[1182] Ausf. Hasselblatt/Töbelmann EUTMR Art. 72 Rn. 17–22.

[1183] S. hierzu Art. 198 ff. VerfOEuG; ausf. dazu Hasselblatt/Töbelmann EUTMR Art. 72 Rn. 27–32.

[1184] Eisenführ/Schennen/Schennen UMV Art. 72 Rn. 26 f.

[1185] Ausführlich Eisenführ/Schennen/Schennen UMV Art. 72 Rn. 21 ff.; Hasselblatt/Töbelmann EUTMR Art. 72 Rn. 50.

[1186] S. etwa EuGH ECLI:EU:C:2002:506 – Companyline, Rn. 31 bis 36; Klüpfel MarkenR 2000, 237 (240); Eisenführ/Schennen/Schennen UMV Art. 72 Rn. 20.

[1187] S. „Praktische Anweisungen für die Parteien" VI.1., ABl. EU 2012 L 68/1 ff.

[1188] Ekey/Klippel/v. Kapf noch zu der Vorgängerschrift des Art. 63 GMV Rn. 73.

[1189] So verhielt es sich in der Entscheidung EuGH GRUR 2001, 1145 – Baby-Dry, in der die Bezeichnung „Baby-Dry" für Wegwerfwindeln in den Vorinstanzen (einschl. EuG) als nicht hinreichend unterscheidungskräftig angesehen wurde; erst der EuGH gab dem Begehren der Anmelderin/Klägerin letztinstanzlich statt.

[1190] Vielmehr ergreift das Amt nach Art. 65 Abs. 6 UMV die Maßnahmen, die sich aus dem Urteil des Gemeinschaftsrichters ergeben; s. etwa EuG ECLI:EU:T:2007:311 – AMS ADVANCED MEDICAL SERVICES GmbH/HABM, Rn. 15 mwN.

[1191] EuG ECLI:EU:T:2011:649 – ADVANCE/ADVANCIS, Rn. 11 ff.; Hasselblatt/Töbelmann EUTMR Art. 72 Rn. 97.

361 *bb) Rechtsmittel zum EuGH.* Die Urteile des EuG können, allerdings beschränkt auf **Rechtsfragen,** mit einem Rechtsmittel zum EuGH angegriffen werden, Art. 58 der Satzung des Gerichtshofs.[1192] Einzelheiten ergeben sich aus Art. 167 ff. VerfOEuGH.[1193] Das Verfahren vor dem EuGH unterscheidet sich in einigen Punkten von dem Verfahren vor dem EuG. So ist nach Art. 110 VerfOEuGH **Verfahrenssprache** zwingend die Sprache, in der die angegriffene Entscheidung des EuG ergangen ist.[1194] Der EuGH entscheidet letztinstanzlich und ausschließlich über Rechtsfragen; soweit die Sache nicht entscheidungsreif ist, verweist der EuGH – aus Gründen der Verfahrensökonomie an die zuvor mit derselben Sache befasste Kammer – an das EuG zurück.

362 **Partei** des Verfahrens vor dem EuGH kann jeder Beteiligte sein, der mit seinen Anträgen vor dem EuG unterlegen war und damit beschwert ist. Damit kann mithin auch das EUIPO, soweit es vor dem EuG unterlegen war, Rechtsmittel einlegen.[1195] Das Rechtsmittel ist innerhalb einer Frist von **zwei Monaten** nach der Zustellung der angefochtenen Entscheidung einzulegen, zuzüglich der 10-tägigen Entfernungsfrist. Die Rechtsmittelgründe sind sorgfältig darzulegen. Dabei sollte besonderes Augenmerk auf die Herausarbeitung der Punkte gelegt werden, in denen die Entscheidung des EuG der Argumentation des Rechtsmittelführers nicht gefolgt ist. Zu beachten ist ferner, dass in der Rechtsmittelschrift keine neuen Angriffs- und Verteidigungsmittel vorgebracht werden dürfen, die schon vor dem EuG hätten geltend gemacht werden können. Weiter ist zu beachten, dass grundsätzlich jede Partei nur eine Gelegenheit zur schriftsätzlichen Stellungnahme erhält; Replik und Duplik werden vom Präsidenten der zuständigen Kammer nur ausnahmsweise zugelassen, Art. 175 VerfOEuGH. Im Allgemeinen findet vor dem EuGH eine mündliche Verhandlung statt, die mit der Stellung der Schlussanträge des Generalanwalts schließt. Ist die Sache zur Entscheidung reif, hebt der EuGH die vorangegangene Entscheidung des EuG auf oder erhält sie aufrecht; andernfalls wird die Sache an das EuG zurückverwiesen. Außer im letztgenannten Fall entscheidet der EuGH auch über die Kosten, die von der unterlegenen Partei zu tragen sind. Erstattungsfähig sind auch die Kosten vor dem EuG.[1196] Bislang nicht entschieden ist, ob auch die in den vorangegangenen Verfahren vor dem EUIPO und den Beschwerdekammern entstandenen Kosten erstattungsfähig sind.[1197] Zu nachteiligen Kostenfolgen kann es insoweit nur kommen, wenn die vor dem EuGH siegreiche Partei vor dem EUIPO und den dortigen Beschwerdekammern erfolglos geblieben ist.[1198] Richtigerweise sind auch die Kosten vor dem EUIPO erstattungsfähig, wobei sich diese wegen der zu berücksichtigenden „Deckelung" regelmäßig als vergleichsweise gering darstellen.

5. Verletzungsprozesse

363 Die UMV, die sich insoweit – auch nach der Reform – nicht als Glanzstück an gesetzgeberischer Klarheit und Stringenz erweist, wirft eine Reihe von Zuständigkeits- und Verfahrensfragen auf. Gerade die Durchsetzung und Verteidigung der Unionsmarke im Prozess ist aber letztlich maßgeblich dafür, welchen Stellenwert sie in der Praxis neben den nationalen und internationalen Kennzeichenrechten einnimmt. Nachfolgend werden die wichtigsten Aspekte der Rechtsdurchsetzung erläutert:

364 **a) Zuständigkeitsfragen.** *aa) Unionsmarkengerichte.* Prozesse wegen Verletzung von Unionsmarken sind bei den so genannten **Unionsmarkengerichten** anhängig zu machen. Hierzu haben die Mitgliedsstaaten eine „möglichst geringe Anzahl" nationaler Gerichte[1199] erster und zweiter Instanz zu benennen, Art. 123 Abs. 1 UMV. Hintergrund für die Benennung möglichst weniger

1192 Konsolidierte Fassung der Satzung des Gerichtshofs, ABl. Nr. C 80 S. 53, zuletzt geändert am 17.4.2019 (ABl. L 111 v. 25.4.2019).

1193 S. ausführlich zu dem Verfahren vor dem EuGH Eisenführ/Schennen/Schennen UMV Art. 72 Rn. 95 ff.; s. ferner Hasselblatt/Többelmann EUTMR Art. 72 Rn. 163 ff.

1194 Dazu Hasselblatt/Többelmann EUTMR Art. 72 Rn. 199 f.

1195 Davon hat das HABM etwa Gebrauch gemacht gegenüber der Entscheidung des EuG ECLI:EU:T:2001:286 – Das Prinzip der Bequemlichkeit, – EuGH ECLI:EU:C:2004:645; ferner in EuGH ECLI:EU:C:2003:579 – Doublemint.

1196 Hasselblatt/Többelmann EUTMR Art. 72 Rn. 224.

1197 In der „Baby-Dry"-Entscheidung hat der EuGH dem Amt lediglich die Verfahrenskosten „in beiden Instanzen", mithin dem EuG und dem EuGH, auferlegt; EuGH ECLI:EU:C:2001:461 Rn. 48, insoweit nicht abgedruckt in GRUR 2001, 1145 (1148) (bis Rn. 46).

1198 Ansonsten hätte das HABM bzw. die Beschwerdekammer zuvor schon zugunsten des (auch) vor dem EuGH erfolgreichen Beteiligten erkannt, unter Berücksichtigung der Höchstsätze der erstattungsfähigen Kosten.

1199 Deutschland hat 18 Gerichte für die erste und ebenfalls 18 für die zweite Instanz benannt, Italien je zwölf; s. die Liste der Unionsmarkengerichte (ABl.EU C 327/6 v. 5.10.2020), die zugleich auch für Verfahren nach der GGV zuständig sind, bei Eisenführ/Schennen UMV Anh. 8 S. 2271 sowie Hasselblatt/Menebröcker EUTMR Art. 123 Rn. 6.

Unionsmarkengerichte in den einzelnen Mitgliedstaaten war nicht zuletzt die Erhöhung der damit verbundenen Expertise der Spruchkörper. Dies ist in, soweit ersichtlich, allen weiteren EU-Mitgliedstaaten – mit Ausnahme vor allem Deutschlands, Italiens und Portugals – dadurch umgesetzt worden, indem tatsächlich lediglich ein Gericht für die erste und ein weiteres für die zweite Instanz benannt worden sind.[1200] Die bezweckte Spezialisierung der Gerichte wird durch die hohe Anzahl der von Deutschland, aber auch von Italien, benannten Unionsmarkengerichte zu einem gewissen Grad konterkariert.

bb) Sachliche Zuständigkeit. Die Unionsmarkengerichte sind **sachlich ausschließlich zuständig** für die in Art. 124, 133 UMV im Einzelnen aufgeführten Verfahren, unter anderem für alle Klagen wegen Verletzung bzw. – soweit das nationale Recht dies zulässt – drohender Verletzung einer Unionsmarke, für die Feststellung der Nichtverletzung und für die im Widerklagewege geltend zu machende Erklärung des Verfalls oder Nichtigkeit.[1201] Die Zuständigkeitsregelung erfasst ausdrücklich ferner den Entschädigungsanspruch nach Art. 11 Abs 2 UMV, der sich (nur) auf den Zeitraum zwischen Veröffentlichung der Anmeldung und Veröffentlichung der Eintragung bezieht. Damit sollte wohl sichergestellt werden, dass dieser Anspruch einheitlich in der Union durchgesetzt werden kann, da sich dafür nicht in allen nationalen Markenrechtsordnungen eine Grundlage findet. Keine ausschließliche Zuständigkeit der Unionsmarkengerichte besteht für **einstweilige Maßnahmen**[1202] sowie für vertragliche Ansprüche. 365

cc) Internationale Zuständigkeit. Für die **internationale Zuständigkeit** der Unionsmarkengerichte gilt Art. 125 UMV.[1203] Grundsätzlich ist das Gericht am Wohnsitz des Beklagten oder, in Ermangelung eines Wohnsitzes in einem Mitgliedsstaat, am Sitz *einer* Niederlassung des Beklagten zuständig. Die bisweilen geäußerte Sorge, dass die Wohn- oder Geschäftssitzgerichte Lokalpatriotismus zugunsten des Beklagten entwickeln könnten, dürfte mit Blick auf die insgesamt recht hohe Spezialisierung der Unionsmarkengerichte wohl unbegründet sein.[1204] Hat der Beklagte weder einen Wohnsitz noch eine Niederlassung in der Union, so ist das Unionsmarkengericht am Wohnsitz oder, in Ermangelung eines solchen, am Sitz der Niederlassung des Klägers zuständig.[1205] Haben weder Kläger noch Beklagter ihren Wohn- oder Geschäftssitz in der Union, so sind die Gerichte am Sitz des Amtes, somit die spanischen Unionsmarkengerichte (in Alicante) zuständig.[1206] Ferner kann die Zuständigkeit zwischen den Parteien vereinbart, durch rügelose Einlassung begründet und darüber hinaus am Ort der (drohenden) Verletzungshandlung geklagt werden.[1207] Für das **Eilverfahren erweitert** Art. 131 Abs. 1 UMV die **internationale Zuständigkeit** um den Ort der konkret angegriffenen Verletzungshandlung. Danach können bei den Gerichten eines Mitgliedstaats in Bezug auf eine Unionsmarke alle einstweiligen Maßnahmen beantragt werden, die für eine nationale Marke vorgesehen sind, auch wenn für die Entscheidung in der Hauptsache ein Unionsmarkengericht eines anderen Mitgliedstaats zuständig ist.[1208] 366

[1200] In den meisten Ländern ist dies tatsächlich nur ein Gericht für die erste und ein Berufungsgericht für die zweite Instanz, nämlich in Estland, Finnland, Frankreich, Irland, Litauen, Luxemburg, Malta, Niederlande, Österreich, Polen, Schweden, Slowenien, Spanien sowie der Tschechischen Republik.

[1201] S. ausf. zur gerichtlichen Zuständigkeit bei Anspruchskonkurrenz aus MarkenG und UMV, Strauss GRUR 2011, 401 ff.

[1202] Eisenführ/Schennen/Kampmann/Eberhardt UMV Art. 131 Rn. 3 f., die zutreffend darauf hinweisen dass die Wirksamkeit der einstweiligen Maßnahme auf das Territorium des betreffenden Mitgliedsstaates beschränkt ist, soweit ein Nicht-Unionsmarkengericht im Verfügungsverfahren angerufen wird oder aber ein Unionsmarkengericht am Ort der unerlaubten Handlung, Art. 125 Abs. 5 UMV iVm Art. 126 Abs. 2 UMV; ausf. Hasselblatt/Menebröcker EUTMR Art. 131 Rn. 3 ff.

[1203] Zum Verhältnis der Vorschriften des Art. 125 zu Art. 131 und Art. 136 UMV s. Hasselblatt/Menebröcker EUTMR Art. 125 Rn. 3 f.; speziell zur Streitgenossenschaft bei Ansprüchen nach der UMV, s. Lange GRUR 2007, 107 (112 ff.).

[1204] Krit. zur hohen Anzahl von Unionsmarkengerichten Munzinger/Traub GRUR 2006, 33 (37 ff.).

[1205] Art. 125 Abs. 2 UMV; dabei ist zur Auslegung des Begriffes der Niederlassung (gem. Art. 122 UMV) der Rekurs auf die VO (EU) Nr. 1215/2012 ebenso möglich wie geboten.

[1206] Art. 125 Abs. 3 UMV.

[1207] Art. 125 Abs. 4 lit. a), b) UMV iVm Art. 25 und 26 EuGVO (ex Art. 23 und 24 EuGVÜ) bzw. Art. 125 Abs. 5 UMV; Hasselblatt/Menebröcker EUTMR Art. 125 Rn. 19 ff.; s. ferner Eisenführ/Schennen/Kampmann/Eberhardt UMV Art. 125 Rn. 5 f.

[1208] S. zuletzt etwa OLG Frankfurt a. M. – Beschl. v. 12.9.2018 (6 W 81/18), Rn. 5; OLG Düsseldorf ECLI: DE:OLGD:2019:0124.20U53.18.0A, Rn. 8, 17; OLG Frankfurt a. M. ECLI:DE:OLGHE:2020:0423.6W42.20.00,

367 *dd) Reichweite der Zuständigkeit.* Diese Zuständigkeitsregelung eröffnet vielfach die Möglichkeit eines **forum shopping.** Bei der Wahl des Gerichtsortes ist unbedingt zu beachten, dass die **Reichweite** der Zuständigkeit der Unionsmarkengerichte **unterschiedlich** geregelt ist. Während die Zuständigkeit der Unionsmarkengerichte am Ort der Verletzungshandlung begrenzt ist auf die (begangenen oder drohenden) Verletzungshandlungen in dem **Mitgliedsstaat,** in dem das Gericht seinen Sitz hat,[1209] sind die Unionsmarkengerichte im Übrigen zuständig für die in *einem jeden* Mitgliedsstaat begangenen oder drohenden Verletzungshandlungen sowie **unionsweit** begangene Handlungen, die nach Art. 9 Abs. 3 S. 2 UMV zur Entschädigung verpflichten.[1210]

Praxistipp:

Daraus folgt jedoch nicht zwingend, dass die Unionsmarkengerichte am Ort der Verletzungshandlung – trotz der auf den jeweiligen Mitgliedsstaat begrenzten Zuständigkeit – stets weniger „attraktiv" sein müssen. Je nach Fallgestaltung kann es durchaus sinnvoll sein, ein Verfahren vor diesen Gerichten anhängig zu machen. Zu denken ist etwa an Konstellationen, in denen die Verletzungshandlung ausschließlich oder vorwiegend in einem Mitgliedsstaat auftreten oder von dort zentral vorbereitet werden. Aber auch im Hinblick auf die besondere Sachkunde und/oder Erfahrung der in Betracht kommenden Gerichte kann es vorteilhaft sein, vor dem Gericht am Ort der Verletzungshandlung zu klagen. Zudem kann mit einer erfolgreichen Klage vor dem Gericht am Ort der Verletzungshandlung ein Präjudiz für einen etwaigen späteren Prozess vor einem Unionsmarkengericht mit unionsweiter Zuständigkeit geschaffen werden.

368 *ee) Örtliche Zuständigkeit.* Für die **örtliche Zuständigkeit** enthält die UMV keine Regelung. Sie richtet sich demgemäß nach nationalem Verfahrensrecht. In Deutschland ist die spezielle Vorschrift des § 125g MarkenG einschlägig.

369 *ff) Verweisung.* Die UMV schweigt zu der Frage, ob eine **Verweisung** eines Unionsmarkengerichtes, das sich für unzuständig hält, an ein anderes mit bindender Wirkung möglich ist. Nach internationalem Zivilprozessrecht scheidet eine bindende Verweisung über Ländergrenzen aus. Mit Blick auf die unionsweite Kompetenz der Unionsmarkengerichte sowie die unionsweit einheitliche Ausgestaltung der Unionsmarke wäre eine solche Verweisungsmöglichkeit durchaus zu befürworten,[1211] andererseits aber de lege lata kaum zu erwarten. De lege ferenda ist weiterhin der europäische Gesetzgeber aufgerufen, hier Abhilfe zu leisten.

370 **b) Anwendbares Recht.** *aa) Verfahrensrecht.* Nach Art. 129 Abs. 3 UMV iVm Art. 17 Abs. 3 UMV haben die Unionsmarkengerichte **nationales Verfahrensrecht** anzuwenden, soweit die UMV nicht anderes bestimmt. Für einstweilige Verfügungen sind deshalb jeweils die **nationalen Dringlichkeitsfristen** zu beachten. Des Weiteren erklärt Art. 122 UMV die Bestimmungen der VO (EU) Nr. 1215/2012 für anwendbar.[1212]

371 *bb) Materielles Recht.* Das von den Unionsmarkengerichten anzuwendende Recht bestimmt sich im Grundsatz nach den Bestimmungen der UMV selbst. In allen Markenfragen, die nicht durch die UMV erfasst werden, wenden die Unionsmarkengerichte das geltende nationale Recht an, Art. 129 Abs. 1, Abs. 2 UMV. Folglich ist für die Frage **anwendbaren Rechts** danach zu **differenzieren,** ob sich der interessierende Anspruch unmittelbar aus der UMV oder nationalem Markenrecht ergibt.

372 Eine Reihe von Ansprüchen des Unionsmarkeninhabers sind in der UMV selbst geregelt. Dies trifft zunächst zu für den Unterlassungsanspruch sowie den Entschädigungsanspruch für Verletzungshandlungen, die zwischen Veröffentlichung der Anmeldung und Veröffentlichung der Eintragung begangen wurden, Art. 9 Abs. 2, Abs. 3 sowie Art. 11 Abs. 2 iVm Art. 17 Abs. 1 UMV.

Rn. 11 f.: keine Verletzungshandlung in Dtl., wenn sich Internetangebot (in italien. Sprache) nicht an hiesigen Verkehr richtet; Parfummarken-Entsch. des BGH gilt nicht für eV-Verfahren, Hackbarth GRUR-Prax 2018, 577 f.

1209 Art. 126 Abs. 2 iVm Art. 125 Abs. 5 UMV.

1210 Art. 126 Abs. 1 iVm Art. 125 Abs. 1 bis 4 UMV.

1211 Schulte-Beckhausen WRP 1999, 300 (302) mwN.

1212 VO (EU) Nr. 1215/2012 des Europäischen Parlaments und des Rates v. 12.12.2012 über die gerichtliche Zuständigkeit und die Anerkennung und Vollstreckung in Zivil- und Handelssachen (EuGVO), ABl. Nr. L 351 S. 1, ber. 2016 Nr. L 264 S. 43; ausf. dazu Hasselblatt/Menebröcker Art. 122 Rn. 6 ff., Art. 129 Rn. 12.

Ebenfalls unmittelbar in der UMV geregelt sind die Ansprüche gem. Art. 12 und Art. 13 bezüglich der Wiedergabe der Unionsmarke in Wörterbüchern in einer Form, die den Eindruck einer Gattungsbezeichnung erweckt, sowie die Untersagung der Nutzung der Unionsmarke, die für einen Agenten oder Vertreter eingetragen ist. Gleiches gilt für den Anspruch auf Übertragung einer Agentenmarke nach Art. 21 UMV sowie beispielsweise Ansprüche des Lizenzgebers einer Unionsmarke gegenüber dem Lizenznehmer gem. Art. 25 Abs. 2 UMV. Insoweit ist die UMV direkt anzuwenden.[1213] Für alle weiteren Ansprüche, also auf Auskunft, weitergehenden (also über den Zeitrahmen des Art. 11 Abs. 2 UMV hinausgehenden) Schadenersatz, Vernichtung, Urteilsveröffentlichung usw., sieht der durch VO Nr. 2015/2424 mit Wirkung zum 23.3.2016 geänderte Art. 130 Abs. 2 UMV vor, dass das Unionsmarkengericht ihm im jeweiligen Einzelfall zweckmäßig erscheinende Maßnahmen ergreifen oder Anordnungen treffen kann, die das anwendbare Recht vorsieht. Darin ist eine wesentliche Änderung gegenüber Art. 102 Abs. 2 GMV (aF) zu sehen, der auf den Verletzungsort abhob und explizit die Grundsätze im internationalen Privatrecht anführte. Im IPR werden Verletzungen geistiger Eigentumsrechte wie deliktische Handlungen behandelt; bei unerlaubten Handlungen erfolgt die Zuordnung nach dem Recht des Tatorts, der wiederum den Handlungs- *und* den Erfolgsort umfasst. Insoweit ergaben sich nach *altem Recht* durchaus Möglichkeiten des *forumshoppings*, um bei Auseinanderfallen des Handlungs- und des Erfolgsortes über IPR-Grundsätze gleichwohl zur Anwendbarkeit eines nationalen Rechts zu gelangen, beispielsweise über einheitliche Vertriebssysteme über dieselben Distributoren sowie namentlich einheitliche Werbemaßnahmen.[1214] Diese Möglichkeit ist durch die Neufassung des Art. 130 Abs. 2 UMV entfallen. Nunmehr ist zu differenzieren zwischen Maßnahmen iSd Art. 130 Abs. 2 UMV und den Ansprüchen, die nach Art. 129 Abs. 2 UMV dem für alle (nicht in der UMV geregelten) Markenfragen jeweils geltenden nationalen Recht unterliegen. Zu den Maßnahmen gem. Art. 130 Abs. 2 UMV sind etwa Maßnahmen zur Beweissicherung iSd Art. 7 DurchsetzungsRL sowie Abhilfemaßnahmen gem. Art. 10 DurchsetzungsRL (Rückruf aus den Vertriebswegen sowie das endgültige Entfernen aus den Vertriebswegen sowie Vernichtung) zu zählen.[1215] Demgegenüber richten sich die Annexansprüche des durch die Handlungen des Verletzers entstandenen Schadens sowie etwa der Anspruch auf Auskünfte (und Rechnungsregeln) nach Art. 129 Abs. 2 UMV, die nationalem Recht einschließlich internationalen Privatrechts unterliegen.[1216] Bei in der Praxis nicht selten vorkommenden grenzüberschreitenden Markenverletzungen ist für die Bestimmung des anwendbaren Rechts Art. 8 Abs. 2 Rom II-VO zu beachten. Maßgeblich ist danach abzustellen auf das Recht des Mitgliedsstaates, in dem die Verletzungshandlung begangen wurde. Während im Schrifttum wiederholt Versuche unternommen worden sind, nach IPR-Gesichtspunkten bei **grenzüberschreitenden Verletzungshandlungen** zur Anwendbarkeit des Rechts nur *eines* EU-Mitgliedstaates zu gelangen[1217] war nach der *Gartenpavillion*-Entscheidung davon auszugehen, dass der EuGH die sogenannte **Mosaik-Lösung** favorisiert, mithin auf das Sachrecht des jeweiligen Mitgliedstaats abhebt.[1218] Zu Recht wurde dieser Ansatz kritisch gesehen, zumal der EuGH es zunächst versäumt hat, sich im Sinne einer effektiven Rechtsdurchsetzung mit den verschiedenen Lösungsansätzen auseinanderzusetzen.[1219] Inzwischen hat der EUGH diese Frage zugunsten der **Einheitslösung** entschieden, was im Interesse einer einheitlichen Rechtsanwendung (über EU-Ländergrenzen hinweg) zu begrüßen ist.[1220] Zu beachten ist ferner, dass im Hinblick auf den Wortlaut des Art. 8 Abs. 3 Rom-II VO Rechtswahlvereinbarungen nicht in Betracht kommen.[1221]

1213 Wie hier Eisenführ/Schennen/Kampmann/Eberhardt UMV Art. 130 Rn. 5 ff., Rn. 14 ff.

1214 Noch zum alten Recht: v. Mühlendahl/Ohlgart § 26 Rn. 6 f.; Knaak GRUR 2001, 26 (27); Schulte-Beckhausen WRP 1999, 300 (304).

1215 RL 2004/48/EG des Europäischen Parlaments und des Rates vom 29.4.2004 zur Durchsetzung der Rechte des geistigen Eigentums („DurchsetzungRL"), ABl. 157 v. 30.4.2004, 45; s. dazu Eisenführ/Schennen/Kampmann/Eberhardt UMV Art. 130 Rn. 17 ff.; ausf. zur DurchsetzungsRL Hasselblatt/Többelmann EUTMR S. 1411–1422.

1216 In dieser Richtung EuGH ECLI:EU:C:2014:75 – GAUTZSCH (Gartenpavillion), Rn. 55, zu den vergleichbaren Vorschriften der Art. 88 Abs. 2, 89 GemeinschaftsgeschmackmusterVO; wie hier Kampmann/Eberhardt aaO UMV Art. 130 Rn. 17.

1217 v. Mühlendahl/Ohlgart § 26 Rn. 6 f.; Knaak GRUR 2001, 26 (27 f.).

1218 EuGH ECLI:EU:C:2014:75 – GAUTZSCH (Gartenpavillion), Rn. 49 ff.

1219 Zutreffend Eisenführ/Schennen/Kampmann/Eberhardt UMV Art. 129 Rn. 10; s. ferner Kur GRUR Int. 2014, 749 (Anknüpfung an den Schwerpunkt der Verletzungshandlung) sowie dies. in GRUR 2017, 1120 ff

1220 EuGH ECLI:EU:C:2017:724 – Nintendo/BigBen Rn. 103, 107 f.; s. zu dieser Entsch. sowie der Abkehr von der Mosaik-Lösung Kur GRUR 2017, 1120 ff. sowie Grüger GRUR-Prax 2018, 65.

1221 Ebenso Kampmann/Eberhardt aaO UMV Art. 129 Rn. 10.

373 c) **Verteidigung des Beklagten.** Oftmals wird sich der Beklagte verteidigen, indem er bereits das Vorliegen einer Verwechslungsgefahr und/oder relevanten Verletzungshandlung verneint. Zu denken ist aber an weitere Verteidigungsmittel, von denen die wichtigsten nachfolgend genannt werden:

374 *aa) Nichtbenutzungseinwand.* Gegenüber Unionsmarken, deren Benutzungsschonfrist abgelaufen ist, kann sich der Beklagte mit der Einrede der **mangelnden Benutzung** des Klagezeichens zur Wehr setzen. Zur rechtserhaltenden Benutzung wird auf die Darstellung oben verwiesen.[1222] Im Falle der erfolgreichen Geltendmachung des Nichtbenutzungseinwandes ist die Wirkung lediglich *inter partes*. Verfolgt der Beklagte hingegen das Ziel, die Klagemarke mit Wirkung *erga omnes* zu Fall zu bringen, muss er sich des schärferen Schwertes der Widerklage gem. Art. 128 UMV bedienen.[1223]

375 *bb) Löschungswiderklage.* Grundsätzlich haben die Unionsmarkengerichte nach Art. 127 Abs. 1 UMV von der Rechtsgültigkeit der Unionsmarke auszugehen, namentlich kann der Rechtsbestand der Marke nicht durch Klage auf Feststellung der Nichtverletzung angefochten werden (Abs. 2). Jedoch kann der Beklagte die Verfalls- und Nichtigkeitsgründe der Art. 58 ff. UMV geltend machen, und zwar nicht nur durch Einleitung des amtlichen Verfalls- oder Nichtigkeitsverfahrens, sondern auch im Verletzungsverfahren im Wege der **Löschungswiderklage** gemäß Art. 128 UMV.[1224]

376 Gestützt werden kann die Löschungswiderklage nur auf die in Art. 58 bis 60 UMV abschließend aufgeführten Verfalls- und Nichtigkeitsgründe; da die Unionsmarke ein genuin europäisches und autonomes Recht darstellt, kommen die Vorschriften der jeweiligen nationalen Rechtsordnungen nicht zur Anwendung.[1225] Hat das Amt bereits über die nunmehr widerklagend vorgebrachten Verfalls- und Nichtigkeitsgründe in einem vorangegangenen Verfahren (nach Art. 63 UMV) eine unanfechtbar gewordene Entscheidung erlassen, ist die Widerklage abzuweisen, Art. 128 Abs. 2 UMV. Materiellrechtlich gelten für die Löschungswiderklage die oben dargestellten Maßstäbe des Verfalls- und Nichtigkeitsverfahrens vor dem EUIPO (Art. 58 bis 64 UMV). Allerdings kann das mit der Widerklage befasste Unionsmarkengericht nach Maßgabe des Art. 128 Abs. 7 UMV auf entsprechenden Antrag das Verfahren aussetzen und den Beklagten (und Widerkläger) unter Fristsetzung zur Stellung eines Verfalls- bzw. Nichtigkeitsantrages beim EUIPO auffordern; wird der Antrag nicht (fristgerecht) gestellt, gilt die Widerklage als zurückgenommen. Über die mit einem solchen Aussetzungsantrag in aller Regel einhergehende Verfahrensverzögerung sollte sich der Kläger bei Antragstellung bewusst sein, wenngleich im Einzelfall für einen solchen Antrag die größere Erfahrung des EUIPO im Umgang mit Löschungsanträgen sprechen mag. Flankierend kann das Gericht einstweilige Maßnahmen einschließlich Sicherungsmaßnahmen treffen, Art. 128 Abs. 7, 132 Abs. 3 UMV.

377 *cc) Verjährung.* Des Weiteren kann der Beklagte geltend machen, die Klageansprüche seien verjährt. Wie ausgeführt, hat die Frage der **Verjährung** von Markenrechten in der UMV weder eine eigene Regelung erfahren, noch findet sich ein eindeutiger Verweis auf die – durchaus unterschiedlich ausgestalteten – Verjährungsvorschriften der Mitgliedsstaaten. Angesichts der immensen praktischen Bedeutung der Verjährungsfrage für die Durchsetzung des Unionsmarkenrechts wäre eine Klarstellung durch den EU-Gesetzgeber im Zuge der Reform durch die VO 2015/2424 sehr zu begrüßen gewesen. Wie oben bereits skizziert, richtet sich die Verjährung der in der UMV *nicht unmittelbar geregelten* Ansprüche nach dem jeweiligen **nationalen Recht,** also insbesondere die Verjährung der Nebenansprüche auf **Auskunft** und **Schadenersatz.** Unbeantwortet bleibt hingegen die Verjährungsfrage bezüglich der in der UMV *unmittelbar geregelten* **Unterlassungs-** und **Entschädigungsansprüche,** da diese von der Verweisungsvorschrift des Art. 130 Abs. 2 UMV nicht erfasst sind.[1226] Im Interesse einer einheitlichen Anwendung der UMV ist auch die Verjährung dieser Ansprüche nach nationalem Recht zu beurteilen.

1222 S. dazu → Rn. 230 ff.

1223 Hasselblatt/Menebröcker EUTMR Art. 127 Rn. 9; Eisenführ/Schennen/Kampmann/Eberhardt UMV Art. 128 Rn. 6, Rn. 8 ff.

1224 Zu Verfall und Nichtigkeit s. → Rn. 338 ff., zum Verfahren ausf. Hasselblatt/Menebröcker EUTMR Art. 128 Rn. 16 ff.

1225 Eisenführ/Schennen/Kampmann/Eberhardt UMV Art. 128 Rn. 4.

1226 S. zum Streitstand (noch zur GMV): Schulte-Beckhausen WRP 1999, 300, 304 f.; v. Mühlendahl/Ohlgart § 7 Rn. 34.

dd) Verwirkung. Schließlich kann sich der Beklagte auf **Verwirkung** berufen, die – anders als die Frage der Verjährung – in der UMV geregelt ist. Zu Voraussetzungen und Geltendmachung der Verwirkung darf auf die obigen Ausführungen Bezug genommen werden.[1227] 378

ee) Nutzung der Marke zu künstlerischen Zwecken. Gemäß dem 21. Erwägungsgrund der Präambel der VO Nr. 2015/2424 soll die Benutzung einer Marke durch Dritte **zu künstlerischen Zwecken** als rechtmäßig betrachtet werden, sofern sie gleichzeitig den anstehenden Gepflogenheiten im Gewerbe oder Handel entspricht. Im eigentlichen Gesetzestext der UMV hat diese Erwägung jedoch keinen Niederschlag gefunden. Insoweit gilt es die Rechtsprechung abzuwarten, ob und inwieweit sich auf eine solche Verwendung eine Unionsmarke *zu künstlerischen Zwecken* eine Rechtfertigung gründen lässt. 379

d) Parallele Klagen aus Unions- und nationalen Marken. Für parallele oder aufeinander folgende Verletzungsverfahren bei Gerichten verschiedener Mitgliedstaaten betreffend **identische oder ähnliche Unions- und nationale Marken** ist die Regelung des Art. 136 UMV zu beachten, die darauf abzielt, widersprüchliche Entscheidungen in – prozessual wie markenrechtlich – nicht identischen, aber ähnlich gelagerten Fällen zu vermeiden.[1228] Nach Art. 136 Abs. 1 UMV muss („hat", lit. a)) bzw. „kann" (lit. b)) sich das später angerufene Gericht zugunsten des zuerst angerufenen Gerichts für unzuständig erklären respektive das Verfahren aussetzen, je nachdem, ob die Marken *und* die jeweiligen Waren/Dienstleistungen identisch oder ähnlich sind. Abs. 2 und 3 enthalten bestimmte Rechtskraftregeln (nur) für Fälle identischer Marken *und* Waren/Dienstleistungen, nach denen das später angerufene Gericht die Klage – als unbegründet[1229] – abzuweisen hat. Der Erwähnung verdient, dass Art. 136 UMV nicht einschlägig ist bei Verfahren gegenüber Gerichten desselben Mitgliedstaates oder bei Klagen aus (mehreren) ähnlichen Unionsmarken.[1230] 380

e) **Vollstreckung.** Art. 122 UMV nimmt ausdrücklich Bezug auf die Unionsvorschriften über die gerichtliche Zuständigkeit und die Anerkennung und Vollstreckung von Entscheidungen in Zivil- und Handelssachen. Zu beachten ist nicht mehr die noch in Art. 94 UMV aF genannte VO (EG) Nr. 44/2001,[1231] die abgelöst wurde durch die VO (EU) Nr. 1215/2012 v. 12. Dezember 2012 (EuGVO) und nunmehr in Art. 122 UMV ausdrücklich angeführt wird.[1232] Sachlich und inhaltlich entsprechen sich die Bestimmungen der VO Nr. 44/2001 und der EuGVO, soweit hier von Belang, fast vollständig. Mithin gilt der Grundsatz der **automatischen Anerkennung.** Einer erneuten Anerkennung des Urteilsspruches in dem Land, in dem vollstreckt werden soll, bedarf es mithin nicht. Nach dem Verbot der „revision au fond" bedarf es deshalb prinzipiell keiner erneuten Überprüfung der Entscheidung im Zuge der Vollstreckung. Ausgenommen davon sind im vorangegangenen Erkenntnisverfahren unterlaufene Fehler wie der in der mangelhaften Einlassung und/oder Ladung des Beklagten oder des Verstoßes der Anerkennung gegen den ordre public des Anerkennungsstaates.[1233] Damit wird die Vollstreckung von Urteilen der Unionsmarkengerichte erheblich erleichtert.[1234] 381

f) **Besonderheiten bei einstweiliger Verfügung.** Von besonderer Bedeutung sind die nationalen Verfahrensvorschriften der Mitgliedsstaaten für einstweilige Maßnahmen einschließlich Sicherungsmaßnahmen. Gemäß Art. 131 Abs. 1 UMV, unabhängig vom Verletzungsort iSd Art. 125 Abs. 5 UMV, können die **nationalen Gerichte** – einschließlich der Unionsmarkengerichte – nach Maßgabe des jeweils für **nationale Marken geltenden Rechts** einstweilige Maßnahmen einschließlich Sicherungsmaßnahmen treffen.[1235] Das gilt selbst dann, wenn für die Entscheidung in der 382

[1227] Zur Verwirkung ausführlich → Rn. 246–251.

[1228] Zu Fällen der Anspruchskonkurrenz aus MarkenG und UMV, s. Strauss GRUR 2011, 401 ff. sowie Birk, GRUR-Prax 2021, 299 ff.

[1229] Zur Auslegung des Begriffs „derselben Handlungen" iSd Art. 136 Abs. 1 UMV (dort noch zu Art. 109 Abs. 1 GMV) s. EuGH ECLI:EU:C:2017:771 – Merck, Rn. 43 f., 48 ff., 61 ff.; ferner Heinze, GRUR 2018, 160 ff.

[1230] Art. 136 UMV sollte bei parallelen Klagen in demselben Mitgliedstaat analog angewandt werden; zutreffend Eisenführ/Schennen/Schennen UMV Art. 136 Rn. 3.

[1231] VO (EG) Nr. 244/2001 des Rates f. 22.12.2000 über die gerichtliche Zuständigkeit und die Anerkennung und Vollstreckung der Entscheidung in Zivil- und Handelssachen, ABl. 2001 L 12/1 ff.

[1232] Verordnung (EU) Nr. 1215/2012 des Europäischen Parlaments und des Rates v. 12.12.2012 über die gerichtliche Zuständigkeit und die Anerkennung und Vollstreckung von Entscheidungen in Zivil- und Handelssachen, ABl. Nr. L 351/1 ff., ber. 2016 Nr. L 264/43 ff.; ausf. dazu Hasselblatt/Menebröcker EUTMR Art. 122 Rn. 6 ff.

[1233] Eisenführ/Schennen/Schennen UMV Art. 122 Rn. 12 ff.

[1234] Zur Festsetzung von Zwangsgeldern zur Durchsetzung von Unterlassungsansprüchen s. Sosnitza GRUR 2011, 465 (469 ff.).

[1235] OLG Frankfurt a.M. GRUR-RR 2019, 10 ff. – Bella Vida/Bella La Vita, Rn. 51 ff.; zustimmend Hackbarth GRUR-Prax 2018, 577 f.

Hauptsache ein Unionsmarkengericht eines anderen Mitgliedstaates zuständig wäre. Im Verfügungsverfahren ist es mithin nicht erforderlich, ein Unionsmarkengericht anzurufen, vielmehr können insoweit (auch) die nach nationalem Recht funktionell und örtlich zuständigen Gerichte angerufen werden. Auch findet Art. 136 UMV auf einstweilige Maßnahmen explizit keine Anwendung, Art. 136 Abs. 4 UMV.

Praxistipp:

Diese Regelung eröffnet für den Verfügungsprozess, mehr noch als im ordentlichen Verfahren, die Möglichkeit des forum-shopping. Je nach Fallgestaltung kann es ratsam sein, etwa den im gewerblichen Rechtsschutz besonders wichtigen Unterlassungsanspruch im Verfügungsverfahren vor dem heimischen Gericht anhängig zu machen, also *nicht* notwendig bei einem Unionsmarkengericht. Dies gilt insbesondere, wie ausgeführt, in Konstellationen, in denen es Verletzungshandlungen vornehmlich in einem Mitgliedsstaat zu verhindern gilt.

383 Dabei ist freilich zu bedenken, dass nur die nach Art. 125 Abs. 1 bis 4 UMV zuständigen Unionsmarkengerichte einstweilige Maßnahmen mit **unionsweiter Wirkung** treffen können.[1236]

V. Zusammenfassung

384 Mit der Unionsmarke steht ein unionsweites Schutzrechtssystem zur Verfügung, das neben materiellen auch prozessuale Vorteile mit sich bringt. Nicht zuletzt im Hinblick darauf, dass die Schutzmöglichkeiten der UMV sowohl Angehörigen der EU als auch Angehörigen aus Drittstaaten zugänglich sind, hat die Unionsmarke schon längst ihren festen Platz bei Überlegungen über internationale Schutzmöglichkeiten.

385 Zwar kann die Registrierung einer Unionsmarke keineswegs per se empfohlen werden; so kann etwa bei rein nationaler Betätigung eines Unternehmens der Unionsmarkenschutz nicht angeraten werden. Maßgebend ist stets ein individuell auf die Bedürfnisse des Einzelfalls zugeschnittenes Konzept, das den wirtschaftlichen Interessen und Möglichkeiten angemessen Rechnung trägt und dabei ausreichenden Markenschutz sicherstellt.

386 Zusammenfassend gilt es festzuhalten, dass die Unionsmarke insbesondere für solche Unternehmen sehr zu empfehlen ist, die entweder bereits unionsweit operieren oder zumindest in einigen EU-Mitgliedsstaaten tätig sind oder künftig sein werden. Soweit schon nationale identische Markenrechte für identische Waren/Dienstleistungen existieren, können diese über die Inanspruchnahme des Zeitranges in die Unionsmarke „eingebunden" werden, so dass die – kosten- und zeitaufwändigere – Fortführung mehrerer nationaler Marken in verschiedenen Mitgliedstaaten entbehrlich wird. Als attraktiv erweist sich die Unionsmarke vor allem aber auch für die Neueinführung von Produkten und Leistungen, da über ein einheitliches Schutzrecht unionsweiter Markenschutz erzielt wird. Zu erwägen ist darüber hinaus in jedem Einzelfall eine Kombination der Schutzmöglichkeiten der UMV mit den internationalen Registrierungsmöglichkeiten nach dem MMA und dem Protokoll zum MMA.

VI. Beratungschecklisten

387

1. Checkliste: Wahl der „richtigen" Marke

Es wäre vermessen, den Eindruck zu erwecken, mit wenigen Sätzen könne alles Wesentliche zur Wahl der „richtigen" Marke gesagt werden, zumal diese Suche oftmals – und völlig berechtigt – mit subjektiven Aspekten einhergeht. Jedoch gibt es eine Reihe von Parametern, die bei der Suche beachtlich oder gar ausschlaggebend sein können.

[1236] Art. 131 Abs. 2 UMV, vorbehaltlich der gegebenenfalls erforderlichen Anerkennungs- und Vollstreckungsmaßnahmen; wie hier Eisenführ/Schennen/Kampmann/Eberhardt UMV Art. 131 Rn. 4.

- ☐ Existieren beim Anmelder bereits ältere – häufig auch nicht registrierte – Kennzeichenrechte, sei es als Firmenschlagwort, Logo oder in sonstiger Form? Bevor eine „neue Marke" gesucht wird, ist gegebenenfalls zu erwägen, für die vorhandenen Kennzeichen – unter Umständen in modernisierter Form – Markenschutz herbeizuführen, um von vorhandenem „goodwill" zu profitieren.
- ☐ Soll eine Wortmarke, Bildmarke, eine (kombinierte) Wort-Bildmarke oder eine nicht konventionelle Zeichenform (etwa Hör-, Bewegungs- oder Multimediamarken) zur Anmeldung gebracht werden? Ist sowohl an ein Logo als auch ein Markenwort gedacht, empfiehlt sich im Allgemeinen die Anmeldung einer Wort- *und* einer Bildmarke, schon um der höheren Kennzeichnungskraft des Bild- und des Wortelementes willen. Zur kombinierten Wort-Bildmarke ist demgegenüber anzuraten, wenn etwa das Zeichenwort nicht hinreichend unterscheidungskräftig und/oder als beschreibend im Hinblick auf die konkret Schutz nachsuchenden Waren/Dienstleistungen anzusehen ist;[1237] für diesen Fall darf freilich nicht übersehen werden, dass dann dem Wortelement kaum oder gar keine selbstständige Kollisionseignung zukommt, da die Marke ihre Schutzfähigkeit überwiegend oder ausschließlich aus dem (markenfähigen) Bildelement rekrutiert. Bei einem rein beschreibenden Bildelement und einem hinreichend unterscheidungskräftigen Zeichenwort gilt soeben Gesagtes sinngemäß.
- ☐ Ist anhand von Recherchen etc. überprüft worden, ob das ausgewählte Kennzeichen in den interessierenden Ländern und den fraglichen Waren-/Dienstleistungsklassen verfügbar ist bzw. prioritätsältere Rechte entgegenstehen?
- ☐ Im Zeitalter moderner Telekommunikation sollte zugleich die Verfügbarkeit *aller* womöglich in Betracht kommenden Internetdomains überprüft werden (also nicht nur der nationalen wie www.beck.de, sondern auch weiterer wie www.beck.com, www.beck.biz etc.).
- ☐ Stehen dem ausgewählten Kennzeichen absolute Eintragungshindernisse entgegen,[1238] insbesondere: ist dieses mit Blick auf die konkret schutznachsuchenden Waren hinreichend unterscheidungskräftig, nicht (glatt) beschreibend oder irreführend? Solche Bedenken lassen sich unter Umständen ausräumen durch hinreichende Verfremdung von an sich beschreibenden Wörtern (wodurch die Wortbedeutung verändert und das Zeichen überraschend (auffällig oder willkürlich) wirkt oder auf Seiten des Verkehrs eine geistige Anstrengung erfordert), Hinzufügung selbstständig schutzfähiger Wort- oder Graphikelemente, farbige Anmeldung oder Kombination vorgenannter Varianten.
- ☐ Vor Anmeldung einer Farb- oder farbigen Marke sollte sich der Anmelder Klarheit darüber verschaffen, dass die Marke auch künftig in exakt diesem Farbton verwendet wird.
- ☐ Bei jeder Markenanmeldung ist zu berücksichtigen, dass die Marke nach Ablauf der Benutzungsschonfrist – in der eingetragenen Form – rechtserhaltend benutzt werden muss, was namentlich bei 3D-Marken in Rücksicht zu ziehen ist.
- ☐ Unter Umständen ist seitens des Anmelders – typischerweise flankierend zum Markenschutz des in seinem Schutzumfang zu „verteidigenden" Zeichens – die Anmeldung so genannter Defensivzeichen erwünscht, also solcher Marken, bei denen zum Anmeldezeitpunkt absehbar ist, dass diese in Zukunft nicht benutzt und entsprechend die Rechte daran verfallen werden. Dieses Vorgehen gibt Markenschutz auch ohne Benutzung zumindest bis zum Ablauf der Benutzungsschonfrist, und kann darüber andere (zumindest für diesen Zeitraum) davon abhalten, dem „Hauptzeichen" entfernt, nicht aber verwechslungsähnlich angenäherte[1239] Marken anzumelden.
- ☐ Bei der Wahl der „richtigen" Marke werden schließlich oftmals subjektive Erwägungen eine Rolle spielen, etwa die Vermittlung bestimmter Werbebotschaften oder Gütevorstellungen durch das Zeichen selbst. Vielfach soll die Marke auch schon den Geschäftsgegenstand erkennen lassen. Vor allzu beschreibenden Angaben ist jedoch abzuraten, und zwar unabhängig von absoluten Versagungsgründen; vielmehr ist bei Markenanmeldungen generell zu größtmöglicher Kreativität und Zeichenindividualität anzuraten, da solche Zeichen amtlicherseits kaum jemals beanstandet werden und diesen von Hause aus eine stärkere Kennzeichnungskraft zukommt als schwach unterscheidungskräftigen und/oder (mittelbar) beschreibenden Marken.

[1237] S. dazu die ausführliche Darstellung → **Rn. 95–101.**

[1238] S. dazu die ausführliche Darstellung (einschließlich Praxistipps zur Überwindung absoluter Schutzhindernisse) → Rn. 93–142.

[1239] In diesem Fall kann gegen jüngere Marken Dritter unmittelbar aus dem „Hauptzeichen" vorgegangen werden.

388 **2. Checkliste: Unionsmarkenanmeldung**

- ☐ Wahl der „richtigen" Marke (s. vorige Checkliste).
- ☐ Kann das Prioritätsrecht einer ersten Anmeldung in Anspruch genommen werden? Für diesen Fall ist zwingend die Sechsmonatsfrist der Art. 34 UMV, Art. 4 PVÜ sowie erforderliche Kongruenz der Zeichen und der Waren/Dienstleistungen zu beachten.
- ☐ Kann der Zeitrang nationaler Marken beansprucht werden; soweit nationale Eintragungen vollständig in die Unionsmarke „eingebunden" werden können, brauchen diese später nicht weiter verlängert zu werden; erforderlich ist grundsätzlich Identität der Marken und der Waren/Dienstleistungen, für die der Zeitrang beansprucht wird; der Zeitrang kann auch noch nach Eintragung der Unionsmarke beansprucht werden.
- ☐ Die Waren/Dienstleistungen sind individuell auf die Bedürfnisse des Anmelders abzustimmen.
- ☐ Es empfiehlt sich die Abdeckung der ganzen Klasse bzw. zumindest „verwandter" Begriffe, auch wenn zunächst nur einzelne Waren oder Dienstleistungen der betreffenden Klasse von Interesse sind.
- ☐ Für die Bezeichnung und Klassifizierung der Waren und Dienstleistungen ist den Anforderungen der geänderten Bestimmung des Art. 33 UMV Rechnung zu tragen.
- ☐ Insbesondere sind die Waren und Dienstleistungen, für die Markenschutz beantragt wird, vom Anmelder so klar und eindeutig anzugeben, dass die zuständigen Behörden und die Wirtschaftsteilnehmer allein auf dieser Grundlage den beantragten Schutzumfang bestimmen können (Art. 33 Abs. 2 UMV).
- ☐ Vor der Anmeldung sind absolute Versagungsgründe zu bedenken und auszuräumen (s. Checkliste: Wahl der „richtigen" Marke).
- ☐ Zumeist ist es ratsam, vor der Anmeldung nach relativen Eintragungshindernissen zu recherchieren (s. Checkliste: Wahl der „richtigen" Marke).
- ☐ Werden Widersprüche eingelegt, sollte die (auf Antrag der Parteien verlängerbare) cooling-off-period dazu genutzt werden, mit dem Widersprechenden eine Einigung herbeizuführen und/oder das Waren-/Dienstleistungsverzeichnis auf solche Leistungen zu beschränken, die nicht Gegenstand des Widerspruches sind.
- ☐ Zeichnet sich ab, dass etwa wegen erfolgreichen Widerspruches auf Grund eines nationalen älteren Kennzeichenrechtes oder wegen fehlender Unterscheidungskraft der Marke in nur einem oder wenigen Mitgliedstaaten die Anmeldung zurückzuweisen ist, kann die Anmeldung über den Weg der Konversion unter Beibehaltung der Anmeldepriorität und etwaiger nationaler Zeitränge in den Mitgliedstaaten, in denen das Eintragungshindernis nicht besteht, in nationale Marken umgewandelt werden.

389 **3. Checkliste Widerspruchsverfahren**

- ☐ Der Widerspruch ist schriftlich (nur) beim EUIPO einzureichen; Einlegung per Telefax ist ausreichend.[1240]
- ☐ Der Widerspruch muss grundsätzlich in einer Sprache des Amtes verfasst sein.
- ☐ Die Widerspruchsfrist beträgt drei Monate gerechnet ab Veröffentlichung der Anmeldung; innerhalb der Widerspruchsfrist ist die Widerspruchsgebühr (320 Euro) zu entrichten.
- ☐ Der Widerspruch kann – auch in einer Widerspruchsschrift und bei Zahlung nur einer Gebühr – auf mehrere Kennzeichenrechte gestützt werden.
- ☐ Der Widerspruch kann auf die aus Art. 8 UMV ersichtlichen relativen Eintragungshindernisse gestützt werden, zu denen neben älteren nationalen, IR- und Unionsmarken (und -anmeldungen) auch nicht registrierte nationale Marken und durch Benutzung erworbene Kennzeichenrechte (Handelsnamen etc) von mehr als nur örtlicher Bedeutung gehören.
- ☐ Der Widerspruch muss eindeutig erkennen lassen, welche Anmeldung angefochten werden soll und auf welche älteren Rechte er sich stützt.

[1240] Inzwischen werden aber ca. 95 % aller Widersprüche unter Verwendung des elektronischen Formulars erhoben, Kur/v. Bomhard/Albrecht/Kutschke UMV Art. 46 Rn. 24.

- ☐ Im Widerspruch ist anzugeben, ob sich dieser auf Identität oder auf Verwechslungsgefahr gründet und auf welche Waren/Dienstleistungen er sich bezieht; eine ausführliche Begründung kann dann nachgereicht werden.
- ☐ Im Falle eines Rechtsüberganges ist zu beachten, dass der neue Inhaber der Unionsmarke(nanmeldung) erst ab Eintragung im Register berechtigt ist; für die Einreichung fristwahrender Schriftsätze muss zumindest der Umschreibungsantrag beim Amt gestellt sein.
- ☐ Ist die Widerspruchsmarke länger als fünf Jahre registriert, kann (und sollte) der Anmelder deren rechtserhaltende Benutzung bestreiten.
- ☐ Verfügt der Anmelder über – gegenüber der Widerspruchsmarke – ältere nationale Marken- oder sonstige Kennzeichenrechte, so sollte er daraus gegen den Widersprechenden vorgehen, um so die Widerspruchsmarke zu Fall zu bringen.
- ☐ Mit Blick auf die Regeln über verspätetes Vorbringen sollten die Parteien zügig und umfassend vortragen, und nicht etwa Informationen aus „taktischen Gründen" zurückhalten.

4. Checkliste: Verletzungs- und Verfügungsprozess 390

1. Vorüberlegungen
   - ☐ Liegt einer der Kollisionstatbestände des Art. 9 UMV vor?
   - ☐ Ist die Unionsmarke, auf die das Vorgehen gestützt wird, eingetragen?
   - ☐ Ist das Klagezeichen, soweit die Benutzungsschonfrist abgelaufen ist, rechtserhaltend benutzt worden?
   - ☐ In welchen Mitgliedstaaten sind Verletzungshandlungen aufgetreten; in welchem Mitgliedstaat ist gegebenenfalls der Schwerpunkt der Verletzungen?
   - ☐ Bei zentraler Vorbereitung und/oder Steuerung der Markenverletzung (etwa durch zentralen Vertrieb für die gesamte Union) aus einem Mitgliedstaat ist zu erwägen, zunächst nur in diesem Land gegen den Verletzer vorzugehen, so dass in solchen Fällen die Anrufung eines Unionsmarkengerichtes mit nur nationaler Kompetenz ausreichen würde; dafür kann die besondere Expertise, hohe Effizienz und/oder der Sitz des Gerichts im Heimatstaat sprechen; über eine positive Entscheidung könnte zudem ein Judiz für ein späteres Verfahren zwischen denselben Parteien vor einem Unionsmarkengericht mit unionsweiter Kompetenz geschaffen werden.
   - ☐ Vorgehen nur gegen einen oder mehrere Beklagte/Antragsgegner (Hersteller, Vertreiber, Abnehmer etc.)?
   - ☐ Welche Ansprüche sollen, bei mehreren Verletzern gegenüber wem, durchgesetzt werden?
   - ☐ Vorgehen im ordentlichen oder im summarischen Verfahren? Im letztgenannten Fall sind gegebenenfalls nationale Dringlichkeitsfristen zu beachten.
2. Hauptsacheverfahren
   - ☐ Ist die sachliche ausschließliche Zuständigkeit des anzurufenden Unionsmarkengerichts gegeben? (Art. 124 UMV)
   - ☐ Ist die internationale Zuständigkeit des anzurufenden Gerichts begründet? (Art. 125 UMV)
   - ☐ Bei mehreren sachlich und international zuständigen Gerichten sind die Möglichkeiten des forum-shopping zu eruieren; dabei ist besonderer Wert auf die Reichweite der Zuständigkeit zu richten; in den Fällen der Art. 125 Abs. 1 bis 4 UMV haben die Gerichte unionsweite Kompetenz, während die nach Art. 125 Abs. 5 UMV international zuständigen Gerichte (Verletzungsort) nur nationale Kompetenz haben (Art. 126 Abs. 1, 2 UMV).
   - ☐ Die örtliche Zuständigkeit richtet sich nach nationalem Verfahrensrecht.
   - ☐ Für die in der UMV geregelten Ansprüche, also den Unterlassungsanspruch und den Anspruch auf Entschädigung für Verletzungen zwischen Veröffentlichung der Anmeldung und Veröffentlichung der Eintragung, sind die Vorschriften der UMV anzuwenden.
   - ☐ Für alle weiteren (nicht in der UMV geregelten) Ansprüche, also auf Auskunft, weitergehenden Schadensersatz, Vernichtung, Urteilsveröffentlichung etc., kann das Unionsmarkengericht zudem ihm im jeweiligen Einzelfall zweckmäßig erscheinende Maßnahmen ergreifen oder Anordnungen treffen, die das nationale Recht (einschließlich IPR) des Mitgliedsstaats vorsieht (Art. 130 Abs. 2 UMV).

- ☐ Sind Verletzungshandlungen nur in einem Mitgliedstaat begangen worden, so ist auf die nicht in der UMV geregelten Ansprüche einheitlich das materielle Recht dieses Mitgliedstaates anzuwenden.
- ☐ Sind Verletzungshandlungen in mehreren Mitgliedstaaten aufgetreten, ist für die in der UMV nicht geregelten Ansprüche jeweils das nationale Recht anzuwenden; hier kann bei zwar auseinander fallenden Handlungs- und Erfolgsorten, jedoch einheitlichem Lebenssachverhalt nach den Regeln des IPR auf Basis des in Art. 130 Abs. 2 UMV verankerten Tatortprinzips das Recht nur eines Mitgliedstaates angewendet werden; das gleiche Ergebnis lässt sich über – die praktisch eher seltene – Rechtswahlvereinbarung oder in bestehenden Vertragsverhältnissen über die akzessorische Anknüpfung des Delikts- an das Vertragsstatut erzielen.
- ☐ Für den Beklagten ist eine Verteidigung insbesondere möglich durch:
  (1) Verneinung einer Verletzungshandlung und/oder Vorliegen der Verwechslungsgefahr,
  (2) bei verschuldensabhängigen Ansprüchen fehlendes Verschulden,
  (3) Nichtbenutzungseinrede bzw. einredeweise Geltendmachung älterer Rechte (Art. 127 Abs. 3 UMV),
  (4) Löschungswiderklage (Art. 128 UMV),
  (5) Verjährung, die (einheitlich) nach materiellem nationalen Recht zu beurteilen ist sowie
  (6) Verwirkung.

3. Verfügungsverfahren (zusätzlich zu Vorstehendem)
   - ☐ Die Dringlichkeit ist nach nationalem Verfahrensrecht zu beurteilen.
   - ☐ Die Unionsmarkengerichte sind nicht ausschließlich zuständig, so dass auch „normale" Gerichte unter Berücksichtigung lokalen Verfahrensrechtes im Verfügungsverfahren angerufen werden können, deren Entscheidungen dann nur national gelten.

2. Abschnitt. Technische Schutzrechte

§ 35 Patentrecht

Übersicht

I. Vorbemerkung

1 Erfindungen aus dem Bereich der Technik sind – sofern die entsprechenden Voraussetzungen vorliegen – mit einem **Patent** oder **Gebrauchsmuster** schützbar. Patente und Gebrauchsmuster entstehen – anders als das Urheberrecht – nicht bereits mit der Schöpfung des Werkes, sondern durch einen Verwaltungsakt. Beide Schutzrechte können nur durch eine Anmeldung, also auf Antrag, entstehen. Während das Gebrauchsmuster ohne vorherige Prüfung auf Schutzfähigkeit **eingetragen** wird, kann das Patent erst nach Bestehen eines Prüfungsverfahrens **erteilt werden.** Mit dem neuen europäischen Patent mit einheitlicher Wirkung („Einheitspatent")[1] setzt sich eine Entwicklung fort, in der nationale Kompetenzen zunehmend durch solche der Europäischen Ge-

[1] Hierbei handelt es sich um ein vom Europäischen Patentamt nach den Vorschriften und Verfahren des EPÜ erteiltes europäischen Patent, dem auf Antrag des Patentinhabers einheitliche Wirkung für das Hoheitsgebiet derjenigen 25 Mitgliedstaaten verliehen wird, die an der verstärkten Zusammenarbeit teilnehmen.

meinschaft überlagert werden. Die Möglichkeit eines klassischen europäischen Patents, das nach lediglich einem einheitlichen Erteilungsverfahren in viele, nationale, dort selbstständige Patente zerfällt, bleibt daneben jedoch weiterhin bestehen. Ebenso ist die „Internationale Patentanmeldung" nach dem PCT nur eine Vorstufe für separate nationale/regionale Patentanmeldungen. Die nachfolgenden Ausführungen betreffen somit nicht nur beim Deutschen Patent- und Markenamt angemeldete und dort erteilte Patente, sondern auch solche, die über das vorgeschaltete Verfahren nach dem PCT oder über ein europäisches Anmelde- und Erteilungsverfahren zu einem deutschen Patent geführt haben.

Die Ausführungen zu den Schutzvoraussetzungen gelten darüber hinaus auch weitgehend für das an anderer Stelle behandelte Gebrauchsmuster (siehe → § 41). Auf die Besonderheiten wird an dortiger Stelle eingegangen. Dasselbe trifft auch für die nachfolgenden Ausführungen zum Schutzumfang eines Patentes zu. Auch diese gelten weitestgehend für den Schutzbereich eines Gebrauchsmusters. Auf gebrauchsmustertypische Besonderheiten wird an anderer Stelle eingegangen. 2

II. Allgemeines

1. Schutzvoraussetzungen

a) **Technischer Charakter.** Die Erfindung muss technischen Charakter haben.[2] Damit sind alle andersartigen Leistungen des Menschen ausgegrenzt. Der BGH definiert den Begriff der Technik:[3] Technisch ist eine Lehre zum planmäßigen Handeln unter Einsatz beherrschbarer Naturkräfte zur Erreichung eines kausal übersehbaren Erfolgs, der ohne Zwischenschaltung menschlicher Verstandestätigkeit die unmittelbare Folge des Einsatzes beherrschbarer Naturkräfte ist. 3

Die Abgrenzung erfolgt allerdings nicht auf rein naturwissenschaftlicher Basis.[4] Der Begriff der Technik muss im Patentrecht vielmehr dynamisch verstanden[5] also auch weiter entwickelt werden.[6] Nach der neueren Rechtsprechung des BGH[7] ist über die Frage der Technizität auf Grund einer Gesamtbetrachtung des Anmeldungsgegenstandes individuell wertend zu entscheiden.[8] Insofern sind Lehren, die sowohl technisch als auch nicht technischen Inhalt haben aber vom Patent-/Gebrauchsmusterschutz nicht ausgeschlossen, da die gesetzliche Ausschlussbestimmung nicht die Kombination der dort genannten Tatbestände ausnimmt.[9] 4

Diese Kombination findet sich häufig bei **computerbezogenen Erfindungen.** Durch die heutige Omnipräsenz der Computertechnik in allen Lebensbereichen geschieht es regelmäßig, dass von den Patentämtern Patentansprüche zu prüfen sind, die neben prägenden technischen Merkmalen auch nicht – technische Merkmale aufweisen. Eine engere Auslegung des § 1 Abs. 2 PatG bei der Frage, ob eine Erfindung überhaupt patentierbar ist, wäre darum nicht zeitgemäß. 5

Computerbezogene Erfindungen sind also dem Patent-/Gebrauchsmusterschutz zugänglich. So steht es etwa der Patentierfähigkeit einer Erfindung nicht entgegen, dass der Beitrag der Erfindung zum Stand der Technik ausschließlich in der Bereitstellung mathematischer Regeln zur Herbeiführung eines technischen Erfolges liegt.[10] Ebenso wenig muss eine **untechnische Wirkung** zwangsweise schädlich sein. Jedenfalls dann nicht, wenn das untechnische Resultat das Ergebnis einer technischen Lehre ist.[11] Wirkungen können auf geschmacklichem, ästhetischem, betriebswirtschaftlichem, kaufmännisch-organisatorischem, medizinischem oder pädagogischem Gebiet liegen. Die sich dabei zwangsweise ergebenden Grenzfälle werden in der Regel pragmatisch gelöst.[12] Der Gegenstand des Patentanspruchs in seiner **Gesamtheit** muss unter Ein- 6

---

[2] BGHZ 115, 23 – Chinesische Schriftzeichen; BGHZ 143, 255 – Logiverifikation; BGH Urt. v. 29.11.2016 – X ZR 90/14, BeckRS 2016, 116743 – Technizität elektronischer Datenverarbeitung.
[3] BGH GRUR 1980, 849 – Antiblockiersystem.
[4] BGH GRUR 2000, 1007 – Sprachanalyseeinrichtung.
[5] Vgl. auch Engels/Morawek GRUR 2011, 561; Hössle Mitt. 2000, 343.
[6] Ausführlich in Nack, Die patentierbare Erfindung unter sich wandelnden Bedingungen von Wissenschaft und Technologie, Schriftenreihe zum gewerblichen Rechtsschutz, Bd. 121, 2002.
[7] BGH, GRUR 2009, 479 – Steuerungseinrichtung für Untersuchungsmodalitäten.
[8] BGH GRUR 1992, 430 – Tauchcomputer.
[9] Vgl. § 1 Abs. 2 PatG.
[10] BGH GRUR 1996, 66 – Viterbi-Algorithmus.
[11] BGHZ 185, 214 – Dynamische Dokumentengenerierung.
[12] Anders GRUR 2004, 461 – Erfindungsgegenstand mit technischen und nichttechnischen Merkmalen.

schluss der nichttechnischen Merkmale zur Ermittlung des technischen Beitrags berücksichtigt werden.[13] Ledigliche Angaben zu einem mathematischen Verfahren ohne Angabe einer Lösung eines konkreten technischen Problems sind jedoch nicht technisch.[14] Ein Computerprogramm als solches wird aber nicht schon dadurch patentierbar, dass es in einer auf einem herkömmlichen Datenträger gespeicherten Form zum Patent angemeldet wird.[15] Ebensowenig können ergonomische Erwägungen als konkrete technische Problemstellung angesehen werden.[16]

7 Weder nach deutschem noch nach europäischem Patentrecht können etwa Geschäftsmethoden patentiert werden. Es fehlt an der erforderlichen „Technizität".[17] Als nichttechnisch werden beispielsweise die besondere Gestaltung eines Wett- oder Wahlscheins,[18] die Aufteilung der Spalten eines Buchungsblatts,[19] die Einteilung der Felder eines Brettspiels durch Färbung, Markierung, Linien,[20] die Ersetzung von Erläuterungen an einem Gerät mittels Buchstaben und Zahlen durch andere Symbole, nämlich Messkurven, auch wenn dies eine Mechanisierung bewirkt,[21] auf einen Textilstoff aufgedruckte Schnittmusterlinien, auch für den Fall eines fotoelektrisch gesteuerten maschinellen Zuschnitts des Stoffs,[22] die Lehre auf einem Schnittmuster zum Zuschneiden von Stoffteilen für Kleidungsstücke innerhalb der Umrisslinien ein besonderes Raster vorzusehen,[23] eine besondere Einfärbung von Zigarettenpapier[24] oder die farbliche Hervorhebung eines besonders zu handhabenden Teils eines Gebrauchsgegenstands[25] angesehen.

8 **b) Auslegung des Patentanspruchs.** Die Prüfung der Patentfähigkeit erfordert zunächst eine Auslegung des Patentanspruchs, bei der dessen Sinngehalt in seiner Gesamtheit und der Beitrag, den die einzelnen Merkmale zum Leistungsergebnis der Erfindung liefern, zu bestimmen sind.[26] Dabei ist Grundlage der Auslegung allein die Patentschrift. Bei Widersprüchen zwischen Patentanspruch und Beschreibung ist davon auszugehen, dass Anspruch und Beschreibung als aufeinander bezogene Teile eines sinnvollen Ganzen zu sehen sind.[27]

9 Der Sinngehalt eines Merkmals ist mit Blick darauf zu ermitteln, was mit dem Merkmal aus der Sicht des Fachmanns im Hinblick auf die Erfindung erreicht werden soll. Dabei können der allgemeine wie auch der übliche fachliche Sprachgebrauch Anhaltspunkte für das Verständnis des Fachmanns geben. Mit Rücksicht darauf, dass Begriffe in einer Patentbeschreibung abweichend vom allgemeinen Sprachgebrauch benutzt werden können, ist letztlich aber der sich aus dem Gesamtzusammenhang der Patentschrift ergebende Begriffsinhalt maßgeblich. Für einen Rückgriff auf den allgemeinen Sprachgebrauch ist umso weniger Raum, je mehr der Inhalt der Patentschrift auf ein abweichendes Verständnis hindeutet.[28]

10 Soweit es die Heranziehung der Beschreibung in ihrer Gesamtheit für die Anspruchsauslegung betrifft, ist grundsätzlich ein Verständnis des Anspruchs angezeigt, das im Einklang mit den Erläuterungen in der Beschreibung insgesamt steht. Nur wenn und soweit sich daraus ein Verständnis des Anspruchs ergeben würde, das eindeutig nicht dem entsprechen kann, was unter Schutz gestellt werden soll, ist der Schluss gerechtfertigt, dass aus Teilen der Beschreibung keine Schlussfolgerungen in Bezug auf den geschützten Gegenstand gezogen werden dürfen. Eine Auslegung des Patentanspruchs, die zur Folge hätte, dass keines der in der Patentschrift geschilderten Ausführungsbeispiele vom Gegenstand des Patents erfasst würde, kommt nur dann in Betracht, wenn andere Auslegungsmöglichkeiten, die zumindest zur Einbeziehung eines Teils der Ausführungsbeispiele führen, zwingend ausscheiden oder wenn sich aus dem Patentanspruch hinreichend deutliche Anhaltspunkte dafür entnehmen lassen, dass tatsächlich etwas beansprucht

---

[13] BPatG GRUR 2002, 791 – Elektronischer Zahlungsverkehr.
[14] BPatG GRUR 2003, 139 – Fuzzy Clustering.
[15] BGH GRUR 2002, 143 – Suche fehlerhafter Zeichenketten.
[16] Siehe dazu BPatG GRUR 2007, 613 – Bedienoberfläche; BPatG Beschl. v. 23.9.2010 – 17 W (pat) 47/06, BecksRS 2010, 26166.
[17] Busse/Keukenschrijver PatG PatG § 1 Rn. 10.
[18] BGH GRUR 1958, 602 – Wettschein.
[19] BGH GRUR 1975, 549 – Buchungsblatt.
[20] BPatG GRUR 1965, 85.
[21] BPatG GRUR 1964, 258.
[22] BPatGE 10, 55.
[23] BPatG 23.1.1976 5 W (pat) 26/75.
[24] BPatG 30.1.1969 5 W (pat) 74/68.
[25] BPatGE 10, 246.
[26] BGH GRUR 2010, 858 – Crimpwerkzeug III.
[27] BGH GRUR 2015, 875 – Rotorelemente; BGH GRUR 2011, 701 – Okklusionsvorrichtung.
[28] BGH GRUR 1999, 909 (911 f.) - Spannschraube.

wird, das so weitgehend von der Beschreibung abweicht.[29] Gleiche Begriffe haben im Zusammenhang eines Patentanspruchs im Zweifel auch dieselbe Bedeutung.[30]

c) Patentierungsausschlüsse. Vom Gesetz werden insbesondere ausdrücklich ausgeschlossen: 11

- Entdeckungen sowie wissenschaftliche Theorien und mathematische Methoden;
- ästhetische Formschöpfungen;
- Pläne, Regeln und Verfahren für gedankliche Tätigkeit, für Spiele oder für geschäftliche Tätigkeiten sowie Programme für Datenverarbeitungsanlagen;[31]
- die Wiedergabe von Informationen.[32]

Die vorstehende, wörtlich dem Gesetzestext entnommene Aufzählung gibt wegen der Formulierung „insbesondere“ nur beispielhaft die Gegenstände und Tätigkeiten an, die nicht als Erfindung angesehen werden sollen. Als nicht abschließender Katalog ist deshalb der Gegenschluss, dass alles, was nicht in § 1 Abs. 2 PatG erwähnt ist, patentfähig wäre, nicht zulässig.[33] § 1 Abs. 3 PatG schränkt den Ausschluss auf die in Abs. 2 und 3 genannten ästhetischen Formschöpfungen bzw. Pläne, Regeln und Verfahren für gedankliche Tätigkeiten, für Spiele oder für geschäftliche Tätigkeiten sowie Programme für Datenverarbeitungsanlagen auf Gegenstände und Tätigkeiten **„als solche“** ein. Es ist also durchaus möglich, die **„Anwendung“** einer Entdeckung einer mathematischen Methode,[34] eines Programms für Datenverarbeitungsanlagen, etc. patentiert zu bekommen, sofern auch die Anforderungen an eine Lehre zum technischen Handeln vorliegen.[35] Nach § 1a PatG ist ferner – unter anderem – der menschliche Körper in den einzelnen Phasen seiner Entstehung und Entwicklung, einschließlich der Keimzellen, sowie die bloße Entdeckung eines seiner Bestandteile, einschließlich der Sequenz oder Teilsequenz eines Gens, nicht patentierbar. Weiter sind auch solche Erfindungen vom Patentschutz ausgeschlossen, deren gewerbliche Verwertung gegen die öffentliche Ordnung oder guten Sitten verstoßen würde (§ 2 PatG), etwa die Verwendung von menschlichen Embryonen zu industriellen oder kommerziellen Zwecken,[36] ebenso Pflanzensorten und Tierrassen, Therapie- und Diagnoseverfahren und Züchtungsverfahren (§ 2a Abs. 1 Nr. 1 PatG). Auch Verfahren zur chirurgischen oder therapeutischen Behandlung des menschlichen oder tierischen Körpers und Diagnostizierverfahren, die am menschlichen oder tierischen Körper vorgenommen werden, sind vom Patentschutz ausgeschlossen (§ 2a Abs. 1 Nr. 2 PatG).[37] Nicht ausgeschlossen sind aber chemische Stoffe zum Zwecke der Behandlung einer Krankheit und deren Verwendung[38], einschließlich der Herstellung derartiger Stoffe bzw. deren Bereitstellung, wie Formulierung, Konfektionierung und Verpackung, die der ärztlichen Anwendung vorausgehen. Dies gilt auch für Zwischenprodukte.[39] Die Ausnahmevorschrift ist nicht auf die Verwendung medizinisch genutzter Vorrichtungen anwendbar.[40] 12

d) Ausführbarkeit. Die Erfindung muss ausführbar sein. Die Erfindung darf zum einen nicht gegen die anerkannten physikalischen Gesetze verstoßen (zB Perpetuum mobile), die Erfindung muss zum anderen so deutlich und vollständig offenbart sein, dass ein Fachmann sie ausführen kann.[41] Fehlende Ausführbarkeit ist ein Mangel der Anmeldung. Die Lehre muss im Zeitpunkt der Anmeldung von einem Fachmann umgesetzt werden können. Dabei muss die Lehre so **vollständig** sein, dass der Fachmann sie, ohne selbst erfinderisch tätig zu werden, nacharbeiten kann. Dem Durchschnittsfachmann brauchen aber nicht so genaue Angaben offenbart zu werden, dass er sofort und ohne jeglichen Fehlschlag zum erfindungsgemäßen Ziel kommt.[42] Eine ausreichende Offenbarung ist auch dann noch gegeben, wenn zur praktischen Ausführung der Erfin- 13

[29] BGH GRUR 2015, 159 – Zugriffsrechte; BGH GRUR 2015, 868 – Polymerschaum II.
[30] BGH GRUR 2017, 152 – Zungenbett.
[31] BGH GRUR 2011, 610 – Webseitenanzeige; BGH GRUR 2011, 125 – Wiedergabe topografischer Informationen; BGH GRUR 2015, 660 – Bildstrom; BGH GRUR 2015, 1184 – Entsperrbild.
[32] Vgl. BGH GRUR 2015, 660 – Bildstrom.
[33] BPatG GRUR 1987, 800.
[34] BGH GRUR 2015, 983 – Flugzeugzustand.
[35] Busse/Keukenschrijver PatG § 1 Rn. 32; beispielsweise die Lehre zur Nutzung einer Entdeckung zur Herbeiführung eines bestimmten Erfolgs BGH GRUR 2016, 475.
[36] BGH GRUR 2013, 272 – Neurale Vorläuferzellen II.
[37] S. dazu BPatG Beschl. v. 26.1.2010 – 21 W (pat) 36/06 – BeckRS 2010, 12036; vgl. dazu Schulte/Moufang PatG § 2a Rn. 65 ff.
[38] § 2a Abs. 1 Nr. 2 PatG.
[39] BGHZ 1951, 378 – Disiloxan.
[40] BPatG GRUR-RS 2020, 35046.
[41] BGH GRUR 1966, 249 – Suppenrezept.
[42] RG GRUR 1942, 256.

dung Versuche erforderlich sind.[43] Die in der Anmeldung offenbarte Lehre muss aber zumindest die grobe Lösungsrichtung vorgeben. Es ist unzulässig, wenn sich die Anmeldung auf eine bloße Aufgabenstellung beschränkt oder das technische Ergebnis mit den angegebenen Mitteln nicht erzielbar ist.[44] Dies kann insbesondere in der Praxis dann der Fall sein, wenn die Patentanmeldung ausschließlich die Vorteile und besonderen Eigenschaften der Erfindung nennt, diejenigen technischen Mittel aber verschweigt, mit denen die Eigenschaften erreicht werden sollen. Ob die Erfindung so deutlich und vollständig offenbart ist, dass der Fachmann sie ausführen kann, ist eine Rechtsfrage. Die Ausführbarkeit der in einem Patentanspruch umschriebenen technischen Lehre und die Erreichbarkeit der ihr in der Beschreibung zugeschriebenen Vorteile sind nicht gleichzusetzen.[45]

14 e) **Gewerbliche Anwendbarkeit.** Die Erfindung muss ferner gewerblich anwendbar sein (§ 5 PatG). Dies ist der Fall, wenn die Erfindung ihrer Art nach geeignet ist, entweder in einem technischen Gewerbebetrieb hergestellt zu werden oder technische Verwendung in einem Gewerbe zu finden.[46] Hier reicht die reine Möglichkeit der Herstellung oder Benutzung auf irgendeinem gewerblichen Gebiet aus. Parallele, nicht gewerbliche Anwendungsmöglichkeiten sind unschädlich.[47]

15 f) **Neuheit.** Eine Erfindung muss gegenüber dem Stand der Technik neu sein. Der Begriff der **Neuheit** (§ 3 PatG) ist absolut. Eine **patentfähige** Erfindung muss also gegenüber allen technischen Lehren neu sein, die irgendwann vor der Anmeldung irgendwo in irgendeiner Weise der Öffentlichkeit zugänglich gemacht worden sind. Es kommt also der gesamte, durch schriftliche oder mündliche Beschreibung, durch Benutzung oder in sonstiger Weise der Öffentlichkeit bekannt gewordene Stand der Technik in Betracht.[48]

16 Eine Erfindung ist nicht schon dann als neu im Sinne des § 3 PatG zu beurteilen, nur weil sich aus bereits bekannten Tatsachen neue Erkenntnisse ergeben. So wird etwa ein bereits bekanntes Erzeugnis nicht dadurch neu, wenn mittels eines speziellen Messverfahrens weitere Eigenschaften festzustellen sind.[49] Im Streitfall hat der Fachmann bei der Beurteilung der Neuheit in einer Entgegenhaltung nur die Ausführungsformen „mitzulesen“, die individualisiert offenbart sind.[50]

Praxistipp:

Neuheitsschädliche Vorveröffentlichungen sind auch alle Demonstrationen der eigenen Erfindung. Dies trifft insbesondere auch für wissenschaftliche Veröffentlichungen im In- und Ausland zu. Es gilt deshalb der Grundsatz: Erst anmelden, dann zeigen.

17 Für eine deutsche Patentanmeldung oder für den deutschen Anteil eines europäischen Patentes ist darüber hinaus auch der Inhalt einer für die Bundesrepublik Deutschland angemeldeten Patentanmeldung neuheitsschädlich, deren Zeitrang vor dem Zeitrang der zu prüfenden Patentanmeldung liegt, wenn sie nach dem Anmeldetag der zu prüfenden Anmeldung offengelegt worden ist.[51] Für eine europäische Patentanmeldung gilt auch der Inhalt der europäischen Patentanmeldungen, deren Anmeldetag vor dem Zeitrang der zu prüfenden Anmeldung liegt und die erst an oder nach diesem Tag veröffentlicht worden sind, zum neuheitsschädlichen Stand der Technik.[52] Auf die Sprache kommt es nicht an.[53] Eine ältere nachveröffentlichte Patentanmeldung ist bei der Neuheitsprüfung auch dann zu berücksichtigen, wenn sie nach ihrer Veröffentlichung zurückgenommen wird oder als zurückgenommen gilt.[54]

[43] BGH GRUR 1976, 213 – Brillengestelle.
[44] BGH GRUR 1965, 298 – Reaktionsmessgerät.
[45] BGH GRUR 2015, 472 – Stabilisierung der Wasserqualität.
[46] BGH PMZ 1985, 117 – Energiegerinnungsgerät.
[47] BGHZ 1968, 156 – Benzolsulfonylharnstoff.
[48] § 3 Abs. 1 PatG.
[49] BGH GRUR 1998, 1003 – Leuchtstoff; BPatG GRUR 2010, 995 – Ophtalmische Linse.
[50] BGH GRUR 2009, 382 – Olanzapin; BGH GRUR 2010, 123 – Escitalopram; BGH GRUR 2014, 758 – Proteintrennung.
[51] § 3 Abs. 2 PatG.
[52] Art. 54 Abs. 3 EPÜ.
[53] EPA GRUR Int. 1993, 161 – Verbrennungsmotor.
[54] BGH GRUR 2016, 166 – PALplus.

Öffentliche Zugänglichkeit ist dann gegeben, wenn für einen nicht begrenzten Personenkreis 18
die Möglichkeit bestanden hat, von der Existenz und dem Inhalt der neuheitsschädlichen Tatsachen eine genügende Kenntnis zu erlangen.[55] Eine auf dem Markt erhältliche Stoffzusammensetzung ist jedenfalls dann nicht neu, wenn die Zusammensetzung vom Fachmann analysiert und ohne unzumutbaren Aufwand reproduziert werden kann. Bei einer nicht ohne Weiteres identifizierbaren komplexen Zusammensetzung reicht es hierfür aus, wenn der Fachmann eine überschaubare Anzahl plausibler Hypothesen über die mögliche Beschaffenheit der Zusammensetzung entwickeln kann, von denen sich eine mit den ihm zur Verfügung stehenden Analysemöglichkeiten verifizieren lässt.[56]

Ein Angebot, das nicht an die Öffentlichkeit, sondern an einen (potenziellen) Vertragspartner 19
gerichtet ist, ist nur dann geeignet, bereits als solches beachtlichen Stand der Technik zu schaffen, wenn die Weiterverbreitung der dem Angebotsempfänger damit übermittelten Kenntnis an beliebige Dritte nach der Lebenserfahrung nahegelegen hat.[57] Dies kann, wenn das Angebot auf die Herstellung eines erst noch zu entwickelnden Gegenstands gerichtet ist, nicht ohne Weiteres angenommen werden, da sowohl auf Seiten desjenigen, der die Entwicklung vornehmen soll oder will, als auch auf Seiten seines Vertragspartners, der von der Entwicklung in irgendeiner Weise profitieren will, ein Interesse daran bestehen kann, dass das Entwicklungsprojekt nicht bekannt wird, bevor das Produkt auf den Markt gelangt.[58]

Auf den gewerblichen Charakter der Benutzungshandlung kommt es nicht an.[59] Es kommt 20
also nicht darauf an, wie vielen Personen die neuheitsschädlichen Tatsachen bekannt gemacht worden sind. Eine öffentliche Zugänglichkeit ist gegeben, wenn ein **unbegrenzter** Personenkreis die Möglichkeit der Kenntnisnahme hatte. Dies kann im Extremfall eine einzige Person sein. Es muss nach der Lebenserfahrung die nicht zu entfernte **Möglichkeit** bestanden haben, dass **beliebige Dritte** eine zuverlässige und ausreichende Kenntnis von der neuheitsschädlichen Tatsache erhalten konnten.[60] Dies kann unmittelbar erfolgen, indem ein unbegrenzter Personenkreis die neuheitsschädliche Tatsache direkt wahrnimmt. Dies kann aber auch mittelbar erfolgen, indem die Tatsache einem Einzelnen, der nicht zur Geheimhaltung verpflichtet war, zur Kenntnis gebracht worden ist und dabei die Möglichkeit bestand, dass diese Kenntnisse an beliebige Dritte weiter vordringen. Es kommt nicht darauf an, ob die Allgemeinheit und damit ein „anderer Sachverständiger" von der Vorbenutzung tatsächlich Kenntnis erlangt hatte.[61] Die Offenkundigkeit einer Vorbenutzung liegt allerdings dann nicht vor, wenn der Mitteilungsempfänger tatsächlich keine Möglichkeit zur Kenntnisnahme hatte.[62] Denn dann fehlt es gleichzeitig an der Möglichkeit, dass Dritte Kenntnis hätten erlangen können.

Relevant für die Frage der Offenkundigkeit ist auch, ob für den Mitteilungsempfänger eine 21
Pflicht zur Geheimhaltung der erlangten Kenntnis bestand.[63] Ohne Geheimhaltungspflicht oder -erwartung wird in der Regel davon ausgegangen, dass vom Mitteilenden in Kauf genommen wurde, dass jeder beliebige Dritte von der technischen Lehre Kenntnis erlangen konnte.[64] Es genügt hier bereits die Wahrscheinlichkeit einer Kenntnisnahme.[65] Eine Geheimhaltungsverpflichtung muss nicht explizit vorliegen. Für den Mitteilungsempfänger kann nach den Umständen des Einzelfalls auch eine stillschweigend vereinbarte Pflicht zur Geheimhaltung bestanden haben.[66]

Eine stillschweigende einverständliche Geheimhaltungspflicht kann anzunehmen sein, wenn 22
auf Grund eines besonderen Vertrauensverhältnisses die berechtigte Erwartung begründet ist, die Mitteilung werde vertraulich behandelt. Hat der Mitteilungsempfänger selber ein Interesse an einer Geheimhaltung oder ist dieser daran interessiert, dass die ihm unterbreiteten Vorschläge der Öffentlichkeit und der Konkurrenz nicht zugänglich werden, kann von einer stillschweigenden

[55] RGZ 1, 42; Benkard/Melullis PatG § 3 Rn. 63.
[56] BGH GRUR 2013, 51 – Gelomyrtol.
[57] BGH GRUR 2013, 367 – Messelektronik für Coriolisdurchflussmesser; BGH GRUR 2008, 885 – Schalungsteil.
[58] BGH GRUR 2015, 463 – Presszange.
[59] RG GRUR 1937, 213 – Abdeckgitter; RG GRUR 1939, 710 – Stuhlrohrgestelle; RG GRUR 1944, 125 – Stuhl; BGH GRUR 1962, 86 – Fischereifahrzeug; BGH GRUR 1956, 208 – Spitzenhandschuh; BGH GRUR 1970, 358 – Heißläuferdetektor; BGH GRUR 2002, 609 – Drahtinjektionseinrichtung.
[60] BGH GRUR 2014, 251 – Bildanzeigegerät.
[61] BGH GRUR 1962, 512 – Blitzlichtgerät.
[62] BPatG 13.4.2010 – 6 W (pat) 334/05; BecksRS 2010, 26999.
[63] BGH GRUR 2014, 251 – Bildanzeigegerät.
[64] BGH GRUR 1962, 518 – Blitzlichtgerät; BGH GRUR 1996, 747 – Lichtbogen-Plasma-Beschichtungssystem.
[65] BGH GRUR 1956, 73 – Kalifornia-Schuhe.
[66] BGH GRUR 1964, 259 – Schreibstifte.

Geheimhaltungsabrede ausgegangen werden.[67] Anhaltspunkte für eine stillschweigende Vereinbarung, die neue technische Lehre geheim zu halten, können neben der konkreten Fallgestaltung auch der Lebenserfahrung entnommen werden.[68] Der Tatumstand, dass die Mitteilungsempfänger im Wettbewerb miteinander stehen, schließt ein gemeinsames Interesse an der Geheimhaltung allerdings nicht aus.[69] Die eingehaltene Pflicht zur Verschwiegenheit begründet allerdings die Neuheit. Es ist also empfehlenswert, Dritte, denen eine Erfindung offenbart wird, durch Abgabe einer Geheimhaltungserklärung zur Geheimhaltung zu verpflichten.

23 **Formulierungsvorschlag für eine Geheimhaltungserklärung:**

X verpflichtet sich, gegenüber Y die ihm am … unterbreiteten technischen Unterlagen betreffend ein(e) Verfahren/Vorrichtung zum …, wie sie nachfolgend beschrieben/abgebildet ist, geheim zu halten, bis diese Tatsachen nachweislich anderweitig Stand der Technik geworden sind.

Praxistipp:

Bei einer versehentlichen eigenen Vorveröffentlichung der eigenen Erfindung bleibt oftmals noch die Möglichkeit des Gebrauchsmusterschutzes. Das Gebrauchsmustergesetz gewährt dem Erfinder oder seinem Rechtsnachfolger eine sechsmonatige Neuheitsschonfrist für eigene Veröffentlichungen. Die Anmeldung muss dann spätestens 6 Monate nach der ersten Veröffentlichung der Erfindung erfolgen oder eine entsprechende Priorität in Anspruch nehmen. Derartige Neuheitsschonfristen gibt es auch in verschiedenen Auslandsstaaten.

24 g) **Erfinderische Tätigkeit.** Es sind nur solche technischen Erfindungen schutzfähig, die eine gewisse Erfindungshöhe[70] besitzen. Rein handwerkliche oder konstruktive Verbesserungen des Standes der Technik sind nicht schutzfähig.[71]

25 Erst Leistungen, die sich über das Niveau der herkömmlichen Arbeitsweise eines durchschnittlichen Fachmannes heben, können durch Patent (oder Gebrauchsmuster) geschützt werden. Die für das Patent verlangte **erfinderische Tätigkeit** liegt vor, wenn sich die Erfindung für den Fachmann nicht in nahe liegender Weise aus dem Stand der Technik ergibt.

26 Die Erfindungshöhe ist ein objektiver Begriff.[72] Es kommt auf die Beurteilung des in Frage kommenden Fachmanns an und nicht auf subjektive Elemente, die bspw. in der Person des Erfinders und dessen Werdegang liegen können. Dieser **Fachmann** ist für das in Frage kommende Fachgebiet zuständig.[73] Zum Durchschnittsfachwissen dieses Fachmannes wird der gesamte diesem Fachgebiet zugehörige offenkundig gewordene Stand der Technik sowie der angrenzender Bereiche, wo ähnliche technische Lösungen zu erwarten sind, gezählt.[74] Er ist nicht der Anwender, der Interessent, der Auftraggeber und erst recht nicht der tatsächliche Erfinder.[75] Anders als bei der Neuheitsprüfung, bei der die Erfindung mit jeder Entgegenhaltung (Druckschrift) gesondert zu vergleichen ist, ist bei der Prüfung auf Erfindungshöhe aus dem Stand der Technik in **Mosaikarbeit**[76] das zu bilden, das als Ganzes der Erfindung gegenüber zu stellen ist. Ergibt die Gesamtschau des Standes der Technik, die auf einer nachträglichen, künstlichen Synthese basiert,

[67] BGH GRUR 1987, 297 – Hydraulischer Kettenbandantrieb; BGH GRUR 1966, 484 – Pfennigabsatz; BGH GRUR 1995, 178 – Heizpressplatte.
[68] Benkard/Ullmann PatG § 3 Rn. 68.
[69] BPatG MittdtschPatAnw. 1997, 230.
[70] § 4 PatG.
[71] BPatG GRUR 2010, 995 – Ophtalmische Linse.
[72] RG GRUR 1939, 892; EPA GRUR Int. 1983, 650.
[73] RG MittdtschPatAnw 1932, 178 – Bügelstromabnehmer; BGH GRUR 1959, 532 – elektromagnetische Rühreinrichtung.
[74] Vgl. BGH GRUR 1962, 290 – Brieftaubenreisekabine 01; BGH 1963/64, 172 – Hüftgelenkprothese 01; BGH GRUR 1965, 138 (141) – Polymerisationsbeschleuniger; BGH GRUR 1965, 473 – Dauerwellen I; BPatGE 38, 250 = PMZ 1998, 87; BGH 26.2.2002 – X ZR 204/98; BGH Mitt. 2003, 116 – Rührwerk; vgl. auch BPatGE 37, 228; BPatGE 9.10.1997 13 W (pat) 44/97; BPatG 11.12.1997 2 Ni 54/96 (EU).
[75] EPA GRUR Int. 1983, 650 – Metallveredelung.
[76] BGH GRUR 1953, 120 – Rohrschelle.

dass der Fachmann von hieraus allein mit fachüblichen Überlegungen zu der angemeldeten Erfindung kommen kann, so beruht sie nicht auf einer erfinderischen Tätigkeit.[77]

Eine Erfindung war dann nicht nahe liegend, wenn deren Hervorbringen nur unter Zuhilfenahme des Fachwissens[78] und eventuell einiger Versuche zum Anmeldetag (Prioritätstag) nicht möglich gewesen wäre. Die Betrachtung ist hier qualitativ zu führen und nicht quantitativ. Nicht die Anzahl der Einzelschritte, die zur Hervorbringung der Erfindung nötig sind, ist entscheidend, sondern die Höhe eines oder mehrerer einzelner Schritte. So ist insbesondere zu prüfen, ob der Fachmann bei einer aus einer Vielzahl von Schritten bestehenden Erfindung **Veranlassung**[79] hatte, diese zu vollziehen. 27

Die Fähigkeit des Fachmanns zur erfindungsgemäßen Lösung ist zwar notwendige, aber nicht hinreichende Bedingung des Naheliegens; entscheidend ist die Anregung oder Veranlassung zu einer solchen Lösung.[80] Eine derartige Veranlassung kann bspw. fehlen, wenn eine von der Erfindung gelöste objektive Aufgabenstellung bisher nie aufgestellt wurde. Auch die Wahl einer bestimmten Entgegenhaltung oder Vorbenutzung als Ausgangspunkt für die Lösung eines technischen Problems bedarf grundsätzlich der Rechtfertigung.[81] Eine **rückschauende Betrachtungsweise** ist dabei unzulässig.[82] Weitere Hilfskriterien[83] für das Vorliegen von Erfindungshöhe können ein durch die Erfindung erreichter überraschender Effekt, eine deutliche Verbilligung, eine Vielzahl von Vorteilen oder eine lange Zeit der Stagnation des Standes der Technik vor der Erfindung[84] sein. Ein sich durch die Erfindung ergebender überraschender Effekt kann aber dann kein Indiz für das Nichtnaheliegen sein, wenn die Merkmalskombination als solche dem Fachmann durch den Stand der Technik nahegelegt ist.[85] 28

Die patentamtliche Prüfung beurteilt die Erfindungshöhe aber vielfach unter quantitativen Gesichtspunkten: In dem Sinne, dass die Kombination mindestens dreier Druckschriften ein Indiz eines Nichtnaheliegens ist. 29

2. Kategorien

Patente können für **Erzeugnisse** und für **Verfahren** erteilt werden. Für die Einordnung einer Erfindung in die Kategorie Erzeugnis- oder Verfahrensschutz ist in erster Linie der objektive Inhalt der Erfindung maßgebend. Es steht dem Anmelder aber weitestgehend frei, (im Erteilungsverfahren) nach Art und Umfang der offenbarten Lehre jeweils eine oder auch beide Kategorien zu wählen. Wesentlich ist, wie sich der Inhalt nach dem sachlichen Offenbarungsgehalt der Anmeldungsunterlagen darstellt. 30

Der Anmelder ist grundsätzlich nicht auf die Wahl einer einzigen Kategorie beschränkt, wenn die Erfindung Schutz für mehrere Kategorien ermöglicht. Der Anmelder kann also beispielsweise in einer Anmeldung nicht nur eine neue Vorrichtung beanspruchen, auf der ein neues Verfahren zur Fertigung eines neuen Produktes ausgeführt wird. Diese Anmeldung kann neben ein oder mehreren Vorrichtungsansprüchen auch ein oder mehrere auf das Verfahren und auf das Verfahrensprodukt gerichtete Ansprüche haben. Zulässigkeitsvoraussetzung ist aber die **Einheitlichkeit.**[86] Alle nebengeordneten, also selbstständigen Ansprüche müssen durch das Band eines gemeinsamen Erfindungsgedankens verbunden sein. 31

a) **Erzeugnispatente.** Erzeugnisse können sein: Vorrichtungen, Stoffe, Sachen, Halbfabrikate, Zwischenprodukte, Gemische, Mittel aus verschiedenen Bestandteilen. Der Gegenstand eines Erzeugnispatentes kann auf eine bestimmte **Art der Herstellung** der geschützten Sache beschränkt werden. Patentansprüche für eine derartige Mischform von Erzeugnis- und Verfahrensschutz kommen insbesondere als „product-by-process"-Ansprüche in Betracht.[87] 32

---

[77] RG GRUR 1938, 969 – Schwungradmagnet.
[78] BGH GRUR 1978, 38 – Börsenbügel.
[79] BGH GRUR 2012, 479 – Transhydrogenase; BGH GRUR 2012, 475, Elektronenstrahltherapiesystem; BGH GRUR 2015, 352 – Quetiapin; 9, 746 – Betrieb einer Sicherheitseinrichtung.
[80] BGH GRUR 2009, 746 – Betrieb einer Sicherheitseinrichtung.
[81] BGH GRUR 2009, 382 – Olanzapin; BGH GRUR 2009, 1039 – Fischbissanzeiger, BGH GRUR 2017, 148 – Opto-Bauelement.
[82] RG GRUR 1941, 466.
[83] BGH GRUR 2010, 44 – Dreinahtschlauchfolienbeutel.
[84] BGH GRUR 2010, 992 – Ziehmaschinenzugeinheit II.
[85] BGH GRUR 2003, 317 – Kosmetisches Sonnenschutzmittel.
[86] BGH GRUR 1958, 389 – Kranportal; BGH GRUR 1971, 512 – Isomerisierung; BGH GRUR 1979, 461 – Farbbildröhre; BGH GRUR 1979, 540 – Tabelliermappe.
[87] BGH GRUR 1960, 483 – Polsterformkörper.

33 Zweck-, Wirkungs- und Funktionsangaben sind bei einem Sachpatent dem Verständnis der Erfindung dienende Erläuterungen. Sie dienen einer mittelbaren Beschreibung der räumlich-körperlichen Ausgestaltung von Vorrichtungsteilen. Bei Vorrichtungsansprüchen sind derartige **Wirkungsangaben** oft unvermeidbar, um einzelne konstruktive Elemente in einen durchschaubaren Sinnzusammenhang zu bringen.[88]

34 **Sachpatente** beziehen sich auf bewegliche oder unbewegliche körperliche Gegenstände mit bestimmten Eigenschaften. Das **Stoffpatent** ist ein Sachpatent auf dem Gebiet der Chemie. Es s tellt einen neuen chemischen Stoff unter Schutz. Da der Stoffschutz absolut ist, ist die – durchaus praktizierte – Gewährung von Schutz für in der Natur vorkommende und naturidentische Stoffe, insbesondere für Gensequenzen, problematisch.[89] Patentierbar sind grundsätzlich auch **Zwischenprodukte, Strukturteile** chemischer Stoffe sowie chemische **Stoffgruppen.**[90] Im Hinblick auf die erforderliche Nacharbeitbarkeit ist hier die Angabe eines Herstellungsverfahrens für einen neuen Stoff erforderlich. Arbeitsmittel zur Durchführung von Herstellungs- oder Arbeitsverfahren werden als **Vorrichtungen** oder Einrichtungen geschützt.

35 b) **Verfahrenspatente.** In dieser Kategorie werden unterschieden: Herstellungsverfahren, Arbeitsverfahren und Anwendungsverfahren. **Herstellungsverfahren** sind gekennzeichnet durch eine Einwirkung auf ein Ausgangsmaterial zum Zwecke seiner Veränderung oder der Hervorbringung eines vom Ausgangsmaterial unterschiedlichen Erzeugnisses. Die Einwirkung kann mechanisch, physikalisch oder chemisch erfolgen. Das Herstellungsverfahren kann eine Änderung der äußeren Gestalt oder der inneren Beschaffenheit bewirken. Beispiele sind: schmieden, pressen, ziehen, stanzen, fräsen, schweißen, schmelzen, sintern.[91]

36 **Arbeitsverfahren** sind gekennzeichnet durch die Einwirkung auf ein Ausgangsmaterial zur Erreichung eines bestimmten Arbeitszieles, ohne dass dabei ein Erzeugnis hervorgebracht oder das Ausgangsmaterial verändert würde. Beispiele dafür sind: fördern, ordnen, zählen, reinigen, messen.[92]

37 c) **Verwendungspatente.** Patente, die eine neue Verwendung einer Vorrichtung oder eines Verfahrens betreffen, fallen als Anwendungsverfahren in die Kategorie Verfahrenspatente. Eine Verwendungserfindung lehrt eine neue Wirkung, Funktion, einen Zweck oder Effekt. Dieser Effekt begründet oder begrenzt den Patentschutz.[93] Obwohl sich der Verwendungsschutz sowohl als Verfahrensschutz als auch als eingeschränkter Sachschutz begreifen lässt, wird er als **Verfahrensanspruch** angesehen, weil er auf den zweckgerichteten Einsatz einer Sache zu der geschützten Verwendung gerichtet ist. (Er ist also dem Gebrauchsmusterschutz nicht zugänglich.)[94]

3. Schutzumfang

38 Die Wirkung eines Patentes[95] erstreckt sich grundsätzlich nur auf gewerbliche Zwecke.[96] Handlungen, die im privaten Bereich vorgenommen werden,[97] sind ebenso patentfrei wie Handlungen zu Versuchszwecken, die sich auf den Gegenstand der patentierten Erfindung beziehen.[98] Vom Patentschutz ist ferner die unmittelbare Einzelzubereitung von Arzneimitteln in Apotheken auf Grund ärztlicher Verordnung[99] ausgeschlossen.

39 Das Patent verleiht dem Patentinhaber ein positives Benutzungsrecht,[100] welches allerdings dort seine Grenzen hat, wo die Benutzung in die Rechte anderer, älterer Schutzrechte eingreift. Es handelt sich dann um ein **abhängiges Patent.** Das Benutzungsrecht kann dann nur mit Zu-

---

88 BGH GRUR 1991, 436 – Befestigungsvorrichtung II; BGH GRUR 2018, 1128 – Gurtstraffer; GRUR 2020, 159 – Lenkergetriebe; BPatG GRUR-RS 2021, 38105 – Mehrschichtiges Trägerelement.
89 Siehe hierzu auch Busse/Keukenschrijver PatG § 1 Rn. 89 und dortige Verweise auf GH Den Haag B/E 2001, 440, der einen disclaimer für erforderlich hält.
90 BGH GRUR 1976, 697.
91 Schulte/Moufang PatG § 1 Rn. 252.
92 Schulte/Moufang PatG § 1 Rn. 255.
93 Siehe BGH GRUR 2016, 361 – Fugenband.
94 Busse/Keukenschrijver PatG § 1 Rn. 109.
95 § 9 PatG.
96 § 11 PatG.
97 § 11 Nr. 1 PatG.
98 § 11 Nr. 2 PatG.
99 § 11 Nr. 3 PatG.
100 RG GRUR 1936, 42 – Reißverschluss.

stimmung des Inhabers des älteren Patentes ausgeübt werden.[101] Gleichwohl behält der Inhaber des jüngeren Patentes sein Verbietungsrecht auch gegenüber dem Inhaber des älteren Patentes.[102] Die Abhängigkeit ist auch kein Grund zur Versagung des jüngeren Patentes oder ein Widerrufsgrund, weshalb die Abhängigkeit als solche vom DPMA auch nicht geprüft wird.[103]

a) **Erzeugnispatente.** Das Erzeugnispatent hat die Wirkung, dass jedem Dritten verboten ist, ein Erzeugnis, das Gegenstand des Patentes ist, herzustellen, anzubieten, in Verkehr zu bringen oder zu gebrauchen oder zu den genannten Zwecken entweder einzuführen oder zu besitzen.[104] 40

Erzeugnispatente genießen absoluten Schutz, unabhängig von der Art ihrer Herstellung. Das Erzeugnis ist für alle Zwecke geschützt. Zweckangaben im Anspruch entfalten keine beschränkende Wirkung.[105] Der Schutzbereich erfasst insbesondere alle neuen Brauchbarkeiten, auch wenn sie vom Erfinder nicht erkannt wurden. In den Schutzbereich fallen auch solche Ausführungsformen, die von der geschützten Lehre Gebrauch machen und zugleich eine erfinderische weitere Ausgestaltung verwirklichen. Ein darauf erteiltes Schutzrecht ist ein abhängiges Patent. 41

b) **Verfahrenspatente.** Ein Verfahrenspatent gewährt für das beschriebene Verfahren einen absoluten Schutz. Jedem Dritten ist es verboten, das Verfahren, das Gegenstand des Patentes ist, anzuwenden oder, wenn der Dritte weiß oder es auf Grund der Umstände offensichtlich ist, dass die Anwendung des Verfahrens ohne Zustimmung des Patentinhabers verboten ist, zur Anwendung im Geltungsbereich dieses Gesetzes anzubieten.[106] 42

Durch ein Verfahren, das Gegenstand eines Patentes ist, wird auch das unmittelbar mit dem Verfahren hergestellte Erzeugnis unter Schutz gestellt.[107] Es darf nicht in den Verkehr gebracht, gebraucht oder zu den genannten Zwecken eingeführt oder besessen werden. Der **Erzeugnisschutz** entfällt für Arbeitsverfahren, da diese kein Erzeugnis hervorbringen. 43

c) **Verwendungspatente.** Verwendungspatente stellen eine bestimmte Verwendung eines Erzeugnisses unter Schutz. Der Inhaber eines Verwendungspatentes kann Dritten die geschützte Art und Weise der Anwendung des Erzeugnisses untersagen. Die Herstellung des Erzeugnisses bleibt aber frei. 44

d) **Wortsinngemäße Patentverletzung.** Der **Gegenstand des Patentes** wird durch den Inhalt der Ansprüche bestimmt.[108] Der Anspruch ist auslegungsfähig. Hierzu sind Inhalt von Beschreibung und Ansprüchen heranzuziehen.[109] Inhalt bedeutet nicht Wortlaut, sondern Sachgehalt bzw. Sinngehalt.[110] Deren Ermittlung erfolgt aus dem Blickwinkel des die Beschreibung und die Zeichnungen beurteilenden Durchschnittsfachmannes. Die in den Ansprüchen verwendeten Begriffe sind daher nicht wörtlich, sondern zweckorientiert auszulegen. Die Patentschrift bildet gleichsam das Lexikon, mittels welchem der Sinngehalt der im Anspruch verwendeten Begriffe zu ermitteln ist.[111] Sind in einer Verletzungsform alle Merkmale des Anspruches entsprechend ihrem Sinngehalt vorhanden, so spricht man von einer **wortlaut- oder wortsinngemäßen** Patentverletzung. 45

e) **Äquivalente Patentverletzung.** Die Auslegungsfähigkeit der Patentansprüche führt dazu, dass nicht nur die unter den Wortlaut fallenden Handlungen dem Patentinhaber vorbehalten sind. Bei der Bestimmung des Schutzbereiches sind das Interesse des Schutzrechtsinhabers an einer angemessenen Belohnung und das Interesse der Allgemeinheit an freier wirtschaftlicher Betätigung auszugleichen; von besonderer Bedeutung ist der Gesichtspunkt der Rechtssicherheit, der für die Beteiligten möglichst klare und vorhersehbare Verhältnisse verlangt.[112] Werden ein oder mehrere Merkmale des Anspruches mit anderen Mitteln bei der Verletzungsform verwirklicht, 46

[101] RGZ 33, 149; RG GRUR 1940, 550.
[102] BGH GRUR 1996, 109 – klinische Versuche.
[103] BGH GRUR 1964, 606 – Förderband.
[104] § 9 S. 2 Nr. 1 PatG.
[105] BGH GRUR 1991, 436 – Befestigungsvorrichtung II.
[106] § 9 S. 2 Nr. 2 PatG.
[107] § 9 S. 2 Nr. 3 PatG.
[108] § 14 S. 1 PatG.
[109] § 14 S. 2 PatG.
[110] BGH GRUR 1989, 903 – Batteriekastenschnur.
[111] BGH MittdtschPatAnw 1999, 304 – Spannschraube.
[112] Busse/Keukenschrijver/Werner PatG § 14 Rn. 9.

kann **Äquivalenz** vorliegen. Die Lehre von den Gleichwerten, die Äquivalenz, ist das Handwerkszeug des Verletzungsrichters, mit welchem er die angegriffene Ausführungsform am Schutzbereich des Klagepatentes zu messen hat. Die Äquivalenzlehre lässt erkennen, ob der über den genauen Wortlaut der Patentansprüche hinaus reichende Schutzrechtsinhalt die besondere Gestaltung der Ausführungsform erfasst. Die Lehre von den Gleichwerten überträgt die Auslegung des Patents auf den konkreten Verletzungsfall. Es greift eine vergleichende Betrachtung Platz. Bei der Äquivalenz wird das Augenmerk auf die Funktion der Lösungsmittel des Patents und der angegriffenen Ausführungsform gerichtet.[113] Voraussetzung der Äquivalenz ist,

1. dass die Mittel das der Erfindung zugrundeliegende Problem mit zwar abgewandelten, aber objektiv **gleichwirkenden** Mitteln löst, (technische Gleichwirkung),
2. seine Fachkenntnisse den Fachmann befähigen, die abgewandelten Mittel als gleichwirkend **aufzufinden** (Naheliegen),
3. wobei die Überlegungen, die der Fachmann anstellen muss, derart am Sinngehalt der im Patentanspruch unter Schutz gestellten technischen Lehre orientiert sein müssen, dass der Fachmann die abweichende Ausführung mit ihren abgewandelten Mitteln als der gegenständlichen **gleichwertige** Lösung in Betracht zieht (Gleichwertigkeit).

47 Wesentlich ist somit nicht nur, dass die vom Wortsinn abweichend verwendeten Mittel **technisch gleichwirkend** sind.[114] Der Fachmann muss diese Merkmale auch aus den Patentansprüchen unter Heranziehung von Beschreibung und Zeichnungen auf der Grundlage seines Fachwissens **auffinden** können und als **gleichwertig**[115] in Betracht ziehen. Die technische Gleichwirkung zwischen dem im Anspruch genannten Lösungsmerkmal und dem verwendeten Austauschmittel ist objektiv zu ermitteln. Beide müssen in der technischen Funktion übereinstimmen und dadurch gleiche Wirkung erzielen. Es ist zu prüfen, ob mit dem ausgetauschten Lösungsmittel das im Patent angegebene Problem in erheblichem Maße gelöst wird.

48 Die bloße Übereinstimmung im Lösungsergebnis reicht aber nicht aus. Das Austauschmittel muss aus den Ansprüchen unter Heranziehung von Beschreibung und Zeichnung auffindbar sein. Zu prüfen ist, ob der für das Fachgebiet einschlägige Durchschnittsfachmann diese Mittel auf Grundlage seines Fachwissens, also ohne erfinderisches Dazutun, auffinden konnte. Auch Zahlenangaben und Maßangaben sind der Auslegung fähig. Solche Angaben sind im Gesamtzusammenhang des Patentanspruchs zu verstehen, wobei auch hier zur Erläuterung dieses Zusammenhanges Beschreibung und Zeichnungen heranzuziehen sind.[116] Es handelt sich dabei um einen mit durchschnittlichen Kenntnissen und Fähigkeiten ausgestatteten Fachmann, der sein Fachgebiet praktisch und theoretisch übersieht. Im Prozess bedarf das Verständnis des Fachmannes oftmals des Beweises.

49 Besondere Bedeutung kommt der Frage der Äquivalenz von nach dem Prioritätszeitpunkt bekannt gewordenen oder entwickelten technischen Mitteln zu. Die Frage, ob es für die Äquivalenzfrage lediglich auf das Erkenntnisvermögen des Fachmanns zum Zeitpunkt der Verletzungshandlung ankommt oder auf seine Kenntnisse zum Prioritätszeitpunkt, wurde bislang durch die Rechtsprechung noch nicht gesichert beantwortet.[117]

50 Dem Patentverletzer steht der Einwand zu, dass die angegriffene Ausführungsform sich in naheliegender Weise aus dem Stand der Technik ergibt (Formstein-Einwand).[118] Diese Prüfung hat unter den gleichen (zeitlichen) Bedingungen durchgeführt zu werden, wie die Prüfung des Klagepatentes auf Patentfähigkeit. Mit dem Einwand des **freien Standes der Technik** beruft sich der Verletzer darauf, dass sein Verhalten schon vor der Anmeldung des Patentes zum Gemeingut der Technik gehört habe. Dieser Einwand kommt nur für äquivalente Verletzungshandlungen in Betracht, da das Verletzungsgericht an den Wortlaut des erteilten Patentes gebunden ist, der bei einer wortlautgemäßen Patentverletzung durch den Verletzungsgegenstand verwirklicht wird.[119]

---

[113] Benkard/Ullmann PatG § 14 Rn. 120; BGH GRUR 1969, 534 – Skistiefelverschluss; BGH GRUR 1976, 1988 – Ski-Absatzbefestigung.

[114] BGH GRUR 2012, 1122 – Palettenbehälter III; BGH GRUR 2015, 361 – Kochgefäß.

[115] BGH GRUR 2002, 515 – Schneidmesser I; BGH GRUR 2002, 519 – Schneidmesser II; BGH GRUR 2002, 527 – Custodiol II; BGH GRUR 2011, 313 – Crimpwerkzeug IV; BGH GRUR 2011, 701, Okklusionsvorrichtung; BGH GRUR 2016, 921 – Pemetrexed; BGH GRUR 2016, 1254 – V-förmige Führungsanordnung.

[116] BGH GRUR 2002, 515 – Schneidmesser I.

[117] Ausführliche Diskussion in Benkard/Ullmann PatG § 14 Rn. 134.

[118] BGH GRUR 1986, 803 – Formstein.

[119] BGH GRUR 1997, 454 – Kabeldurchführung I; BGH GRUR 1999, 914 – Kontaktfederblock.

f) **Mittelbare Patentverletzung.** Eine rechtswidrige mittelbare Benutzung eines Patentes liegt vor, wenn von dritter Seite Mittel angeboten oder geliefert werden, die sich auf ein wesentliches Element der Erfindung beziehen.[120] Grundsätzlich reicht hierfür die Eignung, mit einem oder mehreren Merkmalen des Patentanspruchs bei der Verwirklichung des geschützten Erfindungsgedankens funktional zusammenzuwirken.[121] Der § 10 PatG erfasst nur **Tathandlungen im Inland.** Angebote oder Lieferungen aus dem Ausland ins Inland werden aber vom § 10 PatG gleichwohl miterfasst.[122] Voraussetzung ist, dass der Anbietende oder Liefernde weiß oder es auf Grund der Umstände offensichtlich ist, dass diese Mittel dazu **geeignet** und **bestimmt** sind, für die Benutzung der Erfindung verwendet zu werden.[123] Eine unmittelbare Verletzung des Patentes durch den Dritten ist nicht erforderlich.[124] Der Tatbestand der mittelbaren Patentverletzung kann vom Täter nur durch das Anbieten oder Liefern des Mittels verwirklicht werden. Das Herstellen, Gebrauchen oder Besitzen dieser Mittel ist dagegen frei. Grundsätzlich erstreckt sich der Schutz nur auf solche Mittel, die eine besondere Beziehung zur patentierten Erfindung aufweisen, nämlich ein wesentliches Element der Erfindung darstellen. Diese **Mittel** sind zunächst körperliche Gegenstände, also Einzelteile einer geschützten Gesamtvorrichtung.[125] **Mittel** kann aber auch eine Vorrichtung zur Durchführung eines geschützten Verfahrens oder ein Hilfsmittel für ein solches Verfahren sein.[126] Das bedeutet aber nicht, dass das Mittel selbst einen erfinderischen Abstand gegenüber dem Stand der Technik besitzen muss. Es braucht nicht einmal neu zu sein, wenngleich das Anbieten und Liefern solcher Mittel frei ist, bei denen es sich um allgemein im Handel erhältliche Erzeugnisse handelt. Äquivalente Benutzung der Erfindung kann grundsätzlich ausreichen, jedoch bedarf hier das Vorliegen der subjektiven Voraussetzungen besonders genauer Prüfung. Im Einzelnen ist einiges strittig.[127] 51

g) **Persönliches Vorbenutzungsrecht.** Die Wirkung eines Patentes oder Gebrauchsmusters tritt gegen den nicht ein, der zur Zeit der Anmeldung bereits im Inland die Erfindung in Benutzung genommen oder die dazu erforderlichen Veranstaltungen getroffen hatte.[128] Ein Tatbestandsmerkmal des persönlichen Vorbenutzungsrecht ist einerseits der **Erfindungsbesitz.**[129] Eine Vorbenutzung kann nur von demjenigen vorgenommen werden, der auch im Besitz der Erfindung war. Die Erfindung muss vor dem Anmeldetag fertig gewesen sein. Deshalb erwirbt derjenige kein Vorbenutzungsrecht, der erst Versuche zur Erlangung des Erfindungsbesitzes anstellt oder ohne subjektive Erkenntnis des Erfindungsgedankens gehandelt hat. Weiteres Tatbestandsmerkmal des Vorbenutzungsrechtes ist die **Benutzungsaufnahme.** Es genügt bspw. das Feilhalten. Alternativ dazu reichen Maßnahmen aus, die bestimmungsgemäß der Ausführung der Erfindung dienen und den ernstlichen Willen einer alsbaldigen Benutzung der Erfindung erkennen lassen.[130] Lediglich **Versuche** sind keine geeigneten Veranstaltungen zur Begründung eines Vorbenutzungsrechtes.[131] So sind insbesondere alle solchen Handlungen untauglich, die erst Klarheit darüber schaffen sollen, ob die Erfindung auch gewerblich genutzt werden kann und soll. Allerdings sind die Herstellung von Werkstattzeichnungen oder die Anfertigung von Modellen in der Regel ausreichende Veranstaltungen zur Benutzungsaufnahme.[132] Ein Vorbenutzungsrecht kann auch erlöschen, bspw. durch Betriebsaufgabe.[133] Dem Vorbenutzer sind jedoch Weiterentwicklungen, die in den Gegenstand der im Patent unter 52

---

[120] § 10 PatG.
[121] BGH GRUR 2004, 758 – Flügelradzähler; BGH GRUR 2012, 1230 – MPEG-2-Videosignalcodierung; BGH GRUR 2015, 467 – Audiosignalcodierung.
[122] Busse/Keukenschrijver/Werner PatG § 10 Rn. 6.
[123] BGH GRUR 2016, 257 – Glasfasern II.
[124] BGH GRUR 2001, 228 – Luftheizgerät.
[125] BGH GRUR 2001, 228 – Luftheizgerät.
[126] Vgl. LG Düsseldorf GRUR Int. 1989, 695; Mes § 10 Rn. 11; hinsichtlich Verfahren und Hilfsmitteln König MittdtschPatAnw 2000, 10; nach LG Düsseldorf InstGE 1, 26 (32) auch digital aufbereitete Daten; vgl. Kühnen Kap. A. Rn. 489.
[127] Busse/Keukenschrijver/Werner PatG § 10 Rn. 19.
[128] § 12 PatG.
[129] RG GRUR 1929, 220 – farbige Papierbahnen I; BGH GRUR 1960, 546 – Bierhahn; BGH GRUR 1964, 496 – Formsand II; BGH GRUR 1996, 35 – Europareise; BGH GRUR 2012, 895 – Desmopressin.
[130] RG Bl. 1904, 362 – Kugelmühle.
[131] RG GRUR 1925, 156.
[132] RG GRUR 1925, 156.
[133] BGH GRUR 1965, 4 II – Lacktränkeeinrichtung.

Schutz gestellten Erfindung eingreifen, verwehrt.[134] Das Vorbenutzungsrecht ist zusammen mit einem Betrieb oder einem Betriebsteil übertragbar.[135]

III. Anmelde-/Erteilungsverfahren

1. Anmeldung

53 a) **Anmelder.** Anmelder[136] einer Patentanmeldung kann jede natürliche oder juristische Person sein.

54 Der Anmelder gilt für die sachliche Prüfung der Patentfähigkeit im Verfahren vor dem DPMA als Berechtigter.[137] Wird die Erfindung von einem Nichtberechtigten angemeldet, kann der Berechtigte verlangen, dass ihm der Anspruch auf Erteilung des Patentes abgetreten wird.[138] Mehrere Anmelder können zusammen anmelden. Sie sind dann notwendige Streitgenossen. Sie können nur einen einheitlichen Erteilungsantrag stellen.[139] Das hat zur Konsequenz, dass eine Patentanmeldung vom DPMA zurückgewiesen wird, wenn von den Anmeldern abweichende Anträge gestellt werden, selbst wenn jeder Antrag für sich gewährbar wäre.[140] Wer nur Miterfinder ist, darf nicht ohne weiteres allein anmelden. Wenn die Rechte an der Erfindung den Miterfindern in Bruchteilsgemeinschaft zustehen, ist die Anmeldung zum Patent durch einen Miterfinder jedenfalls dann nicht als notwendige Maßnahme zur Erhaltung des Gegenstands gerechtfertig, wenn der Anmelder die Anmeldung nur im eigenen Namen vornimmt.[141]

Praxistipp:

Bei der Mandatsannahme ist daher sorgfältig darauf zu achten, ob die Mitanmelder eventuell unterschiedliche Interessen haben könnten. In jedem Fall ist es von Vorteil, in derartigen Fällen vorab vertraglich zu klären, wie im Falle eines nicht einheitlichen Willens verfahren werden soll.

55 b) **Erfinder.** Der oder die bei einer Patentanmeldung zu benennenden **Erfinder**[142] müssen natürliche Personen sein. Die Erfinder müssen innerhalb von 15 Monaten nach dem Anmeldetag bzw. Prioritätstag dem Deutschen Patent- und Markenamt gegenüber genannt werden.[143] Sind Anmelder und Erfinder nicht personenidentisch, so ist dem DPMA zusätzlich anzugeben, wie das Recht auf den Anmelder übergegangen ist.[144] Nach außen hin tritt nur der Name des Erfinders in Erscheinung, sofern er keinen Antrag auf Nichtnennung stellt.[145]

56 c) **Anmeldung.** *aa) Gebühr.* Mit der Anmeldung ist eine Gebühr zu bezahlen. Sie beträgt für eine deutsche Patentanmeldung EUR 60,– bei Anmeldung in Papierform[146] oder bei elektronischer Anmeldung EUR 40,–.[147]

57 *bb) Form.* Eine Patentanmeldung ist beim Deutschen Patent- und Markenamt in München oder bei der Dienststelle in Jena oder Berlin anzumelden. Eine Einreichung kann auch über ein hierzu befugtes Patentinformationszentrum erfolgen.[148] Aktuelle Informationen über die Patentinformationszentren sind über das Deutsche Patent- und Markenamt in München zu erhalten. Die Anmeldung muss zwar schriftlich, aber nicht notwendigerweise in deutscher Sprache ab-

[134] BGH GRUR 2002, 231 – Biegevorrichtung.
[135] BGH GRUR 2012, 1010 – Nabenschaltung III.
[136] § 34 Abs. 3 Nr. 1 PatG.
[137] § 7 Abs. 1 PatG.
[138] § 8 PatG.
[139] Vgl. Moufang/Schulte PatG § 34 Rn. 16.
[140] PA MittdtschPatAnw 34, 326.
[141] BGH GRUR 2016, 1257 – Beschichtungsverfahren.
[142] § 37 PatG.
[143] § 37 Abs. 1 S. 1 PatG.
[144] § 37 Abs. 1 S. 2 PatG.
[145] § 63 Abs. 1 S. 3 PatG.
[146] 311.000 PatKostG.
[147] 311.100 PatKostG.
[148] § 35 Abs. 1 Nr. 2 PatG.

gefasst werden. Ist die Anmeldung ganz oder teilweise nicht in deutscher Sprache abgefasst, so hat der Anmelder eine deutsche Übersetzung innerhalb einer Frist von drei Monaten nach Einreichung der Anmeldung nachzureichen.[149] Sie muss von einem Patentanwalt oder Rechtsanwalt beglaubigt oder von einem öffentlich bestellten Übersetzer angefertigt sein.[150] Die **Anmeldung** muss enthalten:[151]

- Den Namen des Anmelders;
- einen Antrag auf Erteilung bzw. Eintragung;
- mindestens einen Schutzanspruch;
- eine Beschreibung der Erfindung und,
- sofern zweckdienlich: Zeichnungen.

Durch den **Patentanspruch** soll die Tragweite des Schutzbegehrens zum Ausdruck gebracht werden. Der Patentanspruch ist nicht nur Grundlage für die Beurteilung der Patentfähigkeit. Er legt auch den Schutzumfang des Patentes fest. Vorschriften über die Formulierung der Patentansprüche sind dem § 9 der PatV zu entnehmen: Der Hauptanspruch ist der erste Patentanspruch. Er gibt in Form von technischen Merkmalen eine eindeutige Definition des Schutzbegehrens an. Er muss aus sich heraus für die Allgemeinheit verständlich sein. In ihm dürfen nur solche Angaben aufgenommen werden, die geeignet sind, das Schutzbegehren zu beschreiben. Er muss die für die Erfindung notwendigen Merkmale klar und knapp gefasst enthalten. Da der Schutzbereich durch jedes in den Anspruch aufgenommene Merkmal beschränkt wird, sollten dort nur die notwendigen Merkmale in möglichst allgemeiner Form angegeben werden. In einem späteren Verletzungsverfahren kann sich der Patentinhaber nämlich nicht darauf berufen, dass seine Erfindung eigentlich einen weitergehenden Schutz genießt, wenn dieser im Erteilungsverfahren nicht beantragt war.[152] Oftmals kann die Angabe eines Prinzips genügen, wenn die konkreten Mittel dem Fachmann geläufig oder in der Beschreibung erwähnt sind. Es reicht aus, wenn die Angaben, die der Fachmann zur Ausführung der geschützten Erfindung benötigt, sich aus dem Inhalt der Patentschrift insgesamt ergeben.[153] 58

Auf einen Hauptanspruch können ein oder mehrere darauf zurückbezogene Patentansprüche (Unteransprüche) folgen, die besondere Ausführungsarten der Erfindung enthalten. Unteransprüche können sowohl rein Zweckmäßiges als auch etwas Erfinderisches enthalten. Die Unteransprüche müssen die gleiche Kategorie des Hauptanspruchs haben.[154] 59

Enthält die Anmeldung gegenüber der im Hauptanspruch niedergelegten Erfindung selbstständige Lösungen, so können diese in zum Hauptanspruch nebengeordneten Ansprüchen niedergelegt werden. Solche Nebenansprüche sind zulässig, wenn die darin angegebene Erfindung zum Hauptanspruch **einheitlich** ist.[155] Nebengeordnete Ansprüche müssen deshalb durch das einigende Band einer allgemeinen erfinderischen Idee zusammengehalten werden.[156] Ist das von der Erfindung gelöste Problem bekannt, so müssen die in einer Anmeldung enthaltenen Lösungen unter sich auf demselben Lösungsprinzip beruhen.[157] Ist das Problem als solches neu, so können mehrere selbstständige Lösungen in einer Anmeldung behandelt werden.[158] Ein Nebenanspruch kann einer anderen Patentkategorie als der Hauptanspruch angehören. So kann neben einer Sache oder einem Stoff auch ein Herstellungsverfahren oder eine Vorrichtung zur Herstellung der Sache oder des Stoffes beansprucht werden. Zulässig ist auch, neben einem Verfahren die Vorrichtung zu seiner Ausführung zu beanspruchen.[159] 60

Haupt- und Nebenansprüche können einteilig oder zweiteilig abgefasst werden. Die Wahl der Anspruchsfassung unterliegt Zweckmäßigkeitsgesichtspunkten.[160] Herkömmlich üblich ist die **zweiteilige** Fassung. Diese besteht aus einem **Oberbegriff,** in welchem die aus dem Stand der Technik bekannten Merkmale aufzunehmen sind, und dem **kennzeichnenden Teil,** in welchem die neuen Merkmale aufzunehmen sind. 61

[149] § 35a Abs. 1 PatG.
[150] § 14 Abs. 1 PatV.
[151] § 34 PatG.
[152] BGH GRUR 1992, 305 – Heliumeinspeisung.
[153] BGH GRUR 2003, 223 – Kupplungsvorrichtung II.
[154] Vgl. Moufang/Schulte PatG § 34 Rn. 178.
[155] § 34 Abs. 5 PatG.
[156] § 9 Abs. 5 S. 1 PatV.
[157] BGH GRUR 1979, 461 – Farbbildröhre.
[158] BGH GRUR 1971, 512 – Isomerisierung.
[159] Vgl. Busse/Keukenschrijver PatG § 34 Rn. 104
[160] § 9 PatV.

Beispiel einer zweiteiligen Fassung:
Vorrichtung zum Transport von Personen mit an einem Rahmen befestigten, hintereinanderliegenden Rädern, wobei eines der Räder um eine Lenkachse schwenkbar ist, **dadurch gekennzeichnet,** dass der Rahmen eine Trapezform besitzt.

Beispiel einer einteiligen Fassung:
1. Vorrichtung zum Transport von Personen,
2. mit an einem Rahmen befestigten Rädern,
3. welche hintereinander liegen,
4. wobei die Drehachse des einen Rades um eine Lenkachse schwenkbar ist und
5. wobei der Rahmen eine Trapezform aufweist.

62 Die formalen Anforderungen an die **Beschreibung** macht § 10 PatV. Demnach muss die Beschreibung so abgefasst sein, dass das sich aus dem Schutzrecht ergebende Ausschlussrecht für die Allgemeinheit so klar und eindeutig wie möglich definiert ist. Die Beschreibung muss ferner mit den Ansprüchen übereinstimmen. Hingegen ist nicht der strenge Maßstab des Art. 84 EPÜ anzulegen, demzufolge Patentansprüche deutlich und knapp gefasst sein müssen.[161] Gegenstand von Ansprüchen kann nur das sein, was auch beschrieben ist. Andererseits kann die Beschreibung aber auch etwas enthalten, was nicht beansprucht ist. Die Beschreibung beginnt mit der Angabe dessen, was aus dem Stand der Technik bekannt ist. Aus dem Stand der Technik entwickelt die Beschreibung die Aufgabe und gibt das Problem an, das der Erfindung zugrunde liegt. Dann folgt die Darstellung der Erfindung, also die technische Lösung des Problems, für das in den Ansprüchen Schutz begehrt wird. Daran schließt sich eine Darlegung der vorteilhaften Wirkungen der Erfindung unter Bezugnahme auf den bisherigen Stand der Technik an. Weitere Ausgestaltungen der Erfindung gemäß den Unteransprüchen werden dann abgehandelt. Auch hier können die vorteilhaften Wirkungen dargelegt werden. Schließlich erfolgt die konstruktive Beschreibung mindestens eines Weges zur Ausführung der beanspruchten Erfindung im Einzelnen. Die Beschreibung erfolgt anhand von Ausführungsbeispielen unter Bezugnahme auf Zeichnungen. Der Bezug auf die in den Zeichnungen wiedergegebenen technischen Elemente erfolgt unter Verwendung von Bezugszeichen. Diese Bezugszeichen sind auch in den Ansprüchen zu verwenden. Da die Beschreibung die Quelle für die Auslegung der Ansprüche ist,[162] ist sorgfältig drauf zu achten, dass einerseits alle wesentlichen Merkmale der Ansprüche dort behandelt werden und andererseits die Beschreibung aber auch Raum zur Auslegung des Schutzbereiches bietet. Vorteilsangaben können hier sowohl Vor- als auch Nachteile bringen.[163]

63 Die **Zeichnung** ist als Sprache des Technikers wesentliches Offenbarungsmittel für die Merkmale der Erfindung. Zeichnungen sind bildliche Darstellungen, die technische Tatbestände unter weitgehendem Verzicht auf die Mittel der Sprache abstrakt wiedergeben. Worte werden in den Zeichnungen daher nur dort aufgenommen, wo sie zu deren Lesbarkeit erforderlich sind. Ansonsten erfolgt die Verbindung zwischen Ansprüchen, Beschreibung und Zeichnung über die Bezugszeichen. Die formalen Anforderungen an die Gestaltung der Zeichnungen regelt § 12 PatV iVm Anlage 2 PatV.

64 *cc) Anmeldetag.* Die Anmeldung erhält mit dem Eingang beim DPMA den **Anmeldetag.** Er ist unveränderbar und kennzeichnet den für die Beurteilung der Schutzfähigkeit relevanten Altersrang. Das Deutsche Patent- und Marken Amt kann jedoch einen Fall der Verschiebung des Anmeldetages als gegeben ansehen, etwa auf Grund nachgereichter Zeichnungen, nach § 35 Abs. 2 S. 2, III PatG. Dies jedoch muss es dem Anmelder mitteilen. Es ist jedoch unzulässig, dass das DPMA durch Beschluss den Anmeldetag isoliert festsetzt und damit gesondert über den Anmeldetag entscheidet.[164]

65 d) **Nachanmeldung.** Der Anmelder kann eine bereits beim DPMA angemeldete Erfindung weiterentwickeln und die vervollkommnete Erfindung unter Inanspruchnahme des Zeitranges der früheren Anmeldung beim DPMA anmelden.[165] Für eine derartige **Nachanmeldung** steht dem Anmelder eine Frist von zwölf Monaten nach dem Anmeldetag der Erstanmeldung zu. Es können die Prioritäten mehrerer beim DPMA eingereichter Patent- und Gebrauchsmusteranmel-

[161] BPatG GRUR-RS 2018, 36049.
[162] § 14 S. 2 PatG.
[163] Vgl Moufang/Schulte PatG § 34 Rn. 204 ff.
[164] BPatG BlPMZ 2008, 219 – Brennstoffe; BPatG 28.1.2010 – 10 W (pat) 30/08; Engels/Morawek GRUR 2010, 465.
[165] § 40 PatG.

dungen in Anspruch genommen werden. Voraussetzung ist die Identität der Erfindung und die Identität des Anmelders. Die Identität der Erfindung liegt vor, wenn beide Anmeldungen im Wesentlichen den gleichen Erfindungsgedanken zum Gegenstand haben. Diejenigen Merkmale der **Nachanmeldung,** die bereits in der Voranmeldung offenbart waren, genießen den Zeitrang der Voranmeldung. Vorraussetzung ist, dass die Merkmalskombination der Voranmeldung zu entnehmen ist. Einzelmerkmale können nicht in ein und demselben Patentanspruch mit unterschiedlicher Priorität miteinander kombiniert werden.[166] Ein solcher Patentanspruch hat dann die Priorität des jüngsten Merkmals.

Praxistipp:

Solange die Nachanmeldung noch möglich ist, ist sie wegen des größeren Gestaltungsraumes und wegen der sich durch den späteren Anmeldezeitpunkt ergebenden längeren Laufzeit vorzuziehen. Bis zur Erteilung kann sie gegebenenfalls geteilt werden (siehe → Rn. 75).

e) **Offenlegung.** Patentanmeldungen werden spätestens 18 Monate nach ihrem Zeitrang offengelegt.[167] Dies erfolgt in elektronischer Form auf der Internetplattform des DPMA. Die Offenlegung der Patentanmeldung dient der Unterrichtung der Öffentlichkeit. Es werden die ursprünglichen Unterlagen, also die zusammen mit dem Erteilungsantrag beim DPMA eingereichten Beschreibungen, Ansprüche und Zeichnungen offengelegt. Später eingereichte, **geänderte Unterlagen** werden nur aufgenommen, wenn sie das DPMA zulässt. Das DPMA ist nicht gehalten, alle im Sinne des § 38 PatG zulässigen Änderungen aufzunehmen.[168] Die Titelseite der Offenlegungsschrift besitzt eine Zusammenfassung nach § 36 PatG und eine zugehörige Leitfigur. Dies dient der besseren Recherche. Wenn die Anmeldung zurückgenommen oder zurückgewiesen wird, oder als zurückgenommen gilt oder das Patent erlischt, nachdem die technischen Vorbereitungen für die Veröffentlichung abgeschlossen waren, findet die Veröffentlichung trotzdem statt.[169] 66

2. Recherche/Prüfung/Erteilung

a) **Recherche.** Der Antrag auf Ermittlung der für die Beurteilung der Schutzfähigkeit in Betracht zu ziehenden öffentlichen Druckschriften[170] kann vom Inhaber der Patentanmeldung und von jedem Dritten gestellt werden. Er ist gebührenpflichtig[171] und schriftlich einzureichen. Die Stellung des Recherchenantrages hat zur Folge, dass der für das technische Sachgebiet zuständige Prüfer beim DPMA den einschlägigen Stand der Technik des relevanten Sachgebietes und technisch gleichartiger Gebiete ermittelt, damit Neuheit und erfinderische Tätigkeit beurteilt werden können. Es wird in dem Stand der Technik recherchiert, der vor dem **Anmeldetag** der Anmeldung offengelegt worden ist. Der Recherchenbericht ist eine Zusammenstellung des ermittelten Standes der Technik ohne dessen patentrechtliche Würdigung. Die Bearbeitungszeiten liegen je nach Arbeitsbelastung der zuständigen Prüfungsstelle bei wenigen Monaten bis einem Jahr. Wird der Recherchenantrag mit der Anmeldung gestellt, wird der Recherchenbericht in der Regel früher abgesetzt, damit der Anmelder das Ergebnis bei seiner Entscheidung über Nachanmeldungen (→ Rn. 79 bis 84) berücksichtigen kann. 67

Gegenstand der Recherche ist die in den Patentansprüchen angegebene Erfindung. Die Beschreibungen und die Zeichnungen sind zur Auslegung heranzuziehen. Recherchiert werden die Gegenstände sämtlicher Patentansprüche, es sei denn, sie enthalten lediglich Selbstverständlichkeiten. Bei mehreren Anspruchsfassungen ist die zuletzt eingereichte maßgebend.[172] 68

Bei der Recherche werden alle Entgegenhaltungen (schriftliche wie mündliche Beschreibungen), die für die Beurteilung von Neuheit und erfinderischer Tätigkeit allein oder in Verbindung mit anderen Druckschriften bedeutsam sind, berücksichtigt.[173] 69

---

[166] BGH GRUR 2003, 146 – Luftverteiler.
[167] § 32 iVm § 31 Abs 2 PatG.
[168] Vgl. Rudloff-Schäffer/Schulte PatG § 32 Rn. 11.
[169] § 32 Abs. 4 PatG.
[170] Recherchenantrag § 43 PatG.
[171] EUR 300,–, 311.200 PatKostG.
[172] Vgl. Rudloff-Schäffer/Schulte PatG § 43 Rn. 28.
[173] Vgl. Rudloff-Schäffer/Schulte PatG § 43 Rn. 33.

70 Eine Gewähr für die Vollständigkeit einer Recherche wird nicht übernommen.[174]

Praxistipp:

Beabsichtigt der Anmelder die deutsche Patentanmeldung lediglich zur Prioritätssicherung anzumelden, um mit Ablauf der 12-monatigen Prioritätsfrist Auslandsanmeldungen zu tätigen, so ist die Stellung des Recherchenantrages mit Einreichung der Anmeldung zu empfehlen. Der Anmelder erlangt in der Regel rechtzeitig vor Ablauf der Prioritätsfrist Kenntnis über den relevanten Stand der Technik und kann sich somit ein Bild von den Erteilungschancen seiner Patentanmeldung machen.

Nicht selten fördert die Recherche auch Schutzrechte Dritter zutage. Die Recherche ist somit auch ein Hilfsmittel, frühzeitig zu beachtende Drittschutzrechte kennenzulernen.

71 **b) Prüfung.** Der Prüfungsantrag kann nicht nur vom Anmelder, sondern auch von jedermann gestellt werden.[175] Der materiellen Prüfung geht immer eine amtsinterne Recherche voran. Die Prüfungsgebühr für eine deutsche Patentanmeldung beträgt EUR 350,–, wenn kein Antrag nach § 43 PatG (Recherchenantrag) gestellt worden ist,[176] bzw. EUR 150,–, wenn ein Recherchenantrag gestellt worden ist.[177] Das Ergebnis der spätestens sieben Jahre nach dem Anmeldetag[178] zu beantragenden Prüfung wird dem Anmelder in Form eines Bescheids[179] mitgeteilt. Anders als der Recherchenbericht umfasst der Prüfungsbescheid eine umfassende Würdigung des Standes der Technik.[180] Dem Anmelder wird innerhalb einer in der Regel 4-monatigen Frist Gelegenheit gegeben, zum Prüfungsbescheid Stellung zu nehmen.[181] Ist die in dem der Prüfung zugrundeliegenden Ansprüchen angegebene Erfindung vor den im Prüfungsbescheid genannten Druckschriften nicht patentfähig, so ist mit der Stellungnahme in der Regel eine Abgrenzung der Patentansprüche erforderlich. Dies kann durch Aufnahme von Merkmalen erfolgen, die den Unteransprüchen entnommen werden, oder, sofern sie dort als erfindungswesentlich offenbart sind, auch der Beschreibung oder den Zeichnungen.

72 Die Ergänzung oder die Änderung der Ansprüche kann jedoch nur in dem Rahmen der ursprünglichen Offenbarung erfolgen, da gemäß § 38 PatG nur solche Änderungen der Anmeldung zulässig sind, die den Gegenstand der Anmeldung nicht erweitern. Aus Änderungen, die den Gegenstand der Anmeldung erweitern, können Rechte nicht hergeleitet werden.[182] Der Begriff der Erweiterung knüpft nicht an den **Schutzbereich** gemäß § 22 Abs. 1 PatG an, weil die ursprünglichen Unterlagen keinen „Schutzbereich" festlegen.[183] Er stellt auf den **Gegenstand der Anmeldung** ab. Eine Erweiterung ist dann gegeben, wenn das Patentbegehren nachträglich auf einen Gegenstand bezogen wird, der sich für den Durchschnittsfachmann nicht ohne weiteres, dh ohne weiteres Nachdenken und ohne nähere Überlegung aus dem ursprünglichen Anmeldungsgegenstand ergibt.[184] Die Aufnahme einschränkender Merkmale stellt in der Regel keine Erweiterung, sondern eine inhaltliche Beschränkung dar.[185] Dies gilt grundsätzlich auch, wenn der ursprünglich offenbarte Gegenstand nurmehr in einem ebenfalls offenbarten, allgemeineren Zusammenhang beansprucht wird.[186] Wird ein Patent erteilt, dessen Gegenstand über den Inhalt der Anmeldung in der ursprünglich eingereichten Fassung hinausgeht, liegt der Widerrufsgrund des § 21 Abs. 1 Nr. 4 BPatG vor. Dieser Widerrufsgrund kann in einem sich ggf. an die Erteilung anschließenden Einspruch[187] oder in einem späteren Nichtigkeitsverfahren[188] geltend gemacht werden.

174 § 43 Abs. 7 PatG.
175 § 44 PatG.
176 311.400 PatKostG.
177 311.300 PatKostG.
178 § 44 Abs. 2, § 58 Abs. 3 PatG.
179 § 45 PatG.
180 BPatG GRUR 1978, 241.
181 DPA PrRl 2.5.
182 § 38 S. 2 PatG.
183 Vgl. Busse/Keukenschrijver PatG § 38 Rn. 16.
184 BGH GRUR 1978, 699 – Windschutzblech; BGH GRUR 2011, 40 – Winkelmesseinrichtung; BGH GRUR 2011, 1003 – Integrationselement; BGH GRUR 2015, 573 – Wundbehandlungsvorrichtung; BGH GRUR 2015, 875 – Rotorelemente; BGH GRUR 2015, 976 – Einspritzventil; BGH GRUR 2021, 571 – Zigarettenverpackung.
185 BGH GRUR 1999, 566 – Deckelfass.
186 Vgl. Busse/Keukenschrijver PatG § 38 Rn. 19.
187 § 59 Abs. 1 S. 3 PatG.

Wird der Prüfungsantrag mit der Anmeldung gestellt, wird der erste Prüfungsbescheid in der Regel nach acht Monaten abgesetzt. Ansonsten können die Bearbeitungszeiten je nach Belastung der Prüfungsstelle einige Jahre betragen. 73

c) Erteilung. Das Prüfungsverfahren endet mit dem amtlichen Erteilungsbeschluss (§ 49 PatG) oder mit der Zurückweisung der Anmeldung. Gegen den Zurückweisungsbeschluss ist die Beschwerde[189] möglich. Sie setzt aber eine Beschwer voraus, die bei antragsgemäßer Patenterteilung fehlt. Die Beschwerde ist also im Ergebnis nur zulässig, wenn der Erteilungsbeschluss vom Erteilungsantrag abweicht.[190] Der Erteilungsbeschluss kann auf Antrag des Anmelders bis zum Ablauf einer Frist von 15 Monaten nach dem Anmeldetag ausgesetzt werden.[191] Die Aussetzung ist sinnvoll, wenn der Anmelder eine frühzeitige Unterrichtung der Öffentlichkeit vermeiden will. 74

d) Patent. Die Erteilung des Patentes wird im Patentblatt elektronisch veröffentlicht. Gleichzeitig wird die gedruckte Patentschrift veröffentlicht.[192] Das DPMA bescheinigt dem Anmelder durch eine Urkunde die Erteilung des Patentes. Der Zeitpunkt der Veröffentlichung im Patentblatt ist maßgeblich für die Schutzentfaltung des Patentes.[193] 75

3. Teilung der Anmeldung

Das Recht, eine Patentanmeldung[194] teilen zu können, ermöglicht dem Anmelder die freie Entscheidung, ob er das Schutzbegehren in einer oder getrennt in mehreren Anmeldungen/Patenten weiterverfolgen will. Es ist jedoch unzulässig durch eine Trennanmeldung einen Gegenstand zu beanspruchen, über den in der Stammanmeldung bereits abschließend entschieden worden ist.[195] 76

a) Wirksamkeit. Die Teilung einer deutschen Patentanmeldung erfolgt durch Abgabe einer Teilungserklärung. Die Teilungserklärung ist schriftlich beim DPMA einzureichen.[196] Die Teilanmeldung muss etwas enthalten, was die Stammanmeldung nicht mehr enthält. In der Stammanmeldung muss ein nicht abgeteilter Rest verbleiben.[197] 77

Es findet keine Prüfung darauf statt, ob der Gegenstand der Patentansprüche auch durch einen ursprünglichen Offenbarungsgehalt der Teilanmeldung gedeckt ist.[198] 78

Nach der Teilung müssen für die abgetrennte Anmeldung die erforderlichen Anmeldungsunterlagen innerhalb von drei Monaten nach Eingang der Teilungserklärung beim DPMA eingereicht werden.[199] Innerhalb dieser Frist müssen auch die Gebühren für die abgetrennte Anmeldung entrichtet werden. Werden die Handlungen nicht rechtzeitig durchgeführt, so gilt die Teilungserklärung als nicht abgegeben. Der abgetrennte Teil fällt in die Stammanmeldung zurück. 79

b) Gebühr. Die Gebühren für die Teilanmeldung sind wie für jede andere Anmeldung zu zahlen. Es sind die gleichen Gebühren **nachzuentrichten,** die für die ursprüngliche Anmeldung zu entrichten waren (Anmeldegebühr, Jahresgebühren und Prüfungsgebühr). 80

4. Prioritätsrecht

Der Artikel 4 des Pariser Verbandsübereinkommens (PVÜ) gewährt allen Verbandsmitgliedern die sogenannten „Unionspriorität". Damit ist das Recht gemeint, eine in einem Unionsstaat vorschriftsmäßig hinterlegte Patentanmeldung in einem oder mehreren anderen Unionsstaaten unter Beibehaltung des Zeitranges weiterzuführen. Als vorschriftsmäßige Hinterlegung gilt jede Patentanmeldung oder Gebrauchsmusteranmeldung, die die innerstaatlichen Rechtsvorschriften erfüllt. Die Ausübung des Prioritätsrechtes ermöglicht dem deutschen Anmelder einerseits, eine eventuell 81

188 § 22 PatG.
189 § 73 Abs. 1 PatG.
190 Vgl. Busse/Keukenschrijver PatG § 49 Rn. 26.
191 § 49 Abs. 2 PatG.
192 § 58 PatG.
193 § 58 Abs. 1 S. 3 PatG.
194 § 39 PatG.
195 BGH GRUR 2000, 688 – Graustufenbild; BPatG BeckRS 2010, 29410.
196 Wird die Teilungserklärung während eines laufenden Beschwerdeverfahrens abgegeben, ist die Bestimmung des richtigen Adressaten für die Teilungserklärung problematisch. Vorsorglich sollte diese daher sowohl beim BPatG als auch beim DPMA abgegeben werden. S. näher hierzu Buriánek GRUR-Prax 2020, 66.
197 BGH PMZ 1998, 515 – Informationsträger.
198 BPatGE 51, 271 – Winkelmesseinrichtung; Engels/Morawek GRUR 2011, 571.
199 § 39 Abs. 3 PatG.

frühere im Ausland getätigte Anmeldung in Deutschland weiterzuführen, und andererseits, eine deutsche Erstanmeldung im Ausland weiterzuführen.

82 a) **Ausländische Priorität.** Der Anmelder kann nicht nur innerhalb der 12-Monatsfrist nach Anmeldetag einer Erstanmeldung[200] eine nationale Nachanmeldung einreichen.[201] Ihm steht auch das Recht zu, den Zeitpunkt einer ausländischen Anmeldung zu beanspruchen, wenn das Erstanmeldungsland dem PVÜ angehört. Voraussetzung ist Identität der Erfindung und des Anmelders. Der Anmelder hat innerhalb von zwei Monaten nach dem Anmeldetag Zeit und Land der früheren Anmeldung anzugeben. Nach Aufforderung des DPMA hat er innerhalb von zwei Monaten auch das Aktenzeichen der früheren ausländischen Anmeldung anzugeben. Wird die Anmeldung nicht in deutscher Sprache eingereicht, so muss innerhalb von drei Monaten eine deutsche Übersetzung nachgereicht werden.[202] Im Falle einer Einreichung in englischer oder französischer Sprache verlängert sich die Frist auf zwölf Monate.[203] Wird keine Übersetzung eingereicht, gilt die Anmeldung als zurückgenommen.[204] Trotz des in § 35a I 1 PatG festgesetztem Übersetzungserfordernisses ist es unschädlich für die Anmeldung, wenn der übersetzte Text englischsprachige Ausdrücke enthält, sofern diese auf dem einschlägigen Fachgebiet allgemein anerkannt sind.[205]

83 b) **Auslandsanmeldungen.** Der Zeitrang einer nationalen deutschen Erstanmeldung kann auch für Auslandsanmeldungen in Anspruch genommen werden. Voraussetzung ist dabei, dass der Auslandsstaat Mitglied des PVÜ ist.

84 *aa) Nationale Anmeldungen.* Nationale Auslandsanmeldungen erfolgen nach den Bestimmungen des jeweiligen Staates. In einigen Staaten (bspw. USA) kann die Prioritätsfrist auch durch Einreichung einer vorläufigen deutschsprachigen Anmeldung erfolgen, die dann alsbald in die Amtssprache übersetzt werden muss. In der Regel erfordern die nationalen Bestimmungen aber die Einreichung der Anmeldungsunterlagen in der Landessprache, so dass eine rechtzeitige Übersetzung erforderlich ist.

85 *bb) Europäische Patentanmeldung.* Das Prioritätsrecht kann insbesondere für eine europäische Anmeldung in Anspruch genommen werden.[206] Eine derartige europäische Nach-Anmeldung kann auch die Bundesrepublik Deutschland mit umfassen. Die Erteilung eines europäischen Patentes für die Bundesrepublik Deutschland hat dann aber zur Folge, dass das nationale deutsche Patent in dem Umfang, in dem es dieselbe Erfindung wie das europäische Patent schützt, keine Wirkung mehr entfaltet. Die Ausnutzung der vollen 12-Monatsfrist hat zur Folge, dass Patentschutz für insgesamt 21 Jahre ab dem Zeitpunkt der Erstanmeldung möglich ist. 16 Monate nach dem Prioritätstag ist das Aktenzeichen anzugeben, und es ist eine Abschrift der früheren Anmeldung einzureichen. Die europäische Patentanmeldung kann in einer der drei Amtssprachen (deutsch, englisch, französisch) eingereicht werden.

86 *cc) PCT-Anmeldungen.* Das Prioritätsrecht kann auch für eine internationale Patent- oder Gebrauchsmusteranmeldung nach dem PCT (Vertrag über die internationale Zusammenarbeit auf dem Gebiet des Patentwesens) in Anspruch genommen werden (→ § 40).

IV. Einspruch

1. Allgemeines

87 Gegen vom Deutschen Patent- und Markenamt erteilte Patente kann von jedermann Einspruch[207] eingelegt werden. Mit Ausnahme des Patentinhabers kann jeder Dritte Einsprechender sein. Das Einspruchsverfahren ist ein der Erteilung nachgeschalteter Popularrechtsbehelf. Da auch im Einspruchsverfahren der amtliche Untersuchungsgrundsatz[208] gilt, ist das Patentamt

[200] BGH GRUR Int 1960, 509 – Schiffslenkerverschluss.
[201] § 41 PatG.
[202] § 35a Abs. 1 S. 1 PatG.
[203] § 35a Abs. 2 PatG.
[204] § 35a Abs. 1 S. 2 PatG.
[205] BPatG 4.12.2008 – 10 W (pat) 40/08; Schell/Schulte § 126 Rn. 8 mwN.
[206] ABl. 1981, 213 J 15/80.
[207] § 59 PatG.
[208] § 59 Abs 5 PatG iVm § 46 PatG.

innerhalb der von den Parteien gestellten Anträge nicht auf das Vorbringen der Parteien beschränkt. Insbesondere kann das Patentamt eigenständig den Sachverhalt erforschen. Der Umfang der Prüfungsbefugnis im Einspruchsverfahren wird durch den Einspruch zumindest für die erste Instanz (grundsätzlich DPMA-Patentabteilung, übergangsweise Beschwerdesenat des Bundespatentgerichtes) nicht beschränkt. Diese kann vielmehr nach pflichtgemäßem Ermessen andere Widerrufs- oder Einspruchsgründe zusätzlich oder anstelle der geltend Gemachten prüfen.[209] Das Verfahren wird von Amts wegen auch ohne den Einsprechenden fortgesetzt, wenn der Einspruch zurückgenommen wird.[210] Das Versäumnis der Einspruchsfrist ist ebensowenig wie die nicht rechtzeitige Einzahlung der Einspruchsgebühr wiedereinsetzungsfähig.[211] Der Einspruch ist beim Deutschen Patent- und Markenamt einzureichen. Die Zuständigkeit liegt bei der Patentabteilung in erster Instanz

2. Frist

Der Einspruch gegen ein deutsches Patent muss innerhalb einer Frist von **neun Monaten** nach der Veröffentlichung der Erteilung des Patentes schriftlich erklärt und begründet werden.[212] Als gesetzliche Frist ist diese Frist nicht verlängerbar. Auch die Wiedereinsetzung ist explizit ausgeschlossen.[213] 88

3. Gebühr

Mit dem Einspruch gegen ein deutsches Patent ist eine Gebühr in Höhe von EUR 200,–[214] zu zahlen. Legen mehrere Personen Einspruch ein, sind eine entsprechende Anzahl an Gebühren zu entrichten.[215] Für einen gemeinsamen Einspruch einer Mehrzahl von Einsprechenden, der auf eine einheitliche Einspruchsbegründung in einem gemeinsamen Schriftsatz gestützt ist, reicht aber die Entrichtung einer Gebühr aus.[216] 89

4. Zulässigkeit

Die Zulässigkeit des Einspruchs ist Voraussetzung für die materielle Prüfung der vom Einsprechenden vorgebrachten Einspruchsgründe. Ein Rechtsschutzbedürfnis des Einsprechenden ist nicht erforderlich.[217] Die Schlüssigkeit der Einspruchsbegründung ist keine Voraussetzung der Zulässigkeit, wohl aber die Erkennbarkeit des Widerspruchsgrundes. Der Einspruch muss sich gegen ein erteiltes Patent richten. Der Einsprechende darf nicht der Patentinhaber sein oder durch eine Nichtangriffsabrede mit dem Inhaber am Einspruch gehindert sein.[218] Die Einspruchserklärung muss erkennen lassen, gegen welches Patent sich der Einspruch richtet. Die versehentlich falsche Bezeichnung des im Übrigen eindeutig identifizierten Patentes macht den Einspruch allerdings nicht unzulässig.[219] Eine weitere Zulässigkeitsvoraussetzung ist die Erkennbarkeit eines Widerrufsgrundes. Aus den innerhalb der Einspruchsfrist vorgebrachten Tatsachen muss erkennbar sein, welche Widerrufsgründe[220] der Einsprechende geltend machen will.[221] Die Widerspruchsgründe: 90

- mangelnde Patentfähigkeit,
- unvollständige Offenbarung,
- widerrechtliche Entnahme oder
- unzulässige Erweiterung

müssen nicht ausdrücklich genannt sein. Sie können im Wege der Auslegung entnommen werden. Ferner ist eine **ausreichende Substantiierung** des Einspruches eine Zulässigkeitsvoraussetzung.

209 BGH GRUR 1995, 33 – Aluminium-Trihydrooxid.
210 § 61 Abs. 1 S. 2 PatG.
211 § 123 Abs. 1 PatG; BPatG Mitt 2004, 218 – Fördergutspeicher.
212 § 59 Abs. 1 PatG.
213 § 123 Abs. 1 S. 2 PatG.
214 313.600 PatKostG.
215 BPatG MittdtschPatAnw 2004, 70 – Deformationsmessung.
216 BPatG MittdtschPatAnw 2004, 174 (215) – Eine Einspruchsgebühr bei gemeinsamem Einspruch.
217 BGH GRUR 1994, 439 – Sulfonsäurechlorid; BGH GRUR 1963, 279 – Weidepumpe.
218 Vgl. Benkard/Schäfers PatG § 59 Rn. 5; PatG GRUR 1991, 748.
219 BPatG GRUR 1986, 50.
220 § 21 PatG.
221 BGH Bl. 1988, 185 – Alkyldianylphosphin.

Vom Einsprechenden sind die Tatsachen im Einzelnen anzugeben, die den Einspruch rechtfertigen sollen. Das DPMA und der Patentinhaber sollen anhand der Einspruchsbegründung in die Lage versetzt werden, **ohne eigene Ermittlungen** das Vorliegen des behaupteten Widerrufsgrundes zu prüfen.[222] Es müssen deshalb alle für die Beurteilung des behaupteten Widerrufsgrundes maßgeblichen Umstände so vollständig dargelegt werden, dass daraus abschließend Folgerungen für das Vorliegen oder Nicht-Vorliegen des Widerrufsgrundes gezogen werden können.

91 Wird der Einspruch auf nicht druckschriftlichen Stand der Technik gestützt, dessen Zeitrang sich nicht aus ihrem Charakter ergibt (Patentschrift, Druckwerk mit Druckdatum), muss in der Begründung dargelegt werden, **warum** es sich bei der betreffenden Entgegenhaltung um relevanten Stand der Technik handelt. Es muss vorgetragen werden, warum die neuheitsschädliche Tatsache **öffentlich zugänglich** war und **wann** dies erfolgte. Beweismittel, die die Richtigkeit einer Tatsachenangabe belegen sollen, können nacherbracht werden.

92 Wird der Einspruch auf eine **offenkundige Vorbenutzung** gestützt, so ist der technische Zusammenhang zwischen dem Gegenstand des Patentes und der Vorbenutzung darzulegen. Es sind konkrete Angaben darüber zu machen, was, wo, wann, wie und durch wen geschehen ist. Die behauptete Benutzung muss konkret nach Ort, Art und Zeit geschildert werden. Die Angaben müssen die öffentliche Zugänglichkeit mit der Möglichkeit der Nachbenutzung durch andere Sachverständige ergeben. Weder abstrakte Umschreibungen der behaupteten Vorbenutzung noch unkonkret gehaltene Angaben über die Zeit der Benutzung genügen.[223]

93 Die Begründung muss so abgefasst sein, dass ein **Fachmann** des Gebietes sie **ohne unzumutbaren Aufwand** richtig verstehen kann. Es **genügt nicht** der bloße Hinweis auf eine angeblich nicht erfüllte gesetzliche Patentierungsvoraussetzung zB auf § 3 PatG[224] oder sonst die bloße Nennung eines entsprechenden Rechtsbegriffs oderdie bloße Behauptung, dass tatsächlich bekannt sei, was in den Patentunterlagen als bekannt bezeichnet wird.[225]

Praxistipp:

Bei der Verfassung eines Einspruchsschriftsatzes ist deshalb sorgfältig darauf zu achten, dass sich bis ins Detail gehend mit den einzelnen Merkmalen der Ansprüche auseinandergesetzt wird. Zu jedem dieser Merkmale sollte detailliert auf die entsprechende Fundstelle im Stand der Technik hingewiesen (Seite, Spalte) werden. Sodann ist zu begründen, warum der Durchschnittsfachmann diesen Stand der Technik in Betracht zieht.

94 Wird der Einspruch auf eine offenkundige Vorbenutzung gestützt, so ist die Beifügung von Beweismitteln einerseits zum Offenbarungsgehalt der Vorbenutzung und andererseits zur Offenkundigkeit der Vorbenutzung unerlässlich. Der Offenbarungsgehalt einer beispielsweise vor dem Prioritätstag einer Patentanmeldung ausgelieferten Maschine lässt sich durch die Vorlage von Zeichnungen beweisen. Dabei ist es durchaus zulässig, die im Einzelfall nicht relevanten Details zu schwärzen. Oftmals ist die Beifügung einer eidesstattlichen Erklärung erforderlich, aus der hervorgeht, dass der vorbenutzte Gegenstand mit dem auf der Zeichnung dargestellten Gegenstand identisch ist. Bei der Abfassung der Erklärung empfiehlt es sich, hier auf die für den Einspruch relevanten Details explizit einzugehen.

95 Die Offenkundigkeit einer Vorbenutzung kann durch die Vorlage von Lieferscheinen und Rechnungen dokumentiert werden. Meist ergibt sich aus den Angaben dieser Dokumente und den Angaben der Zeichnungen schon der direkte Zusammenhang zwischen diesen Dokumenten. Auch hier ist die Vorlage einer eidesstattlichen Versicherung förderlich.

96 Wird der Einspruch mit **widerrechtlicher Entnahme** begründet, so muss der Erfindungsbesitz des Einsprechenden, der Übergang auf den Anmelder und dessen Widerrechtlichkeit schlüssig und nachprüfbar dargetan werden. Tatbestandsmerkmale der widerrechtlichen Entnahme gemäß § 21 Abs. 1 Nr. 3 PatG sind: (1.) der Erfindungsbesitz des Einsprechenden; (2.) die Wesensgleichheit zwischen entnommener und patentierter Erfindung; (3.) die Entnahme ohne Einwilligung (Widerrechtlichkeit). Wesensgleichheit ist dann gegeben, wenn der wesentliche Kern des

[222] BGH GRUR 1972, 59 – Sortiergerät.
[223] BGH GRUR 1963, 311 – Stapelpresse.
[224] BGH GRUR 1972, 592 – Sortiergerät.
[225] Vgl. Busse/Keukenschrijver PatG § 59 Rn. 59.

Erfindungsgedankens Inhalt des angegriffenen Patents geworden ist.[226] Unwesentliche Änderungen und Ergänzungen des Gegenstandes der Entnahme, die sich im Rahmen des Fachkönnens halten, berühren die Identität der Gegenstände nicht.[227] Es ist eine Gesamtschau vorzunehmen, bei der die Übereinstimmungen zwischen der als entnommen geltend gemachten und der angemeldeten Lehre festgestellt werden.[228] Die Entnahme setzt voraus, dass der Entnehmer die Kenntnis vom Gegenstand der Erfindung vor der Anmeldung aus den Unterlagen des Verletzten erlangt hat. Die Entnahmehandlung kann auch auf der Grundlage einer mündlichen Offenbarung erfolgen.[229] Wesentlich ist ein **Kausalzusammenhang** derart, dass die Kenntnis (mittelbar oder unmittelbar) vom Einsprechenden erlangt ist.[230] Keine widerrechtliche Entnahme liegt vor bei einer Parallelerfindung.

Wird ein Patent auf Grund eines auf widerrechtliche Entnahme[231] gestützten Einspruchs widerrufen oder führt der Einspruch zum Verzicht auf das Patent, so kann der Einsprechende innerhalb eines Monats nach der amtlichen Mitteilung hierüber die Erfindung selbst anmelden und die Priorität des früheren Patents in Anspruch nehmen.[232] Das **Nachanmelderecht** besteht nur im Rahmen der entnommenen Erfindung, nicht auch hinsichtlich einer erfinderischen Zutat des Entnehmers.[233] 97

Wird der Einspruch auf **mangelnde Offenbarung** gestützt, so müssen nachprüfbare Tatsachen vorgetragen werden, aus denen sich ergibt, dass ein Fachmann auch unter Zuhilfenahme seines Fachwissens nicht in der Lage ist, die Erfindung auszuführen.[234] Dieser Zurückweisungsgrund nach § 21 Abs. 1 Nr. 2 PatG betrifft die Offenbarung der Erfindung im Patent, und zwar wie sie in ihrer Gesamtheit dort unter Schutz gestellt ist. In der Regel ist eine patentierte Erfindung auch ausführbar. Es reicht jedenfalls nicht aus, nur Teilaspekte anzugreifen, die die Realisierung der Erfindung insgesamt nicht in Frage stellen oder sie lediglich erschweren, nicht aber verhindern. Wer diesen Widerrufsgrund geltend macht, darf nicht nur **allgemeine Behauptungen** aufstellen, wie zB die Lehre sei „unklar, unrichtig und irreführend“[235] oder gebe keine klare technische Anweisung, der erteilte Anspruch sei nicht aus sich heraus verständlich, sei nicht deutlich genug gefasst und führe daher zu einem diffusen Schutzbereich oder es wird lediglich unsubstantiiert bezweifelt, dass die Lehre ausführbar ist. Ausreichend substantiierter Sachvortrag erfordert die Angabe **konkreter Tatsachen,** die einen bestimmten Tatbestand erkennen lassen. Dieser muss auf Richtigkeit **überprüfbar** sein. Unter Umständen können aber theoretische Erörterungen zur Belegung der fehlenden Ausführbarkeit ausreichen.[236] 98

Die Begründung des Einspruches mit **unzulässiger Erweiterung** erfordert eine Darlegung der Gründe, weshalb ein Fachmann das patentierte Merkmal der ursprünglichen Anmeldung nicht entnehmen konnte. Hier ist detailliert das Merkmal des Anspruchs des Patentes zu bezeichnen, welches in den ursprünglichen Unterlagen weder ausdrücklich noch für einen Fachmann implizit enthalten war. Eine rein philologische Begründung, ein bestimmtes Wort finde sich nicht in der Anmeldung, reicht für die Zulässigkeit dieses Einspruchsgrundes nur dann aus, wenn dieses Merkmal die patentierte Erfindung so maßgeblich prägt, dass eine ausreichende Offenbarung der Erfindung für einen Fachmann nur vorliegt, wenn es explizit in der Ursprungsanmeldung genannt ist. Ist das nicht der Fall, muss die Begründung auch darlegen, warum ein Fachmann das kritisierte Merkmal der ursprünglichen Anmeldung nicht entnommen hätte.[237] 99

5. Prüfung

Die sachliche Prüfung des Einspruchs erfolgt nach Prüfung der Zulässigkeit des Einspruchs. Dem Patentinhaber ist vor einer Entscheidung über den Einspruch Gelegenheit zur Stellungnahme zu geben. Dies kann in schriftlicher Form oder in Form einer mündlichen Anhörung erfol- 100

226 RG MittdtschPatAnw 1939, 160; BGH GRUR 2011, 903 – Atemgasdrucksteuerung; BGH GRUR 2016, 265 – Kfz-Stahlbauteil.
227 BGH GRUR 1977, 594 – geneigte Nadeln.
228 BGH GRUR 2016, 265 – Kfz-Stahlbauteil; BGH GRUR 2020, 1186 – Mitralklappenprothese.
229 BGH GRUR 1962, 34 – Torsana-Einlage.
230 Vgl. Busse/Keukenschrijver PatG § 21 Rn. 26.
231 § 21 Abs. 1 Nr. 3 PatG.
232 § 7 Abs. 2 PatG.
233 BGH GRUR 1977, 594 – geneigte Nadeln.
234 BGH GRUR 1972, 592 – Sortiergerät.
235 Vgl. Schulte/Keukenschrijver PatG § 59 Rn. 124.
236 BGH GRUR 1993, 651 – Tetrapluide Kamille.
237 Vgl. Moufang/Schulte PatG § 59 Rn. 131.

gen. Der Patentinhaber kann die Ansprüche zur Abgrenzung gegenüber dem Stand der Technik ändern. Die Merkmalskombination muss aber in ihrer Gesamtheit den ursprünglichen Unterlagen entnehmbar sein.[238] Es besteht ein Rechtschutzbedürfnis, neue Unteransprüche mit Merkmalen der Beschreibung aufzustellen.[239] Es steht im Ermessen der Patentabteilung, Vorab- oder Zwischenentscheidungen zu erlassen. Das DPMA ist an die Anträge der Parteien nicht gebunden.[240]So wie es dem Patentinhaber freisteht, im Laufe des Einspruchsverfahrens seinen Antrag zur Aufrechterhaltung des Patentes zu beschränken (beschränkte Verteidigung des Patentes), kann der Einsprechende seinen Widerrufsantrag erweitern, zum Beispiel durch Einbeziehung weiterer, abhängiger Patentansprüche.

101 Im Rahmen der gestellten Anträge ist die Patentabteilung frei, das Patent umfassend auf seine Rechtsbeständigkeit zu prüfen. Hier gilt der **Amtsermittlungsgrundsatz.** Es können alle entscheidungserheblichen Umstände berücksichtigt werden, gleich wie sie der Patentabteilung bekannt geworden sind.[241]

102 Das DPMA kann durch verfahrensleitende Maßnahmen den Patentinhaber dazu anregen, beschränkte Ansprüche vorzulegen. Auch die hilfsweise Verteidigung eines Patentes mit beschränkten Ansprüchen ist zulässig. Das DPMA entscheidet entweder auf vollen Widerruf des Patentes, auf Teilwiderruf des Patentes oder auf Zurückweisung des Einspruchs.[242] Gemäß der zum 1. Mai 2022 in Kraft tretenden Neuregelung des § 61 Abs. 1 S. 4 und 5 PatG kann das Einspruchsverfahren ferner bei einer Rücknahme eines auf widerrechtliche Entnahme[243] gestützten Einspruchs sowie im Fall einer Erledigung des Verfahrens in der Hauptsache durch Beschluss beendet werden.

6. Beitritt des angeblichen Patentverletzers

103 Ein vom Patentinhaber in Anspruch genommener **angeblicher Patentverletzer** kann dem Einspruchsverfahren **beitreten.**[244] Voraussetzung ist ein anhängiger Einspruch gegen das Patent. Weiter ist erforderlich, dass gegen den Patentverletzer **Klage wegen Verletzung** des Patentes erhoben worden ist oder der angebliche Patentverletzer nach einer Unterlassungsaufforderung durch den Patentinhaber **Klage auf Feststellung** erhoben hat, dass er das Patent nicht verletze. Zudem kann auch derjenige beitreten, gegen den der Patentinhaber wegen Verletzung des Patents den Erlass einer einstweiligen Verfügung beantragt hat.[245] Der Beitritt muss im Verfahren sowohl vor dem deutschen als auch vor dem europäischen Patentamt innerhalb von drei Monaten nach Klageerhebung erklärt werden.

7. Kosten

104 Über die Kosten des Einspruchsverfahrens[246] wird nur in Ausnahmefällen entschieden. Im Einspruchsverfahren trägt in der Regel jede Partei die eigenen Kosten. Eine Kostenentscheidung erfolgt nach Billigkeitsgesichtspunkten. Einem Beteiligten können die Kosten auferlegt werden, wenn er sie schuldhaft verursacht hat, bspw. wenn durch das Verhalten eines Beteiligten Kosten entstanden sind, die bei Beachtung der prozessualen Sorgfaltspflicht vermeidbar gewesen wären. Insbesondere können Kosten von durch Beachtung der prozessualen Sorgfaltspflicht vermeidbaren erneuten mündlichen Verhandlungen der diese verursachenden Partei auferlegt werden.[247]

V. Nichtigkeitsverfahren

105 Die Klage wegen Erklärung der Nichtigkeit eines Patentes ist gegen vom Deutschen Patent- und Markenamt oder vom Europäischen Patentamt mit der Wirkung für die Bundesrepublik

[238] BGH GRUR 2002, 49 – Drehmomentübertragungseinrichtung.
[239] BPatG GRUR 2002, 327 – Erstes Impulssignal.
[240] Busse/Keukenschrijver PatG § 59 Rn. 124.
[241] Vgl. Busse/Keukenschrijver PatG § 59 Rn. 128.
[242] § 61 PatG.
[243] § 21 Abs. 1 Nr. 3 PatG.
[244] § 59 Abs. 2 PatG.
[245] BGH GRUR 2018, 216 – Ratschenschlüssel.
[246] § 62 PatG.
[247] Vgl. Moufang/Schulte PatG § 62 Rn. 15 ff. mit Fallbeispielen.

Deutschland erteilte Patente möglich.[248] Sie kann während der gesamten Laufzeit, jedoch nicht solange ein Einspruch noch erhoben werden kann oder ein Einspruchsverfahren noch anhängig ist, erhoben werden.[249] Gegen ein bereits abgelaufenes Patent kann bei Vorliegen eines Rechtsschutzinteresses die Feststellung der fehlenden Rechtsbeständigkeit beantragt werden.[250] In aktuellen Entscheidungen wurde an das Vorliegen des Rechtsschutzinteresse keine allzu hohen Anforderungen gestellt.[251] Die Nichtigkeitsklage kann auf alle auch einen Einspruch begründende Gründe gestützt werden und zusätzlich auf eine unzulässige Erweiterung des Patentes im Einspruchsverfahren.[252]

1. Kläger

Mit Ausnahme des Nichtigkeitsgrundes der widerrechtlichen Entnahme kann jeder Kläger sein.[253] Die Nichtigkeitsklage ist als Popularklage ausgestaltet.[254] Mehrere Kläger sind Streitgenossen.[255] Mehrere gegen ein Patent erhobene Nichtigkeitsklagen werden miteinander verbunden.[256] 106

2. Beklagter

Beklagter ist der in der Rolle als Patentinhaber Eingetragene. Gegen ihn ist die Klage wegen Erklärung der Nichtigkeit des Patentes zu richten.[257] 107

3. Nebenintervention

Die Nebenintervention eines Dritten ist zugunsten beider Parteien zulässig, wenn ein rechtliches Interesse am Obsiegen der unterstützten Partei besteht. Auf Klägerseite ist die Nebenintervention bspw. nach Verwarnung oder Verletzungsklage aus dem Streitpatent zulässig.[258] Auf Beklagtenseite ist bspw. die Nebenintervention durch den Erfinder zulässig, wenn dieser bspw. vom Patentinhaber eine laufende Benutzungsvergütung erhält. Ein rechtliches Interesse hat auch der Lizenznehmer.[259] Nicht zum Beitritt berechtigt ein bloß tatsächliches oder wirtschaftliches Interesse.[260] Eine eigene Nichtigkeitsklage gegen das Streitpatent schließt das rechtliche Interesse an der Nebenintervention nicht aus.[261] 108

4. Verfahren

Die Klage ist gebührenpflichtig und beim Bundespatentgericht (BPatG) schriftlich zu erheben. Mit der Einreichung der Klage ist eine streitwertabhängige 4,5-fache Gebühr fällig.[262] Für das Verfahren vor dem BPatG besteht für Inländer kein Vertreterzwang. Die Parteien können, ausländische Parteien müssen sich durch einen Patentanwalt oder Rechtsanwalt vertreten lassen. Nach Zustellung der Klage durch das BPatG an den Beklagten hat der Beklagte innerhalb eines Monats der Klage zu widersprechen.[263] Ohne rechtzeitige Erklärung des Beklagten kann ohne mündliche Verhandlung nach der Klage entschieden werden.[264] Eine Begründung der Klage ist in der Regel innerhalb von zwei Monaten einzureichen.[265] Das Gericht soll die Parteien künf- 109

[248] § 81 PatG.
[249] § 81 Abs. 2 PatG.
[250] BGH GRUR 1974, 146 – Schraubennahtrohr.
[251] BGH GRUR 2020, 1074 – Signalübertragungssystem; BGH GRUR 2021, 42 – Truvada; BGH GRUR 2021, 4119.
[252] § 22 Abs. 1 PatG.
[253] Benkard/Hall/Nobbe PatG § 81 Rn. 3.
[254] BGH GRUR 1963, 252 – Bürovorsteher.
[255] RG GRUR 1940, 198.
[256] § 147 ZPO.
[257] § 81 Abs. 1 S. 2 PatG.
[258] BGH GRUR 1952, 260 – Schreibhefte.
[259] BGH GRUR 1961, 572 – Metallfenster.
[260] RG GRUR 1933, 135 – Aluminiumschweißverfahren I.
[261] BPatG GRUR 2020, 1178 – Pemetrexed II.
[262] § 2 Abs. 1 PatKostG iVm 402.100 ff. PatKostG . Bei einer von mehreren Klägern gemeinsam erhobenen Klage fällt die Gebühr nur einmal an. – BGH GRUR 2021, 45 – Signalumsetzung.
[263] § 82 Abs. 1 PatG.
[264] § 82 Abs. 2 PatG.
[265] § 82 Abs. 3 S. 2 PatG.

tig innerhalb von sechs Monaten nach Zustellung der Klage auf die Gesichtspunkte hinweisen, die für die Entscheidung voraussichtlich von besonderer Bedeutung sein werden.[266]

110 Nach rechtzeitigem Widerspruch[267] des Beklagten entscheidet der zuständige **Nichtigkeitssenat** des BPatG auf Grund einer mündlichen Verhandlung. Das Gericht ist an den Antrag des Klägers gebunden. Es darf nur geltend gemachte Klagegründe berücksichtigen. Eine Bindung an die Begründung für den geltend gemachten Klagegrund besteht jedoch nicht. Mit der Nichtigkeitsklage kann das Patent als Ganzes oder nur auf Teilnichtigerklärung angegriffen werden.

111 Klageänderungen sind zulässig bei Einwilligung des Gegners oder wenn das Gericht sie für sachdienlich hält. Eine Klageänderung liegt vor, wenn die Klage nachträglich auf einen neuen Nichtigkeitsgrund[268] gestützt wird.[269] Zulässig ist auch die Klageerweiterung, zB die Erweiterung des Angriffes auf einen Unteranspruch zum bereits angegriffenen Patentanspruch.[270]

112 Der Beklagte kann das Patent von vorneherein oder im Laufe des Verfahrens nur beschränkt verteidigen. Die Beschränkungsmöglichkeit im Nichtigkeitsverfahren ist nur in dem Umfang möglich, wie das Patent angegriffen ist. Bei der Verteidigung des Patentes im Nichtigkeitsverfahren ist der Patentinhaber an Erklärungen in einem parallelen Beschränkungsverfahren[271] nicht gebunden.[272] Der Patentinhaber kann sein Patent im Rahmen der gesamten ursprünglichen Offenbarung beschränken.[273] Dies kann durch Aufnahme einzelner Merkmale erfolgen. Zulässig sind auch Beschränkungen auf ein einzelnes Ausführungsbeispiel.[274] Oftmals erfolgt die Beschränkung des Gegenstandes des Patentes auf einen oder mehrere der abhängigen Patentansprüche. Eine beschränkte Verteidigung des Patentes vor dem BPatG schließt nicht aus, in der Berufung das Patent in der geltenden Fassung zu verteidigen.[275]

113 Ein **Kategoriewechsel** ist unter bestimmten Ausnahmen möglich. So ist der Übergang von einem Sach- oder Erzeugnisschutz auf eine Verwendung des Erzeugnisses zulässig.[276] Auch der Übergang von einem Herstellungsverfahrensanspruch auf einen Verwendungsanspruch für die durch das Verfahren gewonnenen Erzeugnisse wurde als zulässig angesehen.[277] Das Gericht prüft, ob eine echte Beschränkung vorliegt und ob die Beschränkung zulässig ist. Eine Zustimmung des Beklagten zur Klagerücknahme ist nicht erforderlich.[278] Die Klagerücknahme beendet das Verfahren. Ein bereits ergangenes und noch nicht rechtskräftiges Urteil wird wirkungslos. Die Kosten werden dem Kläger auferlegt.[279] Dieser kann erneut Klage gegen dasselbe Patent erheben.

114 Der Kläger verfolgt in der Regel den Antrag, das Patent ganz oder teilweise für nichtig zu erklären. Er kann seiner Beweispflichtigkeit durch die Vorlage druckschriftlichen Standes der Technik nachkommen. Die Anforderungen hieran sind die gleichen wie in Einspruchsverfahren. Auch das Nichtigkeitsverfahren wird vom Untersuchungsgrundsatz[280] beherrscht. Das Gericht kann dabei sachverständigen Beweis erheben, wenn die eigene Sachkunde zur Klärung einer entscheidungserheblichen Frage nicht ausreicht. Wird die Klage mit einer offenkundigen Vorbenutzung begründet, so hat der Kläger sein Beweisangebot derart zu substantiieren, dass das Gericht auf Grund des tatsächlichen Vorbringens in der Lage ist, zu prüfen, ob die gesetzlichen Voraussetzungen einer offenkundigen Vorbenutzung vorliegen. Eine Ablehnung einer Beweiserhebung unter dem Gesichtspunkt mangelnder Substantiierung für eine möglicherweise beweiserhebliche Tatsache ist aber nur zulässig, wenn die unter Beweis gestellten Tatsachen so ungenau bezeichnet sind, dass ihre Erheblichkeit nicht beurteilt werden kann, oder wenn sie zwar in das Gewand einer bestimmt aufgestellten Behauptung gekleidet, aber

[266] Die Neuregelung des § 83 Abs. 1 PatG gilt ab dem 1. Mai 2022.
[267] § 83 PatG.
[268] § 22 Abs. 1 iVm § 21 Abs. 1 PatG.
[269] BPatG BeckRS 2013, 635.
[270] BGH GRUR 1955, 531 – Schlafwagen.
[271] § 64 PatG.
[272] BGH GRUR 1961, 529 – Strahlapparat.
[273] BGH GRUR 1990, 432 – Spleißkammer.
[274] BGH GRUR 1961, 482 – Spritzgussmaschine.
[275] BGH MittdtschPatAnw 2004, 304 = GRUR 2004, 583 – Tintenstandsdetektor.
[276] BGH GRUR 1988, 287 – Abschlussblende.
[277] BPatGE 2, 192; kritisch hierzu Busse/Keukenschrijver PatG § 82 Rn. 112.
[278] BGH GRUR 1993, 895 – Hartschaumplatten.
[279] § 84 PatG.
[280] § 87 PatG.

aufs Geratewohl gemacht, gleichsam „ins Blaue“ aufgestellt, aus der Luft gegriffen ist und sich deshalb als Rechtsmissbrauch darstellt.[281] Die Vernichtung oder Teilvernichtung eines Patentes gilt ex tunc.

5. Kosten

Anders als im Einspruchsverfahren wird im Nichtigkeitsverfahren über die Kosten entschieden.[282] Die Kostenauferlegung erfolgt angelehnt an die Bestimmungen der ZPC. Es gilt das Unterliegens-Prinzip. Bei sofortigem Anerkenntnis fallen dem Kläger die Kosten zur Last, wenn der Beklagte zur Erhebung der Klage keine Veranlassung gegeben hatte und den Anspruch sofort anerkennt. 115

6. Vergleich

Häufig ist die Nichtigkeitsklage eine Reaktion des Nichtigkeitsklägers auf eine Patentverletzungsklage aus dem angegriffenen Patent. Die Nichtigkeitssenate des BPatG geben deshalb den Parteien gemäß § 279 ZPO zu Beginn der mündlichen Verhandlung die Gelegenheit zur gütlichen Beilegung des Rechtsstreites sowie des eventuell anhängigen Verletzungsprozesses. Es ist deshalb angebracht, wenn die Prozessbevollmächtigten der Parteien auf alle in diesem Zusammenhang stehenden Fragen vorbereitet sind und für einen etwaigen Vergleichsabschluss umfassend bevollmächtigt sind. Die Nichtigkeitssenate legen deshalb Wert darauf, dass die Parteien bzw. ihre gesetzlichen Vertreter im Termin anwesend sind. Zumindest sollte telefonische Erreichbarkeit sichergestellt sein. In der Regel sind die Parteien im Verletzungsprozess und im Nichtigkeitsverfahren aber nicht identisch. Es ist deshalb höchste Sorgfältigkeit geboten. Typischerweise vergleichen sich die Parteien auf eine einfache Lizenz.[283] 116

7. Beschränkungsverfahren

Der Patentinhaber kann durch Änderung der Patentansprüche die Beschränkung des Patentes mit rückwirkender Kraft beantragen.[284] Der Beschränkungsantrag ist beim DPMA zu stellen und zu begründen.[285] Über den Antrag entscheidet die zuständige Patentabteilung.[286] Mit dem Antrag ist eine Gebühr in Höhe von EUR 120,– zu entrichten.[287] Der Zweck des Beschränkungsverfahrens ist die Vorbeugung oder Vermeidung von Nichtigkeitsverfahren durch ein einfaches Verfahren, bei dem Dritte nicht beteiligt sind. Über den Beschränkungsantrag wird durch Beschluss entschieden. Eine geänderte Patentschrift wird veröffentlicht.[288] 117

Da der Beschränkungsantrag bis zur Entscheidung jederzeit wieder zurückgezogen werden kann, ist die parallele Nichtigkeitsklage zulässig. Eine Aussetzung des Beschränkungsverfahrens wegen eines anhängigen, dasselbe Patent betreffenden Nichtigkeitsverfahrens ist ebenso unzulässig wie umgekehrt die Aussetzung eines Nichtigkeitsverfahrens wegen eines anhängigen Beschränkungsverfahrens.[289] 118

VI. Jahresgebühren

Für eine Patentanmeldung bzw. ein Patent sind jährlich Jahresgebühren an das DPMA zu entrichten.[290] Mit zunehmendem Alter des Schutzrechtes steigt die Jahresgebühr. Die Jahresgebühr ist für das dritte und jedes folgende Jahr zu entrichten, und zwar jeweils für das kommende Jahr am letzten Tag des Monats, der durch seine Benennung dem Monat entspricht, in den der Anmeldetag fällt.[291] 119

---

[281] Vgl. Busse/Keukenschrijver PatG § 89 Rn. 12.
[282] § 84 PatG.
[283] Einzelheiten siehe Busse/Keukenschrijver PatG § 82 Rn. 49 ff.
[284] § 64 Abs. 1 PatG.
[285] § 64 Abs. 2 PatG.
[286] § 64 Abs. 3 PatG.
[287] 313.700 PatKostG.
[288] § 64 Abs. 3 PatG.
[289] DPA BlPMZ 1957, 320; DPA BlPMZ 1958, 61.
[290] § 17 PatG.
[291] Die Höhe der Jahresgebühren ist der Anlage zum PatKostG zu entnehmen.

120 Die maximale Laufzeit eines Patentes dauert 20 Jahre ab Anmeldetag. Für Arzneimittel lässt sich die Laufzeit durch Beantragen eines **ergänzenden** Schutzzertifikates[292] um maximal 5 Jahre verlängern, wenn ein Inverkehrbringen des Arzneimittels wegen eines Zulassungsverfahrens verzögert wurde. Das Zertifikat gilt ab dem Ablauf der gesetzlichen Laufzeit des Grundpatentes für eine Dauer, die dem Zeitraum zwischen der Einreichung der Anmeldung für das Grundpatent und der ersten Genehmigung für das Inverkehrbringen abzüglich eines Zeitraumes von 5 Jahren entspricht.

121 Wird die Verlängerungs- bzw. die Jahresgebühr nicht bis zum Ablauf des zweiten Monats nach ihrer Fälligkeit entrichtet, so kann sie noch mit Verspätungszuschlag bis zum Ablauf des sechsten Monats nach Fälligkeit entrichtet werden.[293] Die Höhe der Jahres-/Verlängerungsgebühren wird durch das Patentkostengesetz (PatKostG) geregelt.

Praxistipp:

Das DPMA ist nicht verpflichtet, den Anmelder oder Patentinhaber darauf hinzuweisen, dass die Jahresgebühr nicht fristgemäß eingezahlt worden ist. Das Schutzrecht kann also verfallen, ohne dass der Anmelder oder Patentinhaber etwas davon merkt. Es ist deshalb unerlässlich, die Frist zur Einzahlung der Jahres-/Verlängerungsgebühren zu überwachen.

VII. Rechtsmittel

1. Beschwerde gegen Beschlüsse des DPMA

122 Verwaltungsakte des Deutschen Patent- und Markenamtes unterliegen der Nachprüfung durch das Bundespatentgericht.[294] Die Beschwerde hat aufschiebende Wirkung.[295] Die Wirksamkeit des angefochtenen Beschlusses wird rückwirkend aufgehoben. Der Rechtszustand vor Erlass des Beschlusses wird im Interesse des Betroffenen erhalten.

123 **a) Bundespatentgericht.** Die Aufgabe des Bundespatentgerichtes ist, über Beschwerden gegen Beschlüsse der Prüfungsstellen oder Patentabteilungen des DPMA zu entscheiden.[296]

124 Die **technischen Beschwerdesenate** entscheiden insbesondere über Zurückweisung, Widerruf und Beschränkung des Patentes sowohl im Einspruchs- als auch im Erteilungsverfahren.[297] Der **juristische Beschwerdesenat** ist insbesondere für isolierte Vorabentscheidungen über die Zulässigkeit von Verfahrenshandlungen des Einspruches oder im Prüfungsverfahren zuständig. Weiter ist ein Beschwerdesenat zuständig für Beschlüsse der Gebrauchsmusterstelle oder der Gebrauchsmusterabteilungen. Die Nichtigkeitssenate entscheiden über die Nichtigkeit eines Patentes (→ Rn. 109).

125 **b) Statthaftigkeit.** Statthaft ist die Beschwerde gegen alle Beschlüsse des Deutschen Patent- und Markenamtes. Beschluss ist jede Entschließung, durch die eine abschließende Regelung ergeht, die Rechte der Beteiligten berühren kann. Beschluss ist daher jede sachliche, einen Verfahrensbeteiligten belastende Entscheidung. Keine Beschwerde findet statt gegen Beschlüsse, deren Anfechtbarkeit ausgeschlossen ist. Dies ist bei der Bewilligung der Wiedereinsetzung (§ 123 Abs. 4 PatG) und der Bewilligung der Verfahrenskostenhilfe (§ 135 Abs. 3 PatG) der Fall. In diesen Fällen ist der Begünstigte nicht beschwert. Selbst bei Verletzung des rechtlichen Gehörs kommt eine „außerordentliche" Beschwerde nicht in Betracht.[298]

126 **c) Form.** Die Beschwerde ist schriftlich und in deutscher Sprache beim **Deutschen Patent- und Markenamt** einzulegen. Der Gebrauch des Wortes „Beschwerde" ist dabei nicht erforderlich.[299] Der erkennbare Wille zur Anfechtung einer Entscheidung reicht aus.[300] Es dürfen jedoch keine

[292] § 16a PatG.
[293] § 7 Abs 1 PatKostG.
[294] § 73 PatG.
[295] § 75 PatG.
[296] § 65 PatG.
[297] § 67 PatG.
[298] BPatG MittdtschPatAnw 1991, 63.
[299] BPatG GRUR 1965, 695.
[300] Vgl. Püschel/Schulte PatG § 73 Rn. 66.

Zweifel an der Person des Beschwerdeführers bestehen bleiben.[301] Auch ein **Antrag** ist nicht vorgeschrieben. Dieser kann noch in einer mündlichen Verhandlung gestellt werden. Eine Begründung der Beschwerde ist nicht vorgeschrieben, allerdings kann das Unterlassen einer Begründung zu einer Kostenauferlegung führen.[302] Anwaltszwang besteht nur für Personen, die im Inland weder Wohnsitz noch Niederlassung haben. Diese müssen sich von einem Rechtsanwalt oder einem Patentanwalt vertreten lassen.[303]

d) **Frist.** Die Beschwerde gegen einen Beschluss des Deutschen Patent- und Markenamtes ist innerhalb **eines Monats** nach Zustellung einzulegen.[304] Diese Beschwerdefrist beginnt nur zu laufen, wenn die Beteiligten über die Rechtsmittel belehrt werden.[305] Ist eine Belehrung unterblieben oder unrichtig erteilt, ist die Einlegung der Beschwerde nur innerhalb eines Jahres seit Zustellung des Beschlusses zulässig, außer wenn eine schriftliche Belehrung dahingehend erfolgt ist, dass eine Beschwerde nicht gegeben sei.[306] 127

e) **Gebühr.** Die Beschwerde ist gebührenpflichtig.[307] Richtet sich die Beschwerde gegen eine Entscheidung im Einspruchsverfahren, beträgt die Gebühr EUR 500,–, in anderen Fällen EUR 200,–.[308] Beschwerden gegen den Kostenansatz nach § 11 Abs. 2 PatKostG sind ebenso wie Beschwerden gegen die Versagung der Verfahrenskostenhilfe gebührenfrei. Die Gebühr ist innerhalb der Beschwerdefrist zu entrichten. Ist sie nicht entrichtet, so gilt die Beschwerde als nicht erhoben. 128

f) **Verfahren.** Bei nur einem Verfahrensbeteiligten ist dem Verfahren vor dem Bundespatentgericht ein Abhilfeverfahren vorgeschaltet, in welchem die Stelle, die den angefochtenen Beschluss erlassen hat, der Beschwerde abhelfen kann.[309] Wird der Beschwerde nicht abgeholfen, so ist sie vor Ablauf von einem Monat dem Bundespatentgericht vorzulegen. 129

Eine **mündliche Verhandlung** ist nicht zwingend vorgesehen. Sie hat aber stattzufinden, wenn einer der Beteiligten sie beantragt, vom Patentgericht Beweis erhoben wird oder das Patentgericht sie für sachdienlich erachtet.[310] 130

Praxistipp:

Um zu vermeiden, dass das Bundespatentgericht vor einer Begründung der Beschwerde entscheidet, ist es daher empfehlenswert, hilfsweise die Anberaumung einer mündlichen Verhandlung zu beantragen und/oder um eine angemessene Frist zur Begründung der Beschwerde zu bitten.

Über die Beschwerde wird durch Beschluss entschieden.[311] Das Bundespatentgericht kann in der Sache selbst entscheiden. 131

Es kann die angefochtene Entscheidung aber auch aufheben, wenn das DPMA noch nicht in der Sache selbst entschieden hat, das Verfahren vor dem DPMA an einem wesentlichen Mangel leidet oder neue Tatsachen und Beweismittel bekannt werden, die für die Entscheidung wesentlich sind.[312] 132

Der Beschwerdeführer kann die Beschwerde bis zur Beschwerdeentscheidung zurücknehmen. Das Bundespatentgericht ist an die Anträge der Beschwerdebeteiligten gebunden.[313] Die angefochtene Entscheidung kann grundsätzlich nicht zum Nachteil des Beschwerdeführers abgeändert werden.[314] 133

[301] BGH GRUR 1977, 508 – Abfangeinrichtung.
[302] BPatG MittdtschPatAnw 1970, 235.
[303] § 25 PatG.
[304] § 73 Abs. 2 PatG.
[305] § 47 Abs. 2 PatG.
[306] § 47 Abs. 2 S. 3 PatG.
[307] § 2 Abs. 1 PatKostG.
[308] 401.100 ff. PatKostG.
[309] § 73 Abs. 3 PatG.
[310] § 78 PatG.
[311] § 79 Abs. 1 PatG.
[312] § 79 Abs. 3 PatG.
[313] BGH Bl. 1972, 173 – Sortiergerät.
[314] BGH GRUR 1984, 870 – Schweißpistolenstromdüse II.

2. Rechtsbeschwerde gegen Beschlüsse des Bundespatentgerichtes

134 Die Rechtsbeschwerde[315] ist ein der Revision vergleichbares Rechtsmittel, das mit seiner Einlegung zu einer revisionsmäßig ausgestatteten Überprüfung einer Beschwerde, über die vom Bundespatentgericht entschieden worden ist, führt.[316] Grundsätzlich muss die Rechtsbeschwerde zugelassen worden sein. Sie ist zuzulassen, wenn eine Rechtsfrage von grundsätzlicher Bedeutung zu entscheiden ist oder die Fortbildung des Rechtes oder die Sicherung einer einheitlichen Rechtsprechung eine Entscheidung des Bundesgerichtshofes erfordert.[317]

135 Der Bundesgerichtshof entscheidet über eine Rechtsbeschwerde auch ohne Zulassung, wenn ein im Gesetz aufgeführter Verfahrensmangel vorliegt und gerügt wird.[318] Eine unbeschränkte Zulassung der Rechtsbeschwerde führt zu einer vollen Nachprüfung durch den Bundesgerichtshof, auch wenn für das Bundespatentgericht Motiv der Zulassung eine bestimmte Rechtsfrage war.[319]

3. Berufung gegen Urteile im Nichtigkeitsverfahren

136 Gegen die Urteile der Nichtigkeitssenate des Bundespatentgerichtes findet die Berufung an den Bundesgerichtshof statt.[320] Die Berufung wird durch Einreichung der Berufungsschrift innerhalb der einmonatigen Berufungsfrist beim Bundesgerichtshof eingelegt. Die Berufungsfrist beginnt mit der Zustellung des in vollständiger Form abgefassten Urteils, spätestens aber mit dem Ablauf von fünf Monaten nach der Verkündung.[321] Die Berufung ist gebührenfrei.

137 Die Berufung ist zu begründen.[322] Die Frist für die Berufungsbegründung beträgt einen Monat und beginnt mit der Einlegung der Berufung. Diese Frist ist verlängerbar, wenn durch die Verlängerung das Verfahren nicht verzögert wird oder wenn der Berufungsführer erhebliche Gründe darlegt.[323]

138 Die Berufungsbegründung muss enthalten:[324] (1.) die Erklärung, inwieweit das Urteil angefochten wird und welche Abänderungen des Urteils beantragt werden (Berufungsanträge); (2.) die bestimmte Bezeichnung der im Einzelnen anzuführenden Gründe der Anfechtung (Berufungsgründe) sowie die neuen Tatsachen, Beweismittel und Beweiseinreden, die die Partei zur Rechtfertigung anzuführen hat.

139 Der Bundesgerichtshof kann nach freiem Ermessen die zur Aufklärung der Sache erforderlichen Verfügungen treffen. Dies erfolgt in der Regel durch Einholung eines Sachverständigengutachtens. In der Regel macht der Bundesgerichtshof die Einholung des Sachverständigengutachtens von der Einzahlung eines Auslagenvorschusses durch den Berufungsführer abhängig. Das Urteil des Bundesgerichtshofes ergeht auf Grund einer mündlichen Verhandlung. Vor dem Bundesgerichtshof müssen sich die Parteien durch einen Patentanwalt oder einen Rechtsanwalt vertreten lassen. In der mündlichen Verhandlung kann der Bevollmächtigte mit einem technischen Beistand erscheinen. Letzteres kann insbesondere bei technisch komplizierten Sachverhalten förderlich sein, wenn der Sachverständige in der mündlichen Verhandlung Ausführungen zu seinem Gutachten oder zum Patent und dem Patent entgegengehaltenen Stand der Technik macht. **Anschlussberufung** kann grundsätzlich bis zum Ablauf von zwei Monaten nach Zustellung der Berufungsbegründung eingelegt werden; im Falle einer dem Berufungsbeklagten gesetzten Frist ist diese maßgebend.[325]

VIII. Wiedereinsetzungs-/Weiterbehandlungsverfahren

1. Wiedereinsetzung

140 Wer ohne Verschulden verhindert war, dem Deutschen Patent- und Markenamt, dem Bundespatentgericht oder dem Europäischen Patentamt gegenüber eine Frist einzuhalten, wird auf

[315] § 100 PatG.
[316] BGH GRUR 1983, 725 – Ziegelsteinformling I.
[317] § 100 Abs. 2 PatG.
[318] § 100 Abs. 3 PatG.
[319] BGH GRUR 1984, 797 – Zinkenkreisel.
[320] § 110 PatG.
[321] § 110 Abs. 3 PatG.
[322] § 112 Abs. 1 PatG.
[323] § 112 Abs. 2 PatG.
[324] § 112 Abs. 3 PatG.
[325] § 115 PatG.

Antrag wieder in den vorherigen Stand gesetzt.[326] Ausgenommen sind die Frist zur Erhebung des Einspruches bzw. die Frist, die dem Einsprechenden zur Einlegung der Beschwerde zusteht. Die Voraussetzung für die Gewährung der Wiedereinsetzung ist die Nachholung der unverschuldet versäumten Handlung innerhalb von zwei Monaten nach Wegfall des Hindernisses. Der Antrag ist ferner nur innerhalb eines Jahres nach Ablauf der versäumten Frist zulässig.

Die Wiedereinsetzung muss beantragt werden. Der Antrag muss die Angaben der die Wiedereinsetzung begründenden Tatsachen enthalten. Die versäumte Handlung ist innerhalb der Antragsfrist nachzuholen. In dem Antrag sind die Tatsachen vorzubringen, die für die Fristversäumung ursächlich geworden sind.[327] Mangelnde Sorgfalt des Beteiligten schließt die Wiedereinsetzung aus.[328] 141

Innerhalb der Zweimonatsfrist sind die zwischen Beginn und Ende der versäumten Frist liegenden, nicht aktenkundigen Umstände, die für die Frage bedeutsam sind, wie und gegebenenfalls durch wessen Verschulden es zur Fristversäumung gekommen ist, genau und umfassend darzulegen.[329] Pauschale Behauptungen reichen nicht aus. Es müssen substantiierte Angaben der Tatsachen vorgetragen werden, die für die Frage bedeutsam sind, ob die Zweimonatsfrist zur Stellung des Wiedereinsetzungsantrages gewahrt ist.[330] Formelhafte Angaben reichen hier nicht aus. Der Antrag auf Wiedereinsetzung in den vorherigen Stand vor dem **Europäischen Patentamt** ist gebührenpflichtig. Die Wiedereinsetzungsgebühr beträgt EUR 665,–.[331] 142

2. Weiterbenutzungsrecht

Wird das Patent nach seinem Erlöschen im Wege der Wiedereinsetzung wieder in Kraft gesetzt, kann ein Dritter ein Benutzungsrecht erlangt haben.[332] Sowohl nach PatG als auch nach EPÜ erhält derjenige ein Weiterbenutzungsrecht, der im guten Glauben die Erfindung in der Zeit zwischen dem Erlöschen und dem Wiederinkrafttreten des Patentes bzw. der Patentanmeldung in Benutzung genommen hat. Es ist ausreichend, in dieser Zeit die zur Benutzung erforderlichen Veranstaltungen zu treffen. Der Dritte ist befugt, den Gegenstand des Patentes bzw. der Patentanmeldung für die Bedürfnisse seines eigenen Betriebes in fremden oder eigenen Werkstätten weiter zu benutzen. Voraussetzung ist das materielle Erlöschen, ein falscher Rolleneintrag reicht nicht aus.[333] 143

3. Weiterbehandlung

Das europäische Patentübereinkommen (EPÜ) kennt das Institut der Weiterbehandlung.[334] Gegen die Entrichtung einer Weiterbehandlungsgebühr von EUR 265,– oder, wenn es sich eine Weiterbehandlung nach versäumter Gebührenzahlung handelt, 50 % der Grundgebühr,[335] wird eine europäische Patentanmeldung weiterbehandelt, wenn sie nach Versäumung einer vom Europäischen Patentamt bestimmten Frist als zurückgenommen gilt oder die Anmeldung infolge Versäumung einer derartigen Frist zurückgewiesen worden ist. 144

Das Institut der Weiterbehandlung ist auch ins Patentgesetz aufgenommen worden.[336] Die Wirkung dieser Bestimmung tritt vom 1.1.2005 ein. Dann kann bei Versäumen einer vom DPMA bestimmten Frist innerhalb eines Monats die Weiterbehandlung beantragt werden und gegen Zahlung von EUR 100,–[337] die versäumte Handlung innerhalb dieser Frist nachgeholt werden. 145

[326] § 123 PatG.
[327] Vgl. Benkard/Schäfers PatG § 123 Rn. 14.
[328] Zu den Anforderungen an die Sorgfaltspflicht siehe die Fallbeispiele in Benkard/Schäfers PatG § 123.
[329] BPatG MittdtschPatAnw 1962, 37.
[330] BPatG Bl. BMZ 1977, 117.
[331] Art. 2 Nr. 13 GebO EPÜ.
[332] § 123 Abs. 5 u. 7 PatG.
[333] BGH GRUR 1952, 564 – Wäschepresse.
[334] Artikel 121 EPÜ.
[335] Art. 2 Nr. 12 GebO EPÜ.
[336] § 123a PatG.
[337] 313.000, 323.000, 362.000 PatKostG.

IX. Das Patent als Gegenstand des Vermögens

1. Recht auf das Patent

146 Das Recht auf das Patent hat der Erfinder oder sein Rechtsnachfolger.[338] Das Recht an der Erfindung umfasst das Vermögensrecht als Recht auf das Patent und das Persönlichkeitsrecht als Recht auf die Nennung[339] als Erfinder auf der Offenlegungs- und Patentschrift. Das Vermögensrecht begründet das Recht auf das Patent und verpflichtet damit die Erteilungsbehörden. Erfinder ist die Person, die die Erfindung gemacht hat.[340]

147 Haben mehrere gemeinsam eine Erfindung gemacht, so steht ihnen das Recht auf das Patent gemeinschaftlich zu.[341] Der oder die Erfinder können nur natürliche Personen sein, die nicht geschäftsfähig sein müssen. Miterfinder sind nur solche Personen, die durch selbstständige geistige Mitarbeit zum Auffinden des Erfindungsgedankens einen schöpferischen Anteil beigetragen haben.[342] Der Beitrag des Miterfinders braucht nicht selbst erfinderisch zu sein.[343]

148 Haben mehrere die Erfindung **unabhängig** voneinander gemacht, so steht das Recht dem zu, der die Erfindung **zuerst** beim DPMA angemeldet hat.[344] Bei solchen „Parallelerfindungen" steht das Recht auf das Patent demjenigen Erfinder zu, dessen Anmeldung den frühesten Zeitrang geltend machen kann. Dieser „first-to-file-Grundsatz" gilt auch für Patente, die nach dem europäischen Patentübereinkommen angemeldet worden sind. Dagegen knüpft das US-amerikanische Recht an den „first-to-invent-Grundsatz" an, nach dem dort derjenige das Patent erhält, der tatsächlich zuerst die Erfindung gemacht hat.

149 Ist der Erfinder Arbeitnehmer und handelt es sich bei der Erfindung um eine Diensterfindung, also eine Erfindung, die entweder aus der dem Arbeitnehmer im Betrieb obliegenden Tätigkeit entstanden ist oder maßgeblich auf Erfahrungen oder Arbeiten des Betriebes beruht,[345] so erlangt der Arbeitgeber ein befristetes Recht, nach Meldung der Erfindung (vier Monate), diese in Anspruch zu nehmen,[346] um dann Rechtsnachfolger zu werden.

2. Übertragung

150 Das Recht auf das Patent, der Anspruch auf Erteilung des Patentes und das Recht aus dem Patent sind vererblich. Die Rechte können beschränkt oder unbeschränkt auf andere übertragen werden.[347] Dabei sind schuldrechtliche Übertragungsverpflichtungen möglich. Es gilt der Grundsatz der Vertragsfreiheit.[348]

151 Eine übertragene Erfindung ist im Zweifel angemessen zu vergüten.[349]

Praxistipp:

Da der Verkäufer eines Patentes kaum für den Bestand des Patentes haften oder garantieren kann, dass die Ausübung des Patentes keine Rechte Dritter verletzt, empfiehlt sich, in einem Kaufvertrag derartige Haftungsausschlüsse zu vereinbaren. Zu berücksichtigen ist auch, dass der Lizenzgeber auch ohne Zusicherung grundsätzlich für die technische Ausführbarkeit und Brauchbarkeit der Erfindung haftet.[350]

Bei einem Kaufvertrag über ein Schutzrecht muss ferner in Betracht gezogen werden, dass ggfs. parallele weitere Patente oder Gebrauchsmuster des Verkäufers existieren, ohne deren Benutzungsberechtigung das Patent nicht ausgeübt werden kann.

[338] § 6 S. 1 PatG.
[339] § 63 PatG.
[340] BGH GRUR 2001, 823 – Schleppfahrzeug.
[341] § 6 S. 2 PatG.
[342] Vgl. Moufang/Schulte PatG § 6 Rn. 21.
[343] BGH GRUR 1978, 583 – Motorkettensäge.
[344] § 6 S. 3 PatG.
[345] § 4 ArbEG.
[346] § 6 ArbEG.
[347] § 15 Abs. 1 PatG.
[348] Vgl. Busse/Keukenschrijver PatG § 6 Rn. 19.
[349] Siehe hierzu auch Busse/Keukenschrijver PatG § 6 Rn. 24.
[350] BGH GRUR 1960, 44 – Uhrengehäuse.

Ist eine internationale Benutzung des Patentes geplant, so müssen auch eventuell vorhandene parallele Auslandsschutzrechte in Betracht gezogen werden.

3. Lizenzen

Die obengenannten Rechte können ganz oder teilweise Gegenstand von ausschließlichen oder nicht ausschließlichen Lizenzen sein.[351] Die Lizenz ist im Kern die Erlaubnis, die technische Lehre, die Gegenstand eines Patentes ist oder werden soll, in einer gesetzlich dem Patentinhaber vorbehaltenen Weise zu benutzen.[352] 152

Die Lizenz wird in der Regel durch einen zweiseitigen Vertrag erteilt, an dem der Lizenznehmer und der Lizenzgeber beteiligt sind. Der Lizenznehmer erhält eine unbeschränkte oder beschränkte Nutzungserlaubnis am Patent. Der Lizenzgeber erhält eine Lizenzgebühr. Diese kann sich nach der Stückzahl oder nach den mit den lizensierten Erzeugnissen erzielten Umsätzen richten. 153

Die ausschließliche Lizenz erhebt den Lizenznehmer in die Position des Patentinhabers. Dieser ist bei einer ausschließlichen Lizenz selbst nicht nutzungsberechtigt. Eine ausschließliche Lizenz kann demnach nur einem zustehen.[353] 154

Praxistipp:

Als Lizenzgeber sollte beachtet werden, dass der Erwerber einer einfachen Lizenz die eigene Marktposition schwächen kann. Wird das Patent vom Lizenzgeber selbst nicht benutzt, so wird in der Regel eine ausschließliche Lizenz vergeben, um so dem Lizenznehmer die Monopolstellung zu verleihen. Es empfiehlt sich in diesem Falle, Mindestlizenzen oder Kündigungsklauseln bei nicht erreichtem Minimalumsatz zu vereinbaren.

Auch hier sind die oben erwähnten Haftungsausschlüsse (→ Rn. 155) zu beachten.

4. Verpfändung

Als im Rechtsgeschäft übertragbares Recht kann das Patent auch verpfändet werden. Patent und Patentanmeldung unterliegen darüber hinaus der Zwangsvollstreckung und sind nach den Vorschriften der ZPO pfändbar.[354] Die Zustellung des Pfändungsbeschlusses an das Deutsche Patent- und Markenamt ist nicht erforderlich, aber zweckmäßig.[355] 155

X. Das Verletzungsverfahren

1. Mandatsannahme und Vorüberlegungen

a) **Prozessvertretung und Postulationsfähigkeit**. Für den Rechtsanwalt oder den in einer Rechtsabteilung tätigen Unternehmensjuristen liegt die Schwierigkeit und zugleich der Reiz von **Patentstreitsachen** (§ 143 Abs. 1 PatG) darin, dass sie von ihm nicht nur Kenntnisse auf dem Gebiet des Patentrechts, sondern auch und wohl überwiegend technische Kenntnisse und **technisches Verständnis** verlangen. Nichts anderes gilt für Gebrauchsmusterstreitsachen (§ 27 Abs. 1 GebrMG) und, mit gewissen Einschränkungen, auch für arbeitnehmererfinderrechtliche Verfahren. 156

Die weit verbreitete Ansicht, insoweit müsse es doch ausreichen, sich für den Rechtsstreit der – allerdings unerlässlichen – Mitwirkung eines versierten Patentanwalts zu versichern, ist trügerisch. In der mündlichen Verhandlung vor der Kammer für Patentstreitsachen hat regelmäßig der Rechtsanwalt, nicht der mitwirkende, aber selbst **nicht postulationsfähige Patentanwalt**, zum Klageschutzrecht und zur Verletzungsfrage vorzutragen. Schon bei der Mandatsannahme muss sich der Rechtsanwalt daher darüber Klarheit verschaffen, ob er den technischen Sachverhalt, über den gestritten wird, auch tatsächlich beherrscht. 157

[351] § 15 Abs. 2 S. 1 PatG.
[352] Busse/Keukenschrijver/McGuire PatG § 15 Rn. 119.
[353] Vgl. Moufang/Schulte PatG § 15 Rn. 33; Busse/Keukenschrijver/McGuire PatG § 15 Rn. 126.
[354] RG GRUR 1935, 877 – hygienischer Spülapparat.
[355] Vgl. Busse/Keukenschrijver/McGuire PatG § 15 Rn. 104.

158 Regelmäßig ist die Mitwirkung eines versierten Patentanwalts im Verletzungsverfahren nicht nur sinnvoll, sondern aus sachlichen Gründen unerlässlich. Hiervon ist auch der Gesetzgeber ausgegangen und hat in § 143 Abs. 3 PatG die Erstattungsfähigkeit der durch die **Mitwirkung eines Patentanwalts** im Rechtsstreit entstehenden Kosten und notwendigen Auslagen geregelt. Häufig wird es auch so sein, dass patentrechtliche Mandate dem Rechtsanwalt nicht unmittelbar vom Mandanten, sondern durch Vermittlung eines Patentanwalts angetragen werden. Im Falle der Mitwirkung eines Patentanwalts ist es von besonderer Bedeutung, den **Informationsfluss** so zu kanalisieren, dass alle Beteiligten den gleichen Kenntnisstand haben. Es hat sich insoweit bewährt, die Korrespondenz mit dem Mandanten über den mitwirkenden Patentanwalt zu führen.

159 **b) Gerichtliche Zuständigkeit.** Für **Patentstreitsachen,** somit für alle Klagen, durch die ein Anspruch aus einem der im PatG geregelten Rechtsverhältnisse geltend gemacht wird, sind sachlich auf Grund von § 143 Abs. 1 PatG die **Zivilkammern der Landgerichte** (als „Patentstreitkammern") ohne Rücksicht auf den Streitwert **ausschließlich** zuständig. Der Begriff der Patentstreitsache wird entsprechend dem Sinn und Zweck des Gesetzes weit ausgelegt.[356] Neben den im PatG ausdrücklich geregelten Ansprüchen hat die Rechtsprechung[357] unter anderem auch Bereicherungsansprüche (§§ 812 ff. BGB), Klagen auf Unterlassung einer Patentberühmung (§ 3 UWG)[358] und namentlich auch vertragliche Ansprüche aus (Patent-)Lizenzverträgen[359] zu den Patentstreitsachen gerechnet.

160 Von der Ermächtigung nach § 143 Abs. 2 PatG, durch Rechtsverordnung die Patentstreitsachen für die Bezirke mehrerer Landgerichte einem von ihnen zuzuweisen, haben die meisten Bundesländer Gebrauch gemacht und auf diese Weise eine weitgehende **Konzentration** der Patentstreitsachen bei bestimmten Landgerichten[360] herbeigeführt, die den patentrechtlichen und technischen Sachverstand bei den hiernach zuständigen Spruchkörpern bündeln soll.

161 Da für die **örtliche Zuständigkeit** die allgemeinen Vorschriften der Europäischen Verordnung über die gerichtliche Zuständigkeit und die Anerkennung und Vollstreckung von Entscheidungen in Zivil- und Handelssachen vom 22.12.2000 (EuGVVO) und die allgemeinen Vorschriften der ZPO gelten, bietet sich dem Kläger regelmäßig eine Fülle von möglichen Gerichtsständen, unter welchen er – nicht zuletzt **unter taktischen Gesichtspunkten** – frei wählen kann. So wird der Kläger als Schutzrechtsinhaber stets daran interessiert sein, eine eher schutzrechtsfreundliche Patentstreitkammer anzurufen. Mit einem klaren Fall wird er möglicherweise eher eine Patentstreitkammer anrufen, die für kurzfristige Terminierungen und Entscheidungen bekannt ist. Mit einem schwierigen Fall wird er möglicherweise eine besonders erfahrene Kammer anrufen, mit einem sehr zweifelhaften vielleicht aber eine eher unerfahrene Kammer. Erleichtert wird ihm dies dadurch, dass zum einen bei Patentverletzungen als unerlaubten Handlungen regelmäßig der Gerichtstand des § 32 ZPO gegeben ist und zum anderen Patentverletzungen regelmäßig bundesweit begangen werden oder zumindest im Sinne einer Erstbegehungsgefahr drohen. Daneben treten die Gerichtsstände des Sitzes (§ 17 ZPO), der gewerblichen Niederlassung (§ 21 ZPO) und des Vermögens (§ 23 ZPO) in den Hintergrund.

162 In den durchaus häufigen Patentverletzungsfällen mit **europäischen Anknüpfungspunkten** kommt der dem nationalen deutschen Recht bislang noch fremde Gerichtsstand der Streitgenossenschaft nach Art. 8 Nr. 1 EuGVVO hinzu, der dem Kläger weitere Wahlmöglichkeiten eröffnet, wenn mehrere Verletzer an einer Verletzungshandlung beteiligt sind, etwa im Falle einer Lieferkette.[361] Dann können sämtliche Streitgenossen zusammen vor dem Gericht in Anspruch genommen werden, dessen Zuständigkeit am Sitz eines der Verletzer begründet ist.

---

[356] BGH GRUR 1955, 83 – Autostadt.

[357] Vgl. auch Benkard PatG § 143 Rn. 4; Busse/Keukenschrijver/Kaess PatG § 143 Rn. 63 ff., 52 ff.; jeweils mwN aus der Rspr.

[358] OLG Düsseldorf JurBüro 1986, 1904.

[359] BGH GRUR 1953, 114 – Heizflächenreinigung; BGH GRUR 1968, 218 – Kugelschreiber.

[360] Aktuelle Übersicht über sämtliche Sonderzuweisungen im Bereich des Gewerblichen Rechtsschutzes unter www.grur.de; für Patentstreitigkeiten gelten derzeit folgende Sonderzuweisungen: **Baden-Württemberg:** LG Mannheim; **Bayern:** LG München I für den OLG Bezirk München, LG Nürnberg-Fürth für die OLG Bezirke Nürnberg und Bamberg; **Brandenburg:** LG Berlin; **Bremen:** LG Hamburg; **Hamburg:** LG Hamburg; **Hessen:** LG Frankfurt; **Mecklenburg-Vorpommern:** LG Hamburg; **Niedersachsen:** LG Braunschweig; **Nordrhein-Westfalen:** LG Düsseldorf; **Rheinland-Pfalz:** LG Frankfurt am Main; **Sachsen:** LG Leipzig; **Sachsen-Anhalt:** LG Magdeburg; **Schleswig-Holstein:** LG Hamburg; **Thüringen:** LG Erfurt. Soweit keine Sonderzuweisung erfolgt ist, richtet sich die Zuständigkeit nach den allgemeinen Regeln: LG Berlin für das Land **Berlin;** LG Saarbrücken für das **Saarland.**

[361] Zur internationalen Zuständigkeit: Adolphsen, Europäisches und Internationales Zivilprozessrecht in Patentsachen; Kühnen Kap. D. Rn. 2 ff.

Am Gerichtsstand des Sitzes des Beklagten können anerkanntermaßen auch Rechte aus Paten- 163
ten geltend gemacht werden, die für ein anderes Territorium Schutz beanspruchen als den Staat des Sitzes. So können etwa gegenüber einer Beklagten mit Sitz in Deutschland an dem für ihren Sitz zuständigen Gericht[362] auch die Rechte aus beispielsweise einem nationalen französischen Patent oder dem italienischen Teil eines europäischen Patentes geltend gemacht werden. Allerdings hat das Verletzungsgericht in diesem Falle dann auch das jeweilige ausländische Recht sowohl für die Patentverletzung als auch für die sich hieraus ergebenden Rechtsfolgen anzuwenden. Erhebt allerdings in einem solchen Falle der Beklagte den Einwand der Nichtigkeit des (ausländischen) Klagepatents, so sollen nach der Rechtsprechung des EuGH[363] ausschließlich die Gerichte des Erteilungsstaats für den Rechtsstreit zuständig sein, was allerdings dazu führt, dass aus ausländischen Patenten – eigentlich systemwidrig – regelmäßig nicht im (allgemeinen) Gerichtsstand des Beklagten geklagt werden kann.

Eine interessante Besonderheit gilt in Fällen mit europäischem Auslandsbezug für **Feststel- 164
lungsklagen.** Während nach deutschem Zivilprozessrecht das für die Erhebung der (negativen) Feststellungsklage, etwa einer Klage auf Feststellung der Nichtverletzung eines Patents, erforderliche Feststellungsinteresse dann entfällt, wenn der beklagte Schutzrechtsinhaber seinerseits (möglicherweise auch an einem anderen Gerichtsstand) die Leistungsklage (auf Unterlassung der Patentverletzung) erhebt und diese nach Verlesung der Anträge nicht mehr ohne Einwilligung des vermeintlichen Verletzers zurückgenommen werden kann, stellt sich die Rechtslage im Anwendungsbereich des EuGVÜ anders dar. Nach der Rechtsprechung des für die Auslegung des EuGVVO zuständigen EuGH haben dort die (negative) Feststellungsklage und die Leistungsklage (Unterlassungsklage) denselben Streitgegenstand, mit der Folge, dass – anders als nach nationalem deutschen Zivilprozessrecht – nicht etwa durch die nachträgliche Erhebung der Leistungsklage das Feststellungsinteresse entfällt, sondern vielmehr die Rechtshängigkeit der Feststellungsklage der (späteren) Unterlassungsklage entgegensteht. Wenn also beispielsweise der vermeintliche Patentverletzer, ein in Mailand ansässiges italienisches Unternehmen, infolge einer Abmahnung fürchten muss, demnächst von dem Inhaber eines deutschen Patents mit Sitz in Düsseldorf dort in Anspruch genommen zu werden, so kann er durch Erhebung der (negativen) Feststellungsklage in Mailand (als dem Gericht seines Sitzes) verhindern, von dem Patentinhaber in Düsseldorf (als dem Gericht der unerlaubten Handlung) auf Unterlassung verklagt und verurteilt zu werden. Das Düsseldorfer Gericht muss vielmehr nach Art. 27 EuGVVO den Rechtsstreit wegen anderweitiger Rechtshängigkeit aussetzen. Der Vorteil des vermeintlichen Patentverletzers liegt auf der Hand: Die durchschnittliche Dauer eines Patentverletzungsverfahrens in Mailand liegt erheblich über der vor der Patentstreitkammer in Düsseldorf und wird in vielen Fällen selbst den Ablauf der in Rede stehenden Schutzrechte überdauern. Dieser Schachzug hat zwischenzeitlich unter der Bezeichnung **„Italian Torpedo"** eine nicht ganz unzweifelhafte Berühmtheit erlangt.

Überzeugende Verteidigungsstrategien gegen dieses Vorgehen sind bislang nicht bekannt ge- 165
worden. Dem Schutzrechtsinhaber bleibt zwar die Möglichkeit, im Wege der Widerklage den vermeintlichen Verletzer in Mailand in Anspruch zu nehmen.

Ob er damit allerdings eine Beschleunigung dieses Verfahrens erreichen wird, steht zu be- 166
zweifeln. In Fällen offensichtlichen Rechtsmissbrauchs mag man aber die Anforderungen an die Dringlichkeit im Rahmen eines Verfahrens auf Erlass einer Einstweiligen Verfügung, welches im Beispielsfall nach Art. 31 EuGVVO auch in Düsseldorf zulässig wäre, großzügiger bemessen.[364]

Praxistipp:

Schließlich bleibt dem Schutzrechtsinhaber, wenn er im Einzelfall Anhaltspunkte dafür hat, dass ein vermeintlicher Patentverletzer den „Italien Torpedo" zünden könnte, noch die Möglichkeit, ohne vorherige Abmahnung unmittelbar zu klagen, um der (negativen) Feststellungsklage zeitlich zuvorzukommen.

[362] Nicht hingegen im Gerichtsstand der unerlaubten Handlung, LG Düsseldorf GRUR Int. 1999, 455 – Schussfadengreifer.

[363] EuGH GRUR 2007, 49 ff. – GAT; hierzu Kühnen Kap. D. Rn. 11 mwN.

[364] In diesem Sinne LG Düsseldorf 8.7.1999 (4 O 187/99), GRUR 2000, 692.

167 Zu beachten ist schließlich, dass für die Klage auf Zahlung einer angemessenen Entschädigung nach § 33 PatG der deliktische Gerichtsstand nicht gegeben ist. Die Benutzung des Gegenstands der offengelegten Anmeldung ist lediglich entschädigungspflichtig, nicht aber rechtswidrig.

168 c) **Aktiv- und Passivlegitimation, Beklagtenmehrheit und -auswahl.** Ohne an dieser Stelle bereits näher auf die einzelnen Ansprüche einzugehen, die das erteilte Patent oder eine Patentanmeldung vermitteln, ist zunächst festzuhalten, dass der (in die Patentrolle nach § 30 PatG **eingetragene**) **Inhaber** des Patents für die Geltendmachung von Unterlassungs-, Auskunfts-, Schadensersatz-, Entschädigungs-, Bereicherungs- und/oder Vernichtungsansprüchen aktivlegitimiert ist.[365] Daneben ist auch der **Lizenznehmer** einer ausschließlichen Lizenz – anders als der einfache Lizenznehmer – schon aus eigenem Recht zur Geltendmachung der genannten Ansprüche berechtigt. Dem einfachen Lizenznehmer können wie jedem Dritten die genannten Ansprüche, mit Ausnahme des nicht ohne das Patent selbst übertragbaren Unterlassungsanspruchs, abgetreten werden. Unterlassungsansprüche können vom einfachen Lizenznehmer oder von Dritten allenfalls im Wege der **gewillkürten Prozessstandschaft** im eigenen Namen geltend gemacht werden, wenn sie hierzu wirksam ermächtigt worden sind und ihnen eigene schutzwürdige Interessen zur Seite stehen.

169 Passivlegitimiert ist der **Patentverletzer.**[366] Dies ist nach dem Wortlaut des § 139 PatG zunächst derjenige, der entgegen den §§ 9 bis 13 PatG eine patentierte Erfindung benutzt, also eine der dort genannten und allein dem Patentinhaber zustehenden Benutzungshandlungen **in eigener Person** vornimmt. Dies können bei einem Erzeugnispatent (§ 9 S. 2 Nr. 1 PatG) unter anderen etwa der Hersteller, der Importeur, der Zwischenhändler oder der gewerbliche Anwender sein.

170 Sie alle haben in eigener Person relevante Benutzungshandlungen verwirklicht, können auf Unterlassung in Anspruch genommen werden und haften nach den Regeln des allgemeinen Deliktsrechts bei Verschulden auf Schadensersatz, und zwar als Gesamtschuldner nach §§ 840, 421 ff. BGB. Nach allgemeinem Deliktsrecht kann aber darüber hinaus auch jeder in Anspruch genommen werden, der hiernach als **Mittäter, Anstifter oder Gehilfe** anzusehen ist (§§ 830, 840, 421 ff. BGB).[367] Bei Unternehmen haften für Patentverletzungshandlungen als Mittäter regelmäßig die **gesetzlichen Vertreter,** also insbesondere Geschäftsführer,[368] Vorstände, persönlich haftende Gesellschafter usw., soweit sie sich nicht beispielsweise dadurch entlasten können, dass sie auf Grund einer unternehmensinternen Aufgabenverteilung (etwa der Geschäftsverteilung zwischen mehreren Geschäftsführern) für die Patentverletzungshandlungen keine Verantwortung tragen.[369] Umgekehrt haften juristische Personen für die Handlungen ihrer Organe nach § 31 BGB.

Praxistipp:

Es ist in Patentverletzungsprozessen üblich, auch die gesetzlichen Vertreter mit in Anspruch zu nehmen. Dieses Vorgehen bietet nicht nur in der Insolvenz des Unternehmens Vorzüge, sondern kann dazu beitragen, den gesetzlichen Vertreter davon abzuhalten, die ihm verbotenen Handlungen für Rechnung eines anderen Unternehmens fortzusetzen.

171 Welchen von mehreren Verletzern er im Wege der Klage in Anspruch nimmt, wird der Kläger unter taktischen Gesichtspunkten entscheiden. Regelmäßig wird er insoweit zwischen dem Hersteller, dem Zwischenhändler, dem Einzelhändler und/oder dem gewerblichen Anwender wählen können. So mag er beispielsweise den konkurrierenden Hersteller eines patentierten Erzeugnisses

[365] Zur Abweichung von materieller Rechtslage und Registerlage BGH GRUR 2013, 713 – Fräsverfahren; zur Aktivlegitimation des Inhabers trotz ausschließlicher Lizenzvergabe BGH GRUR 2011, 711 – Cinch-Stecker; BGH GRUR 2013, 1269 – Wundverband; BGH GRUR 2008, 896 – Tintenpatrone I.

[366] Zur Störerhaftung siehe Kühnen Kap. D. Rn. 327 f.

[367] BGH MittdtschPatAnw 2002, 416 – Funkuhr.

[368] BGH GRUR 2016, 257 – Glasfasern II; siehe zur Geschäftsführerhaftung auch Meier-Beck GRUR 2016, 865 (871 f.).

[369] Die Verpflichtung des Geschäftsführers, für die Beachtung absoluter Rechte Dritter Sorge zu tragen, knüpft an den von dem Geschäftsführer wahrzunehmenden Verantwortungsbereich an. Sind die Aufgaben des Geschäftsführers einem weiteren gesetzlichen Vertreter zur verantwortlichen Wahrnehmung übertragen, haftet dieser allein, solange der nicht-zuständige Geschäftsführer nicht von dem Verletzen abgemahnt wird oder in anderer Weise positive Kenntnis von der Rechtsverletzung erhält (LG Düsseldorf Entscheidungen 1997, 84 f. – Tortenbehälter).

auf Unterlassung verklagen, dessen Abnehmern aber die Gewährung einer Pauschallizenz für die Vergangenheit sowie die künftige Belieferung anbieten.

d) **Möglichkeit zu Darlegung und Nachweis einer Patentverletzungshandlung.** Bereits im Rahmen der Vorüberlegungen muss größte Sorgfalt auf die tatsächliche Möglichkeit des Nachweises von zumindest einer unverjährten Patentverletzungshandlung gelegt werden. Grundsätzlich **hat der Kläger darzulegen und gegebenenfalls zu beweisen,** dass von sämtlichen Merkmalen der geltend gemachten Patentansprüche Gebrauch gemacht wird. Im Falle eines Erzeugnispatentes wird dies regelmäßig die Vorlage eines **Musters** der angegriffenen Ausführungsform erfordern, anhand dessen die Verletzung aller Merkmale der geltend gemachten Patentansprüche aufgezeigt werden kann. Gegebenenfalls muss das Muster hierfür auch zerlegt werden. Bei großen Gegenständen kann es sich empfehlen, verkleinerte **Modelle** der angegriffenen Ausführung vorzulegen. Hilfreich sind auch **Abbildungen,** wobei allerdings aus den Abbildungen wiederum erkennbar sein muss, dass sämtliche Merkmale der geltend gemachten Patentansprüche verletzt sind. Auch durch die Vorlage von selbstgefertigten **Zeichnungen** kann gegebenenfalls eine Verletzungshandlung dargelegt und – wenn die Richtigkeit der Zeichnung unstreitig bleibt – nachgewiesen werden. Wenngleich die Darlegung einer Patentverletzung in der Klageschrift unter Antritt von **Zeugenbeweis** noch möglich erscheint, wird die Beweisführung durch Zeugenbeweis problematisch sein, da der Zeuge die Verletzung sämtlicher Merkmale der geltend gemachten Patentansprüche bestätigen müsste. Dass dies gelingen kann, ist allenfalls bei einfachsten Gegenständen realistisch. 172

Voraussetzungen, Umfang und Rechtsfolgen des Besichtigungsanspruchs sind nunmehr in **§ 140c PatG** geregelt. Hiernach kann derjenige, der **mit hinreichender Wahrscheinlichkeit** entgegen den §§ 9 bis 13 eine patentierte Erfindung benutzt, von dem Rechtsinhaber oder einem anderen Berechtigten auf Vorlage einer Urkunde oder Besichtigung einer Sache, die sich in seiner Verfügungsgewalt befindet, oder eines Verfahrens, das Gegenstand des Patentes ist, in Anspruch genommen werden, wenn dies zur Begründung von dessen Ansprüchen erforderlich ist. Besteht die hinreichende Wahrscheinlichkeit einer in gewerblichem Ausmaß begangenen Rechtsverletzung, erstreckt sich der Anspruch auch auf die Vorlage von Bank-, Finanz- oder Handelsunterlagen. Soweit der vermeintliche Verletzer geltend macht, dass es sich um vertrauliche Informationen handelt, trifft das Gericht die erforderlichen Maßnahmen, um den im Einzelfall gebotenen Schutz zu gewährleisten. Nach § 140c Abs. 2 PatG ist der Anspruch nach Absatz 1 **ausgeschlossen,** wenn die Inanspruchnahme im Einzelfall **unverhältnismäßig** ist. § 140c Abs. 3 PatG sieht vor, dass die Verpflichtung zur Vorlage einer Urkunde oder zur Duldung der Besichtigung einer Sache im Wege der einstweiligen Verfügung nach den §§ 935 bis 945 der Zivilprozessordnung angeordnet werden kann, und dass das Gericht die erforderlichen Maßnahmen trifft, um den Schutz vertraulicher Informationen zu gewährleisten. Dies gilt insbesondere in den Fällen, in denen die einstweilige Verfügung ohne vorherige Anhörung des Gegners erlassen wird. Darüber hinaus kommen nunmehr gemäß § 145a PatG in Patentstreitverfahren Bestimmungen des Geschäftsgeheimnisgesetzes zur Anwendung. 173

Schon vor dem Inkrafttreten des § 140c PatG hat sich für die **Durchsetzung des Besichtigungsanspruchs** und zugleich für die Zwecke der **Beweissicherung** in der Praxis eine Kombination aus selbstständigem Beweisverfahren (§§ 485 ff. ZPO) und einer auf Duldung der Besichtigung gerichteten einstweiligen Verfügung bewährt. Hierbei wird im Wege eines schriftlichen Sachverständigengutachtens Beweis über die Frage der Patentverletzung erhoben. Die Duldung der Besichtigung wird mittels einstweiliger Verfügung angeordnet. Als geeigneter Sachverständiger kommt etwa ein Patentanwalt in Betracht. Den Geheimhaltungsinteressen des vermeintlichen Patentverletzers kann durch geeignete Anordnungen Rechnung getragen werden.[370] 174

Hinzu kommt die Möglichkeit, nach §§ 142, 144 ZPO im Rahmen eines laufenden Rechtsstreits die Einnahme des **Augenscheins** oder die **Begutachtung** durch einen Sachverständigen anzuordnen.[371] 175

Für Patente, deren Gegenstand ein Verfahren zur Herstellung eines neuen Erzeugnisses ist, greift die **Beweisregel des § 139 Abs. 3 PatG** ein, wonach bis zum Beweis des Gegenteils das gleiche Erzeugnis, das von einem anderen hergestellt worden ist, als nach dem patentierten Verfahren hergestellt gilt. 176

---

[370] Zur verfahrensrechtlichen Durchsetzung ausführlich Kühnen Kap. D. Rn. 103 ff. mit einem Muster einer selbstständigen Beweisanordnung, kombiniert mit einer auf § 809 BGB gestützten einstweiligen Duldungsverfügung.

[371] BGH GRUR 2006, 962 – Restschadstoffentfernung.

177 e) **Zwang zur Klagenkonzentration gemäß § 145 PatG.** Im Rahmen der Vorüberlegungen hat der Kläger sich auch Gewissheit darüber zu verschaffen, welche Patente ihm im Verfahren gegen den Beklagten wegen der beanstandeten Verletzungshandlungen zur Seite stehen. Denn der Gesetzgeber hat vorgesehen, dass im Rahmen einer Patentverletzungsklage **alle dem Kläger zur Verfügung stehenden Patente** geltend gemacht werden sollen, um den vermeintlich wirtschaftlich schwächeren Beklagten davor zu bewahren, nach und nach aus einer Vielzahl von Patenten in getrennten und kostspieligen Verfahren in Anspruch genommen zu werden. Nach § 145 PatG kann daher derjenige, der eine Klage aus § 139 PatG erhoben hat, gegen den Beklagten wegen derselben oder einer gleichartigen Handlung auf Grund eines anderen Patentes nur dann eine weitere Klage erheben, wenn er ohne sein Verschulden nicht in der Lage war, auch dieses Patent in dem früheren Rechtsstreit geltend zu machen. Sicherheitshalber sollten sämtliche in Betracht kommende Schutzrechte bereits erstinstanzlich geltend gemacht werden.[372] Es müssen indes nicht sämtliche Ansprüche aus einem Schutzrecht gegen gleichartige Ausführungsformen in einem einzigen Prozess erhoben werden.[373] Durch eine Beschränkung der Klage auf zunächst eine Ausführungsform lässt sich unter Umständen das Prozessrisiko minimieren.

178 f) **Verjährung.** Im Rahmen der Vorüberlegungen ist zu ermitteln, ob zumindest eine Patentverletzungshandlung aus unverjährter Zeit nachweisbar ist. Nach § 141 S. 1 PatG finden auf die Verjährung der Ansprüche wegen Verletzung des Patentrechtes die entsprechenden Vorschriften des Bürgerlichen Gesetzbuchs (BGB) Anwendung.[374] Damit verjähren der Unterlassungs- und der Schadensersatzanspruch nach der regelmäßigen Verjährungsfrist (§ 195 BGB) in drei Jahren, wobei die Verjährungsfrist mit dem Schluss des Jahres beginnt, in dem die Verletzungshandlung vorgenommen wurde (§ 199 Abs. 1, 5 BGB) und der Gläubiger von den den Anspruch begründenden Umständen und der Person des Verletzers Kenntnis erlangt hat oder ohne grobe Fahrlässigkeit erlangen musste. Unabhängig von der Kenntnis oder fahrlässigen Unkenntnis verjährt der Schadensersatzanspruch nach zehn Jahren (§ 199 Abs. 3 BGB), spätestens jedoch 30 Jahre nach dem schadensauslösenden Ereignis. Für den Entschädigungsanspruch nach § 33 PatG gelten dieselben Vorschriften mit der Maßgabe, dass die Verjährung frühestens ein Jahr nach Erteilung des Patentes eintritt (§ 33 Abs. 3 PatG). Der Bereicherungsanspruch verjährt nach § 141 S. 2 PatG, § 852 BGB in zehn Jahren nach der Entstehung, spätestens in 30 Jahren nach dem Eintritt des den Schaden auslösenden Ereignisses.

179 g) **Kostenrisiko.** Bei der Ermittlung des Kostenrisikos ist zunächst zu berücksichtigen, dass im Rahmen einer Patentverletzungsklage zum einen regelmäßig neben den prozessbevollmächtigten Rechtsanwälten noch auf beiden Seiten **Patentanwälte mitwirken.** Deren Kosten sind nach § 143 Abs. 3 PatG vollständig erstattungs- und festsetzungsfähig (§ 91 ZPO), wobei die Erforderlichkeit der Mitwirkung eines Patentanwalts im Festsetzungsverfahren nicht geprüft wird. Für die Partei fallen auch für die Mitwirkung eines Patentanwalts grundsätzlich die Gebühren nach dem RVG an.

180 Die Erstattungsfähigkeit der Kosten eines zusätzlich noch mitwirkenden **Verkehrsanwalts** richtet sich nach den allgemeinen Grundsätzen und scheidet daher in aller Regel aus. Erstattungsfähig sind demgegenüber regelmäßig die Kosten für eine oder mehrere erforderliche Informations- und Besprechungsreisen. Von deren Erforderlichkeit ist allerdings in Patentverletzungsstreitigkeiten grundsätzlich auszugehen.

181 Bei der Abschätzung des Kostenrisikos muss von vornherein damit gerechnet werden, dass der aus einem Patent in Anspruch genommene Verletzer den Bestand des Schutzrechts mit einer **Nichtigkeitsklage** angreifen wird. Da der mangelnde Rechtsbestand des Patentes im Verletzungsverfahren kein zulässiger Einwand ist, muss der vermeintliche Verletzer, sofern er sich auf den fehlenden Rechtsbestand berufen will, ein Nichtigkeitsverfahren einleiten. Die hierfür anfallenden Kosten können nicht im Verletzungsverfahren festgesetzt werden.

182 Das Kostenrisiko des § 93 ZPO, nämlich auf ein sofortiges Anerkenntnis des Beklagten die Kosten tragen zu müssen, lässt sich im Patentrecht ebenso wie in anderen Bereichen des gewerblichen Rechtsschutzes dadurch auffangen, dass der vermeintliche Verletzer vor Klage-

[372] Eine Klageerweiterung um ein weiteres Schutzrecht in der Berufungsinstanz kann nicht pauschal auf § 145 PatG gestützt werden, sondern muss der von § 533 ZPO verlangten Sachdienlichkeit genügen. – OLG Düsseldorf GRUR 2021, 2169.

[373] Vgl. BGH GRUR 2021, 461 – Fensterflügel.

[374] Zur Verjährungsregelung siehe auch Busse/Keukenschrijver PatG § 141 Rn. 1 ff. mwN.

erhebung **abgemahnt** und zur Abgabe einer strafbewehrten Unterlassungserklärung aufgefordert wird.[375]

Der **Streitwert** der Patentverletzungsklage, der maßgeblich für die Ermittlung der Gerichts- und Anwaltskosten ist, ist vom Gericht nach billigem Ermessen festzusetzen (§ 3 ZPO). Regelstreitwerte sind im Patentrecht unbekannt. Für den – im Vordergrund stehenden – Unterlassungsanspruch kommt es insoweit allein auf das wirtschaftliche Interesse des Klägers an der Unterlassung durch den Beklagten an. Für die objektivierte Bewertung dieses Interesses wiederum kommt es auf den Wert der durch das Schutzrecht vermittelten Monopolstellung einerseits und auf den vom Beklagten ausgehenden Angriffsfaktor andererseits an. Der Wert der durch das Schutzrecht vermittelten **Monopolstellung** wird meist anhand der unter Nutzung des Schutzrechts erzielten Umsätze bemessen, wobei nicht zuletzt die verbleibende Restlaufzeit des Schutzrechts in Rechnung zu stellen ist. Bei nur noch kurzer Restlaufzeit ist dieser Wert deutlich geringer als bei langer Restlaufzeit. Bei mittlerer Restlaufzeit mag der durchschnittliche, unter Nutzung des Schutzrechts erzielte Jahresumsatz des Klägers als erster Anhaltspunkt für sein Interesse an der Durchsetzung des Unterlassungsanspruchs dienen. Für die Bemessung des **Angriffsfaktors,** der vom vermeintlichen Verletzer ausgeht, ist zunächst auf dessen wirtschaftliche Potenz, auf die von seinen Handlungen ausgehende Gefahr, auf seine Hartnäckigkeit und seine Verantwortlichkeit abzustellen. Hinzu kommt der Wert der weiter geltend gemachten Ansprüche. Vom **Gesamtstreit** einer typischen Patentverletzungsklage, mit der Unterlassungs-, Auskunfts- und Schadensersatzfeststellungsanspruch gelten gemacht werden, entfallen bei mittlerer Restlaufzeit des Schutzrechts rund 60 bis 70 % auf den Unterlassungsanspruch, rund 10 bis 15 % auf den Auskunftsanspruch und rund 25 bis 30 % auf den Schadensersatzfeststellungsanspruch. Bei kurzer Restlaufzeit verschieben sich die Anteile zugunsten der Auskunfts- und Schadensersatzfeststellungsansprüche und zu Lasten des Unterlassungsanspruchs. 183

Wie andere Rechtsgebiete des gewerblichen Rechtsschutzes auch, sieht das Patentgesetz in § 144 PatG eine **Streitwertermäßigung** vor, wenn eine der Parteien glaubhaft macht, dass die Belastung mit den Prozesskosten nach dem vollen Streitwert ihre wirtschaftliche Lage erheblich gefährden würde, und sie die Herabsetzung beantragt. Der Antrag muss grundsätzlich vor der Verhandlung zur Hauptsache gestellt werden (§ 144 Abs. 2 S. 2 PatG). Dass dieser Vorschrift neben den Vorschriften über die Gewährung von Prozesskostenhilfe ein originärer Anwendungsbereich zukommen soll, ist nicht unbedenklich. Schließlich verschiebt sie im Ergebnis – in unangemessener Weise – das Prozesskostenrisiko zu Lasten der anderen Partei. Wird die Streitwertermäßigung gewährt, so hat die begünstigte Partei Gerichts- und Anwaltskosten unabhängig vom Prozessausgang nur nach dem zu ihren Gunsten festgesetzten Teilstreitwert zu zahlen. Für den Prozessgegner bleibt hingegen der ebenfalls festzusetzende, „wahre" Streitwert maßgeblich. 184

h) Strafbare Patentverletzung nach § 142 PatG. Die Patentverletzung ist nach § 142 PatG **grundsätzlich strafbar.** Insoweit haben die Strafverfolgungsbehörden und die Strafgerichte im Rahmen ihrer Kompetenzen bei der Prüfung des objektiven Tatbestands auch die Frage der Patentverletzung zu prüfen. Es empfiehlt sich allerdings nicht, bereits vor dem Erlass einer zivilrechtlichen Entscheidung über die Frage der Patentverletzung an die Strafverfolgungsbehörden heranzutreten. Diese sind nicht nur mit der Strafvorschrift des § 142 PatG wenig vertraut, es wird ihnen naturgemäß auch regelmäßig schwer fallen, über die Frage der Patentverletzung zu entscheiden. 185

Sinnvoll und sehr effektiv kann allerdings die Einleitung eines Strafverfahrens sein, wenn sich ein Patentverletzer trotz vollstreckbaren Unterlassungstitels und bereits erfolgter Festsetzung von Ordnungsmitteln auf zivilrechtlichem Wege nicht von weiteren Verletzungshandlungen abhalten lässt. Wenn die patentrechtlichen Vorfragen bereits einmal von den dafür zuständigen Spruchkörpern entschieden worden sind und die Sach- und Rechtslage in der Strafanzeige bzw. Strafantrag sorgfältig aufbereitet wird, ist die Einleitung des Strafverfahrens, an dem sich der Verletzte als **Nebenkläger** beteiligen kann, durchaus Erfolg versprechend. Die geringe Anzahl der in der Kommentarliteratur zur strafbaren Patentverletzung zitierten Entscheidungen überrascht und mag darauf zurückzuführen sein, dass viele dieser Verfahren mit der Rechtskraft eines Strafbefehls enden. 186

Gegenstände, auf die sich die Straftat bezieht, können eingezogen werden (§ 142 Abs. 5 PatG). Auf Antrag kann die **Verurteilung öffentlich bekannt gemacht** werden (§ 142 Abs. 6 PatG), was 187

[375] Zur Haftung des gesetzlichen Vertreters für unberechtigte Schutzrechtsverwarnungen BGH GRUR Glasfasern II, zur Haftung des Rechtsberaters BGH GRUR 2016, 630 – Unberechtigte Schutzrechtsverwarnung II (mAnm Keller).

beispielsweise durch Einrückung des vollständigen Urteils mit Begründung im Handelsblatt vollzogen werden kann.

2. Die Verletzungsklage

188 Der Aufbau der Klageschrift folgt zunächst den üblichen Gepflogenheiten. Nach der Anschrift des Gerichts, dem vollen Rubrum und der Angabe zum (vorläufig geschätzten) Streitwert folgen die Klageanträge. Im Aktivrubrum wird nach den Prozessbevollmächtigten üblicherweise der mitwirkende Patentanwalt benannt.

189 **a) Die Klageanträge.** Die Klageanträge können beispielsweise (beklagt sind eine GmbH und ihr Geschäftsführer; die Klägerin beansprucht Schadensersatz und Entschädigung) – wie folgt formuliert werden:[376]

Muster:

190 I. Die Beklagten werden verurteilt,

1. es bei Meidung eines für jeden Fall der Zuwiderhandlung vom Gericht festzusetzenden Ordnungsgeldes bis zu EUR 250.000,– – ersatzweise Ordnungshaft – oder einer Ordnungshaft bis zu sechs Monaten, im Falle wiederholter Zuwiderhandlung bis zu insgesamt zwei Jahren, wobei die Ordnungshaft hinsichtlich der Beklagten zu 1 an ihrem Geschäftsführer zu vollziehen ist, zu unterlassen,
   (hier angegriffene Verletzungsform umschreiben)
   in der Bundesrepublik Deutschland herzustellen,[377] anzubieten, in Verkehr zu bringen oder zu gebrauchen oder zu den genannten Zwecken einzuführen oder zu besitzen;
2. der Klägerin darüber Auskunft zu erteilen, in welchem Umfang sie die zu Ziffer 1. bezeichneten Handlungen seit dem …[378] begangen haben, und zwar unter Angabe
   a) der Namen und Anschriften der Hersteller, Lieferanten und anderer Vorbesitzer,
   b) der Namen und Anschriften der gewerblichen Abnehmer sowie der Verkaufsstellen, für die die Erzeugnisse bestimmt waren,
   c) der Menge der hergestellten, ausgelieferten, erhaltenen oder bestellten Erzeugnisse sowie der Preise, die für die betreffenden Erzeugnisse bezahlt wurden;
   wobei zum Nachweis der Angaben die entsprechenden Kaufbelege (nämlich Rechnungen, hilfsweise Lieferscheine) in Kopie vorzulegen sind;
3. der Klägerin darüber Rechnung zu legen, in welchem Umfang sie (die Beklagten) die zu Ziffer 1 bezeichneten Handlungen seit dem … begangen haben, und zwar unter Angabe:
   a) der Herstellungsmengen und -zeiten,
   b) der einzelnen Lieferungen, aufgeschlüsselt nach Liefermengen, -zeiten, -preisen (und gegebenenfalls Typenbezeichnungen) sowie den Namen und Anschriften der Abnehmer,
   c) der einzelnen Angebote, aufgeschlüsselt nach Angebotsmengen, -zeiten und -preisen (und gegebenenfalls Typenbezeichnungen) sowie den Namen und Anschriften der Angebotsempfänger,
   d) der betriebenen Werbung, aufgeschlüsselt nach Werbeträgern, deren Auflagenhöhe, Verbreitungszeitraum und Verbreitungsgebiet,
   e) der nach den einzelnen Kostenfaktoren aufgeschlüsselten Gestehungskosten und des erzielten Gewinns,
   (gegebenenfalls:) wobei
   - sich die Verpflichtung zur Rechnungslegung für die vor dem 1.5.1992 begangenen Handlungen auf Handlungen in dem Gebiet der Bundesrepublik Deutschland in den bis zum 2.10.1990 bestehenden Grenzen beschränkt;[379]
   - vom Beklagten zu 2) sämtliche Angaben und von beiden Beklagten die Angaben zu e) nur für die Zeit seit dem … zu machen sind;[380]

[376] Vgl. auch die Muster bei Kühnen Kap. D Rn. 925, 926; Mes PatG § 139 Rn. 312 ff.; BeckPFormB/Mes, 14. Aufl. Form. II. Q. 3; Schramm, Der Patentverletzungsprozess, Anhang I; ferner Meier-Beck GRUR 1998, 276 ff.

[377] Falls beklagte Partei selbst herstellt.

[378] Datum der Veröffentlichung des Patentes oder der zugrundeliegenden Anmeldung, eventuell der ins Deutsche übersetzten Patentansprüche, jeweils zuzüglich ein Monat.

[379] Falls Ansprüche für die Zeit vor dem 1.5.1992 geltend gemacht werden.

[380] Falls für den Zeitraum vor Veröffentlichung des Patentes Entschädigungsansprüche geltend gemacht werden.

- die Angaben zu a) nur für die Zeit seit dem 1.7.1990 zu machen sind;[381]
- den Beklagten vorbehalten bleibt, die Namen und Anschriften der Abnehmer und Angebotsempfänger statt der Klägerin einem von der Klägerin zu bezeichnenden, ihr gegenüber zur Verschwiegenheit verpflichteten vereidigten Wirtschaftsprüfer mitzuteilen, sofern die Beklagten dessen Kosten tragen und ihn ermächtigen und verpflichten, der Klägerin auf konkrete Anfrage mitzuteilen, ob ein bestimmter Abnehmer oder Angebotsempfänger in der Aufstellung enthalten ist.[382]

4. nur die Beklagte zu 1): die in ihrem unmittelbaren oder mittelbaren Besitz oder ihrem Eigentum befindlichen, unter 1. bezeichneten Erzeugnisse an einen von der Klägerin zu benennenden Gerichtsvollzieher zum Zwecke der Vernichtung auf ihre – der Beklagten zu 1 – Kosten herauszugeben;
5. nur die Beklage zu 1: die unter Ziffer 1 bezeichneten, seit dem 30.4.2006 in Verkehr gebrachten Erzeugnisse gegenüber den gewerblichen Abnehmern unter Hinweis auf den gerichtlich (Urteil des … vom …) festgestellten patentverletzenden Zustand der Sache und mit der verbindlichen Zusage zurückzurufen, etwaige Entgelte zu erstatten sowie notwendige Verpackungs- und Transportkosten sowie mit der Rückgabe verbundene Zoll- und Lagerkosten zu übernehmen und die Erzeugnisse wieder an sich zu nehmen;

II. Es wird festgestellt,
1. dass die Beklagte zu 1 verpflichtet ist, der Klägerin für die zu der Ziffer I.1. bezeichneten, in der Zeit vom … bis zum … begangenen Handlungen eine angemessene Entschädigung zu zahlen;
2. dass die Beklagten als Gesamtschuldner verpflichtet sind, der Klägerin allen Schaden zu ersetzen, der ihr (gegebenenfalls auch dem Patentinhaber oder dem früheren Patentinhaber) durch die zu I.1. bezeichneten, seit dem … begangenen Handlungen entstanden ist und noch entstehen wird, (gegebenenfalls:) wobei sich die Verpflichtung zum Schadensersatz für die vor dem 1.5.1992 begangenen Handlungen auf das Gebiet der Bundesrepublik Deutschland in den bis zum 2.10.1990 bestehenden Grenzen beschränkt."

b) Aufbau der Begründung. Die Begründung der Patentverletzungsklage kann zweckmäßig wie folgt aufgebaut werden: (I.) „Die Parteien", (II) „Das Klagepatent", (III) „Die angegriffene Ausführung" und schließlich (IV) „Rechtliche Würdigung". 191

aa) Die Parteien. Soweit dies für die Begründetheit der Klage notwendig ist, und nur soweit, empfiehlt es sich, die Parteien vorzustellen: 192

Etwa: „Die Klägerin ist eingetragene Inhaberin des deutschen Patents DE 0 000 000 (nachfolgend: Klagepatent). Das Klagepatent ist unter dem … beim Deutschen Patent- und Markenamt angemeldet worden. Der Hinweis auf die Anmeldung ist am … veröffentlicht worden. Der Hinweis auf die Erteilung des Klagepatentes ist am … im Deutschen Patent- und Markenblatt erfolgt."

Oder: „Der Klägerin ist von der eingetragenen Inhaberin eine ausschließliche Lizenz am deutschen Patent DE 0 000 000 (nachfolgend: Klagepatent) erteilt worden. Das Klagepatent ist …"

Oder: „Der Klägerin ist von der eingetragenen Inhaberin des deutschen Patents DE 0 000 000 (nachfolgend: Klagepatent) eine einfache Herstellungs- und Vertriebslizenz für … erteilt worden. Sie ist von der eingetragenen Inhaberin mit der hier als Anlage beigefügten Prozessstandschaftserklärung zur Geltendmachung von Unterlassungsansprüchen gegen die Beklagten im eigenen Namen ausdrücklich ermächtigt worden. Mit der weiter beigefügten Abtretungsvereinbarung sind ihr die nachfolgend geltend gemachten Schadensersatzansprüche gegen die Beklagten abgetreten worden. Das Klagepatent ist …"

„Die Beklagte zu 1) ist …. Sie vertreibt …, die in den Schutzbereich des Klagepatentes eingreifen. Der Beklagte zu 2) ist als ihr Geschäftsführer als Mittäter verantwortlich. Mit der vorliegenden Klage macht die Klägerin die ihr zustehenden Ansprüche auf Unterlassung, Auskunft und Feststellung der Schadensersatzpflicht der Beklagten geltend."

bb) Das Klagepatent. Große Sorgfalt ist auf die Vorstellung des Klagepatentes zu verwenden, nämlich die Darstellung des vorbekannten Standes der Technik, die Wiedergabe der Aufgaben- 193

[381] Falls Schadensersatzansprüche für die Zeit vor dem 1.7.1990 geltend gemacht und Angaben nach lit. a), 2. Alternative verlangt werden.

[382] Falls aus besonderen Gründen die Mitteilung der Abnehmer und/oder Angebotsempfänger wegen eines das Klägerinteresse überwiegenden Interesses der beklagten Partei an einer Geheimhaltung dieser Angaben unverhältnismäßig ist.

stellung und die Präsentation der erfindungsgemäßen Lösung. Hierbei kann häufig auf die Beschreibung der Erfindung in der Patentschrift zurückgegriffen werden. Da diese aber stets für (technische) Fachleute geschrieben ist und einschlägiges Fachwissen als bekannt voraussetzt, während die Klageschrift an die ausschließlich mit Juristen besetzte Patentstreitkammer gerichtet ist, kann es sich empfehlen, **ergänzende Erläuterungen** zum vorbekannten Stand der Technik, zur Aufgabenstellung und auch zur Lösung, dem eigentlichen „Pfiff" der Erfindung aufzunehmen und diese, soweit erforderlich, mit anderen Worten zu präsentieren und anhand der in der Beschreibung enthaltenen Zeichnungen zu erläutern.

194 Die Darstellung des in der Beschreibung der Klagepatentschrift angeführten **Standes der Technik** im Rahmen der Klageschrift ist keineswegs Selbstzweck, sondern dient der Vorbereitung für eine etwaige Auslegung der geltend gemachten Patentansprüche. Nach § 14 PatG wird der Schutzumfang des Patentes und der Patentanmeldung durch den Inhalt der Patentansprüche bestimmt. Die Beschreibung und die Zeichnungen sind jedoch zur Auslegung der Patentansprüche heranzuziehen. Die Beschreibung verweist zum vorbekannten Stand der Technik regelmäßig auf vorbekannte Schriften. Es ist Sache des Klägers, diese Auslegungsmittel, wozu auch der in der Beschreibung erwähnte vorbekannte Stand der Technik zählt, mit der Klageschrift vorzulegen. Welche **Aufgabe** der Erfindung zugrunde liegt, lässt sich regelmäßig der Beschreibung unmittelbar entnehmen. Anschließend ist zu erläutern, mit welchen Mitteln der Erfinder die Aufgabe gelöst hat (**erfindungsgemäße Lösung** der Aufgabe). Es empfiehlt sich, eine sachgerechte Gliederung der einzelnen Merkmale (**Merkmalsgliederung**) auf einem gesonderten Blatt beizufügen, die im Idealfall nicht nur eine Auflistung der Merkmale enthält, sondern auch den sachlichen (technischen) Zusammenhang der einzelnen Merkmale erkennen lässt.

195 *cc) Die angegriffene Ausführung.* Im Anschluss an die Ausführungen zum Klageschutzrecht folgt die detaillierte Darlegung der Verletzung des Klageschutzrechts durch die angegriffene Ausführungsform oder das angegriffene Verfahren. Dies geschieht sinnvollerweise anhand der vorgelegten Merkmalsgliederung. Hierbei ist **für jedes einzelne Merkmal** des Klageschutzrechts die (wortsinngemäße oder äquivalente) Verwirklichung durch die angegriffene Ausführung darzulegen, und zwar unabhängig davon, ob das jeweilige Merkmal sich im Obersatz oder im Kennzeichen des Patentanspruchs befindet. Im Falle der äquivalenten Verwirklichung einzelner Merkmale ist jeweils darzutun, dass bei der Ersatzlösung das Problem mit technisch gleichwirkenden Mitteln gelöst wird und diese Ersatzlösung für den Durchschnittsfachmann im Prioritätszeitpunkt des Klagepatentes auch nahegelegen hat.

196 *dd) Rechtliche Würdigung.* Auch im Patentverletzungsverfahren sind Rechtsausführungen grundsätzlich nicht erforderlich. Üblich sind aber kurze Hinweise auf die rechtlichen Grundlagen der geltend gemachten Ansprüche – vgl. hierzu lit. d) bis f) – sowie auf die rechtliche Grundlage für die Zuständigkeit der angerufenen Patentstreitkammer, etwa „Die Zuständigkeit der Patentstreitkammer bei dem Landgericht Düsseldorf folgt daraus, dass die Beklagte ihren Sitz im Bundesland Nordrhein-Westfalen hat (§ 143 Abs. 2 PatG in Verbindung mit der VO vom 13.1.1998, GVNW S. 106)".

197 *ee) Formalien.* Da die Übertragung von Patentstreitsachen auf den Einzelrichter die Ausnahme ist, sind zumindest die Klagepatentschrift und die Merkmalsgliederung für das Gericht dreifach beizufügen. Bei der Einreichung von Schriftsätzen ist es ferner üblich, der Mitwirkung der gegnerischen Patentanwälte dadurch Rechnung zu tragen, dass für sie eine weitere Abschrift nebst einem vollständigen Satz Anlagen beigefügt wird.

198 c) **Unterlassungsanspruch.** Nach § 139 Abs. 1 PatG kann derjenige, der entgegen den §§ 9 bis 13 PatG eine patentierte Erfindung benutzt, vom Verletzten auf Unterlassung in Anspruch genommen werden.[383] Der Unterlassungsanspruch setzt eine (Erst-)Begehungs- oder eine Wiederholungsgefahr voraus.[384] Verschulden ist nicht erforderlich. Insoweit kann auf die allgemeinen Grundsätze zurückgegriffen werden. Nach dem mit Wirkung vom 18. August 2021 eingefügten § 139 Abs. 1 S. 3 ist nunmehr ein Anspruchsausschluss für den Fall einer unverhältnismäßigen Härte für den Verletzer oder Dritte vorgesehen. Zwar waren die Gerichte auch ohne die nun er-

[383] Die Einräumung einer Aufbrauchsfrist kommt nur unter ganz besonderen Umständen in Betracht, BGH GRUR 2016, 1031 – Wärmetauscher.

[384] § 139 Abs. 1 PatG: „Wer entgegen den §§ 9 bis 13 eine patentierte Erfindung benutzt, kann von dem Verletzten bei Wiederholungsgefahr auf Unterlassung in Anspruch genommen werden. Der Anspruch besteht auch dann, wenn eine Zuwiderhandlung erstmalig droht."

folgte ausdrückliche Verankerung im Gesetz dem Verhältnismäßigkeitsgrundsatz verpflichtet.[385] Da jedoch bemängelt wurde, dass dieser in der instanzgerichtlichen Rechtsprechung kaum zum Tragen komme, wurde eine gesetzliche Klarstellung für erforderlich angesehen.[386] Der Ausschluss greift, soweit eine Inanspruchnahme aufgrund der besonderen Umstände des Einzelfalls und der Gebote von Treu und Glauben zu einer unverhältnismäßigen Härte führen würde. Angesichts der offenen Formulierung ist die inhaltliche Ausfüllung weitgehend den Gerichten überlassen. Der Gesetzgeber gibt dem Rechtsanwender lediglich beispielhafte Gesichtspunkte für die vorzunehmende Abwägung an die Hand. So kann in diese einfließen, ob der Verletzte selbst entsprechende Produkte herstellt, die mit den patentverletzenden Produkten in einem Wettbewerb stehen, oder es ihm allein um die Monetarisierung seiner Rechte geht, und der geltend gemachte Unterlassungsanspruch infolgedessen auf den Abschluss einer – gegebenenfalls überzogenen – Lizenzvereinbarung gerichtet ist.[387] Der Gesetzgeber betont ferner den Ausnahmecharakter sowie die lediglich klarstellende Funktion der Neuregelung. Die Formulierung „soweit" stellt klar, dass auch ein Teilausschluss des Unterlassungsanspruchs möglich ist.

Gemäß Satz § 139 Abs. 1 S. 4 PatG ist dem Verletzen für den Fall des Anspruchsausschlusses ein angemessener Ausgleich in Geld zu gewähren. Ferner bleibt gemäß § 139 Abs. 1 S. 5 PatG die Geltendmachung eines Schadensersatzanspruchs nach § 139 Abs. 2 PatG möglich. 199

Bei der Formulierung des Klageantrags ist danach zu unterscheiden, ob die angegriffene Ausführungsform von den Merkmalen des Klagepatentes in **wortsinngemäßer** oder aber in äquivalenter Form Gebrauch macht. Bei wortsinngemäßer Verletzung werden alle Merkmale eines Patentanspruchs wortsinngemäß verwirklicht. In diesem Falle wird es regelmäßig ausreichen, im Verbotsantrag die Merkmale der angegriffenen Ausführung so wiederzugeben, wie sie auch der entsprechende Anspruch des Klagepatentes angibt. Auch hierbei handelt es sich aber letztlich um eine Umschreibung der Verletzungsform, deren Benutzung dem Verletzer untersagt werden soll. 200

Der Schutzbereich (eines nach dem 1.1.1978 angemeldeten) Patentes ist allerdings nicht auf wortsinngemäße Verletzungen beschränkt, sondern erstreckt sich regelmäßig auf **Äquivalente** der in den Patentansprüchen unter Schutz gestellten Erfindung.[388] Der Schutzbereich bemisst sich hinsichtlich der Benutzung der Erfindung durch Äquivalente nach dem durch Auslegung zu ermittelnden Inhalt der Patentansprüche. Es ist dabei auf die vom Fachmann erkennbare Tragweite der Erfindung abzustellen. Zu fragen ist, ob der Fachmann auf Grund der in den Ansprüchen unter Schutz gestellten Erfindung dazu gelangt, das durch die Erfindung gelöste Problem mit gleichwirkenden Mitteln zu lösen, dh den angestrebten Erfolg auch mit anderen Mitteln, die zu diesem Erfolg führen, zu erreichen. Lösungsmittel, die der Durchschnittsfachmann auf Grund von Überlegungen, die sich an der in den Patentansprüchen umschriebenen Erfindung orientieren, mit Hilfe seiner Fachkenntnisse als gleichwirkend auffinden kann, sind regelmäßig in den Schutzbereich des Patents einbezogen.[389] Dabei fordert er das gleichgewichtig neben dem Gesichtspunkt eines angemessenen Schutzes der erfinderischen Leistung stehende Gebot der Rechtssicherheit, dass der durch die Auslegung zu ermittelnde Sinngehalt der Patentansprüche nicht nur den Ausgangspunkt, sondern die maßgebliche Grundlage für die Bestimmung des Schutzbereichs bildet; diese hat sich an den Patentansprüchen auszurichten. Für die Zugehörigkeit einer vom Wortsinn des Patentanspruchs abweichenden Ausführung zum Schutzbereich genügt es hiernach nicht, dass sie (1.) das der Erfindung zugrunde liegende Problem mit zwar abgewandelten, aber objektiv gleichwirkenden Mitteln löst und (2.) seine Fachkenntnisse den Fachmann befähigen, die abgewandelten Mittel als gleichwirkend aufzufinden. Ebenso wie die Gleichwirkung nicht ohne Orientierung am Patentanspruch festgestellt werden kann, müssen (3.) darüber hinaus die Überlegungen, die der Fachmann anstellen muss, derart am Sinngehalt der im Patentanspruch unter Schutz gestellten technischen Lehre orientiert sein, dass der Fachmann die abweichende Ausführung mit ihren abgewandelten Mitteln als der Gegenständlichen gleichwertige Lösung in Betracht zieht.[390] 201

---

385 BGH GRUR 2016, 1031. – Wärmetauscher.

386 Begründung zum Zweiten Gesetz zur Vereinfachung und Modernisierung des Patentrechts – BT-Drs. 19/25821, 31 u. 52 ff.

387 BT-Drs. 19/25821, 53.

388 BGH GRUR 1986, 803 ff. – Formstein.

389 BGH GRUR 1986, 803 ff. – Formstein; zur Schutzbereichsbestimmung Meier-Beck GRUR 2003, 905 (907 ff.).

390 BGH GRUR 2002, 515 – Schneidmesser I; BGH GRUR 2002, 519 – Schneidmesser II; BGH GRUR 2002, 523 – Custodiol I; BGH GRUR 2002, 527 – Custodiol II.

202 Bei äquivalenter Verwirklichung einzelner Merkmale der geschützten Erfindung muss sich dies zwangsläufig im Verbotsantrag niederschlagen, indem dort an die Stelle der betroffenen Merkmale nunmehr die Umschreibung der entsprechenden Ersatzmittel tritt.

203 **d) Schadensersatzanspruch/Feststellung der Schadensersatzpflicht.** Nach § 139 Abs. 2 PatG kann der Verletzte von demjenigen, der entgegen der §§ 9 bis 13 PatG eine patentierte Erfindung benutzt, den Ersatz des daraus entstandenen Schadens verlangen, sofern der Verletzer schuldhaft, also **vorsätzlich oder fahrlässig** gehandelt hat.[391] Bei fehlendem Verschulden kommt die Bereicherungshaftung in Betracht.

204 Für die Frage des Vorsatzes bzw. des Grads der Fahrlässigkeit ist auf die allgemeinen Bestimmungen des Bürgerlichen Gesetzbuches zurückzugreifen. Für die Verurteilung zum Schadensersatz reicht die Feststellung des normalen Grads an Fahrlässigkeit (einfache Fahrlässigkeit) aus. Hiernach handelt fahrlässig, wer die im Verkehr erforderliche Sorgfalt außer Acht lässt (§ 276 Abs. 1 S. 2 BGB).

205 So handelt etwa der **Hersteller** bei der Herstellung von patentverletzenden Vorrichtungen grundsätzlich fahrlässig. Von ihm kann ohne weiteres erwartet werden, dass er vor Beginn der Herstellung die erforderlichen Recherchen nach fremden Schutzrechten durchführt. Auch von einem **Importeur** oder einem **Großhändler** wird man verlangen können, dass sie nach fremden Schutzrechten recherchieren.

Praxistipp:

Zum Verschulden reicht dann der kurze Hinweis:

Die Beklagte zu 1) handelte fahrlässig. Sie war als Herstellerin von … ohne weiteres verpflichtet, sich vor Beginn der Produktion Gewissheit über den Bestand fremder Schutzrechte zu verschaffen. Die geeigneten Datenbanken hierfür stehen zur Verfügung. Hätte sie dies getan, so wäre sie auf das Klagepatent gestoßen.

206 Ein Rechtsirrtum entlastet grundsätzlich nicht.

207 Die frühere gesetzliche Regelung des § 139 Abs. 2 S. 2 PatG, wonach das Gericht, wenn dem Verletzer **nur leichte Fahrlässigkeit** zur Last fällt, statt des Schadensersatzes eine Entschädigung festsetzen konnte, die in den Grenzen zwischen dem Schaden des Verletzten und dem Vorteil bleibt, der dem Verletzer erwachsen ist, ist ersatzlos entfallen.

208 Für die Annahme des Verschuldens des Verletzers muss aber hiernach zumindest die Möglichkeit bestanden haben, dass er im Rahmen der erforderlichen Recherchen das Klageschutzrecht auffinden und dessen Schutzbereich sorgfältig prüfen konnte. Die Rechtsprechung gewährt daher Schadensersatzansprüche regelmäßig erst ab dem Zeitpunkt eines Monats nach der Veröffentlichung des Hinweises auf die Erteilung des Klagepatentes.

209 Für die Verletzung eines am 12.11.1997 veröffentlichten Patentes wird hiernach Schadensersatz erst für den Zeitraum ab dem 12.12.1997 beantragt und zugesprochen werden können. Zuvor handelte der Verletzer schuldlos.

Praxistipp:

Für Verletzungshandlungen im Zeitraum zwischen der Veröffentlichung des Hinweises auf die Erteilung des Klagepatentes und dem Ablauf der Schonfrist von einem Monat kann allerdings Bereicherungsausgleich beansprucht werden, was in der Praxis häufig übersehen wird.

210 Eine Schonfrist kommt nicht in Betracht, wenn der Verletzer das Klagepatent bzw. dessen Anmeldung bereits kannte, etwa weil er vom Inhaber hierauf hingewiesen worden war. Wegen der

[391] § 139 Abs. 2 PatG: „Wer die Handlung vorsätzlich oder fahrlässig vornimmt, ist dem Verletzten zum Ersatz des daraus entstehenden Schadens verpflichtet. Bei der Bemessung des Schadensersatzes kann auch der Gewinn, den der Verletzer durch die Verletzung des Rechts erzielt hat, berücksichtigt werden. Der Schadensersatzanspruch kann auch auf der Grundlage des Betrages berechnet werden, den der Verletzer als angemessene Vergütung hätte entrichten müssen, wenn er die Erlaubnis zur Benutzung der Erfindung eingeholt hätte."

Nutzung eines offengelegten, aber noch nicht erteilten Patentes kommt ein Entschädigungsanspruch nach § 33 Abs. 1 PatG in Betracht (→ Rn. 219 ff.).

Der Verletzte hat für die **Berechnung des Schadensersatzanspruches** die Wahl zwischen der Geltendmachung des entgangenen Gewinns (§§ 249, 252 BGB), der Herausgabe des Verletzergewinns[392] und schließlich der Zahlung des nach der Lizenzanalogie berechneten Schadens.[393] Zwischen diesen Berechnungsarten kann der Verletzte wählen, insbesondere kann er noch im Höheverfahren von der einen zu einer anderen Berechnungsart übergehen. Sein Wahlrecht erlischt erst mit der rechtskräftigen Entscheidung über den Anspruch[394] oder durch Erfüllung. In der Praxis steht nach wie vor die Berechnung nach der Lizenzanalogie im Vordergrund, nach der Entscheidung „Gemeinkostenanteil" des Bundesgerichtshofes gewinnt jedoch das Verlangen nach der Herausgabe des Verletzergewinns zunehmend an Bedeutung.[395] Die Schwierigkeit besteht hierbei zum einen in der Unterscheidung der zur Ermittlung des **Verletzergewinns** vom Umsatz abzugsfähigen und nicht abzugsfähigen Kosten des Verletzers. Grundsätzlich sollen nur solche Kosten abzugsfähig sein, die den schutzrechtsverletzenden Gegenständen unmittelbar zugerechnet werden können.[396] Zum anderen fordert die neuere Rechtsprechung des BGH zusätzlich, dass die hiernach (eigentlich) abzugsfähigen Kosten auch in einem fiktiven Betrieb des Verletzten angefallen wären, der dieselben Produktions- und Vertriebsleistungen wie der Betrieb des auf Schadensersatz haftenden Verletzers hätte erbringen können.[397] Der hiernach ermittelte Gewinn ist allerdings regelmäßig nicht vollständig herauszugeben, sondern lediglich der hiervon durch Schätzung (§ 287 ZPO) zu ermittelnde Anteil, der kausal auf die Verletzungshandlung zurückzuführen ist, also gerade aufgrund der Benutzung des Klageschutzrechts erzielt worden ist.[398] 211

Da der Verletzte die Höhe des ihm entstandenen Schadens und des durch anhaltende Verletzungshandlungen noch entstehenden Schadens im Zeitpunkt der Erhebung der Unterlassungsklage regelmäßig noch nicht beziffern kann, sondern dies erst im Anschluss an die Erteilung von Auskünften durch den Verletzer geschehen kann, kann er im Rahmen der Verletzungsklage zunächst seinen Antrag auf die **Feststellung der Schadensersatzpflicht** des Verletzers richten,[399] nämlich wie folgt: 212

Formulierungsvorschlag:

festzustellen, dass die Beklagten als Gesamtschuldner verpflichtet sind, der Klägerin allen Schaden zu ersetzen, der ihr (gegebenenfalls auch dem Patentinhaber oder dem früheren Patentinhaber) durch die zu der Ziffer I.1. bezeichneten, seit dem … begangenen Handlungen entstanden ist und noch entstehen wird. 213

Dabei ist der Zeitpunkt der Erteilung des Schutzrechts zuzüglich einem Monat Schonfrist einzusetzen. Über die Höhe des Schadensersatzes muss dann erforderlichenfalls in einem weiteren Verfahren (**„Höheverfahren"**) gestritten werden. Für die Zuerkennung des Feststellungsanspruchs muss nicht bereits feststehen, dass ein Schaden entstanden ist, sondern dass dessen Entstehung hinreichend wahrscheinlich ist (§ 256 ZPO). Im Rahmen der Begründung reicht folgender Hinweis aus: 214

[392] Diese jetzt auch ausdrücklich in § 139 Abs. 2 PatG erwähnte Berechnungsart („kann auch auf der Grundlage des Betrages berechnet werden, den der Verletzer als angemessene Vergütung hätte entrichten müssen, wenn er die Erlaubnis zur Benutzung der Erfindung eingeholt hätte") ist seit langem gewohnheitsrechtlich anerkannt; vgl. BGH GRUR 1962, 509 (511) – Dia-Rähmchen; siehe auch von der Osten GRUR 1998, 284 ff.

[393] BGH GRUR 1956, 427 – Dahlke.

[394] BGH GRUR 1993, 55 (57) – Tchibo/Rolex II.

[395] BGH GRUR 2001, 329 (331) – Gemeinkostenanteil; zur Berechnung Haft/Reimann MittdtschPatAnw 2003, 437 ff. sowie Tilmann GRUR 2003, 647 ff.

[396] BGH GRUR 2001, 329 (331) – Gemeinkostenanteil.

[397] BGH GRUR 2007, 431 – Steckverbindergehäuse.

[398] BGH GRUR 2007, 419 – Noblesse; BGH GRUR 2012, 1226 – Flaschenträger; BGH GRUR 2013, 1212 – Kabelschloss.

[399] Voraussetzung für die Klage auf Feststellung der Schadensersatzpflicht ist die Wahrscheinlichkeit, dass der Berechtigte einen Schaden erlitten hat, dies gilt auch bei mittelbarer Patentverletzung durch Anbieten, BGH GRUR 2013, 713 – Fräsverfahren.

215 „Die Beklagten sind dem Kläger nach § 139 Abs. 2 PatG zum Ersatz des ihm entstandenen Schadens verpflichtet. Dieser kann vom Kläger noch nicht beziffert werden, weil er den Umfang der rechtsverletzenden Handlungen der Beklagten ohne sein Verschulden nicht im Einzelnen kennt, so dass er ein rechtliches Interesse an der Feststellung der Schadensersatzverpflichtung der Beklagten hat.“

216 Im gesamten Bereich des gewerblichen Rechtsschutzes steht für die Berechnung des Schadensersatzes aus vorwiegend praktischen Erwägungen die Berechnung nach der **Lizenzanalogie** im Vordergrund. Hiernach kann der Verletzte die Zahlung einer angemessenen Lizenz für die vom Verletzer begangenen Nutzungshandlungen verlangen.[400] Der Verletzer soll dabei nicht besser, aber auch nicht schlechter als ein Lizenznehmer gestellt werden.[401] Nach der Rechtsprechung des für das Patentrecht zuständigen 10. Senates des Bundesgerichtshofes kommt es für die Ermittlung der angemessenen Lizenz darauf an, was bei einer ex post Betrachtung im Rahmen von freien Lizenzverhandlungen zwischen den Parteien vereinbart worden wäre.[402] Da es hiernach stets um die Ermittlung einer **fiktiven Lizenz** geht, kann der Beklagte mit dem Einwand, der Kläger sei „nicht lizenzbereit“ gewesen oder der Beklagte hätte – wenn denn Verhandlungen geführt worden wären, „lieber verzichtet als nur einen Pfennig zu zahlen“, nicht durchdringen. Hat der Kläger tatsächlich Lizenzen unter dem Klageschutzrecht an Dritte erteilt, so kann dies allerdings ein wertvolles Indiz für die Ermittlung der angemessenen fiktiven Lizenz sein. Die Rechtsprechung geht im Übrigen davon aus, dass vernünftige Vertragsparteien nicht nur Fälligkeitstermine für Lizenzzahlungen (zB quartalsweise) vorgesehen hätten, sondern auch eine vertragliche Regelung, wonach im Falle des Verzugs erhöhte **Zinsen** anfallen.[403] Im Höheverfahren ist der Antrag auf Zahlung eines bestimmten Betrags zu richten und kann dann schlicht wie folgt gefasst werden:

Formulierungsvorschlag:

217 Die Beklagten werden gesamtschuldnerisch verurteilt, an die Klägerin EUR 125.000,– nebst 7,5 % Zinsen aus EUR 25.000,– seit dem 2.3.200…, 7 % Zinsen aus EUR 25.000,– seit dem 2.6.200…, 6,5 % Zinsen aus EUR 25.000,– seit dem 2.9.200…, 7 % Zinsen aus EUR 25.000,– seit dem 2.12.200… und 8 % Zinsen aus EUR 25.000,– seit dem 2.3.200… zu zahlen.

218 wobei jeweils fiktive Zinssätze und fiktive Fälligkeitstermine einzusetzen sind.

219 e) **Entschädigungsanspruch (§ 33 Abs. 1 PatG).** Die Nutzung der in einer offengelegten Anmeldung offenbarten Lehre ist **vor der Erteilung des Patentes** nicht rechtswidrig.[404] Unterlassungsansprüche nach § 139 Abs. 1 PatG („patentierte Erfindung“) können erst für die Zeit nach Erteilung des Patentes geltend gemacht werden. Allerdings steht dem **Anmelder** unter den Voraussetzungen des § 33 PatG ein Anspruch auf angemessene Entschädigung zu. Dieser kann auch schon vor der Erteilung des Patentes geltend gemacht und – es sei denn, der Gegenstand der Anmeldung wäre offensichtlich nicht patentfähig (§ 33 Abs. 2 PatG) – auch zugesprochen werden. Im Hinblick auf das Risiko des rückwirkenden (§§ 58 Abs. 2, 21 Abs. 3 S. 1, 22 Abs. 2 PatG) Wegfalls der Wirkungen des § 33 Abs. 1 PatG ist die Geltendmachung erst nach Erteilung des Patentes hingegen die Regel. Der Entschädigungsanspruch berechnet sich nach der **Lizenzanalogie.** Da die Nutzung vor Erteilung des Patentes keine rechtswidrige Handlung darstellt, kann die örtliche Zuständigkeit nicht auf deliktische Zuständigkeitsvorschriften gestützt werden. Ein entsprechender Feststellungsanspruch richtet sich darauf,

Formulierungsvorschlag:

220 festzustellen, dass die Beklagten verpflichtet sind, der Klägerin für die zu der Ziffer I.1. bezeichneten, in der Zeit vom … bis zum … begangenen Handlungen eine angemessene Entschädigung zu zahlen,

[400] Grundlegend BGH GRUR 1956, 427 – Dahlke.
[401] Kein „Verletzerzuschlag“ (BGH GRUR 1980, 841 (844) – Tolbutamid).
[402] BGH GRUR 1992, 432 – Steuereinrichtung I.
[403] OLG Düsseldorf MittdtschPatAnw 1998, 358 (362): 3,5 % über dem jeweiligen Bundesbankdiskontsatz. Zu weiteren Einzelheiten der Ermittlung der angemessenen Lizenz vgl. etwa BGH GRUR 1995, 578 (580) – Steuereinrichtung II.
[404] BGH GRUR 1975, 430 – Bäckerhefe.

wobei der Zeitpunkt der Veröffentlichung des Hinweises gemäß § 32 Abs 5 PatG einerseits und der Zeitpunkt der Erteilung des Patentes andererseits einzusetzen sind. 221

Aus demselben Grunde – keine deliktische Handlung – kann von einem als Mittäter einer Patentverletzung (mit)verklagten Organmitglied auch nicht die Zahlung einer angemessenen Entschädigung verlangt werden. 222

f) **Bereicherungsanspruch.** Wer durch eine patentverletzende Handlung auf Kosten des Berechtigten (Patentinhaber, ausschließlicher Lizenznehmer) etwas ohne rechtlichen Grund erlangt, ist ihm nach § 812 Abs. 1 S. 1, 2. Alt. BGB (sog. Eingriffskondiktion) zur Herausgabe verpflichtet.[405] Der Wert des Erlangten (§ 818 Abs. 2 BGB) orientiert sich am **Gegenwert für den Gebrauch des Gegenstands der geschützten Erfindung,** wie er in einer angemessenen Lizenz unter Ausschluss der Herausgabe des Verletzergewinns seinen Ausdruck findet[406] und wird somit ebenfalls nach der Lizenzanalogie berechnet. Die Bedeutung des Bereicherungsanspruchs liegt zum einen darin, dass er **verschuldensunabhängig** ist, zum anderen darin, dass er unter anderen Voraussetzungen verjährt. Bereicherungsrechtlich kann ferner auch der Gegenwert für den Gebrauch des Gegenstands der geschützten Erfindung in der Zeit zwischen der Veröffentlichung des Patentes und dem Ablauf der Schonfrist von einem Monat verlangt werden, was in der Praxis häufig übersehen wird. 223

Dementsprechend ist gegebenenfalls auch der Feststellungsantrag nicht auf Feststellung der Schadensersatzpflicht zu fassen, sondern auf **Feststellung der Verpflichtung zur Herausgabe der ungerechtfertigten Bereicherung.** Stellt sich erst im Laufe des Verfahrens heraus, dass die Patentstreitkammer voraussichtlich nicht auf eine schuldhafte Verletzung erkennen wird, so empfiehlt sich, den Feststellungsantrag entsprechend umzustellen oder aber durch einen hilfsweise anzubringenden Antrag zu ergänzen: 224

Formulierungsvorschlag:

festzustellen, dass die Beklagten verpflichtet sind, dem Kläger nach dem Vorschriften über die Herausgabe einer ungerechtfertigten Bereicherung dasjenige herauszugeben, was sie durch die zu der Ziffer I.1. bezeichneten, in der Zeit vom … bis zum … begangenen Handlungen erlangt haben oder noch erlangen werden. 225

g) **Auskunfts- und Rechnungslegungsansprüche.** Dem Verletzten, der ohne Mitwirkung des Verletzers regelmäßig nicht in der Lage ist, die ihm zustehenden Schadensersatz- (§ 139 Abs. 2 PatG), Entschädigungs- (§ 33 Abs. 1 PatG) und/oder Bereicherungsansprüche (§ 812 BGB) zu beziffern, steht zunächst der **allgemeine Auskunfts- und Rechnungslegungsanspruch** nach §§ 259, 242 BGB zu, da er in entschuldbarer Weise über dem Umfang der Verletzung und damit über Bestehen und Umfang seines Ersatzanspruchs im Unklaren ist, während der Verletzer unschwer Auskunft geben kann.[407] Abweichend von der höchstrichterlichen Rechtsprechung zum Marken- und Wettbewerbsrecht[408] kommt es für den Anspruch auf Auskunft im Patentrecht nicht auf den Zeitpunkt der ersten (dem Kläger bekannten) Verletzungshandlung an.[409] 226

Geschuldet werden grundsätzlich Angaben zu den nach den einzelnen Kostenfaktoren aufgeschlüsselten **Gestehungskosten**[410] und des erzielten **Gewinns**[411] sowie auf Nennung von Lieferanten und Abnehmern, sofern dies zur Schadensberechnung erforderlich ist.[412] Soweit allerdings der Entschädigungsanspruch nach § 33 PatG und/oder Bereicherungsausgleich geltend gemacht wird, 227

405 Grundlegend BGH GRUR 1977, 250 – Kunststoffhohlprofil I.

406 BGH GRUR 1982, 301 – Kunststoffhohlprofil II. Unter dem Gesichtspunkt des Bereicherungsausgleichs kann der Kläger auch eine angemessene Verzinsung der geschuldeten Lizenzgebühren beanspruchen. Dabei ist davon auszugehen, dass vernünftige Lizenzvertragsparteien eine jährliche Abrechnung der Lizenzgebühren und für den Fall, dass sie nicht bis zum 1.2. des folgenden Jahres gezahlt werden, eine Verzinsung der im zurückliegenden Jahr angefallenen Beträge vereinbart hätten, BGH GRUR 1982, 286 (288) – Fersenabstützvorrichtung; LG Düsseldorf, Entscheidungen 1996, 17 (23) – Hochregalanlage.

407 BGH GRUR 1962, 398 (400) – Kreuzbodenventilsäcke II; BGH GRUR 1994, 898 – Copolyester I.

408 BGH GRUR 1988, 307 – Gaby.

409 BGH GRUR 1992, 612 – Nicola; siehe auch Meier-Beck GRUR 1998, 276 (279).

410 BGH GRUR 1982, 723 (726) – Dampffrisierstab I.

411 BGH GRUR 1962, 354 (356) – Furniergitter.

412 BGH GRUR 1976, 367 – Ausschreibungsunterlagen.

dessen Höhe letztlich nach der Lizenzanalogie ermittelt wird und wo der Kläger kein schutzwürdiges Interesse an der Auskunft zu den Gestehungskosten und dem Gewinn haben kann, besteht insoweit auch kein Anspruch auf Auskunft. Denn für die Ermittlung der fiktiven Lizenz bedarf es der Angabe von Gewinn und Gestehungskosten nicht. Etwas anderes gilt hingegen nach neuerer Rechtsprechung für den Restschadensersatzanspruch gemäß § 141 S. 2 PatG iVm § 852 BGB.[413] Dieser sei seiner Natur nach ein Schadensersatzanspruch, der auf Herausgabe des Verletzergewinns nebst entsprechenden Auskunftsansprüchen gerichtet sein könne. Sofern ein Anspruch auf Auskunft zu Gestehungskosten und Gewinn nicht besteht, wird dem in den oben wiedergegebenen Anträgen durch die Einschränkung Rechnung getragen, dass

Formulierungsvorschlag:

228 … von beiden Beklagten die Angaben zu e) nur für die Zeit seit dem … zu machen sind.

229 wobei der Zeitpunkt der Erteilung des Patentes zuzüglich einem Monat Schonfrist einzusetzen ist. Ein Anspruch besteht hingegen auch insoweit auf Auskunft über alle für die Ermittlung der angemessenen Lizenz erforderlichen Angaben, insbesondere über die erzielten Umsätze und die zur Überprüfung dieser Angaben erforderlichen Einzelheiten, insbesondere auf Auskunft über Namen und Anschriften der **Abnehmer** sowie des **Zeitpunkts, der Menge und der Preise** der einzelnen Lieferungen. Es empfiehlt sich, die im Wege der Rechnungslegung mitzuteilenden Angaben im Klageantrag möglichst präzise anzugeben, um in einem späteren Zwangsvollstreckungsverfahren nicht über den Streit um die geschuldeten Angaben wertvolle Zeit zu verlieren. Bei der Geltendmachung von Entschädigungs- (§ 33 Abs. 1 PatG) und/oder Bereicherungsansprüchen – keine deliktische Handlung – neben Schadensersatzansprüchen kann im Übrigen von einem als Mittäter einer Patentverletzung in Anspruch genommenen Organmitglied auch weder die Zahlung einer angemessenen Entschädigung noch Bereicherungsausgleich verlangt werden. Dem ist in den Anträgen zum Auskunftsanspruch dadurch Rechnung zu tragen, dass

Formulierungsvorschlag:

230 vom Beklagten zu 2) sämtliche Angaben … nur für die Zeit seit dem … zu machen sind,

231 wobei der Zeitpunkt der Patenterteilung zuzüglich der Schonfrist von einem Monat einzusetzen ist. Weitere Einschränkungen ergeben sich auf Grund des Erstreckungsgesetzes, falls Ansprüche für die Zeit vor dem 1.5.1992 geltend gemacht werden. Insoweit beschränkt sich die Verpflichtung zur Rechnungslegung

Formulierungsvorschlag:

232 für die vor dem 1.5.1992 begangenen Handlungen auf Handlungen in dem Gebiet der Bundesrepublik Deutschland in den bis zum 2.10.1990 bestehenden Grenzen.

233 Nach § 140b PatG besteht ferner ein **Anspruch auf Auskunft über die Herkunft und den Vertriebsweg.** Hierbei hat der Verpflichtete Auskunft zu erteilen über Namen und Anschrift des Herstellers, des Lieferanten und anderer Vorbesitzer des Erzeugnisses, des gewerblichen Abnehmers oder Auftraggebers sowie über die Menge der hergestellten, ausgelieferten, erhaltenen oder bestellten Erzeugnisse. Die durch das Produktpirateriegesetz eingeführte Bestimmung ist zum 1.7.1990 in Kraft getreten. Diesem Umstand ist dadurch Rechnung zu tragen, dass in den Klageanträgen vorgesehen wird, dass

[413] BGH GRUR 2019, 496 – Spannungsversorgungsvorrichtung.

Formulierungsvorschlag:
die Angaben zu a) nur für die Zeit seit dem 1.7.1990 zu machen sind, 234

soweit die Angabe der Menge der erhaltenen oder bestellten Erzeugnisse sowie der Namen und Anschriften der Hersteller, Lieferanten und anderer Vorbesitzer verlangt wird. Durch die Einführung des § 140b PatG bleiben weitergehende Auskunftsansprüche ausdrücklich unberührt (§ 140b Abs. 5 PatG). Was den Umfang der Auskunftsansprüche anbelangt, so können nach Umsetzung der Enforcement-Richtlinie nunmehr auch Angaben über die Preise verlangt werden. 235

h) Vernichtungsanspruch. Nach § 140a Abs. 1 PatG kann der Verletzte in den Fällen des § 139 PatG verlangen, dass das im Besitz oder Eigentum des Verletzers befindliche Erzeugnis, das Gegenstand des Patentes ist, vernichtet wird, es sei denn, dass der durch die Rechtsverletzung verursachte Zustand des Erzeugnisses auf andere Art und Weise beseitigt werden kann und die Vernichtung für den Verletzer oder Eigentümer im Einzelfall unverhältnismäßig ist. Hiermit ist die Vernichtung patentverletzender Gegenstände **als der gesetzliche Regelfall** normiert. Die Voraussetzungen des Ausnahmetatbestands („es sei denn") müssen kumulativ („und") vorliegen. Denkbar ist etwa, dass ein Umbau patentverletzender Gegenstände im Einzelfall möglich und hierdurch der durch die Rechtsverletzung verursachte Zustand des Erzeugnisses „auf andere Weise" beseitigt werden kann. 236

Hinsichtlich der Vernichtung von Vorrichtungen war § 140a PatG aufgrund der Enforcement-Richtlinie anzupassen und erfasst nun auch solche im Eigentum des Verletzers stehenden **Materialien und Geräte**, die „vorwiegend" zur Herstellung dieser Erzeugnisse gedient haben (§ 140a Abs. 2 PatG). 237

i) Anspruch auf Rückruf und Entfernen. Wer entgegen den §§ 9 bis 13 PatG eine patentierte Erfindung benutzt, kann von dem Verletzten auf Rückruf der Erzeugnisse, die Gegenstand des Patentes sind, oder auf deren endgültiges Entfernen aus den Vertriebswegen in Anspruch genommen werden. Dies gilt auch, wenn es sich um Erzeugnisse handelt, die durch ein Verfahren, das Gegenstand des Patentes ist, unmittelbar hergestellt worden sind (§ 140a Abs. 3 PatG). Die Ansprüche sind ausgeschlossen, wenn die Inanspruchnahme im Einzelfall unverhältnismäßig ist. Bei der Prüfung der Verhältnismäßigkeit sind auch die berechtigten Interessen Dritter zu berücksichtigen (§ 140a Abs. 4 PatG). Der Rückrufanspruch ist auch gegenüber im Ausland ansässigen Beklagten durchsetzbar.[414] 238

Schon vor der Umsetzung der Enforcement-Richtlinie konnten Ansprüche auf Rückruf oder Entfernung bestehen, etwa aufgrund des Beseitigungsanspruchs des § 1004 BGB und im Wege der Naturalrestitution unter Umständen auch aus Schadensersatzansprüchen. Bislang haben derartige Ansprüche allerdings keine nennenswerte Rolle gespielt. Es bleibt abzuwarten, ob sich dies künftig ändern wird. 239

j) Anspruch auf Veröffentlichung von Urteilen. Ist eine Klage auf Grund des PatG erhoben worden, so kann der obsiegenden Partei im Urteil die Befugnis zugesprochen werden, das Urteil auf Kosten der unterliegenden Partei öffentlich bekannt zu machen, wenn sie ein berechtigtes Interesse darlegt. Art und Umfang der Bekanntmachung werden im Urteil bestimmt. Die Befugnis erlischt, wenn von ihr nicht innerhalb von drei Monaten nach Eintritt der Rechtskraft des Urteils Gebrauch gemacht wird. Der Ausspruch nach Satz 1 ist nicht vorläufig vollstreckbar (§ 140e PatG). 240

3. Die Klageerwiderung

Im Rahmen der Klageerwiderung sind insbesondere die nachfolgend angesprochenen Verteidigungsmittel von Bedeutung. 241

a) Einreden und Einwendungen gegen die Zulässigkeit der Klage. Sofern Patentverletzungsklagen von ausländischen Schutzrechtsinhabern erhoben werden, kann nur gelegentlich noch die **Rüge der fehlenden Ausländersicherheit** (§ 110 ZPO) durchgreifen. Die Rechtsprechung hat den Anwendungsbereich der Vorschrift weit eingeschränkt. Insbesondere im Verhältnis zu Angehörigen von Mitgliedsstaaten der Europäischen Union oder eines Vertragsstaats des Abkommens über 242

[414] BGH GRUR 2017, 785 – Abdichtsystem.

den Europäischen Wirtschaftsraum findet § 110 ZPO keine Anwendung.[415] Allerdings ist die Vorschrift infolge des Brexits auf UK-Unternehmen anzuwenden.[416] Sind die Voraussetzungen im Einzelfall gegeben, so wird bei rechtzeitiger Erhebung der Rüge das Gericht dem Kläger eine Frist für die Beibringung der Sicherheit setzen.[417]

243 Mit der **Rüge der fehlenden örtlichen oder sachlichen Zuständigkeit** kann die Verweisung des Rechtsstreits an das zuständige Gericht herbeigeführt werden. Im Hinblick darauf, dass jede Patentverletzung zugleich auch eine unerlaubte Handlung darstellt und das Angebot und der Vertrieb von patentverletzenden Produkten sich selten auf einzelne Landgerichtsbezirke beschränkt, ist hierbei allerdings die Rüge der fehlenden örtlichen Zuständigkeit selten von Erfolg gekrönt.

244 Demgegenüber wird von den Parteien, aber auch von vielen Landgerichten ohne Patentstreitkammern der Begriff der „Patentstreitsachen“ in § 143 PatG entgegen der höchstrichterlichen Rechtsprechung[418] häufig zu eng ausgelegt. Gelegentlich entdeckt erst im weiteren Verlaufe des Verfahrens die Partei, die zu unterliegen droht, den wahren Charakter der Streitigkeit und beantragt dann die Verweisung an die zuständige Patentstreitkammer.

245 Eine prozessuale Rüge mit spezifisch patentrechtlichem Charakter ist die (prozesshindernde) Einrede eines **Verstoßes gegen das Konzentrationsgebot** (§ 145 PatG). Hatte der Kläger bereits früher gegen den Beklagten wegen derselben oder einer gleichartigen Handlung auf Grund eines anderen Patentes eine Klage nach § 139 PatG erhoben, so kann er eine weitere Klage nur erheben, wenn er ohne sein Verschulden nicht in der Lage war, auch dieses Patent in dem früheren Rechtsstreit geltend zu machen. Die rechtzeitig erhobene Rüge führt gegebenenfalls zur Abweisung der Klage als unzulässig.

246 Eine nicht ganz unbedenkliche Bedeutung hat in den vergangenen Jahren im Rahmen von länderübergreifenden Auseinandersetzungen die **Einrede anderweitiger Rechtshängigkeit** nach Art. 27 EuGVVO erlangt. Nach deutschem Zivilprozessrecht obliegt die Wahl des Gerichtsstands dem Kläger. Selbst wenn der vermeintliche Verletzer zunächst eine negative Feststellungsklage an einem ihm genehmen Gerichtsstand einreicht, ist der Verletzte hierdurch an der Erhebung der Unterlassungsklage an einem anderen Gerichtsstand nicht gehindert. Vielmehr entfällt spätestens durch die Verlesung der Unterlassungsanträge im letzteren Verfahren das Feststellungsinteresse, da die Leistungsklage stets Vorrang vor der Feststellungsklage genießt. Mangels Identität des Streitgegenstandes kann der vermeintliche Verletzer in Fällen ohne Auslandsberührung auch nicht die Einrede anderweitiger Rechtshängigkeit erheben. Anders ist dies allerdings im Anwendungsbereich der EuGVVO. Der Europäische Gerichtshof steht auf dem Standpunkt, dass die (negative) Feststellungsklage und die Unterlassungsklage denselben Streitgegenstand haben, so dass nach der zeitlich früheren Erhebung der negativen Feststellungsklage durch den vermeintlichen Verletzer der Erhebung der Unterlassungsklage an einem anderen Gerichtsstand die Einrede der anderweitigen Rechtshängigkeit entgegensteht.

247 **b) Verteidigung in der Sache.** *aa) Keine Verletzungshandlung.* In der Sache selbst kann der Beklagte geltend machen, die angegriffene Handlung sei keine Verletzungshandlung. Insoweit kann er je nach den Umständen des Einzelfalls zunächst vortragen, er habe die ihm vorgeworfene Handlung überhaupt nicht begangen, er sei also der falsche Beklagte, so dass die Klage wegen fehlender Passivlegitimation abzuweisen ist. Zum anderen kann er sich aber darauf berufen, die angegriffene Ausführung falle nicht in den Schutzbereich des Klagepatentes. Hierzu wird er regelmäßig eine Auslegung der vom Kläger geltend gemachten Patentansprüche anbieten, welche die angegriffene Ausführungsform nicht erfasst, und im Einzelnen darlegen, welche Merkmale der so verstandenen Ansprüche von der angegriffenen Ausführungsform nicht erfüllt werden, und zwar weder wortsinngemäß noch in äquivalenter Weise.

248 *bb) Einwand des freien Standes der Technik.* (Nur) gegenüber dem Vorwurf der äquivalenten Verletzung kann der Beklagte ferner den Einwand des freien Standes der Technik, den sogenannten **„Formstein-Einwand“** erheben.[419] Dabei kann der Beklagte geltend machen, die als äquivalent angegriffene Ausführungsform stelle mit Rücksicht auf den Stand der Technik keine Erfindung dar. Er kann im Verletzungsstreit insoweit auf den in § 3 Abs. 1 PatG genannten Stand

[415] BGH GRUR 2016, 1204 – Prozesskostensicherheit.
[416] BGH GRUR 2021, 4858; BPatG GRUR 2021, 6537.
[417] Einzelheiten bei Kühnen Kap. E Rn. 56 ff.
[418] BGH GRUR 1955, 83 – Autostadt.
[419] BGH GRUR 1986, 803 (805) – Formstein.

der Technik zurückgreifen und geltend machen, die angegriffene Ausführungsform ergebe sich daraus für den Fachmann in nahe liegender Weise (§ 4 S. 1 PatG). So soll sichergestellt werden, dass für die freie, nichterfinderische Weiterentwicklung des Standes der Technik alle diejenigen Kenntnisse herangezogen werden, die auch für die Beurteilung der Schutzfähigkeit des Klagepatentes und damit für die Beantwortung der Frage maßgeblich sind, ob dem Erfinder eine Belohnung für die Offenbarung seiner Erfindung zusteht.[420] In der Praxis wird der Formstein-Einwand gegenüber dem Vorwurf der äquivalenten Patentverletzung stets erhoben. Ungleich seltener greift er tatsächlich durch.

cc) Vorbenutzungsrecht. Nach § 12 PatG tritt die Wirkung des Patentes gegen den nicht ein, der zur Zeit der Anmeldung bereits im Inland die Erfindung in Benutzung genommen oder die dazu erforderlichen Veranstaltungen getroffen hatte (**Vorbenutzungsrecht**). Das Vorbenutzungsrecht berechtigt den Berechtigten (lediglich) zur Weiterbenutzung. Nach den von der Rechtsprechung entwickelten Grundsätzen setzt der Erwerb des Vorbenutzungsrechts zunächst voraus, dass sich der Vorbenutzer im Zeitpunkt der Anmeldung im Erfindungsbesitz befunden, das heißt den Erfindungsgedanken derart erkannt hat, dass ihm die tatsächliche Ausführung der Erfindung möglich gewesen ist.[421] Beim Erwerb des Erfindungsbesitzes muss der Benutzer redlich gewesen sein.[422] Diesen Erfindungsbesitz muss der Inhaber auch im Sinne des § 12 Abs. 1 S. 1 PatG betätigt haben. Dieser verlangt für den Erwerb des Vorbenutzungsrechts, dass der Erfindungsbesitz im Anmeldezeitpunkt durch Inbenutzungnahme oder die dazu erforderlichen Veranstaltungen im Inland betätigt worden ist. 249

Das redlich erworbene Vorbenutzungsrecht berechtigt grundsätzlich nur zur Weiterbenutzung, nicht aber zur weiteren Annäherung an das fremde Patent. Der sachliche Umfang des Vorbenutzungsrechts bestimmt sich grundsätzlich nach den bisher konkret vorgenommenen Benutzungshandlungen.[423] So darf etwa ein Händler nicht zum Herstellen übergehen. Nach § 12 Abs. 1 S. 2 PatG ist das Vorbenutzungsrecht auf die Benutzung für die Bedürfnisse des eigenen Betriebs in eigenen oder fremden Werkstätten begrenzt. Den Erwerb des Vorbenutzungsrechts hat der Beklagte detailliert darzulegen und gegebenenfalls nachzuweisen. Das Vorbenutzungsrecht ist nicht selbstständig übertragbar, vielmehr kann die Befugnis nur zusammen mit dem Betrieb veräußert oder vererbt werden (§ 12 Abs. 1 S. 3 PatG). 250

dd) Erschöpfung. Der Beklagte kann des Weiteren geltend machen, das Recht aus dem Patent sei erschöpft. Eine patentgeschützte Vorrichtung, die der Schutzrechtsinhaber oder mit dessen Zustimmung ein Dritter in den Verkehr gebracht hat, wird von diesem Zeitpunkt an gemeinfrei. Dies gilt freilich nur für die jeweils konkret betroffenen Vorrichtungen selbst, nicht für Nachbauten. Über den geschützten Gegenstand zu verfügen, ist fortan ausschließlich Sache des Erwerbers, der die Vorrichtung insbesondere zu ihrem bestimmungsgemäßen Zweck gebrauchen kann, ohne hierfür noch eine Erlaubnis des Schutzrechtsinhabers zu benötigen, sowie jeder Dritte, der den Gegenstand von dem Ersterwerber erwirbt.[424] Seine Verbietungsrechte kann der Schutzrechtsinhaber nur ein einziges Mal, und zwar bei der ersten Veräußerung der patentgeschützten Sache, geltend machen.[425] 251

Die **Erschöpfung des Patentrechts** ist Folge der Veräußerung des unter den Patentschutz fallenden Gegenstands durch den Patentinhaber oder mit seinem Willen. Auch vor dem Hintergrund, dass das mit dem Patent verbundene Ausschließlichkeitsrecht eine Belohnung für die Bekanntgabe der Erfindung darstellt, muss ihm die Entscheidung darüber verbleiben, ob und in welchem Umfang von ihm Gebrauch gemacht werden kann. Das schließt auch die Entscheidung darüber ein, ob das geschützte Verfahren oder die geschützte Vorrichtung in den Verkehr gelangen. Ist dies jedoch geschehen, besteht nach Sinn und Zweck des Patentrechts kein Anlass mehr, ihm über diese erste Veräußerung hinaus eine Einflussnahme auf das weitere Schicksal der patentgeschützten Gegenstände vorzubehalten. Der Patentinhaber soll die Rechte aus seinem Schutz- 252

[420] BGH GRUR 1986, 803 (806) – Formstein.
[421] BGH GRUR 1964, 673 (674) – Kasten für Fußabtrittsroste; BGH GRUR 2012, 895 – Desmopressin.
[422] BGH GRUR 1964, 673 (675) – Kasten für Fußabtrittsroste.
[423] LG Düsseldorf Entscheidungen 1998, S. 28 ff. – Zeitzeichenempfänger.
[424] BGH GRUR 2012, 1118 – Palettenbehälter (mit Ausführungen zur Abgrenzung von zulässiger Reparatur und unzulässiger Neuherstellung) sowie BGH BeckRS 2017, 135855 – Trommeleinheit (zur Abgrenzung von bestimmungsgemäßem Gebrauch und unzulässiger Neuherstellung bei Austausch eines Bestandteils eines mehrteiligen Erzeugnisses).
[425] BGH GRUR 1998, 130 (132) – Handhabungsgerät; zu den Auswirkungen der Erschöpfung auf den Schadensersatzanspruch in der Vertriebskette Allekotte MittdtschPatAnw 2004, S. 1 ff.

recht nur einmal geltend machen können. Hat er oder mit seinem Willen ein Dritter den geschützten Gegenstand in den Verkehr gebracht, ist es ihm verwehrt, gegenüber den Abnehmern die Rechte aus dem Patent erneut aufzugreifen. Über diesen Gegenstand zu verfügen, ist nunmehr Sache des Erwerbers, der den Gegenstand im Verhältnis zum Patentinhaber rechtmäßig erworben hat.[426] Im Rahmen der Europäischen Union gilt der Grundsatz der europaweiten Erschöpfung.

253 *ee) Widerrechtliche Entnahme.* Der Beklagte kann im Verletzungsprozess geltend machen, der wesentliche Inhalt des Patentes sei den Beschreibungen, Zeichnungen, Modellen, Gerätschaften oder Einrichtungen eines Anderen oder einem von diesem angewendeten Verfahren ohne dessen Einwilligung entnommen worden (**widerrechtliche Entnahme**), §§ 8, 21 Abs. 2 Nr. 3 PatG. Allerdings steht der Einwand nur dem durch die widerrechtliche Entnahme Verletzten zu.

254 *ff) Verjährung.* Nach § 141 PatG verjähren die Ansprüche wegen Verletzung des Patentrechts entsprechend den Vorschriften des Bürgerlichen Gesetzbuchs (BGB). Auch eine **Verwirkung** von Ansprüchen kommt in Betracht.

255 c) **Angriff auf das Klagepatent.** Im Verletzungsverfahren vor der Patentstreitkammer kann der Beklagte nicht mit dem Einwand gehört werden, das Klageschutzrecht sei nicht schutzfähig. Der Verletzungsrichter hat das Patent grundsätzlich so hinzunehmen, wie es erteilt ist. Will der Beklagte geltend machen, das Klagepatent sei nicht schutzfähig, so muss dies im Wege des **Einspruchs- oder Nichtigkeitsverfahrens** geschehen.

256 Allerdings kann der Beklagte unter Hinweis auf die Erhebung des Einspruchs bzw. der Nichtigkeitsklage, auch wenn solche von dritter Seite erhoben worden sind, die **Aussetzung des Verletzungsrechtsstreits** wegen Vorgreiflichkeit des anderen Verfahrens anregen (§ 148 ZPO). Das Verletzungsgericht hat hierauf die Erfolgsaussichten des Einspruchs- bzw. Nichtigkeitsverfahrens nach pflichtgemäßem und eigenem Ermessen zu prüfen. Bei der Entscheidung über die Frage der Aussetzung ist Zurückhaltung geboten.[427] Im Ergebnis wird das Gericht nur dann aussetzen, wenn der Angriff auf das Klagepatent mit hoher Wahrscheinlichkeit Erfolg haben wird.[428] Für den Fall einer auf eine beschränkte Fassung des Klagepatents gestützten Nichtigkeitsklage hat sich jedoch zuletzt eine zunehmend aussetzungsfreundliche Praxis in der landgerichtlichen Rechtsprechung herausgebildet.[429] In der Praxis kann der Antrag etwa wie folgt formuliert werden:

Formulierungsvorschlag:

257 hilfsweise den Rechtsstreit bis zur rechtskräftigen Entscheidung über die von der Beklagten gegen das Klagepatent erhobenen Nichtigkeitsklage (Aktenzeichen BPatG/BGH) auszusetzen.

258 Bis zu welchem Verfahrensstand im Einspruchs- bzw. Nichtigkeitsverfahren das Gericht gegebenenfalls aussetzen wird, unterliegt ebenfalls pflichtgemäßem Ermessen.

XI. Beratungschecklisten

1. Checkliste Patentanmeldung

259
- ☐ Ist der Anmelder identisch mit dem Erfinder, ist zu prüfen, ob die Erfindung freigeworden ist oder ob es sich um eine meldepflichtige Diensterfindung handelt.
- ☐ Ist der Anmelder Arbeitgeber und wurde die Erfindung von einem Arbeitnehmer gemacht, ist zu prüfen, ob die Erfindung innerhalb von vier Monaten nach deren Meldung in Anspruch genommen wurde.
- ☐ Wegen des absoluten Neuheitserfordernisses ist zu prüfen, ob eine eigene Vorveröffentlichung der Erfindung erfolgte. Liegt eine derartige Vorveröffentlichung weniger als 6 Monate zurück, so ist zwar keine Patentanmeldung, aber noch eine Gebrauchsmusteranmeldung möglich.

[426] BGH GRUR 1997, 116 (117) – Prospekthalter.
[427] BGH GRUR 1987, 284 – Transportfahrzeug II.
[428] BGH GRUR 1987, 284 – Transportfahrzeug II.
[429] LG Düsseldorf BeckRS 2017, 104662; LG München I BeckRS 2017, 125771; OLG Karlsruhe GRUR-RR 2019, 145.

☐ Für die Abfassung der Anmeldung ist der relevante Stand der Technik zu ermitteln. Dies kann durch den Anmelder selbst erfolgen. In einer Vielzahl deutscher Großstädte befinden sich sogenannte Patentinformationszentren. Diese Patentinformationszentren nehmen nicht nur Anmeldungen für das DPMA entgegen. In den Patentinformationszentren liegen auch die laufenden Veröffentlichungen des Deutschen Patent- und Markenamtes zur Einsichtnahme aus. Der Dokumentenbestand der einzelnen Patentinformationszentren ist unterschiedlich. Neben inländischen und ausländischen Patent- und Gebrauchsmusterschriften in Papierform liegen dort auch vielfach neuere Dokumente auf CD-Rom vor, so dass dort nicht nur eine Handrecherche, sondern auch eine datenbankgestützte Recherche nach relevantem Stand der Technik möglich ist.
☐ Es ist die Frage der Verletzung möglicher Schutzrechte Dritter zu prüfen.

2. Checkliste Auslandsanmeldungen

☐ Läuft die 12-monatige Prioritätsfrist seit dem Anmeldetag der ersten im Ausland anzumeldenden Anmeldung noch? 260
☐ Können mehrere in eine Anmeldung zusammengefasst werden (Kostenersparnis)?
☐ Bei mehr als drei europäischen Staaten (inklusive Deutschland) lohnt sich der Weg über die europäische Patentanmeldung.
☐ Steht noch nicht fest, in welchen Auslandsstaaten Auslandsanmeldungen getätigt werden sollen, so empfiehlt sich die internationale Patentanmeldung über den PCT.

3. Checkliste Einspruch

☐ Läuft die Einspruchsfrist noch (9 Monate nach Erteilung)? 261
☐ Ist der Einspruch substantiiert?
☐ Wird der Einspruch auf eine offenkundige Vorbenutzung gestützt, muss der Umfang der offenkundig gewordenen technischen Lehre ermittelt werden. Es müssen die Gründe aufgeklärt werden, warum die Vorbenutzung öffentlich war. Insbesondere muss ausgeschlossen werden, dass ein explizites oder auch implizites Geheimhaltungsinteresse bestanden hat. Es muss aufgeklärt werden, wann die offenkundige Vorbenutzung stattgefunden hat.
☐ Besteht zwischen Patentinhaber und Einsprechendem eine Nichtangriffsabrede?
☐ Oder hindern Treu und Glauben am Einspruch?

§ 36 Europäisches Patentrecht

Übersicht

I. Grundlagen

1. Das Europäische Patentübereinkommen

1 Rechtliche Grundlage des Europäischen Patentes war bis Ende 2007 das Europäische Patentübereinkommen vom 5. Oktober 1973 („EPÜ 1973"). Die sich seit 1973 abzeichnenden Mängel und Schwierigkeiten in der praktischen Handhabung des EPÜ sowie die durch das TRIPS-Übereinkommen und das Patentrechtsabkommen 2000[1] erforderlichen Anpassungen führten jedoch zu zahlreichen Änderungsvorschlägen. Diese mündeten Ende 2000 in einer Revision des EPÜ („EPÜ 2000").[2] Mittlerweile haben alle Vertragsstaaten das EPÜ 2000 ratifiziert bzw. sind ihm

[1] Patent Law Treaty („PLT") vom 1. Juni 2000, zu finden unter https://wipolex.wipo.int/en/text/288996.

[2] Die Revisionsakte zum EPÜ wurde im Zuge der Diplomatischen Konferenz der Vertragsstaaten vom 20. bis 29. November 2000 in München beschlossen.

beigetreten. Neben der Bundesrepublik Deutschland sind gegenwärtig (Stand 1. Januar 2022) folgende europäische Staaten Mitglieder des EPÜ: Albanien, Belgien, Bulgarien, Dänemark, Estland, Finnland, Frankreich, Griechenland, Großbritannien, Irland, Island, Italien, Kroatien, Lettland, Liechtenstein, Litauen, Luxemburg, Malta, Nordmazedonien, Monaco, Niederlande, Norwegen, Österreich, Polen, Portugal, Rumänien, San Marino, Schweden, Schweiz, Serbien, Slowakei, Slowenien, Spanien, Tschechische Republik, Türkei, Ungarn und Zypern.

2 Die Regelungen des EPÜ 2000 sind **seit dem 13. Dezember 2007 in Kraft** und finden gemäß Art. 7 Abs. 1 S. 1 der Akte zur Revision des Übereinkommens über die Erteilung europäischer Patente[3] auf alle nach dem Inkrafttreten eingereichten europäischen Patentanmeldungen und die darauf erteilten Patente Anwendung. Das EPÜ enthält gemäß Art. 1 EPÜ die in allen Vertragsstaaten unmittelbar geltenden Regelungen bezüglich der Erteilung von europäischen Patenten. Zweck des Übereinkommens ist folglich die Schaffung eines einheitlichen Rechts zur Erteilung von Patenten für die Verbandsstaaten.[4] Das durch das EPÜ statuierte System ist ein von den nationalen Regelungen unabhängiges, eigenständiges, supranationales Patentrechtssystem.[5] Dabei handelt es sich um ein auch gegenüber dem Gemeinschaftsrecht der Europäischen Union selbstständiges Rechtssystem. Wichtigste Rechtsmaterie neben dem eigentlichen EPÜ ist die Ausführungsordnung (**„EPÜ-Ausführungsordnung"**), die gemäß Art. 164 Abs. 1 EPÜ Bestandteil des EPÜ ist. Die EPÜ-Ausführungsordnung enthält eine Vielzahl von Regeln, die einzelne Bestimmungen des EPÜ näher konkretisieren und infolgedessen eine wertvolle Hilfe bei der Auslegung und Anwendung des EPÜ in der Praxis darstellen. Darüber hinaus hat das Europäische Patentamt umfangreiche Richtlinien für die Prüfung im Europäischen Patentamt (**„Prüfungsrichtlinien"**) erlassen, die laufend angepasst werden und deren zuletzt überarbeitete Fassung am 1. März 2021 in Kraft trat.[6]

3 Art. 4 Abs. 1 S. 1 EPÜ begründet eine autonome Europäische Patentorganisation, die als Völkerrechtssubjekt selbstständig Träger von Rechten und Pflichten ist und somit die Fähigkeit besitzt, eigenständig völkerrechtliche Verträge abzuschließen.[7] Organe der Europäischen Patentorganisation sind gemäß Art. 4 Abs. 2 EPÜ das **Europäische Patentamt** sowie der **Verwaltungsrat.** Dem Europäischen Patentamt („EPA") obliegt gemäß Art. 4 Abs. 3 EPÜ als Vollzugsorgan die Aufgabe der Erteilung der europäischen Patente.[8] Der Verwaltungsrat („VR") stellt das zentrale Organ der Willensbildung der Organisation dar. Darüber hinaus überwacht er die Tätigkeit des EPA.[9]

4 Die Europäische Patentorganisation ist gemäß Art. 4 Abs. 1 S. 2 EPÜ als verwaltungsmäßig und finanziell selbstständige Behörde ausgestaltet.[10] Die wesentlichen Einnahmen der Europäischen Patentorganisation resultieren gemäß Art. 37 lit. a) iVm Art. 38 lit a) EPÜ aus den vom EPA erhobenen Gebühren. Neben den vom EPA selbst erhobenen Gebühren erfolgt die Finanzierung außerdem gemäß Art. 37 lit. b) EPÜ über Zahlungen der Vertragsstaaten an die Europäische Patentorganisation auf Grund der für die Aufrechterhaltung der europäischen Patente in den Vertragsstaaten erhobenen Gebühren.

5 **Sitz** der Europäischen Patentorganisation und des EPA ist nach Art. 6 Abs. 1 und 2 S. 1 EPÜ **München.** Neben einer Zweigstelle in Den Haag, Art. 6 Abs. 2 S. 2 EPÜ, besitzt das EPA mehrere Dienststellen, unter anderem das internationale Informationszentrum INPADOC in Wien und die Informationsstelle in Berlin.[11]

6 Die **Amtssprachen** des EPA sind gemäß Art. 14 Abs. 1 EPÜ Deutsch, Englisch und Französisch.

2. Territoriale Wirkung

7 Die nach dem EPÜ erteilten klassischen europäischen Patente als **Bündelpatent**[12] haben über Art. 2 Abs. 2 EPÜ in jedem Vertragsstaat, für den sie erteilt worden sind, dieselbe Wirkung und

[3] S. im Internet unter https://www.epo.org/law-practice/legal-texts/html/epc/2020/d/ma5b.html.
[4] Benkard/Kolle EPÜ Art. 1 Rn. 1.
[5] Benkard/Kolle EPÜ Art. 1 Rn. 2 f.
[6] Sie sind im Internet unter www.epo.org/law-practice/legal-texts/guidelines_de.html zu finden.
[7] Benkard/Joos/Quarch EPÜ Art. 4 Rn. 3; Singer/Stauder/Kunz-Hallstein EPÜ Art. 4 Rn. 3.
[8] Zu näheren Informationen über die Aufgaben des EPA siehe Benkard/Joos/Quarch EPÜ Art. 4 Rn. 8 ff.
[9] Benkard/Joos/Quarch EPÜ Art. 4 Rn. 20 ff.
[10] Benkard/Joos/Quarch EPÜ Art. 4 Rn. 7.
[11] Singer/Stauder/Luginbühl EPÜ Art. 6 Rn. 3 ff. und Art. 7 Rn. 2 f.
[12] Bündelpatent deshalb, weil das europäische Patent die nach Erteilung jeweils eigenständigen nationalen Teile des europäischen Patents zusammenfasst.

unterliegen denselben Vorschriften wie ein in diesem Staat erteiltes nationales Patent. Hierin liegt der wesentliche Unterschied zu dem neuen europäischen Patent mit einheitlicher Wirkung (auch „Einheitspatent" genannt), das bereits beschlossen sowie nach der nun erfolgten Ratifizierung auch des Übereinkommens über das einheitliche Patentgericht durch die erforderliche Anzahl an Staaten in absehbarer Zeit zur Anwendung gelangen wird (Stand 1. Januar 2022).[13] Das europäische Patent mit einheitlicher Wirkung ist als einheitliches Schutzrecht für das Gebiet sämtlicher teilnehmender Mitgliedsstaaten konzipiert.

Im Rahmen des Anmeldeverfahrens eines europäischen Patentes ist es dem Anmelder freigestellt, für welche Vertragsstaaten er das europäische Patent beantragt. Die Erteilung des europäischen Patentes kann gemäß Art. 3 EPÜ für einen oder mehrere Vertragsstaaten beantragt werden. Diese Regelung ermöglicht es dem Patentanmelder unter anderem abzuwägen, für welche Vertragsstaaten er Schutz begehrt, um auf diese Weise die Kosten in Folge der Erteilung des europäischen Patents möglichst gering zu halten. 8

Das europäische Patent genießt nicht nur in den unmittelbaren Vertragsstaaten des EPÜ Schutz. Die Europäische Patentorganisation hat mit verschiedenen Ländern, die nicht Mitglied des EPÜ sind, **Erstreckungs- bzw. Validierungsabkommen** geschlossen. Derzeit (Stand 1. Januar 2022) bestehen Erstreckungsabkommen noch mit Bosnien-Herzegowina und Montenegro und Validierungsabkommen mit Marokko, der Republik Moldau, Tunesien und Kambodscha.[14] Durch einen entsprechenden Antrag und Zahlung der Gebühren können europäische Patentanmeldungen (direkte und Euro-PCT-Anmeldungen) und Patente auf diese Länder erstreckt bzw. in diesen Ländern validiert werden. Sie haben dort grundsätzlich dieselbe Wirkung wie nationale Patentanmeldungen und Patente, unterliegen dem nationalen Recht und gewähren im Wesentlichen den gleichen Schutz wie die vom EPA für die EPÜ-Vertragsstaaten erteilten Patente, so dass europäischen Patentanmeldern hiermit ein einfacher und kostengünstiger Weg zur Erlangung von Patentschutz in diesen Ländern zur Verfügung steht. 9

3. Fristen

Die Regelungen zur Berechnung von Fristen nach dem EPÜ ergeben sich aus Art. 120 EPÜ in Verbindung mit Regel 131 EPÜ-Ausführungsordnung, wobei Regel 131 Abs. 1 und 2 EPÜ-Ausführungsordnung grundsätzliche Berechnungskriterien benennen, während die Abs. 3–5 zwischen nach Jahren, Monaten und Wochen bestimmten Fristen unterscheiden.[15] Die Fristen ergeben sich entweder unmittelbar aus dem EPÜ oder der EPÜ-Ausführungsordnung oder das EPÜ oder die EPÜ-Ausführungsordnung nehmen auf eine „zu bestimmende Frist" Bezug. Im letzteren Fall ist für die Fristbestimmung gemäß Regel 132 Abs. 1 EPÜ-Ausführungsordnung das EPA zuständig. Nach Regel 132 Abs. 2 EPÜ-Ausführungsordnung beträgt die vom EPA bestimmte Frist dabei, sofern nichts anderes bestimmt ist, nicht weniger als zwei und nicht mehr als vier Monate, wenn besondere Umstände vorliegen, nicht mehr als sechs Monate. In besonderen Fällen kann die Frist gemäß Regel 132 Abs. 2 S. 2 EPÜ-Ausführungsordnung vor Ablauf auf Antrag verlängert werden. 10

Nach Regel 131 Abs. 1 EPÜ-Ausführungsordnung werden Fristen nach vollen Tagen, Wochen, Monaten oder Jahren berechnet. Die Frist beginnt entsprechend Regel 131 Abs. 2 S. 1 EPÜ-Ausführungsordnung an dem Tag zu laufen, der dem Tag folgt, in den das maßgebliche Ereignis fällt. Alle Fristen beginnen demnach an dem auf das Ereignis folgenden Tag um 00:00 Uhr und enden mit Ablauf des für den Fristablauf maßgeblichen Tages um 24:00 Uhr Das Ereignis kann eine Handlung oder der Ablauf einer früheren Frist sein. Besteht die Handlung in einer Zustellung, so ist das maßgebliche Ereignis der Zugang des zugestellten Schriftstücks, sofern nichts anderes bestimmt ist (Regel 131 Abs. 2 S. 2 EPÜ-Ausführungsordnung). Für das Verfahren vor dem EPA ist insoweit die **Zustellungsfiktion** nach Regel 126 Abs. 2 EPÜ-Ausführungsordnung zu beachten. Danach gilt bei der Zustellung mittels eingeschriebenen Briefs mit oder ohne Rückschein das zuzustellende Schriftstück mit dem 10. Tag nach der Abgabe zur Post als zugestellt, es sei denn, es ist nicht oder später zugegangen. Dabei ist es unbeachtlich, ob der 10. Tag ein Sams-, Sonn- oder Feiertag ist. Trifft das Schriftstück nach dem 10. Tag ein, so ist dieser tatsächliche Zugang das maßgebliche Ereignis.[16] 11

---

[13] S. hierzu näher unter → Rn. 237 ff.

[14] S. im Internet https://www.epo.org/law-practice/legal-texts/extension-validation-system_de.html.

[15] Näheres s. Singer/Stauder/Luginbühl/Kroher EPÜ Art. 120 Rn. 1 ff.

[16] Singer/Stauder/Luginbühl/Kroher EPÜ Art. 120 Rn. 16.

12 Die Frist endet bei nach Jahren und Monaten bestimmten Fristen in dem maßgeblich folgenden Jahr bzw. Monat und in dem Monat und an dem Tag, die durch ihre Benennung oder Zahl dem Monat und Tag entsprechen, in den das maßgebliche Ereignis fällt. Fehlt in diesem Monat der Tag, der für den Ablauf der Frist maßgeblich ist, so endet die Frist mit dem letzten Tag dieses Monats (Regel 131 Abs. 3 u. 4 EPÜ-Ausführungsordnung). Fällt beispielsweise das für den Beginn einer Frist von zwei Monaten maßgebliche Ereignis auf den 31. Juli 2023, so beginnt die Frist am 1. August 2019 und endet am 30. September 2023. Bei nach Wochen berechneten Fristen endet die Frist in der maßgeblichen Woche an dem Tag, der durch seine Benennung dem Tag entspricht, an dem das Ereignis eingetreten ist. Fällt das Ereignis bei einer zweiwöchigen Frist auf einen Dienstag, so endet die Frist demnach zwei Wochen später ebenso an einem Dienstag.

13 Fällt das Fristende auf einen Tag, an dem eine der Annahmestellen des Europäischen Patentamtes nach Regel 35 Abs. 1 EPÜ-Ausführungsordnung zur Entgegennahme von Schriftstücken nicht geöffnet ist (Sams-, Sonn- und Feiertage) oder an dem die Post aus anderen als den in Regel 134 Abs. 2 EPÜ-Ausführungsordnung genannten Gründen dort nicht zugestellt wird, so erstreckt sich die Frist gemäß Regel 134 Abs. 1 EPÜ-Ausführungsordnung auf den nächstfolgenden Tag. Die an den jeweiligen Dienstorten des EPA geltenden Feiertage werden vom EPA auf dessen Internetseite veröffentlicht.[17] Hingegen kommt im Falle rein nationaler Feiertage, die zwar national die Vornahme der fristwahrenden Handlung verhindern, bei denen es sich jedoch um einen Arbeitstag des EPA handelt, eine Fristverlängerung nicht in Betracht.[18]

14 Regel 133 Abs. 1 EPÜ-Ausführungsordnung enthält eine Fiktion der **Fristwahrung für verspätet eingegangene Schriftstücke,** wenn das Schriftstück nach Maßgabe der vom Präsidenten des EPA festgelegten Bedingungen rechtzeitig vor Ablauf der Frist bei der Post oder einem anerkannten Übermittlungsdienst aufgegeben wurde. Dies gilt nur dann nicht, wenn das Schriftstück später als drei Monate nach Ablauf der Frist eingegangen ist. Entsprechendes gilt nach Regel 133 Abs. 2 EPÜ-Ausführungsordnung für Handlungen, die bei der zuständigen Behörde nach Art. 75 Abs. 1 lit. b) oder Abs. 2 lit. b) EPÜ vorgenommen werden. Voraussetzung für die Fiktion der Fristwahrung ist nach Art. 1 S. 1 des Beschlusses der Präsidentin des EPA vom 11. März 2015,[19] dass das Schriftstück fünf Tage vor Ablauf der maßgeblichen Frist bei der Post oder bei einem anerkannten Übermittlungsdienst aufgegeben und es gemäß Art. 3 des Beschlusses als Einschreiben oder in gleichwertiger Form und, falls außerhalb Europas aufgegeben, per Luftpost versandt wurde. Die anerkannten Übermittlungsdienste sind in Art. 2 des Beschlusses genannt. Auf Verlangen des EPA ist die rechtzeitige Aufgabe durch Vorlage des Einschreibbelegs der Post oder der Aufgabebestätigung des Übermittlungsdienstes nachzuweisen (Art. 1 S. 2 des Beschlusses).

15 Regel 134 EPÜ-Ausführungsordnung enthält in Abs. 2–5 weitere Fristverlängerungen für Fälle in denen die Zustellung oder Übermittlung per Post gestört war. Dabei besteht nach Regel 134 Abs. 5 EPÜ-Ausführungsordnung für einen Beteiligten die Möglichkeit, unabhängig von der Bekanntgabe einer Störung durch das EPA gemäß Regel 134 Abs. 4 EPÜ-Ausführungsordnung eine solche Störung durch ein außerordentliches Ereignis wie eine Naturkatastrophe, einen Krieg, eine Störung der öffentlichen Ordnung, einen allgemeinen Ausfall einer der vom Präsidenten des EPA gemäß Regel 2 Abs. 1 EPÜ-Ausführungsordnung zugelassenen technischen Einrichtungen zur Nachrichtenübermittlung oder durch ähnliche Ursachen nachzuweisen, um eine individuelle Fristverlängerung zu erreichen. Voraussetzung für die Inanspruchnahme einer Fristverlängerung ist jedoch, dass der Versand des Schriftstückes spätestens am fünften Tage nach Ende der Störung vorgenommen wird.

16 Eine Fristversäumnis kann ggf. durch einen Antrag auf Weiterbehandlung[20] gemäß Regel 135 EPÜ-Ausführungsordnung oder einen Antrag auf Wiedereinsetzung[21] gemäß Regel 136 EPÜ-Ausführungsordnung geheilt werden. In Ausnahmefällen (zB Tod, Geschäftsunfähigkeit oder Insolvenz des Anmelders) kann darüber hinaus die **Unterbrechung des Verfahrens** eine eingetretene Fristversäumnis ungeschehen machen (Regel 142 EPÜ-Ausführungsverordnung). Nach Regel 142 Abs. 1 EPÜ-Ausführungsordnung wird das Verfahren bei dem Eintritt eines der in Abs. 1 lit. a)–c) genannten Ereignisses automatisch unterbrochen, so dass es sich systematisch betrachtet nicht um eine Fristverlängerung handelt, sondern eine Fristversäumnis überhaupt nicht eintreten kann. Es bedarf im weiteren Verlauf gemäß Regel 142 Abs. 2 bzw. 3 EPÜ-Ausführungsordnung einer

[17] S. unter www.epo.org/about-us/office/holidays_de.html.
[18] Singer/Stauder/Luginbühl/Kroher EPÜ Art. 120 Rn. 55 f.
[19] S. ABl. EPA 2015, A29.
[20] → Rn. 221 ff.
[21] → Rn. 215 ff.

Handlung des EPA oder eines Beteiligten, um die Frist neu beginnen bzw. weiterlaufen zu lassen. Gemäß dem Beschluss der Präsidentin des EPA vom 21. November 2013[22] ist die Rechtsabteilung zuständige Stelle für die Entscheidung über die Unterbrechung des Verfahrens. Mit Wiederaufnahme des Verfahrens beginnt die unterbrochene Frist an dem Tage der Wiederaufnahme von Neuem zu laufen, mit Ausnahme der Fristen für die Stellung des Prüfungsantrages und der Zahlung der Jahresgebühren. Letztere sind während der Unterbrechung lediglich gehemmt.[23]

4. Vertretung/Vollmacht

a) **Vertretung.** Das EPÜ regelt die allgemeinen Grundsätze der Vertretung in den Art. 133 ff. EPÜ. Gemäß Art. 133 Abs. 1 EPÜ ist vorbehaltlich des Abs. 2 niemand verpflichtet, sich in den durch das EPÜ geschaffenen Verfahren durch einen zugelassenen Vertreter vertreten zu lassen (**„Recht der Selbstvertretung“**). Lediglich für natürliche oder juristische Personen, die weder Wohnsitz noch Sitz in einem Vertragsstaat haben, sieht Art. 133 Abs. 2 EPÜ eine Vertretungspflicht vor. In diesem Falle müssen alle Handlungen mit Ausnahme der Einreichung einer europäischen Patentanmeldung durch den Vertreter vorgenommen werden. 17

Gemäß Art. 134 Abs. 1 EPÜ kann die Vertretung natürlicher oder juristischer Personen nur durch **zugelassene Vertreter** wahrgenommen werden. Nach Art. 134 Abs. 2 lit. a)–c) EPÜ kann jede natürliche Person, die die Staatsangehörigkeit eines Vertragsstaates besitzt, ihren Geschäftssitz oder Arbeitsplatz in einem Vertragsstaat und die europäische Eignungsprüfung bestanden hat, in die Liste der zugelassenen Vertreter eingetragen werden. Die Eintragung erfolgt gemäß Art. 134 Abs. 4 EPÜ aufgrund eines Antrages, dem die Bescheinigungen beizufügen sind, aus denen sich ergibt, dass die in Art. 134 Abs. 2 EPÜ genannten Voraussetzungen erfüllt sind. Die Vertreter sind berechtigt, in den durch das EPÜ geschaffenen Verfahren aufzutreten und zu diesem Zwecke einen Geschäftssitz in jedem Vertragsstaat zu begründen, in dem die Verfahren durchgeführt werden (Art. 134 Abs. 5 und Abs. 6 EPÜ). In besonders gelagerten Fällen kann der Präsident des EPA gemäß Art. 134 Abs. 7 EPÜ eine Befreiung von der Voraussetzung der Staatsangehörigkeit nach Abs. 2 lit. a) erteilen. Zudem kann jeder Rechtsanwalt, der in einem Vertragsstaat zugelassen ist und seinen Geschäftssitz in diesem Staat hat, die Vertretung in dem Umfang wahrnehmen, in dem er in diesem Staat die Vertretung auf dem Gebiet des Patentwesens ausüben kann (gemäß Art. 134 Abs. 8 EPÜ). Jede Person, die in der in Art. 134 Abs. 1 genannten Liste der zugelassenen Vertreter eingetragen ist, ist Mitglied des Instituts der beim EPA zugelassenen Vertreter („epi“) nach Art. 134a EPÜ und unterliegt den ggf. gesondert erlassenen Vorschriften des hierzu durch Art. 134a Abs. 1 EPÜ ermächtigten Verwaltungsrates.[24] 18

Regel 154 EPÜ-Ausführungsordnung regelt die **Löschung der Zulassung**. Gemäß Regel 154 Abs. 1 EPÜ-Ausführungsordnung wird die Eintragung des zugelassenen Vertreters aufgrund eines Antrags des Vertreters bzw. bei Versäumnis der Entrichtung des Jahresbeitrages an das epi in der Liste der zugelassenen Vertreter gelöscht. Eine Löschung von Amts wegen erfolgt unbeschadet der nach Art. 134a Abs. 1 lit. c) EPÜ getroffenen Disziplinarmaßnahmen nach Regel 154 Abs. 2 lit. a)–c) EPÜ-Ausführungsordnung nur im Fall des Todes oder bei fehlender Geschäftsfähigkeit des Vertreters, wenn er nicht mehr die Staatsangehörigkeit eines Vertragsstaates besitzt oder wenn er seinen Geschäftssitz oder Arbeitsplatz nicht mehr in einem Vertragsstaat hat. Im Falle der Löschung von Amts wegen besteht jedoch gemäß Regel 154 Abs. 3 EPÜ-Ausführungsordnung die Möglichkeit eines Antrages auf Wiedereintragung. 19

Regel 153 Abs. 1 EPÜ-Ausführungsordnung sieht ein Zeugnisverweigerungsrecht für Vertreter in Verfahren vor dem EPA vor, wenn sie in eben dieser Eigenschaft zurate gezogen werden. Von der Offenlegung sind Mitteilungen zwischen dem Vertreter und seinem Mandanten oder Dritten, die unter Artikel 2 der Vorschriften in Disziplinarangelegenheiten von zugelassenen Vertretern fallen, ausgenommen, gemäß Regel 153 Abs. 2 lit. a)–c) EPÜ-Ausführungsordnung insbesondere Mitteilungen und Unterlagen in Bezug auf die Beurteilung der Patentierbarkeit einer Erfindung, die Erstellung oder Bearbeitung einer europäischen Patentanmeldung sowie Stellungnahmen zu Gültigkeit, Schutzbereich oder Verletzung eines europäischen Patentes oder einer europäischen Patentanmeldung. 20

[22] ABl. EPA 2013, 600, Nr. 1.2 lit. b).
[23] Singer/Stauder/Luginbühl/Kroher EPÜ Art. 120 Rn. 78 f.
[24] Ausführlich hierzu Singer/Stauder/Haugg EPÜ Art. 134a Rn. 1 ff.

21 Wird eine europäische Patentanmeldung von mehreren Personen eingereicht und ist im Antrag auf Erteilung eines europäischen Patents kein gemeinsamer Vertreter bezeichnet, so gilt gemäß Art. 133 Abs. 4 EPÜ in Verbindung mit Regel 151 EPÜ-Ausführungsordnung der im Antrag zuerst als Anmelder genannte als gemeinsamer Vertreter. Dies gilt nicht, soweit einer der Anmelder verpflichtet ist, einen zugelassenen Vertreter zu bestellen; in diesem Fall ist dieser als gemeinsamer Vertreter anzusehen.

22 **b) Vollmacht.** Gemäß Art. 133 Abs. 3 EPÜ können natürliche oder juristische Personen mit Wohnsitz in einem Vertragsstaat in jedem durch das EPÜ geschaffenen Verfahren durch einen ihrer Angestellten handeln, der kein zugelassener Vertreter zu sein braucht, aber einer Vollmacht nach Maßgabe der Regel 152 EPÜ-Ausführungsordnung bedarf. Regel 152 EPÜ-Ausführungsordnung kennt die **Einzelvollmacht** und die **allgemeine Vollmacht.** Der Präsident des EPA bestimmt, in welchen Fällen die Vertreter vor dem EPA eine solche Vollmacht einzureichen haben (Regel 152 Abs. 1 EPÜ-Ausführungsordnung). Demnach ist ein Nachweis der Vollmacht nur bei einem Vertreterwechsel oder bei besonderen Umständen, insbesondere Zweifeln an der Vertretungsbefugnis, erforderlich.[25] Versäumt der Vertreter die Einreichung einer Vollmacht, so fordert ihn das EPA gemäß Regel 152 Abs. 2 bzw. Abs. 3 EPÜ-Ausführungsordnung unter Fristsetzung zur Nachholung der Handlung auf. Wird eine vorgeschriebene Vollmacht nicht rechtzeitig eingereicht, so gelten gemäß Regel 152 Abs. 6 EPÜ-Ausführungsordnung – unbeschadet anderer im EPÜ vorgesehener Rechtsfolgen – die Handlungen des Vertreters mit Ausnahme der Einreichung einer europäischen Patentanmeldung als nicht erfolgt. Ein Vertreter gilt gemäß Regel 152 Abs. 8 EPÜ-Ausführungsordnung so lange als bevollmächtigt, bis das Erlöschen seiner Vollmacht dem EPA angezeigt worden ist. Der Tod des Vollmachtgebers ist unbeachtlich, soweit die Vollmacht nichts anderes bestimmt (Regel 152 Abs. 9 EPÜ-Ausführungsordnung). Hat ein Beteiligter mehrere Vertreter bestellt, so sind diese gemäß Regel 152 Abs. 10 EPÜ-Ausführungsordnung ungeachtet einer abweichenden Bestimmung in der Anzeige über ihrer Bestellung oder in der Vollmacht berechtigt, sowohl gemeinschaftlich als auch einzeln zu handeln. Insoweit gilt gemäß Regel 152 Abs. 11 EPÜ-Ausführungsordnung im Falle der Bevollmächtigung eines Zusammenschlusses von Vertretern jeder Vertreter als bevollmächtigt, der den Nachweis erbringt, dass er in diesem Zusammenschluss tätig ist.

II. Materielles Recht

23 Gemäß Art. 52 Abs. 1 EPÜ werden europäische Patente für Erfindungen auf allen Gebieten der Technik erteilt, sofern sie neu sind, auf einer erfinderischen Tätigkeit beruhen und gewerblich anwendbar sind. Die Begriffe der Neuheit, der erfinderischen Tätigkeit und der gewerblichen Anwendbarkeit werden in den Art. 54–57 EPÜ näher definiert. Eine Konkretisierung des Begriffes der Erfindung fehlt im EPÜ hingegen.

1. Kategorien von Erfindungen

24 Mit dem europäischen Patent können die gleichen Kategorien von Erfindungen unter Schutz gestellt werden, wie bei einem nationalen deutschen Patent:

25 **a) Erzeugnispatente.**[26] Das Erzeugnis- oder Sachpatent betrifft eine Sache, einen Stoff, eine Vorrichtung, eine Maschine, eine Anordnung oder ein Gerät. Kennzeichnend ist, dass die dem Patent zugrundeliegende technische Lehre einen durch räumlich-körperliche Merkmale umschriebenen Gegenstand schützt. Zur Kategorie der Erzeugnispatente gehören auch Vorrichtungs- und Stoffpatente. Vorrichtungspatente betreffen Arbeitsmittel (wie zB eine Maschine), bei denen zwar eine bestimmte Funktionsweise im Vordergrund steht, die jedoch – im Gegensatz zum Verfahrenspatent – unverändert den körperlichen Gegenstand als solches beanspruchen. Stoffpatente schützen einen bestimmten Stoff, zB chemische Verbindungen. Zur Voraussetzung der Patentierung gehört, dass in der Patentschrift ein Weg zur Herstellung des Stoffes aufgezeigt wird.[27] Darüber hinaus muss der Stoff grundsätzlich eindeutig gekennzeichnet sein, wobei jedoch gegebenen-

[25] S. Art. 1 Abs. 2 und 3 des Beschlusses der Präsidentin des EPA vom 12. Juli 2007, ABl. EPA 2007, Sonderausgabe 3, L.1.; Singer/Stauder/Luginbühl/Haugg EPÜ Art. 133, Rn. 26 ff.

[26] Näher Benkard/Melullis EPÜ Art. 52 Rn. 142 ff.; Busse/Keukenschrijver PatG § 1 Rn. 85 ff.

[27] Benkard/Melullis EPÜ Art. 52 Rn. 149 und 158.

falls die mittelbare Kennzeichnung durch die Angabe der Herstellungsschritte ausreichen kann (sog. product-by-process Anspruch).[28]

b) **Verfahrenspatente.**[29] Das Verfahrenspatent kann ein Herstellungsverfahren betreffen, welches die Maßnahmen angibt, die zur Herstellung eines Stoffes oder eines sonstigen Erzeugnisses erforderlich sind. Es behält dem Inhaber das alleinige Recht vor, das geschützte Verfahren anzuwenden oder zur gewerblichen Anwendung zur Verfügung zu stellen. Führt das Verfahren zu einem Erzeugnis, so erstrecken sich die Schutzwirkungen des Verfahrenspatents auch auf das mit Hilfe dieses Verfahrens hergestellte Erzeugnis (vgl. § 9 Nr. 3 PatG). Darüber hinaus kann sich das Verfahrenspatent auf ein Arbeitsverfahren beziehen, das nicht auf die Schaffung eines neuen Produktes gerichtet ist, sondern die Ausführung eines Arbeitsvorganges zum Gegenstand hat. 26

c) **Verwendungspatente.**[30] Diese zur Kategorie der Verfahren gehörenden Erfindungen betreffen eine Verwendung oder eine Brauchbarkeit von in der Regel bekannten Dingen oder Verfahren. Gegenstand des Verwendungspatentes ist somit nicht das Erzeugnis oder der Stoff als solches, sondern die Nutzung des Erzeugnisses oder Stoffes zu dem in dem Patentanspruch genannten Zweck.[31] 27

2. Technischer Charakter

Das EPA verlangt seit jeher als Element des Erfindungsbegriffes den technischen Charakter der Erfindung.[32] Er dient als Abgrenzungskriterium gegenüber den anderen schöpferischen Leistungen des Menschen, für die ein Patentschutz weder vorgesehen noch geeignet ist.[33] Durch die im Vergleich zum EPÜ 1973 erfolgte Ergänzung des Wortlautes um „auf allen Gebieten der Technik" ist durch die Revision des EPÜ ausdrücklich klargestellt, dass Erfindungen technischen Charakter haben müssen.[34] 28

a) **Bestimmung des technischen Charakters.** Weder das EPÜ noch die EPÜ-Ausführungsordnung definieren den Begriff der Technizität. Von einer Definition haben auch die Beschwerdekammern des EPA abgesehen; vielmehr versuchen sie, im Zuge von Einzelfallentscheidungen dem Begriff der Technizität eine Kontur zu verleihen und seine Grenzen abzustecken.[35] Nach nationalem, deutschem Verständnis erfordert der technische Charakter nach herrschender Meinung, dass **mittels der bewussten und gezielten Verwendung von beherrschbaren Naturkräften unmittelbar ein kausaler technischer Erfolg** herbeigeführt wird.[36] Dabei reicht es aus, wenn die Lehre überhaupt einen technischen Bezug hat. Ein Überwiegen des technischen Charakters ist nicht erforderlich.[37] Die Patentansprüche des europäischen Patentes können auch nichttechnische Merkmale aufweisen.[38] Die technischen Merkmale müssen aber zum erfindungsgemäßen Erfolg beitragen.[39] Die erforderliche Technizität der Erfindung ist daher nicht gegeben, wenn dem einzigen kennzeichnenden Merkmal eines Patentanspruchs die kausale Bedeutung für die Herbeiführung des Erfolges fehlt.[40] In der Praxis spielt die Frage der Technizität vor allem bei computerbe- 29

[28] Benkard/Melullis EPÜ Art. 52 Rn. 171 ff.
[29] Ausführlich Benkard/Melullis EPÜ Art. 52 Rn. 125 ff.; Busse/Keukenschrijver PatG § 1 Rn. 99 ff.
[30] Näher hierzu Benkard/Melullis EPÜ Art. 52 Rn. 185 ff.; Busse/Keukenschrijver PatG § 1 Rn. 105 ff.
[31] Vgl. Benkard/Melullis EPÜ Art. 52 Rn. 185.
[32] EPA T 208/84, ABl. EPA 1987, 14 = GRUR Int 1987, 173 – computerbezogene Erfindung; EPA T 22/85, ABl. EPA 1990, 12 = GRUR-Int 1991, 286 – Zusammenfassen und Wiederauffinden von Dokumenten; EPA T 158/88, ABl. EPA 1991, 566 = GRUR-Int 1992, 279 – Schriftzeichenform; EPA T 107/87 = CR 1993, 36 – Daten(de)kompressionsverfahren; EPA T 854/90, ABl. EPA 1993, 669 = GRUR Int 1994, 236 – Kartenleser; EPA T 636/88, EPOR 1993, 517 – Bagging plant; EPA T 117/97, ABl. EPA 1999, 609 = GRUR Int 1999, 1053 – Computerprogrammprodukt/IBM; EPA T 935/97, RPC 1999, 861 – Computer program product; EPA T 931/95, ABl. EPA 2001, 441 = GRUR Int 2002, 86 – Steuerung eines Pensionssystems.
[33] Benkard/Melullis EPÜ Art. 52 Rn. 60; Schar, Mitt. 1998, 323; GRUR 1992, 36 (38).
[34] Singer/Stauder/Luginbühl/Steinbrener EPÜ Art. 52 Rn. 9 ff.; Benkard/Melullis EPÜ Art. 52 Rn. 60 ff.
[35] Singer/Stauder/Luginbühl/Steinbrener EPÜ Art. 52 Rn. 10.
[36] Benkard/Bacher PatG § 1 Rn. 43 mwN.
[37] EPA T 26/86, ABl. EPA 1988, 19 = GRUR-Int 1988, 585 – Röntgeneinrichtung; EPA T 38/86, ABl. EPA 1990, 384 – Textverarbeitung; EPA T 769/92, ABl. EPA 1995, 525 – Universelles Verwaltungssystem; Benkard/Melullis EPÜ Art. 52 Rn. 63 ff. mwN.
[38] Benkard/Melullis EPÜ Art. 52 Rn. 64.
[39] EPA T 192/82, ABl. EPA 1984, 450 – Formmassen; EPA T 26/86, ABl. EPA 1988, 19 = GRUR-Int 1988, 585 – Röntgeneinrichtung; EPA T 222/89; EPA T 209/91; Benkard/Melullis EPÜ Art. 52 Rn. 67.
[40] EPA T 192/82, ABl. EPA 1984, 415 – Formmassen; Zur Kausalität siehe auch Benkard/Melullis EPÜ Art. 52 Rn. 67 und 83 ff.

zogenen Erfindungen eine bedeutende Rolle und dient als Ausgangspunkt der Diskussion über die Patentfähigkeit von Computerprogrammen.[41]

30 **b) Fehlender Erfindungscharakter.** In Konsequenz des erforderlichen technischen Charakters einer Erfindung bestimmt Art. 52 Abs. 2 lit. a)–d) EPÜ, dass es sich bei den dort genannten Gegenständen nicht um Erfindungen handelt.[42] Dieser Auflistung von Ausschlussgründen kommt kein abschließender Charakter zu („insbesondere"), jedoch ist die Ausnahmevorschrift eng auszulegen.[43] Zu beachten ist zudem, dass gemäß Art. 52 Abs. 3 EPÜ Gegenstände und Erfindungen iSd Art. 52 Abs. 2 EPÜ nur insoweit nicht als Erfindung angesehen werden, als sie sich auf die genannten Gegenstände oder Tätigkeiten *als solche* beziehen.

31 *aa) Entdeckungen, wissenschaftliche Theorien und mathematische Methoden.* Art. 52 Abs. 2 lit. a) EPÜ schließt Entdeckungen, wissenschaftliche Theorien und mathematische Methoden, welche lediglich die Grundlage für eine technische Lehre darstellen können, von der Patentierbarkeit aus. Begründen lässt sich der Ausschluss damit, dass sich die bezeichneten Gegenstände dem Bereich der menschlichen Erkenntnistätigkeit zuordnen lassen, der nicht durch Schutzrechte eingeschränkt werden soll.[44] Erst die konkrete technische Verwertung oder Wirkung ist einem Patentschutz zugänglich. Dies kann etwa bei dem Einsatz von mathematischen Schritten zur Simulation des Verhaltens eines elektrischen Schaltkreises der Fall sein.[45]

32 *bb) Ästhetische Formschöpfungen.* Ebenso gelten gemäß Art. 52 Abs. 2 lit. b) EPÜ ästhetische Formschöpfungen im Sinne von Ergebnissen künstlerisch gestaltender Tätigkeiten nicht als Erfindungen, da sie weder einen technischen Vorgang noch ein technisches Ergebnis darstellen. Soweit sich die Wirkungen einer Lehre ausschließlich an den Form-, Farb- oder Geruchssinn einer Person richten, ist sie der Patentierbarkeit nicht zugänglich.[46] Ästhetische Formschöpfungen können als immaterielle Rechte nichttechnischer Natur jedoch als Urheber- oder Design- bzw. Geschmacksmusterrecht schutzfähig sein.

33 *cc) Pläne, Regeln und Verfahren für gedankliche Tätigkeiten, für Spiele oder für geschäftliche Tätigkeiten.* Weiter schließt Art. 52 Abs. 2 lit. c) 1. Satzteil EPÜ Pläne, Regeln und Verfahren für gedankliche Tätigkeiten, Spiele oder geschäftliche Tätigkeiten von der Patentierbarkeit aus, da es sich um Anweisungen an den menschlichen Geist handelt. Nach der Rechtsprechung der technischen Beschwerdekammern sind aus diesem Grund als rein **gedankliche Tätigkeiten** ein Verfahren zur codierten Kennzeichnung von Tonträgern ohne Einsatz technischer Mittel,[47] ein Verfahren, mit dem in einer Wortliste Ausdrücke ermittelt und ersetzt werden,[48] die Ermittlung und Bewertung der Interessen von Testpersonen,[49] das Zusammenfassen eines Dokuments,[50] die Überprüfung der Rechtschreibung und Fehlerkorrektur,[51] die orthographisch richtige Auswahl an Schriftzeichenform[52], die Klassifizierung von Texten[53] oder die Bestimmung einer geeigneten linguistischen Trunkierungsmethode[54] nicht patentfähig.[55]

34 Bei Spielregeln sind ästhetische und spielregelbedingte Aspekte von technischen Aspekten abzugrenzen. Die visuelle Markierung der gesteuerten Figur eines Videospiels ist – da technisch – dem Patentschutz zugänglich. Die Art und Weise der Markierung jedoch nicht.[56]

---

41 Zu den Voraussetzungen, unter denen computerbezogenen Erfindungen der erforderliche technische Charakter beigemessen werden kann, siehe Singer/Stauder/Luginbühl/Steinbrener EPÜ Art. 52 Rn. 37 ff. Siehe auch Laub GRUR Int 2006, 629 ff.; Benkard/Melullis EPÜ Art. 52 Rn. 276 ff.

42 S. dazu im Einzelnen Benkard/Melullis EPÜ Art. 52 Rn. 152 ff.; Singer/Stauder/Luginbühl/Steinbrener EPÜ Art. 52 Rn. 22 ff.

43 Singer/Stauder/Luginbühl/Steinbrener EPÜ Art. 52 Rn. 23; vgl. aber Benkard/Melullis EPÜ Art. 52 Rn. 154.

44 Singer/Stauder/Luginbühl/Steinbrener EPÜ Art. 52 Rn. 24.

45 EPA T 1227/05, Abl. EPA 2007, 574.

46 Singer/Stauder/Luginbühl/Steinbrener EPÜ Art. 52 Rn. 27 f. mwN.

47 EPA T 51/84, ABl. EPA 1986, 226.

48 EPA T 38/86, ABl. EPA 1990, 384.

49 EPA T 740/05 vom 2. Oktober 2007.

50 EPA T 22/85, ABl. EPA 1990, 12.

51 EPA T 121/85 vom 14. März 1989.

52 EPA T 158/88, ABl. EPA 1991, 566.

53 EPA T 1316/09 vom 18. Dezember 2012.

54 EPA T 1177/97 vom 9. Juli 2002.

55 Singer/Stauder/Luginbühl/Steinbrener EPÜ Art. 52 Rn. 30.

56 EPA T 928/03 vom 2. Juni 2006; vgl. auch T 1793/07 vom 2. Juli 2008; Singer/Stauder/Luginbühl/Steinbrener EPÜ Art. 52 Rn. 31 f. mwN.

Geschäftsmethoden sind – im Gegensatz zum US-Patentrecht – grundsätzlich nicht patentierbar, es sei denn, deren innovative Leistung liegt auf technischem Gebiet, zB der technischen Implementierung.[57] Selbst wenn das Merkmal der Technizität erfüllt ist, scheitert die Patentierung von Geschäftsmethoden häufig daran, dass die technische Lehre nicht neu ist oder nicht auf einer erfinderischen Tätigkeit beruht.[58] 35

dd) Programme für Datenverarbeitungsanlagen. Dem Ausschluss von Programmen für Datenverarbeitungsanlagen von der Patentierbarkeit gemäß Art. 52 Abs. 2 lit. c) 2. Satzteil EPÜ kommt eine besondere praktische Bedeutung zu. Dies liegt insbesondere darin begründet, dass Computerprogramme grundsätzlich einen wesentlichen Bestandteil jeglicher computerimplementierter Erfindungen darstellen. Die Bestimmung der Grenzen von Art. 52 Abs. 2 lit. c) 2. Satzteil EPÜ gestaltet sich dabei aufgrund des weiten Auslegungsspektrums des Begriffs „Computerprogramm" als schwierig, zumal durch den Ablauf von Computerprogrammen ein Prozess in Gang gesetzt wird, der schwerlich als gänzlich untechnisch einzuordnen ist.[59] Computerprogramme als solche stellen jedoch keine Erfindung dar, da es sich bei ihnen lediglich um eine Arbeitsanweisung an die Bestandteile eines Computers handelt, in bestimmter Art und Weise zu verfahren. Als abstrakter „Denkinhalt" wirken sie weder direkt auf die Hardware eines Computers ein, noch führen sie *als solche* (Art. 52 Abs. 3 EPÜ) regelmäßig indirekt mit Hilfe der Hardware außerhalb des Computers Wirkungen herbei. Von diesen Fällen sind jedoch die Sachverhalte abzugrenzen, in denen es nicht um die Patentierung eines in ein Programm übersetzten Algorithmus' geht, sondern die Lehre ein Verfahren oder Erzeugnis betrifft, bei der lediglich auch ein Computerprogramm involviert ist und bei einer Gesamtbetrachtung der erforderliche technische Charakter gegeben ist. 36

Nach derzeitigem Stand der Rechtsprechung der Beschwerdekammern[60] ist zum Zwecke der Abgrenzung eines Computerprogramms als solchem von Konstellationen, in denen eine Patentierung möglich ist, danach zu fragen, ob die Lehre einen technischen Charakter aufweist. Ein technischer Charakter liegt dabei nicht bereits in den „bei Ausführung von Programmbefehlen stets auftretenden physikalischen Veränderungen bei der Hardware (elektrische Ströme)".[61] Vielmehr muss ein weiterer Effekt hinzukommen, der mit der Ausführung von Programmbefehlen einhergeht. Ist dieser **weiterer Effekt technischer Art** oder führt er dazu, dass mit der Software ein technisches Problem gelöst wird,[62] so liegt eine Erfindung vor.[63] Der weitere technische Effekt kann somit in einer computerinternen, zB der andersartigen Zusammenarbeit der Komponenten eines Computers,[64] oder computerexternen technischen Wirkung liegen. Das Patentierungsverbot greift selbst dann nicht, wenn das Computerprogramm das einzige oder eines von mehreren Mitteln zur Erzielung eines technischen Effekts ist.[65] Das Patentierungsverbot nach Art. 52 Abs. 2 lit. c) 2. Satzteil und Abs. 3 EPÜ steht unter diesen Voraussetzungen auch der Patentierung eines computerlesbaren Mediums nicht entgegen, auf dem das Programm gespeichert ist (**„Computerprogrammprodukt"**).[66] 37

Ein technischer Charakter wurde etwa bei einem durch einen Computer ausführbaren Verfahren zum Erstellen einer Indexdatei[67] oder zur Übertragung von Daten in einem neuen Format in die Zwischenablage eines Computers[68] (**„computerimplementierte Verfahren"**)[69] sowie Program- 38

[57] Singer/Stauder/Luginbühl/Steinbrener EPÜ Art. 52 Rn. 34 ff. mit zahlreichen Nachweisen aus der Rechtsprechung der Beschwerdekammern.

[58] EPA T 258/03, ABl. EPA 2004, 575, wo die beanspruchte Automatisierung, die zu einer technischen Implementierung eines Auktionsverfahrens führte, naheliegend war. Ebenso EPA T 172/03 vom 27. November 2003.

[59] Singer/Stauder/Luginbühl/Steinbrener EPÜ Art. 52 Rn. 37.

[60] S. zur historischen Entwicklung Reich Rn. 118 ff.

[61] EPA T 1173/97, ABl. EPA 1999, 609; vgl. auch EPA T 26/86, ABl. EPA 1988, 19.

[62] S. insoweit auch EPA T 769/92, ABl. EPA 1995, 525: Eine Erfindung, die durch Software realisierte funktionelle Merkmale umfasst, fällt nicht unter das Patentierungsverbot des Art. 52 Abs. 2 lit. c) 2. Satzteil und Abs. 3 EPÜ, wenn die erfindungsgemäße Lösung der Aufgabe in ihren Einzelheiten technische Überlegungen erforderlich macht, damit die Erfindung ausgeführt werden kann.

[63] EPA T 1173/97, ABl. EPA 1999, 609; vgl. auch EPA T 158/88, ABl. EPA 1991, 566.

[64] EPA T 26/86, ABl. EPA 1988, 19.

[65] EPA T 1173/97, ABl. EPA 1999, 609.

[66] EPA T 1173/97, ABl. EPA 1999, 609; vgl. insoweit aber EPA T 424/03 vom 23. Februar 2006, wo die Beschwerdekammer abweichend davon ausgeht, dass dem computerlesbaren Medium schon aufgrund des Umstandes, dass es sich um ein technisches Produkt handelt, technischer Charakter zukommt.

[67] EPA T 1351/04 vom 18. April 2007.

[68] EPA T 424/03 vom 23. Februar 2006.

[69] S. hierzu die Unterscheidung von computerimplementiertem Verfahren und Computerprogramm in EPA G 3/08, ABl. EPA, Rn. 11.

men zur Steuerung eines Autoradiomoduls,[70] zur Bereinigung von Computerspeichern[71] und zur Wiedergewinnung von Daten bejaht.[72] Die etablierte Rechtsprechung des EPA zu computerimplementierten Verfahren finden dabei nach der Entscheidung G 1/19 der Großen Beschwerdekammer vom 10. März 2021 auch auf computerimplementierte Simulationen Anwendung.

39 Im Rahmen des Patentierungsverbotes irrelevant ist die Frage, ob die Erfindung einen technischen Beitrag zum Stand der Technik leistet.[73] Dies spielt erst im Rahmen der Beurteilung der Neuheit und der **erfinderischen Tätigkeit** der Erfindung eine Rolle. Die Frage des Patentierungsverbots nach Art. 52 Abs. 2 lit. c) 2. Satzteil und Abs. 3 EPÜ ist der Prüfung der Patenterteilungsvoraussetzungen nach Art. 52 Abs. 1 EPÜ vorgelagert und von dieser zu trennen. An einer erfinderischen Tätigkeit fehlt es insbesondere dann, wenn das Patentierungsverbot des Art. 52 Abs. 2 lit. c) 2. Satzteil und Abs. 3 EPÜ einzig dadurch umgangen wird, dass das Computerprogramm in Verbindung mit einem Computer oder einem Computerprogrammprodukt geschützt wird.[74] Im Übrigen haben die nichttechnischen Merkmale, die mit den technischen Merkmalen nicht zwecks Lösung einer technischen Aufgabe zusammenwirken, sowie die technischen Merkmale, die keine technische Aufgabe lösen, bei der Beurteilung der erfinderischen Tätigkeit außer Betracht zu bleiben.[75]

40 Die Rechtsprechung der Beschwerdekammern wurde durch die Vorlage G 3/08 der Präsidentin des EPA in Frage gestellt. Die Große Beschwerdekammer sah die Vorlage als unzulässig an, da es die Voraussetzungen des Art. 112 Abs. 1 lit. b) EPÜ für nicht gegeben hielt. Es lassen sich der Entscheidung jedoch auch keine Anhaltspunkte dafür entnehmen, dass die von den Beschwerdekammern entwickelten Grundsätze inkonsistent sind. Die Große Beschwerdekammer führte insoweit aus, dass sich etwaige Divergenzen zwischen den Entscheidungen aus der Entwicklung der Rechtsprechung, die „auf juristischem und/oder technischen Neuland nicht immer gradlinig“ verlaufe, ergäben.[76]

41 *ee) Wiedergabe von Informationen.* Schließlich handelt es sich bei der Wiedergabe von Informationen gemäß Art. 52 Abs. 2 lit. d) EPÜ nicht um eine Erfindung. Eine Patentierbarkeit kommt nur dann in Frage, wenn die Art der Informationswiedergabe technische Merkmale einschließt, wie dies etwa bei Lehren der Fall ist, die die Strukturierung oder Formatierung der Information durch ein technisches System betreffen, in dem sie verarbeitet oder wiedergegeben werden.[77]

3. Ausnahmen von der Patentierbarkeit

42 Art. 53 EPÜ enthält einige Ausnahmen von der Patentierbarkeit.[78] Dies gilt für den Fall des Verstoßes gegen die öffentliche Ordnung oder die guten Sitten (Art. 53 lit. a) EPÜ), für Pflanzensorten, Tierrassen und im Wesentlichen biologische Verfahren (Art. 53 lit. b) EPÜ) sowie chirurgische und therapeutische Verfahren sowie Diagnostizierverfahren (Art. 53 lit. c) EPÜ).

43 **a) Verstoß gegen die öffentliche Ordnung oder die guten Sitten.**[79] Gemäß Art. 53 lit. a) EPÜ sind europäische Patente nicht für Erfindungen zu erteilen, deren gewerbliche Verwertung gegen die öffentliche Ordnung oder die guten Sitten verstößt, wobei jedoch ein Verbot der Verwertung per Gesetz oder Verwaltungsvorschrift in allen oder einigen Vertragsstaaten für sich alleine nicht hinreichend ist. Regel 28 Abs. 1 EPÜ-Ausführungsordnung[80] ergänzt diese Regelung und bestimmt, dass ein europäisches Patent insbesondere nicht für biotechnologische Erfindungen erteilt wird, die ein Verfahren zum Klonen von menschlichen Lebewesen, ein Verfahren zur Veränderung

[70] EPA T 125/01 vom 11. Dezember 2002.
[71] EPA T 121/06 vom 25. Januar 2007.
[72] EPA T 1351/04 vom 18. April 2007.
[73] EPA T 1173/97, ABl. EPA 1999, 609; EPA T 931/95, ABl. EPA 2001, 441.
[74] EPA G 3/08, ABl. EPA 2011, 10, Rn. 10.13.
[75] EPA T 641/00, ABl. EPA 2003, 352; s. hierzu näher Reich Rn. 130 ff. mit zahlreichen Nachweisen aus der Rechtsprechung der Beschwerdekammern.
[76] EPA G 3/08, ABl. EPA 2011, 10, Rn. 10.13.
[77] EPA T 163/85, ABl. EPA 1990, 379; EPA T 1194/97, ABl. EPA 2000, 525; Singer/Stauder/Luginbühl/Steinbrener EPÜ Art. 52 Rn. 49 ff. mwN.
[78] S. hierzu auch Reich Rn. 154 ff.
[79] Zur Entscheidungspraxis des EPA siehe T 19/90, ABl. EPA 1990, 446; T 356/93, ABl. EPA 1995, 545; T 315/03, ABl. EPA 2006, 15; G 1/98, ABl. EPA 2000, 11; G 2/06, ABl. EPA 2009, 306; s. auch näher hierzu Ann § 15, Rn. 1 ff.; Singer/Stauder/Luginbühl EPÜ Art. 53 Rn. 6 ff. und EuGH Urteil v. 18. Oktober 2011, C-34/10 – Oliver Brüstle/Greenpeace.
[80] Singer/Stauder/Luginbühl EPÜ Art. 53 Rn. 18 ff.

der genetischen Identität der Keimbahn des menschlichen Lebewesens, die Verwendung von menschlichen Embryonen zu industriellen oder kommerziellen Zwecken[81] oder ein Verfahren zur Veränderung der genetischen Identität von Tieren, die geeignet sind, Leiden dieser Tiere ohne wesentlichen medizinischen Nutzen für den Menschen oder das Tier zu verursachen, sowie die mithilfe solcher Verfahren erzeugten Tiere, zum Gegenstand haben.[82]

44 **b) Pflanzensorten/Tierrassen/biologische Züchtungsverfahren.**[83] Über Art. 53 lit. b) EPÜ werden Pflanzensorten und Tierrassen sowie im Wesentlichen biologische Verfahren zur Züchtung von Pflanzen oder Tieren dem Patentschutz entzogen. Ebenso sind durch im Wesentlichen biologische Verfahren gewonnene Pflanzen oder Tiere nach Regel 28 Abs. 2 EPÜ-Ausführungsverordnung nicht patentierbar. Regel 28 Abs. 2 EPÜ-Ausführungsordnung trat am 1. Juli 2017 in Kraft und stellt eine Reaktion auf die Ansicht der Europäischen Kommission dar, dass es bei Erlass der Biotechnologierichtlinie Wille des Gesetzgebers gewesen sei, durch im Wesentlichen biologische Verfahren gewonnene Erzeugnisse von der Patentierbarkeit auszuschließen.[84] In seiner Entscheidung zur Sache G 3/19 vom 14. Mai 2020[85] erachtete die Große Beschwerdekammer vor diesem Hintergrund eine entsprechende Auslegung von Art. 53 lit. b) EPÜ für geboten und stellte fest, dass die neue Regelung keine Auswirkungen auf vor dem 1. Juli 2017 erteilte europäische Patente und Patentanmeldungen hat, die vor diesem Tage eingereicht und noch anhängig sind. Der Patentierungsausschluss gilt jedoch nicht für mikrobiologische Verfahren, definiert in Regel 26 Abs. 6 EPÜ-Ausführungsordnung, und die mithilfe dieser Verfahren gewonnenen Erzeugnisse, sofern es sich dabei nicht um eine Tierrasse oder Pflanzensorte handelt (Art. 53 lit. b) 2. Halbsatz iVm Regel 27 lit. c) EPÜ-Ausführungsordnung).[86]

45 *aa) Pflanzensorten.* Der Begriff der Pflanzensorte ist in Regel 26 Abs. 4 EPÜ definiert.[87] Demnach handelt es sich bei einer Pflanzensorte um eine pflanzliche Gesamtheit innerhalb eines einzigen botanischen Taxons der untersten bekannten Rangstufe, die, unabhängig davon, ob die Bedingungen für die Erteilung des Sortenschutzes vollständig erfüllt sind, (1) durch die aus einem bestimmten Genotyp oder einer bestimmten Kombination von Genotypen ergebende Ausprägung der Merkmale definiert, (2) zumindest durch die Ausprägung eines dieser Merkmale von jeder anderen pflanzlichen Gesamtheit unterschieden und (3) in Anbetracht ihrer Eignung, unverändert vermehrt zu werden, als Einheit angesehen werden kann. Nur dann, wenn eine Pflanzensorte in diesem Sinne Gegenstand des Patentes ist, greift der Ausschluss nach Art. 53 lit. b) EPÜ. Dies ist etwa nicht bei einem Patent der Fall, das mit Oximderivat einer bestimmten Formel behandeltes Vermehrungsgut von Kulturpflanzen[88] betrifft oder dessen Gegenstand ein Verfahren zur Entwicklung von Hybriden und auf mit einem solchen Verfahren entwickelte Hybridsamen ist.[89] Ebenso wenig genügt es, wenn der Gegenstand des Patents auf Pflanzen in einem allgemeineren Sinne gerichtet ist (vgl. auch Regel 27 lit. b) EPÜ-Ausführungsordnung). Wie das EPA in der Entscheidung G 1/98 der Großen Beschwerdekammer vom 20. Dezember 1999 ausgeführt hat, ist ein Anspruch, in dem bestimmte Pflanzensorten nicht individuell beansprucht werden, nicht vom Patentschutz nach Art. 53 lit. b) EPÜ ausgeschlossen, auch wenn er möglicherweise Pflanzensorten umfasst.[90] Der Ausschluss des Patentschutzes für Pflanzensorten sei das Gegenstück zum Sortenschutz. Nur soweit grundsätzlich der speziellere Sortenschutz greife, sei eine Patentierung über Art. 53 lit. b) EPÜ ausgeschlossen. Sortenschutzrechte würden jedoch nur für konkrete Pflanzensorten erteilt, nicht jedoch für technische Lehren, die in einer unbestimmten Vielzahl von Pflanzensorten verwirklicht werden können.[91] In seinen Entscheidungen **G 2/12 und G/13** lehnt

[81] S. hierzu EPA G 2/06, ABl. EPA 2009, 306.

[82] S. hierzu EPA T 315/03, ABl. EPA 2003, 246.

[83] Im Einzelnen Singer/Stauder/Luginbühl/Podbielski EPÜ Art. 53 Rn. 37 ff.; Reich Rn. 153 ff.; Benkard/Melullis EPÜ Art. 53 Rn. 75 ff.

[84] Vgl. die Mitteilung der Kommission vom 3. November 2016 über bestimmte Artikel der Richtlinie 98/44/EG des Europäischen Parlaments und des Rates über den rechtlichen Schutz biotechnologischer Erfindungen.

[85] EPA G 3/19, ABl. EPA 2020, A119.

[86] Singer/Stauder/Luginbühl/Podbielski EPÜ Art. 53 Rn. 66 ff.

[87] Die dortige Definition entspricht den Definitionen in Art. 1 Abs. vi) UPOV 1991, Art 5 Abs. 2 der Verordnung (EG) Nr. 2100/94 über den gemeinschaftlichen Sortenschutz (EG-SortenschutzVO) und Art. 2 Abs. 3 der Richtlinie 98/44/EG über den rechtlichen Schutz biotechnologischer Erfindungen (BioPatRL).

[88] EPA T 49/83, ABl. EPA 1984, 112.

[89] EPA T 4320/87, ABl. EPA 1990, 71.

[90] EPA G 1/98, ABl. EPA 2000, 111; in diesem Sinne auch T 475/01, Entscheidung vom 15. Juni 2004.

[91] EPA G 1/98, ABl. EPA 2000, 111, Ziffer 3.4 ff. der Entscheidungsgründe.

die Große Beschwerdekammer[92] die Auffassung ab, wonach der Ausschluss von im wesentlichen biologischen Verfahren zur Züchtung von Pflanzen sich negativ auf die Gewährbarkeit eines Erzeugnisanspruchs auswirke, der auf Pflanzen oder Pflanzmaterial wie eine Frucht gerichtet sei.

46 *bb) Tierrassen.* Der Begriff der Tierrasse stellt in der Taxonomie der Biologie eine Untereinheit der Tierart dar. Zu dem Patentierbarkeitsausschluss von Tierrassen gelten die Grundsätze zu Pflanzensorten entsprechend. Von der Patentierung ausgeschlossen sind lediglich Tier*rassen* und nicht übergeordnete Taxnonomieeinheiten. Regel 27 lit. b) EPÜ-Ausführungsordnung stellt für biotechnologische Erfindungen ausdrücklich klar, dass diese auch dann patentierbar sind, wenn sie Tiere zum Gegenstand haben, sofern die Ausführung der Erfindung technisch nicht auf eine bestimmte Tierrasse beschränkt ist. Einem Patent, dass etwa „transgene nichtmenschliche Säuger", „transgene Nager" oder „transgene Mäuse" zum Gegenstand hat, steht daher nicht der Ausschluss des Art. 53 lit. b) EPÜ entgegen, da es sich insoweit nicht um eine Tierrasse handelt.[93]

47 *cc) Im Wesentlichen biologische Verfahren zur Züchtung von Pflanzen und Tieren.*[94] Die Voraussetzung des „im Wesentlichen biologischen Verfahrens" ist gemäß Regel 26 Abs. 5 EPÜ-Ausführungsordnung dann erfüllt, wenn das Züchtungsverfahren vollständig auf natürlichen Phänomenen wie Kreuzung oder Selektion beruht. Umfasst das Verfahren daher einen wesentlichen technischen Verfahrensschritt, der nicht ohne menschlichen Einfluss durchgeführt werden kann und entscheidenden Einfluss auf das Endergebnis hat, steht Art. 53 lit. b) EPÜ der Patentierung nicht entgegen.[95] Biotechnologische Verfahren zur Erzeugung von Pflanzen, bei denen die Pflanzen etwa genetisch durch Einschleusung einer rekombinanten DNA-Sequenz in das Genom einer Pflanze verändert oder die vor ihrer Kreuzung zunächst durch Klonen identisch vermehrt werden, sind daher patentierbar.[96] Unerheblich ist, wenn nach der genetischen Veränderung sich rein biologische Vervielfältigungsschritte anschließen.[97]

48 Diese Grundsätze hat das EPA in der verbundenen Entscheidung G 2/07 sowie G 1/08 weiterentwickelt. Die Große Beschwerdekammer kam zu dem Ergebnis, dass ein nicht mikrobiologisches Verfahren zur Züchtung von Pflanzen, das aus den Schritten der geschlechtlichen Kreuzung ganzer Pflanzengenome und der anschließenden Selektion von Pflanzen bestehe oder diese Schritte umfasse, ein „im Wesentlichen biologisches" Verfahren im Sinne von Art. 53 lit. b) EPÜ sei. Dies sei auch dann nicht anders zu beurteilen, wenn das Verfahren als Teil der Schritte der Kreuzung und Selektion oder als weiteren Schritt einen technischen Verfahrensschritt aufweise, der dazu diene, die Ausführung der Schritte der geschlechtlichen Kreuzung ganzer Pflanzengenome oder der anschließenden Selektion von Pflanzen zu ermöglichen oder zu unterstützen. Unerheblich sei, ob der technische Schritt neu oder bereits bekannt sei, ob er trivial sei oder eine fundamentale Veränderung eines bekannten Verfahrens darstelle, er in der Natur vorkomme oder das Wesen der Erfindung ausmache.

49 **c) Verfahren zur chirurgischen oder therapeutischen Behandlung und Diagnostizierverfahren.**[98] Gemäß Art. 53 lit. c) EPÜ sind Verfahren zur chirurgischen oder therapeutischen Behandlung des menschlichen oder tierischen Körpers und Diagnostizierverfahren, die am menschlichen oder tierischen Körper vorgenommen werden, von der Patentierbarkeit ausgenommen.

50 *aa) Verfahren zur chirurgischen Behandlung.* Unter „chirurgische Behandlung" sind physische Eingriffe am lebenden Körper zu verstehen, die der Beseitigung und Heilung von Krankheiten oder Verletzungen sowie der Behandlung körperlicher Zustände dienen. Ein chirurgischer Schritt eines mehrstufigen Behandlungsverfahrens verleiht letzterem in der Regel einen chirurgischen Charakter.[99]

---

[92] Entscheidung in den konsolidierten Verfahren G 2/12 – Tomaten II und G 2/13 – Broccoli II vom 25. März 2015, ABl. EPA 2016, A27.

[93] EPA T 19/90, ABl. EPA 1990, 476; Entscheidung der Prüfungsabteilung vom 3. April 1992, ABl. EPA 1992, 588; EPA T 315/03, ABl. EPA 2005, 246; s. auch Reich Rn. 178 ff.

[94] S. hierzu auch Reich Rn. 184 ff.; Singer/Stauder/Luginbühl/Podbielski EPÜ Art. 53 Rn. 53 ff.; Tilmann GRUR 2009, 361.

[95] EPA T 356/93, ABl. EPA 1995, 545; vgl. auch T 19/90, ABl. 1990, 476; T 1054/96 vom 6. Dezember 2000; s. auch Reich Rn. 184 ff.

[96] EPA T 356/93, ABl. EPA 1995, 545, bestätigt durch EPA G 2/07 und G 1/08; EPA T 320/87, ABl. EPA 1990, 71.

[97] EPA T 356/93, ABl. EPA 1995, 545.

[98] Näher hierzu Singer/Stauder/Luginbühl/Podbielski EPÜ Art. 53 Rn. 72 ff.; Reich Rn. 189 ff.

[99] EPA T 820/92, ABl. EPA 1995, 113; EPA T 82/93, ABl. EPA 1996, 274; EPA T 35/99, ABl. 2000, 447; bestätigt durch EPA G 1/07, ABl. EPA 2001, 134, Ziffer 3.2; EPA T 1631/17 vom 31. Juli 2020.

Bis zur Entscheidung G 1/07 der Großen Beschwerdekammer des EPA war unklar, ob der Begriff der chirurgischen Behandlung einen therapeutischen Zweck erfordere oder auch eine Behandlung aus etwa kosmetischen Zwecken genüge. Die Entscheidungspraxis des EPA war insoweit uneinheitlich.[100] Die Große Beschwerdekammer hat jedoch in G 1/07 klargestellt, dass der Patentierbarkeitsausschluss des Verfahrens zur chirurgischen Behandlung nicht erfordere, dass das Verfahren einem therapeutischen Zwecke diene.[101] Daher können auch Eingriffe rein kosmetischer Natur, Schwangerschaftsabbrüche, künstliche Insemination oder Organentnahmen eine chirurgische Behandlung darstellen. 51

Die Große Beschwerdekammer führt in ihrer Entscheidung G 1/07 ferner aus, dass der breiten Definition der Art des chirurgischen Eingriffs, wie sie insbesondere in T 182/90[102] vertreten wurde, nicht mehr uneingeschränkt gefolgt werden könne.[103] Zwar sah sich die Große Beschwerdekammer zu einer eigenen Definition des Begriffs der chirurgischen Behandlung nicht in der Lage. Sie führte jedoch aus, dass zukünftig je nach Einzelfall von einem am Zweck des Patentierungsverbotes orientierten engeren Verständnis auszugehen sei. Der Ausschluss von der Patentierbarkeit kann durch die Einfügung eines Disclaimers[104] vermieden werden, der die problematische Ausführungsform ausklammert, wobei die Große Beschwerdekammer keinen Zweifel daran lässt, dass in diesem Fall auch den übrigen Anforderungen des EPÜ Genüge getan sein muss (zB Art. 84, 56 und 83 EPÜ).[105] 52

bb) Verfahren zur therapeutischen Behandlung. Die therapeutische Behandlung dient dem Zweck, einen pathologischen Zustand zu beseitigen oder ihm vorzubeugen. Hierunter fallen die Linderung von Schmerzen oder Beschwerden, die Herstellung der körperlichen Leistungsfähigkeit[106] oder prophylaktische Maßnahmen wie Impfungen[107] oder die Entfernung von Zahnbelag, selbst wenn mit letzterem neben einem therapeutischen auch kosmetische Zwecke verbunden sind.[108] Die Ursache der Beschwerden (zB natürlicher Art wie Alter, Schwangerschaft, Umwelteinflüsse) spielen dabei keine Rolle.[109] In der Sache T 1635/09 stellte die Beschwerdekammer klar, dass zur Beantwortung der Frage, ob es sich bei einem Verfahren zur Empfängnisverhütung um ein „therapeutisches" oder „nicht therapeutisches" handele, darauf abzustellen sei, ob der Gegenstand des Anspruchs in seiner Gesamtheit einen oder mehrere therapeutische Schritte und/oder therapeutische Effekte aufweise, da gemäß Art. 53 lit. c) EPÜ ein Patentierungsverbot bereits dann vorliege, wenn die therapeutischen Schritte oder Effekte nur einen Teil des beanspruchten Gegenstands umfassen.[110] Darüber hinaus führte die Beschwerdekammer näher dazu aus, ob und inwieweit durch die Einfügung eines Disclaimers mit dem Wortlaut „nicht therapeutisch" in einem Anspruch, der sachlich und somit gegenständlich trennbar sowohl therapeutische als auch nicht therapeutische Verwendungen umfasse, die therapeutischen Verwendungen grundsätzlich ausgeschlossen werden können, so dass der verbleibende Gegenstand nicht mehr unter das Patentierungsverbot gemäß Art. 53 lit. c) EPÜ falle.[111] 53

cc) Diagnostizierverfahren.[112] Auf Grundlage der Stellungnahme G 1/04 der Großen Beschwerdekammer des EPA[113] vom 16. Dezember 2005 ist von einem Diagnostizierverfahren aus- 54

[100] Keinen therapeutischen Zweck verlangte EPA T 182/90, ABl. EPA 1994, 641 sowie EPA T 35/99, ABl. EPA 2000, 447; aA EPA T 383/03, ABl. EPA 2005, 159, wo ein Verfahren zur Haarentfernung nicht Art. 53 lit. c) EPÜ unterfiel; in diesem Sinne ebenfalls EPA T 1102/02 und EPA T 9/04.

[101] EPA G 1/07, ABl. EPA 2011, 134 (177 ff.) (Ziffer 3.3 der Entscheidungsgründe).

[102] EPA T 182/90, ABl. EPA 1994, 61, wonach jede nicht unerhebliche Einwirkung auf die Struktur eines Organismus durch konservative (nicht invasive, unblutige) Verfahren oder operative (invasive) Eingriffe mit Instrumenten einschließlich Endoskopie, Punktion, Injektion Exzision, Eröffnung von Körperhöhlen und Katheterisierung dem Begriff der chirurgischen Behandlung unterfalle.

[103] EPA G 1/07, ABl. EPA 2011, 134 (194 ff.) (Ziffer 3.4.2 der Entscheidungsgründe).

[104] S. hierzu näher EPA 1/03 und 2/03, ABl. EPA 2004, 413.

[105] EPA G 1/07, ABl. EPA 2011, 134 (201 ff.) (Ziffer 4. der Entscheidungsgründe).

[106] EPA T 81/84, ABl. EPA 1988, 207.

[107] EPA T 19/86, ABl. EPA 1989, 24.

[108] EPA T 290/86, ABl. EPA 1992, 414; vgl. auch T 182/90, ABl. EPA 1994, 641.

[109] Benkard/Melullis EPÜ Art. 53 Rn. 151.

[110] EPA T 1635/09, ABl. EPA 2011, 542; ebenso bereits EPA T 820/92; vgl. auch EPA G 1/04, ABl. EPA 2006, 334, Ziffer 6.2.1 der Entscheidungsgründe. S. zur Abgrenzung therapeutischer und nicht-therapeutischer Verwendung näher Reich Rn. 213 ff. mwN.

[111] EPA T 1635/09, ABl. EPA 2011, 542.

[112] S. hierzu Singer/Stauder/Luginbühl/Podbielski EPÜ Art. 53 Rn. 96 ff. mwN aus der Entscheidungspraxis des EPA; Reich Rn. 223 ff. mwN.

[113] EPA G 1/04, ABl. EPA 2006, 334.

zugehen, wenn der Patentanspruch Merkmale umfasse, die sich auf (1) die Diagnose zu Heilzwecken im strengen Sinne, also die deduktive human- oder veterinärmedizinische Entscheidungsphase als rein geistige Tätigkeit, (2) die vorausgehenden Schritte, die für das Stellen dieser Diagnose konstitutiv sind, und (3) die spezifischen Wechselwirkungen mit dem menschlichen oder tierischen Körper, die bei der Durchführung derjenigen vorausgehenden Schritte auftreten, die technischer Natur sind, beziehen. Unerheblich sei nach Ansicht der Großen Beschwerdekammer, ob die Beteiligung eines Human- oder Veterinärmediziners erforderlich sei, der persönlich anwesend ist oder die Verantwortung trägt, oder ob alle Verfahrensschritte auch oder nur von medizinischem oder technischem Hilfspersonal, dem Patienten selbst oder einem automatisierten System vorgenommen werden können. Ebenso wenig dürfe in diesem Zusammenhang zwischen wesentlichen Verfahrensschritten mit diagnostischem Charakter und unwesentlichen Verfahrensschritten ohne diagnostischen Charakter unterschieden werden. Die technischen Verfahrensschritte, die für das Stellen der Diagnose zu Heilzwecken im strengen Sinne konstitutiv seien und ihr vorausgingen, müssen am menschlichen oder tierischen Körper vorgenommen werden, wobei keine bestimmte Art oder Intensität der Wechselwirkung mit dem menschlichen oder tierischen Körper erforderlich sei. Ein vorausgehender technischer Verfahrensschritt erfülle somit das Kriterium „am menschlichen oder tierischen Körper vorgenommen", wenn seine Ausführung irgendeine Wechselwirkung mit dem menschlichen oder tierischen Körper einschließe, die zwangsläufig dessen Präsenz voraussetze.[114]

55 *dd) Medizinische Erzeugnisse, insbesondere Arzneimittel.* Von der Ausnahme des Art. 53 lit. c) 1. Halbsatz EPÜ werden ausdrücklich Erzeugnisse, insbesondere Stoffe oder Stoffgemische, zur Anwendung in einem der in Art. 53 lit. c) EPÜ genannten Verfahren nicht erfasst (Art. 53 lit. c) S. 2 EPÜ). Der Ausschluss des Art. 53 lit. c) EPÜ erstreckt sich somit nicht auf Erfindungen, die **technische Geräte oder Verfahren zum Betreiben eines solches Geräts** betreffen, die am oder im menschlichen Körper für medizinische Zwecke eingesetzt werden und keinen funktionellen Zusammenhang mit den Wirkungen des Geräts auf den Körper aufweisen.[115] Ein Messverfahren zur Fusionskontrolle von Medikamentendosiergeräten, die in den menschlichen Körper implantiert werden, ist daher zB patentierbar.[116] Der Patentierung einer medizinischen Vorrichtung steht es auch nicht entgegen, wenn einige Merkmale der Vorrichtung funktionell definiert sind.[117] Darüber hinaus ist es unerheblich, wenn bei der Verwendung der medizinischen Vorrichtung Tätigkeiten erforderlich sind, die auch oder nur von einem Arzt durchgeführt werden können.[118] Ist eine Vorrichtung durch ein Merkmal definiert, das nur durch einen chirurgischen oder therapeutischen Schritt erzeugt werden kann, ist sie hingegen von einer Patentierung ausgeschlossen.[119]

56 Soweit es Arzneimittel anbetrifft, ist Art. 53 lit. c) 2. Halbsatz EPÜ in Verbindung mit Art. 54 Abs. 4 und 5 EPÜ zu lesen, wonach die Patentierung von bereits bekannten Stoffen oder Stoffgemischen nicht an mangelnder Neuheit scheitert, wenn sie zur Anwendung in einem der Verfahren nach Art. 53 lit. c) 1. Halbsatz EPÜ bestimmt sind und diese Anwendung nicht zum Stand der Technik gehört. Ist somit die Wirkung oder der Wirkungsbereich eines bestimmten Stoffes als Arzneimittel unbekannt, so ist dieser Stoff als Arzneimittel für eine **erste medizinische Indikation** patentierbar. Selbst ein bereits als Arzneimittel bekannter Stoff kann darüber hinaus als **zweite oder weitere medizinische Indikation** geschützt werden, wenn er zur *Herstellung* eines Arzneimittels für eine bestimmte neue therapeutische oder diagnostische Anwendung genutzt wird (sog. Schweizer Verwendungsanspruch).[120] Bei der zweiten oder weiteren medizinischen Indikation ist jedoch im Anspruch die zu behandelnde Krankheit, das hierzu bestimmte Erzeugnis oder das zu behandelnde Individuum anzugeben.[121]

57 Die Große Beschwerdekammer des EPA hat in der Sache G 2/08 am 19. Februar 2010 entschieden, dass Art. 54 Abs. 5 EPÜ es nicht ausschließt, dass ein Arzneimittel, das bereits zur Behandlung einer Krankheit verwendet wird, zur **Verwendung bei einer anderen therapeutischen**

[114] EPA G 1/04, ABl. EPA 2006, 334, Leitsätze.
[115] Vgl. EPA T 245/87, ABl. 1989, 171; EPA T 83/87; EPA T 329/94, ABl. EPA 1998, 241; EPA T 426/89, ABl. EPA 1992, 172; vgl. auch EPA T 82/93 und EPA T 789/96, bestätigt durch EPA G 1/07, ABl. EPA 2011, 134 (206 f.).
[116] EPA T 245/87, ABl. 1989, 171.
[117] EPA T 712/93; EPA T 190/83; EPA T 426/89.
[118] EPA T 426/89; EPA T 712/93.
[119] EPA T 1731/12 in Fortführung von EPA T 775/97.
[120] EPA G 1/83, G 5/83 und G/83 – Zweite medizinische Indikation, ABl. EPA 1985, 60 (64 und 67); EPA T 4/98, ABl. EPA 2002, 139; EPA T 1020/03, ABl. EPA 2007, 204.
[121] EPA T 4/98, ABl. 2002, 139; Schermer GRUR 2009, 349 ff.

Behandlung derselben Krankheit patentiert wird.[122] Die Patentierbarkeit sei auch dann nicht ausgeschlossen, wenn das einzige nicht im Stand der Technik enthaltene Anspruchsmerkmal eine Dosierungsanleitung sei.[123] Erlangt der Gegenstand eines Anspruchs jedoch nur dadurch Neuheit, dass er für eine neue therapeutische Behandlung Verwendung findet, so ist – unbeschadet der in der Entscheidung gewährten Übergangsfrist von drei Monaten ab ihrer Veröffentlichung – seit dem 29. Januar 2011 eine schweizerische Anspruchsfassung nicht mehr zulässig.[124]

4. Neuheit

Eine Erfindung gilt gemäß Art. 54 Abs. 1 EPÜ als neu, wenn sie nicht zum Stand der Technik 58
gehört. Der Zweck der Neuheitsprüfung liegt darin begründet, dass nach der Funktion des Patentrechts – der Förderung des technischen Fortschritts – nur eine solche Erfindung schutzwürdig sein kann, die dem Stand der Technik eine bisher nicht bekannte Lösung eines technischen Problems hinzufügt. Denn allein in dieser Bereicherung der Technik kann eine Rechtfertigung für das Erteilen des Patents – und somit des ausschließlichen Nutzungsrechts – gesehen werden.[125]

Das EPÜ geht von einem **absoluten Neuheitsbegriff** aus.[126] Zum Stand der Technik gehört 59
nach Art. 54 Abs. 2 EPÜ alles, was vor dem Anmeldetag (oder, sofern eine Priorität in Anspruch genommen wurde, vor dem Prioritätstag) **der Öffentlichkeit** durch schriftliche oder mündliche Beschreibung, durch Benutzung oder in sonstiger Weise **zugänglich gemacht** worden ist. Dabei ist nach der Entscheidung T 172/03 des EPA vom 27. November 2003 „alles" so auszulegen, dass es allein um die für ein technisches Gebiet relevanten Informationen gehe und „Stand der Technik" (state of the art) im Bereich Handel und Geschäftsmethoden nicht umfasst sei. Die Beschwerdekammer schlussfolgerte daraus, dass alles, was keinen Bezug zu einem technischen Gebiet oder einem Bereich hat, von dem ein Fachmann aufgrund seines Informationscharakters erwarten würde, dass er daraus technisch relevante Informationen ableitet, nicht zum Stand der Technik gehört, der im Rahmen der Art. 54 und 56 EPÜ zu berücksichtigen sei, selbst wenn es der Öffentlichkeit vor dem maßgeblichen Prioritätstag zugänglich gemacht wurde.[127] Einen davon abweichenden Standpunkt hat die Beschwerdekammer jedoch in der Sache T 2101/12 vom 24. Januar 2018 eingenommen und in der dortigen Entscheidung vertreten, dass Art. 54 Abs. 2 EPÜ keine entsprechende einschränkende Auslegung erfordere.[128]

Offenbarungen, die unmittelbar oder mittelbar auf einen offensichtlichen Missbrauch zum 60
Nachteil des Anmelders oder seines Rechtsvorgängers oder auf die Tatsache, dass der Anmelder oder Rechtsnachfolger die Erfindung auf amtlichen oder amtlichen anerkannten Ausstellungen im Sinne des Übereinkommens über internationale Ausstellungen zur Schau gestellt hat, zurückgehen, sind gemäß Art. 55 Abs. 1 EPÜ nicht neuheitsschädlich, sofern sie nicht früher als sechs Monate vor Einreichung der europäischen Patentanmeldung erfolgt sind.

Eine Zugänglichkeit liegt bei jeder nicht zu entfernt liegenden, nicht nur theoretischen Mög- 61
lichkeit einer Kenntnisnahme durch ein Mitglied der Öffentlichkeit vor.[129] Dabei ist grundsätzlich zwischen der Zugänglichkeit des Offenbarungsmittels als solchem und der Zugänglichkeit der Information, die dem Offenbarungsmittel entnommen werden kann, zu unterscheiden.[130] Zwar ist es unerheblich, ob die Öffentlichkeit tatsächlich Kenntnis erlangt hat.[131] Voraussetzung ist aber, dass das Wesen der Erfindung aus der Veröffentlichung oder Benutzung für Dritte erkennbar wird.[132] Erfordert es einen unzumutbaren Aufwand, die entscheidenden Informationen dem Offenbarungsmittel zu entnehmen, so liegt keine Zugänglichkeit vor.[133] Ein Dokument wird

[122] EPA G 2/08, ABl. EPA 2010, 456 – Dosierungsanleitung, Leitsatz zu Frage 1.
[123] EPA G 2/08, ABl. EPA 2010, 456 – Dosierungsanleitung, Leitsatz zu Frage 2.
[124] EPA G 2/08, ABl. EPA 2010, 456 – Dosierungsanleitung, Leitsatz zu Frage 3.
[125] Benkard/Melullis Art. 54 Rn. 6 ff.
[126] Singer/Stauder/Luginbühl/Lindner EPÜ Art. 54 Rn. 4; Benkard/Melullis EPÜ Art. 54 Rn. 11.
[127] EPA T 0172/03, Entscheidungsgründe 8 und 10.
[128] EPA T 2101/12, Entscheidungsgründe 6.5 ff.
[129] EPA G 1/92, ABl. EPA 1993, 277 – Öffentliche Zugänglichkeit. Zum Begriff der Öffentlichkeit näher Benkard/Melullis EPÜ Art. 54 Rn. 136 ff. und Reich Rn. 370 ff.
[130] EPA T 952/92, ABl. EPA 1995, 755.
[131] EPA T 84/83 vom 29. September 1983.
[132] EPA G 1/92, ABl. EPA 1993, 277 – Öffentliche Zugänglichkeit; EPA T 809/95, SA ABl. EPA 1998, 18 – Faltbare Kunststoff-Flasche; Benkard/Melullis EPÜ Art. 54 Rn. 147 ff.
[133] EPA G 1/92, ABl. EPA 1993, 277 – Öffentliche Zugänglichkeit; EPA T 461/88, ABl. EPA 1993, 295: mehrere Mannjahre erfordernde Analyse eines Mikrochips ist unzumutbar; EPA T 301/94 vom 29. November 1996: Zugäng-

zudem schon nicht dadurch der Öffentlichkeit zugänglich gemacht, dass es etwa an ein Mitglied der Öffentlichkeit adressiert und in den Briefkasten geworfen wird. Vielmehr ist die Auslieferung an den Adressaten erforderlich.[134] Ohne Bedeutung ist es, wo die Benutzungshandlung oder die Veröffentlichung stattgefunden hat.[135] Die Zugänglichkeit kann daher auf einer Messe, einer wissenschaftlichen Vortragsveranstaltung, in einem öffentlich zugänglichen Gebäude wie einem staatlichen Museum oder auf einem Privatgelände eröffnet werden.[136] Zugänglich ist aber in diesem Falle nur das, was der jeweilige Betrachter erkennen kann. Reicht der bloße Blick zum Erkennen der technischen Zusammenhänge nicht aus, fehlt die Zugänglichkeit.[137]

62 An einer Zugänglichkeit fehlt es ferner, wenn derjenige, der die technische Lehre zur Kenntnis genommen hat, einer ausdrücklichen oder stillschweigenden **Geheimhaltungsverpflichtung** unterliegt.[138] Eine Geheimhaltungsverpflichtung kann sich auch aus vertraglichen oder geschäftlichen Treue- und Vertrauensverhältnissen ergeben.[139] Unterliegt derjenige, der das fragliche Dokument von einem Dritten käuflich erworben hat, einer Vertraulichkeitsvereinbarung und der Verpflichtung, die Information nur für eigene Zwecke zu verwenden, so ist dies jedoch dann unerheblich, wenn jeder andere die Möglichkeit hat, die Information ebenfalls käuflich zu erwerben.[140]

63 Der Offenbarungsgehalt einer Vorveröffentlichung (**„Entgegenhaltung"**) bestimmt sich aus Sicht des Durchschnittsfachmanns des relevanten technischen Gebiets.[141] Maßgeblich ist grundsätzlich der Wissenstand zum Zeitpunkt der Veröffentlichung.[142] Neuheitsschädlich ist die Entgegenhaltung nur dann, wenn der Fachmann ihr den Gegenstand der Erfindung **unmittelbar und eindeutig** entnehmen kann.[143] Solche Merkmale, die zwar nicht ausdrücklich genannt sind, die der Fachmann jedoch – etwa auf Grundlage seines allgemeinen Fachwissens[144] – mitliest, sind ebenfalls offenbart.[145] Insoweit ist jedoch eine zurückhaltende Herangehensweise angebracht.[146]

64 Im Unterschied zur Prüfung auf erfinderische Tätigkeit ist die Frage der Neuheit im Wege eines **Einzelvergleichs** der technischen Lehre der Erfindung und dem Offenbarungsgehalt der jeweiligen Entgegenhaltung zu beantworten.[147] Zwar kann sich die technische Lehre einer Entgegenhaltung auch aus zwei zusammengehörenden Dokumenten ergeben.[148] Eine Kombination der technischen Lehren zweier Entgegenhaltungen ist jedoch nicht zulässig, um die Neuheit der Erfindung zu Fall zu bringen.[149] Neuheit liegt nur dann nicht vor, wenn sämtliche Merkmale der Erfindung sich in der Entgegenhaltung wiederfinden lassen. Unter „Merkmal" ist dabei alles zu verstehen, was zur Lösung der der Erfindung zugrunde liegenden Aufgabe auf Grundlage der Ansprüche erforderlich ist.[150] Demnach ist eine Erfindung dann neu, wenn sie im Unterschied zum Stand der Technik ein weiteres oder anderes wesentliches technisches Merkmal aufweist.[151] Dem Gegenstand eines Sachanspruches fehlt es an der Neuheit, wenn die Sache als solche bereits im Stand der Technik

---

lichkeit der chemischen Zusammensetzung gegeben, wenn ein Erzeugnis der Öffentlichkeit zugänglich ist und vom Fachmann analysiert werden kann.

[134] EPA T 381/87, ABl. EPA 1990, 213.

[135] Benkard/Melullis EPÜ Art. 54 Rn. 163.

[136] Vgl. Benkard/Melullis EPÜ Art. 54 Rn. 163.

[137] EPA T 245/88 – atmospheric vaporizer; EPA T 363/90 vom 25. Februar 1992; EPA T 461/88, ABl. EPA 1993, 295.

[138] Näher hierzu mit einer Vielzahl von Nachweisen aus der Rechtsprechung der technischen Beschwerdekammern Reich Rn. 348 ff.; Singer/Stauder/Luginbühl/Lindner EPÜ Art. 54 Rn. 25 ff. mwN; Benkard/Melullis EPÜ Art. 54 Rn. 170 ff.

[139] EPA T 830/90, ABl. EPA 1994, 713.

[140] EPA T 50/02 vom 29. Juni 2004.

[141] Singer/Stauder/Luginbühl/Lindner EPÜ Art. 54 Rn. 58. Ausführlich hierzu mit zahlreichen Nachweisen aus der Entscheidungspraxis des EPA Reich Rn. 440 ff.

[142] EPA T 205/91 vom 16. Juni 1992; Singer/Stauder/Luginbühl/Lindner EPÜ Art. 54 Rn. 81.

[143] EPA T 450/89 vom 15. Oktober 1991; EPA T 511/92 vom 27. Mai 1993; Singer/Stauder/Lindner EPÜ Art. 54 Rn. 62. S. auch Prüfungsrichtlinien G., Kapitel VI-1, Ziffer 2.

[144] S. hierzu näher Singer/Stauder/Luginbühl/Lindner EPÜ Art. 54 Rn. 60.

[145] EPA T 59/87, ABl. EPA 1991, 561; Singer/Stauder/Luginbühl/Lindner EPÜ Art. 54 Rn. 63.

[146] Singer/Stauder/Luginbühl/Lindner EPÜ Art. 54 Rn. 62.

[147] Singer/Stauder/Luginbühl/Lindner EPÜ Art. 54 Rn. 83 ff.

[148] EPA T 1073/96 vom 1. September 1999.

[149] EPA T 1385/15 vom 3. Dezember 2019.

[150] EPA T 170/87, ABl. EPA 1989, 441.

[151] EPA G 2/88, ABl. EPA 1990, 93; EPA G 6/88, ABl. EPA 1990, 114; näher Singer/Stauder/Luginbühl/Lindner EPÜ Art. 54 Rn. 86 ff.

bekannt ist.[152] Bei einer Verwendungserfindung kommt es darauf an, ob die Verwendung des betreffenden Gegenstandes bereits Stand der Technik ist.[153]

65 Die Beurteilung der Neuheit kann insbesondere bei sog. **Auswahlerfindungen** problematisch sein, die dadurch gekennzeichnet sind, dass sie einen speziellen Bereich einer bereits zum Stand der Technik gehörenden allgemeinen technischen Lehre betreffen (zB im Falle chemischer Verbindungen).[154] Nach den Prüfungsrichtlinien des EPA ist in dem Fall einer Auswahl zu prüfen, ob die ausgewählten Elemente in individualisierter (konkreter) Form im Stand der Technik enthalten sind.[155] War eine Auswahl aus zwei oder mehr Listen einer gewissen Länge zu treffen, um eine spezifische Merkmalskombination zu erhalten, so ist die Neuheit gegeben, sofern die Merkmalskombination nicht eigens im Stand der Technik offenbart ist.[156] Teilbereiche, die aus einem größeren Zahlenbereich des Standes der Technik ausgewählt wurden, sind dann neu, wenn der ausgewählte Teilbereich im Vergleich zu dem bekannten Bereich eng ist, der ausgewählte Teilbereich genügend Abstand von konkret im Stand der Technik offenbarten Beispielen und von den Eckwerten des bekannten Bereichs hat und der ausgewählte Teilbereich kein willkürlicher Ausschnitt des Standes der Technik ist (gezielte Auswahl).[157] In dem Fall sich überschneidender Bereiche gelten entsprechende Grundsätze.[158]

66 Als Stand der Technik gilt gemäß Art. 54 Abs. 3 EPÜ auch der Inhalt der europäischen Patentanmeldungen in der ursprünglich eingereichten Fassung, deren Anmeldetag vor dem Zeitrang der zu prüfenden Anmeldung liegt und die erst an oder nach diesem Tage veröffentlicht worden sind, sog. **nachveröffentlichte Voranmeldungen.** Mit dieser Bestimmung, die dem § 3 Abs. 2 PatG ähnlich ist, sollen Doppelpatentierungen verhindert werden.[159] Weder im Erteilungsverfahren noch im Einspruchsverfahren werden jedoch ältere, nachveröffentlichte *nationale* Patentanmeldungen berücksichtigt, obgleich diese dem Rechtsbestand des nationalen deutschen Patentes entgegenstehen, also gegebenenfalls einen Nichtigkeitsgrund für den deutschen Teil eines europäischen Patentes darstellen (vgl. Art. 139 Abs. 2 EPÜ).[160] Art. 54 Abs. 3 EPÜ gilt darüber hinaus nicht für die Beurteilung der erfinderischen Tätigkeit.[161]

67 Die Regelung des Art. 54 Abs. 5 EPÜ knüpft an Art. 54 Abs. 4 EPÜ an, wonach ungeachtet dessen, dass Stoffe oder Stoffgemische zum Stand der Technik zu zählen sind, die Patentierbarkeit nicht durch Art. 54 Abs. 2 und 3 EPÜ ausgeschlossen wird, sofern diese zur Anwendung in einem in Art. 53 lit. c) EPÜ genannten Verfahren bestimmt sind und ihre Anwendung in einem dieser Verfahren nicht zum Stand der Technik gehört (sog. zweckgebundener Stoffschutz).[162] Gemäß Art. 54 Abs. 5 EPÜ wird die Patentierbarkeit ebenso wenig ausgeschlossen, wenn die Anwendung als solche nicht zum Stand der Technik gehört. Mit dieser Neuregelung gegenüber dem EPÜ 1973 wurde den Problemen der **zweiten oder weiteren medizinischen Indikation** begegnet.[163] Einer sog. „schweizerischen Anspruchsform“[164] bedarf es insoweit nicht mehr.

5. Erfinderische Tätigkeit[165]

68 Neben der Neuheit bedarf es für die Registrierung eines europäischen Patents, dass die in der Anmeldung enthaltene technische Lehre auf eine erfinderischen Tätigkeit zurückgeht. Sie gilt ge-

[152] EPA G 2/88, ABl. EPA 1990, 93.

[153] EPA T 30/86 vom 11. November 1987; Singer/Stauder/Luginbühl/Lindner EPÜ Art. 54 Rn. 97.

[154] S. hierzu EPA G 2/98, ABl. EPA 2001, 413. Ausführlich hierzu Singer/Stauder/Luginbühl/Lindner EPÜ Art. 54 Rn. 112 ff.

[155] Prüfungsrichtlinien G., Kapitel VI-13, Ziffer 8 unter Verweis auf EPA T 12/81, ABl. 8/1982, 296.

[156] Prüfungsrichtlinien G., Kapitel VI-13, Ziffer 8i).

[157] Prüfungsrichtlinien G., Kapitel VI-13, Ziffer 8ii) unter Bezugnahme auf EPA T 198/84, ABl. EPA 7/1985 und EPA T 279/89.

[158] EPA T 666/89, EPA ABl. 1993, 495; näher Prüfungsrichtlinien G., Kapitel VI-14, Ziffer 8 iii).

[159] Singer/Stauder/Luginbühl/Lindner EPÜ Art. 54 Rn. 124 ff.; Benkard/Melullis EPÜ Art. 54 Rn. 283. Eine europäische Patentanmeldung kann zu dem Zweck, eine Doppelpatentierung zu verhindern, auch zurückgewiesen werden; s. hierzu EPA G 4/19 vom 22. Juni 2021.

[160] Benkard/Melullis EPÜ Art. 54 Rn. 194 und Benkard/Scharen EPU Art. 139 Rn. 10 ff.; Singer/Stauder/Luginbühl EPÜ Art. 139 Rn. 6 f.

[161] BGH GRUR 1984, 292 (294) – Isolierglasscheibenrandfugenfüllvorrichtung; Benkard/Kinkeldey/Karamanli/Söldenwagner Art. 56 Rn. 30.

[162] Näher Singer/Stauder/Luginbühl/Lindner EPÜ Art. 54 Rn. 147 ff.

[163] Singer/Stauder/Luginbühl/Lindner EPÜ Art. 54 Rn 147 ff.

[164] Dazu Singer/Stauder/Luginbühl/Lindner EPÜ Art. 54 Rn. 148.

[165] Nähere Erläuterungen mit einer Vielzahl von Nachweisen aus der Entscheidungspraxis des EPA s. Reich Rn. 615 ff.

mäß Art. 56 S. 1 EPÜ als gegeben, wenn sich die Erfindung für den Fachmann nicht in naheliegender Weise aus dem Stand der Technik ergibt. Die Prüfung auf erfinderische Tätigkeit findet grundsätzlich anhand desselben Standes der Technik statt, der auch der Neuheitsprüfung zugrunde zu legen ist. Europäische Patentanmeldungen im Sinne von Art. 54 Abs. 3 EPÜ bleiben jedoch gemäß Art. 56 S. 2 EPÜ außer Betracht.[166] Maßgeblich ist der **objektive Stand der Technik zum Zeitpunkt der Anmeldung** bzw. der Priorität der zu prüfenden Erfindung und nicht die subjektive Leistung des Erfinders.[167] Das Vorliegen einer erfinderischen Tätigkeit bestimmt sich anhand der Kriterien „Stand der Technik", „Fachmann" und „Nicht-Naheliegen".

69 Die Anforderungen an die erfinderische Tätigkeit sind im Grundsatz dieselben, die auch an eine deutsche Patentanmeldung gestellt werden. Wie dort findet bei der Prüfung auf erfinderische Tätigkeit – anders als bei der Neuheitsprüfung – kein Einzelvergleich statt. Der Stand der Technik ist stattdessen in seiner Gesamtheit zu würdigen, so dass auch das für den Fachmann naheliegend sein kann, was dieser mosaikartig aus dem Stand der Technik zusammensetzen kann.[168] Diese Mosaik-Betrachtung umfasst alle der Öffentlichkeit zugänglichen technischen Lehren, wobei jedoch in der Regel lediglich zwei, in Ausnahmefällen drei Entgegenhaltungen miteinander kombiniert werden. Beurteilungsmaßstab ist der **durchschnittlich gut ausgebildete, erfahrene Fachmann** des jeweiligen technischen Fachgebietes mit durchschnittlichem Wissen sowie durchschnittlichen Fähigkeiten.[169] Als Fachmann in diesem Sinne muss dabei nicht zwingend nur auf eine Einzelperson abgestellt werden. Vielmehr kann als Fachmann auch eine multidisziplinäre Personengruppe wie etwa ein Forschungs- oder Produktionsteam in Betracht kommen, wenn der Schutzgegenstand mehrere Teilaufgaben mit Teillösungen aus unterschiedlichen technischen Fachgebieten umfasst, die alle funktionell voneinander unabhängig sind.[170] Der Fachmann ist zudem über den allgemein üblichen Wissensstand informiert und von ihm kann erwartet werden, dass er auch in benachbarten und allgemeinen technischen Gebieten nach Anregungen sucht.[171] Darüber hinaus befasst er sich auf seinem technischen Gebiet mit der ständig fortschreitenden Entwicklung. Schließlich besitzt er für die Beurteilung der erfinderischen Tätigkeit dieselbe Eignung wie für die der ausreichenden Offenbarung.[172]

70 Zum Stand der Technik gehört in erster Linie der allgemeine Wissensstand des Fachmanns bzw. das technische Allgemeinwissen des Spezialisten auf dem jeweiligen technischen Gebiet.[173] Dieser allgemeine Wissensstand kann, muss jedoch nicht zwingend in einschlägigen Lehrbüchern, Nachschlagewerken oder Fachzeitschriften verkörpert sein.[174] Besondere Bedeutung kommt daneben den Patentdokumentationen zu.[175] Die Sprache ihrer Veröffentlichung ist irrelevant.[176]

71 Die Feststellung der erfinderischen Tätigkeit erfolgt auf Grund einer qualitativen Gesamtbetrachtung des Abstandes der zu patentierenden bzw. patentierten technischen Lehre zum Stand der Technik, bei dem die Begriffe *obvious, naheliegend* und *évident,* die nicht völlig identisch sind,[177] auf Grund der Gleichberechtigung der drei Amtssprachen des EPÜs zentrale Bedeutung besitzen. Maßgeblich ist hier die vom EPA und den Vertragsstaaten entwickelte Auslegung.[178] Naheliegend ist alles, was „nicht über die normale technologische Weiterentwicklung hinausgeht,

[166] Benkard/Kinkeldey/Karamanli/Söldenwagner EPÜ Art. 56 Rn. 30.

[167] Singer/Stauder/Luginbühl/Kroher EPÜ Art. 56 Rn. 13; Benkard/Kinkeldey/Karamanli/Söldenwagner EPÜ Art. 56 Rn. 26 ff.

[168] Benkard/Kinkeldey/Karamanli/Söldenwagner EPÜ Art. 56 Rn. 37; Singer/Stauder/Luginbühl/Kroher EPÜ Art. 56 Rn. 15 f. mwN.

[169] Vgl. EPA T 301/87, ABl. EPA 1990, 335 – Alpha-Interferone; EPA T 61/88, ABl. EPA 1996, 108 – Ultrasonic flaw detector; Benkard/Kinkeldey/Karamanli/Söldenwagner EPÜ Art. 56 Rn. 50. S. auch Prüfungsrichtlinien Teil G, Kapitel VII-1, Ziffer 3.

[170] EPA T 412/93, Sonderausgabe ABl. EPA 1996, 26; Benkard/Kinkeldey/Karamanli/Söldenwagner EPÜ Art. 56 Rn. 52; Reich Rn. 652.

[171] S. hierzu etwa EPA T 176/84, ABl. EPA 1986, 50 – Stiftspitzer; Singer/Stauder/Kroher EPÜ Art. 56 Rn. 17; näher hierzu Benkard/Kinkeldey/Karamanli/Södenwagner EPÜ Art. 56 Rn. 54 und 59 ff.; Reich Rn. 854 ff.

[172] S. Prüfungsrichtlinien Teil G, Kapitel VII-1, Ziffer 3.

[173] EPA T 195/84, ABl. EPA 1986, 121 – Technisches Allgemeinwissen; EPA T 206/83, ABl. EPA 1987, 5 – Herbizide; Benkard/Kinkeldey/Karamanli/Söldenwagner EPÜ Art. 56 Rn. 31 und 57; Singer/Stauder/Luginbühl/Kroher EPÜ Art. 56 Rn. 11.

[174] EPA T 171/84, ABl. EPA 1986, 95 – Redox Katalysator; Benkard/Kinkeldey/Karamanli/Söldenwagner EPÜ Art. 56 Rn. 54 mwN; Singer/Stauder/Luginbühl/Kroher EPÜ Art. 56 Rn. 11.

[175] Singer/Stauder/Luginbühl/Kroher EPÜ Art. 56 Rn. 11.

[176] Benkard/Kinkeldey/Karamanli/Söldenwagner EPÜ Art. 56 Rn. 58; Singer/Stauder/Luginbühl/Kroher EPÜ Art. 56 Rn. 11.

[177] S. hierzu Reich Rn. 654.

[178] Singer/Stauder/Kroher EPÜ Art. 56 Rn. 39; Benkard/Kinkeldey/Karamanli/Söldenwagner EPÜ Art. 56 Rn. 71.

sondern sich lediglich ohne Weiteres oder folgerichtig aus dem bisherigen Stand der Technik ergibt, dh etwas, das nicht die Ausübung einer Geschicklichkeit oder Fähigkeit abverlangt, die über das bei einem Fachmann voraussetzbare Maß hinausgeht".[179] Für die Prüfung auf erfinderische Tätigkeit hat sich in der Praxis des EPA der **dreistufige** Aufgabe/Lösungs-Ansatz (sog. **„problem-solution-approach"**) durchgesetzt.[180] Mit dem Aufgabe/Lösungs-Ansatz soll eine rückschauende Betrachtung (ex post factum – Analyse) verhindert werden.[181]

Ausgangspunkt für die Beurteilung der erfinderischen Tätigkeit ist grundsätzlich der **nächstliegende Stand der Technik,** da zu vermuten ist, dass der Fachmann diesen als Ausgangspunkt zur Lösung des technischen Problems genommen hätte.[182] Diesen nächstliegenden Stand der Technik gilt es als ersten Schritt zu ermitteln. Dieser ergibt sich allgemein aus einem Stand der Technik, der einen ähnlichen Verwendungszweck betrifft und der ein Minimum struktureller und funktioneller Abwandlungen auf dem Weg zur Erfindung erfordert[183] und – mit anderen Worten – der erfolgversprechendste Ausgangspunkt für eine naheliegende Weiterentwicklung des Standes der Technik hin zur Erfindung ist.[184] Regelmäßig handelt es sich um eine einzige Entgegenhaltung. Die anderen Entgegenhaltungen sind im Rahmen des dritten Schrittes bei der Prüfung zu berücksichtigen, ob ausgehend von der der Erfindung nächstliegenden Entgegenhaltung der Fachmann ggf. in Kombination mit den übrigen Entgegenhaltungen zu dem Gegenstand der Erfindung gekommen wäre.[185] Kommen für den Fachmann mehrere Lösungswege in Frage, so ist erforderlich, hinsichtlich jedes einzelnen Lösungsweges zu prüfen, ob sich der Gegenstand der Erfindung in naheliegender Weise aus dem Stand der Technik ergibt.[186] Nach der Entscheidung T 1450/16 der Beschwerdekammer des EPA vom 17. Januar 2020 tritt dabei bei der Anwendung des Aufgabe/Lösungs-Ansatz zur Beurteilung der erfinderischen Tätigkeit der Fachmann im Sinne des Artikels 56 EPÜ jedoch erst dann auf den Plan, wenn das objektive technische Problem im Hinblick auf den ausgewählten „nächstliegenden Stand der Technik" formuliert ist.[187] Erst dann kann das relevante technische Gebiet des fiktiven Fachmanns und dessen Umfang angemessen definiert werden, so dass es nicht der Fachmann sein kann, der im ersten Schritt des Aufgabe/Lösungs-Ansatzes den nächstliegenden Stand der Technik auswählt. Diese Auswahl ist vielmehr von der zuständigen Entscheidungsinstanz auf der Grundlage der festgelegten Kriterien zu treffen, um eine rückschauende Betrachtung zu vermeiden. 72

Anhand dieses nächstliegenden Standes der Technik ist in einem zweiten Schritt die technische Aufgabe zu bestimmen, die mit der Erfindung gelöst werden soll.[188] Entscheidend ist hier nicht ohne Weiteres, wie der Erfinder subjektiv die Aufgabe in der Anmeldung dargestellt hat (sog. subjektiv technische Aufgabe).[189] Es ist vielmehr auf die objektive Leistung abzustellen, die sich in der beanspruchten Erfindung zeigt, die nicht unbedingt mit der Lösung der subjektiv aus Sicht des Anmelders in der Patentanmeldung dargelegten technischen Aufgabe übereinstimmen muss. Unter **objektiv technischer Aufgabe** sind dabei die technischen Ziele zu verstehen, die durch die inhärenten Wirkungen der Unterscheidungsmerkmale des Patentanspruchs gegenüber dem Stand der Technik erreicht werden. Demgegenüber stellen die Unterscheidungsmerkmale als solche die Lösung dieser Aufgabe dar.[190] Bei der Ermittlung der objektiv technischen Aufgabe ist es jedoch 73

[179] Prüfungsrichtlinien Teil G, Kapitel VII-2, Ziffer 4; vgl. Benkard/Kinkeldey/Karamanli/Söldenwagner EPÜ Art. 56 Rn. 71; Singer/Stauder/Luginbühl/Kroher EPÜ Art. 56 Rn. 40 ff.

[180] Prüfungsrichtlinie, Teil G, Kapitel VII-, Ziffer 5; EPA T 26/81, ABl. EPA 1982, 211, EPA T 24/81, ABl. EPA 1983, 133; EPA T 846/90 vom 24. Juli 1991; Singer/Stauder/Luginbühl/Kroher EPÜ Art. 56 Rn. 55 ff.; Reich Rn. 666 ff. mit Nachweisen aus der Rechtsprechung der Beschwerdekammern.

[181] EPA T 47/91; Singer/Stauder/Luginbühl/Kroher EPÜ Art. 56 Rn. 56; Reich Rn. 678 ff.

[182] Vgl. EPA T 181/82, ABl. EPA 1984, 401 – Sprioverbindungen; EPA T 164/83, ABl. EPA 1987, 149 – Antihistaminika; EPA T 254/86, ABl. EPA 1989, 115 – Gelbe Farbstoffe; Benkard/Kinkeldey/Karamanli/Söldenwagner EPÜ Art. 56 Rn. 40 ff. mwN; Singer/Stauder/Luginbühl/Kroher EPÜ Art. 56 Rn. 62. Prüfungsrichtlinien Teil G, Kapitel VII-3, Ziffer 5.1.

[183] EPA T 606/89 vom 18. September 1990; EPA T 921, 94 vom 30. Oktober 1998.

[184] EPA T 570/91 vom 26. November 1993; vgl. EPA T 254/86, ABl. EPA 1989, 115; s. auch Reich Rn. 702 ff. mwN.

[185] EPA T 939/92, ABl. EPA 1996, 309; EPA T 795/93 vom 29. Oktober 1996.

[186] EPA T 967/97 vom 25. Oktober 2001.

[187] EPA T 1450/16 vom 17. Januar 2020, Ziffer 2.1.4, in Anknüpfung an EPA T 422/93 und EPA T 1140/09. Zumindest implizit einen anderen Ansatz lässt sich den Entscheidungen EPA T 1841/11, Ziffer 2.6, EPA T 2057/12, Ziffer 3.2.2 und EPA T 1248/13, Ziffer 2.1 entnehmen.

[188] Prüfungsrichtlinien Teil G, Kapitel VII-4, Ziffer 5.2.

[189] EPA T 76/83; Singer/Stauder/Luginbühl/Kroher EPÜ Art. 56 Rn. 61.

[190] EPA T 285/91 vom 15. Juni 1993.

dann erforderlich, die subjektiv technische Aufgabe neu zu formulieren, wenn der in den Anmeldeunterlagen vom Anmelder selbst angegebene Stand der Technik der Erfindung nicht tatsächlich am nächsten kommt oder wenn die Unterscheidungsmerkmale zur Lösung der subjektiv technischen Aufgabe nicht kausal verantwortlich sind.[191] Zu beachten ist, dass bei der Formulierung der objektiv technischen Aufgabe nicht Bestandteile der Lösung einbezogen werden dürfen.[192] Stellt sich im Übrigen heraus, dass dem Patentanspruch im Vergleich zum Stand der Technik keine Unterscheidungsmerkmale zu entnehmen sind, für die eine technische Wirkung offenbart ist oder für die glaubhaft nachgewiesen ist, dass sie zur Lösung der objektiv technischen Aufgabe führen, so fehlt es an einer erfinderischen Tätigkeit.[193] Für die Lösung der Aufgabe überflüssige Unterscheidungsmerkmale werden bei der Beurteilung auf die erfinderische Tätigkeit nicht berücksichtigt.[194] Ist ein Patentanspruch – zB bei einem Markush-Anspruch – derart breit gefasst, dass er Alternativen aufweist oder aufgrund der Verwendung eines generischen Unterscheidungsmerkmal unter ihn auch Alternativen fallen, die die objektiv technische Lösung überhaupt nicht lösen bzw. der Anmelder diese Eignung nicht glaubhaft machen kann, so fehlt es ebenfalls an der erforderlichen erfinderischen Tätigkeit.[195] Hier bleibt nur die Möglichkeit, den Schutzgegenstand des Patentanspruchs ggf. etwa durch einen Hilfsantrag einzuschränken.

74 Steht die Aufgabe fest, so ist in dem letzten Schritt zu prüfen, ob die gefundene Lösung angesichts des Standes der Technik **für den Fachmann naheliegend** gewesen wäre. Die Prüfungsabteilungen bzw. Beschwerdekammern stellen sich daher die Frage, ob der Stand der Technik dem Fachmann Hinweise in Richtung auf die Erfindung gibt oder ob der Fachmann sich auf Grundlage des Standes der Technik mit den ihm zur Verfügung stehenden Möglichkeiten die konkrete Aufgabe stellen und voraussichtlich zu der beanspruchten Lösung gelangen würde (sog. **„could-would-approach"**).[196] Ein Naheliegen in diesem Sinne erfordert daher, dass der Fachmann ausgehend vom nächstliegenden Stand der Technik nicht nur zu dem Gegenstand der Erfindung hätte kommen *können,* sondern dies auch tatsächlich getan *hätte.*[197] Letzteres verlangt nach einem technischen Beweggrund, der den Fachmann tatsächlich dazu veranlasst hätte, zu dem Gegenstand der Erfindung zu gelangen.[198] Für die Annahme von erfinderischer Tätigkeit kann etwa sprechen, wenn durch die Neuerung ein lange Zeit bestehendes Bedürfnis befriedigt wird[199] oder sich die Fachwelt bislang vergeblich um die Lösung des technischen Problems bemüht hat.[200] Demgegenüber kann Indiz für das Naheliegen einer Lösung sein, wenn es sich um einen Verbesserungseffekt handelt, der durch technische Maßnahmen erreicht werden konnte, die im Rahmen des handwerklichen Könnens des Fachmannes liegen[201] oder wenn es sich bei der Erfindung um eine bloße Beseitigung von Nachteilen, Optimierung von Parametern oder Automatisierung von Funktionen handelt, die dem generellen Trend der Technik entsprechen.[202] Als naheliegend werden auch solche Äquivalente angesehen, die dem Fachmann als Auswahl zu bekannten Lösungen zur Verfügung stehen.[203] In der Praxis haben sich daneben zahlreiche weitere positive und negative Beweisanzeichen entwickelt, deren Darlegung im Einzelnen hier nicht erfolgen kann.[204] Zu beachten ist, dass diesen Beweisanzeichen keine primäre Bedeutung für die Annahme oder die Ablehnung der erfinderischen Tätigkeit zukommt, sondern sie vielmehr nur Hilfserwägungen darstellen.[205]

---

191 Prüfungsrichtlinien Teil G, Kapitel VII-4, Ziffer 5.2. Reich Rn. 728 ff. mwN.

192 Näher hierzu Reich Rn. 760 ff. mwN.

193 EPA T 222/89 vom 1. Juli 1992; Näher hierzu Reich Rn. 730 ff.

194 EPA T 22/81, ABl. EPA 1983, 226; Näher hierzu Reich Rn. 745 ff.

195 EPA T 939, 92, ABl. EPA 1996, 309; Reich Rn. 749 ff. mwN.

196 Vgl. Prüfungsrichtlinien Teil G, Kapitel VII-6, Ziffer 5.3; EPA T 2/83, ABl. EPA 1984, 265 – Simethicon-Tablette; EPA T 7/86, ABl. EPA 1988, 381 – Xanthines; EPA T 597/92, ABl. EPA 1996, 135; Benkard/Kinkeldey/Karamanli/Söldenwagner EPÜ Art. 56 Rn. 73 f. mwN.

197 EPA T 2/83, ABl. EPA 1984, 265 – Simethicon-Tablette; EPA T 203/93 vom 1. September 1994; EPA T 513/90, ABl. EPA 1993, 154; vgl. auch Reich Rn. 672 ff.

198 EPA T 203/93 vom 1. September 1994; vgl. auch Reich Rn. 662.

199 EPA T 109/82, ABl. EPA 1984, 473 – Hörgeräte; EPA T 90/89, GRUR Int 1991, 815 – gefrorener Fisch; Benkard/Kinkeldey/Karamanli/Söldenwagner EPÜ Art. 56 Rn. 87 ff. mwN.

200 Benkard/Kinkeldey/Karamanli/Söldenwagner EPÜ Art. 56 Rn. 91.

201 EPA T 598/90.

202 EPA T 15/81, ABl. EPA 1982, 2; EPA T 36/82, ABl. 1983, 269.

203 Singer/Stauder/Luginbühl/Kroher EPÜ Art. 56 Rn. 45.

204 Ausführlich zu möglichen Indizien siehe Reich Rn. 1179 ff.; Singer/Stauder/Luginbühl/Kroher EPÜ Art. 56 Rn. 42 ff. und Benkard/Kinkeldey/Karamanli/Söldenwagner EPÜ Art. 56 Rn. 83 ff.

205 Vgl. Reich Rn. 666.

6. Gewerbliche Anwendbarkeit

Gemäß Art. 57 EPÜ gilt eine Erfindung dann als gewerblich anwendbar, wenn ihr Gegenstand auf irgendeinem gewerblichen Gebiet einschließlich der Landwirtschaft hergestellt oder benutzt werden kann. „Auf irgendeinem gewerblichem Gebiet“ ist dabei grundsätzlich weit auszulegen und eher als Gegensatz zur privaten Anwendung zu verstehen.[206] Es genügt die Möglichkeit der Herstellung oder Benutzung der Erfindung auf irgendeinem technischen Gebiet.[207] Die gewerbliche Anwendbarkeit fehlt, wenn die Erfindung zur Aufgabenlösung ungeeignet ist oder wenn das Erzeugnis zu keinem Zweck nützlich ist.[208] 75

Erfindungen, deren gewerbliche Verwertung gegen die öffentliche Ordnung oder die guten Sitten verstoßen würde, sind gemäß Art. 53 lit. a) EPÜ nicht dem Patentschutz zugänglich; eine derartige Annahme ist jedoch nicht bereits deswegen gerechtfertigt, weil die Verwertung in allen oder einigen Vertragsstaaten durch Gesetz oder Verwaltungsvorschrift verboten ist. 76

7. Schutzbereich

Der Schutzbereich des europäischen Patentes und der europäischen Patentanmeldung wird gemäß Art. 69 Abs. 1 S. 1 EPÜ – entsprechend der des deutschen Patentes – durch den Inhalt der Patentansprüche bestimmt. Zur Auslegung der Patentansprüche sind gemäß Art. 69 Abs. 1 S. 2 EPÜ die Beschreibung und die Zeichnungen heranzuziehen.[209] Die Vertragsstaaten haben sich insoweit in dem revidierten Protokoll zur Auslegung des Art. 69 EPÜ in der Fassung der Revisionsakte vom 29. November 2000[210] („**Auslegungsprotokoll**“) über folgende Grundsätze zur Auslegung des Artikels 69 EPÜ geeinigt:[211] 77

„Artikel 1 78
Allgemeine Grundsätze

Artikel 69 ist nicht in der Weise auszulegen, dass unter den Schutzbereich des europäischen Patents der Schutzbereich zu verstehen ist, der sich aus dem genauen Wortlaut der Patentansprüche ergibt, und dass die Beschreibung sowie die Zeichnungen nur zur Behebung etwaiger Unklarheiten in den Patentansprüchen anzuwenden sind. Ebenso wenig ist Artikel 69 dahingehend auszulegen, dass die Patentansprüche lediglich als Richtlinie dienen und der Schutzbereich sich auf das erstreckt, was sich dem Fachmann nach Prüfung der Beschreibung und der Zeichnungen als Schutzbegehren des Patentinhabers darstellt. Die Auslegung soll vielmehr zwischen diesen extremen Auffassungen liegen und einen angemessenen Schutz für den Patentinhaber mit ausreichender Rechtssicherheit für Dritte verbinden.

Artikel 2
Äquivalente

Bei der Bestimmung des Schutzbereiches des europäischen Patentes ist solchen Elementen gebührend Rechnung zu tragen, die Äquivalente der in den Patentansprüchen genannten Elemente sind.“

Die Bestimmungen des Auslegungsprotokolls, welches gemäß Art. 164 Abs. 1 EPÜ Bestandteil des Übereinkommens ist, stellen die rechtliche Grundlage für eine Schutzbereichserweiterung des Patentes über die **wortsinngemäßen** Benutzungshandlungen hinaus auf **äquivalente** Benutzungshandlungen dar.[212] Die Verletzung des europäischen Patents ist gemäß Art. 64 Abs. 3 EPÜ im Übrigen nach nationalem Recht zu behandeln.[213] Aus diesem Grunde gibt es insbesondere zur Äquivalenz keine einheitliche europäische Rechtsprechung, vielmehr ist die Praxis in den einzelnen Vertragsstaaten durchaus unterschiedlich.[214] 79

Der sachliche Schutzbereich der europäischen Patentanmeldung richtet sich gemäß Art. 69 Abs. 2 S. 1 EPÜ nach denselben Regeln, die auch für den Schutzbereich des erteilten Patentes gelten. Etwaige Änderungen der Patentansprüche im Zuge eines Einspruchs-, Beschränkungs- oder 80

[206] Singer/Stauder/Luginbühl EPÜ Art. 57 Rn. 4; Benkard/Kinkeldey/Södenwagner EPÜ Art. 57 Rn. 4 ff.

[207] EPA T 144/83, ABl. EPA 1986, 301; Singer/Stauder/Luginbühl EPÜ Art. 57 Rn. 3.

[208] Benkard/Kinkeldey/Söldenwagner EPÜ Art. 57 Rn. 5; Singer/Stauder/Luginbühl EPÜ Art. 57 Rn. 3 mwN.

[209] Näher zur Auslegung der Patentansprüche Singer/Stauder/Luginbühl EPÜ Art. 69 Rn. 6 ff.; Benkard/Adam/Scharen EPÜ Art. 69 Rn. 24 ff.

[210] Vom VR angenommen durch Beschl. v. 28. Juni 2001 (ABl. EPA 2001, Sonderausgabe Nr. 4, S. 55).

[211] Vgl. Benkard/Adam/Scharen EPÜ Art. 69 Rn. 1b f.

[212] Vgl. Singer/Stauder/Luginbühl/Stauder EPÜ Art. 69 Rn. 29 ff.; Benkard/Adam/Scharen EPÜ Art. 69 Rn. 58 ff.

[213] Zur Schutzbereichsbestimmung, den Arten der Patentbenutzung und den patentverletzenden Benutzungshandlungen s. insbesondere Kühnen Kapitel A, Rn. 1 ff.

[214] Vgl. hierzu die Ausführungen bei Benkard/Adam/Scharen EPÜ Art. 69 Rn. 77 ff.; Singer/Stauder/Luginbühl/Stauder EPÜ Art. 69 Rn. 31 ff.; Tilmann/Dagg GRUR 2000, 459 ff. betreffend die Rechtsprechung in Großbritannien.

Nichtigkeitsverfahrens wirken gemäß Art. 69 Abs. 2 S. 2 EPÜ zurück auf die Patentanmeldung. Der Schutzbereich der Anmeldung gewinnt für den Fall Bedeutung, dass das Recht aus der Anmeldung nach Art. 67 EPÜ geltend gemacht wird.

8. Das europäische Patent als Gegenstand des Vermögens

81 **a) Recht auf das Patent.** Das Recht auf das europäische Patent steht gemäß Art. 60 Abs. 1 S. 1 EPÜ originär dem Erfinder oder seinem Rechtsnachfolger zu. Es fällt dem Erfinder bereits vor Anmeldung zu und umfasst die rechtliche Zuordnung der Erfindung sowie die sich hieraus ergebende *materiellrechtliche* Befugnis, das Patent als einziger zu beantragen. Ist der Erfinder ein Arbeitnehmer, so bestimmt sich das Recht auf das europäische Patent gemäß Art. 60 Abs. 1 S. 2 EPÜ nach dem Recht des Staates, in dem der Arbeitnehmer überwiegend beschäftigt ist bzw. in dem der Arbeitgeber den Betrieb unterhält, dem der Arbeitnehmer angehört. Nach deutschem Recht (Arbeitnehmererfindergesetz) wird der Arbeitgeber gemäß § 6 Abs. 1 und 2 ArbnErfG dann Rechtsnachfolger des Arbeitnehmererfinders, wenn er die Erfindung ausdrücklich in Anspruch nimmt oder er sie nicht binnen einer Frist von vier Monaten nach Eingang der ordnungsgemäßen Meldung gegenüber dem Arbeitnehmer in Textform freigibt. Die Benennung eines KI-Systems als Erfinder kommt nicht in Betracht[215], da Erfinder nur eine natürliche Person sein kann. In den zusammengelegten Verfahren J 8/20 und J 9/20 hat die Juristische Beschwerdekammer in der mündlichen Verhandlung vom 21. Dezember 2021 dies bestätigt.[216]

82 Bei Miterfindern steht das Recht an der Erfindung jedem Beteiligten zu.[217] Für den Anteil des Miterfinders im Innenverhältnis sind die zwischen den Miterfindern bestehenden Rechtsbeziehungen entscheidend.[218] Welche Anforderungen für die Stellung als Miterfinder erfüllt sein müssen, ist dem EPÜ nicht zu entnehmen.[219] Miterfinder kann grundsätzlich nur sein, wer schöpferisch bei der Erfindung mitgewirkt hat.[220] Hierfür genügt ein Beitrag zu der erfinderischen Gesamtleistung, so dass der jeweilige Beitrag nicht selbst die Kriterien einer Erfindung erfüllen muss.[221]

83 Von der materiellrechtlichen ist die *formelle* Berechtigung zu unterscheiden, die den verfahrensrechtlichen Erteilungsanspruch nach Art. 58 EPÜ betrifft. Für das Verfahren vor dem EPA gilt das **Anmelderprinzip.**[222] Für den Fall der Doppelanmeldung steht das Recht auf das Patent demjenigen zu, der zuerst ein europäisches Patent angemeldet hat oder dessen Anmeldung die früheste Priorität in Anspruch nehmen kann (first-to-file Prinzip), sofern diese Anmeldung veröffentlicht worden ist (Art. 60 Abs. 2 EPÜ). Für das Verfahren vor dem EPA gilt zudem der Anmelder als (formell) Berechtigter (Art. 60 Abs. 3 EPÜ).[223] Es kommt daher nicht darauf an, wer tatsächlich materiellrechtlich berechtigt ist. Die Entscheidung darüber, wem gegebenenfalls materiellrechtlich das europäische Patent zusteht, überlässt das EPÜ gemäß Art. 61 EPÜ den nationalen Gerichten.

84 Dem Erfinder steht gemäß Art. 62 EPÜ das Recht auf Erfindernennung zu. Eine Berichtigung von Mängeln bezüglich des Namens des Anmelders ist nach Regel 139 EPÜ-Ausführungsordnung möglich, wenn genügend Beweise zur Stützung des Berichtigungsantrags vorliegen.[224]

85 **b) Übertragung.** Die Übertragbarkeit des Rechts an dem Patent bzw. der Patentanmeldung beurteilt sich unterschiedlich, je nach Zeitpunkt der Übertragung.

86 *aa) Übertragung vor Erteilung.* Gemäß Art. 71 EPÜ kann über die europäische Patentanmeldung bereits **vor Erteilung** durch Übertragung verfügt werden.[225] Art. 71 EPÜ betrifft dabei

[215] S. hierzu mit näherer Begründung EPA Entscheidungen vom 27. Januar 2020 zu EP 18275163.6 und EP 18275174.3 = GRUR-RS 2020, 653 und GRUR-RS 2020, 647.

[216] S. hierzu die Pressemitteilung des EPA unter www.epo.org/law-practice/case-law-appeals/communications/2021/20211221.html.

[217] Singer/Stauder/Luginbühl/Bremi EPÜ Art. 60 Rn. 7 ff.; Benkard/Melullis EPÜ Art. 60 Rn. 16 ff.

[218] Benkard/Melullis EPÜ Art. 60 Rn. 25; siehe auch Benkard/Melullis PatG § 6 Rn. 33 ff.

[219] Benkard/Melullis EPÜ Art. 60 Rn. 19. Singer/Stauder/Luginbühl/Bremi Art. 60 Rn. 7 ff.

[220] Singer/Stauder/Luginbühl/Bremi EPÜ Art. 60 Rn. 8; Benkard/Melullis EPÜ Art. 60 Rn. 20.

[221] BGH Mitt. 1996, 16 (18) – Gummielastische Masse; BGH GRUR 2001, 226 (227) – Rollenantriebseinheit; Benkard/Melullis EPÜ Art. 60 Rn. 20.

[222] Benkard/Melullis EPÜ Art. 60 Rn. 28.

[223] Singer/Stauder/Luginbühl/Bremi EPÜ Art. 60 Rn. 19; Benkard/Melullis EPÜ Art. 60 Rn. 28.

[224] Zur Berichtigung der Erfindernennung s. Singer/Stauder/Luginbühl/Bremi EPÜ Art. 62 Rn. 7 ff.; Benkard/Melullis EPÜ Art. 62 Rn. 18 ff.

[225] Ausführlich s. Benkard/Grabinski EPÜ Art. 71 Rn. 1 ff.

sowohl den gesetzlichen als auch den rechtsgeschäftlichen Übergang des Rechts. Die Patentanmeldung kann gemäß dem Wortlaut des Art. 71 EPÜ nicht nur als Paket für alle benannten Vertragsstaaten übertragen werden, sondern auch mit Wirkung nur für einzelne Vertragsstaaten. Gemäß Art. 72 EPÜ hat die rechtsgeschäftliche Übertragung der Patentanmeldung schriftlich zu erfolgen und bedarf der Unterschrift der Vertragsparteien. Die Formvorschrift des Art. 72 EPÜ verdrängt das nach Art. 74 EPÜ ansonsten anwendbare jeweilige nationale Recht.[226] Die Nichteinhaltung der Form führt zur Unwirksamkeit der Übertragung. Der Rechtsübergang kann gemäß Regel 22 Abs. 1 EPÜ-Ausführungsordnung auf Antrag im Europäischen Patentregister eingetragen werden.

bb) Übertragung nach Erteilung. Nach Erteilung des europäischen Patents richtet sich die Übertragung allein nach den jeweiligen nationalen Rechtsvorschriften, da die Art. 71 bis 74 EPÜ ihrem ausdrücklichen Wortlaut nach nur für europäische Patentanmeldungen gelten und Art. 2 Abs. 2 EPÜ für das erteilte europäische Patent entsprechend auf das nationale Recht verweist.[227] Der Rechtsübergang nach deutschem Recht vollzieht sich durch den Abschluss eines schuldrechtlichen und eines dinglichen Übertragungsvertrages (Abtretung) gemäß §§ 413, 398 ff. BGB.[228] Die Rechte können grundsätzlich formlos sowie beschränkt oder unbeschränkt übertragen werden.[229] Die Eintragung des Rechtsübergangs im Patentregister hat lediglich deklaratorische Bedeutung. 87

c) **Das europäische Patent als Gegenstand von Rechten.** *aa) Einräumung von Lizenzen/Verpfändung.* Gemäß Art. 73 EPÜ kann eine europäische Patentanmeldung ganz oder teilweise Gegenstand von Lizenzen für alle oder einen Teil der Hoheitsgebiete der benannten Vertragsstaaten sein. Anderen Personen können daher einfache, exklusive oder ausschließliche Nutzungsrechte an der europäischen Patentanmeldung entgeltlich oder unentgeltlich eingeräumt werden.[230] Bezüglich des anwendbaren Rechts verweist Art. 74 EPÜ auf das Recht des jeweiligen Vertragsstaates, wobei insoweit zwischen dem Schutzrechts- und Vertragsstatut zu unterscheiden ist.[231] Die Einräumung einer Lizenz sowie die Bestellung von dinglichen Rechten und deren Übergang kann gemäß Regel 23 Abs. 1 EPÜ-Ausführungsordnung im Europäischen Patentregister eingetragen werden. Als Vermögensgegenstand kann die europäische Patentanmeldung ferner insbesondere verpfändet werden (im Falle deutschen Rechts nach §§ 1273, 1274 BGB).[232] Entsprechende Grundsätze gelten für das europäische Patent nach seiner Erteilung, wobei, da das europäische Patent nach Art. 2 Abs. 2 EPÜ in jedem Vertragsstaat, für den es erteilt worden ist, dieselbe Wirkung hat und denselben Vorschriften unterliegt wie ein in diesem Staat erteiltes nationales Patent, für dessen jeweilige nationalen Teile individuell auf die Regelungen des jeweils anwendbaren nationalen Rechts abzustellen ist. 88

bb) Zwangsvollstreckung. Die europäische Patentanmeldung kann ferner nach den maßgeblichen nationalen Vorschriften der Zwangsvollstreckung unterworfen werden, soweit diese eine Vollstreckung in dem eigentlichen Recht vorausgehende Positionen zulassen.[233] Nach deutschem Recht kommt eine Zwangsvollstreckung in das Recht an der Erfindung, den Anspruch auf Erteilung des Patents in Form der Patentanmeldung sowie nach Erteilung des Patentes in das Recht aus dem Patent im Wege der Pfändung nach §§ 857 Abs. 1, 828 ff. ZPO in Betracht.[234] Die Pfändung des sich ebenfalls aus dem Recht an dem Patent ergebenden Erfinderpersönlichkeitsrecht ist wie bei allen anderen Persönlichkeitsrechten grundsätzlich ausgeschlossen.[235] Die Pfändung der Patentanmeldung setzt sich nach Erteilung an dem Patent fort.[236] Im Falle der Pfändung erlangt der Pfändungspfandgläubiger durch die Pfändung kein ausschließliches Benutzungsrecht an der Erfindung oder an dem Patent. Zwar steht ihm zur Sicherung seines Verwertungsrechts ein eigener Unterlassungsanspruch nach § 139 PatG zu.[237] Das Recht zur Eigennutzung durch den 89

[226] Benkard/Grabinski EPÜ Art. 72 Rn. 1.
[227] Benkard/Grabinski EPÜ Vorb. zu Art. 71–74, Rn. 2.
[228] Schulte/Moufang PatG § 15 Rn. 17.
[229] Schulte/Moufang PatG § 15 Rn. 17 f.
[230] Benkard/Grabinski EPÜ Art. 73 Rn. 6.
[231] Näher Benkard/Grabinski EPÜ Art. 74 Rn. 2 ff.
[232] Benkard/Grabinski EPÜ Art. 71 Rn. 5.
[233] Benkard/Melullis EPÜ Art. 60 Rn. 5; BGHZ 125, 334 (339) – Rotationsbürstenwerkzeug; BGH GRUR 1955, 388 – Dücko.
[234] Vgl. für den Fall des nationalen, deutschen Patents BGH GRUR 1994, 602 (603) – Rotationsbürstenwerkzeug.
[235] BGH GRUR 1978, 583 (585) – Motorkettensäge.
[236] Vgl. BGH GRUR 1994, 602 (604) – Rotationsbürstenwerkzeug.
[237] Vgl. BGH GRUR 1994, 602 (604) – Rotationsbürstenwerkzeug.

Patentinhaber und bereits vor dem Zeitpunkt der Pfändung begründeter Lizenzen bleibt jedoch unangetastet.[238] Der Pfändungspfandgläubiger kann daher Dritten, die patentgemäße Gegenstände von dem Patentinhaber oder einem Lizenznehmer erworben haben, die Benutzung der selbigen nach den Grundsätzen der Erschöpfung nicht untersagen.[239] Dem Patentinhaber verbleibt nach der Pfändung das Patentrecht, jedoch darf er aufgrund des im Pfändungs- und Überweisungsbeschluss ausgesprochenen Verfügungsverbotes keine Verfügungen treffen, die dieses beeinträchtigen.

III. Anmeldung/Erteilungsverfahren[240]

1. Anmeldung[241]

90 Ein europäisches Patent kann gemäß Art. 75 Abs. 1 lit. a) EPÜ iVm Regel 35 Abs. 1 EPÜ-Ausführungsordnung beim EPA in München oder seinen Zweigstellen in Den Haag oder der Dienststelle in Berlin angemeldet werden. Darüber hinaus kann die europäische Patentanmeldung nach Art. 75 Abs. 1 lit. b) EPÜ auch bei der Zentralbehörde für den gewerblichen Rechtsschutz oder bei anderen zuständigen Behörden eines jeden Vertragsstaates eingereicht werden, sofern das Recht des Vertragsstaates dies gestattet.

91 a) **Formalerfordernisse.**[242] Die europäische Patentanmeldung muss gemäß Art. 78 Abs. 1 lit. a)–e) EPÜ den Antrag auf Erteilung eines europäischen Patentes, eine Beschreibung der Erfindung, ein oder mehrere Patentansprüche, die Zeichnungen, auf die sich die Beschreibung oder die Patentansprüche beziehen, sowie eine Zusammenfassung enthalten und den Erfordernissen der EPÜ-Ausführungsordnung genügen (Regel 41 Abs. 2 EPÜ-Ausführungsordnung enthält weitere Anforderungen).[243] In der Praxis ist auf das Formblatt 1001 des EPA zurückzugreifen (vgl. Regel 41 Abs. 1 EPÜ-Ausführungsordnung).

92 Damit der europäischen Patentanmeldung ein **Anmeldetag** zugeteilt werden kann, hat die Anmeldung bestimmten Mindestanforderungen zu genügen. Hierzu gehören der Hinweis, dass ein europäisches Patent erteilt wird (Regel 40 Abs. 1 lit. a) EPÜ-Ausführungsordnung), Angaben die es erlauben, die Identität des Anmelders festzustellen oder mit ihm Kontakt aufzunehmen (Regel 40 Abs. 1 lit. b) EPÜ-Ausführungsordnung) sowie eine Beschreibung oder eine Bezugnahme auf eine früher eingereichte Anmeldung (Regel 40 Abs. 1 lit. c) EPÜ-Ausführungsordnung). Für den Erhalt eines Anmeldetages nicht zwingend erforderlich ist es, bereits mit der europäischen Patentanmeldung Patentansprüche einzureichen. Zudem ist die Bezugnahme auf eine früher eingereichte Anmeldung möglich.[244] Im Fall der Bezugnahme muss jedoch gemäß Regel 40 Abs. 3 EPÜ-Ausführungsordnung innerhalb von zwei Monaten nach Einreichung der Anmeldung eine beglaubigte Abschrift sowie ggf. eine Übersetzung der früheren Anmeldung nachgereicht werden. Weitergehende Bestimmungen hinsichtlich Form und Inhalt der europäischen Patentanmeldung sind Regel 41 ff. EPÜ-Ausführungsordnung zu entnehmen.[245]

93 Gemäß Art. 14 Abs. 2 S. 1 EPÜ ist die Anmeldung grundsätzlich in einer der drei Amtssprachen des Europäischen Patentamtes, also in Deutsch, Englisch oder Französisch, einzureichen. Im Rahmen der Revision des EPÜ wurde jedoch die Regelung des Art. 14 Abs. 2 S. 1 EPÜ eingeführt, welche nunmehr generell gestattet, die Patentanmeldung in einer anderen als den drei Amtssprachen einzureichen. Erforderlich ist nur, dass sie nach Maßgabe der Ausführungsordnung in eine Amtssprache übersetzt wird. Gemäß Regel 6 Abs. 1 EPÜ-Ausführungsordnung ist die Übersetzung innerhalb von zwei Monaten nach Einreichung der europäischen Patentanmeldung einzureichen. Mit der Amtssprache, in die die Anmeldung übersetzt wird, wählt der Anmelder die in allen Verfahren vor dem EPA zu verwendende Verfahrenssprache. Im weiteren Verlauf des Verfahrens kann die Verfahrenssprache, abgesehen von den Aus-

[238] Vgl. BGH GRUR 1994, 602 (604) – Rotationsbürstenwerkzeug.
[239] Vgl. BGH GRUR 1994, 602 (604) – Rotationsbürstenwerkzeug.
[240] Zur Einführung siehe auch Ann § 28.
[241] Ausführlich zum Anmeldeverfahren vor dem EPA insbesondere die Übersichten in Rippe Kap. II S. 13 ff. sowie die Erläuterungen Kap. II S. 22 ff.
[242] Vgl. insoweit ausführlich Rippe Kap. II. 4. S. 24 ff.; Gruber/von Zumbusch/Haberl/Oldekop 6. Kap. Rn. 6.08 ff.
[243] Zur Möglichkeit der Nachreichung von fehlenden Teilen der Beschreibung und der Zeichnung siehe Regel 56 EPÜ-Ausführungsordnung sowie Naumann Mitt. 2008, 250 ff.
[244] Näher zur Möglichkeit der Bezugnahme auf eine frühere Anmeldung Naumann Mitt. 2008, 56 ff.
[245] Zu möglichen Mängeln einer Anmeldung siehe auch Naumann Mitt. 2008, 56 (58).

nahmeregelungen der Regel 3 f. EPÜ-Ausführungsordnung, nicht geändert werden. Wird eine vorgeschriebene Übersetzung nicht rechtzeitig beigebracht, so gilt die europäische Patentanmeldung gemäß Art. 14 Abs. 2 S. 3 EPÜ als zurückgenommen. Bei einer Fristversäumnis besteht jedoch ggf. die Möglichkeit einer Wiedereinsetzung in den vorherigen Stand nach Art. 122 EPÜ. Die Übersetzung kann im Übrigen während des gesamten Verfahrens vor dem EPA mit der Anmeldung in der ursprünglich eingereichten Fassung in Übereinstimmung gebracht werden, Art. 14 Abs. 2 S. 2 EPÜ.

Die europäische Patentanmeldung kann schriftlich sowohl per Post als auch gemäß Regel 2 Abs. 1 S. 1 EPÜ-Ausführungsordnung durch technische Einrichtungen zur Nachrichtenübermittlung eingereicht werden.[246] Letzteres ist die Übermittlung per Telefax oder über die Online-Dienste des EPA.[247] Nicht angenommen werden Anmeldungen per E-Mail, Telegramm, Fernschreiben oder Teletex. Die bequemste **Einreichung** der europäischen Patentanmeldung erfolgt mittels der vom EPA kostenlos zur Verfügung gestellten Software **epoline**, der **Online-Einreichung 2.0**[248] oder dem **Dienst zur Web-Einreichung.**[249] Mit diesen leistet das EPA Hilfestellung beim Ausfüllen des elektronischen Antrags auf Erteilung eines europäischen Patentes und bei der Zusammenstellung der erforderlichen Unterlagen. 94

Zusammen mit der Anmeldung müssen gemäß Art. 81 S. 1 EPÜ iVm Regel 19 Abs. 1 EPÜ-Ausführungsordnung die Erfinder genannt werden.[250] Eine unrichtige Erfindernennung kann nach Regel 21 Abs. 1 EPÜ-Ausführungsordnung berichtigt werden. 95

b) Einheitlichkeit. Eine europäische Patentanmeldung darf schließlich gemäß Art. 82 EPÜ nur eine einzige Erfindung enthalten oder eine Gruppe von Erfindungen, die untereinander in der Weise verbunden sind, dass sie eine einzige allgemeine erfinderische Idee verwirklichen. Einzelheiten hinsichtlich der Anwendung sowie eine Konkretisierung des Einheitlichkeitsbegriffes des Art. 82 EPÜ sind Regel 44 der EPÜ-Ausführungsverordnung zu entnehmen.[251] 96

c) Priorität.[252] Der Anmelder eines europäischen Patentes kann gemäß Art. 87 Abs. 1 EPÜ die Priorität einer früheren Anmeldung („Voranmeldung“) in Anspruch nehmen, wenn die Voranmeldung in einem oder mit Wirkung für einen Vertragsstaat der Pariser Verbandsübereinkunft zum Schutz des gewerblichen Eigentums („PVÜ“) oder einem Mitglied der Welthandelsorganisation[253] angemeldet worden ist und die Anmeldung zum europäischen Patent während einer **Frist von 12 Monaten**[254] nach dem Einreichen der Voranmeldung erfolgt. Gemäß Regel 136 Abs. 1 EPÜ-Ausführungsordnung ist bei Fristversäumung ggf. eine Wiedereinsetzung nach Art. 122 EPÜ möglich. Das Recht auf Inanspruchnahme der Priorität steht dem Voranmelder oder dessen Rechtsnachfolger zu.[255] Als selbständiges subjektives, vermögenswertes Recht kann es – ohne gleichzeitige Übertragung der Voranmeldung – übertragen werden.[256] Folglich müssen der Inhaber der Voranmeldung und der prioritätsberechtigte Nachanmelder nicht identisch sein. Jedoch muss die Übertragung vor Einreichung der europäischen Patentanmeldung stattgefunden haben, eine rückwirkende Begründung eines Prioritätsrechts ist nicht möglich.[257] Die materiellen Vorschriften bezüglich der Übertragung des Prioritätsrechts sind den nach dem internationalen Privatrecht maßgeblichen nationalen Bestimmungen zu entnehmen (auf Grundlage deutschen Rechts erfolgt die Übertragung auf Grundlage der §§ 413, 398 BGB).[258] Erfolgt keine wirksame 97

---

[246] S. Beschluss der Präsidentin des EPA vom 10. Juli 2007 über die Einreichung von Patentanmeldungen und anderen Unterlagen durch Telefax, Sonderausgabe ABl. EPA 3/2007, A. 3.

[247] Zur elektronischen Einreichung s. im Einzelnen näher den Beschluss des Präsidiums A20 über die elektronische Einreichung von Unterlagen– Amtsblatt EPA 3/2021.

[248] Diese ersetzt die bisherige Online-Einreichung CMS seit dem 1. Januar 2022.

[249] Die Software ist über www.epo.org/applying/online-services/online-filing/download_de.html im Internet erhältlich. Sie ermöglicht neben der Online-Einreichung von europäischen Patentanmeldungen auch die Einreichung von Euro-PCT, PCT-Patentanmeldungen sowie nationalen Patentanmeldungen. Nähere Informationen zur Online-Einreichung sind unter www.epo.org/applying/online-services/online-filing_de.html zu finden.

[250] Näher Singer/Stauder/Luginbühl/Teschemacher EPÜ Art. 81 Rn. 4 ff.

[251] Hierzu im Einzelnen Singer/Stauder/Luginbühl/Teschemacher EPÜ Art. 82 Rn. 1 ff.

[252] Ausführlicher zu den Änderungen im EPÜ 2000 Naumann/Zimmermann Mitt. 2008, 145 ff.

[253] Dies ist für Brunei, Fijii, Kuwait, die Malediven, Myanmar, die Salomonen, Taiwan und Thailand von Bedeutung.

[254] Näher zur Fristberechnung Benkard/Grabinski EPÜ Art. 87 Rn. 21.

[255] Näher hierzu Benkard/Grabinski EPÜ Art. 87 Rn. 3.

[256] BPatG GRUR Int 1982, 452 (453) – Metallschmelzvorrichtung; näher Benkard/Grabinski EPÜ Art. 87 Rn. 3.

[257] Singer/Stauder/Luginbühl/Bremi EPÜ Art. 87 Rn. 56 mwN.

[258] Benkard/Grabinski EPÜ Art. 87 Rn. 5.

Abtretung, müssen im Fall einer Mehrheit von Voranmeldern diese allesamt auch Anmelder der Nachanmeldung sein, um die Priorität zu beanspruchen.[259]

98 Prioritätsbegründend kann nach Art. 87 Abs. 2 EPÜ jede Voranmeldung sein, der nach dem Recht des nationalen Staates, in dem die Anmeldung eingereicht worden ist, oder nach bi- oder multilateralen Verträgen[260] unter Einschluss des EPÜ die Bedeutung einer vorschriftsmäßigen nationalen Anmeldung zukommt. Dies ist nach Art. 87 Abs. 3 EPÜ jede Voranmeldung, die zur Festlegung des Tages ausreicht, an dem die Voranmeldung eingereicht worden ist. Das spätere Schicksal der Voranmeldung ist demgegenüber gemäß Art. 87 Abs. 3 aE EPÜ unbeachtlich. Gemäß Art. 88 Abs. 2 S. 1 EPÜ können für eine europäische Patentanmeldung auch mehrere Prioritäten in Anspruch genommen werden, selbst wenn sie aus verschiedenen Staaten stammen. Keine prioritätsbegründende Wirkung kommt Geschmacksmusteranmeldungen zu.[261]

99 Die Voranmeldung muss **dieselbe Erfindung** betreffen.[262] Dies bedeutet, dass die Priorität einer Voranmeldung für einen Anspruch in einer europäischen Patentanmeldung nur dann anzuerkennen ist, wenn der Fachmann den Gegenstand des Anspruchs unter Heranziehung des allgemeinen Fachwissens unmittelbar und eindeutig der Voranmeldung als Ganzes entnehmen kann.[263] Die Nachanmeldung kann jedoch bezüglich des Umfangs des zu schützenden Anspruchs über denjenigen der Voranmeldung hinausgehen.[264] Darüber hinaus kommt grundsätzlich nur der **ersten Voranmeldung** eine prioritätsbegründende Wirkung zu.[265] Auf eine jüngere Voranmeldung kann nur ausnahmsweise unter den Voraussetzungen des Art. 87 Abs. 4 EPÜ zurückgegriffen werden.

100 Der Anmelder, der die Priorität einer früheren Anmeldung in Anspruch nehmen will, hat gemäß Art. 88 Abs. 1 EPÜ eine **Prioritätserklärung** nach Maßgabe der EPÜ-Ausführungsordnung einzureichen. Die EPÜ-Ausführungsordnung sieht insoweit in Regel 52 Abs. 1 vor, dass sie aus einer Erklärung über den Tag der Voranmeldung und den Vertragsstaat der PVÜ oder das Mitglied der Welthandelsorganisation, in dem oder für den/das sie eingereicht worden ist, sowie aus der Angabe des Aktenzeichens besteht.[266] Die entsprechende Erklärung *soll* gemäß Regel 52 Abs. 2 EPÜ-Ausführungsordnung mit Einreichung der europäischen Patentanmeldung abgegeben werden. Sie muss spätestens bis zum **Ablauf des 16. Monats** nach dem frühesten beanspruchten Prioritätstag erfolgen. Innerhalb gleicher Frist hat der Anmelder nach Regel 53 Abs. 1 S. 1 EPÜ-Ausführungsordnung eine Abschrift der Voranmeldung einzureichen.[267] Ist die Voranmeldung nicht in einer der Amtssprachen des EPA abgefasst und ist die Wirksamkeit des Prioritätsanspruches für die Beurteilung der Patentierbarkeit der Erfindung relevant, so ist gemäß Regel 53 Abs. 3 S. 1 EPÜ-Ausführungsordnung nach Aufforderung durch das EPA binnen einer vom EPA gesetzten Frist grundsätzlich eine Übersetzung in einer der Amtssprachen beizubringen.

101 Die wirksame Inanspruchnahme einer Priorität hat gemäß Art. 89 EPÜ zur Folge, dass für die Beurteilung der Neuheit auf den Stand der Technik zum Prioritätstag und nicht auf den Tag der Anmeldung der europäischen Patentanmeldung abzustellen ist.

Praxistipp:

Das Formblatt des EPA für einen Antrag auf Erteilung eines europäischen Patents sieht in Ziffer 25.4 ein Textfeld vor, bei dessen Ankreuzen der Anmelder erklärt, dass eine (weitere) Prioritätserklärung nicht beabsichtigt ist. Falls keine Priorität in Anspruch genommen werden soll, ist darauf zu achten, dieses Feld anzukreuzen. Denn andernfalls wird die Anmeldung nicht als Erstanmeldung behandelt, so dass nicht bereits von Amts wegen eine beschleunigte Recherche erfolgt.[268]

---

[259] EPA T 844/18 vom 16. Januar 2020.
[260] S. hierzu Benkard/Grabinski EPÜ Art. 87 Rn. 10.
[261] EPA J 15/80, ABl. EPA 1981, 213; Benkard/Grabinski EPÜ Art. 87 Rn. 8 mwN.
[262] Singer/Stauder/Luginbühl/Bremi EPÜ Art. 87 Rn. 5 ff.; EPA G 2/98, ABl. EPA 2001, 413; EPA G 3/93 ABl. EPA 1995, 18.
[263] EPA G 2/98, GRUR Int 2002, 80 ff.; näher Benkard/Grabinski EPÜ Art. 88 Rn. 11.
[264] Singer/Stauder/Luginbühl/Bremi EPÜ Art. 87 Rn. 5.
[265] Vgl. Benkard/Grabinski EPÜ Art. 88 Rn. 12.
[266] Zur Korrektur von Prioritätsangaben siehe Naumann/Zimmermann Mitt. 2008, 145 (146 f.).
[267] Zum gelockerten Erfordernis der Übersetzung von Prioritätsbelegen siehe Naumann/Zimmermann Mitt. 2008, 145 (147).
[268] Vgl. Ziffer 2. der Mitteilung des EPA vom 14. Juli 2007, Sonderausgabe Nr. 3 ABl. EPA, F. 1.

102 d) **Teilung der Anmeldung.** In Entsprechung zum deutschen Patentgesetz ermöglicht auch das EPÜ die Teilanmeldung. Vorteil einer Teilanmeldung ist es, dass sie denselben Anmelde- und Prioritätstag genießt, wie die europäische Patentanmeldung, von der abgeteilt werden soll („Stammanmeldung“).[269] Das Verfahren bei Einreichung einer Teilanmeldung entspricht – von einigen Besonderheiten abgesehen – dem bei einer europäischen Patentanmeldung.[270]

103 Die Teilanmeldung ist gemäß Art. 76 Abs. 1 EPÜ unmittelbar beim EPA einzureichen (s. auch Regel 36 Abs. 2 Satz 3 EPÜ-Ausführungsordnung). Die Einreichung einer Teilanmeldung bei einem nationalen Patentamt ist daher, anders als im Fall der europäischen Patentanmeldung nach Art. 75 Abs. 1 lit. b) EPÜ, nicht möglich.[271]

104 Die im Zuge der „Raising the Bar“-Initiative des EPA durch Änderung der Regel 36 Abs. 1 EPÜ-Ausführungsordnung eingeführten 24-Monats-Fristen für die Einreichung einer Teilanmeldung hat der Verwaltungsrat des EPA auf breiter Kritik mit Wirkung zum 1. April 2014 wieder abgeschafft. Somit kann eine Teilanmeldung ohne zeitliche Beschränkung zu jeder anhängigen europäischen Patentanmeldung eingereicht werden.[272]

105 Eine europäische Teilanmeldung kann nur für einen Gegenstand eingereicht werden, der auch Gegenstand der Stammanmeldung in der ursprünglich eingereichten Fassung ist.[273] Der Gegenstand der Teilanmeldung muss direkt und unzweideutig aus der Stammanmeldung ableitbar sein. Nach Art. 76 Abs. 1 EPÜ gilt die Teilanmeldung als an dem Anmeldetag der Stammanmeldung eingereicht und genießt deren Priorität. Folglich sind die Teilanmeldung und die Stammanmeldung als zwei gleichzeitig eingereichte Patentanmeldungen zu betrachten. Demnach kann sich bei überschneidenden Gegenständen die Frage der Doppelpatentierung stellen, die mangels Rechtsschutzbedürfnisses unzulässig ist.[274]

106 Das EPÜ selbst enthält hierzu keine spezielle Regelung. Anerkannt ist, dass die Schutzbereiche von Stammanmeldung und Teilanmeldung sich zumindest überschneiden können;[275] Stammanmeldung und Teilanmeldung können jedoch nicht den gleichen Gegenstand beanspruchen.[276] Geht der Gegenstand der Teilanmeldung über den der Stammanmeldung hinaus, so kann dies nachträglich korrigiert werden, selbst wenn die Stammanmeldung zum Zeitpunkt der Änderung der Teilanmeldung nicht mehr anhängig ist.[277]

107 e) **Gebühren.**[278] Für die europäische Patentanmeldung sind gemäß Art. 78 Abs. 2 S. 1 EPÜ iVm Regel 38 EPÜ-Ausführungsordnung **innerhalb eines Monats** ab Einreichung eine **Anmeldegebühr** und eine **Recherchengebühr** zu entrichten. Die Höhe der Anmeldegebühr beträgt auf Grundlage der seit dem 1. Juli 2020 gültigen Fassung der Gebührenordnung[279] bei einer Online-Einreichung EUR 125,–, andernfalls EUR 260,–; die Recherchengebühr liegt für eine ab dem 1. Juli 2005 eingereichte Anmeldung bei EUR 1350,–.[280] Für sukzessive Teilanmeldungen sieht die Gebührenordnung ferner eine in der Höhe gestaffelte **Zusatzgebühr** zwischen EUR 220,– bis EUR 885,– vor.[281] Wird die Anmelde- oder die Recherchengebühr nicht rechtzeitig gezahlt, so gilt die Patentanmeldung gemäß Art. 78 Abs. 2 S. 2 EPÜ als zurückgenommen.

108 Enthält eine europäische Patentanmeldung bei der Einreichung mehr als 15 Patentansprüche, so ist gemäß Regel 45 Abs. 1 EPÜ-Ausführungsordnung iVm Art. 2 Abs. 2 Ziffer 15 der Gebührenordnung für jeden weiteren Patentanspruch eine Anspruchsgebühr in Höhe von EUR 245,– sowie ab dem 51. Anspruch eine Anspruchsgebühr von EUR 610,– je weiteren Anspruch zu ntrichten.

---

[269] Singer/Stauder/Luginbühl/Teschemacher EPÜ Art. 76 Rn. 12.

[270] Benkard/Dobrucki/Bacchin EPÜ Art. 76 Rn. 40.

[271] Benkard/Dobrucki/Bacchin EPÜ Art. 76 Rn. 41; Singer/Stauder/Luginbühl/Teschemacher EPÜ Art. 76 Rn. 11.

[272] Näher hierzu und zum Begriff der Anhängigkeit Singer/Stauder/Luginbühl/Teschemacher EPÜ Art. 76 Rn. 24 ff.

[273] EPA J 12/18 vom 19. Mai 2020; Singer/Stauder/Luginbühl/Teschemacher EPÜ Art. 76 Rn. 13 ff.; Ann § 28 Rn. 80.

[274] Benkard/Dobrucki/Bacchin EPÜ Art. 76 Rn. 52. S. zum Verbot der Doppelpatentierung auch EPA T 2563/11 vom 5. September 2017.

[275] EPA T 587/98, ABl. 2000, 497; vgl. Benkard/Dobrucki/Bacchin EPÜ Art. 76 Rn. 59 f.

[276] Benkard/Dobrucki/Bacchin EPÜ Art. 76 Rn. 59 f.; s. auch Prüfungsrichtlinien Teil C, Kapitel IX-1, Ziffer 1.6.

[277] EPA G 1/05, ABl. 2007, 362.

[278] Allgemein zur Gebührenordnung des EPA Benkard/Schäfers/Kley EPÜ Art. 51.

[279] Die aktuelle Gebührenordnung ist im Internet unter www.epo.org/applying/forms-fees/fees_de.html zu finden. Ein interaktives Gebührenverzeichnis findet sich unter https://my.epoline.org/epoline-portal/classic/epoline.Scheduleoffees?language=de.

[280] S. Art. 2 Abs. 1 Ziffer 2 der Gebührenordnung des EPA.

[281] S. Art. 2 Abs. 1 Ziffer 1b. der Gebührenordnung des EPA.

109 Für die europäische Teilanmeldung sind gemäß Regel 36 Abs. 3 S. 1 EPÜ-Ausführungsordnung ebenfalls eine Anmeldegebühr und eine Recherchengebühr innerhalb eines Monats nach Einreichen der Teilanmeldung zu entrichten.[282]

110 f) **Benennung der Vertragsstaaten.**[283] Art. 79 Abs. 1 EPÜ sieht vor, dass im Antrag auf Erteilung eines europäischen Patentes grds. alle Vertragsstaaten als benannt gelten (Fiktion der Benennung aller Vertragsstaaten), die dem EPÜ im Zeitpunkt der Einreichung der Anmeldung angehören. Gemäß Art. 79 Abs. 3 EPÜ besteht zudem die Möglichkeit, die Benennung eines Vertragsstaates bis zur Erteilung des europäischen Patents zurückzunehmen. Bei einer europäischen Teilanmeldung gelten nach Art. 76 Abs. 2 EPÜ die Vertragsstaaten als benannt, die auch in der Stammanmeldung benannt sind.

111 Für die Benennung eines Vertragsstaats kann gemäß Art. 79 Abs. 2 EPÜ eine **Benennungsgebühr** erhoben werden. Die für alle Vertragsstaaten einheitlich erhobene Benennungsgebühr beträgt mit Stand 1. Juli 2020 pauschal EUR 610,–.[284] Regel 39 Abs. 1 EPÜ-Ausführungsordnung sieht insoweit vor, dass die Benennungsgebühr **innerhalb von sechs Monaten** nach dem Hinweis im Europäischen Patentblatt auf die Veröffentlichung des europäischen Recherchenberichts zu zahlen ist. Entsprechendes gilt gemäß Regel 36 Abs. 4 EPÜ-Ausführungsordnung im Fall der Teilanmeldung. Wird die Benennungsgebühr nicht fristgerecht gezahlt oder wird die Benennung aller Vertragsstaaten zurückgenommen, so gilt nach Regel 39 Abs. 2 EPÜ-Ausführungsordnung die europäische Patentanmeldung als zurückgenommen. Bei einer Fristversäumnis besteht nach Art. 121 Abs. 1 EPÜ die Möglichkeit der Weiterbehandlung.[285]

2. Eingangs- und Formalprüfung[286]

112 Nach Eingang der europäischen Patentanmeldung erfolgt gemäß Art. 90 Abs. 1 EPÜ durch das EPA eine Prüfung nach Maßgabe der EPÜ-Ausführungsordnung, ob die Anmeldung den Erfordernissen für die Zuerkennung eines Anmeldetages nach Art. 80 EPÜ iVm Regel 40 EPÜ-Ausführungsordnung genügt (sog. **Eingangsprüfung**).[287] Das EPA prüft dabei insbesondere, ob die europäische Patentanmeldung den Anforderungen der Regeln 40 Abs. 1 lit. a), c) sowie Abs. 2 und 3 S. 1 EPÜ-Ausführungsordnung entspricht. Ist das Ergebnis der Prüfung negativ, so teilt das EPA dem Anmelder gemäß Regel 55 S. 1 EPÜ-Ausführungsordnung die Mängel mit und weist ihn gleichzeitig darauf hin, dass die Anmeldung nicht als europäische Patentanmeldung behandelt wird, wenn die Mängel nicht innerhalb einer nicht verlängerbaren Frist von zwei Monaten beseitigt werden. In ähnlicher Art und Weise wird gemäß Regel 56 EPÜ-Ausführungsordnung verfahren, wenn Teile der Beschreibung oder der Zeichnung fehlen. Kann ein Anmeldetag über die Eingangsprüfung nach Art. 90 Abs. 1 EPÜ nicht festgestellt werden, so wird die Anmeldung gemäß Art. 90 Abs. 2 EPÜ nicht als europäische Patentanmeldung behandelt. Folglich kann eine unzureichende Anmeldung weder Prioritätsrechte begründen noch ein Hindernis für eine prioritätsbegründende Erstanmeldung nach Art. 54 Abs. 3 EPÜ darstellen. Eine Wiedereinsetzung nach Art. 122 Abs. 1 EPÜ bei Verstreichen der Frist ist möglich, bietet jedoch keine Vorteile gegenüber einer erneuten Einreichung der Anmeldungsunterlagen, da die Wiedereinsetzung nicht zu einem früheren Anmeldetag führt.[288]

113 Für den Fall, dass der Anmeldetag der europäischen Patentanmeldung feststeht, prüft das EPA gemäß Art. 90 Abs. 3 EPÜ vor allem, ob die in Regel 57 lit. a)–j) EPÜ-Ausführungsordnung aufgelisteten Anforderungen erfüllt sind (sog. **Formalprüfung**).[289] Dazu gehören etwa die Einreichung einer ggf. erforderlichen Übersetzung der Anmeldung, die Zahlung der Anmelde- und Recherchengebühr sowie die Erfindernennung. Ergibt die Prüfung, dass die Anmeldung nicht den Erfordernissen der Regel 57 lit. a)–d), h) und i) genügt, so wird dies gemäß Regel 58 S. 1 EPÜ-Ausführungsordnung dem Anmelder ebenfalls mitgeteilt. Gleichzeitig wird er aufgefordert, die Mängel innerhalb einer Frist von zwei Monaten zu beseitigen. Für Mängel bei der Inanspruch-

---

282 S. dazu Singer/Stauder/Luginbühl/Teschemacher EPÜ Art. 76 Rn. 33 ff.
283 Ausführlich zur Benennung der Vertrags- und Erstreckungsstaaten unter Geltung des EPÜ 2000 Naumann Mitt. 2008, 193 ff.
284 S. Art. 2 Abs. 1 Ziffer 3 der Gebührenordnung des EPA.
285 Singer/Stauder/Luginbühl/Teschemacher EPÜ Art. 79 Rn. 23 ff.
286 Allgemein zur Eingangs- und Formalprüfung Ann § 29, Rn. 1 ff.
287 Singer/Stauder/Luginbühl/Neumann EPÜ Art. 90; Benkard/Ehlers EPÜ Art. 90.
288 Benkard/Ehlers EPÜ Art. 90 Rn. 45.
289 Singer/Stauder/Luginbühl/Neumann EPÜ Art. 90 Rn. 24 ff.; Benkard/Ehlers EPÜ Art. 90.

nahme einer Priorität sowie der Erfindernennung sehen die Regeln 59 bzw. 60 EPÜ-Ausführungsordnung gesonderte Vorgehensweisen vor. Ein bei der Formalprüfung festgestellter Mangel, der nicht beseitigt wird, führt nach Art. 90 Abs. 5 EPÜ grundsätzlich zur Zurückweisung der europäischen Patentanmeldung.

3. Europäischer Recherchenbericht[290]

Das EPA erstellt und veröffentlicht zur europäischen Patentanmeldung gemäß Art. 92 Abs. 1 EPÜ nach Maßgabe der EPÜ-Ausführungsordnung einen europäischen Recherchenbericht. Die Recherche erfolgt auf der Grundlage der Patentansprüche unter angemessener Berücksichtigung der Beschreibung und der vorhandenen Zeichnungen und wird gleichlaufend mit der Formalprüfung durchgeführt. Sie ist eine von der Sachprüfung getrennte Dokumentenrecherche anhand einer Dokumentensammlung, die hauptsächlich aus Patentanmeldungen bzw. -schriften besteht. Sinn und Zweck der Recherche ist es, den zum Anmelde- bzw. Prioritätstag relevanten Stand der Technik zu ermitteln. Der europäische Recherchenbericht bereitet daher die Sachprüfung vor und dient als **Grundlage für die Beurteilung der Neuheit und der erfinderischen Tätigkeit der Erfindung.**[291] 114

Der Recherchenbericht informiert den Anmelder noch vor Veröffentlichung der europäischen Patentanmeldung über etwaige Hindernisse, die einer Patenterteilung entgegenstehen könnten. Der Recherchenbericht enthält zu diesem Zweck Kennzeichnungen, die die Auffassung des Recherchenprüfers von der Relevanz der einzelnen Druckschriften wiedergeben. So bedeutet bspw. ein „X“, dass das Dokument vom Recherchenprüfer als von besonderer Bedeutung, mithin als neuheitsschädlich hinsichtlich des genannten Anspruchs angesehen wird oder die erfinderische Tätigkeit in Frage stellt, ein „Y“, dass das Dokument in Kombination mit einem anderen Dokument für die erfinderische Tätigkeit von Relevanz ist, und ein „A“, dass das Dokument dem technischen Hintergrund zuzuordnen ist.[292] Diese Beurteilungen sind für das weitere Prüfungsverfahren unverbindlich; sie dienen lediglich der Orientierung. Aus diesem Grund ist ein Rechtsmittel gegen eine nach Auffassung des Anmelders unzutreffende Klassifizierung nicht statthaft.[293] 115

Der europäische Recherchenbericht wird gemäß Regel 65 EPÜ-Ausführungsordnung unmittelbar nach seiner Erstellung dem Anmelder zusammen mit Kopien der darin angeführten Druckschriften übermittelt. Zusammen mit dem europäischen Recherchenbericht ergeht nach Regel 62 Abs. 1 EPÜ-Ausführungsordnung eine Stellungnahme dazu, ob die europäische Patentanmeldung und die Erfindung die Erfordernisse des EPÜ erfüllen (sog. **erweiterter europäischer Recherchenbericht**).[294] Die Stellungnahme wird nicht veröffentlicht (Regel 62 Abs. 2 EPÜ-Ausführungsordnung), kann jedoch im Wege der Akteneinsicht eingesehen werden. 116

Um eine möglichst rasche Bearbeitung der europäischen Patentanmeldung zu erreichen, kann auf das vom EPA zur Verfügung gestellte und mit Wirkung zum 1. Januar 2016 überarbeitete Programm zur beschleunigten Bearbeitung europäischer Patentanmeldungen („PACE“)[295] zurückgegriffen werden. Eine beschleunigte Recherche erfolgt grundsätzlich nur auf Antrag hin.[296] Bei europäischen Patentanmeldungen, die keine Priorität in Anspruch nehmen und nach dem 1. Juli 2014 eingereicht wurden, wird sie jedoch von Amts wegen durchgeführt.[297] Der Anmelder erhält den Recherchenbericht in der Regel spätestens sechs Monate nach dem Anmeldetag.[298] 117

In den in Abs. 1 und 2 der Regel 70a EPÜ-Ausführungsordnung[299] genannten Fällen ist der Anmelder verpflichtet, **zu dem erweiterten europäischen Recherchenbericht Stellung zu nehmen** und binnen einer Frist gegebenenfalls etwaige Mängel zu beseitigen sowie die Beschreibung, die Patentansprüche und die Zeichnung zu ändern. Kommt der Anmelder einer Aufforderung nach Regel 70a Abs. 1 oder 2 EPÜ-Ausführungsordnung weder nach noch nimmt er zu ihr Stellung, gilt die europäische Patentanmeldung als zurückgenommen. 118

[290] Ausführlicher Singer/Stauder/Luginbühl/Preller EPÜ Art. 92; Benkard/Ehlers EPÜ Art. 92.
[291] Singer/Stauder/Luginbühl/Preller EPÜ Art. 92 Rn. 1.
[292] Singer/Stauder/Luginbühl/Preller EPÜ Art. 92 Rn. 71 ff.; Benkard/Ehlers EPÜ Art. 92 Rn. 19.
[293] Benkard/Ehlers EPU Art. 92 Rn. 20.
[294] Näheres ist den Prüfungsrichtlinien Teil B, Kapitel XI-1 zu entnehmen.
[295] Zu den Einzelheiten von PACE siehe die Mitteilung des EPA vom 30. November 2015, ABl. EPA 2015, A93.
[296] Mitteilung des EPA vom 30. November 2015, ABl. EPA 2015, A93, Ziffer A. 1.
[297] Mitteilung des EPA vom 30. November 2015, ABl. EPA 2015, A93, Ziffer B. 8.
[298] Mitteilung des EPA vom 30. November 2015, ABl. EPA 2015, A93, Ziffer B. 8 und 9.
[299] Eine ähnliche Regelung sieht Regel 161 EPÜ-Ausführungsordnung für die EURO-PCT-Anmeldung vor.

119 Hält der Recherchenprüfer die europäische Patentanmeldung für **nicht einheitlich**, so wird gemäß Regel 64 Abs. 1 S. 1 EPÜ-Ausführungsordnung lediglich ein partieller Recherchenbericht für Teile der Anmeldung erstellt, die sich auf die in den Patentansprüchen zuerst erwähnte Erfindung oder Gruppe von Erfindungen im Sinne des Art. 82 EPÜ beziehen. Dem Anmelder wird zudem mitgeteilt, dass für jede weitere Erfindung innerhalb einer vom EPA bestimmten Frist eine weitere Recherchengebühr zu zahlen ist, wenn der europäische Recherchenbericht diese Erfindungen erfassen soll (Regel 64 Abs. 1 S. 2 EPÜ-Ausführungsordnung). Zahlt der Anmelder die weiteren Gebühren, so wird die Recherche nach Regel 64 Abs. 1 S. 3 EPÜ-Ausführungsordnung auch auf die weiteren Erfindungen ausgedehnt.[300] Die Entscheidung der Rechercheabteilung bzgl. der Einheitlichkeit der Anmeldung ist zunächst unanfechtbar. Im späteren Prüfungsverfahren kann der Anmelder jedoch während der Sachprüfung die Einheitlichkeitsbeanstandung der Rechercheabteilung rügen und ggf. die Erstattung gezahlter zusätzlicher Recherchegebühren beantragen.[301]

4. Veröffentlichung der europäischen Patentanmeldung[302]

120 Die europäische Patentanmeldung wird gemäß Art. 93 Abs. 1 EPÜ sobald wie möglich entweder nach Ablauf von 18 Monaten nach dem Anmeldetag bzw. dem Prioritätstag (Art. 93 Abs. 1 lit. a) EPÜ) oder auf Antrag des Anmelders vor Ablauf dieser Frist (Art. 93 Abs. 1 lit. b) EPÜ) veröffentlicht. Die Veröffentlichung enthält gemäß Regel 68 Abs. 1 S. 1 EPÜ-Ausführungsordnung die Beschreibung, die Patentansprüche und gegebenenfalls die Zeichnungen jeweils in der ursprünglich eingereichten Fassung, sowie die Zusammenfassung. Sie erfolgt mittels eines Veröffentlichungsservers in elektronischer Form und kann online heruntergeladen werden.[303]

121 Liegt der Recherchenbericht bereits vor, so wird dieser als Anlage mit veröffentlicht. Die veröffentlichte europäische Patentanmeldung trägt dann die Endung **„A1"**.[304] Andernfalls wird der Recherchebericht, wie in dem Fall, dass die Zusammenfassung nicht mit der Anmeldung veröffentlicht wird, gemäß Regel 68 Abs. 1 S. 2 EPÜ-Ausführungsordnung gesondert veröffentlicht (die veröffentlichte europäische Patentanmeldung trägt dann die Endung „A2" oder „A3"). Der veröffentlichten europäischen Patentanmeldung sind nach Regel 68 Abs. 3 EPÜ-Ausführungsordnung auch die benannten Vertragsstaaten zu entnehmen (dabei sind in der Regel alle Vertragsstaaten aufgeführt).[305] Ab dem Zeitpunkt der Veröffentlichung besteht das Recht zur Akteneinsicht, und zwar auch ohne Zustimmung des Anmelders (Art. 128 Abs. 4 EPÜ).

122 Eine Veröffentlichung der europäischen Patentanmeldung unterbleibt gemäß Regel 67 Abs. 2 EPÜ-Ausführungsordnung, wenn sie vor Abschluss der technischen Vorbereitungen für die Veröffentlichung rechtskräftig zurückgewiesen oder zurückgenommen worden ist oder als zurückgenommen gilt.

5. Prüfung der europäischen Patentanmeldung

123 a) **Antrag.** Die weitere Prüfung der europäischen Patentanmeldung erfolgt nur auf Antrag des Anmelders. Gemäß Regel 70 Abs. 1 S. 1 EPÜ-Ausführungsordnung muss ein entsprechender Antrag bis zum Ablauf von **sechs Monaten** nach dem Tag gestellt werden, an dem im Europäischen Patentblatt auf die Veröffentlichung des europäischen Recherchenberichtes hingewiesen worden ist. Dabei ist zu beachten, dass der Prüfungsantrag nach Art. 94 Abs. 1 S. 2 EPÜ erst dann als gestellt gilt, wenn die **Prüfungsgebühr** gezahlt worden ist. Die Prüfungsgebühr beträgt für ab dem 1. Juli 2005 eingereichte Anmeldungen mit Stand 1. Juli 2020 EUR 1.700,–.[306] Wird der Prüfungsantrag nicht rechtzeitig gestellt, so gilt die europäische Patentanmeldung als zurückgenommen (Art. 94 Abs. 2 EPÜ). Liegt zwar kein Antrag vor, wurde jedoch die Prüfungsgebühr rechtzeitig entrichtet, so erfordert es der Grundsatz des Vertrauensschutzes, dass der Anmelder auf den drohenden Rechtsverlust hingewiesen wird, da anzunehmen ist, dass eine Gebühr nur im Glauben an die vorherige Stellung eines Antrags gezahlt wird.[307] Stellt der Anmelder den Prüfungsantrag bereits bevor ihm der europäische Recherchenbericht übermittelt worden ist, so fordert

300 Vgl. auch Singer/Stauder/Luginbühl/Preller EPÜ Art. 92 Rn. 100 ff.
301 Benkard/Ehlers EPÜ Art. 92 Rn. 32.
302 Ausführlicher Singer/Stauder/Luginbühl/Preller EPÜ Art. 93; Ann § 29, Rn. 23 ff.
303 S. im Internet unter https://data.epo.org/publication-server/?lg=de.
304 Singer/Stauder/Luginbühl/Preller EPÜ Art. 93 Rn. 30 ff.
305 Singer/Stauder/Luginbühl/Preller EPÜ Art. 93 Rn. 33.
306 S. Art. 2 Abs. 1 Ziffer 6 der Gebührenordnung des EPA.
307 Singer/Stauder/Luginbühl/Preller EPÜ Art. 94 Rn. 10.

ihn das EPA gemäß Regel 70 Abs. 2 EPÜ-Ausführungsordnung auf, innerhalb einer zu bestimmenden Frist zu erklären, ob er die Anmeldung aufrechterhält. Dabei gibt es ihm gleichzeitig Gelegenheit, zu dem Recherchenbericht Stellung zu nehmen und ggf. die Beschreibung, die Patentansprüche und die Zeichnungen zu ändern. Antwortet der Anmelder nicht auf die Aufforderung des EPA, so gilt die europäische Patentanmeldung nach Regel 70 Abs. 3 EPÜ-Ausführungsordnung ebenfalls als zurückgenommen. Nach Art. 11 lit. a) der GebO wird die Prüfungsgebühr in voller Höhe zurückerstattet, wenn die europäische Patentanmeldung vor Übergang in die Zuständigkeit der Prüfungsabteilung zurückgenommen oder zurückgewiesen wird oder als zurückgenommen gilt.

b) Sachprüfung. Bei rechtzeitiger Stellung des Prüfungsantrages geht die Prüfungsabteilung dazu über, gemäß Art. 94 Abs. 1 EPÜ zu prüfen, ob die europäische Patentanmeldung und die Erfindung, die sie zum Gegenstand hat, den Erfordernissen des EPÜ genügen.[308] Dabei konzentriert sie sich auf die Sachprüfung. Ergeben sich Probleme in formeller Hinsicht, werden diese in aller Regel den Formalsachbearbeitern vorgelegt.[309] Die letzte Entscheidungshoheit liegt jedoch grundsätzlich gemäß Regel 10 EPÜ-Ausführungsordnung bei der Prüfungsabteilung. 124

Die eigentliche Sachprüfung wird nach Art. 18 Abs. 2 S. 2 EPÜ vorerst von *einem* Mitglied der Prüfungsabteilung durchgeführt. Im Rahmen der Prüfung werden insbesondere der Inhalt der europäischen Patentanmeldung gemäß Art. 78 EPÜ und die Ausgestaltung der Patentansprüche überprüft. Besonderes Augenmerk wird darüber hinaus auf die Patentierbarkeit der der Anmeldung zugrundeliegenden Erfindung gelegt.[310] Der Prüfer orientiert sich dabei in erster Linie am europäischen Recherchenbericht. Weitere Recherchen bzgl. eines etwaigen der Patenterteilung entgegenstehenden Standes der Technik können vom Prüfer ergänzend durchgeführt werden, insbesondere im Falle vorgenommener Änderungen durch den Anmelder.[311] **Einwendungen Dritter,**[312] die diese nach Art. 115 Abs. 1 S. 1 EPÜ ab Veröffentlichung der europäischen Patentanmeldungen erheben können, werden vom Prüfer berücksichtigt, sofern sie die Patentfähigkeit der Erfindung ganz oder teilweise in Frage stellen.[313] Sie werden dem Anmelder gemäß Art. 115 Abs. 2 EPÜ mitgeteilt, damit dieser zu ihnen Stellung nehmen kann. 125

Werden im Laufe der Prüfung Mängel festgestellt, so fordert die Prüfungsabteilung den Anmelder so oft wie erforderlich auf, innerhalb einer gemäß Regel 71 Abs. 1 EPÜ-Ausführungsordnung gesetzten Frist eine Stellungnahme einzureichen und, vorbehaltlich des Art. 123 Abs. 1 EPÜ, die Anmeldung zu ändern (Art. 94 Abs. 3 EPÜ). Wurde kein erweiterter Recherchenbericht erstellt, so enthält der **erste Bescheid** üblicherweise alle – zu begründenden – Einwände zur Anmeldung, also sowohl formelle als auch materielle Mängel.[314] Unterlässt es der Anmelder, auf eine Mitteilung der Prüfungsabteilung nach Art. 94 Abs. 3 EPÜ rechtzeitig zu reagieren, so gilt die europäische Patentanmeldung abermals gemäß Art. 94 Abs. 4 EPÜ als zurückgenommen. 126

Nach Eingang der Erwiderung des Anmelders wird die Anmeldung erneut unter Berücksichtigung der Ausführungen des Anmelders überprüft. Etwaige **Hilfsanträge,** die auf Alternativfassungen für die Erteilung eines europäischen Patentes gerichtet sind, gelten dabei jeder für sich als eine vom Anmelder vorgelegte und gebilligte Fassung im Sinne des Art. 113 Abs. 2 EPÜ.[315] In Abhängigkeit davon, ob durch die Erwiderung des Anmelders die Mängel beseitigt werden konnten, der Anmelder zu etwaigen weiterhin bestehenden Einwänden bereits gehört wurde und je nach Schwere etwaiger verbleibenden Mängel legt der Prüfer entweder die Anmeldung den übrigen Mitgliedern der Prüfungsabteilung zur Entscheidung vor oder er bemüht sich, die Hindernisse, die einer Patenterteilung entgegenstehen, in Kooperation mit dem Anmelder auszuräumen. Dies geschieht bevorzugt im Rahmen einer Videokonferenz[316], kann aber, wenn die Situation es erfordert, auf Antrag auch telefonisch erfolgen.[317] Eine mündliche Verhandlung[318] findet gemäß 127

[308] Ann § 29, Rn. 49 ff.; näher hierzu Singer/Stauder/Luginbühl/Preller EPÜ Art. 94 Rn. 82 ff.
[309] Prüfungsrichtlinien Teil C, Kapitel VIII-1, Ziffer 1.
[310] Zu den einzelnen Erfordernissen siehe oben, Rn. 41 ff.
[311] Vgl. Prüfungsrichtlinien Teil B, Kapitel II, Ziffer. 4.2 und Teil C, Kapitel IV-7, Ziffer 7.2.
[312] Ausführlich zu Einwendungen Dritter siehe Singer/Stauder/Luginbühl/Bühler EPÜ Art. 115.
[313] Prüfungsrichtlinien Teil E, Kapitel VI-3, Ziffer. 3.
[314] Prüfungsrichtlinien Teil C, Kapitel III-14, Ziffer. 4.
[315] Prüfungsrichtlinien Teil C, Kapitel VI-1, Ziffer. 1.
[316] Diese werden per Zoom durchgeführt; s. hierzu die Nachricht des EPA vom 23. Juni 2021 unter www.epo.org/news-events/news/2021/20210623_de.html.
[317] S. hierzu auch Prüfungsrichtlinien Teil C, Kapitel VII-1, Ziffer. 2.
[318] Mündliche Verhandlungen werden in der Regel als Videokonferenz abgehalten, sofern nicht ernsthafte Gründe dagegensprechen. Ausführlich zur mündlichen Verhandlung: Prüfungsrichtlinien Teil E, Kapitel III sowie den Beschluss

Art. 116 Abs. 1 S. 1 EPÜ nur auf Antrag des Anmelders oder von Amts wegen dann statt, wenn die Prüfungsabteilung dies für sachdienlich erachtet.[319]

128 c) **Einwendungen Dritter.** Art. 115 Satz 1 EPÜ gibt Dritten die Möglichkeiten, ab Veröffentlichung der europäischen Patentanmeldungen Einwendungen gegen die Patentierbarkeit der Erfindung zu erheben. Ein besonderes Interesse des Dritten ist nicht erforderlich. Ebenso gibt es keine Frist für die Einwendung Dritter, so dass Einwendungen grundsätzlich auch noch im Einspruchs- oder Beschwerdeverfahren erhoben werden können. Dies bedeutet jedoch nicht, dass Einwendungen, die erst im Einspruchs- oder Beschwerdeverfahren geltend gemacht werden, nicht als verspätet zurückgewiesen werden können.[320] Nach Regel 114 Abs. 1 EPÜ-Ausführungsordnung sind die Einwendungen schriftlich in einer Amtssprache des EPA einzureichen und zu begründen. Für den Anmelder bzw. Patentinhaber, dem die Einwendungen zur Kenntnis gebracht werden, besteht die Möglichkeit zur Stellungnahme (Art. 114 Abs. 2 EPÜ-Ausführungsordnung). Satz 2 von Art. 115 EPÜ stellt ferner klar, dass etwaige Einwendungen Dritter nichts daran ändern, dass diese nicht Beteiligte des Erteilungsverfahrens werden. Ein Dritter ist daher nicht berechtigt, Beschwerde gegen den Erteilungsbeschluss eines europäischen Patents einzulegen, selbst wenn er im Erteilungsverfahren Einwendungen eingereicht hat. Er hat auch weder einen Anspruch darauf, dass – nachdem er offensichtlich unzulässig Beschwerde eingelegt hat – vor einer Beschwerdekammer des Europäischen Patentamtes mündlich über sein Begehren verhandelt wird, zur Beseitigung vermeintlich undeutlicher Patentansprüche (Art. 84 EPÜ) des europäischen Patents den erneuten Eintritt in das Prüfungsverfahren anzuordnen, noch entfaltet seine Beschwerde eine aufschiebende Wirkung.[321]

129 Einwendungen Dritter können mit einem **Online-Formblatt** eingereicht werden.[322] Dabei besteht die Möglichkeit, **anonym** zu bleiben. Zu beachten bleibt, dass sich die Einwendungen unverändert nur auf die materiellrechtlichen Erfordernisse des EPÜ beziehen dürfen.[323]

130 d) **Beschleunigte Prüfung.** Für Anmelder, denen an einer besonders schnellen Prüfung ihrer europäischen Patentanmeldung gelegen ist, besteht im Rahmen des PACE-Programms die Möglichkeit der beschleunigten Prüfung.[324] Die beschleunigte Prüfung wird nur auf gesonderten Antrag hin (Formblatt 1005) durchgeführt. Der Antrag kann bereits bei Einreichung der Anmeldung, wenn der Prüfungsantrag zu diesem Zeitpunkt verbindlich gestellt wird, nach Erhalt des erweiterten Recherchenberichts oder auch noch zu einem späteren Zeitpunkt gestellt werden. Im Fall der beschleunigten Prüfung bemüht sich die Prüfungsabteilung den ersten Prüfungsbescheid innerhalb von drei Monaten nach Eingang der Anmeldung oder des Antrags auf beschleunigte Prüfung zu erstellen.[325]

131 Die Prüfungsabteilung versucht darüber hinaus, alle weiteren Prüfungsbescheide innerhalb von drei Monaten nach Eingang der Erwiderung des Anmelders zu erlassen, sofern die Erwiderung innerhalb der gesetzten Fristen erfolgt und auf alle von der Prüfungsabteilung erwähnten Punkte eingegangen wird.[326] Im Übrigen hängt eine beschleunigte Prüfung maßgeblich auch von der Kooperation des Anmelders ab.

Praxistipp:

Eine weitere Beschleunigung der Prüfung kann dadurch erreicht werden, dass der Prüfungsantrag vor Zugang des Recherchenberichts sowie ohne Rücksicht auf das Ergebnis der Recherche unbedingt gestellt und gleichzeitig auf die Aufforderung gemäß Regel 70 Abs. 2 EPÜ-Ausführungsordnung verzichtet

des Präsidenten des Europäischen Patentamts vom 17. Dezember 2020 über als Videokonferenz durchgeführte mündliche Verhandlungen vor Prüfungsabteilungen, ABl. EPA 2020, A134.

[319] Näher zu den Voraussetzungen einer mündlichen Verhandlung Singer/Stauder/Luginbühl/Bühler EPÜ Art. 116 Rn. 10 ff. mwN.

[320] EPA G 9/91, ABl. EPA 1993, 408. S. auch Singer/Stauder/Luginbühl/Bühler EPÜ Art. 115 Rn. 6.

[321] EPA G 2/19, ABl. EPA 2020, A87.

[322] Die Einreichung online ist unter www.epo.org/searching-for-patents/legal/observations_de.html möglich.

[323] S. Mitteilung des EPA vom 10. Mai 2011 über die Einreichung von Einwendungen Dritter gemäß Art. 115 EPÜ.

[324] Mitteilung des Europäischen Patentamts vom 30. November 2015 über das Programm zur beschleunigten Bearbeitung europäischer Patentanmeldungen („PACE"), ABl. EPA 2015, A93.

[325] Mitteilung des EPA vom 30. November 2015, ABl. EPA 2015, A93, Ziffer C. 14.

[326] Mitteilung des EPA vom 30. November 2015, ABl. EPA 2015, A93, Ziffer C. 15.

wird.[327] Anstelle des europäischen Recherchenberichts ergeht dann direkt ein erster Prüfungsbescheid. Eine darauffolgende rechtzeitige und erschöpfende Stellungnahme des Anmelders kann zudem zu einer weiteren Beschleunigung der Prüfung führen. Weitere Möglichkeiten der Beschleunigung sind der Mitteilung des Europäischen Patentamts vom 30. November 2015 über Möglichkeiten der Beschleunigung des europäischen Patenterteilungsverfahrens[328] zu entnehmen.

e) **Berichtigungen/Änderungen.** Berichtigungen von sprachlichen Fehlern, Schreibfehlern und Unrichtigkeiten in den beim EPA eingereichten Unterlagen können gemäß Regel 139 S. 1 EPÜ-Ausführungsordnung jederzeit auf Antrag vorgenommen werden.[329] Soweit der Antrag dabei die Beschreibung, die Patentansprüche oder die Zeichnungen betrifft, muss die Berichtigung derart offensichtlich sein, dass sofort erkennbar ist, dass nichts anderes beabsichtigt sein konnte als das, was als Berichtigung vorgeschlagen wird (Regel 139 S. 2 EPÜ-Ausführungsordnung). 132

Problematischer können sonstige (**inhaltliche**) **Änderungen** der europäischen Patentanmeldung sein. Zum einen sind Änderungen gemäß Art. 123 Abs. 1 EPÜ iVm Regel 137 EPÜ-Ausführung nur in Abhängigkeit des jeweiligen Verfahrensstadiums zulässig. Im Zuge der „Raising the Bar"-Initiative ist Regel 137 EPÜ-Ausführungsordnung angepasst worden. Bis zum Erhalt des europäischen Recherchenberichts darf der Anmelder die Beschreibung, die Patentansprüche oder die Zeichnungen gemäß Regel 137 Abs. 1 EPÜ-Ausführungsordnung grundsätzlich nicht ändern, es sei denn, etwas anderes ist bestimmt. Eine derartige Ausnahme vom grundsätzlichen Änderungsverbot liegt insbesondere dann vor, wenn der Anmelder dazu angehalten ist, etwaige im Zuge der Formalprüfung aufgefundenen Mängel zu beseitigen (vgl. Regel 58 S. 2 EPÜ-Ausführungsordnung).[330] Darüber hinaus bestimmen die geänderten Abs. 2 und 3 der Regel 137 EPÜ-Ausführungsordnung, dass der Anmelder die Beschreibung, die Patentansprüche und die Zeichnung „von sich aus" nur zusammen mit Stellungnahmen, Berichtigungen oder Änderungen ändern kann, die in Erwiderung auf Mitteilungen des EPA nach Regel 70a Abs. 1 oder 2 oder Regel 161 Abs. 1 EPÜ-Ausführungsordnung vorgenommen wurden. Ab dem Zeitpunkt des Zugangs des ersten Prüfungsbescheides sind gemäß Regel 137 Abs. 3 EPÜ-Ausführungsordnung weitere Änderungen nur noch mit Zustimmung der Prüfungsabteilung möglich.[331] Nach dem neuen Abs. 5 der Regel 137 EPÜ-Ausführungsordnung dürfen sich geänderte Patentansprüche ferner nicht auf nicht recherchierte Gegenstände beziehen, die mit der ursprünglich beanspruchten Erfindung nicht durch eine einzige allgemeine erfinderische Idee verbunden sind. Entsprechendes gilt für Gegenstände, die nicht nach Regel 62a und 63 EPÜ-Ausführungsordnung recherchiert wurden. Regel 137 Abs. 4 EPÜ-Ausführungsordnung verlangt ferner eine Kennzeichnung aller durch den Anmelder vorgenommenen Änderungen sowie die Angabe ihrer Grundlage in der ursprünglich eingereichten Fassung der Anmeldung. 133

Zum anderen ist bei jeglichen Änderungen im Zuge des Anmeldeverfahrens zu beachten, dass gemäß Art. 123 Abs. 2 EPÜ die europäische Patentanmeldung nicht in der Weise geändert werden darf, dass ihr Gegenstand über den Inhalt der Anmeldung in der ursprünglich eingereichten Fassung hinausgeht (sog. **unzulässige Erweiterung**).[332] Es ist besonders sorgfältig vorzugehen. Werden Änderungen, die wegen eines Verstoßes gegen § 123 Abs. 2 EPÜ[333] unzulässig sind, vom EPA übersehen, kann dies zur Folge haben, dass das europäische Patent später auf einen Einspruch hin widerrufen (vgl. Art. 100 lit. c) EPÜ) oder auf Grundlage des nationalen Rechts für nichtig erklärt wird (vgl. Art. 138 Abs. 1 lit. c) EPÜ).[334] Relevant sind in erster Linie Änderungen der Ansprüche, da diese den Schutzbereich des Patentes festlegen.[335] Es dürfen nur solche Merkmale in die ursprünglichen Ansprüche zur Abgrenzung gegenüber dem Stand der Technik aufgenommen werden, die **in den ursprünglichen Anmeldungsunterlagen offenbart** sind.[336] Entscheidend ist, ob der Fachmann den Gegenstand der europäischen Patentanmeldung in seiner 134

[327] Mitteilung des EPA vom 14. Juli 2007, Sonderausgabe Nr. 3 zum ABl. EPA 2007, F. 1, Ziffer 7.
[328] ABl. EPA 2015, A94.
[329] Benkard/Schäfers/Sendrowski EPÜ Art. 123 Rn. 61 ff.
[330] Singer/Stauder/Luginbühl/Blumer EPÜ Art. 123 Rn. 19 f.
[331] Näher Singer/Stauder/Luginbühl/Blumer EPÜ Art. 123 Rn. 23 f.
[332] S. hierzu auch Prüfungsrichtlinien Teil H, Kapitel IV.
[333] Zu Sinn und Zweck dieser Regelung Singer/Stauder/Luginbühl/Blumer EPÜ Art. 123 Rn. 36 ff.
[334] Näher zu den Folgen einer unzulässigen Erweiterung Benkard/Schäfers/Sendrowski EPÜ Art. 123 Rn. 194 ff.
[335] Benkard/Schäfers/Sendrowski EPÜ Art. 123 Rn. 115 ff.
[336] Ann § 29, Rn. 91 ff.; Singer/Stauder/Luginbühl/Blumer EPÜ Art. 123 Rn. 45 ff.; Benkard/Schäfers/Sendrowski EPÜ Art. 123 Rn. 118 ff.

geänderten Fassung unter Berücksichtigung seines allgemeinen Fachwissens **unmittelbar und eindeutig** der europäischen Patentanmeldung in seiner ursprünglich eingereichten Fassung als zur Erfindung gehörend entnehmen kann (sog. **„Goldstandard“**[337]).[338] Dem Offenbarungsgehalt können dabei auch nicht ausdrücklich genannte, aber implizite Merkmale zuzurechnen sein.[339]

135 Als Grundlage der Beurteilung der Zulässigkeit einer Änderung kann auf den sog. **„Neuheitstest“** zurückgegriffen werden.[340] Unzulässig ist eine Änderung dann, wenn der Gegenstand der geänderten Anmeldung im Vergleich zum Gegenstand der Anmeldung in seiner ursprünglichen Fassung neu ist.[341] Der Neuheitstest kann jedoch bei Verallgemeinerungen zu Problemen führen. Der Neuheitstest wird daher in diesen Fällen in modifizierten Varianten angewendet.[342] Der modifizierte Neuheitstest untersucht die Neuheit des Unterschieds zwischen dem erweiterten und dem ursprünglich offenbarten Gegenstand der Anmeldung.[343] Allerdings finden sich in der Rechtsprechung der Beschwerdekammern auch zunehmend Entscheidungen, die betonen, dass diese Tests lediglich ein Hilfsmittel sind und den Goldstandard nicht ersetzen können.[344]

6. Erteilung des europäischen Patentes[345]

136 **a) Abschließende Voraussetzungen der Erteilung.** Kommt die Prüfungsabteilung abschließend zu dem Ergebnis, dass ein europäisches Patent zu erteilen ist, so informiert sie den Anmelder gemäß Regel 71 Abs. 3 S. 1 EPÜ-Ausführungsordnung über die Fassung, in der sie das europäische Patent zu erteilen beabsichtigt. Mit der Unterrichtung wird der Anmelder aufgefordert, innerhalb einer Frist von vier Monaten die **Erteilungsgebühr** und ggf. die anfallenden Anspruchsgebühren zu entrichten. Die Erteilungsgebühr (einschließlich der Veröffentlichungsgebühr) beträgt mit Stand 1. Juli 2020 für ab dem 1. April 2009 eingereichte europäische Patentanmeldungen EUR 860,–, wenn bei Anmeldungen ab dem 1. April 2018 alle etwaigen Änderungen und Berichtigung der Anmeldung sowie die Übersetzung der Ansprüche online in zeichencodiertem Format eingereicht werden; in allen anderen Fällen EUR 960,–.[346] Für ältere europäische Patentanmeldungen fallen für die 36. und jede weitere Seite pro Seite weitere EUR 16,– an.[347] Die Veröffentlichungsgebühr für eine neue europäische Patentschrift beträgt EUR 80,–.[348] Darüber hinaus hat der Anmelder gemäß Regel 71 Abs. 3 S. 2 EPÜ-Ausführungsordnung eine **Übersetzung der Patentansprüche** in den beiden Amtssprachen einzureichen, die nicht Verfahrenssprache sind. Entrichtet der Anmelder innerhalb der Vier-Monatsfrist die Gebühren und reicht er die Übersetzungen ein, so gilt dies nach Regel 71 Abs. 5 EPÜ-Ausführungsordnung als Einverständnis mit der für die Erteilung vorgesehenen Fassung und als Beleg für die Verifizierung der bibliographischen Daten. Werden die Gebühren nicht rechtzeitig gezahlt, so gilt die europäische Patentanmeldung als zurückgenommen (Regel 71 Abs. 7 EPÜ-Ausführungsordnung). Die gemäß Regel 71 Abs. 3 S. 2 EPÜ-Ausführungsordnung gesetzte Frist ist nicht verlängerbar.

137 Die vom EPA nach Regel 71 Abs. 3 EPÜ-Ausführungsordnung übermittelte und zur Erteilung vorgesehene Fassung der Patentanmeldung sollte sorgfältig geprüft werden. Begründete Änderungen oder Berichtigungen können gemäß Regel 71 Abs. 6 EPÜ-Ausführungsordnung innerhalb der gesetzten Frist angebracht werden und im Anschluss daran übermittelt die Prüfungsabteilung im

[337] S. etwa EPA G 1/03, ABl. 2004, 413 und EPA G 2/10, ABl. 2012, 376 sowie weitere Nachweise in der Rechtsprechung der Beschwerdekammern, Auflage 2019, Kapitel II. E. Ziffer 1.3.1; Singer/Stauder/Luginbühl/Blumer EPÜ Art. 123 Rn. 45.

[338] EPA G 11/91, ABl. EPA 1993, 125; Singer/Stauder/Luginbühl/Blumer EPÜ Art. 123 Rn. 45 f.

[339] EPA T 201/83, ABl. EPA 1984, 481 – Bleilegierungen/Shell; Singer/Stauder/Luginbühl/Blumer EPÜ Art. 123 Rn. 45 ff. Zur Frage, ob ein durch die Aufnahme eines nicht offenbarten Disclaimers geänderter Anspruch nach Artikel 123 Abs. EPÜ zulässig ist, s. EPA G 1/16, ABl. EPA 2018, A70.

[340] Singer/Stauder/Luginbühl/Blumer EPÜ Art. 123 Rn. 54 ff.; allgemein zum Neuheitstest van den Berg GRUR Int 1993, 354 ff.; kritisch Ann § 29, Rn. 106.

[341] EPA T 201/83, ABl. EPA 1984, 481 – Bleilegierungen/Shell; EPA T 17/86, ABl. 1989, 297; Singer/Stauder/Luginbühl/Blumer EPÜ Art. 123 Rn. 54 ff.

[342] Dazu Singer/Stauder/Luginbühl/Blumer EPÜ Art. 123 Rn. 55 f. Zum Wesentlichkeits- oder Drei-Punkte-Test s. Rechtsprechung der Beschwerdekammern, Auflage 2019, Kapitel II. E. Ziffer 1.4.4.

[343] Singer/Stauder/Luginbühl/Blumer EPÜ Art. 123 Rn. 55 f.

[344] S. hierzu etwa EPA T 2599/12 und näher Rechtsprechung der Beschwerdekammern, Auflage 2019, Kapitel II. E. Ziffer 1.3.7 und 1.4.2.

[345] Ausführlich Singer/Stauder/Luginbühl/Preller EPÜ Art. 97 Rn. 1 ff.; Ann § 29, Rn. 57 ff.; vgl. auch die Übersicht in Gruber/von Zumbusch/Haberl/Oldekop 11. Kap. Rn. 11.30.

[346] S. Art. 2 Abs. 1 Ziffer 7 der Gebührenordnung des EPA (Stand: 1. Juli 2020).

[347] S. Art. 2 Abs. 2 Ziffer 7 der Gebührenordnung des EPA (Stand: 1. Juli 2020).

[348] S. Art. 2 Abs. 1 Ziffer 8 der Gebührenordnung des EPA (Stand: 1. Juli 2020).

Falle ihrer Zustimmung eine neue Fassung nach Regel 71 Abs. 3 EPÜ-Ausführungsordnung. Regel 71 Abs. 3 EPÜ-Ausführungsordnung erlegt dem Anmelder daher auch die Pflicht auf, die in der Mitteilung angeführte Fassung zu überprüfen. Übt ein Anmelder sein Recht nach Regel 71 Abs. 6 EPÜ-Ausführungsordnung nicht aus, kann dies nach der Entscheidung T 2277/19 vom 11. Dezember 2019 nur als Einverständnis mit der ihm mitgeteilten, dh für die Erteilung vorgesehenen Fassung ausgelegt werden. Der Patentinhaber ist daher nicht beschwert, wenn ihm mögliche Fehler in der mitgeteilten Fassung entgehen, so dass auch eine auf dieser Grundlage eingelegte Beschwerde gegen den Erteilungsbeschluss keine Aussicht auf Erfolg hat.[349]

Sind sämtliche Voraussetzungen einer Erteilung erfüllt, beschließt die Prüfungsabteilung nach Art. 97 Abs. 1 EPÜ die Erteilung des europäischen Patents; andernfalls wird die Anmeldung zurückgewiesen (Art. 97 Abs. 2 EPÜ). Die Entscheidung über die Erteilung des europäischen Patents wird gemäß Art. 97 Abs. 3 EPÜ an dem Tag wirksam, an dem der Hinweis auf die Erteilung im Europäischen Patentblatt bekannt gemacht wird.[350] Ergeht eine Zurückweisungsentscheidung, muss diese gemäß Regel 111 Abs. 2 S. 1 EPÜ-Ausführungsordnung begründet werden. Das Fehlen einer Begründung stellt einen schweren Verfahrensmangel dar, der ggf. die Rückzahlung der Beschwerdegebühr rechtfertigt.[351] 138

b) Veröffentlichung des europäischen Patentes. Das Erteilungsverfahren schließt mit der Veröffentlichung der europäischen Patentanmeldung. Diese erfolgt gemäß Art. 98 EPÜ so bald wie möglich nach der Bekanntmachung des Hinweises auf die Patenterteilung. Die europäische Patentschrift wird dabei in elektronischer Form mit der Kennzeichnung „B1“ veröffentlicht und enthält neben der Titelseite mit einer Vielzahl von Angaben[352] die Beschreibung, die Patentansprüche und ggf. die Zeichnungen (Regel 73 Abs. 1 S. 1 EPÜ-Ausführungsordnung). Die Beschreibung wird in der jeweiligen Verfahrenssprache, die Ansprüche werden in allen drei Amtssprachen veröffentlicht. Darüber hinaus wird in der Patentschrift gemäß Regel 73 Abs. 1 S. 2 EPÜ-Ausführungsordnung die Frist für einen Einspruch gegen die Erteilung des europäischen Patentes angegeben. Dem Patentinhaber wird nach Regel 74 S. 1 EPÜ-Ausführungsordnung eine Urkunde in Papierform über das europäische Patent ausgestellt. 139

c) Verbot des Doppelschutzes. Art 139 Abs. 3 EPÜ überlässt es den Vertragsstaaten, zu regeln, ob und unter welchen Voraussetzungen eine Erfindung, die sowohl in einer europäischen Patentanmeldung oder einem europäischen Patent als auch in einer nationalen Patentanmeldung oder einem nationalen Patent mit gleichen Anmelde- oder Prioritätstag enthalten ist, gleichzeitig durch beide Anmeldungen bzw. Patente geschützt werden kann. Der deutsche Gesetzgeber hat sich für ein **Doppelschutzverbot** hinsichtlich erteilter Patente entschieden. Art. II § 8 Abs. 1 IntPatÜG sieht daher vor, dass ein nationales deutsches Patent mit derselben Priorität wie das europäische Patent in dem Umfang, in dem es dieselbe Erfindung wie das europäische Patent schützt, von dem Zeitpunkt an keine Wirkungen mehr entfaltet, zu dem die Frist zur Einlegung des Einspruchs gegen das europäische Patent abgelaufen ist, ohne dass Einspruch eingelegt worden ist, das Einspruchsverfahrens unter Aufrechterhaltung des europäischen Patents rechtskräftig abgeschlossen ist oder das nationale deutsche Patent nach diesen beiden Zeitpunkten erteilt wird. Weitere Voraussetzung ist, dass das mit Wirkung für die Bundesrepublik Deutschland erteilte europäische Patent für denselben Erfinder oder dessen Rechtsnachfolger erteilt sein muss. Das Erlöschen, die Erklärung der Nichtigkeit, der Widerruf oder die Beschränkung des europäischen Patents lässt die Wirkungslosigkeit des nationalen deutschen Patents unberührt, Art. II § 8 Abs. 2 IntPatÜG. Greift das Doppelschutzverbot des Art. II § 8 Abs. 1 IntPatÜG, können aus dem nationalen deutschen Patent keine Ansprüche gegen Dritte mehr geltend gemacht werden. Eine Verletzungsklage kann daher allein auf den deutschen Teil des europäischen Patents gestützt werden. Für Gebrauchsmuster gilt das Doppelschutzverbot nicht.[353] 140

7. Validierung

Nach seiner Erteilung hat das europäische Patent in jedem Vertragsstaat, für den es erteilt worden ist, dieselbe Wirkung und unterliegt denselben Vorschriften wie ein in diesem Staat erteil- 141

349 EPA T 2277/19, Entscheidungsgründe 1.3 f.
350 Näher Singer/Stauder/Luginbühl/Preller EPÜ Art. 97 Rn. 41 ff.
351 Singer/Stauder/Luginbühl/Preller EPÜ Art. 97 Rn. 50.
352 Unter anderem den Patentinhaber, den oder die Erfinder, den Anmelde- und Prioritätszeitpunkt, die Entgegenhaltungen und die benannten Vertragsstaaten.
353 Singer/Stauder/Luginbühl EPÜ Art. 139 Rn. 13.

tes nationales Patent, Art. 2 Abs. 2 EPÜ. Maßgeblich ist gemäß Art. 70 Abs. 1 EPÜ der Wortlaut des Patentes in seiner Verfahrenssprache. Nahezu alle Vertragsstaaten haben von der Möglichkeit des Art. 65 Abs. 1 S. 1 EPÜ Gebrauch gemacht,[354] nach welcher die Vertragsstaaten als Voraussetzung für die Gültigkeit eines europäischen Patentes in dem jeweiligen Land eine vollständige oder teilweise Übersetzung der europäischen Patentschrift durch den Anmelder in eine ihrer Amtssprachen fordern können (vgl. Art. 65 Abs. 3 EPÜ).

142 Allerdings gilt es insoweit zu beachten, dass seit dem 1. Mai 2008 das Übereinkommen über die Anwendung des Artikels 65 des Übereinkommens über die Erteilung europäischer Patente (sog. **„Londoner Übereinkommen"**)[355] in Kraft ist.[356] Gemäß Art. 1 Abs. 1 Londoner Übereinkommen verzichtet jeder Vertragsstaat des Londoner Übereinkommens, der eine Amtssprache mit einer der Amtssprachen des EPA gemein hat, auf die in Art. 65 Abs. 1 EPÜ vorgesehenen Übersetzungserfordernisse. Mit Stand Januar 2022 betrifft dies Deutschland, Frankreich, Belgien, Irland, Liechtenstein, Luxemburg, Monaco, Schweiz und das Vereinigte Königreich. Art. 1 Abs. 2 Londoner Übereinkommen bestimmt, dass jeder Vertragsstaat des Londoner Übereinkommens, der keine Amtssprache mit einer der Amtssprachen des EPA gemein hat, auf die in Art. 65 Abs. 1 EPÜ vorgesehenen Übersetzungserfordernisse verzichtet, wenn das europäische Patent in der von diesem Staat vorgeschriebenen Amtssprache des EPA („Präferenzsprache") erteilt oder in diese Sprache übersetzt und nach Maßgabe des Art. 65 Abs. 1 EPÜ eingereicht worden ist. Von der Möglichkeit der Bestimmung einer Präferenzsprache haben mit Stand Januar 2022 Albanien, Dänemark, Finnland, Island, Kroatien, die Niederlande, Norwegen, Schweden und Ungarn Gebrauch gemacht, indem sie sich auf Englisch festgelegt haben. Nordmazedonien, Lettland, Litauen und Slowenien haben davon abgesehen. Allerdings ist in diesen Ländern – wie ebenfalls in Albanien, Dänemark, Finnland, Island, Kroatien, Norwegen, Schweden, Ungarn und den Niederlanden – eine Übersetzung der Patentansprüche in der jeweiligen Landessprache einzureichen (vgl. Art. 1 Abs. 3 Londoner Übereinkommen). In allen übrigen Staaten, die bislang nicht dem Londoner Protokoll beigetreten sind, ist weiterhin auf Grundlage der bislang maßgeblichen Rechtslage **innerhalb von drei Monaten** nach Erteilung des europäischen Patentes eine vollständige Übersetzung der Patentschrift beizubringen.[357] Nähere Information zu den einzelnen nationalen Übersetzungsregelungen sind der Informationsbroschüre „Nationales Recht zum EPÜ" des EPA, Kapitel IV[358] zu entnehmen sowie im Internet auf der Homepage des EPA zu finden.

IV. Jahresgebühren

143 Für die europäische Patentanmeldung sind gemäß Art. 86 Abs. 1 S. 1 EPÜ nach Maßgabe der EPÜ-Ausführungsordnung Jahresgebühren an das EPA zu entrichten. Sie sind nach Art. 86 Abs. 1 S. 2 EPÜ ab dem dritten Jahr, gerechnet von dem Anmeldetag an, jeweils im Voraus zu zahlen und werden nach Regel 51 Abs. 1 Satz 1 EPÜ-Ausführungsordnung jeweils am letzten Tag des Monats fällig, der durch seine Benennung dem Monat entspricht, in den der Anmeldetag für diese Anmeldung fällt. Das Patentjahr beginnt nach Regel 131 Abs. 2 EPÜ-Ausführungsverordnung, unabhängig von einer geltend gemachten Priorität, am Tag nach der Anmeldung und endet am ersten Jahrestag der Anmeldung (Regel 131 Abs. 3 EPÜ-Ausführungsordnung). Die Jahresgebühr kann gemäß Regel 51 Abs. 1 S. 2 EPÜ-Ausführungsordnung drei Monate vor Fälligkeit entrichtet werden. Bei nicht rechtzeitiger Zahlung der Jahresgebühr sieht Art. 86 Abs. 1 S. 3 EPÜ zwar vor, dass die europäische Patentanmeldung als zurückgenommen gilt. Nach Regel 51 Abs. 2 EPÜ-Ausführungsordnung kann die Zahlung jedoch innerhalb von sechs Monaten nach Fälligkeit nachgeholt werden, sofern darüber hinaus eine Zuschlagsgebühr entrichtet wird. Bei nicht rechtzeitiger Zahlung kommt eine Weiterbehandlung der Anmeldung nach Art. 121 EPÜ nicht in Betracht, jedoch steht die Wiedereinsetzung in den vorherigen Stand nach Art. 122 EPÜ zur Verfügung, sofern die Voraussetzungen hierfür erfüllt sind.[359]

144 Jahresgebühren werden ab dem dritten Patentjahr erhoben. Die Verpflichtung zur Zahlung von Jahresgebühren an das EPA endet gemäß Art. 86 Abs. 2 EPÜ mit der Zahlung der Jahresgebühr,

[354] Singer/Stauder/Luginbühl EPÜ Art. 65 Rn. 2.
[355] Im Internet unter www.epo.org/law-practice/legal-texts/london-agreement_de.html zu finden. Hier findet sich auch der aktuelle Stand der Beitritts- und Ratifikationsverfahren.
[356] Zu den Änderungen durch das Londoner Protokoll siehe auch v. Michel Mitt. 2008, 150 ff.
[357] S. dazu Singer/Stauder/Luginbühl EPÜ Art. 65.
[358] S. im Internet unter www.epo.org/law-practice/legal-texts/national-law_de.html.
[359] Singer/Stauder/Luginbühl/Preller EPÜ Art. 86 Rn. 23, 33 ff.

die für das Jahr fällig ist, in dem der Hinweis auf die Erteilung des europäischen Patentes bekannt gemacht wird. Die Höhe der an das EPA zu zahlenden und jährlich ansteigenden Gebühren ergeben sich aus Art. 2 Abs. 1 Ziffer 4 der Gebührenordnung des EPA und bewegen sich zwischen EUR 490,– für das dritte Jahr und EUR 1.640,– für das zehnte und jedes weitere Jahr. Nach Erteilung des europäischen Patentes sind die Jahresgebühren individuell an die nationalen Patentämter der Staaten zu entrichten, für die das europäische Patent validiert worden ist (vgl. auch Art. 141 EPÜ).[360] Nähere Informationen zu in der Höhe differierenden und an die nationalen Ämter zu entrichtenden Jahresgebühren sind Kapitel VI der Informationsbroschüre „Nationales Recht zum EPÜ" des EPA zu entnehmen.[361]

Auch für **Teilanmeldungen** sind gemäß Regel 51 Abs. 3 EPÜ-Ausführungsordnung Jahresge- 145
bühren zu entrichten.[362] Diese berechnen sich nach dem Anmeldetag der Stammanmeldung.[363] Eine Teilanmeldung führt daher letztlich zu einer Verdopplung der zu zahlenden Jahresgebühren.[364] Fällig werden die Jahresgebühren mit Einreichung der Teilanmeldung (Regel 51 Abs. 3 S. 1 EPÜ-Ausführungsordnung).

Etwaige für eine nicht mehr bestehende europäische Patentanmeldung und daher ohne Rechts- 146
grund an das EPA gezahlte Jahresgebühren werden erstattet.[365] Ebenso kommt eine Erstattung der Jahresgebühren in Betracht, die während eines erfolglosen Wiedereinsetzungsverfahrens entrichtet wurden.[366]

V. Einspruch

Gegen ein formell wirksam erteiltes europäisches Patent besteht gemäß Art. 99 Abs. 1 S. 1 EPÜ 147
für jedermann die Möglichkeit, Einspruch einzulegen. Der Einspruch erstreckt sich auf das europäische Patent in allen Vertragsstaaten, in denen es Wirkung entfaltet (Art. 99 Abs. 2 EPÜ). Er kann nach Regel 75 EPÜ-Ausführungsordnung sogar dann noch eingelegt werden, wenn in allen benannten Vertragsstaaten bereits auf das europäische Patent verzichtet worden oder es in diesen Staaten erloschen ist, da einem solchen Verzicht bzw. Erlöschen lediglich Wirkung ex nunc zukommt.

1. Beteiligte des Einspruchsverfahrens

Beteiligte des Einspruchsverfahrens sind der Patentinhaber und der oder die Einsprechenden. 148

a) Patentinhaber. Wer Patentinhaber ist, ergibt sich aus dem Patentregister. Ändert sich wäh- 149
rend des Einspruchsverfahrens materiellrechtlich die Inhaberschaft am europäischen Patent, so tritt der neue Inhaber grundsätzlich nur dann als Partei des Einspruchsverfahrens an die Stelle des bisherigen Patentinhabers, wenn das Register entsprechend umgeschrieben worden ist oder die Voraussetzungen der Regel 85 und 22 Abs. 3 EPÜ-Ausführungsordnung vorliegen.[367] Etwas anderes gilt nur in dem Fall der Gesamtrechtsnachfolge oder Art. 99 Abs. 4 S. 1 EPÜ, in dem der neue Patentinhaber auch ohne Registereintragung zur Partei des Einspruchsverfahrens wird.[368] Liegen verschiedene nationale Teile des europäischen Patents in Inhaberschaft unterschiedlicher Personen, so sind diese gemäß Art. 118 S. 1 EPÜ gemeinsam Patentinhaber.[369]

b) Einsprechender. Zum Einspruch berechtigt ist – außer dem Patentinhaber selbst[370] – jede 150
natürliche oder juristische Person. Eines besonderen Interesses zur Einlegung des Einspruchs bedarf es nicht.[371] Fehler in der Bezeichnung des Einsprechenden können auch noch nach Ablauf der Einspruchsfrist gemäß Regel 139 EPÜ-Ausführungsordnung korrigiert werden.[372] Entspre-

---

360 Benkard/Schäfers/Birken EPÜ Art. 86 Rn. 15; Singer/Stauder/Luginbühl/Preller EPÜ Art. 86 Rn. 3.
361 Im Internet unter www.epo.org/law-practice/legal-texts/national-law_de.html zu finden.
362 Näher hierzu Singer/Stauder/Luginbühl/Preller EPÜ Art. 86 Rn. 40 ff.
363 Singer/Stauder/Luginbühl/Preller EPÜ Art. 86 Rn. 40; Benkard/Schäfers EPÜ Art. 86 Rn. 27.
364 Benkard/Schäfers/Birken EPÜ Art. 86 Rn. 27.
365 S. Prüfungsrichtlinien Teil A, Kapitel X-20, Ziffer 10.1.1.
366 Singer/Stauder/Luginbühl/Preller EPÜ Art. 86 Rn. 55.
367 EPA T 553/90, ABl. EPA 1993, 666.
368 EPA T 15/01, ABl. EPA 2006, 153.
369 Dies gilt im Fall des Art. 99 Abs. 4 S. 1 EPÜ nur dann, wenn beide Patentinhaber dies verlangen (Art. 99 Abs. 4 S. 2 EPÜ).
370 Singer/Stauder/Luginbühl/Bosted EPÜ Art. 99 Rn. 7.
371 Singer/Stauder/Luginbühl/Bostedt EPÜ Art. 99 Rn. 14 ff.
372 EPA T 219/86, ABl. EPA 1988, 254.

chendes gilt für bloße Änderungen des Namens des Einsprechenden.[373] Der Einsprechende muss jedoch spätestens bis zum Ablauf der Einspruchsfrist identifizierbar sein, damit für das EPA und den Patentinhaber klar ist, wer Partei des Einspruchsverfahrens ist.[374]

151 Eine rechtsgeschäftliche Übertragung der Stellung als Einsprechender ist nicht möglich.[375] Die Stellung als Einsprechender geht jedoch im Fall der Gesamtrechtsnachfolge[376] oder bei Übertragung eines unselbständigen Teils eines Geschäftsbetriebes, auf den sich der Einspruch bezog, über.[377] Ein entsprechender Sachverhalt ist im Rahmen des Einspruchsverfahrens hinreichend glaubhaft zu machen.[378] Solange dies nicht geschieht, bleibt der bislang Einsprechende Partei des Einspruchsverfahrens. Der Wechsel des Einsprechenden bedarf nicht der Zustimmung des Patentinhabers.[379] Seine Wirksamkeit ist von Amts wegen zu prüfen, selbst noch im Beschwerdeverfahren nach Ablauf der Beschwerdefrist.[380]

152 Dass der Einsprechende im Auftrag eines Dritten handelt, ist unbeachtlich, sofern nicht eine missbräuchliche Gesetzesumgehung vorliegt (etwa wenn er im Auftrag des Patentinhabers handelt).[381]

153 c) **Beitritt des vermeintlichen Patentverletzers.** Ein vom Inhaber des europäischen Patents in Anspruch genommener **vermeintlicher Patentverletzer** kann gemäß Art. 105 Abs. 1 EPÜ dem Einspruchsverfahren auch nach Ablauf der Einspruchsfrist beitreten. Voraussetzung ist, dass gegen den Patentverletzer Klage wegen Verletzung des europäischen Patentes erhoben worden ist oder der angebliche Patentverletzer nach einer Unterlassungsaufforderung durch den Patentinhaber Klage auf Feststellung erhoben hat, dass er das Patent nicht verletzt.

154 Der Beitritt muss nach Regel 89 Abs. 1 EPÜ-Ausführungsordnung innerhalb einer **Frist von drei Monaten nach Klageerhebung** schriftlich erklärt und begründet werden (Regel 76 und 77 gelten entsprechend). Der Beitritt gilt erst dann als erfolgt, wenn die Einspruchsgebühr gezahlt worden ist (Regel 89 Abs. 2 S. 2 EPÜ-Ausführungsordnung). Rechtspolitisches Ziel des Beitritts ist es, nationale Nichtigkeitsverfahren zu vermeiden bzw. das Vorgehen gegen ein Patent beim EPA zu bündeln.[382]

Praxistipp:

Für den vermeintlichen Verletzer eines europäischen Patentes bietet es sich in jedem Falle an, selbst dann, wenn bereits die Einspruchsfrist des Art. 99 Abs. 1 EPÜ verstrichen ist, online durch Blick in die entsprechende Akte beim EPA zu überprüfen, ob ein etwaiges Einspruchsverfahren noch anhängig ist. Ist dies der Fall, kann durch den Beitritt zum Einspruch auf einfache und kostengünstige Weise darauf hingewirkt werden, ein bereits erteiltes europäischen Patent zu Fall zu bringen oder zumindest dessen Schutzbereich soweit einzuschränken, dass eine Patentverletzung nicht mehr gegeben ist.

2. Formalerfordernisse

155 Der Einspruch ist gemäß Art. 99 Abs. 1 S. 1 EPÜ beim EPA einzulegen.[383] Er gilt erst als eingelegt, wenn die Einspruchsgebühr in Höhe von mit Stand 1. Januar 2022 EUR 815,–[384] entrichtet worden ist, Art. 99 Abs. 1 S. 2 EPÜ. Die bloße Zahlung der Einspruchsgebühr allein genügt je-

[373] Vgl. EPA T 273/02 vom 27. April 2005.
[374] EPA G 3/97 und G 4/97, ABl. EPA 1999, 245 und 270; EPA G 2/04, ABl. EPA 2005, 549.
[375] EPA G 2/04, ABl. EPA 2005, 549.
[376] Singer/Stauder/Luginbühl/Bostedt EPÜ Art. 99 Rn. 66 mwN.
[377] EPA G 4/88, ABl. EPA 1989, 440. Die Stellung als Einsprechende geht jedoch nicht über, wenn die einsprechende Muttergesellschaft den Einspruch im Interesse einer Tochtergesellschaft eingelegt hat und später ihre Anteile an ihr veräußert; G 2/04, ABl. 2005, 549.
[378] Singer/Stauder/Luginbühl/Bostedt EPÜ Art. 99 Rn. 73 mwN.
[379] EPA T 870/92 vom 8. August 1997.
[380] EPA T 1178/04, ABl. EPA 2008, 80.
[381] EPA G 3/97 und G 4/97, ABl. EPA 1999, 245 und 270; EPA G 2/04, ABl. EPA 2005, 549.
[382] Benkard/Schäfers/Kley/Thums EPÜ Art. 105 Rn. 2; Singer/Stauder/Luginbühl/Bostedt EPÜ Art. 105 Rn. 1.
[383] Singer/Stauder/Luginbühl/Bostedt EPÜ Art. 99 Rn. 31 Ein fehlerhaft eingereichter Einspruch – etwa beim DPMA – wird zwar vom DPMA an das EPA weitergeleitet. Maßgeblich für die Wahrung der Einspruchsfrist ist jedoch der Eingang beim EPA.
[384] S. Art. 2, Ziffer 1.10 der Gebührenordnung des EPA (Stand: 1. Juli 2020).

doch nicht.[385] Die **Frist** zur Einreichung des Einspruches endet gemäß Art. 99 Abs. 1 S. 1 EPÜ **neun Monate** nach wirksamer[386] Bekanntmachung des Hinweises auf die Erteilung des europäischen Patentes im Europäischen Patentblatt. Innerhalb dieser Frist ist auch die Einspruchsgebühr zu zahlen.[387] Andernfalls gilt der Einspruch als nicht eingelegt.[388] Eine Wiedereinsetzung nach Art. 122 EPÜ ist nicht möglich.[389]

Nach Regel 76 Abs. 1 EPÜ-Ausführungsordnung ist der Einspruch **schriftlich** einzulegen. Eine 156
Einreichung kann auch per Telefax[390] oder in elektronischer Form[391] erfolgen. Die Einspruchsschrift muss gemäß Regel 76 Abs. 2 EPÜ-Ausführungsordnung Angaben zur Person des Einsprechenden nach Maßgabe der Regel 41 Abs. 2 lit. c) EPÜ-Ausführungsordnung, die Nummer des europäischen Patentes, gegen dessen Erteilung Einspruch eingelegt wird sowie den Namen des Patentinhabers und die Bezeichnung der Erfindung enthalten[392] Gemäß Regel 76 Abs. 3 iVm Regel 50 Abs. 3 EPÜ-Ausführungsordnung ist der Einspruch ferner zu unterschreiben.[393] Falls ein Vertreter des Einsprechenden bestellt ist, sind auch insoweit Angaben nach Maßgabe von Regel 41 Abs. 2 lit. d) EPÜ-Ausführungsordnung erforderlich (Regel 76 Abs. 2 lit. d) EPÜ-Ausführungsordnung). In der Praxis bietet es sich an, auf das vom EPA zur Verfügung gestellte Formblatt 2300 zurückzugreifen.[394]

Der Einspruch kann, wie sich aus Regel 3 Abs. 1 S. 1 EPÜ-Ausführungsordnung ergibt, **in jeder** 157
Verfahrenssprache des EPA eingereicht werden, auch wenn die Verfahrenssprache des Patentes eine andere ist.[395]

3. Begründung

Gemäß Regel 76 Abs. 1 iVm Abs. 2 lit. c) EPÜ-Ausführungsordnung muss der Einspruch be- 158
gründet werden und eine Erklärung darüber enthalten, in welchem Umfang Einspruch gegen das europäische Patent eingelegt und auf welche **Einspruchsgründe** der Einspruch gestützt wird.[396] Der Einspruch kann nach Art. 100 EPÜ nur darauf gestützt werden, dass der Gegenstand des europäischen Patentes nicht die Voraussetzungen eines Patentschutzes gemäß Art. 52 bis 57 EPÜ erfüllt (Art. 100 lit. a) EPÜ), dass das europäische Patent die Erfindung nicht so deutlich und vollständig offenbart, dass ein Fachmann die Erfindung ausführen kann (Art. 100 lit. b) EPÜ), oder dass der Gegenstand des europäischen Patentes über den Inhalt der Anmeldung in der ursprünglich eingereichten Fassung hinausgeht (Art. 100 lit. c) EPÜ).[397] Dies erfordert nicht, dass der jeweilige Einspruchsgrund ausdrücklich in der Einspruchsbegründung genannt wird. Vielmehr ist der sachliche Gehalt der Ausführungen maßgeblich. Wird eine entsprechende Erklärung nicht bis zum Ablauf der Neun-Monatsfrist eingereicht, so verwirft das EPA den Einspruch als unzulässig (Regel 77 Abs. 1 EPÜ-Ausführungsordnung).

Die zur Begründung des Einspruchs vorgebrachten Tatsachen sollten substantiiert dargelegt 159
und ggf. entsprechend Beweis angeboten werden, ungeachtet dessen, dass das EPA in der Vergangenheit hinsichtlich der Substantiierung mitunter einen recht großzügigen Maßstab angelegt

---

385 Vgl. EPA T 371/92, ABl. EPA 1995, 324; w. Nachweise bei Singer/Stauder/Luginbühl/Bostedt EPÜ Art. 99 Rn. 3.

386 Vgl. EPA T 1/92, ABl. EPA 1993, 685 und EPA J 28/94, ABl. EPA 1995, 742; Singer/Stauder/Luginbühl/Bostedt EPÜ Art. 99 Rn. 29.

387 Ausführlich Singer/Stauder/Luginbühl/Bostedt EPÜ Art. 99 Rn. 37 ff.

388 EPA T 152/85, ABl. EPA 1987, 191. Eine verspätet eingezahlte Einspruchsgebühr ist daher zu erstatten, da der Einspruch als nicht eingelegt gilt und keinesfalls unzulässig ist.

389 EPA T 2/87, ABl. EPA 1988, 264, Nr. 10; Singer/Stauder/Luginbühl/Bostedt EPÜ Art. 99 Rn. 42; anders im Fall der Versäumung der Frist zur Begründung der Beschwerde durch einen Einsprechenden als Beschwerdeführer, EPA G 1/86, ABl. EPA 1987, 447.

390 S. hierzu näher den Beschluss der Präsidentin des EPA vom 12. Juli 2007 über die Einreichung von Patentanmeldungen und anderen Unterlagen durch Telefax, ABl. EPA Sonderausgabe 3/2007, 7 sowie die Prüfungsrichtlinien Teil D, Kapitel III Ziffer 3.3.

391 S. hierzu näher den Beschluss der Präsidentin des EPA vom 26. Februar 2009 über die elektronische Einreichung von Unterlagen, ABl. EPA 2009, 182.

392 Näher zum Inhalt der Einspruchsschrift Singer/Stauder/Luginbühl/Bostedt EPÜ Art. 99 Rn. 89 ff.

393 Eine fehlende Unterschrift kann jedoch unter Beibehaltung des ursprünglichen Einspruchsdatums nachgeholt werden, Singer/Stauder/Luginbühl/Bostedt EPÜ Art. 99 Rn. 33.

394 Im Internet unter www.epo.org/applying/forms-fees/forms_de.html zu finden.

395 Singer/Stauder/Luginbühl/Bostedt EPÜ Art. 99 Rn. 36.

396 Ausführlich hierzu Singer/Stauder/Luginbühl/Bostedt EPÜ Art. 99 Rn. 100 ff.

397 Keinen Einspruchsgrund stellen daher etwa die fehlende Einheitlichkeit (Art. 82 EPÜ) oder die fehlende Deutlichkeit oder Knappheit der Ansprüche dar (Art. 84 EPÜ). Weiter Beispiele von Mängeln, die keinen Einspruchsgrund darstellen, finden sich bei Singer/Stauder/Luginbühl/Bostedt EPÜ Art. 100 Rn. 14 ff.

hat.[398] Als Orientierung können die fünf „Ws" dienen: Was wurde wann, wie, wo und durch wen der Öffentlichkeit zugänglich gemacht.[399] Von einem bloß pauschalen Verweis auf vorgelegte Entgegenhaltungen, ohne sich näher mit ihrem Inhalt auseinanderzusetzen, ist abzuraten, weil dies die Arbeit der Einspruchsabteilung nur unnötig erschwert und das Risiko birgt, dass der Vortrag nicht als ausreichend erachtet wird.[400] Vielmehr ist es im Gegenteil dienlich, wenn die vorgebrachten Tatsachen und Beweismittel vom Einsprechenden aufgearbeitet und im Hinblick auf ihre technische und rechtliche Relevanz für den Einspruch gewürdigt werden.[401]

160 In dem häufigsten Fall, dass der Einspruch sich auf die fehlende Neuheit und/oder die fehlende erfinderische Tätigkeit der dem europäischen Patent zugrunde liegenden Erfindung stützt und dabei auf Unterlagen („Entgegenhaltungen") Bezug genommen wird, ist konkret dazu auszuführen und gegebenenfalls zu erläutern, welche Merkmale sich welchen Passagen der Entgegenhaltungen entnehmen lassen. Außerdem ist anzugeben, in welcher Weise und wann die Informationen der Öffentlichkeit vor dem Anmelde- bzw. Prioritätstag zugänglich gemacht worden sind. Zum Beweis sind in erster Linie die in Art. 117 Art. 1 EPÜ genannten Beweismittel geeignet. Es genügt zwar das bloße Beweisangebot; die Beweismittel selbst können auch später vorgelegt werden.[402] Förderlich ist es jedoch, wenn die Beweismittel wie etwa Druckschriften, Lieferscheine, Prospekte etc. gleich der Einspruchsbegründung beigefügt werden.

Praxistipp:

Der Einspruch gegen ein europäisches Patent kann auch auf eine offenkundige Vorbenutzung gestützt werden, die – wie sich aus Art. 54 Abs. 2 EPÜ ergibt – nicht notwendig in schriftlicher Art und Weise erfolgt sein muss. Zum Nachweis einer offenkundigen Vorbenutzung ist es daher grundsätzlich möglich, sich auch auf Wahrnehmungen von Zeugen zu stützen. Die Einspruchsabteilungen des EPA sind jedoch eher zurückhaltend, soweit es die Vernehmung von Zeugen anbetrifft, da eine Vernehmung vor dem Hintergrund der schriftlichen Entgegenhaltungen entweder nicht erforderlich scheint oder der Vortrag hinsichtlich der offenkundigen Vorbenutzung nicht hinreichend substantiiert ist. In der Praxis ist daher darauf zu achten, dass dem Vortrag hinsichtlich einer offenkundigen Vorbenutzung sämtliche anspruchsgemäßen Merkmale zu entnehmen sind und außerdem detailliert dazu vorgetragen wird, wann und wo eine Veröffentlichung stattgefunden hat und dass der Zeuge sämtlichen Vortrag einschließlich sämtlicher Merkmale des Gegenstandes der Offenbarung bestätigen können wird. Ein pauschaler Vortrag wie „der Zeuge kann bestätigen, dass er ein solches Gerät bereits vor dem Anmeldetag in den Händen gehalten hat" oder die bloße Bezugnahme auf Zeichnungen genügen nicht.

161 Das EPA braucht Tatsachen und Beweismittel, die von den Beteiligten **verspätet vorgebracht** werden, gemäß Art. 114 Abs. 2 EPÜ nicht zu berücksichtigen. Eine Verspätung im Sinne des Art. 114 Abs. 2 EPÜ liegt zwar nicht zwingend deswegen vor, weil Beweismittel nach Ablauf der Einspruchsfrist eingereicht werden.[403] Allerdings sollte schon allein aus Gründen anwaltlicher Vorsicht darauf geachtet werden, dass bereits in der Einspruchsschrift, jedenfalls aber so früh wie möglich, alle Tatsachen und Beweismittel genannt und gegebenenfalls vorgelegt werden, auf die sich der Einspruch stützt.[404] Für den Fall des verspäteten Vorbringens ist ausreichend zu begründen, warum die neuen Tatsachen und/oder Beweismittel nicht früher mitgeteilt werden konnten.[405] Das bestehende Spannungsverhältnis zwischen dem auch im Einspruchsverfahren geltenden Amtsermittlungsgrundsatz (Art. 114 Abs. 1 EPÜ)[406] auf der einen und einer Zurückweisung

[398] S. etwa EPA T 222/85, ABl. EPA 1988, 128; EPA T 234/86, ABl. EPA 1989, 79. Zu Art und Umfang der Substantiierung näher Singer/Stauder/Luginbühl/Bostedt EPÜ Art. 99 Rn. 100 ff. mit zahlreichen Nachweisen aus der Entscheidungspraxis des EPA.

[399] Bei Druckschriften mögen einzelne dieser Punkte freilich offensichtlich sein.

[400] Vgl. auch Singer/Stauder/Luginbühl/Bostedt EPÜ Art. 99 Rn. 107 ff. und die dort genannten Entscheidungen des EPA.

[401] Näher hierzu Singer/Stauder/Luginbühl/Bostedt EPÜ Art. 99 Rn. 127 ff. mwN.

[402] EPA T 234/86, ABl. EPA 1989, 79; EPA T 328/87, ABl. EPA 1992, 701; EPA T 786/95 vom 13. Oktober 1997; EPA T 1081/03 vom 16. Dezember 2004.

[403] Vgl. EPA T 93/89, ABl. EPA 1992, 718; EPA G 4/95, ABl. EPA 1996, 412; Singer/Stauder/Luginbühl/Bühler EPÜ Art. 114 Rn. 55; Benkard/Schäfers/Unland EPÜ Art. 114 Rn. 87 ff.

[404] Vgl. Singer/Stauder/Luginbühl/Bostedt EPÜ Art. 99 Rn. 125.

[405] Benkard/Schäfers/Unland EPÜ Art. 114 Rn. 87.

[406] Zur Bedeutung des Amtsermittlungsgrundsatzes im Einspruchsverfahren näher Benkard/Schäfers/Unland EPÜ Art. 114 Rn. 38.

verspäteten Vorbringens auf der anderen Seite löst das EPA im Übrigen in erster Linie anhand der **Relevanz** des Vorbringens.[407] Unter Relevanz ist dabei die Bedeutung bzw. Beweiskraft des Vorbringens für den Ausgang des Verfahrens zu verstehen.[408]

162 Gehen im Einspruchsverfahren der verspätete Sachvortrag oder die neuen Beweismittel über die form- und fristgerecht geltend gemachten Einspruchsgründe hinaus, wird also im Ergebnis ein neuer Einspruchsgrund nachgeschoben, ist dies nur in Ausnahmefällen vom EPA zu berücksichtigen. Voraussetzung ist, dass der Sachvortrag bzw. die Beweismittel **prima-facie** für die Aufrechterhaltung des Patentes relevant sind.[409] Darüber hinaus darf kein offensichtlicher Verfahrensmissbrauch vorliegen, welcher unter anderem zu bejahen ist, wenn ein Beteiligter eine Tatsache absichtlich zunächst nicht erwähnt, obwohl er im Besitz des entsprechenden Beweismaterials ist. Weiter ist dem Patentinhaber vor Annahme der nachgeschobenen Gründe ausreichend rechtliches Gehör nach Art. 113 Abs. 1 EPÜ zu gewähren.[410] Ein Vorbringen, das die Einspruchsabteilung unter Wahrung ihres Ermessenspielraums ins Einspruchsverfahren zugelassen hat, darf die Beschwerdekammer im Beschwerdeverfahren nicht unberücksichtigt lassen.[411] Die Einführung eines neuen Einspruchsgrundes erst in der Beschwerdeinstanz bedarf jedoch grundsätzlich der Zustimmung des Patentinhabers.[412] In der Konstellation, die der Entscheidung in der Sache T 184/17 vom 23. Oktober 2019 zugrunde lag, hielt die Beschwerdekammer dies ausnahmsweise unter bestimmten Voraussetzungen jedoch auch ohne Zustimmung des Patentinhabers für möglich, nämlich wenn sich der neue Einspruchsgrund im Rahmen bereits vorgetragener Tatsachen und Beweismittel eines in der Einspruchsschrift ordnungsgemäß erhobenen und begründeten Neuheitseinwands bewegt und lediglich andere rechtliche Schlussfolgerungen gezogen werden.[413]

4. Prüfung

163 Sind die Zulässigkeitsvoraussetzungen des Einspruchs erfüllt, wird der Einspruch gemäß Art. 101 Abs. 1 EPÜ von der Einspruchsabteilung des EPA (Art. 19 EPÜ) geprüft. Ist die Einspruchsabteilung der Auffassung, dass einer der Einspruchsgründe der Aufrechterhaltung des europäischen Patentes entgegensteht oder das europäische Patent trotz im Einspruchsverfahren vorgenommener Änderungen den Erfordernissen des EPÜ nicht genügt, so widerruft sie gemäß Art. 101 Abs. 2 S. 1 bzw. Art. 101 Abs. 3 lit. b) EPÜ das Patent. Andernfalls beschließt sie gemäß Art. 101 Abs. 3 lit. a) EPÜ die Aufrechterhaltung des europäischen Patentes in geändertem Umfang oder weist den Einspruch zurück, Art. 101 Abs. 2 S. 2 EPÜ. Zu beachten ist, dass sich die Rechtskraft der Entscheidung über die Zurückweisung des Einspruchs nur auf das Verfahren vor dem EPA, nicht aber auf die geltend gemachten Einspruchsgründe als solche erstreckt. Demnach können sie in einem eventuellen Nichtigkeitsverfahren gegen einen nationalen Teil des europäischen Patents als Nichtigkeitsgrund erneut geltend gemacht werden.[414]

164 Für den Patentinhaber besteht gemäß Regel 81 Abs. 3 EPÜ-Ausführungsordnung die Möglichkeit, auf den Einspruch hin die Patentansprüche, die Zeichnungen und die Beschreibung zu ändern.[415] Liegen geänderte Anmeldungsunterlagen vor und ist die Einspruchsabteilung der Auffassung, dass die Änderungen den Erfordernissen des EPÜ genügen, so hat sie gemäß Regel 82 Abs. 1 EPÜ-Ausführungsordnung vor dem Beschluss der Aufrechterhaltung des Patentes in dem geänderten Umfang den Beteiligten mitzuteilen, in welchem Umfang sie das Patent aufrechtzuerhalten beabsichtigt.

165 Die Einspruchsabteilung kann gemäß des allgemein für Verfahren vor dem EPA geltenden Art. 116 Abs. 1 S. 1 EPÜ für die Prüfung und die Entscheidung über den Einspruch eine mündliche Verhandlung von Amts wegen anberaumen.[416] Daneben steht den Beteiligten gemäß Art. 116

[407] Vgl. EPA T 156/84, ABl. EPA 198, 372; EPA T 326/87, ABl. EPA 1992, 522; Singer/Stauder/Luginbühl/Bühler EPÜ Art. 114 Rn. 64 ff. mwN.

[408] Benkard/Schäfers/Unland EPÜ Art. 114 Rn. 80; Singer/Stauder/Luginbühl/Bühler EPÜ Art. 114 Rn. 64 ff.

[409] EPA T 1002/92, ABl. EPA 1995, 605; Benkard/Schäfers/Unland EPÜ Art. 114 Rn. 81; Singer/Stauder/Luginbühl/Bühler EPÜ Art. 114 Rn. 62.

[410] Singer/Stauder/Luginbühl/Bühler EPÜ Art. 114 Rn. 65; Benkard/Schäfers/Unland EPÜ Art. 114 Rn. 84.

[411] EPA T 1227/14, EPA T 1291/14 und EPA T 1852/11.

[412] EPA G 10/91, ABl. EPA 1993, 408.

[413] EPA T 184/17, Entscheidungsgrund 4.8.

[414] Benkard/Schäfers/Unland Art. 101 Rn. 190.

[415] Zu den Grenzen einer Änderung und Aufrechterhaltung des Patentes Ann § 30, Rn. 65 ff.

[416] Ausführlich hierzu Rippe Kap. VI. 6. S. 349 ff.; Benkard/Schäfers/Unland EPÜ Art. 116.

Abs. 1 S. 1 EPÜ die Möglichkeit offen, die Durchführung einer mündlichen Verhandlung ausdrücklich zu beantragen, wobei vom EPA nicht geprüft wird, ob eine mündliche Verhandlung sachdienlich ist.[417] Die mündliche Verhandlung kann dabei mit Stand Januar 2022 auf Grundlage eines Pilotprojekts auch im Wege einer Videokonferenz durchgeführt werden.[418] Nach Regel 117 Satz 1 und 118 Abs. 2 lit. c) EPÜ-Ausführungsverordnung kann ferner die Beweisaufnahme durch eine Vernehmung von Beteiligten, Zeugen oder Sachverständigen per Videokonferenz erfolgen.[419]

5. Kosten

166 Grundsätzlich trägt im Einspruchsverfahren gemäß Art. 104 Abs. 1 EPÜ **jeder Beteiligte** die ihm erwachsenden Kosten **selbst.** Für die Beteiligten besteht daher in der Regel nicht das Risiko, bei einem Unterliegen die Kosten der anderen Beteiligten übernehmen zu müssen.

167 Nur dann, wenn aus Gründen der Billigkeit die Einspruchsabteilung (bzw. im Beschwerdeverfahren die Beschwerdekammer) dies für angezeigt hält, kann nach Maßgabe der EPÜ-Ausführungsordnung eine andere Verteilung der Kosten angeordnet werden.[420] Eine **Kostentragung eines Beteiligten** kommt im Falle einer Verletzung von Sorgfaltspflichten sowie bei leichtfertigen oder missbräuchlichen Verhalten in Frage, falls diese für die Entstehung der Kosten kausal waren.[421] Dies kann insbesondere dann anzunehmen sein, wenn Sachvortrag oder Beweismittel unentschuldigt verspätet vorgebracht werden.[422] Zu einer Kostentragung kann es auch dann kommen, wenn der Beteiligte eine mündliche Verhandlung beantragt, dieser grundlos fernbleibt und weder das EPA noch die übrigen Verfahrensbeteiligten in gebotener Weise hiervon unterrichtet wurden.[423]

168 Die Entscheidung über die **Kostenverteilung** ergeht nach Regel 88 Abs. 1 S. 1 EPÜ-Ausführungsordnung mit der Entscheidung über den Einspruch. Dabei werden nur die Kosten berücksichtigt, die zu einer zweckentsprechenden Wahrung der Rechte notwendig waren (Regel 88 Abs. 1 S. 2 EPÜ-Ausführungsordnung).[424] Zu den Kosten gehört auch die Vergütung für die Vertreter der Beteiligten (Regel 88 Abs. 1 S. 3 EPÜ-Ausführungsordnung).

169 Die Kosten werden gemäß Regel 88 Abs. 2 S. 1 EPÜ-Ausführungsordnung auf Antrag durch die Einspruchsabteilung **festgesetzt.** Dem Antrag sind eine Kostenberechnung und Belege beizufügen, wobei eine Glaubhaftmachung genügt (Regel 88 Abs. 2 S. 2 und 3 EPÜ-Ausführungsordnung). Die Festsetzung erfolgt durch die Geschäftsstelle der Einspruchsabteilung.[425] Gemäß Regel 88 Abs. 3 EPÜ-Ausführungsordnung kann jedoch binnen einer Frist von einem Monat nach Mitteilung der Kostenfestsetzung nach Art. 88 Abs. 2 EPÜ-Ausführungsordnung eine Entscheidung der Einspruchsabteilung beantragt werden. Der Antrag ist schriftlich zu stellen und zu begründen. Er gilt zudem erst als gestellt, wenn die dafür vorgesehene Gebühr in Höhe von derzeit EUR 80,–[426] entrichtet worden ist. Gemäß Art. 104 Abs. 3 EPÜ kommt einer unanfechtbaren Entscheidung des EPA über die Kostenfestsetzung in Bezug auf die Vollstreckung die gleiche Wirkung bei, wie einem rechtkräftigen Urteil eines Zivilgerichtes des Staates, in dem die Vollstreckung stattfindet. Die Kostenfestsetzungsentscheidung ist daher unmittelbarer **Vollstreckungstitel.** Zu beachten bleibt, dass dem Vollstreckungsgericht oder dem Gerichtsvollzieher in dem Fall, dass die Verfahrenssprache nicht Amtssprache in dem betreffenden Land ist, eine beglaubigte Übersetzung der Kostenentscheidung vorgelegt werden muss.[427]

---

[417] Singer/Stauder/Luginbühl/Bühler EPÜ Art. 116 Rn. 10.

[418] Das EPA hat zuletzt mit Beschluss vom 23. November 2021 das Pilotprojekt zur Durchführung mündlicher Einspruchsverhandlungen als Videokonferenz bis 31. Mai 2022 verlängert. S. hierzu unter www.epo.org/law-practice/legal-texts/official-journal/president-notices/archive/20211124_de.html.

[419] S. hierzu den Beschluss des VR vom 15. Dezember 2020 zur Änderung der Regeln 117 und 118 der Ausführungsordnung zum Europäischen Patentübereinkommen (CA/D 12/20), ABl. EPA 2020, A132.

[420] Singer/Stauder/Luginbühl/Bostedt EPÜ Art. 104 Rn. 32 ff.; Benkard/Schäfers/Kley/Thums EPÜ Art. 104 Rn. 7 ff.

[421] Singer/Stauder/Luginbühl/Bostedt EPÜ Art. 104 Rn. 33.

[422] EPA T 416/87, EPA ABl. 1990, 415; EPA T 534/89, ABl. EPA 1994, 464; Singer/Stauder/Luginbühl/Bostedt EPÜ Art. 104 Rn. 38 ff. mit weiteren Beispielen.

[423] EPA T 909/90; vgl. auch EPA T 10/82, ABl. EPA 1983, 107; weitere Fälle einer sonstigen Verletzung von Sorgfaltspflichten bei Singer/Stauder/Luginbühl/Bostedt EPÜ Art. 104 Rn. 71 ff.

[424] Näher hierzu Prüfungsrichtlinien Teil D, Kapitel IX-1, Ziffer 1.3.

[425] Prüfungsrichtlinien Teil D, Kapitel II-3, Ziffer 7.

[426] S. Art. 2 Abs. 1 Ziffer 16 der Gebührenordnung des EPA (Stand: 1. Juli 2020).

[427] Singer/Stauder/Luginbühl/Bostedt EPÜ Art. 104 Rn. 99.

VI. Beschränkungs- und Widerrufsverfahren

Durch die Revision des EPÜ ist ein neues zentrales Beschränkungs- und Widerrufsverfahren eingeführt worden. Dem Inhaber eines europäischen Patentes, dem es nicht möglich ist, gegen sein Patent selbst Einspruch gemäß Art. 99 Abs. 1 EPÜ einzulegen,[428] wird dadurch die Möglichkeit an die Hand gegeben, auf eigene Initiative über das EPA einen Widerruf oder eine Beschränkung seines europäischen Patentes herbeizuführen. Er ist folglich nicht mehr darauf beschränkt, durch Nichtzahlung der für die Aufrechterhaltung des europäischen Patentes an die nationalen Patentämter zu leistenden Jahresgebühren oder durch Verzichtserklärungen an die jeweiligen nationalen Behörden sein Patent einzuschränken oder gänzlich zu widerrufen. Der durch das EPÜ dem Patentinhaber zur Verfügung gestellte zentrale Rechtsbehelf dürfte regelmäßig die einfachere, schnellere und kostengünstigere Vorgehensweise sein. 170

1. Statthaftigkeit

Gemäß Art. 1 Ziffer 2. des Beschlusses des VR vom 28. Juni 2001[429] sind die Regelungen der Art. 105a–105c über das Beschränkungs- und Widerrufsverfahren auf sämtliche zum Zeitpunkt des Inkrafttretens des EPÜ bereits erteilten europäischen Patente oder auf Grundlage von zu diesem Zeitpunkt anhängigen europäischen Patentanmeldungen erteilte europäische Patente anzuwenden. Antragsberechtigt ist nach Art. 105a Abs. 1 S. 1 EPÜ einzig der Inhaber eines europäischen Patentes. 171

Als nicht gestellt gilt ein Antrag auf Beschränkung- oder Widerruf, solange ein Einspruchsverfahren gegen das europäische Patent anhängig ist (Art. 105a Abs. 2 EPÜ iVm Regel 93 Abs. 1 EPÜ-Ausführungsordnung). Für den Fall, dass während eines anhängigen Beschränkungsverfahrens Einspruch gegen das europäische Patent eingelegt wird, wird das Beschränkungsverfahren gemäß Regel 93 Abs. 2 EPÜ-Ausführungsordnung eingestellt. Für ein anhängiges Widerrufsverfahren bleibt die Einlegung eines Einspruchs hingegen ohne Folgen.[430] 172

Das europäische Beschränkungs- und Widerrufsverfahren hat gegenüber nationalen Verfahren – insbesondere dem Nichtigkeitsverfahren – keinen Vorrang. Die Aussetzung bzw. Fortführung des nationalen Verfahrens bestimmt sich nach nationalem Recht. 173

2. Formalerfordernisse

Der Antrag auf Beschränkung oder Widerruf ist gemäß Art. 105a Abs. 1 S. 2 EPÜ iVm Regel 92 Abs. 1 S. 1 EPÜ-Ausführungsordnung schriftlich beim EPA nach Maßgabe der EPÜ-Ausführungsordnung zu stellen. Die Einreichung eines Antrags bei den nationalen Patentämtern ist daher nicht möglich. Der Antrag kann in jeder der drei in Art. 14 Abs. 1 EPÜ genannten Amtssprachen und unter den Voraussetzungen der Regel 3 Abs. 3 S. 1 EPÜ-Ausführungsordnung auch in einer Nichtamtssprache gestellt werden. 174

Bei der Einreichung des Antrags bietet es sich an, auf das vom EPA zur Verfügung gestellte Formular 2380 zurückzugreifen.[431] Der Antrag muss die in Regel 92 Abs. 2 EPÜ-Ausführungsordnung im Einzelnen aufgeführten Angaben enthalten. Dazu gehören insbesondere Angaben zum Antragsteller, zu den benannten Vertragsstaaten sowie, falls eine Beschränkung beantragt wird, eine vollständige Fassung der geänderten Patentansprüche und ggf. der geänderten Beschreibung und Zeichnungen. Soweit das europäische Patent hinsichtlich einzelner Vertragsstaaten in Inhaberschaft einer vom Antragsteller verschiedenen Person steht, sind Name und Anschrift dieser Person anzugeben und darüber hinaus der Nachweis zu erbringen, dass der Antragsteller befugt ist, im Namen dieser Personen zu handeln.[432] Eine gesonderte Begründung des Antrags ist nicht erforderlich. 175

Der Antrag ist **an keine Frist gebunden** und kann – in Übereinstimmung mit den allgemeinen Grundsätzen – zurückgenommen oder mehrfach aufeinanderfolgend gestellt werden.[433] Er kann 176

[428] EPA G 9/93, ABl. EPA 1994, 891; vgl. auch Wichmann/Naumann Mitt. 2008, 1.

[429] Beschluss des Verwaltungsrates vom 28. Juni 2001 über die Übergangsbestimmungen nach Artikel 7 der Akte zur Revision des Europäischen Patentübereinkommens vom 29. November 2000, im Internet unter https://www.epo.org/law-practice/legal-texts/html/epc/2020/d/ma5c.html zu finden.

[430] Ebenso Wichmann/Naumann Mitt. 2008, 1 (4).

[431] Im Internet unter www.epo.org/applying/forms-fees/forms_de.html zu finden.

[432] Näher Wichmann/Naumann Mitt. 2008, 1 (3).

[433] Wichmann/Naumann Mitt. 2008, 1 (2).

jederzeit nach Erteilung des Patents gestellt werden, auch nach dem Erlöschen des Patents. Der Antrag gilt erst als gestellt, wenn die dafür erforderliche **Gebühr** in Höhe von mit Stand 1. Januar 2022 EUR 1.210,– für eine beantragte Beschränkung bzw. EUR 545,– für einen beantragten Widerruf gezahlt ist.[434]

3. Verfahren/Entscheidung

177 Für Anträge auf Beschränkung oder Widerruf eines europäischen Patentes ist nach Regel 91 S. 1 EPÜ-Ausführungsordnung die Prüfungsabteilung zuständig. Gegenstand des Beschränkungs- oder Widerrufsverfahren ist dabei das europäische Patent in der erteilten oder der im Einspruchs- oder Beschränkungsverfahren vor dem EPA geänderten Fassung (Regel 90 EPÜ-Ausführungsordnung).

178 Die Eingangsprüfung erfolgt durch die Formalsachbearbeiter.[435] Kommt die Prüfungsabteilung zu dem Ergebnis, dass der Antrag nicht den Erfordernissen von Regel 92 EPÜ-Ausführungsordnung entspricht, so wird dem Antragsteller Gelegenheit gegeben, die festgestellten Mängel innerhalb einer gesetzten Frist zu beseitigen. Werden die Mängel nicht rechtzeitig behoben, so verwirft die Prüfungsabteilung den Antrag als unzulässig (Regel 94 S. 2 EPÜ-Ausführungsordnung).

179 Im Fall des Antrags auf **Widerruf** des europäischen Patentes erschöpft sich die Prüfung des Antrags auf die Frage seiner Zulässigkeit. Bei zulässigem Widerrufsantrag widerruft die Prüfungsabteilung gemäß Regel 95 Abs. 1 EPÜ-Ausführungsordnung das europäische Patent und teilt dies dem Antragsteller mit.

180 Eine gesonderte (eingeschränkte) Sachprüfung findet lediglich im **Beschränkungsverfahren**[436] statt, wobei in Entsprechung zu Art. 18 Abs. 2 EPÜ vorerst ein einzelnes Mitglied der Prüfungsabteilung mit der Prüfung des Antrags beauftragt ist. Zuerst wird gemäß Regel 95 Abs. 2 S. 1 EPÜ-Ausführungsordnung geprüft, ob die geänderten Patentansprüche gegenüber den Ansprüchen in der erteilten oder im Einspruchs- oder Beschränkungsverfahren geänderten Fassung eine Beschränkung darstellen und den Art. 84 und 123 Abs. 2 und 3 EPÜ genügen. Beschränkung bedeutet dabei eine Begrenzung im Sinne einer Verkleinerung des Schutzbereiches (keine bloßen Klarstellungen). Eine darüberhinausgehende Prüfung, insbesondere hinsichtlich der Erfordernisse der Art. 52 bis 57 EPÜ, findet nicht statt.[437]

181 Sind die Voraussetzungen von Regel 95 Abs. 2 S. 1 EPÜ-Ausführungsordnung nicht erfüllt, erhält der Antragsteller einmalig Gelegenheit, die Mängel zu beseitigen (Regel 95 Abs. 2 S. 2 EPÜ-Ausführungsordnung). Für den Fall, dass dem Beschränkungsantrag stattzugeben ist, teilt die Prüfungsabteilung dies gemäß Regel 95 Abs. 2 S. 1 EPÜ-Ausführungsordnung dem Antragsteller mit und fordert ihn auf, innerhalb einer Frist von drei Monaten die Veröffentlichungsgebühr in Höhe von mit Stand 1. Januar 2022 80,– EUR[438] zu entrichten und eine Übersetzung der geänderten Patentansprüche in den Amtssprachen einzureichen, die nicht Verfahrenssprache sind. Kommt der Antragsteller dieser Aufforderung nach, so beschränkt nach Regel 95 Abs. 3 S. 2 EPÜ-Ausführungsordnung die Prüfungsabteilung das europäische Patent. Andernfalls ist der Antrag zurückzuweisen (Regel 95 Abs. 4 EPÜ-Ausführungsordnung). Ist der Beschränkungsantrag nicht gewährbar, kann auf Antrag eine mündliche Verhandlung gemäß Art. 116 EPÜ durchgeführt werden.[439]

182 Eine bereits gezahlte Beschränkungs- oder Widerrufsgebühr kann als rechtsgrundlos entrichtet zurückgefordert werden, wenn der Antrag als nicht gestellt gilt. Keine Rückzahlung ist daher möglich, wenn ein wirksamer Antrag vorliegt, dieser sich jedoch als unzulässig herausstellt oder zurückgenommen wird. Weiter besteht gemäß Regel 93 Abs. 2 EPÜ-Ausführungsordnung auch dann ein Anspruch auf Rückzahlung der Beschränkungsgebühr, wenn das anhängige Beschränkungsverfahren aufgrund einer Einspruchseinlegung eingestellt wird.[440]

4. Wirkung

183 Die vom EPA vorgenommen Beschränkung bzw. der erfolgte Widerruf gilt für das europäische Patent gemäß Art. 105b Abs. 3 S. 1 EPÜ grundsätzlich **mit Wirkung für alle Vertragsstaaten,** für

434 S. Art. 2 Abs. 1 Ziffer 1.10a der Gebührenordnung des EPA (Stand 1. Juli 2020).
435 Wichmann/Naumann Mitt. 2008, 1 (2).
436 Ein Flussdiagramm zum Gang des Beschränkungsverfahrens findet sich bei Wichmann/Naumann Mitt. 2008, 1 (2).
437 Wichmann/Naumann Mitt. 2008, 1 (3).
438 Art. 2, Abs. 1 Ziffer 8 Gebührenordnung des EPA (Stand 1. Juli 2020).
439 Singer/Stauder/Luginbühl/Bostedt EPÜ Art. 105b Rn. 12.
440 Singer/Stauder/Luginbühl/Bostedt EPÜ Art. 105b Rn. 26.

die es erteilt worden ist.[441] Wirksam wird die Entscheidung des EPA an dem Tag, an dem der Hinweis auf die Entscheidung im Europäischen Patentblatt bekannt gemacht wird (Art. 105b Abs. 3 S. 2 EPÜ). Im Fall der erfolgten Beschränkung eines europäischen Patentes ist gemäß Art. 105c EPÜ zudem die geänderte europäische Patentschrift so bald wie möglich nach Bekanntmachung des Hinweises zu veröffentlichen.

Entscheidungen im Beschränkungs- und Widerrufsverfahren, die den Antragsteller beschweren, sind mit der Beschwerde anfechtbar. 184

VII. Rechtsmittel

1. Beschwerde

Gegen Entscheidungen der Eingangsstelle, der Prüfungsabteilungen, der Einspruchsabteilungen und der Rechtsabteilung kann gemäß Art. 106 Abs. 1 S. 1 EPÜ Beschwerde bei der nach Art. 21 EPÜ zuständigen Beschwerdekammer, dem gerichtlichen Organ des EPA, erhoben werden. Die Beschwerde hat dabei nach Art. 106 Abs. 1 S. 2 EPÜ aufschiebende Wirkung. Beschwerdeberechtigt ist nach Art. 107 S. 1 EPÜ jeder, der an dem Verfahren beteiligt war und durch die angegriffene Entscheidung beschwert ist. Der Zweck des Beschwerdeverfahrens liegt in der gerichtlichen[442] Überprüfung der erstinstanzlichen Entscheidung, nicht jedoch in einer erneuten Überprüfung der europäischen Patentanmeldung oder des europäischen Patentes.[443] 185

a) **Statthaftigkeit.** Statthaft ist die Beschwerde nur gegen *Entscheidungen* der in Art. 106 Abs. 1 Satz 1 EPÜ genannten Stelle bzw. Abteilungen. An einer Entscheidung mangelt es bei bloßen Mitteilungen, die eine Rechtsansicht des EPA wiedergeben oder die Rechtslage darlegen. Maßgeblich für die Abgrenzung der Entscheidung von der bloßen Mitteilung des EPA ist der Inhalt des Schreibens, nicht dessen Form oder Überschrift oder das Vorhandensein einer Rechtsmittelbelehrung.[444] 186

Eine Entscheidung liegt insbesondere dann nicht vor, wenn ein Rechtsverlust automatisch eintritt, ohne dass das EPA hierüber befindet. Dies ist zB dann der Fall, wenn im Erteilungsverfahren aufgrund einer Handlung oder eines Unterlassens des Anmelders die Fiktion der Zurücknahme der Patentanmeldung eintritt. Um in diesen Fällen den Weg der Beschwerde beschreiten zu können, ist der Betroffene darauf angewiesen, über das **Verfahren nach Regel 112 EPÜ-Ausführungsordnung** eine Entscheidung der Stelle bzw. der Abteilung herbeizuführen. Das EPA teilt gemäß Regel 112 Abs. 1 EPÜ-Ausführungsordnung dem betroffenen Verfahrensbeteiligten die Feststellung mit, es sei aufgrund des EPÜ ohne eine Entscheidung des EPA ein Rechtsverlust eingetreten. Gegen diese Mitteilung kann keine Beschwerde eingelegt werden, da es an einer Entscheidung fehlt. Teilt der Verfahrensbeteiligte die Auffassung des EPA jedoch nicht, so besteht für ihn die Möglichkeit, gemäß Regel 112 Abs. 2 EPÜ-Ausführungsordnung binnen einer Frist von zwei Monaten nach Zustellung der Rechtsverlustmitteilung eine Entscheidung des EPA zu beantragen. Die Frist beginnt dabei gemäß Regel 126 Abs. 2 EPÜ-Ausführungsordnung mit dem 10. Tag nach Abgabe der Rechtsverlustmitteilung zur Post zu laufen. Gegen die im weiteren Verlauf vom EPA erlassene Entscheidung ist dann die Beschwerde nach Art. 106 Abs. 1 S. 1 EPÜ statthaft. 187

Zu beachten ist, dass ein Antrag nach Regel 112 Abs. 2 EPÜ-Ausführungsordnung nicht dazu führt, dass die Frist, deren Versäumnis zu dem Rechtsverlust geführt hat, erneut in Gang gesetzt wird. Um daher gegebenenfalls den dem Rechtsverlust zugrundeliegende Sachverhalt zu beseitigen, ist der Verfahrensbeteiligte angehalten, gleichzeitig einen Antrag auf **Weiterbehandlung** nach Art. 121 EPÜ iVm Regel 135 EPÜ-Ausführungsordnung oder auf **Wiedereinsetzung** in den vorigen Stand nach Art. 122 EPÜ iVm Regel 136 EPÜ-Ausführungsordnung zu stellen und die versäumte Handlung nachzuholen.[445] 188

Die Beschwerde ist ferner gemäß Art. 106 Abs. 2 EPÜ nicht statthaft gegen Entscheidungen, die ein Verfahren gegenüber einem Beteiligten nicht abschließen. Derartige Zwischenentscheidungen wie etwa verfahrensleitende Verfügungen, Beweisbeschlüsse oder die Ablehnung von Fristver- 189

---

[441] Näher zu dem Fall der für verschiedene Vertragsstaaten unterschiedlich Beschränkung Singer/Stauder/Luginbühl/Bostedt EPÜ Art. 105b Rn. 13 ff.

[442] Die Große Beschwerdekammer hat den gerichtlichen Charakter des Verfahrens erstmals in G 1/86 festgestellt.

[443] Singer/Stauder/Luginbühl/Bühler EPÜ Art. 110 Rn. 6.

[444] Singer/Stauder/Luginbühl/Bühler EPÜ Art. 106 Rn. 7 ff.

[445] In extremen Ausnahmefällen kommt auch eine Heilung nach Vertrauensgrundätzen in Betracht, EPA J 14/94, ABl. EPA 1995, 825.

längerungs- oder Beschleunigungsanträgen sind nur zusammen mit der Endentscheidung anfechtbar, es sei denn, die Stelle bzw. die Abteilung hat die Beschwerde gegen die Zwischenentscheidung ausdrücklich zugelassen. Dies geschieht insbesondere in dem Fall, dass die Einspruchsabteilung das europäische Patent in eingeschränktem Umfang aufrechterhält (Art. 101 Abs. 3 EPÜ).[446]

190 Nach Regel 98 EPÜ-Ausführungsordnung kann die Beschwerde auch gegen ein europäisches Patent geführt werden, welches für alle Vertragsstaaten durch Verzicht oder durch Nichtzahlung der Jahresgebühren erloschen ist.[447]

191 b) **Zuständigkeit/Zusammensetzung der Beschwerdekammer.** Art. 21 EPÜ unterscheidet zwischen der juristischen und der technischen Beschwerdekammer. Nach dem Geschäftsverteilungsplan für das Jahr 2022[448] existieren 28 technische Beschwerdekammern.

192 Die **juristische Beschwerdekammer** ist nach Art. 21 Abs. 2 EPÜ für Beschwerden gegen Entscheidungen der Eingangsstelle und der Rechtsabteilung zuständig. Darüber hinaus besteht eine Auffangzuständigkeit für Entscheidungen der Prüfungsabteilung (Art. 21 Abs. 3 lit. c) EPÜ). Sie entscheidet in einer Zusammensetzung aus drei rechtskundigen Mitgliedern.

193 Bei Beschwerden gegen Entscheidungen der Prüfungsabteilung (mit Ausnahme von Art. 21 Abs. 3 lit. c) EPÜ) oder der Einspruchsabteilung entscheidet die **technische Beschwerdekammer.** Deren Zusammensetzung hängt im Wesentlichen davon ab, ob die Abteilung, deren Entscheidung angegriffen wird, mit vier oder weniger Mitgliedern besetzt war. Ist die angegriffene Entscheidung von einer Prüfungsabteilung mit weniger als vier Mitgliedern getroffen worden und betraf sie die Zurückweisung einer europäischen Patentanmeldung oder die Erteilung, die Beschränkung oder den Widerruf eines europäischen Patents, so entscheidet die technische Beschwerdekammer mit zwei technisch vorgebildeten Mitgliedern und einem rechtskundigen Mitglied (Art. 21 Abs. 3 lit. a) EPÜ). Mit drei technischen und zwei rechtskundigen Mitgliedern entscheidet die Beschwerdekammer dann, wenn die Entscheidung von einer Prüfungsabteilung mit vier Mitgliedern stammt oder nach Ansicht der Beschwerdekammer die Art der Beschwerde eine Entscheidung in dieser Zusammensetzung erfordert. In entsprechender Art und Weise bestimmt sich die Zusammensetzung bei Beschwerden gegen Entscheidungen der Einspruchsabteilung (Art. 21 Abs. 4 EPÜ).

194 c) **Formalerfordernisse.** Die Beschwerde ist nach Art. 108 S. 1 EPÜ schriftlich[449] innerhalb einer **Frist von zwei Monaten** nach Zustellung der Entscheidung beim EPA einzulegen. Die Beschwerdeschrift muss dabei gemäß Regel 99 Abs. 1 EPÜ-Ausführungsordnung Name und Anschrift des Beschwerdeführers, die angefochtene Entscheidung sowie einen Antrag, in dem der Beschwerdegegenstand festgelegt wird, enthalten. Unter den Voraussetzungen des Art. 14 Abs. 4 EPÜ kann die Beschwerde auch in einer grundsätzlich nicht beim EPA zugelassenen Amtssprache eines anderen Vertragsstaates eingereicht werden, sofern innerhalb eines Monats eine Übersetzung nachgereicht wird. Die Beschwerde gilt nach Art. 108 S. 2 EPÜ erst als eingelegt, wenn rechtzeitig die **Beschwerdegebühr** entrichtet worden ist.[450] Die ermäßigte Beschwerdegebühr beträgt mit Stand 1. Januar 2022 EUR 1.955,– für kleine und mittlere Unternehmen, natürliche Personen, Organisationen ohne Gewinnerzielungsabsicht, Hochschulen und öffentliche Forschungseinrichtungen und EUR 2.705,– für sonstige Einheiten.[451] Soll die Gebührenermäßigung in Anspruch genommen werden, ist es ratsam, bereits zum Zeitpunkt der Zahlung ausdrücklich die Zugehörigkeit zur berechtigten Gruppe zu erklären.[452]

195 **Innerhalb von vier Monaten** nach Zustellung ist die Beschwerde nach Maßgabe der EPÜ-Ausführungsordnung **zu begründen** (Art. 108 S. 3 EPÜ). Die Beschwerdebegründung muss dabei nach Regel 99 Abs. 2 EPÜ-Ausführungsordnung Ausführungen dazu enthalten, aus welchen

[446] Näher hierzu Singer/Stauder/Luginbühl/Bühler EPÜ Art. 106 Rn. 22 ff.

[447] Singer/Stauder/Luginbühl/Bühler EPÜ Art. 106 Rn. 32.

[448] S. im Internet unter www.epo.org/law-practice/case-law-appeals/business-distribution_de.html.

[449] Wie sich mittelbar aus Regel 99 EPÜ-Ausführungsordnung ergibt, sind sowohl die Beschwerde als auch deren Begründung schriftlich einzureichen.

[450] S. hierzu auch Singer/Stauder/Luginbühl/Bühler EPÜ Art. 108 Rn. 26 ff. und EPA G 1/18 vom 18. Juli 2019.

[451] Art. 2 Abs. 1 Ziffer 11 Gebührenordnung des EPA iVm Regel 6 Abs. 4 EPA-Ausführungsordnung.

[452] Nach der Mitteilung des EPA vom 18. Dezember 2017 (ABl. EPA 2017 A5) muss eine solche Erklärung eingereicht werden. Dem hat die Beschwerdekammer in T 225/19 und T 1060/19 widersprochen, da es keine Rechtsgrundlage dafür gebe, eine solche Erklärung zu verlangen. Jedoch sei die Beschwerdekammer befugt und verpflichtet, das Vorliegen der Voraussetzungen der ermäßigten Beschwerdegebühr zu überprüfen. In der Praxis werden infolgedessen Erklärungen und gegebenenfalls entsprechende Belege noch nach Ablauf der Beschwerdefrist im Laufe des Beschwerdeverfahrens akzeptiert.

Gründen die angefochtene Entscheidung aufzuheben oder in welchem Umfang sie abzuändern ist.[453] Darüber hinaus ist anzugeben, auf welche Tatsachen und Beweismittel sich die Beschwerde stützt. Die Beschwerdebegründung darf sich keinesfalls darauf beschränken, lediglich die Unrichtigkeit der angegriffenen Entscheidung zu behaupten oder pauschal auf Vortrag in der ersten Instanz zu verweisen.[454]

Besonderheiten sind bei Beschwerden gegen Entscheidungen über die **Kostenverteilung und -festsetzung** zu beachten. Aus Regel 97 Abs. 1 EPÜ-Ausführungsordnung ergibt sich letztlich, dass die Entscheidung über die Kostenverteilung nur gemeinsam mit der Entscheidung, auf der die Kostenverteilung beruht, angegriffen werden kann. Gegen die Entscheidung über die Kostenfestsetzung im Einspruchsverfahren ist gemäß Regel 97 Abs. 2 EPÜ-Ausführungsordnung eine Beschwerde nur zulässig, wenn die Kosten den Betrag der Beschwerdegebühr übersteigen. 196

d) Verfahren. Dem Organ, dessen Entscheidung mit der Beschwerde angefochten wird, steht gemäß Art. 109 Abs. 1 EPÜ die Möglichkeit der **Abhilfe** offen.[455] Im Falle der Abhilfe wird die Rückzahlung der Beschwerdegebühr nach Regel 103 Abs. 1 EPÜ-Ausführungsordnung angeordnet. Kommt eine Abhilfe nach Auffassung des Organs nicht in Betracht oder sind seit Eingang der Beschwerdebegründung mehr als drei Monate verstrichen, Art. 109 Abs 2 EPÜ, ist die Beschwerde der Beschwerdekammer vorzulegen. 197

Die Abhilfe ist allerdings gemäß Art. 109 Abs. 1 S. 2 EPÜ nur bei einseitigen Verfahren zulässig, dh wenn dem Beschwerdeführer kein anderer an dem Verfahren Beteiligter gegenübersteht. Da sich im Einspruchsverfahren Anmelder und Einsprechender gegenüberstehen, ist im Falle der Beschwerde gegen die Entscheidung der Einspruchsabteilung eine Abhilfe nicht zulässig. 198

Das Verfahren der Beschwerdekammer richtet sich nach der von dem Präsidium der Beschwerdekammern nach Regel 12c Abs. 2 EPÜ-Ausführungsordnung erlassenen und mit Beschluss des VR vom 26. Juni 2019 revidierten Verfahrensordnung (**„VerfOBK"**).[456] Die Beschwerdekammer prüft gemäß Art. 110 S. 1 EPÜ nach Maßgabe der EPÜ-Ausführungsordnung, ob die Beschwerde zulässig und begründet ist. Dabei wendet die Beschwerdekammer nach Regel 100 Abs. 1 EPÜ-Ausführungsordnung grundsätzlich die Vorschriften für das Verfahren vor dem Organ an, das die mit der Beschwerde angegriffene Entscheidung erlassen hat. Die Beschwerdekammern haben sich zudem bei ihrer Prüfung in den Grenzen des Antrags des Beschwerdeführers zu halten.[457] 199

Zur Vorbereitung ihrer Entscheidung fordert die Beschwerdekammer die Beteiligten nach Regel 100 Abs. 2 EPÜ-Ausführungsordnung so oft wie erforderlich auf, innerhalb einer zu bestimmenden Frist eine Stellungnahme zu Mitteilungen der Beschwerdekammer oder zu den Stellungnahmen anderer Beteiligter einzureichen. Wird nicht rechtzeitig geantwortet, gilt die europäische Patentanmeldung als zurückgenommen, sofern die angegriffene Entscheidung nicht von der Rechtsabteilung erlassen worden ist (Regel 100 Abs. 3 EPÜ-Ausführungsordnung). Die Beschwerdekammer kann eine mündliche Verhandlung anberaumen. Diese kann auch per Videokonferenz durchgeführt werden (Art. 15a der revidierten VerfOBK). Nach einer Entscheidung der Großen Beschwerdekammer vom 16. Juli 2021 ist dies in einem allgemeinen Notfall selbst dann mit den Vorschriften des EPÜ vereinbar, wenn nicht alle Beteiligten damit ihr Einverständnis erklärt haben.[458] Vortrag und Anträge können dann – vorbehaltlich einer Zurückweisung wegen Verspätung (Art. 114 Abs. 2 EPÜ und Art. 13 der revidierten VerfOBK[459]) – bis zum Schluss der sachlichen Debatte in der mündlichen Verhandlung[460] vorgebracht bzw. eingereicht werden (Art. 15 Abs. 5 S. 2 der revidierten VerfOBK). 200

Nach Art. 24 Abs. 3 EPÜ hat jeder Beteiligte das Recht, die Mitglieder der Beschwerdekammern oder der Großen Beschwerdekammer aus einem der in Art. 24 Abs. 1 EPÜ genannten 201

[453] Zu den Einzelheiten siehe Singer/Stauder/Luginbühl/Bühler EPÜ Art. 108 Rn. 20 ff. und Benkard/Beckedorf/Keussen EPÜ Art. 108 Rn. 34 ff.

[454] Vgl. EPA T 154/90, ABl. EPA 1993, 505; EPA J 22/86, ABl. EPA 1987, 280; EPA T 250/89, ABl. EPA 1992, 355.

[455] Näher zu Fällen der Abhilfe Singer/Stauder/Luginbühl/Bühler EPÜ Art. 109 Rn. 10 ff.

[456] S. Beilage zum ABl. EPA 2019, A63. Im Internet zu finden unter www.epo.org/law-practice/legal-texts/official-journal/2020/etc/se2/p1/2020-se2-p1.pdf.

[457] EPA G 9/92, ABl. EPA 1994, 875 – reformatio in peius; EPA G 4/93, ABl. EPA 1994, 875 – Rücknahme des Einspruchs; Singer/Stauder/Luginbühl/Bühler EPÜ Art. 110 Rn. 44 ff.; Benkard/Beckedorf/Keussen EPÜ Art. 110 Rn. 13 f.

[458] EPA G 1/21.

[459] Art. 13 wurde in der revidierten VerfOBK neu gefasst und behandelt jetzt ausführlicher als noch in der VerfOBK 2007 die Voraussetzungen, unter denen verspätetes Vorbringen zugelassen werden kann.

[460] Zum Umgang mit Anträgen, die erst im Laufe der mündlichen Verhandlung gestellt werden, siehe näher die Übersicht in der Rechtsprechung der Beschwerdekammern, 9. Auflage, Juli 2019, unter Kapitel V. A. 4.5.1 lit. b), im Internet zu finden unter www.epo.org/law-practice/legal-texts/html/caselaw/2019/d/clr_v_a_4_5_1_b.htm.

Gründen oder wegen **Besorgnis der Befangenheit** abzulehnen. Art. 24 Abs. 2 und 3 EPÜ unterscheiden zwischen der Selbstablehnung und der Ablehnung durch einen Beteiligten. Die Ablehnung durch einen Beteiligten ist gemäß Art. 24 Abs. 3 S. 2 EPÜ nicht zulässig, wenn er Verfahrenshandlungen vorgenommen hat, obwohl er bereits den Ablehnungsgrund kannte. Die Große Beschwerdekammer hat ferner in der Sache R 16/10 entschieden, dass nach Art. 24 Abs. 1 EPÜ nur solche Mitglieder von einem Verfahren ausgeschlossen sind, die an der konkret zu entscheidenden Sache ein persönliches Interesse haben oder in der sie vorher als Vertreter für einen der Beteiligten tätig geworden sind. Ein Tätigwerden für einen der Beteiligten in einer anderen Sache hingegen ist unschädlich.[461]

202 **e) Entscheidung durch die Beschwerdekammer.** Gemäß Art. 110 S. 1 EPÜ iVm Regel 101 EPÜ-Ausführungsordnung prüft die Beschwerdekammer zunächst die Zulässigkeit der Beschwerde. Für den Fall, dass die Beschwerde nicht den Anforderungen gemäß Art. 106–108 EPÜ oder den Regeln 97, 99 Abs. 1 lit. b) oder c) oder Abs. 2 EPÜ-Ausführungsordnung genügt, verwirft die Beschwerdekammer die Beschwerde als unzulässig, sofern die Mängel nicht vor Ablauf der Fristen nach Art. 108 EPÜ beseitigt werden (Regel 101 Abs. 1 EPÜ-Ausführungsordnung).[462] Dasselbe gilt nach Regel 101 Abs. 2 EPÜ-Ausführungsordnung, falls nicht innerhalb einer zu bestimmenden Frist ein Verstoß gegen Regel 99 Abs. 1 lit. a) EPÜ-Ausführungsordnung behoben wird. Ist die Beschwerde nach Ansicht der Beschwerdekammer begründet, so entscheidet sie nach Art. 111 Abs. 1 S. 2 EPÜ entweder im Rahmen der Zuständigkeit des Organs, das die angefochtene Entscheidung erlassen hat, selbst, oder verweist die Angelegenheit zur weiteren Entscheidung an dieses Organ zurück. Letzteres geschieht nach Art 11 der revidierten VerfOBK allerdings nur, wenn besondere Gründe dafür sprechen, was etwa in der Regel dann der Fall ist, wenn das Verfahren vor dem Organ wesentliche Mängel aufwies. Im Falle der Zurückverweisung ist gemäß Art. 111 Abs. 2 S. 1 EPÜ das Organ – soweit der Tatbestand derselbe ist – an die rechtliche Beurteilung der Beschwerdekammer, die ihrer Entscheidung zugrunde gelegt ist, gebunden.[463] Unter den in Regel 103 EPÜ-Ausführungsordnung aufgestellten Voraussetzungen ist die Beschwerdegebühr zurückzuzahlen.

203 Entscheidungen der Beschwerdekammer, mit denen ein europäischen Patent erteilt oder aufrechterhalten wird, entfalten für das nationale Nichtigkeitsverfahren (Art. 138 EPÜ) **keine Bindungswirkung.** Das BPatG ist zB nicht gehindert, bereits im Beschwerdeverfahren berücksichtigte Entgegenhaltungen anders zu würdigen und den deutschen Teil des europäischen Patents (weiter) einzuschränken oder vollständig zu widerrufen. Es hat jedoch Entscheidungen des EPA in dem Sinne zu berücksichtigen, als dass es sich gegebenenfalls mit deren Inhalt auseinanderzusetzen hat.[464] Anders hingegen verhält es sich bezüglich Entscheidungen der Beschwerdekammer, mit denen der Verlust des europäischen Patentes festgestellt wird. Diese unterliegen vorbehaltlich Art. 112a EPÜ keiner Nachprüfung.[465]

204 **f) Entscheidung durch die Große Beschwerdekammer.** Zur Sicherung einer einheitlichen Rechtsanwendung oder in Fällen grundsätzlicher Bedeutung kann die Beschwerdekammer nach Art. 112 Abs. 1 lit. a) EPÜ das Verfahren auf Antrag oder von Amts wegen an die Große Beschwerdekammer übertragen, wenn sie hierzu eine Entscheidung für erforderlich hält. Daneben kann auch der Präsident des EPA der Großen Beschwerdekammer eine Rechtsfrage vorlegen, wenn zwei Beschwerdekammern über diese Frage voneinander abweichende Entscheidungen getroffen haben (Art. 112 Abs. 1 lit. b) EPÜ). Die Große Beschwerdekammer hat diesbezüglich in der Entscheidung G 3/08[466] ausgeführt, dass der Präsident des EPA nicht an eine einmal im Vorfeld kundgetane Entscheidung hinsichtlich seines Vorlagerechts gebunden ist. Vielmehr kann er im Rahmen seines Ermessens die vorherige Entscheidung – im vorliegenden Fall: die Rechtsfrage nicht vorzulegen – später revidieren und eine Vorlage anstreben. Dies hängt damit zusammen, dass es möglich ist, dass sich die Beurteilung der Rechtsprechung der Beschwerdekammer durch den Präsidenten innerhalb kurzer Zeit ändert bzw. die Präsidentschaft gewechselt hat und der neue Präsident die Angelegenheit anders bewertet als sein Vorgänger. Das Vorlagerecht kann daher nicht als verbraucht angesehen werden.[467]

[461] EPA GRUR Int 2011, 753; EPA Entscheidung vom 20. Dezember 2010.
[462] Näher hierzu Singer/Stauder/Luginbühl/Bühler EPÜ Art. 110 Rn. 9 ff.
[463] Ausführlicher zur Bindungswirkung Singer/Stauder/Luginbühl/Bühler EPÜ Art. 111 Rn. 24 ff.
[464] BGH, GRUR 2010, 950 – Walzenformgebungsmaschine.
[465] Singer/Stauder/Luginbühl/Bühler EPÜ Vorb. Art. 106–112a Rn. 4.
[466] ABl. EPA 2011, 10.
[467] S. hierzu Begründung der Stellungnahme unter Ziffer 2, ABl. EPA 2011, 10.

Zu beachten ist, dass es sich bei der Großen Beschwerdekammer nicht um eine weitere Instanz handelt, die nach der Entscheidung durch die Beschwerdekammer angerufen werden kann. Die Große Beschwerdekammer entscheidet vielmehr im Rahmen des Vorlageverfahrens nach Art. 112 Abs. 1 lit. a) oder b) EPÜ ausschließlich über abstrakte Rechtsfragen.[468] 205

Die vorlegende Beschwerdekammer ist durch die Entscheidung der Großen Beschwerdekammer hinsichtlich der Entscheidungsformel und den sie tragenden Gründen gebunden. Die Bindungswirkung erstreckt sich auch auf nachfolgende Verfahren. Will eine Beschwerdekammer abweichen, muss sie gemäß Art. 21 der revidierten VerfOBK die Frage erneut der Großen Beschwerdekammer vorlegen. 206

2. Antrag auf Überprüfung durch die Große Beschwerdekammer

Das revidierte EPÜ gibt durch den eingefügten Art. 112a EPÜ den Beteiligten eines Beschwerdeverfahrens ein weiteres Rechtsmittel an die Hand, mit dessen Hilfe in Ausnahmefällen die Entscheidung einer Beschwerdekammer durch die Große Beschwerdekammer überprüft werden kann. Auf diese Weise wird die Lücke geschlossen, die nach Ansicht der Großen Beschwerdekammer noch unter Geltung des EPÜ 1973 bestand.[469] Die Große Beschwerdekammer hatte noch in einer Entscheidung kurz vor der Revision des EPÜ festgestellt, dass das EPÜ 1973 den Beteiligten keine Möglichkeit gebe, Beschwerdekammerentscheidungen, die an einem schwerwiegenden Verfahrensfehler litten, zu korrigieren.[470] 207

Der eingeführte Antrag auf Überprüfung durch die Große Beschwerdekammer stellt jedoch keine Art Rechtsbeschwerde dar, wie sie etwa das deutsche Zivilprozessrecht in den §§ 574 ff. ZPO kennt.[471] Art. 112a EPÜ schafft keine zweite Instanz zur allgemeinen Prüfung der richtigen Anwendung materiellen Rechts. Vielmehr handelt es sich um einen dem Rechtsmittel des § 321a ZPO ähnlichen außerordentlichen Rechtsbehelf, mit dem besonders **schwerwiegende Verfahrensmängel** behoben werden können.[472] Er hat zudem nach Art. 112a Abs. 3 EPÜ keine aufschiebende Wirkung. 208

a) Statthaftigkeit. Art. 112a EPÜ findet auf Entscheidungen Anwendung, die seit Inkrafttreten des EPÜ 2000 ergangen sind.[473] Voraussetzung eines Antrags nach Art. 112a Abs. 1 EPÜ ist, dass einer der in Art. 112a Abs. 2 EPÜ abschließend aufgeführten Anfechtungsgründe vorliegt. Demnach ist ein Antrag statthaft, wenn bei der Entscheidung der Beschwerdekammer eine Person mitgewirkt hat, die dazu nach Art. 24 Abs. 1 oder Abs. 4 EPÜ nicht befugt war oder nicht zum Beschwerdekammermitglied ernannt war (Art. 112a Abs. 2 lit. a) und b) EPÜ), ein schwerwiegender Verstoß gegen den Grundsatz des rechtlichen Gehörs (Art. 113 EPÜ) vorliegt (Art. 112a Abs. 2 lit. c) EPÜ), die Entscheidung mit einem in Regel 104 EPÜ-Ausführungsordnung genannten schweren Verfahrensmangel behaftet ist (Art. 112a Abs. 2 lit. d) EPÜ)[474] oder eine nach Maßgabe von Regel 105 EPÜ-Ausführungsordnung festgestellte Straftat die Entscheidung beeinflusst hat (Art. 112a Abs. 2 lit. e) EPÜ). Dabei ist in den Fällen des Art. 112a Abs. 2 lit. a)–d) EPÜ zu beachten, dass ein Antrag auf Überprüfung nur zulässig ist, wenn der **Verfahrensmangel** während des Beschwerdeverfahrens **beanstandet** wurde und die Beschwerdekammer die Rüge zurückgewiesen hat, es sei denn, der Einwand konnte im Beschwerdeverfahren nicht erhoben werden.[475] 209

b) Formalerfordernisse. Gemäß Art. 112a Abs. 4 S. 2 EPÜ ist der Antrag in den Fällen des Art. 112a Abs. 2 lit. a)–d) EPÜ **innerhalb von zwei Monaten** nach Zustellung der Beschwerdekammerentscheidung zu stellen. Im Fall des Art. 112a Abs. 2 lit. e) EPÜ beträgt die Frist zwei Monate nach Feststellung der Straftat, höchstens jedoch fünf Jahre nach Zustellung der Beschwerdekammerentscheidung (Art. 112a Abs. 4 S. 3 EPÜ). Der Antrag muss nach Regel 107 Abs. 1 EPÜ-Ausführungsordnung Name und Anschrift des Antragstellers nach Maßgabe von Re- 210

[468] Singer/Stauder/Luginbühl/Bühler EPÜ Art. 112 Rn. 2.
[469] Teschemacher Mitt. 2008, 97.
[470] EPA G 1/97, ABl. EPA 2000, 322 – Antrag auf Überprüfung/ETA.
[471] Vgl. Singer/Stauder/Luginbühl/Bühler EPÜ Art. 112a Rn. 3.
[472] Einen Ausblick auf die möglichen Folgen dieses neuen Rechtsbehelfes gibt Teschemacher Mitt. 2008, 97 (101 ff.).
[473] S. Art. 1, Ziffer 4. des Beschlusses des Verwaltungsrates zu Art. 7 der Revisionsakte, Sonderausgabe Nr. 1 ABl. EPA 2000, 197.
[474] Näher hierzu Teschemacher Mitt. 2008, 97 (99).
[475] S. auch Teschemacher Mitt. 2008, 97 (100).

gel 41 Abs. 2 lit. c) EPÜ-Ausführungsordnung sowie die zu überprüfende Entscheidung angeben. Zudem muss er gemäß Art. 112a Abs. 4 S. 1 EPÜ iVm Regel 107 Abs. 2 EPU-Ausführungsordnung eine **Begründung** und die zu seiner Stützung angeführten Tatsachen und Beweismittel enthalten. Der Antrag gilt schließlich gemäß Art. 112a Abs. 4 S. 4 EPÜ erst als gestellt, wenn die dafür anfallende **Gebühr** entrichtet ist, die mit Stand 1. Januar 2022 EUR 3.025,– beträgt.[476]

211 **c) Verfahren/Entscheidung.** Die Große Beschwerdekammer entscheidet auf Grundlage ihrer eigenen Verfahrensordnung („VerfOGBK").[477] Das Überprüfungsverfahren vor der Großen Beschwerdekammer teilt sich in zwei Abschnitte. In einem ersten Schritt erfolgt gemäß Regel 109 Abs. 2 lit. a) EPÜ-Ausführungsordnung eine Art **Vorprüfung,**[478] bei der die Kammer mit zwei rechtskundigen und einem technischen Mitglied besetzt ist. Offensichtlich unzulässige oder unbegründete Anträge können durch einstimmigen Beschluss verworfen werden. Dabei entscheidet die Kammer nach Regel 109 Abs. 3 EPÜ-Ausführungsordnung lediglich auf Grundlage des Antrags ohne Mitwirkung anderer Beteiligter.

212 Wird diese Eingangshürde genommen oder erreicht die Große Beschwerdekammer keine einstimmige Entscheidung, so wird das Verfahren vor der Großen Beschwerdekammer in einer Besetzung von vier rechtskundigen und einem technischen Mitglied unter Einbeziehung der Verfahrensbeteiligten fortgeführt (Art. 22 Abs. 2 S. 2 EPÜ iVm Regel 109 Abs. 2 lit. b) EPÜ-Ausführungsordnung).[479] Die Modalitäten der Entscheidung durch die Große Beschwerdekammer ähneln der Entscheidung über die Beschwerde nach Regel 101 EPÜ-Ausführungsordnung. Entspricht der Antrag nicht den Anforderungen gemäß Art. 112a Abs. 1, 2 oder 4 EPÜ oder Regel 106, 107 Abs. 1 lit. b) oder Abs. 2 EPÜ-Ausführungsordnung, so wird der Antrag gemäß Regel 108 Abs. 1 EPÜ-Ausführungsordnung als unzulässig verworfen, es sei denn, die Mängel werden vor Ablauf der nach Art. 112a Abs. 4 EPÜ maßgeblichen Frist beseitigt. Genügt der Antrag nicht den Anforderungen nach Regel 107 Abs. 1 lit. a) EPÜ-Ausführungsordnung, so teilt die Große Beschwerdekammer dies dem Antragsteller mit und fordert ihn auf, den Mangel innerhalb einer von der Großen Beschwerdekammer gesetzten Frist zu beseitigen (Regel 108 Abs. 2 EPÜ-Ausführungsordnung).

213 Kommt die Große Beschwerdekammer zu dem Ergebnis, dass der Antrag begründet ist, so wird die Entscheidung der Beschwerdekammer nach Art. 112a Abs. 5 EPÜ iVm Regel 108 Abs. 3 EPÜ-Ausführungsordnung aufgehoben und die **Wiedereröffnung des Verfahrens** vor der nach Regel 12b Abs. 4 EPÜ-Ausführungsordnung zuständigen Beschwerdekammer angeordnet. Dabei kann die Große Beschwerdekammer auch bestimmen, dass Mitglieder der Beschwerdekammer, die an der aufgehobenen Entscheidung mitgewirkt haben, zu ersetzen sind. Bei einer Wiedereröffnung des Verfahrens ist gemäß Regel 110 die Gebühr für den Antrag auf Überprüfung zu erstatten. Wie sich aus den Art. 106 und 112a EPÜ ergibt, ist die Entscheidung der Großen Beschwerdekammer über den Antrag auf Überprüfung hinaus nicht mit einem weiteren Rechtsbehelf anfechtbar.[480]

214 **d) Weiterbenutzungsrecht.** Um die Maßnahmen und Investitionen Dritter, die diese im Vertrauen auf den nicht bestehenden bzw. erloschenen Patentschutz ergriffen haben, zu schützen, sieht Art. 112a Abs. 6 EPÜ wie Art. 122 Abs. 6 EPÜ unter besonderen Umständen ein Weiterbenutzungsrecht vor. Voraussetzung ist, dass in einem Vertragsstaat in **gutem Glauben** die Erfindung, die Gegenstand einer veröffentlichten europäischen Patentanmeldung oder eines europäischen Patentes ist, in der Zeit zwischen dem Erlass der Beschwerdekammerentscheidung und der Bekanntmachung des Hinweises auf die Entscheidung der Großen Beschwerdekammer über den Überprüfungsantrag im Europäischen Patentblatt in Benutzung genommen oder wirkliche oder ernsthafte Veranstaltungen zur Benutzung getroffen worden sind.

VIII. Wiedereinsetzung/Weiterbehandlung

1. Wiedereinsetzung

215 Auch das EPÜ kennt das Institut der Wiedereinsetzung in den vorigen Stand. Durch den Antrag auf Wiedereinsetzung kann der Anmelder oder Patentinhaber einen durch Versäumnis einer

---

[476] Art. 2, Abs. 1 Ziffer 11a der Gebührenordnung des EPA.
[477] S. Beilage zum ABl. EPA 01/2012, 28 ff.
[478] Näher hierzu Singer/Stauder/Luginbühl/Bühler EPÜ Art. 112a Rn. 22.
[479] S. auch Teschemacher Mitt. 2008, 97 (101).
[480] Singer/Stauder/Luginbühl/Bühler EPÜ Art. 112a Rn. 24.

Frist eingetretenen Rechtsverlust rückgängig machen lassen. Somit hat die Wiedereinsetzung die gleiche Wirkung wie eine Weiterbehandlung der Anmeldung nach Art. 121 EPÜ, ist jedoch nicht an die für die Weiterbehandlung geltenden Einschränkungen gebunden.[481] Antragsteller ist grundsätzlich der Anmelder oder der Patentinhaber. Sonstige Verfahrensbeteiligte sind von der Wiedereinsetzung ausgeschlossen. Ausnahmsweise ist es dem beschwerdeführenden Einsprechenden, der die Frist zur Einreichung der Beschwerdebegründung versäumt hat, gestattet, einen Antrag auf Wiedereinsetzung zu stellen.[482]

Gemäß Art. 122 Abs. 1 EPÜ wird Wiedereinsetzung gewährt, wenn der Antragsteller trotz Beachtung aller nach den gegebenen Umständen gebotenen Sorgfalt verhindert war, gegenüber dem EPA eine Frist einzuhalten. Weitere Voraussetzung ist, dass die Versäumung der Frist unmittelbar zur Folge hat, dass die europäische Patentanmeldung oder ein Antrag zurückgewiesen wird, die Anmeldung als zurückgenommen gilt, das europäische Patent widerrufen wird oder der Verlust eines sonstigen Rechts (zB des Prioritätsrechts) oder eines Rechtsmittels eintritt. Von der Wiedereinsetzung ausgeschlossen sind – neben der Wiedereinsetzungsfrist (Art. 122 Abs. 4 EPÜ) – gemäß Regel 136 Abs. 3 EPÜ-Ausführungsordnung alle Fristen, für die eine Weiterbehandlung beantragt werden kann. Dies sind insbesondere die Fristen zur Einzahlung der Anmelde-, Recherchen-, Benennungs- und Prüfungsgebühr. 216

Der Antrag auf Wiedereinsetzung ist nach Regel 136 Abs. 1 S. 1 EPÜ-Ausführungsordnung innerhalb von **zwei Monaten** nach Wegfall des Hindernisses, spätestens jedoch binnen **Jahresfrist** nach Ablauf der versäumten Frist schriftlich einzureichen. In den Fällen der Frist zur Inanspruchnahme einer Priorität nach Art. 87 Abs. 1 EPÜ und der Frist für den Antrag auf Überprüfung durch die Große Beschwerdekammer nach Art. 112a Abs. 4 EPÜ ist nur die Zwei-Monatsfrist maßgeblich. Gemäß Regel 136 Abs. 1 S. 3 EPÜ-Ausführungsordnung gilt der Antrag erst als gestellt, wenn die **Wiedereinsetzungsgebühr** entrichtet worden ist. Die Gebühr beträgt mit Stand 1. Januar 2022 EUR 665,–.[483] Darüber hinaus ist die **versäumte Handlung** gemäß Regel 136 Abs. 2 S. 2 EPÜ-Ausführungsordnung innerhalb der nach Regel 136 Abs. 1 EPÜ-Ausführungsordnung maßgeblichen Frist **nachzuholen.** 217

Der Antrag ist unter **Glaubhaftmachung**[484] der zu seiner Stützung angeführten Tatsachen zu begründen (Regel 136 Abs. 2 S. 1 EPÜ-Ausführungsordnung). Dies erfordert neben einem Vortrag zum Hinderungsgrund, des Zeitpunktes seines Wegfalls und der Nachholung der versäumten Handlung eine umfassende, erschöpfende und konkrete Darlegung aller Umstände, die dazu geführt haben, dass trotz der gebotenen Sorgfalt die Frist nicht eingehalten werden konnte.[485] Hierbei ist auch auszuführen, dass ein funktionsfähiges System der Fristenkontrolle eingerichtet ist und vom Anmelder/Patentinhaber bzw. dessen Vertreter überwacht wird.[486] Für etwaige Mängel des Systems haftet der Anmelder bzw. Patentinhaber.[487] Entscheidend sind letztlich die Umstände des Einzelfalles.[488] 218

Über den Antrag befindet gemäß Regel 136 Abs. 4 EPÜ-Ausführungsordnung das Organ, das über die versäumte Handlung zu entscheiden hat.[489] Dies kann je nach den Umständen etwa die Prüfungs-, die Rechtsabteilung oder die Beschwerdekammer sein.[490] Wird dem Antrag stattgegeben, gelten die Rechtsfolgen der Fristversäumung als nicht eingetreten (Art. 122 Abs. 3 EPÜ). 219

Demjenigen, der in einem benannten Vertragsstaat in gutem Glauben die Erfindung, die Gegenstand einer veröffentlichten europäischen Patentanmeldung oder eines europäischen Patentes ist, in der Zeit zwischen dem Eintritt des Rechtsverlustes nach Art. 122 Abs. 1 EPÜ und der Bekanntmachung des Hinweises auf Wiedereinsetzung im Europäischen Patentblatt in Benutzung genommen oder wirkliche und ernsthafte Veranstaltungen zur Benutzung getroffen hat, steht ge- 220

481 Singer/Stauder/Luginbühl/Kroher EPÜ Art. 122 Rn. 3.
482 Singer/Stauder/Luginbühl/Kroher EPÜ Art. 122 Rn. 25 ff.; EPA G 1/86, ABl. EPA 1987, 447.
483 S. Art. 2 Abs. 1 Ziffer 13 der Gebührenordnung des EPA.
484 Zur Auslegung des im deutschen Zivilprozessrecht gebräuchlichen Begriffs der „Glaubhaftmachung" s. Singer/Stauder/Luginbühl/Kroher EPÜ Art. 122 Rn. 92; Benkard/Schäfers/Unland EPÜ Art. 122 Rn. 130 ff.
485 Singer/Stauder/Luginbühl/Kroher EPÜ Art. 122 Rn. 88 f.; Benkard/Schäfers/Unland EPÜ Art. 122 Rn. 127.
486 Benkard/Schäfers/Unland EPÜ Art. 122 Rn. 70 ff.; Singer/Stauder/Luginbühl/Kroher EPÜ Art. 122 Rn. 45 ff.
487 Benkard/Schäfers/Unland EPÜ Art. 122 Rn. 58.
488 Ausführlich zu den Sorgfaltsanforderungen Singer/Stauder/Luginbühl/Kroher EPÜ Art. 122 Rn. 40 ff.; Benkard/Schäfers/Unland EPÜ Art. 122 Rn. 50 ff.
489 Zum Verfahren siehe Benkard/Schäfers/Unland EPÜ Art. 122 Rn. 137 ff.; Singer/Stauder/Luginbühl/Kroher EPÜ Art. 122 Rn. 103 ff.
490 Benkard/Schäfers/Unland EPÜ Art. 122 Rn. 137; Singer/Stauder/Luginbühl/Kroher EPÜ Art. 122 Rn. 103 ff.

mäß Art. 122 Abs. 5 EPÜ ein unentgeltliches **Weiterbenutzungsrecht** für seinen Betrieb oder die Bedürfnisse seines Betriebes zu.[491]

2. Weiterbehandlung

221 Neben der Möglichkeit, bei Versäumung einer Frist die Wiedereinsetzung in den vorherigen Stand zu beantragen, besteht die Möglichkeit, die nachteiligen Folgen der Fristversäumung gemäß Art. 121 Abs. 1 EPÜ durch einen Antrag auf Weiterbehandlung der europäischen Patentanmeldung zu heilen. Die Weiterbehandlung soll aus Gründen der Prozessökonomie und Rechtssicherheit den Standardrechtsbehelf für Fristversäumnisse darstellen und gegenüber der Wiedereinsetzung Vorrang haben.[492] Anders als bei der Wiedereinsetzung nach Art. 122 EPÜ muss der Antragsteller bei der Weiterbehandlung nicht nachweisen, dass er die erforderliche Sorgfalt eingehalten hat. Der **Anwendungsbereich** der Weiterbehandlung beschränkt sich auf Patentanmeldungen; bereits erteilte europäische Patente sind folglich nicht erfasst. Durch das EPÜ 2000 ist der Anwendungsbereich insoweit **erweitert worden**, als dass es nicht mehr darauf ankommt, ob es sich um eine vom EPA gesetzte Frist handelt. Vielmehr kommt eine Weiterbehandlung auch dann in Frage, wenn es sich um eine Frist handelt, die sich unmittelbar aus dem EPÜ oder der EPÜ-Ausführungsordnung ergibt.[493] In zahlreichen Fällen ist die Weiterbehandlung jedoch dennoch gemäß Regel 135 Abs. 2 EPÜ-Ausführungsordnung ausgeschlossen. Dies sind etwa die Fristen für die Inanspruchnahme einer Priorität (Art. 87 Abs. 1 EPÜ), die Beschwerdefrist (Art. 108 S. 1 EPÜ), die Fristen für einen Antrag auf Wiedereinsetzung und Weiterbehandlung sowie die Frist zur Beseitigung von Mängeln nach erfolgter Prüfung gemäß Art. 90 Abs. 1 EPÜ. Eine Weiterbehandlung steht aufgrund des eindeutigen Wortlauts von Art. 121 Abs. 1 EPÜ zudem **nur dem Anmelder** und somit nicht dem Patentinhaber oder einem Einsprechenden zu.

222 Der Antrag ist nach Regel 135 Abs. 1 S. 1 EPÜ-Ausführungsordnung innerhalb von **zwei Monaten** nach der Mitteilung über die Fristversäumung oder einen Rechtsverlust zu stellen. Innerhalb gleicher Frist ist gemäß Regel 135 Abs. 1 S. 2 EPÜ-Ausführungsordnung die **versäumte Handlung nachzuholen** und die **Weiterbehandlungsgebühr** zu entrichten. Diese beträgt mit Stand 1. Januar 2022 EUR 265,– bzw. – im Falle der verspäteten Zahlung einer Gebühr – 50 % der betreffenden Gebühr.[494] Über den Antrag entscheidet das Organ, dass über die versäumte Handlung zu entscheiden hat (Regel 135 Abs. 3 EPÜ-Ausführungsordnung). Wird dem Antrag stattgegeben, so wird die Anmeldung gemäß Art. 121 Abs. 3 EPÜ so behandelt, als wäre der Rechtsverlust nicht eingetreten.

223 Der Antrag auf Weiterbehandlung der Anmeldung ist ein unkomplizierter Rechtsbehelf für den Fall einer Fristversäumung, da die Gründe der Fristversäumung unbeachtlich sind.[495] Anders als im Falle der Wiedereinsetzung kann bei der Weiterbehandlung zudem bei Dritten kein Zwischenbenutzungsrecht entstehen.[496]

IX. Verletzungs- und Nichtigkeitsverfahren

1. Ansprüche bei Verletzung nach deutschem Recht

224 Das EPÜ regelt die im Falle einer Verletzung des europäischen Patents dem Verletzten zustehenden Ansprüche nicht. Vielmehr ist gemäß Art. 64 Abs. 1 und 3 EPÜ insoweit auf das jeweilige nationale Recht abzustellen. Ähnliches gilt für etwaige Ansprüche vor Erteilung des europäischen Patents. Zwar sieht Art. 67 Abs. 1 EPÜ vor, dass die europäische Patentanmeldung dem Anmelder von dem Tage ihrer Veröffentlichung an in den benannten Vertragsstaaten einstweilen den Schutz nach Art. 64 EPÜ gewährt. Jedoch gibt Art. 67 Abs. 2 S. 1 EPÜ den Vertragsstaaten die Möglichkeiten, hiervon abzuweichen, sofern der Schutz der europäischen Patentanmeldung nicht geringer ist als der Schutz einer veröffentlichten ungeprüften nationalen Patentanmeldung nach dem jeweiligen nationalen Recht (Art. 67 Abs. 2 S. 2 EPÜ).

[491] Näher hierzu Benkard/Schäfers/Unland EPÜ Art. 122 Rn. 151; Singer/Stauder/Luginbühl/Kroher EPÜ Art. 122 Rn. 115 ff.
[492] Singer/Stauder/Luginbühl/Kroher EPÜ Art. 121 Rn. 2.
[493] Singer/Stauder/Luginbühl/Kroher EPÜ Art. 121 Rn. 5 ff.
[494] S. Art. 2 Abs. 1 Ziffer 12 der Gebührenordnung des EPA.
[495] Benkard/Schäfers/Unland EPÜ Art. 121 Rn. 1; Singer/Stauder/Luginbühl/Kroher EPÜ Art. 121 Rn. 2.
[496] Singer/Stauder/Luginbühl/Kroher EPÜ Art. 121 Rn. 39 f.

In Zukunft – nach Ablauf der Übergangszeit ausschließlich – wird das neue **Europäische Patentgericht**[497] für alle Klagen wegen tatsächlicher oder drohender Verletzung europäischer Patente zuständig sein. 225

a) Ansprüche vor Erteilung des europäischen Patentes. Von der Möglichkeit der Beschränkung des Schutzes einer veröffentlichten europäischen Patentanmeldung hat der deutsche Gesetzgeber in Art. II § 1 Abs. 1 S. 3 IntPatÜG Gebrauch gemacht. Dem Anmelder einer veröffentlichten europäischen Patentanmeldung, mit der für die Bundesrepublik Deutschland Schutz begehrt wird, steht gemäß Art. II § 1 Abs. 1 IntPatÜG lediglich gegen denjenigen, der den Gegenstand der Anmeldung benutzt hat, obwohl dieser wusste oder wissen musste, dass die von ihm benutzte Erfindung Gegenstand der europäischen Patentanmeldung war, eine den Umständen nach angemessene Entschädigung zu. Inhaltlich entspricht dieser Anspruch der Entschädigung nach § 33 PatG. Der Anspruch verjährt gemäß Art. II § 1 Abs. 1 S. 2 IntPatÜG iVm § 141 PatG nach den allgemeinen Verjährungsregeln des BGB. Der Entschädigungsanspruch besteht dann, wenn die europäische Patentanmeldung nicht in deutscher Sprache veröffentlicht worden ist, nach Art. II § 1 Abs. 2 IntPatÜG erst von dem Tage an, an dem vom DPMA eine vom Anmelder eingereichte deutsche Übersetzung der Patentansprüche veröffentlicht worden ist oder er dem Benutzer der Erfindung eine solche Übersetzung übermittelt hat. 226

b) Ansprüche nach Erteilung des europäischen Patentes. Gemäß Art. 64 Abs. 3 EPÜ wird eine Verletzung nach Erteilung des europäischen Patents nach nationalem Recht behandelt. Dies ergibt sich daraus, dass das europäische Patent – dem Charakter des Bündelpatents entsprechend – nach Erteilung in nationale Einzelteile zerfällt und demnach auch den jeweiligen nationalen Regelungen unterliegen muss. Folglich richten sich die Rechtsfolgen der Verletzung nach dem Recht des jeweiligen Vertragsstaates und entsprechen denjenigen, die auch im Falle der Verletzung eines nationalen Patentes eintreten würden.[498] Das deutsche Patentrecht sieht in den **§§ 139 PatG** eine Reihe von Ansprüchen vor, die dem Verletzten im Falle der Verletzung zustehen. Hierzu gehören neben dem Anspruch auf Unterlassung der patentverletzenden Handlung gemäß § 139 Abs. 1 PatG, dem Schadensersatzanspruch nach § 139 Abs. 2 PatG sowie den selbständigen Auskunftsansprüchen nach §§ 140b Abs. 1, 140d Abs. 1 PatG auch die Ansprüche auf Vernichtung der patentverletzenden Erzeugnisse und der vorwiegend zu ihrer Herstellung verwendeten Materialien und Geräte, § 140a Abs. 1 und 2 PatG, sowie der Anspruch auf Rückruf und endgültigem Entfernen aus den Vertriebswegen nach § 140a Abs. 3 PatG. Das PatG gewährt dem Verletzten ferner gemäß § 140c Abs. 1 PatG einen Vorlage- und Besichtigungsanspruch.[499] Die Ansprüche auf Grundlage des PatG lassen gemäß § 141a PatG Ansprüche aus anderen gesetzlichen Vorschriften ausdrücklich unberührt. Ansprüche in diesem Sinne sind etwa der unselbstständige Auskunfts- und Rechnungslegungsanspruch nach § 139 Abs. 2 PatG iVm § 242 BGB, der Bereicherungsanspruch nach § 812 Abs. 1 Satz 1 2. Var. BGB sowie der Restschadensersatzanspruch nach eingetretener Verjährung gemäß § 852 BGB. 227

2. Grenzüberschreitende Verletzungen

Bei grenzüberschreitenden Patentverletzungsfällen stellt sich die Frage, ob und, wenn ja, unter welchen Voraussetzungen die nationalen Gerichte eines Staates auch über Patentverletzungen entscheiden können, die in einem anderen Staat begangen worden sind. Im europäischen Raum richtet sich dies maßgeblich nach der Verordnung (EU) Nr. 1215/2012 vom 12. Dezember 2012 über die gerichtliche Zuständigkeit und die Anerkennung und Vollstreckung von Entscheidungen in Zivil- und Handelssachen („EuGVVO"). Die internationale Zuständigkeit eines Gerichtes kann sich aus vier verschiedenen Anknüpfungspunkten ergeben: 228

Die internationale Zuständigkeit eines Gerichts kann sich nach Art. 4 Abs. 1 EuGVVO aus dem **allgemeinen Gerichtsstand des Beklagtensitzes** ergeben. Dabei kann sowohl die Verletzung eines deutschen Patents als auch eines ausländischen Patents geltend gemacht werden. Im letzten Fall hat das Gericht die Verletzung selbst sowie die Rechtsfolgen dieser nach dem ausländischen materiellen Recht zu beurteilen, dem das Klagepatent unterliegt. Das Sitzgericht ist rein formal nach der jeweiligen Parteistellung im Prozess zu bestimmen, auch im Fall einer negativen Feststellungsklage.[500] 229

[497] S. hierzu → Rn. 267 ff.
[498] Singer/Stauder/Luginbühl EPÜ Art. 64 Rn. 16.
[499] S. hierzu näher Kühnen Kapitel B, Rn. 10 ff.
[500] OLG München InstGE 2, 61; LG Düsseldorf InstGE 3, 153.

230 Eine besondere Bedeutung kommt dabei jedoch dem **Einwand der Nichtigkeit** des Klagepatents zu. Der Nichtigkeitseinwand kann die erhobene Klage zu Fall bringen, indem die begründete Zuständigkeit im Nachhinein entfällt, da Art. 24 Nr. 4 EuGVVO für diesen Fall eine ausschließliche Zuständigkeit begründet.[501]

231 Den **Gerichtsstand der unerlaubten Handlung** regelt Art. 7 Nr. 2 EuGVVO. Die Zuständigkeit kann sich hier aus dem Handlungsort oder dem Erfolgsort ergeben, wobei Erfolgsort nur ist, wo ein unmittelbarer Schaden eintritt.[502] Im Gegensatz zum Gerichtstand des Beklagtensitzes können hier keine Ansprüche wegen der Verletzung eines ausländischen Patents geltend gemacht werden. Da das europäische Patent kein einheitliches Schutzrecht, sondern ein Bündelpatent ist, können Handlungsort und Erfolgsort nur dort sein, wo der nationale Schutzrechtsanteil liegt.[503] Dies gilt gleichermaßen für die negative Feststellungsklage.[504] Auch dem Feststellungskläger steht der Gerichtsstand der unerlaubten Handlung zur Verfügung.[505] Die reine Behauptung der Verletzungshandlung durch den Kläger ist dabei ausreichend, um eine Zuständigkeit zu begründen.[506]

232 Darüber hinaus gibt es den **Gerichtstand der Streitgenossenschaft,** geregelt in Art. 8 Nr. 1 EuGVVO. Hierbei kann der Kläger mehrere Beklagte, trotz Sitzes in verschiedenen Vertragsstaaten, vor einem Gericht verklagen. Dies jedoch in einem Bezirk, in dem einer der Beklagten seinen Sitz hat. Erforderlich ist dafür ein Zusammenhang zwischen den verschiedenen Klagen, der eine gemeinsame Entscheidung als geboten erscheinen lässt. Voraussetzung ist zumindest ein behauptetes Zusammenwirken der Beklagten, so wenn sie etwa das Patent als Mittäter oder Gehilfe verletzt haben.[507]

233 Schließlich kann die internationale Zuständigkeit durch **rügelose Einlassung** des Beklagten zur Hauptsache begründet werden. Diese Möglichkeit der Zuständigkeitsbegründung ist in Art. 26 EuGVVO vorgesehen. Vorausgesetzt ist allerdings, dass keine anderweitige ausschließliche Zuständigkeit besteht.

3. Nichtigkeitsverfahren

234 Eine Aufhebung oder Beschränkung des europäischen Patentes kommt durch drei Verfahren in Betracht. Zum einen kann das EPA das europäische Patent zentral im Rahmen des Einspruchsverfahrens nach Art. 99 ff. EPÜ oder auf Antrag des Patentinhabers im Rahmen eines Beschränkungs- oder Widerrufsverfahrens nach Art. 105a EPÜ widerrufen oder beschränken. Zum anderen kommt eine Nichtigkeitserklärung des jeweiligen nationalen Teils des europäischen Patents im Zuge eines **nationalen Nichtigkeitsverfahrens** in Betracht.[508] Die Nichtigkeitserklärung im Rahmen eines nationalen Nichtigkeitsverfahrens entfaltet im Gegensatz zu den zentralen Rechtsbehelfen des EPÜ nur in dem jeweiligen Vertragsstaat Wirkung.[509] In Zukunft wird zudem – nach Ablauf der Übergangszeit ausschließlich – das neue **Einheitliche Patentgericht**[510] für Nichtigkeitsklagen gegen Europäische Patente zuständig sein.

235 Regelmäßig wendet der Beklagte im Verletzungsverfahren die Nichtigkeit des Patents gegenüber der gegen ihn gerichteten Verletzungsklage ein. Das EPÜ regelt das Nichtigkeitsverfahren in formeller Hinsicht nicht, so dass bezüglich der verfahrensrechtlichen Vorschriften auf das jeweilige nationale Recht zurückgegriffen werden muss. In Deutschland ist eine Nichtigkeitswiderklage nicht vorgesehen, vielmehr muss der Kläger aufgrund des geltenden Trennungsprinzips **Nichtigkeitsklage vor dem Bundespatentgericht** erheben.[511] Das Verletzungsverfahren ist allenfalls gegebenenfalls auszusetzen.[512] Die Nichtigkeitsklage richtet sich ausschließlich gegen den deutschen Teil des europäischen Patents und ist gegen den in der deutschen Patentrolle eingetra-

[501] Kühnen Kapitel D, Rn. 11.
[502] EuGH NJW 2004, 2441; Kühnen Kapitel D, Rn. 18.
[503] Schweizerisches Bundesgericht GRUR Int 2007, 534; OLG Düsseldorf Urt. v. 12. Mai 2005 – I-2 U 67/03; Grabinski GRUR Int 2001, 199 (205).
[504] OLG Düsseldorf Urt. v. 12. Mai 2005 – I-2 U 67/03; Kühnen Kapitel D, Rn. 23.
[505] Grabinski GRUR Int 2001, 199 (203).
[506] BGH NJW-RR 2010, 1554; Kühnen Kapitel D, Rn. 25.
[507] BGH NJW-RR 2010, 644; Kühnen Kapitel D, Rn. 28.
[508] Singer/Stauder/Luginbühl/Schauwecker EPÜ Vor Art. 138.
[509] Singer/Stauder/Luginbühl/Schauwecker EPÜ Vor Art. 138.
[510] S. hierzu → Rn. 275 ff.
[511] Näheres s. Benkard/Scharen EPÜ Art. 138 Rn. 41; §§ 81, 110 PatG; Allgemein zur Nichtigkeitsklage Keukenschrijver Patentnichtigkeitsverfahren.
[512] Kühnen Kapitel E, Rn. 787 ff.

genen Patentinhaber als Beklagten einzulegen.[513] Zu beachten ist, dass gemäß § 81 Abs. 2 PatG eine Nichtigkeitsklage nicht erhoben werden kann,[514] solange ein Einspruch gegen die Patenterteilung noch möglich ist oder ein Einspruchsverfahren anhängig ist. Da es sich um eine verfahrensrechtliche Regelung handelt, gilt dies auch im Fall einer Nichtigkeitsklage gegen den deutschen Teil eines europäischen Patents.[515]

Im Falle der Zulässigkeit der Nichtigkeitsklage bildet das erteilte Patent in der nach Art. 70 Abs. 1 EPÜ maßgeblichen Fassung den Gegenstand der Überprüfung.[516] Die materielle Prüfung richtet sich im Gegensatz zur formellen Prüfung nicht nach nationalen Vorschriften, sondern nach dem EPÜ.[517] Art. 138 Abs. 1 EPÜ sowie Art. II § 6 Abs. 1 IntPatÜG zählen insoweit abschließend die Gründe auf, aus denen das Bundespatentgericht das europäische Patent für nichtig erklären bzw. einschränken kann.[518] Hieraus ergibt sich allerdings weder eine Bindung an die Rechtsauffassung des EPA noch an seine Rechtsprechung.[519] Mit wenigen Ergänzungen entsprechen die in Art. 138 Abs. 1 EPÜ genannten Nichtigkeitsgründe im Wesentlichen denen des deutschen Rechts nach §§ 21, 22 PatG.[520] Innerhalb des von Art. 138 Abs. 2 und 3 EPÜ gezogenen Rahmens kann das nationale Gericht das Patent nach Überprüfung entweder teilweise[521] oder gänzlich für nichtig erklären.[522] 236

X. Europäisches Patent mit einheitlicher Wirkung/Einheitliches Patentgericht

1. Europäisches Patent mit einheitlicher Wirkung

a) **Grundlagen.** Nachdem die Verhandlungen über einen einheitlichen Patentschutz über Jahrzehnte immer wieder gescheitert waren, ist nun der Weg für das Europäische Patent mit Einheitlicher Wirkung (**„Einheitspatent“**) frei. Dieses basiert auf einer sogenannten „Verstärkten Zusammenarbeit“[523] im Bereich der Schaffung eines einheitlichen Patentschutzes, an der sich 25 der 27 EU-Mitgliedsstaaten beteiligen. Bereits seit 2013 sind die zur Umsetzung der Verstärkten Zusammenarbeit auf Kommissionsvorschlägen beruhenden Verordnungen zur Schaffung eines einheitlichen Patentschutzes (Verordnung (EU) Nr. 1257/2012) und über die anwendbaren Übersetzungsregelungen (Verordnung (EU) Nr. 1260/2012) in Kraft.[524] Nachdem diese von 25 Mitgliedsstaaten ratifiziert worden waren,[525] hing ihre Anwendung gemäß Art. 18 Abs. 2 der VO (EU) Nr. 1257/2012 vom Inkrafttreten des (völkerrechtlichen) Übereinkommens über ein Einheitliches Patentgericht (nachfolgend „**EPGÜ**“) ab.[526] Für dessen Inkrafttreten war wiederum eine Ratifizierung durch mindestens 13 Vertragsstaaten erforderlich, unter denen Frankreich, Deutschland und – nach dem Ausscheiden des Vereinigten Königreichs infolge des Brexits – Italien sein mussten.[527] Um die fehlenden rechtlichen Grundlagen für die Umsetzung in nationales Recht zu schaffen, verabschiedete der Bundestag am 9. März 2017 erstmals zwei Gesetzesinitiativen.[528] Gegen den Teil des Gesetzgebungspakets, der der Errichtung des UPC zustimmt, wurde Verfassungsbeschwerde eingelegt, der das Bundesverfassungsgericht aufgrund eines Fehlers im Gesetzgebungsverfahren mit am 20. März 2020 veröffentlichter Entscheidung stattgab.[529] Am 237

[513] BPatG GRUR 1992, 435 – Zusätzlicher Kläger; BGH GRUR 1992, 430 – Tauchcomputer.
[514] „Nicht erhoben“ bedeutet nicht, dass die Nichtigkeitsklage unzulässig ist.
[515] Singer/Stauder/Luginbühl EPÜ Art. 138 Rn. 13.
[516] Benkard/Scharen EPÜ Art. 138 Rn. 36.
[517] Singer/Stauder/Luginbühl EPÜ Art. 138 Rn. 21.
[518] Benkard/Scharen EPÜ Art. 138 Rn. 21.
[519] Singer/Stauder/Luginbühl EPÜ Art. 138 Rn. 21; vgl. BGH GRUR 2010, 950 – Walzenformgebungsmaschine.
[520] Vgl. für Deutschland Art. II § 6 IntPatÜG und §§ 21, 22 PatG; zu den einzelnen Nichtigkeitsgründen s. Benkard/Scharen EPÜ Art. 138 Rn. 8 ff.
[521] Singer/Stauder/Luginbühl EPÜ Art. 138 Rn. 23 ff.
[522] Benkard/Scharen EPÜ Art. 138 Rn. 42 ff.
[523] Die verstärkte Zusammenarbeit kann gemäß dem EUV und AEUV als letztes Mittel eingesetzt werden, wenn innerhalb eines vertretbaren Zeitraums keine Einigung durch die EU insgesamt erzielt werden kann und sofern sich daran mindestens neun Mitgliedstaaten beteiligen, vgl. Art. 20 EUV bzw. Art. 326 ff. AEUV.
[524] Die Verordnungen sind abzurufen über www.epo.org/law-practice/unitary/unitary-patent_de.html.
[525] Die Verordnungen sind nicht ratifiziert von Spanien und Kroatien (Stand 1. September 2021).
[526] Das EGPÜ ist abzurufen über https://www.epo.org/law-practice/unitary/upc.html.
[527] Dies ergibt sich mittelbar aus Art. 89 Abs. 1 UPC-Agreement.
[528] Gesetz zu dem Übereinkommen vom 19. Februar 2013 über ein Einheitliches Patentgericht, BT-Drs. 18/11137 und Gesetz zur Anpassung patentrechtlicher Vorschriften auf Grund der europäischen Patentreform, BT-Drs. 18/8827.
[529] BVerfG Beschluss vom 13. Februar 2020, 2 BvR 739/17.

26. November 2020 verabschiedete der Bundestag – nun unter Vermeidung formaler Fehler – ein wortgleiches Gesetz.[530] Gegen dieses wurden umgehend erneut zwei Verfassungsbeschwerden nebst Eilanträgen eingelegt. Auf Bitte des Bundesverfassungsgerichts fertigte der Bundespräsident das Gesetz, wie bereits bei der vorangegangenen Verfassungsbeschwerde, zunächst nicht aus. Mit Beschluss vom 23. Juni 2021 wies das BVerfG die Eilanträge zurück. Die Verfassungsbeschwerde sei in der Hauptsache unzulässig, da die Möglichkeit einer Grundrechtsverletzung nicht hinreichend substantiiert dargelegt worden sei.[531] Auf diese Weise stand fest, dass eine Prüfung in der Hauptsache nicht mehr erfolgen wird. Das Gesetz wurde daraufhin am 12. August 2021 nach Ausfertigung durch den Bundespräsidenten im Bundesgesetzblatt verkündet. Das EGPÜ findet ab dem ersten Tag des vierten Monats nach Hinterlegung der deutschen Ratifikationsurkunde Anwendung.[532] Darüber hinaus ist noch eine Unterzeichnung und Ratifizierung des „Protocol on a Unified Patent Court on Provisional Application" (**„PAP-Protocol"**) erforderlich, welches die organisatorischen Rahmenbedingungen für die Betriebsaufnahme des UPC schaffen soll. Nachdem Deutschland dieses am 27. September 2021 ratifiziert hat, am 15. Oktober 2021 Slowenien gefolgt ist[533] und zuletzt auch Österreich am 18. Januar 2022 die Ratifikationsurkunde hinterlegt hat,[534] ist mit einer Betriebsaufnahme des UPC im Laufe des Jahres 2022 bzw. frühestens acht Monate nach Beginn der Vorbereitungsphase[535] zu rechnen.[536]

238 Wichtige Rechtsquellen neben den vorgenannten Verordnungen und dem EGPÜ sind die Durchführungsordnung zum einheitlichen Patentschutz[537], die Gebührenordnung zum einheitlichen Patentschutz[538] sowie auf nationaler (deutscher) Ebene die vorgenommenen Änderungen am Gesetz über internationale Patentübereinkommen[539], die eine Einfügung des Einheitspatents in die deutsche Rechtsordnung sicherstellen und zeitgleich mit dem EGPÜ in Kraft treten[540].

239 b) **Zuständigkeit.** Zentrale Anlaufstelle für das Einheitspatent ist das **EPA,** dem von den Mitgliedstaaten die entsprechenden Kompetenzen übertragen werden (vgl. Art. 9 der VO (EU) Nr. 1257/2012). Es ist etwa zuständig für die Verwaltung der Anträge der Patentinhaber auf einheitliche Wirkung und die Erhebung, Verwaltung und Verteilung der Gebühren für das Einheitspatent. Ferner hat das EPA ein **Register** für die einheitlichen Patente zu führen, das Rechtsstandsdaten zu Lizenzen, Rechtsübertragungen und Beschränkungen sowie zum Widerruf bzw. Erlöschen von Patenten enthält.[541] Darüber hinaus ist es zuständig für die Verwaltung der Übersetzungen inklusive eines Kompensationssystems sowie für die Entgegennahme und Eintragung von Erklärungen über die Lizenzbereitschaft nach Art. 8 der VO (EU) Nr. 1257/2012. Alle diese Zuständigkeiten stehen neben der (gehabten) Zuständigkeit für die gesamte formelle und materielle Prüfung der Patentanmeldung und die Erteilung des europäischen Bündelpatents, die Voraussetzung für das Einheitspatent sind.

240 c) **Voraussetzungen für die Erteilung.** Inhaber eines europäischen Patents können durch einen Antrag beim EPA einheitlichen Patentschutz für ihre Erfindung grundsätzlich in allen an der Verstärkten Zusammenarbeit teilnehmenden Mitgliedstaaten erlangen. Das heißt, das neue System knüpft an das bereits bestehende System auf Grundlage des EPÜ an, so dass sich am Anmelde- und Prüfungsverfahren nichts ändert.[542] Der Anmelder erhält lediglich die Möglichkeit, sein vom EPA auf Grundlage des EPÜ erteiltes klassisches europäisches Patent als Patent mit einheitlicher

---

530 BT-Drs. 19/22847.

531 BVerfG Beschluss vom 23. Juni 2021, 2 BvR 2216/20 u. a.

532 Das ergibt sich aus Art. 89 Abs. 1 EPGÜ.

533 S. hierzu unter www.unified-patent-court.org/news.

534 https://www.consilium.europa.eu/de/documents-publications/treaties-agreements/agreement/?id=2015056.

535 https://www.unified-patent-court.org/news/austria-closes-loop-protocol-provisional-application-upc-agreement-has-entered-force.

536 Problematisch ist, dass das „PAP-Protocol", anders als das EGPÜ, das Vereinigte Königreich ausdrücklich nennt. Ann sieht ein Inkrafttreten des Protokolls daher nicht als möglich an (Ann, Patenrecht, § 30a, Rn. 14). Der gewählte Weg, ein Inkrafttreten dennoch zuzulassen (indem Italien auch bei der Unterzeichnung des Protokolls an die Stelle des Vereinigten Königreichs tritt) wird zum Teil kritisch gesehen, da er die Gefahr berge, dass künftig Zweifel an der Legitimität des UPC erhoben werden könnten (vgl. Fallah/Koller/Stadler GRUR Int 2021, 662).

537 ABl. EPA 2016, A 39.

538 ABl. EPA 2016, A 40.

539 Geändert wird insbesondere Art. II IntPatÜbkG, dem die §§ 15 bis 20 angefügt werden.

540 Dies ergibt sich aus Art. 3 Abs. 2 des Gesetzes zur Anpassung patentrechtlicher Vorschriften aufgrund der Europäischen Patentreform.

541 Siehe hierzu Regel 5 und 15 ff. der Durchführungsordnung zum Einheitspatent.

542 Siehe dazu → Rn. 90 ff.

Schutzwirkung zu benennen. Sofern er hiervon Gebrauch macht, zerfällt das europäische Patent nicht in nationale Teile, sondern es besteht ohne weitere Validierung ein Einheitspatent mit Schutz in den an der Verstärkten Zusammenarbeit beteiligten Ländern (Art. 3 Abs. 1 VO der (EU) Nr. 1257/2012).

Um einheitlichen Patentschutz zu erhalten, ist spätestens **einen Monat** nach Bekanntmachung des Hinweises auf die Erteilung eines europäischen Patents im Europäischen Patentblatt ein **schriftlicher Antrag** in der Verfahrenssprache beim EPA zu stellen (vgl. Art. 9 Abs. 1 lit. g) der VO (EU) Nr. 1257/2012 sowie Regel 5 und 6 der **Durchführungsordnung zum Einheitspatent**).[543] Die Frist ist nicht verlängerbar (Art. 9 Abs. 1 lit. g) der VO (EU) Nr. 1257/2012 iVm Regel 6 der Durchführungsordnung Einheitspatent), eine Wiedereinsetzung ist indes möglich. Diese ist analog zur Wiedereinsetzung in die Prioritätsfrist nach Art. 87 Abs. 1 EPÜ innerhalb von zwei Monaten nach Ablauf der Frist zu beantragen und die Antragstellung auf einheitliche Wirkung innerhalb dieser Frist nachzuholen (Regel 22 der Durchführungsordnung Einheitspatent). 241

In **formeller** Hinsicht muss der Antrag gemäß Regel 6 der Durchführungsordnung Einheitspatent enthalten: Angaben zur Person des Antragsstellers, der Inhaber eines europäischen Patents ist bzw. falls ein Vertreter bestellt ist, entsprechende Angaben zum Vertreter (wie bei der Anmeldung eines europäischen Bündelpatents nach Maßgabe der Regel 41 Abs. 2 lit. c) EPÜ, auf den die Durchführungsordnung Einheitspatent verweist), die Nummer des europäischen Patents, dem einheitliche Wirkung erteilt werden soll sowie (während des Übergangszeitraums) eine weitere Übersetzung des europäischen Patents nach Maßgabe von Art. 6 Abs. 1 der VO (EU) Nr. 1260/2012. Sollte ein Antrag in dieser (formellen) Hinsicht unvollständig sein, fordert das EPA den Antragsteller auf, die festgestellten Mängel innerhalb einer nicht verlängerbaren Frist von einem Monat zu beseitigen, sofern der Antrag den Voraussetzungen in übriger Hinsicht genügt (Regel 7 Abs. 3 der Durchführungsordnung Einheitspatent). Das EPA beabsichtigt, Formblätter zur Verfügung zu stellen, um dem Auftreten formeller Mängel entgegenzuwirken 242

Die **materiellen** Erteilungsvoraussetzungen ergeben sich aus Art. 3 Abs. 1 VO (EU) Nr. 1257/2012 sowie Regel 5 Abs. 2 der Durchführungsordnung Einheitspatent. Danach ist Voraussetzung, dass ein europäisches Patent mit den gleichen Ansprüchen für alle an der Verstärkten Zusammenarbeit teilnehmenden Länder erteilt wurde. 243

d) Schutzwirkung und Verhältnis zum klassischen Patentschutz. Sofern die einheitliche Wirkung im Register eingetragen wurde, wird das Einheitspatent (rückwirkend zum Tag der Veröffentlichung des Hinweises auf die Patenterteilung im Europäischen Patentblatt wirksam (Art. 4 Abs. 1 der VO (EU) Nr. 1257/2012). Es kommt dabei nicht zu einem Zerfall des europäischen Patents in nationale Teile, sondern es besteht ohne weitere Validierung ein Einheitspatent mit **Schutz in den an der Verstärkten Zusammenarbeit teilnehmenden Mitgliedsstaaten** (Art. 3 Abs. 1 der VO (EU) Nr. 1257/2012).[544] Der Schutz des klassischen europäischen Bündelpatents gilt dabei für die betreffenden Länder als nicht eingetreten, um eine Doppelpatentierung durch europäisches und einheitliches Patent auszuschließen (Art. 4 Abs. 2 VO (EU) Nr. 1257/2012).[545] Im Übrigen können Patentinhaber allerdings das **klassische europäische Patent** auf verschiedene Weise mit dem Einheitspatent **kombinieren,** zB ein Einheitspatent für alle an der Verstärkten Zusammenarbeit teilnehmenden Mitgliedstaaten der EU zusammen mit einem klassischen europäischen Patent mit Wirkung in einem oder mehreren nicht an der Verstärkten Zusammenarbeit teilnehmenden EPÜ-Vertragsstaaten wie Spanien, Kroatien, Island, der Schweiz, der Türkei, Norwegen oder das Vereinigte Königreich.[546] Die Möglichkeit eines Doppelschutzes durch das Einheitspatent einerseits und ein nationales Patent andererseits ist ferner nicht ausgeschlossen und bleibt der Regelung durch den nationalen Gesetzgeber überlassen. Der neue Art. II § 18 Abs. 1 IntPatÜG sieht insoweit vor, dass auf **Rüge des Beklagten** im ersten Termin nach Entstehen der Einrede vor Beginn der mündlichen Verhandlung zur Hauptsache eine Klage wegen Verletzung oder drohender Verletzung eines **nationalen, deutschen Patents** als unzulässig abzuweisen ist, soweit (1.) Gegenstand dieses Patents eine Erfindung ist, für die demselben Erfinder oder seinem Rechtsnachfolger mit Wirkung für die Bundesrepublik Deutschland ein europäisches Patent oder ein Einheitspatent mit derselben Priorität erteilt worden ist, *und* (2.) ein Verfahren vor dem Einheitli- 244

[543] Der Text der Durchführungsordnung ist abgedruckt im ABl. EPA 2016, A39.

[544] Wird von der Möglichkeit des Einheitspatents kein Gebrauch gemacht, bleibt es demgegenüber allein bei dem Schutz durch das klassische europäische Bündelpatent.

[545] Zur Rechtslage in Deutschland siehe die neue Regelung in Art. II § 15 Abs. 2 IntPatÜG.

[546] Vgl. das Beispiel unter https://www.epo.org/service-support/faq/procedure-law/faq_de.html.

chen Patentgericht gegen dieselbe Partei wegen Verletzung oder drohender Verletzung des europäischen Patents oder des Einheitspatents durch die gleiche Ausführungsform rechtshängig ist oder das Einheitliche Patentgericht über ein solches Begehren eine rechtskräftige Entscheidung getroffen hat.

245 Hinsichtlich der **territorialen Wirkung des Einheitspatents** ist jedoch Folgendes zu beachten. Zum einen stellt Art. 2 lit. a) der VO (EU) Nr. 1257/2012 bei der Definition des Begriffs „Teilnehmender Mitgliedstaat" auf den **Zeitpunkt des Antrags** auf einheitliche Wirkung nach Art. 9 der VO (EU) Nr. 1257/2012 ab. Es ist daher möglich, dass, sollten etwa auch Spanien und/oder Kroatien[547] doch noch an der Verstärkten Zusammenarbeit teilnehmen, der territoriale Schutzbereich für Einheitspatente, die erst ab Beitritt dieser Staaten beantragt werden, sich größer gestaltet. Zum anderen hat das europäische Patent als Einheitspatent nach Art. 18 Abs. 2 Unterabsatz 2 der VO (EU) Nr. 1257/2012 nur in den teilnehmenden Mitgliedsstaaten einheitliche Wirkung, in denen das einheitliche europäische Patentgericht über die ausschließliche Zuständigkeit für das Einheitspatent verfügt. Dies ist nur bei den teilnehmenden Mitgliedstaaten der Fall, die das **EPGÜ ratifiziert** haben. Daraus ergibt sich, dass es Einheitspatente verschiedener Generationen mit unterschiedlichem territorialen Schutzbereich geben kann. Eine automatische Erstreckung wie bei der Unionsmarke bzw. dem Gemeinschaftsgeschmacksmuster findet demnach nicht statt. Klarheit darüber, welche Länder über ein Einheitspatent jeweils erfasst sind, kann das beim EPA geführte Register liefern.

246 Mit der einheitlichen Schutzwirkung geht neben einem einheitlichen territorialen Schutzbereich auch ein **einheitliches Schicksal** des Einheitspatents insgesamt einher (vgl. Art. 3 Abs. 2, 5 Abs. 2 VO (EU) Nr. 1257/2012). So kann es nur im Hinblick auf alle teilnehmenden Mitgliedstaaten beschränkt, übertragen oder für nichtig erklärt werden oder erlöschen. Patentverletzungsklagen oder Klagen auf Nichtigerklärung sind ferner nicht wie beim klassischen europäischen Patent in allen validierten Ländern vor nationalen Gerichten einzureichen, sondern fallen in die Zuständigkeit des UPC.[548] Somit kann im Erfolgsfall ein Einheitspatent (mit Schutzwirkung in 25 Ländern) durch nur eine Klage zu Fall gebracht werden.[549] Eine **Lizenzierung** bleibt für die Gesamtheit oder einen Teil der Hoheitsgebiete der Mitgliedstaaten möglich (Art. 3 Abs. 2 VO (EU) Nr. 1257/2012). Als europäisches Patent wird das Einheitspatent zudem dem **Einspruchsverfahren beim EPA** offenstehen, so dass es auch durch das EPA widerrufen werden kann. Auch dem zentralen Beschränkungs- und Widerrufsverfahren vor dem EPA wird es zugänglich sein.[550] Die Abgabe einer Lizenzbereitschaftserklärung ist möglich (vgl. Art. 8 VO (EU) Nr. 1257/2012).

247 e) **Materieller Schutzumfang.** Die zunächst im Verordnungsvorschlag enthaltenen Vorschriften zu Kernregelungen des materiellen Patentrechts, also unmittelbare und mittelbare Patentverletzung, Schranken und Erschöpfung, wurden (insbesondere auf Drängen des Vereinigten Königreichs) schließlich gestrichen und durch deren jetzigen Art. 5 der VO (EU) Nr. 1257/2012 ersetzt. Dieser verweist in seinem Abs. 3 bezüglich des Schutzumfangs auf das in dem teilnehmenden Mitgliedstaat für Einheitspatente geltende (harmonisierte) nationale Recht und damit (mittelbar) vor allem auf die Art. 25 ff. des EPGÜ. Damit sind materiellrechtliche Regelungen weitgehend von den EU-Verordnungen in das EPGÜ (als völkerrechtlichen Vertrag) ausgelagert worden. Daneben knüpft das EPGÜ teils unmittelbar an nationales Recht an, so zB in Art. 28 des EPGÜ für das Bestehen und den Umfang eines Vorbenutzungsrechts. Das Fehlen einer unionsrechtlichen Regelung zum Schutzumfang war nicht zuletzt Angriffspunkt einer Nichtigkeitsklage Spaniens, wurde vom EuGH aber gebilligt.[551] Art. 118 AEUV, der die Rechtsgrundlage für die Verordnung zum Einheitspatent darstellt, erfordere nach Ansicht des EuGH nicht, dass alle Aspekte geregelt werden, sondern es genüge, wenn hierdurch einheitlicher Schutz hergestellt wird. Dies werde durch den Verweis auf nationales Recht, das im Hoheitsgebiet aller teilnehmenden Hoheitsgebiete gelte, gewährleistet.

---

[547] Einen Sonderfall bildet Polen, das zwar an der Verstärkten Zusammenarbeit teilnimmt, das EGPÜ aber nicht unterzeichnet hat. Für klassische europäische Patente sind somit weiterhin die polnischen nationalen Gerichte zuständig, wohingegen eine Durchsetzung eines Einheitspatentes in Polen voraussichtlich nicht möglich wäre, vgl. Art. 18 VO (EU) 1257/2012.

[548] Siehe dazu → Rn. 275 ff.

[549] Als europäisches Patent kann auch das Einheitspatent nur aufgrund der Art. 138 und 139 Abs. 2 EPÜ für nichtig erklärt werden.

[550] Vgl. Luginbühl GRUR Int 2013, 305 (307).

[551] Vgl. EuGH EuZW 2015, 548.

Art. 25 EPGÜ regelt die **unmittelbare Benutzung** der Erfindung und ist nahezu identisch mit § 9 PatG. Die Regelung wird durch das einheitliche Patentgericht autonom auszulegen sein.[552] Es ist aber damit zu rechnen, dass die Richter – insbesondere der Lokalkammern – gerade zu Beginn auf etablierte Grundsätze der nationalen Rechtsprechung zurückgreifen werden.[553] Die **mittelbare Benutzung** ist in Art. 26 EPGÜ geregelt, der weitgehend § 10 PatG entspricht. Anders als § 10 PatG setzt Art. 26 EPGÜ jedoch keinen doppelten Inlandsbezug voraus, sondern lässt es genügen, dass das Anbieten und Liefern im Hoheitsgebiet der Vertragsmitgliedsstaaten erfolgt.[554] 248

Art. 27 EPGÜ[555] enthält eine **Schrankenbestimmung,** die die Wirkungen des Europäischen Patents mit einheitlicher Wirkung begrenzt. Art. 27 lit. a), b) sowie e)–h) EPGÜ entsprechen § 11 Nr. 1–2 sowie 3–6 PatG, sind aber autonom auszulegen. Art. 27 lit. c) EPGÜ unterscheidet sich von § 11 Nr. 2a PatG darin, dass Zweck nicht die Züchtung, Entdeckung oder Entwicklung einer neuen Pflanzensorte, sondern einer anderen Pflanzensorte sein muss. 249

Art. 28 EPGÜ beschäftigt sich mit dem **Vorbenutzungsrecht,** das von dem jeweiligen nationalen Recht abhängig ist. Derjenige, der in einem Vertragsmitgliedsstaat ein Vorbenutzungsrecht oder ein persönliches Besitzrecht an einer Erfindung erworben hätte, wenn anstelle des Europäischen Patents mit einheitlicher Wirkung ein nationales Patent erteilt worden wäre, hat in diesem Vertragsmitgliedsstaat die gleichen Rechte auch hinsichtlich des Europäischen Patents mit einheitlicher Wirkung. 250

Eine Regelung zur **Erschöpfung** findet sich in Art. 6 VO (EU) 1257/2012. Die Vorschrift ist autonom auszulegen und die Rechtsprechung des EuGH zur Erschöpfung zu beachten.[556] 251

f) Verfahrenssprache/Übersetzungen. Für den Antrag auf einheitliche Wirkung wurde beschlossen, die bewährte Sprachenregelung des EPÜ mit den drei EPA-Amtssprachen Deutsch, Englisch und Französisch zu übernehmen, Art. 3 Abs. 1, 2 lit. b) der VO (EU) Nr. 1260/2012 iVm Art. 14 Abs. 3 EPÜ. Im Falle eines **Rechtsstreits** können Übersetzungen erforderlich sein; so hat nach Art. 4 Abs. 1 der VO (EU) Nr. 1260/2012 der Patentinhaber **auf Antrag** und nach Wahl des mutmaßlichen Patentverletzers eine vollständige (manuelle) Übersetzung in eine Amtssprache des Staates vorzulegen, in dem die mutmaßliche Verletzung stattgefunden hat, oder in dem der mutmaßliche Verletzer ansässig ist. Zudem kann das im Rechtsstreit **zuständige Gericht** beantragen, dass eine Übersetzung in die Verfahrenssprache vor diesem Gericht vorzulegen ist (Art. 4 Abs. 2 der VO (EU) Nr. 1260/2012). In beiden Fällen sind die Übersetzungskosten vom Patentinhaber zu tragen (Art. 4 Abs. 3 der VO (EU) Nr. 1260/2012). 252

Während eines **Übergangszeitraums** von sechs bis maximal zwölf Jahren bzw. bis zur vollen Funktionsfähigkeit des maschinellen Übersetzungssystems gelten zusätzliche Regelungen: Ist die Verfahrenssprache vor dem EPA Deutsch oder Französisch, so muss eine vollständige Übersetzung der Patentschrift in Englisch eingereicht werden; ist die Verfahrenssprache Englisch, ist eine Übersetzung in eine Amtssprache eines EU-Mitgliedstaats erforderlich. Diese Übersetzung ist **zusammen mit dem Antrag auf einheitliche Wirkung** einzureichen (Art. 6 der VO (EU) Nr. 1260/2012). Für bestimmte Anmelder mit Sitz in einem EU-Mitgliedstaat, der keine Amtssprache mit einer der drei Amtssprachen des EPA gemein hat, wird ergänzend ein System zusätzlicher Kostenerstattungen für die Übersetzung der Anmeldung in die Verfahrenssprache des EPA eingeführt. Dies gilt insbesondere für kleine und mittlere Unternehmen, Hochschulen und öffentliche Forschungseinrichtungen, um diesen den Zugang zum Einheitspatent zu erleichtern (vgl. Art. 5 der VO (EU) Nr. 1260/2012 sowie die Regeln 8 ff. der Durchführungsordnung Einheitspatent). 253

g) Gebühren. Die Kosten bis zur Erteilung des europäischen Patents werden sich durch die Einführung des Einheitspatents nicht verändern. Die sich an die Erteilung des Einheitspatents unmittelbar anschließenden Kosten können sich indes im Vergleich zum klassischen europäischen Patent – je nach Zahl der zu validierenden Länder – deutlich reduzieren. Der Antrag auf einheitliche Wirkung soll kostenfrei sein (siehe Regel 5 I. 5. der Durchführungsordnung Einheitspatent) und auch Validierungskosten entfallen. 254

---

[552] Ann Patentrecht § 30a, Rn. 27.
[553] Vgl. Augenstein, BeckOK Patentrecht EPGÜ Art. 25, Rn. 1 ff.
[554] Ann Patentrecht § 30a, Rn. 28.
[555] Vgl. näher Ann Patentrecht § 30a, Rn. 29 ff.
[556] Ann Patentrecht § 30a, Rn. 33.

255 Bezüglich der zur Aufrechterhaltung zu zahlenden **Jahresgebühren** wurde der sog. „True Top 4"-Vorschlag angenommen.[557] Damit entsprechen die jährlichen Gebühren in etwa der Gesamtsumme der Jahresgebühren für die vier Länder, in denen europäische Patente derzeit am häufigsten validiert werden (Deutschland, Frankreich, Vereinigtes Königreich und Niederlande). Demnach sind ab dem zweiten Jahr beispielsweise folgende Gebühren für den einheitlichen Schutz in nach derzeitigem Stand 25 Ländern fällig: EUR 35,– im zweiten Jahr, EUR 105,– für das dritte und EUR 145,– für das vierte Jahr. In den ersten zehn Jahren betragen die Kosten für die Aufrechterhaltung eines Einheitspatent etwas weniger als EUR 5.000,–, die Gesamtsumme für seine Aufrechterhaltung über die volle Laufzeit von zwanzig Jahren liegt bei EUR 35.555,–. Zum Vergleich: Möchte man durch ein klassisches europäisches Patent in denselben 25 Ländern Schutz für seine Erfindung erhalten, so fallen in den ersten zehn Jahren ca. EUR 30.000,–, über die gesamte Laufzeit von zwanzig Jahren fast EUR 160.000,– an.[558]

256 Anders als beim europäischen Bündelpatent sind die Jahresgebühren, die in den Folgejahren des Jahres fällig sind, in dem der Hinweis auf die Erteilung des Europäischen Patents mit einheitlicher Wirkung im Europäischen Patentblatt veröffentlicht wird, nicht mehr an die nationalen Ämter zu zahlen, sondern unmittelbar an das **EPA,** das als zentrale Stelle für die Verwaltung und Erhebung der Gebühren fungiert (vgl. Art. 9 Abs. 1 lit. e) der VO (EU) Nr. 1257/2012). Jahresgebühren, die nach Eingang einer Lizenzbereitschaftserklärung fällig werden, werden gemäß Art. 11 Abs. 3 der VO (EU) Nr. 1257/2012 gesenkt.

Praxistipp:

Ein Kostenvorteil des Einheitspatents gegenüber dem klassischen europäischen Patent ergibt sich auch, wenn nur in wenigen Ländern Schutz beansprucht wird. Abhängig von den Ländern, in denen Schutz beansprucht wird, ist das Einheitspatent in der Summe günstiger als das europäische Bündelpatent, sobald in mindestens vier oder fünf Ländern Schutz beansprucht wird. Lediglich wenn ein Anmelder Schutz in drei oder weniger der teilnehmenden Mitgliedstaaten benötigt, dürfte das klassische europäische Patent über die gesamte Laufzeit die günstigere Alternative sein. Es ist allerdings zu berücksichtigen, dass bei einem Einheitspatent eine sukzessive Aufgabe von Patentschutz in einzelnen Mitgliedstaaten nicht möglich sein wird, um so die Kostenbelastung bei ansteigenden Jahresgebühren zu reduzieren. Das einheitliche Patent kann nur „ganz oder gar nicht" verlängert werden. Sofern also in einigen Ländern Patentschutz nur „auf Vorrat" mitbeansprucht werden soll und eine rasche Aufgabe dort wahrscheinlich ist, sollte vorher verglichen werden, ob nicht das klassische europäische Patent der günstigere, weil hinsichtlich des territorialen Schutzbereichs über die Laufzeit des Patents flexiblere Weg ist.

257 **h) Das Einheitspatent als Gegenstand des Vermögens.** *aa) Anwendbares Recht.* Um die einheitliche Wirkung des Einheitspatents zu gewährleisten, erklärt die VO (EU) Nr. 1257/2012 *eine* Rechtsordnung einheitlich im Gesamtgebiet der teilnehmenden Mitgliedstaaten für auf das Einheitspatent als Gegenstand des Vermögens anwendbar. Art. 7 VO (EU) Nr. 1257/2012 regelt zu diesem Zweck als **Kollisionsnorm,** wie diese Rechtsordnung zu bestimmen ist.[559] Nach Art. 7 Abs. 1 der VO (EU) Nr. 1257/2012 findet die Rechtsordnung desjenigen Mitgliedstaates Anwendung, in dem das Einheitspatent einheitliche Wirkung hat und in dem der Patentinhaber zum Zeitpunkt der Einreichung der Anmeldung des zugrundeliegenden europäischen Patents seinen Wohnsitz oder den Sitz seiner Hauptniederlassung, hilfsweise eine Niederlassung hat. Für den Fall, dass es mehrere gemeinsame Anmelder gibt, ist der Wohnsitz oder die Hauptniederlassung des in der europäischen Patentanmeldung Erstgenannten Anmelders maßgeblich (Art. 7 Abs. 2 Satz 1 der VO (EU) Nr. 1257/2012). Ist dies nicht möglich, gilt dies für den nächsten Anmelder und so weiter (Art. 7 Abs. 2 S. 2).

258 Wenn keiner der gemeinsamen Anmelder seinen Wohnsitz oder den Sitz seiner Hauptniederlassung in einem teilnehmenden Mitgliedstaat hat, kommt es hilfsweise auf die Rechtsordnung des

[557] S. hierzu www.epo.org/news-issues/news/2015/20150624_de.html. Nach Ann muss die Gebührenordnung nach dem Brexit angepasst werden, da sie auf Grundlage der vier wichtigsten Vertragsmitgliedsstaaten, darunter das Vereinigte Königreich, kalkuliert worden war (Ann Patentrecht § 30a, Rn. 17).

[558] Zur Höhe der von den nationalen Patentämtern erhobenen Jahresgebühren s. www.epo.org/law-practice/legal-texts/html/natlaw/de/vi/index.htm.

[559] S. zum Folgenden Müller-Stoy/Paschold GRUR Int 2014, 646 (649 ff.).

Landes an, in dem einer der Anmelder (irgend-)eine Niederlassung hat, wobei wiederum die Reihenfolge ihrer Nennung maßgeblich ist (Art. 7 Abs. 2 Satz 3 der VO (EU) Nr. 1257/2012). Hat keiner der Anmelder einen Wohnsitz oder eine Niederlassung in einem Mitgliedstaat, gilt nach Art. 7 Abs. 3 der VO (EU) Nr. 1257/2012 **subsidiär** das nationale Recht des Staates, in dem die Europäische Patentorganisation nach Art. 6 Abs. 1 EPÜ ihren Sitz hat, also **deutsches Recht.** Dies gilt etwa insbesondere für die große Zahl von Patentanmeldungen mit Anmeldern aus nicht teilnehmenden Mitgliedstaaten sowie aus Drittstaaten.[560] Bemerkenswert ist, dass sich diese für Vermögensfragen anwendbare Rechtsordnung (anders als bei den Unionsschutzrechten) über die gesamte Lebensdauer des Einheitspatents nicht ändert, da es sich bei der Verweisung in Art. 7 der VO (EU) Nr. 1257/2012 in zeitlicher Hinsicht um eine **statische Anknüpfung** handelt. Es kommt für die Bestimmung des anwendbaren Rechts allein auf den Tag der Einreichung der Anmeldung des europäischen Patents an, ein späterer Inhaberwechsel führt nicht zu einem Statutenwechsel.

Die über Art. 7 der VO (EU) Nr. 1257/2012 ermittelte Rechtsordnung kann, wie sich durch den Halbsatz „in dem dieses Patent einheitliche Wirkung hat" in Art. 7 Abs. 1 der VO (EU) Nr. 1257/2012 ergibt, nur diejenige eines Landes sein, auf das sich die einheitliche Wirkung des Einheitspatents erstreckt. Demnach muss in dem entsprechenden Land (jedenfalls bei Eintragung der einheitlichen Wirkung in das Register)[561] das EPGÜ in Kraft getreten sein (Art. 18 Abs. 2 Unterabsatz 2 der VO (EU) Nr. 1257/2012). 259

bb) Rechtsfolgen. Das über Art. 7 der VO (EU) Nr. 1257/2012 ermittelte anwendbare Recht wirkt sich vor allem auf Lizenzierungen und Übertragungen des Einheitspatents, aber auch auf Ebene der Insolvenz und der Zwangsvollstreckung sowie dem Einheitspatent als Gegenstand dinglicher Rechte aus. 260

Damit richten sich die zulässigen **Übertragungsarten** (durch Rechtsgeschäft oder kraft Gesetzes) sowie die dafür eventuell geltenden Formvorschriften nach dem nationalen Recht des nach og Kriterien bestimmten Mitgliedstaates. Auch die Zulässigkeit und die Modalitäten einer Sicherungsübereignung, Fragen der **Mitinhaberschaft** und des Rechtsverhältnisses der Mitinhaber untereinander sind damit beispielsweise betroffen.[562] Zu beachten ist, dass Art. 7 der VO (EU) Nr. 1257/2012 erst ab Erteilung des Einheitspatents gilt. Für die Übertragung der europäischen Patentanmeldung bleibt es bei der Anwendung von Art. 71, 72 und 74 EPÜ (und damit der Anwendung des nationalen Rechts jedes benannten Vertragsstaates mit Wirkung für das jeweilige Hoheitsgebiet).[563] 261

Auch zur Lizenzierbarkeit enthält die VO (EU) Nr. 1257/2012 kaum Regelungen; Art. 3 Abs. 2 Unterabsatz 3 führt lediglich aus, dass eine **Lizenzierung** für die Gesamtheit oder einen Teil der teilnehmenden Mitgliedstaaten möglich ist. Das über Art. 7 der VO (EU) Nr. 1257/2012 sich ergebende **Schutzrechtsstatut** bestimmt daher die Regelungsbereiche einer Lizenz, die untrennbar mit den nicht disponiblen Schutzwirkungen des Einheitspatents verknüpft sind, wie – sofern man darin eine Verfügung sieht – die Möglichkeit einer ausschließlichen Lizenz, die Übertragbarkeit der Lizenz, Fragen der Berechtigung zur Rechtsverfolgung[564] sowie ein etwaiger Sukzessionsschutz.[565] Auf Grundlage deutschen Rechts wäre § 15 Abs. 2 und 3 PatG maßgeblich.[566] Art. 7 der VO (EU) Nr. 1257/2012 betrifft indes nicht das **Schuldstatut** des Lizenzvertrags,[567] also etwa das Zustandekommen und die Auslegung des Vertrags, seiner Kündigung, Fragen der Gewährleistung und Haftung und die Verjährung vertraglicher Ansprüche. Für das für Lizenzverträge maßgebliche Schuldstatut gelten die allgemeinen kollisionsrechtlichen Regelungen des IPR. Auf den Lizenzvertrag (als vertragliches Schuldverhältnis) ist damit die Verordnung (EG) Nr. 593/2008 (sog. „Rom-I-VO") anzuwenden. Nach dessen Art. 3 gilt freie Rechtswahl, hilfsweise kommen die Art. 4 ff. der Rom I-VO zur Anwendung.[568] 262

[560] Im Ergebnis bedeutet dies in der Praxis, dass auf mehr als ¾ der Einheitspatente deutsches Recht zur Anwendung kommen wird, vgl. Müller-Stoy/Paschold GRUR Int 2014, 646 (649 f.).

[561] Müller-Stoy/Paschold GRUR Int 2014, 646 (649 ff.).

[562] Müller-Stoy/Paschold GRUR Int 2014, 646 (654).

[563] S. dazu → Rn. 86.

[564] Vgl. hierzu BGH GRUR 1992, 697 – ALF. Art. 47 Abs. 2 des UPC-Agreements (der als Teil des nationalen Rechts von Art. 7 der VO (EU) Nr. 1257/2012 umfasst ist) gibt dem ausschließlichen Lizenznehmer ein eigenes Klagerecht.

[565] Vgl. Benkard/Ullmann/Deichfuß PatG § 15 Rn. 225.

[566] S. hierzu etwa Benkard/Ullmann/Deichfuß PatG § 15 Rn. 54 ff.

[567] Ebenso Müller-Stoy/Paschold GRUR Int 2014, 646 (655 f.) S. zum Schuldstatut allgemein Benkard/Ullmann/Deichfuß PatG § 15 Rn. 227 ff.

[568] Näher hierzu Benkard/Ullmann/Deichfuß PatG § 15 Rn. 227 ff.

263 Von der VO (EU) Nr. 1257/2012 nicht erfasst werden sollen **Zwangslizenzen.** Ausweislich ihres 10. Erwägungsgrundes sollen Regelungen hierzu dem einzelstaatlichen Recht der Mitgliedstaaten unterfallen und auf ihr jeweiliges Hoheitsgebiet begrenzt sein.

264 Auch das Schicksal des Einheitspatents als Gegenstand der **Zwangsvollstreckung** richtet sich nach dem über Art. 7 der VO (EU) Nr. 1257/2012 bestimmten nationalem Recht. Da somit das nationale Recht über das ob und wie einer Zwangsvollstreckung entscheidet, dürfte es insoweit zu Unterschieden in der Praxis kommen, etwa derart, dass einige Einheitspatente einer Zwangsvollstreckung womöglich vollständig entzogen sind.[569]

265 Zum Einheitspatent als Gegenstand des Vermögens gehört auch seine Behandlung im **Insolvenzverfahren,** so dass diese grundsätzlich ebenfalls von der Verweisung in Art. 7 der VO (EU) Nr. 1257/2012 erfasst ist.[570] Da dieser Bereich harmonisiert ist, greift insoweit in den meisten Fällen (zunächst) die speziellere und damit vorrangig anwendbare Verordnung (EG) Nr. 1346/2000 („Europäische Insolvenzverordnung"). Lediglich wenn deren Anwendungsbereich nicht eröffnet ist – zB weil das Insolvenzverfahren in Dänemark eröffnet wurde – oder lückenhaft ist, kommt subsidiär (rein) nationales Recht zur Anwendung.

266 *cc) Verletzungsstatut.* Für die Bestimmung des auf außervertragliche Schuldverhältnisse aus einer **Verletzung des Einheitspatents** anwendbaren Rechts ist, sofern man in ihm ein gemeinschaftsweit einheitliches gewerbliches Schutzrecht im Sinne von Art. 8 Abs. 2 der Verordnung (EG) Nr. 864/2007 (sog. „Rom II-VO") sieht, formal abweichend von dem in Art. 8 Abs. 1 der VO (EG) Nr. 864/2007 vorgesehenen Schutzlandprinzip an den Verletzungsort anzuknüpfen.[571] Danach ist das nationale Recht des Landes anzuwenden, in dem die (mutmaßliche) Verletzung begangen wurde.

Praxistipp:

Der Patentanmelder kann Fragen der Lizenzierbarkeit des Einheitspatents durch die Auswahl des Anmelders – und die damit verbundene Anwendbarkeit einer nationalen Rechtsordnung – aktiv beeinflussen. Daher lohnt sich ein vorheriger Vergleich, welches nationale Recht im Zusammenhang mit relevanten Vorschriften günstig ist. Bei großen Konzernen kann eine Anmeldung ggf. durch eine Gesellschaft mit Sitz in einem Mitgliedstaat erfolgen, dessen Patentrecht im Hinblick auf die rechtlichen Rahmenbedingungen der rechtsgeschäftlichen Verwertung vorteilhaft erscheint. Da die Reihenfolge der Namensnennung weitreichende Konsequenzen haben kann, sollte zB bei F&E-Verträgen ggf. geregelt werden, welcher Vertragspartner bei einer Anmeldung eines europäischen Patents als erster genannt wird.

2. Einheitliches Patentgericht

267 a) **Grundlagen.** Das Einheitliche Patentgericht wird ein supranationales europäisches Gericht sein, das der einheitlichen Durchsetzung europäischer Patente dient. Gemäß Art. 1 Abs. 2 EPGÜ ist es den mitgliedsstaatlichen Gerichten gleichgestellt und daher in Fragen der Auslegung von Gemeinschaftsrecht zur Vorlage vor den EuGH gemäß Art. 267 AEUV befugt. Wichtigste Rechtsquellen sind das EGPÜ sowie die Verfahrensregeln des Einheitlichen Patentgerichts (**„VOEPG"**)[572]. Da dem UPC als neuem Gericht die Möglichkeit fehlt, auf bisherige Rechtsprechung zurückzugreifen, wird es einige Zeit in Anspruch nehmen, bis sich eine Spruchpraxis mit einer gewissen Verlässlichkeit herausgebildet hat. Den praktischen Auswirkungen unterschiedlicher Rechtstraditionen in den Vertragsstaaten, etwa die Frage der Ausgestaltung richterlicher Unabhängigkeit betreffend, soll voraussichtlich mit einem Katalog an Verhaltensregeln („Code of Conduct")[573] begegnet werden.

[569] Vgl. Müller-Stoy/Paschold GRUR Int 2014, 646 (654) aE mwN.
[570] Müller-Stoy/Paschold GRUR Int 2014, 646 (655 f.).
[571] S. auch Tochtermann GRUR Int 2016, 721 (722).
[572] Der jeweils aktuelle Stand der Überarbeitung des Entwurfes der VOEPG ist in englischer Sprache unter www.unified-patent-court.org/news/unified-patent-court-rules-procedure abrufbar. Die Anwendung und Auslegung der VOEPG hat in Übereinstimmung mit dem EPGÜ und der Satzung zu erfolgen, und im Falle eines Widerspruchs gehen die Regelungen des EPGÜ und der Satzung denen der VOEPG vor, Grabinski GRUR Int 2013, 310 ff.
[573] Der Vorschlag hierfür ist im Internet unter https://www.unified-patent-court.org/news/draft-code-conduct abrufbar.

b) Aufbau des Gerichts. Das Einheitliche Patentgericht umfasst zwei Instanzen, nämlich das Gericht erster Instanz und das Berufungsgericht. 268

Unabhängig vom Einheitlichen Patentgericht sieht das Übereinkommen über ein Einheitliches Patentgericht (nachfolgend „**EPGÜ**") noch ein Mediations- und Schiedszentrum für Patentsachen vor, welches seine Sitze in Ljubljana und in Lissabon haben soll. In Mediations- oder Schiedsverfahren kann ein Patent allerdings nicht für nichtig erklärt oder beschränkt werden. Zudem ist gemäß Art. 6 Abs. 1 EGPÜ eine Kanzlei Teil des Einheitlichen Patentgerichts, der die formelle Prüfung und Führung des Prozessregisters obliegt. 269

Das **Gericht erster Instanz** umfasst eine Zentralkammer sowie Regionalkammern und Lokalkammern. Alle Spruchkörper des Gerichts erster Instanz sind multinational zusammengesetzt. Das Gericht setzt sich aus rechtlich qualifizierten sowie aus technisch qualifizierten Richtern zusammen. Alle Richter des Gerichts erster Instanz gehören einem Richterpool an (Art. 18 EPGÜ). 270

Die **Zentralkammer** hat ihren Sitz in Paris und verfügt über eine Abteilung in London und eine Abteilung in München, hat also drei Standorte. Innerhalb der Zentralkammer werden die Rechtsstreitigkeiten **fachlich** nach acht technischen Gebieten auf die genannten Standorte verteilt, hiernach ist die Abteilung in München zuständig für Maschinenbau, Beleuchtung, Heizung, Waffen und Sprengen; die Abteilung in London für Täglicher Lebensbedarf, Chemie und Hüttenwesen, während Paris Arbeitsverfahren, Transportieren, Textilien, Papier, Bauwesen, Erdbohren, Bergbau, Physik und Elektrotechnik zugewiesen sind.[574] Jeder Spruchkörper der Zentralkammer ist **personell** grundsätzlich mit zwei rechtlich qualifizierten Richtern, die Staatsangehörige unterschiedlicher Vertragsmitgliedsstaaten sind, besetzt und mit einem technisch qualifizierten Richter, der ihm aus dem Richterpool zugewiesen wird und der über eine entsprechende Erfahrung und Qualifikation auf dem betreffenden Gebiet der Technik verfügt (Art. 8 Abs. 6 EPGÜ). 271

Die **Lokalkammern**[575] sind die in einen Vertragsmitgliedsstaat auf dessen Antrag hin errichteten Kammern (Art. 7 Abs. 3 EPGÜ), **Regionalkammern**[576] sind für zwei oder mehr Vertragsmitgliedsstaaten auf deren Antrag hin eingerichtete gemeinsame Kammern (Art. 7 Abs. 5 EPGÜ). Länder mit besonders hohem Aufkommen an Patentverfahren[577] können mehr als eine Lokalkammer, maximal jedoch vier Lokalkammern einrichten (Art. 7 Abs. 4 EPGÜ). 272

Sowohl Lokal- als auch Regionalkammern sind **personell** mit drei rechtlich qualifizierten Richtern besetzt (Art. 8 Abs. 1 EPGÜ). Bei Lokalkammern mit **hohem Aufkommen an Patentverfahren** sind zwei der drei Richter Staatsangehörige des betreffenden Vertragsmitgliedsstaates, ein dritter Richter, nicht Staatsangehöriger des betreffenden Vertragsmitgliedsstaates wird der Lokalkammer aus dem Richterpool zugewiesen (Art. 8 Abs. 3 EPGÜ). Bei Lokalkammern mit weniger als in drei aufeinanderfolgenden Jahren durchschnittlich 50 Patentverfahren kommt nur ein Richter als Staatsangehöriger aus dem betreffenden Vertragsmitgliedsstaat, zwei Richter sind nicht Staatsangehörige aus dem Richterpool (Art. 8 Abs. 2 EPGÜ). Die personelle Besetzung der Regionalkammern regelt Art. 8 Abs. 4 EPGÜ. Auf Antrag einer der Parteien oder auf eigene Initiative kann die Regional- oder Lokalkammer den Präsidenten des Gerichts erster Instanz ersuchen, ihr aus dem Richterpool **zusätzlich** einen **technisch qualifizierten Richter** zuzuweisen, der über eine entsprechende Qualifikation und Erfahrung auf dem betreffenden Gebiet der Technik verfügt (Art. 8 Abs. 5 EPGÜ). Den Vorsitz der Kammer führt ein rechtlich qualifizierter Richter. 273

Das Berufungsgericht hat seinen Sitz in Luxemburg. Jeder Spruchkörper des Berufungsgerichts tagt grundsätzlich in einer **personell** multinationalen Zusammensetzung aus fünf Richtern, nämlich drei rechtlich qualifizierten Richtern, die Staatsangehörige unterschiedlicher Vertragsmitgliedsstaaten sind, und zwei technisch qualifizierten Richtern, die ihm aus dem Richterpool zugewiesen werden und die über eine entsprechende Erfahrung und Qualifikation auf dem betreffenden Gebiet der Technik verfügen. Den Vorsitz führt ein rechtlich qualifizierter Richter. 274

---

574 Vgl. Art. 7 Abs. 2 S. 1 EPGÜ in Verbindung mit Anlage II. Die Einteilung in acht Sektoren beruht auf der Internationalen Patentklassifikation der Weltorganisation für geistiges Eigentum (s. unter wipo.int/classifications/ipc/en).

575 Die belgische Lokalkammer wird in Brüssel sitzen, die dänische in Kopenhagen, die französische in Paris, die österreichische in Wien.

576 Die Länder Estland, Lettland, Litauen und Schweden planen, eine gemeinsame Regionalkammer in Stockholm einzurichten, aber unabhängig von ihrem Sitz kann die Regionalkammer an unterschiedlichen Orten tagen (Art. 7 Abs. 5 aE EPGÜ).

577 Für Deutschland ist die Einrichtung von Lokalkammern in Düsseldorf, Hamburg, Mannheim und München vorgesehen.

275 c) **Zuständigkeit.** Das Einheitliche Patentgericht hat – hinsichtlich europäischer Patente und hinsichtlich europäischer Patente mit einheitlicher Wirkung – die **ausschließliche Zuständigkeit** vor allem für Patentverletzungsklagen, für Klagen auf Feststellung der Nichtverletzung, für Klagen auf Erlass von einstweiligen Maßnahmen, für Klagen auf Nichtigerklärung von Patenten und für Klagen auf Schadensersatz oder auf Entschädigung, wobei Art. 32 Abs. 1 des EPGÜ die Zuständigkeit abschließend regelt. Für Klagen, die nicht hierunter fallen, bleibt es bei der Zuständigkeit der nationalen Gerichte der Vertragsmitgliedsstaaten.

276 Die Verteilung der **Zuständigkeit innerhalb der Kammern** des Gerichts erster Instanz regelt Art. 33 EPGÜ. Hiernach sind für Patentverletzungsklagen, für den Erlass von einstweiligen Maßnahmen, für Klagen auf Schadensersatz und Entschädigung sowie für Klagen im Zusammenhang mit der Benutzung einer Erfindung vor Patenterteilung die Lokalkammer oder die Regionalkammer zuständig, und zwar am Gerichtsstand der unerlaubten Handlung (Art. 33 Abs. 1 lit. a) EPGÜ) oder alternativ am Sitz des oder der Beklagten (Art. 33 Abs. 1 lit. b) EPGÜ), es sei denn, der Beklagte hat keinen Sitz im Gebiet der Vertragsmitgliedsstaaten, dann kann alternativ entweder am Gerichtsstand der unerlaubten Handlung geklagt werden oder vor der Zentralkammer (Art. 33 Abs. 1 Unterabsatz 3 EPGÜ). Vor der Zentralkammer kann und muss auch dann geklagt werden, wenn in einem Vertragsmitgliedsstaat keine Lokalkammer eingerichtet ist und der Vertragsmitgliedsstaat nicht an einer Regionalkammer beteiligt ist (Art. 33 Abs. 1 Unterabsatz 4 EPGÜ).

277 Auf Antrag des Beklagten muss die Regionalkammer den Rechtsstreit **an die Zentralkammer verweisen,** wenn die Verletzung im Gebiet von mindestens drei Regionalkammern (nicht: Lokalkammern) erfolgt (Art. 33 Abs. 2 Unterabsatz 2 EPGÜ).

278 Isolierte Klagen auf Feststellung der Nichtverletzung und Klagen auf Feststellung der Nichtigkeit sind vor der Zentralkammer zu erheben (Art. 33 Abs. 4 EPGÜ). Die Zuständigkeit bei Widerklage auf Feststellung der Nichtigkeit regelt Art 33. Abs. 3 EPGÜ.[578]

279 Ist eine isolierte Klage auf Feststellung der Nichtigkeit bei der Zentralkammer anhängig, so kann eine entsprechende Verletzungsklage entweder bei der Lokal- bzw. Regionalkammer oder alternativ bei der Zentralkammer erhoben werden (Art. 33 Abs. 5 EPGÜ).

280 Ist eine Klage auf Feststellung der Nichtverletzung bei der Zentralkammer anhängig und wird innerhalb von drei Monaten nach Klageerhebung Verletzungsklage eingereicht (bei der Zentralkammer, einer Regional- oder Lokalkammer), so wird die Klage auf Feststellung der Nichtverletzung ausgesetzt (Art 33 Abs. 6 EPÜG).

281 Die Parteien können sich auch darauf einigen, Klagen bei einer Kammer ihrer Wahl zu erheben, einschließlich der Zentralkammer (Art. 33 Abs. 8 EPGÜ).

282 **d) Verfahren vor dem Einheitlichen Patentgericht.** *aa) Überblick.* Das Verfahren vor dem Einheitlichen Patentgericht gliedert sich in drei Abschnitte, nämlich das schriftliche Verfahren, das Zwischenverfahren und das mündliche Verfahren.

283 *bb) Das schriftliche Verfahren.* Das schriftliche Verfahren sieht den Austausch von Schriftsätzen der Parteien vor, nämlich die Einreichung der Klageschrift durch den Kläger, die Klageerwiderung des Beklagten, eine Replik und eine Duplik. Der Berichterstatter kann zwar auf begründeten Antrag den Austausch weiterer Schriftsätze zulassen, grundsätzlich soll es aber bei dem Austausch von insgesamt vier Schriftsätzen bleiben, um das Verfahren zeitlich zu straffen.

284 Der (notwendige) Inhalt der **Klageschrift** ist in Regel 13 VOEPG bestimmt, hierzu zählen neben den üblichen Formalien vor allem auch Angaben zum Sachverhalt, zu den geltend gemachten Ansprüchen und zu den Beweismitteln. Mit Klageerhebung ist zunächst eine „Festgebühr" zu zahlen. Die eigentliche Gebühr für die Verletzungsklage setzt das Gericht erst im Zwischenverfahren fest, wobei sich die Höhe der Gebühr am Streitwert orientiert (Regel 22 VOEPG). Grundsätzlich gilt die Klage erst als eingereicht, wenn die Festgebühr gezahlt ist (Regel 15 VOEPG). Im Anschluss prüft die Kanzlei die Formalien der Klageschrift (Regel 16 VOEPG) und fordert gegebenenfalls den Kläger zur Beseitigung etwaiger Mängel binnen 14 Tagen auf, widrigenfalls kann die Klage durch Versäumnisentscheidung als unzulässig abgewiesen werden. Der Beklagte kann innerhalb von einem Monat nach Zustellung der Klage mit einem vorläufigen Einspruch die Zuständigkeit des Gerichts, die Zuständigkeit der Kammer und/oder die Sprache der Klageschrift rügen (Regel 19 VOEPG). Von einer etwaigen Erhebung eines vorläufigen Einspruchs bleibt die Frist zur Einreichung der Klageerwiderung unberührt.

[578] Näher hierzu unten → Rn. 285.

285 Der Beklagte hat die **Klageerwiderung** innerhalb einer Frist von drei Monaten ab Zustellung der Klageschrift einzureichen (Regel 23 VOEPG). Die Frist kann auf begründeten Antrag verlängert werden. Den (notwendigen) Inhalt der Klageerwiderung legt Regel 24 VOEPG fest, hierzu zählen neben den Formalien insbesondere die den Vortrag stützenden Tatsachen sowie das Bestreiten der vom Kläger vorgetragenen Tatsachen, die Begründung, warum die Klage abgewiesen werden soll sowie die Angabe der Beweismittel, die angeboten werden. Wenn mit der Klageerwiderung geltend gemacht wird, das Klagepatent sei nicht rechtsbeständig, muss die Klageerwiderung eine **Widerklage** auf Nichtigerklärung des Patents enthalten (Regel 25 VOEPG), die sich gegen den Inhaber des Patents zu richten hat (Regel 43 VOEPG). Ist der Kläger nicht Inhaber des Patents, so stellt das Gericht dem Inhaber die Widerklage zu. Auch für die Widerklage ist zunächst eine Festgebühr zu zahlen. Das Gericht prüft die Formalien der Klageerwiderung und fordert gegebenenfalls zur Behebung von Mängeln binnen 14 Tagen auf (Regel 27 VOEPG). Nach Zustellung der Klageerwiderung legt das Gericht einen Termin für eine Zwischenanhörung sowie einen Termin für die mündliche Verhandlung fest (Regel 28 VOEPG).

286 Der Kläger kann eine **Replik** einreichen. Auf die Widerklage muss der Kläger innerhalb einer Frist von zwei Monaten erwidern (Regel 29 VOEPG); innerhalb derselben Frist kann er einen Antrag auf Änderung des Patents (also der Ansprüche) stellen (Regel 30 ff. VOEPG). Enthielt die Klageerwiderung keine Widerklage, beträgt die Frist für die Replik lediglich einen Monat.

287 Der Beklagte kann binnen eines Monats eine **Duplik** einreichen. Auf die Erwiderung auf die Widerklage kann der Beklagte binnen eines Monats replizieren und hierauf der Kläger duplizieren, für den Inhaber des Patents gelten die Fristen entsprechend. Nach Austausch der Schriftsätze informiert das Gericht die Parteien über den Termin, an dem es das schriftliche Verfahren abschließen will und bestätigt – falls eine solche erforderlich ist – den Termin für die Zwischenanhörung. Den weiteren Austausch von Schriftsätzen kann das Gericht auf begründeten Antrag einer Partei zulassen.

288 *cc) Das Zwischenverfahren.* In dem sich an das schriftliche Verfahren anschließende Zwischenverfahren trifft der Berichterstatter alle notwendigen Vorbereitungen für die mündliche Verhandlung. Hierbei kann er eine oder mehrere **Zwischenanhörungen** durchführen und die Parteien unter anderem zu Klarstellungen, Beantwortung von Fragen, Vorlage von Beweismitteln oder Dokumenten auffordern (Regel 103 VOEPG). Zwischenanhörungen können per Audio- oder Videokonferenz abgehalten werden (Regel 105 VOEPG), und sie werden audio-aufgezeichnet (Regel 106 VOEPG). Zum Abschluss des Zwischenverfahrens lädt der Berichterstatter die Parteien zur mündlichen Verhandlung vor dem Spruchkörper. Die Ladungsfrist beträgt mindestens zwei Monate, wenn die Parteien sich nicht auf eine kürzere Frist geeinigt haben (Regel 108 VOEPG). Spätestens einen Monat vor der mündlichen Verhandlung kann eine Partei einen Antrag auf Simultanverdolmetschung stellen, über den der Berichterstatter nach seinem Ermessen entscheidet. Lehnt der Berichterstatter dies ab, kann die Partei darum ersuchen, Vorkehrungen für eine Simultanverdolmetschung auf ihre eigenen Kosten zu treffen (Regel 109 VOEPG). Das Zwischenverfahren soll innerhalb von drei Monaten nach Abschluss des schriftlichen Verfahrens abgeschlossen sein (Regel 101 VOEPG).

289 *dd) Das mündliche Verfahren.* Die mündliche Verhandlung findet vor dem Spruchkörper unter Leitung des Vorsitzenden Richters statt (Regel 112 VOEPG). Sie umfasst die Anhörung der Parteien sowie die Anhörung von Zeugen und Sachverständigen. Die mündliche Verhandlung soll innerhalb eines Tages abgeschlossen werden (Regel 113 VOEPG), und zu diesem Zweck kann der mündliche Vortrag der Parteien zeitlich begrenzt werden. Nur ausnahmsweise kann das Gericht vertagen (Regel 114 VOEPG). Die mündliche Verhandlung ist grundsätzlich öffentlich (Regel 115 VOEPG). Eine Partei, die in der mündlichen Verhandlung nicht vertreten sein möchte, teilt dies dem Gericht rechtzeitig mit (Regel 116 VOEPG), wenn beide Parteien nicht vertreten sein möchten, entscheidet das Gericht nach Lage der Akten (Regel 117 VOEPG).

290 *ee) Klage auf Nichtigerklärung/Widerklage auf Nichtigerklärung.* **Isolierte Klagen** auf Nichtigerklärung sind bei der Zentralkammer anhängig zu machen. **Widerklagen auf Nichtigerklärung** können bei Lokal- oder Regionalkammern anhängig gemacht werden. Im letzteren Fall steht es dann im Ermessen der Lokal- oder Regionalkammer, (1) über beide Klagen zu entscheiden (wobei ein technisch qualifizierter Richter hinzuzuziehen ist) oder (2) die Widerklage auf Nichtigerklärung an die Zentralkammer zu verweisen und das Verletzungsverfahren entweder auszusetzen oder fortzuführen oder (3) den Fall insgesamt an die Zentralkammer zu verweisen, wozu es aber der Zustimmung beider Parteien bedarf.

291 *ff) Klage auf Feststellung der Nichtverletzung.* Auch die Klage auf *Feststellung der Nichtverletzung* ist bei der Zentralkammer anhängig zu machen. Die Voraussetzungen für ihre Zulässigkeit und das Verfahren sind in Regel 61 ff. VOEPG niedergelegt.

292 *gg) Die Beweiserhebung.*[579] Regelungen über die Beweismittel, die Beweislast und deren Umkehrung finden sich in Art. 53, 54, 55 EPGÜ. Hiernach sind insbesondere folgende **Beweismittel** zulässig: Anhörung der Parteien, Einholung von Auskünften, Vorlage von Urkunden, Vernehmung von Zeugen, Gutachten durch Sachverständige, Einnahme des Augenscheins, Vergleichstests oder Versuche, Abgabe einer schriftlichen eidesstattlichen Erklärung (Affidavit). Das Verfahren zur **Durchführung** der Beweisaufnahme regelt die VOEPG in den Regeln 170 ff. Die Beweislast für Tatsachen trägt regelmäßig die Partei, die sich auf diese Tatsachen beruft (Art. 54 EPGÜ), für unmittelbare Verfahrenserzeugnisse ist eine Umkehr der Beweislast normiert (Art. 55 EPGÜ).

293 *hh) Verfahren vor dem Berufungsgericht.* Gegen Endentscheidungen des Gerichts erster Instanz sowie gegen bestimmte Anordnungen kann die beschwerte Partei **Berufung** einlegen (Regel 220 VOEPG), im Übrigen kann sie die Zulassung der Berufung beantragen. Aufschiebende Wirkung kommt der Berufung zunächst nicht zu, diese kann aber beantragt werden (Regel 223 VOEPG). Die **Berufungsfrist** beträgt zwei Monate gegen Endentscheidung des Gerichts erster Instanz, gegen bestimmte Anordnungen lediglich 15 Tage (Regel 224 VOEPG). Die **Berufungsbegründungsfrist** gegen Endentscheidungen des Gerichts erster Instanz beträgt vier Monate ab Zustellung der Endentscheidung, die Frist für die Erwiderung hierauf drei Monate (Regel 235 VOEPG). Innerhalb der Frist für die **Berufungserwiderung** kann **Anschlussberufung** eingelegt werden (Regel 237 VOEPG). An das schriftliche Verfahren schließt sich wiederum ein Zwischenverfahren an, in dem der Berichterstatter alle erforderlichen Vorbereitungen für die mündliche Verhandlung trifft (Regel 239 VOEPG), und das innerhalb von drei Monaten abgeschlossen werden soll (Regeln 101, 239 VOEPG). Für die mündliche Verhandlung gelten die Regeln für das Gericht erster Instanz entsprechend. Das Berufungsgericht kann die Berufung zurückweisen oder die Entscheidung oder Anordnung des Gerichts erster Instanz ganz oder teilweise aufheben (Regel 242 VOEPG). Nur unter besonderen Umständen kann das Berufungsgericht die Klage zur erneuten Verhandlung und/oder Entscheidung an das Gericht erster Instanz zurückverweisen (Regeln 242, 243 VOEPG).

294 *ii) Allgemeine Verfahrensvorschriften.* Die Entscheidungen des Gerichts gelten im Falle eines europäischen Patents für das Hoheitsgebiet derjenigen Vertragsmitgliedsstaaten, für die das europäische Patent Wirkung hat (Art. 34 EPGÜ). Das Gericht macht „den bestmöglichen Gebrauch" von elektronischen Verfahren wie der elektronischen Einreichung von Schriftsätzen und der Vorlage von Beweismitteln sowie von Videokonferenzen (Art. 44 EPGÜ). Die Verhandlungen vor dem Gericht sind grundsätzlich öffentlich (Art. 45 EPGÜ). Die Parteien werden von Anwälten vertreten, die bei einem Gericht eines Vertragsmitgliedsstaates zugelassen sind (Art. 47 Abs. 1 EPGÜ). Die Parteien können alternativ von einem europäischen Patentanwalt vertreten werden (Art. 47 Abs. 2 EPGÜ). Unabhängig davon können Patentanwälte mitwirken und vor Gericht das Wort ergreifen (Art. 47 Abs. 3 EPGÜ).

295 e) **Sprachregelung.** Verfahrenssprache **vor dem Gericht erster Instanz** ist bei einer **Regional-** oder **Lokalkammer** (zunächst) die Amtssprache oder eine der Amtssprachen des Vertragsmitgliedsstaats oder – im Falle einer Regionalkammer – die von den Vertragsmitgliedsstaaten einer gemeinsamen Regionalkammer bestimmt worden sind (Art. 49 Abs. 1 EPGÜ), vor den Lokalkammern in Düsseldorf, Hamburg, Mannheim und **München** also die deutsche Sprache. Desungeachtet können die Vertragsmitgliedsstaaten eine oder mehrere (weitere) Amtssprachen des Europäischen Patentamts als Verfahrenssprache(n) ihrer Lokal- oder Regionalkammer bestimmen[580] (Art. 49 Abs. 2 EPGÜ).

296 Die Parteien können sich auch – vorbehaltlich der Billigung durch den zuständigen Spruchkörper – auf die Sprache einigen, in der das Patent erteilt worden ist; lehnt der Spruchköper ab, kön-

[579] Ausführlich Ahrens GRUR 2017, 323 ff.

[580] Wie man hört, wird voraussichtlich bei der niederländischen Lokalkammer sowie bei der skandinavischen Regionalkammer auch die englische Sprache als weitere Verfahrenssprache angeboten werden; ob und welche der deutschen Lokalkammern möglicherweise auch die englische Sprache als weitere Verfahrenssprache anbieten werden, steht derzeit noch nicht fest. Unklar ist in diesem Zusammenhang auch, ob insoweit die Bestimmung einer weiteren Verfahrenssprache nur für bestimmte Handlungen im Verfahren oder für bestimmte Abschnitte des Verfahrens vor der Lokalkammer zulässig ist, etwa (lediglich) für das schriftliche Verfahren, während es im Zwischenverfahren und im mündlichen Verfahren einschließlich des Urteils bei der eigentlichen Amtssprache bleibt.

nen die Parteien die Verweisung an die Zentralkammer beantragen (Art. 49 Abs. 3 EPGÜ). Mit Zustimmung der Parteien kann auch der Spruchkörper beschließen, dass die Sprache, in der das Patent erteilt worden ist, als Verfahrenssprache verwendet wird (Art. 49 Abs. 4 EPGÜ). Auf nur einseitigen Antrag einer der Parteien kann nur im Ausnahmefall und unter ganz besonderen Umständen der Präsident des Gerichts erster Instanz beschließen, dass die Sprache, in der das Patent erteilt worden ist, als Verfahrenssprache verwendet wird (Art. 49 Abs. 5 EPGÜ), in diesem Fall sind dann aber besondere Vorkehrungen für die Übersetzung und Verdolmetschung angezeigt.

Vor der **Zentralkammer** ist Verfahrenssprache stets die Sprache, in der das Patent erteilt worden ist (Art. 49 Abs. 6 EPGÜ). 297

Verfahrenssprache vor dem **Berufungsgericht** ist die Verfahrenssprache vor dem Gericht erster Instanz (Art. 50 Abs. 1 EPGÜ). Ungeachtet dessen können die Parteien vereinbaren, dass die Sprache, in der das Patent erteilt worden ist, als Verfahrenssprache verwendet wird (Art. 50 Abs. 2 EPGÜ). Nur in Ausnahmefällen kann das Berufungsgericht mit Zustimmung der Parteien eine andere Amtssprache eines Vertragsmitgliedsstaats als Verfahrenssprache bestimmen (Art. 50 Abs. 3 EPGÜ). 298

Weitere Sprachenregelungen enthält Art. 51 EPGÜ, hiernach haben die Spruchkörper auf Verlangen der Parteien im Rahmen des Angemessenen Vorkehrungen für eine Verdolmetschung der mündlichen Verhandlung zu treffen, um die Parteien in der mündlichen Verhandlung zu unterstützen. 299

f) Einzelne Klagearten. *aa) Die Nichtigkeitsklage.* Das Einheitliche Gericht entscheidet gemäß Art. 65 Abs. 1 EPGÜ über die Gültigkeit eines Patents. Es gilt der Beibringungsgrundsatz (vgl. Art. 76 Abs. 1 und 2 EPGÜ). 300

Gründe für die Nichtigerklärung sind gemäß Art. 65 Abs. 2 EPGÜ die in Art. 138 Abs. 1 und Art. 139 Abs. 2 EPÜ abschließend aufgeführten Nichtigkeitsgründe. Im Falle einer Nichtigerklärung gelten die Wirkungen des Patentes als von Anfang an nicht eingetreten (Art. 65 Abs. 4 EPGÜ). 301

Es besteht sowohl die Möglichkeit, isoliert Nichtigkeitsklage zu erheben (Art. 65 Abs. 1 Alt. 1), als auch als Widerklage im Verletzungsverfahren (Art. 65 Abs. 1 Alt. 1, Art. 33 Abs. 3 EPGÜ). 302

Die Nichtigkeitsklage ist – anders als im Verfahren vor dem BPatG – nicht subsidiär im Verhältnis zu dem Einspruchsverfahren vor dem EPA, sondern kann parallel hierzu erhoben werden (Art. 33 Abs. 8, Abs. 10 EPGÜ). 303

bb) Die Verletzungsklage. Die Rechtsfolgen einer Patentverletzung sind in den Art. 63, 64, 67, 69 EPGÜ geregelt und – dem englischen Rechtsverständnis entsprechend – als „Befugnisse des Gerichts" ausgestaltet.[581] 304

Art. 63 EPGÜ sieht eine **Unterlassungsverfügung** vor, deren Anordnung im Ermessen des Gerichts steht. Zudem können gemäß Art. 64 EPGÜ geeignete **Abhilfemaßnahmen** angeordnet werden, zu denen die Feststellung der Patentverletzung (Art. 64 Abs. 2 lit. a EPGÜ), der Rückruf der Erzeugnisse aus den Vertriebswegen (Art. 64 Abs. 2 lit. b EPGÜ), die Beseitigung der patentverletzenden Eigenschaft des Erzeugnisses (Art. 64 Abs. 2 lit. c EPGÜ), die endgültige Entfernung des Erzeugnisses aus den Vertriebswegen (Art. 64 Abs. 2 lit. d EPGÜ) sowie die Vernichtung des Erzeugnisses und/oder der betreffenden Materialen und Geräte (Art. 64 Abs. 2 lit. e EPGÜ) zählen. 305

Gemäß Art. 67 EPGÜ ist das Gericht befugt, die **Erteilung einer Auskunft** gegen den Verletzer (Art. 67 Abs. 1 EPGÜ) und gegen Dritte (Art. 67 Abs. 2 EPGÜ) anzuordnen. 306

Art. 68 EPGÜ sieht die Anordnung von **Schadensersatz** vor. Dieser ist auf Naturalrestitution gerichtet (vgl. Art. 68 Abs. 1 EGPÜ) und dient zugleich der Prävention.[582] Für die Schadensermittlung stehen zweierlei Methoden offen. Art. 68 Abs. 3 lit. a EPGÜ sieht eine Gesamtbetrachtung vor, in die alle negativen wirtschaftlichen Auswirkungen, einschließlich des entgangenen Gewinns und die zu Unrecht erzielten Gewinne des Verletzers sowie unter Umständen der immaterielle Schaden einzubeziehen sind. Alternativ kann der Schadensersatz auf Grundlage einer Lizenzanalogie bestimmt werden (Art. 68 Abs. 3 lit. b EPGÜ). Anders als bei der Unterlassungsverfügung besteht hinsichtlich der Anordnung von Schadensersatz kein Anordnungsermessen des Gerichts. Etwas anderes gilt für die Methode zur Schadensermittlung sowie die Höhe des Schadensersatzes. 307

---

[581] Ann Patentrecht § 30a, Rn. 58.
[582] Ann Patentrecht § 30a, Rn. 66.

308 Im Falle schuldloser Verletzung ist das Gericht gemäß Art. 68 Abs. 4 EPGÜ zur Anordnung der **Gewinnherausgabe** und der Zahlung einer **Entschädigung** befugt.

309 **g) Übergangszeit/Opt-out.** Das Einheitliche Patentgericht besitzt – und zwar sowohl hinsichtlich von (klassischen) europäischen Patenten als auch hinsichtlich von (neuen) europäischen Patenten mit einheitlicher Wirkung – die **ausschließliche Zuständigkeit** für die in Art. 32 Abs. 1 lit. a) bis i) EPGÜ genannten Rechtsstreitigkeiten, also vor allem für Patentverletzungsklagen, Klagen auf Feststellung der Nichtigkeit usw.

310 Allerdings können während einer **Übergangszeit** von sieben Jahren nach dem Inkrafttreten des EPGÜ Klagen wegen der Verletzung bzw. auf Nichtigerklärung eines **(klassischen) europäischen Patents** (nicht: des Einheitspatents) weiterhin bei nationalen Gerichten erhoben werden (Art. 83 Abs. 1 EPGÜ). Die Übergangszeit kann nochmals um bis zu weitere sieben Jahre verlängert werden (Art. 83 Abs. 5 EPGÜ). Klagen, die am Ende der Übergangszeit noch vor einem nationalen Gericht anhängig sind, werden durch den Ablauf der Übergangszeit nicht berührt (Art. 83 Abs. 2 EPGÜ). Das so entstandene Wahlrecht zwischen dem Einheitlichen Patentgericht hat zur Folge, dass – aufgrund der materiellrechtlichen Unterschiede – unter Umständen etwa das Vorliegen einer Patentverletzung vom angerufenen Gericht abhängt.[583]

311 Außerdem kann während der Übergangszeit der Inhaber oder Anmelder eines (klassischen) europäischen Patents, das vor Ablauf der Übergangszeit beantragt oder erteilt worden ist, erklären, dass bestimmte seiner Patente oder Anmeldungen oder sein ganzes Portfolio auch künftig (und auch nach dem Ende der Übergangszeit) der ausschließlichen Zuständigkeit des Einheitlichen Patentgerichts entzogen bleiben sollen (sog. „opt-out"). Die **„opt-out"-Erklärung** kann bis spätestens einen Monat vor Ablauf der Übergangszeit erfolgen und muss gegenüber der Kanzlei des Einheitlichen Patentgerichts abgegeben werden, sie wird mit der Eintragung in das Register wirksam. Voraussetzung für die „opt-out"-Erklärung ist weiterhin, dass zum Zeitpunkt der Erklärung noch keine Klage betreffend das entsprechende europäische Patent oder die Anmeldung vor dem Einheitlichen Patentgericht anhängig ist (Art. 83 Abs. 3 EPGÜ). Vor diesem Hintergrund ist derjenige, der in Betracht zieht, von der opt-out-Möglichkeit Gebrauch zu machen, gut beraten, dies nicht erst kurz vor Ablauf der Übergangszeit zu tun, sondern sobald wie möglich. Im Übrigen kann der Patentinhaber oder Anmelder des europäischen Patents jederzeit wieder **von seiner „opt-out"-Erklärung zurücktreten,** vorausgesetzt, zum Zeitpunkt des Rücktritts ist noch keine Klage betreffend das entsprechende Patent oder die Anmeldung vor einem nationalen Gericht anhängig (Art. 83 Abs. 4 EPGÜ).

XI. Beratungschecklisten

312

1. Checkliste Patentanmeldung

- Genügt die europäische Patentanmeldung in sämtlichen Bestandteilen (Antrag, Beschreibung, Ansprüche, Zeichnungen, Zusammenfassung) den formellen Anforderungen des EPÜ und der EPÜ-Ausführungsordnung?
- Bei einer Bezugnahme auf eine früher eingereichte Anmeldung ist innerhalb von zwei Monaten ab Einreichung der europäischen Patentanmeldung die früher eingereichte Anmeldung sowie ggf. eine Übersetzung nachzureichen.
- Falls die europäische Patentanmeldung nicht in einer der drei Amtssprachen des EPA eingereicht wird, ist innerhalb von zwei Monaten ab Einreichung der Anmeldung eine Übersetzung einzureichen.
- Für den Fall, dass für die europäische Patentanmeldung die Priorität einer früheren Anmeldung in Anspruch genommen werden soll, ist darauf zu achten, dass die europäische Patentanmeldung innerhalb der 12-Monatsfrist ab dem Anmeldedatum der früheren Anmeldung eingereicht wird. Die entsprechende Prioritätserklärung ist spätestens 16 Monate nach dem Prioritätstag abzugeben.
- Innerhalb eines Monats ab Einreichung der europäischen Patentanmeldung sind die Anmelde- und die Recherchengebühr einzuzahlen.
- Für den Fall, dass eine besonders rasche Bearbeitung der europäischen Patentanmeldung gewünscht wird, ist ggf. ein entsprechender Antrag zu stellen sowie auf die Aufforderung gemäß Regel 70 Abs. 2 EPÜ-Ausführungsordnung zu verzichten.

[583] Kritisch zu diesem Ergebnis Ann Patentrecht § 30a, Rn. 86 ff., der sich für eine Anwendung entweder nationalen Rechts durch das Einheitliche Patentgericht oder des EGPÜ durch die nationalen Gerichte ausspricht.

- Innerhalb von sechs Monaten nach dem Hinweis im Europäischen Patentblatt auf die Veröffentlichung des europäischen Recherchenberichts sind die Benennungsgebühren zu zahlen.
- Bei negativem erweitertem europäischen Recherchenbericht oder negativem Bescheid im Verlauf der Prüfung: können die Hindernisse, die einem Patentschutz nach Auffassung des EPA entgegenstehen, durch eine Stellungnahme und/oder eine Änderung der Ansprüche ausgeräumt werden?
- Werden im Zuge des Anmeldeverfahrens Änderungen an der Patentanmeldung vorgenommen, insbesondere an den Ansprüchen, so ist darauf zu achten, dass dadurch der Gegenstand der europäischen Patentanmeldung nicht unzulässig über den Offenbarungsgehalt der ursprünglichen Anmeldung erweitert wird.
- Bei positivem Verlauf des Anmeldeverfahrens sind innerhalb von vier Monaten nach Erhalt der Mitteilung gemäß Regel 71 Abs. 3 S. 1 EPÜ-Ausführungsordnung die Erteilungsgebühr, die Druckkostengebühr und ggf. die erforderlichen Anspruchsgebühren zu entrichten. Gleichzeitig sind Übersetzungen der Patentansprüche in die beiden anderen Amtssprachen des EPA, die nicht Verfahrenssprache sind, einzureichen.
- Je nach dem, für welche Mitgliedsstaaten das europäische Patent Schutz genießen soll, sind innerhalb von drei Monaten nach Erteilung des europäischen Patentes bei den jeweiligen nationalen Ämtern Übersetzungen der Patentschrift einzureichen (vgl. Art. 65 EPÜ und „Londoner Übereinkommen").
- Ab dem dritten Jahr gerechnet vom Anmeldetag der europäischen Patentanmeldung sind an das EPA bzw. die nationalen Ämter rechtzeitig die Jahresgebühren zu zahlen.

2. Checkliste Einspruch gegen europäisches Patent 313

- Ist die 9-monatige Frist zur Einlegung des Einspruchs bereits abgelaufen? Falls ja: Ist der Mandant wegen angeblicher Patentverletzung verklagt worden oder hat er eine entsprechende negative Feststellungsklage eingereicht und ist noch innerhalb von drei Monaten nach Klageerhebung ein Beitritt zu einem noch laufenden Einspruchsverfahren möglich?
- Genügt der Einspruch den formellen Anforderungen?
- Wurde die Einspruchsgebühr innerhalb der Einspruchsfrist eingezahlt?
- Sind die Einspruchsgründe ausreichend dargelegt und ggf. bewiesen?

XII. Anschriften und Internetadressen

Europäisches Patentamt 314
(Gesetzestexte, Beschlüsse und Mitteilungen, Formulare, Leitfäden)
D-80298 München
Telefon: +49 (0) 89-23 99-0
Homepage: http://www.epo.org
Datenbankrecherche: http://www.espacenet.com
Online Registerauskunft und Akteneinsichtnahme:
https://www.epo.org/searching-for-patents/legal/register_de.html

§ 37 Internationales Patentrecht (PCT)

Übersicht

I. Grundlagen

1. Allgemeines

1 Grundlage der internationalen Patentanmeldung ist der Vertrag über die internationale Zusammenarbeit auf dem Gebiet des Patentwesens vom 19. Juni 1970 (Patent Cooperation Treaty, „PCT“) in der seit dem 1. April 2002 geltenden Fassung nebst dessen Ausführungsordnung („**PCT-Ausführungsordnung**“) in der seit 1. Juli 2020 geltenden Fassung.[1] Für Deutschland sind darüber hinaus die Regelungen in Art. III des Gesetzes über internationale Patentübereinkommen (IntPatÜbkG) zu beachten, die in erster Linie Bestimmungen über die Rolle des DPMA im PCT-Anmeldeverfahren enthalten.

2 Der PCT ist ein Sonderverband im Sinne von Art. 19 der Pariser Verbandsübereinkunft zum Schutze des gewerblichen Eigentums („**PVÜ**“),[2] dem mit Stand 1. Juni 2022 156 Staaten als Mitglieder angehören. Die für die Durchführung des PCT-Anmeldeverfahrens zuständigen Ämter können neben dem Internationalen Büro auch nationale oder regionale Patentämter wie etwa das Deutsche Patent- und Markenamt („**DPMA**“), das Europäische Patentamt („**EPA**“) oder die Organisation Africaine de la Propriété Intelectuelle („**OAPI**“) sein.

3 Bei der internationalen Patentanmeldung auf Grundlage des PCT („**PCT-Anmeldung**“) handelt es sich um ein reines Anmeldeverfahren, das den den nationalen bzw. regionalen Behörden vor-

[1] Der PCT sowie dessen Ausführungsordnung können im Internet unter www.wipo.int/treaties/en/registration/pct/index.html heruntergeladen werden.

[2] Gruber/v. Zumbusch/Haberl/Oldekop Rn. 1.03 und 1.07.

behaltenen Erteilungsverfahren vorgeschaltet ist.[3] Das PCT-Verfahren ist deshalb zweistufig, bestehend aus einer **internationalen** und einer **nationalen bzw. regionalen Phase**, ausgestaltet.[4] Während der internationalen Phase sieht Art. 23 Abs. 1 PCT ein Bearbeitungsverbot für die Bestimmungsämter[5] der nationalen bzw. regionalen Phase vor, sofern der Anmelder nicht ausdrücklich eine vorherige Bearbeitung beantragt (Art. 23 Abs. 2 PCT). Für PCT-Anmeldungen gilt seit dem 1. Januar 2004 gemäß Regel 4.9 lit. a) PCT-Ausführungsordnung, dass sie sich grundsätzlich auf sämtliche Vertragsstaaten des PCT erstrecken (**„Bestimmungsstaaten“**).[6] Der Vorteil einer PCT-Anmeldung liegt für den Anmelder darin, dass er mit einer einzigen Patentanmeldung für die Vertragsstaaten des PCT die Wirkung einer dortigen nationalen Patentanmeldung erreichen kann (Art. 11 Abs. 3 PCT).[7] Mit der PCT-Anmeldung ist es für den Anmelder zudem möglich, den Zeitpunkt der Entscheidung, in welchen PCT-Vertragsstaaten er seine Erfindung patentrechtlich schützen lassen will, je nach Bestimmungsstaat 30 bzw. mitunter bis zu 31 Monate nach dem Prioritätstag aufzuschieben. Er erhält damit quasi eine Verlängerung der zwölf-monatigen Prioritätsfrist gemäß Art. 4 C. Abs. 1 PVÜ.[8]

4 Für Anmelder ist über die Webseite der WIPO ein laufend aktualisierter Leitfaden zum PCT in englischer Sprache verfügbar (**„PCT-Leitfaden“**), dem detaillierte Erläuterungen sowie Informationen zu den Anforderungen und etwaigen Besonderheiten der PCT-Vertragsstaaten zu entnehmen sind.[9] Darüber hinaus hält die WIPO über den monatlich erscheinenden **PCT-Newsletter** Interessierte über aktuelle Entwicklungen auf dem Laufenden.[10] Für PCT-Anmeldungen, die über das Europäische Patentamt laufen, kann zudem auf den vom EPA herausgegebenen Leitfaden „EURO-PCT“ zurückgegriffen werden.[11]

2. Vertretung/Vollmacht

5 a) **Vertretung.** Der PCT regelt die Vertretungsberechtigung in Verfahren auf Grundlage des PCT nur unvollständig. Art. 49 PCT iVm Regel 90.1 lit. (a) PCT-Ausführungsordnung sehen vor, dass jeder Rechtsanwalt, Patentanwalt oder eine sonstige Person, die vor dem Internationalen Büro oder dem nationalen Amt auftreten kann, bei dem die PCT-Anmeldung eingereicht worden ist, auch vor dem Internationalen Büro, der zuständigen Internationalen Recherchenbehörde, der für die ergänzende internationale Recherche zuständigen Behörde und der zuständigen Internationalen Prüfungsbehörde auftreten kann. Die Regeln 83.1*bis*, 90.1 lit. (b) bis (d) und 90.2 PCT-Ausführungsordnung enthalten flankierende Bestimmungen.[12]

6 Wer jedoch vor dem jeweiligen nationalen Amt vertretungsberechtigt ist, regelt der PCT nicht. Vielmehr verweist er in Art. 27 Abs. 7 PCT und Regel 51*bis*.1 lit. b) PCT-Ausführungsordnung stattdessen auf das vom jeweiligen Anmelde-[13] oder Bestimmungsamt anzuwendende nationale Recht. Dies bedeutet, dass individuell für das jeweilige Anmelde- oder Bestimmungsamt die entsprechenden Vertretungsregeln zu bestimmen sind.[14]

7 Für PCT-Anmeldungen, die vom EPA als zuständige Behörde bearbeitet werden, sieht Art. 150 Abs. 2 S. 1 iVm Art. 133 Abs. 2 EPÜ vor, dass natürliche oder juristische Personen, die weder Wohnsitz noch Sitz in einem EPÜ-Vertragsstaat haben, durch einen **zugelassenen Vertreter** vertreten sein müssen. Anmelder mit Wohnsitz oder Sitz in einem EPÜ-Vertragsstaat benötigen demnach vor dem EPA keinen Vertreter. Zu den zugelassenen Vertretern gehören die eingetragenen

[3] Vgl. Benkard/van Raden/Unland EPÜ Vor Art. 150 Rn. 10.

[4] Gruber/v. Zumbusch/Haberl/Oldekop Rn. 1.03 ff.; Benkard/van Raden/Unland EPÜ Vor Art. 150 Rn. 16 ff.

[5] Bestimmungsamt ist gemäß Art. 2 Abs. (xiii) PCT das nationale Amt des Staates, den der Anmelder nach Kapitel I des PCT bestimmt hat, oder das für diesen Staat handelnde Amt.

[6] Singer/Stauder/Luginbühl/Hesper EPÜ Art. 151 Rn. 195.

[7] Benkard/van Raden/Unland EPÜ Vor Art. 150 Rn. 17.

[8] Vgl. Benkard/van Raden/Unland EPÜ Vor Art. 150 Rn. 23.

[9] Der PCT-Leitfaden findet sich im Internet unter www.wipo.int/pct/en/appguide/index.jsp. S. außerdem die von der WIPO herausgegebenen Seminarunterlagen zum PCT, zu finden unter www.wipo.int/pct/de/seminar/basic_1/index.html mit Stand 11. November 2020.

[10] Eine Registrierung ist unter www.wipo.int/pct/en/newslett/index.html möglich. Dort findet sich auch ein Online-Archiv über die seit Januar 2002 erschienen Newsletter.

[11] Dieser liegt derzeit mit Stand 1. Januar 2021 vor. Er ist im Internet unter www.epo.org/applying/international/guide-for-applicants_de.html herunterzuladen.

[12] Näher hierzu Trinks Rn. 310 ff.

[13] Anmeldeamt ist gemäß Art. 2 Abs. (xv) PCT das nationale Amt oder die zwischenstaatliche Organisation, bei dem die PCT-Anmeldung eingereicht worden ist.

[14] Anhang C des PCT-Leitfadens enthält insoweit nähere Einzelheiten.

Vertreter gemäß der beim EPA geführten Liste[15] oder Rechtsanwälte, die in einem der EPÜ-Vertragsstaaten zur Vertretung auf dem Gebiet des Patentwesens berechtigt sind und dort ihren Sitz haben (Art. 134 Abs. 1 und 8 EPÜ). Natürliche oder juristische Personen mit Wohnsitz oder Sitz in einem EPÜ-Vertragsstaat können sich ferner durch einen Angestellten vertreten lassen, der nicht notwendigerweise in die Liste der zugelassenen Vertreter eingetragen sein muss, jedoch einer Vollmacht nach Maßgabe der EPÜ-Ausführungsordnung bedarf (Art. 133 Abs. 3 EPÜ).

8 Ist ein Vertreter erforderlich, können beim EPA mit Ausnahme der Einreichung der PCT-Anmeldung (Art. 150 Abs. 2 S. 1 iVm Art. 133 Abs. 2 EPÜ) sämtliche Handlungen einschließlich solcher, die zur Zuerkennung eines Anmeldetages führen, sowie die Einleitung der europäischen Phase[16] nur durch den Vertreter vorgenommen werden.[17] Die Benennung eines nicht zur Vertretung berechtigten Vertreters in der PCT-Anmeldung wird von dem Anmeldeamt oder dem Internationalen Büro in die Benennung eines Zustellungsbevollmächtigten umgedeutet.[18]

9 Die Bestellung eines Anwalts oder gemeinsamen Vertreters kann nach Regel 90.6 lit. (a) PCT-Ausführungsordnung widerrufen oder gemäß Regel 90.6 lit. (b) bzw. (c) PCT-Ausführungsordnung geändert werden.[19] Ferner besteht für den Anwalt oder den gemeinsamen Vertreter die Möglichkeit, auf seine Bestellung zu verzichten (Regel 90.6 lit. (d) PCT-Ausführungsordnung).

10 **b) Vollmacht.** Die Bestellung eines Vertreters erfolgt gemäß Regel 90.4 lit. (a) Satz 1 PCT-Ausführungsordnung entweder durch Benennung eines Vertreters und Unterzeichnung der PCT-Anmeldung, durch den Anmelder oder durch **separate Vollmacht.** Die separate Vollmacht ist entweder beim Anmeldeamt oder dem Internationalen Büro oder, in den Fällen der Regel 90.1 lit. (b), (b-bis), (c) oder (d) (ii) PCT-Ausführungsordnung, bei der Internationalen Recherchenbehörde, der für die ergänzende internationale Recherche zuständigen Behörde bzw. der Internationalen Prüfungsbehörde einzureichen (Regel 90.4 lit. (b) PCT-Ausführungsordnung). Regel 90.5 PCT-Ausführungsordnung gibt ferner die Möglichkeit einer **allgemeinen Vollmacht,** die für alle PCT-Anmeldungen eines Anmelders gilt.

11 Von der Möglichkeit nach Regeln 90.4 lit. (d) und 90.5 lit. (c) PCT-Ausführungsordnung, auf die Einreichung der separaten Vollmacht bzw. der Beifügung einer Kopie der allgemeinen Vollmacht bei der PCT-Anmeldung, dem Antrag auf vorläufige internationale Prüfung oder einer gesonderten Mitteilung zu verzichten, haben unter anderem (partiell) das EPA und das DPMA Gebrauch gemacht. Eine Einreichung bzw. Beifügung einer Vollmacht ist nur dann erforderlich, wenn – im Falle des EPA – der Vertreter nicht eingetragener Vertreter und nicht Angestellter oder Mitarbeiter des Anmelders ist bzw. – im Falle des DPMA – kein Rechts- oder Patentanwalt mit Sitz/Wohnsitz in Deutschland oder kein zum Auftreten vor einem Patentamt berechtigter EU-Staatsangehöriger ist. Dies gilt jedoch dann nicht, wenn die PCT-Anmeldung, die Bestimmung eines Bestimmungsstaates, ein Prioritätsanspruch oder der Antrag auf vorläufige internationale Prüfung zurückgenommen wird (Regel 90.4 lit. (e) bzw. 90.5 lit. (d) iVm 90*bis*.1 bis 90*bis*.4 PCT-Ausführungsordnung).[20] In diesen Fällen ist zwingend eine Vollmacht einzureichen bzw. beizufügen.

3. Fristen

12 Die Regelungen zur Berechnung von Fristen nach dem PCT ergeben sich aus Art. 47 Abs. 1 PCT in Verbindung mit Regel 80 PCT-Ausführungsordnung, wobei Regel 80 Abs. 1–3 PCT-Ausführungsordnung zwischen nach Jahren, Monaten und Tagen bestimmten Fristen unterscheidet. In der Praxis kann zwecks Ermittlung des Fristablaufs auf den von der WIPO im Internet zur Verfügung gestellten **„Time-Limit-Calculator"** zurückgegriffen werden.[21]

13 Gemein ist den Regelungen, dass die Frist wie nach § 187 BGB an dem Tag zu laufen beginnt, der dem Tag folgt, in den das maßgebliche Ereignis fällt. Dabei ist zu berücksichtigen, dass – anders als unter dem EPÜ – für den Beginn einer Frist regelmäßig das Datum der Mitteilung des je-

[15] Die vom EPA unterhaltene Datenbank wird alle zwei Wochen aktualisiert und kann unter www.epo.org/applying/online-services/representatives_de.html durchsucht werden.

[16] S. Richtlinien für die Prüfung im Europäischen Patentamt, Teil A, VIII, 1.1; vgl. PCT-Newsletter 6/2006 – Practical Advice.

[17] Davon abgesehen können beim EPA auch Zahlungen von Gebühren – als bloßer Realakt – durch den Anmelder selbst vorgenommen werden, Trinks Rn. 365; Gruber/v. Zumbusch/Haberl/Oldekop Rn. 6.23.

[18] Vgl. PCT-Newsletter 6/2006 – Practical Advice.

[19] S. hierzu näher Trinks Rn. 355 ff. und PCT-Newsletter 2 und 3/2012 – Practical Advice.

[20] Vgl. PCT-Newsletter 12/2004 – Practical Advice.

[21] S. unter www.wipo.int/pct/en/calculator/pct-calculator.html.

weiligen Amtes entscheidend ist und nicht etwa das Datum der Zustellung beim Empfänger. Ist für den Beginn der Frist das Datum eines Schriftstückes oder eines Schreibens eines nationalen Amtes oder einer zwischenstaatlichen Organisation maßgeblich und kann ein Beteiligter nachweisen, dass dieses Schriftstück oder das Schreiben erst nach diesem Datum abgesandt wurde, so ist für die Berechnung der Frist jedoch das tatsächliche Absendedatum maßgeblich, Regel 80.6 Satz 1 PCT-Ausführungsordnung. Darüber hinaus verlängert sich eine Frist dann, wenn der Anmelder nachweisen kann, dass das Schriftstück oder Schreiben erst später als sieben Tage nach dem auf dem Schriftstück oder dem Datum angegebenen Datum zugegangen ist, Regel 80.6 Satz 2 PCT-Ausführungsordnung. Die Verlängerung entspricht in diesem Falle der Anzahl an Tagen, um die die Zustellung des Schriftstücks oder Schreibens die Sieben-Tagefrist überschritten hat.[22] Auf diese Weise wird sichergestellt, dass Verzögerungen in der Zustellung nicht zu Lasten des Anmelders gehen.

Die Frist endet bei nach Jahren und Monaten bestimmten Fristen in dem maßgeblich folgenden Jahr bzw. Monat und in dem Monat und an dem Tag, die durch ihre Benennung oder Zahl dem Monat und Tag entsprechen, in den das maßgebliche Ereignis fällt. Fehlt in diesem Monat der Tag, der für den Ablauf der Frist maßgeblich ist, so endet die Frist mit dem letzten Tag dieses Monats. Fällt beispielsweise das für den Beginn einer Frist von zwei Monaten maßgebliche Ereignis auf den 31. Juli 2023, so beginnt die Frist am 1. August 2023 und endet am 30. September 2023. Bei nach Tagen berechneten Fristen endet die Frist am letzten Tag der in Betracht kommenden Anzahl von Tagen. Fällt somit bei einer siebentägigen Frist das maßgebliche Ereignis auf den 4. Oktober 2022, so beginnt die Frist am 5. Oktober 2022 und endet am 11. Oktober 2022. Zu beachten ist ferner, dass eine an einem bestimmten Tag ablaufende Frist grundsätzlich dann abläuft, wenn das nationale Amt oder die zwischenstaatliche Organisation, bei dem/der das Schriftstück einzureichen oder die Gebühr einzuzahlen ist, für den Publikumsverkehr geschlossen wird, Regel 80.7 lit. a) PCT-Ausführungsordnung. Dies ist etwa beim Internationalen Büro und dem EPA um 18:00 Uhr der Fall. Regel 80.7 lit. b) PCT-Ausführungsordnung gibt dem jeweiligen Amt jedoch die Möglichkeit, von der Bestimmung der Regel 80.7 lit. a) PCT-Ausführungsordnung abzuweichen, sofern die Frist nicht später als um Mitternacht des Tages des Fristablaufs endet. 14

In den in Regel 80 Abs. 5 PCT-Ausführungsordnung genannten vier Fällen, über die Sams-, Sonn- und Feiertage erfasst werden, endet die Frist erst an dem dem eigentlichen Fristende folgenden Tag, sofern es sich bei diesem Tag nicht ebenfalls um einen Tag im Sinne von Regel 80 Abs. 5i)–iv) PCT-Ausführungsordnung handelt. Die Sonn- und Feiertage mit Geltung für das Internationale Büro veröffentlicht dieses in regelmäßigen Abständen im PCT-Newsletter. Die Tage, an denen das EPA geschlossen ist, werden regelmäßig durch eine Mitteilung des Präsidenten des EPA veröffentlicht.[23] 15

Für die Fristwahrung genügt grundsätzlich gemäß Regel 92.4 lit. a) PCT-Ausführungsordnung eine **Übermittlung per Telefax** oder durch ähnliche Einrichtungen zur Nachrichtenübermittlung (nicht per E-Mail). Ein nationales Amt oder eine zwischenstaatliche Organisation kann jedoch nach Regel 92.4 lit. d) PCT-Ausführungsordnung verlangen, dass binnen einer Frist von 14 Tagen seit dieser Übermittlung das Original und ein Begleitschreiben mit Angaben über die frühere Übermittlung nachgereicht werden. Die diesbezüglichen Regelungen der einzelnen Ämter sind jeweils Anhang B „General Information" des PCT-Leitfadens zu entnehmen. Beim EPA gilt dies beispielsweise lediglich für die Einreichung der PCT-Anmeldung, wobei die Frist ein Monat ab Aufforderung durch das EPA beträgt. In den übrigen Fällen ist eine Einreichung des Originals nur auf Aufforderung des EPA erforderlich. 16

Eine **Fristverlängerung** kommt nur ausnahmsweise in Betracht, so etwa für die in Art. 14 Abs. 1 lit. b) PCT vorgesehene Frist zur Beseitigung der dort aufgeführten Mängel der PCT-Anmeldung, Regel 26.2 PCT-Ausführungsordnung, oder die ggf. von der für die internationale vorläufige Prüfung zuständigen Behörde nach Regel 55.2 lit. c) PCT-Ausführungsordnung gesetzte Frist zur Nachreichung einer Übersetzung der PCT-Anmeldung. Dagegen ist eine Verlängerung der Frist für die Beseitigung von Mängeln nach Art. 11 PCT (Mindestanforderungen der PCT-Anmeldung) und Art. 14 Abs. 2 PCT (fehlende Zeichnungen) nicht möglich. Entsprechendes gilt auch für die Fristen zur Einzahlung etwaiger Gebühren (zB der internationalen Anmeldegebühr, Recherchengebühr, Übermittlungsgebühr, Bearbeitungs- und Prüfungsgebühr für die internationa- 17

[22] Ein Anwendungsbeispiel enthält etwa der PCT-Newsletter 4/2021 – Practical Advice.

[23] Die für 2022 geltende Regelung findet sich im Amtsblatt des EPA 2021, A85. Das EPA ist sowohl an Sonn- und Feiertagen als auch an Samstagen für die Entgegennahme von Schriftstücken geschlossen.

le vorläufige Prüfung). Werden diese Fristen versäumt, führt dies jedoch nicht zu einem unmittelbaren Rechtsverlust. Vielmehr fordert die jeweils zuständige Behörde den Anmelder in diesem Fall zur Zahlung der Gebühr zuzüglich einer ggf. anfallenden Gebühr für die verspätete Zahlung binnen einer von der Behörde gesetzten Nachfrist auf. Diese Frist beträgt in der Regel einen Monat (s. Regel 16*bis*.1 lit. a) und 58*bis*.1 lit. a) PCT-Ausführungsordnung). Zahlungen, die noch vor dieser Erinnerung bei der jeweiligen Behörde eingehen, gelten ohnehin noch als rechtzeitig eingegangen (Regel 16*bis*.1 lit. d) und Regel 58*bis*.1 lit. c) PCT-Ausführungsordnung).

18 Für den Fall der Fristversäumung sieht Art. 48 Abs. 2 lit. a) PCT vor, dass jeder PCT-Vertragsstaat eine Fristüberschreitung als entschuldigt ansieht, wenn Gründe vorliegen, die nach seinem nationalen Recht zugelassen sind. Daneben besteht für einen PCT-Vertragsstaat über Art. 48 Abs. 2 lit. b) PCT die Möglichkeit, dass er eine Fristüberschreitung auch in anderen Fällen als entschuldigt ansehen kann. Beide Regelungen zielen dabei gemäß Regel 82*bis*.2 PCT-Ausführungsordnung vor allem auf die Fälle der Wiedereinsetzung in den vorigen Stand und der Weiterbehandlung ab. Beim EPA sind insoweit die Art. 121 und 122 EPÜ einschlägig.

II. Die internationale Patentanmeldung nach dem PCT

1. Die PCT-Anmeldung

19 a) **Anmelder.** Gemäß Art. 9 Abs. 1 PCT kann jeder Staatsangehörige eines PCT-Vertragsstaates sowie jeder, der in einem PCT-Vertragsstaat seinen Sitz oder Wohnsitz hat, eine internationale Patentanmeldung einreichen.[24] Wird die PCT-Anmeldung von zwei oder mehr Personen eingereicht, so genügt es nach Regel 18.3 PCT-Ausführungsordnung, wenn wenigstens eine von ihnen zur Einreichung einer internationalen Patentanmeldung nach Art. 9 Abs. 1 PCT berechtigt ist.

20 b) **Anmeldeamt.** Die PCT-Anmeldung ist nach Art. 10 iVm Art. 2 Abs. xv) PCT und Regel 19 Abs. 1 PCT-Ausführungsordnung nach Wahl des Anmelders beim nationalen Amt des Vertragsstaates, in dem er seinen Sitz oder Wohnsitz hat, oder dem für diesen Staat handelnden Amt (Regel 19 Abs. 1 lit. a) i) PCT-Ausführungsordnung), beim nationalen Amt des Vertragsstaates, dessen Staatsangehöriger er ist, oder dem für diesen Staat handelnden Amt (Regel 19 Abs. 1 lit. a) ii) PCT-Ausführungsordnung) oder, unabhängig von Regel 19 Abs. 1 lit. a) i) und ii) PCT-Ausführungsordnung, beim Internationalen Büro (Regel 19 Abs. 1 lit. a) iii) PCT-Ausführungsordnung) einzureichen.[25] Weitere Bestimmungen für Fälle, in denen die PCT-Anmeldung von zwei oder mehr Anmeldern oder bei einem unzuständigen Anmeldeamt eingereicht wird, sind Regel 19 Abs. 2 und 4 PCT-Ausführungsordnung zu entnehmen.

21 Anmelder mit Sitz oder Wohnsitz in Deutschland bzw. mit deutscher Staatsangehörigkeit können PCT-Anmeldungen beim Deutschen Patent- und Markenamt (**„DPMA"**), beim **EPA**[26] oder dem **Internationalen Büro der WIPO** einreichen. Detaillierte Informationen zu den für die einzelnen Vertragsstaaten zuständigen Anmeldeämtern sind dem PCT-Leitfaden zu entnehmen (dort jeweils Anhang B1).

22 c) **Formalerfordernisse.**[27] Gemäß Art. 3 Abs. 2 PCT muss die PCT-Anmeldung einen Antrag, eine Beschreibung, einen oder mehrere Ansprüche, eine oder mehrere Zeichnungen (soweit erforderlich) und eine Zusammenfassung enthalten. Art. 3 Abs. 4 PCT bestimmt darüber hinaus, dass die PCT-Anmeldung in einer vorgeschriebenen Sprache abgefasst sein (Art. 3 Abs. 4i) PCT) und den vorgeschriebenen Formerfordernissen sowie Anforderungen an die Einheitlichkeit der Erfindung entsprechen muss (Art. 3 Abs. 4ii) und iii) PCT). In der Praxis kann auf das von der WIPO zur Verfügung gestellte Formblatt PCT/RO/101 zurückgegriffen werden.[28]

23 Gemäß Art. 4 Abs. 1 PCT muss der **PCT-Antrag** ein Gesuch auf Behandlung der internationalen Anmeldung nach dem PCT (Art. 4 Abs. 1i) PCT), die Bestimmung des oder der Vertragsstaaten, in denen Schutz für die Erfindung auf Grundlage der PCT-Anmeldung begehrt wird (Art. 4 Abs. 1ii) PCT), den Namen des Anmelders und (soweit vorhanden) des Anwalts sowie andere diese Personen betreffende vorgeschriebene Angaben (Art. 4 Abs. 1 iii) PCT) und die Bezeichnung der Erfindung (Art. 4 Abs. 1 iv) PCT) enthalten. Daneben können nach Art. 4 Abs. 1 v)

[24] Näher Trinks Rn. 122 ff.
[25] Ausführlich Trinks Rn. 129 ff.
[26] S. Regel 157 Abs. 1 EPÜ-Ausführungsordnung und Singer/Stauder/Luginbühl/Hesper EPÜ Art. 151 Rn. 2 ff.
[27] S. auch Singer/Stauder/Luginbühl/Hesper EPÜ Art. 151 Rn. 144 ff.; Trinks Rn. 182 ff.
[28] Im Internet unter www.wipo.int/pct/en/forms/index.htm zu finden.

PCT der Name des Erfinders und andere den Erfinder betreffende vorgeschriebene Angaben erforderlich sein, wenn das nationale Recht mindestens eines Bestimmungsstaates verlangt, dass diese Angaben im Zeitpunkt der nationalen Anmeldung einzureichen sind (s. dazu auch Art. 4 Abs. 4 PCT).[29] Der Antrag ist gemäß Regel 4.1 lit. d) PCT-Ausführungsordnung zu unterzeichnen. Weitere Einzelheiten zum PCT-Antrag sind Regel 4 PCT-Ausführungsordnung zu entnehmen.[30]

Soweit es die **Beschreibung,** die **Ansprüche,** die **Zeichnungen** sowie die **Zusammenfassung** der PCT-Anmeldung anbetrifft, enthalten die Art. 5–7 PCT und Regeln 5–8 PCT-Ausführungsordnung detaillierte Bestimmungen. Nach Art. 5 PCT ist in der Beschreibung die Erfindung so deutlich und vollständig zu offenbaren, dass ein Fachmann sie danach ausführen kann. Dabei hat die Beschreibung gemäß Regel 5.1 lit. a) PCT-Ausführungsordnung die üblichen Bestandteile zu enthalten, wie etwa die Angabe des technischen Gebietes, auf das sich die Erfindung bezieht, Ausführungen zum Stand der Technik und zum Verständnis der Erfindung sowie Erläuterungen zu etwaigen Zeichnungen und bevorzugten Ausführungsformen. Die Ansprüche haben gemäß Art. 6 PCT in klarer und knapper Form den Gegenstand anzugeben, für den Schutz begehrt wird (vgl. auch Regel 6 PCT-Ausführungsordnung). Zeichnungen sind grundsätzlich dann erforderlich, wenn sie für das Verständnis der Erfindung erforderlich sind (Art. 7 Abs. 1 PCT). Gemäß Art. 7 Abs. 2 ii) PCT kann das Bestimmungsamt im Übrigen verlangen, dass der Anmelder Zeichnungen innerhalb einer gesetzten Frist nachreicht, selbst wenn die Zeichnungen für das Verständnis der Erfindung nicht erforderlich sind, die Erfindung jedoch ihrer Art nach einer Erläuterung durch Zeichnungen zugänglich ist.[31] Bei der Zusammenfassung handelt es sich gemäß Regel 8.1 lit. a) i) PCT-Ausführungsordnung um eine Kurzfassung (vorzugsweise 50 bis 150 Wörter) der in der Beschreibung, den Ansprüchen und den Zeichnungen enthaltenen Offenbarung. 24

Hinsichtlich der **Anmeldesprache** sieht Regel 12.1 lit. a) PCT-Ausführungsordnung vor, dass eine PCT-Anmeldung in jeder Sprache abgefasst sein kann, die das Anmeldeamt zulässt.[32] Bei PCT-Anmeldungen, die beim DPMA oder dem EPA eingereicht werden, sind dies Deutsch bzw. nach Regel 157 Abs. 2 EPÜ-Ausführungsordnung Deutsch, Englisch oder Französisch.[33] 25

Die PCT-Anmeldung kann entweder beim Anmeldeamt hinterlegt oder an dieses übersandt werden.[34] Eine **Einreichung** kann dabei eventuell auch per Telefax[35] oder – empfehlenswerter Weise – online erfolgen, sofern das jeweilige Anmeldeamt (zB mittels des Online-Dienstes der WIPO ePCT,[36] über die Software des EPA,[37] als XML- oder PDF-Datei, über die Online-Einreichung 2.0 des EPA[38] oder als Web-Einreichung[39])[40] dies zulässt.[41] 26

[29] Aufgrund des am 16. September 2011 in den USA in Kraft getretenen America Invents Act muss seit dem 1. Januar 2013 in den USA nicht mehr der Erfinder gleich der Anmelder sein. Infolgedessen sind auch die bislang für eine PCT-Anmeldung mit USA als Bestimmungsstaat geltenden Besonderheiten weggefallen; eine gesonderte Erfindernennung im PCT-Antrag für die USA ist nunmehr nicht mehr erforderlich. Gleichwohl hat eine Erfindernennung im nationalen Verfahren vor dem USPTO weiterhin zu erfolgen. Zu den Auswirkungen des America Invents Act auf die PCT-Anmeldung näher Trinks Rn. 101 ff. und 493 ff.

[30] S. auch Trinks Rn. 182 ff.

[31] S. insoweit auch Regel 7.2 PCT-Ausführungsordnung.

[32] S. dazu auch Trinks Rn. 146 ff. und Gruber/v. Zumbusch/Haberl/Oldekop Rn. 4.18 ff.

[33] Detaillierte Informationen über die bei den einzelnen Anmeldeämtern zugelassenen Sprachen sind dem PCT-Leitfaden, Anhang C zu entnehmen.

[34] S. auch Trinks Rn. 161 ff.

[35] Das Internationale Büro bietet mittlerweile nur noch einen eingeschränkten Fax-Service an, der nur für Notfälle gedacht ist; s. hierzu PCT-Newsletter 5/2019 und 11/2019.

[36] Dies ist die von der WIPO zur Verfügung gestellte Internetplattform, zu finden unter www.wipo.int/pct-safe/en/, die nach der WIPO bevorzugt zu verwenden ist. Mit Wirkung zum 1. Juli 2022 wird die Unterstützung für die Software PCT-Safe seitens des Internationalen Büros eingestellt; s. hierzu PCT-Newsletter 7–8/2021. Bereits seit dem 1. Juli 2021 akzeptiert das Internationale Büro in seiner Rolle als Anmeldeamt keine PCT-Anmeldungen über PCT-Safe mehr (s. PCT-Newsletter 2/2021).

[37] Nähere Informationen zu der Software sind unter www.epo.org/applying/online-services/online-filing/download_de.html verfügbar.

[38] S. hierzu näher unter www.epo.org/applying/online-services/online-filing-20_de.html und PCT-Newsletter 3/2021. Das EPA akzeptiert seit dem 1. Januar 2022 keine PCT-Anmeldung über das EPO Case Management System (CMS) mehr; s. hierzu PCT-Newsletter 6/2021.

[39] S. hierzu näher unter www.epo.org/applying/online-services/web-form-filing_de.html.

[40] S. im Einzelnen näher hierzu die in Kapitel A.2 der Zusatzpublikation – Amtsblatt EPA 4/2016 „Durchführungsvorschriften zum Europäischen Patentübereinkommen Ausgabe 2016" abgedruckten Beschlüsse des Präsidiums des EPA, im Internet unter www.epo.org/law-practice/legal-texts/ancillary_de.html zu finden.

[41] Zu näheren Informationen hinsichtlich der bei den einzelnen Anmeldeämtern möglichen Einreichungsformen s. PCT-Leitfaden, Anhang C.

27 d) **Gebühren.**[42] Die PCT-Anmeldung verpflichtet nach Art. 3 Abs. 4 iv) PCT zur Zahlung der vorgesehenen Gebühren. Gemäß Regel 27.1 lit. a) PCT-Ausführungsordnung handelt es sich dabei insbesondere um die **Übermittlungsgebühr** nach Regel 14.1 PCT-Ausführungsordnung, die **internationale Anmeldegebühr** nach Regel 15.1 PCT-Ausführungsordnung sowie die **Recherchengebühr** nach Regel 16 PCT-Ausführungsordnung. Die Gebühren sind an das jeweilige Anmeldeamt zu entrichten.[43]

28 Die von den Anmeldeämtern erhobenen Gebühren sind dem von der WIPO veröffentlichten Gebührenverzeichnis zu entnehmen.[44] Die Übermittlungsgebühr, die Recherchengebühr und die internationale Anmeldegebühr, die an das EPA als Anmeldeamt zu zahlen sind, betragen zurzeit (Stand 1. Januar 2021) EUR 135,– bzw. EUR 1.775,– und EUR 1.233,–, wobei für das 31. und jedes weitere Blatt eine Zusatzgebühr in Höhe von EUR 14,– pro Blatt anfällt.[45] Die internationale Anmeldegebühr reduziert sich beim EPA um EUR 93,–, EUR 185,– oder EUR 278,–, wenn die Anmeldung in geeigneter elektronischer Form eingereicht wird.[46] Für PCT-Anmeldungen von Angehörigen und Einwohnern bestimmter (Entwicklungs-)Länder sind weitere Vergünstigungen vorgesehen.[47]

2. Priorität[48]

29 Gemäß Art. 8 Abs. 1 PCT kann auf Erklärung des Anmelders hin für die PCT-Anmeldung die Priorität einer oder mehrerer früherer Anmeldungen in Anspruch genommen werden. Voraussetzung ist nach Regel 4.10 lit. a) S. 1 PCT-Ausführungsordnung, dass es sich um eine in einem oder für einen Mitgliedsstaat der PVÜ oder in einem oder für einen Mitgliedsstaat der WTO (der nicht Mitglied der PVÜ ist) eingereichten Anmeldung handelt. Die Erklärung, mit der die Priorität einer früheren Anmeldung in Anspruch genommen wird, ist im PCT-Antrag anzugeben und hat nach Regel 4.10 lit. a) S. 2 PCT-Ausführungsordnung das Anmeldedatum der in Anspruch genommenen früheren Anmeldung sowie deren Aktenzeichen zu nennen. Das Anmeldedatum der früheren Anmeldung muss dabei innerhalb der **Prioritätsfrist von 12 Monaten** liegen (Art. 4 C. Abs. 1 PVÜ gewährt für Patente eine Prioritätsfrist von zwölf Monaten). Je nachdem, ob es sich bei der früheren Anmeldung um eine nationale, regionale oder internationale Anmeldung handelt, sind außerdem das Verbandsland der PVÜ bzw. das Mitglied der WTO, in dem die nationale Anmeldung eingereicht wurde, die regionale Behörde, die mit Erteilung regionaler Patente beauftragt ist, oder das Anmeldeamt, bei dem die internationale Anmeldung eingereicht wurde, anzugeben (s. Regel 4.10 lit. a) S. 2 iii)–v) und lit. b) PCT-Ausführungsordnung). Bei Mängeln des Prioritätsanspruchs fordert das Anmeldeamt oder, wenn das Anmeldeamt dies unterlassen hat, das Internationale Büro den Anmelder zur Berichtigung des Prioritätsanspruches auf (Regel 26*bis*.2 lit. a) PCT-Ausführungsordnung).[49] Kommt der Anmelder dieser Aufforderung nicht nach, gilt der Prioritätsanspruch für das Verfahren nach dem PCT grds. als nicht erhoben (Regel 26*bis*.2 lit. b) Satz 1 PCT-Ausführungsordnung).

30 Für den Fall, dass die 12-monatige Prioritätsfrist versäumt wurde, sieht die PCT-Ausführungsordnung über die Regeln 26*bis*.3 und 49*ter*.2 PCT-Ausführungsordnung Möglichkeiten der **Wiedereinsetzung in die Prioritätsfrist** durch das Anmeldeamt oder das Bestimmungsamt vor.[50] Bei der Wiedereinsetzung ist jedoch zu beachten, dass für einige Vertragsstaaten bzw. Ämter eine ggf. gewährte Wiedereinsetzung auf Grundlage von Regel 26*bis*.3 oder 49*ter*.2 PCT-Ausführungsordnung keine Wirksamkeit entfaltet (s. Regel 49*ter*.1 lit. g) zur Wiederherstellung der Priorität durch das Anmeldeamt und 49*ter*.2 lit. h) PCT-Ausführungsordnung zur Wiederherstellung der Priorität durch das Bestimmungsamt. Dazu gehören mit Stand 22. Oktober 2020 etwa das

[42] Ausführlicher Trinks Rn. 1174 ff. S. auch PCT-Newsletter 3/2018 – Practical Advice.

[43] Zu den vom Internationalen Büro akzeptierten Zahlungsmittel, wozu mittlerweile auch eine Zahlung per PayPal gehört, s. PCT-Newsletter 3/2021.

[44] Im Internet unter www.wipo.int/export/sites/www/pct/en/fees.pdf herunterzuladen. Eine Übersicht über die jeweils aktuellen Gebühren aller Ämter findet sich zudem in den PCT-Newslettern.

[45] S. zu den Gebühren beim EPA auch Singer/Stauder/Luginbühl/Hesper Art. 151 Rn. 85 ff.

[46] S. unter www.epo.org/applying/forms-fees/international-fees/important-fees_de.html.

[47] Insoweit kommt für PCT-Anmeldungen seit dem 1. Juli 2015 mitunter eine 90 %ige Ermäßigung in Frage (s. Ziffer 5 des Geb.-Verz. im Anh. der PCT-Ausführungsordnung und die Übersicht unter www.wipo.int/pct/en/fees/fee_reduction.pdf).

[48] Siehe hierzu auch Trinks Rn. 375 ff. und Singer/Stauder/Luginbühl/Hesper Art. 151 Rn. 159 ff.

[49] Zum Prüfungsumfang des Anmeldeamtes und des Internationalen Büro hinsichtlich des Prioritätsanspruches s. PCT-Newsletter 1/2019 – Practical Advice.

[50] Näher Trinks Rn. 399 ff. S. zu den Anforderungen auch PCT-Newsletter 9/2015 und 2/2020 – Practical Advice.

DPMA sowie die Patentämter in China, Brasilien und Kanada (insoweit nur Regel 49*ter*.2 lit. h) PCT-Ausführungsordnung).[51]

31 Unter den Voraussetzungen von Regel 26.*bis*.1 PCT-Ausführungsordnung besteht daneben die Möglichkeit, den Prioritätsanspruch – je nachdem, welche Frist zuerst abläuft – bis 16 Monate nach dem Prioritätsdatum oder dann, wenn sich durch die **Berichtigung oder Hinzufügung des Prioritätsanspruches** das Prioritätsdatum ändert, 16 Monate nach dem geänderten Prioritätsdatum, zu berichtigen oder hinzuzufügen, wobei eine entsprechende Mitteilung innerhalb von vier Monaten nach dem internationalen Anmeldedatum einzureichen ist.[52] Im Übrigen kann der Anmelder auch nach Regel 90*bis*.3 PCT-Ausführungsordnung einen Prioritätsanspruch zurücknehmen, etwa um dadurch den Ablauf der Frist zur Einleitung der nationalen bzw. regionalen Phase hinauszuzögern.[53] In beiden Fällen ist jedoch zu beachten, dass sich dadurch das für die Berechnung von Fristen nach dem PCT bzw. der PCT-Ausführungsordnung maßgebliche Prioritätsdatum ändert, sofern die jeweilige Frist nicht bereits abgelaufen ist (Regel 26.*bis*.1 lit. c) und Regel 90*bis*.3 lit. d) PCT-Ausführungsordnung). Dies hat unmittelbaren Einfluss auf den Zeitpunkt für den Stand der Technik, der bei der Prüfung auf Neuheit und erfinderische Tätigkeit zu berücksichtigen ist, so dass in der Konsequenz einer bislang erteilungsfähigen Erfindung die Erteilungsaussichten nunmehr gänzlich fehlen können oder eine Einschränkung des Schutzbereichs erforderlich wird.

32 Für die wirksame Inanspruchnahme einer Priorität ist schließlich zu beachten, dass gemäß Regel 17.1 lit. a) PCT-Ausführungsordnung grundsätzlich spätestens 16 Monate nach dem Prioritätsdatum eine vom Hinterlegungsamt beglaubigte Abschrift dieser früheren Anmeldung (**„Prioritätsbeleg“**) beim Internationalen Büro oder dem Anmeldeamt einzureichen ist, sofern der Prioritätsbeleg nicht schon zusammen mit der PCT-Anmeldung, in der die Priorität beansprucht wird, beim Anmeldeamt eingereicht worden ist. Ein erst nach dem Ablauf der 16-Monatsfrist aber vor der Veröffentlichung der internationalen Anmeldung beim Internationalen Büro eingegangener Prioritätsbeleg gilt als am letzten Tag der 16-Monatfrist eingegangen (Regel 17.1 lit. a) 2. Halbs. PCT-Ausführungsordnung). Regel 17.1 lit. b) und lit. b-*bis*) PCT-Ausführungsordnung sehen insoweit gewisse Erleichterungen vor, wenn der Prioritätsbeleg vom Anmeldeamt ausgestellt wird oder der Prioritätsbeleg dem Anmeldeamt oder dem Internationalen Büro in einer digitalen Bibliothek zur Verfügung steht. Anstatt der Beibringung einer Kopie der früheren Anmeldung kann das Internationale Büro auch gebeten werden, sich über den WIPO Digital Access Service for Priority Documents (DAS) den Prioritätsbeleg selbst zu beschaffen. Voraussetzung ist, dass das nationale oder regionale Amt, bei dem die frühere Anmeldung eingereicht wurde, an dem DAS teilnimmt.[54] Wird die Frist zur Einreichung des Prioritätsbelegs versäumt, so kann jedes Bestimmungsamt nach Maßgabe von Regel 17.1 lit. c) und d) PCT-Ausführungsordnung den Prioritätsanspruch unberücksichtigt lassen.[55] Dem Anmelder ist jedoch vorher eine angemessene Nachfrist zu setzen, die etwa beim EPA als Bestimmungsamt gemäß Regel 163 Abs. 2 EPÜ-Ausführungsordnung zwei Monate beträgt. Wird selbst diese Frist versäumt, besteht die Möglichkeit, dieses Versäumnis durch einen Antrag auf Weiterbehandlung nach Art. 121 EPÜ, einen Antrag auf Entscheidung nach Regel 112 Abs. 2 EPÜ-Ausführungsordnung oder einen Antrag auf Wiedereinsetzung nach Art. 122 EPÜ zu beheben.

3. Die Zuerkennung eines internationalen Anmeldetages[56]

33 Nach Eingang der PCT-Anmeldung überprüft das Anmeldeamt gemäß Regel 20.1 PCT-Ausführungsordnung, ob der Anmeldung ein internationaler Anmeldetag zuerkannt werden kann. Die Voraussetzungen, unter denen dies erfolgt, sind im Einzelnen in Art. 11 Abs. 1 PCT festgehalten. So muss der Anmelder gemäß Art. 11 Abs. 1 i) PCT iVm Regel 19 Abs. 1 PCT-Ausführungsordnung dazu berechtigt sein, bei dem jeweiligen Anmeldeamt eine PCT-Anmeldung einzureichen. Die PCT-Anmeldung muss darüber hinaus nach Art. 11 Abs. 1 ii) PCT in der vorgeschriebenen

[51] Eine vollständige Liste ist im Internet unter www.wipo.int/pct/en/texts/reservations/res_incomp.html verfügbar.

[52] Zu den verbleibenden Möglichkeiten, wenn die Fristen nach Regel 26.bis.1 PCT-Ausführungsordnung bereits abgelaufen ist, s. PCT-Newsletter 2/2013 Practical Advice.

[53] Vgl. hierzu PCT-Newsletter 1/2003 und 03/2021 – Practical Advice.

[54] S. hierzu näher www.wipo.int/das/en/und PCT-Newsletter 11/2019 und 12/2019 – Practical Advice. Die teilnehmenden Ämter finden sich unter www.wipo.int/das/en/participating_offices/.

[55] Zur Nachreichung des Prioritätsbelegs im Verfahren vor dem EPA siehe Regel 163 Abs. 2 EPÜ-Ausführungsordnung und Trinks Rn. 470 f.

[56] Ausführlich Trinks Rn. 502 ff.

Sprache abgefasst sein und die in Art. 11 Abs. 1 iii) PCT genannten Bestandteile enthalten. Dazu gehören neben dem Antragsersuchen, der Bestimmung mindestens eines Vertragsstaates sowie dem Namen des Anmelders, Teile, die als Beschreibung und als Anspruch oder Ansprüche angesehen werden können.

34 Ist das Ergebnis der Prüfung positiv, so erkennt das Anmeldeamt den **Tag des Eingangs der PCT-Anmeldung** als internationales Anmeldedatum an (Regel 20.2 lit. a) PCT-Ausführungsordnung). Für den Fall, dass das Anmeldeamt Mängel einschließlich fehlender oder fehlerhaft eingereichter Teile hinsichtlich der Erfordernisse nach Art. 11 Abs. 1 PCT feststellt, fordert es grundsätzlich den Anmelder gemäß Art. 11 Abs. 2 lit. a) PCT nach Maßgabe von Regeln 20.3 lit. a), 20.5 oder 20.5*bis*[57] PCT-Ausführungsordnung auf, die erforderlichen Richtigstellungen nachzureichen oder, wenn sich die betreffenden Erfordernisse auf den Beschreibungs- oder Anspruchsteil beziehen, nach Regel 20.6 lit. a) PCT-Ausführungsordnung zu bestätigen, dass diese Teile durch Verweis nach Regel 4.18 PCT-Ausführungsordnung einbezogen sind.[58] Die Frist für den Anmelder beträgt dabei nach Regel 20.7 lit. a) i) PCT-Ausführungsordnung zwei Monate ab dem Datum der Aufforderung.

35 Kommt der Anmelder der Aufforderung nach, so wird der internationale Anmeldetag nach Art. 11 Abs. 2 lit. b) PCT auf das Datum des Eingangs der Richtigstellung festgesetzt. Für den Fall, dass die Mängel nicht fristgerecht beseitigt werden, setzt das Anmeldeamt dem Anmelder gemäß Regel 20.4 i) PCT-Ausführungsordnung unverzüglich davon in Kenntnis, dass die Anmeldung keine PCT-Anmeldung ist und auch nicht als solche behandelt wird (s. im Übrigen auch Regel 20.4 ii)–iv) PCT-Ausführungsordnung).

36 Im Rahmen der Zuerkennung eines internationalen Anmeldetages ist zu beachten, dass gemäß Regel 20.8 lit. a), lit. a-*bis*), lit. b) und b-*bis*) PCT-Ausführungsordnung die Bestimmungen der Regeln 20.3 lit. a) ii) und lit. b) ii), 20.5 lit. a) ii) und lit. d), 20.5*bis*) lit. a) ii) und lit d) sowie 20.6 PCT-Ausführungsordnung wegen Unvereinbarkeit mit nationalem Recht nicht gelten, wenn etwa das DPMA Anmelde- bzw. Bestimmungsamt ist (Stand 22. Oktober 2020).[59]

4. Die internationale Veröffentlichung der PCT-Anmeldung[60]

37 Die PCT-Anmeldung wird grundsätzlich gemäß Art. 21 Abs. 2 lit. a) PCT 18 Monate nach dem Prioritätsdatum der PCT-Anmeldung veröffentlicht.[61] Eine frühere Veröffentlichung kann nach Art. 21 Abs. 2 lit. b) PCT auf Antrag erfolgen. Dies kann etwa zu dem Zweck sinnvoll sein, um möglichst rasch die Wirkungen gemäß Art. 29 Abs. 1 PCT herbeizuführen, wonach eine veröffentlichte PCT-Anmeldung dem Anmelder den gleichen Schutz gibt, wie einer veröffentlichten ungeprüften nationalen Anmeldung nach dem Recht des jeweiligen Bestimmungsstaates zukommt.

38 Eine Veröffentlichung unterbleibt, wenn die PCT-Anmeldung vor dem Abschluss der technischen Vorbereitungen für die Veröffentlichung zurückgenommen worden ist oder als zurückgenommen gilt (Art. 21 Abs. 5 PCT). Die PCT-Anmeldung kann nach Regel 90*bis*.1 lit. a) PCT-Ausführungsordnung bis zum Ablauf von 30 Monaten nach dem Prioritätsdatum jederzeit zurückgenommen werden. Die internationale Veröffentlichung der PCT-Anmeldung unterbleibt dabei, wenn die Zurücknahmeerklärung beim Internationalen Büro vor Abschluss der technischen Vorbereitungen für die internationale Veröffentlichung eingeht, Regel 90*bis*.1 lit. c) PCT-Ausführungsordnung.[62]

5. Territoriale Wirkung

39 Jede PCT-Anmeldung, die den Voraussetzungen von Art. 11 Abs. 1 PCT genügt und der ein internationaler Anmeldetag zuerkannt worden ist, hat vorbehaltlich des Art. 64 Abs. 4 PCT[63] in jedem Bestimmungsstaat die **Wirkung einer vorschriftsmäßigen nationalen Anmeldung** mit dem in-

[57] Zu Anwendungsbeispielen zu dieser neuen Regelung siehe PCT-Newsletter 7–8/2020 und 7–8/2021 – Practical Advice.
[58] Im Fall von fehlenden Teilen der PCT-Anmeldung siehe Regel 20.5 PCT-Ausführungsordnung.
[59] S. hierzu auch die Übersicht der WIPO zu PCT-Vorbehalten, Erklärungen, Mitteilungen und Unvereinbarkeiten, im Internet unter www.wipo.int/pct/en/texts/reservations/res_incomp.html.
[60] Näher hierzu Trinks Rn. 703 ff.
[61] Näher dazu, wann genau die Veröffentlichung erfolgt, PCT-Newsletter 12/2018 – Practical Advice.
[62] Zur empfehlenswerten Vorgehensweise bei der Zurücknahme einer PCT-Anmeldung s. PCT-Newsletter 2/2021 – Practical Advice.
[63] Von der Möglichkeit des Vorbehaltes nach Art. 64 Abs. 4 PCT hat etwa die USA Gebrauch gemacht.

ternationalen Anmeldedatum (Art. 11 Abs. 3 PCT). Das internationale Anmeldedatum gilt als tatsächliches Anmeldedatum in jedem Bestimmungsstaat.

Jede PCT-Anmeldung, die die Voraussetzungen von Art. 11 Abs. 1 PCT erfüllt, steht zudem gemäß Art. 11 Abs. 4 PCT einer vorschriftsmäßigen nationalen Anmeldung im Sinne der PVÜ gleich. 40

6. Übertragung der PCT-Anmeldung

Ob und wenn ja unter welchen Voraussetzungen die Übertragung einer PCT-Anmeldung möglich ist, regelt der PCT nicht. Allerdings ergibt sich mittelbar aus Regel 92bis. 1 lit. a) i) PCT-Ausführungsordnung, wonach auf Antrag des Anmelders oder des Anmeldeamtes das Internationale Büro unter anderem Änderungen in der Person des Anmelders vermerkt, dass dies möglich ist. 41

Entsprechend führt die WIPO in Ausgabe 1/2009 ihres PCT-Newsletters (unter „Practical Advice“) aus, dass eine Übertragung der PCT-Anmeldung während der internationalen Phase zu jeder Zeit möglich ist. Dabei ist es bei der Übertragung nicht einmal erforderlich, dass der Erwerber seinen Sitz oder Wohnsitz in einem PCT-Vertragsstaat hat oder einem PCT-Vertragsstaat angehört. Denn die Erfordernisse des Art. 9 PCT gelten nur für den Zeitpunkt des internationalen Anmeldetages. Etwaige spätere Änderungen haben keinen Einfluss auf die Wirksamkeit der PCT-Anmeldung.[64] 42

Zu beachten ist jedoch, dass für die Stellung des **Antrags auf vorläufige internationale Prüfung** (wenigstens einer) der Anmelder unverändert gemäß Art. 31 Abs. 2 lit. a) PCT und Regel 54.1 und 54.2 PCT-Ausführungsordnung entweder seinen Sitz oder Wohnsitz in einem PCT-Vertragsstaat haben oder Staatsangehöriger eines PCT-Vertragsstaats sein muss. Trifft diese Voraussetzung nicht auf den Erwerber bzw. – bei mehreren Erwerbern – auf wenigstens einen von ihnen zu, und ist beabsichtigt, eine vorläufige internationale Prüfung durchzuführen, sollte daher der Antrag auf Änderung der Person des Anmelders nach Regel 92*bis*.1 lit. a) i) PCT-Ausführungsordnung erst nach Stellung des Antrags auf Durchführung der vorläufigen internationalen Prüfung gestellt werden. 43

Ist mit dem Wechsel des Anmelders auch ein Wechsel des Anwalts verbunden oder vertritt der bisherige Anwalt auch den neuen Anmelder, so ist zu beachten, dass mit dem Antrag nach Regel 92*bis*.1 lit. a) i) PCT-Ausführungsordnung eine **gesonderte Vollmacht** einzureichen oder auf eine allgemeine Vollmacht Bezug zu nehmen ist (vgl. Regel 90.4 Abs. (a) Satz 1 und Regel 90.5 Abs. (a) PCT-Ausführungsordnung). Darüber hinaus ist dann, wenn der Antrag auf Änderung vom neuen Anmelder ohne schriftliche Zustimmung des alten Anmelders gestellt wird, ein **Nachweis für den Erwerb der PCT-Anmeldung** (zB Abtretungsurkunde) beizureichen.[65] 44

Praxistipp:[66]

Es sollte selbst dann, wenn der Ablauf der Frist von 30 Monaten ab dem Prioritätsdatum kurz bevorsteht, ein Wechsel des Anmelders bzw. Inhabers der PCT-Anmeldung noch innerhalb der internationalen Phase gemäß Regel 92*bis*. PCT-Ausführungsordnung dem Internationalen Büro per Telefax mittels des Formblatts PCT/IB/306 oder über ePCT mitgeteilt werden. Zwar ist ein Wechsel des Anmelders auch noch in der nationalen bzw. regionalen Phase möglich. Dies ist jedoch ungleich umständlicher und ggf. kostenintensiver, da für jedes Bestimmungs- bzw. ausgewählte Amt die entsprechende Änderung gesondert herbeigeführt werden muss.

III. Die internationale Recherche

1. Die internationale Recherche

Grundsätzlich wird für jede internationale Anmeldung gemäß Art. 15 Abs. 1 PCT eine internationale Recherche durchgeführt. Sie dient der **Ermittlung des einschlägigen Standes der Technik** (Art. 15 Abs. 2 PCT) und wird dabei gemäß Art. 15 Abs. 3 PCT auf der Grundlage der Ansprüche 45

[64] S. hierzu PCT-Newsletter 1/2009 – Practical Advice.
[65] Trinks Rn. 110.
[66] S. hierzu näher PCT-Newsletter 2/2012, 3/2012 und 4/2012 – Practical Advice.

unter angemessener Berücksichtigung der Beschreibung und der Zeichnungen durchgeführt. Insbesondere in den in Regel 39.1 PCT-Ausführungsordnung aufgeführten Fällen, in denen ein Patentschutz per se ausgeschlossen oder problematisch ist (zB wissenschaftliche und mathematische Theorien, Pflanzensorten oder Tierarten, grds. Datenverarbeitungsprogramme), wird jedoch keine internationale Recherche durchgeführt.[67]

46 Zuständige **Internationale Recherchenbehörde** (**„ISA“ = International Searching Authority**) ist – da bislang noch keine zentrale Internationale Recherchenbehörde im Sinne von Art. 16 PCT existiert – gemäß Art. 16 Abs. 1 und 2 PCT iVm Regel 35.1 PCT-Ausführungsordnung die Behörde, die das jeweilige Anmeldeamt dafür bestimmt hat. Kommen mehrere Internationale Recherchenbehörden in Frage, so obliegt die Wahl dem Anmelder (vgl. Regel 35.2 lit. a) und 35.3 lit. b) PCT-Ausführungsordnung).[68] Bei Anmeldungen, die beim Internationalen Büro eingereicht worden sind, ist gemäß Regel 35.3 lit. a) PCT-Ausführungsordnung die Behörde zuständig, die für die internationale Recherche für Anmeldungen bei einem daneben zuständigen Anmeldeamt zuständig gewesen wäre. Für PCT-Anmeldungen, die beim DPMA oder dem EPA eingereicht werden, ist das **EPA** zuständige Internationale Recherchenbehörde.[69] Dieses verlangt mit Stand 1. Januar 2022 für die internationale Recherche eine **Recherchengebühr** (Regel 16 Abs. 1 lit. a) PCT-Ausführungsordnung) in Höhe von EUR 1.775,–.[70]

47 Die Internationale Recherchenbehörde verfasst gemäß Art. 18 Abs. 1 PCT iVm Regel 42.1 PCT-Ausführungsordnung innerhalb von drei Monaten nach Eingang des Recherchenexemplars bei ihr oder – je nachdem, welche Frist später abläuft – innerhalb von neun Monaten seit dem Prioritätsdatum einen internationalen Recherchenbericht („ISR“ = International Search Report). Näheres zum Inhalt des internationalen Recherchenberichts ist Regel 43 PCT-Ausführungsordnung zu entnehmen. Die ISA kann dabei nach Regel 4.12 und 12*bis*.1 PCT-Ausführungsordnung auf Antrag auch frühere Recherchenberichte mit berücksichtigen, die etwa von einem nationalen Amt zu einer nationalen Patentanmeldung stammen, deren Priorität die PCT-Anmeldung in Anspruch nimmt, wobei die ISA hierzu jedoch nicht in jedem Fall verpflichtet ist.[71]

48 Gleichzeitig mit dem internationalen Recherchenbericht erstellt die Internationale Recherchenbehörde gemäß **Regel 43*bis*.1 PCT-Ausführungsordnung** einen **schriftlichen Bescheid** („WO-ISA“ = Written Opinion International Searching Authority) darüber, ob die beanspruchte Erfindung als neu, auf erfinderischer Tätigkeit beruhend und gewerblich anwendbar anzusehen ist sowie, ob die PCT-Anmeldung die Erfordernisse des PCT und der PCT-Ausführungsordnung erfüllt. Kommt die Internationale Recherchenbehörde zu dem Ergebnis, dass die PCT-Anmeldung einen Gegenstand betrifft, für den die Internationale Recherchenbehörde nicht zu einer Recherche verpflichtet ist (Art. 17 Abs. 2 lit. a) i) PCT) oder dass die Beschreibung, die Ansprüche oder die Zeichnungen den vorgeschriebenen Anforderungen nicht in einer Weise genügen, damit eine sinnvolle Recherche durchgeführt werden kann (Art. 17 Abs. 2 lit. a) ii) PCT), so stellt die Internationale Recherchenbehörde dies in einer Erklärung fest. Sowohl der internationale Recherchenbericht und der schriftliche Bescheid nach Regel 43*bis*.1 PCT-Ausführungsordnung als auch die Erklärung nach Art. 17 Abs. 2 lit. a) PCT werden dem Anmelder und dem Internationalen Büro mitgeteilt (Art. 17 Abs. 2 lit. a) und 18 Abs. 2 PCT sowie Regel 44.1 PCT-Ausführungsordnung).

49 In Reaktion auf den internationalen Recherchenbericht und den schriftlichen Bescheid bzw. die Erklärung nach Art. 17 Abs. 2 lit. a) PCT besteht für den Anmelder die Möglichkeit, entweder formlos Stellung zu nehmen oder gemäß Art. 19 Abs. 1 Satz 1 PCT die Ansprüche zu ändern. Eine **formlose Stellungnahme** ist zwar weder im PCT noch in der PCT-Ausführungsordnung vorgesehen. Gemäß Ziffer 47 des Berichtes der PCT-Versammlung vom 23. September bis 1. Oktober 2002[72] ist dies jedoch möglich. Formlose Stellungnahmen sind direkt an das Internationale Büro zu richten und vorzugsweise nicht später als 28 Monate nach dem Prioritätstag einzurei-

[67] Entsprechendes gilt bei der internationalen vorläufigen Prüfung gemäß Regel 67.1 PCT-Ausführungsordnung.

[68] Eine Orientierungshilfe für die Wahl zwischen den in Betracht kommenden ISAs enthält der PCT-Newsletter 10/2021 – Practical Advice.

[69] Für das EPA siehe Art. 3 Abs. 1 der Vereinbarung zwischen dem EPA und dem Internationalen Büro, in Kraft getreten am 13. Dezember 2007, zuletzt geändert mit Wirkung zum 1. Juli 2020, im Internet unter www.wipo.intexport/sites/www/pct/en/texts/agreements/ag_ep.pdf zu finden. Für das DPMA siehe Art. III § 3 IntPatÜbkG iVm der Mitteilung des Präsidenten des DPMA vom 24. April 1978, BlPMZ 78, 165. Zum EPA als internationale Recherchenbehörde näher Singer/Stauder/Luginbühl/Mathoi Art. 152 Rn. 100 ff.

[70] S. die zum 1. Januar 2021 gültigen Gebühren im Internet unter www.epo.org/applying/fees/international-fees/important-fees_de.html.

[71] Näher hierzu PCT-Newsletter 1/2018 und 2/2018 – Practical Advice.

[72] PCT/A/31/10.

chen. Weitere Einzelheiten sind Ausgabe 10/2004 (unter „Practical Advice“) des PCT-Newsletters zu entnehmen.[73] Unabhängig davon sieht Art. 19 Abs. 1 S. 1 PCT vor, dass nach Eingang des internationalen Recherchenberichts der Anmelder befugt ist, einmal (1 ×) die **Ansprüche** der PCT-Anmeldung **zu ändern.**[74] Gleichzeitig kann er eine kurze Erklärung einreichen, mit der er die Änderungen erläutern und deren Auswirkungen auf die Beschreibung und die Zeichnungen darlegen kann (Art. 19 Abs. 1 S. 2 PCT). Dabei dürfen nach Art. 19 Abs. 2 und 3 PCT die Änderungen grundsätzlich nicht über den Offenbarungsgehalt der Anmeldung hinausgehen. Die Frist für eine Änderung der Ansprüche beträgt gemäß Regel 46.1 S. 1 PCT-Ausführungsordnung – je nachdem, welcher Zeitpunkt später erreicht ist – zwei Monate ab Übermittlung des internationalen Recherchenberichts oder 16 Monate ab dem Prioritätsdatum.[75] Die geänderten Ansprüche sind gemäß Regel 46.2 PCT-Ausführungsordnung direkt beim Internationalen Büro einzureichen.

2. Die ergänzende internationale Recherche

Seit dem 1. Januar 2009 besteht für PCT-Anmeldungen gemäß Regel 45*bis*.1 PCT-Ausführungsordnung die Möglichkeit, einen Antrag auf Durchführung einer ergänzenden internationalen Recherche zu stellen. Hintergrund ist die ständig zunehmende Bandbreite an Sprachen, in denen Stand der Technik vorliegt. Dies bedingt es, dass es für die mit einer internationalen Recherche beauftragte Behörde immer schwieriger wird, den für die konkrete PCT-Anmeldung relevanten Stand der Technik aufzufinden und seinem Inhalt nach richtig zu erfassen.[76] Die ergänzende internationale Recherche gibt dem Anmelder daher ein Mittel an die Hand, mit dem er – zusätzlich zur internationalen Recherche – eine weitere Behörde mit einer ergänzenden Recherche beauftragen kann. 50

Die ergänzende internationale Recherche wird auf **Antrag** durchgeführt, der gemäß Regel 45*bis*.1 lit. a) iVm lit. b) PCT-Ausführungsordnung binnen einer **Frist von 22 Monaten ab dem Prioritätsdatum** beim Internationalen Büro einzureichen ist. Erforderliche Bestandteile sind nach Regel 45*bis*.1 lit. b) PCT-Ausführungsordnung (1) der Name und die Anschrift des Anmelders und gegebenenfalls des Anwalts, die Bezeichnung der Erfindung, das internationale Anmeldedatum und das internationale Aktenzeichen, (2) die Internationale Recherchenbehörde, die ersucht wird, die ergänzende internationale Recherche durchzuführen sowie (3) wenn die internationale Anmeldung in einer Sprache eingereicht wurde, die von dieser Behörde nicht zugelassen ist, die Angabe, ob eine beim Anmeldeamt nach Regel 12.3 oder 12.4 PCT-Ausführungsordnung eingereichte Übersetzung die Grundlage für die ergänzende internationale Recherche bilden soll. Regel 45*bis*.1 lit. c) PCT-Ausführungsordnung führt weitere Bestandteile auf, die gegebenenfalls hinzuzufügen sind. 51

Die Stellung des Antrags verpflichtet zur Zahlung einer Bearbeitungsgebühr (mit Stand 1. Oktober 2020 CHF 200,–) an das Internationale Büro innerhalb eines Monats nach Eingang des Antrags (Regel 45*bis*.2 lit. a) und c) PCT-Ausführungsordnung) sowie einer weiteren **Gebühr** an das Internationale Büro für die Durchführung der Recherche binnen gleicher Frist, sofern die Internationale Recherchenbehörde, die die ergänzende internationale Recherche durchführen soll, dies verlangt (Regel 45*bis*.3 lit. a) PCT-Ausführungsordnung; beim EPA beträgt diese Gebühr mit Stand 1. Januar 2022 EUR 1.775,–).[77] 52

Zuständig für die ergänzende internationale Recherche ist gemäß Regel 45*bis*.9 lit. a) und b) PCT-Ausführungsordnung ausdrücklich nicht die Behörde, die bereits die internationale Recherche nach Art. 16 Abs. 1 PCT durchgeführt hat, sondern eine Internationale Recherchenbehörde, die ihre Bereitschaft für die Durchführung einer ergänzenden internationalen Recherche in der anwendbaren Vereinbarung nach Art. 16 Abs. 3 lit. b) PCT festgelegt hat (= **SISA** = **Supplementary Searching Authority**). Zurzeit (Stand 1. Januar 2022) bieten das Österreichische Patentamt, das EPA, die Patentämter von Finnland, Schweden, Russland (Rospatent), Singapur und der Uk- 53

[73] Im Internet unter www.wipo.int/pct/en/newslett/practical_advice/pa_102004.html zu finden. S. auch Trinks Rn. 600 ff.

[74] S. hierzu auch Trinks Rn. 606 ff.

[75] Zu einem Anwendungsbeispiel, in dem aufgrund der COVID-Krise die Frist zur Einreichung von Änderungen versäumt wurde, s. PCT-Newsletter 5/2020 – Practical Advice.

[76] S. hierzu auch den PCT-Newsletter 1/2012 – Practical Advice.

[77] S. Art. 2 Abs. 1 Ziffer 1. der Gebührenordnung des EPA bzw. für die jeweils aktuellen Gebühren auch www.wipo.int/export/sites/www/pct/en/fees.pdf.

raine sowie das Nordische Patentamt[78], das Patentamt der sog. Visegrád-Staaten[79] und neuerdings das Türkische Patent- und Markenamt die Durchführung einer ergänzenden internationalen Recherche an.[80]

Praxistipp:[81]

Es sollte sorgfältig überlegt werden, ob und wenn ja bei welcher SISA eine ergänzende internationale Recherche durchgeführt werden soll. Dabei sind die von der jeweiligen SISA angebotene Reichweite einer ergänzenden internationalen Recherche, die jeweils anfallenden Gebühren, die (kommerzielle) Bedeutung der der PCT-Anmeldung zugrunde liegenden Erfindung sowie die Anzahl der Vertragsstaaten, für die gegebenenfalls in die nationale bzw. regionale Phase eingetreten werden soll, gegeneinander abzuwägen.[82] Darüber hinaus können zusätzliche Übersetzungskosten anfallen, falls die PCT-Anmeldung nicht in einer Sprache vorliegt, für die die jeweilige SISA eine ergänzende internationale Recherche anbietet. Mitunter liegen auch bereits Rechercheergebnisse von anderen Behörden vor, so dass auf diese Ergebnisse zurückgegriffen werden kann und eine ergänzende internationale Recherche nicht erforderlich ist.

IV. Die internationale vorläufige Prüfung[83]

1. Antrag auf internationale vorläufige Prüfung

54 Die internationale vorläufige Prüfung wird gemäß Art. 31 Abs. 1 PCT auf **Antrag** des Anmelders durchgeführt. Der Antrag ist nach Art. 31 Abs. 6 lit. a) PCT bei der dafür gemäß Art. 32 PCT vom Anmeldeamt bzw. von der PCT-Versammlung mit der internationalen vorläufigen Prüfung beauftragten Behörde (**„IPEA" = International Preliminary Examining Authority**) einzureichen.[84] Für beim DPMA oder dem EPA eingereichte PCT-Anmeldungen ist das **EPA die zuständige Prüfungsbehörde.**[85] Gemäß Art. 31 Abs. 3 S. 1 PCT ist der Antrag gesondert von der PCT-Anmeldung zu stellen. Er muss in der vorgeschriebenen Form und Sprache abgefasst sein (Art. 31 Abs. 3 S. 2 PCT).[86] Näheres ist Regel 53 und 55 PCT-Ausführungsordnung zu entnehmen. Zudem muss der Antrag gemäß Art. 31 Abs. 4 lit. a) S. 1 PCT die Vertragsstaaten angeben, in denen der Anmelder die Ergebnisse der internationalen vorläufigen Prüfung verwenden will („ausgewählte Staaten").

55 Die **Frist für die Antragstellung** beträgt drei Monate ab dem Tag, an dem der internationale Recherchenbericht und der schriftliche Bescheid nach Regel 43*bis*.1 PCT-Ausführungsordnung oder die Erklärung nach Art. 17 Abs. 2 lit. a) PCT dem Anmelder übermittelt wurde, oder 22 Monate ab dem Prioritätsdatum, je nachdem, welche Frist später abläuft (Regel 54*bis*.1 PCT-Ausführungsordnung). Regel 69.1 lit. a) PCT-Ausführungsordnung sieht dabei in der seit dem 1. Januar 2019 geltenden Fassung vor, dass mit der Prüfung begonnen wird, sobald der Prüfungsbehörde der Antrag, die Gebühren und entweder der internationalen Recherchenbericht, die Erklärung nach Art. 17 Abs. 2 PCT oder der schriftliche Bescheid nach Regel 43*bis*.1 PCT-Ausführungsordnung vorliegt, es sei denn, der Anmelder stellt ausdrücklich den Antrag, den Beginn der Prüfung bis zum Ablauf der Frist nach Regel 54*bis*.1 lit. a) PCT-Ausführungsordnung hinauszuzögern.[87] Nach Art. 31 Abs. 5 PCT sind im Übrigen innerhalb der vorgesehenen Fristen

[78] Bei dem Nordischen Patentamt handelt es sich um die zwischenstaatliche, für Patentanmeldungen zuständige Organisation von Dänemark, Island und Norwegen.

[79] Das Visegrád Patentamt ist eine zwischenstaatliche Organisation zur Zusammenarbeit in Patentangelegenheiten von Tschechien, Ungarn, Polen und der Slowakei und hat am 1. Juli 2016 seine Arbeit aufgenommen.

[80] Die eine ergänzende internationale Recherche anbietenden Ämter lassen sich der Internetseite der WIPO zum PCT Leitfaden in der Spalte „Annex SISA" entnehmen.

[81] S. hierzu auch den PCT-Newsletter 1/2012 – Practical Advice.

[82] Nähere Informationen zu den einzelnen SISAs finden sich in dem jeweiligen Anhang SISA des PCT-Leitfadens.

[83] Ausführlich zur internationalen vorläufigen Prüfung Trinks Rn. 800 ff.

[84] Siehe hierzu auch Regel 59 PCT-Ausführungsordnung.

[85] Näher zur Rolle des EPA als IPEA Trinks Rn. 855 ff.

[86] In der Praxis kann auf das Formblatt PCT/IPEA/401 zurückgegriffen werden. Im Internet unter www.wipo.int/pct/en/forms/index.htm zu finden.

[87] S. hierzu PCT_Newsletter 6/2019 – Practical Advice.

die für die internationale vorläufige Prüfung erforderlichen **Gebühren** zu entrichten.[88] Dies sind die Bearbeitungs- und Prüfungsgebühr nach Regel 57.1 und 58.1 lit. a) PCT-Ausführungsordnung.[89] Beim EPA beträgt die Bearbeitungsgebühr zum 1. Januar 2022 EUR 185,–, die Prüfungsgebühr EUR 1.830,–.[90] Die Gebühren sind nach Regel 57.3 lit. a) und 58.1 lit. b) PCT-Ausführungsordnung innerhalb eines Monats nach Antragstellung oder innerhalb von 22 Monaten ab dem Prioritätsdatum zu entrichten, je nachdem, welcher Zeitpunkt später eintritt.

Praxistipp:

In der Regel ist ein Antrag auf internationale vorläufige Prüfung nur dann sinnvoll, wenn der schriftliche Bescheid nach Regel 43*bis*.1 PCT-Ausführungsordnung für den Anmelder „negativ" ausgefallen ist und bereits Gegenvorstellungen oder Änderungen eingereicht worden sind oder noch eingereicht werden. Denn andernfalls ist nicht zu erwarten, dass die Prüfungsbehörde zu einem anderen Ergebnis kommt als dies bereits im schriftlichen Bescheid nach Regel 43*bis*.1 PCT-Ausführungsordnung niedergelegt ist.

2. Prüfungsverfahren/Änderungen/Stellungnahmen[91]

Die Prüfungsbehörde stellt im Rahmen der internationalen vorläufigen Prüfung fest, ob die beanspruchte Erfindung als neu, auf erfinderischer Tätigkeit beruhend und als gewerblich anwendbar anzusehen ist. Dabei orientiert sie sich in erster Linie an den im internationalen Recherchenbericht aufgeführten Unterlagen (Art. 33 Abs. 6 S. 1 PCT). Sie kann nach Art. 33 Abs. 6 S. 2 PCT ferner auch andere Unterlagen berücksichtigen, wenn diese in dem betreffenden Fall als einschlägig anzusehen sind. 56

Der Anmelder erhält nach Art. 34 Abs. 2 lit. c) PCT im Verlauf des Prüfungsverfahrens von der mit der internationalen vorläufigen Prüfung beauftragten Behörde **wenigstens einen begründeten**[92] **Bescheid,** es sei denn die Prüfungsbehörde ist der Ansicht, dass (1) die Erfindung den Anforderungen an die Neuheit, die erfinderische Tätigkeit sowie die gewerbliche Anwendbarkeit nach Art. 33 Abs. 1 PCT entspricht, (2) die PCT-Anmeldung den übrigen Erfordernissen des PCT und der PCT-Ausführungsordnung genügt – soweit sie von der Prüfungsbehörde geprüft worden sind – und (3) keine Bemerkungen nach Art. 35 Abs. 2 S. 4 PCT beabsichtigt sind.[93] Hat der Anmelder bereits einen schriftlichen Bescheid nach Art. 43*bis*.1 PCT erhalten, so gilt grundsätzlich nach Regel 66.1*bis* lit. a) PCT-Ausführungsordnung dieser schriftliche Bescheid als erster Bescheid im Sinne von Art. 34 Abs. 2 lit. c) PCT und Regel 66.2 PCT-Ausführungsordnung.[94] Dies gilt allerdings unverändert im Falle des EPA als IPEA nur dann, wenn es selbst bereits als internationale Recherchenbehörde den Bescheid nach Regel 43*bis*.1 PCT-Ausführungsordnung erstellt hat, da das EPA von der Möglichkeit nach Regel 66.1*bis* lit. b) PCT-Ausführungsordnung Gebrauch gemacht hat.[95] In diesem Fall ist das EPA nach Regel 66.1*bis* lit c) PCT-Ausführungsordnung indes dazu angehalten, den Anmelder entsprechend zu informieren. 57

Während der internationalen vorläufigen Prüfung besteht für den Anmelder gemäß Art. 34 Abs. 2 lit. a) PCT die Möglichkeit, mündlich oder schriftlich **mit der Prüfungsbehörde zu kommunizieren**[96] (s. auch Regel 66.6 PCT-Ausführungsordnung) sowie gemäß Art. 34 Abs. 2 lit. b) PCT bis zu dem Zeitpunkt, zu dem die Prüfungsbehörde den internationalen vorläufigen Prüfungsbericht erstellt hat (s. insoweit auch Regel 66.4*bis* PCT-Ausführungsordnung), Berichtigungen vorzunehmen sowie die Ansprüche, die Beschreibung und die Zeichnungen zu ändern (s. insoweit auch Regel 66.1 lit. b)–d*bis*) und 66.8 PCT-Ausführungsordnung). Ebenso kann er 58

[88] Zu den Gebühren beim EPA als IPEA siehe auch Singer/Stauder/Luginbühl/Mathoi EPÜ Art. 152 Rn. 238 ff.
[89] Näher hierzu Trinks Rn. 1228 ff.
[90] Zur Prüfungsgebühr s. Art. 2 Abs. 1 Ziffer 19. der Gebührenordnung des EPA. Die Bearbeitungsgebühr ist von der WIPO festgesetzt. S. auch die Übersicht der Gebühren unter www.epo.org/applying/forms-fees/international-fees_de.html.
[91] S. zum Prüfungsverfahren beim EPA als IPEA auch Singer/Stauder/Luginbühl/Mathoi EPÜ Art. 152 Rn. 207 ff.
[92] Regel 66.2 lit. b) PCT-Ausführungsordnung.
[93] Zu Fällen, in denen die Prüfungsbehörde demgegenüber ausdrücklich Mitteilung an den Anmelder macht, siehe Regel 66.2 lit. a) S. 1 PCT-Ausführungsordnung.
[94] S. hierzu auch Singer/Stauder/Luginbühl/Mathoi EPÜ Art. 152 Rn. 295 f.
[95] S. Rn. 4.2.016 des EURO-PCT-Leitfadens des EPA.
[96] Vgl. dazu Singer/Stauder/Luginbühl/Mathoi EPÜ Art. 152 Rn. 300, 307 ff.

nach Art. 37 Abs. 1 PCT einzelne oder alle Auswahlerklärungen nach Art. 31 Abs. 4 PCT zurücknehmen.

59 Gemäß Regel 66.2 lit. c)–e) iVm Regel 66.3 PCT-Ausführungsordnung wird dem Anmelder außerdem Gelegenheit gegeben, binnen einer (verlängerbaren) Frist von normalerweise zwei Monaten zu dem schriftlichen Bescheid Stellung zu nehmen.

3. Der Prüfungsbericht[97]

60 Das Verfahren über die internationale vorläufige Prüfung endet abschließend in dem von der Prüfungsbehörde erstellten internationalen vorläufigen Prüfungsbericht (= IPER = International Preliminary Examination Report oder International Preliminary Report on Patentability (Chapter II))[98] nach Art. 35 PCT in Verbindung mit Regel 70 PCT-Ausführungsordnung. Dieser Prüfungsbericht ist gemäß Art. 33 Abs. 1 PCT ein **nicht bindendes vorläufiges Gutachten** darüber, ob die beanspruchte Erfindung als neu, auf erfinderischer Tätigkeit beruhend und als gewerblich anwendbar anzusehen ist. Gemäß Art. 35 Abs. 2 S. 1 PCT bezieht sich der Prüfungsbericht dabei zwar nicht auf die Frage, ob die beanspruchte Erfindung nach irgendeinem *nationalen* Recht patentfähig ist. Als offizielle Stellungnahme über die Frage der Patentierbarkeit der beanspruchten Erfindung bietet der internationale vorläufige Prüfungsbericht jedoch eine gute Grundlage für die Beantwortung der Frage, ob der Anmelder in die nationale bzw. regionale Phase eintreten soll.

61 Der internationale vorläufige Prüfungsbericht wird nach Regel 69.2 PCT-Ausführungsordnung – je nachdem, welche Frist zuletzt abläuft – entweder 28 Monate ab dem Prioritätsdatum, sechs Monate ab dem in Regel 69.1 PCT-Ausführungsordnung bestimmten Beginn der internationalen vorläufigen Prüfung oder sechs Monate ab dem Datum des Eingangs der ggf. nach Regel 55.2 PCT-Ausführungsordnung eingereichten Übersetzung der PCT-Anmeldung angefertigt. Der Prüfungsbericht enthält die im Einzelnen in Regel 70.1 bis 70.17 PCT-Ausführungsordnung festgehaltenen Angaben und Erläuterungen. Dies sind – wie bereits erwähnt – insbesondere die Feststellungen und Erläuterungen im Sinne von Art. 35 Abs. 2 PCT, ob die beanspruchte Erfindung anscheinend neu ist, auf einer erfinderischen Tätigkeit beruht und gewerblich anwendbar ist.

62 Gemäß Art. 36 Abs. 1 PCT iVm Regel 71.1 PCT-Ausführungsordnung wird der internationale vorläufige Prüfungsbericht sowohl dem Anmelder als auch dem Internationalen Büro übermittelt. Ggf. sind Übersetzungen des Prüfungsberichts und der Anlagen anzufertigen (s. Art. 36 Abs. 2 PCT sowie Regel 72 und 74 PCT-Ausführungsordnung). Schließlich wird der internationale vorläufige Prüfungsbericht zusammen mit dessen Anlagen und etwaigen Übersetzungen gemäß Art. 36 Abs. 3 PCT iVm Regel 73.2 lit. a) PCT-Ausführungsordnung den ausgewählten Ämtern und nach Regel 71.1 PCT-Ausführungsordnung dem Internationalen Büro und dem Anmelder übersandt. Dabei ist zu beachten, dass ungeachtet des in Art. 38 PCT vorgesehen vertraulichen Charakters der internationalen vorläufigen Prüfung in der Praxis die Akte mit Erstellung des IPER nicht länger vertraulich sein muss, da die ausgewählten Ämter nach dem auf sie jeweils anwendbarem nationalen Recht Zugang zur Akte gewähren können, Regel 94.3 PCT-Ausführungsordnung).[99] Mit der Übersendung endet die internationale Phase und es schließt sich die nationale bzw. regionale Phase an.

V. Die nationale/regionale Phase[100]

1. Eintritt in die nationale/regionale Phase

63 Um die Anmeldung in einem oder mehreren Vertragsstaat(-en) weiterzuführen und dadurch die Erteilung nationaler oder regionaler Patente (zB eines europäischen Patents) zu erreichen, muss

[97] Zum internationalen vorläufigen Prüfungsbericht des EPA siehe Singer/Stauder/Luginbühl/Mathoi EPÜ Art. 152 Rn. 313 ff.

[98] Wird ein Antrag auf internationale vorläufige Prüfung nicht gestellt, stellt grds. der WO-ISA den sog. International Preliminary Report on Patentability (Chapter I) dar, ohne dass eine weitere Prüfung stattfindet. Instruktiv zur Differenzierung zwischen internationalem Recherchenbericht (ISR), dem schriftlichen Bescheid der Internationalen Recherchenbehörde (WO-ISA) sowie dem internationalen vorläufige Bericht zur Patentfähigkeit (Kapitel 1) und (Kapitel 2) PCT-Newsletter 9/2018 – Practical Advice.

[99] S. hierzu näher PCT-Newsletter 9/2020 – Practical Advice.

[100] Näher zur nationalen/regionalen Phase Trinks Rn. 889 ff.

der Anmelder gemäß Art. 22 Abs. 1 S. 1 PCT bzw. Art. 39 Abs. 1 lit. a) PCT[101] grundsätzlich mit dem Ablauf von **30 Monaten** oder – wie etwa beim EPA und mit Wirkung zum 1. Mai 2022 auch beim DPMA[102] – **31 Monaten** (Ausnahmen gelten – mit Stand 15. Oktober 2021 – etwa für Bosnien Herzegowina mit 34 Monaten oder, für die Frist nach Art. 22 PCT, Luxemburg mit 20 und die Vereinigte Republik Tansania mit 21 Monaten)[103] seit dem Prioritätsdatum oder zusammen mit einem **ausdrücklichen Antrag auf vorzeitigen Übergang in die nationale/regionale Phase** (Art. 23 Abs. 2 und 40 Abs. 2 PCT) den Bestimmungsämtern bzw. den ausgewählten Ämtern ein Exemplar der PCT-Anmeldung (sofern dieses nicht bereits nach Art. 20 PCT übermittelt worden ist) und eine Übersetzung der Anmeldung zuleiten. Darüber hinaus sind die erforderlichen nationalen Gebühren zu entrichten, falls eine solche erhoben wird, sowie ggf. erforderliche Angaben zum Erfinder zu machen.[104] Näheres ist den jeweiligen nationalen bzw. regionalen Bestimmungen zu entnehmen (vgl. zum europäischen Patent etwa die sich aus Regel 159 Abs. 1 EPÜ-Ausführungsordnung ergebenden Anforderungen). Ein früherer Eintritt in die nationale bzw. regionale Phase ist – sofern die dafür erforderlichen Handlungen bereits vorgenommen wurden[105] – gemäß Art. 23 Abs. 2 PCT und Art. 40 Abs. 2 PCT auf Antrag möglich.

Der Begriff **„Patent"** umfasst nach Art. 2 ii) PCT unter anderem auch das Gebrauchsmuster. 64
Wie sich aus Regel 4.9 lit. a) ii) PCT-Ausführungsordnung ergibt, kann daher in denjenigen Bestimmungsstaaten, die über den Weg der PCT-Anmeldung zusätzlich oder alternativ zu einem Patent auch den Schutz der Erfindung durch ein Gebrauchsmuster ermöglichen (zB kumulativ Deutschland oder nur alternativ Spanien), auch um Gebrauchsmusterschutz ersucht werden.[106] Demgegenüber haben einige Bestimmungsstaaten, für die der Schutz durch ein regionales Patent möglich ist, den Schutz einer Erfindung als nationales Patent über den Weg der PCT-Anmeldung ausgeschlossen. Dies gilt etwa für Belgien, Frankreich und die Niederlande, für deren Territorien über eine PCT-Anmeldung nur der Schutz durch ein europäisches Patent möglich ist. Eine aktuelle Übersicht über die in bzw. für die jeweiligen Bestimmungsstaaten verfügbaren Schutzrechtsarten ist auf der Webseite der WIPO zu finden.[107]

Für den Fall, dass die für den Eintritt in die nationale bzw. regionale Phase erforderlichen 65
Handlungen nicht rechtzeitig vorgenommen werden, endet gemäß Art. 24 Abs. 1 iii) PCT[108] grundsätzlich die in Art. 11 Abs. 3 PCT vorgesehene Wirkung[109] für den jeweiligen Bestimmungsstaat mit den gleichen Folgen wie die Zurücknahme einer nationalen Anmeldung.[110] Es ist daher letztlich nicht erforderlich, für Bestimmungsstaaten, in denen die PCT-Anmeldung nicht weiter verfolgt werden soll, die Anmeldung ausdrücklich zurückzunehmen. Für den Fall, dass die Frist unbeabsichtigt versäumt wurde, besteht nach Art. 48 Abs. 2 PCT iVm Regel 49.6 PCT-Ausführungsordnung die Möglichkeit der Wiedereinsetzung oder Weiterbehandlung durch das jeweilige Bestimmungsamt.[111] Bei einem Wiedereinsetzungs- oder Weiterbehandlungsantrag sind die jeweiligen nationalen bzw. regionalen Bestimmungen zu beachten, einschließlich der für die Stellung eines solchen Antrags einzuhaltenden Fristen.[112]

---

[101] Art. 22 Abs. 1 S. 1 PCT gilt für die Einleitung der nationalen Phase vor einem Bestimmungsamt, Art. 39 Abs. 1 lit. a) PCT für die Einleitung der nationalen Phase vor einem ausgewählten Amt (also nach internationaler vorläufiger Prüfung). Die Fristen sind jedoch in aller Regel identisch. S. auch Trinks Rn. 900 ff.

[102] S. hierzu die Neufassung von Art. III § 4 Abs. 2 IntPatÜbkG, geändert durch das Zweite Gesetz zur Vereinfachung und Modernisierung des Patentrechts, BGBl. 2021 Teil I Nr. 53, 3490, 3494,

[103] S. hierzu im Einzelnen die Angaben in der Übersicht des PCT-Leitfadens, Spalte „National Chapter", im Internet unter www.wipo.int/pct/en/appguide/index.jsp zu finden. Eine Übersicht über die Fristen der einzelnen nationalen Ämter findet sich unter www.wipo.int/pct/en/texts/time_limits.html.

[104] S. hierzu im Einzelnen ebenfalls die Angaben in der Übersicht des PCT-Leitfadens, Spalte „National Chapter". Die Gebühren, die mit Stand 1. Januar 2022 gegenüber dem EPA zu zahlen sind, sind Art. 2 Abs. 1 der Gebührenordnung des EPA in der Fassung der Beschlüsse des Verwaltungsrates des EPA vom 27. März 2020 zu entnehmen und unter www.epo.org/law-practice/legal-texts/html/epc/2016/d/ma6.htmlzu finden.

[105] S. hierzu „Practical Advice" im PCT-Newsletter 8/2006 und 10/2011.

[106] S. hierzu auch PCT-Newsletter 4/2018 und 5/2018 – Practical Advice.

[107] S. unter www.wipo.int/export/sites/www/pct/en/texts/pdf/typesprotection.pdf.

[108] Vgl. zum europäischen Patent auch Regel 160 Abs. 1 EPÜ-Ausführungsordnung.

[109] → Rn. 40 f.

[110] Vgl. aber die in Art. 25 Abs. 2 PCT vorgesehene Ausnahme bei Versehen oder Unterlassungen des Anmeldeamtes.

[111] Nach der Entscheidung G 3/91 der Großen Beschwerdekammer des EPA vom 7. September 1992 ist die Frist zur Zahlung der nationalen Gebühr beim EPA nicht wiedereinsetzungsfähig. Jedoch ist insoweit – wie auch bezüglich der übrigen Mindestanforderung nach Regel 159 Abs. 1 EPÜ-Ausführungsordnung – ein Antrag auf Weiterbehandlung nach Art. 121 EPÜ zulässig, da die Frist zur Zahlung der nationalen Gebühr nicht von der Weiterbehandlung ausgeschlossen ist.

[112] Zu den einzelnen nationalen Regelungen siehe die Angaben in der Übersicht des PCT-Leitfadens, Spalte „National Chapter". Zu den Regelungen des EPA siehe näher Smielick → § 36 Rn. 215 ff.

2. Verfahren in der regionalen Phase beim EPA

66 Der weitere Verlauf des Anmelde- bzw. Erteilungsverfahrens richtet sich nach den jeweiligen nationalen bzw. regionalen Bestimmungen. Eine PCT-Anmeldung, für die etwa das EPA Bestimmungsamt oder ausgewähltes Amt ist (**„EURO-PCT-Anmeldung"**), hat gemäß Art. 153 Abs. 2 EPÜ die Wirkung einer vorschriftsmäßigen europäischen Patentanmeldung.[113] Das EPA handelt, je nachdem ob in der internationalen Phase eine internationale vorläufige Prüfung stattgefunden hat oder nicht, als Bestimmungsamt oder ausgewähltes Amt. Die internationale Veröffentlichung einer EURO-PCT-Anmeldung in einer Amtssprache des EPA tritt an die Stelle der Veröffentlichung der europäischen Patentanmeldung und wird im Europäischen Patentblatt bekannt gemacht (Art. 153 Abs. 3 EPÜ).[114] Nach Art. 153 Abs. 5 EPÜ wird die EURO-PCT-Anmeldung des Weiteren grundsätzlich als europäische Patentanmeldung behandelt.[115] Der zur EURO-PCT-Anmeldung erstellte internationale Recherchenbericht oder die ihn ersetzende Erklärung und deren internationale Veröffentlichung treten dabei gemäß Art. 153 Abs. 6 EPÜ an die Stelle des europäischen Recherchenberichts und des Hinweises auf dessen Veröffentlichung im Europäischen Patentblatt.[116] Gemäß Art. 153 Abs. 7 EPÜ führt das EPA ungeachtet dessen zu jeder EURO-PCT-Anmeldung nach Art. 153 Abs. 5 EPÜ einen sog. ergänzenden europäischen Recherchenbericht durch.[117]

67 Einzelheiten zur europäischen Phase vor dem EPA sind den Regeln 159 ff. EPÜ-Ausführungsordnung zu entnehmen. Besonders zu beachten ist insoweit, dass innerhalb der vor dem EPA geltenden 31-Monatsfrist nach Regel 159 Abs. 1 EPÜ-Ausführungsordnung bestimmte Mindestvoraussetzungen erfüllt sein müssen. Andernfalls gilt die europäische Patentanmeldung gemäß Regel 160 Abs. 1 EPÜ-Ausführungsordnung als zurückgenommen, worauf der Anmelder vom EPA nach Regel 160 Abs. 2 EPÜ-Ausführungsordnung gesondert hingewiesen wird. Bei Fristversäumnis ist eine Weiterbehandlung nach Art. 121 EPÜ in Verbindung mit Regel 135 EPÜ-Ausführungsordnung möglich. Darüber hinaus können nach Regel 159 Abs. 1 lit. h), 162 Abs. 1 und 163 EPÜ-Ausführungsordnung weitere Handlungen vorzunehmen sein, die bei ihrem Unterlassen jedoch nicht zu einem Verlust der Anmeldung führen.

68 Ein näheres Eingehen auf die jeweiligen nationalen bzw. regionalen Regelungen kann hier nicht erfolgen. Einen guten Überblick über den Verlauf der jeweiligen Verfahren auf nationaler bzw. regionaler Ebene gibt der PCT-Leitfaden.[118]

3. Patent Prosecution Highway

69 Zahlreiche Staaten haben untereinander bilaterale Abkommen geschlossen, die unter dem allgemeinen Titel **„PCT-Patent Prosecution Highway"** zusammengefasst werden. Um den Anwendernutzen und die Effizienz für die angeschlossenen Patentämter weiter zu steigern, wurde mit Wirkung zum 6. Januar 2014 das Pilotprogramm **„Global Patent Procecution Highway"** ins Leben gerufen. Ebenfalls seit dem 6. Januar 2014 existiert ferner das sog. **IP5-PPH-Pilotprogramm,** dem neben dem EPA, dem USPTO und dem Japanischen Patentamt auch das koreanische Amt für geistiges Eigentum (KIPO) und das staatliche Amt für geistiges Eigentum der Volksrepublik China (SIPO) und somit die fünf größten Patentämter weltweit angehören.[119]

70 Ziel der bilateralen Abkommen und der Programme ist die **Beschleunigung des Anmeldeverfahrens** vor den beteiligten Ämtern, indem durch Arbeitsteilung der beteiligten Ämter den Anmeldern die Möglichkeit eröffnet wird, aufbauend auf bereits durchgeführten Prüfungsverfahren schneller und effizienter vor anderen Patentämtern korrespondierenden Patentschutz zu erlangen.[120] Ist etwa das EPA als ISA oder IPEA aufgrund der von ihm durchgeführten Recherchen oder der internationalen vorläufigen Prüfung zu dem Ergebnis gekommen, dass die in der inter-

[113] Zu dem Verfahren vor dem EPA siehe ausführlich Trinks Rn. 921 ff. Zu den nationalen deutschen Regelungen siehe Art. III §§ 4 ff. IntPatÜbkG.

[114] S. hierzu Singer/Stauder/Luginbühl/Hesper/Quarch EPÜ Art. 153 Rn. 113 ff.

[115] S. hierzu Singer/Stauder/Luginbühl/Hesper/Quarch EPÜ Art. 153 Rn. 131 ff.

[116] S. hierzu Singer/Stauder/Luginbühl/Hesper/Quarch EPÜ Art. 153 Rn. 140 ff.

[117] S. hierzu Singer/Stauder/Luginbühl/Hesper/Quarch EPÜ Art. 153 Rn. 145 ff.

[118] S. hierzu die Angaben in der Übersicht des PCT-Leitfadens, Spalte „National Chapter" im Internet unter www.wipo.int/pct/en/appguide/index.jsp.

[119] Das IP5-PPH-Pilotprogramm wurde zuletzt mit Wirkung vom 6. Januar 2020 für einen Zeitraum von drei Jahren bis 5. Januar 2023 verlängert, s. hierzu ABl. EPA 2019, A106.

[120] S. zu einem Anwendungsbeispiel etwa PCT-Newsletter 9/2021 – Practical Advice.

nationalen Phase der PCT-Anmeldung zugrundeliegende Patentansprüche patentierbar sind, so besteht für den Anmelder die Möglichkeit, beim USPTO oder dem JPO eine beschleunigte Prüfung der dort in der nationalen Phase anhängigen Anmeldung zu beantragen.

Ein näheres Eingehen auf die einzelnen Abkommen und Pilotprogramme würde den Rahmen dieser Abhandlung sprengen. Eine Übersicht und weiterführende Informationen zu den einzelnen Abkommen und Pilotprogramme sind auf der Webseite der WIPO zu finden.[121] 71

VI. Beratungscheckliste

Checkliste Patentanmeldung 72

- Zur Bestimmung des richtigen Anmeldeamtes: Welche Nationalität hat der Anmelder bzw. in welchem PCT-Vertragsstaat hat er seinen Wohnsitz?
- Genügt die PCT-Anmeldung in sämtlichen Bestandteilen (PCT-Antrag, Beschreibung, Ansprüche, Zeichnungen, Zusammenfassung) den Anforderungen des PCT und der PCT-Ausführungsordnung?
- Für den Fall, dass für die PCT-Anmeldung die Priorität einer früheren Anmeldung in Anspruch genommen werden soll, ist darauf zu achten, dass die PCT-Anmeldung innerhalb der 12-Monatsfrist ab dem Anmeldedatum der früheren Anmeldung eingereicht wird. Spätestens bis zum Ablauf des 16. Monats ab dem Prioritätsdatum ist darüber hinaus der entsprechende Prioritätsbeleg beim Internationalen Büro oder dem Anmeldeamt einzureichen.
- Bei negativem schriftlichen Bescheid der ISA oder negativem Ergebnis der internationalen vorläufigen Prüfung: können die Hindernisse, die einem Patentschutz nach Auffassung der ISA oder IPEA entgegenstehen, durch eine Stellungnahme und/oder eine Änderung der Ansprüche ausgeräumt werden?
- Der Antrag auf internationale Prüfung ist innerhalb von drei Monaten ab dem Tag, an dem der internationale Recherchenbericht und der schriftliche Bescheid nach Regel 43*bis*. 1 PCT-Ausführungsordnung oder die Erklärung nach Art. 17 Abs. 2 lit. a) PCT dem Anmelder übermittelt wurde, oder 22 Monate ab dem Prioritätsdatum zu stellen. Innerhalb dieser Frist sind zudem die Bearbeitungs- und die Prüfungsgebühren zu zahlen.
- Rechtzeitig vor Ablauf der Frist zur Einleitung der nationalen bzw. regionalen Phase (in der Regel 30 oder 31 Monate ab dem Prioritätsdatum) sind die entsprechenden Vorbereitungen zu treffen (Entscheidung darüber, in welchen Ländern die PCT-Anmeldung weiterverfolgt werden soll; ggf. Übermittlung der PCT-Anmeldung und einer Übersetzung an das Bestimmungsamt; Zahlung der vom jeweiligen Bestimmungsamt vorgesehenen Gebühren).

VII. Anschriften und Internetadressen

World Intellectual Property Organisation 73
(Gesetzestexte, Mitteilungen, Formulare, Leitfaden)
34, Chemin de Colombettes
Postfach 18
CH-1211 Genf 20
Schweiz
Telefon: +41–2 23 38 91 11
Telefax: +41–2 27 33 54 28
Homepage: http://www.wipo.org

Europäisches Patentamt
(Gesetzestexte, Beschlüsse und Mitteilungen, Formulare, Leitfäden, Recherchen)
D-80298 München
Telefon: +49 (0) 89–23 99–0
Homepage: http://www.epo.org
Datenbankrecherche: http://www.espacenet.com
Online Registerauskunft und Akteneinsichtnahme:
https://www.epo.org/searching-for-patents/legal/register_de.html

[121] S. unter www.wipo.int/pct/en/filing/pct_pph.html.

§ 38 Gebrauchsmusterrecht

Übersicht

I. Abgrenzung zum Patent

1. Allgemeines

1 Die materiellen Schutzvoraussetzungen von Gebrauchsmuster und Patent sind im Wesentlichen dieselben:

Die Erfindung muss **technischen Charakter** haben.[1] Ferner muss die Erfindung ausführbar sein sowie **neu,** auf einem **erfinderischen Schritt** beruhen und **gewerblich anwendbar** sein (§ 1 Abs. 1 GebrMG).

2 Auch die **Formalanforderungen** an eine Gebrauchsmusteranmeldung entsprechen im Wesentlichen denjenigen an eine Patentanmeldung. Abweichend zur Patentanmeldung braucht bei einer Gebrauchsmusteranmeldung **der Erfinder** nicht genannt zu werden.

3 **Prioritätsrecht:** Eine Gebrauchsmusteranmeldung kann sowohl Basis für eine **Nachanmeldung** sein als auch selbst als **Nachanmeldung** die Priorität einer älteren Patent- oder Gebrauchsmusteranmeldung in Anspruch nehmen.[2]

2. Kategorie

4 Einer der für die Praxis bedeutenden Unterschiede zum Patent ist der Schutzausschluss für Verfahren nach § 2 Nr. 3 GebrMG. Hiernach werden **Verfahren nicht** als Gebrauchsmuster geschützt. Der in dieser gesetzlichen Regelung verwendete Begriff entspricht der herkömmlichen Verfahrensdefinition bei den technischen Schutzrechten des gewerblichen Rechtsschutzes und schließt insbesondere Arbeitsverfahren und Herstellungsverfahren ein.[3] Als **Arbeitsverfahren** wird eine technische Betätigung bezeichnet, durch die an einem Objekt Arbeitsschritte vollzogen wer-

[1] BGH GRUR 1977, 152 – Kennungsscheibe; 1975, 549 – Buchungsblatt; BPatGE 20, 29 (30); 15, 166 (169); BPatG 18.8.2008 – 5 W (pat) 1/06; Loth/Stock GebrMG § 1 Rn. 6.

[2] § 6 GebrMG.

[3] BGH GRUR 2006, 135 – Arzneimittelgebrauchsmuster; BGH GRUR 2004, 495 – Signalfolge.

den, ohne dass dabei eine Veränderung der behandelten Sache eintritt.[4] Ein **Herstellungsverfahren** ist auf die Erzeugung eines Stoffs oder einer Sache ausgerichtet. So sind grundsätzlich auch **Verwendungsansprüche**, da sie einen Unterfall der Verfahrensansprüche betreffen, vom Gebrauchsmusterschutz ausgeschlossen.[5] Allerdings kann die Verwendung eines bekannten Stoffes zur Erzielung einer bestimmten therapeutischen oder präventiven Wirkung am menschlichen oder tierischen Körper nicht schlechterdings als ein auf die Erzeugung eines Stoffes oder einer Sache ausgerichtetes Herstellungsverfahren angesehen werden.[6]

Da ein unmittelbarer Schutz für alle Verfahrenserfindungen, aber auch für einzelne Verfahrensmerkmale durch das Gebrauchsmustergesetz ausdrücklich ausgeschlossen ist, scheidet die Wahl dieses Schutzrechts immer dann aus, wenn die Erfindung **Vorgänge** umfasst, die mit einem Gegenstand erfolgen, sich auf die Art und den **Zeitpunkt der Behandlung** eines Gegenstandes beziehen oder die Erfindung sonstige **Verfahrensschritte** umfasst. 5

3. Neuheit und Neuheitsschonfrist

Wie auch für das Patent ist die **Neuheit** Schutzvoraussetzung für den Gebrauchsmusterschutz, allerdings ist der Neuheitsbegriff nicht derselbe. Verglichen mit dem Patentgesetz[7] ist der Begriff der Neuheit im Gebrauchsmustergesetz wesentlich großzügiger.[8] Lediglich die offenkundige Vorbenutzung innerhalb des Geltungsbereiches des Gebrauchsmustergesetzes sowie schriftliche Beschreibungen gelten als neuheitsschädlich (§ 3 Abs. 1 S. 2 GebrMG). 6

Zudem ist die in § 3 Abs. 1 PatG vorgesehene Generalklausel neuheitsschädlicher Vorbenutzung „in sonstiger Weise" im Gebrauchsmustergesetz nicht vorgesehen. 7

Vor allem aber gibt es im Gebrauchsmusterrecht eine **Neuheitsschonfrist** (§ 3 Abs. 1 S. 3 GebrMG), die es im deutschen Patenrecht nicht gibt. Eine innerhalb von sechs Monaten vor dem für den Zeitrang der Anmeldung maßgeblichen Tag erfolgte Beschreibung oder Benutzung bleibt außer Betracht, wenn sie auf der Ausarbeitung des Anmelders oder seines Rechtsvorgängers beruht. Diese Neuheitsschonfrist ermöglicht dem Anmelder, auch dann Schutz für eine technische Erfindung zu erlangen, wenn wegen einer (möglicherweise versehentlichen) eigenen Vorveröffentlichung Patentschutz nicht mehr erreichbar ist. Die 6-Monatsfrist beginnt mit dem Tag der Vorbenutzung. Die Vorveröffentlichung kann etwa eine ältere Patentanmeldung, aber auch ein eigenes früher eingetragenes Gebrauchsmuster sein.[9] Eine Identität zwischen der Vorveröffentlichung und dem Gebrauchsmuster braucht nicht zu bestehen.[10] Die Vorbenutzung muss aber auf der Ausarbeitung des Gebrauchsmusterinhabers beruhen. Sie muss also auf die erfinderische Tätigkeit des Gebrauchsmusterinhabers zurückgehen.[11] Ist der Gebrauchsmusteranmelder nicht personenidentisch mit dem Urheber der vorbenutzten Beschreibung oder Benutzung, so ist eine lückenlose Kette der Wissensübermittlung zu belegen. Beweispflichtig für die Ursächlichkeit seiner erfinderischen Tätigkeit für die Vorbeschreibung/Vorbenutzung ist der Gebrauchsmusterinhaber. 8

4. Erfinderischer Schritt

Während das Patentgesetz für eine patentfähige Erfindung die **erfinderische Tätigkeit** verlangt[12] und diese dann als gegeben ansieht, wenn die Erfindung sich für den Fachmann nicht in nahe liegender Weise aus dem Stand der Technik ergibt, verlangt das Gebrauchsmustergesetz für ein Gebrauchsmuster, dass es **auf einem erfinderischen Schritt beruht.**[13] Unabhängig von der unterschiedlichen Begrifflichkeit ist hiermit jedoch nach der Rechtsprechung des BGH[14] keine unterschiedliche Schutzschwelle verbunden; hiernach sind die Anforderungen an die sog. „Erfindungshöhe" beim Patent und beim Gebrauchsmuster dieselben. 9

[4] BGH GRUR 1998, 130 – Handhabungsgerät.
[5] BPatG Mitt. 2004, 266 – Verwendungsgebrauchsmuster.
[6] BGH GRUR 2006, 135 – Arzneimittelgebrauchsmuster; Bühling, Gebrauchsmusterschutz für Verwendungserfindungen, GRUR 2014, 107 ff.
[7] § 3 PatG.
[8] Wuttke, Das deutsche Gebrauchsmuster – eine Waffe?, MittdtschPatAnw 2015, 110 f.
[9] BGH PMZ 1966, 166 – Batterie.
[10] BPatGE 3, 107.
[11] BGH GRUR 1969, 271 – Zugseilführung.
[12] § 4 PatG.
[13] § 1 Abs. 1 GebrMG.
[14] BGH GRUR 2006, 842 ff. – Demonstrationsschrank.

5. Laufzeit

10 Der Gebrauchsmusterschutz dauert zunächst drei Jahre, beginnend mit dem Tag der Anmeldung. Der Schutz kann durch Zahlung einer Aufrechterhaltungsgebühr einmal um drei Jahre, danach jeweils zweimal um zwei weitere Jahre, somit auf insgesamt maximal zehn Jahre verlängert werden. Der Schutz endet dann zehn Jahre nach Ablauf des Monats, in den der Anmeldetag fällt (§ 23 Abs. 1 und 2 GebrMG) und ist nicht weiter verlängerbar.[15] Die maximale Schutzdauer des Patents hingegen beträgt 20 Jahre (§ 16 Satz 1 PatG).

6. Schutzbereich und -wirkung

11 Der **Schutzbereich** des Gebrauchsmusters wird durch den Inhalt der Schutzansprüche bestimmt, wobei Beschreibung und Zeichnungen zur Auslegung heranzuziehen sind (§ 12a GebrMG). Insoweit gilt nichts anderes als im Patentrecht.

12 Das Gebrauchsmuster ist, was die **Wirkung** der Eintragung angeht, ein dem Patent gleiches Schutzrecht. Insofern deckt sich (bis auf die Vorschriften betreffend den Schutz von Verfahren) der Wortlaut des § 11 GebrMG mit den entsprechenden Bestimmungen für die unmittelbare und mittelbare Verletzung im Patentgesetz. Mit anderen Worten: die sich aus dem Gebrauchsmustergesetz ergebenden Ansprüche sind weitgehend dieselben, die aus einem Patent hergeleitet werden können.

13 Allerdings ist das Gebrauchsmuster ein **ungeprüftes Recht**, was es ganz wesentlich vom Patent unterscheidet. Vom Deutschen Patent- und Markenamt (DPMA) werden die materiellrechtlichen Voraussetzungen der Schutzfähigkeit nämlich nicht geprüft. Durch die Eintragung wird daher Gebrauchsmusterschutz auch nicht begründet, soweit gegen den als Inhaber Eingetragenen für jedermann ein Anspruch auf Löschung besteht (§ 13 Abs. 1 GebrMG). Ob das Gebrauchsmuster zu Recht eingetragen worden ist, also die Schutzvoraussetzungen tatsächlich vorliegen, stellt sich daher häufig erst im Verletzungsrechtsstreit heraus.

II. Anmeldung und Eintragung

1. Antrag

14 Die Anmeldung eines Gebrauchsmusters kann beim Deutschen Patent- und Markenamt oder über ein Patentinformationszentrum erfolgen (§ 4 Abs. 1, 2 GebrMG). Die Formalanforderungen an die Gebrauchsmusteranmeldung entsprechen denen an eine Patentanmeldung (→ § 38 Rn. 52 bis 61).

2. Eintragung

15 Grundsätzlich wird eine Gebrauchsmusteranmeldung nach bloßer **Formalprüfung**, dh insbesondere ohne eine Prüfung auf Neuheit und erfinderischen Schritt **eingetragen.**[16] Eine **materielle Prüfung** findet **nicht** statt. Die Eintragung erfolgt erfahrungsgemäß etwa nach drei Monaten. Kurz darauf erfolgt die Bekanntmachung im Patentblatt. Mit dem Tag der Eintragung entfaltet das Gebrauchsmuster seine rechtliche Wirkung. Diese tritt allerdings nur ein, soweit das Gebrauchsmuster nicht löschungsreif ist, also insbesondere neu ist und auf einem erfinderischen Schritt beruht (§ 13 Abs. 1 GebrMG).

16 Auf Antrag setzt das Deutsche Patent- und Markenamt die Eintragung des Gebrauchsmusters auf bis zu 15 Monate nach dem Prioritätstag aus.[17] Dies hat den Vorteil, dass die Öffentlichkeit erst später von der technischen Lehre, die das Gebrauchsmuster offenbart, informiert wird. Allerdings setzt auch die Schutzwirkung des Gebrauchsmusters entsprechend später ein.

3. Änderungen

17 Bis zur Verfügung über die Eintragung des Gebrauchsmusters sind Änderungen der Anmeldung zulässig, soweit sie den Gegenstand der Anmeldung nicht **erweitern.** Aus Änderungen, die den

[15] BGH GRUR 2000, 1018 – Sintervorrichtung.
[16] § 8 Abs. 1 GebrMG.
[17] § 8 Abs. 1 Satz 3 GebrMG iVm § 49 Abs. 2 PatG.

Gegenstand der Anmeldung erweitern, können Rechte nicht hergeleitet werden.[18] Zweck dieser Regelung ist es Rechtssicherheit zu wahren, indem für alle Merkmale und Teilgegenstände einer Anmeldung ein einheitlicher Altersrang bewirkt wird. Das Gebrauchsmustergesetz enthält jedoch keine Angaben darüber, was unter dem Gegenstand der Anmeldung im Sinne dieser Vorschrift zu verstehen ist. Es ist jedoch anerkannt, dass die im Patentprüfungsverfahren geltenden Grundsätze auch für das Gebrauchsmustereintragungsverfahren Anwendung finden.[19] Maßgeblich ist, was ein Durchschnittsfachmann den eingereichten Anmeldeunterlagen, zu denen alle Merkmale gehören, die hinreichend deutlich als zur Erfindung gehörig offenbart sind, als Schutzbegehren entnimmt.[20] Zulässige Änderungen sind daher insbesondere Berichtigungen und Ergänzungen, also solche Änderungen, die den Gegenstand der Anmeldung nicht erweitern. Auch das Schutzbegehren, also die Anspruchsfassung kann geändert werden. Eine neue Anspruchsfassung muss aber eine Grundlage in den ursprünglichen Unterlagen finden.[21] Die Prüfung, ob ein geändertes Schutzbegehren in den Unterlagen eine Stütze findet, wird in der Regel nur im Löschungsverfahren und im Verletzungsverfahren geprüft.[22] Änderungen **nach der Eintragung** sind im Gesetz nicht geregelt. Hier ist nur ein **Teilverzicht** möglich.[23]

Nachgereichte neue Ansprüche haben, wenn sie zu den Gebrauchsmusterakten eingereicht 18
werden, wo jedermann Einsicht nehmen kann, die **Bedeutung einer schuldrechtlich bindenden Erklärung des Gebrauchsmusterinhabers an die Allgemeinheit,** Schutz gegen jedermann nur noch im Umfange der neuen Fassung geltend zu machen.[24] Die Einreichung neuer Ansprüche verändert den Gegenstand eines Gebrauchsmusters aber nicht. Die neuen Ansprüche beeinflussen das Gebrauchsmuster in seinem durch die Eintragung festgelegten, gesetzlichen Gegenstand weder unmittelbar noch materiell.[25] Ein Löschungsantrag[26] muss daher weiterhin gegen das Gebrauchsmuster in der eingetragenen Fassung gerichtet werden.[27] Wegen der schuldrechtlich bindenden Erklärung ist der Gebrauchsmusterinhaber bei der Verteidigung seines Gebrauchsmusters aber an den Gegenstand der nachgereichten Ansprüche gebunden.[28]

4. Teilung

Der Gebrauchsmusteranmelder kann die **Anmeldung** jederzeit teilen. Die Teilung ist schriftlich 19
zu erklären. Für jede Teilanmeldung bleibt der Zeitpunkt der ursprünglichen Anmeldung und eine dafür in Anspruch genommene Priorität erhalten. Für die abgetrennte Anmeldung sind für die Zeit bis zur Teilung die gleichen Gebühren zu entrichten, die für die ursprüngliche Anmeldung zu entrichten waren.[29] Geteilt werden können nur **die Anmeldungen.** Das **eingetragene** Gebrauchsmuster kann nicht mehr geteilt werden. Nach Wirksamwerden der Eintragungsverfügung ist deshalb die Teilung ausgeschlossen.[30]

5. Abgezweigtes Gebrauchsmuster

Ein Patentanmelder kann aus einer Patentanmeldung jederzeit ein Gebrauchsmuster ab- 20
zweigen.[31] Das für die Patentanmeldung bestehende Prioritätsrecht bleibt erhalten. Das Recht, das Gebrauchsmuster abzuzweigen, kann bis zum Ablauf von zwei Monaten nach dem Ende des Monats, indem die Patentanmeldung erledigt oder eine etwaiges Einspruchsverfahren abgeschlossen ist, jedoch längstens bis zum Ablauf des zehnten Jahres nach dem Anmeldetag der Patentanmeldung, ausgeübt werden.[32] Die für die Abzweigung vorausgesetzte, frühere Patentanmeldung kann auch eine europäische Patentanmeldung oder eine internationale Patentanmeldung (PCT-Anmeldung) sein.[33]

[18] § 4 Abs. 5 GebrMG.
[19] BPatG, GRUR 1984, 112 – palettenloser Kolli.
[20] BGH, GRUR 2002, 49 – Drehmomentübertragungseinrichtung.
[21] BGH GRUR 1968, 86 – Ladegerät I.
[22] BGH GRUR 1964, 443 – Christbaumbehang I.
[23] BPatGE 11, 96.
[24] BPatGE 11, 96; 26, 191; 29, 8; Benkard/Schäfers PatG GebrMG § 4 Rn. 50 ff.
[25] BPatGE 11, 96.
[26] § 16 GebrMG.
[27] BPatGE 19, 161.
[28] BPatGE 19, 161.
[29] § 4 Abs. 6 GebrMG.
[30] Vgl. Busse/Keukenschrijver PatG GebrMG § 4 Rn. 30.
[31] § 5 Abs. 1 GebrMG.
[32] § 5 Abs. 1 S. 3 GebrMG.
[33] Vgl. Busse/Keukenschrijver PatG GebrMG § 5 Rn. 8.

21 **Anmelderidentität sowie sachliche Identität** sind Voraussetzung. Die Gebrauchsmusteranmeldung muss durch denselben Anmelder erfolgen.[34] Beide Anmeldungen müssen **denselben Erfindungsgegenstand** haben.[35] Die Abzweigungsmöglichkeit setzt eine schriftliche Erklärung voraus, die nur zugleich mit der Gebrauchsmusteranmeldung abgegeben werden kann.[36] Auch fremdsprachige Anmeldungen in Form europäischer Patentanmeldungen oder internationaler Anmeldungen können Basis für eine Gebrauchsmusterabzweigung sein. Dann ist gemäß § 8 Gebrauchsmusterverordnung[37] die Abzweigungsmeldung auf Deutsch einzureichen. Dies ist nicht erforderlich, wenn die Anmeldungsunterlagen für das Gebrauchsmuster bereits die Übersetzung der fremdsprachigen Patentanmeldungen darstellen oder die Übersetzung bereits im Rahmen der Patentanmeldung beim DPMA eingereicht worden ist.[38]

22 Auch für die abgezweigte Gebrauchsmusteranmeldung besteht (vor der Eintragung) die Möglichkeit der Änderung der Anmeldung gemäß § 4 Abs. 5 GebrMG.

Praxistipp:
Da die 9-monatige Einspruchsfrist länger dauert als die 2-monatige Abzweigungsfrist, sollte man die Abzweigung möglichst fristgerecht nach der Erteilung durchführen.

23 Mit dem abgezweigten Gebrauchsmuster lässt sich ohne vorhergehende Prüfung ein Schutzrecht statuieren, mit welchem Unterlassungsansprüche und Schadensersatzansprüche durchsetzbar sind. Die Zeit zwischen Abgabe der Abzweigungserklärung und der Eintragung des Gebrauchsmusters liegt etwa bei drei Monaten. Man kann somit durch eine Gebrauchsmusterabzweigung schnell auf sich anbahnende Patentverletzungen reagieren.

6. Recherchenantrag

24 Das DPMA ermittelt auf Antrag die öffentlichen Druckschriften, die für die Beurteilung der Schutzfähigkeit des Gegenstandes der Gebrauchsmusteranmeldung oder des Gebrauchsmusters in Betracht zu ziehen sind.[39] Der Antrag kann von jedermann gestellt werden und ist gebührenpflichtig.

III. Löschungsverfahren

25 Das Gebrauchsmusterlöschungsverfahren[40] entspricht dem Nichtigkeitsverfahren gegen ein Patent. Es ist ebenfalls ein Popularverfahren und dient der Überprüfung des ohne Sachprüfung eingetragenen Gebrauchsmusters. Der Zweck der Löschung ist die Beseitigung eines Scheinrechtes, das bei der Eintragung entstanden ist. Die Löschung eines Gebrauchsmusters wirkt ex tunc.

1. Parteien

26 Antragsteller kann jedermann sein.[41] Der **Gebrauchsmusterinhaber** kann selbst keinen Löschungsantrag stellen.[42]

27 Antraggegner ist der als Inhaber eingetragene Gebrauchsmusterinhaber.

2. Verfahren

28 a) **Antrag.** Der Löschungsantrag ist beim DPMA schriftlich zu stellen.[43] Er ist gebührenpflichtig. Der Löschungsantrag kann mit dem Fehlen der materiellen Schutzvoraussetzung, mit einem

[34] Vgl. Bühring/Braitmayer/Haberl GebrMG § 5 Rn. 29.
[35] Vgl. Bühring/Braitmayer/Haberl GebrMG § 5 Rn. 31.
[36] BPatG GRUR 1990, 435.
[37] Bis zum 30.4.2022: § 8 Abs. 2 Gebrauchsmusterverordnung.
[38] Die zweite Variante gilt ab dem 1.5.2022.
[39] § 7 Abs. 1 GebrMG.
[40] § 16 GebrMG.
[41] § 15 Abs. 1 GebrMG.
[42] DPA Mitt. 1957, 17.
[43] § 16 S. 1 GebrMG.

identischen älteren Schutzrecht, einer widerrechtlichen Entnahme oder einer unzulässigen Erweiterung begründet werden.[44]

29 Gegenstand des Löschungsverfahrens ist das in der Rolle eingetragene Gebrauchsmuster unter Berücksichtigung eines etwaigen Teilverzichtes oder einer bereits stattgefundenen teilweisen Löschung.[45] Gegen das abgelaufene Gebrauchsmuster kann nur bei Vorliegen eines Rechtsschutzinteresses der Antrag auf Feststellung der Nichtrechtsbeständigkeit gestellt werden.[46]

30 b) **Widerspruch.** Das DPMA teilt dem Inhaber des Gebrauchsmusters den Antrag mit und fordert ihn auf, sich dazu innerhalb eines Monats zu erklären.[47] Widerspricht der Gebrauchsmusterinhaber nicht rechtzeitig, so erfolgt **automatisch** die Löschung.[48] Bei erfolgtem (Teil-)Widerspruch entscheidet die Gebrauchsmusterabteilung des Deutschen Patent- und Markenamtes durch Beschluss über den Antrag. Eine mündliche Verhandlung findet nur statt, wenn ein Beteiligter dies beantragt oder das DPMA sie für sachdienlich erachtet.[49] Die mündliche Verhandlung kann auch als Videokonferenz durchgeführt werden.[50]

31 Der Gebrauchsmusterinhaber kann dem Löschungsanspruch auch **teilwidersprechen.** Dies hat Auswirkungen auf die Kostenfolgen, wenn der Löschungsantrag teilweise berechtigt ist. Er kann zum Teilwiderspruch gezwungen sein, wenn er auf Grund schuldrechtlicher Verpflichtung durch Nachreichen eingeschränkter Ansprüche zu den Gebrauchsmusterakten das Gebrauchsmuster nur noch in beschränktem Umfange verteidigen kann. In diesem Falle würde ein uneingeschränkter Widerspruch auch im Umfang der Einschränkung zur Kostenlast des Gebrauchsmusterinhabers führen, selbst wenn er insoweit keine Veranlassung für den Löschungsantrag gegeben hat.[51]

32 c) **Kosten.** Die Kostenentscheidung[52] ergeht analog dem Nichtigkeitsverfahren gegen ein Patent.[53] Ergeht in der Hauptsache keine Entscheidung, wird über die Kosten nur auf Antrag entschieden, der innerhalb eines Monats gestellt werden muss.[54] In diesem Fall trägt jeder Beteiligte seine Kosten selbst, andernfalls gilt auch hier das Unterliegensprinzip. Der Gegenstandswert wird auf Antrag oder, wenn eine Kostenentscheidung getroffen wird, von Amts wegen festgesetzt.[55]

3. Beschwerde

33 Gegen die Beschlüsse der Gebrauchsmusterstelle und insbesondere gegen die Löschungsbeschlüsse der Gebrauchsmusterabteilungen findet die Beschwerde an das Bundespatentgericht statt.[56] § 18 Abs. 2 GebrMG verweist auf die Vorschriften des Patentgesetzes über das Beschwerdeverfahren. Über die Kosten im Löschungsverfahren wird in entsprechender Anwendung des § 84 Abs. 2 PatG entschieden, der die Kostenentscheidungen im Nichtigkeitsverfahren betrifft.

34 Eine mündliche Verhandlung findet auch hier nur dann statt, wenn eine der Parteien sie beantragt oder das Gericht sie für sachdienlich erachtet.[57]

IV. Einige Besonderheiten des Gebrauchsmusterverletzungsverfahrens

35 Das Gebrauchsmusterverletzungsverfahren entspricht im Wesentlichen dem Patentverletzungsverfahren. Unter anderem gelten aber die nachfolgenden Besonderheiten.

36 Gegenüber einem Gebrauchsmuster ist auch im Verletzungsverfahren der **Einwand der mangelnden Schutzfähigkeit** zulässig.[58] Anders als das Patent ist das Gebrauchsmuster ein ungeprüftes Schutzrecht. Es wird ohne amtliche Prüfung bei Vorliegen der formellen Voraussetzungen

[44] § 15 GebrMG.
[45] BPatGE 28, 26.
[46] BGH GRUR 1967, 351 – Korrosionsschutzbinde.
[47] § 17 Abs. 1 GebrMG.
[48] § 17 Abs. 1 S. 2 GebrMG.
[49] Dies gilt ab dem 1.5.2022, an dem die neue Fassung des § 17 Abs. 3 GebrMG in Kraft tritt.
[50] § 17 Abs. 2 S. 6 GebrMG in der ab dem 1.5.2022 geltenden Fassung iVm § 128a ZPO.
[51] Vgl. Bühring/Braitmayer/Haberl GebrMG § 17 Rn. 52.
[52] § 17 Abs. 4 GebrMG.
[53] § 80 PatG.
[54] § 17 Abs. 4 S. 2 f. GebrMG in der ab dem 1.5.2022 geltenden Fassung.
[55] § 17 Abs. 5 GebrMG in der ab dem 1.5.2022 geltenden Fassung.
[56] § 18 Abs. 1 GebrMG.
[57] § 78 PatG.
[58] BGH GRUR 1997, 892 – Leiterplattennutzen.

eingetragen. Anders als beim Patent hat der Gesetzgeber daher vorgesehen, dass der Gebrauchsmusterschutz durch die Eintragung nicht begründet wird, soweit gegen den als Inhaber Eingetragenen für jedermann ein Anspruch auf Löschung besteht. Über die Schutzfähigkeit des Gebrauchsmusters kann daher das Verletzungsgericht entscheiden und dabei seine Entscheidung auch darauf stützen, dass es das Gebrauchsmuster für unwirksam hält.

37 Im Verletzungsrechtsstreit ist aber stets zu überlegen, ob (nur) der Einwand der mangelnden Schutzfähigkeit geltend gemacht wird oder ob der Einwand der mangelnden Schutzfähigkeit zusätzlich auf ein (bereits eingeleitetes) **Löschungsverfahren** gestützt wird. Im letzteren Falle hat das Verletzungsgericht zwei Möglichkeiten. Zum einen *kann* es anordnen, dass die Verhandlung (über den Verletzungsrechtsstreit) bis zur Erledigung des Löschungsverfahrens auszusetzen ist, wenn es der Meinung ist, dass die Entscheidung von dem Bestehen des Gebrauchsmusters abhängig ist (§ 19 Satz 1 GebrMG), sog. „fakultative **Aussetzung**". Dabei entscheidet das Gericht nach pflichtgemäßem Ermessen,[59] ein Antrag ist nicht erforderlich.[60] Zum anderen *muss* es die Aussetzung anordnen, wenn es von der Unwirksamkeit der Gebrauchsmustereintragung überzeugt ist (§ 19 Satz 2 GebrMG), sog. „zwingende Aussetzung". Das Verletzungsgericht ist dann daran gehindert, die Klage wegen der Unwirksamkeit des Gebrauchsmusters einfach abzuweisen, es muss den Rechtsstreit aussetzen. Die Vorschrift dient damit dem Zweck, widersprüchliche Entscheidungen des DPMA und des Verletzungsgerichts zu vermeiden.[61] Eine Aussetzung setzt allerdings stets voraus, dass die Entscheidung des Verletzungsgerichts von dem Bestehen des Gebrauchsmusterschutzes abhängt. Kommt es für die Entscheidung des Verletzungsgerichts hierauf nicht an, etwa weil das Gericht den Verletzungstatbestand für nicht gegeben hält oder die Klage unzulässig ist, so kommt eine Aussetzung mangels **Vorgreiflichkeit** nicht in Betracht.[62]

Praxistipp:

Für den Beklagten, der von der Unwirksamkeit des Gebrauchsmusters überzeugt ist und möglichst schnell ein klageabweisendes Urteil erreichen möchte, kann es im Einzelfall taktisch vorteilhaft sein, auf die Einleitung eines Löschungsverfahrens zu verzichten und den Einwand der fehlenden Schutzfähigkeit des Gebrauchsmusters ausschließlich im Verletzungsverfahren geltend zu machen. Wird die Klage abgewiesen, so steht – inter partes[63] – fest, dass das Gebrauchsmuster unwirksam ist **und** der Beklagte muss es nicht weiter beachten; da es aber weiterhin im Register **eingetragen** ist, werden Dritte möglicherweise weiterhin von der Nutzung des Gegenstands des Gebrauchsmusters abgehalten.

38 Bei der **Wirkung der Entscheidungen im Löschungsverfahren** für das Verletzungsverfahren ist zu unterscheiden. Löschung, Teillöschung, Feststellung der teilweisen oder vollständigen Unwirksamkeit gelten für und wider jedermann,[64] so dass sie auch vom Verletzungsgericht zu beachten sind. Wird das Gebrauchsmuster gelöscht, ist somit die Klage abzuweisen. Wird der Löschungsantrag hingegen zurückgewiesen, so ist das Gericht an diese Entscheidung nur dann gebunden, wenn sie zwischen denselben Parteien ergangen ist (§ 19 Satz 3 GebrMG).

39 Es ist nicht ausgeschlossen, **einstweilige Verfügungen** auf Gebrauchsmuster zu stützen. Da es sich aber bei Gebrauchsmustern um ungeprüfte Schutzrechte handelt, werden die Verletzungsgerichte solche nur dann erlassen, wenn die Wirksamkeit des Gebrauchsmusterschutzes hinreichend gesichert ist. Dies wird beispielsweise dann anzunehmen sein, wenn ein Gebrauchsmuster bereits ein oder mehrere Löschungsverfahren überstanden hat. Es kann sich empfehlen, das Ergebnis einer Recherche nach § 7 Abs. 1 GebrMG mit dem Antrag vorzulegen,[65] wenn sich hieraus Anhaltspunkte für die Schutzfähigkeit ergeben. Eine Aussetzung im einstweiligen Verfügungsverfahren kommt nicht in Betracht.[66]

40 Der Zwang zur **Klagekonzentration** nach § 145 PatG findet im Gebrauchsmusterrecht keine Entsprechung.

[59] RG GRUR 1938, 43.
[60] BPatG Mitt. 2002, 532, 533.
[61] BGH GRUR 1969, 681 – Hopfenpflückvorrichtung; OLG Düsseldorf GRUR 1995, 487 (488) – Gummifüße.
[62] Bühring/Braitmayer/Haberl GebrMG § 19 Rn. 6.
[63] Loth GebrMG § 19 Rn. 1; Bühring GebrMG § 19 Rn. 5.
[64] Bühring/Braitmayer/Haberl GebrMG § 19 Rn. 12 mwN.
[65] Bühring/Braitmayer/Haberl GebrMG § 24 Rn. 59.
[66] OLG Düsseldorf Mitt. 1996, 87 (88) – Captopril.

Von der Ermächtigung zur Zuweisung von **Gebrauchsmusterstreitsachen** an bestimmte Landgerichte (§ 27 GebrMG) haben die meisten Landesregierungen Gebrauch gemacht.[67] 41

Der Einwand des **Verbotes des Doppelschutzes** nach Art. II § 8 Abs. 1 IntPatÜG findet im Gebrauchsmusterrecht keine Parallele. Im Patentrecht entfaltet ein deutsches Patent keine Wirkung in dem Umfang, wie es mit einem erteilten europäischen Patent übereinstimmt. Im Gebrauchsmusterrecht gilt dies nicht. 42

V. Beratungschecklisten

1. Gebrauchsmusteranmeldung

Checkliste: 43

Siehe Beratungscheckliste Patentanmeldung (§ 39 Rn. 253)
und zusätzlich:
- ☐ Verwendungs- und Verfahrensansprüche sind ausgeschlossen.

2. Abgezweigtes Gebrauchsmuster

Checkliste: 44

- ☐ Läuft die Zweimonatsfrist nach Patenterteilung noch oder ist ein Einspruchsverfahren anhängig.
- ☐ Verwendungs- und Verfahrensansprüche sind ausgeschlossen, sie müssen daher gestrichen werden.
- ☐ Aktenzeichen und Anmeldenummer der Patentanmeldung angeben.

[67] Aktuelle Übersicht über sämtliche Sonderzuweisungen im Bereich des Gewerblichen Rechtsschutzes unter www.grur.de.

§ 39 Arbeitnehmererfindungsrecht

Übersicht

I. Inanspruchnahme und Vergütung

1. Vorbemerkungen

1 Das Gesetz über Arbeitnehmererfindungen (ArbEG) regelt die Behandlung von Erfindungen, die von Arbeitnehmern im Rahmen ihres Dienstverhältnisses gemacht werden. Das ArbEG regelt insbesondere den Rechtsübergang der Erfindung vom Arbeitnehmer auf den Arbeitgeber und die Höhe der vom Arbeitgeber an den Arbeitnehmer zu entrichtenden Vergütung. Das ArbEG betrifft die Schnittstelle des gewerblichen Rechtsschutzes zum Arbeitsrecht. Seine Bestimmungen sind weder im Wege eines Dienstvertrages, noch im Wege eines Tarifvertrages oder einer Betriebsvereinbarung zu Ungunsten des Arbeitnehmers abdingbar (§ 22 ArbEG). Für Streitigkeiten über die Höhe der Vergütung sind die ordentlichen Gerichte, nicht die Arbeitsgerichte, zuständig.[1]

[1] Gemäß § 39 Abs. 1 ArbEG sind die für Patentstreitsachen (§ 143 Abs. 1 PatG) zuständigen Gerichte zuständig.

2. Arbeitnehmererfindung

Hierzu zählen alle Erfindungen von Arbeitnehmern im privaten und im öffentlichen Dienst, die patent- oder gebrauchsmusterfähig sind (§§ 1, 2 ArbEG). 2

a) **Diensterfindung.** Eine Arbeitnehmererfindung ist dann eine Diensterfindung, wenn sie während der Dauer des Arbeitsverhältnisses gemacht wurde (§ 4 Abs. 2 ArbEG). Sie kann eine **Obliegenheitserfindung** (§ 4 Abs. 2 Nr. 1 ArbEG) sein, wenn sie aus der dem Arbeitnehmer im Betrieb oder in der öffentlichen Verwaltung obliegenden Tätigkeit entstanden ist. Sie kann eine **Erfahrungserfindung** (§ 4 Abs. 2 Nr. 2 ArbEG) sein, wenn sie maßgeblich auf Erfahrungen oder Arbeiten des Betriebes oder der öffentlichen Verwaltung beruht. 3

b) **Freie Erfindung.** Sonstige Erfindungen von Arbeitnehmern sind freie Erfindungen (§ 4 Abs. 3 ArbEG). Sowohl die Diensterfindungen als auch die freien Erfindungen müssen dem Arbeitgeber angezeigt werden. 4

3. Meldepflicht

Während Diensterfindungen dem Arbeitgeber **gemeldet** (§ 5 ArbEG) werden müssen, ist eine freie Erfindung dem Arbeitgeber **mitzuteilen** (§ 18 ArbEG). Sowohl die Meldung als auch die Mitteilung haben in Textform (§ 126b BGB) zu erfolgen.[2] Es müssen Angaben über die Entstehung und die Erfindung gemacht werden, damit der Arbeitgeber beurteilen kann, ob die Erfindung frei ist oder nicht.[3] Die Verpflichtung zur Mitteilung einer freien Erfindung besteht nur dann nicht, wenn die Erfindung offensichtlich im Arbeitsbereich des Betriebes des Arbeitgebers nicht verwendbar ist. Fällt die freie Erfindung aber in den vorhandenen oder vorbereiteten Arbeitsbereich des Betriebes des Arbeitgebers, so muss der Arbeitnehmer vor anderweitiger Verwendung einer freien Erfindung zunächst dem Arbeitgeber mindestens ein nicht ausschließliches Recht zur Benutzung der Erfindung zu angemessenen Bedingungen anbieten (§ 19 ArbEG). 5

a) **Inhalt der Meldung.** In der Meldung der Diensterfindung hat der Arbeitnehmer die technische Aufgabe, ihre Lösung und das Zustandekommen der Diensterfindung zu beschreiben.[4] Vorhandene Aufzeichnungen, die zum Verständnis der Erfindung erforderlich sind, sind beizufügen. Ferner hat die Meldung dienstlich erteilte Weisungen oder Richtlinien, die benutzten Erfahrungen oder Arbeiten des Betriebes, die beteiligten Mitarbeiter sowie Art und Umfang[5] ihrer Mitarbeit zu enthalten. In der Meldung soll hervorgehoben werden, was der meldende Arbeitnehmer als seinen eigenen Anteil ansieht. 6

b) **Frist und Form.** Die Meldung einer Diensterfindung und die Mitteilung einer freien Erfindung müssen **in Textform** und **unverzüglich**[6] erfolgen. Mehrere Miterfinder können die Erfindung gemeinsam melden. 7

c) **Geheimhaltungspflicht.** Um dem Arbeitgeber die Möglichkeit zu geben, die Diensterfindung zum Patent anzumelden, ist der Arbeitnehmer zur Geheimhaltung verpflichtet. 8

4. Inanspruchnahme

Der Arbeitgeber kann eine Diensterfindung in Anspruch nehmen (§ 6 ArbEG). Bei der Inanspruchnahmeerklärung handelt es sich um eine einseitige, rechtsgestaltende Erklärung. Mit Zugang der Erklärung der (unbeschränkten) Inanspruchnahme gehen alle Rechte an der Diensterfindung auf den Arbeitgeber über. 9

---

[2] Für Erfindungen, die vor dem 1.10.2009 gemeldet wurden, ist das Schriftformerfordernis des § 5 ArbEG aF weiterhin maßgeblich, vgl. BGH GRUR 2017, 504 ff. – Lichtschutzfolie (mit Anmerkung Gärtner).

[3] BGH GRUR 2011, 733 – Initialidee.

[4] Zu den Anforderungen an Meldung und Inanspruchnahme der Erfindung: OLG Düsseldorf GRUR-RR 2004, 163 ff. – Haftetikett; BGH GRUR 2006, 754 – Haftetikett; zur sog. „Haftetikett-Problematik" bei nicht ordnungsgemäß in Anspruch genommenen Alterfindungen vor 1.10.2009 Trimborn, Aktuelle Entwicklungen im Arbeitnehmererfinderrecht, MittdtschPatAnw 2017, 151 ff. mwN.

[5] BGH GRUR 2003, 702 ff. – Gehäusekonstruktion „Bei der Meldung der Erfindung hat ein Arbeitnehmererfinder den Arbeitgeber auch darüber zu informieren, ob und in welchem Umfang Mitarbeiter am Zustandekommen der Erfindung beteiligt waren. Die Information über diese Angaben steht nicht im Ermessen des Arbeitnehmers."

[6] Also ohne „schuldhaftes Zögern" (§ 121 Abs. 1 S. 1 BGB), wobei dem Arbeitnehmer eine angemessene Überlegungsfrist zuzugestehen ist.

10 a) Für **bis zum 30.9.2009 gemeldete Erfindungen** gilt § 6 ArbEG aF fort; hiernach war die Erklärung **schriftlich**[7] und so bald wie möglich abzugeben. Sie war spätestens bis zum Ablauf von **vier Monaten** nach Eingang der ordnungsgemäßen Meldung abzugeben, anderenfalls wurde die Erfindung frei. Die Inanspruchnahmefrist begann regelmäßig auch ohne schriftliche Meldung der Diensterfindung durch den Arbeitnehmer, wenn der Arbeitgeber die Erfindung zum Patent angemeldet und den Arbeitnehmer als Erfinder benannt hatte.[8]

11 Bei **seit dem 1.10.2009 gemeldeten Erfindungen** gilt die Inanspruchnahme als erklärt, wenn der Arbeitgeber die Diensterfindung nicht bis zum Ablauf von vier Monaten nach Eingang der ordnungsgemäßen Meldung gegenüber dem Arbeitnehmer durch Erklärung in Textform freigibt (§ 6 Abs. 2 ArbEG). Der Begriff Textform umfasst auch Erklärungen per Telefax oder per Email.

12 **b) Ergänzung der Meldung.** Ist eine Meldung nicht ordnungsgemäß, weil sie beispielsweise unvollständig ist und die zum Verständnis der Erfindung erforderlichen Aufzeichnungen nicht enthält, so kann der Arbeitgeber innerhalb von **zwei Monaten** erklären, dass und in welcher Hinsicht die Meldung einer **Ergänzung** bedarf. Erfolgt diese Erklärung nicht innerhalb der zweimonatigen Frist, so gilt die Meldung als ordnungsgemäß.

Praxistipp:

Für Erfindungen, die bis zum 30.9.2009 gemeldet wurden, ist die viermonatige Frist zur Abgabe der formgerechten Inanspruchnahmeerklärung auch weiterhin von großer Bedeutung, da sie entscheidend für den Rechtsübergang der Diensterfindung auf den Arbeitgeber ist.

13 **c) Wirkung der beschränkten Inanspruchnahme.** Bis zum 30.9.2009 konnte der Arbeitgeber eine Erfindung auch nur „beschränkt" in Anspruch nehmen. Diese Möglichkeit ist durch das Gesetz zur Vereinfachung und Modernisierung des Patentrechts weggefallen; für bis zum 30.9.2009 gemeldeten Erfindungen und beschränkt in Anspruch genommenen Erfindungen gilt das alte Rechte allerdings fort: Sobald der Arbeitgeber die beschränkt in Anspruch genommene Diensterfindung **in Benutzung** genommen hat, hat der Arbeitnehmer gegen den Arbeitgeber einen Anspruch auf angemessene Vergütung (§ 9 ArbEG). Grundsätzlich wird der Vergütungsanspruch erst fällig, wenn die wirtschaftliche Verwertbarkeit der Diensterfindung feststeht. Die für die Bemessung der Vergütungshöhe entscheidenden Kriterien müssen bekannt sein.[9] Nach den höchstrichterlich entwickelten Grundsätzen ist maßgebliches Kriterium für den Fälligkeitseintritt auch bei unbeschränkter Inanspruchnahme nicht der Gang des Erteilungsverfahrens mit dem meist ungewissen Zeitpunkt der Patenterteilung, sondern die Nutzungsaufnahme seitens des Arbeitgebers.[10]

14 Eine zeitliche Begrenzung des Vergütungsanspruchs ist im ArbEG nicht ausdrücklich festgelegt. Nach herrschender Rechtsprechung bleibt der Vergütungsanspruch des Arbeitnehmers aber unberührt, bis ein erteiltes Schutzrecht verfällt, oder sich aus einer Entscheidung des Patentamtes oder eines Gerichtes ergibt, dass die Erfindung zur Zeit der Inanspruchnahme nicht schutzfähig gewesen ist.[11] Bis dahin gezahlte Vergütungen sind nicht rückerstattungspflichtig (§ 12 Abs. 6 ArbEG).

15 **d) Wirkung der unbeschränkten Inanspruchnahme.** Der Rechtsübergang der Diensterfindung auf den Arbeitgeber führt zu folgenden Pflichten:

16 *aa) Vergütungspflicht.* Der Anspruch des Arbeitnehmers auf angemessene Vergütung gegen den Arbeitgeber entsteht, sobald der Arbeitgeber die Diensterfindung (unbeschränkt) in Anspruch genommen hat (§ 9 ArbEG).[12] Er ist ein Anspruch eigener Art und kein Arbeitsentgelt.[13] Er besteht nach Beendigung des Arbeitsverhältnisses fort (§ 26 ArbEG). Für die Bemessung der Vergütung sind insbesondere die wirtschaftliche Verwertbarkeit der Diensterfindung, die Aufgaben und Stel-

[7] Bartenbach/Volz ArbEG § 6 aF Rn. 27.
[8] OLG Düsseldorf GRUR 2004, 163 ff. – Haftetikett (zu den Anforderungen an Meldung und Inanspruchnahme der Erfindung).
[9] Schiedsst. PMZ 1985, 344.
[10] Vgl. Bartenbach/Volz ArbEG § 9 Rn. 21.
[11] BGH GRUR 1990, 667 – Einbettungsmasse.
[12] BGH GRUR 2002, 609 (610) – Drahtinjektionseinrichtung.
[13] BGH GRUR 1981, 263 – Drehschiebeschalter.

lung des Arbeitnehmers im Betrieb sowie der Anteil des Betriebes an dem Zustandekommen der Diensterfindung maßgebend. Die Vergütung beträgt deshalb in der Regel nur einen Bruchteil von dem, was ein freier Erfinder für eine Erfindung erhalten würde. Eine über die tatsächliche Verwertung der Diensterfindung durch den Arbeitgeber hinausgehende Erfindervergütung kann nicht verlangt werden. Bloße Verwertungsabsichten lösen keine konkrete, bezifferbare Vergütungspflicht aus.

bb) Anmeldepflicht. Der Arbeitgeber ist ferner verpflichtet und alleine berechtigt, Schutzrechtsanmeldungen im Inland (§ 13 ArbEG) und nach freiem Ermessen im Ausland (§ 14 ArbEG) durchzuführen. Für ausländische Staaten, in denen er kein Schutzrecht erwerben will, hat er die Diensterfindung dem Arbeitnehmer freizugeben. 17

e) **Freigewordene Diensterfindung.** Eine Diensterfindung wird frei, wenn sie der Arbeitgeber durch Erklärung in Textform **freigibt** (§ 8 ArbEG). Die Freigabe umschließt aber nur das, was der Arbeitnehmer auch gemeldet hat.[14] 18

Über eine freigewordene Diensterfindung kann der Arbeitnehmer ohne Beschränkungen verfügen (§ 8 Satz 2 ArbEG). Dem Arbeitgeber stehen mit Freiwerden keine Rechte an der Diensterfindung mehr zu, es sei denn, er hätte sie (nach altem Recht) beschränkt in Anspruch genommen. Die Diensterfindung ist nach Freiwerden der Sphäre des Unternehmens entzogen.[15] Das nachträgliche Freiwerden hat zur Folge, dass die Erfindung als von Anfang an frei anzusehen ist.[16] Der Arbeitnehmer kann sie auf eigenen Namen anmelden. Er kann Lizenzen an der Erfindung vergeben. Aus frei gewordenen Diensterfindungen entstandene Schutzrechte können auch **gegen den Arbeitgeber** durchgesetzt werden. Umstritten ist allerdings, ob der Arbeitnehmer selbst während des Arbeitsverhältnisses diese Rechte ausüben kann und insbesondere in Konkurrenz zu seinem Arbeitgeber treten kann.[17] 19

f) **Aufgabe des Schutzrechtes.** Wenn der Arbeitgeber vor Erfüllung des Anspruchs des Arbeitnehmers auf angemessene Vergütung das Schutzrecht nicht weiter verfolgen will, hat er dies dem Arbeitnehmer mitzuteilen und ihm auf dessen Verlangen und Kosten das Recht zu übertragen (§ 16 Abs. 1 ArbEG).[18] Der Arbeitgeber ist allerdings berechtigt, das Recht aufzugeben, sofern der Arbeitnehmer nicht innerhalb von drei Monaten nach Zugang der Mitteilung die Übertragung des Rechtes verlangt (§ 16 Abs. 2 ArbEG). Der Arbeitgeber ist hierbei verpflichtet, während der dem Arbeitnehmererfinder nach § 16 Abs. 2 ArbEG zustehenden Überlegungsfrist alle ihm zumutbaren Maßnahmen zu treffen, um dem Arbeitnehmer das zu übertragende Recht in dem Rechtszustand zu erhalten, in dem es sich zum Zeitpunkt der Mitteilung der Aufgabeabsicht befunden hat.[19] Mit der Mitteilung kann sich der Arbeitgeber ein nicht ausschließliches Recht zur Benutzung der Diensterfindung vorbehalten (§ 16 Abs. 3 ArbEG). Die Anbietungspflicht des Arbeitgebers besteht jedoch nur, solange der Vergütungsanspruch des Arbeitnehmers aus § 9 ArbEG nicht **voll erfüllt** ist. Dann kann der Arbeitgeber die Schutzrechtsposition **jederzeit** aufgeben. Eine vorherige Einwilligung des Arbeitnehmers ist nicht erforderlich.[20] In diesem Fall hat der Arbeitnehmer auch keinen Anspruch, dass ihm das Schutzrecht übertragen wird.[21] 20

5. Vergütungsanspruch

Nach Inanspruchnahme der Diensterfindung durch den Arbeitgeber erlangt der Arbeitnehmer einen Anspruch auf **angemessene** Vergütung durch den Arbeitgeber (§ 9 ArbEG). Bei der beschränkten Inanspruchnahme (§ 10 ArbEG aF) trat die Vergütungspflicht erst mit Inbenutzungnahme der Erfindung, bei unbeschränkter Inanspruchnahme seit jeher mit der Inanspruchnahme ein. Der Arbeitnehmererfinder ist grundsätzlich an allen wirtschaftlichen (geldwerten) Vorteilen zu beteiligen, die seinem Arbeitgeber aus der geschützten Diensterfindung zufließen.[22] 21

[14] BGH MittdtschPatAnw 1996, 16 – Gummielastische Masse.
[15] Vgl. Bartenbach/Volz ArbEG § 8 Rn. 63.
[16] Schiedsst. PMZ 1967, 131.
[17] Vgl. Bartenbach/Volz ArbEG § 8 Rn. 77 ff. sowie Reimer/Schade/Schippel ArbEG § 25 Rn. 21.
[18] BGH GRUR 2002, 609 ff. – Drahtinjektionseinrichtung (zum Schadensersatzanspruch des Arbeitnehmers bei pflichtwidriger schuldhafter Vereitelung der Übertragung durch den Arbeitgeber).
[19] BGH GRUR 2002, 609 ff. – Drahtinjektionseinrichtung.
[20] BGH GRUR 1963, 315 – Pauschalabfindung.
[21] Unveröffentlichte Entscheidung der Schiedsst. vgl. Bartenbach/Volz ArbEG § 16 Rn. 17.
[22] BGH GRUR 1998, 686 – Spulkopf; BGH GRUR 1998, 689 – Copolyester II; Schiedsstelle GRUR 1992, 847 – Geschäftsaktivitäten-Veräußerung.

22 **a) Vereinbarung.** Die Höhe der Vergütung soll durch eine Vereinbarung zwischen dem Arbeitgeber und dem Arbeitnehmer festgestellt werden (§ 12 Abs. 1 ArbEG).[23] Die Vereinbarung („Feststellung") ist ein privatrechtlicher Vertrag. Wenn mehrere Arbeitnehmer an der Diensterfindung beteiligt sind, ist die Vergütung für jeden gesondert festzustellen. Die Gesamthöhe der Vergütung und die Anteile der einzelnen Erfinder an der Diensterfindung hat der Arbeitgeber den Beteiligten bekannt zu geben. Die Vergütungsvereinbarung kann vom Arbeitgeber wegen arglistiger Täuschung (durch Verschweigen von Tatsachen) angefochten (§ 123 BGB) werden, wenn der Arbeitnehmer, der eine Diensterfindung gemacht hat, seinem Arbeitgeber bei der Meldung der Erfindung eine nicht unerhebliche Mitwirkung von Mitarbeitern am Zustandekommen der Erfindung vorsätzlich verschweigt und als alleiniger Erfinder sich eine Vergütung versprechen lässt.[24]

23 **b) Festsetzung.** Kommt eine Vereinbarung über die Vergütung in angemessener Frist nach Inanspruchnahme der Diensterfindung nicht zustande, so hat der Arbeitgeber die Vergütung durch eine begründete Erklärung in Textform an den Arbeitnehmer festzusetzen und entsprechend der Festsetzung zu zahlen (§ 12 Abs. 3 ArbEG). Der Arbeitnehmer hat gegenüber dem Arbeitgeber einen Anspruch auf Festsetzung.[25] Kommt der Arbeitgeber seiner Verpflichtung zur Festsetzung nicht nach, so stellt das Zuwarten des Arbeitnehmererfinders mit der Geltendmachung des Vergütungsanspruchs für sich allein keinen Umstand der **Verwirkung** der Ansprüche dar.[26]

24 *aa) Frist.* Bei unbeschränkter Inanspruchnahme der Diensterfindung ist die Vergütung spätestens bis zum Ablauf von drei Monaten ab Erteilung des Schutzrechtes, bei beschränkter Inanspruchnahme nach altem Recht war sie spätestens bis zum Ablauf von drei Monaten nach Aufnahme der Benutzung festzusetzen (§ 12 Abs. 3 ArbEG aF).

25 *bb) Widerspruch.* Der Arbeitnehmer kann der Festsetzung innerhalb von zwei Monaten durch Erklärung in Textform widersprechen, wenn er mit der Festsetzung nicht einverstanden ist (§ 12 Abs. 4 ArbEG). Widerspricht er nicht, so wird die Festsetzung für beide Teile verbindlich. Sind mehrere Arbeitnehmer an der Diensterfindung beteiligt, so wird die Festsetzung für alle Beteiligten nicht verbindlich, wenn einer von ihnen der Festsetzung mit der Begründung widerspricht, dass sein Anteil an der Diensterfindung unrichtig festgesetzt sei. Der Arbeitgeber ist in diesem Falle berechtigt, die Vergütung für alle Beteiligten neu festzusetzen.

26 *cc) Geänderte Umstände.* Wenn sich die Umstände wesentlich ändern, die für die Feststellung oder Festsetzung der Vergütung maßgebend waren, können Arbeitgeber und Arbeitnehmer voneinander die Einwilligung in eine andere Regelung der Vergütung verlangen (§ 12 Abs 6 ArbEG). Eine Rückzahlung einer bereits geleisteten Vergütung kann aber nicht verlangt werden. Der Arbeitnehmer hat gegenüber dem Arbeitgeber einen Auskunftsanspruch über die Art und den Umfang der Nutzung.[27]

27 *dd) Unbilligkeit.* Vereinbarungen über Diensterfindungen und freie Erfindungen sind unwirksam, wenn sie in erheblichem Maße unbillig sind (§ 23 ArbEG).[28] Das Gleiche gilt für die Festsetzung der Vergütung. Auf die Unbilligkeit einer Vereinbarung oder einer Festsetzung der Vergütung können sich Arbeitgeber und Arbeitnehmer nur berufen, wenn sie die Unbilligkeit spätestens bis zum Ablauf von **sechs Monaten** nach Beendigung des Arbeitsverhältnisses durch Erklärung in Textform gegenüber dem anderen Teil geltend machen.

28 **c) Unabdingbarkeit.** Die gesetzlichen Vorschriften über die Behandlung von Diensterfindungen und freien Erfindungen können zu Ungunsten des Arbeitnehmers nicht abgedungen werden (§ 22 ArbEG). Es sind jedoch Vereinbarungen über Diensterfindungen nach ihrer Meldung und über freie Erfindungen nach ihrer Mitteilung möglich. Es ist also weder in einem Dienstvertrag noch in einer Betriebsvereinbarung mit dem Betriebsrat möglich, die gesetzlichen Vorschriften zu Ungunsten des Arbeitnehmers abzudingen.

29 **d) Insolvenz.** Wird über das Vermögen des Arbeitgebers das Insolvenzverfahren eröffnet, so hat der Arbeitnehmer ein **Vorkaufsrecht** hinsichtlich der von ihm gemachten und vom Arbeitgeber

[23] BGH GRUR 1961, 338 – Chlormethylierung.
[24] BGH GRUR 2003, 702 ff. – Gehäusekonstruktion.
[25] BGH GRUR 1963, 135 – Cromegal.
[26] BGH GRUR 2003, 237 – Ozon.
[27] BGH GRUR 2002, 801 – Abgestuftes Getriebe; BGH GRUR 2002, 609 – Drahtinjektionseinrichtung.
[28] BGH Bl. 1989, 135 – Vinylchlorid.

unbeschränkt in Anspruch genommenen Diensterfindung, falls der Insolvenzverwalter diese **ohne** den Geschäftsbetrieb veräußert (§ 27 Nr. 2 ArbEG). Die Vorschrift wird von Insolvenzverwaltern regelmäßig übersehen; die Vereitelung des Vorkaufsrechts des Arbeitnehmers kann **Schadensersatzansprüche** gegenüber dem Insolvenzverwalter selbst begründen (§ 60 InsO). Veräußert der Insolvenzverwalter die Diensterfindung **mit** dem Geschäftsbetrieb, so **tritt der Erwerber** für die Zeit von der Eröffnung des Insolvenzverfahrens an **in die Vergütungspflicht des Arbeitgebers ein** (§ 27 Nr. 1 ArbEG).

e) **Beendigung des Arbeitsverhältnisses.** Die Rechte und Pflichten von sowohl Arbeitgeber als auch Arbeitnehmer werden durch die Auflösung des Arbeitsverhältnisses nicht berührt (§ 26 ArbEG).[29] 30

f) **Rechtsnachfolge.** Die Vergütungsansprüche des Arbeitnehmers an den Arbeitgeber sind übertragbar und vererblich.[30] Das Vermögen des Erblassers geht als Ganzes auf die Erben über (§ 1922 BGB). Umgekehrt ist zu beachten, dass gesetzlicher Schuldner des Vergütungsanspruchs allein der Arbeitgeber ist. Beim Betriebsübergang nach § 613a BGB gehen die Rechte und die Pflichten aus dem Arbeitsverhältnis, einschließlich der Pflicht zur Erfindervergütung, auf den Erwerber über.[31] 31

g) **Verjährung.** Die Verjährung des Vergütungsanspruches des Arbeitnehmers ist im ArbEG nicht geregelt. Sie richtet sich damit nach den allgemeinen Verjährungsbestimmungen,[32] somit den §§ 194 ff. des BGB nF.[33] Da die regelmäßige Verjährungsfrist des § 195 BGB anzuwenden ist, beträgt die (nach BGB aF früher dreißigjährige) Verjährungsfrist nunmehr drei Jahre.[34] Nach altem Schuldrecht begann die Verjährungsfrist zu dem Zeitpunkt des Entstehens des Vergütungsanspruchs, also mit dem Zugang der Inanspruchnahmeerklärung beim Arbeitgeber.[35] Der Beginn der regelmäßigen Verjährung nach § 199 BGB ist der Schluss des Jahres, in dem der Zeitpunkt der Fälligkeit liegt.[36] Die Fälligkeit des Vergütungsanspruchs bestimmt sich nach der getroffenen Vergütungsregelung iSd § 12 ArbEG.[37] Die Verjährungshöchstfrist des § 199 BGB von zehn Jahren greift ein, wenn die subjektiven Voraussetzungen der Verjährung fehlen, somit bei Unkenntnis relevanter Tatsachen, also insbesondere Erfindereigenschaft, Charakter als Diensterfindung und erfolgte Inanspruchnahme.[38] 32

h) **Verwirkung.** Ein Arbeitnehmer kann seinen Vergütungsanspruch auch verwirken. Dies ist dann der Fall, wenn er eine so lange Zeit nicht mit seinem Anspruch hervortritt, dass der Arbeitgeber bei verständiger Würdigung aller Umstände des Einzelfalles dem Verhalten des Arbeitnehmers entnehmen durfte, dass dieser seinen Anspruch nicht mehr geltend machen werde, er sich damit in seinen Vermögensentscheidungen darauf eingerichtet hat und sich darauf einrichten durfte, dass der Arbeitnehmer von der Geltendmachung seines Anspruches absehen werde.[39] In einem solchen Fall verstößt die spätere Geltendmachung gegen Treu und Glauben.[40] Probleme ergeben sich hier während eines bestehenden Arbeitsverhältnisses. Eine Verwirkung kann hier in der Regel nicht angenommen werden, nur weil der Arbeitnehmer während der Dauer des Arbeitsverhältnisses die Vergütungsfragen nicht angesprochen hat.[41] Nach Beendigung des Arbeitsverhältnisses ist vom Arbeitnehmererfinder allerdings zu verlangen, dass er seine Vergütungsansprüche baldmöglichst anmeldet.[42] 33

---

[29] Zur steuerrechtlichen Behandlung der Erfindervergütung als (nachträglicher) Arbeitslohn FG München, MittdtschPatAnw 2016, 46.

[30] Zur Rechtsstellung der Erben des Arbeitnehmererfinders im Übrigen siehe Bartenbach/Volz ArbEG § 1 Rn. 146 ff.

[31] Siehe Bartenbach/Volz ArbEG § 1 Rn. 114 ff.

[32] BGH GRUR 1977, 784 – Blitzlichtgeräte.

[33] Ausführlich hierzu Bartenbach/Volz ArbEG § 9 Rn. 39 ff.

[34] Vgl. Bartenbach/Volz ArbEG § 9 Rn. 40.

[35] Schiedsst. PMZ 1987, 207.

[36] Grüneberg/Ellenberger BGB § 199 Rn. 3.

[37] Bartenbach/Volz ArbEG § 9 Rn. 40.2.

[38] Bartenbach/Volz ArbEG § 9 Rn. 40.3.

[39] BGH GRUR 2003, 237 ff. – Ozon; BGH GRUR 2001, 323 – Temperaturwächter; BGH GRUR 1977, 784 ff. – Blitzlichtgeräte; Bartenbach/Volz ArbEG § 9 Rn. 46.

[40] BGH GRUR 1977, 784 – Blitzlichtgeräte.

[41] Vgl. Bartenbach/Volz ArbEG § 9 Rn. 48.

[42] Vgl. Bartenbach/Volz ArbEG § 9 Rn. 48 unter Verweis auf eine unveröffentlichte Entscheidung des LG Frankfurt.

6. Art und Höhe der Vergütung

34 Hierzu wurden auf Grund von § 11 ArbEG vom Bundesminister für Arbeit Richtlinien („Richtlinien für die Vergütung von Arbeitnehmererfindungen im privaten Dienst")[43] erlassen, nachfolgend kurz „RL". Diese sind keine verbindlichen Vorschriften, sondern geben nur Anhaltspunkte für die Vergütung. Der Arbeitnehmer hat gegen den Arbeitgeber einen Anspruch auf **angemessene** Vergütung (§ 9 Abs. 2 ArbEG). Für die Bemessung der (Höhe der) Vergütung sind hiernach insbesondere die wirtschaftliche Verwertbarkeit der Diensterfindung, die Aufgaben und die Stellung des Arbeitnehmers im Betrieb sowie der Anteil des Betriebes an dem Zustandekommen der Diensterfindung maßgebend. Im Vordergrund der Bemessung steht aber die wirtschaftliche Verwertbarkeit. Ihr kommt eine ausschlaggebende Rolle bei der Vergütungsbemessung zu.[44]

35 a) **Erfindungswert.** Nach RL 3 ist zunächst für die Berechnung der Vergütung der **Erfindungswert** als Konkretisierung des Kriteriums der Verwertbarkeit zu ermitteln. Hierzu geben die Richtlinien drei verschiedene Methoden an:

36 *aa) Lizenzanalogie.* Bei dieser Methode (RL 6–10) wird der **angemessene Lizenzsatz,** der in vergleichbaren Fällen bei freien Erfindungen mit einem freien Erfinder ausgehandelt worden wäre, zu Grunde gelegt.[45] Der Lizenzsatz kann in Prozenten vom Umsatz oder als Geldbetrag je Stück oder Gewichtseinheit ausgedrückt werden. Diese Methode ist in der Praxis die gängigste Methode. Die Höhe der Vergütung ist dabei unmittelbar an die Benutzung der Erfindung gekoppelt.[46]

37 *bb) Erfassbarer betrieblicher Nutzen.* Unter dem erfassbaren betrieblichen Nutzen (RL 12) ist die durch den Einsatz der Erfindung bedingte Differenz zwischen Kosten und Erträgen zu verstehen. Man muss also einen Kosten- und Ertragsvergleich vornehmen. Der Erfindungswert ist ein Teil des so ermittelten betrieblichen Nutzens. Diese Methode eignet sich insbesondere dann, wenn die Erfindung nicht ein Produkt, sondern ein innerbetrieblich angewandtes Herstellungsverfahren betrifft.

38 *cc) Schätzung.* Im Wege einer „Kaufanalogie" kann der Erfindungswert als diejenige Summe angesetzt werden, die der Betrieb als Kaufpreis hätte aufwenden müssen, wenn er die Erfindung von einem freien Erfinder hätte erwerben wollen (RL 13). Diese Methode ist insbesondere bei nicht oder noch nicht benutzten Erfindungen (**Vorratserfindungen**) angebracht. Nach der Spruchpraxis der Schiedsstelle orientiert sich eine solche Vorratsvergütung an einem abstrakten jährlichen Wert der Vorratswirkung des nicht benutzten Schutzrechtes. Bei einem Gebrauchsmuster mit einer unterstellten Lebensdauer von sieben Jahren beträgt nach der Praxis der Schiedsstelle der Erfindungswert EUR 2.243,–.[47]

39 *dd) Nicht verwertbare Erfindungen.* Erfindungen, die nicht verwertet werden, weil sie wirtschaftlich nicht verwertbar sind und bei denen auch mit einer späteren Verwertbarkeit nicht zu rechnen ist, haben keinen Erfindungswert (RL 22), auch wenn die Voraussetzung für die Erteilung eines Patentes ansonsten vorliegen. Derartige Erfindungen sollten dem Erfinder freigegeben werden.

40 *ee) Die Verwertbarkeit ist noch nicht feststellbar.* Wenn und solange der Erfinder die Erfindung prüft und erprobt und dabei die wirtschaftliche Verwertbarkeit noch nicht feststeht, ist die Zahlung einer Vergütung in der Regel nicht angemessen (RL 23). Die Frist, die dem Betrieb zur Feststellung der wirtschaftlichen Verwertbarkeit billigerweise gewährt wird, sollte drei bis fünf Jahre nach der Patenterteilung nur in besonderen Ausnahmefällen überschreiten.

41 b) **Anteilsfaktor.** Von dem ermittelten Erfindungswert ist mit Rücksicht darauf, dass es sich um **keine freie Erfindung** handelt, ein entsprechender Abzug zu machen. Der Anteil, der sich für den Arbeitnehmer unter Berücksichtigung des Abzuges an dem Erfindungswert ergibt, wird in Form eines in Prozenten ausgedrückten Anteilsfaktors (RL 30) ermittelt. Der Anteilsfaktor wird von

[43] Richtlinien für die Vergütung von Arbeitnehmererfindungen im privaten Dienst vom 20.7.1959, Bl. 1959, 300; geändert durch Richtlinie vom 1.9.1983, Bl. 1983, 350.

[44] Vgl. Bartenbach/Volz ArbEG und dortige Hinweise auf die amtliche Begründung; zur Vergütung einer Diensterfindung bei konzerninternen Abgabepreisen vgl. BGH GRUR 2012, 605 – antimykotischer Nagellack.

[45] Vgl. etwa OLG Düsseldorf, Urteil vom 9.10.2014 – Scharniereinrichtung, BeckRS 2014, 21940.

[46] Einigungsvorschlag der Schiedsstelle GRUR 1996, 49 – Gießereimaschinen.

[47] Einigungsvorschlag der Schiedsstelle ArbErf 29/03 (unveröffentlicht).

drei Größen bestimmt, nämlich die Stellung der Aufgabe (RL 31), die Lösung der Aufgabe (RL 32) und die Aufgaben und die Stellung des Arbeitnehmers im Betrieb (RL 33–36). Anhand von Fallgruppen geben die Richtlinien Vorgaben, wie jeder dieser Größen eine Wertzahl zuzuordnen ist, aus deren Summe sich der Anteilsfaktor berechnen lässt.

aa) Stellung der Aufgabe. Der Anteil des Arbeitnehmers am Zustandekommen der Diensterfindung ist umso größer, je größer seine Initiative bei der Aufgabenstellung und je größer seine Beteiligung an der Erkenntnis der betrieblichen Mängel und Bedürfnisse ist. Diese Gesichtspunkte können in folgenden sechs Gruppen berücksichtigt werden: 42

Der Arbeitnehmer ist zu der Erfindung veranlasst worden: 43

1. weil der Betrieb ihm eine Aufgabe unter unmittelbarer Angabe des beschrittenen Lösungsweges gestellt hat (1);
2. weil der Betrieb ihm eine Aufgabe ohne unmittelbare Angabe des beschrittenen Lösungsweges gestellt hat (2);
3. ohne dass der Betrieb ihm eine Aufgabe gestellt hat, jedoch durch die infolge der Betriebszugehörigkeit erlangte Kenntnis von Mängeln und Bedürfnissen, wenn der Erfinder diese Mängel und Bedürfnisse nicht selbst festgestellt hat (3);
4. ohne dass der Betrieb ihm eine Aufgabe gestellt hat, jedoch durch die infolge der Betriebszugehörigkeit erlangte Kenntnis von Mängeln und Bedürfnissen, wenn der Erfinder diese Mängel und Bedürfnisse selbst festgestellt hat (4);
5. weil er sich innerhalb seines Aufgabenbereichs eine Aufgabe gestellt hat (5);
6. weil er sich außerhalb seines Aufgabenbereichs eine Aufgabe gestellt hat (6).

Die Aufgabenstellung ist der Hinweis auf ein bestimmtes technisches Problem, das gelöst werden muss.[48] Bei der Gruppe 1 macht es keinen Unterschied, ob der Betrieb den Erfinder schon bei der Aufgabenstellung oder erst später auf den beschrittenen Lösungsweg unmittelbar hingewiesen hat, es sei denn, dass der Erfinder von sich aus den Lösungsweg bereits beschritten hatte. Ist bei einer Erfindung, die in Gruppe 3 oder 4 einzuordnen ist, der Erfinder vom Betrieb später auf den beschrittenen Lösungsweg hingewiesen worden, so kann es angemessen sein, die Erfindung niedriger einzuordnen, es sei denn, dass der Erfinder von sich aus den Lösungsweg bereits beschritten hatte. Liegt in Gruppe 3 oder 4 die Aufgabe außerhalb des Aufgabenbereiches des Erfinders, so wird es angemessen sein, die Erfindung höher einzuordnen. 44

Ferner ist zu berücksichtigen, dass auch in der Aufgabenstellung allein schon eine unmittelbare Angabe des beschrittenen Lösungsweges liegen kann, wenn die Aufgabe sehr eng gestellt ist. Andererseits sind ganz allgemeine Anweisungen (zB auf Erfindungen bedacht zu sein) noch nicht als Stellung der Aufgabe im Sinne dieser Tabelle anzusehen. 45

bb) Lösung der Aufgabe. Bei der Ermittlung der Wertzahlen für die Lösung der Aufgabe sind folgende Gesichtspunkte zu beachten: 46

1. Die Lösung wird mit Hilfe der dem Erfinder beruflich geläufigen Überlegungen gefunden;
2. sie wird auf Grund betrieblicher Arbeiten oder Kenntnisse gefunden;
3. der Betrieb unterstützt den Erfinder mit technischen Hilfsmitteln.

Liegen bei einer Erfindung alle diese Merkmale vor, so erhält die Erfindung für die Lösung der Aufgabe die Wertzahl 1; liegt keines dieser Merkmale vor, so erhält sie die Wertzahl 6. 47

Sind bei einer Erfindung die angeführten drei Merkmale teilweise verwirklicht, so kommt ihr für die Lösung der Aufgabe eine zwischen 1 und 6 liegende Wertzahl zu. Bei der Ermittlung der Wertzahl für die Lösung der Aufgabe sind die Verhältnisse des Einzelfalles auch im Hinblick auf die Bedeutung der angeführten drei Merkmale (zB das Ausmaß der Unterstützung mit technischen Hilfsmitteln) zu berücksichtigen. 48

Beruflich geläufige Überlegungen in diesem Sinne sind solche, die aus Kenntnissen und Erfahrungen des Arbeitnehmers stammen, die er zur Erfüllung der ihm übertragenen Tätigkeiten haben muss. 49

Betriebliche Arbeiten oder Kenntnisse in diesem Sinne sind innerbetriebliche Erkenntnisse, Arbeiten, Anregungen, Erfahrungen, Hinweise usw., die den Erfinder zur Lösung hingeführt oder sie ihm wesentlich erleichtert haben. 50

Technische Hilfsmittel in diesem Sinne sind Energien, Rohstoffe und Geräte des Betriebes, deren Bereitstellung wesentlich zum Zustandekommen der Diensterfindung beigetragen hat. Wie technische Hilfsmittel ist auch die Bereitstellung von Arbeitskräften zu werten. Die Arbeitskraft 51

[48] OLG München 29.1.1987 – 6 U 5247/83.

des Erfinders selbst sowie die allgemeinen, ohnehin entstandenen Aufwendungen für Forschung, Laboreinrichtungen und Apparaturen sind nicht als technische Hilfsmittel in diesem Sinne anzusehen.

52 *cc) Aufgaben und Stellung des Arbeitnehmers im Betrieb.* Der Anteil des Arbeitnehmers verringert sich umso mehr, je größer der ihm durch seine Stellung ermöglichte Einblick in die Erzeugung und Entwicklung des Betriebes ist und je mehr von ihm angesichts seiner Stellung und des ihm zZ der Erfindungsmeldung gezahlten Arbeitsentgeltes erwartet werden kann, dass er an der technischen Entwicklung des Betriebes mitarbeitet. Stellung im Betrieb bedeutet nicht die nominelle, sondern die tatsächliche Stellung des Arbeitnehmers, die ihm unter Berücksichtigung der ihm obliegenden Aufgaben und der ihm ermöglichten Einblicke in das Betriebsgeschehen zukommt.

53 Die Richtlinien (RL 33) unterscheiden folgende Gruppen von Arbeitnehmern, wobei die Wertzahl umso höher ist, je geringer die Leistungserwartung ist:

54 **8. Gruppe:** Hierzu gehören Arbeitnehmer, die im Wesentlichen ohne Vorbildung für die im Betrieb ausgeübte Tätigkeit sind (zB ungelernte Arbeiter, Hilfsarbeiter, Angelernte, Lehrlinge) (Wertzahl 8).

55 **7. Gruppe:** Zu dieser Gruppe sind die Arbeitnehmer zu rechnen, die eine handwerklich-technische Ausbildung erhalten haben (zB Facharbeiter, Laboranten, Monteure, einfache Zeichner), auch wenn sie schon mit kleineren Aufsichtspflichten betraut sind (zB Vorarbeiter, Untermeister, Schichtmeister, Kolonnenführer). Von diesen Personen wird im Allgemeinen erwartet, dass sie die ihnen übertragenen Aufgaben mit einem gewissen technischen Verständnis ausführen. Andererseits ist zu berücksichtigen, dass von dieser Berufsgruppe in der Regel die Lösung konstruktiver oder verfahrensmäßiger technischer Aufgaben nicht erwartet wird (Wertzahl 7).

56 **6. Gruppe:** Hierher gehören die Personen, die als untere betriebliche Führungskräfte eingesetzt werden (zB Meister, Obermeister, Werkmeister) oder eine etwas gründlichere technische Ausbildung erhalten haben (zB Chemotechniker, Techniker): Von diesen Arbeitnehmern wird in der Regel schon erwartet, dass sie Vorschläge zur Rationalisierung innerhalb der ihnen obliegenden Tätigkeiten machen und auf einfache technische Neuerungen bedacht sind (Wertzahl 6).

57 **5. Gruppe:** Zu dieser Gruppe sind die Arbeitnehmer zu rechnen, die eine gehobene technische Ausbildung erhalten haben, sei es auf Universitäten oder technischen Hochschulen, sei es auf höheren technischen Lehranstalten oder in Ingenieur- oder entsprechenden Fachschulen, wenn sie in der Fertigung tätig sind. Von diesen Arbeitnehmern wird ein reges technisches Interesse sowie die Fähigkeit erwartet, gewisse konstruktive oder verfahrensmäßige Aufgaben zu lösen (Wertzahl 5).

58 **4. Gruppe:** Hierher gehören die in der Fertigung leitend Tätigen (Gruppenleiter, dh Ingenieure und Chemiker, denen andere Ingenieure oder Chemiker unterstellt sind) und die in der Entwicklung tätigen Ingenieure und Chemiker (Wertzahl 4).

59 **3. Gruppe:** Zu dieser Gruppe sind in der Fertigung der Leiter einer ganzen Fertigungsgruppe (zB technischer Abteilungsleiter und Werksleiter) zu zählen, in der Entwicklung die Gruppenleiter von Konstruktionsbüros und Entwicklungslaboratorien und in der Forschung die Ingenieure und Chemiker (Wertzahl 3).

60 **2. Gruppe:** Hier sind die Leiter der Entwicklungsabteilungen einzuordnen sowie die Gruppenleiter in der Forschung (Wertzahl 2).

61 **1. Gruppe:** Zur Spitzengruppe gehören die Leiter der gesamten Forschungsabteilung eines Unternehmens und die technischen Leiter größerer Betriebe (Wertzahl 1).

62 Die vorstehende Tabelle kann nur Anhaltspunkte geben. Die Einstufung in die einzelnen Gruppen muss jeweils im Einzelfalle nach Maßgabe der tatsächlichen Verhältnisse vorgenommen werden. In kleineren Betrieben sind zB vielfach die Leiter von Forschungsabteilungen nicht in Gruppe 1, sondern – je nach den Umständen des Einzelfalles – in die Gruppen 2, 3 oder 4 einzuordnen. Auch die Abstufung nach der Tätigkeit in Fertigung, Entwicklung oder Forschung ist nicht stets berechtigt, weil zB in manchen Betrieben die in der Entwicklung tätigen Arbeitnehmer Erfindungen näher stehen als die in der Forschung tätigen Arbeitnehmer.

63 Wenn die Gehaltshöhe gegenüber dem Aufgabengebiet Unterschiede zeigt, kann es berechtigt sein, den Erfinder in eine höhere oder tiefere Gruppe einzustufen, weil Gehaltshöhe und Leistungserwartung miteinander in Verbindung stehen. Dies ist besonders zu berücksichtigen im Verhältnis zwischen jüngeren und älteren Arbeitnehmern der gleichen Gruppe. In der Regel wächst das Gehalt eines Arbeitnehmers mit seinem Alter, wobei weitgehend der Gesichtspunkt maßgebend ist, dass die zunehmende Erfahrung auf Grund langjähriger Tätigkeit eine höhere Leistung

erwarten lässt. Hiernach kann also ein höher bezahlter älterer Angestellter einer bestimmten Gruppe eher in die nächstniedrigere einzustufen sein, während ein jüngerer, geringer bezahlter Angestellter der nächsthöheren Gruppe zuzurechnen ist.

64 Es ist weiter zu berücksichtigen, dass zum Teil gerade bei leitenden Angestellten nicht erwartet wird, dass sie sich mit technischen Einzelfragen befassen. Besonders in größeren Firmen stehen leitende Angestellte zum Teil der technischen Entwicklung ferner als Entwicklungs- oder Betriebsingenieure. In solchen Fällen ist daher gleichfalls eine Berichtigung der Gruppeneinteilung angebracht. Auch die Vorbildung wird in der Regel ein Anhaltspunkt für die Einstufung des Arbeitnehmers sein. Sie ist aber hierauf dann ohne Einfluss, wenn der Arbeitnehmer nicht entsprechend seiner Vorbildung im Betrieb eingesetzt wird.

65 Andererseits ist auch zu berücksichtigen, dass Arbeitnehmer, die sich ohne entsprechende Vorbildung eine größere technische Erfahrung zugeeignet haben und demgemäß im Betrieb eingesetzt und bezahlt werden, in eine entsprechend niedrigere Gruppe (also mit niedrigerer Wertzahl, zB von Gruppe 6 in Gruppe 5) eingestuft werden müssen.

66 Von Arbeitnehmern, die kaufmännisch tätig sind und keine technische Vorbildung haben, werden im Allgemeinen keine technischen Leistungen erwartet. Etwas anderes kann mitunter für die so genannten technischen Kaufleute und die höheren kaufmännischen Angestellten (kaufmännische Abteilungsleiter, Verwaltungs- und kaufmännische Direktoren) gelten. Wie diese Personen einzustufen sind, muss von Fall zu Fall entschieden werden.

67 *dd) Bezifferung des Anteilsfaktors.* Für die Berechnung des Anteilsfaktors gilt folgende Tabelle (RL 37):

a + b + c =	3	4	5	6	7	8	9	10	11	12	13	14	15	16	17	18	19	(20)
A =	2	4	7	10	13	15	18	21	25	32	39	47	55	63	72	81	90	(100 %)

In dieser Tabelle bedeuten:
a = Wertzahlen, die sich aus der Stellung der Aufgabe ergeben (→ Rn. 42 bis 45)
b = Wertzahlen, die sich aus der Lösung der Aufgabe ergeben (→ Rn. 46 bis 51)
c = Wertzahlen, die sich aus Aufgaben und Stellung im Betrieb ergeben (→ Rn. 52 bis 62)
A = Anteilsfaktor (Anteil des Arbeitnehmers am Erfindungswert in Prozenten) (→ Rn. 41).

Die Summe, die sich aus den Wertzahlen a, b und c ergibt, braucht keine ganze Zahl zu sein. Sind als Wertzahlen Zwischenwerte (zB 3,5) gebildet worden, so ist als Anteilsfaktor eine Zahl zu ermitteln, die entsprechend zwischen den angegebenen Zahlen liegt. Die Zahlen 20 und 100 sind in Klammern gesetzt, weil zumindest in diesem Fall eine freie Erfindung vorliegt.

68 **c) Rechnerische Ermittlung der Vergütung.** *aa) Formel.* Die Berechnung der Vergütung aus Erfindungswert und Anteilsfaktor kann in folgender Formel ausgedrückt werden (RL 39):

$$V = E \cdot A$$

Dabei bedeuten:
V = die zu zahlende Vergütung,
E = den Erfindungswert (→ Rn. 35),
A = den Anteilsfaktor in Prozenten (→ Rn. 41).

69 Die Ermittlung des Erfindungswertes nach der Lizenzanalogie kann in folgender Formel ausgedrückt werden:

$$E = B \cdot L$$

Dabei bedeuten:
E = den Erfindungswert,
B = die Bezugsgröße,
L = Lizenzsatz in Prozenten.

70 In dieser Formel kann die Bezugsgröße ein Geldbetrag oder eine Stückzahl sein. Insgesamt ergibt sich hiernach für die Ermittlung der Vergütung bei Anwendung der Lizenzanalogie folgende Formel:

$$V = B \cdot L \cdot A$$

71 Hierbei ist für B jeweils die entsprechende Bezugsgröße (Umsatz, Erzeugung) einzusetzen. Sie kann sich auf die gesamte Laufdauer des Schutzrechts oder auf einen bestimmten periodisch wiederkehrenden Zeitabschnitt (zB ein Jahr) beziehen.

72 Zu berücksichtigen ist ferner, inwieweit von der zu vergütenden Erfindung das für die Bezugsgröße zugrundeliegende Produkt **geprägt**[49] wird:

73 *bb) Prägefaktor.* Dabei prüft die Schiedsstelle in ständiger Praxis, wie weit der technisch-patentrechtliche Einfluss der Erfindung reicht.[50] Dabei untersucht sie, welche Teile durch die geschützte Erfindung ihr **kennzeichnendes Gepräge** erhalten. Von der Gesamtvorrichtung ist nur auszugehen, wenn auch die gesamte Vorrichtung durch die Erfindung kennzeichnend geprägt wird. Werden nur technische Details eines technisch komplexeren Produktes von der zu vergütenden Erfindung geprägt, so kann dies durch Belegung der Bezugsgröße B mit einem entsprechenden **Prägefaktor** berücksichtigt werden. Es ist also die **kleinste technisch-wirtschaftlich (funktionelle) Einheit** als Bezugsgröße anzusetzen, welche noch von der Erfindung geprägt wird bzw. in ihrer Funktion beeinflusst wird.[51]

74 *cc) Miterfinder.* Sind mehrere **Miterfinder** am Zustandekommen einer Erfindung beteiligt, so ist für jeden Erfinder ein seinem Beitrag entsprechender Bruchteil des Erfindungswertes anzusetzen. Miterfinder ist jeder, der einen schöpferischen Beitrag zur Erfindung geleistet hat.[52]

75 *dd) Pauschalabfindung.* Es kann oftmals angemessen sein, die Vergütung in einer einmaligen oder einer mehrmaligen festen Summe zu zahlen. Dies gilt insbesondere für die Fälle, wenn es sich um kleinere Erfindungen handelt, für die eine jährliche Abrechnung wegen des dadurch entstehenden Aufwandes nicht angemessen erscheint oder wenn die Diensterfindung absehbar nicht umgesetzt wird oder zur Vermeidung innerbetrieblicher Interessensgegensätze.

76 Die Höhe der Pauschalabfindung lässt sich durch eine Hochrechnung gemäß der unter Rn. 68 genannten Formel ermitteln, wobei die dabei ermittelte zu zahlende Vergütung V mit einem **Risikoabschlag** zu belegen ist.[53] Der Risikoabschlag wird umso höher sein, je ungewisser die Marktaussichten des Produktes und der Rechtsbestand des Schutzrechtes ist. Der Risikoabschlag für ein noch nicht in den Markt eingeführtes Produkt und/oder eines noch nicht erteilten Patentes wird deshalb entsprechend hoch anzusetzen sein.

77 Vor einer Patenterteilung legt die betriebliche Praxis als vorläufige Vergütung im Allgemeinen einen Risikoabschlag von 50 % bei üblichem Patenterteilungsrisiko zugrunde.[54] Werden in einem Prüfungsbescheid erhebliche Bedenken gegen die Patentfähigkeit erhoben oder ist das Patent erstinstanzlich sogar zurückgewiesen worden, so kann sich die Vergütung bis auf 30–15 % (Risikoabschlag von ca. 80 %) reduzieren.[55] Ein Risikoabschlag kann auch **trotz Patenterteilung** angemessen sein, wenn etwa der Arbeitgeber auf Grund eines Einspruchs oder Einspruchsmaterials erhebliche Bedenken hat, aus dem erteilten Schutzrecht gegen Wettbewerber vorzugehen bzw. das Patent von Wettbewerbern nicht beachtet wird.[56]

78 Die zu zahlende Vergütung V ist ferner um eine entsprechende **Abzinsung** zu vermindern, da übliche Lizenzzahlungen von eingenommenen Beträgen abgeführt werden. Da nur ein geringer Teil der Patente in der Praxis für die Gesamtlaufdauer aufrechterhalten wird, und die übliche Produktlaufzeit in der Regel ebenfalls geringer ist, ist bei der Ermittlung der Gesamtlaufdauer von einer durchschnittlichen Laufdauer des Patentes auszugehen (bspw. zwölf Jahre) (RL 41). Ist der Anteilsfaktor sehr niedrig, so kann, wenn der Erfindungswert gleichfalls gering ist, die Vergütung bis auf einen Anerkennungsbetrag sinken oder ganz wegfallen (RL 38).

79 *ee) Laufende Beteiligung.* Die Zeit, die für die Berechnung der Vergütung bei laufender Zahlung maßgebend ist, endet bei der unbeschränkten Inanspruchnahme in der Regel mit dem Wegfall des Schutzrechts. Dasselbe gilt bei der beschränkten Inanspruchnahme, wenn ein Schutzrecht erwirkt ist.

80 Ist das Schutzrecht vernichtbar, so bleibt dennoch der Arbeitgeber bis zur Nichtigkeitserklärung zur Vergütungszahlung verpflichtet, weil bis dahin der Arbeitgeber eine tatsächliche

[49] BPatG Bl. 1965, 170 – Wandfarben.
[50] BGH 1995, 578 – Steuereinrichtung II; vgl. auch Hinweis auf unveröffentlichte Einigungsvorschläge der Schiedsst. in Bartenbach/Volz ArbEG § 9 Rn. 126.
[51] Vgl. etwa OLG Düsseldorf 9.10.2014 – Scharniereinrichtung, BeckRS 2014, 21940.
[52] BGH GRUR 2004, 50 – Verkranzungsverfahren.
[53] BGH GRUR 1963, 135 – Cromegal; BGH GRUR 1971, 475 – Gleichrichter.
[54] Vgl. Bartenbach/Volz ArbEG § 12 Rn. 68 und dortige Verweise auf Entscheidungen der Schiedsst. (größtenteils unveröffentlicht).
[55] Vgl. Bartenbach/Volz ArbEG § 12 Rn. 68.2 und dortige Hinweise auf Entscheidungen der Schiedsst. (teilweise unveröffentlicht).
[56] Vgl. Bartenbach/Volz ArbEG § 12 Rn. 68.3 und dortige Verweise auf unveröffentlichte Entscheidungen der Schiedsst (teilweise unveröffentlicht).

Nutzungsmöglichkeit und günstigere Geschäftsstellung hat, die er ohne die Inanspruchnahme nicht hätte.[57] Die offenbar oder wahrscheinlich gewordene Nichtigkeit ist für den Vergütungsanspruch der tatsächlichen Vernichtung gleichzustellen, wenn nach den Umständen das Schutzrecht seine bisherige wirtschaftliche Wirkung so weit verloren hat, dass dem Arbeitgeber die Vergütungszahlung nicht mehr zugemutet werden kann. Dies ist besonders dann der Fall, wenn Wettbewerber, ohne eine Verletzungsklage befürchten zu müssen nach dem Schutzrecht arbeiten.[58]

ff) Gehaltsanhebung. Grundsätzlich ist die **Gehaltsanhebung** als Erfindervergütung tauglich.[59] Der Arbeitgeber muss aber dann deutlich und **zweifelsfrei erkennbar** machen, dass es sich hier um eine Erfindervergütung handelt. Die bloße Tatsache einer Gehaltserhöhung nach Übertragung der Diensterfindung kann **nicht** als stillschweigende Abgeltung bestehender Vergütungsansprüche gewertet werden.[60] 81

7. Betriebsgeheime Erfindung

Wenn berechtigte Belange des Betriebes es erfordern, eine gemeldete Diensterfindung **nicht bekannt werden** zu lassen, kann der Arbeitgeber von der Erwirkung eines Schutzrechtes absehen, sofern er die Schutzfähigkeit der Diensterfindung gegenüber dem Arbeitnehmer **anerkennt** (§ 17 Abs. 1 ArbEG). 82

Bei der Vergütung derartiger **Betriebsgeheimnisse** sind die zuvor genannten Maßstäbe anzusetzen, wobei zusätzlich die Nachteile zu berücksichtigen sind, die sich für den Arbeitnehmer daraus ergeben, dass auf die Diensterfindung kein Schutzrecht erteilt worden ist (§ 17 Abs. 3 ArbEG). 83

Die Nachteile, die der Arbeitnehmer zufolge der Nichtanmeldung hat, bestehen ua darin, dass die Diensterfindung im Interesse der Geheimhaltung nur in beschränktem Umfange ausgewertet werden kann und dass bei Nutzungsaufgabe durch den Arbeitgeber ein Schutzrecht und insbesondere Auslandsschutzrechte nicht freigegeben werden können. Nachteilig kann sich insbesondere ein **vorzeitiges Bekanntwerden** des Erfindungsgegenstandes und seine Nutzung durch Mitbewerber auswirken.[61] 84

Die Dauer der Vergütungszahlung richtet sich nach der Nutzungsdauer, im Höchstfalle der (fiktiven) **Laufdauer des Schutzrechtes** (RL 42), das ohne die Geheimhaltung erteilt worden wäre. Nach Auffassung des BGH kann der Arbeitgeber den Verlust einer durch die Geheimhaltung der Diensterfindung erlangten faktischen Monopolstellung im Markt dem Arbeitnehmer mit dem Ziel entgegen halten, dass eine Vergütungspflicht für die Zukunft entfällt.[62] 85

II. Verfahrensrecht

1. Schiedsstellenverfahren

a) **Mandatsannahme, Vorüberlegungen.** Bei der Annahme von Mandaten in Arbeitnehmererfindersachen besteht weniger Grund zur Zurückhaltung als etwa in Patent- und Gebrauchsmustersachen. Während letztere neben rechtlichen Kenntnissen stets auch und wohl überwiegend technische Kenntnisse und **technisches Verständnis** erfordern, gilt dies für Arbeitnehmererfindersachen nicht in gleichem Maße. Derartige Auseinandersetzungen müssen nicht zwangsläufig technisch geprägt sein. Häufig streiten die Beteiligten hier lediglich über die Verpflichtung zur Zahlung der Arbeitnehmervergütung bzw. über deren Höhe, ohne dass hierbei technische Problemstellungen im Vordergrund stünden. 86

Von besonderer Bedeutung ist es, gleich zu Beginn des Mandatsverhältnisses zu klären, ob etwaige **Fristen zu wahren** sind. Für den Arbeitgeber und dessen Berater gilt dies insbesondere hinsichtlich der fristgemäßen Inanspruchnahme einer (vermeintlichen) Diensterfindung. Die 87

[57] BGH GRUR 1977, 784 – Blitzlichtgeräte.
[58] BGH GRUR 1957, 495 – Verwandlungstisch; BGH GRUR 1969, 677 – Rüben-Verladeeinrichtung; BGH GRUR 1983, 237 – Brückenlegepanzer.
[59] Vgl. Bartenbach/Volz ArbEG § 9 Rn. 62 und dortige Verweise auf unveröffentlichte Entscheidungen der Schiedsst.
[60] BGH GRUR 1965, 304 – Schellenreibungskupplung.
[61] Vgl. Bartenbach/Volz ArbEG § 17 Rn. 61 und dort zitierte unveröffentlichte Entscheidungen der Schiedsst.
[62] BGH GRUR 1988, 123 – Venylpolymerisate.

Folgen etwa einer formunwirksamen oder verfristeten Erklärung der Inanspruchnahme einer Diensterfindung, nämlich das Freiwerden der Erfindung zugunsten des Arbeitnehmers, sind nicht oder nur mit ganz erheblichem finanziellen Aufwand zu korrigieren.

88 Frühzeitig sollte auch geklärt werden, ob die Anrufung der Schiedsstelle sinnvoll oder gar – als Klagevoraussetzung – erforderlich ist. Nicht nur im Interesse des Beraters, sondern auch im wohlverstandenen Interesse des Mandanten empfiehlt es sich ferner – je nach Gegenstandswert und abzusehendem Arbeitsaufwand – abweichend von den gesetzlichen Gebühren nach dem Rechtsanwaltsvergütungsgesetz (RVG) frühzeitig über den Abschluss einer angemessene Honorarvereinbarung zu sprechen.

89 **b) Die Schiedsstelle.** Die **Aufgabe** der Schiedsstelle ist es, in allen Streitfällen zwischen Arbeitgeber und Arbeitnehmer auf Grund des Arbeitnehmererfindergesetzes zu versuchen, eine gütliche Einigung herbeizuführen. Hierzu kann die Schiedsstelle jederzeit angerufen werden. Demgegenüber kann die Zuständigkeit der Schiedsstelle für Arbeitnehmererfindungen nicht durch private Vereinbarungen zwischen nicht unter das Gesetz fallenden Personen begründet werden.[63] Die Schiedsstelle hat **keine Entscheidungsgewalt.** Sie kann lediglich Einigungsvorschläge unterbreiten, die dann von den Beteiligten angenommen werden oder nicht angenommen werden können.[64]

90 **Sachlich zuständig** ist sie in allen Streitfällen zwischen Arbeitgeber und Arbeitnehmer – insoweit gelten die arbeitsrechtlichen Arbeitnehmer- und Arbeitgeberbegriffe – auf Grund des Arbeitnehmererfindergesetzes. Da nach § 26 ArbEG die Rechte und Pflichten aus dem ArbEG durch die Auflösung des Arbeitsverhältnisses nicht berührt werden, kann die Schiedsstelle auch, was in der Praxis sehr häufig vorkommt, von ausgeschiedenen Arbeitnehmern angerufen werden. Soweit Streit über Fragen besteht, die das ArbEG selbst nicht regelt, etwa die Frage der (Mit-)Erfinderschaft, kommt es darauf an, ob deren Klärung als Vorfrage im Rahmen eines Streitfalles „auf Grund" des ArbEG, etwa für den Anspruch auf Erfindervergütung, erforderlich ist.

91 Die Schiedsstelle hat ihren **Sitz** bei dem Deutschen Patent- und Markenamt in **München** (§ 29 Abs. 1 ArbEG). Die frühere (zweite) Schiedsstelle bei der Dienststelle Berlin ist zum 1.11.1998 aufgelöst worden.

92 Die **Besetzung** der Schiedsstelle regelt § 30 ArbEG. Sie besteht im Regelfall aus dem **Vorsitzenden,** der die Befähigung zum Richteramt nach dem Gerichtsverfassungsgesetz besitzen soll, und **zwei Beisitzern,** die aus den Mitgliedern oder Hilfsmitgliedern des Deutschen Patentamts für den einzelnen Streitfall berufen werden. Letzteres gestattet es dem Präsidenten des Patentamts, der die Beisitzer im Einzelfall beruft (§ 30 Abs. 3 S. 2 ArbEG), solche Personen auszuwählen, die auf dem in Rede stehenden Gebiet besondere Erfahrungen besitzen. Der Vorsitzende wird demgegenüber für jeweils ein Jahr vom Bundesminister der Justiz ernannt. **Auf Antrag eines Beteiligten** wird die Besetzung der Schiedsstelle **um je einen Beisitzer aus Kreisen der Arbeitgeber und der Arbeitnehmer erweitert** (§§ 30 Abs. 4, 32 ArbEG). Der Antrag ist von demjenigen, der die Schiedsstelle anruft, zugleich mit der Anrufung, von dem anderen Beteiligten innerhalb von 2 Wochen nach Zustellung des die Anrufung enthaltenden Antrags zu stellen. Hierbei handelt es sich um Ausschlussfristen. Diese Beisitzer werden vom Präsidenten des Patentamts aus Vorschlagslisten ausgewählt und für den einzelnen Streitfall bestellt.

93 **c) Das Schiedsstellenverfahren.** Im Verfahren vor der Schiedsstelle herrscht kein Anwaltszwang. Die **Anrufung** der Schiedsstelle erfolgt nach § 31 Abs. 1 ArbEG durch schriftlichen Antrag, der in zwei Stücken eingereicht werden soll (bei weiteren Beteiligten empfiehlt sich die Beifügung einer entsprechenden Anzahl von Überstücken) und eine kurze Darstellung des Sachverhalts sowie Namen und Anschriften des anderen Beteiligten enthalten soll. Der Antrag wird sodann vom Vorsitzenden dem anderen Beteiligten mit der Aufforderung (förmlich) zugestellt, sich innerhalb einer bestimmten Frist zu dem Antrag schriftlich zu äußern (§ 31 Abs. 2 ArbEG). Die Stellungnahmefrist ist verlängerbar. Die Schiedsstelle wird nur auf ordnungsgemäßen Antrag tätig. Hierbei ist „Antrag" allerdings nicht so zu verstehen, dass bereits ein konkretes Begehren formuliert werden müsste. Sinnvoll ist dies allerdings.

---

[63] Schiedsstelle für Arbeitnehmererfindungen beim Deutschen Patentamt vom 29.10.1958 – Arb.Erf. 23/58; Bartenbach/Voltz ArbEG § 28 Rn. 17 mwN; Busse/Keukenschrijver § 28 Rn. 3 mwN.

[64] Nach dem Jahresbericht des Deutschen Patent- und Markenamts 2020 wurde die Schiedsstelle im Jahr 2020 bei 66 neuen Streitigkeiten angerufen. Die Schiedsstelle konnte 72 Verfahren im Jahr 2020 erledigen, wobei die Beteiligten 50 % der Einigungsvorschläge akzeptiert haben.

Formulierungsvorschlag:

Für den häufigen Fall der Auseinandersetzung über die Höhe der Erfindervergütung bei einer (unbeschränkt) in Anspruch genommenen Diensterfindung kann in Anlehnung an §§ 9, 12 ArbEG etwa wie folgt formuliert werden: 94

Es wird beantragt,

1. die angemessene Vergütung festzustellen, die dem Antragsteller gegenüber der Antragsgegnerin aus der (unbeschränkt) in Anspruch genommenen Diensterfindung, die Gegenstand der Erfindungsmeldung vom … (oder: der Patentanmeldung Nr. … vom … oder: des Patentes Nr. …) ist, zusteht;
2. die Besetzung der Schiedsstelle nach § 30 Abs. 4 ArbEG um je einen Beisitzer aus Kreisen der Arbeitgeber und der Arbeitnehmer zu erweitern.

95 Da der Anspruch auf angemessene Erfindervergütung bei unbeschränkter Inanspruchnahme nicht erst mit der Aufnahme von Benutzungshandlungen, sondern bereits mit der Inanspruchnahme entsteht, kann der Antrag – nach Ablauf der Frist des § 12 Abs. 3 ArbEG – ohne Rücksicht auf etwaige Verwertungshandlungen durch den Arbeitgeber gestellt werden. Bei nur beschränkter Inanspruchnahme entsteht der Anspruch hingegen erst mit der Aufnahme von Benutzungshandlungen (früherer § 10 ArbEG).

96 Wenngleich eine **Begründung des Antrags** für die wirksame Anrufung der Schiedsstelle nicht erforderlich ist, sollte sinnvollerweise eine solche erfolgen. Hier sind – im Rahmen der Kenntnis des Antragstellers – alle Tatsachen aufzuführen und gegebenenfalls unter Beweis zu stellen, welche die Schiedsstelle für die Feststellung der angemessenen Vergütung kennen muss, insbesondere das Vorliegen einer Diensterfindung, die erfolgte Inanspruchnahme sowie die Grundlagen für die Ermittlung des Erfindungswerts und des Anteilsfaktors. Soweit materiell-rechtlich Auskunftsansprüche bestehen, kommt deren Geltendmachung grundsätzlich auch im Rahmen des Schiedsstellenverfahrens in Betracht.

97 Nach **Zustellung** des Antrags an den anderen Beteiligten mit der Aufforderung, sich innerhalb einer bestimmten Frist zu dem Antrag schriftlich zu äußern (§ 31 Abs. 2 ArbEG) kann dieser entscheiden, ob er sich auf das Verfahren vor der Schiedsstelle einlässt oder nicht. Wenn er es ausdrücklich ablehnt, sich auf das Verfahren vor der Schiedsstelle einzulassen, ist das Verfahren erfolglos beendet (§ 35 Abs. 1 Nr. 2 ArbEG). Dasselbe gilt dann, wenn er sich nicht innerhalb der ihm nach § 31 Abs. 2 ArbEG gesetzten Frist äußert (§ 35 Abs. 1 Nr. 1 ArbEG). Von der erfolglosen Beendigung macht der Vorsitzende der Schiedsstelle den Beteiligten Mitteilung (§ 35 Abs. 2 ArbEG).

98 Für das **Verfahren** vor der Schiedsstelle hat der Gesetzgeber die sinngemäße Anwendung einiger Vorschriften der Zivilprozessordnung angeordnet, nämlich der §§ 41 bis 48 (Ablehnung von Richtern), 1042 Abs. 1 (Allgemeine Verfahrensregeln vor dem Schiedsgericht), 1050 (Gerichtliche Unterstützung bei der Beweisaufnahme im Schiedsverfahren). Ansonsten **bestimmt die Schiedsstelle das Verfahren selbst** (§ 33 Abs. 2 ArbEG). So steht es insbesondere im pflichtgemäßen Ermessen der Schiedsstelle, ob sie eine mündliche Verhandlung – was nur mit Zustimmung aller Beteiligten in Betracht kommt – anberaumt oder nicht (letzteres ist der Regelfall) und inwieweit sie Sachaufklärung betreibt. Wo sie es für sachdienlich hält, teilt sie ihre vorläufige Einschätzung den Beteiligten durch sog. **Zwischenbescheide** zur Kenntnis oder Stellungnahme mit. Im Hinblick auf die Regelung des § 37 Abs. 2 Nr. 2 ArbEG sollte die gesamte Dauer des Schiedsstellenverfahrens regelmäßig unter sechs Monaten liegen, während der die Beteiligten mehrfach Gelegenheit haben sollten, ihren Standpunkt darzutun. Soweit das Verfahren nicht bereits zuvor erfolglos endet, hat die Schiedsstelle den Beteiligten einen Einigungsvorschlag zu machen (§ 34 Abs. 2 S. 1 ArbEG).

99 d) **Einigungsvorschlag.** Der Einigungsvorschlag der Schiedsstelle erfolgt schriftlich. Er ist zu **begründen,** von sämtlichen Mitgliedern der Einigungsstelle zu unterschreiben und den Beteiligten zuzustellen. In dem Einigungsvorschlag ist auf die Möglichkeit des Widerspruchs und die Folgen der Versäumung der Widerspruchsfrist hinzuweisen (§ 34 Abs. 2 ArbEG). Der Einigungsvorschlag wird Gegenstand einer dem Inhalt des Vorschlags entsprechenden **privatrechtlichen Vereinbarung** zwischen den Beteiligten, wenn er von diesen angenommen wird. Die **Annahme** kann ausdrücklich oder konkludent erklärt werden. Nach der Fiktion des § 34 Abs. 3

ArbEG gilt ferner der Einigungsvorschlag als angenommen und eine dem Inhalt des Vorschlags entsprechende Vereinbarung als zustande gekommen, wenn nicht innerhalb eines Monats nach Zustellung des Vorschlags ein **schriftlicher Widerspruch** eines der Beteiligten bei der Schiedsstelle eingeht. An der Vorlage eines Einigungsvorschlags ist die Schiedsstelle nicht etwa dadurch gehindert, dass einer der Beteiligten sich zwar zunächst auf das Verfahren eingelassen hatte, später aber nicht mehr bereit ist, weiter am Schiedsstellenverfahren teilzunehmen.[65] Nehmen alle Beteiligten den Einigungsvorschlag an, endet hiermit das Schiedsstellenverfahren. Im Übrigen endet es, wenn innerhalb der Frist des § 34 Abs. 3 ArbEG ein schriftlicher Widerspruch eines der Beteiligten bei der Schiedsstelle eingegangen ist (§ 35 Abs. 1 Nr. 3 ArbEG).

100 e) **Kosten.** Das Verfahren ist kostengünstig. Im Verfahren vor der Schiedsstelle werden nach § 36 ArbEG **keine Gebühren oder Auslagen** erhoben.[66] Auch eine Erstattung von außergerichtlichen Gebühren und Auslagen der Beteiligten im Schiedsstellenverfahren, also insbesondere von **Rechtsanwalts- und/oder Patentanwaltskosten,** findet nicht statt.[67] Honorarvereinbarungen sind üblich und je nach abzusehendem Arbeitsaufwand sehr zu empfehlen.

2. Gerichtliches Verfahren

101 a) **Vorüberlegungen.** Vor der Einleitung des gerichtlichen Verfahrens ist in Arbeitnehmererfindersachen vor allem zu prüfen, ob die **erfolglose Beendigung des Schiedsstellenverfahrens** Prozessvoraussetzung ist. Nach § 37 ArbEG können Rechte oder Rechtsverhältnisse, die im Arbeitnehmererfindergesetz geregelt sind, im Wege der Klage grundsätzlich erst geltend gemacht werden, nachdem ein Verfahren vor der Schiedsstelle vorausgegangen ist (§ 37 Abs. 1 ArbEG). Der Sinn der Vorschrift des § 37 Abs. 1 ArbEG besteht darin, das **Verhältnis zwischen Arbeitgeber und Arbeitnehmer möglichst wenig durch Auseinandersetzungen vor Gericht zu belasten.**[68] Deshalb soll zunächst ein Verfahren vor der Schiedsstelle beim Deutschen Patent- und Markenamt stattfinden, ehe vor den ordentlichen Gerichten Klage erhoben werden kann. Das Gesetz verfolgt demnach den Zweck, das gute Einvernehmen zwischen Arbeitgeber und Arbeitnehmer nicht durch streitige Verhandlungen vor Gericht zu stören. Dabei weist gerade die amtliche Begründung zum ArbEG darauf hin, dass der Arbeitnehmer wegen seiner persönlich und wirtschaftlich abhängigen Lage sich meist nur schwer entschließen wird, gegen seinen Arbeitgeber zu klagen. Deshalb erscheint es zweckmäßig und geboten, den Beteiligten die Möglichkeit zu geben, sich vor der Anrufung des Gerichts in einem Schiedsverfahren gütlich zu einigen.[69] Mangelt es an der vorangegangenen erfolglosen Beendigung des Schiedsstellenverfahrens als Prozessvoraussetzung, so hat das Gericht die **Klage als unzulässig abzuweisen.**

102 Von diesem Grundsatz regelt das ArbEG allerdings eine Reihe von **Ausnahmen,** in denen unmittelbar Klage vor Gericht erhoben werden kann. Zunächst gilt der Grundsatz nicht, wenn mit der Klage Rechte aus einer Vereinbarung (§§ 12, 19, 22, 24 ArbEG) geltend gemacht werden oder die Klage darauf gestützt wird, dass die Vereinbarung nicht rechtswirksam ist (§ 37 Abs. 2 Nr. 1 ArbEG). Ferner kann auch dann unmittelbar geklagt werden, wenn seit Anrufung der Schiedsstelle sechs Monate verstrichen sind (§ 37 Abs. 2 Nr. 2 ArbEG). Die Vorschrift dient damit mittelbar der Beschleunigung im Verfahren vor der Schiedsstelle.

103 Von besonderer Bedeutung ist die in § 37 Abs. 2 Nr. 2 ArbEG geregelte Ausnahme, wonach es eines vorangehenden Schiedsstellenverfahrens nicht bedarf, wenn der **Arbeitnehmer aus dem Betrieb des Arbeitgebers ausgeschieden**[70] ist. Entscheidend kommt es auf das tatsächliche Aus-

---

[65] Zwischenbescheid der Schiedsstelle nach dem Gesetz über Arbeitnehmererfindungen beim Deutschen Patentamt vom 9.1.1963, Einigungsvorschlag der Schiedsstelle nach dem Gesetz über Arbeitnehmererfindungen beim Deutschen Patentamt vom 17.12.1963 – Arb.Erf. 24/62 (nicht angenommen), GRUR 1964, 504; PMZ 1964, 166; Busse/Keukenschrijver ArbEG § 35 Rn. 3 mwN.

[66] Vgl. Tschischgale, Das Schiedsverfahren nach dem Gesetz über Arbeitnehmererfindungen und seine Kosten, JurBüro 1966, 169.

[67] Ständige Rechtsprechung der Schiedsstelle, vgl. Einigungsvorschlag der Schiedsstelle für Arbeitnehmererfindungen beim Deutschen Patentamt vom 16.10.1958 – Arb.Erf. 13/57 (angenommen).

[68] OLG Düsseldorf GRUR 1962, 193 (194) – Ruhegehaltsempfänger.

[69] OLG Düsseldorf GRUR 1962, 193 (194) – Ruhegehaltsempfänger.

[70] OLG Düsseldorf GRUR 1962, 193 (194) – Ruhegehaltsempfänger. Zur Verwirkung vgl. BGH GRUR 2003, 237 ff. – Ozon; siehe auch LG Düsseldorf Entscheidungen 1998, 54 ff. – Verwirkung der Arbeitnehmererfindervergütung.

scheiden des Arbeitnehmers, nicht auf die rechtliche Beendigung des Arbeitsverhältnisses an.[71] Da der Sinn der Vorschrift des § 37 Abs. 1 ArbEG darin besteht, das Verhältnis zwischen Arbeitgeber und Arbeitnehmer möglichst wenig durch Auseinandersetzungen vor Gericht zu belasten, diese Erwägungen aber dann nicht zutreffen, wenn das Ziel, den Arbeitsfrieden zu erhalten, nicht mehr erreicht werden kann, ist das Schiedsstellenverfahren nicht erforderlich, wenn der Arbeitnehmer aus dem Betrieb ausgeschieden ist.[72] Des Weiteren bedarf es keines Schiedsstellenverfahrens, wenn die Parteien **nach Eintritt des Streitfalls schriftlich vereinbart** haben, von der Anrufung der Schiedsstelle abzusehen (§ 37 Abs. 2 Nr. 4 ArbEG). Dem steht es gleich, wenn beide Parteien zur Hauptsache mündlich verhandelt haben, ohne geltend zu machen, dass die Schiedsstelle nicht angerufen worden ist (§ 37 Abs. 3 ArbEG). Schließlich bedarf es in Eilfällen (Arrest, einstweilige Verfügung) der vorherigen Anrufung der Schiedsstelle nicht (§ 37 Abs. 4, 5 ArbEG).

Nach § 39 Abs. 1 ArbEG sind für alle Rechtsstreitigkeiten über Erfindungen eines Arbeitnehmers **die für Patentstreitsachen zuständigen Gerichte** (§ 143 PatG) ohne Rücksicht auf den Streitwert **sachlich ausschließlich zuständig.** Die Vorschrift ist weit zu fassen. Für Rechtsstreite über technische Verbesserungsvorschläge eines Arbeitnehmers im Sinne des § 3 ArbEG sind gemäß § 2 Abs. 2 lit. a ArbGG allerdings die Gerichte für Arbeitssachen sachlich zuständig.[73] Die Abgrenzung zwischen Erfindung einerseits und technischem Verbesserungsvorschlag andererseits, und damit die Wahl des Rechtswegs, kann im Einzelfall problematisch sein.[74] 104

§ 39 Abs. 1 ArbEG schließt allerdings Vereinbarungen über die **örtliche** Zuständigkeit nicht aus. Die Vorschrift regelt nur die sachliche Zuständigkeit; Bestimmungen über die örtliche Zuständigkeit enthält das Arbeitnehmererfindungsgesetz nicht. Dem Gesetzgeber ging es offensichtlich allein darum, für Streitigkeiten aus Arbeitnehmererfindungen die Zuständigkeit der im Patentrecht sachkundigen Kammern für Patentstreitsachen zu begründen. Hinsichtlich der örtlichen Zuständigkeit hat er es bei den allgemeinen Vorschriften der ZPO belassen. Diese sehen für Streitigkeiten der fraglichen Art keinen ausschließlichen örtlichen Gerichtsstand vor. Daher sind die Parteien in der Vereinbarung der örtlichen Zuständigkeit frei. Der ausschließliche sachliche Gerichtsstand hindert sie insoweit nicht.[75] 105

Ausgenommen von der ausschließlichen sachlichen Zuständigkeit der Patentstreitkammern nach § 39 Abs. 1 ArbEG sind im übrigen Rechtsstreitigkeiten, die ausschließlich Ansprüche auf Leistung einer **festgestellten oder festgesetzten Vergütung** für eine Erfindung zum Gegenstand haben (§ 39 Abs. 2 ArbEG). Die Regelung ist dadurch begründet, dass es für die Entscheidung über eine solche Klage keiner besonderen technischen oder patentrechtlichen Kenntnisse bedarf.[76] Zuständig sind nach den allgemeinen Vorschriften entweder die Arbeits- oder die Verwaltungsgerichte. 106

Für das Verfahren vor der Patentstreitkammer sind die Vorschriften über das Verfahren in Patentstreitsachen anzuwenden (§ 39 Abs. 1 S. 2 ArbEG). Dies betrifft insbesondere die **Erstattungsfähigkeit der Gebühren eines mitwirkenden Patentanwalts** (§ 143 Abs. 3 PatG) und den Zwang zur Klagekonzentration (§ 145 PatG). 107

b) Die Vergütungsklage. Nach § 38 ArbEG kann die Klage, wenn Streit über die Höhe der Vergütung besteht, auch auf Zahlung eines vom Gericht zu bestimmenden Betrags gerichtet werden. Ein **unbezifferter Klageantrag** ist somit zulässig, allerdings ist – wie stets bei unbezifferten Anträgen – im Hinblick auf das Kostenrisiko ein Näherungs-, Mindest- oder Rahmenwert anzugeben. Regelmäßig wird die arbeitnehmerrechtliche Vergütungsklage als Stufenklage erhoben, wobei in einer ersten Stufe Auskunft und Rechnungslegung begehrt wird. Für den häufigsten Fall der gerichtlichen Auseinandersetzung zwischen Arbeitnehmer und Arbeitgeber, die Vergütungsklage, können die Anträge etwa wie folgt formuliert werden: 108

[71] OLG Düsseldorf GRUR 1962, 193 (194) – Ruhegehaltsempfänger.
[72] OLG Düsseldorf GRUR 1962, 193 (194) – Ruhegehaltsempfänger.
[73] BAG GRUR 1966, 88 ff.; siehe auch Asendorf, Wettbewerbs- und Patentstreitsachen vor den Arbeitsgerichten, GRUR 1990, 229; für Beamte ist insoweit der Verwaltungsrechtsweg eröffnet.
[74] LG Düsseldorf InstGE 1, 264; Grabinski GRUR 2001, 922 (923); Melullis GRUR 2001, 684 ff.; Bartenbach/Volz ArbEG § 39 Rn. 31 ff. mwN; Busse/Keukenschrijver ArbEG § 39 Rn. 4 mwN.
[75] LG Braunschweig GRUR 1969, 135 (136).
[76] BAG NZA-RR 2016, 548 ff. mit Anmerkung Zapp GRUR-Prax 2016, 445, zur Rechtswegzuständigkeit auch LAG München GRUR-RR 2016, 380 mit Anmerkung Ulrici GRUR-Prax 2016, 220.

Formulierungsvorschlag

109 Es wird beantragt,

I. die Beklagte zu verurteilen,

1. dem Kläger zunächst darüber Rechnung zu legen, in welchem Umfang und auf welche Art und Weise sie seit dem …
(Zeitpunkt der unbeschränkten Inanspruchnahme – oder: der Aufnahme der Nutzung bei beschränkter Inanspruchnahme – einsetzen)
(hier Erfindungsgegenstand einsetzen)
verwertet hat, und zwar im Falle des Verkaufs oder der Lizenzvergabe unter Angabe des Verkaufs- oder Lizenzerlöses, im Falle der Eigenverwertung unter Angabe der Liefermengen, Lieferzeiten und -preise, sowie der Namen und Anschriften der Abnehmer und des jeweils erzielten Gewinns und der einzelnen Kostenfaktoren;
2. im Wege der Stufenklage – die Richtigkeit und Vollständigkeit der zu Ziffer 1 erteilten Auskunft an Eides Statt zu versichern;
3. im Wege der Stufenklage – an den Kläger eine angemessene Erfindervergütung nach Maßgabe der Auskunft zu Ziffer 1 zu zahlen.

110 Der **Auskunfts- und Rechnungslegungsanspruch** beruht auf § 242 BGB, §§ 9, 12 ArbEG. Die Höhe der angemessenen Vergütung hängt bei einer unbeschränkt in Anspruch genommenen Diensterfindung von der wirtschaftlichen Verwertbarkeit der Erfindung ab. Damit der Arbeitnehmer den ihm nach § 9 ArbEG zustehenden Vergütungsanspruch der Höhe nach feststellen kann, bedarf er der hierzu erforderlichen Auskünfte des Arbeitgebers, zu deren Erteilung dieser nach Treu und Glauben sowie aus seiner arbeitsrechtlichen Fürsorgepflicht heraus verpflichtet ist.[77] Hierbei kann der Erfinder Angaben über alle Faktoren verlangen, die bei der Festsetzung einer angemessenen Vergütung von Bedeutung sind. Dazu gehören – auch für eine Berechnung nach der Lizenzanalogie – grundsätzlich auch Angaben zu den erzielten Gewinnen und zu deren Kontrolle zu den Gestehungs- und Vertriebskosten unter Aufschlüsselung nach den einzelnen Kostenfaktoren.[78] Welche Angaben im Einzelnen erforderlich sind, richtet sich bei der Berechnung nach der Lizenzanalogie danach, an welche tatsächlichen Umstände vernünftige Parteien die Gegenleistung des „Lizenznehmers" geknüpft hätten, inwieweit der Arbeitnehmer über diese Umstände in entschuldbarer Weise im Unklaren ist und inwieweit diese Unklarheit vom Arbeitgeber in zumutbarer Weise beseitigt werden kann.[79] Der Auskunftsanspruch kann auch auf Angaben gerichtet sein, welche die Benutzung von Gegenständen betreffen, die selbst nicht wortsinngemäß oder als abgewandelte Ausführung von der Diensterfindung Gebrauch machen oder – bei einer Verfahrenserfindung – nicht unmittelbares Verfahrenserzeugnis sind.[80] Der Anspruch kann ferner Angaben über die Benutzung einschließen, die der Arbeitgeber bereits vor unbeschränkter Inanspruchnahme der Diensterfindung vorgenommen hat.[81]

111 Nach Erteilung der Rechnungslegung kann der Kläger zur nächsten Stufe übergehen und, wenn er den Verdacht hat, dass die Angaben unvollständig oder unrichtig sind, die Abgabe einer diesbezüglichen **Versicherung an Eides Statt** verlangen (§§ 259 Abs. 2, 260 Abs. 2 BGB), oder aber unmittelbar die **Verurteilung zur Zahlung** beantragen.

[77] BGH GRUR 2002, 801 (803) – Abgestuftes Getriebe; BGH GRUR 2002, 609 (610) – Drahtinjektionseinrichtung; BGH MittdtschPatAnw 1998, 105 ff. – Copolyester II; BGH MittdtschPatAnw 1998, 111 ff. – Spulkopf; LG Düsseldorf Entscheidungen 1998, 25 ff. – Formpresse.

[78] BGH GRUR 2002, 801 (803) – Abgestuftes Getriebe; BGH MittdtschPatAnw 1998, 105 ff. – Copolyester II; BGH MittdtschPatAnw 1998, 111 ff. – Spulkopf; LG Düsseldorf Entscheidungen 1998, 25 ff. – Formpresse.

[79] BGH GRUR 2002, 801 (803) – Abgestuftes Getriebe (mit näheren Ausführungen zum Umfang des Auskunftsanspruchs bei Nutzung des Patentes bei Konzerngesellschaften).

[80] BGH GRUR 2003, 789 ff. – Abwasserbehandlung.

[81] BGH GRUR 2003, 789 ff. – Abwasserbehandlung.

3. Abschnitt. Nichttechnische Schutzrechte

§ 40 Urheberrecht und verwandte Schutzrechte

Übersicht

I. Überblick

1. Urheberrecht, was ist das eigentlich?

1 Das Urheberrechtsgesetz (UrhG) schützt die **Urheber von Werken der Literatur, Wissenschaft und Kunst** (§ 1 UrhG) in ihren geistigen und persönlichen Beziehungen zum Werk sowie in der Nutzung des Werkes; seit der Urhebervertragsrechtsreform 2002 soll es ihnen eine angemessene Vergütung sichern (§ 11 S. 2 UrhG). Es gewährt Urheberpersönlichkeitsrechte und Verwertungsrechte in Form eines absoluten, ausschließlichen Rechtes am Werk; die Urheber dürfen ihre Werke nicht nur selbst nutzen, sondern können auch andere von der Benutzung ausschließen. Das UrhG schützt aber nicht nur die Urheber im vorgenannten Sinne, sondern auch Erbringer bestimmter Leistungen, die mit dem Urheberrecht verwandt sind, also zB Sänger, Musiker, Schauspieler, Regisseure, Tonträgerhersteller, Sendeunternehmen, Filmhersteller und weitere. Das Urheberrecht ist damit das **Recht des geistigen Eigentums** der Kulturschaffenden.

2 **Werke der Literatur, Wissenschaft und Kunst** können nach der beispielhaften Aufzählung des § 2 Abs. 1 UrhG die Folgenden sein:
1. Sprachwerke, wie Schriftwerke, Reden und Computerprogramme;
2. Werke der Musik;
3. pantomimische Werke einschließlich Werke der Tanzkunst;
4. Werke der bildenden Künste einschließlich der Werke der Baukunst und der angewandten Kunst und Entwürfe solcher Werke;
5. Lichtbildwerke einschließlich der Werke, die ähnlich wie Lichtbildwerke geschaffen werden;
6. Filmwerke einschließlich der Werke, die ähnlich wie Filmwerke geschaffen werden;
7. Darstellungen wissenschaftlicher oder technischer Art, wie Zeichnungen, Pläne, Karten, Skizzen, Tabellen und plastische Darstellungen.

3 Der Katalog des § 2 Abs. 1 UrhG ist nicht abschließend: Auch andere, nicht genannte Werkarten können urheberrechtlich geschützt sein; dies gilt insbesondere für Multimedia-Werke, die

regelmäßig Elemente mehrerer Werkarten enthalten, nämlich von Sprachwerken, Werken der Musik, Lichtbildwerken und Filmwerken.[1]

Die dem Urheberrecht lediglich **verwandten Leistungen,** die das UrhG ebenfalls schützt, sind die Folgenden: 4

1. Wissenschaftliche Ausgaben, § 70 UrhG;
2. Nachgelassene Werke, § 71 UrhG;
3. Lichtbilder, § 72 UrhG;
4. Ausübende Künstler, §§ 73 ff. UrhG;
5. Veranstalter, § 81 UrhG;
6. Tonträgerhersteller, § 85 UrhG;
7. Sendeunternehmen, § 87 UrhG;
8. Einfache Datenbanken, § 87a UrhG;
9. Presseverleger, § 87f UrhG
10. Filmhersteller, § 94 UrhG;
11. Laufbilder, § 95 UrhG.

Weil es sich hierbei nicht um Leistungen von Urhebern handelt und diese Leistungen dem Urheberrecht lediglich verwandt sind, wird für sie auch kein Urheberrecht gewährt, sondern ein **„verwandtes Schutzrecht".** Dies ist die Diktion des Gesetzes. In Literatur und Rechtsprechung wird aber häufig auch von **„Leistungsschutzrechten"** gesprochen, ohne dass sich hieraus ein Unterschied ergeben würde. 5

Das Urheberrecht hat das **Ziel,** die **Interessen der Urheber** und ihrer Rechtsnachfolger zu schützen. Dies sind sowohl ideelle als auch materielle Interessen. Insbesondere die materiellen Interessen sind nun seit der Urhebervertragsrechtsreform vom 22.3.2002[2] auch ausdrücklich im Programmsatz des § 11 S. 2 UrhG erwähnt. Das UrhG gewährt deshalb neben sog. **„Urheberpersönlichkeitsrechten",** das sind gem. §§ 12–14 UrhG insbesondere 6

- das Veröffentlichungsrecht (§ 12 UrhG),
- das Recht auf Anerkennung der Urheberschaft einschl. des Namensnennungsrechtes (§ 13 UrhG) und
- das Recht, Entstellungen oder andere Beeinträchtigungen des Werkes zu verbieten (§ 14 UrhG),

auch umfassende **Verwertungsrechte** gem. §§ 15–23 UrhG, nämlich

- das Recht zur Verwertung in körperlicher Form einschließlich des Vervielfältigungsrechtes, des Verbreitungsrechtes und des Ausstellungsrechtes (§ 15 Abs. 1, §§ 16–18 UrhG),
- das Recht der Wiedergabe in unkörperlicher Form einschließlich des Vortrags-, Aufführungs- und Vorführungsrechtes, des Rechtes der öffentlichen Zugänglichmachung, des Senderechtes, des Rechtes der Wiedergabe durch Bild- oder Tonträger und des Rechtes der Wiedergabe von Funksendungen (§ 15 Abs. 2, §§ 19–22 UrhG) sowie
- das Bearbeitungsrecht (§ 23 UrhG).

Es handelt sich jeweils um **ausschließliche** Rechte (§ 15 Abs. 1 Hs. 1 UrhG). Sowohl die Urheberpersönlichkeitsrechte[3] als auch die Verwertungsrechte sind zivilrechtlich (§§ 97 ff. UrhG) und strafrechtlich (§§ 106 ff. UrhG) sanktioniert. Darüber hinaus gibt es seit der Reform 2003 einen **weiteren Schutzpfeiler** des Urheberrechts, nämlich das Verbot der Umgehung technischer Schutzsysteme (§ 95a UrhG). 7

Das UrhG **trennt grundsätzlich zwischen materiellem und geistigem Eigentum,** also zwischen dem Werkstück und seiner Nutzung: Wer das Eigentum an einem Original erwirbt, erhält damit im Zweifel noch kein Recht, es – soweit urheberrechtlich relevant – zu nutzen (§ 44 Abs. 1 UrhG); umgekehrt erhält auch derjenige, der ein Nutzungsrecht an einem urheberrechtlich geschützten Werk erwirbt, damit normalerweise nicht das Eigentum an den ihm zB zu Reproduktionszwecken überlassenen Vorlagen. Der Urheber kann sein Urheberrecht weder in Teilen noch im Ganzen veräußern oder übertragen (§ 29 Abs. 1 UrhG); er kann daran lediglich Nutzungsrechte einräumen (§§ 29 Abs. 2, 31 ff. UrhG). Eine Ausnahme hierzu bildet der Erbfall, als Folge dessen das Urheberrecht in Erfüllung einer Verfügung von Todes wegen oder an Miterben im Wege der Erbauseinandersetzung auch übertragen werden kann (§ 29 Abs. 1 Hs. 2 UrhG). 8

[1] Vgl. Fromm/Nordemann/Axel Nordemann UrhG § 2 Rn. 11 und 230; Schricker/Loewenheim/Loewenheim UrhG § 2 Rn. 77; → Rn. 394.

[2] Gesetz zur Stärkung der vertraglichen Stellung von Urhebern und ausübenden Künstlern vom 22.3.2002, BGBl. v. 28.3.2002, I, 1155.

[3] Im Falle der Persönlichkeitsrechte natürlich nur, soweit sie auch zugunsten der Inhaber verwandter Schutzrechte bestehen.

2. Sinn und Zweck des Urheberrechts

9 Das deutsche Urheberrecht ist über **verschiedene Begründungsansätze** entstanden. Zunächst sind sog. **naturrechtlich-individualitische Begründungen** zu nennen; danach ist der Urheber in dem zu schützen, was er aus sich heraus mit seiner Persönlichkeit geschaffen hat. Dem Urheber ist deshalb das geistige Eigentum an seinem Werk zur ausschließlichen Nutzung zuzuweisen.[4] Außerdem hat das Urheberrecht die sog. **utilitaristische Aufgabe, dem Urheber den Lohn für seine in der Werkschöpfung liegende Leistung, also seine „Arbeit", zu sichern;** ihm kommt damit die soziale Funktion zu, den Urhebern aller Sparten ihren Lebensunterhalt zu verschaffen und ihre Existenz zu sichern.[5] Dies ist vor allem darin begründet, dass die meisten Urheber freiberuflich tätig sind und sie das volle Risiko jedes künstlerischen Schaffens tragen.[6] Weite Kreise der Urheber gehören nach wie vor zu den sozial Schwachen; viele leben unterhalb des Existenzminimums.[7]

10 Rechtsprechung und Literatur sind sich deshalb bereits seit langem darüber einig, dass der Urheber **tunlichst an dem wirtschaftlichen Nutzen zu beteiligen ist, der aus seinem Werk gezogen wird** und ihm ein Anspruch auf wirtschaftliche Kompensation grundsätzlich immer dann zusteht, wenn das Werk genutzt wird.[8]

11 Ausfluss der **sozialen Funktion des Urheberrechts** ist auch, dass es **keine Registrierungsformalitäten** gibt; das Urheberrecht entsteht mit der Schöpfung als „Realakt".[9] Dem Urheber entstehen daher mit dem sich automatisch vollziehenden Rechtserwerb, gegen den er sich übrigens auch gar nicht wehren kann, keinerlei Kosten. Entsprechend ist auch die urheberrechtliche Schutzfrist nicht für bestimmte Zeiträume „verlängerbar" wie dies bei den gewerblichen Schutzrechten Patent, Gebrauchsmuster, Geschmacksmuster und Marke der Fall ist, um sie voll auszuschöpfen; sie läuft vielmehr einmalig und ohne Verlängerungsoption bis zum Ende des 70. Jahres nach dem Todesjahr des Urhebers (§§ 64, 69 UrhG).[10] Infolge der internationalen Urheberrechtskonventionen, insbesondere der Revidierten Berner Übereinkunft, erhält der Urheber mit der Schöpfung kostenfrei einen praktisch weltweiten Schutz seiner Rechte.[11]

12 Bestandteil der sozialen Funktion des Urheberrechts ist auch das **Urhebervertragsrecht.** Es wurde bislang vor allem von dem sog. **„Übertragungszweckgedanken"** aus § 31 Abs. 5 UrhG geprägt, der besagt, dass der Urheber in Verträgen im Zweifel Nutzungsrechte nur in dem Umfang einräumt, den der Vertragszweck unbedingt erfordert; darin kommt der von der Rechtsprechung geprägte Grundsatz zum Ausdruck, dass die urheberrechtlichen Befugnisse die Tendenz haben, soweit wie möglich beim Urheber zu verbleiben, damit dieser in angemessener Weise an den Erträgen seines Werkes beteiligt wird.[12]

13 Bisher galt der darin zum Ausdruck kommende Schutz zugunsten des Urhebers jedoch nur im Zusammenhang mit der Einräumung von Nutzungsrechten, nicht aber auch im Zusammenhang mit der Vergütung, die der Urheber dafür beanspruchen konnte. Das hat sich durch das **Gesetz zur Stärkung der vertraglichen Stellung von Urhebern und Ausübenden Künstlern vom 25.1.2002**[13] geändert. § 11 S. 2 UrhG enthält jetzt nicht nur eine Klarstellung, dass das Urheber-

[4] Leistner/Hansen GRUR 2008, 479 (480 ff.); Schricker /Loewenheim/Loewenheim UrhG Einl. Rn. 8.
[5] BGH GRUR 2005, 670 (671) – Wirtschaftswoche; BGH – Parfumflakon; BGH GRUR 2002, 605 (605 f.) – Verhüllter Reichstag; BGH – Elektronischer Pressespiegel; vgl. Schricker/Loewenheim/Loewenheim UrhG Einl. Rn. 14; Schack Rn. 10; Ulmer S. 24 f.; die Sicherungsfunktion wird nicht nur durch das UrhG gewährleistet, sondern auch auf europäischer Ebene durch RL 2006/115/EG vom 12.12.2006, ABl. (EG) v 27.12.2006, Nr. L 376, 28, Erwägungsgrund 3.
[6] Vgl. Schack Rn. 10.
[7] Vgl. Schricker/Schricker UrhG Einl. Rn. 14; Schack Rn. 10 und 12; Axel Nordemann/Heise ZUM 2001, 128 (129).
[8] Vgl. zB BGH GRUR 2008, 245 f. – Drucker und Plotter mAnm Ungern-Sternberg; BGH GRUR 2002, 248 (251) – Spiegel-CD-ROM; Fromm/Nordemann/Axel Nordemann UrhG § 1 Rn. 4; Schricker/Loewenheim/Loewenheim UrhG Einl. Rn. 13 f.
[9] Vgl. Rn. 20; Vgl. Schricker/Loewenheim UrhG § 7 Rn. 5; OLG Frankfurt GRUR 2006, 578 (579) – Erstverwertungsrechte.
[10] Einzelheiten und Ausnahmen → Rn. 548 ff.
[11] Vgl. im Einzelnen → § 44 Rn. 1 ff.
[12] Vgl. zB BGH GRUR 2010, 623 Tz. 20 – Restwertbörse; BGH GRUR 2008, 357 (359), Tz. 32 ff. – Planfreigabesystem; BGH GRUR 2007, 693 (695) – Archivfotos; BGH GRUR 2005, 937 (939) – Der Zauberberg zum Vorrang des § 89 Abs. 1 UrhG vor § 31 Abs. 5 UrhG zug. v. Filmherstellern; BGH GRUR 2004, 938 (938 f.) Tz 2, 939 – Comic-Übersetzungen III; BGH GRUR 2002, 248 (251) – Spiegel-CD-Rom mwN; BGH GRUR 2000, 144 (145) – Comic-Übersetzungen II; OLG Köln GRUR-RR 2008, 47 (LS), ZUM 2007, 401 (403) – Videozweitverwertung; OLG Frankfurt GRUR-RR 2007, 307 (308) – Mehrfamilienhaus.
[13] Vgl. im Einzelnen → Rn. 81.

recht zugleich der Sicherung einer angemessenen Vergütung für die Nutzung des Werkes dient, sondern neu in das UrhG aufgenommen wurde auch ein **nicht abdingbarer Anspruch für den Urheber auf Zahlung einer angemessenen Vergütung** (§§ 32, 32b UrhG und seit dem „2. Korb" – vgl. Rn. 18, 83, 90 ff. – auch § 32c UrhG zusätzliche Vergütung für unbekannte Nutzungsarten, die später bekannt werden). Außerdem steht dem Urheber für den Fall der besonders erfolgreichen Verwertung ein Anspruch auf eine weitere angemessene Beteiligung zu (sog. „reformierter Bestsellerparagraph", § 32a UrhG).

14 Zudem wurde für Urheber- und Verwerterverbände die Möglichkeit geschaffen, die Höhe der angemessenen Vergütung in gemeinsamen Vergütungsregeln festzulegen (§ 36 UrhG).

15 Erneute Änderungen erfolgten durch das **Gesetz zur verbesserten Durchsetzung des Anspruchs der Urheber und ausübenden Künstler auf angemessene Vergütung und zur Regelung von Fragen der Verlegerbeteiligung vom 20.12.2016,**[14] das überwiegend am 1.3.2017 in Kraft getreten ist. Es soll die nach Auffassung des Gesetzgebers nach wie vor bestehenden Defizite, die teilweise zu unangemessen niedrigen Vergütungen der Urheber und ausübenden Künstler und zu „Total Buy-Outs" führten, beheben und eine faire Beteiligung der Urheber und ausübenden Künstler an den Erlösen der Verwertung von kreativen Leistungen durch individualvertragliche und kollektivrechtliche Mechanismen sicherstellen. Unter anderem sind nunmehr **die Häufigkeit und das Ausmaß der Werknutzung gesetzliche Kriterien zur Bestimmung der angemessenen Vergütung** (§ 32 Abs. 2 S. 2 UrhG). Es wurden zudem Änderungen an den §§ 36 und 36a zur Straffung des Verfahrens vorgenommen sowie mit § 36b ein Verbandsklagerecht eingeführt, das die **Individualverträge am Maßstab der gemeinsamen Vergütungsregeln misst** und einen Unterlassungsanspruch gibt. § 36c stellt die individualrechtliche Ergänzung hierzu dar, indem er bestimmt, dass sich Vertragspartner nicht auf Vertragsbestimmungen berufen können, die von gemeinsamen Vergütungsregeln zum Nachteil der Urheber abweichen. Die Urheber haben zudem einen Anspruch auf Vertragsanpassung.

16 Des Weiteren wurde die Rechtstellung der **ausübenden Künstler** verbessert, indem der neu eingefügte **§ 79b UrhG** erstmals ausdrücklich einen **Anspruch auf Zahlung einer angemessenen Vergütung** für den Fall vorsieht, dass ihre Darbietung auf eine **vormals unbekannte Art genutzt** wird. Zudem gelten die **urhebervertraglichen Regelungen,** ua die Prinzipien der angemessenen Vergütung, nunmehr sowohl für die Einräumung des Nutzungsrechts als auch für die Übertragung des Leistungsschutzrechts durch ausübende Künstler (§ 79 Abs. 2a UrhG). Diese urhebervertragsrechtlichen Regelungen zu Gunsten der Urheber und ausübenden Künstler wurden 2021 noch einmal mit Umsetzung der **DSM-Richtlinie** verschärft (vgl. dazu → Rn. 28).

17 Das Urheberrecht ist als **Grund- und Menschenrecht** anerkannt: Als Vermögensrecht ist es Eigentum iSv Art. 14 Abs. 1 S. 1 GG, die persönlichkeitsrechtlichen Komponenten sind zudem Ausfluss der Art. 1 und 2 Abs. 1 GG.[15] Das Bundesverfassungsgericht (BVerfG) hat die Eigentumsgarantie des Art. 14 GG zugunsten des Urheberrechts mehrfach anerkannt.[16] Das Eigentum ist dabei die Zuordnung eines Rechtsgutes zu einem Rechtsträger; der Gesetzgeber muss die Zuordnung selbst gewährleisten, darf dann aber gem. Art. 14 Abs. 1 S. 2 GG das (geistige) Eigentumsrecht inhaltlich ausgestalten. Bei der inhaltlichen Ausgestaltung des geistigen Eigentumsrechtes, also des Verhältnisses zwischen dem Urheber und dem Werknutzer, hat der Gesetzgeber zwar einen verhältnismäßig weiten Entscheidungsspielraum, er muss jedoch dem Urheber die vermögenswerten Ergebnisse seiner schöpferischen Leistung grundsätzlich zuordnen und dessen Freiheit gewährleisten, in eigener Verantwortung darüber verfügen zu können.[17] Die Eigentumsgarantie bindet nicht zuletzt die Fachgerichte bei der Anwendung und Auslegung des geltenden Urheberrechts.[18]

18 Aus der sozialen Komponente des Urheberrechts zugunsten der Urheber folgt also zugleich auch eine **soziale Bindung zugunsten der Allgemeinheit:** Im allgemeinen Interesse am geistigen, kulturellen und kulturwirtschaftlichen Fortschritt sieht deshalb das UrhG bestimmte Abgrenzun-

[14] BGBl. I 2016, 3037, BR-Drs. 765/16.

[15] Vgl. BVerfG GRUR 1999, 226 (228 f.) – DIN-Normen; BVerfG GRUR 1980, 44 (46) – Kirchenmusik sowie Schricker/Schricker UrhG Einl. Rn. 12.

[16] Vgl. zB BVerfG GRUR 2005, 261 – ad-acta.de (Domain-Adresse); BVerfG NJW 2003, 1655 (1656) – Waldhotel-Lichtbildaufnahmen; BVerfG GRUR 1999, 226 (228 f.) – DIN-Normen; BVerfG GRUR 1989, 193 (196) – Vollzugsanstalten; BVerfG GRUR 1980, 44 (46) – Kirchenmusik; wie auch der EuGH GRUR 2008, 241 (244) – Promusicae/Telefónica; EuGH GRUR Int. 2007, 237 (241) Tz. 65 – Laserdisken.

[17] Vgl. BVerfG GRUR 1989, 193 (196) – Vollzugsanstalten.

[18] Näher hierzu: BVerfG GRUR 2011, 223 (224) Tz. 17 ff. mwN – Drucker und Plotter.

gen und Schranken vor. So wird zB die „freie Benutzung" urheberrechtlich geschützter Werke ebenso gestattet (§ 24 UrhG) wie die Verwendung urheberrechtlich geschützter Werke zu bestimmten Zwecken, etwa im Rahmen der Rechtspflege und öffentlichen Sicherheit (§ 45), im Rahmen von Sammlungen für Kirchen-, Schul- oder Unterrichtsgebrauch (§ 46), im Rahmen von Zitaten (§ 51), für Vervielfältigungen zum privaten und sonstigen eigenen Gebrauch (§§ 53 f.) oder für Werke an öffentlichen Plätzen (§ 59).[19] Soweit allerdings die Nutzung der urheberrechtlich geschützten Werke über das hinaus geht, was der Urheber im Rahmen seiner sozialen Bindung des Urheberrechts tolerieren muss, muss der Gesetzgeber ihm für derartige Nutzungen einen Vergütungsanspruch zugestehen.[20] Einen gleichlaufenden Schutz gewährt **Art. 17 Abs. 2 Charta der Grundrechte der Europäischen Union.**[21] Auch dieser umfasst das Urheberrecht und die Leistungsschutzrechte.[22] Im Konfliktfall mit anderen Grundrechten muss ein angemessener Ausgleich gefunden werden.[23]

3. Überblick über die gesetzlichen Regelungen des Urheberrechtsgesetzes

19 Das UrhG gliedert sich inhaltlich wie folgt:

1. Materielles Urheberrecht, §§ 1–27
   Das Werk, §§ 2–6 UrhG
   Inhaber des Urheberrechts, §§ 7–10 UrhG
   Inhalt des Urheberrechts, §§ 11–27 UrhG
   Persönlichkeitsrechte, §§ 12–14 UrhG
   Vermögensrechte, §§ 15–22 UrhG
   Schutzumfang, §§ 23, 24 UrhG
   Sonstige Rechte, §§ 25–27 UrhG
2. Rechtsverkehr im Urheberrecht, §§ 28–44 UrhG
   Rechtsnachfolge und Nichtübertragbarkeit, §§ 28–30 UrhG
   Urhebervertragsrecht, §§ 31–44 UrhG
3. Schranken des Urheberrechts, §§ 44a–69 UrhG
   Inhaltliche Schranken, §§ 44a–63a UrhG
   zeitliche Schranken, §§ 64–69 UrhG
4. Besondere Bestimmungen über Computerprogramme, §§ 69a–69g UrhG
5. Verwandte Schutzrechte, §§ 70–95 UrhG
6. Ergänzende Schutzbestimmungen, §§ 95a ff.–96 UrhG
7. Rechtsdurchsetzung, §§ 97–105 + Grenzbeschlagnahme, §§ 111b, c UrhG
8. Urheberstraf- und Ordnungswidrigkeitenrecht, §§ 106–111a UrhG
9. Zwangsvollstreckung in das Urheberrecht, §§ 112–119 UrhG
10. Übergangs- und Schlussbestimmungen, §§ 120–143 UrhG

4. Rückblick

20 Die neuere Entwicklung des Urheberrechts nicht nur in Deutschland, sondern insbesondere auch in der Europäischen Union ist dadurch gekennzeichnet, den Urheberrechtsschutz kontinuierlich zu verbessern.[24] Von den vielen Reformen, die das UrhG in den vergangenen 20 Jahren gesehen hat, ist zunächst die im Jahr 2002 verabschiedete **Reform des Urhebervertragsrechts** zu

[19] Die §§ 44a–63 UrhG enthalten eine Reihe weiterer sog. „Schrankenbestimmungen"; vgl. im Einzelnen → Rn. 498 ff.

[20] Vgl. BVerfG GRUR 1980, 44 (46) – Kirchenmusik.

[21] Die Charta ist anwendbar, wenn eine Rechtsvorschrift in den Geltungsbereich des Unionsrechts fällt; s. EuGH NJW 2013, 1415 Tz. 19 ff. – Aklagare/Hans Akerberg Fransson.

[22] Zum Verhältnis zwischen Urheberrecht sowie Meinungs- und Informationsfreiheit s. EGMR GRUR 2013, 859 – Ashby Donald/France sowie EGMR GRUR Int. 2013, 476 – The Pirate Bay.

[23] EuGH GRUR 2012, 382 Tz. 43 – SABAM/Netlog; EuGH GRUR 2011, 1025 Tz. 143 – L'Oréal/eBay; EuGH GRUR 2008, 241 Tz. 68 – Promusicae/Telefónica.

[24] Die Europäische Union hat insoweit eine ganze Reihe von Richtlinien erlassen, von der beispielhaft die sog. Schutzdauer-Richtlinie genannt werden soll [Richtlinie 2006/116/EG über die Schutzdauer des Urheberrechts und bestimmter verwandter Schutzrechte vom 12.12.2006 zur Änderung der Richtlinie 93/98/EWG des Rates zur Harmonisierung der Schutzdauer des Urheberrechts und bestimmter verwandter Schutzrechte vom 29.10.1993 (ABl. Nr. L 290/9), ABl. v 27.12.2006 Nr. L 372/12], die neben einer Verbesserung des Schutzes für Fotografien vor allem die Schutzdauer des Urheberrechts auf dem hohen deutschen Niveau von 70 Jahren nach dem Tode des Urhebers und damit auf dem höchst möglichen Niveau harmonisiert hat (Erwägungsgrund 12, Art. 1 Abs. 1 RL 2006/116/EG); die meisten EU-Mitgliedsländer hatten früher eine Schutzdauer von 50 Jahren nach dem Tode des Urhebers.

nennen, die jeweils einen Anspruch in § 32 UrhG auf angemessene Vergütung und in § 32a UrhG auf weitere angemessene Beteiligung (sog. „Fairnessausgleich") gebracht hat (→ Rn. 137). Diese Reform wurde zunächst ergänzt durch das Gesetz zur verbesserten Durchsetzung des Anspruchs der Urheber und ausübenden Künstler auf angemessene Vergütung und zur Regelung von Fragen der Verlegerbeteiligung vom 20.12.2016.[25] Das überwiegend am 1.3.2017 in Kraft getretene Gesetz soll eine faire Beteiligung der Urheber und ausübenden Künstler an den Erlösen der Verwertung von kreativen Leistungen durch individualvertragliche und kollektivrechtliche Mechanismen sicherstellen.

Eine weitere Verbesserung der Position der Urheber und der ausübenden Künstler erfolgte durch die Reform im Jahr 2021,[26] mit der in § 32 Abs. 2 S. 3 UrhG die Grundregel eingeführt wurde, dass eine pauschale Vergütung eine angemessene Beteiligung des Urhebers am voraussichtlichen Gesamtertrag der Nutzung gewährleisten und durch die Besonderheiten der Branche gerechtfertigt sein muss. Weitere Änderungsbeispiele sind eine jetzt proaktive Auskunftspflicht des Vertragspartners des Urhebers für Erträgnisse bei Werknutzung (§§ 32d und 32e UrhG) gekoppelt mit einer Möglichkeit der Verbandsklage gegen systematisch diese Pflicht verletzende Verwerter (§ 36d UrhG) und Änderungen beim Rückrufsanspruch wegen Nichtausübung (§ 41 UrhG). 21

Weitere Reformen erfolgten durch das **Gesetz zur Regelung des Urheberrechts in der Informationsgesellschaft** vom 10.9.2003,[27] das der Umsetzung der Richtlinie 2001/29/EG des Europäischen Parlaments und des Rates vom 22.1.2001 zur Harmonisierung bestimmter Aspekte des Urheberrechts und der verwandten Schutzrechte in der Informationsgesellschaft[28] diente und das man als "1. Korb" bezeichnete. Diese Urheberrechtsreform hat vor allem zu einer Einführung des Rechtes der öffentlichen Zugänglichmachung (§ 19a UrhG) geführt sowie Änderungen beim Schutz der ausübenden Künstler und der Schrankenbestimmungen gebracht. Ferner hat die Reform einen Schutz von technischen Maßnahmen zur Kontrolle der Vervielfältigung eingeführt (§§ 95a–95d UrhG). Im November 2006 trat überdies die Novelle des sog. Folgerechts (§ 26 UrhG) in Kraft. Insoweit wurde die EU-Richtlinie 2001/84/EG vom 27.9.2001 umgesetzt 22

Zum 1.1.2008 folgte mit dem **2. Gesetz zur Regelung des Urheberrechts in der Informationsgesellschaft** (so genannter „2. Korb") vor allem eine Aufhebung des früheren Verbotes der Einräumung von Nutzungsrechten an unbekannten Nutzungsarten gem. § 31 Abs. 4 UrhG; solche Rechtseinräumungen sind nunmehr zulässig, unterliegen aber einem Schriftformerfordernis, sind mit einem Widerrufsrecht verbunden (§ 31a UrhG) und gem. § 32c UrhG einer gesonderten Vergütung unterworfen. Für Verträge, die zwischen 1966 und 2007 abgeschlossen worden sind, sieht das Gesetz zugunsten bestimmter Verwender eine Fiktion der Einräumung unbekannter Nutzungsarten vor (§ 137l Abs. 1 S. 1 UrhG). Auch das Vergütungsschema für die Privatkopie wurde durch diese Reform maßgeblich verändert; es gelten nun keine festen Vergütungssätze mehr, sondern die beteiligten Verbände und Verwertungsgesellschaften müssen eine angemessene Vergütung aushandeln, vgl. § 54 Abs. 1 UrhG nF. 23

Am 1. September 2008 trat schließlich die Reform des UrhG durch das **Gesetz zur Verbesserung der Durchsetzung von Rechten des geistigen Eigentums**[29] zur Umsetzung der EU-Durchsetzungsrichtlinie[30] in Kraft, die vor allem umfangreichere Klarstellungen und Veränderungen bei den Anspruchsgrundlagen des UrhG in den §§ 97ff. UrhG gebracht und schließlich die Vermutung der Urheber- und Rechtsinhaberschaft aus § 10 UrhG auf alle Inhaber verwandter Schutzrechte und mit gewissen Einschränkungen auch auf ausschließliche Nutzungsrechtsinhaber erweitert hat. 24

Eine jüngere Änderung des UrhG erfolgte durch die Einführung des **Leistungsschutzrechtes für Presseverlage** in den §§ 87f–h UrhG durch das Siebente Gesetz zur Änderung des Urheberrechtes, das am 1. August 2013 in Kraft getreten ist. In Folge der unterbliebenen Vorlage des entsprechenden Gesetzentwurfes an die EU-Kommission erklärte der EuGH die deutschen Regelungen 25

[25] BGBl. I 2016, 3037, BR-Drs. 765/16.

[26] BGBl. I 2021, 1204.

[27] BR-Drs. 271/03. Gesetzesentwurf der Bundesregierung mit Begründung vom 6.11.2002: BT-Drs. 15/38; dazu Czychowski NJW 2003, 2409 ff.

[28] ABl. EG Nr. L 167/10.

[29] Gesetz zur Verbesserung der Durchsetzung von Rechten des geistigen Eigentums vom 11.4.2008, BT-Drs. 16/8783.

[30] Richtlinie 2004/48/EG des Europäischen Parlaments und des Rates vom 29.4.2004 zur Durchsetzung der Rechte des Geistigen Eigentums, ABl. L 157.

allerdings 2019 für nicht anwendbar.[31] Der 2. Versuch des deutschen Gesetzgebers erfolgte mit der Reform 2021 in Umsetzung der DSM-Richtlinie (EU-RL 2019/790 vom 17.4.2019, „Digital Single Market") mit den neuen §§ 87f–87k UrhG. Einzelheiten finden sich bei Rn. 430).

26 Infolge von zwei weiteren EU-Richtlinien sind 2013 zwei weitere Änderungen des UrhG erfolgt: Zunächst wurde die Schutzfrist der verwandten Schutzrechte der **ausübenden Künstler** und der **Tonträgerhersteller** von **50 auf 70 Jahre** nach Eintritt des für die Fristberechnung maßgeblichen Ereignisses (vgl. § 82 UrhG und § 85 Abs. 3 UrhG) verlängert. Außerdem endet der Schutz einer Musikkomposition jetzt 70 Jahre nach dem Tod des zuletzt versterbenden Musik- und/oder Texturhebers (§ 65 Abs. 3 UrhG).[32] Außerdem ist zur Umsetzung der **RL Verwaiste Werke**[33] im Oktober 2013 das „Gesetz nur Nutzung verwaister und vergriffener Werke und einer weiteren Änderung des Urheberrechtsgesetzes" in Kraft getreten. Es enthält neben den Bestimmungen zur Richtlinienumsetzung auch das unverzichtbare Zweitveröffentlichungsrecht des Autors wissenschaftlicher Beiträge in Periodika, sofern der Beitrag überwiegend mit öffentlichen Forschungsmitteln erstellt ist (§ 38 Abs. 4 UrhG). Desweiteren sind durch das am 9. Oktober 2013 in Kraft getretene Gesetz gegen so unseriöse Geschäftspraktiken[34] umfassende Änderungen zu den urheberrechtlichen Abmahnungen (§ 97a UrhG) sowie zum Gerichtsstand bei privaten Urheberrechtsverletzungen (§§ 104, 104a UrhG) erfolgt (→ Rn. 803).

27 Durch das Urheberrechts-Wissensgesellschafts-Gesetz,[35] das am 1.3.2018 in Kraft trat, wurden die verschiedenen in den §§ 44a ff. UrhG aF kleinteilig, an unterschiedlichen Stellen geregelten gesetzlichen Schranken für den Bereich Unterricht und Wissenschaft wurden neu geordnet und erweitert, um die Potentiale von Digitalisierung und Vernetzung für Unterricht und Wissenschaft besser zu erschließen.[36] Kern der Reform sind die Schrankenregelungen der §§ 60a bis 60h, die für jede Anwendergruppen nunmehr einen eigenen Tatbestand mit konkreten Angaben zu Art und Umfang der erlaubten Nutzung enthalten; gleichzeitig entfallen bisher bestehende Schranken entweder vollständig oder teilweise.[37] § 60a betrifft Nutzungen für Unterricht und Lehre, § 60b Unterrichts- und Lehrmedien, § 60c die wissenschaftliche Forschung, § 60d das Text- und Data-Mining, § 60e Nutzung durch Bibliotheken und § 60f schließlich durch Archive, Museen und Bildungseinrichtungen. § 60g stellt klar, dass die Schrankenregelungen vertraglichen Nutzungsbeschränkungen vorgehen, § 60h schließlich unterwirft die durch das UrhWissG 2017 erlaubten Nutzungen einer angemessenen Vergütung, die nur durch eine Verwertungsgesellschaft geltend gemacht werden kann.

28 **2021** wurde schließlich der von der Bundesregierung beschlossene und unter den betroffenen Akteuren stark umstrittenen Gesetzentwurf („Entwurf eines Gesetzes zur Anpassung des Urheberrechts an die Erfordernisse des digitalen Binnenmarktes")[38] zum 7.6.2021 umgesetzt. Es handelte sich um die **größte Urheberrechtsreform seit in Kraft Treten des UrhG 1966.** Hierbei wurden die DSM-Richtlinie (EU-RL 2019/790 vom 17.4.2019, „Digital Single Market") sowie die sogenannte Online-SatCab-Richtlinie (EU-RL 2019/789 vom 17.4.2019) umgesetzt. Gegenstand des Entwurfs waren umfassende Neuregelungen und Anpassungen innerhalb des UrhG sowie die Schaffung des **Urheberrechts-Diensteanbieter-Gesetzes** (UrhDaG). Das UrhDaG lagert Bestimmungen zur urheberrechtlichen Verantwortlichkeit von Upload-Plattformen aus und regelt Nutzerrechte sowie Vergütungsansprüche. Das UrhDaG trat zum 1.8.2021 in Kraft. Innerhalb des UrhG wurde verschiedene Schrankenbestimmungen neu eingeführt oder neu gefasst. Beispielsweise wurden in §§ 44b und 60d UrhG die erlaubte Nutzung von Werken für das Text- und Data-Mining neu geregelt. In § 51a UrhG wurden die Schrankenbestimmungen für die erlaubte Nutzung von Werken im Wege von Karikaturen, Parodien oder Pastiches zusammengefasst. § 24 („freie Benutzung") wurde gestrichen und der Schutzumfang in die Vorschrift zur Bearbeitung in § 23 integriert. Außerdem

[31] EuGH GRUR 2019, 1188 – Pressesnippets.

[32] Achtes Gesetz zur Änderung des Urheberrechtsgesetzes v. 7.5.2013, BGBl. I 2013, 1161.

[33] Richtlinie 2012/48/EU des Europäischen Parlaments und des Rates vom 25.10.2012 über bestimmte zulässige Formen der Nutzung verwaister Werke.

[34] Entwurf eines Gesetzes gegen unseriöse Geschäftspraktiken BT-Drs. 17/13057 mit Rechtsausschussbericht 17/14192.

[35] Gesetz zur Angleichung des Urheberrechts an die aktuellen Erfordernisse der Wissensgesellschaft v. 1.9.2017 BGBl. I 2017 Nr. 61 S. 3346.

[36] RegE UrhWissG 2017 – BT-Drs. 18/12329, S. 2.

[37] Vgl. RegE UrhWissG 2017 – BT-Drs. 18/12329, S. 3.

[38] Vgl. RegE Gesetz zur Anpassung des Urheberrechts an die Erfordernisse des digitalen Binnenmarktes – BT-Drs. 19/27426, S. 1; siehe dazu auch die Pressemitteilung des BMJV zu den wesentlichen Änderungen: https://www.bmjv.de/SharedDocs/Artikel/DE/2021/0203_Urheberrecht.html(abgerufen am 28.5.2021).

wurde ein neues Leistungsschutzrecht für Presseverleger anstelle der bisher geltenden nationalen Regelungen in §§ 87fff. UrhG eingeführt. Schließlich erfuhr das Urhebervertragsrecht zahlreiche Änderungen. Zunächst wurde in § 32 Abs. 2 S. 3 UrhG die Grundregel eingeführt, dass eine pauschale Vergütung eine angemessene Beteiligung des Urhebers am voraussichtlichen Gesamtertrag der Nutzung gewährleisten und durch die Besonderheiten der Branche gerechtfertigt sein muss. Weitere Änderungsbeispiele sind eine jetzt proaktive Auskunftspflicht des Vertragspartners des Urhebers für Erträgnisse bei Werknutzung (§§ 32d und 32e UrhG) gekoppelt mit einer Möglichkeit der Verbandsklage gegen systematisch diese Pflicht verletzende Verwerter (§ 36d UrhG) oder Änderungen beim Rückrufsanspruch wegen Nichtausübung (§ 41 UrhG).

II. Beratung zum Entstehen des Urheberrechts

1. Entstehen des Urheberrechts: Keine Formalitäten

Die Frage „Was muss ich tun, um ein Urheberrecht zu bekommen?“ wird in der täglichen Beratungspraxis gar nicht so selten gestellt. Die Antwort ist einfach: Das Urheberrecht entsteht mit der Schöpfung als „Realakt“;[39] es gibt **keine Registrierungsformalitäten**, man kann das Urheberrecht in Deutschland gar nicht registrieren.[40] Es entsteht in dem Moment, in dem ein *Werk* entstanden ist, dh 29
(1) eine persönlich erschaffene Gestaltung vorliegt,
(2) die eine wahrnehmbare Form gefunden hat, also nicht bloß im Kopf des Urhebers existiert,
(3) die Individualität aufweist und
(4) die notwendige Gestaltungshöhe erreicht hat.[41]

Dem Urheber entstehen mit dem sich automatisch vollziehenden Rechtserwerb[42] keinerlei Kosten. Einzige **Ausnahme:** Die Urheberrolle für anonyme und pseudonyme Werke (vgl. hierzu sogleich → Rn. 34). 30

2. Prioritätsverhandlung

Urheber und ausübende Künstler haben häufig das Problem, dass sie Manuskripte, Kompositionen oder selbst eingespielte Tonträger Verwertern unaufgefordert in der Hoffnung zuschicken müssen, dass diese dort gelesen oder gehört und für vermarktungsfähig befunden werden. Viele befürchten, dass ihre Manuskripte, Kompositionen und Aufnahmen ohne ihre Zustimmung verwendet und zB unter anderem Namen veröffentlicht oder mit einer anderen Band eingespielt werden. Um in einem solchen Fall wenigstens einen Nachweis darüber zu besitzen, wann der Urheber das Werk geschaffen oder die Band den Tonträger eingespielt hatte, gibt es die gesetzlich nicht geregelte „Prioritätsverhandlung“, die notariell, aber auch rechtsanwaltlich stattfinden kann. In ihr versichert der Urheber oder ausübende Künstler, ein bestimmtes Werk oder eine bestimmte Aufnahme geschaffen bzw. eingespielt zu haben. Der Notar oder Rechtsanwalt nimmt dann mit dem Tag der Prioritätsverhandlung die Erklärung und eine Kopie des Werkes bzw. der Aufnahme zu seinen Akten und vermerkt das Datum, an dem er diese Unterlagen erhalten hat. Tauchen später nicht autorisierte Benutzungsformen der Werke oder Aufnahmen auf, können die Urheber und ausübenden Künstler mit der „Prioritätsverhandlung“ wenigstens einen Nachweis darüber führen, wann sie ihre Werke bzw. Aufnahmen hinterlegt hatten.[43] Auch im Bereich der Software kann eine solche Hinterlegung wichtig sein, um das Vorhandensein bestimmter Programmstände an einem bestimmten Tag zu dokumentieren. Zu viel sollte man sich davon aber nicht erwarten: Ein „findiger“ Verletzer wird natürlich versuchen, „ältere“ Dokumente zu kreieren. 31

3. Erlöschen des Urheberrechts: Die Schutzfrist

Die Schutzdauer des Urheberrechts läuft regelmäßig bis **70 Jahre nach dem Tod des Urhebers** (§ 64 UrhG). Die einzelnen Schutzfristen und ihre Folgen des Ablaufs sind dargestellt bei Rn. 548 f. 32

[39] Vgl. Schricker/Loewenheim/Loewenheim UrhG § 7 Rn. 5.
[40] Mit Ausnahme der Urheberrolle – s. u. Rn. 34 – sowie des Geschmacksmusters, das weitläufig im Bereich der angewandten Kunst als „kleines Urheberrecht“ gilt, vgl. Schricker/Loewenheim/Loewenheim UrhG § 2 Rn. 160.
[41] Einzelheiten bei → Rn. 328 ff.
[42] Vgl. Schricker/Loewenheim/Loewenheim UrhG § 7 Rn. 5.
[43] Ein Muster für eine solche Prioritätsverhandlung, das sowohl für einen Notar als auch für einen Rechtsanwalt geeignet ist, findet sich im MVHdB Band 3 als Form. IX.1.

33 Bei den **verwandten Schutzrechten** beträgt die Schutzdauer meistens 50 Jahre, in einigen Fällen sogar nur 25 Jahre, im Musikbereich neuerdings bei Tonträgeraufnahmen 70 Jahre, in der Regel gerechnet ab dem Erscheinen und beginnend, wie beim Urheberrecht, mit dem Ende des Jahres, in das das den Lauf der Schutzfrist in Gang setzende Ereignis fällt (§ 69 UrhG).[44] Liegt **Miturheberschaft** vor,[45] bestimmt sich die Schutzfrist nach dem Tod des längstlebenden Miturhebers (§ 65 Abs. 1 UrhG); die Schutzfrist läuft dann einheitlich ab, so dass nicht etwa unterschiedliche Schutzfristen für die Beiträge der einzelnen Miturheber laufen. Vielmehr profitieren die Erben und Erbeserben der früher verstorbenen Miturheber vom längeren Lauf der Schutzfrist in Folge des späteren Versterbens der anderen Miturheber. Bei **Werkverbindungen**[46] ist dies anders: Hier laufen die Schutzfristen unabhängig voneinander, so dass zB die Fotografie auf dem Cover eines Buches früher gemeinfrei werden kann als der Buchtext. Im Falle von Filmwerken, die ja grundsätzlich als Miturheberwerke anzusehen sind, bestimmt sich der Ablauf der Schutzfrist nach dem Tod der längstlebenden Personen Hauptregisseur, Drehbuchautor, Dialogurheber und Filmkomponist (§ 65 Abs. 2 UrhG). Seit 2013 gibt es für Werkverbindungen im Musikbereich mit der Einführung von § 65 Abs. 3 UrhG eine Gesetzesänderung: § 65 Abs. 3 UrhG sieht vor, dass die **Schutzdauer einer Musikkomposition mit Text** 70 Jahre nach dem Tod des Längstlebenden der folgenden Personen erlischt: Verfasser des Textes und Komponist der Musikkomposition, sofern beide Beiträge eigens für die betreffende Musikkomposition mit Text geschaffen wurden. Dies gilt unabhängig davon, ob diese Personen als Miturheber ausgewiesen sind.[47] Diese Werke werden also wie Miturheberwerke behandelt, obwohl es sich um verbundene Werke handelt.

4. Urheberrolle

34 Werden Werke ohne den Namen des Urhebers oder unter einem Pseudonym, wie zB einem Künstlernamen, verwertet, sind solche Werke als **anonyme** oder **pseudonyme** Werke aufzufassen. Dadurch verkürzt sich die Schutzfrist gem. § 66 Abs. 1 UrhG auf 70 Jahre nach der (ersten) Veröffentlichung. Sie verlängert sich allerdings auf die normale Schutzfrist des § 64 von 70 Jahren *post mortem auctoris,* wenn der Urheber sich offenbart oder sein wahrer Name anderweitig bekannt wird (§ 66 Abs. 2 UrhG). Dem gleichgestellt ist die Anmeldung des wahren Namens des Urhebers zur Eintragung in die Urheberrolle (§ 66 Abs. 2 Nr. 2, Abs. 3 iVm § 138 UrhG). Die **Urheberrolle** wird beim Deutschen Patent- und Markenamt geführt und offiziell als „Register anonymer und pseudonymer Werke" bezeichnet; dorthin sind auch die Anmeldungen zu richten.[48] Gem. § 66 Abs. 3 kann letzteres zwar nur der Urheber selbst und nach seinem Tod sein Rechtsnachfolger oder ein Testamentsvollstrecker tun; dies gilt auch im Softwarebereich, obwohl zB der Software-Arbeitgeber gem. § 69b zur Ausübung sämtlicher vermögensrechtlicher Befugnisse berechtigt ist und die Folge der Anmeldung in die Urheberrolle mit der Verlängerung der Schutzfrist durchaus auch vermögensrechtlichen Einschlag hat. Werkverwerter und Software-Arbeitgeber können sich aber von ihren Urhebern bevollmächtigen lassen, wenn sie eine Eintragung in die Urheberrolle vornehmen wollen. Weitere Einzelheiten finden sich bei → Rn. 551 f.

III. Übertragbarkeit und Vererbung des Urheberrechts

1. Übertragbarkeit des Urheberrechts

35 a) **Grundsatz der Nichtübertragbarkeit.** Das Urheberrecht ist **grundsätzlich *nicht* übertragbar** (§ 29 Abs. 1 UrhG), auch wenn dies in der Praxis sehr häufig so formuliert wird („der Designer überträgt der Agentur sämtliche Urheberrechte an seinen Entwürfen"); anders ist dies lediglich im Erbfall (§§ 28, 29 Abs. 1). Der Grundsatz der Nichtübertragbarkeit gilt auch für die einzelnen Verwertungsrechte;[49] der Urheber kann also auch nicht etwa nur das Vervielfältigungsrecht iSv § 16 oder nur das Verbreitungsrecht iSv § 17 auf einen anderen übertragen. Am Urheberrecht

[44] Einzelheiten bei → Rn. 554.
[45] Einzelheiten hierzu bei → Rn. 181 ff.
[46] Einzelheiten hierzu bei → Rn. 187 f.
[47] Vgl. → Rn. 26.
[48] Ein Anmeldemuster findet sich im MVHdB Band 3 als Form. IX.2; Einzelheiten zur Urheberrolle bzw. zum Register anonymer und pseudonymer Werke finden sich bei Fromm/Nordemann/Axel Nordemann UrhG § 138 Rn. 1 ff.
[49] Vgl. die Begründung zum UrhG-Entwurf v. 23.3.1962, 5. Abschnitt, Rechtsverkehr im Urheberrecht, abgedruckt bei M. Schulze S. 456; s. a. Schricker/Loewenheim/Schricker/Loewenheim UrhG Vor §§ 28 f. Rn. 46 und § 29 Rn. 14.

können grundsätzlich nur einfache oder ausschließliche, räumlich, zeitlich oder inhaltlich beschränkte oder unbeschränkte Nutzungsrechte eingeräumt werden (§ 29 Abs. 2). Diese Nutzungsrechtseinräumung bestimmt sich im Einzelnen nach den §§ 31 ff. UrhG (und geht gemäß §§ 413, 398 ff. BGB analog auf den Nutzungsberechtigten über).[50] Dies war übrigens nicht immer so: Die §§ 9 Abs. 1 LUG und 12 Abs. 1 KUG sahen noch vor, dass das Urheberrecht übertragen werden konnte. Übertragungen des Urheberrechts, die noch unter Geltung der §§ 9 Abs. 1 LUG und 12 Abs. 1 KUG vereinbart wurden, dh bis zum 31.12.1965, bleiben gem. § 132 Abs. 1 S. 1 gültig.

Wenn (heute) eine „Übertragung" des Urheberrechts oder eines Verwertungsrechts vereinbart wird, dürfte dennoch eine Nichtigkeit eines solchen Vertrages wegen Gesetzesverstoßes gem. § 134 BGB relativ selten und nur für den Fall anzunehmen sein, dass alle Umstände des Vertragsabschlusses tatsächlich auf eine gewollte Übertragung des Urheberrechts oder des Verwertungsrechts hindeuten. In der Regel wird vielmehr eine solche Vereinbarung gem. §§ 133, 157 BGB dahingehend auszulegen sein, dass mit „Übertragung" die Einräumung von Nutzungsrechten gemeint war. Der Umfang dieser Nutzungsrechtseinräumung richtet sich dann nach dem Maßstab der Zweckübertragungsklausel des § 31 Abs. 5 mit der Tendenz des Urheberrechts, so weit als möglich beim Urheber zurückzubleiben.[51] 36

Es gibt allerdings eine Reihe **ausländischer Rechtsordnungen,** in denen eine vertragliche Übertragung des Urheberrechts oder einzelner Verwertungsrechte zulässig und üblich ist wie zB in den USA.[52] Da die Frage der Zulässigkeit der Übertragung oder Teilübertragung des Urheberrechts sich grundsätzlich nach dem Recht des Schutzlandes bestimmt,[53] ist eine derartige Regelung in einem von der US-amerikanischen Rechtsordnung geprägten Urheberrechtsvertrag regelmäßig dahingehend auszulegen, dass damit die entsprechenden ausschließlichen Nutzungsrechte eingeräumt worden sind.[54] 37

Ist ein Nutzungsrecht durch den Urheber an seinem Urheberrecht eingeräumt worden, kann das Nutzungsrecht selbst grundsätzlich weiterübertragen werden, allerdings nur mit Zustimmung des Urhebers (Grundsatz in § 34 Abs. 1 S. 1 UrhG). 38

b) Abtretbarkeit gesetzlicher Vergütungsansprüche; Verlegerbeteiligung. Aus dem Grundsatz der Nichtübertragbarkeit des Urheberrechts folgt nach der hM nicht die Unzulässigkeit der Abtretung der dem Urheber zustehenden gesetzlichen Vergütungsansprüche zB für Vermietung und Verleihen gem. § 27 Abs. 1 S. 1 und S. 3 UrhG, den Kirchen-, Schul- oder Unterrichtsgebrauch gem. § 46 Abs. 4 UrhG, die Vervielfältigung und Verbreitung einzelner Rundfunkkommentare und Zeitungsartikel gem. § 49 Abs. 1 S. 2 UrhG, die öffentliche Wiedergabe gem. § 52 Abs. 1 S. 2 und Abs. 2 S. 2 UrhG oder für die Vervielfältigung zum eigenen Gebrauch (§§ 54 und 54a UrhG). § 27 Abs. 1 S. 3 und § 63a UrhG, der durch das Gesetz zur Stärkung der vertraglichen Stellung von Urhebern und Ausübenden Künstlern vom 25.1.2002[55] eingeführt wurde, sehen jedoch vor, dass ein Vorausverzicht auf gesetzliche Vergütungsansprüche nicht möglich ist und sie im Voraus nur an eine Verwertungsgesellschaft abgetreten werden können. In Umsetzung des Art. 16 DSM-RL wurde § 63a UrhG 2021 neu gefasst. Mit § 63a Abs. 2 S. 1 UrhG hat der Verleger nun einen gesetzlichen Beteiligungsanspruch an den Ansprüchen des Urhebers auf angemessene Vergütung.[56] 39

c) Verzicht. Dogmatisch schwierig ist grundsätzlich die Einordnung des Verzichts des Urhebers auf sein Urheberrecht oder einzelne Verwertungs- oder Persönlichkeitsrechte. Zwar wird aus dem Grundsatz der Unübertragbarkeit des Urheberrechts im Ganzen und in seinen Teilen gefolgert, dass damit das Urheberrecht auch grundsätzlich unverzichtbar ist.[57] Eine Ausnahme bildet je- 40

[50] §§ 31 ff. UrhG regeln die vertragliche Einräumung der Nutzungsrechte, die auf den Berechtigten übergehen müssen. Dies geschieht idR durch eine sog. Verfügung, ein dingliches Rechtsgeschäft, die gemäß §§ 413, 398 ff. BGB analog erfolgt.

[51] Vgl. → Rn. 80 und 106 ff.; BGH GRUR 2004, 1138 (1139) – Comic-Übersetzungen III; OLG München GRUR-RR 2008, 37 (40) – Pumuckl-Illustrationen II.

[52] Vgl. Ulmer[3] S. 353; eingehend auch Wilhelm Nordemann/Jan Bernd Nordemann, FS Schricker 70. Geb., S. 473 ff.

[53] Schricker/Loewenheim/Katzenberger UrhG Vor §§ 120 ff. Rn. 150; BGH GRUR 2007, 691 (692), Tz. 22 – Staatsgeschenk; BGH GRUR 2007, 871 (872), Tz. 24 – Wagenfeld-Leuchte; Art. 8 und 13 Rom II-Verordnung VO (EG) Nr. 864/2007, ABl. EG v. 31.7.2007, Nr. L 199/40, seit 11.1.2009 in Kraft.

[54] Vgl. OLG Düsseldorf ZUM 2006, 326 (328) – Breuer-Hocker; Wilhelm Nordemann/Jan Bernd Nordemann, FS Schricker 70. Geb., S. 473 ff.; Schricker/Loewenheim/Katzenberger UrhG Vor §§ 120 ff. Rn. 151.

[55] → Rn. 12; UrhStärkG BGBl. I 2002, 1155.

[56] Vgl. RegE Gesetz zur Anpassung des Urheberrechts an die Erfordernisse des digitalen Binnenmarktes – BT-Drs. 19/27426, S. 104.

[57] Vgl. Fromm/Nordemann/Jan Bernd Nordemann UrhG § 29 Rn. 11 ff.; Schricker/Loewenheim/Schricker/Loewenheim UrhG § 29 Rn. 22; Schack Rn. 347 f.

doch zunächst § 8 Abs. 4 UrhG, der dem Miturheber gestattet, auf seinen Anteil an den Verwertungsrechten zugunsten der anderen Miturheber zu verzichten. Unproblematisch zulässig ist des Weiteren auch ein Verzicht auf bereits entstandene Ansprüche des Urhebers: Wer gegenüber einem Verwerter einen Vergütungsanspruch zB aus einem Verlagsvertrag hat, kann darauf ebenso verzichten wie auf bereits entstandene Ansprüche aus Urheberrechtsverletzungen oder bereits entstandene gesetzliche Vergütungsansprüche.[58] Soweit dies nicht durch Erlassvertrag gem. § 397 BGB oder durch prozessrechtlichen Verzicht gem. § 306 ZPO erfolgt, wird der untechnische „Verzicht" des Urhebers idR darin bestehen, dass er die ihm zustehenden Ansprüche schlicht nicht geltend macht.

41 Probleme bereitet die Einordnung des **Verzichts auf zukünftige Ansprüche:** Diejenigen, die einen Verzicht generell für unzulässig halten und ihn in eine Einräumung einfacher Nutzungsrechte umdeuten, zB bei einem Vermerk „Nachdruck gestattet" oder bei sog. **„Shareware"**,[59] lösen zwar den „Verzicht" auf die aus den Verwertungsrechten folgenden Befugnisse im Einklang mit der das UrhG prägenden monistischen Theorie; § 32 Abs. 3 S. 3 UrhG spricht insoweit von einer unentgeltlichen Einräumung eines Nutzungsrechtes an Jedermann. Dies überzeugt aber nur für Verwertungsrechte, jedoch nicht im Hinblick auf den „Verzicht" auf die Befugnisse aus dem Urheberpersönlichkeitsrecht: Da das Urheberpersönlichkeitsrecht keine Verwertungskomponente besitzt, kann man daran auch keine Nutzungsrechte einräumen. Auch wird das **Urheberpersönlichkeitsrecht** in seinem Kern für unverzichtbar gehalten.[60] Gleichwohl muss es dem Urheber möglich sein, auf sein Veröffentlichungsrecht oder sein Namensnennungsrecht auch im Vorhinein zu verzichten,[61] sogar Entstellungen oder andere Beeinträchtigungen im Vorhinein zu gestatten. Es ist deshalb der Auffassung den Vorzug zu geben, die einen Verzicht auf einzelne Verwertungs- und Persönlichkeitsrechte auch für die Zukunft und auch generell gegenüber der Allgemeinheit für zulässig hält, sofern der Verzicht nicht für unbekannte Nutzungsarten erfolgt (§ 31a Abs. 4 UrhG) und nur einzelne, in ihrer Tragweite überblickbare Eingriffe in das Urheberpersönlichkeitsrecht gestattet werden. Damit ist insbesondere auch ein Verzicht des Urhebers auf sein **Namensnennungsrecht** möglich, sofern der Verzicht nicht als sittenwidrig einzustufen ist.[62] Zudem wird man jeden Vorausverzicht im Urheberrecht anhand der Zweckübertragungsklausel des § 31 Abs. 5 UrhG dahingehend auslegen müssen, welcher Zweck mit dem Verzicht verbunden war und wie weit er somit reicht.[63] Das UrhG erkennt in § 41 Abs. 4 S. 1 die Möglichkeit eines Verzichts wohl auch an, wenn es einen Verzicht auf das Rückrufsrecht im Voraus verbietet und lediglich einen Ausschluss seiner Ausübung für bis zu fünf Jahre im Voraus für zulässig erklärt (§ 41 Abs. 4 S. 2). Wenn ein Urheber einmal dauerhaft einen Verzicht auf sein Namensnennungsrecht erklärt hat, kann er diesen Verzicht in analoger Anwendung von § 41 Abs. 4 S. 2 UrhG zurückrufen.[64]

42 Im Hinblick auf die **verwandten Schutzrechte** gilt der Grundsatz der Nichtübertragbarkeit nur eingeschränkt. So sind die verwandten Schutzrechte, deren Schutz dem für Werke entspricht, grundsätzlich nicht übertragbar, andere, insbesondere solche, die auch in einer juristischen Person entstehen können, jedoch sehr wohl, wie bspw. die der ausübenden Künstler, des Tonträgerherstellers und des Filmherstellers; siehe im Einzelnen → Rn. 543.

2. Vererblichkeit des Urheberrechts

43 Der Grundsatz der Unübertragbarkeit des Urheberrechts hätte bei einer ausnahmslosen Anwendung zur Folge, dass das Erbrecht im Hinblick auf das Urheberrecht entgegen Art. 14 Abs. 1 S. 1 Alt. 2 GG nicht gewährleistet werden könnte. Das UrhG ordnet deshalb in § 28 Abs. 1 ausdrücklich die Vererblichkeit des Urheberrechts an und gestattet auch den Erben das Urheberrecht in Erfüllung einer Verfügung von Todes wegen oder an Miterben im Wege der Erbauseinandersetzung (weiter) zu übertragen (§ 29 S. 1 UrhG).

---

[58] Vgl. Schricker/Loewenheim/Schricker/Loewenheim UrhG § 29 Rn. 24.

[59] Oder Public Domaine Software, vgl. Fromm/Nordemann/Jan Bernd Nordemann UrhG § 29 Rn. 11 ff.; Schack Rn. 348, 611; wohl auch Schricker/Loewenheim/Loewenheim UrhG § 69c Rn. 3 f.

[60] Vgl. BGH NJW 2009, 774 (775), Tz. 14, S. 777, Tz. 27 f. – Klingeltöne für Mobiltelefone; OLG München GRUR-RR 2004, 33 (34) – Pumuckl-Illustrationen; Schricker/Dietz Vor §§ 12 ff. Rn. 28.

[61] Vgl. zur Frage der Wirksamkeit des Widerrufs einer solchen Verzichtserklärung OLG München GRUR-RR 2004, 33 (34 f.) – Pumuckl-Illustrationen.

[62] OLG München GRUR-RR 2004, 33 (34 f.) – Pumuckl-Illustrationen.

[63] Vgl. Schricker/Loewenheim/Schricker/Loewenheim UrhG § 29 Rn. 18 f.; Ulmer[3] S. 366.

[64] OLG München GRUR-RR 2004, 33 (35) – Pumuckl-Illustrationen.

a) **Vererbung des Urheberrechts.** Der Urheber hat die folgenden beiden Möglichkeiten, sein Urheberrecht zu vererben: Durch Testament (§§ 2064 ff., 2229 ff. BGB) oder durch Erbvertrag (§§ 2274 ff. BGB). Macht er von diesen Möglichkeiten keinen Gebrauch, wird das Urheberrecht entsprechend der gesetzlichen Erbfolge (§§ 1922 ff. BGB) vererbt. 44

Die Ausübung des Urheberrechts selbst kann der Urheber in den vorgenannten letztwilligen Verfügungen gem. § 28 Abs. 2 S. 1 UrhG einem **Testamentsvollstrecker** übertragen (§§ 2197 ff. BGB). Die zeitliche Grenze der Testamentsvollstreckung von maximal 30 Jahren aus § 2210 BGB gilt allerdings in diesem Fall nicht (§ 28 Abs. 2 S. 2 UrhG). Ordnet der Urheber Testamentsvollstreckung an, ohne dass er diese zeitlich befristet, wird man im Regelfall davon ausgehen können, dass die Testamentsvollstreckung bis zum Ende der urheberrechtlichen Schutzfrist andauern soll. Aufgrund der insoweit möglichen Höchstdauer der Testamentsvollstreckung von 70 Jahren ist es dem Urheber allerdings dringend anzuraten, auch eine Nachfolgeregelung für den Testamentsvollstrecker selbst zu treffen; stirbt nämlich der Testamentsvollstrecker (§ 2225 BGB) oder kündigt er sein Amt (§ 2226 BGB), so erlischt sein – nicht vererbliches! – Amt und damit auch die Testamentsvollstreckung insgesamt.[65] 45

b) **Übertragbarkeit in Erfüllung einer Verfügung von Todes wegen.** Inhaltlich kann der Urheber die Erben mit einem Vermächtnis (§§ 2147 ff. BGB) oder einer Auflage (§§ 2192 ff. BGB) beschweren. Damit der bzw. die Erben **Vermächtnis** bzw. **Auflagen** erfüllen können, gestattet § 29 S. 1 UrhG die Übertragung des Urheberrechts in Erfüllung einer Verfügung von Todes wegen. Hat also der Urheber zB seiner Nichte N im Wege des Vermächtnisses das Urheberrecht an seinem Roman XYZ zugewendet, so muss der Alleinerbe, sein Sohn S, der Vermächtnisnehmerin N das komplette Urheberrecht an dem Roman XYZ übertragen. 46

Gleiches gilt für die **Erbauseinandersetzung** unter Miterben: Setzt sich eine Erbengemeinschaft auseinander (§ 2204 BGB), so können die Urheberrechte an den einzelnen Werken des Urhebers von der Erbengemeinschaft übertragen werden, allerdings nur an Miterben (§ 29 Abs. 1 UrhG). Die Ausnahmen von der Unübertragbarkeit des Urheberrechts für den Erbfall gelten auch für die Weitervererbung.[66] Derjenige, der durch Erbfall, Vermächtnis oder Erbauseinandersetzung Inhaber eines Urheberrechts geworden ist, kann dieses also weitervererben bzw. die Erbeserben können es in Erfüllung einer Verfügung von Todes wegen oder im Wege der Erbauseinandersetzung weiter übertragen. Nicht zulässig dürfte dagegen eine Rückübertragung durch den Vermächtnisnehmer oder den begünstigten Miterben sein,[67] weil es sich bei § 29 Abs. 1 UrhG um eine eng auszulegende Ausnahmevorschrift handelt und eine Rückübertragung durch den Vermächtnisnehmer oder den begünstigten Miterben kaum noch als „in Erfüllung" des Vermächtnisses angesehen werden kann. Außerdem ist eine Rückübertragung durch den Miterben nicht mehr der Erbauseinandersetzung als solcher zuzurechnen; anders könnte dies allenfalls bei rechtlichen Mängeln in der Erbauseinandersetzung sein, zB wenn diese infolge von Willensmängeln angefochten wird. 47

c) **Erbeinsetzung.** Der Urheber ist grundsätzlich darin frei, wen er zu seinem Erben einsetzt. Damit ist zugleich ein wichtiger Grundsatz des deutschen Urheberrechts, dass immer nur eine natürliche Person Urheber und damit auch Urheberrechtsinhaber sein kann, durchbrochen: Er kann nämlich als Erben nicht nur natürliche, sondern **auch juristische Personen** einsetzen.[68] Der Urheber kann deshalb seine Urheberrechte ganz oder teilweise insbesondere einer Stiftung vermachen (§§ 80 ff. BGB, insb. § 83 BGB), die dann seinen künstlerischen Nachlass nach seinen Vorgaben verwaltet (so wie dies etwa der Maler *Emil Nolde* getan hat). Denkbar ist es auch, eine GmbH oder AG als Erbin einzusetzen. Die Erbeinsetzung juristischer Personen kann freilich erhebliche rechtliche Probleme aufwerfen: Wird nämlich die juristische Person, die Urheberrechtsinhaberin geworden ist, zB als Folge eines Insolvenzverfahrens liquidiert oder erlischt sie aus einem anderen Grund, müsste das Urheberrecht erneut übertragen werden, was aber nicht möglich ist (§ 29 Abs. 1). 48

Ist eine **Stiftung oder ein eingetragener Verein** durch Erbeinsetzung Urheberrechtsinhaber geworden, erscheint das Problem lösbar, weil der jeweils gesetzlich angeordnete Vermögensanfall an 49

[65] Vgl. Grüneberg/Edenhofer BGB § 2225 Rn. 1 und 3, § 2226 BGB Rn. 2.
[66] Vgl. Fromm/Nordemann/Jan Bernd Nordemann UrhG § 29 Rn. 10.
[67] Fromm/Nordemann/Jan Bernd Nordemann UrhG § 29 Rn. 10; Schricker/Loewenheim/v. Ungern-Sternberg UrhG § 19 Rn. 14 aE.
[68] Vgl. Fromm/Nordemann/Jan Bernd Nordemann UrhG § 28 Rn. 7; Schricker/Loewenheim/Schricker/Loewenheim UrhG § 28 Rn. 24.

die in der Verfassung der Stiftung bzw. der Satzung des Vereins genannten Personen (§§ 88 S. 1 und 45 Abs. 1 BGB) wie ein Erbvorgang analog § 28 Abs. 1 UrhG gewertet werden kann, zumal bei einem Anfall an den Fiskus ohnehin die erbrechtlichen Vorschriften entsprechende Anwendung finden (§ 88 S. 2 und 3 BGB iVm § 46 S. 1 BGB). Bei GmbH und AG ist dies jedoch anders: Dort kommt es nur zu einer rechtsgeschäftlichen Vermögensverteilung (§ 72 GmbHG und § 271 AktG). Da man infolge des rechtsgeschäftlichen Charakters die Vermögensverteilung im Auflösungsfalle einer GmbH oder AG kaum noch als „Erbfall" werten kann, dürfte auch eine Übertragung des Urheberrechts für den Auflösungsfall einer solchen Gesellschaft nicht zulässig sein. Die Liquidatoren bzw. Abwickler werden deshalb die jeweilige Gesellschaft erst dann endgültig auflösen können, wenn die urheberrechtliche Schutzfrist abgelaufen ist. Vorher werden sie als „i. L." die Urheberrechte weiter verwalten müssen (§ 70 GmbHG und § 268 AktG).

50 Hat der Urheber keinen Erben bestimmt und besitzt er auch keine gesetzlichen Erben, so erbt der **Fiskus** (§ 1936 BGB); dies gilt auch, wenn der Urheber „die Armen" als Erben eingesetzt hat (§ 2072 BGB). Noch unter Geltung der §§ 8 Abs. 2 LUG und 10 Abs. 2 KUG erlosch das Urheberrecht mit dem Tode des Urhebers, wenn der Fiskus oder eine andere juristische Person gesetzlicher Erbe war. Erbeinsetzungen juristischer Personen durch den Urheber waren jedoch zulässig.[69] Da § 29 Abs. 1 das UrhG nur für solche Werke für anwendbar erklärt, die im Zeitpunkt seines Inkrafttretens am 1. Januar 1966 urheberrechtlich noch geschützt waren, blieben die Werke der Urheber, die am 31.12.1965 oder früher verstarben und deren gesetzlicher Erbe der Fiskus war, gemeinfrei.

51 **d) Teilvererbung.** Die hM geht offenbar davon aus, dass der Urheber nicht nur jeweils das Urheberrecht an einem bestimmten Werk insgesamt, sondern auch nur einen Teil des Urheberrechts auf einen Erben und einen anderen Teil auf einen anderen Erben vererben kann.[70] Dies widerspricht jedoch dem Grundsatz der Einheitlichkeit des Urheberrechts; es kann auch als Folge eines Erbfalles nicht auseinanderfallen. Wenn also der Urheber zB das Vervielfältigungsrecht und das Verbreitungsrecht an seinem wichtigsten Roman seinem Sohn S, alle übrigen Verwertungsrechte einschließlich des Verfilmungsrechtes aber seiner Tochter T vermacht, wird man diese letztwillige Verfügung so auszulegen haben, dass sowohl S als auch T gemeinsam im Wege der Erbengemeinschaft Urheberrechtsinhaber geworden sind, aber die Erträgnisse aus der Verwertung des Vervielfältigungs- und Verbreitungsrechts dem Sohn S, aus der Verwertung des Urheberrechts im Übrigen der Tochter T zukommen sollten.

52 **e) Stellung des Rechtsnachfolgers.** Wer im Wege der Erbfolge oder in Erfüllung einer Verfügung von Todes wegen bzw. nach einer Erbauseinandersetzung unter Miterben Urheberrechtsinhaber geworden ist, besitzt **grundsätzlich die gleichen Befugnisse** wie der Urheber selbst, § 30 UrhG. Das Urheberrecht wird in der Lage vererbt, in der es sich zum Zeitpunkt des Todes beim Erblasser befand; die Erben des Urhebers sind daher an bestehende Einschränkungen gebunden.[71] Der Rechtsnachfolger wird nicht nur Inhaber der Verwertungsrechte, sondern – einschränkungslos – auch des Urheberpersönlichkeitsrechts.[72] Bei Ausübung des Urheberpersönlichkeitsrechtes können allerdings Schranken im Rechtsmissbrauch[73] und im allgemeinen Persönlichkeitsrecht der Angehörigen des Urhebers[74] bestehen. Hat der Urheber die Befugnisse seiner Rechtsnachfolger nicht zB durch Anordnungen gegenüber dem Testamentsvollstrecker (§ 2216 Abs. 2 BGB), durch Auflagen (§§ 2192 ff. BGB) oder bei Errichtung einer Stiftung von Todes wegen (§ 83 BGB) beschränkt, unterliegen die Befugnisse des Rechtsnachfolgers lediglich einigen kleineren gesetzlichen **Einschränkungen:** So ist das Rückrufsrecht wegen gewandelter Überzeugung in seiner Ausübung erheblich erschwert, weil der Rechtsnachfolger nachweisen muss, dass der Urheber vor seinem Tode zum Rückruf berechtigt gewesen wäre und an der Erklärung des Rückrufs gehindert war oder diese letztwillig verfügt hat (§ 42 Abs. 1 S. 2 UrhG), und bedürfen weitergehende, für den Kirchen-, Schul- oder Unterrichtsgebrauch erforderliche Änderungen von Sprachwerken nur dann der Einwilligung des Rechtsnachfolgers, wenn dieser Angehöriger des Urhebers ist oder das Ur-

[69] Vgl. Allfeld § 8 Anm. 5 aE (S. 101).
[70] So offenbar Schricker/Loewenheim/Schricker/Loewenheim UrhG § 30 Rn. 1 aE und Rn. 6.
[71] OLG Frankfurt GRUR 2015, 374 (376) – Schaffung eines Landeswappens.
[72] Vgl. Fromm/Nordemann/Jan Bernd Nordemann UrhG § 30 Rn. 8 ff.; Schricker/Loewenheim/Schricker/Loewenheim UrhG § 30 Rn. 4.
[73] Vgl. Schack Rn. 651.
[74] Vgl. Schricker/Loewenheim/Schricker/Loewenheim UrhG § 30 Rn. 8.

heberrecht aufgrund letztwilliger Verfügung des Urhebers erworben hat (§ 62 Abs. 4 S. 2 UrhG). Schließlich ist die Zwangsvollstreckung wegen Geldforderungen gegen den Rechtsnachfolger des Urhebers hauptsächlich deshalb erleichtert, weil die Einwilligung in die Zwangsvollstreckung dann nicht mehr erforderlich ist, wenn das Werk erschienen ist (§ 115 S. 2 UrhG).

IV. Vertragsberatung

1. Allgemeines/Einführung in das Urhebervertragsrecht

Die Vertragsberatung im Urheberrecht unterscheidet sich grundlegend von Beratungsprojekten im sonstigen Zivil- oder öffentlichen Recht. Dies gilt nicht nur wegen der teilweise systemfremden Konstruktionen des Urheberrechts (zB eingeschränkte Geltung des Abstraktionsprinzips),[75] sondern vor allem wegen der beteiligten Personen. Urheber sind kreative Menschen; der Umgang mit ihnen und ihrer Vertragspraxis bedarf daher eines besonderen Einfühlungsvermögens. Das macht natürlich auch den Reiz dieses Rechtsgebiets aus, dessen Vertragsgegenstände im Folgenden anschaulich gemacht werden sollen. Das Urheberrecht ist der kreative Kernbestandteil unserer Rechtsordnung, wenn nicht gar der Bereich, der unsere Gesellschaft in Literatur und Kunst, also auf kultureller Ebene, weiterentwickelt. Das Urhebervertragsrecht ist damit das Gelenk, das diesen Mechanismus im Rahmen der unsere soziale Marktwirtschaft gestaltenden Vertragsfreiheit gewissermaßen „geschmiert" erhält. 53

Das Urhebervertragsrecht ist begrifflich nicht festgelegt. Manche verstehen darunter all diejenigen Verträge, die ein urheberrechtlich geschütztes Werk oder eine leistungsschutzrechtlich erfasste Leistung zum Gegenstand haben. Wir wollen die Unterscheidung von *Dietz* für die weiteren Ausführungen zu Grunde legen: Danach erfasst das sogenannte **„primäre Urhebervertragsrecht"** alle Verträge, an denen mindestens ein Urheber oder Leistungsschutzberechtigter als eine Vertragspartei beteiligt ist, während das **„sekundäre Urhebervertragsrecht"** die Vertragsbeziehungen ausschließlich unter Werkverwertern regelt.[76] Die einführende Darstellung des Urhebervertragsrechts ist im Wesentlichen beschränkt auf die Ebene des primären Urhebervertragsrechts, da nur hier die urheberrechtlichen Besonderheiten auftreten. Bei den Vertragsgestaltungen in besonderen Bereichen wird an einzelnen Stellen auch auf das sekundäre Urhebervertragsrecht eingegangen, sofern dies notwendig erscheint. Zudem wird gesondert das eigene Gebiet des Vertragsrechts der Verwertungsgesellschaften (→ Rn. 318 ff.) dargestellt. 54

2. Historische Situation/rechtspolitische Entwicklung/EU-Rahmenbedingungen

Das Urhebervertragsrecht birgt nicht unerheblichen sozialen „Sprengstoff". Vielleicht ist dies einer der Gründe, warum es trotz fortdauernder amtlicher Bekundungen[77] erst kürzlich umfassend kodifiziert wurde.[78] Es ist, vergleichbar mit dem Arbeitsrecht, durch eine Unzahl von Gerichtsentscheidungen judikativ geprägt. Dies muss man wissen, will man eine Vertragsberatung zum Wohle seines Mandanten im Urhebervertragsrecht durchführen. 55

Das Urhebervertragsrecht steht zudem unter dem Brennglas des Widerstreits zwischen Interessen der Werkverwerter an einer möglichst kostengünstigen, umfassenden Nutzung urheberrechtlich geschützter Werke und den Interessen der Urheber an Integrität und Hoheit über das Werk sowie angemessener Vergütung für alle Nutzungen des Werkes.[79] Im Folgenden werden daher die einzelnen Verträge und mögliche Formulierungshilfen so weit wie möglich von beiden Interessenseiten her dargestellt. 56

Die rechtspolitische Diskussion um eine Kodifizierung des Urhebervertragsrechts ist dem bundesdeutschen Urheberrechtsgesetz von Anbeginn immanent; sie wurde sogar bewusst in die amtliche Begründung aufgenommen.[80] Sie gewann Anfang der 2000er Jahre neue Kraft, nachdem 57

[75] Schricker/Loewenheim/Katzenberger UrhG Vor §§ 120 ff. Rn. 120 ff.; BGH ZUM 1986, 278 (280) – Alexis Sorbas; BGH GRUR 1958, 504 – Privatsekretärin; OLG Karlsruhe NJOZ 2007, 2089 (2092) – Nichtigkeit eines Künstlervertrages; OLG München FuR 1983, 605 (607); OLG Hamburg GRUR Int 1998, 431 (435); LG Hamburg ZUM 1999, 858 (859).

[76] Dietz Urhebervertragsrecht S. 1 f.

[77] Vgl. die Nachweise bei Schricker/Loewenheim/Schricker UrhG Vor §§ 28 ff. Rn. 1 bis 3.

[78] Zu den neuen Entwicklungen → Rn. 20 ff.

[79] Vgl. dazu Czychowski S. 1, 5, 6 ff.

[80] Amtl. Begr. zum Entwurf eines Gesetzes im Urheberrecht und verwandte Schutzrechte (Urheberrechtsgesetze) der Bundesregierung vom 23.3.1962, BT-Drs. IV, 270, zitiert nach Schulze, Materialien zum Urheberrechtsgesetz, 2 Aufl.

das Bundesjustizministerium sich positiv zu einer Reform des Urhebervertragsrechts geäußert hat[81] und sich einen Entwurf von *Dietz, Loewenheim, W. Nordemann, Schricker* und *Vogel* zu Eigen gemacht hat.[82] Nach ersten Erfahrungen mit diesem Gesetz justierte der Gesetzgeber Anfang 2017 nach und ergänzte die vergütungsrechtlichen Regelungen.[83] Die Europäische Union hingegen hat dem Bereich des Urhebervertragsrechts trotz ihrer umfassenden Richtlinien-Politik im allgemeinen Urheberrecht bislang wenig Beachtung geschenkt. Soweit die Richtlinien urhebervertragsrechtliche Regelungen enthalten, die man in der Beratungspraxis beachten muss, werden diese an den jeweiligen Stellen dargestellt.

58 Aufgrund der ehemals nur rudimentären gesetzlichen Regelung ist das Urhebervertragsrecht wie kaum ein anderes Rechtsgebiet von Verträgen geprägt. Neben Tarifverträgen für angestellte Urheber[84] und seit der Einführung des § 12a TVG für arbeitnehmerähnliche Personen[85] spielen Normverträge, Vertragsmuster und sog. Empfehlungen eine große Rolle. Seit den Novellen 2002, 2017 und 2021 werden zudem immer mehr gemeinsame Vergütungsregeln nach §§ 36, 36a UrhG abgeschlossen. Wir werden diese unter der jeweiligen Werkgattung darstellen.

59 Dort, wo es solche empfohlenen Verträge nicht gab oder wo Verwerter sich nicht an die Empfehlungen ihres Verbandes hielten, regierte die Marktmacht der Verwerter mit einseitig aufgestellten Vertragsmustern, die in der Regel an den §§ 305 ff. BGB zu messen sind.[86]

3. Status Quo der Rechtslage

60 Geregelt ist der Kern des Urhebervertragsrechts in den §§ 31–44 UrhG, im Verlagsgesetz und ausschnittweise auch im Verwertungsgesellschaftengesetz.

61 Dabei begegnet einem bei diesen Regeln sogleich die wesentliche Besonderheit des Urhebervertragsrechts. Die Regeln betreffen nur das Verfügungsgeschäft, also die eigentliche Einräumung der sogenannten Nutzungsrechte. Das zugrundeliegende Verpflichtungsgeschäft regeln sie nicht, es richtet sich vielmehr nach allgemeinen Regeln des BGB. Diese Dualität spiegelt sich jedoch kaum in der Vertragspraxis wider.[87]

62 Das Urheberrecht ist grundsätzlich nicht übertragbar (§ 29 Abs. 1 Hs. 1 UrhG); es verbleibt zu Lebzeiten des Urhebers immer bei ihm. Der Urheber kann an seinem Urheberrecht lediglich **Nutzungsrechte einräumen** (§ 29 Abs. 2 iVm § 31 UrhG). Das Nutzungsrecht selbst ist übertragbar (§ 34 Abs. 1 UrhG); am Nutzungsrecht können weitere Nutzungsrechte eingeräumt werden (§ 31 Abs. 3 S. 1 UrhG), die dann wiederum weitergegeben werden können. Man bezeichnet deshalb auch das Urheberrecht als **„Mutterrecht"**, das immer beim Urheber verbleibt, das Nutzungsrecht als **„Tochterrecht"**, das der Urheber einräumen kann und schließlich das Nutzungsrecht am Nutzungsrecht als **„Enkelrecht"**. Zu beachten ist insoweit unbedingt die Terminologie: Vertragsklauseln wie „A überträgt sein Urheberrecht an B" sind nicht korrekt, weil das Urheberrecht eben gerade nicht übertragen werden kann, § 29 Abs. 1 Hs. 1 UrhG. A als Urheber kann also an B lediglich ein Nutzungsrecht *einräumen,* B könnte sein Nutzungsrecht allerdings unter bestimmten Voraussetzungen an C *übertragen.* Zu beachten ist ferner, dass im Urheberrecht Eigentum und Nutzungsrechte grundsätzlich auseinanderfallen, dh dass der Inhaber eines Nutzungsrechtes in Ermangelung einer ausdrücklichen vertraglichen Regelung nicht auch das Eigentum an der Originalvorlage (Manuskript, Grafik, Fotografie, Entwürfe aller Art, Gemälde etc.) erwirbt; umgekehrt erwirbt der Käufer eines Werkoriginals im Zweifel keine Nutzungsrechte daran (§ 44 Abs. 1 UrhG). Ob das Eigentum mit der gebührenpflichtigen Überlassung von Archivfotos für die Veröffentlichung in Zeitungsbeiträgen übertragen werden sollte, unterliegt der Auslegung des Parteiwillens und der Interessenlage.[88] Regelmäßig ist eine Eigentumsübertragung mit Abschluss

1997, S. 458; dazu Ulmer S. 389 f.; Dietz Urhebervertragsrecht S. 3; Dietz, FS Schricker, S. 6 f.; W. Nordemann GRUR 1991, 1 ff. und die zahlreichen weiteren Nachweise bei Schricker/Loewenheim/Schricker UrhG Vor §§ 28 ff. Rn. 1, 2.

[81] Vgl. die Pressemitteilung 35/2000 22.5.2000 des Bundesministeriums der Justiz.

[82] Däubler-Gmelin ZUM 1999, 265 ff.

[83] Czychowski/J. Nordemann NJW 2017, 780 mwN.

[84] Vgl. dazu allg. Vogel FS Schricker S. 117 und unten → Rn. 151 ff.

[85] Vgl. dazu überblicksartig Schricker/Loewenheim/Schricker UrhG Vor §§ 28 ff. Rn. 5 mwN.

[86] Zur zurückhaltenden Anwendung durch die Rechtsprechung vgl. die berechtigte Kritik hieran von Schricker/Loewenheim/Schricker UrhG Vor §§ 28 ff. Rn. 10–16; nun aber § 11 UrhG und die Gesetzesbegrüdung sowie Fromm/Nordemann/Jan Bernd Nordemann UrhG Vor §§ 31 ff. Rn. 192 ff. dazu.

[87] Vgl. hierzu vielmehr Schricker/Loewenheim/Schricker UrhG Vor §§ 28 ff. Rn. 24 ff., 43 ff., 58 ff.; Götting, FS Schricker, S. 53, 69; Loewenheim/Jan Bernd Nordemann UrhG § 26 Rn. 2 f.

[88] BGH GRUR 2007, 693, 694 Tz. 25 ff. – Archivfotos.

eines Vertrages abzulehnen, vor allem dann, wenn die Fotos mit dem Aufdruck auf der Rückseite „leihweise" übersandt wurden.[89]

63 Umstritten ist auch, ob neben dem **Trennungsprinzip** auch das **Abstraktionsprinzip** im Urheberrecht gilt. Nach dem Abstraktionsprinzip hängt die Wirksamkeit des Verfügungsgeschäftes (also der Rechteeinräumung) nicht von der Wirksamkeit des zugrunde liegenden Verpflichtungsgeschäftes ab. Mithin müsste bei Anwendung des Abstraktionsprinzips im Fall der Unwirksamkeit oder Beendigung des Verpflichtungsgeschäfts das eingeräumte Nutzungsrecht an den Übertragenden bzw. Einräumenden isoliert zurückübertragen werden. Für Verträge mit Urhebern („primäres Urhebervertragsrecht") wird das Abstraktionsprinzip nach der herrschenden und zutreffenden Auffassung jedoch durchbrochen, und es kommt zu dem berühmten automatischen Rechterückfall an den Urheber, wenn sein Verpflichtungsgeschäft wegfällt (sehr str.).[90] Im Gegensatz dazu sollte das Abstraktionsprinzip bei Verträgen zwischen Verwertern angewendet werden. Es kommt also zu keinem automatischen Rechterückfall an einen Verwerter, wenn das Kausalgeschäft, mit dem er Rechte an Dritte weitergegeben hat, entfällt. Das gilt selbst dann, wenn von diesen Rechten weitere Rechte eingeräumt wurden oder die Rechte weiterübertragen wurden.[91] Das wird jedoch bestritten. Das Abstraktionsprinzip könne zwar im Fall nicht zweckgebundener Weiterveräußerung abgeleiteter Rechte gelten, etwa wenn ein bestehendes Nutzungsrecht (Tochterrecht) vom Inhaber an einen Dritten translativ übertragen werde, dann bestehe lediglich ein schuldrechtlicher Anspruch auf Rückübertragung. Jedoch gelte das Abstraktionsprinzip nicht bei konstitutiver Einräumung weiterer abgeleiteter Nutzungsrechte; hier gelte vielmehr die Aufweichung des Abstraktionsprinzips.[92] Dem ist entgegenzuhalten, dass die Durchbrechung des Abstraktionsprinzips für Verträge des Urhebers vor allem auf der Regelung des § 11 S. 2 UrhG basiert. Diese Regelung gilt nicht für Verträge zwischen Verwertern. Es ist auch nicht ersichtlich, weshalb der übertragende bzw. der einräumende Verwerter ein auch nur ähnlich gelagertes Schutzbedürfnis wie der einräumende Urheber haben sollte. Urhebervertragsrechtliche Regelungen zwischen Verwertern enthält das Urheberrecht gerade nicht. Eine Ausnahme bildet § 33 S. 2 UrhG, der sogar ausdrücklich anordnet, dass ein Wechsel des Inhabers des einräumenden Rechts die Einräumung unberührt lässt. Auch die Übertragungszweckregel vermag zu keinem anderen Ergebnis zu führen. Zwar kann die Übertragungszweckregel auch auf Verträge zwischen Verwertern anwendbar sein. Nur in Kombination mit den speziellen Urheberrechtsvorschriften des UrhG durchbricht sie aber das Abstraktionsprinzip, nicht jedoch als bloß allgemeine Übertragungszweckregel, wie sie außerhalb von § 31 Abs. 5 UrhG auf Verträge zwischen Verwertern Anwendung findet.

64 Auch der **BGH** gewährt dem Erwerber der Unterlizenz **auf der zweiten Stufe im Regelfall Sukzessionsschutz,** so dass es nicht zu einem Rechterückfall kommt. Das gilt unabhängig davon, ob die (zweistufige) Unterlizenz ein einfaches Nutzungsrecht betrifft[93] oder ob es sich bei der Unterlizenz um ein ausschließliches Nutzungsrecht handelt.[94] Diesen grundsätzlichen Sukzessionsschutz für den Unterlizenznehmer leitet der BGH aus einer Interessenabwägung zwischen Nutzungsrechtsinhaber (Unterlizenznehmer) und Hauptlizenzgeber ab. Das Interesse des Unterlizenznehmers überwiegt nach dem BGH, wenn der Unterlizenznehmer den Rechteerwerb bereits vollständig vergütet hat. Nach Auffassung des BGH ist das Interesse des Unterlizenznehmers an einem Sukzessionsschutz etwas schwächer ausgeprägt, wenn für die Unterlizenz eine fortlaufende Vergütung für die Nutzung gewährt wird.[95] Denn in solchen Fällen kann der Unterlizenznehmer zumindest nicht seine schon erfolgte Zahlung im Vertrauen darauf in die Waagschale werfen, dass er für die gesamte Laufzeit der Unterlizenz das Recht nutzen darf. Dennoch hat der Unterlizenznehmer auch bei fortlaufender Vergütung für die Unterlizenz im Regelfall ein überwiegendes

[89] BGH GRUR 2007, 693, 695 Tz. 29 – Archivfotos.

[90] BGH GRUR 2012, 916 Tz. 19 f. – M2Trade; Fromm/Nordemann/Jan Bernd Nordemann UrhG § 31 Rn. 30 ff.

[91] Vgl. Wente/Härle GRUR 1997, 96 (99); Schack Rn. 590; genauso auch alle Stimmen, die generell das Abstraktionsprinzip auf Verfügungen des Urhebers anwenden wollen, vgl. Fromm/Nordemann/Jan Bernd Nordemann UrhG § 31 Rn. 30; insebsondere OLG München v. 20.1.2011 – Az. 29 U 2626/10 – InstGE 13, 171 – Take Five II, zit. nach juris Tz. 33 ff.; ferner BGH GRUR 1958, 504 (506) – Die Privatsekretärin, BGH GRUR 1982, 369 (371) – Allwetterbad; BGH GRUR 1990, 443 (446) aE – Musikverleger IV.

[92] Schricker/Loewenheim/Schricker/Loewenheim UrhG Vor §§ 28 ff. Rn. 101; zu den Konsequenzen der Aufweichung vgl. § 31 Rn. 34.

[93] BGH GRUR 2012, 916 Tz. 23 ff. – M2Trade.

[94] BGH GRUR 2012, 914 Tz. 16. – Take Five.

[95] BGH GRUR 2012, 914 Tz. 20. – Take Five; BGH GRUR 2012, 916 Tz. 26. – M2Trade, dort auch zu den insolvenzrechtlichen Konsequenzen.

Interesse, das unterlizenzierte Recht weiter nutzen zu dürfen. Der BGH betont hier zu Recht, dass der Unterlizenznehmer im Regelfall sich für seinen Geschäftsbetrieb auf das Bestehen der Unterlizenz eingerichtet hat. Noch nicht entschieden hat der BGH die Frage des automatischen Rechterückfalls, wenn Rechte gemäß § 34 UrhG auf Dritte weiter übertragen wurden. Gemeint sind also Fälle, in denen der Rechteerwerber das komplette Recht an einen Dritten weiter übertragen hat. Ist es – erlaubterweise – zu einer Übertragung des Rechts gekommen, sollte dem Übertragungsempfänger grundsätzlich Sukzessionsschutz gewährt werden. Es kann nichts anderes als für die Fälle der Unterlizenz nach § 35 UrhG gelten. Bei Weiterübertragungen der Nutzungsrechte nach § 34 UrhG ist das Interesse des Erwerbers, das Recht weiter nutzen zu können, noch stärker ausgeprägt als das Interesse des bloßen Unterlizenznehmers.

65 Der **Grundsatz der Formfreiheit** gilt grundsätzlich auch im Urheberrecht. Ein Vertrag über eine Nutzungsrechtseinräumung kann also sowohl schriftlich als auch mündlich abgeschlossen werden oder konkludent (§ 157 BGB) erfolgen. Eine Ausnahme bilden lediglich die Verträge über künftige Werke, „die überhaupt nicht näher oder nur der Gattung nach bestimmt sind"; sie unterliegen der Schriftform (§ 40 Abs. 1 S. 1 UrhG). Ferner ist nach dem Inkrafttreten des „2. Korbes" die Einräumung von Rechten an bei Vertragsschluss noch unbekannten Nutzungsarten und die Verpflichtung hierzu schriftlich abzufassen, § 31a Abs. 1 UrhG (mit Ausnahmen).[96]

66 Zu guter Letzt seien noch die Geschäfte über Urheberpersönlichkeitsrechte genannt, die uns bei einzelnen Verträgen – insbesondere im Foto- oder Designbereich – begegnen werden. Grundsätzlich sind Urheberpersönlichkeitsrechte, wie Persönlichkeitsrechte allgemein, nicht übertragbar. Dennoch setzt das Urheberrechtsgesetz selbst voraus, dass Rechtsgeschäfte über Urheberpersönlichkeitsrechte möglich sind, so etwa bei der Gestattung zur Erstveröffentlichung (vgl. § 12 UrhG). Weder Dogmatik noch Grenzen der Zulässigkeit solcher Rechtsgeschäfte sind abschließend geklärt.[97]

67 **a) Vertragsgegenstand, Parteien, Vertragsschluss.** Das deutsche Urhebervertragsrecht kennt keine **Einschränkung des Vertragsgegenstandes** oder der **beteiligten Parteien.** Es herrscht insoweit Vertragsfreiheit.[98] Einzig die Verwertungsgesellschaften unterliegen dem sog. Abschlusszwang; sie können sich ihre Vertragspartner nicht aussuchen. Dieser Abschlusszwang ist geregelt in § 34 Verwertungsgesellschaftengesetz (VGG). Auch der **Vertragsschluss** ist im deutschen Urhebervertragsrecht in der Regel nicht formbedürftig. Nur bei Verträgen über künftige Werke ist Schriftform erforderlich (§ 40 Abs. 1 UrhG).[99] Hinzu kommt, dass die Übertragung von Nutzungsrechten im sekundären Urhebervertragsrecht als Verfügung, nicht aber die Verpflichtung hierzu, nach § 34 UrhG zustimmungsbedürftig ist.

68 **b) Einbeziehung von Allgemeinen Geschäftsbedingungen.** Die Einbeziehung von Allgemeinen Geschäftsbedingungen unterliegt im deutschen Urhebervertragsrecht keinen Besonderheiten. Allerdings hat die Rechtsprechung, zumindest in früheren Jahren, Allgemeine Geschäftsbedingungen im Urheberrecht nur einer sehr zurückhaltenden Inhaltskontrolle unterzogen, was vielfach auf Kritik gestoßen ist.[100] Nunmehr gerät das AGB-Recht immer mehr in den Fokus urheberrechtlicher Rechtsprechung. Dabei ist zunächst immer zu fragen, ob einzelne Klauseln so überraschend sind, dass sie nach § 305c Abs. 1 BGB überhaupt nicht Vertragsbestandteil werden.[101] Überraschend war die Klausel einer Druckerei, die Verwertung des zu druckenden Werkes bei Zahlungsverzug selbst zu übernehmen.[102] Überraschend kann es auch sein, wenn sich sogenannte User-Generated Content Plattformen (zB YouTube oder Facebook) für den Content vom User Nutzungsrechte einräumen lassen, die über die für die Plattformnutzung erforderlichen Rechte hinausgehen.[103] Rechteeinräumungen für bei Vertragsschluss unbekannte Nutzungsarten sind nicht überraschend, wenn sich der Verwerter auch sonst umfassend Rechte einräumen lässt. Das galt bereits für die Zeit um Anfang 2008 kurz nach Einführung des § 31a, der den Rechtsverkehr

[96] Fromm/Nordemann/Jan Bernd Nordemann UrhG § 31a Rn. 2 ff.

[97] Vgl. Schricker/Loewenheim/Dietz UrhG Vor § 12 ff. Rn. 26 ff.

[98] BGH GRUR 1984, 45 (48) – Honorarbedingungen: Sendevertrag; Zur Vertragsfreiheit als Ausgangspunkt mit dem Urheberrecht als „Schutz der Schwächeren" vgl. Götting, FS Schricker, S. 53, 58 ff.

[99] → Rn. 65.

[100] Vgl. statt aller Schricker/Loewenheim/Schricker UrhG Vor §§ 28 ff. Rn. 10 ff.

[101] Das sah das LG Nürnberg-Fürth für eine umfassende Rechteeinräumungsklausel (auch außerhalb des Urheberrechts) im Amazon-Händlershop so. LG Nürnberg-Fürth MMR 2011, 588 – unwirksame Amazon AGB.

[102] OLG Frankfurt GRUR 1984, 515 (516) – Übertragung von Nutzungsrechten.

[103] Solmecke/Dam MMR 2012, 71; Berberich MMR 2010, 736.

mit unbekannten Rechten erst ermöglichte.[104] Zu beachten ist, dass in den abstrakten AGB-Kontrollverfahren, die über eine Anspruchsberechtigung nach UWG oder UKlaG geführt werden, § 305c Abs. 1 BGB keine Bedeutung zukommt.

Nach § 307 Abs. 1 S. 1 BGB sind Bestimmungen in AGB bei unangemessener Benachteiligung des Vertragspartners unwirksam. Eine unangemessene Benachteiligung kann sich insbesondere aus einem Widerspruch zu einem gesetzlichen Leitbild (§ 307 Abs. 2 Nr. 1 BGB) oder zu wesentlichen Vertragspflichten (§ 307 Abs. 2 Nr. 2 BGB) ergeben. Zur Inhaltskontrolle von Nutzungsrechtseinräumungen nach § 307 BGB gab es lange Zeit trotz einer Vielzahl vorformulierter Verträge der Verwerter keine urheberrechtliche Praxis. Das war offensichtlich darauf zurückzuführen, dass sich der Bundesgerichtshof in den 1980er Jahren geweigert hatte, urheberrechtliche Nutzungsverträge zwischen Urhebern und Verwertern einer umfassenden Inhaltskontrolle zu unterziehen.[105] Mit der Urhebervertragsrechtsnovelle des Jahres 2002 geriet die AGB-Kontrolle aber wieder in den Blickpunkt. Jetzt gibt es eine neue Entscheidung des Bundesgerichtshofes *Honorarbedingungen Freie Journalisten,*[106] und es ergibt sich folgendes Bild:[107] 69

Eine zentrale Frage bei der AGB-Kontrolle war, ob über den Vertragszweck hinausgehende Nutzungsrechtseinräumungen an der Übertragungszweckregel des § 31 Abs. 5 UrhG scheitern. Einige Oberlandesgerichte[108] hatten in der Tat die Übertragungszweckregel als wesentlichen Grundgedanken der gesetzlichen Regelung gesehen, die im Rahmen des § 307 Abs. 2 Nr. 1 BGB herangezogen werden könne. Ein Übermaß an Rechtsübertragung im Hinblick auf den Vertragszweck erfordere eine AGB-Kontrolle auch dann, wenn die Nutzungsarten einzeln im Formularvertrag spezifiziert seien und damit eigentlich § 31 Abs. 5 UrhG genüge getan sei.[109] Dem ist der BGH zu Recht mit der neuen Entscheidung *Honorarbedingungen Freie Journalisten* entgegengetreten. § 31 Abs. 5 UrhG ermögliche keine Inhaltskontrolle; es handele sich um eine bloße Auslegungsregel.[110] Ohnehin hätte die Inhaltskontrolle über § 31 Abs. 5 UrhG deshalb Schwierigkeiten gemacht, weil der Vertragszweck in der abstrakten AGB-Kontrolle nicht hinreichend identifiziert werden kann. Der Vertragszweck ist einzelfallabhängig und kollidiert deshalb mit dem abstrakt-generellen Maßstab der AGB-Kontrolle; dieser abstrakt-generelle Maßstab der AGB-Kontrolle gilt nicht nur für die AGB-Kontrolle nach UKlaG und UWG, sondern auch für Individualverfahren.[111] Zur Klarstellung sei angemerkt, dass § 31 Abs. 5 UrhG im Rahmen der AGB-Kontrolle nur dann nicht anwendbar ist, wenn die Nutzungsarten im Einzelnen bezeichnet sind. Bei lediglich genereller Formulierung der Nutzungsrechtseinräumung bleibt § 31 Abs. 5 UrhG direkt – ohne Umweg über § 307 BGB – anwendbar und führt die Nutzungsrechtseinräumung auf das nach dem Vertragszweck erforderliche Maß zurück. 70

§ 37 Abs. 1 UrhG stellt die Regel auf, dass im Zweifel dem Nutzungsberechtigten ein Bearbeitungsrecht im Hinblick auf das Werk nicht eingeräumt ist. In diesem Zusammenhang ist auch § 14 UrhG zu beachten, der dem Urheber ein Persönlichkeitsrecht gewährt, Entstellungen oder andere Beeinträchtigungen seines Werkes zu verbieten, die geeignet sind, seine berechtigten geistigen oder persönlichen Interessen am Werk zu gefährden; die dazu korrespondierende vertragsrechtliche Vorschrift ist § 39 UrhG. Nach der neuen Entscheidung des Bundesgerichtshofes *Honorarbedingungen Freie Journalisten* enthält § 37 Abs. 1 UrhG lediglich eine Zweifelsregel. Danach bleibt eine formularvertragliche Einräumung des Bearbeitungsrechtes möglich, weil kein wesentlicher Grundgedanke gem. § 307 Abs. 2 Nr. 1 BGB betroffen ist.[112] Auch wenn der BGH dies in seiner Entscheidung nicht erwähnt, sollten Vereinbarungen zu §§ 14, 39 UrhG nicht anders behandelt werden.[113] 71

---

[104] AA Wille GRUR 2009, 470 (473).

[105] BGH GRUR 1984, 45 (49) – Honorarbedingungen: Sendeverträge; BGH GRUR 1984, 119 (121) – Synchronisationssprecher.

[106] BGH GRUR 2012, 1031.

[107] Eingehend Jan Bernd Nordemann NJW 2012, 3121 ff.

[108] OLG Rostock ZUM 2012, 706 (709) mwN; einschränkend OLG Hamburg GRUR-RR 2011, 293 (295) – Buy-Out mit Pauschalabgeltung: AGB-Kontrolle nach der Übertragungszweckregel ist auf Ausnahmefälle zu beschränken, in denen ein Gestaltungsmissbrauch vorliegt.

[109] OLG Hamburg GRUR-RR 2011, 293 (295) – Buy-Out mit Pauschalabgeltung.

[110] BGH GRUR 2012, 1031 Tz. 16 und 17 – Honorarbedingungen Freie Journalisten; gl. A. schon OLG Hamm v. 27.1.2011, Az. I-4 U 183/10.

[111] BGH GRUR 2012, 1031 Tz. 19 – Honorarbedingungen Freie Journalisten.

[112] BGH GRUR 2012, 1031 Tz. 22 – Honorarbedingungen Freie Journalisten.

[113] Zu pauschalen Änderungsabreden Jan Bernd Nordemann NJW 2012, 3121 (3123).

72 Im Hinblick auf die Zulässigkeit einer formularmäßigen Zustimmung in AGB zur Weiterübertragung (§ 34 Abs. 1 S. 1 UrhG) oder zur Einräumung abgeleiteter Nutzungsrechte (§ 35 Abs. 1 S. 1 UrhG) ist der Meinungsstand in Rechtsprechung und Literatur etwas unübersichtlich; in seiner neuen Entscheidung hat der BGH leider dazu nicht Stellung nehmen können. Teilweise wird vertreten, die Zustimmung könne überhaupt nicht in AGB erteilt werden.[114] Dem gegenüber bestehen nach der zutreffenden herrschenden Auffassung keine Bedenken, dass im Massengeschäft mit kleinteiligen Werken eine Zustimmung in AGB vorab durch die Autoren gegeben werden kann. Hier muss eine angemessene Standardisierung möglich sein. Dies gilt zB für Tageszeitungsartikel.[115] Allerdings müssen auch formularvertragliche Zustimmungen für „Werke anspruchsvollen Niveaus mit erheblichen persönlichkeitsrechtlichen Implikationen" zulässig sein.[116] Es kann nicht gesagt werden, es sei ein wesentlicher Grundgedanke des § 34 BGB (iSd § 307 Abs. 2 Nr. 1 BGB), dass für solche Werke eine Weitergabe der Rechte nur mit individueller Zustimmung erfolgen könne.

73 Nach dem KG[117] war die Klausel in Journalisten-AGB, *„ein fehlender Urhebervermerk löst keine gesonderten Ansprüche aus"*, ein Verstoß gegen § 13 UrhG und damit AGB-rechtlich unwirksam. In der Revisionsinstanz konnte der BGH in seiner neuen Entscheidung *Honorarbedingungen Freie Journalisten* dazu nicht Stellung nehmen, weil das KG-Urteil insoweit rechtskräftig war.[118] Aber auch andere Obergerichte urteilten streng. Nach dem OLG Hamburg war eine Klausel, nach der ein Presseverlag zur Namensnennung berechtigt, aber nicht verpflichtet ist, wegen § 13 UrhG unwirksam.[119] Das KG tendierte ferner dazu, einen Ausschluss des Nennungsrechts des ausübenden Künstlers nach §§ 74 Abs. 1, 93 Abs. 2 UrhG als Verstoß gegen § 307 BGB einzuordnen.[120] Ein wesentlicher Grundgedanke im Sinne von § 307 BGB kann die Urhebernennung aber nur dann sein, wenn sie branchenüblich ist.[121] Davon kann zB im Pressebereich nicht für alle Artikel ausgegangen werden.

74 Klärungsbedürftig war schließlich auch die Frage, ob die Vergütungsabreden – als Gegenleistung zur Nutzungsrechtseinräumung – der AGB-Kontrolle unterliegen. Die Diskussion zu dieser Frage wurde durch die oben erwähnte Einführung des § 11 S. 2 UrhG im Rahmen der Urheber-Vertragsrechtsreform 2007 befeuert. In seiner Entscheidung hat der Bundesgerichtshof jedoch abgelehnt, über § 11 S. 2 UrhG die unmittelbaren Preisregelungen in Urheberrechtsverträgen zu kontrollieren. Der Bundesgerichtshof argumentiert damit, dass die Angemessenheit einer Vergütung einer unmittelbaren Preisabrede nach § 11 S. 2 UrhG nicht bloß aufgrund von AGB festgestellt werden könne. Hier müsse – bei Klagen nach UKlaG oder UWG, aber auch bei individuellen Verfahren – stets ein abstrakt-genereller Maßstab angelegt werden, der es verbiete, die für die Angemessenheitsprüfung erforderliche Prüfung der besonderen Umstände des Einzelfalls vorzunehmen.[122] Selbst wenn ein Pauschalhonorar für ein Rechte-Buyout vereinbart sei, bedeutet dies noch nicht, dass § 11 S. 2 UrhG eine solche Vergütungsabrede AGB-rechtlich kontrollieren könne. Denn es sei nicht von vornherein für jeden Einzelfall ausgeschlossen, dass ein Pauschalhonorar unangemessen sei. Vielmehr mache es zB gerade bei Zeitungen Sinn, ein Pauschalhonorar zu vereinbaren. Mit der neuen Entscheidung des Bundesgerichtshofes wird den §§ 32, 32a, 32c UrhG allerdings faktisch ein Vorrangverhältnis gegenüber der AGB-Kontrolle aus § 11 S. 2 UrhG eingeräumt. Denn der Bundesgerichtshof lehnt im Grundsatz die Kontrolle der unmittelbaren Preisvereinbarung – sowohl in abstrakten Kontroll- als auch bei Individualver-

---

[114] Haberstumpf in Büscher/Dittmer/Schiwy § 34 Rn. 5; Dreier/Schulze/Schulze UrhG § 34 Rn. 51; ähnlich, aber differenzierend Dreyer/Kotthoff/Meckel/Kotthoff UrhG § 34 Rn. 19.

[115] OLG München GRUR-RR 2011, 401 (405) – Printmediarechte; OLG Hamburg GRUR-RR 2011, 293 (300) – Buy-out mit Pauschalabgeltung; Jan Bernd Nordemann NJW 2012, 3121 (3123); Fromm/Nordemann/Jan Bernd Nordemann UrhG § 34 Rn. 41; Schricker/Loewenheim/Schricker/Loewenheim UrhG § 34 UrhG Rn. 28; **aA** KG ZUM 2010, 799.

[116] Jan Bernd Nordemann NJW 2012, 3121 (3123); **aA** Schricker/Loewenheim/Schricker/Loewenheim UrhG § 34 UrhG Rn. 28; Berger/Wündisch/Berger § 1 Rn. 165; Wandtke/Bullinger/Wandtke/Grunert UrhG § 34 UrhG Rn. 40. Der Bundesgerichtshof hat in der Entscheidung Honorarbedingungen: Sendevertrag (BGH GRUR 1984, 45 (52)) eine formularmäßige Zustimmung gem. §§ 34, 35 unabhängig vom Charakter des Werkes unbeanstandet gelassen.

[117] KG ZUM 2010, 799.

[118] BGH GRUR 2012, 1031 Tz. 8 – Honorarbedingungen Freie Journalisten.

[119] OLG Hamburg GRUR-RR 2011, 293 (301) – Buy-out mit Pauschalabgeltung.

[120] KG v. 9.2.2012, Az. 23 U 192/08.

[121] Fromm/Nordemann/Dustmann UrhG § 13 UrhG Rn. 14 ff. mwN zum Streit, ob die Branchenübung irrelevant ist, wenn sie eine Unsitte darstellt; dagegen Radmann ZUM 2001, 788 (791), mit beachtlichen Argumenten.

[122] BGH GRUR 2012, 1031 Tz. 30 – Honorarbedingungen Freie Journalisten; anders LG Köln ZUM 2014, 436 (438 f.).

fahren – ab, so dass in solchen Fällen nur die §§ 32, 32a, 32c UrhG zur Anwendung kommen können.[123]

Auch wenn mit der neuen BGH-Entscheidung die Rechtseinräumung als solche und unmittelbare Preisregelungen grundsätzlich nicht AGB-kontrollfähig sind, können solche Klauseln doch am Transparenzgebot des § 307 Abs. 1 S. 2 BGB scheitern. Im BGH-Fall traf das insbesondere für drei Formulierungen zu: 75

- Nicht hinreichend transparent sind Vergütungsregelungen, die „jedenfalls" bestimmte Rechte in die bezahlte Pauschalvergütung einbeziehen. Dabei wird nach Auffassung des BGH nicht hinreichend klar, welche Sachverhalte nicht vergütungsmäßig abgegolten sind.[124]
- Im Hinblick auf die Erlaubnis zur Weitergabe der Rechte an „kooperierende Verlage" sei nicht hinreichend klar, welche Art und Intensität die Zusammenarbeit aufweisen müsse.[125]
- Auch die Formulierung „wichtige Verlagsinteressen" bei der Frage, ob ein Journalist vor Ablauf der Jahresfrist den Presseartikel selbst nutzen dürfe, sei zu unbestimmt.[126]

Es bleibt also für die Verwender von vorformulierten Nutzungsverträgen eine Herausforderung, klare und verständliche Formulierungen zu finden. 76

Ein spezieller Anwendungsfall allgemeiner Geschäftsbedingungen sind sog. **Creative Commons** Lizenzen. Es handelt sich um standardisierte Lizenzmodelle, die die kostenlose Nutzung urheberrechtlich geschützter Werke unter bestimmten Bedingungen erlauben. Besonders beliebt ist diese Lizenz zB bei Fotografen. Aber auch das Bundesministerium der Justiz verwendet sie. Die Lizenzstandards werden durch eine gemeinnützige Organisation erarbeitet, die sich nach ihren eigenen Worten dafür einsetzt, dass das Internet ein Medium für den freien Austausch von Inhalten bleibt (http://www.creativecommons.org). Schlagwort ist, dass nicht immer gelten solle „All Rights Reserved", sondern vielmehr nur „Some Rights Reserved". Im Grunde genommen macht der **Standardlizenzvertrag,** den Creative Commons propagiert, damit also nur von den **Möglichkeiten einer ausdifferenzierten Einräumung von Nutzungsrechten** Gebrauch. Auf **http://de.creativecommons.org** ist auch eine an das deutsche Urheberrecht angepasste Version der Creative Commons-Lizenzen veröffentlicht. Mit einem sog. **Lizenzierungstool** kann der Nutzer von Creative Commons sich aus einer Reihe von Lizenzelementen einen individuellen Lizenzvertrag zusammenstellen. Es werden **„Bausteine"** angeboten, die mit bestimmten graphischen Symbolen („Icons") illustriert werden und insgesamt 6 Kombinationen ergeben, darunter zB: **Namensnennung:** Erlaubt anderen, das Werk oder Bearbeitungen davon zu vervielfältigen, zu verbreiten und öffentlich wiederzugeben, wenn der Autor/Rechteinhaber genannt wird. **Namensnennung/Keine Bearbeitung:** Erlaubt anderen, das Werk zu vervielfältigen, zu verbreiten und öffentlich wiederzugeben, wenn der Autor/Rechteinhaber genannt wird; das Werk darf aber nicht bearbeitet werden. **Namensnennung/Nicht kommerziell:** Erlaubt anderen, das Werk oder Bearbeitungen davon zu nicht kommerziellen Zwecken zu vervielfältigen, zu verbreiten und öffentlich wiederzugeben, wenn der Autor/Rechteinhaber genannt wird. **Namensnennung/Keine Bearbeitung/Nicht kommerziell:** Erlaubt anderen, das Werk zu nicht kommerziellen Zwecken zu vervielfältigen, zu verbreiten und öffentlich wiederzugeben, wenn der Autor/Rechteinhaber genannt wird; das Werk darf aber nicht bearbeitet werden. Zur Auslegung solcher Standardlizenzen gibt es **erste Rechtsprechung.** Das OLG Köln hielt fest, dass die Creative-Comments-Lizenzen allgemeine Geschäftsbedingungen sind.[127] Eine Körperschaft des öffentlichen Rechts hatte im Internetauftritt ein Foto öffentlich zugänglich gemacht, das sie unter „Creative Commons Attribution(Namensnennung) Non-Commercial 2.0" einlizensiert hatte. Nach dem OLG verletzte die Nutzung im Internet nicht das Verbot der kommerziellen Nutzung Zwar liege im strengen Sinne kein unentgeltliches Angebot durch die Internetnutzung vor, weil die Beklagte Gebühren-finanziert sei. Jedoch sei unklar, ob solche Nutzungen als „kommerziell" im Sinne der Creative-Comments-Lizenz anzusehen seien. Im Zweifel müsse gegen den Verwender entschieden werden.[128] Allerdings verstieß der Nutzer deshalb gegen die Creative-Commons-Lizenz, weil das streitgegenständliche Foto verändert öffentlich zugänglich gemacht wurde; beim Beschneiden des Bildes hatte der Nutzer auch die Bezeichnung des Klägers in der rechten unteren Ecke des Bildes mit einem „Copyright"-Vermerk 77

[123] Vgl. BGH GRUR 2012, 1031 Tz. 29 – Honorarbedingungen Freie Journalisten; anders LG Köln ZUM 2014, 436 (438 f.). Dazu auch Jan Bernd Nordemann NJW 2012, 3121 (3124 f.).
[124] BGH GRUR 2012, 1031 Tz. 37 – Honorarbedingungen Freie Journalisten.
[125] BGH GRUR 2012, 1031 Tz. 38 – Honorarbedingungen Freie Journalisten.
[126] BGH GRUR 2012, 1031 Tz. 59 – Honorarbedingungen Freie Journalisten.
[127] OLG Köln GRUR 2015, 167 (170) – Creative-Commons-Lizenz.
[128] OLG Köln GRUR 2015, 167 (171) – Creative-Commons-Lizenz.

entfernt.[129] Das Landgericht München I entschied zu Creative-Commons-Lizenzen, dass bei einer verpflichtenden Urheberangabe das Erscheinen des Namens bei einem „Mouse-over" keine ausreichende Urhebernennung sei.[130]

78 c) **Grundsätze.** Es gibt mehrere **Arten von Nutzungsrechten** (**§ 31 Abs. 1 S. 2 UrhG iVm Abs. 2 und Abs. 3**), und zwar

- einfache Nutzungsrechte (Abs. 2) und
- ausschließliche Nutzungsrechte (Abs. 3 UrhG).

Diese können eingeräumt werden

- zur Nutzung (= an Verwerter) oder
- zur Wahrnehmung gegenüber Dritten (zB an Verwertungsgesellschaften).

Ein Nutzungsrecht kann sowohl eine

- quasi-dingliche Wirkung (ausschließliches Nutzungsrecht § 31 Abs. 3 UrhG) als auch eine
- lediglich schuldrechtliche Wirkung (einfaches Nutzungsrecht § 31 Abs. 2 UrhG)

besitzen.

Darüber hinaus kann die Nutzungsrechtseinräumung eine

- zeitliche,
- örtliche oder
- inhaltliche

Beschränkung enthalten (§ 31 Abs. 1 S. 2 UrhG).

79 Grundsätzlich bedarf jede **Weitergabe des Nutzungsrechts** der **Zustimmung des Urhebers** (§§ 34, 35 UrhG); diese Zustimmungspflicht ist jedoch abdingbar[131] und es gibt Ausnahmen (§ 34 Abs. 3 UrhG). Sodann enthält das UrhG für verschiedene Konstellationen gesetzliche **Auslegungsregeln** im Hinblick auf den Umfang der Einräumung von Nutzungsrechten. Dazu gehören § 37 UrhG (Verträge über die Einräumung von Nutzungsrechten, insbesondere mit einer Vermutungsregel zur Einräumung des Bearbeitungsrechts), § 38 UrhG (Beiträge zu Sammlungen) und § 39 UrhG (Änderungen des Werkes) und § 4 UrhG (Veräußerung des Originals des Werkes). Von größerer praktischer Bedeutung ist auch die Auslegungsregel gem. § 43 UrhG für Nutzungsrechtseinräumungen in Arbeits- oder Dienstverhältnissen. Darüber hinaus sind die grundsätzlich **zwingenden gesetzlichen Regelungen** für künftige Werke (§ 40 UrhG), das Recht zur anderweitigen Verwertung nach zehn Jahren bei pauschaler Vergütung (§ 40a UrhG), das Rückrufsrecht wegen Nichtausübung (§ 41 UrhG), das Rückrufsrecht wegen gewandelter Überzeugung (§ 42 UrhG) und die Zwangslizenz zur Herstellung von Tonträgern (§ 42a UrhG) zu beachten.

80 Ausfluss der sozialen Funktion des Urheberrechts, dem Urheber den Lohn für seine Arbeit zu sichern, weil die meisten Urheber freiberuflich tätig sind und damit das volle Risiko ihres künstlerischen Schaffens tragen,[132] ist auch das Urhebervertragsrecht. Es wurde bislang vor allem von dem sog. **„Zweckübertragungsgedanken"** (neuerdings auch **„Übertragungszweckgedanke"**)[133] aus § 31 Abs. 5 UrhG geprägt, der besagt, dass der Urheber in Verträgen im Zweifel Nutzungsrechte nur in dem Umfang einräumt, den der Vertragszweck unbedingt erfordert; darin kommt der von der Rechtsprechung geprägte Grundsatz zum Ausdruck, dass die urheberrechtlichen Befugnisse die Tendenz haben, soweit wie möglich beim Urheber zu verbleiben, damit dieser in angemessener Weise an den Erträgen seines Werkes beteiligt wird.[134] Bisher galt der darin zum Ausdruck kommende Schutz zugunsten des Urhebers jedoch nur im Zusammenhang mit der Einräumung von Nutzungsrechten, nicht aber auch im Zusammenhang mit der Vergütung, die der Urheber dafür beanspruchen konnte. Denn einerseits war es möglich, für eine bestimmte Nutzungsrechtseinräumung unangemessen niedrige Honorare zu vereinbaren. Andererseits konnte dann, wenn der Zweckübertragungsgedanke des § 31 Abs. 5 UrhG nicht zur Anwendung kam, weil die eingeräumten Nutzungsrechte jeweils einzeln bezeichnet wurden, der Verwerter gegen ein Pauschalhonorar nahezu sämtliche denkbaren Nutzungsrechte erwerben.

[129] OLG Köln GRUR 2015, 167 (171) – Creative-Commons-Lizenz.

[130] LG München I MMR 2015, 467.

[131] Zur AGB-rechtlichen Zulässigkeit der Abdingbarkeit vgl. → Rn. 72.

[132] → Rn. 9 ff.

[133] BGH GRUR 2013, 1213 (1215) Tz. 18 – SUMO.

[134] Vgl. zB BGH GRUR 2008, 357 (359), Tz. 32 ff. – Planfreigabesystem; BGH GRUR 2007, 693 (695) Tz. 31 – Archivfotos; BGH GRUR 2002, 248 (251) – Spiegel-CD-Rom mwN; im Detail dazu Fromm/Nordemann/Jan Bernd Nordemann UrhG § 31 Rn. 108 ff.

Diesen aus der Sicht der Urheber bestehenden Missstand wollte das „Gesetz zur Stärkung der vertraglichen Stellung von Urhebern und ausübenden Künstlern" vom 25.1.2002 beheben.[135] § 11 S. 2 UrhG enthält seitdem nicht nur eine Klarstellung, dass **das Urheberrecht zugleich der Sicherung einer angemessenen Vergütung für die Nutzung des Werkes dient,**[136] sondern neu in das UrhG aufgenommen wurde auch ein **nicht abdingbarer Anspruch für den Urheber auf Zahlung einer angemessenen Vergütung** (§§ 32, 32b UrhG). Außerdem steht dem Urheber für den Fall der besonders erfolgreichen Verwertung ein Anspruch auf eine weitere angemessene Beteiligung zu (sog. **„reformierter Bestsellerparagraf"**, § 32a UrhG) und wurde für Urheber- und Verwerterverbände die Möglichkeit geschaffen, die Höhe der angemessenen Vergütung in **gemeinsamen Vergütungsregeln** festzulegen (§ 36 UrhG). Für bisher unbekannte Nutzungsarten wird zur Sicherung des Urhebers seit dem 1.1.2008 ebenso ein Vergütungsanspruch neu geregelt, § 32c UrhG. Die durch das Gesetz zur Stärkung der vertraglichen Stellung von Urhebern und ausübenden Künstlern vom 25.1.2002 erfolgte Urhebervertragsrechtsreform gilt gemäß § 132 Abs. 3 UrhG für alle ab dem 1.7.2002 geschlossenen Verträge; lediglich der modifizierte Bestsellerparagraf gemäß § 32a UrhG findet bereits auf Sachverhalte, also Verwertungshandlungen,[137] Anwendung, die nach dem 28.3.2002 entstanden sind. Ist ein Vertrag zwischen dem 1.6.2001 und dem 30.6.2002 geschlossen worden, findet jedenfalls § 32 UrhG insoweit Anwendung, als von dem eingeräumten Recht oder der Erlaubnis nach dem 30.6.2002 Gebrauch gemacht wird. 81

Als Folge des Gesetzes zur Regelung des Urheberrechts in der Informationsgesellschaft vom 10.9.2003 wird zu den **verwandten Schutzrechten** der ausübenden Künstler, des Veranstalters, des Tonträgerherstellers, des Sendeunternehmens und des Filmherstellers nunmehr in §§ 79, 81 S. 2, 85 Abs. 2, 87 Abs. 2 und 94 Abs. 2 UrhG jeweils ausdrücklich geregelt, dass eine **Nutzungsrechtseinräumung** erfolgen kann. Außerdem wird das Urhebervertragsrecht (teilweise) für entsprechend anwendbar erklärt, und zwar die §§ 31 Abs. 1 bis 3 und 5 sowie teilweise die §§ 32 bis 43 UrhG, teilweise nur die §§ 33 und 38 UrhG. Nicht verwiesen wurde schon vormals (vor dem 2. Korb) auf § 31 Abs. 4 UrhG aF, so dass die genannten Inhaber verwandter Schutzrechte auch Nutzungsrechte an unbekannten Nutzungsarten einräumen konnten.[138] Mit dem generellen Wegfall der Unwirksamkeitsregelung des § 31 Abs. 4 UrhG aF über die **Einräumung unbekannter Nutzungsarten** ist es zulässig, auch Nutzungsrechte an unbekannten Nutzungsarten einzuräumen, § 31a UrhG. Nach Abschaffung des § 31 Abs. 4 UrhG aF durch den „2. Korb" wird auch nicht auf das neue Schriftformgebot des § 31a Abs. 1 S. 1 UrhG verwiesen, so dass mündliche Abreden möglich sind.[139] Für bisher unbekannte Nutzungsarten wird zur Sicherung des Urhebers ebenso ein Vergütungsanspruch geregelt, § 32c UrhG. Die auch nach der Reform des Urhebervertragsrechts 2002 weiterhin bestehenden Defizite, die teilweise zu unangemessen niedrigen Vergütungen der Urheber und ausübenden Künstler und zu „Total Buy-Outs" führten, will das **Gesetz zur verbesserten Durchsetzung des Anspruchs der Urheber und ausübenden Künstler auf angemessene Vergütung** und zur Regelung von Fragen der Verlegerbeteiligung vom 20.12.2016,[140] das überwiegend am 1.3.2017 in Kraft getreten ist, beheben. Es sieht zu diesem Zweck ein Zweitverwertungsrecht der Urheber bei ausschließlichen Lizenzen mit Pauschalentgelt und nach zehn Jahren vor (§ 40a Abs. 1 S. 1 UrhG). Für die verbleibende Lizenzvertragsdauer besteht das Nutzungsrecht des ersten Lizenzinhabers als einfaches Recht fort (§ 40a Abs. 1 S. 2 UrhG). Das Zweitverwertungsrecht gilt nach § 69a Abs. 5 UrhG nicht für Software und nach § 90 Abs. 2 UrhG auch nicht für Filmwerke und vorbestehende Werke; der neue § 40a Abs. 3 UrhG sieht zudem weitere Ausnahmen vor. Bei der Bestimmung der angemessenen Vergütung werden nach § 32 Abs. 2 S. 2 UrhG nunmehr auch Häufigkeit und Ausmaß der Werknutzung als gesetzliche Kriterien herangezogen. Als weitere Neuerung sieht die Reform mit §§ 32d und 32e UrhG einen jährlichen gesetzlichen Auskunftsanspruch der Urheber und ausübenden Künstler (§ 79 Abs. 2a UrhG) gegen den Vertragspartner (§ 32d UrhG) und gegen Dritte in der Lizenzkette (§ 32e UrhG) vor. Mit dem neuen § 36 Abs. 2 S. 2 UrhG schafft die Reform weiterhin eine Vermutung für die Ermächtigung der Verbände iSd S. 1, die durch ihre Mitglieder jedoch entkräftet werden kann. Ferner wurden Änderungen an den §§ 36 und 36a UrhG zur Straffung des Verfahrens vorgenommen sowie mit § 36b UrhG ein Verbandsklagerecht eingeführt, das die Individualverträge am Maßstab der ge- 82

135 Vgl. insoweit die Begründung zum Regierungsentwurf, abgedruckt bei W. Nordemann S. 17 f.
136 Dazu Fromm/Nordemann/Czychowski UrhG § 11 Rn. 4, 8.
137 BGH GRUR 2012, 496 Tz. 57 f. – Das Boot mwN.
138 → Rn. 95.
139 Im Detail Fromm/Nordemann/Jan Bernd Nordemann UrhG § 31a Rn. 15 ff.
140 BGBl. I 2016, 3037, BR-Drs. 765/16; ausführlich zur Urheberrechtsreform 2016 → Rn. 15.

meinsamen Vergütungsregeln misst und einen Unterlassungsanspruch gibt. § 36c UrhG stellt die individualrechtliche Ergänzung hierzu dar, indem er bestimmt, dass sich Vertragspartner nicht auf Vertragsbestimmungen berufen können, die von gemeinsamen Vergütungsregeln zum Nachteil der Urheber abweichen. Die Urheber haben zudem einen Anspruch auf Vertragsanpassung. Des Weiteren wurde die Rechtstellung ausübender Künstler verbessert, indem der neu eingefügte § 79b UrhG erstmals ausdrücklich einen Anspruch auf Zahlung einer angemessenen Vergütung für den Fall vorsieht, dass ihre Darbietung auf eine vormals unbekannte Art genutzt wird. Zudem gelten durch den neuen § 79 Abs. 2a UrhG die urhebervertraglichen Regelungen, ua die Prinzipien der angemessenen Vergütung, nunmehr sowohl für die Einräumung des Nutzungsrechts als auch für die Übertragung des Leistungsschutzrechts durch ausübende Künstler.

83 Als Folge des Gesetzes zur Anpassung des Urheberrechts an die Erfordernisse des digitalen Binnenmarktes wurden zum 7.6.2021 im **Urhebervertragsrecht weitere Anpassungen** vorgenommen. Hierbei wurden die Art. 18 ff. der DSM-RL in den §§ 32 ff. UrhG umgesetzt. Da sich die DSM-RL generell am deutschen Urhebervertragsrecht orientiert und das deutsche Urheberrecht teilweise bereits einen besseren Schutzstandard als die DSM-RL („Mindestharmonisierung") bietet, bedurfte es nur einiger kleinerer Änderungen.[141] So wurde beispielsweise § 32 Abs. 2 UrhG aF um einen Satz 3 ergänzt, der deutlicher herausstellen soll, dass Pauschalvergütungen nicht die Regel darstellen und zusätzlich durch besondere Umstände der Branche gerechtfertigt sein sollen.[142] Durch die Änderung des § 32a UrhG („unverhältnismäßig niedrige Vergütung") wird die Schwelle für eine Vertragsanpassung zugunsten der Kreativen gesenkt.[143] Ferner wurden hinsichtlich der (proaktiven) Auskunftspflicht (sog. Transparenzpflicht) des unmittelbaren Vertragspartners des Kreativen Anpassungen bzgl. der Auskunft und Rechenschaft des Vetragspartners (§ 32d UrhG) und Dritter in der Lizenzkette (§ 32e UrhG) vorgenommen. Gerade diese **Auskunftspflichten** sind komplex und alles andere als unumstritten.[144] Der neu eingefügte § 36d UrhG gewährleistet einen Unterlassungsanspruch bei Verstößen gegen die Auskunftspflicht aus §§ 32d und 32e UrhG.[145] § 32g UrhG zufolge können nunmehr Urheberverbände Ansprüche der Urheber aus §§ 32 bis 32f UrhG in deren Namen geltend machen und außergerichtliche Konfliktbeilegungsverfahren nach § 32f Abs. 1 UrhG einleiten.[146]

84 **d) Nutzungsrechtseinräumung.** *aa) Was ist frei und wofür benötigt man Nutzungsrechte?* Das Urheberrecht ist einerseits ein sozial gebundenes Recht, gewährt aber andererseits auch ein ausschließliches Monopolrecht, dh der Urheber kann solche Handlungen, die urheberrechtlich relevant sind, Dritten verbieten. Das Gesetz muss daher einen Ausgleich finden zwischen der sozialen Gebundenheit auf der einen Seite und den Urheberinteressen an der Durchsetzung des ausschließlichen Rechtes auf der anderen Seite. Das Urheberrecht ist daher **nicht schrankenlos** und nur tangiert, wenn eine **urheberrechtlich relevante Handlung** gegeben ist, also der Inhalt des Urheberrechts betroffen ist. Dieser Inhalt wird bestimmt durch die Urheberpersönlichkeitsrechte und die Verwertungsrechte. Bestimmte Handlungen tangieren das Urheberrecht allerdings gar nicht, weil sie von den Persönlichkeits- und Verwertungsrechten, die das UrhG gewährt, nicht erreicht werden: Jeder darf ein Buch lesen, ein Bild betrachten, einen Film sehen oder Musik hören; derartige Benutzungsformen urheberrechtlich geschützter Werke und verwandter Leistungen sind nicht urheberrechtlich relevant. Das UrhG wird erst dann anwendbar, wenn zB ein Buch vervielfältigt oder öffentlich vorgelesen, ein Bild verbreitet, ein Film im Kino vorgeführt, Musik im Radio gespielt oder aus dem Internet heruntergeladen wird. Vorsicht ist allerdings bei Computerprogrammen geboten: Da man sie nicht benutzen kann, ohne sie zumindest in den Arbeitsspeicher zu laden, wodurch eine Vervielfältigung entsteht, darf man sie nicht ohne Erlaubnis des Urhebers benutzen (§ 69c Nr. 1 UrhG); der rechtmäßige Erwerber eines Computerprogramms erhält allerdings normalerweise auch die für die bestimmungsgemäße Benutzung erforderlichen Nutzungs-

[141] Vgl. RegE Gesetz zur Anpassung des Urheberrechts an die Erfordernisse des digitalen Binnenmarktes – BT-Drs. 19/27426, S. 79 (Vorbemerkungen).

[142] Vgl. RegE Gesetz zur Anpassung des Urheberrechts an die Erfordernisse des digitalen Binnenmarktes – BT-Drs. 19/27426, S. 79 f.

[143] Vgl. RegE Gesetz zur Anpassung des Urheberrechts an die Erfordernisse des digitalen Binnenmarktes – BT-Drs. 19/27426, S. 80.

[144] Jaworski GRUR-Prax 2021, 398.

[145] Vgl. RegE Gesetz zur Anpassung des Urheberrechts an die Erfordernisse des digitalen Binnenmarktes – BT-Drs. 19/27426, S. 85.

[146] Vgl. RegE Gesetz zur Anpassung des Urheberrechts an die Erfordernisse des digitalen Binnenmarktes – BT-Drs. 19/27426, S. 84.

rechte (§ 69d Abs. 1 UrhG). Der Urheber kann des Weiteren in bestimmten Fällen auch urheberrechtlich relevante Handlungen nicht untersagen, und zwar

- wenn das Werk gemeinfrei geworden ist (das ist die sog. **„zeitliche Schranke** des Urheberrechts“);[147]
- wenn der Schutzumfang seines Werkes nicht ausreicht (also eine bisher als sog. **„freie Benutzung“** bezeichnete Verwendung vorliegt, die nicht mehr unter das Bearbeitungsrecht fällt);[148]
- in dem Umfang, in dem ein Dritter von ihm **Nutzungsrechte** erworben hat;[149]
- in bestimmten, vom Gesetz ausdrücklich zugelassenen Fällen (das sind die sog. **„inhaltlichen Schranken** des Urheberrechts“).[150]

bb) Arten von Nutzungsrechten. Es gibt 2 Arten von Nutzungsrechten: **Einfache** Nutzungsrechte und **ausschließliche** Nutzungsrechte. Das **einfache Nutzungsrecht** berechtigt gemäß § 31 Abs. 2 UrhG den Inhaber, das Werk auf die erlaubte Art zu nutzen, ohne dass eine Nutzung durch andere ausgeschlossen ist. Der Urheber kann also an seinem Urheberrecht mehrere verschiedene, aber auch „gleiche“ einfache Nutzungsrechte einräumen. **Beispiel:** Ein bildender Künstler gestattet sowohl dem Verleger A als auch dem Verleger B, von denselben 12 Werken einen Kalender für das Jahr 2003 zu vervielfältigen und zu verbreiten (das ist jeweils das „gleiche“ Nutzungsrecht). Daneben gestattet er auch noch dem Verleger C, einen Bildband über seine Werke herauszubringen, in dem die 12 Werke aus den Kalendern ebenfalls enthalten sind (das ist dann ein „anderes“ Nutzungsrecht, weil Kalendernutzung und Buchnutzung zwei unterschiedliche Nutzungsarten sind).[151] Der Urheber darf im Falle der einfachen Nutzungsrechte aber nicht nur das gleiche Nutzungsrecht mehrfach einräumen, sondern sein Urheberrecht in dem Umfang der Nutzungsrechtseinräumung auch selbst weiter nutzen. Das einfache Nutzungsrecht berechtigt den Nutzungsrechtsinhaber aber nicht dazu, ein weiteres Nutzungsrecht an seinem Nutzungsrecht einzuräumen; allerdings kann er Dritten die Mitbenutzung seines Rechtes obligatorisch gestatten, was vielfach auch zur Nutzung notwendig ist (**Beispiele:** Der Verleger muss ein Buch durch einen Drucker vervielfältigen lassen, um es verbreiten zu können; der Tonträgerhersteller schaltet einen Exklusivvertrieb für die Verbreitung der Musik-CDs ein). Das einfache Nutzungsrecht besitzt zudem nur schuldrechtliche Wirkung, so dass der Inhaber eines einfachen Nutzungsrechtes daraus nicht gegen Dritte vorgehen kann, die es verletzen.[152] 85

Nach einem **neuen § 40a UrhG** („Recht zur anderweitigen Verwertung nach zehn Jahren bei pauschaler Vergütung“) fallen ausschließlich durch den Urheber eingeräumte Nutzungsrechte bei pauschaler Vergütung in die Nicht-Exklusivität. Frühestens fünf Jahre nach Einräumung des Nutzungsrechts oder nach Ablieferung des Werks können die Parteien eine Ausschließlichkeit für die gesamte Dauer der Nutzungsrechtseinräumung vereinbaren. Jedoch ist unter anderem eine Ausnahme für Softwarewerke in § 69a UrhG und im Filmbereich gem. § 90 UrhG vorgesehen. 86

Dem gegenüber berechtigt das **ausschließliche Nutzungsrecht** gem. § 31 Abs. 2 UrhG den Inhaber, das Werk unter Ausschluss aller anderen Personen einschließlich des Urhebers auf die ihm erlaubte Art zu nutzen; auch der Urheber selbst muss sich also einer eigenen Nutzung im Bereich des eingeräumten ausschließlichen Nutzungsrechtes enthalten. Hiervon kann allerdings vertraglich abgewichen werden (§ 31 Abs. 3 S. 2 UrhG). Der Urheber kann also für ein und denselben Bereich der Nutzung nur ein ausschließliches Nutzungsrecht einräumen. Sofern allerdings unterschiedliche Nutzungsarten betroffen sind, kann der Urheber auch mehrere ausschließliche Nutzungsrechte einräumen (**Beispiel:** Der Urheber räumt dem Verleger A ein ausschließliches Nutzungsrecht für die Kalendernutzung 2003 an 12 seiner Werke ein und dem Verleger B ein ebenso ausschließliches Nutzungsrecht für einen Bildband, der dieselben 12 Werke enthält). Das ausschließliche Nutzungsrecht hat quasi-dingliche Wirkung, dh es wirkt nicht nur *inter partes*, sondern auch gegenüber Dritten, so dass der Inhaber eines ausschließlichen Nutzungsrechtes gegen Urheberrechtsverletzungen, die den Bereich seines ausschließlichen Nutzungsrechtes tangieren, vorgehen kann.[153] 87

[147] Einzelheiten bei → Rn. 548 ff.
[148] Einzelheiten bei → Rn. 559 ff.
[149] Einzelheiten → Rn. 593 ff.
[150] Einzelheiten bei → Rn. 755 ff.
[151] → Rn. 605.
[152] Ausnahme: siehe → Rn. 706.
[153] → Rn. 705.

88 Diese Nutzungsrechte lassen sich wie folgt darstellen:

Ein einfaches Nutzungsrecht gestattet mehrere Rechtseinräumungen durch den Urheber an Nutzer, aber in der Regel keine Weitergabe an Dritte

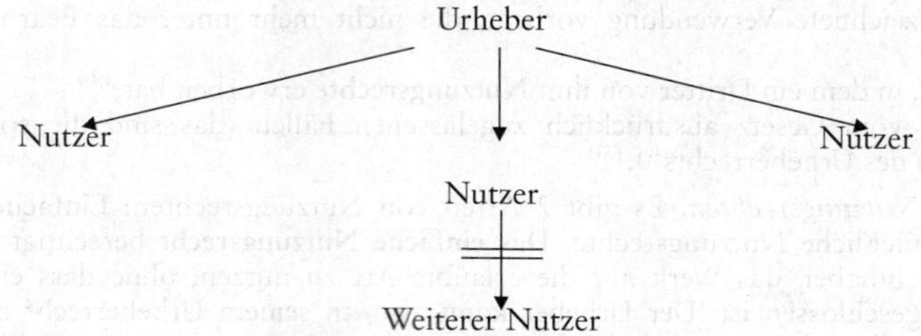

Ein ausschließliches Nutzungsrecht schließt auch den Urheber von einer weiteren Nutzung des Werkes aus und gestattet in der Regel die Einräumung von einfachen Nutzungsrechten

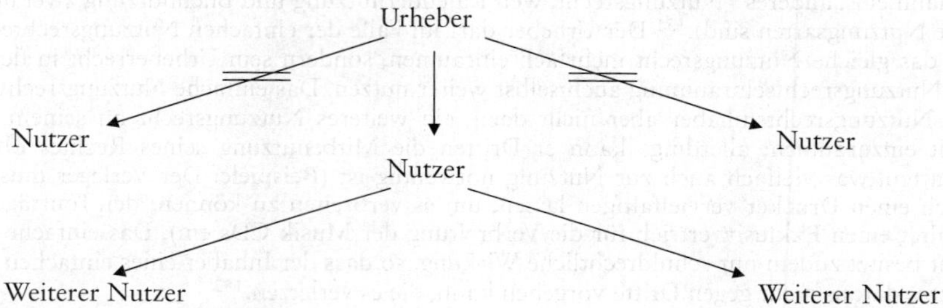

89 *cc) Beschränkungen von Nutzungsrechten.* Gemäß § 31 Abs. 1 S. 2 UrhG kann das Nutzungsrecht räumlich, zeitlich oder inhaltlich beschränkt eingeräumt werden. Solche Beschränkungen können etwa die Folgenden sein:

örtlich: zB für Deutschland, den deutschen Sprachraum, Europa, weltweit außer den USA etc.;

90 Zu beachten ist insoweit allerdings, dass Erschöpfung gem. § 17 Abs. 2 UrhG eingetreten sein kann.[154]

zeitlich: zB für ein Jahr, fünf Jahre, 10 Jahre, Dauer der urheberrechtlichen Schutzfrist etc.;

91 Insoweit sind auch Verlängerungsoptionen oder Kündigungsmöglichkeiten zu beachten.

inhaltlich: zB für eine Auflage eines Prospektes oder 5.000 Stück, 10.000 Postkarten, einen Kalender für ein bestimmtes Jahr, ein Buch für alle Auflagen oder ein Buch für nur eine Auflage,[155] für eine Anzeige oder mehrere Anzeigen, für einen Geschäftsbericht, eine Briefmarke, Zeitschriftenillustrationen, eine Ausstellung, für Wäsche, Strümpfe oder ein T-Shirt.

92 Zu beachten ist insoweit, dass nur nach der Verkehrsauffassung als solche **hinreichend klar abgrenzbare, wirtschaftlich-technisch als einheitlich und selbstständig sich abzeichnende Nutzungsarten** den Gegenstand einer inhaltlich beschränkten Einräumung eines Nutzungsrechtes bilden können,[156] was wiederum mit dem Erschöpfungsgrundsatz des § 17 Abs. 2 UrhG in Zusammenhang steht.[157] Dieser Zusammenhang wird deutlich beispielsweise beim Vertrieb von sog. „OEM-Software" zusammen mit neuer Computer-Hardware. Der BGH vertritt hier die Auffassung, dass EDV-Händler OEM-Versionen von Computerprogrammen auch unabhängig von neuer Compu-

[154] Einzelheiten bei → Rn. 605 ff.
[155] Das ist der Normalfall gem. § 5 VerlG!
[156] → Rn. 606.
[157] Zur Erschöpfung vgl. → Rn. 459 ff.

ter-Hardware veräußern dürfen.[158] Einen weiteren aktuellen Anwendungsfall für die fehlende Abspaltbarkeit von Nutzungsrechten liefert die Internet-Nutzung. Nutzungsrechte für Musikvideos im Internet zum individuellen Abruf durch Nutzer einer Internet-Musikplattform lassen sich nicht künstlich in Vervielfältigungsrechte (§ 16 UrhG) und Rechte der öffentlichen Zugänglichmachung (§ 19a UrhG) aufspalten, auch wenn diese Rechte von verschiedenen Rechteinhabern gehalten werden. Bei der Vervielfältigung im Rahmen des Heraufladens (Upload) auf einen Server zum Zweck der Online-Nutzung handelt es sich nach der Verkehrsauffassung um eine untergeordnete Vorbereitungshandlung für die öffentliche Zugänglichmachung. Die Vervielfältigung ist insoweit keine selbständige, als solche lizenzierbare Nutzungsart. Vielmehr genügt die Einräumung der individuellen Abrufrechte nach § 19a UrhG.[159] Urheber sind jedoch nicht daran gehindert, für Nutzungsarten, die einen urheberpersönlichkeitsrechtlichen Einschlag haben, die wirtschaftlichen Nutzungsrechte (Vervielfältigung, Verbreitung, öffentliche Wiedergabe gem. §§ 15 ff. UrhG) getrennt von der urheberpersönlichkeitsrechtlichen Gestattung (§§ 12–14 UrhG) zu vergeben. Insbesondere können Musikurheber der musikalischen Verwertungsgesellschaft GEMA die Rechte zur konkreten Nutzung in den verschiedenen Verwertungsformen Vervielfältigung, Verbreitung und öffentliche Wiedergabe einräumen, sich (bzw. ihrem Musikverlag) jedoch die Zustimmung gem. § 14 UrhG vorbehalten.[160]

dd) Art der Nutzungsrechtseinräumung. Es gibt zwei verschiedene Arten der Nutzungsrechtseinräumung: Einmal kann ein **Nutzungsrecht zur Verwertung** eingeräumt werden. Das ist der Normalfall, in dem derjenige, der das Nutzungsrecht erhält, es unmittelbar oder mittelbar selbst verwertet (**Beispiele:** Verleger im Hinblick auf das Erstverwertungsrecht der Vervielfältigung und Verbreitung des Buches, Hersteller von Design-Möbeln, Zeitungs- oder Zeitschriftenverleger, Filmproduzenten, Tonträgerhersteller). 93

Daneben kann ein **Nutzungsrecht aber auch zur Wahrnehmung** eingeräumt werden. In diesen Fällen verwertet derjenige, der das Nutzungsrecht erhalten hat, es nicht direkt, sondern gestattet Dritten die Nutzung, die dann wiederum selbst verwerten. Das ist insbesondere bei den Verwertungsgesellschaften wie etwa der GEMA der Fall,[161] aber auch bei Bildagenturen oder Verlagen im Hinblick auf die Zweitverwertungsrechte (beispielsweise Lizenzvergabe in das Ausland). 94

ee) Unbekannte Nutzungsarten. § 31 Abs. 4 UrhG aF erklärte die Einräumung von Nutzungsrechten für noch nicht bekannte Nutzungsarten und Verpflichtungen hierzu für unwirksam mit der Folge einer Nichtigkeit gem. § 134 BGB. Die Rechtsprechung hält eine Nutzungsart erst dann für bekannt im Sinne von § 31 Abs. 4 UrhG aF und nunmehr § 31a UrhG nF, wenn sie wirtschaftlich relevant, technisch möglich und dem Publikum bekannt gewesen ist.[162] Die Videoauswertung von Spielfilmen war beispielsweise 1968 noch unbekannt,[163] unbekannt waren bis 1999 auch die Nutzung von Musikwerken als Klingeltöne (bekannt allerdings seit 2002, so dass eine Zustimmung des Urhebers bei einem Berechtigungsvertrag zur Verwertung nicht erforderlich ist),[164] Video-On-Demand kann erst seit ca. 1995 als bekannt anerkannt werden.[165] 95

In der Rspr. kontrovers entschieden wird derzeit die Frage, ob die Nutzung als Musik CD gegenüber der herkömmlichen Langspielplattennutzung eine neue Nutzungsart darstellt mit der Folge, dass sie vor ihrem Entstehen unbekannt war.[166] Der BGH hat insoweit zwar inzwischen entschieden, dass § 31 Abs. 4 UrhG aF auf Vereinbarungen, die ausübende Künstler oder Tonträ- 96

[158] BGH GRUR 2001, 153 (155) – OEM-Version gegen KG ZUM-RD 1999, 20 – OEM-Software; LG Hamburg ZUM 2007, 159 ff. – Masterkopie nachgehend OLG Hamburg ZUM 2007, 393 ff. – Masterkopie, allerdings nur noch im Wesentlichen zu § 5 UWG im einstweiligen Verfügungsverfahren.

[159] OLG München GRUR-RR 2011, 1 (2) – Videodateien.

[160] Die Übertragung der Nutzungsrechte erfolgt dann (mit dinglicher Wirkung) unter der aufschiebenden Bedingung, dass die Zustimmung erklärt wird, vgl. BGH GRUR 2010, 920 (923 f.) Tz. 32 ff., insbes. Tz. 35 – Klingeltöne für Mobiltelefone II.

[161] Vgl. hierzu im Einzelnen → Rn. 318 ff.

[162] Vgl. BGH GRUR 1997, 464 (465) – CB-Infobank II; BGH GRUR 1995, 212 (214) – Videozweitauswertung III; BGH GRUR 1982, 727 (730 f.) – Altverträge.

[163] Vgl. BGH GRUR 1991, 133 (135) – Videozweitauswertung I.

[164] BGH NJW 2009, 774 (776) Tz. 20 – Klingeltöne für Mobiltelefone.

[165] Vgl. OLG München ZUM 1998, 413 (418) – Video-on-demand.

[166] Dafür: OLG Düsseldorf ZUM 2001, 164 (165) – CD-Pressung (nachgehend BGH vom 10.10.2002 RzU BGHZ Nr. 515/ITRB 2003, 100 (101) mit Aufhebung des Revisionsurteils unter der Begründung, dass die CD-Pressung von der Einwilligung im Vertrag gedeckt war und § 31 Abs. 4 UrhG aF keine Anwendung fand); KG NJW-RR 2000, 270 – CD als neue Nutzungsart. Dagegen: OLG Köln ZUM 2001, 166 – The Kelly Family.

gerhersteller über ihre Leistungsschutzrechte treffen, auch unter Geltung des bisherigen Rechts nicht anwendbar gewesen ist.[167]

97 Allerdings hat der BGH in einem *obiter dictum* ganz am Schluss seiner EROC III-Entscheidung festgehalten, dass es sich bei der Nutzung von Schallaufnahmen auf CD, die die herkömmlichen Langspielplatten inzwischen fast vollständig verdrängt habe, nicht um eine zusätzliche Nutzung handele, die neben die von den Parteien ins Auge gefasste Form der Verwertung trete und eine wirtschaftlich eigenständige Verwertung erlaube, die also lediglich eine technisch neue Nutzungsvariante darstelle.[168] Dies lässt den Schluss zu, dass der BGH offenbar der Ansicht ist, bei der Musik-CD handele es sich gegenüber der herkömmlichen Langspielplattennutzung nicht um eine unbekannte Nutzungsart im Sinne von § 31 Abs. 4 UrhG aF, § 31a UrhG nF. Ebenfalls durch den BGH entschieden ist die Frage, ob es sich bei der Verwertung von Spielfilmen auf DVD um eine im Vergleich zur Videonutzung unbekannte Nutzungsart gehandelt hat. Das OLG München hatte zunächst als Vorinstanz insoweit die Auffassung vertreten, dass dies nicht der Fall ist, weil es sich bei der DVD gegenüber der Videokassette nicht um eine technisch **und** wirtschaftlich eigenständige Verwertungsform im Sinne des § 31 Abs. 4 UrhG aF (§ 31a UrhG nF) handele.[169] Der BGH bestätigte dies. Die DVD sei nicht neu, weil die Wiedergabe von Video und DVD identisch sei iSd Betrachtens der Filme; die DVD substituiere lediglich die Videokassette und führe zu demselben Abspielen der Filme, die gesehen werden wollten.[170] Ebenso ist die Blu-ray Disc gegenüber der DVD keine wirtschaftlich eigenständige Verwendungsform und damit keine neue Nutzungsart, da hiermit kein neuer Absatzmarkt erschlossen wird.[171]

98 Zu den verschiedenen Arten der Internet-Nutzung existiert ebenfalls noch keine gesicherte Rechtsprechung; stets – auch mit der Neuregelung des § 31a UrhG – stellt sich das Problem, ob technisch **und** wirtschaftlich wirklich eine neue Nutzungsart vorliegt; wirtschaftliche Eigenständigkeit liegt bei umfassender Substitution eher fern, so dass Internetfernsehen im Sinne einer bloßen Sendung (nicht auf individuellen Abruf) wohl eher keine früher unbekannte Nutzungsart darstellen dürfte. Auch für Video-On-Demand von Spielfilmen ist bei Substitution des Video-/DVD-Kaufes zweifelhaft, ob eine neue, früher unbekannte Nutzungsart vorliegt. Für On-Demand politischer Magazinsendungen aus den 1970er Jahren, die einer Verwertung nur durch individuellen Internetabruf zugeführt werden können, liegt aber eine früher unbekannte Nutzungsart näher. Demgegenüber hat das OLG München[172] den Betrieb von Online-Videorecordern ausdrücklich als selbständige Nutzungsart qualifiziert. Es ist davon auszugehen, dass es sich bei neuen, früher unbekannten Internet-Nutzungen erst ab 1995 um eine bekannte Nutzungsart handelt, weil Internet-Nutzungen dem Publikum vorher weitgehend unbekannt waren und auch noch keine wirtschaftliche Relevanz besaßen.[173] Die Onlineverwertung ist daher grds. eine eigenständige und damit neue unbekannte Nutzungsart,[174] auch wenn man die genaue Art und Weise der Online-Verwertung (zB www gegen Pushtechnologien) unterscheiden muss.[175]

99 Ab etwa 1996 dürfte allerdings von einer bekannten Nutzungsart auszugehen sein.[176] Ist zudem bereits eine Nutzung über das Internet geregelt, so stellt die Verwertung über das Usenet keine neue Nutzungsart dar, da die Absatzmärkte gleich sind und damit das Angebot substituierbar.[177] Weitere Beispiele sind: wird ein Film öffentlich vorgeführt, ist die Art der Nutzung anders und neu im Gegensatz zum Vertrieb dieses Films;[178] Videoauswertung eines Filmes im Gegensatz

---

167 Vgl. BGH GRUR 2003, 234 (235 f.) – EROC III; vgl. zur Nichtanwendung von § 31 Abs. 4 UrhG aF nach derzeitigem Recht auf die verwandten Schutzrechte Rn. 287.

168 BGH GRUR 2003, 234 (236) – EROC III.

169 Vgl. OLG München GRUR 2003, 50 (54) – Der Zauberberg.

170 BGH GRUR 2005, 937 (938) – Zauberberg; in diesem Sinne auch das LG München I zur Verwertung eines Filmes auf Blue-Ray-Disc, LG München I GRUR-RR 2011, 91.

171 Vgl. LG München I, GRUR-RR 2011, 91 BluRay.

172 Vgl. OLG München GRUR-RR 2011, 164 – Online-Videorecorder.

173 Vgl. OLG München GRUR-RR 2004, 33 (34) – Pumuckl-Figur; KG GRUR 2002, 252 (254) – Mantellieferung; OLG Hamburg ZUM 2000, 870 – elektronische Zeitungen.

174 OLG Hamburg GRUR-RR 2006, 130 (LS)/ZUM 2005, 833 ff. – Yacht-Archiv; Fischer GRUR Int. 2008, 284 (286); Spindler/Heckmann ZUM 2006, 620 (621).

175 In diesem Sinne Czychowski K&R 2000, 252 ff. als Anm. zu LG Berlin K&R 2000, 24.

176 Vgl. OLG München GRUR-RR 2004, 33 (34) – Pumuckl-Figur; OLG Hamburg ZUM 2005, 833 (836) – Yacht-Archiv; KG GRUR 2002, 252 (254) – Mantellieferung; LG München I MMR 2000, 291 (293) – Focus TV; OLG Hamburg ZUM 2000, 870 – elektronische Zeitungen.

177 OLG Hamburg Urt. v 28.1.2009, Az: 5 U 255/07, Tz. 60 ff. (juris) – Alphaload (Usenet II) = MMR 2009, 405.

178 BGH GRUR 1977, 42 ff. – Schmalfilmrechte.

zur Auswertung als Kinofilm;[179] sich gegenüber stehen ein Musikstück und die Verwendung des Musikstückes für einen Werbespot.[180] Zulässig dürfte es dagegen sein, wenn der Urheber seinem Vertragspartner eine Option für den Erwerb von Nutzungsrechten auch für unbekannte Nutzungsarten zu angemessenen Bedingungen gewährt.

Das 2. Gesetz zur Regelung des Urheberrechts in der Informationsgesellschaft vom 22.3.2006[181] hat § 31 Abs. 4 UrhG aufgehoben. Die rasante technologische Entwicklung hinderte die Verwerter in der Nutzung und bei neuer Nutzungsart die Zustimmung zu erlangen.[182] **Die Einräumung von Nutzungsrechten für unbekannte Nutzungsarten ist mit der Neuregelung möglich** und mit der Neueinführung eines § 31a UrhG lediglich noch einem Schriftformerfordernis unterstellt. Das Schriftformerfordernis gilt allerdings gem. § 31a Abs. 1 S. 2 UrhG nicht, wenn der Urheber unentgeltlich ein einfaches Nutzungsrecht (§ 31 Abs. 2 UrhG) für jedermann einräumt, was insbesondere bei open-source-Software zum Tragen kommt. Gem. S. 3 kann der Urheber die Rechtseinräumung hierzu widerrufen. Das Widerrufsrecht erlischt allerdings nach Ablauf von drei Monaten, nachdem der Vertragspartner des Urhebers die Mitteilung über die beabsichtigte Aufnahme der neuen und bei Vertragsschluss unbekannten Art der Werknutzung an den Urheber unter der ihm zuletzt bekannten Anschrift des Urhebers abgesendet hat. Ferner entfällt das Widerrufsrecht gem. § 31a Abs. 2 UrhG, wenn sich der Urheber mit seinem Vertragspartner nach Bekanntwerden der neuen Nutzungsart auf eine angemessene Vergütung gem. § 32c Abs. 1 UrhG geeinigt hat, eine angemessene Vergütung in einer gemeinsamen Vergütungsregel gem. § 36 UrhG festgeschrieben ist oder der Urheber verstirbt. Besonders wichtig ist die in § 31a Abs. 3 UrhG vorgesehene Ausnahme für Werke mit vielen Urhebern (sog. Werkverbindung): Sind mehrere Werke oder Werkbeiträge zu einer Gesamtheit zusammengefasst, die sich in der neuen Nutzungsart in angemessener Weise nur unter Verwendung sämtlicher Werke oder Werkbeiträge verwerten lässt, so soll der Urheber das Widerspruchsrecht nicht wider Treu und Glauben ausüben dürfen. Hätte es eine solche Beschränkung des Widerrufsrechtes, die vor allem im Bereich der Filmwerke Anwendung finden wird, nicht gegeben, wäre die Liberalisierung der Einräumung von Nutzungsrechten für unbekannte Nutzungsarten in diesem Bereich letztendlich leer gelaufen, weil ansonsten schon ein Urheber aus der Vielzahl der Urheber, die an Filmwerken beteiligt sind, dessen Verwertung für eine unbekannte Nutzungsart hätte blockieren können.[183] Für Filmverträge, die regelmäßig mehrere Urheber vereinen, schließen die §§ 88 Abs. 1 S. 2 und 89 Abs. 1 S. 2 UrhG von vornherein das Widerrufsrecht aus. Neben dem Widerrufsrecht soll der Urheber auch noch in zweierlei weiterer Hinsicht bei Verträgen über unbekannte Nutzungsarten geschützt werden: § 31a Abs. 4 UrhG sieht vor, dass das Widerrufsrecht unverzichtbar ist. Schließlich stellt § 32c UrhG klar, dass der Urheber Anspruch auf eine gesonderte angemessene Vergütung hat, sobald der Nutzungsrechtsinhaber eine neue Art der Werknutzung aufnimmt, die im Zeitpunkt des Vertragsschlusses vereinbart, aber noch unbekannt war. 100

An den Begrifflichkeiten hat sich durch die Gesetzesreform nichts geändert: Die Definition der *unbekannten Nutzungsart* aus § 31 Abs. 4 UrhG aF bleibt mit dem neuen § 31a UrhG ebenso bestehen wie sich das, was im Sinne von § 32c UrhG als angemessene Vergütung zu verstehen ist, nach § 32 UrhG bestimmt.[184] 101

Die Neuregelung des Rechts der unbekannten Nutzungsarten durch den „2. Korb" war ursprünglich von der Einsicht getragen, dass viele Werke in bei Vertragsschluss unbekannten, heute aber bekannten Nutzungsarten nicht ausgewertet werden können, weil der Nacherwerb der Rechte für die Verwerter zu kompliziert ist. Das betrifft insbesondere die Internetnutzung von älteren Fernsehbeiträgen vor Bekanntwerden der Nutzungsart des öffentlichen Zugänglichmachens im Internet (ca. 1995), im Filmbereich aber darüber hinaus auch die bis ca. Mitte der 1970er Jahre unbekannte Video- (und später DVD-)Nutzung. Damit auch in diesen Fällen – trotz des bislang entgegenstehenden § 31 Abs. 4 UrhG aF – die Archive gehoben werden können, enthält der „2. Korb" in § 137l UrhG eine **bedeutende Übergangsregelung** für Verträge, die seit 102

[179] BGH GRUR 1991, 133 (136) – Videozweitauswertung I.
[180] BGH GRUR 1991, 599 (60) – Rundfunkwerbung.
[181] Siehe auch Entwurf vom 15.6.2006, BT-Drs. 16/1828.
[182] Spindler NJW 2008, 9.
[183] Vgl. Jan Bernd Nordemann und Wilhelm Nordemann GRUR 2003, 947; der dort unterbreitete Vorschlag hat nur teilweise Eingang in den Regierungsentwurf gefunden.
[184] Im Detail die Kommentierung von Jan Bernd Nordemann und Czychowski in § 31a und § 32c UrhG im Fromm/Nordemann.

Geltung des § 31 Abs. 4 UrhG aF ab dem 1.1.1966 abgeschlossen wurden.[185] Nach § 137l Abs. 1 UrhG gelten die zum Zeitpunkt des Vertragsschlusses unbekannten Nutzungsarten als dem Verwerter ebenfalls eingeräumt, wenn der Urheber dem Verwerter „alle wesentlichen Nutzungsrechte ausschließlich sowie räumlich und zeitlich unbegrenzt eingeräumt" hat und nicht widerspricht. Die Fiktion des § 137l Abs. 1 UrhG ist nur auf Verträge mit ausschließlich eingeräumten Nutzungsrechten (§ 31 Abs. 3 UrhG) anwendbar (vgl. Wortlaut „ausschließlich").

103 Natürlich bleibt die Frage, was „alle wesentlichen Nutzungsrechte" sein sollen. Letztlich wird es wohl darauf ankommen, zu ermitteln, welche Rechte für den konkreten Fall der Rechtseinräumung „wesentlich" sind. Sicher wird es sich hierbei nicht um sämtliche Rechte handeln.[186] Die Video-Nutzung wäre danach als unbekannte Nutzungsart gleichfalls dem Filmhersteller eingeräumt, wenn er bereits über das öffentliche Vorführungsrecht sowie über die relevanten Fernsehrechte verfügt. Betrachtet man das **„ebook"** als früher unbekannte Nutzungsart, würde daran wohl der Verleger die Nutzungsrechte erhalten, der auch schon die wesentlichen Print-Verlagsrechte hält. Die Verwendung von Rezensionsauszügen aus einer Zeitung im Online-Buchhandel wurde ebenfalls nach § 137l UrhG für zulässig erachtet.[187] Gem. § 137l Abs. 2 UrhG findet die Regelung des Abs. 1 auf Dritte Anwendung, wenn der ursprüngliche Vertragspartner des Urhebers sämtliche der erworbenen Nutzungsrechte zeitlich und räumlich unbegrenzt an diesen Dritten weiter übertragen hat. Das soll für eine ordnungsgemäße Erfassung von Fällen sorgen, in denen der ursprüngliche Vertragspartner nicht mehr existiert. In letzter Minute hat der Bundestag in § 137l Abs. 5 UrhG noch vorgesehen, dass der dem Urheber zustehende Anspruch auf eine gesonderte angemessene Vergütung für die Nutzung in der früher unbekannten Nutzungsart nur durch eine Verwertungsgesellschaft geltend gemacht werden kann. Ansonsten wird auf § 32 Abs. 2 und 4 UrhG verwiesen. Diese Regelung der Vergütung wird dazu führen, dass wesentlich früher als bislang gerichtlich geklärt werden kann, ob eine früher unbekannte Nutzungsart vorliegt und ggf. ab wann diese bekannt ist; denn die mit den Vergütungsansprüchen befassten Verwertungsgesellschaften werden dies voraussichtlich durch Musterprozesse unverzüglich klären.

104 Zeitlich unterscheidet sich die Frist des Widerspruchs insofern, als einerseits eine Jahresfrist des Widerspruchs und andererseits eine 3-Monatsfrist (wie sie § 31a UrhG auch vorsieht) vorgesehen ist. Die Jahresfrist ist nur auf die Verträge anwendbar, die – wie oben dargestellt – zwischen 1966 und 1.1.2008 geschlossen wurden und deren neue Nutzungsarten bereits vor dem 1.1.2008 bekannt waren. Dies trifft zum Beispiel auf die Onlineverwertung zu, die als Nutzungsart bereits vor dem Jahre 2008 existierte. Die **Widerspruchsfrist** des Urhebers beträgt in diesem Fall 1 Jahr und zwar ab dem 1.1.2008 gerechnet, so dass ab dem 1.1.2009 der Verwerter die Rechte an den unbekannten Nutzungsarten eingeräumt erhält. Dass die Fiktion der Rechtseinräumung zug. des Verwerters (und Rechtsverlust bei dem Urheber) erst mit Ablauf der Frist wirkt (1.1.2009) und nicht schon mit Inkrafttreten am 1.1.2008 ergibt sich aus der Abwägung der Interessen der Beteiligten und wird v. a. Art. 14 Abs. 1 S. 1 GG hinreichend gerecht.[188] Die 3-Monatsfrist des Widerspruchs greift indes bei allen Verträgen zwischen 1966 und 2008, deren Nutzungsart erst nach dem 1.1.2008 bekannt wird. Diese Frist entspricht der aus § 31a Abs. 1 S. 4 UrhG. Der Gleichlauf ist im Hinblick auf dieselbe Interessen- und Informationslage gerecht.

105 Für die Beurteilung der Frage, ob einem Dritten in der Vergangenheit Nutzungsrechte für noch nicht bekannte Nutzungsarten eingeräumt worden sind, ist die zur Zeit des Vertragsschlusses geltende Rechtslage maßgeblich, wobei neben den in diesem Zeitpunkt geltenden Gesetzen auch die zu dieser Zeit verbindlichen Rechtsprechungsgrundsätze heranzuziehen sind.[189] § 31 Abs. 4 UrhG mit seinem Verbot der Einräumung von Rechten bei Vertragsschluss unbekannter Nutzungsarten gilt nur für Verträge ab 1. Januar 1966. Davor war die Einräumung zwar erlaubt. Jedoch stellt die Rechtsprechung hohe Anforderungen an eine Einräumung vor dem Hintergrund der geltenden allgemeinen Übertragungszweckregel.[190]

[185] Bis zum Inkrafttreten des Urheberrechtsgesetzes am 1.1.1966 konnten Nutzungsrechte für noch nicht bekannte Nutzungsarten vertraglich eingeräumt werden. Hierfür war eine eindeutige Erklärung des Berechtigten, dass er solche Nutzungsrechte einräume oder aber eine angemessene Beteiligung des Berechtigten an den Erlösen aus deren Verwertung notwendig. Eine Einräumung unbekannter Nutzungsarten durch AGB war somit auch vor 1966 nicht möglich, vgl. BGH ZUM 2011, 498 und BGH GRUR 2011, 714 Tz. 16–27 – Der Frosch mit der Maske.

[186] Czychowski/J. B. Nordemann NJW 2008, 1571 (1576); kritisch zu § 1371: Spindler NJW 2008, 9 (10).

[187] LG München I ZUM 2014, 596 (600).

[188] Fischer GRUR Int. 2008, 284 (287).

[189] BGH GRUR 2011, 714 Tz. 13 – Der Frosch mit der Maske.

[190] BGH GRUR 2011, 714 Tz. 15 ff. – Der Frosch mit der Maske; siehe auch J. B. Nordemann, FS W. Nordemann, 2004, S. 193 ff.

106 *ff) Übertragungszweckregel, § 31 Abs. 5 UrhG.* Ist die Nutzungsrechtseinräumung nicht klar und eindeutig erfolgt, ist der Auslegungsgrundsatz der Übertragungszweckregel (ehemals Zweckübertragungsregel) gem. § 31 Abs. 5 UrhG anzuwenden; der Umfang der Nutzungsrechtseinräumung bestimmt sich dann nach dem mit dem Vertrag verfolgten Zweck. Regelmäßig besteht nämlich Streit über den Umfang der Nutzungsrechtseinräumung. Die Übertragungszweckregel dient nicht alleinig der Auslegung über die Weite der Nutzungsrechtseinräumung, sondern findet auch Anwendung bei der Prüfung ob der Urheber dem Verwerter an den Werkstücken Eigentum einräumen wollte.[191]

107 Die Übertragungszweckregel des § 31 Abs. 5 UrhG gehört zu den zentralen Normen des Urhebervertragsrechts. Sie besagt im Kern, dass **der Urheber in Verträgen über sein Urheberrecht im Zweifel Nutzungsrechte nur in dem Umfang einräumt, den der Vertragszweck unbedingt erfordert** und im Allgemeinen nur die Nutzungsrechte stillschweigend eingeräumt worden sind, durch welche die Erreichung des Vertragszwecks ermöglicht wird; in der Zweckübertragungsklausel kommt insbesondere auch der Grundsatz zum Ausdruck, dass **die urheberrechtlichen Befugnisse die Tendenz haben, soweit wie möglich beim Urheber zu verbleiben, damit dieser in angemessener Weise an den Erträgnissen seines Werkes beteiligt wird.**[192]

108 Wichtig ist zudem noch, dass die Übertragungszweckregel nicht nur bei konkludenten Nutzungsrechtseinräumungen, sondern auch bei **allen pauschal formulierten Einräumungen** urheberrechtlicher Nutzungsrechte Anwendung findet,[193] und zwar selbst dann, wenn der Wortlaut der Rechtseinräumung eindeutig einen vollständigen Rechte-Buyout beinhaltet.[194] Wer sich also sämtliche Nutzungsrechte zeitlich, räumlich und inhaltlich unbeschränkt einschließlich des Bearbeitungsrechtes einräumen lässt, muss sich darüber im Klaren sein, dass § 31 Abs. 5 UrhG auf eine solche Nutzungsrechtseinräumung anwendbar ist und eine Verwertung außerhalb der bei Vertragsschluss erkennbaren Nutzung kaum zulässig sein wird. Die Zweckübertragungsklausel dient aber nicht nur dazu, zu bestimmen, welche Nutzungsarten von der Nutzungsrechtseinräumung umfasst waren, sondern auch, die Grenzen der Nutzungsrechtseinräumung innerhalb einer Nutzungsart zu bestimmen, also beispielsweise festzustellen, ob und in welchem Umfang die Nutzungsrechtseinräumung zeitlich, örtlich oder inhaltlich beschränkt erfolgt ist.[195] Ist beispielsweise zwischen den Parteien das Recht der Satellitensendung nicht ausdrücklich geregelt, sondern an einen Produzenten räumlich die Rechteeinräumung für eine erdgebundene Fernsehausstrahlung auf die Bundesrepublik Deutschland und West-Berlin beschränkt, so halten die Parteien die Rechte an direkten Satellitensendungen gemeinschaftlich.[196]

109 Auf § 20a UrhG konnte sich der Verwerter nicht berufen, weil dieser vor Einführung des § 20a UrhG nicht das Recht zur nationalen Satellitensendung gehabt hat, § 137h Abs. 2 UrhG.[197] Eine Einwilligungspflicht in die Erweiterung der Rechtseinräumung besteht nicht.[198] In Abgrenzung zu der *„Klimbim"*-Entscheidung[199] bestand kein Anspruch auf Vertragsanpassung für eine räumlich unbegrenzte Satellitenausstrahlung; auch inhaltlich fand keine Erweiterung statt.[200] Die Veröffentlichung von Hotelfotos in Fotobänden über Architektur war nicht vom Zweck eines Fotovertrages gedeckt (und damit urheberrechtswidrig), wenn der Fotograf nur Fotos zur Bewerbung des Hotels machen sollte, weil sich der Vertragszweck allein auf eine unmittelbare Bewerbung des Hotels erstreckt hatte.[201] Auch ist die durch den bekannten Fotografen *Helmut Newton* erfolgte Einräumung von ausschließlichen Rechten an verschiedenen Sammelwerken von Fotos an einen Verlag nicht *per se* mit der Einräumung von ausschließlichen Rechten hinsichtlich der

---

191 BGH GRUR 2007, 693, 695 Tz. 31 – Archivfotos.
192 BGH GRUR 2017, 266 Tz. 44 – World of Warcraft I; BGH GRUR 2002, 248, 251 – Spiegel-CD-ROM mwN; OLG München Urt. v. 17.12.2015, Az. 29 U 2324/15, BeckRS 2016, 03115; OLG Dresden ZUM 2015, 336, 337.
193 Vgl. Schricker/Loewenheim/Schricker UrhG §§ 31/32 Rn. 36.
194 Vgl. BGH GRUR 1996, 121 (122) – Pauschale Rechtseinräumung.
195 Vgl. BGH GRUR 2002, 248 (251) – Spiegel-CD-ROM; BGH GRUR 1998, 680 (682) – Comic-Übersetzungen I, letztere zur Frage der Zustimmung des Übersetzers zur Veranstaltung von Folgeauflagen; OLG Köln Urt. v 9.1.2009, Az: 6 U 86/08, BeckRS 2009, 03255/ZUM 2009, 237 ff. – Anstellungsvertrag; zur Beschränkung auf eine private Nutzung einer Software für Online-Spiele vgl. OLG Dresden ZUM 2015, 336.
196 BGH GRUR 2005, 320 (323) – Kehraus; BGH GRUR 2005, 48 – Man spricht deutsch.
197 BGH GRUR 2005, 320 (323) – Kehraus; BGH GRUR 2005, 48 – Man spricht deutsch.
198 BGH GRUR 2005, 320 (323) – Kehraus.
199 Dazu Czychowski NJW 1998, 422 (427).
200 BGH GRUR 2005, 320 (325) – Kehraus.
201 BGH GRUR 2015, 764 Tz. 58 – Hi Hotel II.

dazugehörigen einzelnen Lichtbilder gleichzusetzen.[202] Der *BGH* legte die Verträge nach dem Übertragungszweckgedanken aus und betonte, dass die Einräumung von über den Vertragszweck hinausgehenden Nutzungsrechten nur angenommen werden könne, wenn ein „entsprechender Parteiwille wenigstens in den Begleitumständen und dem schlüssigen Verhalten der Parteien unzweideutig zum Ausdruck gekommen ist".[203] Ferner führen jährliche Anstellungsverträge eines Regisseurs nicht dazu, dass dieser damit über sein Verwertungsrecht in Bezug auf die seinerzeit noch unbekannte Nutzungsart der Videoauswertung wirksam verfügt hat oder überhaupt die Einbindung in einen Tarifvertrag umfasst nicht den Willen zur Abgeltung sämtlicher Urheberrechte mit einer vereinbarten monatlichen Pauschalvergütung.[204] Auch wenn eine ausschließliche Nutzungseinräumung erfolgt ist, muss durch Auslegung ermittelt werden, ob eine konkludente Zustimmung zur Weitergabe der Rechte vorliegt; hierbei ist das grundsätzliche Zustimmungsbedürfnis nach § 35 UrhG und die Üblichkeit der Unterlizenzierung, insbesondere bei der gewerblichen Nutzung, zu beachten.[205] So wurde die Unterlizenzierung von Fotoaufnahmen der Geschwister Scholl und anderer Mitglieder der Widerstandsgruppe „Weiße Rose", die der Fotograf ihren Angehörigen mit der Maßgabe überlassen hatte, damit zu tun, was sie zum Zweck des Gedenkens für richtig halten, als nicht zulässig erachtet.[206]

110 Die Übertragungszweckregel des § 31 Abs. 5 UrhG hat letztendlich zur Folge, dass es für den Urheber grundsätzlich **am günstigsten** ist, wenn er **gar keinen förmlichen Vertrag** schließt oder die Nutzungsrechtseinräumung nur sehr pauschal erfolgt, weil er sich dann grundsätzlich auf den gesetzlichen Schutz des § 31 Abs. 5 UrhG berufen kann und im Zweifel Nutzungsrechte nur in dem Umfang eingeräumt hat, den der Vertrag unbedingt erforderte. Der Verwerter dagegen muss sich jedes Recht durch genaue Bezeichnung einzeln sichern; das bezeichnet man mit „Spezifizierungslast". Ergänzend sind selbstverständlich die allgemeinen Auslegungsprinzipien der §§ 133 und 157 BGB heranzuziehen. Zum Beispiel nicht von der Übertragung eines Nutzungsrechtes umfasst, ist die Herstellung eines synchronisierten Filmes, wenn lediglich die Berechtigung eingeräumt wurde, den Film mit Untertiteln in beliebigen Sprachen zu versehen.[207] Selbst im Falle einer klar abgrenzbaren wirtschaftlichen technischen Verwertung, zB die Online-Nutzung eines Fotos gegenüber dem Abdruck desselben Fotos im Printmedium, kann eine stillschweigende Einräumung eines Nutzungsrechtes in Betracht kommen, wenn die Verwendung der Fotos auch in der „E-Paper"-Ausgabe im Zeitungswesen branchenüblich ist.[208]

111 Bei pauschalen Rechteeinräumungen kommt gerade der Übertragungszweckregel besondere Bedeutung zu. Im Fall „Comic-Übersetzungen III" berief sich der Verwerter auf eine **Branchenübung,** die dazu führe, dass über den Vertragszweck hinausgehende Rechte eingeräumt seien.[209] Aus der Branchenübung konnte aber nach Auffassung des BGH nicht der Schluss auf den Willen des Urhebers gezogen werden, dem Verwerter mehr Rechte als nach dem Vertragszweck einzuräumen. Ausnahmsweise gelte nur dann etwas anderes, wenn eine „unzweideutige" Willenserklärung des Urhebers gegeben sei; dazu muss der Urheber die Branchenübung kennen und die Rechte nach ihr einräumen wollen. Insbesondere ein Wollen ist bei lediglich pauschaler Abgeltung der Rechteeinräumung nicht zu unterstellen.[210] Auch die Abbildung von Kunstwerken mittels sogenannter „Thumbnails" enthält lediglich ein (konkludentes) Einverständnis des Berechtigten mit einer kostenfreien Nutzung, die sich allenfalls auf den privaten Gebrauch bezieht.[211] Nicht anwendbar ist § 31 Abs. 5 UrhG auf die Frage, ob die Vertragsparteien die Übereignung des Werkstückes bzw. von Vervielfältigungsstücken vereinbart haben.[212] Keine Branchenübung besteht auch bei Sachbuchautoren und Werken wissenschaftlicher Autoren. Ergänzend sind selbstverständlich die allgemeinen Auslegungsprinzipien der §§ 133 und 157 BGB heranzuziehen.

[202] BGH GRUR 2013, 1213 (1215) Tz. 19 – SUMO.
[203] BGH GRUR 2013, 1213 (1215) Tz. 18 – SUMO.
[204] OLG Köln Urt. v. 9.1.2009, Az: 6 U 86/08, BeckRS 2009, 03255/ZUM 2009, 237 ff. – Anstellungsvertrag.
[205] OLG München ZUM 2014, 420 (422 f.).
[206] LG Berlin GRUR-RR 2014, 439 (440) – Weiße Rose.
[207] OLG Köln GRUR-RR 2008, 47 (LS) – Videozweitverwertung.
[208] OLG Zweibrücken MMR 2015, 54 f.
[209] BGH GRUR 2004, 938 (939) – Comic-Übersetzungen III.
[210] BGH GRUR 2004, 938 (939) – Comic-Übersetzungen III.
[211] OLG Hamburg NJOZ 2007, 5759 (5761) – Anonyme Tauschbörse.
[212] BGH GRUR 2007, 693 (695) – Archivfotos.

gg) Weiterwirkung von Nutzungsrechten. Gemäß § 33 UrhG bleiben ausschließliche und einfache Nutzungsrechte gegenüber später eingeräumten Nutzungsrechten wirksam; das bezeichnet man als **„Sukzessionsschutz"** und ist zugleich Ausfluss des im Urheberrecht geltenden Grundsatzes, dass ein gutgläubiger Erwerb von Nutzungsrechten grundsätzlich nicht möglich ist.[213] Entsprechend genießt auch der Inhaber eines einfachen Nutzungsrechtes Schutz gegenüber weiteren einfachen Nutzungsrechten, die ein ausschließlicher Nutzungsrechtsinhaber gewährt. § 33 S. 2 UrhG enthält zudem eine kodifizierte **„Rechtsnachfolgeklausel"**, in dem der Nutzungsrechtsinhaber auch vor einem Wechsel der Inhaberschaft am Urheberrecht oder am ausschließlichen Nutzungsrecht schützt. Das (einfache oder ausschließliche) Nutzungsrecht bleibt also mit seinen zeitlichen, örtlichen und inhaltlichen Vorgaben auch gegenüber dem Rechtsnachfolger des Urhebers oder des ausschließlichen Nutzungsrechtsinhabers voll wirksam. 112

e) **Vergütung des Urhebers.** Die Höhe der Vergütung des Urhebers, die er für die Nutzungsrechtseinräumung beanspruchen kann, war lange Zeit weder gesetzlich geregelt noch stand sie unter dem gesetzlichen Schutz des UrhG im Sinne eines Mindeststandards; eine Ausnahme bildete lediglich der frühere bis zum 31.12.2001 geltende § 36 UrhG,[214] der dem Urheber einen Anspruch auf angemessene Nachvergütung dann gewährte, wenn die Erträgnisse aus der Verwertung des Werkes in einem groben Missverhältnis zum Honorar des Urhebers gestanden haben und der außergewöhnliche Erfolg der Werkverwertung bei Vertragsschluss nicht vorhersehbar gewesen war.[215] Wurde die Höhe der Vergütung früher überhaupt nicht vertraglich festgelegt, konnte der Urheber allerdings gem. § 632 BGB die übliche Vergütung verlangen; war das Verlagsgesetz (VerlG) anwendbar, gab es schon früher eine Regelung zur angemessenen Vergütung (§ 28 VerlG). Die Reform des Urhebervertragsrechts durch das „Gesetz zur Stärkung der vertraglichen Stellung von Urhebern und ausübenden Künstlern" vom 25.1.2002 hat das grundlegend geändert: Dem Urheber steht nunmehr ein nicht abdingbarer Anspruch (§ 32b UrhG) auf Zahlung einer angemessenen Vergütung zu (§ 32 UrhG); für den Fall des außergewöhnlichen Erfolges der Werkverwertung ist der Urheber auch dann zusätzlich zu beteiligen, wenn der Erfolg bei Vertragsschluss vorhersehbar war (§ 32a Abs. 1 S. 2 UrhG).[216] Trotz dieser gesetzlichen Verankerung des Rechts der Urheber und ausübenden Künstler auf angemessene Vergütung bestehen nach Auffassung des Gesetzgebers nach wie vor Defizite, die teilweise zu unangemessen niedrigen Vergütungen der Urheber und ausübenden Künstler und zu „Total Buy-Outs" führen.[217] 113

Diese Defizite wollte das **Gesetzes zur verbesserten Durchsetzung des Anspruchs der Urheber und ausübenden Künstler auf angemessene Vergütung und zur Regelung von Fragen der Verlegerbeteiligung vom 20.12.2016**[218] beheben. Das überwiegend am 1.3.2017 in Kraft getretene Gesetz soll eine faire Beteiligung der Urheber und ausübenden Künstler an den Erlösen der Verwertung von kreativen Leistungen durch individualvertragliche und kollektivrechtliche Mechanismen sicherstellen. Es betont ua den Grundsatz der angemessenen Vergütung für jede Nutzung, indem nach § 32 Abs. 2 S. 2 UrhG nunmehr auch Häufigkeit und Ausmaß der Werknutzung als gesetzliche Kriterien zur Bestimmung der angemessenen Vergütung heranzuziehen sind. Als weitere Neuerung schafft die Reform mit §§ 32d und 32e UrhG einen jährlichen gesetzlichen Auskunftsanspruch der Urheber und ausübenden Künstler (§ 79 Abs. 2a UrhG) über die erfolgte Nutzung gegen den Vertragspartner (§ 32d UrhG) und gegen Dritte in der Lizenzkette (§ 32e UrhG) Ausgeschlossen ist der Anspruch im Falle eines lediglich nachrangigen Beitrags des Urhebers (§ 32d Abs. 2 Nr. 1 UrhG), im Falle der Unverhältnismäßigkeit (§ 32d Abs. 2 Nr. 2 UrhG) und für Software (§ 69a Abs. 5 UrhG). Zudem können Urheber, die gegen eine pauschale Vergütung ein ausschließliches Nutzungsrecht eingeräumt haben, ihr Werk nach zehn Jahren anderweitig verwerten und dem Vertragspartner soll lediglich ein einfaches Nutzungsrecht verbleiben (§ 40a UrhG). Das Zweitverwertungsrecht gilt nach § 69a Abs. 5 UrhG nicht für Software und nach § 90 Abs. 2 UrhG auch nicht für Filmwerke und vorbestehende Werke; der neue § 40a Abs. 3 UrhG sieht wei- 114

213 Vgl. BGH GRUR 1959, 200 (203) – Der Heiligenhof; Schricker/Loewenheim/Schricker UrhG vor §§ 28 ff. Rn. 63 mwN.

214 UrhG vom 9.9.1965–31.12.2001; Neuregelung ab 1.7.2002 durch das UrhStärkG, BGBl. I 2002, 1155.

215 Letzter aktuell entschiedener Fall: BGH GRUR 2002, 153 (154) – Kinderhörspiele.

216 Zum gesamten Komplex der Angemessenheit der Vergütung vgl. Brauner/Brauneck, Angemessene Vergütung von Urhebern und Künstlern, 2022, und der zur Angemessenheit dort vorgeschlagene „Dreiklang": Braner/Brauneck/Czychowski, Rn. 151.

217 Vgl. Begr. RegE BT-Drs. 18/8625, S. 1 und https://www.bmjv.de/SharedDocs/Gesetzgebungsverfahren/DE/Urhebervertragsrecht.html.

218 BGBl. I 2016, 3037, BR-Drs. 765/16; ausführlich zur Urheberrechtsreform 2016 → Rn. 18.

tere Ausnahmen vor. Zudem wurde das Recht der gemeinsamen Vergütungsregeln (§§ 36 ff. UrhG) reformiert. Des Weiteren wurde die Rechtstellung ausübender Künstler verbessert, indem der neu eingefügte § 79b UrhG erstmals ausdrücklich einen Anspruch auf Zahlung einer angemessenen Vergütung für den Fall vorsieht, dass ihre Darbietung auf eine vormals unbekannte Art genutzt wird. Zudem gelten durch den neuen § 79 Abs. 2a UrhG die urhebervertraglichen Regelungen, ua die Prinzipien der angemessenen Vergütung, nunmehr sowohl für die Einräumung des Nutzungsrechts als auch für die Übertragung des Leistungsschutzrechts durch ausübende Künstler.

115 *aa) Anspruch auf angemessene Vergütung.* Der Anspruch des Urhebers auf Zahlung einer angemessenen Vergütung ist dreistufig ausgestaltet: § 32 Abs. 1 S. 1 UrhG bestimmt zunächst, dass der Urheber für die Einräumung von Nutzungsrechten und die Erlaubnis zur Werknutzung Anspruch auf die vertraglich vereinbarte Vergütung hat; das ist an sich eine Selbstverständlichkeit des deutschen Zivilrechts und hätte eigentlich keiner besonderen Kodifizierung im UrhG bedurft. Gem. § 32 Abs. 1 S. 2 UrhG gilt dann, wenn die Höhe der Vergütung nicht bestimmt ist, die angemessene Vergütung als vereinbart; das ist insoweit neu, als bislang ohne ausdrückliche Abrede über die Höhe der Vergütung über § 632 BGB allenfalls (§ 632 BGB betrifft ja eigentlich nur die Werkleistung, nicht die Nutzungseinräumung) das beansprucht werden konnte, was üblich war (Ausnahme: Soweit der Anwendungsbereich des VerlG eröffnet war, galt angemessene Vergütung gem. § 28 VerlG). Die übliche Vergütung muss jedoch nicht notwendigerweise auch angemessen sein; das zeigt bereits § 32 Abs. 2 S. 2 UrhG, der davon spricht, dass die **Vergütung angemessen ist, wenn sie üblich und redlich** ist.[219] Wenn schließlich eine Vergütung vereinbart worden ist, diese aber nicht als angemessen angesehen werden kann, hat der Urheber gem. § 32 Abs. 1 S. 3 UrhG gegenüber seinem Vertragspartner einen Anspruch auf Einwilligung in die Änderung des Vertrages dahingehend, dass ihm eine angemessene Vergütung gewährt wird.[220] Der Anspruch ist gegenüber dem ursprünglichen Vertragspartner auch dann geltend zu machen, wenn dieser das Nutzungsrecht übertragen oder seinerseits weitere Nutzungsrechte eingeräumt hat.[221] Er gilt nicht nur für Einzelurheber, sondern entsprechend auch für Miturheber, die ihre Werke im Rahmen einer BGB-Gesellschaft verwerten.[222]

116 Bei § 32 Abs. 1 S. 3 UrhG dürfte es sich um den Hauptanwendungsfall handeln: Einerseits wird nämlich der Urheber schon bei Vertragsschluss unter Hinweis auf § 32 Abs. 1 S. 3 UrhG darauf bestehen können, dass ihm die angemessene Vergütung gewährt wird; andererseits wird jeder Vertrag über die Einräumung urheberrechtlicher Nutzungsrechte nunmehr nachträglich jeder Zeit darauf zu überprüfen sein, ob die darin vereinbarte Vergütung auch tatsächlich angemessen ist. Schließlich kennt das Urheberrecht den Begriff der Angemessenheit aus gesetzlichen Vergütungsansprüchen (zB §§ 26 Abs. 3, 27 Abs. 1 und 2, 45a Abs. 2, 49 Abs. 1, 54, 54a UrhG), die idR verwertungsgesellschaftenpflichtig sind und daher der besonderen Angemessenheitsbestimmung des § 9 VGG unterworfen sind.[223] Der Anspruch auf angemessene Vergütung entsteht mit Einräumung der Nutzungsrechte. **Kriterien des § 32 Abs. 2 S. 2 UrhG für die Üblich- und Redlichkeit der Vergütung** sind: 1. der Geschäftsverkehr, 2. die Art und der Umfang der eingeräumten Nutzungsmöglichkeiten, 3. die Dauer und der Zeitpunkt der Nutzung, wobei 4. alle Umstände Berücksichtigung finden sollen.[224]

117 Die Frage, wie die Angemessenheit der Vergütung zu bestimmen ist, regelt § 32 Abs. 2 UrhG: Zunächst besteht eine **unwiderlegliche Vermutung dahingehend, dass eine nach einer gemeinsamen Vergütungsregel im Sinne von § 36 UrhG ermittelte Vergütung angemessen ist.** Was also zwischen einem Urheberverband und einem Verwerterverband oder einem einzelnen Verwerter im Rahmen einer gemeinsamen Vergütungsregel vereinbart worden ist, gilt unwiderleglich als angemessen;[225] die Verwendung der Formulierung „ist angemessen" erlaubt im Hinblick auf

[219] Vgl. zum Begriff der angemessenen Vergütung auch EuGH GRUR 2003, 325 (327 f.), Tz. 39 ff. – SENA/NOS sowie Dreier/Schulze/Schulze UrhG § 32 Rn. 43 ff.; Dreyer/Kotthoff/Meckel/Kotthoff UrhG § 32 Rn. 26 ff.; W. Nordemann S. 70 ff.; Wandtke/Bullinger/Wandtke/Grunert UrhG § 32 Rn. 22 ff.

[220] Vgl. Dreier/Schulze/Schulze UrhG § 32 Rn. 25; Dreyer/Kotthoff/Meckel/Kotthoff UrhG § 32 Rn. 10; W. Nordemann S. 67 f.; Wandtke/Bullinger/Wandtke/Grunert § 32 Rn. 12.

[221] BGH GRUR 2012, 1022 (1023) Tz. 16 – Kommunikationsdesigner.

[222] BGH GRUR 2012, 1022 (1023) Tz. 21 – Kommunikationsdesigner.

[223] Fromm/Nordemann/Czychowski UrhG § 32 Rn. 7.

[224] Fromm/Nordemann/Czychowski UrhG § 32 Rn. 33.

[225] Vgl. Dreier/Schulze/Schulze UrhG § 32 Rn. 30; Dreyer/Kotthoff/Meckel/Kotthoff UrhG § 32 Rn. 14; W. Nordemann S. 69; Wandtke/Bullinger/Wandtke/Grunert UrhG § 32 Rn. 26.

die Vermutungswirkung insoweit wohl keinerlei Auslegungsspielraum. Nicht geregelt hat das UrhG allerdings, was geschieht, wenn mehrere gemeinsame Vergütungsregeln bestehen. Insoweit wird einerseits die Vergütungsregelung Vorrang haben, die für den Bereich abgeschlossen worden ist, in den der betroffene Vertrag fällt (also beispielsweise eine gemeinsame Vergütungsregelung über Grafikdesignleistungen für einen Vertrag über die Nutzung eines Corporate Identity oder eine gemeinsame Vergütungsregel für literarische Übersetzungen für den Vertrag eines Übersetzers mit einem Verlag über die Übersetzung eines Romans).

Andererseits ist es durchaus denkbar, dass **unterschiedliche** Urheberverbände mit unterschiedlichen Verwerterverbänden oder unterschiedlichen einzelnen Verwertern Vergütungsregelungen abschließen, die differieren, also für ein und dieselbe Nutzungsrechtseinräumung Vergütungen unterschiedlicher Höhe vorsehen. Wie dieses Dilemma aufzulösen ist, sagt auch die Gesetzesbegründung nicht. Es dürfte insoweit nahe liegen, eine **Analogie zu Tarifverträgen** zu ziehen: Es hat die gemeinsame Vergütungsregelung den Vorrang, die zwischen einem Urheberverband abgeschlossen worden ist, deren Mitglied der Urheber unmittelbar oder mittelbar ist, und einem Verwerterverband, dem sein Vertragspartner unmittelbar oder mittelbar angehört. Liegen beide Voraussetzungen nicht kumulativ vor, ist also nur eine Vertragspartei Mitglied eines beteiligten Verbandes oder gar keine, werden die einschlägigen gemeinsamen Vergütungsregeln nur neben anderen Aspekten zur Ermittlung der angemessenen Vergütung herangezogen werden können; zwischen zwei differierenden gemeinsamen Vergütungsregeln wird das Gericht dann möglicherweise einen Mittelwert bilden müssen.[226] 118

Das OLG München hat in einer Entscheidung zu Buchübersetzungen die angemessene Vergütung an den Absatz der Vervielfältigungsstücke geknüpft sowie Vergütungsregelungen anderer Branchen herangezogen.[227] Der BGH hat beispielsweise die Gemeinsamen Vergütungsregeln für belletristische Autoren ausdrücklich zur Bestimmung der Angemessenheit bei Übersetzervergütungen herangezogen.[228] Allerdings seien dabei die Gemeinsamkeiten und Unterschiede der jeweiligen Berufsgruppen einzubeziehen. Die vergleichbare Struktur der Verhältnisse von Autoren und Übersetzern einerseits und den Verlagen andererseits ermögliche zwar eine Orientierung an deren Prinzipien. Wegen der dienenden Funktion, die der Übersetzer im Vergleich zu der genuin schöpferischen Leistung des Autors leiste sowie der Branchenübung, Autoren mit einer alleinigen Absatzvergütung auch stärker am Risiko zu beteiligen, seien Abschläge gegenüber den Autorenvergütungsregeln gerechtfertigt.[229] Für die indizielle Heranziehung von Vergütungsregelungen im Rahmen der Prüfung der Angemessenheit der Vergütung nach § 32 Abs. 2 S. 2 UrhG ist nach dem BGH nicht erforderlich, dass sämtliche Voraussetzungen für die Anwendung der Vergütungsregelung erfüllt sind; eventuell bestehenden erheblichen Unterschieden sei im Einzelfall durch eine modifizierte Anwendung dieser Vergütungsregelungen Rechnung zu tragen.[230] Ausreichend sei eine vergleichbare Interessenlage, so dass auch solche gemeinsame Vergütungsregelungen als Vergleichsmaßstab und Orientierungshilfe herangezogen werden könnten, deren Anwendungsvoraussetzungen nicht (vollständig) erfüllt seien und die deshalb keine unwiderlegliche Vermutungswirkung im Sinne von § 32 Abs. 2 S. 1 UrhG entfalten.[231] 119

Nach der Reform des UrhG durch das Gesetz zur verbesserten Durchsetzung des Anspruchs der Urheber und ausübenden Künstler auf angemessene Vergütung und zur Regelung von Fragen der Verlegerbeteiligung vom 20.12.2016[232] regelt der neu eingefügte § 32 Abs. 2a UrhG nunmehr, dass eine gemeinsame Vergütungsregel zur Ermittlung der angemessenen Vergütung auch bei Verträgen herangezogen werden kann, die vor ihrem zeitlichen Anwendungsbereich abgeschlossen wurden. Zuletzt betonte der BGH in der Entscheidung Fotopool, dass für die Auslegung in Bezug auf §§ 32 und 32a UrhG des zugrunde liegenden Nutzungsrechtsvertrags mit einer Rechtsvorgängerin der beklagten Bildagentur gemeinsame Vergütungsregeln indiziell herangezogen werden könnten, auch wenn sie weder zeitlich noch persönlich anwendbar seien.[233] 120

Im Übrigen bestimmt § 32 Abs. 2 S. 2 UrhG, **dass die Vergütung angemessen ist, die im Zeitpunkt des Vertragsabschlusses dem entspricht, was im Geschäftsverkehr nach Art und Umfang** 121

[226] Vgl. Dreier/Schulze/Schulze UrhG § 32 Rn. 35; Dreyer/Kotthoff/Meckel/Kotthoff UrhG § 32 Rn. 22 ff.
[227] OLG München ZUM 2007, 142 ff. – Buchübersetzungsvergütung.
[228] BGH GRUR 2011, 328 – Destructive Emotions.
[229] BGH GRUR 2009, 1148 – Talking to Addison.
[230] BGH GRUR 2016, 62 (63 f.) Tz. 21 – GVR Tageszeitung I.
[231] BGH GRUR 2016, 62 (63) Tz. 16 – GVR Tageszeitung I.
[232] BGBl. I 2016, 3037, BR-Drs. 765/16; ausführlich zur Urheberrechtsreform 2016 → Rn. 15.
[233] BGH GRUR 2020, 1191 Tz. 36 ff. – Fotopool.

der eingeräumten Nutzungsmöglichkeit, insbesondere nach Dauer, Häufigkeit, Ausmaß und Zeitpunkt der Nutzung unter Berücksichtigung aller Umstände üblicher- und redlicherweise zu leisten ist. Nach der Reform des UrhG 2016 werden nunmehr auch Häufigkeit und Ausmaß der Werknutzung als gesetzliche Kriterien herangezogen. Zusätzlich stellt seit 7.6.2021 § 32 Abs. 2 S. 3 UrhG noch die Voraussetzung auf, dass eine pauschale Vergütung eine angemessene Beteiligung des Urhebers am voraussichtlichen Gesamtertrag der Nutzung gewährleisten und durch die Besonderheiten der Branche gerechtfertigt sein muss. Erfasst wird lediglich die Vergütung des Urhebers als Gegenleistung für die gemäß § 31 UrhG eingeräumten Nutzungsrechte; betrifft eine Vereinbarung zwischen Urheber und Werknutzer auch andere Elemente (wie zB Fahrtkosten), ist die in § 32 UrhG geregelte Angemessenheitskontrolle allein auf diejenigen Vergütungselemente anwendbar, die auf das eingeräumte Nutzungsrecht entfallen.[234] Entscheidend ist, ob die vereinbarte Vergütung im Zeitpunkt des Vertragsschlusses aus der Sicht im Zeitpunkt des Vertragsschlusses nicht angemessen ist; eine erst nach Vertragsschluss eintretende Unverhältnismäßigkeit zwischen den Erträgen und Vorteilen aus der Nutzung des Werkes und der vereinbarten Gegenleistung begründet dagegen nur Ansprüche nach § 32a Abs. 1 S. 1 UrhG.[235] Es ist nicht nur darauf abzustellen, welchen Umfang die Nutzung des Verwerters hat, die unmittelbar beabsichtigt ist, sondern auch der Umfang zu berücksichtigen, den die Nutzung haben würde, wenn der Verwerter die ihm eingeräumten Rechte billiger- und redlicherweise nutzt. Der Zeitpunkt der Betrachtung über die Angemessenheit der Vergütung ist eine objektive ex ante Betrachtung und knüpft an den Zeitpunkt des Vertragsschlusses an.[236] Entwicklungen während der Nutzung lassen sich dann allenfalls über § 32a UrhG abfangen.

Beispiel:
Ein Verleger erwirbt von einem Übersetzer ausschließliche Nutzungsrechte an der Übersetzung eines Romans gegen ein Pauschalhonorar; die Nutzungsrechte umfassen nicht nur die Vervielfältigung und Verbreitung in gedruckter Form bis zum Ende der Schutzfrist, sondern auch sämtliche Zweitverwertungsrechte, also das Recht zur Lizenzvergabe an einen Taschenbuchverlag, für Theateraufführungen und die Verwendung der Übersetzung im Rahmen einer Verfilmung.[237] Die Angemessenheit des vereinbarten und bezahlten **Pauschalhonorares** ist dann nicht nur daran zu messen, welchen Umsatz der Verleger mit der Vervielfältigung und Verbreitung der ersten Druckauflage erzielt, sondern welchen weiteren Auflagen in welchem Umfang bis zum Ende der Schutzfrist üblicher- und redlicherweise zu erwarten sind und was der Verleger aus einer Gestattung zur Theaternutzung und zur Verfilmung für Erträgnisse erzielen kann.

122 Da das im Rahmen eines Pauschalhonorares kaum angemessen so berücksichtigt werden kann, dass nicht eine von beiden Seiten benachteiligt wird (auch der Verleger muss unter Umständen für etwas bezahlen, was sich nie realisiert, wenn das Werk „floppt“), scheinen damit Pauschalhonorarvereinbarungen immer seltener möglich;[238] denn insbesondere künftige, kaum vorhersehbare Verwertungen werden sich nur dadurch angemessen im Vorfeld berücksichtigen lassen, indem dem Urheber eine prozentuale Beteiligung an den Erträgnissen oder den damit erzielten Umsätzen zugebilligt wird, wodurch die Übersetzervergütung an Zahl und Preis der verkauften Exemplare gekoppelt wird. Die „Mischform“, also die Kombination eines Pauschalhonorars mit einer prozentualen Beteiligung für weitere, nicht sofort stattfindende Verwertungen, ist natürlich ebenso denkbar und wird inzwischen bei Übersetzerverträgen auch praktiziert. Ähnliches gilt für die Vergütung von Drehbuchautoren einer Fernsehsendung. Auch hier lässt sich eine angemessene Vergütung am ehesten durch Wiederholungsvergütungen, die für jede weitere Ausstrahlung gezahlt werden, ermitteln, wohingegen durch eine Pauschalvergütung regelmäßig kaum eine angemessene Beteiligung an den Verwertungserlösen erreicht werden kann.[239]

123 In seiner **ersten Entscheidung zum Vergütungsrecht** *Talking to Addison* hat der BGH mehrere der anhängigen Übersetzerstreitigkeiten entschieden.[240] Wesentlicher Inhalt dieser Entscheidung

[234] BGH GRUR 2016, 67 (71) Tz. 43 – GVR Tageszeitung II.
[235] BGH GRUR 2016, 1291 (1293) Tz. 24 – Geburtstagskarawane.
[236] BGH GRUR 2009, 1148 – Talking to Addison; OLG München ZUM-RD 2007, 166 (177); mwN Fromm/Nordemann/Czychowski UrhG § 32 Rn. 35.
[237] OLG München ZUM 2007, 142 ff. – Buchübersetzungsvergütung; OLG München ZUM 2003, 684 ff. – Urheberbeteiligung.
[238] Der BGH hält in seiner Talking-to-Addison-Entscheidung (GRUR 2009, 1148, 1150 Tz. 24) Pauschalvergütungen aber weiterhin für zulässig, sofern sie eine angemessene Beteiligung am voraussichtlichen Gesamtertrag der Urheberrechtsverwertung gewährleisten. In Anbetracht der enorm langen Laufzeit von Urheberrechtsverträgen wird das daher immer schwerer, vgl. Czychowski GRUR 2011, 793, 794.
[239] Vgl. KG GRUR-RR 2010, 276, 277 – Auffälliges Missverhältnis.
[240] BGH GRUR 2009, 1148 – Talking to Addison.

ist, dass neben einem als üblich und angemessen erkannten Garantiehonorar (das bei Übersetzern als sog. Normseitenhonorar gezahlt wird) Übersetzer belletristischer Werke ab dem 5.000 verkauften, bezahlten und nicht remittierten Exemplar eine zusätzliche Vergütung beanspruchen können. Diese liegt bei gebundenen Büchern bei 0,8 % und bei Taschenbüchern bei 0,4 % des Nettoladenverkaufspreises. Der BGH betont aber, dass besondere Umstände es als angemessen erscheinen lassen können, diese Vergütungssätze zu erhöhen oder zu senken. Darüber hinaus kann ein solcher Übersetzer grundsätzlich die Hälfte des Nettoerlöses beanspruchen, den der Verleger dadurch erzielt, dass er Dritten das Recht zur Nutzung des übersetzten Werkes einräumt. Hierbei gilt aber, dass unter Nettoerlös der Betrag zu verstehen ist, der nach Abzug der Vergütung weiterer Rechtsinhaber verbleibt und auch die Verwertung der Übersetzung entfällt.

Anfang 2011 hat der BGH seine zweite Entscheidungsreihe zu § 32 UrhG gefällt. In der Leitentscheidung *Destructive Emotions* bestätigt der BGH zunächst die wesentlichen Grundsätze der Entscheidung *Talking to Addison.*[241] Nunmehr regelt der BGH aber die Beteiligung des Übersetzers an Lizenzerlösen neu. Der Übersetzer soll auch bei Lizenzerlösen stets ein Fünftel des Anteils erhalten, den der Autor bekommt, allerdings nur unter der Voraussetzung, dass die Lizenz sich im gleichen Umfang auf die Übersetzung wie auf den Originaltext bezieht und der dem Verlag verbleibende Lizenzerlös nicht geringer wird als der an den Übersetzer zu zahlende Betrag. 124

Dass eine Vergütung branchenüblich war, bedeutet nicht, dass sie auch angemessen ist, weil auch branchenübliche Vergütungen unangemessen sein können.[242] Für den Fall, dass eine Vergütung vereinbart ist, diese aber unangemessen ist (§ 32 Abs. 1 S. 3 UrhG), steht dem Berechtigten hingegen ein Anspruch auf Einwilligung in die Änderung des Vertrages (Anpassungsanspruch) zu. Dabei reduziert sich dieser um den Teil, der bereits bezahlt wurde. Der Anspruch auf Vertragsanpassung entsteht ebenfalls mit Einräumung der Nutzungsrechte. So war es beispielsweise jahrzehntelang branchenüblich, dass Übersetzer lediglich ein sogenanntes „Normseitenhonorar" erhalten haben, dh eine Vergütung pro übersetzter Seite, die dann für alle Auflagen und Ausgaben galt. Der BGH hat dies ebenso wie vorhergehend schon die Münchener Instanzgerichte für nicht angemessen gehalten, sondern entschieden, dass das Normseitenhonorar für Übersetzer zwar als Garantiehonorar üblich und angemessen ist, jedoch Übersetzer belletristischer Werke und Übersetzer von Sachbüchern ab dem 5.000-sten verkauften, bezahlten und nicht remittierten Exemplar eine zusätzliche Vergütung beanspruchen können; diese liegt bei gebundenen Büchern bei 0,8 % des Nettoladenpreises, bei Taschenbüchern bei 0,4 %.[243] Der BGH betont aber, dass besondere Umstände es als angemessen erscheinen lassen können, diese Vergütungssätze zu erhöhen oder zu senken, soweit diese die Dauer oder den Umfang der Verwertung des Werkes beeinflussen.[244] Darüber hinaus kann ein solcher Übersetzer grundsätzlich ein Fünftel der Beteiligung des Werkautors an den Nebenrechtserlösen verlangen, die der Verlag dadurch erzielt, dass er Dritten das Recht zur Nutzung des übersetzten Werkes einräumt, wobei jedoch der Erlösanspruch des Übersetzers den Erlösanteil, der dem Verlag verbleibt nicht überschreiten darf. Zudem verringert sich der Beteiligungsanspruch des Übersetzers, soweit bei der Nutzung des übersetzten Werks von der Übersetzung in geringerem Umfang als vom Originalwerk Gebrauch gemacht wird.[245] 125

Der bislang gewohnheitsrechtlich anerkannte **Auskunftsanspruch** zur Vorbereitung von Ansprüchen nach § 32 UrhG ist nunmehr in § 32d UrhG kodifiziert und sogar als Pflicht ausgestaltet.[246] 126

Die Bestimmungen der § 32 und § 32a UrhG sind **zwingend** (§ 32b UrhG); von ihnen kann nicht zum Nachteil des Urhebers abgewichen werden, und zwar auch nicht durch Umgehung (§ 32 Abs. 3 S. 1 und 2 UrhG).[247] In der Presse ist bereits über Bestrebungen einzelner Verwerter- 127

---

[241] BGH GRUR 2011, 328 – Destructive Emotions.

[242] Vgl. BGH GRUR 2009, 1148 (1150) Tz. 22 – Talking to Addison; BGH GRUR 2002, 602 – Musikfragmente; sowie Dreier/Schulze/Schulze UrhG § 32 Rn. 50; Dreyer/Kotthoff/Meckel/Kotthoff UrhG § 32 Rn. 36 f.; W. Nordemann S. 68 und 76 f.; Wandtke/Bullinger/Wandtke/Grunert UrhG § 32 Rn. 31 ff.

[243] Vgl. BGH GRUR 2011, 328 (330) Tz. 18, 25 – Destructive Emotions; BGH GRUR 2009, 1148 (1150) Tz. 21 ff. – Talking to Adison. Wurde kein Seitenhonorar vereinbart, gilt nach dem BGH eine Absatzvergütung iHv 2 % für Hardcoverausgaben und iHv 1 % für Taschenbuchausgaben als angemessen.

[244] Vgl. BGH GRUR 2011, 328 (332) Tz. 28 f. – Destructive Emotions. BGH GRUR 2009, 1148 (1150), Tz. 21 ff. – Talking to Adison.

[245] BGH GRUR 2011, 328 (333) Tz. 42 – Destructive Emotions.

[246] Vgl. zu dem entsprechenden Gesetz oben → Rn. 113.

[247] Vgl. Dreier/Schulze/Schulze UrhG § 32 Rn. 75 ff.; Dreyer/Kotthoff/Meckel/Kotthoff UrhG § 32 Rn. 44 f.; W. Nordemann S. 83 f.; Wandtke/Bullinger/Wandtke/Grunert UrhG § 32 Rn. 44.

unternehmen berichtet worden, Firmensitze in das Ausland zu verlegen oder urheberrechtliche Nutzungsverträge ausländischen Rechtsordnungen zu unterstellen, um die Wirkungen des § 32 UrhG umgehen zu können. § 32b schiebt dem jedoch insoweit einen Riegel vor, als § 32 UrhG zwingend auch auf ausländische Vertragsgestaltungen dann Anwendung findet, wenn Gegenstand des Vertrages maßgebliche Nutzungshandlungen in Deutschland sind (§ 32b Nr. 2 UrhG). Soweit allerdings Nutzungshandlungen im Ausland betroffen sind (**Beispiel:** Erwerb der Verfilmungsrechte von einem deutschen Romanautor für die USA) wäre es zulässig, vertraglich die Geltung US-amerikanischen Rechts zu vereinbaren und dadurch zu verhindern, dass der Urheber die Ansprüche aus § 32 UrhG geltend macht. Allerdings bleibt der Urheber dazu berechtigt, unentgeltlich ein einfaches Nutzungsrecht für jedermann einzuräumen (§ 32 Abs. 3 S. 3 UrhG); das ist beispielsweise bei sog. „Shareware" der Fall, also Computersoftware, die durch jedermann benutzt werden kann. Steuerrechtlich bleibt zu erwähnen, dass Wiederholungshonorar und Erlösbeteiligungen von ausübenden Künstlern (§§ 73 ff. UrhG), die von Hörfunk- oder Fernsehproduktionen als Nutzungsentgelte für die Übertragung originärer urheberrechtlicher Verwertungsrechte gezahlt werden, keinen Arbeitslohn iSd EStG darstellen.[248]

128 § 32 Abs. 4 UrhG bestimmt schließlich, dass **Tarifverträge** grundsätzlich Vorrang genießen. Zu beachten ist insoweit allerdings, dass Tarifverträge nur dann vorgehen, wenn sie Bindungswirkung entfalten, also beide Parteien Angehörige der Tarifvertragsparteien sind. Da die meisten Urheber freischaffend tätig sind, besitzen Tarifverträge im Urheberrecht eine eher untergeordnete Bedeutung (Ausnahme: Zeitungs- und Zeitschriftenverlage sowie Sendeanstalten). Der Vorrang gilt auch für Tarifverträge, die erst noch abgeschlossen werden.

129 Im Bereich des Urheberrechts bestehen verschiedenste Tarifverträge, die gut in *Brauner/Brauneck*[249] dokumentiert sind.

130 Die Anwendbarkeit des § 32 UrhG im Arbeitsverhältnis wird durch § 43 UrhG beeinflusst. Zu § 43 UrhG war bislang anerkannt, dass der Lohn, den ein Arbeitnehmer erhält, auch die Einräumung von Nutzungsrechten im Rahmen der Anwendbarkeit des § 43 UrhG abgilt.[250] Das Gesetz enthält keine Aussage zum Verhältnis von § 32 zu § 43 UrhG. Für angestellte Computerprogrammierer gilt § 69b UrhG. Will der Arbeitgeber sicher der Anwendbarkeit des § 32 UrhG „entkommen", muss er die gesetzliche Regelung der §§ 31 ff., 43 UrhG dahingehend abändern, dass er sich keine Nutzungsrechte einräumen lässt; ein praktisch nicht befriedigendes Ergebnis.[251] § 32 UrhG ist vom BVerfG für **verfassungskonform** erklärt worden; der Gesetzgeber sei von Verfassungs wegen nicht darin gehindert, eine Regelung zu treffen, die den Urhebern einen Anspruch auf gerichtliche Kontrolle der von ihnen geschlossenen Verträge auf die Angemessenheit der Vergütung gewähre.[252]

131 *bb) Gemeinsame Vergütungsregeln.* Die Regelung, wie gemeinsame Vergütungsregeln zur Bestimmung der angemessenen Vergütung gem. §§ 32, 32a und 32c, zur Regelung der Auskünfte nach den §§ 32d und 32e sowie zur Bestimmung der angemessenen Beteiligung nach § 87k Abs. 1 UrhG festgelegt werden können, findet sich in § 36 UrhG. Danach können Vereinigungen von Urhebern mit Vereinigungen von Werknutzern oder einzelnen Werknutzern gemeinsame Vergütungsregeln aufstellen, die die Umstände des jeweiligen Regelungsbereichs berücksichtigen müssen, insbesondere auch die Strukturengröße der Verwerter (§ 36 Abs. 1 S. 1 und 2 UrhG). Der urhebervertragsrechtliche Vertragspartner des Urhebers ist Werknutzer iSd § 36 Abs. 1 S. 1 UrhG, mit der Folge, dass auch Produktionsunternehmen, die zum Zwecke der Filmherstellung Verträge mit zB Kameraleuten schließen, unter den Werknutzerbegriff fallen.[253] Die Vereinigungen der Urheber und Werknutzer müssen allerdings **repräsentativ, unabhängig und zur Aufstellung gemeinsamer Vergütungsregeln ermächtigt** sein (§ 36 Abs. 2 UrhG). Repräsentativ dürften die Vereinigungen dann sein, wenn jedenfalls eine nicht unerhebliche Anzahl von Mitgliedern (wesentlicher Teil der Berufsgruppe) besteht und sie bundesweit tätig sind.[254] Um eine Gewähr für eine sach-

[248] BGH GRUR 2006, 1021 (1021) – Arbeitslohn.

[249] Brauner/Brauneck, Angemessene Vergütung von Urhebern und Künstlern, 2022.

[250] OLG Hamburg GRUR 1977, 556 (558) – Zwischen Marx und Rothschild: Fromm/Nordemann/Czychowski UrhG § 32 Rn. 28.

[251] Näher Fromm/Nordemann/Czychowski UrhG § 32 Rn. 28; Zirkel ZUM 2004, 626 (633 f.); BT-Drs. 14/6433, S. 23.

[252] BVerfG GRUR 2014, 169 (170) Tz. 65 – Übersetzerhonorare.

[253] BGH GRUR 2021, 1297, 1299 Tz. 35 – Werknutzer.

[254] Vgl. BGH GRUR 1997, 934 (935 f.) – 50 % Sonder-Afa; BGH WRP 1996, 1102 (1103) – Großimporteur; Dreier/Schulze/Schulze UrhG § 36 Rn. 18.

orientierte und interessengerechte Festlegung von angemessenen Regeln zu bieten ist es erforderlich, dass der jeweiligen Vereinigung entweder nach ihrer Anzahl und Größe oder nach ihrer Marktbedeutung eine tatsächliche Position zukommt, die es rechtfertigt, im konkreten Fall in legitimer Weise „für die Branche zu sprechen".[255] Die Voraussetzung der Unabhängigkeit dürfte die sog. „Gegnerfreiheit" im tarifvertraglichen Sinne meinen,[256] dh insbesondere die Urheberverbände sollten beachten, dass die Mitglieder in ihren Reihen nicht zugleich auch Verwerter sind (**Beispiel:** Ein Fotograf ist zugleich Verleger einer Zeitschrift). Ermächtigt dürften die Vereinigungen dann sein, wenn entweder die Mitgliederversammlung einen Ermächtigungsbeschluss gefasst hat oder die Satzung der Vereinigung eine derartige Ermächtigung vorsieht; auf Grund der Tragweite, die gemeinsame Vergütungsregelungen für die Mitglieder der Vereinigung haben kann, nämlich als unwiderlegliche Vermutung,[257] ist in jedem Fall einer Ermächtigung durch die Satzung der Vorzug zu geben.[258] Seit dem 1.3.2017 enthält der durch das Gesetz zur verbesserten Durchsetzung des Anspruchs der Urheber und ausübenden Künstler auf angemessene Vergütung und zur Regelung von Fragen der Verlegerbeteiligung vom 20.12.2016[259] neu eingefügte § 36 Abs. 2 S. 2 UrhG die Vermutung für die Ermächtigung einer Vereinigung, die einen wesentlichen Teil der jeweiligen Urheber oder Werknutzer vertritt, die durch ihre Mitglieder jedoch entkräftet werden kann. Aus diesen Voraussetzungen der Repräsentativität, Unabhängigkeit und Ermächtigung kann sich nach dem *BGH* ein eingeschränkter (räumlicher) Anwendungsbereich einer gemeinsamen Vergütungsregel ergeben.[260] Es darf jedoch keine formale Betrachtung erfolgen, wonach gemeinsame Vergütungsregeln mit bundesweiter Bedeutung allein durch bundesweit tätige Vereinigungen abgeschlossen werden und regional tätige Verbände nur im Hinblick auf ihr Regionalgebiet repräsentativ sein können.[261]

§ 36 Abs. 3 und 4 UrhG sieht im Übrigen ein **Schlichtungsverfahren** vor, wenn entweder Verhandlungen gescheitert sind oder sich eine Seite weigert, mit der anderen zu verhandeln. Die insoweit einzuschaltende Schlichtungsstelle muss einen **Einigungsvorschlag** unterbreiten (§ 36a Abs. 4 UrhG), der gemeinsame Vergütungsregeln enthält (§ 36 Abs. 4 UrhG). Angenommen werden muss der Schlichtungsspruch allerdings nicht. Wird er abgelehnt, entfaltet er nur insoweit Wirkung, als er durchaus indizielle Bedeutung für die Höhe der angemessenen Vergütung besitzen dürfte. Diese Indizwirkung tritt aber ein, wenn an dem Schlichtungsverfahren Parteien beteiligt sind, die zur Aufstellung von Vergütungsregeln nach § 36 UrhG berechtigt sind.[262] Das Verfahren vor der Schlichtungsstelle ist im Einzelnen in § 36a UrhG geregelt.[263] Durch die Urheberrechtsreform 2016 wurden Änderungen an den §§ 36 und 36a UrhG zur Straffung des Verfahrens vorgenommen sowie mit § 36b UrhG ein Verbandsklagerecht eingeführt, das die Individualverträge am Maßstab der gemeinsamen Vergütungsregeln misst und einen Unterlassungsanspruch gewährt. § 36c UrhG stellt die individualrechtliche Ergänzung hierzu dar, indem er bestimmt, dass sich Vertragspartner nicht auf Vertragsbestimmungen berufen können, die von gemeinsamen Vergütungsregeln zum Nachteil der Urheber abweichen. Die Urheber haben zudem einen Anspruch auf Vertragsanpassung. 132

Vereinigungen von Urhebern könnten beispielhaft sein: 133

- der Deutsche Komponisten Verband (DKV)
- der Verband deutscher Schriftsteller (VS)
- der Deutsche Journalisten Verband (DJV)
- Verband der Fotojournalistinnen und Fotojournalisten e. V. (freelens)
- Allianz Deutscher Designer (AGD) e. V.
- Berufsverband der Deutschen Kommunikationsdesigner (BDG)
- Berufsverband Freie Fotografen und Filmgestalter e. V. (BFF)
- Illustratoren Organisation e. V. (IO)
- Der Interessenverband Comic e. V. (ICOM)

[255] BGH GRUR 2016, 1296 (1298 f.) Tz. 23 – GVR Tageszeitung III.
[256] Vgl. Dreier/Schulze/Schulze UrhG § 36 Rn. 21; sa Dreyer/Kotthoff/Meckel/Kotthoff UrhG § 36 Rn. 19; Wandtke/Bullinger/Wandtke/Grunert UrhG § 36 Rn. 10.
[257] Vgl. → Rn. 117.
[258] So auch LG Frankfurt ZUM 2006, 948 (949) – Literatur-Übersetzer.
[259] BGBl. I 2016, 3037, BR-Drs. 765/16; ausführlich zur Urheberrechtsreform 2016 → Rn. 15.
[260] BGH GRUR 2016, 1296 (1298) Tz. 15 – GVR Tageszeitung III.
[261] BGH GRUR 2016, 1296 (1299) Tz. 24 – GVR Tageszeitung III.
[262] BGH GRUR 2011, 808 Tz. 15 – Aussetzung eines Schlichtungsverfahrens.
[263] Dazu BGH GRUR 2011, 808 – Aussetzung eines Schlichtungsverfahrens; OLG München ZUM 2011, 511.

- Einzelne Verbände der Filmschaffenden
- Verband Deutscher Drehbuchautoren e. V.

Davon sind lediglich ermächtigt der DJV, freelens und DKV.[264]

134 Die soweit ersichtlich einzige bislang abgeschlossene gemeinsame Vergütungsregel ist die für Autoren belletristischer Werke in deutscher Sprache, abgeschlossen vom Verband Deutscher Schriftsteller (VS) in der Vereinigten Dienstleistungsgewerkschaft (ver.di) und den Verlagen Berlin-Verlag, Fischer, Hanser, Antje Kunstmann, Lübbe, Piper, Random House, Rowohlt und Seemann-Henschel vom 9.5.2005, gültig ab 1.7.2005.[265] Die gemeinsame Vergütungsregel sieht beispielsweise als angemessene Vergütung ein Honorar von 10 % für jedes verkaufte, bezahlte und nicht remittierte Exemplar bezogen auf den um die darin enthaltene Mehrwertsteuer verminderten Ladenverkaufspreis (Nettoladenverkaufspreis) vor; bei Taschenbuch- oder Sonderausgaben soll das Honorar – je nach Auflage – zwischen 5 % und 8 % vom Nettoladenpreis betragen.[266] Für die belletristischen Autoren hat sich dadurch allerdings nicht viel verändert: Auch vorher schon galten die jetzt vereinbarten Vergütungssätze als marktüblich und angemessen. Eine zweite gemeinsame Vergütungsregel, die abgeschlossen wurde, ist die seit dem 1. Februar 2010 geltende Vergütungsregel für „freie hauptberufliche Journalistinnen und Journalisten" an Tageszeitungen, abgeschlossen zwischen dem Bundesverband deutscher Zeitungsverleger e. V. und dem Deutschen Journalistenverband e. V.[267] Hierin ist insbesondere geregelt, welches Honorar für jeweils 20 Zeilen eines Beitrages für das Erst- und das Zweitdruckrecht zu zahlen ist, differenziert nach Auflagenhöhe und Art der Beiträge.

Beispiel:

EUR 0,73 bis EUR 0,79 für das Erstdruckrecht bei einer Auflage bis 100.000 Exemplare für Nachrichten und Berichte, für das entsprechende Zweitdruckrecht EUR 0,56 bis EUR 0,60.

135 Eine weitere gemeinsame Vergütungsregel existiert seit August 2012, die allerdings nicht als solche ausdrücklich bezeichnet wird. Sie betrifft die Drehbuchvergütung für ZDF-Filmauftragsproduktionen und wurde in einer Dreiecksvereinbarung zwischen dem Verband der Drehbuchautoren, der Produzentenallianz (für die Auftragsproduzenten) und dem ZDF abgeschlossen. Nach der neuen Regelung gibt es 4 % Erlösbeteiligung, und eine Erhöhung des Grundhonorars um 8 % wurde vereinbart. Im Falle eines Buy-outs beträgt das Grundhonorar 46.000.– Euro. Ferner können in sogenannten Korbmodellen die Autorenrechte für die Nutzung in den ZDF-Programmen und -Onlineangeboten über einen bestimmten Zeitraum pauschal abgegolten werden. Nach langjährigen Auseinandersetzungen wurde in der Schlichtung zudem die seit dem 15.12.2015 gültige Gemeinsame Vergütungsregel Auftragsproduktion Fiction ZDF zwischen dem Bundesverband Regie e. V., dem ZDF und der Allianz Deutscher Produzenten – Film und Fernsehen e. V. geschlossen.[268] Zudem wurden zwischen dem Bundesverband Regie e. V. und der Allianz deutscher Produzenten – Film & Fernsehen e. V. im Jahr 2016 Gemeinsame Vergütungsregeln für den Bereich fiktionaler Kinofilme geschlossen.[269] Durch ein Schlichtungsverfahren nach § 36a UrhG existiert überdies eine gemeinsame Vergütungsregel im Bereich Kameraleute für Kinofilme.[270] Sie basiert auf einem Einigungsvorschlag in einem Verfahren zwischen dem Bundesverband Kinematographie (BVK Verband der Kino-Kameraleute) und der Filmproduzentin Constantin Film vom 20. Dezember 2012, der zwischenzeitlich als gemeinsame Vergütungsregeln sowohl vom Verband der Kameraleute als auch von Constantin Film angenommen wurde.[271] Zudem hat der Bundesverband Kinematographie mit ProSiebenSat.1 TV Deutschland GmbH Gemeinsame Vergütungs-

[264] Fromm/Nordemann/Czychowski UrhG § 36 Rn. 16.

[265] Abrufbar auf https://vs.verdi.de/recht-urheber/++co++a9c4ea84-c45b-11e2-a2c8–525400438ccf, abgerufen am 23.4.2017, gültig ab 1.7.2005; mit Ausführungen Fromm/Nordemann/Czychowski UrhG § 36 Rn. 29.

[266] §§ 3 und 4 der gemeinsamen Vergütungsregeln für Autoren belletristischer Werke in deutscher Sprache; downloadbar im Internet unter https://vs.verdi.de/recht-urheber/++co++a9c4ea84-c45b-11e2-a2c8–525400438ccf.

[267] www. fromm-nordemann.de; vgl. dazu BGH GRUR 2016, 1296 – GVR Tageszeitung III; BGH GRUR 2016, 67 – GVR Tageszeitung II; BGH GRUR 2016, 62 – GVR Tageszeitung I; OLG Köln GRUR-RR 2014, 321 – Lokalreporter; OLG Köln ZUM-RD 2014, 492 – Vergütungsregel für freie Journalisten; diese Regel wurde allerdings kürzlich wegen der Novelle 2017 (oben → Rn. 27, 113) von der Verlegerseite gekündigt.

[268] Abrufbar unter http://cb-tm.de/notiz/download.php?id=96347; zuletzt aufgerufen April 2019.

[269] Abrufbar unter http://www.produzentenallianz.de/die-produzentenallianz/ergebnisse/inhalte-ergebnisse/gemeinsame-verguetungsregeln-fuer-den-bereich-fiktionaler-kinofilm.html, zuletzt abgerufen April 2019.

[270] Im Einzelnen s. Neubauer ZUM 2013, 716 ff. sowie Bergau ZUM 2013, 725 ff.

[271] Abrufbar unter: http://www.kinematografie.org/downloads/GVR_Kino_des_BVK.pdf (abgerufen am 23.4.2017).

regeln vereinbart, die zum 17. August 2016 in Kraft treten.[272] Eine der jüngeren Gemeinsamen Vergütungsregeln ist die im August 2018 abgeschlossene „Gemeinsame Vergütungsregel Synchron", die allerdings nur Ansprüche von Snychronschaffenden (Sprecher, Regisseure etc.) auf weitere Beteiligung nach § 32a UrhG gegen die Vertriebsunternehmen und keine Ansprüche aus § 32 UrhG gegen den eigentlichen Vertragspartner der Synchronschaffenden (die Synchronstudios) regelt.[273] Zum Stand der Vereinbarung Gemeinsamer Vergütungsregeln vgl. Fromm/Nordemann/Czychowski § 36 Rn. 28 ff. Daneben existieren einige **Vergütungsempfehlungen** oder Marktübersichten, die bei der Bestimmung einer angemessenen Vergütung eine Rolle spielen können, wobei die Rechtsprechung jedoch einseitige Vergütungsempfehlungen von Interessenverbänden nur sehr zurückhaltend heranzieht:[274]

- Honorarempfehlungen für literarische Übersetzungen der Mittelstandsgemeinschaft literarische Übersetzerinnen und Übersetzer (*Delp,* Der Verlagsvertrag, S. 363 ff. und im Selbstverlag); für Sachbuch-Übersetzer: „Auskommen mit dem Einkommen?", Marktstudie des ADÜ Nord: Verdienstmöglichkeiten und Berufsalltag freiberuflicher Dolmetscher und Übersetzer, Ergebnisse der Honorarumfrage 2004/2005 des ADÜ Nord unter freiberuflichen Übersetzern und Dolmetschern mit Unterstützung des Hamburger Marktforschungsinstitutes PhoneResearch; VdÜ-Studie 2012 (abrufbar auf http://www.literaturuebersetzer.de/download/uebersetzer/vdue studie2012.pdf); ein vereinbarter Entwurf für Übersetzer ist jedoch nicht zum Abschluss gekommen (zum Vergütungsstreit vgl. http://www.literaturuebersetzer.de/, abgerufen am 23.4.2017, 2009 wurden beim Bundesgerichtshof die ersten Vergütungsanpassungsklagen verhandelt. Die Urteile, unter anderem die Entscheidung *Talking to Addison,* zeigen, wie Literaturübersetzungen künftig zu honorieren sind);[275]
- Erfahrungsregeln über die Verwertung von Nutzungsrechten, herausgegeben vom Deutschen Musikverlegerverband e. V. Loseblatt, Juni 1999;
- Empfehlungen für die Regelung in Bezug auf den GEMA-Verteilschlüssel, ohne Empfehlung für konkrete Vergütung im ausgehandelten Musikverlagsvertragsmuster zwischen DMV und DKV;
- Honorare und Konditionen im Designbereich [Bund Deutscher Grafik-Designer] (Eigenpublikation des Bund Deutscher Grafik-Designer); und Honorarübersicht für Illustrationen/Comic-Zeichner/Karikaturisten aus Sicht der Urheber, ICOM-Ratgeber für Bereiche Comic, Cartoon und Illustration;
- für Musiknutzung im Filmbereich: Audiovisuelle Lizenzen in den Erfahrungsregeln über die Verwertung von Nutzungsrechten [Deutscher Musikverleger-Verband e. V. – DMV, Hardenbergstr. 9a, 10623 Berlin] (für das sekundäre Urhebervertragsrecht);
- Bildhonorare 2019, Übersicht der marktüblichen Vergütungen für Bildnutzungsrechte, herausgegeben von der Mittelstandsgemeinschaft Foto- Marketing (MFM), zu beziehen bei Bundesverband professioneller Bildanbieter, Bergstr. 92, 12169 Berlin;[276] werden Fotos unzulässigerweise im Internet veröffentlicht, statt nur in der vereinbarten Broschüre, rechtfertigt dies einen Schadensersatzanspruch iHv 50 % der üblichen Vergütung nach den Honorarempfehlungen der MFM;[277]
- Für Kommunikationsdienstleistungen (Werbetexte, Public Relation, Redenschreiber) hält der Texterverband Empfehlungen für Honorare auf der Grundlage von Umfragen parat, Broschüre Marktmonitor 2018, zu beziehen bei Texterverband, Alter Ortsweg 24/7, 88709 Meersburg;
- Vergütungstarifvertrag für Designleistungen (zugl. auch als Vergütungsempfehlung verwendbar), s. o. → Rn. 129;
- Verwertungsgesellschaft Bild-Kunst, Tarife, abrufbar auf http://www.bildkunst.de/vg-bildkunst/tarife/tarife.html;

[272] Abrufbar unter: http://www.kinematografie.org/downloads/Gemeinsame%20Verguetungsregelung_BVK_P7S1_alle%20Unterschriften_20160817.pdf (abgerufen am 23.4.2017).

[273] Abrufbar unter: https://www.bffs.de/files/2019/08/20190812_GVR-Synchron.pdf?utm_medium=email&utm_campaign=PRESSEMITTEILUNG++Erstmals+Erfolgsvergtungen+fr+die+Synchronbranche+ausgehandelt&utm_content=PRESSEMITTEILUNG++Erstmals+Erfolgsvergtungen+fr+die+Synchronbranche+ausgehandelt+CID_74def0548066133c2a6699fb4390233c&utm_source=E+Mail+Marketing+Software&utm_term=Download+GVR-Synchron (abgerufen am 17.11.2019); a Fromm/Nordemann/Czchywoski § 36 Rn. 28 ff.

[274] Vgl. OLG Hamburg GRUR-RR 2010, 378 – FOOD-Fotografie; **aA** OLG Düsseldorf GRUR-RR 2006, 393 394 – Informationsbroschüre.

[275] BGH GRUR 2009, 1148 – Talking to Addison; Details bei Fromm/Nordemann/Czychowski UrhG § 36 Rn. 31.

[276] Zurückhaltend hierzu allerdings BGH GRUR 2019, 292, Tz. 21 – Foto eines Sportwagens.

[277] OLG Düsseldorf GRUR-RR 2006, 393 (394) – Veröffentlichung im Internet.

- In Bezug auf professionelle Redenschreiber gibt es noch keinen etablierten Markt; eine grobe und naturgemäß einseitige Empfehlung gibt der Verband der Redenschreiber deutscher Sprache (VRdS), abrufbar auf http://vrds.de/PDF/Honorarempfehlung4PDF.pdf, abgerufen am 18.4.2019; vgl. auch das Sammelwerk DJV Vertragsbedingungen und Honorare 2013 für die Nutzung freier journalistischer Beiträge, abrufbar auf https://www.djv.de/fileadmin/user_upload/Freiendateien/Freie-Honorare/Honorare2013.pdf (abgerufen am 18.4.2019).

136 Für Sachbuchautoren und Werke wissenschaftlicher Autoren ist keine Branchenübung feststellbar.

137 *cc) Modifizierter Bestsellerparagraph.* § 32a UrhG regelt den Fall, in dem der Urheber aufgrund eines primären Urheberrechtsvertrages aus der „ex ante" Perspektive bei Vertragsschluss eine angemessene Vergütung erhalten hat, diese jedoch aufgrund des außergewöhnlichen Erfolges der Werkverwertung „ex post" betrachtet **„unverhältnismäßig niedrig" im Vergleich zu den Erträgen und Vorteilen** steht, die der Verwerter aus der Nutzung des Werkes gezogen hat.[278] In der vor dem 7.6.2021 geltenden Fassung sprach der Gesetzgeber von einem **„auffälligen Missverhältnis"**. Der Urheber hat dann Anspruch auf eine den Umständen nach **weitere angemessene Beteiligung** (§ 32a Abs. 1 S. 1 UrhG). Bei einer laufenden Nutzung des Werkes begründet jede Nutzung des Werkes einen neuen Anspruch auf angemessene Beteiligung, wenn zur Zeit der Verwertungshandlung seine Vergütung unverhältnismäßig niedrig im Vergleich zu den Erträgen und Vorteilen des Verwerters ist.[279] Sofern mehrere oder sogar eine Vielzahl von Beteiligten an einem Werk betroffen sind, wie bspw. bei einem Kinofilm, kann jeder Urheber oder ausübende Künstler selbst dann einen Anspruch auf weitere angemessene Beteiligung geltend machen, wenn er nur einen eher untergeordneten Beitrag zu dem Gesamtwerk erbracht hat; nur bei gänzlich untergeordneten Leistungen, die üblicherweise durch ein Aussparhonorar abgegolten werden, ist ein auffälliges Missverhältnis zwischen Vergütung und den aus der Verwertung erzielten Vorteilen von vornherein ausgeschlossen.[280]

Beispiel:

Deshalb konnte bspw. der Synchronsprecher der von Johnny Depp dargestellten Rolle des „Jack Sparrow" im Hinblick auf die Filme Fluch der Karibik II und III einen solchen Anspruch geltend machen.[281]

138 § 32a UrhG soll bei einer Verwertung der Werke des Urhebers dessen angemessene Beteiligung und Vergütung (§ 11 S. 2 UrhG) sichern. § 32a UrhG verfolgt den Fairnessausgleich zwischen erheblichen Erträgen auf der Verwerterseite und dem Beitrag des Urhebers.[282] Im Gegensatz zum früheren Recht (§ 36 UrhG aF) muss jetzt nur noch ein auffälliges und nicht mehr ein grobes Missverhältnis vorliegen; außerdem kommt es nicht mehr darauf an, ob die Vertragspartner bei Vertragsschluss die erzielten Erträge oder Vorteile vorhergesehen haben oder hätten vorhersehen können (§ 32a Abs. 1 S. 2 UrhG).[283] Man spricht deshalb auch vom „modifizierten Bestsellerparagraphen". Relevant ist, dass das Verhältnis Nutzung durch den Berechtigten und Vergütung an den Urheber sich nachträglich ändert und daher einer ex-post-Betrachtung bedarf; im Gegensatz zu § 32 UrhG (Vergütung zum Zeitpunkt des Vertragsschlusses).

139 Anspruchsberechtigt sind der Urheber, seine Rechtsnachfolger und über § 79 Abs. 2 UrhG ausübende Künstler wie nach § 70 UrhG Verfasser wissenschaftlicher Ausgaben und nach § 72 Abs. 1 UrhG Lichtbildner. Umstritten ist die Anwendbarkeit für angestellte Computerprogrammierer.[284] § 32a UrhG unterteilt die Ansprüche in Absatz 1 gegen den Vertragspartner und in Absatz 2 gegen Dritte (Rechtekette). Die dem Urheber insoweit zu gewährende weitere angemessene Beteiligung darf allerdings nicht nur eine solche Höhe besitzen, dass das auffällige Missverhältnis so gerade eben beseitigt wird. Vielmehr hat der Urheber Anspruch darauf, dass in jedem

[278] Hiernach bestimmt sich auch die Abgrenzung zu § 32 Abs. 1 UrhG, dessen Anwendungsbereich dann eröffnet ist, wenn die Vergütung bereits bei Vertragsschluss unangemessen war, vgl. BGH GRUR 2009, 1148 (1150) Tz. 19 – Talking to Addison.

[279] BGH GRUR 2016, 1291 (1293) Tz. 26 – Geburtstagskarawane.

[280] Vgl. BGH GRUR 2012, 1048 (1051) Tz. 42 – Fluch der Karibik.

[281] BGH GRUR 2012, 1048 (1051 f.) Tz. 38 und 43 – Fluch der Karibik.

[282] Fromm/Nordemann/Czychowski UrhG § 32a Rn. 1.

[283] Vgl. zum früheren Recht gem. § 36 UrhG aF BGH GRUR 2002, 153 (154) – Kinderhörspiele; OLG Hamm GRUR-RR 2008, 154 (156) – Hotelsoftware; zu § 32a UrhG nF OLG München GRUR-RR 2008, 37 (40) – Pumuckl-Illustrationen II; OLG München WRP 2006, 611 (LS) – Mambo No. 5.

[284] Näheres Fromm/Nordemann/Czychowski UrhG § 32a Rn. 9; Czychowski, FS Nordemann II, S. 157 ff.

Fall eine angemessene Vergütung bezahlt wird.[285] Das Merkmal der **Auffälligkeit** knüpft an die Gegenleistung an, die der Urheber für die Einräumung der Nutzungsrechte erhalten hat. Diese Gegenleistung wird den Erträgen und Vorteilen aus der Nutzung des Werkes gegenübergestellt. Bei der Prüfung, in welchem Verhältnis die vereinbarte Vergütung des Urhebers zu den Erträgen und Vorteilen des Verwerters steht, ist nicht auf den Gewinn, sondern auf den Bruttoerlös des Verwerters abzustellen. Jedoch sind bei der Prüfung, ob ein auffälliges Missverhältnis zwischen der vereinbarten Vergütung und den Erträgen und Vorteilen besteht, die gesamten Beziehungen des Urhebers zu dem Verwerter und damit auch den Gewinn des Verwerters schmälernde Aufwendungen zu berücksichtigen.[286] In diese Betrachtung sind allerdings keine Verluste aus Werken anderer Urheber einzubeziehen. Für den Anspruch auf weitere angemessene Beteiligung aus § 32a UrhG kommt es allein auf die Beziehungen des Urhebers zum Verwerter an. Daher dürfen Verluste des Verwerters mit anderen Werken dieses Urhebers berücksichtigt werden.[287]

Immer wieder stellt sich die Frage, wie erzielte Vergütungen und Erträge im Hinblick auf die seitdem verstrichene Zeit für die Feststellung eines auffälligen Missverhältnisses zu werten sind. Wenn eine gezahlte Vergütung verbraucht ist, könnte das für ein auffälliges Missverhältnis sprechen. Der BGH hält jedenfalls fest, dass eine zu schematische Betrachtung nicht angemessen sei.[288] Jedenfalls sei nicht der Zeitraum bis zum Schluss der letzten mündlichen Verhandlung anzusetzen, um zu bewerten, welche Vergütung der Urheber erhalten hat.[289] Bei lang andauernden Nutzungen gezahlte Vergütungen könnten hinsichtlich der Inflation zu bereinigen sein, wobei der BGH dies offen lässt. Der BGH bestätigt, dass der Anspruch auf weitere angemessene Beteiligung auch einen Anspruch auf Zahlung von Umsatzsteuer umfasst, da es sich in der Sache um eine mittelbare Einräumung urheberrechtlicher Verwertungsrechte im Sinne des Umsatzsteuerrechts handele.[290] 140

Nach der Rechtsprechung des BGH wird eine unverhältnismäßig niedrige Vergütung (früher: das auffällige Missverhältnis) wie folgt geprüft: 141

(1) Zunächst sind die mit dem Urheber vereinbarte Vergütung und

(2) die von dem Vertragspartner oder dem Dritten erzielten Erträge und Vorteile festzustellen.

(3) Sodann ist die Vergütung zu bestimmen, die im Nachhinein betrachtet insbesondere unter Berücksichtigung der erzielten Erträge und Vorteile angemessen im Sinne von § 32 Abs. 2 S. 2 UrhG ist.

(4) Schließlich ist zu prüfen, ob die vereinbarte Vergütung im Hinblick auf diese angemessene Vergütung in einem auffälligen Missverhältnis zu den Erträgen und Vorteilen steht.[291] Ein auffälliges Missverhältnis liegt wohl dann vor, wenn die vereinbarte Vergütung nur die Hälfte der angemessenen Vergütung beträgt; da aber die gesamten Beziehungen des Urhebers zum Nutzungsberechtigten zu berücksichtigen sind, können uU auch bereits geringere Abweichungen ein auffälliges Missverhältnis begründen.[292]

Voraussetzung für die Anwendbarkeit des § 32a UrhG ist, dass die wirtschaftlichen Erträge oder Vorteile des Auftraggebers eines urheberrechtsfähigen Werkes feststellbar sind; bloß ideelle Vorteile die beispielsweise einem Bundesland durch die Nutzung eines Landeswappens entstehen, können nicht berücksichtig werden.[293] Der Begriff des Vorteils erfasst jedoch nicht nur Umsatzgeschäfte, sondern auch andere Verwertungshandlungen, zB. bei der Ausstrahlung eines Filmwerks durch eine öffentlich-rechtliche Rundfunkanstalt in ihrem weitgehend beitragsfinanzierten Programm die Erfüllung ihres öffentlich-rechtlichen Grundversorgungsauftrags.[294] Zu beachten ist, dass der Anspruch des Urhebers gegen den Verwerter auf Beteiligung an den außergewöhnlichen Verwertungserlösen über die bloße Beseitigung des auffälligen Missverhältnisses hinausgeht. 142

---

[285] Vgl. noch zum alten Recht BGH GRUR 2004, 938 – Comic-Übersetzungen III; BGH GRUR 2002, 153 (155) – Kinderhörspiele.

[286] BGH GRUR 2012, 496 Tz. 33 – Das Boot.

[287] BGH GRUR 2012, 496 Tz. 34 – Das Boot.

[288] BGH GRUR 2021, 955, 963 Tz. 107 – Das Boot III; BGH GRUR 2020, 611 Tz. 135 f. – Das Boot II.

[289] BGH GRUR 2021, 955, 963 Tz. 107 – Das Boot III; BGH GRUR 2020, 611 Tz. 135 f. – Das Boot II.

[290] BGH GRUR 2020, 611 Tz. 184 – Das Boot II.

[291] BGH GRUR 2012, 1048 (1052) Tz. 55 – Fluch der Karibik; BGH GRUR 2012, 496 (498 ff.) Tz. 25 und 40 – Das Boot.

[292] LG Berlin, ZUM-RD 2021, 302, 204; BGH GRUR 2012, 1048 (1052) Tz. 55 – Fluch der Karibik; BGH GRUR 2012, 496 (498) Tz. 25 – Das Boot.

[293] LG Berlin, ZUM-RD 2021, 302, 304; OLG Frankfurt GRUR 2015, 374 (378 f.) – Schaffung eines Landeswappens.

[294] OLG München Urt. v. 21.12.2017 – 29 U 2619/16, juris LS. 3 und Rn. 209 – Das Boot III.

So kann der Urheber vom Verwerter eine insgesamt angemessene Vergütung verlangen, vgl. § 32a Abs. 1 S. 1 aE UrhG.[295] Mit der Neufassung wird die Hürde für die Anwendbarkeit des § 32a UrhG herabgesetzt.[296] Die Abweichungsquoten, bei denen ein Missverhältnis bejaht wird, variieren von $^{7}/_{12}$[297] über $^{2}/_{3}$[298] bis 20–30 %,[299] wobei sich eine starre Grenze verbietet und die Beurteilung einzelfallabhängig ist. Das Verhältnis zu § 32 UrhG ist unklar, so dass eine Vergütung, die 80 % von der angemessenen Vergütung abweicht, eine nicht angemessene iSd § 32 UrhG darstellt und nicht von § 32a UrhG zu erfassen ist.[300] Befürwortet wird die sachliche Anwendbarkeit im Verhältnis zu § 32 UrhG bei einer Unterschreitung von 50 %.[301] Der BGH gewährt den Instanzgerichten ein weitgefasstes Ermessen bei der Beurteilung der Angemessenheit einer Vergütung im Rahmen von § 287 Abs. 2 ZPO.[302] Dabei kann das Tatgericht tarifvertragliche Bestimmungen oder gemeinsame Vergütungsregeln indiziell heranziehen, auch wenn sie im konkreten Fall weder persönlich noch sachlich anwendbar sind.[303] Unterschiede des Einzelfalls müssten aber mit in den Blick genommen werden.[304] Der BGH ließ bei der Beurteilung der angemessenen Vergütung auch Raum für die Berücksichtigung herausragender schöpferischer Leistungen – im konkreten Fall Leistungen des Chefkameramanns – wobei der jeweilige Urheberanteil festzustellen sei, da daneben auch eigene schöpferische Leistungen der weiteren Kameramänner in Betracht kämen.[305]

Beispiele:
Eine Urheberin erhält für die Verfassung eines Manuskripts für ein Kinderhörspiel eine Pauschalvergütung von EUR 750,–. Diese Vergütung war zunächst angesichts der geplanten kleinen Auflagen durchaus angemessen. Später erzielt der Hörspielverlag jedoch Erlöse von weit über EUR 500.000,–. Die Urheberin hat damit Anspruch auf eine weitere angemessene Vergütung, die nicht lediglich das auffällige Missverhältnis beseitigt, sondern tatsächlich angemessen ist; das waren im Beispielsfall, den der BGH allerdings noch zu § 36 UrhG aF entschieden hat, 5 % und nicht, wie der Verlag meinte, eine deutlich geringere, gerade eben das dort noch grobe Missverhältnis beseitigende Beteiligung.[306] Im Fall von *Elvis Presley,* der 1973 alle Rechte an seinen bis dahin aufgenommenen Songs gegen einen Pauschalbetrag an seine Plattenfirma verkauft hatte, sah das OLG München einen § 32a UrhG vorbereitenden Auskunftsanspruch als gegeben an für die Verwertung der Songs in Deutschland nach dem 1. Januar 2008 weil die von der Beklagten in dem geltend gemachten Zeitraum erzielten weiteren Erlöse mit hoher Wahrscheinlichkeit zu einem auffälligen Missverhältnis führten.[307] Das bekannteste Beispiel ist der Chefkameramann des Spielfilms „Das Boot". Er hatte Anfang der 1980iger Jahre ca. EUR 100.000,– Pauschalvergütung erhalten, was damals durchaus angemessen war. Aufgrund des großen und langfristigen Erfolges war dieses Pauschalhonorar aber spätestens Anfang der 2000er Jahre unverhältnismäßig niedrig. so dass er Nachforderungsansprüche aus § 32a UrhG hatte.[308] Kein Anspruch gemäß § 32a UrhG kann eine Werbedesignerin beanspruchen, die ein Firmenlogo entwickelte und eine einmalige Pauschalvergütung erhielt. Grund ist, dass das Logo im Folgenden zum Einen nicht weitervermarktet wurde, wie dies zB bei Büchern mit immer steigender Auflage der Fall wäre, und zum Anderen brachte die Nutzung des Firmenlogos keine unmittelbaren Erträge zugunsten des Nutzungsberechtigten mit sich.[309]

143 Wenn der Verwerter sein Nutzungsrecht übertragen oder einem Dritten eine Unterlizenz erteilt hat, den eigentlichen Erfolg bei der Verwertung aber der Nutzungsrechtserwerber oder Lizenznehmer erzielte, hat der Urheber einen **Anspruch auf Zahlung** (gerade nicht auf Vertragsänderung, weil kein Vertrag zwischen Urheber und Drittem besteht) **unmittelbar gegenüber dem Erwerber oder Lizenznehmer;** die Haftung seines Vertragspartners entfällt dann (§ 32a Abs. 2 UrhG). Auch im Verhältnis des Urhebers zum Dritten ist Vergleichsmaßstab für die Feststellung des auffälligen Missverhältnisses die Vergütung des Urhebers sowie die vom Dritten erzielten Er-

[295] Vgl. BGH GRUR 2002, 153, 155 – Kinderhörspiele, allerdings noch zu § 36 aF ergangen; OLG München GRUR-RR 2008, 37, 40 – Pumuckl-Illustrationen II.
[296] Näheres Fromm/Nordemann/Czychowski UrhG § 32a Rn. 13; Beschlussempfehlung vom 23.1.2002 zum RegE 14/7564 als BT-Drs. 14/8058, S. 19.
[297] Hertin FuR 1975, 303 (310); v. Lewinski, FS Schricker, S. 685, 697.
[298] W. Nordemann § 32a Rn. 7.
[299] Wandtke/Bullinger/Wandtke/Grunert UrhG § 32a Rn. 20.
[300] Fromm/Nordemann/Czychowski UrhG § 32a Rn. 13.
[301] LG München I Urt. v. 15.5.2008 – 7 O 235/05 – nv.
[302] BGH GRUR 2020, 611 Tz. 58 – Das Boot II.
[303] BGH GRUR 2021, 955, 967 Tz. 170 – Das Boot III; BGH GRUR 2020, 611 Tz. 126 – Das Boot II.
[304] BGH GRUR 2020, 611 Tz. 64 – Das Boot II.
[305] BGH GRUR 2021, 955 (962) Tz. 88 – Das Boot III.
[306] Vgl. BGH GRUR 2002, 153, 155 – Kinderhörspiele.
[307] OLG München, Urteil v. 18.7.2013 – 6 U 4999/11, BeckRS 2013, 12174 – Elvis Presley Altaufnahmen.
[308] BGH GRUR 2021, 955 – Das Boot III; BGH GRUR 2020, 611 – Das Boot II.
[309] OLG Naumburg GRUR-RR 2006, 82 (83 f.) – Firmenlogo.

träge und Vorteile, nicht jedoch, ob die vom Dritten an seinen Lizenzgeber gezahlte Vergütung branchenüblich und angemessen ist.[310] Der Urheber kann nach seiner Wahl den Dritten aus § 32a Abs. 1 S. 1 UrhG entweder auf Abschluss eines ergänzenden Vergütungsvertrags oder unmittelbar auf Zahlung in Anspruch nehmen.[311] Für den Durchgriffsanspruch nach § 32a Abs. 2 S. 1 UrhG auf dritte Nutzer in der Lizenzkette hält der BGH fest, dass bei der Prüfung des auffälligen Missverhältnisses nur der Teil der vereinbarten Gegenleistung zu berücksichtigen sei, der auf die Übertragung oder Einräumung der von Dritten verwerteten Nutzungsrechte entfalle.[312] Für die Prüfung kommt es also ausschließlich auf das Verhältnis zwischen dem Urheber und dem auf weitere Beteiligung in Anspruch genommenen an.[313] In dem der Entscheidung zugrundeliegenden Sachverhalt hat ein Vertragspartner mehreren Dritten unterschiedliche Nutzungsrechte eingeräumt, weshalb bei der Prüfung des auffälligen Missverhältnisses nicht die gesamte mit dem Urheber vereinbarte Vergütung zu den gesamten vom Vertragspartner und den Dritten erzielten Erträgen und Vorteilen ins Verhältnis gesetzt werden kann.[314] Bei komplexen Vergütungsstreitigkeiten zwischen dem Urheber und Dritten in der Lizenzkette (keine Vertragspartner des Urhebers) führt der Dritte oftmals an, der Urheber könne doch Vergütungsansprüche nach § 32 UrhG direkt gegenüber dem Vertragspartner geltend machen; es komme daher für den Dritten nur darauf an, ob bei Fiktion der Zahlung einer angemessenen Vergütung an den Urheber noch ein auffälliges Missverhältnis gegenüber dem Dritten gegeben sein könne. Dem ist der BGH jedenfalls insoweit nicht gefolgt, als solche Ansprüche nicht zu berücksichtigen seien, wenn der Urheber sie noch nicht gegen seinen Vertragspartner durchgesetzt habe.[315]

Auch für § 32a UrhG ist nunmehr der vorbereitende **Auskunftsanspruch** gesetzlich normiert und zwar in § 32e UrhG (→ Rn. 113). 144

Die Ansprüche nach § 32a UrhG sind **nicht abdingbar** und auch nicht durch anderweitige Gestaltungen zu umgehen; auf sie kann auch nicht im Voraus verzichtet werden (§§ 32b, 32a Abs. 3 UrhG). Im Übrigen gehen aber Tarifverträge oder gemeinsame Vergütungsregeln vor, soweit sie ausdrücklich eine weitere angemessene Beteiligung für den späteren außergewöhnlichen Erfolg der Werkverwertung vorsehen (§ 32a Abs. 4 UrhG). Eine gemeinsame Vergütungsregel kann nach den iRd Reform 2016 eingefügten §§ 32a Abs. 4 S. 2 iVm 32 Abs. 2a UrhG auch bei Verträgen herangezogen werden, die vor ihrem zeitlichen Anwendungsbereich abgeschlossen wurden. Gemäß § 132 Abs. 3 S. 2 UrhG ist § 32a UrhG für alle Sachverhalte anwendbar, die nach dem 28.3.2002 entstanden sind, dh das auffällige Missverhältnis nach dem benannten Stichtag auftritt.[316] Es müsste fiktiv auf den 28.3.2002 eine angemessene Vergütung festgestellt und dann untersucht werden, ob ein auffälliges Missverhältnis danach entstanden sei.[317] 145

Rechtsfolge des § 32a UrhG ist der Anspruch auf Änderung des Nutzungsvertrages, so dass der Anspruchsberechtigte das Verlangen geltend machen muss, bevor er ggf. Klage einreicht (idR Klage auf Abgabe einer Willenserklärung mit entsprechendem zu vollstreckendem Urteil gemäß § 894 ZPO; ggf. zuvor mit Auskunftsanspruch). Die dann zu fordernde weitere Beteiligung muss angemessen sein. Die Angemessenheit entspricht insoweit dem Merkmal des § 32 Abs. 2 S. 2 UrhG. 146

dd) Vergütung für später bekannt werdende Nutzungsarten. Das 2. Gesetz zur Regelung des Urheberrechts in der Informationsgesellschaft („2. Korb“) fixierte – im Gegenzug zur Abschaffung des Verbotes der Einräumung von Nutzungsrechten für unbekannte Nutzungsarten gem. § 31 Abs. 4 UrhG aF – einen Anspruch des Urhebers auf eine gesonderte angemessene Vergütung gem. § 32c UrhG, wenn der Vertragspartner eine neue Art der Werknutzung nach § 31a UrhG aufnimmt, die im Zeitpunkt des Vertragsabschlusses vereinbart, aber noch unbekannt war. Zur Unbekanntheit vgl. Rn. 80 ff.[318] Die Angemessenheit der Vergütung bestimmt sich grds. entspre- 147

[310] LG Berlin, ZUM-RD 2021, 302, 304; OLG München Urt. v. 21.12.2017 – 29 U 2619/16, juris, LS. 2 und Rn. 193 – Das Boot III.

[311] BGH Beschl. v. 28.2.2017 – I ZR 46/16, BeckRS 2017, 104305 Tz. 29; BGH GRUR 2016, 1291 (1293) Tz. 20 – Geburtstagskarawane.

[312] BGH GRUR 2020, 611 Tz. 46 – Das Boot II.

[313] BGH GRUR 2021, 955, 958 Tz. 38 – Das Boot III; vgl. auch Czychowski GRUR-Prax 2021, 445.

[314] BGH GRUR 2021, 955, 958 Tz. 38 – Das Boot III.

[315] BGH GRUR 2020, 611 Tz. 39 – Das Boot II.

[316] LG Berlin ZUM-RD 2008, 72 ff.

[317] OLG Naumburg GRUR-RR 2006, 82 (83 f.) – Firmenlogo.

[318] BGH GRUR 2005, 937 (938) – Zauberberg; OLG Hamburg GRUR-RR 2006, 130 (LS) – Yacht-Archiv; OLG München GRUR-RR 2004, 33 (34) – Pumuckl-Figur.

chend § 32 UrhG; über § 32 Abs. 2 und 4 UrhG ist insoweit auch eine Bestimmung der angemessenen Vergütung in gemeinsamen Vergütungsregeln (§ 36 UrhG) oder Tarifverträgen möglich. Der Anspruch auf Zahlung einer gesonderten angemessenen Vergütung ist unverzichtbar (§ 32c Abs. 3 S. 1 UrhG).

148 *ee) Verjährung.* Die Ansprüche aus den §§ 32 und 32a UrhG verjähren in 3 Jahren ab Kenntnis der anspruchsbegründenden Umstände (Regelverjährungsfrist), ansonsten 10 Jahre ab Entstehen, §§ 195, 199 Abs. 4 BGB. Wird ein Werk fortlaufend verwertet, entstehen nicht nur der Anspruch auf Zahlung einer angemessenen Vergütung fortlaufend mit jeder Verwertungshandlung neu, sondern auch die Vertragsanpassungsansprüche; ansonsten würden die §§ 32, 32a UrhG leer laufen, weil der Urheber 10 Jahre nach Vertragsschluss bzw. 10 Jahre nach Entstehen des auffälligen Missverhältnisses – von dem er vielleicht erst sehr viel später erfährt – seine Ansprüche verlieren würde und der Verwerter die betroffenen Werke bis zum Ablauf der Schutzfrist weiterverwerten könnte, obwohl keine angemessene Vergütung gezahlt wurde oder die Erträgnisse in einem auffälligen Missverhältnis zur Vergütung des Urhebers stehen.[319]

149 **f) Übertragung von Nutzungsrechten; Einräumung weiterer Nutzungsrechte.** Nutzungsrechte sind grundsätzlich übertragbar; die Wirksamkeit der Übertragung steht allerdings unter dem **Vorbehalt der Zustimmung** des Urhebers (§ 34 Abs. 1 S. 1 UrhG). Der Urheber darf die Zustimmung immer dann verweigern, wenn er damit nicht gegen Treu und Glauben verstößt (§ 34 Abs. 1 S. 2 UrhG); ob ein solcher Verstoß vorliegt, kann nur auf Grund einer umfassenden Abwägung und Wertung der Interessen des Urhebers und des Werknutzers bestimmt werden.[320] Zustimmungsfrei ist die Nutzungsrechtsübertragung bei einer Teil- oder Gesamtveräußerung eines Unternehmens (§ 34 Abs. 3 S. 1 UrhG); bei Sammelwerken ist lediglich die Zustimmung des Sammelwerkurhebers, also desjenigen, der das Sammelwerk zusammengestellt hat, notwendig (§ 34 Abs. 2 UrhG). Durch die Urhebervertragsrechtsreform 2002 neu geregelt wurde das Recht des Urhebers, sein Nutzungsrecht zurückzurufen, wenn ihm die Ausübung durch den Erwerber nach Treu und Glauben nicht mehr zuzumuten ist oder wenn sich die Beteiligungsverhältnisse am Unternehmen des Inhabers des Nutzungsrechts wesentlich ändern (§ 34 Abs. 3 S. 2 und 3 UrhG). Der Erwerber eines Nutzungsrechtes haftet grundsätzlich **gesamtschuldnerisch** gemeinsam mit dem Veräußerer für die Erfüllung der vertraglichen Verpflichtungen gegenüber dem Urheber (§ 34 Abs. 4 UrhG). Diese gesamtschuldnerische Haftung ist ebenso unabdingbar wie das genannte Rückrufsrecht (§ 34 Abs. 5 S. 1 UrhG); im Übrigen kann aber Abweichendes vereinbart werden, ist also insbesondere die Zustimmung des Urhebers zur Nutzungsrechtsübertragung verzichtbar (§ 34 Abs. 5 S. 2 UrhG). Ähnliche Regelungen enthält § 35 UrhG für die Weitergabe von Nutzungsrechten, die vom Nutzungsrecht abgespalten wurden. Auch hier besteht im Grundsatz eine Zustimmungspflicht des Urhebers.

150 **g) Gesetzliche Auslegungsregeln.** Das Urheberrechtsgesetz kennt einige gesetzliche Auslegungsregeln, die immer dann zur Anwendung kommen, wenn der Urheber mit seinem Vertragspartner nichts Anderweitiges vereinbart hat; alle gesetzlichen Auslegungsregeln des UrhG sind deshalb **dispositives Recht:**

- Nutzungsrechtseinräumung umfasst im Zweifel nicht das Bearbeitungsrecht, § 37 Abs. 1 UrhG;
- Nutzungsrechtseinräumung umfasst im Zweifel nicht das Recht der Übertragung auf Bild- oder Tonträger, § 37 Abs. 2 UrhG;
- Erwerber des Rechtes zur öffentlichen Wiedergabe ist im Zweifel nicht berechtigt, das Werk außerhalb der Veranstaltung durch technische Einrichtungen wahrnehmbar zu machen, § 37 Abs. 3 UrhG;
- Beiträge zu Sammlungen: im Zweifel ausschließliches Nutzungsrecht, § 38 Abs. 1 UrhG;
- Beiträge zu Zeitungen: im Zweifel einfaches Nutzungsrecht; bei Einräumung ausschließliches Nutzungsrecht, Berechtigung Urheber, Beitrag sofort nach Erscheinen anderweitig zu verwerten, § 38 Abs. 3 UrhG;
- Wissenschaftliche Beiträge zu Periodika: Bei überwiegend öffentlich finanzierten Beiträgen zwingendes Zweitveröffentlichungsrecht nach Ablauf eines Jahres, soweit die ausschließliche

[319] Zutr. Dreier/Schulze/Schulze UrhG § 32 Rn. 90; Fromm/Nordemann/Czychowski UrhG § 32 Rn. 24; vgl. aber auch die Entscheidungen BGH GRUR 2020, 1191 Tz. 54 – Fotopool; BGH GRUR 2012, 1248 Tz. 23 — Fluch der Karibik.

[320] Vgl. Schricker/Loewenheim/Schricker UrhG § 34 Rn. 16.

Einräumung der Rechte gegenüber dem Verleger oder Herausgeber keinem gewerblichen Zweck dient, § 38 Abs. 4 UrhG (neu mit Wirkung ab 1. Januar 2014, → Rn. 15);
- Keine Befugnis des Nutzungsrechtsinhabers, Werk, Titel oder Urheberbezeichnung zu ändern, § 39 Abs. 1 UrhG;
- Erwerber des Originals erwirbt im Zweifel keine Nutzungsrechte (§ 44 Abs. 1 UrhG), aber bei Werken der bildenden Künste oder Fotografien ein Recht zur öffentlichen Ausstellung, § 44 Abs. 2 UrhG;
- Arbeitgeber des Softwareurhebers erhält alle vermögensrechtlichen Befugnisse, § 69b UrhG;
- Filmhersteller wird im Zweifel Inhaber aller bekannten und unbekannten filmischen Nutzungsarten im Hinblick auf die Stoffrechte gemäß § 88 UrhG (zB Drehbuch- oder Romanautor) bzw. im Hinblick auf die Werke der Filmurheber gem. § 89 UrhG (zB Regisseur, Kameramann);
- das gesamte Verlagsgesetz (VerlG) enthält eine Vielzahl gesetzlicher Auslegungsbestimmungen.

h) **Arbeitnehmerurheberrecht.** Gemäß § 43 UrhG sind die allgemeinen urhebervertragsrechtlichen Bestimmungen auch dann anzuwenden, wenn der Urheber das Werk im Rahmen eines Arbeits- oder Dienstverhältnisses geschaffen hat; man spricht insoweit vom sog. „Arbeitnehmerurheberrecht". Dies bedeutet, dass **grundsätzlich auch der Arbeitnehmer immer Urheber** bleibt; der Arbeitgeber wird niemals Inhaber des Urheberrechts. Es ist allerdings ständige Rechtsprechung,[321] dass der Arbeitsvertrag ohne anderweitige ausdrückliche Regelung so ausgelegt wird, **dass der Arbeitgeber Inhaber aller Nutzungsrechte wird, die zur betrieblichen Verwertung des Werkes erforderlich sind.**[322] Eine abweichende Regelung besteht insoweit im Bereich der **Computerprogramme:** Hier wird der Arbeitgeber immer Inhaber aller Verwertungsrechte am Computerprogramm (§ 69b UrhG). Wichtig ist noch die Unterscheidung zwischen Werken, die im Rahmen des Arbeits- oder Dienstverhältnisses geschaffen wurden und sog. **„Freizeitwerken"**. Mit Letzteren bezeichnet man solche Werke, die der Urheber außerhalb des Arbeits- oder Dienstverhältnisses, also in seiner Freizeit geschaffen hat.[323] Auch wenn der Arbeitgeber solche Werke zur betrieblichen Verwertung verwenden kann, bleiben insoweit alle Rechte beim Arbeitnehmer. **Beispiele:** Das in der Freizeit geschriebene Liebesgedicht, aber auch ein Computerprogramm zur Erfassung von Belegen, sofern kein Bezug im Sinne einer arbeitsrechtlichen Verpflichtung zur Erstellung eines solchen Programmes bestand. 151

Wissenschaftliche und künstlerische Arbeiten von Hochschullehrern und anderen beamteten wissenschaftlichen oder künstlerischen Mitarbeitern von Hochschulen sind ihrem privaten Bereich zuzuordnen, weil es nicht zu ihren Dienstpflichten gehört, schöpferische Leistungen zu erbringen; sie forschen, publizieren und werden künstlerisch tätig vielmehr in freier und eigenverantwortlicher Stellung.[324] Eine Ausnahme gilt nur für Lehrmaterial, das Professoren an Fernuniversitäten zu erstellen haben.[325] Aus der **Wissenschaftsfreiheit** gem. Art. 5 Abs. 3 GG folgt zugleich auch, dass Hochschullehrer und wissenschaftliche sowie künstlerische Mitarbeiter an Hochschulen Werke, die sie während der Dienstzeit und unter Inanspruchnahme universitärer Personal- und Sachmittel erstellt haben, der Hochschule auch nicht zur Nutzung anbieten müssen.[326] 152

Ein **Assistent,** der Zuarbeiten für einen Hochschullehrer leisten muss, wird wenn er schöpferisch tätig wird, Miturheber neben dem Hochschullehrer; auch er profitiert von der Wissenschaftsfreiheit gem. Art. 5 Abs. 3 GG, so dass sein Werkbeitrag ebenfalls nicht dem Dienstherrn gehört.[327] Gehört allerdings die Schaffung bestimmter Werke zu den universitären Aufgaben, kann es auch im Universitätsbereich Werke geben, auf die § 43 anwendbar ist, beispielsweise im Fall von Prüfungsklausuren oder dann, wenn das Ziel und die Aufgabe einer besonders ge- 153

---

[321] BAG BB 1997, 2112 (2113) – Schaufensterdekoration; BAG GRUR 1984, 429 (431) – Computerprogramm; BGH NJW 1974, 904 (906) – Hummelrechte.

[322] Vgl. BGH GRUR 2011, 59 (60) Tz. 12 – Lärmschutzwand mwN; Dreier/Schulze/Dreier UrhG § 43 Rn. 20; Dreyer/Kotthoff/Meckel/Kotthoff UrhG § 43 Rn. 13 f. Loewenheim/A. Nordemann UrhG § 63 Rn. 31; Wandtke/Bullinger/Wandtke UrhG § 43 Rn. 55 f.

[323] Vgl. Dreier/Schulze/Dreier UrhG § 43 Rn. 9 f.; Dreyer/Kotthoff/Meckel/Kotthoff UrhG § 43 Rn. 8 f.; Loewenheim/A. Nordemann UrhG § 63 Rn. 24; Wandtke/Bullinger/Wandtke UrhG § 43 Rn. 22 f.

[324] BGH GRUR 1991, 523 (525) – Grabungsmaterialien; siehe auch Heermann GRUR 1999, 468 (472) und 475; Loewenheim/A. Nordemann UrhG § 63 Rn. 21; Wandtke/Bullinger/Wandtke UrhG § 43 Rn. 40.

[325] Kraßer/Schricker S. 113; Schricker/Loewenheim/Rojahn UrhG § 43 Rn. 131.

[326] Heermann GRUR 1999, 468 (472); Loewenheim/A. Nordemann UrhG § 63 Rn. 21; Schricker/Loewenheim/Rojahn[3] Rn. 131; aA BGH GRUR 1991, 523 (525) – Grabungsmaterialien: Anbietungspflicht als nachwirkende Treuepflicht.

[327] Loewenheim/A. Nordemann UrhG § 63 Rn. 23; Schricker/Loewenheim/Rojahn Rn. 132.

schaffenen Stelle eines Universitätsinstitutes darin lag, ein bestimmtes Werk zu erstellen und zu publizieren.[328] Bei **Beamten** ist bei Anwendung der Auslegungsregel des § 43 UrhG davon auszugehen, dass dem Dienstherrn an den von Beamten in Erfüllung ihrer Dienstpflichten geschaffenen Werken stillschweigend sämtliche Nutzungsrechte eingeräumt werden, die dieser zur Erfüllung seiner Aufgaben benötigt.[329]

154 Für Erfindungen gilt insbesondere das Arbeitnehmererfindungsgesetz (ArbnErfG), dem auch Hochschulprofessoren mit Anzeige-/Mitteilungspflichten über die Erfindung seit 2002 unterliegen. Gerechtfertigt wird die Schranke mit der Funktionsfähigkeit und der Gewährung des Finanzaufkommens der Hochschule.[330] Die Anzeigepflicht greift unwesentlich (bleibt nahezu unangetastet) und gerechtfertigt in die Wissenschaftsfreiheit ein, die unter dem Gesetzesvorbehalt steht.[331]

155 **i) Kein gutgläubiger Erwerb.** Zentrale Bedeutung in der Beratungspraxis zum Urhebervertragsrecht hat ferner die Tatsache, dass es keinen **gutgläubigen Erwerb** von urheberrechtlichen Nutzungsrechten gibt.[332] Dies führt dazu, dass man bei Verträgen peinlich genau darauf achten muss, dass der Vertragspartner auch wirklich Inhaber der Rechte ist.

Praxistipp:

Da man dies letztendlich niemals komplett wird nachprüfen können, sollte aus Sicht des „Einkäufers" (also Verwerters) in jeden solchen Vertrag eine Freistellungsklausel aufgenommen werden. Sie könnte etwa lauten:

Der … steht dafür ein, dass sein Werk Rechte Dritter nicht verletzt und dass er über die den Gegenstand dieses Vertrages bildenden Rechte noch nicht anderweitig verfügt hat.

Der … stellt daher den … von sämtlichen Ansprüchen Dritter frei, die diese aus etwaig bestehenden Urheber- und/oder verwandten Schutzrechten … stellen.

Die dem … diesbezüglich entstehenden Kosten einer angemessenen Rechtsverteidigung und -verfolgung gegenüber den Dritten gehen zu Lasten des …

156 Der „Verkäufer" (also Urheber) hingegen muss sehr genau prüfen, ob er eine solche Zusicherung abgeben kann. Für AGB gilt es zudem, die Grenzen der Zulässigkeit solcher Klauseln zu beachten.[333]

157 Weitere Folge der fehlenden Möglichkeit eines gutgläubigen Erwerbs ist, dass der Zweiterwerber gegebenenfalls ebenfalls leer ausgeht. Dies führt in Verletzungsfällen zu der Situation für den Abmahnenden, dass er den vermeintlichen Zweiterwerber, der nichts Böses ahnt, auf Unterlassung und in der Regel – wegen der strengen Prüfungspflichten – auch Schadensersatz in Anspruch nehmen kann; eine Situation, die in den meisten Fällen eine starke Verhandlungsposition für den Schadensersatz ermöglicht, da der Zweiterwerber sich nicht lange zieren wird, sondern sich bei dem ihn freistellenden Ersterwerber schadlos halten wird. Dies ist bei Verhandlungen und bei der Frage, wen man in Anspruch nimmt, immer zu beachten.[334]

158 **j) Ende der Nutzungsberechtigung.** Das Ende der Nutzungsberechtigung des Verwerters kann durch verschiedene Ereignisse eintreten:

Ablauf zeitliche Befristung, Kündigung des Vertrages

Folge: Rückfall der Nutzungsrechte

Ende der Schutzfrist

Folge: Erlöschen der Nutzungsrechte

---

[328] LG Köln ZUM 2000, 597 (598) – Multiple-Choice-Klausuren; KG ZUM-RD 1997, 175 (179) – POLDOK.
[329] BVerwG NJW 2015, 3258 (3261) Tz. 31 ff. – Dokumentation für zu Guttenberg (MdB).
[330] BGH GRUR 2008, 150 (152) – selbststabilisierendes Kniegelenk.
[331] BGH GRUR 2008, 150 (152 f.) – selbststabilisierendes Kniegelenk.
[332] St. Rspr. BGH GRUR 1952, 530 (533) – Parkstraße; BGH GRUR 2004, 421 (425) – inländische Tonträgerhersteller; OLG München CR 2006, 655 (655) – Weitergabe von Softwareprogrammen; LG München ZUM 2007, 409 ff. – Oracle-Software, nachgehend OLG München – 6 U 2759/07 – nv; LG Hamburg MMR 2007, 726 (727) – Mettenden.
[333] BGH NJW 2006, 47 (49) Tz. 29 – Lieferantenverhältnis und zu Gestaltungsmöglickeiten Fromm/Nordemann/Czychowski UrhG § 32a → Rn. 51.
[334] Siehe unten → Rn. 708 ff.

Verzicht des Nutzungsberechtigten oder sein Fortfall, zB bei Erlöschen einer juristischen Person
Folge: Heimfall der Nutzungsrechte
Nichtausübung der Nutzungsrechte/gewandelte Überzeugung
Folge: Recht zum Rückruf der Nutzungsrechte

aa) Allgemeine Regeln. Vertragsstörungen, die im allgemeinen Zivilrecht mit den Regeln über Unmöglichkeit, Verzug und Schlechtleistung behandelt werden, spielen beim Urhebervertragsrecht eher eine untergeordnete Rolle. Es wäre allerdings wünschenswert, dass bei einem auf so lange Zeit abgeschlossenen Vertrag (die Vertragsdauer kann mehr als hundert Jahre betragen) Konfliktlösungsmechanismen eingebaut würden, wie sie heutzutage bei komplexen Großverträgen, insbesondere aus dem EDV-Bereich üblich sind. Dass dies selten der Fall ist, mag an der strukturellen Schwäche der Urheber liegen. Wünschenswert wäre es allemal. An dieser Stelle sei lediglich auf die allgemeinen Regeln der §§ 280 ff., 323 BGB hingewiesen, die durchaus dann von Bedeutung sein können, wenn ein Verwerter seiner Pflicht, die vereinbarte Vergütung zu entrichten, nicht nachkommt. 159

Praktisch relevanter sind die speziellen Regeln zur **Beendigung von Urheberverträgen.** Verständlicherweise sind es im Wesentlichen die Urheber, die sich meistens wegen persönlicher Zerwürfnisse oder aber aus ihrer Sicht fehlender Verwertungseinnahmen aus den Verträgen lösen möchten. Hier bietet das Urheber- und Verlagsrecht eine ganze Palette von Möglichkeiten, die über die allgemeinen Regeln der §§ 280 ff., 323 ff. BGB hinausgehen. Zunächst sind hier die speziellen Regelungen des Rücktritts aus dem Verlagsgesetz zu nennen (§§ 17, 32 iVm § 30 VerlagG), die den Vertrag ex nunc beenden und damit die allgemeinen Regeln über Rückgewährschuldverhältnisse zur Anwendung kommen lassen. Darüber hinaus findet sich in § 41 Abs. 1 UrhG der Rückrufsgrund wegen Nicht- bzw. Schlechtausübung der Nutzungsrechte und in § 42 UrhG wegen gewandelter Überzeugung; mit Ausübung dieses Rückrufrechtes erlischt die Nutzungsberechtigung (§ 41 Abs. 5 UrhG, § 42 Abs. 5 UrhG) und fällt das Nutzungsrecht an den Urheber zurück. Die Rückrufsrechte aus §§ 41 f. UrhG sind auch im Bereich des Verlagsgesetzes anwendbar; die Regelungen des UrhG werden also nicht durch das VerlG ausgeschlossen.[335] Schlussendlich ist der Rechtsbehelf der außerordentlichen Kündigung (§ 314 BGB) zu nennen, nach der die vertraglichen Beziehungen ex nunc aufgelöst werden sowie der Wegfall der Geschäftsgrundlage (§ 313 BGB), auf die anschließend kurz einzugehen sein wird. 160

Problematisch und umstritten sind die Rechtsfolgen bei **Beendigung des Verpflichtungsgeschäfts** (des Urheberrechtsvertrages) in Bezug auf die Nutzungsrechte, v. a. dann, wenn diese bereits in einer Rechtekette an weitere Nutzungsberechtigte vorhanden sind. Mit dem Kausalprinzip fallen automatisch mit Beendigung des Vertrages die Rechte an den Urheber zurück.[336] Denn es gibt keinen gutgläubigen Erwerb im Urheberrecht zugunsten eines Dritten. Das Abstraktionsprinzip wird indes von einem anderen Teil befürwortet mit der Folge, dass die Rechte bei dem Nutzungsberechtigten oder Dritten grds. verbleiben.[337] Da das Abstraktionsprinzip im Verhältnis von Verwerter zu Verwerter gilt, spricht wegen fehlender Geltung des § 11 S. 2 UrhG auch einiges dafür, hier grundsätzlich von der Anwendung des Abstraktionsprinzips auszugehen.[338] 161

bb) Rücktritt nach Verlagsgesetz und BGB. Zunächst gilt es, den **Rücktritt nach Verlagsgesetz und BGB** zu betrachten. Die wohl speziellste Rücktrittsvorschrift enthält § 17 VerlagG. Hier kann – im Anwendungsbereich des Verlagsgesetzes – der Urheber vom Vertrag zurücktreten, wenn der Verwerter nicht von seinem Recht (eine Pflicht besteht in dem Fall nicht), eine neue Auflage zu veranstalten, Gebrauch macht. Voraussetzung hierfür ist zunächst, dass der Urheber dem Verwerter eine angemessene Frist zur Ausübung seines Rechts gesetzt hat. Den Fall, dass der Verwerter ohnehin zur Vervielfältigung und Verbreitung verpflichtet ist, dem aber nicht ordnungsgemäß nachkommt, betrifft § 32 VerlagG und den dort enthaltenen Rücktrittsgrund. Auch hier muss der Urheber eine angemessene Nachfrist für die gehörige Vertragserfüllung setzen, bevor er zurücktreten darf.[339] Schließlich enthalten noch §§ 37, 38 VerlagG gesonderte Rücktrittsregelungen. Diese machen deutlich, dass man zwischen Rücktritt vor und nach Ablieferung des 162

[335] OLG München ZUM 2008, 154 (155) – Rückrufsrecht „Sp. S.“.
[336] OLG Karlsruhe ZUM-RD 2007, 76 (78); Loewenheim/J. B. Nordemann UrhG § 26 Rn. 3; aA Anwendung des Abstraktionsprinzips Schack Rn. 589 ff.
[337] BGH GRUR 2012, 916 Tz. 23 ff. – M2Trade; BGH GRUR 1958, 504 (506) – Die Privatsekretärin; OLG Köln GRUR-RR 2007, 33 – Reifen Q; vgl. dazu → Rn. 63.
[338] Czychowski/J. B. Nordemann NJW 2008, 1571 (1575).
[339] Illustrativ BGH GRUR 1988, 303 (305) – Sonnengesang; Vorinstanz: KG ZUM 1986, 470.

Werkes unterscheiden muss. Vor Ablieferung wird der Vertrag ex tunc aufgehoben und in ein Rückgewährschuldverhältnis umgewandelt; damit sind die §§ 346 ff. BGB anwendbar.[340] Tritt der Urheber jedoch nach Ablieferung des Werkes zurück, hängt es von den Umständen ab, ob der Vertrag teilweise aufrechterhalten bleibt. Hier wird erkennbar, dass der Gesetzgeber sich der besonderen Interessenlage bei Verlagsverträgen bewusst war.[341]

163 **Rechtsfolge eines derartigen Rücktritts** ist zunächst das Erlöschen des Verlagsrechtes, also der urheberrechtlichen Nutzungsrechte. § 9 Abs. 1 Hs. 2 VerlG lässt damit jedoch das gesamte Vertragsverhältnis beenden. Hieraus wird geschlossen, dass das Abstraktionsprinzip im Verlagsrecht[342] und im gesamten Urhebervertragsrecht[343] nicht gilt. Dies ist auch einer der Gründe, warum Urheber ein sehr wirkungsvolles Druckmittel gegenüber säumigen Verwertern in der Hand haben. Sie können über § 323 Abs. 1 BGB oder die eben dargestellten speziellen Rücktrittsregeln damit drohen, die Verzugsfolgen auszulösen, insbesondere vom Vertrag zurückzutreten, wenn der Verwerter seiner Vergütungspflicht nicht nachkommt, und damit die bereits eingeräumten und auch ausgeübten Nutzungsrechte wieder an sich ziehen. Ein Verwerter, der möglicherweise bereits Verträge mit Dritten über die Nutzung eingegangen ist oder aber der das Werk umfänglich am Markt eingeführt hat, wird sich daher sehr schnell überlegen, ob er dann nicht doch lieber zahlt.

164 *cc) Rückruf*. Sodann kennt das Urheberrechtsgesetz den **Rückruf.** Das Urheberrechtsgesetz enthält zwei Rückrufsregeln, von denen die Erste allerdings recht selten zur Anwendung kommt: § 42 UrhG, nach dem der Urheber seine Nutzungsrechte bei gewandelter Überzeugung zurückrufen kann. Als Ausprägung des urheberrechtlichen Persönlichkeitsrechts, ist diese Regel praktisch eher von eingeschränkter Bedeutung.

165 Wichtiger ist das Rückrufsrecht des § 41 UrhG. Danach kann ein Urheber die Nutzungsrechte zurückrufen, wenn seine berechtigten Interessen dadurch erheblich verletzt werden, dass der Inhaber eines ausschließlichen Nutzungsrechts dieses nicht oder nur unzureichend ausübt. Dieser Rückruf kommt für wirtschaftliche Nutzungsrechte (§§ 15 ff. UrhG) wie auch für urheberpersönlichkeitsrechtliche Gestattungen in Frage.[344] Voraussetzung ist allerdings, dass der Verwerter bereits zwei Jahre Zeit hatte, das Nutzungsrecht auszuüben, und ihm eine angemessene Nachfrist zur hinreichenden Ausübung gesetzt wurde.[345] § 41 UrhG ist als zwingendes Recht nicht abdingbar, auch nicht mehr für fünf Jahre, wie dies bis 2017 noch möglich war (§ 41 UrhG nF).[346] Es muss sich also zunächst einmal um ausschließliche Nutzungsrechte handeln, die dem Verwerter eingeräumt wurden. Sodann müssen die Rechte nicht oder unzureichend ausgeübt worden sein. Was hierunter zu verstehen ist, ergibt sich aus den speziellen vertraglichen Pflichten des Verwerters. Nach der Rechtsprechung ist jede Art der Rechtsausübung, die zur Verwertung des Werkes weniger Mittel einsetzt, als zur Erreichung des Vertragszwecks erforderlich sind, unzureichend.[347] Dabei wird zutreffend darauf abgestellt, dass der Branchenbrauch die untere Grenze der Erforderlichkeit angibt.[348] Im Einzelfall wird man also die konkreten Pflichten des Verwerters ermitteln müssen und diese sodann seinen tatsächlichen Handlungen gegenüberstellen.

166 Betrifft der entsprechende Vertrag **mehrere Werke** oder – wie in der Regel – eine Vielzahl von Nutzungsarten, ist auch ein Teilrückruf möglich.[349] Das Schicksal des restlichen Vertrages bestimmt sich dann nach dem Rechtsgedanken des § 139 BGB.[350]

---

340 Schricker VerlagsR §§ 37/38 Rn. 5 ff.

341 Schricker VerlagsR §§ 37/38 Rn. 10 ff.

342 Schricker VerlagsR §§ 37/38 Rn. 4; § 9 Rn. 3, 11; Schricker/Loewenheim/Schricker UrhG Vor § 28 Rn. 60; Fromm/Nordemann/Nordemann-Schiffel VerlG § 9 Rn. 9; Fromm/Nordemann/Jan Bernd Nordemann UrhG § 31 Rn. 30; Götting, FS Schricker, S. 70 f.

343 Str.; vgl. BGH GRUR 1958, 504 – Die Privatsekretärin; OLG Karlsruhe GRUR-RR 2007, 199 (LS) – Künstlervertrag; OLG Köln GRUR-RR 2007, 33 (34) – Lizenzvertrag, nachgehend BGH unter Az: I ZR 153/06; Schricker/Loewenheim/Schricker UrhG Vor § 28 Rn. 61; Fromm/Nordemann/Jan Bernd Nordemann UrhG Vor §§ 31 ff. Rn. 111 ff.; Götting, FS Schricker, S. 70 f.

344 OLG München GRUR-RR 2004, 33 (35) – Pumuckl-Figur.

345 Das Recht wurde aus dem allgemeinen Rechtsgedanken der §§ 17 und 32 VerlG entwickelt, vgl. amtliche Begründung zu § 41 UrhG abgedruckt, bei Schulze Materialien S. 134 f.

346 Schricker VerlagsR § 32 Rn. 9; Rossbach/Joos, FS Schricker, S. 355.

347 BGH GRUR 1970, 40 (43) – Musikverleger I; BGH GRUR 1988, 303 (305) – Sonnengesang; BGH GRUR 1986, 613 (613) – Ligäa; OLG München ZUM 2008, 154 (155) – Rückrufsrecht „Sp. S.".

348 Fromm/Nordemann/Jan Bernd Nordemann UrhG § 41 Rn. 11 f.

349 Schricker VerlagsR § 32 Rn. 9; Rossbach/Joos, FS Schricker, S. 355.

350 Fromm/Nordemann/Jan Bernd Nordemann UrhG § 41 Rn. 41; Schricker/Loewenheim/Schricker UrhG § 41 Rn. 23; Schricker VerlagsR § 37/38 Rn. 14.

Schließlich müssen die berechtigten Interessen des Urhebers durch fehlende oder nur unzureichende Ausübung verletzt sein. An dieser Stelle scheiden all diejenigen Verträge aus dem Anwendungsbereich des § 41 UrhG aus, bei denen der Urheber eine pauschale Vergütung erhalten hat. In Betracht kommt auch ein analoger Rückruf nach § 41 Abs. 4 S. 2 UrhG des Rechtes, wenn der Urheber auf die Urhebernennung verzichtet hat.[351] 167

Eine **Nachfrist** von sechs Monaten ist im Allgemeinen angemessen.[352] 168

Wenn der Urheber die Nutzungsrechte zurückruft, ist umstritten, inwiefern das Abstraktionsprinzip einen sog. automatischen Rechterückfall an den Urheber auch in Hinblick auf Rechte bewirkt, deren Inhaber der Vertragspartner nicht mehr ist, weil er sie an Dritte weiter übertragen oder Unterlizenzen erteilt hat. Lange wurde in Abkehr vom Abstraktionsprinzip in Rechtsprechung und Literatur überwiegend die Auffassung vertreten, dass die Rechte bei Unwirksamkeit oder Beendigung des Verpflichtungsgeschäftes automatisch an den Urheber zurückfallen.[353] Der **BGH** gewährt in seiner aktuellen Entscheidung *M2Trade* dem Erwerber der Unterlizenz **auf der zweiten Stufe im Regelfall Sukzessionsschutz,** so dass es nicht zu einem Rechterückfall kommt. Das gilt unabhängig davon, ob die (zweistufige) Unterlizenz ein einfaches Nutzungsrecht betrifft[354] oder ob es sich bei der Unterlizenz um ein ausschließliches Nutzungsrecht handelt.[355] Diesen grundsätzlichen Sukzessionsschutz für den Unterlizenznehmer leitet der BGH aus einer Interessenabwägung zwischen Nutzungsrechtsinhaber (Unterlizenznehmer) und Hauptlizenzgeber ab. Das Interesse des Unterlizenznehmers überwiegt nach dem BGH, wenn der Unterlizenznehmer den Rechtserwerb bereits vollständig vergütet hat. Nach Auffassung des BGH ist das Interesse des Unterlizenznehmers an einem Sukzessionsschutz etwas schwächer ausgeprägt, wenn für die Unterlizenz eine fortlaufende Vergütung für die Nutzung gewährt wird.[356] Denn in solchen Fällen kann der Unterlizenznehmer zumindest nicht seine schon erfolgte Zahlung im Vertrauen darauf in die Waagschale werfen, dass er für die gesamte Laufzeit der Unterlizenz das Recht nutzen darf. Dennoch hat der Unterlizenznehmer auch bei fortlaufender Vergütung für die Unterlizenz im Regelfall ein überwiegendes Interesse, das unterlizenzierte Recht weiter nutzen zu dürfen. Der BGH betont hier zu Recht, dass der Unterlizenznehmer im Regelfall sich für seinen Geschäftsbetrieb auf das Bestehen der Unterlizenz eingerichtet hat. Noch nicht entschieden hat der BGH die Frage des automatischen Rechterückfalls, wenn Rechte gemäß § 34 UrhG auf Dritte weiter übertragen wurden. Gemeint sind also Fälle, in denen der Rechteerwerber das komplette Recht an einen Dritten weiter übertragen hat. Ist es – erlaubterweise – zu einer Übertragung des Rechts gekommen, sollte dem Übertragungsempfänger grundsätzlich Sukzessionsschutz gewährt werden. Es kann nichts anderes als für die Fälle der Unterlizenz nach § 35 UrhG gelten. Bei Weiterübertragungen der Nutzungsrechte nach § 34 UrhG ist das Interesse des Erwerbers, das Recht weiter nutzen zu können, noch stärker ausgeprägt als das Interesse des bloßen Unterlizenznehmers. 169

dd) Fristlose Kündigung. Schließlich gibt es – wie bei jedem Dauerschuldverhältnis – die **fristlose Kündigung.** Nach den allgemeinen Regeln in §§ 626, 723 BGB aF hatte die Rechtsprechung stets eine fristlose Kündigung von Urheberrechtsverträgen akzeptiert;[357] sie hatte bald erkannt, dass dieser Vertrag als Dauerschuldverhältnis ein Vertrauensverhältnis begründet, das aus wichtigem Grund auflösbar ist.[358] Nunmehr gilt § 314 BGB, der aber im Wesentlichen lediglich existierendes Richterrecht modifiziert. Eine fristlose Kündigung ist stets *ultima ratio* zum alten Recht, das aber weiter Anwendung finden dürfte; die Rechtsprechung verlangt zunächst immer, dass zuerst der Erfüllungsanspruch, notfalls gerichtlich, geltend zu machen ist. Etwas anderes gilt nur dann, wenn der Verwerter von Anfang an zur Erfüllung nicht willens oder nicht in der Lage ist.[359] Zunächst muss also eine Pflichtverletzung vorliegen, die ihrerseits zur Störung der Vertrauensgrundlage führt und eine weitere Zusammenarbeit unzumutbar macht. Die Rechtsprechung (vgl. nun auch § 314 Abs. 2 Satz 1 BGB) erkennt dabei nicht jede Pflichtverletzung als Kündi- 170

351 OLG München GRUR-RR 2004, 33 (35) – Pumuckl-Figur.

352 Vgl. § 10 des zwischen DKIV und DMV abgestimmten Musikverlagsvertragsmusters.

353 Vgl. Czychowski/J. B. Nordemann NJW 2010, 735 (739 f.) und → Rn. 63.

354 BGH GRUR 2012, 916 Tz. 23 ff. – M2Trade.

355 BGH GRUR 2012, 914 Tz. 16. – Take Five.

356 BGH GRUR 2012, 914 Tz. 20. – Take Five; BGH GRUR 2012, 916 Tz. 26. – M2Trade, dort auch zu den insolvenzrechtlichen Konsequenzen.

357 Zu einem neuen Fall und den Folgen der Beendigung durch fristlose Kündigung vgl. BGH AfP 1999, 265 (265 ff.) – Hunger und Durst.

358 Schricker/Loewenheim/Schricker UrhG §§ 31/32 Rn. 20; Krüger/Nieland UFITA 89 (1981), 17 21).

359 BGH GRUR 1974, 789 (793) – Hofbräuhauslied.

gungsgrund an, auch wenn diese schwerwiegend ist.[360] Pflichtverletzungen müssen vielmehr eine besondere Qualität aufweisen und zudem auf das Vertrauensverhältnis durchschlagen. Die Basis der vertraglichen Zusammenarbeit muss so nachhaltig gestört sein, dass ein weiteres Festhalten an dem Vertrag unzumutbar ist.[361] Besteht die Pflichtverletzung in einer nicht oder nur unzureichend vorgenommenen Auswertung der Nutzungsrechte, gilt das ultima-ratio-Prinzip weitergehend dahin, dass eine fristlose Kündigung gegenüber den Rückrufs- und Rücktrittsrechten subsidiär ist. Etwas anderes kann sich nur dann ergeben, wenn auf Grund zusätzlicher Umstände es nicht zumutbar ist, die allgemeinen Rechtsbehelfe in Anspruch zu nehmen.[362] Die Rechtsprechung betont dabei immer wieder, dass die Zerstörung des Vertrauens und die Unzumutbarkeit weiterer Zusammenarbeit durch eine Abwägung der Interessen von Verwerter und Urheber in einer **Gesamtschau** zu ermitteln ist.[363] Auf ein Verschulden kommt es nicht an;[364] maßgeblich ist vielmehr eine subjektive Betrachtungsweise, wie sich die Umstände auf den Kündigenden auswirken.[365] Zum Teil wird allein auf eine wirtschaftliche Betrachtungsweise abgestellt; persönliche Beziehungen sollen nicht entscheidend sein.[366] Die überwiegende Auffassung[367] lässt jedoch mit Recht ein tiefgreifendes persönliches Zerwürfnis zwischen Verwerter und Urheber ausreichen; andernfalls ist eine gedeihliche wirtschaftliche Zusammenarbeit nicht mehr denkbar. Diese Ansicht dürfte auch die Praxis auf ihrer Seite haben; denn ein Verwerter, der einen Urheber nicht mehr ernst nimmt oder ihn aus persönlichen Gründen nicht mehr leiden kann, wird sich auch schwerlich für dessen Werke in der sachlich gebotenen Weise einsetzen; zumindest dürfte dies der absolute Ausnahmefall sein. Auch die Rechtsprechung hat dies erkannt, wenn sie eine schwerwiegende Kränkung oder Schädigung des Ansehens des Urhebers grundsätzlich als Kündigungsgrund anerkennt, auch wenn in dem entschiedenen Fall dies eine parallel laufende andere Vertragsbeziehung zwischen Verwerter und Urheber betraf.[368] Bei einer Werkverbindung[369] stellt sich zudem noch die Frage, wie die Kündigung eines Urhebers auf den anderen wirkt.[370]

171 *ee) Wegfall der Geschäftsgrundlage.* Die letzte Beendigungs- bzw. Anpassungsmöglichkeit bei Urheberverträgen ist die sog. **Störung der Geschäftsgrundlage** (§ 313 BGB). Auch sie kann Grund zu einer fristlosen Kündigung sein[371] (§ 313 Abs. 3 BGB). Sie spielt jedoch, ebenso wie die spezialgesetzliche Ausprägung für die Frage der Nachvergütung im Rahmen des § 32a UrhG, bislang nur eine untergeordnete Rolle. Wie im allgemeinen Vertragsrecht, legt die Rechtsprechung auch hier strenge Maßstäbe an; sie fordert, dass eine Anpassung oder Kündigung zur Vermeidung untragbarer, mit Recht und Gerechtigkeit schlechthin nicht vereinbarter und damit der weiteren Zusammenarbeit der Vertragsparteien nicht zumutbarer Folgen unausweichlich erscheinen muss.[372]

172 **k) Beispiele.** *aa) Beispiele für Klauseln zur Nutzungsrechtseinräumung.*

(1) Vertrag mit Werbeagentur:
Die Agentur räumt dem Auftraggeber die zum Gebrauch der unter diesen Vertrag fallenden Werke erforderlichen Nutzungsrechte ein. Diese sind zeitlich, räumlich und inhaltlich unbeschränkt und verstehen sich einschließlich des Bearbeitungsrechtes. Die Nutzungsrechte umfassen das Recht zu Vervielfältigung, Veröffentlichung und Verbreitung, das Recht der öffentlichen Zugänglichmachung auf individuellen Abruf sowie das Senderecht für sämtliche Arten von papierenen Vervielfältigungen, für Microfilm- und Microfiche, für Film, Video, elektronische Medien, Online-Dienste und sonstige Datenbanken sowie für CD-ROM, CD-I, Laserdisc. Der Auftraggeber darf die Nutzungsrechte weiterübertragen.
Hinweis: Wenn Verwertung außerhalb bei Vertragsabschluss erkennbarer Nutzung, greift trotzdem § 31 Abs. 5 UrhG.

---

[360] BGH GRUR 1974, 789 (792) – Höfbräuhauslied.
[361] BGH GRUR 1982, 41 (43) – Musikverleger III.; BGH GRUR 1990, 443 ff. – Musikverleger IV.
[362] Schricker/Loewenheim/Schricker UrhG § 41 Rn. 12; Schricker VerlagsR § 35 Rn. 28.
[363] BGH GRUR 1977, 551 (553) – Textdichteranmeldung; BGH GRUR 1982, 41 (44) – Musikverleger III; BGH GRUR 1990, 443 ff. – Musikverleger IV.
[364] Schricker/Loewenheim/Schricker UrhG § 31/32 Rn. 21; Schricker VerlagsR § 35 Rn. 24.
[365] BGH GRUR 1977, 551 (553) – Textdichteranmeldung; BGH GRUR 1982, 41 (44) – Musikverleger III; BGH GRUR 1990, 443 ff. – Musikverleger IV.
[366] Krüger-Nieland UFITA 89 (1981), 17 (30 f.).
[367] BGH GRUR 1964, 326 (331 f.) – Musikverleger; Nordemann ZUM 1988, 389 (391).
[368] BGH GRUR 1990, 443 (445) – Musikverleger IV für ein paralleles Arbeitsverhältnis und BGH GRUR 1982, 41 (44) – Musikverleger III für einen parallelen Managementvertrag.
[369] Dazu unten → Rn. 187.
[370] BGH GRUR 1982, 743 (744) – verbundene Werke; kritisch dazu W. Nordemann ZUM 1988, 389 (392 f.).
[371] Schricker/Loewenheim/Schricker UrhG §§ 31/32 Rn. 20.
[372] BGH GRUR 1990, 1005 (1007) – Salomé.

(2) Sehr allgemeine Klausel: 173
Alle Nutzungsrechte weltweit, unbeschränkt, unbefristet, ausschließlich, einschl. Recht der Bearbeitung und Verwertung über elektronische Medien.
Hinweis: Insbesondere bei Verwertung außerhalb der bei Vertragsabschluss erkennbaren Nutzung greift trotzdem § 31 Abs. 5 UrhG.

(3) Auftragserteilung an einen Fotografen: 174
Mit Annahme dieses Auftrags, spätestens durch Zahlung Ihres Honorars durch uns, räumen Sie uns die ausschließlichen, zeitlich und räumlich unbeschränkten Nutzungsrechte an Ihren og Fotografien ein. Hierzu zählt insbesondere das Recht zur Vervielfältigung und Verbreitung in unbeschränkter Stückzahl in allen Formen, sei es in gedruckter Form, auf Bild-/Tonträgern und/oder in digitalisierter Form (offline zB CD-ROM oder online zB Internet); das Recht zur Ausstellung; das Recht zum Vortrag, Aufführung, Vorführung und das Senderecht. Die Befugnis der XYZ GmbH umfasst auch das Recht, die Fotografien beliebig zu bearbeiten oder sonst wie zu verändern. Eine Nennung Ihres Namens ist nicht erforderlich. Ferner garantieren Sie, dass Sie alleiniger Inhaber aller Rechte, insbesondere Kennzeichen-, Urheber-, Leistungsschutz- und Persönlichkeitsrechten, an den von Ihnen übergegebenen Fotografien und der dort verwendeten Motive sind, und dass diese nicht gegen solche Rechte Dritter verstoßen, insbesondere in der Werbung frei verwendet werden können. Sollten Dritte Rechte geltend machen, werden Sie uns von allen Kosten und Ansprüchen in diesem Zusammenhang freistellen.

bb) Beispiele für die Auslegung von Nutzungsrechtsverträgen. 175

(1) ohne ausdrückliche Vereinbarung:

- Kauf eines Gemäldes für die Vorstandsetage
  Erlaubt: Aufhängen, öffentliches Ausstellen für Besucher
  Verboten: Druck von Weihnachtskarten, Abdruck im Vorlesungsverzeichnis
- Foto von Rechtsanwalt für Anwaltsdatenbank
  Erlaubt: Vervielfältigung und Verbreitung im gedruckten Anwaltsverzeichnis, sofern noch üblich; in dem Fall aber darf Foto in der üblichen Internetversion der Datenbank öffentlich zugänglich gemacht werden
  Verboten: Verwendung für andere Publikation, Bildarchiv, Einstellen in Homepage in allgemeinem Zusammenhang oder zB zum „Herunterladen“ für die Presse
- Fotografie eines Gebäudes eines Unternehmens für Werbung
  Erlaubt: Vervielfältigung und Verbreitung in Anzeigen aller Art, wohl auch für Internet-Homepage
  Verboten: Unterlizenzierung an Verlag für Buch über Stadt
- Kauf Software Office XP für PC in Anwaltskanzlei/Kauf Textverarbeitung Word2000 für PC
  Erlaubt: Benutzung auf einem PC, 1 Sicherungskopie, Schnittstelle schreiben, Fehlerbeseitigung (nur notwendige, nicht nützliche)
  Verboten: Anfertigung einer Kopie für Zuhause, um dort auch abends arbeiten zu können; wenn Programm nur 1x erworben wurde, Verwendung auf mehreren Arbeitsplätzen oder Weiterverkauf von Lizenzen von Computerprogrammen ohne den Medienträger, wenn der Ausschluss der Abtretbarkeit vorher in den AGB wirksam vereinbart wurde.[373]
  Achtung: Urheberrechtsverletzungen sind strafbar, § 106 UrhG
- Kauf der CD „Die Roten Rosen“
  Erlaubt: Privates Anhören, wohl auch im Büro, Verschenken an Kunden
  Verboten: Hochladen in das Internet, Anbieten in Musiktauschbörsen; Abspielen auf Betriebs- und Weihnachtsfeiern, es sei denn: GEMA-Meldung (Achtung: bei Unterlassen 100 % Zuschlag)
- Kauf Maschine zur Produktion optischer Gläser (patentgeschützt)
  Erlaubt: Produktion optischer Gläser + Verkauf derselben; Weiterverkauf Maschine nach Nutzungsende, routinemäßige Wartungsarbeiten
  Verboten: „Duplizierung“ der Maschine, Umbau der Maschine durch Eingriff in patentgeschützte Substanz, Wiederherstellung bei wesentlichen Schäden

(2) Mit ausdrücklicher Vereinbarung 176

- Eine deutsche Comic-Übersetzerin hat mit ihrem Verlag einen Vertrag geschlossen mit der Klausel: „[…] und überträgt sie alle Urheberrechte“. Nun stellt sie fest, dass Videoverwertungen vorgenommen werden.
  § 31 Abs. 5 UrhG: Zweck des Vertrages waren Druckausgaben, Videofilmrechte also nicht eingeräumt.
  Deshalb ganz wichtig: Wer mehr Nutzungsrechte eingeräumt erhalten will, als es der Vertragszweck erfordert, muss die zusätzlichen Nutzungen im Vertrag genau bezeichnen!
- 1965 nimmt ein berühmter Regisseur eine Oper auf und schließt umfassende Verwertungsverträge mit dem DDR-Rundfunk. Darin werden „alle Filmrechte“ übertragen. Nun stellen seine Erben fest, dass Videokassetten im Umlauf sind.

[373] OLG München ZUM 2006, 936 – Lizenzverkauf (nicht abtretbare Nutzungsrechte an Software).

§ 31 Abs. 4 UrhG aF (§ 31a UrhG nF): 1965 war die Videoauswertung noch nicht bekannt, also keine Grundlage für heutige Nutzung.
Wichtig: Verträge über unbekannte Nutzungsarten sind wirksam, bedürfen aber der Schriftform! Soweit § 31a Abs. 1 S. 2 UrhG keine Anwendung findet und ausschließliche Nutzungsrechte (§ 31 Abs. 3 UrhG) übertragen wurden, ergibt sich die Nichtigkeit des Vertrages aus § 125 BGB, wenn die Schriftform nicht eingehalten wurde (§ 31a Abs. 1 S. 1 UrhG, § 126 BGB). Allerdings sind Verträge über unbekannte Nutzungsarten immer unwirksam (§ 31 Abs. 4 UrhG aF), soweit sie vor dem 1.1.1966 geschlossen wurden, § 137l UrhG. Für alle Verträge nach dem 1.1.1966 bis zum 31.12.2007 über ausschließliche Nutzungsrechte besteht grds. die Wirksamkeit und die Fiktion der Einräumung der Nutzungsrechte an unbekannten Nutzungsarten. Zugunsten des Urhebers wird ein befristetes Widerspruchsrecht gewährt, § 137l UrhG.

- Grafiker räumt im Jahr 1990 für Anfahrtsskizze zur Universität „alle Nutzungsrechte weltweit, unbeschränkt, unbefristet, ausschließlich, einschl. Recht der Bearbeitung" ein. Die Anfahrtsskizze soll 2001 in die Uni-Homepage eingestellt werden.
Internet ist wohl erst ab etwa 1995 als bekannte Nutzungsart anzusehen, so dass Nutzungsrechte für das Internet 1990 noch gar nicht eingeräumt werden konnten. Daher kann der Grafiker ein zusätzliches Honorar beanspruchen (vgl. § 32c UrhG). Verbotsrechte ggü. der Internet-Nutzung bestehen uneingeschränkt nur nach dem alten Recht wegen § 31 Abs. 4 UrhG aF. Die Universität kann jedoch gemäß § 137l UrhG ab dem 1.1.2008 Rechte an unbekannten Nutzungsarten nachträglich erwirken, wenn gesagt werden kann, dass die Universität mit der Klausel aus 1990 alle wesentlichen Nutzungsrechte erworben hat (§ 137l UrhG) und der Urheber nicht fristgemäß widerspricht.
- Ein Designer hat speziell für ein Unternehmen ein Logo entwickelt, das urheberrechtlich geschützt ist und ihm dazu „sämtliche Rechte" einräumt. Das Unternehmen wird von einem Konzern „geschluckt", der das Logo für den Gesamtkonzern einsetzen will.
Trotz Übertragung „sämtlicher Rechte" nicht zulässig, weil Nutzung ggü. bisheriger erheblich erweitert wäre, so dass von Zweckübertragungsklausel nicht gedeckt.
- Ein Softwarehersteller ist mit der kostenlosen Nutzung und Verbreitung der „Lightversion" einer CAD-Software einverstanden. Diese steht mit einem eingeschränkten Funktionsumfang zur Verfügung, die jedermann kostenfrei herunterladen, nutzen und weiterverbreiten darf. Die Vollversion ist kostenpflichtig und erfordert die Eingabe eines Lizenzschlüssels. Trotz des Einverständnisses des Softwareherstellers mit der kostenlosen Nutzung und Verbreitung der Lightversion der CAD-Software darf die Vollversion vor allem nicht mit frei geschaltetem Lizenzschlüssel zum Herunterladen in das Internet eingestellt werden; derjenige, der dies veranlasst, muss außerdem sorgfältig prüfen, ob der Berechtigte das Programm zur öffentlichen Zugänglichmachung freigegeben hat.[374]

177 **l) Beteiligte Personen: Besonderheiten und Verträge zwischen Urhebern.** In der urheberrechtlichen Beratungspraxis gilt es zu beachten, dass ein Werk oftmals nicht alleine geschaffen wird. Der Vertragspartner, der mit Urheber(n) einen Vertrag schließt, aber auch Urheber untereinander, sollten sich darüber im Klaren werden, ob sie mit den Richtigen die richtigen Verträge zur Verwertung des Werkes eingehen. Dafür ist es zunächst entscheidend, die verschiedenen beteiligten Personen und ihre rechtlichen Rollen im Urheberrecht zu kennen. Es sind dies Einzelurheber, Miturheber und Urheber verbundener Werke. Sodann sollte man über die Besonderheiten des Arbeitnehmerurhebers im Vertragsrecht (oben Rn. 117 ff.) ebenso informiert sein wie über die eines ausländischen Urhebers (dazu vgl. § 45).

178 *aa) Einzelurheber, Miturheber und Urheber verbundener Werke.* Im Urheberrecht gilt das **Schöpferprinzip** (§ 7 UrhG). Es ist die zentrale Aussage des deutschen Urheberrechts, dass der Urheber immer der Schöpfer des Werkes ist und nicht etwa der Geldgeber, wie es in Teilen das US-amerikanische Copyright-Law kennt (insbes. beim sog. work-made-for-hire). § 7 UrhG folgt damit dem absoluten Grundsatz des kontinentalen droît d'auteur-systems. Dieses Schöpferprinzip bedeutet auch, dass niemals eine juristische Person originäre Inhaberin des Urheberrechts sein kann; sie kann das Urheberrecht, wie etwa die Stiftung Ada und Emil Nolde, lediglich von Todes wegen derivativ erwerben oder aber über Verträge Inhaberin von Nutzungsrechten werden. Urheber und damit auch Urheberrechtsinhaber ist immer der Schöpfer, und zwar immer nur die natürliche Person, nicht auch eine juristische Person oder eine Maschine. Korrekturen nehmen die schon angesprochenen §§ 43, 69b und 88, 89 UrhG als gesetzliche Auslegungsregeln zugunsten Auftrag- oder Arbeitgebern vor. Im Zweifel wird der Arbeitgeber Inhaber aller vermögensrechtlichen Befugnisse an einem Computerprogramm und der Filmhersteller erhält ausschließliche Nutzungsrechte zur Auswertung des Films.

[374] BGH GRUR 2009, 864 (865 f.) Tz. 15 ff. – CAD-Software.

Dieses Prinzip des deutschen Urheberrechts zeigt, dass es in der Vertragsberatung bei **Einzelurhebern** nichts weiter zu beachten gibt. Diese bleiben als Urheber zeitlebens mit ihrem Werk verbunden und können ihr Urheberrecht auch nur im Wege des Erbfalls an Dritte als Ganzes übertragen; eine weitere Übertragung ist dann nur bei Erbauseinandersetzung denkbar; an ihr ist der Urheber naturgemäß aber nicht mehr beteiligt.[375] Einer Urheberschaft nach § 7 UrhG zugunsten des Auswählenden und Anordnenden am Datenbankwerk schadet es nicht, wenn Dritte routinemäßige Vorarbeiten – wie Vereinheitlichung für eine statistische Auswertung – ohne den Auswählenden, aber nach seinen Vorgaben vornehmen.[376] 179

Der Grundsatz, dass immer nur eine **natürliche Person Inhaber des Urheberrechts** sein kann, gilt allerdings nur solange, wie der Urheber lebt; stirbt er, kann er durch Testament auch eine juristische Person wie zB eine Stiftung als Erbin einsetzen, die dann Inhaberin des Urheberrechts wird.[377] Auch bei einigen verwandten Schutzrechten können Inhaber aber juristische Personen sein: Die verwandten Schutzrechte an Ausgaben nachgelassener Werke (§ 71 UrhG), des Veranstalters (§ 81 UrhG), des Tonträgerherstellers (§ 85 UrhG), des Sendeunternehmens (§ 87 UrhG), an einfachen Datenbanken (§ 87a UrhG), des Filmherstellers (§ 94 UrhG) sowie an Laufbildern (§ 95 UrhG) können originär auch bei einer juristischen Person des privaten oder des öffentlichen Rechts entstehen. Das verwandte Schutzrecht des ausübenden Künstlers ist eingeschränkt auch auf juristische Personen übertragbar (§ 79 Abs. 1 S. 1 UrhG). 180

Den Normalfall stellt die **Alleinurheberschaft** nach § 7 UrhG dar, wenn ein einzelner Urheber ein Werk allein geschaffen hat.[378] Werke werden aber oftmals nicht alleine geschaffen. Das Gesetz hat daher in § 8 UrhG die **Miturheberschaft** geregelt. Sie betrifft den Fall, dass mehrere Urheber gemeinschaftlich ein Werk schaffen; also etwa mehrere Autoren einen Roman oder drei Komponisten ein Lied. Voraussetzung für das Vorliegen von Miturheberschaft ist, dass sich die Teile/Anteile nicht gesondert verwerten lassen und die Urheber partnerschaftlich zusammengearbeitet haben.[379] Rein rechtlich setzt die Annahme einer Miturheberschaft ein gemeinsames Schaffen der Beteiligten voraus, bei dem jeder einen schöpferischen Beitrag leistet, der in das gemeinsame Werk einfließt.[380] Dabei spielt es keine Rolle, wie groß der Anteil des einzelnen Miturhebers gewesen ist; 1 % genügt. Es muss allerdings eine gemeinschaftliche Schöpfung vorliegen, dh der Beitrag der jeweiligen Miturheber zu dem gemeinschaftlichen Werk muss jeweils eine persönliche geistige Schöpfung im Sinne von § 2 Abs. 2 UrhG darstellen.[381] Nicht ausreichend sind deshalb bloße Anregungen, eine einfache Gehilfenschaft[382] oder eine einfache Materialsammlung, nett gemeinte Hinweise, eine Forschungstätigkeit ohne eine spätere Beteiligung an der Darstellung der Forschungsergebnisse, überhaupt spätere Tätigkeit nach Fertigstellung des Werkes.[383] Rechtlich unbeachtlich ist allerdings der geistige Zustand des Urhebers. Vielmehr kommt es auf den tatsächlichen Schaffensvorgang, den schöpferischen Realakt, an; auch Geistesgestörte, Hypnotisierte und in Trance befindliche Personen können damit Urheber sein. So hatte das OLG Frankfurt am Main in einem erst kürzlich entschiedenen Fall, in dem es um die rechtliche Stellung der Verfasserin verschiedener Texte ging, die in „aktiven Wachträumen" Botschaften von Jesus erhalten habe und diese in dem streitgegenständlichen Werk niedergeschrieben hatte, zu Gunsten der klagenden amerikanischen Stiftung entschieden, die die Rechte der verstorbenen Autorin geltend machte.[384] Sofern der geleistete Beitrag schöpferisch ist, reicht, wie gesagt, ein geringfügiger Beitrag aus.[385] 181

Miturheberschaft kann auch in verschiedenen aufeinander aufbauenden Stadien des Gestaltungsprozesses entstehen, zB dann, wenn Bauwerke vom ersten Entwurf bis zur Fertigstellung über einen längeren Zeitraum entstehen[386] oder wenn mehrere Personen zunächst ein Werk ge- 182

[375] → Rn. 702.

[376] BGH GRUR 2007, 685 – Gedichttitelliste I.

[377] Vgl. Loewenheim/A. Nordemann UrhG § 22 Rn. 12.

[378] OLG Hamburg GRUR 1999, 714 (716) – Bauhaus-Glasleuchte.

[379] Zu den Details der Voraussetzungen von Miturheberschaft vgl. Schack Rn. 313 ff.; Fromm/Nordemann/Wirtz UrhG § 8 Rn. 2 ff.; Schricker/Loewenheim/Loewenheim UrhG § 8 Rn. 4 ff. jeweils mwN.

[380] Vgl. BGH GRUR 2003, 231 (234) – Staatsbibliothek; KG GRUR-RR 2004, 129 Tz 64 – Modernisierung einer Liedaufnahme/Samplings.

[381] Vgl. BGH GRUR 1994, 39 (40) – Buchhaltungsprogramm.

[382] Vgl. BGH GRUR 2009, 1046 (1050) Tz. 46 – Kranhäuser; KG GRUR-RR 2004, 129 (130) – Modernisierung einer Liedaufnahme/Samplings.

[383] Vgl. OLG München ZUM 1999, 653 (654 f.) – M-Eine Stadt sucht einen Mörder.

[384] Vgl. OLG Frankfurt GRUR 2014, 863 – Jesus Wachträumerin.

[385] Vgl. OLG Karlsruhe GRUR 1984, 812 (813) – Egerlandbuch.

[386] Vgl. BGH GRUR 2003, 213 (234) – Staatsbibliothek.

meinsam entworfen und zu diesem sodann in gegenseitiger Unterordnung unter die gemeinsame Gestaltungsidee für sich genommen selbständige und voneinander unabhängige schöpferische Einzelbeiträge geleistet haben.[387] Zu beachten ist, dass § 10 UrhG eine Vermutung der Urheberschaft aufstellt, die auch zugunsten des Miturhebers und vor allem auch im Verhältnis der Miturheber zueinander anwendbar ist mit der Folge, dass derjenige, der behauptet, eine auf Vervielfältigungsstücken eines erschienen Werkes in der üblichen Weise als Miturheber bezeichnete Person sei nicht Miturheber, dafür den vollen Beweis erbringen muss.[388] **Beispiel:** Für die (Mit-)Urheberschaftsvermutung nach § 10 Abs. 1 UrhG reicht es aus, wenn ein Architekt auf einem Workshop-Entwurf zu den sogenannten „Kranhäusern" im Kölner Rheinauhafen als Architekt genannt worden ist.[389] Die Vermutungsregelung des § 10 Abs. 1 UrhG wird seit der Novelle 2008 gemäß § 10 Abs. 3 UrhG entsprechend nicht mehr nur auf Urheber angewandt, sondern gilt auch für Inhaber ausschließlicher Nutzungsrechte.

183 Miturheberschaft liegt des Weiteren nur dann vor, wenn sich die Anteile der Miturheber **nicht gesondert verwerten** lassen. Dies ist dann gegeben, wenn die Beiträge nicht selbständig verkehrsfähig sind, was beispielsweise dann der Fall ist, wenn zwei Urheber gemeinsam die Musik zu einer Oper komponieren oder zwei Professoren gemeinsam ein Lehrbuch schreiben. Keine Miturheberschaft liegt jedoch aufgrund ihrer gesonderten Verwertbarkeit bei dem Text und der Musik eines Musikstücks vor.[390] Typisch für Miturheberschaft sind die juristischen Kommentare, die zB beim Münchener Kommentar verschiedene Bearbeiter ausweisen, die im Ergebnis eine wirtschaftliche Einheit bilden. Selbständige Verkehrsfähigkeit setzt voraus, dass sich der Beitrag eines beteiligten Urhebers aus dem gemeinschaftlichen Werk herauslösen lässt, ohne dass es dadurch unvollständig oder ergänzungsbedürftig wird; dabei kommt es nicht auf die subjektive Vorstellung der Schöpfer von der Einheit des geschaffenen Werkes an, sondern allein auf die objektive Möglichkeit einer gesonderten Verwertung.[391] Miturheberschaft liegt regelmäßig bei Filmwerken (§ 2 Abs. 1 Nr. 6 UrhG) vor zwischen Regisseur, Cutter, Kameramann, ggf. Mischtonmeister und Filmarchitekten.[392] Auch eine zusammengeschlossene Architektenarbeitsgemeinschaft zur Herstellung eines Bauwerkes ist eine Miturheberschaft.[393]

184 Für die Miturheberschaft nicht ausreichend ist, dass ein Sänger gemeinsam mit anderen Studiosängern anlässlich der Aufnahme eines Liedes den Chorgesang der Refrain-Teile eines Liedes im „Falsett-Stil" entwickelt hat, denn Falsett-Gesang ist ein gängiges musikalisches Stilmittel.[394]

185 Liegt eine solche Miturheberschaft vor, entsteht als Rechtsfolge kraft Gesetzes eine **Gesamthandgemeinschaft** mit den Bindungen, die § 8 Abs. 2 UrhG vorschreibt, für die Veröffentlichung und die Verwertung; ob diese auch die sonstigen urheberrechtlichen Befugnisse erfasst, insbesondere die Urheberpersönlichkeitsrechte, ist umstritten.[395] Nach § 8 Abs. 2 UrhG steht das Recht zur Veröffentlichung und Verwertung des Werkes den Urhebern zur gesamten Hand zu; Änderungen sind nur mit Einwilligung aller Miturheber zulässig. Jedoch darf ein Miturheber seine Einwilligung zur Veröffentlichung, Verwertung oder Änderung nicht wider Treu und Glauben verweigern und ist jeder Miturheber berechtigt, Ansprüche aus Verletzungen des gemeinsamen Urheberrechts geltend zu machen, sofern er Leistung an alle Miturheber verlangt; letzteres ist vergleichbar mit der aus dem Gesellschaftsrecht bekannten *actio pro socio*. Ergänzend auf die Gesamthandsgemeinschaft nach § 8 Abs. 2 UrhG finden die Regeln über die Gesellschaft bürgerlichen Rechts gemäß §§ 705 ff. BGB Anwendung. Denn neben dieser Gesamthandsgemeinschaft kraft Gesetzes existiert eine Gesellschaft bürgerlichen Rechts, die das Innenverhältnis der Miturheber regelt. An dieser Stelle setzt die Beratungspraxis an, die mögliche Regelungen über Art und

[387] BGH GRUR 2009, 1046 (1049) Tz. 38 – Kranhäuser.

[388] Vgl. BGH GRUR 2009, 1046 (1048) Tz. 25 – Kranhäuser.

[389] Vgl. BGH GRUR 2009, 1046 (1048 ff.), Tz. 25 ff. – Kranhäuser.

[390] BGH GRUR 2015, 1189 (1190) Tz. 15 – Goldrapper.

[391] Vgl. BGH GRUR 2009, 1046 (1049) – Kranhäuser.

[392] BGH GRUR 2011, 714 (719) Tz. 58 – Der Frosch mit der Maske; BGH GRUR 2005, 937 (938) – Der Zauberberg; BGH GRUR 2002, 961 (962) – Mischtonmeister; OLG Köln Urt. v 9.1.2009, Az: 6 U 86/08, BeckRS 2009, 03255, S. 10/ZUM 2009, 237 ff. – Anstellungsvertrag; OLG Köln GRUR-RR 2005, 337 (338) – Dokumentarfilm Massaker.

[393] Vgl. BGH GRUR 2009, 1046 (1048 ff.) Tz. 25 ff. – Kranhäuser; BGH GRUR 2003, 231 (234) – Staatsbibliothek; OLG Hamburg ZUM-RD 2007, 59 (62 f.) – Kranhäuser.

[394] KG GRUR-RR 129, 130 – Modernisierung einer Liedaufnahme/Samplings.

[395] Vgl. Schricker/Loewenheim/Loewenheim UrhG § 8 Rn. 10 ff. mit weiteren Nachweisen; das Verhältnis von Miturhebern soll jenseits des § 8 UrhG den Regeln der Gesamthandsgemeinschaft folgen: OLG Frankfurt GRUR 2006, 578 (579) – Erstverwertungsrechte.

Umfang der Veröffentlichung oder etwa die Verteilung der Erlöse beisteuern kann, die sogleich dargestellt werden. Während diese Gesellschaft kündbar ist, kann die Gesamthandgemeinschaft des miturheberrechtlich verbundenen Werkes nicht aufgekündigt werden; sie endet erst mit Ablauf der Schutzfrist, die sich gem. § 65 UrhG nach dem Tod des längstlebenden Miturhebers richtet.[396] In der Beratungspraxis ist für Verträge mit Miturhebern (zu Verträgen unter Miturhebern sogleich) also zu beachten, dass man den Vertrag entweder (am sichersten) mit allen beteiligten Miturhebern schließt oder aber sich die Berechtigung des Vertragschließenden zur Stellvertretung der anderen Miturheber nachweisen lässt.[397]

Sofern nichts anderes vereinbart ist, werden die Erträgnisse nach dem **Anteil der Miturheberschaft** verteilt (§ 8 Abs. 3 UrhG); da insbesondere dies zu erheblichen Streitigkeiten führen kann, ist Miturhebern grundsätzlich zu empfehlen, möglichst rechtzeitig ihre Anteile an den Verwertungserlösen schriftlich vertraglich zu vereinbaren. Ein **Verzicht** eines Urhebers auf seinen Anteil an den Verwertungsrechten ist möglich; er kann jedoch nur zugunsten der anderen Miturheber erklärt werden (§ 8 Abs. 4 UrhG), nicht jedoch zugunsten eines Dritten (also eines Verwerters). 186

Schließlich gibt es noch die **Urheberschaft an verbundenen Werken** (§ 9 UrhG), den Regelfall für das Aufeinandertreffen mehrerer Schöpfer, wie bei einem Lied, das aus Text und Musik besteht. Im Gegensatz zur Miturheberschaft ist für verbundene Werke Voraussetzung, dass eine einzelne Verwertung der selbstständigen Werke normalerweise möglich ist, diese aber zur Verwertung verbunden wurden. Die einzelne Verwertung ist dann gegeben, wenn jedes Werk gesondert verkehrsfähig ist. Dies trifft etwa auf einen Text zu, der mit einer Komposition zu einem Lied verbunden wird, zB bei Opern, Musicals, Werbespots[398] oder Pop- und Rocksongs oder aber auf Gemälde, die mit einem Text zu einem Kunstbuch verbunden werden. Auch bei juristischen Kommentaren ist eine Werkverbindung denkbar, wenn die einzelnen Paragraphen jeweils von einzelnen Autoren bearbeitet worden sind. Stand allerdings bei den Einzelwerken die Schöpfung eines Gesamtwerkes maßgeblich im Vordergrund und war die Schaffung lediglich darauf angelegt, so ist eine Werkverbindung trotz der Selbstständigkeit der Teile zu verneinen, va. dann wenn eine unorganische Zergliederung des „Hauptwerkes" die Folge wäre.[399] Bei der Werkverbindung entsteht aus diesem Zusammenfügen, anders als bei der Miturheberschaft, kein eigenes Werk; es entsteht auch keine gemeinsame Urheberschaft. Damit also hat eine Werkverbindung keine dinglichen, sondern nur schuldrechtliche Folgen,[400] so dass auch die Schutzfristen für die einzelnen verbundenen Werke getrennt berechnet werden. Die Verbindung selber ist in der Regel – bei entsprechendem Willen der Urheber – wieder eine Gesellschaft bürgerlichen Rechts, deren Gestaltungsmöglichkeiten sogleich dargestellt werden. **Rechtsfolge** der Werkverbindung ist eine Gesellschaft bürgerlichen Rechts zwischen den Urhebern, sofern sie ihre Werke tatsächlich zweckgerichtet miteinander verbunden haben;[401] jeder Urheber kann dann von dem anderen die Einwilligung zur Veröffentlichung, Verwertung und Änderung des verbundenen Werkes verlangen, wenn dem anderen dies nach Treu und Glauben zuzumuten ist (§ 9 UrhG). Die Regelung des § 9 UrhG geht jedenfalls als Sonderregelung den Vorschriften der §§ 705 ff. BGB vor.[402] 187

Auch bei der Werkverbindung ist in der Beratungspraxis für Verträge mit Urhebern verbundener Werke die Berechtigung zum Vertragsschluss zu beachten. Am sichersten ist auch hier, dass man den Vertrag mit allen beteiligten Urhebern schließt. Ist dies nicht möglich, bestimmt § 9 UrhG, dass der andere Urheber einwilligen muss, was er allerdings nicht wider Treu und Glauben verweigern darf. Er muss also vorher zustimmen;[403] eine nachträgliche Genehmigung ist nicht vorgesehen, sie würde jedoch als Verzicht auf die Geltendmachung von Rechten angesehen.[404] Unberührt hiervon bleibt die gesonderte Verwertung der Einzelwerke, die jedem der Urheber vorbehalten bleibt. Allerdings kann sich aus dem Vertrag zur Werkverbindung, also auch gegebenenfalls aus den Umständen, ergeben, dass eine solche gesonderte Verwertung unterbleiben soll.[405] 188

[396] Vgl. BGH GRUR 2012, 1022 (1023) Tz. 18 – Kommunikationsdesigner.

[397] Auf die Hinweise zum fehlenden gutgläubigen Erwerb und zu Freistellungsklauseln (oben → Rn. 155 ff.) wird verwiesen.

[398] OLG Hamburg ZUM 1994, 738 – Werbespot.

[399] OLG Hamburg ZUM-RD 2007, 59 (62 f.) – Kranhäuser.

[400] Schricker/Loewenheim/Loewenheim UrhG § 9 Rn. 6.

[401] Vgl. BGH GRUR 1982, 743 (744) – Verbundene Werke.

[402] Vgl. Schricker/Loewenheim/Loewenheim UrhG § 9 Rn. 3.

[403] OLG Frankfurt GRUR 2004, 144 (146) – Musikkomposition; Auf die Hinweise zum fehlenden gutgläubigen Erwerb und zu Freistellungsklauseln (oben → Rn. 155 ff.) wird verwiesen.

[404] Schricker/Loewenheim/Loewenheim UrhG § 9 Rn. 15 mit Verweis auf § 8 Rn. 14.

[405] Ulmer S. 197; Schricker/Loewenheim/Loewenheim UrhG § 9 Rn. 16.

Auch in diesem Fall tut man also als Berater gut daran, sich die Berechtigung nachweisen zu lassen und zur Sicherheit eine Freistellungserklärung aufzunehmen.

189 *bb) Verträge unter Miturhebern und Urhebern verbundener Werke.* Die **Werkverbindung** betrifft als klassischen Fall die Zusammenführung von Werken unterschiedlicher Kunstgattungen. Hinter dieser Kombination des kreativen Schaffens versteckt sich ein Vertrag, der von der Praxis, insbesondere den Urhebern, kaum wahrgenommen wird.[406] Das Urheberrechtsgesetz lässt die Werkverbindung auf einem Vertrag zwischen den Urhebern beruhen, der keiner Form bedarf und auch durch schlüssiges Verhalten – was die Regel sein dürfte – geschlossen werden kann. Zuweilen werden Dritte, wie Agenturen und Berater, vermittelnd eingeschaltet, was allerdings an der grundsätzlichen Rechtskonstruktion nichts ändert.[407] Der Vertrag ist auf die Erreichung eines gemeinsamen Zweckes gerichtet, also als Gesellschaftsvertrag einzuordnen.[408] Die Urheber bilden eine Gesellschaft bürgerlichen Rechts im Sinne der §§ 705 ff. BGB.[409] § 9 UrhG regelt die speziellen, aber abdingbaren[410] Bestimmungen des Urheberrechts für diesen Gesellschaftsvertrag. Im Übrigen gelten die §§ 705 ff. BGB. Angesichts des fast immer stillschweigenden Abschlusses der entsprechenden Verträge und der zuweilen doch recht hektisch ablaufenden urheberrechtlichen Produktionen kann es im Einzelfall schwierig sein, den Zeitpunkt des Vertragsschlusses zu bestimmen.

190 Voraussetzungen sind die üblichen Bedingungen eines Vertragsschlusses, Angebot und Annahme sowie Einigung über die *essentialia negotii.* Der Zeitpunkt dieses Vertragsschlusses liegt regelmäßig nicht erst in der Veröffentlichung des entsprechend verbundenen Werkes, sondern wird bereits bei Beginn der gemeinsamen Arbeit anzusiedeln sein. Der weiterhin notwendige, gemeinsame Zweck liegt in der gemeinsamen Verwertung der verbundenen Werke. Die allgemein erforderliche **Förderungsbeitragsabsicht** wird regelmäßig darin bestehen, bestimmte Verwertungsrechte in das Gesellschaftsvermögen einzubringen.[411] Diese werden allerdings angesichts der auch in diesem Fall anwendbaren Übertragungszweckregel und mangels regelmäßig fehlender konkreter Vereinbarungen nur in dem Umfang auf die Gesellschaft übertragen, wie es der Zweck gemeinsamer Verwertung erfordert. Das bedeutet, dass die Einzelwerke auch weiterhin ohne Zustimmung des jeweils anderen Urhebers verwertet werden können, solange dadurch die gemeinsame Verwertung nicht beeinträchtigt wird.[412] Auch eine dementsprechende Rechtseinräumung kann stillschweigend erfolgen.[413] Der einfache Fakt der Werkverbindung reicht hierfür jedoch noch nicht aus,[414] denn es ist in der Praxis durchaus möglich, die Gesellschaft ohne Gesellschaftsvermögen zu bilden, indem die Urheber sich lediglich dazu verpflichten, an der gemeinsamen Verwertung mitzuwirken und mit dem gemeinsamen Auswerter Einzelverträge abzuschließen, die eine Werkverwertung ermöglichen.[415]

191 Praktisch relevant und in der Wirklichkeit selten bekannt ist, dass **Geschäftsführung und Vertretung** der Gesellschaft nach der allgemeinen Regel des § 709 Abs. 1 BGB im Zweifel den Urhebern gemeinsam zustehen.[416] § 9 UrhG korrigiert diese generelle Bestimmung dahin, dass ein Urheber bei abweichender Meinung vom anderen die Einwilligung zu Maßnahmen im Rahmen der gemeinsamen Verwertung verlangen kann, sofern sie dem anderen nach Treu und Glauben zuzumuten ist. Unter Einwilligung iSv § 9 UrhG ist die vorherige Zustimmung zu verstehen.[417] Ein schriftlicher Vertrag in diesem Bereich wird also Regelungen vorsehen, wenn von diesem gesetzlichen Leitbild abgewichen werden soll. Eine weitere Ausnahme der gemeinsamen Geschäftsführung bildet lediglich noch das Notverwaltungsrecht aus § 744 Abs. 2 BGB; daraus folgt

[406] Vgl. aber das Vertragsmuster des DKIV und DMV, unten → Rn. 224 ff.
[407] OLG Hamburg ZUM 1994, 738 (739) – The Dea Song.
[408] Ulmer S. 197.
[409] BGH GRUR 1982, 41 (42) – Musikverleger III; BGH GRUR 1982, 743 (744) – verbundene Werke.
[410] Schricker/Loewenheim/Loewenheim UrhG § 9 Rn. 1.
[411] Schricker/Loewenheim/Loewenheim UrhG § 9 Rn. 6; v. Gamm § 9 Rn. 11.
[412] OLG Hamburg ZUM 1994, 738 (739) – The Dea Song; Schricker/Loewenheim/Loewenheim UrhG § 9 Rn. 12.
[413] BGH GRUR 1973, 328 (329) – Musikverleger II; BGH GRUR 1974, 326 (330) – Subverleger.
[414] Ulmer S. 197.
[415] V. Gamm § 9 Rn. 14, der als Beispiel nennt LG Berlin Schulze LGZ 91 – Ich küsse Ihre Hand Madame; Rossbach/Joos, FS Schricker S. 337.
[416] Vgl. zur Vertretung dieses Rechtes durch Eingehung einer neuen Werkverbindung OLG München ZUM 1991, 432 (433) – Gabi wartet im Park.
[417] BGH GRUR 2012, 1022 Tz. 18 – Kommunikationsdesigner; die beabsichtigte Maßnahme kann daher erst nach Rechtskraft einer Verurteilung des widersprechenden Urhebers erfolgen (§ 894 ZPO); vgl. Fromm/Nordemann/Wirtz UrhG § 9 Rn. 15, 23.

im Umkehrschluss, dass grundsätzlich – dh wenn der von § 744 Abs. 2 BGB vorausgesetzte Notfall nicht vorliegt – das Einstimmigkeitsprinzip auch für Kündigungen von Urheberverträgen oder aber die Ausübung des Rückrufrechts nach § 41 Abs. 1 UrhG erforderlich ist.[418] Die Rechtsprechung ist demgemäß sehr zurückhaltend mit der Anwendung dieses Notverwaltungsrechtes. So hat der Bundesgerichtshof eine Anwendung abgelehnt, sofern der Musikverleger sich zwar mit einem der Urheber überworfen hatte, aber konkrete Anhaltspunkte für eine nicht ordnungsgemäße Erfüllung seiner verlegerischen Pflichten nicht erkennbar waren.[419] Mit Recht ist dies auf Kritik gestoßen, da persönliche Zerwürfnisse im künstlerischen Bereich zwangsläufig Folgen für das persönliche Engagement der Vertragspartner bei der Vertragserfüllung haben und damit unmittelbar den Gegenstand des Verlagsvertrages tangieren;[420] die fristlose Kündigung eines Arbeiters, der seinen Chef beleidigt hat, wird ja auch nicht etwa deswegen als unwirksam angesehen, weil er seine Tätigkeit ansonsten zufrieden stellend verrichtet. Solange diese Rechtsprechung Bestand hat, ist es aber jedenfalls angeraten, anlässlich der Werkverbindung zu regeln, dass die von einem oder gegen einen Urheber erklärte fristlose Kündigung auch für und gegen den anderen wirkt.[421]

Entsprechend den allgemeinen Regeln gilt mangels abweichender Vereinbarungen im Einzelfall auch für Gewinn- und Verlustverteilungen das paritätische Prinzip, was § 722 BGB („ohne Rücksicht auf die Art und Weise des Beitrags") nahe legt. Eine Regelung wie § 8 Abs. 3 UrhG, der eine Verteilung im Umfang der Schöpfung vorsieht und nur für Miturheber gilt, ist in § 9 UrhG offenbar bewusst nicht aufgenommen worden. 192

Die der Werkverbindung zugrundeliegende Gesellschaft bürgerlichen Rechts kann nicht durch Kündigung jederzeit beendet werden. Sofern nichts anderes vereinbart ist, richtet sich die Zeitdauer der Werkverbindung nach ihrem Zweck.[422] Auch hier bieten sich wohl besser entsprechende Vertragsgestaltungen an, wenn eine abweichende Regelung gewünscht ist. Zwar mag es kurzfristige Verbindungen geben, wie etwa bei der Uraufführung einer Oper mit einem bestimmten Bühnenbild; regelmäßig werden Werkverbindungen aber für die Dauer der Schutzfrist des ersten gemeinfrei werdenden Werkes eingegangen.[423] Allgemeine Meinung ist es auch dass der Tod eines Urhebers die Werkverbindung nicht auflöst;[424] § 727 Abs. 1 BGB ist also nicht anwendbar. Jederzeit möglich bleibt aber die Kündigung aus wichtigem Grund (§ 314 BGB). Sie ist in keinem Vertragsverhältnis abdingbar. Wenn der Bundesgerichtshof im Rahmen des Notverwaltungsrechts bereits davon ausgeht, dass das persönliche Zerwürfnis mit einem Urheber kein Grund für einseitige Maßnahmen ist, können auch persönliche Zerwürfnisse oder Probleme der Urheber untereinander keine außerordentliche Kündigung rechtfertigen. Damit bleibt die Werkverbindung zentraler Mittelpunkt des Vertrages, so dass nur Störungen bei deren Auswertung eine außerordentliche Kündigung rechtfertigen.[425] Nicht entschieden ist bislang, ob eine Kündigung darüber hinaus auch dann gerechtfertigt ist, wenn das Fortbestehen der Werkverbindung wirtschaftlich unzumutbar ist, weil das Werk anderweitig günstiger verwendet werden kann,[426] wofür wohl vieles spricht. 193

Im Falle der Auflösung der Werkverbindung tritt Liquidation ein. Die einzelnen Werke – also zB der Text eines Liedes –, möglicherweise auch weitere eingebrachte „Gegenstände" (zB der Titel eines Liedes), werden den jeweiligen Urhebern „in natura" zurückgegeben; sodann wird der verbleibende Betrag oder Verlust geteilt. Schwierigkeiten bereiten hier noch laufende Verträge. Für diese Positionen sollten daher in einem guten Vertrag Regelungen getroffen sein, insbesondere auch für etwaige Stundungen der Abfindungsguthaben, da andernfalls leicht Insolvenz drohen kann. Auf die besonderen erbrechtlichen Fragestellungen kann hier nicht eingegangen werden. Sie unterscheiden sich aber nicht von den allgemeinen gesellschafts-/erbrechtlichen Konstruktionsmöglichkeiten. 194

---

418 BGH GRUR 1973, 328 (329) – Musikverleger II.

419 BGH GRUR 1982, 41 (42) – Musikverleger III; BGH GRUR 1982, 743 (744) – verbundene Werke.

420 Fromm/Nordemann/Wilhelm Nordemann (10. Aufl.) UrhG § 8 Rn. 18 und § 9 Rn. 25.

421 MVHdB/Wilhelm Nordemann Formular VII 18, S. 792 f. Klausel 4 und Anmerkung 1.9.

422 Schricker/Loewenheim/Loewenheim UrhG § 9 Rn. 8; Fromm/Nordemann/Wirtz UrhG § 9 Rn. 19.

423 Schricker/Loewenheim/Loewenheim UrhG § 9 Rn. 8; Fromm/Nordemann/Wirtz UrhG § 9 Rn. 19.; Ulmer S. 198; aA v. Gamm § 9 Rn. 12, der einen Vertragsschluss auf unbestimmte Zeit zugrundelegt und den Vertrag jederzeit als kündbar ansieht.

424 v. Gamm § 9 Rn. 12; Fromm/Nordemann/Wirtz UrhG § 9 Rn. 19.

425 Fromm/Nordemann/Wirtz UrhG § 9 Rn. 20; Schricker/Loewenheim/Loewenheim UrhG § 9 Rn. 9; Rossbach/Joos, FS Schricker, S. 339.

426 Bejahend: Fromm/Nordemann/Wirtz UrhG § 9 Rn. 20; Rossbach/Joos, FS Schricker, S. 339; ablehnend: Schricker/Loewenheim/Loewenheim UrhG § 9 Rn. 9.

195 In der Praxis hat sich neben den vorab erörterten beiden gesetzlich vorgesehenen Vereinbarungen unter Urhebern auch die **faktische Werkverbindung** durchgesetzt. Hier vereinbaren nicht Originalurheber untereinander die gemeinsame Verwertung von Werken oder Werkteilen, sondern Dritte. Sie ist insbesondere bei der Vergabe von Subverlagsrechten anzutreffen, bei der Musikverleger im Ausland Dritten die Verbindung einer Melodie mit einem fremdsprachigen Text gestatten.[427] Ähnliches gilt für das von der Allgemeinheit vorgenommene unkontrollierbare Unterlegen von Musik mit neuen Texten, wie es in Fußballstadien oder bei großen Festen üblich ist[428] oder im Kabarett.

196 Für derartige Fälle wird nicht § 9 UrhG herangezogen, sondern die Vorschriften über die Gemeinschaft nach §§ 741 ff. BGB fruchtbar gemacht.[429] Im Regelfall der durch die Allgemeinheit vorgenommenen Änderungen wird dies jedoch keinen Unterschied machen, da man hier weder Verträge schließen kann, noch gegen Rechtsverletzung wird vorgehen können.

197 **Checkliste: Allgemeine Übersicht des Inhalts eines Urhebervertrages**

- ☐ Formerfordernisse, Vertragssprache, Vertragsrubrum
- ☐ Präambel oder Vorbemerkung
- ☐ Vertragsgegenstand
- ☐ Leistung des Urhebers
  - Einräumung von Nutzungsrechten
    - einfache/ausschließliche Rechte
    - zeitliche Beschränkung
    - räumliche Beschränkung
    - inhaltliche Beschränkung
  - Weitere Leistungen (zB Ablieferung des Manuskriptes, Korrektur)
  - ggfs. Mitwirkung des Verwerters
  - Leistungszeit und -ort
- ☐ Gegenleistung des Verwerters
  - Vergütung
  - Zahlungsmodalitäten
    - Fälligkeitsreglungen
    - Abschlagszahlungen
    - Aufrechnung
    - Kontrollrechte
    - Zurückbehaltungs-/Leistungsverweigerungsrechte
  - Belegexemplare
  - Sonderregeln für Eigenbestellungen
  - Regelung des Verzuges
- ☐ Sicherung der Leistungen
  - Sicherung der Leistung des Urhebers
    - Rechts- und Sachmängelhaftung
    - Rechtsfolgen von Garantien
    - Rügepflichten, Fristen
    - Qualitätssicherungsvereinbarungen
  - Sicherung der Leistung des Verwerters
    - Wahl des Zahlungsmittels
    - „Eigentumsvorbehalt" = Rechteübergang erst bei Zahlung
  - Allgemeine Leistungssicherung
    - ggfs. Versicherungen
    - Informationsrechte und -pflichten
    - Konkurrenz- und Geheimnisschutz
  - Allgemeine Haftungsvereinbarungen mit Verjährung

[427] OLG Hamburg ZUM 1994, 738 (739) – The Dea Song.
[428] OLG München ZUM 1991, 432 (433) – Gabi wartet im Park.
[429] Fromm/Nordemann/Wilhelm Nordemann (10. Aufl.) UrhG § 9 Rn. 39 ff.; Fromm/Nordemann/Wirtz UrhG § 9 Rn. 5, 8 f.; Rossbach/Joos, FS Schricker, S. 339.

☐ Beginn und Beendigung des Vertrages
  - Vertragsbeginn
  - Laufzeit
  - Regelung der Vertragsbeendigung

☐ Abwicklungs- und nachvertragliche Pflichten
  - Abfindungen bei Vertragsbeendigung
  - Herausgabepflichten
  - Unterlassungspflichten

☐ Schlussbestimmungen
  - Rechtswahl
  - Erfüllungsort und Gerichtsstand
  - Schriftformklausel
  - Salvatorische Klauseln
  - ggfs. Schiedsregelungen

4. Vertragsgestaltung in besonderen Bereichen

198 Das eben dargestellte allgemeine Urhebervertragsrecht ist nur ein Teil des Urhebervertragsrechts. Angesichts der Mannigfaltigkeit der individuellen Besonderheiten in einzelnen Branchen hat sich ein besonderes Urhebervertragsrecht herauskristallisiert,[430] das im Folgenden dargestellt werden soll. Dabei werden wir uns an den Werkarten des § 2 Abs. 1 UrhG orientieren und die praktisch wichtigsten Regelungen erläutern. Für eine Recherche nach Tarifverträgen sei auf das digitale Tarifregister des Landes Nordrhein-Westfalen, abrufbar unter www.tarifregister.nrw.de, verwiesen. Dort findet sich einerseits eine Suchfunktion, andererseits eine Auflistung von Branchen nach Alphabet, beispielsweise für Tageszeitungsverlage.

a) Literarische Werke 199

Normverträge

- Richtlinien für den Geschäftsverkehr zwischen erzählenden Schriftstellern und Verlegern [Verband deutscher Erzähler ./. Börsenverein des deutschen Buchhandels] (*Delp,* Der Verlagsvertrag, S. 354 ff.)
- Vertragsnormen für wissenschaftliche Verlagswerke [Hochschulverband ./. Börsenverein des deutschen Buchhandels] (*Schricker* Verlagsrecht Anh. 2 S. 776 ff.; Börsenverein, Recht im Verlag, S. 17 ff. m. Erl. von *Peter*)
- Normvertrag für den Abschluss von Verlagsverträgen ua [Verband deutscher Schriftsteller in der IG Medien ./. Börsenverein des deutschen Buchhandels] (*Schricker* Verlagsrecht Anh. S. 825 ff.; Börsenverein, Recht im Verlag, S. 4 ff. m. Erl. von *Peter*)
- Normvertrag für den Abschluss von Übersetzungsverträgen [Verband deutscher Schriftsteller in der IG Druck und Papier ./. Börsenverein des deutschen Buchhandels] (*Schricker* Verlagsrecht Anh. S. 835 ff)

Gemeinsame Vergütungsregeln

Gemeinsame Vergütungsregel für Autoren Belletristischer Werke in deutscher Sprache[431]
Vergütungsregeln für freie hauptberufliche Fotojournalisten an Tageszeitungen, in Kraft seit 1.5.2013, abrufbar unter https://www.djv.de/fileadmin/user_upload/Bilder/Faire_Bildhonorare_0702131.pdf
Gemeinsame Vergütungsregeln für freie hauptberufliche Journalistinnen und Journalisten an Tageszeitungen, seit dem 1.2.2010 (gekündigt Ende Februar 2017)
Gemeinsame Vergütungsregel für Übersetzungen seit dem 1.4.2014 (Honorierung für Literaturübersetzer), abrufbar unter http://www.literaturuebersetzer.de/download/uebersetzer/gvr-2014.pdf

Vergütungsempfehlungen

- Honorarempfehlungen für literarische Übersetzungen der Mittelstandsgemeinschaft literarische Übersetzerinnen und Übersetzer (*Delp,* Der Verlagsvertrag, S. 363 ff. und im Selbstverlag)
- Honorarempfehlungen Buch der Mittelstandgemeinschaft deutschsprachiger Schriftsteller 6/99 (*Delp,* Der Verlagsvertrag, S. 389)

Vertragsmuster

- Münchener Vertragshandbuch/*W. Nordemann,* Band 3 Wirtschaftsrecht II, 7. Aufl. 2015
  - Vorvertrag (für Schriftwerke aller Art)

[430] Vgl. nur FS Schricker mit ihrem 2. Teil „Besonderes Urhebervertragsrecht im Bereich traditioneller Werkkategorien."
[431] → Rn. 134.

  - Autoren-Verlagsvertrag (für Schriftwerke aller Art)
  - Herausgeberverlag (für Sammelwerke)
  - Anthologievertrag (für Verfasser von Beiträgen zu Sammelwerken)
  - Autorengruppen-Verlagsvertrag für Schulbuchautoren
  - Zeitschriften-Herausgeber-Vertrag
  - Nutzungsrevers für Beiträge zu Zeitschriften und Zeitungen
  - Schriftleitervertrag
  - (Zeitschrift als Vereinsorgan)
  - Übersetzervertrag (für Schriftwerke aller Art)
  - Lizenzvertrag Ausland (dargestellt am Beispiel einer Übersetzerlizenz)
  - Lizenzvertrag Inland (dargestellt am Beispiel einer Tonträgerlizenz)
  - Kooperationsvertrag Buch
- *Delp,* Der Verlagsvertrag, 7. Aufl. 2008
  - Verlagsvertrag (Kurzfassung)
  - Verlagsvertrag (ausführliche Fassung)
  - Herausgebervertrag (als Verlagsvertrag)
  - Herausgeber (als Geschäftsbesorgungsvertrag)
  - Organvertrag
  - Kommissionsverlagsvertrag
  - Lizenzvertrag (Kurzfassung)
  - Lizenzvertrag (ausführlich)
  - Merchandising-Vertrag
- *Börsenverein,* Recht im Verlag, 2. Aufl. 2011
  - Muster-Mitarbeiter/Beitragsvertrag für Sammel- oder Reihenwerke
  - Muster-Herausgebervertrag
  - Lizenzverträge Inland/Ausland
  - Verträge über Neue Medien-Nutzungen
- *Schricker,* Verlagsrecht, 3. Aufl. 2001
  - Verlagsvertrag über ein wissenschaftliches Werk
  - Verlagsvertrag über ein wissenschaftliches Werk mit mehreren Verfassern
  - Verlagsvertrag über einen wissenschaftlichen Beitrag zu einer Sammlung
  - Revers für die Einräumung von Nutzungsrechten an Zeitschriftenbeiträgen
  - Werkvertrag über einen wissenschaftlichen Beitrag zu einer Sammlung

200 Die Vertragspraxis bei literarischen Werken wird, neben dem Urheberrechtsgesetz, vom Verlagsgesetz beherrscht. Das Verlagsgesetz von 1901 ist bewusst bei der Neustellung des Urheberrechtsgesetzes ausgespart worden.[432] Es betrifft Werke der Literatur oder der Tonkunst, also Musik, und enthält Regelungen ua zu der Frage, welche Rechte der Autor dem Verleger einräumt, für wie lange und für welche Auflagen sowie zur Ablieferung des Manuskriptes und dessen Schicksal nach dem Druck.[433] Normen zu Honorar und Freiexemplaren schließen die gegenseitigen Rechte und Pflichten ab. Wesentliches Merkmal des Verlagsgesetzes ist, dass seine Regelungen überwiegend dispositiver Natur sind.

201 **Inhalt eines Verlagsvertrages** ist einerseits die Hauptpflicht des Verfassers, das Werk zur Vervielfältigung und zur Verbreitung dem Verleger zu überlassen. Demgegenüber steht die Auswertungspflicht des Verlegers, die § 1 Verlagsgesetz statuiert. Das VerlagsG kennt keine der Verpflichtung des Verfassers im Gegenseitigkeitsverhältnis gegenüberstehender Vergütungspflicht, vielmehr lediglich die Regeln in den §§ 22, 24 VerlG, die §§ 612, 632 BGB nachgebildet sind.

202 Abzugrenzen ist der Verlagsvertrag von dem Bestellvertrag (§ 47 VerlG), bei dem der Verwerter des Werkes nicht zur Vervielfältigung und Verbreitung verpflichtet ist, insbesondere weil er sich ohne eine Auswertungspflicht das Werk auf Bestellung anfertigen lässt.

203 Das Verlagsgesetz enthält sodann die oben dargestellten Sonderregeln zum Rücktritt vom Vertrag; schließlich gelten die im Urheberrechtsgesetz enthaltenen Rückrufregelungen, auf die an dieser Stelle nicht mehr gesondert eingegangen werden soll.

204 Urheberverträge im literarischen Bereich gliedern sich in den klassischen Buchverlag einerseits für belletristische Werke, andererseits für wissenschaftliche Werke, den Übersetzervertrag und den Zeitschriften-/Zeitungsvertrag.

---

[432] Schricker/Loewenheim/Schricker UrhG Vor §§ 28 ff. Rn. 3; lediglich §§ 3, 13 und 42 VerlG wurden aufgehoben und durch die Regelungen der §§ 38, 39 UrhG ersetzt; im Detail vgl. nun auch die Kommentierung zum VerlG von Nordemann-Schiffel im Fromm/Nordemann UrhG.

[433] Vgl. Loewenheim/J. Nordemann UrhG § 59 Rn. 5.

aa) Buchverlag. Die Praxis im Buchverlag ist – neben den oben dargestellten einseitig diktierten Verträgen von größeren Konzernen – vom Normvertrag für den Abschluss von belletristischen Werken geprägt. Er enthält insbesondere Regelungen zu Rechtseinräumungen, Vergütung und den Pflichten des Verlages sowie zu den Vertragsnormen bei wissenschaftlichen Verlagswerken. Er enthält demgegenüber nur eingeschränkte Rechtseinräumungen ohne Nebenrechte, aber auch Regelungen zur Auflagenhöhe, ggf. Druckkostenzuschuss und Sondervorschriften bei mehreren Autoren. 205

Bei belletristischen Werken findet sich in der Regel neben der Einräumung des eigentlichen Verlagsrechts eine Regelung über weitere Nutzungsrechte.[434] Hier unterscheidet die Praxis zwischen sogenannten **buchnahen** und **buchfernen Nebenrechten.** Erstere umfassen etwa Taschenbuch-, Reprint-, Buchgemeinschafts- oder Microfilmrechte und das Recht zur Aufnahme in aktuelle Periodika, während letztere Schallplatten- und Kassettenrechte, Senderechte, Filmrechte und in letzter Zeit auch digitale Online- und Offline-Nutzungsrechte umfassen. Hier begegnet uns erneut das oben beschriebene Kernproblem des Urhebervertragsrechts, die Aufspaltung von Nutzungsrechten. 206

Für die Vergütung von Verlagsverträgen im Bereich der Belletristik, aber auch im Bereich der wissenschaftlichen Werke hat sich eingespielt, dass der Urheber für das eigentliche Verlagsrecht, also die Vervielfältigung und Verbreitung in Hardcover-Buchform, 10 % des Nettoladenverkaufpreises erhält,[435] während die Erlöse des Verlegers aus den Nebenrechten, also zB Taschenbuchlizenzen, in der Regel 50 % zu 50 % geteilt werden. 207

Jenseits dieser klassischen Verlagsverträge soll noch erwähnt werden der Editionsvertrag und der Herausgebervertrag,[436] die auf Seiten des Urhebers eine mehr organisatorische Leistung – etwa die Betreuung einer Gesamtausgabe oder die Herausgabe eines Sammelbandes – beinhalten. 208

bb) Übersetzungsvertrag. Der Übersetzer ist in der Vertragspraxis eher vernachlässigt. Es gibt nur wenige Übersetzer, die sich am Markt durchsetzen können, Vergütungen analog dem oben dargestellten Buchverlag zu verlangen; dennoch sollte auch ein wenig bekannter Übersetzer sich seiner Urhebereigenschaft (vgl. § 3 UrhG) bewusst sein. Herausragendes Merkmal bei Übersetzungen ist die Abhängigkeit vom Originalwerk – und zwar sowohl bei der Übersetzung selber als auch beim Erfolg. Dies bedingt, dass Übersetzer sich oft mit einem Pauschalhonorar zufrieden geben mussten.[437] Sodann enthält der Vertrag neben den oben dargestellten Regelungen zu Rechtseinräumungen, Nebenrechten, Manuskriptablieferung und den Verlagspflichten, die im Wesentlichen dem des Buchverlags entsprechen, insbesondere Verhaltensanweisungen für den Fall, dass die Übersetzung nicht der Erwartung des Verlages entspricht.[438] Es sind jedoch eine Reihe von Besonderheiten zu beachten, die einer vertraglich gesonderten Behandlung bedürfen.[439] Nach lang andauernde Verhandlungen trat am 1. April 2014 die Gemeinsame Vergütungsregel für Übersetzungen in Kraft.[440] 209

cc) Zeitschriften- und Zeitungsverlag. Der Zeitschriften- und Zeitungsverlag ist im Wesentlichen geprägt durch die Tatsache, dass angestellte Redakteure, Journalisten und Fotojournalisten an ihm beteiligt sind. Für deren Vertragssituation regeln Tarifverträge die urhebervertragsrechtlichen Besonderheiten. Hierzu zählen insbesondere: 210

Manteltarifvertrag für Redakteurinnen und Redakteure in Tageszeitungen vom 24.4.2014, gültig ab 1.1.2014 (Urheberrechtsübertragungsvertrag), abrufbar unter https://www.djv.de/startseite/info/beruf-betrieb/uebersicht-tarife-honorare.html bzw. zu beziehen beim Deutschen Journalisten Verband e. V. – Gewerkschaft der Journalistinnen und Journalisten – Geschäftsstelle Berlin, Charlottenstr. 17, 10117 Berlin, www.djv.de;
Manteltarifvertrag für Redakteurinnen und Redakteure an Zeitschriften vom 4.11.2011, gültig ab 1.1.2010 (Urheberrechtsübertragungsvertrag), abrufbar unter https://www.djv.de/startseite/info/beruf-betrieb/ueber-

[434] Vgl. Loewenheim/J. Nordemann UrhG § 64 Rn. 26 ff.
[435] Vgl. hierzu zB Schricker GRUR 2002, 737 (739).
[436] Vgl. dazu MVHdB/Nordemann Formular IX.6.
[437] Dagegen und zu den abweichenden Gestaltungsmöglichkeiten vgl. MVHdB/Nordemann Formular IX.12 mAnm 1; siehe hierzu auch BGH GRUR 2009, 1148 – Talking to Addison und BGH GRUR 2011, 328 – Destructive Emotions.
[438] Vgl. dazu MVHdB/Nordemann Formular IX.12 mAnm 1.
[439] Vgl. Loewenheim/Czychowski UrhG § 66 Rn. 6 ff.
[440] Gemeinsame Vergütungsregel für Übersetzungen seit dem 1.4.2014 (Honorierung für Literaturübersetzer), abrufbar unter http://www.literaturuebersetzer.de/download/uebersetzer/gvr-2014.pdf (abgerufen am 4.5.2017).

sicht-tarife-honorare.html bzw. zu beziehen beim Deutschen Journalisten Verband e. V. – Gewerkschaft der Journalistinnen und Journalisten – Geschäftsstelle Berlin, Charlottenstr. 17, 10117 Berlin, www.djv.de;

- Gehaltstarifvertrag für Redakteurinnen und Redakteure an Zeitschriften, gültig ab 1.4.2016, Tariferhöhungen ab September 2016 und ab September 2017, kündbar zum 30.8.2018, abrufbar unter https://www.djv.de/startseite/info/beruf-betrieb/uebersicht-tarife-honorare.html bzw. zu beziehen beim Deutschen Journalisten Verband e. V. – Gewerkschaft der Journalistinnen und Journalisten – Geschäftsstelle Berlin, Charlottenstr. 17, 10117 Berlin, www.djv.de;
- Gehaltstarifvertrag für Redakteurinnen und Redakteure an Tageszeitungen, gültig ab 1.1.2016, abrufbar unter https://www.djv.de/startseite/info/beruf-betrieb/uebersicht-tarife-honorare.html bzw. zu beziehen beim Deutschen Journalisten Verband e. V. – Gewerkschaft der Journalistinnen und Journalisten – Geschäftsstelle Berlin, Charlottenstr. 17, 10117 Berlin, www.djv.de;
- Tarifvertrag für alle hauptberuflich freien Journalistinnen/Journalisten, die als *arbeitnehmerähnlich* iSd § 3 gelten, soweit sie für Tageszeitungen aufgrund von Dienst- oder Werkverträgen tätig sind, gültig ab 1.1.2016; abrufbar unter https://www.djv.de/startseite/info/beruf-betrieb/uebersicht-tarife-honorare.html;
- Tarifvertrag für Film- und Fernsehschaffende vom 24.5.1996, gültig ab 1.1.1996, zu beziehen bei der IG Medien (verdi), Friedrichstr. 15, 70174 Stuttgart, auszugsweise abgedruckt in den Beck-Texten im DTV, Urheber- und Verlagsrecht, 12. Aufl. 2008;
- Vergütungstarifvertrag für Designleistungen aus dem Jahr 2015 zwischen der Allianz Deutscher Designer e. V. und SDSt (für arbeitnehmerähnliche Designer), 9. Auflage, kostenpflichtig zu beziehen über den Onlineshop auf http://www.agd.de oder die Allianz deutscher Designer (AGD) e. V. Steinstraße 3, 38100 Braunschweig, ältere Fassung auszugsweise abgedruckt in den Beck-Texten im DTV, Urheber- und Verlagsrecht; Fassung von 2006 abrufbar unter http://www.belsignum.de/fileadmin/redakteur/pdf/agd/agdvtv2006.pdf;

211 Ergänzend zu den sonstigen Regelungen über Verlagsverträge enthalten die §§ 41–46 VerlG Sonderregeln für Verträge betreffend Beiträge zu periodischen Sammelwerken. Sofern bei derartigen Verträgen keine Verwertungspflicht des Verlegers vorliegt, liegt ein Nutzungsvertrag anderer Art vor. *Schricker* bezeichnet ihn als Abdruckvertrag. Auf ihn sind die allgemeinen Regeln des Urheberrechtsgesetzes anzuwenden, gegebenenfalls das Verlagsgesetz analog.[441] § 38 Abs. 3 Satz 1 UrhG enthält die – allerdings abdingbare – wichtigste Regelung für den Zeitungs- und Zeitschriftenverlag. Danach erhält der Verleger oder Herausgeber bei Zeitungen zwar ein einfaches Nutzungsrecht, bei sonstigen Periodika, also insbesondere bei Zeitschriften, auch ein ausschließliches Nutzungsrecht zur Vervielfältigung und Verbreitung. Allerdings endet diese Ausschließlichkeit im Zweifel bei Zeitungen sogleich nach Erscheinen des Beitrags (§ 38 Abs. 3 Satz 2 UrhG), bei sonstigen Periodika nach Ablauf eines Jahres seit Erscheinen (§ 38 Abs. 1 Satz 2 UrhG), wenn nicht die Parteien abweichende Vereinbarungen getroffen haben. Immer anwendbar bleibt – soweit angestellte Redakteure betroffen sind – die allgemeine Regel des § 43 UrhG.

b) Computerprogramme

212 **Normverträge**

- für die öffentliche Auftragsvergabe: BVB/EVB-IT Computersoftware
  (vgl. *Müller/Hengstenberg,* BVB/EVB-IT Computersoftware, 6. Aufl. 2003 und *Redeker, H.*, IT-Recht, 6. Aufl. 2017, S. 263 ff.)
  - Die KBSt-Empfehlung Nr. 1/2000 zum Einsatz der EVB-IT in der Bundesverwaltung, veröffentlicht im GMBL Nr. 60 vom 28.12.2000, Seite 1188

Gemeinsame Vergütungsregeln

./.

Vergütungsempfehlungen

./.

Vertragsmuster

- *Marly,* Softwareüberlassungsverträge, 6. Aufl. 2014, mit CD-ROM
  - Softwareüberlassung auf Dauer im Verbraucherverkehr
  - Softwareüberlassung auf Dauer im Unternehmensverkehr
  - Softwareüberlassung auf Dauer bei Massensoftware mit Online-Registrierungspflicht
  - Softwareüberlassung auf Dauer im Verbraucherverkehr bei Dongle-geschützter Massensoftware
  - Softwareüberlassung auf Dauer mittels Download
  - Überlassung von Individualsoftware im Unternehmensverkehr mit Quellcodeüberlassung

[441] Schricker/Loewenheim/Schricker UrhG §§ 28 ff. Rn. 74 mwN; vgl. auch Loewenheim/Czychowski UrhG § 65 Rn. 26 ff.

- Softwareüberlassung auf Zeit im Verbraucherverkehr (ohne Systembindung)
- Softwareüberlassung auf Zeit im Unternehmensverkehr (mit Systembindung)
- Softwarepflegeverträge mit Unternehmern
- Softwareüberlassung an eine Leasinggesellschaft
- Softwarevertrieb bei nicht verkaufsfertig gelieferten Softwareexemplaren sowie Online-Vertrieb
- Application Service Providing
- Nutzungsrechtsvereinbarung mit einem angestellten Programmierer
- Nutzungsrechtsvereinbarung mit einem freien Mitarbeiter

- *Loewenheim*, Handbuch des Urheberrechts, 3. Aufl. 2021, § 82 Rn. 30 ff.
  - Kaufvertrag
  - Lizenzvertrag
  - Vertriebsvertrag über Standardsoftware
  - Softwareentwicklungsverträge (Individualsoftware)
  - Softwarepflegeverträge
  - Quellcode-Sicherungsverträge „Escrow"
- Münchener Vertragshandbuch/*Harte-Bavendamm/Kindermann,* Band 3 Wirtschaftsrecht II, 8. Aufl. 2021
  - Softwareerstellungsvertrag
  - Nutzungsrechtsvereinbarung zum Arbeitsvertrag für Softwareentwickler
  - Lizenzvertrag zur Überlassung von Standardsoftware im Unternehmensverkehr auf Zeit
  - Allgemeine Geschäfts- und Lizenzbedingungen für die dauerhafte Überlassung von Software
  - Vertrag über die Überlassung von Software zum Einsatz in Embedded Systems
  - Vertrag zum selektiven Vertrieb von Software (Software-Vertragshändlervertrag)
  - Vereinbarung über die Hinterlegung von Source Codes
  - Vertrag über die Pflege von Software
  - Lizenzbestimmungen für Freie Software („Open Source")
    (vgl. iÜ *Schulze, E.*, Urhebervertragsrecht, 3. Aufl. 1982, mit weiteren älteren Mustern)
- BITKOM, vgl. www.bitkom-conault.de/service/muster-agb v. a.
  - Allgemeine Vertragsbedingungen
  - Überlassung von Standardsoftware
  - Erstellung von Individualsoftware
  - Pflege von Standardsoftware
  - Nutzung von Software as a Service

Angesichts der zunehmenden Bedeutung von Computerprogrammen im Wirtschafts-, aber auch im Privatleben hat sich der Rechtsschutz und die Verwertung von Computerprogrammen zu einem nahezu eigenen Rechtsgebiet entwickelt.[442] Dabei darf man jedoch nicht übersehen, dass Gegenstand derartiger Verträge – neben dem zugrundeliegenden Verpflichtungsgeschäft, das Kauf, Miete, Werkvertrag o. a. sein kann – ein in der Regel urheberrechtlich geschütztes Objekt ist, wenn nicht im Einzelfall sogar ein Patentschutz vorliegt. Dies gerät zuweilen sowohl in der dogmatischen Einordnung der Verträge als auch in der Praxis aus dem Blickfeld. Die folgenden Ausführungen sollen daher die urheberrechtlichen Besonderheiten in derartigen Verträgen schlaglichtartig beleuchten. Sie erheben indessen nicht den Anspruch, einen Überblick über die Vertragspraxis bei Computerprogrammen zu geben.[443] 213

Beim Vertragsabschluss wird man darauf zu achten haben, dass insbesondere der Vertragsgegenstand – dies ist weniger ein Problem bei Softwareüberlassungsverträgen auf Dauer oder Zeit (Kauf bzw. Miete), sondern regelmäßig bei Softwareerstellungsverträgen von Individualsoftware – klar definiert wird. Bei letzteren Verträgen haben sich Vertragspraktiken herausgebildet, die sich an dem Prozess-Ablauf-Modell einer Programmerstellung orientieren und sich regelmäßig in zwei Teile teilen: Die Planung und Herausarbeitung des Vertragsgegenstandes hin zu einem Pflichtenheft und die schlussendliche Programmierung. Urheberrechtliche Regelungen setzen dann erst ab Abnahme der eigentlichen Programmierung ein und enthalten die für die jeweiligen Nutzer erforderlichen Nutzungsrechte. Soweit bei Computerprogrammerstellungen nicht ein Prozess-Ablauf zugrunde gelegt wird, sondern iterativ jeweils getestet und programmiert wird, wird man die entsprechenden Verträge der Wirklichkeit anzupassen haben. Aber auch hier gehen die urheberrechtlichen Nutzungsrechte regelmäßig erst nach der Abnahme über. 214

---

[442] Vgl. nur die zahlreichen Veröffentlichungen, ua Kilian/Heussen Computerrechtshandbuch, Loseblatt 33. Ergänzungslieferung 2017; Marly, Softwareüberlassungsverträge, 6. Aufl. 2014; ders., Urheberrechtsschutz für Computersoftware in der Europäischen Union, 1995; Lehmann (Hrsg.), Rechtsschutz und Verwertung von Computerprogrammen, 2. Aufl. 1993; Redeker, IT-Recht, 6. Aufl. 2017; Zahrnt, Vertragsrecht für IT-Fachleute, 5. Aufl. 2002.

[443] Dies würde Sinn und Zweck dieses Handbuches sprengen, da es sich hier um weit mehr als nur urheberrechtliche Regelungsinhalte handelt; vgl. hierzu beispielhaft insbes. Marly S. 102 ff.

215 Zum **Inhalt** der eingeräumten Nutzungsrechte (regelmäßig **Lizenz** genannt) gibt es bei Computerprogramm-Verträgen eine ganze Reihe von Besonderheiten.[444] Sie bilden den eigentlichen Kern der urheberrechtlichen Besonderheiten bei derartigen Verträgen. § 69c UrhG statuiert die zustimmungsbedürftigen Handlungen, die sich nur zum Teil an den aus §§ 15 ff. UrhG bekannten Verwertungsrechten orientieren. § 69d UrhG regelt demgegenüber insbesondere das, was eine Person mit dem Computerprogramm machen darf, wenn sie es bestimmungsgem. benutzt. Das Zusammenspiel insbesondere dieser beiden Vorschriften und des § 69e UrhG, der die sogenannte Dekompilierung beinhaltet – also die Vervielfältigung des zugrundeliegenden Quellcodes inklusive Übersetzung der Code-Form – machen die urhebervertragsrechtlichen Besonderheiten bei Computerprogrammen aus. Die oben dargestellten allgemeinen Regeln des Urhebervertragsrechts über den Zuschnitt von Nutzungsrechten[445] treffen an dieser Stelle auf die Interessen des Marktes, der in der Regel Vervielfältigungs- und Weitergabeverbote durchsetzen will. Wichtigste Regel für den Inhalt der Nutzungsrechte ist, dass die bloße Benutzung eines Computerprogramms – also das Ablaufenlassen – keine urheberrechtlich relevante Handlung beinhaltet.[446] Sodann ist man angesichts der weiten Regelungen in §§ 69a)–e) UrhG urheberrechtlich ohnehin relativ beschränkt, will man als Vertragsjurist Einschränkungen der einzuräumenden Nutzungsrechte vornehmen. Dies erklärt sich im Wesentlichen damit, dass den Markt interessierende Nutzungsrechte bei Computerprogrammen ohnehin im Wesentlichen nur die Vervielfältigung und Verbreitung sowie der Online-Abruf sind. Diese sind aber eben durch §§ 69a)–e) UrhG und insbesondere den Erschöpfungsgrundsatz[447] relativ eng reglementiert. Daher weicht die Vertragspraxis auf nun näher umschriebene Handlungsverbote aus.

216 Soweit **Vervielfältigungsverbote** im Vertrag enthalten sind, die notwendige Vervielfältigung in den Arbeitsspeicher und auf den Massenspeicher verbieten, geraten derartige Klauseln bereits in Kollision mit § 69d Abs. 1 UrhG. Soweit der Vertrag nicht notwendige Vervielfältigungen, die lediglich geboten scheinen, verbietet, ist dies urheberrechtlich in Grenzen zulässig. Es ist allerdings zu beachten, dass nach § 69d Abs. 2 UrhG etwa die Erstellung einer Sicherungskopie erlaubt sein muss. Sollte der Vertrag sogar noch weiter gehen und das Computerprogramm einen technischen Kopierschutz beinhaltet, ergeben sich Probleme mit dem im Rahmen der Weitergabeverbote sogleich erörterten Erschöpfungsgrundsatz.

217 Auch **Weitergabeverbote** finden sich vielfältig in Computerprogrammverträgen. Hierbei spielt insbesondere die in § 69c S. 1 Ziff. 3 und S. 2 UrhG statuierte Erschöpfung des Verbreitungsrechts[448] in bestimmten Regeln eine Rolle. Klauseln, die jegliche Weitergabe verbieten, dürften insbesondere dann unwirksam sein, wenn – wie bislang (noch) üblich – das Computerprogramm auf einen physischen Datenträger übergeben wird. Ob dies auch bei der immateriellen Überlassung von Software ohne Datenträger gilt, ist umstritten.[449] Ebenso schwierig dürfte die Frage zu beurteilen sein, ob dies auch in dem im Vordringen begriffenen Application Service Providing – also dem Zugriff durch den Nutzer auf den Rechner des Lizenzgebers, ohne Zur-Verfügung-Stellung eines physischen oder immateriellen Gegenstandes „Software" – gilt. An dieser Stelle sind auch die sogenannten OEM-Klauseln zu erwähnen, also der Versuch der Praxis, bestimmte abgrenzbare Nutzungsarten (OEM = Original Equipment Manufacturer), zum Vertragsgegenstand zu machen und damit die Verbreitung auf diese Nutzungsart zu beschränken, so dass auch hierfür eine Erschöpfung eintrete.[450]

218 Die Weitergabeverbote kollidieren aber ggf. auch mit den §§ 305 ff. BGB.[451] Gleiches gilt für die anzutreffenden Weitervermietungs- und Verleihverbote.[452] Anzutreffen sind auch Klauseln

[444] Die Besonderheiten des Kartellrechts, nicht zuletzt durch die nunmehr eröffnete Anwendbarkeit der EU-Gruppenfreistellungsvereinbarung Technologietransfer, seien hier ausgeklammert.
[445] Vgl. oben → Rn. 84 ff.
[446] Allg. Meinung: BGH GRUR 1991, 449 (453) – Betriebssystem; Schricker/Loewenheim/Loewenheim UrhG § 69c Rn. 10; Fromm/Nordemann/Czychowski UrhG § 69c Rn. 6.
[447] Vgl. hierzu Schricker/Loewenheim/Loewenheim UrhG § 69c Rn. 31 ff. mit Beispielen für dessen Reichweite.
[448] → Rn. 605 ff.
[449] Schricker/Loewenheim/Loewenheim UrhG § 69c Rn. 25; Fromm/Nordemann/Czychowski UrhG § 69c Rn. 11 ff. jeweils mwN.
[450] Vgl. zu den widerstreitenden Meinungen Schricker/Loewenheim/Loewenheim UrhG § 69c Rn. 29; Fromm/Nordemann/Czychowski UrhG § 69c Rn. 55 jeweils mwN und KG GRUR 1996, 974 (975) – OEM-Software; nun BGH GRUR 2001, 153 (153 f.) – OEM-Version; zu einem anderen Fall vgl. OLG München CR 1998, 265 (266) – Verbreitungsrecht bei Standardsoftware.
[451] Vgl. hierzu statt aller Marly aaO S. 347 ff.
[452] Vgl. Marly S. 358 ff.

über das **Verbot der Nutzung in Netzwerken, der Mehrfachnutzung oder der Nutzung auf verschiedenen Computern.** Einige dieser Klauseln werden als sogenannte CPU-Klauseln bezeichnet. Auch diese Klauseln unterliegen den allgemeinen Regeln über die Beschränkung von Nutzungsarten. Im Einzelfall wird man also zu überprüfen haben, ob derartige Klauseln eine im Sinne der Rechtsprechung des Bundesgerichtshofes abgrenzbare Nutzungsart betreffen oder nicht. Sofern dies der Fall ist, werden solche Beschränkungen möglich sein.[453] Schließlich versuchen Softwarehersteller, auch die im § 69c S. 1 Ziff. 2 und § 69e UrhG geregelten Bearbeitungen bzw. Dekompilierungen einzuschränken. Auch hier gelten die oben dargestellten Regelungen zur Beschränkung von Nutzungsrechten.

In guten Softwareverträgen werden sich sodann Regelungen wie in jedem Lizenzvertrag über Schutzrechte, Freistellungen, Nichtangriffsabreden etc. finden. Zur **Vergütung** und zu **Leistungsstörungen** lässt sich nichts spezifisch urheberrechtliches sagen. 219

Erwähnt werden soll schließlich noch die im Vordringen befindliche **Open-Source-Software,** die jedermann frei (einschließlich des Quell-Codes) zur Verfügung steht, solange er sich ua nur – mit Abweichungen im Einzelfall – einem Lizenzvertrag unterwirft, der ihm auferlegt, auch alle seinerseits programmierten Weiterentwicklungen der Nutzergemeinde frei zur Verfügung zu stellen.[454] Prominentestes Beispiel dieser Bewegung ist sicherlich das Betriebssystem Linux. Open-Source-Lizenzverträge haben eine zunehmende Bedeutung, jedoch enthalten derartige Verträge nur wenige spezifische urheberrechtliche Besonderheiten.[455] 220

c) Musik

Normverträge 221

- Musikverlagsvertrag U-Musik [Deutscher Musikverlegerverband ./. Deutscher Komponisten Interessenverband] (DKIV-Informationen 4/1996)
- Musikverlagsvertrag E-Musik [Deutscher Musikverlegerverband ./. Deutscher Komponisten Interessenverband] (DKIV-Informationen 9/1998)
- Bandübernahmevertrag [Deutscher Musikverlegerverband ./. Deutscher Komponisten Interessenverband] (DKIV-Informationen 3/2000)
- Filmmusikvertrag (DKIV-Informationen 4/98, S. 23)
- E-Musikverlagsvertragsmuster (DKIV-Informationen 10/2002)

Gemeinsame Vergütungsregeln

./.

Vergütungsempfehlungen

- Erfahrungsregeln über die Verwertung von Nutzungsrechten, herausgegeben vom Deutschen Musikverlegerverband e. V. Loseblatt, Juni 1999

Vertragsmuster

- Münchener Vertragshandbuch/W. *Nordemann/Hertin*, Band 3, Wirtschaftsrecht II, 7. Aufl. 2015
  - Musikverlagsvertrag (U-Musik)
  - Subtextdichtervertrag (Bearbeitervertrag)
  - Vertrag über Coverversion/Remix
  - Vertrag zwischen Komponisten und Textdichtern eines Schlagers
  - Vertonung eines Schauspiels zu einer Oper
  - Musikverlagsvertrag für ernste Musik (am Beispiel einer Oper)
  - Kompositionsauftrag für eine Oper
  - Subverlagsvertrag (für einen Schlager)
  - Tonträgerproduktionsvertrag/Künstlerexklusivvertrag
  - Tonträgerproduktionsvertrag Orchester
  - Tonträgerlizenzvertrag/Bandübernahmevertrag (ohne Online-Rechte)
  - Tonträgervertriebsvertrag (einschließlich Online-Verwertung)
  - Konzertvertrag
  - Vertrag über die Gründung einer Musikgruppe (U-Musik) oder eines kleinen Musikensembles
- Münchener Vertragshandbuch/, Band 3, Wirtschaftsrecht II, 8. Aufl. 2021
  - Musteraufführungsvertrag
  - Mustermusikmaterialmietvertrag (urheberrechtsfreie, Dramatisch-musikalische Werke
  - Regelsammlung Verlage (Vertriebe)/Bühnen – Regelsammlung Bühne

[453] Schricker/Loewenheim/Schricker UrhG § 69c Rn. 28 ff.; Marly S. 370 ff.
[454] Vgl. Metzger/Jäger GRUR Int. 1999, 839 (840).
[455] Vgl. zur Kommentierung der wohl wichtigsten Open Source Lizenz GPL: Fromm/Nordemann/Czychowski GPL und allg. das Lehrbuch Jaeger/Metzger, Open Source Software.

- *Moser/Scheuermann,* Handbuch der Musikwirtschaft, 7. Aufl. 2018 mit Verträgen von *Seifert, Valbert, Lichte, Gilbert, Scheuermann, Zimmermann, Kornmeier, Schmidt, Michow, Schulz* und *Sasse*
  - Wahrnehmungsverträge
  - GEMA-Normalvertrag für die phonografische Industrie
  - Musikverlagsvertrag
  - Künstler-, Produzenten-, Bandübernahmevertrag
  - Sampling- und Remixvertrag
  - Sales- und Distributionvertrag
  - CD-ROM-Programmerstellungsvertrag
  - Merchandisingvertrag
  - Verträge in der Veranstalterbranche
  - Werbemusikvertrag
  - Videoclip-Produktionsvertrag
  - Filmmusik – Lizenzvertrag

222 Verträge im Zusammenhang mit der Nutzung von Musikwerken kann man unterteilen in Urheberverträge über Werke, die in der Regel als Musikverlagsverträge bezeichnet werden, und solche über Darbietungen ausübender Künstler; zum Teil überschneiden diese Verträge sich in ihrem Vertragsgegenstand, wenn – gerade im Bereich der modernen Pop/Rockmusik-Komponisten gleichzeitig ausübende Künstler sind und Produzenten als ausübende Künstler auch gleichzeitig Einfluss auf das Werkschaffen nehmen. Wir wollen daher im Folgenden diese einzelnen möglichen Konstellationen getrennt betrachten:

223 *aa) Musikverlagsvertrag.* In der Regel unterscheidet man beim Musikverlagsvertrag zwischen Verträgen, die für einen Titel abgeschlossen werden (sogenannte **Titelverträge**) und Verträgen, die exklusiv abgeschlossen werden (sogenannte **Exklusivautorenverträge**).[456]

224 Kern eines jeden Musikverlagsvertrages und gesetzliches Leitbild (§ 1 VerlG) ist die Einräumung des sogenannten Verlagsrechtes, also des Rechtes der Vervielfältigung und Verbreitung in graphischer Form. Diesem trägt auch das vom Deutschen Komponistenverband (DKV) und vom Deutschen Musikverlegerverband (DMV) gemeinsam ausgearbeitete Vertragsmuster für den U-Musik Rechnung.[457] Dabei hat es sich eingebürgert, dass Komponist oder Textdichter dem Musikverleger das ausschließliche Recht zur Herstellung und zum Vertrieb von Noten in der Regel für die ganze Welt, für alle Ausgaben sowie Auslagen für die Dauer der Schutzfrist einräumen. Miturheber bzw. Urheber, die ihre Werke zur gemeinsamen Verwertung verbunden haben, können nach den allgemeinen Prinzipien Verlagsverträge nur gemeinsam abschließen. Zu diesem Hauptrecht kann man auch die üblicherweise mit eingeräumten ausschließlichen Rechte zählen, auf der ganzen Welt den Vor- und Nachdruck des Werkes, zB in Einzelausgaben anthologieren, Programmheften usw zu erlauben.

225 Gemeinsam mit diesen Hauptrechten werden regelmäßig sogenannte Nebenrechte eingeräumt. Diese kann man einmal danach unterscheiden, ob sie sogenannte buchnahe, also hauptrechtnahe oder aber buchferne Nebenrechte sind. Des Weiteren wird eine Unterscheidung dahingehend vorgenommen, ob diese Rechte kollektiv von der GEMA oder aber individuell vom Musikverlag wahrgenommen werden.[458]

226 Bei ersteren, also den von der GEMA wahrgenommenen Rechten, handelt es sich um die Rechte nach § 1 des **GEMA-Berechtigungsvertrages,** insbesondere:

bestimmte Aufführungsrechte, Rechte der Hörfunksendungen, Rechte der Lautsprecherwiedergabe, Fernsehsendung und -wiedergabe, Filmvorführungsrechte etc.

227 Daneben gibt es die in der Regel vom Musikverleger wahrgenommenen Nebenrechte. Hierzu zählt an erster Stelle das Recht zur Benutzung eines Werkes zur Herstellung von Filmwerken oder jeder anderen Art von Aufnahmen auf Bildtonträgern, das auch als „Filmherstellungs- oder Filmsynchronisationsrecht" bezeichnet wird. Dies wird zwar nach § 1 des GEMA-Berechtigungsvertrages der GEMA übertragen, jedoch nur auflösend bedingt, so dass der Urheber bzw. Verlag dieses Recht auch bezüglich eines bestimmten Filmwerkes im eigenen Namen ausüben kann. Darüber hinaus hat der Musikverleger in der Regel das Recht erworben, das Werk in Werkverbindungen einzufügen, einfügen zu lassen oder herauszunehmen und die Benutzung des Werkes als Bühnenstück zu erlauben.

---

[456] Vgl. Loewenheim/Czychowski UrhG § 68 Rn. 24, 38 f.
[457] Jan Bernd Nordemann ZUM 1988, 389 (393) und MVHdB/Wilhelm Nordemann Formular IX. 16, S. 775 ff.
[458] Vgl. zu dieser Unterscheidung Rossbach/Joos, FS Schricker, S. 341.

228 Eine Besonderheit nimmt die Bearbeitung ein, die nach dem abgestimmten Musikverlagsvertragsmuster des DMV/DKV zu Recht nur nach Zustimmung des Urhebers erlaubt ist. Dies gilt nicht nur für den Bereich der ernsten Musik. Darüber hinaus ist ein wesentliches Nebenrecht, und zwar sowohl im U- als auch im E-Musikverlagsbereich, das Recht, das Werk oder eine Bearbeitung des Werkes für Werbezwecke aller Art zu nutzen oder eine Nutzung zu Werbezwecken aller Art durch Dritte zu erlauben. So sieht es zB ausdrücklich § 2 Abs. 4 lit. c des abgestimmten Musikverlagsvertragsmusters zwischen DKV/DMV vor (siehe auch § 1 (k) des GEMA Berechtigungsvertrages). Die Werbenutzung stellt in neuerer Zeit ein nicht zu unterschätzendes wirtschaftliches Potential dar. Man denke nur an die Popularität der Carmina Burana in der Verwendung für Werbespots oder aber mit Popmusik unterlegter Werbeclips sowie schließlich extra für Werbeclips produzierter Musik, die später ausgekoppelt wird.

229 Diesen dem Musikverleger regelmäßig eingeräumten Rechten stehen seine Pflichten gegenüber: Die **Hauptpflicht** besteht nach dem gesetzlichen Leitbild des Verlagsgesetzes zunächst in der Verpflichtung des Verlegers, das erworbene Verlagsrecht auch auszuüben. §§ 1, 14 VerlagsG und damit auch sämtliche Verträge, die dazu keine besonderen Regelungen enthalten, gehen von dem gesetzlichen Leitbild aus, dass der Verleger die Pflicht hat, das Werk innerhalb einer angemessenen Frist nach Erhalt eines vervielfältigungsreifen Werkexemplares mit Nennung des Namens des Urhebers in handelsüblicherweise zu vervielfältigen und zu verbreiten.[459] In der Praxis entledigen sich leider einige Verleger dieser Pflicht. Das scheint auf den ersten Blick ohne weiteres möglich, da die Regeln des Verlagsgesetzes weitestgehend abdingbar sind. Man wird im Einzelfall jedoch zu prüfen haben, ob eine derart weitgehende Abbedingung von Pflichten der einen Vertragsseite nicht die Grenze des § 138 BGB überschreitet.

230 Darüber hinaus obliegt dem Verleger insbesondere die Pflicht, den Absatz der Druckexemplare zu fördern, sowie die allgemeine Verpflichtung, sich für die Verwertung der verlegten Werke einzusetzen.[460] Dass dem Musikverleger in einem großen Bereich der Nebenrechte keine Rechte zustehen, sondern diese von der GEMA wahrgenommen werden, bedeutet allerdings keineswegs, dass ihm in diesem Bereich keinerlei Pflichten obliegen. Den allgemeinen Pflichten zur Förderung der Verwertung kommt in diesem Bereich vielmehr besondere Bedeutung zu.[461] Der Musikverleger hat die erforderlichen Kontakte, Aufführungen möglich zu machen, Rundfunksendungen zu vermitteln und Tonträgeraufnahmen anzubahnen; denn er ist es, der über die erforderlichen Verbindungen zu den entsprechenden Personenkreisen verfügt. Anders wäre es nicht erklärlich, dass der Urheber sich seiner bedient, um die Verwertung seines Werkes zu fördern.[462] Besonderheiten gibt es beim E-Musikverlagsvertrag, dem U-Musikverlagsvertrag und der Exklusivvereinbarung.[463]

231 Neben den soeben angesprochenen Besonderheiten bei Exklusivvereinbarungen bzw. Refundierungsklauseln lassen sich durchaus einige Gesetzmäßigkeiten bei den **Vergütungsregeln** in der Praxis feststellen. Sie beruhen allerdings im Wesentlichen auf persönlicher Erfahrung und sind bislang empirisch wenig erforscht, was eigentlich kaum verständlich ist, da sie für die immer wieder auftauchenden Fragen der Sittenwidrigkeit von Verlagsverträgen eine nicht zu überschätzende Bedeutung haben.[464] Bei der Vergütung unterscheidet man zwischen derjenigen des Urhebers für die Einräumung des Hauptrechtes und der Nebenrechte. Für einen Titelautorenvertrag eines normal bekannten Urhebers ohne irgendwelche Besonderheiten hat sich eine prozentuale Beteiligung von 10 % bis 15 % des Nettodetailverkaufspreises eingespielt; zu beachten ist lediglich, dass eine bestimmte Anzahl als Druckausgaben für Werbezwecke aus der Berechnung herausfällt.[465] Bei den Nebenrechten, die regelmäßig selbst nicht vom Verleger wahrgenommen werden, hat sich eine Beteiligung von 50 % an den Einnahmen des Verlegers eingespielt.[466] Hier ist allerdings zu beachten, dass für einige Nebenrechte Sonderregelungen üblich geworden sind. Dies betrifft ins-

[459] So auch § 3 (1) (a) des zwischen DKV und DMV abgestimmten Musikverlagsvertragsmusters.

[460] V. Hase S. 23; Krüger-Nieland UFITA 89 (1981), 17 (26) und § 3 (1) (b) des zwischen DKV und DMV abgestimmten Musikverlagsvertragmusters.

[461] Vgl. hierzu auch Rossbach/Joos, FS Schricker, S. 347.

[462] Vgl. zu den Pflichten im Einzelnen Loewenheim/Czychowski UrhG § 68 Rn. 31.

[463] Vgl. dazu Loewenheim/Czychowski UrhG § 68 Rn. 31.

[464] Soweit ersichtlich hat sich der Bundesgerichtshof lediglich mit der Sittenwidrigkeit von Künstlerverträgen auseinandergesetzt: BGH GRUR 1989, 198 – Künstlerverträge.

[465] Moser/Scheuermann/Lichte S. 1074; MVHdB/W. Nordemann Formular VII.20, S. 798 ff.; Rossbach/Joos, FS Schricker, S. 344.

[466] Moser/Scheuermann/Lichte S. 1074 f.; MVHdB/W. Nordemann Formular VII 20, S. 798 ff.; Rossbach/Joos, FS Schricker, S. 351.

besondere die Nebenrechte, bei denen der Verleger oder der Dritte erhebliche Vorinvestitionen tätigt. Zu nennen ist hier das Filmsynchronisationsrecht, bei der *Lichte* die Höhe der vorweg abgezogenen Administrationsgebühr mit 5 % bis 15 % angibt.[467] Im Subverlagsbereich gelten wiederum Besonderheiten.[468] § 5 Abs. 2 Satz 2 des zwischen DKV und DMV abgestimmten Musikverlagsvertrages gestattet einen im Einzelfall vorzunehmenden Vorwegabzug einer Kostenpauschale; dem Verlag darf jedoch nie mehr als die Hälfte der Einnahmen zufließen.[469]

232 Die allgemeinen Regeln für **Vertragsbeendigung** und **Leistungsstörungen,** die auch für Musikverlagsverträge Anwendung finden, sind oben dargestellt.[470] Hier sei lediglich auf ein spezielles Problem eingegangen:

233 Die Praxis hat die Schwierigkeiten bei der Beurteilung, ob ein Nutzungsrecht iSd § 41 Abs. 1 UrhG nicht oder nur unzureichend ausgeübt wurde, dadurch zu überwinden versucht, dass in dem entsprechenden U-Musik-Mustervertrag zwischen DKIV und DMV eine Sonderregel aufgenommen wurde. § 10 (3) b) dieses Vertrages lässt einen Rückruf dann statthaft erscheinen, wenn dem Urheber aus der Verwertung des Werkes in den letzten Jahren insgesamt nicht mehr als ein bestimmter Mindestbetrag, der einzusetzen ist oder aber mit in den letzten zehn Jahren vereinbart wird, zugeflossen ist. Statt auf die Tätigkeit des Verwerters stellt der Vertrag also auch auf den messbaren Erfolg der Tätigkeit ab.

234 *bb) Bühnenvertriebsvertrag, Vertrag über die Aufführung und Sendung musikdramatischer Werke.* Im Gegensatz zum Musikverlagsvertrag handelt es sich bei einem Bühnenvertriebsvertrag nicht um einen Vertrag im Sinne des Verlagsgesetzes. Vielmehr wird dem Bühnenvertriebsunternehmen vom Urheber das Recht zur Wahrnehmung eingeräumt, sein dramatisches oder musikdramatisches Werk bühnenmäßig aufzuführen.[471] Damit ist der zugrundeliegende schuldrechtliche Vertrag als Geschäftsbesorgungsdienstvertrag im Sinne von § 675 BGB charakterisiert.[472] Der Urheber räumt mit Abschluss des Vertrages ein eng umschriebenes, meist ausschließliches Nutzungsrecht an der bühnenmäßigen Aufführung des musikdramatischen Werkes ein. Diese Rechtseinräumung wird ausschließlich geschehen, da es wirtschaftlich für das Bühnenvertriebsunternehmen sinnlos wäre, weitere Konkurrenten auf dem ohnehin engen Markt dulden zu müssen.[473] Die Verfügung ist jedoch, anders als im klassischen Musikverlagsvertrag, eine **treuhänderische,** so dass das Bühnenvertriebsunternehmen besonderen **Bindungen** unterliegt.[474] Das Bühnenvertriebsunternehmen darf also zumeist selbst keine Aufführungen veranstalten.[475] Wie beim Musikverlag korrespondiert mit der Rechtseinräumung allerdings eine Pflicht zur Wahrnehmung des dem Bühnenvertriebsunternehmen treuhänderisch überlassenen Rechtes.[476] Vergleichbar den oben genannten Pflichten des Musikverlages muss sich also auch das Bühnenvertriebsunternehmen insbesondere werbend für den Abschluss von Aufführungsverträgen einsetzen.[477]

235 Neben diesem Hauptgegenstand des Vertrages beinhalten die Bühnenvertriebsverträge zumeist eine eingeschränkte Übertragung eines Vervielfältigungs- und Verbreitungsrechtes zur Herstellung und zur Verfügungstellung von Aufführungsmaterial.[478] Damit einher geht die Versorgung der Bühnen mit Aufführungsmaterial. Diese Nebenpflicht und dieses Nebenrecht wird als verlagsähnliches Hilfsgeschäft bezeichnet.[479] Auch wenn zumeist der Musikverleger, mit dem der Urheber in der Regel parallel zusammenarbeitet, selbst Vervielfältigungs- und Verbreitungsrechte inne hat, kann er dem Bühnenvertriebsunternehmen die Herstellung und den Vertrieb seines Aufführungsmaterials in der Regel nicht verbieten, weil das Nutzungsrecht des Musikverlegers eben nicht das Recht umfasst, Noten zum Zwecke des Bühnenvertriebs herzustellen.[480]

---

[467] Moser/Scheuermann/Lichte S. 1075.
[468] Moser/Scheuermann/Lichte S. 1077 f.
[469] Zu weiteren Details vgl. Loewenheim/Czychowski UrhG § 68 Rn. 40.
[470] Ein spezielles Problem der Rückrufsregelung aus § 41 UrhG sei hier dargestellt.
[471] Vgl. Loewenheim/Czychowski UrhG § 68 Rn. 48.
[472] Schack Rn. 1212; Rossbach/Joos, FS Schricker, S. 360.
[473] Rossbach/Joos, FS-Schricker, S. 359.
[474] Beilharz S. 32 ff.; Schricker/Loewenheim/Schricker UrhG Vor §§ 28 ff. Rn. 37.
[475] V. Olenhusen FuR 1974, 628 (629) weist auf die dadurch möglicherweise entstehenden Interessenskonflikte hin; vgl. auch Schricker VerlagsR § 1 Rn. 85.
[476] Rossbach/Joos, FS-Schricker, S. 360.
[477] Beilharz S. 61.
[478] Beilharz S. 39.
[479] Beilharz S. 36; Rossbach/Joos, FS Schricker, S. 360.
[480] Beilharz S. 38.

Zuweilen wird vereinbart, dass das Aufführungsmaterial direkt von einem Musikverlag herzustellen ist.[481] Neben diesem Hauptrecht und dem Hilfsgeschäft räumt der Urheber dem Bühnenvertriebsunternehmen zumeist auch Nebenrechte ein. Diese betreffen häufig das Senderecht, das nach § 1 des GEMA-Berechtigungsvertrages bei musikdramatischen Werken nicht von der GEMA verwaltet wird. Ähnliches gilt für das Recht zur Lautsprecherwiedergabe, das im Wesentlichen die Wiedergaben in den Foyers der Opernhäuser betrifft.[482]

Der Urheber erhält eine **Vergütung,** die sich an den erzielten Einnahmen des Bühnenvertriebsunternehmens orientiert.[483] Hier sind 15 % bis 25 % der Einnahmen die Regel. Näheres ergibt sich aus der in Bezug genommenen Regelsammlung Bühne. 236

Rund um die **Beendigung** des Bühnenvertriebsvertrages ist noch vieles ungeklärt. 237

Praxistipp:

So ist zum Beispiel unklar, ob für sie die speziellen Regeln der Rückrufrechte aus § 41 UrhG und der Kündigungsrechte aus §§ 17, 32 VerlG gelten.[484] Jedenfalls anwendbar ist die fristlose Kündigung nach § 626 BGB[485] (nunmehr auch § 314 BGB). Eine weitgehend unbekannte Möglichkeit der Beendigung ergibt sich aus § 627 Abs. 1 BGB, der angesichts der gehobenen treuhänderischen Pflichten des Bühnenverlages auf Bühnenvertriebsverträge anwendbar ist.[486] Allerdings können die Parteien diese erleichterte Kündigungsmöglichkeit vertraglich ausschließen; denn § 627 Abs. 1 BGB ist abdingbar.

cc) Sekundäre Urheberrechtsverträge. Die eigentliche Aufführung der musikdramatischen Werke wird über Aufführungsverträge zwischen den Musikverlagen und den Bühnen geregelt. Sie bilden Urheberrechtsnutzungsverträge eigener Art.[487] Der wesentliche Inhalt derartiger Verträge orientiert sich in der Praxis seit 1965 an einem zwischen dem Deutschen Bühnenverein und den Verbänden der Autoren und Verleger aufgestellten Vertragswerk, das an ältere, zuletzt 1933 vereinbarte Regelungen anknüpft und als „Regelsammlung" bezeichnet wird. Der Vertragsschluss scheiterte an der Beanstandung durch das Bundeskartellamt;[488] die Praxis wendet die Regelungen jedoch im Sinne eines Hinweises auf herrschende Bühnenbräuche an;[489] das Werk ist aufgegangen in der die Übung konkretisierenden Regelsammlung aus dem Jahre 1976.[490] Insoweit kam der inzwischen aufgelösten **Neuen Zentralstelle** eine erhebliche Bedeutung zu. Sie kümmerte sich zwar im Wesentlichen um die Abrechnung von Bühnenaufführungsverträgen. Sie wirkte jedoch auf Grund der von ihr betreuten Regelsammlung und deren Richtsätze für die Honorierung auch leitbildend auf die Bühnenvertriebsverträge. Allein der Verband Deutscher Bühnen- und Musikverlage e. V. hat eine Nachfolgeorganisation gegründet, die Zentralstelle Bühne Service GmbH für Autoren, Komponisten und Verlage.[491] 238

dd) Vertrag über die mechanische Vervielfältigung und Sendung anderer Werke. Die Verträge über die mechanische Vervielfältigung und die Sendung anderer als musikdramatischer Werke werden auf Seiten der Urheber im Wesentlichen durch die GEMA umgesetzt, da diese im Wesentlichen die sogenannten kleinen Rechte[492] (Ausnahmen bilden zB die Aus- und Querschnittsverwertungen) wahrnimmt. Sie schließt zum einen mit den Sendeunternehmen Pauschalverträge ab oder vergibt die mechanischen Rechte im Wesentlichen auf Grund des Standardvertrages Biem/Ifpi.[493] Dies ist jedoch nur die Regel. Ausnahmen sind durchaus möglich, wenn auch – wie von *Lichte* zu Recht bemerkt – in der Praxis unverständlicherweise selten.[494] 239

[481] Beilharz S. 93, 107 f.; Rossbach/Joos, FS Schricker, S. 360.
[482] Vgl. Loewenheim/Czychowski UrhG § 68 Rn. 51.
[483] Beilharz S. 61.
[484] Schack Rn. 1212 geht offenbar davon aus.
[485] OLG München GRUR 1980, 912 (913) – Genoveva wegen der Verletzung der Pflicht des Bühnenverlages, den Vertragspartner über einen Vertragsabschluss zu informieren.
[486] Zurecht in diese Richtung gehend Schack Rn. 1212.
[487] BGH GRUR 1954, 412 – Platzzuschüsse; OLG Hamburg UFITA 67 (1973) 245 (261) – Die englische Geliebte.
[488] Ulmer S. 485 f.
[489] Ulmer S. 485 f.; Schricker/Loewenheim/Schricker UrhG Vor §§ 28 ff. Rn. 89.
[490] Schulze S. 748 ff.; vgl. im Übrigen Schricker/Loewenheim/Schricker UrhG Vor §§ 28 ff. Rn. 90 ff.
[491] Vgl. Loewenheim/Czychowski UrhG § 68 Rn. 57.
[492] Zur Abgrenzung vgl. Fromm/Nordemann/Dustmann UrhG § 19 Rn. 13.
[493] Vgl. hierzu Schricker/Loewenheim/Schricker UrhG Vor §§ 28 ff. Rn. 94 ff.
[494] Moser/Scheuermann/Lichte S. 1071.

240 *ee) GEMA-freie Musik/Creative Commonms.* Es gibt Situationen, in denen es notwenig ist, die Kosten für die Einräumung von Nutzungsrechten zu vermeiden. Dies hat dazu geführt, dass einige Musikverleger, die nicht GEMA-Mitglied sind, sich darauf spezialisiert haben, sogenannte GEMA-freie Musik anzubieten. Dies ist durchaus möglich, da die GEMA kein rechtliches Monopol für die Wahrnehmung von urheberrechtlichen Befugnissen hat. Weder Komponisten noch Verleger sind verpflichtet, ihre Rechte von der GEMA wahrnehmen zu lassen. Angesichts des erheblichen Verwaltungsapparates der GEMA, insbesondere aber auch wegen der fehlenden Orientierungsleitlinien der GEMA-Tarife führt dies zu **Kostensenkungen** für die letzten Nutzer. Derartige Usancen haben sich nicht zuletzt bei der Gebrauchsmusik im Werbebereich etabliert, also Hintergrundmusik uÄ[495] In der Regel wird derartige Musik über eine einmalige Lizenzgebühr abgerechnet; aufwändige Lizenzabrechnungen finden nicht statt. Vielmehr werden die Komponisten und ausübenden Künstler einmalig abgefunden, ein Verfahren, das leider aus den USA zu uns herüber geschwappt ist, sich glücklicherweise aber bislang nicht zu tiefgreifend auf das etablierte Verhältnis zwischen Verleger, Komponist, GEMA und Nutzer ausgewirkt hat.

241 Zudem gilt in Deutschland die gesetzliche Vermutung zugunsten der GEMA, dass diese in Bezug auf alle musikalischen Werke die im Berechtigungsvertrag genannten Rechte wahrnimmt (§ 42 VGG). Das hat zur Folge, dass Nutzer GEMA-freier Musik nachweisen müssen, dass sie keine Werke aus dem GEMA-Repertoire verwenden. Die Praxis regelt dies dadurch, dass der Verleger sich von der GEMA bestätigen lässt, dass dieses Werk nicht bei der GEMA angemeldet ist. Komponisten können angesichts der Vorausabtretung ihrer Rechte im GEMA-Berechtigungsvertrag allerdings GEMA-freie Musik nur dann anbieten, wenn sie überhaupt nicht GEMA-Mitglied sind.

242 Ein ähnlicher Gedanke hat sich – ausgehend von dem Copyleft Prinzip der Open Source Software – verbreitet, der unter den sog. **Creative Commons** Lizenzen agiert. Diese Lizenzen geben Nutzungen weitestgehend frei und kennen verschiedenen Einschränkungen, zB zur Namensnennung.[496]

243 *ff) Filmmusikvertrag.* Neben der Rechteverwertung im klassischen Musikverlag und der Aufführung sowie Sendung ist die Filmmusik sicherlich eine der wirtschaftlich wichtigsten Verwertungsarten von Musik.[497]

244 Mit dem Filmmusikvertrag räumt der Urheber dem Verwerter das Recht der Erstverbindung des Musikwerkes mit einem Film ein. Hier sind zwei Konstellationen zu unterscheiden: Zum einen der normale Musikverlagsvertrag, der möglicherweise auch Regelungen über dieses Filmsynchronisationsrecht enthält,[498] weil der Verleger hofft, später einmal die entsprechenden Rechte vergeben zu können. An dieser Stelle greift § 1 lit. k) des GEMA-Berechtigungsvertrages, wonach diese Rechte zunächst der GEMA übertragen sind, allerdings auflösend bedingt unter der Maßgabe, dass im Einzelfall der jeweilige Urheber bzw. Verlag die Rechte zur Verwertung zurückverlangen kann. Darüber hinaus werden eigenständige Filmverlagsverträge mit Urhebern abgeschlossen, die speziell für einen Film Musik komponieren. Dabei handelt es sich also nur um spezielle Musikverlagsverträge. Alle oben dargestellten allgemeinen Regeln gelten daher auch beim Filmmusikvertrag. Dieser **spezielle Musikverlagsvertrag** ist darüber hinaus mit einem Werkvertrag gekoppelt, der den Komponisten verpflichtet, eine bestimmte Musik zu komponieren. Er enthält[499] in der Regel Vorschriften für den zeitlichen Ablauf der Zusammenarbeit. Zudem beinhaltet er zT weitergehende Verpflichtungen des Komponisten, zB auch als musikalischer Leiter bei der Einspielung der Komposition, also als ausübender Künstler, mitzuwirken. Schwierigkeiten bereitet teilweise, dass die Filmfirmen oder auch im Fall von Kompositionen für das Fernsehen, der Fernsehsender mit der Musik des Komponisten nicht einverstanden ist. Darauf kommt es für die nach § 640 BGB erforderliche Abnahme aber nicht an. Der Bundesgerichtshof hat bereits früh erkannt, dass ästhetische oder künstlerische Fragen hier außen vor zu bleiben haben.[500] Der Vertragspartner ist auch bei Nichtgefallen verpflichtet, die Komposition abzunehmen. Etwas anderes kann nur gelten, wenn detaillierte Vorgaben zu Klangbild, Rhythmus oä vom Komponisten nicht beachtet wurden. Weitere Regelungen in dem Vertrag sind: Die Versicherung des Komponisten, dass seine Musik keine Rechte Dritter verletzt, Hinweis auf noch einzuholende Rechte, der Eigen-

[495] Loewenheim/Czychowski UrhG § 68, 60; Rossbach/Joos, FS Schricker, S. 358.
[496] Wiebe in Spindler/Schuster, Recht der elektronischen Medien, 4. Auflage 2019, Rn. 21 ff.
[497] Loewenheim/Czychowski UrhG § 68 Rn. 63.
[498] Vgl. zB § 2 Abs. 3 lit. i) des zwischen DKV und DMV abgestimmten U-Musikverlagsvertragsmusters.
[499] Vgl. insoweit das Filmmusikvertragsmuster des DKV, abgedruckt in: DKV–Informationen 4/98, S. 23.
[500] BGH GRUR 1956, 234 (234) – Kirchenfenster.

tumsvorbehalt hinsichtlich der Manuskripte des Komponisten, die Übernahme der Kosten für die Herstellung des Notenmaterials durch die Filmfirma.

Rechte erwirbt die Filmfirma in der Regel nur beschränkt. Es sind dies das Verfilmungs- oder Filmherstellungsrecht und eine Option auf Neuverfilmung. Nicht eingeschlossen sind die eigentlichen Verlagsrechte. Nachdem der Bundesgerichtshof in der *Videozweitauswertung II*-Entscheidung den Urhebern ein abgetrenntes Verwertungsrecht zur Videozweitverwertung abgesprochen hat,[501] muss sich die Praxis in den Verträgen auf die Gestattung der Verfilmung beschränken. Dennoch hat sich die Usance eingespielt, Vergütungen für verschiedene – urheberrechtlich so nicht existierende – Nutzungsarten aufzuteilen (zB Fälligkeit einer Rate für Videoverwertung bei Beginn dieser Nutzungshandlung).[502] 245

Darüber hinaus haben sich im Bereich der Filmmusik, insbesondere im Fernsehbereich, einige Gebräuche „eingeschlichen", die hier nicht näher untersucht werden können. So ist in letzter Zeit immer häufiger zu beobachten, dass Fernsehsender in ihren allgemeinen Geschäftsbedingungen den Komponisten verpflichten, seine eigentlich nur für Fernsehwerke verwendbaren Stücke in Verlag zu geben. Dies trifft man zB in Form einer Klausel an, dass der Komponist sich verpflichtet, mit einem bestimmten Musikverlag einen Musikverlagsvertrag abzuschließen.[503] 246

Über diese Besonderheiten hinaus gelten beim Filmmusikvertrag die allgemeinen oben dargestellten Rechte und Pflichten des Verlegers sowie die Regeln über die Beendigung des Vertrages. Als **Vergütung** hat sich – neben den GEMA-Gebühren – wegen des beschränkten Charakters des Vertrages, eine Pauschalabgeltung herausgebildet. Sie ist in der Regel je zur Hälfte zahlbar bei Vertragsschluss und bei Abnahme des Masters und kann bei durchschnittlich bekannten Komponisten in diesem Bereich pro Minute Filmmusik zwischen EUR 150,– und EUR 500,– betragen. 247

Nur hingewiesen sei auf die – so *Dietz*[504] – **sekundären Urheberverträge** im Filmmusikbereich; bei ihnen handelt es sich um Verträge zwischen Verlagen und Produzenten über die Auswertung von Filmmusik.[505] 248

gg) Verträge über Videoclips. Im Rahmen der modernen Rock-/Popproduktionen haben sich in letzter Zeit neben den klassischen Tonträgern, Musik-Videoclips herauskristallisiert, die eine nahezu ebenso bedeutsame Rolle einnehmen wie die herkömmlichen Trägermedien. Dies gilt insbesondere, seit es Fernsehsender wie MTV und VIVA gibt, die sich ausschließlich auf die Sendung derartiger Musik spezialisiert haben.[506] Dies ist der Hintergrund, vor dem die Bestrebungen der Ton- und Bildtonträgerhersteller verständlich werden, das Recht, Musikwerke zur Herstellung eines Musik-Videoclips zu verwenden, nicht mehr nach den Regeln des § 1 (i)-GEMA-Berechtigungsvertrages zu behandeln, sondern nach denen des mechanischen Rechtes.[507] Die Musikverleger leisten Widerstand hiergegen; sie argumentieren im Wesentlichen damit, dass Musik-Videoclips wie Filme zu behandeln sind. Demgegenüber stellen die Gegner den Unterschied zu Filmwerken heraus, da sie keine vom Musikwerk losgelöste Filmdramaturgie aufwiesen, sondern nur ein weiteres Werbemittel für neue Tonträger seien und somit wie Tonträger vermarktet würden.[508] Derzeit wird international nach einer Lösung gesucht. 249

hh) Kooperationen unter/mit Musikverlegern. Gerade im U-Musikbereich zeigt sich, wie oben dargestellt, bereits deutlich die Auflösung der herkömmlichen Positionen von Musikverlegern, Komponisten und Verwertungsgesellschaften. Dies wird abschließend noch einmal bei den Kooperationsvereinbarungen *unter* und *mit* Musikverlegern deutlich, die mittlerweile üblich geworden sind. Hier ist an erster Stelle der Editionsvertrag zu nennen, mit dem erfolgreiche Urheber, aber auch Producer mit „in das Boot" des Verlages geholt werden. Daneben gibt es Vereinbarungen unter Verlegern, also Co-Verlagsverträge, Administrationsvereinbarungen und Subverlage als klassische Kooperationen unter Verlegern.[509] 250

ii) Werbenutzung. Werbenutzungen von Musik haben sich in letzter Zeit immer mehr zu einer lukrativen Einnahmequelle von Verlagen und Urhebern entwickelt. 251

501 BGH GRUR 1994, 41 (42 ff.) – Videozweitauswertung II.
502 Moser/Scheuermann/Schulz S. 1382.
503 Vgl. Loewenheim/Czychowski UrhG § 68 Rn. 67 mwN auch aus der Rechtsprechung hierzu.
504 Dietz, FS Schricker, S. 26.
505 Vgl. Loewenheim/Czychowski UrhG § 68 Rn. 70.
506 Vgl. Loewenheim/Czychowski UrhG § 68 Rn. 74.
507 Vgl. Rossbach/Joos, FS-Schricker, S. 349.
508 Vgl. hierzu Rossbach/Joos, FS Schricker, S. 349.
509 Vgl. dazu im Einzelnen Loewenheim/Czychowski UrhG § 68 Rn. 75 ff.

252 Derartige Verträge[510] werden zwischen großen Werbeagenturen und den Verlagen geschlossen, wobei sich oftmals noch Vermittlungsagenturen für Musik dazwischen schalten. Sollte im Einzelfall das Werk als Manuskript gemeldet sein oder aber gerade über die Verlagsrechte zwischen Urheber und Verlag gestritten werden, ist der Urheber angesichts des ausgeübten Rückrufes zunächst Ansprechpartner; denn der Rückruf ist mit seiner Erklärung wirksam und wird erst durch ein etwa späteres anders lautendes Urteil rückwirkend für unwirksam erklärt. Der Urheber ist jedoch gehalten, Einvernehmen mit dem Verleger herzustellen, da er sich andernfalls Schadensersatzansprüchen aussetzen kann.

253 Werbenutzungsverträge erfordern eine möglichst konkrete Bezeichnung des Vertragsgegenstandes, also welches Musikwerk für welchen konkreten Werbespot genutzt werden soll. Darüber hinaus enthalten sie üblicherweise Einschränkungen hinsichtlich des Vertragsgebietes und der Vertragslaufzeit, ggf. sogar der eingeschlossenen Medien.

254 Mit dem Vertrag erwirbt die Agentur das Recht, die Musik in den entsprechenden Spot einzubauen, also ein am Persönlichkeitsrecht orientiertes Bearbeitungsrecht, sowie das Recht zur entsprechenden Vervielfältigung, Verbreitung und Sendung. Die von der GEMA zu erwerbenden Rechte bleiben hiervon zumeist ausgeklammert.[511] Um sie muss sich die Agentur gesondert kümmern. Allerdings geht mit der Einräumung des Rechts die Verpflichtung der Agentur einher, die Media-Pläne offen zu legen, damit die entsprechenden Abrechnungen bei den Verwertungsgesellschaften nachvollzogen werden können. Dies spielt insbesondere im internationalen Bereich und bei den Problemen mit ausländischen Verwertungsgesellschaften und deren Abrechnungen eine wichtige Rolle.

255 Die Vergütung orientiert sich in der Regel am **Media-Budget** des einzelnen Spots und beträgt 1 % bis 5 % dieses Budgets. Wird das Musikwerk geändert, sind allerdings zusätzliche Pauschalsummen oder eine Erhöhung der prozentualen Beteiligung üblich. Soll sogar der Titel des Musikwerkes für das beworbene Produkt verwendet werden, ist ein Titelzuschlag durchaus im fünfstelligen Bereich gang und gäbe.

256 Neben dieser klassischen Werbenutzung in Spots sind auch Merchandising-Auswertungen wie Give-Aways oder Instore-Videos denkbar. Sobald die Art und Weise des Umfeldes und der Plazierung (zB in einer Kaufhausfiliale oder auf einer Messe), oder die Verbreitung (zB als Werbegeschenk) auf Werbung hindeuten, wird es sich um eine Benutzung zu Werbezwecken handeln.

257 Give-Away-Bild-Tonträger mit Filmmusik bringen in der Regel Lizenzen von EUR 0,30 bis EUR 1,50 pro Vervielfältigungsstück, die Instore-Videos orientieren sich an den oben genannten Filmmusiklizenzen und bewegen sich zB für eine europaweite Lizenz bei EUR 30,– pro Sekunde zzgl. eines Werbeaufschlags von etwa 200 %. Hier sind, jedoch, ebenso wie im gesamten Filmmusiklizenzbereich, die Einzelumstände zu berücksichtigen. So sind Mengenrabatte ebenso üblich wie Zuschläge für Titelmelodien, Vor- oder Abspanne oä. Hierüber wird im Einzelfall zu entscheiden sein. Die Zahlen können nur Anhaltspunkte sein.

258 *jj) Künstlerverträge.* Ausübende Künstler sind diejenigen, die die Werke, welche zuvor behandelt wurden, überhaupt erst dem Publikum nahe bringen. Verträge mit ihnen betreffen zunächst einmal die Künstlerverträge, die sich unterteilen in Künstlerexklusivverträge, die sogenannte Künstlerquittung, aber auch Remix- und Producerverträge.[512] **Vertragsgegenstand** ist in der Regel immer eine feste Anzahl von Tonträgerproduktionen, also die Zur-Verfügung-Stellung für Aufnahmen von künstlerischen Darbietungen (im Sinne der §§ 73 ff. UrhG). Die Verträge enthalten regelmäßig einen umfassenden Rechtekatalog, der alle bekannten Nutzungsarten umfasst; dabei ist allerdings darauf zu achten, dass im Bereich der ausübenden Künstler (zumindest bislang vor Umsetzung des 5. Änderungsgesetzes) noch die Rechte wirklich übertragen werden können und keine Nutzungsrechte eingeräumt werden müssen. Diese Übertragung erfolgt in der Regel exklusiv. Dabei bezieht sich die Exklusivität nicht nur auf die vertragsgegenständlichen Tonaufnahmen, sondern zum Teil auch auf eine persönliche Exklusivität des Künstlers, der an die Tonträgerfirma gebunden werden soll und auch auf eine sogenannte Titelexklusivität.[513] Die Tonträgerfirma sollte redlicherweise eine Veröffentlichungspflicht übernehmen, wenn auch in der

[510] Vgl. dazu Loewenheim/Czychowski UrhG § 68 Rn. 87 ff.
[511] Vgl. nun aber die VG Werbung, die in diesem Bereich urheberrechtliche Nutzungsrechte auch wahrnimmt.
[512] Vgl. hierzu insgesamt Loewenheim/Rossbach UrhG § 69 Rn. 11.
[513] Vgl. zu Einzelheiten Loewenheim/Rossbach UrhG § 69 Rn. 22 ff. und Rossbach/Joos, FS Schricker, S. 367; mit Kritik zu Künstlerverträgen und der Titelexklusivitätsklausel, da Knebelverträge: Andryk RzU BGHZ Nr. 503 und Anm. zu BGH GRUR 2002, 795 ff. – Titelexklusivität.

Praxis sich leider häufig herausgestellt hat, dass Tonträgerfirmen derartige Aufnahmen „auf Halde" produzieren und der Künstler damit angesichts der weiter unten besprochenen Vergütungsregelungen, oftmals leer ausgeht. Die Verträge werden für eine bestimmte Zeit abgeschlossen, wenn auch die Rechte auf Dauer der Schutzfrist übertragen werden. Damit hat der Künstler hinsichtlich der Exklusivität nach einiger Zeit wieder Freiraum.

Die **Vergütung** erfolgt in der Regel auf Umsatzbasis. Dabei spielt als Ausgangspunkt der sogenannte Händlerabgabepreis, also der im Rahmen von Verkaufslisten festgestellte Preis, zu dem die Tonträgerfirma den Tonträger an Händler abgibt, die entscheidende Rolle. Ausgehend von dieser Basis wird die Vergütung bei den verschiedenen Sachverhalten reduziert; insbesondere für retournierte Tonträger. 259

Praxistipp:

Sodann gibt es Abzüge für die Hüllenherstellung und bestimmte technische Leistungen; schließlich nehmen die Firmen insbesondere für Videoclips oder auch Werbung im Fernsehen Abzüge vor, da dies mit erheblichen Investitionen der Tonträgerhersteller verbunden ist.[514] Künstler sollten diese Abzüge sehr sorgfältig prüfen, sich in der Regel jedoch Vorauszahlungen, die normalerweise auf die Umsatzbeteiligung anrechenbar sind – bei erfolgreichen Künstlern auch ohne Anrechnung –, die aber keinesfalls rückzahlbar sein sollten, sichern. Abrechnungszeiträume sind regelmäßig halbjährlich oder jährlich, in Einzelfällen auch vierteljährlich.

Die **Vertragsauflösung** bzw. die **Vertragsstörungen** folgen den allgemeinen oben dargestellten Regeln; im Bereich der Künstlerverträge spielt in der Praxis oftmals die Frage der Sittenwidrigkeit eine Rolle, wenn unerfahrene Künstler umfangreiche Rechteübertragungen vornehmen, ohne dass die Tonträgerfirma eine Auswertungspflicht trifft und nur gegen eine pauschale geringe Summe die Rechte übertragen werden. Oftmals finden sich auch lächerlich geringe Beteiligungen in derartigen Verträgen. Die Rechtsprechung hatte bislang wenig Gelegenheit, zu diesen praktisch relevanten Fragen Stellung zu beziehen.[515] Im Fall des BGH betrug die Grundvergütung für eine Künstlergruppe aus drei Personen für einen Single-Tonträger 3 % des Netto-Detailverkaufspreises, für eine Langspielplatte 2 %, wobei der Tonträgerhersteller sich sogar noch zunächst die Produktions- und Produktionsnebenkosten abziehen ließ.[516] Ein Sonderfall des Künstlervertrages betrifft die sogenannte **Künstlerquittung.** Sie enthält in der Regel die Rechtsübertragung für Künstler, die im Rahmen einer Gruppe auftreten und ihre Rechte gegen eine pauschale Abtretung auf die Tonträgerfirma übertragen, wobei durchaus einmal EUR 600,– bis EUR 1.500,– pro Tag bei guten ausübenden Künstlern gezahlt werden. Anders als bei dem normalen Künstlervertrag verpflichtet sich der Künstler hier auch nicht zur persönlichen Exklusivität.[517] 260

kk) Bandübernahmeverträge. Bei Bandübernahmeverträgen fertigen Künstler die Tonaufnahme auf eigenes wirtschaftliches Risiko zunächst selber, erfolgt die Vergütung ebenso wie im Künstlervertrag, idR als Umsatzbeteiligung. Im Gegensatz zu den Künstlerverträgen, bei denen auf der einen Seite ein Kreativer steht, stehen sich bei Bandübernahmeverträgen der wirtschaftliche Produzent einerseits und die Tonträgerherstellerfirma andererseits gegenüber. Es ist üblich, einen Vorschuss an den wirtschaftlichen Produzenten zu zahlen, der auch nicht rückzahlbar ist. Hierbei ist allerdings zu beachten, dass der wirtschaftliche Produzent oftmals selber auch ausübender Künstler ist. 261

Vertragsgegenstand ist bei Bandübernahmeverträgen ebenso wie bei Künstlerverträgen die Übertragung bestimmter Rechte; Merkmal ist hier allerdings, dass der wirtschaftliche Produzent (§§ 85 f. UrhG) das wirtschaftliche Risiko der Tonträgerherstellung trägt und das fertige Band dem eigentlichen Tonträgerhersteller im Sinne der Marktdefinition übergibt. Auch in diesem Vertrag ist **Vertragsinhalt** neben der Einräumung bestimmter zeitlich und territorial begrenzter Rechte eine Exklusivitätsbindung.[518] Die Vergütung erfolgt, ebenso wie im Künstlervertrag, in 262

[514] Vgl. zu Einzelheiten Loewenheim/Rossbach UrhG § 69 Rn. 33 f., 38 und Rossbach/Joos, FS Schricker, S. 371 ff.
[515] Eine der wenigen Entscheidungen des BGH ist GRUR 1989, 129 – Künstlerverträge; vgl. auch KG UFITA 86 (1980), 230–234 tendering-dream.
[516] Vgl. zu dieser Problematik iÜ Loewenheim/Rossbach UrhG § 69 Rn. 31 ff.
[517] Vgl. hierzu iÜ Rossbach/Joos, FS Schricker, S. 374. Loewenheim/Rossbach UrhG § 69 Rn. 47.
[518] Vgl. zu Einzelheiten Loewenheim/Rossbach UrhG § 69 Rn. 63.

der Regel als Umsatzbeteiligung, wobei auch hier die oben dargestellten Berechnungsgrundlagen und Abzüge gelten. Anders als im Künstlervertrag ist es beim Bandübernahmevertrag allerdings üblich, einen Vorschuss an den wirtschaftlichen Produzenten zu zahlen, der auch nicht rückzahlbar ist.[519] Niemals Vertragsgegenstand sind bei derartigen Verträgen natürlich die entsprechenden Nutzungsrechte des Komponisten, also die mechanischen Vervielfältigungsrechte; diese sind gesondert über die GEMA einzuholen.

263 **d) Bildende Kunst**

Normverträge

- Richtlinien für den Abschluss und die Auslegung von Verträgen zwischen bildenden Künstlern und Verlegern
  [Reichswirtschaftsverband bildender Künstler ./. Verlegervereinigungen] (aus dem Jahre 1926, heute formell nicht mehr in Geltung, vgl. *Schricker* Anh. S. 845 ff.; auch *Delp* S. 356 ff.)

Gemeinsame Vergütungsregeln

./.

Vergütungsempfehlungen

./.

Vertragsmuster

- Münchener Vertragshandbuch/*Vinck,* Band 3, Wirtschaftsrecht II, 8. Aufl. 2021
  - Musealer Leihvertrag
  - Rechtsverbindliche Rückgabezusage (freies Geleit)
  - Galerievertrag
  - Satzung einer Kunststiftung
  - Kaufvertrag über ein Werk der bildenden Kunst (Gemälde)
  - Bestellung eines Kunstwerkes (Portrait)
  - Kommissionsvertrag zwischen privatem Veräußerer und Kunsthändler
  - Versteigerungsvertrag über Kunstgegenstände
  - Vertrag über die Rückgabe/Restitution von Kulturgütern (insbesondere von Raubkunst und entarteter Kunst)
  - Agenturvertrag
- *Bundesverband Bildender Künstlerinnen und Künstler (BBK),* ProKunsT 6, Digitales Handbuch für bildende Künstlerinnen und Künstler, 6. Aufl. 2021
  - Kaufvertrag
  - Auftrag zur Herstellung eines Kunstwerkes
  - Nutzungsvertrag
  - Vertrag zur Vermietung von Kunstwerken
  - Kunst am Bau-Vertrag
  - Vertrag für die vorübergehende Herstellung einer Rauminstallation
  - Leihvertrag mit Haftungserklärung von „Nagel zu Nagel"
  - Dauerleihvertrag
  - Vertrag über das Angebot von Werken im Internet
  - Ateliermietvertrag
  - Galerievertrag
  - Galerievertrag für die Durchführung einer zeitlich begrenzten Ausstellung
  - Künstler-Agenten-Vertrag
  - Schenkungsvertrag
  - Rechtsübertragungsvertrag zwischen Künstler/in und Fotograf/in
  - Muster-Honorarvertrag
  - Muster-Werkvertrag
  - Musterverträge für Projekte kultureller Bildung
- *Locher,* Das Recht der bildenden Kunst, 1970
  - Kaufvertrag über ein wertvolles, nicht mehr geschütztes Kunstwerk
  - Kaufvertrag über ein geschütztes Kunstwerk von geringem Wert
  - Kommissionsvertrag mit einem Kunsthändler
  - Ausstellungsvertrag
  - Verlagsvertrag über Vervielfältigung und Verbreitung eines Kunstwerkes
  - Versteigerungsbedingungen für eine Kunstauktion
  - Auftrag zur Kunstversteigerung

[519] Zu den üblichen Höhen derartiger Vorschüsse vgl. Loewenheim/Rossbach UrhG § 69 Rn. 66.

Verträge über Werke der bildenden Kunst unterteilen sich grob in zwei Bereiche: Dies ist zum einen der sogenannte Kunstverlag, also die Vervielfältigung und Verbreitung von Werken der bildenden Kunst in Druckwerken, zum anderen Verträge über die Erstverwertung von Werken der bildenden Kunst im Rahmen von Ausstellungen und Verkäufen. 264

Der **Kunstverlag** kann einerseits Werke der bildenden Kunst als Illustration, andererseits schmückendes Beiwerk in Druckwerken betreffen. Ein solcher Vertrag unterliegt unmittelbar dem Verlagsgesetz.[520] Die dagegen als **Kunstverlag im engeren Sinne**, von *Schricker* als Kunstwerkverlag bezeichnete, weitere Erscheinungsform eines derartigen Vertrages beinhaltet die Herstellung und den Vertrieb von Stichen, Radierungen, Gemälden und/oder Plastiken, was nicht unmittelbar dem Verlagsgesetz unterliegt.[521] Beide Vertragsarten orientieren sich an den oben schon zum Buchverlag dargestellten Regelgehalten. Sie beinhalten insbesondere Vorschriften zur Einräumung von Nutzungsrechten, die oftmals auf bestimmte Nutzungsarten beschränkt sind. Hier begegnet uns wieder das Kernproblem des Urhebervertragsrechts, die Frage nach der gegenständlichen Eingrenzung von Nutzungsrechten. Denkbar sind hier etwa Einschränkungen hinsichtlich der Vervielfältigungstechnik oder aber des Formates eines Druckwerkes oder aber auch des Stoffes.[522] Soweit sogar eine Auswertungspflicht des Verlegers vorliegt, dürfte das Verlagsgesetz entsprechend anwendbar sein, da der Vertrag verlagsvertragähnliche Züge gewinnt.[523] 265

Auch im Übrigen kennt der Kunstverlag die urheberrechtlichen Probleme der Vertragsauslegung: Ob also die Einräumung eines ausschließlichen und/oder einfachen Nutzungsrechts gewollt war oder eine rein schuldrechtliche Berechtigung[524] vorliegt. Eine weitere wichtige Auslegungsregel des Urheberrechtsgesetzes wird im Bereich der bildenden Kunst besonders relevant: § 44 UrhG – einer der Grundsätze des modernen Urheberrechts –, welcher die Trennung von Eigentumsübergang und Nutzungsrechtseinräumung kodifiziert, bestimmt bekanntlich, dass auch bei Veräußerung eines Originals im Zweifel dem Erwerber kein Nutzungsrecht eingeräumt wird. 266

Die Verträge im Kunstverlagsbereich werden nicht unerheblich von den Richtlinien für Abschluss und Auslegung von Verträgen zwischen bildenden Künstlern und Verlegern beeinflusst, auch wenn diese nur bis 1936 formell in Geltung waren.[525] Die eigentliche **Erstverwertung** eines Kunstwerkes stellt natürlich die **Ausstellung** dar. Der Ausstellungsvertrag ist gleichwohl ein selten anzutreffender Vertrag, da das entsprechende Verwertungsrecht (§ 18 UrhG) nur für unveröffentlichte Werke der bildenden Kunst oder Lichtbildwerke gilt. Es erschöpft sich also nach der ersten Ausstellung.[526] Gleichwohl ist ein solcher Ausstellungsvertrag ein urheberrechtlicher Nutzungsvertrag, der allerdings Elemente des Kaufrechts, der Verwahrung und der Geschäftsbesorgung hinzutreten lässt.[527] Ein solcher Vertrag enthält neben den bekannten urheberrechtlichen Nutzungsrechtsklauseln Regelungen zu Rückgabe und zur Abrechnung sowie zu Transport und Haftung aber auch zur Durchführung der Ausstellung, Verkaufspreisen und Werbemaßnahmen sowie ggf. Kommissionen. All dies sind aber allgemein vertragsrechtliche Fragen, die nicht direkt das Urhebervertragsrecht berühren. Der Ausstellungsvertrag ist aber auch denkbar für den Fall eines bereits veröffentlichten Werkes. Dann entfalten seine Regelungen keine direkte urhebervertragsrechtliche und insbesondere gegenständliche Geltung, sondern sind bloß schuldrechtlicher Natur:[528] Es stehen sich Übergabe des Bildes und ggf. Einräumung des entsprechenden Nutzungsrechts auf Seiten des Urhebers und die Pflicht des Galeristen, die Ausstellung durchzuführen und das vereinbarte Honorar zu zahlen, gegenüber.[529] 267

520 Schricker/Loewenheim/Schricker UrhG Vor §§ 28 ff. Rn. 83.

521 Ulmer S. 503; Schricker VerlagsR § 1 Rn. 86.

522 Sie werden in der Regel als so aufspaltbar anerkannt: Schricker/Loewenheim/Schricker UrhG Vor §§ 28 ff. Rn. 85.

523 BGH GRUR 1976, 706 (707) – Seriegrafie.

524 OLG München GRUR 1958, 458 f. – Kirchenfoto; zur Anwendung der allgemeinen Zweckübertragungstheorie Vor § 31 Abs. 5 UrhG, wonach die Einräumung von Befugnissen zur Herstellung von Kunsttafeln im Zweifel nicht dazu berechtigt, auch Postkarten herzustellen und zu verbreiten; Vgl. auch die weiteren Nachweise bei Schricker/Loewenheim/Schricker UrhG Vor §§ 28 ff. Rn. 85.

525 Ulmer S. 504; Schricker VerlagsR § 1 Rn. 88; BGH GRUR 1985, 378 (379) – Illustrationsvertrag; im Übrigen zu dem Meinungsstand, der teilweise auch skeptisch hinsichtlich der Weitergeltung ist, Vgl. Schricker/Loewenheim/Schricker UrhG Vor §§ 28 ff. Rn. 86.

526 Vgl. hierzu Fromm/Nordemann/Dustmann UrhG § 18 Rn. 2 ff.; Schricker/Loewenheim/Vogel UrhG § 18 Rn. 2 ff.

527 MVHdB/Vinck Formular VII 59 Anmerkung 1. S. 1261, 1264.

528 Fromm/Nordemann/Jan Bernd Nordemann UrhG Vor § 31 Rn. 383 ff.

529 Zu der Praxis insbesondere im Museumsbereich vgl. Pfennig, Museumspraxis und Urheberrecht, 1996.

268 Die weiteren Verträge aus dem Bereich der bildenden Kunst, insbesondere Schenkungsverträge, Kaufverträge oder Bestellverträge und Kommissionsverträge über Kunstwerke sowie Versteigerungsverträge, enthalten in der Regel keine urhebervertragsrechtlichen Besonderheiten, die hier dargestellt werden müssten,[530 · 531]

269 e) Designleistungen

Normverträge

- Tarifvertrag Design-Leistungen [selbstständige Design-Studios e. V. ./. Allianz Deutscher Designer e. V.] (Urheber- und Verlagsrecht, Textsammlung dtv, Ziffer 10 f. S. 182, 20. Auflage 2021)

Gemeinsame Vergütungsregeln

./.

Vergütungsempfehlungen

- Vergütungstarifvertrag für Designleistungen aus dem Jahr 2015 zwischen der Allianz Deutscher Designer e. V. und SDSt (für arbeitnehmerähnliche Designer), 9. Auflage, kostenpflichtig zu beziehen über den Onlineshop auf http://www.agd.de oder die Allianz deutscher Designer (AGD) e. V. Steinstraße 3, 38100 Braunschweig, ältere Fassung auszugsweise abgedruckt in den Beck-Texten im DTV, Urheber- und Verlagsrecht; Fassung von 2006 abrufbar unter http://www.belsignum.de/fileadmin/redakteur/pdf/agd/agdvtv2006.pdf;
- Honorare und Konditionen im Designbereich [Bund Deutscher Grafik-Designer] (Eigenpublikation des Bund Deutscher Grafik-Designer)
- Betz, Formulierungsvorschlag Vertragsmuster mit Rahmenbedingungen im Bereich Industriedesign des Verbandes Deutscher Industrie Designer (VDID), Berlin, erhältlich über www.vdid.de;
  Honorar- und Gehaltsreport Design 2014, erstellt vom BDG Berufsverband der Deutschen Kommunikationsdesigner e. V., dem VDID Verband Deutscher Industrie Designer e. V. und dem österreichischen Verband designaustria; Informationen zu Bezugsmöglichkeiten siehe http://www.vdid.de/beratung/honorare.php
- Etat-Kalkulator 2016 zur konzeptionellen Ermittlung des Werbeetats und überschlägigen Werbekostenberechnung erschienen im creativ collection Verlag GmbH, Basler Landstraße 61, 79111 Freiburg (www.ccvision.de, Rubrik „Werbekosten“, Menüpunkt „Etat-Kalkulator“), allerdings ausdrücklich ohne Inanspruchnahme eines Richtpreischarakters, jedoch unter Angabe verschiedenster namhafter Quellen der Werbebranche.

Vertragsmuster

- *Maaßen, Wolfgang,* Grundlagen der Berufsausübung selbstständiger Designer, Düsseldorf, 1990
- *Maaßen/May/Zentek,* Designers' Contract, 2. Aufl. 2005
  - Werkvertrag Grafikdesign
  - Illustrationsvertrag
  - Werkvertrag Produktdesign
  - ua
- *Schmidt, Rainer,* Urheberrecht und Vertragspraxis des Grafik-Designers, Braunschweig, 1983
- Münchener Vertragshandbuch *Gloy,* Band 3, Wirtschaftsrecht II, 8. Aufl. 2021
  - Werbekonzeptionsvertrag

270 Design ist, wie zu Recht betont wird,[532] aus dem alltäglichen Leben nicht mehr wegzudenken. Unsere Gesellschaft entwickelt sich als Konsumgesellschaft auch immer mehr zu einer Design-Gesellschaft. Schönheit transportiert eben Image. Dies ist auch in engem Zusammenhang mit der zunehmenden Bedeutung von Marken und sonstigen Kennzeichen zu sehen. Gleichwohl nimmt der Designschutz eine eher untergeordnete Rolle ein. Soweit es um die Frage der urheberrechtlichen Schutzfähigkeit geht, ist der Designschutz sogar unterentwickelt. Denn die urheberrechtliche Rechtsprechung ging traditionell davon aus, dass – wegen des vorhandenen Unterbaus in Form des Geschmacksmusterrechts – in der Regel bei angewandter Kunst höhere Anforderungen an die sogenannte Gestaltungshöhe im Rahmen des § 2 UrhG zu stellen sind.[533] Dies ist auf Kritik aus

[530] Vgl. zu der Vertragsgestaltung hierzu insbesondere die oben dargestellten Vertragsmuster im MVHdB und im Handbuch für Bildende Künstlerinnen und Künstler.

[531] Vgl. näheres zu den Vertragsarten Loewenheim/Schulze UrhG § 70 Rn. 2 ff.

[532] Kur, FS Schricker, S. 504.

[533] BVerfG GRUR 2005, 410 – Das laufende Auge; BGH GRUR 1959, 289 (290) – Rosental-Vase; BGH GRUR 1974, 669 (671) – Tierfiguren; BGH GRUR 1983, 377 (378) – Brombeermuster; BGH GRUR 1987, 903 (904) – Le Corbusier-Möbel; BGH GRUR 1995, 581 (582) – Silberdistel; OLG Nürnberg GRUR-RR 2001, 225 (227) – Dienstanweisung.

der Literatur getroffen.[534] Zunächst hat der BGH in seiner Entscheidung *Seilzirkus* die bisherige Rechtsprechung zum deutlichen Überragen der Durchschnittsgestaltung in Bezug genommen und auch ausführlich die daran geäußerte Kritik in der Literatur wiedergegeben, jedoch ausdrücklich offen gelassen, ob er an dieser Rechtsprechung festhalten wird,[535] sondern vielmehr ein anderes Kriterium in den Vordergrund gestellt: Danach soll ein Werk der angewandten Kunst immer dann vorliegen, wenn die Gestaltung einen solchen ästhetischen Gehalt erreicht hat, dass man von einer künstlerischen Leistung sprechen kann.[536] Nunmehr hat der BGH seine bisherige Rechtsprechung (rückwirkend zum 1.6.2004) ausdrücklich endgültig aufgegeben.[537] Für Werke der angewandten Kunst genügt jetzt, dass sie eine Gestaltungshöhe erreichen, die es nach Auffassung der für Kunst empfänglichen und mit Kunstanschauungen einigermaßen vertrauten Kreise rechtfertigt, von einer „künstlerischen" Leistung zu sprechen.[538]

Ob sich allerdings für die große Mehrheit der in den Bereich der angewandten Kunst fallenden Gestaltungen tatsächlich so viel ändern wird und sie in Zukunft nunmehr urheberrechtlich geschützt sein werden, muss bezweifelt werden: Eine nur durchschnittliche Designerleistung wird oft nicht künstlerisch sein, während auch in der Vergangenheit schon eine Designleistung, die als künstlerisch zu bewerten war, den Durchschnitt oft deutlich überragt haben wird. Der BGH hat in seiner *Geburtstagszug*-Entscheidung bereits angedeutet, dass eine nicht zu geringe Gestaltungshöhe zu fordern sei und gerade bei Gebrauchsgegenständen der Spielraum für eine künstlerische Gestaltung regelmäßig eingeschränkt wäre;[539] besonders bei ihnen stelle sich deshalb die Frage, ob sie über ihre von der Funktion vorgegebene Form hinaus künstlerisch gestaltet seien und diese Gestaltung eine Gestaltungshöhe erreiche, die einen Urheberrechtsschutz rechtfertige.[540] Daraus ergibt sich eine der wesentlichen Problemstellungen für Verträge im Bereich des Design. Kann man die Anwendbarkeit des Urheberrechtsgesetzes vertraglich vereinbaren? Denn auf diese Art und Weise würden die Designer, die sonst vielfältig schutzlos sind, einen Teil der durch die hohen Anforderungen an die Gestaltungshöhe verlorengegangenen Schutzinstrumente wiedererlangen. Die Allianz Deutscher Designer formuliert dies so in ihren Allgemeinen Vertragsgrundlagen: 271

Alle Entwürfe und Reinzeichnungen unterliegen dem Urheberrechtsgesetz. Die Bestimmungen des Urheberrechtsgesetzes gelten auch dann, wenn die nach § 2 UrhG erforderliche Schöpfungshöhe nicht erreicht ist.

Bislang ist höchstrichterlich nicht geklärt, ob eine solche Klausel wirksam ist.[541] Natürlich können solche Regelungen lediglich vertragliche Bedingungen erzeugen und keine Drittwirkung haben, bleiben naturgem. also hinter den absoluten Rechten des Urheberrechts zurück. Gleichwohl ist nicht recht einsichtig, warum eine solche Formulierung nicht möglich sein sollte, sofern sie den Anforderungen der §§ 305 ff. BGB hinsichtlich Transparenz und Erkennbarkeit genügt. 272

Der eigentliche **Vertragsinhalt** des Designvertrages gliedert sich im Wesentlichen in zwei Stufen. Dies ist zum einen die sogenannte Entwurfsphase, in der der Designer Modelle oder Skizzen anfertigt, die dann später in eine Reinzeichnung (soweit noch mit den herkömmlichen Arbeitsmitteln gearbeitet wird) übergehen. Hierbei handelt es sich in der Regel um einen Werkvertrag. Hingegen betrifft die zweite Phase die Frage, ob der Auftraggeber den Entwurf dann auch nutzen will; dies ist also die eigentliche Verwertung des Designs. Hier dürfte ein Kauf- oder Pachtvertrag zugrunde liegen, der durch die urhebervertragsrechtlichen Besonderheiten mit der Einräumung von Nutzungsrechten verbunden ist.[542] Der Vertrag auf der ersten Stufe wird regelmäßig Regelungen zu Ausführungsfristen und möglicherweise inhaltlichen Vorgaben des Auftraggebers enthalten sowie zur Frage, ob die Entwürfe schlussendlich zu übereignen sind. Wesentlicher Kern 273

[534] Fromm/Nordemann/W. Nordemann/Vinck (9. Aufl. 1998) UrhG § 2 Rn. 15 ff., Fromm/Nordemann/Axel Nordemann, 11. Aufl. 2014, UrhG § 2 Rn. 147; R. Schmidt S. 62 ff.; Kur, FS Schricker, S. 503, 511; A. Nordemann/Heise ZUM 2001, 128 (137 ff.); Loewenheim GRUR Int. 2004, 765 (767); mit Musterformulierungen Kuon/Härting ITRB 2006, 266 f.; vgl. dazu → Rn. 372 ff.

[535] BGH GRUR 2012, 58 (62), Tz. 33–36 – Seilzirkus.

[536] BGH GRUR 2012, 58 (60), Tz. 17 u. 22 – Seilzirkus; vorhergehend BGH GRUR 2011, 803 (805) Tz. 31 – Lernspiele; vgl. dazu → Rn. 312 ff.

[537] BGH GRUR 2014, 175 (177) Tz. 26 – Geburtstagszug.

[538] BGH GRUR 2014, 175 (177) Tz. 26 – Geburtstagszug.

[539] BGH GRUR 2014, 175 (179) Tz. 40 f. – Geburtstagszug.

[540] BGH GRUR 2014, 175 (178) Tz. 41 – Geburtstagszug.

[541] Einige Gerichte halten sie offenbar für unwirksam: OLG Karlsruhe Urt. v. 14.4.1999 – 6 U 226/98 – nv; andere hingegen gehen wohl von der Wirksamkeit solcher vertraglichen Vereinbarungen aus: OLG Köln GRUR 1986, 889 (892) – ARD 1 in einem obiter dictum; KG ZUM 2005, 230.

[542] Vgl. hierzu insgesamt R. Schmidt S. 251; Kur, FS Schricker, S. 503, 513 ff.

dieses Teils ist sicherlich die Vergütung. Wird – wie so oft in der Praxis – hierüber überhaupt nicht gesprochen, gilt nach § 632 Abs. 2 BGB die übliche Vergütung als geschuldet, soweit keine Taxe besteht. Hier haben sich die Gerichte mittlerweile an den Honorarempfehlungen des BDG und dem Vergütungstarifvertrag der AGD orientiert, die allgemein als übliche Vergütung gewertet werden.[543] Im Streitfall müsste hier natürlich regelmäßig ein Gutachten entscheiden.[544] Die Vergütung orientiert sich dabei für die Entwurfsphase im Wesentlichen am Zeitaufwand.[545] Der urheberrechtliche Kern des Design-Vertrages betrifft dann aber natürlich die Frage der Rechteinräumung, also die zweite Phase des einheitlichen Vertrages. Der Designer sollte darauf achten, dass die Nutzungsrechte erst mit vollständiger Zahlung der Vergütung übergehen und im Übrigen möglichst konkret die eingeräumten Nutzungsrechte bezeichnen. Hier begegnen uns also wiederum all die Besonderheiten der Einräumung von Nutzungsrechten, der Beschränkung von Nutzungsrechten und allgemein des Umfangs von Nutzungsrechten, wie sie oben besprochen wurden. Dazu zählt natürlich auch die Frage, ob eine Nutzungsart bekannt war, sie also überhaupt Gegenstand des Designvertrages sein kann. Dabei formulieren die Allgemeinen Vertragsgrundlagen der AGD, dass im Zweifel lediglich einfache Nutzungsrechte übertragen sind und eine Weitergabe der Nutzungsrechte an Dritte immer der schriftlichen Vereinbarung mit dem Designer bedarf. Enthalten sind hier auch Vertragsstraferegelungen für den Fall, dass das Design ohne ausdrückliche Zustimmung des Designers bearbeitet wurde.

274 Die **Vergütung** für diesen zweiten Teil bildet den eigentlichen Kern des Designvertrages, bei dem durchaus auch höhere Vergütungen erzielbar sind.[546] Die Vergütung orientiert sich hierbei, ebenso wie bei dem Entwurf, an der Üblichkeit, die sich etwa aus den Honorarempfehlungen der BDG oder dem Vergütungstarifvertrag der AGD ergibt. Diese arbeiten in der Regel mit einem Faktorensystem, das sich danach richtet, wie hoch der Aufwand für das Design war und wie das Design räumlich, zeitlich und inhaltlich genutzt werden soll. Im Bereich der räumlichen Nutzungsvergütung sind lokale, regionale, nationale, europaweite und weltweite Aufspaltungen möglich. Zeitlich unterteilt sich die Nutzung in drei Monate, 1 Jahr, 5 Jahre, 10 Jahre und eine unbegrenzte Nutzung. Inhaltlich differenziert die AGD lediglich zwischen einer einfachen (geringen, mittel oder umfangreichen) oder ausschließlichen Nutzung, die allerdings wiederum unterteilt ist in inklusive Weitergabe von Nutzungsrechten an Dritten oder ohne Weitergabe von Nutzungsrechten an Dritten sowie schließlich mit Branchenexklusivität für fünf Jahre.[547]

Praxistipp:

Der Designer sollte ferner immer darauf achten, dass der Namensnennungsanspruch aus § 13 UrhG noch einmal ausdrücklich im Vertrag vereinbart wird, da es gerade im Designbereich zum Teil üblich ist, die Designer nicht zu nennen. Man erspart sich damit unnötige Diskussionen über die Anwendung und die Anwendbarkeit des § 13 UrhG. Zudem sollte man gleich die konkrete Art der Nennung vereinbaren, auch um hier wiederum Diskussionen zu vermeiden. Auch dieser Bereich kennt Vertragsstrafen, die zu zahlen sind, für den Fall, dass eine Nennung unterbleibt. Ein sogenannter hundertprozentiger Verletzerzuschlag ist allgemein anerkannt[548] und unseres Erachtens auch sinnvoll. Für den Bereich des Industriedesigns sind im Übrigen prozentuale Beteiligungen an der verkauften Stückzahl des designten Objekts durchaus üblich, die im Bereich von 2 bis 10 % des Endverkaufspreises liegen können.

275 Wie jeder Vertrag kennt auch der Designvertrag die Probleme der **Vertragsstörungen.** Hier gelten ebenfalls die allgemeinen Grundsätze, die oben dargestellt sind. Das Rückrufsrecht aus § 41 UrhG wird allerdings lediglich in Fällen der prozentualen Beteiligung, wie bei dem eben beschriebenen Industriedesign, zur Anwendung kommen.[549] Sofern der Designer im Vertrag vereinbart hat, dass die Nutzungsrechte erst bei vollständiger Bezahlung der Vergütung übergehen, gibt es auch hier einen Hebel. Ansonsten ist die Allgemeine Vorschrift des § 323 BGB zum Teil von Nut-

[543] OLG Frankfurt NJW-RR 1997, 120 – Designerhonorar; LG Oldenburg Urt. v. 13.1.1999 – 5 S 568/98.
[544] Kur, FS Schricker, S. 503, 516; zu einem solchen Beispielsgutachten vgl. Hackenberg, Was kostet Grafik-Design?, 1999, S. 128 ff.
[545] Vgl. im Übrigen zur Berechnung der Vergütung im Grafik-Designbereich Hackenberg S. 61 ff.
[546] Vgl. zur Vergütung und Abrechnung Loewenheim/G. Schulze UrhG § 70 Rn. 151 f.
[547] Vgl. im Einzelnen Vergütungstarifvertrag SDSt/AGD Tafeln I und II.
[548] Ziffer 1.5. der Allgemeinen Vertragsgrundlagen zwischen AGD und SDSt.
[549] Kur, FS Schricker, S. 503, 531 ff.

zen, wenn man über einen Rücktritt vom Vertrag mangels Zahlung der Vergütung wegen des im Urheberrecht nicht vorhandenen Abstraktionsprinzips einen Rückfall der Rechte erreicht und damit den Auftraggeber unter Druck setzen kann, der möglicherweise das Design bereits nutzt.

Allgemeine Regeln, die nicht spezifisch urhebervertragsrechtlich sind, enthält ein Designvertrag in der Regel noch zu Sonderleistungen und Verrechnungen von Nebenkosten, zur Frage der Gestaltungsfreiheit und etwa zur Frage, ob der Designer auch verpflichtet ist, Dateien oder Layouts, die am Computer erstellt wurden, herauszugeben, zu Belegexemplaren und insbesondere zu Fragen der Haftung. Gerade letzteres ist für Designer, die am Rande der Tätigkeit einer Werbeagentur sind, von besonderer Bedeutung. Sie sollten die wettbewerbs- und kennzeichenrechtliche Zulässigkeit bzw. Eintragungsfähigkeit der Arbeiten nicht zusichern. 276

f) Film 277

Normverträge

- Filmmusikvertrag [Verband deutscher Filmproduzenten ./. Deutscher Komponisten Interessenverband] (*Schulze* S. 793 ff.)
- Tarifvertrag für Film- und Fernsehschaffende vom 24.5.1996, zu beziehen bei der IG Medien, Friedrichstr. 15, 70174 Stuttgart
- FFS – Tarifvertrag für auf Produktionsdauer beschäftigte Film- und Fernsehschaffende – Manteltarifvertrag, Gagentarifvertrag, Tarifvertrag für Kleindarsteller, gültig ab 1.4.2016, Tarifvertrag für Schauspielerinnen und Schauspieler, gültig ab 1.4.2014, Ergänzungstarifvertrag Erlösbeteiligung Kinofilm, gültig ab 1.1.2014, abrufbar unter https://filmunion.verdi.de/++file++56fd5d176f68440706000508/download/TV-FFS_2016-Endfassung-160331_web.pdf
- Grundnormen zum Regievertrag im Fernseh- und Filmbereich [Bundesverband der Fernseh- und Filmregisseure in Deutschland e. V.] (*Schulze* S. 880 ff.)
- Kooperationsabkommen zwischen der Filmförderungsanstalt und ARD/ZDF [Filmförderungsanstalt, Bundesanstalt des öffentlichen Rechts ./. Arbeitsgemeinschaft der öffentlichen Rundfunkanstalten/Zweites Deutsches Fernsehen] (*Schulze* S. 921 ff.)

Rahmenvereinbarung für die Neuregelung der Vergütungssätze und des Vergütungssystems für Drehbuchautoren vom 3.2.2012, abgeschlossen zwischen dem ZDF und dem Verband Deutscher Bühnen- und Medienverlage

Vergütungsmodelle für Drehbuchautoren bei ZDF-Produktionen vom 19.7.2012, abgeschlossen zwischen dem Verband der Drehbuchautoren, dem ZDF und der Allianz Deutscher Produzenten – Film & Fernsehen

Gemeinsame Vergütungsregeln

Gemeinsame Vergütungsregel für den Bereich Kameraleute, abrufbar unter http://www.prosiebensat1.de/uploads/2016/08/23/160817_.Verguetungsregeln_BVK.pdf

Gemeinsame Vergütungsregel und Durchführungsvereinbarung für den Bereich Kameraleute zwischen dem Bundesverband Kinematografie (Kamera) und RTL Television und VOX Television vom 28.12.2017 für Fiktionale TV-Produktionen mit Ausnahme von Scripted Reality-, Comedy-Formaten und Daily Soaps, abrufbar unter: https://www.mediengruppe-rtl.de/export/sites/mediengruppe_rtl/.content/downloads/RTL_BVK_Vergue tungsregeln-PT_Fiction-2017_Lesefassung.pdf

Einigungsvorschlag der Schiedsstelle zwischen dem Berufsverband Kinematografie (Kamera) und dem Bayerischen Rundfunk, der am 21.6.2016 beschlossen wurde, abrufbar unter http://www.kinematografie.org/down loads/Einigungsvorschlag_GVR_BVK_BR.pdf

Einigungsvorschlag der Schiedsstelle zwischen dem Bundesverband Kinematographie und Constantin Film Produktion vom 14.12.2020

Jeweils eine Gemeinsame Vergütungsregel für Film- und Fernsehregisseure, für Film- und Fernsehschauspieler und für Drehbuchautoren. Die Gemeinsame Vergütungsregel für Schauspieler ist abrufbar unter https://www.bffs.de/files/2014/12/20130630_Gemeinsame-Verg%C3 %BCtungsregeln-BFFS-und-ProSiebenSat1-Final1.pdf Die Gemeinsame Vergütungsregel für Regisseure ist abrufbar unter http://cb-tm.de/notiz/download.php?id=88118. Die Gemeinsame Vergütungsregel für Drehbuchautoren ist abrufbar unter http://www.drehbuchautoren.de/sites/drehbuchautoren.de/files/20140610_Vertrag_Pro7Sat1.pdf.

Gemeinsame Vergütungsregel für Schauspieler zwischen Netflix und Bundesverband Schauspiel und ver.di vom 1.1.2020, abrufbar unter: https://filmunion.verdi.de/++file++6007d9f176f2f64e17694 8c9/download/GVR-BFFS-Netflix-verdi_final-online.pdf

Gemeinsame Vergütungsregel für Regisseure für Telenovela mit Folgenlänge von ca. 22 Minuten zwischen ProSiebenSat.1TV und Bundesverband Regie, abrufbar unter: https://www.regieverband.de/fileadmin/bvr/da ten/Verguetungsregeln/GVR_Telenovela.pdf

Gemeinsame Vergütungsregel für Regisseure nach Schlichtungsverfahren zwischen ZDF u. Produzentenallianz und Bundesverband Regie für fiktionale TV-Auftragsproduktionen mit ca. 90 Minuten Länge vom 12.12. 2014, abrufbar unter: https://www.regieverband.de/fileadmin/bvr/daten/Verguetungsregeln/2._GVR_f _Dok_ ZDF-unterschrieben.pdf mit Ergänzung vom 28.8.2015 für 45 bzw. 60 Minuten Länge

Gemeinsame Vergütungsregel für Regisseure zwischen Produzentenallianz und Bundesverband Regie vom 26.1.2016, mittlerweile allerdings gekündigt

Gemeinsame Vergütungsregel für Drehbuchautoren zwischen ARD/Degeto, Produzentenallianz und Verband Deutscher Drehbuchautoren für Fiktionale TV-Auftragsproduktionen mit ca. 90 Minuten Länge vom 1.1.2019, abrufbar unter: https://www.drehbuchautoren.de/sites/default/files/2019-05-20_unterschriebene_verguetungsregeln_vdd.pdf

Gemeinsame Vergütungsregel für Drehbuchautoren zwischen ARD/Degeto, Produzentenallianz und Verband Deutscher Bühnen- und Medienverlage für Fiktionale TV-Auftragsproduktionen mit ca. 90 Minuten Länge vom 1.1.2019, abrufbar unter: https://www.daserste.de/ard/die-ard/2019-07-02-Gemeinsame-Verguetungsregeln-Drehbuch-VDB-100.pdf

Gemeinsame Vergütungsregel für Drehbuchautoren zwischen ZDF und Verband Deutscher Drehbuchautoren für Fiktionale TV-Auftragsproduktionen von 45, 60, 90 Min. Länge sowie kürzere Formate ab 30 Min. Länge, abrufbar unter: https://www.drehbuchautoren.de/sites/default/files/20190711_gvr_vereinbarung.pdf

Gemeinsame Vergütungsregeln für den Bereich fiktionaler Kinofilm seit 2016 zwischen dem Bundesverband Regie e. V. und der Allianz Deutscher Produzenten – Film & Fernsehen e. V. (Produzentenallianz), abrufbar unter http://www.produzentenallianz.de/die-produzentenallianz/ergebnisse/inhalte-ergebnisse/gemeinsame-verguetungsregeln-fuer-den-bereich-fiktionaler-kinofilm.html

Gemeinsame Vergütungsregel für vollfinanzierte 90-minütige fiktionale Auftragsproduktionen des ZDF seit dem 15.12.2014 zwischen dem Bundesverband der Film- und Fernsehregisseure in Deutschland e. V., dem ZDF und der Allianz Deutscher Produzenten – Film & Fernsehen e. V., abrufbar unter http://cb-tm.de/notiz/download.php?id=96347 Seit dem 1.9.2015 Ergänzungsvereinbarung zu dieser Vergütungsregel, die die Bereiche Reihen und Serien mit 60 und 45 Minuten Länge umfasst. Sie ist abrufbar unter http://cb-tm.de/notiz/download.php?id=99803

Gemeinsame Vergütungsregeln für Dokumentationen, die für vollfinanzierte Auftragsproduktionen des ZDF gelten, seit März 2016

Gemeinsame Vergütungsregeln für Dokumentarfilmer zwischen Produzentenallianz und ARD vom 1.1.2021 für dokumentarische Auftragsproduktionen der ARD-Anstalten, abrufbar unter: https://www.drehbuchautoren.de/sites/default/files/20190711_gvr_vereinbarung.pdf

Gemeinsame Vergütungsregeln für Editoren/Cutter zwischen ProSiebenSat.1 und Bundesverband Filmschnitt Editor vom 24.9.2018 für fiktionale TV-Eigen- und Auftragsproduktionen von TV-Movies, Reihen und Serien mit Folgenlänge von ca. 45 Minuten sowie koproduzierte Kinofilme, abrufbar unter: https://bfs-filmeditor.de/fileadmin/dateien_b/pdf_b/magazin/BFS_Pro_Sieben_Sat_1_unterschrieben.pdf

Gemeinsame Vergütungsregeln und Durchführungsvereinbarung zwischen RTL Television und Vox Television und Bundesverband Filmschnitt Editor vom 18.12.2020 für Fiktionale TV-Produktionen mit Ausnahme von Scripted Reality-, Comedy-Formaten und Daily Soaps

Gemeinsame Vergütungsregeln und Durchführungsvereinbarung für Szenen- und Kostümbildner zwischen RTL Television u Vox Television und Verband der Berufsgruppen Szenenbild und Kostümbild vom 18.12.2020

Gemeinsame Vergütungsregeln für Film- und Fernsehschaffende zwischen Netflix und Bundesverband Schauspiel u ver.di für Fiktionale Real-film-Serien vom 1.1.2020, abrufbar unter: https://filmunion.verdi.de/++file++6007d9f176f2f64e176948c9/download/GVR-BFFS-Netflix-verdi_final-online.pdf

Gemeinsame Vergütungsregeln für Synchronschaffende zwischen Studiocanal, Constantin Filmverleih und ver.di vom 1.1.2019, abrufbar unter: https://www.regieverband.de/fileadmin/user_upload/GVR_Synchron_2019.pdf

Vergütungsempfehlungen

- für Musiknutzung: Audiovisuelle Lizenzen in den Erfahrungsregeln über die Verwertung von Nutzungsrechten [Deutscher Musikverleger-Verband e. V.] (für das sekundäre Urhebervertragsrecht)

Vertragsmuster

- *von Hartlieb,* Handbuch des Filmrechts, Fernsehrechts und Videorechts, 5. Aufl. 2011
- Münchener Vertragshandbuch/*Hertin,* Band 3, Wirtschaftsrecht II, 8. Aufl. 2021
  - Verfilmungsvertrag (Stoffrechtevertrag)
  - Drehbuch-Entwicklungsvertrag mit stufenweiser Beauftragung
  - Drehbuch-Vertrag
  - Filmmusikvertrag
  - Filmmusiklizenzvertrag
  - Lizenzvertrag zur Tonträgereinblendung (Master-use license)
  - Koproduktionsvertrag zwischen Filmherstellern
  - Vertrag über Product Placement für einen Werbefilm
  - Vertrag über eine Requisitenspende zur Filmerstellung (unentgeltliches Product Placement)
  - Vertrag über entgeltliches Product Placement in einer Produktion für einen Privatsender
  - Filmlizenzvertrag (Kinoverleihvertrag)
  - Bestellvertrag (Filmvorführungsvertrag)
  - Filmvorführungsvertrag für nicht gewerbliche Vorführungen

- *Schulze,* Urhebervertragsrecht, 3. Aufl. 1982
  - Produktionsvertrag zwischen Verleiher und Produzent, S. 770
  - Filmmanuskriptvertrag, S. 776 ff.
  - Filmdrehbuchvertrag, S. 781 ff.
  - Verfilmungsvertrag, S. 787 ff.
  - Anstellungsvertrag für Filmschaffende mit allgemeinen Anstellungsbedingungen für Filmschaffende, S. 799 ff.
  - Auslands-Lizenzvertrag mit allgemeinen Bedingungen zum Auslandslizenzvertrag, S. 812 ff.
  - Bezugsbedingungen der Verleihfirma, S. 828 ff.
  - Weltvertriebsvertrag, S. 843 ff.

278 Das Urhebervertragsrecht im Filmbereich gliedert sich im Wesentlichen in drei Teile. Dies sind zum einen die primären Urheberverträge über die Verfilmung vorbestehender Werke (dazu unter lit. aa)), zum anderen die Verträge über die Mitwirkung bei der Filmherstellung (dazu unter lit. bb)); sowie schließlich die sekundär urhebervertragsrechtlichen Verträge der Filmverwertung (dazu unter lit. cc)).

279 *aa) Verfilmungsvertrag.* Der Verfilmungsvertrag ist, soweit ist man sich in der Regel einig, ein Urheberrechtsverwertungsvertrag eigener Art, da er unterschiedliche Konstruktionen des Werkvertrags und des Lizenzvertrages kombiniert.[550]

280 Das Urhebervertragsrecht im Bereich der Filmverwertung unterscheidet sich vom sonstigen, allgemeinen Urhebervertragsrecht, denn das Gesetz stellt in den §§ 88 ff. UrhG dabei besondere Regeln zur Verfügung. Wichtigste Regel für den **Abschluss und Inhalt des Vertrages** bildet bei den Verträgen zur Verfilmung § 88 UrhG, der durch § 90 Satz 1 UrhG und § 93 UrhG ergänzt wird. Die Frage, welchen Umfang die eingeräumten Nutzungsrechte haben bzw. welche überhaupt betroffen sind, beantwortet § 88 UrhG im Rahmen einer Auslegungsregel dahingehend, dass – wenn lediglich von „Verfilmung" gesprochen wird – die in § 88 Abs. 1 S. 1 UrhG genannten Nutzungsrechte eingeräumt sind. Dabei sollen diese Rechte nach der gesetzlichen Auslegungsregel im Zweifel ausschließlich eingeräumt sein. Will man also ein anderes Ergebnis in den Vertragsverhandlungen erzielen, muss dies in der Vertragsurkunde zum Ausdruck kommen.

281 Die Regeln des § 88 UrhG betreffen dabei nach herrschender Meinung nicht nur die sogenannten „vorbestehenden Werke", also etwa ein Bühnenstück, ein Musikwerk oder ein Roman, sondern auch die extra für den Film geschaffenen Werke, zu denen insbesondere das sich aus Exposé und Treatment entwickelnde Drehbuch gehört.[551] Wesentlich ist dem Verfilmungsvertrag auch, dass keine **Verfilmungspflicht** besteht; der Verfilmungsvertrag also nicht analog nach den verlagsgesetzlichen Regeln zu betrachten ist.[552] Gleichwohl ist Hauptpflicht des Filmherstellers natürlich die Pflicht zur Zahlung einer **Vergütung**, die als Pauschalbetrag oder aber in Form einer Beteiligung an den Einnahmen vereinbart wird.

282 Daneben ist dem Verfilmungsvertrag noch eine besondere Treuepflicht immanent; der Urheber des benutzten Werkes hat bei einer konkurrierenden Verwertung auf die Interessen des Filmherstellers nach Treu und Glauben Rücksicht zu nehmen.[553]

283 Da sich der Umsatz einer Filmproduktion heutzutage nicht nur aus den klassischen Kinoeinnahmen und dem Verkauf von Fernsehrechten bzw. dem Auslandsgeschäft rekurriert, sondern zu einem großen Teil auch aus Zweitverwertungen, wie Video und im zunehmenden Maße auch neue Nutzungsarten wie Video on demand, Internet-TV, Pay-TV und Internet-Video,[554] rückt die Frage des Umfangs der Rechtseinräumung beim Verfilmungsvertrag besonders in den Vordergrund. Hier gelten neben den oben dargestellten allgemeinen Regeln zu der Einräumung von Nutzungsrechten und insbesondere zur Frage der unbekannten Nutzungsart (§ 31a UrhG) eben auch die gesetzlichen Vermutungen der §§ 88 ff. UrhG. Nicht zu übersehen ist schließlich, dass durch die weitgehende Verwendung vorformulierter Verträge die lediglich im Zweifel geltenden Auslegungsregeln der §§ 88 ff. UrhG ohnehin nahezu obsolet geworden sind.[555] Schließ-

[550] BGH GRUR 1952, 530 – Parkstraße 13.
[551] Vgl. zum Meinungsstand Henning-Bodewig, FS Schricker, S. 389, 394; Schricker/Loewenheim/Katzenberger UrhG § 88 Rn. 17 jeweils mwN.
[552] Schricker/Loewenheim/Schricker UrhG Vor §§ 28 ff. Rn. 102 mwN.
[553] BGH GRUR 1969, 364 – Fernsehauswertung; Schricker/Loewenheim/Schricker UrhG Vor §§ 28 ff. Rn. 101 mit dem zutreffenden Hinweis, dass auf die Annahme eines derart ungeschriebenen Wettbewerbsverbotes jedoch Zurückhaltung geboten ist.
[554] Vgl. zu Umsatzanteilen Henning-Bodewig, FS Schricker, S. 389, 409.
[555] Zu häufig verwendeten Klauseln und zur Kontrolle durch das AGB-Gesetz vgl. Henning-Bodewig, FS Schricker, 389, 412 ff.

lich zieht das Gesetz selbst gewisse Schranken für die Rechte der Filmschaffenden in den §§ 90 bis 93 UrhG, die nicht nur bestimmte urhebervertragsrechtliche Bestimmungen (zB § 34 UrhG über die Übertragung von Nutzungsrechten) einschränken, sondern sogar die Urheberpersönlichkeitsrechte tangieren (§ 93 UrhG). Hierauf sei an dieser Stelle nur verwiesen.[556]

284 Hinsichtlich **Leistungsstörungen** gelten zwar grundsätzlich auch die allgemeinen Regelungen, die oben dargestellt wurden. Auch hier schränkt § 90 UrhG aber die Rückrufsrechte aus den §§ 41 und 42 UrhG ein.

285 *bb) Verträge über die Mitwirkung bei der Filmherstellung.* Auf dem sogenannten Set begegnet man vielen Menschen. Einige von ihnen sind Filmurheber, wie der Regisseur, Kameramann ggf. auch Cutter sowie weitere schöpferisch Beteiligte,[557] andere sind ausübende Künstler und andere Leistungsschutzberechtigte, etwa die Orchestermitglieder, die die Filmmusik einspielen. Für Filmurheber gelten die §§ 89, 90 und 93 UrhG. Für Leistungsschutzberechtigte die §§ 91, 92 und 93 UrhG.

286 Das Gesetz statuiert für diese Beteiligten hinsichtlich **Inhalt und Umfang** der Nutzungsrechtsrechtseinräumung ein ausschließliches Nutzungsrecht für alle bekannten Nutzungsarten. Die überwiegende Meinung reduziert aus verfassungsrechtlichen Gründen die Anwendung dieser umfassenden Auslegungsregel auf das übliche Maß der tatsächlichen **Filmverwertung.**[558] Mit der Neufassung des UrhG können nunmehr unbekannte Nutzungsarten wegen § 31a UrhG Vertragsgegenstand werden. Die teilweise in Verträgen anzutreffende Übertragung von gesetzlichen Vergütungsansprüchen kann nicht Vertragsgegenstand sein und bleiben daher ausgenommen.[559] Zudem sind Filmschaffende vielfach Arbeitnehmer, so dass § 43 UrhG kumulativ Anwendung findet, ebenso wie die eingangs dargestellten Tarifverträge.[560]

287 Hinsichtlich der **Vergütung** gelten die obigen Ausführungen zum Verfilmungsvertrag, wenn auch hier pauschal Abfindungen üblicher sind und nur die wichtigen Filmurheber prozentuale Beteiligungen durchsetzen können.

288 Die **Leistungsstörungen** regeln sich nach den allgemeinen Regeln mit den oben dargestellten Einschränkungen zu dem Verfilmungsvertrag, die im Wesentlichen aus § 90 UrhG herrühren.

289 *cc) Sekundär urhebervertragsrechtliche Beiträge der Filmverwertung.* Klassische sekundär urhebervertragsrechtliche Bestimmungen im Sinne von *Dietz* betreffen die Verträge der Filmverwertung.[561] Hierzu gehört zunächst als wichtigste Verwertungsart die Kinoauswertung des Films, wozu die Verwertungsverträge mit Verleihfirmen geschlossen werden. Diese enthalten in der Regel räumlich und zeitlich begrenzte ausschließliche Verbreitungsrechte sowie das Recht, Filmtheaterunternehmen die Filmvorführungen zu gestatten. Natürlich erhalten die Verleihfirmen das notwendige Material in Form von Filmkopien, dazu gehören aber auch Merchandising-Objekte und Werbeprodukte. Dieser Vertrag wird regelmäßig als Urheberrechtsvertrag eigener Art qualifiziert.[562]

290 Für die zweitwichtigste Verwertungsart, die **Fernsehverwertung,** werden ebenfalls Lizenzverträge geschlossen.

291 Die **Videoverwertung,** zu der nicht nur Videokassetten, sondern auch Bildplatten und in neuerer Zeit auch DVD's gehören, werden in der Regel mit einem Vertrag zwischen Filmhersteller und Videoproduktionsunternehmen abgedeckt, letztere wiederum schließen Verträge mit Großhändlern und Einzelhändlern, die an den Letztverbraucher bzw. Videotheken veräußern. Ziel derartiger Verträge ist in der Regel die private Vorführung, seltener kommen Gestattungen öffentlicher Vorführungen für Hotels uä in Betracht.[563]

292 Soweit in einem Film ein Werk der Musik eingebaut werden soll, ist das sogenannte Filmherstellungsrecht betroffen, das die Urheber der GEMA zwar vorab eingeräumt haben. Nach § 1 lit. i) des GEMA-Berechtigungsvertrages wird dies jedoch unter einer auflösenden Bedingung

---

556 Näheres dazu vgl. Loewenheim/Schwarz/Reber UrhG § 74 Rn. 24 ff.

557 Zu den Filmurhebern vgl. Henning-Bodewig, FS Schricker, S. 389, 406 ff.; Schricker/Loewenheim/Loewenheim UrhG § 2 Rn. 189 ff. und Schricker/Loewenheim/Katzenberger UrhG Vor §§ 88 ff. Rn. 52 ff.

558 Schricker/Loewenheim/Katzenberger UrhG § 89 Rn. 10.

559 Henning-Bodewig, FS Schricker, S. 389, 397 unter Verweis auf Ulmer-Eilfort, US-Filmproduzenten, S. 101 ff.; zum Streitstand vgl. Schricker/Loewenheim/Katzenberger UrhG § 89 Rn. 19.

560 Vgl. hierzu v. Hartlieb Kap. 103 Rn. 8; Loewenheim/Schwarz/Reber UrhG § 74 Rn. 139 ff.

561 Näheres zur Filmverwertung Loewenheim/Schwarz/Reber UrhG § 74 Rn. 214 ff.

562 BGH GRUR 1951, 471 – Filmverwertungsvertrag; BGH GRUR 1953, 299 – Lied der Wildbahn; zu der Darstellung der urheberrechtlichen Vertragstypen, vgl. v. Hartlieb Kap. 109 ff. und die Muster im MVHdB.

563 Vgl. dazu Poll (Hrsg.), Videorecht, Videowirtschaft, S. 104 ff.

übertragen. Danach kann der Berechtigte der GEMA schriftlich mitteilen, dass er die Rechte im eigenen Namen wahrnehmen möchte.[564]

dd) Verträge über das Leistungsschutzrecht des Filmherstellers. Die letzte Besonderheit des Urhebervertragsrechts im Filmbereich ist, dass dem Filmhersteller ein eigenes Leistungsschutzrecht nach § 94 UrhG zusteht, das originär bei ihm entsteht und, ähnlich dem verwandten Schutzrecht des Veranstalters oder Tonträgerherstellers oder Sendeunternehmens, seine organisatorische wirtschaftliche und/oder technische Leistung honorieren soll.[565] Das Schutzrecht kann, anders als das Urheberrecht, damit auch juristischen Personen zustehen. Es gestattet insbesondere Verträge über die Vervielfältigung, Verbreitung, öffentliche Vorführung und Funksendung des Films sowie Verhinderung von Entstellungen und Kürzungen.[566] Verträge, die Filmhersteller abschließen, betreffen also nicht nur die ihnen derivativ eingeräumten Rechte der Urheber oder Leistungsschutzberechtigten, sondern immer auch dieses originäre Leistungsschutzrecht. Es erlischt in der Regel 50 Jahre nach dem Erscheinen des Bildträgers oder Bild- und Tonträgers (§ 94 Abs. 3 UrhG). 293

g) Fotografie 294

Normverträge/Tarifverträge

- Mustervertrag eines Agenturvertrages zwischen Fotografen und Bildagentur, gemeinsam erarbeitet vom Bundesverband der Pressebild-Agenturen und der Fachausschuss Bildjournalismus des deutschen Journalistenverbandes, abgedruckt im Münchener Vertragshandbuch/*Vinck* Formular IX. 64;
- Manteltarifvertrag für Redakteure und Redakteurinnen an Zeitschriften vom 4.11 2011, gültig ab 1.1. 2010, Manteltarifvertrag für Redakteurinnen und Redakteure in Tageszeitungen vom 24.4.2014, gültig ab 1.1.2014 (Urheberrechtsübertragungsvertrag), Gehaltstarifvertrag für Redakteurinnen und Redakteure an Zeitschriften, gültig ab 1.4.2016, Gehaltstarifvertrag für Redakteurinnen und Redakteure an Tageszeitungen, gültig ab 1.1.2016, abrufbar unter https://www.djv.de/startseite/info/beruf-betrieb/uebersicht-tarife-honorare.html bzw. zu beziehen beim Deutschen Journalisten Verband e. V. – Gewerkschaft der Journalistinnen und Journalisten – Geschäftsstelle Berlin, Charlottenstr. 17, 10117 Berlin, www.djv.de;
- Tarifvertrag für Film- und Fernsehschaffende vom 24.5.1996, gültig ab 1.1.1996, zu beziehen bei der IG Medien, Friedrichstr. 15, 70174 Stuttgart, auszugsweise abgedruckt in den Beck-Texten im DTV, Urheber- und Verlagsrecht, 12. Aufl. 2008;
- FFS – Tarifvertrag für auf Produktionsdauer beschäftigte Film- und Fernsehschaffende – Manteltarifvertrag, Gagentarifvertrag, Tarifvertrag für Kleindarsteller, gültig ab 1.4.2016, Tarifvertrag für Schauspielerinnen und Schauspieler, gültig ab 1.4.2014, Ergänzungstarifvertrag Erlösbeteiligung Kinofilm, gültig ab 1.1.2014, abrufbar unter https://filmunion.verdi.de/++file++56fd5d176f68440706000508/download/TV-FFS_2016-Endfassung-160331_web.pdf
- Vergütungstarifvertrag für Designleistungen aus dem Jahr 2015 zwischen der Allianz Deutscher Designer e. V. und SDSt (für arbeitnehmerähnliche Designer), 9. Auflage, kostenpflichtig zu beziehen über den Onlineshop auf http://www.agd.de oder die Allianz deutscher Designer (AGD) e. V. Steinstraße 3, 38100 Braunschweig, auszugsweise abgedruckt in den Beck-Texten im DTV, Urheber- und Verlagsrecht;

Gemeinsame Vergütungsregeln

Vergütungsregeln für freie hauptberufliche Fotojournalisten an Tageszeitungen, in Kraft seit 1.5.2013, abrufbar unter https://www.djv.de/fileadmin/user_upload/Bilder/Faire_Bildhonorare_070213 1.pdf

Vergütungsempfehlungen

- Bildhonorare 2017, Marktübersicht der üblichen Vergütungen für Bildnutzungsrechte, herausgegeben von der Mittelstandsgemeinschaft Foto- Marketing (MFM), zu beziehen bei BVPA Bundesverband professioneller Bildanbieter e. V., Bergstr. 92, 12169 Berlin, Tel.: 030/3249917, Fax: 030/3247001, E-Mail: info@bvpa.org bzw. im Online-Shop unter http://bvpa.org/shop/; zusammen mit „Der Bildmarkt";
- Vergütungstarifvertrag für Designleistungen aus dem Jahr 2015 zwischen der Allianz Deutscher Designer e. V. und SDSt (für arbeitnehmerähnliche Designer), 9. Auflage, kostenpflichtig zu beziehen über den Onlineshop auf http://www.agd.de oder die Allianz deutscher Designer (AGD) e. V. Steinstraße 3, 38100 Braunschweig, auszugsweise abgedruckt in den Beck-Texten im DTV, Urheber- und Verlagsrecht; s. o. Tarifverträge;
- Verwertungsgesellschaft Bild-Kunst, Tarife, zu beziehen über die VG Bild-Kunst, Weberstraße 61, 53113 Bonn oder im Internet unter http://www.bildkunst.de/vg-bild-kunst/tarife/tarife.html.
- Vertragshandbuch des BFF Bund Freischaffender Foto-Designer e. V.; Tuttlinger Straße 95, D-70619 Stuttgart (nunmehr BFF Berufsverband Freie Fotografen und Filmgestalter e. V., Senefelderstr. 19, D-73760 Ostfildern, E-Mail: info@bff.de, www.bff.de)

[564] → Rn. 243.
[565] Loewenheim/Schwarz/Reber UrhG § 74 Rn. 7.
[566] Vgl. hierzu v. Hartlieb S. 248 ff.

Vertragsmuster
- *Maaßen*, Vertragshandbuch für Fotografen und Bildagenturen, 1995;
- *L. Mielke*, Fragen zum Fotorecht (Reihe publizistische Fotografie), 4. Aufl. 1996;
- *Rauch*, Organisation + Handelsbräuche (Reihe publizistische Fotografie), 7. Aufl. 1994.

295 *aa) Grundsätzliches*. Die Vertragsbeziehungen, die sich im Rahmen der Verwertung von Fotografien ergeben, lassen sich in Nutzungsverträge einerseits, dh:
- in Verwertungsverträge mit solchen Personen, die eine Fotografie unmittelbar verwerten, also die Rechte an einer Fotografie nutzen möchten,

und andererseits in Wahrnehmungsverträge einordnen, dh:
- in Verträge mit solchen Personen, die die Rechte des Fotografen gegenüber Verwertern wahrnehmen, also in seinem Interesse Nutzungsrechte einräumen oder gesetzliche Vergütungsansprüche geltend machen. In diesen Bereich fallen vor allem die Vertragsbeziehungen der Fotografen mit Bildagenturen sowie der Verwertungsgesellschaft Bild-Kunst, wobei für die anwaltliche Beratungspraxis vor allem der Bildagenturvertrag Bedeutung hat.

296 Wir wollen uns nachfolgend darauf beschränken, die Vertragsbeziehungen **Fotograf ⇔ Bildagentur ⇔ Verwerter** sowie **Auftragsproduktionen** darzustellen. Eine umfassende Darstellung der möglichen Vertragskonstellationen im Bereich der Fotografie findet sich bei *Loewenheim/A. Nordemann/Seiler* § 79.

297 *bb) Verträge mit Bildagenturen*. Verträge mit Bildagenturen nehmen in der Praxis eine bedeutende Stellung ein: Viele Fotografen arbeiten mit Bildagenturen zusammen, um die Verwertungschancen für ihre Fotos zu erhöhen, viele Bildnutzer greifen auf das Angebot von Bildagenturen zurück, weil dort die Auswahl potentiell in Frage kommenden Bildmaterials meistens sehr viel größer ist als bei einzelnen Fotografen.

298 *(1) Der Bildagenturvertrag* regelt die Vertragsbeziehung zwischen Fotograf und Bildagentur. Er ist seiner Rechtsnatur nach ein Geschäftsbesorgungsvertrag in der Form des Dienstvertrages gem. §§ 675, 611 BGB, der eine stark ausgeprägte treuhänderische Komponente aufweist und auf den die Übertragungszweckregel des § 31 Abs. 5 UrhG anwendbar ist.[567] Wegen der finanziellen Abhängigkeit des Fotografen von der Tätigkeit der Agentur – insbesondere bei exklusiver Bindung des Fotografen an eine Agentur – ist die spezielle Treuepflicht der Bildagentur im Hinblick auf die Wahrnehmung der Interessen des Fotografen als Hauptpflicht anzusehen.[568] Die §§ 305 ff. BGB sind auf Bildagenturverträge anwendbar, weil es sich dabei in der Regel um vorformulierte Vertragsbedingungen der Agentur handelt, die diese einheitlich gegenüber allen Fotografen, mit denen sie zusammenarbeitet, anwendet.[569] Ist die Einräumung urheberrechtlicher Nutzungsrechte ausdrücklich vertraglich geregelt, kann die Übertragungszweckregel des § 31 Abs. 5 UrhG für die Inhaltskontrolle gem. § 307 Abs. 2 Nr. 1 BGB herangezogen werden.[570]

299 Im Bildagenturvertrag muss die Bildagentur die erforderlichen Nutzungsrechte eingeräumt bekommen, um ihren Kunden Nutzungsrechte an den Fotografien einräumen zu können, und zwar in dem Umfang, wie sie der Kunde benötigt. Der Zweck des Bildagenturvertrages bedingt insoweit eine ausschließliche Rechtseinräumung auf Grund seines Charakters als Wahrnehmungsvertrag.[571] Außerdem wäre die Bildagentur sonst nicht in der Lage, einem Bildverwerter eine exklusive Bildnutzung zu ermöglichen.

300 Der Bildagenturvertrag muss des Weiteren die Honorarabrechnung regeln. Die von der Bildagentur für eigene Rechnung[572] erzielten Honorare werden normalerweise zwischen der Bildagentur und dem Fotografen hälftig geteilt, wobei der Fotograf ein Buchprüfungsrecht erhalten sollte.[573] Die Höhe der von der Bildagentur mindestens zu verlangenden Honorare kann man im Vorhinein vertraglich fast nie fixieren; jedoch bieten die Honorarempfehlungen der Mittelstandsgemeinschaft Foto-Marketing Anhaltspunkte dafür, welches Honorar bei der Verwertung einer Fotografie durch eine Bildagentur im Normalfall erzielt wird, so dass in den Bildagenturvertrag

[567] Vgl. zum Wahrnehmungsvertrag mit Verwertungsgesellschaften BGH GRUR 1982, 308 (309) – Kunsthändler; Schricker/Loewenheim/Reinbothe § 6 UrhWahrnG Rn. 4 f. jeweils mwN.
[568] Vgl. auch Grüneberg/Sprau § 675 BGB Rn. 5.
[569] Schricker/Loewenheim/Schricker UrhG Vor §§ 28 ff. UrhG Rn. 10 ff.
[570] Vgl. Schricker/Loewenheim/Schricker UrhG Vor §§ 28 ff. Rn. 14.
[571] Vgl. § 35 Abs. 1 Satz 2 UrhG und Fromm/Nordemann/Jan Bernd Nordemann UrhG Vor §§ 31 ff. Rn. 414.
[572] Vgl. MVHdB/Vinck Formular VII 65, § 1.
[573] Vgl. MVHdB/Vinck Formular VII 65, § 2.

auch eine Klausel aufgenommen werden kann, dass die Bildagentur mindestens die sich aus den MFM-Empfehlungen ergebenden Honorare verlangen muss.[574]

301 Viele Bildagenturen arbeiten heute selbstverständlich mit digitalisierten Archiven, weil dies sowohl die Verwaltung als auch die Suche nach angefragten Motiven und den Zugriff auf diese Motive erheblich erleichtert. Viele Bildagenturen versenden das Bildmaterial per ISDN an die Bildnutzer bzw. ermöglichen diesen einen Online-Zugriff auf ihr Archiv,[575] die dann wiederum die ihnen digitalisiert vorliegenden Bilder digital weiterverarbeiten. Ein Bildagenturvertrag sollte daher in jedem Fall ausdrückliche Regelungen in dieser Hinsicht enthalten.[576]

Praxistipp:

Schließlich sollte der Fotograf die Agentur dazu verpflichten, seine urheberpersönlichkeitsrechtlichen Befugnisse auszuüben, dh insbesondere seinen Namensnennungsanspruch gem. § 13 UrhG, was die Agenturen durch das Verlangen eines Urhebervermerkes Verwertern gegenüber auch regelmäßig tun.

302 *(2) Der Vertrag zwischen Bildagentur und Verwerter* entsteht in der Regel dadurch, dass der Verwerter eine Anfrage an die Bildagentur richtet, die nicht nur die Art der gewünschten Fotografien, sondern auch den beabsichtigten Verwendungszweck angibt, und die Bildagentur daraufhin eine **Auswahlsendung** zur Verfügung stellt.[577] Der Verwerter behält dann das Material zurück, das für die Veröffentlichung in Frage kommt und stellt der Bildagentur das nicht benötigte Material innerhalb sehr kurzer Frist wieder zur Verfügung.[578] Das Versandrisiko des Bildmaterials liegt beim jeweiligen Absender; auch der Bildverwerter muss also darauf achten, einen möglichst sicheren Rücksendeweg zu wählen. Soweit die Bildagentur die Möglichkeit bietet, über das Internet oder eine andere Online-Verbindung direkt in ihrem Bildbestand zu recherchieren, wird sie in der Regel vorher mit dem Kunden ein Online-Vertrag abgeschlossen haben, der die Benutzung und die Bildverwendung regelt; das Bildmaterial wird dann lediglich in einer geringen, nicht druckfähigen Auflösung zum Herunterladen bereitgestellt, um eine Bildauswahl zu ermöglichen. Ist mit dem Kunden vereinbart, für welchen Verwendungszweck er welche Fotografie gegen welches Honorar verwenden kann, ist natürlich auch eine Bildübertragung in hoher Auflösung zur weiteren Verarbeitung und Verwendung durch den Kunden möglich.[579] Im Übrigen ist der Verwerter verpflichtet, das ihm übersandte Bildmaterial pfleglich zu behandeln, weil es sich vielfach um Original-Dias, also Unikate, handelt; im Falle von **Verlust** oder **Beschädigung** ist er deshalb entsprechend den allgemeinen Geschäftsbedingungen der Agentur normalerweise dazu verpflichtet, Schadensersatz zu leisten.[580] Besondere Bedeutung kommt im Geschäftsverkehr zwischen Bildagenturen und Verwertern der Beachtung der urheberpersönlichkeitsrechtlichen **Namensnennungsansprüche** der Fotografen sowie des Bildquellenhinweises auf die Agentur zu, der nur vertragsrechtlicher Natur sein kann und regelmäßig auf Grund der allgemeinen Geschäftsbedingungen der Agentur verlangt wird;[581] ferner wird besonderer Wert darauf gelegt, dass der Bildverwerter Rechte Dritter beachtet, insbesondere die Persönlichkeitsrechte darauf abgebildeter Personen.[582] Im Hinblick auf die Honorierung gilt, dass jede Verwendung grundsätzlich honorarpflichtig ist; dies gilt nach den Leitlinien auch dann, wenn Dias zur Präsentation oder für ein Layout aus einer Schutzhülle herausgenommen werden. Damit die Agentur die Honorarberechnung vornehmen kann, muss der Bildverwerter ihr den Verwendungszweck, die Abbildungsgröße im Druck, die Platzierung, die Auflagenhöhe, die Verbreitung und gegebenenfalls auch die Schal-

[574] Einzelheiten hierzu sind erläutert bei Loewenheim/A. Nordemann UrhG § 73 Rn. 8.

[575] Vgl. Schuster, Bildermarkt 2000, 19 (24) und Leidicke Bildermarkt 2000, 105 (105 f.).

[576] Die beiden bei Maaßen S. 110 ff. und S. 120 ff. abgedruckten Muster sehen deshalb in § 4 (S. 113) und Ziff. 2.3 (S. 122) ausdrücklich entsprechende Klauseln vor. Vgl. im Übrigen auch Maaßen Bildermarkt 2000, 65 (80 f.).

[577] Zur Rechtsnatur dieser Vertragsbeziehung vgl. Loewenheim/A. Nordemann UrhG § 73 Rn. 5 f.

[578] Vgl. dazu auch Rauch S. 65 ff.

[579] Vgl. die Leitlinien des Bundesverbandes professioneller Bildanbieter (ehemals Bundesverband der Pressebildagenturen – BVPA) Ziff. 6 und 7, Stand: 1998; veröffentlicht in der Sammlung Delp, Recht der Publizistik, Nr. 448.

[580] Vgl. die Leitlinien des BVPA Ziff. 7 und zu den entsprechenden Klauseln in allgemeinen Geschäftsbedingungen von Bildagenturen Loewenheim/A. Nordemann UrhG § 73 Rn. 33.

[581] Vgl. insoweit Loewenheim/A. Nordemann UrhG § 73 Rn. 26.

[582] Vgl. die Leitlinien des BVPA Ziff. 8, Stand: 1998; veröffentlicht in der Sammlung Delp, Recht der Publizistik, Nr. 448.

tungshäufigkeit bei Anzeigen angeben.[583] Für die Honorarberechnung kommt insoweit den MFM-Übersichten eine besondere Bedeutung zu.[584]

303 Aufgrund der Eile, die bei diesen Vorgängen meist vorherrscht – der Verwerter benötigt möglichst schnell seine Bilder und bestellt daher häufig telefonisch oder formlos – werden kaum einmal Verträge schriftlich abgeschlossen.[585] Veröffentlichte Vertragsmuster konnten deshalb auch nicht ermittelt werden.[586] Besondere Bedeutung kommt in diesem Bereich daher der Verwendung von Allgemeinen Geschäftsbedingungen durch die Bildagentur[587] und/oder den Verwerter sowie der Auslegung der Verträge anhand der Verkehrssitte (§§ 157, 242 BGB, 346 HGB) zu.

304 *cc) Auftragsproduktionen.* Erhält ein Fotograf von einem Verwerter einen mehr oder weniger fest umrissenen Auftrag, bestimmte Fotografien oder eine Fotografien-Serie anzufertigen, spricht man von einer Auftragsproduktion. Solche **Auftragsproduktionen** betreffen in erster Linie Reportagen für den Bereich der Presse, aber auch Werbefotografien oder das Erstellen ganzer Werbeprospekte. Hauptsächlich in diesem Bereich tätige Fotografen bezeichnen sich in der Regel als „Foto-Designer" und haben sich im „Bund freischaffender Foto-Designer" zusammengeschlossen, der auch **unverbindliche Empfehlungen** allgemeiner Geschäftsbedingungen für seine Mitglieder herausgibt.[588] Viele als arbeitnehmerähnlich anzusehende Foto-Designer sind auch in der Allianz deutscher Designer e. V. (AGD) zusammen geschlossen; für sie gilt sogar ein Tarifvertrag.[589] Im Unterschied zu Bildnisbestellungen und Illustrationsaufträgen ist der Fotograf bei Auftragsproduktionen in der Regel etwas „freier" in der Ausführung, weil ihm schon der Gegenstand des Auftrages einen größeren Spielraum erlaubt.

305 Auftragsproduktionen sind als Werkverträge im Sinne von § 631 BGB anzusehen, weil dem Fotografen als Hauptpflicht die Herstellung bestimmter Fotografien und die Übertragung der zur beabsichtigten Nutzung erforderlichen Rechte obliegen,[590] während die Verpflichtung, dem Auftraggeber Fotomaterial zu beschaffen, nur als Nebenpflicht anzusehen ist, so dass ein Dienstvertrag im Sinne von § 611 BGB oder ein Werklieferungsvertrag im Sinne von § 651 Abs. 2 BGB grundsätzlich ausscheiden dürfte.[591] Einer analogen Anwendung von § 47 VerlG bedarf es auf Grund dieser Qualifikation als Werkvertrag an sich nicht, weil der Auftraggeber nur die Zahlung der vereinbarten Vergütung schuldet, jedoch bei fehlender ausdrücklicher Vereinbarung keine weitergehenden Pflichten, wie etwa eine solche zur Veröffentlichung hat. Natürlich ist es aber auch denkbar, dass im Rahmen einer Auftragsproduktion eine Pflicht zur Veröffentlichung vereinbart wird oder sich eine solche aus den Umständen des Einzelfalles ergibt, zB wenn der auftragnehmende Fotograf anstelle einer festen Vergütung ausschließlich eine umsatzbezogene Beteiligung, eine Stücklizenz oder ein Veröffentlichungshonorar erhalten sollte.

306 Die Einräumung von Nutzungsrechten richtet sich nach der **Übertragungszwecklehre** des § 31 Abs. 5 UrhG, sofern nicht eine ausdrückliche Bestimmung im Vertrag getroffen wurde. Die MFM-Übersicht[592] enthält insoweit allerdings einige kleinere Konkretisierungen. Entsprechend den Empfehlungen der MFM sollten Fotografen und Auftraggeber zur Vermeidung von Unklarheiten den Umfang der übertragenen Rechte bereits bei Auftragserteilung klar festlegen. Ist dies nicht geschehen und findet deshalb die Übertragungszwecklehre des § 31 Abs. 5 UrhG auf einen Auftragsproduktionsvertrag Anwendung, so ist zum einen zu berücksichtigen, dass der Fotograf im Zweifel keine weitergehenden Rechte überträgt, als es der Zweck des Nutzungsvertrages erfordert. Zum anderen ist aber zu berücksichtigen, dass der Auftraggeber von vornherein das wirtschaftliche Risiko der Auftragsproduktion übernommen hat, weil er sich bei der Auftragsproduktion nicht vollständig sicher sein kann, ob das Ergebnis der Bemühungen des Fotografen selbst dann, wenn er es abzunehmen verpflichtet ist, von ihm verwertet werden kann. Es erscheint deshalb als sachgerecht, dem Auftraggeber jedenfalls so weitgehende Nutzungsrechte einzuräumen, dass dieser seinem wirtschaftlichem Risiko entsprechend die Fotografien nutzen kann.

[583] Vgl. die Leitlinien des BVPA Ziff. 9, Stand: 1998; veröffentlicht in der Sammlung Delp, Recht der Publizistik, Nr. 448.
[584] Vgl. hierzu Loewenheim/A. Nordemann UrhG § 73 Rn. 20.
[585] Mielke S. 65 spricht von „Geschäftsbeziehungen ohne konkrete vertragliche Grundlage".
[586] Auch bei Maaßen sind lediglich Muster für Allgemeine Geschäftsbedingungen abgedruckt (S. 127 und S. 133).
[587] Zusammenfassend L. und G. Mielke ZUM 1998, 646 ff.; vgl. OLG Celle AfP 2001, 402.
[588] BFF Berufsverband Freie Fotografen und Filmgestalter e. V., Senefelderstr. 19, D-73760 Ostfildern.
[589] Vgl. hierzu Rn. 229, 233 sowie Loewenheim/A. Nordemann UrhG § 73 Rn. 35 ff.
[590] Vgl. auch das Muster für allgemeine Geschäftsbedingungen von Bildautoren zu Ziff. 7.1 bei Maaßen S. 59.
[591] Vgl. OLG Karlsruhe GRUR 1984, 522 (523) – Herrensitze in Schleswig-Holstein.
[592] Näheres Loewenheim/A. Nordemann UrhG § 73 Rn. 20.

307 In der Rechtsprechung ist deshalb in Anwendung dieser Überlegung einem Verlag gestattet worden, die Fotografien einer Fotoreportage in zeitlichem Zusammenhang auch in anderen verlagseigenen Zeitschriften zu veröffentlichen[593] oder Werbebroschüren unverändert nachzudrucken, vorausgesetzt, die Honorarhöhe war auch noch für einen solchen unveränderten Nachdruck ausreichend.[594] Sofern aber ein Bedürfnis des Auftraggebers nach erweiterter Verwertung nicht erkennbar ist, erhält der Auftraggeber nur ein einfaches Nutzungsrecht, zB bei Fotografien für einen Warenkatalog.[595]

308 Nicht gerechtfertigt erscheint es auch, dem Auftraggeber ein unbegrenztes Recht einzuräumen, die Fotografien in beliebiger Weise zu verwerten, zB durch Weitergabe an Dritte, Aufnahme in das verlagseigene Archiv zum Zwecke der späteren honorarfreien Wiederveröffentlichung oder eine zeitlich und qualitativ unbegrenzte Befugnis zum Nachdruck von Werbebroschüren, weil solche umfassenden Verwertungsmöglichkeiten kaum vorhersehbar sind und nicht mit einem einmaligen Honorar abgegolten werden können. Auch umfassendere Verwertungsrechte des Auftraggebers sind daher nur so weit zu gewähren, wie das bezahlte Honorar es zeitlich und quantitativ noch rechtfertigen kann; gegebenenfalls kann eine ergänzende Vertragsauslegung eine Nutzungsrechtseinräumung auch für nicht ausdrücklich bei Vertragsabschluss genannte Nutzungen ergeben, wobei der Fotograf dann allerdings für diese Nutzungen einen zusätzlichen Honoraranspruch besitzt.[596] Größere Verlagshäuser und Medienunternehmen werden freilich versuchen, über eigene allgemeine Geschäftsbedingungen den Erwerb umfassender, unbeschränkter und unbefristeter sowie ausschließlicher Nutzungsrechte zu erreichen, was möglichst mit einem einmaligen Honorar abgegolten werden soll.[597] Sofern der Fotograf allerdings für seine Auftragsproduktion nicht ein außergewöhnlich hohes Honorar erhält, dürften solche Rechtseinräumungsklauseln am Übertragungszweckgedanken des § 31 Abs. 5 UrhG scheitern. Ergibt die Auslegung solcher Verträge, dass eine umfassende Nutzungsrechtseinräumung gewollt war, kann dem Fotografen bei wiederholter Veröffentlichung seiner Fotografien dennoch jeweils erneut ein Honoraranspruch zu stehen.[598]

309 Soweit Auftragsproduktionsverträge im Jahr 1995 oder früher abgeschlossen worden sind, dürften Nutzungsrechte im Hinblick auf das Internet selbst dann, wenn die Vertragsauslegung eine Nutzung zur umfassenden werblichen Verwertung ergeben sollte, dennoch nicht mit eingeräumt worden sein, weil das Internet jedenfalls in den Jahren 1995 und früher noch als **unbekannte Nutzungsart** gem. § 31 Abs. 4 UrhG aF anzusehen war;[599] allerdings muss nunmehr die Regelung des § 137l Abs. 1 UrhG beachtet werden, nach der bei einer ausschließlichen Nutzungsrechtseinräumung unbekannte Nutzungsarten als eingeräumt gelten, dem Urheber aber ein Widerspruchsrecht zusteht; für die CD-ROM-Nutzung von Zeitschriften war dies noch bis 2002 unklar geblieben.[600] Soweit für den Fotografien erkennbar war, dass sein Auftraggeber die gelieferten Fotografien zum Zwecke der Weiterverarbeitung digitalisieren würde, sind die dafür benötigten Nutzungsrechte auch ohne ausdrückliche Vereinbarung eingeräumt; dies gilt allerdings nicht für eine über die unmittelbaren Layout- oder Veröffentlichungszwecke hinausgehende Speicherung oder Archivierung der durch die Digitalisierung entstandenen Bilddaten.[601]

310 An sonstigen Vereinbarungen enthalten Auftragsproduktionsverträge häufig die Bestimmung, dass Originale von Fotografien in der Regel im Eigentum des Fotografen verbleiben,[602] Urhebernennung zu erfolgen hat bzw. der Auftraggeber bei Weitergabe der Fotografien auf den Namens-

[593] OLG Karlsruhe GRUR 1984, 522 (523) – Herrensitze in Schleswig-Holstein.
[594] BGH GRUR 1988, 300 (301) – Fremdenverkehrsbroschüre.
[595] OLG Düsseldorf GRUR 1988, 541 – Warenkatalogfotos.
[596] Vgl. OLG Hamburg ZUM 1999, 410 (413 f.) – Cover-Foto.
[597] Vgl. zB den bei Rauch S. 122 f. abgedruckten Rahmenvertrag des Verlagshauses Gruner + Jahr in § 2 Abs. 1 und § 3 Abs. 2.
[598] Vgl. OLG Hamburg AfP 1998, 636 (637).
[599] → Rn. 95 ff. und auch LG Berlin K&R 2000, 249 (250 ff.) mAnm Czychowski.
[600] Ob die CD-ROM-Nutzung von Fotografien in den Jahren 1989 bis 1993 als unbekannte Nutzungsart im Sinne von § 31 Abs. 4 UrhG aF angesehen werden musste, hat das OLG Hamburg ZUM 1999, 78 (82) – Spiegel-CD-ROM ausdrücklich offengelassen; jedoch BGH GRUR 2002, 248 (251 f.) – Spiegel-CD-Rom, der eine CD-Rom Nutzung von Werken der Urheber freier Berufe als unbekannte Nutzungsart ansieht und die Rechtseinräumung nicht darauf gerichtet sei, im Gegensatz zu wissenschaftlichen Autoren. OLG Hamburg GRUR-RR 2006, 130 (LS) – Yacht-Archiv.
[601] Die bei Maaßen abgedruckten allgemeinen Geschäftsbedingungen für Bildautoren sehen allerdings in Ziff. 4.1 (S. 57) vor, dass eine Digitalisierung nur mit ausdrücklicher Zustimmung des Bildautors vorgenommen werden darf.
[602] Vgl. die MFM-Übersicht Bildhonorare 2004, Stichwort „Auftragsproduktionen", S. 14 sowie das Muster für allgemeine Geschäftsbedingungen von Bildautoren zu Ziff. 3.9 bei Maaßen S. 59; zur aktuellen Ausgabe Bildhonorare 2017 vgl. → Rn. 294.

nennungsanspruch hinweisen muss[603] sowie ein Ausfallhonorar für den Fall zu bezahlen ist, dass der Fotograf die unterbliebene Ausführung des Auftrags nicht zu verschulden hat, und zwar in Höhe von in der Regel 50 % des Grundhonorares bei einem Ausfall bis 24 Stunden vor Auftragsbeginn, danach von 100 % des Grundhonorars.[604] Die Höhe des Honorars wird sowohl vom zeitlichen als auch vom technischen Aufwand des Auftrages beeinflusst,[605] natürlich aber auch vom „guten Namen" des Fotografen: Bekannte und berühmte Fotografen können häufig sehr viel höhere Honorare durchsetzen als zB Berufsanfänger. Nebenkosten, wie etwa Tagesspesen, Übernachtungskosten, Reisekosten, Verbrauchsmaterialien, Kosten für die technische Ausarbeitung, über die Standart-Ausrüstung hinausgehende technische Anforderungen und Vergleichbares müssen vom Auftraggeber in der Regel zusätzlich vergütet werden.[606]

311 **h) Architektur**

Normverträge

./.

Gemeinsame Vergütungsregeln

./.

Vergütungsempfehlungen

- Honorarordnung für Architekten und Ingenieure (HOAI) in *Werner,* Honorarpraxis für Architekten und Ingenieure, Textsammlung 2002; siehe auch BGBl. I 2002, S. 2994
- Verdingungsordnung für freiberufliche Leistungen (VOF) vom 1.11.1997 (veröffentlicht im Bundesanzeiger Nr. 164a vom 3.9.1997)

Vertragsmuster

- *Neuenfeld/Baden/Dohna/Groscurth,* Handbuch des Architektenrechts, 4. Aufl. 2017
  - Urheberrechtsklauseln in Musterverträgen
- Münchener Vertragshandbuch/, Band 5, Bürgerliches Recht I, 8. Aufl. 2020
  - Architektenvertrag
- FIDIC-Vertragsmuster Band 9 der VBI-Schriftenreihe, 2. Aufl. 2006, *Götz-Sebastian Hök* (FIDIC Red Book)
  - international anerkannte FIDIC-Vertragsmuster für Planungen im Baubereich
- Beck'sches Formularbuch zum Bürgerlichen Recht, Handels- und Wirtschaftsrecht, *Hoffmann-Becking/Gebele,* 12. Aufl. 2016
  - Architektenvertrag für Gebäude
  - Architekten-Vorplanungsvertrag

312 Auch wenn große Architekten in der Öffentlichkeit als Künstler angesehen werden, ist das Urhebervertragsrecht im Bereich der Baukunst eher unterentwickelt. Dies liegt weniger daran, dass die Frage des Ob eines urheberrechtlichen Schutzes für Bauwerke zunächst umstritten war;[607] sondern vielmehr daran, dass das Vertragsrecht der Architekten zunächst einmal auf die technische Errichtung des Bauwerkes gerichtet ist und in der HOAI[608] und anderen Regelwerken eine ausführliche Regelung erfahren hat; die künstlerischen Gestaltungen treten demgegenüber zurück.

313 Auch der Verwertungsvertrag für Werke der Baukunst gliedert sich in zwei Phasen, die allerdings – anders bei Designverträgen – durchaus auch getrennt betrachtet werden können. Zunächst erstellt ein Architekt Vorentwürfe, Bauvorlagen oder reine Entwürfe. Diese unterliegen in der Regel einem Urheberschutz nach § 2 Abs. 2 Ziffer 7 UrhG. Über sie wird nicht selten kein urheberrechtlicher Verwertungsvertrag geschlossen. Sie dienen lediglich dazu, dem Auftraggeber einen Eindruck zu geben, wie das Werk später entstehen soll. Deshalb ist auch anerkannt, dass allein mit der Erstellung derartiger Entwürfe keine Einräumung von Nutzungsrechten verbunden ist, wenn nichts anderes vertraglich vereinbart ist.[609] Dies impliziert natürlich auch, dass zwar das Eigentum an derartigen Entwürfen regelmäßig übertragen werden dürfte, jedoch das Recht

603 Vgl. MFM-Übersicht Bildhonorare 2004, Stichwort „Auftragsproduktionen", S. 14.
604 MFM-Übersicht Bildhonorare 2004, Stichwort „Auftragsproduktionen", S. 15.
605 MFM-Übersicht Bildhonorare 2004, Stichwort „Auftragsproduktionen", S. 15.
606 MFM-Übersicht Bildhonorare 2004, Stichwort „Auftragsproduktionen", S. 15.
607 Vgl. zu den urheberrechtsgeschichtlichen Aspekten Heath, FS Schricker, S. 459, 462 f.
608 Vgl. zur Rechtseinräumung auf Grund der HOAI Loewenheim/G. Schulze UrhG § 71 Rn. 18.
609 BGH GRUR 1957, 391 (394 f.) – Ledigenheim; BGH GRUR 1984, 656 (657 f.) – Vorentwurf Anschluss an BGH GRUR 1981, 196 (197) – Honorarvereinbarung.

zur Ausführung dieser Entwürfe (was ja eine Vervielfältigung oder Bearbeitung der Entwürfe darstellt) daran gekoppelt ist, dass der Architekt auch für die weiteren Leistungsphasen beauftragt wird;[610] an dieser Stelle des Architektenvertrages wird es also in der Regel überhaupt keine ausdrücklichen urhebervertragsrechtlichen Regelungen geben.

Die zweite Phase betrifft dann die eigentliche **Erstellung des Bauwerkes.** Hierfür wird der Architekt in dem entsprechenden Architektenvertrag Regelungen aufnehmen, die die Änderung des Werkes betreffen. § 39 UrhG ist die Kernnorm, die sinnvollerweise vertraglich konkretisiert wird. Die Grenze bildet dabei immer § 14 UrhG, der Entstellungen oder Beeinträchtigungen verbietet, die geeignet sind, die geistigen oder persönlichen Interessen des Architekten an seinem Werk zu gefährden.[611] Das aber sind keine urhebervertragsrechtlichen Fragen, die hier behandelt werden müssten.[612] Im Architektenvertrag sollte hingegen geregelt werden die Frage, ob ein Nachbaurecht gewährt wird, was mangels ausdrücklicher vertraglicher Regelung regelmäßig nicht der Fall ist.[613] 314

Sehr wesentlich für Architekten ist auch die Regelung zur Namensnennung nach § 13 UrhG, die vertraglich konkretisiert werden sollte, damit man nicht in die Problematik der oben dargestellten Branchenübung gerät.[614] Weitergehende urhebervertragsrechtliche Regelungen enthält der Architektenvertrag schon deshalb nicht, weil der Architekt wegen § 59 UrhG eine Vervielfältigung und Verbreitung in Druckform – etwa eine Außenaufnahme seines Bauwerkes – ohnehin nicht verbieten kann. Allenfalls anbieten würden sich Regelungen zur Vervielfältigung und Verbreitung der Entwürfe; dies aber stellt dann wieder einen klassischen Verlagsvertrag dar, den wir oben bereits dargestellt haben.[615] Ein letzter Hinweis sei noch auf § 25 UrhG und den darin enthaltenen Anspruch des Architekten auf Zugang zu seinem Werkstück gestattet. Ob dies vertraglich verzichtbar ist, ist umstritten.[616] 315

i) **Internet.** Die neuen Medien, insbesondere das Netz der Netze (Internet) sind heutzutage in aller Munde. Da mag man glauben, dass es auch **spezielle Internet-Urheberrechtsverträge** gibt. Dies ist allerdings **nicht** der Fall, was weniger daran liegt, dass sich dieses Rechtsgebiet bislang noch nicht deutlich genug herausgebildet hat und eine Vertragspraxis in der Regel einige Zeit braucht, bis sie sich formt, als vielmehr daran, dass das Internet lediglich ein neues Medium ist, das sicherlich einige technische Besonderheiten aufweist, urhebervertragsrechtlich jedoch keine Revolutionen bewirken wird. Jede Werkgattung wird sicherlich auch spezifische urhebervertragsrechtliche Regelungen für eine Internetnutzung finden.[617] Viel mehr dürfte sich urhebervertragsrechtlich aber nicht bewegen. Die Besonderheiten liegen in Bereichen wie zB von technischen Schutzvorrichtungen etc. Wichtig ist aber, dass der Begriff „Internetnutzung“ viel zu unscharf ist, als dass er sich zur Abgrenzung von Nutzungsarten in Urheberverträgen eignete.[618] 316

Praxistipp:

Der Vertragsjurist sollte vielmehr die konkrete Art der Nutzung im Internet bezeichnen: Also zB Abbildung auf einer Homepage; Einstellung in einen Push-Dienst oä.

Die urhebervertragsrechtlichen Fragen, die sich rund um das Internet stellen, sind im Wesentlichen allgemeiner Natur: nämlich, seit wann einzelne **Nutzungsarten** im Internet etwa eine www-Seite, eine Nutzung in Diskussionsforen oder aber die push- und pull-Technologien eine bekannte 317

[610] Vgl. hierzu BGH GRUR 1981, 196 (197) – Honorarvereinbarung; OLG Köln BauR 1991, 647 und die Ausführungen von Heath, FS Schricker, S. 459, 469.

[611] Vgl. BGH GRUR 1999, 230 (231) – Treppenhausgestaltung und LG Berlin GRUR 2007, 964 (967) – Hauptbahnhof Berlin.

[612] → Rn. 471 ff.

[613] Vgl. Heath, FS Schricker, S. 459, 470.

[614] Vgl. hierzu BGH GRUR 1995, 671 (672 f.) – Namensnennungsrecht des Architekten.

[615] → Rn. 201.

[616] Vgl. Schricker/Loewenheim/Schricker UrhG Vor §§ 28 ff. Rn. 109 unter Verweis auf OLG Hamburg Schulze OLGZ 174 – Verzicht auf das Zugangsrecht; vgl. ansonsten OLG Düsseldorf GRUR 1979, 318 (318) – Treppenwangen.

[617] Vgl. Mustervertragsklauseln in Internetverträgen Loewenheim/Koch UrhG § 78 Rn. 89.

[618] Vgl. LG Berlin K&R 2000, 249 mAnm Czychowski S. 252 ff.

Nutzungsart im Sinne des § 31a UrhG darstellen;[619] oder aber welche Nutzungsrechte überhaupt von einer bestimmten Nutzungsart im Internet betroffen sind. Dies wurde in der Novelle zum Urheberrechtsgesetz 2003 im Rahmen des durch die WIPO-Verträge von 1996 einzuführenden right of communication to the public gelöst. Ferner werden sich **Vergütungsfragen** ebenso stellen, wie sie sich bei jeder Werknutzung stellen. Nicht zu vergessen sind urheberpersönlichkeitsrechtliche Fragen der Entstellung und der Verhinderung derselben. Dies dürfte den eigentlichen interessanten urheberrechtlichen Teil des Internets treffen, nämlich die technischen Schutzsysteme;[620] aber das gehört nicht zum Urhebervertragsrecht.

5. Verwertungsgesellschaften

318 Verwertungsgesellschaften erhalten Nutzungsrechte eingeräumt, die der einzelne Urheber auf Grund technischer oder wirtschaftlicher Besonderheiten im Markt nicht individuell kontrollieren und verwerten kann. Sie unterliegen dem sog. **Abschlusszwang** (§ 34 VGG) und dem **Wahrnehmungszwang** (§ 9 VGG). Verwertungsgesellschaften dürfen also keinen Verwerter[621] abweisen und müssen mit ihm zu angemessenen Bedingungen, die regelmäßig in Tarifen (zT veröffentlicht im Bundesanzeiger) niedergelegt sind, Nutzungsverträge abschließen; darüber hinaus dürfen sie keinen Urheber ausschließen, der ihnen seine Rechte zur Wahrnehmung einräumen will. Daneben kommt ihnen eine – auch in Art. 14 Abs. 1 GG und Art. 20 GG (Sozialstaatsgebot) manifestierte – Sozialbindung zu, die ihren Ausdruck findet in von den Verwertungsgesellschaften organisierten Sozialrücklagen und -abgaben.[622]

319 Zur Zeit gibt es dreizehn Verwertungsgesellschaften:[623]

Name	Mitgliedergruppen	Adresse
Gesellschaft für musikalische Aufführungs- und mechanische Vervielfältigungsrechte r. V. (GEMA)	Komponisten, Textdichter, Musikverleger	GEMA Generaldirektion München: Rosenheimer Straße 11 81667 München Generaldirektion Berlin: Bayreuther Straße 37 10722 Berlin
VG Wort r. V.	Wortautoren, Verleger	VG Wort Untere Weidenstraße 5 81543 München Büro Berlin: Köthener Straße 44 10963 Berlin
VG Bild-Kunst r. V.	bildende Künstler, Designer, Fotografen und deren Verleger, Filmurheber, Filmproduzenten	VG Bild Kunst Weberstraße 61 53113 Bonn

[619] → Rn. 95 ff.

[620] Vgl. hierzu Loewenheim/Peukert UrhG §§ 33 bis 36 und Bröcker/Czychowski/Schäfer/Czychowski § 13 Rn. 250 ff.

[621] Demgegenüber besteht aber gegenüber Nicht-Verwertern, die Nutzungsrechte ausschließlich auf Dritte weiterübertragen möchten und diese somit überhaupt nicht selbst nutzen wollen, kein Kontrahierungszwang, vgl. BGH GRUR 2011, 61 (64) Tz. 28 – Gesamtvertrag Musikabrufdienste.

[622] Die von der Filmförderanstalt des Bundes erhobene Filmabgabe stand zur rechtlichen Entscheidung vor dem BVerfG. Sie dient der Förderung des deutschen Films und ihrer Produzenten. Das BVerwG hielt die Filmabgabe ursprünglich für verfassungswidrig und legte sie dem BVerfG vor, da sie nach dem damaligen Gesetzesstand nur für Kinobetreiber und Unternehmen der Videowirtschaft entstand und die Fernsehveranstalter von der Abgabepflicht nicht betroffen waren, obgleich sie ebenso aus der Verwertung der Filme einen wirtschaftlichen Nutzen zogen, vgl. BVerwG ZUM 2009, 492 (9 Kinobetreiber klagten gegen die Heranziehung). Bereits vor der Entscheidung des BVerfG wurde das FFG im Jahre 2010 neu gefasst, so dass rückwirkend zum 1.1.2004 die Filmabgabe nun auch von den öffentlich-rechtlichen und privaten Fernsehveranstaltern zu tragen ist, vgl. aktuell §§ 154 ff. FFG. Sowohl das BVerwG als auch das BVerfG entschieden daher zum neuen Gesetzesstand, dass die Filmabgabe nunmehr die verfassungsrechtlich geforderte Belastungsgleichheit zwischen den Abgabepflichtigen wahrt und der Gesetzgeber die entsprechenden Regelungen rückwirkend in Kraft setzen durfte, BVerfGE 135, 155; BVerwGE 139, 42; vgl. auch BVerwG ZUM-RD 2015, 122.

[623] https://www.dpma.de/dpma/wir_ueber_uns/weitere_aufgaben/verwertungsges_urheberrecht/aufsicht_verwertungsges/liste_vg/index.html, Stand: 10.8.2019 (abgerufen am 30.5.2020).

Name	Mitgliedergruppen	Adresse
Gesellschaft zur Verwertung von Leistungsschutzrechten mbH (GVL)	ausübende Künstler, Veranstalter, Tonträgerhersteller, Hersteller von Videoclips	GVL Podbielskiallee 64 14195 Berlin
VG für Film und Fernsehproduktion mbH (VFF)	öffentlich-rechtliche und private Rundfunkanstalten	VFF Brienner Straße 25 80.333 München
VG für Nutzungsrechte an Filmwerken mbH (VGF)	deutsche und ausländische Kinofilmproduzenten und Filmurheber	VGF Deutscher Film: Bleichstraße 8 80802 München Auslandsfilm: Neue Schönhauser Straße 10 10178 Berlin
Gesellschaft zur Wahrnehmung von Film- und Fernsehrechten mbH (GWFF)	deutsche und ausländische Kinofilmproduzenten und Filmurheber	GWFF Marstallstraße 8 80539 München
Gesellschaft zur Übernahme und Wahrnehmung von Filmaufführungsrechten mbH (GÜFA)	Produzenten erotischer und pornografischer Filme	GÜFA Vautierstraße 72 40235 Düsseldorf
VG zur Wahrnehmung von Nutzungsrechten an Editionen von Musikwerken (VG Musikedition)	Verlage	VG Musikedition Friedrich-Ebert-Straße 104 34119 Kassel
AGICOA Urheberrechtschutz Gesellschaft mbH	Verband für die internationale kollektive Wahrnehmung für audiovisuelle Werke	AGICOA Marstallstraße 8 80539 München
Corint Media GmbH	Private Medienunternehmen (Radio, Funk)	Corint Media GmbH Lennéstraße 5 10785 Berlin
TWF Treuhandgesellschaft Werbefilm mbH	Werbefilmproduzenten	VG TWF Brienner Straße 9 80333 München
Gesellschaft zur Wahrnehmung von Veranstalterrechten mbH (GWVR)	In- und ausländische Veranstalter	GWVR Lenhartzstraße 15 20249 Hamburg

Keine echte Verwertungsgesellschaft ist die FRAPA – Format Recognition and Protection Association e. V., Kalscheurener Str. 89, 50354 Hürth (http://www.frapa.org/), die sich dem Schutz von Fernsehformaten, also letztendlich Shows, verschrieben hat und bei der man solche Showformate registrieren kann. Daneben gibt es eine Reihe von als Gesellschaften bürgerlichen Rechts organisierten **Arbeitsgemeinschaften,** die der Verrechnung und Abrechnung von Nutzungsrechten zwischen den Verwertungsgesellschaften untereinander dienen. 320

Nachfolgend soll eine **Übersicht** gegeben werden, welche **Rechte** die **Verwertungsgesellschaften** normalerweise wahrnehmen. Alle Rechte, die sich in der folgenden Liste nicht finden, sind einzeln mit dem Urheber/Rechtsinhaber zu verhandeln. Einen Anspruch auf Vollständigkeit kann diese Liste aber schon deshalb nicht beanspruchen, weil sie aus Platzgründen nur vier Verwertungsgesellschaften, GEMA, GVL, VG Wort und VG Bild-Kunst, aufführt, lediglich einige Werkarten enthält und bei den Nutzungen vereinfacht. Zudem sind die besonderen Voraussetzungen – etwa wie lang ein Wortbeitrag sein kann, um für die TV-Nutzung von der VG Wort wahrgenommen zu werden – im Einzelfall zu klären. 321

322

Nutzung	Musik	Literatur	Bildende Kunst	Fotografie
Vervielfältigung		GEMA (Text f. Musik)		
Mechanische Vervielfältigung [Tonträger etc.] (Ausn.: grafische Vervielfältigung)	GEMA	./.	s. u.	s. u.
Veröffentlichung in Pressespiegeln (§ 49 UrhG)	nicht denkbar	VG Wort	VG Bild-Kunst	VG Bild-Kunst
Privat- und Schulkopien (§§ 53, 53a UrhG)	GEMA (über Geräte-/Betreiberabgabe)	VG Wort (über Band-/Geräteabgabe)	VG Bild-Kunst (über Geräte-/Betreiberabgabe)	VG Bild-Kunst (über Geräte-/Betreiberabgabe)
Filmherstellung, (unter Bedingung)	GEMA	GEMA (Text für Musik)	VG Bild-Kunst	VG Bild-Kunst
Werbeverwertung	(./.)	(./.)	(./.)	(./.)
kartografische Werke	nicht denkbar	VG Wort	nicht denkbar	nicht denkbar
Abdruck in Büchern, Zeitschriften, Zeitungen (§§ 16, 17 UrhG)	./.	./.	VG Bild-Kunst	./.
Verleihen				
Ausleihe in Bibliothek	GEMA (über Bibliotheksabgabe)	VG Wort (über Bibliotheksabgabe)	VG Bild-Kunst (über Bibliotheksabgabe)	VG Bild-Kunst (über Bibliotheksabgabe)
Abbildungen in Lesezirkel-Zeitschriften (§ 27 UrhG)	nicht denkbar	VG Wort	VG Bild-Kunst	VG Bild-Kunst
Video	GEMA	VG Wort	VG Bild-Kunst	VG Bild-Kunst
Ausstellung				
	nicht denkbar	nicht denkbar	./.	./.
Vortrag				
	nicht denkbar	./.	nicht denkbar	nicht denkbar
Aufführung				
Aufführung (Ausn. großes Recht)	für Komposition: GEMA für Tonträgeraufnahme: GVL	nicht denkbar	nicht denkbar	nicht denkbar
Vorführung				
Filmvorführung	GEMA	./.	./.	./.
Sendung				
Hörfunksendung (Ausn. großes Recht)	für Komposition: GEMA für Tonträgeraufnahme: GVL	VG Wort	nicht denkbar	nicht denkbar
Fernsehsendung (Ausn. großes Recht)	GEMA	VG Wort soweit best. Wortbeiträge	VG Bild-Kunst (ohne Abschlusszwang)	VG Bild-Kunst

Nutzung	Musik	Literatur	Bildende Kunst	Fotografie
Kabelweitersendung				
	GEMA	VG Wort	VG Bild-Kunst	VG Bild-Kunst
Wiedergabe durch Bild- oder Tonträger				
öffentliche Aufführung mittels CD etc.	GEMA	GEMA Text f. Musik)	./.	./.
Wiedergabe von Funksendungen				
öffentliche Sendung TV/Hörfunk	GEMA	VG Wort	VG Bild Kunst für TV	VG Bild Kunst für TV
Folgerecht				
Veräußerung Original der bildenden Kunst/Foto	nicht denkbar	nicht denkbar	VG Bild-Kunst (über Folgerechtsabgabe)	./.

Das in Deutschland und anderen Staaten der EU jahrzehntelang praktizierte System der Verwertungsgesellschaften wurde europaweit von der EU-Kommission einer kritischen (insbesondere kartellrechtlichen) Würdigung unterzogen.[624] Durch die Richtlinie 2014/26/EU[625] wurden die Regelungen über Verwertungsgesellschaften europaweit vereinheitlicht. Die Richtlinie wurde in Deutschland durch das Verwertungsgesellschaftengesetz[626] umgesetzt. 323

Ausländischen Verwertungs-/Wahrnehmungsgesellschaften[627] steht dann eine Aktivlegitimation (Wahrnehmung der Rechte) im Prozess in Deutschland zu, wenn sie über eine entsprechende Erlaubnis zur Wahrnehmung nach § 78 VGG verfügen.[628] Gemäß § 77 Abs. 2 VGG bedarf eine Verwertungsgesellschaft mit Sitz in einem anderen Mitgliedstaat der EU oder einem anderen Vertragsstaat des Abkommens über den Europäischen Wirtschaftsraum jedoch einer Erlaubnis nur für die Wahrnehmung der in § 49 Abs. 1 UrhG genannten Vergütungsansprüche, des in § 50 UrhG genannten Rechts oder der in § 51 UrhG genannten Rechte an vergriffenen Werken. Unter Geltung des § 1 Abs. 2 UrhWahrnG bis zum 31.5.2016 war von dem Erfordernis einer Erlaubnis lediglich für die Fälle abzusehen, in denen die Gesellschaft die urheberrechtlichen Interessen ihrer Mitglieder nur punktuell, also nicht professionell oder nur gelegentlich oder kurzfristig, wahrnahm, was jedoch nicht der Fall war, wenn die Verwertungsgesellschaft gelegentlich in Deutschland gerichtliche Hilfe in Anspruch nahm.[629] Im seit dem 1.6.17 geltenden VGG fehlt eine solche Ausnahmeregelung für gelegentliche Wahrnehmung. 324

Die Verwertungsgesellschaften ziehen die Reprographieabgabe nach § 54 UrhG ein. Ihnen kommt nach § 23 S. 1 VGG zudem die Aufgabe zu, diese Einnahmen aus ihrer Tätigkeit aufzuteilen. In seiner aktuellen Entscheidung „Verlegeranteil" hatte der BGH über die Verteilung der angemessenen Vergütung der Urheber nach § 54 UrhG durch die Verwertungsgesellschaft VG Wort zu entscheiden.[630] Er hat ihre bisherige Praxis, einen pauschalen Anteil der Verteilungssumme den Verlegern zuzuerkennen und den an die Urheber auszuschüttenden Anteil in entsprechender Höhe zu mindern, als unzulässig angesehen.[631] Die Verwertungsgesellschaft habe als Treuhände- 325

[624] Mitteilung der EU-Kommission über die Wahrnehmung von Urheberrechten und verwandten Schutzrechten im Binnenmarkt KOM/2004/0261; sowie die Information, dass die EU-Kommission ein Verfahren gegen 16 Verwertungsgesellschaften wegen der Lizenzierung von Musik im OnlineBereich eröffnet hat, (P/04/586 vom 3.5.2004).

[625] Richtlinie 2014/26/EU des Europäischen Parlaments und des Rates vom 26. Februar 2014 über die kollektive Wahrnehmung von Urheber- und verwandten Schutzrechten und die Vergabe von Mehrgebietslizenzen für Rechte an Musikwerken für die Online-Nutzung im Binnenmarkt, ABl. L 84 vom 20.3.2014, S. 72; vgl. dazu → § 44 Rn. 70.

[626] Gesetz über die Wahrnehmung von Urheberrechten und verwandten Schutzrechten durch Verwertungsgesellschaften – VGG, BGBl. I 2016, 1190.

[627] Einige ausländische Verwertungsgesellschaften listet die VG Wort auf unter: http://www.vgwort.de/international/internationale-vertragsbeziehungen.html(abgerufen am 16.4.2019).

[628] OLG Köln GRUR 2008, 69 – Ausländische Wahrnehmungsgesellschaft.

[629] OLG Köln GRUR 2008, 69 – Ausländische Wahrnehmungsgesellschaft.

[630] BGH GRUR 2016, 596 – Verlegeranteil.

[631] BGH GRUR 2016, 596 (598) Tz. 22 – Verlegeranteil; vgl. auch KG GRUR-RR 2017, 94 (95 ff.) Tz. 16 ff. – Musikverlegeranteil.

rin der Berechtigten die Einnahmen vielmehr ausschließlich an die Berechtigten und in dem Verhältnis zu verteilen, in dem sie auf einer Verwertung der Rechte und Geltendmachung von Ansprüchen der jeweiligen Berechtigten beruhen.[632] Den Verlegern stünden nach dem UrhG keine eigenen Rechte oder Ansprüche zu, die die VG Wort wahrnehmen könne.[633] In seiner Entscheidung nimmt der BGH auch auf die aktuelle „Reprobel"-Entscheidung[634] des EuGH Bezug, wonach Art. 5 Abs. 2 lit. a und b Info-RL nationalen Rechtsvorschriften entgegenstünden, die es den Mitgliedsstaaten gestatten, einen Teil des den Rechteinhabern zustehenden gerechten Ausgleichs den Verlegern zu gewähren, ohne dass die Verleger verpflichtet sind, die Urheber zumindest indirekt in den Genuss des ihnen vorenthaltenen Anteils kommen zu lassen.[635] Diese Rechtsprechung wurde von den entsprechenden Interessenskreisen erheblich kritisiert und sowohl der deutsche als auch der europäische Gesetzgeber haben auf diese Kritik eilig reagiert.[636] So wurde iRd Urheberrechtsreform 2016[637] das VGG mit Wirkung zum 24.12.2016 geändert und eine Rechtsgrundlage für die pauschale Verlegerbeteiligung an der Reprographieabgabe geschaffen. Der neu eingefügte § 27a VGG sieht in Abs. 1 vor, dass der Urheber gegenüber der Verwertungsgesellschaft zustimmen kann, dass der Verleger an den Einnahmen aus den gesetzlichen Vergütungsansprüchen beteiligt wird. Die Höhe des Verlegeranteils legt nach § 27a Abs. 2 VGG die Verwertungsgesellschaft fest. Diese kann nach § 27 Abs. 2 VGG im Verteilungsplan regeln, dass die Einnahmen nach festen Anteilen verteilt werden. IRd der europäischen Reformbestrebungen zum digitalen Urheberrecht hat das Europäische Parlament die Richtlinie (EU) 2019/790 des Europäischen Parlaments und des Rates vom 17.4.2019 über das Urheberrecht und die verwandten Schutzrechte im digitalen Binnenmarkt und zur Änderung der Richtlinien 96/9/EG und 2001/29/EG[638] angenommen, die der Rat der Europäischen Union in der Folge gebilligt hat. Die Richtlinie enthält in Art. 16 eine kontroverst diskutierte gesetzliche Grundlage für die Verlegerbeteiligung an dem Schadensausgleich für die gesetzliche Lizenz.[639] Die Mitgliedsstaaten hatten nunmehr bis zum 7.6.21 Zeit, die neuen Vorschriften in nationales Recht umzusetzen (Art. 29). Sowohl die iRd Urheberrechtsreform 2016 neu geschaffene deutsche Regelung, die das Problem ins VGG verlagert, als auch der europäische Vorschlag erscheinen in Anbetracht der „Reprobel"-Entscheidung des EuGH bedenklich.[640]

326 In einer Entscheidung vor dem BVerwG[641] ging es um die Befugnisse des Deutschen Patent- und Markenamts (DPMA) als Aufsichtsbehörde über Verwertungsgesellschaften im Rahmen der Tarifaufsicht. Im Streit stand der Tarif der VG Media über die öffentliche Wiedergabe von Funksendungen (§ 22 UrhG) Das BVerwG entschied, dass das DPMA als Aufsichtsbehörde über Verwertungsgesellschaften gegenüber der VG Media die Rücknahme eines Tarifs anordnen könne. Es könne auch dessen Unangemessenheit feststellen. Das erfordere aber ein Missverhältnis der Höhe des Tarifs zum Umfang der wahrgenommenen Rechte. Die Darlegungs- und Beweislast für die Angemessenheit des Tarifs liege bei der Verwertungsgesellschaft, die für die Unangemessenheit aber beim DPMA.[642]

[632] BGH GRUR 2016, 596 (599) Tz. 30 – Verlegeranteil.
[633] BGH GRUR 2016, 596 (599) Tz. 39 – Verlegeranteil.
[634] EuGH GRUR 2016, 55 (58) Tz. 64 – Hewlett-Packard/Reprobel.
[635] BGH GRUR 2016, 596 (600) Tz. 47 – Verlegeranteil; EuGH GRUR 2016, 55 (58) Tz. 64 – Hewlett-Packard/Reprobel.
[636] Vgl. BT-Drs. 18/8268, S. 5 f. und COM (2016) 593 final, Erwägungsgrund 36.
[637] Gesetz zur verbesserten Durchsetzung des Anspruchs der Urheber und ausübenden Künstler auf angemessene Vergütung und zur Regelung von Fragen der Verlegerbeteiligung vom 20.12.2016, BGBl. I 2016, 3037.
[638] ABl. L 130, 92; näher § 41 Rn. 72; vgl. zur Richtlinie und zum Gesetzgebungsverfahren Nordemann/Waiblinger NJW 2020, 737; Stieper ZUM 2019, 211; Grütters ZUM 2019, 207; Hornschuh ZUM 2019, 222; Nordemann/Czychowski NJW 2019, 725; Raue GRUR 2017, 11; Grünberger GRUR 2017, 1; Klett/Schlüter WRP 2017, 15; Rauer/Vonau GRUR-Prax 2016, 430; Flechsig MMR 2016, 797; alle Stellungnahmen zu den Vorschlägen der Kommission sind abrufbar unter http://www.bmjv.de/SharedDocs/Gesetzgebungsverfahren/DE/EU-Urheberrechtsreform_2Copyright-Package.html).
[639] Zur neu geschaffenen deutschen Grundlage für die pauschale Verlegerbeteiligung an Kopiervergütungen in §§ 27 und 27a VVG vgl. → Rn. 324.
[640] Vgl. Peifer GRUR-Prax 2017, 1 (3).
[641] BVerwG GRUR 2021, 67 – Wiedergabe von Funksendungen.
[642] BVerwG GRUR 2021, 67 Tz. 33 – Wiedergabe von Funksendungen.

V. Beratung im Verletzungsfall

Checkliste: Verletzungsfall 327

- ☐ Liegt eine durch das UrhG geschützte Leistung vor?
  - Urheberrechtlicher Werkschutz
    - Der Werkbegriff
    - Die einzelnen Werkkategorien
    - Amtliche Werke (§ 5 UrhG)
  - Besondere Bestimmungen für Computerprogramme, §§ 69a ff. UrhG
  - Verwandte Schutzrechte
    - Wissenschaftliche Ausgaben, § 70 UrhG
    - Nachgelassene Werke, § 71 UrhG
    - Lichtbilder, § 72 UrhG
    - Ausübende Künstler, § 73 UrhG
    - Schutz des Veranstalters, § 81 UrhG
    - Tonträgerhersteller, § 85 UrhG
    - Sendeunternehmen, § 87 UrhG
    - Datenbankhersteller, §§ 87a und b UrhG
    - Presseverleger, § 87 f UrhG
    - Filmhersteller, § 94 UrhG
    - Laufbilder, § 95 UrhG
- ☐ Urheberrechtlich relevante oder urheberrechtsfreie Handlung?
- ☐ Welches Recht ist durch die Handlung betroffen?
  - Veröffentlichung und Erscheinen
  - Urheberpersönlichkeitsrechte
    - Allgemeines Änderungsverbot
    - Veröffentlichungsrecht, § 12 UrhG
    - Namensnennungsrecht, § 13 UrhG
    - Schutz vor Entstellungen, § 14 UrhG
    - Verwandte Schutzrechte
  - Verwertungsrechte, §§ 15–23 UrhG
    - Vervielfältigungsrecht, § 16 UrhG
    - Verbreitungsrecht, § 17 UrhG
    - Ausstellungsrecht, § 18 UrhG
    - Unkörperliche Verwertung, §§ 19–22 UrhG
    - Bearbeitungsrecht, § 23 UrhG
    - Verwandte Schutzrechte
- ☐ Die zeitliche Schranke des Urheberrechts: Besteht der Schutz noch?
- ☐ Schutzumfang: Vervielfältigung, Bearbeitung oder freie Benutzung?
- ☐ Ist die Handlung von einer Nutzungsrechtseinräumung umfasst?
- ☐ Gesetzlich erlaubte Handlungen: Schrankenbestimmungen
  - Freier Warenverkehr/freie Weiterverbreitung: Erschöpfung
  - Interesse der Öffentlichkeit an Information
  - Kommunikationsfreiheit
  - Schul-, Bildungs- und soziale Zwecke
  - private und eigene Interessen
- ☐ Aktivlegitimation: Geht der Berechtigte vor?
  - Urheber
  - Rechtsnachfolger
  - Inhaber verwandter Schutzrechte
  - Nutzungsrechtsinhaber
- ☐ Passivlegitimation: Verantwortlichkeit
- ☐ Folgen von Urheberrechtsverletzungen
  - Ansprüche
    - Beseitigung und Unterlassung, § 97 Abs. 1 UrhG
    - Auskunft, § 101 UrhG
    - Schadenersatz, § 97 Abs. 2 UrhG

- Vernichtung, Rückruf und Überlassung von Vervielfältigungsstücken und Vorrichtungen, §§ 98 und 69f UrhG
- Herausgabe
- • Prozessuale Möglichkeiten
- Berechtigungsanfrage
- Abmahnung, § 97a UrhG
- Einstweilige Verfügung
- Schutzschrift
- Abschlussschreiben
- Verletzungsklage
- Grenzbeschlagnahmeantrag

1. Liegt eine durch das UrhG geschützte Leistung vor?

328 Ausgangspunkt aller Überlegungen im Zusammenhang mit dem Urhebeberrecht muss immer sein, ob überhaupt eine nach dem UrhG geschützte Leistung vorliegt, weil naturgemäß nur dann auch Ansprüche auf der Grundlage des UrhG bestehen können.

329 **a) Urheberrechtlicher Werkschutz.** Urheberrechtlichen Schutz im eigentlichen Sinne können nur *Werke* genießen; andere Leistungen genießen lediglich Schutz im Rahmen verwandter Schutzrechte.

330 *aa) Der Werkbegriff.* Das Werk ist der zentrale Begriff des UrhG: Liegt kein Werk vor, kann auch kein urheberrechtlicher Schutz bestehen. Werke im Sinne des Urheberrechtsgesetzes sind gem. §§ 1 und 2 UrhG solche der **Literatur, Wissenschaft** und **Kunst,** aber gem. § 2 Abs. 2 UrhG nur „persönliche geistige Schöpfungen". Die Begriffe der Literatur, Wissenschaft und Kunst besitzen für den Werkbegriff nur insoweit Bedeutung, als sie eine Ab- und Eingrenzung der urheberrechtlichen Schutzbereiche vor allem zu den technischen Schutzrechten gewähren sollen.[643] Sie sind daher weit auszulegen.[644] Auf eine tatsächliche Feststellung, ob Literatur, Wissenschaft oder Kunst vorliegen, kommt es aber nicht an. Urheberrechtlicher Werkschutz kann einer geistigen Leistung nur dann zukommen, wenn es sich dabei um eine persönliche geistige Schöpfung handelt (§ 2 Abs. 2 UrhG). Der Begriff der **„persönlichen geistigen Schöpfung"** stellt zwar eine gesetzliche Definition des urheberrechtlich geschützten Werkes dar, ist aber doch ein unbestimmter Rechtsbegriff, der durch Rechtsprechung und Lehre auszufüllen ist. Der Gesetzgeber hat durch die erstmalige Verwendung dieser Definition im neuen Urheberrechtsgesetz von 1965 die bis dorthin von der Rechtsprechung gebrauchten Definitionen zu einer einheitlichen zusammengefasst, ohne eine Änderung der Rechtslage vornehmen zu wollen.[645] Die Gesetzesbegründung definiert die Werke persönlicher geistiger Schöpfung als „Erzeugnisse, die durch ihren Inhalt oder durch ihre Form oder durch ihre Verbindung von Form und Inhalt etwas Neues und Eigentümliches darstellen".[646] Bei der näheren Begriffsbestimmung herrscht allerdings in Rechtsprechung und Lehre kaum begriffliche Einigkeit; die „persönliche geistige Schöpfung" ist immer wieder mit anderen Worten umschrieben worden, ohne insoweit allerdings inhaltliche Abweichungen vorzunehmen.[647]

331 Nach der herrschenden Auffassung hat die „persönliche geistige Schöpfung" grundsätzlich **vier Elemente:** Das potentielle Werk muss
(1) persönlich erschaffen worden sein,
(2) eine wahrnehmbare Form gefunden haben,
(3) Individualität aufweisen und
(4) die notwendige Gestaltungshöhe erreicht haben.[648]

332 Unproblematisch sind normalerweise die ersten beiden Voraussetzungen: „Persönliche Erschaffung" bedeutet, dass das Werk von einem Menschen geschaffen worden sein und geistigen Gehalt

[643] Vgl. Dreier/Schulze/Schulze UrhG § 1 Rn. 4 und 6; Schricker/Loewenheim/Loewenheim/Leistner UrhG § 2 Rn. 27a.
[644] Vgl. Dreier/Schulze/Schulze UrhG § 1 Rn. 4; Fromm/Nordemann/Axel Nordemann UrhG § 2 Rn. 2; Loewenheim/Loewenheim UrhG § 6 Rn. 1 f.; Schricker/Loewenheim/Loewenheim/Leistner UrhG § 2 Rn. 26.
[645] Vgl. die amtl. Begr. abgedruckt bei M. Schulze S. 419.
[646] Amtl. Begr. M. Schulze S. 435.
[647] Vgl. Schricker/Loewenheim/Loewenheim/Leistner UrhG § 2 Rn. 45.
[648] Vgl. Schricker/Loewenheim/Loewenheim/Leistner UrhG § 2 Rn. 32, 34.

aufweisen muss.[649] Dies hat zur Folge, dass weder juristische Personen noch Tiere oder Maschinen urheberrechtlich geschützte Werke hervorbringen können; allerdings darf sich der Mensch bei seiner Schöpfung natürlich eines Apparates als Hilfsmittel bedienen, also insbesondere einen Fotoapparat oder einen Computer einsetzen.[650] „Wahrnehmbare Form" bedeutet, dass die Schöpfung des Urhebers für andere Menschen **wahrnehmbar** sein, also eine Form gefunden haben muss; es genügt nicht, wenn zB ein Gedicht lediglich im Kopf des Dichters vorhanden ist, wenigstens ausgesprochen worden muss es sein.[651]

Hauptinhalt der persönlichen geistigen Schöpfung ist die dritte genannte Voraussetzung, die 333
sog. **„Individualität"**. Sie bedeutet, dass sich in Konzeption, Inhalt oder Form der individuelle Geist des Urhebers im Werk ausdrückt und das Werk sich dadurch vom alltäglichen, routinemäßig produzierten und anderen, im Sinne des Urheberrechts nicht schöpferischen Leistungen wie zB denen der ausübenden Künstler oder rein handwerklichen Leistungen abhebt.[652] Es wird ein geistiger Gehalt verlangt, es muss also eine menschliche Gedankenäußerung aus dem Werk hervorgehen, ein Gedanken- oder Gefühlsinhalt durch das Werk mitgeteilt werden. Dies schließt Zufallsprodukte weitgehend vom urheberrechtlichen Schutz aus und stellt klar, dass nur etwas dem Urheberrechtschutz zugänglich ist, das durch den Willen des Urhebers geschaffen wurde. Diese Art „persönlicher Prägung" des Urhebers, die sich im Werk wiederfinden muss, ist aber nicht so zu verstehen, dass bei Betrachtung eines Werkes der Urheber ohne weiteres aus dem Werk zu erkennen sein muss. Vielmehr reicht auch ein sehr viel geringerer Grad an persönlicher Prägung aus.[653] Außerdem muss eine subjektive, urheberbezogene *Neuheit* des Werkes vorliegen, dh. das Werk muss für den Urheber neu gewesen sein, was sog. **„Doppelschöpfungen"** möglich macht.[654] Der Urheber darf jedoch aus dem bekannten oder allgemeinen Formen- und Inhaltsschatz schöpfen, was in der Regel auch geschieht; das subjektiv Neue stellt sich dann dar als eine bisher unbekannte Kombination von Bekanntem, wiederum in der Regel auch mit Neuem oder Unbekanntem, wobei die Neuheit dieser Kombination nicht überbewertet werden darf, weil das Urheberrecht eben keine echte Neuheitsprüfung kennt.[655] Individuell kann ein Werk schließlich nur dann sein, wenn der Werkgegenstand überhaupt die Entfaltung individueller Züge gestattet. Ist etwas zB durch technische Notwendigkeiten oder andere Zwänge gar nicht anders zu gestalten, ist kein Raum für eine individuelle Gestaltung und somit auch nicht für einen Urheberrechtschutz.[656]

Die Individualität muss im Werk in einem gewissen Mindestmaß zu Tage treten. Dieses Min- 334
destmaß als viertes Kriterium wird im Allgemeinen als **„Gestaltungshöhe"** bezeichnet und legt die Untergrenze des Urheberrechtschutzes fest; das Kriterium geht auf *Eugen Ulmer* zurück, der damit Werke der angewandten Kunst von nur designrechtsfähigen Gestaltungen abgrenzen wollte, hat sich jedoch inzwischen im deutschen Urheberrecht allgemein als „quantitatives" Element der Individualität durchgesetzt.[657] Das Maß der Gestaltungshöhe ist zwar durch die Rechtsprechung im Allgemeinen niedrig angesetzt worden, so dass auch Dinge, die nur einen sehr geringen

[649] Vgl. Fromm/Nordemann/Axel Nordemann UrhG § 2 Rn. 21; Schricker/Loewenheim/Loewenheim/Leistner UrhG § 2 Rn. 38, 45.

[650] Vgl. Dreier/Schulze/Schulze UrhG § 2 Rn. 8; Fromm/Nordemann/Axel Nordemann UrhG § 2 Rn. 21 ff.; Schricker/Loewenheim/Loewenheim/Leistner UrhG § 2 Rn. 40; Ulmer S. 128.

[651] Vgl. Dreier/Schulze/Schulze UrhG § 2 Rn. 13; Fromm/Nordemann/Axel Nordemann UrhG § 2 Rn. 23; Schricker/Loewenheim/Loewenheim/Leistner UrhG § 2 Rn. 47; Ulmer S. 130.

[652] Vgl. Schricker Abschied von der Gestaltungshöhe im Urheberrecht?, Festschrift für Kreile, S. 715, 720; Schricker/Loewenheim/Loewenheim/Leistner UrhG § 2 Rn. 53 ff.; Ulmer S. 131.

[653] Vgl. Fromm/Nordemann/Axel Nordemann UrhG § 2 Rn. 25; Schricker/Loewenheim/Loewenheim/Leistner UrhG § 2 Rn. 57; Ulmer S. 127.

[654] Von einer „Doppelschöpfung" spricht man, wenn mehrere Urheber unabhängig voneinander übereinstimmende Werke geschaffen haben, ohne dass hierbei bewusst oder unbewusst auf das Werk des jeweils anderen zurückgegriffen worden wäre, vgl. zB OLG Hamburg ZUM 2019, 262, 264; KG ZUM 2001, 503, 504 – Doppelschöpfung; OLG Köln ZUM-RD 1999, 223, 225; LG Mannheim GRUR-RR 2007, 265 (LS), ZUM-RD 2006, 886, 887 – Karlssteg mit Münster; LG München ZUM 2003, 245, 247 f. – Refrainübernahme; Dreier/Schulze/Schulze UrhG § 2 Rn. 17; Loewenheim/Loewenheim UrhG § 6 Rn. 23 und § 8 Rn. 29; Wandtke/Bullinger/Bullinger § 2 Rn. 22 und § 23 Rn. 19 ff.; Schricker/Loewenheim/Loewenheim/Leistner UrhG § 2 Rn. 65.

[655] Vgl. BGH GRUR 1985, 1041, 1047 – Inkasso-Programm; BGH GRUR 1982, 305, 307 – Büromöbelprogramm; BGH GRUR 1979, 332, 336 – Brombeerleuchte.

[656] Vgl. zB BGH GRUR 1986, 739, 741 – Anwaltsschriftsatz; BGH GRUR 1982, 305, 307 – Büromöbelprogramm; BGH GRUR 2002, 958, 959 f. – Technische Lieferbedingungen; LG Leipzig ZUM 2005, 487 ff. – Museumsfußboden; LG Köln ZUM-RD 2008, 88, 89 f. – Entwurfsplanung.

[657] Vgl. Ulmer GRUR Ausl. 1959, 1, 2; Schricker FS-Kreile S. 715, 715 f.; Schricker/Loewenheim/Loewenheim/Leistner UrhG § 2 Rn. 51 ff. mit umfangreichen Nachweisen zur Rechtsprechung.

Grad an Individualität aufweisen, geschützt sein können; diese Schöpfungen bezeichnet man auch als **„kleine Münze" des Urheberrechts.**[658]

335 Der Begriff geht mutmaßlich auf die sog. „Groschenromane" zurück, die im Zeitschriftenhandel in Heftform in hoher Auflage verkauft wurden und die in der Regel nur eine bescheidene literarische Qualität besaßen; früher kosteten sie einen oder mehrere Groschen, der Urheber bekam dafür ebenfalls nur „kleine Münze". Jedoch wurde die Gestaltungshöhe in der Rechtsprechung und größtenteils auch in der Literatur früher nicht bei allen Werkarten gleich niedrig angesetzt, was dazu führte, dass zwar bei den meisten Werkarten, insbesondere bei den Werken der Literatur, Musik, bildenden Kunst und der Fotografie, nahezu jede Schöpfung Urheberrechtschutz genoß, bei anderen jedoch nur solche Gestaltungen, die das „Durchschnittskönnen deutlich überragten"; dies betraf hauptsächlich Werke der angewandten Kunst sowie Schriftwerke aus dem Bereich des täglichen Bedarfs[659] oder Webseiten.[660] Der BGH hat diese Rechtsprechung jedoch aufgegeben.[661] In der Folge haben einige Instanzgerichte auch in diesen Bereichen trotz nur geringer Individualität Urheberschutz zuerkannt. Der BGH hat jedoch zuletzt wieder betont, dass für einen urheberrechtlichen Schutz eine „nicht zu geringe Gestaltungshöhe zu fordern ist".[662] Beispielsweise bei Bauten muss sich, um die Gestaltungshöhe zu erreichen, die Bauplanung oder der Bau aus der Masse alltäglichen Bauschaffens abheben und nicht lediglich als durchschnittliche Architektur präsentieren.[663] Das Erreichen der Gestaltungshöhe beurteilt sich außerdem nach objektiven Maßstäben und nicht nach dem subjektiven Können des Urhebers.[664]

336 Allerdings geht der **EuGH ausdrücklich** von einem **autonomen einheitlichen europäischen Werkbegriff** aus und führt dazu aus, die Info RL verweise für die Ermittlung des Sinnes und der Tragweite des Begriffs „Werk" nicht ausdrücklich auf das Recht der Mitgliedstaaten; vielmehr müsse dieser Begriff im Hinblick auf die Erfordernisse der einheitlichen Anwendung des Unionsrechts sowie des Gleichheitssatzes in der Regel in der gesamten Union eine autonome und einheitliche Auslegung erhalten.[665] **Voraussetzungen** für das Vorliegen eines urheberrechtlichen Werkes ist nach Auffassung des EuGH, dass (1) ein Original in dem Sinne vorliegt, dass es eine **eigene geistige Schöpfung des Urhebers** darstellt, und (2) das urheberrechtliche Schutzobjekt eine Ausdrucksform gefunden haben, die es mit hinreichender Genauigkeit und Objektivität identifizierbar werden lässt.[666] Der Geschmack eines Käses kann deshalb kein Werk im Sinne des Urheberrechts sein, da er nicht hinreichend genau bestimmbar ist.[667]

337 Zusätzliche Anforderungen wie etwa die Gestaltungshöhe erwähnt der EuGH nicht: Originalität erfordere nicht, dass das Werk über seinen Gebrauchszweck hinaus einen eigenen, ästhetisch markanten visuellen Effekt hervorrufe; vielmehr sei es ausreichend, dass es die Persönlichkeit seines Urhebers widerspiegelt, indem er dessen freie kreative Entscheidungen zum Ausdruck bringt.[668] War die Gestaltung allerdings durch technische Erwägungen, Regeln oder andere Zwänge bestimmt, die der Ausübung künstlerischer Freiheit keinen Raum gelassen haben, scheidet ein Schutz aus.[669] Das Widerspiegeln der Persönlichkeit des Urhebers in der kreativen Leistung könnte graduell anders anzuwenden sein als die vom BGH postulierte Gestaltungshöhe, die es zB bei Werken der angewandten Kunst nach Auffassung der für Kunst empfänglichen und mit Kunstanschauungen einigermaßen vertrauten Kreise rechtfertigt, von einer „künstlerischen"

---

[658] Vgl. zB BGH GRUR 1995, 581, 582 – Silberdistel; BGH GRUR 1981, 267, 268 – Dirlada; Schricker/Loewenheim/Loewenheim/Leistner UrhG § 2 Rn. 61 ff. mwN.

[659] Vgl. Loewenheim/Loewenheim UrhG § 6 Rn. 18 f.; Loewenheim/Axel Nordemann UrhG § 9 Rn. 22 ff.; Axel Nordemann/Heise ZUM 2001, 128, 137 ff.; Axel Nordemann FS-W. Nordemann S. 59, 60 f.; Schricker/Loewenheim/Loewenheim/Leistner UrhG § 2 Rn. 59 ff. mit umfangreichen Nachweisen zu Rechtsprechung und Literatur.

[660] OLG Rostock GRUR-RR 2008, 1, 1 – Webseiten; OLG Frankfurt GRUR-RR 2005, 299, 300 f. – Online-Stellenmarkt; LG München ZUM-RD 2005, 81, 83 f. – Internetauftritt.

[661] Vgl. Rn. 39 ff. und BGH GRUR 2014, 175, 177 Tz. 26 – Geburtstagszug.

[662] BGH GRUR 2021, 1290 Rn. 60 – Zugangsrecht des Architekten.

[663] BGH GRUR 2021, 1290 Rn. 60 – Zugangsrecht des Architekten; OLG Oldenburg GRUR-RR 2009, 6, 7 f. – Blockhausbauweise.

[664] OLG Oldenburg GRUR-RR 2009, 6, 7 f. – Blockhausbauweise.

[665] EuGH GRUR 2020, 736 Rn. 22 – Brompton/Get2Get; EuGH GRUR 2019, 1185 Tz. 29 ff. – Cofemel/G-Star; EuGH GRUR 2019, 73, 74 Tz. 33 – Levola Hengelo BV/Smilde Foods BV.

[666] EuGH GRUR 2020, 736 Rn. 22 ff. – Brompton/Get2Get; EuGH GRUR 2019, 1185 Tz. 32 – Cofemel/G-Star; EuGH GRUR 2019, 73, 74 Tz. 35 ff., 40 – Levola Hengelo BV/Smilde Foods BV.

[667] EuGH GRUR 2019, 73, 74 Tz. 35 ff., 40 – Levola Hengelo BV/Smilde Foods BV.

[668] EuGH GRUR 2020, 736 Rn. 23, 26 – Brompton/Get2Get; EuGH GRUR 2019, 1185 Tz. 30 – Cofemel/G-Star.

[669] EuGH GRUR 2020, 736 Rn. 24 – Brompton/Get2Get; EuGH GRUR 2019, 1185 Tz. 31 – Cofemel/G-Star.

Leistung zu sprechen.[670] Dennoch setzt der BGH offenbar seine Voraussetzung der „künstlerischen“ Leistung mit den EuGH-Kriterien gleich,[671] was letztendlich zutreffend sein dürfte:

Zum urheberrechtlichen Schutz von Werken der angewandten Kunst nach § 2 Abs. 1 Nr. 4 UrhG ist zunächst darauf hinzuweisen, dass auch nach der Absenkung der Schutzvoraussetzungen durch die Geburtstagszug-Rechtsprechung des BGH nicht etwa jegliche Gestaltungen urheberrechtlichen Schutz genießen. Der BGH hat vielmehr hervorgehoben, dass es insbesondere im Hinblick auf die ausgesprochen lange urheberrechtliche Schutzfrist geboten sei, für den urheberrechtlichen Schutz eine nicht zu geringe Gestaltungshöhe zu fordern.[672] Er hat ferner betont, dass bei Gebrauchsgegenständen der Spielraum für eine künstlerische Gestaltung regelmäßig eingeschränkt sei und sich bei ihnen in einem besonderen Maße die Frage stelle, ob sie über ihre von der Funktion vorgegebene Form hinaus künstlerisch gestaltet sind und diese Gestaltung eine Gestaltungshöhe erreiche, die den urheberrechtlichen Schutz rechtfertige; darüber hinaus sei zu beachten, dass selbst dann, wenn die den Urheberrechtsschutz begründende, gleichwohl geringe Gestaltungshöhe vorliege, dies zu einem entsprechend engen Schutzbereich des betreffenden Werkes führe.[673] Auch dies liegt wieder auf einer Linie mit dem EuGH, der ausdrücklich hervorgehoben hat, dass ein urheberrechtlicher Schutz für Gegenstände, die auch dem Schutz von Mustern und Modellen unterfallen können, nur in bestimmten Fällen in Frage kommen könne,[674] nämlich dann, wenn es sich dabei um Werke in dem Sinne handelt, dass sie die Persönlichkeit des Urhebers widerspiegeln und seine freien kreativen Entscheidungen zum Ausdruck bringen im Sinne der Ausübung künstlerischer Freiheit.[675] Wenn aber eine Gestaltung die Persönlichkeit des Urhebers und seine freien kreativen Entscheidungen im Sinne der Ausübung künstlerischer Freiheit widerspiegeln soll, kann die Gestaltungshöhe entsprechend der Rechtsprechung des Bundesgerichtshofs eben nicht zu niedrig sein, weil es ansonsten gar keinen Unterschied geben würde zum Schutz der Muster und Modelle. 338

Auf der selben Linie liegt auch die Entscheidung des Europäischen Gerichtshofs zu Brompton: Auch dort hat der EuGH hervorgehoben, dass eine Wahlmöglichkeit unter Gestaltungsalternativen nicht dazu führt, dass ein urheberrechtlicher Schutz angenommen werden kann, sondern darüber hinaus zu prüfen ist, ob eben ein Original in dem Sinne vorliegt, dass die Gestaltung die Persönlichkeit des Urhebers widerspiegelt, in dem es seine freien kreativen Entscheidungen zum Ausdruck bringt und der Urheber seine künstlerische Freiheit ausgeübt haben muss.[676] 339

Die Auffassung des EuGH, es bestehe ein autonomer, unionrechtlicher Werkbegriff, ist zwar insoweit bedenklich, als der Werkbegriff tatsächlich nur für einzelne Werkarten harmonisiert ist und weder die Schutzdauer-RL noch die Info-RL eine Harmonisierungsvorgabe auch für die Schutzvoraussetzungen des Urheberrechts enthalten. Dem EuGH ist aber zuzugestehen, dass das Schutzobjekt des Urheberrechts ein Einheitliches sein muss, weil der einheitliche Rechtsrahmen, der nicht nur durch die Info-RL, sondern auch durch die Schutzdauer-RL geschaffen worden ist, ansonsten doch uneinheitlich bleiben würde. Es ist daher mit dem EuGH zukünftig von einem europäischen Werkbegriff auszugehen, der lediglich voraussetzt, dass eine eigene geistige Schöpfung des Urhebers vorliegt. Eine Ausnahme hiervon dürfte lediglich im Bereich der angewandten Kunst bestehen, weil die Geschmacksmuster-RL in ErwG 8 den Mitgliedsstaaten ausdrücklich freistellt, den Umfang des urheberrechtlichen Schutzes und seine Voraussetzungen für den Bereich der angewandten Kunst festzulegen. 340

Werkteile sind nur dann geschützt, wenn sie für sich allein betrachtet persönlich geistige Schöpfungen darstellen, also insbesondere die notwendige Gestaltungshöhe erreichen.[677] Auch kleinste Teile eines urheberrechtlich geschützten Werkes können Schutz genießen, sofern sie noch in Form und Inhalt eine individuelle Prägung aufweisen; als **Beispiel** mag insoweit der Anfangstakt aus Beethovens 5. Sinfonie gelten, der Urheberrechtsschutz genießen würde, obwohl er 341

[670] BGH GRUR 2014, 175, 177 Tz. 26 – Geburtstagszug. Siehe eingehend → Rn. 50 ff.

[671] BGH GRUR 2021, 1290 Rn. 58–60 – Zugangsrecht des Architekten.

[672] BGH GRUR 2014, 175 Rn. 40 – Geburtstagszug.

[673] BGH GRUR 2014, 175 Rn. 41 – Geburtstagszug.

[674] EuGH GRUR 2019, 1185 Rn. 52 – Cofemel/G-Star.

[675] EuGH GRUR 2019, 1185 Rn. 30–31 – Cofemel/G-Star.

[676] EuGH GRUR 2020, 736 Rn. 32 unter Berufung auf Rn. 22–27 – Brompton/Get2Get.

[677] Vgl. BGH GRUR 2009, 1046 (1050), Tz. 43 – Kranhäuser; BGH GRUR 1990, 218 (219) – Verschenktexte; BGH GRUR 1989, 416 – Bauaußenkante; BGH GRUR 1988, 690 (692) – Kristallfiguren; BGH GRUR 1988, 533 (534) – Vorentwurf II; OLG Hamburg GRUR-RR 2004, 285 (286) – Markentechnik; LG Leipzig ZUM 2005, 487 ff. – Museumsfußboden.

nur aus vier Tönen besteht.[678] So hat der BGH beispielsweise die Gestaltung eines Gebäudeteiles in Form eines „Rücksprungs“ der im Kölner Rheinauhafenbecken geschaffenen „Kranhäuser“ einen urheberrechtlichen Teilschutz zugebilligt.[679] Ferner hat das *OLG Hamburg* zu Teilen von Computerprogrammen entschieden, dass diese urheberrechtlich geschützt sein können, wenn sie jedenfalls für den Programmablauf von nicht nur untergeordneter Bedeutung sind und eine eigene Befehlsstruktur haben, die innerhalb eines vorhandenen Gestaltungsspielraumes Ausdruck individuellen Schaffens seien.[680]

342 § 3 UrhG stellt klar, dass **Bearbeitungen** eines Werkes wie selbständige Werke geschützt werden, wenn sie persönliche geistige Schöpfungen des Bearbeiters sind, also die „Zutaten“, die der Bearbeiter dem Originalwerk hinzugefügt hat, für sich betrachtet den Werkbegriff des § 2 UrhG erfüllen. Es handelt sich bei Bearbeitungen nicht um eine eigenständige Werkkategorie oder Werkart, sondern nur um eine bestimmte Form eines Werkes, so dass auch von jeder Werkart Bearbeitungen vorliegen können. Die beiden wichtigsten und deshalb auch im Gesetz ausdrücklich genannten Fälle der Bearbeitung sind Übersetzungen (§ 3 UrhG)[681] und Verfilmungen (§ 23 Abs. 2 Nr. 2 UrhG). Übersetzungen sind damit zugleich Bearbeitungen gem. § 3 UrhG und Sprachwerke iSv. § 2 Abs. 1 Nr. 1 UrhG; Spielfilme beispielsweise sind regelmäßig sowohl Bearbeitungen der vorbestehenden Werke wie zB Roman, Drehbuch, Exposé und Treatment (§ 23 Abs. 2 UrhG) als auch Filmwerke gem. § 2 Abs. 1 Nr. 6 UrhG.

343 Bearbeitungen können ferner sein bei Sprachwerken **beispielsweise** die Fortsetzung eines Romans[682] oder nicht-amtliche Leitsätze eines Gerichtsurteils,[683] bei Computerprogrammierungen vor allem Umprogrammierungen,[684] bei Musikwerken beispielsweise Einrichtung und Arrangement von Chorstimmen, Cover-Versionen oder Remixe von Popsongs, Instrumentierungen, Variationen von Themen und Vergleichbares,[685] bei pantomimischen Werken und Tanzwerken die Änderung des Bewegungsvokabulars bei Balletten, aber auch die Herstellung eines Ballettfilmes,[686] im Bereich der bildenden Kunst vor allem Nachahmungen, während Kunstfälschungen idR eher Vervielfältigungen im Sinne von § 16 UrhG sind,[687] bei Fotografien beispielsweise Motivverfremdungen, Fotomontagen, Fotocollagen oder die Umsetzung in eine Fotografik,[688] während die Digitalisierung einer Fotografie meist Vervielfältigung im Sinne von § 16 UrhG sein wird, sowie schließlich bei Filmwerken Kolorierung und Vertonung, ggf. auch eine Kürzung[689] oder Übersetzungen einer Nachrichtensendung in Gebärdensprache durch eine Dolmetscherin;[690] bei Erzählungen schließlich die Übertragung der Beschreibung einer Figur in eine Zeichnung.[691]

344 Auf zwei **Besonderheiten bei Musikwerken und Filmwerken** ist noch hinzuweisen: Liegt ein verbundenes Werk im Sinne von § 9 UrhG vor, zB weil Text und Musik bei einem Popsong oder einer Oper miteinander verbunden worden sind, stellt der Austausch eines dieser Werke und die Verbindung mit einem anderen Werk, wie beispielsweise die Neuvertonung eines Opernlibrettos, keine Bearbeitung dar.[692] Ferner ist zu beachten, dass die Neuverfilmung eines Romans regelmäßig keine Bearbeitung des Filmwerkes darstellt, das den Roman zuerst verfilmt hatte, sondern eine erneute Bearbeitung eben des Romans.[693]

---

678 Vgl. aus der neueren Rechtsprechung OLG Hamburg GRUR 1997, 822 (825) – Edgar-Wallace–Filme (kurze Ausschnitte aus Spielfilmen).

679 BGH GRUR 2009, 1046 (1050), Tz. 44 – Kranhäuser.

680 OLG Hamburg CR 2001, 434 (435) – Hardwarekonfiguration einer Faxkarte; nachfolgend bestätigt durch den BGH GRUR 2002, 1046 – Faxkarte, BGH weitergehend zur Feststellungswirkung des Urteils des OLG und zu einem Besichtigungsanspruch.

681 Vgl. BGH GRUR 2004, 938 (938) – Comic-Übersetzungen III; BGH GRUR 2000, 144 – Comic-Übersetzungen II; BFH ZUM-RD 2007, 109 (110) – Nachrichtensendung in Gebärdensprache; OLG München ZUM 2004, 845 (847) – Romanübersetzung.

682 Vgl. BGH GRUR 1999, 984 (987) – Laras Tochter.

683 BGH GRUR 1992, 382 (384 f.) – Leitsätze; OLG Köln K&R 2008, 691.

684 Vgl. Loewenheim/Lehmann UrhG § 9 Rn. 55.

685 Vgl. Loewenheim/Czychowski UrhG § 9 Rn. 76 und 79 f.

686 Vgl. Loewenheim/Schlatter UrhG § 9 Rn. 93.

687 Vgl. Fromm/Nordemann/Axel Nordemann UrhG § 3 Rn. 27.

688 Vgl. Loewenheim/Axel Nordemann UrhG § 9 Rn. 145.

689 Vgl. Fromm/Nordemann/Axel Nordemann UrhG § 3 Rn. 11; Loewenheim/Axel Nordemann UrhG § 9 Rn. 167 ff.

690 BFH ZUM-RD 2007, 109, Tz. 32 – Nachrichtensendung in Gebärdensprache.

691 OLG München GRUR-RR 2008, 37 (39) – Pumuckl-Illustrationen II.

692 Vgl. Fromm/Nordemann/Axel Nordemann UrhG § 3 Rn. 29.

693 → Rn. 187 f.

Der Bearbeiter erhält aber nur ein **abhängiges Urheberrecht:** Er darf zwar die meisten Werke bearbeiten, ohne den Urheber des Originalwerkes zu fragen, benötigt jedoch für die Veröffentlichung und Verwertung seiner Bearbeitung dessen Zustimmung (§ 23 UrhG).[694] Das Urheberrecht des Bearbeiters kollidiert also mit dem Bearbeitungsrecht des Urhebers des Originalwerkes.[695] **Beispiel:** Übersetzungen von Comics stellen nach Ansicht des *BGH* in der Regel eigenschöpferische Leistungen des Übersetzers dar und können daher auch ihrerseits Gegenstand des urheberrechtlichen Schutzes sein. Die neue Sprachform der Übersetzung erfordere im Allgemeinen ein besonderes Einfühlungsvermögen und eine gewisse sprachliche Ausdrucksfähigkeit. Sie lasse sich nicht allein durch eine mechanische Übertragung der einzelnen Begriffe bewerkstelligen, sondern müsse den Sinngehalt vollständig erfassen und auch Zwischentöne des Originals wiederzugeben versuchen. 345

Dies gelte auch für die Übertragung von Bildgeschichten, dh des in Sprechblasen enthaltenen Sprachanteils, weil der Übersetzer wegen der räumlichen Beschränkung auf Sprechblasen die Situation in wenigen Worten erfassen, sich an die für Bildgeschichten typische Diktion halten und auch eine Verständlichkeit für Kinder erreichen müsse. Dabei gelte der für literarische Schriftwerke erforderliche geringe Grad individuellen Schaffens, so dass auch die „kleine Münze" der Übersetzungen urheberrechtlich geschützt sei.[696] Der Urheber der Übersetzung darf diese zunächst anfertigen, benötigt jedoch wie erwähnt für die Veröffentlichung und Verwertung der Übersetzung die Zustimmung des Urhebers des übersetzten Werkes (§ 23 Abs. 1 S. 1 UrhG). Will der Original-Urheber des übersetzten Werkes jedoch wiederum die Übersetzung beispielsweise für die deutsche Synchronfassung eines Spielfilmes verwenden, der auf dem Original-Werk beruht, benötigt er hierfür wiederum die Zustimmung des Übersetzers, da diese zu seinen Gunsten wie ein selbständiges Werk geschützt wird (§ 3 S. 1 UrhG). 346

Ferner ist darauf hinzuweisen, dass der Begriff der „persönlichen geistigen Schöpfung" im weitesten Sinn **zweck-, qualitäts- und aufwandsneutral** ist. Es ist also bei einem urheberrechtlich geschützten Werk gleichgültig, zu welchem Zweck es erschaffen wurde, wie hoch seine künstlerische, literarische oder sonst welche Qualität ist oder mit welchem Aufwand es entstand.[697] 347

Urheberrechtlich geschützt sein kann außerdem immer nur das, was eine konkrete gestalterische Form bekommen hat; die zugrunde liegende **Idee**, wissenschaftliche Lehren und Forschungsergebnisse sind grundsätzlich als solche nicht urheberrechtlich schutzfähig.[698] Lediglich bei Sprachwerken gibt es insoweit Abweichungen: Zwar ist auch hier die zugrundeliegende Idee grundsätzlich nicht schutzfähig, jedoch kann die individuelle Ausgestaltung dieser Idee, wie sie etwa im Gang der Handlung, der Charakteristik der Personen oder der Ausgestaltung von Szenen besteht, sehr wohl urheberrechtlichen Schutz genießen, so dass beispielsweise ein Fortsetzungsroman eine abhängige Bearbeitung des Originalromans gem. § 23 UrhG sein kann.[699] Einen Urheberrechtsschutz nicht begründen können ferner **technische** und technisch bedingte **Gestaltungsmerkmale**; es genügt deshalb nicht, wenn ein Gebrauchsgegenstand eine ästhetische Wirkung ausstrahlt, sondern der Urheberrechtsschutz kann erst dort beginnen, wo über die technisch bedingten Merkmale hinaus auch noch künstlerisch gestaltet worden ist.[700] 348

Insbesondere bei Werken der angewandten Kunst kann es im Übrigen erforderlich sein, den Unterschied zwischen ästhetischer Gestaltung und Technik herauszuarbeiten. Denn zwischen dem Urheberrecht und den technischen Schutzrechten wie Patentrecht und Gebrauchsmusterrecht besteht nicht nur ein gradueller Unterschied wie er zwischen Urheber- und Geschmacksmusterrecht bestehen mag, sondern ein Wesensunterschied: Während das Urheberrecht nur geistig-ästhetische Gestaltungen auf den Gebieten der Literatur, Wissenschaft und Kunst schützt (§§ 1, 2 349

[694] → Rn. 539 ff.
[695] → Rn. 539.
[696] BGH GRUR 2004, 938 (938) – Comic-Übersetzungen III; BGH GRUR 2000, 144 (144) – Comic-Übersetzungen II.
[697] Vgl. BGH GRUR 1985, 1041 (1048) – Inkasso-Programm; BGH GRUR 1981, 267 (268) – Dirlada; BGH GRUR 1981, 352 (354) – Staatsexamensarbeit; Fromm/Nordemann/Axel Nordemann UrhG § 2 Rn. 13; Schricker/Loewenheim/Loewenheim UrhG § 2 Rn. 44 ff.; Ulmer S. 132 f.
[698] Vgl. BGH GRUR 2011, 803 (807), Tz. 50 – Lernspiele; BGH GRUR 2003, 276 (278) – Sendeformat; BGH GRUR 2003, 231 (233) – Staatsbibliothek; Fromm/Nordemann/Axel Nordemann UrhG § 2 Rn. 43, 44.
[699] BGH GRUR 2011, 134 (137), Tz. 36 – Perlentaucher; BGH GRUR 1999, 984 (987) – Laras Tochter.
[700] BGH GRUR 2012, 58 (60), Tz. 19 ff. und 62, Tz. 36 – Seilzirkus; Fromm/Nordemann/Axel Nordemann UrhG § 2 Rn. 45a.

UrhG), die zugrundeliegenden Ideen jedoch grundsätzlich frei lässt,[701] schützt das Patentrecht Erfindungen auf allen technischen Gebieten, die gewerblich anwendbar sind (§ 1 Abs. 1 PatG), monopolisiert also auch die zugrundeliegende technische Idee gegen die – auch mittelbare – Benutzung durch Andere (§ 9 PatG). Urheberrecht und Patentrecht – oder anders ausgedrückt Ästhetik und Technik – sind daher „zwei verschiedene Paar Schuhe" und haben nichts miteinander gemein. Ein und derselbe Gegenstand kann sowohl urheberrechtlich als auch patentrechtlich geschützt sein, aber auf zwei verschiedenen Ebenen: Das Urheberrecht schützt nur die ästhetischen Gestaltungselemente, das Patentrecht die technische Erfindung. Technische Konstruktionsteile dürfen daher für die Frage der künstlerisch-ästhetischen Ausgestaltung und Wirkung eines Werkes der angewandten Kunst nicht herangezogen werden;[702] umgekehrt können auch die ästhetischen Gestaltungselemente nicht zur Begründung einer Erfindung und damit eines Patentschutzes herangezogen werden (§ 1 Abs. 3 Nr. 2 PatG).

350 Eine **Festlegung** des Werkes zB durch Aufnahme, Aufschreiben, Fotografieren oder Filmen ist nicht erforderlich;[703] es ist daher bspw. die Stegreif-Comedy ebenso geschützt wie die Jazz-Improvisation.

351 *bb) Die einzelnen Werkkategorien.* Nachfolgend soll jeweils kurz erläutert werden, was unter die einzelnen Werkkategorien fällt.

352 *(1) Sprachwerke wie Schriftwerke, Reden und Computerprogramme (§ 2 Abs. 1 Nr. 1 UrhG).* Sprachwerke sind solche, die mit sprachlichen Mitteln ausgedrückt oder wiedergegeben werden, also eine sprachliche Darstellung aufweisen.[704] Die Mitteilung kann mündlich, schriftlich, aber auch in digitaler Form erfolgen. Es kann sich um einen verbalen, gedanklichen oder gefühlsmäßigen Inhalt handeln, der literarisch, wissenschaftlich, praktisch, privat oder geschäftlich sein kann. Sprachwerke können beispielsweise Gedichte, Aufsätze, Romane, Zeitungs- und Zeitschriftenartikel, Operntexte, Liedtexte (ausdrücklich entschieden vom BGH für Musicalsongs),[705] Dramen, Theaterstücke, Reden, Computerprogramme oder auch Telefonbücher sein.[706]

353 Die Individualität eines Sprachwerkes kann sich ergeben aus der eigenschöpferischen Gedankenführung und -formung, aber auch aus Form und Art der Sammlung, Einteilung und Anordnung des Stoffes.[707] Sie kann sich nicht aus dem dargestellten wissenschaftlichen oder technischen Inhalt[708] ergeben, so dass die zugrundeliegende Idee grundsätzlich frei bleibt.[709] Wenn es sich allerdings um einen Bewertungs- und Informationsbericht handelt, der sich mit der Stellungnahme eines Dritten auseinandersetzt, liegt ein größerer Gestaltungsspielraum als bei der bloßen Darstellung von wissenschaftlichen Erkenntnissen vor, mit der Folge, dass die Schutzfähigkeit des Werkes bejaht werden kann.[710]

354 Bei Romanen, Bühnenwerken und vergleichbaren Schriftwerken mit einer Handlung hat die Idee jedoch regelmässig eine individuelle Gestalt angenommen, so dass sich die Individualität dann auch aus der erfundenen Geschichte, den ersonnenen Charakteren, ihrem Beziehungsgeflecht, dem Milieu und/oder dem Handlungsgefüge ergibt.[711] Bei einem technischen Regelwerk kann die schöpferische Leistung auch in der sprachlichen Vermittlung eines komplexen technischen Sach-

---

[701] → Rn. 564.

[702] Vgl. BGH GRUR 2014, 175 (179) Tz. 41 – Geburtstagszug; BGH GRUR 2012, 58 (62) Tz. 36 – Seilzirkus; BGH GRUR 2004, 941 (942) – Metallbett; OLG Hamburg GRUR-RR 2001, 289 (290) – PK 1115; Dreier/Schulze/Dreier UrhG Einl. Rn. 30 und Dreier/Schulze/Schulze UrhG § 1 Rn. 6; Dreyer/Kotthoff/Meckel/Dreyer § 1 Rn. 4 und § 2 Rn. 177; Schricker/Loewenheim/Schricker/Loewenheim UrhG Einl. Rn. 5 aE und Schricker/Loewenheim/Loewenheim UrhG § 2 Rn. 5.

[703] BGH GRUR 2014, 65 (70) Tz. 32 – Beuys-Aktion unter Verweis auf das frühere Recht nach § 1 Abs. 2 LUG, wonach bei choreographischen und pantomimischen Werken eine schriftliche oder sonstwelche Festlegung erforderlich war.

[704] Vgl. BGH GRUR 1999, 923 (925 f.) – Tele-Info-CD; Loewenheim/Axel Nordemann UrhG § 9 Rn. 6 ff.; Ulmer S. 134; Wandtke/Bullinger/Bullinger § 2 Rn. 45 ff.

[705] BGH GRUR 2008, 1081, Tz. 10 – Musical Starlights.

[706] Weitere Beispiele finden sich bei Dreier/Schulze/Schulze UrhG § 2 Rn. 86 ff.; Fromm/Nordemann/Axel Nordemann UrhG § 2 Rn. 54 ff.; Loewenheim/Axel Nordemann UrhG § 9 Rn. 8; Schricker/Loewenheim/Loewenheim UrhG § 2 Rn. 82 und 89 ff.; Wandtke/Bullinger/Bullinger § 2 Rn. 50 ff.

[707] Vgl. BGH GRUR 2011, 134 (137) Tz. 36 – Perlentaucher; BGH GRUR 1999, 923 (925 f.) – Tele-Info-CD; BGH GRUR 1981, 520 (521) – Fragensammlung.

[708] Vgl. BGH GRUR 1984, 659, 660 – Ausschreibungsunterlagen.

[709] BGH GRUR 2011, 134, 137 Tz. 36 – Perlentaucher.

[710] OLG Köln GRUR 2021, 1078, 1079 Tz. 41 – Glyphosat-Bericht.

[711] Grundlegend BGH GRUR 1999, 984, 987 – Laras Tochter; s. a. BGH GRUR 2011, 134, 137 Tz. 36 – Perlentaucher.

verhalts liegen, nicht aber in der Darstellung des Inhalts;[712] ähnlich bei nichtamtlichen Leitsätzen von Gerichtsurteilen,[713] Sachverständigengutachten[714] und qualifizierten Mietspiegeln,[715] aber auch bei Abstracts von Buchrezensionen[716] Allerdings kann die Individualität immer nur aus dem folgen, was auf der geistigen und schöpferischen Leistung des Urhebers selber beruht; historische oder tatsächliche Begebenheiten bleiben grundsätzlich frei.[717] Gutachten können unter Umständen urheberrechtlichen Schutz genießen, wobei die Schutzfähigkeit eines solchen Gutachtens beschränkt ist, wenn die Darstellung aus der Natur der Sache oder nach den Gesetzen der Zweckmäßigkeit vorgegeben ist. Hierbei ist ua darauf abzustellen, ob Bewertungen mit prognostischen Elementen bzw. tatsächlich-prognostische Einschätzungen enthalten sind, die qualitativ über eine **bloße Datensammlung** hinausgehen.[718]

Keinen urheberrechtlichen Schutz genießt eine Ministeriumsvorlage, die im Wesentlichen aus wörtlichen Zitaten aus Urteilen des BVerfG besteht.[719] Während wie erwähnt bei einem Roman der Gang der Handlung, die Charakteristik und Rollenverteilung der handelnden Personen, die Ausgestaltung der Szenen und die Szenerie selbst am urheberrechtlichen Schutz teilhaben,[720] war lange unklar, ob dies auch für die literarische Figur selbst gilt. Der Bundesgerichtshof hatte zunächst einen Schutz der isolierten Comicfigur unabhängig von ihren konkreten zeichnerischen Darstellungen anerkannt.[721] Nun ist jedoch klar, dass auch ein Schutz für die in Sprachwerken geschaffenen Personen, also die literarische Figur selbst, in Betracht kommt, wie beispielsweise *Pippi Langstrumpf*.[722] Voraussetzung für den isolierten Schutz eines fiktiven Charakters ist es jedoch, dass der Autor dieser Figur durch die Kombination von ausgeprägten Charaktereigenschaften und besonderen äußeren Merkmalen eine unverwechselbare Persönlichkeit verleiht. Dabei ist ein strenger Maßstab anzulegen; allein die Beschreibung der äußeren Gestalt einer handelnden Figur oder ihres Erscheinungsbildes soll dafür in aller Regel nicht genügen.[723] *Pippi Langstrumpf* besitzt danach sogar eine „beachtliche Schöpfungshöhe“ auf Grund der besonderen eigenschöpferischen Kombination der charakteristischen Merkmale der Romanfigur mit ihrem Äußeren und den ihr eigenen Wesenszügen sowie ihren Lebensumständen; das Äußere von *Pippi Langstrumpf* sowie die wegen des Todes der Mutter und der Abwesenheit des Vaters erbärmlich wirkenden Lebensumstände stünden in krassem Kontrast zu den übrigen Merkmalen der Figur: So sei sie stets fröhlich, sehr vermögend, verfüge über übermenschliche Kräfte und sei von ausgeprägter Furcht- und Respektlosigkeit, die mit Fantasie und Wortwitz gepaart sei. *Astrid Lindgren* sei es gelungen, eine einmalige Figur zu schaffen, die ihre charakteristischen Wesenszüge durch alle Geschichten unverkennbar beibehalte und die sich von den bis dahin bekannten Figuren deutlich abhebe.[724] 355

Die **Schutzuntergrenze** bei Sprachwerken ist grundsätzlich **niedrig**, so dass auch die „kleine Münze“ geschützt ist.[725] Diese niedrige Schutzuntergrenze gilt vor allem für schöngeistige Sprachwerke wie Romane, Gedichte, Essays und Geschichten, aber auch für Zeitungs- und Zeitschriftenartikel, und zwar auch dann, wenn in individueller Wortwahl und eigenpersönlichem Stil in wenigen, knappen Sätzen jeweils ein tatsächlicher Vorgang mitgeteilt wird.[726] Der Beitrag eines Kabarettisten, der lediglich ausschnittsweise verwendet wird, stellt als Teil kein selbständiges Werk dar, weil die Beitragsteile im aktuellen Programm als Gesamtheit nur ein Werk darstellen;[727] die Teile des Werkes unterliegen allerdings dem Zitatschutz nach § 51 S. 2 Nr. 2 UrhG. 356

712 Vgl. BGH GRUR 2002, 958, 959 – Technische Lieferbedingungen.
713 BGH GRUR 1992, 382, 384 f. – Leitsätze; OLG Köln K&R 2008, 691.
714 KG Beschluss v. 11.5.2011 Az. 24 U 28/11, BeckRS 2011, 14067.
715 OLG Stuttgart GRUR-RR 2010, 369, 370 – Mietspiegel.
716 BGH GRUR 2011, 134, 137 Tz. 36 – Perlentaucher.
717 Vgl. LG Hamburg GRUR-RR 2003, 233 (234) – Die Päpstin; vgl. a. LG Köln Beschluss v. 7.10.2014 Az. 28 O 433/14, BeckRS 2014, 19381– Kohls Protokolle.
718 BVerwG GRUR 2020, 189 Tz. 24 – Zugang zu Umweltinformationen.
719 KG Beschluss v. 12.3.2014 Az. 24 W 21/14, BeckRS 2014, 16166/ZUM 2014, 969.
720 BGH GRUR 1999, 984 (987) – Laras Tochter.
721 BGH GRUR 1994, 206 (208) – Alcolix; BGH GRUR 1994, 191 (192) – Asterix-Persiflagen.
722 BGH GRUR 2014, 258 (260) Tz. 27 – Pippi-Langstrumpf-Kostüm.
723 BGH GRUR 2014, 258 (260) Tz. 29 – Pippi-Langstrumpf-Kostüm; zu den lauterkeitsrechtlichen Ansprüchen vgl. BGH GRUR 2016, 725 – Pippi-Langstrumpf-Kostüm II.
724 BGH GRUR 2014, 258 (260) Tz. 31 – Pippi-Langstrumpf-Kostüm.
725 Vgl. BGH GRUR 2000, 144 (145) – Comic-Übersetzungen II; Dreier/Schulze/Schulze UrhG § 2 Rn. 85; Loewenheim/Axel Nordemann UrhG § 9 Rn. 19; Schricker/Loewenheim/Loewenheim UrhG § 2 Rn. 34 und 39 f.
726 KG GRUR-RR 2004, 228 (229) – Ausschnittsdienst.
727 OLG Hamburg ZUM 2008, 690 (692 f.) – beauty.

Im Bereich der wissenschaftlichen Sprachwerke und der Sprachwerke, die einem Gebrauchszweck dienen, hat die deutsche Rechtsprechung allerdings teilweise ein deutliches Überragen der Gestaltungstätigkeit gegenüber der Durchschnittsgestaltung verlangt,[728] was in diesen Bereichen zu einer erheblich höheren Schutzuntergrenze führte. Das war schon in der Vergangenheit kaum haltbar, weil der Werkbegriff einheitlich ist und auch aus verfassungsrechtlichen Gründen eine Ungleichbehandlung als nicht zu rechtfertigen erschien.[729] Vielmehr war auch schon früher zu fordern, dass für alle Sprachwerke eine gleichmäßige, niedrige Schutzuntergrenze gelten und die „kleine Münze" unabhängig von Zweck und Bestimmung gleichmäßig geschützt werden sollte.[730] Allerdings darf die Annahme einer niedrigen Gestaltungshöhe auch für wissenschaftliche Sprachwerke nicht dazu verführen, daraus auch auf einen inhaltlichen Schutz wissenschaftlicher Sprachwerke zu schließen. Im Gegensatz zu Romanen, bei denen eben auch der Inhalt am urheberrechtlichen Schutz teilhat,[731] bleibt die wissenschaftliche Theorie, die in wissenschaftlichen Sprachwerken dargestellt wird, zwingend frei.[732]

357 Der europäische Werkbegriff des *EuGH* geht im übrigen offensichtlich von einer niedrigen Gestaltungshöhe aus, wie es ja bereits den Vorgaben von Art. 1 Abs. 3 Software-RL, Art. 6 Schutzdauer-RL und Art. 3 Abs. 1 Datenbank-RL entspricht, wonach die eigene geistige Schöpfung ausreicht und keine anderen Kriterien zur Bestimmung der Schutzfähigkeit herangezogen werden dürfen, insbesondere keine qualitativen; ansonsten hätte der *EuGH* auch kaum zu einem aus elf Wörtern bestehenden Satz bzw. Satzteil „TDC: 73 %, der anstehende Verkauf des Telekommunikationskonzerns TDC, mit dessen Übernahme gerechnet wird" einen urheberrechtlichen Schutz für möglich halten können.[733]

358 Da Sprachwerke aus dem wissenschaftlich-technischen Bereich den Sprachwerken in § 2 Abs. 1 Nr. 1 UrhG unterfallen und der EuGH in seinen beiden Entscheidungen Infopaq und SAS Institute die Schutzanforderungen gerade für solche Werke, die nicht als „höhere Literatur" angesehen werden können, nämlich eine Wirtschaftsmeldung und ein Benutzerhandbuch für ein Computerprogramm, im Sinne einer eigenen geistigen Schöpfung harmonisiert hat, wird man für diesen Bereich an der bisherigen deutschen Rechtsprechung nicht länger festhalten können, sondern für alle Sprachwerke im Sinne von § 2 Abs. 1 Nr. 1 UrhG einheitlich die kleine Münze schützen müssen; für erhöhte Schutzanforderungen im Sinne eines deutlichen Überragens der Durchschnittsgestaltung, überhaupt für andere Kriterien als die eigene geistige Schöpfung im Sinne der Rechtsprechung des EuGH ist zukünftig kein Raum mehr.[734] *Leistner* spricht insoweit ausdrücklich von einem notwendigen Abschied von der Gestaltungshöhe im Urheberrecht in Deutschland,[735] was in der Literatur ohnehin bereits seit Längerem gefordert wird.[736] Das *OLG Nürnberg* hatte dies in seiner Entscheidung Dienstanweisung zu einem wissenschaftlichen Sprachwerk unter ausdrücklicher Bezugnahme auf die europäische Rechtsentwicklung bereits im Jahr 2000 vorweggenommen,[737] ohne dass dem soweit ersichtlich allerdings andere deutsche Gerichte gefolgt wären.

359 **Werktitel** können zwar ebenso wie kurze Sprachwerke und Werkteile urheberrechtlichen Schutz genießen, wenn sie für sich betrachtet persönliche geistige Schöpfungen darstellen.[738]

---

[728] Vgl. zB BGH GRUR 1986, 739 (740) – Anwaltsschriftsatz; OLG Stuttgart GRUR-RR 2010, 369 (370) – Qualifizierter Mietspiegel, OLG Brandenburg GRUR-RR 2010, 273 (274) – Dienstleistungsvertrag, OLG München GRUR 2008, 337 – presserechtliches Warnschreiben; KG Berlin GRUR-RR 2006, 252 (253) – Kurzgutachten; s. a. Axel Nordemann FS Wilhelm Nordemann S. 59, 61 ff.

[729] Vgl. Axel Nordemann FS Wilhelm Nordemann S. 59, 63 ff.; zu derselben Problematik bei Werken der angewandten Kunst → Rn. 372 ff.

[730] Vgl. Loewenheim/Loewenheim UrhG § 6 Rn. 19 mwN; Loewenheim/Axel Nordemann UrhG § 9 Rn. 22 ff.; Axel Nordemann FS Wilhelm Nordemann S. 59, 60 f. und 63 ff.; Schricker FS-Kreile S. 715, 719 ff.; Wandtke GRUR 2002, 1 (8 f.).

[731] Vgl. → Rn. 352.

[732] Vgl. OLG Hamburg GRUR-RR 2004, 285 (286) – Markentechnik.

[733] Ebenso wohl Leistner ZGE 2013, 4; Handig GRUR Int. 2012, 973, 975; Schulze GRUR 2009, 1019, 1021; aA offenbar Metzger GRUR 2012, 118, 121, der der Auffassung ist, dass mit der Schutzvoraussetzung der eigenen geistigen Schöpfung noch nicht gesagt sei, wie hoch oder niedrig die Schutzschwelle letztendlich anzusetzen ist sowie v. Ungern-Sternberg GRUR 2010, 273, der höhere Schutzanforderungen an einzelne Werkarten für möglich hält, weil das europäische Recht keine einheitliche Schutzuntergrenze kenne.

[734] Fromm/Nordemann/Axel Nordemann UrhG § 2 Rn. 64 ff.

[735] Leistner ZGE 2013, 4.

[736] Bspw. durch Schricker FS Kreile, S. 715, 721. Vgl. mwN bei Fromm/Nordemann/Axel Nordemann UrhG § 2 Rn. 38 sowie Schricker/Loewenheim/Loewenheim UrhG § 2 Rn. 32; Loewenheim/Loewenheim UrhG § 6 Rn. 19 ff.; Loewenheim/Axel Nordemann UrhG § 9 Rn. 22 ff.; Loewenheim/Schulze UrhG § 9 Rn. 99.

[737] OLG Nürnberg GRUR-RR 2001, 225 (226 f.) – Dienstanweisung.

[738] Vgl. BGH GRUR 1990, 218 (219) – Verschenktexte; Schricker/Loewenheim/Loewenheim UrhG § 2 Rn. 69 mwN.

Entsprechend der Behandlung kurzer Sprachwerke ist ein urheberrechtlicher Schutz als Sprachwerk aber normalerweise nicht gegeben, weil Werktitel wegen ihrer Kürze meist die notwendige Gestaltungshöhe nicht erreichen werden, ihnen also keine Individualität zukommt.[739] Besonders phantasievolle Verse wie zB *Biegsam wie ein Frühlingsfalter bin ich im Forma-Büstenhalter* können jedoch als „kleine Münze" Schutz genießen.[740] Für Werktitel kommt allerdings im Regelfall ein markenrechtlicher Schutz gem. § 5 Abs. 3 MarkenG in Frage.

Bei **Übersetzungen,** die als Bearbeitungen gem. § 3 UrhG regelmäßig zugleich Sprachwerke gem. § 2 Abs. 1 Nr. 1 UrhG sind, ergibt sich die Individualität sowohl aus dem Inhalt als auch aus der Form der Darstellung: Der Übersetzer muss den Sinngehalt erfassen, die Diktion des Originals wiedergeben und auch seine „Zwischentöne" beachten.[741] Der Übersetzer geht dabei mit dem Originalurheber eine Art „Schicksalsgemeinschaft" ein: Eine schlechte Übersetzung kann dem Erfolg des übersetzten Werkes entgegenstehen, eine qualitativ hoch stehende, sehr gut gelungene Übersetzung kann umgekehrt aber auch dazu führen, dass der übersetzte Text die literarische Qualität des Originals heranreicht oder sogar noch übertrifft.[742] 360

Für den Bereich der **Computerprogramme** bestehen spezielle Regelungen in den §§ 69a–69g UrhG, die als Folge der EU-Computerprogrammrichtlinie in das UrhG eingeführt wurden. Zwar unterfallen Computerprogramme grundsätzlich den Sprachwerken, was § 2 Abs. 1 Nr. 1 UrhG sowie § 69a Abs. 4 UrhG auch klarstellen; die Einführung besonderer Bestimmungen war jedoch vor allem deshalb sinnvoll und zweckmäßig, weil es im Vergleich zu herkömmlichen Sprachwerken doch einige Besonderheiten gibt, denen man ansonsten nicht hätte gerecht werden können. Auch im Bereich der Software werden nur Werke geschützt. Sie sind schutzfähig gem. § 69a Abs. 3, wenn Individualität in dem Sinne vorliegt, dass sie das Ergebnis der **eigenen geistigen Schöpfung** ihres Urhebers sind; **zur Bestimmung ihrer Schutzfähigkeit dürfen keine anderen Kriterien, insbesondere nicht qualitative oder ästhetische angewendet werden** (§ 69a Abs. 3 S. 2 UrhG), was zu einer geringen Schutzuntergrenze führt; lediglich die einfache, routinemäßige Programmierleistung, die jeder Programmierer auf dieselbe oder eine ähnliche Art und Weise erbringen würde, bleibt schutzlos.[743] Schutz besteht schon dann, wenn das Programm ein Minimum an Individualität aufweist. Auch wenn damit nur wenig Software ungeschützt bleibt (vermutlich weniger als 10 %),[744] werden die Gerichte wohl aber dennoch Sachverständigenhilfe benötigen, um beurteilen zu können, ob ein Computerprogramm urheberrechtlich geschützt ist oder nicht.[745] Infolge der niedrigen Schutzuntergrenze besteht allerdings bei komplexen Computerprogrammen eine tatsächliche Vermutung für eine hinreichende Individualität; es ist dann Sache des Beklagten, darzulegen, dass das streitgegenständliche Computerprogramm nur eine ganz banale Programmierleistung beinhaltet oder das Programmschaffen eines anderen Programmierers übernimmt.[746] 361

§ 69a Abs. 1 und 2 UrhG schützt **Software in jeder Form,** also zB ausgedruckt, als Source-Codes und Executables. Auch das Entwurfsmaterial ist geschützt, und zwar auf allen Stufen wie Problem- oder Systemanalyse, Datenflussplan bzw. Flussdiagramm, Programmablaufplan bzw. Struktugramm und dem eigentlichen Programmiervorgang. Allerdings kann auf jeder der vorerwähnten Stufen Schutz nur dann entstehen, wenn der jeweilige Beitrag auch schutzfähig im urheberrechtlichen Sinne ist, also für sich genommen eine eigene geistige Schöpfung gem. § 69a Abs. 3 UrhG darstellt.[747] 362

---

739 Vgl. OLG Hamburg, Beschl. v. 26.4.2010 – 5 U 160/08, BeckRS 2010, 23018– Alles ist gut, so lange Du wild bist, BGH GRUR 1990, 218 (219) – Verschenktexte; BGH GRUR 1958, 354 – Sherlock Homes; OLG Hamburg ZUM 1998, 1041 – Samba de Janeiro; LG Mannheim ZUM 1999, 659 (660) – Heidelbär; Fromm/Nordemann/Axel Nordemann UrhG § 2 Rn. 53; Schricker/Loewenheim/Loewenheim UrhG § 2 Rn. 70.

740 Vgl. OLG Köln GRUR 1934, 758 (759).

741 Vgl. BGH GRUR 2000, 144 – Comic-Übersetzungen II; BFH ZUM-RD 2007, 109, Tz. 28, 32.

742 So ausdrücklich BGH GRUR 2005, 148 (150) – Oceano Mare.

743 Vgl. BGH GRUR 2005, 860 (861) – Fash 2000; OLG Frankfurt WRP 2015, 603 (606 f.); OLG Hamburg CR 2001, 434 (435) – Hardwarekonfiguration einer Faxkarte, nachfolgend BGH GRUR 2002, 1046 – Faxkarte mit Ausführungen zum Besichtigungsanspruch aus § 809 BGB und Zurückverweisung an das OLG; OLG München ZUM-RD 2000, 8 (12) – TESY-M2.

744 Vgl. Fromm/Nordemann/Czychowski UrhG § 69a Rn. 16 ff.; Loewenheim/Lehmann UrhG § 9 Rn. 50; Schricker/Loewenheim/Loewenheim UrhG § 69a Rn. 17 ff.; Wandtke/Bullinger/Grützmacher § 69a Rn. 32 ff.

745 Vgl. zB LG München I CR 1997, 351 – Softwareentwicklung im Dienstverhältnis.

746 Vgl. BGH GRUR 2005, 860 (861) – Fash 2000.

747 Vgl. Fromm/Nordemann/Czychowski UrhG § 69a Rn. 26 f.; Loewenheim/Lehmann UrhG § 9 Rn. 49; Schricker/Loewenheim/Loewenheim UrhG § 69a Rn. 3 ff.; Wandtke/Bullinger/Grützmacher § 69a Rn. 4 ff.

363 Die grafische Benutzeroberfläche ist keine Ausdrucksform eines Computerprogrammes und unterfällt daher nicht § 69a UrhG.[748] Vielmehr wird die Benutzeroberfläche durch das Computerprogramm erzeugt, was sich darin zeigt, dass identische Bildschirmoberflächen das Ergebnis unterschiedlicher Programme sein können. Jedoch kann die Benutzeroberfläche, soweit sie die erforderliche Gestaltungshöhe erreicht, als Sprachwerk nach § 2 Abs. 1 Nr. 1 UrhG bzw. als grafische Gestaltung gemäß § 2 Abs. 1 Nr. 7 UrhG schutzfähig sein,[749] entsprechendend der Vorgaben des europäischen Werkbegriffs des EuGH setzt dies voraus, dass der grafischen Benutzeroberfläche eine eigene geistige Schöpfung ihres Urhebers zugrunde liegt.[750] Ein Sonderproblem stellen Computerspiele dar. Diese sollen nach den Vorgaben von EuGH und BGH sowohl dem allgemeinen Werkschutz als auch den Regeln der §§ 69a UrhG unterfallen.[751]

364 Die Darstellung einzelner **Webseiten** auf dem Computerbildschirm dürfte keine Ausdrucksform eines Computerprogrammes im Sinne von §§ 2 Abs. 1 Nr. 1, 69a Abs. 2 UrhG darstellen, weil der Schutz von Computerprogrammen vor allem den Programmcode sowie die innere Struktur und Organisation des Programmes umfasst.[752] Eine gewöhnliche HTML-Codierung für eine Webseite führt bei einem Computer keine Funktion durch, sondern macht lediglich Grafiken wie Texte sichtbar und ist deshalb kein Computerprogramm im urheberrechtlichen Sinn.[753] Das *OLG Rostock* bejahte dennoch den Werkcharakter von Webseiten nach § 2 Abs. 1 Nr. 1 UrhG, nicht als Computerprogramm (§ 69a UrhG),[754] sondern als Sprachwerk.[755] Vor allem die sprachliche Ausgestaltung sei entscheidend für den urheberrechtlichen Schutz; die Webseite sei mit Meta-Tags und Schlagwörtern belegt, die in der Suchmaschine Google auf der Häufigkeitsskala ganz oben zu finden waren, weshalb die Webseite besonders oft aufgerufen wurde.[756] Dies habe besondere fachliche Kenntnisse erfordert, so dass die effektive Gestaltung der Webseite zur Zielerreichung optimierend beitrug und die Gestaltung mithin hinreichend individuell war.[757] Das ist vom Ergebnis her wohl richtig, von der Begründung her aber nicht ganz überzeugend: Besondere fachliche Kenntnisse des Urhebers dürfen an sich nicht zur Begründung des Schutzes herangezogen werden, weil der Werkbegriff aufwand- und qualitätsneutral ist (vgl. → Rn. 330 ff.).

365 Ebenfalls nicht nach § 69a UrhG geschützt, ist die textlich-grafische Gestaltung der Benutzeroberfläche eines Computerprogrammes.[758] Vielmehr wird die Benutzeroberfläche durch das Computerprogramm erzeugt, was sich darin zeigt, dass identische Bildschirmoberflächen das Ergebnis unterschiedlicher Programme sein können. Jedoch kann die Benutzeroberfläche, soweit sie die erforderliche Gestaltungshöhe erreicht, als Sprachwerk nach § 2 Abs. 1 Nr. 1 UrhG bzw. als grafische Gestaltung gemäß § 2 Abs. 1 Nr. 7 UrhG schutzfähig sein;[759] entsprechend der Vorgaben des europäischen Werkbegriffs des EuGH setzt dies voraus, dass der grafischen Benutzeroberfläche eine eigene geistige Schöpfung ihres Urhebers zugrunde liegt.[760] Ein Sonderproblem stellen **Computerspiele** dar. Diese sollen nach den Vorgaben von EuGH und BGH sowohl dem allgemeinen Werkschutz als auch den Regeln der §§ 69a ff. UrhG unterfallen.[761]

366 **Ideen und Grundsätze** einschließlich solcher von Schnittstellen werden ebenso wenig geschützt wie der sog. „Algorithmus", dh die dem Programm zugrunde liegende Rechenregel (§ 69a Abs. 2

[748] EuGH GRUR Int. 2011, 148, 150 f. Tz. 29–42 – Benutzeroberfläche; OLG Karlsruhe GRUR-RR 2010, 234 f. – Reisebürosoftware.

[749] OLG Karlsruhe GRUR-RR 2010, 234, Ls. – Reisebürosoftware.

[750] EuGH GRUR Int. 2011, 148, 150 f. Tz. 46 – Benutzeroberfläche.

[751] Vgl. EuGH GRUR 2014, 255 – Nintendo/PC Box; BGH GRUR 2015, 672 – Videospiel-Konsolen II; anders schon früher Bullinger/Czychowski GRUR 2011, 19 und erneut kritisch Czychowski GRUR 2017, 262.

[752] OLG Düsseldorf K&R 2000, 87 – baumarkt.de.

[753] OLG Frankfurt GRUR-RR 2005, 299 (300 f.) – Online-Stellenmarkt; OLG Rostock GRUR-RR 2008, 1 – Webseiten.

[754] OLG Rostock GRUR-RR 2008, 1 – Webseiten.

[755] OLG Rostock GRUR-RR 2008, 1 (2) – Webseiten; OLG Frankfurt GRUR-RR 2005, 299 (300 f.) – Online-Stellenmarkt; OLG Hamm GRUR-RR 2005, 73 (74) – Web-Grafiken.

[756] OLG Rostock GRUR-RR 2008, 1 (2) – Webseiten.

[757] OLG Rostock GRUR-RR 2008, 1 (2) – Webseiten.

[758] Vgl. EuGH GRUR Int. 2011, 148 (150 f.) Tz. 29–42 – Benutzeroberfläche; OLG Karlsruhe GRUR-RR 2010, 234 (234 f.) – Reisebürosoftware, Aufgabe von OLG Karlsruhe GRUR 1994, 726 – Bildschirmmasken.

[759] OLG Karlsruhe GRUR-RR 2010, 234, Ls. – Reisebürosoftware.

[760] EuGH GRUR Int. 2011, 148 (151) Tz. 46 – Benutzeroberfläche.

[761] Vgl. EuGH GRUR 2014, 255 – Nintento/PC Box; BGH GRUR 2015, 672 – Videospiel-Konsolen II; anders schon früher Bullinger/Czychowski GRUR 2011, 19 und erneut kritisch Czychowski GRUR 2017, 262.

S. 2 UrhG).[762] Auch der EuGH hat bestätigt, dass weder die Funktionalität eines Computerprogramms noch die **Programmiersprache** oder das Dateiformat, die im Rahmen eines Computerprogramms verwendet werden, um bestimmte Funktionen des Programms zu nutzen, urheberrechtlichen Schutz genießen.[763] Computerspiele können sowohl als Computerprogramme Sprachwerke im Sinne von § 2 Abs. 1 Nr. 1 UrhG als auch Filmwerke im Sinne von § 2 Abs. 1 Nr. 6 UrhG sein.[764] Rein konzeptionelle Vorgaben, wie in kaufmännischer und betriebswirtschaftlicher Hinsicht, sind kein nach § 2 Abs. 1 Nr. 1, § 69a UrhG geschütztes „Entwurfsmaterial".[765]

(2) Werke der Musik (§ 2 Abs. 1 Nr. 2 UrhG). Unter Musik im Sinne von „Tonkunst" kann **367** man wohl die menschlich veranlasste Folge von Tönen verstehen. Die Individualität eines Musikwerkes kann sich ergeben aus der Melodie, ihrer Verarbeitung, dem Rhythmus, der Instrumentierung, der Orchestrierung, dem Arrangement oder Vergleichbarem.[766] Eine Komposition mit technischen Hilfsmitteln wie einem Synthesizer oder einem Computer ist grundsätzlich unschädlich.[767] Voraussetzung ist allerdings, dass der Komponist noch der „Herr über die Komposition" geblieben ist, also er die Komposition bestimmt hat und nicht das Computerprogramm; komponiert das Computerprogramm alleine, könnte der Software-Urheber der Komponist sein, wenn er die Komposition bei seiner Programmierung vorgesehen hat, ansonsten läge ein urheberrechtlich irrelevantes Zufallswerk vor.[768] Es muss in der Gesamtbetrachtung eine hinreichend individuelle Melodie im Sinne einer in sich geschlossenen und geordneten Tonfolge oder eine Instrumentierung, die sich vom musikalischen Allgemeingut und der rein handwerks- oder routinemäßigen Leistung unterscheidet, entstanden sein.[769]

Zu den Werken der Musik gehören Popsongs, Lieder, Chansons, Opern, Operetten, Sinfonien, **368** Klavierkonzerte, Filmmusik, moderne Musik, Musicals, aber auch ernste Musik, selbst dann, wenn sie nur aus Geräuschen bestehen sollte. Eine körperliche Festlegung ist grundsätzlich nicht erforderlich; die Musik muss aber wahrnehmbar sein, so dass zB auch Improvisationen eines Jazzmusikers geschützt sind. Die Schutzuntergrenze bei Werken der Musik ist grundsätzlich niedrig, so dass auch die „kleine Münze" vollständig Schutz genießt.[770] **Ein Beispiel aus der Rspr.:** Das *OLG München* hat einer sich in Sekund- und Terzschritten bewegenden Folge von fünf Tönen die urheberrechtliche Schutzfähigkeit abgesprochen.[771] Die urheberrechtliche Schutzfähigkeit des Techno-Musikstückes insgesamt, aus dem die Folge von fünf Tönen entnommen worden war, hat es jedoch nicht in Frage gestellt, weil es sich dabei in seiner Gesamtgestalt um ein in vielfältiger Hinsicht differenziertes musikalisches Gebilde handele.[772] **Achtung:** Die bloße Interpretation eines Musikstückes durch einen ausübenden Künstler wie beispielsweise einen Sänger führt normalerweise nicht zu eigenen (Mit-) Urheberrechten des Sängers, sondern nur zu einem verwandten Schutzrecht des ausübenden Künstlers gem. § 73 UrhG.[773]

(3) Pantomimische Werke einschließlich Werke der Tanzkunst (§ 2 Abs. 1 Nr. 3 UrhG). Pan- **369** tomimische Werke werden durch die Körpersprache geprägt, dh durch Bewegungen, Gebärden und Mimik. Hierzu gehören insbesondere choreographische Werke in jeglicher Ausprägung zB

[762] Vgl. BGH GRUR 1991, 449 (453) – Betriebssystem; OLG München GRUR 1992, 510 (510) – Rätsel; OLG Hamburg GRUR 1983, 436 (437) – Puckmann; Fromm/Nordemann/Czychowski UrhG § 69a Rn. 9; Loewenheim/Lehmann UrhG § 9 Rn. 51; Schricker/Loewenheim/Loewenheim UrhG § 69a Rn. 12 f.; Wandtke/Bullinger/Grützmacher § 69a Rn. 27 ff.; Nordemann GRUR 1981, 891 (894).

[763] EuGH GRUR 2012, 814 – SAS-Institute.

[764] Vgl. LG Berlin GRUR-RR 2014, 490 – Seriennummer; BayObLG GRUR 1992, 508 – Verwertung von Computerspielen; OLG Hamburg GRUR 1990, 127 (128) – Super Mario II; Loewenheim/Axel Nordemann UrhG § 9 Rn. 186.

[765] OLG Köln GRUR-RR 2005, 303 (304) – Entwurfsmaterial.

[766] Vgl. BGH GRUR 2015, 1189, 1192 Rn. 44 – Goldrapper; Dreier/Schulze/Schulze § 2 Rn. 139; Fromm/Nordemann/Axel Nordemann UrhG § 2 Rn. 128; Loewenheim/Czychowski UrhG § 9 Rn. 62; Schricker/Loewenheim/Loewenheim UrhG § 2 Rn. 120; Wandtke/Bullinger/Bullinger § 2 Rn. 70 ff.

[767] Loewenheim/Czychowski UrhG § 9 Rn. 65.

[768] Loewenheim/Czychowski UrhG § 9 Rn. 64.

[769] BGH GRUR 2015, 1189, 1193 Rn. 52 f. – Goldrapper.

[770] Vgl. zB BGH GRUR 2015, 1189, 1192 Rn. 44 – Goldrapper; BGH GRUR 1991, 533 (535) – Brown Girl II; BGH GRUR 1981, 267 (268) – Dirlada; Loewenheim/Czychowski UrhG § 9 Rn. 69; Schricker/Loewenheim/Loewenheim UrhG § 2 Rn. 124.

[771] OLG München ZUM 2000, 408 (409) – Melodieentnahme.

[772] OLG München ZUM 2000, 408 (412) – Melodieentnahme.

[773] Vgl. Rn. 336 und KG GRUR-RR 2004, 129 (130) – Modernisierung einer Liedaufnahme.

Ballette, Tanzveranstaltungen[774] und Vergleichbares. Zu beachten ist allerdings, dass nur die tänzerische Gestaltung als solche ein pantomimisches Werk darstellt; die begleitende Musik bleibt ein Musikwerk.[775] Sportliche und akrobatische Leistungen wie Tierdressuren sind normalerweise keine pantomimischen Werke, weil dabei Kraft, Geschicklichkeit und Perfektion dominieren. Ausgeschlossen dürfte ein Schutz aber wohl nicht sein, wenn das künstlerische Element im Vordergrund steht, also eine originelle Vielfalt und künstlerisches Anliegen vermittelt wird.[776] Die Gestaltungshöhe ist grundsätzlich niedrig, so dass auch die „kleine Münze" vollständig Schutz genießt. Rein handwerkliches Können ist allerdings nicht ausreichend.[777]

370 *(4) Werke der Bildenden Künste einschließlich der Werke der Baukunst und der angewandten Kunst und Entwürfe solcher Werke (§ 2 Abs. 1 Nr. 4 UrhG).* Pablo Picasso hat einmal gesagt: „Kunst – wenn ich wüsste, was das ist, würde ich es für mich behalten."[778] § 2 Abs. 1 Nr. 4 UrhG betrifft zunächst nur die bildende Kunst, die angewandte Kunst und die Baukunst. Tatsächlich gehören zur Kunst aber auch die Musik (Nr. 2), die Pantomime (Nr. 3), die Fotografie (Nr. 5) sowie der Film (Nr. 6). Wenn man Kunst definiert als Alles, was mittels Formgebung Anderen etwas mitteilen soll, also Alles, das dazu bestimmt ist, eine Aussage zu übermitteln,[779] dann gehören dazu auch Teile der Literatur (Nr. 1).

371 Für die Beurteilung der Schutzfähigkeit eines Werkes der Kunst verlangt der *BGH,* dass zunächst unterschieden wird zwischen der „zweckfreien", „reinen" Kunst und der angewandten, „zweckdienlichen"; lange Zeit galten für beide Bereiche der Kunst jeweils **unterschiedliche Schutzuntergrenzen.**[780] In den Bereich der **zweckfreien, reinen (bildenden) Kunst** gehören zB Gemälde, Zeichnungen, Radierungen, Grafiken, Plastiken,[781] aber auch Comic-Figuren,[782] der verhüllte Reichstag,[783] auch Innenräume von Kirchen,[784] Graffiti oder Bemalung auf Mauerstücken Berlins[785] oder ein Happening.[786] Auch die Graffitiwerke auf der Berliner Mauer,[787] sowie die Kunstinstallation „HHole (for Mannheim) 2006-∞"[788]- – eine multimediale und multidimensionale Rauminstallation und die Lichtinstallation „P"[789] sind Werke der bildenden Kunst. Großzügig ist die Rechtsprechung auch bei der Zuerkennung urheberrechtlichen Schutzes für Comicfiguren; sie sind als solche regelmäßig auch in allen Einzeldarstellungen der Geschichten, in denen sie auftreten, urheberrechtlich geschützt.[790] Die erforderliche Gestaltungshöhe bei Werken der bildenden Kunst ist niedrig; auch einfachste Zeichnungen und schlichte Gestaltungen genießen als „kleine Münze" urheberrechtlichen Schutz.[791] **Einige Beispiele aus der Rspr.:** Das *KG* hat die naturalistische Zeichnung einer Bachforelle als urheberrechtlich geschützt angesehen, weil eine Umsetzung des dreidimensionalen Tieres in eine zweidimensionale Darstellung erfolgte.[792] Das

[774] OLG Köln GRUR-RR 2007, 263 (264) – Arabeske, Darbietung von Menschen „ohne" Knochen, sog. Schlangenmenschen.

[775] Vgl. zB LG München I GRUR 1979, 852 (853) – Godspell.

[776] OLG Köln GRUR-RR 2007, 263 (264) – Arabeske.

[777] Vgl. Dreier/Schulze/Schulze, § 2 Rn. 146 f.; Fromm/Nordemann/Axel Nordemann UrhG § 2 Rn. 136; Loewenheim/Schlatter UrhG § 9 Rn. 88 ff.; Schricker/Loewenheim/Loewenheim/Leistner UrhG § 2 Rn. 155; Wandtke/Bullinger/Bullinger § 2 Rn. 78 ff.

[778] Zitiert nach Fromm/Nordemann/Axel Nordemann UrhG § 2 Rn. 137.

[779] Vgl. Axel Nordemann, Die künstlerische Fotografie als urheberrechtlich geschütztes Werk, S. 81 ff.

[780] Grundlegend: BGH GRUR 1995, 581 (582) – Silberdistel; BGH GRUR 2012, 58 (60), Tz. 17 – Seilzirkus; BGH GRUR 2011, 803 (805), Tz. 31 – Lernspiele. Zu den geänderten und abgesenkten Anforderungen nach der Rechtsprechungsänderung des BGH vgl. unten → Rn. 313 ff.

[781] OLG Düsseldorf GRUR-RR 2008, 117 (118 f.) – Engelfigur.

[782] Vgl. zB BGH GRUR 1994, 191 – Asterix-Persiflagen; BGH GRUR 1994, 206 – Alcolix; OLG München GRUR-RR 2008, 37 (39) – Pumuckl-Illustrationen II.

[783] Vgl. BGH GRUR 2002, 605 – verhüllter Reichstag; KG GRUR 1997, 128 – verhüllter Reichstag I.

[784] OLG Hamm ZUM 2006, 641 ff. – Chorinnenraum anschließend BGH GRUR 2008, 984 (985), Tz. 12 ff. – St. Gottfried.

[785] BGH GRUR 2007, 691 (692 f.) – Staatsgeschenk.

[786] Vgl. KG GRUR 1984, 507 – Happening; BGH GRUR 1985, 529 – Happening tendierte allerdings eher zu einem pantomimischen Werk.

[787] Vgl. BGH GRUR 1995, 673 (675) – Graffiti-Kunst.

[788] OLG Karlsruhe GRUR 2017, 803, 805 – HHole (for Mannheim).

[789] OLG Karlsruhe ZUM-RD 2017, 600, 605 – Lichtinstallation.

[790] Vgl. BGH GRUR 2004, 855 (856) – Hundefigur; BGH GRUR 1994, 206 (207) – Alcolix; OLG München GRUR-RR 2008, 37 (39) – Pumuckl-Illustrationen II.

[791] Vgl. BGH GRUR 1995, 581 (582) – Silberdistel; Dreier/Schulze/Schulze UrhG § 2 Rn. 153; Loewenheim/G. Schulze UrhG § 9 Rn. 104; Schricker/Loewenheim/Loewenheim UrhG § 2 Rn. 139; Wandtke/Bullinger/Bullinger § 2 Rn. 84.

[792] KG ZUM 2001, 234 (235) – Bachforelle.

OLG Köln[793] hat der aus Gips bestehenden Adlerfigur aus dem Plenarsaal des Deutschen Bundestages zu Bonn („Bundesadler“) – bestätigt durch den *BGH*[794] – ebenso urheberrechtlichen Schutz als Werk der bildenden Kunst zuerkannt wie das *KG* einer Gartenanlage[795] sowie einer Collage der Fahnen Deutschlands und Israels[796] oder das *OLG München* der graphischen Darstellung des Pumuckl.[797]

Demgegenüber unterscheiden sich **Werke der angewandten Kunst** von Werken der bildenden Kunst dadurch, dass sie einem Gebrauchszweck dienen; es handelt sich dabei um Bedarfs- und Gebrauchsgegenstände mit künstlerischer Formgebung. Werke der angewandten Kunst können zB sein: das Design bestimmter Produkte, also von Uhren, Kugelschreibern, Füllfederhaltern, Lampen, Möbeln, Schmuck, Figuren, Spielen von Modegestaltungen, aber auch die Werbe- und Gebrauchsgrafik sowie das Layout.[798] Die Rechtsprechung setzte die Schutzuntergrenze bei Werken der angewandten Kunst traditionell sehr viel höher an als bei Werken der bildenden Kunst. Urheberrechtlicher Schutz sollte bei der angewandten Kunst erst dann bestehen, wenn eine die durchschnittliche Designertätigkeit deutlich überragende Leistung vorlag.[799] Zur Begründung wurde hierfür angeführt, dass mit dem Geschmacksmuster ein unterhalb des Urheberrechts angesiedeltes Schutzrecht bestehe, über das der Schutz der kleinen Münze auch im Bereich der angewandten Kunst gewährleistet werde.[800] 372

Der BGH hat seine bisherige Rechtsprechung allerdings endgültig aufgegeben.[801] **Für Werke der angewandten Kunst genügt jetzt, dass sie eine Gestaltungshöhe erreichen, die es nach Auffassung der für Kunst empfänglichen und mit Kunstanschauungen einigermaßen vertrauten Kreise rechtfertigt, von einer „künstlerischen“ Leistung zu sprechen.**[802] Der BGH hat die Änderung seiner Rechtsprechung zwar nicht mit dem europäischen Werkbegriff des EuGH und den europäischen Vorgaben begründet, weil er der Auffassung ist, dass das europäische Recht einer besonderen Gestaltungshöhe im Bereich der angewandten Kunst nicht entgegenstehe.[803] Er hielt jedoch eine Neubewertung im Hinblick auf die Neugestaltung des Geschmacksmusterrechts durch das Reformgesetz vom 12.3.2004 für erforderlich; Geschmacksmuster und Urheberrecht würden nicht mehr in einem Stufenverhältnis zueinander stehen, weil der Schutz des Geschmacksmusters keine bestimmte Gestaltungshöhe mehr voraussetze, sondern bestünden unabhängig nebeneinander.[804] Für Werke der angewandten Kunst sollen nun keine höheren Anforderungen an die Gestaltungshöhe als bei Werken der zweckfreien Kunst mehr gestellt werden; jedoch könne die ästhetische Wirkung der Gestaltung einen Urheberrechtsschutz nur dann begründen, soweit sie nicht dem Gebrauchszweck geschuldet ist, sondern auf einer künstlerischen Leistung beruht.[805] Deshalb soll nach wie vor „eine nicht zu geringe Gestaltungshöhe zu fordern“ sein.[806] 373

Die Aufgabe der bisherigen Rechtsprechung des BGH ist im Übrigen auch **rückwirkend** erfolgt, weil die Neubewertung nach Auffassung des BGH bereits mit Inkrafttreten des neuen GschmMG am 1.6.2004 zu erfolgen gehabt hätte; sie gilt daher für alle urheberrechtlichen Verwertungshandlungen und auch für eventuelle Ansprüche auf Zahlung einer angemessenen Vergütung nach 374

[793] OLG Köln NJW 2000, 2212 – Bundesadler.
[794] BGH GRUR 2003, 956 – Gies-Adler.
[795] KG ZUM 2001, 590 (591) – Gartenanlage.
[796] KG ZUM 2001, 503 (504) – Doppelschöpfung
[797] OLG München GRUR-RR 2008, 37 (39) – Pumuckl-Illustrationen II.
[798] Vgl. EuGH GRUR 2019, 1185 Tz. 32 – Cofemel/G-Star; BGH GRUR 2017, 793, 794 Tz. 17 – Mart-Stam-Stuhl; BGH GRUR 2016, 487, 488 Tz. 20 – Wagenfeld-Leuchte II; BGH GRUR 2011, 803 Tz. 31 – Lernspiele; BGH GRUR 1995, 581, 582 – Silberdistel; BGH GRUR 1987, 903 – Le Corbusier–Möbel; BGH GRUR 1984, 453 – Hemdblusenkleid; BGH GRUR 1983, 377, 378 – Brombeer-Muster; BGH GRUR 1974, 669, 671 – Tierfiguren; OLG Frankfurt Urt. v. 11.12.2018 Az. 11 U 12/18, BeckRS 2018, 39892 – Modeschmuck; OLG Frankfurt GRUR 1990, 121 – USM – Haller; LG Nürnberg/Fürth GRUR 1995, 407, 408 – Playmobil-Figur; KG ZUM–RD 1997, 466 – Zeitschriften–Layout.
[799] Vgl. BGH GRUR 1995, 581 (582) – Silberdistel
[800] Vgl. OLG Nürnberg GRUR-RR 2001, 225 (227) – Dienstanweisung; Loewenheim/G. Schulze UrhG § 9 Rn. 98; Schricker FS-Kreile S. 715 f.; Ulmer GRUR Ausl. 1959, 1 (2).
[801] BGH GRUR 2014, 175 (177) Tz. 26 – Geburtstagszug.
[802] BGH GRUR 2014, 175 (177) Tz. 26 – Geburtstagszug.
[803] BGH GRUR 2014, 175 (177) Tz. 27 ff. – Geburtstagszug.
[804] BGH GRUR 2014, 175 (178) Tz. 33 ff. – Geburtstagszug.
[805] BGH GRUR 2014, 175 (179) Tz. 41 – Geburtstagszug.
[806] BGH GRUR 2021, 1290 Rn. 60 – Zugangsrecht des Architekten; BGH GRUR 2014, 175, 179 Tz. 40 – Geburtstagszug.

§ 32 UrhG oder einer weiteren Beteiligung nach § 32a UrhG, die seit dem 1.6.2004 vorgenommen worden sind.[807]

375 Der Ansatzpunkt des BGH ist nachvollziehbar, weil Werke der angewandten Kunst in § 2 Abs. 1 Nr. 4 UrhG als **Unterfall der Werke der bildenden Kunst** aufgeführt werden („Werke der bildenden Künste einschließlich der Werke … der angewandten Kunst …") und daher durchaus vertretbar ist, ihnen nur dann einen Schutz zu gewähren, wenn es sich bei ihnen um eine künstlerische Leistung handelt. Ob sich allerdings für die große Mehrheit der in den Bereich der angewandten Kunst fallenden Gestaltungen tatsächlich so viel ändern wird und sie in Zukunft nunmehr urheberrechtlich geschützt sein werden, muss bezweifelt werden: Eine nur durchschnittliche Designerleistung wird oft nicht künstlerisch sein, während auch in der Vergangenheit schon eine Designleistung, die als künstlerisch zu bewerten war, den Durchschnitt oft deutlich überragt haben wird. Der BGH hat in seiner Geburtstagszug-Entscheidung bereits angedeutet, dass eine nicht zu geringe Gestaltungshöhe zu fordern sei und gerade bei Gebrauchsgegenständen der Spielraum für eine künstlerische Gestaltung regelmäßig eingeschränkt wäre;[808] besonders bei ihnen stelle sich deshalb die Frage, ob sie ihre von der Funktion vorgegebene Form hinaus künstlerisch gestaltet seien und diese Gestaltung eine Gestaltungshöhe erreiche, die einen Urheberrechtsschutz rechtfertige.[809] Die Änderung wird sich deshalb wahrscheinlich eher im Bereich der dekorativen Gestaltungen auswirken, beispielsweise im Rahmen der Gestaltung von Applikationen für Bekleidungsstücke oder auch bei Schmuck.[810] Die bloß handwerkliche Gebrauchsgrafik wird nach wie vor vom Urheberrechtsschutz ausgeschlossen bleiben und nur einem designrechtlichen Schutz zugänglich sein. Im Bereich der Gebrauchsgegenstände kommt es darauf an, inwieweit die über die Funktion hinausgehenden Gestaltungsmerkmale als künstlerisch bewertet werden können.

376 Da die Werke der angewandten Kunst tatsächlich nach dem Gesetzeswortlaut lediglich als Unterfall der Werke der bildenden Künste geschützt werden, ist fraglich, ob diese Rspr. **in Übereinstimmung mit dem europäischen Werkbegriff des EuGH** steht:[811] Auch im Bereich der angewandten Kunst existiert nach der Rechtsprechung des EuGH nämlich ein autonomer unionsrechtlicher Werkbegriff.[812] In neueren Entscheidungen zum urheberrechtlichen Schutz des Designs von Jeanshosen und eines Faltrades hat der EuGH noch einmal klargestellt, dass ein Werk (1) ein Original in dem Sinne sein muss, dass es eine eigene geistige Schöpfung des Urhebers darstellt, und (2) das urheberrechtliche Schutzobjekt eine Ausdrucksform gefunden hat, die es mit hinreichender Genauigkeit und Objektivität identifiziertbar werden lässt.[813] Originalität erfordere nicht, dass Modelle von Jeanshosen über ihren Gebrauchszweck hinaus einen eigenen, ästhetisch markanten visuellen Effekt hervorrufen; vielmehr sei es ausreichend, dass der Gegenstand die Persönlichkeit seines Urhebers wiederspiegelt, indem er dessen freie kreative Entscheidung zum Ausdruck bringt.[814] Zwar könne die Gestaltung eines Gegenstandes auch dann urheberrechtlich geschützt sein, wenn seine Schaffung nicht ausschließlich durch technische Erwägungen bestimmt wurde, sofern der Urheber einen ausreichend großen künstlerischen Gestaltungsfreiraum besaß und er diesen auch genutzt hat, um seine Persönlichkeit in diesem Gegenstand wiederzuspiegeln, indem er freie kreative Entscheidungen zum Ausdruck bringt.[815] War die Gestaltung allerdings durch **technische Erwägungen,** Regeln oder andere Zwänge bestimmt, die der Ausübung künstlerischer Freiheit keinen Raum gelassen haben, scheidet ein Schutz aus.[816]

377 Dabei geht der EuGH ganz offensichtlich davon aus, dass die **Anforderungen nicht niedrig** sein können. Denn er hebt in der Entscheidung Brompton unter Bezugnahme auf die Schlussantäge des Generalanwalts ausdrücklich hervor, dass der geschmackmusterrechtliche Schutz begrenzt sei, um sicherzustellen, dass die für das Entwerfen und die Produktion der Gegenstände erforderlichen Investitionen rentabel sind, ohne jedoch den Wettbewerb übermäßig einzuschränken, während der urheberrechtliche Schutz deutlich länger dauere und trotz einer möglichen Kumulierung

[807] BGH GRUR 2014, 175 (179) Tz. 42 – Geburtstagszug.
[808] BGH GRUR 2014, 175 (179) Tz. 40 f. – Geburtstagszug.
[809] BGH GRUR 2014, 175 (178) Tz. 41 – Geburtstagszug.
[810] Einzelheiten bei W. u. A. Nordemann FS Fezer S. 777.
[811] Ebenso Leistner ZGE 2013, 44.
[812] Vgl. oben → Rn. 356.
[813] EuGH GRUR 2019, 1185 Tz. 32 – Cofemel/G-Star.
[814] EuGH GRUR 2019, 1185 Tz. 30 – Cofemel/G-Star.
[815] EuGH GRUR 2020, 736 Tz. 24 und 26 – Brompton.
[816] EuGH GRUR 2020, 736 Tz. 24 – Brompton vgl auch die Schlussanträge des Generalanwalts vom 6.2.2020 Beck-RS 2020, 732 Tz. 65 und Tz. 71; EuGH GRUR 2019, 1185 Tz. 31 – Cofemel/G-Star.

nur in bestimmten Fällen in Frage komme.[817] Der Generalanwalt hatte in seinen Schlussanträgen ausdrücklich hervorgehoben, dass die gewerblichen Schutzrechte **nicht durch einen übermäßigen Schutz des Urheberrechts** ausgehebelt werden dürften und das sorgfältig austarierte Gleichgewicht zwischen Geschmacksmusterschutz und Urheberrechtsschutz gestört werden würde, wenn eigentlich nur geschmacksmusterfähige Schöpfungen urheberrechtlich geschützt werden würden und Designer deshalb keinen Anzreiz mehr zur Inanspruchnahme des gewerblichen Rechtsschutzes hätten, weil sie ihre Schöpfungen kostengünstiger und mit weniger formalen Erfordernissen für einen viel längeren Zeitraum urheberrechtlich schützen könnten.[818]

Der EuGH liegt damit wohl auf derselben Linie wie der BGH: Auch nach der geänderten Rechtsprechung des BGH seit Geburtstagszug muss eine Gestaltungshöhe vorliegen, die nach Auffassung der für Kunst empfänglichen und mit Kunstanschauungen einigermaßen vertrauten Kreise rechtfertigt, von einer künstlerischen Leistung zu sprechen.[819] Auch der EuGH spricht ausdrücklich davon, dass der Urheber von seiner künstlerischen Freiheit Gebrauch gemacht haben müsse.[820] Dabei genügt es bei Gebrauchsgegenständen nach der Rspr. des BGH nicht, lediglich zu behaupten, ein Gegenstand hätte eine ästhetische Wirkung; vielmehr muss über die technische Lösung hinausgehend auch eine künstlerische Leistung vorliegen.[821] Auch der EuGH betont, dass der Umstand, dass ein bestimmtes Modell eine ästhetische Wirkung besitzt, für sich genommen nicht genügt, um zu einem urheberrechtlichen Schutz zu gelangen und außerdem die Gestaltung nicht durch technische Erwägungen, Regelungen oder andere Zwänge vorgegeben gewesen sein durfte, die der Ausübung künstlerischer Freiheit keinen Raum gelassen hätten.[822] Dabei darf nach der Rspr. des BGH die Gestaltungshöhe nicht zu gering angesetzt werden.[823] Auch der EuGH hebt hervor, dass der geschmacksmusterrechtliche Schutz und ein Schutz nach dem Urheberrecht für ein und denselben Gegenstand zwar kumulativ gewährt werden können, die Kumulierung jedoch nur in bestimmten Fällen in Frage kommt, also die Anforderungen letzendlich höher als beim Geschmacksmusterschutz sein müssen.[824] 378

Beispiele nach der Änderung der Rspr. Auch unter Zugrundelegung der geänderten und abgesenkten Anforderungen hat das OLG Schleswig der Gestaltung des Geburtstagszuges nach der Zurückverweisung keine ausreichende Gestaltungshöhe zugesprochen;[825] die ebenfalls streitgegenständliche Geburtstagskarawane ist demgegenüber jedoch als schutzfähig anerkannt worden.[826] Nach den reduzierten Anforderungen an die Schöpfungshöhe kann auch eine Kicker-Stecktabelle, die geeignet ist, den Tabellenstand der ersten drei Fußballligen durch das Anbringen von Pappkärtchen in vorgestanzten Schlitzen darzustellen, als Werk der bildenden und angewandten Kunst schutzfähig sein.[827] Als geschütztes Werk der angewandten Kunst wurde außerdem eine grafisch gestaltete Graburne angesehen, die mit einem in Grüntönen gehaltenen Motiv eines silhouettenartig dargestellten Hirsches vor einer offenen Tallandschaft geschmückt war.[828] Auch die Wagenfeld-Leuchte wurde als Werk der angewandten Kunst anerkannt.[829] 379

Weitere Beispiele aus der Rspr., die allerdings wegen der Aufgabe der bisherigen Anforderungen an die Schutzfähigkeit der Werke der angewandten Kunst heute differenziert zu betrachten sind: Die ästhetische Formgebung eines Sessels in klassisch-modernem Design kann urheberrechtlichen Schutz als Werk der angewandten Kunst genießen.[830] Das *OLG Celle* hat der Gestaltung eines Stadtbahnwagens durch einen Designer die urheberrechtliche Schutzfähigkeit als Werk der angewandten Kunst zuerkannt, weil die Durchschnittsgestaltung von Stadtbahnwagen deutlich 380

[817] EuGH GRUR 2019, 1185 Tz. 50–52 – Brompton.
[818] Vgl. die Schlussanträge des Generalanwalts vom 6.2.2020 BeckRS 2020, 732 Tz. 36–45, 51 und 55.
[819] BGH GRUR 2014, 175 Tz. 26 – Geburtstagszug.
[820] EUGH GRUR 2020, 736 Tz. 24 – Brompton.
[821] BGH GRUR 2014, 175 Tz. 41 – Geburtstagszug; BGH GRUR 2012, 58 Tz. 22 – Seilzirkus.
[822] EuGH GRUR 2020, 736 Tz. 35 – Brompton; EuGH GRUR 2019, 1185 Tz. 53 – Cofemel.
[823] BGH GRUR 2014, 175 Tz. 40 – Geburtstagszug.
[824] EuGH GRUR 2019, 1185 Tz. 50–52 – Brompton; vgl. die Schlussanträge des Generalanwalts vom 6.2.2020 BeckRS 2020, 732 Tz. 36–45, 51 und 55.
[825] OLG Schleswig GRUR-RR 2015, 1 (3 f.) – Geburtstagszug II.
[826] OLG Schleswig GRUR-RR 2015, 1 (4 f.) – Geburtstagszug II.
[827] OLG Nürnberg GRUR 2014, 1199 (1201) – Kicker-Stecktabelle.
[828] OLG Köln WRP 2015, 637 (639) – Designer-Urne.
[829] BGH GRUR 2016, 487 (488) Tz. 20 – Wagenfeld-Leuchte II.
[830] LG München ZUM-RD 2007, 487 (493 f.) – Stuhl & Chaiselongue; ähnlich BGH GRUR 1974, 740 (741) – Sessel; BGH NJW 1961, 1210 – Stahlrohrstuhl I und GRUR 1981, 820 (822) – Stahlrohrstuhl II.

überstiegen worden sei und ein weiter Abstand von der rein handwerklichen Durchschnittsgestaltung vorliege.[831] Ebenso sah das *OLG Düsseldorf* ein deutliches Überragen der Durchschnittsgestaltung in dem sog. „Niessing-Spannring", einem Ring, bei dem der in den aufgebrochenen Ring eingespannte Brillant quasi „schwebt".[832] Dem gegenüber hat das *OLG Nürnberg* einer *dreidimensionalen* Form, die unter anderem für Pflanzengefäße aus Ton benutzt worden war, die Schutzfähigkeit als Werk der angewandten Kunst abgesprochen, weil das für den erhöhten Grad der Individualität erforderliche deutliche Überragen der Durchschnittsgestaltung nicht vorliege; denn das Prinzip, von einer Grundform Abschnitte, insbesondere Kreisabschnitte, wegzuschneiden und an anderer Stelle wieder anzufügen, um miteinander kombinierbare Formen zu erhalten, gehöre zum Alltäglichen eines Designers.[833]

381 Wiederum bejaht wurde die urheberrechtliche Schutzfähigkeit als Werk der angewandten Kunst durch das *OLG Hamburg,* das einem Kinderhochstuhl („Tripp-Trapp-Stuhl") Gestaltungshöhe und mithin eine persönliche, geistige Schöpfung gemäß § 2 Abs. 2 iVm Abs. 1 Nr. 4 UrhG zuerkannte, da der Hochstuhl einen gegenüber dem alltäglichen, handwerklichen Schaffen erheblichen Überschuss an ästhetischen Elementen aufwies.[834] Das *OLG München*[835] hat schließlich einem Eierkocher Schutzfähigkeit als Werk der angewandten Kunst iSv § 2 Abs. 1 Nr. 4 UrhG zuerkannt, da der Werkschaffende dem Eierkocher mithilfe der Materialien und Formen des Bauhaus Industrie-Designs eine weit über die bloße Funktionalität hinausgehende ästhetisch ansprechende Form verliehen hat. Die bekannten „LÜK"-Lernspiele hatten hingegen keinen ausreichenden „ästhetischen Gehalt", damit von einer „künstlerischen Leistung" gesprochen und damit ein Urheberrechtsschutz zuerkannt werden konnte.[836] Jedoch ist die Kombination aus Kontrollgerät und Aufgabenheften als Darstellung wissenschaftlicher Art gem. § 2 Abs. 1 Nr. 7 UrhG geschützt.[837] Ebenfalls nicht als Werk der angewandten Kunst geschützt sind bestimmte, aus einem zentralen Mast mit von dessen Spitze herunter gespannten Netzen bestehende Klettergerüste für Kinder, weil ihre Gestaltung rein technisch bedingt war und deshalb nicht von einer künstlerischen Leistung gesprochen werden konnte.[838]

382 **Werke der Baukunst** umfassen Bauten jeglicher Art; ihr Zweck ist unerheblich. Es kann sich um Werke der Außen- und der Innenarchitektur handeln.[839] Die Gestaltungshöhe für einen urheberrechtlichen Schutz als Bauwerk ist erreicht, wenn im Ergebnis nicht nur rein handwerkliches oder routinemäßiges Schaffen vorliegt, sondern die individuelle Gestaltung eines Architekten eine Form gefunden hat.[840] Für einen urheberrechtlichen Schutz ist eine **„nicht zu geringe Gestaltungshöhe zu fordern"**.[841] Damit erreicht das Bauwerk erst die Schwelle des § 2 Abs. 2 UrhG, wenn die Leistung über die Lösung einer fachgebundenen technischen Aufgabe durch Anwendung der einschlägigen technischen Lösungsmittel hinausgeht, zB nicht bei standardmäßiger Gestaltung oder Einfügung in die umliegende Bebauung.[842] Je stärker allerdings technische Zwänge vorliegen, ein Bauwerk zu erstellen, desto eher ist durch hinzutretende kreative Elemente ein Werk der Baukunst anzunehmen. Dies kann sich durch das Zusammenfügen – in einer ungewöhnlichen Kombination – bereits bekannter Komponenten ergeben.[843] Im Bereich der Werke

[831] OLG Celle GRUR-RR 2001, 125 – Stadtbahnwagen; bestätigt durch BGH GRUR 2002, 799 (800) – Stadtbahnfahrzeug.

[832] OLG Düsseldorf NJW-RR 2001, 1624 (1625 f.) – Niessing-Spannring = ZUM-RD 2001, 385 (mit Foto).

[833] OLG Nürnberg ZUM-RD 2000, 114 (116) – dreidimensionale Form.

[834] OLG Hamburg ZUM-RD 2002, 181 (188) – Tripp-Trapp-Stuhl I; ähnlich OLG Düsseldorf, das die hinreichende Originalität eines Hockers (B 9 Laszlo) bejahte, ZUM 2006, 326 (326 f.) und ZUM-RD 2002, 419 Rn. 53 – Breuer-Hocker.

[835] OLG München GRUR-RR 2011, 54 (55) – Eierkoch.

[836] BGH GRUR 2011, 803 Tz. 31 – Lernspiele.

[837] BGH GRUR 2011, 803 (806) Tz. 43 – Lernspiele; nachfolgend OLG Köln GRUR-RR 2013, 5 – bambinoLÜK II.

[838] BGH GRUR 2012, 58 (60) Tz. 19 ff. – Seilzirkus.

[839] Vgl. zB BGH GRUR 2008, 984 (985), Tz. 12 – St. Gottfried; BGH GRUR 1987, 290 – Wohnanlage; BGH GRUR 1985, 534 (535) – Architektenplan; BGH GRUR 1982, 107 (109) – Kirchen-Innenraumgestaltung; BGH GRUR 1999, 230 (231) – Treppenhausgestaltung; OLG Oldenburg GRUR-RR 2009, 6 (7 f.) – Blockhausbauweise; LG München ZUM-RD 2008, 158 ff. – Fassadengestaltung.

[840] BGH GRUR 2021, 1290 Rn. 60 – Zugangsrecht des Architekten; vgl. Dreier/Schulze/Schulze UrhG § 2 Rn. 183; Loewenheim/Gernot Schulze UrhG § 9 Rn. 119 f.; Schricker/Loewenheim/Loewenheim UrhG § 2 Rn. 154; Wandtke/Bullinger/Bullinger § 2 Rn. 108 ff.; OLG München GRUR 1987, 290 – Wohnanlage spricht davon, dass die Gestaltung aus der Masse des alltäglichen Bauschaffens herausragen müsse.

[841] BGH GRUR 2021, 1290 Rn. 60 – Zugangsrecht des Architekten.

[842] BGH GRUR 2021, 1290 Rn. 60 – Zugangsrecht des Architekten; OLG Oldenburg GRUR-RR 2009, 6 (7 f.) – Blockhausbauweise.

[843] OLG Oldenburg GRUR-RR 2009, 6 (7 f.) – Blockhausbauweise.

der Baukunst ist wichtig zu beachten, dass die Planung des Architekten das Werk der Baukunst selbst ist; das **fertige Werk** stellt lediglich eine **Vervielfältigung** – oder wenn es zu Änderungen während der Bauphase gekommen ist, eine Bearbeitung – des Architektenplanes dar.[844]

Beispiele aus der Rspr.: Der Berliner Hauptbahnhof genießt urheberrechtlichen Schutz;[845] das *OLG München* hat der Gestaltung eines Pfarrzentrums urheberrechtlichen Schutz zuerkannt, weil Kirchenschiff, Turm, Pfarrhaus, Platz und Höfe als Ensemble harmonisch auf dem Gesamtgrundstück platziert seien und als Teil eines Gesamtwerkes erschienen, wobei das Pfarrzentrum einen heiligen Bezirk abschirme.[846] Ebenfalls das *OLG München* sah das Szenenbild und die Filmarchitektur für den Film „Der Zauberberg" als Werk der Baukunst an,[847] das *OLG Hamburg* sah den Entwurf und das Nutzungskonzept für die städtebauliche Neugestaltung eines Gebietes im Kölner Hafenbereich ua mit Brücken und Kranhäusern als Werk der Baukunst an.[848] Das *OLG Dresden* hat den urheberrechtlichen Schutz für den Kulturpalast Dresden und seinen innenliegenden Mehrzwecksaal anerkannt, weil der Architekt die Formenwelt der internationalen Moderne in das Stadtbild von Dresden transformiert habe und der Kubus mit Flachdach, vorgehängter transparenter Glashaut und seinen kontrastierenden Farben und Materialien einen ästhetischen Eindruck vermittele, der die architektonische Durchschnittsgestaltung von Gebäuden ähnlicher Funktion weit überrage; auch im Hinblick auf den Saal sei ein ästhetischer Überschuss erzielt worden, indem beispielsweise der Rang hufeisenförmig weit in das Parkett hinuntergezogen worden wäre, wodurch die Räumlichkeiten des Saales zusammengeführt werden würden.[849] Der Entwurf eines Hausboots kann schließlich nach § 2 Abs. 1 Nr. 4 UrhG als Bauwerk schutzfähig sein, auch wenn es nicht mit dem Erdboden verbunden ist.[850] Dagegen wurde die Schutzfähigkeit der Gestaltung des Gebäudeinneren aufgrund eines besonderen Lichtkonzepts mangels ungewöhnlicher Anordnung von mittlerweile gewöhnlichen bodentiefen Fenstern abgelehnt; auch das Umsetzen von Wänden konnte nicht zu einer Schutzfähigkeit führen, da der Zuschnitt der Räumlichkeiten mit seinen rechten Winkeln keine herausragende Gestaltung aufwies.[851] 383

(5) Lichtbildwerke einschließlich der Werke, die wie Lichtbildwerke geschaffen werden (§ 2 Abs. 1 Nr. 5 UrhG). Das Urheberrechtsgesetz spricht relativ altmodisch von „Lichtbildwerken" und meint damit die Fotografie im weitesten Sinne. Ein Lichtbild entsteht durch ein in Wirkungsweise und Ergebnis dem fotografischen Schaffen ähnlichen Prozess; das Aufnahmeverfahren oder das Trägermaterial sind irrelevant, auch die elektromagnetische und digitale Festlegung sind ausreichend, um einen Schutz als Lichtbildwerk zu erlangen. Ebenfalls nicht erforderlich ist eine körperliche Festlegung, so dass Livebilder des Fernsehens, die nicht gespeichert werden, urheberrechtlichen Schutz genießen können.[852] Infolge von Art. 6 der EU-Schutzdauer-Richtlinie[853] ist die Schutzuntergrenze von Lichtbildwerken grundsätzlich niedrig; sie ist erreicht, wenn die Fotografie das Ergebnis der eigenen Schöpfung ihres Urhebers darstellt.[854] Der Fotograf, der zwar normalerweise mit etwas Vorbestehendem gestaltet, also am Motiv arbeitet, das ihm die Natur vorgibt und sich im Rahmen seiner Gestaltung auch noch eines technischen Apparates bedient, besitzt dennoch nahezu unbegrenzte Gestaltungsmöglichkeiten unter Einsatz seines „Auges" und – in der modernen Computerwelt der heutigen Zeit – auch noch nach der Aufnahme mit entsprechender Bildbearbeitungssoftware.[855] **Individualität** bei einer Fotografie liegt vor, wenn sie eine 384

[844] Vgl. BGH GRUR 2003, 231 (234) – Staatsbibliothek; BGH GRUR 1999, 230 (231) – Treppenhausgestaltung; Fromm/Nordemann/Axel Nordemann UrhG § 2 Rn. 152; Schricker/Loewenheim/Loewenheim UrhG § 2 Rn. 157.

[845] LG Berlin GRUR 2007, 964 (966 f.) – Berliner Hauptbahnhof.

[846] OLG München ZUM 2001, 339 (344 f.) – Kirchenschiff; im ähnlichen Fall BGH GRUR 2008, 984 (985), Tz. 12 ff. – St. Gottfried.

[847] OLG München NJW 2003, 675 – Der Zauberberg; nachfolgend BGH GRUR 2005, 937 – Der Zauberberg; vgl. auch die Vorinstanz LG München I ZUM 2002, 71 – Filmarchitektur Zauberberg.

[848] OLG Hamburg ZUM-RD 2007, 59 ff., Tz. 45 f. – Kranhäuser.

[849] OLG Dresden GRUR-RR 2013, 51 (52) – Kulturpalast Dresden.

[850] LG Oldenburg Urteil v. 5.6.2013 Az. 5 O 3989/11, BeckRS 2013, 19507.

[851] BGH GRUR 2021, 1290, 1295 Rn. 49 – Zugangsrecht des Architekten.

[852] Vgl. BGH NJW 1962, 1295 – Aki; Loewenheim/Axel Nordemann UrhG § 9 Rn. 128.

[853] Richtlinie 2006/116/EG des Europäischen Parlaments und des Rates vom 12.12.2006 über die Schutzdauer des Urheberrechts und bestimmter verwandter Schutzrechte.

[854] Vgl. auch BGH GRUR 2000, 317 (318) – Werbefotos; Dreier/Schulze/Schulze UrhG § 2 Rn. 195; Fromm/Nordemann/Axel Nordemann UrhG § 2 Rn. 198; Loewenheim/Axel Nordemann UrhG § 9 Rn. 174; Axel Nordemann/Mielke ZUM 1996, 214 (216); Schricker/Loewenheim/Loewenheim UrhG § 2 Rn. 182. S. a. Öst. OGH ZUM-RD 2002, 281 (283 f.) – Eurobike.

[855] EuGH GRUR 2012, 166 (168) Tz. 91 – Painer.

gestaltete Aussage enthält. Die Gestaltung kann in der Wahl des Bildwinkels, des Motivs, der Perspektive, der Verteilung von Licht und Schatten, der Linienführung im Bild, aber auch der Wahl des richtigen Moments bei Bewegungsvorgängen oder Porträts, durch Vornahme von Retuschen, Fotomontagen oder Vergleichbarem geschehen.[856] Auch die Einzelbilder eines Films können als Fotografien urheberrechtlichen Schutz genießen;[857] der Schutz erstreckt sich dann auch auf die Verwertung der Einzelbilder in Form des Films, weil jede urheberrechtliche Nutzung der Bildfolge zwangsläufig eine urheberrechtliche Nutzung der einzelnen Bilder umfasst.[858]

385 Zu beachten ist, dass **§ 72 UrhG ein verwandtes Schutzrecht für „einfache Lichtbilder"**, also einfache Fotografien gewährt. Hierbei handelt es sich aber nicht um die „kleine Münze" der Lichtbildwerke; vielmehr wird der Lichtbildschutz gem. § 72 UrhG für solche Fotografien gewährt, die nicht individuell gestaltet worden sind, wobei es sich also um eher technische Fotografien handelt.[859] Detailgetreue Reproduktionen von Gemälden werden von der höchstrichterlichen Rechtsprechung als Lichtbild qualifiziert;[860] s. aber → Rn. 335a. Weder Schutz als Lichtbildwerke noch als einfache Lichtbilder genießen Fotokopien oder reine Reproduktionen, die im fotografischen Wege hergestellt worden sind.[861] S. im Einzelnen → Rn. 335.

386 *(6) Filmwerke einschließlich der Werke, die ähnlich wie Filmwerke geschaffen werden (§ 2 Abs. 1 Nr. 6 UrhG).* Filme bestehen aus bewegten Bildern, heute überwiegend in Kombination mit Ton. Sie bestehen grundsätzlich auf der Basis **vorbestehender** Werke wie Roman, Drehbuch und Filmmusik, die Bestandteile des Filmwerkes werden, aber daneben unabhängig weiter bestehen und deren Urheber auch nicht zum Kreis der Filmurheber gehören (§ 89 Abs. 3 UrhG). Filmwerke entstehen durch die schöpferische Leistung des Regisseurs, Kameramanns und Cutters, unter Umständen aber auch des Beleuchters und des Filmtonmeisters;[862] es handelt sich daher um „Mehrurheberwerke". Sie entstehen nicht durch die Leistungen der Schauspieler; diese erhalten als ausübende Künstler ein verwandtes Schutzrecht gem. § 73 UrhG.[863] Filmwerke können auch andere Werke beinhalten wie beispielsweise das Szenenbild und die Filmarchitektur als Werke der Baukunst.[864]

387 Die **persönliche geistige Schöpfung entsteht bei Filmwerken** durch die filmische Gestaltung, die in der Gestaltung des Handlungsablaufes, der Regie, der Kameraführung, des Schnittes, der Art der Zusammenstellung der Bildfolgen, der Kombination mit der Filmmusik und vergleichbarem bestehen kann.[865] Filmwerke können zum **Beispiel** sein Kinofilme, Fernsehfilme, Dokumentarfilme, aber auch kurze Ausschnitte aus Spielfilmen[866] oder Nachrichtensendungen, die wirkliches Geschehen im Bild festhalten und deren Anordnung Individualität aufweist.[867] Die **Gestaltungshöhe** der Filmwerke ist grundsätzlich niedrig; als „kleine Münze" der Filmwerke können deshalb auch einfache Werbespots, Dokumentarfilme, Video-Clips und Fernsehsendungen urheberrechtlich geschützt sein.[868] Keine Filmwerke sind bloß schematische Aneinanderrei-

---

[856] Vgl. aus der Rspr. EuGH GRUR 2012, 166 (168) Tz. 91 – Painer; BGH GRUR 2003, 1035 (1037) – Hundertwasser-Haus; OLG Düsseldorf GRUR-RR 2009, 45 (46) – Schaufensterdekoration; OLG Hamburg ZUM-RD 1997, 217 (219 f.) – Troades; OLG Düsseldorf GRUR 1997, 49 (50 f.) – Beuys-Fotografien; LG Mannheim GRUR-RR 2007, 265 (LS)/ZUM 2006, 886 (887) – Karlssteg mit Münster. Siehe zu den Gestaltungsmitteln der Fotografie im Übrigen Loewenheim/Axel Nordemann UrhG § 9 Rn. 136 ff.

[857] Vgl. BGH GRUR 2014, 363 (365) Tz. 20 – Peter Fechter; BGH NJW 1962, 1295 – Aki; Loewenheim/Axel Nordemann UrhG § 9 Rn. 129 und 153.

[858] BGH GRUR 2014, 363 (365) Tz. 21 f. – Peter Fechter.

[859] Vgl. Fromm/Nordemann/Axel Nordemann UrhG § 2 Rn. 198; Schricker/Loewenheim/Vogel UrhG § 72 Rn. 19 und 22; BGH GRUR 1993, 34 (35) – Bedienungsanweisung (Motorsäge); BGH GRUR 2006, 136 – Pressefotos.

[860] BGH GRUR 2019, 284, 286 Tz. 24 ff. – Museumsfotos; vgl. auch LG Berlin ZUM 2016, 766, 768 f. – Reproduktionsfotografie; aA (teleologische Reduktion des § 72 UrhG) AG Nürnberg ZUM-RD 2016, 615 f.; Wilhelm Nordemann, GRUR 1987, 15, 18; Yang, ZUM 2017, 951, 953.

[861] Vgl. BGH GRUR 1990, 669 – Bibelreproduktion; vgl. im Übrigen zum Werkbegriff der Fotografie Loewenheim/Axel Nordemann UrhG § 9 VI Rn. 1 ff.

[862] Vgl. BGH GRUR 2002, 961 (962) – Mischtonmeister.

[863] Vgl. hierzu → Rn. 413.

[864] OLG München NJW 2003, 675 – Der Zauberberg; vgl. auch die Vorinstanz LG München I ZUM 2002, 71 – Filmarchitektur Zauberberg.

[865] Vgl. zB BGH GRUR 1984, 730 (732) – Filmregisseur; OLG Hamburg GRUR 1987, 822 (825) – Edgar-Wallace-Filme; Loewenheim/Axel Nordemann UrhG § 9 Rn. 169 ff.; Schricker/Loewenheim/Loewenheim UrhG § 2 Rn. 186 und 191.

[866] Vgl. zB OLG Hamburg GRUR 1997, 822 (825) – Edgar-Wallace-Filme.

[867] BFH ZUM-RD 2007, 109 (111) – Nachrichten-Übersetzung in Gebärdensprache.

[868] Vgl. Dreier/Schulze/Schulze UrhG § 2 Rn. 211; Loewenheim/Axel Nordemann UrhG § 9 Rn. 174 f.; Schricker/Loewenheim/Loewenheim UrhG § 2 Rn. 188 und 193.

hungen von Bildfolgen sowie Tages- oder Wochenschauen,[869] Fernsehshows wie „Der Preis ist heiß",[870] pornografische Filme, die sich in der Darstellung lediglich sexueller Vorgänge erschöpfen[871] oder die Wiedergabe einer Teilsequenz eines Spontaninterviews einer ausgestrahlten Sendung (Ausschnitt);[872] Filme ohne schöpferische Gestaltung erhalten aber als „Laufbilder" ein verwandtes Schutzrecht gem. § 95 UrhG.[873] Zu beachten ist allerdings, dass es zwischen dem verwandten Schutzrecht für Laufbilder gem. § 95 UrhG und dem Schutz für Filmwerke gem. § 2 Abs. 1 Nr. 6 UrhG keine Lücke geben kann. Die Frage, ob ein Filmwerk vorliegt, kann daher im Wege einer negativen Abgrenzung erfolgen; immer dann, wenn kein Laufbild im Sinne von § 95 UrhG vorliegt, also mehr als eine reine Bild- und Bild-Tonfolge ohne gestalterische Elemente, ist ein Filmwerk gem. § 2 Abs. 1 Nr. 6 UrhG gegeben.[874]

Für die Qualifikation als Filmwerk ist **nicht entscheidend**, dass es sich um einen Film im herkömmlichen Sinne handelt, der also durch einen fotografischen Abbildungsvorgang aufgenommen worden ist. Entscheidend ist, dass es sich um eine Folge bewegter Bilder handelt, so dass zB rein am Computer entstandene Zeichentrick- oder Animationsfilme, aber auch Computerspiele,[875] ja sogar Internetseiten, auf denen in Form eines Kurzfilmes Effekte ablaufen,[876] Filmwerke sein können. 388

(7) Darstellungen wissenschaftlicher oder technischer Art, wie Zeichnungen, Pläne, Karten, Skizzen, Tabellen und plastische Darstellungen (§ 2 Abs. 1 Nr. 7 UrhG). Darstellungen wissenschaftlicher oder technischer Art sollen Informationen im Sinne einer Belehrung oder Unterrichtung durch grafische oder räumliche Darstellung vermitteln;[877] sie sind dadurch gekennzeichnet, dass sie der Informations- und Wissensvermittlung über einen dargestellten Gegenstand in den Bereichen der Wissenschaft und Technik dienen.[878] § 2 Abs. 1 Nr. 7 UrhG umfasst nur grafische oder räumliche Darstellungen wissenschaftlicher oder technischer Art; handelt es sich um sprachliche Darstellungen, fallen sie unter § 2 Abs. 1 Nr. 1 UrhG (Sprachwerke),[879] wird das ästhetische Empfinden angesprochen – und keine Information vermittelt – ist § 2 Abs. 1 Nr. 4 UrhG (Werke der bildenden Kunst) einschlägig.[880] Werden einfachste wissenschaftliche Erkenntnisse an Kinder durch Lernspiele, die Aufgabenhefte und Kontrollkästen kombinieren, vermittelt, liegt wiederum ein Werk nach Nr. 4 vor.[881] 389

Die Gestaltungshöhe derartiger Werke ist **niedrig**,[882] jedoch müssen sich diese Werke vom alltäglichen Schaffen irgendwie etwas abheben. Ein darstellerischer Gedanke muss „auf eigentümliche Weise" zum Ausdruck gekommen sein.[883] Damit ist auch die „kleine Münze" geschützt, nicht jedoch rein routinemäßige oder handwerkliche Leistungen wie zB rein mechanische Abbildungen oder Abgüsse.[884] Es ist nicht erforderlich, dass dem Urheber einer Darstellung wissenschaftlicher oder technischer Art ein großer Gestaltungsfreiraum zur Verfügung gestanden hat. Auch dann, wenn der Gestaltungsfreiraum sehr eng begrenzt gewesen ist – wie etwa bei einer Katasterkarte 390

---

869 Vgl. BGH GRUR 1953, 299 – Lied der Wildbahn I; LG Berlin GRUR 1962, 207 (208) – Maifeiern.

870 BGH GRUR 2000, 703 (704) – Mattscheibe.

871 LG München I GRUR-RR 2014, 17 – Flexible Beauty.

872 BGH GRUR 2008, 693 (694 f.), Tz. 26 ff. – TV-Total; OLG Frankfurt ZUM 2005, 477 (479 f.) – TV-total, bei dem TV-Total Ausschnitte aus einer Fernsehsendung wiedergab.

873 Vgl. → Rn. 441 u. 543.

874 Vgl. Loewenheim/Axel Nordemann UrhG § 9 Rn. 176; KG Berlin ZUM 2003, 863 Tz 20 ff. – Beat Club.

875 Vgl. Dreier/Schulze/Schulze UrhG § 2 Rn. 207; Loewenheim/Axel Nordemann UrhG § 9 Rn. 161; Schricker/Loewenheim/Katzenberger UrhG Vor §§ 88 ff. Rn. 20; Wandtke/Bullinger/Bullinger § 2 Rn. 129 sowie zur Frage, ob Computerspiele bzw. Videospiele Filmwerke sein können BayObLG GRUR 1992, 508 – Verwertung von Computerspielen; OLG Hamburg GRUR 1990, 127 (128) – Super Mario II; Loewenheim/Axel Nordemann UrhG § 9 Rn. 186 f.

876 LG München I ZUM-RD 2005, 81 (82) – Internetauftritt.

877 Vgl. zB OLG München GRUR 1992, 510 – Rätsel.

878 Vgl. KG ZUM-RD 2001, 84 (86) – Tabellen zum Erlernen des Tastaturschreibens.

879 Vgl. BGH GRUR 1993, 34 (35) – Bedienungsanweisung; KG ZUM-RD 2001, 84 (86) – Tabellen zum Erlernen des Tastaturschreibens.

880 BGH GRUR 2011, 803 Tz. 43 – Lernspiele.

881 Vgl. BGH GRUR 2011, 803 (806), Tz. 43 – Lernspiele.

882 Vgl. BGH GRUR 2005, 854 (856) – Kartengrundsubstanz; BGH GRUR 2002, 958 (959) – Technische Lieferbedingungen; BGH GRUR 1998, 916 (917) – Stadtplanwerk; BGH GRUR 1993, 34 (36) – Bedienungsanweisung; BGH GRUR 1991, 529 (530) – Explosionszeichnung; Dreier/Schulze/Schulze UrhG § 2 Rn. 228; Fromm/Nordemann/Axel Nordemann UrhG § 2 Rn. 213; Loewenheim/Gernot Schulze UrhG § 9 Rn. 197; Schricker/Loewenheim/Loewenheim UrhG § 2 Rn. 202.

883 BGH GRUR 2011, 803 Tz. 50 – Lernspiele.

884 Vgl. Wandtke/Bullinger/Bullinger § 2 Rn. 137 f.

– darf kein zu enger Maßstab an die urheberrechtliche Schutzfähigkeit angelegt werden und ist demgemäß bei einer eigentümlichen Gestaltung Urheberrechtsschutz zuzuerkennen.[885]

391 Bei einem Stadtplan kann sich die schöpferische Eigentümlichkeit bereits daraus ergeben, dass die Karte nach ihrer Konzeption von einer individuellen kartographischen Darstellungsweise geprägt ist, die sie zu einer in sich geschlossenen eigentümlichen Darstellung des betreffenden Gebiets macht; die urheberrechtlich bedeutsamen schöpferischen Züge können insoweit in der Gesamtkonzeption liegen, mit der durch die individuelle Auswahl des Dargestellten und die Kombination von – meist bekannten – Methoden (zB bei der Generalisierung) und von Darstellungsmitteln (zB bei der Farbgebung, Beschriftung oder Symbolgebung) ein eigentümliches Kartenbild gestaltet worden ist.[886]

392 **Beispielhaft** genannt seien aus Aufgabenheften und Kontrollkästen bestehende Lernspiele für Kinder,[887] der zeichnerische Teil von DIN-Normen, Karten (Landkarten), Stadtpläne,[888] Konstruktionszeichnungen und andere technische Zeichnungen, Bildzeichen und Piktogramme, Baupläne und Flughafenpläne, Prospekte für Fondsanlagen,[889] Benutzeroberflächen von Computerprogrammen,[890] Fotografien, wissenschaftliche Schaubilder, medizinische, biologische oder mathematische Modelle.[891] Zu beachten ist allerdings, dass Schutz nur für die Darstellung als solche erlangt werden kann; die Lehrmethode sowie der wissenschaftliche und der technische Inhalt bleiben frei.[892]

393 *(8) Nicht genannte Werkarten.* Der Werkkatalog des § 2 Abs. 1 UrhG ist nicht abschließend („insbesondere"), so dass auch andere, dort nicht genannte Werkarten urheberrechtlichen Schutz genießen können.[893] Hierher gehören beispielsweise die **„Multimediawerke"**. Sie verknüpfen Text, Ton, Bilder, Daten, Computerprogramme und Musik mittels digitaler Techniken zu einem Gesamtwerk.[894] Bei einer grundsätzlich niedrigen Schutzuntergrenze genießt auch die „kleine Münze" der Multimediawerke einschränkungslos Schutz.[895]

394 **Beispielhaft** genannt seien Multimedialexika auf CD-ROM, interaktive Computerspiele oder auch Internet-Homepages.[896] Das **Format einer Fernsehshow** ist ebenso wie ein Multimediawerk nicht eindeutig unter eine der sieben Werkkategorien des § 2 Abs. 1 UrhG subsumierbar. Der *BGH* definiert das Format einer Fernsehshow als die Gesamtheit aller ihrer charakteristischen Merkmale, die geeignet sind, die Folgen der Show ungeachtet ihres jeweils unterschiedlichen Inhalts als Grundstruktur zu prägen und damit zugleich dem Publikum zu ermöglichen, sie ohne weiteres als Teil einer Sendereihe zu erkennen.[897] Das Format einer Fernsehshow kann zwar durchaus eine Vielzahl von Gestaltungselementen besitzen, die auf individueller geistiger Tätigkeit beruhen. Der *BGH* hat dennoch einen urheberrechtlichen Schutz für Fernsehshowformate grundsätzlich abgelehnt, weil Gegenstand des Urheberrechtsschutzes nur das Ergebnis der schöpferischen Formung eines bestimmten Stoffes sein könne, Fernsehshowformate aber Vorgaben darstellten, anhand derer gleichartige andere Stoffe erst noch gestaltet werden soll-

---

[885] Vgl. BGH GRUR 1998, 916 (917) – Stadtplanwerk.

[886] BGH GRUR 2014, 772 (773) Tz. 16 – Online-Stadtplan.

[887] BGH GRUR 2011, 803 (806), Tz. 43 – Lernspiele; OLG Köln GRUR-RR 2013, 5 – bambinoLÜK II.

[888] BGH GRUR 2014, 772 (773) Tz. 16 – Online-Stadtplan.

[889] LG München GRUR-RR 2008, 74 (75) – Biogas Fonds.

[890] Vgl. OLG Karlsruhe GRUR-RR 2010, 234, Ls. – Reisebürosoftware.

[891] Vgl. BGH GRUR 2005, 854 (856) – Karten-Grundsubstanz; BGH GRUR 1998, 916 (917) – Stadtplanwerk; BGH GRUR 1990, 1003 – DIN-Normen; BGH GRUR 1988, 33 (35) – topografische Landeskarten; BGH GRUR 1991, 529 – Explosionszeichnungen; OLG München K&R 2007, 104 – Stadtplanausschnitt; OLG Braunschweig GRUR 1955, 205 – Piktogramme; BGH GRUR 1989, 416 (417) – Bauaussenkante; BGH GRUR 1979, 464 (465) – Flughafenpläne; OLG Frankfurt GRUR 1989, 589 – Eiweißkörper; LG München GRUR-RR 2007, 145 (146) – Landkarten; AG Charlottenburg CR 2006, 712 – Stadtplan.

[892] Vgl. BGH GRUR 1998, 916 (917) – Stadtplanwerk; BGH GRUR 1976, 434 (435) – Merkmalklötze; KG ZUM-RD 2001, 84 (86) – Tabellen zum Erlernen des Tastaturschreibens; OLG Hamm GRUR 1980, 287 (288) – Prüfungsformulare; Fromm/Nordemann/Axel Nordemann UrhG § 2 Rn. 212 f.; Loewenheim/Gernot Schulze UrhG § 9 Rn. 194; Schricker/Loewenheim/Loewenheim UrhG § 2 Rn. 204.

[893] Vgl. Fromm/Nordemann/Axel Nordemann UrhG § 2 Rn. 230; Loewenheim/Hoeren UrhG § 2 Rn. 261; Schricker/Loewenheim/Loewenheim UrhG § 2 Rn. 75.

[894] Vgl. Dreier/Schulze/Schulze UrhG § 2 Rn. 243; Fromm/Nordemann/Axel Nordemann UrhG § 2 Rn. 231; Loewenheim/Hoeren UrhG § 9 Rn. 264 ff.; Wandtke/Bullinger/Bullinger § 2 Rn. 151 ff.

[895] Vgl. Wandtke/Bullinger/Bullinger § 2 Rn. 152.

[896] Vgl. Fromm/Nordemann/Axel Nordemann UrhG § 2 Rn. 231.

[897] Vgl. BGH GRUR 2003, 876 (877) – Sendeformat; dem BGH entgegentretend und für einen Schutz plädierend Heinkelein/Fey GRUR Int. 2004, 378 ff.

ten.[898] Demgegenüber kann aber ein **Konzept für eine Fernsehshow** urheberrechtlich geschützt sein.[899]

Ob **Werbekonzepte** urheberrechtlich geschützt sein können, ist umstritten.[900] Man wird insoweit wohl differenzieren müssen: Die Werbeidee, die Werbemethode, der Werbestil oder eine bestimmte Werbetechnik müssen entsprechend dem urheberrechtlichen Grundsatz, dass Methode, Stil, Manier und Technik nicht für die Begründung urheberrechtlichen Schutzes herangezogen werden können, frei bleiben.[901] Allerdings kann das Werbekonzept selbst individuell geprägt und auch individuell gestaltet sein; vergleichbar einem Exposé oder Treatment kann eben auch der Ablauf der Werbekampagne oder der einzelnen Werbemaßnahme, die Zusammenstellung der einzelnen Werbemaßnahmen und ihre Reihenfolge, Mitwirkende, zu verwendende Werbebotschaften, Handlungsabläufe von Werbespots oder Werbeaktionen und Vergleichbares dargestellt werden und somit einen urheberrechtlichen Schutz begründen.[902] Was andere sui generis Werkarten betrifft, so wurde in der instanzgerichtlichen Rechtsprechung zwar bspw. der Schutz von Spielen bejaht.[903] Dies gilt allerdings nicht für Sportereignisse im Allgemeinen. So sind Fußballspiele als solche nicht urheberrechtlich geschützt, weil sie keine geistige Schöpfungen darstellen, zumal sie bestimmten Spielregeln unterliegen, die für eine künstlerische Freiheit im Sinne des Urheberrechts keinen Raum lassen.[904] Allerdings können Film-Aufzeichnungen eigenschöpferischen Charakter iSv § 2 Abs. 2 UrhG erreichen oder als sog. Laufbilder dem Leistungsschutzrecht aus § 95 UrhG zu Gunsten des Filmherstellers unterliegen.[905] 395

(9) Sammelwerke und Datenbankwerke (§ 4 UrhG). Sammelwerke sind gem. § 4 Abs. 1 UrhG Sammlungen von Werken, Daten oder anderen unabhängigen Elementen, die aufgrund der Auswahl oder Anordnung der Elemente eine persönliche geistige Schöpfung sind;[906] das sind zB Lexika, Enzyklopädien, Lesebücher, Liederbücher, Bildbände, aber auch Datenbanken. Das Datenbankwerk wird gem. § 4 Abs. 2 S. 1 UrhG definiert als Sammelwerk, dessen Elemente systematisch oder methodisch angeordnet und einzeln mit Hilfe elektronischer Mittel oder auf anderer Weise zugänglich sind. Datenbankwerk kann also nicht nur die elektronische Datenbank sein, sondern auch die papierene, nicht elektronische („oder auf andere Weise"). Während beim normalen Sammelwerk die persönliche geistige Schöpfung wie gesagt in der Auswahl oder Anordnung der Elemente liegt, muss bei einem Datenbankwerk eine systematische oder methodische Anordnung vorliegen im Sinne einer schöpferischen Konzeption und zusätzlich auch die einzelnen Elemente einzeln zugänglich sein.[907] 396

Art. 3 Abs. 1 der Datenbankrichtlinie ist im Sinne der richtlinienkonformen Auslegung bei § 4 UrhG heranzuziehen.[908] Der EuGH hat insoweit entschieden, dass dem Begriff „Datenbank" eine weite Bedeutung zu geben sei, frei von Erwägungen formaler, technischer oder materieller Art.[909] Die Qualifizierung als Datenbank im Sinne der Datenbankrichtlinie hänge davon ab, ob es sich um eine Sammlung von „unabhängigen Elementen" handelt, dh von Elementen, die sich voneinander trennen lassen, ohne dass der Wert ihres informativen, literarischen, künstlerischen, musikalischen oder sonstigen Inhalts dadurch beeinträchtigt wird.[910] 397

---

898 Vgl. BGH GRUR 2003, 876 (878) – Sendeformat; Schleswig-Holsteinisches OLG vom 15.5.2001, Az. 6 U 84/01.

899 Vgl. OLG München ZUM 1999, 244 (246 f.) – Augenblick; Loewenheim/Axel Nordemann UrhG § 9 Rn. 33; genauer setzt sich damit auseinander: Pühringer Medien und Recht 2005, 22 ff. Der urheberrechtliche Schutz von Fernsehformaten.

900 **Dafür:** Schricker GRUR Int. 2004, 923 (925 ff.); Schricker EWiR 2000, 45 (46); Schricker GRUR 1996, 815 (823 f.); Dreier/Schulze/Schulze UrhG § 2 Rn. 244; Möhring/Nicolini/Ahlberg § 2 Rn. 25; Urheberrechtsschutz bejahend OLG München, Urt. v. 10.1.1969 – 6 U 1778/68 – Werbekonzept; Erdmann GRUR 1996, 550 (552 f.) mit vielen beispielhaft aufgezählten Werbeslogans; **vermittelnd:** Sosnitza ZUM 1998, 631 (637 ff.); **dagegen** BGH GRUR 2000, 317 (318) – Werbefotos; Hertin GRUR 1997, 799 (804 ff.); Schack Rn. 250.

901 So auch Schricker GRUR Int. 2004, 923 (927).

902 Ähnlich Sosnitza ZUM 1998, 631 (638); vgl. auch Schricker GRUR Int. 2004, 923 (925).

903 OLG Düsseldorf GRUR 1990, 263 – Automatenspielplan; OLG München GRUR 1992, 510 – Rätsel; OLG München ZUM 1995, 48 – Logistikspiel.

904 EuGH NJOZ 2012, 108 (113) Tz. 96 ff. – Football Association Premier League-Ltd/QC Leisure.

905 S. Bullinger/Jani ZUM 2008, 897 hinsichtlich der genauen Voraussetzungen eines Urheberrechtsschutzes für Filmaufnahmen von Fußballspielaufnahmen.

906 BGH GRUR 2013, 1213 – SUMO.

907 Vgl. BGH GRUR 2007, 685 (686 f.), Tz. 25 – Gedichttitelliste I; BGH GRUR 1999, 923 (925) – Tele-Info-CD; BGH GRUR 2005, 857 – HIT BILANZ.

908 RL 96/6/EG über den rechtlichen Schutz von Datenbanken, ABl. EG v 27.3.1996 Nr. L 77/20; BGH GRUR 2007, 685 (686), Tz. 20 f. – Gedichttitelliste I.

909 EuGH GRUR 2015, 1187 Tz. 12 – TK 50.

910 EuGH GRUR 2015, 1187 (1188) Tz. 17 – TK 50.

398 Der EuGH hebt in seiner Entscheidung zu Spielplänen für die Begegnungen der englischen und der schottischen Fußballmeisterschaft, die als Datenbank im Sinne von Art. 1 Abs. 2 Datenbank-RL einzuordnen waren,[911] im Hinblick auf die Schutzfähigkeitsvoraussetzungen hervor, dass nach ErwG 16 Datenbank-RL der Begriff der eigenen geistigen Schöpfung des Urhebers auf das Kriterium der Originalität verweise; eine Datenbank besitze Originalität, wenn ihr Urheber für die Auswahl oder Anordnung der in ihr enthaltenen Daten seine schöpferischen Fähigkeiten in eigenständiger Weise zum Ausdruck bringe, in dem er freie und kreative Entscheidungen treffe und ihr damit eine persönliche Note verleihe.[912] Originalität liege nicht vor, wenn die Erstellung der Datenbank durch technische Erwägungen, Regeln oder Zwänge bestimmt werde, die für künstlerische Freiheit keinen Raum ließen.[913] Da es sich bei der Originalität nach Art. 3 Abs. 1 und ErwG 16 Datenbank-RL um das einzige Kriterium für die Beurteilung der Schutzfähigkeit einer Datenbank handele, genüge es zum einen, wenn die Auswahl und Anordnung der Daten, also Datum, Uhrzeit und Identität der Mannschaften in Bezug auf die einzelnen Begegnungen der Meisterschaft, einen eigenständigen Ausdruck des schöpferischen Geistes des Urhebers der Datenbank darstelle, ohne Bedeutung, dass den Daten noch irgendeine „wesentliche Bedeutung" hinzugefügt werde. Zum anderen könnten der Arbeitsaufwand oder die Sachkenntnis des Urhebers keinen Schutz begründen, wenn dadurch keinerlei Originalität bei der Auswahl oder Anordnung der Daten zum Ausdruck komme.[914] Zwar überlässt der EuGH dann anschließend wieder dem vorlegenden Gericht, zu beurteilen, ob ein Datenbankwerk vorliegt; allerdings merkt der EuGH auch an, dass die durch das vorlegende Gericht geschilderten Einzelheiten der Erstellung der Spielpläne aus seiner Sicht hierfür nicht ausreichten, so lange nicht geklärt werde, wodurch die Originalität bei der Auswahl oder Anordnung der in den Spielplänen enthaltenen Daten zum Ausdruck gebracht werde.[915]

399 Bei **nicht-elektronischen Datenbanken** ist es nicht ausreichend, wenn sich die Datenanordnung an gängigen Ordnungsprinzipien wie etwa alphabetischen, numerischen oder chronologischen Anordnungen orientiert; was allgemein üblich oder durch Gebote der Zweckmäßigkeit oder Logik vorgegeben ist, kann keine persönliche geistige Schöpfung beinhalten.[916] So ist zB weder ein Telefonbuch auf CD-ROM als Datenbankwerk anzusehen[917] noch der Stellenmarkt einer großen deutschen Tageszeitung.[918] Weitere **Beispiele** aus der Rspr.: Der *BGH* sieht in einer Gedichttitelliste ein Datenbankwerk als Unterfall des Sammelwerkes, weil die Gedichte systematisch in Gruppen geordnet waren, wie zB nach Autor, Erscheinungsdatum, Titel und die Auswahl der wichtigsten Gedichte in einer bestimmten Zeitspanne Individualität aufwies.[919] Das *OLG Hamburg* hat einem in das Internet gestellten Medizin-Lexikon den Schutz als Datenbankwerk gemäß § 4 Abs. 2 UrhG zuerkannt, jedoch einer Zusammenstellung von Aktiendaten mit Kursen, Kennzahlen, Prognosen und Bewertungen der Deutschen Aktien den Schutz versagt, weil die Anordnung der Daten und der jeweiligen Rubriken in alphabetischer und chronologischer Reihenfolge sich aus der Natur der Sache ergeben habe und durch Logik bzw. Zweckmäßigkeit vorgegeben gewesen sei.[920] Wie im Falle der Lichtbildwerke und der Filmwerke gibt es auch zugunsten der Datenbankwerke einen Unterbauschutz für einfache, nicht individuelle Gestaltungen: **Einfache Datenbanken** erhalten gem. § 87a UrhG ein verwandtes Schutzrecht, so dass zB eine Telefonbuch-CD-ROM nicht schutzlos bleibt.[921] Im Falle von Charthitlisten hat der *BGH* das Vorliegen einer urheberrechtlich geschützten Datenbank zwar bejaht, allerdings nicht aus § 4 Abs. 1 UrhG wegen der fehlenden persönlichen geistigen Schöpfung, sondern aus § 87a UrhG.[922]

400 *cc) Amtliche Werke (§ 5 UrhG).* Gesetze, Verordnungen, amtliche Erlasse[923] und Bekanntmachungen sowie Entscheidungen und amtlich verfasste Leitsätze zu Entscheidungen genießen

[911] EuGH GRUR 2012, 386 (387) Tz. 26. – Football Dacato/Yahoo unter Berufung auf EuGH GRUR 2005, 252 (253 f.) Tz. 33–36 – Fixtures Fußballspielpläne II.
[912] EuGH GRUR 2012, 386 (388) Tz. 37 f. – Football Dacato/Yahoo.
[913] EuGH GRUR 2012, 386 (388) Tz. 39 – Football Dacato/Yahoo.
[914] EuGH GRUR 2012, 386 (388) Tz. 41 f. – Football Dacato/Yahoo.
[915] EuGH GRUR 2012, 386 (388) Tz. 43 f. – Football Dacato/Yahoo.
[916] Vgl. Schricker/Loewenheim/Loewenheim UrhG § 4 Rn. 39; BGH GRUR 2005, 857 – HIT BILANZ.
[917] Vgl. BGH GRUR 1999, 923 (925) – Tele-Info-CD.
[918] KG AfP 2000, 587 – FAZ-Stellenmarkt; OLG München ZUM 2001, 255 – SZ-Stellenanzeigen.
[919] BGH GRUR 2007, 685 (687), Tz. 22 ff. – Gedichttitelliste I.
[920] OLG Hamburg ZUM 2001, 512 (513) – Link auf Website; OLG Hamburg GRUR 2000, 319 (320) – Börsendaten = NJWE-WettbR 2000, 81 = AfP 2000, 179.
[921] Vgl. BGH GRUR 1999, 923 (926 f.) – Tele-Info-CD sowie weiter unten Rn. 340 ff.
[922] BGH GRUR 2005, 857 – Hitbilanz.
[923] Zum Begriff des Erlasses BGH GRUR 2006, 848 (850) – Vergaberichtlinien.

grundsätzlich keinen urheberrechtlichen Schutz (§ 5 Abs. 1 UrhG) und können damit von Jedermann frei benutzt werden. Dies gilt auch zB für Geldscheine, staatliche Hoheitssymbole, topographische Landkarten[924] oder Verkehrszeichen. Vorsicht ist allerdings im Bereich der Leitsätze geboten: Werden sie redaktionell verfasst, sind sie grundsätzlich urheberrechtlich schutzfähig.[925]

Beispiele für amtliche Werke sind beispielsweise Vergaberichtlinien von Behörden[926] oder amtlich verfasste Leitsätze,[927] nicht jedoch zB Telefonbücher.[928] Früher zählten auch die DIN-Normen dazu, wenn die Bezugnahme darauf normergänzenden Charakter hatte.[929] Der durch das Gesetz zur Regelung des Urheberrechts in der Informationsgesellschaft eingeführte § 5 Abs. 3 UrhG nimmt private Normwerke wie DIN-Normen nunmehr von § 5 Abs 1 UrhG aus, wenn Gesetze, Verordnungen, Erlasse oder amtliche Bekanntmachungen auf sie verweisen, ohne ihren Wortlaut wiederzugeben. Liegt deshalb urheberrechtlicher Schutz vor, greift eine ebenfalls neu eingeführte Zwangslizenz gem. § 5 Abs. 3 S. 2 UrhG: Der Urheber (bzw. der Inhaber des ausschließlichen Nutzungsrechts) ist dazu verpflichtet, jedem Verleger zu angemessenen Bedingungen ein Recht zur Vervielfältigung und Verbreitung einzuräumen. Dies gilt jedoch nach der Gesetzesbegründung nicht für private Normwerke, die in amtliche Werke inkorporiert werden.[930] 401

Voraussetzung des Ausschlusses des urheberrechtlichen Schutzes für ein privates Werk nach § 5 Abs. 1 UrhG ist im Hinblick auf das größere Gewicht der Individualinteressen bei Werken privater Verfasser jedoch, dass das Werk mit Zustimmung des Urhebers in amtlichen Verlautbarungen verwendet wurde.[931] In der Rechtsprechung ist jedenfalls häufiger das Vorliegen eines amtlichen Werkes verneint worden: Das *OLG Köln* – bestätigt durch den *BGH* – hat die aus Gips bestehende überdimensionale Darstellung einer Adlerfigur aus dem Plenarsaal des Deutschen Bundestages zu Bonn („Bundesadler") nicht als amtliches Werk im Sinne von § 5 UrhG aufgefasst, weil ein Kunstwerk wie der Bundesadler noch nicht allein durch das Aufhängen im damaligen Plenarsaal des Deutschen Bundestages zu einem amtlichen Werk werde.[932] Auch nicht als „andere amtliche Werke" im Sinne des § 5 Abs. 2 eingeordnet wurden eine Bodenrichtwertsammlung,[933] Ausschreibungsunterlagen[934] und eine Loseblattsammlung.[935] Es fehlte an einem spezifischem Verbreitungsinteresse wegen Art und Bedeutung der Information, die über das allgemeine Interesse hinausgehen muss, zB besondere Gefahrenabwehr.[936] Allerdings kam bei Ausschreibungsunterlagen, die in einer privaten Datenbank gesammelt und veröffentlicht wurden, der grundsätzliche Schutz nach §§ 87a ff. UrhG in Betracht.[937] Auf diesen sei § 5 Abs. 2 UrhG analog anwendbar, so dass die Ausschreibungsunterlagen allgemein zugänglich sein müssten und nicht nur den Abonnenten des Datenbankherstellers (Verlages) zustünden.[938] Aus Wettbewerbsgründen ist daher eine Einschränkung des Schutzes des § 87a UrhG durch § 5 Abs. 2 UrhG entsprechend angezeigt, weil die Ausschreibungsunterlagen amtlichen Charakter haben.[939] Wetterinformationen, die nicht jedermann überlassen werden, sondern ausdrücklich nur Luftverkehrsteilnehmern zur meteorologischen Sicherung der Luftfahrt zur Verfügung gestellt werden, sind Datenbanken nach § 87a UrhG und fallen nicht unter § 5 Abs. 2 UrhG.[940] 402

Wissenschaftliche Zuarbeiten der Wissenschaftlichen Dienste des Deutschen Bundestages fallen nach dem BVerwG ebenfalls nicht unter § 5 Abs. 2 UrhG, da sie nicht „im amtlichen Interesse 403

[924] BGH GRUR 1988, 33 (35) – Topographische Landkarten.
[925] Vgl. BGH GRUR 1992, 382 (383) – Leitsätze.
[926] BGH GRUR 2006, 848 (850) – Vergaberichtlinien.
[927] BGH GRUR 1992, 382 (383) – Leitsätze.
[928] BGH GRUR 1999, 923 (927) – Tele-Info-CD.
[929] BGH GRUR 1990, 1003 (1004) – DIN-Normen, bestätigt von BVerfG GRUR 1999, 226 (229).
[930] Begründung des Gesetzesentwurfes der Bundesregierung vom 6. November 2003, BT-Drs. 15/38, S. 16.
[931] OLG Zweibrücken ZUM 2019, 599, 600.
[932] OLG Köln NJW 2000, 2212 (2212 f.) – Bundesadler; nachfolgend BGH GRUR 2003, 956 (957) – Gies-Adler.
[933] BGH GRUR 2007, 137 (138) – Bodenrichtwertsammlung.
[934] BGH GRUR 2007, 500 (502), Tz. 18 – Sächsischer Ausschreibungsdienst.
[935] OLG Köln GRUR-RR 2002, 161 (162) – Loseblattsammlung/DRS.
[936] BGH GRUR 2007, 137 (138), Tz. 18 – Bodenrichtwertsammlung, in der Leitlinien aufgestellt wurden, wann § 5 Abs. 2 erfüllt ist.
[937] BGH GRUR 2007, 500 (501), Tz. 8 – Sächsischer Ausschreibungsdienst.
[938] BGH GRUR 2007, 500 (501), Tz. 9 und Tz. 17 f. – Sächsischer Ausschreibungsdienst.
[939] BGH GRUR 2007, 500 (501), Tz. 13 und S. 502, Tz. 18 – Sächsischer Ausschreibungsdienst.
[940] OLG Köln ZUM 2007, 548 (549 f.) – DWD-Wetterdaten.

zur allgemeinen Kenntnisnahme veröffentlicht worden" seien; es fehle am hierfür erforderlichen spezifischen Verbreitungsinteresse, das nach Art und Bedeutung der Information gerade darauf gerichtet ist, dass der Nachdruck oder die sonstige Verwertung des die Information vermittelnden Werks für jedermann freigegeben wird, sowie an einer Veröffentlichung nach § 6 Abs. 1.[941] Auch als Bestandteil eines Exposés veröffentlichte Kartenausschnitte stellen kein amtliches Werk im Sinne des § 5 Abs. 1, 2 UrhG dar. In dem einer Entscheidung des BGH zugrundliegenden Sachverhalt wurde ein Exposé von einer nicht dem Amt angehörenden Privatperson geschaffen, das einen Kartenausschnitt enthielt.[942] Eine Verbandsgemeinde wollte der sich aus § 4a Abs. 4 S. 1 BauGB ergebenden Pflicht nachkommen, Planungsunterlagen in das Internet einzustellen und veröffentlichte den Kartenausschnitt, ohne die erforderlichen Nutzungsrechte zu besitzen. Der BGH lehnte die Entstehung eines amtlichen Werkes durch die Übernahme durch das Amt mit der Begründung ab, dass der Inhalt des Exposés durch die Veröffentlichung nicht zu einer eigenverantwortlichen Willenserklärung des Amtes werden konnte, sondern eine private Stellungnahme bleibe, die nicht allein dadurch als von dem Amt herrührend anzusehen ist, dass diese sie zu Informationszwecken veröffentlicht.[943] Allerdings kommt die Schrankenregelung des § 45 Abs. 1 und 3 UrhG (vgl. → Rn. 843) in Betracht.[944]

404 **b) Verwandte Schutzrechte.** Verwandte Schutzrechte werden für dem Urheberrecht „verwandte", also nahestehende Leistungen gewährt, die nicht schöpferisch im Sinne von § 2 Abs. 2 UrhG sind, und zwar entweder generell wie zB für ausübende Künstler oder partiell als „Unterbauschutz" wie zB im Bereich der Fotografie. Das Gesetz spricht von „verwandten Schutzrechten", so dass dieser Begriff auch nachfolgend verwendet werden soll; in Literatur und Rechtsprechung wird allerdings teilweise auch von „Leistungsschutzrechten" gesprochen, ohne dass damit begrifflich etwas anderes gemeint wäre.

405 Verwandte Schutzrechte entstehen größtenteils **neben dem Urheberrecht,** so dass zB für die Aufnahme eines Werkes der Musik nicht nur die Rechte des Komponisten und des Texters, sondern auch des Sängers, der (Instrumental-)Musiker und des Tonträgerherstellers eingeholt werden müssen. Es können auch an ein und derselben Leistung mehrere unterschiedliche verwandte Schutzrechte entstehen, nämlich wie im vorhergehenden **Beispiel** des Sängers und der Musiker als ausübende Künstler und des Tonträgerherstellers.

406 *aa) Wissenschaftliche Ausgaben, § 70 UrhG.* Wissenschaftliche Ausgaben sind Sammlungen oder Zusammenstellungen in Schriftform sowie auf Bild- oder Tonträgern von urheberrechtlich nicht geschützten Werken oder Texten, wenn sie das Ergebnis wissenschaftlich sichtender Tätigkeit darstellen und sich wesentlich von den bisher bekannten Ausgaben der Werke oder Texte unterscheiden. Das verwandte Schutzrecht an der wissenschaftlichen Ausgabe gem. § 70 UrhG schützt also die **besondere wissenschaftliche Leistung an gemeinfreien Werken.** Es wird gewährt für die Ausgabe urheberrechtlich nicht geschützter Werke oder Texte, zB von alten Musikwerken, Karten, Plänen, Inschriften, Chroniken, Briefen usw., sofern eine sichtende, ordnende und abwägende Tätigkeit unter Anwendung wissenschaftlicher Methoden vorliegt[945] (zB Rekonstruktion eines Originalwerkes durch quellenkritische Arbeit) und eine wesentliche Unterscheidung von bisher bekannten Ausgaben gegeben ist. Sofern die wissenschaftlich sichtende Tätigkeit die Gestaltungshöhe in Form einer persönlichen geistigen Schöpfung im Sinne von § 2 Abs. 2 oder § 4 UrhG erreicht hat, entsteht das verwandte Schutzrecht nach § 70 UrhG nicht, sondern urheberrechtlicher Werkschutz gem. § 2 UrhG. Dies wurde im Fall Schopenhauerausgabe vom *KG* bejaht, denn der Bearbeiter habe eigene Ergänzungen und Bearbeitungen iSv kritischer Würdigung, Übersetzungen und Kommentaren getätigt, die die notwendige geistige Schöpfung erreichten (§ 2 Abs. 1 Nr. 1, Abs. 2 UrhG).[946] Das verwandte Schutzrecht nach § 70 UrhG entsteht ferner nur dann, wenn eine wesentliche Unterscheidung von bisher bekannten Ausgaben vorliegt. Diese Abweichung ist immer dann wesentlich, wenn die Besonderheiten der neuen wissenschaftlichen Ausgabe ohne weiteres erkennbar sind; sind keine bisher bekannten Ausgaben

---

941 BVerwG NJW 2015, 3258 (3261) Tz. 31 ff. – Dokumentation für zu Guttenberg (MdB).
942 BGH GRUR 2021, 711, 712 Tz, 12 – Kastellaun.
943 BGH GRUR 2021, 711, 713 Tz. 15 f. – Kastellaun.
944 BGH GRUR 2021, 711, 713 Tz. 19 ff. – Kastellaun.
945 Vgl. BGH GRUR 1975, 667 (668) – Reichswehrprozeß; Dreier/Schulze/Dreier UrhG § 70 Rn. 7; Loewenheim/Axel Nordemann UrhG § 44 Rn. 8; Schricker/Loewenheim/Loewenheim UrhG § 70 Rn. 5; Wandtke/Bullinger/Thum § 70 Rn. 9 f.
946 KG GRUR 1991, 596 (597) – Schopenhauer-Ausgabe.

existent, mit denen ein Vergleich angestellt werden könnte, entsteht das verwandte Schutzrecht dennoch, sofern die übrigen Voraussetzungen von § 70 UrhG erfüllt sind.[947] So im Fall vor dem *BGH* zum Reichswehrprozess: Urheberrechtlicher Schutz einer Dokumentation von im Strafprozess gesprochenen Texten, die urheberrechtlichen Schutz nach § 70 UrhG genoss, weil die Prozessakten nicht auffindbar waren und der Verfasser eine eigenständige Dokumentation über die Aussagen der Beteiligten anlegte.[948]

bb) Nachgelassene Werke, § 71 UrhG. Das verwandte Schutzrecht für nachgelassene Werke gem. § 71 UrhG schützt die **Leistung der Veröffentlichung unbekannter, aber bereits gemeinfreier Werke** (sog. *editio princeps*). § 71 soll das Auffinden, Sammeln und die Herausgabe gemeinfreier, vorher unbekannter oder nur mündlich überlieferter Werke belohnen.[949] Geschützt wird damit die Leistung des erstmaligen Erscheinenlassens bzw. der erstmaligen öffentlichen Wiedergabe eines grundsätzlich schutzfähigen Werkes, dessen Schutz jedoch erloschen ist oder aus anderen Gründen in Deutschland nicht besteht, zB die „10." von Beethoven oder alte Märchen, Sagen, Volkslieder, Volkstänze, Bücher, Schriften, Kirchenlieder, Gemälde, Grafiken, aber auch aufgefundene Kunstgegenstände aus der Vor- und Frühzeit wie beispielsweise die *Himmelsscheibe von Nebra*[950] oder später gefundene entdeckte Schriften wie Notenblätter italienischer Opern aus dem 18. Jahrhundert.[951] 407

Das Werk muss unbekannt, dh darf weder im In- noch im Ausland erschienen oder öffentlich wiedergegeben worden sein. Das führt häufig zu erheblichen Beweisschwierigkeiten, weil derjenige, der sich auf das verwandte Schutzrecht beruft, das Nichtvorliegen einer Tatsache also des Nicht-Erscheinens, beweisen müsste. Der BGH begegnet dem dadurch, dass der Prozessgegner sich nicht mit dem bloßen Bestreiten der Behauptung des Klägers, das Werk sei nicht erschienen gewesen, begnügen dürfe, sondern er vielmehr substantiiert darlegen müsse, welche Umstände für das Vorliegen des Erscheinens sprechen; in dem erst jüngst vom BGH entschiedenen Fall um die im Jahr 2002 entdeckte Originalpartitur der Oper „Motezuma" von Antonio Vivaldi konnte der Beklagte darlegen, dass die Komposition bereits im Jahr 1733 mit der Verteilung von Notenmaterial an die Beteiligten der Uraufführung und eine Hinterlegung eines „Originale" bei dem Opernhaus im Sinne von § 6 Abs. 2 S. 1 UrhG erschienen war, so dass das verwandte Schutzrecht im Ergebnis nicht bestand.[952] 408

Der Begriff des Erscheinens folgt aus § 6 Abs. 2 UrhG, der der öffentlichen Wiedergabe aus § 15 Abs. 2 und 3 UrhG. Zu beachten ist, dass das Erscheinen gem. § 6 Abs. 2 UrhG immer nur mit einer Zustimmung des Berechtigten erfolgen kann, während eine öffentliche Wiedergabe schon begrifflich nicht von einer solchen Zustimmung abhängt. Das verwandte Schutzrecht des § 71 UrhG entsteht deshalb auch im Falle einer erstmaligen öffentlichen Wiedergabe nur dann, wenn diese mit Zustimmung des Berechtigten „erlaubterweise" erfolgte.[953] *Berechtigter* im Sinne von § 71 Abs. 1 und § 6 Abs. 2 UrhG kann allerdings kein urheberrechtlich Berechtigter sein, weil das verwandte Schutzrecht des § 71 UrhG ja nur an gemeinfreien Werken entstehen kann; ein gemeinfreies Werk hat aber keinen Inhaber oder Nutzungsberechtigten mehr. Berechtigter im Sinne der genannten Vorschriften kann deshalb nur derjenige sein, zugunsten dessen das verwandte Schutzrecht nach dem Zweck der Norm entstehen soll, also derjenige, der das Werk aufgefunden, gesammelt, es restauriert und wieder herausgegeben hat. Das wird regelmäßig der Eigentümer des Werkes sein, sofern es sich noch in einem Werkstück verkörpert.[954] Bei nur mündlich überlieferten Werken wird man auf denjenigen abzustellen haben, der die Sammlung 409

[947] Vgl. Dreier/Schulze/Dreier UrhG § 70 Rn. 8; Fromm/Nordemann/Axel Nordemann UrhG § 70 Rn. 11 ff.; Loewenheim/Axel Nordemann UrhG § 44 Rn. 9; Schricker/Loewenheim/Loewenheim UrhG § 70 Rn. 7; Wandtke/Bullinger/Thum § 70 Rn. 17.

[948] BGH NJW 1975, 2064 – Reichswehrprozeß.

[949] Vgl. Loewenheim/Axel Nordemann UrhG § 44 Rn. 15; Schricker/Loewenheim/Loewenheim UrhG § 71 Rn. 1; Wandtke/Bullinger/Thum § 71 Rn. 1.

[950] Vgl. LG Magdeburg GRUR 2004, 672 (673) – Die Himmelsscheibe von Nebra; Fromm/Nordemann/Axel Nordemann UrhG § 71 Rn. 2 f. und 12 ff.; Loewenheim/Axel Nordemann UrhG § 44 Rn. 17 ff.; Schricker/Loewenheim/Loewenheim UrhG § 71 Rn. 6; Wandtke/Bullinger/Thum § 71 Rn. 9.

[951] Vgl. BGH GRUR 2009, 942 – Motezuma; Vorinstanz: OLG Düsseldorf GRUR 2006, 673 (675 f.) – Motezuma.

[952] Vgl. BGH GRUR 2009, 942 (943), Tz. 18 ff. – Motezuma.

[953] Vgl. Loewenheim/Axel Nordemann UrhG § 44 Rn. 22; Schricker/Loewenheim/Loewenheim UrhG § 71 Rn. 11. Keinen Sinn in dem Kriterium erlaubterweise sehen Fromm/Nordemann/Axel Nordemann UrhG § 71 Rn. 24.

[954] Vgl. LG Magdeburg GRUR 2004, 672 (673) – Himmelsscheibe von Nebra; Dreier/Schulze/Dreier UrhG § 71 Rn. 8; Loewenheim/Axel Nordemann UrhG § 44 Rn. 22; Schricker/Loewenheim/Loewenheim UrhG § 71 Rn. 11; Wandtke/Bullinger/Thum § 71 Rn. 8.

und Aufarbeitung vorgenommen hat. Weiterhin muss das Werk *„erlaubterweise"* erstmalig erscheinen bzw. öffentlich wiedergegeben werden. Wer sich also durch unlautere Mittel Zugang zu einem derartigen Werk verschafft oder es ohne Zustimmung des eigentlichen Auffinders oder Eigentümers erscheinen lässt oder öffentlich wiedergibt, erhält kein verwandtes Schutzrecht.

410 *cc) Lichtbilder, § 72 UrhG.* Das verwandte Schutzrecht des § 72 UrhG schützt die **nichtschöpferische fotografische Leistung.** Es erfasst alle Abbildungen, die mindestens in einem fotografieähnlichen Verfahren hergestellt worden sind.[955] Ansonsten ist der Herstellungsprozess aber unerheblich, so dass alle denkbaren modernen Techniken möglich sind, sofern sie einen Abbildungsprozess beinhalten. CAD-Bilder, die lediglich auf einem Computerbildschirm „zeichnerisch" erzeugt werden, sind damit vom Schutz als einfaches Lichtbild ausgeschlossen.[956] Das verwandte Schutzrecht für einfache Lichtbilder stellt einen sog. „Unterbauschutz" für den Schutz der Lichtbildwerke dar, dh ist unterhalb des Werkschutzes angesiedelt. Dies bedeutet zugleich aber auch, dass alle Lichtbildwerke auch als einfache Lichtbilder gem. § 72 UrhG geschützt sind. Für das verwandte Schutzrecht ist lediglich eine „gewisse geistige Leistung" erforderlich,[957] die allerdings immer dann vorliegt, wenn es sich nicht um reine Zufallsfotografien handelt.[958]

411 Aus dem Zusammenspiel des verwandten Schutzrechtes für die einfachen Lichtbilder aus § 72 UrhG und dem Werkschutz für die gestalteten Fotografien aus § 2 Abs. 1 Nr. 5 UrhG folgt, dass tatsächlich alle Fotografien, die eine dreidimensionale Vorlage abbilden, durch das UrhG geschützt sind. Ein Schutz entsteht ferner nur, wenn eine dreidimensionale Vorlage bzw. Motiv in ein zweidimensionales Bild umgesetzt wird. Es besteht daher kein Lichtbildschutz für die Fotokopie oder für fotografische Reproduktionsvorgänge, die im Verlaufe der Vervielfältigung urheberrechtlich geschützter Werke entstehen.[959] Die Einzelbilder eines Films können als Fotografien allerdings urheberrechtlichen Schutz zumindest nach § 72 UrhG genießen;[960] der Schutz erstreckt sich dann auch auf die Verwertung der Einzelbilder in Form des Films, weil jede urheberrechtliche Nutzung der Bildfolge zwangsläufig eine urheberrechtliche Nutzung der einzelnen Bilder umfasst.[961]

412 2021 wurde im Zuge der Urheberrechtsreform § 68 UrhG, der nunmehr die Vervielfältigung gemeinfreier visueller Werke betrifft, neu gefasst. Hiernach werden in Umsetzung von Art. 14 DSM-RL Vervielfältigungen gemeinfreier visueller Werke nicht durch die verwandten Schutzrechte geschützt. Daher genießen zB blosse reproduzierende Fotos alter Gemälde keinen Leistungsschutz mehr. Leistungsschutz an Reproduktionen gemeinfreier Werke kann nur bestehen, sofern die Reproduktion selbst eine eigene geistige Schöpfung und damit den Schutz des § 2 Abs. 1 Nr. 5 UrhG beanspruchen kann.[962] Die Bereichsausnahme des § 68 UrhG dürfte praktisch wohl nur im Zusammenhang mit § 72 UrhG relevant sein.[963]

413 *dd) Ausübende Künstler, § 73 UrhG.* Ausübender Künstler im Sinne von § 73 UrhG ist derjenige, der ein **Werk oder eine Ausdrucksform der Volkskunst aufführt, singt, spielt oder auf eine andere Weise darbietet oder an einer solchen Darbietung künstlerisch mitwirkt.**[964] Das verwandte Schutzrecht kann nur an solchen Werken entstehen, die ihrer Art nach überhaupt vorgetragen oder aufgeführt werden können, also zB nicht an Zeichnungen, Fotografien oder Filmen. Ausübende Künstler sind zB Schauspieler, Sänger, Musiker, Dirigenten und Tänzer, nicht aber Mitglieder des technischen Personals wie Bühnenarbeiter, Maskenbildner, Kameraleute oder Be-

---

955 Vgl. zum Lichtbildbegriff oben → Rn. 384 sowie Dreier/Schulze/Schulze UrhG § 72 Rn. 3 ff.; Loewenheim/Axel Nordemann UrhG § 9 Rn. 128; Loewenheim/Vogel § 37 Rn. 8; Schricker/Loewenheim/Vogel UrhG § 72 Rn. 17; Wandtke/Bullinger/Thum § 72 Rn. 3 ff.

956 Vgl. KG GRUR 2020, 280 – Produktbilder, zu mittels Software am Bildschirm erstellten Bildern.

957 Vgl. BGH GRUR 2019, 284, 286 Tz. 23 – Museumsfotos; BGH GRUR 1993, 34 (35) – Bedienungsanweisung; OLG Stuttgart GRUR 2017, 905, 907 – Reiss-Engelhorn-Museen.

958 Ähnlicher Ansicht sind Dreier/Schulze/Schulze UrhG § 72 Rn. 9; Loewenheim/Vogel UrhG § 37 Rn. 10; Schricker/Loewenheim/Vogel UrhG § 72 Rn. 19 f.

959 Vgl. Schricker/Loewenheim/Vogel UrhG § 72 Rn. 22.

960 Vgl. BGH GRUR 2014, 363 (365) Tz. 20 – Peter Fechter; BGH NJW 1962, 1295 – Aki; Loewenheim/Axel Nordemann UrhG § 9 Rn. 129 und 153.

961 BGH GRUR 2014, 363 (365) Tz. 21 f. – Peter Fechter.

962 RegE Gesetz zur Anpassung des Urheberrechts an die Erfordernisse des digitalen Binnenmarktes – BT-Drs. 19/27426, S. 104 f.; vgl. dazu auch Schmitt GRUR-Prax 2022, 72.

963 RegE Gesetz zur Anpassung des Urheberrechts an die Erfordernisse des digitalen Binnenmarktes – BT-Drs. 19/27426, S. 105.

964 Vgl. die Einzelheiten bei Dreier/Schulze/Dreier UrhG § 73 Rn. 7 ff.; Loewenheim/Vogel UrhG § 38 Rn. 41; Wandtke/Bullinger/Büscher § 73 Rn. 4 ff.

leuchter.[965] Gerade Maskenbildner, Kameraleute und Beleuchter können allerdings durchaus schöpferische Beiträge erbringen, was zu einem urheberrechtlichen Werkschutz ihrer Leistungen führen kann.[966] Der Theaterregisseur ist normalerweise ebenfalls ausübender Künstler, während der Filmregisseur als Filmurheber anerkannt ist.[967] Ob jemand als ausübender Künstler mitwirkt oder nicht, ist daran zu bestimmen, ob er „künstlerisch" mitwirkt. Dieses Kriterium darf allerdings nicht überinterpretiert werden; auch ein Rundfunksprecher, der eher nüchtern vorträgt, kann ausübender Künstler sein.[968]

ee) Schutz des Veranstalters, § 81 UrhG. Wenn ein Unternehmen die Darbietungen von ausübenden Künstlern veranstaltet, so erhält es gem. § 81 UrhG ein eigenes verwandtes Schutzrecht an dieser Veranstaltung. Der Anwendungsbereich der Vorschrift ist auf Darbietungen ausübender Künstler im Sinne von § 73 UrhG beschränkt.[969] Der Schutz entsteht ferner nur an Live-Veranstaltungen, an denen ausübende Künstler in Person mitwirken; Wiedergaben von auf Ton- oder Bildtonträgern aufgenommenen Darbietungen wie beispielsweise Vorführungen von Kinofilmen oder die Leistungen von Diskjockeys sowie sportliche Wettkämpfe begründen kein verwandtes Schutzrecht nach § 81 UrhG.[970] 414

ff) Tonträgerhersteller, § 85 UrhG. Der Hersteller eines Tonträgers erhält gem. § 85 UrhG ein eigenes verwandtes Schutzrecht, das unabhängig von den verwandten Schutzrechten der ausübenden Künstler sowie der Urheberrechte der Komponisten und Texter besteht. Das verwandte Schutzrecht soll die **organisatorische, technische und wirtschaftliche Leistung, die die Herstellung eines zum Vertrieb geeigneten Tonträgers erfordert,** schützen. Nach der Definition des § 16 Abs. 2 UrhG ist Tonträger eine Vorrichtung zur wiederholten Wiedergabe von Tonfolgen. Das verwandte Schutzrecht gilt nur für Tonaufnahmen, also zB CDs und andere reine Tonträger, nicht aber auch für Bildtonaufnahmen wie etwa Musikvideos oder DVDs.[971] Die Hersteller von Musikvideos und DVDs profitieren allerdings als Hersteller von Filmwerken bzw. Laufbildern von den verwandten Schutzrechten der §§ 94 und 95 UrhG, bleiben also keinesfalls schutzlos.[972] 415

Nicht unter § 85 UrhG fallen digitale Dateien wie MIDI-Files oder MP3-Dateien als solche, die lediglich bestimmte Dateiformate und keine körperlichen Gegenstände sind.[973] Soweit die MP3-Datei fixiert wird, was der Regelfall ist, greift zugunsten des Mediums wie zB Festplatte, USB-Stick, Diskette oder DVD der Tonträgerschutz des § 85 UrhG. In den Schutzbereich des § 85 Abs. 1 UrhG ebenso einbezogen sind Coverversionen, das Re-Recording und Remastering.[974] 416

Vom Recht umfasst sind auch **einzelne Teile** einer Tonträgeraufnahme, wie beispielsweise einzelne auf einer CD enthaltene Musiktitel oder selbst Teile davon. Die Übernahme von Tonträgerteilen im Wege des Sampling, zB die Entnahme von Takten einer Rhythmussequenz, ist vom Schutzbereich der §§ 85 f. UrhG allerdings nicht erfasst, die Übernahme fremder Werkausschnitte in eigene Werke als Mittel künstlerischen Ausdrucks und künstlerischer Gestaltung ist vielmehr anzuerkennen.[975] Der BGH ließ bereits die Entnahme kleinster Tonfetzen, ohne dass es auf deren Qualität oder Quantität ankam, für eine Verletzung des Leistungsschutzrechtes des Tonträgerherstellers genügen.[976] Hierfür spricht, dass die §§ 85 f. den organisatorischen und finanziellen Aufwand schützen. Allerdings ist zu beachten, dass sich Musikschaffende bei der Übernahme von fremden Tonträgerteilen im Wege des Samplings gegenüber dem Leistungsschutzrecht der Tonträ- 417

[965] Vgl. Schricker/Loewenheim/Krüger UrhG § 73 Rn. 30; Wandtke/Bullinger/Büscher § 73 Rn. 16.

[966] Vgl. Loewenheim/Axel Nordemann UrhG § 9 Rn. 180.

[967] Vgl. zunächst § 65 Abs. 2 UrhG, der den Filmregisseur ausdrücklich als Filmurheber anerkennt, sowie Fromm/Nordemann/Schaefer UrhG § 73 Rn. 19, 27 f. und 31, 33; Schricker/Loewenheim/Krüger UrhG § 73 Rn. 33; Wandtke/Bullinger/Bullinger § 2 Rn. 55; Wandtke/Bullinger/Büscher § 73 Rn. 18.

[968] Vgl. Fromm/Nordemann/Schaefer UrhG § 73 Rn. 33; aA Dreier/Schulze/Dreier UrhG § 73 Rn. 12.

[969] Vgl. Loewenheim/Vogel UrhG § 39 Rn. 1 und 4; Schricker/Loewenheim/Vogel UrhG § 81 Rn. 16.

[970] Vgl. Loewenheim/Vogel UrhG § 39 Rn. 4; OLG Hamburg GRUR-RR 2007, 181 (184) – Fußballvermarktung, keine Leistungsschutzrechte des Veranstalters bei Fußballvermarktung.

[971] Vgl. Dreier/Schulze/Schulze UrhG § 85 Rn. 27; Schricker/Loewenheim/Vogel UrhG § 85 Rn. 18 f.

[972] Vgl. → Rn. 705 ff.

[973] Vgl. Boddien, Alte Musik in neuem Gewand, S. 104 f.; str. aA Dreier/Schulze/Schulze UrhG § 85 Rn. 17.

[974] Ausführlich mit Streitstand Boddien, Alte Musik in neuem Gewand, S. 109 ff., 126 f., 164.

[975] Vgl. BVerfG GRUR 2016, 690 (693) Tz. 86 – Metall auf Metall; anders noch BGH GRUR 2009, 403 Tz. 9 – Metall auf Metall I aufgehoben durch BVerfG GRUR 2016, 690 – Metall auf Metall; Boddien, Alte Musik in neuem Gewand, S. 128 f.

[976] BGH GRUR 2009, 403 (404) Tz. 13 – Metall auf Metall I aufgehoben durch BVerfG GRUR 2016, 690 – Metall auf Metall.

gerhersteller auf die Kunstfreiheit nach Art. 5 Abs. 3 S. 1 GG berufen können.[977] So hat das BVerfG die Entscheidung des BGH aufgehoben und die Verwendung eines aus einer zweisekündigen Rythmussequenz bestehenden, gleichwertig nachspielbaren Samples ohne die Erlaubnis des Tonträgerherstellers als rechtmäßig beurteilt.[978] Es hat offen gelassen, ob hierfür im Rahmen der Wechselwirkung zwischen dem Urheberrecht als Ausprägung der Eigentumsfreiheit nach Art. 14 Abs. 1 GG und der künstlerischen Betätigungsfreiheit nach Art. 5 Abs. 3 S. 1 GG die Reichweite des Schutzrechts nach § 85 Abs. 1 S. 1 UrhG einschränkend ausgelegt oder die Schutzschranke der freien Benutzung nach § 24 Abs. 1 UrhG aF anzuwenden ist.[979] Steht der künstlerischen Entfaltung ein Eingriff in Urheberrechte gegenüber, der die Verwertungsmöglichkeiten nur geringfügig beschränkt, so können die Verwertungsinteressen der Urheberrechtsinhaber zugunsten der Freiheit der künstlerischen Auseinandersetzung zurückzutreten haben.[980]

418 Im Anschluss an das BVerfG-Urteil hatte der BGH dem EuGH mehrere Fragen zur Zulässigkeit des Tonträger-Samplings vorgelegt.[981] Der EuGH hat diese wiederum zuletzt dahingehend beantwortet, dass die Nutzung eines auch nur sehr kurzen Audiofragments das Recht des Tonträgerherstellers verletzen kann, sofern es nicht in den anderen Tonträger in geänderter und beim Hören nicht wiedererkennbarer Form eingefügt wird.[982] Der BGH hat dies in einer Folgeentscheidung in deutsches Recht dahin umgesetzt, dass das Vervielfältigungsrecht des Tonträgerherstellers nicht das Recht umfasse, sich dagegen zu wehren, dass ein Dritter ein Audiofragment seines Tonträgers in einem anderen Tonträger in geänderter und beim Hören in nicht wieder erkennbarer Form einfüge.[983] Das verwandte Schutzrecht entsteht nur, wenn eine Erstaufnahme einer Darbietung oder Tonfolge stattfindet; die Zusammenstellung vorhandener Aufnahmen auf einem neuen Tonträger lässt also kein Leistungsschutzrecht entstehen. Eine Erstmaligkeit oder Exklusivität der Aufnahme des zugrundeliegenden Werkes ist allerdings nicht erforderlich.[984] Problematisch und noch nicht abschließend entschieden ist, ob die technische Verbesserung von Tonaufnahmen das Leistungsschutzrecht erneut zur Entstehung bringt – dann allerdings nur bezogen auf die verbesserte Aufnahme.[985] Schließlich ist es notwendig, dass ein Mindestmaß an Leistung vorliegt, also nicht nur eine reine Vervielfältigung vorgenommen wird; wer nur als Presswerk fungiert, ist nicht Tonträgerhersteller.[986]

419 *gg) Sendeunternehmen, § 87 UrhG.* Das verwandte Schutzrecht des § 87 schützt die (in der Regel kostspielige) **organisatorisch-technische und wirtschaftliche Leistung, eine Funk- oder Fernsehsendung zu produzieren.** Hiervon profitiert jedes Unternehmen, das mit Hilfe von Funk (terrestrisch, Kabel oä; § 20 UrhG) oder Satellit (§ 20a Abs. 3 UrhG) Funksendungen veranstaltet, wobei die Sendung zum unmittelbaren gleichzeitigen Empfang durch die Öffentlichkeit bestimmt sein muss, was in der Regel nur bei herkömmlichen Sendeverfahren der Fall ist, nicht aber zB bei Sendungen im Internet.[987] Auch für das verwandte Schutzrecht des § 87 UrhG ist ein Mindestmaß an Leistung erforderlich: Es muss mehr als die reine Weiterleitung einer Funksendung vorliegen, wodurch zB reine Kabelunternehmen nicht vom Schutz profitieren.[988] Die gegenseitige Zwangslizenzierung von Sende- und Kabelunternehmen ordnet § 87 Abs. 5 UrhG an, der durch den „2. Korb“[989] ergänzt wurde und es nun Sende- und Kabelunternehmen ermöglicht, gemeinsame Verträge mit einem Berechtigten abzuschließen (§ 87 Abs. 5 Satz 2 UrhG). Gemäß § 87 Abs. 1 Nr. 1 UrhG steht dem Schutzrechtsinhaber ua das Recht zur Weitersendung zu. Eine Weitersendung nach § 87 Abs. 1 Nr. 1 UrhG liegt vor, wenn der Inhalt einer Sendung durch funktechnische Mittel einer Mehrzahl von Mitgliedern der Öffentlichkeit zugänglich gemacht wird, vgl. §§ 20, 15 Abs. 3 UrhG, und diese Übermittlung des Werkes bzw. der Leistung als öffentliche

[977] BVerfG GRUR 2016, 690 Ls. 1 – Metall auf Metall.
[978] BVerfG GRUR 2016, 690 – Metall auf Metall.
[979] BVerfG GRUR 2016, 690 (692) Tz. 77 – Metall auf Metall.
[980] BVerfG GRUR 2016, 690 (693) Tz. 86 – Metall auf Metall.
[981] BGH GRUR 2017, 6895 – Metall auf Metall III; zum Eingriff in das durch § 94 UrhG geschützte verwandte Schutzrecht durch die Entnahme kleinster Partikel vgl. BGH GRUR 2018, 400, 401 Tz. 18 ff. – Konferenz der Tiere.
[982] EuGH GRUR 2019, 929, 931 Tz. 39 – Pelham/Hütter ua (Metall auf Metall III).
[983] BGH GRUR 2020, 843 Rn. 37 – Metall auf Metall IV.
[984] Vgl. Dreier/Schulze/Schulze UrhG § 85 Rn. 20; Schricker/Loewenheim/Vogel UrhG § 85 Rn. 19.
[985] Vgl. Boddien, Alte Musik in neuem Gewand, S. 128 f.
[986] Vgl. Dreier/Schulze/Schulze UrhG § 85 Rn. 20; Schricker/Loewenheim/Vogel UrhG § 85 Rn. 27.
[987] → Rn. 521 f.
[988] Vgl. Schricker/Loewenheim/v. Ungern-Sternberg UrhG § 87 Rn. 13 f.
[989] → Rn. 22.

Wiedergabe bezeichnet werden kann.[990] Sendender iSv § 87 Abs. 1 Nr. 1 UrhG und damit urheberrechtlich Verantwortlicher, ist im Fall einer Kabelweitersendung allein derjenige, der darüber entscheidet, welche Funksendungen in das Kabel eingespeist und an die Öffentlichkeit weitergeleitet werden, zB der Betreiber eines Kabelnetzes, nicht jedoch derjenige, der die erforderlichen technischen Vorrichtungen bereitstellt wie zB der Hotelbetreiber, der seine Zimmer mit Fernsehern ausstattet.[991]

hh) Datenbankhersteller, § 87a UrhG. Das verwandte Schutzrecht der §§ 87a und b UrhG schützt die **organisatorische, technische und wirtschaftliche Leistung, die die Herstellung einer Datenbank erfordert.** Es gilt nach inzwischen gefestigter Rechtsprechung sowohl für elektronische als auch für herkömmliche Datenbanken.[992] Datenbank iSd Urheberrechtsgesetzes ist gem. § 87a Abs. 1 S. 1 UrhG eine Sammlung von Werken, Daten oder anderen unabhängigen Elementen, die systematisch oder methodisch angeordnet und einzeln mit Hilfe elektronischer Mittel oder auf andere Weise zugänglich sind und deren Beschaffung, Überprüfung oder Darstellung eine nach **Art oder Umfang wesentliche Investition** erfordert. Da eine Datenbank aus unabhängigen Elementen besteht, die literarische, künstlerische musikalische oder andere Werke wie Texte enthalten kann, bedarf die Zusammenstellung von Material wegen des sehr weiten Wortlauts einer Einschränkung, nämlich einem zusätzlichen Kriterium, dem der Unabhängigkeit der einzelnen Elemente.[993] Die Unabhängigkeit und damit eine Datenbank als Schutzobjekt liegt vor, wenn die Elemente sich voneinander trennen lassen, ohne dass der Wert ihres Inhalts durch die Trennung beeinträchtigt wird.[994] Der Inhalt der Elemente kann informativer, literarischer, musikalischer, künstlerischer oder sonstiger Natur sein und muss auch nach der Trennung noch vorhanden sein. 420

Eine Datenbank erfordert darüber hinaus eine **systematische oder methodische Anordnung der Elemente,** die dann schon gegeben ist, wenn sich hinter ihr ein logischer oder sachlicher Zusammenhang offenbart.[995] Die §§ 87a ff. UrhG fördern und schützen Investitionen in „Datenspeicher und Datenverarbeitungs“-Systeme,[996] wobei zu beachten ist, dass nur die reine Investition geschützt wird, ohne dass es auf ein Datenbankwerk im Sinne des § 4 Abs. 2 UrhG ankommen soll.[997] 421

§§ 87a ff. UrhG gehen auf die Richtlinie 96/9/EG des Europäischen Parlaments und des Rates (so genannte Datenbankrichtlinie)[998] zurück, so dass im Rahmen der Auslegung der Grundsatz der richtlinienkonformen Auslegung zu beachten ist. So lässt sich beispielsweise der Begriff der „wesentlichen Investitionen“ im Rahmen des § 87a UrhG unter Rückgriff auf den 40. Erwägungsgrund der Datenbank-RL konkretisieren, da hier Beispiele für berücksichtigungsfähige Investitionen genannt werden. Der Begriff der Investitionen ist hierbei sehr weit zu verstehen, da Art. 7 Abs. 1 Datenbank-RL nicht abschließend ist und quantitative wie qualitative Aspekte anerkennt.[999] Trotz des weiten Verständnisses des Investitionsbegriffes verneint der EuGH das Vorliegen von (wesentlichen) Investitionen und damit eine Datenbank, wenn die Investitionen lediglich der Datengenerierung, also der Gewinnung der Daten, dienen.[1000] In den vom EuGH entschiedenen Fällen dienten die Investitionen der Beschaffung von Daten, die erst in einem weiteren Schritt systematisch geordnet werden sollten; dies genügte nach Auffassung des EuGH den Anforderungen an Art. 7 Abs. 1 Datenbank-RL jedoch nicht, da Art. 7 Abs. 1 Datenbank-RL „ein(en) Anreiz für die Einrichtung von Systemen für die Speicherung und die Verarbeitung vor- 422

[990] BGH GRUR 2010, 530 (531) Tz. 17 ff. – Regiovertrag.
[991] BGH GRUR 2010, 530 (531) Tz. 17 ff. – Regiovertrag; BGH GRUR 2016, 697 (698) Tz. 15 – Königshof; vgl. auch EuGH GRUR 2017, 385 (386) Tz. 26 f. – Verwertungsgesellschaft Rundfunk/Hettegger Hotel Edelweiss.
[992] Vgl. BGH GRUR 1999, 923 (925) – Tele-Info-CD.
[993] EuGH GRUR 2015, 1187 (1188) Tz. 17 – TK 50; EuGH GRUR 2005, 254 (255) Tz. 33 – Fixtures-Fußballspielpläne II; BGH GRUR 2007, 685 (687) – Gedichttitelliste I; OLG Köln ZUM 2007, 548 (549 f.) – DWD-Wetterdaten.
[994] EuGH GRUR 2015, 1187 (1188) Tz. 17 – TK 50; EuGH GRUR 2005, 254 (255) Tz. 33 – Fixtures-Fußballspielpläne II; BGH GRUR 2007, 685 (687) – Gedichttitelliste I.
[995] Vgl. Boddien, Alte Musik in neuem Gewand, S. 133; LG Köln CR 2000, 400.
[996] EuGH GRUR 2015, 1187 (1188) Tz. 16 – TK 50; EuGH GRUR 2005, 244 (247) Tz. 30 – BHB Pferdewetten.
[997] Vgl. Boddien, Alte Musik in neuem Gewand, S. 130, 135.
[998] Richtlinie 96/9/EG des Europäischen Parlaments und des Rates vom 11. März 1996 über den rechtlichen Schutz von Datenbanken (ABl. Nr. L 77 S. 20) Celex-Nr. 3 1996 L 0009.
[999] Boddien Alte Musik in neuem Gewand, S. 136.
[1000] EuGH GRUR 2005, 244 Tz. 31 – BHB Pferdewetten; EuGH GRUR 2005, 252 – Fixtures-Fußballspielpläne I; EuGH GRUR 2005, 254 – Fixtures-Fußballspielpläne II.

handener Informationen (gegeben will) und nicht für das Erzeugen von Elementen, die später in einer Datenbank zusammengestellt werden können."[1001] Schutzwürdig sind somit nur solche Investitionen, die darauf gerichtet sind, eine Datenbank aus bereits vorhandenen Daten zusammenzustellen.[1002] Eine in ihrem Inhalt nach Art oder Umfang wesentlich geänderte Datenbank gilt als neue – und damit eigenständig geschützte – Datenbank, sofern die Änderung eine nach Art oder Umfang wesentliche Investition erfordert, vgl. § 87a Abs. 1 Satz 2 UrhG.

423 Nach § 87b Abs. 1 Satz 1 UrhG steht dem Datenbankhersteller das **ausschließliche Recht** zu, die Datenbank insgesamt oder einen nach Art oder Umfang wesentlichen Teil der Datenbank zu vervielfältigen, zu verbreiten und öffentlich wiederzugeben. Der EuGH hat insoweit entschieden, dass zur Beantwortung der Frage, was ein wesentlicher Teil einer Datenbank ist, in quantitativer Hinsicht das entnommene und/oder weiter verwendete, also iSv § 87b UrhG vervielfältigte,[1003] Datenvolumen der Datenbank im Verhältnis zum Gesamtvolumen des Inhalts der Datenbank zu beurteilen ist, wohingegen für das Vorliegen eines wesentlichen Teiles in qualitativer Hinsicht die Bedeutung der Investition in den entnommenen Teil maßgeblich sein soll.[1004] Zum quantitativen Umfang hat der BGH in einer neueren Entscheidung betont, ein Anteil von 10 % des Datenvolumens der gesamten Datenbank sei kein quantitativ wissenschaftlicher Teil.[1005]

424 Aufgrund des Investitionsschutzcharakters der Norm kommt der EuGH im Rahmen der Bestimmung der Wesentlichkeit jedoch dazu, dass entscheidend für die Bestimmung eine qualitative Analyse ist, dh der Umfang der mit dem entnommenen und/oder weiter verwendeten Teil zusammenhängenden Investitionen ausschlaggebend sein soll, da auch „*ein quantitativ geringfügiger Teil des Inhalts einer Datenbank (…), was die Beschaffung, die Überprüfung oder die Darstellung angeht, eine ganz erhebliche menschliche, technische oder finanzielle Investition erfordern* (kann)".[1006] Der Investitionsschutzcharakter kommt auch bei der Auslegung des Begriffes der Entnahme (von Datenbankinhalten) iSv Art. 7 Abs. 1 der Datenbank-RL zum Tragen, der dem der Vervielfältigung iSv § 87b Abs. 1 S. 1 UrhG entspricht. Nach Auffassung des EuGH liegt eine Entnahme von Datenbankinhalten nicht nur dann vor, wenn diese physisch kopiert werden; vielmehr kann auch eine Übernahme abgefragter Inhalte aus einer geschützten Datenbank nach kritischer Abwägung im Einzelfall eine Entnahme iSv Art. 7 Abs. 1 der RL sein, da hierdurch die Ergebnisse der Investition des Herstellers der Datenbank genutzt und eigene Investitionen erspart werden.[1007] Der EuGH hat das Vorliegen einer „Entnahme" und zugleich „Weiterverwendung" iSv. Art. 7 Abs. 1 und 2 der Datenbank-RL im Fall einer spezialisierten Internet-Suchmaschine, die die Gesamtheit oder wesentliche Teile einer im Internet frei zugänglichen Datenbank kopiert und indexiert und es dann ihren Nutzern ermöglicht, auf ihrer eigenen Website Recherchen in dieser Datenbank durchzuführen, bejaht.[1008] Ob die betroffene Datenbank die Entnahme und Weiterverwendung untersagen kann, ist dem EuGH zufolge in zwei Schritten zu prüfen: Zunächst muss festgestellt werden, ob die Beschaffung, Überprüfung oder Darstellung des Inhalts der betreffenden Datenbank eine wesentliche Investition darstellt; im zweiten Schritt wird geprüft, ob die Möglichkeit, diese Investitionen zu amortisieren, durch die Entnahme oder Weiterverwendung gefährdet wird.[1009]

425 Gleiches gilt für den Begriff der „öffentlichen Wiedergabe" iSv § 87b Abs. 1 S. 1 UrhG. Eine solche liegt nach richtlinienkonformer Auslegung dann vor, wenn die Ergebnisse der Investition des Herstellers der Datenbank ohne dessen Zustimmung öffentlich verfügbar gemacht werden und ihm hierdurch Einkünfte entzogen werden, die die Amortisierung dieser Kosten ermöglichen sollen; bei Datenbanken, deren typische Verwertung darin besteht, den Nutzern jeweils nur die sie selbst betreffenden Datensätze zugänglich zu machen, liegt eine öffentliche Wiedergabe somit

1001 EuGH GRUR 2005, 254 (256) Tz. 42 – Fixtures-Fußballspielpläne II; EuGH GRUR 2005, 244 (247) Tz. 31 f., 38 – BHB Pferdewetten.

1002 EuGH GRUR 2005, 244 (247) Tz. 30 – BHB Pferdewetten; EuGH GRUR 2005, 252 – Fixtures-Fußballspielpläne I; EuGH GRUR 2005, 254 (256) Tz. 42 f. – Fixtures-Fußballspielpläne II; BGH GRUR 2011, 724 Tz. 16 ff. – Zweite Zahnarztmeinung II.

1003 BGH GRUR-RR 2010, 232 (233) Tz. 16 f. – Gedichteliste III.

1004 EuGH GRUR 2005, 244 Leitsatz 3, S. 250 Tz. 69 ff. – BHB Pferdewetten.

1005 BGH GRUR 2011, 724 Tz. 29 – Zweite Zahnarztmeinung II.

1006 EuGH GRUR 2005, 244 (248, 249) Tz. 71 – BHB Pferdewetten.

1007 EuGH GRUR 2008, 1077 – Directmedia Publishing, vgl. auch BGH GRUR-RR 2010, 232 (233) – Gedichteliste III.

1008 EuGH GRUR 2021, 1075, 1078 Tz. 47 – CV-Online/Melons.

1009 EuGH GRUR 2021, 1075, 1078 Tz. 46 – CV-Online/Melons.

dann vor, wenn Dritte einzelne Datensätze an einzelne Nutzer weitergeben und diese Nutzer in ihrer Gesamtheit eine Öffentlichkeit bilden.[1010]

Auch bei sog. Meta-Suchmaschinen, also solchen, die nicht wie allgemeine Suchmaschinen das gesamte Internet durchsuchen, sondern nur spezielle Datenbanken, kann ein Eingriff in das Datenbankschutzrecht nach § 87b UrhG vorliegen. Dafür müssen jedoch folgende Voraussetzungen erfüllt sein: 426

(1) Dem Endnutzer wird ein Suchformular zur Verfügung gestellt, das im Wesentlichen dieselben Optionen wie das Suchformular der Datenbank bietet;
(2) die Suchanfragen der Endnutzer werden „in Echtzeit" in die Suchmaschine übersetzt, mit der die Datenbank ausgestattet ist, so dass alle Daten dieser Datenbank durchsucht werden, und
(3) dem Endnutzer werden die gefundenen Ergebnisse unter dem Erscheinungsbild ihrer Website präsentiert, wobei sie Dubletten in einem einzigen Element zusammenführt, jedoch in einer Reihenfolge, die auf Kriterien basiert, die mit denen vergleichbar sind, die von der Suchmaschine der betreffenden Datenbank für die Darstellung der Ergebnisse verwendet werden.[1011]

Interessant ist, dass der EuGH hier eine nachahmungsorientierte Betrachtung anstellt und hervorhebt, dass die Beklagten der Herstellung eines parasitären Konkurrenzprodukts nahekommen.[1012] Hiervon unbeirrt verneinte der BGH in einem Urteil zu einer Flugbuchungsseite, die im Wege des Screenscraping unter anderem auf Daten von Ryanair zurückgriff, Ansprüche aus § 87a UrhG und löste den Fall im Wesentlichen wettbewerbsrechtlich.[1013] 427

Als **Datenbank iSv § 87a UrhG anerkannt** worden sind zB eine Telefonbuch-CD-Rom,[1014] Markt- und Meinungsforschungsstudien[1015] sowie Musikcharts, dh die Darstellung von Musikhits nach Rangziffer, Titel und Interpret nebst der Vorwochenplatzierung,[1016] die Wetterdaten des Deutschen Wetterdienstes, die eigens nur für die Flugsicherung aufbereitet und dieser zur Verfügung gestellt werden,[1017] ein Portal, auf dem Zahnarztbewertungen gesammelt werden[1018] oder eine Sammlung von Daten in Bezug auf Bodenrichtwerte inklusive der wertbestimmenden Parameter, die aus der aufwendigen Analyse von Grundstücksmarktberichten geschöpft wurden,[1019] nicht jedoch der Stellenmarkt der *Frankfurter Allgemeinen* oder der *Süddeutschen Zeitung*.[1020] Ob die Internetseite einer Fluggesellschaft mit Flugzielen, Reisezeit und Preisangabe eine Datenbank ist, wurde nicht abschließend entschieden.[1021] Demgegenüber können topografische Landkarten schutzfähige Datenbanken nach § 87a UrhG darstellen.[1022] 428

Eingeschränkt wird der Schutz der §§ 87a ff. UrhG durch die analoge Anwendbarkeit des § 5 Abs. 2 UrhG,[1023] wenn eine private Datenbank amtlichen Charakter aufweist und die Aufgabe der Erstellung von Ausschreibungsunterlagen Privaten übertragen wurde, was andernfalls der Staat hätte übernehmen müssen.[1024] 429

ii) Presseverleger, § 87f UrhG. Der Presseverleger erhält durch § 87f UrhG ein eigenes verwandtes Schutzrecht, das erst seit April 2013 besteht. Aufgrund formeller Fehler des Gesetzgebers hinsichtlich der fehlenden Notifizierung des Gesetzesentwurfes durch die Europäische Kommission war es in Folge einer entsprechenden Entscheidung des EuGH zunächst jedoch nicht anwendbar.[1025] Der Gesetzgeber hat nun im Zuge der Urheberrechtsreform 2021 das neue Leistungs- 430

[1010] BGH GRUR 2010, 1004 (1006) Tz. 37 f. – Autobahnmaut.
[1011] EuGH GRUR 2014, 166 (169) Tz. 54 – Innoweb/Wegener.
[1012] EuGH GRUR 2014, 166 (169) Tz. 48 – Innoweb/Wegener.
[1013] BGH GRUR 2014, 785 (787) Tz. 21 ff. –Flugvermittlung im Internet.
[1014] Vgl. BGH GRUR 1999, 923 (925) – Tele-Info-CD.
[1015] BGH GRUR 2005, 940 (941 f.) – Marktstudien.
[1016] BGH GRUR 2005, 857 (858 f.) – Hitbilanzen; ähnlich aber für Gedichte BGH GRUR 2007, 685 (687 f.) – Gedichttitelliste.
[1017] OLG Köln ZUM 2007, 548 (549 f.) – DWD-Wetterdaten.
[1018] BGH GRUR 2011, 724 – Zweite Zahnarztmeinung II.
[1019] BGH GRUR 2007, 137 (138 f.) – Bodenrichtwertsammlung.
[1020] Gegen Übernahme von Stellenanzeigen in Internet-Auftritte besteht allerdings ein wettbewerbsrechtlicher Schutz; vgl. KG GRUR-RR 2001, 102 (102 f.) – FAZ-Stellenmarkt; OLG München GRUR-RR 2001, 228 – SZ-Stellenanzeigen.
[1021] OLG Frankfurt Urt. v 5.3.2009, Az: 6 U 221/08 (BeckRS 2009, 08798).
[1022] EuGH GRUR 2015, 1187 (1188) Tz. 17 – TK 50; aA noch OLG Dresden ZUM 2014, 145 (146); OLG München GRUR 2014, 75 (76 f.) – Topografische Karte; s. hierzu Leistner GRUR 2016, 42 und die Vorlage an den EuGH BGH GRUR 2014, 1197 – TK 50.
[1023] Vgl. → Rn. 400.
[1024] BGH GRUR 2007, 500 (501), Tz. 11 ff. – Sächsischer Ausschreibungsdienst.
[1025] EuGH GRUR 2019, 1188 – Pressesnippets, vgl. oben → Rn. 16.

schutzrecht für Presseverleger in §§ 87f–87k UrhG umgesetzt, das auf EU-rechtlicher Ebene in Art. 15 DSM-RL[1026] neu geschaffen wurde.[1027] Die dortigen Regelungen sind dem bisherigen Schutzrecht der §§ 87f–h UrhG in weiten Teilen sehr ähnlich.

431 Das Schutzrecht soll die wirtschaftlichen Grundlagen des Qualitätsjournalismus stärken und so dazu beitragen, die Vielfalt der deutschen Presselandschaft dauerhaft zu erhalten.[1028] Schon das frühere nationale deutsche Leistungsschutzrecht sollte Presseverleger davor schützen, dass andere Nutzer für die eigene Wertschöpfung systematisch auf die verlegerische Leistung zugreifen und diese in einer Weise nutzen, die über das bloße Verlinken weit hinausgeht.[1029] Es sollte daher den Presseverlagen ein eigenes Schutzrecht gewährt werden, das sie in die Lage versetzt, einfacher und umfassender gegen Rechtsverletzungen im Internet vorgehen zu können; Presseverleger müssten nun bei Verletzungshandlungen nicht mehr den komplexen Nachweis der Rechtekette führen, sondern können unmittelbar aus eigenem Recht vorgehen und insbesondere auch Unterlassungsansprüche geltend machen.[1030]

432 Die DSM-RL hat allerdings primär ein anderes Schutzziel im Blick: Nach Erwägungsgrund 54 DSM-RL hat die große Verfügbarkeit von Presseveröffentlichungen im Internet zur Entstehung neuer Online-Dienste wie Nachrichtenaggregatoren oder Medienbeobachtungsdiensten geführt, die für die Weiterverwendung von Presseveröffentlichungen wichtiger Bestandteil ihres Geschäftsmodells und Einnahmequelle sind. Jedoch ergäben sich für Presseverlage Probleme bei der Vergabe von Lizenzen für die Online-Nutzung ihrer Veröffentlichungen an Anbieter derartiger Dienste, was ihnen eine Amortisierung ihrer Investitionen erschwert. Damit ist Sinn und Zweck des Leistungsschutzrechts, den Presseverlegern in der Online-Nutzung eine bessere Amortisation ihrer Investitionen zu ermöglichen, wenn Dritte Online-Presseinhalte zum Gegenstand ihres Geschäftsmodells machen. Ein wichtiger Anwendungsfall ist deshalb die Suchmaschine Google, und zwar sowohl im Hinblick auf die Trefferlisten in ihrer allgemeinen Suche als auch im Hinblick auf die Trefferlisten in ihren speziellen „News"-Suchdiensten (nicht jedoch die dort aufgeführten Links, vgl. § 87g Abs. 2 Nr. 3 UrhG).

433 Die Vorschriften der §§ 87f ff. UrhG wurden aufgrund mehrerer Detailänderungen im Zuge der Urheberrechtsreform 2021 insgesamt neu gefasst, wobei sich die Bestimmungen des Art. 15 DSM-RL strukturell an den bisherigen Regelungen des UrhG orientierten.[1031] § 87f UrhG beinhaltet die wesentlichen Begriffsdefinitionen. Das Schutzrecht bezog sich bislang auf ein „Presseerzeugnis". Die Neuregelung des § 87f Abs. 1 UrhG geht aufgrund von Art. 15 DSM-RL nun vom Begriff der Presseveröffentlichung aus, was sachlich überwiegend keine maßgeblichen Unterschiede bedeuten dürfte. Wissenschaftliche und akademische Publikationen sind nach Art. 2 Nr. 4 DSM-RL nunmehr jedoch ausdrücklich ausgenommen (vgl. § 87f Abs. 1 aE UrhG). Dabei ist, wie auch bei anderen Leistungsschutzrechten, etwa dem Tonträgerherstellerrecht, zwischen dem Gegenstand des Leistungsschutzrecht und etwaig in ihm verkörperten urheberrechtlichen Werken zu unterscheiden. Auf den ersten Blick unklar ist nach der Formulierung des Gesetzestextes, ob unter „Presseerzeugnis" **nur Textinhalte** zu verstehen sind. Einige Formulierungen im Gesetzestext und dessen Begründung lassen das vermuten.[1032] Allerdings spricht bereits Abs. 2 S. 2 auch von „Abbildungen". Richtigerweise müssen andere Inhalte als Texte umfasst sein, denn es gibt auch **andere journalistische Inhalte,** wie **Bilder, Bewegtbilder** oder **Grafiken.** Wenn diese die anderen Anforderungen erfüllen, also zB journalistisch sind (dazu sogleich), müssen auch diese Inhalte vom Schutz des Rechts erfasst werden. Oberbegriff der Definition nach Abs. 2 ist die „Sammlung"; dabei muss es sich bei dieser aber um ein *Presse*erzeugnis handeln.

[1026] Richtlinie (EU) 2019/790 des Europäischen Parlaments und des Rates über das Urheberrecht und die verwandten Schutzrechte im digitalen Binnenmarkt und zur Änderung der Richtlinien 96/9/EG und 2001/29/EG vom 17. April 2019.

[1027] Zur Neuregelung in Art. 15 DSM-RL vgl. § 41 Rn. 72c; vgl. RegE Gesetz zur Anpassung des Urheberrechts an die Erfordernisse des digitalen Binnenmarktes – BT-Drs. 19/27426, S. 111 ff.

[1028] RegE Gesetz zur Anpassung des Urheberrechts an die Erfordernisse des digitalen Binnenmarktes – BT-Drs. 19/27426, S. 65; siehe auch Erw. 54 DSM-RL.

[1029] Regierungsentwurf eines Siebten Gesetzes zur Änderung des Urheberrechtsgesetzes vom 14.11.2012 BT-Drs. 17/11470, S. 6 l. Sp.

[1030] Regierungsentwurf eines Siebten Gesetzes zur Änderung des Urheberrechtsgesetzes vom 14.11.2012 BT-Drs. 17/11470, S. 6.

[1031] Vgl. RegE Gesetz zur Anpassung des Urheberrechts an die Erfordernisse des digitalen Binnenmarktes – BT-Drs. 19/27426, S. 49 f., S. 111 ff.

[1032] So die Ausnahme vom Umfang in Satz 1 „einzelne Wörter oder kleinste Textausschnitt" oder auch Hinweise auf „Nachrichtenzusammenstellungen" oder „Beiträge" in der Begründung zu § 87 f.

Der übliche **Begriff der Presse** umfasst alle zur Verbreitung geeigneten und bestimmten Druckerzeugnisse und Informationsträger, die nicht unter den Film- und Rundfunkbegriff fallen.[1033] Damit ist also, auch verfassungsrechtlich vorgeprägt, von einem **weiten Pressebegriff** auszugehen. Voraussetzung ist dann nur, dass der Gegenstand journalistisch erarbeitet wurde. Der Gesetzgeber hat offenbar bewusst nicht die Formulierung aus § 49 gewählt und auf Zeitungen oder „andere lediglich Tagesinteressen dienende Informationsblätter" abgestellt. Mithin sind vom Schutzgegenstand des Rechts auch Fachpublikationen, ja sogar wissenschaftliche Zeitschriften erfasst, denn auch deren Zusammenstellung in einer Publikation beinhaltet eine journalistische Aufbereitung bzw. selbst journalistisch inhaltliche Arbeit bei der Zusammenstellung. 434

Geschützt ist jedoch nicht jede Festlegung. Die Festlegung muss vielmehr **Teil einer Sammlung** journalistischer Beiträge sein, die nicht einmalig, sondern fortlaufend unter einem Titel erscheint. Damit wird eine redaktionelle Auswahl ebenso vorausgesetzt wie ein regelmäßiges Erscheinen der journalistischen Beiträge. Eine bloße Nachrichtenzusammenstellung ist daher vom Schutz nicht umfasst. Auch Beiträge, die überwiegend der Eigenwerbung dienen, wie Publikationen zur Kundenbindung bzw. Neukundengewinnung, genießen keinen Schutz.[1034] 435

Das Presseerzeugnis muss auf beliebigen Trägern festgelegt sein. Es bedarf also einer **Fixierung,** wobei diese auch eine digitale Festlegung sein kann. Dabei kommt es nicht darauf an, auf welche Art und Weise die Veröffentlichung erfolgt, ob also das Presseerzeugnis lediglich offline, in elektronischer Form oder kombiniert offline und online publiziert wird.[1035] Das Presseerzeugnis muss ferner **redaktionell-technisch** sein. Der Begriff soll offenbar bedeuten, dass nicht nur die bloße technische Festlegung Schutzvoraussetzung ist, sondern eine redaktionelle Arbeit, mithin **inhaltliche Auseinandersetzung,** mit dem Inhalt stattgefunden haben muss, damit sie vom Schutzgegenstand erfasst wird. Der Gesetzgeber hat eine Reihe **offener Formulierungen** aufgenommen, um der Rechtsprechung Spielraum bei der Definition des Schutzgegenstandes einzuräumen. Nur solche Gegenstände, die bei Würdigung der Gesamtumstände als **überwiegend verlagstypisch** anzusehen sind und die nicht überwiegend der Eigenwerbung dienen, sollen vom Schutz umfasst sein. 436

Bei **Internet-Blogs** ist zu differenzieren. Sie gibt es in zahlreichen Varianten. Wenn ein Blog sich als eine redaktionell ausgewählte Sammlung journalistischer Beiträge darstellt, die fortlaufend unter einem Titel erscheint, wird auch ein Blogger durch das neue Leistungsschutzrecht geschützt und ist damit vergütungsberechtigt, wenn andere seinen Blog nutzen. Ist zB ein Blogger hauptberuflich als freiberuflicher Journalist tätig und setzt er sich auf seinem Blog mit seinem Schwerpunktthema auseinander, dann handelt er, wenn er hierbei Presseerzeugnisse von Dritten nutzt, zu gewerblichen Zwecken. Wenn sich sein Blog als eine verlagstypische Leistung darstellt, kommt der Blogger in den Genuss des neuen Leistungsschutzrechts.[1036] 437

jj) Filmhersteller, § 94 UrhG. § 94 UrhG gewährt dem Filmhersteller ein eigenes verwandtes Schutzrecht für seine **organisatorisch-technische und wirtschaftliche Leistung, einen Film zu produzieren.** Filmhersteller ist diejenige natürliche oder juristische Person, die bei wertender Gesamtbetrachtung die Herstellung der Erstfixierung eines Filmträgers inhaltlich und organisatorisch steuert und das wirtschaftliche Risiko der Filmproduktion trägt und die zur Filmherstellung erforderlichen Verwertungsrechte erwirbt.[1037] Voraussetzung ist allerdings, dass auf einem Bildträger oder Bildtonträger ein Film*werk* aufgenommen worden ist im Sinne von § 2 Abs. 1 Nr. 6 UrhG oder es sich um Laufbilder nach § 95 UrhG handelt.[1038] Erreicht ein Film die notwendige Werkqualität nicht, bleibt der Filmhersteller gleichwohl nicht schutzlos; er erhält dann ein verwandtes Schutzrecht am Laufbild gem. § 95 UrhG.[1039] Voraussetzung ist ferner, dass ein „Filmträger" entstanden ist. Darunter sind zu verstehen Bildträger oder Bild- und Tonträger mit körperlich festgelegten Bildfolgen oder Bild- und Tonfolgen.[1040] Das verwandte Schutzrecht gilt 438

[1033] Sachs/Bethge, Grundgesetz, Art. 5 Rn. 68.

[1034] Regierungsentwurf eines Siebten Gesetzes zur Änderung des Urheberrechtsgesetzes vom 14.11.2012 BT-Drs. 17/11470, S. 7.

[1035] Regierungsentwurf eines Siebten Gesetzes zur Änderung des Urheberrechtsgesetzes vom 14.11.2012 BT-Drs. 17/11470, S. 7.

[1036] Regierungsentwurf eines Siebten Gesetzes zur Änderung des Urheberrechtsgesetzes vom 14.11.2012 BT-Drs. 17/11470, S. 7.

[1037] Vgl. Fromm/Nordemann/Jan Bernd Nordemann UrhG § 94 Rn. 12, BGH GRUR 1993, 472 – Filmhersteller, OLG-Köln GRUR-RR 2011, 161 – WAAhnsinn – Der Wackersdorffilm, OLG Hamburg GRUR-RR 2010, 409 (411) – Konzertfilm, KG GRUR-RR 2010, 372 – Musikvideoclip.

[1038] BGH GRUR 2008, 693 (694), Tz. 17 – TV-Total.

[1039] Vgl. → Rn. 323, näheres zum Laufbild in → Rn. 387, näheres zum Laufbild in Rn. 441.

[1040] Vgl. Schricker/Loewenheim/Katzenberger UrhG Vor §§ 88 ff. Rn. 22.

sowohl für Film- und Fernsehproduktionen als auch für Video- und Amateurfilme. Nach der aktuellen Rechtsprechung des BGH sind bereits kleinste Partikel eines Filmträgers geschützt; der BGH begründet dies damit, dass § 94 UrhG dem Filmhersteller das Ergebnis einer besonderen unternehmerischen Leistung zuordne und es keinen Teil des Filmträgers gäbe, auf den nicht ein Teil dieser Leistung entfalle und der daher nicht geschützt sei.[1041]

439 Wie beim verwandten Schutzrecht des Tonträgerherstellers ist auch für § 94 UrhG erforderlich, dass eine Erstaufnahme vorliegt, also nicht nur eine bereits vorhandene Filmaufnahme technisch überarbeitet wird. Eine Erstfixierung ist allerdings mit der hM anzunehmen, wenn ein ursprünglich in schwarz/weiß gedrehter Film nachcoloriert wird.[1042] Denn indem modernisierend auf das Ausgangsmaterial eingewirkt wird, verändert der Bearbeiter diese Version und schafft eine neu fixierte Form;[1043] unabhängig von dieser Frage kann in der Nachcolorierung eines Schwarz-Weiß-Filmes aber auch eine Bearbeitung nach § 23 UrhG liegen bzw. der nachcolorierte Film als Bearbeitung gem. § 3 UrhG eigenständig Schutz genießen.[1044] Entsprechendes könnte auch für die Übertragung einer alten Mono-Tonspur in Dolby-Surround gelten. Eine Erstmaligkeit oder Neuheit ist allerdings nicht erforderlich, so dass auch bei einem Remake das verwandte Schutzrecht entsteht.[1045] Auch der Synchronproduzent ist Filmhersteller, da die Synchronfassung des Films mit einer neuen Tonspur ein neues Filmwerk darstellt.[1046] Da Computer- und Videospiele sowohl Filmwerke als auch Laufbilder sein können, kann das verwandte Schutzrecht des Filmherstellers auch an Computer- und Videospielen entstehen.[1047]

440 Nicht mehr vom Schutz des § 94 UrhG umfasst sind Einzelbilder aus selbst produzierten Filmen, die archiviert zum digitalen Download Verfügung gestellt werden; lediglich der eigentliche ursprüngliche Film- und Bildträger wird geschützt.[1048] Dagegen genießen die Einzelbilder eines Films als Fotografien urheberrechtlichen Schutz jedenfalls nach § 72 UrhG;[1049] der Schutz erstreckt sich dann auch auf die Verwertung der Einzelbilder in Form des Films, weil jede urheberrechtliche Nutzung der Bildfolge zwangsläufig eine urheberrechtliche Nutzung der einzelnen Bilder umfasst.[1050]

441 *kk) Laufbilder, § 95 UrhG.* Das verwandte Schutzrecht des § 95 UrhG schützt **Filme, die nicht schöpferisch** und damit keine Filmwerke gem. § 2 Abs. 1 Nr. 6 UrhG sind. Es ist lediglich erforderlich, dass eine Folge von Bildern, und zwar unabhängig von Größe und Länge des Ausschnitts,[1051] vorliegt;[1052] der Herstellungsprozess ist nicht entscheidend, so dass auch Videospiele als Laufbilder geschützt sein können.[1053] Charakteristische Laufbilder sind Aufzeichnungen oder Livesendungen von Aufführungen, sei es von Künstlern oder Musikstücken wie Opern etc.;[1054] Ausschnitte von Sendungen erfüllen den Laufbildbegriff ebenfalls.[1055]

2. Urheberrechtlich relevante oder urheberrechtsfreie Handlungen?

442 Das Urheberrecht ist einerseits ein **sozial gebundenes Recht**, gewährt aber andererseits auch ein ausschließliches Monopolrecht, dh der Urheber kann solche Handlungen, die urheberrechtlich relevant sind, Dritten verbieten. Das Gesetz muss daher einen Ausgleich finden zwischen der so-

[1041] BGH GRUR 2018, 400, 401 Tz. 19 – Konferenz der Tiere.
[1042] Fromm/Nordemann/Jan Bernd Nordemann UrhG§ 94 Rn. 18 und 31; Boddien, Alte Musik in neuem Gewand, S. 118 mwN.
[1043] Vgl. Boddien, Alte Musik in neuem Gewand, S. 118 f.
[1044] Vgl. Fromm/Nordemann/Jan Bernd Nordemann UrhG § 93 Rn. 23 zu der Frage, ob eine Nachkolorierung ohne Zustimmung des Urhebers erfolgen darf.
[1045] Vgl. Dreier/Schulze/Schulze UrhG § 94 Rn. 27; Schricker/Loewenheim/Katzenberger UrhG § 94 Rn. 5, 9 ff.
[1046] OLG Rostock Beschl. v. 6.1.2016, Az. 2 W 31/15, BeckRS 2016, 03479.
[1047] Vgl. Dreier/Schulze/Schulze UrhG § 95 Rn. 9; Loewenheim/Axel Nordemann UrhG § 9 Rn. 186; Loewenheim/Schwarz/Reber UrhG § 42 Rn. 15; Wandtke/Bullinger/Manegold/Czernik § 95 Rn. 13.
[1048] OLG München (vom 5.7.2007, AZ 6 U 4794/06) OLGR München 2008, 195 ff. – Filmverleih.
[1049] Vgl. BGH GRUR 2014, 363 (365) Tz. 20 – Peter Fechter; BGH NJW 1962, 1295 – Aki; Loewenheim/Axel Nordemann UrhG § 9 Rn. 129 und 153.
[1050] BGH GRUR 2014, 363 (365) Tz. 21 f. – Peter Fechter.
[1051] BGH NJOZ 2013, 1690 (1691) Tz. 16 – Einzelbild.
[1052] Vgl. KG ZUM 2003, 863 (864 f.) – Beat Club; OLG München MMR 1998, 254 – Kalkofe, im Anschluss BGH GRUR 2000, 703 (704) – Mattscheibe.
[1053] Vgl. Dreier/Schulze/Schulze UrhG § 95 Rn. 9; Loewenheim/Axel Nordemann UrhG § 9 Rn. 186; Loewenheim/Schwarz/Reber UrhG § 42 Rn. 15; Schricker/Loewenheim/Katzenberger UrhG § 95 Rn. 12; Wandtke/Bullinger/Manegold/Czernik § 95 Rn. 13.
[1054] KG ZUM 2003, 863 (864 f.) – Beat Club.
[1055] BGH GRUR 2008, 693 (694), Tz. 18 – TV-Total.

zialen Gebundenheit auf der einen Seite und den Urheberinteressen an der Durchsetzung des ausschließlichen Rechtes auf der anderen Seite. Das Urheberrecht ist daher **nicht schrankenlos** und nur tangiert, wenn eine **urheberrechtlich relevante Handlung** gegeben ist, also der Inhalt des Urheberrechts betroffen ist. Dieser Inhalt wird bestimmt durch die Urheberpersönlichkeitsrechte und die Verwertungsrechte. Bestimmte Handlungen tangieren das Urheberrecht allerdings gar nicht, weil sie von den Persönlichkeits- und Verwertungsrechten, die das UrhG gewährt, nicht erreicht werden: Jeder darf ein Buch lesen, ein Bild betrachten, einen Film sehen oder Musik hören; derartige Benutzungsformen urheberrechtlich geschützter Werke und verwandter Leistungen sind nicht urheberrechtlich relevant. Das UrhG wird erst dann anwendbar wenn zB ein Buch vervielfältigt oder öffentlich vorgelesen, ein Bild verbreitet, ein Film im Kino vorgeführt, Musik im Radio gespielt oder aus dem Internet heruntergeladen wird. Vorsicht ist allerdings bei Computerprogrammen geboten: Da man sie nicht benutzen kann, ohne sie zumindest in den Arbeitsspeicher zu laden, wodurch eine Vervielfältigung entsteht, darf man sie nicht ohne Erlaubnis des Urhebers benutzen (§ 69c Nr. 1 UrhG); der rechtmäßige Erwerber eines Computerprogrammes erhält allerdings normalerweise auch die für die bestimmungsgemäße Benutzung erforderlichen Nutzungsrechte (§ 69d Abs. 1 UrhG).

Der Urheber kann des Weiteren in bestimmten Fällen auch urheberrechtlich relevante Handlungen nicht untersagen, und zwar 443

- wenn das Werk gemeinfrei geworden ist (das ist die sog. „**zeitliche Schranke** des Urheberrechts"); Einzelheiten bei → Rn. 548 ff.
- wenn der Schutzumfang seines Werkes nicht ausreicht (also eine sog. „**freie Benutzung**" vorliegt); Einzelheiten bei → Rn. 559 ff.
- in dem Umfang, in dem ein Dritter von ihm **Nutzungsrechte** erworben hat; Einzelheiten bei → Rn. 593 ff.
- in bestimmten, vom Gesetz ausdrücklich zugelassenen Fällen (das sind die sog. „**inhaltlichen Schranken** des Urheberrechts"); Einzelheiten bei → Rn. 598 ff.

3. Welches Recht ist durch die Handlung betroffen?

a) Veröffentlichung und Erscheinen. Vorab sind zwei wichtige Begriffe zu erläutern, die im Zuge der Erläuterung der Urheberpersönlichkeitsrechte und der Verwertungsrechte immer wieder auftauchen: 444

Gem. § 6 Abs. 1 UrhG ist ein Werk **veröffentlicht**, wenn es mit Zustimmung des Berechtigten der Öffentlichkeit zugänglich gemacht worden ist.[1056] Der Begriff der Öffentlichkeit aus § 6 Abs. 1 UrhG entspricht dem des § 15 Abs. 3 UrhG. Danach ist die Wiedergabe eines Werkes öffentlich, wenn sie für eine Mehrzahl von Personen bestimmt ist, es sei denn, dass der Kreis dieser Personen bestimmt abgegrenzt ist und sie durch gegenseitige Beziehungen oder durch Beziehungen zum Veranstalter miteinander verbunden sind.[1057] 445

Der EuGH geht von einer „ziemlich großen Zahl von Personen" aus.[1058] Er legt den Begriff der öffentlichen Wiedergabe in Art. 3 Abs. 1 Richtlinie 2001/29 weit aus, um dem Urheber eine angemessene Vergütung zu gewährleisten.[1059] Er bestimmt den Begriff zudem nach denselben Kriterien wie in Art. 8 RL 2006/115/EG, da ihm dieselbe Bedeutung zukomme.[1060] Ein Angebot an eine einzelne Person kann genügen, wenn diese der Öffentlichkeit angehört und zu ihr keine persönlichen Beziehungen bestehen.[1061] Öffentlich zugänglich sind daher Abbildungen im Internet oder von einer in einem Hotelpark aufgestellten Skulptur;[1062] die Art und Weise der Zugänglichmachung ist daher regelmäßig ohne Bedeutung. Auch die Übertragung geschützter Werke über 446

[1056] Vgl. a. BGH GRUR 2014, 974 (975) Tz. 15 – Porträtkunst.

[1057] Vgl. BGH GRUR 1996, 875 (876) – Zweibettzimmer im Krankenhaus; BGH GRUR 1991, 316 (317) – Einzelangebot.

[1058] EuGH GRUR 2018, 911, 912 Tz. 22 – Cordoba; EuGH GRUR 2018, 68, 70 Tz. 45 – VCAST/RTI; EuGH GRUR 2017, 510, 511 Tz. 24 – AKM/Zürs.net; EuGH GRUR 2016, 60 (61) Tz. 21 – SABAM mwN; vgl. auch GRUR 2018, 608, 610 Tz. 33 – Krankenhausradio; BGH GRUR 2016, 278 (281) Tz. 31 – Hintergrundmusik in Zahnarztpraxen.

[1059] EuGH GRUR 2016, 60 (61) Tz. 14 – SABAM.

[1060] EuGH GRUR 2016, 684 (685) Tz. 33 f. – Reha Training/GEMA; vgl. auch BGH, GRUR 2016, 171 (172) Tz. 21 – Die Realität II; OLG Dresden GRUR-RR 2017, 49 (50) Tz. 21 – Antennengemeinschaft; Grünberger GRUR 2016, 977 (979 ff.).

[1061] Vgl. BGH NJW 1991, 1234 – Einzelangebot; Fromm/Nordemann/Dustmann UrhG § 17 Rn. 12 f.; Loewenheim/Loewenheim UrhG § 20 Rn. 24; Schricker/Loewenheim/Loewenheim UrhG § 17 Rn. 10.

[1062] LG Leipzig ZUM 2006, 883 (885) – Glockenzier.

Fernseher oder Radios in Hotelzimmer oder die Zimmer von Kureinrichtungen ist öffentlich.[1063] Das Abspielen von Musik von Tonträgern in einer Zahnarztpraxis soll demgegenüber nichtöffentlich sein;[1064] allerdings hat der EuGH dies aktuell wieder eingeschränkt, da diese Entscheidung nur die verwandten Schutzrechte des Tonträgerherstellers betroffen habe, nicht aber das Urheberrecht.[1065] Der BGH entschied, dass die Wiedergabe von Musik in Wartezimmern von Zahnarztpraxen keine hinreichend große Zahl von Personen gleichzeitig oder nacheinender erreicht, im Allgemeinen nicht als öffentliche Wiedergabe anzusehen ist und daher in der Regel nicht in das ausschließliche Recht der Urheber eingreift.[1066]

447 Eine öffentliche Wiedergabe setze zudem nicht zwingend voraus, dass die Wiedergabe Erwerbszwecken dient.[1067] Für die Frage der öffentlichen Wiedergabe von Hörfunksendungen in Patientenzimmern eines Krankenhauses soll nach Auffassung des BGH jedoch etwas anderes gelten.[1068] Der Betreiber eines Krankenhauses, der Patientenzimmer mit Radiogeräten ausstattet, mit denen Patienten ausgestrahlte Radiosendungen über eine krankenhauseigene Kabelanlage empfangen können, gibt die Radiosendungen danach öffentlich wieder.[1069] Der EuGH hat auf Vorlage des LG Köln allerdings entschieden, dass die Verbreitung von Fernsehsendungen über Fernsehgeräte in den Warteräumen sowie im Trainingsraum eines Rehabilitationszentrums eine öffentliche Wiedergabe darstellt.[1070] Er stellte dabei die Patienten in Rehabilitationszentren mit Hotelgästen, Gaststättengästen und Gästen einer Kureinrichtung gleich.[1071]

448 Keine öffentliche Wiedergabe stellt nach Auffassung des EuGH dagegen die gleichzeitige, vollständige und unveränderte Übermittlung von Rundfunksendungen der nationalen Rundfunkanstalt mit Hilfe von Leitungen im Inland dar, da sich diese Wiedergabe nicht an ein neues Publikum richte, das sich vom Zielpublikum der Rundfunksendungen unterscheidet.[1072] Keine öffentliche Wiedergabe nimmt ein Sendeunternehmen vor, wenn es seine programmtragenden Signale ausschließlich an Signalvertreiber überträgt und diese die Signale ausschließlich an ihre Abonnenten übermitteln, es sei denn, das Tätigwerden der Verteiler stellt ein bloßes technisches Mittel dar.[1073] Überträgt eine Wohnungseigentümergemeinschaft über Satellit ausgestrahlte und mit einer Gemeinschaftsantenne der Wohnanlage empfangene Fernseh- oder Hörfunksignale zeitgleich, unverändert und vollständig durch ein Kabelnetz an die angeschlossenen Empfangsgeräte der einzelnen Wohnungseigentümer weiter, handelt es sich ebenfalls nicht um eine öffentliche Wiedergabe.[1074] Anders soll es dagegen liegen, wenn eine solche WEG die Weiterleitung an Dauermieter und ständig wechselnde Feriengäste im Rahmen eines „Ferienparks" vornimmt.[1075]

449 Keine öffentliche Wiedergabe stellt grundsätzlich auch das sog. **„Framing"** dar, dh die Einbettung eines auf einer Internetseite mit Zustimmung des Urheberrechtsinhabers für alle Internetnutzer frei zugänglichen Werkes in eine eigene Internetseite.[1076]

450 Stattet der Betreiber eines Hotels seine Hotelzimmer mit Fernsehgeräten aus, mit denen Hotelgäste ausgestrahlte Fernsehsendungen lediglich über eine Zimmerantenne empfangen können, gibt er die Fernsehsendungen nicht öffentlich wieder.[1077] Die Rechtsprechung zu Hotels, Kureinrichtungen und Krankenhäusern lässt sich auch auf die öffentliche Wiedergabe durch Hausvertei-

[1063] EuGH GRUR 2014, 473 (475) Tz. 33 – OSA; EuGH GRUR 2012, 597 (599) Tz. 52 – Phonographic Performance.
[1064] EuGH GRUR 2012, 593 (596 f.) Tz. 92 ff. – SCF.
[1065] EuGH GRUR 2014, 473 (475) Tz. 35 – OSA.
[1066] BGH GRUR 2016, 278 (282) Tz. 43 ff. – Hintergrundmusik in Zahnarztpraxen.
[1067] BGH GRUR 2016, 278 (281) Tz. 38 – Hintergrundmusik in Zahnarztpraxen.
[1068] BGH GRUR 2018, 608 Ls. 2 – Krankenhausradio.
[1069] BGH GRUR 2018, 608, 611 Tz. 37 ff. – Krankenhausradio.
[1070] EuGH GRUR 2016, 684 (687) Tz. 62 – Reha Training/GEMA; ebenso LG Köln GRUR 2015, 885 (888) – Rehabilitationszentrum.
[1071] EuGH GRUR 2016, 684 (687) Tz. 54 ff. – Reha Training/GEMA.
[1072] EuGH GRUR 2017, 510, 511 Tz. 27–30 – AKM/Zürs.net.
[1073] EuGH GRUR 2016, 60 (62) Tz. 34 – SABAM.
[1074] BGH GRUR 2016, 71 (75) Tz. 50 – Ramses; OLG München GRUR 2015, 371 (374) Tz. 46 – Gemeinschaftsantennenanlage.
[1075] OLG Braunschweig GRUR 2020, 48, 50 f. Tz. 53 – Ferienpark.
[1076] EuGH GRUR 2014, 1196 (1197) Tz. 19 – Best Water International GmbH/Michael Mebes, Stefan Posch; BGH GRUR 2013, 818 Tz. 8 f. – Die Realität; BGH GRUR 2016, 171 (173) Tz. 27 – Die Realität II.
[1077] EuGH GRUR 2017, 385 (386) Tz. 26 f. – Verwertungsgesellschaft Rundfunk/Hettegger Hotel Edelweiss; BGH GRUR 2016, 697 (698 ff.) Tz. 15 ff. – Königshof.

leranlagen in Ferienwohnungsanlagen übertragen. Die BGH-Entscheidung[1078] betraf das Kabelweitersenderecht (§ 20b UrhG). Der BGH nahm eine öffentliche Wiedergabe an: Die Weiterleitung von zentral terrestrisch, per Sattelit oder Kabel empfangenen Rundfunksignalen an verschiedene Ferienwohnungen sei eine Wiedergabehandlung, da bei Ferienwohnungen, die jedermann offenstünden, die Wiedergabe nicht an einen auf besondere Personen begrenzten Personenkreis vorgenommen werde. Es werde ein „neues Publikum" erreicht, weil Nutzer von Ferienwohnungen nicht als Publikum anzusehen seien, an das im Sinne der Rechtsprechung des EuGH der Inhaber des Urheberrechts dachte, als er die ursprüngliche öffentliche Wiedergabe im Wege der Rundfunksendung erlaubte. Ebenso bejahte der BGH eine öffentliche Wiedergabe beim Bereithalten eines Computerprogrammes auf einem Downloadportal im Internet.[1079] Dabei ist der Begriff der Wiedergabe im Einklang mit dem Ziel der RL 2001/29/EG weit zu verstehen, so dass jede Übertragung geschützter Werke unabhängig vom eingesetzten technischen Mittel oder Verfahren eine Wiedergabe erfasst.[1080]

Bzgl. **E-Books** nahm der EuGH die Öffentlichkeit der Wiedergabehandlung an, da im zugrundeliegenden Sachverhalt ein Leseklub „gebrauchte" E-Books nur durch den Erwerber des E-Books (siehe hierzu auch Rn. 398b) jeder registrierten Person zur Verfügung stellte und dadurch ein „neues Publikum" erreicht werde, weil ansonsten E-Books nur durch den Erwerber des E-Books auf seinem eigenen Gerät genutzt werden dürften.[1081] Das Zurverfügungstellen an die Mitglieder des Leseklubs bedeutete eine Übertragung des Werks.[1082] Nach Erwägungsgrund 27 der Urheberrechts-RL 2001/29 sei die bloße Bereitstellung von Einrichtungen, die eine Wiedergabe im Sinne dieser Bestimmungen darstellt.[1083] 451

Im Falle der elektronischen Übermittlung einer urheberrechtlich geschützten Fotografie als Beweismittel in einem Gerichtsverfahren verneinte der EuGH die öffentliche Wiedergabe, da die Übermittlung nur an einzelne Personen des gerichtlichen Fachpersonals und damit nur an eine geschlossene Gruppe erfolge.[1084] In dem Zusammenhang entschied der EuGH auch, dass nationale Vorschriften über den Zugang zu öffentlichen Dokumenten die Öffentlichkeit der Wiedergabe nicht herstellen können.[1085] Das bestätigt die Auffassung des BVerwG,[1086] bei der die Einreichung von urheberrechtlich geschützten Gutachten an eine Behörde ebenfalls keine Öffentlichkeit bedeute, da die Kenntnisnahme auf besondere Personen beschränkt sei, die einer privaten Gruppe angehörten. Dem BGH zufolge werde keine unbestimmte Zahl potenzieller Adressaten erreicht, wenn das streitgegenständliche Werk nur durch die Eingabe einer rund 70 Zeichen umfassenden URL-Adresse im Internet zugänglich war.[1087] Das Foto war daher nur für Personen zugänglich, die die URL-Adresse abgespeichert oder sie sonst in irgendeiner Weise kopiert oder notiert haben, oder denen die Adresse von solchen Personen mitgeteilt worden war.[1088] Bei Verlinkungen ergibt sich folgendes Bild in der Rechtsprechung: 452

- Das Linking auf ein im Internet frei mit Zustimmung des Urhebers abrufbares Werk ist keine öffentliche Wiedergabe.[1089] Das gilt selbst dann, wenn der Link im Wege der Framing-Technologie ein fremdes Werk in die eigene Website so einbindet, dass für den Internetnutzer der Eindruck eines eigenen Inhalts entsteht.[1090]
- Etwas anderes gilt, wenn die Verlinkung – insbesondere im Wege des Framing – Schutzmaßnahmen gegen das Verlinken umgeht.[1091] Weitere Beispiele für Zugangsbeschränkungen sind Session-IDs[1092] oder Pay-Walls.[1093]

[1078] BGH GRUR 2020, 1297 Tz. 18 ff. – Rundfunkübertragung in Ferienwohnungen; vgl. zuvor noch BGH GRUR 2016, 71 – Ramses.
[1079] BGH GRUR 2019, 950, 951, Tz. 27 – Testversion.
[1080] BGH GRUR 2019, 950, 951, Tz. 28 – Testversion.
[1081] EuGH NJW 2020, 827 Tz. 71 – Tom Kabinet.
[1082] EuGH NJW 2020, 827 Tz. 62 – Tom Kabinet.
[1083] EuGH GRUR 2020, 609 Tz. 33 – Stim ua/Fleetmanager ua.
[1084] EuGH NJW 2020, 3645 Tz. 28–29 – BY-CX.
[1085] EuGH NJW 2020, 3645 Tz. 30 – BY-CX.
[1086] BVerwG GRUR 2020, 189 Rn. 34 – Zugang zu Umweltinformationen.
[1087] BGH GRUR 2021, 1286, 1288 Tz. 18 ff. – Lautsprecherfoto.
[1088] BGH GRUR 2021, 1286, 1288 Tz. 18 ff. – Lautsprecherfoto.
[1089] EuGH GRUR 2014, 360 – Svensson.
[1090] EuGH GRUR 2014, 360 – Svensson; EuGH GRUR 2014, 1196 – Best Water.
[1091] EuGH GRUR 2021, 706 – VG Bild-Kunst/SPK, dem folgte sodann BGH GRUR 2021, 1511 – Deutsche Digitale Bibliothek II.
[1092] BGH GRUR 2011, 56, Tz. 25 ff. – Session-ID.
[1093] OLG München K&R 2016, 752 – Kein Vollgas.

– Bei der Verlinkung auf einen urheberrechtswidrigen Inhalt liegt grundsätzlich eine öffentliche Wiedergabehandlung vor, wenn der Verlinkende weiß oder hätte wissen müssen, dass der Link auf einen urheberrechtswidrigen Inhalt geht.[1094] Zusätzliche Voraussetzung ist allerdings, dass der verlinkte Inhalt nirgendwo unbeschränkt mit Erlaubnis des Inhabers zugänglich gemacht wird.[1095] Es genügt wohl jede solche legale Zugänglichmachung, auch wenn sie schwierig zu finden ist.[1096] Im Hinblick auf die Sorgfaltsanforderungen (hätte wissen müssen) differenziert der EuGH zwischen Links ohne und mit Gewinnerzielungsabsicht.[1097]
– Kein Fall des Verlinkens ist dagegen der Fall des erneuten Einstellen eines bereits im Internet frei zugänglichen Werkes ins Internet ohne Zustimmung des Urhebers.[1098] So bejaht der EuGH eine öffentliche Wiedergabe, wenn ein Foto auf eine Website eingestellt wird, das zuvor ohne beschränkende Maßnahme, die das Herunterladen verhindert, und mit Zustimmung des Urheberrechtsinhabers auf einer anderen Website veröffentlicht worden ist.[1099] In diesem Fall richte sich die Wiedergabe an ein neues Publikum, da der Urheber zwar die Einstellung des Fotos auf der ersten Website rückgängig machen könne, es aber trotzdem weiterhin auf der unautorisierten Website zugänglich bliebe,[1100] durch das frei zugängliche Einstellen von Werken ins Internet komme es nicht zu einer „Erschöpfung" des Rechts der öffentlichen Wiedergabe.[1101]

453 Es gibt eine Reihe von Schrankenregelungen, die nur anwendbar sind, wenn das Werk veröffentlicht ist, nämlich § 46 Abs. 1 S. 1 UrhG (Sammlungen für Kirchen-, Schul- oder Unterrichtsgebrauch), § 48 Abs. 1 Nr. 1 UrhG (Öffentliche Reden), § 49 UrhG (Zeitungsartikel und Rundfunkkommentare), § 51 S. 1 und S. 2 Nrn. 1 und 2 UrhG (Zitate), § 52 Abs. 1 UrhG (Öffentliche Wiedergabe), § 60a UrhG (Unterricht und Lehre), § 60b UrhG (Unterrichts- und Lehrmedien) und § 61 Abs. 1 und 2 UrhG (Verwaiste Werke).[1102]

454 Demgegenüber ist gem. § 6 Abs. 2 UrhG ein Werk **erschienen,** wenn mit Zustimmung des Berechtigten Vervielfältigungsstücke des Werkes nach ihrer Herstellung in genügender Anzahl der Öffentlichkeit angeboten oder in Verkehr gebracht worden sind;[1103] ein Werk der bildenden Kunst gilt auch dann als erschienen, wenn das Original oder ein Vervielfältigungsstück des Werkes mit Zustimmung des Berechtigten bleibend der Öffentlichkeit zugänglich ist, es also zB in einem Museum dauerhaft ausgestellt wird. Erforderlich ist nicht, dass die Vervielfältigungsstücke der Öffentlichkeit unmittelbar zur Verfügung gestellt werden; vielmehr genügt es, dass Vervielfältigungsstücke in für die Öffentlichkeit genügender Anzahl hergestellt worden sind und die Öffentlichkeit das Werk auf der Grundlage dieser Vervielfältigungsstücke mit Auge oder Ohr wahrnehmen kann.[1104] Das Erscheinen ist damit eine qualifizierte Form der Veröffentlichung: erschienene Werke sind immer auch veröffentlicht, veröffentlichte Werke sind aber nicht immer auch erschienen. Der Unterschied liegt darin, dass ein veröffentlichtes Werk lediglich der Öffentlichkeit zugänglich gemacht worden ist, während von einem erschienenen Werk Vervielfältigungsstücke in genügender Anzahl öffentlich angeboten oder in Verkehr gebracht worden sind.[1105] Was wiederum eine genügende Anzahl ist, unterliegt der Beurteilung des Einzelfalles.[1106]

455 Fehlt die Zustimmung des Berechtigten, treten die Rechtsfolgen der Veröffentlichung und des Erscheinens nicht ein.[1107] Dies bedeutet, dass dann weder eine Veröffentlichung noch ein Erscheinen im urheberrechtlichen Sinne vorliegen.[1108]

1094 EuGH GRUR 2016, 1153, Tz. 39. Ff – GS Media/Sanoma.
1095 EuGH GRUR 2016, 1152, Tz. 52 – GS Media/Sanoma.
1096 EuGH GRUR C-301/15 vom 16. November 2016, Tz. 36 – Soulier.
1097 EuGH GRUR 2016, 1152, Rn. 42 – GS Media/Sanoma; eingehend Jan Bernd Nordemann in Fromm/Nordemann UrhG § 97 UrhG, Rn. 165 ff.; siehe hierzu Suchmaschinen BGH GRUR 2018, 178, Tz. 60 ff. – Vorschaubilder III.
1098 EuGH GRUR 2018, 911, 913 f. Tz. 37 ff. – Cordoba; vgl. auch die vorausgehende BGH-Vorlage BGH GRUR 2017, 514 – Cordoba und sodann BGH GRUR 2019, 813– Cordoba II.
1099 EuGH GRUR 2018, 911, 914 Tz. 47 – Cordoba.
1100 EuGH GRUR 2018, 911, 913 Tz. 31 ff. – Cordoba.
1101 EuGH GRUR 2018, 911, 913 Tz. 32 ff. – Cordoba.
1102 Vgl. BGH GRUR 2014, 974 (975) Tz. 15 – Porträtkunst.
1103 Vgl. BGH GRUR 2014, 974 (975) Tz. 15 – Porträtkunst; BGH GRUR 1981, 360 (362) – Erscheinen von Tonträgern.
1104 BGH GRUR 2016, 1048 (1051) Tz. 36 – An evening with Marlene Dietrich.
1105 Mit Ausnahme der Werke der bildenden Künste, wo es genügt, wenn das Original dauerhaft der Öffentlichkeit zugänglich ist.
1106 Näher zum Begriff des Erscheinens und genügender Anzahl Hubmann GRUR 1980, 537 ff.
1107 Vgl. Dreier/Schulze/Dreier UrhG § 6 Rn. 9 und 17; Loewenheim/Wilhelm Nordemann UrhG § 4 Rn. 18.
1108 Vgl. Wandtke/Bullinger/Marquardt § 6 Rn. 40.

Die Begriffe der **Veröffentlichung** und des **Erscheinens** werden vom EU-Richtliniengeber und auch von den internationalen urheberrechtlichen Konventionen etwas anders bezeichnet: Wenn in einer EU-Richtlinie oder in einer internationalen Konvention von „Veröffentlichung" („Publication") gesprochen wird, ist damit regelmäßig das Erscheinen im Sinne von § 6 Abs. 2 Satz 1 UrhG gemeint. Art. 3 Abs. 3 der Revidierten Berner Übereinkunft (RBÜ) lautet wie folgt: 456

Unter „veröffentlichten Werken" sind die mit Zustimmung ihrer Urheber erschienenen Werke zu verstehen, ohne Rücksicht auf die Art der Herstellung der Werkstücke, die je nach der Natur des Werkes in einer Weise zur Verfügung der Öffentlichkeit gestellt sein müssen, die deren normalen Bedarf befriedigt. Eine Veröffentlichung stelle nicht dar: Die Aufführung eines dramatischen, dramatisch-musikalischen oder musikalischen Werkes, die Vorführung eines Filmwerks, der öffentliche Vortrag eines literarischen Werkes, die Übertragung oder die Rundfunksendung von Werken der Literatur oder Kunst, die Ausstellung eines Werkes der bildenden Künste und die Errichtung eines Werkes der Baukunst.

Entsprechendes regelt Art. VI des Welturheberrechtsabkommens (WUA). Dieser lautet: 457

Eine „Veröffentlichung" im Sinne diese Abkommens liegt vor, wenn das Werk in einer körperlichen Form vervielfältigt und der Öffentlichkeit durch Werkstücke zugänglich gemacht wird, die es gestatten, das Werk zu lesen oder sonst mit dem Auge wahrzunehmen.

Art. VI WUA verlangt also Vervielfältigung und Verbreitung für den Begriff der „Veröffentlichung". Werke, die nicht vervielfältigt und verbreitet, sondern nur ausgestellt worden sind, bleiben unveröffentlicht im Sinne von Art. VI WUA.[1109] 458

Ein im Sinne des deutschen UrhG *veröffentlichtes* Werk kann somit im Sinne der internationalen Konventionen als *unveröffentlicht* („unpublished") anzusehen sein, weil das Erscheinen eine qualifizierte Form der Veröffentlichung darstellt und der Begriff der Veröffentlichung in den internationalen Konventionen regelmäßig nur diese qualifizierte Form der Veröffentlichung, nämlich das Erscheinen, meint. 459

Es gibt eine Reihe von Schrankenregelungen, die nur anwendbar sind, wenn das Werk erschienen ist, nämlich § 51 S. 2 Nr. 3 UrhG (Zitate), § 52 Abs. 2 UrhG (Öffentliche Wiedergabe), § 53 Abs. 2 Nr. 4 lit. a und Abs. 3 UrhG (Vervielfältigung zum sonstigen eigenen Gebrauch) sowie § 53a S. 1 UrhG (Kopienversand auf Bestellung).[1110] 460

b) Urheberpersönlichkeitsrechte. Bei der Regelung des Urheberpersönlichkeitsrechts in den §§ 12–14 UrhG handelt es sich um einen gesetzlich geregelten Ausschnitt aus dem allgemeinen Persönlichkeitsrecht. 461

aa) Allgemeines Änderungsverbot. Das im UrhG geregelte Urheberpersönlichkeitsrecht setzt ein allgemeines Änderungsverbot voraus: So darf der Inhaber eines Nutzungsrechts das Werk, seinen Titel oder die Urheberbezeichnung nicht ändern, wenn nichts anderes vereinbart ist (§ 39 Abs. 1 UrhG). § 62 Abs. 1 Satz 1 UrhG verbietet darüber hinaus für den Fall, dass die Benutzung eines urheberrechtlich geschützten Werkes gesetzlich ohne Zustimmung des Urhebers zulässig sein sollte, **jegliche Änderungen** am Werk. 462

Eine Korrektur findet lediglich insoweit statt, als der Urheber Änderungen hinnehmen muss, zu denen er seine Einwilligung nach **Treu und Glauben** nicht versagen könnte (**vgl. § 62 Abs. 1 Satz 2** iVm § 39 Abs. 2 UrhG). Der sich damit ganz zwangsläufig ergebende Konflikt zwischen dem Eigentumsrecht (§ 903 BGB) und dem urheberpersönlichkeitsrechtlichen Änderungsverbot ist grundsätzlich durch eine Interessenabwägung zu lösen. So ist es beispielsweise nicht zulässig gewesen, den Raumeindruck eines Treppenhauses durch Einbringung einer Skulptur zu verfälschen,[1111] jedoch durfte der Chorinnenraum einer Kirche mit einem neuem Altar und neuer Anordnung versehen werden.[1112] 463

Der **Berliner Hauptbahnhof** wurde durch den Einbau einer Flachdecke anstelle der im Architektenentwurf vorgesehenen Gewölbedecke in seiner geschützten Konstruktion geändert und damit entstellt (§ 14 UrhG).[1113] Der höhere Kostenaufwand des Einbaus von Gewölbedecken konn- 464

[1109] Vgl. Nordemann/Vinck/Hertin, Internationales Urheberrecht und Leistungsschutzrecht, 1. Aufl. 1977, WUA Art. VI Rn. 1.

[1110] Vgl. a. BGH GRUR 2014, 974 (975) Tz. 15 – Porträtkunst.

[1111] BGH GRUR 1999, 230 (231) – Treppenhausgestaltung.

[1112] BGH GRUR 2008, 984 (987), Tz. 31 ff. – St. Gottfried; anders die Vorinstanz: OLG Hamm ZUM 2006, 641 ff. – Chorinnenraum.

[1113] LG Berlin GRUR 2007, 964 (967 f.) – Berliner Hauptbahnhof.

te nicht zur Rechtfertigung der Änderung dienen, weil diese nicht relevant erhöht waren.[1114] Demgegenüber überwiegen die Eigentümerinteressen der Deutschen Bahn AG das urheberrechtliche Bestandsinteresse der Erben des Architekten des Stuttgarter Hauptbahnhofes, so dass der Umbau des Bahnhofes (Projekt Stuttgart 21), bei dem der Seiten- und Nordflügel, sowie die Treppenanlage in der großen Schalterhalle abgerissen wurden, das urheberrechtliche Änderungsverbot trotz der hohen Schöpfungshöhe des Bauwerks nicht berührt und somit keine Urheberrechtsverletzung darstellt.[1115] Außerdem können Urheberinteressen Jahre oder Jahrzehnte nach dem Tod des Urhebers unter Umständen nicht mehr dasselbe Gewicht haben wie zu seinen Lebzeiten, was im Rahmen der Interessenabwägung zu berücksichtigen ist.[1116] Da die Vervielfältigung von Teilen eines Werkes nach § 59 Abs. 1 S. 1 UrhG nicht gegen das Änderungsverbot des § 62 Abs. 1 S. 1 UrhG verstößt, war das Einstellen in das Internet einer Fotografie eines Architekturmodells, die einen Teil eines Wohnhochhauses und davor einen Teil der Berliner Mauer mit einem Gemälde mit dem Titel „Hommage an die jungen Generationen" zeigt, zulässig, auch wenn dabei wesentliche Teile des Werkes, wie die Mauerkrone und der untere Absatz des Mauerbildes, nicht vervielfältigt wurden und das gesamte Werk hätte vervielfältigt werden können.[1117]

465 *bb) Veröffentlichungsrecht, § 12 UrhG.* Aufgrund des **Veröffentlichungsrechtes** gem. § 12 UrhG darf allein der Urheber bestimmen, ob und wie sein Werk zu veröffentlichen ist. Das Veröffentlichungsrecht wird lediglich durch § 44 Abs. 2 UrhG eingeschränkt, nach dem der Eigentümer des Originals eines Werkes der bildenden Künste oder der Fotografie berechtigt ist, das Werk öffentlich auszustellen, auch wenn es noch nicht veröffentlicht ist; § 44 Abs. 2 ist allerdings dispositiv, dh der Urheber kann diese Befugnis des Eigentümers bei der Veräußerung ausdrücklich ausschließen. Ebenso wenig wie das Recht der Veröffentlichung beinhaltet, dass einem Dritten nach der Veröffentlichung die inhaltliche Beschreibung des Werkes verboten werden kann, ist aus der Schutzvorschrift des § 12 Abs. 2 UrhG im Umkehrschluss zu entnehmen, dass der Inhalt des Werkes nach der Veröffentlichung öffentlich mitgeteilt oder beschrieben werden darf.[1118] Eine Inhaltsbeschreibung durch Dritte ist vielmehr nur zulässig, soweit nicht eine unfreie Bearbeitung (§ 23 UrhG) vorliegt.[1119]

466 In jedem Fall unzulässig bleiben aber Wiedergaben des Werkes selbst, zB in Bildersuchmaschinen wiedergegebene Verkleinerungen von Werken.[1120] Bei wissenschaftlichen Zuarbeiten der Wissenschaftlichen Dienste des Deutschen Bundestages ist das persönliche Erstveröffentlichungsrecht der Mitarbeiter als Urheber der Dokumente verbraucht, da sie dem Bundestag nach dem Übertragungszweckgedanken (§§ 31 Abs. 5, 43 UrhG) entsprechende Nutzungsrechte auch zur öffentlichen Verwertung eingeräumt haben.[1121] Antragsunterlagen für ein (urheberrechtlich geschütztes) vereinfachtes immissionsschutzrechtliches Genehmigungsverfahren ohne obligatorische Beteiligung der Öffentlichkeit sind mit der Einreichung bei der Behörde nicht iSv § 12 Abs. 1 UrhG veröffentlicht, weil diese nur einem abgegrenzten Personenkreis zur Verfügung stünden.[1122] Das BVerwG prüfte dabei die Frage der Veröffentlichung auf der Grundlage des Begriffs der öffentlichen Wiedergabe des EuGH (siehe hierzu auch → Rn. 357). Das erscheint zutreffend, auch wenn das Erstveröffentlichungsrecht – genauso wie die übrigen Urheberpersönlichkeitsrechte – nicht unionsrechtlich harmonisiert ist. Die Verletzung des Erstveröffentlichungsrechts kann jedoch auch hinter die Schutzschranke der Berichterstattung über Tagesereignisse gem. § 50 UrhG zurücktreten.[1123]

467 *cc) Recht auf Anerkennung der Urheberschaft und Namensnennungsrecht, § 13 UrhG.* Das in der Praxis wohl wichtigste Urheberpersönlichkeitsrecht ist das neben dem **Recht auf Anerkennung der Urheberschaft** bestehende **Namensnennungsrecht**, § 13 UrhG. Nach § 13 S. 1 UrhG

1114 LG Berlin GRUR 2007, 964 (969) – Berliner Hauptbahnhof.
1115 OLG Stuttgart GRUR-RR 2011, 56 (64) – Stuttgart 21.
1116 BGH GRUR 2012, 172 Tz. 5 – Stuttgart 21.
1117 BGH GRUR 2017, 390 (394) Tz. 41 ff. – East Side Gallery.
1118 BGH GRUR 2011, 134 (138) Tz. 47 – Perlentaucher.
1119 BGH GRUR 2011, 134 (138) Tz. 47 – Perlentaucher.
1120 BGH GRUR 2010, 628 Tz. 23 – Vorschaubilder I; allerdings wurde dort eine rechtfertigende Einwilligung angenommen, soweit das Werk rechtmäßig im Internet stand; dazu auch BGH GRUR 2012, 602 – Vorschaubilder II und BGH GRUR 2018, 178 – Vorschaubilder III.
1121 BVerwG NJW 2015, 3258 (3261) Tz. 31 ff. – Dokumentation für zu Guttenberg (MdB).
1122 BVerwG GRUR 2020, 189 Tz. 34 – Zugang zu Umweltinformationen.
1123 Vgl. hierzu BGH NJW 2020, 2547 Tz. 63 – Afghanistanpapiere II und BGH NJW 2020, 2554 Tz. 75 – Reformistischer Aufbruch II.

kann der Urheber von jedem, der seine Urheberschaft bestreitet, Unterlassung verlangen, worin im Umkehrschluss eine Anerkennung der Urheberschaft liegt. Nach der Rechtsprechung des *BGH* gilt dies auch dann, wenn der Bearbeiter eines Werkes als Alleinurheber benannt wird, so dass dem Urheber des bearbeiteten Werkes grundsätzlich das Recht zusteht, neben dem Urheber der Bearbeitung benannt zu werden.[1124] Kein Bestreiten der Urheberschaft ist darin zu sehen, dass die literarische Figur „Pumuckl" einen Malwettbewerb erfährt mit dem Aufruf, dass er eine Freundin bekommen solle.[1125]

Aufgrund des aus § 13 S. 2 UrhG folgenden Namensnennungsrechtes hat der Urheber das uneingeschränkte Recht zu bestimmen, ob das Werk mit seinem Namen zu versehen ist und welche Bezeichnung, also welchen Titel, das Werk tragen soll. Das Namensnennungsrecht gilt grundsätzlich für alle Branchen, wobei die Namensnennung jeweils so zu erfolgen hat, dass eine eindeutige Zuordnung des Urhebers zu seinem Werk hergestellt wird. Weiter geht das Namensnennungsrecht allerdings nicht: Der Urheber kann grundsätzlich keinen Hinweis in der Gestalt verlangen, dass dieser die Form einer unmittelbaren Werbung für ihn annimmt.[1126] In Filmen besteht kein Anspruch auf die vorrangige Nennung des Urhebers im Vorspann (statt im Abspann), wenn die Interessen der weiteren Beteiligten überwiegen und eine Abwägung stattgefunden hat.[1127] Denn Einzelheiten der Benennung regelt § 13 S. 2 UrhG nicht, so dass eine Nennung im Abspann genügt. Ein Anspruch auf Namensnennung kann entfallen, wenn der Urheber selbst sich nicht zu seinem Werk bekennt, zB ein Bild (Graffiti auf Mauersegmenten) nicht signiert hat.[1128] 468

Das Namensnennungsrecht gilt grundsätzlich auch für Miturheber und Bearbeiter sowie alle Urheber verbundener Werke; es müssen also nicht nur beide Komponisten eines Musikstückes, sondern daneben auch noch der Texter ebenso genannt werden wie zB die Übersetzerin eines Comics. Allerdings muss dann jeweils – gegebenenfalls im Impressum – klargestellt werden, welcher Urheber Komponist, Texter, Originalurheber oder Bearbeiter ist. Der vermeintliche Miturheber, der Ansprüche wegen Verletzung von § 13 UrhG geltend macht, muss ferner darlegen und gegebenenfalls beweisen, dass er die in Rede stehenden Werke gemeinsam mit einem weiteren Urheber geschaffen hat.[1129] 469

Das **Namensnennungsrecht** aus § 13 UrhG kann grundsätzlich abbedungen werden,[1130] und zwar auch durch eine Branchenübung, wobei diese allerdings jeweils nachzuweisen und im Zweifel zugunsten des Namensnennungsrechtes zu entscheiden ist.[1131] Ein Jedermann täglich begegnendes **Beispiel** für eine derartige Abdingung des Namensnennungsrechtes aufgrund einer Branchenübung ist die Popmusik im Radio: Hier werden allenfalls die ausübenden Künstler, also die Popgruppen oder Sänger genannt, aber grundsätzlich nie die eigentlichen Urheber, also die Komponisten und Texter. Ebenso ist es bei der Abbildung staatlicher Hoheitszeichen und Wappen unüblich, den Urheber des Entwurfs anzugeben; zudem ist von einem stillschweigendem Einverständnis auszugehen, wenn der Urheber jahrzehntelang nicht auf der Anbringung eines Urhebervermerks bestand.[1132] Eine vertraglich vereinbarte Einschränkung des Urhebernennungsrechts kann **grundsätzlich widerrufen** werden, sofern der Verzicht dauerhaft erklärt wurde, weil eine über fünf Jahre hinausgehende vertragliche Einschränkung des Urhebernennungsrechtes entsprechend dem Rechtsgedanken aus §§ 40 Abs. 1 S. 2, 41 Abs. 4 S. 2 UrhG durch Kündigung auflösbar ist.[1133] § 13 UrhG gewährt übrigens keinen Anspruch darauf, nicht genannt zu werden (sog. **„droit de non-paternité"**),[1134] was insbesondere im Bereich der Kunstfälschung von Bedeutung ist. Der Urheber kann also von einem Fälscher, der nur vorgibt, ein Bild gefälscht zu haben, ohne aber wirklich ein Original kopiert oder bearbeitet zu haben, nicht gem. § 13 UrhG verlan- 470

[1124] Vgl. BGH GRUR 2002, 799 (800) – Stadtbahnfahrzeug.
[1125] OLG München GRUR-RR 2008, 44 (44 f.) – Eine Freundin für Pumuckl II.
[1126] Vgl. BGH GRUR 1995, 671 (673) – Namensnennungsrecht des Architekten.
[1127] OLG München GRUR-RR 2008, 37 (43) – Pumuckl-Illustrationen II.
[1128] BGH GRUR 2007, 691 (693) – Staatsgeschenk.
[1129] BGH ZUM-RD 2013, 241 – Miturheberschaft an Liedtexten.
[1130] Zur Zulässigkeit von sog. Ghostwriter-Vereinbarungen, bei denen sich der Urheber zum Verschweigen der eigenen Urheberschaft verpflichtet und einem anderen die Möglichkeit einräumt in der Öffentlichkeit als Urheber in Erscheinung zu treten, vgl. OLG Frankfurt a. M. GRUR 2010, 221 (222 f.) mwN.
[1131] Vgl. BGH GRUR 1995, 671 (672) – Namensnennungsrecht des Architekten; OLG München GRUR-RR 2004, 33 (34 f.) – Pumuckl, keine Branchenübung im Comic-Bereich, den Schöpfer der Figur nicht zu nennen; OLG München GRUR 1969, 146 (147) – Werbegrafik.
[1132] OLG Frankfurt GRUR 2015, 374 (376) – Schaffung eines Landeswappens.
[1133] Vgl. OLG München GRUR-RR 2004, 33 (34 f.) – Pumuckl.
[1134] Vgl. OLG Brandenburg ZUM-RD 1997, 483 (484) – Stimme Brecht.

gen, die ebenfalls gefälschte Signatur von dem (vermeintlich) gefälschten Bild zu entfernen; ein Anspruch auf Nichtnennung und damit auch auf Entfernung der Signatur folgt aber aus dem allgemeinen Persönlichkeitsrecht.[1135]

471 *dd) Schutz vor Entstellungen, § 14 UrhG.* Gem. § 14 UrhG genießt der Urheber Schutz gegen **Beeinträchtigungen und Entstellungen** seines Werkes, die geeignet sind, seine berechtigten geistigen oder persönlichen Interessen am Werk zu gefährden. Bei einer Entstellung muss ein Eingriff in die Substanz vorliegen, während eine Beeinträchtigung in Veränderungen besteht, die allerdings keine entstellenden Tendenzen haben müssen. Entstellung kann Verschlechterung in Form von Verzerrung oder Verfälschung der Wesenszüge des Werkes sein.[1136] Teilweise wird angenommen, der Eigentümer sei ohne Weiteres dazu berechtigt, das ihm gehörende Werkexemplar zu vernichten; § 14 UrhG schütze nur das Interesse des Urhebers am Bestand des Werks in seiner unverfälschten Form, gewähre aber keinen Abwehranspruch gegen eine vollständige Vernichtung.[1137] Dies erscheint allerdings kaum sachgerecht: Die vollständige Werkvernichtung betrifft das Bestands- und Integritätsinteresse des Urhebers gerade in einem besonderen Maße; die Werkvernichtung erscheint als „schärfste Form der Beeinträchtigung" und muss deshalb grundsätzlich von § 14 UrhG erfasst sein.[1138]

472 Nunmehr hat auch der BGH ausdrücklich klargestellt, dass die Vernichtung eines urheberrechtlich geschützten Werks eine „andere Beeinträchtigung" im Sinne des § 14 UrhG darstellt.[1139] Bei der Feststellung einer Entstellung sind mehrere Prüfungsschritte zu beachten, die vor allem einer Interessenabwägung des Urhebers und Handelnden wie der Interessen Dritter bedürfen.[1140] Insbesondere bei der Prüfung, ob eine Vernichtung geeignet ist, die berechtigten persönlichen und geistigen Interessen des Urhebers am Werk zu gefährden, ist eine umfassende **Interessenabwägung** vorzunehmen.[1141] Im Ergebnis geht diese Interessenabwägung nach der Rspr. des BGH jedenfalls bei Werken der Baukunst oder mit Bauwerken unlösbar verbundenen Kunstwerken im Regelfall zugunsten des Eigentümers aus.[1142] Der BGH betont insoweit, dass dem Urheber die Möglichkeit gegeben sei, vertraglich etwas anderes mit dem Eigentümer zu vereinbaren.[1143] Keine Entstellung der literarischen Figur (als Werk iSv § 2 Abs. 1 Nr. 1) ist die Durchführung eines Malwettbewerbs durch die Urheberin der grafischen Figur gegenüber der Urheberin der literarischen Figur („Pumuckl").[1144] Entstellung ist ein schwerwiegender Eingriff in die geistig-ästhetische Gestaltung eines Werkes.[1145] Die Beurteilung der Entstellung muss nicht durch Fachleute geschehen, sondern obliegt dem Durchschnittsurteil des für Kunst empfänglichen und mit Kunstdingen einigermaßen vertrauten Menschen.[1146]

473 **Beispiel** für das Entstellungsverbot: Schmierereien, politische Parolen und andere Graffitis auf einer Plastik[1147] oder Kürzungen von Filmfolgen um jeweils knapp 10 von 60 Minuten;[1148] solange allerdings der geistig-ästhetische Gesamteindruck eines Filmwerkes nicht entstellt wird, kann es auch zulässig sein, einen Dokumentarfilm von 80 auf 40 Minuten zu verkürzen;[1149] persönlichkeitsrechtsverletzend war die Entstellung des Architektenplans für den Berliner Hauptbahnhof in seinen Wesenszügen durch den Einbau einer Flachdecke statt der durch den Architekten vorgesehenen Gewölbedecke.[1150] Die Gewölbedecke ließ das Bauwerk als in einem Guss gestaltet erscheinen, was durch die Flachdecke durchbrochen wurde.[1151]

1135 Vgl. BGH GRUR 1995, 668 (671) – Emil Nolde.
1136 OLG München GRUR-RR 2008, 44 (45) – Eine Freundin für Pumuckl II.
1137 Vgl. Fromm/Nordemann/Dustmann UrhG § 14 Rn. 31 ff. mwN.
1138 Vgl. Schricker/Loewenheim/Peukert UrhG § 14 Rn. 20 ff. mwN.
1139 BGH GRUR 2019, 609 Tz. 29 – HHole (for Mannheim).
1140 BGH GRUR 2019, 609 Tz. 34 ff. – HHole (for Mannheim); BGH GRUR 2008, 984 (986), Tz. 25 ff. – St. Gottfried; OLG München GRUR-RR 2008, 44 (45) – Eine Freundin für Pumuckl II.
1141 BGH GRUR 2019, 609 Tz. 36 – HHole (for Mannheim).
1142 BGH GRUR 2019, 609 Tz. 40 – HHole (for Mannheim).
1143 BGH GRUR 2019, 609 Tz. 43 – HHole (for Mannheim).
1144 OLG München GRUR-RR 2008, 44 (45) – Eine Freundin für Pumuckl II.
1145 BGH GRUR 1999, 230 (231) – Treppenhausgestaltung; LG Berlin GRUR 2007, 964 (967 f.) – Berliner Hauptbahnhof.
1146 LG Berlin GRUR 2007, 964 (967) – Berliner Hauptbahnhof.
1147 LG Mannheim GRUR 1997, 364 (365) – Freiburger Holbein-Pferd.
1148 LG Berlin ZUM 1997, 758 (761) – Barfuß im Bett.
1149 KG GRUR 2004, 497 (498) – Schlacht um Berlin.
1150 LG Berlin GRUR 2007, 964 (967 f.) – Berliner Hauptbahnhof.
1151 LG Berlin GRUR 2007, 964 (967 f.) – Berliner Hauptbahnhof.

Demgegenüber ergab die Interessenabwägung beim Umbau des Stuttgarter Hauptbahnhofes, im Zuge dessen der Seiten- und Nordflügel sowie die Treppenanlage in der großen Schalterhalle abgerissen wurden, dass die urheberpersönlichkeitsrechtlichen Interessen des Urhebers nach seinem Tode und gegen Ende der Schutzfrist ein geringeres Gewicht als zu seinen Lebzeiten besaßen und die Eigentümerinteressen überwogen, so dass der Umbau nicht gegen das Urheberpersönlichkeitsrecht verstieß.[1152] 474

Entsprechend kam auch das OLG Dresden im Rahmen einer Interessenabwägung zu dem Ergebnis, dass der Architekt des Dresdner Kulturpalastes den Abriss und die Neugestaltung des Mehrzwecksaales hinnehmen müsse, weil der insoweit betroffenen öffentlichen Hand nachvollziehbare Allgemeinbelange und berechtigte Modernisierungsinteressen zur Seite standen; denn der Kulturpalast sollte zukünftig einen Konzertsaal, die Stadtbibliothek und den Spielort für ein Kabarett aufnehmen und musste deshalb umfangreich umgebaut und modernisiert werden.[1153] 475

Ein Abwehranspruch aus §§ 14, 39 UrhG gegen den Anspruch des Vermieters auf Duldung von Modernisierungsmaßnahmen an einer Wohnung in einem Gebäudeensemble (sog. „Arbeiterpaläste“ an der Karl-Marx-Allee in Berlin-Friedrichshain) wurde in einem Fall bejaht, in dem die Erben des Architekten und damit die Urheberrechtsinhaber gleichzeitig Mieter waren.[1154] Das Gericht betonte hierbei den Ausnahmecharakter des Falles aufgrund der besonderen Individualität und Einmaligkeit der Wohnung. Zugestanden wird dem Eigentümer zwar regelmäßig eine vertragliche Änderungsbefugnis, allerdings nur, soweit der Kern des Urheberpersönlichkeitsrechtes nicht betroffen ist, das unverzichtbar ist. Gerade deshalb gestalten sich die vertraglichen Regelungen über Änderungsbefugnisse und deren Wirksamkeit in der Praxis schwierig.[1155] 476

Relevant im Rahmen einer Interessenabwägung kann auch die Religionsfreiheit bei der Umgestaltung eines Kircheninnenraumes sein.[1156] Hat der Urheber sein Werk untrennbar mit einem Bauwerk verbunden, wird die Interessenabwägung bei einem Abriß des Gebäudes regelmäßig zu Gunsten des Grundstückseigentümers ausfallen, da das Interesse des Urhebers an der Fortexistenz solcher mit einem Grundstück fest verbundener Werke im Regelfall hinter den Interessen des Grundeigentümers zurücktreten muss, das Grundstück anderweitig zu nutzen oder zu bebauen und das Kunstwerk hierbei vollständig zu entfernen oder zu zerstören.[1157] Im Übrigen stellt laut BGH auch die Zerstörung durch den Eigentümer eine Entstellung des Werkes iSd § 14 UrhG dar.[1158] Bei der Interessenabwägung sei dabei zu beachten, ob es sich bei dem zerstörten Werk um das einzige Vervielfältigungsstück handelt und welche Gestaltungshöhe dieses aufweist.[1159] 477

Eine Beeinträchtigung im Sinne des § 14 UrhG gefährdet ebenso wie die Entstellung die berechtigten geistigen oder persönlichen Interessen des Urhebers am Werk. Sie setzt nicht notwendig eine Veränderung des Werkes voraus, sondern ist erfüllt, wenn die Form und Art der Werkwiedergabe und -nutzung beeinträchtigend wirkt, wie zB die Verwendung eines Musikwerkes als Klingelton, der damit vom ursprünglichen Verwendungszweck abweicht und eher als störender Signalton als ein sinnlich-klangliches Erlebnis wahrgenommen wird,[1160] oder das Aufstellen einer Plastik in einem urheberrechtlich geschützten Treppenhaus.[1161] Auch die dramaturgische Einbindung von Musikstücken der Musikgruppe „Die Höhner“ bei einer Wahlkampfveranstaltung der vom BVerfG als verfassungsfeindlich eingestuften NPD wurde als Beeinträchtigung im Sinne des § 14 UrhG angesehen.[1162] Der BGH betont dabei, dass die Verwendung von Musikwerken im Wahlkampf einer politischen Partei, und sei es nur durch einen Transfer der von den Werken ausgehenden Stimmung, besonders geeignet ist, die Interessen der Urheber zu beeinträchtigen.[1163] 478

ee) Verwandte Schutzrechte. Urheberpersönlichkeitsrechte stehen grundsätzlich nur Urhebern zu. Bei verwandten Schutzrechten besitzen sie einschränkungslos nur der Verfasser einer wissenschaftlichen Ausgabe (§ 70 Abs. 1 UrhG) und der Fotograf/Lichtbildner (§ 72 Abs. 1 UrhG) sowie 479

1152 BGH GRUR 2012, 172 Tz. 5 f. – Stuttgart 21; OLG Stuttgart GRUR-RR 2011, 56 (64) – Stuttgart 21.
1153 OLG Dresden GRUR-RR 2013, 51 (53) – Kulturpalast Dresden.
1154 AG Tempelhof-Kreuzberg Urt. v. 30.7.2014 Az. 10 C 355/12, BeckRS 2014, 16338.
1155 Näheres auch zur vertraglichen Gestaltung und Inhaltskontrolle Fromm/Nordemann/Jan Nordemann UrhG Vor §§ 31 ff. Rn. 290 ff.; Castendyk ZUM 2007, 169 ff.
1156 BGH GRUR 2008, 984 (986), Tz. 25, 31 ff. – St. Gottfried.
1157 LG Mannheim Urt. v. 24.4.2015 Az. 7 O 18/14, BeckRS 2015, 08987 mwN.
1158 BGH GRUR 2019, 619, 620, Tz. 17 – Minigolfanlage; BGH GRUR 2019, 621 – PHaradise.
1159 BGH GRUR 2019, 619, 620, Tz. 24 – Minigolfanlage.
1160 BGH NJW 2009, 774 (775), Tz. 14 – Klingeltöne für Mobiltelefone.
1161 BGH GRUR 1999, 230 (231) – Treppenhausgestaltung.
1162 BGH GRUR-RR 2018, 61 – Die Höhner.
1163 BGH GRUR-RR 2018, 61, 62 – Die Höhner.

eingeschränkt als Schutz gegen Entstellungen die ausübenden Künstler (§ 75 S. 1 UrhG) und der Filmhersteller (§ 94 Abs. 1 S. 2 UrhG).

480 Durch das Gesetz zur Regelung des Urheberrechts in der Informationsgesellschaft vom 10. September 2003[1164] besitzt der ausübende Künstler nunmehr gem. § 74 Abs. 1 UrhG das Recht, in Bezug auf seine Darbietung als ausübender Künstler anerkannt zu werden und zu bestimmen, ob und mit welchem Namen er genannt wird. Dieses Recht ist § 13 UrhG nachgebildet.[1165] Haben mehrere ausübende Künstler gemeinsam eine Darbietung erbracht, haben sie, sofern die Einzelnennung einen unverhältnismäßigen Aufwand erfordert, nur einen Anspruch, als Künstlergruppe genannt zu werden (§ 74 Abs. 2 S. 1 UrhG). Das Namensnennungsrecht kann dann nur durch den Vorstand der Künstlergruppe oder ihren Leiter geltend gemacht werden (§ 74 Abs. 2 S. 2 UrhG). Der Schutz gegen Entstellung oder eine andere Beeinträchtigung der Darbietung findet sich nunmehr in § 75; diese Vorschrift ist § 14 UrhG nachgebildet.[1166]

481 Die **Schutzdauer** der Persönlichkeitsrechte des ausübenden Künstlers ist etwas anders ausgestaltet als die Schutzdauer der Verwertungsrechte:[1167] Sie erlöschen gem. § 76 UrhG grundsätzlich erst mit dem Tode des ausübenden Künstlers, können also wenn er länger lebt als 50 Jahre nach dem Erscheinen eines Bild- oder Tonträgers länger geschützt sein als die Verwertungsrechte des ausübenden Künstlers gem. § 82 UrhG. Stirbt der ausübende Künstler vor Ablauf der Schutzfrist der Verwertungsrechte, läuft die Schutzfrist seiner Persönlichkeitsrechte genauso lang wie die der Verwertungsrechte (§ 76 S. 1 UrhG). Haben mehrere ausübende Künstler gemeinsam eine Darbietung erbracht, so ist der Tod des letzten der beteiligten ausübenden Künstler maßgeblich (§ 76 S. 3 UrhG).

482 **c) Verwertungsrechte, §§ 15–23 UrhG.** Das **allgemeine Verwertungsrecht,** das in § 15 UrhG statuiert ist, behält dem Urheber alle Verwertungsarten vor, und zwar auch künftig erst entstehende. Hier besteht eine direkte Verknüpfung mit dem Urhebervertragsrecht: Die Einräumung von Nutzungsrechten für unbekannte Nutzungsarten bedarf der Schriftform, der Urheber besitzt einen nicht abdingbaren Anspruch auf Zahlung einer angemessenen Vergütung (§§ 31a, 32c).[1168] Der Urheber erhält damit absolute, ausschließliche Rechte, und zwar

- ein *positives* Benutzungsrecht und
- ein *negatives* Verbietungsrecht.[1169]

483 Die Ausgestaltung der einzelnen Verwertungsrechte durch das UrhG folgt dem Grundsatz der tunlichst angemessenen Beteiligung des Urhebers am wirtschaftlichen Nutzen seines Werkes.[1170]

484 § 15 UrhG spricht von Verwertung

- in *körperlicher* Form und
- in *unkörperlicher* Form.

485 Zur Verwertung in **körperlicher Form** zählen

- das Vervielfältigungsrecht (§ 16 UrhG),
- das Verbreitungsrecht (§ 17 UrhG) und
- das Ausstellungsrecht (§ 18 UrhG).

486 Die Werkverwertung in **unkörperlicher Form** ist

- das Recht der öffentlichen Wiedergabe (§§ 19 bis 22 UrhG).

487 Daneben besteht auch noch

- das Recht der Bearbeitung (§ 23 UrhG),

die sowohl in körperlicher als auch in unkörperlicher Form erfolgen kann. Das Bearbeitungsrecht bestimmt zugleich auch den Schutzumfang des Urheberrechts.[1171]

488 § 15 UrhG ist eine **Generalklausel** und regelt damit die Verwertungsrechte nicht abschließend, soweit zur Zeit des Erlasses des UrhG noch nicht bekannte oder wirtschaftlich noch nicht be-

---

1164 BR-Drs. 271/03.
1165 → Rn. 467 ff.
1166 → Rn. 471 ff.
1167 → Rn. 554.
1168 → Rn. 147.
1169 Vgl. Fromm/Nordemann/Dustmann UrhG § 15 Rn. 1.
1170 St. Rspr. vgl. nur BGH GRUR 2005, 937 (939) – Der Zauberberg; BGH GRUR 1990, 1005 (1007) – Salome I.
1171 Vgl. → Rn. 539 ff.

deutsame Verwertungsmöglichkeiten betroffen sind; dies ergibt sich aus dem Wort „insbesondere“ sowie dem Grundsatz der tunlichst angemessenen Beteiligung des Urhebers am wirtschaftlichen Nutzen seines Werkes und kann insbesondere für Verwertungsformen im Rahmen neuer elektronischer Medien zutreffen.[1172]

Die Nutzung der Verwertungsrechte bedarf der Zustimmung des Urhebers, andernfalls liegt eine widerrechtliche Verletzung des Urheberrechts vor. Eine unwidersprochen gebliebene Nutzung des Werkes durch Dritte stellt regelmäßig keine Einräumung urheberrechtlicher Benutzungsbefugnisse durch schlüssiges Verhalten dar.[1173] Jedoch ist eine rechtfertigende Einwilligung denkbar. Wer die Handlung der öffentlichen Wiedergabe vornimmt, hat darzulegen und zu beweisen, dass diese Handlung durch eine Erlaubnis des Rechtsinhabers gedeckt ist.[1174] Eine solche rechtfertigende Einwilligung kommt insbesondere dann in Betracht, wenn Suchmaschinen legal im Internet stehende Inhalte vervielfältigen und öffentlich zugänglich machen.[1175] Trifft ein Berechtigter, der Texte oder Bilder im Internet ohne Einschränkungen frei zugänglich macht keinerlei Maßnahmen, um eine Suchmaschinennutzung zu verhindern, kann darin eine rechtfertigende Einwilligung zu sehen sein.[1176] Zu beachten ist in diesem Zusammenhang, dass der nach Auffassung des BGH der Berechtigte einer solchen schlichten Einwilligung nur entgegentreten kann, indem er Schutzmaßnahmen[1177] trifft, die die öffentliche Zugänglichmachung durch Dritte verhindern sollen; der bloße Widerspruch ohne entsprechende Sicherungsmaßnahmen hingegen sei als *protestatio facto contraria* unbeachtlich.[1178] Waren die von der Suchmaschine gefundenen Inhalte rechtswidrig ins Internet eingestellt, liegt nur dann eine „öffentliche Wiedergabe“ durch den Anbieter der Suchmaschine vor, wenn er die Rechtswidrigkeit der Veröffentlichung der Werke auf der anderen Internetseite kannte oder vernünftigerweise kennen konnte.[1179] 489

aa) Vervielfältigungsrecht, § 16 UrhG. Das **Vervielfältigungsrecht** gem. §§ 15 Abs. 1 Nr. 1, 16 UrhG ist das Recht, Vervielfältigungsstücke eines Werkes herzustellen, egal in welchem Verfahren und in welcher Zahl; es umfasst gem. § 16 Abs. 2 UrhG auch die Übertragung eines Werkes auf Bild- oder Tonträger. Unter Vervielfältigung wird die Herstellung einer oder mehrerer Festlegungen eines Werkes verstanden, die geeignet sind, das Werk den menschlichen Sinnen auf irgend eine Art und Weise wiederholt unmittelbar oder mittelbar wahrnehmbar zu machen.[1180] 490

Vervielfältigungen sind beispielsweise Bücher, Kunstdrucke, Videokassetten Tonträger, Fotografien (Abzüge), der Abdruck einer geschützten Figur auf Geschäftspapieren,[1181] aber auch der Bau eines Hauses nach einem Architektenplan,[1182] nachgemalte Gemälde[1183] oder das Speichern eines urheberrechtlich geschützten Werkes auf einer Festplatte.[1184] Es stellt ferner eine Vervielfältigung iSd § 16 UrhG dar, wenn eine Sinfonie aufgeführt und diese während der Aufführung auf DVD aufgezeichnet wird.[1185] Das Hochladen von Dateien in das Internet (Bereitstellen auf dem Server) oder das Herunterladen aus dem Internet und das anschließende Speichern auf einer Fest- 491

[1172] Vgl. Fromm/Nordemann/Dustmann UrhG § 15 Rn. 4 f.; Schricker/Loewenheim/v. Ungern-Sternberg UrhG § 15 Rn. 262 ff.; BGH GRUR 2018, 178, 181 Tz. 23 – Vorschaubilder III.

[1173] BGH GRUR 2010, 628 Tz. 29 – Vorschaubilder I; OLG München GRUR-RR 2008, 37 (40) – Pumuckl-Illustrationen II.

[1174] BGH GRUR 2018, 178, 184 Tz. 51 – Vorschaubilder III.

[1175] BGH GRUR 2010, 628 – Vorschaubilder I.

[1176] BGH GRUR 2010, 628 (631) Tz. 33 ff. – Vorschaubilder I. Beachte: Im vom BGH zu entscheidenden Fall kam hinzu, dass die Klägerin durch Gestaltung des Quellcodes ihrer Internetseite den Zugriff von Suchmaschinen erleichterte und damit objektiv zu erkennen gab am Zugriff durch Suchmaschinen interessiert zu sein, vgl. Tz 35; ferner BGH GRUR 2012, 602 – Vorschaubilder II und BGH GRUR 2018, 178 – Vorschaubilder III.

[1177] Es muss sich hierbei nicht um wirksame technische Schutzmaßnahmen iSv § 95a UrhG handeln, vgl. BGH GRUR 2011, 56 (59) Tz. 30 – Session-ID.

[1178] BGH GRUR-Prax 2010, 521 – Vorschaubilder I mAnm Czychowski; BGH GRUR 2011, 56 (59) Tz. 30 – Session-ID.

[1179] EuGH GRUR 2016, 1152, 1155 Tz. 49 und 55 – GS Media/Sanoma; EuGH GRUR 2017, 610 Tz. 49 – Brein/Wullems „Filmspeler“; BGH GRUR 2018, 178, 184 Tz. 54 – Vorschaubilder III; vgl. dazu → Rn. 123 und → Rn. 382.

[1180] Vgl. BGH GRUR 1991, 449 (453) – Betriebssystem.

[1181] OLG München GRUR-RR 2008, 37 (40) – Pumuckl-Illustrationen II.

[1182] Vgl. Fromm/Nordemann/Axel Nordemann UrhG § 2 Rn. 152; BGH GRUR 2003, 231 (234) – Staatsbibliothek.

[1183] Vgl. OLG Hamburg ZUM 1998, 938 (941 f.) – Nachgemalte Gemälde.

[1184] Vgl. Loewenheim/Loewenheim UrhG § 20 Rn. 10 ff.; Schricker/Loewenheim/Lowenheim UrhG § 16 Rn. 18 f.; Wandtke/Bullinger/Heerma § 16 Rn. 16.

[1185] BGH GRUR 2006, 319 (321 f.) – Alpensinfonie.

platte oder einem anderen Speichermedium stellt ebenfalls eine Vervielfältigung dar.[1186] Gleiches gilt für das Anzeigen verkleinerter Vorschaubilder von urheberrechtlich geschützten Abbildungen, die sich im Internet befinden, durch Bildersuchmaschinen.[1187] Auch virtuelle Internet-Rekorder nehmen Vervielfältigungen iSv. § 16 UrhG vor, indem eine Vielzahl von Internetradios nach den Wunschtiteln des Nutzers durchsucht und diese ein dem jeweiligen individuellen Online-Speicher des betroffenen Kunden gespeichert werden.[1188]

492 Für **Software** gibt es eine spezielle Regelung des Vervielfältigungsrechtes in § 69c Nr. 1 UrhG: Der Rechtsinhaber an einem Computerprogramm hat das ausschließliche Recht der dauerhaften oder vorübergehenden Vervielfältigung des Computerprogramms, wobei zu beachten ist, dass jedes Laden in den RAM als Vervielfältigung anzusehen ist, genauso auch das Herunterladen von Programmen aus dem Internet.[1189] Das Vervielfältigungsrecht umfasst nicht nur die Vervielfältigung vollständiger Werke, sondern auch von Werkteilen, also beispielsweise einzelner Seiten eines Buches, Teile eines Bauwerkes, eines Ausschnittes eines Werkes der bildenden Kunst oder einer Fotografie; allerdings muss der vervielfältigte Teil für sich betrachtet urheberrechtlich geschützt sein, was bei sehr kleinen Teilen fraglich sein kann.[1190] Wer eine Ware, deren Verpackung als Werk der angewandten Kunst urheberrechtlich geschützt sein könnte, in einer Werbeanzeige abbildet, greift damit zwar grundsätzlich in das Vervielfältigungsrecht gem. § 16 UrhG ein, handelt jedoch dennoch nicht rechtswidrig, wenn er lediglich Ware anbietet, die mit Zustimmung des Berechtigten in Verkehr gesetzt worden ist, weil die Zustimmung des Berechtigten zum Vertrieb der Ware nicht nur den Weitervertrieb umfasst, sondern auch die werbliche Ankündigung.[1191] Zu beachten ist insoweit jedoch, dass der Erschöpfungseinwand nach § 17 Abs. 2 UrhG hier nicht direkt anwendbar ist, weil sich das Urheberrecht grundsätzlich nur hinsichtlich des Verbreitungsrechts erschöpft, nicht jedoch auch im Hinblick auf das Vervielfältigungsrecht;[1192] das Ergebnis ist jedoch dasselbe. Nicht mehr ein für den Absatz geschäftlich notwendiges Ausmaß stellt die Vergrößerung von Fotografien aus einem Bildband zur Dekoration des eigenen Modegeschäfts dar, obwohl dort auch der Bildband verkauft wurde.[1193] Das Vervielfältigungsrecht des § 16 UrhG beruht auf Art. 2 Richlinie 2001/29 und ist insoweit vollständig harmonisiertes Unionsrecht.[1194]

493 *bb) Verbreitungsrecht, § 17 UrhG.* Das **Verbreitungsrecht** gem. §§ 15 Abs. 1 Nr. 2, 17 UrhG ist das Recht, das Original oder Vervielfältigungsstücke des Werkes der Öffentlichkeit[1195] anzubieten oder in Verkehr zu bringen einschließlich des Rechtes, das Werk zu vermieten. Der Hauptfall des Verbreitungsrechtes ist der Verkauf des Originals oder von Vervielfältigungsstücken des Werkes, der allerdings öffentlich sein muss (§ 17 Abs. 1 iVm § 15 Abs. 3 UrhG).[1196] Anbieten liegt auch dann schon vor und ist rechtsverletzend, wenn in deutschen Printmedien und Internetseiten Nachbildungen einer Leuchte angeboten werden, die dann aber in Italien übereignet und nach Deutschland gebracht werden sollen.[1197] Wer außerdem seine Werbung für den Erwerb von Vervielfältigungsstücke auf in Deutschland ansässige Mitglieder der Öffentlichkeit ausrichtet und diese Mitglieder der Öffentlichkeit durch ein spezifisches Lieferungssystem und spezifische Zahlungsmodalitäten in die Lage versetzt, sich Vervielfältigungsstücke des Werkes

[1186] Vgl. BGH NJW 2009, 774 (775), Tz. 15 – Klingeltöne für Mobiltelefone: Vervielfältigung durch Hochladen eines Klingeltons im Internet, der wiederum Kunden zum entgeltlichen Download zur Verfügung gestellt wird; Loewenheim/Loewenheim UrhG § 20 Rn. 14; Wandtke/Bullinger/Heerma § 16 Rn. 19.

[1187] BGH GRUR 2010, 628 (629) Tz. 17 – Vorschaubilder I.

[1188] BGH GRUR 2020, 738, Tz. 21 – Internet-Radiorekorder; vgl. ferner die parallele BGH-Entscheidung MMR 2020, 538 – musicmonster; s. schon vorher zu Internet-Videorekordern BGH NJW 2009, 3511 Tz. 14 – Internet-Videorekorder I, s. dazu Czychowski/Jan Bernd Nordemann NJW 2010, 735 (737).

[1189] Vgl. Fromm/Nordemann/Czychowski UrhG § 69c Rn. 10.

[1190] Vgl. Loewenheim/Loewenheim UrhG § 20 Rn. 8; bejaht durch LG Hamburg ZUM-RD 2006, 294 (298 f.) – Klingeltöne (Umwandlung von Musikstücken und Teilausschnitten davon in Klingeltöne); BGH NJW 2009, 774 (777), Tz. 28 – Klingeltöne für Mobiltelefone.

[1191] BGH GRUR 2001, 51 (52 f.) – Parfümflacon.

[1192] BGH GRUR 2001, 51 (53) – Parfümflacon; vgl. auch → Rn. 461.

[1193] OLG Düsseldorf GRUR-RR 2009, 45 (46 f.) – Schaufensterdekoration.

[1194] EUGH GRUR 2019, 929 Rn. 86 – Pelham/Hütter ua. (Metall auf Metall III).

[1195] Vom BGH für den Fall, dass ein Presseunternehmen Bildnisse aus dem Bildarchiv eines anderen Presseunternehmens abruft, verneint („presseinterne" Tätigkeit), vgl. BGH ZUM 2011, 240 (242) Tz. 10.

[1196] Vgl. → Rn. 444; BGH GRUR 2007, 691 (693) – Staatsgeschenk; BGH GRUR 2006, 136 (137) – Pressefotos, unerlaubter Abdruck von Fotografien (Vervielfältigung) in der Zeitung und Verkauf dieser (Verbreitung); BGH GRUR 2005, 940 (942) – Marktstudien – unzulässige Veröffentlichung von Marktdaten in einer Zeitschrift.

[1197] BGH GRUR 2007, 871 (873) Tz. 27 ff. – Wagenfeld-Leuchte.

aus Italien liefern zu lassen, nimmt ebenfalls in Deutschland eine relevante Verbreitungshandlung vor.[1198]

Das ausschließliche Verbreitungsrecht des Urhebers umfasst auch das Recht, das Original oder Vervielfältigungsstücke des Werkes der Öffentlichkeit lediglich zum Erwerb anzubieten und gegenüber der Öffentlichkeit gezielt für den Erwerb des Originals oder Vervielfältigungsstückes des Werkes zu werben.[1199] Das Verbreitungsrecht soll jedoch nicht nur Verkauf und Miete umfassen, sondern auch die nicht Erwerbszwecken dienende Leihe durch öffentliche Bibliotheken, weil auch dadurch Vervielfältigungsstücke des Werkes der Öffentlichkeit angeboten werden.[1200] Das erscheint allerdings nach der jüngeren Rechtsentwicklung auf europäischer Ebene als zweifelhaft: Aufgrund eines Schutzgefälles war es möglich, in Deutschland urheberrechtlich geschützte Le Corbusier Möbel ohne Zustimmung des Rechteinhabers in Italien herzustellen, dort einzukaufen und dann anschließend nach Deutschland zu bringen, weil die Möbel in Italien nicht urheberrechtlich geschützt waren. Der BGH musste entscheiden, ob die Verwendung solcher in Italien hergestellter Kopien von Le Corbusier Möbeln durch Peek & Cloppenburg in Ruhezonen für Männer, die auf ihre Frauen warten oder als Schaufensterdekoration in Deutschland eine unzulässige Verbreitungshandlung gem. § 17 UrhG darstellten. Der BGH legte die Angelegenheit dem EuGH vor und fragte ihn, ob eine Verbreitung vorliege, obwohl mit der Gebrauchsüberlassung die tatsächliche Verfügungsgewalt über die Werkstücke nicht wechsle (Ruhezonen) bzw. die Werkstücke öffentlich gezeigt würden, ohne dass eine Benutzungsmöglichkeit eingeräumt wurde (Schaufensterdekoration).[1201] 494

Der *EuGH* verneinte in seiner Entscheidung das Vorliegen einer Verbreitungshandlung. Eine relevante Verbreitung sei nur gegeben, wenn damit eine Übertragung des Eigentums an dem betreffenden Gegenstand verbunden sei.[1202] Er verwies insoweit auf Art. 6 Abs. 2 des WCT-Vertrages,[1203] an den Art. 4 Abs. 1 Info-RL[1204] angelehnt sei. Der Wortlaut von § 17 Abs. 1 UrhG ist seinerzeit nicht an den Wortlaut der Info-RL angepasst worden; mit der Rechtsprechung des EuGH wird er jetzt zumindest eingeschränkt dahingehend verstanden werden müssen, dass nur noch Verkaufshandlungen und andere Eigentumsübertragungen von der Vorschrift erfasst sind. In der darauf notwendigen Entscheidung hat der BGH die EuGH-Rechtsprechung aufgegriffen und insbesondere noch einmal betont, dass Art. 4 Abs. 1 Info-RL nicht nur einen Mindestschutz vorschreibe, sondern das Verbreitungsrecht in der gesamten EU allgemeingültig harmonisiere („Vollharmonisierung").[1205] 495

Konsequenterweise blieb der BGH auch im Übrigen auf der Linie des EuGH und verneinte eine Verletzung des Verbreitungsrechts, wenn Nachbildungen urheberechtlich geschützter Modelle von Möbeln der Öffentlichkeit ohne das Ziel der Eigentumsübertragung lediglich zum Gebrauch zugänglich gemacht oder diese in Schaufenstern nicht zum Erwerb angeboten werden würden; laut BGH fehle es bereits an einem Eingriff in das Verbreitungsrecht.[1206] Nur zur Erinnerung und zum Vergleich: Werden solche in Italien nicht urheberrechtlich geschützten Möbelstücke zum käuflichen Erwerb in Deutschland angeboten, geht die Rechtsprechung auch dann, wenn der Erwerbsvorgang in Italien stattfindet, von einer Verletzung des Verbreitungsrechts aus, und zwar infolge des in Deutschland unterbreiteten Angebots.[1207] 496

Der EuGH hat bereits die Lagerung von Waren durch einen Händler als relevante Verbreitungshandlung angesehen, wenn dieser Händler in einem Ladenlokal ohne Zustimmung des Urheberrechtsinhabers Waren, die mit den gelagerten Waren identisch sind, zum Verkauf anbiete, sofern die gelagerten Waren tatsächlich zum Verkauf im Hoheitsgebiet des Mitgliedstaats be- 497

1198 BGH GRUR 2016, 487 (489) Tz. 30 ff. – Wagenfeld-Leuchte II.

1199 BGH GRUR 2016, 490 (492) Tz. 32 ff. – Marcel Breuer-Möbel II.

1200 Vgl. Schricker/Loewenheim/Loewenheim UrhG § 17 Rn. 14.

1201 BGH GRUR 2007, 50 (51) – Le Corbusier Möbel.

1202 EuGH GRUR 2008, 604 (605) Tz. 36 – Peek & Cloppenburg KG/Cassina Spa.

1203 WIPO-Urheberrechtsvertrag vom 20.12.1996 (BGBl. 2003 II S. 755).

1204 Richtlinie 2001/29/EG des Europäischen Parlaments und des Rates vom 22. Mai 2001 zur Harmonisierung bestimmter Aspekte des Urheberrechts und der verwandten Schutzrechte in der Informationsgesellschaft.

1205 BGH GRUR 2009, 840 (841), Tz. 19 ff. – Le Corbusier Möbel II; vgl. auch BGH GRUR 2016, 487 (489) Tz. 30 – Wagenfeld-Leuchte II.

1206 BGH GRUR 2009, 840 (841), Tz. 21 – Le Corbusier Möbel II.

1207 EuGH GRUR 2015, 665 – Dimensione Direct Sales Srl Michele Labianca/Knoll International SpA; Vorlageentscheidung: BGH GRUR 2013, 1137 – Marcel-Breuer-Möbel; siehe ferner: BGH GRUR 2016, 487, 489 Tz. 31 f – Wagenfeld-Leuchte II; BGH GRUR 2007, 871 (873 f.) – Wagenfeld-Leuchte; LG Hamburg GRUR-RR 2009, 212 (214) – Bauhaus-Klassiker; vgl. auch EuGH GRUR 2008, 604 (605) Tz. 36 – Peek & Cloppenburg KG/Cassina Spa.

stimmt sind, in dem der Urheberrechtsschutz besteht, die Entfernung zwischen Lager- und Veraufsort könne für die Feststellung, ob die gelagerten Waren zum Verkauf im Hoheitsgebiet dieses Mitgliedstaats bestimmt sind, für sich allein nicht ausschlaggebend sein.[1208]

498 Der Verbreitung zugänglich sind nur **körperliche Gegenstände;** Online übermittelte oder aus dem Internet heruntergeladene Software, Theateraufführungen, Rundfunksendungen, die Online-Benutzung von Datenbanken oder auch aus dem Internet heruntergeladene Musik- bzw. Audio-Dateien[1209] sowie E-Books[1210] werden somit nicht verbreitet, weil dabei keine körperlichen Gegenstände übermittelt werden.[1211] Die Online-Nutzung und Online-Übermittlung von urheberrechtlich geschützten Werken fällt allerdings unter das Recht der öffentlichen Zugänglichmachung gem. § 19a UrhG.[1212] Kein Verbreiten liegt vor, wenn bemalte Mauerstücke lediglich symbolisch bei einem Festakt übergeben werden, ohne dass damit eine Eigentumsübertragung oder ein Besitzerwerb verbunden sind.[1213]

499 Für Software gibt es auch im Hinblick auf die Verbreitung eine besondere Bestimmung: Der Rechtsinhaber hat das ausschließliche Recht der Verbreitung einschließlich der Vermietung (§ 69c Nr. 3 S. 1 UrhG).

500 Das Verbreitungsrecht des Urhebers gem. § 17 Abs. 1 „erschöpft" sich, sobald das Original oder Vervielfältigungsstücke des Werkes mit Zustimmung des zur Verbreitung Berechtigten im Gebiet der Europäischen Union bzw. des Europäischen Wirtschaftsraumes im Wege der Veräußerung in Verkehr gebracht worden ist;[1214] dann ist eine **Weiterverbreitung einschränkungslos zulässig,** vgl. § 17 Abs. 2 UrhG. Eine gekaufte CD darf also beispielsweise weiterverkauft werden, ohne dass der Urheber auch noch am Weiterverkauf partizipiert. Anders ist dies lediglich im Fall der Leihe durch öffentliche Bibliotheken: Das Verbreitungsrecht des Urhebers erschöpft sich zwar insoweit ebenfalls, er hat jedoch gem. § 27 Abs. 2 UrhG Anspruch auf eine angemessene Vergütung (sog. „Bibliothekstantieme"). Der Urheber kann seine Ansprüche allerdings nicht selbst geltend machen, sondern ist gem. § 27 Abs. 3 auf eine Verwertungsgesellschaft angewiesen.[1215]

501 Erschöpfung tritt nicht ein aufgrund anderer Verwertungshandlungen, zB durch Ausstellungen von Werken der bildenden Künste.[1216] Bei getrennter Vergabe von Verwertungsrechten tritt Erschöpfung nur für den Teil ein, für den auch tatsächlich urheberrechtliche Befugnisse eingeräumt worden sind, so dass die Erschöpfungswirkung also auch durch eine Vertragsgestaltung dort begrenzbar ist, wo ein Verbreitungsrecht dinglich beschränkt eingeräumt werden kann.[1217] **Dingliche Beschränkungen** des Verbreitungsrechts sind immer so weit zulässig, wie es um Verwertungsformen geht, die nach der Verkehrsauffassung **klar abgrenzbar sind und eine wirtschaftlich und technisch einheitliche und selbständige Nutzungsart darstellen.**[1218] Dies ist beispielsweise der Fall beim Vertrieb von Büchern an den Sortimentsbuchhandel einerseits und an Buchgemeinschaften andererseits, für gebundene Buchausgaben einerseits und Taschenbuchausgaben andererseits oder für Kunstkalender einerseits und Kunstdrucke andererseits. Ein weiteres **Beispiel:** Erschöpfung tritt ein, wenn als Postkarten mit Zustimmung des Rechtsinhabers in Verkehr gebrachte Lichtbilder als Deckel in Pralinenschachteln eingelegt und mit der Verpackung verschweißt werden.[1219]

502 Erschöpfung tritt allerdings **nur** ein **bei Veräußerung,** nicht auch durch Verwertungshandlungen anderer Art; der Begriff der Veräußerung erfasst dabei in der Regel jede Übereignung und Entäußerung des Eigentums an dem Werkstück durch den Berechtigten.[1220] Dabei ist auch die Vermutung des § 1006 Abs. 1 BGB, dass der Besitzer bei Erwerb seines Besitzes Eigenbesitz be-

1208 EuGH GRUR 2019, 161, 163 Tz. 40 – Imran Syed.

1209 OLG Hamm GRUR 2014, 853 – Hörbuch-AGB; LG Berlin GRUR-PRax 2014, 359.

1210 EuGH NJW 2020, 827 – Tom Kabinet: keine (körperliche) Verbreitung iSv Art. 4 I Urheberrechts-RL 2001/29 (in Deutschland umgesetzt in § 17 I UrhG), mangels Verbreitung körperlicher Vervielfältigungsstücke.

1211 Vgl. Dreier/Schulze/Schulze UrhG § 17 Rn. 5 f.; Fromm/Nordemann/Dustmann UrhG § 17 Rn. 9; Loewenheim/Loewenheim UrhG § 20 Rn. 21; Schricker/Loewenheim/Loewenheim UrhG § 17 Rn. 5 f.; Wandtke/Bullinger/Heerma § 17 Rn. 12 f.

1212 → Rn. 521; LG Braunschweig ZUM-RD 2006, 396 (397 f.) – online-Videorecorder.

1213 BGH GRUR 2007, 691 (693) – Staatsgeschenk.

1214 Zur Frage der internationalen Erschöpfung s. → Rn. 464.

1215 Für den Buchbereich die VG Wort, für den Musikbereich die GEMA und für den Bildbereich die VG Bild-Kunst, → Rn. 319.

1216 Vgl. BGH GRUR 2005, 505 (506) – Atlanta; BGH GRUR 1995, 673 (675 f.) – Mauerbilder.

1217 Vgl. BGH GRUR 1995, 673 (676) – Mauerbilder; BGH GRUR 1988, 373 (374) – Schallplattenimport III.

1218 Vgl. BGH GRUR 1992, 310 (311) – Taschenbuch-Lizenz; BHG GRUR 1990, 669 (671) – Bibelreproduktion.

1219 KG ZUM 2001, 592 (594) – Postkarten in Pralinenschachteln.

1220 Vgl. BGH GRUR 2005, 505 (506) – Atlanta; BGH GRUR 1995, 673 (676) – Mauerbilder.

gründet und Eigentum erworben hat, zu berücksichtigen; insbesondere im Ausstellungs- und Galeriewesen kann allerdings die Vermutung auch durch den Nachweis einer entgegenstehenden Branchenübung oder durch die Begleitumstände des Besitzerwerbs widerlegt werden.[1221] Ebenso erschöpft sich auch wirklich **nur das Verbreitungsrecht,** nicht auch andere Verwertungsrechte wie beispielsweise das Vervielfältigungsrecht.[1222] Es ist deshalb nicht zulässig, Vervielfältigungsstücke eines urheberrechtlich geschützten Werkes, dessen Weiterverbreitung zulässig ist, weil Erschöpfung eingetreten ist, zu vervielfältigen, zu senden oder zu bearbeiten; auch darf man nicht etwa ein gesendetes urheberrechtlich geschütztes Werk aufnehmen,[1223] vervielfältigen[1224] und diese Vervielfältigungsstücke dann verbreiten. Der zur Weiterverbreitung Berechtigte darf aber die Ware anbieten und im Rahmen des Üblichen bewerben.[1225]

Eine Erschöpfung des Verbreitungsrechts gem. § 17 Abs. 2 UrhG kann ferner nur dann eintreten, wenn eine Verbreitung überhaupt stattgefunden hat. Verbreitet werden können **nur körperliche Gegenstände;** werden Werke über das Internet betrachtet, Datenbanken online genutzt, E-Books heruntergeladen,[1226] Musikdateien oder Filme aus dem Internet heruntergeladen oder werden urheberrechtlich geschützte Werke in elektronischer Form beispielsweise per Email übermittelt, liegt keine Verbreitungshandlung im Sinne von § 17 Abs. 1 UrhG vor, so dass sich das Verbreitungsrecht auch nicht gem. § 17 Abs. 2 UrhG erschöpfen kann.[1227] Das ist möglicherweise bei Software, die als Download im Internet gekauft worden und somit „unkörperlich" veräußert worden ist, anders.[1228] 503

Ausdrücklich von der Erschöpfung **ausgenommen** ist die Vermietung von urheberrechtlich geschützten Werken, dh die unmittelbar oder mittelbar Erwerbszwecken dienende zeitlich begrenzte Gebrauchsüberlassung an Dritte, vgl. § 17 Abs. 2 aE UrhG. Der Gesetzgeber hat den Urheber in diesem Bereich besonders geschützt, indem er ihm trotz Einräumung des Vermietrechtes an einen Verwerter für jede Vermietung noch einen angemessenen Vergütungsanspruch zuerkennt (§ 27 Abs. 1 UrhG), also ein Rechte-Buyout nur eingeschränkt zulässt. Dieser gesetzliche Vergütungsanspruch des Urhebers ist nicht verzichtbar und kann auch nur durch eine Verwertungsgesellschaft geltend gemacht werden (§ 27 Abs. 1 Satz 2, Abs. 3 UrhG). Eine weitere Einschränkung des Erschöpfungsgrundsatzes statuiert das sog. „Folgerecht" (§ 26 UrhG): Wird das Original eines Werkes der bildenden Künste weiterveräußert und ist daran ein Kunsthändler oder Versteigerer als Erwerber, Veräußerer oder Vermittler beteiligt, so hat der Veräußerer dem Urheber einen Anteil in Höhe von 5 % am Veräußerungserlös zu bezahlen; auch auf diesen Anspruch kann der Urheber im Voraus nicht verzichten (§ 26 Abs. 2 Satz 1 UrhG). 504

Für **Software** regelt die Erschöpfung eine besondere Bestimmung: Bei Computerprogrammen erschöpft sich das Verbreitungsrecht (§ 69c Nr. 3 S. 2), wenn ein Vervielfältigungsstück eines Computerprogramms mit Zustimmung des Rechtsinhabers im Gebiet der EU oder des EWR im Wege der Veräußerung in Verkehr gebracht worden ist; das Vermietrecht ist von der Erschöpfung ebenso nicht betroffen. Nicht hinreichend klar abgrenzbar, wirtschaftlich-technisch als einheitlich und selbständig ist beispielsweise der Vertrieb von sog. „OEM-Software" zusammen mit neuer Computer-Hardware in der aktuellen Rechtsprechung des *BGH* angesehen worden, so dass EDV-Händler OEM-Versionen von Computerprogrammen auch unabhängig von neuer Computer-Hardware veräußern dürfen.[1229] Die Softwarehersteller haben sich deshalb inzwischen, um den separaten Weitervertrieb solcher Software verhindern zu können, mit sog. „Recovery-Versionen" beholfen, dh vorinstallierter Software, die nur auf dem Rechner läuft, auf dem sie vorinstalliert wurde und zu der CDs mitgeliefert werden, mit denen man lediglich die vorinstallierte Version wieder herstellen kann, die aber keine separate Installation ermöglichen. Zu beachten ist insoweit noch, dass der Wortlaut des § 69c Nr. 3 S. 2 UrhG von Vervielfältigungs*stück* spricht, worunter wohl nur eine Diskette oder eine CD-ROM verstanden werden kann, die dann auch weiterveräußert werden dürfen.[1230] Zu beachten ist jedoch, dass die Vorschrift auf Art. 4 Abs. 2 HS 1 der 505

[1221] Vgl. BGH GRUR 2005, 505 (506) – Atlanta.
[1222] Vgl. EuGH GRUR 2005, 244 (248), Tz. 52 – BHB-Pferdewetten; BGH GRUR 2005, 940 (942) – Marktstudien; BGH GRUR 2001, 51 (52) – Parfüm-Flakon.
[1223] Private Aufnahmen sind allerdings gem. § 53 UrhG zulässig, vgl. → Rn. 657 ff.
[1224] Vgl. EuGH GRUR 2005, 244 (248), Tz. 52 – BHB-Pferdewetten; BGH GRUR 2005, 940 (942) – Marktstudien.
[1225] BGH ZUM 2000, 1082 (1084) – Parfum-Flakon.
[1226] EuGH GRUR 2020, 179 Rn. 45 – NUV ua/Tom Kabinet.
[1227] EuGH GRUR 2020, 179 Rn. 45 – NUV ua/Tom Kabinet.
[1228] → Rn. 611.
[1229] BGH GRUR 2001, 153 (155) – OEM-Version gegen KG ZUM-RD 1999, 20 – OEM-Software.
[1230] Vgl. auch OLG Frankfurt a. M. MMR 2010, 621 (622) – Gebrauchte Software.

Computerprogramm-RL[1231] beruht. Hierin ist allgemeiner von der Erschöpfung des Verbreitungsrechts in Bezug auf eine (innerhalb der EU verkaufte) Programm*kopie* die Rede. Die Frage, ob hiervon auch unkörperliche Kopien erfasst werden, die der Erwerber mit Zustimmung des Rechtsinhabers durch Herunterladen des Programms aus dem Internet auf einen Datenträger erstellt hat, war lange Zeit streitig.[1232] Zwar sprach einiges für die Verneinung dieser Frage, wie zum Beispiel die ‚vereinbarte Erklärung' zu Art. 6 Abs. 2 des WIPO Copyright Treaty (WCT),[1233] der am 14.3.2010 in der EU in Kraft getreten ist. Hierin wird angeordnet, dass das Wort Kopie, soweit es in Zusammenhang mit dem Verbreitungsrecht steht, nur körperliche Gegenstände erfassen soll.[1234] Dennoch hat der EuGH im Vorlageverfahren entschieden, dass unter bestimmten Voraussetzungen auch die Rechte an gebrauchter Software, die online überlassen wurde, erschöpft sein können.[1235]

506 Der EuGH leitet aus den Wirkungen der Art. 3–5 der Software-RL ab, dass die Erschöpfung der Rechte an einer Programmkopie unabhängig davon eintritt, ob sie körperlich oder unkörperlich in den Verkehr gebracht worden ist; wenn der Rechteinhaber entgeltlich ein unbefristetes Nutzungsrecht eingeräumt habe, sei die Online-Übermittlung dem Verkauf eines körperlichen Vervielfältigungsstücks etwa auf einer CD vollkommen gleichzusetzen.[1236] Der BGH hat diese Vorgaben des EuGH in seiner *UsedSoft II* Entscheidung umgesetzt.[1237] Folgende Voraussetzungen müssen erfüllt sein:

- der Rechteinhaber muss dem Herunterladen dieser Kopie aus dem Internet auf einen Datenträger zugestimmt haben;
- der Rechteinhaber hat das Recht eingeräumt, diese Kopie ohne zeitliche Begrenzung zu nutzen;
- der Rechteinhaber hat eine Vergütung erhalten, die es ihm ermöglicht, eine dem wirtschaftlichen Wert der Kopie des ihm gehörenden Werkes entsprechende Vergütung zu erzielen;[1238]
- der Weiterverkäufer muss die dem Weiterverkauf zugrundeliegende Programmkopie gelöscht oder unbrauchbar gemacht haben;
- die Lizenzen dürfen nicht künstlich aufgespalten werden, dh eine für mehrere Nutzer überlassene Programmkopie darf nur für die ursprünglich vorgesehene Nutzerzahl weiterverkauft werden.[1239]

507 In weiterer Verfeinerung seiner Rechtsprechung hat der *BGH* nun entschieden, dass sich das Verbreitungsrecht nicht nur hinsichtlich der einzelnen heruntergeladenen Kopie, sondern auch hinsichtlich der noch anzufertigenden Kopien des Computerprogramms erschöpft.[1240]

508 Der Fall, dass der Rechtsinhaber dem Herunterladen einer Kopie der Computerprogramme und dem Anfertigen weiterer Kopien von dieser Kopie zustimme, sei hinsichtlich der Erschöpfung des Verbreitungsrechts an den anzufertigenden Kopien daher nicht anders zu behandeln als der Fall, dass der Rechtsinhaber der Veräußerung einer entsprechenden Anzahl körperlicher Datenträger zustimme.[1241] Schließlich stehe der Erschöpfung des Verbreitungsrechts auch nicht entgegen, dass im Rahmen der ursprünglichen Rechteeinräumung die Zustimmung von dem Umstand abhängig gemacht wurde, dass die Programme nur zu einem bestimmten Zweck – im konkreten Fall zur Nutzung nur durch Bildungseinrichtungen und für Ausbildungszwecke – genutzt würden. Eine wirksame Beschränkung des Nutzungsrechts wirke sich nicht in der Weise aus, dass der Berechtigte nach dem mit seiner Zustimmung erfolgten Inverkehrbringen weitere Verbreitungsakte daraufhin überprüfen könne, ob sie mit der ursprünglichen Begrenzung des Nutzungsrechts in Einklang stehen. Der Rechtsinhaber könne seine Zustimmung nicht von der Art und Weise der weiteren Nutzung des Werkstücks abhängig machen.[1242]

509 Die Entscheidung des BGH „UsedSoft III" ist auch insofern von Interesse, da sie die Aufspaltung von sogenannten Volumenlizenzen ermöglicht. Grundsätzlich ist zu berücksichtigen, dass die

[1231] Richtlinie 2009/24/EG des Europäischen Parlaments und des Rates vom 23. April 2009 über den Rechtsschutz von Computerprogrammen, ABl. Nr. L 111 S. 16.
[1232] BGH GRUR 2011, 418 – UsedSoft mwN.
[1233] → § 44 Rn. 17.
[1234] Vgl. auch Heydn MMR-Aktuell 2011, 314347.
[1235] Eingehend EuGH GRUR 2012, 904 – UsedSoft.
[1236] EuGH GRUR 2012, 904 (906 f.) Tz. 58 ff. und 72 – UsedSoft.
[1237] BGH GRUR 2014, 264 – UsedSoft II.
[1238] Zur Voraussetzung der Entgeltlichkeit vgl. auch OLG Frankfurt GRUR-RS 2016, 114663.
[1239] EuGH GRUR 2012, 904 (908) Tz. 86 – UsedSoft; BGH GRUR 2014, 264 (266 ff.) Tz. 30 ff. – UsedSoft II.
[1240] BGH GRUR 2015, 772 (775) Tz. 31 – UsedSoft III.
[1241] BGH GRUR 2015, 772 (775) Tz. 33 – UsedSoft III.
[1242] BGH GRUR 2015, 772 (775) Tz. 36 – UsedSoft III unter Verweis auf BGH, GRUR 2001, 153 – OEM-Version.

Erschöpfung des Verbreitungsrechts den Ersterwerber nicht dazu berechtigt, die von ihm erworbene Lizenz aufzuspalten und das Recht zur Nutzung des betreffenden Programms nur für eine von ihm bestimmte Nutzerzahl weiter zu verkaufen und die auf seinem Server installierte Kopie weiter zu nutzen. Der Nacherwerber der Kopie des Programmes kann sich also nur dann mit Erfolg auf die Erschöpfung des Verbreitungsrechts an der Kopie berufen, wenn der Ersterwerber diese Kopie unbrauchbar gemacht hat. Sofern der Ersterwerber jedoch eine Lizenz erworben hat, die die Nutzung mehrerer eigenständiger Kopien erlaubt (sogenannte Volumen-Lizenz), ist er dazu berechtigt, das Recht zur Nutzung des betreffenden Programms für eine von ihm bestimmte Zahl von Nutzern weiter zu verkaufen und für die verbleibende Zahl von Nutzern weiter zu nutzen. Der BGH betont, dass es sich bei den einzelnen Lizenzen um „jeweils selbstständige Nutzungsrechte" handelt, die eigenständig übertragen werden können.[1243] Im Fall von Volumenlizenzen kann sich also ein Nacherwerber von Kopien daher bereits dann mit Erfolg auf die Erschöpfung des Verbreitungsrechts an diesen Kopien berufen, wenn der Ersterwerber eine entsprechende Anzahl von Kopien unbrauchbar gemacht hat.

Da es sich bei der Erschöpfung um eine gesetzliche Beschränkung des Verbreitungsrechts handelt, sind entgegenstehende vertragliche Vereinbarungen unbeachtlich; der Rechteinhaber kann also den Eintritt der Erschöpfungswirkung für online übermittelte Programmkopien nicht in EULA oder sonstigen Lizenzbedingungen gegenüber dem Ersterwerber beschränken.[1244] Findet § 17 Abs. 2 UrhG Anwendung, kann die Erschöpfung somit nicht über Allgemeine Geschäftsbedingungen abbedungen werden; dies verstößt gegen § 307 BGB.[1245] 510

Das *LG Berlin* hatte über einen Rechtsstreit zu entscheiden, in dem es um ein Computerspiel mit Filmsequenzen ging, das durch Herunterladen oder in Form eines physischen Datenträgers erworben werden konnte.[1246] Den Datenträgern waren Produktschlüssel in Form von Seriennummern beigelegt, durch die das Spiel freigeschaltet werden konnte. Diese Seriennummern wurden von einem Internetshop isoliert vertrieben. Hierdurch war ein Herunterladen und Freischalten des Spiels ohne Erwerb des Datenträgers möglich. Das *LG Berlin* schränkte den Anwendungsbereich der UsedSoft-Entscheidung[1247] des EuGH ein, indem es die Erschöpfungswirkung an den unkörperlichen Vervielfältigungen verneinte und von einer Verletzung des Vervielfältigungsrechts ausging. Eine Erschöpfung könne von vornherein nur an dem mit Einwilligung des Rechteinhabers in den Verkehr gelangten Produkt eingetreten, dies sei aber nur bei der Kombination aus dem Datenträger und dem Produktschlüssel, nicht allein beim Produktschlüssel, gegeben. Entsprechend der durch EuGH und BGH entwickelten Voraussetzungen entschied das *OLG Frankfurt* in einem Fall, in dem Computer mit einer dreißigtägigen heruntergeladenen Testversion eines Programmes mit separat beigefügtem Zertifikat, das den dauerhaften Betrieb ermöglichte, in Verkehr gebracht wurden, dass mangels Entgeltlichkeit des ersten Downloadvorgangs und aufgrund der zeitlichen Befristung der Nutzung keine Erschöpfung eingetreten sei.[1248] Im Herunterladen der Testversion eines Computerprogrammes für 30 Tage liege zudem keine Zustimmung zu einer Vervielfältigung.[1249] 511

Für das verwandte Schutzrecht des Datenbankherstellers[1250] bestimmt § 87b Abs. 2 UrhG, dass § 17 Abs. 2 und § 27 Abs. 2 und 3 UrhG entsprechend anwendbar sind. Auch hier bezieht sich die Erschöpfung nur auf das Verbreitungsrecht des Datenbankherstellers, nicht aber auch auf das Recht zur Vervielfältigung der Daten.[1251] 512

Die Erschöpfung tritt grundsätzlich **nicht weltweit** ein, sondern nur auf den Gebieten der Europäischen Union und des europäischen Wirtschaftsraumes (§ 17 Abs. 2 UrhG); wer also Ware außerhalb der EU oder des EWR erwirbt, profitiert nicht von einer Erschöpfung des Verbreitungsrechtes im Inland.[1252] 513

Anders zu behandeln als Computerprogramme sind dagegen nach Auffassung des EuGH „gebrauchte" E-Books, die über eine Website zum Download angeboten werden. Der EuGH hat sich 514

1243 BGH GRUR 2015, 772 (775) Tz. 45 – UsedSoft III.

1244 EuGH GRUR 2012, 904 (908) Tz. 77 und 84 – UsedSoft; BGH GRUR 2014, 264 (266 ff.) Tz. 32, 67 – UsedSoft II.

1245 OLG Hamburg ZUM-RD 2014, 290 (291); LG Hamburg ZUM 2014, 69 (70).

1246 LG Berlin GRUR-RR 2014, 490 – Seriennummer.

1247 EuGH GRUR 2012, 904 – UsedSoft.

1248 OLG Frankfurt GRUR-RS 2016, 114663.

1249 OLG Frankfurt GRUR-RS 2016, 114663.

1250 Vgl. → Rn. 396 f.

1251 Vgl. EuGH GRUR 2005, 244 (248), Tz. 52 – BHB-Pferdewetten; BGH GRUR 2005, 940 (942) – Marktstudien.

1252 Vgl. BGH GRUR 1988, 373 (374) – Schallplattenimport III.

hier gegen eine Anwendbarkeit der für Computerprogramme entwickelten Grundsätze zur Erschöpfung auf E-Books ausgesprochen und damit das entsprechende Geschäftsmodell der niederländischen Online-Plattform Tom Kabinet für unzulässig erklärt.[1253] Es handele sich bei der Überlassung der E-Books zur dauerhaften Nutzung an die Öffentlichkeit nicht um eine Verbreitung nach Art. 4 Abs. 1 Richtlinie 20017/29/EG, sondern eine öffentliche Wiedergabe gem. Art. 3 Abs. 1 der Richtlinie 2001/29/EG.[1254] Eine Gleichstellung von körperlichen und nicht körperlichen Kopien geschützter Werke, wie auf Grundlage der RL 2009/24 für Computerprogramme angenommen, habe der Gesetzgeber für sonstige Bereiche des Urheberrechts im Rahmen der Richlinie 20017/29/EG nicht gewollt.[1255] Ferner fehle es an der wirtschaftlichen und funktionellen vergleichbarkeit von Büchern auf einem materiellen Träger und E-Books, wie sie dagegen bei der Veräußerung eines Computerprogramms auf einem materiellen Datenträger und durch Herunterladen aus dem Internet bestehe.[1256] Die dargestellte UsedSoft-Rechtsprechung[1257] ist damit nicht auf den Fall der Zugänglichmachung von „gebrauchten" E-Books anwendbar.

515 Zu beachten ist für das Recht der öffentlichen Wiederhabe – und dort speziell für die öffentliche Zugänglichmachung und die Sendung – seit dem 1.4.2018 die EU-Portabilitätsverordnung. Damit wird sichergestellt, dass Online-Inhaltedienste wie Netflix oder Spotify bei nur vorübergehendem Aufenthalt außerhalb des Wohnsitzmitgliedsstaates weiter genutzt werden können, auch wenn der Dienst nur im Wohnsitzmitgliedsstaat über die erforderlichen Nutzungsrechte verfügt. Gem. Art. 4 wird fingiert, dass die Bereitstellung eines Online-Inhaltedienstes für einen Abonnenten, der sich vorübergehend in einem anderen Mitgliedstaat aufhält, und der Zugriff auf diesen Dienst sowie seine Nutzung durch den Abonnenten ausschließlich im Wohnsitzmitgliedstaat des Abonnenten erfolgt.[1258]

516 *cc) Ausstellungsrecht, § 18 UrhG.* Das **Ausstellungsrecht** gem. §§ 15 Abs. 1 Nr. 3, 18 UrhG ist das Recht, das Original oder Vervielfältigungsstücke eines **unveröffentlichten**[1259] Werkes der bildenden Künste oder der Fotografie öffentlich zur Schau zu stellen. Da das Ausstellungsrecht nur für unveröffentlichte Werke der bildenden Künste oder der Fotografie gilt, läuft es weitgehend leer, weil die Urheber bzw. die Nutzungsrechtsinhaber letztendlich bei veröffentlichten Werken der bildenden Künste oder der Fotografie nicht verhindern können, dass diese Werke öffentlich ausgestellt werden, und zwar auch nicht zu gewerblichen Zwecken. Jeder Gewerbetreibende darf also zB Poster mit Gemälden oder Fotografien, die er erworben hat, rahmen und in seinen Gewerberäumen aufhängen (vervielfältigen darf er sie natürlich nicht!). Zu beachten ist insoweit, dass der Erwerber eines Originals eines Werkes der bildenden Künste oder der Fotografie auch dann berechtigt ist, es öffentlich auszustellen, wenn es noch nicht veröffentlicht ist, soweit der Urheber dies bei der Veräußerung des Originals nicht ausdrücklich ausgeschlossen hat (§ 44 Abs. 2 UrhG).[1260] Die Ausstellung eines Werkes der bildenden Künste führt nicht zu einer Erschöpfung des Verbreitungsrechts.[1261]

517 *dd) Unkörperliche Verwertung, §§ 19–22 UrhG.* Der Begriff der „öffentlichen Wiedergabe" weist nach der EuGH-Rechtsprechung zwei kumulative Tatbestandsmerkmale auf, nämlich die „Handlung der Wiedergabe" einerseits und die „Öffentlichkeit" der Wiedergabe andererseits.[1262] Die „Wiedergabe" umfasst jede Übertragung geschützter Werke oder Leistungen unabhängig vom eingesetzten technischen Mittel oder Verfahren.[1263] Jede Übertragung, die nach einem spezifischen technischen Verfahren erfolgt, muss grundsätzlich vom Urheber des betreffenden Werkes erlaubt werden.[1264] Ergänzt wird die Voraussetzung des spezifischen technischen Verfahrens noch mit der Voraussetzung, dass der Nutzer in voller Kenntnis der Folgen seines Verhaltens tätig werden muss, um Dritten einen Zugang zum geschützten Werk zu verschaffen, den diese ohne

1253 EuGH GRUR 2020, 179 – NUV ua/Tom Kabinet.
1254 EUGH GRUR 2020, 179, 181 Tz. 45 ff. – NUV ua/Tom Kabinet.
1255 EUGH GRUR 2020, 179, 182 Tz. 56 – NUV ua/Tom Kabinet.
1256 EUGH GRUR 2020, 179, 182 Tz. 58 – NUV ua/Tom Kabinet.
1257 Vgl. → Rn. 508 ff.
1258 Vgl. → § 41 Rn 71b.
1259 Vgl. zum Begriff der Veröffentlichung → Rn. 537.
1260 Vgl. → Rn. 465.
1261 Vgl. BGH GRUR 1995, 673 (675 f.) – Mauerbilder; vgl. zur Erschöpfung → Rn. 605 ff.
1262 EuGH GRUR 2018, 911, 912 Tz. 19 – Cordoba; EuGH GRUR 2016, 60 (61) Tz. 15 – SABAM.
1263 EuGH GRUR 2016, 60 (61) Tz. 16 – SABAM; EuGH GRUR 2016, 684 (686) Tz. 38 – Reha Training/GEMA.
1264 EuGH GRUR 2016, 60 (61) Tz. 17 – SABAM; EuGH GRUR 2016, 684 (686) Tz. 39 – Reha Training/GEMA.

sein Tätigwerden nicht hätten.[1265] Nach Auffassung des EuGH besteht jedoch eine Einschränkung des Wiedergabebegriffes, wenn das spezifische technische Verfahren für die Übertragung rein technischer Natur ist und der Übertragende sich als bloßer Verteiler „nicht in einer autonomen Stellung im Verhältnis zum Ausgangs-Unternehmen" befindet.[1266]

Der EuGH stuft es als Handlung der Wiedergabe ein, wenn auf einer Website eine zuvor auf einer anderen Website veröffentlichte Fotografie eingestellt wird, nachdem sie zuvor auf einen privaten Server kopiert worden war, denn hierdurch wird den Besuchern der zweiten Website der Zugang zur Fotografie ermöglicht.[1267] Die unkörperliche Verwertung eines urheberrechtlich geschützten Werkes, also das Recht der öffentlichen Wiedergabe, teilt sich in mehrere Rechte auf. So umfasst das Recht der öffentlichen Wiedergabe zunächst das **Vortragsrecht** gem. §§ 15 Abs. 2 Nr. 1, 19 Abs. 1 UrhG, dh das Recht, ein *Sprachwerk* durch persönliche Darbietung öffentlich zu Gehör zu bringen. Zu beachten ist insoweit, dass urhebervertragsrechtlich von einer Nutzungsrechtseinräumung im Zweifel nicht gedeckt ist, die Wiedergabe auch außerhalb der Veranstaltung wahrnehmbar zu machen (§ 37 Abs. 3 UrhG). Hat der Urheber also zB einem Buchhändler gestattet, bei einer Lesung bestimmte Gedichte von ihm vorzutragen, darf der Buchhändler ohne ausdrückliche Gestattung nicht auch die Lesung über Lautsprecher vor seinem Ladengeschäft hörbar machen. 518

Das **Aufführungsrecht** gem. §§ 15 Abs. 2 Nr. 1, 19 Abs. 2 UrhG umfasst das Recht, ein **Werk der Musik** durch öffentliche Darbietung *konzertmäßig* öffentlich zu Gehör zu bringen oder **Werke aller Art** öffentlich *bühnenmäßig* aufzuführen. Eine bühnenmäßige Aufführung kann somit auch dann vorliegen, wenn das Werk gar nicht als Bühnenwerk geschaffen wurde.[1268] Bühnenmäßige Aufführung ist die Darbietung eines Gedankeninhaltes durch bewegtes Spiel im Raum, das für Auge und Ohr wahrnehmbar ist.[1269] Das ist nicht der Fall, wenn lediglich einzelne Handlungselemente ohne Zusammenhang aneinander gereiht werden. Vielmehr muss durch das sinnlich erfassbare bewegte Spiel ein sinnvoller Handlungsablauf entstehen, da nur dann ein gedanklicher Inhalt vermittelt wird.[1270] Hierbei soll es nach der Rechtsprechung ausreichen, wenn der gedankliche Inhalt lediglich eines Bestandteiles des Werkes für das Publikum erkennbar wird.[1271] Vortrags- und Aufführungsrecht umfassen gem. § 19 Abs. 3 UrhG grundsätzlich auch das Recht der Übertragung durch Bildschirm und Lautsprecher, das aber, wie bereits ausgeführt, im Zweifel von der Nutzungsrechtseinräumung nicht umfasst ist (§ 37 Abs. 3 UrhG). Dadurch soll der Urheber entscheiden dürfen, ob der Vortrag oder die Aufführung auch an weiteren Orten außerhalb des Veranstaltungsortes öffentlich wahrnehmbar gemacht werden soll. 519

Das **Vorführungsrecht** gem. §§ 15 Abs. 2 Nr. 1, 19 Abs. 4 UrhG ist das Recht, ein Werk durch technische Einrichtungen für Auge und Ohr wahrnehmbar zu machen, also zB Fotografien im Rahmen einer Diashow vorzuführen oder Filme in Kinos zu zeigen. Keine Filmvorführungen sind somit Fernsehsendungen, die unter den Begriff der Sendung des § 20 UrhG fallen, da sie über Funk öffentlich wahrnehmbar gemacht werden und nicht durch technische Einrichtungen der benannten Art.[1272] 520

Das Gesetz zur Regelung Urheberrechts in der Informationsgesellschaft vom 10. September 2003 hat in § 15 Abs. 2 Nr. 2 UrhG als neues unkörperliches Verwertungsrecht das **„Recht der öffentlichen Zugänglichmachung"** eingeführt, das in § 19a UrhG näher definiert wird als das Recht, das Werk drahtgebunden oder drahtlos der Öffentlichkeit in einer Weise zugänglich zu machen, dass es Mitgliedern der Öffentlichkeit von Orten und zu Zeiten ihrer Wahl zugänglich ist. Nicht erforderlich ist, dass bei dem Nutzer etwas dauerhaft verbleiben muss, zB Herunterladen von Musikdateien.[1273] Es genügt schon das Zurverfügungstellen eines Musikdienstes, bei dem im sog. Streaming-Verfahren die Kunden die Musik anhören und sich zusammenstellen können.[1274] Ausreichend ist es zudem bereits, wenn lediglich kleinste Bruchstücke von Tonträgern in 521

1265 BGH GRUR 2016, 278 (281) Tz. 30 – Hintergrundmusik in Zahnarztpraxen; BGH GRUR 2016, 171 (172) Tz. 22 – Die Realität II.

1266 EuGH GRUR 2016, 60 (61) Tz. 32 – SABAM.

1267 EuGH GRUR 2018, 911, 912 Tz. 21 – Cordoba.

1268 BGH GRUR 2008, 1081 (1081), Tz. 12 und S. 1082, Tz. 15 – Musical Starlights; BGH NJW 2000, 2207 (2209) – Musical Gala; OLG Hamburg OLGR 2004, 13 – Mamma Mia.

1269 BGH GRUR 2008, 1081 (1081), Tz. 12 – Musical Starlights; BGH GRUR 2000, 228 – Musical-Gala.

1270 BGH GRUR 2008, 1081 (1081), Tz. 12 – Musical Starlights.

1271 BGH GRUR 2008, 1081 (1081), Tz. 16 – Musical Starlights.

1272 BFH ZUM-RD 2007, 106 Rn. 19 ff. – Pay TV.

1273 OLG Hamburg ZUM 2009, 414 f. – StayTuned III.

1274 OLG Hamburg ZUM 2009, 414 f. – StayTuned III.

einem Peer-2-Peer-Netzwerk angeboten werden.[1275] Damit soll klargestellt werden, dass das Vorhalten urheberrechtlich geschützter Werke zum Abruf in digitalen Netzen, das sind die sog. „On-Demand-Dienste", dem ausschließlichen Verwertungsrecht des Urhebers unterfällt und er dies somit kontrollieren kann.[1276]

522 Damit wird letztendlich im UrhG eine Lücke geschlossen: Das Senderecht wird üblicherweise dahin beschrieben, dass das Werk zu festgelegten Zeiten und an festgelegten Orten zugänglich gemacht wird. Damit konnten Angebote im Internet nicht erfasst werden, die es dem Nutzer erlaubten, zu Zeiten seiner Wahl ein Werk abzurufen. Die Verwendung eines geschützten Werkes auf Abruf im Internet greift damit in das Recht der öffentlichen Zugänglichmachung des Urhebers gemäß §§ 15 Abs. 2 Nr. 2, 19a UrhG ein.[1277] Für die Frage, wann eine Zugänglichmachung hinreichend „öffentlich" ist, vgl. zunächst → Rn. 444. Ein im Internet befindlicher Stadtplanausschnitt (§ 2 Abs. 1 Nr. 7 UrhG) kann grds. der Zugänglichmachung des § 19a UrhG unterliegen.[1278]

523 Zu differenzieren ist bei der Veröffentlichung von bloßen Links. Eine öffentliche Zugänglichmachung liegt vor, wenn Dateien mit urheberrechtlich geschützten Werken (im Streitfall Computerspiele) unter Verletzung des bestehenden Urheberrechts durch Bekanntgabe des Zugangslinks im Internet veröffentlicht werden.[1279] Im Streitfall ging es um den Sharehoster Rapidshare, auf dessen Servern seine Kunden urheberrechtswidrig Dateien mit dem Computerspiel gespeichert hatten. Wenn diese Nutzer dann Links auf diese Dateien in sogenannten Linksammlungen veröffentlichen, stellt das Veröffentlichen des Links eine öffentliche Zugänglichmachung dar. Dieser Fall ist von der anderen Konstellation zu unterscheiden, dass im Internet ein Link auf ein legal veröffentlichtes Werk bereitgestellt wird; das greift regelmäßig weder in das Vervielfältigungs- noch in das Recht auf öffentliche Zugänglichmachung ein,[1280] weil allein der Betreiber der fremden Internetseite darüber entscheidet, ob das Werk der Öffentlichkeit zugänglich bleibt.[1281]

524 Noch anders ist es wiederum, wenn ein legal öffentlich zugänglich gemachtes Werk durch technische Maßnahmen gegen freien Zugriff geschützt ist und der Link diese technischen Maßnahmen umgeht; dann verletzt dies § 19a UrhG.[1282] Ein Sonderfall der Verlinkung ist das sogenannte **Framing.** Bei einem Klick auf einen Link erscheint der darüber abgerufene Inhalt einer fremden Website in einem auf den Webseiten des Verlinkenden erscheinenden Rahmen („Frame"). Der Bundesgerichtshof legte die Frage dem EuGH zur Vorabentscheidung vor.[1283] Nach Auffassung des BGH scheidet eine öffentliche Zugänglichmachung gemäß § 19a UrhG aus.[1284] Der EuGH hat sich der Auffassung des BGH angeschlossen und eine öffentliche Wiedergabe durch Framing verneint, soweit das betreffende Werk weder für ein neues Publikum noch nach einem speziellen technischen Verfahren wiedergegeben wird, das sich von demjenigen der ursprünglichen Wiedergabe unterscheidet.[1285] Der Bundesgerichtshof nimmt jedoch einen Eingriff in ein unbenanntes Verwertungsrecht der öffentlichen Wiedergabe gemäß § 15 Abs. 2 UrhG iVm Art. 3 Abs. 1 Richtlinie 2001/29/EG an.[1286]

525 Die Auslegung des Begriffs der **„öffentlichen Wiedergabe"** ist einer der aktuellen urheberrechtlichen Dauerbrenner. So hatte auf Vorlage des englischen High Court der *EuGH* über die Frage zu entscheiden, ob Fernsehsender die Weiterverbreitung ihrer Sendungen durch Live-

[1275] AG München MMR 2014, 197.

[1276] Vgl. die Begründung zum RegE vom 6.11.2002, BT-Drs. 15/38, S. 16 f.; Wandtke/Bullinger/Bullinger, § 19a Rn. 2 und 12, 16; s. a. Loewenheim/Hoeren UrhG § 21 Rn. 53 und 63 f.; OLG Stuttgart v 21.1.2008, Az: 2 Ws 328/07, Tz 8 ff. – Music-on-demand-Dienst; Poll GRUR 2007, 476 (480); Czychowski/Jan Bernd Nordemann, NJW 2008, 1571 ff.

[1277] Vgl. BGH GRUR 2010, 628 (629) Tz. 18 – Vorschaubilder I, OLG München GRUR-RR 2008, 37 (40) – Pumuckl-Illustrationen II.

[1278] BGH GRUR 2011, 56 (58) Tz. 28 – Session-ID. (Das Setzen eines Hyperlinks zu einer Stadtplan-Seite unter Umgehung einer Schutzmaßnahme greift in das Recht der öffentlichen Zugänglichmachung ein).

[1279] BGH GRUR 2013, 370 Tz. 16 – Allone in the Dark.

[1280] BGH GRUR 2003, 958 – Paper Boy; vgl. auch BGH GRUR 2018, 178, 181 Tz. 19 – Vorschaubilder III.

[1281] BGH GRUR 2018, 178, 181 Tz. 19 – Vorschaubilder III.

[1282] BGH GRUR 2011, 56 Tz. 23 – Session-ID.

[1283] BGH GRUR 2013, 818 – Die Realität.

[1284] BGH GRUR 2013, 818 Tz. 8 f. – Die Realität; BGH GRUR 2016, 171 Tz. 14 – Die Realität II.

[1285] EuGH GRUR 2014, 1196 – BestWater International GmbH/Michael Mebes, Stefan Posch; vgl. auch BGH GRUR 2018, 178, 182 Tz. 37 ff. – Vorschaubilder III; KG-GRUR 2018, 1055, 1057 Tz. 20 – Framingschutz.

[1286] BGH GRUR 2013, 818 Tz. 10 ff. – Die Realität mit umfassenden Nachweisen zum Streitstand; BGH GRUR 2016, 171 (172) Tz. 15 ff. – Die Realität II.

streaming über das Internet verbieten können.[1287] Dies hat der EuGH bejaht, da es sich dabei um eine öffentliche Wiedergabe geschützter Werke handele, die der Erlaubnis des Urhebers bedarf, auch wenn die Nutzer des Livestreamingdiensts eine Fernsehempfangslizenz haben, die sie zum Empfang der betroffenen Sendungen über das Fernsehen berechtigt.[1288] Im Fall Svensson[1289] hat der EuGH entschieden, dass es urheberrechtlich zulässig ist, ohne Zustimmung des Rechtsinhabers einen direkten Hyperlink auf ein geschütztes Werk zu setzen. Das Urteil ist von überragender Bedeutung für die weitere Entwicklung des Internet. Ein Link auf ein Werk – zB auf einen Zeitungsartikel –, das auf einer anderen Internetseite (rechtmäßig)[1290] veröffentlich wurde, ist keine erneute öffentliche Wiedergabe iSd europäischen Richtlinie über bestimmte Aspekte des Urheberrechts und verwandter Schutzrechte in der Informationsgesellschaft (2001/29/EG).[1291] Dieser Entscheidung wurde bereits entgegengefiebert, als gerade die Verwendung einfacher Hyperlinks eine für das Internetzeitalter bedeutende Stellung einnimmt[1292] und jede gegenläufige Rechtsprechung eine massive Beeinträchtigung der Funktionsfähigkeit des Internets zur Folge gehabt hätte.[1293] Es ist insoweit auch nicht zu befürchten, dass Rechteinhaber durch das Urteil etwa schutzlos bleiben. Ihnen verbleiben die außerhalb des Urheberrechts möglichen Ansprüche, wie zum Beispiel die im Rahmen des Rechts des unlauteren Wettbewerbs geltenden Rechtsschutzmöglichkeiten, um gegen unerwünschte Hyperlinks vorzugehen.

Im Svensson Fall hatte der EuGH jedoch offengelassen, ob Links auf rechtswidrige Inhalte eine öffentliche Wiedergabe darstellen können. Diese Lücke hat der EuGH jetzt gefüllt, indem er entschied, dass die Verlinkung eine öffentliche Wiedergabe darstellt, wenn der Verlinkende weiß oder hätte vernünftigerweise wissen müssen, dass der Link auf einen rechtswidrigen Inhalt geht.[1294] Hätte der Linksetzer indes nicht wissen müssen, dass der Zielinhalt rechtswidrig ist, liegt keine öffentliche Wiedergabe durch den Link vor. Wer einen Link in Gewinnerzielungsabsicht setzt, für den wird vermutet, dass ein solches Setzen von Hyperlinks in voller Kenntnis der Geschütztheit des Werkes und der etwaig fehlenden Erlaubnis des Urheberrechtsinhabers zu seiner Veröffentlichung im Internet vorgenommen wurde.[1295] 526

Nach Auffassung des BGH greift die vom EuGH herangezogene Vermutung aufgrund der besonderen Bedeutung von Suchmaschinen für die Informationsvermittlung im Internet und damit für die Funktionsfähigkeit des Internets nicht für Hyperlinks ein, die von einer mit Gewinnerzielungsabsicht betriebenen Internetseite zu einer Suchmaschine gesetzt werden.[1296] Vom Anbieter einer Suchmaschine könne vernünftigerweise nicht erwartet werden, dass er sich vergewissert, ob die von den Suchprogrammen aufgefundenen Abbildungen von Werken oder Lichtbildern rechtmäßig ins Internet eingestellt worden seien, bevor er diese Abbildungen als Vorschaubilder wiedergebe; eine solche allgemeine Kontrollpflicht würde den Betrieb von Suchmaschinen gefährden oder unverhältnismäßig erschweren und wäre unangemessen.[1297] Für die Annahme von 527

[1287] EuGH GRUR 2013, 500 – ITV Broadcasting Ltd ua/TVCatchup Ltd.

[1288] EuGH GRUR 2013, 500 (502) Tz. 40 – ITV Broadcasting Ltd ua/TVCatchup Ltd. Im weiteren Verlauf des Rechtsstreits kam es zu einer erneuten Vorlage dieses Mal zur Auslegung des Begriffs „Zugang zum Kabel von Sendediensten" nach Art. 9 RL 2001/29/EG durch den englische Court of Appeal (Court of Appeal GRUR Int. 2016, 173), auf die der EuGH entschied, dass dieser Begriff dahin auszulegen ist, dass eine nationale Regelung, nach der das Urheberrecht nicht verletzt wird, wenn Werke, die von Fernsehsendern mit Gemeinwohlverpflichtungen ausgestrahlt wurden, im Gebiet der ursprünglichen Ausstrahlung umgehend über Kabel, gegebenenfalls auch mittels Internet, weiterverbreitet werden, nicht unter Art. 9 RL 2001/29/EG fällt und nicht gestattet wird (EuGH GRUR Int. 2017, 359 – ITV Broadcasting Ltd ua/TVCatchup Ltd).

[1289] EuGH GRUR 2014, 360 – Nils Svensson, Sten Sjörgren, Madelaine Sahlman, Pia Gadd/Retriever Sverige AB.

[1290] Vgl. EuGH GRUR 2016, 1152 – GS MEDIA/SANOMA.

[1291] EuGH GRUR 2014, 360 (361) Tz. 24 ff. – Nils Svensson, Sten Sjörgren, Madelaine Sahlman, Pia Gadd/Retriever Sverige AB.

[1292] Zur urheberrechtlichen Einstufung von einfachen Hyperlinks vgl. Hendel ZUM 2014, 102 sowie The European Copyright Society, Opinion on The Reference to the CJEU in Case C-466/12 Svensson, 15 February 2013.

[1293] Im Einzelnen hierzu vgl. Ott MMR 2013, 596.

[1294] EuGH GRUR 2016, 1152 (1154 f.) Tz. 47–49 – GS MEDIA/SANOMA; vgl. auch LG Hamburg ZUM 2017, 356 (358 ff.), das eine öffentliche Wiedergabe bejaht, wenn die öffentliche Zugänglichmachung des Werkes, auf die der Link geht, als Umgestaltung iSv § 23 Abs. 1 UrhG nicht von einer Genehmigung des Rechteinhabers getragen ist und der Linksetzer um die Rechtswidrigkeit der verlinkten öffentlichen Zugänglichmachung wusste oder hätte wissen müssen.

[1295] EuGH GRUR 2016, 1152 (1155) Tz. 51 – GS MEDIA/SANOMA; vgl. auch LG Hamburg ZUM 2017, 356 (359).

[1296] BGH GRUR 2018, 185, Tz. 60 – Vorschaubilder III.

[1297] BGH GRUR 2018, 178, 185, Tz. 62 – Vorschaubilder III.

Gewinnerzielungsabsicht reicht nach dem LG Hamburg, wenn die Linksetzung im Rahmen eines Internetauftritts erfolgt, der insgesamt zumindest auch einer Gewinnerzielungsabsicht dient.[1298]

528 Weiter merkte der EuGH an, dass bei einer Verlinkung auf Werke, die zwar rechtswidrig im Internet stehen, die aber auf einer anderen Seite legal mit Erlaubnis des Inhabers zugänglich gemacht sind, keine öffentliche Wiedergabe gegeben sei, weil kein neues Publikum erreicht werde.[1299] In BREIN/Wullems („Filmspeler") bestätigte der EuGH seine Rechtsprechung[1300] und ging in BREIN/Ziggo sogar noch weiter: Er nahm an, dass die Plattform „ThePirateBay" das Recht der öffentlichen Wiedergabe verletze, obwohl es sich um eine Plattform handelt, auf der nur Metainformationen (vergleichbar mit Hyperlinks) veröffentlicht werden, die von den Nutzern selbst hochgeladen werden. Insoweit hilft ThePirateBay lediglich dabei, dass sich Nutzer des BitTorent-Netzwerks (Tauschbörse) finden. Entscheidend stellte der EuGH für die täterschaftliche Haftung von mittelbaren Verletzern auf zwei Faktoren ab: (1) Zentrale Rolle und volle Kenntnis der Folgen seines Verhaltens, um Dritten Zugang zu gewähren;[1301] (2) Verletzung der Pflicht, durch den Zugang Dritten keine rechtswidrige öfffentliche Wiedergabe zu gewähren.[1302] Auf dieser Grundlage deutet sich ein eigenes **Europäisches Haftungskonzept für die öffentliche Wiedergabe** an.[1303]

529 In der Entscheidung YouTube/Cyando hat der EuGH dieses Haftungskonzept weiter konkretisiert. Die erforderliche zentrale Rolle nimmt der Intermediär dann ein, wenn ohne sein Tätigwerden die Kunden das (urheberrechtswidrig) verbreitete Werk grundsätzlich nicht abrufen könnten oder das zumindest komplexer wäre.[1304] Das ist für einen Dienst wie YouTube grundsätzlich der Fall, weil erst durch das Bereitstellen der Plattform samt Organisation der Inhalte die öffentliche Wiedergabe gegenüber den Abrufern stark gefördert wird.[1305] Bei Cyando ist die Frage nach einer zentralen Rolle deutlich komplexer zu beantworten. Denn Cyando stellt unter der Marke „Uploaded" lediglich Speicherplatz zur Verfügung. Letzlich ist mit dem EuGH aber offenbar auch hier bereits genügend, dass Infrastruktur zur Verfügung gestellt wird, die den Abruf zumindest erleichtert.[1306] Das ist der Fall, weil die Nutzer über Cyando in die Lage versetzt werden, die Datei mit dem urheberrechtlich geschützten Werk zu speichern, um diese dann urheberrechtswidrig mit dem zur Verfügung gestellten Download-Link urheberrechtswidrig öffentlich wiederzugeben. Zusätzlich sind nach dem EuGH verschiedene Verkehrspflichten relevant: (1) Der Intermediär hat von der rechtsverletzenden Zugänglichmachung eines geschützten Inhaltes auf seiner Plattform konkret Kenntnis und sieht davon ab und löscht diesen Inhalt nicht unverzüglich oder sperrt den Zugang zu ihm nicht unverzüglich; oder (2) der Intermediär weiß oder müsste wissen, dass über seine Plattform im Allgemeinen durch Nutzer dieser Plattform geschützte Inhalte rechtswidrig öffentlich zugänglich gemacht werden und der Intermediär ergreift nicht die geeigneten technischen Maßnahmen, die von einem die übliche Sorgfalt beachtenden Wirtschaftsteilnehmer in seiner Situation erwartet werden können, um Urheberrechtsverletzungen auf dieser Plattform glaubwürdig und wirksam zu bekämpfen; oder (3) der Intermediär ist an der Auswahl geschützter Inhalte, die rechtswidrig öffentlich zugänglich gemacht werden, beteiligt, der Intermediär bietet auf seiner Plattform Hilfsmittel an, die speziell zum unerlaubten Teilen solcher Inhalte bestimmt sind, oder er fördert ein solches Teilen wissentlich; für ein solches wissentliches Fördern kann der Umstand sprechen, dass der Betreiber ein Geschäftsmodell gewählt hat, das die Nutzer seiner Plattform dazu verleitet, geschützte Inhalte auf dieser Plattform rechtswidrig öffentlich zugänglich zu machen.

530 Dem Fall C More Entertainment[1307] lag sachverhaltlich die Bereitstellung von Links auf einer Website zu Grunde, die es dem Besucher ermöglichten, auf der Website eines Sendeunternehmens auf Direktübertragungen von Eishockeyspielen zuzugreifen, ohne den Geldbetrag entrichten zu

---

[1298] LG Hamburg ZUM 2017, 356 (359).

[1299] EuGH GRUR 2016, 1152 (1155) Tz. 52 – GS MEDIA/SANOMA; vgl. auch BGH GRUR 2018, 178, 183 Tz. 42 ff. – Vorschaubilder III; KG-GRUR 2018, 1055, 1057 Tz. 20 – Framingschutz.

[1300] EuGH GRUR 2017, 610 – BREIN/Wullems („Filmspeler"): Verkauf von Mediaplayern mit vorinstallierten Links auf illegale Filmdateien eine Verletzung des Rechts der öffentlichen Wiedergabe, weil der Verkäufer wusste, dass die Links auf illegale Inhalte führten.

[1301] EuGH GRUR 2017, 790 Tz. 26, 36 – BREIN/Ziggo.

[1302] EuGH GRUR 2017, 790 Tz. 40 ff. – BREIN/Ziggo.

[1303] Dazu eingehend unten → Rn. 715.

[1304] EuGH GRUR 2021, 1054 Rn. 68, 77 – YouTube/Cyando.

[1305] EuGH GRUR 2021, 1054 Rn. 77 – YouTube/Cyando.

[1306] EuGH GRUR 2021, 1054 Rn. 77 – YouTube/Cyando.

[1307] EuGH GRUR 2015, 477 – C More Entertainment AB/Sandberg.

müssen, den das Sendeunternehmen für diese Übertragungen verlangte. Da das Werk der Öffentlichkeit hierbei nicht in einer Weise zugänglich gemacht wurde, dass es Mitgliedern der Öffentlichkeit von Orten und zu Zeiten ihrer Wahl zugänglich ist, stellte der Live-Stream keine öffentliche Zugänglichmachung dar und unterfiel damit nicht dem entsprechenden Ausschließlichkeitsrecht der Sendeunternehmen aus Art. 3 Abs. 2 lit. d der Richtlinie 2001/29/EG. Der EuGH entschied, dass das Ausschließlichkeitsrecht der in Art. 3 Abs. 2 lit. d der Richtlinie 2001/29/EG genannten Sendeunternehmen jedoch auf Handlungen der öffentlichen Wiedergabe solcher Direktübertragungen von Sportveranstaltungen über das Internet ausgedehnt werden kann.[1308] Die Mitgliedstaaten könnten den Sendeunternehmen das ausschließliche Recht gewähren, Handlungen der öffentlichen Wiedergabe ihrer Sendungen zu erlauben oder zu verbieten, sofern ein solcher Schutz den Schutz der Urheberrechte nicht beeinträchtigt.[1309]

531 **Keine öffentliche Zugänglichmachung** gem. § 19a UrhG nahm der BGH jedoch im Fall eines Internet-Videorecorders an: In dem Fall empfing die Beklagte urheberrechtlich geschützte Fernsehsendungen über ihre Satelliten-Antennen. Die Kunden der Beklagten konnten sich aus diesen Programmen über eine elektronische Programmzeitschrift Sendungen auswählen, die die Beklagte auf den jeweiligen „persönlichen Videorecorder" des Kunden abspeicherte. Es handelte sich dabei um einen Speicherplatz bestimmter Größe, der ausschließlich dem Kunden zugewiesen war. Der BGH lehnte daher die Öffentlichkeit des Angebots ab, weil die Sendung nur einzelnen Personen zugänglich gemacht werde, die für sich genommen keine hinreichende Öffentlichkeit darstellten.[1310] Das Ergebnis erscheint jedoch zweifelhaft, weil damit die Zuweisung eigener isolierter Speicherplätze für jeden Kunden aus § 19a UrhG herausführen würde. Bei wertender Betrachtung ist eine solche technische Lösung aber gleichbedeutend mit einem Zugriff aller Kunden auf nur eine Kopie. Der beklagte Dienst wirbt deshalb auch mit dem Slogan „Fernsehen, wann ich will", was die besondere Nähe zu § 19a UrhG unterstreicht („... von Orten und zu Zeiten Ihrer Wahl ..."). Der BGH musste sich dann aber noch fragen, ob die dortige Beklagte, die über die Satelliten-Antennen empfangenen Fernsehprogramme an die Speicherplätze ihrer Kunden gem. § 20 UrhG weitersende. Das nahm der BGH an, sofern die Weitersendung öffentlich sei, was er bejahte, wenn die Speicherung von mehreren miteinander verbundenen Personen nachgefragt werde.[1311] Da das Berufungsgericht den Sachverhalt insoweit aber noch nicht vollständig aufgeklärt hatte, ist das Verfahren zurückverwiesen worden. Auch insoweit erscheint die Entscheidung jedoch kritikwürdig: Soll eine Anwendung von § 20 UrhG wirklich von dem Zufall abhängen, ob sich mehrere Kunden die Sendung bestellt haben?

532 Auch der EuGH nahm in einer aktuellen Entscheidung Stellung zu den rechtlichen Rahmenbedingungen der Online-Videorecorder, insbesondere im Hinblick auf die Privatkopieschranke; er setzte sich mit der Konstellation auseinander, dass ein gewerbliches Unternehmen privaten Nutzern im Internet ein System zur Bildaufzeichnung in einem Speicherbereich in der „Cloud" für terrestrisch ausgestrahlte Sendungen von italienischen Fernsehstationen, darunter jene von RTI, zur Verfügung stellt. So empfängt das verwaltete System über seine eigenen Antennen das Fernsehsignal und zeichnet das gewählte Sendungszeitfenster auf dem vom Nutzer angegebenen Speicherplatz in der „Cloud" auf; dieser Speicherplatz wird vom Nutzer jedoch bei einem anderen Anbieter erworben. In der beschriebenen Konstellation beschränkt sich der gewerbliche Erbringer der Dienstleistung nach Ansicht des EuGH nicht auf die Organisation der Vervielfältigung, sondern liefert darüber hinaus einen Zugang zu den Sendungen bestimmter Fernsehkanäle.[1312] Indem die Dienstleistung zugleich die Vervielfältigung und die Zurverfügungstellung der von ihr erfassten Werke gewährleiste, erfülle sie eine Doppelfunktion.[1313] Die Privatkopieschranke des Art. 5 Abs. 2 lit. b Richtlinie 2001/29 (bzw. § 53 UrhG) erlaubt jedoch nur die Vervielfältigung des Werks. Sie ist nach Auffassung des EuGH eng auszulegen und deckt daher diese Vermittlung des Zugangs zu den Werken nicht.[1314]

533 Eine Differenzierung – wie beim BGH –, ob der Kunde eigenen Speicherplatz zugewiesen bekommt, findet sich beim EuGH nicht. Diese EuGH-Rechtsprechung wird von mehreren Entscheidungen der Münchner Gerichte aufgenommen, die sich mit **neuen Musikdiensten** befassen.

1308 EuGH GRUR 2015, 477 (478) – C More Entertainment AB/Sandberg.
1309 Vgl. dazu BGH GRUR 2016, 71 (74) Tz. 36 ff. – Ramses.
1310 Vgl. BGH GRUR 2009, 845 (847), Tz. 26 – Internet-Videorecorder.
1311 Vgl. BGH GRUR 2009, 845 (847 f.), Tz. 28 ff. u. 34 f. – Internet-Videorecorder.
1312 EuGH GRUR 2018, 68, 69 Tz. 37 ff. – VCAST/RTI.
1313 EuGH GRUR 2018, 68, 69, Tz. 38 – VCAST/RTI.
1314 EuGH GRUR 2018, 68, 69, Tz. 39 – VCAST/RTI.

Die Dienste suchen auf Wunsch des Kunden urheberrechtlich geschützte Musiktitel aus Online-Radiosendungen heraus und speichern sie auf einem für den Kunden reservierten (Cloud-) Speicherplatz. Nach dem OLG München handelt es sich dabei um eine Vervielfältigung des Musikdienstes selbst nach § 16 UrhG,[1315] die auch nicht nach § 53 UrhG als Privatkopie gerechtfertigt ist.[1316] Allerdings sieht der BGH[1317] in einer nachfolgenden Entscheidung im Fall von Internetmusikdiensten, die wie ein virtueller Radio-Rekorder in der Cloud funktionieren, den Kunden als den Hersteller der Vervielfältigungen iSd § 53 UrhG, wenn dies unter Nutzung einer vollständig automatisierten Vorrichtung des Anbieters erfolge und kommt zu dem Ergebnis, dass die Privatkopieschranke des § 53 Abs. 1 S. 1 UrhG eingreife (→ Rn. 657 zu § 53 UrhG).

534 Der EuGH hat nunmehr die Frage beantwortet, ob es für eine öffentliche Zugänglichmachung im Sinne des Art. 3 Richlinie 2001/29 ausreicht, wenn ein Nutzer lediglich Segmente einer Mediendatei hochlädt und die Segmente erst nach dem Herunterladen eines bestimmten Prozentsatzes aller Segmente nutzbar sind.[1318] Die im zugrundeliegenden Sachverhalt genutzte Filesharing-Software zeichnet sich insbesondere dadurch aus, dass jeder Nutzer, der Segmente einer Mediendatei herunterlädt, aufgrund der Konfiguration der Filesharing-Software zugleich wieder hochlädt und damit den Nutzern des Peer-to-Peer Netzwerks den Zugriff ermöglicht.[1319] Bei den Segmenten handelt es sich lediglich um Teile der Dateien, die ein Werk enthalten; selbst wenn die einzelnen Segmente als solche unbrauchbar sind, ist dies unerheblich, da diese von den Nutzern des Peer-to-Peer-Netzwerkes leicht wieder zusammengesetzt werden können.[1320]

535 In einem weiteren Urteil des BGH ging es vor allem um die durch eine Verletzung ausgelöste Wiederholungsgefahr. Ein Lehrer hat ein urheberrechtlich geschütztes Cartoon rechtswidrig gem. § 19a UrhG auf der Hompage der Schule öffentlich zugänglich gemacht. Die durch die Verletzungshandlung begründete Wiederholungsgefahr erstrecke sich laut BGH dabei nicht nur auf identische oder gleichartige Verletzungshandlungen an der betoffenen Schule, sondern auch auf alle anderen öffentlichen Schulen im Verwaltungsbereich des Bundeslandes. Es liege nahe, dass auch diese zur Gestaltung der Schulhompage in gleicher Weise wie die betroffene Schule verfahren.[1321]

536 Das **Senderecht** gem. §§ 15 Abs. 2 Nr. 2, 20, 20a und 20b UrhG ist das Recht, das Werk durch Funk, wie Ton- und Fernsehfunk, Satellitenrundfunk, Kabelfunk oder ähnliche technische Einrichtungen der Öffentlichkeit zugänglich zu machen, wobei eine Gleichzeitigkeit erforderlich ist, also die Öffentlichkeit jeweils gleichzeitig zugreifen können muss.[1322] Es darf keine Wahlmöglichkeit über den Zeitpunkt des Zugriffs gegeben sein. Letzteres ist für den normalen terrestrischen Funk, aber auch den Satellitenfunk oder die herkömmliche Kabelweiterleitung (§§ 20a, 20b UrhG) unproblematisch. Im Internet ist zu differenzieren: Reine Streaming-Angebote, die zu festgelegten Zeiten dem Zuschauer zugänglich gemacht werden (sog. Internet-TV), dürften den Sendebegriff erfüllen.[1323] Werke, die auf individuellen Abruf zu Zeiten nach Wahl des Nutzers bereitgestellt werden, fallen unter § 19a UrhG. Im Rahmen der Urheberrechtsreform 2021 wurden an § 20b UrhG einige Änderungen vorgenommen, die ua. klarstellen sollen, dass jegliche Form der Weiterspeisung erfasst ist; damit ist die bisherige Beschränkung auf Kabelsysteme oder Mikrowellensysteme weggefallen.[1324] In Umsetzung des Art. 2 Nr. 1 und Art. 3 der Online-SatCab-RL wurden 2021 § 20c sowie § 20d ins UrhG eingefügt. § 20c UrhG verhilft dem Ursprungslandprinzip für sog. ergänzende Online-Dienste, die in § 20c Abs. 1 UrhG definiert sind, zur Geltung.[1325] Urheberrechtlich relevant ist übrigens nur die Sendung selbst, nicht aber auch der Empfang. Nutzungsrechte benötigt deshalb nur derjenige, der urheberrechtlich geschützte Werke sendet, nicht aber der Verbraucher, der Radio hört oder fernsieht. Nach der in der vorher-

1315 OLG München GRUR 2019, 729 Tz. 27 – musicmonster; nachfolgend: BGH MMR 2020, 538 – musicmonster.

1316 OLG München GRUR 2019, 729, Tz. 29 ff. – musicmonster.

1317 BGH GRUR 2020, 738, Tz. 32 ff. – Internet-Radiorekorder; BGH MMR 2020, 538 – musicmonster.

1318 EuGH GRUR 2021, 1067, 1069 Tz. 42 – Microm/Telenet, vgl. dazu Hofmann GRUR 2021, 1142.

1319 EuGH GRUR 2021, 1067, 1069 Tz. 54 – Microm/Telenet.

1320 EuGH GRUR 2021, 1067 Tz. 42 ff. – Microm/Telenet.

1321 BGH GRUR 2021, 1519, 1522 Tz. 42 – Ull-Stein-Cartoon.

1322 Vgl. Schricker/Loewenheim/v. Ungern-Sternberg UrhG § 20 Rn. 8 f.

1323 Fromm/Nordemann/Dustmann UrhG § 19a Rn. 25 mwN; **aA** Dreier/Schulze/Dreier UrhG § 19a Rn. 10.

1324 RegE Gesetz zur Anpassung des Urheberrechts an die Erfordernisse des digitalen Binnenmarktes – BT-Drs. 19/27426, S. 75.

1325 RegE Gesetz zur Anpassung des Urheberrechts an die Erfordernisse des digitalen Binnenmarktes – BT-Drs. 19/27426, S. 75.

gehenden Randnummer erwähnten BGH-Entscheidung zu *Internet-Videorecordern* kann das Senderecht gem. § 20 UrhG auch dann tangiert sein, wenn der Anbieter eines solchen Internet-Videorecorders eine von ihm aufgezeichnete Fernsehsendung anschließend an die persönlichen Speicherplätze seiner Kunden zum download weiterleitet.[1326]

Keine öffentliche Wiedergabe stellt die zeitgleiche, unveränderte und vollständige Weiterübertragung der über eine Gemeinschaftsantenne einer Wohnanlage per Satellit empfangenen Fernseh- und Hörfunksignale durch ein Kabelnetz an die angeschlossenen 343 Empfangsgeräte der Bewohner eines Objekts dar.[1327] Ebenso wenig verletzt die Vermietung einer einzelnen Ferienwohnung, die mit einem Kabelanschluss ausgestattet ist, an einen wechselnden Kreis von Feriengästen das Senderecht.[1328] Der Betreiber eines Krankenhauses, der Patientenzimmer mit Radiogeräten ausstattet, mit denen Patienten ausgestrahlte Radiosendungen über eine krankenhauseigene Kabelanlage empfangen können, gibt die Radiosendungen öffentlich wieder und verletzt das vom Senderecht nach § 20 UrhG umfasste Recht zur Kabelweitersendung nach § 20b Abs. 1 S. 1 UrhG.[1329] Der BGH führt dazu aus, die Weiterverbreitung von terrestrisch oder über Sattelit ausgestrahlten Sendesignalen über Kabel in 49 Krankenhausräume erfolge nach einem spezifischen technischen Verfahren, das sich von demjenigen der ursprünglichen Wiedergabe unterscheide.[1330] Keine öffentliche Wiedergabe liegt nach Auffassung des EuGH vor, wenn ein Sendeunternehmen seine programmtragenden Signale ausschließlich an Signalvertreiber überträgt und diese die Signale ausschließlich an ihre Abonnenten weiterübermitteln, es sei denn, das Tätigwerden der Verteiler stelle ein bloßes technisches Mittel dar; die zuständige Verwertungsgesellschaft konnte deshalb dafür keine zusätzliche Vergütung beanspruchen.[1331] Dem neu eingefügten § 20d UrhG zufolge gelten im Falle einer Direkteinspeisung (Abs. 1) das Sendeunternehmen und der Signalverteiler als Beteiligte einer einzigen öffentlichen Wiedergabe.[1332] 537

Das **Recht der Wiedergabe durch Bild- oder Tonträger** gem. §§ 15 Abs. 2 Nr. 3, 21 UrhG ist das Recht, Vorträge oder Aufführungen des Werkes mittels Bild- oder Tonträger, also einem bereits hergestellten Bild- oder Tonträger öffentlich wahrnehmbar zu machen, zB im Falle des Abspielens von Musikvideos in Diskotheken. Demgegenüber ist das Recht der Wiedergabe von Funksendungen gem. §§ 15 Abs. 2 Nr. 4, 22 UrhG die Befugnis, Funksendungen des Werkes durch Bildschirm, Lautsprecher oder ähnliche technische Einrichtungen öffentlich wahrnehmbar zu machen. Hierunter fallen beispielsweise das Abspielen von Radioprogrammen über die Lautsprecheranlagen von öffentlichen Schwimmbädern oder in Supermärkten, aber auch die Live-Übertragung eines Fußballspiels in der Eckkneipe. Das OLG Frankfurt hat die öffentliche Wahrnehmbarkeit allerdings restriktiv ausgelegt und in einem Fall, in dem eine Fußballsendung in einer grundsätzlich frei zugänglichen Kneipe gezeigt wurde, verneint, wenn tatsächlich nur Mitglieder zweier Vereine anwesend waren und Möglichkeiten bestanden, die Wahrnehmung durch eine unbestimmte Zahl Dritter zu verhindern.[1333] 538

ee) Bearbeitungsrecht, § 23 UrhG. Das **Bearbeitungsrecht** gem. § 23 UrhG ist das Recht des Urhebers, die Veröffentlichung oder Verwertung von Bearbeitungen oder anderen Umgestaltungen des Werkes zu erlauben oder zu verbieten. Es muss insoweit abgegrenzt werden zu § 3 UrhG, nach dem der Bearbeiter an seinen „Zutaten" ein eigenes Bearbeiterurheberrecht erhält, sofern die Zutaten für sich genommen persönliche geistige Schöpfungen darstellen.[1334] Das eigene Urheberrecht des Bearbeiters ist ein abhängiges Recht, weil er gem. § 23 Abs. 1 S. 1 UrhG für die Veröffentlichung oder Verwertung seiner Bearbeitung die Zustimmung des Urhebers benötigt. Der Unterschied zwischen Bearbeitung und anderer Umgestaltung liegt darin, dass eine Bearbeitung immer als solche eine persönliche geistige Schöpfung darstellt, während eine andere Umgestaltung nur Änderungen ohne individuelle Eigenart beinhaltet, wie zB die Verkürzung eines Musikstückes auf wenige Takte und die anschließende Digitalisierung und Verwendung als Klin- 539

1326 Vgl. BGH GRUR 2009, 845 (847 f.), Tz. 28 ff. – Internet-Videorecorder.
1327 BGH GRUR 2016, 71 (75) Tz. 50 – Ramses; OLG München GRUR 2015, 371 (374) Tz. 46 – Gemeinschaftsantennenanlage.
1328 OLG Köln ZUM-RD 2014, 694 – Seepark Burhave.
1329 BGH GRUR 2018, 609, Tz. 20 ff. – Krankenhausradio.
1330 BGH GRUR 2018, 608, 611 Tz. 38 – Krankenhausradio; vgl. dazu auch Rn 357.
1331 EuGH GRUR 2016, 60 (62) Tz. 34 – SABAM.
1332 Dazu ausführlich RegE Gesetz zur Anspassung des Urheberrechts an die Erfordernisse des digitalen Binnenmarktes – BT-Drs. 19/27426, S. 77.
1333 OLG Frankfurt Urt. v. 20.1.2015 Az. 11 U 95/14, BeckRS 2015, 05064/ZUM-RD 2015, 296.
1334 S. → Rn. 29; OLG München GRUR-RR 2008, 37 (39) – Pumuckl-Illustrationen II.

gelton.[1335] Formen der Bearbeitung können zB Übersetzungen sein, aber auch neue Versionen von Popmusik oder die Fortsetzung eines Romans.[1336]

540 Wichtig im Rahmen der Bearbeitung ist, dass die **Herstellung** der Bearbeitung als solche **noch nicht erlaubnisabhängig** ist, sondern erst die Veröffentlichung oder Verwertung der Bearbeitung. Man darf also ohne Erlaubnis des Urhebers einen Roman übersetzen, eine neue Version eines Popmusikstückes komponieren oder einen Roman fortsetzen; erst, wenn man zur Veröffentlichung oder sonstigen Verwertung schreitet, ist die Erlaubnis des Urhebers notwendig. Eine Einwilligung nach § 23 Abs. 1 S. 1 UrhG kann auch konkludent, zB durch den Verkauf eines Gemäldes, das eine Umgestaltung darstellt, erfolgen. Bereits die Praxis des gelegentlichen Direktverkaufs von Gemälden durch Mitarbeiter eines Künstlers wurde für ausreichend erachtet, um den Rechtsschein der Einwilligung des Werkschöpfers in den Weiterverkauf zu begründen.[1337]

541 Es gibt jedoch auch Fälle, in denen **ausnahmsweise schon die Herstellung** der Bearbeitung erlaubnisabhängig ist: Dies ist gem. § 23 Abs. 2 UrhG bei der Verfilmung eines Werkes erforderlich, bei der Ausführung von Plänen und Entwürfen eines Werkes der bildenden Künste, beim Nachbau eines Werkes der Baukunst und bei der Bearbeitung oder Umgestaltung eines Datenbankwerkes. Für Software gibt es auch insoweit eine besondere Bestimmung: Der Rechtsinhaber hat das ausschließliche Recht der Übersetzung, Bearbeitung, des Arrangements, der Umarbeitung und der Vervielfältigung der erzielten Ergebnisse (§ 69c Nr. 2 UrhG); auch insoweit ist also bereits für die Anfertigung der Bearbeitung als solcher eine Erlaubnis notwendig. Eine Erlaubnis stellt es regelmäßig noch nicht dar, wenn der Urheber widerspruchslos die Benutzung seines Werkes durch schlüssiges Verhalten „hinnimmt", weil Handlungen keine Erklärungen sind.[1338]

542 **Beispiele** für Bearbeitungen finden sich in → Rn. 342 ff. Das Gegenstück zur Bearbeitung stellt die sog. „freie Benutzung" dar, die bis zum 7.6.2021 in § 24 UrhG aF geregelt war und seit der Reform 2021 Bestandteil des Tatbestandes von § 23 in Abs. 1 S. 2 UrhG ist. Die Abgrenzung zwischen Bearbeitung und freier Benutzung bestimmt zugleich den Schutzumfang des Urheberrechts. **Einzelheiten hierzu finden sich bei → Rn. 559 ff.** Die Bearbeitung hat also vielfältige Gesichter: Sie kann selbst urheberrechtlich als Werk geschützt sein (§ 3 UrhG). Ist das bearbeitete Werk (noch) urheberrechtlich geschützt, bedürfen Veröffentlichung und Verwertung der Bearbeitung der Zustimmung des Urhebers, in bestimmten Fällen ist sogar bereits die Herstellung der Bearbeitung erlaubnispflichtig. Darüber hinaus markiert die Abgrenzung zwischen Bearbeitung und freier Benutzung (§§ 23 Abs. 1 S. 1 und 2 UrhG) zugleich den Schutzumfang des Urheberrechts gegenüber Nachahmungen (→ Rn. 559 ff.).

543 **d) Verwandte Schutzrechte.** Die Ausgestaltung der Verwertungsrechte bei den einzelnen verwandten Schutzrechten ist unterschiedlich.

Wissenschaftliche Ausgaben, § 70 UrhG:	Wie für Werke (§ 70 Abs. 1 UrhG).
Nachgelassene Werke, § 71 UrhG:	Auf das verwandte Schutzrecht sind die Bestimmungen über amtliche Werke, die Verwertungsrechte sowie die Schrankenbestimmungen singgemäß anzuwenden (§ 71 Abs. 1 S. 3 UrhG).
Lichtbilder, § 72 UrhG:	Der Schutzumfang des verwandten Schutzrechtes für Lichtbilder bestimmt sich in entsprechender Anwendung der für Lichtbildwerke geltenden Vorschriften, so dass die Verwertungsrechte einschränkungslos Anwendung finden (§ 72 Abs. 1 UrhG).
Ausübende Künstler, § 73 UrhG:	Das Gesetz zur Regelung des Urheberrechts in der Informationsgesellschaft vom 10.9.2003 hat eine grundsätzliche Neufassung der Verwertungsrechte des ausübenden Künstlers gebracht: § 77 UrhG nF entspricht zunächst § 75 UrhG aF, gewährt also dem ausübenden Künstler das ausschließliche Recht, seine Darbietungen auf Bild- oder Tonträger aufzunehmen sowie den Bild- oder Tonträger, auf dem seine Darbietung aufgenommen worden ist, zu vervielfältigen oder zu verbreiten. Das Recht zur öffentlichen Wiedergabe des ausübenden Künstlers, das nunmehr seit 2003 in § 78 UrhG nF geregelt ist (früher § 77 UrhG aF), ist erweitert worden um das Recht der öffentlichen Zugänglichmachung (§§ 78 Abs. 1 Nr. 1, 19a UrhG) und umfasst wie bisher auch das Senderecht (§ 78 Abs. 1 Nr. 2

[1335] BGH NJW 2009, 774 (777), Tz. 32 ff. – Klingeltöne für Mobiltelefone.
[1336] Vgl. zB BGH GRUR 2000, 144 – Comic-Übersetzungen II; BGH GRUR 1999, 984 (987) – Laras Tochter; KG GRUR-RR 2004, 129 (131) – Modernisierung einer Liedaufnahme. Weitere Beispiele s. → Rn. 293.
[1337] OLG Düsseldorf NJW 2014, 3455 (3456).
[1338] OLG München GRUR-RR 2008, 37 (40) – Pumuckl-Illustrationen II.

UrhG) und das Recht der öffentlichen Wahrnehmbarmachung durch Bildschirm, Lautsprecher und ähnliche technische Einrichtungen (§ 78 Abs. 1 Nr. 3 UrhG). Zu beachten ist ferner, dass erschienene Ton- und Bildträger mit Darbietungen ausübender Künstler, sofern sie erlaubter Weise auf Bild- oder Tonträger aufgenommen worden sind, gesendet werden dürfen (§ 78 Abs 1 Nr. 2 UrhG); dann steht dem ausübenden Künstler ein Vergütungsanspruch zu, auf den er im Voraus nicht verzichten kann und der im Voraus auch nur an eine Verwertungsgesellschaft abgetreten werden darf (§ 78 Abs. 3 UrhG).[1339] Das Recht der öffentlichen Zugänglichmachung des ausübenden Künstlers, also beispielsweise das Bereithalten von Musikstücken zum Download im Internet, ist von dieser Ausnahme nicht betroffen. Der EuGH hat hinsichtlich des Vergütungsanspruchs entschieden, dass die in der Regelung des Art. 8 Abs. 2 RL 92/100 bzw. RL 2006/115/EG (Vermiet- und Verleih-RL), umgesetzt in § 78 Abs. 2 Nr. 1 UrhG) vorgesehene einzige angemessene Vergütung vom Nutzer nicht zu zahlen ist, wenn er eine öffentliche Wiedergabe einer audiovisuellen Aufzeichnung vornimmt, die die Festlegung eines audiovisuellen Werkes enthält, in das ein Tonträger oder ein Vervielfältigungsstück eines Tonträgers eingefügt wurde.[1340] Dies wird ua. Damit begründet, dass eine audiovisuelle Aufzeichnung, die die Festlegung eines audiovisuellen Werkes enthält, nicht als „Tonträger" im Sinne der Regelung eingestuft werden kann.[1341]

Die Verwertungsrechte des ausübenden Künstlers sind **übertragbar**, § 79 Abs. 1 S. 1 UrhG. Er kann daran auch Nutzungsrechte einräumen; dann sind die Bestimmungen des Urhebervertragsrechts der §§ 31, 32 bis 32b, 33 bis 42 und 43 UrhG entsprechend anwendbar, § 79 Abs. 2 UrhG. Der ausübende Künstler kann wie nunmehr jeder Urheber wegen des Wegfalls des § 31 Abs. 4 UrhG auch Nutzungsrechte im Hinblick auf unbekannte Nutzungsarten einräumen, § 79 Abs. 2 S. 2 UrhG. Besonderheit war nach der alten Rechtslage vor dem „2. Korb", dass der ausübende Künstler bereits zu diesem Zeitpunkt Rechte für unbekannte Nutzungsarten einräumen konnte, § 79 Abs. 2 S. 2 UrhG aF, weil § 31 Abs 4 UrhG aF nicht entsprechend anwendbar war. Ferner gibt es mit dem neuen § 79 Abs. 3 UrhG ein Sonderkündigungsrecht im Hinblick auf den Nutzungsvertrag für den ausübenden Künstler gegenüber dem Tonträgerhersteller. Da die Kündigung jedoch erst nach Ablauf von 50 Jahren nach Erscheinen des Tonträgers oder, sofern der Tonträger nicht erschienen ist, 50 Jahren nach der ersten erlaubten Benutzung des Tonträgers zur öffentlichen Wiedergabe und einer weiteren Ankündigungsfrist von 1 Jahr zulässig ist, wird sich die Praxisrelevanz dieses Kündigungsrechts wohl eher in Grenzen halten. Der Tonträgerhersteller kann nach Ankündigung der Kündigung diese abwenden, indem er innerhalb einer Jahresfrist Kopien des Tonträgers in ausreichender Menge zum Verkauf anbietet und den Tonträger öffentlich zugänglich macht. In § 79a UrhG ist ein Vergütungsanspruch des ausübenden Künstlers gegen den Tonträgerhersteller vorgesehen, der nur bei einer einmaligen Pauschalvergütung zwischen Tonträgerhersteller und Künstler (Buy-Out) greift. Der Vergütungsanspruch beträgt 20 Prozent der Bruttoeinnahmen des Tonträgerherstellers (Einnahmen ohne Abzug der Ausgaben) und entsteht gemäß § 79a Abs. 2 UrhG im Anschluss an das 50. Jahr nach Erscheinen des die Darbietung enthaltenen Tonträgers oder mangels Erscheinen im Anschluss an das 50. Jahr nach dessen erster erlaubter Benutzung zur öffentlichen Wiedergabe. Der durch das Gesetz zur verbesserten Durchsetzung des Anspruchs der Urheber und ausübenden Künstler auf angemessene Vergütung und zur Regelung von Fragen der Verlegerbeteiligung vom 20.12.2016[1342] neu eingefügte § 79b UrhG sieht erstmals ausdrücklich einen Anspruch der ausübenden Künstler auf Zahlung einer angemessenen Vergütung für den Fall vor, dass ihre Darbietung auf eine vormals unbekannte Art genutzt wird. Zudem gelten durch den neuen § 79 Abs. 2a UrhG die urhebervertraglichen Regelungen, ua die Prinzipien der angemessenen Vergütung, nunmehr sowohl für die Einräumung des Nutzungsrechts als auch für die Übertragung des verwandten Schutzrechtes durch ausübende Künstler.

Veranstalter, § 81 UrhG: Es hat weitgehend denselben Schutzumfang wie das verwandte Schutzrecht des ausübenden Künstlers. Er besitzt allerdings keine Persönlichkeitsrechte und besitzt auch nicht die gesetzlichen Vergütungsansprüche der §§ 77 Abs. 2 S. 2, 27

[1339] Verwertungsgesellschaft ist die GVL; vgl. → Rn. 603.
[1340] EuGH GRUR 2021, 60, 63 Tz. 56 – Atresmedia/AGEDI ua.
[1341] EuGH GRUR 2021, 60, 62 Tz. 47 – Atresmedia/AGEDI ua.
[1342] BGBl. I 2016, 3037, BR-Drs. 765/16; ausführlich zur Urheberrechtsreform 2016 Rn. 18.

und 78 Abs. 2 UrhG. Die Rechte des Veranstalters sind ebenfalls **übertragbar,** § 79 Abs. 1 UrhG. Aus dem Urhebervertragsrecht gelten lediglich die §§ 31, 33 und 38 entsprechend, § 81 S. 2UrhG; auch der Veranstalter konnte schon nach der alten Rechtslage Nutzungsrechte an unbekannten Nutzungsarten einräumen, weil das Verbot des § 31 Abs. 4 UrhG aF für ihn nicht galt. Für den Fall der vollständigen Übertragung seiner Rechte und auch der Nutzungsrechtseinräumung hat er weder einen Anspruch auf angemessene Vergütung noch einen solchen auf weitere angemessene Beteiligung, weil die §§ 32 und 32a UrhG ebenfalls nicht anwendbar sind.

Tonträgerhersteller, § 85 UrhG: Das verwandte Schutzrecht gewährt ein Vervielfältigungs- und Verbreitungsrecht, das der Inhaber des Unternehmens, das den Tonträger hergestellt hat, erhält (§ 85 Abs. 1 UrhG). Vervielfältigung ist schon die Entnahme kleinster Teile für ein Sample – letztere kann aber ausnahmsweise durch die Kunstfreiheit gerechtfertigt sein.[1343] Der EuGH hat insoweit klargestellt, dass eine Vervielfältigung durch die Nutzung eines Teils dann ausscheiden kann, wenn ein Nutzer in Ausübung der Kunstfreiheit einem Tonträger ein Audiofragment entnimmt, um es in geänderter und beim Hören nicht wiedererkennbarer Form in einem neuen Werk zu nutzen.[1344] Zu beachten ist noch, dass die Rechte des Tonträgerherstellers nicht die der öffentlichen Wiedergabe oder Funksendung umfassen, also der Tonträgerhersteller nicht gefragt werden muss, wenn eine Tonaufnahme öffentlich wiedergegeben oder gesendet werden soll; allerdings erhält der Tonträgerhersteller im Gegenzug eine Beteiligung am Vergütungsaufkommen der ausübenden Künstler aus Funksendungen und öffentlichen Wiedergaben (§ 86 UrhG iVm §§ 76 Abs. 2, 77 UrhG).

Die Rechte des Tonträgerherstellers sind ebenfalls **übertragbar,** § 85 Abs. 2 S. 1 UrhG. Aus dem Urhebervertragsrecht gelten lediglich die §§ 31, 33 und 38 entsprechend; auch der Tonträgerhersteller konnte bereits vor dem „2. Korb" Nutzungsrechte an unbekannten Nutzungsarten einräumen, weil das Verbot des § 31 Abs. 4 UrhG aF für ihn nicht galt. Für den Fall der vollständigen Übertragung seiner Rechte und auch der Nutzungsrechtseinräumung hat er weder einen Anspruch auf angemessene Vergütung noch einen solchen auf weitere angemessene Beteiligung, weil die §§ 32 und 32a UrhG ebenfalls nicht anwendbar sind.

Das Gesetz für die Regelung des Urheberrechts in der Informationsgesellschaft vom 10.9.2003[1345] hat die Verwertungsrechte des Tonträgerherstellers in § 85 Abs. 1 UrhG um das Recht der öffentlichen Zugänglichmachung (§ 19a UrhG) ergänzt.[1346] Das Leistungsschutzrecht des Sendeunternehmens, seine Funksendung über Kabel weiterzusenden, ist durch das EU-Recht nicht harmonisiert; auf solche öffentlichen Wiedergaben wendet der BGH dennoch das harmonisierte Recht an, was zu Vermeidung von Verwerfungen als zutreffend erscheint.[1347]

Sendeunternehmen, § 87 UrhG: Das verwandte Schutzrecht umfasst die ausschließlichen Rechte, eine Funksendung weiterzusenden (§ 87 Abs. 1 Nr. 1 UrhG). Der BGH hat noch einmal bestätigt, dass eine Weitersendung vorliegt, wenn ein Internet-Videorecorder-Dienst Sendesignale von Funksendungen mit Satellitenantennen empfängt und sie zeitgleich an seine Online-Videorecorder weiterleitet.[1348] Weiterhin fallen unter die ausschließlichen Rechte, die Funksendung auf Bild- oder Tonträger aufzunehmen, Fotografien der Funksendung herzustellen sowie die Bild- und Tonträger und Fotografien zu vervielfältigen und zu verbreiten (§ 87 Abs. 1 Nr. 2 UrhG) und das Recht, die Funksendung nur gegen Entgelt öffentlich wahrnehmbar zu machen (§ 87 Abs. 1 Nr. 3 UrhG). Das Vermietrecht ist vom Vervielfältigungs- und Verbreitungsrecht ausdrücklich ausgenommen (§ 87 Abs. 1 Nr. 2 UrhG).

Die Rechte des Sendeunternehmens sind ebenfalls **übertragbar,** § 87 Abs. 2 UrhG. Aus dem Urhebervertragsrecht gelten lediglich die §§ 31, 33 und 38 entsprechend (§ 87 Abs.2 S. 3 UrhG). Auch das Sendeunternehmen konnte bereits vor der Reform durch den „2. Korb" Nutzungsrechte an unbekannten Nutzungsarten ein-

[1343] BVerfG GRUR 2016, 690 (693) Tz. 86 – Metall auf Metall; anders noch BGH GRUR 2009, 403 (405) Tz. 18 – Metall auf Metall I, aufgehoben durch BVerfG GRUR 2016, 690 – Metall auf Metall; Boddien Alte Musik in neuem Gewand, S. 128 f.; → Rn. 415.

[1344] EuGH GRUR 2019, 929, 931 Tz. 31 – Pelham/Hütter ua (Metall auf Metall III). Genauso BGH GRUR 2020, 843 Rn. 37 – Metall auf Metall IV.

[1345] BR-Drs. 271/03; Gesetz zur Regelung des Urheberrechts in der Informationsgesellschaft, BGBl. I 2003, 1774.

[1346] → Rn. 521.

[1347] BGH GRUR 2016, 71, 74 Tz. 36 ff. – Ramses.

[1348] BGH GRUR 2013, 618 – Internet-Videorecorder II; so auch schon BGH GRUR 2009, 845 – Internet-Videorecorder I (mAnm Rössel, NJW 2009, 3518).

räumen, weil das Verbot des § 31 Abs. 4 UrhG aF nicht galt. Für den Fall der vollständigen Übertragung der Rechte und auch der Nutzungsrechtseinräumung hat es weder einen Anspruch auf angemessene Vergütung noch einen solchen auf weitere angemessene Beteiligung, weil die §§ 32 und 32a UrhG ebenfalls nicht anwendbar sind.

Das Gesetz für die Regelung des Urheberrechts in der Informationsgesellschaft vom 10.9.2003[1349] hat die Verwertungsrechte des Sendeunternehmens in § 87 Abs. 1 UrhG um das Recht der öffentlichen Zugänglichmachung ergänzt.[1350] Das verwandte Schutzrecht des Sendeunternehmens, seine Funksendung über Kabel weiterzusenden, ist durch das EU-Recht nicht harmonisiert; auf solche öffentlichen Wiedergaben wendet der BGH aber dennoch das harmonisierte Recht an, was zur Vermeidung von Verwerfungen als zutreffend erscheint.[1351]

einfache Datenbanken, § 87a UrhG: Der Datenbankhersteller erhält das ausschließliche Recht, die Datenbank insgesamt oder einen wesentlichen Teil davon zu vervielfältigen, zu verbreiten und öffentlich wiederzugeben (§ 87b Abs. 1 Satz 1 UrhG). Die Übernahme unwesentlicher Teile einer Datenbank wird der Übernahme wesentlicher Teile dann gleichgestellt, wenn die Übernahme unwesentlicher Teile wiederholt und systematisch erfolgt sowie der normalen Auswertung der Datenbank zuwiderläuft oder berechtigte Interessen des Daters verletzt (§ 87b Abs. 1 Satz 2 UrhG).[1352] Zum Beispiel liegt weder Vervielfältigung (§ 87b Abs. 1 S. 1) noch eine übermäßige – nicht normale – Auswertung von Daten beim sog. screen-scraping vor.[1353] § 5 Abs. 2 UrhG ist analog anwendbar, so dass Ansprüche zT bei privaten Datenbanken mit amtlichem Charakter ausscheiden können.[1354]

Presseverleger, § 87f UrhG: Das Leistungsschutzrecht des Presseverlegers wurde durch die Reform zum 7.6.2021 vor dem Hintergrund von Art. 15 DSM-RL neu gefasst, zumal auch die bisherigen deutschen Regelungen nicht angewendet werden durften, weil sie unionsrechtswidrig waren (vgl. bereits Rn. 17).

Der Umfang des Rechtes wird vor allem durch § 87g UrhG bestimmt. Nach § 87g Abs. 1 UrhG hat ein Presseverleger das ausschließliche Recht, seine Presseveröffentlichung im Ganzen oder in Teilen für die Online-Nutzung durch Anbieter von Diensten der Informationsgesellschaft öffentlich zugänglich zu machen (§ 19a UrhG) und zu vervielfältigen (§ 16 UrhG). Wichtig sind die spezifischen Einschränkungen dieser Rechte in § 87g Abs. 2 UrhG. Danach umfassen die Rechte des Presseverlegers nicht (1)die Nutzung der in einer Presseveröffentlichung enthaltenen Tatsachen, (2) die private oder nicht kommerzielle Nutzung einer Presseveröffentlichung durch einzelne Nutzer,, (3) das Setzen von Hyperlinks auf eine Presseveröffentlichung und (4) die Nutzung einzelner Wörter oder sehr kurzer Auszüge aus einer Presseveröffentlichung. § 87f Abs. 1 UrhG ist also zusammen zu lesen mit § 87g Abs. 4 UrhG, wonach das Recht der öffentlichen Zugänglichmachung nur gewährt wird gegen gewerbliche Anbieter von Suchmaschinen oder gewerbliche Anbieter von Diensten, die Inhalte entsprechend aufbereiten. **Anbieter von Suchmaschinen** sind Personen, die ein Computerprogramm über das Internet zur Verfügung stellen, mit dessen Hilfe man Inhalte, die auf einzelnen an das Internet angeschlossenen Computern abgespeichert sind, auffinden kann.

Voraussetzung für eine Suchmaschine ist, dass sie einen Index aus Schlüsselwörtern besitzt, damit sie bei Eingabe eines Suchwortes durch einen Nutzer die endlos große Datenmenge der Inhalte schnell und effizient durchsuchen kann. Darüber hinaus interpretieren Suchmaschinen die Eingabe und gewichten die

[1349] BR-Drs. 271/03; Gesetz zur Regelung des Urheberrechts in der Informationsgesellschaft, BGBl I 2003, 1774.

[1350] → Rn. 521.

[1351] BGH GRUR 2016, 71 (74) Tz. 36 ff. – Ramses.

[1352] Vgl. im Einzelnen EuGH GRUR 2005, 244 (250), Tz. 68 ff. – BHB-Pferdewetten; BGH GRUR 2007, 137 ff. – Bodenrichtwertsammlung; OLG Frankfurt Urt. v 5.3.2009, Az: 6 U 221/08 – Flugbuchung: hier verneinte das OLG Frankfurt eine Urheberrechtsverletzung beim sog. screen-scraping, wenn der vermeintliche Verletzer lediglich den günstigsten Flug verschiedener Anbieter heraussucht und dabei auf die Internetseite des Flugunternehmens zurückgreifen muss. Weder waren wesentliche Teile einer Datenbank betroffen, noch der Zugriff auf die Daten unverhältnismäßig, weil das Flugunternehmen nicht von der Möglichkeit Gebrauch gemacht hatte den Zugriff auf seine Seite durch entsprechende technische Maßnahmen zu begrenzen; Dreier/Schulze/Dreier UrhG § 87a Rn. 19; Wandtke/Bullinger/Thum/Hermes § 87a Rn. 56; s. a. Loewenheim/Loewenheim UrhG § 43 Rn. 15.

[1353] Screen Scraping betreiben Dienstleister, die Internetseiten zB von Flugunternehmen zur Flugbuchung eines Kunden durchsuchen, um dem Kunden für das gewünschte Reisziel und zu der gewünschten Zeit den günstigsten Flug einer Fluggesellschaft anzuzeigen, damit dieser über den Dienstleister den Flug bei der Fluggesellschaft buchen kann; OLG Frankfurt Urt. v 5.3.2009, Az: 6 U 221/08 – Flugbuchung.

[1354] BGH GRUR 2007, 500 (501), Tz. 9 ff. – Sächsischer Ausschreibungsdienst.

aufgefundenen Ergebnisse, in der Regel nach ihrer Relevanz für den Nutzer. Schließlich liefert eine Suchmaschine dem Nutzer eine wie auch immer aufbereitete Ergebnisliste, in der Regel mit kurzen Ausschnitten des Ergebnisses und einem Link auf das Ergebnis, damit der Nutzer schnell zu dem Originalangebot des Inhalts springen kann. Erfasst werden von dieser Definition auch sog. **Metasuchmaschinen;** diese fragen gewissermaßen für den Nutzer bei mehreren regulären Suchmaschinen an und erreichen so ein kombiniertes Ergebnis der Einzelabfragen, ersparen dem Nutzer also lediglich die Nutzung verschiedener Suchmaschinen. Welches Suchverfahren eine Suchmaschine anwendet, ist für die Qualifikation als Suchmaschine iSd § 87f Abs. 4 UrhG unerheblich.

Anbieter von Diensten, die Inhalte entsprechend aufbereiten, nennt die Begründung des Rechtsausschusses „Aggregatoren".[1355] Diese Definition erfasst unabhängig von ihrer technischen Ausgestaltung Dienste, die nicht das gesamte Internet durchsuchen, sondern lediglich einzelne, ausgewählte Bereiche hiervon, also auch so genannte News-Aggregatoren, soweit sie nach Art einer Suchmaschine ihre Treffer generieren oder ihre Ergebnisse darstellen.[1356] Demgegenüber werden Dienste nicht erfasst, die die verlegerische Leistung auf andere Weise nutzen, zB indem sie dem Internetnutzer aufgrund eigener Wertung eine Auswahl von Presseerzeugnissen anzeigen; auch Suchfunktionen innerhalb des eigenen Datenbestandes werden vom Leistungsschutzrecht nicht betroffen. Es gilt auch nicht für andere Nutzer, wie zB Unternehmen der sonstigen gewerblichen Wirtschaft, Verbände, Rechtsanwaltskanzleien, Blogger oder private bzw. ehrenamtliche Nutzer. Die Regelung soll damit keine Änderung der Nutzungsmöglichkeiten anderer Nutzer und für Verbraucher bedeuten.[1357]

Das Ausschließlichkeitsrecht des Presseverlegers als ein Verbotsrecht erfasst im Übrigen nur das Recht, das Presseerzeugnis – sei es unmittelbar oder mittelbar – **zu gewerblichen Zwecken** öffentlich zugänglich zu machen. Abweichend vom gewerbe- oder steuerrechtlichen Gewerbebegriff erfasst die Zugänglichmachung „zu gewerblichen Zwecken" jede Zugänglichmachung, die mittelbar oder unmittelbar der Erzielung von Einnahmen dient sowie jede Zugänglichmachung, die im Zusammenhang mit einer Erwerbstätigkeit steht.[1358]

„Einzelne Wörter oder kleinste Textausschnitte" sind vom Schutzumfang des Rechts ausgenommen; „Bayern schlägt Schalke" soll nicht erfasst werden.[1359] Für derart kurze Textpassagen sollen Suchmaschinenanbieter und Aggregatoren keine Zustimmung der Inhaber des Leistungsschutzrechts benötigen, was den Rechtsgedanken der Rechtsprechung des Bundesgerichtshofs[1360] umsetze.[1361] Dabei wird es in der Tendenz auch nach neuer Rechtslage bleiben, da Art. 15 DSM-RL eine nahezu identische Ausnahme bezüglich „einzelner Wörter oder sehr kurzer Auszüge" vorsieht. Letztlich wird es sich bei „kleinsten Textausschnitten" also jedenfalls um solche Textpassagen, die ein bis drei Wörter umfassen (entsprechend dem Beispiel in der Begründung), handeln, in Einzelfällen können es auch mehr Wörter sein, gerade wenn es noch banalere Wörter sind. Nicht erfasst diese Formulierung aber drei für sich stehende Wörter – wie etwa „Wir sind Papst", die keinen Ausschnitt bilden. Der Begriff des Ausschnitts setzt denklogisch voraus, dass es einen größeren Text gibt, aus dem diese entnommen sind.

Filmhersteller, § 94 UrhG: Der Filmhersteller hat das ausschließliche Recht, den Bildträger oder Bildtonträger zu vervielfältigen, zu verbreiten, öffentlich wiederzugeben und zu senden (§ 94 Abs. 1 S. 1 UrhG).

Die Rechte des Filmherstellers sind ebenfalls übertragbar, § 94 Abs. 2 S. 1 bzw. 3 UrhG. Aus dem Urhebervertragsrecht gelten lediglich die §§ 31, 33 und 38

[1355] Beschlussempfehlung und Bericht des Rechtsausschusses zu dem Regierungsentwurf eines Siebten Gesetzes zur Änderung des Urheberrechtsgesetzes vom 27.2.2013, BT-Drs. 17/12543, S. 6.

[1356] Regierungsentwurf eines Siebten Gesetzes zur Änderung des Urheberrechtsgesetzes vom 14.11.2012, BT-Drs. 17/11470, S. 6.

[1357] Regierungsentwurf eines Siebten Gesetzes zur Änderung des Urheberrechtsgesetzes vom 14.11.2012, BT-Drs. 17/11470, S. 6.

[1358] Regierungsentwurf eines Siebten Gesetzes zur Änderung des Urheberrechtsgesetzes vom 14.11.2012, BT-Drs. 17/11470, S. 7.

[1359] Beschlussempfehlung und Bericht des Rechtsausschusses zu dem Regierungsentwurf eines Siebten Gesetzes zur Änderung des Urheberrechtsgesetzes vom 27.2.2013, BT-Drs. 17/12543, S. 6.

[1360] Urteil vom 29.4.2010, I ZR 69/08 – Vorschaubilder I und Urteil vom 19.10.2011, I ZR 140/10 – Vorschaubilder II.

[1361] Beschlussempfehlung und Bericht des Rechtsausschusses zu dem Regierungsentwurf eines Siebten Gesetzes zur Änderung des Urheberrechtsgesetzes vom 27.2.2013, BT-Drs. 17/12543, S. 6.

entsprechend; auch der Veranstalter konnte vor der Reform des UrhG durch den „2. Korb" (2007) Nutzungsrechte an unbekannten Nutzungsarten einräumen, weil das Verbot des § 31 Abs. 4 UrhG aF für ihn nicht galt. Für den Fall der vollständigen Übertragung seiner Rechte und auch der Nutzungsrechtseinräumung hat er weder einen Anspruch auf angemessene Vergütung noch einen solchen auf weitere angemessene Beteiligung, weil die §§ 32 und 32a UrhG ebenfalls nicht anwendbar sind.

Das Gesetz für die Regelung des Urheberrechts in der Informationsgesellschaft vom 10.9.2003[1362] hat die Verwertungsrechte des Filmherstellers in § 94 Abs. 1 S. 1 UrhG um das Recht der öffentlichen Zugänglichmachung ergänzt.[1363] Das Leistungsschutzrecht des Filmherstellers, den Tonträger zur Funksendung zu benutzen, ist durch das EU-Recht nicht harmonisiert; auf solche öffentlichen Wiedergaben wendet der BGH aber dennoch das harmonisierte Recht an, was zur Vermeidung von Verwerfungen als zutreffend erscheint.[1364]

Laufbilder, § 95 UrhG: Da § 95 UrhG einschränkungslos auf § 94 UrhG verweist, entspricht der Schutzumfang dem verwandten Schutzrecht des Filmherstellers gem § 94 UrhG.

e) Sonstige Rechte. Gem. § 25 UrhG steht dem Urheber außerdem ein Recht auf **„Zugang zu Werkstücken"** zu. Der Urheber kann danach vom Besitzer des Originals oder eines Vervielfältigungsstückes seines Werkes verlangen, dass ihm das Original oder das Vervielfältigungsstück zugänglich gemacht wird, soweit dies zur Herstellung von Vervielfältigungsstücken oder Bearbeitungen des Werkes erforderlich ist und berechtigte Interessen des Besitzers nicht entgegenstehen.[1365] Zugang bedeutet nicht Herausgabe, wie § 25 Abs. 2 UrhG ausdrücklich klarstellt. Das Recht besteht natürlich nur, wenn auch urheberechtlicher Werkschutz nach § 2 UrhG besteht.[1366] Wird ein Anspruch auf Betreten und Fotografieren eines Gebäudes von innen geltend gemacht, müssen sich die Leistungen des Architekten, die zu einem Schutz als Werk der Baukunst nach § 2 Abs. 1 Nr. 4 führen sollen, also gerade auf die Innengestaltung beziehen.[1367] 544

Ferner kann dem Urheber auch das sog. **Folgerecht** gem. § 26 UrhG zustehen Das Folgerecht ist ein Anspruch des Urhebers eines Werkes der bildenden Künste und – neu seit der Reform aus dem November 2006 – auch des Urhebers eines Lichtbildwerkes auf wirtschaftliche Beteiligung am Erlös aus den Weiterveräußerungen seines Werkes. Das Folgerecht gilt allerdings nicht für Werke der Baukunst und der angewandten Kunst. Es verschafft dem Urheber eine Teilnahme an den Wertsteigerungen seines Werkes. Während § 26 Abs. 1 UrhG den grundsätzlichen Anspruch beschreibt, regelt Abs. 2 die konkrete Höhe des Anteils des Urhebers am Veräußerungserlös. Gem. Abs. 3 ist das Folgerecht unveräußerlich und der Anteil des Urhebers am Veräußerungserlös im Voraus unverzichtbar. Abgesichert wird das Folgerecht dann noch durch Auskunftsansprüche gem. Abs. 4 und 5, die allerdings gem. Abs. 6 nur durch eine Verwertungsgesellschaft geltend gemacht werden können, insbesondere die VG Bild-Kunst (www.bildkunst.de)[1368] und zwar gegen den Kunsthändler (zB Vermittler).[1369] Diese Ansprüche stehen dem Urheber über die Geltendmachung durch eine Verwertungsgesellschaft auch zu, wenn zum Einen eine inländische Sammlung an den vorbenannten Werken vorliegt und zum Anderen die Veräußerung nur zum Teil in Deutschland gegenüber einem Erwerber im Ausland erfolgte, zB durch Abschluss des Kaufvertrages, auch wenn das Eigentum erst im Ausland auf den Erwerber übergeht.[1370] Auch wenn der Anspruch auf einen Anteil des Veräußerungserlöses nach § 26 Abs. 1 UrhG grundsätzlich gegen den Veräußerer gerichtet ist, legt der EuGH die zu Grunde liegenden Regelung des Art. 1 der Richtlinie 2001/84/EG so aus, dass eine vertragliche Vereinbarung, nach der die Folgerechtsvergütung von dem Erwerber des Kunstwerks (und nicht von dem Veräußerer) getragen werden muss, zulässig ist, wenn dadurch die Pflichten und die Haftung gegenüber dem Urheber nicht beeinträchtigt werden.[1371] 545

1362 BR-Drs. 271/03; Gesetz zur Regelung des Urheberrechts in der Informationsgesellschaft, BGBl. I 2003, 1774.
1363 → Rn. 521.
1364 BGH GRUR 2016, 697 (701) Tz. 40 – Königshof.
1365 BGH GRUR 2021, 1290 Rn. 42 – Zugangsrecht des Architekten.
1366 BGH GRUR 2021, 1290 Rn. 43 f. – Zugangsrecht des Architekten.
1367 BGH GRUR 2021, 1290 Rn. 44 ff. – Zugangsrecht des Architekten.
1368 Vgl. OLG Frankfurt GRUR 2005, 1034 (1034 f.) – Folgerechtsauskunft.
1369 BGH GRUR 2008, 989 (990), Tz. 15 f. – Sammlung Ahlers.
1370 BGH GRUR 2008, 989 (991), Tz. 28 ff. – Sammlung Ahlers zum Teil entgegen Vorinstanz OLG Frankfurt GRUR 2005, 1034 (1035 f.) – Folgerechtsauskunft.
1371 EuGH GRUR Int. 2015, 492 (493 f.) – Christie's France.

546 Ansonsten ist noch auf § 27 UrhG zu verweisen, der die **Vergütung für das Vermieten und Verleihen** von Bild- oder Tonträgern regelt. § 27 Abs. 1 UrhG enthält einen unverzichtbaren Vergütungsanspruch für die Vermietung, Abs. 2 für das Verleihen. Geltend gemacht werden kann der Anspruch auf Vergütung aber nur durch eine Verwertungsgesellschaft (Abs. 3). Der EuGH differenziert bei der Auslegung des Vermiet- und Verleihrechts im Hinblick auf die Online-Nutzung. Während das Vermietrecht kein Recht sei, dass online nutzbar sei, sondern nur körperliche Gegenstände erfasse,[1372] sei ein Online-Verleih möglich, und zwar unter folgenden Voraussetzungen: (1) Die in Rede stehende Kopie wird auf dem Server einer öffentlichen Bibliothek abgelegt, (2) es wird dem betreffenden Nutzer ermöglicht, diese durch Herunterladen auf seinem eigenen Computer zu reproduzieren, (3) wobei nur eine einzige Kopie während der Leihfrist heruntergeladen werden kann und (4) der Nutzer nach Ablauf dieser Frist die von ihm heruntergeladene Kopie nicht mehr nutzen kann;[1373] vgl. zu § 27 UrhG auch → Rn. 763.

547 Schließlich enthält das verwandte Schutzrecht des Presseverlegers Einschränkungen zugunsten des Urhebers und des Leistungsschutzberechtigten: Es darf gem. § 87g Abs. 3 UrhG nicht zum Nachteil des Urhebers oder eines Leistungsschutzberechtigten geltend gemacht werden, sofern deren Leistungen als Schutzgegenstand im Presseerzeugnis enthalten sind. Außerdem gewährt § 87h UrhG dem Urheber (nicht aber dem Inhaber eines verwandten Schutzrechtes) einen Anspruch auf angemessene Beteiligung an einer Vergütung, die der Presseverleger aus der Verwertung seines verwandten Schutzrechtes erzielt.

4. Die zeitliche Schranke des Urheberrechts: Besteht der Schutz noch?

548 Ansprüche aus dem UrhG kann es nur geben, wenn die Werke oder verwandten Leistungen noch geschützt sind. Ist die Schutzfrist abgelaufen, spricht man von **Gemeinfreiheit.** Die Schutzfrist für Werke läuft erst 70 Jahre nach dem Tod des Urhebers ab. Man spricht auch von einer Schutzfrist von 70 Jahren ***post mortem auctoris.***

549 Die Berechnung setzt nicht mit dem Todestag des Urhebers ein, sondern erst mit dem **Ende des Jahres,** in das sein Todestag fällt (§ 69 UrhG). Bei dem Maler *Emil Nolde,* der am 13.4.1956 verstarb, läuft die Schutzfrist seiner Werke also am 31.12.2026 aus, die Werke *Franz Kafkas,* der am 3.6.1924 verstarb, sind seit dem 1.1.1995 in Deutschland gemeinfrei.

550 Liegt **Miturheberschaft** vor,[1374] bestimmt sich die Schutzfrist nach dem Tod des längstlebenden Miturhebers (§ 65 Abs. 1 UrhG); die Schutzfrist läuft dann einheitlich ab, so dass nicht etwa unterschiedliche Schutzfristen für die Beiträge der einzelnen Miturheber laufen. Vielmehr profitieren die Erben und Erbeserben der früher verstorbenen Miturheber vom längeren Lauf der Schutzfrist in Folge des späteren Versterbens der anderen Miturheber. Bei **Werkverbindungen**[1375] ist dies anders: Hier laufen die Schutzfristen unabhängig voneinander, so dass zB die Musik eines Schlagers früher gemeinfrei werden kann als der Text. Im Falle von Filmwerken, die ja grundsätzlich als Miturheberwerke anzusehen sind, bestimmt sich der Ablauf der Schutzfrist nach dem Tod der längstlebenden Personen Hauptregisseur, Drehbuchautor, Dialogurheber und Filmkomponist (§ 65 Abs. 2 UrhG). Seit 2013 gibt es für Werkverbindungen im Musikbereich mit der Einführung von § 65 Abs. 3 UrhG eine Gesetzesänderung: § 65 Abs. 3 UrhG sieht vor, dass die Schutzdauer einer Musikkomposition mit Text 70 Jahre nach dem Tod des Längstlebenden der folgenden Personen erlischt: Verfasser des Textes und Komponist der Musik, sofern beide Beiträge eigens für die betreffende Musikkomposition mit Text geschaffen wurden. Dies gilt unabhängig davon, ob diese Personen als Miturheber ausgewiesen sind.[1376] Hier werden also eigentlich nur verbundene Werke der Miturheberschaft gleichgestellt.

551 Werden Werke ohne den Namen des Urhebers oder unter einem Pseudonym wie zB einem Künstlernamen verwertet, sind solche Werke als **anonyme** oder **pseudonyme** Werke aufzufassen. Dadurch verkürzt sich die Schutzfrist gem. § 66 Abs. 1 UrhG auf 70 Jahre nach der (ersten) Veröffentlichung. Sie verlängert sich allerdings auf die normale Schutzfrist des § 64 von 70 Jahren *post mortem auctoris,* wenn der Urheber sich offenbart oder sein wahrer Name anderweitig bekannt wird (§ 66 Abs. 2 UrhG). Dem gleichgestellt ist die Anmeldung des wahren Namens des Urhebers zur Eintragung in die Urheberrolle (§ 66 Abs. 2 S. 2, Abs. 3 iVm. § 138

1372 EuGH GRUR 2016, 1266 (1267) Tz. 35 – VOB/Stichting Leenrecht.
1373 EuGH GRUR 2016, 1266 (1268) Tz. 51–54 – VOB/Stichting Leenrecht.
1374 Einzelheiten hierzu bei → Rn. 181.
1375 Einzelheiten hierzu bei → Rn. 344.
1376 → Rn. 26.

UrhG). Urheber, die ausschließlich anonym oder unter einem Künstlernamen veröffentlichen und deren wahrer Name nicht bekannt ist, aber auch Unternehmen, die wie zB in der Softwarebranche üblich regelmäßig die Urheber der von ihnen vermarkteten Werke nicht angeben, sollten in der Beratungspraxis darauf hingewiesen werden, dass die Möglichkeit der Eintragung in die Urheberrolle besteht, damit die Werke von der normalen urheberrechtlichen Schutzdauer profitieren.

Das Register anonymer und pseudonymer Werke (nach dem früheren Wortlaut des § 138 552
UrhG auch **„Urheberrolle"** genannt) wird beim Deutschen Patent- und Markenamt geführt; dorthin sind auch die Anmeldungen zu richten.[1377] Gem. § 66 Abs. 3 kann letzteres zwar nur der Urheber selbst und nach seinem Tod sein Rechtsnachfolger oder ein Testamentsvollstrecker tun; dies gilt auch im Softwarebereich, obwohl zB der Software-Arbeitgeber gem. § 69b zur Ausübung sämtlicher vermögensrechtlicher Befugnisse berechtigt ist und die Folge der Anmeldung in die Urheberrolle mit der Verlängerung der Schutzfrist durchaus auch vermögensrechtlichen Einschlag hat. Werkverwerter und Software-Arbeitgeber können sich aber von ihren Urhebern bevollmächtigen lassen, wenn sie eine Eintragung in die Urheberrolle vornehmen wollen.

Bei den **verwandten Schutzrechten** beträgt die Schutzdauer meistens 50 Jahre, in einigen Fällen 553
sogar nur 25 Jahre, im Musikbereich für Tonträgerhersteller und ausübende Künstler, deren Darbietungen auf Tonträgern aufgenommen worden sind, nunmehr 70 Jahre, in der Regel gerechnet ab dem Erscheinen und beginnend wie beim Urheberrecht mit dem Ende des Jahres, in das das den Lauf der Schutzfrist in Gang setzende Ereignis fällt (§ 69 UrhG).

Die Schutzdauer des Urheberrechts und der verwandten Schutzrechte ist jeweils die fol- 554
gende:

Urheberrechte:

- 70 Jahre post mortem auctoris, § 64 UrhG.
- Miturheberschaft: Tod des längstlebenden Miturhebers, § 65 Abs. 1 UrhG;
- Filmwerke: Tod des Längstlebenden der Personen Hauptregisseur, Drehbuchautor, Dialogautor, Filmkomponist, § 65 Abs. 2 UrhG.
- Verbundene Werke: Jedes Werk gesondert. Ausnahme: Musik und Text, wenn eigens für verbundenes Werk geschaffen, § 65 Abs. 3 UrhG;
- Anonyme und pseudonyme Werke: 70 Jahre ab Veröffentlichung oder Erschaffung, wenn nicht veröffentlicht, § 66 Abs. 1 UrhG; volle Schutzfrist, wenn wahre Identität offenbar wird oder Eintragung in Urheberrolle vor Gemeinfreiheit, § 66 Abs. 2 UrhG.
- Lieferungswerke: jede Lieferung gesondert, § 67 UrhG.

Verwandte Schutzrechte:

- Wissenschaftliche Ausgaben: 25 Jahre ab Erscheinen oder Herstellung bei Nichterscheinen, § 70 Abs. 3 UrhG.
- Nachgelassene Werke: 25 Jahre ab Erscheinen oder erster öffentlicher Wiedergabe, § 71 Abs. 3 UrhG.
- Lichtbilder: 50 Jahre ab Erscheinen oder erster erlaubter öffentlicher Wiedergabe oder Herstellung, wenn beides nicht erfolgt, § 72 Abs. 3 UrhG.
- Ausübende Künstler: 50 Jahre ab Erscheinen oder erster erlaubter öffentlicher Wiedergabe des Bild- oder Tonträgers, wenn beides nicht erfolgt, ab Darbietung, § 82 UrhG; 70 Jahre für Tonträgerhersteller und ausübende Künstler, wenn die Darbietung auf Tonträger aufgenommen worden ist.
  Zu beachten ist, dass für das durch das Gesetz zur Regelung des Urheberrechts in der Informationsgesellschaft neu geschaffene Persönlichkeitsrecht des ausübenden Künstlers aus den §§ 74 und 75 UrhG eine längere Schutzfrist bestehen kann, weil diese Rechte gem. § 76 UrhG mindestens bis zum Tode des ausübenden Künstlers laufen, die 50-jährige Schutzfrist für die Verwertungsrechte aber theoretisch vorher enden kann (vgl. Rn. 375).
- Veranstalter: 25 Jahre ab Erscheinen oder erster erlaubter öffentlicher Wiedergabe des Bild- oder Tonträgers, wenn beides nicht erfolgt, ab Darbietung, § 82 UrhG.
- Tonträgerhersteller: 50 Jahre ab Erscheinen oder erster erlaubter öffentlicher Wiedergabe, wenn beides nicht erfolgt ab Herstellung, § 85 Abs. 3 UrhG.
- Sendeunternehmen: 50 Jahre ab erster Funksendung, § 87 Abs. 3 UrhG.

[1377] Ein Anmeldemuster findet sich im MVHdB Band 3 als Form. IX.2; Einzelheiten zur Urheberrolle bzw. zum Register anonymer und pseudonymer Werke finden sich bei Fromm/Nordemann/Axel Nordemann UrhG § 138 Rn. 1 ff.

• Einfache Datenbanken:	15 Jahre ab Veröffentlichung bzw. Herstellung bei Nicht-Veröffentlichung, § 87d UrhG.
• Presseverleger:	2 Jahre nach der Veröffentlichung des Presseerzeugnisses, § 87j UrhG.
• Filmhersteller:	50 Jahre ab Erscheinen oder erster erlaubter öffentlicher Wiedergabe, wenn beides nicht erfolgt ab Herstellung, § 94 Abs. 3 UrhG.
• Laufbilder:	50 Jahre ab Erscheinen oder erster erlaubter öffentlicher Wiedergabe, wenn beides nicht erfolgt ab Herstellung, §§ 95, 94 Abs. 3 UrhG.
Beginn der Berechnung:	Ende des Jahres, in das das den Lauf der Schutzfrist in Gang setzende Ereignis fällt (§ 69 UrhG), so dass alle Schutzfristen einheitlich an einem Jahresende auslaufen.[1378]

555 Für die Bereiche der **Fotografie** sowie der **verwandten Schutzrechte** insgesamt ist zu beachten, dass die Schutzfristen immer wieder verlängert worden sind,[1379] was in der Regel dazu geführt hat, dass sich zwar die Schutzfristen vor Verlängerung entstandener, aber im Zeitpunkt der Verlängerung noch geschützter Leistungen verlängerten, nicht aber, dass bereits gemeinfrei gewordene Leistungen wieder geschützt worden wären, vgl. §§ 129 Abs. 1, 137a Abs. 1, 137b Abs. 1, 137c Abs. 1 und 137f Abs. 1 UrhG. Lediglich bei Lichtbildwerken, bei Ausgaben nachgelassener Werke, ausübenden Künstlern, Tonträgerherstellern, Sendeunternehmen und Filmherstellern ist dies im Rahmen der Reform 1995 anders geregelt worden: Sie werden wieder geschützt, wenn am 1. Juli 1995 der Schutz in zumindest [irgendeinem] einem Mitgliedstaat der EU oder des EWR noch bestand, § 137f Abs. 2 UrhG.[1380]

556 Zu beachten ist, dass die Schutzintensität während der Schutzdauer variieren kann. So hat das OLG Stuttgart[1381] unter Bezugnahme auf die Rechtsprechung des BGH zum allgemeinen Persönlichkeitsrecht entschieden, dass die Interessen des Urhebers durch Zeitablauf abgeschwächt werden können. Das Gericht hatte in seiner Entscheidung das urheberrechtliche Bestandsinteresse gegen das Eigentümerinteresse am Umbau eines Bauwerks abzuwägen. Hierbei stellte es fest, dass bereits ¾ der Schutzdauer (54 Jahre) verstrichen waren und dem Erhaltungsinteresse des Urhebers daher nur noch abgeschwächte Bedeutung zuzumessen sei, da die von der Öffentlichkeit wahrgenommene Verbindung zwischen Werk und geistigem Schöpfer inzwischen verblasst sei.[1382]

557 Wird ein Werk oder eine durch ein verwandtes Schutzrecht geschützte Leistung **gemeinfrei,** hat dies zur Folge, dass jedermann diese Werke beliebig verwerten und bearbeiten darf. Auch das Urheberpersönlichkeitsrecht erlischt vollständig.[1383] Das Werk bzw. die geschützte Leistung dürfen also beliebig verändert, verunstaltet, zerstört oder der Name des Urhebers unterschlagen werden. Allerdings kann die Bezeichnung eines gemeinfreien Werkes mit einem falschen Namen wettbewerbsrechtlich unzulässig sein.[1384] Wird ein Werk oder eine geschützte Leistung gemeinfrei, erlöschen zugleich auch die daran eingeräumten Nutzungsrechte;[1385] Titelschutzrechte eines Verlages können aber bestehen bleiben.[1386]

558 Zu beachten ist allerdings, dass an gemeinfreien Werken die verwandten Schutzrechte der wissenschaftlichen Ausgabe[1387] sowie der sog. **editio princeps (Erstausgabe)**[1388] bestehen können. Zu beachten ist ferner, dass Gemeinfreiheit eines Werkes nicht bedeutet, dass damit auch alle Abbildungen zB eines Werkes der bildenden Kunst frei benutzt werden dürfen, weil dem Fotografen an der Abbildung ein verwandtes Schutzrecht gem. § 72 UrhG zustehen kann. Museen können so über ihr Hausrecht und ihr Eigentum tatsächlich eine Verwertung ihrer gemeinfreien Gemälde kontrollieren, wenn sie das Fotografieren in ihren Räumen generell verbieten.[1389]

[1378] Gilt trotz Nichtnennung von § 69 in § 71 auch für das verwandte Schutzrecht an nachgelassenen Werken: Fromm/Nordemann/Axel Nordemann UrhG § 71 Rn. 31.

[1379] Einzelheiten zu den Schutzfristen für Lichtbildwerke und Lichtbilder bei Loewenheim/Axel Nordemann UrhG § 21 Rn. 11 ff.

[1380] Vgl. Axel Nordemann/Mielke ZUM 1996, 214 (216); EuGH GRUR 2009, 393 (395), Tz. 35 – Sony/Falcon.

[1381] GRUR-RR 2011, 56 (64) – Stuttgart 21.

[1382] OLG Stuttgart GRUR-RR 2011, 56 (62) – Stuttgart 21.

[1383] Vgl. Fromm/Nordemann/Axel Nordemann UrhG § 64 Rn. 18b.

[1384] Vgl. Fromm/Nordemann/Axel Nordemann UrhG § 64 Rn. 18b.

[1385] Vgl. Schricker/Loewenheim/Katzenberger UrhG § 64 Rn. 5.

[1386] Vgl. BGH GRUR 2003, 1869 – Winnetous Erben.

[1387] → Rn. 406.

[1388] → Rn. 407.

[1389] Vgl. BGH GRUR 1975, 500 (501 f.) – Schloß Tegel.

5. Schutzumfang: Vervielfältigung, Bearbeitung oder freie Benutzung?

Die Vervielfältigung als direkteste Form der Wiederholung eines Werkes ist immer dem Urheber vorbehalten – vorbehaltlich vertraglicher Regelungen und der Schrankenbestimmungen.[1390] Liegt keine Vervielfältigung vor, sondern ist das urheberrechtlich geschützte Werk verändert worden, besitzt der Urheber nur noch das Recht, die Verwertung von Bearbeitungen seines Werkes zu kontrollieren; lediglich in Ausnahmefällen bedarf schon die Herstellung der Bearbeitung seiner Zustimmung.[1391] Bislang war der Schutzumfang des Urheberrechts durch das Zusammenspiel von abhängiger Bearbeitung gem. § 23 UrhG und freier Benutzung gem. § 24 UrhG geregelt.[1392] 559

Im Zuge der **Urheberrechtsreform 2021** kam es zu einer Neufassung des § 23 sowie zur Streichung des § 24. Soweit § 24 UrhG Parodien, Karikaturen und Pastiches erfasste, besteht jetzt eine neue ausdrückliche Schranke in § 51a UrhG. Bereits nach der EuGH-Entscheidung Pelham/Hütter ua (Metall auf Metall III) konnte § 24 UrhG nur noch als Regelung zur Klarstellung des Schutzumfangs des Urheberrechts angesehen werden, nicht aber länger als allgemeine Schrankenbestimmung auch für verwandte Schutzrechte, die sie vorher nach Auffassung des BGH sein sollte.[1393] Dem EuGH zufolge konnte jedoch ein Mitgliedsstaat in seinem nationalen Recht keine Ausnahme oder Beschränkung in Bezug auf das Vervielfältigungsrecht des verwandten Schutzrechtes des Tonträgerherstellers aus Art. 2c Info RL vorsehen, die nicht in Art. 5 Info RL als Schranke vorgesehen ist.[1394] Danach war davon auszugehen, dass § 24 UrhG jedenfalls insoweit unionsrechtswidrig war, als § 24 Abs. 1 UrhG für das Vervielfältigungsrecht von Art. 2 Info RL Einschränkungen, Ausnahmen oder sonstige Schranken enthält, die sich nicht schon aus dem Vervielfältigungsrecht selbst (Art. 2 Info RL, im deutschen Recht § 16 UrhG) oder aus den Schrankenregelungen (Art. 5 Info RL im deutschen Recht §§ 44a ff. UrhG) ergaben. Letztendlich wurde damit § 24 aber nur auf seine eigentliche Funktion zurückgeführt, nämlich klarzustellen, dass ältere Werke zur Schaffung neuer selbstständiger Werke als Anregung verwendet werden dürfen; weitergehende Verwendungen sind eben Bearbeitungen, die der Urheber über § 23 kontrollieren kann. Auch der EuGH ließ nämlich ausdrücklich zu, dass eine Vervielfältigung ausscheidet, wenn ein älteres Werk in geänderter und nicht wiedererkennbarer Form in ein neues sebstständiges Werk eingefügt wird.[1395] Das Gegenstück zur Bearbeitung stellte bisher die sog. „freie Benutzung" gem. § 24 UrhG aF dar, nach der ein selbstständiges Werk, das in freier Benutzung des Werkes eines anderes geschaffen worden ist, ohne Zustimmung des Urhebers des benutzten Werkes veröffentlicht und verwertet werden kann. Die Abgrenzung zwischen Bearbeitung (abhängiger Nachschöpfung)[1396] und freier Benutzung bestimmte zugleich den Schutzumfang des Urheberrechts. 560

§ 23 aF:

Bearbeitungen oder andere Umgestaltungen des Werkes dürfen nur mit Einwilligung des Urhebers des bearbeiteten oder umgestalteten Werkes veröffentlicht oder verwertet werden. Handelt es sich um eine Verfilmung des Werkes, um die Ausführung von Plänen und Entwürfen eines Werkes der bildenden Künste, um den Nachbau eines Werkes der Baukunst oder um die Bearbeitung oder Umgestaltung eines Datenbankwerkes, so bedarf bereits das Herstellen der Bearbeitung oder Umgestaltung der Einwilligung des Urhebers. Auf ausschließlich technisch bedingte Änderungen eines Werkes nach § 60d Absatz 1, § 60e Absatz 1 sowie § 60f Absatz 2 sind die Sätze 1 und 2 nicht anzuwenden.

§ 24 aF:

(1) Ein selbstständiges Werk, das in freier Benutzung des Werkes eins anderen egschaffen worden ist, darf ohne Zustimmung des Urhebers des benutzten Werkes veröffentlicht und verwerte werden.

(2) Absatz 1 gilt nicht für die Benutzung eines Werkes der Musik, durch welche eine Melodie klar erkennbar dem Werk entnommen und einem neuen Werk zugrunde gelegt wird.

1390 → Rn. 598 ff.

1391 → Rn. 540.

1392 RegE Gesetz zur Anpassung des Urheberrechts an die Erfordernisse des digitalen Binnenmarktes – BT-Drs. 19/27426, S. 79.

1393 BGH GRUR 2009, 403, 405, Tz 21 – Metall auf Metall; BVerfG GRUR 2016, 691, Tz. 68 ff., 78 – Metall auf Metall.

1394 EuGH GRUR 2019, 929 Tz. 56 ff. – Pelham/Hütter ua. (Metall auf Metall III).

1395 EuGH GRUR 2019, 929 Tz. 31 ff., 39 – Pelham/Hütter ua. (Metall auf Metall III).

1396 Bullinger/Garbers von Boehm GRUR 2008, 24.

561 Im Zuge der Urheberrechtsreform 2021 wurden die Regelungen des § 24 aF sowie des § 23 aF nunmehr in § 23 nF zusammengeführt:

§ 23 nF:

(1) Bearbeitungen oder andere Umgestaltungen des Werkes dürfen nur mit Einwilligung des Urhebers des bearbeiteten oder umgestalteten Werkes veröffentlicht oder verwertet werden. Wahrt das neu geschaffene Werk einen hinreichenden Abstand zum benutzten Werk, so liegt keine Bearbeitung oder Umgestaltung im Sinne des Satzes 1 vor.

(2) Handelt es sich um

1. die Verfilmung eines Werkes,

2. Ausführung von Plänen und Entwürfen eines Werkes der bildenden Künste,

3. den Nachbau eines Werkes der Baukunst oder

4. die Bearbeitung oder Umgestaltung eines Datenbankwerkes,

so bedarf bereits das Herstellen der Bearbeitung oder Umgestaltung der Einwilligung des Urhebers.

(3) Auf ausschließlich technisch bedingte Änderungen eines Werkes nach § 60d Absatz 1, § 60e Absatz 1 sowie § 60f Absatz 2 sind die Sätze 1 und 2 nicht anzuwenden.

562 Die bislang in § 24 UrhG aF enthaltene Schutzbereichsbegrenzung wurde damit in § 23 UrhG eingefügt; die Regelung des § 24 Abs. 2 konnte entfallen, da die erkennbare Übernahme einer Melodie in aller Regel ohnehin eine Bearbeitung iSd § 23 darstellt.[1397] **Ein maßgeblicher Unterschied dürfte in der Neuregelung nicht liegen:** Die Wahrung eines hinreichenden Abstands dürfte der alten freien Benutzung entsprechen, sodass auch auf die bisherige Rspr. zur Abgrenzung zwischen Bearbeitung und freier Benutzung einschränkungslos zurückgegriffen werden kann; **s. hierzu → Rn. 577.** Daher wird man auch weiterhin von „Freier Benutzung" iSd § 23 Abs. 1 S. 2 UrhG sprechen können, wenn der hinreichende Abstand gewahrt ist. Parodien, Karikaturen und Pastiches, die früher in § 24 UrhG fielen, sind nun Gegenstand der Schrankenbestimmung in § 51a UrhG.

563 Dieses **Stufensystem des Schutzumfanges** lässt sich wie folgt darstellen:[1398]

Vervielfältigung, § 15 Abs. 1 Nr. 1, § 16 UrhG:	Immer Urheber vorbehalten; Ausnahme: Schrankenbestimmungen.
Bearbeitung oder sonstige Umgestaltung, § 23 UrhG: ↓ ↓ ↓ ↓	Erstverwertung ist Urheber (des Originalwerkes!) vorbehalten, Herstellung einer Bearbeitung ist grundsätzlich erlaubt; Ausnahme: Bereits Herstellung einer Bearbeitung oder sonst. Umgestaltung ist Urheber vorbehalten bei Verfilmung, Ausführung von Plänen und Entwürfen eines Werkes der bildenden Künste, Nachbau eines Werkes der Baukunst, Bearbeitung oder Umgestaltung eines Datenbankwerkes (§ 23 Abs. 2 UrhG) sowie von Software (§ 69c Nr. 2 UrhG). **Achtung:** Schrankenbestimmungen erlauben regelmäßig allenfalls Vervielfältigung, nicht aber Bearbeitung (§ 62 UrhG).[1399] Ausnahme neu: Parodien, Karikaturen und Pastiches haben nun eine ausdrückliche Schranke in § 51a UrhG.
Freie Benutzung iSd § 23 Abs. 1 S. 2 UrhG:	Immer urheberechtlich zulässig, schließt „freie" Vervielfältigung mit ein.[1400]

564 Man muss sich darüber im Klaren sein, dass die Abgrenzung zwischen Bearbeitung und freier Benutzung häufig nur sehr schwer zu treffen ist. Zwar legen weitgehende Übereinstimmungen der Werke häufig die Annahme nahe, dass der Urheber des jüngeren Werkes das ältere Werk benutzt hat; jedoch kann er eben auch nur die im älteren Werk vorhandenen gemeinfreien Gestaltungselemente verwendet haben, so dass trotz weitgehender Übereinstimmungen keine Urheberrechtsverletzung vorliegt.[1401] Es ist deshalb wichtig, dass man sich **zunächst Klarheit** darüber verschafft, **welche Elemente des älteren Werkes auf einer schöpferischen, individuellen Leistung basieren.** Dabei muss man berücksichtigen, dass alles, was dem gemeinen Volksgut zugerechnet werden kann, Ideen, Lehren und Theorien, gemeinfrei gewordenes Geistesgut der Vergangenheit, Stil, Manier, Methode, die inhaltliche Aussage, die künstlerische Idee und auch das künstlerische

[1397] Vgl. RegE Gesetz zur Anpassung des Urheberrechts an die Erfordernisse des digitalen Binnenmarktes – BT-Drs. 19/27426, S. 55, 78 f.

[1398] Vgl. neuerdings auch BGH GRUR 2014, 65 (70) Tz. 36 f. – Beuys-Aktion.

[1399] → Rn. 598.

[1400] BGH GRUR 2014, 65 (70) Tz. 36 – Beuys-Aktion.

[1401] Beispiel: BGH GRUR 2004, 855 (857) – Hundefigur.

Motiv grundsätzlich frei bleiben.[1402] Auch von der Funktion des Gegenstands vorgegebene oder technisch bedingte Formen nehmen am Urheberrechtsschutz grundsätzlich nicht teil.[1403] Insbesondere im Hinblick auf Idee und Motiv gibt es aber Abweichungen, die zu berücksichtigen sind: Zwar bleibt die Idee als solche immer urheberrechtlich frei, einen Schutz genießt sie jedoch in der konkreten Form, die sie durch die Schöpfung des Urhebers erhalten hat. Auch das künstlerische Motiv kann uU urheberrechtlich geschützt sein, wenn es künstlich geschaffen worden ist.

Für die Abgrenzung zwischen abhängiger Bearbeitung gemäß § 23 UrhG und freier Benutzung gemäß § 23 Abs. 1 S. 2 UrhG hat der BGH die sog. **Blässetheorie** entwickelt. Danach wird die freie Benutzung durch die folgenden Merkmale gekennzeichnet: Es muss sich um eine 565

(1) selbständige Leistung handeln; wenn das Originalwerk lediglich umgestaltet worden ist, ohne dass der Bearbeiter selbst eine persönliche geistige Schöpfung im Sinne von § 2 Abs. 2 UrhG, die zu einem Bearbeiterurheberrecht gem. § 3 UrhG führen würde, erbracht hat, liegt immer eine abhängige Bearbeitung vor und niemals eine freie Benutzung, weil in einem solchen Fall gar kein neues, selbständiges Werkschaffen entstanden ist.[1404] Eine Ausnahme gilt nach der aktuellen Rechtsprechungsänderung des BGH für die freie Benutzung von **Parodien, Karikaturen und Pastiches,** die wegen der insoweit maßgeblichen unionsrechtskonformen Auslegung von § 24 Abs. 1 UrhG keine persönliche geistige Schöpfung im Sinne von § 2 Abs. 2 UrhG voraussetzen.[1405]

(2) Die schöpferische Eigentümlichkeit des benutzten Werkes muss gegenüber der Eigenart des neu geschaffenen Werkes verblassen, wobei kein zu milder Maßstab anzulegen ist.[1406] Das Kriterium des „Verblassens" wird vom BGH zunächst durchaus in einem wörtlichen Sinne angewandt. Eine freie Benutzung liegt danach vor, wenn die aus dem geschützten älteren Werk entlehnten eigenpersönlichen Züge in dem neuen Werk in einem eher wörtlichen Sinn verblassen, also so zurücktreten, dass das ältere Werk in dem neuen nur noch schwach und in urheberrechtlich nicht mehr relevanter Weise durchschimmert,[1407] so dass die Benutzung des älteren Werkes durch das neuere nur als Anregung zu einem neuen selbständigen Werkschaffen erscheint (sog. „äußerer" Abstand).[1408] Liegt ein solches „direktes" Verblassen nicht vor und bleiben Übernahmen deutlich erkennbar, kann ein Verblassen ausnahmsweise dennoch angenommen werden, wenn trotzdem das jüngere Werk zu dem Originalwerk und dessen entlehnten eigenpersönlichen Zügen noch einen so großen „inneren" Abstand einhält, dass es seinem Wesen nach als selbständig angesehen werden kann.[1409] Dies kann beispielsweise für Fälle der Parodie oder Satire gelten,[1410] also immer dann, wenn eine künstlerische Auseinandersetzung mit einem älteren Werk es erfordert, dass dieses im neueren Werk erkennbar bleibt.[1411] In Fällen, in denen das Verblassen nicht in einem wörtlichen Sinne vorliegt, sondern nur ein „innerer" Abstand dazu führt, dass eine freie Benutzung vorliegt, muss jedoch immer eine schöpferische Auseinandersetzung des jüngeren Werkes mit dem älteren vorliegen, um den „inneren" Abstand herzustellen; der BGH bezeichnet dies als künstlerische Auseinandersetzung oder auch antithematische Behandlung.[1412]

(3) Es muss also ein auf werkschaffender Tätigkeit beruhendes neues Werk entstehen, das fremde Werk darf lediglich die Anregung für das eigene Werkschaffen darstellen.[1413]

1402 Vgl. Fromm/Nordemann/Axel Nordemann UrhG §§ 23/24 Rn. 30 ff.

1403 → Rn. 298.

1404 Vgl. zB BGH GRUR 2014, 258 (261) Tz. 38 f. – Pippi-Langstrumpf-Kostüm; BGH GRUR 2008, 693 (695), Tz. 27 ff. – TV-Total; BGH GRUR 2000, 703 (704) – Mattscheibe; BGH GRUR 2000, 144 (144) – Comic-Übersetzungen II; BGH GRUR 1999, 984 (984) – Laras Tochter; BGH GRUR 1992, 382 (384 f.) – Leitsätze; BGH GRUR 1981, 520 (522) – Fragensammlung; BGH GRUR 1972, 143 (144 f.) – Biographie: Ein Spiel.

1405 BGH GRUR 2016, 1157 (1160) Tz. 28 – Auf fett getrimmt.

1406 Vgl. BGH GRUR 2011, 134 (137) Tz. 33 – Perlentaucher, BGH GRUR 2002, 799 (800 f.) – Stadtbahnfahrzeug; BGH GRUR 1994, 191 (193) – Asterix-Persiflagen.

1407 Vgl. BGH GRUR 2016, 1157 (1159) Tz. 20 – Auf fett getrimmt; BGH GRUR 2014, 258 (261) Tz. 38 – Pippi-Langstrumpf-Kostüm; BGH GRUR 1994, 191 (193) – Asterix-Persiflagen; BGH GRUR 1994, 206 (208) – Alcolix.

1408 BGH GRUR 2014, 258 (261) Tz. 39 – Pippi-Langstrumpf-Kostüm; BGH GRUR 2011, 134 (137) Tz. 33 ff. und Leitsatz 1 – Perlentaucher.

1409 Vgl. BGH GRUR 2016, 1157 (1159) Tz. 22 – Auf fett getrimmt; BGH GRUR 2014, 258 (261) Tz. 39 – Pippi-Langstrumpf-Kostüm; BGH GRUR 1999, 984 (987) – Laras Tochter; BGH GRUR 1994, 191 (193) – Asterix-Persiflagen; BGH GRUR 1994, 206 (208) – Alcolix.

1410 Vgl. Rn. 442 und BGH GRUR 2016, 1157 (1159) Tz. 22 – Auf fett getrimmt; BGH GRUR 2000, 703 (704) – Mattscheibe; BGH GRUR 1999, 984 (987) – Laras Tochter; BGH GRUR 1994, 191 (193) – Asterix Persiflagen; BGH GRUR 1994, 206 (208) – Alcolix.

1411 Das ist beispielsweise bei Abstracts von Buchrezensionen nicht der Fall, da diese zwar den Inhalt der Originalrezension mitteilen sollen, es hierbei aber nicht entscheidend darauf ankommt, dass die Eigenheiten der Originalrezension erkennbar bleiben, vgl. BGH GRUR 2011, 134 (137) Tz. 35 – Perlentaucher.

1412 BGH GRUR 2016, 1157 (1159) Tz. 22 – Auf fett getrimmt; BGH GRUR 2014, 258 (261) Tz. 39 – Pippi-Langstrumpf-Kostüm; BGH GRUR 1994, 191 (193) – Asterix-Persiflagen; BGH GRUR 1994, 206 (208) – Alcolix; siehe auch BGH GRUR 1999, 984 (987) – Laras Tochter.

1413 Vgl. BGH GRUR 2002, 799 (800 f.) – Stadtbahnfahrzeug; GRUR 1999, 984 (987) – Laras Tochter; BGH GRUR 1994, 191 (193) – Asterix-Persiflagen; BGH GRUR 1994, 206 (208) – Alcolix.

566 Der Vergleich ist grundsätzlich nach dem **Gesamteindruck** vorzunehmen, und zwar in den folgenden Schritten:[1414]

- Auszugehen ist von objektiven Merkmalen, die die schöpferische Eigentümlichkeit des Originalwerks prägen und der Grad der Individualität zu ermitteln;
- sodann ist nach den Übereinstimmungen (nicht nach den Abweichungen!) zu fragen;[1415]
- bleibt dann noch die Eigenart des Originals unter Berücksichtigung des Grades seiner Individualität im neuen Werk erhalten?

567 Der **Vergleich der Übereinstimmungen** im schöpferischen Bereich markiert jeweils die Grenzlinie zwischen Bearbeitung und freier Benutzung.[1416] Je geringer die Eigentümlichkeit des Originalwerkes ist, desto enger ist zwangsläufig sein Schutzbereich. Bei nur gering schöpferischen Werken kann sich daher der Schutzumfang auf die Vervielfältigung oder Bearbeitungen, die nur ganz geringfügige Veränderungen vornehmen, beschränken; sehr individuelle Werke können auch gegen weiter entfernt liegende Bearbeitungen geschützt sein.[1417]

568 **Achtung:** Es kann immer nur auf solche Übereinstimmung ankommen, die für sich betrachtet im Originalwerk selbständig urheberrechtlichen Schutz genießen.[1418] Historischer Stoff bleibt deshalb frei benutzbar, nicht jedoch Hinzufügungen oder Ausformungen des historischen Stoffs, die der Phantasie des Urhebers entstammen und somit für sich betrachtet urheberrechtlich geschützt sind.[1419] Gleiches gilt für den gedanklichen Inhalt eines Sprachwerkes; wird dieser von einem Dritten mit eigenen Worten zusammengefasst wird darin eine freie Benutzung liegen, wenn lediglich nicht geschützte Ideen übernommen werden.[1420] Auch bei wissenschaftlichen Sprachwerken bleibt deshalb die wissenschaftliche Theorie, die im Originalwerk dargestellt wird, immer frei benutzbar, weil sie nicht am Urheberrechtsschutz teil hat, während allerdings bei einem Roman im Gegensatz hierzu auch ein weitgehender Schutz des Inhalts, also der Fabel und der im Roman spielenden Charaktere, gegeben ist.[1421] Ebenso müssen in der Natur vorgefundene und vorbekannte Gestaltungselemente grundsätzlich frei bleiben; bei einem Vergleich von zwei Hunde-Comicfiguren ist deshalb auch zu prüfen, inwieweit festgestellte Übereinstimmungen typischen Gestaltungsmerkmalen der dargestellten Hunderassen entsprechen oder Comic-typische Übertreibungen naturgegebene Merkmale sind.[1422]

569 Vom Urheberrechtsschutz ausgeschlossen sind außerdem Erfindungen, weil das Urheberrecht die schöpferische Gestaltung schützt, nicht aber das technische Gedankengut. Alle technisch bedingten Merkmale einer Schöpfung sind deshalb von den künstlerischen Gestaltungselementen zu trennen, so dass bei der Beurteilung des Schutzumfanges eines Gegenstandes nur das berücksichtigt werden kann, was losgelöst von der technischen Funktion bei vorhandener künstlerischer Gestaltungsfreiheit noch künstlerisch „on top" gestaltet worden ist.[1423] Man muss sich darüber im Klaren sein, dass die Abgrenzung zwischen Bearbeitung und freier Benutzung häufig nur sehr schwierig zu treffen ist. Insbesondere ist es kaum möglich, im Rahmen anwaltlicher Beratung verlässlich zu sagen, ob ein nachgeschaffenes Werk wirklich eine Bearbeitung oder eine freie Benutzung ist, weil man zunächst den Grad der Individualität zuverlässig bestimmen und dann auch noch beurteilen muss, welche objektiven Merkmale prägen, übereinstimmen und im nachgeschaffenen Werk nicht verblassen.

[1414] Vgl. Dreier/Schulze/Schulze UrhG § 24 Rn. 11 ff.

[1415] Vgl. BGH GRUR 2016, 1157 (1159) Tz. 21 – Auf fett getrimmt; BGH GRUR 2015, 1189 (1195) Tz. 72 – Goldrapper; BGH GRUR 2014, 258 (261) Tz. 39 – Pippi-Langstrumpf-Kostüm; BGH GRUR 2014, 65 (70) Tz. 38 – Beuys-Aktion; BGH GRUR 2003, 786 (787) – Innungsprogramm; BGH GRUR 1994, 191 (193) – Asterix-Persiflagen; OLG Zweibrücken WRP 2016, 397 (398) Tz. 14; OLG München GRUR-RR 2016, 62 (66 f.) – „Heute"-Jingle; OLG Zweibrücken GRUR-RR 2016, 141 (142 f.) – Piano-Lehrbuch.

[1416] Vgl. BGH GRUR 2014, 65 (70) Tz. 38 – Beuys-Aktion; BGH GRUR 1994, 191 (192) – Asterix-Persiflagen; BGH GRUR 1991, 533 (534) – Brown Girl II.

[1417] Vgl. BGH GRUR 1991, 531 (532) – Brown Girl I und Schricker/Loewenheim/Loewenheim UrhG § 24 Rn. 10 mwN.

[1418] Vgl. BGH GRUR 2014, 65 (70) Tz. 38 – Beuys-Aktion; BGH GRUR 2004, 855 (857) – Hundefigur; Dreier/Schulze/Schulze UrhG § 24 Rn. 14; Fromm/Nordemann/Axel Nordemann UrhG §§ 23/24 Rn. 46; Loewenheim/Loewenheim UrhG § 8 Rn. 13.

[1419] Vgl. die insoweit sehr instruktive Entscheidung LG Hamburg GRUR-RR 2003, 233 (234 ff.) – Die Päpstin.

[1420] BGH GRUR 2011, 134 – Perlentaucher.

[1421] → Rn. 352 sowie das Beispiel in Rn. 580; ferner OLG Hamburg GRUR-RR 2004, 285 (286 f.) – Markentechnik zu wissenschaftlichen Sprachwerken und BGH GRUR 1999, 984 (987) – Laras Tochter zu Romanen.

[1422] Vgl. BGH GRUR 2004, 855 (857) – Hundefigur.

[1423] Vgl. BGH GRUR 2014, 175 (179) Tz. 41 – Geburtstagszug; BGH GRUR 2012, 58 (60 ff.), Tz. 19 f., 22 f. und 36 – Seilzirkus.

Die Beurteilung dieser Fragen muss zwangsläufig zu einem großen Teil dem subjektiven Geschmack des jeweils Urteilenden unterworfen sein, so dass die richterliche Beurteilung abweichend von der anwaltlichen sein kann. Weitgehende Übereinstimmungen der Werke legen nach menschlicher Erfahrung in der Regel die Annahme nahe, dass der Urheber des jüngeren Werkes das ältere Werk benutzt hat und mithin eine Urheberrechtsverletzung begeht.[1424] 570

Ob das neue Werk dazu geeignet oder bestimmt ist, das ältere Werk zu ersetzen, ist für die Abgrenzungsfrage hingegen nicht relevant, da dies nichts über die schöpferische Selbständigkeit des neuen Werkes gegenüber dem älteren aussagt.[1425] 571

Übertragungen in eine andere Werkart sind nicht grundsätzlich freie Benutzungen; sind die gestalterischen Wesenszüge und Ausdrucksformen übertragbar wie beispielsweise die einer literarischen Figur (= Sprachwerk nach Nr. 1) in ein Karnevalskostüm (= Werk der angewandten Kunst nach Nr. 4), kann eine unfreie Bearbeitung vorliegen;[1426] s. aber → Rn. 577. Das folgt im Übrigen schon aus § 23 UrhG, wonach die Verfilmung eines Sprachwerkes regelmässig eine unfreie Bearbeitung darstellt. 572

Liegt eine freie Benutzung nach § 24 UrhG vor, schließt das nicht nur die Durchsetzung des Bearbeitungsrechtes des Urhebers des Originalwerkes gem. § 23 UrhG aus, sondern auch des Vervielfältigungsrechtes gem. § 16 UrhG, weil in der Bearbeitung oder anderen Umgestaltung im Sinne von § 23 S. 1 UrhG im Falle der körperlichen Festlegung immer zugleich eine Vervielfältigung im Sinne von § 16 UrhG zu sehen ist.[1427] 573

Dass keine maßgebliche Änderung der Rspr. zu erwarten ist, erscheint nachvollziehbar: Auch nach altem Recht hatte nämlich die Vorschrift zur freien Benutzung nach § 24 UrhG letztendlich nur klarstellende Bedeutung, dass ein selbständiges Werk, das in freier Benutzung des Werkes eines Anderen geschaffen worden ist, ohne Zustimmung des Urhebers des benutzten Werkes veröffentlicht und verwertet werden durfte. Denn der **Schutzumfang des Urheberrechts** war bereits durch § 23 S. 1 UrhG immanent begrenzt: Nur etwas, das noch als Bearbeitung oder Umgestaltung des Werkes angesehen werden konnte, durfte lediglich mit Einwilligung des Urhebers des bearbeiteten oder umgestalteten Werkes veröffentlicht oder verwertet werden; lag keine Bearbeitung oder Umgestaltung des Werkes vor, weil sich der Schöpfer des neuen Werkes genügend davon entfernt hatte, hätte der Schöpfer des neuen Werkes es ohnehin ohne Einwilligung des Urhebers des Ursprungswerkes veröffentlichen oder verwerten können, ohne dass es noch der Vorschrift des § 24 UrhG bedurft hätte. Der BGH hatte den Schutzumfang des Urheberrechts insoweit in ständiger, jahrzehntelanger Rechtsprechung eben dadurch begrenzt, dass er die **„Blässetheorie“** angewendet hat. Demgegenüber bestand für die Gesetzesänderung von 2021 eigentlich gar keine Veranlassung, weil der EuGH nicht die bestehenden deutschen Regelungen in §§ 23, 24 UrhG aF beanstandet hatte, sondern die Anwendbarkeit von § 24 Abs. 1 UrhG aF im Sinne einer Schranke auf das Tonträgerherstellerrecht nach § 85 UrhG; der EuGH hatte insoweit entschieden, dass die Info RL keine Ausnahme vom Vervielfältigungsrecht des Tonträgerherstellers vorsehe, die eine solche Anwendung von § 24 Abs. 1 UrhG im Sinne einer Schranke erlauben würde.[1428] Das Tonträgerherstellerrecht nach § 85 UrhG besitzt aber gar keinen Schutzumfang wie ein Werk nach § 2 UrhG; denn es schützt lediglich eine nicht-kreative, wirtschaftliche Leistung gegen Vervielfältigung, Verbreitung und öffentliche Zugänglichmachung, nicht aber gegenüber Bearbeitungen oder Umgestaltungen. 574

Auch nach § 23 Abs. 1 UrhG nF liegt eine abhängige Bearbeitung nur dann vor, wenn **kein hinreichender Abstand** zum benutzten Werk gegeben ist; ist dieser gegeben, liegt keine Bearbeitung oder Umgestaltung mehr vor (sondern eine freie Benutzung). Der hinreichende Abstand wird durch die Rechtsprechung weiterhin bestimmt werden müssen, insoweit gibt es keine Anhaltspunkte dafür, dass der BGH seine bisherige Rspr. ändern und andere Kriterien als die der „Blässetheorie“ anwenden könnte. Zwar hatte der EuGH festgehalten, dass die Nutzung eines auch nur sehr kurzen Audiofragments das Recht des Tonträgerherstellers verletzen könne, sofern es nicht in den anderen Tonträger in geänderter und beim Hören *nicht wiedererkennbarer Form* eingefügt wird.[1429] 575

1424 BGH GRUR 1971, 266 (268) – Magdalenenarie; LG Mannheim GRUR-RR 2007, 265 (LS) = ZUM 2006, 886, Tz. 19 – Karlssteg mit Münster.
1425 BGH GRUR 2011, 134 (138) Tz. 45 – Perlentaucher; aA OLG Frankfurt a. M. ZUM-RD 1998, 561 (562).
1426 BGH GRUR 2014, 258 (261) Tz. 42 – Pippi-Langstrumpf-Kostüm; Fromm/Nordemann/Axel Nordemann UrhG §§ 23/24 UrhG Rn. 39.
1427 BGH GRUR 2014, 65 (70) Tz. 36 – Beuys-Aktion.
1428 Vgl. nur BGH GRUR 2020, 843 Rn. 36 ff. – Metall auf Metall IV.
1429 EuGH GRUR 2019, 929, 931 Tz. 39 – Pelham/Hütter ua (Metall auf Metall III).

576 Man könnte deshalb vermuten, dass der EuGH zur Bestimmung des Schutzumfangs des Urheberrechts ebenfalls auf ein Kriterium der *Wiedererkennbarkeit* abstellen könnte. Letztendlich ist die „Blässetheorie“ aber gar nichts anderes als fehlende Wiedererkennbarkeit: Um die Grenze zwischen den urheberrechtlich relevanten Benutzungshandlungen in Form der Vervielfältigung oder Bearbeitung und der zulässigen Verwertung außerhalb des Bearbeitungsrechtes (also in freier Benutzung) zu ziehen, kommt es maßgeblich auf die Übereinstimmung im Bereich der objektiven Merkmale an, durch die die schöpferische Eigentümlichkeit des Originals bestimmt wird, also der Gestaltungselemente, die zu seinem urheberrechtlichen Schutz geführt haben; es ist also durch Vergleich des jeweiligen Gesamteindrucks der Gestaltungen, in dessen Rahmen sämtliche übernommenen schöpferischen Züge in einer Gesamtschau zu berücksichtigen sind, zu ermitteln, ob und ggf. in welchem Umfang eigenschöpferische Züge des älteren Werks übernommen worden sind oder nicht.[1430] Ist das Original verblasst, ist es letztendlich auch urheberrechtlich nicht mehr wiedererkennbar. Im Zuge der Urheberrechtsreform wurde allerdings außerdem für Karikatur, Parodie und Pastiche eine ausdrückliche Schranke in § 51a UrhG geschaffen (vgl. → Rn. 632); insoweit können die alten Kriterien nicht mehr angewandt werden.

577 **Einige Beispiele aus der Rspr.:** Der *BGH* hat es als Bearbeitung von Werken der bildenden Kunst des Künstlers *Friedensreich Hundertwasser* angesehen, wenn frei verkäufliche Kunstdrucke in bemalten Rahmen veräußert werden und durch die Art und Weise der Bemalung der Rahmen neue „Gesamtkunstwerke“ entstanden sind, also die Hundertwasser-Bilder auf den Rahmen quasi fortgesetzt wurden.[1431] Ferner hat der *BGH* die gestalterische Fortentwicklung von Entwürfen für die neue Hannoveraner Straßenbahn als Bearbeitung und nicht als freie Benutzung angesehen, weil der den Gesamteindruck besonders prägende Krümmungsverlauf der Seitenwand, verbunden mit der insgesamt sehr deutlichen Anlehnung bei der Gestaltung des Triebwagenkopfes und dessen gestalterische Einbindung in die Gesamtform des Fahrzeugäußeren, kaum verändert übernommen worden sei und gewisse Unterschiede die Übereinstimmungen in der den Gesamteindruck prägenden, vom Designer des Vorentwurfs besonders schöpferisch gestalteten Grundform des Wagenäußeren unberührt lassen würden.[1432] Bei zwei Hundefiguren hatte der *BGH* Zweifel, ob die Übereinstimmungen zwischen einer Hunde-Comicfigur einerseits und einer plastischen Hundefigur sowie einer Spardose in Hundeform andererseits wirklich ausreichend sind, um eine abhängige Bearbeitung nach § 23 UrhG anzunehmen und hat die Sache zur weiteren Aufklärung an das Berufungsgericht zurückverwiesen.[1433] Die Übertragung der literarischen Figur der *Pippi Langstrumpf* (= Sprachwerk nach Nr. 1) in ein Karnevalskostüm (= Werk der angewandten Kunst nach Nr. 4) war eine freie Benutzung, weil lediglich die Haare in Farbe und Form, die Sommersprossen und der Kleidungsstil der Pippi Langstrumpf übernommen worden waren, nicht jedoch die übrigen Merkmale der unverwechselbaren Kombination äußerer Merkmale, Charaktereigenschaften, Fähigkeiten und typischen Verhaltensweisenehmen, die aber als maßgebliche Bestandteile zum urheberrechtlichen Schutz der Figur geführt haben.[1434]

578 Zeichnungen von Flusspferdfiguren („Happy Hippos“) hat das *OLG Karlsruhe* als freie Benutzung im Sinne von § 24 Abs. 1 UrhG von älteren Nilpferdfiguren angesehen, weil die Ähnlichkeiten im Wesentlichen nur hinsichtlich solcher Merkmale gegeben seien, die durch die Anlehnung an die von der Natur vorgegebene Form eines Nilpferdes entstanden oder bei der Darstellung vermenschlichter Nilpferde allgemein üblich seien.[1435] Die Übereinstimmungen zwischen einem jüngeren und einem älteren, urheberrechtlich geschützten Ring hat das *OLG Düsseldorf* als unfreie Bearbeitung angesehen, weil das wesentliche künstlerische Merkmal des älteren Ringes in dem „Schweben“ des in dem aufgebrochenen Ring eingespannten Brillanten gesehen wurde, was in den jüngeren Ring übernommen worden war.[1436] Die in der Fernsehzeitung „tv DIGITAL“ veröffentlichte Fußball-Bundesliga-Stecktabelle wurde vom *OLG Nürnberg* als freie Benutzung der Fußball-Stecktabelle des Fußballmagazins „kicker“ beurteilt, obwohl ihre Merkmale weitgehend übernommen worden waren.[1437] Es bezog sich hierbei auch auf die Entschei-

---

[1430] Vgl. nur BGH GRUR 2015, 1189 Rn. 72 – Goldrapper mwN.
[1431] Vgl. BGH GRUR 2002, 532 (535) – Unikatrahmen.
[1432] Vgl. BGH GRUR 2002, 799 (801) – Stadtbahnfahrzeug.
[1433] Vgl. BGH GRUR 2004, 855 (857) – Hundefigur.
[1434] BGH GRUR 2014, 258 (262) Tz. 44 f. – Pippi-Langstrumpf-Kostüm.
[1435] OLG Karlsruhe ZUM 2000, 327 (330) – Nilpferdzeichnungen.
[1436] OLG Düsseldorf NJW-RR 2001, 1624 (1626) – Niessing-Spannring = ZUM-RD 2001, 385 (mit Foto des → Originals).
[1437] OLG Nürnberg GRUR 2014, 1199 – Kicker-Stecktabelle.

dung *Geburtstagszug*[1438] des BGH, indem es aus den reduzierten Anforderungen an die Gestaltungshöhe bei Werken der angewandten Kunst auf einen entsprechend geringen Schutzumfang schloss. Verhältnismäßig geringe Abweichungen seien daher geeignet, eine freie Benutzung zu begründen.

Insbesondere im Bereich der Werke der Musik gem. § 2 Abs. 1 Nr. 2 UrhG sind einige wichtige Entscheidungen ergangen: Der BGH ist zunächst davon ausgegangen, dass es im Bereich des Musik-Samplings bei der Frage, ob eine freie Benutzung vorliegt, darauf ankommen soll, ob die auf Tonträger aufgezeichnete Tonfolge selbst einzuspielen möglich ist.[1439] In der Entscheidung *Metall auf Metall II*[1440] präzisierte der BGH seine Entscheidung *Metall auf Metall I* hinsichtlich der genauen Voraussetzungen zur Möglichkeit der Selbsteinspielung der übernommenen Tonsequenz. Das BVerfG hat diese Entscheidungen jedoch aufgehoben und entschieden, dass sich Musikschaffende bei der Übernahme von fremden Tonträgerteilen im Wege des Samplings gegenüber dem Leistungsschutzrecht der Tonträgerhersteller auf die Kunstfreiheit nach Art. 5 Abs. 3 S. 1 GG berufen können.[1441] Das BVerfG hat jedoch offen gelassen, ob hierfür im Rahmen der Wechselwirkung zwischen dem Urheberrecht als Ausprägung der Eigentumsfreiheit nach Art. 14 Abs. 1 GG und der künstlerischen Betätigungsfreiheit nach Art. 5 Abs. 3 S. 1 GG die Reichweite des Schutzrechts nach § 85 Abs. 1 S. 1 UrhG einschränkend ausgelegt oder die Schutzschranke der freien Benutzung nach § 24 Abs. 1 UrhG anzuwenden ist.[1442] Im Anschluss an das BVerfG-Urteil hat der BGH dem EuGH mehrere Fragen zur Zulässigkeit des Tonträger-Samplings vorgelegt.[1443] Nachdem der EuGH klargestellt hatte, dass ein Mitgliedsstaat in seinem nationalen Recht keine Ausnahme oder Beschränkung in Bezug auf das Vervielfältigungsrecht des Leistungsschutzrechtes des Tonträgerherstellers aus Artikel 2c Richtlinie 2001/29 vorsehen dürfe, die nicht in Artikel 5 Urheberrechtsrichtlinie 2001/29 als Schranke vorgesehen sei und daher § 24 auf verwandte Schutzrechte nicht entsprechend angewendet werden kann,[1444] hat der BGH die Sache an das OLG Hamburg zurückverwiesen, nach nunmehr 21 Jahren Prozessdauer: Es soll nun unterschieden werden zwischen dem Zeitraum vor und nach dem Inkrafttreten der Umsetzung der Richtline 2001/29 am 22.12.2002 und nach diesem Zeitpunkt die Entnahme von zwei Takten einer Rhythmussequenz aus dem Tonträger der Kläger und ihre Übertragung auf den Tonträger der Beklagten eine Vervielfältigung im Sinne des Art. 2 lit. c der Richtlinie 2001/29/EG und damit auch des § 85 Abs. 1 S. 1 Fall 1 UrhG darstellen.[1445] Das *OLG München* hat Übereinstimmungen zwischen 2 Techno-Musiktiteln lediglich in einer nicht urheberrechtlich geschützten Folge von 5 Tönen gesehen, im Übrigen aber urheberrechtlich relevante gestalterische Gemeinsamkeiten nicht feststellen können, so dass ein Fall der freien Benutzung und nicht ein solcher der Melodieentnahme gem. § 24 Abs. 2 UrhG vorlag.[1446] Bearbeitung war hingegen die Verwendung eines geschützten Musikwerkes als Klingelton.[1447] 579

Eine Verletzung des Bearbeitungsrechts des § 23 UrhG liegt vor, wenn der Betreiber einer Plattform online Übersetzungen aus einem geschützten Lateinwörterbuch anbietet,[1448] ebenso wenn Stadtplanausschnitte auf der eigenen Homepage verwendet werden.[1449] Abgelehnt indes wurde eine urheberrechtsverletzende Bearbeitung iSd § 23 UrhG durch die notengetreue Aufführung und Aufzeichnung einer Sinfonie, die mit einer Bildfolge verbunden wird und daher lediglich eine andere Kunstform darstellt.[1450] Schließlich hat das *LG Hamburg* in einem sehr instruktiven Fall die Umgestaltung des Romans *Harry Potter und der Stein der Weisen* in ein Lehrerhandbuch für die Grundschule als abhängige Bearbeitung angesehen, weil zwar nicht 580

1438 BGH GRUR 2014, 175 – Geburtstagszug; vgl. → Rn. 373.
1439 BGH GRUR 2009, 403 (405) Tz. 17 – Metall auf Metall I, aufgehoben durch BVerfG GRUR 2016, 690 – Metall auf Metall.
1440 BGH GRUR 2013, 614 (616) Tz. 24 ff. – Metall auf Metall I, aufgehoben durch GRUR 2016, 690 – Metall auf Metall.
1441 BVerfG GRUR 2016, 690 Ls. 1 – Metall auf Metall.
1442 BVerfG GRUR 2016, 690 (692) Tz. 77 – Metall auf Metall.
1443 BGH GRUR 2017, 895 – Metall auf Metall III.
1444 EuGH GRUR 2019, 929 Tz. 56 ff. – Pelham/Hütter ua. (Metall auf Metall III).
1445 BGH GRUR 2020, 843 – Metall auf Metall IV.
1446 OLG München ZUM 2000, 408 (412) – Melodieentnahme.
1447 OLG Hamburg GRUR 2006, 323 – Handy-Klingeltöne II.
1448 OLG München ZUM-RD 2006, 558 – Online-Handelsplattform-Übersetzungsdienst.
1449 OLG Hamburg GRUR-RR 2006, 355 (356) – Stadtplanausschnitt.
1450 BGH GRUR 2006, 319 – Alpensinfonie.

wörtliche Textübernahmen erfolgten, aber doch eigenpersönlich geprägte Bestandteile und formbildende Elemente des Originals übernommen worden waren.[1451]

581 Der Bildungsauftrag der Schule konnte dabei ebensowenig wie Art. 5 Abs. 3 S. 1 GG ein ausdehnendes Verständnis der freien Benutzbarkeit gem. § 24 UrhG rechtfertigen.[1452] Keine unfreie Bearbeitung iSd § 23 UrhG, sondern freie Benutzung ist die Durchführung eines Malwettbewerbs des Urhebers der grafischen Figur („Pumuckl") gegenüber dem Urheber der literarischen Figur, weil die literarische Figur dadurch nicht beeinträchtigt wird.[1453]

582 Noch nicht abschließend geklärt ist die Frage, inwieweit in Abstracts Passagen des Originaltextes verwendet werden dürfen, ohne dass es einer Einwilligung des Urhebers gemäß § 23 UrhG bedarf. Laut BGH sei im Wege einer *wertenden Einzelfallentscheidung* zu ermitteln, ob das neue Werk eine selbständige schöpferische Leistung darstelle, gegenüber der die schöpferische Eigenart der Originalrezension „verblasse".[1454] Allein die Auswahl der Originaltextstellen für die Zusammenfassung oder ein von der Originalrezension abweichender Aufbau seien hierbei jedoch noch nicht als erhebliche schöpferische Leistung anzusehen.[1455] Schließlich hat das OLG Düsseldorf in der Veröffentlichung einer Reihe von Fotografien eines Werkes der Aktionskunst von Joseph Beuys, Bazon Brock und Wolf Vostell eine Umgestaltung im Sinne von § 23 UrhG gesehen, weil dadurch eine körperliche Festlegung der Kunstaktion erfolgt, diese aber nicht unverändert wiedergegeben worden sei, da es schon allein durch das Medium der Fotografie zu einer Verkürzung kommen musste; ferner läge auch keine freie Benutzung vor, weil der Fotograf gerade die Dokumentarische Darstellung der Kunstaktion bezweckt habe und diese daher in der Bilderreihe auch nicht verblasse.[1456]

583 Das *OLG Köln* hat außerdem in den Lernspielen „Logolino Junior", „Logolino" und „Taschen Logolino" Plagiate der älteren und in einem besonderen Ausmaß eigentümlichen und deshalb einen vergleichsweise großen Schutz genießenden Lernspiele „bambinoLÜK", „miniLÜK" und „pocketLÜK" gesehen, weil sich die Gestaltungsmerkmale der Original-Lernspiele nur in unzureichend veränderter Form in den Nachahmer-Spielen wiedergefunden hätten und insbesondere die Kontrollgeräte sehr ähnlich gestaltet worden waren.[1457]

584 **Parodie oder Satire** wurden früher unter § 24 UrhG aF gefasst; nach der Rspr. war dann ausnahmsweise auch die unveränderte Übernahme eines vorbestehenden Werkes im Rahmen einer parodistischen Zielsetzung als freie Benutzung im Sinne von § 24 Abs. 1 UrhG aF angesehen worden; dabei war unerheblich, ob die in dem jüngeren Werk gestaltete satirische Kritik daneben, geschmacklos, bösartig, gehässig, ungerechtfertigt oder sittenwidrig war.[1458] Bei der Beurteilung der urheberrechtlichen Zulässigkeit von Parodien ist **die vollständige Harmonisierung** durch Art. 5 Abs. 3 lit. k Richtlinie 2001/29/EG zu berücksichtigen; dem ist der deutsche Gesetzgeber mit Wirkung vom 7.6.2021 durch die Einführung einer seperaten Schrankenregelung in § 51a UrhG nF nachgekommen. Auch vorher war § 24 Abs. 1 UrhG aF in seiner Auslegung durch die Rechtsprechung richtlinienkonform im Hinblick auf die urheberrechtliche Zulässigkeit von Parodien auszulegen.[1459]

585 Die wesentlichen Merkmale der Parodie bestehen nach einer EuGH-Entscheidung darin, an ein bestehendes Werk zu erinnern, gleichzeitig aber ihm gegenüber wahrnehmbare Unterschiede aufzuweisen; außerdem soll sie einen Ausdruck von Humor oder eine Verspottung darstellen.[1460] Dabei ist grundsätzlich eine Interessenabwägung vorzunehmen zwischen den Interessen und Rechten des Urhebers auf der einen und der freien Meinungsäußerung des Nutzers des geschützten Werkes auf der anderen Seite.[1461] Eine Parodie kann auch unzulässig sein, wenn bspw. die Figuren, die im ursprünglichen Werk ausgestreute Münzen aufsammelten, durch verschleierte

[1451] Vgl. im Einzelnen LG Hamburg GRUR-RR 2004, 65 (66 f.) – Literatur-Werkstatt Grundschule.
[1452] Vgl. LG Hamburg GRUR-RR 2004, 65 (67) – Literatur-Werkstatt Grundschule.
[1453] OLG München GRUR-RR 2008, 44 (46) – Eine Freundin für Pumuckl II.
[1454] Anders noch die Vorinstanz, die für die Beurteilung von Abstracts als freie Benutzung oder Bearbeitung einen speziellen Maßstab entwickelt hat: OLG Frankfurt GRUR 2008, 250 (252) – Abstracts.
[1455] BGH GRUR 2011, 134 (138) Tz. 41 f. – Perlentaucher.
[1456] OLG Düsseldorf GRUR 2012, 173 (176) – Beuys-Fotoreihe.
[1457] OLG Köln GRUR-RR 2013, 5 (10 f.) – bambinoLÜK II; vorhergehend BGH GRUR 2011, 803 – Lernspiele.
[1458] BGH GRUR 2000, 703, 704 f. – Mattscheibe; anders BGH GRUR 2008, 693, 694, Tz. 24 ff. – TV-Total.
[1459] BGH GRUR 2016, 11157, 1159 f., Tz. 24 – Auf fett getrimmt.
[1460] EuGH GRUR 2014, 972 (974) Tz. 27 – Vrijheidsfonds/Vandersteen.
[1461] EuGH GRUR 2014, 972 (974) Tz. 30 – Vrijheidsfonds/Vandersteen; BGH GRUR 2016, 1157 (1161) Tz. 37 – Auf fett getrimmt.

und farbige Personen ersetzt worden sind, sodass die Parodie eine diskriminierende Aussage enthält.[1462]

586 In der Entscheidung *Auf fett getrimmt* hat der *BGH* seine Parodie-Rechtsprechung zu den §§ 23, 24 UrhG aF an die Rechtsprechung des *EuGH* angepasst.[1463] Das *OLG Hamburg* hatte der nach der EuGH-Rechtsprechung erforderlichen Interessenabwägung nicht ausreichend Rechnung getragen, indem es die Entstellung eines Lichtbildes durch die Veränderung der Abbildung einer Prominenten dergestalt, dass diese fettleibig wirkt, als eine Parodie und freie Benutzung nach § 24 Abs. 1 UrhG wertete.[1464] Der *BGH* sah die berechtigten geistigen und persönlichen Interessen des Urhebers durch die Entstellung des Werkes iSv § 14 UrhG als in besonderem Maße betroffen an und hat das Urteil des *OLG Hamburg* aufgehoben.[1465] Er stellte dabei im Unterschied zur bisherigen deutschen Rechtsprechung heraus, dass es nur auf wahrnehmbare Unterschiede der Parodie gegenüber dem parodierten Werk ankomme[1466] und eine antithematische Behandlung (also Auseinandersetzung mit dem Werk selbst) nicht mehr Voraussetzung für eine Parodie sei; vielmehr sei auch Humor oder Verspottung gegenüber Dritten ausreichend.[1467]

587 Mit dem *EuGH*[1468] sei allerdings noch eine Interessenabwägung vorzunehmen. Hierbei sei auf Seiten des Parodierenden sein schwerwiegendes Interesse an einer freien Meinungsäußerung zu berücksichtigen; andererseits könne sich der Urheber nicht nur auf eigene urheberrechtliche Interessen berufen, sondern auch auf eine Rechtsverletzung Dritter (zB im Fall der Persönlichkeitsrechte der Schauspielerin), so dass er ein schutzwürdiges Interesse habe, dass sein Werk mit einer solchen Rechtsverletzung nicht in Verbindung gebracht werde.[1469] Auch Erwägungen der **Pressefreiheit** können zur Zulässigkeit einer abhängigen Bearbeitung führen: Das *OLG Köln* hat zwar die leicht veränderte Darstellung des Bundesadlers aus dem Deutschen Bundestag zu Bonn auf einem Zeitschriftentitelblatt noch als Bearbeitung gem. § 23 UrhG angesehen, weil wesentliche Züge des Originals übernommen worden seien. Dennoch lag keine Urheberrechtsverletzung vor, weil sich die Beklagte auf die Pressefreiheit gem. Art. 5 GG berufen durfte, der die §§ 45 ff. UrhG nicht ausreichend Geltung verschafften.[1470] Der *BGH* stellte in der anschließenden Revision fest, dass eine freie Benutzung iSd § 24 UrhG vorläge, indem der Bundesadler parodistisch wiedergegeben wurde und darin ein Ausdruck der politischen Auseinandersetzung zu sehen sei, die durch Art. 5 GG bekräftigt würde.[1471] Demgegenüber hat allerdings der BGH die unkommentierte Übernahme von Interviewsequenzen des Senders Pro Sieben in der Sendung TV-Total im Wege der „Realsatire" abgelehnt, weil keine ausreichende geistige Auseinandersetzung in der Sendung TV-Total mit der übernommenen Interviewsequenz stattgefunden habe, so dass dieser Abschnitt von TV-Total nicht als selbständiges Werk im Sinne einer freien Benutzung nach § 24 Abs. 1 UrhG aufgefasst werden könne.[1472]

588 § 23 Abs. 1 S. 2 UrhG nF findet dem Wortlaut nach grundsätzlich Anwendung bei den Werkarten nach § 2 UrhG, die also einer freien Benutzung nach den oben genannten Voraussetzungen unterliegen können und deren Verwendung dann keiner Einwilligung des Urhebers bedarf. Entgegen der früheren Auffassung des BGH zu § 24 UrhG aF kann § 23 Abs. 1 S. 2 UrhG nF **keine entsprechende Anwendung bei den verwandten Schutzrechten,** zB. dem des Tonträgerherstellers[1473] oder des Filmherstellers,[1474] mehr finden: Der EuGH hatte bereits vorher klargestellt, dass ein Mitgliedsstaat in seinem nationalen Recht keine Ausnahme oder Beschränkung in Bezug auf das Vervielfältigungsrecht des Leistungsschutzrechtes des Tonträgerherstellers aus Artikel 2c Richtlinie 2001/29 vorsehen dürfe, die nicht in Artikel 5 Urheberrechtsrichtlinie 2001/29 als Schranke vorgesehen sei; § 24 UrhG aF könne daher auf verwandte Schutzrechte nicht entsprechend angewendet werden;[1475]

1462 EuGH GRUR 2014, 972 (974) Tz. 33 – Vrijheidsfonds/Vandersteen. Kritisch zu dieser Entscheidung v. Becker GRUR 2015, 336 (339).

1463 BGH GRUR 2016, 1157 – Auf fett getrimmt.

1464 OLG Hamburg ZUM 2015, 577 (580 ff.) – Promis auf fett getrimmt.

1465 BGH GRUR 2016, 1157 (1161) Tz. 38 – Auf fett getrimmt.

1466 BGH GRUR 2016, 1157 (1160) Tz. 28 – Auf fett getrimmt.

1467 BGH GRUR 2016, 1157 (1160 f.) Tz. 29 ff., 34, 35 – Auf fett getrimmt.

1468 EuGH GRUR 2014, 972 (974) Tz. 30 – Vrijheidsfonds/Vandersteen; BGH GRUR 2016, 1157 (1161) Tz. 37 – Auf fett getrimmt.

1469 BGH GRUR 2016, 1157 (1161) Tz. 39 – Auf fett getrimmt.

1470 OLG Köln NJW 2000, 2212 (2213 f.) – Bundesadler; nachfolgend GRUR 2003, 956 – Gies-Adler.

1471 BGH GRUR 2003, 956 (957) – Gies-Adler.

1472 Vgl. BGH GRUR 2008, 693 (695), Tz. 31 ff. – TV-Total.

1473 BGH GRUR 2009, 403, 405 Tz. 20 f. – Metall auf Metall I; BGH GRUR 2013, 614, 615 Tz. 13 – Metall auf Metall II – beide Entscheidungen aufgehoben durch BVerfG GRUR 2016, 690 – Metall auf Metall.

1474 BGH GRUR 2008, 693, 684 Tz. 23 ff. – TV Total; BGH GRUR 2000, 703, 704 – Mattscheibe.

1475 EuGH GRUR 2019, 929 Tz. 56 ff. – Pelham/Hütter ua. (Metall auf Metall III).

der BGH ist dem nunmehr für den Zeitraum nach dem Inkrafttreten der Umsetzung der Richtlinie 2001/29 am 22.12.2002 gefolgt.[1476] Ohnehin bestanden gegen die frühere Auffassung des Bundesgerichtshofs systematische Bedenken, weil § 24 UrhG aF die Benutzung eines älteren Werkes ausdrücklich erlaubte, aber nach derselben Entscheidung des Bundesgerichtshofs bei dem verwandten Schutzrecht des Tonträgerherstellers selbst die Entnahme kleinster Tonpartikel einen Eingriff in das Recht darstellen sollte.[1477]

589 Abschließend sollen zur Klarstellung noch einige wichtige Begriffe näher erläutert werden, die immer wieder im Zuge von Urheberrechtsverletzungen auftauchen:

590 **Plagiat** bedeutet letztendlich nichts anderes als die vorsätzliche Anmaßung der Urheberschaft an einem fremden Werk. In der Praxis wird allerdings auch die Bearbeitung, teilweise sogar die Vervielfältigung eines fremden Werkes als Plagiat bezeichnet.[1478]

591 **Kryptomnesie** oder unbewusste Entlehnung bedeutet, dass jemand an eine eigene Schöpfung glaubt, aber ein fremdes Werk aus dem Unterbewusstsein wiedergibt. Solche Formen der unbeabsichtigten Bearbeitung sind gar nicht so selten und finden sich bereits im vergangenen Jahrhundert bei Kompositionen ernster Musik wieder.[1479]

592 Im Fall einer **Doppelschöpfung** schaffen zwei Urheber unabhängig voneinander gleiche Werke.[1480] Der Einwand der Doppelschöpfung wird durchaus häufiger zur Rechtsverteidigung eingesetzt; tatsächlich sind dies aber meistens Schutzbehauptungen, in Wirklichkeit sind Doppelschöpfungen äußerst selten.[1481] Das KG hat einmal den sehr seltenen Fall einer Doppelschöpfung bejaht, und zwar im Fall der Gestaltung eines Davidssternes auf der deutschen Fahne: Zwar könne eine 100 %ige Übereinstimmung nach menschlicher Erfahrung als Doppelschöpfung kaum eintreten; im Ähnlichkeitsbereich liegende Gestaltungen seien aber durchaus als Doppelschöpfung möglich, und zwar besonders dann, wenn der Spielraum für individuelles Schaffen begrenzt sei und die Individualität nur in bescheidenem Maße zutage trete, also am ehesten im Bereich der kleinen Münze. Da im entschiedenen Fall die Gestaltung eines Davidssternes auf der deutschen Fahne absolut nahe liegend gewesen sei, sei der grundsätzlich gegen eine Doppelschöpfung sprechende Anscheinsbeweis widerlegt, zumal auch nicht überwiegend wahrscheinlich sei, dass die Personen, die das jüngere Werk gestaltet hätten, das ältere Werk vorher kannten.[1482]

6. Ist die Handlung von einer Nutzungsrechtseinräumung umfasst?

593 Eine Urheberrechtsverletzung liegt dann nicht vor, wenn die Handlung, die vorgenommen wird, von einer Nutzungsrechtseinräumung umfasst wird, und zwar sowohl räumlich als auch zeitlich und inhaltlich. Besondere Bedeutung bekommt hier die Übertragungszweckklausel des § 31 Abs. 5 UrhG[1483] sowie der Neuregelung zur Einräumung von Nutzungsrechten für unbekannte Nutzungsarten gem. § 31a UrhG.[1484]

594 Ein Nutzungsrecht kann gem. § 31 UrhG beispielsweise **örtlich, zeitlich und/oder inhaltlich beschränkt** eingeräumt worden sein.[1485] Bei inhaltlichen Beschränkungen ist zu beachten, dass nur nach der Verkehrsauffassung als solche hinreichend klar abgrenzbar, wirtschaftlich-technisch als einheitlich und selbstständig sich abzeichnende Nutzungsarten den Gegenstand einer inhaltlich beschränkten Einräumung eines Nutzungsrechtes bilden können, was wiederum mit dem Erschöpfungsgrundsatz des § 17 Abs. 2 UrhG korrespondiert.[1486]

595 Ist die Nutzungsrechteinräumung nicht klar und eindeutig erfolgt, ist der Auslegungsgrundsatz der Übertragungszweckklausel gem. § 31 Abs. 5 UrhG anzuwenden; der Umfang der Nutzungsrechtseinräumung bestimmt sich dann nach dem mit dem Vertrag verfolgten Zweck.[1487] Wichtig ist insoweit noch, dass die Zweckübertragungsklausel auch bei allen pauschal formulierten Ein-

---

1476 BGH GRUR 2020, 843 – Metall auf Metall IV.

1477 Vgl. Fromm/Nordemann/Axel Nordemann UrhG §§ 23/24 Rn. 4c; vgl. auch BVerfG GRUR 2016, 690, 692 Tz. 77 – Metall auf Metall; BGH GRUR 2009, 403, 404 f., Tz. 14 u. 16 – Metall auf Metall I.

1478 Einzelheiten bei Fromm/Nordemann/Axel Nordemann UrhG §§ 23/24 Rn. 59 ff.

1479 Einzelheiten bei Fromm/Nordemann/Axel Nordemann UrhG §§ 23/24 Rn. 62 f.; Zimmer ZUM 2003, 468 ff. (Beiträge zur psychologischen Dimension des Urheberrechts).

1480 Einzelheiten bei Fromm/Nordemann/Axel Nordemann UrhG §§ 23/24 Rn. 64 f.

1481 Vgl. OLG Hamburg ZUM 2019, 262, 264; OLG Köln GRUR 2000, 43 (45) – Doppelschöpfung; wie auch LG Mannheim GRUR-RR 2007, 265 (LS)/ZUM 2006, 886 Tz. 19 – Karlssteg mit Münster.

1482 KG ZUM 2001, 503 (505) – Doppelschöpfung.

1483 Einzelheiten oben → Rn. 106 ff.

1484 Einzelheiten oben → Rn. 95 ff.

1485 Einzelheiten und Beispiele bei → Rn. 89 f.

1486 Zur Erschöpfung → Rn. 459 ff.

1487 Einzelheiten oben → Rn. 106 ff.

räumungen urheberrechtlicher Nutzungsrechte Anwendung findet,[1488] und zwar selbst dann, wenn der Wortlaut der Rechtseinräumung eindeutig einen vollständigen Rechte-Buyout beinhaltet.[1489] Wer sich also

sämtliche Nutzungsrechte zeitlich, räumlich und inhaltlich unbeschränkt einschließlich des Bearbeitungsrechtes

einräumen lässt, muss sich darüber im Klaren sein, dass § 31 Abs. 5 UrhG auf eine solche Nutzungsrechtseinräumung anwendbar ist und eine Verwertung außerhalb der bei Vertragsschluss erkennbaren Nutzung kaum zulässig sein wird.

Ergänzend sind selbstverständlich die allgemeinen Auslegungsprinzipien der §§ 133 und 157 BGB heranzuziehen. 596

Die Einräumung von Nutzungsrechten für **unbekannte Nutzungsarten** gem § 31 Abs. 4 UrhG aF hatte die Rechtsprechung vor allem dann beschäftigt, wenn umfangreiche, genau spezifizierte Nutzungsrechtseinräumungen gegeben waren, aber neue, im Zeitpunkt des Vertragsschlusses noch weitgehend unbekannte Nutzungsarten wirtschaftlich relevant, technisch möglich und dem Publikum bekannt wurden.[1490] Die Videoauswertung von Spielfilmen war beispielsweise 1968 noch unbekannt,[1491] Video-On-Demand kann erst seit ca. 1995 als bekannt anerkannt werden.[1492] Zur Internet-Nutzung existiert soweit ersichtlich noch keine Rechtsprechung; wir gehen davon aus, dass es sich bei Internet-Nutzungen erst seit 1994/1995 um eine bekannte Nutzungsart handelt, weil Internet-Nutzungen vorher dem Publikum weitgehend unbekannt waren und auch noch keine wirtschaftliche Relevanz besaßen. Mit dem neu eingefügten § 31a UrhG und der Aufhebung des § 31 Abs. 4 UrhG aF ist eine Einräumung von Nutzungsrechten für unbekannte Nutzungsarten nunmehr grundsätzlich erlaubt, ist jedoch dem Schriftformerfordernis unterstellt und mit einem Anspruch auf Bezahlung einer angemessenen Vergütung verbunden (§ 32c UrhG). 597

7. Gesetzlich erlaubte Handlungen: Schrankenbestimmungen

Das UrhG gestattet eine ganze Reihe von Handlungen unmittelbar. In bestimmten vom Gesetz vorgesehenen Fällen können also entweder jedermann oder ein bestimmter Kreis von Personen urheberrechtlich geschützte Werke und verwandte Leistungen verwenden, ohne den Urheber fragen zu müssen. Es gibt insgesamt vier Arten derartiger inhaltlicher Schranken, und zwar: 598

(1) die **Erschöpfung des Verbreitungsrechts** gem. § 17 Abs. 2 UrhG, dh mit seinem Verbreitungsrecht kann der Urheber nur das erstmalige Inverkehrsetzen eines Vervielfältigungsstückes seines Werkes kontrollieren;[1493]
(2) eine **Zwangslizenz** für Werke der Musik (§ 42a UrhG);[1494]
(3) ein **Ausschluss** des Verbietungsrechts **mit gesetzlichem Vergütungsanspruch**, wie zB in den Fällen der Vervielfältigung zum eigenen Gebrauch gem. §§ 53, 53a UrhG und
(4) ein **Ausschluss** des Verbietungsrechts **ohne gesetzlichen Vergütungsanspruch**, wie beispielsweise beim Zitatrecht gem. § 51 UrhG.

Generell für alle inhaltlichen Schranken gilt Folgendes: Sie sind teilweise **vertraglich** schon nach ihrem Wortlaut nicht **abdingbar**, siehe zB §§ 55, 69g Abs. 2, 87e UrhG. Ansonsten können sie durch Individualvereinbarung abgeändert werden, in AGB dürfte das zu Lasten der Schrankenberechtigten aber durch § 307 Abs. 2 Nr. 1 BGB begrenzt sein. Da der Urheber grundsätzlich an der wirtschaftlichen Nutzung seiner Werke tunlichst angemessen zu beteiligen ist und daher die ihm hinsichtlich der Werkverwertung zustehenden Ausschließlichkeitsrechte nicht übermäßig beschränkt werden dürfen, sind **die Schrankenbestimmungen der §§ 45 ff. UrhG grundsätzlich** 599

1488 Vgl. Schricker/Schricker §§ 31/32 Rn. 36.
1489 Vgl. BGH GRUR 1996, 121 (122) – Pauschale Rechtseinräumung.
1490 Vgl. BGH GRUR 1997, 464 (465) – CB-Infobank II; BGH GRUR 1995, 212 (214) – Videozweitauswertung III; BGH GRUR 1982, 727 (730 f.) – Altverträge.
1491 Vgl. BGH GRUR 1991, 133 (135) – Videozweitauswertung I.
1492 Vgl. OLG München ZUM 1998, 413 (418) – Video-on-demand.
1493 Vgl. BGH GRUR 2005, 505 – Atlanta.
1494 Die Vorschrift hat bislang nahezu keine praktische Bedeutung, weil die GEMA die Rechte ohnehin wegen des ihr obliegenden Abschlusszwanges vergeben muss (§ 34 VGG). Vgl. Dreier/Schulze/Schulze UrhG § 42a Rn. 3; Fromm/Nordemann/Schaefer UrhG § 42a Rn. 4; Loewenheim/Goetting UrhG § 32 Rn. 2. Der Referentenentwurf Urheberrecht in der Informationsgesellschaft (auf der beigefügten CD) sah eine ersatzlose Streichung der Zwangslizenz für Werke der Musik gemäß § 61 UrhG vor, weil die Richtlinie für eine derartige Schranke keine ausreichende Grundlage biete. Die Vorschrift wurde dann jedoch ohne inhaltliche Veränderungen von § 61 UrhG in § 42a UrhG überführt.

eng auszulegen.[1495] Jegliche Ausnahmen vom Ausschließlichkeitsrecht des Urhebers sind außerdem an dem sog. **„3-Stufen-Test"** zu messen, nach dem die Vervielfältigung nur gestattet werden darf, wenn (1) die normale Auswertung des Werkes nicht beeinträchtigt wird, (2) die berechtigten Interessen des Urhebers Berücksichtigung finden und (3) sie nicht unzumutbar verletzt werden (Art. 9 Abs. 2 RBÜ).

600 Er ist bei der **Auslegung aller Schrankenbestimmungen** zu berücksichtigen, weil die entsprechenden Vorschriften in Art. 13 TRIPS, Art. 10 Abs. 2 WCT und Art. 5 Abs. 5 der EU-Inforichtlinie eine Beschränkung des **3-Stufen-Tests** nur auf die Vervielfältigung nicht enthalten.[1496] Allerdings können einzelne Schrankenbestimmungen dennoch über ihren Wortlaut hinaus moderne Verwendungsformen ermöglichen, sofern diese nach Funktion und Nutzungspotential noch im Wesentlichen dem gesetzlich vorgesehenen Leitbild entsprechen oder auch im allgemeinen Informations- und Nutzungsinteresse großzügig interpretiert werden.[1497] Außerdem dürfen die Werke, deren Verwendung aufgrund der Schrankenbestimmungen zulässig ist, im Rahmen der erlaubten Benutzung nicht geändert werden, § 62 Abs. 1 UrhG, vorbehaltlich allerdings solcher Änderungen, die der Urheber nach Treu und Glauben nicht verhindern könnte (§ 39 UrhG gilt gem. § 62 Abs. 1 Satz 2 UrhG entsprechend). In einem gewissen Rahmen sind allerdings auch Übersetzungen (§ 62 Abs. 2 UrhG), Größenänderungen bei Werken der bildenden Künste und der Fotografie (§ 62 Abs. 3 UrhG) sowie für den Kirchen-, Schul- oder Unterrichtsgebrauch erforderliche Änderungen zulässig (§ 62 Abs. 4 UrhG).

601 Es gibt eine Reihe von Schrankenregelungen, die nur anwendbar sind, wenn das Werk veröffentlicht oder erschienen ist. So ist Veröffentlichung Voraussetzung für die Anwendung von § 46 Abs. 1 S. 1 UrhG (Sammlungen für Kirchen-, Schul- oder Unterrichtsgebrauch), § 48 Abs. 1 Nr. 1 UrhG (Öffentliche Reden), § 49 UrhG (Zeitungsartikel und Rundfunkkommentare), § 51 S. 1 und S. 2 Nrn. 1 und 2 UrhG (Zitate), § 51a S. 1 UrhG (Karikatur, Parodie und Pastiche), § 52 Abs. 1 UrhG (Öffentliche Wiedergabe), § 60a UrhG (Unterricht und Lehre), § 60b UrhG (Unterrichts- und Lehrmedien) und § 61 Abs. 1 und 2 UrhG (Verwaiste Werke), das Erscheinen für § 51 S. 2 Nr. 3 UrhG (Zitate), § 52 Abs. 2 UrhG (Öffentliche Wiedergabe), § 53 Abs. 2 Nr. 4 lit. a UrhG (Vervielfältigung zum sonstigen eigenen Gebrauch) sowie § 60e Abs. 5 UrhG (Kopienversand auf Bestellung).[1498]

602 In fast allen Fällen muss schließlich die **Quelle deutlich angegeben werden** (§ 63 UrhG). Für den Bereich der Vervielfältigung sind hiervon lediglich ausgenommen die Vervielfältigung durch Sendeunternehmen (§ 55 UrhG), die Vervielfältigung bei der Benutzung eines Datenbankwerkes (§ 55a UrhG), die Vervielfältigung durch Geschäftsbetriebe zur Vorführung von Radio- und Fernsehgeräten (§ 56 UrhG), die Vervielfältigung von Werken als unwesentliches Beiwerk (§ 57 UrhG), die Vervielfältigung von Bildnissen (§ 60 UrhG) und die Vervielfältigung verwaister Werke (§ 61 UrhG). Im Falle einer zulässigen öffentlichen Wiedergabe muss die Quelle lediglich dann angegeben werden, wenn und soweit es die Verkehrssitte erfordert (§ 63 Abs. 2 UrhG). Zu beachten ist ferner, dass teilweise neben dem Urheber auch der Verlag, die Zeitung oder das Sendeunternehmen zu nennen sind (§ 63 Abs. 1 Satz 2, Abs. 3 UrhG).

603 Im Übrigen bestimmt § 63a UrhG, dass auf gesetzliche Vergütungsansprüche, die aus den Schrankenbestimmungen folgen, im Voraus nicht verzichtet werden kann. Auch ist eine **Abtretung im Voraus nur an eine Verwertungsgesellschaft** möglich. Damit soll letztendlich verhindert werden, dass der Urheber seinem Verwerter auch noch die gesetzlichen Vergütungsansprüche abtreten muss.

604 Immer wieder wird diskutiert, ob neben den ausdrücklichen in den §§ 44a ff. UrhG geregelten Schranken auch noch ungeschriebene Schrankenbestimmungen insbesondere in Form eines übergesetzlichen Notstandes herangezogen werden dürfen. Im Kern geht es dabei um die Abwägung des urheberrechtlichen Schutzes mit grundgesetzlichen Positionen, insb. mit Kommunikationsgrundrechten. So sollen etwa Meinungs- und Informationsfreiheit dem Urheberrecht vorgehen, wenn bei Veröffentlichung eines Anwaltsschriftsatzes aus dem Verfahren gegen den DDR-Regimekritiker *Havemann* schützenswerte Belange des Urhebers (Anwalt) nicht gefährdet sind und überragende Interessen der Allgemeinheit eine Veröffentlichung verlangen.[1499] Der BGH ist einer Anwendung des Institutes des übergesetzlichen Notstandes aber mit Recht entgegengetre-

[1495] Vgl. BGH GRUR 2002, 605 (605 f.) – verhüllter Reichstag; BGH GRUR 2001, 51 (52 f.) – Parfumflacon.
[1496] Walter/Walter Art. 5 Info-RL Rn. 93.
[1497] Vgl. BGH GRUR 2003, 956 (957) – Gies-Adler; BGH GRUR 2002, 963 (965) – elektronischer Pressespiegel.
[1498] Vgl. a. BGH GRUR 2014, 974 (975) Tz. 15 – Porträtkunst.
[1499] OLG Hamburg NJW 1999, 3343, 3344; siehe auch LG Berlin GRUR 1962, 207, 210 – Maifeiern.

ten.[1500] Bereits die urheberrechtlichen Verwertungsbefugnisse sowie die Schrankenbestimmungen der § 44a ff. sind verfassungskonform und ggf. erweiternd auszulegen. Für die unionsrechtlich in Art. 5 Richtlinie 2001/29 verankerten Schranken teilt der EuGH diese Auffassung: In zwei Verfahren machten die Rechteinhaber Urheberrechtsverletzungen geltend, nachdem Presseberichte veröffentlicht worden waren, die urheberrechtlich geschützte Inhalte enthielten. Nach dem EuGH musste das Spannungsverhältnis in den Schranken des Art. 5 Abs. 3 lit. c und d Richtlinie 2001/29 gelöst werden. Die Informationsfreiheit und die Pressefreiheit, die in Art. 11 EU-Grundrechtecharta verankert seien, könnten außerhalb der in Art. 5 Richtlinie 2001/29 vorgesehenen Ausnahmen und Beschränkungen keine Abweichung von den ausschließlichen Rechten des Urhebers zur Vervielfältigung und zur öffentlichen Wiedergabe rechtfertigen.[1501]

a) Freier Warenverkehr/freie Weiterverbreitung: Erschöpfung; Portabilität von Online-Diensten. Das Verbreitungsrecht des Urhebers gem. § 17 Abs. 1 „erschöpft" sich, sobald das Original oder Vervielfältigungsstücke des Werkes mit Zustimmung des zur Verbreitung Berechtigten im Gebiet der Europäischen Union bzw. des Europäischen Wirtschaftsraumes im Wege der Veräußerung in Verkehr gebracht worden ist;[1502] dann ist eine **Weiterverbreitung einschränkungslos zulässig,** vgl. § 17 Abs. 2 UrhG. Eine gekaufte CD darf also beispielsweise weiterverkauft werden, ohne dass der Urheber auch noch am Weiterverkauf partizipiert. Anders ist dies lediglich im Fall der Leihe durch öffentliche Bibliotheken: Das Verbreitungsrecht des Urhebers erschöpft sich zwar insoweit ebenfalls, er hat jedoch gem. § 27 Abs. 2 UrhG Anspruch auf eine angemessene Vergütung (sog. „Bibliothekstantieme"). Der Urheber kann seine Ansprüche allerdings nicht selbst geltend machen, sondern ist gem. § 27 Abs. 3 auf eine Verwertungsgesellschaft angewiesen.[1503] 605

Erschöpfung tritt nicht ein aufgrund anderer Verwertungshandlungen, zB durch Ausstellungen von Werken der bildenden Künste.[1504] Bei getrennter Vergabe von Verwertungsrechten tritt Erschöpfung nur für den Teil ein, für den auch tatsächlich urheberrechtliche Befugnisse eingeräumt worden sind, so dass die Erschöpfungswirkung also auch durch eine Vertragsgestaltung dort begrenzbar ist, wo ein Verbreitungsrecht dinglich beschränkt eingeräumt werden kann.[1505] **Dingliche Beschränkungen** des Verbreitungsrechts sind immer so weit zulässig, wie es um Verwertungsformen geht, die nach der Verkehrsauffassung **klar abgrenzbar sind und eine wirtschaftlich und technisch einheitliche und selbständige Nutzungsart darstellen.**[1506] Dies ist beispielsweise der Fall beim Vertrieb von Büchern an den Sortimentsbuchhandel einerseits und an Buchgemeinschaften andererseits, für gebundene Buchausgaben einerseits und Taschenbuchausgaben andererseits oder für Kunstkalender einerseits und Kunstdrucke andererseits. Ein weiteres **Beispiel:** Erschöpfung tritt ein, wenn als Postkarten mit Zustimmung des Rechtsinhabers in Verkehr gebrachte Lichtbilder als Deckel in Pralinenschachteln eingelegt und mit der Verpackung verschweißt werden.[1507] 606

Erschöpfung tritt allerdings **nur** ein **bei Veräußerung,** nicht auch durch Verwertungshandlungen anderer Art; der Begriff der Veräußerung erfasst dabei in der Regel jede Übereignung und Entäußerung des Eigentums an dem Werkstück durch den Berechtigten.[1508] Dabei ist auch die Vermutung des § 1006 Abs. 1 BGB, dass der Besitzer bei Erwerb seines Besitzes Eigenbesitz begründet und Eigentum erworben hat, zu berücksichtigen; insbesondere im Ausstellungs- und Galeriewesen kann allerdings die Vermutung auch durch den Nachweis einer entgegenstehenden Branchenübung oder durch die Begleitumstände des Besitzerwerbs widerlegt werden.[1509] Ebenso erschöpft sich auch wirklich **nur das Verbreitungsrecht,** nicht auch andere Verwertungsrechte wie beispielsweise das Vervielfältigungsrecht.[1510] Es ist deshalb nicht zulässig, Vervielfältigungsstücke 607

[1500] BGH GRUR 2003, 956, 957 – Gies Adler; dem folgend: BVerfG GRUR 2012, 389 Tz. 14 mwN; Bornkamm FS Piper, S. 646 ff.; Seifert, FS Erdmann 2002, S. 195, 297 ff.; Schack, FS Schricker 70. Geb. S. 510, 516 f.; offen KG ZUM 2007 329, 331 – Grass Briefe in der FAZ.

[1501] EuGH GRUR 2019, 934 2. Leitsatz – Funke Mediengruppe/Bundesrepublik Deutschland (Afghanistan Papiere); EuGH GRUR 2019, 940 2. Leitsatz – Spiegel Online/Volker Beck (Reformistischer Aufbruch).

[1502] Zur Frage der internationalen Erschöpfung → Rn. 464.

[1503] Für den Buchbereich die VG Wort, für den Musikbereich die GEMA und für den Bildbereich die VG Bild-Kunst, → Rn. 319.

[1504] Vgl. BGH GRUR 2005, 505 (506) – Atlanta; BGH GRUR 1995, 673 (675 f.) – Mauerbilder.

[1505] Vgl. BGH GRUR 1995, 673 (676) – Mauerbilder; BGH GRUR 1988, 373 (374) – Schallplattenimport III.

[1506] Vgl. BGH GRUR 1992, 310 (311) – Taschenbuch-Lizenz; BHG GRUR, 1990, 669 (671) – Bibelreproduktion.

[1507] KG ZUM 2001, 592 (594) – Postkarten in Pralinenschachteln.

[1508] Vgl. BGH GRUR 2005, 505 (506) – Atlanta; BGH GRUR 1995, 673 (676) – Mauerbilder.

[1509] Vgl. BGH GRUR 2005, 505 (506) – Atlanta.

[1510] Vgl. EuGH GRUR 2005, 244 (248), Tz. 52 – BHB-Pferdewetten; BGH GRUR 2005, 940 (942) – Marktstudien; BGH GRUR 2001, 51 (52) – Parfüm-Flakon.

eines urheberrechtlich geschützten Werkes, dessen Weiterverbreitung zulässig ist, weil Erschöpfung eingetreten ist, zu vervielfältigen, zu senden oder zu bearbeiten; auch darf man nicht etwa ein gesendetes urheberrechtlich geschütztes Werk aufnehmen,[1511] vervielfältigen[1512] und diese Vervielfältigungsstücke dann verbreiten. Der zur Weiterverbreitung Berechtigte darf aber die Ware anbieten und im Rahmen des Üblichen bewerben.[1513]

608 Eine Erschöpfung des Verbreitungsrechts gem. § 17 Abs. 2 UrhG kann ferner nur dann eintreten, wenn eine Verbreitung überhaupt stattgefunden hat. Verbreitet werden können **nur körperliche Gegenstände;** werden Werke über das Internet betrachtet, Datenbanken online genutzt, E-Books heruntergeladen,[1514] Musikdateien oder Filme aus dem Internet heruntergeladen oder werden urheberrechtlich geschützte Werke in elektronischer Form beispielsweise per Email übermittelt, liegt keine Verbreitungshandlung im Sinne von § 17 Abs. 1 UrhG vor, so dass sich das Verbreitungsrecht auch nicht gem. § 17 Abs. 2 UrhG erschöpfen kann.[1515] Das ist möglicherweise bei Software, die als Download im Internet gekauft worden und somit „unkörperlich" veräußert worden ist, anders.[1516]

609 Ausdrücklich von der Erschöpfung **ausgenommen** ist die Vermietung von urheberrechtlich geschützten Werken, dh die unmittelbar oder mittelbar Erwerbszwecken dienende zeitlich begrenzte Gebrauchsüberlassung an Dritte, vgl. § 17 Abs. 2 aE UrhG. Der Gesetzgeber hat den Urheber in diesem Bereich besonders geschützt, indem er ihm trotz Einräumung des Vermietrechtes an einen Verwerter für jede Vermietung noch einen angemessenen Vergütungsanspruch zuerkennt (§ 27 Abs. 1 UrhG), also ein Rechte-Buyout nur eingeschränkt zulässt. Dieser gesetzliche Vegütungsanspruch des Urhebers ist nicht verzichtbar und kann auch nur durch eine Verwertungsgesellschaft geltend gemacht werden (§ 27 Abs. 1 Satz 2, Abs. 3 UrhG). Eine weitere Einschränkung des Erschöpfungsgrundsatzes statuiert das sog. „Folgerecht" (§ 26 UrhG): Wird das Original eines Werkes der bildenden Künste weiterveräußert und ist daran ein Kunsthändler oder Versteigerer als Erwerber, Veräußerer oder Vermittler beteiligt, so hat der Veräußerer dem Urheber einen Anteil in Höhe von 5 % am Veräußerungserlös zu bezahlen; auch auf diesen Anspruch kann der Urheber im Voraus nicht verzichten (§ 26 Abs. 2 Satz 1 UrhG).

610 Die Erschöpfung tritt grundsätzlich **nicht weltweit** ein, sondern nur auf den Gebieten der Europäischen Union und des europäischen Wirtschaftsraumes (§ 17 Abs. 2 UrhG); wer also Ware außerhalb der EU oder des EWR erwirbt, profitiert nicht von einer Erschöpfung des Verbreitungsrechtes im Inland.[1517]

611 Für **Software** regelt die Erschöpfung eine besondere Bestimmung: Bei Computerprogrammen erschöpft sich das Verbreitungsrecht (§ 69c Nr. 3 S. 2), wenn ein Vervielfältigungsstück eines Computerprogramms mit Zustimmung des Rechtsinhabers im Gebiet der EU oder des EWR im Wege der Veräußerung in Verkehr gebracht worden ist; das Vermietrecht ist von der Erschöpfung ebenso nicht betroffen. Nicht hinreichend klar abgrenzbar, wirtschaftlich-technisch als einheitlich und selbständig ist beispielsweise der Vertrieb von sog. „OEM-Software" zusammen mit neuer Computer-Hardware in der aktuellen Rechtsprechung des *BGH* angesehen worden, so dass EDV-Händler OEM-Versionen von Computerprogrammen auch unabhängig von neuer Computer-Hardware veräußern dürfen.[1518] Die Softwarehersteller haben sich deshalb inzwischen, um den separaten Weitervertrieb solcher Software verhindern zu können, mit sog. „Recovery-Versionen" beholfen, dh vorinstallierter Software, die nur auf dem Rechner läuft, auf dem sie vorinstalliert wurde und zu der CDs mitgeliefert werden, mit denen man lediglich die vorinstallierte Version wieder herstellen kann, die aber keine separate Installation ermöglichen. Zu beachten ist insoweit noch, dass der Wortlaut des § 69c Nr. 3 S. 2 UrhG von Vervielfältigungs*stück* spricht, worunter wohl nur eine Diskette oder eine CD-ROM verstanden werden kann, die dann auch weiterveräußert werden dürfen.[1519] Zu beachten ist jedoch, dass die Vor-

[1511] Private Aufnahmen sind allerdings gem. § 53 UrhG zulässig, vgl. → Rn. 657 f.
[1512] Vgl. EuGH GRUR 2005, 244 (248), Tz. 52 – BHB-Pferdewetten; BGH GRUR 2005, 940 (942) – Marktstudien.
[1513] BGH ZUM 2000, 1082 (1084) – Parfum-Flakon.
[1514] EuGH GRUR 2020, 179 Tz. 35 – NUV ua/Tom Kabinet.
[1515] EuGH GRUR 2020, 179 Tz. 45 – NUV ua/Tom Kabinet; vgl. → Rn. 451.
[1516] Vgl. Rn. 465 und BGH GRUR 2011, 418 (420), Tz. 26 – UsedSoft.
[1517] Vgl. BGH NStZ-RR 2019, 112, 114; BGH GRUR 1988, 373 (374) – Schallplattenimport III; OLG München GRUR 2017, 1034, 1037 f.
[1518] BGH GRUR 2001, 153 (155) – OEM-Version gegen KG ZUM-RD 1999, 20 – OEM-Software.
[1519] Vgl. auch OLG Frankfurt a. M. MMR 2010, 621 (622) – Gebrauchte Software.

schrift auf Art. 4 Abs. 2 Hs.1 der Computerprogramm-RL[1520] beruht. Hierin ist allgemeiner von der Erschöpfung des Verbreitungsrechts in Bezug auf eine (innerhalb der EU verkaufte) Programm*kopie* die Rede. Die Frage, ob hiervon auch unkörperliche Kopien erfasst werden, die der Erwerber mit Zustimmung des Rechtsinhabers durch Herunterladen des Programms aus dem Internet auf einen Datenträger erstellt hat, war lange Zeit streitig.[1521] Zwar sprach einiges für die Verneinung dieser Frage, wie zum Beispiel die ‚vereinbarte Erklärung' zu Art. 6 Abs. 2 des WIPO Copyright Treaty (WCT),[1522] der am 14.3.2010 in der EU in Kraft getreten ist. Hierin wird angeordnet, dass das Wort Kopie, soweit es in Zusammenhang mit dem Verbreitungsrecht steht, nur körperliche Gegenstände erfassen soll.[1523]

Dennoch hat der EuGH im Vorlageverfahren entschieden, dass unter bestimmten Voraussetzungen auch die Rechte an gebrauchter Software, die online überlassen wurde, erschöpft sein können.[1524] Der EuGH leitet aus den Wirkungen der Art. 3–5 der Software-RL ab, dass die Erschöpfung der Rechte an einer Programmkopie unabhängig davon eintritt, ob sie körperlich oder unkörperlich in den Verkehr gebracht worden ist; wenn der Rechteinhaber entgeltlich ein unbefristetes Nutzungsrecht eingeräumt habe, sei die Online-Übermittlung dem Verkauf eines körperlichen Vervielfältigungsstücks etwa auf einer CD vollkommen gleichzusetzen.[1525] Der BGH hat diese Vorgaben des EuGH in seiner *UsedSoft II* Entscheidung umgesetzt.[1526] Folgende Voraussetzungen müssen erfüllt sein: 612

- der Rechteinhaber muss dem Herunterladen dieser Kopie aus dem Internet auf einen Datenträger zugestimmt haben;
- der Rechteinhaber hat das Recht eingeräumt, diese Kopie ohne zeitliche Begrenzung zu nutzen;
- der Rechteinhaber hat eine Vergütung erhalten, die es ihm ermöglicht, eine dem wirtschaftlichen Wert der Kopie des ihm gehörenden Werkes entsprechende Vergütung zu erzielen;[1527]
- der Weiterverkäufer muss die dem Weiterverkauf zugrundeliegende Programmkopie gelöscht oder unbrauchbar gemacht haben;
- die Lizenzen dürfen nicht künstlich aufgespalten werden, dh eine für mehrere Nutzer überlassene Programmkopie darf nur für die ursprünglich vorgesehene Nutzerzahl weiterverkauft werden.[1528]

In weiterer Verfeinerung seiner Rechtsprechung hat der *BGH* nun entschieden, dass sich das Verbreitungsrecht nicht nur hinsichtlich der einzelnen heruntergeladenen Kopie, sondern auch hinsichtlich der noch anzufertigenden Kopien des Computerprogramms erschöpft.[1529] Der Fall, dass der Rechtsinhaber dem Herunterladen einer Kopie der Computerprogramme und dem Anfertigen weiterer Kopien von dieser Kopie zustimme, sei hinsichtlich der Erschöpfung des Verbreitungsrechts an den anzufertigenden Kopien daher nicht anders zu behandeln als der Fall, dass der Rechtsinhaber der Veräußerung einer entsprechenden Anzahl körperlicher Datenträger zustimme.[1530] 613

Schließlich stehe der Erschöpfung des Verbreitungsrechts auch nicht entgegen, dass im Rahmen der ursprünglichen Rechteeinräumung die Zustimmung von dem Umstand abhängig gemacht wurde, dass die Programme nur zu einem bestimmten Zweck – im konkreten Fall zur Nutzung nur durch Bildungseinrichtungen und für Ausbildungszwecke – genutzt würden. Eine wirksame Beschränkung des Nutzungsrechts wirke sich nicht in der Weise aus, dass der Berechtigte nach dem mit seiner Zustimmung erfolgten Inverkehrbringen weitere Verbreitungsakte daraufhin überprüfen könne, ob sie mit der ursprünglichen Begrenzung des Nutzungsrechts in Einklang stehen. Der Rechtsinhaber könne seine Zustimmung nicht von der Art und Weise der weiteren Nutzung des Werkstücks abhängig machen.[1531] Die Entscheidung des *BGH* UsedSoft III ist auch insofern von Interesse, da sie die Aufspaltung von sogenannten Volumenlizenzen ermöglicht. 614

1520 Richtlinie 2009/24/EG des Europäischen Parlaments und des Rates vom 23. April 2009 über den Rechtsschutz von Computerprogrammen, ABl. Nr. L 111 S. 16.

1521 BGH GRUR 2011, 418 – UsedSoft mwN.

1522 → § 44 Rn. 17.

1523 Vgl. auch Heydn MMR-Aktuell 2011, 314347.

1524 Eingehend EuGH GRUR 2012, 904 – UsedSoft.

1525 EuGH GRUR 2012, 904 (906 f.) Tz. 58 ff. und 72 – UsedSoft.

1526 BGH GRUR 2014, 264 – UsedSoft II.

1527 Zur Voraussetzung der Entgeltlichkeit vgl. auch OLG Frankfurt GRUR-RS 2016, 114663.

1528 EuGH GRUR 2012, 904 (908) Tz. 86 – UsedSoft; BGH GRUR 2014, 264 (266 ff.) Tz. 30 ff. – UsedSoft II.

1529 BGH GRUR 2015, 772 (775) Tz. 31 – UsedSoft III.

1530 BGH GRUR 2015, 772 (775) Tz. 33 – UsedSoft III.

1531 BGH GRUR 2015, 772 (775) Tz. 36 – UsedSoft III unter Verweis auf BGH GRUR 2001, 153 – OEM-Version.

Grundsätzlich ist zu berücksichtigen, dass die Erschöpfung des Verbreitungsrechts den Ersterwerber nicht dazu berechtigt, die von ihm erworbene Lizenz aufzuspalten und das Recht zur Nutzung des betreffenden Programms nur für eine von ihm bestimmte Nutzerzahl weiter zu verkaufen und die auf seinem Server installierte Kopie weiter zu nutzen. Der Nacherwerber der Kopie des Programmes kann sich also nur dann mit Erfolg auf die Erschöpfung des Verbreitungsrechts an der Kopie berufen, wenn der Ersterwerber diese Kopie unbrauchbar gemacht hat. Sofern der Ersterwerber jedoch eine Lizenz erworben hat, die die Nutzung mehrerer eigenständiger Kopien erlaubt (sogenannte Volumen-Lizenz), ist er dazu berechtigt, das Recht zur Nutzung des betreffenden Programms für eine von ihm bestimmte Zahl von Nutzern weiter zu verkaufen und für die verbleidende Zahl von Nutzern weiter zu nutzen. Der *BGH* betont, dass es sich bei den einzelnen Lizenzen um „jeweils selbstständige Nutzungsrechte" handelt, die eigenständig übertragen werden können.[1532] Im Fall von Volumenlizenzen kann sich also ein Nacherwerber von Kopien daher bereits dann mit Erfolg auf die Erschöpfung des Verbreitungsrechts an diesen Kopien berufen, wenn der Ersterwerber eine entsprechende Anzahl von Kopien unbrauchbar gemacht hat.

615 Da es sich bei der Erschöpfung um eine gesetzliche Beschränkung des Verbreitungsrechts handelt, sind entgegenstehende vertragliche Vereinbarungen unbeachtlich; der Rechteinhaber kann also den Eintritt der Erschöpfungswirkung für online übermittelte Programmkopien nicht in EULA oder sonstigen Lizenzbedingungen gegenüber dem Ersterwerber beschränken.[1533] Findet § 17 Abs. 2 UrhG Anwendung, kann die Erschöpfung somit nicht über Allgemeine Geschäftsbedingungen abbedungen werden; dies verstößt gegen § 307 BGB.[1534]

616 Das *LG Berlin* hatte über einen Rechtsstreit zu entscheiden, in dem es um ein Computerspiel mit Filmsequenzen ging, das durch Herunterladen oder in Form eines physischen Datenträgers erworben werden konnte.[1535] Den Datenträgern waren Produktschlüssel in Form von Seriennummern beigelegt, durch die das Spiel freigeschaltet werden konnte. Diese Seriennummern wurden von einem Internetshop isoliert vertrieben. Hierdurch war ein Herunterladen und Freischalten des Spiels ohne Erwerb des Datenträgers möglich. Das *LG Berlin* schränkte den Anwendungsbereich der UsedSoft-Entscheidung[1536] des EuGH ein, indem es die Erschöpfungswirkung an den unkörperlichen Vervielfältigungen verneinte und von einer Verletzung des Vervielfältigungsrechts ausging. Eine Erschöpfung könne von vornherein nur an dem mit Einwilligung des Rechteinhabers in den Verkehr gelangten Produkt eintreten, dies sei aber nur bei der Kombination aus dem Datenträger und dem Produktschlüssel, nicht allein beim Produktschlüssel, gegeben. Entsprechend der durch EuGH und BGH entwickelten Voraussetzungen entschied das *OLG Frankfurt* in einem Fall, in dem Computer mit einer dreißigtägigen heruntergeladenen Testversion eines Programmes mit separat beigefügtem Zertifikat, das den dauerhaften Betrieb ermöglichte, in Verkehr gebracht wurden, dass mangels Entgeltlichkeit des ersten Downloadvorgangs und aufgrund der zeitlichen Befristung der Nutzung keine Erschöpfung eingetreten sei.[1537] Im Herunterladen der Testversion eines Computerprogrammes für 30 Tage liege zudem keine Zustimmung zu einer Vervielfältigung.[1538]

617 Für das verwandte Schutzrecht des **Datenbankherstellers**[1539] bestimmt § 87b Abs. 2 UrhG, dass § 17 Abs. 2 und § 27 Abs. 2 und 3 UrhG entsprechend anwendbar sind. Auch hier bezieht sich die Erschöpfung nur auf das Verbreitungsrecht des Datenbankherstellers, nicht aber auch auf das Recht zur Vervielfältigung der Daten.[1540]

618 **b) Interesse der Öffentlichkeit an Information.** *aa) Rechtspflege und öffentliche Sicherheit, § 45 UrhG.* Gem. § 45 UrhG ist es unter anderem zulässig, einzelne Vervielfältigungsstücke von Werken zur Verwendung in Verfahren vor einem Gericht, einem Schiedsgericht oder einer Behörde herzustellen oder herstellen zu lassen sowie zu verbreiten, öffentlich auszustellen und öffentlich wiederzugeben. Es handelt sich dabei um eine inhaltliche Schranke ohne gesetzlichen Vergütungs-

[1532] BGH GRUR 2015, 772 (775) Tz. 45 – UsedSoft III.
[1533] EuGH GRUR 2012, 904 (908) Tz. 77 und 84 – UsedSoft; BGH GRUR 2014, 264 (266 ff.) Tz. 32, 67 – UsedSoft II.
[1534] OLG Hamburg ZUM-RD 2014, 290 (291); LG Hamburg ZUM 2014, 69 (70).
[1535] LG Berlin GRUR-RR 2014, 490 – Seriennummer.
[1536] EuGH GRUR 2012, 904 – UsedSoft.
[1537] OLG Frankfurt GRUR-RS 2016, 114663.
[1538] OLG Frankfurt GRUR-RS 2016, 114663.
[1539] → Rn. 420 ff.
[1540] Vgl. EuGH GRUR 2005, 244 (248), Tz. 52 – BHB-Pferdewetten; BGH GRUR 2005, 940 (942) – Marktstudien.

anspruch. § 45 UrhG ist auch auf unveröffentlichte Werke anwendbar und dient dem effektiven Rechtsschutz, weshalb § 45 UrhG nicht nur während eines Gerichtsverfahrens greift, sondern bereits davor zur Vorbereitung eines solchen gerichtlichen Verfahrens.[1541] Da die Schrankenbestimmung des § 45 UrhG eng auszulegen ist, wurde vom LG Berlin die öffentliche Zugänglichmachung eines Fotos in einem Verfassungsschutzbericht zur Bebilderung einer Musikgruppe als nicht zulässig erachtet.[1542] Die *Zugang zu Umweltinformationen*-Entscheidung des BVerwG[1543] verhält sich auch zur Schranke der öffentlichen Sicherheit und Rechtspflege (§ 45 UrhG). Diese enthalte keine eigenständigen Informationsansprüche.[1544]

bb) Öffentliche Reden, § 48 UrhG. Reden über Tagesfragen aus Zeitungen, Zeitschriften und anderen Informationsblättern, die im wesentlichen Tagesinteressen Rechnung tragen, dürfen vervielfältigt, verbreitet und öffentlich wiedergegeben werden, wenn die Reden bei öffentlichen Versammlungen gehalten oder durch öffentliche Wiedergabe iSv. §§ 19a, 20 UrhG veröffentlicht worden sind und sofern nicht eine Sammlung vorliegt, die überwiegend Reden desselben Urhebers enthält. Es handelt sich hierbei um eine inhaltliche Schranke ohne Vergütungsanspruch. 619

cc) Zeitungsartikel und Rundfunkkommentare, § 49 UrhG. Zulässig ist gem. § 49 UrhG unter anderem, einzelne Rundfunkkommentare und einzelne Artikel aus Zeitungen und anderen Tagesinteressen dienenden Informationsblättern in anderen Zeitungen und Informationsblättern dieser Art zu vervielfältigen, zu verbreiten und öffentlich wiederzugeben, wenn sie politische, wirtschaftlich oder religiöse Tagesfragen betreffen und nicht mit einem Vorbehalt der Rechte versehen sind. Es handelt sich hierbei um eine inhaltliche Schranke mit gesetzlichem Vergütungsanspruch, der nur durch eine Verwertungsgesellschaft geltend gemacht werden kann. Ohne Vergütungsanspruch unbeschränkt zulässig bleibt die Vervielfältigung, Verbreitung und öffentliche Wiedergabe von vermischten Nachrichten tatsächlichen Inhalts und von Tagesneuigkeiten, die in Presse oder Funk erscheinen (§ 49 Abs. 2 UrhG). **Elektronische Pressespiegel** fallen lediglich dann unter § 49 Abs. 1 UrhG, wenn sie nach Funktion und Nutzungspotential noch im Wesentlichen dem herkömmlichen Pressespiegel entsprechen, dh nur betriebs- oder behördenintern und nur in einer Form zugänglich gemacht werden, die sich im Falle der Speicherung nicht zu einer Volltextrecherche eignet.[1545] Darunter kann eine Bereithaltung von Artikeln in digitaler Form im PDF-Format fallen, sofern der Pressespiegel betriebsintern bleibt; ein Vertrieb gegenüber Dritten fällt von vornherein aber nicht unter die Privilegierung des § 49 UrhG.[1546] Grundsätzlich ist § 49 Abs. 1 UrhG auch auf Publikationen anwendbar, die in längeren, aber periodischen Abständen erscheinen und nicht nur auf täglich erscheinende Tageszeitungen.[1547] 620

dd) Berichterstattung über Tagesereignisse, § 50 UrhG. Werke, die im Verlauf einer Bild- und Tonberichterstattung über Tagesereignisse durch Funk und funkähnliche Mittel sowie in Zeitungen, Zeitschriften, anderen Druckschriften, Datenträgern und im Film wahrnehmbar werden, dürfen in einem durch den Zweck gebotenen Umfang vervielfältigt, verbreitet und öffentlich wiedergegeben werden; es handelt sich hierbei um eine inhaltliche Schranke ohne Vergütungsanspruch. 621

Beispiel:

Wenn die *Bild*zeitung darüber berichtet, dass Verona Feldbusch (nunmehr Pooth) Dieter Bohlen vorgeworfen habe, sie während ihrer Ehe geschlagen zu haben, kann darin ein Tagesereignis im Sinne von § 50 UrhG liegen, so dass der Bericht aus *Bild* in einem Artikel des Magazins *Focus* wiedergegeben werden durfte.[1548] Es muss allerdings ein tatsächlicher Bezug zum Tagesgeschehen von Interesse vorliegen, damit ein Tagesereignis bejaht werden kann. Das Geschehen muss auch eine gewisse Qualität aufweisen. Tagesereignis ist jedes aktuelle Geschehen, das für die Öffentlichkeit von Interesse ist.[1549]

Keine Tagesereignisse sind Interviews mit Passanten über belanglose Themen, die ein Sender in einer eigens produzierten Sendung ausstrahlt und die dann komödiantisch durch eine andere 622

1541 LG Düsseldorf GRUR-RR 2007, 193 (194) – DE X Patent Walzgerüst.
1542 LG Berlin GRUR-RR 2014, 380 – Feine Sahne Fischfilet.
1543 BVerwG GRUR 2020, 189 – Zugang zu Umweltinformationen.
1544 BVerwG GRUR 2020, 189 Tz. 43 – Zugang zu Umweltinformationen.
1545 Vgl. BGH GRUR 2002, 963 (964 ff.) – Elektronischer Pressespiegel.
1546 KG GRUR-RR 2004, 228 (230) – Ausschnittsdienst.
1547 BGH GRUR 2005, 670 – Wirtschaftswoche.
1548 Vgl. BGH GRUR 2002, 1050 (1051) – Zeitungsbericht als Tagesereignis.
1549 BGH GRUR 2016, 368, 369 Tz. 14 – Exklusivinterview, BGH GRUR 2011, 415 (416) Tz. 11 – Kunstausstellung im Online-Archiv, BGH GRUR 2002, 1050 (1051) – Zeitungsbericht als Tagesgeschehen.

Sendung verwertet werden.[1550] Diese Verwertung ist nicht durch § 50 UrhG gedeckt und daher unzulässig. Wird die Berichterstattung dauerhaft öffentlich zugänglich gemacht, beispielsweise durch Einstellen eines Zeitungsartikels in das zeitungseigene Online-Archiv, wird eine ursprünglich nach § 50 UrhG zulässige Verwertung durch Zeitablauf unzulässig, wenn das Geschehen, über das berichtet wurde, nicht mehr aktuell ist.[1551] Das ist dann der Fall, wenn der Bericht von der Öffentlichkeit nicht mehr als Gegenwartsberichterstattung empfunden wird.[1552]

623 Der BGH legt die Schrankenregelung des § 50 UrhG einschränkend aus, indem er als ungeschriebene Voraussetzung fordert, dass es der Öffentlichkeit gerade auf eine aktuelle Berichterstattung ankam und es dem Berichterstatter oder seinem Auftraggeber nicht möglich und zumutbar war, vor dem Abdruck oder der Sendung des Berichts die Zustimmung des Rechtsinhabers einzuholen.[1553] Diese vom Sinn und Zweck der Schrankenregelung ausgehende einschränkende Auslegung findet allerdings im Wortlaut des Art. 5 Abs. 3 lit. c Fall 2 und Abs. 5 Info RL keine Stütze, der BGH hat dem EuGH daher die Frage vorgelegt, ob diese Auslegung unionsrechtskonform ist.[1554] In den Enscheidungen *Afghanistan Papiere II*[1555] und *Reformistischer Aufbruch II*[1556] wurden das Urheberrecht und widerstreitende Kommunikationsgrundrechte im Rahmen einer verfassungskonformen Auslegung des § 50 UrhG miteinander in Ausgleich gebracht. Der BGH nahm einen Vorrang der Meinungs- und Pressefreiheit der Nachrichtenmagazine gegenüber dem Urheberrecht der Kläger an und legte dabei sämtliche Tatbestandsmerkmale des § 50 UrhG recht weit aus. So soll eine Berichterstattung bereits angenommen werden, wenn Informationen über ein Tagesereignis „bereitgestellt" werden. § 50 UrhG unterscheidet nach seinem Wortlaut zwischen dem Tagesereignis und dem im Verlauf dieses Ereignisses wahrnehmbar werdenden urheberrechtlich geschützten Werk; nicht privilegiert ist daher eine Berichterstattung, die das Werk oder die urheberrechtlich geschützte Leistung selbst zum Gegenstand hat.[1557] Keine Berichterstattung über Tagesereignisse nach § 50 UrhG ist daher die Verwendung von Interviewausschnitten eines zuvor durch ein anderes Sendeunternehmen ausgestrahlten Interviews, da es sich bei dem übernommenen Bildmaterial nicht um eine urheberrechtlich geschützte Leistung handelte, die im Verlaufe eines Tagesereignisses, über das berichtet worden ist, wahrnehmbar geworden ist.[1558] Auch in der Entscheidung *Glyphosat-Bericht*[1559] wurde der Meinungs- und Pressefreiheit ein besonders hoher Rang zugesprochen. Gegenstand der Berichterstattung war die von einem Bundesinstitut vorgenommene Bewertung der mit dem Pflanzenschutzmittel Glyphosat verbundenen Gesundheitsrisiken. Hierbei handele es sich um ein Tagesereignis im Sinne des § 50 UrhG, das die Öffentlichkeit wesentlich berührt.[1560]

624 *ee) Katalogbilder, § 58 UrhG.* Gem. § 58 UrhG ist es zulässig, öffentlich ausgestellte oder zur öffentlichen Ausstellung oder zur Versteigerung bestimmte Werke der bildenden Künste und Lichtbildwerke zu Werbezwecken zu vervielfältigen, zu verbreiten und öffentlich zugänglich zu machen.[1561] Es handelt sich hierbei um eine inhaltliche Schranke ohne Vergütungsanspruch.

625 Die Vorschrift wurde durch das am 1.9.2017 verabschiedete Urheberrechts-Wissensgesellschafts-Gesetz[1562] geändert, das am 1.3.2018 in Kraft trag. Dabei wurde die durch das Gesetz zur Regelung des Urheberrechts in der Informationsgesellschaft vom 10.9.2003 eingeführte Regelung des § 58 Abs. 2 UrhG aF aufgehoben. Sie ist nun in § 60f Abs. 1 UrhG enthalten. Sog. Thumbnails (starke Verkleinerungen) von Bildern eines Künstlers können Vervielfältigungen (§ 16 UrhG) und bei Einstellen in das Netz auf Suchmaschinen und Servern ebenso eine öffentliche Zu-

---

[1550] BGH GRUR 2008, 693 (696), Tz. 46 ff. – TV-Total; OLG Frankfurt ZUM 2005, 477 (478 f.) – TV-Total.
[1551] BGH GRUR 2011, 415 (416) Tz. 12 ff. – Kunstausstellung im Online-Archiv.
[1552] BGH GRUR 2011, 415 (416) Tz. 11 – Kunstausstellung im Online-Archiv, BGH GRUR 2008, 693 (696), Tz. 46 ff. – TV-Total, BGH GRUR 2002, 1050 (1051) – Zeitungsbericht als Tagesgeschehen.
[1553] BGH GRUR 2008, 698, 697 Tz. 49 – TV Total.
[1554] BGH GRUR 2017, 1027 – Reformistischer Aufbruch; nachfolgend EuGH GRUR 2019, 940 – Spiegel Online/Volker Beck (Reformistischer Aufbruch).
[1555] BGH NJW 2020, 2547 – Afghanistan Papiere II.
[1556] BGH NJW 2020, 2554 – Reformistischer Aufbruch II.
[1557] BGH GRUR 2016, 368 (370) Tz. 19 – Exklusivinterview.
[1558] BGH GRUR 2016, 368 (370) Tz. 18 ff. – Exklusivinterview.
[1559] OLG Köln GRUR 2021, 1078 – Glyphosat-Bericht.
[1560] OLG Köln GRUR 2021, 1078, 1082 Tz. 65 – Glyphosat-Bericht.
[1561] Vgl. BGH GRUR 1994, 800 (802) – Museumskatalog; OLG Köln GRUR-RR 2009, 4 (5) – Auktionsportal für Kunstwerke.
[1562] Gesetz zur Angleichung des Urheberrechts an die aktuellen Erfordernisse der Wissensgesellschaft v. 1.9.2017 BGBl. I 2017 Nr. 61 S. 3346, vgl. Rn. 13g.

gänglichmachung nach § 19a UrhG sein.[1563] Vor allem stellen sie eine Umgestaltung im Sinne des § 23 UrhG dar, die nicht von § 58 UrhG gedeckt ist, wenn der Ersteller der Thumbnails bloßer Dritter und nicht Veranstalter ist.[1564] Denn die Gestaltung eines sog. Linkankers mit thumbnails ist gerade keine bloße technische Verknüpfung von Internetinhalten zu dem betroffenen Urheber.[1565] Das Geschäftsmodell zur Etablierung der eigenen Suchmaschine ist nicht schutzwürdig nach § 58 UrhG.[1566] Nach § 58 UrhG sind nur Handlungen geschützt, die der Förderung der Veranstaltung dienen und erforderlich sind, um den Absatz zu erreichen. § 58 UrhG erlaubt zB das Einstellen von Kunstwerken im Netz zu Werbe- und Verkaufszwecken nur bis zu deren Verkaufsabschluss, aber nicht noch eine Woche länger.[1567]

ff) Werke an öffentlichen Plätzen, § 59 UrhG. Werke, die sich bleibend an öffentlichen Wegen, Straßen oder Plätzen befinden, dürfen vervielfältigt, verbreitet und öffentlich wiedergegeben werden, wenn dies durch Malerei, Grafik, Fotografie oder Film geschieht. Bei Bauwerken bezieht sich dies nur auf die äußere Ansicht. Die Vervielfältigung und Verbreitung kann sowohl zu privaten als auch zu rein wirtschaftlichen Zwecken erfolgen.[1568] Es handelt sich dabei um eine inhaltliche Schranke ohne Vergütungsanspruch. Vier **Beispiele:** Auf die Schrankenbestimmung des § 59 UrhG konnte sich nicht berufen, wer Abbildungen des von Jeanne-Claude und Christo *verhüllten Reichstages* auf Postkarten vervielfältigt und verbreitet hat, weil die Verhüllung des Reichstages nicht als „bleibend" im Sinne dieser Vorschrift anzusehen war.[1569] Der *BGH* hält solche Ansichten einer Hausfassade für durch § 59 UrhG nicht mehr gedeckt, die einen Blickwinkel wiedergeben, der sich von der Straße aus nicht bietet, nämlich im entschiedenen Fall die Abbildung des Hundertwasser-Hauses in Wien aus einer im Verhältnis zum Straßenniveau erhöhten Perspektive (aufgenommen aus einer gegenüberliegenden Wohnung).[1570] Durch § 59 UrhG gedeckt war jedoch die Veröffentlichung eines Fotos der Seitenansicht des Kreuzfahrtschiffs „AIDAbella" mit dem außen angebrachten Werk „AIDA Kussmund", da das Werk in einer Perspektive wiedergegeben wurde, die nicht ausschließlich von einem der Allgemeinheit unzugänglichen Ort aus wahrnehmbar war, unabhängig davon, ob das Foto an einem öffentlich zugänglichen Platz aufgenommen wurde oder nicht.[1571] Ebenfalls durch § 59 UrhG gedeckt war das Einstellen in das Internet einer Fotografie eines Architekturmodells, die einen Teil eines Wohnhochhauses und davor ein Gemälde mit dem Titel „Hommage an die jungen Generationen" auf einem verbliebenen Abschnitt der Berliner Mauer zeigt.[1572] 626

c) **Kommunikationsfreiheit.** *aa) Zitatrecht, § 51 UrhG.* Besonders praxisrelevant ist das **Zitatrecht** gem. § 51 UrhG. Danach ist die Vervielfältigung, Verbreitung und öffentliche Wiedergabe urheberrechtlich geschützter Werke zulässig, wenn einzelne Werke in ein selbständiges wissenschaftliches Sprachwerk zur Erläuterung des Inhalts aufgenommen werden (sog. **„wissenschaftliches Großzitat"**), wenn Stellen eines Werkes nach der Veröffentlichung in einem selbständigen Sprachwerk angeführt werden (sog. **„Kleinzitat"**) oder wenn einzelne Stellen eines erschienenen Werkes der Musik angeführt werden (sog. **„Musikzitat"**). Es darf also nur aus erschienenen oder veröffentlichten Werken[1573] zitiert werden; ferner muss immer der durch den Zweck gebotene Umfang eingehalten werden.[1574] Es handelt sich dabei um eine inhaltliche Schranke ohne gesetzlichen Vergütungsanspruch. Das 2. Gesetz zur Regelung des Urheberrechts in der Informationsgesellschaft hat § 51 UrhG dahingehend geändert, dass nunmehr im Sinne einer Art **„Generalklausel"** die Vervielfältigung, Verbreitung und öffentliche Wiedergabe eines veröffentlichten Werkes zum Zweck des Zitats zulässig ist, sofern die Nutzung in ihrem Umfang durch den besonderen Zweck gerechtfertigt ist. Die drei Nummern des § 51 UrhG aF sollen lediglich noch Regelbeispiele unterhalb der Generalklausel sein, was – wie bei § 2 – durch einen „insbesondere- 627

[1563] OLG Thüringen WRP 2008, 679 (LS) – thumbnails, Urteil vom 27.2.2008, 2 U 319/07.
[1564] OLG Thüringen WRP 2008, 679 (LS) – thumbnails, Urteil vom 27.2.2008, 2 U 319/07.
[1565] OLG Thüringen WRP 2008, 679 (LS) – thumbnails, Urteil vom 27.2.2008, 2 U 319/07.
[1566] OLG Thüringen WRP 2008, 679 (LS) – thumbnails, Urteil vom 27.2.2008, 2 U 319/07.
[1567] OLG Köln GRUR-RR 2009, 4 (5) – Auktionsportal für Kunstwerke.
[1568] BGH GRUR 2017, 390 (392) Tz. 21 – East Side Gallery.
[1569] Vgl. BGH GRUR 2002, 605 (605 f.) – verhüllter Reichstag.
[1570] BGH NJW 2004, 544 – Hundertwasserhaus.
[1571] BGH GRUR 2017, 798, 800 Tz. 199 – Aida Kussmund; OLG Köln GRUR 2016, 495 (497) Tz. 19 – AIDA Kussmund.
[1572] BGH GRUR 2017, 390 (391 ff.) Tz. 19 ff. – East Side Gallery.
[1573] → Rn. 445 ff.
[1574] Vgl. zB BGH GRUR 1994, 800 (802 f.) – Museumskatalog; OLG Köln, GRUR 1994, 47 (48 f.) – Filmausschnitt.

Halbsatz“ klargestellt wird. Damit wird beispielsweise klargestellt, dass das „Kleinzitat“ gem. § 51 S. 2 Nr. 2 UrhG nicht auf Sprachwerke beschränkt ist, sondern sich Kleinzitate auch in Multimediawerken oder anderen Werkarten, die „zitatgeeignet“ sind, finden können.[1575]

628 Die Zitierfreiheit verlangt, dass ein Werk nicht seiner selbst willen zur Kenntnis gebracht wird durch das Zitat, sondern dass eine innere Verbindung mit den eigenen Gedanken hergestellt werden muss.[1576] Dies ist nicht der Fall, wenn an ein Filmzitat lediglich eine pauschale Kritik des Urhebers des zitierten Werks geknüpft wird, ohne dass eine gedankliche Auseinandersetzung mit dem Inhalt der zitierten Sequenz erfolgt.[1577] Durch das am 1.9.2017 verabschiedete Urheberrechts-Wissensgesellschafts-Gesetz,[1578] das am 1.3.2018 in Kraft trat, wurde S. 3 angefügt, der klarstellt, dass die Zitierbefugnis auch die Nutzung einer Abbildung oder sonstigen Vervielfältigung des zitierten Werkes umfasst, auch wenn diese selbst durch ein Urheberrecht oder ein verwandtes Schutzrecht geschützt ist. So darf zB für das Zitat eines Gemäldes auch ein schon vorhandenes Lichtbild oder Lichtbildwerk, das dieses Gemälde zeigt, verwendet werden.[1579] Kein Zitat liegt vor, wenn das zitierte Werk nicht erkennbar ist.[1580]

629 Von erheblicher Tragweite für die Anwendung und Auslegung der Schrankenbestimmung des Zitatrechts gem. § 51 UrhG ist die Entscheidung des *BVerfG* zu Heiner Müllers Theaterstück „Germania 3 Gespenster am Toten Mann“. Das *BVerfG* verlangt darin grundsätzlich, dass bei der Verwendung von fremden Texten im Rahmen eines Kunstwerkes die durch Art. 5 Abs. 3 S. 1 GG gewährleistete **Kunstfreiheit** berücksichtigt wird. Diese notwendige kunstspezifische Betrachtung verlange, bei der Auslegung und Anwendung des § 51 Nr. 2 UrhG die innere Verbindung der zitierten Stellen mit den Gedanken und Überlegungen des Zitierenden über die bloße Belegfunktion hinaus auch als Mittel künstlerischem Ausdrucks und künstlerischer Gestaltung anzuerkennen und damit dieser Vorschrift für Kunstwerke zu einem Anwendungsbereich zu verhelfen, der weiter ist als bei anderen, nicht-künstlerischen Sprachwerken. Das *BVerfG* begründet dies unter anderem damit, dass die gesellschaftliche Einbindung der Kunst die Auseinandersetzung mit dem Kunstwerk in einem neuen Kunstwerk ermöglichen müsse und dass das durch die Kunstfreiheit geschützte Interesse anderer Künstler zu berücksichtigen sei, ohne die Gefahr von Eingriffen finanzieller oder inhaltlicher Art in einen Dialog und Schaffensprozess zu vorhandenen Werken eintreten zu können. Die Verwertungsinteressen der Urheberrechtsinhaber hätten deshalb im Vergleich zu den Nutzungsinteressen für eine künstlerische Auseinandersetzung immer dann zurückzutreten, wenn ein geringfügiger Eingriff in die Urheberrechte ohne die Gefahr merklicher wirtschaftlicher Nachteile wie etwa Absatzrückgängen gegeben sei.[1581] Es sei daher zulässig, einen fremden Autor (Bertold Brecht) in einem Theaterstück als eine Person der Zeit- und Geistesgeschichte dadurch kritisch zu würdigen, dass er in dem Theaterstück selbst durch Zitate zu Wort komme.[1582] Der Bundesgerichtshof hat das aufgegriffen und unterscheidet zwischen künstlerischen Sprachwerken einerseits und nicht-künstlerischen Sprachwerken andererseits. Das Zitatrecht habe im Hinblick auf künstlerische Sprachwerke einen weiteren Anwendungsbereich als bei nicht-künstlerischen Sprachwerken. Die durch Art. 5 Abs. 3 GG geforderte kunstspezifische Betrachtung verlange bei der Auslegung und Anwendung des § 51 UrhG die innere Verbindung der zitierten Stellen mit den Gedanken und Überlegungen des Zitierenden über die bloße Belegfunktion hinaus auch als Mittel künstlerischen Ausdrucks und künstlerischer Gestaltung anzuerkennen. Jedoch ist es nach Auffassung des BGH für die Annahme eines Kunstwerkes nicht ausreichend, dass der Verfasser eines Berichts über sein berufliches Wirken eigene einleitende Betrachtungen und Tagebucheinträge mit Artikeln aus Zeitungen, Urkunden und Lichtbildern kombiniert. Allein der Umstand, dass eine solche Kombination auch als künstlerische Technik, namentlich als literarische Collage oder Montage, in Betracht komme, reiche nicht zur Annahme eines Kunstwerkes aus. Erforderlich sei vielmehr, dass das Werk auch die der Kunst eigenen mate-

[1575] Vgl. die Begründung zum RegE eines 2. Gesetzes zur Regelung des Urheberrechts in der Informationsgesellschaft vom 22.3.2006, S. 53 und neu diskutierter Entwurf vom 15.6.2006 BT-Drs. 16/1828.

[1576] BGH GRUR 2016, 368 (370 f.) Tz. 25 – Exklusivinterview; BGH GRUR 2008, 693 (696) Tz. 41 f. – TV-Total; OLG Köln ZUM-RD 2014, 98.

[1577] OLG Köln ZUM-RD 2014, 98.

[1578] Gesetz zur Angleichung des Urheberrechts an die aktuellen Erfordernisse der Wissensgesellschaft v. 1.9.2017 BGBl. 2017 Nr. 61 S. 3346, vgl. Rn. 13g.

[1579] Vgl. RegE UrhWissG 2017 – BT-Drs. 18/12329, S. 34.

[1580] EuGH GRUR 2019, 929 Tz. 66 ff. – Pelham/Hütter ua (Metall auf Metall III).

[1581] BVerfG NJW 2001, 598 (598 f.) – Germania 3, OLG Brandenburg GRUR 2011, 141 (142) – Literarische Collage, aufgehoben durch BGH GRUR 2012, 819 Tz. 14 ff. – Blühende Landschaften.

[1582] BVerfG NJW 2001, 598 (598 f.) – Germania 3.

riellen Strukturmerkmale aufweist, also insbesondere Ergebnis freier schöpferischer Gestaltung sei.[1583]

Eine ähnliche Bedeutung nehmen zwei jüngere ***EuGH*-Entscheidungen** ein, die das Spannungsverhältnis des Urheberrechts mit der **Pressefreiheit** beleuchten. Den Rechtssachen lag dieselbe Sachverhaltskonstellation zugrunde: Es waren Presseberichte veröffentlicht worden, die urheberrechtlich geschützte Inhalte enthielten. Die jeweiligen Urheber sahen sich durch die Veröffentlichung beeinträchtigt. Um die Berichterstattung zu unterbinden, machten sie einen urheberrechtlichen Unterlassungsanspruch geltend. Die Schrankentatbestände seien unter Achtung ihres Wortlauts im Lichte der Unionsgrundrechte auszulegen. Das nationale Gericht müsse sich im Rahmen der Abwägung, die es zwischen den ausschließlichen Rechten des Urhebers auf der einen Seite und den Rechten der Nutzer von Schutzgegenständen aus den Ausnahmebestimmungen in Art. 5 Abs. 3 lit. d) (im deutschen Recht: Zitatrecht gemäß § 51 UrhG) auf der anderen Seite anhand sämtlicher Umstände des Einzelfalls eine Abwägung vornehmen, die unter Achtung ihres Wortlauts und unter Wahrung ihrer praktischen Wirksamkeit mit den durch die Charta der Grundrechte der Europäischen Union gewährleisteten Grundrechten voll und ganz im Einklang steht.[1584] Das Zitatrecht sei ferner dahingehend auszulegen, dass der Begriff „Zitate" in dieser Bestimmung die Verlinkung auf eine selbstständig abrufbare Datei umfasse und ein Werk der Öffentlichkeit bereits rechtmäßig zugänglich gemacht worden sei, wenn es der Öffentlichkeit zuvor in seiner konkreten Gestalt mit Zustimmung des Rechtsinhabers aufgrund einer Zwangslizenz oder aufgrund einer gesetzlichen Erlaubnis zugänglich gemacht worden sei.[1585] 630

Auch **Werke der bildenden Künste** (§ 2 Abs. 1 Nr. 4 UrhG) sind zitierfähig. **Kein Zitat** und damit Rechtfertigung des Eingriffs in das Verwertungsrecht des Urhebers ist gegeben, wenn sog. Thumbnails von den Bildwerken erstellt und im Internet über eine Suchmaschine abrufbar sind, die zuvor auf einem Server hinterlegt wurden.[1586] Die Thumbnails dienten lediglich dem Geschäftszweck des Internet-Suchmaschinenanbieters, die Zugriffszahlen für seine eigene Seite zu erhöhen, so dass es an einer geistigen Belegfunktion der thumbnails fehlte.[1587] Die Erweiterung des § 51 UrhG einerseits und die Beschränkung durch eine erforderliche geistige Auseinandersetzung mit dem Werk verlangt daher als Voraussetzung eines zulässigen Zitats das Erforderlichkeitskriterium, einen besonderen Zweck, für den das Zitat wesentlich ist. Das Erforderlichkeitskriterium, das sich nach der Gesetzesbegründung eng an der Vorgabe aus Art. 5 Abs. 3 lit. j) der umgesetzten Richtlinie 2001/29/EG (Info-RL) orientiere, ist daher richtlinienkonform und zudem als Schrankenregelung der grundrechtlichen Eigentumsgarantie (Art. 14 GG) eng auszulegen.[1588] Verkaufs- und Werbeprospekte von Auktionshäusern rechtfertigen nicht den Abdruck der Bildwerke, v.a. wenn die Selbstdarstellung des Auktionshauses im Vordergrund steht.[1589] Nicht durch die Schrankenregelung des § 51 Abs. 1 UrhG gedeckt war zudem die Nutzung einer Laufbildsequenz aus dem Bericht eines Fernsehmagazins über den G20-Gipfel und die damit verbundene Polizeigewalt.[1590] 631

bb) Karikatur, Parodie und Pastiche, § 51a UrhG. § 51a UrhG nF, der erst am 7.6.2021 in Kraft getreten ist, enthält eine ausdrückliche gesetzliche Erlaubnis der Nutzung geschützter Werke zum Zwecke der Karikatur, der Parodie und des Pastiches und wurde im Rahmen der Urheberrechtsreform 2021 als Reaktion auf die EuGH-Entscheidung Pelham/Hütter ua. (Metall auf Metall III) neu eingefügt. Zuvor wurden Nutzungen zum Zwecke der Karikatur und Parodie unter den nun gestrichenen § 24 UrhG aF („freie Benutzung") subsumiert.[1591] Eine Ausnahme für Pastiches war zuvor nicht im UrhG vorgesehen.[1592] Der Schrankenregelung des § 51a UrhG liegt Art. 5 Abs. 3 lit. k InfoSoc RL sowie Art. 17 Abs. 7 UAbs. 2 lit. b DSM RL zugrunde. Da Art. 17 632

1583 BGH GRUR 2012, 819 Tz. 14 ff. – Blühende Landschaften, gegen OLG Brandenburg GRUR 2011, 141 (142) – Literarische Collage.

1584 EuGH GRUR 2019, 934 Tz. 55 ff. – Funke Mediengruppe/Bundesrepublik Deutschland (Afghanistan Papiere); EuGH GRUR 2019, 940 Tz. 40 ff. – Spiegel Online/Volker Beck (Reformistischer Aufbruch).

1585 EuGH GRUR 2019, 940 Tz. 75 ff., Tz. 85 ff. – Spiegel Online/Volker Beck (Reformistischer Aufbruch).

1586 BGH GRUR 2010, 628 Tz. 25 f. – Vorschaubilder I; OLG Thüringen WRP 2008, 679 (LS) – thumbnails, Urteil vom 27.2.2008, 2 U 319/07. Siehe auch BGH GRUR 2012, 602 – Vorschaubilder II.

1587 OLG Thüringen WRP 2008, 679 (LS) – thumbnails, Urteil vom 27.2.2008, 2 U 319/07.

1588 Vgl. Mestmäcker/Schulze/Kirchmaier UrhG § 58 Rn. 4 mwN.

1589 LG Berlin ZUM-RD 2007, 421 (422) – Auktionshaus.

1590 LG Hamburg GRUR-RR 2018, 61 – Schanzenviertel-Video.

1591 Vgl. zur Begründung RegE Gesetz zur Anpassung des Urheberrechts an die Erfordernisse des digitalen Binnenmarktes – BT-Drs. 19/27426, S. 89.

1592 BGH GRUR 2020, 843 Tz. 65 – Metall auf Metall IV.

Abs. 7 UAbs. 2 DSM RL verpflichtend ausgestaltet ist, war es nun an der Zeit eine solche Schrankenregelung im deutschen Recht zu verankern. Teilweise ist es nicht möglich, die Nutzung eines Werkes eindeutig einem der Zwecke des § 51a UrhG zuzuordnen. Auch eine trennscharfe Abgrenzung zur Zitatfreiheit gem. § 51 UrhG wird nicht immer möglich sein.

633 Anders als bei der Parodie sind die wesentlichen Merkmale der Karikatur noch nicht auf unionsrechtlicher Ebene geklärt, insofern muss nach dem allgemeinen Sprachgebrauch ausgelegt und uU auf die Rspr. zu § 24 UrhG aF Bezug genommen werden.[1593] Häufig handelt es sich um eine Zeichnung oder andere bildliche Darstellung, die sich mit Personen oder gesellschaftlich-politischen Zuständen auseinandersetzt, indem sie bestimmte Züge hervorhebt oder überzeichnet darstellt.[1594]

634 Die Rspr. des EuGH gibt die wesentlichen Merkmale der Parodie vor; diese charakterisiert sich dadurch, dass sie zum einen an ein bestehendes Werk erinnert, gleichzeitig aber ihm gegenüber wahrnehmbare Unterschiede aufweist, und zum anderen einen Ausruck von Humor oder eine Verspottung darstellt. Zudem kann auf die Rspr. Zu § 24 UrhG aF zurückgegriffen werden.

635 Bei dem Pastiche findet ebenfalls eine Auseinandersetzung mit dem bestehenden Werk statt, etwa durch die Übernahme eines bestimmten Stils, jedoch kann es sich hierbei auch um den Ausdruck der Wertschätzung oder Ehrbietung handeln, sog. Hommage.[1595] Der Pastiche soll unter anderem bestimmte Arten nutzergenerierter Medieninhalte – sog. User Generated Content – wie Remix, Meme, GIF, Mashup, Fan Art, Fan Ficiton oder Sampling privilegieren und somit auch die Kommunikation im digitalen Raum berücksichtigen.[1596] Seine Rechtfertigung findet die Schranke in der Meinungs- und Kunstfreiheit der Internetnutzer.[1597]

636 *cc) Unwesentliches Beiwerk, § 57 UrhG.* Wenn ein Werk lediglich als unwesentliches Beiwerk neben dem eigentlichen Gegenstand der Vervielfältigung, Verbreitung oder öffentlichen Wiedergabe zu sehen ist, ist die Vervielfältigung, Verbreitung und öffentliche Wiedergabe dieses Werkes zulässig, ohne dass diese Benutzungshandlungen vergütet werden müssten. Die Vorschrift des § 57 ist grundsätzlich eng auszulegen, schon um Missbräuche zu vermeiden. Der Begriff des unwesentlichen Beiwerkes kann daher nur solche Werke erfassen, die unvermeidlich mit zu sehen und darüber hinaus so nebensächlich sind, dass sie nicht weiter auffallen und weggelassen werden könnten, ohne die Wirkung des Werkes auch nur im geringsten zu verändern.[1598] Von einer Unwesentlichkeit kann dann ausgegangen werden, wenn das Werk weggelassen oder ausgetauscht werden kann, ohne dass dies dem durchschnittlichen Betrachter auffällt. Auch eine geringe oder nebensächliche Bedeutung darf nicht erreicht werden. Eine derart untergeordnete Bedeutung kann nach einer Entscheidung des BGH dem mitverwerteten Werk regelmäßig nicht mehr zugewiesen werden, sobald es „erkennbar stil- oder stimmungsbildend“ oder „eine bestimmte Wirkung oder Aussage unterstreichend“ in den eigenen Gegenstand der Verwertung einbezogen wurde, „einen dramaturgischen Zweck“ erfülle oder „sonst charakteristisch“ sei.[1599] Ein Beispiel hierfür ist die Abbildung eines Gemäldes in einem Möbelkatalog, wenn es keine noch so unbedeutende inhaltliche Beziehung zum Hauptgegenstand aufweist und durch seine Zufälligkeit und Beliebigkeit für diesen ohne jede Bedeutung ist.[1600]

637 **d) Vorübergehende Vervielfältigungshandlungen, § 44a UrhG.** Eingeführt durch das Gesetz zur Regelung des Urheberrechts in der Informationsgesellschaft vom 10.9.2003 gestattet § 44a UrhG vorübergehende Vervielfältigungshandlungen, die flüchtig oder begleitend sind und einen integralen und wesentlichen Teil eines technischen Verfahrens darstellen sowie deren alleiniger Zweck es ist, eine Übertragung in einem Netz zwischen Dritten durch einen Vermittler oder eine

[1593] RegE Gesetz zur Anpassung des Urheberrechts an die Erfordernisse des digitalen Binnenmarktes – BT-Drs. 19/27426, S. 91; vgl. EUGH GRUR 2014, 972 Tz. 20 – Vrijheidsfonds/Vandersteen ua (Deckmyn).

[1594] RegE Gesetz zur Anpassung des Urheberrechts an die Erfordernisse des digitalen Binnenmarktes – BT Drs. 19/27426, S. 91.

[1595] RegE Gesetz zur Anpassung des Urheberrechts an die Erfordernisse des digitalen Binnenmarktes – BT-Drs. 19/27426, S. 91.

[1596] RegE Gesetz zur Anpassung des Urheberrechts an die Erfordernisse des digitalen Binnenmarktes – BT-Drs. 19/27426, S. 91.

[1597] RegE Gesetz zur Anpassung des Urheberrechts an die Erfordernisse des digitalen Binnenmarktes – BT-Drs. 19/27426, S. 91.

[1598] Vgl. OLG München ZUM-RD 2008, 554 (555) – T-Shirt; Fromm/Nordemann/Nordemann-Schiffel UrhG § 57 Rn. 2.

[1599] BGH GRUR 2015, 667 Tz. 27 – Möbelkatalog.

[1600] BGH GRUR 2015, 667 Tz. 31 – Möbelkatalog.

rechtmäßige Nutzung eines Werkes oder sonstigen Schutzgegenstands zu ermöglichen, und die keine eigenständige wirtschaftliche Bedeutung haben. Die Vorschrift dient dazu, vorübergehende Vervielfältigungen, die insbesondere im Rahmen von Internet-Verwertungen entstehen – zB in Routern –, vom Schutzbereich des Vervielfältigungsrechtes auszunehmen, um Internet-Verwertungen nicht mit zusätzlichen Rechteerklärungen zu behindern.[1601] Das Vervielfältigungsrecht des Urhebers gem. § 16 UrhG umfasst nämlich grundsätzlich auch solche Zwischenspeicherungen.[1602]

§ 44a Nr. 1 UrhG privilegiert nur die Zwischenspeicherung beim Dienstanbieter, nicht auch 638
die Abspeicherungen in den Arbeitsspeichern der Absender und Empfänger; weitere Beispiele sind die Speicherungen in Servern von Netzwerken oder in Arbeitsspeichern von Computern, die keine eigenständige wirtschaftliche Bedeutung besitzen, sondern das effiziente Funktionieren der Übertragungssysteme ermöglichen sollen.[1603] § 44a Nr. 2 UrhG setzt eine rechtmäßige Nutzung des zwischengespeicherten Werkes voraus, im Rahmen derer Zwischenspeicherungen aus technischen Gründen notwendig sind, so dass eine an sich insgesamt rechtswidrige Handlung nicht durch § 44a Nr. 2 UrhG teilweise rechtmäßig werden kann.[1604]

Beispiele aus der Rechtsprechung:

Ein Internetdienstleister, der Sendungen zum Download zur Verfügung stellt, speichert diese nicht vorübergehend, sondern zu wirtschaftlichen Zwecken und nicht rein zufällig, so dass § 44a UrhG für die Vervielfältigung (Einstellen des Filmes auf dem Server) nicht greift.[1605] Ebenso wirtschaftlich handelt ein Softwarelizenznehmer, wenn er Dritten entgeltlich die Lizenzen zur Verfügung stellt[1606] oder ein Musikdienstleister, der Tonträger digital zum Anhören im sog. Streaming-Verfahren für Abonnenten entgeltlich zur Verfügung stellt.[1607] Auch die (Privat-)Nutzer eines illegalen Streaming-Dienstes (wie zB Kino.to) können sich nicht auf § 44a UrhG berufen, wenn sie die gestreamten rechtswidrigen Kopien in ihrem Arbeitsspeicher „buffern".[1608] Diese Frage ist zwar bislang noch nicht abschließend höchstrichterlich geklärt, allerdings ergibt sich aus der EuGH-Entscheidung *ACI Adam/Thuiskopie*, dass das Streamen von einer rechtswidrigen Quelle keine legale Privatkopie darstellt.[1609] Ob das Caching, also die technisch bedingte Zwischenspeicherung, eine Urheberrechtsverletzung darstellen kann, hat der EuGH dahingehend beantwortet, dass allein das Betrachten von urheberrechtlich geschützten Inhalten, wie etwa von Zeitungsartikeln, das Urheberrecht nicht verletzt.[1610] Das Abrufen von Presseberichten und das Speichern der Webseiten im Cache stellt vielmehr eine flüchtige Kopie dar, die urheberrechtlich zulässig ist.[1611]

e) Text- und Data-Mining, § 44b UrhG. In Umsetzung des Art. 4 DSM-RL wurde § 44b UrhG 639
2021 eingefügt. In § 44b Abs. 1 UrhG wird das Text- und Data-Mining als „automatisierte Analyse von einzelnen oder mehreren digitalen oder digitalisierten Werken, um darauf Informationen insbesondere über Muster, Trends und Korrelationen zu gewinnen" legaldefiniert. Die gesetzliche Erlaubnis für Vervielfältigungshandlungen zum Zweck des Text- und Data-Mining enthält keine Einschränkung hinsichtlich der Berechtigten oder des Zwecks.[1612] Das Text und Data Mining ermöglicht es, große Informationsmengen auszuwerten, wobei die auszuwertenden Inhalte gespeichert werden.[1613] § 60d UrhG regelt das Text- und Data-Mining für Zwecke der wissenschaftlichen Forschung (vgl. Rn. 487c).

f) Wissenschafts-, Schul-, Bildungs- und soziale Zwecke. *aa) Menschen mit Behinderungen, §§ 45a–d UrhG.* Das Gesetz zur Regelung des Urheberrechts in der Informationsgesellschaft vom 640

1601 Vgl. die Begründung zum Gesetzentwurf der Bundesregierung vom 6. November 2002 BT-Drs. 15/38, S. 18.
1602 Vgl. Dreier/Schulze/Dreier UrhG § 44a Rn. 1; Loewenheim/Goetting UrhG § 31 Rn. 170.
1603 Schricker/Loewenheim/Loewenheim UrhG § 44a Rn. 1.
1604 Vgl. auch OLG Dresden ZUM 2007, 203 (204 f.) – Fernsehsendungsweiterleitung; KG GRUR-RR 2004, 228 (231) – Ausschnittsdienst.
1605 OLG Dresden ZUM 2007, 203 (204 f.) – Fernsehsendungsweiterleitung.
1606 LG München ZUM 2007, 409 (413 f.) – Software-Download.
1607 OLG Hamburg, Urt. v 11.2.2009, Az: 5 U 154/07, Tz. 28 (juris) – StayTuned III.
1608 Zutreffend Radmann ZUM 2010, 387; aA LG Köln WRP 2014, 362 – RedTube; zudem wohl Fangerow/Schulz GRUR 2010, 677.
1609 EuGH GRUR 2014, 546 (547) Tz. 38 – ACI Adam ua/Thuiskopie ua.
1610 EuGH, Urt. v. 5.6.2014, C-360/13 – Public Relations Consultants Association Ltd/Newspaper Licensing Agency Ltd ua.
1611 EuGH Urt. v. 5.6.2014, C-360/13, Tz. 50 – Public Relations Consultants Association Ltd/Newspaper Licensing Agency Ltd ua.
1612 RegE Gesetz zur Anpassung des Urheberrechts an die Erfordernisse des digitalen Binnenmarktes – BT-Drs. 19/27426, S. 87.
1613 RegE Gesetz zur Anpassung des Urheberrechts an die Erfordernisse des digitalen Binnenmarktes – BT-Drs. 19/27426, S. 88.

10.9.2003 hat entsprechend der Vorgabe der EU-Info-Richtlinie eine neue Schranke zugunsten behinderter Menschen eingeführt. Gemäß § 45a UrhG ist die nicht Erwerbszwecken dienende Vervielfältigung eines Werkes für und deren Verbreitung ausschließlich an Menschen zulässig, soweit diesen der Zugang zu den Werken einer verfügbaren Art der sinnlichen Wahrnehmung aufgrund einer Behinderung nicht möglich oder erheblich erschwert ist und dies zur Ermöglichung des Zugangs erforderlich ist. Dem Urheber ist eine angemessene Vergütung zu bezahlen, die nur durch eine Verwertungsgesellschaft geltend gemacht werden kann, § 45a Abs. 2 UrhG. Als **Beispiel** für die neue Schranke nennt die Begründung zum Referentenentwurf die Aufnahme eines Werkes der Literatur auf Tonträger oder die Übertragung in Blindenschrift für Blinde und Sehbehinderte.[1614]

641 **Der Vertrag von Marrakesch,**[1615] der im Rahmen der Weltorganisation für geistiges Eigentum (WIPO) ausgehandelt und dessen Verhandlungen am 28.6.2013 in Marrakesch abgeschlossen wurden, sieht ferner vor, dass die Vertragsstaaten Regelungen in ihre Urheberrechtsgesetze aufnehmen, die es erlauben, urheberrechtlich geschützte Bücher auch ohne Zustimmung des Rechtsinhabers in für Blinde und Sehbehinderte lesbare Formate zu überführen (zB Brailleschrift, Großformatdrucke oder Hörbücher). Zudem soll es gesetzlich zulässig sein, diese Sonderformate zu verbreiten und im Internet behinderten Menschen zugänglich zu machen.

642 Die Europäische Union erfüllte ihre sich aus dem Vertrag von Marrakesch ergebende internationale Verpflichtung durch den Erlass der Verordnung (EU) 2017/1563[1616] sowie der Richtlinie (EU) 2017/1564.[1617] Art 5 Abs. 3 lit. b der Richtlinie 2001/29/EG ermöglichte es bereits zuvor den Mitgliedstaaten, Ausnahmen oder Beschränkungen zugunsten behinderter Personen einzuführen, wenn die Nutzung mit der Behinderung unmittelbar in Zusammenhang steht und nicht kommerzieller Art war, soweit es die betreffende Behinderung erfordert. Nunmehr sieht die Richtlinie (EU) 2017/1564 in Art. 3 eine **verbindliche Ausnahmeregelung** vor. Erlaubt ist das **Vervielfältigen** eines Werkes oder sonstigen Schutzgegenstands, zu dem die begünstigte Person rechtmäßigen Zugang hat, in barrierefreien Formaten und zu ihrer ausschließlichen Nutzung (Abs. 1 lit. a) sowie die **Wiedergabe,** das **Zugänglichmachen,** die **Verbreitung** oder das **Verleihen** des Vervielfältigungsstücks (Abs. 1 lit. b). Art. 4 gewährleistet den **freien Verkehr** der im Rahmen der Ausnahme erstellten Vervielfältigungen in allen Migliedsstaaten. Die Richtlinie erlaubt es den Mitgliedstaaten nach ErwG 14 zwar nicht, die Anwendung der geregelten Ausnahmen an zusätzliche Anforderungen zu knüpfen, wie zB eine vorherige Prüfung, ob gewerbliche Vervielfältigungsstücke von Werken in einem barrierefreien Format verfügbar sind. Die Mitgliedstaaten haben jedoch die Möglichkeit in begrenztem Rahmen, Ausgleichsregelungen für zulässige Formen der Nutzung von Werken oder sonstigen Schutzgegenständen durch befugte Stellen vorzusehen. Die Ausgleichsregelungen dürfen allerdings keine Zahlungen durch begünstigte Personen erfordern.

643 Die bis zum 11.10.2018 umzusetzende Richtlinie wurde durch das am 1.1.2019 in Kraft getretene Gesetz zur Umsetzung der Marrakesch-Richtlinie über einen verbesserten Zugang zu urheberrechtlich geschützten Werken zugusten von Menschen mit einer Seh- oder Lesebehinderung vom 28.11.2018 umgesetzt. Die Umsetzung erfolgte vor allem durch die neuen Regelungen der §§ 45b bis 45d UrhG. Nach der neuen Schranke des § 45b Abs. 1 UrhG dürfen Menschen mit einer Seh-oder Lesebehinderung veröffentlichte Sprachwerke, die als Text oder im Audioformat vorliegen, sowie grafische Aufzeichnungen von Werken der Musik zum eigenen Gebrauch vervielfältigen oder vervielfältigen lassen, um sie in ein barrierefreies Format umzuwandeln. Die Ver-

[1614] Referentenentwurf Urheberrecht in der Informationsgesellschaft, S. 30.

[1615] Marrakesh Treaty to Facilitate Access to Published Works for Persons Who Are Blind, Visually Impaired, or Otherwise Print Disabled, abrufbar unter http://ec.europa.eu/internal_market/copyright/international/wipo/index_de.htm, abgerufen am 28.4.2017.

[1616] Verordnung (EU) 2017/1563 des Europäischen Parlaments und des Rates vom 13. September 2017 über den grenzüberschreitenden Austausch von Vervielfältigungsstücken bestimmter urheberrechtlich oder durch verwandte Schutzrechte geschützter Werke und sonstiger Schutzgegenstände in einem barrierefreien Format zwischen der Union und Drittländern zugunsten blinder, sehbehinderter oder anderweitig lesebehinderter Personen, Amtsblatt L 424 vom 20.9.2017, S. 1 ff.; vgl. dazu → § 41 Rn. 74.

[1617] Richtlinie (EU) 2017/1564 des Europäischen Parlaments und des Rates vom 13. September 2017 über bestimmte zulässige Formen der Nutzung bestimmter urheberrechtlich oder durch verwandte Schutzrechte geschützter Werke und sonstiger Schutzgegenstände in einem barrierefreien Format zwischen der Union und Drittländern zugunsten blinder, sehbehinderter oder anderweitig lesebehinderter Personen und zur Änderung der Richtlinie 2001/29/EG zur Harmonisierung bestimmter Aspekte des Urheberrechts und der verwandten Schutzrechte in der Informationsgesellschaft, Amtsblatt L 424 vom 20.9.2017 S. 6 ff.; vgl. dazu → § 41 Rn. 74.

ordnung (EU) 2017/1563 regelt den **grenzüberschreitenden Austausch** von Vervielfältigungsstücken bestimmter Werke und sonstiger Schutzgegenstände in einem barrierefreien Format zwischen der Union und Drittländern, die Vertragsparteien des Vertrags von Marrakesch sind, ohne Zustimmung des Rechteinhabers zugunsten blinder, sehbehinderter oder anderweitig lesebehinderter Personen. Sie ist seit 10.10.2017 in Kraft (Art. 8 Abs. 1 Verordnung (EU) 2017/1563), gilt jedoch in den Mitgliedstaaten erst ab 12.10.2018 (Art. 8 Abs. 2 Verordnung (EU) 2017/1563).

bb) Sammlungen für den religiösen Gebrauch, § 46 UrhG. Hiernach ist es unter anderem zulässig, Teile von Werken, Sprachwerke oder Werke der Musik vom geringen Umfang, einzelne Werke der bildenden Künste oder einzelne Fotografien nach dem Erscheinen in einer Sammlung aufzunehmen, die Werke einer größeren Anzahl von Urhebern vereinigt und für den Kirchen-, Schul- oder Unterrichtsgebrauch bestimmt ist, zu vervielfältigen, zu verbreiten und öffentlich zugänglich zu machen. Es handelt sich hierbei um eine inhaltliche Schranke mit einem Anspruch auf Zahlung einer angemessenen Vergütung. 644

cc) Schulfunksendungen, § 47 UrhG. Gem. § 47 UrhG dürfen Schulen sowie Einrichtungen der Lehrerbildung und der Lehrerfortbildung einzelne Vervielfältigungsstücke von Werken auf Bild- oder Tonträger aufnehmen, wenn diese innerhalb einer Schulfunksendung gesendet werden. Die Bild- oder Tonträger dürfen dann nur für den Unterricht verwendet werden und sind spätestens am Ende des auf die Übertragung der Schulfunksendung folgenden Schuljahres zu löschen. Es handelt sich hierbei um eine inhaltliche Schranke ohne Vergütungsanspruch, es sei denn, dass die Löschung unterbleibt; dann ist dem Urheber eine angemessene Vergütung zu bezahlen. 645

dd) Öffentliche Wiedergabe ohne Erwerbszweck, § 52 UrhG. Die öffentliche Wiedergabe eines veröffentlichten Werkes ist gem. § 52 UrhG zulässig, wenn die Wiedergabe keinem Erwerbszweck des Veranstalters dient, die Teilnehmer kein Eintrittsgeld bezahlen müssen und auch keiner der ausübenden Künstler eine Vergütung erhält. Für die Wiedergabe ist nur dann eine angemessene Vergütung zu bezahlen, wenn die Veranstaltung nicht der Jugendhilfe, der Sozialhilfe, der Alten- und Wohlfahrtspflege, der Gefangenenbetreuung oder durch Schulen erfolgt. Erfolgt die Wiedergabe bei einem Gottesdienst oder einer kirchlichen Feier, hat der Veranstalter dem Urheber eine angemessene Vergütung zu bezahlen. § 52 UrhG erlaubt lediglich die öffentliche Wiedergabe eines erschienenen Werkes, nicht aber die öffentliche bühnenmäßige Darstellung, öffentliche Zugänglichmachung, die Funksendung oder die öffentliche Vorführung eines Filmwerkes; diese bleiben stets nur mit Einwilligung des Berechtigten zulässig (§ 52 Abs. 3 UrhG). 646

ee) Unterricht und Lehre, § 60a UrhG. Die Regelung des § 60a UrhG wurde durch das Urheberrechts-Wissensgesellschafts-Gesetz[1618] vom 1.9.17 neu eingeführt und trat am 1.3.18 in Kraft. Sie fasst die Nutzungsbefugnisse aus den §§ 47, 51 Abs. 1, 52a Abs. 1 S. 1, 53 Abs. 3 UrhG aF zusammen und erweitert den Umfang der gesetzlich erlaubten Nutzung. § 60a Abs. 1 UrhG erlaubt die **Vervielfältigung,** das **Verbreiten,** die **öffentliche Zugänglichmachung** und die **Öffentliche Wiedergabe in sonstiger Weise** von **bis zu 15 Prozent eines veröffentlichten Werkes** zur Veranschaulichung des Unterrichts und der Lehre an Bildungseinrichtungen **zu nicht kommerziellen Zwecken** (1) für Lehrende und Teilnehmer der jeweiligen Veranstaltung (2) für Lehrende und Prüfer an derselben Bildungseinrichtung sowie (3) für Dritte, soweit dies der Präsentation des Unterrichts, von Unterrichts- oder Lernergebnissen an der Bildungseinrichtung dient. Dabei kann der Handelnde selbst die begünstigte Person sein, bspw. eine Lehrerin, aber auch ein Dritter, bspw. ein Mitarbeiter der Schulbibliothek.[1619] **Zur Veranschaulichung des Unterrichts und der Lehre** an Bildungseinrichtungen erfolgt die Zugänglichmachung, wenn sie den Zweck hat, den Lehrstoff besser und verständlicher darzustellen und leichter erfassbar zu machen, den im Unterricht behandelten Lehrstoff zu vertiefen oder zu ergänzen; sie darf nicht nur Zwecken der schulinternen Verwaltung oder Dekoration dienen.[1620] Die Veranschaulichung kann bereits begrifflich nicht nur im Unterricht, sondern **auch davor oder danach** erfolgen,[1621] zB zur Vor- und Nachbereitung der eigentlichen Unterrichtsstunden, im Rahmen von Prüfungsaufgaben und Prü- 647

1618 Gesetz zur Angleichung des Urheberrechts an die aktuellen Erfordernisse der Wissensgesellschaft v. 1.9.2017 BGBl. I 2017 Nr. 61 S. 3346, vgl. Rn. 19a.

1619 RegE UrhWissG 2017 – BT-Drs. 18/12329, S. 36.

1620 Vgl. Fromm/Nordemann/Axel Nordemann UrhG § 60a Rn. 4.

1621 Bereits zur engeren Formulierung des § 52a aF hatte der BGH entschieden, dass die Zugänglichmachung nicht durch die zeitlichen und räumlichen Grenzen des Unterrichts beschränkt ist, sondern sich auf andere Zeiten (wie die Vor-oder Nachbereitung des Unterrichts) und Orte (etwa den häuslichen Arbeitsplatz) erstrecken kann, vgl. BGH GRUR 2014, 549 Tz. 3– Meilensteine der Psychologie.

fungsleistungen, die im Verlauf und zum Abschluss des Unterrichts gestellt werden sowie der Vor- Und Nachbereitung der Prüfungen.[1622] § 60a Abs. 2 UrhG erweitert den Werkumfang, der für bestimmte Werkformen genutzt werden darf. Danach dürfen Abbildungen, einzelne Beiträge aus derselben Fachzeitschrift oder wissenschaftlichen Zeitschrift, sonstige Werke geringen Umfangs und vergriffene Werke abweichend von Abs. 1 vollständig genutzt werden. Die Bereichsausnahmen des Abs. 3 enthalten Fälle, für die die gesetzliche Erlaubnis der Abs. 1 und 2 nicht gilt. § 60h Abs. 1 iVm §§ 54 bis 54c UrhG[1623] gewährt dem Urheber einen **Anspruch auf eine angemessene Vergütung** der gesetzlich erlaubten Nutzung, der nur durch eine Verwertungsgesellschaft geltend gemacht werden kann. (§ 60h Abs. 4 UrhG).

648 *ff) Unterrichts- und Lehrmedien, § 60b UrhG.* Auch die Schrankenbestimmung des § 60b UrhG wurde durch das Urheberrechts-Wissensgesellschafts-Gesetz[1624] vom 1.9.17 neu eingeführt und trat am 1.3.2018 in Kraft. Sie erlaubt die **Vervielfältigung,** die **Verbreitung** und die **öffentliche Zugänglichmachung** von **bis zu 10 Prozent eines veröffentlichten Werkes** durch Hersteller von Unterrichts- und Lehrmedien für solche Sammlungen und ersetzt die bereits bisher bestehende Erlaubnis des § 46a aF. Abs. 3 definiert die Sammlungen, für die die privilegierten Nutzungshandlungen zu erfolgen haben. Danach sind Unterrichts- und Lehrmedien Sammlungen, die Werke einer größeren Anzahl von Urhebern vereinigen und **ausschließlich zur Veranschaulichung des Unterrichts und der Lehre** an Bildungseinrichtungen (§ 60a) zu **nicht kommerziellen Zwecken** geeignet, bestimmt und entsprechend gekennzeichnet sind.[1625] § 60b Abs. 2 UrhG verweist auf die Regelungen des § 60a Abs. 2 und 3 UrhG. Nach § 60a Abs. 2 UrhG ist der Werkumfang, der für bestimmte Werkformen genutzt werden darf, erweitert. Danach dürfen Abbildungen, einzelne Beiträge aus derselben Fachzeitschrift oder wissenschaftlichen Zeitschrift, sonstige Werke geringen Umfangs und vergriffene Werke abweichend von Abs. 1 vollständig genutzt werden. Die Bereichsausnahmen des § 60a Abs. 3 UrhG enthalten Fälle, für die die gesetzliche Erlaubnis nicht gilt. Für die nach § 60b UrhG erlaubten Nutzungen gewährt § 60h Abs. 1 iVm §§ 54 bis 54c UrhG[1626] dem Urheber einen **Anspruch auf eine angemessene Vergütung,** der kollektiv durch eine Verwertungsgesellschaft wahrgenommen wird (§ 60h Abs. 4 UrhG).

649 *gg) Wissenschaftliche Forschung, § 60c UrhG.* Die Schrankenbestimmung des § 60c UrhG wurde ebenfalls durch das Urheberrechts-Wissensgesellschafts-Gesetz[1627] vom 1.9.17 neu eingeführt und trat am 1.3.2018 in Kraft. Die Vorschrift ersetzt die aufgehobenen Regelungen der §§ 52a Abs. 1 Nr. 2, 53 Abs. 2 S. 1 Nr. 1 sowie § 87c Abs. 1 S. 1 Nr. 2 UrhG aF, erweitert die Schranken zugunsten der wissenschaftlichen Forschung aber erheblich. § 60c Abs. 1 UrhG enthält die gesetzliche Erlaubnis der **Vervielfältigung,** der **Verbreitung** und der **öffentlichen Zugänglichmachung** von **bis zu 15 Prozent eines Werkes** zum Zweck der **nicht-kommerziellen** wissenschaftlichen Forschung. Für welchen Personenkreis der Handelnde Vervielfältigungen herstellen oder Inhalte öffentlich zugänglich machen darf, bestimmen § 60c Abs. 1 Nrn. 1 und 2. Nach **Nr. 1** darf die Nutzung für einen bestimmt abgegrenzten Kreis von Personen für deren eigene wissenschaftliche Forschung erfolgen. **Nr. 2** erlaubt die Nutzung für **einzelne Dritte,** dh für nicht forschende Personen, soweit dies der Überprüfung der Qualität wissenschaftlicher Forschung dient. Hierdurch können nach dem Willen des Gesetzgebers Dritte im sogenannten Peer Review vor Veröffentlichung oder vor Preisvergaben die wissenschaftliche Forschung leichter überprüfen.[1628] § 60c Abs. 2 UrhG erweitert den Umfang der zulässigen Vervielfältigungen auf **bis zu 75 Prozent eines Werkes** für die **eigene wissenschaftliche Forschung.** Die so hergestellten Kopien dürfen in keiner Form weitergegeben werden; auf weitere Voraussetzungen, etwa die Frage, ob das Werk in einer Bibliothek ausleihbar wäre oder ob dem Forscher angesichts des Kaufpreises ein Erwerb des Werkes zumutbar wäre, kommt es nicht an.[1629] Auf für die nach § 60c UrhG erlaubten Nutzungen gewährt § 60h Abs. 1 iVm §§ 54 bis 54c UrhG[1630] dem Urheber einen Anspruch auf eine an-

[1622] RegE UrhWissG 2017 – BT-Drs. 18/12329, S. 36.
[1623] Zur Vergütung nach §§ 54 ff. UrhG vgl. → Rn. 669.
[1624] Gesetz zur Angleichung des Urheberrechts an die aktuellen Erfordernisse der Wissensgesellschaft v. 1.9.2017 BGBl. I 2017 Nr. 61 S. 3346, vgl. Rn. 19a, 187.
[1625] Zum Merkmal der Veranschaulichung des Unterrichts und der Lehre an Bildungseinrichtungen vgl. → Rn. 647.
[1626] Zur Vergütung nach §§ 54 ff. UrhG vgl. → Rn. 669.
[1627] Gesetz zur Angleichung des Urheberrechts an die aktuellen Erfordernisse der Wissensgesellschaft v. 1.9.2017 BGBl. I 2017 Nr. 61 S. 3346, vgl. Rn. 19a.
[1628] RegE UrhWissG 2017 – BT-Drs. 18/1239, S. 39.
[1629] RegE UrhWissG 2017 – BT-Drs. 18/12329, S. 40.
[1630] Zur Vergütung nach §§ 54 ff. UrhG vgl. → Rn. 669.

gemessene Vergütung, der kollektiv durch eine Verwertungsgesellschaft wahrgenommen wird (§ 60h Abs. 4 UrhG).

hh) Text- und Data-Mining für Zwecke der wissenschaftlichen Forschung, § 60d UrhG. Die Schrankenbestimmung des § 60d UrhG wurde durch das Urheberrechts-Wissensgesellschafts-Gesetz[1631] vom 1.9.17 neu eingeführt und trat am 1.3.2018 in Kraft. Die damals vollständig neue Schrankenbestimmung zum sog. Text- und Data-Mining sollte es ermöglichen, auf gesetzlicher Grundlage Werke mit Inhalten aller Art automatisiert auszuwerten. In Umsetzung des Art. 3 DSM-RL wurden 2021 Änderungen an § 60d UrhG vorgenommen. So enthält § 60d Abs. 2 UrhG nunmehr eine ausdrückliche Ausnahme für das Recht der Vervielfältigung zugunsten der genannten Forschungseinrichtungen, um bislang entstandenen Rechtsunsicherheiten zu begegnen.[1632] Im Verhältnis zu § 44b UrhG (vgl. → Rn. 639) modifiziert § 60d UrhG die Regelung, sofern das Text- und Data-Mining für die wissenschaftliche Forschung eingesetzt wird. Das Text- und Data-Mining stellt eine vielverprechende neue Forschungsmethode dar, bei der mit Hilfe von Algorithmen neue Zusammenhänge in bestehenden Datensätzen bzw. Texten ermittelt werden.[1633] § 60d Abs. 1 UrhG verweist zunächst auf die in § 44b Abs. 1 UrhG enthaltene Legaldefinition. Der Gesetzgeber versteht unter dem Begriff **die automatisierte Auswertung von Werken mit Inhalten aller Art,** zB von Werken mit Texten, Daten, Bildern, Tönen oder audiovisuellen Inhalten, um damit nicht kommerzielle wissenschaftliche Forschung zu betreiben.[1634] Zum Zweck der **wissenschaftlichen Forschung** erfolgt eine Nutzung, wenn sie der Wissenschaftsproduktion dient und das Ziel der Gewinnung neuer wissenschaftlicher Erkenntnisse verfolgt.[1635] § 60d Abs. 2 S. 1 UrhG berechtigt Forschungsorganisationen zu Vervielfältigungen, die nachfolgend im S. 2 legaldefiniert werden. Neben Forschungseinrichtungen sind gemäß Abs. 3 ua auch Bibliotheken und Museen zur Vervielfältigung berechtigt. Wie bereits § 60d Abs. 1 Nr. 2 UrhG aF erlaubt § 60d Abs. 4 UrhG nF die **öffentliche Zugänglichmachung** für einen bestimmten abgegrenzten Kreis von Personen für die gemeinsame wissenschaftliche Forschung sowie einzelne Dritte zur Überprüfung der Qualität wissenschaftlicher Forschung. Nach § 60d Abs. 4 S. 2 UrhG ist die öffentliche Zugänglichmachung zu beenden, sobald die gemeinsame wissenschaftliche Forschung oder die Überprüfung der Qualität der wissenschaftlichen Forschung abgeschlossen ist. Hierfür muss der betroffene Personenkreis überhaupt eine Öffentlichkeit nach § 15 Abs. 3 UrhG bilden. Nach der Gesetzesbegründung wird dies bei kleinen Forschergruppen häufig nicht der Fall sein.[1636] Während der Forscher selbst nach Abschluss seiner Forschungsarbeiten die Vervielfältigung des Ursprungsmaterials nicht mehr aufbewahren darf, darf es gem. § 60d Abs. 5 UrhG bei einer der in den Abs. 2 und Abs. 3 Nr. 1 genannten Institutionen, zB Bibliotheken und Archiven, mit angemessenen Sicherheitsvorkehrungen gegen unbefugte Benutzung aufbewahrt werden, jedoch nur solange sie für Zwecke der wissenschaftlichen Forschung oder zur Überprüfung wissenschaftlicher Erkenntnisse erforderlich sind. § 60 Abs. 6 UrhG enthält die Befugnis der Rechtsinhaber, erforderliche Maßnahmen zu ergreifen, um zu verhindern, dass die Sicherheit und Integrität ihrer Netze und Datenbanken durch Vervielfältigungen nach Abs. 1 gefährdet werden. Für die nach § 60d UrhG erlaubten Nutzungen gewährte § 60h Abs. 1 iVm §§ 54 bis 54c UrhG[1637] nach alter Rechtslage vor 2021 dem Urheber einen **Anspruch auf eine angemessene Vergütung.** Nunmehr sind gem. § 60h Abs. 2 Nr. 3 UrhG Vervielfältigungen im Rahmen des Text- und Data-Mining für Zwecke der wissenschaftlichen Forschung nach § 60d Abs. 1 abweichend von § 60h Abs. 1 **vergütungsfrei.** Entscheidend dafür, ob das Werk zu **nicht kommerziellen Zwecken** genutzt wird, ist nach ErwG 42 der RL 2001/29/EG nicht die organisatorische Struktur und die Finanzierung der Einrichtung, für die die Forschung erfolgt (öffentliche oder private Einrichtung), sondern die konkrete Art der wissenschaftlichen Tätigkeit. Somit wird die Forschung, die an öffentlichen Hochschulen stattfindet und über private Drittmittel finanziert wird, grundsätzlich erfasst.[1638] Dass ein Wissenschaftler seine Forschungsergebnisse in einem Verlag veröffentlicht,

---

[1631] Gesetz zur Angleichung des Urheberrechts an die aktuellen Erfordernisse der Wissensgesellschaft v. 1.9.2017 BGBl. I 2017 Nr. 61 S. 3346, → Rn. 27, 647.

[1632] RegE Gesetz zur Anpassung des Urheberrechts an die Erfordernisse des digitalen Binnenmarktes – BT-Drs. 19/27426, S. 95.

[1633] Spindler GRUR 2016, 1112.

[1634] RegE UrhWissG 2017 – BT-Drs. 18/12329, S. 40.

[1635] Vgl. Fromm/Nordemann/Axel Nordemann UrhG § 60 Rn. 4, § 60d Rn. 8.

[1636] RegE UrhWissG 2017– BT-Drs. 18/12329, S. 41.

[1637] Zur Vergütung nach §§ 54 ff. UrhG vgl. → Rn. 669.

[1638] RegE UrhWissG 2017 – BT-Drs. 18/12329, S. 39 zu § 60c.

führt nach der Gesetzesbegründung nicht dazu, dass die zugrundeliegende Forschung als kommerziell zu qualifizieren ist, Forschung, die ein Unternehmen betreibt, um Waren oder Dienstleistungen zu entwickeln und diese dann zu vermarkten, dient allerdings kommerziellen Zwecken, so dass § 60d in einem solchen Fall nicht anwendbar ist.[1639]

651 Das Text- und Data-Mining kann urheberrechtlich irrelevant sein, wenn in seinem Verlauf keine Vervielfältigungen entstehen. Eine Erlaubnis nach § 60d Abs. 1 UrhG ist jedoch erforderlich, wenn Inhalte, die urheber- oder leistungsschutzrechtlich geschützt sind (zB wissenschaftliche Fachartikel, Lichtbilder, Datenbankwerke) vervielfältig oder öffentlich zugänglich gemacht werden oder wenn wesentliche Teile von Inhalten aus geschützten Datenbanken entnommen werden.[1640]

652 *ii) Bibliotheken, § 60e UrhG.* Die Schrankenbestimmung des § 60e UrhG wurde ebenfalls durch das Urheberrechts-Wissensgesellschafts-Gesetz[1641] vom 1.9.17 neu eingeführt und trat am 1.3.2018 in Kraft. Nach **§ 60e Abs. 1 UrhG** dürfen öffentlich zugängliche Bibliotheken, die keine unmittelbaren oder mittelbaren kommerziellen Zwecke verfolgen (Bibliotheken), ein Werk aus ihrem Bestand oder ihrer Aussstellung für Zwecke der Zugänglichmachung, Indexierung, Katalogisierung, Erhaltung und Restaurierung **vervielfältigen** oder **vervielfältigen lassen,** auch mehrfach und mit technisch bedingten Änderungen. Die Erlaubnis des § 60e Abs. 1 UrhG gilt für **Zwecke der Zugänglichmachung, Indexierung, Katalogisierung, Erhaltung und Restaurierung.** Durch die Erlaubnis der Vervielfältigung für Zwecke der Indexierung dürfen Bibliotheken zB durchsuchbare pdf-Dateien erstellen. Für Zwecke der Erhaltung weden Kopien gemacht, wenn sie den Bibliotheken eine umfassende Bestandssicherung ermöglichen; hierunter fällt nach der Gesetzesbegründung insbesondere die Langzeitarchivierung von analogen und digitalen Beständen der Bibliothek.[1642] Vervielfältigt werden dürfen **nur Werke aus dem Bestand oder der Ausstellung der Bibliothek.** Hierunter fallen nach der Gesetzesbegründung auch elektronische Bestände, zu denen die Bibliothek auf Basis von Nutzungsverträgen mit Inhalteanbietern ihren Nutzern den Zugang gewähren darf; dabei ist jedoch die Regelung des § 95b Abs. 3 UrhG zu technischen Schutzmaßnahmen zu beachten. Die Vervielfältigungen sind **auch mehrfach und mit technisch bedingten Änderungen** (formatwandelnde Vervielfältigungen) zulässig. Der Gesetzgeber begründet dies damit, dass es die digitale Langzeitarchivierung erfordere, zB Sicherungskopien zu erstellen und Dateien auf andere Datenträger umzukopieren, da deren Haltbarkeit zeitlich begrenzt sei; formatwandelnde Kopien seien zB erforderlich, um den dauerhaften Zugriff auf Werke zu ermöglichen, wenn das bisher verwendete Format technisch überholt oder entsprechende Hardware bzw. entsprechende Leermedien nicht mehr verfügbar sind.[1643]

653 **§ 60e Abs. 2 S. 1 UrhG** erlaubt das zweckgebundene **Verbreiten** von nach Abs. 1 zum Zwecke der Restaurierung hergestellten Vervielfältigungen eines Werkes **aus dem Bestand der Bibliothek** an andere Bibliotheken und Institutionen nach § 60f UrhG, also Archive, Einrichtungen im Bereich des Film-oder Tonerbes sowie öffentlich zugängliche Museen und Bildungseinrichtungen, die keine unmittelbaren oder mittelbaren kommerziellen Zwecke verfolgen. Zum Bestand gehören auch elektronische Bestände, zu denen die Bibliothek auf Basis von Nutzungsverträgen mit Inhalteanbietern ihren Nutzern den Zugang gewähren darf.[1644] Der Erlaubnistatbestand des § 60e Abs. 2 S. 1 UrhG soll es ermöglichen, dass Bibliotheken oder in § 60f UrhG genannte Institutionen ihre Bestände mithilfe der Bestände anderer Bibliotheken oder Institutionen restaurieren können. Die Vorschrift stellt eine Neuregelung dar. § 53 Abs. 2 S. 1 Nr. 2 UrhG erlaubt lediglich das Herstellen oder Herstellenlassen einzelner Vervielfältigungen zur Aufnahme in ein eigenes Archiv und setzt voraus, dass eine eigene Vorlage verwendet wird. Nach § 53 Abs. S. 1 Nr. 4 UrhG ist nur die Vervielfältigung zum eigenen Gebrauch erlaubt. Die Bestimmung des **§ 60e Abs. 2 S. 2 UrhG** erlaubt den **Verleih von restaurierten Werken sowie Vervielfältigungsstücken von Zeitungen, vergriffenen oder zerstörten Werken aus dem Bestand.** Der Erlaubnistatbestand ist erforderlich, da deren Herstellung nur nach Abs. 1 gesetzlich erlaubt ist, nicht aber mit Zustimmung des Berechtigten geschieht, wie dies § 17 Abs. 2 UrhG voraussetzt; ohne die Erlaubnis des § 60e Abs. 2 S. 2 UrhG würde der Rechteinhaber weiterhin über das Verbreitungsrecht verfügen und

[1639] RegE UrhWissG 2017 – BT-Drs. 18/12329, S. 30 zu § 60c.
[1640] RegE UrhWissG 2017 – BT-Drs. 18/12329, S. 40.
[1641] Gesetz zur Angleichung des Urheberrechts an die aktuellen Erfordernisse der Wissensgesellschaft v. 1.9.2017 BGBl. I 2018 Nr. 61 S. 3346, → Rn. 27, 647.
[1642] RegE UrhWissG 2017 – BT-Drs. 18/12329, S. 42.
[1643] RegE UrhWissG 2017 – BT-Drs. 18/12329, S. 42.
[1644] RegE UrhWissG 2017 – BT-Drs. 18/12329, S. 43.

damit auch über die Befugnis für den Verleih.[1645] Die Regelung des § 60e Abs. 2 S. 2 UrhG stimmt teilweise mit der Bestimmung von § 53 Abs. 6 S. 2 UrhG überein, geht jedoch darüber hinaus.[1646] **§ 60e Abs. 3 UrhG** erlaubt das **Verbreiten** von Vervielfältigungen eines in § 2 Abs. 1 Nr. 4 bis 7 UrhG genannten Werkes durch Bibliotheken, sofern dies in Zusammenhang mit dessen öffentlicher Ausstellung oder zur Dokumentation des Bestandes der Bibliothek erfolgt. Es ist kein zeitlicher Zusammenhang mit der Ausstellung erforderlich; dadurch können die geschützten Inhalte auch nach dem Ausstellungsende noch verbreitet werden.[1647] Die Gesetzesbegründung nennt als Schwerpunkt der prakischen Anwendung die Ausstellung von Museen, für die nach § 60f UrhG die Regelung des § 60e Abs. 3 UrhG entsprechend gilt.

Die Regelung des **§ 60e Abs. 4 S. 1 UrhG** enthält die **sog. Terminal-Schranke,** nach der Bibliotheken an Terminals in ihren Räumen ein Werk aus ihrem Bestand ihren Nutzern für deren Forschung oder private Studien zugänglich machen dürfen. Die Regelung erlaubt also das Herstellen der erforderlichen **digitalen Kopie** für die Zugänglichmachung an den Terminals. Das zugänglich gemachte Werk muss sich im Bestand der Bibliothek befinden. Die Zugänglichmachung an den Terminals ist im Gegensatz zu der aufgehobenen Regelung des § 52b S. 2 UrhG aF nicht auf die Anzahl der im Bestand befindlichen Exemplare begrenzt. Indem die Bibliothek sich die Anschaffung teurerer Mehrfachexemplare, bspw. von wissenschaftlichen Standardwerken, durch an Terminals in ihren Räumen abrufbare Kopien ersparen, können sie Kosten einsparen. Der Umstand, dass insoweit eine intensivere Nutzung von Digitalisaten an Terminals ermöglicht wird, ist allerdings bei der Bemessung der Höhe der angemessenen Vergütung nach § 60h Abs. 1 UrhG zu berücksichtigen.[1648] Da die Bibliotheken die Werke **nur an Terminals in ihren Räumen** zugänglich machen dürfen, ist eine Onlinenutzung von außen ausgeschlossen. Die Nutzung der Werke ist zweckgebunden und hat für die Forschung oder private Studien der Nutzer zu erfolgen. Nach **§ 60e Abs. 4 S. 2 UrhG** dürfen Bibliotheken den Nutzern je Sitzung Vervielfältigungen an den Terminals von bis zu 10 Prozent eines Werkes sowie von einzelnen Abbildungen, Beiträgen aus derselben Fachzeitschrift oder wissenschaftlichen Zeitschrift, sonstigen Werken geringen Umfangs und vergriffenen Werken zu nicht kommerziellen Zwecken ermöglichen. Erlaubt sind also sog. „Anschlusskopien" bei der Nutzung geschützter Werke an Terminals, **sowohl in analoger als auch in digitaler Form.** Hintergrund dieser neuen Regelung ist die Rechtsprechung des EuGH zum aufgehobenen § 52b UrhG aF. **Bis zu 10 Prozent eines Werkes** dürfen vervielfältigt werden. Die Begrenzung gilt pro Sitzung am Terminal.[1649] Die explizit aufgezählten Werkarten (Abbildungen, Beiträge aus derselben Fachzeitschrift oder wissenschaftlichen Zeitschrift, sonstige Werke geringen Umfangs und vergriffene Werke) dürfen darüber hinaus auch **vollständig vervielfältigt** werden. Dies entspricht der Regelung des § 60a Abs. 2 UrhG, die den Werkumfang, der für bestimmte Werkformen genutzt werden darf, erweitert.[1650] 654

§ 60e Abs. 5 UrhG erlaubt die **Übermittlung von Vervielfältigungen** von **bis zu 10 Prozent eines erschienenen Werkes** sowie einzelnen **Beiträgen,** die in Fachzeitschriften oder wissenschaftlichen Zeitschriften erschienen sind, auf Einzelbestellung an Nutzer **zu nicht kommerziellen Zwecken.** Im Unterschied zur bisherigen Regelung des Kopienversands auf Bestellung im aufgehobenen § 53a UrhG aF **unterscheidet** die Erlaubnis des § 60e Abs. 5 UrhG **nicht nach der Form der Übermittlung,** also ob diese im Wege des Post- und Faxversandes, als grafische Datei oder in sonstiger elektronischer Form erfolgt. Die Bibliotheken dürfen die Vervielfältigung daher auch per E-Mail an die Nutzer versenden. Hat eine Bibliothek mit einem Rechteinhaber einen Vertrag geschlossen, der ausschließlich den Kopienversand auf Bestellung nach § 60e Abs. 5 UrhG betrifft, geht dieser nach § 60g Abs. 2 UrhG der gesetzlichen Erlaubnis nach § 60e Abs. 5 UrhG vor. Um einen solchen Vertrag handelt es sich bei dem Rahmenvertrag zwischen Subito e.V. und Verlagen zum elektronischen Kopienversand.[1651] Auch für die nach § 60e UrhG erlaubten Nutzungen gewährt § 60h Abs. 1 iVm. §§ 54 bis 54c UrhG[1652] dem Urheber einen **Anspruch auf eine angemessene Vergütung,** der kollektiv durch eine Verwertungsgesellschaft wahrgenommen wird (§ 60h Abs. 4 UrhG). 2021 wurde § 60e Abs. 1 UrhG für öffentlich zugäng- 655

[1645] Vgl. RegE UrhWissG 2017 – BT-Drs. 18/12329, S. 43.
[1646] Vgl. ausführlich RegE UrhWissG 2017 – BT-Drs. 18/12329, S. 43.
[1647] RegE UrhWissG 2017 – BT-Drs. 18/12329, S. 43
[1648] RegE UrhWissG 2017 – BT-Drs. 18/12329, S. 44.
[1649] RegE UrhWissG 2017 – BT-Drs. 18/12329, S. 44.
[1650] Vgl. → Rn. 647.
[1651] Vgl. dazu Fromm/Nordemann/Axel Nordemann UrhG § 60e Rn. 10 ff.
[1652] Zur Vergütung nach §§ 54 ff. UrhG vgl. → Rn. 669.

liche Bibliotheken, die kommerzielle Zwecke verfolgen, angeordnet. Das liegt an der in Art. 6 DSM-RL aufgegebenen Differenzierung zwischen kommerziellen und nicht kommerziellen Bibliotheken.[1653]

656 *jj) Archive, Museen und Bildungseinrichtungen, § 60f UrhG.* Auch die Schrankenbestimmung des § 60f UrhG wurde durch das Urheberrechts-Wissensgesellschafts-Gesetz[1654] vom 1.9.17 neu eingeführt und trat am 1.3.2018 in Kraft. **§ 60f Abs. 1 UrhG** verweist für Archive, Einrichtungen im Bereich des Film- oder Tonerbes sowie öffentlich zugängliche Museen und Bildungseinrichtungen (§§ 60a Abs. 4 UrhG), die keine unmittelbaren oder mittelbaren kommerziellen Zwecke verfolgen, auf die Erlaubnistatbestände des § 60e Abs. 1 bis 4 UrhG. Dieser Verweis macht für die Mehrzahl der erlaubten Nutzungen eine Abgrenzung zwischen Bibliotheken und den in § 60f UrhG aufgeführten Institutionen entbehrlich.[1655] Wie bei den Bibliotheken, ist es auch bei den Institutionen nach § 60f UrhG unerheblich, ob sie sich in privater oder staatlicher Trägerschaft befindet, sofern sie **keine unmittelbaren oder mittelbaren kommerziellen Zwecke** verfolgen, also mit ihrer Tätigkeit keinen Gewinn erzielen wollen. Die gesetzliche Erlaubnis gilt auch, wenn bloße Entgelte verlangt werden, die die Verwaltungskosten der Tätigkeit decken.[1656] Nach **§ 60f Abs. 2 UrhG** dürfen **Archive,** die auch im öffentlichen Interesse tätig sind, ein Werk **vervielfältigen** oder **vervielfältigen lassen,** um es als Archivgut in ihre Bestände aufzunehmen. Hierdurch sollen auch archivwürdige Inhalte in elektronischer Form archiviert werden können. Denn während mit der Abgabe von herkömmlichem Archivmaterial in Papierform an ein Archiv keine urhebrechtlich relevante Handlung verbunden ist, erfordert die Übernahme einer digitalen Kopie eine Vervielfältigung und berührt damit das Verwertungsrecht des Rechteinhabers. Nach **§ 60f Abs. 2 S. 2 UrhG** hat die abgebende Stelle unverzüglich die bei ihr vorhandenen Vervielfältigungen zu löschen. Dies soll verhindern, dass es zu einer Bestandsmehrung kommt.[1657] Auch für die nach § 60f UrhG erlaubten Nutzungen gewährt § 60h Abs. 1 iVm §§ 54 bis 54c UrhG[1658] dem Urheber einen **Anspruch auf eine angemessene Vergütung,** der kollektiv durch eine Verwertungsgesellschaft wahrgenommen wird (§ 60h Abs. 4 UrhG). Dem durch die Reform 2021 neu eingefügten **§ 60f Abs. 3 UrhG** ist für Archive, Einrichtungen im Bereich des Film- oder Tonerbes sowie öffentlich zugängliche Museen, die kommerzielle Zwecke verfolgen, § 60e Abs. 1 UrhG für die Vervielfältigungen zum Zweck der Erhaltung eines Werkes entsprechend anzuwenden.

657 **g) Private und eigene Interessen.** *aa) Vervielfältigung zum privaten und sonstigen eigenen Gebrauch, § 53 UrhG.* Zwar nicht in der (anwaltlichen) Praxis, aber doch im täglichen Leben besonders wichtig ist das Vervielfältigungsrecht zum eigenen Gebrauch gem. § 53 UrhG. Danach dürfen einzelne Vervielfältigungsstücke eines Werkes hergestellt werden, wenn dies privat erfolgt, dh innerhalb der privaten Sphäre durch die Person, die die Vervielfältigung hergestellt hat oder herstellen lässt und die mit ihr durch ein persönliches Band verknüpften Personen, und wenn lediglich einzelne Vervielfältigungsstücke hergestellt werden, darunter wurden früher jedenfalls nicht mehr als sieben verstanden,[1659] was aber heute jedenfalls nicht mehr aktuell sein, sondern bedarfsgerecht ermittelt werden dürfte.[1660]

658 Die Kopie kann auch von einem Dritten hergestellt werden, sofern dies unentgeltlich oder auf Papier geschieht (§ 53 Abs. 1 S. 2 UrhG). Zum Beispiel darf also ein Unternehmen Privaten anbieten, von den Privaten ausgesuchte Fernsehsendungen auf einen Server zu kopieren. Die Kopie darf aber nur dem veranlassenden Privaten auf Abruf zugänglich gemacht werden, damit keine rechtswidrige *öffentliche* Zugänglichmachung vorliegt.[1661] Dagegen ist die Speicherung einer Sendung auf einem Aufnahmeserver des Betreibers eines Online-Videorecorders durch einen Nutzer dann nicht von der Schranke des § 53 UrhG gedeckt, wenn die Kopie auch anderen Nutzern als zentrale Kopiervorlage, als sog. „Masterkopie", dient; eine solche Vervielfältigung ist dem Be-

[1653] RegE Gesetz zur Anpassung des Urheberrechts an die Erfordernisse des digitalen Binnenmarktes – BT-Drs. 19/27426, S. 100.

[1654] Gesetz zur Angleichung des Urheberrechts an die aktuellen Erfordernisse der Wissensgesellschaft v. 1.9.2017 BGBI 2017 Nr. 61 S. 3346, → Rn. 27, 647.

[1655] RegE UrhWissG 2017 – BT-Drs. 18/12329, S. 44.

[1656] RegE UrhWissG 2017 – BT-Drs. 18/12329, S. 44.

[1657] RegE UrhWissG 2017 – BT-Drs. 18/12329, S. 45.

[1658] Zur Vergütung nach §§ 54 ff. UrhG vgl. → Rn. 496.

[1659] Vgl. BGH GRUR 1978, 474 (476) – Vervielfältigungsstücke.

[1660] Vgl. Dreier/Schulze/Dreier UrhG § 53 Rn. 42; Schricker/Loewenheim/Loewenheim UrhG § 53 Rn. 58.

[1661] BGH GRUR 2009, 845 Tz. 35, 57 – Internet-Videorecorder.

treiber zuzurechnen, wenn der Betreiber und nicht der Nutzer die Kontrolle über die »Masterkopie« ausübt.[1662]

Der EuGH nahm in einer aktuellen Entscheidung Stellung zu den rechtlichen Rahmenbedingungen eines Online-Videorecorders, bei dem ein gewerbliches Unternehmen privaten Nutzern im Internet ein System zur Bildaufzeichnung in einem Speicherbereich in der „Cloud" für terrestrisch ausgestrahlte Sendungen von italienischen Fernsehstationen, darunter jene von RTI, zur Verfügung stellte.[1663] Dabei empfing das verwaltete System über seine eigenen Antennen das Fernsehsignal und zeichnete das gewählte Sendungszeitfenster auf dem vom Nutzer angegebenen Speicherplatz in der „Cloud" auf; dieser Speicherplatz wurde vom Nutzer jedoch bei einem anderen Anbieter erworben. In der beschriebenen Konstellation beschränkte sich der gewerbliche Erbringer der Dienstleistung nach Ansicht des EuGH nicht auf die Organisation der Vervielfältigung, sondern lieferte darüber hinaus einen Zugang zu den Sendungen bestimmter Fernsehkanäle.[1664] Indem die Dienstleistung zugleich die Vervielfältigung und die Zurverfügungstellung der von ihr erfassten Werke gewährleistete, erfülle sie eine Doppelfunktion.[1665] Die Privatkopieschranke des Art. 5 Abs. 2 lit. b RL 2001/29 (bzw. § 53 UrhG) erlaube jedoch nur die Vervielfältigung des Werks. Sie ist nach Auffassung des EuGH eng auszulegen und deckt daher diese Vermittlung des Zugangs zu den Werken nicht.[1666] 659

Urheberrechtliche Geschäftsmodelle verwenden zunehmend Schrankenregeln für ihre kommerziellen Zwecke. Im Fall von Internetmusikdiensten, die wie ein virtueller Radio-Rekorder in der Cloud funktionieren, kommt der BGH zu dem Ergebnis, dass die Privatkopieschranke des § 53 Abs. 1 S. 1 UrhG eingreife. Er sieht den Kunden als den Hersteller der Vervielfältigungen iSd § 53 UrhG, wenn dies unter Nutzung einer vollständig automatisierten Vorrichtung des Anbieters erfolge.[1667] So entschied sodann auch das OLG Köln, welches die Aufzeichnung des Öffentlichen Angebots eines Web-Radiosenders zum privaten Gebrauch von der Schutzschranke des § 53 Abs. 1 UrhG gedeckt sieht.[1668] Ferner ist eine Vervielfältigung zum sonstigen eigenen Gebrauch zulässig, wenn ein eigener wissenschaftlicher Gebrauch, eine Vervielfältigung für ein eigenes Archiv, eine eigene Unterrichtung bei einer Funksendung oder ein sonstiger eigener Gebrauch vorliegt (§ 53 Abs. 2 UrhG). 660

Das Gesetz zur Regelung des Urheberrechts in der Informationsgesellschaft vom 10.9.2003 hat einige klarstellende Änderungen in § 53 UrhG gebracht, die sich vor allem darauf beziehen, dass auch die digitale Vervielfältigung durch § 53 UrhG privilegiert wird.[1669] Man darf also privat (und ohne schlechtes Gewissen) Musik-CDs kopieren, aber beispielsweise auch DVDs („auf beliebigen Trägern").[1670] Das Kopierprivileg greift jedoch nur dann ein, wenn zur Vervielfältigung **nicht eine offensichtlich rechtswidrig hergestellte oder öffentlich zugänglich gemachte Vorlage verwendet worden ist.** Das dürfte bei Downloads aus dem Internet beispielsweise immer dann der Fall sein, wenn der Download auf der Homepage ersichtlich nicht vom Rechteinhaber lizenziert worden ist.[1671] Ferner ist klargestellt, dass auch dann eine Urheberrechtsverletzung vorliegt, wenn eine zulässig hergestellte Privatkopie in rechtswidriger Art und Weise unerlaubt öffentlich zugänglich gemacht wird.[1672] Der Begriff der „offensichtlich rechtswidrigen" Vorlage bedarf der Klärung durch die Rechtsprechung.[1673] Eine weite Auslegung wird vom Gesetzgeber bevorzugt: Es bietet sich an, unabhängig von Kenntnis und Kennenmüssen des Betroffenen, allein auf objektive Merkmale abzustellen.[1674] Dies könnten zB bei Peer-to-Peer Netzwerken Angebote ohne Originallogos der Rechteinhaber ebenso 661

1662 BGH ZUM-RD 2013, 314 f.; OLG München ZUM 2014, 813.
1663 EuGH GRUR 2018, 68 – VCAST/RTI.
1664 EuGH GRUR 2018, 68, 69 Tz. 37 ff. – VCAST/RTI.
1665 EuGH GRUR 2018, 68, 69 Tz. 38 – VCAST/RTI.
1666 EuGH GRUR 2018, 69, 69 Tz. 39 – VCAST/RTI.
1667 BGH GRUR 2020, 738 Tz. 32 ff. – Internet-Radiorekorder; BGH MMR 2020, 538 – musicmonster.
1668 OLG Köln GRUR 2021, 1083, 1084, Tz. 25 – Flatster.
1669 Begründung des Gesetzentwurfes der Bundesregierung vom 6. November 2002, BT-Drs. 15/38, S. 20 f.
1670 Vgl. Dreier/Schulze/Dreier UrhG § 53 Rn. 8; Wandtke/Bullinger/Lüft § 53 Rn. 9.
1671 Vgl. auch Dreier/Schulze/Dreier UrhG § 53 Rn. 12 f. (Erlaubnis kann aller Wahrscheinlichkeit nach ausgeschlossen werden); Loewenheim/Loewenheim UrhG § 31 Rn. 20 (offensichtliche Piraterieware).
1672 Begründung zum RegE eines 2. Gesetzes zur Regelung des Urheberrechts in der Informationsgesellschaft der Bundesregierung vom 7. April 2006, S. 55, BR-Drs. 257/06; und Gesetzgebungsstand unter http://dipbt.bundestag.de/extrakt/ba/WP16/89/8994.html, BT-Drs. 16/1828.
1673 Czychowski/Jan Bernd Nordemann NJW 2008, 1571 (1573).
1674 Czychowski/Jan Bernd Nordemann NJW 2008, 1571 (1579).

sein wie komplizierte Anmeldeprozeduren mit anderweitig zu beschaffenden Freischaltcodes.[1675] Original-Audio-CDs und Original-Film-DVDs, die mit Zustimmung des Rechtsinhabers hergestellt und mit seiner Erlaubnis der Öffentlichkeit zur Verfügung gestellt wurden, sind auch dann keine unrechtmäßigen Quellen oder rechtswidrige Vorlagen, wenn sie mit einem Kopierschutz versehen sind.[1676]

662 Im Übrigen kennt § 101 Abs. 7 UrhG den Terminus der „Offensichtlichkeit" bereits, so dass auf die hierzu ergangene (wenige) Rechtsprechung zurückgegriffen werden kann.[1677] Der EuGH hat außerdem entschieden, dass die Privatkopieausnahme bei Anfertigungen auf Grundlage unrechtmäßiger Quellen grundsätzlich keine Anwendung findet.[1678] Das deutsche Recht muss damit entsprechend richtlinienkonform ausgelegt werden, soweit dies gegen den Wortlaut des § 53 Abs. 1 UrhG möglich ist; auch dies spricht für eine eher weite Auslegung des Begriffs „offensichtlich", falls diese Einschränkung des deutschen Rechts nach der EuGH Entscheidung überhaupt noch haltbar sein sollte.[1679] Der EuGH versteht unter unrechtmäßigen Quellen geschützte Werke, die der Öffentlichkeit ohne Erlaubnis des Rechtsinhabers zur Verfügung gestellt worden sind.[1680]

663 Sind Vervielfältigungsstücke unter Ausnutzung des Privilegs des § 53 UrhG hergestellt worden, dürfen sie **nicht verbreitet oder öffentlich wiedergegeben** werden (§ 53 Abs. 6 UrhG);[1681] man darf also eine CD, die man sich mit Musikstücken selbst gebrannt hat, nicht veräußern. In dem bloßen Einscannen und Abspeichern von Fotografien liegt keine öffentliche Zugänglichmachung;[1682] eine solche würde allerdings vorliegen, wenn die Fotografien zB anschließend in einem sozialen Netzwerk gepostet werden würden. Ferner ist § 53 UrhG als gesetzliche Schranke grundsätzlich sehr eng auszulegen,[1683] so dass es zB auch nicht zulässig ist, erschienene Zeitungsartikel einzuscannen und in eine elektronische Datenbank einzustellen.[1684]

664 Die Schrankenregelung des 53 Abs. 1 UrhG ist nicht einschränkend dahin auszulegen, dass sie lediglich eine Vervielfältigung veröffentlichter Werke erlaubt.[1685] So war es im Wege der Privatkopie zulässig, zum privaten Gebrauch von einer Fotografin erstellte Porträts einzuscannen und abzuspeichern.[1686]

665 Der Urheber erhält über eine **Verwertungsgesellschaft,** vornehmlich die VG Wort, die Gema und die VG Bild-Kunst, für alle Verwertungshandlungen, die gem. § 53 UrhG gesetzlich zugelassen sind, eine angemessene Vergütung (§ 54 UrhG). Zur Frage, nach welchen Kriterien sie zu berechnen ist, muss immer wieder auch der EuGH entscheiden, weil der Anspruch auf angemessene Vergütung in Art. 5 Richtlinie 2001/29 verbrieft ist, den § 54 UrhG umsetzt.[1687] Aktuell urteilte der EuGH, dass bei solchen Regelungen, die nicht differenzieren, ob die jeweiligen Geräte von anderen als natürlichen Personen und zu beruflichen Zwecken erworben wurden, ein Verstoß gegen Art. 5 RL 2001/29/EG vorliege, wenn die Erstattung der bereits geleisteten Ausgleichszahlungen ausschließlich vom Endnutzer, nicht aber vom Hersteller verlangt werden könne.[1688] Der BGH hat zudem aktuell über die Verteilung dieser angemessenen Vergütung durch die Verwertungsgesellschaft Wort entschieden und ihre bisherige Praxis, einen pauschalen Anteil der Verteilungssumme den Verlegern zuzuerkennen, als unzulässig angesehen.[1689] Die Einnahmen seien vielmehr in dem Verhältnis zu verteilen, in dem sie auf einer Verwertung der Rechte und

---

[1675] Czychowski/Jan Bernd Nordemann NJW 2008, 1571 (1579).
[1676] BGH GRUR 2016, 792 (798) Tz. 62 – Gesamtvertrag Unterhaltungselektronik.
[1677] Czychowski/Jan Bernd Nordemann NJW 2008, 1571 (1579).
[1678] EuGH GRUR 2016, 55 (58) Tz. 57 – Hewlett-Packard/Reprobel; EuGH GRUR 2014, 546 (548 f.) Tz. 58 – ACI Adam/Thuiskopie.
[1679] Vgl. dazu Dreier/Schulze/Dreier UrhG § 53 Rn. 11; v. Ungern-Sternberg GRUR 2016, 321 (331) mwN in Fn. 180; Verweyen GRUR Int. 2016, 36 (37); Lauber-Rönsberg ZUM 2014, 578 (579 f.).
[1680] EuGH GRUR 2015, 478 (484) Tz. 79 – Copydan/Nokia.
[1681] Siehe auch BGH GRUR 2011, 415 (417) Tz. 20 – Kunstausstellung im Online-Archiv.
[1682] BGH GRUR 2014, 974 (975) Tz. 57 – Porträtkunst.
[1683] EuGH GRUR 2018, 68, 69 Tz. 32 – VCAST/RTI.
[1684] Vgl. BGH GRUR 1997, 464 (465 f.) – CB-Infobank II.
[1685] BGH GRUR 2014, 974 (975) Tz. 13 ff. – Porträtkunst.
[1686] BGH GRUR 2014, 974 (975) Tz. 12 – Porträtkunst.
[1687] ZB EuGH GRUR 2016, 55 – Hewlett-Packard/Reprobel mAnm Verweyen; EuGH GRUR 2015, 478 – Copydan/Nokia.
[1688] EuGH GRUR 2017, 155 (158) Tz. 56 – Microsoft ua/Mibac ua; zum Verstoß gegen Art. 5 Richtlinie 2001/29 durch die Finanzierung des spanischen Systems der Privatkopieabgabe aus dem allgemeinen Staatshaushalt vgl. EuGH GRUR 2016, 687 – EGEDA.
[1689] BGH GRUR 2016, 596 – Verlegeranteil; vgl. auch KG GRUR-RR 2017, 94 – Musikverlegeranteil.

Geltendmachung von Ansprüchen der jeweiligen Berechtigten beruhen.[1690] Da der Verleger keine eigene Rechtsposition besitzt – insbesondere kommt ihm im Gegensatz etwa zum Tonträgerhersteller kein eigenes verwandtes Schutzrecht zu[1691] – steht den Urhebern nach der Entscheidung des BGH vielmehr 100 % der Reprographievergütung zu.

Zuvor hatte der EuGH entschieden, dass Art. 5 Abs. 2 lit. a und b Info RL nationalen Rechtsvorschriften entgegenstehen, die es dem Mitgliedsstaat gestatten, einen Teil des den Rechtsinhabern zustehenden gerechten Ausgleichs den Verlegern der von den Urhebern geschaffenen Werke zu gewähren, ohne dass die Verleger verpflichtet sind, die Urheber auch nur indirekt in den Genuss des ihnen vorenthaltenen Teil des Ausgleichs kommen zu lassen.[1692] Diese Rechtsprechung wurde wiederholt kritisiert. Das BVerfG hat eine diesbezügliche Verfassungsbeschwerde der Verleger nicht zur Entscheidung angenommen.[1693] Sowohl der deutsche als auch der europäische Gesetzgeber haben eilig darauf reagiert. So wurde iRd Urheberrechtsreform 2016[1694] das VGG mit Wirkung zum 24.12.2016 geändert, um eine Rechtsgrundlage für die pauschale Verlegerbeteiligung an der Reprographievergütung zu schaffen. Der neu eingefügte § 27a VGG sieht in Abs. 1 vor, dass der Urheber gegenüber der Verwertungsgesellschaft zustimmen kann, dass der Verleger an den Einnahmen aus den gesetzlichen Vergütungsansprüchen beteiligt wird. Die Höhe des Verlegeranteils legt nach § 27a Abs. 2 VGG die Verwertungsgesellschaft fest. Diese kann nach § 27 Abs. 2 VGG im Verteilungsplan regeln, dass die Einnahmen nach festen Anteilen verteilt werden. Diese neue gesetzliche Regelung greift allerdings recht kurz: Stimmt der Urheber nicht zu, verbleibt die Vergütung zu 100 % bei ihm, weil dem Verleger nach wie vor keine eigene Rechtsposition zB in Form eines verwandten Schutzrechtes zugestanden worden ist. Ebenso urteilte der BGH zur Frage der Zulässigkeit der Erklärung eines Verjährungsverzichts, dass eine im Dezember 2006 abgegebene, nicht formularmäßige Erklärung, hinsichtlich der Vergütungspflicht des § 54a Abs. 1 UrhG für PC's auf die Einrede der Verjährung zu verzichten, auch Vergütungsansprüche nach den §§ 54 Abs. 1, 54g UrhG aF erfasst, solange kein abweichender Parteiwille erkennbar ist.[1695] 666

Von § 53 UrhG ausgenommen sind Musiknoten (§ 53 Abs. 4 lit. a) und Datenbanken (§ 53 Abs. 5), sofern keine Einwilligung des Urhebers vorliegt oder seit 2 Jahren das Werk nicht erwerbbar ist. 667

Des Weiteren ist mit § 60e Abs. 5 UrhG eine neue Schrankenbestimmung eingeführt worden, die den Kopienversand auf Einzelbestellung durch öffentliche Bibliotheken legalisiert (vgl. Rn. 488c). Sie löst die alte Regelung des Kopienversands auf Bestellung im aufgehobenen § 53a UrhG aF ab. 668

Es handelt sich um eine Schranke mit Vergütungsanspruch (§ 60h Abs. 1 iVm §§ 54 bis 54c UrhG, der verwertungsgesellschaftenpflichtig ist (§ 60h Abs. 4 UrhG). Es gibt **nicht mehr wie bisher feste Vergütungssätze,** die in einer Anlage zu § 54d UrhG aF geregelt waren und sich bei der Geräteabgabe nach der Anzahl der Vervielfältigungen pro Minute richtete. Vielmehr handeln die Verwertungsgesellschaften und die betroffenen Abgabepflichtigen jetzt die Vergütungen untereinander aus.[1696] Nach Auffassung des BGH entspricht die Gerätevergütung der Höhe des Schadens, den Urheber und Leistungsschutzberechtigte dadurch erleiden, dass das jeweilige Gerät ohne ihre Erlaubnis für nach § 53 UrhG zulässige Vervielfältigungen genutzt wird; grundsätzlich ist die angemessene Vergütung zu zahlen, die die Nutzer hätten entrichten müssen, wenn sie die Erlaubnis für die Vervielfältigungen eingeholt hätten.[1697] Gem. § 54a Abs. 4 UrhG nF darf die Vergütung die Abgabepflichtigen nicht unzumutbar beeinträchtigen und muss in einem angemes- 669

[1690] → Rn. 325.

[1691] Vgl. BGH GRUR 2016, 596 (599) Tz. 39 – Verlegeranteil; Soetenhorst GRUR Int. 1989, 760 (761).

[1692] EuGH GRUR 2016, 55 (57) Tz. 49 – Hewlett-Packard/Reprobel.

[1693] BVerfG GRUR 2018, 829 – Verlegeranteil.

[1694] Gesetz zur verbesserten Durchsetzung des Anspruchs der Urheber und ausübenden Künstler auf angemessene Vergütung und zur Regelung von Fragen der Verlegerbeteiligung vom 20.12.2016, BGBl. I 2016, 3037; vgl. dazu → Rn. 27; zu den europäischen Reformbestrebungen im Rahmen derer eine europarechtliche Grundlage für die Verlegerbeteiligung geschaffen werden soll vgl. → § 44 Rn. 70.

[1695] BGH GRUR 2021, 721, 723, Tz. 31 – Verjährungsverzicht.

[1696] Zur Problematik der Vereinbarkeit dieser Verhandlungen und der §§ 54 ff. UrhG mit Art. 5 Abs. 2 lit. a und b Richtlinie 2001/29 vgl. Verweyen GRUR Int. 2016, 36 ff.; zu EuGH GRUR 2016, 55 – Hewlett-Packard/Reprobel.

[1697] EuGH GRUR 2011, 50 Rn. 40 u. 42 – Padawan; GRUR 2013, 812 Rn. 31 u. 32 – VG Wort ua; EuGH GRUR 2014, 546 Rn. 50 – ACI Adam ua; EuGH GRUR 2016, 55 Rn. 36 – Hewlett Packard Belgium; EuGH GRUR 2016, 927 Rn. 19 – Austro Mechana; BGH GRUR 2021, 604 Rn. 17 – Gesamtvertragsnachlass; BGH GRUR 2016, 792 (794) Tz. 30 – Gesamtvertrag Unterhaltungselektronik.

senen Verhältnis zum Preisniveau des Gerätes oder des Speichermediums stehen. Dies ist der Fall, wenn mögliche Nutzer derartige Geräte oder Speichermedien in erheblichem Umfang nicht im Inland, sondern im Ausland erwerben, weil sie dort zu einem geringeren Preis angeboten werden, und wenn dieser geringere Preis darauf beruht, dass im Ausland keine oder eine geringere Gerätevergütung erhoben wird.[1698]

670 Zur Bestimmung des Preisniveaus des Geräts ist auf den Endverkaufspreis einschließlich der Umsatzsteuer und der Gerätevergütung abzustellen.[1699] Zunächst war überdies geplant, die Urheberabgabe bei 5 % des Preises für das Gerät bzw. Speichermedium zu deckeln. Diese – sehr herstellerfreundliche – Regelung, die dazu hätte führen können, dass Gerätepreise künstlich niedrig gehalten werden, um die Geräteabgabe zu minimieren und den eigentlichen Gewinn dann über die Verbrauchsmaterialien zu realisieren, hätte wohl zu einem Scheitern der ganzen Reform geführt, weil die Urheberverbände dagegen „Sturm" liefen; die VG Wort hatte davon gesprochen, dass es sich um einen „Schlag ins Gesicht der Urheber" handele.[1700] Dass nunmehr sämtliche Geräte, die dafür geeignet sind, Kopien urheberrechtlich geschützter Werke anzufertigen, unter die Vergütungspflicht fallen sollen (insbesondere auch CD- und DVD-Brenner, MP3-Player, externe Festplatten,[1701] PCs[1702] und geeignete Mobiltelefone),[1703] [1704] konnte an dieser Grundkritik nichts ändern. Bei MP3-Playern, wie beispielsweise dem iPod von Apple, erhalten die Urheber über den Download geschützter Musik – wenn nicht gekaufte CDs eingelesen werden – für solche digitalen Kopien eine angemessene, gesonderte Vergütung. Anders ist dies aber bei CD- und DVD-Brennern, bei Scannern, Druckern, Plottern und Fotokopiergeräten; insbesondere bei diesen Gerätearten, vor allem bei wartungsintensiven Fotokopiergeräten, wäre die 5 % Deckelung leicht zu umgehen gewesen; Toner und Wartung werden bei entsprechender Absenkung des Kaufpreises für die Geräte teurer gemacht, so dass die Geräteabgabe zu Ungunsten der Urheber minimiert werden kann.

671 Im Zuge des Gesetzgebungsverfahrens ist die noch vom Regierungsentwurf vorgesehene Deckelung durch den Bundestag gestrichen worden. Man belässt bei der – bereits oben erwähnten – eher allgemein gehaltenen Angemessenheitskontrolle der Vergütungssätze. Gleichwohl bleibt offen, welche Geräte vervielfältigungsfähig und damit vergütungspflichtig sind und was eine angemessene Vergütung ist.[1705] Die Frage der Vergütungspflichtigkeit hatte der BGH bereits mehrfach zu entscheiden. So urteilte er zu § 54a Abs. 1 UrhG aF, dass Drucker und Plotter keine vergütungspflichtigen Vervielfältigungsgeräte gemäß § 54a Abs. 1 UrhG aF seien;[1706] Multifunktionsgeräte wiederum erfüllten das Kriterium.[1707] Für Kopierstationen[1708] und PCs[1709] entschied der *BGH*, dass eine Vergütungspflicht nicht bestehe.[1710] Seit der Reform im Jahr 2007 sind diese Entscheidungen künftig aber nicht mehr uneingeschränkt anwendbar, weil der neue § 54 UrhG darauf abstellt, ob mit dem Gerät eine Vervielfältigung zu erwarten ist; inzwischen sind aufgrund der neuen §§ 54 ff. UrhG Geräte also selbst dann vergütungspflichtig, wenn sie sich ausschließlich als Teil einer Funktionseinheit, dh insbesondere in Verbindung mit anderen Geräten bzw. Komponenten zur Vervielfältigung eignen.[1711] Hinzu kommt, dass das Bundesverfassungsgericht in

[1698] BGH GRUR 2016, 792 (798) Tz. 69 – Gesamtvertrag Unterhaltungselektronik.

[1699] BGH GRUR 2016, 792 (799) Tz. 75 – Gesamtvertrag Unterhaltungselektronik.

[1700] Pressemitteilung der VG Wort vom 22.3.2006.

[1701] BGH Urt. v. 16.3.2017, Az. I ZR 35/15, BeckRS 2017, 109599 – Externe Festplatten; OLG München ZUM-RD 2015, 217 (228 f.).

[1702] BGH Urt. v. 16.3.2017, Az. I ZR 36/15, BeckRS 2017, 109499 – Gesamtvertrag PCs; OLG München ZUM-RD 2015, 241 (248 ff.).

[1703] OLG München ZUM-RD 2015, 254 (267 ff.); dazu auch EuGH GRUR 2015, 478 – Copydan/Nokia (zu Art. 5 Richtlinie 2001/29).

[1704] Begründung zum RegE eines 2. Gesetzes zur Regelung des Urheberrechts in der Informationsgesellschaft der Bundesregierung vom 7.4.2006, S. 63, BR-Drs. 257/06.

[1705] Vgl. hierzu EuGH GRUR 2016, 55 – Hewlett-Packard/Reprobel.

[1706] BGH GRUR 2008, 245 (246) – Drucker und Plotter mAnm Ungern-Sternberg S. 247 ff.; keine Vergütungspflicht für Drucker OLG Düsseldorf GRUR-RR 2008, 121 (LS) – Geräteabgabe für Drucker.

[1707] OLG Stuttgart GRUR 2005, 944 (944 f.) – Multifunktionsgeräte anschließend BGH GRUR 2008, 786 (788), Tz. 25 ff. – Multifunktionsgeräte.

[1708] BGH GRUR 2008, 993 (994), Tz. 10 ff. – Kopierstationen.

[1709] BGH GRUR 2009, 53 (54), Tz. 14 f. – PC.

[1710] BGH MMR 2009, 186 – Gerätevergütung für PC; BGH GRUR 2009, 53 (54), Tz. 14 ff./MMR 2009, 182 (183) – PC.

[1711] BGH GRUR 2009, 53 (54 f.), Tz. 14 ff./MMR 2009, 183 (185) – PC Anmerkung Arlt; und schon für Kopierläden mit Erwähnung der neuen Regelungen BGH WRP 2009, 462 (463 f.) – Kopierläden II.

zwei späteren Entscheidungen[1712] die eingangs erwähnten BGH-Urteile zur Geräteabgabe bei Druckern und Plottern, sowie PCs aufgehoben und zurückverwiesen hat.[1713] Hierin schließt sich das Bundesverfassungsgericht im obiter dictum der Auffassung an, dass Drucker und Plotter jedenfalls nach § 54 UrhG nF vergütungspflichtige Geräte seien.[1714]

Bei der **Beurteilung der Angemessenheit** einer Gerätevergütung (vgl. → Rn. 671) kann einerseits vertraglich vereinbarten als auch andererseits gerichtlich festgelegten Gesamtverträgen indizielle Wirkung zukommen.[1715] Sowohl bei privatautonomen Verhandlungen als auch bei einem Verfahren vor einer sachkundigen Schiedsstelle wird im Ergebnis das konkrete Maß des den Urheberrechtsinhabern durch erlaubnisfreie Nutzungen konkret entstehenden Schadens festgestellt.[1716] Die Nichtgewährung eines im Gesamtvertrag vorgesehenen Nachlasses stelle zwar eine Ungleichbehandlung dar, diese sei jedoch durch einen sachlichen Grund gerechtfertigt und mit Art. 20 EU-GrCh und Art. 3 Abs. 1 GG vereinbar. Dieser liege im erhöhten Verwaltungsaufwand der Verwertungsgesellschaft, der sich daraus ergibt, dass die Verwertungsgesellschaft mit einzelnen Herstellern oder Importeuren, die dem Gesamtvertrag nicht beigetreten sind, über die Höhe der Vergütung streiten muss.[1717] 672

In einer weiteren Entscheidung hat der BGH[1718] zur zulässigen Ungleichbehandlung bei einem Gerätevergütungssatz gegenüber einem nichtverbandsangehörigen Unternehmen entschieden. Wie bereits unter → Rn. 671 dargestellt, gab es feste Vergütungssätze, die in einer Anlage zu § 54d UrhG aF festgelegt wurden. In dem zugrundeliegenden Sachverhalt machte eine Verwertungsgesellschaft gegenüber einem nicht verbandsangehörigen Unternehmen einen Gerätevergütungsanspruch nach Maßgabe eines in der Anlage zu § 54d UrhG aF vorgesehenen Vergütungssatzes von 18,42 Euro pro Gerät geltend, wobei der in einem von der Verwertungsgesellschaft mit einem Unternehmensverband geschlossenen Vergleich für verbandsangehörige Unternehmen vorgesehene Vergütungssatz lediglich 3,15 Euro oder 6,30 Euro pro Gerät betrug. Der BGH verneinte das Vorliegen einer unzulässigen Ungleichbehandlung nach Art. 3 Abs. 1 GG sowie einen nach § 19 GWB verbotenen Missbrauch einer marktbeherrschenden Stellung. Die Geltendmachung des gesetzlich bestimmten Vergütungssatzes gegenüber einem Unternehmen sei nicht ausgeschlossen, wenn es einem Vergleich oder Gesamtvertrag mit günstigeren Vergütungssätzen nicht beigetreten ist.[1719] Schließlich hätten die Verbandsmitglieder mit dem Beitritt zum Vergleich verbundene Nachteile in Kauf genommen (bspw. Leistung von Mitgliedsbeiträgen), um in den Genuss der günstigeren Vergütungssätze zu gelangen.[1720] Sofern eine Partei eines Gesamtvertrages die Erhöhung der zuvor vereinbarten Vergütungssätze begehrt, muss sie die Umstände, die die Erhöhung rechtfertigen, darlegen und beweisen.[1721] Der BGH hat festgestellt, dass das Ausgleichen von mit Zahlungsverzögerungen einhergehenden Einnahmeeinbußen durch Zinszahlungen nicht unbillig ist.[1722] Daher ist es im Falle der gerichtlichen Festsetzung eines Gesamtvertrages angemessen, eine Verzinsungspflicht für Vergütungsansprüche aus zurückliegenden Abrechnungsperioden festzulegen, da aufgrund der Verfahrensdauer die Zeiträume, die für Vergütungen nachzuentrichten sind, regelmäßig länger sind als im Falle der vertraglichen Vereinbarung eines Gesamtvertrags.[1723] In einem aktuellen Fall enschied der BGH, dass ein **Vergleich** zwischen Kläger und Beklagtem keine abweichende Vereinbarung iSd § 54d Abs. 1 UrhG aF darstellt, da eine solche allein ein Vertrag zwischen den zur Vereinbarung von Vergütungsverträgen berufenen Verwertungsgesellschaften einerseits und den Vergütungsschuldnern oder Verbänden, denen die Vergütungsschuldner angehören, andererseits begründen kann.[1724] Darüber hinaus sei § 54 673

1712 BVerfG GRUR 2010, 999 – Drucker und Plotter und BVerfG GRUR 2011, 225 – PC.

1713 Anders hingegen die Entscheidung des Bundesverfassungsgerichts zu Kopierstationen, die die Auffassung des BGH bestätigte: vgl. BVerfG GRUR 2011, 227 – Kopierstationen.

1714 BVerfG GRUR 2010, 999 (1001 f.) Tz. 59 ff. – Drucker und Plotter. Überdies hat der BGH bei der Auslegung des § 54a Abs. 1 UrhG aF den Urheberrechtsschutz aus Art. 14 Abs. 1 GG nicht hinreichend berücksichtigt, indem er § 54a UrhG aF nur auf analoge und nicht auch auf digitale Vorlagen angewendet hat, was zur Folge hatte, dass Vervielfältigungen digitaler Vorlagen unvergütet blieben.

1715 BGH GRUR 2021, 604, 605 Tz. 22 – Gesamtvertragsnachlass.

1716 BGH GRUR 2021, 604, 605 Tz. 22 – Gesamtvertragsnachlass.

1717 BGH GRUR 2021, 604, 606 Tz. 31 – Gesamtvertragsnachlass.

1718 BGH GRUR 2021, 600 – Außenseiter.

1719 BGH GRUR 2021, 600, 602 Tz 30 ff. – Außenseiter.

1720 BGH GRUR 2021, 600, 602 f. Tz 31 – Außenseiter.

1721 BGH GRUR 2021, 1181, 1185 Tz. 45 _ Gesamtvertrag USB-Sticks und Speicherkarten.

1722 BGH GRUR 2016, 792, 803 Tz. 117 – Gesamtvertrag Unterhaltungselektronik.

1723 BGH GRUR 2021, 1181, 1186 Tz. 55 – Gesamtvertrag USB-Sticks und Speicherkarten.

1724 BGH GRUR 2021, 1516, 1518 Tz. 22 – Gerätevergütung für PC's – Eigennutzung.

Abs. 1 UrhG aF dahingehend richtlinienkonform auszulegen, dass dem Begriff *„durch die Veräußerung der Geräte sowie der Bild- oder Tonträger geschaffenen Möglichkeit"*, Vervielfältigungen nach § 53 Abs. 1 oder Abs. 2 vorzunehmen, auch Geräte, die zur betrieblichen Nutzung im Unternehmen des Herstellers bereitgestellt werden, zu fassen sind.[1725]

674 Seit der Umsetzung des 1. Teiles der EU-Informationsrechtsrichtlinie durch den sog. „1. Korb" im Jahr 2003 steht nicht nur fest, dass Rechteinhaber Kopierschutzmaßnahmen verwenden dürfen, sondern die §§ 95a ff. UrhG schützen diese sogar ausdrücklich: § 95a UrhG verbietet die **Umgehung von Kopierschutzmaßnahmen,** die §§ 108b und 111a UrhG sanktionieren die Umgehung daneben auch noch straf- und ordnungswidrigkeitenrechtlich. Gemäß § 95b UrhG muss der Rechteinhaber zwar Mittel zur Verfügung stellen, damit man von den Erlaubnissen durch die Schrankenbestimmungen Gebrauch machen kann; diese Ausnahme gilt jedoch nicht uneingeschränkt für die Privatkopie des § 53 Abs. 1 UrhG (§ 95b Abs. 1 S. 1 Nr. 6 UrhG), so dass die Privatkopie nicht gegenüber einer Kopierschutzmaßnahme durchgesetzt werden kann.

675 *bb) Bildnisse, § 60 UrhG.* § 60 UrhG erlaubt die Vervielfältigung sowie die unentgeltliche und nicht zu gewerblichen Zwecken vorgenommene Verbreitung eines Bildnisses durch seinen Besteller, dessen Rechtsnachfolger, nach seinem Tod durch seine Angehörigen oder durch einen im Auftrag dieser Personen handelnden Dritten. Bildnis ist jede bildliche Personendarstellung, und zwar nicht nur im Wege der Fotografie, sondern auch im Wege der Malerei oder Grafik (§ 60 Abs. 1 S. 2 UrhG). Besteller kann dabei nicht eine juristische Person sein, sondern nur eine natürliche.[1726]

676 Das Gesetz zur Regelung des Urheberrechts in der Informationsgesellschaft vom 10.9.2003 hat auch § 60 UrhG reformiert: Während § 60 UrhG aF die Vervielfältigung und Verbreitung eines Bildnisses zu privaten und wirtschaftlichen Zwecken privilegierte, wenn Unentgeltlichkeit vorlag, dürfen die Vervielfältigungsstücke laut § 60 UrhG nF **nur noch unentgeltlich und zu nicht gewerblichen Zwecken verbreitet** werden. Während § 60 UrhG aF als gesetzliche Auslegungsregel vertraglich abdingbar gewesen ist, handelt es sich bei § 60 UrhG nF um eine „echte" Schranke des Urheberrechts, die auch vertraglich nicht mehr ausgeschlossen werden kann.[1727] Es handelt sich um eine inhaltliche Schranke ohne Vergütungsanspruch. § 60 UrhG erlaubt nur die Vervielfältigung und Verbreitung (§§ 16 und 17 UrhG), nicht aber die öffentliche Wiedergabe (§ 19a UrhG); es ist deshalb nicht zulässig, ein Porträt auch in das Internet einzustellen, ohne hierfür die erforderlichen Nutzungsrechte von dem Fotografen zu erwerben.[1728]

677 *cc) Datenbanken, §§ 55a, 87c UrhG.* Unter bestimmten Voraussetzungen ist gem. § 55a UrhG die Bearbeitung und Vervielfältigung eines Datenbankwerkes durch die zur Nutzung berechtigte Person zulässig, wenn die Bearbeitung oder Vervielfältigung für den Zugang zu den Elementen des Datenbankwerkes und dessen übliche Benutzung erforderlich ist. Gem. § 87c UrhG sind bestimmte Vervielfältigungshandlungen bei einfachen Datenbanken in Anlehnung zu § 53 UrhG zB zum privaten Gebrauch, zum eigenen wissenschaftlichen Gebrauch und für die Benutzung zur Veranschaulichung im Unterricht zulässig. Es handelt sich hierbei um inhaltliche Schranken ohne Vergütungsanspruch, die abschließend sind und einer engen Auslegung unterliegen.[1729]

678 *dd) Benutzung von Computerprogrammen, §§ 69d, 69e UrhG.* Neben der Erschöpfung statuieren vor Allem die §§ 69d und 69e UrhG einige wichtige Ausnahmen von den ausschließlichen Rechten des Rechtsinhabers an einem Computerprogramm: Der rechtmäßige Benutzer darf zunächst das Programm bestimmungsgemäß benutzen und auch Fehler beseitigen (§ 69d Abs. 1 UrhG), er darf *eine einzelne* Sicherungskopie anfertigen (§ 69d Abs. 2 UrhG)[1730] und er darf den Programmablauf beobachten, untersuchen und testen, um die zugrundeliegenden Ideen und Grundsätze zu ermitteln (§ 69d Abs. 3 UrhG) sowie das Programm dekompilieren, sofern dies zur Herstellung von Interoperabilität erforderlich ist (§ 69e UrhG), also zB zur Erstellung von Schnittstellen. Es handelt sich um inhaltliche Schranken ohne Vergütungsanspruch. Berechtigter Benutzer iSd § 69d UrhG ist auch der Zweiterwerber, wenn der Ersterwerber wirksam Lizenzen

---

1725 BGH GRUR 2021, 1516, 1518 Tz. 30 – Gerätevergütung für PCs – Eigennutzung.

1726 OLG Köln GRUR 2004, 499 (500 f.) – Porträtfoto im Internet.

1727 Vgl. Loewenheim/Axel Nordemann UrhG § 69a Rn. 51.

1728 OLG Köln GRUR 2004, 499 (500) – Porträtfoto im Internet.

1729 § 87c UrhG setzt Art. 9 RL 96/9/EG um, ABl. v 27.3.1996, Nr. L 77, 20; OLG Köln ZUM 2007, 548 (549 f.) – DWD-Wetterdaten; OLG Köln GRUR-RR 2002, 161 (162) – DRS; OLG Dresden ZUM 2001, 595 (597 f.) – Sächsisches Ausschreibungsblatt.

1730 Vgl. hierzu aber Fromm/Nordemann/Czychowski UrhG § 69d Rn. 24.

vom Urheber mit der Einräumung ausschließlicher Nutzungsrechte erworben hat und Erschöpfung gemäß § 69c Nr. 3 S. 2 UrhG analog eingetreten ist und der Ersterwerber die Software gebraucht an den Zweiterwerber verkaufte.[1731] Dieser darf im zulässigen Umfang ohne Zustimmung des Urhebers gemäß § 69d Abs. 1 iVm § 69c Abs. 1 Nr. 1 UrhG Handlungen vornehmen, die die bestimmungsgemäße Nutzung des Programms widerspiegeln. Obwohl der Ersterwerber der mit einer Lizenz zur unbefristeten Nutzung verbundenen Kopie eines Computerprogramms zwar berechtigt ist, die benutzte Kopie und seine Lizenz an einen Zweiterwerber zu verkaufen, darf er, wenn der körperliche Originaldatenträger der ihm ursprünglich gelieferten Kopie beschädigt oder zerstört wurde oder verloren gegangen ist, seine Sicherungskopie dieses Programms dem Zweiterwerber jedoch nicht ohne Zustimmung des Rechtsinhabers übergeben, da die Berechtigung der Anfertigung einer Sicherungskopie als Ausnahme eng auszulegen ist und nicht zum Weiterverkauf berechtigt.[1732] In World of Warcraft I entschied der BGH, dass die Nutzung (Vervielfältigung) der Client- Software eines Online-Spieles (World of Warcraft) von der Ausnahmeregelung des § 69d Abs. 3 UrhG gedeckt sein kann, wenn die Nutzung des Programms zu dem Zweck erfolgte, eine eigene Automatisierungssoftware (sog. Bot-Software) zu entwickeln.[1733]

ee) Vervielfältigung und öffentliche Wiedergabe durch Geschäftsbetriebe, § 56 UrhG. Geschäfte, die Radios und Fernseher verkaufen oder reparieren, dürfen gem. § 56 UrhG unter anderem Funk- und Fernsehsendungen öffentlich wahrnehmbar machen, sofern dies notwendig ist, um den Kunden die Geräte vorzuführen oder sie instand zu setzen. Es handelt sich hierbei um eine inhaltliche Schranke ohne gesetzlichen Vergütungsanspruch. 679

ff) Vervielfältigung durch Sendeunternehmen, § 55 UrhG. Sendeunternehmen, die zur Funksendung eines Werkes berechtigt sind, dürfen es auf Bild- oder Tonträger übertragen, um diese zur Funksendung je einmal zu benutzen. Die Bild- oder Tonträger müssen allerdings spätestens einen Monat nach der ersten Funksendung gelöscht werden, § 55 Abs. 1 S. 2 UrhG. Es handelt sich hierbei um eine inhaltliche Schranke ohne Vergütungsanspruch. 680

gg) Verwaiste und vergriffene Werke, § 61 bis 61c UrhG und §§ 52ff. VGG. Das EU-Parlament und der Rat haben im Oktober 2012 die Richtlinie zur erlaubten Nutzung **verwaister Werke** verabschiedet.[1734] Diese EU-Richtlinie, die bis zum 29.10.2014 umzusetzen war, regelt allerdings nur einen Ausschnitt zulässiger Nutzung sogenannter verwaister Werke, nämlich eine Nutzung durch öffentlich zugängliche Bibliotheken, Bildungseinrichtungen, Museen, Archive und im Bereich des Film- oder Tonerbes tätige Einrichtungen und öffentlich-rechtliche Rundfunkanstalten. Zur Umsetzung der Richtlinie hat der deutsche Gesetzgeber neue Schrankenregelungen in Form der §§ 61 bis 61c UrhG erlassen,[1735] die am 1.1.2014 in Kraft getreten sind. 681

§ 61 UrhG erlaubt die Vervielfältigung und öffentliche Zugänglichmachung verwaister Werke unter bestimmten Bedingungen und für bestimmte Zwecke. In richtlinienkonformer Auslegung darf die Vervielfältigung lediglich zum Zweck der Digitalisierung, Zugänglichmachung, Indexierung, Katalogisierung, Bewahrung oder Restaurierung erfolgen.[1736] § 61 UrhG soll nicht eine umfassende Nutzung verwaister Werke ermöglichen, sondern lediglich die Retrodigitalisierung im wissenschaftlichen Bereich erlauben.[1737] 682

Zunächst findet sich in § 61 Abs. 2 UrhG eine **Legaldefinition** des Tatbestandsmerkmals „verwaiste Werke". Bemerkenswert ist an § 61 Abs. 2 UrhG, dass unter „verwaiste Werke" auch sonstige verwandte Schutzgegenstände fallen, die gar keine Werke im Sinne des § 2 UrhG sind. Erfasst werden jedoch nur solche „verwaisten Werke", die aus Sammlungen von öffentlich zugänglichen Bibliotheken, Bildungseinrichtungen, Museen, Archiven sowie von Einrichtungen im Bereich des Film- oder Tonerbes stammen und deren Bestandsinhalte bereits veröffentlicht worden sind. 683

[1731] LG Hamburg ZUM 2007, 159 (160f.) – gebrauchte Microsoft-Softwarelizenzen/Masterkopie, nachgehend OLG Hamburg ZUM 2007, 393 (394) – gebrauchte Microsoft-Softwarelizenzen/Masterkopie zu § 5 UWG; Im Übrigen ist § 69c Nr. 3 S. 2 UrhG eine Ausnahmevorschrift, weshalb das LG München eine Analogie ablehnt; jedenfalls für den Fall der online-Übertragung statt körperlicher Übergabe, LG München ZUM 2007, 409 (415ff.) – Software-Download.

[1732] EuGH GRUR 2016, 1271 (1274) Tz. 42ff. – Ranks und Vasilevics.

[1733] BGH GRUR 2017, 266 – World of Warcraft I.

[1734] Richtlinie 2012/28/EU des Europäischen Parlaments und des Rates vom 25. Oktober 2012 über bestimmte zulässige Formen der Nutzung verwaister Werke, ABl. EU L 299/5 vom 27.10.2012.

[1735] BGBl. I 2013, 3728ff.

[1736] Art. 6 Abs. 1 und Erwägungsgrund 1 RL Verwaiste Werke.

[1737] S. zum Ganzen Spindler ZUM 2013, 349.

684 **Entscheidend** ist das **Tatbestandsmerkmal der öffentlichen Zugänglichkeit.** Damit soll ausgeschlossen werden, dass eine kommerzielle Nutzung von verwaisten Werken erfolgt. Dies wird ferner durch § 61 Abs. 5 S. 1 UrhG sichergestellt, der die Vervielfältigung und öffentliche Zugänglichmachung durch die in § 61 privilegierten Institutionen nur erlaubt, wenn diese zur Erfüllung ihrer im Gemeinwohl liegenden Aufgaben handeln, insbesondere wenn sie Bestandsinhalte bewahren und restaurieren und den Zugang zu ihren Sammlungen eröffnen, sofern dies kulturellen und bildungspolitischen Zwecken dient. Entgelte für den Zugang zu verwaisten Werken dürfen von den Institutionen lediglich zur Deckung der Kosten der Digitalisierung und öffentlichen Zugänglichmachung verlangt werden, § 61 Abs. 5 S. 2 UrhG.

685 Zu beachten ist ferner, dass § 61 Abs. 2 UrhG nicht an die Werkarten, sondern **vielmehr an das einzelne Trägermedium** anknüpft, welches in den von § 61 UrhG erfassten Einrichtungen vorhanden ist. Umfasst sind dann jeweils sämtliche Werke, die auf einem Trägermedium zu finden sind, sofern sie ansonsten die Voraussetzungen des § 61 UrhG erfüllen.

686 Schließlich muss das Tatbestandsmerkmal **„verwaist"** erfüllt sein. Ein Werk ist nur dann verwaist, wenn trotz sorgfältiger Suche der Rechteinhaber nicht festgestellt oder ausfindig gemacht werden konnte. Wenn keine Suche durchgeführt wurde, ist ein Werk auch dann nicht verwaist, wenn eine Suche, wäre sie durchgeführt worden, mit an Sicherheit grenzender Wahrscheinlichkeit nicht zum Auffinden des Nutzungsrechtsinhabers geführt hätte. Was unter „sorgfältiger Suche" im Sinne des § 61 UrhG zu verstehen ist, ist in § 61a UrhG legaldefiniert. Aufschlussreich ist vor allem die Anlage zu § 61a UrhG, die genau regelt, für welche Werkarten oder Trägermedien welche Quellen konsultiert werden müssen. Die sorgfältige Suche muss nicht höchstpersönlich durch die Institution erfolgen, die sich auf § 61 UrhG beruft, sondern kann gemäß § 61a Abs. 1 S. 4 UrhG auch durch beauftragte Dritte erfolgen.

687 In jedem Fall sind aber umfassende **Dokumentationspflichten** zu berücksichtigen, § 61a Abs. 4 UrhG. Die Dokumentation der Suche ist neben Informationen zum verwaisten Bestandsinhalt, der Art der Nutzung des verwaisten Werkes durch die Institution und deren Kontaktinformationen dem Deutschen Patent- und Markenamt mitzuteilen, welches die erhaltenen Informationen an das EUIPO weiterleitet. Das Erfordernis der sorgfältigen Suche entfällt nur, wenn Bestandsinhalte bereits in der Datenbank des EUIPO als verwaist erfasst sind, § 61a Abs. 5 UrhG. Daher kann sich vor der aufwendigen Suche nach dem Rechteinhaber eine Anfrage beim EUIPO lohnen, wenn die Nutzung eines verwaisten Werkes geplant ist.

688 Ferner regelt § 61a UrhG, in welchem Umfang die Suche **territorial** zu erfolgen hat. Grundsätzlich ist in dem Mitgliedstaat zu suchen, in dem das Werk zuerst veröffentlicht wurde, § 61a Abs. 1 S. 2 UrhG. Bei Hinweisen auf Rechtsinhaber in anderen Staaten ist auch dort zu suchen, § 61a Abs. 1 S. 3 UrhG. Bei Filmwerken, Bildträgern sowie Bild- und Tonträgern, auf denen Filmwerke aufgenommen sind, ist die sorgfältige Suche in dem Mitgliedstaat der Europäischen Union durchzuführen, in dem der Hersteller seine Hauptniederlassung oder seinen gewöhnlichen Aufenthalt hat. Unveröffentlichte Werke gemäß § 61 Abs. 4 UrhG sind nach § 61a Abs. 3 UrhG in dem Mitgliedsstaat zu suchen, in dem die Institution ihren Sitz hat, die den Bestandsinhalt mit Erlaubnis des Rechtsinhabers der Öffentlichkeit zugänglich gemacht hat.

689 Zu erwähnen ist noch die Regelung des § 61 Abs. 3 UrhG zu teilverwaisten Werken, wonach bei mehreren Rechtsinhabern eines Bestandsinhalts die Schranke des § 61 UrhG auch dann greift, wenn nur einer von mehreren Miturhebern nicht ermittelbar ist und die anderen Miturheber der Nutzung zustimmen.

690 Sofern nach Inanspruchnahme der Schranke des § 61 UrhG der Rechtsinhaber eines Bestandteils nachträglich festgestellt werden kann, hat die Nutzung gemäß § 61b S. 1 UrhG aufzuhören, sobald die nutzende Institution hiervon Kenntnis erlangt. Ferner hat der Rechtsinhaber gegen die nutzende Institution für die in der Vergangenheit im Rahmen von § 61 UrhG erfolgte Nutzung einen Vergütungsanspruch gemäß § 61b S. 2 UrhG. Unklar ist, was im Angesicht der nichtkommerziellen Nutzung als angemessene Vergütung angesehen werden kann. Da der Vergütungsanspruch nicht verwertungsgesellschaftspflichtig ausgestaltet ist, sondern von den Rechteinhabern individuell geltend gemacht werden muss, ist damit auch ein nicht unerhebliches Kostenrisiko für die nach § 61 UrhG nutzenden Institutionen verbunden, wenn sie eine große Zahl anonymer Werke im Rahmen des § 61 UrhG nutzen. Jedenfalls ergibt sich aber aus § 61b UrhG keine Nachsuchpflicht, sobald die sorgfältige Suche einmal erfolglos abgeschlossen wurde.

691 In § 61c UrhG findet sich eine Sonderregelung für öffentlich-rechtliche Rundfunkanstalten, welche diesen die Vervielfältigung und öffentliche Zugänglichmachung von Filmwerken, Bildträgern und Bild- und Tonträgern, auf denen Filmwerke aufgenommen sind und Tonträgern unter

den Voraussetzungen von § 61 Abs. 2 bis 5 UrhG erlaubt, sofern diese Werke und Trägermedien vor dem 1.1.2003 von öffentlich-rechtlichen Rundfunkanstalten hergestellt wurden. Privatrechtliche Rundfunkanstalten können sich nicht auf § 61c UrhG berufen. Entscheidend im Rahmen von § 61c UrhG ist der Begriff der Eigenproduktion („durch öffentlich-rechtliche Rundfunkanstalten hergestellt"). Als Schlüsselkriterium zur Konkretisierung des Merkmals der Eigenproduktion dient insbesondere das Maß der Einflussnahme auf Inhalt und Ausgestaltung des Werkes.[1738] Auch wenn einzelne Produktionsabschnitte an externe Dienstleister abgegeben werden, handelt es sich bei einer solchen Auftragsproduktion immer noch um eine Eigenproduktion der auftraggebenden Rundfunkanstalt, soweit sie selbst das Bestimmungsrecht über das Thema und die Ausführung der Produktion innehat.

Nicht mehr verfügbare Werke (früher: vergriffene Werke) werden seit 7.6.2021 durch die §§ 61d bis 61g UrhG sowie die §§ 52 ff. VGG geregelt. Nicht verfügbar ist ein Werk, das der Allgemeinheit auf keinem üblichen Vertriebsweg in einer vollständigen Fassung angeboten wird (§ 52b Abs. 1 VGG). Nach § 61d UrhG ist Kulturerbe-Einrichtungen (Definition in § 60d UrhG) erlaubt, nicht verfügbare Werke aus ihrem Bestand zu vervielfältigen oder vervielfältigen zu lassen sowie der Öffentlichkeit zugänglich zu machen. Dies gilt nur, wenn keine Verwertungsgesellschaft besteht, die diese Rechte für die jeweiligen Arten von Werken wahrnimmt und insoweit repräsentativ ist (§ 51b VGG). Solche Nutzungen sind nur zu nicht kommerziellen Zwecken zulässig. 692

8. Aktivlegitimation: Geht der Berechtigte vor?

Aktivlegitimiert zur Geltendmachung der aus dem Urheberrecht und den verwandten Schutzrechten folgenden Ansprüche sind zunächst der Urheber und die Inhaber der verwandten Schutzrechte.[1739] 693

a) **Urheber.** Urheber und damit auch Urheberrechtsinhaber ist **immer der Schöpfer des Werkes**, und zwar immer nur die **natürliche Person**, nicht auch eine juristische Person oder eine Maschine. § 7 UrhG folgt damit dem absoluten Grundsatz des kontinentalen *droît d'auteur-systems*. Nach US-amerikanischem Urheberrecht ist dies teilweise anders: Bei einem sog. „work-made-for-hire" gilt der Arbeitgeber oder der Auftraggeber, für den ein Werk geschaffen worden ist, als Urheber.[1740] Der Unterschied erklärt sich aus einem traditionell anderen Anknüpfungspunkt: Das US-amerikanische Urheberrecht ist tatsächlich ein „Copyright", also ein „Kopierrecht"; es knüpft in erster Linie nicht beim Urheber an, sondern beim Werk. Demgegenüber stellen fast alle kontinentaleuropäischen Urheberrechtsgesetze auf den Urheber als Anknüpfungspunkt ab; deshalb „droît d'auteur". Allerdings ist dieser Unterschied mehr rechtstheoretisch, weil auch das UrhG gewisse Korrekturen zugunsten von Auftraggebern oder Arbeitgebern vornimmt: So enthalten zB die §§ 43, 69b und 88, 89 UrhG gesetzliche Auslegungsregeln, nach denen der Arbeitgeber im Zweifel Inhaber aller vermögensrechtlichen Befugnisse an einem Computerprogramm wird und der Filmhersteller ausschließliche Nutzungsrechte zur Auswertung des Filmes erhält. 694

Der Grundsatz, dass immer nur eine **natürliche Person Inhaber des Urheberrechts** sein kann, gilt allerdings nur solange, wie der Urheber lebt; stirbt er, kann er durch Testament auch eine juristische Person, wie zB eine Stiftung, als Erbin einsetzen, die dann Inhaberin des Urheberrechts wird.[1741] Auch bei einigen verwandten Schutzrechten können Inhaber aber juristische Personen sein: Die verwandten Schutzrechte an Ausgaben nachgelassener Werke (§ 71 UrhG), des Veranstalters (§ 81 UrhG), des Tonträgerherstellers (§ 85 UrhG), des Sendeunternehmens (§ 87 UrhG), an einfachen Datenbanken (§ 87a UrhG), des Filmherstellers (§ 94 UrhG) sowie an Laufbildern (§ 95 UrhG) können originär auch bei einer juristischen Person des privaten oder des öffentlichen Rechts entstehen; das verwandte Schutzrecht des ausübenden Künstlers ist eingeschränkt auch auf juristische Personen übertragbar (§ 79 Abs. 1 S. 1 UrhG). 695

Hat der Urheber einem Verwerter (ausschließliche) **Nutzungsrechte** an dem Werk eingeräumt, das verletzt wurde, bleibt der Urheber dann **aktivlegitimiert**, wenn er ein **eigenes schutzwürdiges** 696

[1738] Spindler ZUM 2013, 349 (355).
[1739] → Rn. 178 und → Rn. 404.
[1740] Sec. 201 (1) US Copyright Act; vgl. Fromm/Nordemann/Nordemann-Schiffel UrhG Vor §§ 120 ff. Rn. 84; W. Nordemann/Jan Bernd Nordemann, FS Schricker, 70. Geb., S. 473 ff.
[1741] Vgl. Fromm/Nordemann/Jan Bernd Nordemann UrhG § 28 Rn. 7; Loewenheim/Axel Nordemann UrhG § 23 Rn. 17.

Interesse an der Geltendmachung der Ansprüche aus der Rechtsverletzung hat.[1742] Das ist immer dann der Fall, wenn er lediglich ein einfaches Nutzungsrecht eingeräumt hat, weil er dann gem. § 31 Abs. 2 UrhG ohnehin neben dem Nutzungsrechtsinhaber berechtigt bleibt, das Werk zu nutzen. Hat der Urheber ein ausschließliches Nutzungsrecht (§ 31 Abs. 3 UrhG) an dem verletzten Werk eingeräumt, bleibt er jedenfalls für den Unterlassungs- und Beseitigungsanspruch aktivlegitimiert,[1743] für den Schadensersatz- und Bereicherungsanspruch wohl nur dann, wenn er an den vom Nutzungsrechtsinhaber gezogenen Nutzungen beteiligt ist, zB im Wege einer prozentualen Beteiligung an den Verkaufserlösen.[1744] Zu beachten ist allerdings die jeweilige Reichweite der Nutzungsrechtseinräumung: Hat der Urheber ein ausschließliches Nutzungsrecht nur für einen kleinen Ausschnitt des Verwertungsrechts eingeräumt – zB für die Nutzung einer Fotografie in einen Kalender – bleibt er selbstverständlich uneingeschränkt aktivlegitimiert, wenn sein Urheberrecht anderweitig verletzt wird, zB die Fotografie für ein CD-Cover ohne vorherige Nutzungsrechtseinräumung eingesetzt wird.

697 Im Falle von **Miturheberschaft** (§ 8 UrhG)[1745] besteht zwar ein einheitliches Urheberrecht, so dass zunächst alle Miturheber gemeinsam aktivlegitimiert sind. Gem. § 8 Abs. 2 Satz 3 UrhG ist jedoch jeder Miturheber berechtigt, Ansprüche aus Verletzungen des Urheberrechts auch alleine geltend zu machen; er darf jedoch nur Leistung an alle Miturheber verlangen,[1746] was mit der gesellschaftsrechtlichen *actio pro socio* vergleichbar ist. Liegt eine **Werkverbindung** (§ 9 UrhG)[1747] vor, entsteht als Rechtsfolge der Werkverbindung zwischen den Urhebern eine Gesellschaft bürgerlichen Rechts, die bei Verletzungen der Werkverbindung auch nur insgesamt aktivlegitimiert ist. Ist nur eines der verbundenen Werke separat verletzt worden, ohne dass die Werkverbindung insgesamt betroffen ist (**Beispiel:** Von einem Popsong wird nur die Melodie „geklaut", nicht aber der Text), ist der Urheber des verletzten Werkes allein aktivlegitimiert. Untereinander sind die Urheber verbundener Werke insoweit aktivlegitimiert, als jeder Urheber von dem anderen die Einwilligung zur Veröffentlichung, Verwertung und Änderung des verbundenen Werkes verlangen kann, wenn dem anderen dies nach Treu und Glauben zuzumuten ist.[1748]

698 Zugunsten des Urhebers und seines Verlegers gilt übrigens eine im Rahmen der Aktivlegitimation zu beachtende und viele Verfahren vereinfachende **Vermutung:** Wer auf Vervielfältigungsstücken eines Werkes oder einem Original eines Werkes der bildenden Künste als Urheber bezeichnet ist, gilt bis zum Beweis des Gegenteils als Urheber, und zwar auch dann, wenn er unter einem Künstlernamen bezeichnet ist (§ 10 Abs. 1 UrhG). Ein solches Vervielfältigungsstück liegt auch dann vor, wenn ein Werk bloß in das Internet gestellt worden ist.[1749] Jedoch vermag die Angabe nur dann die Vermutung der Urheberschaft gem. § 10 Abs. 1 UrhG zu begründen, wenn der Verkehr darin die Bezeichnung einer natürlichen Person erkennt.[1750] Das ist zB nicht der Fall bei der Urheberangabe „CT-Paradies".[1751] Sofern das Werk anonym veröffentlicht wurde, gilt die Vermutung auch für Herausgeber bzw. Verleger im Sinne einer Berechtigung zur Geltendmachung der Rechte (§ 10 Abs. 2 UrhG). Die Urheberschaftsvermutung nach § 10 Abs. 1 UrhG gilt im Übrigen auch für Miturheber und für das Verhältnis der Miturheber zueinander.[1752]

699 Seit der Umsetzung der Durchsetzungs-RL enthält § 10 UrhG mit Abs. 3 auch eine Vermutung für **Inhaber ausschließlicher Nutzungsrechte**, die allerdings nur im Einstweiligen Verfügungsverfahren oder im Zusammenhang mit Unterlassungsansprüchen gilt und auch nicht im Verhältnis zum Inhaber oder zum ursprünglichen Inhaber des verwandten Schutzrechts gilt. Auf die

---

1742 Vgl. OLG Düsseldorf GRUR 1993, 903 (907) – Bauhaus-Leuchten; Fromm/Nordemann/Jan Bernd Nordemann UrhG § 97 Rn. 127 f.

1743 Vgl. OLG Düsseldorf GRUR 1993, 903 (907) – Bauhaus-Leuchte.

1744 Vgl. Fromm/Nordemann/Jan Bernd Nordemann UrhG § 97 Rn. 128 mwN aus der Rechtsprechung.

1745 Einzelheiten → Rn. 181 ff.

1746 Vgl. hierzu auch BGH Urteil v. 28.10.2010 – I ZR 18/09 Tz. 43 ff. und 62 ff.– Der Frosch mit der Maske. Hiernach erfasst § 8 Abs. 2 S. 3 UrhG zwar nicht die vorbereitenden Auskunftsansprüche, so dass jeder Miturheber Auskunft an sich selbst verlangen kann (ebenso: OLG München GRUR-RR 2010, 416 (417) – Das Boot). Die Feststellung einer auf einer Urheberrechtsverletzung beruhenden Schadensersatzpflicht kann hingegen nur zu Gunsten aller Miturheber erfolgen.

1747 Einzelheiten → Rn. 187 ff.

1748 Vgl. zB BGH GRUR 1982, 743 (744) – verbundene Werke.

1749 BGH GRUR 2015, 258 Tz. 33 ff. – CT-Paradies.

1750 BGH GRUR 2015, 258 Tz. 37 ff. – CT-Paradies.

1751 BGH GRUR 2015, 258 Tz. 41 f. – CT-Paradies.

1752 BGH GRUR 2009, 1046 (1047), Tz. 25 – Kranhäuser.

Vermutungsregel des Abs. 3 können sich insbesondere diejenigen berufen, denen ausschließliche Nutzungsrechte bereits per Gesetz zugewiesen werden, nämlich der Verleger (§ 8 VerlG),[1753] der Filmhersteller (§§ 88, Abs. 1 S. 1 und 89 Abs. 1 S. 1 UrhG)[1754] und der Arbeitgeber des Software-Urhebers (§ 69b UrhG).[1755] Demgegenüber bereitet die Anwendung von § 10 Abs. 3 UrhG dort erhebliche Schwierigkeiten, wo sich die ausschließliche Nutzungsrechtseinräumung nicht bereits aus dem Gesetz ergibt, weil dann der Inhaber des ausschließlichen Nutzungsrechtes ohnehin überhaupt erst einmal nachweisen muss, dass ihm ausschließliche Nutzungsrechte eingeräumt worden sind.[1756] Man wird deshalb zu fordern haben, dass sich auf die Vermutungsregelung von § 10 Abs. 3 UrhG nur derjenige ausschließliche Nutzungsrechtsinhaber berufen kann, der einerseits als solcher auf dem Werkstück verzeichnet ist und andererseits darlegen kann, dass üblicherweise in derartigen Fallgestaltungen auch ausschließliche Nutzungsrechte eingeräumt werden.[1757] Das dürfte allerdings die Anwendbarkeit außerhalb der genannten Bereiche Verleger, Filmhersteller und Software-Arbeitgeber sowie mit Abstrichen übrige Arbeitgeber erheblich entwerten.

In der Vorschrift des § 10 UrhG erschöpft sich auch zugleich **die Bedeutung eines ©-Vermerkes** 700
in Deutschland: Er führt dazu, dass derjenige, der einen ©-Vermerk zu seinen Gunsten an einem urheberrechtlich geschützten Werk angebracht hat, bis zum Beweis des Gegenteils als Urheber oder Nutzungsrechtinhaber gilt (ggf. ist § 10 UrhG analog anzuwenden); eine darüber hinausgehende Bedeutung hat der ©-Vermerk in Deutschland nicht.[1758] Auf die im Tonträgerbereich üblichen ℗-Vermerk war § 10 UrhG bislang nicht entsprechend anwendbar.[1759] Nunmehr findet sich seit 1.9.2008 in § 85 Abs. 4 UrhG durch das neue Gesetz zur Verbesserung der Durchsetzung von Rechten des geistigen Eigentums ein Verweis auf die Vermutungsregel des § 10 Abs. 1 UrhG mit der Folge, dass § 10 nun auch für den ℗-Vermerk gelten dürfte.[1760] Für die GEMA streitet die sog. Gema-Vermutung zur Wahrnehmungsbefugnis, der Urheberrechtsschutzfähigkeit und Rechtsverletzung nach der Art der verwendeten Musik, die auch für die musikalische Vertonung pornographischer Filme gilt.[1761] Neben den gesetzlichen Vermutungsregeln des § 10 sind **Indizienbeweise** anwendbar, bei denen mittelbare Tatsachen die Grundlage für die Annahme der Rechtsinhaberschaft liefern.[1762] Gerade bei Tonträgerherstellern besteht nach Auffassung des BGH ein besonderes Bedürfnis, für die Aktivlegitimation Indizien zuzulassen.[1763] Ein erhebliches Indiz für die Inhaberschaft von Tonträgerherstellerrechten an auf einem Album enthaltenen Musikaufnahmen seien die Eintragungen in einer Katalogdatenbank.[1764]

Wie oben dargestellt (→ Rn. 696), ist für den Urheber anerkannt, dass er für Unterlassungs- 701
und Beseitigungsansprüche stets aktivlegitimiert bleibt, auch wenn er die verletzten Rechte ausschließlich an Dritte eingeräumt hat. Die Begründung ist das immer währende ideelle Band des Urheberrechts zum Werk. Ein solches immer währendes Band fehlt allerdings **Leistungsschutzberechtigten** wie beispielsweise der Sendeanstalt als Inhaber des Leistungsschutzrechts des Sendeunternehmens gemäß § 87 UrhG. Bei ausschließlicher Einräumung der verletzten Rechte an einen Dritten kann dem Inhaber dieses Leistungsschutzrechts damit nicht generell eine Aktivlegitimation für Unterlassungs- und Beseitigungsansprüche – wie bei Urhebern – zugebilligt werden. Deshalb ist auch für Unterlassungs- und Beseitigungsansprüche – für Schadenersatzansprüche ohnehin – auf ein schutzwürdiges materielles Interesse des Leistungsschutzberechtigten abzustellen.[1765] Es liegt jedoch vor, wenn zwar eine ausschließliche Rechtseinräumung der verletzten Rechte gegeben ist, der Leistungsschutzberechtigte aber dennoch ein berechtigtes Interesse hat,

[1753] Vgl. Fromm/Nordemann/Nordemann-Schiffel UrhG § 8 VerlG Rn. 3 und VerlG Einl Rn. 4.

[1754] Vgl. Fromm/Nordemann/Jan Bernd Nordemann UrhG § 88 Rn. 45 u. § 89 UrhG Rn. 31.

[1755] Vgl. Fromm/Nordemann/Czychowski UrhG § 69b Rn. 13 f.

[1756] Vgl. Fromm/Nordemann/Axel Nordemann UrhG § 10 Rn. 57.

[1757] Vgl. OLG Hamburg WRP 2017, 1267 – DIN-Normen.

[1758] Gem. Art. III Abs. 1 WUA war der ©-Vermerk früher erforderlich, um in bestimmten Ländern wie zB den USA Urheberrechtsschutz zu erlangen. Infolge des Beitrittes der USA zur RBÜ ist dies heute nicht mehr der Fall. → Rn. 20.

[1759] Vgl. BGH GRUR 2003, 228 (230 f.) – P-Vermerk.

[1760] Vgl. Fromm/Nordemann/Axel Nordemann UrhG § 10 Rn. 13; Fromm/Nordemann/Schaefer UrhG § 85 Rn. 71 u. 73.

[1761] OLG Hamburg GRUR-RR 2009, 298 – pornographische Filme, nachgehend BGH I ZR 185/08.

[1762] BGH GRUR 2016, 176 (177) Tz. 20 – Tauschbörse I.

[1763] BGH GRUR 2016, 176 (177) Tz. 20 – Tauschbörse I.

[1764] BGH GRUR 2016, 176 (177) Tz. 17 – Tauschbörse I; vgl. auch BGH GRUR 2016, 1280 (1282) Tz. 24 ff. – Everytime we touch.

[1765] BGH GRUR 2016, 487 (488) Tz. 26 – Wagenfeld-Leuchte II; BGH GRUR 2013, 618 Tz. 32 ff. – Internet-Videorecorder II.

insbesondere wenn er über ein Beteiligungshonorar vergütet wird.[1766] Bei einer vollständigen Übertragung von Rechten auf einen Dritten erlischt die Aktivlegitimation des Veräußernden.[1767]

702 b) **Rechtsnachfolger.** Das Urheberrecht ist zwar grundsätzlich **nicht übertragbar;** dies gilt auch für die einzelnen Verwertungsrechte.[1768] Der Urheber kann also auch nicht etwa nur das Vervielfältigungsrecht iSv § 16 oder nur das Verbreitungsrecht iSv § 17 auf einen anderen übertragen. Am Urheberrecht können grundsätzlich nur einfache oder ausschließliche, räumlich, zeitlich oder inhaltlich beschränkte oder unbeschränkte Nutzungsrechte eingeräumt werden; diese Nutzungsrechtseinräumung bestimmt sich im Einzelnen nach den §§ 31 ff.[1769] Das Urheberrecht ist aber vererblich (§ 28 Abs. 1 UrhG) und auch in Erfüllung einer Verfügung von Todes wegen (zB Vermächtnis) oder an Miterben übertragbar (§ 29 Abs. 1 UrhG). Aktivlegitimiert sind dann entweder der Erbe, der Vermächtnisempfänger oder die Erbengemeinschaft; der Nachweis erfolgt durch Vorlage des Erbscheins.[1770]

703 Die Ausübung des Urheberrechts selbst kann der Urheber aufgrund einer letztwilligen Verfügung gem. § 28 Abs. 2 S. 1 UrhG auch einem **Testamentsvollstrecker** übertragen (§§ 2197 ff. BGB), der dann ebenfalls aktivlegitimiert ist. Die zeitliche Grenze der Testamentsvollstreckung von maximal 30 Jahren aus § 2210 BGB gilt allerdings in diesem Fall nicht (§ 28 Abs. 2 S. 2 UrhG). Ordnet der Urheber Testamentsvollstreckung an, ohne dass er diese zeitlich befristet, wird man im Regelfall davon ausgehen können, dass die Testamentsvollstreckung bis zum Ende der urheberrechtlichen Schutzfrist andauern soll. Der Nachweis der Aktivlegitimation erfolgt durch Vorlage des Testamentsvollstreckerzeugnisses.

704 c) **Inhaber verwandter Schutzrechte.** Inhaber der verwandten Schutzrechte sind die folgenden Personen:

Wissenschaftliche Ausgaben, § 70 UrhG:	der **Verfasser der Ausgabe,** § 70 Abs. 2 UrhG. Originärer Inhaber kann nur eine natürliche Person sein; das Recht ist nicht übertragbar.[1771]
Nachgelassene Werke, § 71 UrhG:	der **Herausgeber** oder der Besorger der ersten öffentlichen Wiedergabe, § 71 Abs. 1 UrhG. Originärer Inhaber kann auch eine juristische Person sein; das Recht ist übertragbar,[1772] § 71 Abs. 2 UrhG.
Lichtbilder, § 72 UrhG:	der Lichtbildner (**Fotograf**), § 72 Abs. 2. Originärer Inhaber kann nur eine natürliche Person sein; das Recht ist nicht übertragbar,[1773] weil ansonsten Lichtbildwerkschutz und Lichtbildschutz auseinanderfallen könnten.
Ausübende Künstler, § 73 UrhG:	er selbst, § 73 UrhG; bei Gruppen von ausübenden Künstlern, also zB Chören, Orchestern, Popgruppen oder Bühnenensembles ist entweder der Vorstand oder der Leiter der Gruppe ermächtigt, die Persönlichkeits- und Verwertungsrechte geltend zu machen (§§ 74 Abs. 2, 80 Abs. 2 UrhG);[1774] diese Ermächtigung kann auch auf eine Verwertungsgesellschaft übertragen werden. Originärer Inhaber kann nur eine natürliche Person sein; das Recht ist eingeschränkt übertragbar, und zwar die Verwertungsrechte der §§ 77 und 78 UrhG (§ 79 Abs. 1 S. 1 UrhG).
Veranstalter, § 81 UrhG:	derjenige, **der die Veranstaltung in organisatorischer und finanzieller Hinsicht verantwortet.**[1775] Originärer Inhaber kann auch eine juristische Person sein; das Recht ist übertragbar (§ 79 Abs. 1 S. 1 UrhG).[1776] § 10 Abs. 1 UrhG gilt gemäß § 81 S. 2 UrhG entsprechend.[1777]

[1766] BGH GRUR 2016, 487 (488) Tz. 26 – Wagenfeld-Leuchte II; BGH GRUR 2013, 618 Tz. 35 – Internet-Videorecorder II.
[1767] BGH GRUR 2013, 618 Tz. 26 ff. – Internet-Videorecorder II.
[1768] Vgl. die Begründung zum UrhG-Entwurf v. 23.3.1962, 5. Abschnitt, Rechtsverkehr im Urheberrecht, abgedruckt bei M. Schulze² S. 456; sa Schricker/Loewenheim/Schricker/Loewenheim UrhG Vor § 28 f. Rn. 46 und § 29 Rn. 14.
[1769] → Rn. 84 ff.
[1770] Vgl. zu einer Fallkonstellation mit Anwendung österreichischen Erbrechts OLG Stuttgart GRUR-RS 2020, 51917 – Porsche 356 und 911.
[1771] Vgl. Fromm/Nordemann/Axel Nordemann UrhG § 70 Rn. 18; Loewenheim/Axel Nordemann UrhG § 37 Rn. 8 und 9.
[1772] Vgl. Fromm/Nordemann/Axel Nordemann UrhG § 71 Rn. 28; Loewenheim/Axel Nordemann UrhG § 37 Rn. 19 und 20.
[1773] Vgl. Fromm/Nordemann/Axel Nordemann UrhG § 72 Rn. 24; aA Schricker/Vogel § 72 Rn. 70.
[1774] Vgl. zB BGH NJW 1999, 139 – Bruce Springsteen and his band.
[1775] Vgl. Fromm/Nordemann/Schaefer UrhG § 81 Rn. 14 ff.
[1776] Vgl. Fromm/Nordemann/Schaefer UrhG § 81 Rn. 20.
[1777] Art. 6 des Gesetzes zur Verbesserung der Durchsetzung von Rechten des geistigen Eigentums zur Änderung des UrhG, BGBl. vom 11.7.2008, I 2008, 1191.

Tonträgerhersteller, § 85 UrhG:	derjenige, **der die wirtschaftlich-organisatorische Leistung erbracht hat,** nicht das Presswerk.[1778] Originärer Inhaber kann auch eine juristische Person sein; das Recht ist übertragbar (§ 85 Abs. 2 S. 1 UrhG).
Sendeunternehmen, § 87 UrhG:	der **Veranstalter der Sendung,** nicht aber ein bloßer Kabelweiterleiter. Originärer Inhaber kann auch eine juristische Person sein; das Recht ist übertragbar (§ 87 Abs. 2 S. 1 UrhG). Gemäß § 87 Abs. 4 UrhG gilt § 10 Abs. 1 UrhG entsprechend.[1779]
Einfache Datenbanken, § 87a UrhG:	derjenige, **der die Investition getätigt hat,** nicht die Person, die die Datenbank gestaltet hat, § 87a Abs. 2 UrhG.[1780] Originärer Inhaber kann auch eine juristische Person sein; das Recht ist übertragbar.[1781]
Presseverleger, § 87f UrhG:	der **Hersteller des Presseerzeugnisses.** Das ist derjenige, der die wirtschaftlich-organisatorische und technische Leistung erbringt, die für die Publikation eines Presseerzeugnisses erforderlich ist. Originärer Inhaber kann auch eine juristische Person sein; das Recht ist übertragbar (§§ 87f Abs. 1 S. 2, 87g Abs. 1 S. 1 UrhG).
Filmhersteller, § 94 UrhG:	derjenige, **der die wirtschaftliche Verantwortung trägt und organisatorische Tätigkeiten ausführt,** der Entscheidungen in die Tat umsetzt; insbesondere bei Auftrags- und Koproduktionen ist es häufig schwierig, den wirklichen Inhaber des verwandten Schutzrechtes zu bestimmen.[1782] Zur Bestimmung der Herstellereigenschaft ist neben der Übernahme der wirtschaftlichen Verantwortlichkeit auch der organisatorische Anteil an der Verwirklichung des Filmprojekts entscheidend.[1783] Demnach kann Mitherstellerschaft bspw. dann vorliegen, wenn ein Teil die wirtschaftliche Hauptverantwortung trägt und der andere die Organisation übernimmt, so dass eine Gesamthandsgemeinschaft entsteht.[1784] Originärer Inhaber kann auch eine juristische Person sein; das Recht ist übertragbar (§ 94 Abs. 2 S. 1 UrhG). Gemäß § 94 Abs. 4 UrhG gilt § 10 Abs. 1 UrhG entsprechend.[1785]
Laufbilder, § 95 UrhG:	der **Filmhersteller,** s. o.

d) Nutzungsrechtsinhaber. Das Urheberrecht ist nicht übertragbar, § 29 Abs. 1 S. 2 UrhG.[1786] 705
Geht nicht der Urheber oder sein Erbe selbst vor, sondern ein Nutzungsrechtsinhaber, ist zunächst nur der Inhaber eines **ausschließlichen Nutzungsrechtes aktivlegitimiert,** weil seine Rechte den Ausschließlichkeitsrechten des Urhebers bzw. seiner Rechtsnachfolger gleichstehen; gem. § 31 Abs. 3 UrhG schließt die Einräumung eines ausschließlichen Nutzungsrechtes sogar den Urheber selbst von der Nutzung seines Werkes im Bereich der Einräumung des ausschließlichen Nutzungsrechtes aus. Daneben kann der Urheber aber aktivlegitimiert bleiben.[1787]

Der Inhaber eines **einfachen Nutzungsrechtes** ist grundsätzlich **nicht aktivlegitimiert;**[1788] allerdings bleibt ihm die Möglichkeit, im Wege der gewillkürten Prozessstandschaft gegen Verletzer im eigenen Namen vorzugehen, wenn er ein eigenes berechtigtes Interesse vorweisen kann, was in der Regel dann bejaht wird, wenn der Dritte ein gleiches Recht unberechtigt nutzt.[1789] 706

Soweit Ansprüche aus dem **Urheberpersönlichkeitsrecht** nicht durch den Urheber oder seinen Rechtsnachfolger selbst, sondern durch einen Dritten geltend gemacht werden, muss der Dritte idR im Rahmen einer gewillkürten Prozessstandschaft die Zustimmung des Urhebers bzw. seines Erben und ein eigenes berechtigtes Interesse darlegen.[1790] Zur Aktivlegitimation von Verwertungsgesellschaften vgl. §§ 48 bis 50 VGG (Berechtigungsfiktion). Mit der Umsetzung der EU- 707

[1778] Vgl. Fromm/Nordemann/Boddien UrhG § 85 Rn. 40 ff.; Schricker/Vogel § 85 Rn. 34 und 39.

[1779] Art. 6 des Gesetzes zur Verbesserung der Durchsetzung von Rechten des geistigen Eigentums zur Änderung des UrhG, BGBl. vom 11.7.2008, I 2008, 1191.

[1780] Vgl. Dreier/Schulze/Dreier UrhG § 87a Rn. 19; Wandtke/Bullinger/Hermes § 87a Rn 131 ff.; sa Loewenheim/Loewenheim UrhG § 43 Rn. 15; OLG Köln ZUM-RD 2014, 433, 435 f. – Hersteller einer Datenbank.

[1781] Vgl. Fromm/Nordemann/Czychowski UrhG § 87b Rn. 11 ff.

[1782] Vgl. OLG Bremen Urt. v. 15.12.2008, Az: 3 U 7/08, BeckRS 2009, 06508, S. 8 ff. – Die Stimme; Schricker/Loewenheim/Katzenberger N. Reber UrhG Vor §§ 88 ff. Rn. 31 ff.

[1783] Vgl. BGHZ 120, 67, 70.

[1784] OLG Bremen Urt. v. 15.12.2008, Az.: 3 U 7/08, BeckRS 2009, 06508, S. 9 f. – Die Stimme.

[1785] Art. 6 des Gesetzes zur Verbesserung der Durchsetzung von Rechten des geistigen Eigentums zur Änderung des UrhG, BGBl. vom 11.7.2008, I 2008, 1191.

[1786] → Rn. 35.

[1787] → Rn. 696.

[1788] Vgl. Schricker/Loewenheim/Wild UrhG § 97 Rn. 52.

[1789] Vgl. Fromm/Nordemann/Jan Bernd Nordemann UrhG § 97 Rn. 132, 136 ff.

[1790] Vgl. BGH NJW 2009, 774 (775), Tz. 12 – Klingeltöne für Mobiltelefone, zum Einen ist der Nutzungsrechtsinhaber darlegungsbelastet und zum Anderen liegt kein Interesse an der gewillkürten Prozessstandschaft vor, wenn der Urheber selbst aus §§ 97, 14 UrhG gegen den Verletzer vorgeht; BGH GRUR 1995, 668 (669 f.) – Emil Nolde.

Durchsetzungsrichtlinie[1791] gilt zu Gunsten des Inhabers ausschließlicher Nutzungsrechte die Vermutung des § 10 Abs. 1 (§ 10 Abs. 3 UrhG). Wer also als Inhaber ausschließlicher Nutzungsrechte auf den Vervielfältigungsstücken eines erschienenen Werkes oder auf dem Original eines Werkes der bildenden Künste in der üblichen Weise bezeichnet ist, kann dann auch die Vermutung der Richtigkeit für sich in Anspruch nehmen. Die Vermutung gilt allerdings nur in Verfahren des einstweiligen Rechtsschutzes oder soweit Unterlassungsansprüche geltend gemacht werden. Sie gilt ferner nicht im Verhältnis zum Urheber bzw. – bei Leistungsschutzrechten – im Verhältnis zum ursprünglichen Inhaber des verwandten Schutzrechts.

9. Passivlegitimation: Verantwortlichkeit

708 Als Täter passiv legitimiert ist grundsätzlich jeder, der die Rechtsverletzung selbst wissentlich und willentlich (also vorsätzlich) begangen hat; dabei genügt, dass ein **adäquat-kausaler Zusammenhang** zwischen dem beanstandeten Verhalten und der Rechtsverletzung besteht.[1792] Der Kläger trägt die Darlegungs- und Beweislast für die Täterschaft des Verletzers.[1793] Sind mehrere an der Rechtsverletzung beteiligt, haften sie als **Mittäter** gem. § 830 BGB, wobei insoweit genügt, dass jeder Täter selbständig willentlich eine Ursache für die Rechtsverletzung gesetzt hat. Gemeinschaftliche Begehung ist nicht notwendig,[1794] so dass zB im Falle der Verletzung des Urheberrechts an einem Roman im Wege der Verfilmung sowohl der Drehbuchautor als auch der Filmproduzent, der Regisseur, die Schauspieler, die Kameraleute, ja sogar die Kopieranstalt und der den fertigen Film vorführende Kinobetreiber für die begangene Urheberrechtsverletzung haften können. Eine mittäterschaftliche Haftung für unzulässige Vervielfältigungen eines Computerprogramms kann auch durch den isolierten Verkauf von Echtheitszertifikaten begründet werden.[1795] Außerdem komme eine Haftung als Mittäter in solchen Fällen in Betracht, in denen der streitgegenständiche Dienst eine zentrale Masterkopie anfertigt, sobald es eine Anfrage von Nutzern gebe, die die Aufnahmen in ihrer Wunschliste gehabt hätten. Für eine solche rechtswidrige Vervielfältigung habe der Dienst Tatherrschaft. Die formal-juristisch voneinander getrennten Aufnahme- und Speicherdienste hätten arbeitsteilig gehandelt. Es gehe nicht lediglich um die isolierte Bereitstellung von Speicherplatz, sondern um gemeinsames Aufnahme- und Speicherangebot.[1796]

709 Als Täter haftet auch, wer nicht hinreichend Sorge dafür trägt, die Zugangsdaten seines eBay-Mitgliedskontos zu sichern, wenn ein Urheberrechtsverstoß von diesem Mitgliedskonto begangen wird. So entschied der BGH, dass ein Ehemann, der seine eBay-Zugangsdaten nicht ordnungsgemäß sicherte, für eine von seiner Ehefrau begangene Urheberrechtsverletzung und eines Wettbewerbsverstoßes haften musste, die Schmuck über dieses Mitgliedskonto anbot und damit Rechte von Cartier verletzte, da hierdurch der Rechtsschein eines eigenen Handelns des Ehemannes entstand.[1797]

710 Der Beweis, dass unter einer **IP-Adresse** während eines bestimmten Zeitraums Musikdateien öffentlich zugänglich gemacht worden sind, kann dadurch geführt werden, dass ein durch Screenshots dokumentierter Ermittlungsvorgang des vom klagenden Tonträgerhersteller beauftragten Unternehmens vorgelegt und der regelmäßige Ablauf des Ermittlungsvorgangs durch einen Mitarbeiter des Unternehmens erläutert wird.[1798] Dass die IP-Adresse zum Tatzeitpunkt dem konkreten Internetanschluss zugeordnet war, kann regelmäßig durch die vom Internetprovider im Rahmen staatsanwaltschaftlicher Ermittlungen durchgeführte Zuordnung bewiesen werden.[1799] Den Inhaber eines Internetanschlusses, von dem ein urheberrechtlich geschütztes Werk illegal öffentlich zugänglich gemacht worden ist, trifft eine sekundäre Darlegungslast, wenn er geltend macht, nicht er, sondern ein Dritter habe die Rechtsverletzung begangen.[1800] Der An-

---

1791 → Rn. 22 und → Rn. 753.
1792 Vgl. OLG Hamburg ZUM 1996, 687 (688).
1793 BGH Urt. v. 30.3.2017, Az. I ZR 19/16 – Loud; OLG Hamburg Urt. v. 4.2.2009, Az. 5 U 180/07, BeckRS 2009, 08375, S. 6 – Long Island Ice Tea.
1794 Vgl. Fromm/Nordemann/Jan Bernd Nordemann UrhG § 97 Rn. 146 f.
1795 OLG Frankfurt ZUM-RD 2014, 637.
1796 BGH GRUR 2020, 738 Tz. 61 – Internet-Radiorekorder.
1797 BGH GRUR 2009, 597 Tz. 17 ff. – Halzband.
1798 BGH GRUR 2016, 176 (179) Tz. 34 f. – Tauschbörse I.
1799 BGH GRUR 2016, 176 (179) Tz. 38 – Tauschbörse I.
1800 BGH Urt. v. 30.3.2017, Az. I ZR 19/16 – Loud; BGH GRUR 2010, 633 Tz. 12 – Sommer unseres Lebens; OLG München ZUM 2016, 384 – Loud; zur Verfassungsmäßigkeit der sekundären Darlegungslast bei Urheberrechtsverletzungen durch Filesharing vgl. BVerfG Beschl. V. 18.2.2019 – Az. 1 BvR 2556/17, BeckRS 2019, 4796.

schlussinhaber ist im Rahmen des Zumutbaren zu Nachforschungen sowie zur Mitteilung verpflichtet, welche Kenntnisse er dabei über der Verletzungshandlung gewonnen hat.[1801] Das führt in den allermeisten Fällen dazu, dass ein Täter identifiziert werden kann: entweder war es der Anschlussinhaber selbst – oder er wird im Rahmen seiner sekundären Darlegungslast den Täter benennen. Hat der Anschlussinhaber im Rahmen seiner Nachforschungen erfahren, welches Familienmitglied die Rechtsverletzung begangen hat, muss er dessen Namen offenbaren, um eine eigene Haftung abzuwenden.[1802]

Etwas unklar sind die Maßstäbe nach der Rechtsprechung des BGH für die Darlegungslast im Hinblick auf Dritte, die Familienangehörige sind. Bei der Bestimmung der Reichweite der sekundären Darlegungslast im Hinblick auf die Nutzung des Anschlusses durch Dritte sind auf Seiten des Urheberrechtsinhabers die Grundrechte zu berücksichtigen, also Eigentumsgrundrechte (Art. 17 Abs. 2 Charta der Grundrechte der EU, Art. 14 GG) auf Seiten des Rechteinhabers. Sind die Personen, die den Anschluss mitgenutzt haben, Ehegatten oder Familienangehörige, so wirkt zugunsten des Anschlussinhabers der grundrechtliche Schutz von Ehe und Familie (Art. 7 Charta der Grundrechte der EU, Art. 6 Abs. 1 GG).[1803] Dem **Inhaber eines privaten Internetanschlusses** ist es nach der Rechtsprechung des BGH regelmäßig nicht zumutbar, die Internetnutzung seines Ehegatten einer Dokumentation zu unterwerfen, um im gerichtlichen Verfahren seine täterschaftliche Haftung abwenden zu können. Der Anschlussinhaber müsse dann keine näheren Einzelheiten zu Zeitpunkt und Art der Internetnutzung vorgetragen oder die Untersuchung des Computers seines Ehegatten im Hinblick auf die Existenz von Filesharing-Software unternehmen.[1804] Allerdings muss der Anschlussinhaber nach der Rechtsprechung des BGH zur Erfüllung seiner sekundären Darlegungslast „hinreichend konkret" zur Möglichkeit der Täterschaft eines Dritten (auch eines Familienmitglieds) vortragen.[1805] 711

Der EuGH hat auf Vorlage des LG München I festgestellt, dass es für einen Haftungsausschluss nicht ausreicht, wenn der Inhaber eines Internetanschlusses, über den Urheberrechtsveletzungen durch **Filesharing** begangen wurden, mindestens ein Familienmitglied benennt, dem der Zugriff auf diesen Anschluss möglich war, ohne nähere Einzelheiten zu Zeitpunkt und Art der Nutzung des Anschlusses durch dieses Familienmitglied mitzuteilen.[1806] Ansonsten würde den Familienmitgliedern ein quasi absoluter Schutz gewährt.[1807] Zwischen dem Rechtsinhaber und dem Anschlussinhaber, über den die Urheberrechtsverletzung begangen worden ist, besteht regelmäßig keine gesetzliche Sonderverbindung, die den Anschlussinhaber dazu verpflichtet, den Rechtsinhaber vorgerichtlich über den ihm bekannten Täter der Urheberrechtsverletzung aufzuklären.[1808] Infolgedessen kann der Rechtsinhaber gegenüber dem Anschlussinhaber, der nicht als Täter, Teilnehmer oder Störer verantwortlich ist, grundsätzlich nicht die Erstattung der Rechtsverfolgungskosten vom Täter der Urheberrechtsverletzung verlangen.[1809] Es kommt jedoch ein Anspruch auf Ersatz der Kosten der Rechtsverfolgung gegen den Täter der Urheberrechtsverletzung gem. § 97 Abs. 2 S. 1 UrhG in Betracht, weil es sich um notwendige Kosten der Sachverhaltsaufklärung handelt (vgl. hierzu → Rn. 589).[1810] Diese Haftung ist im Hinblick auf den Unterlassungs- und den Beseitigungsanspruch grundsätzlich **verschuldensunabhängig;** jeder, der adäquat kausal an einer Urheberrechtsverletzung beteiligt ist, haftet also auf Unterlassung und Beseitigung ganz unabhängig davon, ob er fahrlässig oder vorsätzlich oder vollkommen schuldlos handelte.[1811] Dies gilt grundsätzlich auch für den Auskunftsanspruch, weil er nicht nur vorbereitend dem verschuldensabhängigen Schadensersatzanspruch dient, sondern auch dem grundsätzlich verschuldensunabhängigen Bereicherungsanspruch nach § 812 BGB. **Gehilfe** und daher haftbar ist, wer als Internetportalbetreiber den Verkauf von Kunstwerken durch Dritte zulässt und diese (Abbildungen) nicht rechtzeitig nach Abschluss des Verkaufes von seiner Home- 712

[1801] BGH Urt. v. 30.3.2017, Az. I ZR 19/16 – Loud.
[1802] BGH Urt. v. 30.3.2017, Az. I ZR 19/16 – Loud.
[1803] BGH GRUR 2017, 386 Tz. 22 ff. – Afterlife; zur Verfassungsmäßigkeit der sekundären Darlegungslast bei Urheberrechtsverletzungen durch Filesharing vgl. BVerfG Beschl. v. 18.2.2019 – Az. 1 BvR 2556/17, BeckRS 2019, 4796
[1804] BGH GRUR 2017, 386 Tz. 26 – Afterlife; vgl. auch BGH GRUR-RR 2017, 484, 485 Tz. 18 – Ego Shooter.
[1805] BGH GRUR-RR 2017, 484, 485 Tz. 24 – Ego Shooter.
[1806] EuGH GRUR 2018, 1234, 1237 Tz. 55 – Bastei Lübbe/Strotzer; zur Verfassungsmäßigkeit der sekundären Darlegungslast bei Urheberrechtsverletzungen durch Filesharing vgl. BVerfG GRUR 2019, 606 – Loud.
[1807] EuGH GRUR 2018, 1234, 1237 Tz. 52 – Bastei Lübbe/Strotzer.
[1808] BGH GRUR 2021, 714 715 Tz. 20 ff. – Saints Row.
[1809] BGH GRUR 2021, 714, 717 Tz. 39 ff. – Saints Row.
[1810] BGH GRUR 2021, 714, 721 Tz. 81 – Saints Row; BGH GRUR 2018, 914, 915 Tz. 15 ff. – Riptide
[1811] Vgl. BGH GRUR 2016, 493 (494) Tz. 16 – Al Di Meola.

page entfernt bzw. von den Dritten entfernen lässt (länger als eine Woche, vgl. § 58 UrhG).[1812] **Onlinehändler,** die eigene Angebote abgeben, sind nicht als bloße Hilfspersonen einzuordnen, sondern hierfür als Täter verantwortlich; anders ist es nur dann, wenn die Internetplattform Dritten die Möglichkeit zur Abgabe von Angeboten eröffnet und der Betreiber des Internetmarktplatzes nicht selbst als Verkäufer auftritt.[1813]

713 Darüber hinaus haftet der **Inhaber eines Unternehmens** gem. § 99 UrhG grundsätzlich für die von seinen Arbeitnehmern oder Beauftragten begangenen Urheberrechtsverletzungen. Beauftragter ist weit zu verstehen; hierunter fallen zB selbständige Unternehmer, wenn sie in die betriebliche Sphäre und Organisation des Unternehmens in der Weise eingegliedert sind, dass einerseits der Betriebsinhaber auf den Beauftragten einen bestimmenden, durchsetzbaren Einfluss hat und andererseits die Geschäftstätigkeit des Beauftragten dem Betriebsinhaber (Inhaber des Unternehmens) zugute kommt, wie beispielsweise bei einer Werbeagentur.[1814] Die Haftung auf Schadensersatz ist allerdings insoweit eingeschränkt, als sie aufgrund einer anderen gesetzlichen Vorschrift gegeben sein muss, also insbesondere aufgrund der Organhaftung gem. § 31 BGB und der Haftung für den Verrichtungsgehilfen gem. § 831 BGB. Dies ergibt sich aus § 102a UrhG, nach dem weitergehende bzw. Ansprüche aus anderen Normen unberührt bleiben. Soweit der Urheber allerdings keinen Schadensersatz geltend macht, sondern eine angemessene Lizenzgebühr aufgrund ungerechtfertigter Bereicherung gem. § 812 BGB, haftet der Unternehmer stets, weil er den Gebrauch des geschützten Gegenstandes erlangt hat, diesen aber nicht herausgeben kann und somit Wertersatz in Höhe einer angemessenen Lizenzgebühr gem. § 818 Abs. 2 BGB leisten muss.[1815]

714 Verletzt ein **Lehrer,** der der Fach- und Dienstaufsicht unterliegt, in Ausübung seines öffentlichen Amtes Urheberrechte Dritter, haftet das jeweilige Bundesland.[1816] Während das *OLG Celle* die Passivlegitimation des Bundeslands als Anstellungskörperschaft auf § 839 Abs. 1 S. 1 BGB iVm Art. 34 Abs. 1 GG zurückführt,[1817] haftet das Bundesland nach Auffassung des *OLG Frankfurt* aufgrund der urheberrechtlichen Zurechnungsnorm des § 99 UrhG.[1818] Ein **Geschäftsführer** haftet nicht automatisch bei Urheberrechtsverletzungen seiner Gesellschaft; er ist aber persönlich verantwortlich, wenn er an ihnen entweder durch positives Tun beteiligt war oder wenn er sie aufgrund einer nach allgemeinen Grundsätzen des Deliktsrechts begründeten Garantenstellung hätte verhindern müssen.[1819] Beruht die Rechtsverletzung auf einer Maßnahme der Gesellschaft, über die typischerweise auf Geschäftsführungsebene entschieden wird, kann nach dem äußeren Erscheinungsbild und mangels abweichender Feststellungen davon ausgegangen werden, dass sie von dem oder den Geschäftsführern veranlasst worden sind.[1820]

715 Neuerdings entwickelt sich für mittelbare Verursacher von Urheberrechtsverletzungen auch eine Haftung für die Verletzung von Verkehrspflichten. Eine solche Haftung wäre täterschaftlich und würde insbesondere auch Schadensersatzansprüche umfassen. Der BGH hatte das für das Urheberrecht zunächst abgelehnt.[1821] Jedoch hat der EuGH unionsrechtlich inzwischen für das Verwertungsrecht der öffentlichen Wiedergabe ein solches täterschaftliches Haftungsmodell vorgegeben. Für die harmonisierte öffentliche Wiedergabe gem. Art. 3 Abs. 1 Info-RL hat der EuGH in seinen Entscheidungen GS Media/Sanoma,[1822] Brein/Wullems „Filmspeler"[1823] und Brein/Ziggo „The PirateBay"[1824] die öffentliche Wiedergabe nicht nur verwertungsrechtlich,

[1812] OLG Köln GRUR-RR 2009, 4 (5) – Auktionsportal für Kunstwerke.
[1813] BGH GRUR 2016, 493 (494 f.) Tz. 20 f. – Al Di Meola.
[1814] BGH GRUR 2005, 864 (865) – Meißener Dekor II; OLG Frankfurt GRUR-RR 2008, 385 (386) – Cartoons.
[1815] Vgl. → Rn. 482 und BGH GRUR 1982, 301 (303) – Kunststoffhohlprofil II; Fromm/Nordemann/Jan Bernd Nordemann UrhG § 102a Rn. 4 f.
[1816] OLG Frankfurt GRUR 2017, 814 – Cartoon auf Homepage; OLG Celle WRP 2016, 278.
[1817] OLG Celle WRP 2016, 278.
[1818] OLG Frankfurt GRUR 2017, 814 – Cartoon auf Homepage.
[1819] BGH GRUR 2020, 738 Tz. 58 – Internet-Radiorekorder; BGH GRUR 2016, 487 (489) Tz. 34 – Wagenfeld-Leuchte II; BGH GRUR 2016, 490 (493) Tz. 36 – Marcel-Breuer-Möbel II.
[1820] BGH GRUR 2016, 487 (489) Tz. 34 – Wagenfeld-Leuchte II; BGH GRUR 2016, 490 (493) Tz. 36 – Marcel-Breuer-Möbel II.
[1821] BGH GRUR 2010, 633 Tz. 13 – Sommer unseres Lebens; kritisch Czychowski/Jan Bernd Nordemann GRUR 2013, 986, 990 mwN; Fromm/Nordemann/Jan Bernd Nordemann § 97 Rn. 157; zum Markenrecht: Köhler GRUR 2008, 1, 6.
[1822] EuGH GRUR 2016, 1152 _ GS Media/Sanoma.
[1823] EuGH GRUR 2017, 610 – BREIN/Wullems „Filmspeler".
[1824] EUGH GRUR 2017, 790 – BREIN/Ziggo „The PirateBay".

sondern auch haftungsrechtlich interpretiert,[1825] in dem er ein vorsätzliches Handeln und die Verletzung von Pflichten zum Tatbestandsmerkmal von Verwertungsrechten erklärt.[1826] In der Entscheidung YouTube/Cyando hat der EuGH dies bekräftigt[1827] Das spricht für ein Europäisches Haftungskonzept jedenfalls im Bereich des Rechts der öffentlichen Wiedergabe und insbesondere für Internetprovider. Entscheidend stellte der EuGH für die täterschaftliche Haftung von mittelbaren Verletzern auf zwei Faktoren ab: (1) Zentrale Rolle und volle Kenntnis der Folgen seines Verhaltens, um Dritten Zugang zu gewähren;[1828] (2) Verletzung der Pflicht, durch den Zugang Dritten keine rechtswidrige öffentliche Wiedergabe zu gewähren.[1829] Siehe hierzu ausführlich → Rn. 403. Für Hostprovider, die als Diensteanbieter für das Teilen von Online-Inhalten einzustufen sind, gelten die speziellen (täterschaftlichen) Haftungsregeln des Urheberrechts-Diesteanbieter Gesetz (UrhDaG); siehe hierzu ausführlich → Rn. 741 ff.

Für **Unterlassungsansprüche** kommt für mittelbare Verursacher oder Mitverursacher, die nicht schon Täter sind, darüber hinaus auch eine Haftung als **Störer** in Betracht. Das ist für Vermittler, deren Dienst von Dritten für Urheberrechtsverletzungen genutzt werden, unionsrechtlich zwingend (Art. 8 Abs. 3 Info RL). Die Umsetzung ist die deutsche Störerhaftung.[1830] Dafür gelten die allgemeinen Regeln der §§ 823, 1004 BGB analog. Grundsätzlich kann sich eine Störerhaftung als Beteiligter am Rechtsverstoß, ohne Täter oder Teilnehmer zu sein, ergeben, wenn den sog. Störer Prüfungs- bzw. Überwachungspflichten treffen, um einen Rechtsverstoß durch Dritte zu vermeiden. Allerdings ist einschränkend zu erwähnen, dass die europarechtliche Vorgabe, die E-Commerce-Richtlinie in Art. 15, wie auch das TMG keine allgemeinen Überwachungspflichten anordnen. Aus diesem Grund greift die Rechtsprechung auf die allgemeine Störerhaftung aus dem BGB zurück (§§ 1004, 823 BGB analog). Gerichtet ist die Störerhaftung inhaltlich nur auf Unterlassungs- und Beseitigungsansprüche, nicht aber auf Schadenersatzansprüche.[1831] Die Störerhaftung hat drei Voraussetzungen: (1) Der Störer muss willentlich und adäquat kausal zur Verletzung des geschützten Rechts beigetragen haben.[1832] Auf ein Verschulden kommt es nicht an.[1833] (2) Der Störer muss zudem die rechtliche Möglichkeit zur Verhinderung der Haupttatzeit haben.[1834] (3) Als einschränkendes Korrektiv gegen eine uferlose Auszählung der Störerhaftung verlangt die Rechtsprechung, dass der Störer zudem eine Prüfpflicht verletzt haben muss.[1835] Die Annahme einer solchen Prüfpflichtverletzung bedarf einer umfassenden Interessenabwägung und wertenden Risikozuweisung, ob die Einhaltung der Prüfpflicht zumutbar war.[1836] Das setzt in der Regel voraus, dass der Urheberrechtsverstoß für den mittelbaren Störer erkennbar ist. Es muss sich also entweder um eine ohne Weiteres erkennbare Verletzung handeln oder der mittelbare Störer muss durch den Verletzten über die Verletzung in Kenntnis gesetzt worden sein.[1837] Einen vorherigen Hinweis hat der EuGH grundsätzlich als Voraussetzung unionsrechtlich gebilligt, aber gefordert, dass dadurch nicht verhindert wird, die Verletzung wirksam abzustellen und weiteren Rechtsverletzungen vorzubeugen.[1838] Eine schöne Zusammenfassung der Rechtsprechung des 716

[1825] Leistner GRUR 2017, 755; ders. ZUM 2016 980, 981 ff.; Ohly GRUR 2016, 1155, 1156 f.; ders. FS Schulze, 2017, S. 387, 393 ff.; Grünberger ZUM 2016, 905, 913 ff.

[1826] Vgl. auch BGH GRUR 2018, 178, 186 Tz. 67 – Vorschaubilder III m. Anm. Ohly.

[1827] EuGH GRUR 2021, 1054 Rn. 68 ff., 102 – YouTube/Cyando;

[1828] EuGH GRUR 2021, 1054 Rn. 68 ff., 102 – YouTube/Cyando; EuGH GRUR 2017, 790 Tz. 26, 36.

[1829] EuGH GRUR 2021, 1054 Rn. 68 ff., 102 – YouTube/Cyando, EuGH GRUR 2017, 790 Tz. 40 ff. – BREIN/Ziggo.

[1830] EuGH GRUR 2021, 1054 Tz. 119 ff. – YouTube/Cyando.

[1831] BGH GRUR 2004, 860 (864) – Internet-Versteigerung I; BGH GRUR 2002, 618 (619) – Meißener Dekor; Schulze/Dreier/Dreier/Specht, § 97 Rn. 33; Fromm/Nordemann/Jan Bernd Nordemann UrhG § 97 Rn. 155.

[1832] BGH GRUR 2008, 702 (706), Tz. 50 – Internet-Versteigerung III; BGH GRUR 2007, 708 (711) Tz. 40 – Internet-Versteigerung II; BGH GRUR 2004, 860 (864) – Internet-Versteigerung I.

[1833] S. nur Fromm/Nordemann/Jan Bernd Nordemann UrhG § 97 UrhG Rn. 156; Spindler/Volkmann WRP 2003, 1 (2).

[1834] BGH GRUR 1999, 518 (519) – Möbelklassiker

[1835] BGH GRUR 2018, 1044 Tz. 36 ff. – Dead Island; BGH GRUR 2018, 178, 186 Tz. 74 – Vorschaubilder III; 2016, 268 (270) Tz. 21 – Störerhaftung des Access-Providers; BGH Urt. v. 26.11.2015, Az. I ZR 3/14, BeckRS 2016, 01908/MMR 2016, 188; BGH GRUR 2007, 708 (711) Tz. 40 – Internet-Versteigerung II; BGH GRUR 2004, 860 (864) – Internet-Versteigerung I.

[1836] BGH GRUR 2018, 178, 186 Tz. 74 – Vorschaubilder III; Vgl. BGH GRUR 2008, 702 – Internetversteigerung III; BGH GRUR 2009, 1093 – Focus Online; OLG Köln GRUR-RR 2010, 274 (275) – Stadtplanausschnitte Online; Fromm/Nordemann/Jan Bernd Nordemann UrhG § 97 Rn. 157; zur Unzumutbarkeit einer umfassenden Prüfungspflicht für den Betreiber eines Bildarchivs: vgl. BGH ZUM 2011, 239 (240) Tz. 12.

[1837] BGH GRUR 2018, 1044, 1047 Tz. 32 – Dead Island; BGH GRUR 1999, 418 (420) – Möbelklassiker; BGH GRUR 1984, 54 (55) – Kopierläden.

[1838] EuGH GRUR 2021, 1054 Tz. 1040 – YouTube/Cyando.

BGH zum Umfang der Prüfpflichten von Internetintermediären, die mittelbar zur Verletzung beitragen, findet sich in der Entscheidung Störerhaftung des Registrars.[1839] Die Differenzierung nach den Providern ist im Rahmen der Störerhaftung zwingend, weil es für die Störerhaftung auf die Verletzung zumutbarer Prüfpflichten ankommt. Der Pflichtenumfang richtet sich nach der Funktion und Tätigkeit des als Störern in Anspruch genommenen.

717 Bei der Frage der **Zumutbarkeit einer Prüfpflicht** hat der BGH dem Rechteinhaber im Hinblick auf die Darlegungs- und Beweislast gegenüber dem in Anspruch genommenen Störer erhebliche Erleichterungen eingeräumt. Grundsätzlich liegt die Darlegungs- und Beweislast dafür, was dem vermeintlichen Störer zumutbar ist, beim Anspruchsteller (und damit beim Rechteinhaber). Gemäß BGH besteht jedoch eine sekundäre Darlegungs- und Beweislast für den in Anspruch Genommenen. Für Internet-Service-Provider ergibt sich dies insbesondere daraus, dass er über die entscheidenden Kenntnisse seiner technischen Infrastruktur verfügt.[1840] Umfassende Rechtsprechung gibt es insbesondere zu Host-Providern (auch genannt Content-Provider), also zu Internet-Providern, die für Dritte fremde Inhalte speichern. Die Störerhaftung greift allerdings nur dann, wenn sie nicht schon als Täter wegen zentraler Rolle bei Verletzung von Verkehrspflichten haften (vgl. → Rn. 531 ff.). Der Bundesgerichtshof hat nach Kenntniserlangung beispielsweise für Sharehoster (sog. Cyberlocker) folgende Prüfpflichten angenommen, die bei Nichteinhaltung zu einer Störerhaftung führen: (1) Es besteht zunächst eine Prüfpflicht, die Wiederholung der konkreten Verletzung zu verhindern. (2) Daneben ist aber auch eine Prüfpflicht nach Kenntnis von klaren Rechtsverletzungen anerkannt, bloß gleichartige, ebenso klar erkennbare Verletzungen zu verhindern.[1841]

718 **Host-Provider** erfüllen solche Verpflichtungen durch **Filterverfahren** und durch **manuelle Nachkontrolle;** außerdem besteht eine Prüfpflicht im Hinblick auf zukünftige Uploads des rechtsverletzenden Kunden.[1842] Übernimmt der Plattformbetreiber dagegen eine aktive Rolle durch Schaltung von Anzeigen, die unmittelbar zu schutzrechtsverletzenden Angeboten führen, treffen ihn regelmäßig weitergehende Prüfungspflichten.[1843] So ist bspw. eBay verpflichtet, nach einem Hinweis auf klare Verletzungen über die elektronischen Verweise in seinen Anzeigen erreichbare Angebote ausnahmslos auf problemlos und zweifelsfrei erkennbare Schutzrechtsverletzungen zu überprüfen, und zwar auch, wenn unter 32.553 Angeboten nur 51 Verletzungsfälle entdeckt werden konnten.[1844] Sharehoster, deren Dateien mit urheberrechtlich geschützten Werken Dritter (Filme, Musik, Hörbücher etc.) durch die Veröffentlichung von Zugangslinks auf sog. Linksammlungen rechtswidrig öffentlich zugänglich gemacht werden, müssen alle in Betracht kommenden Linksammlungen durchsuchen. Es besteht nach Auffassung des BGH eine selbständige „Marktbeobachtungspflicht“ des Sharehosters unter Zuhilfenahme von allgemeinen Suchmaschinen.[1845] Bei Sharehostern sei auch eine textbasierte Suche im Hinblick auf die Namen der gespeicherten Datei hinreichend effektiv, weil die Nutzer die Dateien oft mit dem Werktitel bezeichneten, auch wenn möglicherweise nicht alle verletzenden Dateien gefunden werden können.[1846] Die Pflicht umfasse insoweit auch die Suche nach „ähnlichen Ergebnissen“, also zB im Hinblick auf „Der Vorleser“ auch nach „Orleser“.[1847] Insoweit gibt es keinen Erfahrungssatz, dass die Anwendung eines Wortfilters zu einer unzumutbar großen Zahl von Löschungen rechtmäßiger Nutzungen führe.[1848] Es existiert aber nach § 7 Abs. 2 S. 2 TMG (Art. 15 E-Commerce-Richtlinie) keine pro-

[1839] BGH GRUR 2021, 63 Rn. 22 ff. – Störerhaftung des Registrars.

[1840] BGH GRUR 2008, 1097 Tz. 19 f. – Namensklau im Internet.

[1841] BGH GRUR 2018, 1044, 1047 Tz. 25 ff. – Dead Island; BGH GRUR 2013, 370 Tz. 28 ff. – Alone in the Dark; BGH GRUR 2013, 1030 (1032) Tz. 29 ff. – File-Hosting-Dienst; siehe auch BGH GRUR 2008, 702 (706) Tz. 51 – Internet-Versteigerung III; BGH GRUR 2007, 708 (712) Tz. 45 – Internet-Versteigerung II; dazu eingehend J. B. Nordemann CR 2010, 653.

[1842] S. zB OLG Hamburg MMR 2012, 393 – Rapidshare II; OLG Hamburg MMR 2010, 51 – Rapidshare II; OLG Hamburg ZUM-RD 2008, 527 – Rapidshare I; OLG Köln GRUR-RR 2008, 35 (37) – Rapidshare; eine händische Nachkontrolle grundsätzlich ablehnend OLG Düsseldorf ZUM 2010, 600 mit kritischer Anm. Jan Bernd Nordemann ZUM 2010, 604; zur händischen Nachkontrolle zustimmend auch BGH GRUR 2007, 890 (894) – Jugendgefährdende Medien bei eBay.

[1843] BGH GRUR 2013, 1229 (1233) Tz. 47 – Kinderhochstühle im Internet II.

[1844] BGH GRUR 2013, 1229 (1233) Tz. 53 – Kinderhochstühle im Internet II.

[1845] BGH GRUR 2013, 1030 (1034) Tz. 60 – File-Hosting-Dienst.

[1846] Zur Eignung eines Wortfilters für die Erkennung von Urheberrechtsverletzungen, auch wenn damit Verletzungshandlungen nicht vollständig erfasst werden können vgl. BGH GRUR 2018, 178, 186 Tz. 69 – Vorschaubilder III.

[1847] BGH Urt. v. 15.8.2013, I ZR 85/12, BeckRS 2013, 15390 Tz. 60 – File-Hosting-Dienst; siehe auch BGH Urt. v. 15.8.2013, I ZR 79/12, BeckRS 2013, 15388 – File-Hosting-Dienst II.

[1848] BGH GRUR 2013, 1030 (1034 f.) Tz. 62 – File-Hosting-Dienst.

aktive Prüfungspflicht für irgendwelche Verletzungen;[1849] beispielsweise lehrt der EuGH ab, dass ein soziales Netzwerk sämtlichen Verkehr aller seiner Nutzer auf eigene Kosten zeitlich unbegrenzt darauf filtern muss, ob urheberrechtlich geschützte Werke eines bestimmten Rechtinhabers darunter sind.[1850]

Das OLG Hamburg sieht keine Prüfpflicht für rechtsverletzend eingestellte Fotos, wenn das Forum nicht besonders verletzungsanfällig war und auf Beanstandung stets alle relevanten Fotos unverzüglich herausgenommen wurden.[1851] Sofern eine Prüfpflicht besteht, haftet der Host-Provider aber nicht nur subsidiär, wenn ein Vorgehen gegen den Täter nicht möglich ist; vielmehr haftet der Hoster neben dem Täter und sonstigen Störern.[1852] Wird er trotz Kenntnis der Rechtsverletzungen nicht tätig, kann er sogar als Gehilfe haften.[1853] 719

Die Inanspruchnahme von Störern kann insbesondere dann effektiv sein, wenn dadurch massenhafte Abmahnungen der Täter verhindert werden.[1854] Bei Host-Providern ist überdies zu beachten, dass eine Störerhaftung grundsätzlich nur für fremde Inhalte in Betracht kommt; handelt es sich um eigene Inhalte des Hostproviders, haftet er täterschaftlich. Das gilt auch in Fällen, in denen der Host-Provider sich fremde Inhalte zu Eigen macht;[1855] ein solches „Zueigenmachen" kann auch für Bildersuchmaschinen angenommen werden, die Fotos in den Suchergebnissen verkleinert darstellen.[1856] **CDN-Provider („Content-Delivery-Network")** wurden ähnlich wie Host-Povider eingestuft.[1857] 720

Für Internet-Zugangs-Provider existierte bisher – im Gegensatz zu Host-Provider – noch relativ wenig Rechtsprechung, ob und inwieweit diese als Störer haften können. Der Europäische Gerichtshof hat zunächst den Extremfall entschieden, ob eine Verpflichtung von Internetserviceprovidern besteht, ein präventives Filtersystem für den gesamten Datenverkehr für alle Kunden zeitlich unbefristet und auf eigenen Kosten einzurichten, um zu verhindern, dass die Kunden in Peer-to-Peer-Netzwerken Urheberrechtsverletzungen begehen. Das hat der EuGH verneint.[1858] Das luxemburgische Gericht betonte in der Entscheidung aber auch, dass Zugangsprovider gem. Art. 8 Abs. 3 Richtlinie zum Urheberrecht in der Informationsgesellschaft 2001/29/EG (Info-RL) darauf hafteten, Rechtsverstöße abzustellen und präventiv gegen zukünftige Verletzungen vorzugehen, sofern das verhältnismäßig ist.[1859] Diese Rechtsprechung hat der EuGH nunmehr vertieft, indem er die Rechtsprechung des österreichischen Obersten Gerichtshofs, der Urheberrechtsinhabern Sperransprüche gegen Internet-Zugangs-Provider zugesprochen hatte, bestätigte.[1860] In dem entschiedenen Fall hatten Filmproduktionsgesellschaften von einem Internet-Zugangs-Provider gefordert, den Zugang seiner Kunden zu einer Website zu sperren, auf der ihre Filme ohne ihre Zustimmung heruntergeladen oder per Streaming angesehen werden konnten. Der EuGH legte Art. 8 Abs. 3 Info-RL so aus, dass der **Internet-Zugangs-Provider als Vermittler im Sinne dieser Vorschrift** anzusehen ist, dessen Dienste von einem Dritten zur Verletzung der Urheberrechte genutzt werden. Im Rahmen der Abwägung sei neben der Zumutbarkeit der Maßnahmen für den Provider jedoch auch zu beachten, dass den Internetnutzern nicht unnötig die Möglichkeit vorenthalten werden dürfe, in rechtmäßiger Weise Zugang zu den verfügbaren Informationen zu erlangen.[1861] In einem Fall, in dem es um Schadenersatzansprüche gegen Betreiber von offenen WLANs ging, betonte der EuGH im Hinblick auf erforderliche Sicherungsmaßnahmen des WLAN-Providers, dass ein angemessenes Gleichgewicht zwischen den einzelnen betroffenen 721

[1849] Also für Verletzungen, die nicht gleichartig und ebenso klar erkennbar im Sinne der vorgenannten BGH-Rechtsprechung sind.

[1850] EuGH GRUR 2012, 382 – SABAM/Netlog.

[1851] OLG Hamburg MMR 2009, 479 (480) – Mettenden; OLG Hamburg ZUM 2009, 417 – Long Island Ice Tea; OLG Zweibrücken MMR 2009, 541 (542).

[1852] BGH GRUR 2007, 890 Tz. 40 – Jugendgefährdende Medien bei eBay; BGH GRUR 2007, 724 – Meinungsforum.

[1853] OLG Frankfurt ZUM-RD 2014, 87; OLG Hamburg GRUR-RR 2013, 382 – Hörspiel

[1854] BGH GRUR 2007, 890 Tz. 40 – Jugendgefährdende Medien bei eBay.

[1855] BGH GRUR 2010, 616 Tz. 23 ff. – Marions-Kochbuch.de.

[1856] BGH GRUR 2010, 628 Tz. 17 und 20 – Vorschaubilder I, allerdings will der BGH offensichtlich gemäß Tz. 39 gewisse Haftungsprivilegien auch in solchen Fällen anwenden, weil er eine Haftung der Suchmaschine für urheberrechtsverletzende Vorschaubilder erst für den Fall annimmt, nachdem die Suchmaschine auf eine „klare Rechtsverletzung" hingewiesen worden ist. Vgl. auch BGH GRUR 2018, 178, 186 Tz. 74 ff. – Vorschaubilder III.

[1857] Jan Bernd Nordemann GRUR 2021, 16, 23.

[1858] EuGH GRUR 2012, 265 (267 f.) Tz. 36 ff. – Scarlett/SABAM.

[1859] EuGH GRUR 2012, 265 (267 f.) Tz. 31 – Scarlett/SABAM.

[1860] EuGH GRUR 2014, 468 – UPC Telekabel/Constantin Film ua (Kino.to).

[1861] EuGH GRUR 2014, 468 (471) Tz. 59, 63 – UPC Telekabel/Constantin Film ua (Kino.to).

Grundrechten herzustellen sei.[1862] Danach komme keine Verpflichtung des WLAN-Betreibers in Betracht, alle Inhalte zu kontrollieren oder den Zugang bei Auftreten von Verletzungen abzuschalten; es sei aber auch nicht verhältnismäßig, den Internetzugang völlig ohne Sicherungsmaßnahmen zu lassen.[1863] Der EuGH sah vielmehr die Sicherung des Internetanschlusses durch ein Passwort als verhältnismäßig im Sinne eines angemessenen Ausgleichs an.[1864]

722 Die Praxis der deutschen Gerichte war im Hinblick auf eine Störerhaftung zunächst zurückhaltend.[1865] Jedoch entschied der BGH bereits im Jahr 2015, dass Ansprüche gegen Zugangsprovider auf Sperrung von Websites grundsätzlich nach der Störerhaftung möglich seien.[1866] Denkbar sollten danach insbesondere **Blockademaßnahmen** im Hinblick auf bestimmte Websites oder IP-Adressen sein. Noch einige Monate vor der EuGH Entscheidung versagte das OLG Hamburg Urheberrechtsinhabern Sperransprüche gegen einen Internet-Zugangs-Provider, da eine Sperrung des Zugangs zu bestimmten Internet-Seiten wegen des damit verbundenen Grundrechtseingriffs nur auf gesetzlicher Grundlage erfolgen könne.[1867]

723 Das OLG Köln entschied im Anschluss an die EuGH-Entscheidung, dass Urheberrechtsinhaber grundsätzlich Sperransprüche nach der Störerhaftung gegen Internet-Zugangs-Provider zustehen können, allerdings legte es eine strenge Zumutbarkeitsprüfung zugrunde und verneinte aus diesem Grund in dem konkreten Fall die Zumutbarkeit der Sperrung.[1868] Beide Entscheidungen hat der BGH in der Revision zumindest im Ergebnis bestätigt.[1869] Er legte hierbei die EuGH-Rechtsprechung zu Grunde und ging davon aus, dass der Internet-Zugangs-Provider von einem Rechteinhaber als Störer darauf in Anspruch genommen werden kann, den Zugang zu Internetseiten zu unterbinden, auf denen urheberrechtlich geschützte Werke rechtswidrig öffentlich zugänglich gemacht werden. In die im Rahmen der Zumutbarkeitsprüfung vorzunehmende Abwägung bezog er die betroffenen unionsrechtlichen und nationalen Grundrechte des Eigentumsschutzes der Urheberrechtsinhaber, der Berufsfreiheit der Telekommunikationsunternehmen und der Informationsfreiheit und der informationellen Selbstbestimmung der Internetnutzer ein.

724 Der BGH kam jedoch zu dem Ergebnis, dass eine Störerhaftung des Vermittlers von Internetzugängen nur in Betracht kommt, wenn der Rechteinhaber zunächst zumutbare Anstrengungen unternommen hat, gegen diejenigen Beteiligten vorzugehen, die – wie der Betreiber der Internetseite – die Rechtsverletzung selbst begangen haben oder – wie der Host-Provider – zur Rechtsverletzung durch die Erbringung von Dienstleistungen beigetragen haben.[1870] Nur wenn die Inanspruchnahme dieser Beteiligten scheitere oder ihr jede Erfolgsaussicht fehle und deshalb andernfalls eine Rechtsschutzlücke entstünde, sei die Inanspruchnahme des Zugangsvermittlers als Störer zumutbar. Die Möglichkeit einer Störerhaftung von allgemeinen Zugangsprovidern hat sich auch durch die **3. TMG-Novelle 2017** (in Kraft ab 13.10.2017) geändert.[1871] Konkret entschied der BGH, dass der in Anspruch genommene Zugangsprovider damit sowohl für seinen WLAN-Zugang als auch für seinen drahtgebundenen Internetzugang Sperransprüchen aus dem neu eingeführten § 7 Abs. 4 TMG ausgesetzt sein könne. Auf Zugangsprovider, die nicht WLAN-Provider sind, findet der neue § 7 Abs. 4 TMG allerdings nur analog Anwendung, weil der Wortlaut von § 7 Abs. 4 TMG auf WLAN-Provider beschränkt ist. Der BGH sah sich deshalb zu einer analogen Anwendung von § 7 Abs. 4 TMG auf allgemeine Zugangsprovider gezwungen, weil ansonsten gemäß § 8 Abs. 1 S. 2 TMG jegliche Ansprüche gegen allgemeine Zugangsprovider, die unter das Haftungsprivileg des § 8 Abs. 1 S. 2 TMG fallen, ausgeschlossen gewesen wären.[1872]

1862 EuGH GRUR 2016, 1146 (1150) Tz. 83 – McFadden/Sony Music.

1863 EuGH GRUR 2016, 1146 (1151) Tz. 98 – McFadden/Sony Music.

1864 EuGH GRUR 2016, 1146 (1151) Tz. 91 – McFadden/Sony Music; zur Störerhaftung des WLAN-Betreibers vgl. auch → Rn. 727.

1865 OLG Hamburg GRUR-RR 2014, 471 Tz. 59, 63 – UCP Telekabel/Constantin Film ua (Kino.to).

1866 BGH GRUR 2016, 268 – Störerhaftung des Access-Providers; BGH Urtl. v. 26.11.2015, Az. I ZR 3/14, BeckRS 2016, 01908.

1867 OLG Hamburg GRUR-RR 2014, 140 (143 ff.) – 3dl.am.

1868 OLG Köln GRUR 2014, 1081 (1084 ff.) – Goldesel.to.

1869 BGH GRUR 2016, 268 – Störerhaftung des Access-Providers; BGH Urt. v. 26.11.2015, Az. I ZR 3/14, BeckRS 2016, 01908.

1870 BGH GRUR 2016, 268 (277) Tz. 82 f. – Störerhaftung des Access-Providers; BGH Urt. v. 26.11.2015, Az. I ZR 3/14, BeckRS 2016, 01908.

1871 Vgl. unten → Rn. 727.

1872 Der vom BGH eingeschlagene Weg der analogen Anwendung von § 7 Abs. 4 TMG war allerdings nicht der einzig gangbare Weg. Denkbar wäre auch gewesen, die Anwendung von § 7 Abs. 4 TMG auf WLAN-Provider zu beschränken (wie vom Wortlaut vorgesehen). Für sonstige Zugangsprovider hätte – wie bisher zur TMG-Novelle- die Störerhaftung angewendet werden können. Das wäre dann möglich geworden, wenn der BGH § 8 Abs. 1 S. 2 TMG

Das Fehlen jeglicher Anspruche gegen allgemeine Zugangsprovider wäre aber EU-rechtswidrig gewesen, weil nach Art. 8 Abs. 3 Richtlinie 2001/29 Ansprüche auch gegen allgemeine Zugangsprovider möglich sein müssen.[1873] Denn Zugangsprovider sind Vermittler im Sinne von Art. 8 Abs. 3 Urheberrichtslinie 2001/20, so dass zumindest Unterlassungsansprüche nach Art. 8 Abs. 3 Richtlinie 2001/29 europarechtlich zwingend seien.

In einem weiteren Verfahren bestätigte das OLG München die **Unionsrechtskonformität** von § 7 Abs. 4 S. 1 und § 8 Abs. 2 S. 1 TMG und den darin beinhalteten Regelungen zu Nutzersperren. Diese seien grundsätzlich tauglich, um den Zugang zu P2P-Netzwerken zu erschweren.[1874] Inzwischen sind auch erste Sperrverfügungen gegen strukturell urheberrechtsverletzende Websites durch das LG München I ergangen.[1875] Dabei zeigt sich das Gericht relativ großzügig im Hinblick auf das Subsidiaritätsgebot („keine andere Möglichkeit, der Verletzung seines Rechts abzuhelfen"), wenn die zu sperrenden Websites kriminelle Geschäftsmodelle betreiben. Die Anforderungen an das Subsidiaritätserfordernis dürften nicht überspannt werden dürfen. Insbesondere DNS-Sperren seien auch verhältnismäßig. Gänzlich neu ist die Bestätigung von Repertoire-weiten Sperransprüchen der Rechteinhaber gegen den verklagten Zugangsprovider. Der Sperranspruch müsse nicht mehr werkbezogen formuliert sein, weil die Verpflichtungen des Zugangsproviders auf Einrichtung einer DNS-Sperre lichtwerkbezogen seien. Sie wirkten sich auch nicht werkbezogen aus.[1876] 725

Das OLG München hat jedoch inzwischen die Anforderungen an die Subsidiarität erheblich verschärft. Host-Provider der zu sperrenden Website, die ihren Sitz in der EU haben, müssen notfalls gerichtlich nach dortigem Recht über Betreiber der Website auf Auskunft in Anspruch genommen werden. Das gelte auch dann, wenn sie ständig gewechselt werden („Hosting-Nomadismus").[1877] Das erscheint allerdings wenig überzeugend: Bei strafbaren Geschäftsmodellen widerspricht es der Lebenserfahrung, dass sie zutreffende Namens- und Adressdaten an ständig wechselnde Host-Provider geben. Eher erscheint eine tatsächliche Vermutung sinnvoll, dass bei strafbarem Geschäftsmodell mit anonymem Betreiber weder die Inanspruchnahme der Betreiber noch seiner technischen Dienstleister erfolgversprechend ist. Im einstweiligen Verfügungsverfahren sind nach der Rechtsprechung der Münchner Gerichte ohnehin Ansprüche nach § 7 Abs. 4 S. 1 TMG analog auf Websitesperren nur sehr begrenzt durchsetzbar. Nach einer Entscheidung des OLG München[1878] bestehen im Hinblick auf den Verfügungsgrund Besonderheiten bei Sperransprüchen nach § 7 Abs. 4 S. 1 TMG. Die für den Verfügungsgrund erforderliche Dringlichkeit ist nicht werkbezogen, sondern seitenbezogen zu prüfen. Es ist mithin dringlichkeitsschädlich, wenn der Rechteinhaber gegen den Zugangsprovider nicht innerhalb eines Monats ab Erlangung dieser Kenntnis den Antrag auf Erlass einer einstweiligen Verfügung stellt.[1879] **DNS-Resolver-Betreiber** haften wie Zugangsprovider, soweit es um eine DNS-Sperre geht.[1880] 726

Eine Störerhaftung wurde bislang auch für den Inhaber von Internet-Zugängen angenommen. Jeder **Inhaber eines Wlan-Anschlusses**, also auch der Privatmann, ist nach der Rechtsprechung des BGH dazu verpflichtet, den Zugang zu verschlüsseln und es dabei nicht bei den werkseitigen Standardsicherheitseinstellungen des WLAN-Routers zu belassen, sondern das werkseitig voreingestellte Passwort durch ein persönliches, ausreichend langes und sicheres Passwort zu ersetzen.[1881] Etwas anderes gilt, wenn das werkseitig vergebene Kennwort individuell und daher nur dem Inhaber des WLAN-Routers bekannt ist; in diesem Fall soll es mindestens ebenso sicher sein wie ein selbst gewähltes.[1882] Wird der Internetanschluss Familienangehörigen überlassen, gilt für 727

und den damit verbundenen Anspruchsaussschluss für alle Zugangsprovider nicht auf allgemeine Zugangsprovider angewendet hätte. Siehe eingehend Jan Bernd Nordemann, GRUR 2018, 1016.

[1873] BGH GRUR 2018, 1044 Tz. 41 ff. – Dead Island.

[1874] OLG München GRUR 2018, 721, Ls. – Freies W-LAN.

[1875] LG München I BeckRS 2019, 11911 Rn. 38 ff. – Album-Veröffentlichung: Blockade der Website goldesel.to; LG München I v. 25. Oktober 2019, Az. 21 O 15007/18: Blockade der Website LibGen und Scihub.

[1876] LG München I v. 25. Oktober 2019, Az. 21 O 15007/18: Blockade der Website LibGen und Sci-Hub.

[1877] OLG München v. 27.5.2021, 29 U 6933/19 – LibGen & Sci-Hub; nicht rechtskräftig, BGH I ZR 111/21.

[1878] OLG München GRUR 2019, 507 – Wissenschaftsverlage.

[1879] OLG München GRUR 2019, 507 – Wissenschaftsverlage; gleichlautend LG München I MMR 2019, 400 – Kein Eilrechtsschutz gegen Access-Provider.

[1880] OLG Köln GRUR 2021, 70, 75 Tz. 93 f. – HERZ KRAFT WERKE; Jan Bernd Nordemann GRUR 2021, 18, 22.

[1881] BGH GRUR 2018, 1044, 1046 Tz. 22 ff – Dead Island; BGH GRUR 2010, 633 Tz. 32 ff. – Sommer unseres Lebens, insoweit gegen OLG Frankfurt GRUR-RR 2008, 279 – ungesichertes WLAN.

[1882] BGH Urt. v. 24.11.2016, Az. I ZR 220/15 – WLAN-Schlüssel; AG Hamburg Urt. v. 9.1.2015, Az. 36a C 40/14; AG Frankfurt Urt. v. 14.6.2013 Az. 30 C 3078/12 (75), BeckRS 2013, 16192.

die Haftung des Anschlussinhabers folgendes: Minderjährige Familienmitglieder, die normal entwickelt, einsichtsfähig und verhaltensunauffällig sind und im Regelfall die grundlegenden Gebote und Verbote der Erziehungsberechtigten befolgen, müssen nach der *Morpheus*-Rechtsprechung des BGH durch die Eltern (Anschlussinhaber) nicht permanent überwacht werden. Vielmehr genügt zur Erfüllung der Pflicht eine allgemeine Belehrung des Kindes über Internettauschbörsen und ein generelles Verbot, an ihnen teilzunehmen.[1883] Nicht ausreichend ist es jedoch, dem Kind nur die Einhaltung allgemeiner Regeln zu einem ordentlichen Verhalten aufzugeben.[1884] Es besteht auch keine „vorab"-Verpflichtung, generell den Zugang zum Internet im Hinblick auf Tauschbörsen zu erschweren.[1885] Überwachungs- und Sperrungsverpflichtungen entstehen erst, wenn die Erziehungsberechtigten konkrete Anhaltspunkte haben, dass das Kind die Verbote nicht einhält.[1886] Auch aus der allgemeinen (abstrakten) Erfahrung, dass Kinder Verbote „gelegentlich übertreten", könne nicht hergeleitet werden, Eltern müssten auch ohne konkrete Hinweise Sperrmaßnahmen ergreifen.[1887] Wenn die Eltern allerdings eine solche Übertretung im Bereich des Urheberrechts *konkret* feststellen, müssen sie Sperrmaßnahmen ergreifen, sonst haften sie als Störer.[1888] Für § 832 BGB gelten die gleichen Maßstäbe.[1889] Hier greifen allerdings sogar Schadenersatzansprüche.[1890]

728 Ohne konkrete Kenntnis des Anschlussinhabers von der Rechtsverletzung kommt also seine Störerhaftung bzw. eine Verletzung des § 832 BGB bei Erfüllung der Belehrungspflichten bei einem normalen Minderjährigen nicht in Betracht; die Abmahnung gegen den Anschlussinhaber geht ins Leere. Das allgemeine Belehrungsgespräch muss im Bestreitensfall substantiiert vorgetragen und gegebenenfalls bewiesen werden.[1891] Eine Haftung des Inhabers eines Internetanschlusses für volljährige Familienmitglieder hat der BGH grundsätzlich ebenfalls verneint; erst wenn der Anschlussinhaber konkrete Anhaltspunkte für einen Missbrauch habe, müsse er die zur Verhinderung von Rechtsverletzungen erforderlichen Maßnahmen ergreifen.[1892]

729 Da Wohnungsinhaber grundsätzlich keine Aufsichtspflicht gegenüber ihren volljährigen Mitbewohnern und Gästen haben, sind sie ohne konkrete Anhaltspunkte für bereits begangene oder bevorstehende Urheberrechtsverletzungen nicht verpflichtet, diese über die Rechtswidrigkeit einer Tauschbörsenteilnahme aufzuklären und ihnen eine solche Nutzung zu untersagen.[1893]

730 Seit dem **3. TMG-ÄnderungsG (13.10.2017) ist jedoch die Störerhaftung von privaten und gewerblichen WLAN-Betreibern abgeschafft.**[1894] Nach Auffassung des BGH ist infolge des 3. TMG-ÄnderungsG die Störerhaftung für alle unter § 8 TMG fallenden Zugangsprovider, also auch für die Betreiber von drahtgebundenen Internetzugängen, abgeschafft.[1895] Sie haften grundsätzlich überhaupt nicht mehr auf Schadensersatz, Unterlassung oder Beseitigung (§ 8 Abs. 3 TMG iVm. § 8 Abs. 1 S. 2 TMG). WLAN-Provider haften allerdings gem. § 7 Abs. 4 S. 1 und S. 2 TMG auf Sperrung. Das ist eine Umsetzung von Art. 8 Abs. 3 Info-RL,[1896] so dass eine europarechtskonforme Auslegung erfolgen muss.[1897]

731 Nach der aktuellen Rechtsprechung des BGH ist der Sperranspruch nach § 7 Abs. 4 TMG unionsrechtskonform dahingehend fortzubilden, dass er nicht nur gegen WLAN-Provider, sondern in analoger Anwendung auch gegen Betreiber drahtgebundener Internetzugänge geltend ge-

---

1883 BGH GRUR 2013, 511 Tz. 22 ff. – Morpheus; BGH GRUR 2016, 184 (186 f.) Tz. 32 – Tauschbörse II; zu den Anforderungen an die Belehrung Minderjähriger vgl. LG Berlin MMR 2014, 343 (344); OLG Hamburg MMR 2014, 127 (128).

1884 BGH GRUR 2016, 184 (186 f.) Tz. 32 – Tauschbörse II.

1885 BGH GRUR 2013, 511 Tz. 24 – Morpheus; das wäre beispielsweise durch gezielte Portsperrung möglich, siehe Gooren ZUM 2013, 479 (481).

1886 BGH GRUR 2013, 511 Tz. 24 – Morpheus.

1887 BGH aaO, Tz. 35 – Morpheus.

1888 Anderer Ansicht Rauer/Pfuhl WRP 2013, 802 (804).

1889 BGH GRUR 2013, 511 Tz. 12 ff. – Morpheus; vgl. auch OLG Hamburg MMR 2014, 127 (128).

1890 OLG Köln MMR 2013, 319 (320).

1891 OLG Hamburg MMR 2014, 127 (128); OLG Köln MMR 2013, 319 (320).

1892 BGH GRUR 2014, 657 (659) Tz. 24 – BearShare; vgl auch OLG Düsseldorf ZUM 2014, 406 (408); anders noch OLG Köln MMR 2012, 616 (617).

1893 BGH GRUR 2016, 1289 (1290) Tz. 14 – Silver Linings Playbook.

1894 RegE 3. TMG-ÄnderungsG BT-Drs. 18/12202, S. 13. Dazu BGH GRUR 2018, 1044, 1048 Tz. 36 ff. – Dead Island; Sesing/Baumann MMR 2017, 583; Spindler NJW 2017, 2305; Mantz GRUR 2017, 969; Haun WRP 2017, 780; Conraths/Peintinger GRUR-Prax 2017, 206.

1895 BGH GRUR 2018, 1044, 1048 Tz 36 ff. – Dead Island.

1896 RegE 3. TMG-ÄnderungsG BT-Drs. 18/12202, S. 12.

1897 Zur europarechtskonformen Auslegung vgl. BGH GRUR 2018, 1044, 1048 Tz. 41 ff. – Dead Island.

macht werden kann.[1898] Es besteht ein Subsidiaritätserfordernis („keine andere Möglichkeit, der Verletzung seines Recht abzuhelfen"). Auch wenn der Gesetzgeber des 3. TMG-ÄnderungsG das nicht erwähnt,[1899] ist es doch offensichtlich der BGH-Rechtsprechung zu allgemeinen Zugangsprovidern nachgebildet[1900] und entsprechend auszulegen.[1901] Da eine Registrierungspflicht nach § 8 Abs. 4 TMG nicht besteht, dürfte also eine Inanspruchnahme der Täter im Regelfall ausscheiden.[1902]

Als Rechtsfolge kann eine Sperrung von Informationen verlangt werden, um die Wiederholung der Rechtsverletzung zu verhindern. Welche Maßnahme in Betracht kommt, hängt vom Einzelfall ab.[1903] Sie muss technisch möglich, wirtschaftlich zumutbar und verhältnismäßig sein, wie § 7 Abs. 4 S. 2 TMG ausdrücklich klarstellt. Erforderlich ist daher stets eine Interessenabwägung im Einzelfall. 732

Die grundrechtlich geschützten Interessen aller Betroffenen sowie das Telekommunikationsgeheimnis sind angemessen zu berücksichtigen.[1904] Insbesondere darf eine Sperrmaßnahme nicht zu „Overblocking" führen. Möglich sind daher auch Maßnahmen, die vom Eingriffscharakter unterhalb einer Sperrung liegen, wie zB Datenmengenbegrenzungen, wenn sie im Einzelfall angemessen sind.[1905] Der RegE erwähnt als weitere Einzelmaßnahmen Portsperren am Router, um den Zugang zu Peer-to-Peer Netzwerken und den Zugriff auf illegale Tauschbörsen zu verhindern.[1906] Daneben kommen Sperren des Zugriffs auf eine bestimmte Website vom betroffenen Zugangspunkt des Diensteanbieters in Betracht, ggf. zeitlich befristet. Router können heute schon über die Einstellungen den Zugriff auf bestimmte Websites verhindern, auf denen Rechtsverletzungen begangen wurden.[1907] 733

Vom EuGH wurde ein Passwortschutz des WLANs oder eine Registrierungspflicht für ausreichend gehalten.[1908] Zwar stellt § 8 Abs. 4 TMG nach dem 3. TMG-ÄnderungsG klar, dass Diensteanbieter nach § 8 Abs. 3 TMG von einer Behörde nicht verpflichtet werden dürfen, (1) vor Gewährung des Zugangs (a) die persönlichen Daten von Nutzern zu erheben und zu speichern (Registrierung) oder (b) die Eingabe eines Passworts zu verlangen oder (2) das Anbieten des Dienstes dauerhaft einzustellen. Der BGH ist jedoch der Ansicht, die Regelung des § 8 Abs. 4 TMG erfasse schon aufgrund ihres Wortlauts sowie des Regelungszusammenhangs nur Behörden; den Gerichten sei aber (anders als Behörden) eine solche Verpflichtung des Diensteanbieters nach § 8 Abs. 3 TMG und (erst Recht) anderer Diensteanbieter nach § 8 Abs. 1 TMG nicht verboten.[1909] Daher seien auch nach dem 3. TMG-ÄnderungsG für den Fall, dass andere, mildere Sperrmaßnahmen nicht geeignet seien, die beanstandete Rechtsverletzung abzustellen, weiterhin die Sicherung des Zugangs durch ein Passwort und womöglich sogar – im äußersten Fall – die vollständige Sperrung des Zugangs in Betracht zu ziehen.[1910] 734

Domain-Registrare kann ebenfalls eine Störerhaftung treffen.[1911] Hierbei handelt es sich um Domain-Provider, die für Kunden bei den betreffenden Registrierungsstellen (Registries) Domains regstrieren und an diese zur Konnektierung erforderlichen Daten des Domaininhabers weiterleiten. Registrare sind keine Zugangsanbieter im Sinne von § 8 TMG. Sie sind bereits keine Diensteanbieter im Sinne des § 2 Abs. 1 Nr. 1 TMG, da sie lediglich die administrative Abwicklung der Domainregistrierung vornehmen.[1912] Von daher sind die Haftungsprivilegien des § 8 TMG nicht anwendbar. Da der BGH die zumutbaren Prüfpflichten des Registrars entspre- 735

[1898] Vgl. BGH GRUR 2018, 1044, 1048 Tz. 35 ff. – Dead Island.
[1899] RegE 3. TMG-ÄnderungsG BT-Drs. 18/12202, S. 12.
[1900] BGH GRUR 2016, 268 Tz. 83 – Störerhaftung des Access-Providers.
[1901] Sesing/Baumann MMR 2017, 583, 587; Conrads/Peintinger GRUR-Prax 2017, 206, 207.
[1902] Sesing/Baumann MMR 2017, 583, 587.
[1903] RegE 3. TMG-ÄnderungsG BT-Drs. 18/12202, S. 12; vgl. auch BGH GRUR 2018, 1044, 1048 Tz. 43 – Dead Island.
[1904] Sesing/Baumann MMR 2017, 583, 587; Conrads/Peintinger GRUR-Prax, 2017, 206, 207.
[1905] RegE 3. TMG-ÄnderungsG BT-Drs. 18/12202, S. 12; zweifelnd, aber zumindest tauglich gegen massenhafte Rechtsverletzungen: Sesing/Daumann MMR 2017, 583, 588.
[1906] RegE 3. TMG-ÄnderungsG BT-Drs. 18/12202, S. 12; vgl. dazu auch BGH GRUR 2018, 1044, 1049 Tz. 50 ff. – Dead Island.
[1907] RegE 3. TMG-ÄnderungsG BT-Drs. 18/12202, S. 12.
[1908] GRUR 2016, 1146 Tz. 90 ff – McFadden/Sony Music; dazu Jan Bernd Nordemann GRUR 2016, 1097, 1101.
[1909] BGH GRUR 2018, 1044, 1049 Tz. 54 f. – Dead Island.
[1910] BGH GRUR 2018, 1044, 1050 Tz. 56 – Dead Island.
[1911] BGH RGUR 2021, 63 – Störerhaftung des Registrars; vgl. eingehend Jan Bernd Nordemann GRUR 2021, 18.
[1912] BGH GRUR 2021, 63, 64 Tz. 14 ff. – Störerhaftung des Registrars.

chend Zugangsprovidern bildete, gelten die für Zugangsprovider vom BGH entwickelten Grundsätze (vgl. → Rn. 717):

– **Subsidiaritätserfordernis:** Der Rechteinhaber müsse zunächst erfolglos gegen diejenigen Beteiligten vorgehen, die die Rechtsverletzung selbst begangen haben (wie der Betreiber der Internetseite) oder zur Rechtsverletzung durch die Erbringung von Dienstleistungen beigetragen haben (wie der Hostprovider). Ein solches Vorgehen sei nur dann obsolet, wenn ihm jede Erfolgsaussicht fehle.[1913]
– Kein unverhältnismäßiges Overblocking: Die Inanspruchnahme als Störer darf nicht dazu führen, dass ein unverhältnismäßiges Overblocking auftritt. Genauso wie bei Sperrmaßnahmen durch Zugangsprovider sind auch bei Dekonnektierung von Domains durch Domainregistrare die gesamten Inhalte der Website von den Maßnahmen des Providers betroffen. Damit sind auch Inhalte betroffen, die nicht im Streit stehen und die insbesondere legal sein können. Der BGH wiederholte hier den Grundsatz, dass die Störerhaftung dann druchgreifen könne und zumutbar sei, wenn die gesperrten abrufbaren Inhalte weit überwiegend illegal seien.[1914] Damit sind – wie bei Zugangsprovidern – Ansprüche auf Störerhaftung gegen Domainprovider grundsätzlich nur dann möglich, wenn es sich um strukturell rechtsverletzende Websites handelt, also um Websites, deren Geschäftsmodell auf Rechtsverletzungen angelegt ist.[1915]
– **Vorheriger Hinweis:** Außerdem fordert der BGH für das Entstehen von zumutbaren Prüfpflichten, dass der Registrar einen vorherigen Hinweis durch den verletzten Rechteinhaber erhält. Dieser Hinweis müsse alle relevanten Umstände für das Entstehen der Prüfpflichten klar enthalten. Solche Umstände sind: (1) die geltend gemachte Rechtsverletzung, (2) die Darlegung, dass unter der beanstandeten Domain weit überwiegend rechtsverletzende Inhalte erreichbar seien, und (3) dass das Subsidiaritätserfordernis erfüllt sei, also der Anspruchsteller erfolglos gegen den Betreiber oder den Hausprovider der Domain vorgegangen sei und einem solchem Vorgehen jede zumutbare Erfolgsaussicht fehle.[1916]

736 Seien diese Voraussetzungen erfüllt, könne ein Rechteinhaber aus Dekonnektierung einer Domain gegen einen Domainregistrar vorgehen.[1917] Darüber hinaus ist auch eine Gehilfenhaftung denbar, sofern der Registrar trotz Kenntniserlangung über einen ausreichenden Hinweis aktiv tätig wird und die Freigabe für den Umzug der Domain zu einem anderen Registrar nach Dekonnektierung zugunsten einer strukturell urheberrechtsverletzenden Website erteilt.[1918]

737 Im **Wettbewerbsrecht** operiert der *BGH* neuerdings mit der Figur der Verletzung von Verkehrspflichten, die allerdings den Prüfpflichten aus der Störerhaftung entsprechen sollen.[1919] Eine solche Haftung wäre täterschaftlich und würde insbesondere auch Schadensersatzansprüche umfassen. Der *BGH* hat es jedoch für das Urheberrecht abgelehnt, auf die Verletzung von Verkehrspflichten abzustellen, sondern ist bei der Störerhaftung geblieben.[1920]

738 Für den Bereich des **Internets** sind die Haftungserleichterungen der §§ 7–10 TMG (TelemedienG; früher gemäß TDG bzw. MDStV) zu beachten. Die Haftungserleichterungen betreffen allerdings nicht die Unterlassungshaftung, § 10 TMG.[1921] Die Haftung nach § 7 Abs. 1 TMG setzt einen Diensteanbieter von Telemedien gemäß § 2 Nr. 1 TMG voraus, der eigene Inhalte anbietet. Dies ist bei Diskussionsforen regelmäßig nicht der Fall,[1922] sondern nur, wenn sich der Anbieter

---

[1913] BGH aaO Rn. 31 – Störerhaftung des Registrars; Das Subsidiaritätserfordernis ist unionsrechtlich fragwürdig im Hinblick auf Art. 8 Abs. 3 Urheberrechtsrichtlinie 2001/29: Ohly JZ 2019, 251, 254; Jan Bernd Nordemann GRUR 2021, 18, 21.

[1914] BGH aaO Rn. 34 – Störerhaftung des Registrars.

[1915] Jan Bernd Nordemann GRUR 2021, 17, 21.

[1916] BGH GRUR 2021, 63 Rn. 35 – Störerhaftung des Registrars.

[1917] BGH aaO Rn. 9, 12, 19, 29 – Störerhaftung des Registrars.

[1918] Jan Bernd Nordemann GRUR 2021, 18, 23.

[1919] BGH GRUR 2007, 890 (894), Tz. 37 – Jugendgefährdende Medien bei eBay.

[1920] BGH GRUR 2010, 633 Tz. 13 – Sommer unseres Lebens; kritisch Czychowski/J. B. Nordemann GRUR 2013, 986 (990) mwN; Fromm/Nordemann/Jan Bernd Nordemann UrhG § 97 Rn. 157; zum Markenrecht: Köhler GRUR 2008, 1 (6).

[1921] Vgl. auch BGH GRUR 2007, 708 Tz. 19 – Internet-Versteigerung II; GRUR 2007, 724 (725) Tz. 7 – Meinungsforum; OLG Frankfurt GRUR-RR 2008, 385 (386) – Cartoons. Siehe auch EuGH GRUR 2011, 1025 Tz. 127 – L'Oréal/eBay, dazu Jan Bernd Nordemann GRUR 2011, 977 (978).

[1922] OLG Hamburg Urt. v. 4.2.2009, Az: 5 U 167/07, Tz. 38 und 40 (juris) – Mettenden; OLG Hamburg Urt. v. 4.2.2009, Az: 5 U 180/07, BeckRS 2009, 08375, S. 7 – Long Island Ice Tea; in Abgrenzung zu BGH GRUR 2010, 616 (618) – marions-kochbuch.de, bei dem der Internetbetreiber eigene Inhalte (Kochrezepte) bereithielt, die von den Nutzern eingestellt wurden, allerdings nach vorheriger Prüfung durch den Betreiber und eigener Bewertung durch den Betreiber.

die Inhalte Dritter zu Eigen macht, zB aufgrund der Art der Einbindung in das eigene Angebot oder Kostenpflichtigkeit der Inhalte.[1923] Das TMG wurde durch das Zweite Gesetz zur Änderung des Telemediengesetzes[1924] vom 27.6.2016 reformiert. Zur europarechtlichen Vorgabe, der E-Commerce-Richtlinie entschied der EuGH aktuell, dass Internet-Zugangs-Provider im Sinne der Haftungsprivilegierung des Art. 12 E-Commerce-RL im Hinblick auf Schadenersatzansprüche auch Betreiber von offenen WLANs sein könnten.[1925] Er hat das Merkmal der Diensterbringung „in der Regel gegen Entgelt" großzügig ausgelegt und angenommen, dass es auch erfüllt sei, wenn eine unentgeltliche Leistung von einem Anbieter zu Werbezwecken für von ihm verkaufte Güter oder angebotene Dienstleistungen erbracht werde.[1926] Der Internet-Zugangs-Provider sei auch davor geschützt, auf Abmahnkosten oder Gerichtskosten im Rahmen eines Schadenersatzbegehrens in Anspruch genommen zu werden.[1927] Im Hinblick auf Unterlassungs- und Beseitigungsansprüche und die hierfür aufgewendeten Abmahn- und Gerichtskosten gewähre Art. 12 Abs. 1 E-Commerce-RL ein solches Privileg jedoch gerade nicht; Art. 12 Abs. 3 E-Commerce-RL stelle klar, dass die Privilegierung die Möglichkeit unberührt lasse, vom Diensteanbieter zu verlangen, die Urheberrechtsverletzung abzustellen oder zu verhindern.[1928] Lediglich Art. 15 E-Commerce-RL ist demnach auf Unterlassungs- und Beseitigungsansprüche anwendbar. Damit ist ein in Deutschland vehement geführter Meinungsstreit endgültig entschieden.[1929]

Durch die **TMG-Reform 2016** wollte der deutsche Gesetzgeber die Störerhaftung für WLAN-Betreiber einschränken; er schuf jedoch keine explizite Regelung hierfür, da er auf die Ausführungen des Generalanwalts vertraute, wonach die Haftungsprivilegierungen des Art. 12 Abs. 1 E-Commerce-RL die Unterlassungsansprüche ohnehin erfassten.[1930] Da der EuGH dem nicht gefolgt ist, droht deutschen WLAN-Betreibern die Störerhaftung unverändert bzw. eher noch strenger. Insoweit dürfte die TMG-Reform obsolet sein.[1931] 739

Seit der **3. TMG-Novelle 2017** (in Kraft ab 13.10.2017) hat sich für Zugangsprovider nach § 8 TMG die Haftungssituation jedoch verändert. Nunmehr enthält § 8 Abs. 1 S. 2 TMG einen expliziten Ausschluss sämtlicher Ansprüche auf Schadensersatz, Unterlassung und Beseitigung, und zwar für WLAN-Provider und alle anderen Zugangsprovider. Mit dem Ausschluss von Unterlassungs- und Beseitigungsansprüchen sind damit auch Ansprüche aus der Störerhaftung unmöglich, wie sie bislang gegen WLAN- und sonstige Zugangsprovider geltend gemacht werden konnten. Nach Auffassung des BGH ist infolge des 3. TMG-ÄnderungsG die Störerhafung für alle unter § 8 TMG fallenden Zugangsprovider, also auch für die Betreiber von drahtgebundenen Internetzugängen, abgeschafft.[1932] Gegen Zugangsprovider aller Art können nach dem BGH jetzt nur noch Sperransprüche nach § 7 Abs. 4 TMG gestellt werden.[1933] Zu den Ansprüchen siehe oben → Rn. 724. Das Haftungsprivileg des § 10 TMG (Art. 14 E-Commerce-RL 2000/13) befreit Hostprovider bspw. von der Haftung auf Schadensersatz (nicht jedoch von der Unterlassungshaftung). Nach Auffassung des BGH ist ein Speicherdienst, der gezielt mit einem Aufnahmedienst zusammenarbeitet, um ein gemeinsames Aufnahme- und Speicherangebot anzubieten, kein Hostprovider, weil es nicht lediglich um eine Aufnahmeleistung gehe. Das Haftungsprivileg der Hostprovider greife deshalb im Hinblick auf die rechtswidrige Aufnahme nicht.[1934] 740

10. Haftung nach dem Urheberrechts-Diensteanbieter-Gesetz (UrhDaG)

Zu den am kontroversesten diskutierten Regelungen der jüngeren Urheberrechtsentwicklung gehört sicherlich **Artikel 17 der DSM-RL** (im Gesetzgebungsverfahren unter „Artikel 13" berühmt geworden). Artikel 17 DSM-RL betrifft die Frage, unter welchen Voraussetzungen Diensteanbieter für das Teilen von Online-Inhalten (nachfolgend: „Diensteanbieter") wie YouTube oder Faceboook für die von Nutzern hochgeladenen urheberrechtsverletzenden Inhalte tä- 741

[1923] Vgl. ua BGH GRUR 2010, 616 (618) Tz. 24 f. – marions-kochbuch.de, OLG Hamburg Urt. v 10.12.2008, Az: 5 U 224/06, Tz. 38 ff. (juris) – Pixum, mit Bejahung der täterschaftlichen Begehung und nicht nur Störerhaftung.
[1924] BGBl. I 2016, 1766.
[1925] EuGH GRUR 2016, 1146 (1148) Tz. 36 ff. – McFadden/Sony Music.
[1926] EuGH GRUR 2016, 1146 (1148) Tz. 42 – McFadden/Sony Music.
[1927] EuGH GRUR 2016, 1146 (1150) Tz. 75 – McFadden/Sony Music.
[1928] EuGH GRUR 2016, 1146 (1150) Tz. 76–78 – McFadden/Sony Music.
[1929] Siehe die Nachweise bei Fromm/Nordemann/Jan Bernd Nordemann UrhG § 97 Rn. 185.
[1930] Vgl. BT-Drs. 18/8645, S. 10; Schlussanträge des Generalanwalts BeckRS 2016, 80483.
[1931] Vgl. dazu Jan Bernd Nordemann GRUR 2016, 1097 (1098 ff.).
[1932] BGH GRUR 2018, 1044, 1048 Tz. 36 ff. – Dead Island.
[1933] BGH GRUR 2018, 1044, 1048 Tz. 36 – Dead Island.
[1934] BGH GRUR 2020, 738 Tz. 62 – Internet-Radiorekorder.

terschaftlich haften. Diese Frage war vor Inkrafttreten der DSM-RL heftig umstritten, weil unklar war, ob Urheber, ausübende Künstler oder andere ausschließliche Rechteinhaber solche Diensteanbieter täterschaftlich und damit auch auf Schadensersatz in Anspruch nehmen können – oder ob die Diensteanbieter nur als Störer auf Unterlassung haften. Nur bei Schadensersatzansprüchen können die Rechteinhaber an den auch mit rechtswidrigen Uploads generierten Werbeeinnahmen partizipieren. Diese Lücke in der Wertschöpfungskette sollte durch Artikel 17 DSM-RL geschlossen werden, in dem unter bestimmten Voraussetzungen eine täterschaftliche Haftung der Diensteanbieter für die von Nutzern hochgeladenen urheberrechtswidrigen Inhalte festgelegt wird. Sofern bestimmte Haftungsprivilegien nicht greifen, ordnet Artikel 17 Abs. 1 DSM-RL an, dass der Diensteanbieter eine Handlung der öffentlichen Wiedergabe vornimmt. Der rechtsverletzende Upload des Nutzers stellt also zugleich eine öffentliche Wiedergabe (auch) der Diensteanbieter dar.

742 Eine Haftung der Diensteanbieter entfällt jedoch, wenn sie bestimmte Pflichten erfüllen (Art. 17 Abs. 4 DSM-RL). Danach ist der Diensteanbieter zunächst verpflichtet, sich um die Einholung von Nutzungsrechten zu bemühen sowie alle Anstrengungen zu unternehmen, um sicherzustellen, dass bestimmte von Rechteinhabern gemeldete urheberrechtswidrige Inhalte nicht verfügbar sind. Nach Erhalt eines Hinweises von Rechteinhabern ist der Zugang zu den entsprechenden Werken unverzüglich zu sperren und der Diensteanbieter muss alle Anstrengungen unternehmen, um das künftige Hochladen des Werkes zu verhindern. Diese reaktiven Pflichten werden von den Diensteanbietern in der Regel nicht ohne den Einsatz von **Filtertechnologie** umgesetzt werden können; hier ist allerdings der Grundsatz der Verhältnismäßigkeit zu beachten (Art. 17 Abs. 5 DSM-RL). Um ein **Overblocking** zu verhindern, betont Art. 17 Abs. 7 DSM-RL die Anwendbarkeit verschiedener **Schrankenbestimmungen** für die Nutzung zum Zweck von Zitaten, Kritik und Rezensionen oder zum Zweck von Karikaturen, Parodien oder Pastiche. Ferner verpflichtet Art. 17 Abs. 9 DSM-RL die Mitgliedstaaten, bestimmte **Streitbeilegungsmechanismen** zu schaffen.

743 Parallel zum Entstehungsprozess von Art. 17 DSML hat der EuGH aus Art. 3 Info-RL ein **täterschaftliches Haftungskonzept** für Verletzungen des Verwertungsrechts der öffentlichen Wiedergabe entwickelt. Eine täterschaftliche Haftung setzt dabei Folgendes voraus: (1) Zentrale Rolle und volle Kenntnis der Folgen seines Verhaltens, um Dritten Zugang zu gewähren,[1935] und (2) Verletzung der Pflicht, durch den Zugang Dritten keine rechtswidrige öffentliche Wiedergabe zu gewähren.[1936] Unter diesen Voraussetzungen haftet ein Vermittler täterschaftlich, auch wenn seine Nutzer (Uploader) die unmittelbaren Täter sind. Die erforderliche zentrale Rolle nimmt der Intermediär dann ein, wenn ohne sein Tätigwerden die Kunden das (urheberrechtswidrig) öffentlich wiedergegebene Werk grundsätzlich nicht abrufen können oder dies zumindest komplexer wäre.[1937] Das ist nach Auffassung des EuGH für einen Dienst wie YouTube grundsätzlich der Fall, weil erst durch das Bereitstellen der Plattform samt Organisation der Inhalte die öffentliche Wiedergabe gegenüber den Abrufern stark gefördert wird.[1938] Damit ist die Schnittmenge von Art. 17 DSM-RL und dessen Haftungskonzept sehr schön aufgezeigt, weil YouTube nach allgemeiner Auffassung auch unter Art. 17 DSM-RL fällt. Art. 17 DSM-RL und die deutsche Umsetzung gehen jedoch dem Haftungskonzept aus Art. 3 Info-RL als lex specialis vor. Für alle Diensteanbieter, die nicht darunterfallen, kann jedoch das Haftungskonzept aus Art. 3 Info-RL weiter greifen. Siehe im Einzelnen dazu → Rn. 715.

744 Der Gesetzgeber hat sich entschieden, Art. 17 DSM-RL in einem eigenen neuen „Stammgesetz" umzusetzen. Vor dem Hintergrund der Komplexität von Art. 17 DSM-RL ist dies zunächst ein nachvollziehbarer Ansatz, da bei einer Integration ins Urheberrechtsgesetz diverse Bestimmungen zerstreut über das gesamte UrhG hätten eingefügt werden müssen. Die Umsetzung erfolgt also in dem neu geschaffenen **„Urheberrechts-Diensteanbieter-Gesetz" (kurz „UrhDaG")**. Das UrhDaG umfasst mit seinen 22 Paragraphen sämtliche Regelungen von Art. 17, weicht in Details jedoch auch stark von den Vorgaben der Richtlinie ab.

745 Zunächst setzt § 1 Abs. 1 UrhDaG den **Grundsatz** aus Art. 17 Abs. 1 DSM-RL um, **dass der Diensteanbieter Werke öffentlich wiedergibt,** wenn er der Öffentlichkeit Zugang zu urheberrechtlich geschützten Werken verschafft, die von Nutzern des Dienstes hochgeladen worden sind. Hier

[1935] EuGH GRUR 2021, 1054 Rn. 68, 77 – YouTube/Cyando; EuGH GRUR 2017, 790 Tz. 26, 36 – BREIN/Ziggo.
[1936] EuGH GRUR 2021, 1054 Rn. 102 – YouTube/Cyando; EuGH GRUR 2017, 790 Tz. 40 ff. – BREIN/Ziggo.
[1937] EuGH GRUR 2021, 1054 Rn. 68, 77 – YouTube/Cyando.
[1938] EuGH GRUR 2021, 1054 Rn. 77 – YouTube/Cyando.

stellt sich die Frage, ob diese Handlung der öffentlichen Wiedergabe durch den Diensteanbieter eine öffentliche Wiedergabe gem. § 15 Abs. 2 S. 1 UrhG (Umsetzung des Art. 3 Abs. 1 Info-RL) ist. Das ist nach zutreffender Auffassung anzunehmen.[1939] Außerdem enthält § 1 Abs. 2 UrhDaG die in Art. 17 Abs. 4 DSM-RL vorgesehene Haftungsregel, dass der Diensteanbieter grundsätzlich nur dann für die öffentliche Wiedergabe **nicht verantwortlich ist, wenn er bestimmte Pflichten erfüllt.** Das UrhDaG sagt leider nicht, was im Fall der Haftung des Diensteanbieters (wegen fehlender Pflichterfüllung) für Rechtsfolgen gelten sollen. Als zutreffend erscheint es, dafür auf die Rechtsfolgen der §§ 97 ff. UrhG zurückzugreifen.[1940] § 2 UrhDaG enthält eine **Legaldefinition** dafür, wer als **Diensteanbieter** unter das UrhDaG fällt. Das sind Diensteanbieter, die es als Hauptzweck ausschließlich oder zumindest auch verfolgen, eine große Menge an von Dritten hochgeladenen urheberrechtlich geschützten Inhalten zu speichern und öffentlich zugänglich zu machen, solche Inhalte organisieren, zum Zweck der Gewinnerzielung bewerben und mit Online-Inhaltediensten um dieselbe Zielgruppe konkurrieren. Damit sind YouTube und Facebook die wichtigsten Beispiele für Diensteanbieter. Nicht unter die Legaldefinition von § 2 UrhDaG dürften Diensteanbieter fallen, die nur speichern, aber nicht auch eine eigene Infrastruktur für die öffentliche Zugänglichmachung bereithalten, sodass bspw. File-Hoster (Sharehoster) nicht als Diensteanbieter im Sinne von § 2 UrhDaG angesehen werden können.[1941] § 3 UrhDaG enthält weitere Beispiele für nicht erfasste Diensteanbieter. Dies sind Online-Marktplätze (weil sie im urheberrechtlichen Sinne nicht öffentlich wiedergeben, sondern körperlich gem. § 17 UrhG verbreiten), Online-Enzyklopädien sowie nicht-gewinnorientierte bildungsbezogene oder wissenschaftliche Repositorien sowie elektronische Kommunikationsdienste.

Aus § 1 Abs. 2 UrhDaG ergibt sich, dass der Diensteanbieter nicht für die rechtswidrigen Uploads seiner Nutzer als täterschaftlicher Verletzer des Rechts der öffentlichen Wiedergabe haftet, wenn der Diensteanbieter bestimmte **Pflichten** erfüllt: **746**

- Zunächst sieht § 4 UrhDaG vor, dass der Diensteanbieter bestmögliche Anstrengungen unternehmen muss, um **vertragliche Nutzungsrechte** für die öffentliche Wiedergabe **zu erwerben** (Umsetzung von Art. 17 Abs. 4a DSM-RL). Zu beachten ist, dass eine vertragliche Lizenz des Nutzers auch für den Diensteanbieter wirkt (§ 6 Abs. 2 UrhDaG). Für den Fall des Erwerbs vertraglicher Nutzungsrechte durch den Diensteanbieter steht dem Urheber ein verwertungsgesellschaftspflichtiger Vergütungsanspruch gegen den Diensteanbieter zu (§ 4 Abs. 3 und Abs. 4 UrhDaG). Der Urheber erhält also eine gesonderte Vergütung über Verwertungsgesellschaften vom Diensteanbieter, auch wenn er vorher das Nutzungsrecht schon einem Dritten eingeräumt hat. Die gleiche Regelung gilt auch zu Gunsten von ausübenden Künstlern und Lichtbildnern (§ 21 Abs. 2 UrhDaG).
- Weiter hat der Diensteanbieter die Pflicht zur **qualifizierten Blockierung** unerlaubter Nutzungen nach § 7 UrhDaG. § 7 Abs. 1 UrhDaG sieht vor, dass der Diensteanbieter durch Sperrung oder Entfernung (Blockierung) bestmöglich sicherstellen muss, dass ein Werk nicht öffentlich wiedergegeben wird und hierfür auch künftig nicht verfügbar ist, sobald der Rechtsinhaber dies verlangt und die hierfür erforderlichen Informationen zur Verfügung stellt. Insoweit handelt es sich um eine präventive Blockierungspflicht des Diensteanbieters, die auch ohne erstmalige Verletzung besteht. Sonderregeln gelten im Fall der qualifizierten Blockierung beim Einsatz automatisierter Verfahren gem. § 9 bis 11 UrhDaG, auf die weiter unten eingegangen wird. Mit der qualifizierten Blockierungspflicht nach § 7 UrhDaG wird Art. 17 Abs. 4b DSM-RL umgesetzt.
- Ferner trifft den Diensteanbieter eine Pflicht zur **einfachen Blockierung** nach § 8 UrhDaG. Der Diensteanbieter muss die öffentliche Wiedergabe eines Werkes durch Blockierung beenden, sobald der Rechtsinhaber dies verlangt und einen hinreichend begründeten Hinweis auf die unerlaubte öffentliche Wiedergabe des Werkes gibt. Diese Pflicht ist also reaktiv; sie entsteht erst nach einer Verletzung durch einen Nutzer und nach einem Hinweis des Rechteinhabers auf diese Verletzung.

[1939] Jan Bernd Nordemann/Waibliger GRUR 2020, 569, 573 ff.; Leistner, European Copyright Licensing and Liability under article 17 DSM-Directive compared to secondary liability of content platforms in the US, 2020, 13; ähnlich Sesing MMR 2019, 788, 790 f.; aA Husoviec/Quintais, „How to liscence Art 17?", Working Paper, 20/2019 S. 10 f.

[1940] RegE Gesetz zur Anpassung des Urheberrechts an die Erfordernisse des digitalen Binnenmarktes – BT-Drs. 19/27426, S. 131.

[1941] Jan Bernd Nordemann/Waiblinger GRUR 2020, 569, 572 mit weiteren Nachweisen

747 Im Hinblick auf den vorgenannten Pflichtentrias ergeben sich verschiedene Fragen. Gegenstand besonderer Kontroverse sind Regelungen über **„mutmaßlich erlaubte Nutzungen"** in §§ 9, 10, 11 UrhDaG. Der Hintergrund: Auf Verlangen der Rechteinhaber sind Diensteanbieter zur präventiven Blockierung von Werken verpflichtet (§ 8 UrhDaG). Zur Vermeidung von Overblocking beim Einsatz automatisierter Verfahren sind „mutmaßlich erlaubte Nutzungen" jedoch bis zum Abschluss eines Beschwerdeverfahrens öffentlich wiederzugeben (§ 9 Abs. 1 UrhDaG). Unter mutmaßlich erlaubten Nutzungen versteht § 9 Abs. 2 UrhDaG nutzergenerierte Inhalte, die weniger als die Hälfte des zu blockierenden Werkes enthalten, solche Werkteile mit einem anderen Inhalt kombinieren und Werke Dritter nur geringfügig nutzen (§ 10 UrhDaG) oder als erlaubt gekennzeichnet sind (§ 11 UrhDaG). Nach § 10 UrhDaG soll eine geringfügige Nutzung vorliegen, wenn beispielsweise nur 15 Sekunden eines Filmwerks, 15 Sekunden einer Tonspur oder 160 Zeichen eines Textes genutzt werden. Kritik an dieser Regelung besteht insbesondere, da die DSM-RL keine Anhaltspunkte für eine derartige Regelung enthält, die die Vermarktungsmöglichkeiten von Rechteinhabern gefährden könnte. Deshalb sieht auch § 7 Abs. 2 S. 3 eine Ausnahme von der Verpflichtung, mutmaßlich erlaubte Nutzungen bis zum Abschluss des Beschwerdeverfahrens öffentlich wiederzugeben, vor, falls es um Nutzungen von Filmwerken oder Laufbildern geht und es sich um die erstmalige öffentliche Wiedergabe handelt. Dadurch sollen insbesondere Livebilder von Sportveranstaltungen aus dem Anwendungsbereich der mutmaßlich erlaubten Nutzung herausgenommen werden. Nach § 11 UrhDaG wird es Nutzern erlaubt, Inhalte als gesetzlich erlaubt zu kennzeichnen, die zwar nicht geringfügig iSd § 10, jedoch gem. § 5 UrhDaG gesetzlich erlaubt sind, sog. „Pre-Flagging". Außerdem wird für Rechteinhaber eine sogenannte „Red Button"-Möglichkeit bereitgehalten: Vertrauenswürdige Rechteinhaber können bei erheblicher Beeinträchtigung der wirtschaftlichen Verwertung quasi einen roten Knopf drücken und die mutmaßlich erlaubte Nutzung vor Abschluss des Beschwerdeverfahrens beenden (§ 14 Abs. 4 UrhDaG).

748 **Unionsrechtlich problematisch** bleiben die §§ 9 bis 11 UrhDaG und die Zulässigkeit mutmaßlich erlaubter Nutzungen dennoch. Denn es könnte sich hierbei um eine Schranke handeln, weil das UrhDaG mutmaßlich erlaubte Nutzungen zumindest für den Zeitraum bis zum Abschluss des Beschwerdeverfahrens erlaubt. Schrankenbestimmungen dürfen die Mitgliedsstaaten aber in ihren nationalen Urhebergesetzen nur vorsehen, wenn sie Teil des Kataloges von **Art. 5 Info-RL** sind; das ist für mutmaßlich erlaubte Nutzungen nicht der Fall. Für eine Schrankenregelung spricht auch, dass in § 12 UrhDaG eine Vergütung für den Urheber vorgesehen ist, wenn aufgrund einer mutmaßlich erlaubten Nutzung eine Wiedergabe bis zum Abschluss des Beschwerdeverfahrens erfolgt.

749 Ungeklärt ist außerdem das **Verhältnis der qualifizierten Blockierung (§ 7 UrhDaG) zur einfachen Blockierung (§ 8 UrhDaG).** Es liegt systematisch nahe, dass der deutsche Gesetzgeber ein Verbot der qualifizierten Blockierung wegen mutmaßlich erlaubter Nutzung nicht erlauben wollte, dass bis zum Abschluss des Beschwerdeverfahrens der Rechteinhaber eine einfache Blockierung erhalten kann. Dafür spricht schon die Gewährung der vorerwähnten „Red Button"-Möglichkeit für vertrauenswürdige Rechtsinhaber. Allerdings ist in Art. 17 Abs. 4b und Abs. 4c ein solches Rangverhältnis zwischen qualifizierter und einfacher Blockierung nicht angelegt, so dass es unionsrechtlich geboten erscheint, eine einfache Blockierung auch ohne die besonderen Voraussetzungen des „Red Buttons" zu ermöglichen, wenn eine mutmaßlich erlaubte Nutzung sich vor Abschluss des Beschwerdeverfahrens als Urheberrechtsverletzung herausstellt.

750 § 5 UrhDaG enthält Verweise auf **Schrankenbestimmungen** im UrhG, die die Nutzung fremder Werke für Uploads gesetzlich erlauben können. Insbesondere erwähnt § 5 Abs. 1 Nr. 1 UrhDaG Zitate im Sinne von § 51 UrhG und § 5 Abs. 1 Nr. 2 UrhDaG Karikaturen, Parodien und Pastiches gem. § 51a UrhG; nach Nr. 3 sind aber auch die sonstigen Schrankenbestimmungen des UrhG anwendbar. Ist ein Upload erlaubt, weil es sich um eine Karikatur, Parodie oder Pastiche nach § 51a UrhG handelt, ist dafür eine Vergütung durch den Diensteanbieter zu zahlen, § 5 Abs. 2 UrhDaG.

751 Teil 5 des UrhDaG enthält in den §§ 13 bis 17 Regelungen zu den **Rechtsbehelfen.** § 14 regelt das interne Beschwerdeverfahren, dass der Diensteanbieter vorhalten muss. Ferner kann der Diensteanbieter nach § 15 UrhDaG eine externe Beschwerdestelle vorsehen. Außerdem besteht die Möglichkeit nach § 16 UrhDaG, dass Rechtsinhaber und Nutzer eine privatrechtlich organisierte Schlichtungsstelle anrufen können. Ferner sieht § 17 UrhDaG vor, dass das Bundesamt für Justiz im Einvernehmen mit dem DPMA eine beförderliche Schlichtungsstelle einrichtet. Für Nutzer und Rechteinhaber ist die Teilnahme an allen vorgesehenen Streitbeilegungsmechanismen freiwillig (§ 13 UrhDaG).

Die Schlussbestimmungen des UrhDaG sehen in § 18 **UrhDaG Maßnahmen gegen Missbrauch** vor. Sofern ein vermeintlicher Rechtsinhaber wiederholt ungerechtfertigt die Blockierung fordert, so ist er vom Diensteanbieter für einen angemessenen Zeitraum von dem Blockierungsverfahren der §§ 7 und 8 UrhDaG auszuschließen (§ 18 Abs. 1 UrhDaG). Ein solcher Rechtsinhaber ist auch schadenersatzpflichtig gegenüber dem Diensteanbieter und dem betroffenen Nutzer (§ 18 Abs. 2 UrhDaG). Sofern ein Nutzer wiederholt einen Upload falsch als erlaubt kennzeichnet, so muss der Diensteanbieter diesen Nutzer ebenfalls für einen angemessenen Zeitraum von der Möglichkeit zur Kennzeichnung erlaubter Nutzungen ausschließen (§ 18 Abs. 5 UrhDaG). Ein Diensteanbieter, der wiederholt fälschlicherweise erlaubte Nutzungen blockiert, kann von bestimmten Verbänden auf Unterlassung in Anspruch genommen werden (§ 18 Abs. 6 UrhDaG). Außerdem regelt § 21 UrhDaG, dass das UrhDaG auch **auf alle Leistungsschutzrechte anzuwenden** ist (§ 21 Abs. 1 UrhDaG). Damit greifen die Regelungen des UrhDaG nicht nur für urheberrechtlich geschützte Werke, sondern bspw. auch für das Leistungsschutzrecht des ausübenden Künstlers, des Tonträgerherstellers, des Filmherstellers, des Presseverlegers oder des Datenbankherstellers. 752

11. Folgen von Urheberrechtsverletzungen

Die Folgen von Urheberrechtsverletzungen sind in den §§ 97 ff. UrhG geregelt. 753

Die Reform des UrhG durch das **Gesetz zur Verbesserung der Durchsetzung von Rechten des geistigen Eigentums** vom 11.4.2008[1942] zur **Umsetzung der EU-Durchsetzungsrichtlinie**[1943] ist am **1.9.2008** in Kraft getreten.[1944] Sie hat insoweit einige Klarstellungen und Ergänzungen bei den Vorschriften zur Rechtsdurchsetzung gebracht: Dabei wurde einerseits § 97 umformuliert, ohne dass es zu inhaltlich weitreichenden Änderungen gekommen wäre; insbesondere sind nun die drei lange anerkannten Berechnungsarten für den Schadenersatz (vgl. → Rn. 559) ausdrücklich normiert. Des Weiteren ist mit § 97a UrhG eine Vorschrift über die Abmahnung eingeführt worden, die auch den Anspruch auf Ersatz der Abmahnkosten enthält, § 97a Abs. 1 S. 2 UrhG. Neu gefasst wurden in § 101 UrhG die Auskunfts- und Rechnungslegungsansprüche und neu eingeführt in § 101a UrhG ein Vorlage- und Besichtigungsanspruch sowie schließlich zur Sicherung der Durchsetzung von Schadensersatzansprüchen in § 101b UrhG eine Vorlagepflicht für Bank-, Finanz- und Handelsunterlagen. Am 9. Oktober 2013 sind Änderungen für urheberrechtliche Abmahnungen und den Gerichtstand bei privaten Urheberrechtsverletzungen in Kraft getreten (s. Rn. 583 ff.). 754

a) **Ansprüche.** *aa) Beseitigung und Unterlassung.* § 97 Abs. 1 UrhG gewährt den Inhabern von Urheberrechten und verwandten Schutzrechten zunächst einen Beseitigungsanspruch, der regelmäßig im Falle einer Begehungsgefahr bereits vor begangener Rechtsverletzung als vorbeugender Unterlassungsanspruch (S. 2) besteht. Ein solcher vorbeugender Unterlassungsanspruch kann sich nicht nur gegen den möglichen Täter, sondern auch gegen denjenigen richten, der als potenzieller Teilnehmer oder Störer eine Erstbegehungsgefahr für durch Dritte begangene Verletzungshandlungen begründet.[1945] Eine Erstbegehungsgefahr liegt vor, wenn ernsthafte und greifbare tatsächliche Anhaltspunkte bestehen, dass der Anspruchgegner sich in naher Zukunft rechtswidrig verhalten wird.[1946] Der BGH entschied jedoch, dass die Erhebung einer Klage, mit der die Feststellung begehrt wird, zu einer außergerichtlich verfolgten Unterlassung nicht verpflichtet zu sein, keine Erstbegehungsgefahr begründet.[1947] Darüber hinaus besteht er aber auch nach begangener Rechtsverletzung neben dem grundsätzlich Wiederholungsgefahr voraussetzenden wiederherstellenden Unterlassungsanspruch weiter und kann eine weitergehende Beseitigung zB durch Entfernen von Übermalungen gewähren.[1948] Der auf Wiederholungsgefahr gestützte und in die Zukunft gerichtete Unterlassungsanspruch ist nur begründet, wenn die Wiederholungsgefahr zum Zeitpunkt der Entscheidung über den Unterlassungsanspruch noch besteht; durch eine be- 755

[1942] BT-Drs. 16/8783.

[1943] Richtlinie 2004/48/EG des Europäischen Parlaments und des Rates vom 29. April 2004 zur Durchsetzung der Rechte des Geistigen Eigentums, ABl. L 157, vgl. auch Rn. 15.

[1944] Zur Reform des UrhG durch das Gesetz zur verbesserten Durchsetzung des Anspruchs der Urheber und ausübenden Künstler auf angemessene Vergütung und zur Regelung von Fragen der Verlegerbeteiligung vom 20.12.2016 vgl. § 41 Rn. 68.

[1945] BGH ZUM 2018, 182, 184 Tz. 14 – Windows.

[1946] BGH GRUR 2019, 947, 949, Tz. 32 – Bring mich nach Hause.

[1947] BGH GRUR 2019, 947, 949, Tz. 32 ff. – Bring mich nach Hause.

[1948] Vgl. Fromm/Nordemann/Jan Bernd Nordemann UrhG § 97 Rn. 55 ff.

gangene Rechtsverletzung wird ausserdem eine tatsächliche Vermutung für das Vorliegen einer Wiederholungsgefahr begründet, die regelmäßig nur durch die Abgabe einer strafbewehrten Unterlassungserklärung ausgeräumt werden kann.[1949] In der Entscheidung *Metall auf Metall IV* hat der BGH[1950] noch einmal seine st. Rspr. betont, nach der eine Begehungsgefahr in Form der Wiederholungsgefahr nur besteht, wenn die beanstandete Handlung sowohl nach dem zur Zeit der jewelig beanstandeten Handlung geltenden Recht als auch nach dem zur Zeit der Gerichtsentscheidung geltenden Recht rechtsverletzend war. Die Begründung von Erstbegehungsgefahr durch ein in der Vergangenheit zulässiges Verhalten, das erst durch eine spätere Rechtsänderung unzulässig geworden sei, komme nur dann in Betracht, wenn weitere Umstände hinzuträten, die eine Zuwiderhandlung in der Zukunft konkret erwarten lassen.[1951]

756 In der Entscheidung Internet-Radiorekorder hat der BGH angenommen, dass die Wiederholungsgefahr bei vorangegangener Verletzung zwar noch nicht durch die bloße Auflösung einer Gesellschaft entfalle; anders sei es aber, wenn eine Gesellschaft nicht nur aufgelöst, sondern bereits wegen Vermögenslosigkeit im Handelsregister gelöscht worden sei.[1952] Wiederholte gleichartige Urheberrechtsverletzungen, die zeitlich unterbrochen auftreten, lösen ferner jeweils einen neuen Unterlassungsanspruch aus und lassen die für die Beurteilung des Zeitmoments der Verjährung und auch der Verwirkung maßgebliche Frist jeweils neu beginnen.[1953] Auch eine längere Untätigkeit des Rechtsinhabers gegenüber bestimmten gleichartigen Verletzungshandlungen kann kein berechtigtes Vertrauen des Rechtsverletzers begründen, der Rechtsinhaber dulde auch künftig sein Verhalten und werde weiterhin nicht gegen solche – jeweils neuen – Rechtsverletzungen vorgehen.[1954] Der Verwirkungseinwand, der auf einen im Vertrauen auf die Benutzungsberechtigung geschaffenen schutzwürdigen Besitzstand gegründet ist, darf nicht dazu führen, dass dem Benutzer eine zusätzliche Rechtsposition eingeräumt wird und die Rechte des nach Treu und Glauben nur ausnahmsweise und in engen Grenzen schutzwürdigen Rechtsverletzers über diese Grenzen hinaus erweitert werden.[1955] Andernfalls würde die Verwirkung im Ergebnis das urheberrechtliche Nutzungsrecht selbst ergreifen, obwohl sie regelmäßig nur die aus der Urheberrechtsverletzung entstandenen Ansprüche ergreifen kann.[1956]

757 Auch wenn der **Unterlassungsanspruch** grundsätzlich **verschuldensunabhängig** ist,[1957] sieht § 100 UrhG für schuldlose Verletzer dennoch eine Art **„Aufbrauchsfrist"** vor, wobei allerdings dem Verletzten für den Aufbrauch eine Entschädigung in Form einer angemessenen Lizenzgebühr zu bezahlen ist. Obwohl § 100 UrhG dies abschließend nur für schuldlose Verletzer regelt, befürwortet die hM die Gewährung einer Aufbrauchsfrist in Ausnahmefällen auch für schuldhaft handelnde Verletzer, wenn ein unbefristetes Verbot eine unverhältnismäßige und unnötige Härte bedeuten würde und das Aufbrauchen dem Verletzten zumutbar ist.[1958] Da vorsätzliche Urheberrechtsverletzungen strafbar sind (§ 106 UrhG) und der Verletzte im Rahmen von § 98 Abs. 1 UrhG sogar Vernichtung verlangen kann, kann dies jedenfalls nur im Bereich von Fahrlässigkeit sowie dann gelten, wenn der Vernichtungsanspruch wegen der in § 98 Abs. 4 UrhG enthaltenen Einschränkung nicht durchgreifen würde.

758 **Reichweite des Unterlassungsanspruches („Kerntheorie")**: Der Unterlassungsanspruch ist inhaltlich auf die Unterlassung der Handlungen gerichtet, für die Wiederholungsgefahr oder zumindest Erstbegehungsgefahr besteht. Die Wiederholungs- oder Erstbegehungsgefahr muss sich auf eine **konkrete Verletzungsform** beziehen. Die Vermutung der Wiederholungsgefahr als Voraussetzung für den Unterlassungsanspruch bezieht sich allerdings nicht nur auf Verletzungen desselben Werks, sondern auch auf Verletzungen anderer Werke, soweit die Verletzungshandlungen trotz Verschiedenheit der Werke im Kern gleichartig sind.[1959] Eingeschlossen sind jedoch auch **kerngleiche Handlungen.**[1960] Hierdurch soll sichergestellt werden, dass sich der Schuldner dem

[1949] BGH GRUR 2014, 363 (365) Tz. 25 – Peter Fechter.
[1950] BGH GRUR 2020, 843 Tz. 68 – Metall auf Metall IV.
[1951] BGH GRUR 2020, 843 Tz. 71 – Metall auf Metall IV.
[1952] BGH GRUR 2020, 738 Tz. 67 – Internet-Radiorekorder.
[1953] BGH GRUR 2014, 363 (365) Tz. 16 – Peter Fechter.
[1954] BGH GRUR 2014, 363 (365) Tz. 16 – Peter Fechter.
[1955] BGH GRUR 2014, 363 (365) Tz. 16 – Peter Fechter; BGH GRUR 2012, 928 Tz. 22 f. – Honda-Grauimport.
[1956] BGH GRUR 2014, 363 (365) Tz. 16 – Peter Fechter; BGH GRUR 1977, 42 (43) – Schmalfilmrechte.
[1957] Vgl. BGH GRUR 2016, 493, 494 Tz. 16 – Al Di Meola.
[1958] Vgl. Schricker/Loewenheim/Wimmers UrhG § 97 Rn. 336; Fromm/Nordemann/Jan Bernd Nordemann UrhG § 97 Rn. 53 f.
[1959] BGH GRUR 2013, 1235 (1236) Tz. 15 ff. – Restwertbörse II.
[1960] BGH GRUR 2002, 248 (250) – SPIEGEL-CD-ROM.

Unterlassungsanspruch des Berechtigten nicht durch jede kleine Änderung der Verletzungshandlung entziehen kann. Kerngleich sind diejenigen Handlungen, in denen das **Charakteristische der konkreten Verletzungshandlung** (also der „Kern") zum Ausdruck kommt.

Beispiele:
Bei unzulässiger öffentlicher Verwertung einer **Bearbeitung** (§ 23) ist konkrete Verletzungsform die Bearbeitung, nicht das bearbeitete Original, so dass sich der Unterlassungsanspruch grundsätzlich nur auf die konkrete Bearbeitung bezieht. Umfasst sind neben der konkreten Bearbeitung nur andere Bearbeitungen, die das Charakteristische der verletzenden Bearbeitung enthalten. Nur ausnahmsweise bezieht sich der Anspruch auf das Original, wenn es sich um eine identische Kopie handelt.[1961] – Der Unterlassungsanspruch besteht also grundsätzlich nur für die **verletzende Nutzungshandlung.** Dafür kommt zunächst der **Kategorisierung der Verwertungsrechte** durch das UrhG in den §§ 15 bis 22 Bedeutung zu. Wird ein Werk rechtswidrig vervielfältigt (§ 16) und im Internet gem. § 19a öffentlich zugänglich gemacht, besteht grundsätzlich kein Anspruch auf ein Unterlassen der Verbreitung nach § 17 oder der Sendung nach §§ 20ff., es sei denn, dafür läge zumindest eine Erstbegehungsgefahr vor. Das ist der Fall, wenn ein Buch rechtswidrig hergestellt wurde, jedoch die beabsichtigte Verbreitung noch nicht stattgefunden hat oder ein Prospekt öffentlich zugänglich gemacht wird, der sich auch zur Verbreitung eignet. Bei der Kategorisierung nach **Nutzungsarten** sollte indes ein großzügigerer Maßstab angelegt werden. Wenn ein Lichtbildwerk rechtswidrig als Poster vervielfältigt und verbreitet wird, kann Unterlassung der Vervielfältigung und Verbreitung des Lichtbildes ohne Spezifizierung auf diese Nutzungsart verlangt werden, wenn denkbar ist, dass das Werk auch in anderen Nutzungsarten, zB als Postkarte, vervielfältigt und verbreitet wird.

759 Bei **mittelbaren Urheberrechtsverletzungen,** für die der Schuldner nur aufgrund besonderer Zurechnungsnormen, zB **als Störer,** haftet (vgl. → Rn. 716), ist zu beachten, dass die Mittelbarkeit ihren Niederschlag in der Beschreibung der konkreten Verletzungsform finden muss. Gegenüber der Haftung für mittelbare Tatbeiträge ist die Haftung für die unmittelbare Tat ein **„aliud". Zu weitgehend** wäre danach ein **Antrag,** ein bestimmtes **Werk anzubieten.** Vielmehr zielt die Störerhaftung darauf, Rechtsverletzungen Dritter nicht durch unzureichende Erfüllung von Prüfpflichten *„zu ermöglichen"*.[1962]

760 **Antragsfassung:** Für die Fassung des prozessualen Unterlassungsantrages ist naturgemäß aus Gläubigersicht zunächst darauf zu achten, dass der Antrag nicht teilweise **unbegründet** ist, weil er über den Umfang des Anspruches hinausgeht; er darf also nur die konkrete Verletzungsform einschließlich kerngleicher Handlungen beschreiben. Verallgemeinerungen können aber auch dazu führen, dass der Unterlassungsantrag gem. § 253 Abs. 2 Nr. 2 ZPO wegen mangelnder Bestimmtheit **unzulässig** ist. Für die hinreichende Bestimmtheit gelten andere Anforderungen als für die Begründetheit (dazu eben → Rn. 758), wobei verallgemeinernde Anträge dennoch sowohl unbegründet als auch unzulässig sein können. Unzulässig werden Verallgemeinerungen, wenn der Unterlassungsantrag so weit gefasst ist, dass ihnen Handlugen unterfallen, deren rechtliche Erlaubtheit im Rechtsstreit nicht geprüft worden ist. Bestimmt genug ist im Allgemeinen ein Antrag, der den Verletzungsgegenstand – Eigenschaften des Gegenstandes – beschreibend wiedergibt und die Verletzungshandlung konkretisiert. Ergänzend kann vor allem eine Abbildung des Gegenstandes im Antrag oder, wenn dies nicht möglich ist, eine Bezugnahme auf eine Anlage hilfreich sein.

761 Gegenüber zu abstrakten Anträgen könnte sich einerseits der Beklagte nicht erschöpfend verteidigen; andererseits wäre die Entscheidung darüber, was dem Beklagten denn nun konkret verboten sein soll, letztlich vom Vollstreckungsgericht zu treffen.[1963] Bei rechtsverletzenden **Bearbeitungen oder Umgestaltungen** muss der Antrag grundsätzlich die konkrete Form der Verletzung abschließend angeben. Anträge, die abstrakt „Bearbeitungen und andere Umgestaltungen" oder „irgendwelche Bearbeitungen" verbieten wollen, sind unzulässig, weil die Abgrenzung zwischen § 23 und § 24 im Regelfall einer neuen rechtlichen Bewertung in einem Erkenntnisverfahren bedarf.[1964] Zur parallelen Unbegründetheit vgl. → Rn. 717. Ein **„insbesondere"**-Zusatz wird regelmäßig keine relevante Konkretisierung mit sich bringen, weil damit nur eine beispielhafte und keine abschließende Aufzählung verbunden ist.[1965] Jedoch kann eine Verurteilung ausschließlich

[1961] BGH GRUR 2003, 786 – Innungsprogramm.
[1962] BGH GRUR 2010, 633 Tz. 35f. – Sommer unseres Lebens; OLG Köln GRUR-RR 2013, 49 (50) – Kirschkerne.
[1963] BGH GRUR 2008, 357 (358) – Planfreigabesystem; BGH GRUR 1998, 489 (491) – Unbestimmter Unterlassungsantrag III.
[1964] Siehe auch BGH GRUR 2001, 453 (454) – TCM-Zentrum; BGH GRUR 2002, 86 (88) – Laubhefter; BGH GRUR 1991, 254 (256) – Unbestimmter Unterlassungsantrag I.
[1965] BGH GRUR 2008, 84 – Versandkosten zum UWG.

reduziert auf den Gegenstand des „insbesondere"-Zusatzes erfolgen, wenn er für sich genommen ein zulässiger Unterlassungsantrag ist.[1966] Allerdings muss der Antragssteller dann auch regelmäßig mit einer Kostenquote rechnen, weil er im Übrigen einen zu weitgehenden Antrag gestellt hat. Abschließend und damit zulässig sind Formulierungen wie zB **„wie geschehen in"** mit nachfolgender **Abbildung** der Verletzungsform, weil sie nur die darauf folgende konkrete Verletzungsform einbeziehen. Es kann auch eine Beschreibung **in Worten** erfolgen, sofern sich die für die Urheberrechtsverletzung relevanten Eigenschaften mit Worten beschreiben lassen.[1967] Bei **1:1 Nutzung** durch den Verletzer besteht ebenfalls der Grundsatz der konkreten Bezeichnung des Werkes; insoweit kann allerdings auch **auf das Originalwerk Bezug** genommen werden. Die Verwendung von **gesetzlichen Begriffen** wie zB „vervielfältigen" (§ 16), „verbreiten" (§ 17) oder „öffentlich vorführen" (§ 19 Abs. 4) ist möglich, solange kein gerichtlicher Streit darüber vorliegt, ob der Tatbestand erfüllt ist.[1968]

762 *bb) Auskunft und Besichtigung.* Aus § 242 BGB wird zunächst ein allgemeiner Auskunftsanspruch zur Vorbereitung von Schadensersatz- und Bereicherungsansprüchen abgeleitet, der immer dann gegeben ist, wenn klare Anhaltspunkte für das Bestehen eines Schadensersatz- oder Bereicherungsanspruches aufgrund einer Urheberrechtsverletzung vorliegen, der Verletzte in entschuldbarer Weise über Bestehen und Umfang seines Anspruches im Ungewissen ist und er sich die zur Anspruchsdurchsetzung erforderlichen Auskünfte nicht auf zumutbare Weise selbst beschaffen kann, während der Verletzer die Auskünfte unschwer erteilen kann und hierdurch keine berechtigten Interessen des Verletzers beeinträchtigt werden.[1969] § 101 Abs. 1 UrhG enthält demgegenüber einen speziellen **Auskunftsanspruch** im Hinblick auf Herkunft und Vertriebsweg rechtswidrig hergestellter und verbreiteter Vervielfältigungsstücke. Der spezielle Auskunftsanspruch aus § 101 Abs. 1 UrhG beschränkt sich damit regelmäßig auf Auskünfte über Verletzungshandlungen, die in der Herstellung oder Verbreitung von Vervielfältigungsstücken durch deren Inverkehrbringen bestehen und nicht auf alle Auskunftsarten.[1970] Abgestellt wird nicht (mehr) auf Verletzung im geschäftlichen Verkehr, um einen Auskunftsanspruch zu begründen, sondern auf die Verletzung im gewerblichen Ausmaß. Damit wird die RL 2004/48/EG umgesetzt.[1971] § 101 Abs. 1 S. 2 UrhG stellt zusätzlich dar, wodurch der Tatbestand „gewerbliches Ausmaß" begründet sein kann, nämlich durch die Zahl der Rechtsverletzung oder auch aus der Schwere.[1972] Abschließende Gründe sind dies nicht, wie sich aus dem Wort „kann" erschließt. Beispielhaft für die Schwere der Verletzung kann der Download eines vollständigen Kinofilms oder eines Musikalbums, das widerrechtlich in das Netz gestellt wird, genannt werden.[1973]

763 Die Frage, wann ein **gewerbliches Ausmaß** im Sinne des § 101 Abs. 2 UrhG vorliegt beschäftigt nach wie vor die Gerichte.[1974] Das OLG Köln geht davon aus, dass das Angebot eines einzelnen urheberrechtlich geschützten Werkes im Internet in einer Tauschbörse ein solches gewerbliches Ausmaß haben kann, wenn das Werk einen hohen Wert hat, zum Beispiel ein Kinofilm oder ein Musikalbum innerhalb ihrer relevanten Verwertungsphase. Dabei bemisst das OLG Köln die Verwertungsphase für Werke der Unterhaltungsmusik auf die ersten sechs Monate, bei Hörbüchern, Hörspielen und ähnlich nicht besonders aktualitätsbezogenen Werkgattungen auch länger. Nach Ablauf der Sechs-Monats-Frist bedarf es besonderer Umstände, um ein Fortdauern der relevanten Verwertungsphase anzunehmen, zum Beispiel eine Platzierung in den Top-50 der Musikcharts. Gegen ein Andauern der relevanten Verwertungsphase spricht hingegen, wenn das Werk zu Ausverkaufspreisen verramscht wird. Bei Filmwerken ist für den Beginn der relevanten Verwertungsphase nicht auf den Kinostart, sondern auf den Verkauf der DVD abzustellen.[1975] Das OLG München tritt dem entgegen, in dem es zusätzlich erschwerende Umstände nicht für erforderlich hält, da das öffentliche Angebot einer Datei auf einer Internettauschbörse keine pri-

[1966] BGH GRUR 2007, 871 (872), Tz. 19 – Wagenfeld-Leuchte.
[1967] BGH GRUR 2007, 871, Tz. 19 – Wagenfeld-Leuchte.
[1968] Siehe BGH GRUR 2007, 708 (712) Tz. 50 – Interversteigerung II mwN.
[1969] Vgl. BGH GRUR 2010, 623 (626) Tz. 43 – Restwertbörse, BGH NJW 1986, 1244 – GEMA-Vermutung I, KG GRUR-RR 2010, 276 – Auffälliges Missverhältnis, OLG München GRUR-RR 2010, 416 (417) – Das Boot.
[1970] BGH GRUR 2007, 871 (873), Tz. 21 – Wagenfeld-Leuchte.
[1971] BT-Drs. 16/8783, S. 63.
[1972] Näheres zum gewerblichen Ausmaß in der RL 2004/48/EG, Erwägungsgrund 14.
[1973] BT-Drs. 16/8783, S. 63; OLG Hamburg GRUR-RR 2009, 9 (11) und WRP 2009, 490 – Musiktauschbörse.
[1974] Vgl. Czychowski/Jan Bernd Nordemann GRUR-RR 2010, 225 (229 f.).
[1975] OLG Köln GRUR-RR 2011, 85; in diesem Sinne bereits vorgängig OLG Köln ZUM-RD 2010, 611 und ähnlich OLG Schleswig GRUR 2010, 533.

vate Nutzung sei, weil die Datei einer nahezu unbegrenzten Vielzahl von Personen zur Verfügung gestellt werde.[1976]

Da gewerbliches Ausmaß **nicht mit „im geschäftlichen Verkehr"** gleichzusetzen ist, kann unter § 101 UrhG auch rein privates Handeln gefasst werden, wenn es ein Ausmaß erreicht, das üblicherweise mit einer auf einem gewerblichen Handeln beruhenden Rechtsverletzung verbunden ist.[1977] Daher kann ein einmaliges Anbieten genügen wegen der Schwere der Verletzung, zB Upload an für die Öffentlichkeit eines gesamten Musikalbums noch in der relevanten Verkaufsphase.[1978] Nach der Rechtsprechung des EuGH besteht das Art. 8 RL 2004/48/EG umsetzende Recht auf Auskunft nicht nur im Rahmen eines Verletzungsverfahrens, sondern auch in einem gesonderten Verfahren, das erst nach dem rechtskräftigen Abschluss eines Verfahrens, in dem die Verletzung eines Rechts des geistigen Eigentums festgestellt wurde, eingeleitet wird.[1979] 764

Von dem Auskunftsanspruch nach § 101 Abs. 1 UrhG zu unterscheiden ist der Anspruch auf **Drittauskunft** gem. § 101 Abs. 2 UrhG, dh der Verletzte kann gem. dieser Vorschrift auch Auskunft von Personen verlangen, die an der Urheberrechtsverletzung nicht beteiligt waren und auch nicht als Störer haften.[1980] Dieser Anspruch auf Drittauskunft setzt zunächst voraus, dass entweder eine offensichtliche Rechtverletzung vorliegt oder der Verletzte gegen den Verletzer bereits Klage erhoben hat. Offensichtlich ist eine Rechtsverletzung bspw. und insbesondere dann, wenn Musiktitel über Online-Tauschbörsen anderen Nutzern zum Herunterladen angeboten worden sind und der Verletzte dies mit Hilfe einer speziellen Überwachungs-Software feststellen konnte.[1981] Er setzt sodann voraus, dass der Dritte rechtsverletzende Vervielfältigungsstücke in seinem Besitz hatte (Nr. 1), rechtsverletzende Dienstleistungen in Anspruch nahm (Nr. 2), für rechtsverletzende Tätigkeit genutzte Dienstleistungen erbrachte (Nr. 3) oder an der Herstellung, Erzeugung oder dem Vertrieb rechtsverletzender Vervielfältigungsstücke, sonstiger Erzeugnisse oder Dienstleistungen beteiligt war (Nr. 4) **und** in gewerblichem Ausmaß handelte. Das „gewerbliche Ausmaß" bezieht sich in diesem Zusammenhang allerdings nicht auf die Urheberrechtsverletzung, was einige Gerichte missverstanden hatten,[1982] sondern nur auf die Handlungen des Dritten, der auf Auskunft in Anspruch genommen wird, wie bspw. die Deutsche Telekom AG als Provider, auf Auskunft über Namen und Anschrift hinter einer IP-Adresse, von der aus Musikstücke rechtswidrig zum Download angeboten worden sind.[1983] Der BGH begründet dies mit dem aus seiner Sicht klaren Gesetzeswortlaut[1984] und hebt hervor, dass der Anspruch es dem Rechtsinhaber ermöglichen soll, überhaupt erst den Rechtsverletzer zu ermitteln; er knüpft deshalb an die Voraussetzungen des Unterlassungsanspruchs oder des Schadensersatzanspruchs aus § 97 UrhG an, die beide keine Rechtsverletzung im gewerblichen Ausmaß voraussetzten, sondern bei jeder Rechtsverletzung bestehen würden.[1985] 765

Der Anspruch auf Drittauskunft gegen den Internet-Provider auf Mitteilung des Namens und der Anschrift des Anschlussinhabers, dem die ermittelte IP-Adresse zum Zeitpunkt der Rechtsverletzung zugehörend war, besteht deshalb auch bei nur einem ermittelten und zum Download angebotenen Musikstück.[1986] Der BGH betont im Rahmen der Interessenabwägung, die für die Drittauskunft weiter erforderlich ist, ausdrücklich, dass das Internet in einem Rechtsstaat keinen rechtsfreien Raum bilden dürfe und die Möglichkeit einer individuellen Zuordnung von Internetkontakten bei Rechtsverletzungen deshalb ein legitimes Anliegen des Gesetzgebers bilde.[1987] Irgendwelche Interessen des Internet-Providers, die Auskünfte nicht erteilen zu müssen, seien nicht ersichtlich; außerdem hätten die Rechte der betroffenen Nutzer, also der wahrscheinlichen Urhe- 766

1976 OLG München, Beschl. v. 26.7.2011 – 29 W 1268/11 – Die Friseuse; so auch OLG Hamburg, Urteil vom 17.2.2010 – 5 U 60/09.

1977 OLG Hamburg GRUR-RR 2009, 9 (11) – Musiktauschbörse; OLG Zweibrücken GRUR-RR 2009, 12 (13) – Internet-Tauschbörse.

1978 OLG Hamburg GRUR-RR 2009, 9 (11) – Musiktauschbörse, die sog. Verkaufsphase ist abhängig vom Markt, so dass ein Musikalbum auch 3 Jahre nach der Erstveröffentlichung noch in der Verkaufsphase sein kann; entgegen OLG Zweibrücken GRUR-RR 2009, 12 (13) – Internet-Tauschbörse.

1979 EuGH GRUR 2017, 316 (318) Tz. 28 – NEW WAVE/ALLTOYS.

1980 BGH GRUR 2012, 1026 (1027) Tz. 13 – Alles kann besser werden.

1981 BGH GRUR 2012, 1026 (1030) Tz. 34 – Alles kann besser werden. Zum Nachweis der Zuverlässigkeit einer Ermittlungssoftware in Tauschbörsen vgl. OLG Köln, GRUR 2013, 67 – Ermittlungssoftware.

1982 Vgl. die Nachweise bei BGH GRUR 2012, 1026 (1027) Tz. 10 – Alles kann besser werden.

1983 BGH GRUR 2012, 1026 (1027) Tz. 10 ff. und 20 – Alles kann besser werden.

1984 BGH GRUR 2012, 1026 (1027) Tz. 12 – Alles kann besser werden.

1985 BGH GRUR 2012, 1026 (1028) Tz. 19 f. – Alles kann besser werden.

1986 BGH GRUR 2012, 1026 (Tatbestand) – Alles kann besser werden.

1987 BGH GRUR 2012, 1026 (1031) Tz. 45 – Alles kann besser werden.

berrechtsverletzer, nur geringes Gewicht; sie seien in Fällen offensichtlicher Rechtsverletzung nicht mehr schutzwürdig.[1988] In solchen Fällen offensichtlicher Rechtsverletzung oder in Fällen, in denen der Verletzte gegen den Verletzer Klage erhoben hat, ist der Internet-Provider zudem bis zum **Abschluss des Gestattungsverfahrens nach § 101 Abs. 9 UrhG** verpflichtet, es zu unterlassen, die von ihm erhobenen **Verkehrsdaten,** die die Auskunftserteilung nach § 101 Abs. 2 S. 1 Nr. 3 UrhG gegenüber dem Rechtsinhaber ermöglichen, zu löschen.[1989]

767 Der BGH entschied, dass zu den Verkehrsdaten die IP-Adresse sowie Tag und Uhrzeit der Nutzungen zählen, nicht jedoch die Nutzerkennung sowie die Anschrift eines Endkunden – dies sind lediglich **Bestandsdaten,** die nicht unter die Regelung fallen.[1990] Demnach durfte 1&1 als Endkundenanbieter ohne am Gestattungsverfahren des § 101 Abs. 9 UrhG beteiligt zu sein, Auskunft über Namen und Anschrift einer Anschlussinhaberin, die illegales Filesharing betrieben hat, herausgeben. Diese Bestandsdaten unterliegen keinem Beweisverwertungsverbot. Fallen Netzbetreiber und Endkundenanbieter auseinander, so betrifft allein die vom Netzbetreiber erteilte Auskunft über die Zuordnung der IP-Adresse zu einer Verwendung von Verkehrsdaten im Sinne des § 101 Abs. 9 UrhG, nicht jedoch die Auskunft des Endkundenanbieters über Namen und Anschrift des Inhabers des der Benutzerkennung zugeordneten Anschlusses.[1991] Nach dieser Entscheidung schien es nun leichter an Daten der Internetnutzer zu gelangen.

768 Gem. Abs. 3 muss die Auskunft enthalten: Namen und Anschrift des Herstellers, des Lieferanten und anderer Vorbesitzer der Vervielfältigungsstücke, des gewerblichen Abnehmers oder Auftraggebers und Angaben über die Menge der hergestellten, ausgelieferten, erhaltenen oder bestellten Vervielfältigungsstücke. Auf eine Vorlageentscheidung des BGH[1992] hat der EuGH[1993] recht praxisfern dahingehend entschieden, dass gem. § 101 Abs. 3 Nr. 1 UrhG lediglich die Postanschrift des betroffenen Nutzers herausverlangt werden kann, nicht jedoch dessen E-Mail-Adresse, IP-Adresse oder Telefonnummer, da nur die Postanschrift als Adresse im Sinne der Enforcement-RL (2004/48/EG) zu verstehen sei. Der BGH ist dem gefolgt, sodass E-Mail-Adresse, IP-Adresse oder Telefonnummer bis zu einer gesetzlichen Änderung des § 101 UrhG nicht zu beauskunften sind, auch wenn sie die einzigen Spuren zum Täter sind.[1994] Dieser durch das Produktpirateriegesetz erst 1990 eingeführte Anspruch (§ 101a Abs. 2 UrhG aF, nunmehr § 101 Abs. 3 UrhG nF) kann **in Fällen offensichtlicher Rechtsverletzung** gem. Abs. 7 **auch im einstweiligen Verfügungsverfahren** durchgesetzt werden. Daneben bleibt allerdings der gem. § 97 Abs. 1 Satz 3 Halbs. 2 aF gewährte Rechnungslegungsanspruch über den erzielten Gewinn über das Recht der Vorlage und Besichtigung gemäß § 101a UrhG nF erhalten, indem Zugang zu den geschäftlichen Unterlagen bei einer Verletzung im gewerblichen Ausmaß zu gewähren ist. Der Auskunftsanspruch ist grundsätzlich verschuldensunabhängig; er unterliegt lediglich dem Korrektiv der Unverhältnismäßigkeit (§ 101 Abs. 4 UrhG) sowie gewissen sich aus § 242 BGB ergebenden Beschränkungen (zB Wirtschaftsprüfervorbehalt).[1995] Die Unverhältnismäßigkeit ist durch eine umfassende Interessenabwägung zu ermitteln, in der auch der Aufwendungsersatzanspruch des Auskunftsverpflichteten aus § 101 Abs. 2 S. 3 UrhG zu berücksichtigen ist,[1996] so dass in der Regel der Anspruch verhältnismäßig ist. Er soll dem Verletzten zudem die Entscheidung ermöglichen, welche der Schadensersatzberechnungsarten er wählt[1997] und ist daher regelmäßig als Annexanspruch zu Schadensersatzansprüchen begründet. Der Auskunftsanspruch zur Feststellung eines Anspruches aus § 32a Abs. 1 UrhG ist noch nicht dadurch ausgeschlossen, dass die Erteilung Mühe bereitet, Zeit und Geld kostet, denn dadurch ist der Schuldner der Auskunft nicht unbillig belastet.[1998] Der Aus-

[1988] BGH GRUR 2012, 1026 (1031) Tz. 51 f. – Alles kann besser werden.
[1989] BGH GRUR 2017, 1236, 1241 Tz. 54 – Sicherung der Drittauskunft.
[1990] BGH GRUR 2018, 189, Tz. 16 – Benutzerkennung.
[1991] BGH GRUR 2018, 189, Tz. 19 – Benutzerkennung.
[1992] BGH GRUR 2019, 504 – YouTube Drittauskunft I; nachgehend BGH GRUR 2021, 470 – YouTube Drittauskunft II.
[1993] EUGH GRUR 2020, 840 – Constantin Film Verleih.
[1994] BGH GRUR 2021, 470, 471 Tz. 20 – YouTube Drittauskunft II.
[1995] Vgl. Fromm/Nordemann/Czychowski UrhG § 101 Rn. 28.
[1996] OLG Hamburg GRUR-RR 2009, 9 (10) – Musiktauschbörse.
[1997] Vgl. BGH GRUR 1980, 227 (232) – Monumenta Germaniae Historica und → Rn. 559 ff.; OLG München ZUM-RD 2006, 558 – Online-Handelsplattform-Übersetzungen (Haftung eines Betreibers einer Online-Plattform, der online Übersetzungen aus einem geschützten Lateinwörterbuch anbot und damit urheberrechtsverletzende Handlungen beging).
[1998] BGH GRUR 2007, 532 (533 f.) – Meistbegünstigungsvereinbarung; OLG München GRUR-RR 2008, 37 (41) – Pumuckl-Illustrationen II.

kunftsanspruch kann nicht für Handlungen geltend gemacht werden, die zeitlich vor der ersten Verletzungshandlung liegen, da ein solches Verlangen auf eine unzulässige Ausforschung hinausliefe.[1999]

Umstritten war die Anwendbarkeit des Auskunftsanspruches gem. § 101a UrhG aF gegenüber **Internetserviceprovidern.** Während sich einige Vertreter in der Literatur für eine analoge Anwendung des § 101a UrhG aF gegen Internetzugangsprovider zur Identifizierung von urheberrechtsverletzenden Kunden dieser Zugangsprovider aussprechen[2000] bzw. vertreten, der Entfall der Privilegierung für die Unterlassungshaftung gem. § 8 Abs. 2 TDG (jetzt § 7 Abs. 2 S. 2 TMG) beziehe sich nicht auf den Auskunftsanspruch, sondern nur auf Unterlassungsansprüche, hat die oberlandesgerichtliche Rechtsprechung solche Auskunftsansprüche bislang abgelehnt. Als Begründung wurde unter anderem angegeben, dass die Störerhaftung der Zugangsprovider den Auskunftsanspruch nach § 101a UrhG aF nicht auslösen könne, sondern eine Haftung gem. § 830 BGB als Täter oder Teilnehmer zu fordern sei.[2001] 769

Die erstinstanzlichen Gerichte hatten den Auskunftsanträgen noch stattgegeben.[2002] Das Gesetz zur Umsetzung der EU-Durchsetzungsrichtlinie[2003] hat jedoch einen entsprechenden Auskunftsanspruch gegen Internetserviceprovider in § 101 Abs. 9 UrhG aufgenommen, der jedoch nur mittels vorheriger richterlicher Anordnung erlangt werden kann. Die effiziente Durchsetzung dieses Auskunftsanspruchs hängt unter anderem davon ab, ob der Anspruchssteller den Internetserviceprovider durch einstweilige Verfügung im Vorfeld der Auskunfts- und Sicherungsanordnung zur Speicherung der begehrten Verkehrsdaten verpflichten kann, um zu verhindern, dass diese gelöscht werden und der Anspruch damit leer läuft. Dieses Problem wird in der Rechtsprechung der Oberlandesgerichte bisher nicht einheitlich gehandhabt.[2004] Eine Äußerung des BGH zu dieser Frage steht noch aus.[2005] 770

Es stellt sich ua die Frage, ob ein urheberrechtlicher Anspruch besteht, nachdem der Rechteinhaber vom Internetprovider verlangen kann, Verbindungsdaten auf Zuruf zu speichern, damit darüber später Auskunft erteilt werden kann. Dies verneinen die Obergerichte.[2006] Sind im Einzelfall entweder über eine Freezing-Order oder über die Üblichkeiten der Datenspeicherung der einzelnen Accessprovider Daten vorhanden, gibt es dennoch einige Gerichte, die eine Auskunftsverpflichtung ablehnen, weil eine hinreichende datenschutzrechtliche Ermächtigung für die Herausgabe der Daten fehle. Etliche Obergerichte sind unterschiedlicher Auffassung über die datenschutzrechtlichen Berechtigungen zur Auskunftserteilung nach § 101 Abs. 9 UrhG.[2007] 771

Ein **Beweisverwertungsverbot** für nach § 101 Abs. 9 UrhG erlangte Daten gibt es nach überwiegender Auffassung der Gerichte nicht.[2008] Nach dem OLG Köln sind Sharehoster, die Speicherplatz für den urheberrechtswidrigen Upload zur Verfügung stellen, als Dienstleister im Sinne des § 101 Abs. 3 Nr. 3 UrhG zur Auskunft verpflichtet, wobei die Auskunftspflicht E-Mail-Adressen, nicht hingegen Zahlungsdaten erfasst.[2009] 772

In der Praxis zu § 101 Abs. 9 UrhG spricht sich die herrschende gerichtliche Auffassung dafür aus, dass eine Auskunftserteilung nur im Falle einer Verletzung **„in gewerblichem Ausmaß"** iSv § 102 Abs. 2 UrhG erfolgen muss.[2010] Die Praxis dazu, was als „gewerbliches Ausmaß" ange- 773

[1999] OLG Hamburg GRUR-RR 2007, 3 (4 f.) – Sampling; nachgehend BGH GRUR 2009, 403.

[2000] Czychowski MMR 2004, 514; Jan Bernd Nordemann/Dustmann CR 2004, 380 OLG Frankfurt GRUR-RR 2005, 147 (148).

[2001] OLG Hamburg GRUR-RR 2005, 209 (212 f.) – Rammstein.

[2002] LG Hamburg MMR 2005, 55. Ferner zB LG München I ZUM 2004, 81; LG Köln ZUM 2005, 32. Auch in diesen Verfahren hatten die Verurteilungen auf Auskunft jedoch keinen Bestand, veröffentlichte Entscheidung des OLG München oder des OLG Köln liegen aber nicht vor.

[2003] → Rn. 22 und → Rn. 753.

[2004] **Dafür:** OLG Hamburg GRUR-RR 2010, 241; OLG Köln GRUR-RR 2009, 9; **dagegen:** OLG Düsseldorf Urteil v. 15.3.2011 Az. I – 20 U 136/10; OLG Hamm GRUR-RR 2011, 90 – IP-Daten-Speicherung auf Zuruf OLG Frankfurt 12.11.2009 – 11 W 41/09; OLG Nürnberg 3.6.2009 – 3 W 471/09.

[2005] Vgl. Hoeren NJW 2008, 3088; J. B. Nordemann/Czychowski NJW 2008, 3095; J. Nordemann/Dustmann CR 2004, 380; Czychowski MMR 2004, 514.

[2006] OLG Düsseldorf MMR 2011, 546; OLG Frankfurt GRUR-RR 2010, 91; OLG Hamm MMR 2011, 193.

[2007] OLG Hamburg MMR 2010, 338, welches diese in § 96 TKG sieht; aA OLG Frankfurt MMR 2009, 542.

[2008] OLG Zweibrücken K&R 2008, 747; OLG Köln, Beschl. v. 1.9.2010 – 6 WX 39/09; LG Köln ZUM 2011, 350; OLG Köln WRP 2011, 781.

[2009] OLG Köln MMR 2011, 394.

[2010] OLG Köln GRUR-RR 2011, 85 – Männersache, OLG Zweibrücken MMR 2010, 214; OLG Frankfurt MMR 209, 296; OLG Köln GRUR-RR 2009, 9; OLG Schleswig GRUR-RR 2010, 239; anderer Ansicht bislang lediglich LG Bielefeld GRUR-RR 2010, 241.

sehen wird, differiert allerdings erheblich. Einigkeit besteht noch insoweit, als „im gewerblichen Ausmaß“ Handlungen zur Erlangung eines unmittelbaren oder mittelbaren wirtschaftlichen oder kommerziellen Vorteils erfasst, was sowohl anhand von quantitativen als auch anhand von qualitativen Elementen festzustellen ist. Auch private Aktivitäten können darunter fallen, sofern die Verletzung hinreichend schwer ist, also ein Werk von erheblichem geschäftlichen Wert betraf. Generell kann auch folgende Regel aufgestellt werden: Je näher eine Verletzung am Erstveröffentlichungsdatum des Werkes liegt, desto eher wird die Verletzung „im gewerblichen Ausmaß“ begangen sein. Der illegale Upload eines kompletten Musikalbums in der aktuellen Verkaufsphase erfolgt „in gewerblichem Ausmaß“.[2011] Das OLG Zweibrücken zieht die Grenze für die aktuelle Verkaufsphase im Regelfall bei drei Monaten nach Erscheinen,[2012] während das OLG Köln einen etwas flexibleren Ansatz wählt; bei einem kompletten Album mit klassischer Musik kann danach die aktuelle Verkaufsphase auch nach Ablauf von drei Monaten noch anhalten, wenn der Verkaufspreis sich nicht geändert hat,[2013] da die aktuelle Verwertungsphase für Werke der Unterhaltungsmusik auf sechs Monate zu bemessen sei. Bei Werkgattungen, die nicht besonders aktualitätsbezogen sind wie Hörbücher und Hörspiele seien hingegen längere Verwertungsphasen anzunehmen.[2014] „In gewerblichem Ausmaß“ wurden darüber hinaus angesehen der Upload eines Hörbuches kurz nach seinem Erscheinen[2015] oder einer Software mit erheblichem wirtschaftlichen Wert.[2016] Während OLG München bei Upload eines Spielfilmes in eine Internet-Tauschbörse offenbar immer ein gewerbliches Ausmaß annimmt, ohne dass weitere erschwerende Umstände hinzukommen müssen, weil die Datei dadurch einer nahezu unbegrenzten Vielzahl von Personen unkontrolliert zur Verfügung gestellt wird,[2017] genügt OLG Köln der Upload eines Pornofilms in eine Tauschbörse für die Annahme eines gewerblichen Ausmaßes nach der relevanten Erstverwertungsphase ohne hinzutreten weiterer erschwerender Umstände nicht.[2018]

774 Da im Grundsatz ein **Gerichtsstand für Auskunftsansprüche** gem. § 101 Abs. 9 UrhG nur am Ort des Sitzes oder der Niederlassung des Internet-Zugangsproviders begründet ist (§ 101 Abs. 9 S. 2 UrhG), ist diese unterschiedliche Rechtsprechung zum „gewerblichen Ausmaß“ etwas unbefriedigend, weil sie die verschiedenen Internet-Zugangsprovider unterschiedlich trifft. Ebenso unbefriedigend ist in der Praxis folgendes Phänomen: Aufgrund von Datenschutzrecht speichert kein Internet-Zugangsprovider die für § 101 Abs. 9 UrhG erforderlichen Daten länger als sieben Tage; einige Provider speichern nur für zwei Tage, andere überhaupt nicht. Das Landgericht Hamburg[2019] hat gegen einen Internet-Zugangsprovider einen Anspruch auf eine so genannte „Freeze Order“ zuerkannt, mit der der Provider verpflichtet wird, bei Benachrichtigung von der Verletzung durch seinen Kunden während der Internet-Sitzung des Kunden alle erforderlichen Daten zu speichern; solchen „Freeze Orders“ hat allerdings das OLG Frankfurt[2020] widersprochen. Schließlich ist nach der Entscheidung des Bundesgerichtshofes *Sommer unseres Lebens*[2021] zweifelhaft, ob das besonders strenge Verfahren des § 101 Abs. 9 UrhG – einschließlich Richtervorbehalt – überhaupt bei Auskunftsansprüchen gegen Internet-Zugangsprovider zur Identifizierung von urheberrechtsverletzenden Kunden dieser Zugangsprovider durchlaufen werden muss; denn der Bundesgerichtshof qualifizierte in der vorgenannten Entscheidung Auskünfte über den Namen des hinter der IP-Adresse stehenden Anschlussinhabers als Bestandsdaten und nicht – wie von § 101 Abs. 9 UrhG vorausgesetzt – als Verkehrsdaten; es spricht aber Einiges dafür, dennoch das Verfahren nach § 101 Abs. 9 UrhG auf Auskunftsansprüche gegen Internet-Zugangsprovider zur Identifizierung ihrer rechtsverletzenden Kunden anzuwenden[2022] wie zum Beispiel die Tatsache, dass der Internetserviceprovider mit den Verbindungsdaten besonders sensible Verkehrsdaten des Anschlussinhabers überprüfen muss, um diesem die IP-Adresse, von der die Urheberrechtsverletzungen vorgenommen wurden, zuordnen zu können.[2023] Der Anschlussinhaber selbst ist am

[2011] OLG Köln GRUR-RR 2009, 9; OLG Schleswig GRUR-RR 2010, 239.
[2012] OLG Zweibrücken GRUR-RR 2009, 12.
[2013] OLG Köln MMR 2009, 334.
[2014] OLG Köln GRUR-RR 2011, 85 Leitsatz 1c – Männersache.
[2015] OLG Karlsruhe GRUR-RR 2009, 379.
[2016] OLG Zweibrücken GRUR-RR 2009, 377.
[2017] OLG München GRUR-RR 2012, 68 (69) – Die Friseuse.
[2018] OLG Köln GRUR-RR 2012, 70 (70 f.) – Pornofilm.
[2019] LG Hamburg MMR 2009, 570.
[2020] OLG Frankfurt MMR 2010, 62.
[2021] BGH GRUR 2010, 633 Tz. 29 – Sommer unseres Lebens.
[2022] Martin Schaefer ZUM 2010, 699 (700).
[2023] OLG Köln GRUR-RR 2011, 86 (87) – Gestattungsanordnung I.

Verfahren nach § 101 Abs. 9 UrhG nicht beteiligt. Er kann jedoch im Nachhinein die Rechtmäßigkeit der gerichtlichen Auskunftsanordnung im Wege der Beschwerde gemäß § 101 Abs. 9 S. 4 UrhG iVm § 62 Abs. 2 FamFG überprüfen lassen.[2024]

Der **Besichtigungsanspruch** ist neu in § 101a UrhG geregelt; er ist Sondervorschrift zu § 809 BGB. Er setzt Art. 6 und 7 Durchsetzungsrichtlinie[2025] um und dient vornehmlich der Beweissicherung. Der Besichtigungsanspruch wird ua auch durch eine einstweilige Verfügung durchgesetzt, aber nur, wenn eine besondere Dringlichkeit gegeben ist, §§ 101a Abs. 3 UrhG iVm §§ 935, 940 ZPO. Besichtigung kann beispielsweise bei HTML-Quellcodes in Betracht kommen, wenn eine gestaltete Webseite einer anderen geschützten Seite gleicht.[2026] § 101a UrhG soll der Beweissicherung dienen und greift somit zwangsläufig in einem Stadium des Rechtsstreits ein, in dem der Sachverhalt noch nicht abschließend geklärt ist. Um sicherzustellen, dass der potentielle Verletzer durch den Besichtigungsanspruch nicht unbillig belastet wird, setzt § 101a Abs. 1 S. 1 UrhG eine hinreichende Wahrscheinlichkeit der Urheberrechtsverletzung voraus. Ausreichend ist somit nicht jedes Verdachtsmoment; vielmehr müssen tatsächliche Anhaltspunkte vorliegen, die die Verletzung hinreichend wahrscheinlich machen.[2027] Überdies gewährt § 101a Abs. 5 UrhG dem in Anspruch genommenen Besichtigungsschuldner einen verschuldensunabhängigen Schadensersatzanspruch, wenn sich herausstellt, dass tatsächlich keine Urheberrechtsverletzung vorlag oder drohte. 775

cc) Schadensersatz. Der Verletzte hat grundsätzlich einen Anspruch auf Ersatz des materiellen Schadens, § 97 Abs. 2 S. 1 UrhG. Hierunter fallen nicht mehr die Abmahnkosten als Rechtsverfolgungskosten, weil diese neu gesondert in § 97a Abs. 3 UrhG erstattungsfähig sind. Hiervon bleiben Ansprüche aus anderen gesetzlichen Vorschriften, wie zB aus § 323 Abs. 2 BGB oder §§ 677, 683 S. 1, 670 BGB, unberührt, vgl. § 102a UrhG. Die Schadensersatzansprüche von Urhebern und Inhabern einiger verwandter Schutzrechte umfassen auch den Ersatz des immateriellen Schadens, vgl. § 253 Abs. 1 BGB iVm § 97 Abs. 2 S. 4 UrhG. 776

(1) Materieller Schaden. Wie im gesamten gewerblichen Rechtsschutz und inzwischen auch im Wettbewerbsrecht[2028] hat der Verletzte die Wahl[2029] zwischen 777

- dem Ersatz des tatsächlich entstandenen Schadens, also der erlittenen Vermögenseinbuße einschließlich des entgangenen Gewinns (§ 97 Abs. 2 S. 1 UrhG, §§ 251 Abs. 1, 252 BGB),
- der Herausgabe des erzielten Verletzergewinns (§ 97 Abs. 2 S. 2 UrhG), denn § 97 Abs. 2 S. 1 und S. 2 sind dahingehend neu formuliert, dass der Gewinn bei der Bemessung des Schadensersatzes mit berücksichtigt werden kann und nicht mehr nur „anstelle" (§ 97 Abs. 1 S. 2 UrhG aF) gefordert werden kann, und
- der Bezahlung einer angemessenen Lizenzgebühr (sog. „Lizenzanalogie"; früher: Gewohnheitsrecht),[2030] § 97 Abs. 2 S. 3 UrhG.

Das **Wahlrecht** kann beliebig ausgeübt werden; der Verletzte kann zwischen den einzelnen Berechnungsarten so lange hin- und herwechseln, bis der Schadensersatzanspruch entweder erfüllt oder rechtskräftig zuerkannt worden ist.[2031] 778

Bei der Berechnung des **tatsächlich entstandenen Schadens** bestehen zunächst regelmäßig erhebliche Nachweis- und Berechnungsschwierigkeiten, weil meist kaum zuverlässig und nachvollziehbar dargelegt werden kann, welcher Schaden beim Verletzten tatsächlich entstanden und welcher Gewinn ihm entgangen ist; diese Berechnungsmethode wird deshalb nur in ganz seltenen Fällen überhaupt angewendet.[2032] Allerdings bestehen insoweit Überschneidungen mit der Lizenzanalogie, weil die entgangene Lizenzgebühr natürlich immer zugleich auch eine Vermögenseinbuße darstellt. 779

[2024] OLG Köln GRUR-RR 2011, 88 – Gestattungsanordnung II.

[2025] Richtlinie 2004/48/EG des Europäischen Parlaments und des Rates vom 29. April 2004 zur Durchsetzung der Rechte des Geistigen Eigentums, ABl. L 157; vgl. → Rn. 22 und → Rn. 753.

[2026] BGH GRUR 2013, 509 – Uni Basis IDOS.

[2027] Vgl. auch die Bezugnahme des Gesetzgebers in der amtlichen Begründung (BT-Drs. 16/5048, S. 40) auf BGH GRUR Int. 2002, 1046 (1049) – Faxkarte.

[2028] Vgl. BGH GRUR 1993, 55 (57) – Tchibo/Rolex II.

[2029] Vgl. ua BGH GRUR 1980, 227 (232) – Monumenta Germaniae Historica.

[2030] Vgl. Fromm/Nordemann/Wilhelm Nordemann, 9. Aufl., UrhG § 97 Rn. 39; BGH GRUR 2009, 407 (409) Tz. 22 – Whistling for a train; zur Schadensersatzberechnung und Lizenzanalogie OLG Düsseldorf GRUR-RR 2006 393 – Fotomarketing wegen fehlender Benennung des Fotografen bei Veröffentlichung der Fotografien.

[2031] Vgl. BGH GRUR 1993, 55 (57) – Tchibo/Rolex II.

[2032] Einige **Beispiele** finden sich bei Schricker/Loewenheim/Wild UrhG § 97 Rn. 150; Bodewig/Wandtke GRUR 2008, 220 (224).

780 In der Praxis etwas häufiger wird die **Herausgabe des Verletzergewinns** gefordert. Dieser kann im Einzelfall über dem konkreten Schaden des Verletzten liegen, v. a. im Falle rechtswidriger Nachahmung.[2033] Die Enforcement-RL enthält in Art. 13 Abs. 1 lit. a die Herausgabe des Verletzergewinns als eine mögliche Berechnungsmethode und bestätigt damit die bisherige Rechtsanwendung und Regelung. §§ 101, 101a UrhG erleichtern zwar insoweit den Nachweis des erzielten Verletzergewinns etwas.

781 Sind aber nur einzelne Teile eines Werkes oder einer geschützten verwandten Leistung vom Verletzer verwendet worden, ist nur der Teil des Gewinns herauszugeben, **den der Verletzer durch die Rechtsverletzung erzielt hat** (so ausdrücklich § 97 Abs. 2 S. 2, 2. HS UrhG), so dass dann ermittelt werden muss, welchen Anteil am erzielten Gewinn die begangene Urheberrechtsverletzung hatte.[2034] Vereinfachtes **Beispiel:** Ein Verletzer druckt ein urheberrechtlich geschütztes Foto auf ein (an sich nicht urheberrechtlich geschütztes) T-Shirt auf und verkauft es für EUR 30,–; die Rechnungslegung ergibt, dass er mit jedem verkauften T-Shirt einen Reingewinn von EUR 10,– erzielt. Im Verletzungszeitraum verkauft er außerdem die gleichen T-Shirts ohne Aufdruck für EUR 20,00; mit den unbedruckten T-Shirts erzielt er lediglich einen Reingewinn von EUR 7,50. Der durch die Urheberrechtsverletzung erzielte Gewinn iSv § 97 Abs. 2 S. 2 UrhG ergibt sich aus der Differenz der mit und ohne Urheberrechtsverletzung erzielten Gewinne und beträgt demnach EUR 2,50 pro T-Shirt. Problematisch wird es allerdings dann, wenn der Verletzer im Verletzungszeitraum auch noch T-Shirts mit gemeinfreien Fotos zum selben Preis und mit demselben Gewinn verkauft hat oder der Gewinn mit den unbedruckten T-Shirts genauso hoch ist wie bei den bedruckten; dann lässt sich kaum noch verlässlich gem. § 287 ZPO schätzen, welchen Gewinn der Verletzer durch die Urheberrechtsverletzung erzielt hat. Nach der Rechtsprechung des BGH kommt es insoweit im Wege einer „wertenden Zurechnung" maßgeblich darauf an, inwieweit der Entschluss der Käufer zum Erwerb des Plagiats gerade darauf zurückzuführen ist, dass dieses die Züge erkennen lässt, auf denen der Urheberrechtsschutz des benutzten Werkes beruht.[2035] Der BGH hat insoweit die Auffassung der Vorinstanz OLG Hamburg, das ein Abzug von 10 % im Fall eines Kinderhochstuhles gerechtfertigt sei, nicht akzeptiert. Vielmehr stünde bei Werken der angewandten Kunst, die im Gegensatz zu Werken der zweckfreien Kunst einem Gebrauchszweck dienten, bei jedem Kaufentschluss auch immer die technische Funktionalität des Stuhls im Vordergrund und nicht bloß seine Ästhetik; die Sache ist deshalb zur weiteren Aufklärung an das OLG Hamburg zurückgegangen.[2036] Im übrigen kann der Verletzergewinn, also der Gewinn, den der jeweilige Verletzer erzielt hat, von jedem Verletzer innerhalb der Verletzerkette herausverlangt werden. Er kann hiervon allerdings Ersatzzahlungen abziehen, die er an seine Abnehmer wegen der Inanspruchnahme durch den Verletzten geleistet hat.[2037]

782 Der *BGH* hat die **Abzugsmöglichkeiten von Kosten** durch den Verletzer auf die unmittelbar zurechenbaren Kosten beschränkt; ein Abzug von Gemeinkosten (Fixkosten) ist damit zukünftig nicht mehr möglich.[2038] Die unmittelbar zurechenbaren Kosten sind unmittelbare Herstellungs- oder Vertriebskosten im Gegensatz zu Mieten oder zeitabhängigen Abschreibungen, die auch unabhängig von der Rechtsverletzung angefallen wären. Die vorgenannte Entscheidung des BGH erging noch zum Geschmacksmusterrecht; inzwischen hat der BGH aber diese Grundsätze auch im Urheberrecht angewendet.[2039]

783 Aufgrund der vorerwähnten Schwierigkeiten ist die **Lizenzanalogie** die Schadensberechnungsart, die am verbreitetsten ist. **Angemessen ist, was ein vernünftiger Lizenznehmer im Falle der Rechtevergabe gefordert und ein vernünftiger Lizenznehmer bewilligt hätte.**[2040] Ausgangspunkt ist der objektive Wert der Benutzungsberechtigung. Dabei ist unerheblich, ob und inwieweit der Verletzer selbst bereit gewesen wäre, für seine Nutzungshandlungen eine Vergütung zu zahlen.[2041] Bei der erforderlichen Einzelfallbetrachtung kommt es nach dem BGH unter anderem auf die Intensität der Nutzung, insbesondere ihre Dauer und die Qualität des Lichtbilds an. Sofern der für

2033 BGH GRUR 2007, 431 (433) – Steckverbindungsgehäuse; BGH GRUR 2001, 329 (331) – Gemeinkostenanteil.

2034 Vgl. BGH GRUR 2001, 329 (332) – Gemeinkostenanteil; Fromm/Nordemann/Jan Bernd Nordemann UrhG § 97 Rn. 79; Schricker/Loewenheim/Wild UrhG § 97 Rn. 166.

2035 BGH GRUR 2009, 856 (860 f.), Tz. 42 – Tripp-Trapp-Stuhl.

2036 BGH GRUR 2009, 856 (861), Tz. 47 ff. – Tripp-Trapp-Stuhl.

2037 BGH GRUR 2009, 856 (863 f.), Tz. 72 ff. – Tripp-Trapp-Stuhl.

2038 BGH GRUR 2001, 329 (332) – Gemeinkostenanteil.

2039 BGH GRUR 2009, 856 (860), Tz. 36 – Tripp-Trapp-Stuhl.

2040 BGH GRUR 2020, 990 Tz. 15 – Nachlizensierung; BGH GRUR 2019, 292 Tz. 18 – Foto eines Sportwagens.

2041 BGH GRUR 2019, 292 Tz. 18 – Foto eines Sportwagens.

die Erstellung des Lichtbilds erforderliche Aufwand zu einer Erhöhung des wirtschaftlichen Wertes der Bildernutzung führt, sei ferner der Stellungsaufwand zu berücksichtigen.[2042] Die Prüfung des objektiven Wertes der Benutzungsberechtigung erfogt in drei Schritten:

– **Erstens:** Zunächst ist zu fragen, ob es eine zur Zeit der Verletzungshandlung am Markt durchgesetzte „eigene Lizenzpraxis" des Rechteinhabers gibt.[2043] Diese könne auch über dem Durchschnitt vergleichbarer Vergütungen liegen.[2044] Der objektive Wert sollte sich danach bestimmen, was angemessen im Sinne von § 32 UrhG ist.[2045] Bei der Bemessung nach einer zur Verletzungshandlung am Markt durchgesetzten eigenen Lizensierungspraxis des Rechtsinhabers komme es allein darauf an, ob die Lizenzsätze „auf dem Markt" gezahlt würden, auch wenn sie über dem Durchschnitt vergleichbarer Vergütungen lägen.[2046] Ferner entschied der BGH, dass nach Abmahnung zustande gekommene Lizenzvereinbarungen nicht in die eigene Lizensierungspraxis des Verletzten einzurechnen sind[2047] Die Lizenzgebühr beinhalte regelmäßig eine Gegenleistung für die einvernehmliche Einigung über mögliche Ansprüche der vorausgegangenen Rechtsverletzung. Der BGH betonte allerdings, dass die nicht bewiesene Durchsetzung der eigenen Lizenzgebühren am Markt durch einen angemessenen Abschlag von der ausgewiesenen Lizenzgebühr Rechnung getragen werden könne.
– **Zweitens:** Gibt es keine Vertragspraxis der Verletzten innerhalb des objektiven Wertes der Nutzungserlaubnis, liegt es für die Festsetzung einer angemessenen Lizenzgebühr nahe, branchenübliche Vergütungssätze und Tarife als Maßstab heranzuziehen, wenn sich in dem maßgeblichen Zeitraum eine solche Übung herausgebildet hat.[2048] Zur Klärung, welche Lizenzgebühren üblich und angemessen sind, kommt ein Sachverständigengutachten in Betracht.[2049]
– **Drittens:** Fehle es sowohl an einer eigenen Lizensierungspraxis des Verletzten als auch an brachenüblichen Vergütungssätzen und Tarifen müsse die Höhe der als Schadensersatz zu zahlenden Lizenzgebühr vom Tatgericht gem. § 287 ZPO nach allen Umständen des Einzelfalls bemessen werden. Dabei dürfe aber kein Vergleich mit einer Lizenzgebühr für eine Nutzung gezogen werden, die eine verminderte wirtschaftliche Bedeutung habe. Auch dürfe nicht einfach der Lizenzbetrag im Wege der Schadensschätzung verdreifacht werden, weil das Ergebnis der Schätzung „völlig in der Luft" hänge.[2050] Im Falle prozentualer Absatzbeteiligungen geht man zB vor allem in der Verlagsbranche von der Faustregel „10 % für die Urheberseite" aus. Eine Marktüblichkeit kann sich aber auch aus Tarifwerken, Honorarempfehlungen oder Marktübersichten ergeben.[2051] Auf wirtschaftliche Erfolge oder die Frage, ob der Verletzte überhaupt jemals eine Lizenz erteilt hätte, kommt es bei der Bestimmung des Betrages nicht an.[2052] Im Fotobereich werden häufig die sogenannten „Bildhonorare der Mittelstandsgemeinschaft Foto-Marketing (MFM-Bildhonorare)" zur Berechnung herangezogen. Der BGH blickt darauf etwas skeptisch, weil die Mittelstandsgemeinschaft Foto-Marketing eine Interessenvereinigung der Anbieterseite und die MFM-Empfehlungen einseitig erstellt seien.[2053] Jedenfalls sei nach den Festestellungen des Berufungsgerichts nichts dafür ersichtlich, dass die „MFM-Empfehlungen" üblicherweise zur Bestimmung der Vergütung für eine Nutzung von Fotografien im Interent Anwendung finden, die nicht von professionellen Marktteilnehmern erstellt worden seien.[2054] Für professionelle Fotos dienen die MFM-Bildhonorare aber wohl dennoch

---

[2042] BGH GRUR 2019, 292 Tz. 18 – Foto eines Sportwagens.

[2043] BGH GRUR 2020, 990 Tz. 15 – Nachlizensierung; BGH GRUR 2019, 292 Tz. 19 – Foto eines Sportwagens.

[2044] BGH GRUR 2020, 990 Tz. 15 – Nachlizensierung.

[2045] Fromm/Nordemann/Jan Bernd Nordemann UrhG § 97 UrhG, Rn. 93.

[2046] BGH GRUR 2020, 990 Tz. 2 ff. – Nachlizensierung, mwN aus der unterschiedlichen OLG-Rspr.

[2047] BGH GRUR 2020, 990 Tz. 15 – Nachlizensierung.

[2048] BGH GRUR 2020, 990 Tz. 30 – Nachlizesierung, BGH GRUR 2019, 292, Tz. 19 – Foto eines Sportwagens.

[2049] BGH GRUR 2020, 990 Tz. 30 – Nachlizensierung.

[2050] BGH GRUR 2020, 990 Tz. 37, 41 – Nachlizensierung.

[2051] Vgl. hierzu im Vertragsteil jeweils die Hinweise vor den einzelnen Vertragsbereichen; im Weiteren BGH GRUR 2009, 407 (409), Tz. 29 – Whistling for a train; OLG Karlsruhe ZUM-RD 2007, 76 (78 f.) – Musikproduktion; OLG Köln ZUM 2007, 140 (140 f.) – Lizenzanalogie; BGH GRUR 2006, 136 (138) – Pressefotos; zur Berechnung ua auch der doppelten Lizenzgebühr Bodewig/Wandtke GRUR 2008, 220 ff.; mit Zurückhaltung der Anwendung der MFM-Empfehlungen OLG Hamburg Urt. v 21.5.2008, Az: 5 U 75/07, Tz. 76 ff. (juris) – Yacht II.

[2052] BGH GRUR 2009, 407 (409), Tz. 22 f. – Whistling for a train; BGH GRUR 2006, 136 (137) – Pressefotos; BGH GRUR 1993, 55 (57 f.) – Tchibo/Rolex II; Wandtke/Bullinger/v. Wolff § 97 Rn. 72; ausführlich auch zum Marktwert Bodewig/Wandtke GRUR 2008, 220 (227 f.).

[2053] BGH GRUR 2019, 292 Tz. 21 – Foto eines Sportwagens.

[2054] BGH GRUR 2019, 292 Tz. 22 – Foto eines Sportwagens. Leider befasst sich der BGH dann nicht mehr mit der Frage, ob bei „Amateur" Lichtbildern die MFM-Bildhonorare gar nicht mehr gelten sollen oder ob sie jedenfalls mit

weiter als Referenz.[2055] Für Tauschbörsennutzungen von Musiktiteln hat der BGH wiederholt eine Lizenzgebühr von EUR 200 als angemessen erachtet; dabei geht er von einer Lizenzgebühr von EUR 0,50 pro Download und einer durchschnittlichen Downloadzahl von 400 aus.[2056] Auch gegen Eltern, die zwar nicht als Täter, aber gemäß § 832 Abs. 1 BGB verantwortlich sind, kann der zu ersetzende Schaden nach den Grundsätzen der Lizenzanalogie berechnet werden.[2057] Berücksichtigungsfähig sind bei der Schadensberechnung Kosten, die dadurch entstehen, die Rechtsverletzung zu belegen.[2058] Gegebenenfalls muss das Gericht die angemessene Lizenzgebühr im Wege freier Schadensschätzung ermitteln (§ 287 ZPO), was idR mit Hilfe von Sachverständigengutachten geschieht.[2059]

784 **Verletzerzuschläge,** dh Zuschläge zur als Schadensersatz zu leistenden Lizenzgebühr, sind von der Rechtsprechung nur in zwei Bereichen anerkannt: Die GEMA kann grundsätzlich bei der Verletzung von unkörperlichen Wiedergaberechten (§ 15 Abs. 2 UrhG) – zB bei Musiknutzungen in Gaststätten oder Diskotheken – einen Verletzerzuschlag von 100 % auf die tarifliche Gebühr verlangen.[2060] Begründung der Erhöhung ist die Aufrechterhaltung der Überwachungsfunktion der GEMA und die Weiterleitung der entsprechenden Kosten, die schließlich durch den Verletzer veranlasst seien.[2061] Ferner können Urheber für die unterlassene Namensnennung ebenfalls einen Aufschlag von bis zu 100 % auf die für die Veröffentlichung angemessene Lizenzgebühr verlangen; das ist vor allem für Fotografen ausgeurteilt worden[2062] und gilt neuerdings auch für die Musikwiedergabe auf Videos.[2063] Auch dabei handelt es sich um einen materiellen Schadensersatzanspruch nach § 97 Abs. 2 S. 3 UrhG, wenn dem Urheber dadurch ein materieller Schaden entsteht, zB durch die fehlende Werbewirkung und den damit verbundenen Verlust an Folgeaufträgen.[2064] Außer in den beiden vorgenannten Fällen gibt es Verletzerzuschläge nur dann, wenn sie vertraglich vereinbart worden sind, was auch durch AGB geschehen kann.[2065]

785 Ansonsten gilt: **Der Verletzer ist nicht besser, aber auch nicht schlechter zu stellen als derjenige, der ordnungsgemäß vor Nutzung des Werkes oder der verwandten Leistung die Nutzungsrechte erworben hat.** Das ist zwar nicht ganz nachvollziehbar, aber durch die Rechtsprechung immer wieder bestätigt worden.[2066] Allerdings gab es im Gesetzgebungsverfahren zur Umsetzung der EU-Durchsetzungsrichtlinie[2067] eine Kontroverse zwischen dem Bundesrat und der Bundesregierung. Der Bundesrat hatte gefordert, dass als entgangener Gewinn auch die doppelte angemessene Vergütung für die Nutzung des verletzten Rechts geltend gemacht werden könne, sofern der Verletzer nicht nachweise, dass ein Gewinn nicht entstanden oder niedriger ist.[2068] In der Ge-

Abschlägen anwendbar sein sollen, wie das in der Instanzrechtsprechung diskutiert wird. Für Abschläge: OLG München ZUM-RD 2014, 165; OLG Hamm BeckRS 2014, 4652; OLG Köln ZUM 2014, 973; für Abschläge auch bei einfachen professionellen Produktfotos LG Düsseldorf GRUR-RR 2017, 496 – Produktfotos; siehe zum Ganzen auch Fromm/Nordemann/Jan Bernd Nordemann UrhG § 97 Rn. 115.

[2055] OLG Köln, GRUR 2019, 393, 397, Tz. 60 – Palast der Republik; Siehe im Einzelnen mit Nachw. aus der Rspr. Fromm/Nordemann/Jan Bernd Nordemann UrhG § 97 Rn. 115.

[2056] BGH GRUR 2016, 1280 (1285) Tz. 56 – Everytime we touch; BGH GRUR 2016, 191 (196) Tz. 52 ff. – Tauschbörse III; BGH GRUR 2016, 184 (188) Tz. 45 ff. – Tauschbörse II; BGH GRUR 2016, 176 (181 ff.) Tz. 54 ff. – Tauschbörse I.

[2057] BGH GRUR 2016, 184 (187) Tz. 42 – Tauschbörse II.

[2058] BGH GRUR 1973, 379 (380 f.) – Doppelte Tarifgebühr; BGH GRUR 1955, 549 (552) – Betriebsferien und RL 2004/48/EG Erwägungsgrund 26.

[2059] Vgl. hierzu BVerfG NJW 2003, 1655 (1656) – Zündholzbriefchen; BGH GRUR 2020, 990 Tz. 30 – Nachlizensierung.

[2060] St. Rspr., zB BGH GRUR 2015, 987 (989) Tz. 23 – Trassenfieber; BGH GRUR 1988, 296 (299) – GEMA-Vermutung IV; BGH GRUR 1973, 379 (380 f.) – Doppelte Tarifgebühr; BGH GRUR 1955, 549 (552) – Betriebsferien.

[2061] BGH GRUR 1955, 549 (552) – Betriebsferien.

[2062] Vgl. zB OLG Düsseldorf ZUM 1998, 668 (673). Jedoch grundsätzlich ablehnend neuerdings OLG Hamburg GRUR-RR 2010, 378 – Foot-Fotografie.

[2063] OLG Hamburg Urt. v 5.11.2008, Az: 5 U 115/07, BeckRS 2009, 08380, S. 8 – pornographische Filme.

[2064] BGH GRUR 2015, 780 Tz 36 ff. – Motorradteile. Sonst kommt allenfalls ein Anspruch nach § 97 Abs. 2 S. 4 in Betracht.

[2065] Vgl. zur Zulässigkeit der Berechnung einer 5-fachen Lizenzgebühr durch Bildagenturen aufgrund von AGB bei unberechtigter Bildweitergabe OLG Frankfurt ZUM 1998, 662 (662 f.); OLG Celle AfP 1998, 224 (225); L. und G. Mielke ZUM 1998, 646 (648 f.).

[2066] Vgl. BGH GRUR 1990, 1008 (1009) – Lizenzanalogie; zur Kritik Fromm/Nordemann/Wilhelm Nordemann (9. Auflage) UrhG § 97 Rn. 40; Schricker/Loewenheim/Wild UrhG § 97 Rn. 159.

[2067] Richtlinie 2004/48/EG des Europäischen Parlaments und des Rates vom 29.4.2004 zur Durchsetzung der Rechte des Geistigen Eigentums, ABl. L 157; vgl. auch → Rn. 22 und → Rn. 753.

[2068] Stellungnahme des Bundesrates zum Gesetzentwurf der Bundesregierung zur Verbesserung der Durchsetzung von Rechten des geistigen Eigentums, Bundestagsdrucksache 16/5048, Seite 53 f.; zur Vereinbarkeit einer solchen

genäußerung der Bundesregierung wurde das aber abgelehnt; es bleibt danach bei den bisherigen Regelungen.[2069]

Ein Schadensersatzanspruch besteht freilich nur, wenn dem Verletzer **Vorsatz** oder **Fahrlässigkeit (§ 276 BGB)** zur Last fällt, wobei leichte Fahrlässigkeit genügt. Aufgrund der strengen Prüfungspflichten, die die Rspr. den Nutzern urheberrechtlich relevanter Werke auferlegt[2070] sind Fälle, in denen ein Verletzer tatsächlich schuldlos gehandelt hat, äußerst selten. Fahrlässigkeit ist dann gegeben, wenn sich die Schädiger erkennbar jedenfalls im Grenzbereich des rechtlich Zulässigen bewegt haben, indem sie eine von der eigenen Einschätzung abweichende Beurteilung der rechtlichen Zulässigkeit ihres Verhaltens hätten in Betracht ziehen müssen: Der Schädiger müsse sich über den Bestand des Schutzes wie auch über den Umfang seiner Nutzungsberechtigung Gewissheit verschaffen.[2071] 786

Der BGH hat sich in der Entscheidung Chickenwings,[2072] bei der die Beklagte die Klägerin wegen Verwendung bestimmter Hühnermotive auf Grußkarten unter anderem wegen Urheberrechtsverletzung abgemahnt hatte, zum Mitverschuldenseinwand geäußert. Die Klägerin wies die Abmahnung als unberechtigt zurück, stellte nach eigenen Angaben den Verkauf der beanstandeten Grußkarten einige Wochen nach der Abmahnung ein und erhob kurze Zeit später auch noch negative Feststellungsklage gegen die abmahnende Beklagte. Später wurde gerichtlich festgestellt, dass in der Tat keine Urheberrechtsverletzung gegeben war. Im Prozess verlangte die Klägerin Schadensersatz wegen entgangenen Gewinns. Im konkreten Fall ließ der BGH dann tatsächlich zu, dass sich die Regressforderung auf null reduzierte, denn bei der Gesamtbetrachtung des Geschehens sei die Geschäfigte nicht nur voreilig, sondern wider besseren Wissens vorgegangen.[2073] 787

(2) Immaterieller Schaden. Urheber sowie Verfasser wissenschaftlicher Ausgaben (§ 70 UrhG), Fotografen (§ 72 UrhG) und ausübende Künstler (§ 73 UrhG) besitzen einen Anspruch auf Ersatz des immateriellen Schadens, § 97 Abs. 2 S. 4 UrhG, quasi für die durch die Urheberrechtsverletzung erlittenen „ideellen Schmerzen" im Hinblick auf Verletzungen des Urheberpersönlichkeitsrechts. Solche Ansprüche sind in der Praxis relativ selten, so dass auf die einschlägige Kommentarliteratur verwiesen werden kann.[2074] 788

dd) Vernichtung, Rückruf und Überlassung von Vervielfältigungsstücken und Vorrichtungen, §§ 98 und 69f UrhG. Gem. § 98 kann der Verletzte verlangen, dass alle rechtswidrig hergestellten, verbreiteten und zur rechtswidrigen Verbreitung bestimmten Vervielfältigungsstücke (nicht Originale!) vernichtet werden, soweit sie im Besitz oder Eigentum des **Verletzers** stehen; demgegenüber besteht der Vernichtungsanspruch, soweit Software betroffen ist, gem. § 69f gegenüber *jedem* Eigentümer oder Besitzer. Das bloße Auffinden von raubkopierter Software genügt also bereits zur Durchsetzung des Vernichtungsanspruchs, ohne dass nachgewiesen werden müsste, dass der Besitzer auch eine Urheberrechtsverletzung begangen hat. 789

Vernichtung geht grundsätzlich auf Veränderung der Substanz, so dass Zerstörung verlangt werden kann. Dieser Anspruch kann in der Art und Weise geltend gemacht werden, dass zum Zwecke der Vernichtung die Herausgabe an einen Gerichtsvollzieher beantragt wird.[2075] Gemäß § 98 Abs. 4 findet allerdings eine Verhältnismäßigkeitsprüfung statt: Vernichtung kann nicht verlangt werden, wenn die Vernichtungsmaßnahme im Einzelfall unverhältnismäßig ist und der die Rechtsverletzung verursachende Zustand auch anderweitig beseitigt werden kann. Dies kann im Einzelfall zB dazu führen, dass Software oder digitale Bilder nur gelöscht, nicht aber die ganze Festplatte zerstört werden muss.[2076] Gem. § 98 Abs. 3 UrhG kann der Verletzte vom Verletzer (gem. § 69f wiederum von jedem Eigentümer oder Besitzer) alternativ verlangen, dass ihm die Vervielfältigungsstücke gegen eine angemessene Vergütung *überlassen*, also herausgegeben 790

Regelung mit Art. 13 EU-Durchsetzungsrichtlinie vgl. EuGH GRUR 2017, 264 (265 f.) Tz. 25, 32, 33 – OTK/SFF; Ungern-Sternberg GRUR 2017, 217 (231).

2069 Gegenäußerung der Bundesregierung, Bundestagsdrucksache 16/5048, Seite 61 f.; Art. 6 des Gesetzes zur Verbesserung der Durchsetzung von Rechten des geistigen Eigentums BT-Drs. 16/8783.

2070 Vgl. zB BGH GRUR 1998, 568 (569) – Beatles-Doppel-CD; zum Kreis der Prüfpflichtigen: OLG Stuttgart UFITA 41 (1964), 218 (222) – Druckerei.

2071 BGH GRUR 2020, 1297 Rn. 38 – Rundfunkübertragung in Ferienwohnungen; BGH GRUR 2020, 738 Rn. 39 – Internet Radiorekorder.

2072 BGH NJW 2020, 766 – Chickenwings.

2073 BGH NJW 2020, 766 Tz. 34 – Chickenwings.

2074 Vgl. nur Fromm/Nordemann/Jan Bernd Nordemann UrhG § 97 Rn. 117 ff.

2075 OLG Hamburg GRUR-RR 2007, 3 (4 f.) – Sampling, nachfolgend BGH GRUR 2009, 403.

2076 Vgl. Fromm/Nordemann/Czychowski UrhG § 69f Rn. 4, OLG Hamburg 21.5.2008 – 5 U 75/07, Tz. 115 (juris) – Yacht II.

werden. Die im Gegenzug zu leistende angemessene Vergütung darf allerdings die Herstellungskosten des betroffenen Vervielfältigungsstücks nicht übersteigen; der Verletzer soll schließlich nicht noch Gewinn aus der Herausgabe ziehen können.

791 § 98 Abs. 1 S. 2 UrhG und § 69f Abs. 2 UrhG erstrecken sich die Vernichtungs- und Überlassungsansprüche auch auf **Vorrichtungen,** dh Geräte, Apparate und Instrumente, die ausschließlich oder nahezu ausschließlich zur Herstellung der Vervielfältigungsstücke gedient haben. Das sind zB Druckvorlagen, Lithos oder Druckstöcke, in Ausnahmefällen aber auch Computer oder Videorekorder, wenn diese nahezu ausschließlich dazu dienten, Raubkopien herzustellen. Reine Leermedien fallen aber nicht darunter.[2077]

792 Der neu eingeführte **Rückrufsanspruch** in § 98 Abs. 2 UrhG verlangt aktive Maßnahmen seitens des Verletzers zur Abwendung der weiteren Verletzung des Urheberrechts. Dieser Anspruch wird v. a. unter dem Verhältnismäßigkeitsgebot stehen, weil mit einem Rückruf erhebliche Kosten verbunden sein können, so dass eine Abwägung zu einem Schadensersatz bzw. einer Entschädigung nach § 100 UrhG relevant wird. Der Verletzer muss der rechtswidrigen Verbreitung aktiv entgegen wirken, indem er beispielsweise auch Anzeigen in den Medien schaltet, vornehmlich auch in überörtlichen Tageszeitungen, und natürlich den eigenen Vertriebsweg unterbricht.

793 *ee) Herausgabe.* Ansprüche, die auf Herausgabe des durch die Verletzungshandlung Erlangten gerichtet sind, enthalten die §§ 97ff. UrhG selbst nicht. Der neu eingeführte § 102a UrhG, der inhaltlich § 97 Abs. 3 UrhG aF entspricht, ordnet jedoch an, dass der Verletzte nicht nur urheberrechtliche, sondern auch Ansprüche aus anderen gesetzlichen Vorschriften, geltend machen kann. So kann der Verletzte insbesondere bereicherungsrechtlich gegen den Verletzer vorgehen und Herausgabe der **ungerechtfertigten Bereicherung** gem. §§ 812ff. BGB verlangen.[2078] Hierbei ist zu beachten, dass Gegenstand der Bereicherung (das „erlangte Etwas") nicht etwa die ersparte Lizenzgebühr ist, sondern vielmehr der unbefugte Gebrauch des immateriellen Schutzgegenstandes.[2079] Da dieser immaterielle Wert nicht herausgegeben werden kann, ist gemäß § 818 Abs. 2 BGB Wertersatz in Höhe der angemessenen Lizenzgebühr zu leisten.[2080] Da dieser Anspruch verschuldensunabhängig ist, kann auf diesem Wege praktisch von jedem Verletzer zumindest eine angemessene Lizenzgebühr verlangt werden.[2081] Auch in Fällen des widerrechtlichen öffentlichen Zugänglichmachens eines urheberrechtlich geschützten Werks über eine Internettauschbörse kann eine Bereicherungsforderung nach §§ 102 S. 2 UrhG, 852 BGB gestellt und mittels einer fiktiven Lizenz berechnet werden.[2082] Für Tauschbörsennutzungen von Musiktiteln hat der BGH wiederholt eine Lizenzgebühr von EUR 200 als angemessen erachtet; dabei geht er von einer Lizenzgebühr von EUR 0,50 pro Download und einer durchschnittlichen Downloadzahl von 400 aus.[2083]
Hinweis: Die Herausgabe der eigenen Werkstücke kann der Urheber aus § 985 BGB verlangen, wenn er Eigentümer seiner Werkstücke geblieben ist; beispielsweise dann, wenn er diese nur leihweise zur Nutzung an einen Dritten überlassen hat.[2084]

794 Nur bei Vorsatz besteht ein Anspruch auf **Gewinnherausgabe aus Geschäftsführung ohne Auftrag,** §§ 687 Abs. 2, 681, 667 BGB.[2085]

[2077] BGH GRUR 2015, 672 Tz. 71 – Videospiel-Konsolen II; unter Verweis auf Fromm/Nordemann/Jan Bernd Nordemann UrhG § 98 Rn. 20.

[2078] Vgl. Fromm/Nordemann/Jan Bernd Nordemann UrhG § 97 Rn. 86 und 226 sowie § 102a Rn. 4ff.; Schricker/Loewenheim/Wild UrhG § 102a Rn. 2.

[2079] Vgl. BGH GRUR 2015, 780 Tz. 32 – Motorradteile; BGH, GRUR 1982, 301 (303) – Kunststoffhohlprofil II (Zum Patentrecht), Fromm/Nordemann/Jan Bernd Nordemann UrhG § 102a Rn. 5; **aA** OLG Frankfurt GRUR 1998, 47 (49) – La Bohème (ersparte Lizenzgebühr als erlangtes Etwas); **Anmerkung:** Im Rahmen der Eingriffskondiktion des § 812 Abs. 1 S. 1 Alt. 2 BGB muss der Bereicherungsschuldner etwas in sonstiger Weise auf Kosten des Bereicherungsgläubigers erlangt haben. Das ist dann der Fall, wenn der Bereicherungsschuldner in eine dem Bereicherungsgläubiger von der Rechtsordnung ausschließlich zugewiesene Rechtsposition eingreift. Eine solche ausschließliche Rechtsposition ist das Urheberrecht.

[2080] BGH GRUR 2015, 780 Tz. 32 – Motorradteile; BGH GRUR 2010, 623 (625) Tz. 33 – Restwertbörse, BGH, GRUR 1982, 301 (303) – Kunststoffhohlprofil II [zum Patentrecht], Fromm/Nordemann/Jan Bernd Nordemann UrhG § 102a Rn. 5.

[2081] BGH GRUR 2015, 780 Tz. 32 – Motorradteile.

[2082] BGH GRUR 2016, 1280 (1288) Tz. 95 – Everytime we touch.

[2083] BGH GRUR 2016, 1280 (1285) Tz. 56 – Everytime we touch; BGH GRUR 2016, 191 (196) Tz. 52ff. – Tauschbörse III; BGH GRUR 2016, 184 (188) Tz. 45ff. – Tauschbörse II; BGH GRUR 2016, 176 (181ff.) Tz. 54ff. – Tauschbörse I.

[2084] BGH GRUR 2007, 693 (694), Tz. 24 – Archivfotos.

[2085] Fromm/Nordemann/Jan Bernd Nordemann UrhG § 102a Rn. 10.

Zum Anspruch auf Vorlage und Besichtigung aus § 101a UrhG vgl. → Rn. 762. Zu beachten 795
ist auch die Regelung in § 101b UrhG, die dem Verletzten zur Sicherung von Schadensersatzansprüchen zwar keinen Herausgabeanspruch aber einen Anspruch auf Zugang zu beweiserheblichen Bank-, Finanz- und Handelsunterlagen gewährt. Das OLG Jena hat hierzu grundlegend entschieden, dass der Anspruch auf Vorlage der Bank-, Finanz- und Handelsunterlagen nicht etwa eng, sondern vielmehr weit und umfassend auszulegen ist. Es begründet dies mit dem übergeordneten Recht der Europäischen Union und legt § 101a UrhG richtlinienkonform aus. Da das OLG Jena auch Geheimhaltungsinteressen der Schuldnerin verneint hat, musste diese Kontoauszüge, Buchhaltungsunterlagen, Vermögensverzeichnisse, Steuererklärungsunterlagen, Handelsbücher, Inventarlisten, Jahresabschlüsse, Lageberichte, Handelsbriefe, Buchungsbelege, Rechnungen, Stücklisten, Versandpapiere, Gesundheitszeugnisse und Verträge vorlegen, auch wenn diese nur mittelbar mit der begangenen Urheberrechtsverletzung im Zusammenhang stehen; wenn sie sie nicht mehr hat, muss sie sich darum bemühen, die Unterlagen bei Dritten zu beschaffen.[2086]

ff) Verjährung. § 102 UrhG, der früher die Verjährung im UrhG regelte (3 Jahre ab Kenntnis 796
aller Umstände, ansonsten 30 Jahre ab Verletzung), wurde durch das Gesetz zur Modernisierung des Schuldrechts geändert und verweist jetzt auf die Verjährungsvorschriften des BGB. Damit gilt nunmehr ua die 3-jährige Regelverjährungsfrist des § 195 BGB auch für Ansprüche wegen Urheberrechtsverletzung. Wiederholte gleichartige Urheberrechtsverletzungen, die zeitlich unterbrochen auftreten, lösen ferner jeweils einen neuen Unterlassungsanspruch aus und lassen die für die Beurteilung des Zeitmoments der Verjährung und auch der Verwirkung maßgebliche Frist jeweils neu beginnen.[2087] Auch eine längere Untätigkeit des Rechtsinhabers gegenüber bestimmten gleichartigen Verletzungshandlungen kann kein berechtigtes Vertrauen des Rechtsverletzers begründen, der Rechtsinhaber dulde auch künftig sein Verhalten und werde weiterhin nicht gegen solche – jeweils neuen – Rechtsverletzungen vorgehen.[2088] Der Verwirkungseinwand, der auf einem im Vertrauen auf die Benutzungsberechtigung geschaffenen schutzwürdigen Besitzstand gegründet ist, darf nicht dazu führen, dass dem Benutzer eine zusätzliche Rechtsposition eingeräumt wird und die Rechte des nach Treu und Glauben nur ausnahmsweise und in engen Grenzen schutzwürdigen Rechtsverletzers über diese Grenzen hinaus erweitert werden.[2089] Andernfalls würde die Verwirkung im Ergebnis das urheberrechtliche Nutzungsrecht selbst ergreifen, obwohl sie regelmäßig nur die aus der Urheberrechtsverletzung entstandenen Ansprüche ergreifen kann.[2090]

Bei Schadensersatzansprüchen ist zu beachten, dass bei einer rechtsverletzenden Dauerhand- 797
lung – wie bspw. dem unbefugten öffentlichen Zugänglichmachen von Fotografien im Internet – die Fortdauer der schädigenden Handlung fortlaufend neue Schäden und damit neue Ersatzansprüche erzeugt, so dass die Dauerhandlung zur Bestimmung des Beginns der Verjährung gedanklich in Einzelhandlungen nach Tagen aufzuspalten ist, für die jeweils eine gesonderte Verjährungsfrist läuft.[2091]

Allerdings kann der Urheber auch noch nach Ablauf der 3-jährigen Verjährungsfrist Heraus- 798
gabe der ungerechtfertigen Bereicherung nach §§ 102 UrhG, 812 ff. BGB verlangen (→ Rn. 793). Diese Ansprüche, die regelmässig auf Zahlung einer angemessenen Lizenzgebühr gehen, verjähren nach §§ 102 S. 2 UrhG, 852 BGB lediglich in 10 Jahren.[2092]

b) Prozessuale Möglichkeiten. Die Ansprüche des Rechtsinhabers im Falle von Urheberrechts- 799
verletzungen unterscheiden sich nicht von denen bei Verletzung der gewerblichen Schutzrechte. Grundsätzlich gilt unabhängig von den verschiedenen Rechtsschutzmöglichkeiten ein allgemeines Verbot der unzulässigen Rechtsausübung nach den §§ 242, 826 BGB. Darüber hinaus kann die Praxis des § 8 Abs. 4 UWG auch im Urheberrecht fruchtbar gemacht werden.[2093] Im Einzelnen gibt es die folgenden Möglichkeiten:

aa) Berechtigungsanfrage. Die „weichste" Form des Vorgehens gegen Urheberrechtsverletzer ist 800
die sog. **„Berechtigungsanfrage"**, in der man – ohne den vermeintlichen Verletzer sogleich zu be-

[2086] OLG Jena NJW-RR 2015, 1392 – Babybilder.
[2087] BGH GRUR 2014, 363 (365) Tz. 16 – Peter Fechter.
[2088] BGH GRUR 2014, 363 (365) Tz. 16 – Peter Fechter.
[2089] BGH GRUR 2014, 363 (365) Tz. 16 – Peter Fechter; BGH GRUR 2012, 928 Tz. 22 f. – Honda-Grauimport.
[2090] BGH GRUR 2014, 363 (365) Tz. 16 – Peter Fechter; BGH GRUR 1977, 42 (43) – Schmalfilmrechte.
[2091] BGH GRUR 2015, 780 Tz 23 – Motorradteile.
[2092] BGH GRUR 2015, 780 Tz 28 ff. – Motorradteile.
[2093] BGH GRUR 2013, 176 (177) Tz. 14 – Ferienluxuswohnung.

drohen – auf die eigene Rechtsposition hinweist und um Erklärung darüber bittet, warum der andere sich dazu berechtigt fühle, das Urheberrecht zu verletzen oder bestimmte Handlungen vorzunehmen. Sie bietet sich vor allem dann an, wenn Unsicherheit darüber herrscht, ob der andere unter Umständen ältere Rechte besitzt oder seine Rechtsposition von einem Dritten ableitet, dessen Rechte wiederum älter sind. Dann vermeidet die Berechtigungsanfrage das Risiko einer unberechtigten Schutzrechtsverwarnung, die grundsätzlich Gegenansprüche des zu Unrecht Abgemahnten auslöst.[2094]

801 Ausführliche Muster finden sich bei:

- Münchener Prozessformularbuch/*Gauss/Stolz* Form. F 1 (S. 905 ff.) zum Geschmacksmusterrecht (seit 1.1.14 Designrecht);
- Münchener Prozessformularbuch/*v. Schwerin/Geschke* Form. D 1 (S. 675 ff.) zum Gebrauchsmusterrecht;
- Münchener Prozessformularbuch/*Mes* Form. C 1 (S. 433ff.) zum Patentrecht.

802 Anwaltskosten: 1,3 Geschäftsgebühr Nr. 2300 VV zum RVG (aufgrund der in den Rechtsgebieten erforderlichen Spezialkenntnisse wird teilweise auch von 1,5 Geschäftsgebühr ausgegangen,[2095] je nach Schwierigkeitsgrad auch bis 2,5), kein Erstattungsanspruch.[2096]

803 *bb) Abmahnung.* Der Normalfall des ersten Schrittes beim Vorgehen gegen Verletzer ist die **Abmahnung**, die nunmehr als Sollvorschrift in § 97a UrhG eingeführt wurde („soll … vor Einleitung eines gerichtlichen Verfahrens auf Unterlassung abmahnen …").[2097] Seit 9. Oktober 2013 hat der Gesetzgeber die inhaltlichen Anforderungen an die urheberrechtliche Abmahnung genau in § 97a Abs. 2 UrhG definiert und an ihre Nichteinhaltung strenge Konsequenzen geknüpft. Die Regelung erlangte auch sofort praktische Bedeutung. Denn für ihre zeitliche Anwendbarkeit kommt es nach der Rechtsprechung des Bundesgerichtshofes auf den Zeitpunkt der Abmahnung an.[2098] Das am 2.12.2020 in Kraft getretene Gesetz zur Stärkung des fairen Wettbewerbs enthält verschiedene Regelungen, um insbesondere lauterkeitsrechtliche Abmahnungen einzuschränken. Daneben finden sich aber auch Änderungen im Recht der urheberrechtlichen Abmahnung gem. § 97a UrhG, insbesondere in Abs. 2 S. 1 Nr. 4 und Abs. 4.

804 Nach § 97a Abs. 2 UrhG, der die Voraussetzungen für eine „wirksame" Abmahnung auflistet, gelten für alle Abmahnungen nach neuem Recht (also ab 9.10.2013) die folgenden Voraussetzungen:

805 **Nr. 1:** Name oder Firma des Verletzten müssen angegeben werden, wenn der Verletzte nicht selbst, sondern ein Vertreter abmahnt. Das gilt vor allem für anwaltliche Abmahnungen. Nr. 1 dient der Möglichkeit, den Absender der Abmahnung identifizieren zu können, zB um die Rechtsinhaberschaft des Abmahnenden zu verifizieren oder Gegenansprüche nach Abs. 4 zu stellen. Name meint dabei den Namen (§ 12 BGB), Firma den Handelsnamen des Kaufmanns (§§ 17 ff. HGB). Der Rechtsformzusatz gehört zur Firma, ist also zwingend. Der Wortlaut erfordert keine Adressangabe, geschweige denn eine zustellungsfähige Anschrift mit Angabe der vertretungsberechtigten Organe bei juristischen Personen. Um die Formerfordernisse der Abmahnung nicht unnötig zu überfrachten, sollte sich – anders als bei § 253 ZPO für die Bezeichnung der Parteien – eine Auslegung über den Wortlaut hinaus verbieten. Diese Angaben muss der Abgemahnte vielmehr grundsätzlich versuchen, selbst mit zumutbaren Mitteln zu recherchieren. Offen ist, was gilt, wenn Name oder Firma nicht ausreichen, um unter Zuhilfenahme zumutbarer Recherchemöglichkeiten, zB Internet, Telefonverzeichnisse, Handelsregister, den Abmahnenden hinreichend zu identifizieren. Ein Auskunftsanspruch gegenüber dem Bevollmächtigten gemäß § 242 BGB scheidet aus, weil kein gesetzliches Schuldverhältnis mit ihm vorliegt. Es besteht aber ein solcher Auskunftsanspruch gegen den Abmahnenden, der ggf. über die Adresse des Bevollmächtigten geltend zu machen ist. Das gilt vor allem für Ansprüche nach Absatz 4, weil für sie das notwendige gesetzliche Schuldverhältnis gegeben ist.

[2094] BGH GRUR 2006, 433 (434) – Unbegründete Abnehmerverwarnung; BGH GRUR 2005, 882 (884 f.) – Unberechtigte Schutzrechtsverwarnung.

[2095] Münchner Prozessformularbuch/v. Schwerin/Geschke letzte Anm. zu Form D 1 (S. 679).

[2096] Vgl. Münchener Prozessformularbuch/Mes letzte Anm. zu Form. C 1 Münchener Prozessformularbuch/v. Schwerin letzte Anm. zu Form. D 1.

[2097] Eingefügt durch Art. 6 des Gesetzes zur Verbesserung der Durchsetzung von Rechten des geistigen Eigentums, BGBl. I 2008, 1191, in Kraft ab 1.9.2008 (vgl. Art. 10 des Gesetzes), BT-Drs. 16/8783.

[2098] BGH ZUM 2012, 34 Tz. 8 – Tigerkopf; offen BVerfG GRUR 2010, 416, Tz. 30 – Fotoarchiv mwN zum Streitstand.

Nr. 2: Ferner ist „die Rechtsverletzung genau zu bezeichnen". Die Auslegung richtet sich nach dem Zweck, dem Abgemahnten die Beurteilung zu erleichtern, ob die Abmahnung berechtigt ist und ob er ein Gerichtsverfahren vermeiden will. Sie muss also alle Informationen enthalten, die der Verletzer benötigt, um die Chance zu haben, die Beanstandung außergerichtlich zu erledigen. Zunächst ist dafür die Darlegung der für die Abmahnung relevanten Tatsachen erforderlich, für die den Anspruchsteller die Darlegungs- und Beweislast trifft. Beweismittel (oder Glaubhaftmachungsmittel) müssen aber nicht vorgelegt werden.[2099] Anspruchsberechtigung (ggf. Rechtekette und Verletzungshandlung (zB Ort, Datum, Zeit) müssen also auf Nachfrage weiter substantiiert werden. Eine völlig allgemein gehaltene Abmahnung, aus der weder der vermeintliche Verletzer noch die konkret beanstandete Handlung ersichtlich wird, ist nicht ausreichend, insbesondere wenn der Abgemahnte nicht beurteilen kann, ob der Vorwurf der Rechtsverletzung zu Recht erfolgt. Ferner muss die konkrete Verletzungsform benannt werden. Rechtliche Details, insbesondere die Anspruchsgrundlage, muss die Abmahnung aber nicht enthalten. 806

Nr. 3: Weiter ist der Abmahnende verpflichtet, „geltend gemachte Zahlungsansprüche als Schadenersatz- und Aufwendungsersatzansprüche aufzuschlüsseln." Das soll den Abgemahnten in die Lage versetzen, Schadenersatzansprüche und Kostenerstattungsansprüche getrennt zu bewerten. Dahinter steht offenbar die Befürchtung, dass einige Abmahnende beides bewusst vermischen, um flexibler bei der Auskehrung des Zahlungsbetrages an den Verletzten zu sein. Eine Kostenerstattung kommt grundsätzlich nur in der Höhe in Betracht, in der der Verletzte seinen Abmahnanwalt bezahlen muss. Schadenersatzansprüche im Sinne dieser Bestimmung sind nicht nur Ansprüche nach § 97 Abs. 2 UrhG, sondern auch alle sonstigen vergleichbaren Ansprüche gemäß § 102a UrhG, insbesondere Bereicherungsansprüche. Aufwendungsersatzansprüche meint Ansprüche nach § 97a Abs. 3 UrhG nF sowie alle vergleichbaren Ansprüche gemäß § 102a UrhG, soweit sie nicht von § 97a Abs. 3 UrhG nF verdrängt werden. 807

Nr. 4: Regelmäßig enthalten Abmahnungen in der Praxis vorformulierte Unterlassungserklärungen; dazu besteht allerdings kein Zwang. Der Abmahnende kann also Probleme mit Nr. 4 dadurch vermeiden, dass er keine vorformulierte Erklärung anbietet. Ist in der Abmahnung jedoch eine Aufforderung zur Abgabe einer vorformulierten Unterlassungsverpflichtung enthalten, muss sie nach Nr. 4 angeben, „inwieweit die vorgeschlagene Unterlassungsverpflichtung über die abgemahnte Rechtsverletzung hinausgeht". Die Regelung bezieht sich nur auf die Unterlassungsverpflichtung (§ 97 Abs. 1 UrhG), nicht jedoch auf Beseitigungsansprüche nach § 97 Abs. 1 UrhG, Schadenersatzansprüche nach § 97 Abs. 2 UrhG und sonstige Ansprüche nach §§ 98 ff. UrhG. Der Unterlassungsanspruch ist auf die konkrete Verletzungsform gerichtet, wobei kerngleiche Handlungen eingeschlossen sind. Kerngleich sind diejenigen Handlungen, in denen das Charakteristische der konkreten Verletzungshandlung (also der „Kern") zum Ausdruck kommt.[2100] Die Reichweite des Unterlassungsanspruches kann grundsätzlich wegen des Abstellens auf die konkrete Verletzungsform nur im Einzelfall bestimmt werden. Häufig ist deshalb unklar, ob der Unterlassungsanspruch etwas zu weit geht, so dass darüber bis zum Bundesgerichtshof gestritten wird.[2101] Der Wortlaut des Nr. 4 sollte deshalb nach unserer Auffassung einschränkend ausgelegt werden, dass die Angabepflicht nur für Fälle gilt, in denen die vorformulierte Unterlassungserklärung „offensichtlich" über die abgemahnte Rechtsverletzung hinausgeht. Eine wortlautgetreue Auslegung würde dazu führen, dass in Abmahnungen gar keine Unterlassungserklärung mehr angeboten wird, was für den Abgemahnten die Rechtssicherheit verringert und deshalb nicht dem Sinne des § 97a Abs. 2 UrhG entsprechen dürfte. Allerdings zeigt auch Nr. 4, dass im Zweifel angebotene Unterlassungserklärungen eng auszulegen sind und sich diese Auslegung an der vorgenannten Kerntheorie orientieren sollte. Nr. 4 bezieht sich nur auf den Inhalt des Unterlassungsanspruches, nicht jedoch auf das begleitende Vertragsstrafeversprechen. 808

§ 97a Abs. 2 S. 1 UrhG stellt klar, dass eine Abmahnung, die die vorgenannten vier Voraussetzungen nicht erfüllt, „unwirksam" ist. Das hat nach § 97a Abs. 3 S. 1 UrhG zur Folge, dass eine Abmahnkostenerstattung noch nicht einmal mehr dann verlangt werden kann, wenn die Abmahnung eigentlich berechtigt ist. Vielmehr kann der Abgemahnte nach § 97a Abs. 4 UrhG sogar Gegenansprüche stellen, wenn er für die Beantwortung einer unwirksamen Abmahnung einen Anwalt einschaltet. Der 2020 neu gefasste § 97a Abs. 4 UrhG sieht vor, dass der Abgemahnte 809

[2099] So auch schon zum alten Recht KG GRUR 1983, 673 (674) – falscher Inserent.
[2100] Vgl. eingehend Fromm/Nordemann/Jan Bernd Nordemann UrhG § 97 Rn. 41 ff. mwN.
[2101] ZB BGH GRUR 2010, 633 Tz. 35 f. – Sommer unseres Lebens.

nur Ersatz der für seine Rechtsverteidigung erforderlichen Aufwendungen verlangen kann, wenn für ihn zum Zeitpunkt der Abmahnung nicht erkennbar war, dass die Abmahnung unberechtigt war. Dies soll die Problematik lösen, dass der Abmahnende in vielen Fällen die genaue Rolle des Abgemahnten noch nicht einschätzen kann, sondern sich diese Rolle erst aus der Antwort auf die Abmahnung ergibt. Das gilt insbesondere in Tauschbörsenfällen. Hier wird erst einmal der Anschlussinhaber abgemahnt; es kann sich aber durch die Abmahnungsantwort ergeben, dass der Anschlussinhaber nicht der Täter und auch nicht Störer war, sondern der Anschlussinhaber einen anderen Täter benennt. Dann soll es nicht gleich zu Gegenansprüchen gegen den Abmahnenden kommen, sondern einfach nur die Abmahnung für den ursprünglich Abgemahnten ohne Abmahnkostenerstattungsanspruch des Abmahnenden bleiben. Die Kosten der Abmahnung gegenüber dem nicht verantwortlichen Anschlussinhaber können dann von dem benannten anderen Täter als Schadensersatz nach § 97 Abs. 2 S. 1 UrhG gefordert werden.[2102]

810 **Anwaltskosten:** Das Abmahnschreiben ist eine eigene Angelegenheit (§ 17 Nr. 4b RVG) gegenüber der weiteren anwaltlichen Tätigkeit wie zB dem Abschlussschreiben und ist dem einstweiligen Rechtsschutz zuzurechnen, wenn ein einstweiliges Verfügungsverfahren dem Hauptsacheverfahren vorausgeht.[2103] Hierfür kann der Anwalt im Regelfall eine 1,3 Geschäftsgebühr nach Nr. 2300 VV zu § 13 RVG verlangen, die sich je nach Schwierigkeitsgrad auch bis auf 2,5 erhöhen kann. Der Verletzte kann diesbezüglich vom Verletzer Kostenerstattung verlangen: verschuldensunabhängig aus § 97a Abs. 3 UrhG oder verschuldensabhängig aus § 97 Abs. 2 S. 1 UrhG als Bestandteil des Schadensersatzes. Voraussetzung ist jedoch auch beim verschuldensunabhängigen Kostenerstattungsanspruch aus § 97a Abs. 3 UrhG, dass die Abmahnung berechtigt war. Für Abmahnungen ab dem 9. Oktober 2013 deckelt § 97a Abs. 3 S. 2 UrhG im Übrigen die Abmahnkosten für den Unterlassungs- und Beseitigungsanspruch auf eine Erstattung aus einem Streitwert von EUR 1.000,–, wenn der Abgemahnte eine natürliche Person ist, die privat handelt, und wenn der Abgemahnte nicht bereits wegen eines Anspruches des Abgemahnten durch Vertrag, aufgrund rechtskräftiger gerichtlicher Entscheidung oder einstweiliger Verfügung zur Unterlassung verpflichtet ist. Der Deckel gilt nur für die Abmahnkostenerstattung, nach dem Wortlaut aber nicht für Gegenansprüche wegen unberechtigter oder unwirksamer Abmahnung gemäß § 97a Abs. 4 UrhG. Auch gilt der Deckel nicht für das folgende gerichtliche Verfahren. Unklar ist, ob der Deckel pro Streitgegenstand gilt oder insgesamt je Abmahnung; letzteres erschiene kaum zielführend, weil der Abmahnende dann motiviert werden würde, verschiedene Streitgegenstände in verschiedenen Abmahnungen unterzubringen, was die Kostenbelastung für den Abgemahnten steigern würde.

811 Durch das Gesetz zur Verbesserung der Durchsetzung von Rechten des geistigen Eigentums wurde – wie oben angeführt[2104] – **die Abmahnung in § 97a UrhG kodifiziert.** Zu beachten ist allerdings, dass § 97a Abs. 1 S. 1 UrhG – im Einklang mit der bisherigen Rechtslage – lediglich eine Soll-Bestimmung enthält („Der Verletzte soll den Verletzer […] abmahnen"). Allerdings ist dem Verletzten die Abmahnung zur Vorbereitung einer späteren Klage anzuraten, da § 97a UrhG vor allem im Rahmen der Kostentragungsregel des § 93 ZPO Bedeutung erlangt. Nach § 93 ZPO kann der Beklagte die Pflicht zur Zahlung der *Gerichtskosten* abwenden, wenn er keinen Anlass zur Erhebung der Klage gegeben hat und den Anspruch im Verfahren sofort anerkennt. Wurde der Verletzer erfolglos abgemahnt, hat er regelmäßig auch Anlass zur Klage gegeben, so dass § 93 ZPO nicht mehr zu seinen Gunsten greift. Jedoch ist zu beachten, dass dem „Verletzten" nur bei berechtigter Abmahnung ein *Aufwendungsersatzanspruch* aus § 97a Abs. 3 UrhG zusteht (Rn. 589), so dass im Einzelfall die Möglichkeit der Verletzung genau geprüft werden sollte.

812 Lange war es geübte Praxis, dass die **Umsatzsteuer („Mehrwertsteuer")**, die der Anwalt erhebt, nur dann vom Verletzer zu erstatten war, wenn der Verletzte nicht vorsteuerabzugsberechtigt ist.[2105] Denn nur in diesen Fällen entstand in Höhe der anwaltlichen Umsatzsteuer beim Verletzten ein Aufwand. Ansonsten waren die Anwaltskosten netto zu erstatten. Der BFH hat mit Urteil vom 21.12.2016[2106] zur umsatzsteuerrechtlichen Behandlung der Abmahnkostenerstattung aus § 12 Abs. 1 S. 2 UWG entschieden, dass Zahlungen, die an ein Unternehmen von dessen Wettbewerbern als Aufwendungsersatz aufgrund von Abmahnungen geleistet werden, umsatz-

[2102] BGH GRUR 2018, 914, 915 Tz. 14 ff. – Riptide.
[2103] BGH Urt. v. 4.3.2008, Az: VI ZR 176/07, Tz. 6 f. – Abschlussschreiben und Fortführung von BGH GRUR 2007, 621 (622) – Kostenerstattung für ein Abschlussschreiben.
[2104] Vgl. → Rn. 22 und → Rn. 753.
[2105] Siehe BGH NJW 1972, 1460.
[2106] BFH v. 21.12.2016, Az. XI R 27/14 Tz. 20 ff. = WRP 2017, 712.

steuerrechtlich als Entgelt im Rahmen eines umsatzsteuerbaren Leistungsaustauschs zwischen dem Unternehmen und dem abgemahnten Wettbewerber – und nicht als nicht-steuerbare Schadensersatzzahlungen – zu qualifizieren seien. Nach dieser Entscheidung ist daher „Leistender" im Sinne des Umsatzsteuerrechts der Abmahnende. Die Entscheidung sollte auch auf die Abmahnkostenerstattung nach § 97a Abs. 2 UrhG übertragbar seien,[2107] sie führt damit zu einer Änderung der Umsatzsteuerpraxis bei der Abmahnkostenerstattung: Soweit der Abmahnende in Bezug auf vereinnahmte Abmahnkosten der Verpflichtung zur Zahlung von Umsatzsteuer unterliegt, muss die Umsatzsteuer beim Abgemahnten geltend gemacht werden. Wenn der Abmahnende in Deutschland sitzt und der Abgemahnte ein Unternehmen oder eine Privatperson mit Sitz in Deutschland ist, unterliegt die Leistung der deutschen Umsatzsteuer. Mithin werden die Abmahnkosten zzgl. der Umsatzsteuer geltend gemacht. Zum Vorsteuerabzug berechtigte Unternehmen müssen eine ordnungsgemäße Rechnung verlangen. Da Leistender im Sinne des Umsatzssteuerrechts nicht der abmahnende Anwalt, sondern sein Mandant ist, ist der Abmahnende aus dem gesetzlichen Abmahnverhältnis verpflichtet, eine Rechnung an den Abgemahnten auszustellen, welche den Vorsteuerabzug beim Abgemahnten ermöglicht. Solange ihm keine Rechnung erteilt wurde, steht ihm ein Zurückbehaltungsrecht im Hinblick auf die Abmahnkostenerstattung zu.[2108] Die Rechnung kann mit der anwaltlichen Abmahnung versandt werden.

Ausgeschlossen ist der Kostenerstattungsanspruch seit der TMG-Reform 2017 (ab dem 13.10.2017) gem. § 7 Abs. 4 S. 3 TMG gegen **WLAN-Betreiber,** wie sie in § 8 Abs. 3 TMG legaldefiniert sind,[2109] soweit sie nicht als Täter oder Teilnehmer in Anspruch genommen werden. Das Gleiche gilt gem. § 8 Abs. 1 S. 2 2. Hs. Für Kostenerstattungsansprüche gegen allgemeine Zugangsprovider (§ 8 Abs. 1 S. 1 TMG); auch sie sollten von sämtlichen vorgerichtlichen Kosten entbunden werden.[2110] 813

Die rechtsmissbräuchliche Abmahnung ist in § 97a UrhG nicht geregelt. Die fehlende Berechtigung bei rechtsmissbräuchlicher Abmahnung ergibt sich nach dem BGH aus dem allgemeinen Verbot unzulässiger Rechtsausübung gem. § 242 BGB.[2111] Nach dem BGH können unter Berücksichtigung der zwischen den beiden Rechtsgebieten bestehenden Unterschiede die Erkenntnisse zur ausdrücklichen Regelung in § 8 Abs. 4 UWG grundsätzlich auch für das Urheberrecht fruchtbar gemacht werden.[2112] Zwar sei im Fall Al Di Meola II die Vornahme gesonderter Abmahnungen laut BGH gegenüber unterschiedlichen Adressaten wegen unterschiedlicher Rechtsverletzungen nicht grundsätzlich rechtsmissbräuchlich. Unter dem Gesichtspunkt der Verhältnismäßigkeit könne es im Einzelfall aber ein Indiz für einen Rechtsmissbrauch darstellen, dass schonendere Möglichkeiten der Anspruchsdurchsetzung nicht genutzt worden seien.[2113] Im Streitfall ließ der BGH allerdings offen, ob eine Abmahnung der Zwischenhändler und 16 weiterer gewerblicher Abnehmer schon rechtsmissbräuchlich gewesen sei. Denn folgende Umstände sprächen „klar und deutlich dafür", dass die überwiegende Motivation für die Abmahnungen nicht darin läge, weitere Urheberrechtsverletzungen zu verhindern, sondern Gebühreneinnahmen zu erzielen: Abtretung der Abmahnkostenersatzansprüche an den Rechtsanwalt, größere Anzahl von Abmahnungen am gleichen Tag, vergleichbares Vorgehen in Parallelfällen, dies in Kombination mit der Tatsache, dass der Rechtsanwalt die Verstöße selbst ermittelt habe und die Verfolgung auf das Inland beschränkt sei.[2114] 814

cc) Einstweilige Verfügung. Hat der vermeintliche Verletzer auf die Abmahnung nicht oder nicht hinreichend reagiert bzw. die verlangten Erklärungen nicht abgegeben, kann der Verletzte eine **Einstweilige Verfügung** (§§ 935, 940 ZPO) beantragen, sofern die Sache noch **dringlich ist,** wobei allerdings die Dringlichkeitsvermutung des § 12 Abs. 2 UWG (§ 25 UWG aF) nicht analog anzuwenden ist.[2115] Dabei kommt es vor allem auf den Zeitablauf an, der von den Oberlandesge- 815

2107 Anders als die frühere Entscheidung des FG Berlin-Brandenburg v. 20.11.2016, Az. 7 K 7078/15, wonach urheberrechtliche Abmahnungen von am Markt tätigen Unternehmen nicht umsatzsteuerpflichtig sind; Rev. zum BFH anhängig, Az. XI R 1/17.

2108 Omsels, jurisPR-WetbbR 6/2017 Anm. 1 unter Verweis auf BGH GRUR 2012, 711 Tz. 44 – Barmen Live.

2109 RegE ÄndG TMG- BT-Drs. 18/6745 S. 9.

2110 RegE ÄndG TMG – BT-Drs. 18/6745, S. 10: Accessprovider sollten generell von Abmahnkosten befreit werden.

2111 BGH GRUR 2020, 1087 Tz. 13 – Al Di Meola II.

2112 BGH GRUR 2020, 1087 Tz. 15 – Al Di Meola II.

2113 BGH GRUR 2020, 1087 Tz. 23 – Al Di Meola II.

2114 BGH GRUR 2020, 1087 Tz. 25 f. – Al Di Meola II.

2115 Vgl. KG ZUM 2001, 590 (592) – Gartenanlage; OLG Düsseldorf ZUM-RD 2001, 136 (137) – Neue Horizonte für Siedler III; KG GRUR 1996, 974 (975) – OEM Software; OLG Celle GRUR 1998, 50 – Amiga-Betriebssystem.

richten unterschiedlich gehandhabt wird, jedoch jeweils für alle Bereiche des geistigen Eigentums einheitlich gilt: OLG München, OLG Nürnberg, OLG Jena, OLG Hamm und OLG Köln sind mit einer relativ starren Frist von einem Monat am strengsten, die übrigen Oberlandesgericht liegen zwischen ein und zwei Monaten, OLG Hamburg war früher deutlich großzügiger, liegt aber jetzt wohl ebenfalls bei ein bis zwei Monaten, gerechnet jeweils ab Kenntnis.[2116] Im Einstweiligen Verfügungsverfahren sind allerdings nur Unterlassungs- und bei offensichtlicher Rechtsverletzung gem. § 101 Abs. 7 UrhG auch Auskunftsansprüche und Besichtigungsansprüche gem. § 101a Abs. 3 UrhG durchsetzbar. Vernichtung, Rückruf, Herausgabe und Schadensersatz kann nicht beansprucht werden, weil dies dem vorläufigen Charakter der Einstweiligen Verfügung zuwiderliefe. Um Ansprüche auf Vernichtung, Rückruf und Herausgabe zu sichern, kann allerdings Sequestration durch einen Gerichtsvollzieher mit beantragt werden.[2117] Früher war es nicht unüblich, solche Anträge auf Erlass einer Einstweiligen Verfügung – trotz des Risikos des sofortigen Anerkenntnisses nach § 93 ZPO – auch ohne Abmahnung direkt bei Gericht anhängig zu machen. Das BVerfG hat nun entschieden, dass grundsätzlich der Erlass einer einstweiligen Verfügung ohne Anhörung der Gegenseite unzulässig ist, da dies gegen das Gebot der prozessualen Waffengleichheit verstösst.[2118]

816 Ausführliche Muster finden sich bei:

- Münchener Prozessformularbuch/*Lutz* Form. G 5 (S. 1037 ff.);
- Münchener Prozessformularbuch/*Lutz* Form. G 10 (S. 1071 ff.);
- Münchener Prozessformularbuch/*Lutz* Form. G 11 (S. 1077 ff.).

817 Anwaltskosten: 1,3 Verfahrensgebühr Nr. 3100 VV zum RVG, Kostenerstattungsanspruch wird vom Gericht tituliert, auch wenn nicht beantragt.

818 Zu beachten ist ferner, dass in Folge der Bestimmung des § 105 UrhG die Länder bestimmten Gerichten eine (ausschließliche) **Spezialzuständigkeit für Urheberrechtssachen** zugewiesen haben:[2119]

Oberlandesgerichtsbezirke	Landgerichte	Amtsgerichte
KG	LG Berlin	AG Charlottenburg
OLG Bamberg	LG Nürnberg-Fürth	AG Nürnberg-Fürth
OLG Brandenburg	LG Potsdam	AG Potsdam
OLG Braunschweig	LG Braunschweig	AG Braunschweig
OLG Bremen[2120]	(LG Bremen)	(AG Bremen)
OLG Celle	LG Hannover	AG Hannover
OLG Dresden	LG Leipzig	AG Leipzig
OLG Düsseldorf	LG Düsseldorf	AG Düsseldorf
OLG Frankfurt	1. LG Frankfurt/Main, auch für LG Bezirke Darmstadt, Gießen, Hanau, Limburg/Lahn, Wiesbaden 2. LG Kassel, auch für LG Bezirke Fulda und Marburg	1. AG Frankfurt/Main, auch für LG Bezirke Darmstadt, Gießen, Hanau, Limburg/Lahn, Wiesbaden 2. AG Kassel, auch für LG Bezirke Fulda und Marburg
OLG Hamburg	LG Hamburg	AG Hamburg
OLG Hamm	1. LG Bielefeld, auch für LG-Bezirke Detmold, Münster und Paderborn 2. LG Bochum, auch für LG-Bezirke Arnsberg, Dortmund, Essen, Hagen und Siegen	1. AG Bielefeld, auch für LG-Bezirke Detmold, Münster und Paderborn 2. AG Bochum, auch für LG-Bezirke Arnsberg, Dortmund Essen, Hagen und Siegen
OLG Jena	LG Erfurt	AG Erfurt
OLG Karlsruhe	LG Mannheim	Keine Konzentration
OLG Koblenz	LG Frankenthal	AG Koblenz

[2116] Einzelheiten bei Fromm/Nordemann/Jan Bernd Nordemann UrhG § 97 Rn. 203 ff.

[2117] Vgl. OLG Hamm GRUR 1989, 502 (503) und Fromm/Nordemann/Jan Bernd Nordemann UrhG § 98 Rn. 38.

[2118] BVerfG NJW 2020, 2021; BVerfG GRUR 2020, 733 und BGH GRUR 2021, 118.

[2119] **Bitte jeweils aktuellen Stand überprüfen!** Vgl. die Angaben zu den einzelnen zuständigen Senaten und Kammern bei Dreier/Schulze/Schulze UrhG § 105 Rn. 5.

[2120] Bremen hat von der Ermächtigung gem. § 105 Abs. 1 UrhG bislang nicht Gebrauch gemacht, da nur ein LG vorhanden.

Oberlandesgerichtsbezirke	Landgerichte	Amtsgerichte
OLG Köln	LG Köln	AG Köln
OLG München	LG München I	AG München, auch für AGe im Bezirk LG München II, ansonsten das AG im jeweiligen LG-Bezirk
OLG Naumburg	1. LG Magdeburg, auch für LG-Bezirk Stendal 2. LG Halle, auch für LG-Bezirk Dessau	1. AG Magdeburg, auch für LG-Bezirk Stendal 2. AG Halle, auch für LG-Bezirk Dessau
OLG Nürnberg	LG Nürnberg-Fürth	AG im jeweiligen LG-Bezirk
OLG Oldenburg	LG Oldenburg	AG Oldenburg
OLG Rostock	LG Rostock	AG Rostock
OLG Saarbrücken[2121]	(LG Saarbrücken)	(Age Saarbrücken, Saarlouis)
OLG Schleswig	LG Flensburg	keine Konzentration
OLG Stuttgart	LG Stuttgart	keine Konzentration
OLG Zweibrücken	LG Frankenthal	AG Frankenthal

Der Begriff der Urheberrechtsstreitsache nach § 104 S. 1 UrhG ist weit auszulegen; hierunter fallen auch Streitigkeiten über Angelegenheiten aus anderen Gesetzen oder Rechtsquellen, die unter Anwendung des UrhG, des VGG (früher UrhWahrnG) und des VerlG zu entscheiden sind, so dass urheberrechtlichen Rechtsquellen zumindest mittelbare Relevanz zukommt.[2122] Für den örtlichen Gerichtsstand gilt grundsätzlich § 32 ZPO. Allerdings schränkt neuerdings § 104a UrhG bei privaten Urheberrechtsverletzungen und bei Inanspruchnahme natürlicher Personen den fliegenden Gerichtsstand ein. In diesen Fällen kann nur noch am Wohngericht geklagt werden. Von der Rechtsprechung wird die Regelung entgegen ihrem Wortlaut nicht nur auf täterschaftliche Verletzungen, sondern auch auf die Begehung als Gehilfe und Störer angewendet.[2123] Allerdings ist diese Regelung erst am 9.10.2013 in Kraft getreten und damit nicht auf jeden bzw. nicht auf zeitlich vorverlagerte Sachverhalte anwendbar.[2124] 819

dd) Schutzschrift. Soll ein Erlass einer Einstweiligen Verfügung ohne vorherige mündliche Verhandlung abgewehrt werden, bietet es sich an in Fällen, in denen durch die unvorbereitete Zustellung einer einstweiligen Verfügung erhebliche Schäden drohen, **Schutzschriften** zu hinterlegen, damit das Gericht nicht aufgrund einseitigen Vortrags des Verletzten entscheidet; die meisten Gerichte entscheiden zudem bei Vorliegen einer Schutzschrift nicht mehr ohne mündliche Verhandlung, auch wenn es dafür keine Garantie gibt. 820

Das Problem, mit dem man konfrontiert ist, liegt darin, möglichst zuverlässig zu erahnen, wo der Antrag auf Erlass einer Einstweiligen Verfügung gestellt werden wird, da der Verletzte die Ansprüche im so genannten „fliegenden Gerichtsstand" gemäß § 32 ZPO dort geltend machen kann, wo die rechtsverletzende Handlung begangen worden ist und er gem. § 35 ZPO unter mehreren Gerichtsständen die Wahl hat; da Urheberrechtsverletzungen häufig bundesweit begangen werden, kann der Antrag auf Erlass einer Einstweiligen Verfügung mithin normalerweise bei jedem für Urheberrechtsverletzungen zuständigen Gericht anhängig gemacht werden. Seit dem 1.1.2017 sind **Schutzschriften ausschließlich elektronisch zum zentralen Schutzschriftenregister** („ZSSR") einzureichen (vgl. § 49c BRAO, § 945a ZPO, § 2 Abs. 2 Schutzschriftenregisterverordnung). Damit entfällt die mehrfache Hinterlegung der Schutzfristen bei allen in Frage kommenden und für Urheberrechtsverletzungen zuständigen Gerichten. Eine Einreichung von Schutzschriften in Papierform ist nur noch in individuellen Fällen rechtlich zulässig, allerdings nur bei einem einzelnen Gericht und ohne Übertragung ins zentrale elektronische Schutzschriftenregister; mit der Einreichung einer Schutzschrift ins ZSSR gilt sie bei allen ordentlichen Gerichten und Arbeitsgerichten der Länder als eingereicht.[2125] Nach § 945a ZPO führt die Landesjustizverwaltung 821

2121 Das Saarland hat von der Ermächtigung gem. § 105 Abs. 1 UrhG bislang nicht Gebrauch gemacht, da jeweils nur ein OLG, LG vorhanden.

2122 BGH ZUM-RD 2016, 352 (353) Tz. 13 – Gestörter Musikvertrieb.

2123 LG Hamburg GRUR-RR 2014, 112 (113); OLG Hamburg GRUR-RR 2014, 109 – Computerspiel-Filesharing.

2124 Zu dieser Problematik vgl. LG Hamburg ZUM-RD 2014, 213.

2125 Vgl. die Informationen auf https://schutzschriftenregister.hessen.de/ und im INFORM-Magazin für die Hessische Landesverwaltung abrufbar auf https://schutzschriftenregister.hessen.de/sites/schutzschriftenregister.hessen.de/

Hessen das Schutzschriftenregister. **Achtung:** Urheberrechtsverletzungen können zugleich wettbewerbswidrig sein. Stellt der Antragsteller nur auf die Wettbewerbswidrigkeit ab, kann eine Einstweilige Verfügung auch durch ein an sich nicht für Urheberrecht zuständiges Gericht erlassen werden.

822 Die **Hinterlegung von Schutzschriften** kann beispielsweise **dann ratsam** sein, wenn der Vertrieb eines Buches oder einer CD angegriffen wird und der Angegriffene noch erhebliche Lagerbestände besitzt, die infolge Zeitgewinns bis zur mündlichen Verhandlung vielleicht noch abverkauft werden könnten. Ist aber beispielsweise lediglich einmalig eine Anzeige geschaltet worden, die als urheberrechtsverletzend angegriffen wird, und deren Wiederholung vielleicht gewünscht, aber nicht zwingend erforderlich, dürfte der Kostenaufwand für die Hinterlegung von Schutzschriften kaum im Verhältnis zum Vorteil stehen, den man damit erzielen kann.

823 Ein ausführliches Muster findet sich bei:

- Münchener Prozessformularbuch/*Lutz* Form. G 4 (S. 1029 ff.).

824 Anwaltskosten: Es fällt eine beschränkte Verfahrensgebühr in Höhe von 0,8 gem. 3101 Nr. 1 VV zum RVG analog für jedes Gericht gesondert an, bei dem hinterlegt ist. Streitig ist, ob die Verfahrensgebühr in Höhe von 1,3 gem. 3100 VV zum RVG festgesetzt werden kann, sofern der erwartete Antrag auf einen Erlass einer Einstweiligen Verfügung bereits eingegangen war oder danach eingeht.[2126]

825 *ee) Abschlussschreiben.* Das sog. **„Abschlussschreiben"** ist in Urheberrechtssachen zur Umwandlung der vorläufigen Regelung der Einstweiligen Verfügung in eine endgültige ebenso erforderlich wie als erneute Abmahnung zur Vorbereitung des Hauptprozesses.

826 Ausführliche Muster finden sich bei:

- Münchener Prozessformularbuch/*Lutz* Form. G 12 (S. 1081 ff.);
- Münchener Prozessformularbuch/*Lutz* Form. G 13 (S. 1084 ff.).

827 Anwaltskosten: Es entsteht eine 0,8 Geschäftsgebühr Nr. 2300 VV zum RVG, allerdings aus dem Hauptsachestreitwert.[2127]

828 *ff) Verletzungsklage.* Im Rahmen der Verletzungsklage können sämtliche Ansprüche geltend gemacht werden. Üblich ist es, nicht im Wege der Stufenklage vorzugehen, sondern in zwei separaten Schritten:

Erste Klage auf

- Unterlassung,
- Auskunftserteilung und
- Schadensersatzfeststellung,
- ggf. auch Vernichtung, Rückruf oder Herausgabe.

Zweite Klage auf

- Zahlung eines bestimmten, anhand der Auskunft errechneten Schadensersatzbetrages.

829 Auch eine Stufenklage ist natürlich zulässig, aber wie gesagt eher unüblich.

830 Ausführliche Muster finden sich bei:

- Münchener Prozessformularbuch/*Lutz* Form. G 14 (S. 1087 ff.);
- Beck'sches Prozessformularbuch/*Mes* Form. II Q 26 (S. 1780 ff.).

---

files/content-downloads/INFORM%201-16_ZSSR_01%20%282%29.pdf; dort finden sich auch die teilnehmenden Landgerichte.

[2126] Vgl. dazu BGH JurBüro 98, 30 sowie BGH, Urteil vom 10.4.2003 – I ZB 33/02, BeckRS 2003, 04263; Hartung/Schons/Enders § 11 RVG Rn. 54 f.

[2127] Vgl. BGH GRUR 2010, 1038 (1040) Tz. 31 – Kosten für Abschlussschreiben; BGH GRUR 1973, 384 (385) – Goldene Armbänder; BGH GRUR 2008, 640, Tz. 11 f. – Kosten der Schutzschrift III, für eine Erhöhung der Verfahrensgebühr von 0,8 auf 1,3, weil die Schutzschrift mit Sachvortrag bereits eingereicht war und danach erst der Antrag auf Erlass einer einstweiligen Verfügung zurückgenommen wurde, so auch BGH GRUR 2007, 727 (728), Tz. 15 – Kosten der Schutzschrift II; BGH GRUR 2003, 456, Tz. 2 – Kosten der Schutzschrift I; auch die Instanzgerichte vertreten überwiegend die Auffassung, dass es sich bei einem Abschlussschreiben idR nicht um ein Schreiben einfacher Art iSv Nr. 2302 RVG VV handelt, sondern die Geschäftsgebühr nach Nr. 2300 RVG VV zu bemessen ist, vgl. BGH GRUR 2010, 1038 (1040) Tz. 30 – Kosten für Abschlussschreiben mwN; OLG Hamburg GRUR-RR 2014, 229 (232) – Standardabschlusschreiben.

Für den Gerichtsstand sind die Ausführungen oben zur Einstweiligen Verfügung zu beachten (→ Rn. 818 f.). 831

gg) Grenzbeschlagnahmeantrag. Infolge der Bestimmungen des **Produktpirateriegesetzes** sieht § 111b UrhG ebenso wie die Gesetze über die gewerblichen Schutzrechte vor, dass ein sog. **„Grenzbeschlagnahmeantrag"** gestellt wird. Er bewirkt vor allem, dass die Zollbehörden nach bestimmten Gesichtspunkten verdächtige Ware kontrollieren und beim Grenzeintritt in die Bundesrepublik Deutschland beschlagnahmen, sofern nach ihrer Prüfung eine offensichtliche Rechtsverletzung vorliegt (§ 111b Abs. 1 UrhG). Sie unterrichtet dann den Verfügungsberechtigten der Ware und den Antragsteller über die Beschlagnahme (§ 111b Abs. 2 UrhG) In Fällen, in denen die Verletzung nicht offensichtlich ist, kann der Zoll beim Verdacht von Fälschungen eine „Aussetzung der Überlassung" anordnen. Der Zoll informiert dann den Schutzrechtsinhaber und bittet um Stellungnahme, ob eine Verletzung vorliegt. Zu diesem Zeitpunkt werden aber Informationen über die Beteiligten nicht mitgeteilt. Erst wenn der Schutzrechtsinhaber den Fälschungscharakter bestätigt, wird die Ware beschlagnahmt. Bei Parallelimporten ist eine Aussetzung der Überlassung nach den internen Richtlinien des Zolls nicht möglich. Diese unterliegen nur dann der Beschlagnahme, wenn es sich um **offensichtliche Parallelimporte** handelt; dann muss der Zoll auch sofort beschlagnahmen. Es ist grundsätzlich wichtig, die Zollbehörden mit genügend Erkennungsmerkmalen für „offensichtliche" Piraterieware und Parallelimporte zu versorgen, damit dort zuverlässig und rechtzeitig beurteilt und gehandelt werden kann. In Zweifelsfällen rufen die Zollbehörden die Kontaktpersonen der Antragsteller, zB ihre anwaltlichen Vertreter, auch an, um diese zu klären. 832

Widerspricht der Verfügungsberechtigte der Beschlagnahme, muss der Antragsteller binnen 2 Wochen nach Zustellung der Mitteilung über den erhobenen Widerspruch entweder eine Einstweilige Verfügung vorlegen, die den Vertrieb der beschlagnahmten Waren unterbindet, oder den Antrag zurücknehmen (§ 111b Abs. 4 UrhG). Geschieht beides nicht, muss die Zollbehörde 2 Wochen nach Zustellung der Mitteilung über den Widerspruch die Beschlagnahme von sich aus aufheben (§ 111b Abs. 4 S. 5 HS 1 UrhG). Legt der Verfügungsberechtigte über die Ware innerhalb von 2 Wochen nach Zugang der Mitteilung über die erfolgte Beschlagnahme keinen Widerspruch ein, wird die Beschlagnahme endgültig und die Waren werden eingezogen (§ 111b Abs. 3 UrhG); es bleiben dann aber immer noch die Rechtsmittel nach dem OWiG (§ 111b Abs. 7 UrhG). 833

Grenzbeschlagnahmeanträge für Deutschland sind zu stellen bei der **Generalzolldirektion** (§ 111b Abs. 6 UrhG) und sind jeweils für 1 Jahr gültig.[2128] In Deutschland ist federführend die Oberfinanzdirektion Nürnberg, Zentralstelle gewerblicher Rechtsschutz München, tätig, die auch die entsprechenden Informationen vorhält.[2129] Sie erhebt für den Antrag Gebühren (§ 111b Abs. 6 S. 2 UrhG) und verlangt – wegen der Schadensersatzverpflichtung des Antragstellers bei ungerechtfertigter Beschlagnahme (§ 111b Abs. 5 UrhG) – die Stellung einer Sicherheit, entweder in Bar oder in Form einer Bankbürgschaft. 834

12. Schutz technischer Maßnahmen und Urheberstrafrecht

a) Schutz technischer Maßnahmen, §§ 95a–95d UrhG. Durch das Gesetz zur Regelung des Urheberrechts in der Informationsgesellschaft[2130] wurden die §§ 95a–95d UrhG eingeführt. § 95a UrhG ordnet an, dass bestimmte technische Maßnahmen, die dazu dienen sollen, die Vervielfältigung urheberrechtlich geschützter Werke zu kontrollieren, ohne Zustimmung des Rechtsinhabers 835

[2128] Die Gültigkeit der Anträge wurde von 2 Jahren auf 1 Jahr gekürzt mit dem neuen Gesetz zur Verbesserung der Durchsetzungen von Rechten des geistigen Eigentums, vgl. Art. 6 des Gesetzes, BT-Drs. 16/8783.

[2129] Die Generalzolldirektion wurde zum 1.1.2016 als Bundesoberbehörde eingerichtet und ist für die operative Steuerung der Zollverwaltung zuständig (ehemalige Bundesfinanzdirektion, die durch das Gesetz zur Neuorganisation der Zollverwaltung zum 31.12.2015 aufgelöst wurde). Sie hat ihren Hauptsitz in Bonn und unterhält weiterhin die bisherigen Standorte der Bundesfinanzdirektion als Dienststellen (Potsdam, Hamburg, Nürnberg, Neustadt an der Weinstraße und Köln), http://www.zoll.de/DE/Der-Zoll/Struktur/Generalzolldirektion/generalzolldirektion_node.html (abgerufen am 5.4.2017). Der Beschlagnahmeantrag ist bei der Zentralstelle für gewerblichen Rechtsschutz, Sophienstraße 6, 80333 München zu stellen. Seit Mai 2009 setzt die deutsche Zollverwaltung ZGR-online ein, ein umfassendes Datenverarbeitungssystem, über das Anträge zur Grenzbeschlagnahme gestellt, bearbeitet und an die Zollstellen in Deutschland sowie, bei Schutzrechten mit unionsweiter Wirkung, an die Zollstellen der anderen Mitgliedstaaten verteilt werden, http://www.zoll.de/DE/Fachthemen/Verbote-Beschraenkungen/Gewerblicher-Rechtsschutz/Information-ZGR-online/information-zgr-online_node.html;jsessionid=C2F4F0A7CBC44CD3692FE5B4A162A99F.live4672.

[2130] Gesetz zur Regelung des Urheberrechts in der Informationsgesellschaft vom 10.9.2003, BGBl. I 2003, 1774.

nicht umgangen werden dürfen. Das betrifft vor allem die Umgehung von Kopierschutzmaßnahmen auf Musik-CDs, CD-ROMs und von Computerprogrammen, aber natürlich auch von DVDs oder BlueRays. Nach § 69a Abs. 5 UrhG sind die Vorschriften der §§ 95a bis 95d UrhG nicht auf Computerprogramme anwendbar. Der *BGH* hat jedoch entschieden, dass wirksame technische Maßnahmen zum Schutz eines Videospiels, das aus einem Computerprogramm und anderen urheberrechtlich geschützten Werken wie Sprach-, Musik-, Lichtbild- und Filmwerken sowie Laufbildern besteht, nach § 95a UrhG geschützt sein können.[2131] Schutzobjekt der §§ 95a ff. UrhG sind folglich die technischen Maßnahmen selbst und nur mittelbar das durch die technische Maßnahme geschützte Werk bzw. die geschützte Leistung.[2132] Verfassungsrechtlich sind die §§ 95a ff. UrhG als Inhalts- und Schrankenbestimmung iSd Art. 14 Abs. 1 S. 2 GG gegenüber Kunden wirksam.[2133]

836 **Technische Schutzmaßnahmen** sind gem. § 95a Abs. 2 UrhG Technologien, Vorrichtungen und Bestandteile, die im normalen Betrieb dazu bestimmt sind, Werke oder verwandte Schutzrechte betreffende Handlungen, die vom Rechtsinhaber nicht genehmigt sind, zu verhindern oder einzuschränken; **wirksam** sind diese, wenn sie durch eine Zugangskontrolle, einen Schutzmechanismus wie Verschlüsselung, Verzerrung oder sonstige Umwandlung oder einen Mechanismus zur Kontrolle der Vervielfältigung bewirkt werden. Es kann sich also um Vorkehrungen handeln, die auf Hardware oder Software[2134] basieren, nicht aber etwa um vertragliche Verbote.[2135] Nach der Entscheidung des EuGH zur Umgehung des Schutzsystems für eine Videospielkonsole erfasst der Begriff „wirksame technische Maßnahme" in Art. 6 Abs. 3 der Richtlinie 2001/29/EG auch technische Maßnahmen, die hauptsächlich darin bestehen, nicht nur den Träger, der das geschützte Werk wie das Videospiel enthält, mit einer Erkennungsvorrichtung zu versehen, sondern auch die tragbaren Geräte oder die Konsolen, die den Zugang zu diesen Spielen und deren Benutzung sicherstellen sollen.[2136] Wirksamkeit bedeutet nicht vollkommene Sicherheit, sondern verlangt lediglich, dass zur Umgehung ein aktives Handeln durch Entschlüsselung, Entzerrung oder vergleichbare Handlungen erforderlich ist.[2137] § 95a Abs. 3 UrhG verbietet auch die Herstellung, Einfuhr, Verbreitung, Verkauf, Vermietung und Werbung von bzw. für solche Umgehungsvorrichtungen. Verstöße gegen § 95a UrhG können wegen des Schutzgesetzcharakters auch gemäß § 823 Abs. 2 BGB geltend gemacht werden.[2138] § 95a Abs. 3 UrhG setzt entgegen § 823 Abs. 2 BGB allerdings kein Verschulden voraus.[2139]

Beispiel:

Der Verkauf eines Kopierprogramms für CDs mit dem Zusatz „Allesbrenner" über Ebay[2140] verstößt gegen § 95a Abs. 3 UrhG. Ebenso verstößt der Vertrieb des Computerprogramms Jdownloader2, durch das die den illegalen Download von Videos erschwerende RTMPE-Technologie umgangen wird, gegen § 95a Abs. 3 UrhG.[2141] Keinen Verstoß sah der BGH hingegen im Setzen eines Links in einer online-Berichterstattung eines IT-Nachrichtenmagazins über rechtswidrige „Kopierschutzknacker" des Unternehmens SlySoft auf die Herstellerhomepage, auf der die im Artikel beschriebene Software zur Umgehung eines DVD-Kopierschutzes angeboten wurde.[2142] Das Bundesverfassungsgericht hat diese Entscheidung unter Berufung auf die Pressefreiheit nach Art. 5 Abs. 1 S. 2 GG und auch die Meinungsfreiheit nach Art. 5 Abs. 1 S. 1 GG bestätigt.[2143]

2131 BGH GRUR 2015, 672 (675) – Videospiel-Konsolen II, unter Verweis auf EuGH GRUR 2014, 255 – Nintendo/PC-Box ua.

2132 Vgl. BGH GRUR 2011, 56 (58) Tz. 29 f. – Session-ID.

2133 BVerfG GRUR 2005, 1032 (1033) – Eigentum und digitale Privatkopie; BGH GRUR 2008, 996 (997), Tz. 20 – Clone-CD; OLG München GRUR-RR 2009, 85 (87 f.) – AnyDVD II.

2134 BGH GRUR 2008, 996 (997), Tz. 16 ff. – Clone-CD; OLG München GRUR-RR 2009, 85 (87 f.) – AnyDVD II; LG München ZUM 2007, 331 (333) – Antigua.

2135 Vgl. BGH GRUR 2008, 996 (997), Tz. 16 ff. – Clone-CD; Wandtke/Bullinger/Wandtke/Ohst § 95a Rn. 12.

2136 EuGH GRUR 2014, 255 – Umgehung des Schutzsystems für eine Videospielkonsole (Nintendo Unternehmen/PC Box ua).

2137 Vgl. Loewenheim/Peukert UrhG § 34 Rn. 12; s. a. Dreier/Schulze/Dreier/Specht § 95a Rn. 15; Wandtke/Bullinger/Wandtke/Ohst § 95a Rn. 47 ff.

2138 BVerfG GRUR 2007, 1064 (1065) – Any DVD; OLG München GRUR-RR 2005, 372 (375) – Any DVD; LG München ZUM 2007, 331 (333) – Antigua.

2139 BGH GRUR 2008, 996 (998), Tz. 24 ff. – Clone-CD.

2140 BGH GRUR 2008, 996 (997), Tz. 19 – Clone-CD.

2141 LG Hamburg GRUR-RR 2014, 241 – JDownloader2.

2142 Vielmehr sei das Setzen des Links innerhalb des Online-Artikels mit dem Setzen einer Fußnote vergleichbar und falle daher sowohl unter den Schutzbereich der Pressefreiheit als auch unter den Schutzbereich der Meinungsfreiheit aus Art. 5 Abs. 1 S. 1 und 2 GG, BGH GRUR 2011, 513 (515) Tz. 21 ff. – AnyDVD.

2143 BVerfG GRUR 2012, 390 (391 f.), Tz. 31 ff. – AnyDVD.

§ 95b UrhG sieht allerdings gewisse Korrekturen vor: Wer technische Schutzmaßnahmen verwendet, muss **notwendige Mittel** zur Verfügung stellen, um die Erfüllung der Schrankenbestimmungen zu ermöglichen. Notwendige Mittel im Sinne von § 95b Abs. 1 S. 1 UrhG sind solche, die den rechtmäßigen Zugang zu einem durch eine technische Schutzmaßnahme gesicherten Vervielfältigungsstück eines Werkes oder einer verwandten Leistung ermöglichen, um bestimmte, durch urheberrechtliche Schrankenbestimmungen ausdrücklich erlaubte Handlungen durchzuführen. Diese Schrankenbestimmungen sind im einzelnen in § 95b Abs. 1 UrhG aufgeführt.[2144] Diese Ausnahme gilt jedoch nur eingeschränkt für die Privatkopie des § 53 Abs. 1 UrhG, so dass die Privatkopie von CDs und DVDs nicht gegenüber einer Kopierschutzmaßnahme durchgesetzt werden kann.[2145] Das Bundesverfassungsgericht hat eine hiergegen gerichtete Rechtssatz-Verfassungsbeschwerde nicht zur Entscheidung angenommen, weil der Beschwerdeführer durch die angegriffenen Regelungen nicht unmittelbar in seinen Grundrechten betroffen sei; denn Vervielfältigungen zum privaten Gebrauch blieben weiterhin zulässig und Selbsthilfemaßnahmen zur Umgehung eines etwaigen Kopierschutzes seien nur von zivilrechtlichen Maßnahmen bedroht, nicht aber strafrechtlich sanktioniert.[2146] Es ist daher inzwischen wohl gefestigte Rechtsprechung, dass die Beschränkung der Zulässigkeit digitaler Privatkopien durch das Verbot der Umgehung wirksamer technischer Schutzmaßnahmen keine Verletzung des Eigentumsgrundrechtes nach Art. 14 Abs. 1 S. 2 GG darstellt.[2147] 837

§ 95c UrhG sieht vor, dass ein sog. digitaler Fingerabdruck, dh von den Rechtsinhabern stammende elektronische Informationen, die das damit gekennzeichnete Werk identifizieren sollen, nicht entfernt werden dürfen. Es handelt sich dabei in der Regel um **Identifizierungssysteme,** die auch in Metadaten verborgen sein können, wie beispielsweise digitale Signaturen, digitale Wasserzeichen, digitale Labels, Fingerprints und andere Zahlen und Codes, mit denen Informationen ausgedrückt werden.[2148] 838

Gem. § 95d UrhG müssen mit Kopierschutz versehene Werke gekennzeichnet werden: Nach § 95d Abs. 1 UrhG muss auf dem Vervielfältigungsstück angegeben werden, welche Eigenschaften der Kopierschutz bzw. die anderen technischen Schutzmaßnahmen besitzen. § 95d Abs. 2 S. 1 UrhG verlangt von dem Rechteinhaber, dass er Vervielfältigungsstücke von Werken oder verwandten Schutzrechten, die mit einem Kopierschutz oder anderen technischen Maßnahmen geschützt sind, kennzeichnet, und zwar mit seinem Namen oder seiner Firma und einer zustellfähigen Anschrift. Die Vorschrift dient dem **Verbraucherschutz** und soll gewährleisten, dass der Verbraucher sich vor Vertragsabschluss ausreichend darüber informieren kann, ob das Vervielfältigungsstück, für das er sich interessiert, mit einem Kopierschutz oder einer anderen technischen Maßnahme versehen ist und ihm ermöglichen, seinen Anspruch auf Zurverfügungstellung von Mitteln zur legalen Umgehung eines solchen Kopierschutzes gem. § 95b Abs. 2 UrhG durchzusetzen.[2149] 839

Hinzuweisen ist noch darauf, dass die Vorschriften der §§ 95a bis 95d UrhG gem. § 69a Abs. 5 UrhG auf Computerprogramme keine Anwendung finden. 840

§ 108b UrhG bedroht übrigens sowohl die Umgehung technischer Schutzmaßnahmen als auch die Entfernung digitaler Fingerabdrücke mit Freiheitsstrafen bis zu 1 Jahr oder mit Geldstrafen, bei Gewerbsmäßigkeit sogar mit Freiheitsstrafen bis zu 3 Jahren. Der Straftatbestand greift jedoch nicht, wenn der Eingriff in die Schutzmaßnahmen ausschließlich zum eigenen privaten Gebrauch des Täters oder mit dem Täter persönlich verbundener Personen erfolgte, § 108b Abs. 1 letzter Satz UrhG.[2150] 841

b) **Urheberstrafrecht.** Das UrhG stellt im 4. Teil mit den §§ 106–108b UrhG bestimmte Handlungen unter Strafe, die das Urheberrecht bzw. verwandte Schutzrechte verletzen. Diese Bestimmungen werden durch die §§ 109–111 UrhG ergänzt. 842

Das Urheberstrafrecht ist lange Jahre nur wie das „Aschenputtel" des Urheberrechts behandelt worden. Strafverfahren auf der Grundlage der §§ 106 ff. UrhG waren sehr selten, Strafrahmen 843

2144 Vgl. im einzelnen Czychowski NJW 2003, 2409 (2411); Loewenheim/Peukert UrhG § 36 Rn. 13; Wandtke/Bullinger/Wandtke/Ohst § 95b Rn. 7 ff. und Rn. 17 ff.

2145 Vgl. zu dem insoweit diskutierten „Recht auf Privatkopie"; BGH GRUR 2008, 996 ff. – Clone-CD; OLG München GRUR-RR 2009, 85 (87 f.) – AnyDVD II.

2146 Vgl. BVerfG GRUR 2005, 1032 (1033) – Eigentum und digitale Privatkopie.

2147 OLG München GRUR-RR 2009, 85 – AnyDVD II.

2148 Vgl. Loewenheim/Peukert UrhG § 35 Rn. 2 und 9 ff.; Wandtke/Bullinger/Wandtke/Ohst § 95c Rn. 9 f.

2149 Vgl. Loewenheim/Peukert UrhG § 36 Rn. 26; Wandtke/Bullinger/Wandtke/Ohst § 95d Rn. 1 f. und 4 sowie 10.

2150 Vgl. auch BVerfG GRUR 2005, 1032 (1033) – Eigentum und digitale Privatkopie.

mit Freiheitsstrafen von bis zu einem Jahr oder Geldstrafe trugen nicht gerade zu einer besonderen Abschreckung bei. Dies änderte sich erst, als durch die fortschreitende Technologie einige Industrien infolge der Piraterie in einen Nerv getroffen wurden: **Videopiraterie, Counterfeits** (Fälschungen von Original-Tonträgern), **Raubpressungen** (vervielfältigte Tonträger als Billigausgaben ohne Original-Anschein), **Bootlegs** (Veröffentlichung unerlaubter Mitschnitte von Live-Konzerten) und **Software-Piraterie** hatten sich Mitte der 80iger Jahre so sehr ausgebreitet, dass sich der Gesetzgeber zum Handeln gezwungen sah. Die **Urheberrechtsreform von 1985** fügte zunächst mit § 108a UrhG eine Strafvorschrift ein, die das gewerbsmäßige urheberstrafrechtliche Handeln mit Freiheitsstrafe bis zu fünf Jahren bedrohte und auch den **Versuch** unter Strafe stellte. Das Urheberstrafrecht kannte damit nun auch ein **Offizial-Delikt.** Das **Produktpirateriegesetz** aus dem Jahr 1990 verschärfte die Strafrahmen der übrigen Bestimmungen auf Freiheitsstrafe bis zu drei Jahren und stellte auch bei den §§ 106 bis 108 den Versuch unter Strafe. Trotz der vielen Klagen über die großen volkswirtschaftlichen Schäden, die die Urheberrechtspiraterie anrichtet, ist es bisher aber nicht zu einer nennenswerten Strafverfolgung gekommen. Inzwischen gibt es aber immerhin eine Entscheidung des *BGH* zum Urheberstrafrecht, die sehr lehrreich und lesenswert ist; der Angeklagte war erstinstanzlich zu einer Freiheitsstrafe von 1 Jahr und 3 Monaten auf Bewährung wegen unerlaubter Verwertung von Tonträgern gem. §§ 108 Abs. 1 Nr. 5, 85 UrhG verurteilt worden, was der *BGH* entgegen der Revisionen von Angeklagtem und Staatsanwaltschaft als rechtsfehlerfrei bestätigt hat.[2151] In einem weiteren Fall hat der *BGH* die Verurteilung eines Mitwirkenden an den Videostreaming-Plattformen „kino.to" und „kinox.to" bestätigt, der wegen Beihilfe zur gewerbsmäßigen unerlaubten Verwertung von urheberrechtlich geschützten Werken sowie wegen mittäterschaftlicher gewerbsmäßiger unerlaubter Verwertung von urheberrechtlich geschützten Werken (§ 106 UrhG), wegen Computersabotage (§ 303b Abs. 1 StGB), wegen Beihilfe zur Computersabotage und wegen Nötigung zu einer Gesamtfreiheitsstrafe von 3 Jahren und 4 Monaten verurteilt worden war.[2152] Folge der zunehmenden Piraterie ist auch ein scheinbar geschärftes Bewusstsein in der Öffentlichkeit: Es finden sich zunehmend nicht nur Presseveröffentlichungen, die die durch Piraterie entstehenden wirtschaftlichen Schäden thematisieren, sondern auch solche über die strafrechtliche Verfolgung von Piraten. So berichtete beispielsweise der Tagesspiegel in seiner Ausgabe vom 25.2.2007 über ein Urteil des *LG Mühlhausen* (Thüringen), durch das in einem der größten deutschen Prozesse gegen Raubkopierer Freiheitsstrafen von 23 und 16 Monaten auf Bewährung für die geständigen Haupttäter und 11 Monaten auf Bewährung für einen Rechtsanwalt, der der Beihilfe für schuldig befunden worden war, ausgesprochen wurden; die Beteiligten hatten sich wegen einer Download-Plattform zu verantworten, auf der unerlaubt Software, Filme, Musik und Computerspiele angeboten worden waren.[2153] Mittlerweile liegen weitere Urteile mit Freiheitsstrafen von 1 Jahr und 3 Monaten vor oder auch 3 Jahren, allerdings in Tateinheit mit Betrug (§ 108a UrhG iVm. § 263 StGB).[2154]

844 Die Bestimmungen der §§ 106 bis 108b UrhG stellen nicht jede Urheberrechtsverletzung, die zivilrechtlich verfolgt werden kann, unter Strafe. Die Vorschriften sind gegliedert in ***Straftaten* gegen die Verwertungsbefugnisse des Urhebers** (§ 106 UrhG), **Straftaten gegen das Persönlichkeitsrecht des Urhebers** (§ 107 UrhG), **Straftaten gegen die Verwertungsbefugnisse der Inhaber von verwandten Schutzrechten** (§ 108 UrhG), die **gewerbsmäßige Verletzung** der §§ 106–108 UrhG (§ 108a UrhG) und die **Umgehung von technischen Schutzmaßnahmen** (§ 108b UrhG). Als **Faustregel** lässt sich sagen, dass Verletzungen der Verwertungsrechte des Urhebers (§§ 15 ff. UrhG) idR strafrechtlich relevant sind, während Verletzungen des Urheberpersönlichkeitsrechts nur teilweise vom Urheberstrafrecht erfasst werden. Bei den verwandten Schutzrechten sind strafrechtlich relevant nur Verletzungen der Verwertungsrechte. **Nicht strafbar** sind zunächst alle Handlungen, die aufgrund einer **Einwilligung des urheberrechtlich Berechtigten** geschehen sowie solche, die vom UrhG ausdrücklich erlaubt werden (so jeweils ausdrücklich die Tatbestände der §§ 106, 107 Abs. 1 Nr. 1, 108 UrhG; dies gilt nicht hinsichtlich § 107 Abs. 1 Nr. 2 UrhG). Im Unterschied zur zivilrechtlichen Haftung sind nur Vorsatztaten unter Strafe gestellt; **fahrlässiges Handeln** führt also zu den Ansprüchen aus §§ 97 ff. UrhG, nicht aber in das Gefängnis.

2151 BGH GRUR 2004, 421 (423 f.) – Tonträgerpiraterie durch CD-Export.
2152 BGH GRUR 2017, 273 – kinox.to.
2153 Tagesspiegel vom 25.2.2007, S. 24.
2154 LG Frankfurt ZUM-RD 2006, 445, 445 f.; vgl. auch BGH NstZ-RR 2019, 112.

Die „Verletzung“ eines gemeinfreien Werkes bzw. verwandten Schutzrechtes ist immer urheberstrafrechtlich irrelevant, weshalb das Urheberstrafrecht den Bereich der **Kunstfälschung** nur lückenhaft erfasst. Die Werke van Goghs etwa, der vor mehr als 70 Jahren gestorben ist und die daher gemeinfrei sind, dürfen ohne urheberstrafrechtliche Folgen gefälscht werden (gleichwohl können natürlich Betrug und/oder Urkundenfälschung vorliegen). 845

Im Einzelnen sind **strafbar** nur die Vervielfältigung,[2155] Verbreitung[2156] oder öffentliche Wiedergabe eines noch urheberrechtlich geschützten Werkes der Literatur, Wissenschaft oder Kunst (§§ 106 Abs. 1, 2, 1 UrhG). Wird ein urheberrechtlich geschütztes Werk ausgestellt (vgl. § 18 UrhG) oder bearbeitet (vgl. § 23 UrhG), liegt keine strafbare Handlung vor. Hinsichtlich der Bearbeitung gilt dies allerdings nur so lange, wie die Bearbeitung, also das „neue“ Werk, nicht vervielfältigt oder verbreitet oder öffentlich wiedergegeben wird. Sind bspw. Möbelstücke als Werke der angewandten Kunst in Deutschland gem. § 2 Abs. 1 Nr. 4 UrhG urheberrechtlich geschützt, wie etwa Stühle der Aluminium-Group von Charles und Ray Eames oder Sessel von Le Corbusier, in Italien jedoch nicht, macht sich ein Händler nach § 106 UrhG strafbar, wenn er seine Werbung von Italien aus auf in Deutschland ansässige Kunden ausrichtet und ein Liefersystem sowie Zahlungsmodalitäten schafft, die es deutschen Kunden ermöglicht, sich die Vervielfältigungen von Werken aus Italien liefern zu lassen, weil in einem solchen Verhalten eine Verbreitung in Deutschland gem. § 17 UrhG liegt.[2157] 846

Strafbar sind ferner gewisse Handlungen gegen das Urheberpersönlichkeitsrecht, und zwar die Signierung eines Originals durch einen Unbefugten (§ 107 Abs. 1 Nr. 1 UrhG) und die Vortäuschung eines Originals (§ 107 Abs. 1 Nr. 2 UrhG). Strafbar ist auch die unerlaubte Verwertung einer durch ein verwandtes Schutzrecht geschützten Leistung, was idR ebenfalls Vervielfältigung, Verbreitung und öffentliche Wiedergabe erfasst (§ 108 UrhG). In der bereits erwähnten einzigen BGH-Entscheidung ging es um die Verletzung des verwandten Schutzrechtes des Tonträgerherstellers gem. § 85 UrhG durch die Herstellung von CD-Pressungen im Inland für einen Auftraggeber im Ausland mit einem anschließenden Export der CDs dorthin; das unterlag nicht nur ausschließlich deutschem Urheberrecht, sondern war auch gem. §§ 108 Abs. 1 Nr. 5, 85 UrhG strafbar, wobei allerdings abweichend von § 7 StGB nur die im Inland begangenen Verletzungshandlungen strafrechtlich relevant gewesen sind (wegen des im Urheberrecht geltenden Territorialitäts- und Schutzlandprinzips).[2158] 847

Hinsichtlich des Urheberrechts ist im Übrigen **nicht strafbar** die Entstellung eines Werkes (vgl. § 14 UrhG), sofern darin nicht eine Sachbeschädigung oder eine Beleidigung zu sehen ist. Nicht strafbar sind auch Verstöße gegen das Veröffentlichungsrecht des Urhebers (vgl. § 12 UrhG), sofern darin nicht eine der Verwertungshandlungen Vervielfältigung, Verbreitung oder öffentliche Wiedergabe liegt, sowie gegen das Recht des Urhebers auf Namensnennung (vgl. § 13 UrhG). Bei den verwandten Schutzrechten sind nicht strafrechtlich erfasst zB die Schutzrechte der ausübenden Künstler und Filmhersteller aus §§ 83 und 94 Satz 2 UrhG, Entstellungen ihrer Leistungen zu verbieten;[2159] denn es handelt sich hierbei nicht um unmittelbare Verwertungshandlungen. Ebenfalls nicht strafrechtlich geschützt ist das verwandte Schutzrecht des Veranstalters von Darbietungen ausübender Künstler gem. § 81 UrhG und des Presseverlegers gem. § 87 f. UrhG. 848

Wer *gewerbsmäßig* handelt, begeht ein auch ohne Strafantrag verfolgbares Offizialdelikt; es gilt dann ein verschärfter Strafrahmen von Freiheitsstrafe bis zu 5 Jahren oder Geldstrafe (§ 108a UrhG). Gewerbsmäßige Tatbegehung ist allerdings nicht gleichbedeutend mit der unerlaubten Verwertung im Rahmen eines Gewerbebetriebes; gewerbsmäßig im Sinne von § 108a UrhG handelt vielmehr nur, wer sich aus wiederholter Tatbegehung eine nicht nur vorübergehende Einnahmequelle von einigem Umfang verschaffen will, was im Rahmen eines Gewerbebetriebes nicht immer der Fall sein muss; die Gewerbsmäßigkeit ist zudem ein besonderes persönliches Merkmal, 849

2155 Zur Verurteilung eines Mitwirkenden an den Videostreaming-Plattformen „kino.to“ und „kinox.to“ als Mittäter bzw. Gehilfe der gewerbsmäßigen unerlaubten Verwertung von urheberrechtlich geschützten Werken durch das Hochladen von Videodateien durch die Uploader als Vervielfältigungshandlung vgl. BGH GRUR 2017, 273 (274 f.) Tz. 12 ff. – kinox.to.

2156 Der Verbreitungsbegriff des § 106 UrhG entspricht demjenigen aus § 17 UrhG, der Art. 4 Abs. 1 der RL 2001/29/EG umsetzt und dementsprechend richtlinienkonform auszulegen ist. Dies hat der EuGH in GRUR 2012, 817 (818) Tz. 23 ff. – Donner bestätigt. Vgl. zur Vorlage durch den BGH GRUR 2011, 227 – Italienische Bauhausmöbel; nachfolgend BGH GRUR 2013, 62 (63 f.) Tz. 42 ff. – Italienische Bauhausmöbel.

2157 BGH GRUR 2013, 62 (63 f.) Tz. 38 ff. – Italienische Bauhausmöbel.

2158 BGH GRUR 2007, 691 (692) – Staatsgeschenk; BGH GRUR 2004, 421 (422 f.) – Tonträgerpiraterie durch CD-Export.

2159 AA hinsichtlich § 94 Satz 2 UrhG Schricker/Loewenheim/Haß UrhG § 108 Rn. 9.

das nicht strafbegründend, sondern strafschärfend wirkt.[2160] **Beispiel:** Ein faktisch als Geschäftsführer einer GmbH tätiger Angestellter, der nicht in Form von Tantiemen oder ähnlichem am Gewinn der Raubpressungen der GmbH beteiligt ist, handelt nicht gewerbsmäßig.[2161]

850 Strafbar ist der unerlaubte Eingriff in technische Schutzmaßnahmen und zur Rechtewahrnehmung erforderliche Informationen (§ 108b UrhG).[2162]

851 Urheberstraftaten sind nur dann **Offizialdelikte,** wenn gewerbsmäßiges Handeln vorliegt (§ 108a, § 108b Abs. 2, 3 UrhG); ansonsten sind sie **Antragsdelikte** (§ 109 UrhG). Die Bestimmungen werden durch die §§ 110 UrhG (Einziehung) und 111 UrhG (Bekanntgabe der Verurteilung) sowie den mit § 108b UrhG korrespondierenden Ordnungswidrigkeitentatbestand des § 111a UrhG ergänzt.

852 Für **weitergehende Einzelheiten** zum Urheberstrafrecht s. Achenbach/Ransieck/*Axel Nordemann* 11. Teil, 1. Kap., *Hildebrandt* sowie Fromm/Nordemann/*Ruttke/Scharringhausen* §§ 106 ff.

2160 BGH GRUR 2004, 421 (427) – Tonträgerpiraterie durch CD-Export.
2161 BGH GRUR 2004, 421 (422) (Tatbestand) und 427 (Begründung) – Tonträgerpiraterie durch CD-Export.
2162 S. a. den damit korresponierenden Bußgeldtatbestand § 111a UrhG.

§ 41 Internationales Urheberrecht und verwandte Schutzrechte

Übersicht

I. Überblick

Im gewerblichen Rechtsschutz und Urheberrecht ist die Notwendigkeit eines internationalen 1
Rechtsschutzes so offenkundig wie in wenigen anderen Rechtsgebieten: Technische Erfindungen können weltweit vermarktet werden und machen ebenso wenig Halt vor nationalen Grenzen wie Marken. Gerade in unserer globalisierten Welt wird der **internationale Rechtsschutz** zunehmend bedeutender, und zwar nicht nur wegen der globalen Bedrohungen durch die Piraterie, sondern auch, weil sich die Weltmärkte schon seit geraumer Zeit nicht nur für Großkonzerne, sondern auch für kleine und mittelständische Unternehmen geöffnet haben. Das gilt natürlich auch für das Urheberrecht und die verwandten Schutzrechte, weil die Sprache der Musik und des Bildes überall verstanden wird, Filme sich synchronisieren und Bücher sich übersetzen lassen; die zunehmende Durchsetzung der englischen Sprache als internationales Kommunikationsmedium auch außerhalb des Handels – über 1 Milliarde Englischsprechender Inder werden dies endgültig manifestieren – tut ebenso ihr Übriges wie gerade das Internet den kulturellen Austausch und den Vertrieb kultureller Leistungen in der ganzen Welt erleichtert. Die Notwendigkeit eines internationalen Schutzes der gewerblichen Schutzrechte und des Urheberrechts hat sich allerdings nicht erst in den letzten Jahren infolge der zunehmenden Globalisierung ergeben, sie ist nur seither noch wichtiger geworden.

2 **Der Praktiker** wird mit Fragen des Internationalen Urheberrechts bzw. der verwandten Schutzrechte in zweierlei Hinsicht befasst sein:

- Kann ein ausländischer Urheber/Inhaber eines verwandten Schutzrechts in Deutschland Schutz beanspruchen?
- Nach der Rechtsordnung welchen Staates regeln sich Urheberverträge bzw. -delikte mit internationalem Bezug?
- Wie weit ist das Urheberrecht in der EU harmonisiert?
- Kann ein im Ausland erworbenes, urheberrechtlich relevantes Produkt in Deutschland ohne Zustimmung des Rechtsinhabers weiterverkauft werden?

3 Während die erste Frage eine solche der Anwendbarkeit des deutschen Urheberrechts auf ausländische Rechtsinhaber ist (sog. **Fremdenrecht**), befasst sich die zweite mit Problemen des **Internationalen Privatrechts,** das im Urheberrecht allerdings einige Besonderheiten aufzuweisen hat. Nicht zu vergessen ist natürlich die **Harmonisierung im Rahmen der EU,** die als 3. Themenkomplex zu behandeln ist; damit im Zusammenhang steht auch die EU-weite Erschöpfung des Verbreitungsrechts, die auch eine Frage des freien Warenverkehrs innerhalb der EU ist.

II. Fremdenrecht

1. Schutz für deutsche Urheber und Inhaber verwandter Schutzrechte im Hinblick auf im Ausland erschienene Werke oder erbrachte Leistungen

4 **Deutsche Urheber** genießen zunächst einschränkungslos Schutz nach dem UrhG unabhängig davon, wo und wie ihre Werke erschienen sind; im Falle der Miturheberschaft genügt es, wenn ein Miturheber deutscher Staatsangehöriger ist (§ 120 Abs. 1 UrhG). Deutschen Staatsangehörigen gleichgestellt sind Deutsche im Sinne von Art. 116 Abs. 1 GG sowie **Staatsangehörige** eines anderen **EU-Mitgliedsstaates** oder eines anderen Vertragsstaates des EWR (§ 120 Abs. 2 UrhG); letzteres ist Ausfluss des im AEUV[1] statuierten Diskriminierungsverbotes.[2] Das Diskriminierungsverbot des Art. 18 AEUV (ex Art. 12 Abs. 1 EGV) ist auch in solchen Fällen anzuwenden, in denen ein ausländischer Urheber bereits verstorben war, als der Vertrag in dem Staat, dessen Staatsangehörigkeit er besaß, in Kraft getreten ist.[3]

5 **Deutsche ausübende Künstler** genießen einschränkungslos Schutz nach dem UrhG unabhängig davon, wo ihre Darbietungen stattfinden (§ 125 Abs. 1 UrhG). Gleichgestellt sind die in der obigen Randnummer 2 dargestellten anderen Staatsangehörigen über den Verweis zu § 120 Abs. 2 UrhG. Das EU-Diskriminierungsverbot gilt auch für die verwandten Schutzrechte.[4]

2. Schutz für ausländische Urheber und Inhaber verwandter Schutzrechte

6 **Schutz für ausländische Staatsangehörige. Ausländische Urheber** genießen in Deutschland grundsätzlich denselben Schutz wie deutsche Urheber, wenn ihre Werke in Deutschland erschienen sind und ein früheres Erscheinen im Ausland nicht länger als 30 Tage vorher stattgefunden hat (§ 121 Abs. 1 S. 1 UrhG).[5] Beispiel: Ein iranischer Staatsangehöriger konnte sich auf deutsches Urheberrecht berufen, weil für eine Verletzung des Namensnennungsrechtes im Zusammenhang mit einer Schenkung von Teilen der Berliner Mauer als Staatsgeschenk deutsches Recht als Schutzland anwendbar war; denn seine Bemalung der Berliner Mauer war in Deutschland (zuerst) erschienen.[6] Sind die Werke **ausländischer Urheber** nicht innerhalb von 30 Tagen nach ihrem Erscheinen auch in Deutschland erschienen (§ 121 Abs. 1 Satz 1 UrhG), werden ausländische Urheber grundsätzlich aufgrund diverser **multilateraler Abkommen** geschützt (§ 121 Abs. 4 Satz 1 UrhG). Die Urheberpersönlichkeitsrechte sind hingegen für ausländische Urheber immer geschützt, gleich ob ihr Heimatstaat Mitglied eines des multilateralen Abkommens ist oder nicht. Dasselbe gilt für Darbietungen **ausländischer ausübender Künstler;** sind sie nicht in Deutschland

[1] Vertrag über die Arbeitsweise der Europäischen Union, ehemals EG-Vertrag, abgedruckt im ABl. EG vom 9. Mai 2008 Nr. C 115, 47.
[2] Vgl. EuGH GRUR 2002, 689 (690), Tz. 25 ff. – Ricordi; EuGH GRUR Int. 1994, 53 (55), Tz. 27 – Phil Collins.
[3] BGH GRUR Int. 2001, 75 – La Boheme II; EuGH GRUR 2002, 689 (690), Tz. 34 – Ricordi.
[4] EuGH GRUR Int. 1994, 53 (55), Tz. 27 – Phil Collins; → Rn. 2.
[5] BGH GRUR 2007, 691 (692) – Staatsgeschenk.
[6] BGH GRUR 2007, 691 (692) – Staatsgeschenk.

oder innerhalb von 30 Tagen nach ihrem Erscheinen im Ausland auch in Deutschland erschienen, werden ausländische ausübende Künstler aufgrund von multilateralen Abkommen geschützt (§ 125 Abs. 5 Satz 1 UrhG).

Ausländische **ausübende Künstler** genießen parallel zu der entsprechenden oben dargestellten urheberrechtlichen Norm (§ 121 Abs. 1 S. 1 UrhG)[7] den Schutz für alle ihre Darbietungen, die im Geltungsbereich des Gesetzes stattfinden (§ 125 Abs. 2 UrhG) bzw. hinsichtlich erlaubter Weise auf Bild- und Tonträger aufgenommenen und erschienen Darbietungen, wenn diese im Geltungsbereich des UrhG erschienen sind, und ein früheres Erscheinen im Ausland nicht länger als 30 Tage vorher stattgefunden hat (§ 125 Abs. 3 UrhG). Eine Sonderregel für Funksendungen enthält § 125 Abs. 4 UrhG. Das EU-Diskriminierungsverbot gilt auch für die verwandten Schutzrechte.[8] Sind die Darbietungen **ausländischer ausübender Künstler** nicht innerhalb von 30 Tagen nach ihrem Erscheinen auch in Deutschland erschienen, werden ausländische ausübende Künstler auf Grund von multilateralen Abkommen geschützt (§ 125 Abs. 5 Satz 1 UrhG); eine der praktisch wichtigsten Fragen ist neben dem Bestehen des Schutzes überhaupt die Berechnung der **Schutzfrist**, insbesondere bei älteren Werken (vgl. hierzu im Detail → § 40 Rn. 424 ff.). Dies gilt insbesondere bei älteren Darbietungen ausübender Künstler, weil diese vor dem Inkrafttreten kein verwandtes Schutzrecht besaßen, sondern ein fiktives Bearbeiterurheberrecht nach dem alten LUG.[9] 7

Der **Schutz des Herstellers von Tonträgern** ist in § 126 UrhG geregelt und stellt ua auf den Sitz des entsprechenden Unternehmens ab. Dabei ist auch hier hinsichtlich der **Schutzfrist** zu beachten, dass nach Ansicht des Bundesgerichtshofs Tonträgerhersteller vor dem Inkrafttreten des Urheberrechtsgesetzes keinen Schutz genossen.[10] 8

Sendeunternehmen sind nach § 127 UrhG geschützt, Datenbankhersteller nach § 127a UrhG. **Filmhersteller** schließlich finden ihren Schutz in § 128 UrhG. 9

3. Schutz für ausländische Urheber und ausländische Inhaber verwandter Schutzrechte über Internationale Konventionen

Eine Mitgliedschaft des Heimatstaates eines ausländischen Urhebers oder eines ausländischen Inhabers verwandter Schutzrechte in einem dieser Abkommen bedeutet, dass die Werke des Urhebers oder die Leistungen des Inhabers verwandter Schutzrechte automatisch in Deutschland geschützt sind, als wenn sie von einem Deutschen geschaffen worden wären (sog. **Inländergleichbehandlung**).[11] 10

Eine der praktisch wichtigsten Fragen ist aber weniger der Schutz überhaupt als die Berechnung der **Schutzfrist**, insbesondere bei älteren Werken (vgl. hierzu im Detail § 43 Rn. 418). 11

Die Notwendigkeit eines internationalen Schutzes im Bereich des geistigen Eigentums wurde bereits in der zweiten Hälfte des 19. Jahrhunderts erkannt und nahm ihren Ausgang in der **Pariser Verbandsübereinkunft** zum Schutz des gewerblichen Eigentums (**PVÜ**) vom 20.3.1883 sowie der **Berner Übereinkunft** zum Schutz von Werken der Literatur und Kunst vom 9.9.1886. Zu erwähnen ist insoweit auch das die PVÜ ergänzende **Madrider Abkommen über die internationale Registrierung von Marken (MMA)** vom 14.4.1891. Beide Konventionen wurden mehrfach revidiert, die **PVÜ** zuletzt am 28.9.1979. Ihr gehörten am 24.1.222 insgesamt 178 Staaten an, darunter neben allen Mitgliedsländern der EU auch alle anderen wichtigen Industriestaaten wie die USA, Japan, Russland, China und Indien, fast alle Schwellenländer wie Argentinien, Brasilien, Chile, Mexiko, Malaysia, die Philippinen, Indonesien oder Südafrika und auch eine große Anzahl an Entwicklungsländern. Sie betrifft Patente, Gebrauchsmuster, Geschmacksmuster, Marken, geschäftliche Bezeichnungsrechte, geographische Herkunftsangaben sowie schließlich den unlauteren Wettbewerb (Art. 1 Abs. 2 PVÜ). Das Madrider Markenabkommen (**MMA**) wurde zuletzt revidiert in Stockholm am 14.7.1967, aber ergänzt durch das Protokoll zum Madrider Markenabkommen (**MMP**) vom 27.6.1989, um das Madrider Markenabkommen auf eine breitere Basis stellen zu können, weil bestimmte Länder – wie beispielsweise die USA, Japan oder Australien – wegen Inkompatibilität ihres Markenschutzsystems mit bestimmten Vorgaben des MMA 12

[7] BGH GRUR 2007, 691 (692) – Staatsgeschenk.
[8] EuGH GRUR Int. 1994, 53 (55), Tz. 27 – Phil Collins.
[9] Vgl. dazu zB BGHZ 33, 20 (25) – Figaros Hochzeit. Zu den Fremdenrechtlichen Fragen beispielhaft BGH GRUR 1992, 845 (846) – Cliff Richard I; OLG Hamburg ZUM 1995, 334 (335) – Elvis Presley.
[10] BGHZ 123, 356 – Beatles.
[11] Dazu sogleich unter → Rn. 21.

darin nicht Mitglied werden konnten.[12] Das Madrider Markenabkommen hatte am 24.1.2022 55 Mitgliedsländer, das Protokoll 110.

13 Die Berner Übereinkunft wird seit ihrer ersten Revision in Berlin 1908 **Revidierte Berner Übereinkunft** (**RBÜ**) genannt und hatte zunächst wenige Mitgliedsländer; die Ursprungsfassung wurde abgeschlossen zwischen Belgien, dem Deutschen Reich, Frankreich, Großbritannien, Italien, der Schweiz, Spanien und Ländern, deren Mitgliedschaft man vielleicht zunächst nicht ohne weiteres vermuten würde, wie Haiti, Liberia und Tunesien. Mehrere Revisionskonferenzen wie in Rom 1928, Brüssel 1948 und Stockholm 1967 führten schließlich zu der heute noch gültigen Pariser Fassung vom 24.7.1971. Per 24.1.2022 hatte die RBÜ 180 Mitgliedsländer. Der wichtigste Beitritt in den vergangenen Jahrzehnten war sicherlich der der USA mit Wirkung vom 1.3.1989, der erst möglich wurde, nachdem die USA ihr Urheberrecht dem europäischen System angepasst und den Registrierungszwang, der sich aus dem 1909 Act ergab und der sich nicht mit Art. 5 Abs. 2 S. 1 RBÜ, der die Abhängigkeit der Gewährung urheberrechtlichen Schutzes von irgendwelchen Förmlichkeiten ausschloss, in Einklang bringen ließ, abgeschafft hatten; der 1976 Act knüpft jetzt nur noch gewisse Vorteile an die Registrierung beim United States Copyright Office, macht den Schutz davon aber nicht mehr abhängig.[13] Es gibt gerade einmal sechs größere Staaten, die nicht Mitgliedstaaten des RBÜ sind.[14]

14 Wegen dieser Inkompatibilität war bereits vorher, um die USA in den internationalen Urheberrechtsschutz einbeziehen zu können, das so genannte **Welturheberrechtsabkommen** (**WUA**) vom 6.9.1952 abgeschlossen worden, zuletzt revidiert am 24.7.1971 in Paris. Da die USA damals wie erwähnt den Urheberrechtsschutz von einer Registrierung abhängig gemacht hatten, aber zur Sicherung des Urheberrechtsschutzes ihrer Staatsangehörigen im Ausland vor allem mit den meisten europäischen Staaten zweiseitige Abkommen geschlossen hatten, die – einseitig zu Gunsten US-amerikanischer Staatsangehöriger – einen Urheberrechtsschutz in diesen Ländern auch ohne Gegenseitigkeit gewährleistete.[15] Da aber die USA selbst für Ausländer keine Ausnahme gewährten, so dass diese sich dem Anmeldesystem unterwerfen mussten, um in den USA einen urheberrechtlichen Schutz zu erhalten, suchte das WUA diese Ungleichbehandlung zu beseitigen: Gem. Art. III Abs. 1 WUA gelten alle Förmlichkeiten als erfüllt, wenn das Werk bei der ersten Veröffentlichung das ©-Zeichen in Verbindung mit dem Namen des Inhabers des Urheberrechts und der Jahreszahl der ersten Veröffentlichung trug. Über diese wichtigste Bedeutung ist das WUA allerdings nie hinausgekommen; seit dem Beitritt der USA zur RBÜ am 1.3.1989 und dem Abschluss der TRIPS ist seine Bedeutung weiter zurückgegangen: Per 28.4.2017 hatte das WUA 65 Mitgliedsländer, die inzwischen alle auch Mitglied der RBÜ sind. Es gibt gerade einmal 4 größere Staaten, die weder in der RBÜ noch im WUA sind.[16]

15 Der Schutz der **verwandten Schutzrechte,** vor allem der ausübenden Künstler, hat zunächst keinen Eingang gefunden in die internationalen Urheberrechtskonventionen, sondern ist in gesonderten Abkommen geregelt: So im internationalen Abkommen über den Schutz der ausübenden Künstler, der Hersteller von Tonträgern und der Sendeunternehmen vom 26. Oktober 1961 (sog. „**Rom-Abkommen, RA**"), dem Übereinkommen zum Schutz der Hersteller von Tonträgern gegen die unerlaubte Vervielfältigung ihrer Tonträger vom 29. Oktober 1971 (sog. „**Genfer Tonträger-Abkommen, GTA**", engl. Phonograms Convention) und dem europäischen Abkommen zum Schutz von Fernsehsendungen vom 22. Juni 1960 (sog. **„Straßburger Fernsehabkommen, SFA"**). Die internationalen Abkommen zum Schutz der verwandten Schutzrechte haben keine so starke Durchsetzung erfahren wie beispielsweise die RBÜ: Das Rom-Abkommen ist noch das verbreitetste mit 96 Mitgliedsländern per 24.1.2022, das GTA hatte zu diesem Zeitpunkt 80 Mitgliedsländer, das SFA nur 7 Mitgliedsländer.

16 Das wichtigste in jüngerer Zeit abgeschlossene internationale Übereinkommen sind sicherlich die so genannten **TRIPS** (**Trade Related Aspects of Intellectual Property Rights**), die als Bestandteil des Übereinkommens zur Errichtung der Welthandelsorganisation (World Trade Organization – WTO) vom 15.4.1994 – des so genannten GATT – abgeschlossen worden sind und die wegen ihrer Verknüpfung mit dem GATT nicht nur eine fast weltweite Verbreitung mit 164 Mitgliedsländern am 24.1.2022 gefunden haben, sondern erstmalig den Schutz des geistigen Eigentums und die Durchsetzung der Rechte in einem Abkommen vereinen: Die TRIPS gelten sowohl für

[12] Vgl. Fezer Vorb. MMA Rn. 6; → § 37 Rn. 1 ff.
[13] Vgl. Dowd § 1 Rn. 8; Nimmer/Geller, United States (Schwartz/Nimmer), § 3 (2).
[14] Äthiopien, Irak, Jemen, Somalia, Taiwan, Turkmenistan.
[15] Über die so genannte „Inländerbehandlung" → Rn. 21.
[16] Äthiopien, Irak, Somalia, Taiwan.

das Urheberrecht und die verwandten Schutzrechte als auch für Marken, geographische Herkunftsangaben, Geschmacks- und Gebrauchsmuster, Patente, Topografien, das Know-How, sie sollen bestimmte wettbewerbsbeschränkende Praktiken in Lizenzverträgen verhindern und Mindeststandards für die Durchsetzung der Rechte des geistigen Eigentums gewährleisten. Im Bereich des Urheberrechts betreffen sie wie erwähnt sowohl das Urheberrecht als auch die verwandten Schutzrechte. Sie bauen maßgeblich auf der RBÜ durch einen Verweis in Art. 9 TRIPS auf die Art. 1–21 RBÜ sowie das Rom-Abkommen (Art. 14 TRIPS) auf. Die Vorschriften des dritten Teils des TRIPS-Abkommens (Art. 41 bis 61) sind nicht unmittelbar in den Mitgliedstaaten anwendbar. Die Mitgliedstaaten sind aber verpflichtet, bei der Anwendung ihrer nationalen Rechtsvorschriften soweit wie möglich Wortlaut und Zweck des Art. 50 des TRIPS-Abkommens zu berücksichtigen.[17] Dieser Funktion wird insoweit nach deutschem Recht § 926 ZPO gerecht.[18]

17 Im Anschluss an die TRIPS sind noch das **WIPO Copyright Treaty (WCT)** und das **WIPO Performances and Phonograms Treaty (WPPT)** vom 20.12.1996 geschlossen worden, die Ergänzungen vor allem im Hinblick auf das Online-Recht (entsprechend § 19a UrhG) sowie der Unterbindung der Umgehung von technischen Schutzvorkehrungen (entsprechend §§ 95a ff. UrhG) enthalten. Per 24.1.2022 hatten insgesamt 111 Staaten das WCT und per 24.1.22 109 Staaten das WPPT ratifiziert, hierunter auch die EU und die alten EU-Gründungsstaaten Deutschland, Frankreich, Niederlande, Luxemburg und Italien, die beide Verträge ratifizierten, nachdem sie die EU-Info-Richtlinie[19] umgesetzt hatten, was Voraussetzung der Ratifizierung von WCT und WPPT war.[20] Das WCT trat am 6.3.2002 in Kraft, vgl. Art. 20 WCT, das WPPT kurz zuvor am 20.5.2002. Gegenüber Deutschland und der Europäischen Union sind beide Verträge jedoch erst am 14.3.2010 in Kraft getreten, vgl. Art. 20 WCT.

18 Aktuelle Angaben über die Mitgliedsländer finden sich im Internet unter http://www.wipo.int/treaties/en/.

19 Die Internationalen Konventionen gewähren bestimmte Mindestrechte und enthalten statuierte Grundsätze, die als *jus conventionis* unmittelbare Rechte für die Angehörigen der Vertragsstaaten schaffen; eine Ausnahme hierzu bilden lediglich das Welturheberrechtsabkommen und das Genfer Tonträger-Abkommen, die lediglich völkerrechtliche Verpflichtungen enthalten, das nationale Recht in bestimmter Weise zu regeln (Art. I und X WUA, Art. 3 GTA).

20 Die wichtigsten Grundsätze der internationalen Konventionen sind das Schutzlandprinzip, der Grundsatz der Inländerbehandlung, das Prinzip der Gegenseitigkeit und damit im Zusammenhang stehend die Ratifizierung unter Vorbehalten sowie schließlich das Meistbegünstigungsprinzip und das Prinzip der Formfreiheit.

21 Im internationalen Urheberrecht ist zunächst zu unterscheiden zwischen dem sog. **„Ursprungsland"** und dem sog. **„Schutzland"**. Unter dem Ursprungsland wird dabei das Land verstanden, in dem das Werk zum ersten Mal veröffentlicht worden ist (Art. 5 Abs. 4 RBÜ). Da die einem Verbandsland angehörenden Urheber ausnahmslos Schutz sowohl für ihre veröffentlichten als auch für ihre unveröffentlichten Werke genießen (Art. 3 Abs. 1 lit. a RBÜ), entscheidet das Ursprungsland darüber, ob ein nicht einem Verbandsland angehörender Urheber den Schutz der internationalen Konvention für seine Werke in Anspruch nehmen kann (Art. 3 Abs. 1 lit. b RBÜ). Die internationalen Konventionen lassen den Schutz im Ursprungsland unberührt (Art. 5 Abs. 3 S. 1 RBÜ) und zugleich von diesem unabhängig (Art. 5 Abs. 2 S. 1 HS 2 RBÜ), dh sie regeln nur den Schutz außerhalb des Ursprungslandes (Art. 5 Abs. 1 RBÜ) und legen zugleich fest, dass sich der Umfang des Schutzes und die zur Durchsetzung der Rechte bestehenden Rechtsbehelfe ausschließlich nach den Rechtsvorschriften des Schutzlandes, also des Landes, in dem der Schutz beansprucht wird, richten (Art. 5 Abs. 2 S. 2 RBÜ). Wenn also ein ausländischer Urheber in Deutschland urheberrechtlichen Schutz für sich in Anspruch nehmen möchte und er einem Mitgliedsland der RBÜ und/oder der TRIPS angehört oder – wenn nicht – sein Werk zu erst in einem solchen Land veröffentlicht worden ist, ist es egal, ob und wie sein Werk im Ursprungsland geschützt ist; das bestimmt sich allein nach deutschem Urheberrecht. Eine wichtige Ausnahme vom Schutzlandprinzip besteht nach der EU-Satellitenrichtlinie und den §§ 20a und 20b UrhG, die sie in deutsches Recht umgesetzt haben: Bei einer europäischen Satellitensendung gilt nicht das Schutzlandprinzip, sondern ausnahmsweise das Herkunftslandprinzip. Art. 3 der

[17] OLG Frankfurt NJOZ 2004, 874 – Verkauf manipulierter Up-date-Versionen.
[18] OLG Frankfurt NJOZ 2004, 874 – Verkauf manipulierter Up-date-Versionen.
[19] Einzelheiten → Rn. 67.
[20] Vgl. Schricker/Loewenheim/Katzenberger UrhG Vor §§ 120 ff. Rn. 51.

Richtlinie (EU) 2019/789 des Europäischen Parlaments und des Rates vom 17.4.2019 mit Vorschriften für die Ausübung von Urheberrechten und verwandten Schutzrechten in Bezug auf bestimmte Online-Übertragungen von Sendeunternehmen und die Weiterverbreitung von Fernseh- und Hörfunkprogrammen und zur Änderung der Richtlinie 93/83/EWG des Rates überträgt dieses für den Satellitenrundfunk durch die RL 93/83/EWG verankerte Ursprungsland- bzw. Sendelandprinzip, das in § 20a umgesetzt wurde, auf bestimmte Internetsendungen. Die öffentliche Wiedergabe und Zugänglichmachung gelten danach als nur in dem Mitgliedsstaat erfolgt, in dem der Rundfunkveranstalter seine Hauptniederlassung hat. Das Ursprungslandprinzip soll die Lizenzierung von Rechten erleichtern und neue Möglichkeiten für Rundfunkveranstalter eröffnen, bestimmte Sendungen in ihren Online-Diensten grenzüberschreitend verfügbar zu machen. Die Mitgliedsstaaten hatten nunmehr bis zum 7.6.2021 Zeit, die neuen Vorschriften in nationales Recht umzusetzen (Art. 12 Abs. 1).

22 Der Grundsatz der **Inländerbehandlung** (Art. 5 RBÜ, Art. 3 Abs. 1 S. 1 TRIPS, Art. II WUA, Art. 2 Abs. 2 RA) bedeutet nicht, wie es manchmal missverstanden wird, dass der Urheber im Ausland den selben Schutz genießen würde wie im Inland, sondern er verschafft den ausländischen Urhebern die gleiche Rechtsstellung, wie sie das Recht des Schutzlandes den inländischen Urhebern gewährt; dies gilt im positiven wie im negativen Sinne, also nicht nur dann, wenn das Recht im Schutzland gleich gut oder besser sein sollte als im Heimatland des ausländischen Urhebers bzw. im Ursprungsland, sondern auch dann, wenn es schlechter ist.[21] Vom Grundsatz der Inländerbehandlung umfasst ist nicht nur das *jus conventionis,* sondern es betrifft alle Rechte, die einem inländischen Urheber zustehen, dh sowohl diejenigen, die in einem besonderen Urheberrechtsgesetz geregelt sind als auch solche, die in Sondergesetzen oder in allgemeinen Gesetzen entwickelt worden sind und schließlich solche, die lediglich Ausfluss von Rechtsprechung sind.[22] Zugunsten von Angehörigen eines EU-Mitgliedsstaates ist der Grundsatz der Inländerbehandlung auch Ausfluss des in Art. 18 AEUV statuierten Diskriminierungsverbotes, und zwar auch in solchen Fällen, in denen der ausländische Urheber bereits verstorben war, als der Staat, dessen Staatsangehörigkeit er besaß, der EU beigetreten ist.[23]

23 Der Grundsatz der Inländerbehandlung kann durch **Vorbehalte** und das **Prinzip der Gegenseitigkeit** in Ausnahmefällen eingeschränkt sein. Vorbehalte müssen in der Regel bei der Ratifizierung oder dem Beitritt erklärt werden und können nur bestimmte, in der Konvention vorgesehene Ausnahmen betreffen wie beispielsweise in Art. 29bis RBÜ im Hinblick auf die Schutzdauer gem. Art. 7 RBÜ für Altwerke, die vor Inkrafttreten der RBÜ geschaffen worden sind und bezüglich derer das Übergangsrecht gem. Art. 18 RBÜ Vorbehalte zulässt. Weitere Ausnahmen vom Prinzip der Inländerbehandlung des Art. 3 Abs. 1 S. 1 TRIPS enthalten die Pariser Verbandsübereinkunft (PVÜ, Art. 2 Abs. 3) und Art. 3 Abs. 1 S. 2 TRIPS. So gilt das Prinzip nach Art. 3 Abs. 1 S. 2 TRIPS für ausübende Künstler, Hersteller von Tonträgern und Sendeunternehmen nur in Bezug auf die durch das TRIPS vorgesehenen Rechte. Danach kommt den ausübenden Künstlern ein über die in dem Übereinkommen vorgesehenen Mindestrechte hinausgehender, allein nach dem nationalen Recht des betreffenden Mitgliedstaats bestehender Rechtsschutz nicht zugute.[24] Der wichtigste Fall des Prinzips der Gegenseitigkeit und damit die wichtigste Ausnahme vom Grundsatz der Inländerbehandlung ist der so genannte **Schutzfristenvergleich** (Art. 7 Abs. 8 RBÜ, Art. IV Abs. 4 lit. a WUA, Art. 16 Abs. 1 RA): Danach müssen die Vertragsstaaten die Werke ausländischer Urheber nicht länger schützen als die Schutzdauer der Werke des ausländischen Urhebers im Ursprungsland beträgt. Beträgt die Schutzdauer im Ursprungsland beispielsweise nur 50 Jahre *post mortem auctoris,* in Deutschland aber 70 Jahre *post mortem auctoris,* genießt das Werk des ausländischen Urhebers in Deutschland ebenfalls nur Schutz für 50 Jahre *post mortem auctoris.* Im Extremfall kann der Schutzfristenvergleich sogar zu einer Reduzierung der Schutzdauer „auf Null" führen, dann nämlich, wenn das Werk im Ursprungsland gar nicht geschützt sein sollte. Insoweit ist allerdings Vorsicht geboten: Für die in Art. 2 RBÜ genannten Werke und Werkkategorien muss urheberrechtlicher Schutz gewährt werden, mit Ausnahme der Werke der angewandten Kunst, die auch über Geschmacksmustergesetze geschützt werden können (Art. 2 Abs. 7 RBÜ); eine „Reduzierung auf Null" über den Schutzfristenvergleich kann also nur bei nicht in Art. 2 genannten Werkarten oder Werken der angewandten Kunst, die im Ursprungsland

[21] Vgl. Nordemann/Vinck/Hertin Art. 5 RBÜ Rn. 2.
[22] Vgl. Nordemann/Vinck/Hertin Art. 5 RBÜ Rn. 2.
[23] Vgl. EuGH GRUR 2002, 689 (690), Tz. 25 ff. – Ricordi; EuGH GRUR Int. 1994, 53 (55), Tz. 27 – Phil Collins; BGH GRUR Int. 2001, 75 (76) – La Boheme II.
[24] BGH GRUR 2016, 1048 (1052) Tz. 46 – An evening with Marlene Dietrich.

nur vom Geschmacksmusterschutz erfasst werden, dort aber nicht registriert worden sind, entstehen. Außerdem darf die „Reduzierung auf Null" wegen des Verbotes der Formabhängigkeit des Urheberrechtsschutzes gem. Art. 5 Abs. 2 RBÜ auch nicht mit der Begründung vorgenommen werden, der Schutz im Ursprungsland bestehe nicht, weil die Registrierung oder ihre Verlängerung versäumt worden sei.

24 Der **Schutzfristenvergleich** nach Art. 7 Abs. 8 RBÜ und Art. IV Abs. 4 lit. a WUA findet statt, wenn ihn das nationale Recht nicht ausdrücklich ausschließt;[25] das UrhG enthält deshalb bezüglich des Urheberrechts auch keine ausdrückliche Anordnung eines Schutzfristenvergleiches. Demgegenüber erfordert Art. 16 Abs. 1 RA eine ausdrückliche positive Erklärung des Vertragsstaates, dass der Schutzfristenvergleich für Art. 12 RA angewendet wird; entsprechend enthält § 125 Abs. 7 UrhG eine Anordnung des Schutzfristenvergleichs für den Schutz ausländischer ausübender Künstler. Der Schutzfristenvergleich gilt allerdings wegen des Diskriminierungsverbotes grundsätzlich nicht innerhalb der EU[26] sowie aufgrund der Bestimmungen des **Deutsch-Amerikanischen Urheberrechtsabkommens von 1892** auch nicht im Verhältnis zwischen Deutschland und den USA.[27] Weitere Abweichungen vom Grundsatz der Inländerbehandlung über das Prinzip der materiellen Gegenseitigkeit betreffen vor allem Werke der angewandten Kunst (Art. 2 Abs. 7 RBÜ) und das Folgerecht (Art. 14ter RBÜ).

25 Der Schutzfristenvergleich als Ausnahme vom Grundsatz der Inländerbehandlung kann allerdings wieder aufgehoben sein durch das in Art. 4 TRIPS enthaltene **Meistbegünstigungsprinzip,** nach dem Vorteile, Vergünstigungen, Sonderrechte und Befreiungen, die von einem Mitglied den Angehörigen eines anderen Landes gewährt werden, sofort und bedingungslos den Angehörigen aller Mitgliedsländer gewährt werden müssen. Auch das Meistbegünstigungsprinzip kommt allerdings nicht ohne Ausnahmen aus: Eine dieser Ausnahmen betrifft Vorteile aufgrund von Verträgen, die vor Inkrafttreten der TRIPS abgeschlossen worden sind, so dass Deutschland eine Ausnahme vom Meistbegünstigungsprinzip im Hinblick auf die uneingeschränkte Inländerbehandlung nach dem Deutsch-Amerikanischen Urheberrechtsabkommen von 1892 und die EU für das Diskriminierungsverbot auf Grundlage des AEUV ausgesprochen haben.[28]

26 Die internationalen Konventionen werden ferner beherrscht vom **Grundsatz der Formfreiheit,** dh die Gewährung und Inanspruchnahme des Schutzes muss grundsätzlich unabhängig von der Erfüllung von Registrierungsvoraussetzungen oder anderen Förmlichkeiten gewährt werden, wovon Art. 5 Abs. 2 RBÜ allerdings das Ursprungsland ausnimmt. Art. III WUA hatte noch einen ©-Vermerk verlangt, sich damit aber nicht durchgesetzt: Die TRIPS nehmen in Art. 9 Abs. 1 die Art. 1 bis 21 RBÜ in Bezug und folgen damit dem Prinzip der Formfreiheit. In Abweichung zu den urheberrechtlichen Konventionen herrscht im Bereich der **verwandten Schutzrechte keine vollständige Formfreiheit:** Gem. Art. 11 RA können die Vertragsstaaten als Voraussetzung für den Schutz des Tonträgerherstellers oder des ausübenden Künstlers in Bezug auf Tonträger vorsehen, dass veröffentlichte Tonträger oder ihre Umhüllungen einen ℗-Vermerk in Verbindung mit der Angabe des Jahres der ersten Veröffentlichung zusammen mit dem Namen, der Marke oder einer anderen geeigneten Bezeichnung, die erkennen lässt, wem die Rechte an dem Tonträger zustehen, angebracht ist.

27 Die von den internationalen Konventionen gewährten Rechte sind regelmäßig als **Mindestrechte** ausgestaltet; das folgt schon aus Art. 19 RBÜ und wird durch Art. 1 Abs. 1 TRIPS klargestellt. Die Mitgliedsländer der internationalen Konventionen müssen also mindestens den dort vorgesehenen Schutz gewähren, können aber darüber hinausgehen; gewähren sie diesen Schutz nicht, können sich die Urheber und die Inhaber verwandter Schutzrechte auf das *jus conventionis* direkt berufen.[29]

28 Der **Mindestschutz nach der RBÜ** schließt zunächst in Art. 2 Abs. 1 RBÜ einen **Werkkatalog** ein, der § 2 Abs. 1 Nr. 1 UrhG entspricht (mit Ausnahme der dort seit der Reform von 1985 in § 2 Abs. 1 Nr. 1 ausdrücklich genannten Computerprogramme) und ist ebenfalls nicht abschließend. Der konventionsrechtliche Schutzanspruch beschränkt sich jedoch auf den Grundsatz der

[25] Vgl. Nordemann/Vinck/Hertin Einl. Rn. 25.
[26] Vgl. EuGH GRUR Int. 1994, 53 (55), Tz. 27 – Phil Collins.
[27] Vgl. hierzu auch BGH GRUR 2014, 559 (560) Tz. 15 ff. – Tarzan (Ausnahme vom Abkommen von 1892 durch das WUA); BGH GRUR 1978, 300 (301) – Buster-Keaton-Filme; OLG Frankfurt GRUR 2014, 863, (865 f.) – Jesus Wachträumerin; OLG Frankfurt GRUR-RR 2004, 99 (100) – Anonyme Alkoholiker; OLG Frankfurt GRUR 1981, 740 (741) – Lounge Chair.
[28] Vgl. Schricker/Loewenheim/Katzenberger UrhG Vor §§ 120 ff. Rn. 20 aE.
[29] Vgl. Nordemann/Vinck/Hertin Einl. Rn. 21 und Art. 2 RBÜ Rn. 1.

Inländerbehandlung, dh für in Art. 2 Abs. 1 nicht genannte Werkarten kann nur dann Schutz beansprucht werden, wenn das Recht des Schutzlandes Schutz für eine solche Werkgattung gewährt.[30] Auch die Ausfüllung dessen, was im Einzelfall als Werk anzusehen ist, bestimmt sich nach dem Recht des Schutzlandes;[31] die RBÜ schreibt also keine einheitliche Schutzuntergrenze im Sinne einer einheitlichen „Gestaltungshöhe" vor. Art. 2 Abs. 3 RBÜ stellt entsprechend § 3 UrhG klar, dass Bearbeitungen, Übersetzungen und andere Umarbeitungen wie Werke geschützt werden, Art. 2 Abs. 3 erlaubt Ausnahmen für amtliche Werke entsprechend § 5 UrhG, Art. 2 Abs. 5 RBÜ regelt den Schutz für Sammelwerke entsprechend § 4 Abs. 1 UrhG und Art. 2 Abs. 7 RBÜ enthält schließlich eine Ausnahme für Werke der angewandten Kunst, die die Mitgliedsländer auch über Geschmacksmustergesetze schützen dürfen. Neben bestimmten Schutzausnahmen wie beispielsweise für einfache Zeitungsmitteilungen gem. Art. 2 Abs. 8 oder politischen Reden und Vorträgen in Gerichtsverhandlungen gem. Art. 2bis Abs. 1 RBÜ enthält Art. 6bis einen Mindestschutz für das **Urheberpersönlichkeitsrecht** und sehen die Art. 8 ff. bestimmte **ausschließliche Verwertungsrechte** wie das Übersetzungsrecht in eben Art. 8, das Vervielfältigungsrecht in Art. 9 RBÜ (mit einer Ausnahme für das Zitatrecht in Art. 10 RBÜ und für Vervielfältigungen beispielsweise zum eigenen Gebrauch über den so genannten „3-Stufen-Test" in Art. 9 Abs. 2 RBÜ), das Aufführungsrecht in Art. 11 RBÜ, das Senderecht in Art. 11bis RBÜ, das Vortragsrecht in Art. 11ter RBÜ, das Bearbeitungsrecht in Art. 12 RBÜ und das Verfilmungsrecht in Art. 14 und 14bis RBÜ.

29 Die **Mindestschutzdauer** wird in Art. 7 Abs. 1 RBÜ auf 50 Jahre *post mortem auctoris* festgelegt, mit Ausnahmen für Filmwerke in Art. 7 Abs. 2, für die lediglich eine Mindestschutzdauer von 50 Jahren ab Erstveröffentlichung vorgesehen werden muss, für anonyme und pseudonyme Werke in Art 7 Abs. 3, ebenfalls mit einer Mindestschutzdauer von 50 Jahren ab Erstveröffentlichung sowie für Werke der Fotografie und der angewandten Kunst in Art. 7 Abs. 4, wo die Mindestschutzfrist 25 Jahre seit der Herstellung des Werkes betragen muss.

30 Die **TRIPS** sehen darüber hinaus in Art. 10 eine Klarstellung für Computerprogramme und Datenbanken vor sowie gewähren gem. Art. 11 TRIPS ein ausschließliches Vermietrecht; die TRIPS bestätigen zudem in Art. 9 und 12 die Verkürzungen der Schutzdauer durch Art. 7 Abs. 2 und 4 RBÜ für Filmwerke, Lichtbildwerke und Werke der angewandten Kunst.

31 Die Mindestrechte nach der RBÜ und den TRIPS sind durch das **WIPO Copyright Treaty (WCT)** ergänzt worden. Das WCT enthält zunächst in Art. 3 und 4 eine Klarstellung für Computerprogramme und Datenbanken. Es gewährt dann ein Verbreitungsrecht (Art. 6 WCT), ein Vermietrecht (Art. 7 WCT) sowie im Rahmen des Rechtes der öffentlichen Wiedergabe ein Recht der öffentlichen Zugänglichmachung (Online-Recht; Art. 8 WCT). Schließlich enthalten die Art. 11 und 12 WCT Vorschriften über technische Schutzmaßnahmen, Art. 14 über die Durchsetzung der Rechte und verbietet Art. 8 WCT die Anwendung der Verkürzung der Schutzdauer auf Werke der Fotografie.

32 Im Bereich der **verwandten Schutzrechte** werden **Mindestrechte** vor allem durch das **Rom-Abkommen** gewährt, und zwar ein Verbotsrecht bezüglich der Sendung und der öffentlichen Wiedergabe der Darbietung (Art. 7 Abs. 1 lit. a RA), der Aufnahme ihrer Darbietung (Art. 7 Abs. 1 lit. b RA) und der Vervielfältigung der Aufnahme (Art. 7 Abs. 1 lit. c RA). Der Mindestschutz für die Hersteller von Tonträgern ist gem. Art. 10 RA auf das ausschließliche Recht beschränkt, die unmittelbare oder mittelbare Vervielfältigung von Tonträgern zu erlauben oder zu verbieten, die Sendeunternehmen müssen gem. Art. 13 RA mindestens das Recht erhalten, die Weitersendung ihrer Sendungen, die Festlegung ihrer Sendungen, die Vervielfältigung und schließlich die öffentliche Wiedergabe (letzteres beschränkt auf Fernsehsendungen) zu erlauben und zu verbieten. Der Schutz des Filmherstellers ist im Rom-Abkommen nicht geregelt. Art. 12 RA sieht ferner einen ebenfalls im Wege des Mindestschutzes ausgestaltetes Vergütungsrecht für die Zweitverwertung veröffentlichter Tonträger durch Funksendung oder eine andere öffentliche Wiedergabe vor; dieser Anspruch kann allerdings unter den Vorbehalt der Gegenseitigkeit gem. Art. 16 RA gestellt werden, wovon die Bundesrepublik Deutschland auch Gebrauch gemacht hat.[32] Nach Art. 19 RA kann sich ein ausübender Künstler nicht mehr auf die in Art. 7 RA vorgesehenen Mindestrechte berufen, wenn er seine Zustimmung dazu erteilt hat, dass seine Darbie-

[30] Vgl. Nordemann/Vinck/Hertin Art. 2 RBÜ Rn. 2.
[31] Vgl. Nordemann/Vinck/Hertin Art. 2 RBÜ Rn. 1.
[32] Art. 2 Nr. 2 des Gesetzes zu dem internationalen Abkommen vom 26.10.1961 über den Schutz der ausübenden Künstler, der Hersteller von Tonträgern und der Sendeunternehmen vom 15.9.1965, abgedr. unter Nr. 30 in den Beck-Texten im dtv zum UrhG.

tung in einen Bildträger oder einen Bild- und Tonträger eingefügt wird; er kann sich aber weiterhin auf alle anderen Bestimmungen des Abkommens und insbesondere den in Art. 4 RA geregelten Grundsatz der Inländerbehandlung berufen.[33] Die Mindestschutzdauer des Rom-Abkommens beträgt schließlich gem. Art. 14 RA 20 Jahre ab dem Ende des Jahres, in dem der Tonträger aufgenommen worden ist, hilfsweise vom Ende des Jahres der Darbietung an, wenn es keine Aufnahme auf Tonträgern gegeben hat und schließlich bei Sendungen vom Ende des Jahres berechnet, in dem die Sendung stattgefunden hat.

Das **Genfer Tonträger-Abkommen (GTA)**[34] entspricht weitgehend im Hinblick auf die gewährten Mindestrechte, die Erlaubnis von Förmlichkeiten und die vorgesehene Mindestschutzdauer dem Rom-Abkommen, ist allerdings in der Anwendbarkeit beschränkt auf die Hersteller von Tonträger (Art. 2 GTA). Im GTA fehlt die Regelung eines Vergütungsanspruches für die Zweitverwertung von Tonträgern. Dafür lässt das GTA aber weder einen Schutzfristenvergleich noch einen sonstigen Vorbehalt zu (Art. 10 GTA) bei einer Mindestschutzdauer wie nach dem Rom-Abkommen von 20 Jahren ab Festlegung oder Erstveröffentlichung (Art. 4 GTA). 33

Die Mindestrechte des Rom-Abkommens sind durch das **WIPO Performances and Phonograms Treaty (WPPT)** ergänzt worden, und zwar recht maßgeblich zu Gunsten der ausübenden Künstler und der Tonträgerhersteller. So gewährt Art. 5 WPPT Persönlichkeitsrechte zugunsten der ausübenden Künstler, vor allem in Art. 5 Abs. 1 WPPT ein Namensnennungsrecht. Neben der schon aus dem Rom-Abkommen bekannten Rechte zur Sendung und öffentlichen Wiedergabe (Art. 6 WPPT) sowie der Vervielfältigung (Art. 7 WPPT), erhalten die ausübenden Künstler ein Verbreitungsrecht (Art. 8 WPPT), ein Vermietrecht (Art. 9 WPPT) sowie ein Recht der öffentlichen Zugänglichmachung (Online-Recht; Art. 10 WPPT). Entsprechend ergänzt worden ist das schon aus dem Rom-Abkommen bekannte Vervielfältigungsrecht der Tonträgerhersteller (Art. 11 WPPT) um ein Verbreitungsrecht (Art. 12 WPPT), ein Vermietrecht (Art. 13 WPPT) sowie ein Recht auf öffentliche Zugänglichmachung (§ 14 WPPT). Auch das WPPT kennt einen Vergütungsanspruch für die Benutzung von Tonträgern zur Sendung oder einer anderen öffentlichen Wiedergabe zugunsten der ausübenden Künstler und der Tonträgerhersteller, und zwar ebenfalls mit der Möglichkeit der Erklärung eines Gegenseitigkeits-Vorbehalts (Art. 15 WPPT). Der EuGH[35] hat eine sehr wichtige Entscheidung zum Rom-Abkommen und dem WPPT gefällt: Dabei ging es um die Frage, ob ausübende Künstler, die nicht Staatsangehörige eines Mitgliedstaats der EU oder des EWR sind, von dem Anspruch auf angemessene Vergütung für bestimmte Nutzungen nach der Vermiet- und Verleih-RL 2006/115 ausgeschlossen werden dürfen. Der EuGH hat nun entschieden, dass ein Mitgliedstaat derartige Künstler nicht von diesem Anspruch ausschließen dürfe, da anderenfalls der entsprechende Art. 8 Abs. 2 Vermiet- und Verleih-RL nicht den Vorgaben des Internationalen Urheberrechts, hier insbesondere des WPPT, entspräche.[36] 34

Die **Mindestschutzdauer** wird im WPPT erheblich heraufgesetzt auf 50 Jahre ab dem Ende des Jahres, in dem die Darbietung auf einem Tonträger festgelegt wurde, zugunsten der ausübenden Künstler (Art. 17 Abs. 1 WPPT), bei den Tonträgerherstellern sogar 50 Jahre ab dem Ende des Jahres, in dem der Tonträger veröffentlicht wurde, bei Nichtveröffentlichung ab dem Ende des Jahres der Festlegung (Art. 17 Abs. 2 WPPT). Ausübenden Künstler und Tonträgerhersteller werden danach ungleich behandelt: Während der Tonträgerhersteller durch eine Veröffentlichung des Tonträgers innerhalb von 50 Jahren ab der Aufnahme die 50-jährige Schutzfrist ab Veröffentlichung auslösen kann, läuft die Schutzfrist des ausübenden Künstlers unweigerlich am Ende des 50. Jahres nach der Darbietung ab. Beispiel: Bei einer unveröffentlichten Gesangsaufnahme aus dem Jahr 2000 laufen die Rechte der Sängerin am 31.12.2050 unabhängig davon ab, ob sie noch veröffentlicht wurde oder nicht; veröffentlicht der Tonträgerhersteller die Aufnahme aber beispielsweise im Jahr 2048, läuft die Schutzfrist zu seinen Gunsten über das Ende des Schutzes der Sängerin hinaus bis zum 31.12.2098. Schließlich enthalten die Art. 18, 19 und 23 WPPT Vor- 35

[33] BGH GRUR 2016, 1048 (1053) Tz. 61 – An evening with Marlene Dietrich. Die Inländerbehandlung ist nach dem BGH nicht auf die den ausübenden Künstlern in Art. 7 RA ausdrücklich gewährleisteten Mindestrechte beschränkt, vielmehr sind die national gewährleisteten Rechte einzuräumen, auch wenn sie in der nationalen Gesetzgebung erst nach Abschluss des Rom-Abkommens gewährt wurden. Die Inländerbehandlung erfasst danach das zum Zeitpunkt des Abschlusses des Rom-Abkommens gesetzlich noch nicht geregelte und unbekannte ausschließliche Recht des ausübenden Künstlers, seine Darbietung öffentlich zugänglich zu machen.

[34] Abkommen vom 10.12.1973 und Beitritt der Bundesrepublik Deutschland am 18.5.1974, BGBl. II 1974, S. 336; BGH GRUR 2004, 421 (423) – Tonträgerpiraterie durch CD-Export, rechtswidrige Herstellung im Inland und Versand ins Ausland, Anwendung des UrhG.

[35] EuGH NJW 2021, 371 – RAAP/PPI.

[36] EuGH NJW 2021, 371 Tz. 45–75 – RAAP/PPI.

schriften über technische Schutzmaßnahmen und erklärt Art. 20 WPPT entgegen Art. 11 RA den Schutz für formfrei.

36 Ein dem **deutschen Verbreitungsrecht** gem. § 17 UrhG entsprechendes Mindestrecht gewährt die RBÜ und durch die Inbezugnahme der Art. 1–21 RBÜ über Art. 9 TRIPS auch das TRIPS lediglich für filmisch bearbeitete Werke und Filmwerke (Art. 14 Abs. 1 Nr. 1, 14bis Abs. 1 S. 1 RBÜ); im Übrigen kennt die RBÜ aber kein generelles Verbreitungsrecht.[37] Auch im WUA und RA sucht man vergeblich nach einem Verbreitungsrecht, lediglich Art. 2 GTA sieht zugunsten des Tonträgerherstellers auch einen Schutz vor Verbreitung von Tonträgern gegenüber der Öffentlichkeit vor. Die dadurch bestehende Lücke sollen Art. 6 WCT und Art. 8 WPPT schließen, wobei Art. 6 Abs. 1 WCT und Art. 8 Abs. 1 WPPT jeweils das Verbreitungsrecht im Allgemeinen regeln, während Art. 6 Abs. 2 WCT und Art. 8 Abs. 2 WPPT den Vertragsstaaten gestatten, eine Erschöpfung des Verbreitungsrechts vorzusehen. Im deutschen Recht ist die Erschöpfung des Verbreitungsrechts in § 17 Abs. 2 UrhG geregelt. Diese Regelung betrifft zunächst das Urheberrecht. Im Recht der ausübenden Künstler und der Tonträgerhersteller ist zwar ebenfalls ein Verbreitungsrecht gewährt (§ 77 Abs. 2 S. 1 UrhG für die ausübenden Künstler und § 85 Abs. 1 S. 1 UrhG für die Tonträgerhersteller), jedoch die Erschöpfung des Verbreitungsrechts nicht ausdrücklich geregelt. Der Erschöpfungsgrundsatz ist dennoch überall dort auch ohne ausdrückliche Inbezugnahme entsprechend anwendbar, wo ein Verbreitungsrecht gewährt wird, insbesondere auch auf das Verbreitungsrecht des ausübenden Künstlers[38] und das des Tonträgerherstellers.[39]

37 Jegliche Ausnahmen vom Ausschließlichkeitsrecht des Urhebers sind außerdem an dem sog. **„3-Stufen-Test"** zu messen, den Art. 9 Abs. 2 RBÜ seit der Revision 1967/68 für die Gestattung der Vervielfältigung „in gewissen Sonderfällen" als Ausnahme vom ausschließlichen Vervielfältigungsrecht des Urhebers vorsieht: Danach darf die Vervielfältigung nur gestattet werden, wenn (1) die normale Auswertung des Werkes nicht beeinträchtigt wird, (2) die berechtigten Interessen des Urhebers Berücksichtigung finden und (3) sie nicht unzumutbar verletzt werden.[40] Der „3-Stufen-Test" der RBÜ hat auch Eingang gefunden in Art. 13 TRIPS und Art. 10 Abs. 2 WCT; beide Vorschriften stimmen fast wörtlich mit Art. 9 Abs. 2 RBÜ überein, beziehen sich aber generell auf Schrankenbestimmungen und nicht nur auf Vervielfältigungen. Schließlich ist der 3-Stufen-Test auch in Art. 5 Abs. 5 der EU-Inforichtlinie übernommen worden (vgl. a. Walter/Walter Art. 5 Info-RL Rn. 93). Zur Anwendbarkeit auf die deutschen Schrankenbestimmungen vgl. → § 40 Rn. 454 f.

38 Die wichtigsten multilateralen Abkommen haben die folgenden Mitgliedsländer:[41]

Revidierte Berner Übereinkunft (RBÜ), erstmals abgeschlossen in Bern 1886, in der Zwischenzeit mehrfach und zuletzt 1971 revidiert; 180 Mitgliedsländer per 24.1.2022:[42]

Afghanistan	2. Juni 2018
Ägypten	7. Juni 1977
Albanien	6. März 1994
Algerien	19. April 1998
Andorra	2. Juni 2004
Antigua and Barbuda	17. März 2000
Äquartorienlguinea	26. Juni 1997
Argentinien	10. Juni 1967
Armenien	19. Oktober 2000
Aserbaidschan	4. Juni 1999
Australien	14. April 1928
Bahamas	10. Juli 1973
Bahrain	2. März 1997
Bangladesch	4. Mai 1999
Barbados	30. Juli 1983
Belarus (Weißrussland)	12. Dezember 1997
Belgien	5. Dezember 1887
Belize	17. Juni 2000

[37] Vgl. Nordemann/Vinck/Hertin Art. 3/4 RBÜ Rn. 2 und Art. 13 RBÜ Rn. 3.
[38] Vgl. Dreier/Schulze/Dreier § 77 Rn. 7; Schricker/Krüger vor §§ 73 ff. Rn. 19.
[39] Vgl. BGH GRUR 1985, 924 (925) – Schallplattenimport II.
[40] Einzelheiten bei Nordemann/Vinck/Hertin Art. 9 RBÜ Rn. 3; Schricker/Melichar Vor §§ 44a ff. Rn. 11a ff.; Dreier/Schulze/Dreier Vor §§ 44a ff. Rn. 21.
[41] Abgedruckt jeweils in den Beck-Texten im dtv zum Urheber- und Verlagsrecht.
[42] Vgl. erweiterte Liste Schricker/Loewenheim/Katzenberger/Metzger UrhG Vor §§ 120 ff. Rn. 44 f. und https://wipolex.wipo.int/en/treaties/ShowResults?search_what=C&treaty_id=15, abgerufen am 24.1.2022.

Benin	3. Januar 1961
Bhutan	
Bolivien	4. November 1993
Bosnien und Herzegowina	1. März 1992
Botsuana	15. April 1998
Brasilien	9. Februar 1922
Brunai Darussalam	30. August 2006
Bulgarien	5. Dezember 1921
Burkina Faso	19. August 1963
Burundi	12. April 2016
Chile	5. Juni 1970
China	15. Oktober 1992
Costa Rica	10. Juni 1978
Côte d'Ivoire (Elfenbeinküste)	1. Januar 1962
Dänemark	1. Juli 1903
Deutschland	5. Dezember 1887
Dominica	7. August 1999
Dominikanische Republik	24. Dezember 1997
Dschibuti	13. Mai 2002
Ecuador	9. Oktober 1991
El Salvador	19. Februar 1994
Estland	26. Oktober 1994
Fidschi	1. Dezember 1971
Finnland	1. April 1928
Frankreich	5. Dezember 1887
Gabun	26. März 1962
Gambia	7. März 1993
Georgien	16. Mai 1995
Ghana	11. Oktober 1991
Grenada	22. September 1998
Griechenland	9. November 1920
Großbritannien und Nordirland	5. Dezember 1887
Guatemala	28. Juli 1997
Guinea	20. November 1980
Guinea-Bissau	22. Juli 1991
Guyana	25. Oktober 1994
Haiti	11. Januar 1996
Honduras	25. Januar 1990
Indien	1. April 1928
Indonesien	5. September 1997
Irland	5. Oktober 1927
Island	7. September 1947
Israel	24. März 1950
Italien	5. Dezember 1887
Jamaika	1. Januar 1994
Japan	15. Juli 1899
Jemen	14. Juli 2008
Jordanien	28. Juli 1999
Kambodscha	9. März 2022
Kamerun	21. September 1964
Kanada	10. April 1928
Kap Verde	7. Juli 1997
Kasachstan	12. April 1999
Katar	5. Juli 2000
Kenia	11. Juni 1993
Kiribati	2. Januar 2018
Kirgisistan	8. Juli 1999
Kolumbien	7. März 1988
Kookinseln	3. August 2017
Komoren	17. April 2005
Kongo	8. Mai 1962
Kongo, Demokratische Republik	8. Oktober 1963
Korea (Nord)	28. April 2003

Korea (Süd)	21. August 1996
Kroatien	8. Oktober 1991
Kuba	20. Februar 1997
Kuwait	2. Dezember 2014
Laos	14. März 2012
Lesotho	28. September 1989
Lettland	11. August 1995
Libanon	30. September 1947
Liberia	8. März 1989
Libyen	28. September 1976
Liechtenstein	30. Juli 1931
Litauen	14. Dezember 1994
Luxemburg	20. Juni 1888
Madagaskar	1. Januar 1966
Malawi	12. Oktober 1991
Malaysia	1. Oktober 1990
Mali	19. März 1962
Malta	21. September 1964
Marokko	16. Juni 1917
Mauretanien	6. Februar 1973
Mauritius	10. Mai 1989
Mazedonien	8. September 1991
Mexiko	11. Juni 1967
Mikronesien	7. Oktober 2003
Monaco	30. Mai 1889
Mongolei	12. März 1998
Montenegro	3. Juni 2006
Mosambik	22. November 2013
Namibia	21. März 1990
Nauru	11. Mai 2020
Nepal	11. Januar 2006
Neuseeland	24. April 1928
Nicaragua	23. August 2000
Niederlande	1. November 1912
Niger	2. Mai 1962
Nigeria	14. September 1993
Niue	24. September 2016
Norwegen	13. April 1896
Oman	14. Juli 1999
Österreich	1. Oktober 1920
Pakistan	5. Juli 1948
Panama	8. Juni 1996
Paraguay	2. Januar 1992
Peru	20. August 1988
Philippinen	1. August 1951
Polen	28. Januar 1920
Portugal	29. März 1911
Republik Moldau	2. November 1995
Ruanda	1. März 1984
Rumänien	1. Januar 1927
Russische Föderation	13. März 1995
Salomonen	4. Juli 2019
Sambia	2. Januar 1992
Samoa	21. Juli 2008
San Marino	2. September 2020
São Tomé und Príncipe	14. Juni 2016
Saudi-Arabien	11. März 2004
Schweden	1. August 1904
Schweiz	5. Dezember 1887
Senegal	25. August 1962
Serbien	27. April 1992
Simbabwe	18. April 1980
Singapur	21. Dezember 1998
Slowakei	1. Januar 1993
Slowenien	25. Juni 1991

Spanien	5. Dezember 1887
Sri Lanka	20. Juli 1959
St. Kitts und Nevis	9. April 1995
St. Lucien	24. August 1993
St. Vincent und die Grenadinen	29. August 1995
Südafrika	3. Oktober 1928
Sudan	28. Dezember 2000
Suriname	23. Februar 1977
Swasiland	14. Dezember 1998
Syrien	11. Juni 2004
Tadschikistan	9. März 2000
Tansania	25. Juli 1994
Thailand	17. Juli 1931
Togo	30. April 1975
Tonga	14. Juni 2001
Trinidad und Tobago	16. August 1988
Tschad	25. November 1971
Tschechische Republik	1. Januar 1993
Tunesien	5. Dezember 1887
Turkmenistan	29. Mai 2016
Tuvalu	2. Juni 2017
Türkei	1. Januar 1952
Ukraine	25. Oktober 1995
Ungarn	14. Februar 1922
Uruguay	10. Juli 1967
Usbekistan	19. April 2005
Vanuatu	27. Dezember 2012
Vatikan	12. September 1935
Venezuela	30. Dezember 1982
Vereinigte Arabische Emirate	14. Juli 2004
Vereinigte Staaten von Amerika	1. März 1989
Vietnam	26. Oktober 2004
Zentral Afrikanische Republik	3. September 1977
Zypern	24. Februar 1964

TRIPs-Übereinkommen (als Bestandteil des Übereinkommens zur Errichtung der Welthandels- 39
organisation) von 1994; 164 Mitgliedsländer (WTO) per 24.1.2022:[43]

Afghanistan	29. Juli 2016
Ägypten	30. Juni 1995
Albanien	8. September 2000
Angola	23. November 1996
Antigua und Barbuda	1. Januar 1995
Argentinien	1. Januar 1995
Armenien	5. Februar 2003
Australien	1. Januar 1995
Bahrain	1. Januar 1995
Bangladesh	1. Januar 1995
Barbados	1. Januar 1995
Belgien	1. Januar 1995
Belize	1. Januar 1995
Benin	22. Februar 1996
Bolivien	12. September 1995
Botswana	31. Mai 1995
Brasilien	1. Januar 1995
Brunei Darussalam	1. Januar 1995
Bulgarien	1. Dezember 1996
Burkina Faso	3. Juni 1995
Burundi	23. Juli 1995
Cambodia	13. Oktober 2004

[43] Vgl. erweiterte Liste Schricker/Loewenheim/Katzenberger/Metzger UrhG Vor §§ 120 ff. Rn. 16 und http://www.wipo.int/wipolex/en/other_treaties/parties.jsp?treaty_id=231&group_id=22, abgerufen am 24.1.2022.

Cape Verde	23. Juli 2008
Chile	1. Januar 1995
China	11. Dezember 2001
Costa Rica	1. Januar 1995
Dänemark	1. Januar 1995
Deutschland	1. Januar 1995
Djibuti	31. Mai 1995
Dominica	1. Januar 1995
Dominikanische Republik	9. März 1995
Ecuador	21. Januar 1996
El Salvador	7. Mai 1995
Elfenbeinküste	1. Januar 1995
Estland	13. November 1999
Europäische Union	1. Januar 1995
Fidschi Inseln	14. Januar 1996
Finnland	1. Januar 1995
Frankreich	1. Januar 1995
Gabun	1. Januar 1995
Gambia	23. Oktober 1996
Georgien	14. Juni 2000
Ghana	1. Januar 1995
Grenada	22. Februar 1996
Griechenland	1. Januar 1995
Großbritannien und Nordirland	1. Januar 1995
Guatemala	21. Juli 1995
Guinea	25. Oktober 1995
Guinea Bissau	31. Mai 1995
Guyana	1. Januar 1995
Haiti	30. Januar 1996
Honduras	1. Januar 1995
Hong Kong, China	1. Januar 1995
Indien	1. Januar 1995
Indonesien	1. Januar 1995
Irland	1. Januar 1995
Island	1. Januar 1995
Israel	21. April 1995
Italien	1. Januar 1995
Jamaika	9. März 1995
Japan	1. Januar 1995
Jemen	24. Juni 2014
Jordanien	11. April 2000
Kamerun	13. Dezember 1995
Kanada	1. Januar 1995
Kasachstan	31. Oktober 2015
Kenia	1. Januar 1995
Kirgisistan	20. Dezember 1998
Kolumbien	30. April 1995
Kongo	27. März 1997
Kongo, Demokratische Republik	1. Januar 1997
Korea (Süd)	1. Januar 1995
Kroatien	30. November 2000
Kuba	20. April 1995
Kuwait	1. Januar 1995
Laos	2. März 2013
Lesotho	31. Mai 1995
Lettland	10. Februar 1999
Liberia	14. Juli 2016
Liechtenstein	1. September 1995
Litauen	31. Mai 2001
Luxemburg	1. Januar 1995
Macao, China	1. Januar 1995
Madagaskar	17. November 1995
Malawi	31. Mai 1995
Malaysia	1. Januar 1995
Malediven	31. Mai 1995

Mali	31. Mai 1995
Malta	1. Januar 1995
Marokko	1. Januar 1995
Mauretanien	31. Mai 1995
Mauritius	1. Januar 1995
Mazedonien	4. April 2003
Mexiko	1. Januar 1995
Moldawien	26. Juli 2001
Mongolei	29. Januar 1997
Montenegro	29. April 2012
Mosambik	26. August 1995
Myanmar	1. Januar 1995
Namibia	1. Januar 1995
Nepal	23. April 2004
Neuseeland	1. Januar 1995
Nicaragua	3. September 1995
Niederlande (einschl. Niederländische Antillen)	1. Januar 1995
Niger	13. Dezember 1996
Nigeria	1. Januar 1995
Norwegen	1. Januar 1995
Oman	9. November 2000
Österreich	1. Januar 1995
Pakistan	1. Januar 1995
Panama	6. September 1997
Papua New Guinea	9. Juni 1996
Paraguay	1. Januar 1995
Peru	1. Januar 1995
Philippinen	1. Januar 1995
Polen	1. Juli 1995
Portugal	1. Januar 1995
Qatar	13. Januar 1996
Ruanda	22. Mai 1996
Rumänien	1. Januar 1995
Saint Kitts and Nevis	21. Februar 1996
Saint Vincent & the Grenadines	1. Januar 1995
Samoa	10. Mai 2012
Santa Lucia	1. Januar 1995
Schweden	1. Januar 1995
Schweiz	1. Juli 1995
Senegal	1. Januar 1995
Seychellen	26. April 2015
Sierra Leone	23. Juli 1995
Singapur	1. Januar 1995
Slowakische Republik	1. Januar 1995
Slowenien	30. Juli 1995
Solomon Islands	26. Juli 1996
Spanien	1. Januar 1995
Sri Lanka	1. Januar 1995
Süd-Afrika	1. Januar 1995
Suriname	1. Januar 1995
Swaziland	1. Januar 1995
Taiwan	1. Januar 2002
Tanzania	1. Januar 1995
Tadschikistan	2. März 2013
Thailand	1. Januar 1995
Togo	31. Mai 1995
Tonga	27. Juli 2007
Trinidad und Tobago	1. März 1995
Tschad	19. Oktober 1996
Tschechische Republik	1. Januar 1995
Tunesien	29. März 1995
Türkei	26. März 1995
Uganda	1. Januar 1995
Ukraine	16. Mai 2008

Ungarn	1. Januar 1995
Uruguay	1. Januar 1995
Vanuatu	24. August 2012
Venezuela	1. Januar 1995
Vereinigte Arabische Emirate	10. April 1996
Vereinigte Staaten von Amerika	1. Januar 1995
Vietnam	11. Januar 2007
Zambia	1. Januar 1995
Zentralafrikanische Republik	31. Mai 1995
Zimbabwe	5. März 1995
Zypern	30. Juli 1995

40 **WIPO Copyright Treaty (WCT) von 1996; 111 Mitgliedsländer per 24.2.2022:**[44, 45]

Afghanistan	9. Februar 2021
Albanien	6. August 2005
Algerien	31. Januar 2014
Aserbaidschan	11. Januar 2006
Argentinien	6. März 2002
Armenien	6. März 2005
Australien	26. April 2007
Bahrain	15. September 2005
Barbados	13. Dezember 2019
Belarus (Weißrussland)	6. März 2002
Belgien	30. Mai 2006
Belize	9. Februar 2019
Benin	16. Januar 2006
Bosnien und Herzegowina	25. November 2009
Botswana	27. Januar 2006
Brunei Darussalam	2. Mai 2017
Bulgarien	6. März 2002
Burkina Faso	6. März 2002
Brunei	2. Mai 2017
Burundi	12. April 2016
Kap Verde	22. Mai 2019
Chile	6. März 2002
China (Volksrepublik)	9. März 2007
Cookinseln	19. Juni 2019
Costa Rica	6. März 2002
Dänemark	14. März 2010
Deutschland	14. März 2010
Dominikanische Republik	10. Oktober 2005
Ecuador	6. März 2002
El Salvador	6. März 2002
Estland	14. März 2010
Europäische Union	14. März 2010
Finnland	14. März 2010
Frankreich	14. März 2010
Gabun	6. März 2002
Georgien	6. März 2002
Ghana	18. August 2006
Griechenland	14. März 2010
Großbritannien	14. März 2010
Guatemala	4. Februar 2003
Guinea	25 Mai 2002
Honduras	20. Mai 2002
Indien	25. Dezember 2018
Indonesien	6. März 2002
Irland	14. März 2010
Italien	14. März 2010
Jamaika	12. Juni 2002
Japan	6. März 2002

[44] Vgl. https://wipolex.wipo.int/en/treaties/ShowResults?search_what=C&treaty_id=16, abgerufen am 24.1.22.
[45] Vgl. http://www.wipo.int/treaties/en/ShowResults.jsp?lang=en&treaty_id=16, abgerufen am 24.1.2022.

Jordanien	27. April 2004
Kanada	13. August 2014
Kiribati	22. Juni 2021
Kirgisistan	6. März 2002
Kolumbien	6. März 2002
Komoren	25. April 2021
Korea (Süd)	24. Juni 2004
Kroatien	6. März 2002
Lettland	6. März 2002
Liechtenstein	30. Januar 2007
Litauen	6. März 2002
Luxemburg	14. März 2010
Madagaskar	24. Februar 2015
Malaysia	27. Dezember 2012
Mali	24. April 2002
Malta	14. März 2010
Marokko	20. Juli 2011
Mazedonien	4. Februar 2004
Mexiko	6. März 2002
Moldau, Republik	6. März 2002
Mongolei	25. Oktober 2002
Montenegro	4. Dezember 2006
Nauru	11. August 2022
Neuseeland	17. März 2019
Nicaragua	6. März 2003
Niederlande	14. März 2010
Nigeria	4. Januar 2018
Österreich	14. März 2010
Oman	20. September 2005
Panama	6. März 2002
Paraguay	6. März 2002
Peru	6. März 2002
Philippinen	4. Oktober 2002
Polen	23. März 2004
Qatar	28. Oktober 2005
Rumänien	6. März 2002
Russische Föderation	5. Februar 2009
San Marino	2. September 2020
São Tomé und Príncipe	27. April 2020
Schweiz	31. März 2008
Senegal	18. Mai 2002
Serbien und Montenegro	13. Juni 2003
(nunmehr) Serbien	19. September 2006
Slowakei	6. März 2002
Slowenien	6. März 2002
Spanien	14. März 2010
St. Lucien	6. März 2002
Togo	21. Mai 2003
Trinidad und Tobago	28. November 2008
Tschechische Republik	6. März 2002
Türkei	28. November 2008
Ukraine	6. März 2002
Ungarn	6. März 2002
Uruguay	5. Juni 2009
Vanuatu	6. August 2020
Vereinigte Arabische Emirate	14. Juli 2004
Vereinigte Staaten von Amerika	6. März 2002
Vietnam	17. Februar 2022
Zypern	4. November 2003

Welturheberrechtsabkommen (WUA), abgeschlossen 1952, revidiert 1971; 65 Mitgliedsländer per 24.1.2022: 41

Albanien	4. November 2003
Algerien	18. Mai 1973
Australien	1. Februar 1969

Bahamas	13. Juli 1976
Bangladesch	5. Mai 1975
Barbados	18. März 1983
Bolivien	22. Dezember 1989
Bosnien und Herzegowina	12. Juli 1993
Brasilien	13. Oktober 1959
Bulgarien	7. März 1975
China	30. Juli 1992
Costa Rica	7. Dezember 1954
Dänemark	9. November 1961
Deutschland	3. Juni 1955
Dominikanische Republik	8. Februar 1983
Ecuador	5. März 1957
El Salvador	29. Dezember 1978
Finnland	16. Januar 1963
Frankreich	14. Oktober 1955
Großbritannien und Nordirland	27. Juni 1957
Guinea	13. August 1981
Indien	21. Oktober 1957
Israel	6. April 1955
Italien	24. Oktober 1956
Japan	28. Januar 1956
Kamerun	1. Februar 1973
Kenia	7. Juni 1966
Kolumbien	18. März 1976
Korea	1. Juli 1987
Kroatien	6. Juli 1992
Liechtenstein	22. Oktober 1958
Marokko	8. Februar 1972
Mazedonien	30. April 1997
Mexiko	12. Februar 1957
Monaco	16. Juni 1955
Montenegro	26. April 2007
Niederlande	22. März 1967
Niger	15. Februar 1989
Norwegen	23. Oktober 1962
Österreich	2. April 1957
Panama	17. Juli 1962
Peru	16. Juli 1963
Polen	9. Dezember 1976
Portugal	25. September 1956
Ruanda	10. August 1989
Russische Föderation	27. Februar 1973
Saudi-Arabien	13. April 1994
Schweden	1. April 1961
Schweiz	30. Dezember 1955
Senegal	9. April 1974
Serbien	11. September 2001
Slowakei	31. März 1993
Slowenien	5. November 1992
Spanien	27. Oktober 1954
Sri Lanka	25. Oktober 1983
St. Vincent und die Grenadinen	22. Januar 1985
Togo	28. Februar 2003
Trinidad und Tobago	19. Mai 1988
Tschechische Republik	26. März 1993
Tunesien	19. März 1969
Ungarn	23. Oktober 1970
Vatikan	5. Juli 1955
Venezuela	30. Juni 1966
Vereinigte Staaten von Amerika	6. Dezember 1954
Zypern	19. September 1990

Rom-Abkommen (internationales Abkommen über den Schutz der ausübenden Künstler, der Hersteller von Tonträgern und der Sendeunternehmen) von 1961; 96 Mitgliedsländer per 24.1. 2022:[46] 42

Albanien	1. September 2000
Algerien	22. April 2007
Andorra	25. Mai 2004
Argentinien	2. März 1992
Armenien	31. Januar 2003
Aserbaidschan	5. Oktober 2005
Australien	30. September 1992
Bahrain	18. Januar 2006
Barbados	18. September 1983
Belarus (Weißrussland)	27. Mai 2003
Belgien	2. Oktober 1999
Belize	9. Februar 2019
Bolivien	24. November 1993
Bosnien und Herzegowina	19. März 2009
Brasilien	29. September 1965
Bulgarien	31. August 1995
Burkina Faso	14. Januar 1988
Chile	5. September 1974
Costa Rica	9. September 1971
Dänemark	23. September 1965
Deutschland	21. Oktober 1966
Dominica	9. November 1999
Dominikanische Republik	27. Januar 1987
Ecuador	18. Mai 1964
El Salvador	29. Juni 1979
Estland	28. April 2000
Fidschi	11. April 1972
Finnland	21. Oktober 1983
Frankreich	3. Juli 1987
Georgien	14. August 2004
Griechenland	6. Januar 1993
Großbritannien und Nordirland	18. Mai 1964
Guatemala	14. Januar 1977
Honduras	16. Februar 1990
Irland	19. September 1979
Island	15. Juni 1994
Israel	30. Dezember 2002
Italien	8. April 1975
Jamaika	27. Januar 1994
Japan	26. Oktober 1989
Kanada	4. Juni 1998
Kap Verde	3. Juli 1997
Kasachstan	30. Juni 2012
Katar	23. September 2019
Kirgisistan	13. August 2003
Kolumbien	17. September 1976
Kongo	18. Mai 1964
Korea (Süd)	18. März 2009
Kroatien	20. April 2000
Lesotho	26. Januar 1990
Lettland	20. August 1999
Libanon	12. August 1997
Liberia	16. Dezember 2005
Liechtenstein	12. Oktober 1999
Litauen	22. Juli 1999
Luxemburg	25. Februar 1976
Mazedonien	2. März 1998
Mexiko	18. Mai 1964

[46] Vgl. https://wipolex.wipo.int/en/treaties/ShowResults?search_what=C&treaty_id=17, abgerufen am 24.1.2022.

Moldau, Republik	5. Dezember 1995
Monaco	6. Dezember 1985
Montenegro	3. Juni 2006
Nicaragua	10. August 2000
Niederlande	7. Oktober 1993
Niger	18. Mai 1964
Nigeria	29. Oktober 1993
Norwegen	10. Juli 1978
Österreich	9. Juni 1973
Panama	2. September 1983
Paraguay	26. Februar 1970
Peru	7. August 1985
Philippinen	25. September 1984
Polen	13. Juni 1997
Portugal	17. Juli 2002
Rumänien	22. Oktober 1998
Russische Föderation	26. Mai 2003
Schweden	18. Mai 1964
Schweiz	24. September 1993
Serbien	10. Juni 2003
Slowakei	1. Januar 1993
Slowenien	9. Oktober 1996
Spanien	14. November 1991
St. Lucien	17. August 1996
Syrien	13. Mai 2006
Tadschikistan	19. Mai 2008
Togo	10. Juni 2003
Tschechische Republik	1. Januar 1993
Trinidad und Tobago	9. März 2020
Türkei	8. April 2004
Turkmenistan	30. November 2020
Ukraine	12. Juni 2002
Ungarn	10. Februar 1995
Uruguay	4. Juli 1977
Venezuela	30. Januar 1996
Vereinigte Arabische Emirate	14. Januar 2005
Vietnam	1. März 2007
Zypern	17. Juni 2009

43 WIPO Perfomances and Phonograms Treaty (WPPT) von 1996; 109 Mitgliedsländer per 24.1.2022:[47, 48]

Afghanistan	9. Februar 2021
Albanien	20. Mai 2002
Algerien	31. Januar 2014
Argentinien	20. Mai 2002
Armenien	6. Dezember 2004
Aserbaidschan	11. Januar 2006
Australien	26. April 2007
Bahrain	15. September 2005
Barbados	13. Dezember 2019
Belarus (Weißrussland)	20. Mai 2002
Belgien	10. August 2006
Belize	9. Februar 2019
Benin	16. Januar 2006
Bosnien und Herzegowina	25. November 2009
Botswana	27. Oktober 2004
Brunei Darussalam	2. Mai 2017
Bulgarien	20. Mai 2002
Burkina Faso	20. Mai 2002
Chile	20. Mai 2002
China	9. März 2007
Costa Rica	20. Mai 2002

[47] Vgl. https://wipolex.wipo.int/en/treaties/ShowResults?search_what=C&treaty_id=20, abgerufen am 24.1.2022.
[48] Vgl. https://www.wipo.int/treaties/en/ip/wppt/, abgerufen am 24.1.2022.

Dänemark	14. März 2010
Deutschland	14. März 2010
Dominikanische Republik	10. Oktober 2005
Ecuador	20. Mai 2002
El Salvador	20. Mai 2002
Estland	14. März 2010
Europäische Union	14. März 2010
Finnland	14. März 2010
Frankreich	14. März 2010
Gabun	20. Mai 2002
Georgien	20. Mai 2002
Ghana	16. Februar 2013
Griechenland	14. März 2010
Großbritannien	14. März 2010
Guatemala	8. Januar 2003
Guinea	20. Mai 2002
Honduras	20. Mai 2002
Indien	25. September 2018
Indonesien	15. November 2004
Irland	14. März 2010
Italien	14. März 2010
Jamaika	12. Juni 2002
Japan	9. Oktober 2002
Jordanien	24. Mai 2004
Kanada	13. August 2014
Kap Verde	22. Mai 2019
Kasachstan	12. August 2004
Kirgisistan	15. August 2002
Kiribati	22. Juni 2021
Kolumbien	20. Mai 2002
Komoren	25. April 2021
Kookinseln	19. Juni 2019
Korea (Süd)	18. März 2009
Kroatien	20. Mai 2002
Lettland	20. Mai 2002
Liechtenstein	30. Januar 2007
Litauen	20. Mai 2002
Luxemburg	14. März 2010
Madagaskar	24. Februar 2015
Malaysia	27. Dezember 2012
Mali	20. Mai 2002
Malta	14. März 2010
Marokko	20. Juli 2011
Mexiko	20. Mai 2002
Mongolei	25. Oktober 2002
Montenegro	4. Dezember 2006
Neuseeland	17. März 2019
Nicaragua	6. März 2003
Niederlande	14. März 2010
Nigeria	4. Januar 2018
Österreich	14. März 2010
Oman	20. Juni 2005
Panama	20. Mai 2002
Paraguay	20. Mai 2002
Peru	18. Juli 2002
Philippinen	4. Oktober 2002
Polen	21. Oktober 2003
Portugal	14. März 2010
Qatar	28. Juli 2005
Republik Moldau	20. Mai 2002
Rumänien	20. Mai 2002
Russische Föderation	5. Februar 2009
San Marino	2. September 2020
São Tomé und Príncipe	27. April 2020
Schweden	14. März 2010

Schweiz	31. März 2008
Senegal	20. Mai 2002
(vormals) Serbien und Montenegro	13. Juni 2003
Serbien	19. September 2006
Singapur	17. Januar 2005
Slowakei	20. Mai 2002
Slowenien	20. Mai 2002
Spanien	14. März 2010
St. Lucien	20. Mai 2002
St. Vincent und die Grenadinen	12. Februar 2011
Tadschikistan	24. August 2011
Togo	21. Mai 2003
Trinidad und Tobago	28. November 2008
Tschechische Republik	20. Mai 2002
Türkei	28. November 2008
Ukraine	20. Mai 2002
Ungarn	20. Mai 2002
Uruguay	28. Mai 2008
Usbekistan	17. Juli 2019
Vanuatu	6. August 2020
Vereinigte Arabische Emirate	9. März 2005
Vereinigte Staaten von Amerika	20. Mai 2002
Zypern	2. September 2005

44 **Genfer Tonträgerabkommen von 1971; 80 Mitgliedsländer per 24.1.2022:**[49]

Ägypten	23. April 1978
Albanien	26. Juni 2001
Argentinien	30. Juni 1973
Armenien	31. Januar 2003
Aserbaidschan	1. September 2001
Australien	22. Juni 1974
Barbados	29. Juli 1983
Belarus (Weißrussland)	17. April 2003
Bosnien und Herzegowina	25. Mai 2009
Brasilien	28. November 1975
Bulgarien	6. September 1995
Burkina Faso	30. Januar 1988
Chile	24. März 1977
China	30. April 1993
Costa Rica	17. Juni 1982
Dänemark	24. März 1977
Deutschland	18. Mai 1974
Ecuador	14. September 1974
El Salvador	9. Februar 1979
Estland	28. Mai 2000
Fidschi	18. April 1973
Finnland	18. April 1973
Frankreich	18. April 1973
Ghana	10. Februar 2017
Griechenland	9. Februar 1994
Großbritannien und Nordirland	18. April 1973
Guatemala	1. Februar 1977
Honduras	6. März 1990
Indien	12. Februar 1975
Israel	1. Mai 1978
Italien	24. März 1977
Jamaika	11. Januar 1994
Japan	14. Oktober 1978
Kasachstan	3. August 2001

[49] Vgl. https://wipolex.wipo.int/en/treaties/ShowResults?search_what=C&treaty_id=18, abgerufen am 24.1.2022.

Kenia	21. April 1976
Kirgisistan	12. Oktober 2002
Kolumbien	16. Mai 1994
Kongo, Demokratische Republik	29. November 1977
Korea (Süd)	10. Oktober 1987
Kroatien	20. April 2000
Lettland	23. August 1997
Liberia	16. Dezember 2005
Liechtenstein	12. Oktober 1999
Litauen	27. Januar 2000
Luxemburg	8. März 1976
Mazedonien	2. März 1998
Mexiko	21. Dezember 1973
Moldau, Republik	17. Juli 2000
Monaco	2. Dezember 1974
Montenegro	16. September 2005
Neuseeland	13. August 1976
Nicaragua	10. August 2000
Niederlande	12. Oktober 1993
Norwegen	1. August 1978
Österreich	21. August 1982
Panama	29. Juni 1974
Paraguay	13. Februar 1979
Peru	24. August 1985
Rumänien	1. Oktober 1998
Russische Föderation	13. März 1995
Schweden	18. April 1973
Schweiz	30. September 1993
Serbien und Montenegro	10. Juni 2003
Slowakei	1. Januar 1993
Slowenien	15. Oktober 1996
Spanien	24. August 1974
St. Lucien	2. April 2001
Togo	10. Juni 2003
Tadschikistan	26. Februar 2013
Trinidad und Tobago	1. Oktober 1988
Tschechische Republik	1. Januar 1993
Ukraine	18. Februar 2000
Ungarn	28. Mai 1975
Uruguay	18. Januar 1983
Usbekistan	25. April 2019
Vatikan	18. Juli 1977
Venezuela	18. November 1982
Vereinigte Staaten von Amerika	10. März 1974
Vietnam	6. Juli 2005
Zypern	30. September 1993

Aktuelle Angaben über die Mitgliedsländer finden sich im Internet unter https://www.wipo.int/treaties/en/ (RBÜ, GTA, WCT, WPPT, MMA, PVÜ, RA, TRIPS) und https://www.wipo.int/treaties/en/other_treaties.html (WUA). 45

III. Internationales Privatrecht

Hat man einmal mit Hilfe des oben dargestellten Fremdenrechts ermittelt, dass ein ausländischer Rechtsinhaber in Deutschland Schutz genießt und/oder hat der zu beurteilende Fall sonstigen Auslandsbezug, muss man sich in die Untiefen des Internationalen Privatrechts mit seinen urheberrechtlichen Verästelungen begeben. 46

Wie auch in unserer Darstellung des nationalen Urheberrechts (vgl. oben → § 40) unterscheidet das Internationale Privatrecht des Urheberrechts zwischen **vertragsrechtlichen Fragen** und Fragen der Beratung im Zusammenhang mit **Urheberrechtsverletzungen.** Bei Fragen mit internationaler Berührung im Urhebervertragsrecht stellt sich die Frage der Rechtswahl und ob es einzelne zwingende Normen gibt, die sich trotz Rechtswahl eines ausländischen Rechts durchsetzen. 47

Dem gegenüber stellt sich bei Fragen der Urheberrechtsverletzungen für den Praktiker das Problem, welches Recht anwendbar ist und ob der betroffene Urheber unter den jeweiligen Schutz eines bestimmten Landes fällt. Davon unabhängig und hier nicht behandelt ist die Frage der internationalen Zuständigkeit von Gerichten, die sich nach allgemeinen Regeln richtet.[50]

48 Entsprechend dieser Unterteilung finden sich im Folgenden Ausführungen zunächst zum internationalen Urhebervertragsrecht, sodann zum internationalen Urheberdeliktsrecht.

1. Internationales Urhebervertragsrecht

49 Wie allgemein im internationalen Privatrecht entscheiden auch im Urhebervertragsrecht nach Art. 3 Rom I-VO,[51] der Art. 27 EGBGB aF ersetzt hat, zunächst die Parteien, welches Recht auf einen Vertrag anzuwenden ist. Es herrscht **freie Rechtswahl.** Dabei ist anerkannt, dass die Rechtswahl ausdrücklich oder stillschweigend erfolgen kann, sich gegebenenfalls also auch aus einzelnen Vertragsbestimmungen oder den Umständen ergeben kann. Zu beachten ist, dass die Rom I-VO im Vergleich zu Art. 27 BGB aF strengere Anforderungen an die konkludente Rechtswahl stellt. So muss sich das gewählte Recht „mit hinreichender Sicherheit" aus dem Vertrag oder den Umständen ergeben, vgl. Art. 3 Rom I-VO.

50 Ist das nicht der Fall, haben die Parteien also **keine gültige Rechtswahl** getroffen, greift Art. 4 Rom I-VO.[52] Da der Urheberrechtsvertrag nicht in Art. 4 Abs. 1 Rom I-VO geregelt ist, ist das anwendbare Recht bei fehlender eindeutiger Rechtswahl nach Art. 4 Abs. 2–4 Rom I-VO zu bestimmen.[53] Nach Art. 4 Abs. 2 Rom I-VO ist zunächst das Recht desjenigen Staates maßgeblich, in dem die Partei, die die für den Vertrag charakteristische Leistung zu erbringen hat, ihren gewöhnlichen Aufenthalt hat. Nach Art. 4 Abs. 3 Rom I-VO ist jedoch ausnahmsweise dann das Recht eines anderen Staates maßgeblich, wenn sich aus der Gesamtheit der Umstände ergibt, dass der Vertrag eine offensichtlich engere Verbindung zu diesem aufweist. Kann die vertragscharakteristische Leistung nicht bestimmt werden, ist nach Art. 4 Abs. 4 Rom I-VO das Recht des Staates, zu dem der Vertrag die engste Verbindung aufweist, maßgeblich. Zwar gibt es noch keine höchstrichterlichen Entscheidungen zur Frage, wie nach der Rom I-VO der Ort, an dem die vertragscharakteristische Leistung bei Urheberrechtsverträgen erbracht wird, zu bestimmen ist bzw. welche Leistung als die jeweils vertragscharakteristische Leistung anzusehen ist; in der rechtswissenschaftlichen Diskussion hat sich jedoch die Meinung durchgesetzt, dass immer dann, wenn der Erwerber von Nutzungsrechten (also der Lizenznehmer) eine Verwertungspflicht übernimmt oder ihn als ausschließlichen Lizenznehmer eine Ausübungslast trifft, dessen Sitz maßgeblich sein soll.[54] Hieraus ergibt sich für einzelne Arten von Urheberrechtsverträgen folgende (beispielhafte) Übersicht:

Vertragstyp	Ausschließliches Nutzungsrecht	Einfaches Nutzungsrecht
Verlagsvertrag	idR Sitz des Verlegers, weil Ausübungspflicht aus § 1 VerlG (BGHZ 19, 110, 113 – *sorrel and son*)	./.
Verlagsrechtlicher Lizenzvertrag	Sitz des Lizenznehmers, auch wenn keine Ausübungspflicht (BGH GRUR 1960, 447, 448 – *Comics*)	Ohne Ausübungspflicht: Sitz des Lizenzgebers
Sonstiger primärer Urheberrechtsvertrag		Wenn keine Ausübungspflicht und nur Pauschalzahlung: Sitz des Urhebers

[50] Zur Frage der gerichtlichen Zuständigkeit im Falle grenzüberschreitender Urheberrechtsverletzungen ist auf die Entscheidung des EuGH in Sachen Peter Pinckney hinzuweisen, vgl. EUGH GRUR Int. 2013, 1073 – Peter Pinckney/KDG Mediatech AG. Der Fall betraf die Auslegung von Art. 5 Nr. 3 EuGGVO in internationalen Verletzungssachverhalten. Zur Deliktszuständigkeit der nationalen Gerichte nach Art. 5 Nr. 3 EuGGVO für eine Klage auf Zahlung der Reprographievergütung vgl. EuGH GRUR 2016, 927 – Austro-Mechana/Amazon.

[51] Verordnung (EG) Nr. 593/2008 des Europäischen Parlaments und des Rates vom 17. Juni 2008 über das auf vertragliche Schuldverhältnisse anzuwendende Recht, ABl. EU Nr. L 177, 6.

[52] MüKoUWG/Martiny Art. 3 VO (EG) 593/2008 Rn. 2.

[53] Näher hierzu: MüKoUWG/Martiny Art. 4 VO (EG) 593/2008 Rn. 246 ff.

[54] Schricker/Loewenheim/Katzenberger/Metzger UrhG Vor §§ 120 ff. Rn. 156 mwN.

Vertragstyp	Ausschließliches Nutzungsrecht	Einfaches Nutzungsrecht
Sonstige sekundäre Urheberrechtsverträge (zB Filmverleih)	Mit Verpflichtung der Vertragsfirma zur Synchronisation und Auswertung: Sitz des Verwerters (BGH UFITA 32 (1960), 186, 187 – *Schwarzer Adler*)	

Bei dieser so vorgenommenen Bestimmung des anzuwendenden Rechts ist, entgegen der im sonstigen Internationalen Privatrecht geltenden Spaltungstheorie, die zwischen Verpflichtungs- und Verfügungsgeschäft unterscheidet,[55] von der **Einheitstheorie** auszugehen. Danach wird das Vertragsstatut des Verpflichtungsgeschäftes auch auf das urheberrechtliche Verfügungsgeschäft angewandt.[56] Dabei macht die Rechtsprechung allerdings den Vorbehalt, dass bestimmte Fragen stets nach dem Recht des ansonsten im Urheberrecht geltenden sogenannten Schutzlandprinzips zu bestimmen sind. Dies gilt insbesondere für die Frage der Zulässigkeit der Übertragung des Urheberrechts überhaupt oder einzelner urheberrechtlicher Befugnisse, hinsichtlich der Einräumung von ausschließlichen oder einfachen Nutzungsrechten und deren Übertragung sowie der Einräumung von Nutzungsrechten zweiter und weiterer Stufe.[57] 51

Schließlich unterliegt der **Geltungsbereich** des **Vertragsstatutes** gewissen **Grenzen.** Einerseits gewährt **Art. 6 EGBGB** mit seiner Regel über den *Ordre Public* eine Grenze für Einzelfälle, in denen die kollisionsrechtliche Verweisung auf ein fremdes Recht und dessen Anwendung zu materiell ungerechten Ergebnissen in Deutschland führen würde. Andererseits erzwingt **Art. 9 Rom I-VO, der Art. 34 EGBGB aF ersetzt,** mit seinem **Vorbehalt zugunsten zwingenden deutschen Rechts** die Anwendung solcher speziellen Regeln. Zwar geht grundsätzlich die Vertragswahl oder aber das nach den obigen Regeln gefundene anzuwendende Recht deutschem Recht vor,[58] bestimmte Regeln zum Schutz der schwächeren Vertragspartei setzt sich jedoch in Deutschland durch. Welche dies sind, ist im Einzelnen umstritten und noch nicht höchstrichterlich geklärt. Anerkannt ist die international zwingende Geltung jedoch für die in § 32 UrhG geregelte angemessene Vergütung sowie die weitere Beteiligung des Urhebers nach § 32a UrhG (vgl. § 32b UrhG).[59] Denkbar wären zudem folgende: 52

- Schutzbestimmungen aus dem Recht der allgemeinen Geschäftsbedingungen
- Rückrufsrecht wegen gewandelter Überzeugung, § 42 UrhG
- Rückrufsrecht wegen Nichtausübung, § 41 UrhG
- § 31 Abs. 4 und die Unwirksamkeit der Übertragung von Nutzungsrechten für noch nicht bekannte Nutzungsarten
- § 40 UrhG über das unverzichtbare Recht zur Kündigung von Verträgen über künftige Werke

Umstritten ist, ob diese aufgeführten zwingenden Regeln des deutschen Urheberrechts von den deutschen Gerichten nur dann anzuwenden sind, wenn das Vertragsverhältnis eine enge Beziehung zum Inland aufweist oder welche sonstigen Voraussetzungen vorliegen müssen.[60] Durch den BGH **geklärt** ist allerdings, dass die **Übertragungszweckregel** aus § 31 Abs. 5 nicht zu den zwin- 53

[55] Nach der Spaltungstheorie sind die für Schuldverträge allgemein geltenden Regeln des IPR über das sog. Vertragsstatut lediglich auf das Verpflichtungsgeschäft anzuwenden, wohingegen das Verfügungsgeschäft nach dem Recht des jeweiligen Schutzlandes zu beurteilen sei, vgl. Schricker/Loewenheim/Katzenberger/Metzger UrhG Vor §§ 120 ff. Rn. 148.

[56] OLG Frankfurt GRUR 1998, 141 (142) – Mackintosh; Schricker/Loewenheim/Katzenberger/Metzger UrhG Vor §§ 120 ff. Rn. 149 mwN.

[57] Vgl. Schricker/Loewenheim/Katzenberger/Metzger UrhG Vor §§ 120 ff. Rn. 150.

[58] Zur Kritik an der extensiven Auslegung dieser Regel vgl. Schack ZUM 1989, 267.

[59] Vgl. hierzu auch: MüKoUWG/Martiny Art. 4 VO (EG) 593/2008 Rn. 251: § 32b UrhG ordnet die zwingende Geltung der §§ 32 und 32a UrhG dann an, wenn auf den Nutzungsvertrag mangels Rechtswahl deutsches Recht anzuwenden wäre (Nr. 1) oder soweit Gegenstand des Vertrages maßgebliche Nutzungshandlungen im Geltungsbereich des UrhG sind (Nr. 2). § 32b Nr. 1 UrhG erfasst auch Nutzungshandlungen im Ausland und setzt lediglich voraus, dass auf das Vertragsverhältnis nach objektiver Anknüpfung (vgl. Art. 4 Abs. 2 bis 4 Rom I-VO) deutsches Recht anzuwenden wäre. § 32b Nr. 2 UrhG hingegen ordnet die zwingende Geltung der §§ 32 und 32a UrhG auch für Urheberrechtsverträge, die ausländischem Recht unterstellt sind, an, wenn die maßgeblichen Nutzungshandlungen in Deutschland stattfinden.

[60] BGH GRUR 2015, 264 Tz. 45 ff. – Hi Hotel II; siehe zum Streitstand in der Literatur Schricker/Loewenheim/Katzenberger/Metzger UrhG Vor §§ 120 ff. Rn. 167.

genden Vorschriften des Urhebervertragsrechts gehört.[61] Zwingende Normen sind nach dem BGH nur Bestimmungen, die beanspruchen, einen Sachverhalt mit Auslandsberührung ohne Rücksicht auf das jeweilige Vertragsstatut zu regeln. Gegen einen solchen Charakter einer international zwingenden Wirkung spreche, dass es sich bei § 31 Abs. 5 UrhG noch nicht einmal um eine nach deutschem Recht zwingende Vorschrift handele. Sie greife ihrer Natur als Auslegungsregel entsprechend erst dann ein, wenn es an einer ausdrücklichen vertraglichen Vereinbarung der Parteien fehle oder Unklarheiten über Inhalt oder Umfang eines eingeräumten Nutzungsrechts bestünden.[62] Schließlich betonte der BGH noch, dass auch deshalb Zurückhaltung mit der international zwingenden Wirkung zu üben sei, weil ansonsten die Einheitlichkeit von Entscheidungen mit internationalem Bezug gefährdet sei.[63] Gerade dies erscheint überzeugend, weil bei einer offensiven Anwendung von Artikel 9 Abs. 2 ROM-I-VO droht, dass Sachverhalte, die mehrere Länder berühren, denen aber einheitliche vertragliche Rechtsverhältnisse zugrunde liegen, von Gerichten in unterschiedlichen Staaten unterschiedlich beurteilt werden. Im BGH-Fall konnte deshalb § 31 Abs. 5 durch deutsche Gerichte nicht auf einen Vertrag angewendet werden, der französischem Recht unterlag.

2. Internationales Urheberdeliktsrecht[64]

54 Das auf internationale Sachverhalte anwendbare Recht ist ein Rechtsgebiet, mit denen sich das Urheberrecht seit seiner zunehmenden Kodifikation Ende des 19. Jahrhunderts beschäftigt. Dies liegt vor allem daran, dass das Urheberrecht jedenfalls nach der ganz vorherrschenden Meinung in Deutschland für jedes Land einzeln und grundsätzlich in seinem Schutz auf das Territorium dieses Landes beschränkt gewährt wird. Der Urheber hat danach nicht ein einzelnes, weltweit bestehendes und sich nur in seinen Ausprägungen von Land zu Land unterscheidendes Schutzrecht,[65] sondern ein **Bündel nationaler,** im Wesentlichen von einander unabhängiger **Urheberrechte.**[66] Er kann und muss sein Recht also grundsätzlich in jedem Land einzeln und unabhängig vermarkten; Verletzungshandlungen muss er in jedem Land, das ihm insofern Schutz gewährt, einzeln und auf das Territorium jenes Landes beschränkt verfolgen. Dies bedeutet, dass Verwertungs- oder Verletzungshandlungen dem einen oder anderen Land zugeordnet werden müssen.

55 Die wesentlichen in Deutschland geltenden Staatsverträge und die hier ganz überwiegende Auffassung unterstellen das Urheberrecht wie die anderen Immaterialgüterrechte insgesamt der *lex loci protectionis,* dem **Recht des Schutzlandes.**[67] Einige wollen allerdings die Fragen des Entstehens und der ersten Inhaberschaft des Urheberrechts aus dem Schutzlandrecht herausnehmen und gesondert nach dem Recht des Ursprungslandes beurteilen. Nach nahezu allgemeiner Ansicht[68] ist die vorgeschlagene Anknüpfung jeweils eine **allseitige,** keine einseitige **Kollisionsnorm:** Sie befindet nicht lediglich über die Anwendbarkeit deutschen, sondern ggf. auch eines ausländischen Rechts, Art. 3 Abs. 1 S. 1 EGBGB.

56 Die wichtigsten für Deutschland geltenden[69] internationalen Konventionen enthalten ebenso wie die für Deutschland geltenden bilateralen Staatsverträge[70] nur für wenige Einzelfälle ausdrückliche Kollisionsnormen. Sie beschränken sich zumeist auf völkerrechtliche Verpflichtungen und fremdenrechtliche Vorschriften, legen einen von den Vertragsstaaten einzuhaltenden **Mindestschutz** fest und verpflichten die Konventionsstaaten, Konventionsausländern grundsätzlich die gleichen Rechte wie Inländern zu gewähren (der oben bereits erwähnte sog. **Inländerbehandlungsgrundsatz;** vgl. Art. 5 RBÜ, Art. 2, 3 TRIPS, Art. II WUA, Art. 2 Nr. 2 in Verbindung mit Art. 10 bis 14 bzw. 4 bis 6 RA). Auf der Grundlage des Inländerbehandlungsgrundsatzes wird jeder Urheber, der einem anderen Mitgliedsland des jeweiligen Abkommens als dem Schutzland

[61] Zum Streit insgesamt vgl. Schricker/Loewenheim/Katzenberger/Metzger UrhG Vor §§ 120 ff. Rn. 166.
[62] BGH GRUR 2015, 264 Tz. 49 ff. – Hi Hotel II.
[63] BGH GRUR 2015, 264 Tz. 53 – Hi Hotel II.
[64] Zum gesamten folgenden Komplex vgl. ausführlicher Bröcker/Czychowski/Schäfer/Nordemann-Schiffel § 3, der wir für die Erlaubnis der weitgehenden Übernahme ihres Textes danken.
[65] AA Schack JZ 1998, 753, 762.
[66] BGH NJW 1998, 1395 (1396) – Spielbankaffäre.
[67] Zur historischen Entwicklung Schricker/Loewenheim/Katzenberger/Metzger UrhG Vor §§ 120 ff. Rn. 8 ff.
[68] Anders heute – für das Markenkollisionsrecht – wohl nur Fezer Einl. H Rn. 54.
[69] Zur innerstaatlichen Anwendbarkeit Schricker/Loewenheim/Katzenberger/Metzger UrhG Vor §§ 120 ff. Rn. 114 ff.
[70] In der Praxis spielte in den letzten Jahren insbesondere das Übereinkommen zwischen dem Deutschen Reich und den Vereinigten Staaten von Amerika über den gegenseitigen Schutz der Urheberrechte vom 15.1.1892, BGBl. 1892 S. 473, eine Rolle; näher Schricker/Loewenheim/Katzenberger/Metzger UrhG Vor §§ 120 ff. Rn. 68 ff.

angehört, im Schutzland so geschützt, als ob er sein Werk dort geschaffen bzw. veröffentlicht hätte. In der Bundesrepublik steht also zB einem französischen Urheber oder ausübenden Künstler ein Urheber- bzw. verwandtes Recht nach den internen deutschen Normen zu.

In Deutschland werden urheberrechtliche Fragen nach der Rechtsprechung und der heute ganz herrschenden Meinung im Grundsatz an die *lex loci protectionis* (sog. **Schutzlandprinzip**) angeknüpft.[71] Das Schutzlandprinzip beherrscht nicht nur das deutsche Kollisionsrecht des Urheber- und Leistungsschutzrechts, sondern auch eine Vielzahl anderer (vor allem EU-) Länder knüpft nach diesem Grundsatz an. Auch der Europäische Gerichtshof[72] geht grundsätzlich von einer Anknüpfung der Immaterialgüterrechte an die *lex loci protectionis* aus. 57

Früher wurde vielfach vertreten, das Urheberrecht sei Teil des Persönlichkeitsrechts und müsse deshalb dem Urheber überallhin folgen. Alle urheberrechtlichen Fragen sollten somit dem Recht des Ursprungslandes unterstellt werden.[73] Die Anknüpfung des Urheberrechts insgesamt an das Recht des Ursprungslandes wird heute jedenfalls in Deutschland nur noch sehr vereinzelt vertreten. Allerdings versucht das europäische Recht mitunter, die urheberrechtlichen Nutzungsrechte im grenzüberschreitenden Verkehr mit Hilfe des sog. **Herkunftslandprinzips,** das dem Ursprungslandprinzip verwandt ist,[74] zu lösen. Gem Art. 1 Abs. 2 lit. b Satelliten- und Kabel-RL[75] findet die öffentliche Wiedergabe einer Fernsehsendung über Satellit nur in dem Mitgliedsstaat statt, in dem die programmtragenden Signale unter der Kontrolle des Sendeunternehmens und auf dessen Verantwortung in eine ununterbrochene Kommunikationskette eingegeben werden, die zum Satelliten und zur Erde zurückführt. 58

Die Satelliten- und Kabel-RL verfolgt den Zweck, Hindernisse für den freien Dienstleistungsverkehr zu beseitigen.[76] Grenzüberschreitende Rundfunksendungen innerhalb der Gemeinschaft, insbesondere über Satellit und Kabel, werden als eine der wichtigsten Mittel zur Förderung dieses Zieles in der Europäischen Union genannt.[77] Hintergrund war eine vorwiegend im Bereich des Urheberrechts geführte Diskussion, ob bei der grenzüberschreitenden Satellitensendung die Urheber- und Leistungsschutzrechte nur des Sendelands oder auch all derjenigen Empfangsländer berührt werden würden, in denen die betreffende Sendung empfangen werden konnte oder in denen ein Empfang beabsichtigt war. Die Kommission sowie auch die Mitgliedsstaaten sind jedoch der zuletzt genannten sogenannten „Bogsch-Theorie", die auch von deutschen Gerichten vertreten wurde,[78] nicht gefolgt, sondern haben in der Satelliten- und Kabel-RL die zuerst genannte sogenannte „Sendeland-Theorie" in geltendes Gemeinschaftsrecht umgesetzt.[79] Der europäische Gesetzgeber hat die einheitliche Definition des Ortes der öffentlichen Wiedergabe einer Fernsehsendung über Satellit insbesondere deshalb für notwendig gehalten, um die kumulative Anwendung von mehreren nationalen Rechten auf einen einzigen Sendeakt zu verhindern und die freie, ungestörte grenzüberschreitende Rundfunksendung über Satelliten sowie die zeitgleiche, unveränderte Kabelweiterverbreitung von Rundfunkprogrammen aus anderen Mitgliedsstaaten zu verwirklichen und zu gewährleisten.[80] Damit definiert die Satelliten- und Kabel-RL aufgrund der Verwirklichung des Sendeland-Prinzips zugleich auch im Rahmen des Gerichtsstandes der unerlaubten Handlung gem. Art. 5 Nr. 3 EuGGVO den Ort, an dem das schädigende Ereignis eingetreten ist oder einzutreten droht als den Ort, an dem die öffentliche Wiedergabe über Satellit gem. Art. 1 Abs. 2 lit. b Satelliten- und Kabel-RL stattfindet; das gem. Art. 5 Nr. 3 EuGGVO international zuständige Gericht kann danach ausschließlich ein solches des Sendelandes sein, nicht aber ein solches des Empfangslandes.[81] Die Bestimmungen der Satelliten- und Kabel-RL sind ja durch die 59

[71] St. Rspr., zB BGH GRUR 2015, 264 Tz. 24 ff. – Hi Hotel II; BGH NJW 1998, 1395 (1396) = GRUR Int. 1998, 427 (429) – Spielbankaffäre; BGHZ 126, 252 (254 f.) – Folgerechtsanspruch bei Auslandsbezug; Schricker/Loewenheim/Katzenberger/Metzger UrhG Vor §§ 120 ff. Rn. 120 ff.; MüKo/Drexl IntImmGR Rn. 6 ff.; MüKo/Junker Art. 38 EGBGB Rn. 20.

[72] EuGH Slg. 1994, I-2789, 2844 – Ideal Standard; ausführlich Sack WRP 2000, 269 (281 f.).

[73] Nachweise bei Schricker/Loewenheim/Katzenberger/Metzger UrhG Vor §§ 120 ff. Rn. 122.

[74] Das Herkunftslandprinzip soll grundsätzlich nur regeln, ob und welche Nutzungsrechte der Verwerter eines urheberrechtlich geschützten Werkes einholen muss, unterstellt damit aber nicht den Schutz des verwertenden Werks nur seinem Ursprungsland.

[75] RL 93/83/EWG vom 27.9.1993 zur Koordinierung bestimmter urheber- und leistungsschutzrechtlicher Vorschriften betreffend Satellitenrundfunk und Kabelweiterverbreitung, ABl. EG Nr. L 248, 15.

[76] Erwägungsgrund 2 der Satelliten- und Kabel RL.

[77] Erwägungsgrund 3 der Satelliten- und Kabel RL.

[78] Vgl. LG Stuttgart GRUR Int. 1995, 412 (413) – Satelliten-Rundfunk.

[79] Vgl. Walter/Dreier, Europäisches Urheberrecht, Art. 1 Satelliten- und Kabel-RL Rn. 12.

[80] Erwägungsgründe 14 und 33 der Satelliten- und Kabel RL.

[81] Vgl. Walter/Dreier Art. 1 Satelliten- und Kabel-RL Rn. 11.

Einführung der §§ 20a und 20b UrhG in deutsches Recht umgesetzt worden. § 20a Abs. 1 und 3 UrhG entsprechen der Vorgabe aus Art. 1 Abs. 2 lit. b) Satelliten- und Kabel-RL. Die urheberrechtliche Behandlung der Sendung selbst regelt die Richtlinie allerdings nicht, so dass hier wieder an das Recht des Schutzlandes anzuknüpfen ist. Im Rahmen der „Strategie für einen digitalen Binnenmarkt“[82] der Europäischen Kommission ist nunmehr die Richtlinie (EU) 2019/789 des Europäischen Parlaments und des Rates vom 17.4.2019 mit Vorschriften für die Ausübung von Urheberrechten und verwandten Schutzrechten in Bezug auf bestimmte Online-Übertragungen von Sendeunternehmen und die Weiterverbreitung von Fernseh- und Hörfunkprogrammen und zur Änderung der Richtlinie 93/83/EWG des Rates in Kraft getreten, die einen breiteren Online-Zugang zu Fernseh- und Hörfunkprogrammen für Internetnutzer in der gesamten EU zu gewährleisten soll. Art. 3 dieser Richtlinie überträgt das für den Satellitenrundfunk durch die Satelliten- und Kabel-RL verankerte Ursprungsland- bzw. Sendelandprinzip auf bestimmte Internetsendungen. Die öffentliche Wiedergabe und Zugänglichmachung gelten danach als nur in dem Mitgliedsstaat erfolgt, in dem der Rundfunkveranstalter seine Hauptniederlassung hat. Das Ursprungslandprinzip soll die Lizenzierung von Rechten erleichtern und neue Möglichkeiten für Rundfunkveranstalter eröffnen, bestimmte Sendungen in ihren Online-Diensten grenzüberschreitend verfügbar zu machen. Die Mitgliedstaaten hatten bis zum 7.6.2021 Zeit, die neuen Vorschriften in nationales Recht umzusetzen (Art. 12 Abs. 1).

60 Sehr ähnlich entscheidet die Rechtsprechung zum Teil, dass terrestrische Rundfunksendungen nur nach dem Urheberrecht des Sendelandes zu beurteilen seien.[83] Etwas anderes soll nur dann gelten, wenn die Sendung nur auf das Bestimmungsland ausgerichtet, in anderen Staaten hingegen lediglich technisch bedingt zu empfangen ist und auch die Werbeeinnahmen von dort kommen: Dann sei das Urheberrecht dieses Landes anwendbar.[84] Im Fall der öffentlichen Zugänglichmachung ist deutsches Urheberrecht anwendbar, wenn zwar der Anbieter in den Niederlanden ansässig ist, aber die über das Usenet zur Verfügung gestellten Musikwerke rechtswidrig in Deutschland runter geladen werden, weil sie dort gemäß § 19a UrhG als Datei öffentlich zugänglich gemacht werden, aber auch über deutsche Zugangsvermittler in Deutschland angeboten werden.[85]

61 Allein eine **umfassende Anknüpfung an das Recht des Schutzlandes** bietet die für die Praxis notwendige Einfachheit und problemlose Vorhersehbarkeit. Die Unterstellung des Urheberrechts insgesamt unter das Recht des Schutzlandes ist sinnvoll, weil allein dies der „Verwertungsumwelt“ die notwendige Rechtssicherheit gibt. Ein deutscher Kunsthistoriker beispielsweise, der in einem Werk über die Kunst des 20. Jahrhunderts einige beispielhafte Gemälde abbilden wollte, könnte sich nicht ohne weiteres darauf verlassen, dass dies durch das Zitatrecht des § 51 UrhG gedeckt ist. Gleiches gilt für die Frage, ob ein Werk bereits gemeinfrei ist oder nicht. Die ganz herrschende Meinung[86] unterstellt deshalb alle Fragen der **Entstehung, der Inhaberschaft, des Umfangs, Inhalts und der Schranken** der Urheber- oder Leistungsschutzrechte sowie jedenfalls die Verfügung über diese Rechte dem Schutzlandrecht. Auch über das Erlöschen des Urheberrechts und die Dauer der Schutzfrist muss das Recht des Schutzlandes entscheiden. Allerdings lassen sowohl die RBÜ (Art. 5 Abs. 4) als auch das WUA (Art. IV Abs. 1, Abs. 4a) jedenfalls gegenüber Urhebern aus Nicht-EU-Staaten[87] den sog. **Schutzfristenvergleich** zu: Kein Land muss ein ausländisches Werk länger schützen, als dieser Schutz im Ursprungsland gewährt wird. Schließlich werden auch die Voraussetzungen und Rechtsfolgen einer Verletzung, dh die entstehenden Ansprüche dem Schutzlandrecht entnommen.[88] Ein Verkauf von Bildbänden in Deutschland ohne Zustimmung des Urhebers muss deshalb nach deutschem Schutzlandrecht beurteilt werden, insbesondere welche Verwertungsrechte verletzt wurden (zB das Verbreitungsrecht gem. § 17

[82] COM (2015) 192 final; vgl. dazu → Rn. 71 ff.

[83] OLG Saarbrücken GRUR Int. 2000, 993 – Feldberg.

[84] OLG Saarbrücken GRUR Int. 2000, 993 – Feldberg.

[85] Strittig ist, an welchem Ort die Handlung des § 19a UrhG begangen wird: entweder ist auf das Einstellen der Datei abzustellen oder auf das Anbieten zum Download, dh der Ort, an dem der Zugriff erfolgt, OLG Hamburg MMR 2009, 405 (406) – Alphaload (Usenet II); Schricker/Loewenheim/Katzenberger/Metzger UrhG Vor §§ 120 ff. Rn. 129, 145.

[86] BGH GRUR 2015, 264 Tz. 24 ff. – Hi Hotel II; Schricker/Loewenheim/Katzenberger UrhG Vor §§ 120 ff. Rn. 127, 129 ff.; MüKo/Drexl IntImmGR Rn. 26; MüKo/Junker Art. 38 EGBGB Rn. 20; aA Schack MMR 2000, 59, 60 ff.

[87] Gegenüber Urhebern aus EU-Staaten würde der Vergleich gegen das Diskriminierungsverbot des Art. 12 Abs. 1 EG verstoßen.

[88] BGH GRUR 2015, 264 Tz. 24 ff. – Hi Hotel II; BGH GRUR Int. 1998, 427 (430) – Spielbankaffäre.

UrhG)[89] und wer als Täter, Teilnehmer oder Störer haftet.[90] Aber Vorsicht: Das Vertragsstatut entscheidet darüber, ob der Urheber eine ausreichende vertragliche Zustimmung gegeben hat.[91] Das Recht des Schutzlandes entscheidet in diesem Zusammenhang auch darüber, ob auf dem Gebiet des Schutzlandes vorgenommene Teilhandlungen eine Urheberrechtsverletzung darstellen.[92] Dabei ist allerdings nicht ausgeschlossen, dass **ausländische Sachverhalte** (nicht die Schutzrechtslage) in die Beurteilung nach inländischem Recht einbezogen werden können:[93] So erstreckt sich der Unterlassungsanspruch des Urhebers aus § 97 Abs. 1 UrhG auch auf im Ausland hergestellte Vervielfältigungsstücke.[94] Das Schutzlandrecht entscheidet auch darüber, wer aus einer Rechtsverletzung in Anspruch genommen werden kann (zB nur der Autor eines verletzenden Werkes oder auch der Verlag).

IV. Urheberrecht in der Europäischen Union

62 In der Europäischen Union gibt es **kein einheitliches Urheberrechtsgesetz**; vielmehr hat jeder Mitgliedsstaat sein eigenes, nationales Gesetz. Allerdings arbeitet die Kommission mit Nachdruck an einer Harmonisierung der nationalen Urheberrechtsgesetze und hat inzwischen schon elf Richtlinien erlassen, und zwar für:

1. Computerprogramme (91/250/EWG)[95]

63 Die Computer- oder Software-Richtlinie sollte gewährleisten, dass Computerprogramme in den Mitgliedsstaaten als literarische Werke urheberrechtlich geschützt werden. Gem. Art. 1 Abs. 3 S. 1 der Computer-RL genießen Computerprogramme urheberrechtlichen Schutz, wenn sie individuelle Werke in dem Sinne darstellen, dass sie das Ergebnis der eigenen geistigen Schöpfung ihres Urhebers sind. Die Umsetzung in das nationale deutsche Recht erfolgte im wesentlichen mit der Einführung der §§ 69a–g UrhG durch das 2. Gesetz zur Änderung des Urheberrechtsgesetzes (2. UrhRÄndG) vom 9.6.1993. Vor allem § 69a Abs. 3 UrhG brachte eine entscheidende Änderung der Rechtspraxis mit sich: Sie führte dazu, dass der BGH seine strenge Rechtsprechung, wonach Computerprogramme nur bei einem deutlichen Überragen des Durchschnittskönnens schutzfähig sein sollten, aufgeben musste. Seither genießt auch im Bereich der Software die „kleine Münze" urheberrechtlichen Schutz.

64 Art. 4 der RL benennt zustimmungsbedürftige Handlungen wie bspw. die Vervielfältigung oder die Bearbeitung des Computerprogramms. Dazu sind jedoch in Art. 5 und 6 gewisse Ausnahmen vorgesehen. In einer aktuellen Entscheidung befand der EuGH, dass Art. 5 Abs. 1 RL 91/250/EWG dahin auszulegen sei, dass der rechtmäßige Erwerber eines Computerprogramms berechtigt ist, dieses ganz oder teilweise zu dekompilieren, um Fehler, die das Funktionieren des Programms beeinträchtigen, zu berichtigen. Zunächst wurde dabei klargestellt, dass die Dekompilierung als Vervielfältigung des Codes des Programms und die Übersetzung der Codeform zu zählen ist und somit unter die Ausschließlichkeitsrechte des Urhebers iSv. Art. 4 lit. a und b RL 91/250/EWG falle.[96] Da nach Art. 5 Abs. 1 RL 91/250/EWG alle in Art. 4 genannten Handlungen vorgenommen werden dürfen, ist der Erwerber eines Programms somit berechtigt, zur Berichtigung des Programmes dieses zu dekompilieren, ohne dass es der Zustimmung des Rechtsinhabers bedarf.[97] Unter eine Berichtigung ist nach dem EuGH auch zu zählen, eine Funktion, die das ordnungsgemäße Funktionieren der Anwendung beeinträchtigt, zu desaktivieren.[98] Darüber hinaus wurde entschieden, dass beim Vornehmen der Dekompilierung nicht die Voraussetzungen des Art. 6 der RL vorliegen müssen. Allerdings darf die Dekompilierung nur im für die Berichtigung erforderlichen Ausmaß und unter Einhaltung der mit dem Rechtsinhaber an diesem Programm vertraglich festgelegten Bedingungen vorgenommen werden.[99]

[89] BGH GRUR 2015, 264 Tz. 34 – Hi Hotel II.
[90] BGH GRUR 2015, 264 Tz. 36 ff. – Hi Hotel II.
[91] BGH GRUR 2015, 264 Tz. 41 – Hi Hotel II.
[92] Schricker/Loewenheim/Katzenberger/Metzger UrhG Vor §§ 120 ff. Rn. 135 ff.
[93] BGH NJW 1993, 2183 (2185) – The Doors.
[94] BGH GRUR 2007, 871 (872) Tz. 18 f. – Wagenfeld-Leuchte; BGH NJW 1993, 2183 (2185) – The Doors.
[95] RL 91/250/EWG des Rates vom 14.5.1991 über den Rechtsschutz von Computerprogrammen.
[96] EuGH GRUR 2021, 1508, 1509, Tz. 39 – Top System SA/État beige.
[97] EuGH GRUR 2021, 1508, 1509, Tz. 43 – Top System SA/État beige.
[98] EuGH GRUR 2021, 1508, 1510, Tz. 52 – Top System SA/État beige, mit Bezugnahme auf den Schlussantrag des Generalanwalts, GRUR-RS 2021, 3821.
[99] EuGH GRUR 2021, 1508, 1511, Tz. 74 – Top System SA/État beige.

2. Vermiet- und Verleihrecht, verwandte Schutzrechte (92/100/EWG, jetzt 2006/115/EG)[100]

65 Die RL 92/100/EWG, die spätestens zum 1.7.1994 umzusetzen war, betrifft die Vermietung und das Verleihen von Originalen und Vervielfältigungsstücken urheberrechtlich geschützter Werke sowie bestimmte Aspekte im Bereich des Leistungsschutzrechtes. Die Umsetzung in Deutschland erfolgte mit dem 3. UrhRÄndG vom 23.6.1995, insbesondere durch Neufassung der §§ 17 und 27 UrhG. Seither handelt es sich bei dem Vermietrecht um ein ausschließliches Recht (Verbotsrecht). Die bis dahin geführten Diskussionen, ob dem Urheber ein ausschließliches Vermietrecht zugebilligt werden sollte, fanden somit ein Ende. Die entsprechenden Vergütungsregeln für die Vermietung und das Verleihen finden sich in § 27 UrhG.

3. Schutzfristen einschließlich des Schutzes der Fotografie (93/98/EWG, 2006/116/EG, 2011/77/EU)[101]

66 Die sogenannte Schutzdauer-RL, die in Deutschland ebenfalls mit dem 3. UrhRÄndG vom 23.6.1995 in nationales Recht umgesetzt worden ist, harmonisiert die urheberrechtliche Schutzfrist auf 70 Jahre *post mortem auctoris.* Die verwandten Schutzrechte der ausübenden Künstler, der Tonträgerhersteller, der Filmhersteller sowie der Sendeunternehmen genießen entsprechend der europäischen Vorgabe aus der Richtlinie 2006/116/EG Schutz für 50 Jahre, beginnend mit dem Ablauf des Kalenderjahres, in dem das jeweils relevante Ereignis eingetreten ist, vgl. § 69 UrhG (wie etwa das „Erscheinen des Tonträgers" iSd § 85 Abs. 3 UrhG). Die Schutzfrist für nachgelassene Werke (§ 71 UrhG) beträgt 25 Jahre. Die relevanten Übergangsvorschriften finden sich in § 137f UrhG. Die Richtlinie 2011/77/EU brachte eine Verlängerung der Schutzdauer für die Leistungen der ausübenden Künstler, wenn sie auf Tonträgern aufgenommen worden sind, und Tonträgerhersteller auf 70 Jahre, Rückforderungsrechte bei Nichtvermarktung und eine Verpflichtung der Tonträgerhersteller, einen Fonds einzurichten, in den sie 20 % ihrer Einnahmen zahlen, die während des erweiterten Zeitraums anfallen. Darüber hinaus verlangt die Richtlinie, dass der ausübende Künstler für den Verlängerungszeitraum eine „zusätzliche, jährlich zu zahlende Vergütung" erhalten muss. Siehe hierzu im Detail oben zu § 79a UrhG. Die Richtlinie 2011/77/EU hat in Art. 1 auch die Schutzfrist von urheberrechtlich geschützten musikalischen Werken, bei denen Komponist und Textdichter ihre Werke verbunden haben, den Regelungen zur Miturheberschaft angepasst (umgesetzt in § 65 Abs. 3 UrhG).

4. Satellitenrundfunk und Kabelweiterverbreitung (93/83/EWG)[102]

67 Die RL 93/83/EWG dient der Harmonisierung grenzüberschreitender Programmübermittlung per Satellit und im Wege der Kabelweiterleitung. Sie verfolgt das Ziel, europaweit die Grenzen für nationale Rundfunkprogramme zu öffnen und einen gemeinsamen Markt für deren Veranstalter und Empfänger zu errichten. Insbesondere sollen die ausschließlichen Rechte der Satellitensendung und der Kabelweitersendung angeglichen werden. In Deutschland führte die RL vor allem zu der Einführung der §§ 20a sowie 20b UrhG durch das 4. UrhRÄndG vom 8.5.1998, das die bis zum 1.1.1995 umzusetzende RL – deutlich verspätet – in nationales Recht umsetzte.

5. Datenbanken (96/9/EG)[103]

68 Die sogenannte Datenbank-RL soll in der Gemeinschaft einen umfassenden Schutz von Datenbanken gewährleisten. Sie ist mit Wirkung zum 1.1.1998 durch Art. 7 IuKDG[104] in das

[100] RL 92/100/EWG des Rates vom 14.11.1992 zum Vermietrecht und Verleihrecht sowie zu bestimmten dem Urheberrecht verwandten Schutzrechten im Bereich des geistigen Eigentums, geändert durch RL 2006/115/EG, ABl. EG vom 27.12.2006, Nr. L 376, 28.

[101] RL 93/98/EWG des Rates vom 30. Oktober 1993 zur Harmonisierung der Schutzdauer des Urheberrechts und bestimmter verwandter Schutzrechte, geändert durch die RL 2006/116/EG, ABl. EG vom 27.12.2006, Nr. L 372, 12 und RL 2011/77/EU, ABl. EG vom 11.10.2011, Nr. L 265, 1.

[102] RL 93/83/EWG des Rates vom 27.9.1993 zur Koordinierung bestimmter urheber- und leistungsschutzrechtlicher Vorschriften betreffen Satellitenrundfunk und Kabelweiterverbreitung.

[103] RL 96/9/EG des Europäischen Parlaments und des Rates vom 11.3.1996 über den rechtlichen Schutz von Datenbanken.

[104] Gesetz zur Regelung der Rahmenbedingungen für Informations- und Kommunikationsdienste (Informations- und Kommunikationsdienste Gesetz – IuKDG) vom 13.6.1997.

deutsche Recht umgesetzt worden. Seither werden in dem deutschen UrhG sowohl Datenbankwerke (§ 4 UrhG) als auch Datenbanken (§§ 87a ff. UrhG) geschützt. Während § 4 UrhG insbesondere die schöpferische Auswahl und Anordnung des Datenbankinhaltes im Auge hat, dienen die §§ 87a ff. UrhG dem Schutz der Investitionen, die in die Beschaffung, Sammlung, Überprüfung, Aufbereitung und Darbietung des Inhalts gemacht wurden. Daneben wurden zum Zwecke der Umsetzung der Richtlinie die §§ 23, 53, 55a, 63 sowie 137g UrhG geändert bzw. neu eingefügt.

6. Folgerecht (2001/84/EG)[105]

69 Die Folgerechts-RL betrifft das unabtretbare und unveräußerliche Recht des Urhebers des Originals eines Werkes der bildenden Kunst auf wirtschaftliche Beteiligung am Erlös aus jeder Weiterveräußerung des betreffenden Werkes. Die Richtlinie ist mit Gesetz vom 10.11.2006 (BGBl. I 2587) zum 19.11.2006 durch Neufassung von § 26 UrhG umgesetzt worden.

7. Informationsgesellschaft einschl. der Verbesserung des Schutzumfanges verwandter Schutzrechte (2001/29/EG)[106]

70 Die sogenannte Info-RL trägt insbesondere der technischen Entwicklungen Rechnung, die sich auch auf die Möglichkeiten für das geistige Schaffen, die Produktion und die Verwertung geistigen Eigentums auswirken. Sie war bis zum 22.12.2002 in nationales Recht umzusetzen. Mit dem 1. Gesetz zur Regelung des UrhG in der Informationsgesellschaft vom 10.9.2003, dem sog. „1. Korb", ist Deutschland seiner Umsetzungsverpflichtung im Wesentlichen nachgekommen, beschränkte sich dabei jedoch auf die zwingend erforderlichen Umsetzungen. Die Aspekte, welche die RL nicht zwingend vorschreibt, sondern den Mitgliedsstaaten zur Regelung überlässt, sollten dem „2. Korb" vorbehalten sein. Der 1. Korb führte ua zur Änderung der Vorschriften über die Vervielfältigung zum privaten und sonstigen eigenen Gebrauch (§ 53 UrhG), zu der Einführung des Schutzes technischer Schutzmaßnahmen (§§ 95a f. UrhG), zur Kodifizierung des Rechts der öffentlichen Zugänglichmachung (§ 19a UrhG), der vorübergehenden Vervielfältigungshandlung (§ 44a UrhG) sowie neuer Strafvorschriften (§ 108b UrhG).

8. Durchsetzung der Rechte des geistigen Eigentums (2004/48/EG)[107]

71 Die sog. Durchsetzungs-RL soll Verfahren und Rechtsbehelfe, die erforderlich sind, um die Durchsetzung der Rechte des geistigen Eigentums sicherzustellen, harmonisieren (Art. 1). Sie knüpft vor allem an die TRIPS an, geht jedoch teilweise auch darüber hinaus. Sie beschränkt sich auf die Regelung der zivilrechtlichen Durchsetzung der Rechte des geistigen Eigentums, die strafrechtliche Ahndung der Produktpiraterie soll im internationalen Kontext auf der Grundlage der TRIPS erfolgen.[108] Die Richtlinie enthält keine Regelungen zu der Frage, ob ein Recht des geistigen Eigentums verletzt ist; das soll sich nach wie vor nach dem Recht des Schutzlandes richten. Die Richtlinie betrifft alle Rechte des geistigen Eigentums, also sowohl die gewerblichen Schutzrechte als auch das Urheberrecht (Art. 1). Sie sieht bestimmte allgemeine Verpflichtungen im Hinblick auf „wirksame, verhältnismäßige und abschreckende" Rechtsbehelfe vor (Art. 3) und soll die notwendigen Beweismittel (Art. 6), Maßnahmen zur Beweissicherung (Art. 7), den Auskunftsanspruch (Art. 8), den einstweiligen Rechtsschutz (Art. 9) und schließlich Abhilfemaßnahmen, gerichtliche Anordnungen und Ersatzmaßnahmen (Art. 10–12) sowie Schadensersatz und Kostenerstattung (Art. 13 und 14) harmonisieren; außerdem ist eine Veröffentlichungsmöglichkeit für Gerichtsentscheidungen vorgesehen (Art. 15). Die Durchsetzungs-RL ist verspätet durch das Gesetz zur Verbesserung der Durchsetzung von Rechten des geistigen Eigentums vom 7.7.2008 umgesetzt worden und ist am 1.9.2008 in Kraft getreten (Art. 10 des Gesetzes).[109]

---

[105] RL 2001/84/EG des Europäischen Parlaments und des Rates vom 27.9.2001 über das Folgerecht des Urhebers des Originals eines Kunstwerks.

[106] RL 2001/29/EG des Europäischen Parlaments und des Rates vom 22.5.2001 zur Harmonisierung bestimmter Aspekte des Urheberrechts und der verwandten Schutzrechte in der Informationsgesellschaft.

[107] RL 2004/48/EG des Europäischen Parlaments und des Rates vom 29.4.2004 zur Durchsetzung der Rechte des geistigen Eigentums.

[108] Erwägungsgrund 28.

[109] BT-Drs. 16/8783 und BGBl. 2008 I 1191.

9. Bestimmte zulässige Formen der Nutzung verwaister Werke (2012/28/EU)[110]

72 Unter dem Stichwort „Hebt die Archive" wird versucht, dem urheberrechtlichen Problem Herr zu werden, dass es eine Menge an Altmaterial gibt, das urheberrechtlich noch geschützt ist, für das aber die Urheber als Rechteinhaber kaum oder nur schwer auffindbar sind und das daher in früher unbekannten Nutzungsformen mangels Rechtseinräumung kaum genutzt werden kann. Diese EU-Richtlinie, die bis zum 29.10.2014 umzusetzen war, regelt allerdings nur einen Ausschnitt zulässiger Nutzung so genannter verwaister Werke, nämlich eine Nutzung durch öffentlich zugängliche Bibliotheken, Bildungseinrichtungen und Museen sowie Archive, im Bereich des Film- oder Tonerbes tätige Einrichtungen und öffentlich-rechtliche Rundfunkanstalten. §§ 61 bis 61c UrhG setzen die Richtlinie um.

10. Kollektive Wahrnehmung von Urheber- und verwandten Schutzrechten und die Vergabe von Mehrgebietslizenzen für Rechte an Musikwerken für die Online-Nutzung im Binnenmarkt (2014/26/EU)[111]

73 Mit dieser Richtlinie werden einerseits die Regelungen über Verwertungsgesellschaften europaweit vereinheitlicht, andererseits wird die Möglichkeit einer Vergabe von Mehrgebietslizenzen eröffnet. Die Richtlinie wurde in Deutschland durch das Verwertungsgesellschaftsgesetz[112] umgesetzt. Es hat zum 1.6.2016 das Urheberwahrnehmungsgesetz und die Urheberrechtsschiedsstellenverordnung ersetzt. Der Umsetzungszeitraum bis zum 10.4.2016 wurde durch das am 1.6.2016 in Kraft getretene VGG nicht ganz eingehalten. Der deutsche Gesetzgeber hat sich nach einer intensiven Diskussion dazu entschlossen, an dem bisherigen deutschen Verständnis einer Verwertungsgesellschaft, die mit dem Hauptzweck der kollektiven Rechtewahrnehmung treuhänderisch und ohne Gewinnerzielungsabsicht auftritt, festzuhalten. Das Verfahren zur Tarifaufstellung für die Privatkopievergütung wurde neu geregelt und gestrafft. So können die Verwertungsgesellschaften nach § 93 VGG auch schon vor einem Scheitern der Gesamtvertragsverhandlungen direkt die Schiedsstelle anrufen, um eine selbständige empirische Untersuchung durchführen zu lassen. Auf der Grundlage dieser empirischen Untersuchung können sie Tarife aufstellen (§ 40 Abs. 1 S. 2 VGG). Es ist zu erwarten, dass die bisher langen Verfahren der Vergütungsfestsetzung, die in der Vergangenheit zu jahrelangen Einnahmeausfällen bei den Verwertungsgesellschaften geführt haben, nun eine deutliche Beschleunigung erfahren.[113] Bereits im Rahmen der Urheberrechtsreform 2016 erfolgte die erste Änderung des VGG mit Wirkung zum 24.12.2016, indem eine Rechtsgrundlage für die pauschale Verlegerbeteiligung an der gesetzlichen Privatkopievergütung geschaffen wurde. Nach dem neu eingefügten § 27a Abs. 1 VGG kann der Urheber gegenüber der Verwertungsgesellschaft zustimmen, dass der Verleger an den Einnahmen aus den gesetzlichen Vergütungsansprüchen beteiligt wird. Die Höhe des Verlegeranteils legt nach § 27a Abs. 2 VGG die Verwertungsgesellschaft fest. Diese kann nach § 27 Abs. 2 VGG im Verteilungsplan regeln, dass die Einnahmen nach festen Anteilen verteilt werden. Da diese Richtlinien nationales Recht harmonisieren, mithin in der Regel kein eigenes direkt anwendbares Recht schaffen, stellen wir ihren Inhalt nicht dar, sondern verweisen auf die Darstellung des harmonisierten Rechts (§ 43).[114]

11. Grenzüberschreitende Portabilität von Online-Inhaltediensten im Binnenmark (VO 2017/1128 – „Portabilitätsverordnung")

74 Ein Novum ist die Verordnung 2017/1128 zur grenzüberschreitenden Portabilität von Online-Inhaltediensten im Binnenmarkt („Portabilitätsverordnung"),[115] die seit 20.7.2017 in Kraft ist (Art. 11 Abs. 1 PortabilitätsVO), jedoch in den Mitgliedsstaaten erst ab 1.4.2018 gilt (Art. 11

[110] Abl. EU Nr. L 299 vom 27.10.2012, 5.
[111] Abl. EU Nr. L 84 vom 20.3.2014, 72.
[112] Gesetz über die Wahrnehmung von Urheberrechten und verwandten Schutzrechten durch Verwertungsgesellschaften vom 24. Mai 2016 (VGG), BGBl. 2016 I 1190.
[113] Dazu Staats ZUM 2016, 81 (83).
[114] Vgl. zu den RL im Einzelnen Walter, Europäisches Urheberrecht, passim.
[115] Eingehend zu den einzelnen Bestimmungen Peifer AfP 2017, 8 ff.; Ranke/Glöckler MMR 2017, 378 ff.; Roos MMR 2017, 147 ff.; Eginger ZUM 2017, 698 ff.; Heyde ZUM 2017, 712 ff.; Kraft ZUM 2017, 720 ff.; siehe außerdem die Kommentierung der PortabilitätsVO in der 12. Auflage 2018 des Fromm/Nordemann/ Engels/Jan Bernd Nordemann.

Abs. 2 PortabilitätsVO). Die PortabilitätsVO ist die erste EU-Verordnung auf dem Gebiet des Urheberrechts. Die EU hat sonst eine Harmonisierung des Urheberrechts durch Richtlinien, die noch in die nationalen Urheberrechtsgesetze umgesetzt werden müssen, betrieben. EU-Verordnungen unterscheiden sich von Richtlinien dadurch, dass die Verordnung unmittelbar in jedem Mitgliedsstaat gilt (Art. 288 Abs. 2 AEUV). Mit der PortabilitätsVO wurde also der erste unmittelbar in allen Mitgliedsstaaten anwendbare Teil einer unmittelbar anwendbaren europäischen Urheberrechtsordnung geschrieben. Bereits kurz danach setzte sich dieser Trend durch die Verordnung (EU) 2017/1563 fort.

Die PortabilitätsVO ist Teil der Initiative der Europäischen Kommission zur Verwirklichung eines digitalen Binnenmarktes („Digital Single Market" – „DSM"). Mit der DSM schwebt der Kommission ein digitaler europäischer Binnenmarkt vor, in dem Privatpersonen und Unternehmen unter fairen Wettbewerbsbedingungen und auf der Grundlage hoher Verbraucher- und Datenschutzstandards ungeachtet ihrer Staatsangehörigkeit bzw. ihres Wohn- oder Geschäftssitzes nahtlos Online-Aktivitäten nachgehen und Internetanwendungen nutzen können. Die PortabilitätsVO regelt dabei nur einen kleinen Ausschnitt aus dem ersten Pfeiler. Sie regelt nur die Portabilität von Online-Inhalten aus dem Wohnsitzmitgliedsstaat bei einem vorübergehenden Aufenthalt in einem anderen Mitgliedsstaat (Art. 1 Abs. 1). Dabei verwendet die Portabilitätsverordnung eine **Fiktion,** dass ein solcher vorübergehender Aufenthalt der **Öffentlichkeit im Wohnsitzmitgliedsstaat** zugerechnet wird, vgl. Art. 4 PortabilitätsVO. Es geht also nicht um einen generellen grenzüberschreitenden EU-weiten Zugriff der Verbraucher auf Online-Inhaltedienste in anderen Mitgliedstaaten als ihrem Wohnsitzmitgliedstaat. Für die Zugangsgewährung bei vorübergehendem Aufenthalt ergaben sich vor der PortabilitätsVO Hindernisse insbesondere daraus, dass für die Nutzungsrechte an urheberrechtlich oder durch verwandte Schutzrechte geschützten Inhalten (wie zB an Filmen) häufig Gebietslizenzen vergeben werden und dass sich die Anbieter von Online-Inhaltediensten dafür entscheiden können, nur bestimmte Märkte zu bedienen (vgl. ErwG 4). 75

Regelungsinhalt der PortabilitätsVO im Überblick: Art. 1 PortabilitätsVO bestimmt den Gegenstand und Anwendungsbereich der Portabilitätsverordnung. Diese Formulierung des Regelungsgegenstandes hat gegenüber den Begriffsdefinitionen in Art. 2 und den inhaltlichen Regelungen in Art. 3 bis 9 keinen eigenständigen Regelungsgehalt (vgl. Art. 1 PortabilitätsVO Rn. 1). Den materiellen Kern der PortabilitätsVO enthalten Art. 3 und Art. 4. Zunächst sieht Art. 3 eine Verpflichtung zur Ermöglichung der grenzüberschreitenden Portabilität von Online-Inhaltediensten vor. Art. 4 fingiert als Ort der Bereitstellung von Online-Inhaltediensten und des Zugriffs auf diese Dienste und ihrer Nutzung den Wohnsitzort, wenn sich der Nutzer nur vorübergehend in einem anderen Mitgliedsstaat aufhält. Damit erfolgt eine öffentliche Zugänglichmachung des Online-Inhaltedienstes auch bei Abruf aus dem EU-Ausland nur im Wohnsitzmitgliedsstaat. Der Diensteanbieter muss damit keine Rechte außerhalb des Wohnsitzmitgliedsstaates einlizensieren. Der Wohnsitzmitgliedstaat kann nach Art. 5 vom Anbieter des Online-Dienstes überprüft werden. Art. 6 enthält eine Spezialregelung für die grenzüberschreitende Portabilität von kostenfrei bereitgestellten Online-Inhaltediensten, während Art. 7 dann die vertraglichen Regelungen zwischen Anbietern von Online-Inhaltediensten und Rechteinhabern einerseits und Anbietern von Online-Diensten und deren Nutzern andererseits reguliert; die Vorschrift enthält über dies auch international-privatrechtliche Regelungen. Der Schutz personenbezogener Daten ist Gegenstand von Art. 8. Übergangsvorschriften enthält Art. 9 für bestehende Verträge und erworbene Rechte. Art. 10 hat eine Überprüfung der PortabilitätsVO durch die Kommission bis zum 21.3.2021 vorgesehen. Die Schlussbestimmungen, insbesondere zum Inkrafttreten, finden sich in Art. 11. 76

12. Richtlinie über das Urheberrecht im digitalen Binnenmarkt (2019/790) – sog. DSM-Richtlinie

Die Richtlinie (EU) 2019/790 des Europäischen Parlaments und des Rates über das Urheberrecht und die verwandten Schutzrechte im digitalen Binnenmarkt und zur Änderung der Richtlinien 96/9/EG und 2001/29/EG vom 17.4.2019[116] soll eine Anpassung der urheberrechtlichen 77

[116] Abl. L 130/92 vom 17.5.2019; vgl. zur Richtlinie und zum Gesetzgebungsverfahren COM (2016) 593 final (Vorschlag); Stieper ZUM 2019, 211; Grütters ZUM 2019, 207; Hornschuh ZUM 2019, 222; Nordemann/Czychowski NJW 2019, 725; Raue GRUR 2017, 11; Grünberger GRUR 2017, 1; Klett/Schlüter WRP 2017, 15; Rauer/Vonau GRUR-Prax 2016, 430; Flechsig MMR 2016, 797; alle Stellungnahmen zu den Vorschlägen der Kom-

Vorschriften an das digitale und grenzübergreifende Umfeld erreichen. Die Regelungen sollen die Stellung der Urheberrechtsinhaber verbessern, insbesondere von Musikern, Interpreten und Drehbuchautoren (Kreative) sowie von Nachrichtenverlagen, so dass diese eine bessere Vergütung für die Verwendung ihrer Werke auf Internet-Plattformen durchsetzen können, indem die Plattformen direkt für Inhalte, die auf ihre Website hochgeladen werden, haftbar sind, und den Verlegern automatisch das Recht eingeräumt wird, im Namen ihrer Journalisten über die Vergütung für Artikel zu verhandeln, die von Nachrichtenaggregatoren verwendet werden.[117]

78 Die Richtlinie enthält zunächst in Art. 3 Abs. 1 eine **Ausnahme für Text und Data Mining,** die vorsieht, dass Forschungsorganisationen und Einrichtungen des Kulturerbes Vervielfältigungen urheberrechtlich geschützter Werke und Entnahmen aus Datenbanken, zu denen sie bereits für die Zwecke der wissenschaftlichen Forschung rechtmäßig Zugang haben, für das Text und Data Mining vornehmen dürfen. Nach Art. 3 Abs. 2 sind Vervielfältigungen und Entnahmen von Werken oder sonstigen Schutzgegenständen, die gem. Abs. 1 angefertigt wurden, mit angemessenen Sicherheitsvorkehrungen zu speichern und dürfen zum Zwecke der Wissenschaftlichen Forschung, auch zur Überprüfung wissenschaftlicher Erkenntnisse, aufbewahrt werden. Art. 4 enthält Ausnahmen und Beschränkungen für das Text und Data Mining. In Art. 5 sieht die Richtlinie eine **Schranke für den digitalen und grenzübergreifenden Unterricht** vor. Im Gegensatz zur bereits bestehenden Schranke nach Art. 5 Abs. 3 lit. a) EU-Inforichtlinie ist diese für die Mitgliedsstaaten verpflichtend, vollharmonisierend und detaillierter geregelt, erfasst aber nicht die wissenschaftliche Forschung. Urheberrechtlich geschützte Werke und sonstige Schutzgegenstände dürfen danach für den alleinigen Zweck der Veranschaulichung des Unterrichts digital und in dem Maße genutzt werden, soweit das zur Verfolgung nicht-kommerzieller Zwecke gerechtfertigt ist und sofern diese Nutzung (a) unter der Verantwortung einer Bildungseinrichtung in ihren Räumlichkeiten oder an anderen Orten oder in einer gesicherten elektronischen Umgebung stattfindet, zu denen bzw. zu der nur die Schüler, die Studierenden und das Lehrpersonal der Bildungseinrichtung Zugang haben, sowie (b) mit Quellenangaben erfolgt, indem ua der Name des Urhebers angegeben wird, sofern sich dies nicht als unmöglich erweist. Umfang und Voraussetzungen der Schranke werden in den Erwägungsgründen 19–23 der Richtlinie näher erläutert. Optional können die Mitgliedsstaaten eine Vergütungspflicht vorsehen sowie festlegen, dass diese Ausnahme für bestimmte Arten urheberrechtlich geschützter Werke und sonstiger Schutzgegenstände nicht gilt, wenn auf dem Markt angemessene Lizenzen leicht verfügbar sind (Art. 5 Abs. 2 und 4, Erwägungsgrund 24). Nachdem auch in Deutschland über eine neue Bildungs- und Wissenschaftsschranke diskutiert worden war,[118] wurde am 1.9.2017 das Urheberrechts-Wissensgesellschafts-Gesetz[119] verabschiedet, das am 1.3.2018 in Kraft trat. Kern dieser Reform sind die Schrankenregelungen der §§ 60a bis 60h UrhG, die für jede Anwendergruppe nunmehr einen eigenen Tatbestand mit konkreten Angaben zu Art und Umfang der erlaubten Nutzung enthalten; gleichzeitig entfallen bisher bestehende Schranken entweder vollständig oder teilweise.[120] § 60a UrhG betrifft Nutzungen für Unterricht und Lehre, § 60b UrhG Unterrichts- und Lehrmedien, § 60c UrhG die wissenschaftliche Forschung, § 60d UrhG das Text- und Data Mining, § 60e UrhG Nutzung durch Bibliotheken und § 60f UrhG schließlich durch Archive, Museen und Bildungseinrichtungen. Eine weitere Ausnahme sieht der Richtlinienvorschlag in Art. 6 vor, hinsichtlich der Vervielfältigung durch Einrichtungen des Kulturerbes von Werken und sonstigen Schutzgegenständen, die sich dauerhaft in ihrer Sammlung befinden, für den alleinigen Zweck ihres Erhalts und in dem dafür notwendigen Umfang. Von den Ausnahmeregelungen der Art. 3, 5 und 6 abweichende vertragliche Bestimmungen sind nach Art. 7 Abs. 1 unwirksam.

79 Die Art. 8–11 enthalten Bestimmungen über vergriffene Werke, nach denen die Verwertungsgesellschaften mit Einrichtungen des Kulturerbes, wie beispielsweise Museen, eine nichtausschließli-

mission sind abrufbar unter http://www.bmjv.de/SharedDocs/Gesetzgebungsverfahren/DE/EU-Urheberrechtsreform_2Copyright-Package.html).

117 Vgl. die Presseerklärung des Europäischen Parlaments vom 26.3.2019.

118 Vgl. Grünberger GRUR 2017, 1 (3 ff.); de la Durantaye ZUM 2016, 475; Haucap/Loebert/Spindler/Thorwarth, Ökonomische Auswirkungen einer Bildungs- und Wissenschaftsschranke im Urheberrecht, DICE Ordnungspolitische Perspektiven, No. 86, abrufbar unter http://hdl.handle.net/10419/144535; Kuhlen ZUM 2016, 507; Staats ZUM 2016, 499; Herrmann ZUM 2016, 496; Steinhauer ZUM 2016, 489; Jani ZUM 2016, 481; Schack ZUM 2016, 266, 269 ff.; Ohly NJW Beil. 2014, 47.

119 Gesetz zur Angleichung des Urheberrechts an die aktuellen Erfordernisse der Wissensgesellschaft v. 1.9.2017 BGBl. I 2017 Nr. 61 S. 3346; vgl. → § 40 Rn. 19a.

120 S. RegE UrhWissG 2017 – BT-Drs. 18/12329, S. 3.

che, sich auf alle Mitgliedsstaaten erstreckende Lizenzvereinbarung für nicht-kommerzielle Zwecke abschließen können.

Als weitere Neuerung sieht Art. 15 ein europaweites **Leistungsschutzrecht für Presseverleger** mit einer Geltungsdauer von 2 (und nicht wie zunächst vorgesehen 20) Jahren vor. Die Presseverleger erhalten danach die in Art. 2 (Vervielfältigungsrecht) und 3 Abs. 2 (Recht der öffentlichen Zugänglichmachung) EU-Inforichtlinie genannten Rechte für die Online-Nutzung ihrer Presseveröffentlichung. Der Begriff der Presseveröffentlichung wird in Art. 2 Abs. 4 des Richtlinienentwurfs legal definiert sowie in Erwägungsgrund 56 und 57 erläutert. Nicht erfasst werden danach wissenschaftliche Publikationen und nicht unter der redaktionellen Verantwortung und der Aufsicht eines Dienstleisters wie etwa eines Presseverlags stehende Internetseiten wie etwa Blogs sowie das Verknüpfen mit Hyperlinks. Das Leistungsschutzrecht war bereits im Gesetzgebungsverfahren aufgrund seines, im Vergleich zu den bereits bestehenden nationalen Regelungen in Spanien und Deutschland, weiteren Schutzumfangs und der für Presseerzeugnisse langen Schutzdauer äußerst umstritten.[121] Im Gegensatz zur deutschen Regelung des § 87f Abs. 1 iVm 4, die lediglich ein Recht der öffentlichen Zugänglichmachung und nur gegenüber gewerblichen Anbietern von Suchmaschinen oder gewerblichen Anbietern von Diensten, die Inhalte entsprechend aufbereiten, gewährt, soll das vorgeschlagene europäische Leistungsschutzrecht auch für das Vervielfältigungsrecht gelten. Ähnlich wie die deutsche Regelung, die Rechte nur gegenüber gewerblichen Anbietern von Suchmaschinen oder gewerblichen Anbietern von Diensten, die Inhalte entsprechend aufbereiten, gewährt, gelten die durch Art. 15 Abs. 1 vorgesehenen Rechte nur gegenüber Anbietern von Diensten der Informationsgesellschaft, nicht für die private oder nichtkommerzielle Nutzung von Presseveröffentlichungen durch einzelne Nutzer. Zudem ist eine dem deutschen Leistungsschutzrecht nach § 87f Abs. 1 UrhG entsprechende Einschränkung vorgesehen, nach der einzelne Wörter und sehr kurze Auszüge vom Leistungsschutzrecht ausgenommen sind. Der Richtlinien enthält zudem in Art. 16 eine kontrovers diskutierte gesetzliche Grundlage für die Verlegerbeteiligung an dem Schadensausgleich für die gesetzliche Lizenz.[122] Die Mitgliedsstaaten können danach optional eine Beteiligung der Verleger am Ausgleich für die Werknutzung festlegen. Voraussetzung ist, dass der Urheber seinem Verlag ein Recht übertragen oder eine Lizenz eingeräumt hat. Durch diese Regelung soll Rechtssicherheit geschaffen werden und dem Verleger zum Schutze seiner Investition ein Teilhaberecht gewährt werden.[123] Die Regelung erscheint in Anbetracht der aktuellen „Reprobel"-Entscheidung des EuGH bedenklich in der er sich ausdrücklich dagegen ausspricht, einen Teil des den Urhebern zustehenden gerechten Ausgleichs den Verlegern der von den Urhebern geschaffenen Werke zu gewähren, ohne dass die Verleger verpflichtet sind, die Urheber auch nur indirekt in den Genuss des ihnen vorenthaltenen Teil des Ausgleichs kommen zu lassen.[124] 80

Sehr kontrovers diskutiert[125] wurden ebenfalls die Regelungen des Art. 17 (vormals Art. 13), nach denen **Internetplattformen** unmittelbar für Inhalte, die von Nutzern hochgeladen werden, haften können. Nach Art. 17 Abs. 1 nehmen Internetplattformen eine Handlung der öffentlichen Wiedergabe oder eine Handlung der öffentlichen Zugänglichmachung vor, wenn sie der Öffentlichkeit Zugang zu von ihren Nutzern hochgeladenen urheberrechtlich geschützten Werken oder sonstigen Schutzgegenständen verschaffen. Sie müssen daher die Erlaubnis der Urheberrechtsinhaber einholen, etwa durch den Abschluss einer Lizenzvereinbarung. Sie können jedoch nach Abs. 4 von der urheberrechtlichen Haftung befreit sein, wenn sie nachweisen, dass sie (a) alle Anstrengungen unternommen haben, um die Erlaubnis einzuholen und (b) nach Maßgabe hoher branchenüblicher Standards für die berufliche Sorgfalt alle Anstrengungen unternommen haben, um sicherzustellen, dass bestimmte Werke und sonstige Schutzgegenstände, zu denen die Rechteinhaber den Internetplattformen einschlägige und notwendige Informationen bereitgestellt haben, nicht verfügbar sind und in jedem Fall (c) nach Erhalt eines hinreichend begründeten Hinweises von den Rechteinhabern unverzüglich gehandelt haben, um den Zugang zu den entsprechenden Werken oder sonstigen Schutzgegenständen zu sperren bzw. die entsprechenden Werke oder sons- 81

[121] Vgl. Klett/Schlüter WRP 2017, 15 (18 f.) mwN in den Fn. 32 ff.; Koroch GRUR 2017, 127 (131 ff.); Steinbrecher MMR 2017, 1 (2); Gerecke/Ludolph MMR 2016, 785 (786).

[122] Zur neu geschaffenen deutschen Grundlage für die pauschale Verlegerbeteiligung an Kopiervergütungen in §§ 27 und 27a VGG vgl. → § 43 Rn. 18.

[123] Erwägungsgrund 36 des Richtlinienvorschlags.

[124] EuGH GRUR 2016, 55 (57) Tz. 49 – Hewlett-Packard/Reprobel; vgl. auch BGH GRUR 2016, 596 (600) Tz. 47 – Verlegeranteil.

[125] Vgl. Stieper ZUM 2019, 211, 216; Grütters ZUM 2019, 207, 209; Hornschuh ZUM 2019, 222 ff.

tigen Schutzgegenstände von seinen Internetseiten zu entfernen, und alle Anstrengungen unternommen haben, um gem. lit. b das künftige Hochladen dieser Werke oder sonstigen Schutzgegenstände zu verhindern. Von den Kritikern der Regelung wird ua befürchtet, dass die Internetplattformen **Upload-Filter** oder ähnliche technische Maßnahmen einsetzen werden, um einer urheberrechtlichen Haftung zu entgehen.

82 Im Ergebnis verpflichtet Art. 17 Plattformdienste wie YouTube wohl zu nichts, was sie nicht auch schon vor der Richtlinie aufgrund des geltenden Rechts zu tun gehabt hätten. Dass die Lizenzvereinbarung auf Ebene der Plattform den einzelnen Nutzern zugutekommt, wäre aber auch ohne diese ausdrückliche Erwähnung jederzeit so geregelt worden. Längst haben die großen Tonträger-Labels globale Lizenzvereinbarungen mit YouTube geschlossen, die genau diese Freistellung der YouTube-Nutzer regeln. In den Debatten zum Thema „Value-Gap" oder „Haftungsprivilegierung" haben die großen Plattformbetreiber, allen voran YouTube/ Google, immer wieder hervorgehoben, sie seien außer Stande zu erkennen, ob die User auf ihrer Plattform illegale Inhalte einstellten oder nicht. Sie hätten natürlich gar kein Interesse daran, sich solche Inhalte zu eigen zu machen, sondern wären selbst dann, wenn sie eine „aktive Rolle" spielten, allenfalls ein neutraler Vertrieb, bei dem es angemessen sei, die Haftung zu erleichtern. Die meisten Teilnehmer an der Debatte haben aber offenbar verdrängt, dass dies bei ganz gewöhnlichen Teilnehmern am Markt mit geschützten Inhalten nicht anders ist. Der BGH beispielsweise hat dazu vor nicht allzu langer Zeit entschieden, dass eine urheberrechtliche Verantwortlichkeit denjenigen nicht trifft, der als bloße Hilfsperson tätig wird und daher keine Herrschaft über die Rechtsverletzung hat. Entscheidend sei für die Einordnung als unselbstständige Hilfsperson, dass dieser die verletzende Handlung in sozialtypischer Hinsicht nicht als eigene zugerechnet werden kann, weil sie auf Grund ihrer untergeordneten Stellung keine eigene Entscheidungsbefugnis hat. Damit sei ein Onlinehändler nicht vergleichbar. Dieser habe autonom die Entscheidung getroffen, die von Zulieferern genannten Produkte auf seiner Internetseite Interessenten zum Kauf anzubieten. Er könne den Zugang der Drittunternehmen zu seiner Internetseite jederzeit beenden oder einzelne Angebote ausschließen oder aus seinem Internetauftritt entfernen; er könne darüber entscheiden, welche Produkte über seine Internetplattform angeboten werden.[126] Der Grund für diese harte Haftung, die nur eine kaum sichtbare Linie von der bisher angenommenen Haftungsfreistellung von YouTube und anderen Plattformen dieser Art trennt, liegt in der Tatsache, dass sich normalerweise eine (Vertriebs-)Plattform bei dem für das illegale Angebot zuständigen Lieferanten im Wege des Rückgriffs schadlos halten kann. Die Ratio besteht also darin, dass sich der Verletzte bei der Vertriebsplattform seinen Schadensersatz holt und nicht mit dem Risiko belastet wird, dass der eigentliche Verursacher zahlungsunfähig ist. Das sollte genauso für YouTube gelten.

83 Zu den größten PR-Erfolgen von Google/ YouTube gehört es, durch einen geschickten Akt des *politischen Framing* das eingebürgerte und völlig unkontroverse Rechtsinstitut der *„Vorbeugung gegen erneute Verletzungen"*, wie es der Europäische Gerichtshof erstmals in der *L'Oréal*-Entscheidung[127] und der BGH später für das Urheberrecht formuliert hat, etwa in der Sache File-Hosting-Dienst für *klare Verletzungen nach Notifizierung*[128] in der öffentlichen Wahrnehmung in etwas verwandelt zu haben, was nach „Zensur" riecht. Dabei hatte der EuGH in'in *L'Oréal* (Rn. 131) hervorgehoben, dass der Gesetzgeber *den effektiven Schutz des geistigen Eigentums sicherstellen (…) muss, die den nationalen Gerichten nach Art. 11 S. 3 dieser Richtlinie zugewiesene Zuständigkeit diesen ermöglichen, dem Anbieter eines Onlinedienstes wie demjenigen, der Internetnutzern einen Online-Marktplatz zur Verfügung stellt, Maßnahmen aufzugeben, die nicht nur zur Beendigung der mittels dieses Marktplatzes hervorgerufenen Verletzungen, sondern auch wirksam zur Vorbeugung gegen erneute Verletzungen beitragen.*" Das ist ziemlich exakt eine Vorgabe für den Einsatz von Upload-Filtern. Es erschließt sich auch nicht, was der Einsatz solcher Filter mit Zensur und einer Beschränkung der Meinungsfreiheit zu tun haben sollen; niemand darf auch schon heute ohne Rechtfertigung urheberrechtlich geschützte Leistungen anderer vervielfältigen, verbreiten oder öffentlich zugänglich machen.

84 In Art. 18 ist der Grundsatz der **angemessenen und verhältnismäßigen Vergütung** verankert und die Art. 19 und 20 sollen, durch eine **Transparenzpflicht** im Hinblick auf die Verwertung der Werke und die erzielten Einnahmen sowie einen **Vertragsanpassungsmechanismus** für den Fall der Vereinbarung einer im Vergleich zu den späteren Einnahmen unverhältnismäßig niedrigen

[126] BGH GRUR 2016, 439 Rn. 20, 21 – Al Di Meola.
[127] EuGH GRUR 2011, 1025 – L'Orèal/eBay.
[128] BGH GRUR 2013, 1030 Rn. 47 ff. – File-Hosting-Dienst.

Vergütung, eine faire Vergütung der Urheber und ausübenden Künstler sicherstellen.[129] Das ist weitgehend dem deutschen Urhebervertragsrecht nachgebildet (§§ 32, 32a UrhG). Nach Art. 21 sollen die Mitgliedsstaaten zudem ein freiwilliges Streitbeilegungsverfahren für Streitigkeiten über die Transparenzpflicht und den Vertragsanpassungsmechanismus schaffen.

Die Richtlinie war bis zum 2.6.2021 umzusetzen (Art. 29 Abs. 1) was durch die Reform 2021 geschehen ist. 85

13. Bestimmte Online-Übertragungen von Rundfunkveranstaltern und die Weiterverbreitung von Fernseh- und Hörfunkprogrammen (2019/789)

Ferner wurde die Richtlinie (EU) 2019/789 des Europäischen Parlaments und des Rates vom 17. April 2019 mit Vorschriften für die Ausübung von Urheberrechten und verwandten Schutzrechten in Bezug auf bestimmte Online-Übertragungen von Sendeunternehmen und die Weiterverbreitung von Fernseh- und Hörfunkprogrammen und zur Änderung der Richtlinie 93/83/EWG des Rates[130] verabschiedet, die die grenzüberschreitende Verbreitung und Weiterverbreitung von Fernseh- und Hörfunkprogrammen erleichtern soll. Die Mitgliedstaaten haben nunmehr bis zum 7. Juni 2021 Zeit, die neuen Vorschriften in nationales Recht umzusetzen (Art. 12 Abs. 1). Bereits im Rahmen ihrer „Strategie für einen digitalen Binnenmarkt"[131] mit der die Europäische Kommission das Ziel verfolgte, die Unterschiede zwischen den nationalen Urheberrechtssystemen zu verringern und EU-weit einen umfassenderen Online-Zugang der Nutzer zu geschützten Werken zu eröffnen, hatte die Europäische Kommission, zeitgleich mit dem Vorschlag über die ebenfalls bereits verabschiedete Richtlinie über das Urheberrecht im digitalen Binnenmarkt einen „Vorschlag für eine Verordnung des Europäischen Parlaments und des Rates mit Vorschriften für die Wahrnehmung von Urheberrechten und verwandten Schutzrechten in Bezug auf bestimmte Online-Übertragungen von Rundfunkveranstaltern und die Weiterverbreitung von Fernseh- und Hörfunkprogrammen"[132] vorgelegt. Im darauf folgenden Gesetzgebungsprozess einigten sich die EU-Gesetzgeber darauf, den Verordnungsvorschlag in einer Richtlinie umzusetzen. Hierdurch soll die 2015 eingeleitete Modernisierung des EU-Urheberrechts abgeschlossen und ein breiterer Online-Zugang zu Fernseh- und Hörfunkprogrammen für Internetnutzer in der gesamten EU gewährleistet werden.[133] Die Richtlinie ergänzt die Vorschriften der RL 93/83/EWG. Die Regeln für Online-Übertragungen von Rundfunkveranstaltern gelten für alle Hörfunkprogramme und für bestimmte Fernsehprogramme (Nachrichten- und politische Informationssendungen und vollständig selbst finanzierte Eigenproduktionen von Rundfunkveranstaltern). Art. 3 überträgt das für den Satellitenrundfunk durch die RL 93/83/EWG (vgl. Rn. 64) verankerte **Ursprungsland- bzw. Sendelandprinzip,** das in § 20a umgesetzt wurde, auf bestimmte **Internetsendungen.** Die öffentliche Wiedergabe und Zugänglichmachung gelten danach als nur in dem Mitgliedsstaat erfolgt, in dem der Rundfunkveranstalter seine Hauptniederlassung hat. Das Ursprungslandprinzip soll die Lizenzierung von Rechten erleichtern und neue Möglichkeiten für Rundfunkveranstalter eröffnen, bestimmte Sendungen in ihren Online-Diensten grenzüberschreitend verfügbar zu machen (die erfassten Dienste sind Simulcasting, Nachholdienste und andere Dienste, die die Hauptausstrahlung ergänzen, wie zB Vorschauen). Indem gem. Art. 4 Abs. 1 die Erlaubnis der Urheberrechtsinhaber zur öffentlichen Wiedergabe für die Weiterverbreitung nur über eine Verwertungsgesellschaft geltend gemacht werden darf (obligatorische kollektive Rechtewahrnehmung), erleichtert die Richtlinie die Klärung und den Erwerb von Rechten für Weiterleitungsdienste, die nicht über Kabel (zB über das Internet) erbracht werden. Dadurch wird es einfacher, die für die Weiterverbreitung von Hörfunk- und Fernsehprogrammen aus anderen Mitgliedstaaten erforderlichen Genehmigungen zu erhalten, was zu einer größeren Auswahl an Hörfunk- und Fernsehprogrammen führen soll, die von Weiterleitungsdiensten über das Internet-Fernsehen (Internet Protocol Television, IPTV), Satellit, digitales terrestrisches Fernsehen, Mobilfunknetze oder über das Internet angeboten werden.[134] Die Richtlinie war bis zum 7.6.2021 von den Mitgliedsstaaten umzusetzen (Art. 29 Abs. 1). 86

[129] Zur Reform des UrhG durch das Gesetz zur verbesserten Durchsetzung des Anspruchs der Urheber und ausübenden Künstler vgl. → § 40 Rn. 70.

[130] AbI. L 130/ 82 vom 17.5.2019.

[131] COM (2016) 594 final.

[132] COM (2016) 594 final.

[133] Vgl. die Erklärung der Europäischen Kommission vom 28.3.2019, http://europa.eu/rapid/press-release_STATEMENT-19-1888_de.htm.

[134] Vgl. die Erklärung der Europäischen Kommission vom 28.3.2019, http://europa.eu/rapid/press-release_STATEMENT-19-1888_de.htm.

87 Ganz wesentliche Teile des deutschen Urheberrechts beruhen wie soeben dargestellt wurde auf EU-Richtlinien und sind somit spätestens mit Ablauf der Umsetzungsfrist richtlinienkonform auszulegen. In diesem Zusammenhang sei auf zwei neuere Entscheidungen des Bundesverfassungsgerichts[135] hingewiesen, durch die zwei Urteile des Bundesgerichtshofes zu § 54 UrhG aF[136] unter anderem deshalb aufgehoben wurden, weil dieser seiner Vorlagepflicht aus Art. 267 Abs. 3 AEUV nicht nachgekommen sei und somit das Recht der Beschwerdeführer aus Art. 101 Abs. 1 S. 2 GG verletzt habe. Es steht zu erwarten, dass dieses sehr deutliche Urteil des Bundesverfassungsgerichts weitere Vorlageverfahren nach sich ziehen wird, was die Harmonisierung des europäischen Urheberrechts weiter vorantreiben wird.

14. Ausnahmeregelungen zugunsten blinder, sehbehinderter oder anderweitig lesebehinderter Personen (VO (EU) 2017/1263 und Richtlinie (EU) 2017/1564)

88 Durch den Erlass der Verordnung und der Richtlinie soll die internationale Verpflichtung erfüllt werden, die sich aus dem im April 2014 von der Europäischen Union unterzeichneten Vertrag von Marrakesch[137] vom 27.6.2013 ergibt. Art. 5 Abs. 3 lit. b) der Richtlinie 2001/29/EG ermöglichte es bereits bisher den Mitgliedsstaaten, Ausnahmen oder Beschränkungen zugunsten behinderter Personen einzuführen, wenn die Nutzung mit der Behinderung unmittelbar in Zusammenhang steht und nicht kommerzieller Art war, soweit es die betreffende Behinderung erfordert. Nunmehr sieht die Richtlinie (EU) 2017/1564 in Art. 3 eine **verbindliche Ausnahmeregelung** vor. Erlaubt ist das **Vervielfältigen** eines Werkes oder sonstigen Schutzgegenstands, zu dem die begünstigte Person rechtmäßigen Zugang hat, in barrierefreien Formaten und zu ihrer ausschließlichen Nutzung (Abs. 1 lit. a) sowie die **Wiedergabe,** das **Zugänglichmachen,** die **Verbreitung** oder das **Verleihen** des Vervielfältigungsstücks (Abs. 1 lit. b). Art. 4 gewährleistet den **freien Verkehr** der im Rahmen der Ausnahme erstellten Vervielfältigungen in allen Mitgliedsstaaten. Entgegen dem ursprünglichen Vorschlag der Europäischen Kommission[138] erlaubt es die Richtlinie den Mitgliedstaaten nach Erwägungsgrund 14 zwar nicht, die Anwendung der geregelten Ausnahmen an zusätzliche Anforderungen zu knüpfen, wie zB eine vorherige Prüfung, ob gewerbliche Vervielfältigungsstücke von Werken in einem barrierefreien Format verfügbar sind. Die Mitgliedstaaten haben jedoch die Möglichkeit in begrenztem Rahmen, Ausgleichsregelungen für zulässige Formen der Nutzung von Werken oder sonstigen Schutzgegenständen durch befugte Stellen vorzusehen. Die Ausgleichsregelungen dürfen allerdings keine Zahlungen durch begünstigte Personen erfordern. Das deutsche Recht enthielt mit § 45a UrhG bereits eine Schrankenregelung, die in Abs. 2 einen Vergütungsanspruch des Urhebers vorsah. Die bis zum 11.10.2018 umzusetzende Richtlinie wurde durch das am 1.1.2019 in Kraft getretene Gesetz zur Umsetzung der Marrakesch-Richtlinie über einen verbesserten Zugang zu urheberrechtlich geschützten Werken zugunsten von Menschen mit einer Seh- oder Lesebehinderung vom 28.11.2018 umgesetzt. Die Umsetzung erfolgte vor allem durch die neuen Regelungen in den §§ 45a Abs. 3, 45b bis 45d UrhG. Die Verordnung (EU) 2017/1563 regelt den **grenzüberschreitenden Austausch** von Vervielfältigungsstücken bestimmter Werke und sonstiger Schutzgegenstände in einem barrierefreien Format zwischen der Union und Drittländern, die Vertragsparteien des Vertrags von Marrakesch sind, ohne Zustimmung des Rechteinhabers zugunsten blinder, sehbehinderter oder anderweitig lesebehinderter Personen. Sie ist nach der Portabilitätsverordnung die zweite EU-Verordnung auf dem Gebiet des Urheberrechts und seit 10.10.2017 in Kraft (Art. 8 Abs. 1 Verordnung [EU] 2017/1563), gilt jedoch in den Mitgliedsstaaten erst ab 12.10.2018 (Art. 8 Abs. 2 Verordnung [EU] 2017/1563).

15. Verordnung über Maßnahmen gegen Geoblocking

89 Die Verordnung (EU) 2018/302 des Europäischen Parlaments und des Rates vom 28.2.2018 bestimmt Maßnahmen gegen **Geoblocking** und andere Formen der Diskriminierung aufgrund der Staatsangehörigkeit, des Wohnsitzes oder des Ortes der Niederlassung des Kunden innerhalb des Binnenmarkts sowie zur Änderung der Verordnung (EG) Nr. 2006/2004 und der Richtlinie

[135] BVerfG GRUR 2010, 999 – Drucker und Plotter und BVerfG GRUR 2011 225 – PC.
[136] BGH GRUR 2008, 245 – Drucker und Plotter und BGH GRUR 2009, 53 – PC.
[137] Marrakesh Treaty to Facilitate Access to Published Works for Persons Who Are Blind, Visually Impaired, or Otherwise Print Disabled, abrufbar unter https://www.wipo.int/treaties/en/ip/marrakesh/, zuletzt abgerufen Januar 2022.
[138] Vgl. COM (2016) final, Erwägungsgrund 11.

2009/22/EG",[139] die die **Portabilität von digitalen Inhalten** innerhalb der Union ermöglichen soll. Es wird die Sperrung des Zugangs zu Websites und anderen Online-Schnittstellen, die Weiterleitung von Kunden von einer Länderversion auf eine andere sowie die Diskriminierung von Kunden in spezifischen Fällen des Verkaufs von Waren und Dienstleistungen verboten. Verbraucher sollen hierdurch erworbene digitale Inhalte, wie zB Musik, auch in einem anderen Land der Europäischen Union abrufen können.

V. Erschöpfung

Das Verbreitungsrecht des Urhebers gem. § 17 Abs. 1 „erschöpft" sich, sobald das Original oder Vervielfältigungsstücke des Werkes mit Zustimmung des zur Verbreitung Berechtigten im Gebiet der Europäischen Union bzw. des Europäischen Wirtschaftsraumes im Wege der Veräußerung in Verkehr gebracht worden ist, § 17 Abs. 2 UrhG; dann ist eine **Weiterverbreitung einschränkungslos zulässig.** Die Warenverkehrsfreiheit tritt allerdings gem. Art. 34, 36 AEUV zurück, wenn der Rechteinhaber das Inverkehrbringen nicht gestattet hat. Insbesondere im Fall angewandter Kunst sind die Schutzvoraussetzungen und -fristen in der EU nicht harmonisiert. Es kann deshalb beispielsweise dazu kommen, dass ein Möbelstück in Italien gemeinfrei, jedoch in Deutschland geschützt ist. In einem solchen Fall spricht die Warenverkehrsfreiheit nicht dagegen, den italienischen Händler, der das Möbelstück deutschen Kunden anbietet, urheberrechtlich in die Haftung zu nehmen.[140] Einzelheiten zur Erschöpfung → § 40 Rn. 459 ff. 90

Die Erschöpfung tritt grundsätzlich **nicht weltweit** ein, sondern nur auf den Gebieten der Europäischen Union und des Europäischen Wirtschaftsraumes (§ 17 Abs. 2 UrhG); wer also Ware außerhalb der EU oder des EWR erwirbt, profitiert nicht von einer Erschöpfung des Verbreitungsrechtes im Inland.[141] Eine Ausstellung von Möbelstücken (in einem Kaufhaus) stellt keine Verbreitung dar.[142] Ist das Urheberrecht erschöpft, verstoßen Beschränkungen der weiteren Verbreitung innerhalb der EU gegen Art. 34 AEUV (Warenverkehrsfreiheit). Sie können damit grundsätzlich auch nicht ohne Verstoß gegen Art. 101 AEUV, § 1 GWB vereinbart werden.[143] Ausnahmsweise können sie allerdings erlaubt sein, zB nach der GVO Vertikalvereinbarungen. Kartellrechtlich unzulässig ist eine Beschränkung des Lizenznehmers bei Einfuhr, Verkauf und Verwendung ausländischer Decodiervorrichtungen, die den Zugang zu einem codierten Satellitenfunkdienst aus einem anderen Mitgliedsstaat ermöglichen. Es verletzt Art. 101 AEUV, dass die Premier League als Rechteinhaberin dem griechischen Lizenznehmer verbot, Decodiervorrichtungen für den Empfang der griechischen Sendungen mit Premier League Inhalten auch außerhalb Griechenlands zu verkaufen.[144] Damit ist die Praxis der territorial begrenzten Vergabe von Nutzungsrechten innerhalb der EU in gewisser Weise in Frage gestellt, zumindest bei EU-weiter Abstrahlung von Fernsehsignalen, beispielsweise durch Satellit. Für unkörperliche Verwertungen ist es hingegen anerkannt, dass der Rechtsinhaber das Gebiet für die Nutzung – auch innerhalb der EU – aufteilen kann. Unkörperliche Verwertungen sind zB das Vorführrecht und das Senderecht. Trotz der vorgenannten *Murphy*-Entscheidung des EuGH ist die Verpflichtung des Lizenznehmers, technische Maßnahmen zur räumlichen Beschränkung der Internetnutzung gem. § 19a UrhG zu ergreifen, kartellrechtskonform, weil technische Mittel zur räumlichen Beschränkung des Abrufs im Internet nicht mit (körperlich handelbaren) Decodiervorrichtungen vergleichbar sind. 91

[139] COM (2016) 289 final.
[140] EuGH GRUR 2012, 817 – Donner.
[141] Vgl. BGH GRUR 1988, 373 (374) – Schallplattenimport III.
[142] EuGH NJW 2008, 2408 – Le Corbusier-Möbel.
[143] EuGH GRUR Int. 1982, 477 – Maissaatgut.
[144] EuGH GRUR 2012, 156 Tz. 134 ff. – Premier League/Murphy.

§ 42 Designrecht

Übersicht

I. Einleitung

1 Das Designrecht gewährt Schutz für die äußere Erscheinung von Erzeugnissen. Derjenige, der in das Design seiner Produkte, Verpackungen oder Werbematerialien investiert, soll die Möglich-

keit haben, die von ihm entwickelte Gestaltung für einen gewissen Zeitraum allein und ungestört von Nachahmungen nutzen und verwerten zu können. Nach Ablauf der Schutzdauer soll die Gestaltung dann der Allgemeinheit zur Verfügung stehen. Auf ihrer Grundlage können dann neue Gestaltungen für diese oder andere Produkte entwickelt werden. Durch die Gewährung eines zeitlich begrenzten Schutzes dient das Designrecht im Ergebnis der stetigen Entwicklung neuer Gestaltungen und leistet damit einen Beitrag für die kontinuierliche Bereicherung des allgemein verfügbaren Formenschatzes.

Die rechtliche Grundlage für den Designschutz in Deutschland bildet das *Gesetz über den rechtlichen Schutz von Design* (DesignG), das seit dem 1. Januar 2014 gilt. Dieses stellt die Neubekanntmachung des Geschmacksmustergesetzes dar, das am 1. Juni 2004 in Kraft getreten ist. Durch das Geschmacksmustergesetz wurde die *Richtlinie EG 98/71/EG vom 13. Oktober 1998 über den rechtlichen Schutz von Mustern und Modellen* in deutsches Recht umgesetzt. Das bisherige, auf das Jahr 1876 zurückgehende Geschmacksmustergesetz wurde damit abgelöst. Die Ersetzung des Begriffs „*Geschmacksmuster*" durch „*Design*" im Wege der Modernisierung des Geschmacksmustergesetzes ist darauf zurückzuführen, dass „*Design*" in der Öffentlichkeit gebräuchlicher und im allgemeinen Sprachgebrauch verständlicher ist.[1] 2

Neben dem Designrecht auf deutscher Ebene ist ein einheitlich europäisches Geschmacksmuster etabliert worden, das Gemeinschaftsgeschmacksmuster. Das Gemeinschaftsgeschmacksmuster beruht auf der *Verordnung des Rates über das Gemeinschaftsgeschmacksmuster.* Sie bietet einen EU-weiten Schutz für nicht eingetragene und eingetragene Geschmacksmuster. Daneben besteht die Möglichkeit eines Schutzes nach dem *Haager Abkommen über die internationale Hinterlegung gewerblicher Muster oder Modelle* (Haager Musterabkommen) vom 28. November 1960. Auf Grundlage dieses Abkommens kann durch eine einheitliche Hinterlegung bei der Weltbehörde für geistiges Eigentum (WIPO) Geschmacksmusterschutz in denjenigen Ländern erlangt werden, die dem Haager Musterabkommen angehören. 3

Seiner Rechtsnatur nach ist das Designrecht ein Immaterialgüterrecht, das seinem Inhaber ein ausschließliches Benutzungsrecht einräumt. In Bezug auf seine formellen Anforderungen entspricht es den gewerblichen Schutzrechten wie Patent- und Markenrechten. Ebenso wie diese Rechte bedarf das deutsche Designrecht – anders als das Gemeinschaftsgeschmackmuster – einer Registrierung, auf deren Grundlage absoluter Schutz für einen bestimmten Zeitraum gewährt wird. In diesem Punkt unterscheidet sich das deutsche Designrecht grundlegend vom europäischen Geschmacksmusterrecht. Schutz für ein Europäisches Gemeinschaftsgeschmacksmuster kann – für einen Zeitraum von drei Jahren – auch ohne Eintragung erworben werden. 4

Typischerweise ergeben sich bei der Beratung von Mandanten, die entweder eigene Gestaltungen entwickelt haben oder Gestaltungen anderer übernehmen möchten, die folgenden Fragen: 5

- Stellt das Design das adäquate Schutzrecht für ein bestimmtes Erzeugnis dar?
- Welche Voraussetzungen müssen im Einzelnen erfüllt sein, um Designschutz in Anspruch nehmen zu können?
- Was muss bei der Anmeldung eines Designs beachtet werden?
- Wie können Designrechte übertragen und lizenziert werden?
- Welche Ansprüche können gegen Verletzer geltend gemacht werden?
- Welche Verteidigungsmöglichkeiten stehen gegen Ansprüche aus einem Design zur Verfügung?

In den folgenden Kapiteln sollen diese Fragen der Reihe nach beantwortet werden.

II. Designs und andere Schutzrechte

In der rechtlichen Beratung hat designrechtlicher Schutz in verschiedenen Konstellationen Relevanz. Zunächst kommen Designs in Betracht, wenn es um die **Auswahl des adäquaten Schutzrechtes** für das Produkt, die Verpackung oder das Werbematerial eines Mandanten geht. Darüber hinaus ist an etwaig bestehende Designrechte Dritter zu denken, wenn ein Mandant sich nach den Risiken erkundigt, die er bei der **Übernahme fremder Produktgestaltungen,** Verpackungen oder Werbematerialien eingeht. Im letztgenannten Fall ist vom Anwalt zu klären, ob eine Recherche nach Designeintragungen oder nach anderen Schutzrechten durchgeführt werden muss. Im Folgenden soll deshalb zunächst geklärt werden, unter welchen Voraussetzungen Designrecht entweder allein oder in Ergänzung mit anderen Schutzrechten in Betracht kommt. 6

[1] BT-Drs. 17/13428 S. 1 f.

1. Urheberrecht

7 Der Schutzgegenstand des Designrechts einerseits und des Urheberrechts andererseits weist erhebliche Überschneidungen auf. Das Designrecht schützt die Erscheinungsform, also die Farb- und Formgebung von Gebrauchsgegenständen (sowohl als zweidimensionale Darstellung als auch dreidimensionale Formgebung), wohingegen gemäß § 2 Nr. 4 *Urheberrechtsgesetz* unter anderem Werke der „angewandten Kunst" urheberrechtsfähig sind. Im Ergebnis ist ein Schutz für die Gestaltung von Gebrauchsgegenständen und ihrer Verpackung mithin grundsätzlich sowohl auf Grundlage des Designgesetzes als auch auf Grundlage des Urheberrechtsgesetzes möglich. Der wesentliche Aspekt für den Rechtsschutz ist die jeweils erforderliche **Gestaltungshöhe.** Für die Erlangung designrechtlichen Schutzes ist lediglich erforderlich, dass sich der Gesamteindruck einer Gestaltung von denjenigen bereits bekannter Gestaltungen unterscheidet. Eine bestimmte Gestaltungshöhe ist nicht erforderlich. Im Prinzip ist damit jede Gestaltung, die sich vom bekannten Formenschatz abhebt, dem Designschutz zugänglich.[2] Nach früherer Rechtsprechung zum Urheberrecht wurden dagegen hohe Anforderungen an die Gestaltungshöhe gestellt und für die Werkqualität sowie damit für den Urheberrechtsschutz ein deutliches Überragen der Durchschnittsgestaltung verlangt. Danach sollte sich der urheberrechtliche Schutz für die Gestaltung von Gebrauchsgegenständen auf außergewöhnliche, richtungsweisende Gestaltungen beschränken, die alltägliche Gestaltungen deutlich überragen und sich von diesen ganz erheblich abheben. Für alle anderen Gestaltungen sollte der zeitlich begrenzte Schutz über eine Designanmeldung gesucht werden.[3] Diese Rechtsprechung wurde aufgegeben.[4] Nunmehr sind an den Urheberrechtsschutz von Werken der angewandten Kunst, die einem Designschutz zugänglich sind, keine strengeren Anforderungen zu stellen als an den Urheberrechtsschutz von Werken der zweckfreien bildenden Kunst. Es genügt mithin, dass solche Werke eine Gestaltungshöhe erreichen, die es nach Auffassung der für Kunst empfänglichen und mit Kunstanschauungen einigermaßen vertrauten Verkehrskreise rechtfertigt, von einer „künstlerischen" Leistung zusprechen.[5] Für den Urheberrechtsschutz ist jedoch zu beachten, dass die ästhetische Wirkung der Gestaltung einen Urheberrechtsschutz nur begründen kann, soweit sie nicht auf dem Gebrauchszweck, sondern auf einer künstlerischen Leistung beruht. Dafür muss ein Gestaltungsspielraum des Urhebers bestehen und von diesem dafür genutzt werden, seinen schöpferischen Geist in origineller Weise zum Ausdruck zu bringen.[6]

8 Soweit Design- und Urheberschutz bspw. eines Produktes oder einer Verpackung nebeneinander bestehen könnten, sollte der Erwerb eines eingetragenen Designrechts angestrebt werden (nicht zuletzt aufgrund der Vermutung der Rechtsbeständigkeit gemäß § 39 DesignG). Dieser Grundsatz lässt sich für den Fall, in dem es um eine mögliche Nachahmung der Gestaltung fremder Produkte geht, umkehren: Sofern für die Gestaltung eines fremden Produktes oder einer fremden Verpackung kein Designschutz existiert, sinkt das Risiko einer Rechtsverletzung in aller Regel deutlich. Zu beachten ist dabei allerdings, dass Designschutz auch ohne Eintragung bestehen kann, nämlich aufgrund des europäischen, sog. nicht eingetragenen Gemeinschaftsgeschmacksmusters.[7]

2. Patent- und Gebrauchsmusterrecht

9 Der Schutzgegenstand des Designrechts einerseits und der technischen Schutzrechte andererseits (Patent- und Gebrauchsmusterrecht) lässt sich im Prinzip sehr klar unterscheiden. Die **technische** Gestaltung oder die Funktionsweise eines Produktes kann ausschließlich über ein Patent

[2] BT-Drs. 15/1075 S. 33.

[3] BVerfG GRUR 2005, 410 – Laufendes Auge; KG GRUR 2006, 53 (54) – Bauhaus-Leuchte; OLG Düsseldorf ZUM-RD 2006, 326 – Breuer-Hocker; BGH GRUR 2004, 941 (942) – Metallbett; BGH GRUR 1995, 581 (582) – Silberdistel; BGH GRUR 1987, 903 – Le Corbusier.

[4] Obergfell GRUR 2014, 621 ff.

[5] BGH GRUR 2014, 175 (177) – Geburtstagszug; BGH GRUR 2016, 490 (492) – Marcel-Breuer-Möbel II; BGH GRUR 2016, 487 (488) – Wagenfeld-Leuchte II; OLG Köln GRUR 2016, 495 (496) – AIDA Kussmund; OLG Köln GRUR-RR 2015, 275 (276) – Airbrush-Urnen; OLG Frankfurt a. M. GRUR-RS 2015, 10631; OLG München GRUR-RS 2015, 06083.

[6] EuGH GRUR 2009, 1041 (1044) – Infopaq/DDF; EuGH GRUR 2011, 220 (222) – BSA/Kulturministerium; EuGH GRUR 2012, 156 (160) – Football Association Premier League und Murphy; EuGH GRUR 2012, 166 (168) – Painer/Standard; EuGH GRUR 2012, 386 (388) – Football Dataco/Yahoo; EuGH GRUR 2012, 814 (816) – SAS Institute; BGH GRUR 2012, 58 (62) – Seilzirkus; EuGH GRUR 2020, 736 – Brompton/Get2Get.

[7] → § 48.

oder ein Gebrauchsmusterrecht geschützt werden. Demgegenüber ist dem Designschutz die Er**scheinungsform** des Produktes vorbehalten. In § 1 Abs. 3 Nr. 2 Patentgesetz und § 1 Abs. 2 Nr. 2 Gebrauchsmustergesetz wird dieser Unterschied durch die Formulierung zum Ausdruck gebracht, dass äußere Formschöpfungen dem Erfindungsschutz nicht zugänglich sind.

Obwohl sich der Schutzgegenstand der technischen Schutzrechte von demjenigen des Designrechts im Prinzip klar unterscheiden lässt, mag es durchaus vorkommen, dass ein bestimmtes Produkt oder sogar ein bestimmtes Gestaltungselement eines bestimmten Produktes sowohl mittels eines technischen Rechts als auch mittels eines Designrechts geschützt werden kann.[8] Dies ist immer dann der Fall, wenn die entsprechende Gestaltung einer technischen Funktion zu dienen bestimmt ist und gleichzeitig ästhetisch ansprechend wirken soll.[9] Allerdings können Erscheinungsmerkmale, die ausschließlich durch ihre technische Funktion bedingt sind, nicht designrechtlich geschützt werden, § 3 Abs. 1 Nr. 1 DesignG. Solche Fälle rein technischer Bedingtheit des Designs sind jedoch relativ selten, weil sie nur bejaht werden können, wenn die Gestaltung eines Gegenstandes nicht nur auf seine Funktion zurückzuführen ist, sondern so durch die technische Funktion bedingt ist, dass kein oder nur ein sehr geringer gestalterischer Spielraum besteht,[10] wobei zu berücksichtigen ist, dass entsprechend der neueren europäischen Rechtsprechung im Wege einer Gesamtschau unter Würdigung aller konkreten Umstände des Einzelfalles (unter Berücksichtigung objektiv möglicher Gestaltungsalternativen sowie subjektiver Erwägungen des Entwerfers) festzustellen ist, ob ausschließlich technisch bedingte Merkmale vorliegen.[11] Bei der Prüfung der Wirksamkeit ist zudem darauf zu achten, dass der Begriff der „Neuheit" im Gebrauchsmuster-/Patentrecht auf die Erfindung bezogen ist, wohingegen der Begriff der Neuheit im Designrecht die ästhetische Wirkung betrifft.[12] 10

Für die Beratungstätigkeit folgt hieraus, dass genau zu prüfen ist, ob der Wert eines Produktes in einer technischen Neuerung oder in seiner Erscheinungsform liegt. Entsprechend der jeweiligen Ausrichtung ist das Schutzrecht zu wählen. Sofern sich in der Gestaltung des Produktes sowohl eine technische als auch eine ästhetische Funktion widerspiegelt, ist eine parallele Anmeldung als Designrecht und als Patent- oder Gebrauchsmuster in Erwägung zu ziehen. 11

3. Schriftzeichenrecht

Das *Schriftzeichengesetz* vom 6. Juli 1981, durch welches das *Wiener Abkommen vom 12. Juni 1973 über den Schutz typografischer Schriftzeichen* in das deutsche Recht umgesetzt wurde, ist durch das Designgesetz abgelöst worden. Seit der Reform des Designgesetzes werden Schriftzeichen nur noch nach dessen Vorgaben geschützt. In Umsetzung der *Geschmacksmusterrechtsrichtlinie* ist in § 1 Designgesetz geregelt, dass typografische Schriftzeichen schutzfähige Erzeugnisse iSd Designgesetzes sind. 12

4. Markenrecht

Der Schutz nach dem *Markengesetz* steht solchen Zeichen zur Verfügung, die geeignet sind, Waren oder Dienstleistungen eines Unternehmens von denjenigen eines anderen Unternehmens zu unterscheiden (§ 3 MarkenG). Nach Umsetzung der europäischen Markenrechtsrichtlinie durch das neue Markengesetz können seit Anfang 1995 auch Produktgestaltungen und Verpackungen als Marken eingetragen werden. 13

Vor diesem Hintergrund kann, zumindest dem Grundsatz nach, für jede Produktgestaltung und Verpackung um Markenschutz **und** Designschutz nachgesucht werden. Das Schutzobjekt beider Schutzrechte ist vergleichbar: Sowohl durch das Designrecht als auch durch das Markenrecht wird der betroffene Gegenstand vor Nachahmungen seiner **äußeren Gestaltung nach** geschützt. Allerdings unterscheiden sich beide Schutzrechte ganz erheblich in Bezug auf die Kriterien, die bei der Beurteilung ihrer Schutzfähigkeit angelegt werden. 14

Zur Erlangung markenrechtlichen Schutzes wird ein deutlich höheres Maß an Auffälligkeit und Originalität verlangt als dies zur Erlangung von Designschutz der Fall ist.[13] Nach der 15

---

[8] EuGH GRUR 2018, 612 – DOCERAM; OLG Frankfurt a. M. GRUR-RR 2018, 331 – Küchenmesser.
[9] Siehe zuvor Eichmann Allgemeines Rn. 33.
[10] BT- Drs. 15/1075, S. 34.
[11] EuGH GRUR 2018, 612 – DOCERAM.
[12] OLG Zweibrücken GRUR-RR 2005, 241 – Kristalllampen-Sockel; vgl. auch Scheffler MittdtschPatAnw 2006, 15 f.
[13] Ohly GRUR 2007, 733 f.; → § 36 Rn. 31 ff.

Rechtsprechung werden zwar an die Prüfung der konkreten Unterscheidungskraft und des Freihaltebedürfnisses für Formmarken keine strengeren Anforderungen als an andere Markenformen gestellt.[14] Zugleich wird jedoch angenommen, dass der Verkehr die Form einer Ware regelmäßig nicht als Herkunftshinweis ansieht und/oder dass ein überwiegendes Interesse der Allgemeinheit an der Freihaltung der beanspruchten Form besteht.[15] Damit besteht eine sehr hohe Hürde für die Eintragung von Formmarken.[16] Allerdings besteht grds. die Möglichkeit, die fehlende Unterscheidungskraft durch den Nachweis der Verkehrsdurchsetzung zu überwinden.[17]

16 Gelingt es, eine Markeneintragung für ein Produkt oder für eine Verpackung zu erhalten, bietet sie entscheidende Vorteile gegenüber einer Designeintragung: Zum einen kann eine Markeneintragung **zeitlich unbegrenzt** verlängert werden. Zum anderen kann die Schutzfähigkeit einer Marke im Rahmen eines Verletzungsprozesses im Wege des einstweiligen Rechtschutzes nicht in Frage gestellt werden.

17 Vor diesem Hintergrund sollte bei Produktgestaltungen und Verpackungsformen, die für ein Unternehmen besonders wichtig sind und über einen längeren Zeitraum hin unverändert bleiben, stets in Erwägung gezogen werden, ob neben einer Designanmeldung auch der Versuch einer Markenregistrierung unternommen werden soll.

5. Ergänzender wettbewerbsrechtlicher Leistungsschutz

18 Nach den Grundsätzen des „ergänzenden wettbewerbsrechtlichen Leistungsschutzes" kann auf Grundlage von §§ 3, 4 Nr. 3 UWG gegen Nachahmungen von Produkten, Verpackungen oder Werbematerialien vorgegangen werden, sofern Umstände vorliegen, die die Nachahmung insgesamt unlauter erscheinen lassen. Solche Umstände sind beispielsweise die Herbeiführung einer **Herkunftstäuschung** oder gewisse Formen der **Rufausbeutung.**[18] Da es auch im Bereich des ergänzenden wettbewerbsrechtlichen Leistungsschutzes um die Übernahme der Gestaltung eines Produktes oder der Aufmachung einer Verpackung geht, weist dieser Schutzmechanismus besonders enge Berührungspunkte zum Designrecht auf.[19] Gleichwohl gibt es zumindest nach Ansicht der Rechtsprechung in aller Regel **keinen Vorrang** des Designrechts gegenüber dem ergänzenden wettbewerbsrechtlichen Leistungsschutz.[20] Dies folgt für das Gemeinschaftsgeschmacksmuster auch aus Art. 96 Abs. 1 GGV. Wettbewerbsrechtlicher Leistungsschutz kann mithin unabhängig davon geltend gemacht werden, ob für das fragliche Produkt Designschutz besteht oder bestand und unabhängig davon, ob das fragliche Produkt einem Designschutz überhaupt zugänglich gewesen wäre.[21]

19 Allerdings wenden die Gerichte die Kriterien des ergänzenden wettbewerbsrechtlichen Leistungsschutzes zunehmend strenger an. Insbesondere an die Voraussetzungen der wettbewerblichen Eigenart und der Herkunftstäuschung werden schärfere Anforderungen gestellt. Die **wettbewerbliche Eigenart** eines Erzeugnisses, die im Zeitpunkt der Anspruchsdurchsetzung vorliegen muss – im Gegensatz zur designrechtlichen Eigenart, für die der Zeitpunkt der Anmeldung entscheidend ist[22] – wird nur dann bejaht, wenn seine konkrete Ausgestaltung oder seine Merkmale geeignet sind, die angesprochenen Verkehrskreise im Zeitpunkt der Anspruchsdurchsetzung auf seine betriebliche Herkunft oder seine Besonderheiten hinzuweisen.[23] Bei der Prüfung der **vermeidbaren Herkunftstäuschung** wird eine gewisse Bekanntheit des nachgeahmten Produktes ver-

[14] EuGH GRUR 2003, 514 – Linde, Winward u. Rado.

[15] EuGH GRUR-RS 2019, 31325 (25 f.) – Glasamphore; EuG GRUR-RS 2022, 238 (85 f.) – komplexe Schuhform.

[16] BGH GRUR 2020, 1089 – Quadratische Tafelschokoladenverpackung II; BGH GRUR 2008, 71 ff. – Fronthaube; BGH GRUR 2015, 1009 (1012) – BMW-Emblem; siehe aber auch BGH GRUR 2007, 973 ff. – Rado-Uhr III.

[17] BGH GRUR 2021, 1199 – Goldhase III; BGH GRUR 2008, 510 ff. – Milchschnitte; BGH GRUR 2015, 1012 (1016) – Nivea-Blau; BGH GRUR 2015, 581 (585) – Langenscheidt-Gelb; BGH GRUR 2010, 138 (140 ff.) – ROCHER-Kugel; BGH GRUR 2006, 679 ff. – Porsche Boxster.

[18] → § 11 Rn. 114 ff.

[19] Ohly GRUR 2007, 734.

[20] BGH GRUR 2006, 79, Rn. 18 – Jeans I; BGH GRUR 2009, 79, Rn. 26 – Gebäckpresse.

[21] BGH GRUR 2006, 79 (80) – Jeans; BGH GRUR 2002, 629 (631) – Blendsegel; BGH GRUR 2018, 832, Rn. 46 – Ballerinaschuh.

[22] BGH WRP 98, 732 – Les-Paul-Gitarren.

[23] BGH GRUR 2021, 1544 – Kaffeebereiter; BGH GRUR 2007, 984 (986) – Gartenliege; BGH GRUR-RR 2012, 47 – Elektrische Gebäckpresse; BGH GRUR 2015, 909 f. – Exzenterzähne; BGH GRUR 2016, 720 (723) – Hot Sox; OLG Düsseldorf BeckRS 2016, 21066 – Handfugenpistole.

langt.[24] Die Herkunftstäuschung kann zudem ausgeschlossen sein, wenn der Verkehr vom Vorhandensein von Nachbildungen Kenntnis hat.[25]

20 Vor diesem Hintergrund müssen sowohl bei der Beratung eines Designinhabers als auch bei Beratung eines Nachahmers neben Designansprüchen stets auch Ansprüche aus ergänzendem wettbewerbsrechtlichem Leistungsschutz geprüft werden. Hinsichtlich des Nachweises der wettbewerblichen Eigenart und der Herkunftstäuschung sind allerdings die strengen Maßstäbe der Rechtsprechung im Auge zu behalten.

III. Schutzvoraussetzungen

21 Bei praktisch jedem Mandat im Bereich des Designrechts wird sich die Frage stellen, ob die gesetzlichen Voraussetzungen für den Schutz eines Designs insgesamt vorliegen. Da das Deutsche Patent- und Markenamt (DPMA) während des Eintragungsverfahrens nur eine sehr beschränkte **formelle Prüfung** vornimmt, muss die Prüfung der Schutzfähigkeit in aller Regel sowohl vor als auch nach Anmeldung und Eintragung des Designs erfolgen.

22 Vor Anmeldung des Designs sollte das Vorliegen sämtlicher Schutzvoraussetzungen schon deshalb geprüft werden, weil die Eintragung für ein Design, das den gesetzlichen Anforderungen nicht genügt, keine verlässliche Grundlage für die Geltendmachung von Ansprüchen bietet. Lediglich in Grenzfällen mag es sinnvoll sein, ein Design eintragen zu lassen, obwohl nicht sicher ist, ob es alle Schutzvoraussetzungen erfüllt. Ein solches risikobehaftetes Design mag zur „optischen" Verbesserung der Anspruchsposition benutzt werden, sofern der Mandant über das hiermit verbundene Risiko hinreichend aufgeklärt wurde.

23 Nach Eintragung eines Designs sind die Schutzvoraussetzungen insbesondere bei der Vorbereitung von Verletzungsverfahren zu prüfen. Sowohl der Anspruchsinhaber als auch der Anspruchsgegner können ihr Risiko nur nach Prüfung sämtlicher Schutzvoraussetzungen des Designs bewerten.

24 Die **materiellen Voraussetzungen** für den Designschutz ergeben sich aus §§ 2, 3 und 7 DesignG. Danach müssen die folgenden Voraussetzungen vorliegen:

- Erscheinungsform eines Erzeugnisses
- Neuheit des Designs
- Eigenart des Designs
- Inhaberschaft
- Kein Schutzausschluss

25 Allein schon bei Vorliegen dieser materiellen Voraussetzungen entsteht eine Reihe von designrechtlichen Ansprüchen, wie insbesondere das **Benutzungsrecht,** die **persönlichkeitsrechtlichen Ansprüche** auf Änderung des Designs sowie schließlich ein **Anwartschaftsrecht** in Bezug auf die Entstehung des Vollrechts durch Eintragung. Für die Geltendmachung der besonders wichtigen **Verletzungsansprüche** gegen identische oder sehr ähnliche Designs ist darüber hinaus die **Eintragung** des Designs als zusätzliche formelle Voraussetzung notwendig, § 27 Abs. 1 DesignG.

26 Im Folgenden soll gezeigt werden, worauf bei der Prüfung der **materiellen Voraussetzungen** besonders zu achten ist.

1. Erscheinungsform eines Erzeugnisses

27 § 2 iVm § 1 Nr. 1 DesignG bezeichnet als Schutzgegenstand ein „eingetragenes Design". Vor der Eintragung wird der Begriff „Design" benutzt, nach der Anmeldung wird der Schutzgegenstand als „eingetragenes Design" bezeichnet.[26] In § 1 Nr. 1 DesignG wird ein Design definiert als die zweidimensionale oder dreidimensionale **Erscheinungsform eines** ganzen **Erzeugnisses** oder eines Teils davon, die sich insbesondere aus den Merkmalen der Linien, Konturen, Farben, der Gestalt, Oberflächenstruktur oder der Werkstoffe des Erzeugnisses selbst oder seiner Verzierung ergibt. In § 1 Nr. 2 DesignG wird ein Erzeugnis als jeder industrielle oder handwerkliche Gegenstand, einschließlich Verpackung, Ausstattung, grafischer Symbole und typografischer Schriftzeichen, sowie von Einzelteilen, die zu einem komplexen Erzeugnis zusammengebaut wer-

[24] BGH GRUR 2007, 339 (341) – Stufenleitern; BGH GRUR 2005, 600 (602) – Handtuchklemmen; BGH GRUR 2016, 730 (736) – Herrnhuter Stern.
[25] BGH GRUR 2007, 795 (798) – Handtaschen.
[26] BT-Drs. 15/1075 S. 33; BT-Drs. 17/13428 S. 2.

den sollen, definiert. Die Aufzählungen in § 1 Nr. und 2 DesignG sind nicht abschließend.[27] Dementsprechend müssen für die Designfähigkeit des fraglichen Gegenstandes zwei Voraussetzungen erfüllt sein:

- industrieller oder handwerklicher Gegenstand;
- auf Form- und Farbgebung beruhende Erscheinungsform.

28 Zunächst muss ein **industrieller oder handwerklicher Gegenstand** vorliegen. Umfasst sind hiervon zunächst sämtliche Gebrauchsgegenstände wie zB Möbel, Tischdecken, Geschirr, Telefone oder Autos. Aber auch andere Produkte wie zB Lebensmittel sind einem designrechtlichen Schutz zugänglich. Gleiches gilt für Produktverpackungen, Etiketten und sonstige Werbemittel. Einzige Voraussetzung ist insoweit, dass der betroffene Gegenstand **eine konkrete äußerliche Gestaltung** aufweist, die eine **Wiederholbarkeit** ermöglicht. Lediglich flüchtige Zusammenstellungen von mehreren Gegenständen sind keine gewerblichen Erzeugnisse in diesem Sinne. Einen Grenzfall stellen insoweit **Programme von aufeinander abgestimmten Produkten** dar. Sofern solche Produkte nicht miteinander verbaubar sind und nur lose kombiniert werden können, fehlt es in der Regel an einem einheitlichen Erzeugnis. Anders liegt es lediglich dann, wenn einzelne Teile, wie zB Anbaumöbel, miteinander **verbaut** werden können. Nach Ansicht der Rechtsprechung soll bei derartig festen Kombinationsmöglichkeiten (wie etwa bei komplexen Erzeugnissen) ein Gesamtwerk und dementsprechend ein einheitliches Erzeugnis vorliegen, das einem Designschutz zugänglich sein kann.[28] Ebenfalls soll es möglich sein, gestalterisch zusammengehörige Sätze (Sets) von Erzeugnissen als Gegenstand einer einzigen Wiedergabe und damit als ein einzelnes Design schützen zu lassen (ohne dass eine Sammelanmeldung erforderlich wäre), wenn der Satz ausschließlich als so angeordnete, zusammengehörige Einheit in den Verkehr gelangt, zB Salatbesteck aus zwei Teilen, Kehrschaufel mit einsteckbarer Bürste, Schachspiel.[29]

29 Ausdrücklich ausgeschlossen vom Designschutz sind gem. § 1 Nr. 2 DesignG Computerprogramme.

30 Nach § 1 Nr. 1 DesignG sind ausdrücklich auch Teile eines Erzeugnisses einem Designschutz zugänglich. Zubehörteile sind als sog. Bauelemente komplexer Erzeugnisse nur schutzfähig, wenn sie nach dem Wortlaut des § 4 DesignG bei deren bestimmungsgemäßer Verwendung sichtbar bleiben und die Anforderungen der Neuheit und Eigenart erfüllen. **Ersatzteile** sind als Designs ebenso schutzfähig, soweit diese sichtbar bleiben. Die Auslegung des Begriffes der bestimmungsgemäßen Verwendung ist in der Rechtsprechung umstritten und derzeit Gegenstand eines Vorlagebeschlusses des BGH an den EuGH vom 1.7.2021.[30] In concreto möchte der BGH wissen, ob das Kriterium der „Sichtbarkeit" eines Bauelementes gegeben ist, wenn es objektiv möglich ist, das Design in eingebautem Zustand des Bauelements erkennen zu können, oder ob auf die Sichtbarkeit unter bestimmten Nutzungsbedingungen abzustellen ist oder auf eine bestimmte Betrachtungsperspektive. Falls eine Sichtbarkeit unter bestimmten Nutzungsbedingungen oder aus einer bestimmten Betrachterperspektive maßgeblich ist, soll es auf den vom Hersteller intendierten Verwendungszweck des Bauelementes oder des komplexen Erzeugnisses ankommen oder auf die übliche Verwendung des komplexen Erzeugnisses durch den Endbenutzer? Schließlich wird gefragt, nach welchen Kriterien zu beurteilen ist, ob die Verwendung eines komplexen Erzeugnisses durch den Endbenutzer „bestimmungsgemäß" ist.[31] Es bleibt abzuwarten, welcher Ansicht sich der EuGH anschließen wird.

Praxistipp:

Vor diesem Hintergrund macht es für Hersteller von ersatz- und zubehörteilintensiven Gegenständen durchaus Sinn, neben dem Gesamterzeugnis **auch** die einzelnen auch nach Einbau **sichtbaren Ersatz- und Zubehörteile** als Design **anzumelden.** Dies kann sich im oftmals besonders lukrativen Wettbewerb auf dem Ersatz- und Zubehörteilmarkt als entscheidender Vorteil herausstellen. Allerdings gilt es zu berücksichtigen, dass mittlerweile auch im deutschen DesignG in § 40a DesignG eine Reparaturklausel eingeführt worden ist.

[27] Wandtke/Obst GRUR Int. 2005, 93; Stöckel/Fischoeder S. 583, 593.

[28] BGH GRUR 1975, 383 (385) – Möbelprogramm; BGH GRUR 1982, 305 – Büromöbelprogramm.

[29] EUIPO Richtlinien zu Geschmacksmuster, 5.3.7. Besondere Anforderungen in Bezug auf die verschiedenen Arten von Ansichten, abrufbar unter https://guidelines.euipo.europa.eu/1934974/1991398/designs-guidelines/5-3-7-satze-von-artikeln.

[30] BGH GRUR 2021, 1186 – Sattelunterseite.

[31] BGH GRUR 2021, 1186 – Sattelunterseite.

31 Schließlich muss das Erzeugnis eine **auf Form- und Farbgebung beruhende Erscheinungsform** haben. Erzeugnisse, deren Gestaltung ausschließlich technisch bedingt sind, scheiden deshalb für einen Designschutz aus, § 3 Abs. 1 Nr. 1 DesignG. Dies ist jedoch nur dann der Fall, wenn die Gestaltung des Gegenstandes allein technischen Notwendigkeiten folgt, ohne dass ein nennenswerter Variationsspielraum verbleibt. Beachtlich ist insoweit, dass die Gestaltung eines Gebrauchsgegenstandes nur selten ausschließlich technischen Notwendigkeiten folgt. Meistens verbleibt ein – wenn gleich bisweilen begrenzter – Variationsspielraum für Formgebungen.[32] Dabei spricht bei sämtlichen Gebrauchsgegenständen eine Vermutung dafür, dass ihre Gestaltung neben rein funktionalen Erwägungen auch das ästhetische Empfinden des Konsumenten ansprechen soll.

32 Nach der vom EuGH derzeit favorisierten modifizierten Kausalitätstheorie ist für die Beurteilung der technischen Bedingtheit eine Gesamtschau unter Würdigung aller konkreten Umstände des Einzelfalles maßgeblich.[33] Erscheinungsmerkmale sind demnach ausweislich des EuGH ausschließlich dann durch ihre technische Funktion bedingt, wenn der alleinige Beweggrund eines Entwerfers für ein bestimmtes Erscheinungsmerkmal das Bedürfnis der Verwirklichung einer technischen Funktion war, wohingegen anderweitige Erwägungen (etwa betreffend die visuelle Erscheinung) bei der Entscheidung für das Merkmal keine Rolle gespielt haben. Liegen alternative Gestaltungen vor, schließt das nicht automatisch das Vorliegen einer ausschließlich technischen Bedingtheit aus.[34] Ob und inwiefern ausschließlich technische Bedürfnisse Motiv für die konkret gewählte Ausgestaltung waren, ist auf der Grundlage aller objektiven Umstände zu ermitteln; heranzuziehende objektive Umstände können hierbei unter anderem gangbare Designalternativen, der konkrete Gegenstand und dessen Einsatzzweck, Werbeunterlagen sowie parallele technische Schutzrechte sein.[35]

2. Neuheit

33 Der ästhetische Gesamteindruck[36] des Erzeugnisses muss im Zeitpunkt seiner Anmeldung, also an dem Tag an dem die § 11 Abs. 2 DesignG entsprechenden Anmeldeunterlagen beim Deutschen Patent- und Markenamt oder einem durch Bekanntmachung des Bundesjustizministeriums der Justiz im Bundesgesetzblatt oder Bundesanzeiger dazu bestimmten Patentinformationszentrum eingegangen sind (§ 13 Abs. 1 DesignG), neu sein. Nach § 2 Abs. 2 DesignG gilt das Design als neu, wenn es mit keinem vorbekannten Design identisch ist. Designs gelten gemäß § 2 Abs. 2 S. 2 DesignG auch dann als identisch, wenn sich ihre Merkmale nur in unwesentlichen Einzelheiten unterscheiden. Die **Prüfung,** ob eine Neuheit in diesem Sinne vorliegt, vollzieht sich dabei in **zwei Schritten.** Zunächst muss der **gestalterische Gesamteindruck** des Erzeugnisses ermittelt werden. Dabei sind all diejenigen Merkmale zusammenzustellen, die für die Gestaltung des fraglichen Erzeugnisses von Bedeutung sind. Die Zusammenstellung der ermittelten Gestaltungsmerkmale ergibt den gestalterischen Gesamteindruck, der für die weitere Prüfung zugrunde gelegt werden muss. In einem zweiten Schritt wird der gestalterische Gesamteindruck im Wege eines **Einzelvergleichs** mit den nächstliegenden Designs aus dem **vorbekannten Formenschatz gegenübergestellt.**[37] Sofern sich dabei ergibt, dass die Gestaltung eines Erzeugnisses in seinem Gesamteindruck mit der Gestaltung eines vorbekannten Gegenstandes übereinstimmt, scheidet eine Neuheit von vornherein aus.

34 Nach der Rechtsprechung ist bei der Prüfung von einer „objektiven Neuheit“ auszugehen. Danach sind für den Vergleich sämtliche frühere Gestaltungen zu berücksichtigen, unabhängig davon, ob sie dem Designer bekannt waren oder nicht. Eine Einschränkung erfolgte lediglich insofern, als nur solche Gestaltungen zu berücksichtigen sind, die den **Fachkreisen** in der Gemeinschaft bekannt waren oder hätten bekannt sein können, § 5 DesignG. Aufgrund dieser Einschränkung wird von einer **„relativen objektiven Neuheit“** gesprochen.[38] Maßgeblich ist gemäß § 5 S. 1 DesignG nicht, in welchem Ausmaß die Fachkreise die fragliche Veröffentlichung tatsächlich zur Kenntnis genommen haben, sondern nur, ob ihnen eine solche Kenntnis möglich

[32] BGH GRUR 2008, 153 (155) – Dacheindeckungsplatten; BGH GRUR 2005, 600 (603) – Handtuchklemmen; BGH GRUR 1981, 269 (271) – Haushaltsschneidemaschine II; BGH GRUR 2016, 803 (805) – Armbanduhr.
[33] EuGH GRUR 2018, 612 – DOCERAM.
[34] EuGH GRUR 2018, 612 – DOCERAM.
[35] OLG Nürnberg GRUR-RS 2020, 6586 – Spannseil mit Haken.
[36] OLG Frankfurt a. M. GRUR 2015, 890 (891) – Möbelgriff.
[37] OLG Hamm InstGE 8, 233 – Kaminofen (II), OLG Hamm, Az.: 4 U 148/05 – Kaminofen (I).
[38] Günther/Beyerlein § 5 Rn. 13 ff.

war. Da § 5 DesignG keine geografische Beschränkung der Offenbarungshandlung auf das Gebiet der Gemeinschaft enthält, kann sich auch aus Offenbarungshandlungen außerhalb der EU die Möglichkeit der Kenntnisnahme von einem Erzeugnis ergeben – insbesondere unter Berücksichtigung der modernen elektronischen Kommunikationsmittel und Medien. So ist bei Gestaltungen, die in der ausländischen Presse oder anderen Publikationen Erwähnung gefunden haben, in der Regel davon auszugehen, dass sie den inländischen Fachkreisen bekannt sein konnten.[39] Bei einer Veröffentlichungshandlung außerhalb der EU wird jedoch die Wahrscheinlichkeit steigen, dass diese den in der Gemeinschaft tätigen Fachkreisen unter Umständen nicht bekannt sein konnte. Für den Vergleich mit dem vorbekannten Formenschatz scheiden darüber hinaus insbesondere solche Gestaltungen aus, die innerhalb der relevanten Fachkreise inzwischen in Vergessenheit geraten sind (nicht hingegen bei Designs, die zwar schon vor langer Zeit geschaffen wurden, aber etwa durch Berichterstattung in die Gegenwart fortwirken und deshalb im normalen Geschäftsverlauf von den Fachkreisen berücksichtigt werden).

3. Eigenart

35 Das Merkmal der Eigenart spiegelt das Wesen von Designs wider, indem es verdeutlicht, dass Schutz nur solchen Designs zuteil kommen soll, die zur Unterscheidung von anderen Designs im Gesamteindruck geeignet sind und bei dem informierten Benutzer gerade nicht den Eindruck eines „déjà vu" auslösen.[40]

36 Nach der Rechtsprechung zum alten Geschmacksmustergesetz wurde eine Gestaltung dann als hinreichend „eigentümlich" im Sinne von § 1 Abs. 2 GeschmMG aF angesehen, wenn es in den für die ästhetische Wirkung maßgebenden Merkmalen als das Ergebnis einer eigenpersönlichen, form- oder farbenschöpferischen Tätigkeit erschien, die über das Durchschnittskönnen eines mit der Kenntnis des betreffenden Fachgebiets ausgerüsteten Mustergestalters hinausging.[41] Danach wurden gewisse, wenn auch recht niedrige Anforderungen an die Gestaltungshöhe des Musters gestellt.[42]

37 Das DesignG geht noch einen Schritt weiter, indem es keine Anforderungen an die Gestaltungshöhe stellt. Eine hinreichende Eigenart hat ein Design gem. § 2 Abs. 3 S. 1 DesignG schon dann, wenn sich der Gesamteindruck, den es beim informierten Benutzer hervorruft, von dem Gesamteindruck unterscheidet, den ein anderes Design, das vor dem Anmeldetag offenbart worden ist, bei diesem Benutzer hervorruft. Dabei soll gem. § 2 Abs. 3 S. 2 DesignG bei der Beurteilung der Eigenart der Grad der Gestaltungsfreiheit des Entwerfers bei der Entwicklung des Designs berücksichtigt werden.

38 Damit vollzieht sich die Prüfung der Eigenart in **drei Schritten.**[43] Zunächst ist zu bestimmen, welche **Gestaltungsmerkmale** den Gesamteindruck des fraglichen Designs prägen. Sodann sind diese Merkmale im Rahmen eines **Einzelvergleiches** aus Sicht des informierten Benutzers sämtlichen vorbekannten Erzeugnissen gegenüberzustellen. Dabei kommt es auf die Sicht eines mit einem gewissen Maß an Designbewusstsein ausgestatteten Durchschnittsbetrachters an. Dieser soll weder gar nicht vorgebildet noch ein Designexperte sein.[44] Aus dieser Gegenüberstellung ergibt sich, welche Merkmale der Designschöpfer lediglich übernommen hat und welche Merkmale auf einer eigenen Leistung des Designgestalters beruhen. In einem dritten Schritt ist schließlich zu klären, ob die Eigenleistung des Designgestalters ausreicht, um das fragliche Design hinreichend deutlich von **vorbekannten Erzeugnissen abzuheben.**

39 Besondere Bedeutung kommt dabei dem zweiten Schritt, also dem **Einzelvergleich** des Designs mit sämtlichen vorbekannten Designs zu.[45] Hier empfiehlt es sich in der Regel, eine **detaillierte**

---

[39] OLG Köln GRUR-RS 2018, 49237 – Schieferplatten; BGH GRUR 2004, 427 (428) – Computergehäuse; BGH GRUR 1969, 90 (92) – Rüschenhaube; Ohly GRUR 2007, 734.

[40] EuG GRUR-RS 2019, 9423 – Fehlende Schutzfähigkeit eines Fertigkuchendesigns.

[41] BGH GRUR 2008, 153 (155) – Dacheindeckungsplatten; BGH GRUR 1970, 369 (370) – Gardinenmuster; BGH GRUR 1975, 81 (83) – Dreifachkombinationsschalter.

[42] BGH GRUR 2008, 153 (155) – Dacheindeckungsplatten; BGH GRUR 1998, 379 – Lunette; BGH GRUR 1996, 767 – Holzstühle; BGH GRUR 1987, 518 – Kotflügel.

[43] EuG GRUR-RS 2019, 10560 – Rietze/EUIPO; EuG GRUR-RR 2016, 324 (327) – Handtasche; EuG BeckRS 2015, 81336 – H&M Hennes & Mauritz/HABM und Yves Saint Laurent.

[44] Eichmann/Jestaedt/Fink/Meiser/Eichmann/Jestaedt § 2 Rn. 42 ff.; OLG Hamburg, Magazindienst 2008, 182 ff. – Handydesign; OLG Hamm InstGE 8, 233 ff. – Kaminofen (II); OLG Frankfurt a. M. GRUR-RS 2014, 17895 – Duschwanne.

[45] Eichmann/Jestaedt/Fink/Meiser/Eichmann/Jestaedt § 2 Rn. 22.

Merkmalsanalyse vorzunehmen. Im Rahmen einer solchen Merkmalsanalyse werden sämtliche Gestaltungselemente des fraglichen Designs daraufhin untersucht, ob sie sich auch so bei dem jeweiligen vorbekannten Design finden lassen. In Bezug auf diejenigen Gestaltungsmerkmale, die nach dem Ergebnis der Merkmalsanalyse noch nicht am vorbekannten Design vorhanden sind, ist anschließend zu ermitteln, ob sie für sich genommen oder jedenfalls in ihrer Kombination gem. § 2 Abs. 2 DesignG eine **Abweichung in nicht nur unwesentlichen Merkmalen** darstellen. Dabei soll gem. § 2 Abs. 3 S. 2 DesignG auch die Gestaltungsfreiheit des Entwerfers berücksichtigt werden. Eine hohe Designdichte führt zu einem verminderten Gestaltungsspielraum.[46] Dadurch werden geringere Anforderungen an den gestalterisch abweichenden Gesamteindruck eines Designs gestellt, wodurch letztlich auch der Schutzumfang geringer ausfällt.[47] Denn auch dort, wo nur geringer gestalterischer Spielraum besteht, soll ein Designschutz möglich bleiben.[48] Umgekehrt kann bei geringerer Designdichte der Gestaltungsspielraum nahezu unbegrenzt sein.[49] Daraus folgt, dass grundsätzlich höhere Anforderungen an den Abstand zu anderen Designs zu stellen sind, da bei einer geringeren Designdichte selbst bei einem informierten Benutzer nicht jede erhebliche Abweichung zu einem anderen Gesamteindruck führt.[50] Der sich unter anderem aus der geringen Designdichte ergebene größere Gestaltungsspielraum kann zu einem weiten Schutzumfang des Designs führen.[51]

Die Eigenart eines Designs kann sich dabei allein aus der **Kombination** vorbekannter Gestaltungselemente ergeben, solange nur ein hinreichender Abstand zu vorbekannten Designs ergibt. 40

Praxistipp:

Aufgrund der im Ergebnis eher niedrigen Anforderungen an die gestalterischen Leistungen sollte auch bei solchen Designs, die zu einem wesentlichen Teil durch technische Vorgaben geprägt sind oder überwiegend auf den vorbekannten Formenschatz zurückgreifen, ein Designschutz in Erwägung gezogen werden.

4. Entwerfer oder Rechtsnachfolger

Wie sich aus § 7 DesignG ergibt, steht das Recht zur Nutzung des eingetragenen Designs zunächst ausschließlich dem Entwerfer zu. Gleiches gilt für die aus der Designgestaltung folgende Anwartschaft auf ein umfassendes Designrecht: Allein der Entwerfer oder sein Rechtsnachfolger ist berechtigt, das von ihm geschaffene Design zur Anmeldung zu bringen (und damit zum Vollrecht erstarken zu lassen).[52] Meldet der Rechtsnachfolger das Design an, so hat der Entwerfer gegen den Anmelder (nicht unmittelbar gegen das Amt) einen Anspruch darauf, im Register als Entwerfer benannt zu werden. Entwerfer ist dabei derjenige, der im Rahmen eines Realaktes eine gestalterische Idee in der Gestaltung eines konkreten Designs umsetzt. Sofern mehrere Personen einen gestalterischen Beitrag für die Verwirklichung des Designs leisten, sind sie Miturheber. Gem. § 7 Abs. 1 S. 2 DesignG stehen ihnen die Rechte aus dem eingetragenen Design zur gesamten Hand zu. Dementsprechend können sie das Design nur gemeinschaftlich nutzen und dürfen es nur gemeinschaftlich anmelden. 41

Wichtig ist jedoch, dass einzelne Miturheber im Rahmen der Notgeschäftsführung berechtigt sind, dass Design auch ohne Zustimmung der anderen Miturheber anzumelden. Dies wird insbesondere dann relevant, wenn das Design durch seine Vorveröffentlichung ohne rechtzeitige Anmeldung seine Neuheit zu verlieren droht. 42

[46] BGH GRUR 2013, 285 – Kinderwagen II; BGH GRUR 2012, 512 – Kinderwagen I; BGH GRUR 2011, 1117 Rn. 35 – ICE; BGH GRUR 2011, 142 – Untersetzer.
[47] Eichmann/Jestaedt/Fink/Meiser/Eichmann/Jestaedt § 2 Rn. 60.
[48] BT-Drs. 15/1075 S. 34.
[49] BGH GRUR 2013, 285 – Kinderwagen II.
[50] BGH GRUR 2011, 1117 Rn. 35 – ICE; BGH GRUR 2011, 142 – Untersetzer.
[51] BGH GRUR 2018, 832 Rn. 21 – Ballerinaschuh; BGH GRUR 2019, 398 – Meda Gate; Eichmann/Jestaedt/Fink/Meiser/Eichmann/Jestaedt DesignG § 2 Rn. 60.
[52] Günther/Beyerlein DesignG § 7 Rn. 3 ff.

5. Kein Ausschluss nach § 3 DesignG

43 In § 3 Abs. 1 DesignG sind vier Gründe aufgezählt, die einen Designschutz ausschließen:

44 Nr. 1 schließt den Designschutz für solche Erzeugnisse aus, deren Gestaltung ausschließlich durch ihre **technische Funktion bedingt** ist.[53] Dieser Ausschlussgrund ist auf Sachverhalte begrenzt, in denen kein nennenswerter gestalterischer Spielraum besteht, also aufgrund technischer Gegebenheiten nur einige wenige Gestaltungsmöglichkeiten verbleiben.[54]

45 Nr. 2 schließt den Designschutz für solche Erscheinungsmerkmale von Erzeugnissen aus, die zwangsläufig in ihrer genauen Form und ihren genauen Abmessungen nachgebildet werden müssen, um die Verbindung mit einem anderen Erzeugnis zu ermöglichen, sog. **must-fit Teile.**[55] Damit soll eine weitgehende Interoperabilität von Erzeugnissen sichergestellt werden, die typischerweise mit anderen Erzeugnissen verbunden werden.[56] Eine Rückausnahme besteht gem. § 3 Abs. 2 DesignG für solche Verbindungselemente, die dem Zweck dienen, den Zusammenbau oder die Verbindung einer Vielzahl von untereinander austauschbaren Teilen innerhalb eines Bauteilsystems, zB modularer Möbelsysteme, zu ermöglichen. Diese Bestimmung ist auf Erzeugnisse bezogen, bei denen der Zusammenbau einzelner Teile gerade wesentliches Element ist (sog. **Legoklausel**).[57] Nicht vom Designschutz ausgeschlossen sind jedoch sog. **must-match Teile,** die zur Herstellung des Erscheinungsbildes eines komplexen Erzeugnisses in einer bestimmten Form gefertigt werden müssen, deren Gesamtgestaltung aber nicht zwangsläufig (etwa durch vorgegebene Einbaumaße) vorgegeben ist.[58] Designfähig waren und sind daher sichtbare Kfz-Ersatzteile, zB der Kotflügel eines Pkw.[59] Allerdings ist der Designschutz solcher sichtbarer Erzeugnisse mit Einführung des § 40a DesignG[60] insoweit entfallen, als diese für Reparaturzwecke verwendet werden (dies gilt ab dem 2. Dezember 2020; nicht hingegen für bestehende Rechte aus einem eingetragenen Design, das vor dem 2. Dezember 2020 angemeldet wurde, vgl. § 73 Abs. 2 DesignG). Mit der Einführung der Reparaturklausel in das DesignG sollte Angleichung an die Regelungen zum Gemeinschaftsgeschmacksmuster erfolgen. Hiermit könnte einhergehen, dass zukünftig die Originalhersteller vermehrt auf das Gemeinschaftsgeschmacksmuster setzen. Vor der Einführung des § 40a DesignG war der Anreiz für die Originalhersteller groß, ein deutsches Design anzumelden, um Schutzausnahmen für ihr Design zu verhindern.

46 Nach Nr. 3 sind ferner Designs vom Designschutz ausgeschlossen, die **gegen die öffentliche Ordnung** oder **die guten Sitten** verstoßen. Dieser Ausschlussgrund wird bereits bei der Eintragung berücksichtigt. Hierdurch soll vermieden werden, dass Designs, die gegen zentrale Grundsätze der Rechtsordnung verstoßen, bekannt gemacht werden müssen.[61] Angesichts dieser Ausrichtung muss die Ausübung dieses materiellen Prüfungsrechts auf Extremfälle, wie zB pornografische Darstellungen oder die Verunglimpfung von Staatssymbolen, beschränkt sein. Schlichte Gesetzesverstöße reichen demgegenüber nicht aus. Gerade bei Verstößen gegen das Schamgefühl bzw. die Sexualmoral ist aufgrund der zunehmenden gesellschaftlichen Liberalisierung von dem Anschlusstatbestand nur sehr zurückhaltend Gebrauch zu machen.

47 Nach Nr. 4 sind Designs vom Designschutz ausgeschlossen, wenn sie eine missbräuchliche Benutzung eines der in Artikel 6ter der Pariser Übereinkunft zum Schutz des gewerblichen Eigentums aufgeführten Zeichen oder von sonstigen **Abzeichen, Emblemen und Wappen** von öffentlichem Interesse darstellen. Hierdurch sollen Zeichen von öffentlichem Interesse vor einer Monopolisierung durch das Designrecht geschützt werden.

48 Von diesen Ausschlussgründen werden vom Deutschen Patent- und Markenamt, in Ausnahme zu dem Grundsatz, dass grundsätzlich nur die formellen Voraussetzungen geprüft werden (§ 16 DesignG), bei der Anmeldung allein der Sittenverstoß im Sinne des § 3 Abs. 1 Nr. 3 DesignG und die missbräuchliche Verwendung von Zeichen im öffentlichen Interesse gem. § 3 Abs. 1 Nr. 4 DesignG von Amts wegen berücksichtigt, § 18 DesignG. Die übrigen Ausschlussgründe werden erst in einem Klageverfahren gegen das Design überprüft.

---

[53] Vgl. die Ausführungen zuvor unter III.1.
[54] Eichmann/Jestaedt/Fink/Meiser/Eichmann/Jestaedt DesignG § 3 Rn. 3 ff.
[55] Eichmann/Jestaedt/Fink/Meiser/Eichmann/Jestaedt DesignG§ 3 Rn. 17 ff.; Stöckel/Fischoeder S. 605.
[56] BT-Drs. 15/1075, S. 34.
[57] Schmoll/Graf Ballestrem/Hellenbrand/Soppe GRUR 2015, 1041 (1044 f.); Kur GRUR 2002, 664.
[58] Günther/Beyerlein DesignG § 3 Rn. 11.
[59] OLG München Beck RS 2005 07902 – Kfz-Karosserieteile; BGH GRUR 1987, 518 – Kotflügel.
[60] Eingef. mWv 2.12.2020 durch G v. 26.11.2020 (BGBl. I S. 2568).
[61] Eichmann/Jestaedt/Fink/Meiser/Eichmann/Jestadt DesignG § 3 Rn. 31 ff.

6. Checkliste: Schutzvoraussetzungen 49

1. Gewerbliches Design
   - gewerblich oder handwerklich herstellbares Erzeugnis
   - auf Form- und Farbgebung beruhende Erscheinungsform
2. Neuheit
   - Ermittlung des Gesamteindrucks
   - Einzelvergleich mit vorbekannten Designs
3. Eigenart
   - Bestimmung der Merkmale
   - Einzelvergleich mit vorbekannten Designs
   - Unterscheidung des Gesamteindrucks von bekanntem Formenschatz
4. Entwerfer oder Rechtsnachfolger
5. Kein Ausschluss nach § 3 DesignG
6. Formelle Voraussetzungen (Anmeldung zur Erlangung des vollen Rechtschutzes

IV. Anmeldung, Eintragung und Verlängerung

1. Allgemeine Erwägungen

Seine volle Wirkung entfaltet das Designrecht erst, wenn es beim Deutschen Patent- und Markenamt (DPMA) als solches auch eingetragen worden ist, § 27 Abs. 1 DesignG. Für die Berechnung der Schutzdauer wird hingegen auf den Anmeldetag abgestellt, § 27 Abs. 2 DesignG. Gem. § 38 Abs. 1 iVm 42 Abs. 1 DesignG kann erst nach der Eintragung des Designs gegen Designverletzungen vorgegangen werden. Im Gegensatz zum alten Geschmacksmusterrecht, bei dem bereits die Anmeldung den letzten Schritt zum Erwerb eines Vollrechts darstellte, ist nach dem Designgesetz der Zeitpunkt der Eintragung maßgeblich für den Vollrechtserwerb. 50

Hierdurch wurde das Designrecht den anderen gewerblichen Schutzrechten, wie beispielsweise dem Marken- oder Patentrecht, angenähert. 51

Das DPMA prüft vor der Eintragung lediglich, ob eine **formell ordnungsgemäße** Anmeldung vorliegt (sowie die unter Rn. 43 angeführten Ausschlussgründe). Allein dieser Umstand wird durch die Eintragung in das Designregister dokumentiert. Demgegenüber prüft das DPMA, wie bereits erwähnt, nicht, ob die Anmeldung tatsächlich zu einem wirksamen Rechtserwerb geführt hat. Das Amt ist also nicht zu einer Prüfung der in § 2 aufgezählten materiellen Voraussetzungen befugt, es findet keine Prüfung in Bezug auf die Designfähigkeit, die Neuheit, die Eigenart oder die Urheberschaft des Designs statt. Fehlt tatsächlich eine oder mehrere dieser Voraussetzungen, und wird die Anmeldung gleichwohl im Designregister eingetragen, entsteht lediglich ein **Scheinrecht.** 52

Auch wenn das eingetragene Design ein ungeprüftes Schutzrecht ist und dies eine gewisse Schwäche im Vergleich zu den geprüften Schutzrechten darstellt, soll dem Rechtsinhaber die Durchsetzung seines eingetragenen Designs dadurch nicht erschwert werden. Vor diesem Hintergrund unterstützt ihn § 39 DesignG mit einer Vermutung, dass die materiellen Schutzvoraussetzungen gemäß §§ 2, 3 DesignG erfüllt sind. Dies hat zur Folge, dass der Verletzer, der sich zu seiner Verteidigung auf die Schutzunfähigkeit des eingetragenen Designs beruft, die Vermutung zu erschüttern und zu widerlegen hat. 53

Es soll daher im Folgenden zunächst dargelegt werden, welche Anforderungen das Designgesetz an eine formell ordnungsgemäße Anmeldung stellt. Anschließend soll auf besonders wichtige Variationsmöglichkeiten der Anmeldung eingegangen werden, und zwar insbesondere auf die Sammelanmeldung, die Anmeldung unter Aufschiebung der Bekanntmachung und die Anmeldung unter Beanspruchung der Priorität einer ausländischen Anmeldung. Abschließend soll auf die Frage der Kosten der Anmeldung und auf die Verlängerung der Schutzdauer eingegangen werden. 54

2. Anmeldung

55 Die formellen Anforderungen an eine Designanmeldung ergeben sich aus § 11 DesignG und der auf Grundlage von § 26 DesignG erlassenen *Designverordnung.* Nach § 11 DesignG und § 3 DesignV muss jede Anmeldung folgende Bestandteile aufweisen:
- Einen unterschriebenen **Antrag** auf Eintragung (Eintragungsantrag)
- Angaben zum **Anmelder**
- eine zur Bekanntmachung geeignete **Wiedergabe** des angemeldeten Designs
- die Angabe des **Erzeugnisses.**

56 Zur Vereinfachung der Antragstellung stellt das DPMA die Möglichkeit der Online-Anmeldung mittels DPMAdirektWeb (für Anmeldungen bis zu 20 Designs) oder mit der DPMAdirektPro-Software (mit Signaturkarte) zur Verfügung. Alternativ ist die Einreichung in Papierform durch Verwendung eines Antragsformulars (Vordruck R 5703/11.17 für die Anmeldung, Vordruck R 5703.1/1.14 für die Wiedergabe des Designs und Anlagenblatt R 5703.2/1.14 für die Sammelanmeldung) möglich. Dieses Antragsformular kann von der Website des DPMA[62] kostenlos heruntergeladen werden.

57 Der Inhalt und die Form der Anmeldung muss den im Folgenden aufgezählten Anforderungen des § 11 Abs. 2 DesignG, § 3 DesignV genügen. Fehlen eine oder mehrere dieser Angaben, so fordert das DPMA den Anmelder auf, innerhalb einer bestimmten Frist diese Mängel zu beseitigen, § 16 Abs. 5 DesignG.

58 a) **Antrag auf Eintragung.** Die Anmeldung muss einen **Antrag auf Eintragung** eines Designs im Designregister enthalten. Die Erklärung muss gegebenenfalls durch Auslegung gemäß § 133 BGB analog ermittelt werden. Insbesondere sollte klargestellt werden, dass für das Design um Designschutz (und nicht um ein anderes gewerbliches Schutzrecht wie zB Markenschutz) nachgesucht wird. Im Übrigen ist darauf zu achten, dass die Erklärung in deutscher Sprache abgegeben wird, § 23 Abs. 3 S. 3 DesignG iVm § 126 PatG.

59 Der Antrag muss grds. **unterschrieben** sein (bei Verwendung von DPMAdirektWeb ist eine Unterschrift nicht erforderlich), Bei einer Einreichung durch mehrere (Mit-)Anmelder müssen alle den Antrag unterzeichnen. Es ist nicht notwendig, den Antrag im Original beim Deutschen Patent- und Markenamt einzureichen. Eine Übermittlung des Antrages per Telefax reicht grds. aus, ist jedoch in der Regel nicht zu empfehlen, da damit ein Qualitätsverlust der Abbildungen einhergehen kann.

60 b) **Identifikation des Anmelders.** Der Antrag muss **Angaben zur Identifikation des Anmelders** enthalten, § 11 Abs. 2 Nr. 2 DesignG. Hierauf ist insbesondere bei Anmeldungen durch Personenmehrheiten und juristischen Personen zu achten. Für eine sichere Identifizierung des Anmelders ist neben der genauen Bezeichnung erforderlich, dass seine konkrete Adresse angegeben wird.

61 Personen, die in Deutschland keinen Wohnsitz und keine Niederlassung haben, müssen in dem Antrag auf Eintragung zusätzlich zur Angabe der Anschrift (Straße, Hausnummer, Postleitzahl, Ort) den Staat und den Ortsnamen angeben, wobei der Ortsname zu unterstreichen ist, § 6 Abs. 1 S. 2 DesignV. Ein Vertreter ist nicht zwingend zu benennen (eine Vertreterpflicht besteht gemäß § 58 DesignG jedoch für die Teilnahme an Verfahren vor dem Deutschen Patent- und Markenamt, dem Bundespatentgericht und in bürgerlichen Rechtsstreitigkeiten, die das eingetragene Design betreffen).

62 c) **Wiedergabe des Designs.** Dem Eintragungsantrag muss eine **zur Bekanntmachung geeignete Wiedergabe des Designs** beigefügt werden. Eine Hinterlegung des Designs im Original ist möglich. Üblich ist eine Darstellung des Designs in Form eines Fotos oder einer grafischen Wiedergabe. Wenn die Bekanntmachung des Designs gem. § 21 Abs. Satz 1 DesignG aufgeschoben wird, kann gem. § 11 Abs. 2 Satz 2 DesignG ein flächenmäßiger Designabschnitt hinterlegt werden. Dann muss aber wiederum vom Anmelder gem. § 37 Abs. 2 DesignG eine Wiedergabe des Designs für die Bekanntmachung nachgereicht werden. Gemäß § 37 Abs. 1 DesignG wird Schutz nicht für das Erzeugnis selbst, sondern seine Erscheinungsform, also exakt das, was in der Abbildung wiedergegeben ist, begründet. Der Schutz des Designs richtet sich mithin danach, welche konkrete Form aus der Abbildung zu erkennen ist. Daher muss die Herstellung und Auswahl der beigefügten Fotos oder grafischen Darstellungen mit besonderer Sorgfalt vorge-

[62] www.dpma.de.

nommen werden.[63] Im Folgenden wird kurz erläutert, worauf bei der Darstellung der Designs zu achten ist.

aa) Fotografische und sonstige grafische Darstellungen. Im Gegensatz zu vielen anderen Rechtsordnungen steht es dem Anmelder in Deutschland frei, ob er das Design durch Fotos oder durch Grafiken sowie, abhängig vom beabsichtigen Schutzzweck, in schwarz/weiß oder in Farbe darstellen möchte. Welche dieser beiden Darstellungsweisen dabei vorzugswürdig ist, hängt in erster Linie von der Eigenart des dargestellten Designs ab. **Fotos** vermitteln in aller Regel einen besonders realistischen Eindruck des Designs. Der Nachteil von Fotos besteht darin, dass kontrastschwache Gestaltungselemente oftmals nicht deutlich genug hervorgehoben werden können. Ebenso können besonders kleine und filigrane Gestaltungselemente bei Fotos, die lediglich ein größeres Gesamterzeugnis darstellen, zu stark in den Hintergrund treten. 63

Grafische Darstellungen (wie etwa Strichzeichnungen, flächig angelegte Strukturen, Aufdrucke, fotokopierte Vorlagen, Drucke, farbige Einfassungen, typografische Schriftzeichen) haben den Vorteil, dass die wesentlichen Gestaltungselemente durch zeichnerische Mittel besonders deutlich hervorgehoben werden können. Sie haben gegenüber Fotos allerdings den Nachteil, dass die Darstellung der Gesamtheit aller Gestaltungselemente weniger gut möglich ist und die Realitätsnähe dadurch leidet. Dementsprechend eignen sich einfarbige Gegenstände mit homogener Oberfläche eher für eine grafische Darstellung. Demgegenüber ist bei mehrfarbigen, kontrastreichen Gegenständen eine fotografische Darstellung in aller Regel vorzugswürdig. 64

Praxistipp:

Unabhängig davon, ob die Darstellung fotografisch oder grafisch erfolgt, ist darauf zu achten, dass die Darstellung das Design so umfassend und so genau wie möglich wiedergibt. Zu diesem Zweck wird es in aller Regel ratsam sein, mehrere Darstellungen des Designs einzureichen.

Bei **zweidimensionalen Designs** (zB Tapeten, Tischdecken oder Bettwäsche) sind mehrere Darstellungen insbesondere dann ratsam, wenn eine einzige Darstellung nicht ausreicht, um die Details des Designs einerseits und den Gesamteindruck des Designs andererseits zu dokumentieren. In einem solchen Fall sollte eine **Großaufnahme** des Designs durch **Detailaufnahmen** ergänzt werden. Bei **dreidimensionalen Designs** sollten immer **mehrere Darstellungen** eingereicht werden. Eine vollständige Darstellung eines dreidimensionalen Designs erfordert im Prinzip acht Darstellungen: Sechs Darstellungen für jede Seite des Gegenstandes und zwei Ansichten von schräg unten bzw. schräg oben, die die Dreidimensionalität des Gegenstandes hervorheben. 65

Abgesehen von diesen allgemeinen Erwägungen bei der Anfertigung und Auswahl der geeigneten Darstellungen müssen diese ferner folgenden Anforderungen genügen: 66

- Pro Design können maximal 10 Abbildungen eingereicht werden, § 7 Abs. 1 S. 2 DesignV.
- Die Darstellung muss das Design deutlich und vollständig offenbaren. **Zusätze und Beiwerk** (bspw. Schattierung, Nummerierung, Beschriftung, weitere Gegenstände, etc.), die vom Design ablenken, sind aus der Darstellung zu **entfernen.** Ein **einheitlicher Hintergrund** soll die Erkennbarkeit des Designs fördern. In aller Regel wird das DPMA die Darstellung des Designs allerdings nicht schon deshalb zurückweisen, weil sie eine hinreichende Deutlichkeit und Vollständigkeit vermissen lässt,[64] sondern nur dann, wenn die Darstellung entweder überhaupt keine Gestaltungselemente erkennen lässt oder wenn offensichtlich ist, dass die Gestaltungselemente, die der Anmelder eigentlich offenbaren wollte, verborgen bleiben. Trotz dieser beschränkten Prüfung durch das Amt ist der Anmelder in eigenem Interesse gehalten, das Design so deutlich und vollständig wie möglich wiederzugeben. Sämtliche Gestaltungselemente, die sich der Darstellung nicht entnehmen lassen, haben am Schutzbereich des Designs keinen Anteil.[65]
- Bei der Anmeldung über DPMAdirektWeb oder DPMAdirektPro muss die Auflösung der elektronischen Darstellungen (JPEG-Format) mindestens 300 dpi und die Bildgröße mindestens 355 × 355 Pixel betragen. Die Größe einer Datei darf höchstens 2 MB betragen.

[63] Eichmann/Jestaedt/Fink/Meiser/Kühne/Meiser DesignG § 11 Rn. 23 ff.
[64] BPatG GRUR 1989, 751 – Kugelspiel; BPatG GRUR 1989, 750 – Fahrerhaus.
[65] OLG Köln, ZUM 2012, 52 – Cremetiegel bei QVC.

- Sämtliche Darstellungen müssen sich auf dasselbe Design beziehen. Sofern die dargestellten Designs nicht identisch sind, liegt in Wirklichkeit eine Sammelanmeldung nach § 12 Abs. 1 DesignG vor. Die früher in der Rechtsprechung vertretene sog. Schnittmengentheorie,[66] wonach die übereinstimmenden Merkmale die geschützte Grundform bildeten, hat der BGH mittlerweile aufgegeben, wenn und soweit ein Einzeldesign verschiedene Ausführungsformen eines Erzeugnisses mit unterschiedlichen Merkmalen zeigt.[67] So ist nach dem BGH ein (Einzel-) Design nichtig, wenn einer Anmeldung mehrere Darstellungen der Ausführungsform eines Erzeugnisses beigefügt sind, die unterschiedliche Merkmale der Erscheinungsform dieses Erzeugnisses zeigen, da dann der Schutzgegenstand nicht sichtbar wiedergegeben sei, sondern allein der Vorstellung des Betrachters überlassen würde.[68] Gegenstand des Designschutzes könnten allein die in der Anmeldung sichtbar wiedergegebenen Merkmale der Erscheinungsform eines Erzeugnisses sein, § 37 Abs. 1 DesignG. Aus der Einreichung voneinander abweichender Darstellungen lasse sich nicht widerspruchsfrei auf ein Design als einen einheitlichen Schutzgegenstand im Sinne des § 1 Nr. 1 DesignG schließen, sodass der Nichtigkeitsgrund des § 33 Abs. 1 Nr. 1 DesignG greife.[69] Mit dem Erfordernis eines eindeutig erkennbaren Schutzgegenstandes folgt der BGH der europäischen Rechtsprechung.[70] Wenn und soweit sich der Schutzgegenstand hingegen aus mehreren Gegenständen zusammensetzt, die ein einheitliches Erzeugnis (sog. Kombinationserzeugnis) bilden (bspw. aufgrund eines funktionalen Zusammenhangs der einzelnen Einzelgegenstände miteinander), kann Schutz für dieses einheitliche Erzeugnis im Wege der Registrierung eines Einzeldesigns beansprucht werden.[71]

67 *bb) Flächendesigns.* Gemäß § 11 Abs. 2 Satz 2 DesignG können zweidimensionale Designs, wenn ihre Bekanntmachung gem. § 21 Abs. 1 DesignG aufgeschoben werden soll, durch Einreichung des Designs selbst dargestellt werden, vgl. § 8 DesignV. Dementsprechend kann beispielsweise das Design von Tapeten, Tischdecken oder Textilien als solche eingereicht werden. Diese Möglichkeit kommt Anmeldern entgegen, die schnell und kostengünstig besonders viele Designs zunächst schützen wollen, von denen sie später nur einige verwenden möchten. Es erspart insbesondere die Anfertigung von fotografischen Darstellungen für die Bekanntmachung, was insgesamt zu erheblichen Kostenvorteilen führen kann.

68 Zu beachten ist jedoch, dass das Flächendesign nicht größer als 50 × 100 × 2,5 cm bzw. 75 × 100 × 1,5 cm sein darf und im Übrigen auf ein Format von DIN-A4 zusammengelegt werden können muss.

69 d) **Angabe des Erzeugnisses.** Im Antrag muss schließlich angegeben werden, **für welche Erzeugnisse** das Design genutzt werden soll. Dazu sind die einzelnen Waren entsprechend den Begriffen der Warenklassen der so genannten Locarno-Klassifikation zu benennen (angegeben werden soll mindestens ein Erzeugnis, nicht jedoch mehr als fünf Erzeugnisse, § 9 Abs. 2 S. 2 DesignV). Auf der Webseite des DPMA können Erzeugnisse über eine Suchmaschine gesucht werden. Die Klassifizierung dient dem Zweck, das Register insgesamt übersichtlicher zu gestalten und die Recherchierbarkeit einzelner Designs zu erleichtern. Durch die Angaben sämtlicher relevanter Warenklassen kann der Anmelder sicherstellen, dass sein Design bei entsprechenden Recherchen durch Dritte gefunden wird.

70 e) **Fakultative Angaben.** Neben diesen zwingenden Anforderungen können im Anmeldeantrag noch weitere (**fakultative) Angaben** gemacht werden. Diese sind teilweise in § 11 Abs. 5 DesignG aufgeführt:

- Zu der eingereichten Wiedergabe kann eine **Beschreibung des angemeldeten** Designs angefügt werden. Sie darf sich jedoch nur auf diejenigen Merkmale beziehen, die aus der Wiedergabe des Designs ersichtlich sind. Sie soll keine Angaben über die angebliche Neuheit oder Eigenart des Designs oder seinen technischen Wert enthalten.
- Der Anmelder hat ferner die Möglichkeit, auf sein **Interesse an einer Lizenzierung** des angemeldeten Designs hinzuweisen, § 3 Abs. 2 Nr. 7 DesignV. Ein solcher Hinweis wird zusammen mit dem angemeldeten Design eingetragen. Dritte Personen haben die Möglichkeit, nach entsprechenden Eintragungen im Register zu recherchieren, um sich anschließend mit einer Li-

[66] BGH GRUR 2001, 503 – Sitz-Liegemöbel; BGH GRUR 2012, 1139 – Weinkaraffe.
[67] BGH GRUR 2019, 832 – Sporthelm.
[68] BGH GRUR 2019, 832 (834) – Sporthelm.
[69] BGH GRUR 2019, 832 (834) – Sporthelm.
[70] EuGH BeckRS 2018, 1760 – Mast-Jägermeister.
[71] BGH GRUR-RS 2022, 9954 – Schneidebrett.

zenzanfrage an die entsprechenden Designinhaber zu wenden. Dabei ist die Eintragung dieses Hinweises für sich genommen nicht mit einer Verpflichtung zur späteren Eingehung einer Lizenz verbunden.

Auf weitere fakultative Angaben des Eintragungsantrages wird in den folgenden Absätzen jeweils im Zusammenhang näher eingegangen werden. 71

f) **Formell unzureichende Angaben.** Sofern der Anmelder zwingend vorgeschriebene Formalanforderungen nicht erfüllt, wird dies vom DPMA beanstandet und dem Anmelder die Möglichkeit der Korrektur gegeben (§ 16 Abs. 3 DesignG). Der Anmeldetag wird in diesen Fällen auf den Tag verschoben, an dem die Anmeldung auf Grund der Beanstandung ordnungsgemäß ergänzt wird. Zu den zwingenden Formalvoraussetzungen gehören alle oben genannten Voraussetzungen für einen wirksamen **Eintragungsantrag.** Eine Ausnahme gilt insofern nur für die Benennung eines Inlandsvertreters. Dieser kann ohne Einfluss auf die Priorität benannt werden. 72

In Bezug auf die **Darstellung** des Designs gehören die Einhaltungen der oben genannten Anforderungen wohl nicht zu den zwingenden Voraussetzungen. Gleichwohl sind auch hier unnötige Risiken zu vermeiden. 73

3. Sammelanmeldung

Gemäß § 12 Abs. 1 DesignG hat der Anmelder die Möglichkeit, mehrere Designs zu einer sogenannten „Sammelanmeldung“ zusammenzufassen. Eine solche Sammelanmeldung hat **zwei Vorteile.** Zunächst fasst sie sämtliche Designs in einem einheitlichen Anmelde-, Eintragungs- und Bekanntmachungsverfahren zusammen. Dies vermindert den **Verwaltungsaufwand** des Anmelders ganz erheblich. Noch entscheidender ist jedoch der **Kostenvorteil.** Die Gebühren einer Sammelanmeldung sind um ein Vielfaches niedriger als die Gebühren, die im Falle gesonderter Einzelanmeldungen fällig würden. Der Gebührenvorteil nimmt dabei mit steigender Anzahl der in einer Sammelanmeldung zusammengefassten Designs zu.[72] 74

Die Höchstzahl der innerhalb einer Sammelanmeldung zusammengefassten Designs beläuft sich (bei Anmeldung über DPMAdirektPro) auf 100 Stück. Werden mehr als **100 Designs** in einer Sammelanmeldung zusammengefasst, muss diese in zwei Sammelanmeldungen geteilt werden. Bei der Anmeldung über DPMAdirektWeb ist die Anzahl auf 20 Designs beschränkt. Die weiteren zusätzlichen formalen Vorgaben an die Sammelanmeldung lassen sich § 5 Abs. 2 DesignV entnehmen. 75

Nach dem Geschmacksmustergesetz war Voraussetzung für eine Sammelanmeldung, dass sämtliche von der Anmeldung umfassten Designs **einer Warenklasse** angehören Dieses Erfordernis einer einheitlichen Warenklasse wurde zwischenzeitlich abgeschafft. Gemäß § 12 DesignG können nun bis zu 100 verschiedene Designs unabhängig von ihrer Art der Ware angemeldet werden.[73] Damit unterscheidet sich die deutsche Sammeldesignanmeldung entscheidend von der unionsrechtlichen Regelung in Art. 37 Abs. 1 GGV, nach der alle Gemeinschaftsgeschmacksmuster der Sammelanmeldung derselben Locarno-Klasse zuzuordnen sein müssen. 76

Vor diesem Hintergrund eignen sich Sammelanmeldungen insbesondere für neue Kollektionen der Textilindustrie sowie für Produktfamilien. Zudem gewinnt das Sammeldesign für den Schutz verschiedener Ausführungsformen eines Erzeugnisses an Bedeutung. Nach der jüngeren Rechtsprechung des BGH ist es nicht mehr zulässig, einen einheitlichen Schutzgegenstand auf Grundlage der „Schnittmenge“ der allen Darstellungen gemeinsamen Merkmale zu ermitteln, soweit die gemeinsamen Merkmale in der Anmeldung nicht sichtbar wiedergegeben sind, sondern allein in der Vorstellung des Betrachters existieren.[74] Statt einer Einzelanmeldung ist vom Schutzsuchenden daher in diesem Fall eine Sammelanmeldung zu wählen, bei der jede Abbildung einer Ausführungsform jeweils ein Design darstellt. 77

4. Aufschiebung der Bekanntmachung

Gemäß § 21 Abs. 1 DesignG hat der Anmelder die Möglichkeit, bei Einreichung der Anmeldung einen Antrag auf Aufschiebung der Bildbekanntmachung zu stellen. Mit diesem Antrag wird erreicht, dass nach Anmeldung und Eintragung des Designs lediglich der Eintragungsantrag als 78

72 → Rn. 74 ff.
73 Schicker/Haug NJW 2014, 726 (727).
74 Siehe hierzu Rn. 59.

solcher veröffentlicht wird. Demgegenüber wird die Darstellung des Designs hinausgeschoben, und zwar bis zu maximal 30 Monate nach dem Datum der Anmeldung.

79 Auch diese Regelung wurde zum Zwecke der **Kostensenkung** für den Anmelder eingeführt. Die Kostenminderung ergibt sich dabei aus zwei Umständen. Zum einen ermäßigt sich die Anmeldegebühr auf etwa 40 % der für normale Anmeldungen üblichen Gebühr.[75] Zum anderen entfallen zunächst die Kosten für die Bekanntmachung.[76] Diesen Gebührenvorteil kann der Anmelder allerdings nur dann dauerhaft realisieren, wenn sich innerhalb des Zeitraums der Aufschiebung herausstellt, dass er an einem langfristigen Schutz bestimmter zunächst angemeldeter Designs kein Interesse hat. In diesem Fall kann er nämlich auf die anschließende Bekanntmachung einzelner Designs verzichten. Dann entfällt zwar der Schutz, es fallen aber auch keine weiteren Gebühren an. Stellt sich jedoch innerhalb dieser Zeit heraus, dass der Anmelder an den angemeldeten Designs ein langfristiges Interesse hat, wird er die Bekanntmachung innerhalb des Zeitraums von 30 Monaten beantragen. In diesem Fall muss er eine Erstreckungsgebühr von 40 EUR[77] nachzahlen, ggf. eine zur Reproduktion geeignete Wiedergabe des Designs nachreichen und im Übrigen die Bekanntmachungskosten tragen.[78]

80 Hieraus ergibt sich, dass eine Anmeldung unter Aufschiebung der Bildbekanntmachung nur dann zu Kostenvorteilen führt, wenn zwei Voraussetzungen vorliegen:

- Der Anmelder möchte eine größere Anzahl von Designs schnell anmelden und
- er kann bereits im Zeitpunkt der Anmeldung absehen, dass er langfristig nur an wenigen der angemeldeten Designs Interesse hat.

Praxistipp:

Diese beiden Voraussetzungen werden wohl am ehesten in der Textilindustrie vorliegen, bei der im Zeitpunkt der Schaffung einer Kollektion noch nicht klar ist, welche Modelle sich langfristig durchsetzen werden. In den meisten anderen Fällen sollte von der Möglichkeit einer Anmeldung unter Aufschiebung der Bildbekanntmachung nur ausgesprochen vorsichtig Gebrauch gemacht werden. Zudem ist in die Überlegungen stets das nicht eingetragene Gemeinschaftsgeschmackmuster gemäß Art. 11 GGV miteinzubeziehen, welches auch ohne Registrierung Nachahmungsschutz für drei Jahr bietet.

5. Beanspruchung einer Priorität

81 Gemäß § 27 Abs. 1 DesignG beginnt der Schutz des Designs mit der Eintragung in das Register. Dies stellt eine Veränderung gegenüber dem alten Recht dar, das für die Entstehung des Schutzes auf die Anmeldung abstellte. Dadurch, dass bei der Prüfung der Schutzvoraussetzungen wie auch für den Beginn der Schutzdauer weiterhin auf den Anmeldetag abgestellt wird (vgl. § 2 und 27 Abs. 2 DesignG), ergeben sich jedoch keine praktischen Änderungen aus dieser geänderten Dogmatik.

82 Der Anmelder hat die Möglichkeit, diesen Zeitpunkt nach vorne zu verlagern. Dies geschieht, technisch gesprochen, durch Beanspruchung einer anderweitigen „Priorität". Durch die Priorität wird der Zeitpunkt für die Prüfung der Schutzvoraussetzungen vorverlagert. Dieser Zeitpunkt ist dann allein entscheidend für die Frage der Neuheit und Eigenart des Designs. Dies ist besonders wichtig, wenn zwischen dem Prioritätszeitpunkt und dem eigentlichen Anmeldezeitpunkt Drittdesigns auf den Markt gekommen sind, die die Neuheit des angemeldeten Designs gefährden können.

83 Das Gesetz bietet dem Designinhaber zwei Möglichkeiten, sich auf eine frühere Priorität zu berufen. Zum einen kann er sich unter den Voraussetzungen des § 14 Abs. 1 DesignG auf das Datum einer vorausgehenden **ausländischen Designanmeldung** berufen. Im Übrigen besteht gemäß § 15 DesignG, welcher das *Ausstellungsgesetz* aus dem Jahre 1904[79] ablöst, die Möglichkeit, sich auf den Zeitpunkt einer **Ausstellung** zu berufen, auf der das fragliche Design bereits zur Schau gestellt wurde.

[75] Anlage zu § 2 Abs. 1 Patentkostengesetz, Nr. 341 400.
[76] Günther/Beyerlein DesignG § 21 Rn. 1.
[77] Anlage zu § 2 Abs. 1 Patentkostengesetz, Nr. 341 700.
[78] Günther/Beyerlein DesignG § 21 Rn. 11 ff.
[79] Gesetz betreffend den Schutz von Erfindungen, Mustern und Warenzeichen auf Ausstellungen vom 18.3.1904 RGBl. S. 141.

a) Priorität einer ausländischen Anmeldung. Gemäß § 14 Abs. 1 DesignG in Verbindung mit Art. 4 und Art. 4bis der *Pariser Verbandsübereinkunft* kann sich der Anmelder auf den Zeitpunkt einer früheren Anmeldung in einem anderen Mitgliedsland der Pariser Verbandsübereinkunft[80] berufen. 84

Vom Anmelder sind insgesamt vier Voraussetzungen zu erfüllen, um sich wirksam auf die Priorität einer ausländischen Anmeldung zu berufen.[81] 85

- Zunächst muss eine **ausländische Voranmeldung** vorliegen. Dabei kommen als Voranmeldungen nicht nur ausländische Designanmeldungen, sondern sämtliche Anmeldungen für gewerbliche Schutzrechte in Betracht. Dies gilt insbesondere für Patent- und Markenanmeldungen. Sollte der Anmelder also das gleiche Design im Rahmen einer ausländischen Patentanmeldung offenbart haben oder zum Gegenstand einer ausländischen Markenanmeldung gemacht haben, kann die Beanspruchung einer Priorität zugunsten einer deutschen Designanmeldung in Erwägung gezogen werden.
- Die deutsche Anmeldung muss innerhalb der von der Pariser Verbandsübereinkunft vorgesehenen Prioritätsfristen eingereicht werden. Sofern es sich bei der Erstanmeldung um eine Design- oder Markenanmeldung handelt, muss das deutsche Design innerhalb **von sechs Monaten** ab dem Zeitpunkt der ausländischen Voranmeldung angemeldet werden. Im Falle einer ausländischen Patentanmeldung verlängert sich der Prioritätszeitraum auf 12 Monate.
- Die deutsche Designanmeldung muss in Bezug auf Anmelder und Design mit der ausländischen Voranmeldung übereinstimmen. Es muss **personelle und sachliche Identität** vorliegen. Was die sachliche Identität angeht, wird wohl keine exakte Identität in Bezug auf die Darstellung des Designs verlangt werden können. Es muss vielmehr ausreichen, dass das dargestellte Design in Bezug auf sämtliche wesentlichen Merkmale übereinstimmt.
- Schließlich muss eine **Prioritätserklärung** innerhalb der von § 14 Abs. 1 DesignG genannten Frist eingereicht werden. Dementsprechend kann innerhalb von **16 Monaten**, die mit Einreichung der ausländischen Voranmeldung zu laufen beginnen, eine Prioritätserklärung für eine bestimmte Designanmeldung ein- bzw. nachgereicht werden. Diese Erklärung muss Zeit, Land und Aktenzeichen der früheren Anmeldung enthalten und eine Abschrift derselben beifügen. Die Abschrift muss dabei grundsätzlich nicht ins Deutsche übersetzt werden. Das DPMA hat jedoch die Möglichkeit, vom Anmelder eine Übersetzung in das Deutsche oder gegebenenfalls eine andere Sprache wie insbesondere Englisch zu verlangen. Sollte die Anmeldung, auf die sich die Prioritätserklärung bezieht, inzwischen schon eingetragen und bekannt gemacht worden sein, wird die Priorität im Register nachgetragen und im Designblatt veröffentlicht.

b) Beanspruchung einer Ausstellungspriorität. Gemäß § 15 Abs. 1 DesignG kann der Anmelder innerhalb eines Zeitraumes von sechs Monaten ab dem Zeitpunkt, in dem das Design auf der Ausstellung zur Schau gestellt wurde, die Priorität des Ausstellungszeitpunktes in Anspruch nehmen.[82] Zur Begründung dieser Priorität kommen allerdings nur solche Ausstellungen in Betracht, die der Bundesminister der Justiz vor ihrer Eröffnung im Bundesgesetzblatt als solche ausdrücklich bekannt gemacht hat. Dieses ist regelmäßig nur bei den großen nationalen oder internationalen Ausstellungen der Fall. Im Übrigen ist zu beachten, dass das fragliche Design auf der Ausstellung zielgerichtet der **Allgemeinheit präsentiert** worden sein muss. Eine Präsentation gegenüber vereinzelten Geschäftspartnern reicht demgegenüber zur Erhaltung der Ausstellungspriorität nicht aus.[83] 86

6. Kosten

Die Rechtsgrundlage für die Entstehung der Gebühren findet sich im Designgesetz. Die Höhe der Gebühren ergibt sich aus der Anlage zum *Patentkostengesetz*. Die Vorschriften zur Beitreibung von Kosten, Auslagen und Gebühren ergeben sich aus der *Verordnung über Verwaltungskosten beim Deutschen Patent- und Markenamt.* 87

Die relevanten Gebühren und Kosten sind nachfolgend aufgeführt. 88

[80] Praktisch alle relevanten Wirtschaftsstaaten mit Ausnahme Taiwans sind Mitglied der Pariser Verbandsübereinkunft.
[81] Eichmann/Jestaedt/Fink/Meiser/Kühne/Meiser DesignG § 14 Rn. 2 ff.; Bulling/Langöhrig/Hellwig/Müller/El Rn. 302 ff.
[82] Eichmann/Jestaedt/Fink/Meiser/Kühne/Meiser DesignG § 15 Rn. 2 ff.; Bulling/Langöhrig/Hellwig/Müller/El Rn. 317 ff.
[83] BGH GRUR 1983, 31 (32) – Klarsichtbecher.

- Die Gebühr für eine einfache Designanmeldung beläuft sich auf EUR 60,–, wenn die Anmeldung in elektronischer Form erfolgt und EUR 70,– bei einer Anmeldung in Papierform.[84] Die Anmeldegebühr für jedes Design einer Sammelanmeldung in elektronischer Form beläuft sich auf EUR 6,– mindestens jedoch auf EUR 60,–. Dementsprechend erhöht sich ab dem elften Design einer Sammelanmeldung die Gebühr um jeweils EUR 6,–. Bei einer Höchstzahl von 100 zulässigen Designs pro Sammelanmeldung ergibt sich eine Höchstgebühr in Höhe von EUR 600,–. Bei Sammelanmeldungen in Papierform erhöht sich die Gebühr für jedes Design auf EUR 7,–, mindestens EUR 70,– und dementsprechend auf maximal EUR 700,– bei 100 angemeldeten Designs in einer Sammelanmeldung.
- Für die Eintragung sowie die Übermittlung der Eintragungsurkunde wird, im Gegensatz zum Patent- und Markenrecht, keine Gebühr fällig.[85]
- Die Auslagenpauschale für die Bekanntmachung ist entfallen. Bei Aufschiebung der Bekanntmachung der Wiedergabe wird bei Einzelanmeldungen eine Gebühr von EUR 30,–, bei Sammelanmeldungen mit 45 Designs EUR 135,– fällig.
- Die Erstreckungsgebühr bei Einzelanmeldungen beträgt EUR 40,–, bei Sammelanmeldungen je eingetragenes Design EUR 4,–, mindestens jedoch EUR 40,–.

89 **7. Checkliste: Anmeldung**

1. Auswahl des richtigen Anmeldeformulars
   Zwingend:
   - Unterschriebener Antrag auf Eintragung gegenüber DPMA
   - genaue Bezeichnung des Anmelders
   - ggf. Bestellung eines Inlandsvertreters
   - zur Bekanntmachung geeignete Wiedergabe des Designs
   - Angabe der Erzeugnisse und der Warenklasse

   Fakultativ:
   - Beschreibung zur Erläuterung der Wiedergabe
   - Antrag auf Aufschiebung der Bildbekanntmachung
   - Angabe des Entwerfers/der Entwerfer
   - Beanspruchung einer anderweitigen Priorität
   - Bekundung eines Lizenzierungsinteresses

2. Darstellung des Designs
   - Wahl der Darstellungsart: Graphik oder Foto
   - dauerhafte und gut erkennbare Darstellung
   - drei übereinstimmende Darstellungen
   - Darstellung nicht kleiner als 3 × 3 cm

8. Verlängerung

90 Die Schutzdauer eines Designs beträgt fünf Jahre ab dem Zeitpunkt der Anmeldung (§ 27 Abs. 2 iVm § 28 Abs. 1 DesignG). Sie kann für jeweils fünf weitere Jahre bis zu einem Zeitraum von insgesamt 25 Jahren verlängert werden.

91 Die Verlängerung wird gemäß § 28 Abs. 1 DesignG durch Zahlung der Aufrechterhaltungsgebühr bewirkt. Ein weitergehender Antrag ist nicht erforderlich. Sofern keine Aufrechterhaltungsgebühr gezahlt wird, wird der Designinhaber frühestens zwei Monate nach Ablauf der Schutzdauer vom DPMA davon unterrichtet, dass die Eintragung im Register gelöscht wird, falls nicht innerhalb eines Zeitraumes von vier Monaten die Verlängerungsgebühr nebst Verspätungszuschlag von pauschal EUR 50,– gezahlt wird.

92 Die Verlängerungsgebühr beläuft sich auf EUR 90,– pro Design für den ersten Verlängerungszeitraum. Sie steigt auf EUR 120,– für den zweiten, auf EUR 150,– für den dritten und EUR 180,– für den vierten Verlängerungszeitraum.[86]

---

[84] Anlage zu § 2 Abs. 1 Patentkostengesetz, Nr. 341 000 und Nr. 341 100.
[85] Anlage zu § 2 Abs. 1 Patentkostengesetz, Nr. 341 200 und Nr. 341 300.
[86] Anlage zu § 2 Abs. 1 Patentkostengesetz, Nr. 342 1000, Nr. 342 200 und Nr. 342 300.

Besonders beachtlich ist, dass die Vergünstigung für Sammelanmeldungen bei der Verlängerung entfällt: Für jedes einzelne Design einer Sammelanmeldung ist eine Verlängerungsgebühr zu entrichten. Dementsprechend beläuft sich beispielsweise die erste Verlängerungsgebühr bei einer Sammelanmeldung, die aus 100 Designs besteht, auf insgesamt EUR 9.000.–. Durch diese ausgesprochen einschneidende Verschiebung der Gebührenstruktur soll der Inhaber einer Sammelanmeldung angehalten werden, genau zu prüfen, welche Designs noch eines Schutzes bedürfen und welche Designs verfallen können. 93

V. Übertragung und Lizenzierung

1. Übertragung

Ebenso wie andere gewerbliche Schutzrechte kann das Designrecht übertragen, also auf einen neuen Inhaber übergeleitet werden. Dies wird von § 29 Abs. 1 DesignG ausdrücklich festgestellt. Das Designrecht unterscheidet sich in diesem Punkt vom Urheberrecht, das auf Grund seiner engen Verbindung zum Urheber nicht in seiner Gesamtheit auf Dritte übertragen werden kann.[87] 94

Eine Übertragung ist in jedem Stadium der Entstehung des Designrechtes möglich. Soweit die Übertragung nach der Eintragung des Designs erfolgt, gehen auf den Erwerber sämtliche designrechtlichen Ansprüche einschließlich des Verbietungsrechts gemäß § 38 DesignG über. Vor der Übertragung vom Veräußerer erteilte Lizenzen bleiben gem. § 31 Abs. 5 DesignG von der Übertragung unberührt. 95

Sofern die Übertragung zwischen der Schaffung des Designs und seiner Eintragung erfolgt, geht jedenfalls das Benutzungsrecht gemäß § 7 Abs. 1 DesignG auf den Erwerber über. In diesem Fall erwirbt der Erwerber im Übrigen das Recht, das Design durch Eintragung zum Vollrecht erstarken zu lassen. Schließlich ist auch eine Übertragung künftiger Designs möglich. In diesem Fall geht das Recht am Design im Zeitpunkt seiner Schaffung auf den Erwerber über.[88] 96

a) Voraussetzungen. Die rechtsgeschäftliche Übertragung eines Designs richtet sich nach den allgemeinen Bestimmungen der §§ 398 ff., 413 BGB. Dementsprechend müssen für jede Übertragung zwei Voraussetzungen vorliegen: 97

- Der Veräußerer ist **Inhaber** des Designrechts oder zumindest zur Veräußerung ermächtigt und
- es liegt eine dingliche **Einigung** zur Übertragung des Designrechts vor.

In Bezug auf die Inhaberschaft bzw. die Ermächtigung des Veräußerers ergeben sich im Designrecht keine Besonderheiten gegenüber den allgemeinen Regeln des Sachenrechts. Insbesondere ist kein gutgläubiger Erwerb möglich. 98

Die dingliche Einigung beschränkt sich auf die übereinstimmenden Willenserklärungen des Veräußerers und Erwerbers, das Designrecht übergehen zu lassen. Dieser Wille ist gegebenenfalls durch Auslegung gemäß §§ 133, 157 BGB zu ermitteln. Dabei kann zB die Veräußerung des einzigen Werkstückes dafür sprechen, dass auf den Erwerber auch das diesbezüglich bestehende Designrecht übertragen werden soll. Ebenso liegt es bei Übertragung eines Betriebsteiles, in dem ein designrechtlich gestütztes Produkt gefertigt wird. Hier trifft § 29 Abs. 2 DesignG die Auslegungsregel, dass bei Übergang eines Unternehmens oder eines Teils des Unternehmens, zu dem das Design gehört, dieses im Zweifel vom Übergang erfasst wird. 99

Neben der Inhaberschaft und der Einigung sind für eine rechtswirksame Übertragung des Designrechts keine weiteren Voraussetzungen notwendig. Insbesondere bedarf es – im Unterschied zum Gemeinschaftsgeschmackmuster[89] – keiner Umschreibung des Designs. 100

b) Umschreibung. Obwohl die Umschreibung für die Übertragung des Designrechts nur deklaratorische und keine konstitutive Wirkung hat, ist es für den Erwerber ausgesprochen ratsam, sich im Register als neuer Inhaber eintragen zu lassen. Erst nach Eintragung als neuer Inhaber schützt den Erwerber die Fiktion der Berechtigung im Verfahren vor dem DPMA aus § 8 DesignG. 101

Das DPMA schreibt das Design auf den neuen Inhaber um, sofern schriftliche Nachweise für den Inhaberwechsel vorgelegt werden, § 29 Abs. 3 DesignG. Zu diesem Zweck sind dem DPMA 102

[87] → § 44 Rn. 18a.
[88] Günther/Beyerlein DesignG § 29 Rn. 4.
[89] BT-Drs. 15/1075 S. 46.

übereinstimmende Erklärungen des eingetragenen Inhabers und des Erwerbers vorzulegen. Werden die Erklärungen dem vom DPMA zur Verfügung gestellten Formblatt „Antrag auf Eintragung eines Rechtsübergangs" beigefügt, ist eine Beglaubigung der Erklärung oder der Unterschriften nicht erforderlich, vgl. § 28 Abs. 3 DPMAV. Üblicherweise wird zusammen mit dem vom Erwerber gestellten **Antrag** auf Umschreibung eine sog. **Bewilligungserklärung** des eingetragenen Rechtsinhabers vorgelegt. Sofern der eingetragene Inhaber den Antrag auf Umschreibung stellt, ist seinem Antrag eine sog. Annahmeerklärung des Erwerbers beizufügen. Diese Annahmeerklärung muss – da sie für den Erwerber lediglich rechtlich vorteilhaft ist – nicht im Original oder in Form einer beglaubigten Abschrift vorgelegt werden.

103 Bei der Umschreibung einzelner Designs einer Sammelanmeldung muss die Sammelanmeldung zunächst gem. § 12 Abs. 2 DesignG geteilt werden, bevor der abgetrennte Teil auf den neuen Inhaber umgeschrieben werden kann. In diesem Fall entfallen gem. § 12 Abs. 2 DesignG die Kostenvorteile einer Sammelanmeldung. Die Differenz zwischen den Anmeldegebühren der Sammelanmeldung und der Anmeldegebühren, die für die getrennte Anmeldung angefallen wären, muss nunmehr entrichtet werden. Diese Differenz richtet sich danach, ob nur ein oder mehrere Designs aus der Sammelanmeldung herausgelöst werden sollen. Eine darüber hinausgehende Gebühr für die Umschreibung fällt nicht an.

104 c) **Formulierungsvorschlag:** In der Praxis wird die Übertragungserklärung gemäß §§ 399, 413 BGB sowie die Bewilligungserklärung des Rechtsinhabers/Veräußerers zur Umschreibung oftmals in einer einheitlichen schriftlichen Erklärung zusammengefasst, die etwa folgendermaßen formuliert werden kann:

Formulierungsvorschlag:

Die X GmbH überträgt das unter der Nr. XYZ beim DPMA eingetragene Design vom … auf die Y GmbH und bewilligt die Umschreibung dieses Designs auf die genannte Gesellschaft.

105 Zum Zwecke der Vollständigkeit und um mögliche Einwendungen abzuschneiden, ist es darüber hinaus ratsam, dass eine solche Erklärung auch vom Erwerber mit dem Hinweis unterschrieben wird, dass er die Übertragung des betroffenen Designs annehme.

2. Lizenzierung

106 Das eingetragene Designrecht kann ebenso wie andere gewerbliche Schutzrechte oder das Urheberrecht lizenziert, also zur Nutzung überlassen werden, § 31 DesignG. Gegenstand der Lizenzierung ist die Herstellung und/oder die Verbreitung von designgeschützten Erzeugnissen. Die Einräumung der Lizenz bedarf keiner besonderen Form. In Bezug auf die Reichweite der Lizenz sollten die Parteien eine Regelung über unter anderem die folgenden Punkte treffen:

- **Produktgattung,** die gemäß dem eingetragenen Design gestaltet werden darf. So kann die Benutzung eines Flächendesigns beispielsweise auf die Verwendung für Textilien, Tischdecken oder Tapeten beschränkt werden. Eine Bezeichnung der betroffenen Produktarten ist selbst dann sinnvoll, wenn das registrierte Design sich bereits erkennbar auf ein ganz bestimmtes Produkt bezieht.
- **Zeitliche Beschränkung** der Lizenz oder Einräumung für die gesamte Schutzdauer des Designs.
- Das **Gebiet,** in dem die unter Lizenz hergestellte Ware vertrieben werden darf. Das Design kann Gegenstand von Lizenzen für das gesamte Gebiet oder einen Teil des Gebiets der Bundesrepublik Deutschland sein.
- **Beschreibung** der Gestaltung des unter Lizenz hergestellten Produktes. So mag sich die Lizenz beispielsweise auf Erzeugnisse beziehen, deren Gestaltung dem eingetragenen Design entspricht (Regelfall) oder aber auf irgendwelche Bearbeitungen desselben.
- **Ausschließliche** oder **einfache** Lizenz. Die ausschließliche Lizenz schließt – in den eingeräumten Grenzen – die Benutzung durch Dritte sowie die Benutzung durch den Inhaber aus. Sie gewährt dem Lizenznehmer darüber hinaus eigene Ansprüche, gegen Designverletzungen vorzugehen, wenn der Rechtsinhaber, nachdem er dazu aufgefordert wurde, innerhalb einer angemessenen Frist nicht selbst ein Verletzungsverfahren anhängig macht, § 31 Abs. 3 S. 2 DesignG.

Die Begrenzung der Rechteeinräumung im Rahmen eines Lizenzvertrages kann folgendermaßen formuliert werden:

Formulierungsvorschlag:

Die X GmbH ist Inhaber eines unter der Nr. … DPMA eingetragenen Designs vom … für Holzbleistifte in Form von stilisierten Kobraschlangen. Eine Kopie des Registerauszuges ist in Anlage A beigefügt.

Auf Grundlage dieses Designs räumt die X GmbH der Y GmbH ein einfaches, nicht übertragbares, nicht weiter lizenzierbares Recht ein, Holzbleistifte, die dem registrierten Design in Farb- und Formgebung entsprechen, herzustellen und im Wege des Versandhandels im ganzen Gebiet der Bundesrepublik Deutschland zu vertreiben.

In Ergänzung dieser Kernbestimmung eines Lizenzvertrages sollte der Lizenzvertrag folgende weitere Regelungen enthalten: 107

- Eine **Qualitätssicherungsklausel,** auf deren Grundlage der Lizenznehmer bestimmte Qualitätsstandards zusagt, deren Einhaltung der Lizenzgeber zu prüfen berechtigt ist;
- die für die Lizenzierung zu zahlende **Vergütung.** Dies geschieht üblicherweise in Form einer prozentualen Beteiligung am Nettoverkaufspreis oder durch die Gewährung einer ziffernmäßig bestimmten Summe pro verkauftem Erzeugnis;
- eine Verpflichtung des Lizenznehmers, die **Berechnungsgrundlage** der Lizenz **offen zu legen** und deren Richtigkeit auf Anfragen des Lizenzgebers zu dokumentieren;
- Regelung in Bezug auf die **Laufzeit** der Lizenz.

Gemäß § 31 Abs. 3 DesignG steht dem Lizenznehmer ein Klagerecht bei Verletzung des lizensierten Designs zu. Dieses ist von der Zustimmung des Rechteinhabers abhängig. Eine Ausnahme sieht § 31 Abs. 3 S. 2 DesignG für den ausschließlichen Lizenznehmer vor, der Klage einreichen kann, wenn der Rechtsinhaber nicht innerhalb angemessener Frist selbst Klage erhebt. 108

VI. Ansprüche und Durchsetzung

Gemäß § 38 Abs. 1 DesignG steht dem Designinhaber mit der Eintragung des Designs das Recht zu, gegen die Benutzung des Designs durch Dritte vorzugehen. Wie bei der Verletzung anderer gewerblicher Schutzrechte kann der Rechteinhaber einen Unterlassungsanspruch sowie ergänzende Ansprüche auf Schadensersatz, Herausgabe der ungerechtfertigten Bereicherung, Auskunftserteilung und der Vernichtung rechtsverletzender Erzeugnisse geltend machen. Außerdem kann der Erfinder von einem zu Unrecht eingetragenen Scheinberechtigten die Übertragung des Designrechts verlangen, § 9 Abs. 1 DesignG. 109

1. Unterlassungsanspruch

Dem Inhaber eines Designrechts steht gemäß § 42 Abs. 1 iVm § 38 Abs. 1 S. 1 DesignG ein umfassender Unterlassungsanspruch gegen die unbefugte Benutzung des Designrechts zu. Als zentraler Verletzungsanspruch gewährt der Unterlassungsanspruch einen Schutz mit absoluter **Sperrwirkung.** Danach kommt es auf die Kenntnis des Dritten vom Design nicht an, so dass dem Inhaber eines Designs ein Unterlassungsanspruch nicht nur gegen Nachahmungen zusteht, sondern auch gegen Verletzungen des Designs in dessen Unkenntnis. Sobald das Design eines Dritten in den Schutzbereich des eingetragenen Designs fällt, ist das eingetragene Design unabhängig von der Kenntnis des Dritten bei der Herstellung oder Benutzung verletzt.[90] 110

Eine Ausnahme besteht für Designs während der Phase der Aufschiebung der Bekanntmachung, bei denen nach § 38 Abs. 3 DesignG der Schutz auf Nachahmungen beschränkt bleibt. Der Unterlassungsanspruch ist an die folgenden vier Voraussetzungen geknüpft: 111

- Formell und materiell wirksames Designrecht
- Vorliegen eines anderen Designs, das beim informierten Benutzer keinen anderen Gesamteindruck erweckt
- Benutzung dieses anderen Designs
- Wiederholungs- oder Erstbegehungsgefahr

[90] Eichmann/Jestaedt/Fink/Meiser/Eichmann/Jestaedt § 38 Rn. 11; Stöckel/Fischoeder S. 622.

112 a) **Formell und materiell wirksames Designrecht.** Aus **formeller Sicht** ist entscheidend, dass das Design bereits beim DPMA im Register eingetragen ist. Erst dann beginnt der Schutz (§ 27 DesignG). Der Nachweis wird durch Vorlage eines Auszuges aus dem Designregister geführt.

113 Aus **materiellrechtlicher Sicht** ist für die Wirksamkeit des eingetragenen Designs erforderlich, dass es für den Entwerfer oder seinen Rechtsnachfolger besteht und im Übrigen neu und eigenartig ist (§ 2 Abs. 1 DesignG). Was den Nachweis eines Entwurfes angeht, kann sich der Anspruchsteller auf § 8 DesignG berufen. Danach gilt er in Verfahren, die das eingetragene Design betreffen, als berechtigt und verpflichtet. Im Gegensatz zum alten Recht ist § 8 DesignG als Fiktion der Berechtigung im Verfahren ausgestaltet. Das hängt damit zusammen, dass in § 9 Abs. 1 DesignG ein Anspruch des Entwerfers oder seines Rechtsnachfolgers auf Übertragung des Designs gegen den Nichtberechtigten, auf dessen Namen das Design eingetragen ist, eingeführt wurde.[91] Gleiches gilt im Ergebnis für die Frage der Neuheit und der Eigenart des Designs. Hier besteht gem. § 39 DesignG eine Vermutung, dass die materiellen Voraussetzungen für die Eintragung eines Designs vorliegen. Der Anspruchsgegner muss deshalb Gestaltungen vorlegen, auf deren Grundlage die Vermutungen der Neuheit und Eigenart des Designs widerlegt werden. Der Anspruchsteller muss lediglich die Eintragung des Designs auf seinen Namen im Register darlegen und ggf. beweisen.[92]

114 b) **Vorliegen eines ähnlichen oder identischen Designs.** Der Unterlassungsanspruch richtet sich gegen alle jüngeren Designs, die beim informierten Benutzer keinen anderen Gesamteindruck erwecken als das verletzte eingetragene Design, § 38 Abs. 2 S. 2 DesignG. Dabei wird gem. § 38 Abs. 2 S. 2 DesignG der Grad der Gestaltungsfreiheit des Entwerfers bei der Entwicklung des Designs berücksichtigt. Der Unterlassungsanspruch besteht also, wenn das geschützte Design einerseits und das angegriffene Design andererseits in ihrem ästhetischen Gesamteindruck aus Sicht eines informierten Benutzers übereinstimmen. Der ästhetische Gesamteindruck richtet sich dabei nach denjenigen Gestaltungsmerkmalen, die die Neuheit und Eigenart des geschützten Designs ausmachen Es soll auf die Perspektive eines mit einem gewissen Maß an Kenntnissen und Designbewusstsein ausgestatteten Durchschnittsbetrachters ankommen, der weder Laie noch Designexperte sein soll,[93] das Produkt aber entsprechend seines Zweckes verwendet.[94]

115 Basierend auf diesem Grundsatz vollzieht sich die Prüfung ob ein konkretes Design eine widerrechtliche Benutzung des eingetragenen Designs darstellt, in vier Schritten:

- Zunächst ist der **gestalterische Gesamteindruck** des geschützten Designs zu ermitteln. Maßgeblich für den Gesamteindruck sind dabei sämtliche Gestaltungsmerkmale, die zumindest auch einen gestalterischen Zweck erfüllen und die einen Beitrag zur Eigenart des Designs leisten. Dabei kann sich ergeben, dass der Gesamteindruck durch eine Reihe einzelner Gestaltungselemente, durch die Kombination der Gestaltungselemente, durch eine besondere Farbgebung oder durch die Kombination von Farb- und Formgebung geprägt wird. Gestaltungselemente, die rein technisch bedingt sind, die keinerlei ästhetische Wirkung entfalten oder die keine hinreichende Eigenart aufweisen, sind für die Bestimmung des Gesamteindruckes zwar nicht völlig außer Acht zu lassen, gleichwohl sind sie für die Prägung des Gesamteindruckes von untergeordneter Bedeutung.[95]
- Nach Ermittlung des gestalterischen Gesamteindruckes des geschützten Designs ist der **Schutzumfang** des Designs zu ermitteln. Der Schutzumfang richtet sich gem. § 38 Abs. 2 S. 2 DesignG nach dem Grad der Gestaltungsfreiheit des Entwerfers bei der Entwicklung seines Designs. Je eigentümlicher und origineller das Design ist, desto größer ist sein Schutzumfang. Bei hoher Designdichte und demnach minimaler Gestaltungsfreiheit sowie bei geringem Abstand der Designs zueinander ist der Schutzumfang geringer.[96] Da der Schutzumfang letztlich bestimmt, wie weit die designrechtlichen Ansprüche reichen, ist seine genaue Ermittlung oftmals von ent-

[91] BT-Drs. 15/1075 S. 36.

[92] Eichmann/Jestaedt/Fink/Meiser/Eichmann/Jestaedt § 39 Rn. 1 ff.

[93] EuGH GRUR Int. 2012, 43 (46) – PepsiCo; OLG Hamburg, Magazindienst 2008, 182 ff. – Handydesign; OLG Hamm InstGE 8, 233 ff. – Kaminofen (II); Eichmann/Jestaedt/Fink/Meiser/Eichmann/Jestaedt § 2 Rn. 22; Becker GRUR Int. 2012, 610 (611).

[94] EuG GRUR-RS 2019, 25336 – Tracheostomapflaster.

[95] BGH GRUR-RS 2018, 52233 – Fassadenplatten; BGH GRUR 1981, 269 – Haushaltsschneidemaschine II; BGH GRUR 2016, 803 (807) – Armbanduhr.

[96] Eichmann/Jestaedt/Fink/Meiser/Eichmann/Jestaedt § 2 Rn. 60; Stöckel/Fischoeder S. 583; OLG Düsseldorf WRP 2011, 614 (616 f.); BGH GRUR 2011, 1117 Rn. 35 – ICE.

scheidender Bedeutung für den Erfolg oder Misserfolg eines designrechtlichen Anspruches. Dabei liegt es im Interesse des Anspruchstellers, möglichst viele Indizien vorzutragen, die eine starke Eigenart und damit einen weiteren Schutzumfang des Designs begründen. In diesem Zusammenhang ist insbesondere von Vorteil, wenn durch Erwähnungen in der Fachpresse, durch Teilnahme an Designausstellungen oder durch die Beeinflussung der nachfolgenden Designentwicklung belegt werden kann, dass das geschützte Design zum Zeitpunkt seiner Schaffung eine besonders kreative Leistung war.

- Nach Ermittlung des Gesamteindruckes und dessen Schutzumfang ist das geschützte Design mit dem angegriffenen Design zu vergleichen.[97] Da es im Rahmen des § 38 Abs. 2 S. 1 DesignG im Wesentlichen auf die **Übereinstimmung im Gesamteindruck** beider Designs ankommt, empfiehlt es sich, die relevanten Gestaltungsmerkmale des geschützten Designs einerseits mit den Gestaltungsmerkmalen des angegriffenen Designs andererseits zu vergleichen.[98] Dieser Einzelvergleich darf aber nicht die Durchführung der Gesamtbewertung ersetzen.[99] Die Gesamtbewertung richtet sich im Wesentlichen nach dem Umfang der Übereinstimmung, der Bedeutung der übereinstimmenden Gestaltungsmerkmale und schließlich nach dem Schutzumfang des geschützten Designs. Allerdings ist den Gemeinsamkeiten nicht schon von selbst ein größeres Gewicht beizumessen als den Unterschieden.[100] Insoweit sind auch Unterschiede in Bezug auf die Abmessungen der beiden Designs oder in Bezug auf das verwendete Material unerheblich. In aller Regel scheitert das Vorliegen einer Nachbildung auch nicht an der Tatsache, dass das angegriffene Design für eine **andere Produktgattung** als das geschützte Design verwendet wird.[101] Auch ist der Schutz nicht auf Designs eines bestimmten Wirtschaftszweigs beschränkt.[102] So mag beispielsweise das für die Gestaltung von Tapeten hinterlegte Design auch gegen die Verwendung desselben Designs auf Tischdecken durchgesetzt werden. Etwas anderes gilt nur für den Fall, dass die Übertragung des Designs auf eine andere Produktgattung mit einer derart kreativen Leistung verbunden ist, dass sie zu einem neuen selbständigen Design und damit zu einer freien Bearbeitung führt. Dies wird jedoch nur selten der Fall sein

Das Vorliegen einer Nachbildung, was nach altem Recht die subjektive Kenntnis von dem Geschmacksmuster voraussetzte, ist nunmehr ausdrücklich nicht mehr erforderlich.[103] 116

Nur während der Dauer der Aufschiebung der Bekanntmachung nach § 21 Abs. 1 S. 1 DesignG muss für die Geltendmachung des Unterlassungsanspruchs zusätzlich eine Nachbildung vorliegen, § 38 Abs. 3 DesignG. In diesem Fall muss der Rechtsinhaber also die Kenntnis des Verletzers vom verletzten Design beweisen. Hieran muss bei dem Antrag nach § 21 Abs. 1 S. 1 DesignG gedacht werden. Die Beantragung eines Designs unter Aufschiebung der Bekanntmachung hat einen geringeren Schutzumfang. 117

c) **Benutzung.** Gemäß der nicht abschließenden Aufzählung in § 38 Abs. 1 DesignG schließt eine Benutzung insbesondere die Herstellung, das Anbieten, das Inverkehrbringen, die Einfuhr, die Ausfuhr, den Gebrauch eines Erzeugnisses, in das das Design aufgenommen oder bei dem es verwendet wird, und den Besitz eines solchen Erzeugnisses zu den genannten Zwecken ein. Ausweislich des Wortlautes „insbesondere" ist die Auflistung nicht abschließend. Auch die Wiedergabe des Designs, etwa in Werbemitteln, kann eine Designverletzung darstellen.[104] 118

Territorial ist der Schutz nach dem DesignG gemäß des Territorialprinzips auf Handlungen in Deutschland beschränkt. Bei einem ausländischen Angebot im Internet müssen Anhaltspunkte dafür vorliegen, dass sich dieses zumindest auch an deutsche Abnehmer richtet.[105] In einer solchen Konstellation sollte vom Verletzter stets ein Testkauf vorgenommen werden, um eine Lieferung nach Deutschland belegen zu können. 119

d) **Wiederholungs- und Erstbegehungsgefahr.** Schließlich setzt der Unterlassungsanspruch voraus, dass eine Wiederholungs- bzw. Erstbegehungsgefahr besteht. Eine Wiederholungsgefahr besteht, sofern es bereits zu einer Rechtsverletzung in der Vergangenheit gekommen ist. Zur Beseiti- 120

97 Eichmann/Jestaedt/Fink/Meiser/Eichmann/Jestaedt DesignG § 38 Rn. 16 ff.
98 BGH GRUR 2018, 832 (834) – Ballerina; OLG Hamm BeckRS 2011, 07903.
99 BGH GRUR 2019, 398 (401) – Meda Gate.
100 OLG Hamm BeckRS 2008, 07365 – Kaminofen.
101 BGH GRUR 1996, 57 (59) – Spielzeugautos; BGH GRUR 2010, 726 (728) – Vertrieb von Spielzeugmodellfahrzeugen.
102 EuGH GRUR 2017, 1244 – Duschabflussrinne.
103 BT-Drs. 15/1075 S. 52.
104 BGH GRUR 2011, 1117 Rn. 30 – ICE.
105 BGH GRUR 2020, 647 Rn. 29 – Club Hotel Robinson.

gung der Wiederholungsgefahr ist regelmäßig die Abgabe einer bedingungslosen und durch Vertragsstrafeversprechen in objektiv angemessener Höhe gesicherten Unterlassungserklärung erforderlich.[106] Eine Erstbegehungsgefahr erfordert konkrete und greifbare Anhaltspunkte, die nahe legen, dass eine Rechtsverletzung unmittelbar und ernstlich drohend bevorsteht.[107] Die Erstbegehungsgefahr wird mithin nicht vermutet, sondern muss positiv festgestellt werden.[108] Für die Beseitigung der Erstbegehungsgefahr genügt grundsätzlich ein „actus contrarius", also ein der Begründungshandlung entgegengesetztes Verhalten.[109]

2. Ergänzende Ansprüche

121 In Ergänzung zum Unterlassungsanspruch steht dem Designinhaber im Falle einer schuldhaften Rechtsverletzung ein Schadensersatzanspruch gem. § 42 Abs. 2 S. 1 DesignG zu. Darüber hinaus kann er gem. § 43 einen Anspruch auf Vernichtung und Herausgabe, gem. § 46 Abs. 1 einen Anspruch auf Drittauskunft und gem. § 47 Abs. 1 DesignG einen Anspruch auf Urteilsbekanntmachung geltend machen. Durch die Umsetzung der Durchsetzungsrichtlinie sind darüber hinaus weitere Ansprüche entstanden.

122 **a) Anspruch auf Schadensersatz.** Sofern der Nachahmende das Designrecht fahrlässig oder vorsätzlich verletzt hat, kann der Inhaber gem. § 42 Abs. 2 S. 1 DesignG einen Schadensersatzanspruch geltend machen.

123 Vorsätzliches Handeln liegt vor, wenn dem Nachahmenden bekannt ist, dass das nachgeahmte Design als eingetragenes Design geschützt ist und wenn er darüber hinaus zumindest billigend in Kauf nimmt, dass das von ihm hergestellte und vertriebene Erzeugnis in die Rechte des geschützten Designs eingreift. Demgegenüber scheidet Vorsatz in aller Regel aus, wenn der unbefugte Benutzer sich zuvor erkundigt hat, ob das von ihm hergestellte oder vertriebene Erzeugnis in die Rechte des geschützten Designs eingreift und er keinen Grund hatte, an dem ihm erteilten – positiven – Rechtsrat zu zweifeln.[110]

124 Für die Frage, wann Fahrlässigkeit vorliegt, ist zwischen dem Hersteller und dem Importeur einerseits und dem Händler andererseits zu unterscheiden.[111]

125 Den Händler trifft grundsätzlich keine Nachforschungspflicht in Bezug auf die Frage, ob ein von ihm gehandeltes Erzeugnis gegen Designrechte Dritter verstößt. Sofern keine konkreten Anhaltspunkte vorliegen, die eine Prüfung nahelegen, handelt derjenige, der ein designwidriges Erzeugnis lediglich vertreibt, nicht fahrlässig. Anders kann es sich bei dem Angebot einer großen Auswahl von Fremdprodukten verhalten, wenn sich bei der konkreten Ware die Möglichkeit eines Designschutz aufdrängt.[112] Unter gewissen Umständen kann von einem Fachhändler, anders als vom „Sortimenter", sogar eine eigene Prüfung der Schutzrechtslage erwartet werden.[113]

126 Hersteller und Importeur sind verpflichtet, sich zu erkundigen, ob das fragliche Erzeugnis in Designrechte Dritter eingreift. Es besteht dabei eine aktive Recherchepflicht nach voreingetragenen Designs. Sofern dem unbefugten Benutzer das voreingetragene Design bekannt war oder er dies auf Grund einer Recherche ermittelt hat, wird seine Fahrlässigkeit nicht dadurch ausgeschlossen, dass er unzutreffenderweise von einer fehlenden Verletzung ausging. Die Fahrlässigkeit kann nur dann ausgeschlossen sein, wenn er qualifizierten Rat eingeholt hat, an dessen Richtigkeit er keinen Grund zu zweifeln hatte.

127 Sofern die Voraussetzungen für einen Schadensersatzanspruch vorliegen, kann der Designinhaber zwischen drei Arten der Schadensberechnung wählen, die nach der Umsetzung der Durchsetzungsrichtlinie nunmehr klarstellend auch explizit in § 42 Abs. 2 DesignG geregelt sind: (1.) Der Herausgabe des Verletzergewinns (2.) der Erstattung des tatsächlich beim Rechtsinhaber eingetretenen Schadens – in concreto der entgangene Gewinn gemäß §§ 249, 252 BGB – sowie (3.) der Schadensberechnung nach Lizenzanalogie. In aller Regel sind die Herausgabe des Verletzerge-

[106] BGH GRUR 1996, 290 – Wegfall der Wiederholungsgefahr I; BGH GRUR 1983, 127 (129) – Vertragsstrafeversprechen.
[107] BGH GRUR 1992, 116 – Topfgucker-Scheck; BGH GRUR 1962, 34 – Torsana; BGH GRUR 2014, 382 (384) – REAL-Chips; BGH GRUR 2010, 838 (840) – Sowjetische Staatssymbole auf Bekleidungsstücken; BGH GRUR 2008, 912 (914) – Domainregistrierung; Eichmann/Jestaedt/Fink/Meiser/Eichmann/Jestaedt § 42 Rn. 31.
[108] BGH GRUR 2010, 838 Rn. 27 – DDR-Logo.
[109] BGH GRUR 2008, 912 Rn. 30 – Metrobus.
[110] BGH GRUR 1965, 198 (202) – Küchenmaschine; BGH GRUR 1958, 614 – Tonmöbel.
[111] Günther/Beyerlein DesignG § 38 Rn. 24.
[112] OLG Düsseldorf 8.12.2016 – 2 U 6/13 BeckRS 2016, 111011.
[113] BGH GRUR 2006, 575 Rn. 28 – Melanie.

winns und die Lizenzanalogie die vorteilhafteren Berechnungsarten, da es in der Regel für den Verletzten nicht möglich sein wird, eine Kausalität zwischen Designverletzung und Gewinneinbuße zu belegen. Dies ist jedoch Voraussetzung für das Bestehen eines Anspruches auf Erstattung des entgangenen Gewinns.

Die Berechnung des konkreten **Verletzergewinns** richtet sich nach den allgemeinen, für diese Schadensberechnung entwickelten Grundsätzen.[114] Der Anspruch auf Herausgabe des Verletzergewinns zielt auf einen billigen Ausgleich des Vermögensnachteils, den der verletzte Rechtsinhaber erlitten hat.[115] Der Verletzergewinn ist nur insoweit herauszugeben, als er auf der Verletzung beruht.[116] Der herauszugebende Schaden kann durch die Gemeinkosten reduziert sein – allerdings nur dann, wenn sie dem schutzrechtsverletzenden Gegenstand unmittelbar zugerechnet werden kann.[117] Der herauszugebende Verletzergewinn kann ferner durch die folgenden beiden Umstände reduziert werden: (1.) Das verletzende Erzeugnis ist keine identische Kopie, sondern eine lediglich mehr oder weniger ähnliche Nachahmung des geschützten Designs, und/oder (2.) die ästhetische Wirkung des verletzenden Erzeugnisses ist lediglich von untergeordneter Bedeutung für den Gesamtwert des Erzeugnisses. In beiden Fällen ist nicht davon auszugehen, dass der gesamte Gewinn ausschließlich aufgrund der Verletzung des eingetragenen Designs erzielt wurde.[118] 128

Auch in Bezug auf die Schadensberechnung in Form einer fiktiven **Lizenzgebühr** gelten im Designrecht die allgemeinen, für diese Berechnungsform entwickelten Grundsätze. Der Schadenberechnung liegt die Überlegung zugrunde, dass der Verletzte grundsätzlich nicht anders stehen soll, als ein vertraglicher Lizenznehmer, der eine Lizenzgebühr errichtet hätte. Bei der Festsetzung einer angemessenen Lizenzgebühr können branchenübliche Vergütungssätze und Tarife als Maßstab herangezogen werden. Der Prozentsatz dürfte im Regelfall zwischen 5 % und 10 % liegen. In besonderen Ausnahmefällen kann darüber hinaus auch ein höherer Prozentsatz gerechtfertigt sein.[119] Innerhalb dieses Rahmens richtet sich die Höhe der Lizenzgebühr im Wesentlichen nach vier Faktoren: (1.) Der Eigenart des verletzten Designs, (2.) dem Grad der Ähnlichkeit zwischen geschütztem Design und seiner Nachahmung, (3.) dem Wert, den die Erscheinungsform dem Gesamterzeugnis verleiht und (4) der Attraktivität und der Bekanntheit des Originalerzeugnisses. Dass das Design eventuell nur angeboten und noch nicht vertrieben wurde, kann eine Lizenzzahlung nicht ausschließen.[120] 129

b) **Anspruch auf Auskunft und Rechnungslegung.** Um dem Designinhaber zu ermöglichen, seinen Schadensersatzanspruch auf eine der genannten Arten zu berechnen steht ihm zunächst ein **Anspruch auf Auskunft und Rechnungslegung** zu. Der Anspruch auf Auskunftserteilung ist im Umfang der Verurteilung zur Unterlassung als im Immaterialgüterrecht gewohnheitsrechtlich anerkannter Hilfsanspruch zur Vorbereitung des Schadensersatzanspruchs nach § 242 BGB gegeben.[121] Der Anspruch auf Rechnungslegung richtet sich dabei auf Übergabe eines geordneten Verzeichnisses, in dem regelmäßig Preis und Menge der gelieferten Erzeugnisse sowie Preis und Menge der weiterverkauften Erzeugnisse aufzuführen sind. 130

c) **Anspruch auf Vernichtung.** Gemäß § 43 Abs. 1, 2 DesignG steht dem Rechtsinhaber ein Anspruch auf Vernichtung oder Überlassung der nachgeahmten Erzeugnisse zu. Vom Anspruch erfasst sind zudem auch etwaige Werbemittel, in denen das Design in Form einer Abbildung aufgenommen worden ist.[122] Durch die Umsetzung der *Durchsetzungsrichtlinie*[123] erstreckt sich der Anspruch auch auf die im Eigentum des Verletzers stehenden Materialien und Geräte, soweit diese „vorwiegend" zur Herstellung der designverletzenden Erzeugnisse dienen. Der Anspruch auf Vernichtung bzw. Überlassung reduziert sich jedoch auf einen Anspruch auf Änderung des 131

[114] Vgl. ausführlich zu Berechnung und Anforderungen des Schadensersatzanspruchs § 3 Rn. 136.
[115] BGH GRUR 1995, 349 (251) – Objektive Schadensberechnung.
[116] BGH GRUR 2007, 431 – Steckverbindergehäuse.
[117] BGH GRUR 2001, 329 ff. – Gemeinkostenanteil; LG München I BeckRS 2008, 09960 – Carrybag.
[118] Eichmann/Jestaedt/Fink/Meiser/Eichmann/Jestaedt § 42 Rn. 53 f.
[119] BGH GRUR 1993, 55 (58) – Tchibo/Rolex; EuGH GRUR 2016, 1043 (1046) – Hansson/Jungpflanzen; BGH GRUR-RS 2016, 20394 – Download eines Computerspiels; BGH GRUR-RS 2016, 20395 – Download eines Kinofilms; BGH NJW 2017, 78 (86) – Everytime we touch; BGH GRUR 2016, 860 (862) – Deltamethrin II; BGH GRUR 2016, 725 (726 f.) – Pippi-Langstrumpf-Kostüm II; BGH NJW 2016, 942 (948) – Tauschbörse I; BGH GRUR 2016, 184 (188) – Tauschbörse II.
[120] BGH GRUR 2006, 143 (146f) – Catwalk; BGH BeckRS 2010, 28285.
[121] BGH GRUR 2010, 738 Rn. 41 – Peek & Cloppenburg.
[122] BGH GRUR 2016, 803 Rn. 58 – Armbanduhr.
[123] Richtlinie 2004/48/EG vom 29. April 2004, ABl. 157 vom 30. April 2004, S. 45 ff.

nachahmenden Erzeugnisses, sofern die Vernichtung bzw. Überlassung unverhältnismäßig wäre und die Rechtsverletzung auch auf andere Weise beseitigt werden kann, § 43 Abs. 3 DesignG. Diese Voraussetzungen sind insbesondere dann erfüllt, wenn lediglich ein abtrennbarer Teil eines Erzeugnisses für die Rechtsverletzung verantwortlich ist, und der verbleibende Teil des Erzeugnisses nach Abtrennung des rechtsverletzenden Elements keine Erinnerung an den rechtswidrigen Zustand wachruft. Neben dem Anspruch auf Vernichtung bestehen nach der Umsetzung der Durchsetzungsrichtlinie auch weitergehende **Ansprüche** der Verletzten **auf Rückruf** sowie **auf ein endgültiges Entfernen** aus den Vertriebswegen, die jedoch ebenso unter dem Vorbehalt der Verhältnismäßigkeit stehen.

132 d) **Anspruch auf Drittauskunft.** Der in § 46 DesignG geregelte Anspruch auf Drittauskunft soll dem Verletzten die Aufdeckung der Quellen und Vertriebswege schutzrechtsverletzender Erzeugnisse ermöglichen. Nach Abs. 1 kann der Designinhaber Auskunft über Herkunft und Vertriebsweg der Erzeugnisse verlangen, solange dies nicht unverhältnismäßig ist. Der Verletzer muss gem. Abs. 2 Angaben zu Namen und Anschrift des Herstellers, des Lieferanten und anderer Vorbesitzer des Erzeugnisses, des gewerblichen Abnehmers oder Auftraggebers sowie über die Menge der hergestellten, ausgelieferten, erhaltenen oder bestellten Erzeugnisse machen. Nach der Rechtsprechung hat der Rechtsinhaber in der Regel auch einen Anspruch auf Vorlage schriftlicher Belege zum Nachweis des Lieferanten.[124] Durch die Umsetzung der Durchsetzungsrichtlinie wird der Anspruch unter anderem auf Auskünfte der Preise erstreckt, der auskunftsverpflichtete Personenkreis wird erweitert auf Personen, die im gewerblichen Ausmaß rechtsverletzende Erzeugnisse in ihrem Besitz hatten, die rechtsverletzende Dienstleistungen in Anspruch nahmen, für rechtsverletzende Tätigkeiten Dienstleistungen erbrachten oder nach den Angaben einer der drei vorgenannten Personen daran beteiligt waren.

133 e) **Anspruch auf Vorlage von Urkunden oder Besichtigung einer Sache.** § 46a DesignG regelt bei hinreichender Wahrscheinlichkeit einer Designrechtsverletzung einen Anspruch gegen den vermeintlichen Rechtsverletzer auf Vorlage von Urkunden oder Besichtigung von Sachen, die sich in seiner Verfügungsgewalt befinden, sofern dies zur Begründung des Anspruchs erforderlich ist. Bei Verletzungen in gewerblichem Ausmaß erstreckt sich der Anspruch auch auf die Vorlage von Bank-, Finanz- und Handelsunterlagen. Darüber hinaus hat der Designinhaber auch dann einen Anspruch auf Vorlage von Bank-, Finanz- und Handelsunterlagen, wenn dies zur Durchsetzung von Schadensersatzansprüchen erforderlich ist. Bei vertraulichen Unterlagen hat das Gericht die erforderlichen Maßnahmen zur Wahrung der Vertraulichkeit zu treffen. Der Anspruch ist auch im Wege des einstweiligen Rechtsschutzes durchsetzbar. Flankiert wird der vorgenannte Anspruch auf Urkundenvorlage durch die Regelungen des § 46b DesignG zur Sicherung des Schadensersatzanspruches, auf dessen Grundlage der Verletzte unter bestimmten Voraussetzungen einen Arrest zur Sicherung seiner Forderungen erwirken kann.

134 f) **Anspruch aus ungerechtfertigter Bereicherung.** Sofern es dem Designinhaber nicht gelingt, ein schuldhaftes Verhalten des Verletzers nachzuweisen, scheidet ein Schadensersatzanspruch gemäß § 42 Abs. 1 DesignG aus. In diesem Fall kann sich der Inhaber allerdings auf einen Anspruch aus ungerechtfertigter Bereicherung gemäß §§ 812 ff. BGB berufen. Auf dieser Grundlage kann der Inhaber Herausgabe des Verletzergewinns oder Zahlung einer fiktiven Lizenzgebühr verlangen.

3. Durchsetzung designrechtlicher Ansprüche

135 In Bezug auf die Durchsetzung designrechtlicher Ansprüche kann zwischen der **gerichtlichen** und der **außergerichtlichen** Durchsetzung unterschieden werden. Die außergerichtliche Durchsetzung kann auf zweierlei Arten eingeleitet werden, nämlich durch eine **Berechtigungsanfrage** beim Verletzer oder durch eine **Abmahnung.** Im Falle ihres Erfolges endet die außergerichtliche Durchsetzung mit der Abgabe einer strafbewehrten Unterlassungsverpflichtungserklärung seitens des Verletzers (sowie der Erfüllung ergänzender geschmacksmusterrechtlicher Ansprüche). Demgegenüber wird eine gerichtliche Durchsetzung entweder durch **Antrag auf Erlass einer einstweiligen Verfügung** oder sogleich durch Einreichung einer **Klage** eingeleitet. Im Folgenden soll kurz auf den wesentlichen Inhalt sowie auf die Vor- und Nachteile dieser vier Formen der Rechtsdurchsetzung eingegangen werden.

[124] OLG Karlsruhe GRUR-RS 2019, 2116 – Gießpfanne; BGH GRUR 2003, 433 (434) – Cartier-Ring; OLG Karlsruhe GRUR 1995, 772 – Selbständiger Auskunftsanspruch.

a) **Berechtigungsanfrage.** Mit der Berechtigungsanfrage erkundigt sich der Designinhaber beim mutmaßlichem Verletzer, auf Grund welcher Umstände sich dieser für berechtigt hält, ein Erzeugnis herzustellen oder zu vertreiben, das in seiner Gestaltung mit dem geschützten Design übereinstimmt. Im Gegensatz zur Abmahnung enthält die Berechtigungsanfrage keine Aufforderung, die Produktion oder den Vertrieb des fraglichen Erzeugnisses einzustellen. Der Grund, zunächst auf eine solche Unterlassungsaufforderung zu verzichten, besteht in dem Haftungsrisiko, das mit einer förmlichen Abmahnung verbunden ist: Eine unberechtigte Abmahnung kann den Abmahnenden unter dem Gesichtspunkt des Eingriffs in den eingerichteten und ausgeübten Gewerbebetrieb des Abmahnungsadressaten im Sinne des § 823 Abs. 1 BGB zum Schadensersatz verpflichten.[125] 136

Gerade im Bereich des Designrechts wird häufig davon Gebrauch gemacht, der Abmahnung eine solche Berechtigungsanfrage vorzuschalten. Diese Vorsicht wird dadurch gerechtfertigt, dass das Design seitens des DPMA ohne Prüfung der materiellen Schutzvoraussetzungen (Inhaberschaft, Neuheit und Eigenart) eingetragen wird. Der Designinhaber kann sich also kaum sicher sein, dass sein Design im Falle einer ernsthaften Auseinandersetzung tatsächlich Bestand haben wird. Insbesondere vermag er oftmals nicht abzuschätzen, ob der mutmaßliche Verletzer sich nicht auf ein älteres Design berufen kann, das die Neuheit des eigenen Designs zerstören kann. Diese Unsicherheit wurde durch die Einführung des nicht eingetragenen Gemeinschaftsgeschmacksmusters noch verstärkt. Bei Verwarnungen aus in ihrer Schutzfähigkeit ungeprüften Designs wird von dem Verwarner ein höheres Maß an Nachprüfung verlangt als bei einem Vorgehen aus geprüften Schutzrechten, wie der eingetragenen Marke.[126] 137

Besondere Vorsicht ist bei einem Vorgehen gegen einen Abnehmer geboten, da in diesem Fall ein höherer Sorgfaltsmaßstab als bei einer Inanspruchnahme des Herstellers gilt.[127] 138

Praxistipp:

Vor diesem Hintergrund sollte von der Berechtigungsanfrage immer dann Gebrauch gemacht werden, wenn das Risiko niedrig gehalten werden soll und auf eine umgehende Rechtsdurchsetzung verzichtet werden kann. Ein hiermit verbundener Nachteil gegenüber der Abmahnung ist, dass ein Anspruch auf Kostenerstattung für die Berechtigungsfrage nicht besteht.

Die Berechtigungsanfrage sollte dabei folgenden Inhalt aufweisen: 139

- Hinweis auf die Designeintragung nebst Fotokopie der Bekanntmachung;
- Beschreibung derjenigen Gestaltungsmerkmale, die für den Gesamteindruck des Designs entscheidend sind;
- Beschreibung der wesentlichen Gestaltungsmerkmale des gegnerischen Erzeugnisses;
- Hinweis auf die Übereinstimmung des geschützten Designs und des gegnerischen Erzeugnisses;
- Aufforderung zur eigenen Berechtigung an dem fraglichen Design Stellung zu nehmen;
- Fristsetzung zur Stellungnahme.

b) **Abmahnung.** Mit der Abmahnung wird der mutmaßliche Verletzer verbindlich aufgefordert, die Herstellung oder den Vertrieb des fraglichen Erzeugnisses einzustellen und eine strafbewehrte Unterlassungsverpflichtungserklärung abzugeben. Die Abmahnung wird entweder im Anschluss an eine ergebnislos verlaufene Berechtigungsanfrage oder zur Eröffnung des außergerichtlichen Verfahrens versendet. Das außergerichtliche Verfahren umgehend mit einer Abmahnung zu eröffnen, ist insbesondere dann sinnvoll, wenn sich der Abmahnende in Bezug auf die Schutzfähigkeit des Designs – etwa durch eine stets gebotene eigene Recherche nach dem vorbekannten Formenschatz – sicher ist und/oder eine zeitaufwendigere Korrespondenz im Gefolge der Berechtigungsanfrage vermieden werden soll. 140

[125] BGH GRUR 2018, 832 (839) – Ballerina; BGH GRUR 2005, 882 (884) – Unberechtigte Schutzrechtsverwarnung; BGH GRUR 2011, 995 (998) – Anforderungen an wirksame Schutzrechtsverwarnung; BGH GRUR 2016, 630 (632 f.) – Unberechtigte Schutzrechtsverwarnung II; BGH GRUR 2006, 432 – Verwarnung aus Kennzeichenrecht II; BGH GRUR 1979, 332 (334) – Brombeerleuchte

[126] BGH GRUR 1979, 332 (336) – Brombeerleuchte

[127] BGH GRUR 2018, 832 (839) – Ballerina.

141 Die Abmahnungserklärung sollte im Wesentlichen den folgenden Inhalt haben:
- Hinweis auf die Designeintragung nebst Fotokopie der Bekanntmachung;
- Beschreibung derjenigen Gestaltungsmerkmale, die für den Gesamteindruck des Designs entscheidend sind;
- Beschreibung der wesentlichen Gestaltungsmerkmale des gegnerischen Erzeugnisses;
- Hinweis auf die Übereinstimmung des geschützten Designs und des gegnerischen Erzeugnisses durch Gegenüberstellung der den jeweiligen Gesamteindruck bestimmenden Merkmale;
- Aufforderung, den Vertrieb oder die Herstellung des fraglichen Erzeugnisses umgehend einzustellen;
- Aufforderung, eine strafbewehrte Unterlassungsverpflichtungserklärung abzugeben;
- Fristsetzung zur Abgabe der Unterlassungsverpflichtungserklärung.

142 Obwohl dies nicht zwingend notwendig ist, dient es der Beschleunigung des Verfahrens, der Abmahnung den Entwurf einer Unterlassungsverpflichtungserklärung beizufügen. Um dabei dem Interesse des Anspruchsstellers auf eine möglichst weitgefasste und abstrakt formulierte Erklärung genüge zu tun, bietet sich eine Kombination von wörtlicher Beschreibung und bildlicher Darstellung an, bei der die bildliche Darstellung lediglich als Beispielsfall der wörtlichen Beschreibung fungiert. Dies kann etwa in Form der folgenden Erklärung geschehen:

Formulierungsvorschlag:

143 Hiermit verpflichtet sich die X GmbH gegenüber der Y GmbH, es bei Meidung einer für jeden Fall der schuldhaften Zuwiderhandlung fälligen Vertragsstrafe in Höhe von EUR 5.100,– zu unterlassen, hölzerne Serviettenringe, die die folgenden Gestaltungsmerkmale aufweisen, zum Zwecke der gewerblichen Verbreitung herzustellen, anzubieten und/oder zu verbreiten:
- schwarz/weiße Kuhfleckenbemalung und
- plastisches Schnitzwerk in Form von in sich verschlungenen Kuhleibern, die sich um den Serviettenring winden;

insbesondere sofern es sich um Serviettenringe der folgenden Abbildung handelt:

144 c) **Antrag auf Erlass einer einstweiligen Verfügung.** Im Designrecht ist die Beantragung einer einstweiligen Verfügung mit erheblichen Risiken verbunden. Dies ergibt sich wiederum aus dem Umstand, dass das Design vor seiner Eintragung nicht auf seine materielle Schutzfähigkeit hin überprüft wird. Sollte sich im Laufe des Verfügungsverfahrens oder eines anschließenden Hauptsacheverfahrens herausstellen, dass die Verfügung auf einem unwirksamen Design basiert (oder aus einem anderen Grund unbegründet oder unzulässig ist) ist der Antragsteller zur Leistung von Schadensersatz verpflichtet (§ 945 ZPO). Dementsprechend ist im Bereich des Designrechts genauer als in anderen Bereichen des gewerblichen Rechtschutzes zu prüfen, ob das Risiko eines umgehenden Verfügungsverfahrens getragen werden kann. Dies setzt im Allgemeinen voraus, dass der Antragsteller in Bezug auf den Bestand seines Designrechts sicher ist oder dass er im Übrigen die mutmaßliche Rechtsverletzung so schnell wie möglich und ohne jede weitere Zwischenschritte unterbinden möchte.

145 Bei der Begründung der einstweiligen Verfügung ist darauf zu achten, auch diejenigen Umstände glaubhaft zu machen, für die der Antragsteller letztlich nicht beweispflichtig ist. Insbesondere sollte also zur Inhaberschaft, zur Neuheit und zur Eigenart des geltend gemachten Designs vorgetragen und Mittel zur Glaubhaftmachung vorgelegt werden. Hintergrund ist, dass das Gericht die einstweilige Verfügung im einseitigen Verfahren nur dann erlassen wird, wenn es eine gewisse Sicherheit hat, dass das geltend gemachte Design nicht zu Fall gebracht werden kann. Bereits im Antrag sollte daher der relevante vorbekannte Formenschatz dem Gericht aufgezeigt werden, wenngleich gemäß § 39 DesignG eine widerlegbare Vermutung für die Neuheit und Eigenart des Designs gilt. Gemäß der ausdrücklichen Klarstellung in § 52a Satz 2 DesignG kann sich der Antragsgegner im einstweiligen Verfügungsverfahren (anders als im ordentlichen Klageverfahren) allerdings auf den fehlenden Rechtsbestand des Designs berufen. Im ordentlichen Klageverfahren ist nach § 52a Satz 1 DesignG ein Berufen auf die fehlende Rechtsgültigkeit des Designs nur durch Erhebung einer Widerklage auf Erklärung der Nichtigkeit möglich. Gleichzeitig kann ein entsprechender Antrag beim DPMA gemäß § 34 DesignG gestellt werden.

Wie bereits bei der Formulierung der Unterlassungserklärung sollte im Antrag neben der abstrakten Umschreibung der die Verletzungsform prägenden Merkmale durch Abbildungen auch eine Bezugnahme auf die konkrete Designverletzung erfolgen oder von Anfang an auf diese beschränkt werden. 146

Weiter ist zu beachten, dass in designrechtlichen Verfügungsverfahren die Eilbedürftigkeit der Angelegenheit vom Antragsteller dargelegt werden muss. Eine analoge Anwendung der Dringlichkeitsvermutung des § 12 Abs. 2 UWG kommt nicht in Betracht.[128] Gleiches dürfte auch für die Dringlichkeitsvermutung des § 140 Abs. 3 Markengesetz gelten. 147

d) Klageerhebung. Die Einleitung eines Hauptsacheverfahrens durch Klageerhebung ist dann geboten, wenn eine der nachfolgenden Voraussetzungen vorliegt: 148

- Einem Antrag auf Erlass einer einstweiligen Verfügung fehlt es an der nötigen Eilbedürftigkeit;
- Das Verfügungsverfahren hat nicht zum gewünschten Erfolg oder zur endgültigen Klärung der Angelegenheit geführt;
- Das mit einer einstweiligen Verfügung verbundene Risiko soll nicht eingegangen werden und
- durch gleichzeitige Beantragung einer einstweiligen Verfügung und Erhebung einer Hauptsacheklage soll der Kostendruck auf den Antragsgegner gesteigert werden.

Bei der Klageerhebung ist besonderes Augenmerk auf die Formulierung des Klageantrages zu richten.

Im Regelfall sollte der Klageantrag gegen eine mutmaßliche Verletzung die folgenden Punkte enthalten: 149

- Unterlassungsantrag unter hinreichend konkreter Beschreibung des nachahmenden Erzeugnisses;
- Aufforderung zur Erteilung einer Drittauskunft;
- Antrag auf Rechnungslegung;
- Antrag auf Feststellung der Schadensersatzverpflichtung; in der Praxis ist es üblich, die Frage über die konkrete Höhe des Schadensersatzes in einem zweiten, nachgelagerten Verfahren zu klären.

Der Unterlassungsantrag kann dabei insgesamt folgendermaßen formuliert werden: 150

Formulierungsvorschlag:

Die Beklagte wird verurteilt, es bei Meidung eines Ordnungsgeldes in Höhe bis zu EUR 250 000,–, an dessen Stelle im Falle der Uneinbringlichkeit eine Ordnungshaft bis zu sechs Wochen tritt, oder eine Ordnungshaft bis zu sechs Monaten, zu unterlassen, hölzerne Serviettenringe herzustellen, anzubieten und/oder in den Verkehr zu bringen, die durch die folgenden Gestaltungsmerkmale charakterisiert sind:

- Schwarz/weißes Kuhfleckenmuster und
- Schnitzwerk von in sich verschlungenen Kuhleibern, die sich um den Serviettenring winden,

insbesondere gemäß folgender Darstellung:

[128] OLG Hamm WRP 1992, 800 (801).

§ 43 Internationales Designrecht

Übersicht

I. Einleitung

1 Produkte, die ausschließlich innerhalb der deutschen Landesgrenzen vertrieben werden, trifft man nur noch selten. In aller Regel besteht zumindest ein gewisser Auslandsbezug. In einigen Fällen wird sich der Auslandsbezug auf den Grenzhandel oder auf den Vertrieb im deutschsprachigen Raum beschränken. Viele industriell hergestellte Güter werden jedoch inzwischen global über die Grenzen der Kontinente hinweg vertrieben. Damit stellt sich die Frage rund um den Schutz der Produktgestaltung auf internationaler Ebene:

- Wie wird sichergestellt, dass ein Design in allen Ländern und Regionen Schutz genießt, in denen es vertrieben wird?
- Wo und wie kann gegen Verletzungen des geschützten Designs vorgegangen werden?
- Wie wird sichergestellt, dass das eigene Design nicht geschützte Rechte dritter Unternehmen verletzt?

2 Die Antworten auf diese Frage liefert das internationale Designrecht.

3 Den Ausgangspunkt für jedes Verständnis des internationalen Designrechts bildet der **Territorialitätsgrundsatz:** Ebenso wie andere gewerbliche Schutzrechte werden Designrechte von den einzelnen Nationalstaaten erteilt. Entsprechend ihrer Natur als nationale Rechte beschränkt sich ihr Schutz auf das Gebiet desjenigen Staates, der das Designrecht erteilt hat. Schutz von Designs über die Grenzen eines Staates hinweg lässt sich auf dieser Grundlage nur erzielen, wenn man in den einzelnen Staaten, die für den Produktabsatz von Interesse sind, parallele nationale Designrechte erwirkt. Auf dieser Grundlage kann ein Bündel von Rechten geschnürt werden, die insgesamt das jeweils relevante geographische Gebiet abdecken.

4 Obgleich sich durch die Bündelung nationaler Rechte ein flächendeckender Schutz erreichen lässt, macht kaum ein Unternehmen von dieser Möglichkeit umfassend Gebrauch. Zu groß sind die hiermit verbundenen Nachteile. Ein gewichtiger Nachteil sind zunächst die ganz erheblichen Kosten, die mit der Ansammlung nationaler Rechte entstehen (Anmeldegebühren, Veröffentlichungsgebühren, Rechtsberatungskosten, etc. in jedem einzelnen Land). Im Übrigen ist der erhebliche Zeitaufwand, der mit der Betreuung und Steuerung von Designanmeldungen in mehreren Ländern verbunden ist, in Rechnung zu stellen. Diese Schwierigkeiten haben in der Vergangenheit dazu geführt, dass Unternehmen, die schnelllebige Konsumgüter herstellen (Modeindustrie, Spielzeugindustrie, etc.) kaum jemals flächendeckenden Designschutz angestrebt haben. Aber auch Unternehmen mit langlebigeren Produkten (Autoindustrie, Elektronikindustrie, etc.) haben sich auf den Designschutz in zentralen Absatzmärkten beschränkt.

II. Internationale Verträge

5 Zur Überwindung der Nachteile, die mit dem Territorialitätsgrundsatz einhergehen, sind eine Reihe von internationalen Verträgen geschlossen und zwischenstaatliche Regelungswerke geschaffen worden. Dabei lassen sich zwei Gruppen unterscheiden:

- Internationale Verträge, mit denen das Anmelde- und Eintragungsverfahren vereinheitlicht wird;

- Regelungswerke, die neue, einheitliche Designrechte für das Gebiet mehrerer Nationalstaaten schaffen.

Folgende Verträge und Regelungswerke sind dabei von Bedeutung: 6

- Das **Geschmacksmustergesetz der Benelux-Staaten.**[1] Das Benelux-Geschmacksmustergesetz ermöglicht für die Benelux-Staaten (Belgien, die Niederlande und Luxemburg) den Erwerb eines einheitlichen, überregionalen Designs. Dies erübrigt einen Designschutz auf nationaler Ebene in diesen Ländern.
- Die **Gemeinschaftsgeschmacksmusterverordnung** (GGV).[2] Diese Verordnung schafft ein einheitliches, in sämtlichen Staaten der Europäischen Union geltendes Designrecht. Erwerb und Schutzumfang richten sich ausschließlich nach den Bestimmungen dieser Verordnung.[3]
- Die **Afrikanische Intellectual Property Organisation (OAPI)**[4] ermöglicht es, in den afrikanischen Mitgliedsländern (insbesondere aus dem zentralafrikanischen Bereich) durch eine einheitliche Anmeldung Schutz in den einzelnen Mitgliedsländern zu erlangen. Es handelt sich hierbei nicht um ein einheitliches Recht, sondern nur um ein gebündeltes Anmeldeverfahren.[5]
- Das **Haager Musterabkommen.** Das Haager Musterabkommen ist das zentrale Vertragswerk zur einheitlichen Anmeldung und Eintragung von Designs mit Wirkung für mehrere Staaten. Zusammen mit der GGV stellt das Haager Musterabkommen den Eckpfeiler für die Begründung einer Strategie zum Schutz von Designs über die deutschen Landesgrenzen hinweg dar.

III. Das Haager Musterabkommen

7 Das **Haager Musterabkommen** bietet ein System zur internationalen Registrierung von Designs. Vereinheitlicht ist dabei allerdings nur das Anmelde- und Eintragungsverfahren. Verantwortlich für das Anmelde- und Eintragungsverfahren ist dabei – ebenso wie für die gesamte Umsetzung des Haager Musterabkommens – die Weltorganisation für geistiges Eigentum (WIPO) in Genf. Von seinem systematischen Ansatz ist das Haager Musterabkommen damit vergleichbar mit dem **Madrider Markenabkommen,** das ebenfalls nur das Anmelde- und Eintragungsverfahren vereinheitlicht. Demgegenüber sieht das Haager Musterabkommen keine Regelungen für den materiellen Schutz der von ihm etablierten Designs vor. Der materielle Schutz richtet sich allein und ausschließlich nach den Vorschriften des nationalen Rechts derjenigen Staaten, auf die sich das internationale Design erstreckt.

8 Tatsächlich handelt es sich beim Haager Musterabkommen nicht um ein einzelnes Regelungswerk, sondern um ein System aus mehreren voneinander unabhängigen internationalen Verträgen. Den Ausgangspunkt bildet dabei das in Den Haag am 6. November 1925 zwischen sieben Gründungsstaaten geschlossene Haager Musterabkommen. Dieser ursprünglichen Fassung kommt jedoch keine Bedeutung mehr zu. Zentrale Bedeutung haben vielmehr drei revidierte Fassungen dieses Abkommens, die jede für sich und unabhängig voneinander noch in Kraft sind:

- Die so genannte **„Londoner Fassung“**, vom 2. Juni 1934 in London;
- Die so genannte **„Haager Fassung“**, vom 28. November 1960 in Den Haag und die
- **„Genfer Fassung“**, vom 2. Juli 1999 in Genf.[6]

9 Die Existenz und parallele Geltung von drei verschiedenen Fassungen des Haager Musterabkommens hat seinen Grund darin, dass den Bedürfnissen sehr unterschiedlicher nationaler Designrechte Geltung getragen werden musste. Insbesondere die jüngste Fassung („Genfer Fassung“) von 1999 trägt in besonderem Maße den Interessen derjenigen Staaten Rechnung, die Designrechte nur nach einer eingehenden Prüfung auf Neuheit und Eigenart hin eintragen (insbesondere Staaten des angloamerikanischen Rechtskreises). Da die einzelnen Fassungen zT erhebliche Unterschiede in Bezug auf wichtige Fragen (Schutzdauer, Schutzversagungen, Kosten, etc.) aufweisen, ist sehr genau darauf zu achten, welche Fassung jeweils zur Anwendung kommt. Hierfür gelten folgende Regeln:

---

[1] Abrufbar unter www.wipo.int/wipolex/en/text.jsp?file_id=265201.
[2] Verordnung (EG) Nr. 6/2002 des Rates vom 12. Dezember 2001 über das Gemeinschaftsgeschmacksmuster.
[3] → § 47.
[4] Insbesondere Vereinbarung von Libreville vom 2. März 1977.
[5] Schickedanz S. 13.
[6] Alle drei Fassungen sind über die Website der Weltbehörde für geistiges Eigentum abrufbar unter www.wipo.int/hague/en/legal_texts.

- Auf ein und dieselbe internationale Anmeldung können mehrere Fassungen des Haager Musterabkommens Anwendung finden. Für jedes Land, für das Schutz beantragt wird, muss jeweils die relevante Fassung bestimmt werden.
- Jeweils anwendbar für ein bestimmtes Land ist diejenige Fassung des Haager Musterabkommens, der sowohl das Land des Anmelders als auch das Schutzland angehört.
- Sofern das Schutzland und dasjenige Land, aus dem der Anmelder stammt, mehr als einer Fassung gemeinsam angehören, gilt die jüngste Fassung.

10 Unter Einbeziehung denkbarer Kombinationen mögen sich dabei zumindest theoretisch komplizierte Gemengelagen ergeben.[7] Für ein deutsches Unternehmen, das eine internationale Designeintragung erwirkt, kommt es auf diese Schwierigkeiten jedoch nur selten an: Für deutsche Unternehmen gilt zumeist die Genfer Fassung von 1999. Vor diesem Hintergrund wird im Folgenden allein auf die Genfer Fassung Bezug genommen.

IV. Die Mitglieder des Haager Abkommens

11 Dem Haager Musterabkommen gehören derzeit insgesamt 77 Mitglieder an. Insbesondere durch den Beitritt der Europäischen Gemeinschaft zur Genfer Fassung des Haager Musterabkommens im Januar 2008 sowie der Afrikanischen Intellectual Property Organisation im September 2008 und weiterer europäischer und afrikanischer Länder in den letzten Jahren hat das Haager Abkommen inzwischen an erheblicher Bedeutung gewonnen.

Exkurs: Beitritt der Europäischen Gemeinschaft zur Genfer Fassung des Haager Musterabkommens

Die Europäische Gemeinschaft ist zum 1. Januar 2008 der Genfer Akte des Haager Musterabkommens beigetreten. Um den Beitritt zu ermöglichen, wurde die *Gemeinschaftsgeschmacksmusterverordnung* um den Titel *XIa Internationale Eintragung von Mustern und Modellen* ergänzt sowie die zugehörige *Durchführungsverordnung* und *Gebührenverordnung* entsprechend verändert.

Damit können in der Europäischen Gemeinschaft ansässige Personen und Unternehmen ihre Designs mit einem Antrag beim Internationalen Büro in Genf nicht nur innerhalb der EU, sondern auch in den Vertragsstaaten der Genfer Akte schützen lassen. Mit der Anmeldung eines Gemeinschaftsgeschmacksmusters über die Genfer Akte kann insoweit Schutz für Designs in einem vergleichsweise großen, über die Grenzen der Europäischen Gemeinschaft hinausgehenden Gebiet erreicht werden.

Im Gegenzug können Antragsteller aus Ländern, die Vertragsparteien der Genfer Akte sind, durch die Benennung der Europäischen Gemeinschaft den Schutz ihrer Designs durch das Gemeinschaftsgeschmacksmuster in Anspruch nehmen. Eine internationale Eintragung, in der die Europäische Gemeinschaft benannt ist, hat ab dem Tag ihrer Eintragung dieselbe Wirkung wie eine Anmeldung eines Gemeinschaftsgeschmacksmusters beim Amt der Europäischen Union für geistiges Eigentum (EUIPO). Die Wirkung eines eingetragenen Schutzrechtes treten rückwirkend ein, wenn keine Schutzrechtsverweigerung durch das EUIPO erfolgte. Die Schutzrechtsverweigerung kann nur geltend gemacht werden, wenn kein Geschmacksmuster gem. Art. 3a GGV vorliegt oder wenn das Design gegen die öffentliche Ordnung oder die guten Sitten verstößt.

12 Gegenwärtig konzentrieren sich die Mitglieder damit auf die Länder West- und Osteuropas (Albanien, Belgien, Bulgarien, Bosnien und Herzegowina, Deutschland, Estland, Finnland, Frankreich, Griechenland, Großbritannien, Island, Italien, Kanada, Kroatien, Lettland, Liechtenstein, Litauen, Luxemburg, Mazedonien, Monaco, Moldawien, Montenegro, die Niederlande, Norwegen, Polen, Rumänien, die Schweiz, Serbien, Slowenien, Spanien, Türkei, die Ukraine und Ungarn), auf die Europäischen Gemeinschaft und die Benelux-Union, auf einige Länder Zentral-, Ostasiens und des Nahen Ostens (Armenien, Aserbaidschan, China, Georgien, Japan, Kambodscha, Kirgistan, Mongolei, Nord- und Südkorea, Oman, Russische Föderation, Singapur, Syrien, Tadschikistan, Turkmenistan) sowie Afrikas (Ägypten, Belize, Benin, Botswana, Brunei, Elfenbeinküste, Gabun, Ghana, Mali, Marokko, Namibia, Niger, Ruanda, Sao Tome und Principe, Senegal, Surinam, Tunesien) und die Afrikanische IP-Organisation. Der Beitritt der USA im Jahr 2015 hat der Bedeutung des Haager Abkommens einen weiteren Schub gegeben, ebenso wie der

[7] Vgl. hierzu die ausführlichen Erläuterungen im Guide to the International Registration of Designs der von der WIPO herausgegeben wird und im Internet veröffentlicht ist unterwww.wipo.int/hague/en/guide/.

Beitritt Chinas am 5. Mai 2022. Bisher nicht Mitglied des Haager Abkommens sind Indien und die südamerikanischen Staaten.[8] Seit 2018 sind auch Großbritannien und Kanada Mitglieder des Haager Abkommens, so dass nunmehr dem erklärten Ziel der Genfer Fassung von 1999, auch den Bedürfnissen der Länder aus dem angloamerikanischen Rechtskreis Rechnung zu tragen, näher gekommen sein dürfte. Zudem gewinnt der Beitritt Großbritanniens durch den Brexit an Bedeutung, da über das Gemeinschaftsgeschmacksmuster kein Designschutz mehr für Großbritannien erlangt werden kann.

Vor dem Hintergrund des zunehmenden Beitritts neuer Länder zur Genfer Fassung des Haager Musterabkommens – insbesondere der Europäischen Gemeinschaft, der USA und Japan – ist damit zu rechnen, dass in näherer Zukunft noch weitere Länder, etwa eine Reihe südamerikanischer Länder, beitreten werden. Damit wird die Bedeutung des Haager Musterabkommens in den nächsten Jahren erheblich steigen. 13

V. Anmeldevoraussetzungen

Die Voraussetzungen zur Anmeldung eines internationalen Designs nach dem Haager Musterabkommen sind denkbar gering. Sie beschränken sich auf die **persönlichen Voraussetzungen,** die ein Anmelder erfüllen muss (Art. 3 Haager Musterabkommen): 14

- Er betreibt eine **Niederlassung** in einem Staat, der dem Haager Musterabkommen angehört. Der Begriff der „Niederlassung" ist dabei im Sinne der Pariser Verbandsübereinkunft und damit denkbar weit zu verstehen.
- Der Anmelder hat seinen **Wohnsitz** oder **Sitz** in einem Land, das dem Haager Musterabkommen angehört.
- Der Anmelder ist **Angehöriger** eines Landes, das dem Haager Musterabkommen angehört.

Die Einbeziehung solcher Unternehmen, die lediglich über eine Niederlassung in einem Mitgliedsland verfügen, eröffnet auch Unternehmen aus anderen Ländern vielfältige Möglichkeiten, internationale Designs für sich eintragen zu lassen. Noch weitergehende Möglichkeiten eröffnen sich, seit die Bundesrepublik Deutschland der Genfer Fassung des Haager Musterabkommens beigetreten ist. Nach dieser Fassung muss der Anmelder noch nicht einmal über eine dauerhafte Niederlassung verfügen. Auch ein zeitweiliger Aufenthalt bzw. eine zeitweilige Niederlassung wird ausreichen. 15

Neben den persönlichen Voraussetzungen muss der Anmelder keine weitere Voraussetzung mitbringen, um in den Genuss eines internationalen Designs zu kommen. Insbesondere kommt es nicht auf die folgenden Umstände an: 16

- **Heimateintragung.** Im Gegensatz zum internationalen Markenrecht ist keine nationale Designanmeldung oder -eintragung als Basis für die Anmeldung eines internationalen Designs erforderlich. Ein internationales Design kann vielmehr unabhängig und parallel zu einem nationalen Design angemeldet werden. Dies schließt insbesondere die Möglichkeit eines Doppelschutzes ein (im Blick zu behalten ist hier jedoch die Neuheitsschädlichkeitsschonfrist). Gewisse Besonderheiten gelten hier lediglich nach der alten, kaum noch anwendbaren Londoner Fassung des Haager Musterabkommens.
- **Designfähigkeit.** Ob und in welchem Umfang Ausschlussgründe für die Schutzfähigkeit eines Designs vorliegen (technische Bedingtheit, etc.) richtet sich allein und ausschließlich nach den Vorschriften des Rechtes des jeweiligen Schutzlandes. Das Haager Musterabkommen enthält diesbezüglich keine Vorschriften.
- **Neuheit und Eigenart.** Ebenso wenig enthält das Haager Musterabkommen Vorschriften in Bezug auf Neuheit und Eigenart. Die materiellen Schutzvoraussetzungen eines Designs richten sich insgesamt nach den Vorschriften des Schutzlandes. Dabei ist zu unterscheiden zwischen solchen Ländern, die eine Prüfung der materiellen Schutzvoraussetzungen von Amts wegen durchführen (USA, Japan, etc.) und anderen (europäische Designrechte). Diejenigen Länder, die die materiellen Schutzvoraussetzungen von Amts wegen prüfen, haben die Möglichkeit, die Schutzerstreckung des internationalen Designs auf ihr Land zurückzuweisen. Demgegenüber stellt sich die Frage der Schutzfähigkeit in denjenigen Ländern, die keine Amtsprüfung durchführen, erst im Verletzungsverfahren.[9]

---

[8] Liste der Mitglieder des Haager Musterabkommens, abrufbar unter https://www.wipo.int/export/sites/www/treaties/en/documents/pdf/hague.pdf.

[9] Guide to the International Registration of Designs, Chapter B.2.32.

VI. Anmeldung

17 Die Voraussetzungen, denen die Anmeldung genügen muss, ergeben sich aus dem Haager Musterabkommen sowie der Ausführungsverordnung zum Haager Musterabkommen vom 1. Oktober 1985.[10] Zu unterscheiden ist dabei zwischen zwingenden Anforderungen und Optionen, von denen der Anmelder Gebrauch machen kann.

18 Um sicherzustellen, dass die Anmeldung sämtliche Formalvoraussetzungen erfüllt, ist es ratsam, das Onlineformular der WIPO „eHague" zu verwenden. Die Verwendung dieses Portals ist nicht verpflichtend. In jedem Fall sind jedoch die folgenden, zwingenden Vorschriften zu beachten:

- **Adresse.** Gemäß Regel 7 (3) der Ausführungsverordnung muss der oder (bei mehreren Anmeldern) die vollständigen Namen der Anmelder nebst deren Adresse in einem Mitgliedsland des Haager Musterabkommens angegeben werden. Zusätzlich ist die Angabe einer E-mailadresse zwingend erforderlich.
- Sofern die Anmeldung von mehreren Anmeldern unterschiedlicher Adresse eingereicht wird, muss eine Kontaktadresse identifiziert werden.
- Der Anmelder muss bestätigen, einem Mitgliedsland anzugehören, dort seinen (Wohn-)Sitz zu haben oder seine Niederlassung zu betreiben (Regel 7 (3) (iii)).
- Die **Anzahl** der eingereichten Designs (Sammelanmeldungen).
- **Bezeichnung der Produktgattung,** auf die sich das Design bezieht. Die hierfür in Frage kommenden Produktgattungen ergeben sich aus den Vorgaben des Locarno-Abkommens[11] (vgl. Regel 7 (3) (iv)).
- Die **Angabe** derjenigen **Länder,** auf die sich die internationale Anmeldung erstrecken soll. Dabei ist stets darauf zu achten, dass das Erstreckungsland und das Heimatland jeweils Mitglied derselben Fassung des Haager Musterabkommens sind.
- **Darstellung des Designs.** Das Design muss durch eine Abbildung identifizierbar sein (Art. 5 Abs. 1 des Haager Musterabkommens). Der Anmelder kann dabei so viele Abbildungen einreichen, wie er zur aussagekräftigen Darstellung des Designs für notwendig erachtet. Sofern mehrere Designs eingereicht werden (Sammelanmeldung) sind die Designs zu nummerieren.
- Das Design muss als Foto oder Grafik eingereicht werden (auch Kombinationen sind erlaubt).
- Das Dateiformat des Fotos oder der Graphik muss 300 dpi haben und mindestens ein Pixel, höchstens 20 Pixel enthalten. Die maximale Dateigröße beträgt 2 MB.
- Für zweidimensionale Produkte kann ein Design (zumindest nach der Haager Fassung – nicht aber nach der Genfer Fassung) eingereicht werden. Das Design darf eine Dimension von 26,2 cm × 17 cm × 3 mm nicht übersteigen und muss auf einem DIN-A4-Papier aufgeklebt sein.
- Die Anmeldung muss entweder mit konventionellen Mitteln (per Post oder per Hand) oder über „eHague" übermittelt werden. Eine Übermittlung per E-Mail ist nicht möglich.
- Die Anmeldung über „eHague" erfordert ein WIPO-Onlinekonto, welches strengen Authentifizierungsregeln unterliegt, eine Unterschrift ist daher nicht erforderlich.
- Die Anmeldung muss in **englischer, französischer oder spanischer Sprache** abgefasst sein.

19 Der Anmelder hat folgende Optionen:

- **Sammelanmeldung bis zu hundert Designs.** Dies setzt voraus, dass sämtliche Designs einer Klasse im Sinne der Locarno-Klassifikation angehören (vgl. Regel 7 (7) der Ausführungsverordnung).
- Die **Beanspruchung der Priorität** richtet sich nach den allgemeinen Regeln der Pariser Verbandsübereinkunft und des TRIPS. Hier bestehen keine Besonderheiten.
- Der Anmelder kann die **Aufschiebung der Veröffentlichung** beantragen. Gemäß Art. 6 Abs. 4a des Haager Musterabkommens kann die Aufschiebung der Veröffentlichung bis zu zwölf Monate betragen.
- Der Anmelder kann sich durch einen **Vertreter** vertreten lassen. Der Vertreter selbst muss nicht in einem Mitgliedsland des Haager Musterabkommens ansässig sein.

[10] Abrufbar unter www.wipo.int/hague/en/legal_texts/.
[11] Abrufbar unter www.wipo.int/classifications/locarno/en/.

VII. Veröffentlichung, Eintragung und Verlängerung

Sofern sämtliche Formalvoraussetzungen der Anmeldung erfüllt sind, wird das internationale Design von der Weltorganisation für geistiges Eigentum eingetragen. Andernfalls ergeht eine Beanstandung mit der Aufforderung zur Nachbesserung. Die Eintragung umfasst sämtliche Daten der Anmeldung, sämtliche Reproduktionen des Designs, das Datum der internationalen Eintragung und die Registrierungsnummer (Regel 15 (2) der Ausführungsverordnung zum Haager Musterabkommen). 20

Das Eintragungsdatum entspricht dem Anmeldedatum. Die Vergabe eines Anmeldedatums seinerseits setzt jedoch voraus, dass sämtliche Formalvoraussetzungen der Anmeldung erfüllt sind. 21

Praxistipp:

Regelmäßig sechs Monate nach Eintragung erfolgt die Veröffentlichung des Designs. Der Anmelder kann allerdings einen Antrag auf sofortige Veröffentlichung bzw. hinausgeschobene Veröffentlichung stellen (Regel 17 der Ausführungsverordnung zum Haager Musterabkommen). Die Veröffentlichung erfolgt im *International Designs Bulletin*. Das *International Designs Bulletin* wird (ausschließlich) online auf der Website der Weltorganisation für geistiges Eigentum veröffentlicht. Die nationalen Patent- und Markenämter der Mitgliedsländer des Haager Musterabkommens werden dabei jeweils vom Veröffentlichungsdatum dieser Online-Publikation unterrichtet (Regel 17 (2) der Ausführungsverordnung zum Haager Musterabkommen).

Im Anschluss an die Veröffentlichung haben die nationalen Patent- und Markenämter die Möglichkeit, innerhalb eines Zeitraums von sechs Monaten – für einige Länder gilt ein Zeitraum von 12 Monaten – (ab Veröffentlichung) eine **Schutzverweigerung** in Bezug auf die Erstreckung des Designs auf ihr Land auszusprechen (Art. 8 Abs. 1 des Haager Musterabkommens). Die Schutzverweigerung kann dabei nicht auf Punkte gestützt werden, die von der WIPO bereits im Rahmen der Anmeldeprüfung berücksichtigt wurden. Dementsprechend kommt eine Schutzverweigerung wegen angeblich formfehlerhafter Anmeldung bzw. unzureichender Gebührenzahlung nicht in Betracht. Sofern das nationale Patent- und Markenamt innerhalb der sechsmonatigen Frist eine Schutzverweigerung ausgesprochen hat, ist der Anmelder gehalten, hiergegen in dem Land der jeweiligen Schutzverweigerung vorzugehen. 22

Die **Laufzeit** des internationalen Designs (nach der Genfer Fassung) beträgt fünf Jahre und kann um je weitere fünf Jahre bis höchstens 15 Jahre verlängert werden. 23

Praxistipp:

Eine Verlängerung über 15 Jahre hinaus ist für solche Länder möglich, deren nationales Designrecht eine längere Schutzdauer vorsieht.

VIII. Kosten

Die **Amtsgebühren** für die Anmeldung und Eintragung internationaler Designs stellen sich wie folgt dar: 24

Anmeldegebühr	sfr 397,–
Jedes zusätzliche Muster einer Sammelanmeldung	sfr 19,–
Grundgebühr pro Staat (Standardgebühr, einige Länder erheben Individualgebühren)	sfr 42,–
Zusätzliche Grundgebühr für jedes weitere Muster einer Sammelanmeldung (Standardgebühr, einige Länder erheben Individualgebühren)	sfr 2,–

Veröffentlichungsgebühr für jede Wiedergabe des Designs	sfr 17,–
Zusätzliche Veröffentlichungsgebühr für weitere Wiedergaben je weitere Seite	sfr 150,–
Verlängerungsgebühr	sfr 200,–
Verlängerung für jedes weitere Design	sfr 17,–
Staatengebühr für Verlängerung (Standardgebühr, einige Länder erheben Individualgebühren)	sfr. 21,–
Staatengebühr für Verlängerung für jedes weitere Design einer Sammelanmeldung (Standardgebühr, einige Länder erheben Individualgebühren)	sfr. 1,–
Gebühr für Inhaberwechsel	sfr. 144,–

25 Diese und diverse andere Gebühren finden sich in der Gebührenliste der WIPO in Bezug auf internationale Designs.[12]

[12] Die Gebührenliste ist abrufbar unter https://www.wipo.int/hague/en/fees/sched.htm.

§ 44 Gemeinschaftsgeschmacksmusterrecht

Übersicht

I. Einleitung

1 Das EUIPO trägt auf der Grundlage der Gemeinschaftsgeschmacksmusterverordnung[1] (GGV)[2] seit dem 1.4.2003 Designs mit EU-weiter Geltung ein.[3] Die GGV hat seitdem vier wichtige Änderungen erfahren. Im Jahr 2004[4] sind die Tschechische Republik, Estland, Zypern, Lettland, Litauen, Ungarn, Malta, Polen, Slowenien sowie die Slowakische Republik und sodann 2007[5] Bulgarien und Rumänien der EU beigetreten. Gemäß Art. 110a GGV wurde mit dem Zeitpunkt des Beitritts der neuen Mitgliedstaaten der Schutz bestehender Gemeinschaftsgeschmacksmuster automatisch und ohne zusätzliche Gebühren auf das Gebiet der Beitrittstaaten erstreckt. Zudem ist die EU am 1.1.2008 dem Haager Abkommen beigetreten.[6] Ähnlich wie beim Madrider System in Bezug auf internationale Marken kann durch eine einzige Anmeldung Schutz in einer Vielzahl von Ländern erlangt werden.[7] Im Rahmen der an die WIPO zu richtenden Anmeldung kann so die EU als Schutzland benannt werden.[8] Mit dem Austritt Großbritanniens aus der EU (**Brexit**) Ende 2020 hat sich der geografische Schutzumfang des Gemeinschaftsgeschmacksmusters erstmals verringert.[9]

2 Inhaltlich ist neben der **EU-weiten Geltung** des Gemeinschaftsgeschmacksmusters vor allem das **formlos entstehende Designrecht** in Form des nicht-eingetragenen Gemeinschaftsgeschmacksmusters von hoher praktischer Relevanz. Dem deutschen Recht war und ist ein derartiges, formlos entstehendes Designrecht fremd.

II. Materielles Recht

1. Inhaberschaft

3 Gemäß Art. 14 Abs. 1 GGV steht das Recht auf das Gemeinschaftsgeschmacksmuster dem **Entwerfer** oder seinem **Rechtsnachfolger** zu.[10] Haben mehrere Personen das Erzeugnis gemeinsam entworfen, steht ihnen das Recht auf das Gemeinschaftsgeschmacksmuster gemeinsam zu.[11]

4 Soweit der Entwerfer das Erzeugnis in Ausübung seiner ihm durch seinen Arbeitgeber übertragenen Aufgaben oder nach dessen Weisung entworfen hat, steht gem. Art. 14 Abs. 3 GGV das Recht dem **Arbeitgeber** zu, soweit vertraglich nicht etwas anderes vereinbart wurde und/oder eine nationale Vorschrift nicht entgegensteht. Art. 14 Abs. 3 GGV gilt indes nicht für freie Designer, die auf der Grundlage eines Designvertrages Muster als Auftragsarbeiten entwerfen.[12]

---

[1] Verordnung (EG) Nr. 6/2002 des Rates vom 12.12.2001 über das Gemeinschaftsgeschmacksmuster, ABl. EG Nr. L 3 vom 5.1.2002, S. 1–24, zuletzt geändert durch die Verordnung (EG) Nr. 1891/2006 des Rates vom 18.12.2006 zur Änderung der Verordnungen (EG) Nr. 6/2002 und (EG) Nr. 40/94, mit der dem Beitritt der Europäischen Gemeinschaft zur Genfer Akte des Haager Abkommens Wirkung verliehen wird (ABl. EG Nr. L 386 vom 29.12.2006, S. 14 ff); die aktuelle Fassung der GGV sowie die Originalfassung und ihre Änderungen sind auf den Internetseiten des EUIPO unter http://euipo.eu hinterlegt.

[2] Die hier und im Folgenden gewählten Abkürzungen entsprechen der „Mitteilung Nr. 4/02 des Präsidenten des Amtes vom 27.6.2002 über vorgeschlagene Abkürzungen der Rechtsvorschriften", abrufbar auf den Internetseiten des EUIPO unter http://euipo.eu.

[3] Die ersten nicht-eingetragenen Gemeinschaftsgeschmacksmuster entstanden ab dem Zeitpunkt des Inkrafttretens der GGV, dh seit dem 6.3.2002 gem. Art. 111 GGV.

[4] ABl. EU L236/17 vom 23.9.2003.

[5] ABl. EU L157/11 vom 21.6.2005.

[6] Verordnung (EG) Nr. 1891/2006 des Rates vom 18.12.2006 zur Änderung der Verordnungen (EG) Nr. 6/2002 und (EG) Nr. 40/94, mit der dem Beitritt der Europäischen Gemeinschaft zur Genfer Akte des Haager Abkommens Wirkung verliehen wird.

[7] Im Juni 2022 gehörten dem Haager System 77 Staaten bzw. Zwischenstaatliche Organisationen an; die jeweils aktuelle Liste der Haager Staaten ist auf den Internetseiten der WIPO unter www.wipo.int/hague hinterlegt.

[8] Die Art. 106a bis 106 f enthalten die für die Benennung der EU im Rahmen einer internationalen Geschmacksmusteranmeldung relevanten Vorschriften der GGV; ausführlich zum internationalen Geschmacksmusterrecht → § 43.

[9] S. hierzu die Darstellung zum Unionsmarkenrecht in → § 34.

[10] Unklar ist die Rechtslage bei autonom durch künstliche Intelligenz erschaffene Designs, s. hierzu Späth/Kossak GRUR 2021, 1258.

[11] Art. 14 Abs. 2 GGV.

[12] EuGH GRUR Int. 2009, 1018 – FEIA ./. Cul de Sac; Becker GRUR Int. 2010, 484 ff.

Praxistipp:

Im Rahmen eines Designvertrages sollte eine Regelung enthalten sein, welche die Frage der Inhaberschaft klärt.

5 Wird ein eingetragenes Gemeinschaftsgeschmacksmuster von einem **Nichtberechtigten** zur Anmeldung gebracht, hat der Entwerfer das Recht, als rechtmäßiger Inhaber anerkannt, in den Fällen des eingetragenen Gemeinschaftsgeschmacksmusters insbesondere in das Register eingetragen zu werden. Die Eintragung des rechtmäßigen Inhabers erlangt nicht zuletzt mit Blick auf Art. 17 GGV Bedeutung, wonach die eingetragene Person in allen Verfahren vor dem Amt und in allen anderen Verfahren als Berechtigter gilt. Aufgrund des eindeutigen Wortlauts des Art. 15 Abs. 4 GGV kann die Eintragung des rechtmäßigen Inhabers nur über die Erhebung einer entsprechenden Klage erreicht werden (sog. **Vindikationsklage**).[13] Das EUIPO ist zur Entscheidung über einen Inhaberstreit nicht befugt. Ein amtliches Verfahren steht mithin nicht zur Verfügung.[14] Das gewünschte Ergebnis lässt sich aber auch ohne Klage durch die außergerichtliche Aufforderung des unrechtmäßigen Inhabers zur Abgabe der für den Rechtsübergang gem. Art. 28 GGV erforderlichen Erklärungen erreichen.[15] Zu beachten ist aber, dass anderes als bei der Vindikationsklage etwaige Lizenzen oder sonstige Rechte *nicht* erlöschen.[16]

Praxistipp:

Der Kläger einer Vindikationsklage sollte das EUIPO unverzüglich von der Klageerhebung unterrichten, damit das EUIPO die Klageerhebung in das Register einträgt (Art. 15 Abs. 4 Buchst. a) GGV). Dadurch wird einem etwaigen Verzicht oder gutgläubigen Erwerb vorgebeugt.

6 Eine Vermutung der Rechtsinhaberschaft existiert für das nicht-eingetragene Gemeinschaftsgeschmacksmuster mangels Ausgestaltung als Registerrecht nicht. Dies hat zur Folge, dass in Verletzungsverfahren der Inhaber eines nicht-eingetragenen Gemeinschaftsgeschmacksmusters seine Berechtigung nachzuweisen hat. Ungeachtet dessen hat auch der rechtmäßige Inhaber eines nicht-eingetragenen Gemeinschaftsgeschmacksmusters in Fällen, in denen das Gemeinschaftsgeschmacksmuster von einem Nichtberechtigten offenbart oder geltend gemacht wurde, das Recht, im Wege der Feststellungsklage als der rechtmäßige Inhaber anerkannt zu werden.[17]

7 Die Ansprüche auf Anerkennung der Rechtsinhaberschaft **verjähren** gem. Art. 15 Abs. 3 GGV in **drei Jahren** nach dem **Zeitpunkt der Veröffentlichung** der Eintragung (eingetragenes Gemeinschaftsgeschmacksmuster) **bzw. Offenbarung** (nicht-eingetragenes Gemeinschaftsgeschmacksmuster). Auf die Kenntnis des Berechtigten von der Veröffentlichung/Offenbarung kommt es dabei nicht an. Die Verjährungseinrede ist gem. Art. 15 Abs. 3 S. 2 GGV ausgeschlossen, sofern der Nichtberechtigte bei der Anmeldung (eingetragenes Gemeinschaftsgeschmacksmuster) bzw. Offenbarung (nicht-eingetragenes Gemeinschaftsgeschmacksmuster) bösgläubig war.

2. Schutzvoraussetzungen

8 **a) Schutzgegenstand.** In Art. 3 GGV wird der Schutzgegenstand des Gemeinschaftsgeschmacksmusters legaldefiniert. Hiernach wird unter einem „Geschmacksmuster"[18] **die Erscheinungsform eines Erzeugnisses oder eines Teils davon** verstanden, die sich insbesondere aus den Merkmalen

[13] S. zur Vindikationsklage im Patentrecht: BGH GRUR 1979, 145 – Aufwärmvorrichtung; Mes PatentG § 8 Rn. 29.

[14] EUIPO-BK Entsch. v. 11.2.2008 – R0064/2007-3 – Loudspeakers.

[15] Zu den Verfahrensvoraussetzungen für eine Übertragung siehe Rn. 118.

[16] Art. 16 GGV, Art. 24 Abs. 5 GGDV; im Falle des Rechtsübergangs muss der Erwerber die eingetragenen Lizenzen gegen sich gelten lassen, soweit der Lizenzvertrag nicht etwas anderes vorsieht.

[17] Die Vindikationsklage ist mithin auch für das nicht-eingetragene Gemeinschaftsgeschmacksmuster das Mittel zur Durchsetzung der in Art. 15 GGV gewährten Rechte.

[18] In der Terminologie der GGV wird ein Erzeugnis „Geschmacksmuster" und ein als Gemeinschaftsgeschmacksmuster schutzfähiges Erzeugnis „Gemeinschaftsgeschmacksmuster" genannt, s. → Fn. 2.

der Linien, Konturen, Farben, der Gestalt, Oberflächenstruktur und/oder den Werkstoffen des Erzeugnisses selbst und/oder seiner Verzierung ergibt.

9 *aa) Erzeugnis.* **Erzeugnis** im Sinne der GGV ist jeder Gegenstand, der industriell oder handwerklich hergestellt werden kann. Der Begriff **„Gegenstand"** setzt keine physische Einheit voraus. Da Art. 3 Buchst. a) GGV aber von „ein[es] Erzeugnis[ses]" spricht, fordert die Rechtsprechung in Fällen der Kombination mehrerer körperlich unverbundener Einzelgegenstände, dass diese in einem ästhetischen und funktionalen Zusammenhang stehen und üblicherweise als ein einheitliches Erzeugnis vermarket werden.[19] Auch aufeinander abgestimmte Einrichtung von Restaurants oder Hotelzimmer – mithin die gestalterische Anordnung diverser Einrichtungsgegenstände – sind dem Schutz daher zugänglich.[20] Das EUIPO trägt insoweit zu Recht die Innenausstattung eines Zuges als Gemeinschaftsgeschmacksmuster ein.[21]

10 Als Erzeugnisse gelten gemäß Art. 3 Buchst. b) GGV auch Verpackungen, Ausstattungen, graphische Symbole sowie typographische Schriftbilder. Sämtliche Bildmarken sowie Wort-/Bildmarken sind so (auch) als Gemeinschaftsgeschmacksmuster schutzfähig.[22] Ebenso werden Fotos[23] und Gemälde[24] vom EUIPO als Erzeugnisse anerkannt. **Kein Erzeugnisse** im Sinne der GGV sind Farben, Naturprodukte wie etwa lebende Pflanzen,[25] Musik,[26] Töne, chemische Formeln, Flüssigkeiten, Wortfolgen in schwarz weißer Standardschrift. Ein Computerprogramm ist ebensowenig ein Erzeugnis im Sinne von Art. 3 Buchst. b) GGV. Bildschirminhalte, Menüs, Piktogramme und andere sichtbaren Elemente eines Programms sind indes keine Computerprogramme und daher als Gemeinschaftsgeschmacksmuster abstrakt schutzfähig.[27]

11 *bb) Erscheinungsform.* Die Legaldefinition in Art. 3 GGV stellt ferner auf die **Erscheinungsform** eines Erzeugnisses ab. Gegenstand des Schutzes ist damit nicht das Original sowie die entsprechend hergestellten Erzeugnisse ansich, sondern die sich dort zeigende Gestaltung. Art. 3 GGV zählt **Arten der Erscheinungsformen** beispielhaft auf. Der Katalog ist **nicht abschließend.** Die GGV geht zudem davon aus, dass auch Designs, die nicht visuell wahrnehmbar sind, grundsätzlich schutzfähig sein können. So kann ein Musterschutz auch an einer **taktilen Erscheinungsform,** bspw. einer besonderen, nicht visuell wahrnehmbaren Oberflächenstruktur bestehen.[28] Schutzfähig können dem Grunde nach auch Erzeugnisse sein, die sich durch Gewicht oder Biegsamkeit auszeichnen.[29] **Nicht visuell wahrnehmbare Erzeugnisse** werden indes dem registrierten Recht auf Grund des Erfordernisses der Darstellbarkeit gem. Art. 36 GGV iVm Art. 4 GGDV nicht zugänglich sein. Insofern wird sich in diesen Fällen der Schutz auf das nicht-eingetragene Gemeinschaftsgeschmacksmuster beschränken müssen.

12 *cc) Teile von Erzeugnissen.* Gemäß Art. 3 Buchst. a) GGV werden auch **Teile von Erzeugnissen** als schutzfähig anerkannt. Auf eine selbstständige Verkehrsfähigkeit eines Erzeugnisses kommt es nicht an. Dem Musterschutz zugänglich ist so bspw. auch die besondere Gestaltung einer Stuhlarmlehne. Das Teil des Erzeugnisses muss gesondert als Gemeinschaftsgeschmacksmusters angemeldet werden. Es reicht nicht, dass das Teil lediglich in einer der bis zu sieben Abbildungen im Rahmen des als Gemeinschaftsgeschmacksmusters angemeldeten Gesamterzeugnisses erscheint.[30]

---

[19] EuG Urt. v. 13.6.2017 – T-9/15, GRUR-RS 2017, 112983 – Ball Beverage Packaging Europe/EUIPO.

[20] Arbeitsdokument der Dienststellen der Kommission vom Juni 1991, III/F/5131/91; vgl. auch den Bericht in GRUR 1991, 807; s. auch Grünbuch 1991 Ziff. 5.4.14, in dem die EU-Kommission Innenarchitekturleistungen für schutzfähig erklärt.

[21] Gemeinschaftsgeschmacksmuster 77 615-0001 vom 17.9.2003; Gemeinschaftsgeschmacksmuster 008603732-0001 vom 6.7.2021.

[22] Vgl. zum Beispiel Gemeinschaftsgeschmacksmuster 663802-0001 vom 4.2.2007; Gemeinschaftsgeschmacksmuster 531769-0002 vom 18.5.2006.

[23] Zum Beispiel Gemeinschaftsgeschmacksmuster 571 062-0003 vom 1.8.2006; vgl. auch Mitteilung Nr. 2/2005 der Hauptabteilung Geschmacksmuster des EUIPO, abrufbar auf den Internetseiten des EUIPO unter http://euipo.eu.

[24] Gemeinschaftsgeschmacksmuster 588769-0001 vom 14.9.2006.

[25] Anders hingegen künstliche Blumen und Pflanzen, die als industrieller oder handwerklicher Gegenstand akzeptiert werden, vgl. Gemeinschaftsgeschmacksmuster 762901-0001 vom 24.7.2007; Schlötelburg GRUR 2005, 123 (124).

[26] Eine Notation als solche wird indes etwa als „Andere Drucksachen" vom EUIPO akzeptiert, Mitteilung Nr. 2/2005 der Hauptabteilung Geschmacksmuster des EUIPO, abrufbar auf den Internetseiten des EUIPO unter http://euipo.eu.

[27] Mitteilung Nr. 2/2005 der Hauptabteilung Geschmacksmuster des EUIPO, abrufbar auf den Internetseiten des EUIPO unter http://euipo.eu.

[28] S. Grünbuch 1991, Ziff. 5.4.14.2.

[29] Maier/Schlötelburg Gemeinschaftsgeschmacksmuster B.1.

[30] S. BGH GRUR 2012, 1139 – Weinkaraffe.

> **Praxistipp:**
> Sofern nur ein Teil eines Erzeugnisses die eigentliche Designleistung darstellt, sollte dieses Teil gesondert zur Anmeldung gebracht oder aber mithilfe von visuellen Verzichtserklärungen eindeutig bestimmt werden, dass Schutzgegenstand allein das Teil sein soll. In Betracht kommt selbstverständlich ergänzend auch die zeitgleiche Anmeldung des Erzeugnisses im Ganzen.

Teile von Erzeugnissen sind auch im Wege des nicht-eingetragenen Gemeinschaftsgeschmacks- 13
musters schutzfähig.[31] Voraussetzung ist, dass das Teil des Erzeugnisses durch Merkmale abgegrenzt ist, die seine besondere Erscheinungsform bilden, dh durch Linien, Konturen, Farben, die Gestalt oder eine besondere Oberflächenstruktur.[32]

dd) Bauelement eines komplexen Erzeugnisses. Soweit das Teil ein **zerlegbares Einzelteil** des 14
Gesamterzeugnisses ist, handelt es sich um ein sog. „Bauelement eines komplexen Erzeugnisses". Derartige Bestandteile sind nur dann schutzfähig, soweit die zusätzlichen Voraussetzungen des Art. 4 Abs. 2 und 3 GGV vorliegen. **Komplexe Erzeugnisse** sind gemäß Art. 3 Buchst. c) GGV Erzeugnisse, die aus mehreren Bauelementen bestehen, die sich ersetzen lassen, so dass das Erzeugnis auseinander- und wieder zusammengebaut werden kann.[33] Eine Definition des Begriffs „Bauelement" enthält die GGV nicht, sodass der Begriff entsprechend dem Sinn, den er nach dem gewöhnlichen Sprachgebrauch hat, zu bestimmen ist. Bauelemente sind damit die verschiedenen Einzelteile, die zu einem komplexen industriellen oder handwerklichen Gegenstand zusammengebaut werden sollen und sich ersetzen lassen, und deren Fehlen dazu führen würde, dass das komplexe Erzeugnis nicht bestimmungsgemäß verwendet werden kann.[34] Beispiel für ein komplexes Erzeugnis ist ein Auto, da es aus mehreren Bauelementen (Felgen etc.) besteht.[35] Keine Bauelemente sind hingegen Verbrauchsmaterialien.[36] Voraussetzung für den Schutz von Bauelementen komplexer Erzeugnisse ist, dass das Bauelement bei dessen bestimmungsgemäßen Verwendung sichtbar bleibt und das Bauelement für sich die Kriterien der Neuheit und Eigenart erfüllt.[37] Mit dem sog. **„Sichtbarkeitskriterium"** soll nach dem Willen des Verordnungsgebers berücksichtigt werden, dass es für die Gewährung eines Monopolrechts für Gestaltungen, die in der normalen Verwendung verborgen bleiben, keinen Anlass gibt.[38] Bislang unbeantwortet ist die Frage der **Auslegung des Sichtbarkeitskriteriums**.[39] Unklar ist bspw., ob das Erzeugnis dauerhaft sichtbar sein soll. Vom Musterschutz ausgeschlossen wären dann Autoscheinwerfer, die nur bei Betrieb sichtbar sind und ansonsten durch eine Klappe verdeckt bleiben, oder auch die Gestaltung von Gemüsefächern im Kühlschrankinneren, da der Kühlschrank in der Regel geschlossen ist. Richtigerweise ist das Sichtbarkeitskriterium anhand der **bestimmungsgemäßen Verwendung** auszulegen. So ist der Scheinwerfer bei bestimmungsgemäßer Verwendung sichtbar, nämlich bei Betrieb der Scheinwerfer. Zudem sollte es ausreichen, dass die Sichtbarkeit zumindest in einer möglichen Verwendungsform vorliegt.[40] Unklar ist ferner, ob die Ausstellung eines Ersatzteils im Verkaufsregal ausreicht, um dem Sichtbarkeitskriterium zu genügen, soweit das Erzeugnis bei bestimmungsgemäßer Verwendung des Endverbrauchers nicht sichtbar ist. Teilweise wird vertreten, dass Anknüpfungspunkt nicht der Verkauf des Er-

31 EuGH GRUR 2021, 1523 (1525) – Ferrari/Mansory Design, Rn. 33 ff.; zu den Anforderungen an die Offenbarung s. u. Rn. 25.

32 EuGH GRUR 2021, 1523 (1526) – Ferrari/Mansory Design, Rn. 50.

33 Kein Bestandteil eines komplexen Erzeugnisses sind Drahtgittermatten, die bei Bauwerken einbetoniert werden: EUIPO (Nichtigkeitsabteilung) Entsch. v. 16.2.2007 – ICD 000 003218.

34 EuGH GRUR 2018, 284 (288) – Acacia/Audi ua und Acacia/Porsche, Rn. 64 f.; vgl. hierzu den Vorlagebeschluss des BGH zu § 1 Nr. 3 DesignG BGH GRUR 2021, 1186 – Sattelunterseite, Rn. 9.

35 EuGH GRUR 2018, 284 (288) – Acacia/Audi ua und Acacia/Porsche, Rn. 66.

36 EUIPO-BK Entscheidungen v. 23.8.2021, GRUR-RS 2021, 23936 – Staubsaugerbeutel; Späth, GRUR-Prax 2021, 599.

37 Art. 4 Abs. 2 und 3 GGV; s. auch Erwägungsgrund (12).

38 Näheres zum Sichtbarkeitskriterium Koschtial GRUR Int. 2003, 973 (980 ff.).

39 Vgl. hierzu die kritische Auseinandersetzung mit dem Sichtbarkeitskriterium von Hasselblatt in Hasselblatt CDR Art. 4 Rn. 32 ff. und Ruhl in Ruhl/Tolkmitt Art. 4 Rn. 10 f.; Wandtke/Ohst GRUR Int. 2005, 91 (94) mwN (zum deutschen Recht).

40 So auch Koschtial GRUR Int. 2003, 973 (981); Ruhl/Tolkmitt GGV Art. 4 Rn. 20; weitgehend auch EUIPO-BK Entsch. v. 22.10.2009 – R 690/2007-3 – Chaff cutters

zeugnisses auf dem Markt, sondern der **Zeitpunkt der letzten Sichtbarkeit** ist.[41] Der BGH hat dem EuGH die Frage vorgelegt, nach welchen Kriterien zu beurteilen ist, ob die Verwendung eines komplexen Erzeugnisses durch den Endbenutzer „bestimmungsgemäß" ist.[42]

15 Art. 4 Abs. 3 GGV nimmt zudem Bauelemente komplexer Erzeugnisse vom Schutz aus, die für den Endverbraucher lediglich im Rahmen von **Instandhaltungs-, Wartungs- oder Reparaturarbeiten** sichtbar werden. Die Erscheinungsform bspw. einer Autobatterie ist daher nicht schutzfähig.[43] In der Regel bleibt die Autobatterie durch den Motorraumdeckel verdeckt. Sichtbar wird sie für den Endbenutzer, der die Autobatterie evtl. selbst mit destilliertem Wasser auffüllt, allenfalls bei Wartungsarbeiten.

16 *ee) Technisch bedingte Formgestaltungen.* Erzeugnisse, deren Erscheinungsmerkmale **ausschließlich durch deren technische Funktionalität bedingt** sind, sind gem. Art. 8 GGV vom Musterschutz ausgeschlossen (sog. **„form follows function"**). Damit wird die Trennlinie zu den technischen Schutzrechten gezogen. Insbesondere sollen technologische Innovationen nicht dadurch behindert werden, dass ausschließlich technisch bedingte Merkmale unter Umgehung der Voraussetzungen des Patent- und Gebrauchsmusterrechts letztlich über das Designrecht monopolisiert werden.[44] Erscheinungsmerkmale sind ausschließlich technisch bedingt, soweit die (technische) Funktionalität der einzige das Merkmal bestimmende Faktor ist, die gestalterische Wirkung mithin keinerlei Wirkung für das Produktdesign hat, sondern allein auf Erwägungen der Funktionalität beruht.[45] Erforderlich ist insoweit ein **Designüberschuss**, der über die bloße technische Funktionalität hinausgeht.[46]

Praxistipp:

Soweit dem Gemeinschaftsgeschmacksmuster ausschließlich technische Bedingtheit in Verfahren entgegengehalten wird, sollte der Inhaber des Gemeinschaftsgeschmacksmusters durch dezidierten Vortrag zur Entwurfsgeschichte zeigen, dass und welche gestalterischen Erwägungen eine Rolle gespielt haben.

17 *ff) Verbindungselemente.* Vom Schutz ausgenommen sind ferner Verbindungselemente (sog. **„must-fit Teile"**). Gemäß Art. 8 Abs. 2 GGV besteht an Erscheinungsmerkmalen eines Erzeugnisses kein Schutz, die zwangsläufig in ihrer genauen Form und ihren genauen Abmessungen nachgebildet werden müssen, damit das Erzeugnis mit einem anderen Teil derart zusammenpasst, dass beide Erzeugnisse ihre technische Funktion erfüllen können. So ist die neu gestaltete Fassung einer Glühbirne für sich gesehen nicht schutzfähig, der Leuchtkolben kann hingegen bei Vorliegen der weiteren Voraussetzungen schutzfähig sein. Damit soll vermieden werden, dass ein Entwerfer durch Einführung eines neuen Verbindungssystems eine Monopolstellung erlangen kann.

18 Eine Ausnahme vom Schutzausschließungsgrund für must-fit Teile normiert hingegen Art. 8 Abs. 3 GGV (sog. **„LEGO-Klausel"**). Danach kann der Musterschutz an Erscheinungsformen von Erzeugnissen bestehen, die den Zusammenbau oder die Verbindung einer Vielzahl von untereinander austauschbaren Erzeugnissen innerhalb eines **modularen Systems** ermöglichen. Dem deutschen Rechtsanwender ist der Inhalt dieser Regelung aus mehreren Urteilen des BGH bekannt.[47] Der Entwicklung eines modularen Systems soll die grundsätzlich bestehende Schutzunfähigkeit von Verbindungselementen nicht entgegenstehen.[48]

---

[41] Koschtial GRUR Int. 2003, 973 (981); zum Sichtbarkeitskriterium siehe auch Kur GRUR 2002, 661 (666).

[42] BGH GRUR 2021, 1186 – Satteluntersteite, zur Auslegung des Art. 3 Abs. 3 und Abs. 4 der RL; die Rechtssache wird beim EuGH unter C-472/21 geführt.

[43] Wie hier Becker GRUR Int. 2012, 312 (319); aA Hasselblatt in Hasselblatt CDR Art. 4 Rn. 44.

[44] Erwägungsgrund (10) der GGV.

[45] EuGH GRUR 2018, 612 – DOCERAM; s. auch den Vorlagebeschluss des OLG Düsseldorf GRUR Int. 2016, 1083 (1084) – Zentrierstifte, Rn. 12 sowie BGH GRUR 2021, 473 (474) – Papierspender, Rn. 10.

[46] Vgl. hierzu auch die parallele Rechtsprechung zum Urheberrecht in EuGH GRUR 2020, 736 – Brompton/Get2Get; Späth GRUR-Prax 2020, 329.

[47] BGH GRUR 2000, 521 ff. – Modulgerüst; BGH GRUR 1992, 619 ff. – Klemmbausteine II; BGH GRUR 1964, 621 ff. – Klemmbausteine I.

[48] Erwägungsgrund (11): „Abweichend hiervon können die mechanischen Verbindungselemente von Kombinationsteilen ein wichtiges Element der innovativen Merkmale von Kombinationsteilen bilden und einen wesentlichen Faktor für das Marketing darstellen …".

19 *gg) Ersatzteile.* Betreffend die Ersatzteilproblematik gilt die Übergangsregelung des Art. 110 Abs. 1 GGV (sog. **„freeze-plus Regelung"**), nachdem eine Einigung in diesem Punkte nicht erreicht werden konnte. Hier stehen sich insbesondere die Interessen der Kfz-Industrie und die des freien Teilemarktes (Anschlussmarkt) gegenüber. Es geht um die Frage, ob Bauelemente eines komplexen Erzeugnisses, die mit dem Ziel verwendet werden, die Reparatur des komplexen Erzeugnisses zu ermöglichen, um diesem wieder sein ursprüngliches Erscheinungsbild[49] zu verleihen, Schutz genießen sollen. Es handelt sich hierbei bspw. um Kotflügel, Motorhauben, Autotüren, Stoßstangen (sog. **„formgebundene Teile"** oder **„must-match Teile"**).[50] Die Schutzschranke ist indes nicht auf must-match Teile beschränkt, da der Schutzausschluss nach Art. 110 Abs. 1 GGV nicht voraussetzt, dass das geschützte Geschmacksmuster vom Erscheinungsbild des komplexen Erzeugnisses abhängig ist.[51] Demnach fallen auch Autofelgen unter den Schutzausschließungsgrund des Art. 110 Abs. 1 GGV, obschon die Felgen vom Kunden grundsätzlich frei wählbar sind. Teile, die für die Instandsetzung erforderlich sind, wie zum Beispiel Scheibenwischer, fallen indes nicht unter Art. 110 Abs. 1 GGV, da diese Teile für die technische Instandsetzung erforderlich sind und nicht das Erscheinungsbild wiederherstellen sollen. Ebensowenig werden Tuningteile vom Tatbestand des Art. 110 Abs. 1 GGV erfasst, da sie dem komplexen Erzeugnis Auto erst nachträglich hinzugefügt werden.

20 Art. 110 GGV normiert hingegen **keinen Nichtigkeitsgrund** im Sinne des Art. 25 GGV.[52] Insofern ist die Eintragung als Gemeinschaftsgeschmacksmuster derzeit nicht nur möglich, sondern zudem unangreifbar. Ausgeschlossen ist hingegen die Geltendmachung von Verbietungsrechten, soweit die vom EuGH und BGH aufgestellten weiteren Kriterien erfüllt sind. Danach steht die Schutzschranke unter der Voraussetzung, dass das Erscheinungsbild des Ersatzteils mit demjenigen **optisch identisch** ist, das das ursprünglich in das komplexe Erzeugnis eingefügte Bauelement bei seinem Inverkehrbringen hatte.[53] Ferner unterliegt der Hersteller oder Anbieter, der sich auf den Schutzausschluss beruft, einer Sorgfaltspflicht, die sich auf die Einhaltung der Voraussetzungen bezieht, dass das Bauelement vom nachgelagerten Benutzer ausschließlich zur Reparatur des komplexen Erzeugnisses verwendet wird, um diesem wieder sein ursprüngliches Erscheinungsbild zu verleihen.[54] Zu den Sorgfaltspflichten gehört der Hinweis auf das bestehende Geschmacksmusterrecht sowie die (vertragliche) Sicherung des Reparaturzwecks.

Praxistipp:

Must-match Teile sollten, solange die Übergangsregelung des Art. 110 GGV gilt, als Gemeinschaftsgeschmacksmuster angemeldet werden, da nicht vollends auszuschließen ist, dass die uneingeschränkte Schutzfähigkeit in der Zukunft doch anerkannt wird und zudem die Anforderungen an die Sorgfaltspflichten hoch sind. Parallel sollten in den Mitgliedstaaten, die die Schutzfähigkeit von Ersatzteilen vorsehen, nationale Muster angemeldet werden.

21 *hh) Verstoß gegen die öffentliche Ordnung oder die guten Sitten.* Schließlich besteht ein Schutzversagungsgrund in Art. 9 GGV betreffend Geschmacksmuster, die gegen die öffentliche Ordnung oder die guten Sitten verstoßen. Beide Begriffe werden in der GGV nicht legaldefiniert. Gemäß Ziffer 5.2. der Prüfungsrichtlinien fallen unter Art. 9 GGV rassistische Botschaften oder Bilder. Ferner dürften auch beleidigende Zeichen, pornographische Darstellungen etc. schutzunfähig sein. Entscheidend ist die Auffassung der Öffentlichkeit innerhalb der Gemeinschaft.

---

49 Aufgrund des Sichtbarkeitskriteriums kann es nur um die Wiederherstellung des Erscheinungsbildes ankommen.

50 Während es bei den must-fit Teilen um die technische Interoperabilität geht, behandeln die must-match Teile die optische Interoperabilität; vgl. zu diesem Themenkomplex statt vieler Straus GRUR Int. 2005, 965 sowie Drexl/Hilty/Kur GRUR Int. 2005, 449 ff.

51 EuGH GRUR 2018, 284 (288) – Acacia/Porsche, Rn. 53 sowie die daraufhin ergangene Entscheidung des BGH GRUR 2018, 1246 (1249) – Kraftfahrzeugfelgen II, Rn. 36; s. auch Kur GRUR 2016, 20.

52 Zu den Nichtigkeitsgründen des Art. 25 GGV → Rn. 76 ff.

53 EuGH GRUR 2018, 284 (289) – Acacia/Porsche, Rn. 78; BGH GRUR 2018, 1246 (1249) – Kraftfahrzeugfelgen II, Rn. 38.

54 EuGH GRUR 2018, 284 (290) – Acacia/Porsche, Rn. 85; BGH GRUR 2018, 1246 (1249) – Kraftfahrzeugfelgen II, Rn. 40.

22 **b) Schutzrechtserwerb.** Gemäß Art. 1 Abs. 2 GGV kann der Gemeinschaftsgeschmacksmusterschutz auf zweierlei Weise erlangt werden: durch Eintragung (sog. „eingetragenes Gemeinschaftsgeschmacksmuster") sowie durch das öffentliche Zugänglichmachen des Designs (sog. „nicht-eingetragenes Gemeinschaftsgeschmacksmuster").

23 *aa) Erwerb durch Eintragung.* Das Recht aus dem eingetragenen Gemeinschaftsgeschmacksmuster entsteht gem. Art. 12 GGV **mit Eintragung.** Die Eintragung hat demnach konstitutive Wirkung. Auf die Bekanntmachung der Eintragung kommt es nicht an.

Praxistipp:

Die – kurze – zeitliche Schutzlücke zwischen Anmeldung und Eintragung kann durch die Offenbarung des Musters im Sinne von Art. 11 GGV – mithin dem Erwerb des nicht-eingetragenen Gemeinschaftsgeschmacksmusters – geschlossen werden, soweit eine Geheimhaltung bis zur Eintragung nicht möglich/gewollt ist.

24 Gemäß Art. 48 GGV trägt das Amt das Geschmacksmuster unter dem Datum des Anmeldetages gemäß Art. 38 GGV ein, sofern die formalen Erfordernisse einer Anmeldung erfüllt sind und die Anmeldung nicht gemäß Art. 47 GGV zurückgewiesen wurde. **Gegenstand der Amtsprüfung** ist damit allein die Überprüfung

- der formellen Voraussetzungen, Art. 36 Abs. 1 GGV
- der abstrakten Geschmacksmusterfähigkeit im Sinne von Art. 3 Buchst. a) GGV
- des Nichtvorliegens eines Verstoßes gegen die öffentliche Ordnung oder die guten Sitten, Art. 9 GGV.

25 Eine materiell-rechtliche Prüfung findet nicht statt.[55] Insbesondere ist nicht Gegenstand der Prüfung, ob es sich bei dem zur Anmeldung gebrachten Geschmacksmuster um ein must-fit Teil handelt oder ob die Erscheinungsmerkmale des Geschmacksmusters ausschließlich technisch bedingt sind. Ferner findet keine Prüfung der Neuheit und Eigenart statt. All diese Schutzvoraussetzungen und Schutzausschließungsgründe werden **ausschließlich im Nichtigkeitsverfahren bzw. im Rahmen des Verletzungsverfahrens** geprüft.

Praxistipp:

In Verletzungsverfahren ist daher besonders sorgfältig zu prüfen, ob das eingetragene Gemeinschaftsgeschmacksmuster materiell-rechtlich wirksam und nicht löschungsreif ist.

26 *bb) Erwerb durch Offenbarung.* Der Gemeinschaftsgeschmacksmusterschutz entsteht ferner in Form des nicht-eingetragenen Gemeinschaftsgeschmacksmusters, sobald das Geschmacksmuster der Öffentlichkeit zugänglich gemacht wird.[56] Gemäß Art. 11 Abs. 2 GGV gilt ein Geschmacksmuster als der Öffentlichkeit zugänglich gemacht, wenn es in solcher Weise bekannt gemacht, ausgestellt, im Verkehr verwendet oder auf sonstige Weise offenbart wurde, dass dies den in der Gemeinschaft tätigen Fachkreisen des betreffenden Wirtschaftszweiges im normalen Geschäftsverlauf bekannt sein konnte.[57] In Bezug auf den Schutz von Teilen von Erzeugnisses muss die Erscheinungsform des Teils bei der Offenbarung klar erkennbar sein.[58] Eine Pflicht, den Teil des Erzeugnisses gesondert zu offenbaren, ist der GGV nicht zu entnehmen.[59]

27 Die Form der Offenbarung ist weit gefasst und umfasst zunächst jegliches Offenbaren im Verkehr durch zB die Präsentation des Geschmacksmusters auf einer Messe, in einer Presse-

[55] EuGH GRUR Int. 2012, 353 (355) Rn. 43 – Celaya Emparanza y Galdos Internacional, wonach es sich bei der Eintragungsprüfung lediglich um eine „beschleunigte, im Wesentlichen formelle Kontrolle" handelt.

[56] Art. 1 Abs. 2 Buchst. a) iVm Art. 11 Abs. 1 GGV.

[57] EuGH GRUR 2021, 1523, 1525 – Ferrari/Mansory Design, Rn. 37; im Vergleich zu Art. 7 GGV ist die abstrakte Möglichkeit der Kenntnisnahme positiv formuliert.

[58] EuGH GRUR 2021, 1523 (1525) – Ferrari/Mansory Design, Rn. 37.

[59] EuGH GRUR 2021, 1523 (1525) – Ferrari/Mansory Design, Rn. 40.

konferenz, im Internet. Erforderlich ist gem. Art. 110a Abs. 5 S. 2 GGV die Offenbarung in der Gemeinschaft. Eine **Offenbarung außerhalb der Gemeinschaft reicht bei Art. 11 GGV nicht aus.**[60]

Ist das Geschmacksmuster innerhalb der Gemeinschaft der Öffentlichkeit zugänglich gemacht worden, so muss dies zum Schutzrechtserwerb in einer Weise geschehen sein, dass es den in der Gemeinschaft tätigen Fachkreisen des betreffenden Wirtschaftszweiges im normalen Geschäftsverlauf bekannt sein konnte. Zu den **Fachkreisen** gehören neben den Designern auch Hersteller sowie (Zwischen-)Händler.[61] Nicht zu den Fachkreisen gehört hingegen jedenfalls der private Endverbraucher, da die Begrenzung auf Fachkreise ansonsten leerliefe. Diese Fachkreise müssen **in dem betreffenden Wirtschaftszweig** tätig sein, mithin wird die Möglichkeit der Kenntnisnahme eines Erzeugnisses der Bekleidungsbranche durch einen Möbeldesigner nicht ausreichen.[62] Zudem muss die abstrakte Möglichkeit der Kenntniserlangung **im normalen Geschäftsverlauf** bestehen, so dass reine Zufallsbegegnungen etc. irrelevant sind. Die Offenbarung auf einer (branchennahen) Messe und Ausstellung, die Vorstellung des Designs in einer (Online-)Branchenzeitschrift genügen in jedem Fall. 28

Die Veröffentlichung eines Designs in öffentlichen Registern genügt den Offenbarungsvoraussetzungen des Art. 11 GGV.[63] Damit entsteht zeitgleich mit Veröffentlichung eines nationalen Designs im Register des DPMA automatisch der Schutz des nicht-eingetragenen Gemeinschaftsgeschmacksmusters. Gleiches gilt auch bei der Veröffentlichung einer Markenanmeldung/-eintragung. Zum normalen Geschäftsverlauf gehört unzweifelhaft die **übliche Marktbeobachtung,** wie etwa der Besuch von Messen und Ausstellungen, die Lektüre der einschlägigen und benachbarten Branchenzeitschriften. Es ist im Einzelfall zu entscheiden sein, ob Ort und Anlass des öffentlichen Zugänglichmachens den Kriterien des Art. 11 GGV genügen. 29

Praxistipp:

Das Geschmacksmuster sollte in verschiedenster Art der Öffentlichkeit zugänglich gemacht (Fachzeitschriften, Branchenportale im Internet, Messen etc.).

Gemäß Art. 11 Abs. 2 GGV gilt ein Geschmacksmuster hingegen als nicht der Öffentlichkeit bekannt gemacht, wenn es lediglich einem Dritten unter der **ausdrücklichen oder stillschweigenden Bedingung der Vertraulichkeit** offenbart wurde. 30

c) **Neuheit.** Gemäß Art. 4 Abs. 1 GGV ist – neben der Eigenart – die Neuheit Voraussetzung für den Schutz als Gemeinschaftsgeschmacksmuster. Ein Geschmacksmuster gilt gemäß Art. 5 Abs. 1 GGV als neu, wenn zuvor **kein identisches Geschmacksmuster** der Öffentlichkeit zugänglich gemacht wurde, wobei Geschmacksmuster als identisch gelten, soweit sich ihre Merkmale nur in unwesentlichen Einzelheiten unterscheiden.[64] Der **entscheidungserhebliche Zeitpunkt** für die Neuheitsbetrachtung hängt von dem Erwerb des Rechts ab. Für nicht-eingetragene Gemeinschaftsgeschmacksmuster kommt es auf den Tag an, an dem das Geschmacksmuster erstmals der Öffentlichkeit zugänglich gemacht wurde. Bei eingetragenen Gemeinschaftsgeschmacksmustern ist der Tag der Anmeldung bzw. im Falle der Inanspruchnahme einer Priorität gemäß Art. 41 GGV der Prioritätstag entscheidungserheblich. Vor den genannten Stichtagen darf kein identisches Geschmacksmuster offenbart im Sinne des Art. 7 GGV worden sein. Anders als beim *Erwerb* des nicht-eingetragenen Gemeinschaftsgeschmacksmusters ist die neuheitsschädliche Offenbarung in Art. 5, 7 GGV **nicht geographisch begrenzt.** So kann die Ausstellung des Ge- 31

[60] BGH GRUR 2009, 79 (81) – Gebäckpresse.

[61] EuGH GRUR 2014, 368 (369) – Gautzsch Großhandel, Rn. 27; Bulling Mitt. 2004, 254 (255); Bartenbach/Fock WRP 2002, 1119 (1120).

[62] In Bezug auf den hier interessierenden Art. 11 offengelassen in EuGH GRUR 2014, 368 – Gautzsch Großhandel und EuGH GRUR 2021, 1523 – Ferrari/Mansory Design Ferrari sowie in EUIPO-BK Entsch. v. 5.7.2007 – R-1421/2006-3 – Cash registers; beachte indes zu Art. 7 die Entscheidung des EUGH GRUR 2017, 1244 (1247) – Easy Sanitary Solutions und Group Nivelles, Rn. 88 ff.

[63] BGH GRUR Int. 2010, 1072 (1075) – Verlängerte Limousinen, Rn. 48.

[64] Zum Unionsmarkenrecht hat der EuGH klargestellt, dass das Kriterium der „Identität" restriktiv auszulegen sei. Identität liege nur vor, wenn das jüngere Zeichen ohne Änderung oder Hinzufügung alle Elemente des Älteren wiedergibt, EuGH GRUR 2003, 422 (425) Rn. 54 – Arthur/Arthur et Félicie; in diesem Sinne ist wohl auch die Identität im Sinne des Art. 5 GGV auszulegen.

schmacksmusters auf einer internationalen Messe im Ausland neuheitsschädlich sein, es sei denn, das ältere Erzeugnis konnte den in der Gemeinschaft tätigen Fachkreisen des betreffenden Wirtschaftskreises im normalen Geschäftsverlauf nicht bekannt sein.[65] Mit Ausnahme des Kriteriums „im normalen Geschäftsverlauf" entspricht diese Regelung dem seit Jahrzehnten in Deutschland anerkannten relativ-objektiven Neuheitsbegriff. Das EUIPO hat die Veröffentlichung eines Design Patent in den USA als neuheitsschädliche Offenbarung mit der Begründung anerkannt, das US-Register sei online einsehbar.[66] Der BGH hat für den Bereich der Computergehäuse eine Offenbarung in Form einer Werbeanzeige in einer taiwanesischen Zeitschrift als neuheitsschädlich angesehen.[67] Im Bereich der Haushaltsgeräte hat der BGH eine Geschmacksmusterveröffentlichung des chinesischen Patentamtes für neuheitsschädlich erklärt.[68] Das OLG Frankfurt hat eine Offenbarung in einem Hotel anlässlich der Kanton-Messe in China im Bereich der Dekorationsartikel ebenfalls als neuheitsschädliche Offenbarung anerkannt.[69] Das LG Frankfurt schließlich hat festgestellt, dass der US-amerikanische Markt ein wichtiger Absatzmarkt im Bereich der Fitnessgeräte sei, so dass eine Offenbarung in den USA neuheitsschädlich wirken könne.[70] Auch **branchenfremde Erzeugnisse** können neuheitsschädlich sein. Die Art des Erzeugnisses, in das das ältere Geschmackmuster aufgenommen werden soll, hat keinerlei Ausfluss auf die Prüfung der Neuheit und Eigenart. Etwas anderes ergibt sich insbesondere nicht aus Art. 7 Abs. 1 GGV, soweit dort auf den betroffenen Wirtschaftszweig abgestellt wird.[71]

32 Die Neuheitsprüfung hat anhand des **Vergleichs der einzelnen Merkmale** der sich gegenüberstehenden Muster zu erfolgen. Sind sämtliche wesentlichen Merkmale in einem vorbekannten Erzeugnis bereits enthalten, ist das Geschmacksmuster nicht neu im Sinne des Art. 5 GGV. Damit ist die Neuheitsschädlichkeit faktisch auf **reine Kopien oder aber sehr nahekommende Gestaltungen** beschränkt.[72] Entscheidend für die Prüfung sind letztendlich die in dem jüngeren Geschmacksmuster enthaltenen **Unterschiede, nicht die Gemeinsamkeiten** mit dem vorbekannten Erzeugnis. Es sind also zunächst die jeweiligen Merkmale des älteren sowie des jüngeren Geschmacksmusters herauszuarbeiten. Sodann ist zu bewerten, ob diese Merkmale des älteren Erzeugnisses allesamt auch in dem jüngeren Geschmacksmuster enthalten sind, ohne dass bei dem jüngeren Geschmacksmuster weitere – wesentliche – Merkmale hinzutreten.

33 Genauso wie bei Art. 11 GGV gilt ein Geschmacksmuster als nicht der Öffentlichkeit zugänglich gemacht, soweit es lediglich einem Dritten unter der ausdrücklichen oder stillschweigenden Bedingung der Vertraulichkeit offenbart wurde.[73]

34 Gemäß Art. 7 Abs. 2 GGV bleibt bei der Beurteilung der Neuheit eines eingetragenen Gemeinschaftsgeschmacksmusters eine Offenbarung unberücksichtigt, die während eines Zeitraums von 12 Monaten vor dem Anmeldetag oder dem Prioritätstag durch den Entwerfer selbst, seinen Rechtnachfolger oder durch einen Dritten als Folge von Informationen/Handlungen des Entwerfers/Rechtsnachfolgers erfolgt ist (sog. **„Neuheitsschonfrist"**).[74] Dies gilt gemäß Abs. 3 auch für die Fälle, in denen das Geschmacksmuster als Folge einer missbräuchlichen Handlung gegen den Entwerfer erfolgt ist. Dem Entwerfer steht es demnach frei, ein Geschmacksmuster zu offenbaren und den Erfolg des Geschmacksmusters 12 Monate zu testen, bevor er das Muster zur Anmeldung bringt.[75] Hervorzuheben ist aber, dass die **Priorität der ersten Offenbarung bei der späteren Anmeldung nicht in Anspruch genommen werden kann** und der Schutz des nur durch die Offenbarung entstehenden nicht-eingetragenen Gemeinschaftsgeschmacksmusters eingeschränkt ist. Zudem ist zu beachten, dass sich innerhalb der 12-monatigen Testphase der Formenschatz erweitern kann, so dass dem Geschmacksmuster dann im Zeitpunkt der späteren Anmeldung die erforderliche Eigenart fehlen kann. Zwar kann gemäß Art. 7 Abs. 2 GGV das eigene Geschmacksmuster nicht entgegengehalten werden, Erzeugnisse Dritter hingegen durchaus.

---

[65] EuGH GRUR 2014, 368 – Gautzsch Großhandel.
[66] EUIPO Entsch. v. 30.8.2006 – ICD000 001 006, abrufbar auf den Seiten des EUIPO unter http://euipo.eu.
[67] BGH GRUR 2004, 427 – Computergehäuse.
[68] BGH GRUR 2009, 79 (81) – Gebäckpresse.
[69] OLG Frankfurt GRUR-RR 2004, 320 – Kanton Messe.
[70] LG Frankfurt a. M. GRUR-RR 2005, 4 – Ab Swing-Hometrainer.
[71] EUGH GRUR 2017, 1244 (1248) – Easy Sanitary Solutions und Group Nivelles, Rn. 104; Späth GRUR-Prax 2017, 466.
[72] So auch Weber GRUR 2008, 115 (116).
[73] Art. 7 Abs. 1 S. 2 GGV.
[74] Die Regelung entspricht inhaltlich dem § 6 DesignG.
[75] Erwägungsgrund (20).

Praxistipp:

Es sollte stets genau überlegt werden, ob man sich auf die Neuheitsschonfrist und das nicht-eingetragene Gemeinschaftsgeschmacksmuster verlassen will. Im Zweifel ist die Anmeldung eines Gemeinschaftsgeschmacksmusters immer vorzugswürdig.

Ein lediglich angemeldetes, aber nicht veröffentlichtes oder auf sonstige Weise offenbartes Geschmacksmusters ist nicht neuheitsschädlich.[76] 35

d) Eigenart. Gemäß Art. 4 Abs. 1 GGV ist neben der Neuheit erforderlich, dass das Geschmacksmuster Eigenart aufweist. Ein Geschmacksmuster hat gemäß Art. 6 GGV Eigenart, wenn sich der Gesamteindruck, den es bei einem informierten Benutzer hervorruft, von dem **Gesamteindruck unterscheidet,** den ein anderes Erzeugnis bei diesem Benutzer hervorruft. Eine wie auch immer geartete **ästhetische Wirkung ist nicht erforderlich.**[77] Im Gegensatz zur Neuheitsprüfung kommt es auch nicht darauf an, ob sämtliche Merkmale auch im jüngeren Erzeugnis enthalten sind. Vielmehr ist der Gesamteindruck der sich gegenüberstehenden Erzeugnisse entscheidend und zwar aus der Sicht des informierten Benutzers des betroffenen Wirtschaftszweiges. 36

Die **Prüfung der Eigenart** läuft im Wesentlichen in vier Schritten[78] ab: 37
– Schritt 1: Bestimmung des betroffenen Wirtschaftszweiges
– Schritt 2: Bestimmung des informierten Benutzers
– Schritt 3: Bestimmung des Grades der Gestaltungsfreiheit
– Schritt 4: Vergleich der Gesamteindrücke

Anknüpfungspunkt für die Bestimmung des **betroffenen Wirtschaftszweiges** sind allein die hinterlegten Abbildungen sowie die Erzeugnisangabe, wobei nicht ausgeschlossen ist, dass sich aus den Abbildungen die Zugehörigkeit des Erzeugnisses zu einer spezielleren Kategorie innerhalb der bei der Eintragung angegebenen Kategorie ergibt.[79] 38

Bei dem **informierten Benutzer** handelt es sich um eine Person, der keine durchschnittliche Aufmerksamkeit, sondern eine besondere Wachsamkeit eigen ist, sei es wegen seiner persönlichen Erfahrung oder seiner umfangreichen Kenntnisse in dem betreffenden Bereich.[80] Der Begriff des informierten Benutzers liegt zwischen dem im Markenbereich anwendbaren Durchschnittsverbrauchers, von dem keine speziellen Kenntnisse erwartet werden, und der im Allgemeinen keinen direkten Vergleich zwischen den einander gegenüberstehenden Marken anstellt, und dem des Fachmanns als Sachkundigen mit profunden technischen Fertigkeiten.[81] Eine hohe Anzahl ähnlicher, vorbekannter Gestaltungen („Musterdichte") kann dazu führen, dass der informierte Benutzer für Details sensibilisiert ist und daher auch aufgrund geringerer Unterschiede einen abweichenden Gesamteindruck annimmt.[82] Maßstab ist ein direkter Vergleich der sich konkret gegenüberstehenden Geschmacksmuster durch den informierten Benutzer. Der EuGH hat indes auch die Möglichkeit eines Vergleichs aus dem unvollkommenen Erinnerungsbild des informierten Benutzers zugelassen (indirekter Vergleich), soweit im Einzelfall ein direkter Vergleich im betreffenden Bereich undurchführbar oder ungewöhnlich ist.[83] 39

Der **Grad der Gestaltungsfreiheit** wird insbesondere durch die Vorgaben bestimmt, die sich aus den durch die technische Funktion des Erzeugnisses oder eines Bestandteils des Erzeugnisses bedingten Merkmalen oder aus den auf das Erzeugnis anwendbaren gesetzlichen Vorschriften ergeben.[84] Ist die Gestaltung eines Erzeugnisses weitestgehend abhängig von der Funktionalität, 40

[76] BGH GRUR Int. 2010, 1072 (1075) Rn. 40 – Verlängerte Limousinen.
[77] KG ZUM 2005, 230 – Sal de Ibiza; Erwägungsgrund (10); Maier/Schlötelburg Gemeinschaftsgeschmacksmuster B.1.; Rahlf/Gottschalk GRUR Int. 2004, 821 (822).
[78] S. hierzu EuG GRUR-RS 2021, 33827 Rn. 19 ff. – Eternit; Späth/Harnischmacher GRUR-Prax 2021, 744.
[79] EuG GRUR-RS 2021, 33827 – Eternit, Rn. 43.
[80] EuGH GRUR 2017, 1249 – Duschabflussrinne, Rn. 124; EuGH GRUR 2013, 178 (180) – Neuman ua/Baena Group, Rn. 53; EuGH GRUR Int. 2012, 43 (46) – PepsiCo, Rn. 53; EuG GRUR Int. 2014, 494 (496)– Korkenzieher, Rn. 21.
[81] EuGH GRUR Int. 2012, 43 (46) – PepsiCo, Rn. 53, 55.
[82] EuG BeckRS 2017, 144010 Rn. 55.
[83] EuGH GRUR Int. 2014, 861 (863) – Karen Miller Fashions/Dunnes Stores, Rn. 28; EuGH GRUR 2013, 178 (180)– Neuman ua/Baena Group, Rn. 54.
[84] EuG GRUR-RR 2010, 189 (192) – Grupo Promer, Rn. 67; EuG GRUR-RS 2021, 8053 – Bibi-a Group, Rn. 53.

steht dem Entwerfer nur ein geringer Gestaltungsspielraum zur Verfügung.[85] Dasselbe gilt bei rechtlichen Restriktionen (bspw. Sicherheitsvorschriften, Normungen etc.). In solchen Fällen sind keine hohen Anforderungen an die für die Bejahung der Eigenart erforderliche Unterschiedlichkeit zu stellen. Eine etwaig bestehende Musterdichte schränkt die Gestaltungsfreiheit nach der Rechtsprechung des EuG hingegen nicht ein, vielmehr soll sich die Musterdichte allenfalls auf die Sichtweise des informierten Benutzers auswirken.[86] Der BGH indes berücksichtigt -jedenfalls im Rahmen der Prüfung des Schutzumfanges nach Art. 10 Abs. 2 GGV, bei der ebenfalls der Grad der Gestaltungsfreiheit zu bestimmen ist- die Musterdichte unter dem Tatbestandsmerkmal der Gestaltungsfreiheit und verwendet dabei die Terminologie „Gestaltungsspielraum".[87]

41 Bei der Prüfung der Gesamteindrücke ist zunächst der **Gesamteindruck** des jüngeren Geschmacksmusters herauszuarbeiten. Der maßgebliche Gesamteindruck wird sich dabei in aller Regel aus **prägenden Einzelmerkmalen** ergeben, wobei es im Falle des eingetragenen Gemeinschaftsgeschmacksmusters allein auf die hinterlegte Abbildung ankommt. Im zweiten Schritt hat ein Einzelvergleich mit dem Gesamteindruck vorbekannter Gestaltungen zu erfolgen, so dass die Prüfung der Eigenart letztlich eine **wertende Einschätzung des Abstandes** der sich gegenüberstehenden Gestaltungen darstellt.[88] Auch branchenfremde Gestaltungen gehören zum relevanten Designschatz.[89] Eine Feststellung des Grades des Abstands zum vorbekannten Musterschatz findet im Rahmen der Prüfung der Schutzvoraussetzungen nicht statt. Festzustellen ist lediglich, dass das Geschmacksmuster über Eigenart verfügt. Bei der Feststellung der Eigenart sind weniger die Übereinstimmungen, vielmehr die Unterschiedlichkeiten im Zentrum der Prüfung.[90] Hervorzuheben ist dabei, dass kein Vergleich der einzelnen Merkmale des jüngeren Geschmacksmusters mit den Merkmalen vorbekannter Muster vorgenommen werden darf. Es ist mithin unerheblich, ob bspw. das prägende Merkmal A des jüngeren Geschmacksmusters aus dem älteren Muster X, und das prägende Merkmal B aus dem älteren Muster Y vorbekannt ist. Ein **mosaikartiger Vergleich findet nicht statt.**[91] Mithin kann grundsätzlich auch eine Kombination von vorbekannten Gestaltungsmerkmalen Eigenart im Sinne des Art. 6 GGV genießen.

3. Schutzumfang und -dauer

42 a) **Schutzumfang.** Die Bestimmung des Schutzumfangs hat anhand derselben Kriterien wie bei der Prüfung der Eigenart zu erfolgen.[92] Wiederum sind im Falle des eingetragenen Gemeinschaftsgeschmacksmusters Ausgangspunkt allein die hinterlegten Abbildungen. Sie allein bilden den Schutzgegenstand, auf das tatsächlich vertriebene Erzeugnis kommt es nicht an.[93] Gemäß Art. 10 Abs. 1 GGV erstreckt sich der Schutzumfang auf jedes Geschmacksmuster, das beim informierten Benutzer keinen anderen Gesamteindruck erweckt.[94] Entscheidend ist der Zeitpunkt des Schutzrechtserwerbs.[95] Nach überwiegender und richtiger Auffassung wird der Schutzumfang von eingetragenen Gemeinschaftsgeschmacksmustern durch die Erzeugnisangabe nicht unmittelbar beeinflusst.[96] Eine mittelbare Beeinflussung erfolgt indes durch die Berücksichtigung der Erzeugnisangabe im Rahmen der Bestimmung des betroffenen Wirtschaftszweiges.[97] Der Schutzumfang eines Gemeinschaftsgeschmacksmusters, das sich nur durch geringe Unterschiedlichkeit im Gesamteindruck von vorbekannten Erzeugnissen unterscheidet, dessen Eigenart aber auf Grund geringer Gestaltungsfreiheit gerade noch bejaht wird, ist nur gering.[98] Aufgrund der Tat-

[85] EuG GRUR Int. 2014, 494 (497) – Korkenzieher, Rn. 33.
[86] EuG GRUR-RS 2021, 40725 – Tanaro-Sneaker; EuG BeckRS 2012, 82406 – Antrax It, Rn. 81, 89.
[87] BGH GRUR 2019, 398 (400) – Meda Gate, Rn. 14; BGH GRUR 2013, 285 – Kinderwagen II, Rn. 31; BGH GRUR 2012, 512 (516) – Kinderwagen I, Rn. 24.
[88] Vgl. BGH GRUR 2012, 512 (516) – Kinderwagen I, Rn. 24; so auch Kur GRUR 2002, 661 (665).
[89] EUGH GRUR 2017, 1244 (1248) – Easy Sanitary Solutions und Group Nivelles, Rn. 104.
[90] BGH GRUR Int. 2010, 1072 (1075) – Verlängerte Limousinen, Rn. 34 ff.; Jestaedt GRUR 2008, 19 (22) (zum deutschen Recht).
[91] EuGH GRUR Int. 2014, 861 (864) – Karen Miller Fashions/Dunnes Stores, Rn. 25; BGH GRUR 2019, 398 (403) – Meda Gate, Rn. 42; BGH GRUR 2012, 512 (516) – Kinderwagen, Rn. 26.
[92] BGH GRUR 2012, 512 (516) – Kinderwagen, Rn. 24.
[93] BGH GRUR 2018, 832 – Ballerinaschuh, Rn. 33.
[94] BGH GRUR Int. 2010, 1072 (1075) – Verlängerte Limousinen, Rn. 49.
[95] BGH GRUR 2011, 142 (144) – Untersetzer, Rn. 18; aA EuG GRUR-RR 2010, 189 (192) – Grupo Promer, Rn. 69 f.
[96] EuGH GRUR 2017, 1244 (1247) – Duschabflussrinne, Rn. 94.
[97] S. o. Rn. 38.
[98] Ausführlich zum Prüfungsprogramm des § 38 Abs. 2 DesignG: BGH GRUR 2011, 1117 (1121) – ICE, Rn. 36.

sache, dass Art. 6 GGV sowie Art. 10 GGV die gleiche Terminologie verwenden, sind die Beurteilungsmaßstäbe bei der Festlegung des Schutzumfanges identisch mit der Prüfung der Eigenart. Indes ist im Rahmen der Bestimmung des Schutzumfanges anders als bei der Prüfung des Art. 6 GGV der Grad der Eigenart festzustellen.[99]

b) Schutzdauer. Die Schutzdauer eines eingetragenen Gemeinschaftsgeschmacksmusters unterscheidet sich von der des nicht-eingetragenen Gemeinschaftsgeschmacksmusters. Aufgrund der Konzeption des europäischen Geschmacksmusterrechts soll ua zu Lasten der Schutzdauer ein formloser und kostenfreier Schutz bereitgestellt werden. Damit soll insbesondere denjenigen Wirtschaftszweigen ein Schutzrechtsinstrument angeboten werden, die eine Vielzahl von Geschmacksmustern mit kurzem Produktlebenszyklus hervorbringen, denen es daher nicht auf eine lange Schutzdauer, sondern auf einen unkomplizierten und günstigen Schutz ankommt.[100] Im Zusammenspiel mit der Neuheitsschonfrist bleibt dabei dem Entwerfer das „up-grade" auf ein eingetragenes Gemeinschaftsgeschmacksmuster grundsätzlich möglich.[101] 43

aa) Schutzdauer des nicht-eingetragenen Gemeinschaftsgeschmacksmusters. Die Schutzdauer für das nicht-eingetragene Gemeinschaftsgeschmacksmuster beträgt gemäß Art. 11 Abs. 1 GGV **drei Jahre.** Die Schutzdauer beginnt mit Entstehung des Rechts, mithin dem Tag, an dem das Geschmacksmuster innerhalb der Gemeinschaft der Öffentlichkeit erstmals zugänglich gemacht wurde.[102] Die Schutzfrist ist **nicht verlängerbar.** 44

bb) Schutzdauer des eingetragenen Gemeinschaftsgeschmacksmusters. Die Schutzdauer des eingetragenen Gemeinschaftsgeschmacksmusters beträgt fünf Jahre und kann gemäß Art. 12 GGV höchstens vier Mal um jeweils fünf Jahre **bis zu einer Gesamtlaufzeit von 25 Jahren** verlängert werden. Die Beantragung der Verlängerungen schon im Zeitpunkt der Anmeldung ist nicht möglich.[103] Die Schutzfrist beginnt mit dem Tag der Anmeldung im Sinne des Art. 38 GGV. 45

4. Schutzwirkungen

a) Gemeinschaftsweite Wirkung. Ein materiell-rechtlich wirksames Gemeinschaftsgeschmacksmuster entfaltet gemäß Art. 1 Abs. 3 S. 2 GGV ausnahmslos Wirkung im gesamten geographischen Bereich der EU (Prinzip der Einheitlichkeit). Dies gilt gemäß Art. 110a Abs. 1 und 5 GGV sowohl für eingetragene Gemeinschaftsgeschmacksmuster als auch für nicht-eingetragene Gemeinschaftsgeschmacksmuster. 46

b) Rechte aus dem Gemeinschaftsgeschmacksmuster. Nicht nur die Schutzdauer unterscheidet das nicht-eingetragene Gemeinschaftsgeschmacksmuster vom eingetragenen Gemeinschaftsgeschmacksmuster, auch die **Schutzinhalte sind unterschiedlich.** Während das eingetragene Gemeinschaftsgeschmacksmuster als Ausschließlichkeitsrecht mit umfassenden Verbietungsrechten ausgestaltet ist, gewährt das nicht-eingetragene Gemeinschaftsgeschmacksmuster im Ergebnis nur einen Schutz vor Nachahmungen im Sinne eines eingeschränkten Verbietungsrechts. 47

aa) Eingetragenes Gemeinschaftsgeschmacksmuster. Gemäß Art. 19 Abs. 1 GGV gewährt das eingetragene Gemeinschaftsgeschmacksmuster dem Inhaber das ausschließliche Recht, es zu benutzen (**positives Benutzungsrecht**) und Dritten zu verbieten, es ohne seine Zustimmung zu verwenden (**negatives Verbietungsrecht**). Der Inhaber eines eingetragenen Gemeinschaftsgeschmacksmusters kann Dritten verbieten, ein Erzeugnis zu benutzen, welches keinen anderen Gesamteindruck beim informierten Benutzer hervorruft, eingeschlossen identische Nachbildungen.[104] Art. 19 Abs. 1 S. 2 GGV zählt beispielhafte Formen der Benutzung auf, insbesondere die Herstellung, das Anbieten, das Inverkehrbringen, die Ein- und Ausfuhr, den Besitz sowie die Benutzung/Verwendung im Rahmen anderer Erzeugnisse. Der Katalog ist nicht abschließend formuliert. Anders als nach altem deutschen Recht ist nicht erforderlich, dass das jüngere Erzeugnis eine Nachbildung darstellt. Dies bedeutet, dass eine Verletzung des eingetragenen Gemeinschaftsgeschmacksmusters auch dann vorliegt, wenn der Verletzer das Erzeugnis nachweislich in Unkenntnis des eingetragenen Gemeinschaftsgeschmacksmusters entworfen hat. 48

[99] BGH GRUR Int. 2010, 1072 (1075) – Verlängerte Limousinen, Rn. 24; BGH GRUR 2011, 142 (144) – Untersetzer, Rn. 17.
[100] Vgl. Erwägungsgrund (16).
[101] Zu den Nachteilen einer solchen Vorgehensweise → Rn. 34.
[102] S. hierzu → Rn. 25 f.
[103] Zu den verfahrensrechtlichen Vorschriften für einen Verlängerungsantrag s. → Rn. 114.
[104] Art. 19 Abs. 1 iVm Art. 10 Abs. 1 GGV.

49 *bb) Nicht-eingetragenes Gemeinschaftsgeschmacksmuster.* Die Rechte des Inhabers eines nicht-eingetragenen Gemeinschaftsgeschmacksmusters sind auf Fälle beschränkt, in denen das jüngere Muster das **Ergebnis einer Nachahmung** des nicht-eingetragenen Gemeinschaftsgeschmacksmusters darstellt. Wann eine Nachahmung vorliegt, regelt die GGV nicht. Art. 19 Abs. 2 S. 2 GGV definiert lediglich den Fall, in dem eine Benutzung nicht als Nachahmung betrachtet wird, nämlich dann, wenn

- die Benutzung das Ergebnis eines selbstständigen Entwurfs ist
und
- berechtigterweise angenommen werden kann, dass der Entwerfer das nicht-eingetragene Gemeinschaftsgeschmacksmuster nicht kannte.

50 Für den Schutzinhalt des nicht-eingetragenen Gemeinschaftsgeschmacksmusters bedeutet dies, dass der Inhaber nicht gegen reine Parallelschöpfungen vorgehen kann, die nachweislich in Unkenntnis des älteren Musters geschaffen wurden.

51 Das Vorliegen einer **Nachahmung ist als anspruchsbegründende Voraussetzung** grundsätzlich durch den Anspruchsteller nachzuweisen.[105] Dies gilt sowohl für den objektiven, als auch für den subjektiven Nachahmungstatbestand. Der **objektive Nachahmungstatbestand** ist erfüllt, soweit sich deutliche Übereinstimmungen finden lassen.[106] Im Rahmen des **subjektiven Nachahmungstatbestandes** hat der Verletzte die Kenntnis des Verletzers nachzuweisen, denn eine Nachahmung kann ohne Kenntnis nicht erfolgen. Unzweifelhaft wird in den Fällen, in denen die sich gegenüberstehenden Muster in allen Details übereinstimmen, auf die Kenntnis des Verletzers zu schließen sein.[107] Im Bestreitensfalle wird dem Anspruchsteller der **Beweis des ersten Anscheins** zur Seite stehen, dass der Verletzer das nicht-eingetragene Gemeinschaftsgeschmacksmuster kannte.[108] Dem Verletzer wird es in einem solchen Fall nur schwer gelingen, seine Unkenntnis im Wege des Gegenbeweises nachzuweisen. Im Einzelfall schwieriger sind die Fälle zu beurteilen, in denen die sich gegenüberstehenden Muster nicht in allen Details übereinstimmen, sondern sich in den unwesentlichen Merkmalen unterscheiden bzw. nicht in allen wesentlichen Merkmalen übereinstimmen.[109] Ob und inwiefern dann noch auf die Kenntnis des Verletzers geschlossen werden kann, ist im Einzelfall zu entscheiden. Marginale Abweichungen in den nicht prägenden Merkmalen oder aber marginale Abweichungen in Farbgebung, Qualität oder Größe werden wohl an der Annahme der Kenntnis nichts ändern. Im Gegensatz zur Prüfung der Eigenart und der Verletzung des Schutzumfangs kommt es vor allem auf die **Übereinstimmungen, nicht die Unterschiede** an. Denn nur Übereinstimmungen lassen auf die Kenntnis des Verletzers schließen.

52 **c) Vermutung der Rechtsgültigkeit und der Inhaberschaft.** Zugunsten eines eingetragenen Gemeinschaftsgeschmacksmusters besteht gemäß Art. 85 Abs. 1 GGV die Vermutung der Rechtsgültigkeit, obschon das EUIPO die materiell-rechtliche Wirksamkeit nicht prüft. Dem Inhaber eines eingetragenen Gemeinschaftsgeschmacksmusters steht damit eine entscheidende Darlegungs- und Beweislasterleichterung in gerichtlichen Verfahren zur Seite. Gemäß Art. 85 Abs. 1 GGV haben die Gerichte in Verletzungsverfahren von der Rechtsgültigkeit des eingetragenen Gemeinschaftsgeschmacksmusters auszugehen. Zudem gilt gemäß Art. 17 GGV auch die Vermutung, dass der eingetragene Inhaber der tatsächlich Berechtigte ist. Diese Vermutungen wirken sich vor allem positiv auf die Darlegungs- und Beweislast des Antragstellers einer einstweiligen Verfügung aus. Die Vorlage der Eintragungsurkunde bzw. des Auszuges aus dem Onlineregister des EUIPO reicht aus, um das Recht an dem eingetragenen Gemeinschaftsgeschmacksmuster nachzuweisen.

53 Auch für das nicht-eingetragene Gemeinschaftsgeschmacksmuster streitet gemäß Art. 85 Abs. 2 S. 1 GGV die Vermutung der Rechtsgültigkeit. Der Rechteinhaber hat jedoch darzulegen und ggfs. zu beweisen, dass und wann er das Geschmacksmuster innerhalb der Gemeinschaft der Öffentlichkeit erstmals zugänglich gemacht hat.[110] Für die Durchsetzung des nicht-eingetragenen Gemeinschaftsgeschmacksmusters ist daher mitentscheidend, dass der Inhaber den Offenbarungsakt umfassend belegen kann.

---

[105] EuGH GRUR 2014, 368 – Gautzsch Großhandel.
[106] Zum alten deutschen Recht: BGH GRUR 1965, 198 (201) – Küchenmaschine.
[107] Vgl. zum alten deutschen Recht: BGH GRUR 1965, 198 (201) – Küchenmaschine; BGH GRUR 1961, 640 (643) – Straßenleuchte.
[108] Vgl. zum deutschen Recht: BGH GRUR 1966, 681 (684) – Laternenflasche; Haberl WRP 2002, 905 (908); Beispiele aus der Rechtsprechung in Eichmann/Jestaedt/Finke/Meisel GGV Art. 19 Rn. 43.
[109] Unterscheiden sich die Muster in den prägenden Merkmalen, liegt schon keine Verletzung vor, mithin ist der objektive Nachbildungstatbestand nicht erfüllt.
[110] EuGH GRUR Int. 2014, 861 (864) – Karen Miller Fashions/Dunnes Stores, Rn. 36 ff.

Praxistipp:

Der Inhaber eines nicht-eingetragenen Gemeinschaftsgeschmacksmusters sollte daher den Offenbarungsakt umfassend dokumentieren.

Ferner hat der Inhaber eines nicht-eingetragenen Gemeinschaftsgeschmacksmusters darzulegen, inwiefern sein Geschmacksmuster Eigenart aufweist. Im Ergebnis kommt dem Inhaber eines nicht-eingetragenen Gemeinschaftsgeschmacksmusters damit im Vergleich zum eingetragenen Gemeinschaftsgeschmacksmuster eine höhere Darlegungslast zu. Mit Blick auf die Darlegung der Eigenart muss der Rechteinhaber Angaben zum vorbekannten Formenschatz und zu den Unterschiedlichkeiten seines Geschmacksmusters machen. Für das Vorliegen der Eigenart ist der Anspruchsteller hingegen nicht beweisbelastet. Er hat lediglich „anzugeben", mithin darzulegen, inwieweit seine Gestaltung Eigenart aufweist.[111] Ferner braucht der Inhaber des nicht-eingetragenen Gemeinschaftsgeschmacksmusters die Neuheit weder darzulegen noch zu beweisen. 54

d) Schutzschranken. In den Art. 20 bis 23 GGV sind die Schutzschranken normiert, nach denen es dem Rechteinhaber eines Gemeinschaftsgeschmacksmusters verwehrt ist, seine Rechte gegenüber Dritten geltend zu machen. 55

aa) Beschränkung der Rechte, Art. 20 GGV. Gemäß Art. 20 Abs. 1 Buchst. a GGV können die Rechte nicht gegenüber Handlungen, die im **privaten Bereich zu nichtgewerblichen Zwecken** vorgenommen werden, geltend gemacht werden. Erforderlich ist damit ein Handeln des Verletzers im geschäftlichen Verkehr. Ferner können Handlungen, die lediglich zu **Versuchszwecken** vorgenommen werden, nicht untersagt werden.[112] Auch **Wiedergaben zum Zwecke der Zitierung**[113] **oder für Lehrzwecke** sind zulässig, sofern diese Handlungen mit den Gepflogenheiten des redlichen Geschäftsverkehrs vereinbar sind und die normale Verwertung des Geschmacksmusters nicht über Gebühr beeinträchtigt sowie die Quelle angegeben wird (Art. 20 Abs. 1 Buchst. c) GGV). Weitere Beschränkungen der Rechte gelten gemäß Art. 20 Abs. 2 GGV betreffend die Einrichtungen in Schiffen und Luftfahrzeugen, die in einem Drittland zugelassen sind und (nur) vorübergehend in das Gebiet der Gemeinschaft gelangen. 56

bb) Erschöpfung. Der Rechteinhaber kann aus seinem Gemeinschaftsgeschmacksmuster keine Rechte herleiten, soweit Erschöpfung im Sinne des Art. 21 GGV eingetreten ist. Der Erschöpfungsgrundsatz der GGV entspricht inhaltlich weitestgehend der Regelung des Art. 15 Abs. 1 UMV, mit der Ausnahme, dass der Inhaber des Rechts selbst bei berechtigten Gründen nicht ausnahmsweise aus seinen – erschöpften – Rechten vorgehen kann. Erschöpfung tritt ein, soweit das Gemeinschaftsgeschmacksmuster von seinem Inhaber oder mit dessen Zustimmung im EWR[114] in den Verkehr gebracht worden ist. Damit gilt auch betreffend das Gemeinschaftsgeschmacksmuster der Grundsatz der **europaweiten Erschöpfung.**[115] Dem Inhaber steht somit (nur) das „right of first sale" innerhalb des EWR zu. 57

cc) Vorbenutzungsrecht. Soweit ein Dritter vor dem Anmelde- bzw. Prioritätstag innerhalb der Gemeinschaft ein in den Schutzumfang des eingetragenen Gemeinschaftsgeschmacksmusters fallendes Geschmacksmuster, das diesem nicht nachgeahmt wurde, gutgläubig in Benutzung genommen bzw. wirkliche und tatsächliche Anstalten dazu getroffen hat, steht diesem gemäß Art. 22 GGV ein Vorbenutzungsrecht an dem Geschmacksmuster zu. Dem Inhaber des Gemeinschaftsgeschmacksmusters ist die Geltendmachung seiner Verbietungsrechte gegenüber dem Dritten verwehrt. Denknotwendig kann ein Vorbenutzungsrecht nur an nicht offenbarten Geschmacksmustern bestehen, denn ansonsten wäre das eingetragene Gemeinschaftsgeschmacksmuster mangels Neuheit oder Eigenart materiell-rechtlich unwirksam. Ebenfalls ist klar, dass ein Vorbenutzungsrecht **nur in Bezug auf ein eingetragenes Gemeinschaftsgeschmacksmuster** bestehen kann, da das nicht-eingetragene Gemeinschaftsgeschmacksmuster gemäß Art. 19 Abs. 2 58

[111] EuGH GRUR Int. 2014, 861 (864) – Karen Miller Fashions/Dunnes Stores, Rn. 36 ff.
[112] Art. 20 Abs. 1 Buchst. b) GGV.
[113] Vgl. hierzu zum deutschen Recht BGH GRUR 2011, 1117 (1121) Rn. 42 ff. – ICE.
[114] Mitglieder des Abkommens über den Europäischen Wirtschaftsraum (EWR) sind alle EU-Mitgliedstaaten sowie Island, Liechtenstein und Norwegen.
[115] Zum Grundsatz der europaweiten Erschöpfung s. a. → § 32 sowie → § 34.

GGV Schutz lediglich vor Nachahmungen gewährt und an Nachahmungen gem. Art. 22 Abs. 1 GGV kein Vorbenutzungsrecht erworben werden kann.[116]

59 Soweit Art. 22 GGV verlangt, dass der Dritte die Voraussetzungen für die Anerkennung des Vorbenutzungsrechts *glaubhaft* machen muss, ist der Begriff nicht technisch zu verstehen, da nach deutschem Prozessrecht eine Glaubhaftung im Hauptsacheverfahren nicht stattfindet, sondern nur eine Beweiserhebung.[117] Beweisbelastet ist der Dritte, der sich auf sein Vorbenutzungsrecht beruft. Er hat darzulegen und zu beweisen, dass er die Benutzung vor dem Anmelde- oder Prioritätstag aufgenommen bzw. wirkliche und ernsthafte Anstalten dazu getroffen hat. Der Nachweis der Vorbereitung einer Benutzungsaufnahme kann dabei bspw. durch **Vorlage von Werkstattzeichnungen oder Entwurfsmodellen** geführt werden.[118]

60 Die Wirkung des Vorbenutzungsrechts ist auf das **Recht der Weiterbenutzung** beschränkt. Der Dritte ist berechtigt, das Muster für die Zwecke zu verwerten, für die er es vor dem Anmelde-/Prioritätstag des eingetragenen Gemeinschaftsgeschmacksmusters in Benutzung genommen bzw. für die er wirkliche und ernsthafte Anstalten getroffen hat.[119] Dies gilt auch für die Nutzung des Musters für gewerbliche Zwecke.[120] Das Vorbenutzungsrecht ist damit beschränkt auf die Weiterführung der bereits aufgenommen bzw. nachweislich geplanten Benutzung. Es erstreckt sich ungeachtet dessen nicht auf das Recht zur Lizenzvergabe.[121] Ferner ist das Vorbenutzungsrecht nicht übertragbar. Eine Einschränkung gilt in diesem Zusammenhang gemäß Art. 22 Abs. 4 GGV betreffend Unternehmensverkäufe, soweit das Geschmacksmuster von dem verkauften Unternehmen oder Unternehmensteil benutzt wurde bzw. dieses ernsthafte und wirkliche Anstalten für die Benutzungsaufnahme getroffen hat.

5. Gemeinschaftsgeschmacksmuster als Gegenstand des Vermögens

61 Das Gemeinschaftsgeschmacksmuster ist unabhängig davon, ob es sich um ein nicht-eingetragenes oder ein eingetragenes Gemeinschaftsgeschmacksmuster handelt gemäß Art. 1 Abs. 3 S. 3, Art. 27 Abs. 1 GGV Vermögensgegenstand. Es kann daher frei übertragen, verpfändet, lizenziert werden, Gegenstand der Zwangsvollstreckung sein oder von einem Insolvenzverfahren erfasst werden. Entsprechendes gilt gemäß Art. 34 Abs. 2 GGV auch für die *Anmeldung* eines eingetragenen Gemeinschaftsgeschmacksmusters. Außerhalb des Regelungsbereichs der GGV ist jeweils das nationale Recht anwendbar, das sich nach Art. 27 GGV bestimmt.

62 **a) Übertragung des Gemeinschaftsgeschmacksmusters.** Die Übertragung des Rechts an einem Gemeinschaftsgeschmacksmuster erfolgt den allgemeinen Regeln entsprechend durch schuldrechtlichen Vertrag zwischen dem Inhaber und dem Erwerber. Das Gemeinschaftsgeschmacksmuster kann naturgemäß nur insgesamt übertragen werden. Einzelne, im Wege der Sammelanmeldung eingetragene Gemeinschaftsgeschmacksmuster, können hingegen auch einzeln übertragen werden.[122] Für die Wirksamkeit der Übertragung gilt nach der GGV – anders als etwa in Art. 20 Abs. 3 UMV betreffend die Unionsmarke – kein Formerfordernis. Gleichwohl ist die schriftliche Fixierung der Übertragung in jedem Fall anzuraten.

63 Bei der Übertragung eines eingetragenen Gemeinschaftsgeschmacksmusters wird der Rechtsübergang gemäß Art. 28 Buchst. a) GGV auf Antrag eines Beteiligten in das Register eingetragen. Die Eintragung des Rechtsübergangs hat hingegen keine konstitutive Wirkung.[123] Es ist dem Erwerber aber gemäß Art. 28 Buchst. b) GGV bis zur Eintragung verwehrt, die Rechte aus dem eingetragenen Gemeinschaftsgeschmacksmuster geltend zu machen.[124] Ferner entfaltet der Rechtsübergang erst nach Eintragung auch gegenüber Dritten Wirkung.[125]

---

[116] Insoweit gab es im alten deutschen GeschmMG auch keine Regelung des Vorbenutzungsrechts.

[117] Die Stellungnahme der GRUR hat insoweit zu Recht, aber vergeblich angeregt, die Formulierung „glaubhaft machen kann, dass er" ersatzlos zu streichen, GRUR 2000, 781 (782).

[118] Vgl. BGH GRUR 1992, 692 – Magazinbildwerfer.

[119] Art. 22 Abs. 2 GGV.

[120] Insoweit klarstellend Erwägungsgrund (23).

[121] Art. 22 Abs. 3 GGV.

[122] Art. 23 Abs. 1 Buchst. c) GGDV.

[123] AA McGuire GRUR 2008, 11 (14) Fn. 35, die aus Art. 43 Abs. 2 GGV den konstitutiven Charakter der Eintragung des Rechtsübergangs herleitet.

[124] Vgl. die insoweit gleiche Regelung in Art. 20 Abs. 11 UMV.

[125] Art. 33 Abs. 1 GGV; zum Verfahren im Einzelnen s. → Rn. 122 ff.

Praxistipp:

Bei dem Erwerb eines eingetragenen Gemeinschaftsgeschmacksmusters sollte der Erwerber sicherstellen, dass ihm im Zeitraum zwischen Übertragung und Eintragung des Rechtsübergangs in das Register die Rechte aus dem Gemeinschaftsgeschmacksmuster abgetreten werden und ihm die Befugnis eingeräumt wird, die Ansprüche im eigenen Namen geltend zu machen (gewillkürte Prozessstandschaft).

Die Übertragung des Rechts an einem nicht-eingetragenen Gemeinschaftsgeschmacksmuster erfolgt ohne weitere Voraussetzungen durch entsprechende schuldrechtliche Einigung der Parteien. 64

Praxistipp:

Bei dem Erwerb eines nicht-eingetragenen Gemeinschaftsgeschmacksmusters sollte der Erwerber sicherstellen, dass der Veräußerer verpflichtet ist, ihm sämtliche, den Offenbarungsakt nachweisende Dokumentation im Original herauszugeben. Die Qualität und der Umfang der Dokumentation sollte auch bei der Bemessung des Kaufpreises berücksichtigt werden.

b) Lizenzierung. Gemäß Art. 32 GGV kann das Gemeinschaftsgeschmacksmuster für das gesamte Gebiet oder einen Teil der Gemeinschaft Gegenstand einer ausschließlichen oder nicht ausschließlichen Lizenz sein.[126] 65

Hinzuweisen ist auf das Recht des Lizenzgebers/Inhabers, **Verletzungsklage gegen den Lizenznehmer** zu erheben. Dies gilt gemäß Art. 32 Abs. 2 GGV unbeschadet etwaiger vertraglicher Ansprüche für Fälle, in denen der Lizenznehmer hinsichtlich der Dauer der Lizenz, der Form der Nutzung des Gemeinschaftsgeschmacksmusters, der Auswahl der Erzeugnisse, für die die Lizenz erteilt wurde, und der Qualität der vom Lizenznehmer hergestellten Erzeugnisse gegen eine Bestimmung des Lizenzvertrages verstößt. Bei Verletzung des Gemeinschaftsgeschmacksmusters durch Dritte kann der Inhaber einer nicht-ausschließlichen Lizenz nur mit Zustimmung des Inhabers **Verletzungsklage gegen den Dritten** erheben.[127] Dies gilt im Grundsatz auch bei einer ausschließlichen Lizenz. Das Erfordernis der Zustimmungserklärung entfällt hier jedoch gemäß Art. 32 Abs. 3 S. 2 GGV, wenn der Lizenznehmer nach Aufforderung nicht innerhalb einer angemessenen Frist selbst ein Verletzungsverfahren anhängig macht. Schließlich steht es dem Lizenznehmer frei, einer vom Lizenzgeber erhobenen Verletzungsklage beizutreten, um den Ersatz seines eigenen Schadens geltend zu machen.[128] 66

Sofern ein eingetragenes Gemeinschaftsgeschmacksmuster Gegenstand der Lizenz ist, wird die Erteilung oder der Übergang der Lizenz auf Antrag eines Beteiligten in das Register eingetragen und bekannt gemacht. Die Wirkung der Lizenzierung entfaltet gegenüber Dritten gemäß Art. 33 Abs. 2 GGV erst mit Eintragung Wirkung. 67

Praxistipp:

Um zu vermeiden, dass ein Dritter das Gemeinschaftsgeschmacksmuster „lizenzfrei" erwirbt, sollte der Lizenznehmer auf die unverzügliche Eintragung der Lizenz im Register achten bzw. unter den Voraussetzungen des Art. 32 Abs. 5 GGV iVm Art. 24 GGDV die Eintragung selbst beantragen.

Einzelheiten betreffend die Eintragung einer Lizenz ergeben sich aus Art. 24 bis 26 GGDV, auf die an dieser Stelle verwiesen wird. 68

c) Dingliche Rechte, Zwangsvollstreckung, Insolvenz. *aa) Dingliche Rechte.* Das **eingetragene Gemeinschaftsgeschmacksmuster** kann gemäß Art. 29 GGV verpfändet werden oder Gegenstand 69

[126] Betreffend die Ausgestaltung der Lizenzvereinbarung siehe Darstellung in → § 45 sowie zu sonstigen Lizenzfragen in → § 48.
[127] Art. 22 Abs. 2 GGV.
[128] Art. 32 Abs. 4 GGV.

eines sonstigen dinglichen Rechts, bspw. eines Nießbrauchs, sein. Es wird dabei wie ein nationales Designrecht behandelt. Mithin unterliegen die wirksame Begründung des dinglichen Rechts sowie die hieraus sich ergebenden Wirkungen dem Recht des Mitgliedstaates im Sinne des Art. 27 GGV.

70 Die **Bestellung des dinglichen Rechts** erfolgt nach den für die Übertragung des Rechts geltenden Vorschriften,[129] im Falle des Gemeinschaftsgeschmacksmusters mithin durch schuldrechtlichen Vertrag. Der Erwerb der dinglichen Rechte wird gemäß Art. 29 Abs. 2 GGV auf Antrag eines Beteiligten in das Register eingetragen. Auch hier ist die Eintragung mit Blick auf Art. 33 Abs. 2 GGV zur Vermeidung eines lastenfreien Erwerbs dringend anzuraten.

71 Ein **nicht-eingetragenes Gemeinschaftsgeschmacksmuster** soll ausweislich des Wortlautes des Art. 29 GGV hingegen nicht Gegenstand eines dinglichen Rechts sein können.[130] Grundsätzlich könnte nach deutschem Recht aber auch das nicht-eingetragene Gemeinschaftsgeschmacksmuster Gegenstand bspw. eines Nießbrauchs sein, da es sich insoweit um ein nutzfähiges Recht handelt und anders als etwa gem. § 29 Abs. 1 UrhG das Urheberrecht frei übertragbar ist.[131]

72 *bb) Zwangsvollstreckung.* Das eingetragene Gemeinschaftsgeschmacksmuster kann zudem gemäß Art. 30 GGV dem Zugriff von Maßnahmen der **Zwangsvollstreckung** unterliegen. Für die Zwangsvollstreckungsmaßnahmen sind ausschließlich die Gerichte und Behörden des nach Art. 27 GGV maßgebenden Mitgliedstaates zuständig. Sie können auf Antrag eines Beteiligten in das Register eingetragen werden, wobei dies für die Wirkung gegenüber Dritten gemäß Art. 33 Abs. 2 GGV irrelevant ist.

73 *cc) Insolvenz.* Schließlich kann das Gemeinschaftsgeschmacksmuster auch von einem Insolvenzverfahren erfasst werden, sofern dieses in dem Mitgliedstaat eröffnet wird, in dessen Hoheitsgebiet der Schuldner den Mittelpunkt seiner Interessen hat.[132] Für die Bestimmung des Ortes, an dem der Mittelpunkt des Interesses liegt, normiert Art. 3 EuInsVO 2017 widerlegbare Vermutungen. Das Gemeinschaftsgeschmacksmuster fällt gemäß § 35 InsO in die Insolvenzmasse mit der Folge, dass nach Eröffnung des Insolvenzverfahrens der **Insolvenzverwalter** gemäß §§ 80, 81 InsO **alleiniger Verfügungsbefugter** ist. Mithin kann nur der Insolvenzverwalter Lizenzen vergeben, Verletzungsansprüche geltend machen etc.[133] Nach Entscheidung der Gläubigerversammlung über die Verwertung hat der Insolvenzverwalter gemäß § 159 InsO das Gemeinschaftsgeschmacksmuster zu verwerten, zB durch Veräußerung oder Lizenzierung. Auf Antrag der für die Durchführung des Insolvenzverfahrens zuständigen nationalen Stelle erfolgt eine entsprechende Eintragung in das Register. Bei grenzüberschreitenden Insolvenzverfahren findet daneben in deren räumlichen Anwendungsbereich die EuInsVO 2017 Anwendung.

6. Nichtigkeit

74 In Art. 25 Abs. 1 GGV sind die Nichtigkeitsgründe abschließend aufgezählt. Das **eingetragene Gemeinschaftsgeschmacksmuster** kann aus den dortigen Gründen sowohl vom EUIPO als auch von einem Gemeinschaftsgeschmacksmustergericht im Sinne des Art. 80 GGV auf Widerklage im Verletzungsverfahren für nichtig erklärt werden. Das **nicht-eingetragene Gemeinschaftsgeschmacksmuster** hingegen kann ausschließlich von einem Gemeinschaftsgeschmacksmustergericht, entweder im Wege der Widerklage im Verletzungsverfahren oder aber auch im Wege einer gesonderten Nichtigkeitsklage für nichtig erklärt werden. Die Nichtigerklärung einer zuständigen Stelle wirkt gegenüber jedermann und zudem ex tunc.[134] Die Rückwirkung der Nichtigkeit berührt allerdings gemäß Art. 26 Abs. 2 GGV weder rechtskräftige und vollstreckbare Entscheidungen, noch bereits erfüllte Verträge, wobei im letztgenannten Fall unter Umständen die in Erfüllung des Vertrages gezahlten Beträge gemäß Art. 26 Abs. 2 Buchst. b) GGV zurückverlangt werden können.

75 Soweit ein Nichtigkeitsgrund lediglich auf Grund des Beitritts eines neuen Mitgliedstaates entstanden ist, darf gem. Art. 110a Abs. 3 GGV ein Gemeinschaftsgeschmacksmuster insoweit nicht für nichtig erklärt werden. Der Anmelder/Inhaber eines in den neuen Mitgliedstaaten vor dem Beitrittstag gutgläubig erworbenen älteren Rechts kann gemäß Art. 110a Abs. 4 GGV der

[129] Für den Nießbrauch folgt dies aus § 1069 BGB, für das Pfandrecht aus § 1274 BGB.
[130] Art. 29 Abs. 1 GGV spricht insoweit nur von dem eingetragenen Gemeinschaftsgeschmacksmuster.
[131] Zum Nießbrauch an Rechten nach deutschem Recht siehe §§ 1068 ff. BGB.
[132] Art. 31 GGV.
[133] Vgl. BGH NJW-RR 1998, 1057 ff.
[134] Art. 26 Abs. 1 GGV.

Verwendung eines Gemeinschaftsgeschmacksmusters in den in Art. 25 Abs. 1 Buchst. c)–f) GGV genannten Fällen widersprechen, jedoch nicht für nichtig erklären lassen.

a) **Nichtigkeitsgründe.** Gemäß **Art. 25 Abs. 1 Buchst. a)** **GGV** ist ein Gemeinschaftsgeschmacksmuster nichtig, wenn es sich nicht um ein Geschmacksmuster im Sinne des Art. 3 Buchst. a) GGV handelt, mithin keine abstrakte Schutzfähigkeit vorliegt. Betreffend eingetragene Gemeinschaftsgeschmacksmuster sind die Voraussetzungen des Art. 3 Buchst. a) GGV zwar grundsätzlich vom EUIPO zu prüfen, weswegen der Nichtigkeitsgrund des Art. 25 Abs. 1 Buchst. a) GGV im Wesentlichen bei nicht-eingetragenen Gemeinschaftsgeschmacksmustern Bedeutung erlangt. Ungeachtet dessen kann selbstverständlich eine Eintragung auch zu Unrecht erfolgt sein. 76

Zudem ist gemäß **Art. 25 Abs. 1 Buchst. b)** GGV ein Gemeinschaftsgeschmacksmuster nichtig, soweit es 77

- nicht neu ist, Art. 5 GGV
- keine Eigenart aufweist, Art. 6 GGV
- die Schutzvoraussetzungen des Art. 4 Abs. 2 GGV nicht erfüllt
- ausschließlich technisch bedingt im Sinne des Art. 8 Abs. 1 GGV ist
- ein Verbindungselement im Sinne des Art. 8 Abs. 2 GGV darstellt
- gegen die öffentliche Ordnung oder die guten Sitten verstößt.

Besonders hinzuweisen ist auf die Tatsache, dass aufgrund der Übergangsregelung des Art. 110 GGV derzeit zwar den sichtbar bleibenden Bauelementen eines komplexen Erzeugnisses, die zur Reparatur des komplexen Erzeugnisses verwendet werden, der Schutz versagt ist. Ein entsprechender Nichtigkeitsgrund ist hingegen in der GGV nicht normiert. 78

Gemäß **Art. 25 Abs. 1 Buchst. c) GGV** ist ein Gemeinschaftsgeschmacksmuster nichtig, soweit dem eingetragenen Inhaber bzw. dem, der sich auf das nicht-eingetragene Gemeinschaftsgeschmacksmuster beruft, auf Grund einer Gerichtsentscheidung kein Recht an dem Gemeinschaftsgeschmacksmuster im Sinne des Art. 14 GGV zusteht. Die Bedeutung dieses Nichtigkeitsgrundes dürfte gering sein, da er gemäß Art. 25 Abs. 2 GGV nur von dem eigentlich Berechtigten geltend gemacht werden kann. Dieser wird aber in aller Regel nicht die Nichtigkeit seines Gemeinschaftsgeschmacksmusters erreichen wollen. Vielmehr wird er gemäß Art. 15 GGV Vindikationsklage erheben, mit der Folge, dass er als Inhaber anerkannt, im Falle des eingetragenen Gemeinschaftsgeschmacksmusters gemäß Art. 15 Abs. 4 Buchst. c) GGV als Inhaber eingetragen wird. In diesem Zusammenhang ist unklar, wie Fälle zu beurteilen sind, in denen der unrechtmäßige Inhaber eines eingetragenen Gemeinschaftsgeschmacksmusters den Rechtmäßigen wegen Verletzung in Anspruch nimmt. Ausweislich des Wortlautes des Art. 85 Abs. 1 S. 2 GGV kann der rechtmäßige Inhaber sich ausschließlich mit der Widerklage auf Nichtigkeit, dann zumindest gestützt auf Art. 25 Abs. 1 Buchst. c) GGV, zur Wehr setzen. Die Vindikationsklage nennt Art. 85 GGV hingegen nicht. Da es unbillig ist, den rechtmäßigen Inhaber des Rechts zur Beseitigung desselben zu zwingen, wird die Erhebung der Vindikationsklage im Wege der Widerklage zuzulassen sein. Hat der unrechtmäßige Inhaber des Gemeinschaftsgeschmacksmusters hingegen einen Dritten in Anspruch genommen, kann sich dieser nicht auf das fehlende Recht an dem Gemeinschaftsgeschmacksmuster berufen, so dass sich in diesen Fällen das Problem nicht stellt. 79

Gemäß **Art. 25 Abs. 1 Buchst. d) GGV** ist ein eingetragenes Gemeinschaftsgeschmacksmuster nichtig, wenn es mit einem älteren Geschmacksmuster kollidiert, das der Öffentlichkeit erst nach dem Anmelde-/Prioritätstag des eingetragenen Gemeinschaftsgeschmacksmusters zugänglich gemacht wurde. Bei dem älteren Geschmacksmuster kann es sich um ein eingetragenes oder angemeldetes Gemeinschaftsgeschmacksmuster oder ein eingetragenes oder angemeldetes nationales Geschmacksmuster eines Mitgliedstaates handeln. Die Normierung dieses Nichtigkeitsgrundes ist erforderlich, da ein erst nachveröffentlichtes Geschmacksmuster weder Neuheit noch Eigenart eines Gemeinschaftsgeschmacksmusters tangiert. Den Nichtigkeitsgrund kann nur der Inhaber bzw. Anmelder des älteren Geschmacksmusters geltend machen. 80

Gemäß **Art. 25 Abs. 1 Buchst. e) GGV** ist ein Gemeinschaftsgeschmacksmuster nichtig, wenn darin ein als Unionsmarke oder als nationales Kennzeichenrecht geschütztes Zeichen (unautorisiert) verwendet wird.[135] Gleiches gilt gemäß **Art. 25 Abs. 1 Buchst. f) GGV** für Fälle des Verstoßes gegen Urheberrechte Dritter. Auch diese beiden Nichtigkeitsgründe kann gemäß Art. 25 Abs. 3 GGV nur der Inhaber/Anmelder des jeweiligen Rechts geltend machen. 81

[135] Siehe hierzu die Entscheidungsübersicht bei Weber GRUR 2008, 115 (117 f.).

82 Schließlich stellt gemäß **Art. 25 Abs. 1 Buchst. g)** GGV die missbräuchliche Verwendung von Wappen, Flaggen und anderen Hoheitszeichen, amtlicher Prüf- und Gewährzeichen im Sinne des Art. 6ter der Pariser Verbandsübereinkunft (PVÜ)[136] sowie sonstiger Abzeichen, Embleme, Wappen etc., die für einen Mitgliedstaat von besonderem Interesse sind, einen Nichtigkeitsgrund dar. Soweit Art. 25 Abs. 1 Buchst. g) GGV auf einen „Art. 6 b“ der PVÜ verweist, handelt es sich in Ermangelung einer solchen Vorschrift in der PVÜ offensichtlich um einen redaktionellen Fehler. Anders als bei der Unionsmarke,[137] wird dieses Schutzhindernis nicht von Amts wegen geprüft, sondern es kann nur von der Person oder Einrichtung geltend gemacht werden, die von der Verwendung betroffen ist bzw. gemäß Abs. 5 von der zuständigen Behörde des betreffenden Mitgliedstaates.

83 **b) Teilnichtigkeit.** Bei eingetragenen Gemeinschaftsgeschmacksmustern besteht die Möglichkeit, dass das eingetragene Gemeinschaftsgeschmacksmuster bei nur teilweiser Nichtigkeit in geänderter Form beibehalten wird, sofern bei dem verbleibenden Teil die Schutzvoraussetzungen erfüllt sind und das Geschmacksmuster seine Identität behält.[138] Die praktische Relevanz der Vorschrift ist damit gering, denn die Nichtigkeit muss sich gerade auf unwesentliche, die Identität nicht verändernde Einzelelemente beziehen. Die teilweise Aufrechterhaltung erfolgt durch Eintragung entweder

- einer teilweisen Verzichtserklärung des Inhabers gemäß Art. 51 Abs. 3 GGV

oder

- einer Gerichtsentscheidung oder Entscheidung des Amtes über die teilweise Nichtigkeit.

84 Die **teilweise Verzichtserklärung** kann gemäß Art. 18 Abs. 2 GGDV in Form eines maximal 100 Worte umfassenden **Disclaimers** aufgenommen werden. Aus dem Disclaimer muss sich ergeben, auf welche Merkmale der Inhaber konkret verzichtet. Die nachträgliche Einreichung einer um die für nichtig erklärten Merkmale reduzierten Abbildung ist unzulässig, da insoweit die **Identität des Geschmacksmusters** verändert bzw. nicht beibehalten würde. Folge der teilweisen Nichtigkeit ist, dass die betreffenden Merkmale nicht zur Begründung von Neuheit und Eigenart herangezogen werden können.[139] Hingegen sind die aufgegebenen Merkmale im Verletzungsverfahren beim Vergleich mit dem angegriffenen Muster zu berücksichtigen, da dies ansonsten eine Erweiterung des Schutzumfanges des teilweise für nichtig erklärten eingetragenen Gemeinschaftsgeschmacksmusters zur Folge hätte.

85 Art. 25 Abs. 6 GGV findet ausweislich des Wortlautes **nur auf eingetragene Gemeinschaftsgeschmacksmuster** Anwendung. Ein auch nur teilweise nichtiges nicht-eingetragenes Gemeinschaftsgeschmacksmuster ist hingegen zwingend für insgesamt nichtig zu erklären, da in Ermangelung eines Registers die Teilverzichtserklärung nicht bekannt gemacht werden kann.

III. Verfahrensfragen

86 Die in der GGV enthaltenen Regelungen für das Verfahren vor dem Amt sind mit den in der UMV enthaltenen Regelungen weitestgehend identisch. Sie sollen vor allem für den **zügigen Verfahrensablauf** sorgen. Dazu gehört unter anderem, dass gemäß Art. 63 Abs. 2 GGV verspätet vorgebrachte Tatsachen und Beweismittel nicht berücksichtigt werden müssen sowie eine mündliche Verhandlung gemäß Art. 64 Abs. 1 GGV regelmäßig nicht stattfindet. Soweit die Anmeldung keine Formmängel aufweist, erfolgt die Eintragung in wenigen Arbeitstagen. Möglich wird der zügige Verfahrensablauf insbesondere durch die konzeptionelle Ausgestaltung als reines Registerverfahren, das sich im Wesentlichen auf die Prüfung der Formerfordernisse beschränkt.[140]

1. Vertretung

87 Gemäß Art. 77 Abs. 1 GGV besteht grundsätzlich **keine Pflicht,** sich vor dem EUIPO vertreten zu lassen. Sowohl natürliche als auch juristische Personen, einschließlich deren Angestellten, können vor dem Amt auftreten. Dies gilt **uneingeschränkt für die Einreichung der Anmeldung.** Für weitere Verfahrenshandlungen müssen sich jedoch natürliche oder juristische Personen, die weder Wohnsitz noch Sitz, noch eine nicht nur zum Schein bestehende gewerbliche oder Handelsnieder-

136 BGBl. 1970 II, 391, ber. BGBl. 1985 II, 975.
137 Dort als absolutes Schutzhindernis gemäß Art. 7 Abs. 1 Buchst. h) bis i) UMV zwingend vom EUIPO zu prüfen.
138 Art. 25 Abs. 6 GGV.
139 Maier/Schlötelburg Gemeinschaftsgeschmacksmuster R.3.
140 EuGH GRUR Int. 2012, 353 – Celaya Emparanza y Galdos Internacional.

lassung in der Gemeinschaft haben, von einem der in Art. 78 GGV genannten Vertretern vertreten lassen. Neben Rechts- und Patentanwälten sind zudem „zugelassene Vertreter" vertretungsbefugt. Hierbei handelt es sich zum einen um die in der „Liste zugelassener Vertreter gemäß Art. 120 Abs. 1 Buchst. b) UMV" eingetragenen Personen, zum anderen um die Personen, die in der speziell für die Vertretung in Geschmacksmusterangelegenheiten eingerichteten Liste gemäß Art. 78 Abs. 4 GGV eingetragen sind. Voraussetzung für die Aufnahme in die Liste ist gemäß Art. 78 Abs. 4 GGV ein Antrag, dem nach Art. 78 Abs. 5 GGV eine Bescheinigung der nationalen Zentralbehörde für den Gewerblichen Rechtsschutz (in Deutschland das DPMA) beizufügen ist, wonach der Antragstelle mindestens fünf Jahre lang regelmäßig in Geschmacksmusterangelegenheiten tätig gewesen ist.

2. Sprachen

Die Regelungen betreffend die Verfahrenssprache in Art. 98 bis 101 GGV sowie Art. 80 bis 84 GGDV sind im Grundsatz aus der UMV bzw. der UMDV übernommen.[141] 88

3. Eintragungsverfahren

Die Eintragung ist Voraussetzung für die Wirksamkeit des eingetragenen Gemeinschaftsgeschmacksmusters. 89

a) **Anmeldung.** Art. 36 GGV regelt die formalen Erfordernisse der Anmeldung. Die Anmeldung wird über das Onlineformular auf den Seiten des EUIPO elektronisch eingereicht. Vorteil des **e-filings** ist zum einen, dass die Abbildungen beim EUIPO ohne Qualitätsverlust eingehen und die Anmelderoutine sicherstellt, dass alle notwendigen Angaben gemacht werden. Zum anderen erhält der Anmelder unverzüglich nach Übertragung der elektronischen Anmeldung eine Empfangsbestätigung. Weitere detaillierte Informationen zum e-filing hält das EUIPO auf seinen Internetseiten bereit.[142] Alternativ kann die Anmeldung auch per Post oder durch persönliche Übergabe vorgenommen werden. Eine Anmeldung (vorab) per Fax ist seit dem 1. März 2021 nicht mehr möglich.[143] 90

Die Anmeldung muss gemäß Art. 36 Abs. 2 GGV die eindeutige **Angabe der Art des Erzeugnisses** enthalten, ohne dass diese Angabe Einfluss auf den Schutzumfang des eingetragenen Gemeinschaftsgeschmacksmusters hat.[144] Im Rahmen der elektronischen Anmeldung ist eine Suche in und der Import aus der **„EuroLocarno"**-Datenbank vorgesehen.[145] 91

Auf die **Wiedergabe des Musters** ist besondere Aufmerksamkeit zu verwenden. Die Wiedergabe erfolgt durch Fotografien oder graphische Darstellungen des Geschmacksmusters und zwar wahlweise in Farbe oder in schwarz-weiß. Liegt der Schwerpunkt der gestalterischen Leistung in der Formgebung, ist in der Regel eine graphische Darstellung in Graustufen zu empfehlen. Ergeben sich die prägnanten Merkmale aus der Farbgebung, macht nur die farbige Wiedergabe Sinn. Bei der Wiedergabe ist dringend darauf zu achten, dass diese das Geschmacksmuster 92

- vor neutralem Hintergrund wiedergibt[146] und
- alle aus der Sicht des Anmelders wichtigen Details klar zu erkennen sind.

Sofern die Wiedergabe weitere Elemente enthält, die zur Identifikation des Schutzgegenstandes beitragen, für die aber kein Schutz beansprucht wird, akzeptiert das EUIPO bspw. gepunktete Linien.[147] Derartige **visuelle Verzichtserklärungen** spielen vorallem dann eine Rolle, wenn Schutz nur für einen Teil eines Erzeugnisses beansprucht werden soll.[148] 93

---

141 S. im Einzelnen → § 34.

142 http://euipo.eu/de/efiling.htm.

143 Art. 2 Beschluss Nr. EX-20-9 des Exekutivdirektors des Amtes vom 3. November 2020 betreffend Mitteilungen durch elektronische Mittel.

144 Art. 36 Abs. 6 iVm Abs. 2 GGV.

145 S. a. die Suchmaschine DesignClass unter http://euipo.europa.eu/designclass.

146 Art. 4 Abs. 1 Buchst. e) GGDV; vgl. auch die Praxis-Notiz Nr. 1/2005 der Hauptabteilung Geschmacksmuster, abrufbar auf den Internetseiten des EUIPO unter http://euipo.eu.

147 Vgl. Ziff. 11.4. der Prüfungsrichtlinien Gemeinschaftsgeschmacksmuster, hinterlegt auf den Seiten des EUIPO.

148 Zu den Anforderungen an die graphische Wiedergabe s. die Informationen in den „Prüfungsrichtlinien für eingetragene Gemeinschaftsgeschmacksmuster" des EUIPO unter der Überschrift „Zusätzliche Erfordernisse bei der Wiedergabe des Geschmacksmusters" sowie die Gemeinsame Mitteilung zum Konvergenzprojekt CP6 – „Konvergenz bei grafischen Wiedergaben von Geschmacksmustern", vom 15. Mai 2018.

94 Bei sich wiederholenden **Flächenmustern** muss die Wiedergabe nach Art. 4 Abs. 3 GGDV das vollständige Muster und einen hinreichend großen Teil der Fläche mit den sich wiederholenden Muster zeigen.

95 Entscheidend für den Schutzgegenstand und dementsprechend auch für den Schutzumfang des eingetragenen Gemeinschaftsgeschmacksmusters ist grundsätzlich allein die der Anmeldung zugrunde liegende Wiedergabe des Geschmacksmusters. Ein **nachträglicher Austausch der Wiedergabe ist nicht möglich.**

96 Zudem ist in der Regel empfehlenswert, die gemäß Art. 4 Abs. 2 GGDV bestehende Möglichkeit der Einreichung von **bis zu sieben verschiedenen Ansichten** voll auszuschöpfen, da dadurch auch prägende Details hervorgehoben werden können. Besondere Gebühren fallen hierfür nicht an. Für die Bestimmung des Schutzgegenstandes eines eingetragenen Gemeinschaftsgeschmacksmusters, für das mehrere Ansichten hinterlegt wurden, ist die Summe der einzelnen Erscheinungsformen maßgeblich.[149] Insbesondere kann sich der Inhaber bei einer Abbildung eines Details nicht etwa auf den Teileschutz berufen, wenn in derselben Anmeldung zugleich eine Abbildung des Gesamterzeugnisses hinterlegt ist.[150]

97 Von der Einreichung einer **Probe** ist in aller Regel abzuraten. Insbesondere ist zu beachten, dass nur Proben von (zweidimensionalen) Mustern eingereichten werden dürfen und das Einreichen einer Probe im Ergebnis zwingend zur Folge hat, dass die Bekanntmachung aufgeschoben wird.[151]

98 Ebenfalls nicht erforderlich ist die Angabe einer **Beschreibung.** Sie ist sachdienlich, wenn die Wiedergabe erläuterungsbedürftig ist. Der Schutzumfang erfährt aber allein durch die Beschreibung keine Begrenzung oder Erweiterung. Zudem wird die Beschreibung nicht bekannt gemacht, wohl aber die Tatsache, dass eine Beschreibung eingereicht wurde.[152]

99 Die Anmeldung kann gemäß Art. 35 Abs. 1 GGV sowohl beim EUIPO als auch bei den nationalen Zentralbehörden (in Deutschland das DPMA) eingereicht werden. Das DPMA verlangt für die Weiterleitung der Anmeldung eine Gebühr.[153]

100 Mit der Anmeldung ist gemäß Art. 36 Abs. 4 GGV zugleich die Eintragungsgebühr sowie die Bekanntmachungsgebühr bzw. die Gebühr für die Aufschiebung der Bekanntmachung zu entrichten. Die nicht sofortige **Zahlung der Gebühren** wirkt sich aber nicht auf die Zuerkennung des Anmeldetags aus. Werden die Gebühren nicht oder nicht in voller Höhe gezahlt, fordert das EUIPO den Anmelder zur (vollständigen) Zahlung unter Fristsetzung von zwei Monaten auf.[154] Hierbei werden zusätzliche Gebühren für die verspätete Zahlung fällig.[155] Soweit die Gebühren nicht innerhalb dieser Frist eingehen, weist das EUIPO die Anmeldung gemäß Art. 10 Abs. 5 GGDV zurück.

101 Das EUIPO prüft die Anmeldung in formeller Hinsicht. In materiell-rechtlicher Hinsicht prüft das EUIPO lediglich, ob ein Geschmacksmuster im Sinne des Art. 3 Buchst. a) GGV und ob ein Verstoß gegen die öffentliche Ordnung oder die guten Sitten vorliegt. Ergibt die Prüfung keinen Mangel, wird das Gemeinschaftsgeschmacksmuster in das Register eingetragen und der Anmelder wird von der erfolgten Eintragung unterrichtet. Sofern keine Aufschiebung der Bekanntmachung beantragt wurde, erfolgt die Bekanntmachung unmittelbar nach Eintragung. Dem Anmelder wird nach erfolgter Bekanntmachung die Eintragungsurkunde übermittelt.

102 **b) Sammelanmeldung.** Mit einer Anmeldung können im Wege der Sammelanmeldung mehrere Geschmacksmuster gleichzeitig angemeldet werden. Jedes einzelne Gemeinschaftsgeschmacksmuster einer Sammelanmeldung wird wie ein eigenständiges eingetragenes Gemeinschaftsgeschmacksmuster behandelt.[156] Eine Begrenzung der Anzahl der im Rahmen einer Sammelanmeldung angemeldeten Geschmacksmuster besteht nicht.[157] Voraussetzung ist aber, dass alle **Geschmacksmuster der selben Locarno-Klasse** angehören. Gehören die zur Anmeldung gebrachten Geschmacksmuster nicht einer Locarno-Klasse an, fordert das EUIPO den Anmelder auf, die Sammelanmeldung aufzu-

149 BGH GRUR 2012, 1139 – Weinkaraffe; so auch zum deutschen Geschmacksmusterrecht BGH GRUR 2001, 503 – Sitz-Liegemöbel.

150 S. BGH GRUR 2012, 1139 – Weinkaraffe.

151 Zu den Auswirkungen der aufgeschobenen Bekanntmachung mit Blick auf den Schutz des eingetragenen Gemeinschaftsgeschmacksmusters siehe → Rn. 110.

152 Art. 69 Abs. 2 Buchst. o) GGDV.

153 Die Höhe der Gebühr richtet sich nach dem Gewicht der Anmeldung und ergibt sich aus dem Kostenmerkblatt (A 9510) des DPMA, abrufbar unter www.dpma.de.

154 Art. 10 Abs. 3 Buchst. b) GGDV iVm Ziff. 12.3. Prüfungsrichtlinien.

155 Die Höhe der Verspätungsgebühr ergibt sich aus dem Anhang zur Verordnung Nr. 2246/2002 der Kommission vom 16.12.2002 (GGGebV).

156 Art. 37 Abs. 4 S. 1 GGV.

157 Anders das deutsche Recht, dort ist gemäß § 12 DesignG die Sammelanmeldung auf 100 Muster beschränkt.

teilen.[158] Eine Ausnahme hiervon bilden lediglich Verzierungen. Unter **Verzierungen** sind zusätzliche, dekorative Elemente zu subsumieren, die auf die Oberfläche einer Mehrzahl von Erzeugnissen aufgebracht werden können, ohne deren Konturen erheblich zu verändern.[159] Ob eine Verzierung in diesem Sinne tatsächlich vorliegt, wird vom EUIPO hingegen nicht geprüft.[160]

Die Sammelanmeldung ist vor allem unter **Kostengesichtspunkten** interessant, da sich die Gebühren für die Eintragung, Bekanntmachung bzw. Aufschiebung der Bekanntmachung für das zweite bis zehnte Muster halbieren, und für Muster ab dem elften Muster nochmals halbieren. Für die Verlängerungsgebühren ergeben sich hingegen keine Kostenersparnisse.[161] 103

c) **Inanspruchnahme einer Priorität, Ausstellungspriorität.** Unter den Voraussetzungen der Art. 41 bis 43 GGV kann der Anmelder eines eingetragenen Gemeinschaftsgeschmacksmusters die **Priorität einer älteren nationalen Geschmacksmusteranmeldung** in Anspruch nehmen. Ferner ist auch die Inanspruchnahme der Priorität einer **Gebrauchsmusteranmeldung** möglich, wenngleich die praktische Relevanz der Inanspruchnahme einer Gebrauchsmusterpriorität gering sein dürfte. Die Aufnahme des Gebrauchsmusters als prioritätsbegründendes Recht geht auf die Regelung des Art. 4 E Abs. 1 PVÜ zurück. Hierbei ist zu beachten, dass zwar bei Gebrauchsmustern grundsätzlich eine zwölfmonatige Prioritätsfrist vorgesehen ist. Gemäß Art. 4 E Abs. 1 PVÜ gilt aber bei der Inanspruchnahme der Priorität einer Gebrauchsmusteranmeldung im Rahmen einer Geschmacksmusteranmeldung ausnahmsweise die Prioritätsfrist für Geschmacksmuster, mithin sechs Monate.[162] Die Inanspruchnahme der Priorität einer Marken- und/oder Patentanmeldung sieht die GGV hingegen nicht vor.[163] 104

Im Rahmen einer Sammelanmeldung kann ggfs. für jedes Muster eine gesonderte Priorität in Anspruch genommen werden.[164] 105

Die Inanspruchnahme der Priorität ist an folgende **Voraussetzungen** geknüpft: 106

- Der Anmelder ist Inhaber einer mit Wirkung für einen Vertragsstaat der PVÜ oder der WTO oder eines zu beiden nicht gehörenden Staates, der aber die Priorität eines Gemeinschaftsgeschmacksmusters anerkennt, vorschriftsmäßigen Anmeldung oder Eintragung.
- Die Inanspruchnahme der Priorität erfolgt innerhalb von sechs Monaten, gerechnet ab dem Tag der Einreichung der ersten Anmeldung.
- Das zur Anmeldung gebrachte Gemeinschaftsgeschmacksmuster ist mit dem Gegenstand der älteren Anmeldung identisch.

Die Priorität kann gemäß Art. 8 GGDV zeitgleich mit der Anmeldung oder auch innerhalb eines Monats nach dem Anmeldetag des eingetragenen Gemeinschaftsgeschmacksmusters in Anspruch genommen werden (sog. **Prioritätserklärung**). Innerhalb von drei Monaten nach Eingang der Anmeldung bzw. der nachträglichen Prioritätserklärung muss der Anmelder dem EUIPO das Aktenzeichen der früheren Anmeldung mitteilen sowie eine von der Ursprungsbehörde beglaubigte Kopie der Anmeldung/Eintragungsurkunde vorlegen.[165] 107

Die wirksame Inanspruchnahme einer Priorität hat gemäß Art. 43 GGV die Wirkung, dass der Prioritätstag als Anmeldetag im Sinne der in Art. 43 GGV explizit angegebenen Vorschriften der GGV gilt. 108

Gemäß Art. 44 GGV kann auch eine **Ausstellungspriorität** in Anspruch genommen werden. Die praktische Relevanz ist hingegen marginal, denn als taugliche Ausstellung kommen nur die nach dem Übereinkommen über internationale Ausstellungen vom 22.11.1928 anerkannten Ausstellungen in Betracht.[166] Hierunter fallen Weltausstellungen etc., nicht hingegen „normale" internationale Ausstellungen.[167] 109

---

158 Art. 37 Abs. 4 S. 2 GGV iVm Art. 2 Abs. 2, 69 Abs. 3 Buchst. d) GGDV, Ziff. 8.4. Prüfungsrichtlinien.

159 Ziff. 8.3. Prüfungsrichtlinien.

160 Vgl. Ziff. 8.3. Prüfungsrichtlinien.

161 Übersicht der Eintragungs- und Verlängerungsgebühren in → Rn. 116.

162 Art. 4 E Abs. 1 PVÜ: „wird in einem Land ein gewerbliches Muster oder Modell unter Inanspruchnahme eines auf die Anmeldung eines Gebrauchsmusters gegründeten Prioritätsrechts hinterlegt, so ist nur die für gewerbliche Muster oder Modelle bestimmte Prioritätsfrist maßgebend".

163 S. hierzu aber EuG T-579/19, GRUR-RS 2021, 7092, das die Inanspruchnahme der Priorität auch eines Patents mit dem Argument zulässt, die GGV enthalte eine Lücke (Rn. 56 f., 66 der Entscheidung), der EuGH hat das Rechtsmittel gegen diese Entscheidung zugelassen, C-382/21 P.

164 Vgl. Ziff. 10.1. Prüfungsrichtlinien.

165 Art. 8 GGDV iVm Ziff. 10.1. Prüfungsrichtlinien.

166 Mitteilung des Präsidenten des EUIPO Nr. 1/03 v. 27.1.2003, abrufbar unter http://euipo.eu; Einzelheiten bei Fezer MarkenR MarkenG § 35 Rn. 6.

167 Vgl. Mitteilung Nr. 1/08 des Präsidenten des Amtes vom 24.1.2008, abrufbar unter http://euipo.eu.

110 **d) Aufschiebung der Bekanntmachung.** In der Anmeldung kann der Anmelder gemäß Art. 50 Abs. 1 GGV beantragen, die Bekanntmachung der Eintragung um 30 Monate gerechnet ab dem Anmelde-/Prioritätstag aufzuschieben. Die Beantragung der Aufschiebung der Bekanntmachung ist nach erfolgtem Einreichen der Anmeldung nicht mehr möglich. Die Aufschiebung kann gemäß Art. 50 Abs. 5 GGV bei einer Sammelanmeldung auch für jedes einzelne Gemeinschaftsgeschmacksmuster der Sammelanmeldung gesondert beantragt werden. Zwingend ist die Aufschiebung der Bekanntmachung, soweit eine Probe eingereicht wurde.[168] In diesem Fall hat der Anmelder spätestens drei Monate vor Ablauf der 30-monatigen Aufschiebefrist eine (normale) Wiedergabe einzureichen.[169]

111 Mit der aufgeschobenen Bekanntmachung wird dem Anmelder die Möglichkeit eingeräumt, sein Geschmacksmuster bis zur Markteinführung Dritten gegenüber geheim zu halten. Denn die Darstellung des Geschmacksmusters erscheint nach Eintragung weder im Gemeinschaftsgeschmacksmusterblatt, noch wird sie auf sonstige Weise zur öffentlichen Einsichtnahme ausgelegt.[170] Im Zeitraum zwischen Anmeldung und Bekanntmachung der Eintragung ist das Recht aus dem eingetragenen Gemeinschaftsgeschmacksmuster gemäß Art. 19 Abs. 3 GGV eingeschränkt. Dem Inhaber steht nur das Recht zu, gegen Nachahmer im Sinne des für das nichteingetragene Gemeinschaftsgeschmacksmuster geltenden Art. 19 Abs. 2 GGV vorzugehen. Dem Inhaber steht es hingegen gemäß Art. 50 Abs. 4 S. 1 GGV frei, jederzeit innerhalb der Aufschiebungsfrist die sofortige Bekanntmachung zu beantragen. Auch kann der Inhaber die Bekanntmachung zu einem genau festgelegten Zeitpunkt, etwa dem Zeitpunkt der Vorstellung des Musters im Verkehr, beantragen.

Praxistipp:

In – fortgesetzten – Verletzungsfällen kann der Inhaber einer Anmeldung mit aufgeschobener Bekanntmachung entscheiden, ob er vor Klageerhebung die Bekanntmachung beantragt oder ob er im Verfahren nur gegenüber dem Beklagten das Muster gemäß Art. 50 Abs. 6 GGV bekannt macht. Vorteil der letzten Alternative ist, dass das Geschmacksmuster Dritten gegenüber weiterhin geheim gehalten wird, Nachteil ist die Beschränkung der Verbietungsrechte auf bloße Nachahmungsfälle. Für Verletzungshandlungen vor Bekanntmachung bleibt der Schutz aber in jedem Fall beschränkt auf den Schutz vor Nachahmungen.

112 Für den Antrag auf Aufschiebung der Bekanntmachung wird im Zeitpunkt der Antragstellung eine **Gebühr** fällig. Dafür entfällt bei einer Antragstellung im Rahmen der Anmeldung einstweilen die Pflicht zur Zahlung der im Vergleich zur Aufschiebungsgebühr bedeutend höheren Bekanntmachungsgebühr.[171]

113 Vorteil der Aufschiebung ist mithin nicht nur die Geheimhaltung gegenüber Dritten. Vielmehr kann die Aufschiebung **Kostenvorteile** mit sich bringen, sofern vorsorglich mehrere (Defensiv-) Geschmacksmuster angemeldet werden und abzusehen ist, dass auf Dauer nicht an allen Geschmacksmustern ein Schutzinteresse bestehen wird.

Praxistipp:

Bereits im frühen Stadium der Produktentwicklung sollte an die Möglichkeit der Anmeldung von Prototypen, Konstruktionszeichnungen etc. im Wege der Sammelanmeldung mit aufgeschobener Bekanntmachung gedacht werden. Die Kosten hierfür sind gering, Dritten gegenüber werden die Geschmacksmuster nicht bekannt gemacht.

114 **e) Verlängerung.** Die Verlängerung der Schutzdauer erfolgt gemäß Art. 13 Abs. 1 GGV auf Antrag des Inhabers *und* Zahlung der Verlängerungsgebühr. Die bloße Zahlung der Verlängerungs-

[168] Art. 36 Abs. 1 Buchst. c) GGV.
[169] Art. 50 Abs. 1 GGV.
[170] Art. 50 Abs. 2 GGV.
[171] Bekanntmachungsgebühr 120 EUR, Aufschiebungsgebühr 40 EUR.

gebühr reicht nicht aus. Auch ist die Zahlung der Verlängerungsgebühr/-en sowie die Beantragung der Verlängerung/-en bereits im Zeitpunkt der Anmeldung gemäß Art. 13 Abs. 3 GGV nicht möglich. Die Frist für die Verlängerung endet gemäß Art. 13 Abs. 3 S. 1 GGV am letzten Tag des Monats, in dem die Schutzfrist endet. Eine unterbliebene Verlängerung kann innerhalb einer 6-monatigen Nachfrist gegen Zahlung einer Zuschlaggebühr nachgeholt werden.

Nach Art. 13 Abs. 2 GGV iVm Art. 21 GGDV unterrichtet das EUIPO den Inhaber über den bevorstehenden Ablauf der Schutzfrist. Das EUIPO haftet jedoch nicht für eine unterlassene Benachrichtigung. Die für den Antrag auf Verlängerung notwendigen Angaben sowie die zu beachtenden Formvorschriften ergeben sich aus Art. 22 GGDV, auf den an dieser Stelle verwiesen wird. 115

f) Gebühren. Die Höhe der zu zahlenden Gebühren ergibt sich aus dem Anhang der Gebührenverordnung zur GGV (GGGebV).[172] Nachstehend sind die für die Eintragung und Verlängerung relevanten Gebühren wiedergegeben: 116

Gebühr	Gebührenhöhe	2.–10. Muster*	ab 11. Muster*
Eintragung	230 EUR	115 EUR	50 EUR
Bekanntmachung	120 EUR	60 EUR	30 EUR
Aufschiebung	40 EUR	20 EUR	10 EUR
1. Verlängerung	90 EUR	90 EUR	90 EUR
2. Verlängerung	120 EUR	120 EUR	120 EUR
3. Verlängerung	150 EUR	150 EUR	150 EUR
4. Verlängerung	180 EUR	180 EUR	180 EUR

* je Muster im Rahmen einer Sammelanmeldung

4. Berichtigung, Änderung

Berichtigungen der Angaben in der Anmeldung und Berichtigungen der Registerangaben sind nur eingeschränkt möglich.[173] 117

Bis zur Eintragung können auf gebührenfreien Antrag gemäß Art. 12 Abs. 2 und 4, Art. 19 Abs. 7 GGDV folgende Angaben berichtigt werden: 118

- Name und Anschrift des Anmelders sowie des Vertreters, sofern eine Unrichtigkeit oder eine Änderung vorliegt, die *keine* Übertragung darstellt
- sprachliche Fehler
- Übertragungsfehler
- offenbare Unrichtigkeiten.

Das Verfahren richtet sich nach Art. 12 GGDV. Die Wiedergabe des Geschmacksmusters darf von der Berichtigung nicht betroffen sein. 119

Ab Eintragung ist nur noch eine Änderung des Namens oder der Anschrift des Inhabers oder Vertreters sowie die Berichtigung von Fehlern oder Irrtümern, die dem EUIPO zuzuschreiben sind, zulässig. Das Verfahren nach Eintragung richtet sich nach Art. 19, 20 GGDV. 120

Weder in der GGV noch in der GGDV geregelt ist der Fall, dass irrtümlich ein **falscher Entwerfer** angegeben worden ist. Die Berichtigung der Angaben zum Entwerfer sollte hingegen ebenfalls – gebührenfrei – möglich sein, und zwar mit Blick sowohl auf fehlerhafte Namensangaben als auch fehlerhafte Angaben betreffend die Identität des Entwerfers. Eine Änderung im letztgenannten Falle stellt keine Übertragung dar. Im Übrigen wird so dem Recht des Entwerfers auf Nennung gemäß Art. 18 GGV Rechnung getragen. 121

5. Übertragung

Das Verfahren betreffend die Eintragung der Übertragung eines eingetragenen Gemeinschaftsgeschmacksmusters richtet sich nach Art. 28 GGV iVm Art. 23 GGDV. Für die Eintragung eines Rechtsübergangs erhebt das EUIPO eine Gebühr von 200 EUR je Gemeinschaftsgeschmacksmus- 122

[172] Verordnung (EG) Nr. 2246/2002 der Kommission vom 16.12.2002 über die an das Harmonisierungsamt für den Binnenmarkt (Marken, Muster und Modelle) zu entrichtenden Gebühren für die Eintragung von Gemeinschaftsgeschmacksmustern.

[173] Betreffend die Berichtigung von Fehlern in Entscheidungen des Amtes siehe Art. 39 GGDV.

ter. Gemäß Art. 28 Buchst. a) GGV wird der Rechtsübergang auf Antrag eines Beteiligten in das Register eingetragen und bekannt gemacht. Ist eine Anmeldung Gegenstand der Rechtsübertragung tritt an die Stelle der Registereintragung die Eintragung in die vom EUIPO geführte Anmeldeakte. Der Antrag kann gemäß Art. 23 Abs. 6 GGDV auch die Eintragung des Rechtsübergangs für **mehrere eingetragene Gemeinschaftsgeschmacksmuster** umfassen, sofern der eingetragene Inhaber und der Rechtsnachfolger in allen Fällen identisch sind. Diese Möglichkeit ist vor allem bei der Übertragung eines umfangreichen Portfolios von Vorteil.

123 Bis zur Eintragung des Erwerbers als Rechtsnachfolger erfolgen die **Zustellungen von Entscheidungen, Ladungen, Bescheide und Mitteilungen** des Amtes weiterhin an den Veräußerer. Der Erwerber ist aber ab dem Zeitpunkt des Eingangs des Antrags auf Eintragung des Rechtsübergangs beim EUIPO zur fristwahrenden Einreichung von Erklärungen berechtigt.[174]

124 Der **notwendige Inhalt des Antrags** gemäß Art. 28 Buchst. a) GGV ergibt sich aus Art. 23 GGDV. Die Vorlage von Unterlagen, aus denen sich der Rechtsübergang ergibt, ist gemäß Art. 23 Abs. 4 Buchst. a) GGDV entbehrlich, soweit der Antrag sowohl vom eingetragenen Inhaber/Vertreter, als auch vom Rechtsnachfolger bzw. dessen Vertreter unterschrieben ist. Praktikabler ist die Möglichkeit der Vorlage einer Zustimmungserklärung des eingetragenen Inhabers und die Antragstellung durch den Erwerber gemäß Art. 23 Abs. 4 Buchst. b) GGDV.[175]

6. Wiedereinsetzung

125 Gemäß Art. 67 GGV ist die Wiedereinsetzung einer trotz Beachtung aller nach den gegebenen Umständen gebotenen Sorgfalt versäumten Frist[176] möglich, soweit es sich nicht um die Versäumung der für die Inanspruchnahme des Prioritätsrechts geltenden 6-Monats-Frist gemäß Art. 41 Abs. 1 GGV oder aber um die Frist für den Antrag auf Wiedereinsetzung selbst geht.[177]

126 Der Antrag muss innerhalb von zwei Monaten nach Wegfall des Hindernisses, spätestens vor Ablauf eines Jahres nach Ablauf der versäumten Frist schriftlich eingereicht und begründet werden. Die der Begründung dienenden Tatsachen sind gemäß Art. 67 Abs. 2 S. 2 GGV glaubhaft zu machen.

127 Die Anforderungen an die zu beachtende Sorgfalt sind streng. Allein außergewöhnliche und damit nicht kraft Erfahrung vorhersehbare Umstände können eine Wiedereinsetzung in den vorigen Stand zur Folge haben.[178] In der Regel ist es erforderlich, ein Organisationsverschulden durch dezidierte Glaubhaftmachung der Maßnahmen zur Einweisung und Kontrolle der Mitarbeiter, Fristenkontrolle etc. zu widerlegen. Ferner ist die Gebühr in Höhe von 200 EUR[179] zu entrichten. Gemäß Art. 67 Abs. 2 S. 2 GGV ist zudem die versäumte Handlung innerhalb der 2-Monatsfrist nachzuholen. Im Gegensatz zur geänderten UMV ist in der GGV **kein Antrag auf Weiterbehandlung vorgesehen.**[180]

128 Zu beachten ist, dass gegenüber Dritten, die im Zeitraum zwischen Rechtsverlust und Bekanntmachung des Hinweises auf Wiedereinsetzung ein in den Schutzumfang des eingetragenen Gemeinschaftsgeschmacksmusters fallendes Geschmacksmuster in den Verkehr gebracht haben, keine Rechte geltend gemacht werden können. Der gutgläubige Dritte kann gegen die die Wiedereinsetzung gewährende Entscheidung innerhalb von zwei Monaten nach Bekanntmachung des Hinweises **Drittwiderspruch** gemäß Art. 67 Abs. 7 GGV erheben.

7. Besondere Verfahren

129 **a) Verzicht.** Der Inhaber eines eingetragenen Gemeinschaftsgeschmacksmusters kann gemäß Art. 51 GGV auf das eingetragene Gemeinschaftsgeschmacksmuster ganz oder teilweise verzichten. Der teilweise Verzicht ist jedoch nur zulässig, sofern der verbleibende Teil des eingetragenen Gemeinschaftsgeschmacksmusters für sich die Schutzvoraussetzungen erfüllt und die Identität des Gemeinschaftsgeschmacksmusters gewahrt bleibt. Die Erklärung des Teilverzichts ist insbesondere bei drohender Nichtigerklärung zur Beibehaltung des Gemeinschaftsgeschmacksmusters in ab-

[174] Art. 28 Buchst. c) bis d) GGDV.

[175] Zu dieser Variante siehe Praxistipp → Rn. 63.

[176] Zur Fristenberechnung siehe Art. 56 bis 58 GGDV.

[177] Art. 67 Abs. 5 GGV.

[178] EuG Urt. v. 19.9.2912 – T-267/11, Rn. 20 – VR; EuG Urt. v. 13.5.2009 – T-136/08, Rn. 26 – AURELIA.

[179] S. Ziff. 15. des Anhangs zur GGGebV.

[180] Art. 105 UMV, Art. 82 UMV aF eingeführt durch Verordnung (EG) Nr. 422/2004 des Rates vom 19.2.2004 zur Änderung der Verordnung (EG) Nr. 40/94 über die Gemeinschaftsmarke, ABl. Nr. L 70 S. 1 ff., Einzelheiten in → § 34.

geänderter Form gemäß Art. 25 Abs. 6 GGV zu erwägen. Die Verzichtserklärung ist schriftlich beim EUIPO einzureichen.[181] Der notwendige Inhalt ergibt sich aus Art. 27 GGDV.

Ist betreffend das eingetragene Gemeinschaftsgeschmacksmuster ein Lizenznehmer eingetragen, so muss der Inhaber entweder eine Zustimmung des Lizenznehmers vorlegen oder glaubhaft machen, dass er den Lizenznehmer von seiner Verzichtsabsicht unterrichtet hat. Im zuletzt genannten Fall erfolgt die Eintragung des Verzichts drei Monate nach Glaubhaftmachung gegenüber dem EUIPO.[182] Ist zum Zeitpunkt des Eingangs der Verzichtserklärung bereits eine Vindikationsklage gemäß Art. 15 GGV erhoben, erfolgt die Eintragung des Verzichts nur mit Zustimmung des Vindikationsklägers. 130

b) **Nichtigkeitsverfahren vor dem Amt.** Das Nichtigkeitsverfahren vor dem EUIPO findet **nur in Bezug auf ein eingetragenes Gemeinschaftsgeschmacksmuster** statt. Nicht-eingetragene Gemeinschaftsgeschmacksmuster können nur durch Klage bei einem Gemeinschaftsgeschmacksmustergericht oder im Wege der Widerklage im Verletzungsverfahren für nichtig erklärt werden. Die Nichtigkeitsgründe sind in Art. 25 Abs. 1 GGV abschließend aufgezählt.[183] Der Antrag kann sich ausschließlich auf *ein* eingetragenes Gemeinschaftsgeschmacksmuster beziehen, auch wenn das eingetragene Gemeinschaftsgeschmacksmuster Bestandteil einer Sammelanmeldung ist. Sollen mehrere eingetragene Gemeinschaftsgeschmacksmuster für nichtig erklärt werden, sind daher jeweils gesonderte Anträge auf Erklärung der Nichtigkeit erforderlich. 131

Antragsteller können alle natürlichen und juristischen Personen sowie hierzu befugte Behörden sein. Einschränkungen ergeben sich nur mit Blick auf den jeweiligen Nichtigkeitsgrund, der geltend gemacht wird. Unter den in Art. 54 GGV genannten Voraussetzungen kann ein Dritter dem Nichtigkeitsverfahren beitreten. 132

Gemäß Art. 52 Abs. 2 GGV ist der Antrag **schriftlich beim EUIPO einzureichen und zu begründen.** Hierbei ist darauf zu achten, dass der konkrete Nichtigkeitsgrund anzugeben ist. Nach erfolgter Einreichung des Antrages können keine Nichtigkeitsgründe mehr nachgeschoben werden. Es besteht in solchen Fällen aber die Möglichkeit, einen weiteren Nichtigkeitsantrag zu stellen. Der Antrag muss gemäß Art. 28 GGDV die Eintragungsnummer des angegriffenen Gemeinschaftsgeschmacksmusters, die Angabe von Gründen sowie Angaben über den Antragsteller enthalten. Eingereicht werden kann der Antrag per Post, per Fax oder auch Online nach Anmeldung in der User Area. 133

Der Antrag gilt erst als gestellt, wenn die Gebühr in Höhe von 350 EUR gezahlt wurde.[184] Betreffend die weiteren Einzelheiten hinsichtlich der Antragstellung sei an dieser Stelle auf Art. 28 bis 32 GGDV sowie insbesondere auch auf die vom EUIPO bereitgestellten „Hinweise zum Antragsformular für eine Nichtigkeitserklärung eines Gemeinschaftsgeschmacksmusters" verwiesen.[185] 134

Zu beachten ist, dass das EUIPO bei der Ermittlung des Sachverhalts auf das Vorbringen und die Anträge der Parteien beschränkt ist.[186] Es findet insoweit ausschließlich eine rechtliche Prüfung statt.[187] 135

Praxistipp:
Im Nichtigkeitsverfahren vor dem EUIPO ist auf korrekte Antragstellung, insbesondere die Angabe des einschlägigen Nichtigkeitsgrundes im Sinne des Art. 25 Abs. 1 GGV, sowie auf die Begründung besondere Sorgfalt zu verwenden. Schon bei Antragstellung muss das Vorliegen des Nichtigkeitsgrundes umfassend und vollständig dargelegt werden.

Der Antrag wird gemäß Art. 52 Abs. 3 GGV **als unzulässig zurückgewiesen,** soweit betreffend das angegriffene Gemeinschaftsgeschmacksmuster bereits eine rechtskräftige Entscheidung eines mit der Nichtigkeitswiderklage angerufenen Gerichts vorliegt *und* Antragsteller und Inhaber Parteien des Klageverfahrens waren. 136

---

181 Art. 51 Abs. 1 GGV.
182 Art. 51 Abs. 4 GGV iVm Art. 27 Abs. 2 S. 2 GGDV.
183 Zu den Nichtigkeitsgründen im Einzelnen s. → Rn. 76 ff.
184 Art. 52 Abs. 2 GGV iVm Ziff. 13. des Anhangs zur GGGebV.
185 Abrufbar auf den Internetseiten des EUIPO unter http://euipo.eu.
186 Weber GRUR 2008, 115 (118).
187 Art. 63 Abs. 1 S. 2 GGV.

137 Wird der Antrag nicht als unzulässig zurückgewiesen, wird er dem Inhaber, verbunden mit einer Frist zur Stellungnahme innerhalb von zwei Monaten übermittelt.[188] Der Inhaber kann die Aufrechterhaltung des eingetragenen Gemeinschaftsgeschmacksmusters in seiner Gesamtheit oder aber auch in geänderter Form beantragen. Ferner kann er auf sein eingetragenes Gemeinschaftsgeschmacksmuster vollständig verzichten. Zu beachten ist, dass der **Antrag auf Aufrechterhaltung in geänderter Form nur während des Verfahrens** gestellt werden kann. Insofern ist es nicht möglich, zunächst die Entscheidung des EUIPO abzuwarten und sodann, wenn die Nichtigkeit festgestellt wurde, die Beibehaltung zu beantragen. Dies ergibt sich aus Art. 25 Abs. 6 GGV soweit dort die „Entscheidung des Amtes über die teilweise Nichtigkeit" benannt ist. Wird der Antrag nicht während des Verfahrens gestellt, ergeht auch keine Teilnichtigkeitsentscheidung, sondern das eingetragene Gemeinschaftsgeschmacksmuster wird für insgesamt nichtig erklärt.

Praxistipp:

Der Inhaber des angegriffenen Gemeinschaftsgeschmacksmusters hat sehr sorgfältig die Erfolgsaussichten des Antrags zu prüfen. Es dürfte zulässig und in Einzelfällen empfehlenswert sein, das Vorliegen des Nichtigkeitsgrundes zu bestreiten und hilfsweise die Aufrechterhaltung in geänderter Form zu beantragen.

138 Die am Verfahren Beteiligten erhalten bis zur Entscheidungsreife Gelegenheit zur wechselseitigen Stellungnahme. Sobald die Nichtigkeitsabteilung von der Entscheidungsreife ausgeht oder aber bei fruchtlosem Ablauf einer Stellungnahmefrist, teilt die Nichtigkeitsabteilung den Beteiligten mit, dass das schriftliche Verfahren abgeschlossen ist und eine Entscheidung erlassen wird. Die Entscheidung enthält auch eine **Entscheidung über die Kosten,** die gemäß Art. 70 Abs. 1 GGV regelmäßig von der unterliegenden Partei zu tragen sind. Erstattungsfähig sind in erster Linie die tatsächlichen Kosten für die Vertretung in Höhe von bis zu 400 EUR sowie im Falle der Nichtigerklärung die Gebühr für den Antrag auf Erklärung der Nichtigkeit in Höhe von 350 EUR.[189]

139 Die Entscheidung der Nichtigkeitsabteilung kann gemäß Art. 53 Abs. 1, 57 GGV innerhalb von zwei Monaten mit der Beschwerde angriffen werden. Erlangt die Entscheidung Rechtskraft, wird sie gemäß Art. 53 Abs. 3 GGV in das Register eingetragen.

140 Das Nichtigkeitsverfahren wird von Amts wegen oder auf Antrag eines Beteiligten gemäß Art. 91 Abs. 2 GGV in aller Regel **ausgesetzt,** soweit die Rechtsgültigkeit bereits auf Grund einer Widerklage vor einem Gemeinschaftsgeschmacksmustergericht angegriffen wird. Auf Antrag einer Partei der dort rechtshängigen Widerklage kann aber das Gemeinschaftsgeschmacksmustergericht das Verfahren aussetzen, mit der Folge, dass das Nichtigkeitsverfahren vor dem EUIPO (weiter-)betrieben wird.[190]

141 c) **Nichtigkeitsklage vor dem Gemeinschaftsgeschmacksmustergericht.** Nichtigkeitsklage vor einem Gemeinschaftsgeschmacksmustergericht kann gemäß Art. 24 GGV **nur in Bezug auf das nicht-eingetragene Gemeinschaftsgeschmacksmuster** erhoben werden. Dies gilt hingegen nicht für die Nichtigkeitswiderklage. Die Nichtigkeitsklage ist Feststellungsklage. Die Verwendung des Begriffs „Antrag" in Art. 24 Abs. 3 Alt. 1 GGV ist insoweit untechnisch zu verstehen.

8. Rechtsbehelfe gegen Entscheidungen des Amtes

142 a) **Beschwerde.** Gemäß Art. 55 GGV sind alle verfahrensabschließenden Entscheidungen der Prüfer, der Marken- und Musterverwaltungs- und Rechtsabteilung[191] sowie der Nichtigkeitsabteilung mit der Beschwerde anfechtbar. Zwischenentscheidungen sind nur anfechtbar, soweit in der Entscheidung die (gesonderte) Beschwerde ausdrücklich zugelassen ist.[192] Die Beschwerde hat gemäß Art. 55 Abs. 1 S. 2 GGV aufschiebende Wirkung. Sie ist innerhalb von zwei Monaten nach Zustellung der anzufechtenden Entscheidung schriftlich einzulegen und innerhalb von weiteren zwei Monaten zu begründen. Innerhalb der Beschwerdefrist ist die Beschwerdegebühr in Höhe

[188] Art. 31 Abs. 1 iVm Ziff. 5 Abs. 3 der Richtlinien für das Verfahren auf Erklärung der Nichtigkeit.
[189] Art. 70 Abs. 1 GGV iVm Art. 79 GGDV.
[190] Art. 91 Abs. 2 GGV.
[191] Gem. Art. 104 GGV ua zuständig für die Entscheidungen über die Eintragungen und Löschungen im Register.
[192] Art. 55 Abs. 2 GGV.

von 800 EUR zu entrichten.[193] Wird die Gebühr verspätet entrichtet, gilt die Beschwerde als nicht eingelegt, die – verspätet – gezahlte Beschwerdegebühr wird dann gemäß Art. 35 Abs. 3 GGDV zurückgezahlt. Die Beschwerdeschrift muss gemäß Art. 34 Abs. 2 GGDV in der Sprache der angegriffenen Entscheidung eingereicht werden. Es empfiehlt sich auch hier, die vom EUIPO bereitgestellte Möglichkeit zu nutzen, die Beschwerde online nach Anmeldung in der User Area einzureichen.

Die Beschwerde wird als **unzulässig** zurückgewiesen, sofern sie nicht den Vorschriften der Art. 55 bis 57 GGV sowie Art. 34 Abs. 1 Buchst. c), Art. 35 Abs. 2 GGDV entspricht. Etwaige Mängel können nur innerhalb der Beschwerdefrist behoben werden.[194] 143

Die Dienststelle, die die angefochtene Entscheidung erlassen hat, kann in einseitigen Verfahren der Beschwerde innerhalb eines Monats nach Eingang der Beschwerdebegründung gemäß Art. 58 GGV **abhelfen.** Die Rückzahlung der Beschwerdegebühr kann dann von der Dienststelle gemäß Art. 37 GGDV angeordnet werden, soweit die Rückzahlung wegen eines wesentlichen Verfahrensmangels der Billigkeit entspricht. Hilft die Dienststelle, die die angefochtene Entscheidung erlassen hat, der Beschwerde nicht ab, beginnt das Beschwerdeverfahren, das mit einer Entscheidung durch die Beschwerdekammer gemäß Art. 60 GGV endet. Betreffend die Rückzahlung der Beschwerdegebühr gilt das oben Gesagte entsprechend. 144

b) Klage beim Gericht der Europäischen Union. Die Entscheidungen der Beschwerdekammern sind innerhalb von zwei Monaten nach Zustellung der Entscheidung mit der Klage beim Gericht der Europäischen Union (EuG) gemäß Art. 61 Abs. 1 und 5 GGV anfechtbar. Gemäß Art. 81 § 2 VerfOEuGH werden die Verfahrensvorschriften pauschal um eine Entfernungsfrist von zehn Tagen verlängert. Die Klagegründe sind in Art. 61 Abs. 2 GGV abschließend aufgezählt. Danach kann die Klage nur auf die 145

- Verletzung der Zuständigkeitsregelungen
- Verletzung wesentlicher Verfahrensvorschriften
- Verletzung des Vertrages, der GGV oder einer bei ihrer Durchführung anzuwendenden Rechtsnorm
- Ermessensmissbrauch

gestützt werden.

c) Klage beim EuGH. Die Entscheidungen des EuG können mit der Klage zum EuGH angegriffen werden. Hierzu bedarf es der Zulassung des Rechtsmittels, die der Rechtsmittelführer beantragen und begründen muss. Rechtsgrundlage sind die Artt. 56 ff. der Satzung des Gerichtshofes. Die Rechtsmittelfrist beträgt gemäß Art. 56 Abs. 1 der Satzung des Gerichtshofs zwei Monate und beginnt mit der Zustellung der angefochtenen Entscheidung. Für die Fristberechnung gelten Art. 49 bis 52 der Verfahrensordnung des Gerichtshofes (VerfOEuGH).[195] Gemäß Art. 51 VerfOEuGH werden die Verfahrensvorschriften pauschal um eine Entfernungsfrist von zehn Tagen verlängert. Die Klagegründe sind nach Art. 58 der Satzung des Gerichtshofes abschließend aufgezählt. Danach kann die Klage nur auf die 146

- Verletzung der Zuständigkeitsregelungen
- Verletzung von Verfahrensvorschriften, durch die die Interessen des Rechtsmittelführers beeinträchtigt werden
- Verletzung des Vertrages, der GGV oder einer bei ihrer Durchführung anzuwendenden Rechtsnorm gestützt werden.

Eine Klage, die lediglich auf eine erneute Prüfung der Sach- und Rechtslage durch den EuGH abzielt, ist unzulässig.[196] 147

Dem Rechtsmittelverfahren vorgeschaltet ist ein Zulassungsverfahren, das in Art. 58a der Satzung des Gerichtshofs iVm. Artt. 170a und 170b VerfOEuGH geregelt ist. Danach hat der Rechtsmittelführer seiner Rechtsmittelschrift einen Antrag auf Zulassung des Rechtsmittels als Anlage beizufügen. Gemäß Art. 58a Abs. 3 der Satzung des Gerichtshofs wird das Rechtsmittel nur dann ganz oder teilweise zugelassen, wenn damit eine für die 148

- Einheit
- Kohärenz oder
- Entwicklung

---

[193] Art. 57 S. 2 GGV iVm Ziff. 14. des Anhangs zur GGGebV.

[194] Art. 35 Abs. 1 GGDV.

[195] Die Satzung und die Verfahrensordnung sind in der jeweils aktuellen Fassung auf den Seiten des Gerichtshofes unter http://curia.europa.eu hinterlegt.

[196] EuGH GRUR Int. 2014, 974 (976)– Uhrenzifferblatt, Rn. 31.

des Unionsrechts bedeutsame Frage aufgeworfen wird. Es obliegt dem Rechtsmittelführer, die Zulassungsgründe darzutun. Jede innerhalb des geltend gemachten Zulassungsgrundes aufgeworfene Rechtsfrage muss genau und klar benannt werden. Ferner muss ebenso genau und klar erläutert werden, warum diese Frage im Hinblick auf das geltend gemachte Zulassungskriterium bedeutsam ist.[197] Der EuGH entscheidet über den Antrag auf Zulassung des Rechtsmittels so rasch wie möglich. Die Entscheidungspraxis des EuGH zumindest in den ersten drei Jahren seit Geltung des Zulassungserfordernisses zeigt leider eine extrem restriktive Handhabung des Zulassungserfordernisses. Im Zeitraum von Mai 2019 bis Dezember 2021 wurde soweit ein einziges Rechtsmittel zugelassen.[198]

IV. Verletzungsverfahren

149 In Fällen der Verletzung des eingetragenen oder des nicht-eingetragenen Gemeinschaftsgeschmacksmusters kann der Inhaber seine Rechte außergerichtlich und/oder gerichtlich durchsetzen.[199] Hinzu treten das Grenzbeschlagnahmeverfahren oder auch die Möglichkeit, strafrechtliche Schritte gegen den Verletzer einzuleiten. Im Folgenden sollen die Besonderheiten, die sich bei der Durchsetzung der Rechte aus einem Gemeinschaftsgeschmacksmuster ergeben, dargestellt werden.[200]

1. Zuständigkeitsfragen

150 Gemäß Art. 81 GGV sind für

- Verletzungsklagen oder Klagen auf Feststellung der Nichtverletzung von eingetragenen und nicht-eingetragenen Gemeinschaftsgeschmacksmustern
- Erklärungen der Nichtigkeit eines nicht-eingetragenen Gemeinschaftsgeschmacksmusters
- Widerklagen auf Erklärung der Nichtigkeit eines eingetragenen oder nicht-eingetragenen Gemeinschaftsgeschmacksmusters

ausschließlich die Gemeinschaftsgeschmacksmustergerichte im Sinne des Art. 80 GGV sachlich zuständig. In Deutschland wurden die als Unionsmarkengerichte benannten Gerichte zugleich auch als Gemeinschaftsgeschmacksmustergerichte benannt. In Deutschland sind es 28 erstinstanzliche Landgerichte.[201] Sämtliche von den einzelnen Mitgliedstaaten benannten Gerichte werden im Amtsblatt der Europäischen Gemeinschaft veröffentlicht. Gemäß § 63 Abs. 1 DesignG sind in Deutschland jedenfalls die Landgerichte ohne Rücksicht auf den Streitwert zuständig.

151 **Internationale Zuständigkeitsfragen** sind in Art. 82 GGV geregelt, der dem Art. 125 UMV entspricht.[202] Soweit Art. 82 Abs. 4 noch auf Art. 17 und 18 EuGVÜ verweist gelten nunmehr Artt. 25 und 26 EuGVVO (Brüssel Ia). Zudem können Verletzungsklagen auch bei den Gerichten des Mitgliedstaates anhängig gemacht, in denen eine Verletzungshandlung begangen wurde oder droht. Im Gegensatz zu einer Entscheidung des nach Art. 82 Abs. 1 bis 4 GGV zuständigen Gerichts hat die Entscheidung des Gemeinschaftsgeschmacksmustergerichts am Ort der Verletzungshandlung nur Wirkung in dem Mitgliedstaat, in dem das Gericht seinen Sitz hat.[203]

152 Für **einstweilige Verfügungen und Maßnahmen** sind sämtliche Gerichte eines Mitgliedstaates gemäß Art. 90 Abs. 1 GGV zuständig, selbst wenn in der Hauptsache ein Gemeinschaftsgeschmacksmustergericht eines anderen Mitgliedstaates zuständig ist. Soll die einstweilige Verfügung hingegen Geltung in allen Mitgliedstaaten erlangen, ist das international zuständige Gemeinschaftsgeschmacksmustergericht ausschließlich zuständig.

---

[197] Grundlegend hierzu EuGH Beschl. v. 24.10.2019 – C-613/19 P – Porsche, BeckRS 2019, 26295.

[198] EuGH Beschl. v. 10.12.2021 – C-382/21 P.

[199] Die soweit ersichtlich erste gerichtliche Entscheidung ist die des LG Hamburg Urt. v. 15.4.2003 – 308 O 157/03 – Popcorn-Maschine, welche die ansonsten oft zitierte Entscheidung des London High Court of Justice Entsch. v. 23.10.2003 – HC-03 CO 2684 – Mattel/Woolbro, zeitlich um ein halbes Jahr schlägt; beide Entscheidungen mit Gründen bei Hartwig Designschutz II.

[200] Zur Durchsetzung gewerblicher Schutzrechte im Allgemeinen s. → § 4, § 5, § 8.

[201] Kritisch zur deutschen Praxis Munzinger/Traub GRUR 2006, 33 ff.

[202] Siehe hierzu Darstellung in → § 34.

[203] Art. 83 GGV.

2. Parallele Klagen aus einem Gemeinschaftsgeschmacksmuster und einem nationalen Geschmacksmuster

In den Fällen, in denen der Inhaber sowohl eines Gemeinschaftsgeschmacksmusters als auch eines nationalen Geschmacksmusters mehrere Klagen gegen einen Verletzer in verschiedenen Mitgliedstaaten, und zwar einmal gestützt auf das nationale Geschmacksmuster und einmal gestützt auf das Gemeinschaftsgeschmacksmuster, erhebt, hat sich gemäß Art. 95 Abs. 1 GGV das später angerufene Gericht für unzuständig zu erklären. Sofern bereits in einer der Klagen eine rechtskräftige Entscheidung ergangen ist, hat das andere Gericht die Klage gemäß Art. 95 Abs. 2 und 3 GGV abzuweisen. Diese Vorschriften gelten hingegen nicht in Bezug auf einstweilige Verfügungen und Maßnahmen, einschließlich Sicherungsmaßnahmen.[204] 153

3. Anwendbares Recht

Gemäß Art. 88 GGV wenden die Gemeinschaftsgeschmacksmustergerichte die Vorschriften der GGV, in Ermangelung solcher, das nationale Recht einschließlich ihres internationalen Privatrechts an. Gleiches gilt auch mit Blick auf die anzuwendenden Verfahrensvorschriften. Unter Art. 88 Abs. 2 GGV fallen demnach unter anderem Auskunfts- und Schadenersatzansprüche. Herausgabeansprüche zum Zwecke der Vernichtung fallen indes unter Art. 89 Abs. 1 Buchst. d) GGV.[205] Bei Verfahren, in denen eine Verletzung in mehreren Mitgliedstaaten vorliegt, ist bei einer Klage im unionsweiten Gerichtsstand nach Art. 82 Abs. 2 bis 4 GGV der Ort zu bestimmen, an dem die ursprüngliche Verletzungshandlung, auf die das vorgeworfene Verhalten zurückgeht, begangen worden ist oder droht.[206] Dies kann dazu führen, dass in Bezug auf die Folgeansprüche ein deutsches Gericht fremdes Recht anzuwenden hat. Im Deliktsgerichtsstand hat das Verletzungsgericht indes für die Folgeansprüche sein eigenes nationales Recht anzuwenden.[207] 154

4. Ansprüche, Durchsetzung

a) **Ansprüche.** In Art. 89 GGV sind die autonomen Ansprüche der GGV bei Verletzung bzw. drohender Verletzung bezeichnet. Namentlich sind dies der: 155

- Unterlassungsanspruch, Art. 89 Abs. 1 Buchst. a) GGV
- Anspruch auf Beschlagnahme der rechtsverletzenden Erzeugnisse sowie die zur Herstellung dieser Erzeugnisse vorwiegend verwendeten Materialien und Werkzeuge, Art. 89 Abs. 1 Buchst. b) GGV.

Daneben kann das angerufene Gemeinschaftsgeschmacksmustergericht die sich aus nationalem Recht ergebenden Sanktionen anordnen. Das Sanktionenrecht des gewerblichen Rechtsschutzes innerhalb der EU ist durch die Enforcement-Richtlinie[208] weitgehend wenngleich nicht vollständig harmonisiert. Bei Verletzungshandlungen treten vor allem folgende Ansprüche aus jeweils nationalem Recht hinzu:[209] 156

- Vernichtungsanspruch
- Rückrufanspruch
- Anspruch auf Urteilsbekanntmachung

b) **Durchsetzung.** Der Inhaber des Gemeinschaftsgeschmacksmusters kann die ihm zustehenden Ansprüche außergerichtlich im Wege der **Abmahnung** oder gerichtlich im Wege der **einstweiligen Verfügung** oder **Klage** durchsetzen. Zu beachten ist, dass es sich bei dem Gemeinschaftsgeschmacksmuster um ein ungeprüftes Schutzrecht handelt. Damit ist dem Geschmacksmusterschutz ein erhöhtes Bestandsrisiko immanent. Die Tatsache, dass selbst Erzeugnisse, die 157

---

[204] Art. 95 Abs. 4 GGV.

[205] EuGH GRUR 2014, 368 (371) – Gautzsch Großhandel, Rn. 52.

[206] EuGH GRUR 2017, 1120 (1127) – Nintendo/BigBen, Rn. 103.

[207] EuGH GRUR 2022, 569 – Acacia/BMW.

[208] Richtlinie 2004/48/EG des Europäischen Parlaments und des Rates vom 29.4.2004 zur Durchsetzung der Rechte des geistigen Eigentums, ABl. EU L195/16 vom 2.6.2004 (berichtigte Fassung); in Deutschland umgesetzt durch das am 1.9.2008 in Kraft getretene Gesetz zur Verbesserung der Durchsetzung von Rechten des geistigen Eigentums v. 7.7.2008, BGBl. I 2008, 1191.

[209] In Deutschland gemäß Artt. 88 Abs. 2, 89 Abs. 1 Buchst. d) GGV iVm §§ 42 ff. DesignG; für in Deutschland begangene Rechtsverletzungen ist nach Art. 8 Abs. 2 ROM-II deutsches Recht maßgeblich, vgl. BGH GRUR 2012, 512 (519) Rn. 57 – Kinderwagen.

außerhalb der EU der Öffentlichkeit zugänglich gemacht wurden, die Neuheit und Eigenart des Gemeinschaftsgeschmacksmusters zerstören können, erhöht das Risiko einer unberechtigten Inanspruchnahme eines insoweit nur vermeintlichen Verletzers und das hieraus resultierende Kostenrisiko, einschließlich das Risiko, auf Schadenersatz, etwa gestützt auf § 945 ZPO in den Fällen der von vornherein unberechtigten einstweiligen Verfügung oder aus § 823 Abs. 1 BGB, in Anspruch genommen zu werden. Letztlich kann nur eine **intensive Marktbeobachtung sowie eine umfassende Recherche** in den Marken-, Gebrauchsmuster-, Patent- und Geschmacksmusterregistern das Risiko minimieren. Zudem ist zu erwägen, vor Inanspruchnahme des Verletzers diesen im Wege der **Berechtigungsanfrage** zur Erklärung auffordern, warum sich dieser für berechtigt hält, ein Erzeugnis herzustellen bzw. zu vertreiben, das in den Schutzumfang des Gemeinschaftsgeschmacksmusters eingreift.[210]

158 Grundsätzlich hat der Anspruchsteller die anspruchsbegründenden Tatsachen darzulegen und zu beweisen. Bei einem auf die Verletzung eines Gemeinschaftsgeschmacksmusters gestützten gerichtlichen Verfahren steht indes dem Kläger bzw. Antragsteller mit der **Vermutung der Rechtsgültigkeit** gemäß Art. 85 Abs. 1 GGV eine bedeutsame Erleichterung zur Seite. Sowohl betreffend das eingetragene als auch das nicht-eingetragene Gemeinschaftsgeschmacksmuster haben die Gerichte von der Rechtsgültigkeit des Gemeinschaftsgeschmacksmusters auszugehen.

159 *aa) Verfahren gestützt auf ein eingetragenes Gemeinschaftsgeschmacksmuster.* Der Inhaber eines eingetragenen Gemeinschaftsgeschmacksmusters hat zum Nachweis seines Rechts an dem Gemeinschaftsgeschmacksmuster lediglich eine **Kopie der Eintragungsurkunde bzw. einen Auszug aus dem Onlineregister des EUIPO** vorzulegen. Allein damit kommt er in den Genuss der Vermutung der Rechtsgültigkeit des Art. 85 Abs. 1 GGV. Die Vermutung der Rechtsgültigkeit kann der Beklagte eines Hauptsacheverfahrens ausschließlich mit der Widerklage auf Erklärung der Nichtigkeit oder aber, sofern der Beklagte Inhaber eines älteren Musterrechts ist, das erst nach dem Anmelde-/Prioritätstag des eingetragenen Gemeinschaftsgeschmacksmusters der Öffentlichkeit zugänglich gemacht wurde, mit der auf Art. 25 Abs. 1 Buchst. d) GGV gestützten Nichtigkeitseinrede beseitigen.[211] Die Einrede der Nichtigkeit wird damit nur in wenigen Fällen zulässig sein. In den wohl am häufigsten vorkommenden Fallkonstellationen, in denen der Beklagte die Neuheit und Eigenart bestreitet, ist dieser auf die Erhebung einer auf Nichtigkeit gerichteten Widerklage angewiesen. Ist das eingetragene **Gemeinschaftsgeschmacksmuster nur angemeldet** und noch nicht zur Eintragung gelangt, können allenfalls die Rechte aus dem nicht-eingetragenen Gemeinschaftsgeschmacksmuster geltend gemacht werden, sofern eine Offenbarung im Sinne des Art. 11 GGV erfolgt ist. Bei eingetragenen Gemeinschaftsgeschmacksmustern, deren **Bekanntmachung aufgeschoben** ist, kann der Inhaber nur gegen Muster vorgehen, die das Ergebnis einer Nachahmung sind. Mithin steht dem Inhaber in diesen Fällen faktisch nur der Schutz des nicht-eingetragenen Gemeinschaftsgeschmacksmusters zur Seite.

160 Ausgangspunkt für die **Verletzungsprüfung** ist die Bestimmung des Schutzumfangs des Klagemusters. Hierzu müssen die den Gesamteindruck prägenden Merkmale herausgearbeitet und in einer Merkmalsanalyse zusammengefasst werden. Der auf diese Weise verbalisierte Gesamteindruck des Klagemusters ist sodann mit dem Gesamteindruck des angegriffenen Erzeugnisses zu vergleichen, wobei es hier auf die Sichtweise des informierten Benutzers ankommt. Unterscheidet sich der Gesamteindruck des angegriffenen Erzeugnisses von dem des Klagemusters, liegt keine Verletzung vor. Stimmt er hingegen überein, liegt eine Verletzung vor, und zwar ohne dass es auf die Kenntnis des Verletzers ankommt.

161 *bb) Verfahren gestützt auf ein nicht-eingetragenes Gemeinschaftsgeschmacksmuster.* Geht der Kläger auf Grund eines ihm zustehenden nicht-eingetragenen Gemeinschaftsgeschmacksmusters vor, muss er, um in den Genuss der Vermutung der Rechtsgültigkeit zu kommen, den Offenbarungsakt darlegen und ggfs. beweisen sowie angeben, inwiefern sein Geschmacksmuster Eigenart aufweist.[212] Besondere Aufmerksamkeit ist hierbei vor allem dem Vortrag hinsichtlich des Offenbarungsaktes zu schenken.

162 Zudem trägt der Kläger die volle Darlegungs- und Beweislast dafür, dass er Inhaber des Rechts nach Art. 14 Abs 1 und 3 GGV ist. Hierfür reicht es nicht aus, nur den Akt der Offenbarung nach Art. 11 durch den Kläger darzulegen und zu beweisen. Die GGV kennt keine Regelung, wonach

[210] Zur Berechtigungsanfrage s. → § 42.
[211] Einzelheiten zum Nichtigkeitsgrund des Art. 25 Abs. 1 Buchst. d) GGV s. → Rn. 80.
[212] EuGH GRUR Int. 2014, 861 (864) – Karen Miller Fashions/Dunnes Stores, Rn. 36 ff.

derjenige, der das nicht-eingetragene Gemeinschaftsgeschmacksmuster erstmals offenbart, als rechtmäßiger Inhaber gilt.[213]

163 Das **nicht-eingetragene Gemeinschaftsgeschmacksmuster** ist verletzt, wenn das angegriffene Muster gemäß Art. 19 Abs. 2 GGV das **Ergebnis einer Nachahmung** darstellt. Voraussetzung ist demnach das Eingreifen des angegriffenen Musters in den Schutzbereich des nicht-eingetragenen Gemeinschaftsgeschmacksmusters sowie die Kenntnis des Verletzers. Grundsätzlich hat dabei der Kläger die Kenntnis als anspruchsbegründende Voraussetzung darzulegen und zu beweisen. Auf die Kenntnis wird regelmäßig zu schließen sein, soweit das angegriffene Muster auch in Details mit dem nicht-eingetragenen Gemeinschaftsgeschmacksmuster übereinstimmt. In diesen Fällen der 1:1 Kopie wird dem Kläger im Falle des Bestreitens durch den Beklagten der Beweis des ersten Anscheins zur Seite stehen. Der Beklagte hat dann den Gegenbeweis anzutreten, dass er keine Kenntnis hatte.

164 Letztendlich ist das Ergebnis des Vergleichs der sich gegenüberstehenden Gesamteindrücke entscheidend, ob auf die Kenntnis des Beklagten geschlossen werden kann, mithin, ob das angegriffene Muster das Ergebnis einer Nachahmung darstellt.[214]

165 Bei einer Verletzungsklage aus einem nicht-eingetragenen Gemeinschaftsgeschmacksmuster ist im Besonderen auf den Ablauf der nicht verlängerbaren Schutzfrist zu achten. Läuft die dreijährige Schutzfrist im Laufe des Verfahrens ab, ist der Rechtsstreit hinsichtlich des Unterlassungsanspruchs für erledigt zu erklären. Anderenfalls droht insoweit die Klageabweisung.

5. Verteidigungsmöglichkeiten des Beklagten

166 Der Beklagte kann sich gegen eine außergerichtliche oder gerichtliche Inanspruchnahme aus einem Gemeinschaftsgeschmacksmuster zur Wehr setzen, indem er die Wirksamkeit des Klagemusters angreift, das Vorliegen einer Verletzungshandlung bestreitet oder indem er sich auf Verjährung/Verwirkung beruft.

167 a) **Angreifen der Wirksamkeit.** Der Beklagte kann die materiell-rechtliche Wirksamkeit des Klagemusters nur durch die Widerlegung der Vermutung der Rechtsgültigkeit angreifen. Dies ist immer im Wege der Nichtigkeitswiderklage, gestützt auf einen der in Art. 25 Abs. 1 GGV genannten Gründe möglich. Ob der Beklagte die Nichtigkeit auch im Wege der Einrede geltend machen kann, hängt davon ab, ob der Kläger im Wege des vorläufigen Rechtsschutzes oder im Wege der Klage bzw. ob er aus einem eingetragenen oder nicht eingetragenen Gemeinschaftsgeschmacksmuster vorgeht.

168 Soweit der Antragsteller/Kläger aus einem **nicht-eingetragenen Gemeinschaftsgeschmacksmuster** vorgeht, kann der Beklagte die Nichtigkeit immer, unabhängig davon, ob er Partei eines einstweiligen Verfügungsverfahrens oder eines Klageverfahrens ist, **auch im Wege der Einrede** geltend machen.[215] Dies ergibt sich aus Art. 85 Abs. 2 sowie Art. 90 Abs. 2 GGV und gilt für alle Nichtigkeitsgründe des Art. 25 Abs. 1 GGV. Soweit in der deutschsprachigen Fassung der GGV in Art. 85 Abs. 2 S. 2 GGV nur die Widerklage auf Erklärung der Nichtigkeit genannt ist, nicht hingegen die Einrede, handelt es sich schlichtweg um einen auf die deutsche Fassung beschränkten **Übersetzungsfehler.**[216] In der offiziellen englischen Sprachversion der GGV lautet Art. 85 Abs. 2 S. 2 GGV wie folgt: „However, the defendant may contest its validity **by way of a plea** or with a counterclaim for declaration of invalidity". In den anderen Sprachversionen ist die Einrede ebenfalls genannt.

169 Soweit der Kläger seine Ansprüche auf die **Verletzung eines eingetragenen Gemeinschaftsgeschmacksmusters** stützt, können die in Art. 25 Abs. 1 GGV genannten Nichtigkeitsgründe unbeschränkt nur im einstweiligen Verfügungsverfahren geltend gemacht werden.[217] Im Klageverfahren hingegen, kann der Beklagte einredeweise nur den Nichtigkeitsgrund des Art. 25 Buchst. d) GGV geltend machen. Mithin steht nur dem Inhaber eines älteren, aber nachveröffentlichten nationalen Musterrechts die Einrede zur Verfügung. Betreffend alle anderen Nichtigkeitsgründe ist der Beklagte gezwungen, Widerklage zu erheben.

213 BGH GRUR 2013, 830 (832) – Bolerojäckchen, Rn. 16 ff.

214 Vgl. hierzu ausführlich Rahlf/Gottschalk GRUR Int. 2004, 821 (822).

215 Die Einrede ohne Begründung zulassend: BGH GRUR 2009, 79 – Gebäckpresse; ebenso die Vorinstanz OLG Hamburg NJOZ 2007, 459 – Gebäckpresse; Gottschalk/Gottschalk GRUR Int. 2006, 461 (465).

216 Ruhl/Tolkmitt GGV Art. 85 Rn. 25; Gottschalk/Gottschalk GRUR Int. 2006, 461 (465); Schönbohm GRUR 2004, 41; zu Unrecht die Einrede verneinend: Schlötelburg Mitt. 2002, 70 (72).

217 Art. 85 Abs. 2, Art. 90 Abs. 2 GGV.

170 Wurde die Rechtsgültigkeit des Klagemusters *vor* Erhebung der Verletzungsklage mit einem Nichtigkeitsverfahren vor dem EUIPO oder im Wege der Widerklage vor einem Gemeinschaftsgeschmacksmustergericht angegriffen, kann das Verletzungsgericht das (spätere) Verfahren nach Art. 91 Abs. 1 GGV aussetzen. Eine Aussetzung kommt in deutschen Verletzungsverfahren nach Art. 88 Abs. 3 GGV iVm § 148 ZPO auch dann in Betracht, wenn die Voraussetzungen des Art. 91 Abs. 1 GGV nicht erfüllt sind. Ob das Verfahren nach § 148 ZPO auszusetzen ist, entscheidet sich anhand der Abwägung der Erfolgsaussichten des Verfahrens auf Nichtigerklärung und der mit der Aussetzung verbundenen Prozessverzögerung.[218]

171 **b) Bestreiten des Vorliegens eines Verletzungsfalles.** *aa) Handlungen im privaten Bereich etc.* Gegenüber Handlungen, die ausschließlich im privaten Bereich zu nicht gewerblichen Zwecken oder aber lediglich zu Versuchszwecken vorgenommen wurden, können gemäß Art. 20 Abs. 1 Buchst. a) und b) GGV keine Rechte aus dem Gemeinschaftsgeschmacksmuster geltend gemacht werden. Insofern liegt keine Verletzung vor. Gleiches gilt auch für die in Art. 20 Abs. 1 Buchst. c), Abs. 2 GGV genannten Fällen.

172 *bb) Kein Eingriff in den Schutzbereich.* Der Beklagte kann darlegen, dass sich sein Erzeugnis vom Gesamteindruck des Gemeinschaftsgeschmacksmusters – aus der Sicht eines informierten Benutzers – hinreichend unterscheidet.

173 *cc) Vorbenutzungsrecht.* Soweit dem Beklagten ein Vorbenutzungsrecht gemäß Art. 22 Abs. 1 GGV zusteht, liegt im Umfang dieses Rechts keine Verletzung vor.[219] Der Beklagte hat das Bestehen dieses Rechts darzulegen und zu beweisen.

174 *dd) Erschöpfung.* Auch in den Fällen, in denen Erschöpfung gemäß Art. 21 GGV eingetreten ist, liegt keine Verletzungshandlung vor.[220] Nach allgemeinen Grundsätzen ist grundsätzlich die sich auf die Erschöpfung berufende Partei darlegungs- und beweispflichtig. Der EuGH hat diesen allgemeinen Grundsatz für die Fälle der Erschöpfung modifiziert:[221] soweit der Beklagte nachweisen kann, dass eine **tatsächliche Gefahr der Abschottung der nationalen Märkte** besteht, hat zunächst der Kläger nachzuweisen, dass die Waren von ihm oder mit seiner Zustimmung **ursprünglich außerhalb des Europäischen Wirtschaftsraums** in den Verkehr gebracht wurden. Gelingt dem Kläger dieser Nachweis, so hat der Beklagte nachzuweisen, dass der Kläger dem (weiteren) Vertrieb der Waren im Europäischen Wirtschaftsraum zugestimmt hat.

175 **c) Verjährung, Verwirkung.** Weder Verjährung noch Verwirkung sind in der GGV geregelt. Insoweit gelangt hier gemäß Art. 88 Abs. 2 GGV nationales Recht zur Anwendung.[222]

176 *aa) Verjährung.* Hinsichtlich der Verjährungsregeln gelten in Ermangelung einer gesonderten Regelung im DesignG für Verletzung von Gemeinschaftsgeschmacksmuster die §§ 194 ff. BGB. Die Ansprüche des Inhabers eines Gemeinschaftsgeschmacksmusters bei Verletzung verjähren demnach gemäß § 195 BGB in **drei Jahren.**

177 *bb) Verwirkung.* Betreffend die Verwirkung gelten die allgemeinen im Rahmen des § 242 BGB entwickelten Grundsätze. Erforderlich ist, dass das in Frage stehende Recht, gegen das sich der Einwand der Verwirkung richtet, über einen längeren Zeitraum nicht verwirklicht worden ist und sich der Verletzer auf Grund des Verhaltens des Rechtsinhabers darauf einrichten durfte, das Recht werde nicht mehr geltend gemacht.[223]

6. Grenzbeschlagnahme

178 Auf der Grundlage der Produktpiraterieverordnung[224] kann der Inhaber eines eingetragenen oder nicht-eingetragenen Gemeinschaftsgeschmacksmusters einen gebührenfreien Antrag auf Tätigwerden der Zollbehörden stellen. Gemäß Art. 17 der vorgenannten Verordnung können die innergemeinschaftlichen Zollbehörden auf der Grundlage eines bewilligten Antrags die Überlassung rechtsverletzender Ware aussetzen. Das Grenzbeschlagnahmeverfahren ist ein effizientes,

[218] BGH GRUR 2012, 512 (516) Rn. 22 – Kinderwagen, mwN.
[219] Zum Vorbenutzungsrecht gemäß Art. 22 GGV s. → Rn. 58 ff.
[220] Zum Erschöpfungsgrundsatz gemäß Art. 21 GGV s. → Rn. 57.
[221] Für das Markenrecht: EuGH GRUR 2003, 512 (514) – stüssy, Rn. 31 ff.
[222] EuGH GRUR 2014, 368 – Gautzsch Großhandel.
[223] Für das Patentrecht insoweit BGH GRUR 2001, 323 (324) – Temperaturwächter.
[224] Verordnung (EU) Nr. 608/2013 des Rates vom 12.6.2013 zur Durchsetzung der Rechte des geistigen Eigentums durch die Zollbehörden und zur Aufhebung der Verordnung (EG) Nr. 1383/2003 des Rates.

nämlich kostengünstiges und zugleich wirksames Mittel zur Bekämpfung der Produktpiraterie. Es kann verhindern, dass rechtsverletzende Ware überhaupt in den innergemeinschaftlichen Markt gelangt.

Das Gemeinschaftsgeschmacksmuster als europaweit geltendes Recht ermöglicht insbesondere, das Tätigwerden nicht nur der deutschen Zollbehörden, sondern auch der Zollbehörden eines jeden Mitgliedstaates zu beantragen.[225] 179

7. Strafverfahren

Gemäß § 65 Abs. 1 DesignG ist die Verletzung eines eingetragenen Gemeinschaftsgeschmacksmusters im Sinne des Art. 19 Abs. 1 GGV unter Strafe gestellt, soweit der Inhaber nicht der Benutzung des Gemeinschaftsgeschmacksmusters zugestimmt hat. Der Strafrahmen sieht eine Freiheitsstrafe bis zu drei Jahren, bei gewerbsmäßigem Handeln bis zu fünf Jahren,[226] oder Geldstrafe vor. Der Versuch ist gemäß § 65 Abs. 2 iVm § 51 Abs. 4 DesignG strafbar. Parallel zum zivilrechtlichen Anspruch des Art. 89 Abs. 1 Buchst. c) GGV können gemäß § 65 Abs. 2 iVm § 51 Abs. 5 DesignG Gegenstände, auf die sich die Straftat bezieht, beschlagnahmt bzw. eingezogen werden. Ferner besteht bei rechtskräftiger – strafrechtlicher – Verurteilung und dem Vorliegen eines berechtigten Interesses ein Anspruch auf öffentliche Bekanntmachung der Verurteilung. 180

In Einzelfällen kann das Anstrengen eines Strafverfahrens auch mit Blick auf die Durchsetzung der zivilrechtlichen Ansprüche sinnvoll sein, wenn das Ausmaß der Verletzungshandlung oder aber die Identität des Verletzers unklar ist. Insoweit kann sich der Inhaber des verletzten Gemeinschaftsgeschmacksmusters die erweiterten Befugnisse der Ermittlungsbehörden zur Sachverhaltsaufklärung zu Nutzen machen. Oftmals wird aber das Ermittlungsverfahren nur schleppend betrieben und zudem in den meisten Fällen frühzeitig eingestellt. 181

V. Beratungschecklisten

1. Checkliste: Anmeldung 182

- ☐ Soll überhaupt – was grundsätzlich anzuraten ist – das Muster zur Eintragung angemeldet werden oder reicht der Schutz des nicht-eingetragenen Gemeinschaftsgeschmacksmusters aus?
- ☐ Besteht die eigentliche Designleistung in dem Erzeugnis als Ganzes oder nur in einem Teil davon? Worauf konkret soll sich der Schutz in erster Linie beziehen (evtl. Anmeldung nur eines Teils des Erzeugnisses)?
- ☐ Sollen Defensivmuster bzw. Designalternativen (im Wege der Sammelanmeldung) angemeldet werden?
- ☐ Kann ein Prioritätsrecht in Anspruch genommen werden?
- ☐ Soll die Bekanntmachung der Eintragung aufgeschoben werden (Vorteil: Geheimhaltung, Nachteil: nur eingeschränkte Verbietungsrechte)
- ☐ Weist das Muster die Kriterien der Neuheit und Eigenart auf? Bei eigenen Vorveröffentlichungen: ist die Neuheitsschonfrist noch nicht abgelaufen?
- ☐ Liegen taugliche Wiedergaben des Musters vor (neutraler Hintergrund, Erkennbarkeit der wesentlichen Details, evtl. Berücksichtigung verschiedener Perspektiven bei Modellen)?

2. Checkliste: Verletzungskläger 183

- ☐ Ist das eingetragene Gemeinschaftsgeschmacksmuster bereits eingetragen bzw. kann der Offenbarungsakt hinreichend dargelegt und notfalls bewiesen werden (nicht-eingetragene Gemeinschaftsgeschmacksmuster)?
- ☐ Fällt der Gesamteindruck des anzugreifenden Musters in den Schutzumfang des eingetragenen Gemeinschaftsgeschmacksmusters bzw. handelt es sich bei dem anzugreifenden Muster um das Ergebnis einer Nachahmung?

---

[225] Zum Grenzbeschlagnahmeverfahren siehe → § 8.

[226] „Gewerbsmäßiges Handeln" setzt voraus, dass sich der Täter gerade durch wiederholte Verletzungshandlungen eine fortlaufende Einnahmequelle verschaffen will, vgl. Schönke/Schröder Vorb. zu den §§ 52 ff. Rn. 95.

- ☐ Welches Gemeinschaftsgeschmacksmustergericht ist (international) zuständig? Reicht evtl. das Anrufen des Tatortgerichts mit nur nationaler Entscheidungskompetenz aus?
- ☐ Welche der in Betracht kommenden Ansprüche sollen durchgesetzt werden?
- ☐ Soll alternativ oder parallel zur Klage Strafantrag gestellt oder das Tätigwerden der Zollbehörden beantragt werden?

184 **3. Checkliste: Verletzungsbeklagter**

- ☐ Ist das angerufene (international) Gericht zuständig?
- ☐ Liegt eine Verletzungshandlung überhaupt vor (Handeln im privaten Bereich, Erschöpfung, Vorbenutzungsrecht)?
- ☐ Ist das Klagemuster materiell-rechtlich wirksam? Kann die Nichtigkeit im Wege der Einrede geltend gemacht werden oder muss Widerklage erhoben werden?
- ☐ Hat der Kläger im Falle des nicht-eingetragenen Gemeinschaftsgeschmacksmusters den Offenbarungsakt sowie die Aktivlegitimation substantiiert dargelegt?
- ☐ Ist der Schutzumfang des Klagemusters tangiert?
- ☐ Ist der Klageanspruch verjährt oder liegt Verwirkung vor?

Teil G. Lizenz- und F&E-Verträge, Kartellrecht

§ 45 Lizenzverträge

Übersicht

I. Allgemeines/Grundlagen

1. Begriff und Bedeutung einer „Lizenz“

1 Die genaue Umschreibung des Bedeutungsgehalts einer Lizenz haben die Rechtsprechung und das Schrifttum bereits seit Ende des 19. Jahrhunderts beschäftigt. Mittlerweile hat sich eine allgemein anerkannte Kurzdefinition herausgebildet, wonach der Begriff der Lizenz die Befugnis umfasst, das Immaterialgut eines anderen zu benutzen. Kennzeichnend für alle Lizenzen ist somit allein, dass sich der Lizenzgeber im Lizenzvertrag verpflichtet, dem Lizenznehmer den Gebrauch eines nichtkörperlichen, geistigen Gutes im vereinbarten Umfang zu gewähren, und soweit dies erforderlich ist, entsprechende Rechte einzuräumen, ohne jedoch das Immaterialgut selbst aufzugeben.[1] Auf Grund der technologischen Entwicklung wie auch der Entstehung neuer Marketingstrategien sowie des Trends zur wirtschaftlichen Konzentration und Globalisierung hat sich der Bedarf, immaterielles Eigentum Dritter wirtschaftlich zu verwerten, erheblich gesteigert. Eine besondere Entwicklung ist im Bereich des Markenrechts eingetreten. Gemäß dem vom MarkenG im Jahre 1995 abgelösten WZG war die Funktion der Marke noch maßgeblich auf die Herkunft einer Ware aus einem bestimmten Gewerbebetrieb bestimmt. Marken waren danach nur zusammen mit dem Gewerbebetrieb veräußerbar. Dieser Akzessorietätsgrundsatz wurde zunächst durch § 47 Nr. 3 des Erstreckungsgesetzes (eingeführt mit Wirkung zum 1.5.1992) gelockert. Danach konnte ein durch Eintragung eines Warenzeichens begründetes Recht unabhängig von der Übertragung oder dem Übergang des (Teil-)Geschäftsbetriebes, zu dem es gehörte, übertragen werden bzw. übergehen.[2] Das neue MarkenG hat diesen Zusammenhang nun völlig aufgelöst. Die Marke ist seit dieser Entwicklung ein Vertrauens-, Garantie- und Qualitätszeichen und besitzt von daher neben der klassischen Herkunftsfunktion vor allem auch Werbefunktion. Seit dieser Veränderung kam es durch begleitende Entwicklungen im Bereich des Wettbewerbsrechts, die den Gewerbetreibenden vor einer unberechtigten Ausbeutung des guten Rufes, der entweder durch Qualität oder auch nur durch trendsetzende Werbeanstrengung erreicht wird, zu schützen, zu einer starken Erweiterung der gewerblichen Schutzrechte im Bereich des Kennzeichnungsschutzes. Gesetzgeber und Rechtsprechung haben darauf reagiert, dass sich berühmte Marken in verschiedensten Produktgruppen nutzen lassen. Die Automarke „Ferrari“ lässt sich werblich auch auf Freizeitkleidung übertragen. Der Autohersteller BMW übernimmt nicht den Herstellungsbetrieb des legendären Mini Coopers, sondern nur die Marke „Mini“ und das Design der Karosserie. Modekonzerne erzielen ihre Wertschöpfung längst nicht mehr mit dem Kerngeschäft, wie beispielsweise einer prestigeträchtigen Modekollektion, sondern mit dem „Lizenzgeschäft“, also der Vermark-

[1] Schricker VerlG § 28 Rn. 22; Marly Rn. 653.
[2] Ströbele/Hacker/Hacker MarkenG § 27 Rn. 7.

tung der Marke auf Brillen und Parfums. Diese Möglichkeit der Übertragbarkeit des Werbewertes hat die Bedeutung und den Inhalt von Lizenzverträgen stark verändert. Im Rahmen von Unternehmenstransaktionen spielt die Lizenzierung von Schutzrechten eine bedeutsame Rolle. Teilweise ist die Übertragung von gewerblichen Schutzrechten bei der Unternehmensübernahme eine Alternative zur Übertragung von Gesellschaftsanteilen.

Angeknüpft an die zunehmende Entwicklung, ein Kennzeichen als frei übertragbares Mittel zur Werbung zu verwenden, folgte die Entwicklung, höchstpersönliche Rechte zum Gegenstand einer Übertragung zu machen. Aus dem (ursprünglichen) Abwehrrecht bekannter Persönlichkeiten, sich nicht zu Werbezwecken „missbrauchen" zu lassen, hat sich eine besondere Art von Lizenzgegenstand entwickelt, Persönlichkeiten und deren Ausstrahlungskraft durch Lizenzverträge zu kommerzialisieren. War das KUG und damit das Recht am eigenen Bild noch wegen des fragwürdig zustande gekommenen Fotos von Bismarck auf seinem Totenbett entstanden und stand das Abwehrrecht zur Bewahrung der persönlichen Würde noch im Vordergrund, hat sich inzwischen ein reges Lizenzgeschäft entwickelt, dass etwa einem berühmten Fußballspieler die Möglichkeit einräumt, seine Abbildung zu erheblichen Preisen zu vermarkten. 2

Neben den klassischen Lizenzverträgen zwecks Nutzung von Patenten, Gebrauchsmustern, Urheberrechten, Marken und Geschmacksmustern, mit denen sowohl dingliche Nutzungsrechte als auch schuldrechtliche Ansprüche eingeräumt bzw. übertragen werden können,[3] hat die Notwendigkeit zugenommen, auch schuldrechtliche Vereinbarungen über im rechtlichen Sinne nicht übertragbare Rechtsgüter, wie Namensrechte, Werberechte mit Persönlichkeiten oder Titelschutzrechte zu vereinbaren. Dabei geht es nicht um die Übertragung von Rechten, sondern um die schuldrechtliche Verpflichtung zur Duldung einer Handlung durch einen Dritten. In der Vertragspraxis unterscheiden sich die Übertragung eines dinglichen Rechts und die Rechtsübertragung im Sinne einer Hinnahmeverpflichtung nicht. In der Folge können die Unterschiede aber gravierend sein. Eine dingliche Rechtsübertragung gewährt je nach Vertragsinhalt ein gegen jedermann und damit auch gegen den Lizenzgeber wirkendes alleiniges Benutzungsrecht. Soweit vertraglich nicht abweichend geregelt, ist der exklusive Lizenznehmer zur Geltendmachung sämtlicher Verbietungsrechte befugt. Rein schuldrechtliche Duldungsverpflichtungen hingegen wirken nur zwischen Lizenzgeber und Lizenznehmer.[4] 3

Der Einräumung eines Lizenzrechts liegen entsprechend dem im Zivilrecht geltenden Trennungsprinzip **zwei Rechtsgeschäfte** zugrunde. Zum einen handelt es sich um die schuldrechtliche Verpflichtung, das betreffende Recht dem Vertragspartner einzuräumen, und zum anderen die davon zu unterscheidende Verfügung dieses Rechts an den Vertragspartner. Dieses Trennungsprinzip gilt aber nur für Lizenzvereinbarungen, mittels derer ein dingliches Recht, also ein gegen jeden Dritten wirkendes gewerbliches Schutzrecht bzw. das Nutzungsrecht hieran übertragen wird. Reinen Duldungsvereinbarungen, deren Inhalt darin besteht, eine Handlung nicht zu begehen und ein bestehendes Abwehrrecht nicht geltend zu machen (zB das Recht am eigenen Bild), ist diese Aufspaltung aber fremd. Das Abstraktionsprinzip spielt bei Lizenzverträgen keine besondere Rolle. Bei Kaufverträgen über Sachen führt der Wegfall des Kaufvertrages, zB wegen Anfechtung oder Rücktritt, nicht zum automatischen Rückfall des Sacheigentums. Die dingliche Verfügung über gewerbliche Schutzrechte ist dagegen nach überwiegender Auffassung vom Fortbestand des schuldrechtlichen Vertrages abhängig. Erlischt letzterer auf Grund einer Leistungsstörung, so fällt das Nutzungsrecht nach überwiegender, aber nicht gänzlich unumstrittener Auffassung automatisch an den Rechtegeber zurück.[5] Problematisiert wird dies vor allem dann, wenn die Rechte vor Kündigung bzw. Rücktritt berechtigterweise an einen Dritten weitergegeben wurden. Diese Folge ist von den Vertragsparteien aber gestaltbar. Die Anfechtung eines Lizenzvertrages zB wegen arglistiger Täuschung führt zu einem rückwirkenden Wegfall der Lizenz mit der Folge, dass eine bereicherungsrechtliche Rückabwicklung der Vermögensverschiebungen erforderlich ist. 4

2. Arten von Lizenzen und Nutzungsrechten

Es wird unterschieden zwischen einfachen (nicht-ausschließlichen) und ausschließlichen bzw. exklusiven Lizenzen.[6] Die Unterscheidung, die für alle dinglichen Rechte gilt, ist in § 31 Abs. 1 5

[3] Vgl. Ingerl/Rohnke MarkenG § 30 Rn. 12 f.
[4] Ingerl/Rohnke MarkenG § 30 Rn. 13.
[5] Vgl. Schricker/Loewenheim UrhG Vor §§ 28 ff. Rn. 100.
[6] Vgl. Benkard PatG § 15 Rn. 89 ff.

S. 2 sowie Abs. 2 und 3 UrhG ausdrücklich erwähnt. Der Inhaber eines einfachen Nutzungsrechts bzw. einer einfachen Lizenz ist berechtigt, den Lizenzgegenstand neben dem Lizenzinhaber oder anderen Berechtigten auf die ihm erlaubte Art zu nutzen. Der Inhaber einer ausschließlichen Lizenz kann den Lizenzgegenstand hingegen unter Ausschluss aller anderen Personen einschließlich des Lizenzinhabers auf die ihm erlaubte Art nutzen. Die „erlaubte Art" im Sinne des Urheberrechts meint, dass der Lizenzinhaber die „Art zu nutzen" und damit den Umfang der Nutzungsbefugnis räumlich, zeitlich oder inhaltlich beschränkt einräumen kann. In der Praxis üblich sind Vereinbarungen über (in der Regel nationale) Lizenzgebiete, Lizenzzeiten und wirtschaftliche Nutzungsarten, die vor allem im Urheberrecht eine erhebliche Rolle spielen. Abgrenzbare Nutzungsarten sind zB Fernsehrechte und Online-Rechte. Im Markenrecht können Lizenzen beschränkt auf Produktgruppen erteilt werden. Diese Art der inhaltlichen Abgrenzung führt dazu, dass über den gleichen schutzrechtlichen Lizenzgegenstand mehrere ausschließliche Lizenzen nebeneinander bestehen können.

6 Bei der ausschließlichen Lizenz verdrängt der Lizenznehmer praktisch den Lizenzgeber aus seiner Befugnis. Dies hat auch Konsequenzen hinsichtlich der Aktivlegitimation im Falle einer Verletzung der Lizenzrechte durch Dritte. Nur der Inhaber einer ausschließlichen Lizenz hat die Möglichkeit, gegen einen Dritten zB im Wege der Unterlassung vorzugehen.[7] Der Inhaber einer einfachen Lizenz kann dies nicht, da er schließlich per gesetzlicher Definition die Nutzung durch Dritte dulden muss. Nur der originäre Inhaber des Rechts besitzt eine Klagemöglichkeit, wenn ein unberechtigter Nutzer eine Rechtsverletzung begeht.[8] In der Praxis lässt die Rechtsprechung auch in Fällen der nicht-exklusiven Rechte eine gewillkürte Prozessstandschaft zu,[9] in deren Rahmen im Gegensatz zur ausschließlichen Lizenz der Lizenzinhaber der Geltendmachung zustimmen muss. Der Autor, der einem Verlag ein einfaches Nutzungsrecht überlassen hat, muss einen Prozess gegen einen Unberechtigten also nicht selbst führen, sondern kann den Verlag zur Geltendmachung berechtigen.

7 Das Problem der Aktivlegitimation entsteht auch bei rein schuldrechtlichen Lizenzen. Gestattet eine bekannte Persönlichkeit einem Industrieunternehmen mit seiner Person zu werben, enthalten solche Verträge in der Regel Exklusivitätsklauseln für einen bestimmten Industriezweig. Nutzt der Konkurrent des Lizenznehmers die Rechte, kann der Inhaber der exklusiven Rechte hiergegen aus eigenem Recht nicht vorgehen, da das allgemeine Persönlichkeitsrecht nicht als Rechtsposition übertragbar ist. Auch hier ist es üblich, dass der Lizenzgeber einer gerichtlichen Geltendmachung zustimmt und der exklusiv Berechtigte im Wege der Prozessstandschaft vorgeht.

3. Rechtsnatur des Lizenzvertrages

8 Gesetzlich ist der Lizenzvertrag bisher nicht umfassend geregelt. Eine rudimentäre Normierung findet sich lediglich in § 30 MarkenG sowie in § 15 PatG. Im Übrigen werden einige Vorschriften des BGB analog angewandt, und zwar aus den Bereichen der Rechtspacht, des Miet- und Kaufrechts sowie des Dienstvertragsrechts.

9 In der Regel liegt ein **gemischter Vertrag eigener Art** vor, auf den die allgemeinen Vorschriften über Rechtsgeschäfte (§§ 104 bis 185 BGB) sowie die Vorschriften des gegenseitigen Vertrages (§§ 320 ff. BGB) direkt oder entsprechend anzuwenden sind. §§ 138, 242 BGB und §§ 305 ff. BGB helfen dabei, allzu ausufernde Formularverträge zu verhindern.

10 Bei Lizenzverträgen handelt es sich in der Regel um **Dauerschuldverhältnisse.** Die allgemeinen Grundsätze des Zivilrechts hinsichtlich der Dauerschuldverhältnisse sind dabei leicht zu modifizieren, an die Stelle des Rücktrittsrechts tritt beispielsweise das Kündigungsrecht.[10]

11 Bei der rechtlichen Einordnung des betreffenden Vertrages ist zu beachten, dass stets die konkrete inhaltliche Ausgestaltung des Vertrages maßgebend ist. Die von den Vertragspartnern gewählte „Typenbezeichnung" ist unerheblich.

4. Pflichten der Vertragsparteien

12 **a) Maßgeblichkeit des Lizenzvertrages.** Art und Umfang der übernommenen Vertragspflichten bestimmen sich nach der Eigenart der eingeräumten Lizenz bzw. des eingeräumten lizenzierten

[7] Schricker/Loewenheim/Wild UrhG §§ 97 ff. Rn. 48; Wandtke/Bullinger/v. Wolff UrhG § 97 Rn. 8.
[8] Schricker/Loewenheim/Wild UrhG §§ 97 ff. Rn. 52.
[9] Schricker/Loewenheim/Wild UrhG §§ 97 ff. Rn. 52; Wandtke/Bullinger/v. Wolff UrhG § 97 Rn. 12.
[10] Siehe hierzu ausführlich Pagenberg/Beier Lizenzverträge Kap. 1 Rn. 296 ff.

Rechts sowie des zugrundeliegenden Kausalgeschäfts. In erster Linie richten sich die Pflichten der Vertragsparteien nach den Vereinbarungen des Lizenzvertrages. Es herrscht eine **sehr weitgehende Gestaltungs- und Dispositionsfreiheit,** die nur durch wenige zwingende Rechtsprinzipien, wie zB das Urheberpersönlichkeitsrecht (§§ 12 bis 14 UrhG), eingeschränkt wird. Es steht den Vertragsparteien also grundsätzlich frei, wie sie ihre vertragliche Beziehung regeln wollen.

b) Pflichten des Lizenzgebers. Die Hauptpflicht besteht regelmäßig darin, dem Lizenznehmer die **Verwertung des Rechts zu ermöglichen** bzw. das lizenzierte Recht einzuräumen oder zu verschaffen. Häufig ist es sinnvoll, diese Rechte zeitlich, räumlich oder inhaltlich zu beschränken. Zudem ist zu klären, ob der Lizenzgeber die Rechte exklusiv oder nicht-exklusiv einräumt und ob sie weiterübertragbar sein sollen. Die Verwendung von AGBs im Rechtsverkehr mit Urhebern kann dabei dazu führen, dass Rechte im Zweifel nicht übertragen werden bzw. Verzichte unwirksam sind.[11] 13

Es gibt **keinen gutgläubigen Erwerb von Rechten.** Der Lizenznehmer muss sich somit weitgehend auf die Angaben des Veräußerers und auf seine wirksame Rechtsinhaberschaft verlassen. Der Lizenzgeber hat im Sinne einer **Rechtsmängelhaftung** aber dafür einzustehen, dass das lizenzierte Schutzrecht bei Vertragsabschluss wirksam ist und existiert bzw. sich in dem Zustand befindet, wie es im Vertrag bezeichnet ist (zB „angemeldet“, „offengelegt“, „erteilt“, „zurückgefallen“) und dass ihm die uneingeschränkte Verfügungsbefugnis zusteht und daher auch Pfand- oder Nießbrauchsrechte oder sonstige Rechte Dritter nicht bestehen. Da der Lizenzgeber weiß, ob und in welchem Umfang er bereits Rechte vergeben hat, muss er den Lizenznehmer hierüber umfassend informieren. 14

Der Ausschluss des gutgläubigen Erwerbs spielt in der Praxis eine erhebliche Rolle, weil damit jeder Erwerber einer Lizenz im Falle einer Störung innerhalb der Rechtekette vom wahren Rechteinhaber belangt und auf Unterlassung und ggf. auf Schadenersatz in Anspruch genommen werden kann. Marken-, Patent- und Urheberrecht sehen jeweils vor, dass die fahrlässige Verletzung von Rechten zu einer Schadenersatzpflicht des Nutzers gegenüber dem wahren Berechtigten führt. Die Maßstäbe der Gerichte im Hinblick auf die Fahrlässigkeit sind äußerst streng und verpflichten den Erwerber zur Prüfung der gesamten Rechtekette.[12] Dies spielt gerade bei der Due Diligence im Rahmen eines Unternehmenskaufes eine Rolle. Der Erwerber eines Unternehmens, dessen Vermögen maßgeblich aus Lizenzen, zB einer Filmbibliothek besteht, übernimmt ein erhebliches Risiko des nicht oder schwer erkennbaren Wegfalls von Rechten. Selbst wenn die Verletzung auch bei Anwendung höchster Sorgfalt unvermeidbar ist, haftet der Nutzer ergänzend nach bereicherungsrechtlichen Grundsätzen. Schadenersatz- und Bereicherungsanspruch sind oftmals identisch, weil in der Praxis bei beiden Anspruchsgrundlagen der fiktive Lizenzpreis maßgeblich ist (sog. „Lizenzanalogie“). 15

In diesem Zusammenhang spielen Gewährleistungsfragen bei der Vertragsgestaltung eine große Rolle, wobei es üblich ist, dass der Lizenzgeber den Rechtebestand garantiert. Allerdings ergeben sich trotz Gewährleistungsansprüchen üblicherweise Insolvenzrisiken sowie im internationalen Rechtsverkehr Risiken aus der Rechtsverfolgung im Ausland. Die Absicherung von Gewährleistungs- und Insolvenzrisiken spielt insofern bei der Entscheidung über und der Gestaltung von Lizenzverträgen eine gewichtige Rolle. 16

Bei Einräumung einer ausschließlichen Lizenz, also eines ausschließlichen Nutzungsrechts besteht eine **Enthaltungspflicht** des Lizenzgebers, dh er selbst hat sich einer Nutzung zu enthalten. Darüber hinaus darf er dem Werk durch ein ähnliches oder gar identisches Werk oder durch behindernde andere Verwertungshandlungen keine Konkurrenz machen. Bei der Auslegung von ausschließlichen Lizenzverträgen wird mitunter angenommen, dass der Lizenznehmer ein Verbotsrecht für eine Nutzungsart erwerben kann, das ihn zu einem rechtlichen Vorgehen gegen Dritte berechtigt, auch wenn ihm selbst die Nutzung nicht gestattet ist. Der Inhaber einer Buchlizenz für die Normalausgabe mag nach einem Lizenzvertrag selbst zur Herstellung von Taschenbüchern nicht berechtigt sein, aber zur Sicherung seines wirtschaftlichen Interesses an der Normalausgabe Dritten die Herausgabe verbieten können. Derartige wirtschaftliche Interessenlagen können im Rahmen der Vertragsauslegung dazu führen, dass das Abwehrrecht stärker ist als die eigene Nutzungsbefugnis. 17

[11] BGH GRUR 2014, 556: „Keine AGB-Inhaltskontrolle bei Filmauswertungsregeln – Rechteeinräumung Synchronsprecher“.

[12] Vgl. dazu OLG Frankfurt/M. ZUM-RD 2014, 573 „Anforderungen an den Nachweis einer lückenlosen Rechtekette“ und OLG München ZUM 2015, 586 „Zusicherung einer Rechtekette“.

18 c) **Pflichten des Lizenznehmers.** Die Hauptpflicht des Lizenznehmers besteht regelmäßig in der **Zahlung** der vereinbarten Lizenzgebühr.[13] Oftmals wird gerade im Film- und Verlagsgeschäft eine so genannte Garantiesumme vereinbart (sog. „Minimumgarantie"). Eine Auszahlung erfolgt oft schrittweise bei Vertragsschluss, bei der Ablieferung des Werkes und bei Auswertungsbeginn.

19 Weder im Patent- noch im Markenrecht gibt es (Mindest-)Vergütungssätze, die dem Lizenzgeber für die Vergabe von lizenzierten Rechten zustehen. Für das Urheberrecht hat der Gesetzgeber in die Vertragsfreiheit insoweit eingegriffen, dass nur eine „angemessene Vergütung" vereinbart werden kann und im Falle der Nichtbeachtung dem Urheber ein Vertragsanpassungsanspruch zugesprochen wird. Wurde überhaupt keine Vereinbarung über die Vergütung getroffen, gilt nach § 32 Abs. 1 S. 2 UrhG die angemessene Vergütung als vereinbart. Ferner wurde die so genannte „Bestsellerbestimmung" neu gefasst (§ 32a UrhG), die im Falle eines „auffälligen Missverhältnisses" zwischen Lizenzhonorar und Nutzungsertrag ebenfalls eine Korrektur der Vergütung ermöglicht.

20 Im Übrigen wird, wenn der Lizenzvertrag keine Vergütung vorsieht, diese regelmäßig konkludent als Gegenleistung des Rechtserwerbers für die Einräumung der lizenzierten Rechte, ggf. auch durch schlüssiges Verhalten, vereinbart. Bei Vereinbarung einer Auswertungspflicht kann der Rechtsgedanke des § 22 Abs. 1 S. 2 VerlG herangezogen werden. Zu beachten sind auch die §§ 612, 632 BGB, nach denen die übliche Vergütung als vereinbart gilt, soweit die Leistung nur gegen Entgelt erwartet werden konnte. Urheber und Leistungsschutzberechtigte haben mit den neuen §§ 32d und e UrhG diesbezüglich einen gesetzlichen Auskunftsanspruch im Hinblick auf Verwertungshandlungen aller Verwerter in der gesamten Verwertungskette.

5. Sonstige Besonderheiten bei der Vertragsgestaltung

21 a) **Lizenzgebühr.** Die Lizenzgebühr wird im Allgemeinen auf Grund einer **Kostenkalkulation unter Berücksichtigung des erzielbaren Marktpreises** für die Vergabe der Lizenz festgesetzt. Im Zweifel führt der Lizenznehmer diese Kalkulation durch. Besonderheiten bestehen im Urheberrecht (zB § 32a UrhG; Bestsellerregelung) aufgrund der erhöhten Schutzbedürftigkeit von Urhebern. In den letzten Jahren haben Prozesse für eine „weitere Beteiligung" die Gerichte beschäftigt.[14] Insbesondere die Urteile, durch welche der Kameramann des Kult-Films „Das Boot" eine nachträgliche finanzielle Beteiligung erreicht hat, haben in den letzten Jahren für Furore gesorgt.[15]In der Zwischenzeit haben die befassten Gerichte den Umfang des Vergütungsanspruchs und die Techniken seiner Bemessung durch zahlreiche einschlägige Entscheidungen klarer definiert. So hat der Betroffene in Fällen des § 32a UrhG die Wahl zwischen dem Abschluss eines ergänzenden Vergütungsvertrages oder der direkten Geltendmachung eines Zahlungsanspruches. Er kann den Anspruch auch als Miturheber alleine geltend machen. Er kann ihn vor allem auch geltend machen, wenn er sich vertraglich ausländischem Recht unterworfen hat.[16] Zur Bemessung der Höhe des Anspruchs kann das Tatgericht auch tarifvertragliche Bestimmungen oder gemeinsame Vergütungsregeln indiziell heranziehen, die auf den in Rede stehenden Sachverhalt sachlich und/oder personell nicht anwendbar sind, sofern es passende Übereinstimmungen im Sachverhalt gibt.[17]

22 Sehr häufig wird eine Aufteilung zwischen einer einmaligen Zahlung (so genannte Minimumgarantie) und einer umsatz- („brutto") oder gewinnbezogenen („netto") laufenden Lizenzgebühr vorgenommen. Es ist dann von Brutto- bzw. Nettoverwertungserlösen die Rede. Hauptstreitpunkt bei der Berechnung der Nettoverwertungserlöse ist die Festlegung der Vertriebskosten und aller sonstiger Kosten, die der Lizenznehmer von den Bruttoverwertungserlösen zum Abzug bringen darf. Viele Lizenzgeber verlangen in diesem Zusammenhang vom Lizenznehmer eine prozentuale Deckelung der abzugsfähigen Kosten.

Praxistipp:

Vergessen Sie nicht, die jeweils gültige Mehrwertsteuer explizit in der Vergütungsklausel zu regeln. Ansonsten ist diese im Zweifel automatisch in der genannten Vergütung enthalten!

[13] Zu Einzelheiten und Alternativen siehe Benkard PatG § 15 Rn. 123 ff.
[14] Siehe LG Berlin ZUM-RD 2021, 302; OLG München ZUM 2011, 665 – Pumuckl; BGH ZUM 2015, 53.
[15] BGH GRUR 2012, 496 – Das Boot; BGH GRUR 2020, 611 – Das Boot II; BGH GRUR 2021, 955 – Das Boot III.
[16] Siehe dazu ausführlich OLG Stuttgart ZUM-RD 2019, 20.
[17] BGH ZUM 2020, 403.

b) **Rechtegarantie.** Der Lizenzgeber garantiert üblicherweise den tatsächlichen und rechtlichen **Bestand und Umfang** der lizenzierten Rechte. Diese Garantie wird regelmäßig ergänzt durch eine Freihalteklausel, dh der Lizenzgeber stellt den Lizenznehmer von durch die Lückenhaftigkeit bzw. mangelnde Wirksamkeit der Garantie hervorgerufenen Ansprüchen Dritter vollumfänglich frei. Diese Freistellung umfasst auch eine Unterstützungspflicht als Nebenpflicht des Lizenzvertrages. Der Lizenzgeber muss zur Abwehr unberechtigter Ansprüche seinen Lizenznehmer mit entsprechenden Dokumenten und Nachweisen ausstatten, die diesen in die Lage versetzen, unberechtigte Angriffe abzuwehren.[18] Der Lizenznehmer kann sich zudem dadurch absichern, dass er sich alle Lizenzverträge bis zurück zum Rechtegeber vorlegen lässt. 23

Daneben wird im Hinblick auf die Abschlussvollmacht für den Lizenzvertrag von beiden Vertragsparteien eine Garantie abgegeben. 24

c) **Abtretungsverbote.** Der Austausch des Lizenznehmers, also die gesamte Übertragung des Vertrages auf einen Dritten wird zumeist gänzlich **ausgeschlossen** bzw. von der vorherigen schriftlichen **Zustimmung** des Lizenzgebers abhängig gemacht. Ein Filmproduzent oder ein Inhaber einer bekannten Marke besitzt in der Regel das Interesse, den zentralen Vermarkter von Lizenzen, zB einen Filmverleih oder ein Merchandising-Unternehmen, persönlich zu bestimmen. Davon zu unterscheiden sind Auswertungslizenzen mit einzelnen Verwertern der nächsten Vertriebsstufe, also die Übertragung von Markenrechten auf einen bestimmten Brillenhersteller, einen Hersteller von Pflegeprodukten, einen Fernsehsender etc. Bei derartigen Verwertungen hat der Lizenznehmer bezüglich der Weitergabe oftmals freie Hand. Freilich kann sich der Inhaber der Rechte auch hier ein Zustimmungs- oder Informationsrecht vorbehalten. 25

Eine Ausnahme bildet die Sicherungsabtretung des Lizenzvertrages zu Finanzierungszwecken an ein Finanzinstitut, die regelmäßig durch den Lizenzvertrag erlaubt wird. 26

d) **Geheimhaltungsverpflichtung.** Bei der Lizenzierung technischen Wissens, wie bei Patent- und Know-How-Lizenzverträgen, ist oftmals die Vereinbarung einer **strafbewehrten Geheimhaltungsklausel** angeraten. In dieser Vereinbarung verpflichtet sich der Lizenznehmer, die ihm anvertrauten Unterlagen und die ihm mitgeteilten Informationen und Ideen geheim zu halten und sie nur mit Zustimmung des Lizenzgebers zu verwerten. Zwar sind durch die Einführung des Geschäftsgeheimnisgesetzes im Jahr 2019 gewisse Vorgänge in Bezug auf Geschäftsgeheimnisse schon kraft Gesetzes verboten, auf ein vertragliches Verbot sollte dennoch nicht verzichtet werden. Auf diese Weise kann auch von der Regelung in § 4 Abs. 2 Nr. 3 GeschGehG profitiert werden. 27

Im urheberrechtlichen Bereich werden strafbewehrte Geheimhaltungsverpflichten oft dann vereinbart, wenn sich das Projekt noch in der Planungs- und Entstehungsphase befindet. Da Urheberschutz erst mit Herstellung des Werkes beim Urheber entsteht, steht der Urheber vor allem bei Ideen für neue Projekte, die zumeist nur in Form eines Konzeptpapiers festgehalten wurden, ansonsten schutzlos da. 28

e) **Ausübungs-/Verwertungsverpflichtung.** Ohne ausdrückliche vertragliche Vereinbarung besteht weder bei einer einfachen noch bei einer ausschließlichen Lizenz eine gesetzliche Verpflichtung des Lizenznehmers zur Ausübung (Verwertung) des lizenzierten Rechts.[19] Der Lizenzgeber wird aber meist sowohl ein materielles, als auch ein ideelles Interesse an der Verwertung haben. Dies gilt umso mehr, wenn ein Absatzhonorar vereinbart wurde, welches nur bei entsprechenden Verwertungen anfällt. Bei einem urheberrechtlichen Vertrag besteht die Besonderheit des § 41 UrhG, wonach ein ausschließliches Nutzungsrecht nach zwei Jahren rückrufbar ist. Allerdings kann auch dieser Zeitraum im Hinblick auf den Wert und die Aktualität eines Werkes bereits sehr lang sein. 29

In der Praxis ist es ratsam, vertraglich klarzustellen, ob der Erwerber einer Lizenz zur Nutzung verpflichtet sein soll, oder nicht. Eine **Ausübungsverpflichtung** kann vereinbart werden, alternativ oder auch zusätzlich zur Zahlung einer **Mindestlizenzgebühr ebenso wie eine Kündigungsmöglichkeit** für den Lizenzgeber, falls bestimmte Umsatzzahlen nicht erreicht werden oder die Verwertung innerhalb eines bestimmten Mindestzeitraums ganz unterbleibt. 30

Vor allem bei der Vergabe einer ausschließlichen Lizenz ist die Vereinbarung einer Verpflichtung zur Ausübung des lizenzierten Rechts unbedingt empfehlenswert, weil anderenfalls der Lizenznehmer die Möglichkeit hätte, ein Produkt vom Markt fernzuhalten, zB weil es mit seinem eigenen Produkt konkurriert. 31

[18] OLG München BeckRS 2010, 28928.
[19] Siehe hierzu Kraßer/Schmid GRUR Int. 1982, 324 f.

32 **f) Sicherheiten für Lizenzzahlungen.** Hohe Lizenzgebühren werden regelmäßig zumindest in der Höhe der vereinbarten und insoweit bestimmbaren jährlichen Mindestlizenzgebühren (im Filmvertrieb sog. Verleih- oder Minimumgarantie) durch geeignete **Sicherungsmittel** wie Bankbürgschaften abgesichert. Allerdings kann der Lizenzgeber im Falle des Ausbleibens vereinbarter Zahlungen den Vertrag beenden. Die Lizenz fällt dann zurück. In einer Rechtekette führt die Beendigung eines Lizenzvertrages in einer Stufe zum Wegfall von Rechten in den nachfolgenden Stufen. In der Praxis kann man diese Folge aus Sicht des Endverwerters einer Lizenz nur verhindern, wenn gegenüber dem Inhaber eines Rechts darauf bestanden wird, dass eine Vertragsverletzung in einer höheren Stufe der Kette diese Wirkung nicht entfalten soll. So kann beispielsweise ein Fernsehsender gegenüber den Produzenten eines Filmwerkes darauf bestehen, dass seine Lizenz für TV-Rechte auch dann noch wirksam bleibt, wenn der Verleih, von dem er seine Rechte ableitet, seine vertraglichen Verpflichtungen gegenüber dem Produzenten verletzt und der Vertrag gekündigt wird.

33 **g) Pfändbarkeit der Lizenz.** Grundsätzlich sind Lizenzen insoweit pfändbar, als sie übertragbar sind. Unpfändbar sind folglich nicht übertragbare Ansprüche wie zB der Anspruch des Verlegers auf Ablieferung des Manuskripts. Im Falle der Insolvenz des Lizenzrechtsinhabers fällt dann das lizenzierte Recht in die Insolvenzmasse.[20]

34 Bei einem urheberrechtlichen Lizenzvertrag ist zu beachten, dass der Insolvenzverwalter den Beschränkungen aus § 34 UrhG unterliegt. Demnach ist für die Pfändung die **Zustimmung des Urhebers** erforderlich. § 34 UrhG ist jedoch abdingbar. Die ohne die erforderliche Einwilligung des Urhebers vorgenommene Rechtsübertragung ist schwebend unwirksam (§§ 182 ff. BGB). In diesem Zusammenhang ist ferner zu bedenken, dass bei der Pfändung von lizenzierten Rechten im Fall der Zwangsvollstreckung umstritten ist, ob bereits die Pfändung oder erst die Pfandverwertung der Zustimmung des Urhebers bedarf.[21]

35 **h) Schiedsgerichtsklausel.** Viele Lizenzverträge schließen bei Streitigkeiten den gerichtlichen Rechtsweg aus und verweisen auf ein Schiedsgericht. Dies ist insbesondere bei internationalen Lizenzverträgen üblich. Dort wird oftmals auf das Schiedsverfahren United Nation Commission on International Trade Law (UNCITRAL)[22] oder in der Filmbranche auf das Schiedsverfahren der Independent Film and Television Alliance, die so genannte IFTA-Arbitration[23] (vormals AFMA-Arbitration), verwiesen.

6. Formerfordernisse

36 Grundsätzlich herrscht beim Abschluss von Lizenzverträgen **Formfreiheit.** Sie können also auch mündlich geschlossen werden. Eine Ausnahme bilden Verträge über künftige Werke eines Urhebers, die gem. § 40 UrhG der Schriftform bedürfen.

37 Die Schriftform erleichtert jedoch den **Beweis** für denjenigen, der sich auf für ihn günstige Regelungen beruft. Wird von gesetzlichen Regelungen abgewichen, so empfiehlt es sich immer, dies in einem Vertrag schriftlich festzuhalten.

38 Bis zum Wegfall der Vorschrift am 31.12.1998 konnte sich im Einzelfall das Erfordernis der Schriftform auch aus § 34 GWB ergeben. Diese schriftliche Form für kartellrechtlich relevante Verträge wird jedoch seit dem 1.1.1999 nicht mehr verlangt.[24]

7. Beendigung des Lizenzvertrages

39 Für alle Beendigungsformen gilt, dass die **Berechtigung** auf Seiten des Verwerters mit der Beendigung des Vertrages **automatisch entfällt,** ohne dass es eines Rückübertragungsaktes auf den Rechtegeber bedarf. Nur soweit es um weiterübertragene lizenzierte Rechte geht, bedarf es ggf. einer Rückabwicklung.

40 **a) Ablauf der Lizenzzeit.** Üblicherweise enden Lizenzverträge automatisch mit dem Ablauf der vereinbarten Lizenzzeit. Dies kann mit Eintritt des vertraglich vorgesehenen **Ablauftermins** erfolgen. Auch kann sich das Vertragsende dadurch einstellen, dass sich die dem Erwerber er-

[20] Str., vgl. Schricker § 36 VerlG Rn. 19, 20; Schricker/Loewenheim UrhG § 34 Rn. 22; vgl. auch Stellungnahme der deutschen Vereinigung für Gewerblichen Rechtschutz zum Entwurf eines § 108a InsO in GRUR 2008, 138 ff.
[21] Schricker VerlG § 36 Rn. 32.
[22] www.uncitral.org/en-index.htm.
[23] www.ifta-online.org.
[24] Siehe dazu Wiedemann Kap. 50 Rn. 47 ff.

laubte **Nutzung** durch deren Ausübung **erschöpft** oder die **Schutzfrist** für das lizenzierte Recht **abläuft.**

b) **Auflösung.** Eine **rückwirkende** Auflösung eines Lizenzvertrages ist bei einer Anfechtung zB wegen Irrtums oder arglistiger Täuschung nicht **ausgeschlossen.** Die Frage, welche Wirkung die Kündigung des Lizenzvertrages besitzt und ob das Recht automatisch zurückfällt oder die Einräumung explizit rückgängig gemacht werden muss, sollte ausdrücklich geregelt werden. 41

c) **Rücktritt und Kündigung.** Grundsätzlich werden bei Leistungsstörungen innerhalb eines Lizenzvertrages die Vorschriften der §§ 320 ff. BGB angewendet, wobei allerdings das Rücktrittsrecht gem. § 323 BGB nur dann zur Anwendung kommt, wenn der **Lizenzvertrag noch nicht zur Durchführung gelangt** ist.[25] Daneben wird ein Kündigungsrecht entsprechend § 314 BGB (Kündigung aus wichtigem Grund) gewährt. Für den urheberrechtlichen Lizenzvertrag ist § 42 UrhG zu beachten, der greift, wenn die Ursache für das Unvermögen des Urhebers darin besteht, dass er nach Vertragsabschluss seine künstlerische Überzeugung ändert und sich deshalb zur Erbringung der geschuldeten Leistung außerstande sieht. 42

Anzumerken ist noch, dass bei demjenigen, der in einem Lizenzvertrag eine Auswertungsverpflichtung übernommen hat und sich mit der Vornahme von Auswertungshandlungen in Verzug befindet, eine Fristsetzung gem. § 323 Abs. 1 BGB dann entbehrlich ist, wenn der Verwerter die Erfüllung ernsthaft und endgültig verweigert. 43

Nach Durchführung des Vertrages finden die Vorschriften der §§ 581 ff. BGB Anwendung, so dass auf Grund des Charakters als Dauerschuldverhältnis an die Stelle des Rücktrittsrechts auch bei Vorliegen dessen Voraussetzungen das Recht zur Kündigung des Vertrages tritt. Die Rechtsprechung lässt hier die Anwendung konkreter Normen häufig offen und stellt neben den Vorschriften der Rechtspacht auf kaufrechtliche Vorschriften für die Fälle der Sachmängelsowie Rechtsmängelhaftung ab. Stehen dagegen Gesichtspunkte des Dienstvertrages im Vordergrund, zB bei einem Bühnenvertriebsvertrag, greift § 627 BGB entsprechend.[26] 44

Eine **Kündigung aus wichtigem Grund** ist nach § 314 BGB immer dann zulässig, wenn dem Kündigenden unter Berücksichtigung aller Umstände des Einzelfalls ein Festhalten am Vertrag nicht mehr zumutbar ist.[27] Relevant wird dies vor allem bei Lizenzverträgen, die für die Dauer der gesetzlichen Schutzfrist oder für eine sonstige feste Zeitdauer gelten. Aus wichtigem Grund kann nach hM sowohl bei Verletzungen einer Hauptpflicht als auch bei Verletzung von Nebenpflichten gekündigt werden, und zwar von beiden Parteien ohne Rücksicht darauf, wer den Kündigungsgrund zu vertreten hat. Dabei wiegt der Kündigungsgrund umso schwerer, je tiefer das vertraglich vorausgesetzte Vertrauensverhältnis erschüttert und eine Vertragsfortsetzung nicht mehr zumutbar ist. Hier ist eine subjektive Betrachtungsweise maßgebend. Es ist demnach unter Berücksichtigung aller Umstände zu prüfen, wie die Kündigung auf den Kündigenden wirkt. Im Falle der Verletzung von Nebenpflichten bestehen regelmäßig Schadensersatzansprüche wegen positiver Vertragsverletzung. 45

Praxistipp:

Um von vornherein Missverständnisse hinsichtlich der Frage, ob es sich um eine ordentliche oder außerordentliche Kündigung handelt, zu vermeiden, empfiehlt es sich, außerordentliche Kündigungsgründe ausdrücklich zu definieren (dauerhafte Zahlungsunwilligkeit, mangelhafte Rechtekette etc.) und für den Fall der ordentlichen Kündigung immer angemessene Kündigungsfristen zu vereinbaren.

d) **Rückruf (§§ 41, 42 UrhG).** Bei einem urheberrechtlichen Lizenzvertrag geben die §§ 41, 42 UrhG ein eigenes Rückrufrecht. Dieses ist klar vom „allgemein zivilrechtlichen" Rücktritt zu unterscheiden. § 41 UrhG ist eine Schutzvorschrift zugunsten des Urhebers, der nicht zusehen müssen soll, wie sein Werk in der Schublade verschwindet. § 42 UrhG trägt darüber hinaus dem Gedanken Rechnung, dass das gesamte Geistesleben einer ständigen dynamischen Entwicklung unterliegt. Zu unterscheiden sind also das Rücktrittsrecht wegen Nichtausübung gem. § 41 UrhG und wegen gewandelter Überzeugung gem. § 42 UrhG. 46

[25] BGH GRUR 1959, 616; Benkard PatG § 15 Rn. 165; Kraßer/Schmid GRUR Int. 1982, 324 (327).
[26] Vgl. hierzu Münchner Vertragshandbuch, 4. Aufl. Bd. 3/1 VI.2 Nr. 37; Schricker/Loewenheim UrhG §§ 31 Rn. 28 ff.
[27] Zur grundlegenden Definition des Begriffs des wichtigen Grundes vgl. BGH GRUR 1959, 616.

47 Der Rückruf kann **im Voraus nicht abbedungen** werden. Insofern hat er zwingenden Charakter.[28] Möglich ist im Falle des § 41 UrhG lediglich die Vereinbarung, dass die Ausübung des Rückrufsrechts ausgeschlossen sein soll, jedoch gem. § 41 Abs. 4 S. 2 UrhG nur bis zu einer Dauer von maximal fünf Jahren.

Praxistipp:

Hier ist genau festzulegen, ab wann diese Fünf-Jahres-Frist läuft (zB ab Lieferung der drehfertigen Version eines Drehbuchs).

48 Dabei ist zu beachten, dass das Rückrufrecht gem. § 41 UrhG frühestens zwei Jahre nach Rechtseinräumung ausgeübt werden kann. Zudem muss der Urheber dem Inhaber des Nutzungsrechts den Rückruf ankündigen und ihm gem. § 41 Abs. 3 UrhG eine angemessene Nachfrist zur vertragsgemäßen Ausübung des Nutzungsrechts setzen. Eine Verwirkung des Rückrufrechts ist ausgeschlossen.

49 Ansonsten kommen ergänzend andere gesetzliche Vorschriften, insbesondere die allgemeinen Vorschriften der §§ 320 ff. BGB, in Frage. Für den Verlagsbereich sind vor allem die Spezialregelungen des § 32 UrhG iVm §§ 30, 17, 45 VerlG zu beachten. Es darf allerdings nicht vergessen werden, dass die Anwendbarkeit des § 41 UrhG nach § 90 S. 1 UrhG für Filmwerke und über § 95 UrhG auch für Laufbilder eingeschränkt ist. Der neu eingeführte § 40a UrhG sieht außerdem im Falle von Pauschalvergütungen ein Recht zur anderweitigen Verwertung nach Ablauf von 10 Jahren nach Einräumung zugunsten des Urhebers vor.

8. Notleidende Lizenzverträge

50 Bis zum Inkrafttreten der Insolvenzordnung wurden bei Lizenzverträgen, bei denen es sich um gegenseitige Verträge handelt, die §§ 17 ff. KO angewendet. Insbesondere die §§ 19 ff. KO, die für Miet- und Pachtverträge galten, wurden analog herangezogen. Gem. § 21 KO bestanden die Verträge fort, wenn der Lizenzgeber in Konkurs gefallen ist. Ein besonderes Kündigungsrecht bestand also nicht. Fiel hingegen der Lizenznehmer in Konkurs, gewährte § 19 KO sowohl dem Lizenzgeber als auch dem Konkursverwalter des Lizenznehmers ein außerordentliches Kündigungsrecht.

51 Auch nach dem Inkrafttreten der Insolvenzordnung werden Lizenzverträge gemeinhin entsprechend den Miet- und Pachtverträgen beurteilt. Die Lizenzen zählen zu den beweglichen Gegenständen und Rechten. Somit tritt bei noch nicht vollständig erfüllten Lizenzverträgen an die Stelle des bisherigen Kündigungsrechts das Wahlrecht des Insolvenzverwalters gem. § 103 Abs. 1 InsO. Der Insolvenzverwalter kann wählen, ob er den Vertrag auch weiterhin erfüllen oder ihn auflösen will. Löst der Insolvenzverwalter den Vertrag auf, dann führt dies zu den gleichen Rechtsfolgen wie die Kündigung nach bisherigem Recht. Das Kündigungsrecht zugunsten des Lizenzgebers entfällt demnach. Darüber hinaus sieht § 112 InsO eine Kündigungssperre vor, die dann eingreift, wenn sich der Lizenznehmer vor Stellen des Eröffnungsantrages mit der Zahlung der Lizenzgebühr im Verzug befindet oder sich seine Vermögensverhältnisse verschlechtern.[29]

II. Einzelne Vertragsarten

52 Ein Lizenzvertrag kann die unterschiedlichsten Vertragsgegenstände umfassen. Exemplarisch werden im Folgenden die in der Praxis am häufigsten wieder zu findenden Vertragsarten dargestellt. Hierzu zählen der Markenlizenzvertrag,[30] der Patentlizenzvertrag,[31] der urheberrechtliche Lizenzvertrag[32] und der Softwareüberlassungsvertrag.[33]

[28] Fromm/Nordemann/Nordemann UrhG § 41 Rn. 48; Schricker/Loewenheim/Dietz/Peukert UrhG § 42 Rn. 28; Wandtke/Bullinger/Wandtke UrhG § 42 Rn. 10.
[29] Siehe hierzu die weiteren Ausführungen bei → Rn. 144 ff.
[30] Ausführlichere Darstellung in diesem Handbuch zum nationalen Markenrecht bei Raab in → § 32; zum internationalen Markenschutz (nach dem Madrider Markenabkommen und dem Protokoll zum Madrider Markenabkommen) bei Karow in § 33; zum Unionsmarkenrecht bei Hasselblatt in → § 34.
[31] Siehe weitere Ausführungen zum Patentrecht in diesem Handbuch bei Schoenen in → § 35.
[32] Siehe weitere Ausführungen zum Urheberrecht in diesem Handbuch bei A. Nordemann/Czychowski in → § 40.
[33] Siehe darüber hinaus weitere Ausführungen zum Geschmacksmusterrecht in diesem Handbuch bei von Middelhoff/Zarm in → § 42.

1. Markenlizenzvertrag

a) **Ausgangspunkt.** Das Markengesetz ermöglicht dem Inhaber einer Marke, seine Ware oder Dienstleistung mit der geschützten Marke zu kennzeichnen und so im geschäftlichen Verkehr anzubieten und zu vertreiben. Dieses nach § 14 Abs. 1 MarkenG ausschließliche Recht des Markeninhabers wird gemäß § 14 Abs. 2 bis 4 MarkenG negativ abgegrenzt. Danach ist es Dritten untersagt, die Marke ohne Zustimmung des Inhabers zu benutzen. Bei einer Verletzung der Rechtsposition des Markeninhabers stehen diesem nach § 14 Abs. 5 und 6 MarkenG Unterlassungs- bzw. Schadensersatzansprüche zu. 53

Die für die Lizenzierung von Marken maßgebliche Regelung ist **§ 30 MarkenG.** Darin ist festgelegt, dass das durch die Eintragung, die Benutzung oder die notorische Bekanntheit einer Marke[34] begründete Recht für die entsprechenden unter der Marke vertriebenen Waren und Dienstleistungen Gegenstand einer Lizenz in Deutschland sein kann. Im Gegensatz zur unbeschränkten Rechtseinräumung nach § 27 MarkenG ist die Lizenz nach § 30 MarkenG eine beschränkte Rechtseinräumung.[35] 54

b) **Rechtsnatur der Lizenzeinräumung.** Die Markenlizenz wird in den bestehenden kartell- und warenverkehrsrechtlichen Grenzen vom Grundsatz der Vertragsfreiheit beherrscht. Bei der Lizenzerteilung kann zwischen der Erteilung einer einfachen und der Erteilung einer ausschließlichen Lizenz unterschieden werden. 55

Im Unterschied zur Rechtslage unter Geltung des Warenzeichengesetzes ist im Rahmen des Markengesetzes nunmehr davon auszugehen, dass jedenfalls einer ausschließlichen Lizenz dingliche Wirkung zukommt. Die Rechtsnatur einer einfachen Lizenz, bei der sich der Lizenzgeber das Recht vorbehält, weitere Lizenzen zu erteilen oder dies bereits getan hat,[36] ist umstritten. Die praktische Bedeutung des Meinungsstreits ist jedoch beschränkt, da die wichtigsten Fragen, die sich in diesem Zusammenhang typischerweise stellen, vom Gesetzgeber in § 30 MarkenG positiv und unabhängig von der Art der Lizenzierung geregelt wurden.[37] So ist die Erhebung einer Verletzungsklage durch den Lizenznehmer nach § 30 Abs. 3 MarkenG nur mit Zustimmung des Rechtsinhabers zulässig. Dieses vertragsdispositive Zustimmungserfordernis gilt auch schon im Vorfeld einer gerichtlichen Auseinandersetzung, etwa im Rahmen der Abmahnung einer Lizenzrechtsverletzung.[38] In § 30 Abs. 5 MarkenG wird klargestellt, dass sämtliche Lizenznehmer Sukzessionsschutz genießen. Danach bleibt das Lizenzrecht des Lizenznehmers auch gegenüber einem Rechtsnachfolger des Markeinhabers im Falle einer Rechtsübertragung der Marke nach § 27 MarkenG oder gegenüber einem anderen Lizenznehmer im Falle einer weiteren Lizenzerteilung nach § 30 Abs. 1 MarkenG unberührt. § 30 Abs. 5 MarkenG gilt allerdings nicht bei einer schuldrechtlichen Gebrauchsüberlassung.[39] Die Vorschriften des bürgerlichen Rechts über den Schuldnerschutz im Fall der Abtretung von Rechten (§§ 404 ff. BGB), wie etwa die Zahlung von Lizenzgebühren an den ursprünglichen Markeninhaber, wenn der Lizenznehmer von der Übertragung keine Kenntnis hatte, bleiben ebenfalls von § 30 Abs. 5 MarkenG unberührt.[40] Nach § 30 Abs. 4 MarkenG hat der Lizenznehmer die Möglichkeit, einer Schadensersatzklage des Lizenzgebers beizutreten, um den Ersatz seines Schadens geltend machen zu können. Sollte der Lizenzgeber keine eigene Klage erheben, lässt sich aus dem Grundsatz von Treu und Glauben eine Pflicht zur Erteilung der Zustimmung nach § 30 Abs. 3 MarkenG ableiten.[41] 56

c) **Markenlizenzrechtliche Vertragsinhalte.** Auch eine Markenlizenz unterliegt in zeitlicher, räumlicher und inhaltlicher Hinsicht völliger vertraglicher Gestaltungsfreiheit. Gleiches gilt für die Entscheidung, ob die Markenlizenz ausschließlich oder nicht ausschließlich erteilt wird oder ob die Markenlizenz für alle oder nur für einen Teil der Waren und Dienstleistungen erteilt wird, für die die Marke Schutz genießt. 57

[34] § 30 MarkenG gilt für alle Markenkategorien des § 4 MarkenG, nicht jedoch für geschäftliche Bezeichnungen nach § 5 MarkenG, vgl. Ingerl/Rohnke MarkenG § 30 Rn. 9; Fezer MarkenG § 30 Rn. 1.
[35] Fezer MarkenG § 30 Rn. 1, vgl. zur Begrifflichkeit Forkel, Gebundene Rechtsübertragungen, S. 51 ff.
[36] Ingerl/Rohnke MarkenG § 30 Rn. 13.
[37] Ingerl/Rohnke MarkenG § 30 Rn. 14; aA Fezer MarkenG § 30 Rn. 8 mwN.
[38] OLG München NJW-RR 1997, 1266 (1268) – 1860 München.
[39] Fezer MarkenG § 30 Rn. 39.
[40] Pfaff/Osterrieth/Harte-Bavendamm Lizenzverträge B. VIII Rn. 966.
[41] Bartenbach/Gennen Rn. 161.

58 d) **Form des Markenlizenzvertrages.** Der Markenlizenzvertrag ist grundsätzlich[42] in Deutschland (nicht aber nach allen anderen Markenrechten in der EU) **formfrei** und kann auch konkludent geschlossen werden.[43] Zu **Beweiszwecken** sowie zur wirtschaftlichen Sicherung des in der Marke verkörperten Werts empfiehlt sich jedoch – dies entspricht der allgemeinen Praxis – die schriftliche Fixierung. Das Erfordernis der Schriftform des § 34 GWB aF gilt nicht mehr für Neuverträge, die ab dem 1.1.1999 abgeschlossen wurden.

59 Im Gegensatz zur Verpfändung des Markenrechts oder der Belastung des Markenrechts mit sonstigen dinglichen Rechten im Sinne des § 29 Abs. 1 Nr. 1 MarkenG kann eine Markenlizenz auch nicht, selbst wenn die Parteien des Markenlizenzvertrages dies beantragen, fakultativ in das Markenregister eingetragen werden.[44]

60 e) **Lizenzierung einer Marke zur Benutzung als Firma.** Die Lizenzierung einer Marke zur Benutzung als Firma ist keine Lizenzierung im Sinne von § 30 MarkenG, weil die Marke nicht als Unterscheidungszeichen für Waren oder Dienstleistungen eines Unternehmens von denjenigen anderer Unternehmen im Sinne des § 3 Abs. 1 MarkenG sondern zur Kennzeichnung eines Unternehmens verwendet werden soll. Es handelt sich daher um eine so genannte Gebrauchsgestattung als Firma.[45]

61 f) **Nutzung als Domain.** Empfehlenswert ist heutzutage eine Vereinbarung, ob, wie und wie lange die Marke auch als Domain, oder als Bestandteil davon, genutzt werden darf und ob dafür ein Entgelt zu zahlen ist.

62 g) **Übertragung der Lizenz und Erteilung von Unterlizenzen.** Die Erteilung einer Unterlizenz an Dritte ist möglich. Sie richtet sich ausschließlich nach den Vereinbarungen des Lizenzvertrages und der Auslegung der darin getroffenen Regelungen. Insofern gelten auch hier die obigen Ausführungen zur Gestaltung von Lizenzverträgen. In der Regel wird der Lizenznehmer einer einfachen Lizenz weder zu einer Übertragung der Lizenz noch zu einer Unterlizenzierung berechtigt sein, weil der Lizenznehmer sonst die Möglichkeit der weiteren Lizenzvergabe durch den Lizenzgeber beeinträchtigen könnte. Dahingegen muss bei einer ausschließlich erteilten Lizenz die Möglichkeit der Übertragung bzw. Unterlizenzierung im Lizenzvertrag ausdrücklich ausgeschlossen werden.[46] Wenn der Lizenznehmer entgegen der Vereinbarung eine Unterlizenz erteilt, macht er sich gegenüber dem Lizenzgeber aus dem Lizenzvertrag schadensersatzpflichtig.

63 h) **Lizenzvertragsverletzungen als Markenrechtsverletzungen (§ 30 Abs. 2 MarkenG).** Vertragswidrige Benutzungshandlungen des Lizenznehmers können nach allgemeinen zivilrechtlichen Regelungen Unterlassungs- bzw. Schadensersatzansprüche des Lizenzgebers und die ordentliche oder außerordentliche Kündigung begründen. Daneben können im Fall einer dinglichen Markenlizenz die in § 30 Abs. 2 MarkenG abschließend aufgelisteten Lizenzvertragsverletzungen **markenrechtliche Ansprüche** des Markeninhabers (Lizenzgeber) auslösen.[47] Von praktischer Bedeutung ist diese Regelung vor allem im Verhältnis zu Dritten. Denn soweit Ansprüche aus der abschließenden Regelung des § 30 Abs. 2 MarkenG bestehen, kann hinsichtlich der vertragswidrig in Verkehr gebrachten Ware keine Erschöpfung nach § 24 MarkenG eintreten.[48]

2. Patentlizenzvertrag

64 a) **Ausgangspunkt.** Die Einräumung von Patentlizenzen hat zwischenzeitlich eine wirtschaftlich weitaus größere Bedeutung erlangt als die davon zu unterscheidende Vollrechtsübertragung von Patenten.[49] Ausgangspunkt für die Lizenzierung eines Patents ist **§ 15 Abs. 2 S. 1 PatG.** Danach können das Recht auf das Patent, der Anspruch auf Erteilung des Patents und das Recht aus dem Patent Gegenstand von ausschließlichen oder nicht ausschließlichen Lizenzen sein. Die Vorschrift berücksichtigt die bei ihrer Einführung im Jahr 1981 bestehende Rechtsanwendung und hat im

[42] Formerfordernis kann sich ergeben, wenn die Lizenzierung mit einem Grundstückskaufvertrag zusammen gefasst ist, oder die Lizenzierung unentgeltlich erfolgt und eine formbedürftige Schenkung vorliegt.
[43] OLG Jena GRUR-RR 2002, 379 (380) – Rudolstädter Vogelschießen.
[44] Siehe Fezer MarkenG § 30 Rn. 20.
[45] Fezer MarkenG § 30 Rn. 21.
[46] Ingerl/Rohnke MarkenG § 30 Rn. 49.
[47] Genaueres hierzu bei Fezer MarkenG § 30 Rn. 28; Ingerl/Rohnke MarkenG § 30 Rn. 28.
[48] Begründung zum MarkenG, BT-Drs. 12/6581, S. 86; Fezer MarkenG § 30 Rn. 28; Ingerl/Rohnke MarkenG § 30 Rn. 30.
[49] Benkard PatG § 15 Rn. 57.

Wesentlichen deklaratorische Bedeutung.[50] Sie stellt klar, dass die Einräumung einer Lizenz als die Gewährung eines positiven Benutzungsrechts zu verstehen ist und nicht lediglich als Verzicht des Inhabers des Schutzrechts gegenüber dem Lizenznehmer auf sein Recht, die Nutzung des geschützten Gegenstands zu verbieten. Auch ein noch nicht bestehendes, sondern erst künftiges Schutzrecht ist nach § 15 Abs. 2 S. 1 PatG lizenzierbar, wenn es im Zeitpunkt des Vertragsabschlusses ausreichend bestimmbar ist. Noch nicht angemeldete Erfindungen werden von § 15 Abs. 2 PatG allerdings nicht erfasst.

Heutzutage werden nur noch selten reine Patentlizenzverträge geschlossen. Im Regelfall finden sich kombinierte Patent- und Know-how-Lizenzverträge. Damit soll im beiderseitigen Interesse von Lizenzgeber und Lizenznehmer sichergestellt werden, dass das zur Patentverwertung zugelassene Know-how mitverwertet werden kann.[51] 65

b) Patentlizenzrechtliche Vertragsinhalte. Auch im Recht der Patentlizenzverträge herrscht der Grundsatz der Vertragsfreiheit. Umfang und Art der Lizenzen richten sich nach den **Parteivereinbarungen.** Wie bei der Markenlizenz gewährt die ausschließliche Lizenz dem Lizenznehmer im Unterschied zur einfachen Lizenz das alleinige Recht zur Verwertung der Erfindung.[52] Vor dem Hintergrund des geringen schuldrechtlichen Schutzniveaus der einfachen Lizenz hat der Gesetzgeber in § 15 Abs. 3 PatG den Fortbestand des Benutzungsrechts des einfachen Lizenznehmers auch für den Fall des späteren Rechtsübergangs oder der späteren Erteilung einer Lizenz angeordnet. 66

Inhaltliche Beschränkungen der Lizenz wie etwa hinsichtlich der Dauer, des räumlichen Geltungsbereichs, der einzelnen Benutzungsarten, der Personengebundenheit und der Unternehmensbezogenheit sind möglich. Bei der technischen Begrenzung der Lizenz ist auf eine möglichst genaue Abgrenzung des Anwendungsbereichs zu achten, um späteren Streit der Parteien über den Umfang der äquivalenten Benutzung zu vermeiden. 67

Für die Einräumung der Lizenz hat der Lizenznehmer eine Lizenzgebühr zu bezahlen, die in aller Regel als Umsatz-, Stück- oder Pauschallizenz ausgestaltet ist. Die umsatzabhängige Lizenz hat gegenüber der gewinnabhängigen Lizenz den Vorteil der kalkulatorischen Schlichtheit, bei der der Lizenznehmer dem Lizenzgeber keinen Einblick in seine Kalkulation und Gewinnermittlung geben muss. 68

c) Form des Patentlizenzvertrages. Der Patentlizenzvertrag unterliegt grundsätzlich **keinen besonderen Formerfordernissen.** Die Schriftform empfiehlt sich aber generell aus **Beweisgründen.** 69

d) Eintragung der Lizenz in die Patentrolle. Nach §§ 30 Abs. 4, 34 Abs. 1 PatG sind ausschließliche Lizenzen eintragungsfähig. Die Eintragung der Lizenz in die Patentrolle ist allerdings keine Voraussetzung für die Wirksamkeit der Lizenzerteilung. Sie hat vielmehr die Funktion, die Eintragung einer Lizenzbereitschaftserklärung nach § 23 Abs. 1 PatG in die Patentrolle zu sperren.[53] 70

Auch nach Art. 38 Abs. 4 GPÜ (Gemeinschaftspatentübereinkommen) ist die Eintragung der Lizenz nicht Voraussetzung für ihre wirksame Begründung, sie ist aber von erheblicher Bedeutung sowohl für die Geltendmachung von Rechten gegenüber Dritten als auch im Verhältnis zum Lizenzgeber.[54] 71

e) Lizenzvertragsverletzungen als Patentverletzung (§ 15 Abs. 2 S. 2 PatG, Art. 43 Abs. 2 GPÜ). Ein Verstoß gegen lizenzvertragliche Regelungen löst regelmäßig Unterlassungs- und Schadenersatzansprüche nach **§ 139 PatG** aus.[55] Die Ansprüche wegen Verletzung des Patentrechts verjähren nach § 141 PatG iVm § 195 BGB grundsätzlich innerhalb der regelmäßigen Verjährungsfrist von drei Jahren. 72

f) Einräumung von Unterlizenzen. Der Inhaber einer ausschließlichen Lizenz hat grundsätzlich das Recht zur Vergabe von Unterlizenzen.[56] Es ist dennoch von Vorteil, dies zur Klarstellung ausdrücklich zu vereinbaren. Eine vertragliche Regelung ist jedenfalls dann notwendig, sollte die Berechtigung des Lizenznehmers zur Erteilung von Unterlizenzen ausgeschlossen werden. 73

[50] Bartenbach/Gennen Rn. 127.
[51] Bartenbach/Gennen Rn. 2680; Stumpf/Groß Rn. 523 ff.
[52] Teilweise werden auch solche Lizenzverträge als ausschließliche Verträge bezeichnet, in denen sich der Lizenzgeber lediglich verpflichtet, keine weiteren Lizenzen an Dritte einzuräumen, vgl. Klauer/Möhring Patentrechtskommentar § 9 Rn. 25 ff.
[53] Bartenbach/Gennen Rn. 570.
[54] Siehe dazu Henn Rn. 25 mwN.
[55] Siehe dazu Benkard PatG § 139 Rn. 27 ff.
[56] Kraßer/Schmidt GRUR Int. 1982, 324 (332).

74 Dem Inhaber einer einfachen Lizenz steht das Recht zur Einräumung von Unterlizenzen nur dann zu, wenn es ihm gesondert vertraglich vom Lizenzgeber eingeräumt wird.

75 **g) Fortentwicklungsklauseln.** Die Einräumung von Fortentwicklungsklauseln in Bezug auf das Vertragsprodukt ist auf Grund der Vertragsfreiheit möglich. Es gibt grundsätzlich drei Typen von Fortentwicklungsklauseln:[57] Fortentwicklung der Vertragsprodukte durch den Lizenzgeber, durch den Lizenznehmer oder die gemeinschaftliche Fortentwicklung. Solche Klauseln liegen häufig im Interesse der Parteien. Denn weder den Lizenzgeber noch den Lizenznehmer trifft grundsätzlich eine Pflicht, die dem Vertrag zugrunde liegende Erfindung oder das Vertrags-Know-How fortzuentwickeln oder eine solche Fortentwicklung mitzuteilen.[58] Hierzu bedarf es einer ausdrücklichen Vereinbarung. Meist wird eine Mitteilungspflicht von Fortentwicklungen vereinbart ohne allerdings eine gezielte Fortentwicklungspflicht zu begründen.[59] Insbesondere bei vereinbarten Umsatz- und Stücklizenzen wird der Lizenzgeber ein Interesse daran haben, das Produkt auf dem neuesten Stand zu halten, um eine optimale Verwertung zu erzielen. Daher ist in einem solchen Fall die Vereinbarung einer Fortentwicklungsklausel besonders ratsam. Wegen der zusätzlichen Verpflichtung können sich solche Klauseln allerdings problematisch oder hinderlich in Bezug auf einen Inhaberwechsel auf Lizenzgeber- oder Lizenznehmerseite auswirken. Daher ist eventuell an die Vereinbarung geeigneter Kündigungsmöglichkeiten zu denken.[60]

3. Urheberrechtlicher Lizenzvertrag

76 **a) Der Begriff „Urheber".** *aa) §§ 7, 8 UrhG.* Der Begriff „Urheber" wird im Wesentlichen durch die §§ 7 und 8 UrhG bestimmt. Nach § 7 UrhG ist der Urheber der **Schöpfer des Werks.**[61] § 8 UrhG regelt die Miturheberschaft. Bei der Miturheberschaft einer Personenmehrheit kommt es zu einer gesamthänderischen Ausübung des Urheberrechts ohne Rücksicht auf die Quantität des Beitrages (§ 8 Abs. 1 UrhG), es sei denn, es ist ausdrücklich etwas anderes vereinbart. Allerdings sieht § 8 Abs. 3 UrhG explizit vor, dass die Erträgnisse aus der Nutzung den Miturhebern „nach dem Umfang ihrer Mitwirkung an der Schöpfung des Werkes" zustehen. Hierbei handelt es sich um eine in der Praxis und Beweisführung schwierig einzuschätzende Bewertungsfrage.[62] Der Miturheber kann auf seinen Anteil an den Verwertungsrechten verzichten (§ 8 Abs. 4 UrhG). Dieser Anteil wächst dann den anderen Miturhebern zu. Bei Uneinigkeit zwischen den Miturhebern (Drehbuchautoren) im Filmbereich über die das Ob der Verwertung ist den Verwertungswünschen gegenüber dem Verweigerungsrecht im Zweifel der Vorzug zu geben. Dem Verweigerungsrecht sind im Rahmen von Treu und Glauben enge Grenzen gesetzt.[63]

77 *bb) Spezialfall „Film".* Urheber waren bis zur Urheberrechtsnovelle 1998 nach hM grundsätzlich Regisseur, Kameramann, Cutter und Beleuchter. Auch der Beitrag des Filmtonmeisters und jedes anderen der werkgestalterisch tätig war (zB Filmarchitekt) konnte urheberrechtlichen Charakter haben. Durch die Neuformulierung von **§ 65 Abs. 2 UrhG,** der die Dauer des Urheberrechts behandelt, wird jetzt indirekt ein Katalog der Filmurheber festgelegt. Dabei handelt es sich um den Hauptregisseur, den Drehbuchautor, den Urheber der Dialoge und den Filmkomponisten. Diese in Umsetzung der europäischen Schutzdauerrichtlinie erfolgte Neuregelung stößt auf verfassungsrechtliche Bedenken (Eigentumsschutz, Art. 14 GG). Allerdings bleibt nach herrschender Auffassung[64] die mögliche Miturheberschaft anderer in § 65 Abs. 2 UrhG nicht aufgeführter Berufsgruppen (siehe oben) unverändert möglich.

78 **b) Der Begriff „Werk".** Einzelne Werkarten sind in § 2 Abs. 1 UrhG genannt, nämlich Sprachwerke (einschließlich Computerprogramme), Werke der Musik, pantomimische Werke, Werke der bildenden Künste, Lichtbildwerke, Filmwerke, Darstellungen wissenschaftlicher oder technischer Art. Zudem sind die §§ 69a ff. UrhG speziell den Computerprogrammen gewidmet. § 2

[57] Vgl. zur Ausgestaltung der einzelnen Typen im Detail: Pfaff/Osterrieth/Osterrieth B. I. Rn. 199 ff.
[58] Pfaff/Osterrieth/Osterrieth B. I. Rn. 200, 207.
[59] Pfaff/Osterrieth/Osterrieth B. I. Rn. 200.
[60] Pfaff/Osterrieth/Osterrieth B. I. Rn. 201.
[61] Zum materiellen Urheberbegriff ausführlicher Fromm/Nordemann/Nordemann UrhG § 7 Rn. 1 ff.
[62] Siehe dazu insbes. OLG Hamburg Schulze OLGZ 207, 6 f.: Bei Zweifeln an der Quantität der Beiträge sog. Schätzung nach Billigkeit; im Zweifel nimmt die Rspr. gleiche Anteile an (unter Heranziehung des Rechtsgedankens des § 742 BGB).
[63] Siehe dazu LG München I ZUM-RD 2019, 401.
[64] Schricker/Loewenheim/Katzenberger UrhG § 65 Rn. 5 f.; Loewenheim § 12 Rn. 17; Wandtke/Bullinger/Lüft UrhG § 65 Rn. 4.

Abs. 2 UrhG gibt den viergliedrigen Werkbegriff vor, zu dem unter anderem der Schöpfungsgrundsatz zählt, wonach nur das Ergebnis einer persönlichen geistigen Schöpfung urheberrechtlichen Werkschutz genießt.[65] Vom urheberrechtlichen Werk ist das Werkstück abzugrenzen. Das Werkstück ist die körperliche Ausdrucksform des Werks, welche die immaterielle Schöpfung des Urhebers darstellt. Nur das Werk unterliegt dem Urheberrechtsschutz, nicht das Werkstück. Letztere können nur vom Urheberschutz betroffen sein, wenn sich eine Beeinträchtigung des Werks in Ihnen dokumentiert.[66]

Im Filmbereich sind vom Filmwerk die nicht urheberrechtlich geschützten aber gleichwohl lizenzierbaren Laufbilder (zB im kommerziell sehr bedeutsamen Bereich der Sportübertragungsrechte) zu unterscheiden, § 95 UrhG.[67] 79

c) Die Übertragbarkeit des Urheberrechts und Rechtsverkehr mit Nutzungsrechten. Das Urheberrecht ist in seiner Gesamtheit vererblich (§ 28 Abs. 1 UrhG). Abgesehen davon ist es grundsätzlich nicht übertragbar (§ 29 Abs. 1 UrhG). Jedoch ist die „Einräumung von Nutzungsrechten" möglich. Dieser Terminus Technicus sollte auch in allen urheberrechtlichen Lizenzverträgen verwendet werden, da es sich schlicht um die unzweifelhaft vom Gesetzgeber vorgegebene Terminologie handelt. Begriffe wie „lizenzieren", „weitergeben" etc., die man oft in Lizenzverträgen vorfindet, sind streng genommen unsauber und bergen die Gefahr der Unklarheit. Die „Magna Charta" der Rechteeinräumung ist in den §§ 31, 32 UrhG niedergelegt. Dort ist in größtmöglicher Einfachheit beschrieben, wie und in welchem Umfang Nutzungsrechte eingeräumt werden können und welchen grundsätzlichen Verfügungsbegrenzungen Urheberrechte unterliegen. Das Nutzungsrecht kann nach § 31 Abs. 1 UrhG als einfaches oder ausschließliches Recht sowie räumlich, zeitlich oder inhaltlich beschränkt eingeräumt werden. Die §§ 33 ff. UrhG regeln weitere Einzelheiten. § 33 UrhG schafft einen Sukzessionsschutz für Nutzungsrechte. § 34 UrhG regelt die translative Übertragung von bereits eingeräumten Nutzungsrechten. Hierbei ist zu beachten, dass grundsätzlich jede Nutzungsübertragung, unabhängig davon, ob diese ausschließlich oder einfach erfolgt, der Zustimmung des Urhebers bedarf. Dieses Erfordernis ist jedoch abdingbar nach § 34 Abs. 5 UrhG. § 35 UrhG regelt die konstitutive Einräumung einzelner Rechte auf weiterer Stufe. Dies gilt ausweislich des Wortlauts des § 35 Abs. 1 S. 1 UrhG nur für den Inhaber ausschließlicher Nutzungsrechte. Strittig ist, ob diese Regelung auf einfache Nutzungsrechte analog angewandt werden kann. Dagegen spricht, dass einfache Nutzungsrechte nicht weiter aufspaltbar sind.[68] 80

Die viel diskutierte angemessene Vergütung für die Einräumung von Nutzungsrechten und Beteiligung des Urhebers ist in §§ 32, 32a und 32b UrhG geregelt. § 32 UrhG gilt grundsätzlich nicht im Verhältnis zwischen Urheber und Verwertungsgesellschaft, weil letztere die Rechte der Urheber ohne Gewinnerzielungsabsicht treuhänderisch wahrnehmen und nach § 7 UrhWG bereits verpflichtet sind, eine willkürfreie Verteilung der Einnahmen vorzunehmen.[69] Nach § 32b UrhG gilt, dass die Regelungen des § 32 UrhG (angemessene Vergütung) sowie des § 32a UrhG (Beteiligung des Urhebers) zwingend und daher nicht vertraglich abdingbar sind. 81

aa) Urheberpersönlichkeitsrecht. Im kontinentaleuropäischen Rechtskreis existiert die Doktrin des unabdingbaren Urheberpersönlichkeitsrechts (droit moral), woraus folgt, dass das Urheberrecht in zwei Dimensionen aufgeteilt wird, (1) die **Nutzung** (Verwertung) eines Werkes und (2) die **persönliche Beziehung** des Urhebers zu seinem Werk. Nach der in Deutschland geltenden monistischen Theorie kann diese Verbindung niemals aufgelöst werden.[70] Dieses letztgenannte Urheberpersönlichkeitsrecht manifestiert sich vor allem in den §§ 12 bis 14 UrhG. Der Urheber hat das ausschließliche und unveräußerliche Privileg darüber zu entscheiden, ob sein Werk überhaupt veröffentlicht wird (so genanntes Veröffentlichungsrecht gem. § 12 UrhG). Er hat ferner das jederzeitig durchsetzbare Recht auf Anerkennung seiner Urheberschaft (so genanntes Nennungsrecht gem. § 13 UrhG) und das Recht, die Entstellung seines Werkes jederzeit zu untersagen (so genanntes Entstellungsverbot gem. § 14 UrhG). 82

bb) „Work made for hire". Demzufolge kennt das deutsche Urheberrecht kein „work made for hire" (auch „work for hire" genannt), wie es beispielsweise in den USA üblich ist. Dort ist der 83

[65] Vgl. dazu auch A. Nordemann/Czychowski in § 44 des Handbuchs.
[66] Schricker/Loewenheim/Loewenheim UrhG § 2 Rn. 10.
[67] Dazu ausführlich Feyock/Straßer ZUM 1992, 11 und Straßer, Die Abgrenzung der Laufbilder vom Filmwerk, 1995.
[68] Vgl. zum Streitstand: Dreier/Schulze/Schulze UrhG § 35 Rn. 5; Schricker/Loewenheim UrhG § 35 Rn. 2 mwN.
[69] Dreier/Schulze/Schulze UrhG § 32 Rn. 8.
[70] Sog. Monistische Theorie, näheres dazu bei Fromm/Nordemann/Czychowski UrhG § 11 Rn. 1 bis 3.

Abschluss einer so genannten „work made for hire"-Vereinbarung möglich (hierfür ist der Filmproduzent beweispflichtig), die impliziert, dass der Auftraggeber sowohl die gesamten lizenzierten Rechte, als auch das Urheberpersönlichkeitsrecht erwirbt. Das Copyright steht demnach ausschließlich dem Auftraggeber zu. Eine derartige vertragliche Abmachung ist in Deutschland unmöglich und kann für einen in Deutschland gedrehten Film auch nicht dadurch erreicht werden, dass man die Anwendung US-amerikanischen Rechts vereinbart. Auch die US-amerikanische „work made for hire"-Praxis wird zunehmend durch internationale Entwicklungen und die US-amerikanische Rechtsprechung und Gesetzgebung aufgeweicht. Insbesondere ist zu beachten, dass ein Urheber, der nach englischem oder US-amerikanischem Recht durch einen so genannten „waiver of moral rights" auf sein Urheberpersönlichkeitsrecht ausdrücklich verzichtet hat, sich dennoch gegebenenfalls in einem europäischen Rechtssystem auf sein Urheberpersönlichkeitsrecht berufen kann.[71]

84 *cc) Unbekannte Nutzungsarten.* Die Einräumung von Nutzungsrechten für noch nicht bekannte Nutzungsarten ist seit der Aufhebung des § 31 Abs. 4 UrhG nunmehr unter den Voraussetzungen des § 31a UrhG möglich. Verträge über unbekannte Nutzungsarten bedürfen gem. § 31a Abs. 1 Satz 1 UrhG der Schriftform. Zu beachten ist in diesem Zusammenhang auch das Widerspruchsrecht des Urhebers gemäß § 31a Abs. 1 Satz 3 UrhG, auf das im voraus nicht verzichtet werden kann, § 31a Abs. 4 UrhG.

85 *dd) Zweckübertragungsgrundssatz.* In der Praxis sehr relevant ist darüber hinaus der so genannte Zweckübertragungsgrundsatz (mittlerweile zunehmend als „Übertragungszweckgedanke" bezeichnet)[72] gem. § 31 Abs. 5 UrhG, der besagt, dass sich der **Umfang des lizenzierten Rechts** im Zweifel nach dem mit seiner Einräumung verfolgten Zweck bestimmt.[73] Danach verbleibt insbesondere bei vertraglichen Unklarheiten das Nutzungsrecht beim Urheber bzw. ausschließlichen Inhaber der Verwertungsrechte, wie zB dem Filmproduzenten.

Praxistipp:

Es empfiehlt sich, in Verträgen glasklare und unmissverständliche Formulierungen im Hinblick auf den verfolgten Zweck zu verwenden, die mit einer ausführlichen Rechteklausel[74] zu kombinieren sind. Schwammige Formulierungen wie etwa „für Medienzwecke" oder „für die Auswertung im Fernsehen", die dann nicht durch eine spezifische Rechteklausel ergänzt werden, sind zu vermeiden.

4. Softwareüberlassungsvertrag

86 a) **Der Begriff „Computersoftware".** Zwar findet sich im deutschen Recht, so etwa in § 2 Abs. 1 Nr. 1 UrhG sowie in § 69a Abs. 1 UrhG, der Begriff **„Computerprogramm"**, eine gesetzliche Definition des Terminus sucht man indes vergeblich.[75] Nach der Definition in den von der WIPO 1977 veröffentlichten Mustervorschriften[76] handelt es sich bei einem Computerprogramm um eine Folge von Befehlen, die nach Aufnahme in einen maschinenlesbaren Träger fähig sind, zu bewirken, dass eine Maschine mit informationsverarbeitenden Fähigkeiten eine bestimmte Funktion oder Aufgabe oder ein bestimmtes Ergebnis anzeigt, ausführt oder erzielt. Diese Definition findet mittlerweile in Rechtsprechung[77] und Literatur[78] weitgehend Zustimmung.

87 Unter den weitergehenden Begriff der **Computersoftware** fallen nach der Definition der WIPO[79] neben dem Computerprogramm als Kernstück und wichtigstem Bestandteil sämtliche

[71] Vgl. dazu Brehm S. 72 bis 74.
[72] Siehe hierzu: Schricker/Loewenheim/Ohly, § 31 Rn. 55.
[73] Siehe hierzu beispielhaft OLG München ZUM-RD 1997, 334.
[74] Ein Muster für eine derartige Rechteklausel befindet sich unter V. am Ende dieses Kapitels.
[75] Dieser Umstand wird vom deutschen Gesetzgeber dahingehend erklärt, dass eine Begriffsbestimmung durch die technische Entwicklung ohnehin schon nach kurzer Zeit überholt sein dürfte (vgl. Begründung des Regierungsentwurfs BT-Drs. 12/4022, 9).
[76] Siehe dazu GRUR Int. 1978, 286 (290 ff.).
[77] Vgl. beispielhaft BGH NJW 1986, 192 (196).
[78] Vgl. unter vielen Schricker/Loewenheim/Loewenheim UrhG § 69a Rn. 2; Wandtke/Bullinger/Grützmacher UrhG § 69a Rn. 2 f.; Marly Rn. 8 ff. mwN.
[79] GRUR Int. 1978, 286 (290). Eine ähnlich weitgehende Definition enthält DIN 44 300 Teil 4 Nr. 4.1.9., der zufolge unter einem Computerprogramm eine nach den Regeln der verwendeten Sprache festgelegte syntaktische Einheit

Nebenprodukte des Softwareentwicklungsprozesses wie Programmablaufpläne, Struktogramme und sonstige programmbeschreibende Entwicklungsdokumentationen sowie das gesamte Begleitmaterial, das dem Anwender zum Verständnis des Programms mitgeliefert wird, inklusive der Wartungsdokumentationen.[80]

Von dem Begriff der Software naturgemäß streng abzutrennen ist die so genannte **Hardware.** Unter Hardware versteht man den Computer und sonstige technische Ausrüstung. Hierzu gehören regelmäßig sämtliche fixierten Komponenten des Datenverarbeitungssystems, in der Regel Zentraleinheit aber auch Eingabegeräte wie etwa Tastatur und Mouse sowie Ausgabegeräte wie Bildschirm und Drucker aber auch externe Speicher. 88

b) Rechtnatur von Softwareüberlassungsverträgen. Trotz vielgestaltiger vertragstypologischer Klassifikationsversuche hat sich bis heute keine einheitliche Auffassung von der Rechtsnatur von Softwareüberlassungsverträgen herausgebildet. Kernbestandteil eines jeden Softwareüberlassungsvertrages ist jedenfalls, dass er dem Anwender die Nutzung eines Computerprogramms ermöglichen soll.[81] 89

Grundsätzlich ist zwischen Verträgen zu unterscheiden, die die Überlassung von Individualsoftware einerseits und die Überlassung von Standardsoftware andererseits zum Gegenstand haben.[82] 90

Bei der dauerhaften Überlassung von Individualsoftware, also von Software, die für einen speziellen Verwendungs- und Aufgabenzweck eines konkreten Anwenders erstellt wurde,[83] lag nach altem Schuldrecht nach nahezu einhelliger Auffassung ein Werkvertrag nach §§ 631 ff. BGB vor. Nach der Modernisierung des Schuldrechts mehren sich jedoch die Stimmen,[84] die unter Berufung auf die ständige Rechtsprechung des BGH zur Gleichbehandlung von Software mit beweglichen Sachen eine Anwendung kaufrechtlicher Vorschriften auch bei der dauerhaften Überlassung von Individualsoftware über die Verweisung in § 651 BGB fordern. 91

Die rechtliche Einordnung von Verträgen über die Überlassung von Standardsoftware ist heftig umstritten. Sie hängt zunächst von der Beantwortung der in diesem Rahmen nicht nachzugehenden Frage ab, ob man Software Sachqualität bemisst oder aber als „geistiges Gut" erachtet. Auch spielt eine Rolle, ob die Software im konkreten Fall auf Dauer oder nur vorübergehend überlassen werden soll. Bei einer dauerhaften Überlassung gegen Einmalentgelt wird wohl überwiegend von der Anwendbarkeit kaufrechtlicher Vorschriften ausgegangen.[85] Dahingegen werden die vertraglichen Vereinbarungen bei einer beschränkten Überlassung auf Zeit gegen wiederkehrendes Entgelt auf Grundlage der Annahme, dass es sich bei Software um ein Immaterialgut handelt, als zumindest lizenzvertragsähnliche Verträge mit „sui generis" Charakter[86] zu klassifizieren sein. 92

c) Softwareüberlassung und Urheberrecht. Die Gestaltung von Softwareüberlassungsverträgen wird insbesondere durch die Regelungen des deutschen Urheberechts beeinflusst. Zwar hat der Urheber nach § 31 Abs. 1 S. 2 UrhG die Möglichkeit, die eingeräumten Nutzungsrechte räumlich, zeitlich und inhaltlich zu beschränken. Eine Aufspaltung ist allerdings nur soweit möglich, als es sich um übliche, wirtschaftlich-technisch eigenständige und damit klar abgrenzbare Nutzungsarten handelt.[87] 93

---

aus Anweisungen und Vereinbarungen verstanden wird, welche die zur Lösung einer Aufgabe notwendigen Elemente umfasst. Nach DIN 44300 Teil 1 Nr. 1.13 ist es zulässig, die zugehörige Dokumentation als Bestandteil der Software anzusehen.

80 Da es sich bei Begleitmaterialien und Programmbeschreibungen zumeist um Schriftwerke iSd § 2 Abs. 1 Nr. 1 UrhG handelt, wird diese weite Definition aus dem Gesichtspunkt mangelnder besonderer Schutzbedürftigkeit teilweise für unnötig erachtet (Marly Praxishandbuch Softwarerecht Rn. 15).

81 Marly Rn. 604.

82 Siehe hierzu Pagenberg/Beier Kap. 13 Rn. 5 ff.

83 Marly Rn. 614.

84 Mankowski, Bedeutung der Neuregelung des § 651 BGB für Kauf- und Werkvertragsrecht, MDR 2003, 854 (857); Schneider, Neues zur Vorlage und Herausgabe des Quellcodes? CR 2003, 1 (6); ders., Softwareerstellung und Softwareanpassung – Wo bleibt der Dienstvertrag?, CR 2003, 317 (322).

85 Vgl. ua Mankowski, Bedeutung der Neuregelung des § 651 BGB für Kauf- und Werkvertragsrecht, MDR 2003, 854 (857); Scholz/Haines CR 2003, 393 (394); Bartenbach/Gennen Rn. 214. Siehe auch BGH NJW 2000, 1415; BGH NJW 1988, 406 (408).

86 BGH NJW 2003, 2014 (2016); Hilty, Der Softwarevertrag – Ein Blick in die Zukunft, MMR 2003, 3 (14); Metzger, Zur Zulässigkeit von CPU-Klauseln in Softwarelizenzverträgen, NJW 2003, 1994 (1995); Ulmer, Der Bundesgerichtshof und der moderne Vertragstyp „Softwareüberlassung", CR 2000, 493 (495). Vgl. hierzu auch Loewenheim/Lehmann § 76 Rn. 44. Zur Bestimmung der Rechtsnatur des Lizenzvertrages siehe die Ausführungen in diesem Kapitel unter Rn. 3 f.

87 BGH GRUR 1959, 200 (202); BGH CR 2000, 651 (652).

94 Es sind insbesondere die §§ 69a ff. UrhG zu beachten, durch die mit inhaltsgleicher Umsetzung der **EU-Richtlinie** vom 14.5.1991[88] ein Sonderurheberrecht für Computerprogramme geschaffen wurde. Die EU-Kommission erachtete bei der Bedeutung der elektronischen Datenverarbeitung einen möglichst einheitlichen Schutz in allen Mitgliedsstaaten für wünschenswert. Daher sind bei der Auslegung der §§ 69a ff. UrhG europarechtliche Maßstäbe anzulegen. Mit Auslegungsfragen muss man sich in diesem Bereich leider häufiger beschäftigen, da das Urhebergesetz bedauerlicherweise keine vollständige Kodifikation der bekannten Rechtsprobleme im Bereich des Softwarerechts enthält.

95 Zentrale Vorschrift ist § 69c UrhG. Dort findet sich die Ausgestaltung der Verwertungsrechte des Programmschöpfers unter Festlegung der dem Rechtsinhaber ausschließlich zugewiesenen Verwertungsrechte. §§ 69d und 69e UrhG legen zustimmungsfreie Handlungen als Gegengewicht zu dem in § 69c UrhG umfassend ausgestatteten Property Right des Programmurhebers fest. Dadurch erhält der Softwarenachfrager eine Mindestausstattung mit lizenzierten Rechten, die eine vertragliche Knebelung durch den Softwarelizenzgeber verhindern soll. Eine Einschränkung der Gestaltungsfreiheit bei Softwareüberlassungsverträgen bedeutet auch die Vorschrift des § 69g Abs. 2 UrhG, derzufolge vertragliche Bestimmungen, die in Widerspruch zu § 69d Abs. 2 und 3 UrhG und § 69e UrhG stehen, nichtig sind.

96 **d) Wesentliche Vertragsinhalte des Softwareüberlassungsvertrages.** Zu den Essentialia typischer Softwareüberlassungsverträge zählen die Parteien, die Software als Vertragsgegenstand, die Abgeltung in Form einer Einmalzahlung oder einer fortlaufenden Zahlungsverpflichtung sowie die Laufzeit des Vertrages. Darüber hinaus sind die nachfolgend aufgeführten Regelungsbereiche bei Softwareüberlassungsverträgen von besonderer Bedeutung.

97 *aa) Softwareüberlassung.* Hauptleistungspflicht des Softwaregebers ist die dauerhafte oder zeitlich beschränkte Überlassung der Computersoftware. Das Recht zur **Installation** der Software ist gem. § 69d Abs. 1 UrhG zwingend vom Umfang der Überlassung gedeckt. Nach der Verkehrsanschauung handelt es sich dabei um die Nutzungsart des Normalgebrauchs. Häufig erfolgt der vertragliche Ausschluss der zeitgleichen Mehrfach- beziehungsweise Parallelnutzung durch die Definition des Normalgebrauchs als Einzelnutzung.[89] Es ist aber unproblematisch möglich, dem Anwender eine Mehrfachnutzungslizenz zu verschaffen. Eine Zustimmung des Berechtigten zur Mehrfachnutzung ist auch ohne ausdrückliche Regelung dann anzunehmen, wenn der Einsatz des Computerprogramms in einem Netzwerk vereinbart wird.

98 Die Erstellung einer Kopie des Computerprogramms zu Sicherungszwecken (so genannte **Sicherungskopie**) stellt eine Vervielfältigung im Sinne des § 69c Nr. 1 UrhG dar, die im Grundsatz der Zustimmung des Rechteinhabers bedarf. Allerdings darf die Erstellung einer Sicherungskopie nach § 69d Abs. 2 UrhG nicht durch den Rechteinhaber untersagt werden, wenn die Kopie für die Sicherung künftiger Benutzung erforderlich ist. Viele Softwarehersteller empfehlen gerade die Anfertigung von Sicherungskopien zum Schutz vor den Gefahren der Zerstörung oder der Löschung, so dass zumindest in den Fällen, in denen keine Sicherungskopie mitgeliefert wird, allgemein von einer Erforderlichkeit im Sinne des § 69d Abs. 2 UrhG auszugehen ist. Vereinbarungen zur zahlenmäßigen Beschränkung von Sicherungskopien zwischen den Parteien sind hingegen möglich.

99 *bb) Berechtigung zur Fehlerberichtigung/Programmänderung.* Die Rechtsnatur des § 69d Abs. 1 UrhG ist umstritten.[90] Nach einer Ansicht besitzt der Anwender eine urheberrechtlich-dingliche Berechtigung zur Fehlerberichtigung, deren rechtlicher Rahmen in § 69d Abs. 1 UrhG festgelegt ist. Dabei handelt es sich teils um einen zwingend vorgeschriebenen Vertragsinhalt (siehe Erwäggr. 13 Software RL), so dass generelle Programmänderungsverbote grundsätzlich unwirksam sind. Da jedoch der Umfang des Rechts zur Fehlerberichtigung noch nicht abschließend geklärt ist,[91] sollte zur Vermeidung unangemessener Ergebnisse vorbeugend eine genaue **vertragliche Ausgestaltung** dieses Rechts vorgenommen werden. Generelle Programmänderungsverbote

---

[88] RL 91/250/EWG des Rates v. 14.5.1991.

[89] Zu diesen sog. Netzwerkklauseln vgl. Bartenbach/Gennen Rn. 265 ff.

[90] Im Kern geht es darum, ob § 69d Abs. 1 UrhG eine Schrankenregelung ist oder vertragsrechtlichen Charakter hat, Für einen ausführlichen Überblick siehe: Zecher, Zur Umgehung des Erschöpfungsgrundsatzes bei Computerprogrammen, 2004, S. 40 ff.; Hantschel, Softwarekauf und -weiterverkauf, 2011, S. 38 ff.; Lenhard, Vertragstypologie von Softwareüberlassungsver-trägen, 2006, S. 75 ff.

[91] Insbesondere die Zulässigkeit von Regelungen, die die Änderung von Kopierschutzmechanismen untersagen, ist sehr umstritten.

in Formularverträgen sind grundsätzlich unzulässig. Sie verstoßen gegen § 307 Abs. 2 Nr. 1 BGB in Bezug auf die Änderungsbefugnisse nach § 69c Nr. 2 iVm § 69d Abs. 1 UrhG. Eventuell liegt auch ein Verstoß gegen § 307 Abs. 2 Nr. 2 BGB vor. Sofern die Softwareüberlassung auf Dauer konzipiert ist, kann in einem Programmänderungsverbot ein Verstoß gegen die Eigentumsübertragungspflicht nach § 433 Abs. 1 S. 1 BGB zu sehen sein.[92] Wohl nicht zu beanstanden sind Regelungen, die Änderungsverbote hinsichtlich grundlegender Merkmale des Computerprogramms beinhalten, wie etwa die Änderung von Seriennummern oder sonstigen der Programmidentifikation dienenden Merkmalen.[93]

cc) § 69e UrhG. Eine vertragliche Ergänzung und Präzisierung der Voraussetzungen des § 69e UrhG (Dekompilierung), der gem. § 69g Abs. 2 UrhG eine zwingende Regelung darstellt, ist empfehlenswert. Im Wesentlichen ist davon auszugehen, dass eine Dekompilierung nur zur Ermittlung von Schnittstelleninformationen erfolgen darf und zwar nur dann, wenn diese Informationen nicht bereits anderweitig erhältlich sind.[94] 100

dd) Bindung an eine bestimmte Hardware. Wird eine bestimmte Hardware für die Nutzung der Software festgelegt, handelt es sich um eine so genannte CPU-Klausel (CPU = Central Processing Unit), dh eine Regelung, die dem Anwender die Benutzung der Software nur auf einem einzigen, genau bezeichneten Rechner oder einem bestimmten Rechnertyp gestattet. Teilweise wird vertreten, dass eine solche CPU-Klausel als inhaltliche Beschränkung von § 32 UrhG gedeckt ist und urheberrechtlich-dingliche Wirkung in Form einer Nutzungsartmodifikation entfaltet. Dies widerspricht der neuen Rechtsprechung des BGH,[95] wonach Systemvereinbarungen auch bei zeitlich befristeten Softwareüberlassungsverträgen urheberrechtlich keinerlei Wirkung haben.[96] CPU-Klauseln können jedoch schuldrechtliche Wirkung entfalten und sind insoweit an §§ 307 ff. BGB zu messen. Bei als Kaufverträgen einzustufenden Softwareüberlassungsverträgen werden CPU-Bindungen wegen Verstoßes gegen **§ 307 Abs. 2 Nr. 2 BGB** in der Literatur verbreitet als unwirksam erachtet.[97] Aber auch dieser Auffassung hat der BGH in seinem vorbenannten Urteil[98] eine Absage erteilt und im zu entscheidenden Fall eine Unwirksamkeit wegen unangemessener Benachteiligung verneint. 101

ee) Weitergabe- und Überlassungsverbot. Bei Softwareüberlassungsverträgen, welche die Überlassung nur für einen beschränkten Zeitraum vorsehen, ergibt sich das Verbot der Weitergabe der vertragsgegenständlichen Software in jeder Form bereits aus der vertraglichen Rückgabeverpflichtung des Lizenznehmers. Dieses schuldrechtlich wirkende Verbot kann durch die Vereinbarung einer Vertragsstrafe geschützt werden. Diese entfaltet Dritten gegenüber jedoch keine Wirkung.[99] 102

Es ist umstritten, ob Weitergabe- und Überlassungsverboten der in §§ 69c Nr. 3 S. 2, 17 Abs. 2 UrhG geregelte Erschöpfungsgrundsatz, wonach dem Urheber lediglich die Erstverbreitung zusteht, entgegensteht.[100] Dies ist jedenfalls für Lizenzverträge, bei denen kein endgültiger Austausch von Leistungen angestrebt wird, zu verneinen.[101] Ein endgültiger Leistungsaustausch ist allerdings bereits in den Fällen anzunehmen, in denen die vertraglich vorgesehene nicht ordentlich kündbare Vertragslaufzeit länger ist als die voraussichtliche wirtschaftliche Lebensdauer des Computerprogramms.[102] 103

ff) Gewährleistung. Eine spezielle gesetzliche Regelung der Gewährleistungspflichten im Rahmen von Softwareüberlassungsverträgen fehlt. Auch hat die Praxis bisher **keine einheitliche Anwendung** von Gewährleistungsvorschriften herausgebildet. Die in Softwareüberlassungsverträgen verwendeten Gewährleistungsregelungen reichen von werkvertraglicher Ausgestaltung mit Nachbesserungsrecht und Abnahme über kaufvertragliche Elemente mit Anwendung des § 377 HGB 104

[92] Marly Rn. 1715.
[93] Marly Rn. 1718.
[94] Siehe dazu ausführlicher Fromm/Nordemann/Czychowski § 69e UrhG Rn. 1, Rn. 10.
[95] BGH NJW 2003, 2014 (2015).
[96] So auch Bartenbach/Gennen Rn. 262.
[97] Zur alten Rechtslage nach § 9 Abs. 2 Nr. 2 AGBGB vgl. Marly, Urheberschutz für Computersoftware, S. 194 ff. mwN.
[98] BGH NJW 2003, 2014 (2015).
[99] Dingliche wirkende Veräußerungsverbote scheitern an § 137 S. 1 BGB. Vgl. Bartenbach/Gennen Rn. 254.
[100] Hierzu: Hilty GRUR 2018, 865 (877 ff.).
[101] Bartenbach/Gennen Rn. 259; Ulmer/Kolle GRUR Int. 1982, 489 (499).
[102] Schneider, Softwarenutzungsverträge im Spannungsfeld von Urheber- und Kartellrecht, 1988, 136.

bis hin zu mietvertraglich angenäherter Gewährleistung unter regelmäßigem Ausschluss von Schadensersatzansprüchen. Es empfiehlt sich eine zeitliche Begrenzung der Gewährleistung (im Unterschied zu den §§ 537 ff. BGB), wobei jedoch ein Verstoß gegen § 307 Abs. 2 Nr. 1 BGB vorliegen kann, wenn zeitliche Beschränkungen zu einem faktisch vollständigen Gewährleistungsausschluss führen.

105 Bei einem Vertrag, der eine dauerhafte und endgültige Softwareüberlassung von einem Unternehmer an einen Verbraucher vorsieht, wird es sich regelmäßig um einen Verbrauchsgüterkauf im Sinne von § 474 Abs. 1 BGB handeln. Hier ist die Freiheit zur vertraglichen Gestaltung der Gewährleistungspflichten zugunsten des Verbrauchers nach § 475 BGB nunmehr erheblich eingeschränkt.[103] In diesen Fällen, aber auch im Unternehmensverkehr, ist zudem die ebenfalls im Rahmen der Schuldrechtsreform eingeführte Regelung des § 444 BGB zu beachten. Danach kann sich ein Verkäufer nicht auf eine Vereinbarung berufen, durch welche die Rechte des Käufers wegen eines Mangels ausgeschlossen oder beschränkt werden, wenn der Verkäufer den Mangel verschwiegen oder eine Garantie für die Beschaffenheit der Sache abgegeben hat.

106 Gewährleistungsklauseln bei Softwareüberlassungsverträgen auf Zeit müssen hingegen allein den Anforderungen der §§ 307 ff. BGB genügen.

107 *gg) Schadensersatz.* Der Einsatz fehlerhafter Computerprogramme kann enorme Schäden verursachen. Hierbei ist insbesondere die verschuldensunabhängige und vertraglich grundsätzlich nicht auszuschließende Haftung nach dem Produkthaftungsgesetz zu beachten.

108 In Softwareüberlassungsverträgen werden regelmäßig die üblichen Regelungen über Verschuldensmaßstab, Schadensart und Schadenshöhe, für die einzustehen ist, aufgenommen. Zu beachten sind im Verbraucherverkehr insbesondere § 309 Nr. 5, 6, 7 und 8 BGB. Ein totaler Haftungsausschluss bzw. eine weitgehende Beschränkung verstößt gegebenenfalls gegen § 307 Abs. 1 BGB. Eine Haftungsbegrenzung bei leichter Fahrlässigkeit ist, soweit lediglich ein Vermögensschaden und keine Verletzung von Kardinalpflichten[104] vorliegt, zulässig. Die Regelung darf jedoch nicht zu einem faktischen Ausschluss der Haftung oder zu einer betragsmäßig unangemessen niedrigen Haftung führen. Es kann angebracht sein, konkrete Regelungen über die Anwendbarkeit von § 254 BGB zu treffen. Immer gilt es, die strengen Anforderungen des BGH an eine transparente Vertragsgestaltung bei der Abfassung und der Zusammenstellung von Haftungsfreizeichnungs- oder Haftungsbegrenzungsklauseln einzuhalten.[105] In der Praxis finden sich oft eingrenzende Formulierungen wie Begrenzungen auf „vorhersehbare typische Schäden" und Ausschlüsse für den Ersatz entgangenen Gewinns und sonstige Folgeschäden in Softwarelizenzverträgen.

109 Für eigene Ansprüche des Softwarelieferanten gegen den Anwender sehen die Softwareüberlassungsverträge zum Zwecke der Beweiserleichterung vielfach Schadenspauschalierungen vor. Diese Pauschalen müssen sich nach § 309 Nr. 5a BGB am branchentypischen Durchschnittsschaden[106] orientieren und sind bei Unwirksamkeit einer geltungserhaltenden Reduktion nicht zugänglich.[107] Ferner muss dem Anwender gem. § 309 Nr. 5b BGB der Nachweis gestattet sein, dass ein Schaden oder eine Wertminderung überhaupt nicht entstanden ist oder wesentlich niedriger ist. Der Grundgedanke des § 309 Nr. 5 BGB ist über § 307 BGB auch im Unternehmensverkehr zu berücksichtigen.[108]

110 *hh) Kündigung und Rückgabepflicht.* Bei Softwareüberlassungen auf Zeit wird in der Regel ein beiderseitiges ordentliches Kündigungsrecht vereinbart, es sei denn, der Vertrag hat eine feste Laufzeit. Außerdem sollte ein außerordentliches Kündigungsrecht des Lizenzgebers zur Präzisierung und Ergänzung von § 543 BGB (bei Unzumutbarkeit der Fortsetzung des Vertrages nach Abwägung aller Umstände) festgelegt werden, das in der Regel nach vorheriger Abmahnung ausgeübt werden kann.[109]

111 *ii) Sonstige Regelungsbereiche.* Weitere ausdrückliche Vertragsvereinbarungen können angebracht sein bei Ersatz von Fehlerbeseitigungskosten, Informationspflicht des Lizenznehmers über von ihm vorgenommene Änderungen, Reverse Engineering (dieser Begriff umfasst sämtliche

[103] Marly Rn. 1263.
[104] Vgl. § 307 Abs. 2 Nr. 2 BGB.
[105] Vgl. ua BGH NJW 2000, 651; NJW 2001, 2014 (2016).
[106] § 309 Nr. 5a BGB. Vgl. auch BGH NJW 1984, 2093 (2094).
[107] Marly Rn. 1872.
[108] BGH NJW 1994, 1060 (1068); vgl. auch Castendyk, Lizenzverträge und AGB-Recht, ZUM 2007, 169 (172) mit allgemeiner Darstellung von Lizenzverträgen und AGB-Recht.
[109] Vgl. dazu LG Köln CR 2012, 77 „Außerordentliche Kündigung eines Softwarelizenzvertrages".

Rückentwicklungen, die eine Analyse des Programms bezwecken)[110] sowie Zahlungsmodalitäten, Eigentumsvorbehalten, Anlieferung und Abnahme der Software, Installation, Anpassung, Wartung, kostenfreie Testphasen, Geheimhaltungsverpflichtungen, Gerichtsstand und Rechtswahl.

Schließlich gilt es zu beachten, dass viele digitale Dienstleister ihre Software über ihre Homepage online zur Verfügung stellen und in diesem Zusammenhang ausschließlich formularmäßige Lizenzverträge und entsprechende AGB einsetzen, die vom Lizenznehmer nur durch einfaches Klicken bestätigt werden. 112

III. Vertiefung: Gestaltung internationaler Film- und Fernsehlizenzverträge

Im Folgenden werden – abrissartig – die wesentlichen Probleme bei der Gestaltung internationaler Film- und Fernsehlizenzverträge dargestellt. Ein gewisser Schwerpunkt wird dabei auf so genannte „Einkaufsverträge" gelegt (Erwerb von ausländischen, insbesondere US-amerikanischen Filmrechten). 113

Unter Einbeziehung von Einzelfragen aus dem deutschen und US-amerikanischen Urheberrecht werden Hinweise für die Gestaltung von nationalen und internationalen Lizenzverträgen gegeben. Dabei soll nicht unberücksichtigt bleiben, dass durch die verstärkte Verwendung von Urhebernutzungsrechten als Sicherungsmittel gegenüber Banken bei der Filmfinanzierung im Rahmen der damit zusammenhängenden Due Diligence von Lizenzverträgen ein zusätzlicher Druck auf die angemessene Gestaltung solcher Verträge entstanden ist. 114

1. Vertragsmuster

Im internationalen Rechtsverkehr findet der Ein- und Verkauf von Urhebernutzungsrechten an Film- und Fernsehwerken in der Regel in mehreren Schritten statt. Zunächst wird oft ein so genanntes Deal Memorandum (**„Deal Memo"**) unterzeichnet, das die wesentlichen Eckdaten eines Ein- bzw. Verkaufsgeschäfts festhält und entgegen mancher Fehlvorstellung regelmäßig bereits einen „vollen" Vertragsabschluss darstellt. In einem zweiten Schritt schließen die Parteien dann ein so genanntes **Long Form Agreement,** das alle Einzelheiten der Einräumung von Nutzungsrechten an dem vertragsgegenständlichen Filmwerk festhält. Darüber hinaus ist es insbesondere bei Verträgen mit größerem finanziellem Volum, die oft bereits im Entwicklungsstadium rechtsverbindlich geschlossen werden, üblich, im Hinblick auf die Finanzierung zugunsten von Banken und anderen Finanzierungsinstitutionen weit reichende Abtretungsanzeigen (**Notice of Assignment**) und gegebenenfalls Gläubigervereinbarungen (**Inter-Creditor-Agreements**) zu unterzeichnen. 115

Praxistipp:

Ein professionelles Filmhandelsunternehmen sollte in diesem Bereich über laufend gepflegte Vertragsmuster verfügen, da in Verhandlungssituationen bekanntermaßen derjenige starke Vorteile genießt, nach dessen Vertragsvorlage gearbeitet wird. Dem Vertragspartner bleibt dann die eher unangenehme Aufgabe, unerwünschte Klauseln „wegzuverhandeln".

Mittlerweile seit Jahrzehnten hat die unabhängige, aber US-amerikanisch dominierte Independent Film & Television Alliance (**IFTA,** vormals AFMA = American Film Marketing Association) mit Sitz in Los Angeles erfolgreich das so genannte IFTA-Standardvertragssystem etabliert und fortentwickelt.[111] Innerhalb dieses Vertragssystems gibt es ein standardisiertes Deal Memo und ein Long Form Agreement mit einer Standard-Rechteklausel und Standard Terms and Conditions (AGB). Gleichzeitig ist eine Schiedsgerichtsklausel in den Vertrag integriert, welche die Parteien bei Streitigkeiten aus dem Vertragsverhältnis zu dem von der IFTA organisierten IFTA Arbitration System führt. Der IFTA-Standardvertrag kommt im internationalen Rechtsverkehr der so genannten Independents, also derjenigen internationalen Film- und Filmhandelsunternehmen, die nicht 116

[110] Zur näheren Begriffsbestimmung Marly Rn. 43, 223 ff.
[111] Siehe hierzu http://www.ifta-online.org, der Abruf von Vertragstexten ist allerdings kostenpflichtig.

im amerikanischen Studiosystem integriert sind, rege zum Einsatz, da er die jeweils aktuellsten AGB und Rechtedefinitionen enthält. Der IFTA-Vertrag ist jedoch vor allem für deutsche Lizenznehmer mit Vorsicht zu genießen, da er naturgemäß sehr lizenzgeberfreundlich strukturiert ist. Starke Beachtung sollte bei der Vertragsgestaltung und -verhandlung vor allem den Genehmigungs- und Mitbestimmungsrechten des Lizenzgebers geschenkt werden, da diese mit Vertragsbruchtatbeständen und Kündigungs- bzw. Schadenersatzansprüchen verknüpft sind, die deutsche Lizenznehmer in der Vergangenheit häufig in ihrer Wirkung unterschätzt haben.

117 Die sog. Major Studios und die Streaming-Plattformen (Netflix, Amazon Prime, etc.) verfügen unabhängig davon über ihre eigenen Vertragsvorlagen („Templates"), die in der Praxis als unabdingbare Verhandlungsgrundlage dienen, wenn man mit diesen führenden Marktteilnehmern ein Film- oder TV-Lizenzgeschäft abschließt.

2. Internationaler Schutzstandard

118 Seit dem Beitritt der USA zur Berner Übereinkunft am 1.3.1989 sind große Teile des Systems der Berner Übereinkunft auch im Rechtsverkehr mit den Vereinigten Staaten gewährleistet.[112] Dies gilt insbesondere für den **Grundsatz der Inländerbehandlung** (Art. 5 Abs. 1 RBÜ) und die **Freiheit von Förmlichkeiten** im Hinblick auf den Eintritt des Urheberschutzes (Art. 5 Abs. 2 RBÜ).

119 Gleichwohl haben sich die **USA** gewisse traditionelle **Vorbehalte** einräumen lassen, worunter insbesondere die Möglichkeit der uneingeschränkten Übertragung der Inhaberschaft des Urheberrechts fällt. Dies geschieht entweder durch den Abschluss einer so genannten „work made for hire"-Vereinbarung, die von beiden Seiten unterzeichnet sein muss (Section 101 (2) Copyright Act), oder durch die ebenfalls in Section 101 Copyright Act legal definierte Übertragung („transfer") der Inhaberschaft am Urheberrecht, die nach deutschem Recht gem. § 29 Abs. 1 UrhG nur durch Verfügung von Todes wegen erfolgen kann.

120 Der „transfer" der Inhaberschaft ist streng von der Einräumung ausschließlicher Urhebernutzungsrechte zu unterscheiden, wie sie regelmäßig in den **License Agreements** geschieht.[113] Dabei wird üblicherweise folgende Formulierung verwendet:

„Licensor exclusively licenses to Distributor the Licensed Rights in the Picture for (…).".[114]

121 Weiterhin ist die Übertragung der Inhaberschaft am Urheberrecht, die auch oft verkürzt als **„Assignment"** bezeichnet wird, von der Abtretung des „gesamten" Lizenzvertrages mit seinen für den konkreten Einzelfall festgelegten Rechten und Pflichten an einen Dritten zu unterscheiden, die ebenfalls unter der Überschrift „Assignment" in den Lizenzverträgen regelmäßig untersagt wird.[115]

3. Anforderungen an die konkrete Vertragsgestaltung

122 Grundsätzlich sind nachfolgende wichtige Formen von Verträgen zu unterscheiden, die im Bereich der Lizenzverträge in der Praxis auftauchen.

123 **a) Vertragsarten.** Zunächst werden Urhebernutzungsrechte oft im Zusammenhang mit einem Co-Finanzierungsvertrag, der zumeist schlicht als **Co-Produktionsvertrag** überschrieben wird, eingeräumt. Diese Vertragsform zeichnet sich dadurch aus, dass der meist für ein Territorium zeitlich unbegrenzte ausschließliche Lizenznehmer formell als Co-Produzent in eine Produktion einsteigt. Hintergrund hierfür ist oft das „Einbringen" oder Vermitteln eines lokalen Senders oder einer lokalen Filmförderung in die Produktion. Bei genauerem Besehen stellt sich oft heraus, dass der Co-Produzent und Co-Finanzier (oft ein Fernsehsender) weder am Finanzierungs- noch am Organisationsrisiko der Filmherstellung unbeschränkt beteiligt sein will.[116] Der Finanzierungsbeitrag wird in derartigen Konstellationen von vornherein limitiert. Eine Nachschusspflicht besteht nicht. Die Lizenzgebühr wird in einen „Co-Produktionsanteil" und einen Kaufpreis für die ent-

[112] Zum jüngsten Stand der RBÜ-Mitgliedstaaten vgl. http://transpatent.com/archiv/wipo136.html.

[113] Vgl. in diesem Zusammenhang Siefarth S. 86.

[114] Siehe IFTA-Standardvertrag, Standard Terms and Conditions, kostenpflichtig zu beziehen über www.ifta-online.org.

[115] Siehe IFTA-Standardvertrag, Standard Terms and Conditions.

[116] Die Übernahme der wirtschaftlichen Verantwortung und der organisatorischen Tätigkeit, die erforderlich ist, um den Film herzustellen, ist im Zweifel jedoch die das Schutzrecht des Filmherstellers begründende Leistung (BGHZ 120, 67 „Filmhersteller").

stehenden Rechte aufgeteilt. Ziel ist es, sich über den Co-Produktionsanteil die Rechtsstellung eines Filmherstellers iSv § 94 UrhG und ausschließliche, in der Regel aber territorial begrenzte, Auswertungsrechte zu verschaffen, ansonsten jedoch nicht am eigentlichen Produktionsrisiko teil zu nehmen.

Über die (richtige) **steuerliche Behandlung von Co-Produktionen** ist insbesondere unter dem Gesichtspunkt der in Deutschland immer zu beachtenden Mitunternehmerschaft (§ 15 Abs. 1 Nr. 2 EStG) in den letzten Jahren eine heftige Debatte zwischen einzelnen Finanzverwaltungen und vor allem Filmproduzenten um die Frage entstanden, wann eine Mitunternehmerschaft vorliegt und wie diese steuerlich korrekt abzuwickeln ist (insbesondere im Hinblick auf die Notwendigkeit der Gründung gemeinsamer GbRs mit eigener Steuernummer unter den vermeintlichen „Co-Produzenten“). 124

Mit der vorgenannten Konstellation verwandt, jedoch oft ohne Verschaffung der Co-Produzentenstellung, ist der von deutschen Lizenznehmern (insbesondere Rechtehändler und Fernsehsender) vor allem mit US-amerikanischen Filmstudios häufig vereinbarte **Out-Put-Deal.** Hier handelt es sich sozusagen um eine „Blindbuchung“ von zukünftig entstehenden Werken eines Produzenten, die in der Regel im Paket[117] verkauft werden. Dieser Einstieg erfolgt, auf das zukünftige Produkt einer Firma bezogen, oft bevor überhaupt drehfertige Drehbücher vorliegen. Der Lizenzpreis wird größtenteils ohne die Möglichkeit der Mitsprache bei der Produktion vorab oder während der Produktion bezahlt. Die Verweigerung der Abnahme ist nach Fertigstellung der Projekte nur eingeschränkt möglich. Typisch für Out-Put-Deals ist die Festlegung von einem so genannten guaranteed cast/director, dh bestimmte Schauspieler und Regisseure müssen mitwirken, um das Vorabzahlungsrisiko zu rechtfertigen. Wird gegen diese Garantie verstoßen, so kann in der Regel ein Rücktritt vom Vertrag erfolgen. Derartige Out-Put-Deals werden naturgemäß nur mit altbewährten und marktstarken Produktionsunternehmen, wie etwa den amerikanischen *major studios* abgeschlossen und können dann von diesen als Finanzierungsinstrument eingesetzt werden. 125

Weiterhin ist der so genannte **Pre-sale** eines noch nicht entstandenen Filmwerkes branchenüblich. Auch dieser geschieht oft zu Finanzierungszwecken. Er unterscheidet sich vom Coproduktions- und Out-Put-Deal dadurch, dass hier in der Regel ein Drehbuch bereits vorliegt und im Hinblick auf das dann fertig zu stellende Produkt eine Vereinbarung über in der Regel zeitlich, örtlich und verwertungsmäßig eingegrenzte Urhebernutzungsrechte geschlossen wird. Darüber hinaus wird innerhalb von Pre-sales regelmäßig ein klares Abnahmerecht zugunsten des Lizenznehmers festgelegt.[118] 126

Schließlich ist der „klassische“ **Filmlizenzvertrag** am bereits bestehenden Filmwerk zu nennen. Hier weiß der Lizenznehmer in der Regel, was er erwirbt. Sein Risiko ist deswegen begrenzt. Er übernimmt nicht das Risiko der Realisierung bzw. der Qualität des Endprodukts. 127

Praxistipp:

Bei allen vorgenannten Szenarien ist im Sinne der Interessenabwägung bei der Vertragsgestaltung immer zwischen Einkaufs- und Verkaufssituation zu unterscheiden. Außerdem ergeben sich starke Gestaltungsunterschiede daraus, ob ein Vertrag über eine einzelne Produktion oder eine ganze Reihe von Filmwerken (so genannter Package Deal) abgeschlossen wird.

b) Garantierter Cast und FSK-Freigabe. Insbesondere bei Pre-sale bzw. Out-put-Szenarien ist die Festlegung des konkret geschuldeten Werkes ein erster wichtiger Meilenstein des Vertragsabschlusses. Da der kommerzielle Wert eines Filmes sehr stark von der Mitwirkung bestimmter Schauspieler abhängig ist, wird hier sehr oft ein so genannter garantierter Cast oder Regisseur (bzw. andere filmspezifische „guaranteed elements“) vereinbart, mit dessen Mitwirkung eine **auflösende Bedingung** bzw. ein **Rücktrittsrecht** verknüpft wird. Gleiches gilt für das Erreichen einer bestimmten FSK-Freigabe, wobei für den Fall deren Nichteintritt in der Regel ein Rücktrittsrecht bzw. ein Minderungsrecht des Lizenznehmers hinsichtlich der Lizenzvergütung vereinbart wird. 128

[117] Filme werden heute regelmäßig in Paketen gehandelt. Dies vor allem deswegen, weil der Lizenzgeber damit sicherstellen kann, dem Lizenznehmer auch wirtschaftlich weniger attraktive Filme verkaufen zu können, die er im Einzelvertrag ohne Kassenschlager nur ungleich schwerer an den Mann brächte.

[118] Ausführlich zu Pre-sale-Verträgen im Hinblick auf Serien (Rechtswahl, Freigabe- und Abnahmeszenarien, Risikoverteilung): Ventroni/Straßer MMR 2019, 359 (359 ff.).

Die Freiwillige Selbstkontrolle (FSK) ist die in Deutschland allgemeinverbindlich anerkannte freiwillige Prüfung von Filmwerken, die in der Bundesrepublik Deutschland für die öffentliche Vorführung und Verbreitung vorgesehen sind. Entsprechend den Grundlagen der FSK wird eine Freigabe für eine bestimmte Altersklasse bestimmt. Eine strenge FSK-Freigabe kann den kommerziellen Wert eines Filmes dramatisch beeinflussen, da die FSK-Freigabe auch die erlaubte Sendezeit des Filmes im Fernsehen indirekt festlegt. So darf ein FSK 18 zugelassener Film (ab 18 Jahren zugelassen), erst ab 23:00 Uhr also weit nach der werbeträchtigen Prime Time ausgestrahlt werden.

129 c) **Sprachfassung.** Hier hat sich ein deutscher Lizenzgeber zunächst sehr konkrete Gedanken darüber zu machen, wer die Rechte an ggf. durch Lizenznehmer hergestellten fremden Sprachfassungen (insbesondere Synchronfassungen, Voice-Over-Fassungen, untertitelte Fassungen und sog. Closed-Caption-Fassungen für Blinde oder Gehörlose) erhält. Es ist deswegen üblich zu vereinbaren, dass der Lizenzgeber ein jederzeitiges Zugangsrecht zu fremdsprachigen Synchronfassungen erhält und die Rechte an diesen Synchronfassungen nach Ablauf der Lizenzzeit in die ausschließliche Verfügungsbefugnis des Lizenzgebers fallen. Gleiches gilt für das im Zusammenhang mit der Synchronfassung bzw. untertitelten Fassung hergestellte Material. Umgekehrt möchte ein deutscher Lizenznehmer, der die deutsche Sprachfassung eines zB englischsprachigen Werkes herstellt, die Rechte daran möglichst behalten bzw. nach Ablauf der Lizenzzeit kostenpflichtig an den Lizenzgeber zurücklizenzieren.

130 d) **Lizenzterritorium.** Das Lizenzgebiet wird durch die genaue Angabe der entsprechenden Territorien (einschließlich diplomatischer Sonderzonen, wie etwa Flugzeuge, Botschaften, Ölförderplattformen, etc.) festgelegt. Deutsche Lizenznehmer erwerben oftmals nicht nur die Rechte für die Bundesrepublik Deutschland, sondern für das gesamte deutschsprachige Europa (Deutschland, Österreich, Schweiz, Südtirol, Liechtenstein, deutschsprachiges Luxemburg). In diesem Fall wird zur Ergänzung und genaueren Beschreibung auch noch der Sprachraum bezeichnet (German speaking Europe).

Formulierungsbeispiel:

Der Lizenzgeber räumt dem Lizenznehmer das ausschließliche Recht ein, die eingeräumten Nutzungsrechte für die nachfolgend bestimmten Verwertungsarten im deutschsprachigen Raum (Deutschland, Österreich, Schweiz, Südtirol, Lichtenstein, Luxemburg) ganz oder teilweise und ohne zeitliche Begrenzung in deutscher Sprache auszuwerten.

131 e) **Einhaltung des Lizenzgebiets (intended overspill, geo blocking).** Für Lizenzgeschäfte, welche die Einräumung von Urhebernutzungsrechten für europäische Länder zum Gegenstand haben, tritt regelmäßig das Problem des so genannten **intended overspill** und der Kabelweiterleitung von Sendern innerhalb des Lizenzgebiets in die Kabelnetze benachbarter Territorien bzw. umgekehrt auf. Das heißt, der Lizenzgeber kann ebenso wenig wie der Lizenznehmer bei Einkaufsverträgen innerhalb der Rechtegarantie sicherstellen, dass das lizenzierte Filmwerk nicht im Rahmen des stattfindenden technischen overspills von terrestrischen Funkmasten bzw. von Satelliten und im Rahmen der in Europa üblichen Einspeisung von nationalen Fernsehprogrammen in benachbarten Territorien während der exklusiv gewährten Lizenzzeit parallel gesendet wird bzw. in einer anderen Sprachfassung im Lizenzgebiet des Lizenznehmers zur Ausstrahlung kommt. Aus diesem Grund werden in internationalen Lizenzverträgen regelmäßig entsprechende Klauseln aufgenommen, in denen durch den overspill-Effekt bzw. die Kabelweiterleitung ausgelöste Parallelweiterverbreitungen einvernehmlich **aus der Garantie ausgeschlossen** werden. Hinzu kommt in der Welt des Internets die Notwendigkeit den Zugang ausschließlich auf bestimmte Sprachfassungen zu limitieren (sog. Geo Blocking). Dies ist inzwischen technisch ohne weiteres möglich und wird regelmäßig ausdrücklich vertraglich garantiert.

132 f) **Rechteklausel.** Die rasante technische Entwicklung insbesondere im Bereich der digitalen Kompression und im Bereich der Telekommunikationsnetze hat dazu geführt, dass sich die Urhebernutzungsrechte an einem Filmwerk mittlerweile mannigfaltig unterteilen lassen. Daher kommt der Verwaltung von Rechten sowohl in strategischer als auch in administrativer Hinsicht ein ganz anderes Augenmerk zu als früher. Hierbei kann nicht nur in die **grundsätzlichen Verwertungs-**

arten, wie etwa Kinoverwertung, Bild- und Tonträger (Video, DVD), Free-TV, Pay-TV, Online, Ancillary, Merchandising und Drucknebenrechteverwertung, um nur die wichtigsten Verwertungsarten zu nennen, unterschieden werden. Vielmehr ist es darüber hinaus üblich, die Verwertung eines Filmwerkes durch **Sperrfristen** und so genannte **Premium-Auswertungsrechte** (Erstausstrahlungsrechte) zusätzlich zu definieren. Dies hat dazu geführt, dass zB im Rahmen der Pay-TV-Auswertung inzwischen zwischen Premium-Pay-TV (Erstausstrahlung im Pay-TV), Basic-Pay-TV, Pay-Per-View, Near-Video-On-Demand und Pay-Per-Channel differenziert werden kann. Insbesondere in US-amerikanischen Lizenzverträgen wird deswegen **eine strenge Einzeldefinition** der Verwertungsarten vorgenommen, um diese dann möglichst seziert lizenzieren zu können.

Das sog. Online-Geschäft hat sich in den letzten Jahren rasant entwickelt. Technische Trends wie etwa Smart Phones oder das Cloud Computing stellen ständig neue Herausforderungen an die Vertragsgestaltung. Insbesondere ist die rechtliche Aufsplitterung der sog. **Video-on-demand-Rechte** sorgsam zu beachten. Grundsätzlich ist zu unterscheiden, ob ein Download-Vorgang zum einmaligen Konsum (Video on demand) oder zum dauerhaften Verbleib (Download to Own, Electronic Sell-Through) beim Nutzer führt. Daneben gibt es spezielle Formen der On-demand-Nutzung wie zB sog. Subscription VOD = SVOD (Abonnement), Transactional VOD = TVOD (einmaliger Abruf) und Free VOD = FVOD. Schließlich ist zu beachten, dass es eine große Zahl von Lizenznehmern wie beispielsweise Fernsehsender gibt, welche die nicht-exklusiven Free-Video-on-demand-Rechte sozusagen als Beigabe für sog. Catch-Up (VOD-Nutzung in einem Fenster von idR 7 Tagen nach Ausstrahlung im Fernsehen) fordern.[119] 133

Bei der Gestaltung von Verträgen mit verschiedenen Lizenznehmern kommt der detaillierten Ausgestaltung der einzelnen Verwertungsfenster für alle Formen von TV-, Pay-TV und VOD-Rechten und deren Abfolge, Anordnung und Blockierung (sog. Holdbacks) durch den Lizenzgeber entscheidende Bedeutung zu.[120] Sowohl der Lizenzgeber als auch der Lizenznehmer machen sich vor diesem Hintergrund auch verstärkt Gedanken darüber, welche Rechte für die Zukunft von strategischer Bedeutung sind. So haben beispielsweise viele deutsche Lizenzkäufer die Bedeutung der so genannten **Ancillary Rights** (Hotel, Schiff, Flugzeug und andere Transportmittel) in der Vergangenheit unterschätzt. Mit dem stetig zunehmenden internationalen Tourismus haben diese Rechte in den letzten Jahren an ökonomischer Bedeutung gewonnen. 134

Aus diesen Gründen kommt der exakten Gestaltung von vertraglichen Rechteklauseln und entsprechenden strategischen Erwägungen im Hinblick auf die Lizenzierung heute und in der Zukunft eine wesentliche Bedeutung zu. Hinzu kommt, dass deutsche Gerichte bei der Auslegung von unvollständig formulierten Rechteklauseln sehr restriktive Maßstäbe anlegen.[121] 135

g) Lizenzvergütung und Allocation. Hier entstehen insbesondere bei Einkaufsverträgen amerikanischer Produkte häufig Probleme mit der Rückführung der so genannten **Minimumgarantiezahlung.** Die Vergütungsklauseln in derartigen Verträgen sind in der Regel so gestaltet, dass der deutsche Lizenznehmer zunächst eine so genannte Minimumgarantiezahlung leistet, die dann mit den aus den verschiedenen Verwertungsarten entstehenden Erlösen verrechnet werden kann. Der amerikanische Lizenzgeber versucht oft, die entsprechende Minimumgarantiezahlung hinsichtlich der Rückführung auf die verschiedenen Verwertungsarten (Kino, Video, TV) aufzusplitten (so genannte **Allocations**), um dadurch zu erreichen, dass der deutsche Lizenznehmer bei der Gegenrechnung der jeweiligen Lizenzeinnahmen auf die Minimumgarantie schneller in den Bereich des normalen Verteilungsschlüssels (ohne Gegenrechnungsmöglichkeit) gelangt. Dies ist insbesondere dann der Fall, wenn die Video- bzw. Kinoauswertung eines Filmes nur schleppend verläuft bzw. ganz scheitert und auf diese Verwertungsarten hohe Anteile der Garantie „allokiert“ sind. 136

Praxistipp:

Bei Lizenzvergütungsklauseln muss darauf geachtet werden, dass eine Querverrechnung zwischen allen Verwertungsarten im Hinblick auf die Rückführung der Minimumgarantie vertraglich gestattet ist (so genannte cross-collateralization between all rights).

[119] Hierzu ausführlich: Ventroni/Straßer MMR 2019, 359 (360 f.).

[120] Hierzu ausführlich: Ventroni/Straßer MMR 2019, 359 (363).

[121] Vgl. dazu die Entscheidung des OLG München ZUM-RD 1998, 101 „Umfang der Rechteübertragung an private Fernsehsender“.

137 h) **Zustimmungserfordernisse (Approval Rights).** Internationale Lizenzverträge sehen in der Regel umfangreiche Zustimmungserfordernisse zugunsten des Lizenzgebers im Hinblick auf den Vertrieb des lizenzierten Filmwerkes vor. Dabei kann sich das Zustimmungserfordernis sowohl auf die **konkrete Gestaltung der Vertriebstätigkeit** als auch auf die Gestattung und Gestaltung von **Unterlizenzierungen** beziehen. Auch kann die Weiterlizenzierung von Filmwerken generell von der vorherigen Zustimmung des Lizenzgebers abhängig gemacht werden. Begründet wird dies damit, dass der Lizenzgeber, der oft selbst ein großer Medienkonzern bzw. ein mit einem Medienkonzern verbundenes Unternehmen ist, vermeiden will, dass sein Produkt in die Verwertungsketten der Konkurrenz gerät. Als Lizenznehmer hat man ein naturgemäß großes Interesse, derartige Zustimmungserfordernisse weg zu verhandeln. Ein Verstoß gegen Approval Rights bildet in der Praxis einen der häufigsten Gründe für rechtliche Auseinandersetzungen bzw. Schiedsgerichtsverfahren.

138 i) **Abtretungsverbote (Assignment Clause).** Gänzlich ausgeschlossen wird in Lizenzverträgen zumeist der Austausch des Vertragspartners, dh der Lizenznehmer darf in der Regel nicht über die gesamten Rechte und Pflichten aus dem Lizenzvertrag verfügen und diese an einen Dritten abtreten. Dies gilt oft auch für Sicherungsabtretungen an Finanzierungsinstitute.

139 Abtretungsverbote zu Finanzierungszwecken führen jedoch in der Praxis häufig zu großen **Schwierigkeiten,** da durch die zunehmende Verwendung von Filmpaketen als Sicherungsmittel oder als Asset für Transaktionen ein erhöhter Abtretungsbedarf entsteht.

Praxistipp:

Insbesondere in Einkaufsverträgen sollten deswegen die Assignment Clauses so gestaltet werden, dass eine Sicherungsabtretung der Rechte zu Finanzierungszwecken möglich ist. Gleiches gilt für die Abtretung von Lizenzverträgen an ein zukünftiges Unternehmen, das aus dem Lizenznehmer hervorgeht und für die Abtretung an verbundene Unternehmen.

140 j) **Rechtegarantie (Warranty Clause).** Innerhalb der filmbranchenüblichen Garantieklauseln lässt sich der Lizenznehmer nicht nur die Abschlussvollmacht im Hinblick auf den Vertrag garantieren, sondern insbesondere den Bestand und die Rechtsmangelfreiheit der lizenzierten Rechte. Aufgrund der immer wieder auftauchenden Verletzungsfälle und der filmimmanenten Komplexität der Rechtekette (chain of rights) empfiehlt es sich für den Lizenzgeber im internationalen Rechtsverkehr, soweit dies vom Lizenznehmer akzeptiert wird, eine **Haftungsbegrenzung** auf die Lizenzvergütung (oder Minimumgarantie) zu vereinbaren. Dies gilt insbesondere für Verträge, die eine Lizenzierung in den angloamerikanischen Rechtskreis beinhalten, da dort erhebliche Kosten der Rechtsverfolgung entstehen können.

141 k) **Kündigung (Termination Clause).** Internationale Lizenzverträge enthalten regelmäßig ein Sammelsurium von Kündigungsmöglichkeiten wegen Vertragsbruch- (breach of contract) und Verzugstatbeständen (default). US-amerikanische Verträge gehen in Einzelfällen sogar so weit, dass dem Lizenzgeber bei streitigem Zahlungsverzug oder Abrechnungsdifferenzen ein jederzeitiges Gesamtkündigungsrecht eingeräumt wird.

142 In jedem Fall werden für den Eintritt der endgültigen Zahlungsunfähigkeit, der Insolvenz, des Vergleiches und der Veräußerung des Unternehmens des Lizenznehmers oder der Verpfändung der lizenzierten Rechte regelmäßig Kündigungsmöglichkeiten eingeräumt. Der Kündigung ist oft eine Heilungsmöglichkeit innerhalb kurzer Fristen vorgeschaltet (opportunity to cure the default) Die Kündigung ist dann meistens mit einem **automatischen Rechterückfall** an den Lizenzgeber verknüpft.[122]

143 Derartig weit reichende Kündigungsmöglichkeiten führen zu einer starken Einschränkung der Verwendung von Filmrechten als Sicherungsmittel, denn die Sicherungsnehmer (Banken und andere Finanzierungsinstitutionen) können im Zweifel im Kündigungsfall die Rechte nicht ohne weiteres erstrangig verwerten.

144 Eine Ausweichmöglichkeit besteht darin, dass die Sicherungsnehmer, also die Banken, mit dem Lizenzgeber eine Gläubigervereinbarung (so genanntes **Inter-Creditor Agreement**) abschließen, die einen Einwendungsausschluss zugunsten der Bank vorsieht und so eine erstrangige Verwer-

[122] Siehe hierzu v. Hartlieb/Schwarz 160. Kap. Rn. 4 ff.

tung im Sicherungsfall sicherstellt. Gleichwohl ist anzumerken, dass der Abschluss derartiger Inter-Creditor Agreements nicht nur einen erheblichen Zeitaufwand erfordert, sondern oft daran scheitert, dass insbesondere US-amerikanische Lizenzgeber nicht dazu bereit sind, ihre Stellung als erstrangiger Gläubiger (so genannte **first-line creditor**) aufzugeben.

Praxistipp:
Im Falle des Abschlusses von Filmpaketverträgen (so genannte package deals) empfiehlt es sich unbedingt, im Hinblick auf die Kündigungsklausel zu vereinbaren, dass der gesamte Vertrag „pro Film" abgewickelt wird, dh sollte nur für einen einzelnen oder wenige Filme ein Vertragsbruch bzw. Kündigungsfall eintreten, so wird dies sowohl seitens des Lizenzgebers als auch seitens des Lizenznehmers nicht als Gesamtkündigungsfall behandelt. Vielmehr sollte vertraglich eine Lösung dahingehend vereinbart werden, wie der notleidende Film „abgewickelt" wird, ohne dass es zu einer Kündigung des gesamten Vertrages kommt. In der Regel werden in diesem Zusammenhang Austauschrechte bzw. Teilkündigungsrechte vereinbart.

l) Optionen (first look & last refusal). Ist der Lizenznehmer an einer dauerhaften Beziehung mit dem Lizenzgeber interessiert, so empfiehlt es sich, entsprechende Optionen auf eine Lizenzzeitverlängerung in den Vertrag aufzunehmen.[123] In einem out-put-Szenario wird darüber hinaus häufig vereinbart, dass der Lizenznehmer die Möglichkeit erhält, zukünftig entstehende Filmwerke von vornherein zu optionieren. 145

Häufig werden auch so genannte first look/last refusal-Rechte eingeräumt, die den Lizenzgeber dazu verpflichten, dem Lizenznehmer ein neues Produkt als Erstem anzubieten (Erstanbietungsrecht). Der Lizenznehmer erhält zusätzlich das Recht, selbst bei einer zunächst erfolgten Ablehnung jederzeit bzw. bei einer festgelegten Anzahl von offers zu dem Preis in das Lizenzgeschäft einzusteigen, den ein Dritter bietet (last refusal). In diesem Fall hat der Lizenzgeber dem Lizenznehmer die entsprechenden Drittangebote schriftlich nachzuweisen. 146

m) Bescheinigung nach dem Doppelbesteuerungsabkommen. Insbesondere bei Einkaufsgeschäften sind die nach dem deutschen Steuerrecht vorgesehenen Modalitäten zu beachten. Das heißt, bevor der Lizenzgeber nicht eine Bescheinigung nach dem entsprechenden Doppelbesteuerungsabkommen, vorlegt, muss der deutsche Lizenznehmer die so genannte Quellensteuer einbehalten. Erst nach Eingang der entsprechenden Bestätigung darf er sie, ohne steuerpflichtig zu sein, an den Lizenzgeber überweisen. Dies wird in der Praxis häufig übersehen. 147

n) Schiedsgerichtsklausel. Um gerichtlichen Auseinandersetzungen aus dem Weg zu gehen, vereinbaren die Parteien von internationalen Lizenzverträgen regelmäßig den **Ausschluss des ordentlichen Rechtsweges** und setzen anstelle dessen eine Schiedsgerichtsklausel. Die Vereinbarung der Schiedsgerichtsbarkeit soll vorgeblich unter anderem Kosten sparen. Ob die Durchführung eines Schiedsverfahrens in den Vereinigten Staaten oder London, wie dies beispielsweise die so genannte IFTA-Arbitration (vormals AFMA-Arbitration) vorsieht, tatsächlich kostengünstiger ist als ein Gerichtsverfahren in Deutschland oder in den USA, ist zu bezweifeln. 148

Das derzeit wohl bekannteste und meist diskutierte internationale Schiedsgerichtssystem der Filmbranche ist das Arbitration System der Independent Film & Television Alliance (**IFTA**).[124] Die langfristige Verfahrensstatistik dieser Schiedsgerichtsbarkeit fällt bedauerlicherweise nicht zugunsten deutscher Filmvertriebsunternehmen aus. Die Praxis der letzten Jahre zeigt, dass Gerichtsverfahren vor kalifornischen ordentlichen Gerichten sowohl die Kosteneffizienz als auch die Verfahrensdauer und Fairness des Verfahrens betreffend, der IFTA-Arbitration durchaus vorzuziehen sind. Dies nicht zuletzt deswegen, weil amerikanische Gerichte sehr oft die Vorschaltung einer so genannten **Mediation** (vergleichbar einem deutschen Güteverfahren) anordnen und diese bereits im Vorfeld zu vernünftigen und kostensparenden Vergleichen führen kann. 149

4. Notleiden von Lizenzverträgen durch Insolvenz

Nach Inkrafttreten der neuen Insolvenzordnung (InsO) entfällt das Kündigungsrecht zugunsten des Lizenzgebers. § 103 InsO sieht ein **Wahlrecht des Insolvenzverwalters** zwischen Vertragserfül- 150

[123] Zu Optionen in Pre-sale-Verträgen im Hinblick auf Serien: Ventroni/Straßer MMR 2019, 359 (363).
[124] Vgl. http://ifta-online.org. Vgl. hierzu Eberl ZUM 2002, 433.

lung und Ablehnung der Erfüllung vor. Allerdings ist anzumerken, dass das in § 103 InsO normierte Wahlrecht des Insolvenzverwalters nur bei nicht oder nicht vollständig erfüllten Verträgen ausgeübt werden kann. Rechte aus bereits erfüllten Verträgen fallen demzufolge in vollem Umfang der Insolvenzmasse zu. Es ist davon auszugehen, dass ein Filmlizenzvertrag bei vollständiger Bezahlung des vereinbarten Lizenzpreises vom Lizenznehmer iSv § 103 InsO erfüllt worden ist.

151 Fraglich ist, ob weiterhin Regelungen aus dem Bereich des Miet- und Pachtinsolvenzrechts und hier insbesondere der § 112 InsO, der eine **Kündigungssperre nach Insolvenzantrag** für Fälle des Zahlungsverzugs und der Vermögensverschlechterung vorsieht, analog angewendet werden können. Teile der Literatur gehen ohne weiteres von einer analogen Anwendung aus.[125] Dem lässt sich entgegenhalten, dass obwohl dem Gesetzgeber auf Grund der Erfahrung mit der Konkursordnung die Problematik der analogen Anwendung der Vorschriften über Miet- und Pachtverhältnisse auf Lizenzverträge bewusst gewesen sein müsste, er gleichwohl die Vorschrift des § 112 InsO ihrem Wortlaut nach nur auf Miet- und Pachtverhältnisse beschränkt hat. Die Amtliche Begründung gibt darüber bedauerlicherweise wenig Aufschluss. In ihr sind urheberrechtliche Lizenzverträge schlichtweg nicht erwähnt. Dass der Gesetzgeber über Lizenzverträge zumindest im Bereich des Verlagsrechts durchaus nachgedacht hat, beweist § 36 VerlG. Dort hat der Gesetzgeber für die Insolvenz des Verlegers in Abs. 1 dieser Vorschrift festgelegt, dass § 103 InsO auch dann zur Anwendung kommt, wenn das Werk bereits vor Eröffnung des Insolvenzverfahrens angeliefert war. § 36 Abs. 3 VerlG sieht ein Rücktrittsrecht des Verfassers für den Fall vor, in dem zurzeit der Eröffnung des Insolvenzverfahrens mit der Vervielfältigung noch nicht begonnen wurde. Abschließend wird die Frage einmal mehr durch die Rechtsprechung geklärt werden müssen.[126]

152 Keine Auswirkungen hat die Insolvenz des Lizenznehmers nach einer verbreiteten Meinung in der Literatur auf erteilte **Sublizenzen;** diese sollen bestehen bleiben.[127] Diese Auffassung wird durch die neuere Literatur jedoch stark in Zweifel gezogen. Teilweise wird unter Berufung auf eine Rechtsprechung des Bundesgerichtshofs[128] von einer grundsätzlichen Teilbarkeit von Leistungen innerhalb von Film- und Fernsehlizenzen ausgegangen, die zu einer „Vertragsspaltung" führt. Der gespaltene Vertrag ist dann über die §§ 103, 105 S. 1 InsO abzuwickeln.[129] Eine andere Auffassung geht von der Unanfechtbarkeit von Sublizenzen erst ab der dritten Erwerbsstufe (Weiterlizenzierung durch den Sublizenznehmer) aus und begründet dies mit § 34 UrhG.[130]

153 Wird ein deutscher Lizenznehmer insolvent, so ist deutsches Insolvenzrecht anwendbar. Die in den Einkaufsverträgen oft getroffene differierende Rechtswahl hat auf diesen Befund grundsätzlich keinen Einfluss.

154 Folgt man dem Regelungszweck der neuen Insolvenzordnung, die Insolvenzmasse so stark wie möglich zu erhalten, muss davon ausgegangen werden, dass § 103 InsO grundsätzlich nicht dispositiv ist. Es stellt sich somit die Frage, ob vertraglich vereinbarte **Rechterückfallklauseln** im Insolvenzfall Bestand haben können. Bestand können diese Vertragsklauseln nur dann haben, wenn ihre Anwendung zu einer Verdrängung der zwingenden Regelung des § 103 InsO führen würde. Dem könnte entgegenstehen, dass § 103 InsO, sofern er eine Kündigung des Lizenzgebers nicht mehr zulässt, eine zwingende Regelung im Sinne des Art. 34 EGBGB ist bzw. dass die Verdrängung des § 103 InsO ein Verstoß gegen den deutschen ordre public (Art. 6 EGBGB) darstellt.

155 In Bezug auf einen **Verstoß gegen den ordre public** kann eine eher restriktive Tendenz in der Rechtsprechung festgestellt werden, dh, dass nur bei eklatanten Verstößen gegen grundlegende Kernbestimmungen des deutschen Rechts, wie etwa Grundrechte, eine Verletzung des ordre public vorliegt.[131] Schwieriger ist die Beurteilung im Hinblick auf Art. 34 EGBGB, zu dem in Bezug auf § 103 InsO in Verbindung mit urheberrechtlichen Lizenzverträgen so gut wie keine ge-

[125] Vgl. insbesondere Schwarz/Klingner GRUR 1998, 103 (104); Brehm S. 227 f. mit Darlegung der Reichweite des Kündigungsverbots.

[126] Siehe auch Fischer WM 2013, 821 „Nicht ausschließliche Lizenzen an Immaterialgüterrechten in der Insolvenz des Lizenzgebers".

[127] Vgl. dazu Schwarz/Klingner GRUR 1998, 103 (104).

[128] BGH WM 2002, 1199 (1201).

[129] Westerholt/Joppich ZUM 2003, 262 (264 ff.); siehe dazu auch Oeter/Ruttig ZUM 2003, 611 (622).

[130] Frentz/Marrder ZUM 2003, 94 (105).

[131] Vgl. BGH NJW-RR 1991, 1211.

festigte höchstrichterliche Rechtsprechung vorliegt. Es ist – nicht zuletzt im Lichte des § 119 InsO – davon auszugehen, dass § 103 InsO insofern zwingendes Recht darstellt, als er ausländischen Lizenzgebern nicht gestattet, wirksam eine Kündigung im Falle der Insolvenz des Lizenznehmers zu erklären.

Anders könnte sich die Lage darstellen, wenn ein US-amerikanischer Lizenzgeber vor einem amerikanischen Gericht klagt. Wahrscheinlich wird ein amerikanisches Gericht deutsches Insolvenzrecht nicht berücksichtigen und die Kündigung für wirksam erklären. Allerdings müsste ein amerikanischer Lizenzgeber ein derartiges Urteil und den daraus erwachsenden Titel über die entsprechenden Rechtshilfeabkommen in Deutschland **zustellen und vollstrecken.** Dies ist ua dann ausgeschlossen, wenn die Anerkennung des Urteils gegen den deutschen ordre public verstieße (§ 328 Abs. 1 Nr. 4 ZPO). Diese Frage wird durch die Landesjustizbehörden geprüft. Dabei besteht die Gefahr, dass – wie oben erläutert – ein solcher Verstoß gegen den ordre public nicht angenommen wird und somit eine Zustellung und Vollstreckung der amerikanischen Urteile in Deutschland erfolgen kann. 156

IV. Tipps für die Beratungs- und/oder forensische Praxis

Beim Abschluss von Lizenzverträgen handelt es sich naturgemäß um eine juristische Tätigkeit, die nicht nur die spezifische Einarbeitung in das Spezialrechtsgebiet und die Brancheneigenarten erfordert, sondern die oft auch von Verhandlungsgeschick und Taktik geprägt ist. Außerdem spielt Akribie eine gewisse Rolle. Es empfiehlt sich bei der Erstellung und Überprüfung von Verträgen in der täglichen Beratungspraxis das Vier-Augen-Prinzip. 157

1. Beratungscheckliste: Verhandlung vor Lizenzverträgen

Checkliste: 158

- ☐ Verschaffen Sie sich zunächst Klarheit darüber, was der Mandant genau will und welche Rechte er tatsächlich innehat und einräumen möchte bzw. benötigt.[132] Dies erleichtert die Verhandlungen und bestimmt die Verhandlungstaktik. Überprüfen Sie die Rechtekette.
- ☐ Verschaffen Sie sich im Mandantengespräch Klarheit darüber, wer der Verhandlungsgegner ist und wo dessen Empfindlichkeiten, Stärken und Schwächen liegen. Insbesondere wenn Sie David gegen Goliath (kleiner Produzent gegen TV-Sender) vertreten, müssen Sie die tatsächlichen taktischen Spielräume Ihres Mandanten realistisch einschätzen.
- ☐ Legen Sie zunächst die Deal Breaker fest und bestimmen Sie die Verhandlungspositionen, die Sie unbedingt durchsetzen wollen.
- ☐ Stellen Sie dann ein Verhandlungsangebot zusammen, von dem Sie im Laufe der Verhandlungen Abstriche machen können.
- ☐ Wichtig: Präsentieren Sie, wenn möglich, den ersten Vertragsentwurf! Der Gegner muss sich dann auf Ihre Vorlage als Verhandlungsgegenstand einstellen und Punkte um- bzw. wegverhandeln.
- ☐ Verhandeln Sie große Verträge insbesondere mit USA-Berührung nicht alleine. Viele Verhandlungsgegner versuchen Sie dadurch zu beeindrucken, dass sie Verhandlungsteams mit mehr Personen als nötig besetzen, um dadurch zB höhere Sachkompetenz vorzutäuschen und Sie psychologisch in die Enge zu treiben.
- ☐ Bleiben Sie am Ball. Rufen Sie den Gegner ständig an, um die Verhandlungen zu Ihren Bedingungen zu einem raschen Abschluss zu bringen. Legen Sie die geänderten Vertragsversionen schnellstmöglich vor.
- ☐ Überlassen Sie dem Gegner aus den oben genannten Gründen nicht die Dokumentenverwaltung.

[132] Insbesondere bei der Einräumung von nicht im UrhG definierten Nutzungsrechten eigener Art wie etwa den sog. Merchandising-Rechten, für die es im Gesetz keine Legaldefinition gibt, ist Vorsicht geboten. Die Rechteeinräumung und die Nutzungszwecke sind hier klar und unmissverständlich einzeln zu beschreiben, siehe dazu OLG München ZUM-RD 2019, 594.

2. Beratungscheckliste: Ausarbeitung des Lizenzvertrages

159 **Checkliste:**

- ☐ Formulieren Sie eine klar verständliche Präambel bzw. Vertragszweckklausel.
- ☐ Entwickeln Sie hausintern eine vollumfängliche Rechteklausel (eventuell auch im Rahmen Allgemeiner Muster-Geschäftsbedingungen), die ständig durch entsprechende, durch die Rechtsfortbildung bedingte, up-dates ergänzt werden sollte.
- ☐ Informieren Sie sich über die neuesten technischen Entwicklungen vor allem im Bereich der „neuen Nutzungsarten". Entwickeln Sie hier „wasserdichte" Rechtedefinitionen und vertrauen Sie nicht blind den Beispielen in Formularbüchern, die oft zu ungenau oder veraltet sind.
- ☐ Unterschätzen Sie vor allem im Bereich der Filmmateriallieferung nicht die Bedeutung der Technik in der Praxis. Die Materialklausel sollte immer mit dem technischen Leiter des Mandanten besprochen und formuliert werden.
- ☐ Formulieren Sie kurz und genau. Der Mandant in Deutschland möchte einen Vertrag verstehen. Das Prinzip „In der Kürze liegt die Würze" wird nach wie vor sehr geschätzt.
- ☐ Da der sachbearbeitende Anwalt nach langen Verhandlungen oft eine gewisse „Betriebsblindheit" vor allem bei komplizierten Vertragskonstellationen an den Tag legt, empfiehlt sich das Vier-Augen-Prinzip. Lassen Sie einfach einmal den Kollegen/die Kollegin die Qualität Ihrer Arbeit begutachten.
- ☐ Übersenden Sie die endgültige Version des Vertrages nicht nur per E-Mail, sondern zu Beweissicherungszwecken auch mit einem Begleitschreiben versehen per Post und/oder Telefax. Es kommt in der Praxis immer häufiger vor, dass durch den regen E-Mail-Austausch falsche bzw. unvollständige Vertragsversionen unterzeichnet werden, für die dann der Anwalt in die Haftung genommen werden kann.

3. Vertragsmuster: Verfilmungsvertrag mit Lizenz

160 Verfilmungsvertrag

Zwischen

…

– nachfolgend Produzent genannt –

und

…

– nachfolgend Verlag genannt –

1. Vertragsgegenstand
   Der Verlag ist Inhaber der Verlags- und aller Nebenrechte an dem Roman
   „Ein kleiner und ein großer Dicker"
   von Martin D. Ulrich, nachfolgend „Autor" genannt
   im nachfolgenden kurz „Werk" genannt.
   Der Verlag garantiert dem Produzenten den Bestand der eingeräumten Rechte und wird bei eventuellen Streitigkeiten in Bezug auf den Bestand der eingeräumten Rechte den Produzenten schad- und klaglos halten.

2. Option
   2.1 Der Verlag räumt nach Maßgabe der nachfolgenden Bestimmungen dem Produzenten eine Option auf das Verfilmungsrecht an dem Werk und den Nutzungsrechten an der Verfilmung ein. Die Rechte werden mit Vertragsschluss übertragen und fallen automatisch an den Verlag zurück, wenn die Option nicht ausgeübt wird bzw. durch Zeitablauf verfällt.
   2.2 Der Verlag räumt dem Produzenten eine erste Option bis zum … ein. Für diese Option zahlt der Produzent an den Verlag bei Abschluss des Vertrages eine erste Optionsgebühr in Höhe von Euro … zuzüglich, falls anfallend, gesetzlicher Mehrwertsteuer.
   2.3 Der Produzent hat das Recht, die Option bis zum … gegen Zahlung von weiteren Euro … zuzüglich, falls anfallend, gesetzlicher Mehrwertsteuer zu verlängern. Macht der Produzent von diesem Recht Gebrauch, so hat er dies dem Verlag bis einschließlich … schriftlich mitzuteilen und vor dem … die weitere Optionsgebühr an den Verlag zu leisten.

2.4 Die Option wird ausgeübt, indem der Produzent die Vergütung gemäß Ziffer 4 dieser Vereinbarung vor dem … an den Verlag bezahlt. Maßgeblich ist der Zahlungseingang auf den Konten des Verlages oder die Übergabe eines Schecks.

2.5 Bei Nichtausübung der Option verfallen die Optionsvergütungen zugunsten des Verlages. Nach Ausübung der Option hat der Produzent innerhalb von 18 Monaten mit der Verfilmung des Werkes zu beginnen. Als Beginn der Verfilmung gilt die Durchführung des ersten Drehtages. Hat der Produzent nach Ablauf der 18-Monats-Frist nicht mit der Verfilmung begonnen, so fallen sämtliche hier vertragsgegenständlichen Rechte an den Verlag zurück, ohne dass es weiterer Erklärungen bedarf. Weitere Ansprüche stehen dem Verlag gegenüber dem Produzenten nicht zu. Bei Ausübung der Option wird die Optionsvergütung auf die Vergütung für den Erwerb des Verfilmungsrechts angerechnet.

3. Verfilmungsrecht

3.1 Der Verlag überträgt dem Produzenten das durch die Optionsausübung gemäß Ziffer 2 bedingte ausschließliche Recht, das Werk als Vorlage für ein Drehbuch zu verwenden und einmalig in deutscher Sprache zu verfilmen

3.2 Insbesondere werden dem Produzenten durch den Verlag im Zusammenhang mit der Verfilmung folgende Rechte übertragen:

3.2.1 Das Werkbearbeitungsrecht,
dh das Recht, unter Wahrung des gesetzlichen Urheberpersönlichkeitsrechts das Werk sowie Charaktere, Handlungselemente, Dialoge, Szenen, Zeichnungen, Figuren, bildliche Darstellungen, etc. des Werkes abzuändern, neue oder geänderte Teile hinzuzufügen, Teile herauszunehmen oder die Handlungsabfolge umzustellen, Drehbuchautoren mit einer Bearbeitung zu beauftragen, das Werk und die darauf basierenden Bearbeitungen in sämtliche Sprachen zu übersetzen und diese Bearbeitungen Dritten zugänglich, zu machen.

3.2.2 Das Titelverwendungsrecht,
dh das Recht, den Titel des Werkes auch zur Bezeichnung der Produktion zu verwenden.

3.2.3 Das Fortentwicklungsrecht,
dh die Befugnis, in dem Werk enthaltene Handlungselemente, Personen und deren Charakteristika sowie sonstige Ideen und Gestaltungselemente des Werkes uneingeschränkt auch für eine Folgeproduktion und sonstige Weiterentwicklungen der Produktion (zB Serien, Sequels und Spin-offs) sowie im Zusammenhang mit anderen Produktionen zu verwenden.

3.3 Das Verfilmungsrecht wird bis zum … exklusiv eingeräumt. Danach steht das Verfilmungsrecht dem Produzenten nur noch nicht-exklusiv zur Verfügung.

4. Vergütung
Als Vergütung für die Einräumung des Verfilmungsrechts und der Nutzungsrechte an dem Filmwerk erhält der Verlag einen Festbetrag in Höhe von

Euro …

zuzüglich, falls anfallend, gesetzlicher Mehrwertsteuer zahlbar mit Ausübung der Option (vgl. 2.4).

5. Nutzungsrechte

5.1 Der Verlag überträgt dem Produzenten nach Maßgabe von 3.2 sämtliche exklusiven, zeitlich, örtlich und sachlich uneingeschränkten Nutzungsrechte zur Auswertung des Filmwerks. Im Übrigen gilt für die umfassende Festlegung des Umfangs der übertragenen Nutzungsrechte die Anlage (Nutzungsrechte), die diesem Vertrag als fester Bestandteil beigefügt ist.

5.2 Sofern der Drehbuchautor eine Dokumentation zum Drehbuch erstellt oder sich die durch das Drehbuch erfolgte Bearbeitung des Originalstoffs für eine Veröffentlichung als Buch zum Film eignet, kann der Produzent den Drehbuchautoren diese Form der Auswertung gestatten, sofern eine Zustimmung des Verlages vorliegt. Der Titel der Dokumentation darf die Bezeichnung „Der kleine und ein großer Dicker" zwar beinhalten, muss aber durch geeignete Zusätze vom Originalwerk unterscheidbar sein.

5.3 Der Produzent hat unter Beachtung der Urheberpersönlichkeitsrechte des Autors freie Hand bei der Gestaltung des Drehbuchs, des Films und des Werbematerials. Er wird dem Verlag das Drehbuch rechtzeitig vor Drehbeginn zur Kenntnis vorlegen. Der Produzent ist nicht verpflichtet, den originalen Titel „Bernd will mehr" beizubehalten, er wird aber im Vorspann des Films auf den Autor und das Werk in In- und Ausland deutlich sichtbar unter Nennung des Originaltitels und des Verlages hinweisen. Sollte der Produzent einen anderen Titel wählen, so hat der Verlag das Recht, diesen für eine Buchausgabe zu verwenden.

5.4 Der Produzent kann die ihm übertragenen und eingeräumten Rechte soweit die Verwertung betroffen ist, bei gleichzeitiger schriftlicher Benachrichtigung des Verlages, ganz oder teilweise auf Dritte übertragen, er haftet aber in jedem Fall für die in diesem Vertrag übernommenen Verpflichtungen dem Verlag gegenüber in vollem Umfang.

6. Sonstiges

6.1 Der Produzent verpflichtet sich, dem Verlag drei Monate vorher mitzuteilen, wann der Film in die Kinos kommt.

6.2 Die Ungültigkeit von einzelnen Bestimmungen dieses Vertrages berührt nicht den rechtlichen Bestand des Vertrages als solchem.

6.3 Es gilt das Recht der Bundesrepublik Deutschland. Gerichtsstand ist der jeweilige Sitz des Beklagten.

…, … …, …

… …
Verlag Produzent

4. Anlage: Rechteklausel

161 Verlag (im Folgenden auch als **„Lizenzgeber"** bezeichnet) räumt Produzent an dem Werk das ausschließliche Recht zur Verfilmung des Werkes als Kinospielfilm oder als Fernsehproduktion oder -serie oder als sonstige Medienproduktion (zB für digitale Streaming-Plattformen) und deren umfassende und weltweite Auswertung in sämtlichen Sprachfassungen in allen audio-visuellen Medien einschließlich aller im Zusammenhang mit einer entsprechenden Auswertung branchenüblichen Nebenrechte ein.

Insbesondere werden Produzent durch Verlag im Zusammenhang mit der Verfilmung folgende Rechte übertragen:

I. Rechtseinräumung (Verfilmung):

a. Das Werkbearbeitungsrecht,
dh das Recht, unter Wahrung des gesetzlichen Urheberpersönlichkeitsrechts das Werk sowie Charaktere, Handlungselemente, Dialoge, Szenen, Zeichnungen, Figuren, bildliche Darstellungen, etc. des Werkes abzuändern, neue oder geänderte Teile hinzuzufügen, Teile herauszunehmen oder die Handlungsabfolge umzustellen, Drehbuchautoren mit einer Bearbeitung zu beauftragen, das Werk und die darauf basierenden Bearbeitungen in sämtliche Sprachen zu übersetzen und diese Bearbeitungen Dritten zugänglich, zu machen.

b. Das Filmherstellungsrecht,
dh das Recht, unter Beachtung des gesetzlichen Urheberpersönlichkeitsrechts unter Verwendung des Werkes oder von Teilen des Werkes eine Kino-, Fernseh- oder sonstige Medienproduktionsverfilmung in deutscher oder fremdsprachiger Fassung (nachstehend „Produktion" genannt) herzustellen.

c. Das Titelverwendungsrecht,
dh das Recht, den Titel des Werkes auch zur Bezeichnung der Produktion zu verwenden.

d. Das Fortentwicklungsrecht,
dh die Befugnis, in dem Werk enthaltene Handlungselemente, Personen und deren Charakteristika sowie sonstige Ideen und Gestaltungselemente des Werkes uneingeschränkt auch für eine Folgeproduktion und sonstige Weiterentwicklungen der Produktion (zB Serien, Sequels und Spin-offs) sowie im Zusammenhang mit anderen Produktionen zu verwenden.

II. Rechtseinräumung (Auswertung):
Lizenzgeber räumt Produzent das ausschließliche zeitlich, örtlich und inhaltlich unbegrenzte Recht zur weltweiten Auswertung der Produktion in allen Sprachfassungen ein. Dazu werden insbesondere die folgenden exklusiven Nutzungsrechte übertragen:

a. Die Theaterrechte (Kino-/Vorführungsrecht),
dh das Recht, die Produktion durch technische Einrichtungen öffentlich wahrnehmbar zu machen, unabhängig von der technischen Ausgestaltung des Vorführsystems, der verwandten Bild-/Tonträger und der Art und Weise der Zulieferung der vorzuführenden Signale. Die Theaterrechte beziehen sich insbesondere auf alle Film- und Schmalfilmformate (70, 35, 16, 8 mm), analoge und digitale (Video-) Systeme sowie die Fernübertragung des Vorführsignales und umfassen die gewerbliche und nicht gewerbliche Filmvorführung. Eingeschlossen ist das Recht, die Produktion auf Messen, Verkaufsausstellungen, Festivals und ähnlichen Veranstaltungen öffentlich wahrnehmbar zu machen.

b. Die Videogrammrechte,
dh das Recht zur Vervielfältigung und Verbreitung (Verkauf, Vermietung, Leihe etc.) der Produktion auf Bild-/Tonträgern aller Art (Videogramme) zum Zwecke der nicht-öffentlichen Wiedergabe. Dieses Recht umfasst sämtliche audiovisuellen Systeme wie Schmalfilme, Schmalfilmkassetten, Videokassetten, Videobänder, Videoplatten aller Art unabhängig von der technischen Ausgestaltung des einzelnen Systems (zB CD-Video, CD-ROM, CD-I, DVD, HD-DVD, Blue-Ray sowie alle sonstigen CD-Formate, Disketten, Chips, etc.), einschließlich jeder anderen technischen Art der Bild/Ton-Speicherung oder -Wiedergabe (digital oder analog etc.).

Eingeschlossen sind das Recht, die Produktion einem begrenzten Empfängerkreis (closed circuit video, zB Krankenhäuser, Hotels, Flugzeuge, Schiffe) oder einem bestimmten oder unbestimmten Personenkreis auf Abruf zugänglich zu machen (Video-on-demand).

c. Das Senderecht,
dh das Recht, die Produktion durch Ton- und Fernsehrundfunk, Drahtfunk, Hertz'sche Wellen, Laser, Mikrowellen oder ähnliche technische Einrichtungen (digital oder analog) ganz oder in Teilen der Öffentlichkeit beliebig häufig zugänglich zu machen. Dies gilt für beliebig viele Ausstrahlungen, für alle möglichen Sendeverfahren (zB terrestrische Sender, Kabelsendung, Kabelweitersendung, Satellitenfernsehen unter Einschluss von Direktsatelliten, Abruf-Fernsehen) und unabhängig davon, in welcher Form die jeweilige Sendeanstalt betrieben wird (öffentliches oder privates, kommerzielles oder nicht-kommerzielles Fernsehen) oder wie das Rechtsverhältnis zum Empfänger der Sendung gestaltet ist (mit oder ohne Zahlung eines Entgelts, Free-TV, Pay-TV, Pay-Per-View, Near-Video-on-demand, Video-on-demand etc.). Eingeschlossen ist das Recht der öffentlichen Wiedergabe von Funksendungen (zB Wiedergabe über Fernseher in Hotelhallen, in Flughäfen, etc.).

d. Das Vervielfältigungs-, Verbreitungs- und Übermittlungsrecht,
dh das Recht, die Produktion im Rahmen der in diesem Vertrag eingeräumten Nutzungsarten beliebig – auch auf anderen als den ursprünglich verwendeten Bild-/Tonträgern – zu vervielfältigen und zu verbreiten, sie zu archivieren, in Datenbanken einzustellen und Dritten in körperlicher oder unkörperlicher Form der Öffentlichkeit zu übermitteln oder für diese bereitzustellen.

e. Das Recht der öffentlichen Zugänglichmachung,
dh das Recht, die Produktion drahtgebunden oder drahtlos einzelnen oder mehreren Mitgliedern der Öffentlichkeit in einer Weise zugänglich zu machen, dass es ihnen von Orten und zu Zeiten ihrer Wahl zugänglich ist und zu diesem Zweck die Produktion beliebig häufig in beliebiger technischer Form zwischen zu speichern.

f. Das Bearbeitungs- und Synchronisationsrecht,
dh das Recht, die Produktion unter Wahrung der gesetzlichen Urheberpersönlichkeitsrechte des Lizenzgebers zu kürzen, zu teilen, im Rahmen der medienrechtlichen Vorgaben für Werbung zu unterbrechen, die Laufzeit anzupassen, den Titel neu festzusetzen, die Musik auszutauschen, die Produktion in allen Sprachen zu synchronisieren, untertitelte oder Voice-over-Fassungen herzustellen oder die Produktion in sonstiger Weise – insbesondere auf Anforderungen einer Sendeanstalt – zu bearbeiten sowie diese so bearbeiteten oder synchronisierten Fassungen nach Maßgabe der in diesem Vertrag Produzent eingeräumten Nutzungsrechte auszuwerten.

g. Das Recht zur Werbung und Klammerteilauswertung,
dh die Befugnis, Ausschnitte aus der Produktion im Rahmen anderer Produktionen oder zu Zwecken der Werbung für die Produktion auszuwerten (zB Sendung oder Vorführung in Programmvorschauen, Klammerteilverwertung, Tie-in-Werbung). Eingeschlossen ist das Recht, in branchenüblicher Weise auch in anderer Form (zB im Fernsehen, im Kino, oder in Druckschriften) für die Produktion zu werben.

h. Das Drucknebenrecht,
dh das Recht zur Herstellung, Vervielfältigung und Verbreitung von Inhaltsdarstellungen und sonstiger kurzer Druckwerke mit einer Länge von bis zu 7.500 Worten sowie von sonstigen Werbeschriften im üblichen Umfang zum Zwecke der Werbung und Öffentlichkeitsarbeit im Zusammenhang mit der Herstellung und Auswertung der Produktion in Presse, Rundfunk, Programmheften und dergleichen. Dieses Recht umfasst auch die Befugnis, Abbildungen des Lizenzgebers in diesen Druckschriften und sonstigen Werbemaßnahmen zu vervielfältigen und zu verbreiten

i. Das Tonträgerrecht,
dh das Recht zur Herstellung, Vervielfältigung und Verbreitung von Schallplatten, Bandkassetten, CDs oder sonstigen analogen oder digitalen Tonträgern, die unter Verwendung auch des gesprochenen Soundtracks der Produktion oder des der Produktion zugrunde liegenden Drehbuches gestaltet werden, sowie das Recht, derartige Tonträger durch Funk zu senden.

j. Das Recht zur Auswertung der Produktion in interaktiven Formen,
dh das Recht zur Vervielfältigung und Verbreitung der Produktion auf Bild-/Tonträgern, die zur interaktiven Nutzung, dh zur individuellen Bearbeitung, Kürzung, Verfremdung, Umgestaltung und sonstigen Veränderung der Produktion bzw. ihrer einzelnen Bild- und/oder Tonbestandteile (ggf. durch Verbindung mit anderen Werken) durch den Nutzer bestimmt sind, sowie zur Sendung und sonstigen Zugänglichmachung entsprechender interaktiv gestalteter Fassungen der Produktion.

k. Das Merchandising-Recht,
dh das Recht zur kommerziellen Auswertung der Produktion in Verbindung mit der Herstellung und dem Vertrieb von Waren aller Art und/oder der Vermarktung von Dienstleistungen aller Art unter Verwendung von Vorkommnissen, Namen, Titel, Figuren, Abbildungen oder sonstigen in einer Beziehung zu dem Werk oder der Produktion stehenden Zusammenhängen sowie das Recht, unter Verwendung derartiger Elemente und von bearbeiteten oder unbearbeiteten Ausschnitten aus dem Werk oder der Produktion für Waren und Dienstleistungen jeder Art zu werben. Dabei ist der Eindruck zu vermeiden, Lizenzgeber unterstütze persönlich die entsprechenden Waren oder Dienstleistungen. Eingeschlossen ist das Recht, unter Verwendung des Werkes und der Produktion Spiele, Computerspiele, etc. zu gestalten. Mitumfasst sind auch die sog. Theme-Park-Rechte.

l. Unbekannte Nutzungsarten,
Lizenzgeber ist sich bewusst, dass zukünftig einzelne der von den vorstehenden Rechtseinräumungen umfassten Nutzungsarten in ihrer zukünftigen wirtschaftlichen Bedeutung möglicherweise noch nicht vollständig eingeschätzt werden können bzw. neue Nutzungsarten zukünftig entstehen. Da Produzent im Hinblick auf das hohe mit der Produktion eingegangene wirtschaftliche Risiko darauf angewiesen ist, die Produktion in Zukunft auch in allen Nutzungsarten auszuwerten, erklärt sich Lizenzgeber ausdrücklich damit einverstanden, dass Produzent alle Nutzungsrechte auch an noch nicht bekannten Nutzungsarten eingeräumt erhält und verpflichtet sich, alle hierzu gegebenenfalls notwendigen Erklärungen und Mitwirkungshandlungen abzugeben und durchzuführen.

m. Rechtseinräumungen in Bezug auf ausländische Rechtsordnungen,
mit Wirkung für alle Rechtsordnungen, die eine Abtretung des Urheberrechts ("Copyright Assignment") zulassen, tritt Lizenzgeber Produzent in Bezug auf die Verfilmung der Produktion und deren Auswertung das Urheberrecht an dem Werk in Bezug auf eine Verwertung im Rahmen der Produktion ab. Produzent ist berechtigt, diese Abtretung in den hierfür maßgeblichen Registern (zB United States Copyright Office) eintragen zu lassen. Soweit dies nach den jeweiligen Rechtsordnungen zulässig ist, erklärt Lizenzgeber darüber hinaus einen Verzicht auf die Geltendmachung der Urheberpersönlichkeitsrechte ("waiver of moral rights"). Darüber hinaus soll die Rechtseinräumung mit Wirkung für alle Rechtsordnungen, die eine Rechtseinräumung auch für unbekannte Nutzungsarten zulassen, auch für derart erst zukünftig bekannt werdende Nutzungsarten gelten. Soweit diese Rechtsordnungen vorsehen, dass der Produzent als Lizenznehmer hierfür Lizenzgeber entsprechende Beteiligungen einzuräumen hat, verpflichtet sich Produzent, diese Zahlungen an Lizenzgeber im Zeitpunkt der Nutzung des Werkes in diesen, heute noch unbekannten Nutzungsarten zu leisten.

§ 46 Forschungs- und Entwicklungsverträge

Übersicht

I. Grundlagen

1. Bedeutung von Forschungs- und Entwicklungsverträgen

1 Aufgrund des starken Konkurrenzkampfes, des hohen Kostendrucks und des industriellen Wandels infolge der Digitalisierung sind insbesondere Unternehmen der ersten Welt unverändert zum Ausbau und zur Verteidigung ihrer Stellung im Wettbewerb darauf angewiesen, dem Markt neue und modernere Technologien und Produkte zur Verfügung zu stellen. Verstärkt wird dieser Druck durch das Interesse der Abnehmer an innovativen Produkten. Galten Smartphones vor einigen Jahren noch als Synonym für den technischen Fortschritt, sind sie inzwischen fast ein alter Hut. Stattdessen muss es nun bereits die am Handgelenk getragene Smartwatch sein, die als digitale Kommunikationsplattform eine Vielzahl technischer Funktion in sich vereint. Bei der Erforschung und Entwicklung neuer Technologien und Produkten spielt die Zusammenarbeit zwischen Unternehmen sowie zwischen Unternehmen und Hochschulen oder wissenschaftlichen Dienstleistern eine große Bedeutung. Denn einzelne Unternehmen sind wegen des immer schneller voranschreitenden, unaufhaltsamen technischen Fortschritts zu Spezialisierungen gezwungen. In unternehmensfremden Technologiebereichen sind sie dann zwangsläufig auf die Inanspruchnahme fremder Forschungs- und Entwicklungskompetenzen angewiesen. Es ist daher davon auszugehen, dass die Bedeutung von Forschungs- und Entwicklungsverträgen (im Folgenden „F&E-Verträge“) auch weiterhin zunehmen wird.

2. Arten von F&E-Verträgen

2 Unter **Forschung** lässt sich allgemein die Gewinnung neuer wissenschaftlicher Erkenntnisse auf technischem oder naturwissenschaftlichem Gebiet verstehen.[1] Der Begriff der **Entwicklung** erfasst demgegenüber grundsätzlich die erstmalige oder neuartige Nutzung von Forschungsergebnissen, um zu neuen oder verbesserten Materialien, Geräten, Produkten, Systemen, Verfahren oder Dienstleistungen zu gelangen.[2] Der Bereich der Forschung und Entwicklung kann dabei in die Bereiche Grundlagenforschung, angewandte Forschung sowie Entwicklung unterteilt werden.[3] F&E-Verträge, deren unmittelbarer Gegenstand das Auffinden neuer Erkenntnisse oder die Entwicklung neuer Produkte in diesem Sinne ist, lassen sich als **„F&E-Verträge im engeren Sinne“** bezeichnen. Dabei können – im Hinblick auf ihre kartellrechtliche Beurteilung – F&E-Verträge auf horizontaler den F&E-Verträgen auf vertikaler Ebene gegenübergestellt werden. An der Ausgestaltung der Zusammenarbeit orientiert lassen sich F&E-Verträge in F&E-Kooperationen und F&E-Aufträge unterteilen. Eine scharfe Grenzziehung ist in beiden Fällen nicht möglich.[4] Die Übergänge sind vielmehr fließend. F&E-Kooperationen und F&E-Aufträge sind zudem sowohl auf vertikaler als auch horizontaler Ebene anzutreffen.

3 Über den Begriff der **„F&E-Verträge im weiteren Sinne“** lassen sich auch F&E-Beraterverträge miterfassen.[5] In der Praxis werden sie jedoch für gewöhnlich nicht als F&E-Verträge bezeichnet.[6]

4 **a) Horizontale und vertikale F&E-Verträge.** *aa) Horizontale F&E-Verträge.* F&E-Verträge auf horizontaler Ebene zeichnen sich durch die Beteiligung von Unternehmen auf **gleicher Wirtschaftsstufe** aus.[7] Die Vertragsparteien verfolgen in aller Regel den gemeinsamen Zweck, durch den wechselseitigen Austausch von Informationen und die Einräumung von Nutzungsrechten an ihrem Know-how und bestehenden technischen Schutzrechten ein gemeinsames Forschungs-

[1] Litke S. 40 f.
[2] Litke S. 41.
[3] Litke S. 41.
[4] Beispiele für Mischformen finden sich bei Winzer Kap. 1. A. Rn. 7 ff.
[5] Hierzu näher unten → Rn. 10.
[6] Anders Wündisch, der auch F&E-Beraterverträge den F&E-Verträgen zuordnet: Rosenberger/Wündisch Kap. 1 Rn. 20.
[7] Winzer Einl. Rn. 4; vgl. auch Rosenberger/Wündisch Kap. 3 Rn. 3.

und/oder Entwicklungsziel zu erreichen. Der gemeinsam verfolgte Zweck muss sich dabei nicht auf den Bereich der Forschung und Entwicklung beschränken. Er kann sich im Anschluss an die Entwicklungsphase in einer gemeinsamen Verwertung der Ergebnisse (nachfolgend „F&E-Ergebnisse") fortsetzen. Möglich ist jedoch auch die getrennte Verwertung der Ergebnisse durch die Vertragsparteien.

Aufgrund der Beteiligung von Unternehmen auf gleicher Wirtschaftsstufe stehen sich häufig Wettbewerber gegenüber. Die Herausforderungen von F&E-Verträgen auf horizontaler Ebene können daher insbesondere auch in deren kartellrechtlicher Beurteilung liegen.[8] 5

bb) Vertikale F&E-Verträge. Arbeiten Unternehmen **unterschiedlicher Wirtschaftsstufen** auf dem Gebiet der Forschung und Entwicklung zusammen, so spricht man von vertikalen F&E-Verträgen.[9] Oftmals bestehen zwischen den beteiligten Unternehmen Lieferbeziehungen oder solche sind zumindest für die Zukunft, bei erfolgreichem Abschluss des beabsichtigten F&E-Projekts, beabsichtigt. Die Zusammenarbeit dient der Umsetzung neuer Technologien in konkrete Anwendungen oder der Entwicklung neuer Produkte oder Produktkomponenten und dem anschließenden Vertrieb der Anwendungen, Produkte oder Produktkomponenten durch das Unternehmen auf nachgeordneter Marktstufe (nachfolgend auch „Abnehmer"). Durch die enge Zusammenarbeit und Abstimmung der Vertragsparteien bereits in der Entwicklungsphase wird dabei sichergestellt, dass die Entwicklungsergebnisse den Wünschen und Bedürfnissen des Abnehmers entsprechen, etwa speziell auf die Verwendung als Komponente in einem komplexen Produkt angepasst sind. 6

b) F&E-Kooperationen und F&E-Aufträge. *aa) F&E-Kooperationen.* Verfolgen die Vertragsparteien bei der Zusammenarbeit einen gemeinsamen Zweck, so sind derartige F&E-Verträge als **F&E-Kooperationen** zu bezeichnen.[10] Üblicherweise handelt es sich bei F&E-Verträgen auf horizontaler Ebene um F&E-Kooperationen. Der gemeinsame Zweck bringt es dabei mit sich, dass eine derartige Zusammenarbeit in der Regel als BGB-Gesellschaft zu erfassen ist,[11] sofern nicht ausnahmsweise als Joint Venture eigens zum Zwecke der Kooperation eine Handels- oder Kapitalgesellschaft gegründet wird.[12] 7

bb) F&E-Aufträge. Den F&E-Kooperationen sind die Fälle der **Auftragsforschung und -entwicklung** gegenüberzustellen. Dabei verpflichtet sich eine der Vertragsparteien zur Durchführung – ggf. unter Übernahme der Gewährleistung eines bestimmten Erfolges – von Forschungs- und/oder Entwicklungsarbeiten. Die andere Vertragspartei, der in der Regel die Ergebnisse zur wirtschaftlichen Verwertung überlassen werden, verpflichtet sich im Gegenzug zur Übernahme der Kosten und/oder der Zahlung einer Vergütung. F&E-Aufträge zeichnen sich mitunter dadurch aus, dass der Auftragnehmer (zB ein Forschungsdienstleister) schon im Ansatz keine eigene Verwertung in Form einer Herstellung oder eines Vertriebs von Produkten, die von den Ergebnissen Gebrauch machen, beabsichtigt. 8

Als F&E-Aufträge lassen sich in der Regel auch bilaterale Verträge zwischen einem einzelnen Unternehmen und einer **Hochschule oder einem wissenschaftlichen Dienstleister** (zB die Fraunhofer-Gesellschaft zur Förderung der angewandten Forschung e. V. oder die Max-Planck-Gesellschaft zur Förderung der Wissenschaften e. V.; nachfolgend „F&E-Institutionen") einordnen, da F&E-Institutionen nicht an einer eigenen Verwertung der F&E-Ergebnisse im Wege der Herstellung und/oder dem Vertrieb von Produkten interessiert sind, sondern stattdessen über die Einnahme von Lizenzgebühren an dem wirtschaftlichen Erfolg partizipieren wollen. In diesem Bereich sind jedoch ebenfalls, insbesondere bei Beteiligung mehrerer Parteien, F&E-Kooperationen denkbar. Bei der Zusammenarbeit mit Hochschulen oder sonstigen öffentlich-rechtlichen Forschungseinrichtungen gilt es im Hinblick auf § 42 ArbnErfG einige Besonderheiten zu beachten.[13] 9

In der Praxis sehr selten anzutreffen sind Fälle, in denen Unternehmen gleicher Wirtschaftsstufe miteinander im Wege klassischer Auftragsforschung oder -entwicklung zusammenarbeiten.[14] Diese Konstellation ist eher auf vertikaler Ebene vorzufinden. 10

---

[8] S. dazu näher unten → Rn. 107 ff.

[9] Winzer Einl. Rn. 6; vgl. auch Rosenberger/Wündisch Kap. 3 Rn. 3.

[10] Winzer Einl. Rn. 4; anders Wündisch, der unter „F&E-Kooperationen" jegliche Vereinbarungen, mit denen sich die Vertragspartner verpflichten, bestimmte F&E-Arbeiten gemeinsam durchzuführen, versteht: Rosenberger/Wündisch Kap. 1 Rn. 16.

[11] Winzer Einl. Rn. 4 und Kap. 1. A. Rn. 58.

[12] Zu den verschiedenen Möglichkeiten siehe etwa Winzer Kap. 1. A. Rn. 55 ff.

[13] → Rn. 162 ff.

[14] Winzer Einl. Rn. 5.

11 c) **F&E-Beratungsverträge.** Als F&E-Verträge im weiteren Sinne können schließlich F&E-Beratungsverträge („Consultancy Agreements") verstanden werden.[15] Sie zeichnen sich dadurch aus, dass eine der Vertragsparteien als (freier) Mitarbeiter der anderen Vertragspartei forschungs- und/oder entwicklungsbegleitend beratend zur Seite steht. Die Rolle des Beraters nehmen dabei aufgrund ihrer Qualifikation oder besonderen Kenntnisse regelmäßig Ingenieure, Wissenschaftler, Hochschullehrer, freie Mitarbeiter oder etwa auch ein ausscheidender Gesellschafter ein. Aufgrund ihres starken dienst- bzw. arbeitsrechtlichen Einschlags sind die F&E-Beratungsverträge nicht Gegenstand dieser Abhandlung.

3. Rechtsnatur

12 Aufgrund der unterschiedlichen Interessenlagen bei F&E-Verträgen und der verschiedenen Spielarten, in denen F&E-Verträge in der Praxis anzutreffen sind, verbietet es sich, F&E-Verträge pauschal einem bestimmten Vertragstypus zuzuordnen. Zudem enthält ein F&E-Vertrag in der Regel ein Bündel unterschiedlicher Rechte und Pflichten, so dass aus der Natur der jeweiligen Vertragspflicht einzeln zu ermitteln ist, auf welche gesetzlichen Regelungen des deutschen Rechts ggf. zurückzugreifen ist.[16]

13 Wie bereits angesprochen, handelt es sich bei **F&E-Kooperationen** meistens um **BGB-Gesellschaften** im Sinne der §§ 705 ff. BGB.[17] Ohne abweichende Vereinbarungen der Vertragsparteien werden die Ergebnisse der Kooperation somit nach § 718 Abs. 1 BGB gemeinschaftliches Vermögen der Beteiligten, mit der Folge, dass die Vertragsparteien gemäß § 719 Abs. 1 BGB nur gesamthänderisch über diese verfügen und sie verwerten können.[18] Die Willensbildung innerhalb der BGB-Gesellschaft, also etwa die Entscheidung darüber, ob und, wenn ja, in welchem Umfang Patente angemeldet werden sollen, muss gemäß § 709 Abs. 1 BGB grundsätzlich einvernehmlich erfolgen.[19] Entsprechendes gilt nach § 714 Abs. 1 BGB für die Vertretung der Gesellschaft nach Außen. Diese Konsequenzen der gesetzlichen Bestimmungen sind in den seltensten Fällen zweckmäßig und von den Vertragsparteien beabsichtigt.[20] Eine Modifikation der gesetzlichen Bestimmungen durch eine detaillierte Regelung der Vertragsbeziehungen ist daher unabdingbar.

14 **F&E-Aufträge** lassen sich in aller Regel entweder als **Dienst- oder Werkvertrag** qualifizieren. Einen allgemeinen Grundsatz, wonach Forschungsverträge als Dienstvertrag und Entwicklungsverträge als Werkvertrag einzuordnen sind, gibt es dabei nicht.[21] Denn der werkvertragsrechtliche Erfolg kann sowohl in der Erzielung eines bestimmten gegenständlichen Arbeitsergebnisses als auch in der den Regeln von Wissenschaft und Technik entsprechenden Gewinnung von neuen wissenschaftlichen Erkenntnissen liegen. Ebenso wenig kann entscheidend sein, wie die Vertragsparteien den Vertrag bezeichnen.[22] Nach einer Entscheidung des BGH aus dem Jahre 2002 ist vielmehr der im Vertrag zum Ausdruck kommende Wille der Vertragsparteien maßgeblich.[23] Auszugehen ist dabei von dem allgemeinen Grundsatz zur Abgrenzung von Werk- und Dienstverträgen, wonach bei einem Werkvertrag ein bestimmter Erfolg herbeizuführen, hingegen bei einem Dienstvertrag lediglich die Dienstleistung als solche geschuldet ist.[24] Fehlen ausdrückliche Regelungen im Vertrag, ist auf sämtliche Umstände des Einzelfalles abzustellen.[25]

15 Als Indiz für die Einordnung eines F&E-Vertrages als Werkvertrag kann es angesehen werden, wenn die Vertragsparteien die zu erledigenden Aufgaben und den Umfang der Arbeiten konkret festlegen, insbesondere wenn eine konkrete Spezifizierung des zu entwickelnden Gegenstandes

[15] Rosenberger/Wündisch Kap. 1 Rn. 20.

[16] OLGR Karlsruhe 2008, 246 (248); LG Hannover NJW-RR 1999, 1655, 1656; Schmeißer/Zirkel MDR 2003, 849; vgl. Grüneberg/Grüneberg BGB Überbl. v. § 311 Rn. 16 ff.

[17] Winzer Kap. 1. A. Rn. 28 f.

[18] Winzer Kap. 1. A. Rn. 29; nähere Erläuterungen zur Problematik der Rechte am Entwicklungsergebnis s. Winzer Kap. 1. A. Rn. 37 sowie Kap. 1. B. Rn. 140 ff.

[19] Winzer Kap. 1. B. Rn. 144.

[20] Winzer Kap. 1. B. Rn. 142 und 144. Falls doch, werden die Vertragsparteien in aller Regel im Wege eines „Joint Ventures" eine Kapitalgesellschaft gründen.

[21] BGH NJW 2002, 3323 (3324); OLGR Karlsruhe 2008, 246 (247). Vgl. auch Möffert S. 42 f.; Ullrich, FS Fikentscher, S. 300 ff.; Ulsenheimer S. 174 f.; Schmeißer/Zirkel MDR 2003, 849 (850 f.).

[22] OLG Düsseldorf CR 1997, 732 (733).

[23] BGH NJW 2002, 3323 (3324); s. auch OLGR Karlsruhe 2008, 246 (247); Schmeißer/Zirkel MDR 2003, 849 (850).

[24] BGH NJW 2002, 3323 (3325); Schmeißer/Zirkel MDR 2003, 849 (851).

[25] BGH NJW 2002, 3323 (3324); Möffert S. 43.

erfolgt.[26] Darüber hinaus kann von Bedeutung sein, wie wahrscheinlich sowohl subjektiv aus Sicht der Vertragsparteien als auch objektiv mit dem Erreichen des Erfolges zu rechnen ist.[27] Dies insbesondere vor dem Hintergrund des Standes der Technik im Zeitpunkt des Vertragsschlusses. Ferner spricht für einen Werkvertrag, wenn für das Erreichen des Ziels eine Gewährleistung oder Haftung übernommen wird.[28] Demgegenüber genügt nicht bereits die schriftliche Fixierung von Terminen für die zwingende Annahme einer werkvertraglichen Erfolgshaftung, da auch bei bloßer Forschung der Ablauf der Tätigkeiten in zeitlicher Hinsicht hinreichend konkret beschrieben sein muss.[29] Die Annahme eines Dienstvertrages liegt im Falle der Vereinbarung einer zeitaufwandsabhängigen anstelle einer erfolgsabhängigen Vergütung nahe.[30] Entsprechendes gilt, wenn der Auftragnehmer öffentlich-rechtlich gebundenen ist[31] oder staatliche Fördermittel erhält. Denn falls ein F&E-Vorhaben als Werkvertrag zu qualifizieren ist, würde es keiner Übernahme eines Forschungsrisikos durch die Allgemeinheit bedürfen, da sowohl zivil- als auch zuwendungsrechtlich der Werkunternehmer alleine das Risiko des erfolgreichen Abschlusses trägt.[32]

Praxistipp:
Im Hinblick darauf, dass die Einordnung als Werk- oder Dienstvertrag in erster Linie anhand des im F&E-Vertrag zum Ausdruck kommenden Willens der Vertragsparteien erfolgt, müssen im Vorfeld der Vertragsgestaltung sorgfältig mit dem Mandanten die Hintergründe sowie Sinn und Zweck der Zusammenarbeit abgeklärt werden. Bestehen etwa konkrete Bedenken an einem erfolgreichen Abschluss der Arbeiten, sollte aus Sicht des Auftragnehmers tunlichst vermieden werden, dem Vertrag den Charakter eines Werkvertrages zukommen zu lassen. Demgegenüber kann es – zB in einer klassischen Zulieferbeziehung – für den Auftraggeber unabdingbar sein, dass die Ziele der Zusammenarbeit erreicht werden. Dies insbesondere dann, wenn bereits vor Beginn der Zusammenarbeit vertragliche Verpflichtungen mit Abnehmern bestehen oder derartige Verpflichtungen im Laufe des F&E-Vertrages eingegangen werden (sollen). Auf die Formulierung und Ausgestaltung der einzelnen vertraglichen Regelungen ist daher besondere Sorgfalt zu verwenden. Ansonsten können die Folgen eines Scheiterns der Zusammenarbeit für den Mandanten gravierende Nachteile, insbesondere die Haftung gegenüber dem Auftraggeber bzw. für den Auftraggeber gegenüber seinem Kunden, mit sich bringen.

II. Die Gestaltung von F&E-Verträgen

1. Allgemeine Grundsätze

Bei der Gestaltung von F&E-Verträgen ist, wie allgemein bei der Vertragsgestaltung, auf eine **klare** und **verständliche Formulierung und Ausgestaltung** der einzelnen Regelungen zu achten. Zu lange, verschachtelte Sätze sind zu vermeiden. Es sollte ferner davon abgesehen werden, insbesondere für den Juristen nicht ohne Weiteres verständliche Begriffe der Natur- oder Ingenieurswissenschaften zu verwenden. Zudem sollten Begrifflichkeiten, die im Vertrag an verschiedenen Stellen mit derselben Bedeutung gemeint sind, durch das identische Wort erfasst werden. Andernfalls sind Schwierigkeiten und Missverständnisse bei der Auslegung vorprogrammiert. 16

Darüber hinaus sollte besondere Sorgfalt auf die **„Durchsichtigkeit"** des Vertrages gelegt werden. Regelungen, die inhaltlich zusammengehören, sind aus systematischen Gründen in derselben Klausel zusammenzufassen oder doch zumindest in aufeinander folgenden Klauseln unterzubringen. Die für die einzelnen Klauseln verwendeten Überschriften sollten ferner präzise einen Überblick darüber verschaffen, was Gegenstand der in ihnen enthaltenen Regelungen ist. Mitunter kann es sinnvoll sein, Detailregelungen, zB Einzelheiten zur Durchführung der Forschungs- und Entwicklungsarbeiten (nachfolgend „F&E-Arbeiten"), der Spezifikationen der zu entwickelnden Vorrichtung oder Lizenz- und Lieferbedingungen, in Anlagen auszulagern. Dadurch kann ggf. 17

[26] BGH NJW 2002, 3323 (3324) und (3325); Schmeißer/Zirkel MDR 2003, 849 (851).
[27] BGH NJW 2002, 3323 (3324) und (3325); Schmeißer/Zirkel MDR 2003, 849 (851 f.) mwN.
[28] OLG München Urt. v. 24.11.1998 – 25 U 2196/98 S. 6.
[29] BGH NJW 2002, 3323 (3325); kritisch auch Schmeißer/Zirkel MDR 2003, 849 (851).
[30] BGH NJW 2002, 3323 (3324) und (3325); OLG München Urt. v. 24.11.1998 – 25 U 2196/98 S. 6.
[31] BGH NJW 2002, 3323 (3324).
[32] Näher dazu Schmeißer/Zirkel MDR 2003, 849 (852).

vermieden werden, dass sich im Zuge der Vertragsverhandlungen ergebende Änderungen „technischer" Aspekte auf den Vertragsentwurf durchschlagen und dieser deshalb angepasst werden muss. Falls Anlagen dem Vertrag beigefügt werden, sollten diese zusätzlich nach der Ziffer der Klausel benannt werden, in der sie erstmals im Vertrag in Bezug genommen werden. Die Vertragsparteien sollten im Vertragskopf ebenfalls mit einer Kurzbezeichnung erfasst werden. Dabei sind allgemeine Bezeichnungen wie etwa „Auftragnehmer/Auftraggeber" zu vermeiden, da dies leicht zu Verwechslungen führen kann. Bei langen Verträgen bietet es sich außerdem an, Inhaltsverzeichnisse voranzustellen. All diese Maßnahmen erleichtern sowohl während der Vertragsverhandlungen als auch bei der Durchführung der sich eventuell über längere Zeit hin erstreckenden Zusammenarbeit den Umgang mit dem Vertrag.

18 Des Weiteren ist – insbesondere bei F&E-Kooperationen – bereits bei der Ausarbeitung eines ersten Entwurfs eines F&E-Vertrages im Hinterkopf zu behalten, dass die einzelnen Bestimmungen von der oder den anderen Vertragspartei/-en als eine **faire Regelung** der beiderseitigen Interessen akzeptiert werden muss. Andernfalls werden diese mitunter derart vor den Kopf gestoßen, dass ihre Verhandlungsbereitschaft hinsichtlich einzelner Regelungen sinkt oder sie sogar ihr Interesse an einer Zusammenarbeit verlieren.

19 Schließlich sollte der **Regelungsumfang** in einem angemessenen Verhältnis zur Bedeutung der Zusammenarbeit und etwaigen Haftungsrisiken stehen. Zu berücksichtigen ist insoweit auch, ob es sich um einen Vertrag mit internationalem Bezug handelt, auf den ein eher unbekanntes oder von deutschen Gesetzen stark abweichendes Recht anzuwenden ist.[33] Unter diesen Umständen bietet es sich im Besonderen an, zumindest die wichtigsten Bereiche bereits umfassend im Vertrag zu regeln.

2. Präambel

20 Keinesfalls unterschätzt werden sollte die Bedeutung einer Präambel. Sie ist nicht nur der richtige Ort, um die Vorgeschichte der F&E-Zusammenarbeit darzulegen, wodurch erfahrungsgemäß das Verständnis des Vertrages erleichtert wird. Auch können in ihrem Rahmen die Interessen und Ziele beider Vertragsparteien näher umrissen werden, welche im Streitfalle eventuell wertvolle Auslegungshilfen darstellen.[34] Zudem können in der Präambel erste Begrifflichkeiten definiert werden.

3. Begriffsdefinitionen

21 Je nach Umfang des Vertrages kann es sinnvoll sein, wichtige und häufig verwendete Begrifflichkeiten vorab – sozusagen vor die Klammer gezogen – in einer eigenständigen Klausel zu definieren. So bietet es sich etwa an, Begriffe wie „Vertragsprodukt", „Know-how", „Background IP-Rechte" oder „Background Know-how", „Entwicklungsergebnisse", „Verbundene Unternehmen", „Dritte" und „Geheime Informationen" zu definieren. Dabei sollte der Begriff bei erstmaligem Auftauchen in Anführungszeichen gesetzt und zudem schrifttechnisch – etwa durch Kursivschrift oder Großbuchstaben – besonders hervorgehoben werden. Wichtig ist, dass die definierten Begriffe im weiteren Verlauf des Vertrages in entsprechender Weise schrifttechnisch hervorgehoben werden. Auf diese Weise wird für den Leser deutlich, dass diese Begriffe entsprechend der im Vertrag enthaltenen Definition zu verstehen sind.

4. Vertragsgegenstand

22 Die vertraglichen Regelungen sollten im Anschluss daran mit einer Darlegung des Vertragsgegenstandes beginnen. Der Begriff des Vertragsgegenstandes ist hierbei nicht etwa mit dem ggf. zu entwickelnden Vertragsprodukt zu verwechseln, sondern bezeichnet vielmehr **Materie und Ziel der vertraglichen Zusammenarbeit im Sinne der Gesamtheit der den Vertrag kennzeichnenden Vereinbarungen.**[35] Je nachdem, welche Ziele die Vertragsparteien verfolgen, kann der Vertragsgegenstand daher in der bloßen Forschung, der Entwicklung, der Weiterentwicklung oder Verbesserung von bereits bestehenden Produkten, der Erprobung sowie der ggfs. anschließenden Herstellung und Lieferung eines zu entwickelnden (serienreifen) Produktes liegen. Gegebenenfalls kann zur Präzisierung des Vertragsgegenstandes auf ein vorheriges Angebot oder eine bereits er-

[33] Näher hierzu Rosenberger/Wündisch Kap. 5 Rn. 15 f.
[34] S. zur Bedeutung der Präambel auch Möffert S. 39 f.
[35] S. auch Winzer Kap. 1. B Rn. 72 ff.

folgte Auftragsbestätigung Bezug genommen werden.[36] Um das Ziel der F&E-Arbeiten insbesondere bei zu entwickelnden Produkten hinreichend konkret zu definieren, bietet es sich an, die Produktspezifikationen entweder im Vertragstext festzulegen oder – insbesondere wenn diese umfangreicher sind – besser als Lasten- oder Pflichtenheft als Anlage dem F&E-Vertrag beizufügen.

Für den Fall, dass sich im Zuge der F&E-Arbeiten die Notwendigkeit ergibt, die Ziele bzw. die Produktspezifikationen an veränderte Umstände anzupassen, sollten Regelungen darüber in den Vertrag aufgenommen werden, welche Vertragspartei unter welchen Voraussetzungen und in welchem Umfang Änderungen vornehmen kann (sog. „Change Requests"). Es kann des Weiteren festgehalten werden, unter welchen Bedingungen der jeweils anderen Vertragspartei ein „Vetorecht" zusteht, infolgedessen sie eine Anpassung des Ablaufs- bzw. Kostenplans verlangen kann.[37] Unterbleiben derartige Regelungen, ist davon auszugehen, dass die festgelegten Ziele bzw. Produktspezifikationen verbindlich sind und daher von den Parteien nur einvernehmlich geändert werden können. 23

5. Durchführung der F&E-Arbeiten

Besonderes Augenmerk ist im Folgenden auf die Regelungen zur Durchführung der F&E-Arbeiten zu richten, wobei insbesondere nähere Bestimmungen zu deren zeitlichem Ablauf sinnvoll sind. Darüber hinaus sollte der F&E-Vertrag Bestimmungen zu einer (regelmäßigen) Abstimmung der Vertragsparteien untereinander und zu einer Zulässigkeit einer Zusammenarbeit mit Dritten während der F&E-Arbeiten enthalten. 24

a) Ablauf der F&E-Arbeiten. Die F&E-Arbeiten sind in aller Regel mit Inkrafttreten des Vertrages aufzunehmen. Falls die Vertragsparteien bereits im Vorfeld des Vertragsschlusses Maßnahmen zum Zwecke der Durchführung der F&E-Arbeiten ergriffen haben, so sollte dies kurz erwähnt und im Weiteren klargestellt werden, dass die Regelungen des F&E-Vertrages rückwirkend auch für derartige bereits vor Vertragsschluss begonnene F&E-Arbeiten zur Anwendung gelangen. Auf diese Weise lassen sich etwaige Unklarheiten bereits im Keim ersticken. Für den Fall, dass die Arbeiten erst nach Eintritt bestimmter Ereignisse bzw. unter besonderen Bedingungen zu beginnen sind (etwa Zahlung eines Vorschusses, Übergabe von Unterlagen oder positive Förderzusage eines Zuwendungsgebers), so ist dies ebenfalls entsprechend festzuhalten. Dies gilt insbesondere aus Sicht der Vertragspartei, die allein oder doch überwiegend für die Durchführung der Arbeiten verantwortlich ist. 25

Oftmals sind sich die Vertragsparteien bereits bei den Vertragsverhandlungen darüber im Klaren, in welchen grob skizzierten Schritten die F&E-Arbeiten – zumindest in der Anfangsphase – durchzuführen sind. Mitunter existieren schon erste und sogenannte *Meilensteine*[38] enthaltende **Ablaufpläne.**[39] Es bietet sich daher an, diese Ablaufpläne – nach vorheriger kritischer Prüfung, insbesondere im Hinblick auf ihre Verständlichkeit – als Anlage dem F&E-Vertrag beizufügen. Ungeachtet dessen ist indes oft vor Aufnahme der F&E-Arbeiten noch unklar oder nicht vorherzusehen, wie schnell und mit welchem Erfolg diese vorangetrieben werden können. Es sollte daher klargestellt werden, ob und, wenn ja, auf welche Weise der Ablaufplan von den Vertragsparteien angepasst werden kann. Etwaige Änderungen sind dabei schriftlich festzuhalten, um Unklarheiten erst gar nicht aufkommen zu lassen. Entsprechendes gilt dann, wenn die Vertragsparteien zwecks Beschleunigung der Vertragsverhandlungen oder wegen eines noch ausstehenden Austausches von wichtigen Informationen zur Gestaltung eines Ablaufplanes und einer detaillierten Beschreibung der durchzuführenden Arbeiten (noch) nicht gewillt oder in der Lage sind, sondern vielmehr die Einzelheiten erst nach Aufnahme der F&E-Arbeiten besprechen wollen. 26

Es kann sich des Weiteren anbieten, einer Vertragspartei einseitig die Möglichkeit einzuräumen, in gewissen Grenzen den Ablaufplan zu modifizieren oder doch zumindest von der jeweils anderen Vertragspartei eine Anpassung des Ablaufplanes zu verlangen. Dies kann im Zuge der Durch- 27

[36] Groß S. 17.

[37] S. dazu näher Winzer Kap. 1. B. Rn. 77 ff.; Rosenberger/Wündisch Kap. 5 Rn. 31.

[38] Eine Definition dessen, was unter dem in der F&E-Praxis durchaus üblichen und aus dem Projektmanagement stammenden Begriff „Meilenstein" zu verstehen ist, findet sich in der juristischen Literatur nicht (vgl. insoweit auch BGH NJW 2002, 3323 (3325), wo der Senat offenlässt, was unter diesem Begriff zu verstehen ist). Nach hiesigem Verständnis werden mit ihm die termingebundenen und den Abschluss eines Abschnittes der F&E-Arbeiten definierenden Sachergebnisse erfasst, die nach Ansicht der Vertragsparteien für den erfolgreichen Abschluss der F&E-Arbeiten zu erreichen sind (näher Litke S. 29 f.), ohne dass mit dieser Einordnung jedoch bereits irgendwelche rechtlichen Schlussfolgerungen (zB automatischer Verzug mit den F&E-Arbeiten bei Nichterreichen eines Meilensteins) verknüpft wären.

[39] Zu Bedeutung von Ablaufplänen siehe auch Rosenberger/Wündisch Kap. 5 Rn. 27 f.

führung der F&E-Arbeiten aus Sicht der die Arbeiten durchführenden Vertragspartei unter anderem dann von Bedeutung sein, wenn sie erkennt, dass sich die Arbeiten verzögern und eventuell sogar gänzlich in einer Sackgasse zu verlaufen drohen. Daneben kann es im Fall von F&E-Aufträgen aus Sicht des Auftraggebers sinnvoll sein, einseitig eine Anpassung herbeizuführen, wenn er sich bei Vertragsschluss noch nicht völlig darüber im Klaren ist, wie etwa das fertige Produkt ausgestaltet sein soll.

28 Unter den Parteien sollte im Übrigen ggf. aufgeteilt werden, von wem welche **F&E-Arbeiten** durchzuführen sind und in welchem Umfang für welche Vertragspartei etwaige **Mitwirkungspflichten** bestehen.[40] Denkbar ist, dass die F&E-Arbeiten von den Vertragsparteien in einem gemeinsamen Team durchgeführt werden. Ebenso möglich ist eine Durchführung der F&E-Arbeiten in Arbeitsgruppen oder die Aufteilung der F&E-Arbeiten unter den Vertragsparteien. Insbesondere könnten bereits während der Durchführung der F&E-Arbeiten begleitend von einer der Vertragsparteien erste Prototypen angefertigt und anschließend getestet werden.

29 b) **Abstimmung der Vertragsparteien/Projektüberwachung und -leitung.** Der Gegenstand von F&E-Verträgen bringt es zwangsläufig mit sich, dass die Vertragsparteien während der Durchführung der F&E-Arbeiten nicht ohne eine – zumindest in regelmäßigen Abständen stattfindende – Abstimmung auskommen. Oftmals bleibt zu Beginn der F&E-Arbeiten etwa noch unklar, durch welche Maßnahmen in technischer Hinsicht die Ziele erreicht werden können. Die Einzelheiten werden dann erst im Zuge der F&E-Arbeiten zwischen den Vertragsparteien besprochen. Darüber hinaus hat insbesondere bei F&E-Verträgen auf vertikaler Ebene der Abnehmer ein Interesse daran, über den Ablauf und die Fortschritte der F&E-Arbeiten auf dem Laufenden gehalten zu werden, um so möglichst frühzeitig Fehlern begegnen sowie – im Hinblick auf die spätere Verwertung der Ergebnisse – den eigenen Produktionsprozess anpassen zu können.[41] Im Übrigen ist es kennzeichnendes Element jeder Forschung und Entwicklung, durch die gerade neues Wissen aufgefunden werden soll, dass die Ergebnisse mehr oder weniger ungewiss sind. Dies erfordert während der Durchführung der F&E-Arbeiten eine **Fortschritts-, Termins- und Kostenkontrolle** durch regelmäßigen Abgleich zwischen geplantem Soll- und tatsächlich erreichtem Ist-Zustand.[42] Um eine derartige Projektüberwachung zu gewährleisten, müssen die Daten, die den aktuellen Stand eines Projektes wiedergeben, festgehalten und bereit gestellt, im Wege eines **Soll-/Ist-Vergleiches** Abweichungen zu den geplanten Zielen ermittelt und schließlich die ggfs. festgestellten Abweichungen bewertet und alternative Lösungsansätze erarbeitet werden.[43] Mitunter müssen sogar die ursprünglich geplanten Ziele angepasst oder gänzlich aufgegeben werden.

30 Der F&E-Vertrag sollte daher – in angemessenem Verhältnis zur Bedeutung des F&E-Projektes – Regelungen dazu enthalten, dass und in welcher Weise eine Abstimmung der Vertragsparteien während der Durchführung der F&E-Arbeiten zu erfolgen hat. In jedem Falle sind verantwortliche Ansprechpartner auf Seiten aller Vertragsparteien zu bestimmen und deren Kontaktdaten festzuhalten.[44] Bei größeren Projekten sollte eine Projektleitung (**Management Review Board** oder **Steering Committee**) errichtet werden, die zumindest für sämtliche wesentlichen Entscheidungen im Zusammenhang mit der Durchführung der F&E-Arbeiten verantwortlich ist.[45]

31 Um eine effiziente Projektüberwachung zu gewährleisten, ist des Weiteren zu regeln, in welchen (regelmäßigen) Abständen eine Abstimmung der Vertragsparteien untereinander stattfindet bzw. die Projektleitung tagt. Zudem kann festgehalten werden, in welcher Form, in welchem Umfang und von wem die bereits erreichten Ergebnisse zu **dokumentieren** und zu **präsentieren** sind. Bei F&E-Aufträgen kann es aus Sicht des Auftraggebers darüber hinaus von Interesse sein, dass er sich beim Auftragnehmer vor Ort über den Fortschritt der Arbeiten informieren und zu diesem Zweck – in der Regel nach vorheriger Ankündigung und zu den gewöhnlichen Betriebszeiten – dessen Betriebsstätte in Augenschein nehmen kann. Im Einzelfall kann auch die Entsendung von qualifizierten Mitarbeitern hilfreich oder erforderlich sein.[46] Für den Fall, dass sich während der Durchführung der F&E-Arbeiten Situationen ergeben, die ein unmittelbares Tätigwerden der Vertragsparteien bzw. der Projektleitung erfordern, sollten entsprechende wechselseitige Informa-

[40] Winzer Kap. 1. B. Rn. 104 ff.
[41] Möffert S. 47 f.
[42] Litke S. 153 ff.
[43] Litke S. 153 ff.
[44] Möffert S. 48 f.
[45] S. als Beispiel für eine ausführliche Regelung Winzer Kap. 1. B. Rn. 67b „Article 3“ und Rn. 108 f.
[46] Möffert S. 48.

tionspflichten festgelegt werden. Schließlich können Regelungen mit aufgenommen werden, die festlegen, in welchem Verfahren die **Willensbildung** innerhalb der Projektleitung erfolgt und wie ggfs. vorzugehen ist, wenn das F&E-Projekt in eine Sackgasse gerät, weil beispielsweise eine Einigung der Vertragsparteien nicht mehr herbeigeführt werden kann.

c) **Zusammenarbeit mit Dritten.** In aller Regel wird eine Exklusivität der Zusammenarbeit dem ausdrücklichen oder mutmaßlichen Interesse der Vertragsparteien entsprechen.[47] Ohne ausdrückliche Regelung im F&E-Vertrag kann indes nicht davon ausgegangen werden, dass es den Vertragsparteien untersagt ist, unabhängig von der anderen Vertragspartei parallel Forschung und Entwicklung zu betreiben oder mit Dritten auf dem Gebiet des F&E-Projektes zusammenzuarbeiten.[48] Bei F&E-Kooperationen reicht die Treuepflicht der Gesellschafter untereinander nicht derart weit, dass sich eine Verpflichtung zur Exklusivität bereits unmittelbar aus den gesetzlichen Bestimmungen zur BGB-Gesellschaft ergeben würde.[49] Entsprechendes gilt bei F&E-Aufträgen, da auf Grundlage der Regelungen des BGB zum Dienst- und Werkvertrag die Vertragsparteien keinesfalls einem Konkurrenzverbot unterliegen. Daneben birgt eine parallele Zusammenarbeit mit Dritten rein faktisch immer das Risiko, dass – eigentlich unbeabsichtigt – Background-Know-how oder F&E-Ergebnisse in Form von Know-how an den Dritten gelangen. Es sollte daher in beiden Fällen ausdrücklich geregelt werden, ob die Zusammenarbeit der Vertragsparteien auf exklusiver Basis erfolgt oder ob und inwieweit die Vertragsparteien auf dem Gebiet des Vertragsgegenstandes dazu berechtigt sind, mit Dritten zusammenzuarbeiten bzw. dies der vorherigen Zustimmung der anderen Vertragsparteien bedarf. Daneben kann im F&E-Vertrag festgelegt werden, ob die die F&E-Arbeiten ausführende(n) Vertragspartei(en) Unteraufträge an Dritte erteilen kann (können) und was im Verhältnis zu diesen Dritten vertraglich sicherzustellen ist (insbesondere Aspekte der Zuordnung und Nutzung der Arbeitsergebnisse des Dritten sowie der Geheimhaltung). 32

Zu beachten ist, dass Regelungen, die die Freiheit der beteiligten Unternehmen beschränken, eigenständig oder in Zusammenarbeit mit Dritten Forschung und Entwicklung zu betreiben, im Anwendungsbereich der GVO F&E gemäß **Art. 5 lit. a) GVO F&E**[50] während der Durchführung der F&E-Arbeiten nur für den Gegenstand der Forschung und Entwicklung freigestellt sind. Nach Abschluss der F&E-Arbeiten dürfen sich derartige Beschränkungen darüber hinaus sogar nicht auf denselben oder einen damit zusammenhängenden Gegenstand beziehen. 33

6. Background/Nutzungsrechte und Informationspflichten

In der Regel bauen die F&E-Arbeiten auf den bei den Vertragsparteien bereits vorhandenen Kenntnissen auf. Für die Gesamtheit dieses bereits bei Vertragsschluss bestehenden Wissens hat sich allgemein der Begriff des *Backgrounds* durchgesetzt. Handelt es sich bei dem Background um gewerbliche Schutzrechte, Urheberrechte und verwandte Schutzrechte, so lässt sich von **Background-IP**, bei technischen Schutzrechten von **Background-Patenten** und bei „lediglich" geheimen, technischem Wissen von **Background-Know-how**[51] sprechen.[52] Häufig sind die Vertragsparteien zum Zwecke der Durchführung der F&E-Arbeiten auf diesen Background zwingend angewiesen oder eine Nutzung bzw. Kenntnis des Backgrounds erleichtert oder beschleunigt doch zumindest die F&E-Arbeiten. Die Nutzungsrechte am Background sind im F&E-Vertrag ausdrücklich zu regeln. 34

Zum Zwecke der Nutzung von etwaigem Background-IP und Background-Know-how sind den Vertragsparteien jeweils entsprechende Nutzungsrechte einzuräumen. Dabei ist zwischen der 35

[47] Winzer Kap. 1. B. Rn. 130 f.

[48] Vgl. auch Winzer Kap. 1. B. Rn. 131 ff., der darauf hinweist, dass sich eine Verpflichtung zur Exklusivität mitunter aus dem vertraglichen Gesamtkontext ergeben kann.

[49] Grüneberg/Sprau § 705 Rn. 27. Vgl. auch die Regelung in Art. 5 lit. a) der Gruppenfreistellungsverordnung für Forschungs- und Entwicklungsvereinbarungen („GVO F&E"; EU-Verordnung Nr. 1217/2010, ABl. EU 2011 L 335), wonach der EU-Gesetzgeber davon auszugehen scheint, dass derartige Regelungen der Vereinbarung der Vertragsparteien obliegen.

[50] Näher hierzu → Rn. 136 sowie Winzer Kap. 2. F. Rn. 704 ff.

[51] Nach BGH NJW 1995, 2301 lässt sich Know-how definieren als „Tatsachen, … die nach dem erkennbaren Willen des Betriebsinhabers geheim gehalten werden sollen, die ferner nur einem begrenzten Personenkreis bekannt und damit nicht offenkundig sind und hinsichtlich derer der Betriebsinhaber ein berechtigtes Geheimhaltungsinteresse hat, weil eine Aufdeckung der Tatsachen geeignet wäre, dem Geheimnisträger wirtschaftlichen Schaden zuzufügen." S. auch die Definition in Art. 1 lit. i) GVO F&E und Groß S. 17. sowie zu den Schutzvoraussetzungen im Einzelnen Westermann Kap. 1. II. Rn. 21 ff.

[52] Winzer Kap. 1. B. Rn. 92 f.

Nutzung während der Durchführung der F&E-Arbeiten (sog. **Entwicklungsphase**) sowie der Nutzung im Zuge der Verwertung der F&E-Ergebnisse (sog. **Verwertungsphase**)[53] zu differenzieren. Innerhalb der Entwicklungsphase erfolgt die Einräumung von Nutzungsrechten in aller Regel unentgeltlich, wenn auch auf die Zwecke und die Dauer der Durchführung der F&E-Arbeiten beschränkt.[54] Die Zahlung einer Lizenzgebühr kann dann angezeigt sein, wenn eine der Vertragsparteien bereits erhebliche Vorleistungen erbracht hat und daher bedeutenden Background mit in die Zusammenarbeit einbringt,[55] ist in der Praxis gleichwohl aber sehr unüblich.

36 Soweit es sich bei dem Background um Know-how handelt und die Vertragsparteien zum Zwecke der Durchführung der F&E-Arbeiten auf die Kenntnis dieses Know-hows angewiesen sind, muss der F&E-Vertrag sicherstellen, dass die Vertragsparteien vor Aufnahme oder im Zuge der F&E-Arbeiten zum Zwecke der Wissensvermittlung zum **Informationsaustausch** verpflichtet sind. Art und Umfang des Informationsaustausches hängen von den Umständen des Einzelfalles ab. Ist – insbesondere bei F&E-Aufträgen – offensichtlich, dass lediglich eine Vertragspartei auf das Know-how der anderen angewiesen ist, so kann eine einseitige Verpflichtung genügen. Ggf. kann es auch sinnvoll sein, flankierend Regelungen mitaufzunehmen, wonach die das Know-how zur Verfügung stellende Partei zu einer Erläuterung des Know-hows verpflichtet ist.

37 Bei F&E-Verträgen kann die Zusammenarbeit der Vertragsparteien mitunter auch eine weitergehende Unterstützung in Gestalt einer – ggf. wechselseitigen – **Übergabe von Unterlagen** und **Materialien** erfordern. So kann die Übergabe von analogen oder digitalen Dokumenten, Messdaten, technischen Zeichnungen, Software (in Object- oder Source-Code) oder gar die Aushändigung von Rohstoffen, Komponenten bis hin zu bereits vorhandenen Mustern oder Prototypen in Betracht kommen. Sinnvoll kann dabei auch eine Regelung dazu sein, innerhalb welcher Fristen die Unterlagen und Materialien zu übergeben sind. Auf diese Weise wird sichergestellt, dass die Vertragsparteien rechtzeitig die Unterstützung erhalten, auf die sie zur Durchführung der F&E-Arbeiten zwingend angewiesen sind. Unnötige Verzögerungen bei der Durchführung der F&E-Arbeiten werden dadurch vermieden.

38 Um Unklarheiten zu vermeiden, sollte zudem geregelt werden, ob die Vertragsparteien dazu berechtigt sind, die Nutzungsrechte zu übertragen bzw. Dritten **Unterlizenzen** zu gewähren. In der Regel sind die Vertragsparteien zu einer Übertragung nicht berechtigt. Vielmehr sollen sich die Nutzungsrechte allenfalls auf etwaige mit den Vertragsparteien verbundene Unternehmen erstrecken, so dass insoweit entweder unmittelbar Nutzungsrechte eingeräumt werden oder den Parteien beschränkt auf mit ihnen jeweils verbundene Unternehmen das Recht zur Vergabe von Unterlizenzen eingeräumt wird. Ist aber absehbar, dass mit Unterauftragnehmern oder assoziierten Partnern zusammengearbeitet wird, die ihrerseits auf eine Nutzung von Background angewiesen sind, muss die Möglichkeit bestehen, auch diesen eine Unterlizenz einzuräumen.

39 Schließlich kann es, insbesondere bei F&E-Aufträgen, angezeigt sein, dass die Vertragsparteien sich untereinander frühzeitig darüber informieren, wenn für sie absehbar wird, dass sie eigenen Background, insbesondere Background Patente, in einer Weise in das F&E-Projekt einbringen, dass eine spätere Nutzung der F&E-Ergebnisse von diesem Background abhängig sein wird. Eine Abhängigkeit kann unerwünscht sein, da die die F&E-Ergebnisse verwertende Vertragspartei nach Abschluss des F&E-Projekts infolgedessen auf weitergehende Nutzungsrechte an dem entsprechenden Background angewiesen ist, die jedoch die Vertragspartei, die Inhaberin des Backgrounds ist, nur gegen Zahlung einer angemessenen Vergütung oder zu sonstigen Bedingungen zu lizensieren bereit sein kann. Eine frühzeitige Transparenz hinsichtlich einer möglichen **Abhängigkeit von Background** kann die Vertragsparteien dazu veranlassen, frühzeitig technische Alternativen zu erörtern, mit denen eine Abhängigkeit vermieden werden kann.

Praxistipp:

Grundsätzlich sollte davon abgesehen werden, Background-Patente sowie – was ohnehin praktisch schwierig sein dürfte – Background-Know-how einzeln aufzulisten und etwa dem Vertrag als Anlage beizufügen. Erfolgt eine solche Auflistung in einem abschließend gemeinten Sinne, so birgt dies die Gefahr, dass Background, auf den die Vertragsparteien zum Zwecke der Durchführung der F&E-Arbeiten ange-

[53] S. zum Background in der Verwertungsphase unten → Rn. 58.
[54] Winzer Kap. 1. B. Rn. 98.
[55] Rosenberger/Wündisch Kap. 5 Rn. 191; Winzer Kap. 1. B. Rn. 95.

wiesen sind, übersehen wird und sich die Nutzungsrechte, die die Parteien sich untereinander erteilt haben, hierauf nicht erstrecken. Eine Auflistung bringt jedoch abgesehen davon – zumindest für die Entwicklungsphase – auch oft keine Vorteile, da eine Nutzung in den allermeisten Fällen ohnehin unentgeltlich und auf die Zwecke und die Dauer des F&E-Projekts beschränkt erfolgt. Allenfalls dann, wenn eine der Vertragsparteien über in ihrer Bedeutung für das F&E-Projekt herausragendes IP oder Know-how verfügt und dies bei der anschließenden Verwertung der F&E-Ergebnisse nicht unberücksichtigt bleiben kann, mag es sinnvoll sein, diese(s) gesondert aufzuführen.

7. Forschungs- und Entwicklungskosten/Vergütung[56]

In jedem Falle sollte geregelt werden, von welcher Vertragspartei und zu welchem Anteil die Kosten der F&E-Arbeiten zu tragen sind. Bei F&E-Kooperationen bietet es sich insoweit an, dass jede Vertragspartei die bei sich anfallenden Kosten selber trägt. Demgegenüber sind bei F&E-Aufträgen die reinen Forschungs- und Entwicklungskosten üblicherweise vom Auftraggeber zu übernehmen. Ob über die reine Kostenerstattung hinaus die Zahlung einer gesonderten Vergütung zu erfolgen hat, hängt von den Umständen des Einzelfalles ab. Die Zahlung einer gesonderten Vergütung ist bei F&E-Kooperationen äußerst ungewöhnlich, bei F&E-Aufträgen jedoch häufiger anzutreffen. 40

Soweit es die inhaltliche Ausgestaltung der Kosten- und Vergütungsregelungen anbetrifft, sind vielerlei Gestaltungen möglich. Entscheidend sind letztlich die Interessen und Bedürfnisse der Vertragsparteien. So können **pauschale Einmalzahlungen**[57] oder **nach dem tatsächlichen Aufwand der Forschungs- und Entwicklungsleistungen** ermittelte Zahlungen vereinbart werden. Ersteres kann allerdings insbesondere für den Auftragnehmer von F&E-Arbeiten dann gefährlich sein, wenn die tatsächlich anfallenden Kosten nur schwer vorherzusehen sind.[58] Für den Auftraggeber bringt es indes die erforderliche Planungssicherheit mit sich. Zahlungen können zudem – als Vorschuss – bereits mit Vertragsschluss bzw. vor Beginn eines neuen Abschnittes oder erst nach vollständigem Abschluss der F&E-Arbeiten oder dem Erreichen von Meilensteinen fällig sein. 41

Um Überraschungen zu vermeiden, bietet es sich – sofern möglich – an, dem Vertrag als Anlage eine **Prognose** der voraussichtlich zu erwartenden Kosten beizufügen. Darüber hinaus können die Vertragsparteien dazu verpflichtet werden, über die jeweils von ihnen aufgewendeten Kosten Aufzeichnungen anzufertigen.[59] Ist kein Festpreis vereinbart und wird im Zuge der F&E-Arbeiten für eine der Vertragsparteien erkennbar, dass die avisierten Kosten voraussichtlich – zu einem bestimmten Prozentsatz – überschritten werden, sollte ferner eine Verpflichtung bestehen, die jeweils andere Vertragspartei über diesen Umstand (unverzüglich) schriftlich zu informieren. Im Anschluss daran besteht dann für die Vertragsparteien – vorzugsweise über die Projektleitung – die Möglichkeit, eine Einigung darüber herbeizuführen, wie mit den zu erwartenden höheren Kosten umzugehen ist.[60] Für den Fall, dass keine Einigung erzielt werden kann, kann es sinnvoll sein, im F&E-Vertrag die Möglichkeit einer außerordentlichen Kündigung des Vertrages binnen angemessener Frist vorzusehen bzw. eine sog. „best-efforts"-Klausel einzufügen, gemäß der sich die Parteien um einen angemessenen Ausgleich bemühen, wenn eine Partei unvermeidliche Mehrausgaben geltend macht.[61] Im Fall einer Kündigung kann dies auch Regelungen dazu umfassen, wie zum Zeitpunkt der Kündigung bereits angefallene F&E-Arbeiten oder bereits getätigte Investitionen zu vergüten sind und wie mit der noch ausstehenden Vergütung zu verfahren ist, insbesondere bei F&E-Aufträgen, wenn von der Regelung in § 648 abgewichen werden soll. 42

8. Abschluss der F&E-Arbeiten/Abnahme

a) **Abschluss der F&E-Arbeiten.** Für den Fall des Abschlusses der Forschungs- und Entwicklungsleistungen ist klarzustellen, in welcher Art und Weise die F&E-Ergebnisse zusammenzufassen und zu übergeben sind. Üblicherweise ist von der Vertragspartei, die die F&E-Arbeiten durchgeführt hat, eine Dokumentation anzufertigen, der zumindest die wesentlichen Ergebnisse zu entnehmen sind. Im Übrigen sollte der F&E-Vertrag vorsehen, dass die dokumentierten Er- 43

[56] Zu steuerrechtlichen Gesichtspunkten s. Rosenberger/Wündisch Kap. 5 Rn. 429 ff.
[57] S. dazu etwa Pagenberg/Beier Muster 9 § 6 und Rn. 23.
[58] Möffert S. 53 f.
[59] Möffer S. 55.
[60] Vgl. dazu auch Winzer Kap. 1. B. Rn. 122.
[61] Winzer Kap. 1. B. Rn. 122.

gebnisse – einschließlich etwaiger Modelle, Prototypen oder sonstiger Gegenstände – der anderen Vertragspartei auszuhändigen und gegebenenfalls – auf Nachfrage – wenigstens mündlich zu erläutern sind. Ob darüber hinaus eine gesondert stattfindende Präsentation der oder Einweisung in die Entwicklungsergebnisse im Rahmen eines eigens angesetzten Termins stattzufinden hat, hängt letztlich vom Willen und den Bedürfnissen der Vertragsparteien und der Komplexität der F&E-Ergebnisse ab.

44 b) **Abnahme.** Bei F&E-Aufträgen in Gestalt eines Werkvertrages ist eine förmliche Abnahme der Ergebnisse bereits gemäß § 640 Abs. 1 BGB vorgesehen.[62] Eine ausdrückliche Regelung im F&E-Vertrag bietet sich aber dennoch an und kann auch bei F&E-Projekten sinnvoll sein, die nicht den werkvertraglichen Regelungen des BGB unterfallen. Bei komplexeren Abnahmeprozessen ist es angezeigt, Einzelheiten hierzu in einer Anlage zum Vertrag auszulagern. Erfolgt die Abnahme im Rahmen eines gemeinsamen Termins der Vertragsparteien, ist es sinnvoll, wenn von den Vertragsparteien ein Abnahmeprotokoll angefertigt wird. Etwaige Mängel der F&E-Ergebnisse, die im Rahmen der Abnahme festgestellt werden, sind dabei in das Abnahmeprotokoll aufzunehmen. Flankierend sollten darüber hinaus Regelungen mit aufgenommen werden, innerhalb welcher Frist die Mängel zu beseitigen sind und wie für den Fall, dass die Mängel nicht beseitig werden (können), zu verfahren ist. Denkbar ist etwa, dass die Vertragsparteien im letzteren Fall dazu angehalten sind, eine Einigung herbeizuführen und, falls keine Einigung erreicht werden kann, berechtigt sind, den F&E-Vertrag außerordentlich zu kündigen bzw. von dem Vertrag zurückzutreten (etwa bei der Anwendbarkeit deutschen Werkvertragsrechts über § 634 Nr. 3 BGB). Möglich ist ebenso, dass sich der Vergütungsanspruch des Auftragnehmers mindert oder er zu einer eigenen Beseitigung von Mängeln und dem Ersatz der dafür anfallenden Aufwendungen berechtigt ist (bei der Anwendbarkeit deutschen Werkvertragsrechts nach den § 637 bzw. § 638 BGB).[63]

Formulierungsvorschlag für eine Abnahmeklausel:

(1) Sollten die Entwicklungsarbeiten aus Sicht des [Auftragnehmers] abgeschlossen sein, wird dieser den [Auftraggeber] darüber in Kenntnis setzen. Die Vertragsparteien vereinbaren im Anschluss daran einen Termin zur Vorstellung der ENTWICKLUNGSERGEBNISSE. Der [Auftragnehmer] wird dabei die ENTWICKLUNGSERGEBNISSE dem [Auftraggeber] in Form eines Abschlussberichtes präsentieren und ihm die die ENTWICKLUNGSERGEBNISSE verkörpernden Unterlagen zur Verfügung stellen. Von den Vertragsparteien ist gemeinsam ein schriftliches Protokoll über die Präsentation der ENTWICKLUNGSERGEBNISSE zu erstellen. Etwaige Mängel der ENTWICKLUNGSERGEBNISSE sind in das Protokoll aufzunehmen. Mit der Unterzeichnung des Protokolls erkennt der [Auftraggeber] die Beendigung der Entwicklungsarbeiten an. Der [Auftragnehmer] wird zudem von Sachmängeln der ENTWICKLUNGSERGEBNISSE sowie für aus den Sachmängeln etwa entstehende Schäden freigestellt, sofern es sich nicht um versteckte Mängel oder Sachmängel handelt, die im Protokoll festgehalten sind.

(2) In das Protokoll aufgenommene Mängel sind binnen einer angemessenen, vom [Auftraggeber] zu setzenden Frist zu beseitigen. Bei wesentlichen Mängeln ist der [Auftraggeber] berechtigt, die Abnahme bis zur Mängelbeseitigung zu verweigern. Für den Fall, dass die Mängel vom Auftragnehmer nicht fristgerecht beseitigt werden oder eine Beseitigung der Mängel objektiv unmöglich ist, haben die Vertragsparteien einvernehmlich zu regeln, wie weiter zu verfahren ist. Kann innerhalb eines Zeitraums von einem Monat keine Einigung erzielt werden, ist [jede Vertragspartei / der Auftraggeber] berechtigt, diesen Vertrag innerhalb einer Frist von einem Monat schriftlich zu kündigen. Weitergehende Ansprüche, insbesondere auf Schadens- oder Aufwendungsersatz, bleiben unberührt.

9. Rechte an den F&E-Ergebnissen

45 Zu den wichtigsten Regelungsbereichen eines jeden F&E-Vertrages zählt die Zuordnung der F&E-Ergebnisse unter den Vertragsparteien.[64] Dies weniger im Hinblick darauf, dass für den Mandanten in jedem Falle sichergestellt werden muss, dass er Eigentümer sämtlicher F&E-Ergebnisse bzw. Inhaber sämtlicher daran bestehender Rechte wird. Wenngleich die Stellung als

[62] Siehe allgemein zur Abnahme beim F&E-Vertrag Möffert S. 122 ff.; Pagenberg/Beier Muster 9 Rn. 13 ff.
[63] Ein Formulierungsvorschlag einer „Bonu-Malus-Regelung" findet sich bei Möffert S. 127 ff.
[64] S. allgemein zu Rechten an den F&E-Ergebnissen Winzer Kap. 1. B. Rn. 140 ff. und Kap. 4. F. Rn. 922 ff.

Inhaber der F&E-Ergebnisse freilich eine umfassendere Rechtsposition vermittelt, ist eine entsprechende Stellung keinesfalls essentiell und abgesehen davon – gerade bei F&E-Kooperation – auch gar nicht immer durchsetzbar oder angemessen. Für die der Entwicklungsphase folgende Verwertung der F&E-Ergebnisse ist es zudem häufig eher zweitrangig, ob eine Vertragspartei selbst Inhaberin der Rechte ist oder sie „nur" aufgrund von ihr durch die andere Vertragspartei gewährten Nutzungsrechten zu der gewünschten Verwertung der F&E-Ergebnisse in der Lage ist.[65] Die Inhaberschaft an den F&E-Ergebnissen ist vielmehr deswegen ausdrücklich im F&E-Vertrag zu behandeln, weil die auf den ersten Blick angemessen erscheinenden gesetzlichen Regelungen sich als ungenügend und in ihrer praktischen Handhabung in aller Regel als unhandlich und wenig sachgerecht erweisen.

a) **Ausgangslage.** Bleiben Regelungen zur Inhaberschaft an den F&E-Ergebnissen aus, so ist bei **F&E-Kooperationen** auf Grundlage deutschen Rechts bis zu ihrer Beendigung/Auflösung davon auszugehen, dass die F&E-Ergebnisse gemeinschaftliches Vermögen der Vertragsparteien werden.[66] Denn § 718 Abs. 1 BGB bestimmt, dass die Beiträge der Gesellschafter und die durch die Geschäftsführung erworbenen Gegenstände Gesellschaftsvermögen werden. Als logische Folge sieht § 719 Abs. 1 BGB eine **gesamthänderische Bindung** des Gesellschaftsvermögens vor. Kein Gesellschafter ist damit in der Lage, allein über seinen Anteil am Gesellschaftsvermögen zu verfügen. Die Verwertung der F&E-Ergebnisse kann nur durch alle Vertragsparteien gemeinsam erfolgen.[67] Konsequenz dieser gesamthänderischen Bindung ist etwa, dass gemeinsam durch alle Gesellschafter und – vor dem Hintergrund des § 709 Abs. 1 BGB einstimmig – zu entscheiden ist, ob und in welchem Umfang die F&E-Ergebnisse zum Patent angemeldet und von den Vertragsparteien verwertet werden (zB durch die Herstellung und den Vertrieb von Vertragsprodukten). Gleiches gilt für die Frage, in welcher Weise die F&E-Ergebnisse bzw. etwaige daraus hervorgehende gewerbliche Schutzrechte gegen Angriffe Dritter oder Verletzungen durch Dritte zu verteidigen sind. Dies alles erfordert eine ständige Abstimmung und Einigung der Vertragsparteien untereinander, was in aller Regel völlig unpraktikabel und damit nur selten sinnvoll ist. Ein solches, gemeinsames Vorgehen der Vertragsparteien würde nicht nur eine gewisse Trägheit der Entscheidungsprozesse mit sich bringen. Mitunter können sich die Vertragsparteien auch überhaupt nicht einigen, so dass zB eine Verwertung der F&E-Ergebnisse unmöglich wird. Ist ausnahmsweise einmal eine derart enge Zusammenarbeit zwischen den Vertragsparteien beabsichtigt, so bietet es sich in aller Regel an, bereits die Entwicklungsphase im Rahmen einer zu gründenden Kapitalgesellschaft vorzunehmen.[68] 46

Ähnliche Schwierigkeiten können sich bei **F&E-Aufträgen** ergeben. Man könnte geneigt sein, anzunehmen, dass die F&E-Ergebnisse der Vertragspartei zustehen, die die Kosten der F&E-Arbeiten trägt bzw. Auftraggeber der F&E-Arbeiten ist. Dies ist jedoch nicht zwingend der Fall. Vielmehr stehen die Rechte an den Entwicklungsergebnissen grundsätzlich erst einmal derjenigen natürlichen Person[69] oder aufgrund arbeitsvertraglicher Regelung oder bereits per Gesetz[70] deren Arbeitgeber zu, die die Ergebnisse erarbeitet hat bzw. für den sie erarbeitet wurden. Eine automatische Übertragung sämtlicher Rechte an den F&E-Ergebnissen auf den Vertragspartner findet nicht ohne Weiteres statt.[71] Abgesehen davon kann es – sowohl bei F&E-Kooperationen als auch F&E-Aufträgen – durchaus sein, dass bei der Erarbeitung der F&E-Ergebnisse beide Vertragsparteien beteiligt gewesen sind, etwa weil eine Erfindung von Mitarbeitern eines gemeinsamen Teams gemacht wurde. Bei Erfindungen handelt es sich dann nach § 6 S. 2 PatG um eine **gemeinschaftliche Erfindung,**[72] wobei es sich entweder um eine Bruchteilsgemeinschaft im Sinne der §§ 741 ff. BGB oder – bei entsprechender vertraglicher Grundlage – um eine Gesamthandsgemeinschaft 47

[65] Ebenso Winzer Kap. 1. B. Rn. 169, 172 und 187.

[66] Ob originär Gesellschaftsvermögen oder eine Bruchteilsgemeinschaft nach § 741 BGB entsteht, über die dann – bei entsprechender vertraglicher Grundlage – die Rechte an dem F&E-Ergebnis (etwa einer Erfindung) in das Gesamthandsvermögen überführt wird, ist allerdings umstritten; s. hierzu näher Ann § 19 Rn. 49 ff.

[67] Vgl. Benkard/Melullis PatG § 6 Rn. 66.

[68] Winzer Kap. 1. B. Rn. 142 f.

[69] Zum Recht auf das Patent s. § 6 S. 1 PatG; zu Urheberrechten § 7 UrhG; zu Designs § 7 Abs. 1 S. 1 DesignG.

[70] So etwa bei Computerprogrammen nach § 69b Abs. 1 UrhG oder Designs nach § 7 Abs. 2 DesignG. Rechte an Erfindungen von Arbeitnehmern gehen nach § 6 ArbnErfG erst durch ausdrückliche Inanspruchnahme oder mit Ablauf einer Frist von vier Monaten nach Eingang ihrer ordnungsgemäßen Meldung auf den Arbeitgeber über.

[71] BGH GRUR 1953, 29 (30) – Plattenspieler; BGH GRUR 1979, 540 (542) – Biedermeiermanschetten; Benkard/Melullis PatG § 6 Rn. 75 ff.; Bartenbach/Volz ArbnErfG § 9 Rn. 196 mwN.

[72] Entsprechendes gilt gemäß § 7 Abs. 1 S. 2 GeschmMG bei Geschmacksmustern. Zu Gemeinschaftserfindungen ausführlich Henke, Die Erfindergemeinschaft.

gemäß den §§ 705 ff. BGB handelt.[73] Im ersteren Fall können die Miterfinder nach § 747 S. 1 BGB über den ihnen jeweils zustehenden Anteil alleine, über die Erfindung bzw. etwaige aus ihr hervorgegangenen Patente im Ganzen jedoch gemäß § 747 S. 2 BGB nur gemeinschaftlich verfügen. Zudem ist jeder Miterfinder in den Grenzen des § 743 Abs. 2 BGB zur eigenständigen Nutzung der Erfindung berechtigt, ohne dass den anderen Miterfindern ein Ausgleichsanspruch zusteht.[74] Nach § 749 Abs. 1 BGB kann ferner jeder Teilhaber jederzeit die Aufhebung der Gemeinschaft verlangen, etwa im Wege des Verkaufs des gemeinschaftlich gehaltenen Patents (§ 753 Abs. 1 BGB). Dies muss und wird in der Regel bei F&E-Verträgen nicht den Interessen der Vertragsparteien entsprechen. Zudem ist die Wahrscheinlichkeit groß, dass die Personen, die an einer gemeinschaftlichen Erfindung beteiligt waren, abweichende Auffassungen darüber vertreten, zu welchen Anteilen ihnen die Erfindung gebührt.[75] So bemisst sich etwa gemäß § 12 Abs. 2 ArbnErfG die Höhe der den einzelnen Erfindern zustehenden Arbeitnehmererfindervergütung unter anderem nach dem Anteil des jeweiligen Miterfinders an der Erfindung.[76] Ausdrückliche Regelungen dazu, welcher Vertragspartei die F&E-Ergebnisse zustehen, sind daher auch bei F&E-Aufträgen zwingend anzuraten.

48 **b) Vertragliche Regelungen.** Bei der Zuordnung der F&E-Ergebnisse muss man sich zum einen vor Augen halten, dass es insoweit „nur" darum geht, welche Vertragspartei Inhaber der Ergebnisse ist. Davon zu trennen ist die Frage, welche Vertragspartei in welchem Umfang dazu berechtigt ist, die Ergebnisse zu nutzen, insbesondere kommerziell zu verwerten. Zum anderen darf nicht übersehen werden, dass F&E-Projekte **nicht notwendigerweise in neuen Erfindungen** münden müssen, sondern der wesentliche Teil der Ergebnisse häufig bloßes Know-how darstellt. Daneben ist es möglich, dass die F&E-Ergebnisse dem Urheber-[77] oder Designschutz unterfallen (dies gilt etwa für die Steuerungssoftware eines Bauteils[78] oder das Gehäuse eines Produktes) oder sie schlicht im Sacheigentum an Modellen oder Prototypen liegen. Verfehlt wäre es daher, in den F&E-Vertrag lediglich Regelungen aufzunehmen, die sich mit der Inhaberschaft und Behandlung von Erfindungen bzw. Patenten befassen.[79] An Know-how kann im Übrigen keine der Vertragspartei eine Eigentümerstellung im engeren Sinne innehaben, da es als „bloßes" technisches Wissen kein absolutes Recht im Sinne von Sacheigentum oder Eigentum an einem Immaterialgüterrecht vermittelt.[80] Ungeachtet dessen handelt es sich jedoch um einen übertragbaren und lizenzierbaren Vermögensbestandteil[81] und nach hM um eine vermögenswerte Rechtsposition mit Zuweisungsgehalt im Sinne von § 812 Abs. 1 S. 1 Alt. 2 BGB,[82] was sich etwa auch daran zeigt, dass nach § 2 Nr. 2 GeschGehG Inhaber eines Geschäftsgeheimnisses die natürliche oder juristische Person ist, die die rechtmäßige Kontrolle über ein Geschäftsgeheimnis hat. Es ist daher durchaus sinnvoll, zu regeln, welche Vertragspartei (ggf. abgeleitete) Inhaberin von F&E-Ergebnissen in Form von Know-how ist. Der Vertrag sollte daneben vorsehen, dass der Vertragspartei, die Inhaber der F&E-Ergebnisse werden soll, von der anderen Vertragspartei auch rein faktisch das Know-how vermittelt wird. Dies bedingt in erster Linie die Übergabe von entsprechenden, das Know-how verkörpernden Unterlagen (zB auf einem Datenträger) sowie Mustern oder Prototypen.

49 *aa) Allgemeine Zuordnung.* Aufgrund der unterschiedlichen Gestalt, in der die F&E-Ergebnisse vorliegen können, sollten die Regelungen hinsichtlich der Rechte an den Ergebnissen daher – quasi als eine Art **Auffangklausel** – mit einer allgemeinen Bestimmung zur Zuordnung der Ergebnisse beginnen. Bei F&E-Aufträgen ist dabei in aller Regel davon auszugehen, dass die gesamten Ergebnisse nur einer Vertragspartei zustehen sollen (dies ist in der Regel der Auftraggeber). Soweit es F&E-Kooperationen anbetrifft, ist dies in aller Regel unangemessen. Aufgrund der Schwierigkeiten in der Handhabung, die sich bei einer gesamthänderischen Bindung von Rechten

[73] Benkard/Melullis PatG § 6 Rn. 55 ff. mwN.
[74] BGH GRUR 2005, 663 (664) – gummielastische Masse II; Benkard/Melullis PatG § 6 Rn. 56 mwN.
[75] Vgl. Winzer Kap. 1. B. Rn. 169 und 172.
[76] Dazu Bartenbach/Volz ArbnErfG § 12 Rn. 30 ff.
[77] Zu urheberrechtlich geschützten F&E-Ergebnissen näher Rosenberger/Wündisch Kap. 5 Rn. 159 ff.
[78] Ausführlich hierzu Rosenberger/Wündisch Kap. 5 Rn. 161 ff.
[79] Vgl. insoweit Winzer Kap. 1. B. Rn. 146 f. und 150.
[80] Vgl. BGH GRUR 1955, 388 (389). Näher hierzu Harte-Bavendamm/Ohly/Kalbfus, Einl. A. Rn. 21 ff. und 173 ff.
[81] Harte-Bavendamm/Ohly/Kalbfus GeschGehG § 2 Rn. 76 ff. Dem Inhaber des Know-hows können daher sehr wohl etwa Unterlassungs-, Beseitigungs- und Schadensersatzansprüche, etwa wegen eines Verstoßes gegen § 4 GeschGehG, zustehen. S. dazu näher §§ 6–9 GeschGehG sowie Westermann Kap. 1 Rn. 10 ff.
[82] S. hierzu Harte-Bavendamm/Ohly/Kalbfus GeschGehG § 10 Rn. 94 ff.

an den F&E-Ergebnissen in der Praxis ergeben können, sollte jedoch auch hier – sofern im Verhandlungswege durchsetzbar – davon abgesehen werden, die F&E-Ergebnisse Gesamthandsvermögen werden zu lassen,[83] mag dies auch aus Sicht der Vertragsparteien auf den ersten Blick als faire Lösung erscheinen. Stattdessen sollte – jedenfalls wenn die Zahl der an einer F&E-Kooperation beteiligten Vertragsparteien überschaubar und deren unternehmerischen Tätigkeitsbereiche gut voneinander abgrenzbar sind – versucht werden, einer **Verteilung der F&E-Ergebnisse auf die einzelnen Vertragsparteien** anhand objektiver Kriterien den Vorzug zu geben. Eine solche Verteilung ist häufig möglich, vermeidet etwa Diskussionen um die Anteile an etwaigen gemeinschaftlichen Erfindungen und wird von den Vertragsparteien auch – nach Darlegung der aufgezeigten Probleme, die eine gesamthänderische Bindung mit sich bringt – akzeptiert. Denn üblicherweise lassen sich der Background, den beide Vertragsparteien in das F&E-Projekt mit einbringen, und die wirtschaftlichen Ziele der Vertragsparteien, anhand von Sachkriterien unterscheiden und – anknüpfend an die Definition individueller Entwicklungsbereiche oder „Fields of Use" im Vertrag – die F&E-Ergebnisse den Vertragsparteien zuteilen. Beabsichtigen etwa die Vertragsparteien eine neue Bremsscheibe zu entwickeln und bringt die eine Vertragspartei reines Werkstoff-Know-how, die andere jedoch Patente und Know-how hinsichtlich der Ausgestaltung und Funktionsweise von Bremssystemen im Automobilbereich mit in das F&E-Projekt ein, so können etwa die Ergebnisse, die sich dem Werkstoff der Bremsscheibe zuordnen lassen, der einen und die Ergebnisse, die sich auf die Ausgestaltung und Funktionsweise des Bremssystems in Automobilen beziehen, der anderen Vertragspartei zugesprochen werden. Freilich sind die Grenzen zwischen solchen Anwendungsbereichen mitunter fließend, so dass sich im Einzelfall trefflich darüber streiten lässt, welchem Sachgebiet etwa eine Erfindung zuzurechnen ist oder sie nicht sogar beide betrifft. Ggf. bietet es sich daher an, eine Regelung mit aufzunehmen, wonach im Streitfall etwa ein von der Patentanwaltskammer zu bestimmender, in dem einschlägigen technischen Gebiet sachkundiger und zur Verschwiegenheit verpflichteter Patentanwalt entscheidet. Die Interessen der Vertragsparteien an einer Verwertung sämtlicher F&E-Ergebnisse ungeachtet deren Zuordnung unter den Vertragsparteien lassen sich ggf. dadurch berücksichtigen, dass sie sich untereinander wechselseitig umfassende Nutzungsrechte gewähren. Bei F&E-Kooperationen mit einer großen Anzahl an, mitunter sogar konkurrierenden, Vertragsparteien stößt eine Zuordnung anhand von Tätigkeitsbereichen freilich schnell an seine Grenzen. Dann ist es sinnvoller, eine **Zuordnung nach Einzel- und Gemeinschaftsergebnissen** in Abhängigkeit davon vorzusehen, welche Vertragspartei einen schöpferischen Beitrag zu einem bestimmten F&E-Ergebnis geleistet hat.

Sofern und in dem Umfang es für die Verteilung der F&E-Ergebnisse erforderlich ist, dass Rechte an den Ergebnissen von einer Vertragspartei auf die andere zu übertragen sind, bietet es sich an, bereits im F&E-Vertrag festzuhalten, dass die entsprechenden Rechte an den F&E-Ergebnissen **im Voraus übertragen bzw. abgetreten** werden und die begünstigte Vertragspartei diese Übertragung bzw. Abtretung im Voraus annimmt.[84] Dadurch ist ein automatischer Übergang der Rechte in dem Moment, in dem sie entstehen, sichergestellt. Fehlt es an ausdrücklichen Regelungen, kann sich auch im Wege der Auslegung oder der ergänzenden Vertragsauslegung ein Anspruch auf Übertragung von (Mit-)Eigentum an F&E-Ergebnissen ergeben.[85] Soweit eine Übertragung bzw. Abtretung von F&E-Ergebnissen aus rechtlichen Gründen nicht möglich ist, zB insbesondere bei dem Schutz durch das Urheberrecht oder verwandten Schutzrechten zugänglichen F&E-Ergebnissen, sind Regelungen mit aufzunehmen, mit denen sich die Vertragsparteien untereinander **(ausschließliche oder nicht-ausschließliche) Nutzungsrechte** einräumen, einschließlich – sofern erforderlich – des Rechts, an Werken Bearbeitungen oder Umgestaltungen vornehmen zu können, die nach § 23 Abs. 1 UrhG nur mit Zustimmung des Urhebers veröffentlicht oder verwertet werden können. 50

Im Anschluss an eine allgemeine Regelung zur Verteilung der F&E-Ergebnisse können, je nach Regelungsbedarf und Bedeutung des F&E-Projektes, detailliertere Regelungen zu einzelnen Bereichen getroffen werden, etwa zur Hinterlegung des Source-Codes im Falle von Software. Speziell 51

[83] Ebenso Winzer Kap. 1. B. Rn. 142.

[84] Dem Bestimmtheitsgrundsatz genügt eine solche Regelung, da es ausreicht, wenn die Rechte, die übertragen werden, hinreichend bestimmbar sind. Dies ist in dem Moment ihrer Entstehung der Fall (vgl. insoweit Grüneberg/Grüneberg BGB § 398 Rn. 11). Zur Zulässigkeit einer Vorausverfügung auch BGH GRUR 1991, 127 (129) – Objektträger; Benkard/Melullis PatG § 6 Rn. 24.

[85] S. hierzu etwa OLG Düsseldorf 18.2.2016 – I-15 U 37/15, wo der 15. Zivilsenat einen entsprechenden Anspruch aus der im Entwicklungskooperationsvertrag vorgesehenen Regelung, wonach aus den Entwicklungsergebnissen hervorgehenden Patente von den Parteien nur gemeinschaftlich angemeldet werden können, herleitet.

dann, wenn im Zuge des F&E-Projekts Software oder einzelne Softwarekomponenten zu entwickeln sind, sollte berücksichtigt werden, ob hierbei auch **Open Source Software** mit in die F&E-Ergebnisse einfließen werden. Open Source Software zeichnet sich insbesondere dadurch aus, dass deren Quellcode für jeden frei verfügbar ist, für die Nutzung der Software kein Entgelt zu zahlen ist und ihre Verbreitung grundsätzlich keinen aus immateriellen Rechten sich ergebenden Beschränkungen unterliegt.[86] Nach den für sie geltenden Lizenzbedingungen haben die Nutzer der Open Source Software im Gegenzug regelmäßig etwaige Weiterentwicklungen der Open Source Software unter denselben Bedingungen Dritten zur Verfügung zu stellen (sog. „Copyleft-Effekt").[87] Dies kann gerade bei F&E-Aufträgen offensichtlich in Konflikt mit den Geheimhaltungs- und Verwertungsinteressen des Auftraggebers stehen, etwa wenn dieser die entwickelte Software in Gänze einschließlich der Open Source Softwarekomponenten selbst proprietär vertreiben möchte (sog. „embedded-Verbreitung").[88] Es bietet sich daher an, den Einsatz von Open Source Software entweder ganz zu untersagen oder, sofern dies praktisch nicht umsetzbar ist oder – etwa aus Kostengründen – der Einsatz von Open Source Software möglich sein soll, den Parteien, die im Zuge des F&E-Projekts Open Source Software einsetzen könnten, Hinweis- und Abstimmungsverpflichtungen aufzuerlegen, um den Einsatz von Open Source Software zu kontrollieren und hinreichend transparent zu gestalten.[89]

Formulierungsvorschlag:

Die Verwendung von Open Source Software durch den Auftragnehmer in der Weise, dass diese Bestandteil der ENTWICKLUNGSERGEBNISSE wird, bedarf der vorherigen schriftlichen Zustimmung des Auftraggebers. Sollte der Auftragnehmer beabsichtigen, Open Source Software in den ENTWICKLUNGSERGEBNISSEN zu verwenden, so ist er verpflichtet, (i) dem Auftraggeber im Voraus mitzuteilen, welche Open Source Software-Komponenten er zu verwenden beabsichtigt, (ii) dem Auftraggeber im Voraus einer Kopie der hierfür geltenden Lizenzbedingungen zur Verfügung zu stellen, und (iii) zu bestätigen, dass die nach diesem Vertrag zu entwickelnder Software oder Teile hiervon nicht etwa aufgrund eines sog. Copyleft-Effekts ebenfalls als Open Source Software zu betrachten sind. Soweit die Verwendung von Open Source Software nach dieser Ziffer zulässig ist, hat der Auftragnehmer sicherstellen, dass diese Verwendung die vertragliche oder beabsichtigte Nutzung der ENTWICKLUNGSERGEBNISSE durch den Auftraggeber nicht einschränkt oder erschwert. Die Einholung etwaiger Lizenzen an und die Einhaltung der Lizenzbedingungen von Open Source Software für die Verwertung der ENTWICKLUNGSERGEBNISSE obliegt dem Auftraggeber.

52 Darüber hinaus kann es sich anbieten, zumindest zu Zwecken der Klarstellung explizit zu regeln, dass die Vertragsparteien sämtliche Maßnahmen zu ergreifen haben, die ggf. erforderlich sind, um die F&E-Ergebnisse, insbesondere Erfindungen, von ihren Arbeitnehmern und etwaigen Dritten auf ihr Unternehmen zu übertragen. Auf Grundlage des deutschen Arbeitnehmererfindergesetzes (ArbnErfG) bedeutet dies vor allem, dass **Diensterfindungen** von Arbeitnehmern von den Vertragsparteien **nicht nach § 6 Abs. 2 ArbnErfG freizugeben** sind.[90] Nur so kann gewährleistet werden, dass die Vertragsparteien dazu in der Lage sind, die Rechte an der Erfindung und etwaige aus der Erfindung hervorgegangene Patente auf den Vertragspartner zu übertragen bzw. diesem Nutzungsrechte an der Erfindung bzw. den Patenten einzuräumen. Demgegenüber sind ausdrückliche Regelungen dazu, von welcher Partei die Arbeitnehmervergütung zu tragen ist, auf Grundlage der deutschen Bestimmungen überflüssig und allenfalls zur Klarstellung angezeigt.[91] Denn gemäß §§ 9 Abs. 1, 10 Abs. 1 ArbnErfG ist ohnehin ausschließlich der Arbeitgeber Schuldner des Vergütungsanspruches.[92]

[86] Näher hierzu Dreier/Schulze/Dreier UrhG § 69c Rn. 38 mwN.

[87] Zu den einzelnen in der Praxis antreffenden Lizenzmodellen näher Dreier/Schulze/Dreier UrhG § 69c Rn. 39 mwN.

[88] Dreier/Schulze/Dreier UrhG § 69c Rn. 40 mwN.

[89] Zu eventuellen praktischen Möglichkeiten einer Umgehung des Copyleft-Effekts sie etwa Dreier/Schulze/Dreier UrhG § 69c Rn. 40 mwN.

[90] Vgl. dazu auch Pagenberg/Beier/Pagenberg Muster 10 Rn. 28 ff. Näher zur Inanspruchnahme von Erfindungen auf Grundlage des ArbnErfG Bartenbach/Volz ArbnErfG § 6 (nF) Rn. 40 ff.

[91] Dazu auch Winzer Kap. 1. B. Rn. 173 f.

[92] Ausführlicher hierzu Bartenbach/Volz/Volz ArbnErfG § 9 Rn. 4.

bb) Entgegenstehende Rechte Dritter. Hilfreich kann es darüber hinaus sein, in einer gesonderten Klausel zu regeln, von welcher Vertragspartei durch Recherchen zu überwachen ist, ob die F&E-Ergebnisse in **Rechte Dritter,** insbesondere Patente, eingreifen und daher eine uneingeschränkte Nutzung der Ergebnisse durch die Vertragsparteien nicht möglich ist.[93] Üblicherweise obliegt dies der Vertragspartei, die mit der Durchführung der F&E-Arbeiten betraut ist.[94] Für den Fall, dass entsprechende Rechte Dritter aufgefunden werden, sollten die Vertragsparteien gemeinsam darauf hinwirken, entweder von den Dritten entsprechende Nutzungsrechte einzuholen oder zumindest Umgehungslösungen zu erarbeiten. Führt keiner dieser Wege zu einer Lösung des Problems, kann den Vertragsparteien für den Notfall ausdrücklich ein Sonderkündigungsrecht eingeräumt werden. 53

cc) Anmeldung, Aufrechterhaltung, Verteidigung und Durchsetzung von Schutzrechten. Speziell bezogen auf gewerbliche Schutzrechte, in erster Linie **Patente,** lassen sich etwaige weitergehende Regelungen in die Bereiche Anmeldung, Aufrechterhaltung, Verteidigung und Durchsetzung von gewerblichen Schutzrechten unterteilen.[95] Hinsichtlich der **Anmeldung** kann etwa gesondert geregelt werden, welche Vertragspartei zuständig für die Vorbereitung und Einreichung von Anmeldungen ist, in welchen Ländern gewerbliche Schutzrechte anzumelden sind und von welcher Vertragspartei die Kosten der Registrierungsverfahren zu tragen sind[96] (in der Regel bietet sich insoweit eine Orientierung an der Zuordnung der Patente an, also etwa bei einem gemeinschaftlich gehaltenen Patent mit gleichem Anteil die hälftige Teilung der Kosten). Die administrative Durchführung der Anmeldeverfahren sollte in der Regel in den Verantwortungsbereich ausschließlich einer Partei fallen, um auf diese Weise etwaige Versäumnisse oder Verzögerungen, die sich durch eine unzureichende Abstimmung der Vertragsparteien ergeben könnten, zu vermeiden.[97] Die jeweils andere Vertragspartei ist über den Verlauf der Anmeldeverfahren durch Übergabe von Kopien des Schriftverkehrs mit den Ämtern zu unterrichten.[98] Flankierend sollte festgehalten werden, dass sich die Vertragsparteien untereinander entsprechend bevollmächtigen und zu unterstützen haben, sofern und soweit dies zur Erlangung von gewerblichen Schutzrechten erforderlich ist. Derartige Unterstützungshandlungen können etwa in der Abgabe von Erklärungen oder der Übergabe von Unterlagen liegen. 54

Soweit es die **Aufrechterhaltung** von gewerblichen Schutzrechten betrifft, kann der F&E-Vertrag Regelungen dazu enthalten, welche Vertragspartei dafür zu sorgen hat, dass etwaige Jahres- oder Verlängerungsgebühren[99] zu zahlen und von welcher Vertragspartei diese Gebühren zu übernehmen sind. Für den Fall, dass eine Vertragspartei sich dazu entscheidet, in bestimmten Ländern keine Schutzrechte anzumelden bzw. sie beabsichtigt, bereits registrierte Schutzrechte aufzugeben, kann der F&E-Vertrag vorsehen, dass dies der jeweils anderen Vertragspartei mitzuteilen und ihr eine Option[100] zur Anmeldung bzw. Übernahme von Schutzrechten zusteht. Dabei gilt es aus Sicht der aufgebenden Vertragspartei zwecks Vermeidung von Schadensersatzansprüchen etwaiger Arbeitnehmererfinder ggf. auch an die Mitteilungspflichten gemäß § 14 Abs. 2 und 16 Abs. 1 ArbnErfG zu denken.[101] 55

Im Übrigen kann festgelegt werden, wie zu verfahren ist, wenn etwaige registrierte Schutzrechte von Dritten angegriffen werden oder ob und von welcher Vertragspartei gegen Dritte, die in die registrierten Schutzrechte eingreifen, zum Zwecke der **Durchsetzung** der Schutzrechte vorgegangen werden kann. Dabei kann ergänzend wiederum geregelt werden, von welcher Vertragspartei die entsprechenden Kosten der **Verteidigung** von Schutzrechten zu übernehmen sind und welcher Vertragspartei etwaige Schadensersatzzahlungen oder Verletzergewinne zustehen. 56

Bei F&E-Aufträgen, bei denen eine klare Zuordnung der F&E-Ergebnisse zu einer Vertragspartei vorgesehen ist, folgt die Entscheidungsbefugnis darüber, ob und in welchem Umfang ge- 57

[93] Winzer Kap. 1. B. Rn. 186; Pagenberg/Beier/Pagenberg Muster 10 Rn. 62 ff.
[94] Vgl. Pagenberg/Beier/Pagenberg Muster 10 Rn. 63.
[95] Vgl. auch Winzer Kap. 1. B. Rn. 161 ff.
[96] Näher hierzu Pagenberg/Beier/Pagenberg Muster 10 Rn. 52 ff.
[97] Pagenberg/Beier/Pagenberg Muster 10 Rn. 48. Unabhängig davon können die Vertragsparteien natürlich gleichwohl gemeinsam Anmelder des Patents sein, was bei Gemeinschaftsergebnissen auch durchaus sachgerecht ist.
[98] Pagenberg/Beier/Pagenberg Muster 10 Rn. 48.
[99] Zu den bei Patenten anfallenden Gebühren → § 35 Rn. 119 ff.
[100] Ein Beispiel einer solchen Optionsregelung findet sich bei Pagenberg/Beier/Pagenberg Muster 10 § 12.
[101] BGH GRUR 1978, 430 (434) – Absorberstabantrieb; näher zu §§ 14 Abs. 2, 16 Abs. 1 ArbnErfG Bartenbach/Volz ArbnErfG § 14 Rn. 14 ff. und § 16 Rn. 25 ff.

werbliche Schutzrechte angemeldet oder gegen Angriffe Dritter verteidigt werden, der Inhaberschaft an den F&E-Ergebnissen. Detaillierte Regelungen sind daher nicht unbedingt erforderlich und können allenfalls zur Klarstellung mit aufgenommen werden. Demgegenüber kann es bei F&E-Kooperationen eher sinnvoll sein, eingehend zu regeln, wie gewerbliche Schutzrechte zu behandeln sind. In Anbetracht der Vielzahl und Verschiedenheit an Sachverhalten, die sich in der Praxis ergeben, ist es jedoch so gut wie unmöglich, jeden Einzelfall einer gesonderten Regelung zuzuführen. Verzögerungen und Probleme bei der internen Willensbildung zwischen den Vertragsparteien lassen sich im Übrigen selbst bei sehr detailliert ausgestalteten Vertragsklauseln nicht verhindern.[102] Regelungsumfang und -tiefe etwaiger Bestimmungen müssen daher in einem angemessenen Verhältnis zur Bedeutung des F&E-Projektes und den bestehenden Risiken einer ausbleibenden Regelung stehen. Zudem kann bei F&E-Kooperationen, bei denen die Vertragsparteien gerade einen gemeinsamen Zweck verfolgen, eher darauf vertraut werden, dass die Vertragsparteien dazu in der Lage sind, etwaige zu klärende Fragen ohne detaillierte Hilfestellung im F&E-Vertrag einvernehmlich untereinander zu regeln. Mitunter kann es sich daher auch empfehlen, lediglich festzuhalten, dass etwaige weitere Einzelheiten von den Vertragsparteien zu einem späteren Zeitpunkt einvernehmlich zu regeln sind.

10. Verwertung der F&E-Ergebnisse

58 Eine Verwertung der F&E-Ergebnisse nach Abschluss der Entwicklungsphase ist auf verschiedene Art und Weise möglich. Denkbar ist in erster Linie, dass die Vertragsparteien die Ergebnisse in Produkten umsetzen, die es **herzustellen** und anschließend **zu vertreiben** gilt. Handelt es sich bei den F&E-Ergebnissen um neue Verfahren, können diese entweder in der Produktion eingesetzt oder unmittelbar als Dienstleistung Dritten angeboten werden. Unabhängig davon besteht zudem die Möglichkeit, die F&E-Ergebnisse durch die **Lizenzierung an Dritte** zu verwerten.[103] Schließlich können die F&E-Ergebnisse Ausgangspunkt für auf diesen Ergebnissen aufbauende **neue F&E-Projekte** sein.

59 Um Klarheit darüber zu schaffen, welche der Vertragsparteien zu einer Verwertung **nach Abschluss der Entwicklungsphase** berechtigt ist bzw. sind und in welcher Art und Weise diese Verwertung geschehen darf, kann es – insbesondere wenn mehrere Vertragsparteien oder Vertragsparteien mit Sitz im Ausland involviert sind – empfehlenswert sein, diese Aspekte im F&E-Vertrag explizit zu regeln. Insoweit ist von der Überlegung auszugehen, dass die Vertragsparteien hinsichtlich der F&E-Ergebnisse, die ihnen jeweils selbst alleine zustehen, bereits unmittelbar und umfassend über die erforderlichen **Nutzungsrechte** verfügen. Soll daher lediglich die Vertragspartei zu einer Verwertung der Ergebnisse berechtigt sein, die ohnehin alleine Inhaberin sämtlicher F&E-Ergebnisse ist, so können Regelungen zu den Verwertungsrechten unterbleiben oder allenfalls zur Klarstellung mit aufgenommen werden. Dies ist etwa üblicherweise bei F&E-Aufträgen der Fall. Zwingender Regelungsbedarf besteht jedoch dann, wenn die F&E-Ergebnisse entweder, wie bei F&E-Kooperationen, gesamthänderisch gebunden sind, oder die jeweils andere Vertragspartei Inhaber der F&E-Ergebnisse ist.[104] Gleiches gilt bei F&E-Verträgen, die einer ausländischen Rechtsordnung unterworfen werden, insbesondere wenn es um die Verwertung von Gemeinschaftsergebnissen geht, da die einschlägigen Regelungen ausländischen Rechts mitunter von denen des deutschen Rechts – etwa was die Möglichkeit der Vergabe von Lizenzen anbetrifft – abweichen können. Denn dann sind die Vertragsparteien zu einer Verwertung der Ergebnisse darauf angewiesen, dass ihnen von der jeweils anderen Vertragspartei entsprechende Nutzungsrechte eingeräumt werden.[105] Dabei sollte nicht außer Acht gelassen werden, dass die F&E-Ergebnisse üblicherweise nicht nur als Erfindungen bzw. Patente vorliegen, sondern zu einem großen Teil aus Know-how und eventuell urheberrechtlich geschützten Werken (zB Dokumentationen sowie wissenschaftliche oder technische Darstellungen) bestehen.

60 Darüber hinaus ist zu beachten, dass oftmals für eine Verwertung der F&E-Ergebnisse auf etwaiges **Background-Know-how** oder etwaiges **Background-IP** der jeweils anderen Vertragspartei zurückgegriffen werden muss.[106] Dies etwa deswegen, weil bei einer Nutzung der F&E-

[102] Vgl. Winzer Kap. 1. B. Rn. 164 f.

[103] Dazu näher Winzer Kap. 1. C. Rn. 230 und 251 ff.

[104] Vgl. auch Rosenberger/Wündisch Kap. 5 Rn. 150 f.

[105] Zum Zusammenhang zwischen Inhaberschaft an den F&E-Ergebnisse und etwaigen Nutzungsrechte s. auch Winzer Kap. 1. C. Rn. 244 ff.

[106] S. zur Bedeutung des Backgrounds in der Verwertungsphase auch Winzer Kap. 1. C. Rn. 248 ff.; Rosenberger/Wündisch Kap. 5 Rn. 97 ff.

Ergebnisse zwangsläufig auch der Background genutzt wird (als Beispiel lässt sich hier der Fall des abhängigen Patentes nennen) oder doch zumindest eine Verwertung der Ergebnisse bei gleichzeitigem Rückgriff auf den Background der anderen Vertragspartei spürbar erleichtert wird. Gewähren sich die Vertragsparteien untereinander Nutzungsrechte an ihrem Background, stellt sich dabei die Frage, ob dies **entgeltlich** oder **unentgeltlich** geschieht. Üblicherweise wird für die Verwertungsphase eine entgeltliche Nutzung von Background vorgesehen; gerade bei F&E-Aufträgen ist es in der Praxis jedoch auch häufig der Fall, dass die Einräumung von Nutzungsrechten unentgeltlich erfolgt bzw. mit der Vergütung für die F&E-Arbeiten abgegolten ist.

61 Nicht außer Acht gelassen werden sollte ferner, dass die Vertragsparteien grundsätzlich kein Interesse daran haben, **Dritte** ohne Weiteres in den Genuss einer Nutzung der F&E-Ergebnisse kommen zu lassen. Dies kann dem Sinn und Zweck der F&E-Zusammenarbeit, durch die sich die Vertragsparteien gerade einen technischen Vorsprung im Wettbewerb erarbeiten wollen, entgegenstehen. Denn eine Amortisation der im Zuge des F&E-Projektes getätigten Investitionen könnte dadurch nur allzu leicht vereitelt werden. Daher kann es sich anbieten, zu regeln, dass etwaige Nutzungsrechte, die sich die Vertragsparteien untereinander gewähren, **unübertragbar** sind. Aus denselben Überlegungen heraus ist ferner zu regeln, ob und unter welchen Voraussetzungen[107] die Vertragsparteien dazu berechtigt sind, Dritten **Lizenzen** bzw. **Unterlizenzen** an den F&E-Ergebnissen und/oder dem Background einzuräumen.[108] Soll etwa nach Abschluss der Entwicklungsphase der gesamte Konzern einer Vertragspartei zu einer Verwertung der F&E-Ergebnisse in der Lage sein, oder ist absehbar, dass die verwertende Vertragspartei etwaige Vertragsprodukte durch andere Unternehmen herstellen lassen wird oder muss („verlängerte Werkbank"), so ist sicherzustellen, dass in entsprechendem Umfang an verbundene Unternehmen oder Dritte Lizenzen bzw. Unterlizenzen vergeben werden können.[109] Mitunter kann die verwertende Vertragspartei auch darauf angewiesen sein, ihren Abnehmern Unterlizenzen zu vergeben (etwa für die Nutzung von Software, die allein oder in Kombination mit anderen Produkten vertrieben wird).

62 Die Verwertungsrechte lassen sich im Übrigen zwischen den Vertragsparteien auf unterschiedlichste Art und Weise regeln. Zielvorgabe sind dabei die betriebswirtschaftlichen Interessen der Vertragsparteien.[110] Bei F&E-Kooperationen bietet es sich in erster Linie an, dass beide Vertragsparteien nach Abschluss der F&E-Arbeiten – entweder **getrennt** oder (teilweise) **gemeinsam**[111] – zu einer Verwertung der Ergebnisse berechtigt sind. Demgegenüber ist es bei F&E-Aufträgen eher üblich, dass lediglich der Auftraggeber zu einer Verwertung der Ergebnisse befugt ist. Zu regeln ist des Weiteren, ob die Vertragsparteien zu einer **umfassenden Verwertung** der Ergebnisse berechtigt oder ob die den einzelnen Vertragsparteien zustehenden Verwertungsrechte in **räumlicher, zeitlicher** oder **inhaltlicher** Hinsicht **beschränkt sind.**[112] So können die Vertragsparteien etwa dazu berechtigt sein, die Ergebnisse nur auf bestimmten Sachgebieten („field of use") bzw. für bestimmte Produkte zu verwerten oder nur bestimmte Verwertungshandlungen vorzunehmen. Denkbar ist ferner eine Aufteilung nach Ländern, Märkten und Abnehmern. Probleme ergeben sich bei einer Beschränkung der Verwertungsmöglichkeiten jedoch insofern, als nicht alles, was sich die Vertragsparteien wünschen, auch **kartellrechtlich zulässig** ist bzw. den Freistellungsvoraussetzungen nach der einschlägigen Gruppenfreistellungsverordnung für Forschungs- und Entwicklungsvereinbarungen (GVO F&E) genügt.[113] Dies betrifft vor allem Beschränkungen auf Vertriebsebene.

63 Mitunter kann einer der Vertragsparteien auch nur das Recht verbleiben, die Ergebnisse im Rahmen der **eigenen Forschung und Entwicklung** und/oder **Lehre** weiter zu nutzen.[114] Daran sind

[107] ZB ein näher ausgestalteter Zustimmungsvorbehalt.

[108] Rosenberger/Wündisch Kap. 5 Rn. 109 ff. und Rn. 137. Dabei ist zu beachten, dass die Vertragsparteien, soweit sie selbst Eigentümer der zu lizenzierenden Rechte bzw. des zu lizenzierenden Know-hows sind, Dritten eine Lizenz erteilen können. Soweit sie jedoch ihrerseits nur Inhaber von Nutzungsrechten sind, kann an Dritte nur eine Unterlizenz vergeben werden.

[109] Vgl. auch Rosenberger/Wündisch Kap. 5 Rn. 109. Ausführlich Winzer Kap. 1. C. Rn. 279 ff.; Pagenberg/Beier, Pagenberg Muster 8 Rn. 47 ff.

[110] Die dabei anzustellenden Überlegungen können durchaus eine beträchtliche Komplexität aufweisen, wie das Beispiel bei Winzer Kap. 1. C. Rn. 233 ff. zeigt.

[111] S. hierzu näher Winzer Kap. 1. C. Rn. 230 f. und Rn. 337 ff.

[112] Ausführlicher zu Beispielen möglicher Beschränkungen der Verwertungsrechte Winzer Kap. 1. C. Rn. 308 ff.

[113] Näher hierzu unter → Rn. 112 ff.

[114] Detailliert zu Rücklizenzen für Forschung und Lehre Wündisch/Hering GRUR Int 2009, 106 ff.

– neben einer eventuellen finanziellen Beteiligung an der Verwertung durch die andere Vertragspartei – vor allem F&E-Institutionen interessiert.[115]

64 Problematisch kann aus Sicht der anderen Vertragspartner dabei allerdings sein, dass F&E-Institutionen üblicherweise im Rahmen weiterer F&E-Projekte mit Dritten zusammenarbeiten und auf diese Weise daher die F&E-Ergebnisse eventuell doch in die Hände Dritter geraten könnten. Letzteres steht jedoch in aller Regel gerade in Widerspruch zu den Verwertungsinteressen der anderen Vertragspartei. Als mögliche Lösung bietet es sich dann an, der F&E-Institution die Verwertung der Ergebnisse bei weiteren F&E-Projekten nur auf anderen technischen Gebieten zu gestatten, von einem Zustimmungsvorbehalt abhängig zu machen oder nur gegen Entgelt zu erlauben. Alternativ kann vorgesehen werden, dass die F&E-Institution erst nach Ablauf einer bestimmten Frist die Möglichkeit hat, mit Dritten zusammenzuarbeiten oder Dritten im Rahmen weiterer F&E-Projekte Verwertungsrechte einzuräumen. Dadurch erhält die andere Vertragspartei ausreichend Zeit, die F&E-Ergebnisse ungestört zu verwerten und sich auf diese Weise einen Vorsprung im Wettbewerb zu erarbeiten.

Formulierungsvorschlag für eine Klausel, mit der die Vertragsparteien sich untereinander für weitere F&E-bzw. Lehrzwecke Nutzungsrechte einräumen:

Jeder Vertragspartner verpflichtet sich dazu, den übrigen Vertragspartnern auf deren Verlangen an den ihm zustehenden Einzel- und/oder Gemeinschaftsergebnissen ein nicht-ausschließliches, unübertragbares, nicht unterlizenzierbares, zeitlich und räumlich unbeschränktes Recht zur Nutzung seiner Einzel- und/oder Gemeinschaftsergebnissen für weitere Forschungs- und Entwicklungszwecke sowie Lehrzwecke zu angemessenen Bedingungen einzuräumen; im Falle einer Nutzung für rein nicht-kommerzielle Forschung und Lehre erfolgt die Einräumung der Nutzungsrechte unentgeltlich. Die Höhe der Lizenzgebühren sowie die weiteren Konditionen sind zwischen den betroffenen Vertragspartnern gesondert schriftlich zu vereinbaren. Bei der Bemessung der Höhe der Lizenzgebühren sind die Beiträge der betroffenen Vertragspartner im Vorhaben, insbesondere deren Auswirkungen auf das jeweilige Forschungsergebnis sowie eine eventuelle Mitfinanzierung mindernd bei der Ermittlung der Lizenzgebühren zu berücksichtigen. Die Durchführung von Forschungs- und Entwicklungsprojekten mit Dritten, die als Wettbewerber des das Nutzungsrecht gewährenden Vertragspartners anzusehen sind, bedarf jedoch der schriftlichen Zustimmung dieses Vertragspartners. Die Regelungen zur Geheimhaltung und zu Veröffentlichungen nach diesem Vertrag bleiben zudem unberührt.

65 Schließlich können Regelungen mit aufgenommen werden, wonach sich die Vertragsparteien während der Verwertungsphase untereinander **(Rück-)Lizenzen** an etwaigen Verbesserungen oder Weiterentwicklungen der F&E-Ergebnisse erteilen.[116] Hier gilt es allerdings ebenfalls, die kartellrechtlichen Grenzen im Blick zu behalten. Dies vor allem dann, wenn Verbesserungen oder Weiterentwicklungen betroffen sind, die nicht im Rahmen einer nach der GVO F&E freigestellten gemeinsamen Verwertung der F&E-Ergebnisse aufgefunden werden. Regelungen über Verbesserungen und Weiterentwicklungen fallen in der Regel nicht unter die GVO F&E, wenn sie sich nicht unmittelbar auf die Umsetzung des Hauptgegenstandes der Forschung und Entwicklung beziehen.[117] Darüber hinaus können Rücklizenzen auch in Bezug auf zu übertragende F&E-Ergebnisse gewährt werden. Dies spielt insbesondere bei F&E-Verträgen mit Forschungseinrichtungen eine Rolle. Das Wirtschaftsunternehmen will meist das Eigentum an den erzielten Ergebnissen eines gemeinsamen Vorhabens erwerben. Durch die Erteilung einer Rücklizenz kann die Forschungseinrichtung die Ergebnisse jedoch ebenso noch für die eigene Forschung und Lehre nutzen.[118]

[115] Hierzu Winzer Kap. 1. C. Rn. 356 ff. Handelt es sich um die Nutzung von Patenten zu reinen Versuchszwecken, so wäre ein solches Vorgehen bei Patenten mit Wirkung für Deutschland ohnehin über § 11 Nr. 2 PatG erlaubt (s. dazu Benkard/Scharen PatG § 11 Rn. 6 ff.).

[116] Winzer Kap. 1. C. Rn. 290 ff.; Pagenberg/Beier/Pagenberg Muster 8 Rn. 43 und Muster 10 Rn. 60 ff.

[117] S. hierzu Rosenberger/Wündisch Kap. 6 Rn. 320 ff.; zur Anwendbarkeit der GVO F&E auf Weiterentwicklungen auch Bechtold/Bosch/Brinker EU-Kartellrecht VO 1217/2010, Art. 2 Rn. 4 f.

[118] Rosenberger/Wündisch Kap. 7 Rn. 134.

Praxistipp:

Die im Zusammenhang mit der Verwertung der F&E-Ergebnisse zu regelnden Bereiche können durchaus einige Komplexität aufweisen. Zudem können sich die Verwertungsinteressen der Vertragsparteien im Zuge der – ggf. mehrere Jahre dauernden – F&E-Arbeiten schnell ändern. Dies etwa dann, wenn die F&E-Ergebnisse nicht den Erwartungen entsprechen oder sich zwischenzeitlich die wirtschaftlichen Rahmenbedingungen oder die Marktlage geändert haben. Vor diesem Hintergrund kann es sinnvoll sein, wenn zwar im F&E-Vertrag bereits festgelegt wird, dass die Vertragsparteien bei Abschluss der F&E-Arbeiten – unter Berücksichtigung bestimmter Eckdaten – in lizenz- oder liefervertragliche Beziehungen eintreten werden, die Einzelheiten jedoch der noch ausstehenden einvernehmlichen Regelung der Vertragsparteien obliegen.[119] Die Regelungen zur Verwertung können dann gegen Abschluss der Entwicklungsphase in einem gesonderten Vertrag[120] untergebracht werden. Ggf. kann der Vertragspartei, die eventuell an einer Verwertung interessiert ist, auch nur eine zeitliche begrenzte Option auf den Abschluss eines Lizenz- oder Liefervertrages oder ein Erstverhandlungsrecht eingeräumt werden.[121]

11. Geheimhaltung

Zur Absicherung der F&E-Ergebnisse sowie etwaigem in die Zusammenarbeit eingebrachten Background-Know-hows sind Regelungen zur Geheimhaltung unverzichtbar.[122] Die Vertragsparteien werden nicht dazu bereit sein, der jeweils anderen Vertragspartei wertvolles Know-how zu offenbaren, wenn eine Geheimhaltung nicht gewährleistet und somit eine Entwertung des Know-hows durch eine Veröffentlichung zu befürchten ist. Entsprechendes gilt für die Ergebnisse der F&E-Arbeiten. Denn die Investitionen der Vertragsparteien im Rahmen der Zusammenarbeit wären umsonst, wenn jederzeit eine Veröffentlichung der F&E-Ergebnisse drohen würde und damit entgegen Sinn und Zweck der Zusammenarbeit Dritte ungehindert und kostenlos auf die Ergebnisse zurückgreifen könnten oder wegen einer neuheitsschädlichen Veröffentlichung möglicher Patentschutz vereitelt wird. Meist werden schon **vor Abschluss eines F&E-Vertrages** Vertraulichkeitsvereinbarungen (auch „Non-Disclosure Agreement", kurz „NDA" genannt) getroffen, sobald sich die Parteien gegenseitig eigenes Know-how zur Verfügung stellen, um die Zusammenarbeit auf F&E-Ebene anzubahnen. Die dortigen Regelungen können in den F&E-Vertrag integriert oder durch neue Regelungen im F&E-Vertrag ersetzt werden.[123] Ebenso kann vollständig auf die ursprüngliche Geheimhaltungsvereinbarung verwiesen und diese dem Vertrag als Anlage beigefügt werden.[124] Dann sollte jedoch klargestellt werden, dass im Falle von Widersprüchen der neue F&E-Vertrag Vorrang hat, um Unklarheiten und eine gleichzeitige Geltung nicht oder nicht vollständig deckungsgleicher Regelungen zu vermeiden. Zudem sollte ggf. die zeitliche Begrenzung der Vereinbarung neu geregelt werden, um zu vermeiden, dass das NDA vor Beendigung des F&E-Projektes ausläuft, oder etwa klargestellt werden, dass unter „Zweck" im Sinne des NDAs auch der Zweck der Zusammenarbeit der Vertragsparteien im Rahmen des F&E-Projekts fällt. 66

Ein wichtiger Aspekt, der üblicherweise nicht bereits in einem zuvor abgeschlossenen und meist auf einem Muster einer der Vertragsparteien basierendem NDA einer Regelung zugeführt ist, ist die **vertrauliche Behandlung der F&E-Ergebnisse.** Insoweit gilt es – insbesondere bei F&E-Aufträgen – zu hinterfragen, welche Vertragspartei zur Geheimhaltung verpflichtet sein soll und in welchen Fällen eine Offenbarung möglich sein soll. So macht es zwar regelmäßig Sinn, dass der Auftragnehmer zu einer vertraulichen Behandlung der F&E-Ergebnisse verpflichtet ist. Der Auftraggeber möchte jedoch grundsätzlich frei darin sein, die F&E-Ergebnisse zu offenbaren (etwa gegenüber Dritten wie Zulieferern oder Vertriebspartnern oder im Zuge der Anmeldung von Schutzrechten). 67

---

[119] S. insoweit auch die Anmerkungen bei Möffert S. 82 ff.

[120] S. etwa die Beispiele einer gesonderten Regelung der Verwertungsphase bei Winzer Kap. 1 C. Rn. 261a ff. und Groß S. 22 ff.

[121] Ein Beispiel einer solchen Optionslösung findet sich bei Möffert S. 80 ff.

[122] Zur Geheimhaltung siehe auch Winzer Kap. 1. B. Rn. 195 ff.; Rosenberger/Wündisch Kap. 5 Rn. 205 ff.; Möffert S. 85 ff. Zu Vertraulichkeitsvereinbarungen allgemein Kurz.

[123] Rosenberger/Wündisch Kap. 5 Rn. 206 f.

[124] Kurz Rn. 8; aA Rosenberger/Wündisch Kap. 5 Rn. 207, der von einem schlichten Verweis auf die ursprüngliche Geheimhaltungsvereinbarung abrät.

68 Mit Inkrafttreten des **Gesetzes zum Schutz von Geschäftsgeheimnissen (GeschGehG)** am 26.4.2019, das der Umsetzung der europäischen Know-How-Schutz-Richtlinie vom 8.6.2016[125] dient, haben Geheimhaltungsvereinbarungen in F&E-Verträgen nochmals an Bedeutung hinzugewonnen. Das GeschGehG enthält nun erstmals in den §§ 4 und 6 ff. GeschGehG spezifisch auf Geschäftsgeheimnisse abgestimmte zivilrechtliche Handlungsverbote und Anspruchsgrundlagen für Fälle der Verletzung von Geschäftsgeheimnissen. Jedoch wurden im Vergleich zur bislang geltenden Rechtslage (§§ 17, 18 UWG aF) auch die Anforderungen an das Vorliegen eines Geschäftsgeheimnisses erhöht. Nach der Definition gem. § 2 Nr. 1 des Gesetzes sind Geschäftsgeheimnisse solche Informationen, die weder allgemein bekannt oder ohne Weiteres zugänglich und daher von wirtschaftlichem Wert sind, die zudem **Gegenstand von den Umständen nach angemessenen Geheimhaltungsmaßnahmen** durch ihren rechtmäßigen Inhaber sind und bei denen ein berechtigtes Interesse an der Geheimhaltung besteht. Wurde nach der alten Rechtsprechung der subjektive Geheimhaltungswille vermutet, so sind nach der Neuregelung durch das GeschGehG vom Inhaber des Geschäftsgeheimnisses aktiv Maßnahmen umzusetzen, die auf eine Wahrung der Vertraulichkeit der Geschäftsgeheimnisse abzielen, um den Schutz als Geschäftsgeheimnis in Anspruch nehmen zu können.[126]

69 Entsprechende Maßnahmen können auf (IT-)technischer, organisatorischer oder rechtlicher Ebene in Betracht kommen.[127] Ein wesentliches Element in vertraglicher Hinsicht stellen dabei **vertragliche Vertraulichkeitsverpflichtungen** dar, die durch eine konkrete, schriftliche Regelung herbeigeführt oder auch konkludent entstanden sein können.[128] Es ist daher erst Recht nach Inkrafttreten des GeschGehG zu empfehlen, dass F&E-Verträge, bei denen es schwerpunktmäßig um den Austausch und das Erarbeiten von Know-how geht, Regelungen zur Geheimhaltung enthalten. Damit vertragliche Regelungen zur Vertraulichkeit verlässlich als angemessene Maßnahme im Sinne von § 2 Nr. 1 lit. b) GeschGehG eingestuft werden können, sollte die **Definition** der geheim zuhaltenden Informationen **hinreichend konkret** sein. Bei Bestimmungen, die pauschal alle bekanntgegebenen Informationen der Geheimhaltung unterwerfen, besteht das Risiko, dass sie – da zu unspezifisch – nicht den Anforderungen nach § 2 Nr. 1 GeschGehG genügen.[129] Folglich sollte der Begriff der „geheimen Informationen" im Rahmen der Begriffsdefinitionen genau festgelegt werden. Möglich ist es, dabei auf den gesetzlich definierten Begriff nach § 2 Nr. 1 GeschGehG Bezug zu nehmen.[130] Dann sollte die Definition jedoch durch den Zusatz ergänzt werden, dass der Schutz durch die Geheimhaltungsvereinbarung unabhängig davon bestehen bleibt, ob angemessene Geheimhaltungsmaßnahmen getroffen wurden oder nicht. Anderenfalls besteht die Gefahr des Zirkelschlusses, da die vertraulichen Informationen nicht dem § 2 Nr. 1 GeschGehG unterfallen würden, wenn keine angemessenen Geheimhaltungsmaßnahmen getroffen wurden und sie insoweit auch nicht durch die Geheimhaltungsvereinbarung geschützt werden könnten.[131] Geheimzuhaltende Unterlagen sollten zudem mit dem Hinweis „geheim" oder „vertraulich" gekennzeichnet werden, um die geheim zu haltenden Informationen klar zu identifizieren (wobei darauf zu achten ist, dass die beteiligten Personen sich bei der praktischen Umsetzung des F&E-Projekts hieran auch halten).[132] Dies ist jedoch nicht zwingend erforderlich, um den § 2 Nr. 1 lit. b) GeschGehG Genüge zu tun.[133] Eine weitere Schutzmaßnahme kann die Vereinbarung sein, dass nach Abschluss der F&E-Arbeiten sämtliche geheimen Unterlagen und Daten zurückzugeben oder zu vernichten sind.[134] Sind die Voraussetzungen des § 2 Nr. 1 lit. a) und lit. b) GeschGehG erfüllt, so wird auch das berechtigte Interesse nach § 2 Nr. 1 lit. c) GeschGehG vermutet.[135]

---

[125] Richtlinie (EU) Nr. 2016/943 über den Schutz vertraulichen Know-hows und vertraulicher Geschäftsinformationen (Geschäftsgeheimnisse) vor rechtswidrigem Erwerb sowie rechtswidriger Nutzung und Offenlegung.
[126] Keller/Schönknecht/Glinke/Schönknecht GeschGehG § 2 Nr. 1 Rn. 56 f.
[127] S. zu dieser Unterteilung etwa Hoppe/Oldekop Kap. 1 Rn. 168 ff.
[128] Keller/Schönknecht/Glinke/Schönknecht GeschGehG § 2 Nr. 1 Rn. 65.
[129] Keller/Schönknecht/Glinke/Schönknecht GeschGehG § 2 Nr. 1 Rn. 65. Entsprechende „Catch All"-Klauseln werden insbesondere im arbeitsrechtlichen Kontext sehr kritisch gesehen bzw. für unwirksam gehalten; s. hierzu etwa Harte-Bavendamm/Ohly/Kalbfus/Kalbfus Einl. C Rn. 63 mwN; LArbG Düsseldorf, Urteil vom 3.6.2020, Az. 12 SaGa 4/20.
[130] Harte-Bavendamm/Ohly/Kalbfus/Harte-Bavendamm Einl. B. Rn. 28.
[131] Harte-Bavendamm/Ohly/Kalbfus/Harte-Bavendamm Einl. B. Rn. 28; Jansen/Hofmann BB 2020, 259 (263).
[132] Harte-Bavendamm/Ohly/Kalbfus/Harte-Bavendamm Einl. B. Rn. 31; Hille WRP 2020, 824 (831).
[133] BT-Drs. 19/4724, 24; Keller/Schönknecht/Glinke/Schönknecht GeschGehG § 2 Nr. 1 Rn. 71.
[134] Keller/Schönknecht/Glinke/Schönknecht GeschGehG § 2 Nr. 1 Rn. 66.
[135] Keller/Schönknecht/Glinke/Schönknecht GeschGehG § 2 Nr. 1 Rn. 100.

Eine weitere Neuerung des GeschGehG ist, dass nach § 3 Abs. 1 Nr. 2 GeschGehG nunmehr das sogenannte **„Reverse Engineering"**,[136] also das Beobachten, Untersuchen, Rückbauen oder Testen[137] eines Produkts oder Gegenstandes,[138] um an ein darin verkörpertes Geschäftsgeheimnis zu gelangen, **ausdrücklich zulässig** ist, sofern das Produkt bzw. der Gegenstand öffentlich verfügbar ist oder sich im rechtmäßigen Besitz des „Rückbauenden" befindet. Übergibt eine Partei im Rahmen eines F&E-Vorhabens einen selbst entwickelten Prototyp an die andere Partei, so wäre das Reverse Engineering per Gesetz zulässig, es sei denn – diese Möglichkeit eröffnet § 3 Abs. 1 Nr. 2 lit. b) GeschSchG ausdrücklich – der „Rückbauende" unterliegt insoweit einer Beschränkung. Soll es daher den anderen Vertragsparteien – die als rechtmäßige Besitzer anzusehen sein dürften – nicht gestattet sein, etwa in Bezug auf einen ihnen übergeben Prototyp Reverse Engineering zu betreiben, sollte an einen **vertraglichen Ausschluss** des Reverse Engineering gedacht werden, wobei die wettbewerbsrechtlichen Rahmenbedingungen (Art. 101 AEUV, §§ 1, 2 GWB) sowie, sofern es sich nicht um eine individuell ausgehandelte Klausel handelt, die AGB-rechtlichen[139] Vorschriften zu beachten sein können.[140] Ausreichend kann jedoch auch schon die allgemeine Geheimhaltungsvereinbarung sein.[141] Damit sind etwa die Offenlegung und Nutzung von in einem Prototyp enthaltenen Know-hows bereits verboten. Die empfangende Partei könnte somit zwar die Tätigkeit des Reverse Engineering an sich ausüben – das enthaltene Know-how wäre für sie jedoch nicht nutzbar.[142] Aufgrund der schwierigen Nachweisbarkeit im Verletzungsfall schadet es jedoch nicht, bereits das Reverse Engineering als solches vertraglich auszuschließen.[143] 70

Formulierungsvorschlag für eine Klausel zum Ausschluss von Reverse-Engineering:

Falls und soweit sich aus dem Zweck der Zusammenarbeit der Partner im Rahmen des F&E-Projektes nichts Gegenteiliges ergibt, ist es den empfangenden Partnern nicht gestattet, Geschäftsgeheimnisse durch ein Beobachten, Untersuchen, Rückbauen, Testen oder Ähnlichem eines ihm von einem anderen Partner überlassenen Produkts oder Gegenstands zu erlangen (sog. Reverse Engineering im Sinne von § 3 Abs. 1 Nr. 2 GeschGehG). Erlangt ein Partner gleichwohl Geschäftsgeheimnisse auf diese Weise, so besteht auch hieran die Verpflichtung zur Vertraulichkeit fort. Nutzungsrechte entstehen an den Geschäftsgeheimnissen nicht.

Es ist zudem festzuhalten, dass die Vertragsparteien verpflichtet sein sollten, die an dem F&E-Projekt beteiligten Angestellten oder freien Mitarbeiter in entsprechender Weise zur Geheimhaltung zu verpflichten. Ebenfalls zu regeln ist, ob und ggf. wie lange die Geheimhaltungsverpflichtungen auch nach Beendigung des Vertrages von den Vertragsparteien zu beachten sind. Die dabei in der Praxis immer wieder anzutreffende, vorschnell vorgesehene Regelung, wonach die Geheimhaltungspflicht nach Ablauf einiger Jahre endet, ist jedenfalls dann und insoweit zu vermeiden, als eine der Vertragsparteien bedeutendes und langfristig geheim zuhaltendes Background-Know-how (etwa eine chemische Zusammensetzung) mit in die F&E-Zusammenarbeit einbringt oder das Ergebnis der F&E-Zusammenarbeit in Geschäftsgeheimnissen liegt.[144] Denn andernfalls droht nach Ablauf der entsprechenden Frist schlimmstenfalls die jederzeitige Entwertung des Know-hows. 71

136 Zum ökonomischen Hintergrund des Reverse Engineering s. Harte-Bavendamm/Ohly/Kalbfus/Ohly § 3 Rn. 19 f.

137 Diese Auflistung typischer Vorgehensweisen in § 3 Abs. 1 Nr. 2 GeschSchG ist dabei nicht abschließend, Harte-Bavendamm/Ohly/Kalbfus/Ohly § 3 Rn. 22 mwN.

138 Wobei hiervon sowohl körperliche als auch unkörperliche Gegenstände wie etwa Software erfasst sind, Harte-Bavendamm/Ohly/Kalbfus/Ohly § 3 Rn. 21 mwN.

139 Ein Verstoß gegen § 307 Abs. 1 Nr. 2 BGB kann etwa in Betracht kommen, wenn bestimmte Handlungen des Reverse Engineering an anderer gesetzlicher Stelle, etwa § 69d Abs. 2, 3 und § 69e UrhG, ausdrücklich erlaubt sind, Harte-Bavendamm/Ohly/Kalbfus/Ohly § 3 Rn. 28,

140 Harte-Bavendamm/Ohly/Kalbfus/Ohly § 3 Rn 27,

141 Siehe die Geheimhaltungsklausel des Musters unter → Rn. 195. S. auch Harte-Bavendamm/Ohly/Kalbfus/Ohly § 3 Rn. 27, wonach sich ein Ausschluss des Reverse Engineering auch aus ergänzender Vertragsauslegung ergeben kann.

142 Harte-Bavendamm/Ohly/Kalbfus/Ohly § 3 Rn 28.

143 So auch Leister, GRUR-Prax 2019, 175 (176 f.); siehe auch Hoppe/Oldekop Kap. 5 Rn. 115, die ein Muster einer Vertraulichkeitsvereinbarung inklusive einer Klausel zum Reverse Engineering enthält.

144 S. hierzu auch Westermann Kap. 5 Rn. 44 ff.

72 Üblicherweise steht die Geheimhaltungsverpflichtung allerdings unter dem Vorbehalt einiger wichtiger Ausnahmen. Dies sind etwa Fälle, in denen eine Vertragspartei nachweisen kann, dass Informationen bereits bei Erhalt offenkundig waren oder später – ohne pflichtwidriges Verhalten der Vertragspartei – offenkundig geworden sind. Des Weiteren sollten spezifische Regelungen vorgesehen werden für Fälle, in denen eine Vertragspartei zu einer Offenbarung aufgrund gesetzlicher Bestimmungen oder behördlicher Anordnungen verpflichtet ist.

73 Soweit Offenbarungen gegenüber wissenschaftlichen Fachkreisen, interessierten Abnehmern einer Vertragspartei oder der Presse im Rahmen der Öffentlichkeitsarbeit betroffen sind, sollte vorgesehen werden, dass und in welchem Verfahren sich die Vertragsparteien vor einer Veröffentlichung untereinander abzustimmen haben.[145] In jedem Fall gilt es zu verhindern, dass F&E-Ergebnisse, bei denen es sich um Erfindungen handelt, aufgrund einer Vorveröffentlichung zu neuheitsschädlichem Stand der Technik werden und somit ein Patentschutz vereitelt wird.

74 Schließlich kann klargestellt werden, welche Vertragspartei die Beweislast dafür trägt, dass eine Geheimhaltungsverpflichtung aufgrund einer zwischenzeitlichen Offenkundigkeit der Information entfallen ist. Dies ist nach allgemeinen Grundsätzen zur Beweislastverteilung diejenige Vertragspartei, die sich auf den Wegfall der Geheimhaltungsverpflichtung beruft.[146] Demgegenüber liegt die Beweislast dafür, dass aufgrund einer Rückausnahme die Geheimhaltungsverpflichtung unverändert fortbesteht, bei der Vertragspartei, die sich auf diese Rückausnahme beruft.[147]

12. Gewährleistung/Haftung

75 a) **Gewährleistung.** Für den Fall, dass der Vertragspartei, die die F&E-Ergebnisse entgegennimmt, Gewährleistungsansprüche bereits über §§ 633 ff. BGB zustehen,[148] oder dies zwischen den Parteien ausdrücklich vereinbart werden soll, ist mit besonderer Sorgfalt der Umfang der Gewährleistung festzulegen. Denn die gesetzlichen Regelungen der §§ 633 ff. BGB müssen nicht unbedingt den Interessen der Vertragsparteien, insbesondere nicht denen des Auftragnehmers, entsprechen. Der Mangelbegriff des § 633 BGB deckt Sach- und Rechtsmängel in sehr weitreichendem Umfang ab.[149] Eine ausdrückliche Regelung im F&E-Vertrag ist daher beim F&E-Auftrag, der als Werkvertrag zu qualifizieren ist, anzuraten.

76 Ist aus Sicht der Vertragsparteien ungewiss, ob die F&E-Arbeiten mit Erfolg abgeschlossen werden können, sollte die Vertragspartei, die die Arbeiten durchzuführen hat, die Gewährleistung lediglich auf deren Durchführung unter Berücksichtigung des gegenwärtigen Standes von Wissenschaft und Technik beschränken. Im Übrigen kann sich die Gewährleistung vertraglich auf die Einhaltung bestimmter Produktspezifikationen sowie Leistungsparameter oder die Freiheit der F&E-Ergebnisse von **Rechten Dritter** – insbesondere gewerblicher Schutzrechte und Urheberrechte[150] – erstrecken. Insbesondere bezüglich Letzterem sind in der Praxis jedenfalls bei F&E-Kooperationen Einschränkungen üblich und auch bei F&E-Aufträgen für den Auftragnehmer anzuraten, da die Schutzrechtslage vollumfänglich, weltweit ohnehin nicht überblickt werden kann und selbst im Rahmen einer Recherche nach offengelegten Patentanmeldungen oder bereits registrierten Patenten in der Regel eine weltweite Recherche unverhältnismäßig ist oder für die Vertragsparteien ohnehin nur bestimmte Territorien abgedeckt zu werden brauchen. Haben die Vertragsparteien bereits bei Vertragsschluss Kenntnis von Schutzrechten Dritter, gegen die die F&E-Ergebnisse eventuell verstoßen könnten, bietet es sich an, diese Schutzrechte ausdrücklich aufzuführen und insoweit eine Gewährleistung (und Haftung) auszuschließen. Je nachdem, ob dies zweckmäßig ist, kann schließlich von den in § 634a BGB enthaltenen Fristen für die Verjährung der Gewährleistungsansprüche abgewichen werden.

77 Im Übrigen ist zu berücksichtigen, dass die Interessenlage der Vertragsparteien hinsichtlich des Gewährleistungsumfangs im Rahmen der **Entwicklungsphase** mitunter deutlich von der Interessenlage in der **Verwertungsphase** abweichen kann. Während es in dem einen Fall um die Gewährleistung für die F&E-Ergebnisse als solche geht, kann in der Verwertungsphase der Fokus

[145] Dazu auch Winzer Kap. 1. B. Rn. 198 f.
[146] Rosenberger/Wündisch Kap. 5 Rn. 232 f.
[147] Rosenberger/Wündisch Kap. 5 Rn. 232 f.
[148] Dies ist bei F&E-Aufträgen in Gestalt eines Werkvertrages der Fall.
[149] Vgl. Grüneberg/Retzlaff BGB § 633 Rn. 5 ff.
[150] Üblicherweise wird insoweit jedoch lediglich versichert, dass nach entgegenstehenden Schutzrechten recherchiert wurde und keine Rechte Dritter aufgefunden wurden. Im Übrigen wird die Gewährleistung ausgeschlossen.

auf einer Gewährleistung für herzustellende oder zu liefernde Produkte liegen, die von den F&E-Ergebnissen Gebrauch machen. Werden diese Produkte etwa von dem Auftraggeber selbst hergestellt oder nimmt der Auftraggeber diese Produkte vom Auftragnehmer ab, um sie etwa als Bauteil einzubauen oder direkt an Dritte weiterzuverkaufen, ist der Auftraggeber seinerseits Dritten gegenüber zur Gewährleistung verpflichtet. Er muss daher sicherstellen, dass er den Auftragnehmer gegebenenfalls in Regress nehmen kann und nicht zu seinem Nachteil eine Deckungslücke entsteht. Differenzierte Regelungen können daher notwendig sein, insbesondere wenn bereits im F&E-Vertrag sich eine der Vertragsparteien dazu verpflichtet, nach Abschluss der F&E-Arbeiten Produkte herzustellen und an die andere Vertragspartei zu liefern. Es bietet sich insoweit an, im F&E-Vertrag lediglich die Frage der Gewährleistung in der Entwicklungsphase zu regeln, die Gewährleistung für anschließend zu liefernde Produkte jedoch erst zu einem späteren Zeitpunkt abzustimmen.

b) **Haftung.** In direktem Zusammenhang zur Reichweite der Gewährleistung steht die Frage, in welchem Umfang die Vertragsparteien untereinander auf Schadensersatz haften.[151] Hier sind wiederum vielerlei Gestaltungen denkbar Gelangt deutsches Recht zur Anwendung und handelt es sich – in erster Linie bei standardisierten F&E-Aufträgen – beim F&E-Vertrag bzw. den Haftungsregelungen um AGB, sind freilich die Grenzen der §§ 307, 309 Nr. 7 BGB zu beachten.[152] Im Übrigen sind letztlich die Interessen und Bedürfnisse der Vertragsparteien entscheidend, wobei üblicherweise bei F&E-Kooperationen weitergehende Haftungsbeschränkungen üblich sind als dies bei F&E-Aufträgen der Fall ist. Zudem ist auch hier zwischen der Entwicklungs- und der Verwertungsphase zu differenzieren.[153] Haftungsbeschränkungen[154] sind schließlich auf zwei Ebenen denkbar: auf haftungsbegründender und haftungsausfüllender. 78

aa) Haftungsbegründende Ebene. Auf haftungsbegründender Ebene liegt es in erster Linie nahe, die Haftung auf **Vorsatz und grobe Fahrlässigkeit** zu begrenzen. Daneben können sich etwaige Haftungsbeschränkungen an den jeweiligen Verpflichtungen der Vertragsparteien orientieren, die sich aus dem F&E-Vertrag ergeben.[155] So lässt sich die Haftung lediglich auf die Durchführung der F&E-Arbeiten gemäß dem Stand von Wissenschaft und Technik begrenzen. Darüber hinaus können die Vertragsparteien die Haftung für im Zuge des F&E-Vertrages der jeweils anderen Vertragspartei übermittelte Informationen bzw. zugänglich gemachten Background beschränken oder ausschließen. Denkbar ist etwa, die Haftung auf die Richtigkeit und Vollständigkeit zu begrenzen und eine Haftung für die technische Brauchbarkeit, Kommerzialisierbarkeit oder sogar für die Richtigkeit und Vollständigkeit auszuschließen.[156] 79

Des Weiteren kann die Haftung dafür ausgeschlossen werden, dass in den F&E-Vertrag eingebrachter Background oder eventuell übergebene Gegenstände Rechte Dritter verletzen oder Dritten Nutzungsrechten an eingebrachtem Background-IP zustehen. Dabei kann ggf. als Zwischenlösung darauf zurückgegriffen werden, dass die jeweilige Vertragspartei versichert, nach **entgegenstehenden Schutzrechten** in üblichem Umfang recherchiert und keine Rechte Dritter aufgefunden zu haben oder ihr solche nicht positiv bekannt sind. Bei F&E-Kooperationen ist es schließlich in der Regel sinnvoll, dass die Vertragsparteien in der Verwertungsphase untereinander nicht für etwaige Mängel der F&E-Ergebnisse haften.[157] 80

bb) Haftungsausfüllende Ebene. Unabhängig davon kann auf haftungsausfüllender Ebene die Haftung für bestimmte Arten von Schäden ausgeschlossen werden. So können etwa Schäden in Form von entgangenem Gewinn, Produktionsausfallkosten oder Personen- und Sachschäden ausdrücklich ausgenommen werden. Darüber hinaus kann die Haftung der Höhe nach auf einen **Höchstbetrag,** etwa die Summe der gezahlten Vergütung, begrenzt werden.[158] Denkbar ist schließlich, ausdrücklich vorzusehen, dass die Vertragspartei, die die F&E-Arbeiten durchzuführen hat, eine Haftpflichtversicherung abschließen und nachweisen muss. 81

[151] S. allgemein zur Haftung auch die Ausführungen bei Rosenberger/Wündisch Kap. 5 Rn. 40 ff. und Winzer Kap. 1. B. Rn. 201 ff.
[152] S. dazu Grüneberg/Grüneberg BGB § 307 Rn. 10 ff. und § 309 Rn. 40 ff.
[153] Vgl. Winzer Kap. 1. B. Rn. 206 ff.
[154] Zu Haftungsbeschränkungen s. auch Groß S. 20.
[155] Winzer Kap. 1. B. Rn. 206 f. und Rn. 216.
[156] Dazu Winzer Kap. 1. B. Rn. 213.
[157] Winzer Kap. 1. C. Rn. 293.
[158] Rosenberger/Wündisch Kap. 5 Rn. 76 ff.

Praxistipp:

Aufgrund der Bandbreite an Pflichtverletzungen, die im Rahmen von F&E-Verträgen Haftungsfolgen auslösen können, bietet es sich in aller Regel nicht an, Haftungsklauseln zu detailliert auszugestalten. Die Gefahr, dass sich zwischen den einzelnen Regelungen Widersprüche ergeben oder bestimmte, wichtige Bereiche überhaupt nicht erfasst werden, ist groß. Aus diesem Grunde sollte jeder Haftungsregelung eine generalklauselartige Haftungsbeschränkung vorangestellt werden, in der etwa die Haftung für leichte Fahrlässigkeit ausgeschlossen und/oder die Haftung der Höhe nach auf einen Maximalbetrag begrenzt wird. Sofern dies aufgrund der besonderen Interessenlage der Vertragsparteien erforderlich erscheint, können dann im Anschluss daran für bestimmte Einzelbereiche spezielle Regelungen aufgestellt werden. Ist von den Vertragsparteien beabsichtigt, nach Abschluss der F&E-Arbeiten in der Verwertungsphase in Lieferbeziehungen zu treten, so bietet es sich im Übrigen an, insoweit nähere Regelungen zur Haftung einer späteren, gesonderten Regelung den Vertragsparteien zu überlassen.

13. Vertragsdauer/Kündigung

82 Üblicherweise tritt der F&E-Vertrag mit seiner beiderseitigen Unterzeichnung in Kraft. Mitunter kann es jedoch vorzugswürdiger sein, den Vertrag erst mit Eintritt eines bestimmten Ereignisses (zB dem noch ausstehenden positiven Zuwendungsbescheid für eine öffentliche Förderung einer Partei des F&E-Projekts) wirksam werden zu lassen.[159] Wurde bereits vor Unterzeichnung des F&E-Vertrages mit der Zusammenarbeit begonnen, so sollte – sofern nicht im Einzelfall gewichtige Argumente dagegen sprechen – demgegenüber klargestellt werden, dass sich die Regelungen des F&E-Vertrages auch auf die bereits aufgenommenen Tätigkeiten erstrecken.

83 **a) Vertragsdauer.** Die Laufzeit des F&E-Vertrages kann sowohl auf unbestimmte Zeit, auf bestimmte Zeit mit automatischer Verlängerung bei ausbleibender Kündigung[160] oder für einen fest definierten Zeitraum[161] – etwa für eine bestimmte Anzahl von Monaten oder Jahren oder bis zum Abschluss der F&E-Arbeiten – festgelegt werden. Bei unbestimmter Vertragsdauer ist zu beachten, dass den Vertragsparteien die Möglichkeit zur ordentlichen Kündigung binnen angemessener Frist zusteht (§ 723 Abs. 1 S. 1 BGB bei GbR bzw. §§ 620 ff. BGB bei Dienstverträgen); bei Werkverträgen ist zudem die Kündigungsmöglichkeit für den Auftraggeber nach § 649 BGB zu beachten. Die damit verbundene Möglichkeit, jederzeit und ohne Kündigungsgrund das Vertragsverhältnis zu beenden, entspricht nicht in jedem Fall den Interessen der Vertragsparteien. Eventuell kann dies jedoch – in der Regel aus Sicht des Auftraggebers – aus betriebswirtschaftlichen Erwägungen heraus gerade gewünscht sein.[162] Es kann daher auch bei der Vereinbarung einer festen Laufzeit sinnvoll sein, die Möglichkeit einer ordentlichen Kündigung vorzusehen.[163] Die Laufzeit des F&E-Vertrages bis zum Abschluss der F&E-Arbeiten zu befristen ist im Übrigen nur dann sinnvoll, wenn ein Abschluss der Arbeiten mit Gewissheit zu erwarten ist oder der Abschluss leicht nachprüfbar ist bzw. die Voraussetzungen für einen Abschluss im F&E-Vertrag festgehalten sind (zB nach Abnahme gemäß § 640 BGB). Anderenfalls kann auch eine Vereinbarung über die Möglichkeit der Vertragsverlängerung nach Laufzeitende getroffen werden.[164]

84 **b) Kündigung.** Der F&E-Vertrag sollte neben Regelungen zur Laufzeit Bestimmungen darüber enthalten, unter welchen Voraussetzungen eine außerordentliche Kündigung möglich ist. Dabei bietet es sich an, die Regelungen in § 626 Abs. 1 BGB bzw. § 314 Abs. 1 BGB als Generalklausel voranzustellen, wonach jede Vertragspartei das Vertragsverhältnis **aus wichtigem Grund** kündigen kann. Gemäß § 314 Abs. 1 S. 2 BGB liegt ein wichtiger Grund dann vor, wenn der kündigenden Vertragspartei unter Berücksichtigung aller Umstände des Einzelfalls und unter Abwägung der beiderseitigen Interessen die Fortsetzung des Vertragsverhältnisses bis zur vereinbarten Beendigung oder bis zum Ablauf einer Kündigungsfrist nicht zugemutet werden kann. Im Anschluss

[159] Rosenberger/Wündisch Kap. 5 Rn. 245; Möffert S. 81.
[160] Dazu Rosenberger/Wündisch Kap. 5 Rn. 245 f.
[161] Zur kartellrechtlichen Unbedenklichkeit von längeren, festen Laufzeiten siehe Pagenberg/Beier Muster 8 Rn. 37 mwN.
[162] ZB wenn sich erst später herausstellt, dass das F&E-Projekt aufgrund der veränderten wirtschaftlichen Rahmenbedingungen nunmehr unrentabel geworden ist.
[163] Vgl. Möffert S. 95; Rosenberger/Wündisch Kap. 5 Rn. 247 ff. Bei F&E-Verträgen in Gestalt eines Dienstvertrages sind jedoch die sich aus § 620 Abs. 2 BGB ergebenden Einschränkungen zu beachten.
[164] Vgl. Rosenberger/Wündisch Kap. 5 Rn. 245.

daran sollten Beispiele genannt werden, die aus Sicht beider Vertragsparteien oder für eine bestimmte Vertragspartei einen wichtigen Grund in diesem Sinne darstellen.[165] Dabei ist darauf zu achten, dass einer derartigen Auflistung von Kündigungsgründen kein abschließender Charakter beigemessen werden sollte (dies wäre etwa durch die Verwendung des Wortes „insbesondere" gewährleistet). Die Möglichkeit zur außerordentlichen Kündigung kann zudem erst dann gegeben werden, wenn die andere Vertragspartei die Vertragsverletzung nach Aufforderung der kündigenden Vertragspartei nicht binnen angemessener Frist (etwa 30 oder 60 Tagen) abstellt.[166]

85 Wichtige Gründe einer außerordentlichen Kündigung können die nicht fristgerechte Zahlung von Entwicklungskosten bzw. der Vergütung, der Verstoß gegen eine Geheimhaltungs- oder Nichtangriffsverpflichtung oder allgemein der Verstoß gegen wesentliche Vertragspflichten sein. Daneben kann eine außerordentliche Kündigung dann sinnvoll sein, wenn die Vertragsparteien über wichtige zu regelnde Fragen eine Einigung nicht herbeiführen können,[167] oder die jeweils andere Vertragspartei unter die Kontrolle eines Dritten gelangt (sog. „Change of Control"-Klausel).[168]

86 Bei F&E-Kooperationen ist zu beachten, dass die Kündigung durch eine Vertragspartei regelmäßig nicht die Auflösung der gesamten F&E-Kooperation zur Folge haben soll, sondern lediglich das **Ausscheiden der kündigenden Vertragspartei.** Die Kooperation wird dann unter den verbleibenden Vertragsparteien fortgesetzt, wenn dies entsprechend vorgesehen ist (s. § 736 Abs. 1 BGB) oder diese stimmen sich dazu ab, wie weiter verfahren wird (etwa ob für die ausgeschiedene Vertragsparteien ein Ersatz gesucht wird). Der F&E-Vertrag sollte für diesen Fall Regelungen dazu enthalten, welche Rechte und Pflichten die ausscheidende Vertragspartei nach ihrem Ausscheiden noch treffen (etwa Rechte an bis zum Zeitpunkt des Ausscheidens bereits erarbeiteten F&E-Ergebnissen der anderen Vertragsparteien, Nutzungsrechte der anderen Vertragsparteien an F&E-Ergebnissen der ausscheidenden Partei sowie Aspekte der **Fortgeltung von Regelungen** in Bezug zur Geheimhaltung und Veröffentlichungen). Im Übrigen ist – auch bei F&E-Aufträgen – anzuraten, zu regeln, welche Regelungen des F&E-Vertrags auch nach dessen Beendigung fortgelten.

87 Schließlich ist klarzustellen, welchen Formvorschriften die Kündigung ggf. zu genügen hat (etwa in Textform, schriftlich oder mittels eingeschriebenem Brief).

14. Nichtangriffsverpflichtung

88 Häufig finden sich in F&E-Verträgen des Weiteren Regelungen dazu, dass es den Vertragsparteien während der Durchführung der F&E-Arbeiten nicht gestattet ist, die gewerblichen Schutzrechte der anderen Vertragspartei anzugreifen oder Dritte bei einem solchen Angriff zu unterstützen. Bei F&E-Kooperationen ergibt sich eine entsprechende Verpflichtung in aller Regel bereits aus der gesellschaftsrechtlichen Treuepflicht.[169] Handelt es sich um F&E-Verträge in Gestalt eines Dienst- oder Werkvertrages, kann grundsätzlich während der Laufzeit des Vertrages im Ergebnis für gewerbliche Schutzrechte, auf die die Vertragsparteien zum Zwecke der Durchführung der F&E-Arbeiten angewiesen sind, nichts Anderes gelten. Ein dennoch erfolgender Angriff würde unter dem Gesichtspunkt der unzulässigen Rechtsausübung einen Verstoß gegen Treu und Glauben darstellen.[170] Denn die Zusammenarbeit der Vertragsparteien begründet ein besonderes Vertrauensverhältnis derart, dass die Parteien alles zu unterlassen haben, was der jeweils anderen Vertragspartei die Durchführung der F&E-Arbeiten unnötig erschwert.

89 Ungeachtet dessen sollte, um zwischen den Vertragsparteien die erforderliche Klarheit zu schaffen, in beiden Fällen eine ausdrückliche Regelung erfolgen. *Winzer* führt zwar nicht völlig zu Un-

165 Möffert S. 96; Rosenberger/Wündisch Kap. 5 Rn. 247.

166 Rosenberger, Verträge über Forschung und Entwicklung, 2. Aufl. Kap. 8 Rn. 640.

167 Etwa die Auswirkungen von unvorhergesehenen Hindernissen bei der Durchführung der F&E-Arbeiten auf die weitere Zusammenarbeit.

168 S. dazu etwa das Formulierungsbeispiel bei Winzer Kap. 1. B. Rn. 67b Article 10 „Extraneous Control".

169 Pagenberg/Beier/Pagenberg Muster 8 Rn. 56; Winzer Kap. 1. C. Rn. 298. Vgl. zur Parallelproblematik beim Lizenzvertrag BGH GRUR 1957, 482 (483) – Chenillefäden; BGH GRUR 1965, 135 (137) – Vanal-Patent; BGH GRUR Int 1969, 31 (33) – Gewindeschneideapparat. Bei Lizenzverträgen ist eine Nichtangriffsverpflichtung des Lizenznehmers gemäß Art. 5 Abs. 1 lit. b) der Gruppenfreistellungsverordnung für Technologietransfervereinbarungen (Verordnung (EU) Nr. 316/2014; „GVO-TT") nunmehr indes nicht mehr ohne Weiteres vom Verbot des Art. 101 Abs. 1 AEUV freigestellt (näher dazu Pagenberg/Beier/Pagenberg Muster 1 Rn. 262 ff.). Die Entscheidungen des BGH sind daher überholt.

170 Pagenberg/Beier/Pagenberg Muster 9 Rn. 28 ff. und Muster 10 Rn. 67 f. Vgl. zudem die in Fn. 169 genannten Gerichtsentscheidungen.

recht an, dass eine Nichtangriffsverpflichtung überflüssig ist, soweit es um Rechte geht, an deren Erhalt die anderen Parteien – etwa aufgrund bestehender Nutzungsrechte – ein eigenes Interesse haben.[171] Nur muss sich ein entsprechendes Interesse nicht auf sämtliche Rechte einer Partei beziehen. Zudem kann sich durchaus die Situation ergeben, in der das eigene Nutzungsinteresse der anderen Parteien entfällt oder in der ein etwaiges destruktives Interesse an einem Angriff der Schutzrechte ein etwaig eigenes Nutzungsinteresse überwiegt.

90 Bei Aufnahme einer Nichtangriffsverpflichtung sind allerdings die **kartellrechtlichen Zulässigkeitsvoraussetzungen,** insbesondere Grenzen einer Freistellung nach Art. 6 lit. a) GVO F&E zu beachten, wonach Nichtangriffsverpflichtungen nur während der Entwicklungsphase bzw. bis zur Beendigung des F&E-Vertrages uneingeschränkt freigestellt sind.[172] Unabhängig davon ist es jedoch möglich, für den Fall des Angriffs eine Kündigungsmöglichkeit des F&E-Vertrages vorzusehen (Art. 6 GVO F&E aE).

15. Anwendbares Recht

91 Haben die Parteien keine vertraglichen Vereinbarungen bezüglich des anwendbaren Rechts getroffen und handelt es sich bei ihnen auch nicht ausnahmslos um solche mit Sitz in Deutschland, muss zur Klärung der Frage des anwendbaren Rechts auf die Regelungen des Internationalen Privatrechts zurückgegriffen werden. Die maßgeblichen Kollisionsnormen bestimmen sich nach dem Datum des Vertragsschlusses.

92 Für Verträge, die vor dem 17.12.2009 geschlossen wurden, gilt weiterhin die alte Regelung nach Art. 28 EGBGB. Demnach gelangt gemäß Art. 28 Abs. 1 S. 1 EGBGB das Recht des Staates zur Anwendung, mit dem der Vertrag die engste Verbindung aufweist. Insoweit stellt Art. 28 Abs. 2 S. 1 EGBGB die Vermutung auf, dass der Vertrag die engste Verbindung mit dem Staat aufweist, in dem die Partei, welche die charakteristische Leistung zu erbringen hat, im Zeitpunkt des Vertragsschlusses ihren gewöhnlichen Aufenthalt, oder, wenn es sich um eine Gesellschaft, einen Verein oder eine juristische Person handelt, ihre Hauptverwaltung hat. Ist der Vertrag in Ausübung einer beruflichen oder gewerblichen Tätigkeit dieser Partei geschlossen worden, wird gemäß Art. 28 Abs. 2 S. 2 EGBGB vermutet, dass die engste Verbindung zu dem Staat besteht, in dem sich deren Hauptniederlassung befindet oder in dem, wenn die Leistung nach dem Vertrag von einer anderen als der Hauptniederlassung zu erbringen ist, sich die andere Niederlassung befindet. Unter Berücksichtigung dieser Grundsätze wird bei F&E-Verträgen regelmäßig davon auszugehen sein, dass das Recht des Staates anwendbar ist, in dem sich die Niederlassung der Vertragspartei befindet, die die F&E-Arbeiten durchzuführen hat. Denn charakteristische Leistung eines F&E-Vertrages ist in der Regel die Ausführung von F&E Arbeiten.

93 Für F&E-Verträge, die nach dem 17.12.2009 geschlossen worden sind, beurteilt sich das anwendbare Recht gemäß Art. 28 der Verordnung (EG) Nr. 593/2008 über das auf vertragliche Schuldverhältnisse anzuwendende Recht vom 17.6.2008 **(sog. ROM I-Verordnung)** nach dieser Verordnung. Erfolgt keine Wahl des anwendbaren Rechts, so gelangt demnach im Falle eines F&E-Vertrages, der als Dienstleistungsvertrag einzuordnen ist, gemäß Art. 4 Abs. 1 lit. b) ROM I-Verordnung das Recht des Staates zur Anwendung, in dem der Dienstleister seinen gewöhnlichen Aufenthalt hat. Alle weiteren Verträge, die nicht von den Vorschriften des Art. 4 Abs. 1 ROM I-Verordnung abgedeckt sind, wie beispielsweise unter anderem auch als Werkvertrag einzuordnende F&E-Verträge, unterfallen gemäß Art. 4 Abs. 2 ROM I-Verordnung dem Recht des Staates, in dem die Partei, welche die für den Vertrag charakteristische Leistung zu erbringen hat, ihren gewöhnlichen Aufenthalt hat. Für den Fall, dass sich aus der Gesamtheit der Umstände eine offensichtlich engere Verbindung des Vertrages zu einem anderen als dem nach Art. 4 Abs. 1 oder Abs. 2 ROM I-Verordnung bestimmten Staat ergibt, bestimmt Art. 4 Abs. 3 ROM I-Verordnung abweichend, dass das Recht dieses anderen Staates anzuwenden ist. Kann das anzuwendende Recht nicht nach Art. 4 Abs. 1 oder Abs. 2 ROM I-Verordnung bestimmt werden, so unterliegt der Vertrag gemäß Art. 4 Abs. 4 ROM I-Verordnung dem Recht des Staates, zu dem er die engste Verbindung aufweist. Bei F&E-Verträgen wird demnach regelmäßig das Recht des Staates anwendbar sein, in dem sich der gewöhnliche Aufenthalt der Vertragspartei befindet, die die F&E-Arbeiten auszuführen hat. Denn entweder handelt es sich im Rahmen eines Dienstvertrages bei der ausführenden Partei um einen Dienstleister im Sinne des Art. 4 Abs. 1 lit. b) ROM I-Ver-

[171] Winzer Kap. 2. F. Rn. 737 ff.

[172] Zur Regelung in Art. 6 lit. a) GVO F&E näher Winzer Kap. 1. C. Rn. 298 ff. sowie Kap. 2. F. Rn. 736 ff.

ordnung oder die Herbeiführung eines bestimmten Erfolges stellt im Rahmen des F&E-Vertrages, der als Werkvertrag einzuordnen ist, die in Art. 4 Abs. 2 ROM I-Verordnung genannte für den Vertrag charakteristische Leistung dar. Gewöhnlicher Aufenthalt ist gemäß Art. 19 Abs. 1 ROM I-Verordnung bei juristischen Personen der Ort der Hauptverwaltung, bei natürlichen Personen, die im Rahmen ihrer beruflichen Tätigkeit handeln, der Ort ihrer Hauptniederlassung.

Aus den Ausführungen ergibt sich, dass hinsichtlich rein nationaler Verträge, eine ausdrückliche Regelung des anwendbaren Rechts, unabhängig vom Zeitpunkt des Vertragsschlusses, in aller Regel überflüssig sein wird. Für den Fall, dass eine der Vertragsparteien ihren Unternehmenssitz nicht in Deutschland hat oder bei sonstigen Zweifeln hinsichtlich des anwendbaren Rechts, sollte indes in dem F&E-Vertrag ausdrücklich festgehalten werden, welches Recht zur Anwendung gelangt.[173] Kann dabei die Anwendbarkeit deutschen Rechts nicht durchgesetzt werden, kann es sich empfehlen, zumindest auf das Recht eines neutralen Staates (zB der Schweiz) zurückzugreifen. Dies jedenfalls dann, wenn die andere Vertragspartei ihrerseits die Anwendbarkeit ihres Heimatrechtes vorschlägt und aufgrund der exotischen Lage des Heimatstaates die Folgen einer solchen Rechtswahl nicht abzuschätzen sind. 94

16. Gerichtsstand/Schiedsgerichtsklausel

Der F&E-Vertrag sollte des Weiteren Regelungen zum Gerichtsstand oder, sofern dies vorzugswürdiger ist, eine Schiedsgerichtsklausel enthalten.[174] Auf welche Alternative zurückzugreifen ist, beurteilt sich anhand der allgemeinen Vor- und Nachteile eines Verfahrens vor ordentlichen Gerichten bzw. einem Schiedsgericht. Für ein Verfahren vor einem Schiedsgericht spricht insbesondere, dass dort der Schutz von Geschäftsgeheimnissen leichter sichergestellt werden kann als dies bei einem öffentlichen Gerichtsverfahren der Fall ist. Daran dürfte auch das GeschGehG, das in seinen §§ 16 und 19 GeschGehG dem Gericht Möglichkeiten zur vertraulichen Behandlung von Geschäftsgeheimnissen eröffnet, kaum etwas ändern, da diese Regelungen auf Geschäftsgeheimnisstreitsachen beschränkt sind,[175] also gemäß § 16 Abs. 1 GeschGehG Klagen, mit denen Ansprüche nach dem GeschGehG geltend gemacht werden. Bei gescheiterten F&E-Projekten, die Streitigkeiten unter den Vertragsparteien nach sich ziehen, geht es in der Regel jedoch nicht um eine unbefugte Erlangung, Nutzung oder Offenlegung von Geschäftsgeheimnissen, sondern stattdessen um Aspekte der Gewährleistung und/oder Haftung für F&E-Arbeiten, Zuordnung der F&E-Ergebnisse sowie Nutzungsrechte an diesen. Weiterer Vorteil eines Schiedsverfahrens kann es sein, dass die Parteien in dem Falle der Unwirksamkeit einzelner Bestimmungen und fehlender Einigung über ersatzweise Regelungen diese durch das Schiedsgericht festsetzen lassen können. Zudem können als Schiedsrichter Personen benannt werden, die über eine besondere Sachkunde verfügen. Schiedssprüche sind ferner in der Regel auf Grundlage internationaler Übereinkommen leichter zu vollstrecken.[176] Dem steht als Nachteil vor allem gegenüber, dass Schiedssprüche nur in sehr eingeschränktem Umfang überprüfbar sind und die Kosten eines Schiedsverfahrens oft über denen eines Verfahrens vor deutschen Zivilgerichten liegen. Auch geht durch das Verfahren zur Ernennung der Schiedsrichter Zeit verloren. Zudem kann es den Schiedsrichtern an Neutralität fehlen. 95

Bei Vereinbarung einer Schiedsgerichtsbarkeit bietet es sich an, auf die Schiedsgerichtsordnungen anerkannter Institutionen, wie etwa der **Deutschen Institution für Schiedsgerichtsbarkeit (DIS)** oder der **Internationalen Handelskammer (ICC)**, in der jeweils gültigen Fassung, zurückzugreifen. Beide Institutionen stellen im Internet Muster einer Schiedsgerichtsklausel sowie die jeweiligen Schiedsgerichtsordnungen zur Verfügung.[177] In der Regel sollte darüber hinaus der Ort des Schiedsgerichtes sowie die Sprache, in der die Verhandlungen zu führen sind, bereits im F&E-Vertrag festgelegt werden. 96

Weiterhin ist zu empfehlen, dass die sich aus dem F&E-Vertrag ergebende Rechtswahl in territorialer Hinsicht auch mit der Gerichtsstands- oder Schiedsgerichtsvereinbarung übereinstimmt. 97

[173] Näher hierzu Rosenberger/Wündisch Kap. 5 Rn. 270 ff.

[174] Ausführlicher dazu Rosenberger/Wündisch Kap. 5 Rn. 270 ff. und 380 ff.

[175] Harte-Bavendamm/Ohly/Kalbfus GesschGehG § 16 Rn. 8 und § 19 Rn. 20.

[176] Hier ist insbesondere das UN-Übereinkommen über die Anerkennung und Vollstreckung ausländischer Schiedssprüche von 1958 (sog. „New Yorker Übereinkommen") zu nennen, im Internet unter https://uncitral.un.org/sites/uncitral.un.org/files/media-documents/uncitral/en/new-york-convention-e.pdf herunterzuladen.

[177] S. Musterklausel der ICC unter iccwbo.org/dispute-resolution-services/arbitration/arbitration-clause/; zur DIS s. unter http://www.disarb.org/werkzeuge-und-tools/dis-musterklauseln.

Grundsätzlich sollte ein streitiges Verfahren immer in dem Staat des gewählten Rechts stattfinden, damit das anzurufende Gericht die streitigen Normen ohne Schwierigkeiten anwenden und auslegen kann und damit im Prozess Zeit und Kosten gespart werden.[178]

17. Sonstiges

98 In erster Linie bei internationalen Verträgen, in denen deutsches Recht nicht zur Anwendung gelangt und daher nicht auf die Regelungen des BGB zurückgegriffen werden kann, sollte daran gedacht werden, einige weitere Regelungen mit aufzunehmen.[179]

99 **a) Härteklausel/Höhere-Gewalt-Klausel.** Durch eine Härte- und Höhere-Gewalt-Klausel soll der Konflikt gelöst werden, der dann auftritt, wenn sich für eine der Vertragsparteien herausstellt, dass eine Durchführung des F&E-Vertrages für sie unzumutbar oder unmöglich wird, insbesondere aus Gründen, die nicht der Sphäre dieser Partei zuzuordnen sind. So kann eine Regelung mit aufgenommen werden, wonach die Vertragsparteien sich um eine Anpassung des F&E-Vertrages zu bemühen haben, wenn für eine der Vertragsparteien die Durchführung des Vertrages eine unzumutbare Härte bedeuten würde (sog. Härteklausel). Kann keine Einigung herbeigeführt werden, ist den Vertragsparteien die Möglichkeit einzuräumen, ein Schiedsgericht anzurufen oder den Vertrag außerordentlich zu kündigen. Der Nachteil einer solchen Härteklausel ist indes, dass sich trefflich darüber streiten lässt, wann einer Vertragspartei die Durchführung des Vertrages unzumutbar ist. Eine solche Regelung kann zudem von der begünstigten Vertragspartei leicht dazu missbraucht werden, sich vermeintlich einfach von ihren vertraglichen Verpflichtungen loszusagen.

100 Sinnvoller sind Regelungen, gemäß der die jeweils betroffene Vertragspartei von der Erfüllung ihrer Verpflichtung zeitweilig befreit wird, wenn diese aufgrund außergewöhnlicher Ereignisse wie etwa Kriegs- oder Bürgerkriegszuständen, Streiks oder Naturkatastrophen nicht möglich ist (sog. Höhere-Gewalt-Klausel). Als weiterer Fall der höheren Gewalt sollten **Epidemien** in die Klausel mitaufgenommen werden. Dies ist insbesondere vor dem Hintergrund des Ausbruchs des Coronavirus sinnvoll, wobei nicht nur die unmittelbaren Auswirkungen der Pandemie als solche, sondern auch die damit einhergehenden Lieferengpässe bzw. -verzögerungen berücksichtigt werden sollten. Die deutsche Rechtsprechung erkennt Epidemien grundsätzlich als Fall der höheren Gewalt an.[180] Ob eine Epidemie vorliegt, sollte dann anhand der Erklärungen des Auswärtigen Amtes und den Empfehlungen der Weltgesundheitsorganisation (WHO) beurteilt werden.[181] Auch die Coronapandemie wurde von deutschen Gerichten bereits als höhere Gewalt eingestuft.[182]

101 **b) Übertragung des Vertrages oder einzelner Rechte.** Zur Klarstellung kann es sich außerdem anbieten, ausdrücklich im Vertrag zu regeln, dass keine der Vertragsparteien berechtigt ist, ohne Zustimmung der anderen Vertragspartei den F&E-Vertrag bzw. einzelne sich aus ihm ergebende Rechte oder Pflichten auf Dritte zu übertragen.

102 Bei Verträgen, die deutschem Recht unterliegen, ist eine Vertragsübernahme ohnehin nur mit Zustimmung sämtlicher Beteiligten möglich.[183] Die Abtretung einzelner Forderungen oder Rechte kann gemäß §§ 399, 413 BGB ausgeschlossen sein, wenn in diesem Fall die Leistung an einen anderen als den ursprünglichen Gläubiger nicht ohne Veränderung ihres Inhalts erfolgen kann. In Einzelfällen kann es jedoch sinnvoll sein, wenn einer Vertragspartei ausdrücklich die Möglichkeit eingeräumt wird, den Vertrag oder einzelne Forderungen oder Rechte auf einen Dritten zu übertragen. Dies kann etwa dann der Fall sein, wenn eine Vertragspartei beabsichtigt, demnächst den Betriebsteil, der mit der Durchführung der F&E-Arbeiten betraut ist, an einen Dritten zu veräußern.[184]

103 Hiervon zu unterscheiden sind Fälle der Gesamtrechtsnachfolge, etwa infolge einer Verschmelzung (§§ 2 ff. UmwG), sowie Fälle des Wechsels des Unternehmensinhabers durch M&A-Transaktionen, denen der Vertragspartner eines F&E-Vertrags nicht zuzustimmen braucht.

178 Rosenberger/Wündisch Kap. 5 Rn. 336 f.
179 Vgl. auch die Regelungen bei Winzer Kap. 1. B. Rn. 67b, Art. 14 „Miscellaneous".
180 So zB das AG Bad Homburg 2.9.1992 – 2 C 1451/92 = BeckRS 1992, 06956 oder das AG Augsburg 9.11.2004 – 14 C 4608/03 Er = BeckRS 2004, 16212.
181 Beyer/Hoffmann NJOZ 2020, 609 (610).
182 Vgl. LG Paderborn 25.9.2020 – 3 O 261/20 = NJW 2021, 170.
183 Grüneberg/Grüneberg BGB § 398 Rn. 42.
184 Vgl. im Übrigen Rosenberger/Wündisch Kap. 5 Rn. 254 ff.

Gleichwohl kann es in solchen Situationen ebenfalls zu Interessenkonflikten kommen, etwa wenn der Vertragspartner von einem Wettbewerber übernommen wird. Für solche Fälle bietet es sich an, eine sog. **„Change of Control"-Klausel** aufzunehmen, durch die insbesondere die Möglichkeit zur Kündigung des F&E-Vertrags eingeräumt werden kann.

104 c) **Form- und Zustellungsanforderungen.** Ferner kann im Einzelnen geregelt werden, unter welchen Form- und Zugangserfordernissen Willenserklärungen und geschäftsähnliche Handlungen abzugeben sind. Es bietet sich etwa an, Textform im Sinne von § 126b BGB genügen zu lassen.[185] Zudem kann im F&E-Vertrag festgelegt werden, gegenüber welcher bestimmten natürlichen Person Willenserklärungen oder geschäftsähnliche Handlungen abzugeben bzw. vorzunehmen sind. Auf diese Weise wird der Informationsfluss kanalisiert und verhindert, dass Informationen in den Tiefen der Mitarbeiterstrukturen einer Vertragspartei untergehen und erst gar nicht bis zu den verantwortlichen Personen durchdringen.

18. Schlussbestimmungen

105 Der F&E-Vertrag sollte mit den typischen Schlussbestimmungen enden. Dazu zählt insbesondere die obligatorische **salvatorische Klausel.**[186] Durch eine solche Klausel soll – insbesondere im Hinblick auf etwaige kartellrechtliche Verstöße[187] – sichergestellt werden, dass bei einer Unwirksamkeit einer Bestimmung nicht nur der Vertrag weiterhin wirksam bleibt,[188] sondern zudem anstelle der unwirksamen Bestimmung eine Regelung tritt, die den mit der ursprünglichen Regelung verfolgten wirtschaftlichen Interessen der Vertragsparteien am nächsten kommt.

106 Darüber hinaus sollte klargestellt werden, dass sämtliche Anlagen Bestandteil des Vertrages sind, außerhalb des Vertrages zwischen den Vertragsparteien keine Vereinbarungen getroffen wurden, etwaige AGB der Vertragsparteien auf den F&E-Vertrag keine Anwendung finden[189] und Änderungen des Vertrages sowie ein Abweichen vom Schriftformerfordernis seinerseits der Schriftform bedarf.[190] Ggfs. kann eine Regelung zweckmäßig sein, die festlegt, dass bei Widersprüchen zwischen Vertrag und Anlagen der Vertragstext maßgeblich ist. Bei Verträgen, die in mehreren Sprachen abgefasst werden, sollte schließlich klargestellt werden, in welcher Sprache die Verhandlungen geführt wurden und – falls der Vertrag in unterschiedlichen Sprachen vorliegt – welche Sprachfasung im Zweifel maßgeblich ist.

III. Kartellrechtliche Beurteilung

107 Art. 101 Abs. 1 AEUV verbietet alle Vereinbarungen zwischen Unternehmen, Beschlüsse von Unternehmensvereinigungen und aufeinander abgestimmte Verhaltensweisen, welche den Handel zwischen den Mitgliedsstaaten zu beeinträchtigen geeignet sind und eine Verhinderung, Einschränkung oder Verfälschung des Wettbewerbs innerhalb des Gemeinsamen Marktes bezwecken oder bewirken.[191] Eine wettbewerbsbeeinträchtigende Wirkung in diesem Sinne kann auch F&E-Verträgen zukommen. Problematisch ist dabei weniger die Zusammenarbeit auf dem Gebiet der

---

[185] S. dazu auch Wündisch, der es für sinnvoll hält, Schriftform (§ 126 BGB) zu vereinbaren: Rosenberger/Wündisch Kap. 5 Rn. 250 ff.

[186] Näher dazu Rosenberger/Wündisch Kap. 5 Rn. 261 ff. Kritisch im Hinblick auf eventuelle kartellrechtliche Risiken Winzer Kap. 1. C. Rn. 302 f.

[187] Winzer Kap. 2. C. Rn. 376.

[188] Unter Berücksichtigung deutschen Rechts wäre insoweit davon auszugehen, dass durch eine salvatorische Klausel im Rahmen des § 139 BGB in der Regel die Beweislast zu Lasten der Vertragspartei verschoben wird, die sich auf die Nichtigkeit des gesamten Vertrages beruft (BGH NJW 2003, 347 f.; BGH NJW-RR 2005, 1534 (1535); Grüneberg/Ellenberger BGB § 139 Rn. 17).

[189] Hierauf sollte etwa insbesondere bei der Zusammenarbeit mit Forschungsdienstleistern wie Fraunhofer geachtet werden, die für ihre Dienstleistungen eigene AGB aufgesetzt haben.

[190] S. dazu auch Rosenberger/Wündisch Kap. 5 Rn. 260 ff. Es ist allerdings umstritten, ob eine „doppelte Schriftformklausel" tatsächlich die Vertragsparteien daran hindert, formlos von dem Schriftformerfordernis abzuweichen (s. dazu Grüneberg/Ellenberger BGB § 125 BGB Rn. 19). Die wohl hM bejaht dies (BGH NJW 1976, 1395; BAG NJW 2003, 3725 (3727)).

[191] Aufgrund des überwiegenden Gleichklanges zwischen europäischem und deutschem Kartellrecht (Winzer Kap. 2. G. Rn. 772 ff.) und im Hinblick darauf, dass in aller Regel die für die Anwendbarkeit von Art 101 Abs. 1 AEUV erforderliche gemeinschaftsweite Auswirkung gegeben ist, wird im Folgenden nur auf die Beurteilung von F&E-Verträgen anhand des EU-Kartellrechts eingegangen. S. zum deutschen Kartellrecht Winzer Kap. 2. G. Rn. 766 ff.; Rosenberger/Wündisch Kap. 6 Rn. 542 ff.

Forschung und Entwicklung als solche. Vielmehr sind es vor allem typische Begleiterscheinungen und Abreden im Zusammenhang mit der Verwertung der F&E-Ergebnisse, die kartellrechtlich unzulässig sein können.[192]

1. Grundlagen

108 Die EU-Kommission nimmt F&E-Verträgen gegenüber traditionell eine eher positive Haltung ein.[193] Unter Berücksichtigung allgemeiner wettbewerbspolitischer Grundsätze geht sie davon aus, dass die gesamtwirtschaftlichen Vorteile einer Zusammenarbeit von Unternehmen in der Forschung und Entwicklung in der Regel die damit verbundenen Nachteile überwiegen.[194] Dies zeigt sich nicht zuletzt an der Verordnung (EG) Nr. 1217/2010 über die Anwendung von Artikel 101 Absatz 3 AEUV auf bestimmte Gruppen von Vereinbarungen über Forschung und Entwicklung[195] bzw. deren Vorgängerverordnung (**„GVO F&E"**) und den Leitlinien zur Anwendbarkeit von Artikel 101 AEUV auf Vereinbarungen über horizontale Zusammenarbeit (**„Horizontal-LL"**),[196] die weitere Erleichterungen für F&E-Verträge mit sich bringen. Ungeachtet dessen können jedoch auch F&E-Verträge Wettbewerbsbeschränkungen enthalten und daher gegen Art. 101 Abs. 1 AEUV verstoßen.[197]

109 Bei der kartellrechtlichen Beurteilung von F&E-Verträgen ist von den allgemeinen kartellrechtlichen Grundsätzen auszugehen. Der Systematik des Art. 101 AEUV nach bietet es sich an, in einem ersten Schritt danach zu fragen, ob der F&E-Vertrag in jeder Hinsicht nach einer der Gruppenfreistellungsverordnungen – dies ist in erster Linie die GVO F&E – freigestellt ist.[198] Ist dies der Fall, erübrigt sich eine weitere Überprüfung.

110 Kommt eine Freistellung nach einer Gruppenfreistellungsverordnung nicht in Betracht, muss im Wege einer von den beteiligten Unternehmen selbst vorzunehmenden Überprüfung[199] geklärt werden, ob die Voraussetzungen einer **Einzelfreistellung** über Art. 101 Abs. 3 AEUV vorliegen.[200] Erst wenn auch eine Einzelfreistellung nach Art. 101 Abs. 3 AEUV nicht möglich ist, muss ein Verstoß gegen Art. 101 Abs. 1 AEUV näher in die Überlegungen einbezogen werden.[201] Dabei ist insbesondere zu klären, ob die erforderliche **Zwischenstaatlichkeit** gegeben ist, tatsächlich eine **Wettbewerbsbeschränkung** vorliegt und diese unter Berücksichtigung der Bagatellbekanntmachung[202] auch die Grenze zur **Spürbarkeit** überschreitet.

111 Ein näheres Eingehen auf die allgemeinen Grundsätze des EU-Kartellrechts kann hier nicht erfolgen. Es sei insoweit auf die Ausführungen von *Lubitz*[203] sowie die kartellrechtliche Spezialliteratur verwiesen. Da im Übrigen die Prüfung, ob eine Freistellung vom Verbot des Art. 101 Abs. 1 AEUV in Frage kommt, in erster Linie anhand der GVO F&E[204] zu erfolgen hat, soll im Folgenden kurz auf die wesentlichen Bestimmungen der GVO F&E eingegangen werden.

[192] Vgl. Ziffer 2., Rn. 55 ff. der Leitlinien zur Anwendbarkeit von Artikel 101 des Vertrages über die Arbeitsweise der Europäischen Union auf Vereinbarungen über horizontale Zusammenarbeit vom 14. Januar 2011, ABl. EU 2011 C 11/1.

[193] Vgl. EU-Kommission GRURInt 1968, 298 ff. – Eurogypsum; EU-Kommission GRURInt 1972, 173 ff. – Henkel/Colgate; EU-Kommission GRURInt 1975, 255 ff. – RANK/SOPELEM; EU-Kommission GRURInt 1984, 432 ff. – VW/MAN; EU-Kommission GRURInt 1989, 141 ff. – BBC Brown Boveri/NGK Insulators-Natriumschwefelbatterien; EU-Kommission GRURInt 1991, 114 ff. – Elopak/Metal Box – Odin.

[194] S. zu den einzelnen Vor- und Nachteilen einer Zusammenarbeit in der Forschung und Entwicklung insbesondere Rosenberger/Wündisch Kap. 6 Rn. 9 ff. mwN.

[195] ABl. EU 2010 L 335/36 vom 18.12.2010.

[196] ABl. EU 2011 C 11/1.

[197] Näher zu Art. 101 Abs. 1 AEUV Liebscher/Flohr/Petsche/Saria § 1 Rn. 45 ff.

[198] Grundsätzlich zu den Gruppenfreistellungsverordnungen Liebscher/Flohr/Petsche/Saria § 1 Rn. 81 ff.

[199] Die Beweislast dafür, dass eine Freistellung nach Art. 101 Abs. 3 AEUV in Frage kommt, liegt gemäß Art. 2 Satz 1 Verordnung (EG) Nr. 1/2003 zur Durchführung der in den Art. 81 und 82 EG niedergelegten Wettbewerbsregeln vom 16. Dezember 2002, ABl. EG 2003 L 1/1, bei demjenigen, der sich auf eine solche Freistellung beruft. Das Risiko einer Fehleinschätzung tragen die beteiligten Unternehmen!

[200] Näher hierzu Rosenberger/Wündisch Kap. 6 Rn. 448 ff.; Liebscher/Flohr/Petsche/Saria § 1 Rn. 71 ff.

[201] S. hierzu Rosenberger/Wündisch Kap. 6 Rn. 101 ff.; Liebscher/Flohr/Petsche/Saria § 1 Rn. 45 ff.

[202] Bekanntmachung über Vereinbarungen von geringer Bedeutung, die im Sinne des Artikels 101 Absatz 1 des Vertrags über die Arbeitsweise der Europäischen Union den Wettbewerb nicht spürbar beschränken (De-minimis-Bekanntmachung) vom 25.6.2014, ABl. EU 2014 C 291/14.

[203] Kartellrechtliche Aspekte → § 47.

[204] Zu Fällen, in denen auch andere Gruppenfreistellungsverordnungen in Betracht zu ziehen sind, siehe Rosenberger/Wündisch Kap. 6 Rn. 327 ff.

2. GVO F&E-Verträge

112 Die am 1.1.2011 in Kraft getretene Gruppenfreistellungsverordnung für Forschungs- und Entwicklungsvereinbarungen (GVO F&E)[205] ersetzt die alte GVO F&E 2000[206] und gilt gemäß Art. 9 GVO F&E bis zum 31.12.2022. Durch sie sollen solche Verträge von kartellrechtlichen Schranken befreit werden, deren Hauptzweck in der gemeinsamen Forschung und Entwicklung liegt und die folglich nur ein geringes wettbewerbsbeschränkendes Potential in sich bergen.[207] Kartellrechtliche Risiken können sich im Rahmen von F&E-Verträgen nichtsdestotrotz aus mehreren Gesichtspunkten ergeben. Bei im Wettbewerb stehenden Unternehmen besteht insbesondere die Gefahr, dass sie unter dem Deckmantel der Zusammenarbeit im Bereich Forschung und Entwicklung ihr Wettbewerbsverhalten koordinieren. Auch können sich aus der gemeinsamen Verwertung von F&E-Ergebnissen wettbewerbsbeeinträchtigende Effekte ergeben. Dies vor allem dann, wenn sich Unternehmen mit erheblicher Marktmacht im Rahmen eines F&E-Vertrages zusammenschließen. Letztlich können F&E-Zusammenarbeiten zu einer Marktverschließung führen, wenn Wettbewerbern der Zugang zu neuen Technologien erschwert wird.[208]

113 **a) Anwendungsbereich der GVO F&E.** Der Anwendungsbereich der GVO F&E umfasst gemäß Art. 1 Abs. 1 lit. a) i)–iii) GVO F&E Vereinbarungen zwischen zwei oder mehr Parteien, die die Bedingungen für die Verfolgung der gemeinsame Forschung und Entwicklung und/oder Verwertung von Vertragsprodukten oder Vertragstechnologien betreffen. Darüber hinaus ist, anders als noch unter Geltung der GVO F&E 2000, gemäß Art. 1 Abs. 1 lit. a) iv)–vi) ausdrücklich auch die Auftragsforschung und -entwicklung erfasst. Zweifelhaft ist dabei, ob reine Grundlagenforschung in den Anwendungsbereich der GVO F&E fällt. Der durchgängige Gebrauch des Begriffes der Forschung in Verbindung mit dem Begriff der Entwicklung deutet darauf hin, dass dies nicht der Fall ist.[209] Letztlich dürfte diese Frage jedoch von geringer Praxisrelevanz sein, da reine Grundlagenforschung in der Regel kein wettbewerbsbeschränkendes Potential aufweist.[210]

114 *aa) F&E-Vereinbarungen mit gemeinsamer Forschung & Entwicklung.* Gemeinsames Element der in Art. 1 Abs. 1 lit. a) i)–iii) GVO F&E aufgeführten Vereinbarungen ist die gemeinsame Forschung und Entwicklung. Dabei unterscheidet die GVO F&E drei Kooperationsmodelle:

115 *(1) Gemeinsame Forschung und Entwicklung sowie Verwertung.* Kooperationsvereinbarungen zwischen Unternehmen über die gemeinsame Forschung und Entwicklung bis hin zur gemeinsamen Verwertung können sämtlich der Freistellung durch die GVO F&E unterfallen. Dabei sind die Parteien in der jeweiligen Arbeitsaufteilung flexibel. Im Rahmen der Verwertung kann sogar ein Exklusivitätsverhältnis vereinbart werden.[211]

116 *(2) Gemeinsame Verwertung früherer Forschungs- und Entwicklungsergebnisse.* Das zweite Kooperationsmodell zeichnet sich durch eine im Nachgang vereinbarte gemeinsame Verwertung von Ergebnissen aus, die auf Grundlage einer früheren, auf reine Forschung und Entwicklung gerichteten Vereinbarung der Parteien erzielt worden sind. Da üblicherweise die Frage des „Ob" der gemeinsamen Verwertung bereits im Stadium der gemeinsamen Forschung und Entwicklung geregelt wird, kommt diese Konstellation in der Praxis eher selten vor. Nicht ganz unumstritten ist, ob es sich bei der vorausgehenden F&E-Kooperation um eine nach Art. 101 Abs. 1 AEUV zulässige Tätigkeit handeln muss.[212] Im Ergebnis muss dies bejaht werden, da es nicht sachgerecht erscheint, das Ergebnis einer unzulässigen F&E-Kooperation unter den Schutz der GVO F&E zu stellen.

117 *(3) Gemeinsame Forschungs- und Entwicklungstätigkeit.* Vereinbarungen, die sich lediglich auf die gemeinsame Forschung und Entwicklung beschränken, ohne jedoch die Verwertung zu regeln,

205 Verordnung (EU) Nr. 1217/2010 der Kommission vom 14. Dezember 2010 über die Anwendung von Art. 101 Abs. 3 AEUV auf bestimmte Gruppen von Vereinbarungen über Forschung und Entwicklung, veröffentlicht im ABl. EU L 335, S. 36.

206 Verordnung (EG) Nr. 2659/2000 der Kommission vom 29. November 2000 über die Anwendung von Art. 81 Abs. 3 EG auf Gruppen von Vereinbarungen über Forschung und Entwicklung. S. hierzu näher die Vorauflage MAH-GewRS/Smielick, 5. Aufl. 5 § 49 Rn. 105.

207 Vgl. Liebscher/Flohr/Petsche/Traugott § 10 Rn. 2.

208 Liebscher/Flohr/Petsche/Traugott § 10 Rn. 4.

209 Ablehnend ebenfalls Bechtold/Bosch/Brinker EU-Kartellrecht VO 1217/2010, Art. 1 Rn. 9.

210 Liebscher/Flohr/Petsche/Traugott § 10 Rn. 12

211 Liebscher/Flohr/Petsche/Traugott § 10 Rn. 27. Vgl. Loewenheim/Meessen/Riesenkampff/Kersting/Meyer-Lindemann/Schütze Einf FuE-GVO Rn. 2 und Art. 1 FuE-GVO Rn. 4.

212 Liebscher/Flohr/Petsche/Traugott § 10 Rn. 28 mwN.

unterfallen der Freistellung durch die GVO F&E, da sie in der Regel keine Wettbewerbsbeschränkung darstellen. Problematisch können jedoch insbesondere Zusammenarbeiten sein, in denen sich die Parteien verpflichten, in dem einschlägigen technischen Bereich keine weitere Forschung und Entwicklung zu betreiben.[213]

118 *bb) Auftragsforschung.* Neben der gemeinsamen Forschung und Entwicklung erfasst Art. 1 Abs. 1 lit. a) iv)–vi) GVO F&E auch Fälle der Auftragsforschung und -entwicklung. Dieser Begriff meint nach der Definition des Art. 1 Abs. 1 lit. p) GVO F&E die Ausführung von Forschungs- und Entwicklungsarbeiten durch eine Partei und deren Finanzierung durch eine finanzierende Partei. Die finanzierende Partei führt dabei gemäß Art. 1 Abs. 1 lit. q) GVO F&E bezogen auf das Projekt keine eigene Forschungs- und Entwicklungsarbeiten durch. Spiegelbildlich zu den drei Konstellationen der gemeinsamen Forschung und Entwicklung unterscheidet die GVO F&E auch bei der Auftragsforschung den Fall der gleichzeitig beabsichtigten gemeinsamen Verwertung, die gemeinsame Verwertung von Ergebnissen einer früheren Auftragsforschung und -entwicklung sowie die reine Auftragsforschung und -entwicklung.

119 *cc) Nebenabreden.* Die Freistellung nach Art. 2 Abs. 1 GVO F&E gilt gemäß Art. 2 Abs. 2 GVO F&E auch für Bestimmungen in F&E-Verträgen, die nicht den eigentlichen Gegenstand solcher Vereinbarungen bilden, die aber mit deren Durchführung unmittelbar verbunden und für diese notwendig sind.[214] Zu beachten ist hier, dass Art. 2 Abs. 2 GVO F&E ausdrücklich nur solche Nebenbestimmungen nennt, die sich auf die Übertragung von Rechten des geistigen Eigentums oder die Erteilung diesbezüglicher Lizenzen an eine oder mehrere der Parteien oder an eine von den Parteien für die Durchführung der gemeinsamen Forschung und Entwicklung, der Auftragsforschung und -entwicklung oder der gemeinsamen Verwertung gegründete Einheit beziehen. Dies wirft die Frage auf, wie anderweitige Nebenabreden zu behandeln sind. Der allgemeinen Systematik der GVO F&E folgend dürften alle weiteren Abreden automatisch von der GVO F&E erfasst sein, sofern die Freistellungsvoraussetzungen erfüllt sind.[215]

120 **b) Begriffsbestimmungen.** Art. 1 GVO F&E enthält eine umfassende Liste weiterer Begriffsbestimmungen, die für das richtige Verständnis der GVO F&E unabdingbar sind. Hierzu gehören etwa Definitionen von „Forschung und Entwicklung" (Art. 1 Abs. 1 lit. c)), „Verwertung der Ergebnisse" (Art. 1 Abs. 1 lit. g)), „Rechte des geistigen Eigentums" (Art. 1 Abs. 1 lit. h)), „gemeinsam" (Art. 1 Abs. 1 lit. m)), „Know-how" (Art. 1 Abs. 1 lit. i)–l)), „Spezialisierung im Rahmen der Forschung und Entwicklung" (Art. 1 Abs. 1 lit. n)), „Spezialisierung im Rahmen der Verwertung (Art. 1 Abs. 1 lit. o)) und „Wettbewerber"[216] (Art. 1 Abs. 1 lit. r)). Soweit es die **„Spezialisierung im Rahmen der Forschung und Entwicklung"** betrifft, dürfen die Parteien selbst nach ihrem freien Ermessen über den Umfang der jeweiligen Beiträge zum F&E-Vorhaben entscheiden. Ein Beitrag, der in qualitativer und/oder quantitativer Hinsicht ein bestimmtes Gewicht aufweist, ist nicht erforderlich.[217] Lediglich dann, wenn eine Partei sich auf die bloße Finanzierung der F&E-Arbeiten beschränkt, liegt keine Spezialisierung mehr, sondern Auftragsforschung und -entwicklung vor. Der Begriff **„Spezialisierung im Rahmen der Verwertung"** erfasst nach Art. 1 Abs. 1 lit. o) 2. Halbs. GVO F&E auch den Fall, dass nur eine Partei die Vertragsprodukte auf der Grundlage einer von den anderen Parteien erteilten ausschließlichen Lizenz herstellt und vertreibt.[218]

121 **c) Allgemeine Freistellungsvoraussetzungen.** Die GVO F&E enthält in Art. 3 einige allgemeine Anforderungen, die für eine Freistellung eines F&E-Vertrages erfüllt sein müssen. Durch die Voraussetzungen sollen vor allem die Unabhängigkeit der Vertragspartner nach Beendigung der F&E-Arbeiten sichergestellt sowie Wettbewerbsbeschränkungen im Rahmen der Verwertung vermieden werden.[219]

122 *aa) Zugang zu F&E-Ergebnissen.* Gemäß Art. 3 Abs. 2 S. 1 GVO F&E müssen alle Vertragsparteien **uneingeschränkten Zugang** zu den Endergebnissen der gemeinsamen F&E-Arbeiten bzw.

[213] Vgl. auch Erwägungsgrund (6) der GVO F&E.
[214] Näher hierzu Rosenberger GRUR Int 2012, 721 (724 ff.).
[215] Liebscher/Flohr/Petsche/Traugott § 10 Rn. 31.
[216] Näher hierzu Liebscher/Flohr/Petsche/Traugott § 10 Rn. 18 ff.; Bechtold/Bosch/Brinker EU-Kartellrecht VO 1217/2010, Art. 1 Rn. 28 ff. Zu beachten ist, dass bei der Beantwortung der Frage, ob ein Wettbewerbsverhältnis vorliegt, nur auf bereits bestehende, nicht aber auch künftige Märkte abzustellen ist.
[217] Besen/Slobodenjuk GRUR 2011, 300 (302).
[218] S. hierzu auch Besen/Slobodenjuk GRUR 2011, 300 (302).
[219] Liebscher/Flohr/Petsche/Traugott § 10 Rn. 33.

der Auftragsforschung und -entwicklung **für weitere F&E- und Verwertungszwecke** einschließlich daraus erwachsender Rechte des geistigen Eigentums und Know-hows haben, sobald sie vorliegen. Die EU-Kommission zielt mit dieser Regelung auf eine Verbreitung der F&E-Ergebnisse und einer damit verbundene Förderung des technischen Fortschritts ab, die für den Fall einer nur einseitigen Nutzung der F&E-Ergebnisse nur durch eine Vertragspartei nicht gewährleistet wäre.[220] Wenn auch die Verwendung des Wortes „Zugang" in Bezug auf aus der Forschung und Entwicklung erwachsender *Rechte* äußerst unglücklich ist, ist unverändert wie auch schon unter Geltung der GVO F&E 2000 davon auszugehen, dass damit auch die Einräumung entsprechender Nutzungsrechte gemeint ist.[221]

123 Unklar ist, ob sich Art. 3 Abs. 2 S. 1 GVO F&E auf das technische Sachgebiet der Kooperation und/oder auf Anwendungsmöglichkeiten außerhalb dieses Sachgebietes bezieht. Die wohl herrschende Meinung beschränkte den Anwendungsbereich der GVO F&E 2000 auf **Sachgebiete außerhalb der vertraglich vereinbarten Kooperation.**[222] Winzer vertritt die Ansicht, Art. 3 Abs. 2 S. 1 GVO F&E erstrecke sich nur auf das technische Sachgebiet der Kooperation.[223] Dem kann jedoch nicht gefolgt werden. Der Wortlaut der Regelung ist zwar nicht eindeutig, wenn auch die Verwendung der Wörter „uneingeschränkt" und „weitere" darauf hindeuten, dass die Regelung in einem breiten Sinne zu verstehen ist. Entsprechendes gilt für Erwägungsgrund (11) der GVO F&E, der lediglich das vorwegnimmt, was in Art. 3 Abs. 2 GVO F&E steht.[224] Nach hiesiger Ansicht ergibt sich indes aus den auch in den Erwägungsgründen (8) und (10) der GVO F&E anklingenden gesamtwirtschaftlichen Vorteilen einer Zusammenarbeit im Bereich Forschung und Entwicklung,[225] dass Art. 3 Abs. 2 S. 1 GVO F&E sowohl das Sachgebiet der Kooperation als auch außerhalb dieses Sachgebietes liegende Anwendungsmöglichkeiten vor Augen hat. Denn nur dann, wenn die beteiligten Parteien generell – und damit auch für andere Sachgebiete der Kooperation – in der Lage sind, die Ergebnisse der gemeinsamen Forschung und Entwicklung zu nutzen, tragen sie effektiv zu einer Förderung des technischen und wirtschaftlichen Fortschritts bei.

124 Die Verwendung des Begriffes „Endergebnisse" in Art. 3 Abs. 2 S. 1 GVO F&E ist insoweit unglücklich, als nicht deutlich wird, ob die Kommission hiermit eine inhaltliche Änderung im Vergleich zu dem unter Geltung der GVO F&E 2000 gebrauchten Begriff „Ergebnis" herbeiführen wollte.[226] Es ist naheliegend, dass durch den Begriff des Endergebnisses in Verbindung mit der Einschränkung „sobald sie vorliegen" lediglich klargestellt werden sollte, dass ein Zugang zu den Ergebnissen zu gewähren ist, wie sie am Ende der Forschung und Entwicklung vorliegen.[227] Dies ist auch deswegen überzeugend, weil die Sätze 2 bis 4 von Art. 3 Abs. 2 GVO F&E in Abweichung zu Satz 1 den Begriff „Ergebnis" verwenden, obwohl ersichtlich dasselbe gemeint ist.

125 Der Zugang ist für die Zwecke weiterer Forschung und Entwicklung uneingeschränkt zu gewähren. Für den Bereich der **Verwertung**, insbesondere im Falle der Spezialisierung der Verwertung wie etwa der Beschränkung auf einzelne Anwendungsbereiche, ist jedoch gemäß Art. 3 Abs. 2 S. 2 GVO F&E eine entsprechende **Beschränkung des Zugangs** zu den Ergebnissen möglich.[228] Wie sich in Verbindung mit Art. 1 Abs. 1 lit. o) 2. Halbs. GVO F&E ergibt, steht es einer Freistellung nicht mehr entgegen, wenn einer Partei eine ausschließliche Lizenz zum Zwecke der Verwertung eingeräumt wird.[229] Darüber hinaus ist unverändert eine Beschränkung auf die Nutzung für weitere F&E für Forschungsinstitute, Hochschulen oder Unternehmen, die Forschungs- und Entwicklungsdienstleistungen in Form gewerblicher Dienste erbringen und sich üblicherweise nicht mit der Verwertung von Ergebnissen befassen, möglich (Art. 3 Abs. 2 S. 3 GVO F&E).[230] In Art. 3 Abs. 2 S. 4 GVO F&E ist ausdrücklich klargestellt, dass der Zugang zu den Ergebnissen

220 Loewenheim/Meessen/Riesenkampff/Kersting/Meyer-Lindemann/Schütze Art. 3 FuE-GVO Rn. 40.
221 Winzer Kap. 2. F. Rn. 622; Rosenberger/Wündisch Kap. 6 Rn. 365.
222 Vgl. Rosenberger/Wündisch Kap. 6 Rn. 370 ff. mwN.
223 Winzer Kap. 2. F. Rn. 624 f. und 631.
224 AA Winzer Kap. 2. F. Rn. 627.
225 AA Winzer Kap. 2. F. Rn. 627.
226 Winzer Kap. 2. F. Rn. 633 ff.
227 Liebscher/Flohr/Petsche/Traugott § 10 Rn. 34; Rosenberger GRUR Int 2012, 721 (726 f.).
228 Rosenberger GRURInt 2012, 721 (727).
229 Loewenheim/Meessen/Riesenkampff/Kersting/Meyer-Lindemann/Schütze Art. 1 FuE-GVO Rn. 19. Zur Beurteilung vertraglicher Regelungen, durch die das Recht zur Erteilung von Lizenzen durch einzelne Parteien beschränkt oder insgesamt ausgeschlossen wird, s. Rosenberger GRUR Int 2012, 721 (728 f.).
230 S. hierzu auch Rosenberger GRUR Int 2012, 721 (729).

für die Zwecke weiterer F&E oder Verwertung von der Zahlung einer Vergütung abhängig gemacht werden kann. Die Vergütung darf allerdings nicht so hoch sein, dass sie den Zugang zu den F&E-Ergebnissen faktisch vereitelt.[231]

126 Entgegen *Winzer*[232] erfasst Art 3 Abs. 2 S. 1 GVO F&E nicht **Background Know-how und/ oder Background Patente** der Forschungs- und Entwicklungsarbeiten, da es sich hierbei nicht um *Ergebnisse* der gemeinsamen Forschung und Entwicklung handelt.[233] Hiergegen spricht auch das von *Winzer* selbst gebrachte systematische Argument, dass in diesem Falle Art. 3 Abs. 3 GVO F&E überflüssig wäre. Die von *Winzer*[234] angeführten rein praktischen Erwägungen können nicht dazu führen, entgegen des ausdrücklichen Wortlauts den Anwendungsbereich von Art. 3 Abs. 2 S. 1 GVO F&E zu erweitern. Es mag zwar richtig sein, dass im Einzelfall eine Partei für die Verwertung der Ergebnisse der gemeinsamen Forschung und Entwicklung auf den Background einer anderen Partei angewiesen ist. Nicht nachzuvollziehen ist jedoch, weshalb alle Parteien auch zum Zwecke weiterer Forschung und Entwicklung – die nicht zwangsläufig in Zusammenarbeit mit den übrigen Parteien erfolgen muss – uneingeschränkten Zugang zum Background erhalten müssen. Dies hätte letztlich zur Konsequenz, dass durch eine einmalige F&E-Zusammenarbeit die beteiligten Parteien für die Zukunft ihr Background aus der Hand geben müssten, ohne zu wissen, wofür die anderen Parteien diesen zukünftig zu Forschungs- und Entwicklungszwecken einsetzen. Hätte die Kommission den Zugang zum Background für weitere Forschungs- und Entwicklungszwecke zu einer Freistellungsvoraussetzung erheben wollen, so hätte sie dies ausdrücklich klarstellen müssen.

127 *bb) Zugang zum Background Know-how bei „reinen F&E-Kooperationen"*. Die Regelung des Art. 3 Abs. 3 S. 1 GVO F&E bestimmt, dass im Rahmen von Forschungs- und Entwicklungsvereinbarungen, die nur eine gemeinsame Forschung und Entwicklung oder Auftragsforschung und -entwicklung vorsehen, festgelegt sein muss, dass jeder Partei **Zugang zum vorhandenen Know-how**[235] der anderen Partei gewährt wird, sofern dieses Know-how für die Verwertung der Ergebnisse durch die Partei unerlässlich ist. Unerlässlich ist das Background Know-how dann, wenn die Partei für die Verwertung der F&E-Ergebnisse auf dessen Nutzung angewiesen ist.[236] Der Zugang kann gemäß Art. 3 Abs. 3 S. 2 GVO F&E nunmehr ausdrücklich von der Zahlung einer Vergütung abhängig gemacht werden, soweit diese den Zugang nicht praktisch verhindern würde.

128 Wenn es dem Wortlaut des Art. 3 Abs. 3 S. 1 GVO F&E auch nicht zu entnehmen ist, dürften – wie auch schon bei der GVO F&E 2000 – die besseren Argumente dafürsprechen, dass von Art. 3 Abs. 3 GVO F&E die Fälle erfasst sind, in denen die Vertragsparteien lediglich keine *gemeinsame* Verwertung iSd Art. 1 Abs. 1 lit. g) GVO F&E vorsehen.[237] Gegen die Interpretation, wonach Art. 3 Abs. 3 S. 1 GVO F&E Fälle vor Augen hat, in denen überhaupt keine Verwertungsregelung vorhanden ist, spricht, dass es solche „reinen" F&E-Verträge in der Praxis nicht gibt. Denn selbst dann, wenn die Vereinbarung als solche keine Verwertungsregelungen enthält, ergeben sich diese zumindest aus dem der Vereinbarung zugrundeliegenden allgemeinen Recht. Zu beachten ist ferner, dass sich die Verpflichtung gemäß Art. 3 Abs. 3 S. 1 GVO F&E zur selbstständigen Verwertung nur auf für die Verwertung erforderliches *Know-how* beschränkt. Rechte am geistigen Eigentum, also insbesondere Patente, sind ausgenommen, obwohl diese gleichermaßen für eine Verwertung von Bedeutung sein können.

129 *cc) Gegenstand der gemeinsamen Verwertung*. Nach Art 3 Abs. 4 GVO F&E gehört es darüber hinaus zu den Voraussetzungen einer Freistellung, dass die gemeinsame Verwertung Ergebnisse betrifft, die durch Rechte am geistigen Eigentum geschützt sind[238] oder Know-how darstellen und die für die Herstellung der Vertragsprodukte bzw. Anwendung der Vertragstechnologien

[231] Liebscher/Flohr/Petsche/Traugott § 10 Rn. 36; Loewenheim/Meessen/Riesenkampff/Kersting/Meyer-Lindemann/Schütze FuE-GVO Art. 3 Rn. 42.
[232] Winzer Kap. 2. F. Rn. 633 ff.
[233] Ablehnend ebenfalls Rosenberger GRUR Int 2012, 721 (726).
[234] Winzer Kap. 2. F. Rn. 635.
[235] Zur Definition von Know-how s. Art. 1 Abs. 1 lit. i)–l) GVO F&E.
[236] Winzer Kap. 2. F. Rn. 648; Loewenheim/Meessen/Riesenkampff/Kersting/Meyer-Lindemann/Schütze FuE-GVO Art. 3 Rn. 44.
[237] Vgl. Bechtold/Bosch/Brinker EU-Kartellrecht VO 1217/2010 Art. 3 Rn. 8.
[238] ZB Patente, Gebrauchsmuster, Designs, Topographien von Halbleitererzeugnissen, Ergänzende Schutzzertifikate für Arzneimittel oder andere Produkte für die solche Zertifikate erlangt werden können, Sortenschutzrechte, Urheberrechte und verwandte Schutzrechte.

unerlässlich[239] sind. Mit diesen Anforderungen soll letztlich sichergestellt werden, dass die Vertragsparteien den F&E-Vertrag nicht lediglich als Vorwand missbrauchen, um eine nicht freigestellte Beschränkung auf eine gemeinsame Herstellung oder einen gemeinsamen Vertrieb auf Grundlage von bereits vorhandenem Stand der Technik zu erreichen.[240] Vielmehr sollen im Rahmen der Verwertung nur solche Kooperationen von der Freistellung profitieren, die einen neuen Beitrag zum Stand der Technik leisten.[241]

dd) Belieferungsverpflichtung im Falle der Spezialisierung der Herstellung. Schließlich ist gemäß Art. 3 Abs. 5 GVO F&E erforderlich, dass die im Wege der Spezialisierung im Rahmen der Verwertung mit der Herstellung der Vertragsprodukte betrauten Parteien verpflichtet sind, **Lieferaufträge aller Vertragsparteien zu erfüllen,** es sei denn, dass der F&E-Vertrag auch den gemeinsamen Vertrieb im Sinne des Art. 1 Abs. 1 lit. m) i) oder ii) GVO F&E vorsieht oder die Parteien die Vereinbarung getroffen haben, dass nur die Partei, die die Vertragsprodukte herstellt, diese auch vertreiben darf. Diese Regelung zielt wohl in erster Linie darauf ab, dass unter Berücksichtigung von Art. 1 Abs. 1 lit. m) ii) GVO F&E bei einer gemeinsamen Verwertung die Herstellung von Produkten, die von den F&E-Ergebnissen Gebrauch machen, auch durch einen Dritten erfolgen kann. In diesem Fall muss der Dritthersteller Lieferaufträge aller Vertragsparteien erfüllen.[242] Nicht verlangt wird jedoch, dass die Lieferung zu den gleichen Bedingungen erfolgen muss. 130

d) Marktanteilsschwellen. Eine Freistellung auf Grundlage der GVO F&E kommt nur in Betracht, wenn – sofern einschlägig – die in Art. 4 Abs. 2 und 3 GVO F&E genannten Marktanteile nicht überschritten werden.[243] 131

Die Begriffe „relevanter Produktmarkt" und „relevanter Technologiemarkt" sind in Art. 1 Abs. 1 lit. u) und v) GVO F&E definiert. Als relevanter Produktmarkt ist demnach jener Markt anzusehen, der für die Produkte, die durch die Vertragsprodukte verbessert, ausgetauscht oder ersetzt werden können, relevant ist. Relevanter Technologiemarkt ist der relevante Markt für die Technologien oder Verfahren, die durch die Vertragstechnologien verbessert, ausgetauscht oder ersetzt werden können. Darüber hinaus sind insoweit die Bekanntmachung der Kommission über die Definition des relevanten Marktes im Sinne des Wettbewerbsrechtes der Gemeinschaft (**„Bekanntmachung Relevanter Markt"**) vom 9.12.1997[244] sowie die Ausführungen in den Horizontal-Leitlinien[245] zu beachten. Nach der Definition der Bekanntmachung umfasst der sachlich relevante Markt sämtliche Erzeugnisse und/oder Dienstleistungen, die von den Verbrauchern hinsichtlich ihrer Eigenschaften, Preise und ihres vorgesehenen Verwendungszwecks als austauschbar oder substituierbar angesehen werden.[246] Wann eine Substitution zu bejahen ist, ist anhand der in der Bekanntmachung genannten Kriterien zu beurteilen.[247] Der räumlich relevante Markt wird durch die Bekanntmachung als das Gebiet definiert, in dem die beteiligten Unternehmen die relevanten Produkte oder Dienstleistungen anbieten, in dem die Wettbewerbsbedingungen hinreichend homogen sind und das sich von benachbarten Gebieten durch spürbar unterschiedliche Wettbewerbsbedingungen unterscheidet.[248] Diesbezüglich bietet die Bekanntmachung eine Vielzahl an Kriterien an, die bei der Bestimmung helfen sollen.[249] 132

Art. 4 GVO F&E stellt unterschiedliche Voraussetzungen auf, je nachdem, ob es sich bei zwei oder mehr Parteien um Wettbewerber handelt oder nicht. Stehen die Parteien nicht in einem tatsächlichen oder potentiellen Wettbewerbsverhältnis zueinander, gilt die Freistellung gemäß Art. 4 Abs. 1 S. 1 GVO F&E für die **Dauer der Durchführung der F&E-Arbeiten.**[250] Werden die Ergebnisse von den Vertragsparteien gemeinsam verwertet, so ist die Zusammenarbeit für einen 133

[239] S. zu diesem Kriterium Loewenheim/Meessen/Riesenkampff/Kersting/Meyer-Lindemann/Schütze FuE-GVO Art. 3 Rn. 46.
[240] Winzer Kap. 2. F. Rn. 653.
[241] Liebscher/Flohr/Petsche/Traugott § 10 Rn. 39.
[242] Vgl. Bechtold/Bosch/Brinker EU-Kartellrecht VO 1217/2010 Art. 3 Rn. 11.
[243] Näher zu den Marktanteilschwellen Winzer Kap. 2. F. Rn. 662 ff.; Rosenberger GRUR Int 2012, 721 (733) und Rosenberger/Wündisch Kap. 6 Rn. 339 ff.
[244] ABl. EU 1997, C 372/5 ff. Näher hierzu Liebscher/Flohr/Petsche/Rinne § 17 Rn. 1 ff.
[245] S. Horizontal-Leitlinien, Ziffer 3.2, Rn. 106 ff.
[246] Bekanntmachung Relevanter Markt, Ziffer 7; näher Liebscher/Flohr/Petsche/Rinne § 17 Rn. 17 ff.
[247] Bekanntmachung Relevanter Markt, Ziffer 38 ff.; näher Liebscher/Flohr/Petsche/Rinne § 17 Rn. 19 ff.
[248] Bekanntmachung Relevanter Markt Tz. 8; näher Liebscher/Flohr/Petsche/Rinne § 17 Rn. 30 ff.
[249] Bekanntmachung Relevanter Markt Tz. 30, 48, 50, 57; Liebscher/Flohr/Petsche/Rinne § 17 Rn. 31 ff.
[250] S. auch Winzer Kap. 2. F. Rn. 666 ff.

weiteren Zeitraum von sieben Jahren freigestellt, wobei dieser Zeitraum mit dem ersten Inverkehrbringen der Vertragsprodukte oder der Vertragstechnologie im Binnenmarkt zu laufen beginnt (Art. 4 Abs. 1 S. 2 GVO F&E). Unter diese Regelung fallen auch solche F&E-Kooperationen, die zur Entwicklung eines neuen Produktes führen, das eine völlig neue Nachfrage schafft.[251]

134 Handelt es sich demgegenüber bei zwei oder mehr der Parteien um **Wettbewerber,** so gilt die Freistellung für die in Art. 4 Abs. 1 GVO F&E genannten Zeiträume nur dann, wenn entweder der gemeinsame **Marktanteil aller beteiligten Parteien** an den relevanten Produkt- und Technologiemärkten bei Abschluss der F&E-Vereinbarung **25 %** am relevanten Markt nicht überschreitet (Art. 4 Abs. 2 lit. a)) oder im Falle der Auftragsforschung der gemeinsame **Marktanteil der finanzierenden Partei** und aller Parteien, mit denen die finanzierende Partei F&E-Vereinbarungen über dieselben Vertragsprodukte oder -technologien geschlossen hat, ebenfalls maximal **25 %** beträgt (Art. 4 Abs. 2 lit. b)).[252] Der relevante Zeitpunkt für die Ermittlung des Marktanteils ist der Abschluss der Forschungs- und Entwicklungsvereinbarung.

135 Nach Ablauf des Sieben-Jahreszeitraums kommt eine Freistellung gemäß Art. 4 Abs. 3 GVO F&E nur solange in Frage, wie die Summe der Anteile der beteiligten Unternehmen am relevanten Markt der Vertragsprodukte nicht über 25 % liegt. Dies bedeutet im Umkehrschluss eine unbefristete Freistellung, solange der Markanteil der Vertragsprodukte 25 % nicht übersteigt.

136 Nähere Bestimmungen darüber, wie die in Art. 4 Abs. 2 und 3 GVO F&E genannten Marktanteilsschwellen zu ermitteln sind, enthält Art 7 GVO F&E.[253] Unter den Voraussetzungen des Art. 7 lit. d) und lit. e) GVO F&E kann zudem selbst bei einer Überschreitung der Marktanteilsschwelle von 25 % eine weitere – befristete – Freistellung in Betracht kommen.

137 e) **„Schwarze Klauseln".** Eine Freistellung nach Art. 1 GVO F&E ist schließlich ausgeschlossen, wenn die F&E-Vereinbarung unmittelbar oder mittelbar, für sich allein oder in Verbindung mit anderen Umständen einen der in Art. 5 lit. a) bis g) GVO F&E abschließend aufgeführten Zwecke verfolgt. Die Einbeziehung einer Kernbeschränkung liegt dabei nicht nur bei einer ausdrücklichen Vereinbarung durch die Parteien vor. Vielmehr ist es ausreichend, wenn sich die Beschränkung unmittelbar oder mittelbar aus einer Vereinbarung bzw. durch den Kontext, in dem sie ergangen ist, ergibt.[254]

138 *aa) Beschränkungen in der Forschung und Entwicklung.* Die Regelung in Art. 5 lit. a) GVO F&E soll die Vertragsfreiheit der Parteien hinsichtlich eigenständiger Forschungs- und Entwicklungstätigkeiten schützen.[255] Als Kernbeschränkung nennt Art. 5 lit. a) 1. Halbs. GVO F&E zum einen die Beschränkung der Parteien, in einem mit der F&E-Vereinbarung **nicht zusammenhängenden Bereich** keine eigenständige oder in Zusammenarbeit mit Dritten betriebene Forschung und Entwicklung vorzunehmen. Dies gilt sowohl für die Zeit während der Forschung und Entwicklung als auch danach. Zum anderen gilt die Freistellung ebenfalls nicht für F&E-Vereinbarungen, die Regelungen enthalten, die eine eigenständige bzw. in Zusammenarbeit mit Dritten durchgeführte Forschung oder Entwicklung **nach Abschluss** der gemeinsamen F&E oder Auftragsforschung und -entwicklung in einem mit dem Bereich der Zusammenarbeit **zusammenhängenden Bereich** verbieten (Art. 5 lit. a) 2. Halbs.). Im Umkehrschluss bleibt ein Wettbewerbsverbot im Bereich der F&E-Vereinbarung während der gemeinsamen Forschung und Entwicklung zulässig. Zu beachten ist, dass Art. 5 lit. a) 2. Halbs. GVO F&E auf den Zeitraum der Forschung und Entwicklung abstellt. Selbst wenn der F&E-Vertrag daher eine gemeinsame Verwertung vorsieht, ist die genannte Beschränkung für den Zeitraum der Verwertung nicht zulässig.[256]

139 *bb) Beschränkungen von Produktion und Absatz.*[257] Weiterhin verboten bleiben gemäß Art. 5 lit.b) GVO F&E grundsätzlich **Beschränkungen der Produktion oder des Absatzes.** Art. 5 lit. b) i bis iv) GVO F&E sehen dabei zahlreiche Ausnahmen von dem generellen Verbot vor.

140 *cc) Festsetzung von Preisen oder Lizenzgebühren.* Gemäß Art. 5 lit. c) GVO F&E sind Festsetzungen der Preise für den Verkauf des Vertragsproduktes oder der Gebühren für die Erteilung

---

251 Liebscher/Flohr/Petsche/Traugott § 10 Rn. 43.
252 Nähere Erläuterungen s. Winzer Kap. 2. F. Rn. 678 ff.
253 Näher hierzu Liebscher/Flohr/Petsche/Traugott § 10 Rn. 47 ff.; Winzer Kap. 2. F. Rn. 753 ff.
254 Liebscher/Flohr/Petsche/Traugott § 10 Rn. 52.
255 Liebscher/Flohr/Petsche/Traugott § 10 Rn. 54.
256 Kritisch Winzer Kap. 2. F. Rn. 706.
257 S. hierzu Winzer Kap. 2. F. Rn. 708 ff.; Liebscher/Flohr/Petsche/Traugott § 10 Rn. 55; Loewenheim/Meessen/Riesenkampff/Kersting/Meyer-Lindemann/Schütze FuE-GVO Art. 5 Rn. 63.

von Lizenzen an Dritte unzulässig. Eine **Preisfestsetzung** ist jedoch gemäß Art. 5 lit. c) 2. Halbs. GVO F&E zulässig, wenn die Vertragsparteien die F&E-Ergebnisse im Wege des gemeinsamen Vertriebs der Vertragsprodukte bzw. der gemeinsamen Erteilung von Lizenzen für die Vertragstechnologien im Sinne von Art. 1 Abs. 1 lit. m) i) oder ii) GVO F&E verwerten.

dd) Beschränkungen des passiven Absatzes. Art. 5 lit. d) GVO F&E untersagt Regelungen, die zu einer Beschränkung des Gebietes oder der Kundengruppe des **passiven Verkaufs** der Vertragsprodukte bzw. der Erteilung von Lizenzen für die Vertragstechnologien führen. Ausdrücklich ausgenommen ist jedoch die Verpflichtung, einer anderen Partei ein ausschließliches Nutzungsrecht an Ergebnissen einzuräumen. Die GVO F&E erweitert den Anwendungsbereich des Art. 5 lit. d) GVO F&E im Vergleich zur Vorgängerregelung auch auf Beschränkungen des passiven Verkaufs hinsichtlich der Kundengruppe, nicht nur des Gebietes. „Passiver Verkauf" bedeutet dabei einen Verkauf aufgrund von Lieferanfragen, die ohne Veranlassung durch den Verkäufer erfolgen.[258] Eine Veranlassung liegt unter anderem dann vor, wenn der Verkäufer Werbemaßnahmen in Bezug auf die Kundengruppe oder das Gebiet durchführt, dort eine Niederlassung errichtet oder Außendienstmitarbeiter einsetzt. Hingegen sind allgemeine, vom Gebiet bzw. der Kundengruppe unabhängige Werbe- oder Verkaufsförderungsmaßnahmen des Händlers sowie Formen des Internetvertriebes dem passiven Verkauf zuzuordnen.[259] Art. 5 lit. d) GVO F&E betrifft jedoch nicht Beschränkungen in Bezug auf einen bestimmten Anwendungsbereich (sog. „Field of Use"-Beschränkungen).[260] 141

ee) Beschränkungen des aktiven Absatzes. Nach Art. 5 Abs. 1 lit. e) GVO F&E ist es darüber hinaus untersagt, das Absetzen der Vertragsprodukte oder Vertragstechnologien im Rahmen einer **aktiven Verkaufspolitik** in Gebieten oder an Kunden zu verbieten, die einer der Parteien nicht im Wege der Spezialisierung im Rahmen der Verwertung ausschließlich zugewiesen sind.[261] Folglich steht es den Vertragsparteien für den Bereich des aktiven Vertriebs frei, Gebiets- und Kundenaufteilungen vorzunehmen, soweit zuvor ausschließliche Vertriebsrechte vereinbart wurden. Die Regelung zur Einschränkung des aktiven Absatzes wurde somit an die in Art. 4 lit. b) i) Vertikal-GVO enthaltene Systematik angepasst.[262] Auch von Art. 5 lit. e) GVO F&E sind Beschränkungen für einen bestimmten Anwendungsbereich nicht erfasst.[263] 142

ff) Beschränkungen des Weiterverkaufs. Verboten ist gemäß Art. 5 lit. f) GVO F&E ferner die Verpflichtung, Aufträge von Kunden abzulehnen, die in dem Gebiet der jeweiligen Partei ansässig sind, oder die im Wege der Spezialisierung im Rahmen der Verwertung einer anderen Partei zugewiesen sind und die die Vertragsprodukte in anderen Gebieten innerhalb des Binnenmarktes vermarkten würden.[264] Dem Begriff der verbotenen Kernbeschränkungen unterfällt gemäß Art. 5 lit. g) GVO F&E ebenso die Verpflichtung, Nutzern oder Wiederverkäufern den Bezug der Vertragsprodukte von anderen Wiederverkäufern auf dem Binnenmarkt zu erschweren. Folglich betreffen die Regelungen des Art. 5 lit. f) und g) GVO F&E Bestimmungen, die eine Beschränkung des Weiterverkaufs bezwecken. Beide Regelungen sollen einer Abschottung von Märkten innerhalb des Gemeinsamen Marktes entgegenwirken.[265] 143

f) **„Graue Klauseln".** Im Gegensatz zu Art. 5 GVO F&E bewirkt das Vorliegen einer der in der sog. grauen Liste (Art. 6 GVO F&E) enthaltenen Wettbewerbsbeschränkungen nicht die Unanwendbarkeit der Freistellungsverordnung auf den gesamten Vertrag, sondern nur die Nichtfreistellung der jeweiligen Klausel. Auf die restliche F&E-Vereinbarung findet die GVO F&E folglich weiterhin Anwendung.[266] Zu beachten ist, dass die beteiligten Unternehmen die kartellrechtliche Zulässigkeit der in Art. 6 GVO F&E genannten Klauseln im Lichte des Art. 101 Abs. 3 AEUV selbst überprüfen müssen, sollten sie sich doch zu einer Aufnahme entsprechender Regelungen entscheiden.[267] 144

---

258 Rosenberger/Wündisch Kap. 6 Rn. 407; Winzer Kap. 2. F. Rn. 725.
259 Bechtold/Bosch/Brinker EU-Kartellrecht VO 1217/2010 Art. 5 Rn. 11; Liebscher/Flohr/Petsche/Traugott § 10 Rn. 57; vgl. zum Internetvertrieb EuGH GRUR Int. 2011, 1077 – Pierre Fabre.
260 Rosenberger/Wündisch Kap. 6 Rn. 404.
261 S. hierzu auch Rosenberger GRUR Int 2012, 721 (731 f.).
262 Besen/Slobodenjuk GRUR 2011, 300 (305); Liebscher/Flohr/Petsche/Traugott § 10 Rn. 58.
263 Rosenberger/Wündisch Kap. 6 Rn. 412.
264 S. auch Winzer Kap. 2. F. Rn. 731 ff.
265 Rosenberger/Wündisch Kap. 6 Rn. 414.
266 Besen/Slobodenjuk GRUR 2011, 300 (305).
267 Liebscher/Flohr/Petsche/Traugott § 10 Rn. 60.

145 *aa) Nichtangriffsverpflichtungen.* Art. 6 lit. a) GVO F&E entzieht die Nichtangriffsverpflichtung[268] für den Zeitraum nach Abschluss der Forschung und Entwicklung oder nach Ablauf der F&E-Vereinbarung der Freistellung nach Art. 2 Abs. 1 S. 1 GVO F&E. Die Nichtangriffsverpflichtung im Sinne des Art. 6 lit. a) GVO F&E muss sich auf die Anfechtung von Rechten des geistigen Eigentums, die die Parteien im Binnenmarkt innehaben und die für die Forschung und Entwicklung von Bedeutung sind oder auf die Anfechtung der Gültigkeit von Rechten des geistigen Eigentums, die die Parteien im Binnenmarkt innehaben und die die Ergebnisse der Forschung und Entwicklung schützen, beziehen. Unproblematisch sind gemäß Art. 6 lit. a) 2. Halbsatz GVO F&E Vereinbarungen, die eine Kündigungsmöglichkeit der F&E-Vereinbarung für den Fall vorsehen, dass eine der Parteien die Gültigkeit solcher Rechte des geistigen Eigentums anficht.

146 *bb) Lizenzvergabe an Dritte.* Gemäß Art. 6 lit. b) GVO F&E ist die Verpflichtung nicht freigestellt, **Dritten keine Lizenzen** für die Herstellung der Vertragsprodukte oder für die Anwendung der Vertragstechnologien zu erteilen, sofern nicht die Verwertung der Ergebnisse der gemeinsamen Forschung und Entwicklung oder der Auftragsforschung und -entwicklung durch mindestens eine der Vertragsparteien in der Vereinbarung vorgesehen ist und im Binnenmarkt gegenüber Dritten erfolgt. Durch die Regelung soll letztlich verhindert werden, dass die F&E-Ergebnisse von den Vertragsparteien unter Verschluss gehalten werden und dadurch der positive, gesamtwirtschaftliche Begleiteffekt entfällt, der unter wettbewerbspolitischen Gesichtspunkten mit einer Zusammenarbeit von Unternehmen auf dem Gebiet der Forschung und Entwicklung idealerweise verknüpft ist.[269] Dem Fall, dass eine Vergabe von Lizenzen an Dritte per se ausgeschlossen ist, ist der Fall gleichzustellen, dass eine Vergabe nur mit Zustimmung der anderen Vertragspartei möglich ist.[270]

147 Freigestellt ist ein Ausschluss der Vergabe von Lizenzen zu den in Art. 6 lit. b) GVO F&E genannten Zwecken im Umkehrschluss nur dann, wenn wenigstens eine Vertragspartei die F&E-Ergebnisse verwertet oder dies zumindest vorgesehen ist. Zur Auslegung des Begriffes „Verwertung" ist auf die Definition des Art. 1 lit. g) GVO F&E zurückzugreifen,[271] so dass etwa die Vergabe von Lizenzen oder die Weitergabe von Know-how durch eine Vertragspartei an Dritte[272] bereits eine Verwertung darstellt.

148 Bedeutung gewinnt die Beschränkung des Art. 6 lit. b) GVO F&E in den Fällen, in denen weder eine gemeinsame Verwertung iSd Art. 1 lit. g) und lit. m) GVO F&E noch eine getrennte Verwertung der F&E-Ergebnisse iSd Art. 1 lit. g) GVO F&E durch wenigstens eine Vertragspartei vorgesehen ist (also im Fall des „reinen" F&E-Vertrages), oder, obwohl sie von den Vertragsparteien vorgesehen ist, nicht erfolgt. Man wird dabei davon ausgehen müssen, dass die Regelung in Art. 3 Abs. 2 S. 2 GVO F&E lex specialis zu Art. 6 lit. b) VO F&E ist und daher in diesem Fall eine Einschränkung der Vergabe von Lizenzen an Dritte zum ausschließlichen Zwecke weiterer Forschung zulässig ist.[273]

3. Verhältnis der GVO F&E zu anderen Gruppenfreistellungsverordnungen

149 Die GVO F&E steht grundsätzlich neben den übrigen Gruppenfreistellungsverordnungen. Es stellt sich daher die Frage des Verhältnisses der einzelnen Gruppenfreistellungsverordnungen zueinander.

150 **a) Vertikal-GVO.**[274] Art. 2 Abs. 5 Vertikal-GVO bestimmt, dass diese Gruppenfreistellungsverordnung nicht für vertikale Vereinbarungen gilt, die in den Anwendungsbereich einer anderen Gruppenfreistellungsverordnung fallen. Etwas anderes gilt nur dann, wenn die Anwendbarkeit in der anderen Gruppenfreistellungsverordnung ausdrücklich vorgesehen ist. Dies ist bei der GVO

[268] S. hierzu oben → Rn. 88 f.
[269] Rosenberger/Wündisch Kap. 6 Rn. 428 mwN. Kritisch Winzer Kap. 2. F. Rn. 749.
[270] Vgl. Winzer Kap. 2. F. Rn. 750; Rosenberger/Wündisch Kap. 6 Rn. 430.
[271] Vgl. Bechtold/Bosch/Brinker EU-Kartellrecht VO 1217/2010 Art. 6 Rn. 5.
[272] Näher hierzu Winzer Kap. 2. F. Rn. 531 ff.
[273] Rosenberger/Wündisch Kap. 6 Rn. 445.
[274] Verordnung (EU) Nr. 330/2010 über die Anwendung von Artikel 101 Absatz 3 des Vertrages über die Arbeitsweise der Europäischen Union auf Gruppen von vertikalen Vereinbarungen und abgestimmten Verhaltensweisen vom 20. April 2010. Nach ihrem Art. 10 gilt die Verordnung bis zum 31.5.2022, so dass zum Zeitpunkt des Erscheinens der 6. Auflage dieses Handbuchs bereits die Anschluss-Verordnung in Kraft sein dürfte. Die Kommission hat am 9.7.2021 hierzu einen Entwurf nebst dem Entwurf neuer Vertikal-Leitlinien veröffentlicht, die im Internet unter https://ec.europa.eu/competition-policy/public-consultations/2021-vber_enzu finden sind.

F&E nicht der Fall, so dass die Vertikal-GVO im Verhältnis zur GVO F&E nur subsidiär zur Anwendung gelangt.

151 Die GVO F&E erfasst über Art. 1 Abs. 1 lit. a) i) bis iii) jedenfalls **F&E-Verträge auf horizontaler Ebene.** Ob durch diese Regelung auch F&E-Verträge auf vertikaler Ebene erfasst sind, war für den Geltungsbereich der GVO F&E 2000 umstritten.[275] Die GVO F&E wird der besonderen Situation von F&E-Verträgen auf vertikaler Ebene, in denen sich in aller Regel keine (tatsächlichen oder potentiellen) Wettbewerber gegenüberstehen, nicht gerecht.[276] Ergänzend ist darauf hinzuweisen, dass die EU-Kommission durch ihre **Zulieferbekanntmachung**[277] zu erkennen gegeben hat, dass sie bei Verträgen, durch die ein Unternehmen als Auftraggeber ein anderes Unternehmen als Zulieferer beauftragt, nach seinen Weisungen Erzeugnisse herzustellen, bestimmte die Freiheit des Zulieferers beschränkende Vertragsklauseln für unbedenklich hält. Man kann daher davon ausgehen, dass bei vertikalen F&E-Verträgen eher geringe Bedenken im Hinblick auf eine etwaige Wettbewerbswidrigkeit der dort üblicherweise anzutreffenden Regelungen bestehen.[278] Die Frage der Anwendbarkeit der GVO F&E auf F&E-Verträge auf vertikaler Ebene ist jedoch unverändert nicht geklärt und weiterhin strittig. Dies insbesondere vor dem Hintergrund der Vertikal-Leitlinien, nach deren Rn. 22 Zuliefervereinbarungen dadurch gekennzeichnet sind, dass der *Auftraggeber* technologisches Wissen oder Ausrüstung an den Zulieferer liefert, der auf dieser Grundlage bestimmte Produkte für den Auftragnehmer herstellt.[279]

152 Nachdem die GVO F&E gemäß Art. 1 Abs. 1 lit. a) iv) bis vi) ausdrücklich auf Fälle der Auftragsforschung und -entwicklung Anwendung findet, es sich bei Fällen der Auftragsforschung und -entwicklung jedoch in aller Regel um vertragliche Beziehungen auf vertikaler Ebene handelt,[280] erscheint es jedoch naheliegend, die Anwendbarkeit der GVO F&E auf **F&E-Vereinbarungen auf vertikaler Ebene** jedenfalls für F&E-Aufträge anzunehmen.[281] Jedoch muss nicht jede Zusammenarbeit von Unternehmen oder sonstigen Parteien (zB Forschungsdienstleistern) auf vertikaler Ebene im Bereich der Auftragsforschung den von Art. 1 Abs. 1 lit. a) iv) bis vi) GVO F&E genannten Konstellationen unterfallen. Denn mitunter fehlt es an der Voraussetzung gemäß Art. 1 Abs. 1 lit. p) GVO F&E, wonach eine Auftragsforschung und -entwicklung dadurch gekennzeichnet ist, dass sich eine Partei auf die Finanzierung der von der anderen Partei ausgeführten Forschungs- und Entwicklungsarbeiten beschränkt.

153 In der Praxis ist es bei Zusammenarbeiten im Bereich Forschung und Entwicklung auf vertikaler Ebene vielmehr mitunter der Fall, dass auch die Partei auf höherer vertikaler Ebene zumindest in einem gewissen Umfang in die Forschung und Entwicklung involviert ist. Dies etwa auch im Zulieferbereich, wenn die vom Zulieferer zu entwickelnde und anschließend zu liefernde Komponente in ein Endprodukt der anderen Partei eingebaut wird und deswegen unter Mitwirkung beider Parteien an das Endprodukt anzupassen ist. Gerade im Zulieferbereich kann es zudem an dem Erfordernis der Finanzierung durch eine Partei fehlen, da der Zulieferer keinen unmittelbaren finanziellen Ausgleich erhält, sondern seine Entwicklungsleistung über den anschließenden Vertrieb des entwickelten Gegenstandes amortisiert.[282] Der Umstand, dass die neue GVO F&E unter „gemeinsam" nach Art. 1 Abs. 1 lit. m) iii) nunmehr ausdrücklich auch Fälle erfasst, in denen die Parteien die Tätigkeiten, die unter eine Forschungs- und Entwicklungsvereinbarung fallen, im Wege der Spezialisierung gemäß Art. 1 Abs. 1 lit. n) GVO F&E oder gemäß Art. 1 Abs. 1 lit. o) GVO F&E ausüben, spricht nach hiesiger Ansicht jedoch dafür, dass auch F&E-Verträge auf vertikaler Ebene in den Anwendungsbereich der GVO F&E fallen.[283] Denn die Spezialisierung im Bereich Forschung und Entwicklung und/oder der Verwertung ist regelmäßig gerade bei F&E-Verträgen auf vertikaler Ebene anzutreffen. Die GVO F&E unterscheidet zudem nicht zwi-

---

275 Detailliert hierzu und im Ergebnis ablehnend Brandi-Dohrn WRP 2009, 1348 ff.

276 Winzer Kap. 2. F. Rn. 443; Rosenberger GRUR Int 2012, 721 (723).

277 Bekanntmachung über die Beurteilung von Zulieferverträgen nach Art. 85 Abs. 1 des Vertrages zur Gründung einer Europäischen Wirtschaftsgemeinschaft (ABl. 1979 C 1/2).

278 Rosenberger/Wündisch Kap. 6 Rn. 52 f, 55.

279 S. Kap. II Ziffer 3, Rn. 22 ff. der Leitlinien über vertikale Beschränkungen („Vertikal-Leitlinien") vom 19.5. 2010, ABl. EU C 130/1, wo fälschlicherweise vom „Auftragnehmer" gesprochen wird. Hierbei handelt es sich jedoch um ein redaktionelles Versehen.

280 AA für Hochschulen und F&E-Institutionen Winzer Kap. 2. F. Rn. 446, der diesen gegenüber den Auftraggebern der Forschung und Entwicklung jegliches Verhältnis absprechen will.

281 AA Rosenberger GRUR Int 2012, 721 (722).

282 Wobei man sich fragen kann, ob nicht eine solche mittelbare Finanzierung bereits im Rahmen des Art 1 Abs. 1 lit. q) GVO F&E ausreicht. Dies ablehnend Rosenberger GRUR Int 2012, 721 (722).

283 Im Ergebnis ebenso Liebscher/Flohr/Petsche/Traugott § 10 Rn. 8. AA Rosenberger GRUR Int 2012, 721 (722 ff.).

schen F&E-Verträgen auf horizontaler und vertikaler Ebene. Voraussetzung einer Anwendung der GVO F&E ist freilich, dass eine der Konstellationen nach Art. 1 Abs. 1 lit. a) i) bis vi) GVO F&E vorliegt.

Praxistipp:

In der Praxis ist immer wieder festzustellen, dass die Vertragsparteien bei vertikalen F&E-Verträgen beabsichtigen, nach Abschluss der F&E-Arbeiten in exklusive Lieferbeziehungen einzutreten. Der Lieferant soll regelmäßig verpflichtet werden, für einen bestimmten Zeitraum nur an den anderen Vertragspartner Vertragsprodukte zu liefern, mitunter kombiniert mit einer spiegelbildlichen Alleinbezugsverpflichtung des Abnehmers. Derartige **Alleinbelieferungsverpflichtungen** werden von der EU-Kommission als Wettbewerbsbeschränkung angesehen.[284] Es ergeben sich jedoch weiterhin Unklarheiten, wie derartige Alleinbelieferungsverpflichtungen auf dem Boden des EU-Kartellrechtes zu beurteilen sind, wenn sie in vertikalen F&E-Verträgen enthalten sind. Nach hiesiger Ansicht unterfallen F&E-Verträge auf vertikaler Ebene in den Fällen des Art. 1 Abs. 1 lit. a) GVO F&E zwar der GVO F&E. Es verbleiben jedoch aus den dargelegten Gründen erhebliche Unsicherheiten, ob auf F&E-Verträge auf vertikaler Ebene nicht doch die Regelungen der Vertikal-GVO zur Anwendung gelangen. Aus Gründen anwaltlicher Vorsicht ist es daher angezeigt, Alleinbelieferungsverpflichtungen in vertikalen F&E-Verträgen (auch) an der Vertikal-GVO zu messen. Sie sind daher jedenfalls dann als vom Verbot des Art. 101 Abs. 1 AEUV freigestellt anzusehen, wenn sie den Anforderungen der Vertikal-GVO genügen.[285] Dies bedeutet vor allem, dass der **Marktanteil** des Lieferanten nicht mehr als **30 %** und der des Käufers auf dem sog. Beschaffungsmarkt ebenfalls gemäß Art. 3 Abs. 1 und 2 Vertikal-GVO 30 % nicht überschreiten darf.[286] Zudem sind die Kernbeschränkungen des Art. 4 Vertikal-GVO zu berücksichtigen. Bei Alleinbelieferungsverpflichtungen ist insbesondere die des Art. 4 lit. e) Vertikal-GVO zu nennen, wonach Beschränkungen, die zwischen dem Lieferanten und dem Käufer von Teilen, welche dieser weiterverwendet, vereinbart werden und die den Lieferanten hindern, diese Teile als **Ersatzteile** an Endverbraucher oder an Reparaturwerkstätten oder andere Dienstleister zu verkaufen, die der Käufer nicht mit der Reparatur oder Wartung seiner Waren betraut hat, nicht freigestellt sind.[287] Für den Fall, dass eine Anwendung der Vertikal-GVO etwa wegen Überschreitung der Marktanteilsschwellen nicht in Betracht kommt, sind ergänzend die in Rn. 194 ff. der Vertikal-Leitlinien dargestellten Grundsätzen zu beachten. Dann ist insbesondere anzuraten, die Alleinbelieferungsverpflichtung – unter Berücksichtigung der in Rn. 195 Vertikal-Leitlinien geforderten Abwägung von wettbewerbsfördernden und -beschränkenden Wirkungen – jedenfalls einen Zeitraum von maximal **fünf Jahren** nicht überschreiten zu lassen; und selbst bei Alleinbelieferungsverpflichtungen bis zu fünf Jahren ist nach den Vertikal-Leitlinien gewöhnlich eine sorgfältige Gegenüberstellung der wettbewerbsfördernden und -schädigenden Auswirkungen erforderlich. Dies alles trägt aber zur Reduzierung kartellrechtlicher Risiken bei.

154 **b) Spezialisierungs-GVO.**[288] Im Gegensatz zur Vertikal-GVO enthält die Spezialisierung-GVO keine dem Art. 2 Abs. 5 Vertikal-GVO entsprechende Kollisionsregel. Die GVO F&E und die Spezialisierungs-GVO können daher grundsätzlich parallel angewendet werden, soweit nicht eine der Gruppenfreistellungsverordnungen speziellere Regelungen vorsieht.[289] Allerdings unterscheiden sich insbesondere die Marktanteilsschwellen der Spezialisierungs-GVO von denen der GVO F&E insofern, als letztere für die beteiligten Parteien günstiger sind. Es ist daher gerechtfertigt, die Parteien nur dann der GVO F&E zu unterstellen, wenn – bei Vorliegen sämtlicher sonstiger Voraussetzungen der GVO F&E – der Schwerpunkt der Zusammenarbeit in der gemeinsamen Forschung und Entwicklung liegt.[290]

[284] S. Kap. VI Ziffer 2.6, Rn. 192 ff. der Leitlinien über vertikale Beschränkungen („Vertikal-Leitlinien") vom 19.5.2010, ABl. EU C 130/1.

[285] Ebenso Winzer Kap. 3. D. Rn. 869 ff. Vgl. auch Rosenberger/Wündisch Kap. 6 Rn. 499 ff.

[286] Hierzu näher Bechtold/Bosch/Brinker EU-Kartellrecht VO 330/2010 Art. 3 Rn. 3 ff.

[287] Dazu Bechtold/Bosch/Brinker EU-Kartellrecht VO 330/2010 Art. 4 Rn. 28 f.

[288] Verordnung (EU) Nr. 1218/2010 der Kommission über die Anwendung von Artikel 101 Absatz 3 des Vertrages über die Arbeitsweise der Europäischen Union auf bestimmte Gruppen von Spezialisierungsvereinbarungen vom 14. Dezember 2010. Nach ihrem Art. 7 gilt die Verordnung bis zum 31.12.2022, so dass nach Erscheinen der 6. Auflage dieses Handbuchs zeitnah die Anschluss-Verordnung in Kraft treten dürfte.

[289] Liebscher/Flohr/Petsche/Traugott § 10 Rn. 7.

[290] Ebenso Liebscher/Flohr/Petsche/Traugott § 10 Rn. 7. Vgl. zur Schwerpunktbetrachtung generell Rn. 13 und 14 der Horizontal-Leitlinien, ABl. EU C 11/1.

c) **Technologietransfer-GVO.**[291] Hinsichtlich des Verhältnisses der Technologietransfer-GVO zur GVO F&E regelt Art. 9 Technologietransfer-GVO, dass letztere nicht für Lizenzabsprachen in F&E-Vereinbarungen gilt. Diese Regelung ist im Zusammenhang mit Art. 2 Abs. 2 GVO F&E zu lesen, der bestimmt, dass Vereinbarungen über die Übertragung oder Lizenzierung, die sich unmittelbar auf die Umsetzung der F&E-Vereinbarung beziehen und dafür erforderlich sind, der GVO F&E unterfallen.[292] 155

IV. Besonderheiten bei der Zusammenarbeit mit Hochschulen

Forschung und Entwicklung findet nicht nur in und zwischen Unternehmen statt. Große Bedeutung kommt vielmehr auch den Tätigkeiten an Hochschulen zu, wo auf verschiedensten wissenschaftlichen Gebieten Forschung und Entwicklung betrieben wird (vgl. §§ 22 ff. HRG). Aus Sicht der Unternehmen liegt es daher nur nahe, sich die an den Hochschulen vorhandene Fachkompetenz sowie Erfahrung und das dortige Wissen durch die Zusammenarbeit mit Hochschulen im Rahmen von F&E-Projekten nutzbar zu machen. In der Praxis geschieht dies denn auch in nicht unerheblichem Umfang. 156

1. Allgemeine Anmerkungen zur Vertragsgestaltung

Bei der Gestaltung von F&E-Verträgen zwischen Unternehmen auf der einen und Hochschulen auf der anderen Seite gilt es im Grundsatz dieselben Bereiche zu regeln, wie dies bei der Zusammenarbeit zwischen Unternehmen der Fall ist. Es kann daher im Wesentlichen auf die obigen Ausführungen[293] verwiesen werden. 157

Üblicherweise ist davon auszugehen, dass dem oder den beteiligten Unternehmen – zumindest für den sie jeweils interessierenden unternehmerischen Anwendungsbereich über eine Abgrenzung des „field of use" – an den F&E-Ergebnissen **ausschließliche Verwertungsrechte** zu Herstellungs- und Vertriebszwecken eingeräumt werden. Denn die Hochschule selbst ist in aller Regel an einer eigenen Verwertung in dieser Weise nicht interessiert, da sie über die dafür erforderlichen Kapazitäten ohnehin nicht verfügt. Vielmehr genügt es in aller Regel, wenn sie – insbesondere auch im Hinblick auf die Regelung in § 42 Nr. 3 ArbnErfG – die Ergebnisse zu Forschungs- und Lehrzwecken weiter nutzen kann oder außerhalb des dem oder den beteiligten Unternehmen zugewiesenen „field of use" die F&E-Ergebnisse selbst, insbesondere durch Lizenzierung an Dritte, verwerten kann.[294] Sofern und in dem Umfang dies zu einer zweckentsprechenden Verwertung der F&E-Ergebnisse erforderlich ist, sind dem Unternehmen ferner Nutzungsrechte am **Background der Hochschule** zu gewähren. Die Hochschule wird dabei in aller Regel nicht dazu bereit sein, auch am Background ausschließliche Lizenzen einzuräumen, da entweder bereits Nutzungsrechte an Dritte vergeben wurden oder dies doch zumindest zukünftig zu erwarten ist (zB im Zuge oder Nachgang einer späteren F&E-Zusammenarbeit mit Dritten). Aus Sicht der beteiligten Unternehmen ist dies jedoch nicht problematisch, da es diesen ohnehin in der Regel nur darauf ankommen wird, zu vermeiden, dass die F&E-Ergebnisse von Dritten genutzt werden. An den F&E-Ergebnissen verfügen die beteiligten Unternehmen jedoch – bei entsprechender vertraglicher Regelung – über ausschließliche Verwertungsrechte, so dass die Hochschule daran gehindert wäre, Dritten hieran Nutzungsrechte einzuräumen. 158

Da eine Verwertung der F&E-Ergebnisse im Markt nur durch das Unternehmen erfolgt, dürften häufig die besseren Argumente dafürsprechen, die **Inhaberschaft an den F&E-Ergebnissen** allein dem Unternehmen zuzusprechen.[295] Dies vermeidet eine aufwändige Abstimmung zwischen den Vertragsparteien, in welcher Weise mit den F&E-Ergebnissen zu verfahren ist, insbesondere ob und in welchem Umfang Patente anzumelden, aufrechtzuerhalten und ggf. zu verteidigen sind. Unternehmen sind darüber hinaus weitaus eher dazu in der Lage, zu beurteilen, welche Maßnahmen zu ergreifen sind, die für eine sinnvolle Verwertung der F&E-Ergebnisse erforderlich 159

[291] Verordnung (EU) Nr. 316/2014 der Kommission vom 21. März 2014 über die Anwendung von Artikel 101 Absatz 3 des Vertrags über die Arbeitsweise der Europäischen Union auf Gruppen von Technologietransfer-Vereinbarungen, ABl. EU 2014 L 93/17.

[292] Hierzu näher Rosenberger GRUR Int 2012, 721 (724 ff.).

[293] → Rn. 16 ff.

[294] Näher zur inhaltlichen Reichweite von Rücklizenzen für weitere Forschungs- und Lehrzwecke Wündisch/Hering GRUR Int 2009, 106 ff.

[295] Ebenso Winzer Kap. 5. D. Rn. 994 ff.

sind. Im Zweifel verfügen sie auch eher über die dafür erforderlichen (finanziellen) Mittel. Allerdings zeigt sich in der Praxis immer wieder, dass Hochschulen bzw. die zuständigen Verwertungsgesellschaften sich nicht oder nur schwerlich dazu bewegen lassen, die F&E-Ergebnisse aus der Hand zu geben.

160 Die Interessen der Hochschule lassen sich jedoch angemessen dadurch berücksichtigen, dass sie an der Verwertung der F&E-Ergebnisse (einschließlich etwaigem Background) durch die Unternehmen angemessen **finanziell beteiligt** wird. Dies kann etwa durch eine pauschale Einmalzahlung oder – im Wege einer Lizenzgebühr – durch eine prozentuale Beteiligung an den Umsätzen des Unternehmens, die dieses durch die Verwertung der F&E-Ergebnisse erwirtschaftet, erfolgen.[296] Letzteres dürfte in aller Regel die bessere Variante sein. Denn sie birgt zum einen dem Risiko vor, dass die Hochschule Erfindungen, bei denen sich erst später deren wirtschaftliches Potential herausstellt, zu Billigpreisen verschleudert. Zum anderen verschafft sie den verwertenden Unternehmen – im Gegensatz zu etwaigen „Bestsellerklauseln"[297] – die erforderliche Planungs- und Kalkulationssicherheit. In diesem Zusammenhang ist klarzustellen, dass die **Vergütung,** die gemäß **§ 42 Nr. 4 ArbnErfG** den an einer Erfindung beteiligten Beschäftigten zu zahlen ist und 30 % der von der Hochschule durch die Verwertung der Erfindung erzielten Einnahmen entspricht,[298] ausschließlich von der Hochschule geschuldet ist.[299] Es erübrigt sich daher, im F&E-Vertrag ausdrücklich festzuhalten, dass die auf Grundlage des ArbnErfG zu zahlende Vergütung von der Hochschule zu tragen ist.

161 Bei der vertraglichen Gestaltung der Zusammenarbeit zwischen Hochschulen und Unternehmen kommen im Übrigen zwei Ansätze in Frage: entweder eine vertragliche Beziehung zwischen den beteiligten Unternehmen und der Hochschule oder zwischen den beteiligten Unternehmen und den die F&E-Arbeiten leitenden Beschäftigten der Hochschule.[300] In dem ersten Fall wäre die Hochschule Vertragspartner des Unternehmens und die Beschäftigten der Hochschule wären von dieser im Innenverhältnis entsprechend zur Durchführung der F&E-Arbeiten anzuhalten. Problematisch daran ist, dass der Hochschule jedenfalls gegenüber Hochschulprofessoren aufgrund der ihnen zustehenden Forschungsfreiheit kein dienstliches Weisungsrecht zusteht.[301] In dem zweiten Fall erteilt die Hochschule ihren Beschäftigten die Zustimmung, dass diese selbst den F&E-Vertrag mit dem Unternehmen abschließen (in der Regel federführend durch den Hochschulprofessor, der das F&E-Projekt leitet). Schwierigkeiten können sich dabei jedoch aufgrund der Anfang 2002 erfolgten **Neufassung des § 42 ArbnErfG**[302] ergeben, wodurch die bei F&E-Verträgen mit Hochschulen zu beachtenden Rahmenbedingungen entscheidende Änderungen erfahren haben.

2. § 42 ArbnErfG

162 Gemäß § 42 ArbnErfG aF handelte es sich bei Erfindungen, die von Professoren, Dozenten und wissenschaftlichen Assistenten an Hochschulen gemacht wurden, um freie Erfindungen (sog. **„Hochschullehrerprivileg"**). Erfindungen an Hochschulen unterlagen daher nicht den Regelungen über Diensterfindungen des ArbnErfG, die gemäß §§ 40, 41 ArbnErfG grundsätzlich auch auf Erfindungen und technische Verbesserungsvorschläge von Beamten und im öffentlichen Dienst Beschäftigten zur Anwendung kamen. Diese Sonderstellung von an einer Hochschule Beschäftigten wurde durch die Änderung des § 42 ArbnErfG abgeschafft. § 42 ArbnErfG in seiner jetzigen Fassung sieht das Gegenteil vor. Erfindungen von Beschäftigten einer Hochschule sind im Regelfall **Diensterfindungen** im Sinne des ArbnErfG. Zweiseitige F&E-Verträge zwischen Unternehmen und den an einer Hochschule Beschäftigten erweisen sich daher seitdem als schwierig und sind in der Praxis nach den Erfahrungen des Autors auch kaum mehr anzutreffen, da die an der Hochschule Beschäftigten nur dann wirksam über ihre Diensterfindungen verfügen können, wenn die

---

[296] Hierzu Winzer Kap. 5. D. Rn. 1008 ff.

[297] Regelung, die vorsieht, dass bei einem großen wirtschaftlichen Erfolg nachzuverhandeln ist.

[298] Instruktiv zum Vergütungsanspruch gemäß § 42 Nr. 4 ArbnErfG Stallberg GRUR 2007, 1035 ff.

[299] In diesem Zusammenhang sei vor allem auf die Entscheidung des BGH v. 5.2.2013, I ZR 54/11 – Genveränderungen, verwiesen, wonach bei der Ermittlung der an Hochschulbeschäftigten zu zahlenden Vergütung auch die Kosten ansetzen sind, die die Hochschule erspart, falls es ein Lizenznehmer auf seine eigenen Kosten übernimmt, zu Gunsten der Hochschule ein Schutzrecht auf die Erfindungen anzumelden, aufrechtzuerhalten oder zu verteidigen.

[300] Bartenbach/Volz ArbnErfG § 42 (nF) Rn. 194; Winzer Kap. 5. F. Rn. 1053 ff.

[301] Vgl. Winzer Kap. 5. F. Rn. 1052; Bartenbach/Volz ArbnErfG § 42 (nF) Rn. 194.

[302] Gemäß § 43 Abs. 1 S. 1 findet die aktuelle Fassung des § 42 ArbnErfG auf Erfindungen Anwendung, die nach dem 6.2.2002 gemacht worden sind.

Hochschule von einer Inanspruchnahme der Erfindung absieht.[303] § 42 ArbnErfG sieht zudem einige Ausnahmen von den allgemeinen Bestimmungen des ArbnErfG vor. Von Bedeutung bei der Zusammenarbeit zwischen Unternehmen und Hochschulen im Rahmen von F&E-Projekten sind dabei insbesondere die Regelungen in § 42 Nr. 1 und 2 ArbnErfG, die beide Ausdruck der sich aus Art. 5 Abs. 3 GG ergebenden Forschungsfreiheit sind.[304]

Nach § 42 Nr. 1 ArbnErfG ist der Erfinder berechtigt, die Diensterfindung[305] im Rahmen seiner Lehr- und Forschungstätigkeit zu offenbaren, wenn er dies dem Dienstherrn rechtzeitig, in der Regel zwei Monate zuvor, angezeigt hat (sog. **„positive Publikationsfreiheit"**).[306] Diese Regelung bekräftigt im Zusammenspiel mit der Regelung in § 42 Nr. 2 ArbnErfG zum einen die Befugnis der an einer Hochschule Beschäftigten, alleine darüber zu entscheiden, ob Erfindungen offenbart werden oder nicht.[307] Durch die Pflicht zur vorherigen Anzeige wird der Hochschule zum anderen die Möglichkeit gegeben, vor einer neuheitsschädlichen Vorveröffentlichung der Erfindung zu prüfen, ob die Erfindung zum Patent angemeldet wird und ggf. die dafür erforderlichen Schritte zu ergreifen.[308] 163

Die Regelung in § 42 Nr. 1 ArbnErfG wird ergänzt durch § 42 Nr. 2 Satz 1 ArbnErfG, wonach der Erfinder dann, wenn er aufgrund seiner Lehr- und Forschungstätigkeit die Offenbarung seiner Diensterfindung ablehnt, nicht dazu verpflichtet ist, die Diensterfindung seinem Dienstherrn zu melden (sog. **„negative Publikationsfreiheit"**).[309] Eine über § 5 Abs. 1 ArbnErfG gesetzlich erzwungene Meldung der Erfindung durch den Erfinder würde andernfalls im Zuge der Offenlegung einer ggf. erfolgenden Patentanmeldung letztlich doch zu einer Offenbarung – gegen den Willen des Erfinders – führen.[310] 164

Aus Sicht von Unternehmen, die auf dem Gebiet der Forschung und Entwicklung mit Hochschulen zusammenarbeiten, können diese Bestimmungen unerwünscht nachteilige Folgen haben. So müssen sich die an einem F&E-Projekt beteiligten Vertragsparteien in der Regel vorsorglich an der Zwei-Monatsfrist des § 42 Nr. 1 ArbnErfG orientieren. Berücksichtigt man, dass innerhalb der zwei Monate die Erfindung aufzuarbeiten, vor dem Stand der Technik zu würdigen, den verantwortlichen Entscheidungsträgern innerhalb der Hochschule und dem Unternehmen verständlich zu machen und schließlich die ggfs. erforderliche Abstimmung unter den Vertragsparteien herbeizuführen ist, müssen sich die Vertragsparteien innerhalb relativ **knapper Zeit** darüber im Klaren werden, ob etwaige Erfindungen zum Patent angemeldet werden sollen. Die Regelung des § 42 Nr. 1 ArbnErfG kann daher mitunter zu einem erheblichen Zeitdruck führen. 165

Weitaus gravierender kann es sich jedoch auswirken, wenn die an der Erfindung beteiligten Beschäftigten der Hochschule sich dazu entscheiden, von ihrer negativen Publikationsfreiheit gemäß § 42 Nr. 2 ArbnErfG Gebrauch zu machen. Denn in diesem Fall erfahren weder die Hochschule noch die beteiligten Unternehmen davon, dass im Rahmen des F&E-Projektes Erfindungen getätigt worden sind. Die Hochschule kann daher mangels Meldung der Erfindung diese überhaupt nicht über § 6 Abs. 1 oder 2 ArbnErfG in Anspruch nehmen. Als Folge ist es ihr auch nicht möglich, die Rechte an der Erfindung auf die beteiligten Unternehmen zu übertragen. Die Unternehmen sind dadurch weder dazu in der Lage, die neuen technischen Erkenntnisse zu verwerten, noch können sie für die Erfindung um Patentschutz ersuchen. Dies steht in klarem Widerspruch zu den mit der Zusammenarbeit verfolgten Zielen der Unternehmen, da durch die gemeinsame Forschung und Entwicklung gerade neue technische Erkenntnisse den Unternehmen zufließen und von diesen verwertet werden sollen. 166

Bei einer Zusammenarbeit zwischen Hochschulen und Unternehmen ist daher in der Regel darauf zu achten, dass die an der Forschung und Entwicklung beteiligten Beschäftigten der Hochschule vertraglich dazu verpflichtet werden, von ihrer negativen Publikationsfreiheit keinen Gebrauch zu machen. Zudem bietet es sich an, im Hinblick auf § 42 Nr. 1 ArbnErfG längere Fristen vorzusehen bzw. ggf. zu regeln, dass etwaige Erfindungen von den Beschäftigten der Hoch- 167

[303] Winzer Kap. 5. F. Rn. 1053.

[304] S. die amtliche Begründung zu § 42 Nr. 1 und 2 ArbnErfG, BT-Drs. 14/5975 v. 9.5.2001, S. 6 f.

[305] Für freie Erfindungen im Sinne des § 4 Abs. 3 ArbnErfG gelten die Mitteilungs- und Andienungspflichten der §§ 18, 19 ArbnErfG. Nach richtiger Auffassung sind insoweit jedoch die Ausnahmen der § 42 Nr. 1 und 2 ArbnErfG entsprechend zu berücksichtigen (dazu Bartenbach/Volz ArbnErfG § 42 (nF) Rn. 47 f.).

[306] Zu den Einzelheiten s. Bartenbach/Volz ArbnErfG § 42 (nF) Rn. 57 ff. § 42 Nr. 1 ArbnErfG ist vom BGH als mit Art. 5 Abs. 3 GG vereinbar angesehen worden (BGH GRUR 2008, 150 (151 f.) – selbststabilisierendes Kniegelenk).

[307] Bartenbach/Volz ArbnErfG § 42 (nF) Rn. 58.

[308] Bartenbach/Volz ArbnErfG § 42 (nF) Rn. 60.

[309] Näher hierzu Bartenbach/Volz ArbnErfG § 42 (nF) Rn. 101 ff.

[310] Bartenbach/Volz ArbnErfG § 42 (nF) Rn. 103.

schule so lange geheim zu halten sind, bis – binnen angemessener Frist – eine Abstimmung über die Offenlegung der Erfindung zwischen dem jeweiligen Beschäftigten der Hochschule und dem beteiligten Unternehmen erfolgt ist.[311]

168 Um etwaige Schwierigkeiten aufgrund der im Verhältnis zum Staat geltenden Wissenschaftsfreiheit gemäß Art. 5 Abs. 3 GG erst gar nicht aufkommen zu lassen, und vor dem Hintergrund des § 22 Satz 1 ArbnErfG, wonach im Voraus von den Bestimmungen des ArbnErfG nicht zuungunsten des Arbeitnehmers abgewichen werden kann, ist eine entsprechende Verpflichtung im Innenverhältnis zwischen Hochschule und ihrem jeweiligen Beschäftigten jedoch keine Alternative.[312] Erforderlich ist vielmehr eine **gesonderte Vereinbarung** zwischen den beteiligten Unternehmen und den in das F&E-Projekt einbezogenen Beschäftigten der Hochschule.

Praxistipp:

Es ist nach hiesiger Ansicht eher davon abzusehen, auf einen dreiseitigen F&E-Vertrag zwischen der Hochschule, dem bzw. den beteiligten Unternehmen und dem Projektleiter (dies ist in der Regel ein Hochschulprofessor) zurückzugreifen.[313] Mehrseitige Verträge bergen das Risiko, dass es leicht zu Unklarheiten hinsichtlich der Verantwortlichkeiten und der Haftung der Beteiligten kommt. Zudem kann schnell übersehen werden, dass bestimmte Regelungen, die aufgrund ihres Wortlautes oder ihrer Systematik im Vertrag (versehentlich) Allgemeingültigkeit beanspruchen, nur bedingt für alle Vertragsparteien sinnvoll sind. Vor diesem Hintergrund erscheint es daher sinnvoller, es bei einem zweiseitigen F&E-Vertrag zu belassen, den Projektleiter im F&E-Vertrag zu bestimmen und dessen Aufgaben im Verhältnis zur Hochschule näher festzulegen.[314] Soweit es die Regelungen hinsichtlich der Publikationsfreiheit des Projektleiters bzw. sonstigen in das F&E-Projekt einbezogener Beschäftigten der Hochschule betrifft, kann dies mit Hilfe einer gesondert zwischen dem Unternehmen und dem Projektleiter bzw. den Beschäftigten zu treffenden Vereinbarung oder einer von letzteren abzugebenden Erklärung geregelt werden.[315] Dabei kann es sich anbieten, den Projektleiter und die Beschäftigten auch zur Mitteilung von freien Erfindungen (entsprechend §§ 18, 19 ArbnErfG) und Verbesserungen an die Hochschule zu verpflichten. Im F&E-Vertrag mit der Hochschule sollte ferner geregelt werden, dass die Hochschulbeschäftigten von dieser erst dann in die F&E-Arbeiten einbezogen werden, wenn sie die gesonderte Vereinbarung abgeschlossen bzw. die gesonderte Erklärung abgegeben haben.

3. Vertragsbausteine

169 Vor dem Hintergrund der im Jahre 2002 geänderten Gesetzeslage hatte die ipal Gesellschaft für Patentverwertung mbH als zentrale Patentverwertungsagentur der Berliner Hochschulen in Zusammenarbeit mit einigen führenden Industrie-Unternehmen in den Jahren 2002 und 2003 Vertragsbausteine für F&E-Aufträge und F&E-Kooperationen zwischen Unternehmen und Hochschulen entworfen (sog. **„Berliner Verträge"**) ,[316] die 2007 noch einmal überarbeitet wurden. Die Vertragsbausteine bezogen dabei sämtliche drei Beteiligten in den F&E-Vertrag mit ein.[317] Diese Vertragsbausteine waren in Deutschland lange Zeit weit verbreitet. Die Kooperation der Berliner Hochschulen mit der ipal Gesellschaft wurde jedoch 2013 aus finanziellen Gründen beendet. Die Vertragsbausteine sollten einen Kompromiss darstellen, der den wesentlichen Interessen sowohl der Hochschulen als auch der Industrie gleichermaßen gerecht wird und Modell-

[311] Dem stehen nach hiesiger Ansicht die Ausführungen des BGH in dessen „selbststabilisierendes Kniegelenk"-Entscheidung nicht entgegen (BGH GRUR 2008, 150 (153)). Eine Verlängerung der Frist des § 42 Nr. 1 ArbnErfG dürfte sich wegen Art. 5 Abs. 3 GG wenn überhaupt nur im Verhältnis zur Hochschule verbieten. Für eine Ausdehnung der Zwei-Monatsfrist sogar im Verhältnis zur Hochschule Beyerlein Mitt. 2008, 67 (68). Beyerlein ist zuzustimmen.

[312] Winzer Kap. 5. F. Rn. 1051.

[313] So aber etwa die sog. „Berliner Verträge", → Rn. 169.

[314] Ebenso Winzer Kap. 5. F. Rn. 1069, und die sog. „Düsseldorfer Vertragsbausteine" (s. dazu unten Rn. 170).

[315] Ein Muster einer Regelung findet sich in den „Düsseldorfer Vertragsbausteinen".

[316] Die erste Fassung ist zB noch erhältlich unter http://docplayer.org/11495727-Vertragsbausteine-berliner-vertrag.html. Die Muster sind jedoch nicht mehr über die Seite der ipal Gesellschaft für Patentverwertung mbH oder der Humboldt-Universität zu Berlin abrufbar. Eine Darstellung der wesentlichen Klauseln ist außerdem in Beyerlein Mitt. 2008, 67 zu finden.

[317] Dies befürworten auch Bartenbach/Volz ArbnErfG § 42 (nF) Rn. 195. Kritisch Winzer Kap. 5. F. Rn. 1053 ff.

charakter für den Technologietransfer in ganz Deutschland haben sollte. Diesem selbst gestellten Anspruch wurden die „Berliner Verträge" jedoch nicht in vollem Umfang gerecht.[318]

170 Darüber hinaus hat das Zentrum für Gewerblichen Rechtsschutz der Universität Düsseldorf Vertragsbausteine eines F&E-Vertrages vorgestellt (sog. **„Düsseldorfer Vertragsbausteine"**).[319] Die Vertragsbausteine sind gleichermaßen für F&E-Aufträge und F&E-Kooperationen gedacht und sehen – im Gegensatz zu den „Berliner Verträgen" – einen zweiseitigen F&E-Vertrag zwischen Unternehmen und Hochschule und eine gesonderte Vereinbarung zwischen den beteiligten Unternehmen und dem an der Hochschule beschäftigten Projektleiter vor.

171 Schließlich findet sich in den vom **Bundesministerium für Wirtschaft und Technologie herausgegebenen Mustervereinbarungen für Forschungs- und Entwicklungskooperationen**,[320] die am 16. Mai 2017 in Berlin in aktualisierter Fassung vorgestellt wurden, ein Vertragsmuster für eine F&E-Kooperation zwischen Unternehmen und Hochschulen.

172 Es kann hier nicht der Ort sein, die „Berliner Verträge", die „Düsseldorfer Vertragsbausteine" und die Mustervereinbarungen des BMWi im Einzelnen einer kritischen Betrachtung zu unterziehen. Sie bieten sich in jedem Falle als Orientierungshilfe für eine vertragliche Regelung einer Zusammenarbeit zwischen Unternehmen und Hochschulen an. Im Übrigen gilt das, was zu jedem Mustervertrag zu sagen ist: sie entheben den Anwalt nicht davon, die im Mustervertrag enthaltenen Regelungen kritisch daraufhin zu überprüfen, ob sie unter Berücksichtigung der jeweiligen Einzelfallumstände und der gesetzlichen Rahmenbedingungen sinnvoll und zulässig sind oder es nicht vielmehr angezeigt ist, von ihnen abweichende Regelungen zwischen den Vertragsparteien vorzusehen.[321]

4. Kartellrechtliche Beurteilung

173 Besonderheiten hinsichtlich der kartellrechtlichen Beurteilung von F&E-Verträgen zwischen Unternehmen und Hochschulen ergeben sich nur in sehr geringem Umfang.[322]

174 Wie bereits dargelegt wurde,[323] gewährt die GVO F&E eine Freistellung gemäß Art. 3 Abs. 2 S. 1 GVO F&E nur, wenn alle Vertragsparteien Zugang zu den Endergebnissen der gemeinsamen Forschung und Entwicklung oder der Auftragsforschung und -entwicklung für weitere F&E- oder Verwertungszwecke haben. Art. 3 Abs. 2 S. 3 GVO F&E sieht jedoch eine Erleichterung bei der Zusammenarbeit mit F&E-Institutionen inkl. Hochschulen vor. Insoweit genügt es, wenn diese die Ergebnisse ausschließlich zum Zwecke der Durchführung weiterer F&E-Arbeiten verwenden dürfen.[324] Die Regelung in Art. 3 Abs. 2 S. 3 GFO F&E steht nicht in Konflikt mit der Regelung in Art. 3 Abs. 3 GFO F&E, da Art. 3 Abs. 3 GFO F&E nur unbeschadet des Art. 3 Abs. 2 GFO F&E gilt. Freilich ist mit *Winzer*[325] und auf Grundlage eigener Erfahrungen zu Recht zu bezweifeln, dass F&E-Institutionen dazu bereit sind, auf die Einnahmequelle, die sich in Form der Verwertung durch die Gewährung von Lizenzen an Dritte bietet, zu verzichten. Der Konflikt zwischen Verwertungsinteressen der Hochschule und denen der beteiligten Unternehmen kann jedoch nur in jedem Einzelfall gelöst werden.

V. Beihilferecht

175 Unter beihilferechtlichem Blickwinkel ist zum einen insbesondere darauf zu achten, dass den an F&E-Projekten beteiligten Unternehmen bei einer Zusammenarbeit mit Forschungseinrichtungen keine unzulässige mittelbare staatliche Beihilfe gewährt wird. Zum anderen werden in der Praxis die Teilnehmer von F&E-Projekten häufig auch unmittelbar durch den Staat gefördert.

[318] S. insoweit vor allem die heftige, teils berechtigte, teils jedoch auch überzogene Kritik bei Winzer Kap. 5 F Rn. 1059 ff.

[319] Im Internet unter https://www.gewrs.de/cip-publikationen/duesseldorfer-vertragswerkstatt herunterzuladen.

[320] Die Mustervereinbarungen können als PDF-Datei im Internet auf der Webseite des BMWi heruntergeladen werden.

[321] S. insoweit auch das ausführliche Vertragskonzept in Winzer Kap. 5. F. Rn. 1076 ff.

[322] Näher Winzer Kap. 5. I. Rn. 1243 ff.

[323] → Rn. 122 ff.

[324] Nach überzeugender Auffassung dürfte insoweit davon auszugehen sein, dass eine eigenständige weitere Forschung erforderlich ist, so dass eine Beschränkung dahingehend, dass die weitere Forschung nur gemeinsam mit der anderen Vertragspartei gestattet ist, nicht von Art. 3 Abs. 2 S. 3 GVO F&E gedeckt wäre (vgl. Bechtold/Bosch/Brinker EU-Kartellrecht VO 1217/2010 Art. 3 Rn. 3).

[325] Winzer Kap. 5. I. Rn. 1245; vgl. auch Groß S. 21.

Dann gilt es, die mit der Förderung verbundenen und seitens des Zuwendungsgeber vorgegebenen Rahmenbedingungen einzuhalten. Andernfalls droht in beiden Fällen schlimmstenfalls die Nichtigkeit des F&E-Vertrags und/oder die Rückforderung erhaltener Fördermittel bzw. Rückgewähr der mittelbaren Beihilfe.[326]

1. Mittelbare staatliche Beihilfe durch Forschungseinrichtungen

176 Art. 107 Abs. 1 AEUV verbietet staatliche Beihilfen oder aus staatlichen Mitteln gewährte Beihilfen gleich welcher Art, die durch die Begünstigung bestimmter Unternehmen oder Produktionszweige den Wettbewerb verfälschen oder zu verfälschen drohen, soweit sie den Handel zwischen Mitgliedstaaten beeinträchtigen. Dieses Beihilfeverbot gilt gleichermaßen auch für die Zusammenarbeit zwischen öffentlichen Hochschulen oder anderen Forschungseinrichtungen und Unternehmen. Öffentlich finanzierte Hochschulen und andere Forschungseinrichtungen können zum einen selbst Empfänger von staatlichen Beihilfen sein. Zum anderen können sie als staatliche Einrichtung auch selbst staatliche Beihilfen an Unternehmen vergeben, zB im Rahmen von F&E-Verträgen. Damit kann dem Unternehmen **mittelbar** eine **staatliche Beihilfe** zugutekommen.[327] Dies birgt das Risiko, dass der F&E-Vertrag aufgrund der möglichen Begünstigung eines Unternehmens nach Art. 108 Abs. 3 S. 3 AEUV nicht durchgeführt werden darf, was wiederum zur **Nichtigkeit des Vertrages** nach § 134 BGB führen kann.[328] Wirtschaftsunternehmen, die einen F&E-Vertrag mit einer Forschungseinrichtung eingehen, haben das vorrangige Interesse, die F&E-Ergebnisse oder zumindest Nutzungsrechte daran zu erwerben, um diese schlussendlich kommerziell verwerten zu können. Besteht eine unzulässige mittelbare Beihilfe, so könnten die Rechte bzw. Nutzungsrechte an den F&E-Ergebnissen aufgrund der Nichtigkeit und Rückabwicklung des F&E-Vertrages für das Unternehmen verloren gehen oder erst gar nicht wirksam erworben worden sein.[329] Bei F&E-Verträgen zwischen Unternehmen und Hochschulen sowie sonstigen Forschungseinrichtungen ist daher regelmäßig darauf zu achten, dass die Zusammenarbeit im Einklang mit dem EU-Beihilferecht steht.

177 a) **Grundlagen.** Ob Unternehmen über F&E-Vorhaben mit Forschungseinrichtungen ein Vorteil nach Art. 107 Abs. 1 AEUV gewährt wird, beurteilt sich anhand allgemeiner Grundsätze des EU-Beihilferechts. Staatliche Beihilfen können ausnahmsweise gestattet sein, wenn sie die Voraussetzungen des Art. 107 Abs. 2, 3 AEUV erfüllen, wobei sie bei F&E-Vorhaben in erster Linie auf der Grundlage des Art. 107 Abs. 3 lit. b) und c) AEUV zulässig sein können.[330] Danach können Beihilfen zur Förderung wichtiger Vorhaben von gemeinsamem europäischem Interesse oder zur Förderung der Entwicklung gewisser Wirtschaftszweige oder Wirtschaftsgebiete als mit dem Binnenmarkt vereinbar angesehen werden. Wie bereits erwähnt[331] steht die EU-Kommission F&E-Verträgen grundsätzlich positiv gegenüber. Dies gilt insbesondere auch für die Zusammenarbeit zwischen Industrie und Wissenschaft. Im **Unionsrahmen für staatliche Beihilfen zur Förderung von Forschung, Entwicklung und Innovation**[332] von 2014 betont die Kommission, wie wichtig der Union die Förderung von Forschung, Entwicklung und Innovation ist. Er betrifft die Zusammenarbeit zwischen Wirtschaftsunternehmen und Einrichtungen für Forschung und Wissensverbreitung bzw. Forschungseinrichtungen wie in Ziffer 1.3 Nr. 15 lit. ee) des Unionsrahmens definiert, insbesondere Hochschulen und Forschungsinstituten. Entsprechende F&E-Vorhaben sind ebenfalls an Art. 107 AEUV zu messen.

178 b) **Vorgaben des Unionsrahmens zu mittelbaren Beihilfen.** Der Unionsrahmen enthält Anhaltspunkte dazu, welche Anforderungen nach Ansicht der Kommission eine Zusammenarbeit im Bereich Forschung und Entwicklung erfüllen muss, damit den beteiligten Unternehmen nicht ein unzulässiger Vorteil im Sinne von Art. 107 Abs. 1 AEUV gewährt wird. Dabei muss zwischen Fällen der Auftragsforschung und F&E-Kooperation unterschieden werden.[333]

---

[326] S. hierzu näher etwa Rödel S. 99 ff. und 263 ff.

[327] Rödel S. 21.

[328] siehe zB BGH 10.2.2011 – I ZR 136/09, BGHZ 188, 326–351; Rödel S. 21 und S. 332; Rosenberger/Wündisch Kap. 7 Rn. 110 f.

[329] Rödel S. 23 f.

[330] Ebd, Einleitung Nr. 5.

[331] S. hierzu → Rn. 108.

[332] Mitteilung der Kommission, Unionsrahmen für staatliche Beihilfen zur Förderung von Forschung, Entwicklung und Innovation, 2014/C 198/01, im Folgenden nur noch „Unionsrahmen".

[333] Rödel S. 319; Rosenberger/Wündisch Kap. 7 Rn. 111.

179 *aa) F&E-Aufträge.* Bei F&E-Aufträgen, die von Unternehmen an Forschungseinrichtungen erteilt werden, gibt das Unternehmen regelmäßig die Bedingungen, zu denen die F&E-Arbeiten ausgeführt werden, vor und wird Eigentümer der F&E-Ergebnisse; es trägt aber auch das Risiko des Scheiterns des F&E-Projekts.[334] Der Unionsrahmen geht bei F&E-Aufträgen in Ziffer 2.2.1. davon aus, dass bei ihnen in der Regel keine staatliche Beihilfe an das Unternehmen erfolgt, wenn die Forschungseinrichtungen ein **angemessenes Entgelt** für ihre Leistungen von dem Unternehmen erhalten. Ein angemessenes Entgelt liegt insbesondere vor, wenn die Forschungseinrichtung ihre F&E-Arbeiten zum Marktpreis erbringt. Insoweit kann die Ermittlung des Marktpreises jedoch zu Schwierigkeiten führen. Oft gibt es für die wissenschaftliche Dienstleistung schon keinen Markt, da es nicht viele oder keine Dienstleister gibt, die diese Leistung anbieten. Selbst wenn es einen Markt gibt, so ist die Ermittlung des tatsächlichen Marktpreises in der Regel mit hohem Aufwand verbunden, der in der Praxis regelmäßig bei F&E-Aufträgen gescheut wird.[335] Nach dem Unionsrahmen ist anzunehmen, dass ein angemessenes Entgelt vorliegt, wenn dieses **alle Kosten** der Forschungseinrichtung **deckt** und es zusätzlich eine **angemessene Gewinnspanne** enthält, die sich an den Gewinnspannen orientiert, die von den im Bereich der jeweiligen Dienstleistung tätigen Unternehmen im Allgemeinen angewandt werden. Erbringt die Forschungseinrichtung erstmals zu Versuchszwecken für einen begrenzten Zeitraum spezielle F&E-Arbeiten, betrachtet die Kommission zudem in der Regel den hierfür berechneten Preis als Marktpreis, wenn die F&E-Arbeiten einmalig sind und es hierfür nachweislich keinen Markt gibt.[336] Ebenso wird nach Ziffer 2.2.1. Nr. 25 lit. b) 2. Spiegelstrich des Unionsrahmens ein angemessenes Entgelt angenommen, wenn die vereinbarte Vergütung nach dem „Arm's-length"-Prinzip, also auf der Grundlage eines offenen, transparenten und diskriminierungsfreien Verfahrens nach Maßgabe von Ziffer 1.3. Nr. 15 lit. f) des Unionsrahmens ausgehandelt wurde, um den maximalen wirtschaftlichen Nutzen zu erzielen.[337] Bei der Beurteilung der Angemessenheit des Preises kommt es zwar aus beihilferechtlicher Sicht auf eine ex-post-Betrachtung an. Gleichwohl besteht in der Regelung kein Anlass für eine Nachkalkulation, sofern es nicht konkrete Anhaltspunkte für einen unvorhergesehenen Mehraufwand oder eine rückblickend unübliche Höhe der Vergütung im Lichte der tatsächlich ausgeführten F&E-Arbeiten gibt.[338] Darüber hinaus kann gemäß Ziffer 2.2.1. Nr. 26 des Unionsrahmens, wenn die F&E-Ergebnisse oder Nutzungsrechte hieran bei der Forschungseinrichtung verbleiben, deren Marktwert vom Preis abgezogen werden.[339]

180 *bb) F&E-Kooperationen.* Für F&E-Kooperationen sieht der Unionsrahmen spezifische Voraussetzungen vor, die erfüllt sein müssen, damit die dem Unternehmen aus dem F&E-Projekt zufließenden Vorteile nicht als (mittelbare) Beihilfe eingestuft werden. Eine F&E-Kooperation liegt nach Ziffer 2.2.2. Nr. 27 des Unionsrahmens vor, wenn mindestens zwei unabhängige Partner arbeitsteilig ein gemeinsames Ziel verfolgen und gemeinsam den Gegenstand des Vorhabens festlegen, an seiner Gestaltung mitwirken, zu seiner Durchführung beitragen und die mit ihm verbundenen Risiken sowie die erzielten Ergebnisse teilen. Der Unionsrahmens erfasst dabei nur F&E-Kooperationen, bei denen mindestens ein Partner ein Unternehmen und ein Partner eine Forschungseinrichtung ist.[340] Zudem müssen die Bedingungen der Zusammenarbeit im Rahmen des F&E-Projektes bereits vor seinem Beginn festgelegt werden, wobei dies nicht für den Marktwert der daraus entstehenden F&E-Ergebnisse und dem Wert der Beiträge zu dem F&E-Projekt gilt.

181 Der Unionsrahmen führt im Übrigen in Ziffer 2.2.2. Nr. 28 vier unterschiedliche Konstellationen an, bei deren Vorliegen nach der Kommission nicht von einer mittelbaren Beihilfe gegenüber den beteiligten Unternehmen auszugehen ist. Hierbei ist zu beachten, dass **nur eines dieser Kriterien** vorliegen muss, damit die F&E-Kooperation aus dem Anwendungsbereich des Art. 107 Abs. 1 AEUV herausfällt.

182 *(1) Unternehmen trägt sämtliche Kosten.* Trägt das Unternehmen sämtliche Kosten des Vorhabens, so liegt keine mittelbare Beihilfe vor (Ziffer 2.2.2. Nr. 28 lit. a) des Unionsrahmens).

---

334 Rosenberger/Wündisch Kap. 7 Rn. 110.
335 Zu der Angemessenheit des Entgelts ausführlicher, jedoch noch in Bezug auf den alten Unionsrahmen (2006/C 323/01): Rödel S. 319 ff.
336 Fußnote (2) zu Ziffer 2.2.1. Nr. 25 des Unionsrahmens.
337 Rosenberger/Wündisch Kap. 7 Rn. 113.
338 Näher Rosenberger/Wündisch Kap. 7 Rn. 123 ff.
339 Unionsrahmen Ziffer 2.2.1 Nr. 26.
340 Unionsrahmen, Ziffer 2.2. Nr. 24; so auch Rosenberger/Wündisch Kap. 7 Rn. 114.

183 *(2) Verbreitung und Zuordnung von Rechten an F&E-Ergebnissen zur Forschungseinrichtung.* Eine Beihilfe liegt ferner nach Ziffer 2.2.2. Nr. 28 lit. b) des Unionsrahmens dann nicht vor, wenn die Ergebnisse der Zusammenarbeit, für die keine Rechte des geistigen Eigentums begründet werden, weit verbreitet werden, und etwaige Rechte des geistigen Eigentums, die sich aus den Tätigkeiten von Forschungseinrichtungen ergeben, in vollem Umfang den jeweiligen Einrichtungen zugeordnet werden. In Ziffer 1.3. Nr. 15 lit. l) des Unionsrahmens findet sich eine Legaldefinition des Begriffes „Zuordnung in vollem Umfang" bzw. „in vollem Umfang zugeordnet". Die Forschungseinrichtung muss demnach die uneingeschränkte Verfügungsgewalt über die Rechte des geistigen Eigentums innehaben und vollen wirtschaftlichen Nutzen aus ihnen ziehen können, also insbesondere auch Lizenzen vergeben können. Unschädlich ist es insoweit, wenn eine Lizenz an das Kooperationsunternehmen vergeben wird, solange die Lizenzvergabe, jedenfalls wenn sie zu Verwertungszwecken erteilt wird, entgeltlich erfolgt.[341] In der Praxis wird diese Voraussetzung meist nicht erfüllt sein, da die beteiligten Unternehmen kein Interesse daran haben, ihre eigenen F&E-Ergebnisse den Forschungseinrichtungen bzw. Forschungsinfrastrukturen zuzuordnen.[342]

184 *(3) Zuordnung der Rechte in angemessenem Verhältnis.* Werden die sich aus dem Vorhaben ergebenden Rechte des geistigen Eigentums sowie damit verbundene Nutzungsrechte den verschiedenen Kooperationspartnern in einer Weise zugewiesen, die ihrer Arbeit, ihren Beiträgen und ihren jeweiligen Interessen angemessen Rechnung tragen, so liegt gemäß Ziffer 2.2.2. Nr. 28 lit. c) des Unionsrahmens ebenfalls keine unzulässige mittelbare Beihilfe vor. Um die Beurteilung auf Angemessenheit zu erleichtern, bietet es sich an, bereits über Anlagen zum F&E-Vertrag die einzelnen Beiträge der Parteien hinsichtlich Art und Umfang darzustellen und – soweit möglich – zu bewerten sowie zu den Interessen der Partner in der Präambel auszuführen. Bei geförderten F&E-Projekten kommt in Betracht, insoweit auf die Vorhabensbeschreibung zu verweisen, sofern dieser hierzu Einzelheiten zu entnehmen sind. Erbringt ein Unternehmenspartner einen hohen Arbeitsaufwand, so kann die Zuordnung oder Verwertung der F&E-Ergebnisse weitestgehend auch dem Unternehmen zufallen und der Forschungseinrichtung nur eine Rücklizenz gewährt werden.[343]

185 *(4) Marktübliches Entgelt.* Eine mittelbare Beihilfe ist schließlich nach Ziffer 2.2.2. Nr. 28 lit. d) des Unionsrahmens auch dann nicht anzunehmen, wenn die Forschungseinrichtung ein marktübliches Entgelt für die sich aus ihren Tätigkeiten ergebenden Rechte des geistigen Eigentums, die den beteiligten Unternehmen zugewiesen werden oder für die den beteiligten Unternehmen Nutzungsrechte gewährt werden, erhält. Der Wert der Beiträge der beteiligten Unternehmen zu den Kosten der F&E-Arbeiten der Forschungseinrichtungen, die zu den jeweiligen Rechten des geistigen Eigentums geführt haben, kann dabei von dem Entgelt abgezogen werden. Problematisch hierbei ist, dass das marktübliche Entgelt für geistiges Eigentum nicht oder nur schwer zu ermitteln sein kann.[344] Der Unionsrahmen liefert insoweit Anhaltspunkte, wann von einem marktüblichen Entgelt auszugehen ist. Laut Ziffer 2.2.2. Nr. 29 ist das Entgelt marktüblich, wenn es die betreffende Forschungseinrichtung in die Lage versetzt, den vollen wirtschaftlichen Nutzen aus diesen Rechten zu ziehen und wenn zumindest eine der weiteren Voraussetzungen in Ziffer 2.2.2. Nr. 29 des Unionsrahmens erfüllt ist. Es reicht unter anderem aus, wenn die Höhe des Entgelts in einem **fairen Verfahren**[345] ausgehandelt wurde oder ein Gutachten eines unabhängigen Sachverständigen bestätigt, dass die Höhe des Entgelts mindestens dem Marktpreis entspricht.

186 Für die Ermittlung des marktüblichen Entgelts können in der Praxis üblichen Pauschalbeträge herangezogen werden. Feste Pauschalbeträge, die einige Forschungseinrichtungen für jede Übertragung einer Erfindung fordern, können jedoch nicht als „ausgehandelt" iSd Ziffer 2.2.2. Nr. 29 lit. c) des Unionsrahmens gelten.[346] Aushandeln bedeutet zumindest, dass konkrete Verhandlungen über das Entgelt erfolgt sind und hinreichend dokumentiert wurden.[347]

[341] Rosenberger/Wündisch Kap. 7 Rn. 115.
[342] Vgl. auch Rödel S. 331.
[343] Rosenberger/Wündisch Kap. 7 Rn. 116; zu Rücklizenzen siehe Rosenberger/Wündisch Kap. 7 Rn. 134.
[344] S. hierzu auch → Rn. 179; Rödel S. 320; Rosenberger/Wündisch Kap. 7 Rn. 118.
[345] Ein faires Verfahren liegt insbesondere bei einem Aushandeln nach dem „Arm's-length"-Prinzip wie in Ziffer 1.3 Nr. 15 lit. f) des Unionsrahmens definiert vor.
[346] Rosenberger/Wündisch Kap. 7 Rn. 118.
[347] Rödel S. 331; Rosenberger/Wündisch Kap. 7 Rn. 118.

c) **Bedeutung für die Vertragsgestaltung.** Ein Verstoß gegen das beihilferechtliche Durchführungsverbots nach Art. 108 Abs. 3 S. 3 AEUV führt nach der BGH-Rechtsprechung nicht unbedingt zur Gesamtnichtigkeit des Vertrages.[348] Das Schicksal des Vertrages bestimmt sich vielmehr nach § 139 BGB. Ob die Preisabrede zwischen Unternehmen und Forschungseinrichtungen zur Nichtigkeit des gesamten Vertrages führt, hängt daher davon ab, ob anzunehmen ist, dass die Parteien den Vertrag auch ohne den nichtigen, beihilferechtlichen Teil geschlossen hätten.[349] Das Risiko der Gesamtnichtigkeit bleibt jedoch bestehen. 187

Um diesem Risiko zu begegnen, sollte eine **salvatorische Erhaltungs- und Ersetzungsklausel** in den Vertrag eingefügt werden.[350] Damit wird eine vertragliche Regelung, sollte sie beihilferechtswidrig sein, durch eine beihilferechtmäßige ersetzt. Im Übrigen bleibt der F&E-Vertrag jedoch wirksam.[351] Die Erhaltungsklausel bewirkt jedoch lediglich eine Umkehrung der Vermutung des § 139 BGB.[352] Es wird folglich vermutet, dass der F&E-Vertrag auch ohne den nichtigen beihilferechtswidrigen Teil vorgenommen worden wäre. Bestehen keine konkreten Anhaltspunkte dafür, worauf sich die Parteien bei unterstellter Nichtigkeit der beihilferechtswidrigen Abrede geeinigt hätten, so kommt daher nichtsdestotrotz eine Gesamtnichtigkeit in Betracht.[353] 188

Im Hinblick auf die Ersetzungsklauseln ist außerdem zu beachten, dass die Rechtsprechung diese Klauseln in AGB als unwirksam erachtet, da nach Ansicht der Rechtsprechung damit § 306 Abs. 2 BGB umgangen werde.[354] Gelangt deutsches Recht zur Anwendung und handelt es sich – in erster Linie bei standardisierten F&E-Aufträgen – beim F&E-Vertrag um AGB, so kann die Ersetzungsklausel selbst unwirksam sein.[355] In der Praxis handelt es sich bei F&E-Verträgen jedoch meist um individuell ausgehandelte Verträge, die daher keiner AGB-Kontrolle unterliegen. 189

In Betracht kommt ferner, eine spezifisch auf die Zuweisung und/oder Nutzung von F&E-Ergebnissen, an denen eine Forschungseinrichtung beteiligt ist, abzielende Klausel aufzunehmen. 190

Formulierungsvorschlag:

Sofern neben einem Unternehmenspartner auch eine Forschungseinrichtung im Sinne des Unionsrahmens für staatliche Beihilfen zur Förderung von Forschung, Entwicklung und Innovation (2014/C198/01) an einem dem Schutz durch ein geistiges Eigentumsrecht zugänglichem Forschungsergebnis beteiligt ist, deren Anteil einem oder mehreren Unternehmenspartner zugewiesen wird oder für das einem oder mehreren Unternehmenspartnern Nutzungsrechte gewährt werden, werden die beteiligten Partner Beiträge im Hinblick auf Nr. 2.2.2. Nr. 28 f. des Unionsrahmens sorgfältig bewerten, das Ergebnis dokumentieren und wirtschaftliche Vorteile aufgrund der Zuweisung bzw. eingeräumten Nutzungsrechte durch eine zusätzliche Vergütung in einer separaten Vereinbarung ausgleichen, sofern und in dem Umfang dies notwendig ist, um sicherzustellen, dass der Unternehmenspartnern hierdurch keine mittelbare staatliche Beihilfe gewährt wird.

2. Staatlich unmittelbar geförderte F&E-Projekte

Insbesondere F&E-Vorhaben, an denen mehrere Partner aus der Privatwirtschaft und Forschungseinrichtungen wie Hochschulen und Forschungsinstitute beteiligt sind, werden häufig direkt über staatlicherseits aufgesetzte Förderprogramme unterstützt. Das Bundesministerium für Wirtschaft und Klimaschutz hält auf seiner Webseite eine **Förderdatenbank** verfügbar, die einen Überblick über die Förderprogramme des Bundes, der Länder und der EU liefert.[356] Wichtige Anlaufstelle für Informationen rund um das Thema Förderung von F&E-Vorhaben ist ferner das **Förderportal des Bundes,** in dem etwa Informationen zu Förderangeboten, Datenbanken mit ak- 191

[348] BGH, 5.12.2012 – I ZR 92/11, EuZW 2013, 753.
[349] Rosenberger/Wündisch Kap. 7 Rn. 127.
[350] Siehe hierzu ausführlich: Rödel S. 341 ff.
[351] Rosenberger/Wündisch Kap. 7 Rn. 126 ff.
[352] Rödel S. 342; Rosenberger/Wündisch Kap. 7 Rn. 128.
[353] Rosenberger/Wündisch Kap. 7 Rn. 128.
[354] So zB BGH, 22.11.2001 – VII ZR 208/00, NJW 2002, 894 f.; siehe auch Rosenberger/Wündisch Kap. 7 Rn. 133.
[355] Rosenberger/Wündisch Kap. 7 Rn. 133.
[356] Zu finden unter www.foerderdatenbank.de/FDB/DE/Home/home.html.

tuellen Forschungsvorhaben und Formulare bereitgehalten werden.[357] Besonders zu erwähnen ist dabei der **Formularschrank** des Bundes, dem neben Formularen auch Richtlinien, Förderbestimmungen sowie Merkblätter, Erläuterungen und weitere Hinweise zu entnehmen sind.[358]

192 Eine staatliche Förderung von F&E-Vorhaben erfolgt in der Regel über individuelle Förderanträge der an dem F&E-Projekt beteiligten Partner. Für den Fall, dass der Projektträger (Zuwendungsgeber) die Beteiligung des jeweiligen Partners im Einklang mit dem jeweiligen Förderprogramm für förderwürdig erachtet, wird dem Förderantrag durch einen **Zuwendungsbescheid** entsprochen. Dieser enthält häufig spezifische Auflagen an den Empfänger der Fördermittel. Über den Zuwendungsbescheid bezieht der Fördergeber aber vor allem einschlägige, allgemein gültige, förderrechtliche Nebenbedingungen mit ein. Dabei ist zwischen Zuwendungen auf Ausgabenbasis (AZA) und Zuwendungen auf Kostenbasis (AZK) zu unterscheiden. Eine Förderung von Unternehmen der gewerblichen Wirtschaft sowie der Institute der Fraunhofer-Gesellschaft findet auf Kostenbasis statt. Sie erfolgt daher regelmäßig vor allem auf Grundlage der Nebenbestimmungen für Zuwendungen auf Kostenbasis des Bundesministeriums für Bildung und Forschung an Unternehmen der gewerblichen Wirtschaft für Forschungs- und Entwicklungsvorhaben (**„NKBF"**) und ggf. der Allgemeinen Nebenbestimmungen für Zuwendungen zur Projektförderung auf Kostenbasis (**„ANBest-P-Kosten"**). Diese liegen mittlerweile in unterschiedlichen zeitlichen Evolutionsstufen vor.[359] Es ist daher in jedem Einzelfall genau zu beachten, welche Version über den jeweiligen Zuwendungsbescheid mit einbezogen wird. Hochschulen, Forschungsinstitutionen und sonstige Antragssteller rechnen auf Ausgabenbasis ab. Bei Zuwendungen auf Ausgabenbasis werden regelmäßig insbesondere die Nebenbestimmungen für Zuwendungen auf Ausgabenbasis des Bundesministeriums für Bildung und Forschung zur Projektförderung (**„NABF"**), die Allgemeinen Nebenbestimmungen für Zuwendungen zur Projektförderung (**„ANBest-P"**) bzw. die Allgemeinen Nebenbestimmungen für Zuwendungen zur Projektförderung an Gebietskörperschaften und Zusammenschlüsse von Gebietskörperschaften (**„ANBest-GK"**) einbezogen, die ebenfalls inzwischen in unterschiedlichen Versionen vorliegen.[360]

193 Es kann hier nicht der Ort sein, im Einzelnen auf die Regelungen der förderrechtlichen Nebenbestimmungen einzugehen. Wichtig zu erwähnen ist, dass die für Unternehmen der gewerblichen Wirtschaft relevanten NKBF vor allem **Vorgaben** zur Zuordnung von und Nutzungsrechten an **F&E-Ergebnissen,** dem Nachweis und der Prüfung der Verwendung der Fördermittel sowie einer Veröffentlichung von F&E-Ergebnissen enthalten. Zu beachten sind etwa insbesondere Beschränkungen hinsichtlich der Verwertung der F&E-Ergebnisse, die nach Ziffer 3.4.1 der NKBF 2017 außerhalb des EWR und der Schweiz nur mit vorheriger schriftlicher Zustimmung des Zuwendungsgebers erfolgen darf, sofern die Verwertung von den Angaben im Förderantrag abweicht. Nach Ziffer 3.5.2 hat der Zuwendungsempfänger zudem die F&E-Ergebnisse, ggf. nach Anmeldung gewerblicher Schutzrechte, Forschung und Lehre in Deutschland und den Mitgliedsstaaten der EU auf Anfrage unentgeltlich zur Verfügung zu stellen, wenn sichergestellt ist, dass die Ergebnisse für einen nicht wirtschaftlichen Zweck verwendet werden. Der Zuwendungsgeber kann dem Zuwendungsempfänger zudem etwa auch eine Verwertungspflicht auferlegen (s. Ziffer 3.6 der NKBF 2017).

194 Seitens des Zuwendungsgebers wird zudem in aller Regel vorgegeben, dass die an dem F&E-Vorhaben beteiligten Partner hierfür eine **Kooperationsvereinbarung** abzuschließen haben. Für sie ist kein Vertragsmuster vorgegeben. Der Abschluss der Kooperationsvereinbarung ist zudem zwar in der Regel gegenüber dem Zuwendungsgeber innerhalb einer von ihm gesetzten – und notfalls im Gespräch mit diesem auch verlängerbaren – Frist zu bestätigen. Der Vorlage einer Kopie der Kooperationsvereinbarung bedarf es jedoch regelmäßig nur auf ausdrückliche Bitte des Projektträgers. Hinweise zum Inhalt einer entsprechenden Kooperationsvereinbarung sind dem „Merkblatt für Antragsteller/Zuwendungsempfänger zur Zusammenarbeit der Partner von Verbundprojekten" des Bundes zu entnehmen.[361] Allgemein muss aus der Kooperationsvereinbarung hervorgehen, dass kein Auftragsverhältnis vorliegt. Zudem soll die Kooperationsvereinbarung Regelungen mit einer **ausgewogenen Verteilung** von Rechten und Pflichten zur Nutzung und

[357] Im Internet zu finden unter foerderportal.bund.de/.

[358] Zu finden unter foerderportal.bund.de/easy/easy_index.php.

[359] Die unterschiedlichen Versionen (NKBF 98 mit Stand April 2006 sowie NKBF 2017 mit Stand Oktober 2017, August 2018 und November 2019) sind im Formularschrank abrufbar.

[360] Die unterschiedlichen Versionen sind ebenfalls im Formularschrank zu finden.

[361] Vordr.-Nr. 110 des Bundes. Im Förderschrank jeweils unter „Allgemeine Vordrucke und Vorlagen für Berichte" zu finden.

Verwertung der F&E-Ergebnisse unter den Verbundpartnern enthalten, wobei das Merkblatt insoweit nähere Einzelheiten enthält, wann dies nach Ansicht des Bundes der Fall ist.

VI. Muster eines F&E-Auftrags

F&E-Vertrag 195

zwischen

…

– nachfolgend **„X-AG"** genannt –

und

…

– nachfolgend **„AUFTRAGNEHMERIN"** genannt –

– nachfolgend beide als **„PARTEIEN"** bzw. einzeln als **„PARTEI"** bezeichnet –

Präambel

Die X-AG verfügt über technisches und kaufmännisches Know-How betreffend Waschanlagen und Reinigungsmittel für Kfz. Sie ist zudem Inhaberin diverser Patente betreffend eine Anlage zum Reinigen von Kfz und dabei verwendeter Reinigungsmittel. Die Waschanlagen und Reinigungsmittel werden von der X-AG hergestellt sowie weltweit vermarktet und vertrieben. Die X-AG beabsichtigt, für ihre Waschanlagen ein neues Reinigungsmittel anzubieten und zu vertreiben, das speziell auf die Anforderungen einer neuen Generation von Waschanlagen angepasst ist.

Die AUFTRAGNEHMERIN ist ein Chemielabor und als F&E-Servicedienstleister unter anderem spezialisiert auf die Entwicklung und Herstellung von Reinigungsmitteln. Sie ist bereit, in Zusammenarbeit mit der X-AG ein Reinigungsmittel für den Einsatz in der von der X-AG hergestellten und vertriebenen neuen Generation von Waschanlagen zu entwickeln.

Dies vorausgeschickt vereinbaren die PARTEIEN Folgendes:

1. Definitionen

(1) **„BACKGROUND IP-RECHTE"** meint jegliche IP-RECHTE im Sinne von Absatz (7), die bereits vor Inkrafttreten dieses Vertrages einer der PARTEIEN zustanden oder außerhalb seines Gegenstandes erarbeitet werden.

(2) **„BACKGROUND KNOW-HOW"** meint jegliches KNOW-HOW im Sinne von Absatz (8), das bereits vor Inkrafttreten dieses Vertrages einer der PARTEIEN zustand oder außerhalb seines Gegenstandes erarbeitet wird.

(3) **„DRITTER"** im Sinne dieses Vertrages ist jegliche natürliche und juristische Person mit Ausnahme der PARTEIEN, der mit ihnen verbundenen Unternehmen sowie Mitglieder ihrer Geschäftsführung bzw. Vorstandes und ihrer Angestellten für die Dauer ihrer Anstellung bzw. Beschäftigung.

(4) **„DOKUMENTATION"** sind Zeichnungen, Pläne, Beschreibungen, Stücklisten, Montageanleitungen, Handbücher, Rezepturen, Herstellungs- und/oder Anwendungsanleitungen und jegliche andere handschriftliche, gedruckte, gezeichnete oder digitale Unterlage betreffend das VERTRAGSPRODUKT.

(5) **„ENTWICKLUNGSERGEBNISSE"** sind sämtliche materiellen (insbesondere Prototypen und Verkörperungen der DOKUMENTATION) und immateriellen Ergebnisse, insbesondere Erkenntnisse und Erfahrungen schutzfähiger und nicht schutzfähiger Art – inklusive Erfindungen und KNOW-HOW – und daran bestehender Rechte, insbesondere IP-RECHTE, die bei Durchführung der Entwicklungsarbeiten auf Grundlage dieses Vertrages entstehen.

(6) **„GEHEIME INFORMATIONEN"** sind alle Informationen, die die X-AG der AUFTRAGNEHMERIN im Zusammenhang mit diesem Vertrag offenlegt, zum Beispiel Forschungs- und Produktionspläne, Produkte und Spezifikationen, Rezepturen, Formeln, Prototypen, Proben/Musterstücke, Konfigurationsinformationen für Hardware, Ausrüstung oder Geräte, Beschreibungen, Kundeninformationen, Software (insbesondere Source Codes), Erfindungen, Know-How, Prozesse, Designs, Zeichnungen, Marketing-, Finanz- und Buchhaltungsunterlagen, sofern diese Informationen (i) in verkörperter oder elektronischer Form vorliegen und eindeutig als „Vertraulich", „im Eigentum stehend" oder in entsprechender Weise als vertraulich gekennzeichnet

sind oder (ii), falls mündlich oder durch Inaugenscheinnahme offengelegt, diese unmittelbar vor Offenlegung als „Vertraulich", „im Eigentum stehend" oder in entsprechender Weise als vertraulich bezeichnet werden und sie in Form eines als „Vertraulich", „im Eigentum stehend" oder in entsprechender Weise als vertraulich gekennzeichneten Schriftstücks zusammengefasst sind, welches der AUFTRAGNEHMERIN innerhalb von dreißig (30) Tagen ab der ersten Offenlegung zur Verfügung zu stellen ist (innerhalb dieser Frist von dreißig (30) Tagen sind die entsprechenden Informationen bereits als Geheime Informationen zu behandeln) sowie (iii) im Fall der fehlenden Markierung nach den vorstehenden Alternativen, wenn aus der Art der Information sowie den konkreten Umständen und der Art und Weise ihrer Offenlegung vom objektiven Empfängerhorizont zweifelsfrei erkennbar wäre, dass diese Information als ein Geschäftsgeheimnis im Sinne von § 2 Nr. 1 GeschGehG anzusehen wäre.

(7) **„IP-RECHTE"** meint alle nationalen, supranationalen und internationalen eingetragenen und nicht eingetragenen Rechte an geistigem Eigentum jeglicher Art und in jeglicher Form, einschließlich, aber nicht beschränkt auf Patente, Gebrauchsmuster, Marken (einschließlich der durch Benutzung erworbenen Marken), Firmenlogos, eingetragene und nicht eingetragene Designs, Internet-Domains, urheberrechtlich oder durch verwandte Schutzrechte geschützte Werke (insbesondere Software in Objekt- und Quellcode), Datenbankrechte, Geschäftsgeheimnisse und alle anderen ähnlichen oder gleichwertigen Rechte an geistigem Eigentum, einschließlich anhängiger Anmeldungen dafür, die nach den Gesetzen jeglicher Rechtsordnung weltweit bestehen.

(8) **„KNOW-HOW"** meint praktische Kenntnisse technischer Art, die durch Erfahrungen und/oder Versuche gewonnen werden und die geheim, das heißt nicht allgemein bekannt und nicht leicht zugänglich sind, wesentlich, das heißt für den Vertragsgegenstand von Bedeutung und nützlich sind, und identifiziert sind, das heißt umfassend genug beschrieben, sodass geprüft werden kann, ob es die Merkmale „geheim" und „wesentlich" erfüllt, unabhängig davon, ob sie patentfähig sind.

(9) **„SPEZIFIKATIONEN"** sind die von den Parteien einvernehmlich festgelegten Einzelheiten in Bezug auf Design, Funktionsweise, Leistungsparameter, Qualität, DOKUMENTATION und alle weiteren technischen Einzelheiten in Bezug auf das von der AUFTRAGNEHMERIN zu entwickelnde VERTRAGSPRODUKT, wie sie zum Zeitpunkt des Inkrafttretens dieses Vertrags in dem als **Anlage 1 (9)** beigefügten Pflichtenheft festgelegt sind und/oder von den Parteien zu einem späteren Zeitpunkt während der Laufzeit dieses Vertrags in Textform vereinbart werden.

(10) **„TERMINPLAN"** meint den als **Anlage 1 (10)** diesem Vertrag beigefügten Arbeits- und Terminplan.

(11) **„VERBUNDENE UNTERNEHMEN"** einer PARTEI sind verbundene Unternehmen im Sinne von Art. 1 Abs. 2 der der Verordnung (EU) Nr. 1217/2010 **(„GVO F&E").**

(12) **„VERTRAGSPRODUKT"** meint das zu entwickelnde Reinigungsmittel zum Einsatz in Waschanlagen für Kfz.

2. Vertragsgegenstand

(1) Gegenstand des Vertrages ist die Entwicklung des VERTRAGSPRODUKTS durch die AUFTRAGNEHMERIN im Auftrag der X-AG und nach Maßgabe dieses Vertrags.

(2) Die AUFTRAGNEHMERIN ist während der Durchführung der Entwicklungsarbeiten nicht dazu berechtigt, mit DRITTEN auf dem Gebiet des Vertragsgegenstandes zusammenzuarbeiten.

(3) Eine etwaige spätere Serienfertigung und/oder Lieferbeziehung zwischen den PARTEIEN ist nicht Gegenstand dieses Vertrages.

3. Durchführung der Entwicklungsarbeiten

(1) Die AUFTRAGNEHMERIN verpflichtet sich zur Entwicklung des VERTRAGSPRODUKTS im Auftrag der X-AG und nach Maßgabe der SPEZIFIKATIONEN. Sie wird die Entwicklungsarbeiten in Übereinstimmung mit den allgemein anerkannten Regeln der Technik, auf Grundlage des zum Zeitpunkt des Inkrafttretens dieses Vertrages bestehenden Standes von Wissenschaft und Technik und gemäß dem TERMINPLAN durchführen und dabei die erforderlichen Maßnahmen ergreifen, um die Entwicklungsarbeiten erfolgreich zum Abschluss zu bringen.

(2) Die SPEZIFIKATIONEN können von der X-AG jederzeit geändert, ergänzt und/oder präzisiert werden. Sollte eine solche Anpassung aus Sicht der AUFTRAGNEHMERIN zu einem Mehraufwand oder Mehrkosten führen, der/die nicht bereits von der Vergütung nach Ziffer 4 erfasst ist/sind, so hat die AUFTRAGNEHMERIN dies der X-AG unter detaillierter Darlegung des Mehraufwandes/der Mehrkosten schriftlich unverzüglich mitzuteilen, so dass über den Mehraufwand/die Mehrkosten eine Vereinbarung der PARTEIEN herbeigeführt werden kann. Wird innerhalb von drei (3) Wochen nach Zugang der Mitteilung bei der X-AG keine Einigung erzielt, ist die AUFTRAGNEHMERIN zu einer Umsetzung der Anpassung der SPEZIFIKATIONEN

nicht verpflichtet. Der X-AG steht in diesem Fall ein Recht zur außerordentlichen Kündigung des Vertrages innerhalb einer Frist von einem (1) Monat zu.

(3) Die AUFTRAGNEHMERIN wird die Entwicklungsarbeiten in regelmäßiger Abstimmung mit der X-AG durchführen. Im Zuge der Durchführung des Vertrages werden sich die PARTEIEN insbesondere untereinander die für die Entwicklungsarbeiten erforderlichen und in ihrem Besitz befindlichen Informationen und Dokumente zur Verfügung stellen und Auskünfte erteilen, die die jeweils anderen PARTEI für die Durchführung ihrer Entwicklungsarbeiten benötigt oder die für den erfolgreichen Abschluss der Entwicklungsarbeiten erforderlich sind.

(4) Für den Fall, dass die AUFTRAGNEHMERIN erkennt, dass ein im TERMINPLAN enthaltener Termin oder Meilenstein voraussichtlich nicht eingehalten werden kann oder die auf sie entfallenden Entwicklungsarbeiten sich relevanter Hindernisse und/oder Risiken ausgesetzt sehen, hat sie die X-AG unverzüglich hierüber in Textform zu benachrichtigen. Die PARTEIEN entscheiden anschließend darüber, inwieweit der betreffende Termin oder Meilenstein und allfällige Anschlusstermine und/oder -meilensteine durch geeignete Maßnahmen eingehalten werden können oder ob der TERMINPLAN angepasst werden muss.

(5) Die AUFTRAGNEHMERIN ist dafür verantwortlich, dass Anforderungen an das zu entwickelnde VERTRAGSPRODUKT, die sich aus anwendbaren technischen Normen, Gesetzen und Richtlinien in der EU ergeben, der X-AG zur Kenntnis gebracht und bei der Entwicklung des VERTRAGSPRODUKTS eingehalten werden. Eine Überprüfung dieser technischen Normen, Gesetze und Richtlinien durch die X-AG findet nicht statt; sollte jedoch die X-AG auf mögliche unplausible Aspekte aufmerksam werden, wird die X-AG die AUFTRAGNEHMERIN darauf hinweisen.

(6) Auf Anfrage der X-AG hat die Auftragnehmerin jederzeit Einblick in den jeweiligen Stand der ENTWICKLUNGSERGEBNISSE zu gewähren.

(7) Die AUFTRAGNEHMERIN ist nicht berechtigt, die Entwicklungsarbeiten durch DRITTE durchführen zu lassen.

(8) Die Entwicklungsarbeiten sind abgeschlossen, wenn das VERTRAGSPRODUKT sämtliche Anforderungen der SPEZIFIKATIONEN erfüllt oder die PARTEIEN den Abschluss übereinstimmend in Textform festgestellt haben.

4. Vergütung

(1) Die X-AG verpflichtet sich, die erfolgreiche Durchführung der Entwicklungsarbeiten gemäß dem sich aus dem TERMINPLAN ergebenden Zahlungsplan und jeweils nach Erreichen der dortigen Meilensteine zu vergüten. Bei den im TERMINPLAN genannten Beträgen handelt es sich um Netto-Beträge.

(2) Die Zahlung hat jeweils innerhalb von einem (1) Monat nach Zugang einer ordnungsgemäßen Rechnung bei der X-AG zu erfolgen; bei Zahlung innerhalb von 14 Tagen abzüglich 2 % Skonto.

5. Abnahme

Sollten die ENTWICKLUNGSARBEITEN aus Sicht der AUFTRAGNEHMERIN abgeschlossen sein, wird diese die X-AG darüber in Kenntnis setzen. Die PARTEIEN vereinbaren im Anschluss daran einen Termin zur Vorstellung der ENTWICKLUNGSERGEBNISSE. Die AUFTRAGNEHMERIN wird dabei die ENTWICKLUNGSERGEBNISSE der X-AG in Form eines Abschlussberichtes präsentieren, auf Nachfrage der X-AG gegenüber erläutern und ihr sämtliche die ENTWICKLUNGSERGEBNISSE verkörpernden Unterlagen zur Verfügung stellen. Über die Vorstellung bzw. Vorführung der ENTWICKLUNGSERGEBNISSE wird von beiden PARTEIEN gemeinsam ein schriftliches Protokoll erstellt. Etwaige Mängel der ENTWICKLUNGSERGEBNISSE sind mit in das Protokoll aufzunehmen. In das Protokoll aufgenommene Mängel sind von der AUFTRAGNEHMERIN binnen einer angemessenen, von der X-AG zu setzenden Nachfrist zu beseitigen. Bei wesentlichen Mängeln ist die X-AG berechtigt, die Abnahme bis zur Mängelbeseitigung zu verweigern.

7. Background

(1) Jede PARTEI bleibt Inhaber der/des ihr jeweils zustehenden BACKGROUND IP-RECHTE und BACKGROUND KNOW-HOWS.

(2) Die PARTEIEN erteilen sich untereinander, sofern und in dem Umfang, in dem dies zur Durchführung dieses Vertrags erforderlich ist, während der Laufzeit dieses Vertrages an ihren BACKGROUND-IP-RECHTEN und ihrem BACKGROUND-KNOW-HOW ein nicht-ausschließliches, unentgeltliches, unübertragbares räumlich unbeschränktes, jedoch inhaltlich auf den Zweck dieses Vertrags beschränktes Nutzungsrecht. Sie sind nicht berechtigt, ohne Zustimmung der jeweils anderen PARTEI DRITTEN Unterlizenzen zu erteilen.

(3) Unbeschadet Ziffer 8 Absatz (2) hat die AUFTRAGNEHMERIN die X-AG – unter Darlegung des jeweiligen BACKGROUND IP-RECHTS – unverzüglich darüber in Textform in Kenntnis zu setzen, sobald sie im Zuge der Entwicklungsarbeiten Grund zu der Annahme hat, dass sie in die ENTWICKLUNGSERGEBNISSE eigene BACKGROUND IP-RECHTE in Form von Patenten, Gebrauchsmustern oder Anmeldungen hierfür einbringen wird und infolgedessen eine Nutzung der ENTWICKLUNGSERGEBNISSE durch die X-AG von einer Nutzung der entsprechenden BACKGROUND IP-RECHTE abhängig sein wird. Die vorstehende Regelung gilt entsprechend für jegliche IP-RECHTE DRITTER, sofern und in dem Umfang die AUFTRAGNEHMERIN hiervon positive Kenntnis hat oder erlangt. Die PARTEIEN haben sich im Anschluss an die Mitteilung nach Satz 1 darüber abzustimmen, wie mit der drohenden Abhängigkeit von BACKGROUND IP-RECHTEN in Form von Patenten, Gebrauchsmustern oder Anmeldungen hierfür bzw. IP-RECHTEN DRITTER im weiteren Verlauf der Entwicklungsarbeiten umgegangen wird (zB Ob und/oder Art und Weise der Einbringung der BACKGROUND IP-RECHTE in die ENTWICKLUNGSERGEBNISSE, Vermeidung einer Abhängigkeit durch technische Alternativen oder die Einholung einer Lizenz von dem DRITTEN), wobei die endgültige Entscheidung der X-AG obliegt.

8. ENTWICKLUNGSERGEBNISSE

(1) Sämtliche ENTWICKLUNGSERGEBNISSE stehen der X-AG zu. Die AUFTRAGNEHMERIN überträgt – soweit materielle ENTWICKLUNGSERGEBNISSE betroffen sind – und tritt – soweit immaterielle ENTWICKLUNGSERGEBNISSE betroffen sind – deshalb im Voraus an die diese Übertragung bzw. Abtretung annehmende X-AG sämtliche ENTWICKLUNGSERGEBNISSE ab. Sofern und in dem Umfang, in dem eine Abtretung von immateriellen ENTWICKLUNGSERGEBNISSEN rechtlich nicht möglich ist (etwa bei urheberrechtlich oder als verwandtes Schutzrecht geschützten ENTWICKLUNGSERGEBNISSEN), räumt die AUFTRAGNEHMERIN hiermit im Voraus der X-AG unwiderruflich ein ausschließliches, übertragbares, unterlizenzierbares, sachlich, räumlich und zeitlich unbeschränktes Nutzungsrecht ein. Das Nutzungsrecht erstreckt sich auf alle bekannten und unbekannten Nutzungsarten. Es schließt insbesondere das Recht ein, die ENTWICKLUNGSERGEBNISSE abzuändern, zu bearbeiten oder in sonstiger Weise umzugestalten und sie im Original oder in abgeänderter, bearbeiteter oder umgestalteter Form zu nutzen, insbesondere zu vervielfältigen, zu veröffentlichen, zu verbreiten, vorzuführen, zu übertragen und sie zum Betrieb auf bzw. mit Datenverarbeitungsanlagen und Datenverarbeitungsgeräten zu nutzen. Eine Verpflichtung zur Ausübung des ausschließlichen Nutzungsrechts besteht für die X-AG nicht.

(2) Sofern und in dem Umfang, in dem die X-AG für die nachvertragliche (einschließlich kommerzielle) Nutzung der immateriellen ENTWICKLUNGSERGEBNISSE auf BACKGROUND-IP-RECHTE und/oder BACKGROUND-KNOW-HOW der AUFTRAGNEHMERIN angewiesen ist und keine entgegenstehenden Rechte DRITTER bestehen, hat die AUFTRAGNEHMERIN der X-AG an diesen ein nicht-ausschließliches, unwiderrufliches, unterlizenzierbares, übertragbares Nutzungsrecht zu angemessenen, marktüblichen Konditionen zu gewähren. Die weiteren Einzelheiten bleiben einer gesonderten Vereinbarung vorbehalten.

(3) Die X-AG hat der AUFTRAGNEHMERIN auf deren Verlangen an den ENTWICKLUNGSERGEBNISSEN ein nicht-ausschließliches, unübertragbares, unentgeltliches, nicht unterlizenzierbares, zeitlich und räumlich unbeschränktes Recht zur Nutzung für weitere Forschungs- und Entwicklungszwecke einzuräumen. Die Durchführung von Forschungs- und Entwicklungsprojekten mit Dritten, die als Wettbewerber der X-AG anzusehen sind, im Bereich Reinigungsmittel zum Einsatz in Waschanlagen für Kfz bedarf jedoch der schriftlichen Zustimmung der X-AG. Die Regelungen zur Geheimhaltung nach diesem Vertrag bleiben zudem unberührt.

9. Geheimhaltung

(1) Die AUFTRAGNEHMERIN verpflichtet sich, sämtliche ihr von der X-AG offenbarten GEHEIMEN INFORMATIONEN streng geheim zu halten und diese DRITTEN nicht zugänglich zu machen, es sei denn, die X-AG stimmt dem vorab ausdrücklich schriftlich zu.

(2) Die AUFTRAGNEHMERIN verpflichtet sich des Weiteren, die ihr von der X-AG offenbarten GEHEIMEN INFORMATIONEN ausschließlich für die Zwecke dieses Vertrags zu verwenden und insbesondere jegliche Verwendung zur Anmeldung, Registrierung und/oder Aufrechterhaltung von eigenen IP-RECHTEN zu unterlassen.

(3) Die Verpflichtungen nach den Absätzen (1) und (2) finden keine Anwendung auf solche GEHEIMEN INFORMATIONEN, bei denen die AUFTRAGNEHMERIN nachweisen kann, dass sie

a) zum Zeitpunkt der Mitteilung an sie bereits offenkundig, das heißt allgemein bekannt oder leicht zugänglich waren,

b) ohne ihr Zutun nach Mitteilung durch die X-AG offenkundig werden,

c) zum Zeitpunkt der Mitteilung durch die X-AG ihr bereits bekannt waren oder von ihr im Rahmen eigener unabhängiger Entwicklungen ohne Nutzung der GEHEIMEN INFORMATIONEN erarbeitet, entdeckt oder entwickelt wurden, oder

d) ihr von einem berechtigten DRITTEN zugänglich gemacht werden.

(4) Der AUFTRAGNEHMERIN ist ferner eine Offenbarung gestattet, sofern und in dem Umfang dies erforderlich ist, um einer gesetzlichen, behördlichen oder richterlichen Bestimmung oder Anordnung Folge zu leisten. Sie hat jedoch die X-AG angemessene Zeit – mindestens jedoch zwei (2) Wochen – vor der beabsichtigten Offenbarung über die erforderliche Offenlegung in Kenntnis zu setzen. Sie hat sich unabhängig davon in wirtschaftlich vertretbarem Umfang zu bemühen, für solche GEHEIMEN INFORMATIONEN eine vertrauliche Behandlung zu erwirken.

(5) Die vorstehenden Ausnahmen sind auf eine Gesamtheit von GEHEIMEN INFORMATIONEN nicht bereits deshalb anzuwenden, weil eine oder mehrere der Voraussetzungen der Absätze (3) und/oder (4) auf einzelne GEHEIME INFORMATIONEN dieser Gesamtheit für sich gesehen zutreffen, wenn deren Verbindung oder Zusammenhang mit anderen Einzelinformationen in der Gesamtheit eine vertrauliche Behandlung derselben gebieten.

(4) Die AUFTRAGNEHMERIN verpflichtet sich, GEHEIME INFORMATIONEN nur dann eigenen Mitarbeitern, eigenen VERBUNDENEN UNTERNEHMEN und/oder – falls anwendbar – DRITTEN zugänglich zu machen, sofern und in dem Umfang dies zur Durchführung dieses Vertrages und/oder zu internen Berichts- oder Prüfungszwecken erforderlich ist. Ihr ist es darüber hinaus gestattet, die GEHEIMEN INFORMATIONEN gegenüber ihren externen Beratern (insbesondere Rechtsanwälten, Steuerberatern, Wirtschaftsprüfern) zu offenbaren, falls und soweit diese für die Ausführung ihrer Tätigkeiten auf diese GEHEIMEN INFORMATIONEN angewiesen sind. Die AUFTRAGNEHMERIN hat ihre mit der Durchführung der Arbeiten auf Grundlage dieses Vertrages betrauten Mitarbeiter, externen Berater und/oder – falls anwendbar – DRITTEN entsprechend der Regelungen in dieser Ziffer 9 zur Geheimhaltung und Unterlassung zu verpflichten, sofern eine Geheimhaltung nicht bereits durch bestehende Regelungen (zB im Arbeitsvertrag oder separate Geheimhaltungsvereinbarung) oder von Gesetzes wegen gesichert ist. GEHEIME INFORMATIONEN sind, wenn sie nicht bearbeitet werden, so gesichert zu verwahren, dass Unbefugte – einschließlich der nicht direkt mit dem Projekt betrauten Mitarbeiter – keinen Zugriff auf die GEHEIMEN INFORMATIONEN haben.

(5) Sofern und in dem Umfang die AUFTRAGNEHMERIN hierauf nicht für die Durchführung ihrer Entwicklungsarbeiten zwingend angewiesen ist oder die PARTEIEN Abweichendes in Textform vereinbart haben, darf diese keine Prototypen, keine Software und keine sonstigen materiellen Gegenstände, die GEHEIMEN INFORMATIONEN der X-AG enthalten und die ihr von der X-AG zur Verfügung gestellt werden, beobachten, untersuchen, testen, nachkonstruieren, demontieren, dekompilieren oder rückbauen (Verbot des Reverse Engineering). Erlangt die AUFTRAGNEHMERIN auf die Weise GEHEIME INFORMATIONEN, bestehen hieran die Verpflichtungen nach dieser Ziffer 9 fort. Nutzungsrechte entstehen an den GEHEIMEN INFORMATIONEN nicht.

(6) Diese Geheimhaltungs- und Unterlassungsverpflichtung bleibt für GEHEIME INFORMATIONEN solange für unbestimmte Zeit in Kraft. bis und soweit einer der Ausnahmetatbestände gemäß Absatz (3) vorliegt. Ein Recht zur ordentlichen Kündigung ist ausgeschlossen.

(7) Die vorstehenden Regelungen dieser Ziffer 9 geltend für die AUFTRAGNEHMERIN entsprechend für die ENTWICKLUNGSERGEBNISSE.

10. Gewährleistung

(1) Vorbehaltlich Absatz (2) dieses Ziffer 10 gewährleistet die AUFTRAGNEHMERIN die Durchführung der Entwicklungsarbeiten nach Maßgabe von Ziffer 3 Absatz (1), die Einhaltung der SPEZIFIKATIONEN durch das VERTRAGSPRODUKT und die Freiheit der ENTWICKLUNGSERGEBNISSE von Sach- und Rechtsmängeln.

(2) Die AUFTRAGNEHMERIN erbringt alle Entwicklungsarbeiten mit dem Anspruch, möglichst neuartige technische Lösungen zu entwickeln. Als F&E-Servicedienstleister ist es ihr jedoch nicht möglich, innerhalb des vereinbarten Entwicklungs-Projektbudgets und -zeitrahmens sämtliche IP-RECHTE DRITTER zu berücksichtigen. Die AUFTRAGNEHMERIN wird daher im Zuge der Entwicklungsarbeiten allein danach recherchieren, ob die ENTWICKLUNGSERGEBNISSE zum Zeitpunkt der Abnahme in den Schutzbereich von offengelegter Patenten und Gebrauchsmustern DRITTER, einschließlich offengelegter Anmeldungen hierfür, mit Schutz für die EU verstoßen. Die AUFTRAGNEHMERIN übernimmt im Übrigen keine Gewährleistung und haftet nicht für eine Verletzung möglicher IP-RECHTE DRITTER, sofern keine positive Kenntnis von diesen vorliegt oder die AUFTRAGNEHMERIN die Rechte Dritter nicht hätte kennen müssen *(grob fahrlässige Unkenntnis)*.

(3) Die Gewährleistungsfrist beträgt zwölf (12) Monate ab Abnahme.

11. Haftung
Die Haftung der PARTEIEN ist – gleich aus welchem Rechtsgrund – auf Vorsatz und grobe Fahrlässigkeit beschränkt. Außer bei Vorsatz ist die Haftung ferner auf den typischen, vorhersehbaren Schaden und der Höhe nach auf einen Maximalbetrag von eine Million EURO begrenzt. Die Haftung für entgangenen Gewinn, nicht realisierte Einsparungen, Regressforderungen Dritter, Schäden aus Betriebsunterbrüchen sowie für alle indirekten Schäden und Folgeschäden ist – außer bei vorsätzlichem Handeln – ausgeschlossen. Eine weitergehende Haftung besteht nicht. Die vorstehende Haftungsbeschränkung gilt auch für die persönliche Haftung der Mitarbeiter, Erfüllungsgehilfen, Vertreter und Organe der PARTEIEN.

12. Vertragsdauer
(1) Der Vertrag tritt mit beiderseitiger Unterzeichnung zum Datum der letzten Unterschrift in Kraft. Unbeschadet Ziffer 12 Absatz (2) endet er für den Fall der Abnahme der Entwicklungsergebnisse durch die X-AG oder wenn die Parteien einvernehmlich entschieden haben, das Vertragsverhältnis zu beenden.
(2) Die Möglichkeit zur Kündigung nach § 648 BGB für die X-AG und aus wichtigem Grund gemäß § 314 BGB für beide Parteien bleibt unberührt.
(3) Im Fall einer vorzeitigen Beendigung dieses Vertrages sind die ENTWICKLUNGSERGEBNISSE von der AUFTRAGNEHMERIN unverzüglich in dem Stand, in dem sie sich zum Zeitpunkt der Beendigung des Vertrages befinden, der X-AG zu übergeben. Die Regelungen der Ziffern 1 (Definitionen), 2 (Vertragsgegenstand), 8 (Entwicklungsergebnisse), 9 (Geheimhaltung), 10 (Gewährleistung), 11 (Haftung), 14 (Schiedsgerichtsklausel) und 15 (Schlussbestimmungen) bleiben für den Vertragsgegenstand auch nach Beendigung des Vertrages, gleich aus welchem Rechtsgrund, in Kraft.

13. Projektleiter
Ansprechpartner für sämtliche Fragen im Zusammenhang mit der Durchführung des Vertrages sind:
Für die X-AG:
Für die AUFTRAGNEHMERIN:

14. Schiedsgerichtsklausel
Alle Streitigkeiten, die sich im Zusammenhang mit diesem Vertrag oder über seine Gültigkeit ergeben, werden nach der Schiedsgerichtsordnung der Deutschen Institution für Schiedsgerichtsbarkeit e. V. (DIS) unter Ausschluss des ordentlichen Rechtsweges endgültig entschieden. Sitz des Schiedsgerichtes ist Frankfurt a. Main.

16. Schlussbestimmungen
(1) Etwaige Allgemeine Geschäftsbedingungen der PARTEIEN finden keine Anwendung.
(2) Die PARTEIEN sind sich darüber einig, dass außerhalb dieses Vertrages weder mündliche noch schriftliche Nebenabreden getroffen wurden. Änderungen, Ergänzungen und Zusätze dieses Vertrages haben nur Gültigkeit, wenn sie zwischen den PARTEIEN schriftlich vereinbart worden sind. Dieses Schriftformerfordernis kann seinerseits nur schriftlich aufgehoben werden.
(2) Sämtliche Anlagen zu diesem Vertrag sind Bestandteil des Vertrages. Im Fall von Widersprüchen zwischen Anlagen und Vertrag sind ausschließlich die Regelungen im Vertrag maßgeblich.
(3) Dieser Vertrag tritt in seinem Regelungsbereich an die Stelle sämtlicher vorheriger Vereinbarungen zwischen den PARTEIEN.
(4) Sollte eine Bestimmung dieses Vertrages ganz oder teilweise unwirksam oder undurchführbar sein oder werden oder sollte der Vertrag eine Lücke enthalten, wird hierdurch nach dem Willen der PARTEIEN die Wirksamkeit der übrigen Bestimmungen des Vertrages nicht berührt. Anstelle der unwirksamen oder undurchführbaren Bestimmung gilt diejenige wirksame Regelung, die dem in der unwirksamen oder undurchführbaren Bestimmung zum Ausdruck gelangten Willen der PARTEIEN am nächsten kommt. Entsprechendes gilt im Falle einer Lücke.

Köln, den .... Hamburg, den ....

__________________ (X-AG) __________________ (B-GmbH)

VII. Beratungscheckliste

Beratungscheckliste 196

I. Vorfragen

- ☐ Wie groß ist für den Mandanten die unternehmerische Bedeutung des F&E-Projektes?
- ☐ Ist eine gemeinsame Verwertung der F&E-Ergebnisse beabsichtigt?
- ☐ Wie sicher ist es, dass die F&E-Arbeiten erfolgreich zum Abschluss gebracht werden können?
- ☐ Bestehen ggf. bereits Lieferverpflichtungen gegenüber Dritten?
- ☐ Existiert bedeutender Background, der besonders herauszustellen ist?
- ☐ Handelt es sich bei einer der Vertragsparteien um eine Hochschule iSd § 42 ArbnErfG?
- ☐ Besteht internationaler Bezug?

II. Konkrete Vertragsgestaltung

- ☐ Was ist Gegenstand des F&E-Vertrages?
  - „Bloße" Forschung oder Entwicklung eines konkreten Vertragsprodukts?
- ☐ Wie sind die F&E-Arbeiten durchzuführen?
  - Von welcher Vertragspartei sind die F&E-Arbeiten durchzuführen?
  - Sind etwaige Mitwirkungspflichten der anderen Vertragspartei erforderlich?
  - Wie ist die Projektleitung auszugestalten?
- ☐ Wie sind die Kosten der F&E-Arbeiten zu verteilen? Ist eine gesonderte Vergütung zu zahlen?
- ☐ Welche Vertragspartei soll Inhaber der F&E-Ergebnisse sein?
- ☐ In welcher Form und von welcher Vertragspartei ist die Verwertung der F&E-Ergebnisse beabsichtigt?
  - Herstellung und/oder Vertrieb?
  - Muss auf Background zurückgegriffen werden?
  - Muss die Möglichkeit zur Erteilung von Unterlizenzen bestehen?
- ☐ In welchem Umfang kann/soll für die F&E-Ergebnisse eine Gewährleistung übernommen bzw. gehaftet werden?

III. Kartellrechtliche Beurteilung

- ☐ Befinden sich die Vertragsparteien auf gleicher Wirtschaftsstufe?
  - Falls nein: Enthält der F&E-Vertrag eine Alleinbelieferungsverpflichtung und hält diese einer kartellrechtlichen Prüfung stand?
- ☐ Liegt eine gemeinsame Forschung und Entwicklung und/oder Verwertung bzw. eine Auftragsforschung iSd GVO F&E vor?
- ☐ Sind die Vertragsparteien Wettbewerber?
  - Falls ja: Überschreitet die Summe der Marktanteile der beteiligten Unternehmen am relevanten Markt 25 %?
- ☐ Haben alle Vertragsparteien uneingeschränkten Zugang zu den F&E-Ergebnissen für weitere Forschungs- und (ggf. insoweit eingeschränkt) Verwertungszwecke?
- ☐ Sind die übrigen allgemeinen Voraussetzungen einer Freistellung nach Art. 3 GVO F&E erfüllt?
- ☐ Beinhaltet der F&E-Vertrag sog. „schwarze" oder „graue" Klauseln?

§ 47 Kartellrechtliche Aspekte

Übersicht

I. Relevanz des Kartellrechts im gewerblichen Rechtsschutz

1 Gewerbliche Schutzrechte, wie zB Patente, Urheberrechte, Marken, zeichnen sich dadurch aus, dass sie dem Inhaber für eine gewisse Zeit ausschließliche Rechte einräumen.[1] Der Inhaber eines solchen Schutzrechts ist berechtigt, zum einen dessen unberechtigte Nutzung zu untersagen und zum anderen dieses Recht zu verwerten, insbesondere durch Vergabe von Lizenzen an Dritte. Obwohl dem Rechteinhaber für eine gewisse Zeit ein rechtmäßiges „gesetzliches Monopol" zugestanden worden ist, ist die Art und Weise der Ausübung der Rechte nicht unbeschränkt möglich, sondern am Kartellrecht zu messen. Bei der kartellrechtlichen Beurteilung darf aber nicht außer Acht gelassen werden, dass die Erlangung gewerblicher Schutzrechte regelmäßig mit finanziellen Risiken verbunden ist und häufig nicht unerhebliche Investitionen voraussetzt.[2] Beschränkungen der Gestaltungsfreiheit bei der Vergabe von Lizenzen dürfen daher nicht dazu führen, dass Unternehmen von Innovationen abgehalten werden.

II. Europäisches Kartellrecht und seine Systematik

1. Art. 101 AEUV

2 Auf europäischer Ebene sind Lizenzverträge zunächst an Art. 101 AEUV zu messen. Art. 101 Abs. 1 AEUV verbietet alle Vereinbarungen zwischen Unternehmen, Beschlüsse von Unternehmensvereinigungen und aufeinander abgestimmte Verhaltensweisen, welche den Handel zwischen

[1] Ausführlich dazu Hasselblatt in → § 1.

[2] Leitlinien zur Anwendung von Art. 101 AEUV auf Technologietransfer-Vereinbarungen, ABl. 2014 C 89, 3 (6) Rn. 8.

den Mitgliedstaaten zu beeinträchtigen geeignet sind und eine **Verhinderung, Einschränkung oder Verfälschung des Wettbewerbs** innerhalb des Binnenmarkts **bezwecken** oder **bewirken.** Voraussetzung für das Eingreifen von Art. 101 Abs. 1 AEUV ist damit das Vorliegen einer Wettbewerbsbeschränkung, die den zwischenstaatlichen Handel, also den Handel zwischen den Mitgliedstaaten der Europäischen Union, beeinträchtigt und die spürbar ist.

a) Wettbewerbsbeschränkung. Die Wettbewerbsbeschränkung kann sich aus dem Zweck einer Vereinbarung oder aus ihren Wirkungen ergeben.[3] In erster Linie ist der **Zweck** der Vereinbarung zu untersuchen. Erst in zweiter Linie, wenn die Prüfung des Inhalts der Vereinbarung keine hinreichende Wettbewerbsbeschränkung erkennen lässt, sind ihre **Auswirkungen** zu analysieren.[4] Ausgangspunkt für die Frage, ob eine Vereinbarung eine Wettbewerbsbeschränkung bezweckt oder bewirkt ist ein Vergleich der Wettbewerbssituation, die sich auf Grund der Vereinbarung ergeben hat bzw. voraussichtlich ergeben wird, mit derjenigen, die ohne die Vereinbarung bestehen würde.[5] Bei gewerblichen Schutzrechten ist zu berücksichtigen, dass dem Einwirkungsbereich des Kartellrechts gänzlich solche Vereinbarungen entzogen sind, die durch den Schutzzweck der lizenzierten Schutzrechte gerechtfertigt sind, also zum **spezifischen Gegenstand der Schutzrechte** gehören.[6] Es handelt sich hierbei um Beschränkungen, die erforderlich sind, um das mit dem Schutzrecht verfolgte Ziel zu erreichen. 3

Daher werden im Allgemeinen schon gar nicht als Wettbewerbsbeschränkung angesehen die regelmäßig in Lizenzvereinbarungen enthaltenen Verpflichtungen zur Vertraulichkeit, keine Vergabe von Unterlizenzen, Unterstützung des Lizenzgebers bei der Durchsetzung seiner lizenzierten Schutzrechte, Pflicht zur Verwendung der lizenzierten Marke auf dem Produkt sowie die Verpflichtung zur Zahlung von Mindestgebühren oder zur Produktion einer Mindestmenge.[7] Auch die Vereinbarung einer Meistbegünstigung dahingehend, dem Lizenznehmer die günstigeren Bedingungen zu gewähren, die der Lizenzgeber anderen Lizenznehmern später einräumt, stellt nach Auffassung der Europäischen Kommission regelmäßig keine Wettbewerbsbeschränkung dar.[8] 4

Als typische Wettbewerbsbeschränkungen kommen zB Preisbindungen, Nichtangriffsklauseln, Export- und Reimportverbote sowie mengenmäßige und territoriale Beschränkungen des Lizenznehmers in Betracht. 5

b) Spürbarkeit. *aa) Allgemeines.* Um tatsächlich einen Verstoß gegen Art. 101 Abs. 1 AEUV darzustellen, müssen Wettbewerbsbeschränkungen einen gewissen Grad von Erheblichkeit erreichen, also spürbar sein. Die Europäische Kommission hat dieses Merkmal der Spürbarkeit in ihrer **Bagatellbekanntmachung** konkretisiert.[9] Diese soll darüber Aufschluss geben, in welchen Fällen die Kommission Art. 101 Abs. 1 AEUV anwenden wird und in welchen – mangels Spürbarkeit – nicht. Die Kommission wird daher in Fällen, die unter die Bagatellbekanntmachung fallen, weder auf Antrag noch von Amts wegen ermitteln (**„Selbstbindung der Kommission“**). Die Gerichte bindet diese Bekanntmachung allerdings nicht.[10] 6

bb) Marktanteilsschwellen. Verneint wird die Spürbarkeit nach dieser Bekanntmachung, wenn die beteiligten Unternehmen bestimmte Marktanteilsschwellen nicht überschreiten und keine so genannten Kernbeschränkungen vereinbart haben. Bei Vereinbarungen im **Vertikalverhältnis,** also zwischen Unternehmen, die keine tatsächlichen oder potenziellen Wettbewerber sind, liegt die Marktanteilsschwelle bei **15 %;** bei Vereinbarungen im **Horizontalverhältnis,** also zwischen aktu- 7

---

[3] EuGH ZUM 2011, 803 (816) Rn. 135 – FAPL ua; Bechthold/Bosch/Brinker Art. 101 AEUV Rn. 78; Mestmäcker/Schweitzer EUWettbR § 11 Rn. 17.

[4] EuGH ZUM 2011, 803 (816) Rn. 135 – FAPL ua; MüKo WettbR/Wagner-von Papp AEUV Art. 101 Rn. 304; Bechthold/Bosch/Brinker AEUV Art. 101 Rn. 81.

[5] EuGH Slg. 1985, 2545 (2571) Rn. 18 – Remia; EuGH Slg. 1966, 281 (304) – Société Technique Minière/Maschinenbau Ulm GmbH; Bechthold/Bosch/Brinker AEUV Art. 101 Rn. 81; Mestmäcker/Schweitzer EuWettbR § 11 Rn. 21.

[6] EuGH Slg. 1990 I-3711, Rn. 12 ff. – HAG II; OLG Frankfurt a. M. Urt. v. 2.7.2013 – 11 U 4/12, BeckRS 2013, 16635; MüKo WettbR/Wolf Grundl. Rn. 1067; Jansen/Johannsen EuZW 2012, 893 (896); Eufinger PharmR 2015, 385 (387).

[7] Leitlinien zur Anwendung von Art. 101 AEUV auf Technologietransfer-Vereinbarungen, ABl. EU 2014 C 89, 3 (36) Rn. 183; LMRKM/Schweda Art. 2 TT-GVO Rn. 120 ff.; Wiedemann KartellR-HdB/Klawitter § 14 Rn. 310.

[8] Europäische Kommission GRUR Int. 1972, 374 (375) – Raymond/Nagoya; so auch Wiedemann KartellR-HdB/Klawitter § 14 Rn. 245; Immenga/Mestmäcker/Fuchs Art. 4 TT-GVO Rn. 14; zumindest aber freigestellt nach TT-GVO: MüKo WettbR/Nagel GVO Nr. 316/2014 Art. 4 Rn. 10; LMRKM/Schweda Art. 2 TT-GVO Rn. 123.

[9] Bagatellbekanntmachung über Vereinbarungen von geringer Bedeutung, ABl. EU 2014 C 291, 1 ff.

[10] LMRKM/Grave/Nyberg Art. 101 Abs. 1 AEUV Rn. 270; Mestmäcker/Schweitzer EuWettbR § 4 Rn. 77 f.

ellen und/oder potenziellen Wettbewerbern, liegt sie bei **10 %**.[11] Auch wenn diese Marktanteile nicht überschritten sind, liegt Spürbarkeit dennoch bei Vereinbarung einer oder mehrerer der so genannten **Kernbeschränkungen** vor. Mit der Novellierung der Bagatellbekanntmachung von 2014 sind darüber hinaus **bezweckte Wettbewerbsbeschränkungen** vom Safe Habour ausgenommen.

8 *cc) Kleine und mittlere Unternehmen.* Gleichzeitig weist die Kommission in ihrer Bagatellbekanntmachung darauf hin, dass Vereinbarungen zwischen kleinen und mittleren Unternehmen selten geeignet sind, den Handel zwischen den Mitgliedstaaten spürbar zu beeinträchtigen.[12] Als **kleine und mittlere Unternehmen** gelten nach der Kommission Unternehmen, die weniger als 250 Mitarbeiter beschäftigen und deren Jahresumsatz 50 Mio. EUR oder deren Jahresbilanzsumme 43 Mio. EUR nicht übersteigt.[13]

9 *dd) Bestimmung des relevanten Marktes.* Entscheidender Bedeutung kommt der zutreffenden Bestimmung des relevanten Marktes in sachlicher und geographischer Hinsicht zu. Auch zur Bestimmung des relevanten Marktes hat die Kommission eine ausführliche Bekanntmachung erlassen.[14] Beim **sachlich relevanten Markt** geht es um die Frage, welche Güter zu einem Markt gehören, also als austauschbar angesehen werden.[15] Austauschbar sind solche Produkte, bei denen eine geringe, aber spürbare, Preisänderung zu einer Verlagerung der Produktpräferenzen führt. Bei Lizenzen richtet sich der relevante Markt nach dem Marktanteil der Produkte, die mit der lizenzierten Technologie produziert werden bzw. die Gegenstand der Lizenz sind. Beim **geographischen Markt** ist darauf abzustellen, inwieweit in räumlicher Hinsicht Alternativen bestehen. Der **zeitlich relevante Markt** spielt in der Praxis kaum eine Rolle, weil die Dauer der Wettbewerbsbeschränkung in der Regel mit der Geltungsdauer der Vereinbarung identisch ist.

10 **c) Zwischenstaatlichkeit.** Voraussetzung für ein Eingreifen des europäischen Kartellrechts (hier: Art. 101 AEUV) ist weiterhin, dass die wettbewerbsbeschränkende Vereinbarung geeignet ist, den Wettbewerb zwischen den Mitgliedstaaten zu beeinträchtigen, so genannte **Zwischenstaatlichkeit.** Nach dem *EuGH* liegt Zwischenstaatlichkeit bereits vor, wenn sich anhand einer Gesamtheit objektiver, rechtlicher oder tatsächlicher Umstände mit hinreichender Wahrscheinlichkeit voraussehen lässt, dass die Vereinbarung unmittelbar oder mittelbar, tatsächlich oder der Möglichkeit nach den Warenverkehr zwischen den Mitgliedstaaten beeinflussen kann.[16]

11 Die Beeinträchtigung des Handels zwischen den Mitgliedsstaaten muss – wie die Wettbewerbsbeschränkung – **spürbar** sein. Hierzu hat die Europäische Kommission Anfang 2004 **Leitlinien** veröffentlicht.[17] Danach geht die Kommission davon aus, dass das Erfordernis der Zwischenstaatlichkeit – mangels Spürbarkeit – grundsätzlich nicht erfüllt ist bei Vereinbarungen zwischen Unternehmen, deren gesamter Jahresumsatz mit den von der Vereinbarung, also der Lizenz, betroffenen Waren innerhalb der Gemeinschaft **40 Mio. EUR** nicht übersteigt und der gemeinsame Marktanteil der Parteien auf dem betroffenen **relevanten Markt** innerhalb der Gemeinschaft **5 %** nicht überschreitet.[18] Zwar sind solche Leitlinien für die Gerichte nicht verbindlich. Es ist jedoch davon auszugehen, dass sich sowohl Kommission als auch Gerichte von den in den Leitlinien dargelegten Grundsätzen, die im Übrigen noch genügend Spielraum lassen, „leiten" lassen werden.[19] So bezeichnet die Kommission ihre Schwellenwerte selbst auch nur als „Vermutung".

---

[11] Bagatellbekanntmachung über Vereinbarungen von geringer Bedeutung, ABl. 2014 C 291, 1 (2) (Ziff. 8a und b); vgl. zum Begriff des tatsächlichen oder potenziellen Wettbewerbers: Leitlinien zur Anwendbarkeit von Artikel 101 AEUV auf Vereinbarungen über horizontale Zusammenarbeit, ABl. 2011 C 11, 1 (5) Rn. 10.

[12] Bagatellbekanntmachung über Vereinbarungen von geringer Bedeutung, ABl. 2014 C 291, 1 (Fn. 5).

[13] Empfehlung betreffend die Definition der Kleinstunternehmen sowie der kleinen und mittleren Unternehmen, ABl. 2003 L 124, 36.

[14] Bekanntmachung über die Definition des relevanten Marktes im Sinne des Wettbewerbsrechts der Gemeinschaft, ABl. 1997, C 372, 3.

[15] BGH NJW 1996, 595 (596) – HaGe Kiel/RHG Hannover; LMRKM/Grave/Nyberg Art. 101 Abs. 1 AEUV Rn. 241; von Dietze/Janssen Rn. 392.

[16] EuGH EuZW 2006, 529 Rn. 42 – Manfredi/Lloyd Adriatico; Bechthold/Bosch/Brinker Art. 101 AEUV Rn. 110; Wiedemann KartellR-HdB/Wiedemann KartellR-HdB § 2 Rn. 4.

[17] Leitlinien über den Begriff der Beeinträchtigung des zwischenstaatlichen Handels in den Art. 81 und 82 des Vertrages, ABl. 2004 C 101, 81 ff.

[18] Leitlinien über den Begriff der Beeinträchtigung des zwischenstaatlichen Handels in den Art. 81 und 82 des Vertrages, ABl. 2004 Nr. C 101, 81 Rn. 52.

[19] Vgl. hierzu Bechthold/Bosch/Brinker AEUV Art. 101 Rn. 104; Mestmäcker/Schweitzer EuWettbR § 4 Rn. 77 f.; Lubitz K & R 2003, 173 (174).

12 Für den Fall, dass es sich um einen noch nicht existierenden Markt handelt, der von den Parteien durch die Lizenzvereinbarung erschlossen werden soll, stellt man hinsichtlich der Eignung zur Beeinträchtigung des zwischenstaatlichen Handels auf die Stellung der Parteien auf etwaigen benachbarten Märkten und ihre Stärke in den von der Vereinbarung betroffenen Technologien ab.

Praxistipp:
Bei etwaigen Auseinandersetzungen mit den Kartellbehörden ist besonderes Augenmerk auf die Bestimmung des relevanten Marktes zu legen. Regelmäßig wird es für die Unternehmen günstig sein, den relevanten Markt so groß wie möglich zu definieren, um hierdurch den Marktanteil gering zu halten.

13 d) **Gruppenfreistellungsverordnung.** Liegt eine spürbare Wettbewerbsbeschränkung vor, die den zwischenstaatlichen Handel beeinträchtigt, kommt eine Freistellung von der kartellrechtlichen Unzulässigkeit nach Art. 101 Abs. 1 AEUV nur nach Art. 101 Abs. 3 AEUV in Betracht. Besonderer Bedeutung kommt hierbei den so genannten Gruppenfreistellungsverordnungen der Europäischen Kommission zu. Mit Hilfe einer solchen Verordnung stellt die Kommission bestimmte Arten von wettbewerbsbeschränkenden Vereinbarungen unter bestimmten Voraussetzungen vom Kartellverbot des Art. 101 Abs. 1 AEUV frei. Die Kommission ist der Ansicht, dass solche Vereinbarungen den in Art. 101 Abs. 3 AEUV aufgeführten Erfordernissen entsprechen und damit nicht wettbewerbsschädlich sind. Gruppenfreistellungsverordnungen binden als Gesetze im materiellen Sinn Behörden und Gerichte sowohl auf nationaler und als auch auf europäischer Ebene.[20] Besondere Bedeutung kommt bei Lizenzvereinbarungen der so genannten Technologietransfer-Gruppenfreistellungsverordnung[21] zu, die bestimmte Arten von Lizenzvereinbarungen unter bestimmten Voraussetzungen vom Kartellverbot des Art. 101 Abs. 1 AEUV freistellt. Lizenzvereinbarungen können aber auch anderen Gruppenfreistellungsverordnungen unterfallen,[22] wie zB der für Spezialisierungsvereinbarungen,[23] der für Forschungs- und Entwicklungsvereinbarungen[24] bzw. der für vertikale Vereinbarungen.[25]

14 Da die Gruppenfreistellungsverordnungen wettbewerbsbeschränkende Vereinbarungen nur bis zu einem je nach Verordnung unterschiedlichen Marktanteil und in unterschiedlicher Reichweite freistellen, ist auf eine **genaue Abgrenzung** der in Betracht kommenden **Gruppenfreistellungsverordnungen** besonderes Augenmerk zu legen.

Praxistipp:
Überschreitet der relevante Marktanteil den in einer ansonsten einschlägigen Gruppenfreistellungsverordnung festgelegten Marktanteil, empfiehlt es sich dennoch die Lizenzvereinbarung an diese Verordnung anzulehnen. Keinesfalls dürfen so genannte Kernbeschränkungen vereinbart werden. Je nach Ausmaß einer etwaigen Überschreitung des Schwellenwertes sollten nach der Verordnung zulässige Klauseln gegebenenfalls zeitlich beschränkt werden. Sind sie bereits nach der Verordnung nur für einen bestimmten Zeitraum zulässig, sollte dieser Zeitraum gegebenenfalls gekürzt werden. Die genaue Ausgestaltung hängt aber von dem Ausmaß der Überschreitung des Schwellenwertes sowie der sonstigen Marktstellung der beteiligten Unternehmen ab. Entsprechendes gilt, wenn sich der Marktanteil nicht genau bestimmen lässt, sich aber ungefähr um den in der Verordnung festgelegten Schwellenwert bewegt.

15 e) **Anwendung von Art. 101 Abs. 3 AEUV im Einzelfall.** Fällt die fragliche wettbewerbsbeschränkende Vereinbarung nicht in den Anwendungsbereich einer Gruppenfreistellungsverord-

[20] EuGH Slg. I 1991, 977 (992) (Rn. 46) – Delimitis; MüKo WettbR/Wolf AEUV Art. 101 Rn. 1215; von Dietze/Janssen Rn. 392.
[21] Dazu später unter → Rn. 25 ff.
[22] Dazu später unter → Rn. 30 ff.
[23] VO (EU) Nr. 1218/2010, ABl. 2010 L 335, 43.
[24] VO (EU) Nr. 1217/2010, ABl. 2010 L 335, 36; vgl. hierzu Smielick in → § 46.
[25] VO (EU) Nr. 720/2022, ABl. 2022 L 134, 4.

nung, kommt nur eine Freistellung im Wege der Einzelprüfung nach Art. 101 Abs. 3 AEUV in Betracht. Hierbei ist es Sache der Unternehmen bzw. ihrer Berater festzustellen, ob eine Vereinbarung die Freistellungsvoraussetzungen des Art. 101 Abs. 3 AEUV erfüllt. Auch Gerichte sind im Rahmen eines Prozesses befugt, das Vorliegen der Voraussetzungen dieses Artikels zu prüfen und entsprechend festzustellen, dass die Freistellungsvoraussetzungen im Einzelfall erfüllt sind.

16 Für eine Freistellung nach Art. 101 Abs. 3 AEUV im Einzelfall müssen mehrere Bedingungen erfüllt sein. Zunächst ist erforderlich, dass die wettbewerbsbeschränkende Vereinbarung unter angemessener Beteiligung der Verbraucher an dem entstehenden Gewinn einen Beitrag zur Verbesserung der Warenerzeugung oder -verteilung oder zur Förderung des technischen oder wirtschaftlichen Fortschritts leistet. Weiterhin dürfen den beteiligten Unternehmen nur solche Beschränkungen auferlegt werden, die zur Verwirklichung dieser Ziele unerlässlich sind. Auch darf die Vereinbarung nicht die Möglichkeit eröffnen, für einen wesentlichen Teil der betreffenden Waren den Wettbewerb auszuschalten. Für eine solche Einzelbeurteilung sind die Art der Vereinbarung, die Marktstellung der Parteien, Wettbewerber und Abnehmer auf den relevanten Märkten, die Marktzutrittsschranken und der Reifegrad des Marktes von besonderer Bedeutung.[26] Entscheidend sind darüber hinaus die Höhe der zu tätigenden Investitionen sowie die Höhe der Rentabilitätsschwelle.[27] Allgemeine Erläuterungen zu den einzelnen Bestimmungen des Art. 101 Abs. 3 AEUV finden sich in den Leitlinien der Kommission.[28]

2. Missbrauchsaufsicht nach Art. 102 AEUV

17 Weiterhin sind Lizenzverträge auf europäischer Ebene an Art. 102 AEUV zu messen. Art. 102 AEUV verbietet die missbräuchliche Ausnutzung einer beherrschenden Stellung soweit dies zur Beeinträchtigung des zwischenstaatlichen Handels führen kann. Im Gegensatz zu Art. 101 AEUV, der eine Vereinbarung voraussetzt, erfasst Art. 102 AEUV **nur einseitige Maßnahmen.** Es ist für die Anwendung von Art. 101 AEUV ohne Bedeutung, ob sich ein Unternehmen freiwillig oder unter Druck an der Vereinbarung beteiligt.[29] Art. 101 und 102 AEUV sind nebeneinander anwendbar. Ist daher ein Verhalten nach Art. 101 Abs. 3 AEUV durch eine Gruppenfreistellungsverordnung freigestellt bzw. erfüllt es die in Art. 101 Abs. 3 AEUV aufgeführten Bedingungen im Einzelfall, kann dennoch ein Missbrauch nach Art. 102 AEUV vorliegen.[30] Regelmäßig wird allerdings ein nach Art. 102 AEUV missbräuchliches Verhalten nicht die Bedingungen des Art. 101 Abs. 3 AEUV im Wege der Einzelprüfung erfüllen.

18 **Marktbeherrschung** im Sinne von Art. 102 AEUV liegt vor, wenn das betreffende Unternehmen keinem wesentlichen Wettbewerb ausgesetzt ist, so dass es in der Lage ist, sein Marktverhalten in nennenswertem Umfang unabhängig von seinen Wettbewerbern und Abnehmern zu bestimmen.[31] Art. 102 AEUV verbietet marktbeherrschenden Unternehmen, ua bei den Lizenzbedingungen zwischen den Lizenznehmern zu diskriminieren und unangemessen hohe Lizenzgebühren zu fordern.

19 Der *EuGH* hat sogar festgestellt, dass ein marktbeherrschendes Unternehmen uU zur Gewährung einer Lizenz an einen Dritten gezwungen werden kann **(Zwangslizenz).**[32] Dies ist der Fall,

[26] Leitlinien der Europäischen Kommission zur Anwendung von Art. 101 AEUV auf Technologietransfer-Vereinbarungen, ABl. 2014 C 89, 3 (32) Rn. 159 ff.

[27] EuGH Slg. 1994 II, 595 (643) Rn. 138 – Hachette; Bechthold/Bosch/Brinker AEUV Art. 101 Rn. 151.

[28] Leitlinien der Europäischen Kommission zur Anwendung von Art. 81 Abs. 3 EGV, ABl. 2004 C 101, 97 ff.; Leitlinien zur Anwendung von Art. 101 AEUV auf Technologietransfer-Vereinbarungen, ABl. 2014 C 89, 3; Leitlinien zur Anwendung von Art. 101 AEUV auf Vereinbarungen über horizontale Zusammenarbeit, ABl. 2011 C 11, 1; Leitlinien für vertikale Beschränkungen, ABl. 2010 C 130, 1.

[29] EuGH Slg. 1995 II, 791 Rn. 58; Kamann/Bergmann EWS 2004, 151 (152).

[30] EuGH Slg. 1995 I, 865 (903) Rn. 7 und (904) Rn. 11 – BPB Industries; Bechthold/Bosch/Brinker AEUV Art. 102 Rn. 2; Pfaff/Osterrieth/Axster/Osterrieth A III Rn. 304 ff.

[31] EuGH EuZW 2011, 339 (340) Rn. 23 – Konkurrensverket/TeliaSonera Sverige AB; BGH NZKart 2020, 441 (442) Rn. 53 – FRAND-Einwand; Bechthold/Bosch/Brinker AEUV Art. 102 Rn. 2; Eufinger PharmR 2015, 385 (389).

[32] EuGH GRUR 2004, 524 – IMS/NDC; EuGH Slg. 1995 I, 743 Rn. 49 – Magill; EuGH Slg. 1988, 6211 – Volvo Rn. 8 und 50; vgl. auch Österreichischer Oberster Gerichtshof GRUR Int. 2004, 66 (69 f.); Bechthold/Bosch/Brinker AEUV Art. 102 Rn. 54; Eilmannsberger EWS 2003, 12 ff.; vgl hierzu auch Erläuterungen zu den Prioritäten der Kommission bei der Anwendung von Art. 82 EGV auf Fälle von Behinderungsmissbrauch durch marktbeherrschende Unternehmen, ABl. 2009 Nr. C 45, 7 (18) Rn. 78.

wenn die Weigerung des Rechteinhabers aufgrund außergewöhnlicher Umstände ein missbräuchliches Verhalten darstellt.[33] Nach dem *EuGH* handelt ein Unternehmen, das über ein Recht des geistigen Eigentums verfügt und den Zugang zu Erzeugnissen oder Dienstleistungen verweigert, die für eine bestimmte Tätigkeit unerlässlich sind, missbräuchlich, wenn drei Bedingungen kumulativ erfüllt sind: Die Weigerung muss das Auftreten eines neuen Erzeugnisses verhindern, das der Rechteinhaber nicht anbietet und nach dem potenzielle Nachfrage der Verbraucher besteht. Die Weigerung darf weiterhin nicht gerechtfertigt sein und muss geeignet sein, jeglichen Wettbewerb auf dem abgeleiteten Markt auszuschließen.[34] Auf Basis dieser Bedingungen hat das *EuG* – der Entscheidung der Europäischen Kommission[35] folgend – einen Missbrauch einer marktbeherrschenden Stellung von Microsoft auf dem Markt für Betriebssysteme angenommen.[36] Das *EuG* hat angenommen, dass „eine Verhinderung des Auftretens eines neuen Erzeugnisses, das der Rechteinhaber nicht anbietet," bereits dann vorliegt, wenn eine Behinderung technischer Entwicklung vorliegt.[37] Das ist der Fall, wenn der Dritte Produkte anbieten würde, die weit über eine bloße Reproduktion des Produktes des Rechteinhabers hinausgehen würden.

Der aus einem Patent in Anspruch genommene Beklagte kann gegenüber den Ansprüchen des klagenden Patentinhabers auf Schadensersatz bzw. Unterlassung einwenden, dieser missbrauche seine marktbeherrschende Stellung, wenn er sich weigere, mit dem Beklagten einen Patentlizenzvertrag zu nicht diskriminierenden und nicht behindernden Bedingungen abzuschließen.[38] Bei der Frage wie sich Patentinhaber und Patentverletzer im Einzelfall verhalten müssen, wird man zurzeit noch unterscheiden müssen: Handelt es sich um ein **standardessenzielles Patent,** also ein Patent, bei dem sich der Patentinhaber verpflichtet hat, Dritten zu so genannten FRAND-Bedingungen Lizenzen zu erteilen, dann wird man die Grundsätze des *EuGH*[39] aus *Huawei Technologies/LTE* anwenden müssen. Handelt es sich hingegen um eine patentgeschützte technische Lösung, die sich ohne FRAND-Zusage des Patentinhabers zu einem Standard entwickelt hat (**De-facto-Standard**), wird man weiterhin die Kriterien des *BGH*[40] aus *Orange-Book* zugrunde legen müssen. Aufgrund der sehr hohen Hürden des *BGH* für Patentverletzer steht zu hoffen, dass der *EuGH* seine Grundsätze aus *Huawei Technologies/LTE* auch auf Lizenzverweigerungen bei „De-Facto-Standards" überträgt, sobald er hierüber zu entscheiden hat. 20

3. Rechtsfolgen eines Kartellrechtsverstoßes

Neben der etwaigen Auferlegung von Bußgeldern und/oder Schadensersatz-, Beseitigungs- und Unterlassungsansprüchen Dritter ist wichtigste Folge eines Verstoßes gegen Art. 101 oder 102 AEUV die Nichtigkeit der entsprechenden wettbewerbsbeschränkenden Vereinbarung bzw. des betroffenen Rechtsgeschäfts. Dies ergibt sich bei Art. 101 AEUV aus seinem Abs. 2 und bei Art. 102 AEUV aus dem jeweils nationalen Recht, dh aus § 134 BGB, da Art. 102 AEUV als Verbotsgesetz angesehen wird.[41] Die Wirksamkeit des Restvertrages wird nach § 139 BGB beurteilt. Zu prüfen ist daher in jedem Einzelfall, ob die Aufnahme einer salvatorischen Klausel in die Lizenzvereinbarung gewünscht ist. Jedoch entbindet eine solche Klausel nicht von der Prüfung, ob Teil- oder Gesamtnichtigkeit vorliegt. Eine solche Klausel ist lediglich bedeutsam für die Beweislast. Diese trifft denjenigen, der entgegen dieser Klausel den Vertrag als Ganzen für unwirksam hält.[42] 21

[33] EuGH EuZW 2015, 725 – Huawei Technologies/ZTE; Palzer EuZW 2015, 702.
[34] EuGH GRUR 2004, 524 (526) Rn. 38 – IMS/NDC; vgl. hierzu Bechthold/Bosch/Brinker AEUV Art. 102 Rn. 54; Lubitz K & R 2004, 469.
[35] Europäische Kommission ABl. 2007 L 32, 23; vgl. hierzu Heinemann GRUR 2006, 705.
[36] EuG WuW 2007, 1169.
[37] EuG WuW 2007, 1169, (1182) Rn. 647.
[38] Vgl. hierzu EuGH EuZW 2015, 725 – Huawei Technologies/ZTE; BGH NZKart 2020, 441 (443) Rn. 71 – FRAND-Einwand; BGH GRUR 2009, 694 – Orange Book Standard; BGH NJW-RR 2005, 269 – Standard-Spundfass; Palzer EuZW 2015, 702; Buntscheck NZKart 2015, 521; Jestaedt GRUR 2009, 801; Maume/Tapia GRUR Int 2010, 923.
[39] EuGH EuZW 2015, 725 – Huawei Technologies/ZTE; vgl. zur Anwendung dieser Grundsätze BGH NZKart 2020, 441 (443) Rn. 67 ff. – FRAND-Einwand; hierzu auch Wiedemann KartellR-HdB/Klawitter § 14 Rn. 401 ff.; Lubitz, NZKart 2017, 618.
[40] BGH GRUR 2009, 694 – Orange Book Standard.
[41] LMRKM/Huttenlauch Art. 102 AEUV, Rn. 314 Bechthold/Bosch/Brinker Art. 101 AEUV Rn. 138 und Art. 102 AEUV Rn. 73.
[42] BGH NJW 2003, 347; MüKo WettbR/Säcker AEUV Art. 101 Rn. 871; Bechthold/Bosch/Brinker AEUV Art. 101 Rn. 140; vgl. Bunte GRUR 2004, 301.

III. Parallele Geltung des nationalen Kartellrechts

1. Vertikale und horizontale Vereinbarungen

22 Liegt die so genannte Zwischenstaatlichkeit[43] vor, ist nach Art. 3 der Verordnung 1/2003[44] neben dem nationalen Recht eines Mitgliedstaates der Europäischen Union auch Art. 101 AEUV anzuwenden. Allerdings darf das, was nach Art. 101 AEUV erlaubt ist, nicht nach nationalem Kartellrecht verboten sein. Das gleiche gilt umgekehrt. Das, was nach Art. 101 AEUV verboten ist, darf nicht nach nationalem Kartellrecht erlaubt sein (**„Vorrang des europäischen Kartellrechts"**). Da das deutsche Kartellrecht durch die 7. **GWB-Novelle** sehr stark an das europäische Recht angeglichen worden ist, sind keine unterschiedlichen Beurteilungen zu erwarten sind, sofern nicht Sonderregelungen greifen, wie zB die für Mittelstandskartelle (§ 3 GWB). Liegt keine Zwischenstaatlichkeit vor, greift allein das nationale Kartellrecht.

2. Missbrauchsaufsicht

23 Dieser grundsätzliche Vorrang des europäischen Kartellrechts gilt allerdings nicht bei der Missbrauchsaufsicht nach Art. 102 AEUV bzw. §§ 18 ff. GWB, bei der europäisches und nationales Kartellrecht parallel gelten, sofern die Zwischenstaatlichkeit erfüllt ist. Die Mitgliedstaaten haben die Befugnis insoweit strengere nationale Vorschriften zu erlassen und anzuwenden. Liegt keine Zwischenstaatlichkeit vor, greift allein die nationale Missbrauchsaufsicht.

IV. Technologietransfer-Vereinbarungen

24 Der Technologietransfer-Gruppenfreistellungsverordnung (TT-GVO)[45] kommt bei der Vergabe von Lizenzen aus kartellrechtlicher Sicht die größte Bedeutung zu.

1. Technologietransfer-Gruppenfreistellungsverordnung

25 **a) Zeitlicher Anwendungsbereich.** Seit dem 1.5.2014 gilt die TT-GVO Nr. 316/2014,[46] die die alte TT-GVO[47] aus dem Jahre 2004 abgelöst hat. Sie gilt nach ihrem Art. 11 bis zum 30.4.2026.

Praxistipp:

Sollten die Technologierechte länger geschützt sind sein, sollte man prüfen, ob man eine unter die TT-GVO fallende Lizenzvereinbarung nicht nur für den Zeitraum der Geltung der TT-GVO abschließt, da nicht absehbar ist, wie die Systematik einer neuen TT-GVO sein wird und/oder welche Klauseln dann (nicht) freigestellt sind. Alternativ kann man eine Pflicht zur Anpassung an kartellrechtliche Vorgaben bzw. eine Pflicht zur Verhandlung vorsehen verbunden mit einer Kündigungsmöglichkeit, wenn man sich innerhalb eines bestimmten Zeitraums nicht einigt.

26 Verträge, die vor dem 1.5.2014 bereits in Kraft und nach der alten TT-GVO freigestellt waren, mussten bis zum 30.4.2015 angepasst werden. Seit dem 1.5.2015 finden auch auf nicht angepasste Altverträge die Regelungen der neuen TT-GVO Anwendung.

27 **b) Sachlicher Anwendungsbereich.** *aa) Technologietransfer-Vereinbarungen zwischen zwei Unternehmen.* In den Genuss der Freistellung wettbewerbsbeschränkender Abreden vom Kartellverbot des Art. 101 Abs. 1 AEUV durch die TT-GVO kommen nur bestimmte Arten von Vereinbarungen, so genannte **Technologietransfer-Vereinbarungen.** Wie schon unter der vorherigen TT-GVO fallen hierunter Patent- und Know-how-Lizenzvereinbarungen sowie Muster- und Soft-

[43] Vgl. hierzu → Rn. 10 f.
[44] VO (EG) 1/2003, ABl. 2003 L 1, 1.
[45] VO (EU) Nr. 316/2014, ABl. 2014 L 93, 17.
[46] VO (EU) Nr. 316/2014, ABl. 2014 L 93, 17; vgl. hierzu Frenz EuZW 2014, 532; Besen/Slobodenjuk GRUR 2014, 740.
[47] VO (EU) Nr. 772/2004, ABl. 2004 L 123, 11; vgl. hierzu Lübbig GRUR 2004, 483 ff.; Lubitz EuZW 2004, 652; Schumacher/Schmid GRUR 2006, 1; Schultze/Pautke/Wagener EWS 2004, 437.

warelizenzen. Nicht erfasst sind weiterhin Markenlizenzen und allgemeine – also nicht Software betreffende – Urheberrechtslizenzen. Markenlizenzen und nicht Software betreffende Urheberrechtslizenzen fallen jedoch insoweit unter die TT-GVO, als sie sich unmittelbar auf die Produktion oder den Verkauf der Vertragsprodukte beziehen.[48] Es werden weiterhin nur Vereinbarungen **zwischen zwei Unternehmen** erfasst. Vereinbarungen zwischen mehr als zwei Unternehmen fallen nicht unter die TT-GVO. Jedoch wird die Europäische Kommission in diesen Fällen die in der TT-GVO dargelegten Grundsätze analog anwenden.[49]

Praxistipp:

Unabhängig von der Anzahl der beteiligten Unternehmen sollten auf jeden Fall die Vorgaben der TT-GVO eingehalten werden.

28 *bb) Lizenzvereinbarungen über die Produktion von Vertragsprodukten.* Weiterhin gilt die Gruppenfreistellung nur für **Lizenzvereinbarungen, die mit dem Ziel der Produktion von Vertragsprodukten geschlossen worden sind,** dh von Produkten, die die lizenzierte Technologie enthalten oder mit Hilfe der lizenzierten Technologie produziert werden. Die Lizenz muss demnach dem Lizenznehmer und/oder seinem Zulieferer erlauben, die lizenzierte Technologie zur Produktion von Waren oder Dienstleistungen zu nutzen.[50] **Nicht erfasst** ist die Bildung von **Technologiepools,** in denen sich die Parteien darauf einigen, ihre Technologien zu bündeln und als Paket zu lizenzieren.[51] Auf **Masterlizenzvereinbarungen** ist die TT-GVO zwar nicht direkt anwendbar. Die Kommission hat jedoch erklärt, dass sie die Grundsätze der TT-GVO jedenfalls entsprechend auf solche Vereinbarungen anwenden wird.[52] Bei einer Masterlizenz ist Hauptzweck der Vereinbarung zwischen Lizenzgeber und Lizenznehmer die Regelung der Modalitäten der Vergabe von Unterlizenzen durch den Lizenznehmer. Sofern der sonstige Anwendungsbereich der TT-GVO eröffnet ist, fallen hingegen die auf Grund einer solchen Masterlizenzvereinbarung abgeschlossenen Verträge zwischen Lizenznehmer und Unterlizenznehmern unter die TT-GVO.

29 *cc) Marktanteilsschwellen.* **Konkurrierende Unternehmen** können sich nach Art. 3 Abs. 1 der TT-GVO nur dann auf die TT-GVO berufen, wenn ihr gemeinsamer **Marktanteil** auf dem relevanten Markt bzw. den relevanten Märkten **nicht über 20 %** liegt. Handelt es sich bei den beteiligten Unternehmen um **nicht konkurrierende,** gilt gemäß Art. 3 Abs. 2 der TT-GVO eine Schwelle von **30 %.**[53] Konkurrierende Unternehmen sind nach Art 1 Abs. 1 lit. n der TT-GVO solche Unternehmen, die auf dem relevanten Markt miteinander im Wettbewerb stehen. Wann genau Unternehmen miteinander im Wettbewerb stehen, wird näher in Art. 1 Abs. 1 lit. n Ziff. i und ii der TT-GVO definiert. Hierbei gehören potenzielle Wettbewerber im Hinblick auf den relevanten Technologiemarkt nicht zu den konkurrierenden Unternehmen, wohl aber im Hinblick auf den relevanten Produktmarkt. Grund hierfür ist, dass auf dem Technologiemarkt potenzieller Wettbewerb in der Regel schwieriger zu beurteilen ist.[54] Der Marktanteil wird gemäß Art. 8 lit. b der TT-GVO anhand der Angaben für das vorhergehende Kalenderjahr ermittelt. Wird die in Art. 3 der TT-GVO vorgesehene Marktanteilsschwelle während der Laufzeit der Technologietransfer-Vereinbarung überschritten, gilt die Freistellung nach Art. 8 lit. e der TT-GVO für zwei Jahre weiter. Diese Zweijahresfrist beginnt mit dem Ablauf des Kalenderjahres, in dem die Marktsanteilsschwelle erstmals überschritten wurde.

[48] Leitlinien zur Anwendung von Art. 101 AEUV auf Technologietransfer-Vereinbarungen, ABl. 2014 Nr. C 89, 3 (13) Rn. 47.
[49] Leitlinien zur Anwendung von Art. 101 AEUV auf Technologietransfer-Vereinbarungen, ABl. 2014 Nr. C 89, 3 (14) Rn. 57; LMRKM/Schweda Art. 1 TT-GVO, Rn. 57.
[50] Leitlinien zur Anwendung von Art. 101 AEUV auf Technologietransfer-Vereinbarungen, ABl. 2014 C 89, 3 (14) Rn. 58; LMRKM/Schweda Art. 1 TT-GVO Rn. 58.
[51] Leitlinien zur Anwendung von Art. 101 AEUV auf Technologietransfer-Vereinbarungen, ABl. 2014 C 89, 3 (14) Rn. 56 sowie ausführlich zu Technologiepools Rn. 244 ff.
[52] Leitlinien zur Anwendung von Art. 101 AEUV auf Technologietransfer-Vereinbarungen, ABl. 2014 C 89, 3 (14) Rn. 60.
[53] Vgl. zur Berechnung der Marktanteile: Leitlinien zur Anwendung von Art. 101 AEUV auf Technologietransfer-Vereinbarungen, ABl. 2014 C 89, 3 (18 ff.) Rn. 86 ff.
[54] Vgl. Leitlinien zur Anwendung von Art. 101 AEUV auf Technologietransfer-Vereinbarungen, ABl. 2014 C 89, 3 (11) Rn. 36; LMRKM/Schweda Art. 1 TT-GVO Rn. 87.

30 *dd) Abgrenzung zu anderen Gruppenfreistellungsverordnungen.* Nach ihrem Art. 9 gilt die TT-GVO nicht für Lizenzabsprachen, die der Gruppenfreistellungsverordnung für Spezialisierungsvereinbarungen[55] oder der für Forschungs- und Entwicklungsvereinbarungen[56] unterfallen. Die TT-GVO ist damit subsidiär. Auch greift die TT-GVO nicht, sofern die Gruppenfreistellungsverordnung für vertikale Vereinbarungen[57] Anwendung findet. Da die verschiedenen Verordnungen in nicht unerheblichem Maße unterschiedliche Wettbewerbsbeschränkungen freistellen und auch unterschiedliche Marktanteilsschwellen für die Anwendbarkeit besitzen, ist eine **sorgfältige Abgrenzung** unerlässlich. **Entscheidend** für die Abgrenzung ist der **Hauptzweck der Vereinbarung.** Bei Zweifeln sollten die Anforderungen aller in Betracht kommenden Gruppenfreistellungsverordnungen beachtet werden.

31 *(1) Gruppenfreistellungsverordnung für Spezialisierungsvereinbarungen.* Diese Verordnung gilt für Vereinbarungen zwischen zwei oder mehr Parteien, die Bedingungen betreffen, unter denen sich die Parteien auf die Produktion von Produkten spezialisieren. Erfasst hiervon sind näher in Art. 1 Abs. 1 lit. b bis lit. d der Verordnung definierte Vereinbarungen über eine einseitige oder gegenseitige **Spezialisierung** sowie eine gemeinsame Produktion. Eine Lizenzvergabe im Zusammenhang mit einem gemeinsamen Produktionsunternehmen fällt regelmäßig in den sachlichen Anwendungsbereich der Gruppenfreistellungsverordnung für Spezialisierungsvereinbarungen, da es sich bei der Lizenzierung in der Regel nur um eine Nebenabrede handeln wird.[58]

32 *(2) Gruppenfreistellungsverordnung für Forschungs- und Entwicklungsvereinbarungen.* Diese Verordnung findet Anwendung auf Vereinbarungen zwischen zwei oder mehr Parteien über die Durchführung gemeinsamer Forschungs- und Entwicklungsarbeiten und/oder die gemeinsame Verwertung der Ergebnisse einer solchen Forschung und Entwicklung.[59] Erfasst sind auch entsprechende Vereinbarungen von zwei oder mehr Parteien in Bezug auf **Auftragsforschung und -entwicklung.** Werden im Rahmen von solchen Vereinbarungen Lizenzen erteilt, fallen die entsprechenden Regelungen in den sachlichen Anwendungsbereich der Gruppenfreistellungsverordnung für Forschungs- und Entwicklungsvereinbarungen.[60] Dies gilt unabhängig davon, ob sich die Parteien die Lizenzen gegenseitig erteilen oder ob dies gegenüber einer gemeinsamen Einrichtung erfolgt. Die Regelung über die Lizenzen stellt hierbei nur eine Nebenabrede dar. Regeln die Parteien allerdings im Rahmen einer Vereinbarung über Forschung und Entwicklung Bedingungen einer Lizenzierung der Ergebnisse an Dritte, greift in Bezug auf den Dritten nicht die Gruppenfreistellungsverordnung für Forschungs- und Entwicklungsvereinbarungen, sondern die TT-GVO, sofern der Anwendungsbereich ansonsten eröffnet ist. Denn der Dritte ist nicht von der Forschungs- und Entwicklungsvereinbarung betroffen.

33 *(3) Gruppenfreistellungsverordnung für vertikale Vereinbarungen.* Diese Verordnung greift bei Vereinbarungen zwischen zwei oder mehr Unternehmen, von denen jedes für die Zwecke der Vereinbarung oder der abgestimmten Verhaltensweise auf einer anderen Ebene der Produktions- oder Vertriebskette tätig ist, und die Bedingungen betrifft, zu denen die beteiligten Unternehmen Waren oder Dienstleistungen beziehen, verkaufen oder weiterverkaufen dürfen.[61] Ist die Lizenzierung nicht auf die Produktion von Produkten gerichtet, sondern auf deren **Vertrieb,** gilt die Gruppenfreistellungsverordnung für vertikale Vereinbarungen. Hingegen erfasst die TT-GVO auch Vertriebsbeschränkungen des Lizenznehmers beim Vertrieb der Produkte. Vereinbarungen zwischen Lizenznehmern und den Abnehmern der Vertragsprodukte unterliegen wiederum der Gruppenfreistellungsverordnung für vertikale Vereinbarungen.[62]

---

[55] VO (EU) Nr. 1218/2010, ABl. 2010 L 335, 43.

[56] VO (EU) Nr. 1217/2010, ABl. 2010 L 335, 36.

[57] VO (EU) Nr. 720/2022, ABl. 2022 L 134, 4.

[58] Vgl. zur Abgrenzung: Leitlinien zur Anwendung von Art. 101 AEUV auf Technologietransfer-Vereinbarungen, ABl. 2014 C 89, 3 (16) Rn. 71 f.; MüKo WettbR/Nagel GVO Nr. 316/2014 Einl. Rn. 101.

[59] Vgl. zum Kartellrecht bei Forschungs- und Entwicklungsvereinbarungen Smielick in → § 49.

[60] Vgl. zur Abgrenzung: Leitlinien zur Anwendung von Art. 101 AEUV auf Technologietransfer-Vereinbarungen, ABl. 2014 C 89, 3 (16) Rn. 73 f.; MüKo WettbR/Nagel GVO Nr. 316/2014 Einl. Rn. 102.

[61] Vgl. zur Abgrenzung: Leitlinien für vertikale Beschränkungen, ABl. 2010 C 130, 1 (9 f.) Rn. 31 ff.; Leitlinien zur Anwendung von Art. 101 AEUV auf Technologietransfer-Vereinbarungen, ABl. 2014 C 89, 3 (16) Rn. 75 ff.; Polley/Seeliger WRP 2000, 1203 (1206); MüKo WettbR/ Nagel GVO Nr. 316/2014 Einl. Rn. 104.

[62] MüKo WettbR/Nagel GVO Nr. 316/2014 Einl. Rn. 105.

Praxistipp:

Entscheidend für die Abgrenzung ist der **Hauptzweck der Vereinbarung.** Bei Zweifeln sollten die Anforderungen aller in Betracht kommenden Gruppenfreistellungsverordnungen beachtet werden. Werden an der Vereinbarung nicht beteiligte Dritte betroffen, sind Regelungen diesbezüglich mit einer anderen gegebenenfalls einschlägigen Gruppenfreistellungsverordnung abzustimmen.

c) **Dauer der Freistellung.** Hinsichtlich der Dauer der Freistellung wird in Art. 2 der TT-GVO danach unterschieden, ob es sich um Know-how oder um andere lizenzierte Rechte handelt. Bei Know-how gilt die Freistellung, solange das Know-how geheim bleibt, es sei denn, das Know-how wird infolge des Verhaltens des Lizenznehmers offenkundig; dann gilt die Freistellung der Vereinbarung nur noch – aber immerhin – für die vereinbarte Dauer. Nach dem Wortlaut des Art. 2 der TT-GVO gilt die Freistellung aber nur hinsichtlich der Vereinbarung weiter, die mit dem das Know-how preisgebenden Lizenznehmer abgeschlossen wurde. Hingegen fällt die Freistellung für mit anderen Lizenznehmern getroffene Vereinbarungen weg.[63] Bei den anderen lizenzierten Rechten gilt die Freistellung solange die Rechte an der lizenzierten Technologie nicht abgelaufen, erloschen oder für ungültig erklärt worden sind. 34

d) **Unzulässige Kernbeschränkungen.** Die Kernbeschränkungen sind in Art. 4 der TT-GVO geregelt. Enthält eine Lizenzvereinbarung eine solche Kernbeschränkung, ist die **Vereinbarung insgesamt,** dh auch die übrigen Wettbewerbsbeschränkungen, **nicht nach der TT-GVO freigestellt.** Es kommt dann eine Freistellung der gesamten Vereinbarung nur durch die Anwendung von Art. 101 Abs. 3 AEUV im Einzelfall in Betracht, die allerdings schwierig zu begründen sein wird. Art. 4 der TT-GVO unterscheidet bei den Kernbeschränkungen zwischen konkurrierenden und nicht konkurrierenden Unternehmen. Sind die Parteien zum Zeitpunkt des Abschlusses der Vereinbarung keine konkurrierenden Unternehmen, sondern erst zu einem späteren Zeitpunkt, gelten nach Art. 4 Abs. 3 der TT-GVO grundsätzlich während der Dauer der Vereinbarung die Regelungen für nicht konkurrierende Unternehmen, es sei denn, die Vereinbarung hat sich später wesentlich geändert. Eine wesentliche Änderung stellt auch der Abschluss einer neuen Technologietransfer-Vereinbarung über konkurrierende Technologierechte dar. 35

aa) Vereinbarungen zwischen konkurrierenden Unternehmen. Art. 4 Abs. 1 der TT-GVO führt die **Kernbeschränkungen** bei der Lizenzvergabe zwischen **konkurrierenden Unternehmen** auf, wobei einige Kernbeschränkungen zwischen wechselseitigen und nicht wechselseitigen Vereinbarungen unterscheiden. Da wechselseitige Vereinbarungen von der Kommission als „gefährlicher" eingeschätzt werden, sind die Anforderungen strenger. Nach Art. 1 Abs. 1 lit. e der TT-GVO liegen nicht wechselseitige Lizenzen nicht nur bei einseitiger Lizenzerteilung vor, sondern auch bei der Erteilung gegenseitiger Lizenzen, die keine konkurrierenden Technologien zum Gegenstand haben und auch nicht zur Produktion konkurrierender Produkte genutzt werden können. Eine wechselseitige Vereinbarung liegt nach Art. 1 Abs. 1 lit. d der TT-GVO vor, wenn sich die beteiligten Unternehmen gegenseitig von der TT-GVO erfasste Lizenzen für konkurrierende Technologien oder für die Produktion konkurrierender Produkte erteilen. Die bloße Vereinbarung einer Rücklizenzverpflichtung führt nicht zur Wechselseitigkeit.[64] Eine Umgehung der strengeren Anforderungen an wechselseitige Vereinbarungen ist nicht dadurch möglich, dass wechselseitige Lizenzen in getrennte Verträge gefasst werden oder die Unternehmen die Wechselseitigkeit durch den Einsatz von Tochterunternehmen verschleiern. Ersteres ist im Rahmen der Definition des Begriffs der wechselseitigen Vereinbarung klargestellt. Letzteres ergibt sich daraus, dass der Begriff des Unternehmens – wie auch in anderen Gruppenfreistellungsverordnungen üblich – nach Art. 1 Abs. 2 der TT-GVO verbundene Unternehmen einschließt. 36

Praxistipp:

Bei späterer Erteilung einer zweiten Lizenz ist zu prüfen, ob nunmehr eine wechselseitige Vereinbarung im Sinne der TT-GVO vorliegt und daher die erste Lizenzvereinbarung möglicherweise anzupassen ist.

[63] MüKo WettbR/Nagel GVO Nr. 316/2014 Art. 2 Rn. 18; siehe zur Vorgänger-GVO auch Lubitz EuZW 2004, 652 (654).
[64] Leitlinien zur Anwendung von Art. 101 AEUV auf Technologietransfer-Vereinbarungen, ABl. 2014 C 89, 3 (16).

37 *(1) Preisfestsetzung.* Nicht freigestellt ist nach Art. 4 Abs. 1 lit. a der TT-GVO die unmittelbare oder mittelbare Beschränkung der Freiheit einer Partei, den Preis, zu dem sie ihre Produkte an Dritte verkauft, selbst festzusetzen. Dies bezieht sich sowohl auf Produkte, die die lizenzierte Technologie enthalten als auch auf andere sonst von einer Partei vertriebene Produkte unabhängig davon, ob hinsichtlich dieser Produkte ein Konkurrenzverhältnis besteht. Unter diese Kernbeschränkungen fallen zum Beispiel **Festpreise, Mindestpreise, Höchstpreise** und selbst **Preisempfehlungen.** Erfasst ist auch die Verpflichtung des Lizenznehmers, nur bestimmte Rabatte zu gewähren oder die Preise des Lizenzgebers nicht zu unterbieten. Nach den Leitlinien der Kommission liegt weiterhin eine mittelbare Preisfestsetzung vor, wenn die Lizenzgebühren bei Unterschreiten eines bestimmten Preisniveaus der Produkte steigen. Hingegen stellt die Verpflichtung des Lizenznehmers, eine **Mindestlizenzgebühr** zu zahlen, als solche keine Preisfestsetzung dar.[65]

Formulierungsvorschlag:

Unabhängig von den laufenden Lizenzgebühren zahlt der Lizenznehmer an den Lizenzgeber eine Mindestlizenzgebühr in Höhe von … EUR pro Kalenderjahr. Bei nicht vollen Kalenderjahren ist die Mindestlizenzgebühr anteilig zu zahlen.

38 Nicht in den Verbotsbereich fallen Vereinbarungen über Preise für die (Unter-)Lizenzvergabe der Technologie an Dritte.[66] Auch sind **Meistbegünstigungsklauseln** bezogen auf **Lizenzgebühren** möglich.[67] Dies betrifft insbesondere den Fall einer Meistbegünstigung zu Lasten des Lizenzgebers, also seiner Verpflichtung, dem Lizenznehmer die mit einem Dritten getroffenen günstigeren Konditionen einzuräumen. Unzulässig sind Meistbegünstigungsklauseln, sofern sie sich auf **Produktpreise** beziehen.[68]

39 Zulässig ist die automatische Umwandlung einer ausschließlichen Lizenz in eine einfache, wenn die Lizenzgebühren innerhalb eines bestimmten Zeitraums einen bestimmten Mindestbetrag nicht erreichen.[69] Alternativ könnte auch eine Vertragsstrafe vereinbart werden.[70]

Formulierungsvorschlag:

Erreichen die Lizenzgebühren innerhalb des ersten Vertragsjahres nicht … EUR bzw. innerhalb des zweiten Vertragsjahres nicht … EUR, wandelt sich die unter Ziff. … aufgeführte ausschließliche Lizenz automatisch mit sofortiger Wirkung in eine einfache Lizenz um. Der Lizenzgeber ist dann berechtigt, die in Ziff. … aufgeführte Lizenz auch an weitere Lizenznehmer im Vertragsgebiet zu erteilen.

40 *(2) Beschränkungen des Outputs.* Art. 4 Abs. 1 lit. b der TT-GVO sieht jegliche **Beschränkung des Outputs** des Lizenzgebers als Kernbeschränkung an. Zulässig sind hingegen Beschränkungen des Outputs des Lizenznehmers in einer nicht wechselseitigen Vereinbarung sowie in einer wechselseitigen Vereinbarung soweit Produkte betroffen sind, die mit der lizenzierten Technologie produziert werden. Beschränkungen können sich sowohl auf die Fertigung als auch auf den Vertrieb beziehen.

41 *(3) Zuweisung von Märkten oder Kunden.* Die **Zuweisung von Märkten und Kunden** wird nach Art. 4 Abs. 1 lit. c der TT-GVO grundsätzlich als Kernbeschränkung angesehen, wobei jedoch zahlreiche Ausnahmen zugelassen werden.

[65] Leitlinien zur Anwendung von Art. 101 AEUV auf Technologietransfer-Vereinbarungen, ABl. 2014 C 89, 3 (16) Rn. 99; LMRKM/Schweda Art. 4 TT-GVO Rn. 159; Pfaff/Osterrieth B I Rn. 120.
[66] Immenga/Mestmäcker/Fuchs Art. 4 TT-GVO Rn. 14; Bechthold/Bosch/Brinker Art. 4 VO 316/2014 Rn. 8.
[67] Immenga/Mestmäcker/Fuchs Art. 4 TT-GVO Rn. 14; Bechthold/Bosch/Brinker Art. 4 VO 316/2014 Rn. 8.
[68] Immenga/Mestmäcker/Fuchs Art. 4 TT-GVO Rn. 15; MüKo WettbR/Nagel GVO Nr. 316/2014 Art. 4 Rn. 10.
[69] Europäische Kommission GRUR Int. 1972, 374 (375) – Raymond/Nagoya; demnach stellt eine solche Klausel noch nicht einmal eine Wettbewerbsbeschränkung dar.
[70] Vgl. zur Vertragsstrafe bei Verletzung der Ausübungspflicht: BGH GRUR 1969, 560 (561) – Frischhaltegefäß; Pfaff/Osterrieth B I Rn. 149.

42 Zulässigerweise können Lizenznehmer und/oder Lizenzgeber gemäß Art. 4 Abs. 1 lit. c Ziff. i der TT-GVO in einer nicht wechselseitigen Vereinbarung übereinkommen, mit den lizenzierten Technologierechten nicht in dem **Exklusivgebiet,** das der anderen Partei vorbehalten ist, zu produzieren und/oder nicht in das Exklusivgebiet oder an die der anderen Partei **vorbehaltene Exklusivkundengruppe** aktiv und/oder passiv zu verkaufen. Ein bloßer Generalvorbehalt dahingehend, dass bis auf das Gebiet des Lizenznehmers alle anderen Gebiete dem Lizenzgeber vorbehalten sind, wird nicht ausreichen. Es muss beim Lizenzgeber die Absicht bestehen, in absehbarer Zukunft auch die Märkte zu erschließen, die er sich vorbehalten möchte.[71] Um hier den Lizenzgeber nicht unnötig einzuschränken, sollten an das Vorliegen einer solchen Absicht keine hohen Anforderungen gestellt werden. Hier sollte ausreichen, dass eine Erschließung dieser Gebiete einer langfristigen Strategie entspricht, wobei fünf Jahre nicht ungewöhnlich sind.

43 Darüber hinaus ist es bei nicht wechselseitigen Vereinbarungen gemäß Art. 4 Abs. 1 lit. c Ziff. ii der TT-GVO auch zulässig, dem Lizenznehmer den aktiven – nicht aber den passiven – Verkauf in das **Exklusivgebiet** oder an die **Exklusivkundengruppe,** das bzw. die vom Lizenzgeber einem **anderen Lizenznehmer zugewiesen** worden ist, zu untersagen, sofern es sich bei diesem anderen Lizenznehmer nicht um einen Konkurrenten des Lizenzgebers handelte. Entscheidender Zeitpunkt ist der der Lizenzerteilung. Bei Zuweisung an andere Lizenznehmer kann der Lizenzgeber daher nur aktive Verkäufe untersagen, während er beim Selbstvorbehalt gemäß Art. 4 Abs. 1 lit. c Ziff. i der TT-GVO auch passive Verkäufe untersagen darf. Aktiver Verkauf bedeutet die aktive Ansprache individueller Kunden, während passiver Verkauf lediglich die Erfüllung unaufgeforderter Kundenbestellungen darstellt.[72]

Praxistipp:

In der Lizenzvereinbarung sind die Gebiete, die sich der Lizenzgeber vorbehalten hat, bzw. ausschließlich anderen Lizenznehmern zugewiesen hat, einzeln aufzuführen. Es sollte im Zuge dessen eine unternehmensinterne Strategie aufgestellt und schriftlich dokumentiert werden, welche Gebiete zumindest während der Dauer der Lizenzvereinbarung erschlossen werden sollen. Änderungen der Gebiete sind rechtzeitig anzukündigen, wobei bei Lizenzvereinbarungen, die AGB darstellen, besondere Vorsicht geboten ist, da einseitige Änderungsvorbehalte in AGB zugunsten des Verwenders grundsätzlich unzulässig sind.

Formulierungsvorschlag:

44 Dem Lizenznehmer ist es untersagt, mit der lizenzierten Technologie in Gebieten, die sich der Lizenzgeber selbst exklusiv vorbehalten hat, zu produzieren sowie in diese Gebiete aktiv und passiv zu verkaufen. Dies sind gegenwärtig die in der Anlage … aufgeführten Gebiete. Dem Lizenznehmer ist es weiterhin untersagt, aktiv in Gebiete zu verkaufen, die der Lizenzgeber ausschließlich anderen Lizenznehmern zugewiesen hat. Dies sind gegenwärtig die in der Anlage … aufgeführten Gebiete. Der Lizenzgeber wird den Lizenznehmer … Monate vorher über Änderungen der Anlage … und der Anlage …, insbesondere über das Hinzukommen weiterer exklusiver Gebiete, informieren. Die obigen Beschränkungen gelten dann für diese neuen Gebiete entsprechend.

45 Sofern die Ankündigung eine angemessene Zeit vorher erfolgt und das Vertriebsrecht des Lizenznehmers auf das Vertragsgebiet beschränkt ist, ist diese Klausel **AGB-fest,** da der Lizenznehmer nicht schutzwürdig ist. Es liegt keine unangemessene Benachteiligung vor. Das Vertragsgebiet ist bekannt und festgelegt. Hinsichtlich weitergehender Gebiete ist klar, dass diese irgendwann – nach angemessener vorheriger Ankündigung – besetzt werden. Eine Änderung des zugewiesenen Vertragsgebietes erfolgt hierdurch gerade nicht.

[71] Vgl. hierzu bei der parallelen Regelung in der alten Gruppenfreistellungsverordnung für vertikale Vereinbarungen: MüKo WettbR/Zöttl GVO 330/2010 Art 4 Rn. 84; Immenga/Mestmäcker/Ellger Art 4 Vertikal-GVO Rn. 60 („sofern nach den Umständen nicht ausgeschlossen ist …“; Lubitz EuZW 2004, 652 (655); Polley/Seeliger WRP 2000, 1203 (1213); vgl. auch Semler/Bauer DB 2000, 193 (198).

[72] Vgl. zu weiteren Einzelheiten, insbesondere zur Einordnung des Internetvertriebs: Leitlinien für vertikale Beschränkungen, ABl. 2010 C 130, 1 (13) Rn. 51 ff.

46 Der Lizenznehmer kann gemäß Art. 4 Abs. 1 lit. c Ziff. iii der TT-GVO verpflichtet werden, die mit Hilfe der lizenzierten Technologie hergestellten Produkte nur für den **eigenen Bedarf** herzustellen. Handelt es sich bei diesen Produkten um Bauteile, kann der Lizenznehmer daher verpflichtet werden, die Bauteile lediglich für den Einbau in seine Produkte herzustellen und nicht an andere Hersteller zu liefern. Der Lizenznehmer muss jedoch befugt sein, seine Bauteile als Ersatzteile für seine Produkte verkaufen und Dritte aus diesem Grund beliefern zu können.[73]

47 Weiterhin darf der Lizenznehmer nach Art. 4 Abs. 1 lit. c Ziff. iv der TT-GVO in einer nicht wechselseitigen Vereinbarung dazu verpflichtet werden, die mit der lizenzierten Technologie produzierten Produkte **nur für einen bestimmten Kunden** zu produzieren, wenn hierdurch dem Kunden eine alternative Bezugsquelle verschafft werden soll. Diese Vereinbarung kann auch mit mehreren Lizenznehmern in Bezug auf denselben Kunden geschlossen werden.[74] In wechselseitigen Vereinbarungen ist eine solche Klausel nicht freigestellt. Hintergrund dieser Klausel ist es, das **Second-Sourcing** freizustellen. Hersteller, die zugleich Technologieinhaber sind, werden oftmals von ihren Abnehmern zu einer Lizenzvergabe an einen Dritten gedrängt, um bei diesem Dritten eine alternative Bezugsquelle zu eröffnen und ein Abhängigkeitsverhältnis zum Hersteller zu vermeiden. Durch die Freistellung des Art. 4 Abs. 1 lit. c Ziff. iv der TT-GVO darf der Hersteller diesen Dritten verpflichten, nur für den spezifischen Abnehmer zu produzieren.[75]

48 Im Vergleich zur Vorgänger-GVO ist bei der neuen TT-GVO die Ausnahme für Nutzungsbeschränkungen des Lizenznehmers entfallen, also die Möglichkeit, den Lizenznehmer zu verpflichten, die lizenzierte Technologie nur in bestimmten Anwendungsbereichen oder Produktmärkten zu nutzen (**„field-of-use"-Klausel)**. Zwar stellen solche Beschränkungen grundsätzlich weiterhin keine Kernbeschränkungen dar. Sie dürfen aber nicht so gefasst sein, dass sie eine unzulässige Kundenkreisbeschränkung darstellen.[76] Eine sorgfältige Abgrenzung zwischen zulässiger Nutzungsbeschränkung und unzulässiger Kundenkreisbeschränkung ist daher wichtig.

49 *(4) Eigene Forschung und Entwicklung des Lizenznehmers.* Nach Art. 4 Abs. 1 lit. d der TT-GVO ist weitere Kernbeschränkung, die Beschränkung des Lizenznehmers bei der Verwertung seiner **eigenen Technologie** sowie die Beschränkung der Parteien, **Forschungs- und Entwicklungsarbeiten** durchzuführen. Ausnahmsweise können aber die Forschungs- und Entwicklungsarbeiten einer Partei beschränkt werden, wenn dies unerlässlich ist, um die Preisgabe des lizenzierten Know-hows an Dritte zu verhindern. Diese Möglichkeit gilt aber nur, wenn im Rahmen der Lizenzierung zumindest auch Know-how überlassen wird. Unerlässlich ist eine Beschränkung nur, wenn es keine anderen milderen Mittel gibt, eine Weitergabe an Dritte zu verhindern.

50 *bb) Vereinbarungen zwischen nicht konkurrierenden Unternehmen.* Art. 4 Abs. 2 der TT-GVO listet die **Kernbeschränkungen** bei Lizenzvergabe zwischen **nicht konkurrierenden Unternehmen** auf.

51 *(1) Preisbeschränkung.* Kernbeschränkung ist nach Art. 4 Abs. 2 lit. a der TT-GVO zunächst die Festsetzung von unmittelbaren oder mittelbaren **Fest-** oder **Mindestverkaufspreisen** hinsichtlich der Produkte, die eine Partei an Dritte verkauft. Zulässig ist es jedoch, Höchstverkaufspreise festzusetzen oder Preisempfehlungen auszusprechen. **Meistbegünstigungsklauseln** zu Lasten des Lizenzgebers bzgl. der Lizenzgebühren sind erlaubt, nicht aber in Bezug auf den Verkaufspreis der mit der lizenzierten Technologie hergestellten Produkte.[77]

52 *(2) Beschränkungen des Gebietes und des Kundenkreises des Lizenznehmers.* Die unmittelbare oder mittelbare **Beschränkung** des **passiven Verkaufs** des Lizenznehmers **in Gebiete** und **an Kundenkreise** wird nach Art. 4 Abs. 2 lit. b der TT-GVO als nicht freigestellte Kernbeschränkung angesehen, wobei jedoch zahlreiche Ausnahmen zugelassen werden. Eine Beschränkung des aktiven Verkaufs ist daher – mit Ausnahme bei selektiven Vertriebssystemen – uneingeschränkt zulässig.

[73] Leitlinien zur Anwendung von Art. 101 AEUV auf Technologietransfer-Vereinbarungen, ABl. 2014 C 89, 3 (23 f.) Rn. 111.

[74] Leitlinien zur Anwendung von Art. 101 AEUV auf Technologietransfer-Vereinbarungen, ABl. 2014 C 89, 3 (23 f.) Rn. 112.

[75] Immenga/Mestmäcker/Fuchs TT-GVO Art. 4 Rn. 59.

[76] Vgl. hierzu: Leitlinien zur Anwendung von Art. 101 AEUV auf Technologietransfer-Vereinbarungen, ABl. 2014 C 89, 3 (40 f.) Rn. 208 ff.; LMRKM/Schweda TT-GVO Art. 4 Rn. 169 ff.; vgl. hierzu MüKo WettbR/Nagel GVO Nr. 316/2014 Art. 4 Rn. 25.

[77] Immenga/Mestmäcker/Fuchs TT-GVO Art. 4 Rn. 70; MüKo WettbR/Nagel GVO Nr. 316/2014 Art. 4 Rn. 10; Bechthold/Bosch/Brinker Art. 4 VO 316/2014 Rn. 24.

Die Beschränkung des passiven Verkaufs des Lizenznehmers ist gemäß Art. 4 Abs. 2 lit. b Ziff. i) der TT-GVO zulässig bei Gebieten oder Kundengruppen, die sich der Lizenzgeber **selbst exklusiv vorbehalten** hat.[78] Wie bei konkurrierenden Unternehmen ist daher beim Selbstvorbehalt sowohl die Untersagung des passiven als auch des aktiven Verkaufs zulasten des Lizenznehmers möglich. 53

Der Lizenznehmer darf nach Art. 4 Abs. 2 lit. b Ziff. ii) der TT-GVO verpflichtet werden, die mit der lizenzierten Technologie hergestellten Produkte nur für den **eigenen Bedarf** herzustellen. Handelt es sich bei diesen Produkten lediglich um Bauteile für andere Produkte, muss der Lizenznehmer befugt sein, seine Bauteile als Ersatzteile für seine Produkte verkaufen und daher Dritte aus diesem Grund auch beliefern zu können. 54

Nach Art. 4 Abs. 2 lit. b Ziff. iii) der TT-GVO darf der Lizenznehmer verpflichtet werden, nur für einen bestimmten Kunden zu produzieren, wenn die Lizenz erteilt worden ist, um diesem Kunden eine alternative Bezugsquelle zu verschaffen. Die Möglichkeit einen Hersteller, der zugleich Technologieinhaber ist, zu einer Lizenzvergabe an einen Dritten zu drängen, damit dieser Dritte als **Second-Source** nur für den Abnehmer produzieren kann, ist daher bei nicht konkurrierenden Unternehmen auch bei wechselseitigen Vereinbarungen möglich. Bei konkurrierenden Unternehmen ist dies nur bei nicht wechselseitigen Vereinbarungen möglich.[79] 55

Nach Art. 4 Abs. 2 lit. b Ziff. iv) der TT-GVO ist es dem Lizenzgeber auch erlaubt, einem Lizenznehmer innerhalb des Vertriebs eine **Großhandelsfunktion** zuzuweisen und ihm zu untersagen, unter Übergehung des Einzelhändlers direkt an den Endverbraucher – auch passiv – zu verkaufen. 56

(3) Beschränkungen des Gebietes und des Kundenkreises des Lizenzgebers. Art. 4 Abs. 2 lit. b der TT-GVO gilt nicht für Verkaufsbeschränkungen, die dem Lizenzgeber auferlegt werden. Zulässig ist daher die **Beschränkung des Gebietes** oder **des Kundenkreises**, in das der **Lizenzgeber** die Vertragsprodukte aktiv und/oder passiv verkaufen darf. 57

(4) Selektiver Vertrieb. Der Lizenzgeber hat die Möglichkeit, ein **selektives Vertriebssystem** einzurichten. In diesem Fall muss der Lizenznehmer allerdings aktive und passive Verkäufe an Endverbraucher oder andere Mitglieder des Systems vornehmen dürfen. Unbeschadet bleibt jedoch die Möglichkeit einem Lizenznehmer Großhandelsfunktion zuzuweisen. In diesem Fall kann der Lizenzgeber dem Lizenznehmer untersagen, unter Übergehung der Einzelhändler direkt an den Endverbraucher – auch passiv – zu verkaufen. Auf jeden Fall kann der Lizenzgeber im Rahmen eines selektiven Vertriebssystems den Lizenznehmern sowohl den aktiven als auch den passiven Verkauf an nicht zugelassene Händler untersagen. Auch kann der Lizenzgeber den Mitgliedern des Systems verbieten, Geschäfte von nicht zugelassenen Niederlassungen aus zu betreiben. 58

Formulierungsvorschlag:
Der Lizenznehmer darf die mit der lizenzierten Technologie hergestellten Produkte nur an Endverbraucher oder vom Lizenzgeber autorisierte Händler verkaufen. 59

e) **Nicht freigestellte Beschränkungen.** Nicht freigestellte Beschränkungen sind in Art. 5 der TT-GVO geregelt. Enthält eine Vereinbarung lediglich eine nicht nach diesem Artikel freigestellte Klausel, steht dies – anders als bei den Kernbeschränkungen nach Art. 4 der TT-GVO – der Anwendung der TT-GVO auf die anderen in der Vereinbarung enthaltenen Wettbewerbsbeschränkungen nicht entgegen. Lediglich die nicht freigestellte Klausel erfordert eine Einzelprüfung nach Art. 101 Abs. 3 AEUV. 60

aa) Rücklizenz und Übertragungsverpflichtungen. Nicht freigestellt sind nach Art. 5 Abs. 1 lit. a der TT-GVO Verpflichtungen des Lizenznehmers eigene Verbesserungen an der lizenzierten Technologie oder neue Anwendungen dieser Technologie an den Lizenzgeber oder einen von ihm benannten Dritten **exklusiv** zu lizenzieren (**„Rücklizenz"**) bzw. ganz oder teilweise zu **übertragen.** Zulässig ist demnach die Verpflichtung zur Erteilung **nicht-exklusiver** Rücklizenzen. Weiterhin kann der Lizenzgeber – wie es in Lizenzvereinbarungen üblich ist – verpflichtet werden, Verbesse- 61

[78] Vgl. zur Thematik des „Vorbehaltens" sowie zu einem Formulierungsvorschlag → Rn. 42 ff.
[79] Vgl. oben → Rn. 47.

rungen an der lizenzierten Technologie an den Lizenznehmer zu lizenzieren. Unerheblich bei der Prüfung des Vorliegens einer nicht freigestellten Beschränkung ist, ob der Lizenzgeber oder der Dritte für die Rücklizenz oder die Übertragung der Rechte eine Vergütung zahlt. Dieser Umstand wird aber bei der Einzelbeurteilung nach Art. 101 Abs. 3 AEUV berücksichtigt. Denn werden solche Rücklizenzen bzw. Übertragungen gegen angemessene Vergütung vorgenommen, wird regelmäßig der Innovationsanreiz des Lizenznehmers nicht verringert, so dass eine Einzelfallfreistellung in Betracht kommt.

Praxistipp:

Sollte in der Vereinbarung eine nicht freigestellte exklusive Rücklizenz des Lizenznehmers bzw. seine Verpflichtung zur Übertragung einer Verbesserung geregelt werden, ist zumindest eine angemessene Vergütung sicherzustellen, um die Chancen zu erhöhen, einer Anwendung von Art. 101 Abs. 3 AEUV im Einzelfall zu bestehen.

62 *bb) Nichtangriffsabreden.* Art. 5 Abs. 1 lit. b der TT-GVO nimmt **Nichtangriffsabreden,** die eine Partei dazu verpflichten, die Gültigkeit der Rechte des geistigen Eigentums, über die die andere Partei in der Europäischen Union verfügt, nicht anzufechten, von der Freistellung aus. Zulässig ist nach Art. 5 Abs. 1 lit. b der TT-GVO jedoch, die Beendigung einer **exklusiven** Lizenz für den Fall der Anfechtung der lizenzierten Schutzrechte durch den Lizenznehmer vorzusehen. Bei einer **nicht-exklusiven** Lizenz ist eine solche Kündigung im Gegensatz nur Vorgänger-GVO nicht mehr freigestellt. Nichtangriffsklauseln in **Streitbeilegungsvereinbarungen** fallen hingegen in der Regel schon gar nicht unter Art. 101 Abs. 1 AEUV und benötigen dann keine Freistellung.[80]

Formulierungsvorschlag:

63 Greift der Lizenznehmer selbst oder durch Dritte das nach Ziff. … exklusiv lizenzierte Schutzrecht des Lizenzgebers an oder unterstützt Dritte bei einem solchen Angriff in irgendeiner Form, ist der Lizenzgeber berechtigt, diese Vereinbarung innerhalb einer Überlegungsfrist von … Wochen mit einer Auslauffrist von … Wochen zu beendigen.

64 *cc) Beschränkung von Forschung und Entwicklung.* Handelt es sich bei den Vertragsparteien um **nicht konkurrierende Unternehmen,** ist nach Art. 5 Abs. 2 der TT-GVO die Beschränkung des Lizenznehmers hinsichtlich der Verwertung seiner **eigenen Technologie** sowie die Beschränkung der Parteien, **Forschungs- und Entwicklungsarbeiten** durchzuführen, nicht freigestellt. Bei **konkurrierenden Unternehmen** stellt eine solche Beschränkung sogar eine Kernbeschränkung dar. Wie bei konkurrierenden Unternehmen können aber auch bei nicht konkurrierenden Unternehmen die Forschungs- und Entwicklungsarbeiten einer Partei beschränkt werden, wenn dies unerlässlich ist, um die Preisgabe des lizenzierten Know-hows an Dritte zu verhindern. Diese Möglichkeit gilt aber nur, wenn im Rahmen der Lizenzierung zumindest auch Know-how überlassen wird. Unerlässlich sind Beschränkungen nur, wenn es keine anderen milderen Mittel gibt, eine Weitergabe an Dritte zu verhindern.

65 **f) Entzug der Freistellung im Einzelfall.** Die Kommission und die nationalen Wettbewerbsbehörden können einzelnen Lizenzvereinbarungen, die zwar nach der TT-GVO freigestellt sind, aber dennoch nicht die Voraussetzungen des Art. 101 Abs. 3 AEUV erfüllen, den Vorteil der Gruppenfreistellung nach Art. 6 der TT-GVO entziehen. Die nationalen Wettbewerbsbehörden sind jedoch hierzu nur befugt, wenn der relevante räumliche Markt nicht größer ist als das Staatsgebiet des jeweiligen Mitgliedstaates. Die Beweislast dafür, dass eine Vereinbarung, die von der TT-GVO freigestellt ist, trotzdem nicht die Voraussetzungen des Art. 101 Abs. 3 AEUV erfüllt, trägt die Kommission bzw. die nationale Wettbewerbsbehörde.

[80] Leitlinien zur Anwendung von Art. 101 AEUV auf Technologietransfer-Vereinbarungen, ABl. 2014 C 89, 3 (45) Rn. 242; LMRKM/Schweda TT-GVO Art. 5 Rn. 232.

g) Nichtanwendung der Gruppenfreistellungsverordnung. Darüber hinaus kann die Kommission nach Art. 7 der TT-GVO durch Verordnung erklären, dass die TT-GVO auf einen bestimmten relevanten Markt keine Anwendung findet, wenn dieser Markt zu mehr als 50 % von parallelen Netzen gleichartiger Technologietransfer-Vereinbarungen durchzogen ist. Hierbei ist nach Art. 7 Abs. 2 der TT-GVO für die Unternehmen eine Karenzfrist von sechs Monaten nach Erlass einer solchen Verordnung vorgesehen. 66

Praxistipp:
Man sollte überlegen, ob man für den Fall eines Entzugs des Vorteils der TT-GVO nach Art 6 und 7 der TT-GVO eine Pflicht zur Anpassung bzw. eine Pflicht zur Verhandlung vorsieht verbunden mit einer Kündigungsmöglichkeit, wenn man sich innerhalb eines bestimmten Zeitraums nicht einigt.

2. Anwendung von Art. 101 Abs. 3 AEUV im Einzelfall

Fällt die fragliche Technologietransfer-Vereinbarung nicht in den Anwendungsbereich der TT-GVO, kommt nur eine Freistellung auf Grund einer Anwendung von Art. 101 Abs. 3 AEUV im Einzelfall in Betracht. Eine Prüfung der Kriterien des Art. 101 Abs. 3 AEUV muss daher zB bei Überschreitung der Marktanteilsschwellen, bei Masterlizenzvereinbarungen, bei Technologietransfer-Vereinbarungen zwischen mehr als zwei Unternehmen und bei Technologiepools erfolgen. Erläuterungen hierzu finden sich in den Leitlinien zur TT-GVO. Die Kommission behandelt hierin umfassend verschiedene Arten von Lizenzbeschränkungen, wie zB Lizenzgebühren, Exklusivlizenzen, Verkaufs-, Output- und Nutzungsbeschränkungen sowie Beschränkungen auf den Eigenbedarf.[81] Weiterhin werden Kopplungs- und Paketvereinbarungen, Wettbewerbsverbote sowie ausführlich **Streitbeilegungsvereinbarungen** und **Technologiepools** behandelt.[82] 67

Nach dem so genannten **„4-Plus-Test"** geht die Kommission davon aus, dass eine Wettbewerbsbeeinträchtigung außerhalb der Kernbeschränkungen unwahrscheinlich ist, wenn es neben den von den Vertragsparteien kontrollierten Technologien vier oder mehr von Dritten kontrollierte Technologien gibt, die von den Nutzern zu vergleichbaren Kosten eingesetzt werden können.[83] 68

Praxistipp:
Es empfiehlt sich auch außerhalb des Anwendungsbereichs der TT-GVO, Lizenzvereinbarungen an den Vorgaben dieser Gruppenfreistellung auszurichten und insbesondere auf die Vereinbarung von Kernbeschränkungen zu verzichten.

V. Markenlizenzen

Eine Markenlizenz **im Rahmen einer Technologietransfer-Vereinbarung** fällt nur insoweit unter die TT-GVO, als sie sich unmittelbar auf die Produktion oder den Verkauf der Vertragsprodukte bezieht. Dies gilt auch dann, wenn die Parteien mehr an der Nutzung des Markenzeichens als an der Nutzung der Technologie interessiert sind.[84] 69

Auf **reine Markenlizenzen,** also auf Vereinbarungen, bei denen die Markenlizenz den **Hauptzweck** der Vereinbarung darstellt, findet weder die TT-GVO noch eine andere Gruppenfreistellungsverordnung Anwendung. Es kommt nur eine Freistellung im Einzelfall nach Art. 101 Abs. 3 AEUV in Betracht. 70

[81] Leitlinien zur Anwendung von Art. 101 AEUV auf Technologietransfer-Vereinbarungen, ABl. 2014 C 89, 3 (36 ff.) Rn. 184 ff.
[82] Leitlinien zur Anwendung von Art. 101 AEUV auf Technologietransfer-Vereinbarungen, ABl. 2014 C 89, 3 (44 ff.) Rn. 234 ff.
[83] Leitlinien zur Anwendung von Art. 101 AEUV auf Technologietransfer-Vereinbarungen, ABl. 2014 C 89, 3 (31) Rn. 157; Wiedemann KartellR-HdB/Klawitter § 14 Rn. 60.
[84] Leitlinien zur Anwendung von Art. 101 AEUV auf Technologietransfer-Vereinbarungen, ABl. 2014 C 89, 3 (13) Rn. 47.

71 Allerdings gilt auch hier, dass Vereinbarungen, die durch den Schutzzweck der lizenzierten Marke gerechtfertigt sind, also zum **spezifischen Gegenstand der lizenzierten Marke** gehören, bereits nicht unter Art. 101 Abs. 1 AEUV fallen und somit keine Einzelfallprüfung erforderlich ist.[85] Funktion und damit Schutzzweck einer Marke ist in erster Linie, dem Verbraucher die Identität des Warenursprungs und die Qualität des mit der Marke versehenen Erzeugnisses zu garantieren.[86] Markenlizenzen, die Wettbewerbsbeschränkungen enthalten, die zum Schutz dieser Ziele notwendig und angemessen sind, fallen daher schon gar nicht unter das Kartellverbot des Art. 101 Abs. 1 AEUV. Zulässig in Markenlizenzvereinbarungen sind **Qualitätskontrollvorschriften,**[87] **Bezugsbindungen bei Grundstoffen,**[88] **Geheimhaltungsverpflichtungen,** das **Verbot** der **Unterlizenzvergabe** oder das Verbot der **Übertragung** der **Rechte.**[89] Zulässig sind auch Verpflichtungen des Lizenznehmers, die zur **Erhaltung des Markenimage** notwendig sind, zB Vorschriften zur Ausgestaltung der Verpackung, sowie die Vereinbarung von **Ausübungspflichten** des Lizenznehmers, insbesondere Regelungen zu Mindestmengen oder Mindestlizenzgebühren.[90] **Nichtangriffsklauseln** werden in der Regel nur dann für unzulässig gehalten, wenn die Marke erhebliche Wettbewerbsvorteile bringt oder das Fehlen der Marke eine erhebliche Marktzutrittsschranke darstellt.[91] **Markenabgrenzungsvereinbarungen,** also Vereinbarungen, mit denen Markenrechtsinhaber die Schutzbereiche ihrer identischen oder ähnlichen Zeichen gegeneinander abgrenzen, um einen bereits anhängigen oder aber zukünftigen Markenrechtsstreit zu vermeiden, sind nicht von Art. 101 AEUV erfasst.[92] Auf weitergehende Wettbewerbsbeschränkungen ist Art. 101 Abs. 3 AEUV im Einzelfall anzuwenden.

VI. Allgemeine Urheberrechtslizenzen

72 Mit Ausnahme einer Softwareurheberrechtlizenz fällt eine Urheberrechtslizenz **im Rahmen einer Technologietransfer-Vereinbarung** nur insoweit unter die TT-GVO, als sie sich unmittelbar auf die Produktion oder den Verkauf der Vertragsprodukte bezieht. Darüber hinaus wird die Kommission die Grundsätze der TT-GVO auf die Vervielfältigung und Verbreitung eines urheberrechtlich geschützten Werkes entsprechend anwenden.[93] Für die Lizenzierung von Verleihrechten und Rechten der öffentlichen Wiedergabe wird dies nicht geschehen. Hier kommt nur eine Freistellung im Einzelfall nach Art. 101 Abs. 3 in Betracht.[94]

73 Auch bei Urheberrechten gilt aber, dass Vereinbarungen, die durch den Schutzzweck des lizenzierten Urheberrechts gerechtfertigt sind, also zum **spezifischen Gegenstand des lizenzierten Urheberrechts** gehören, bereits nicht unter Art. 101 Abs. 1 AEUV fallen und somit keine Einzelfallprüfung erforderlich ist. Hierzu gehört das Recht des Schutzrechtsinhabers, den geschützten Gegenstand gegen Zahlung einer Vergütung zu lizenzieren.[95] Das spezifische Schutzrecht gewährt ihm aber nur Anspruch auf angemessene Vergütung, nicht auf die höchstmög-

[85] EuGH Slg. 1990 I, 3711 (3758) Rn. 13 f. – HAG II; OLG Frankfurt a. M. Urt. v. 2.7.2013 – 11 U 4/12, BeckRS 2013, 16635; Wiedemann KartellR-HdB/Klawitter § 14 Rn. 348; Fezer § 30 MarkenG Rn. 61; Sack WRP 1999, 592 (594); Eufinger PharmR 2015, 385 (387).

[86] EuGH GRUR 2003, 55 (57) Rn. 48 – Arsenal; EuGH Slg. 1978, 1139 (1165) – Hoffmann-La Roche/Centrafarm; MüKoWettbR/Wolf Grundl. Rn. 1099; Bechthold/Bosch/Brinker AEUV Art. 101 Rn. 225; Mestmäcker/Schweitzer EuWettbR § 28 Rn. 42.

[87] Europäische Kommission GRUR Int. 1990, 626 (628) – Moosehead/Whitbread; Europäische Kommission ABl. 1978 L 70, 69 (74) – Campari; Fezer § 30 MarkenG Rn. 64; Ingerl/Rohnke § 30 Rn. 122; Wiedemann KartellR-HdB/Klawitter § 14 Rn. 348; vgl. auch MüKoWettbR/Wolf Grundl. Rn. 1099 ff.

[88] Europäische Kommission GRUR Int. 1990, 626 (628) – Moosehead/Whitbread; Bechthold/Bosch/Brinker Art. 101 AEUV Rn. 225; Wiedemann KartellR-HdB/Klawitter § 14 Rn. 348; Fezer § 30 MarkenG Rn. 65.

[89] Fezer MarkenG § 30 Rn. 64 f.; Ingerl/Rohnke MarkenG § 30 Rn. 122; Wiedemann KartellR-HdB/Klawitter § 14 Rn. 348.

[90] Fezer MarkenG § 30 Rn. 70 und 72; Ingerl/Rohnke MarkenG § 30 Rn. 122; LMRKM/Nordemann 3. Teil Rn. 61 und 63.

[91] Ingerl/Rohnke MarkenG § 30 Rn. 122; LMRKM/Nordemann 3. Teil Rn. 61; Bechthold/Bosch/Brinker AEUV Art. 101 Rn. 226.

[92] OLG Düsseldorf NZKart 2015, 109 (110); MüKo WettbR/Wolf Grundl. Rn. 1180 f.

[93] So ausdrücklich in den Leitlinien zur Vorgänger-GVO: Leitlinien zur Anwendung von Art. 81 EGV auf Technologietransfer-Vereinbarungen, ABl. 2004 C 101, 2 (10) Rn. 51; unklar insoweit: Leitlinien zur Anwendung von Art. 101 AEUV auf Technologietransfer-Vereinbarungen, ABl. 2014 C 89, 3 (13) Rn. 48.

[94] Leitlinien zur Anwendung von Art. 101 AEUV auf Technologietransfer-Vereinbarungen, ABl. 2014 C 89, 3 (13) Rn. 49.

[95] EuGH ZUM 2011, 803 (814) Rn. 107 – FAPL ua; LMRKM/Nordemann 3. Teil Rn. 79; Mestmäcker/Schweitzer EuWettbR § 29 Rn. 38.

liche.[96] Auch stellt allein die Einräumung einer **ausschließlichen Lizenz** keinen Verstoß gegen Art. 101 Abs. 1 AEUV dar.[97]

Wird eine **räumliche Beschränkung** vereinbart, darf diese nicht dazu führen, dass nationale Märkte wieder künstlich abgeschottet werden.[98] So hat der *EuGH* es als Verstoß gegen Art. 101 Abs. 1 AEUV angesehen, einem Sendeunternehmen (als Lizenznehmer) zu verbieten, Decodiervorrichtungen auch außerhalb des vom Lizenzvertrag erfassten Gebiets zur Verfügung zu stellen, um damit den Nutzern zu ermöglichen, die Ausstrahlungen des Rechteinhabers empfangen zu können.[99] 74

VII. Lizenzen als bloße Nebenabrede

Lizenzen können auch lediglich eine so genannte **Nebenabrede** zur Durchführung eines anderen Hauptzwecks darstellen. Im Wettbewerbsrecht der Union bedeutet der Begriff der Nebenabrede jede mit der Durchführung einer Hauptmaßnahme unmittelbar verbundene und für diese notwendige Einschränkung.[100] Werden Nebenabreden zur Durchführung eines nicht wettbewerbsbeschränkenden anderen Hauptzwecks getroffen, sind diese kartellrechtlich **zulässig,** wenn die Nebenabrede **für die Durchführung des Hauptzwecks erforderlich** und **angemessen** ist. Es liegt dann kein Verstoß gegen Art. 101 Abs. 1 AEUV vor.[101] Eine Nebenabrede folgt damit dem Schicksal des Hauptzwecks. Ist der Hauptzweck nach Art. 101 Abs. 1 AEUV zulässig, ist es auch die Nebenabrede. Eine Freistellung nach Art. 101 Abs. 3 AEUV umfasst auch die Nebenabrede.[102] Geht allerdings die Nebenabrede über das für die Verwirklichung dieses Hauptzwecks Notwendige hinaus, ist sie getrennt an Art. 101 Abs. 3 AEUV zu messen.[103] 75

VIII. Prozessuale Beweislast

Im Zivilprozess muss die Partei, die sich auf die Unwirksamkeit einer Vereinbarung nach Art. 101 Abs. 2 AEUV beruft, die allgemeinen **Voraussetzungen des Art. 101 Abs. 1 AEUV** beweisen, also die (spürbare) Wettbewerbsbeschränkung sowie die Eignung zur Beeinträchtigung des zwischenstaatlichen Handels.[104] Sofern ihr dies gelingt, ist es Sache der anderen Partei, die **Anspruchsvoraussetzungen** für eine Gruppen- oder Einzelfreistellung nach **Art. 101 Abs. 3 AEUV** zu beweisen.[105] 76

Im Rahmen einer **Gruppenfreistellung** muss die Partei, die sich auf eine Freistellung hiernach beruft, zunächst beweisen, dass die Gruppenfreistellungsverordnung überhaupt anwendbar ist. Sie muss daher beweisen, dass die getroffene Vereinbarung von der Art der Vereinbarung her von der Gruppenfreistellungsverordnung erfasst ist, also zum Beispiel eine Technologietransfer-Vereinbarung darstellt. Weiterhin muss sie darlegen und beweisen, dass die vorgegebenen Marktanteilsschwellen nicht überschritten sind.[106] Sieht man die Kernbeschränkungen zutreffenderweise als Ausnahmetatbestand zur grundsätzlich gegebenen Freistellung an, trifft die Beweislast für das Vorliegen von Kernbeschränkungen die Partei, die sich auf die Unwirksamkeit beruft. Die Ausnahmen zu den Kernbeschränkungen hat wiederum die Partei zu beweisen, die sich auf den Vorteil der Gruppenfreistellung beruft. Nicht freigestellte Beschränkungen wie zB die in Art. 5 77

96 EuGH ZUM 2011, 803 (814) Rn. 108 – FAPL ua; LMRKM/Nordemann 3. Teil Rn. 79.

97 EuGH ZUM 2011, 803 (814) Rn. 137 – FAPL ua; Brost ZUM 2016, 689 (692).

98 EuGH ZUM 2011, 803 (814) Rn. 139 – FAPL ua

99 EuGH ZUM 2011, 803 – FAPL ua; vgl. hierzu LMRKM/Nordemann 3. Teil Rn. 83; Brost ZUM 2016, 689 (692).

100 Leitlinien der Europäischen Kommission zur Anwendung von Art. 81 Abs. 3 EGV, ABl. 2004 C 101, 97 (101) Rn. 29; BGH GRUR 2021, 1213 (1214) Rn. 25 – Booking.com; LMRKM/ Grave/Nyberg Art. 101 Abs. 1 AEUV Rn. 280.

101 EuGH NZKart 2015, 44 (47) Rn. 89 – MasterCard Inc./Kommission; BGH NZKart 2016, 280 (281) Rn. 17 – Laborchemikalien; MüKo WettbR/Säcker/Zorn Art. 101 AEUV Rn. 225.

102 LMRKM/ Grave/ Nyberg Art. 101 Abs. 1 AEUV Rn. 279.

103 EuGH Slg. 1992 II, 1931 (1962) Rn. 78 – Dansk Pelsdyravlerforening; BGH GRUR 2021, 1213 (1214) Rn. 27 f. – Booking.com; LMRKM/Grave/Nyberg Art. 101 Abs. 1 AEUV Rn. 280.

104 EuG NZKart 2013, 244 f. Rn. 68 ff. – GEMA; LMRKM/ Grave/Nyberg Art. 101 Abs. 1 AEUV Rn. 78; vgl. hierzu auch die Regelung der Beweislast in Art 2 der VO (EG) 1/2003, ABl. 2003 L 1, 1.

105 Vgl. Art 2 der VO (EG) 1/2003, ABl. 2003 L 1, 1; LMRKM/Grave/Nyberg Art. 101 Abs 1 AEUV Rn. 78.

106 MüKo WettbR/Nagel Gruppenfreistellungsverordnungen Einleitung Rn. 119; Loewenheim/Meessen/Riesenkampff/Zuber Art. 2 VerfVO Rn. 10; Ackermann EuZW 1999, 741 (744).

der TT-GVO sind als Ausnahmen zur generell gegebenen Freistellung von der Partei zu beweisen, die sich auf Nichtigkeit beruft.

78 Im Rahmen einer **Anwendung von Art. 101 Abs. 3 AEUV im Einzelfall** ist diejenige Partei, die sich auf eine solche Freistellung im Einzelfall beruft, verpflichtet, das Vorliegen aller Freistellungsvoraussetzungen zu beweisen.[107] Fehlt es auch nur an einer Voraussetzung, ist die Vereinbarung nicht freigestellt.[108]

79 Für eine **Verletzung von Art. 102 AEUV** trägt die Partei bzw. die Behörde die Beweislast, die eine solche Verletzung geltend macht.[109]

80 **Checkliste: Kartellrechtliche Prüfung von Lizenzvereinbarungen**

- ☐ Wettbewerbsbeschränkung gegeben?
- ☐ Spürbarkeit der Wettbewerbsbeschränkung?
- ☐ Zwischenstaatlichkeit erfüllt und damit europäisches Kartellrecht anwendbar?
- ☐ Liegen die Voraussetzungen einer Gruppenfreistellungsverordnung vor?
  - Welche Gruppenfreistellungsverordnung ist von der Art der Vereinbarung einschlägig?
  - Sind die vorgesehenen Marktanteilsschwellen nicht überschritten?
  - Liegen Kernbeschränkungen vor?
  - Sind einzelne Klauseln nicht freigestellt?
- ☐ Liegen die Voraussetzungen einer Freistellung anhand einer Anwendung von Art. 101 Abs. 3 AEUV im Einzelfall vor?
- ☐ Liegt ein Missbrauch einer marktbeherrschenden Stellung vor?
- ☐ Kommt dem deutschen Kartellrecht selbstständige Bedeutung zu und ist dieses daher zu prüfen?

[107] BGH NZKart 2016, 280 (281) Rn. 19; LMRKM/Zuber Art. 2 VerfVO Rn. 7.
[108] EuGH Slg. 1994 II, 595, 631 (Rn. 104) – Hachette.
[109] Vgl. Art 2 der VO (EG) 1/2003, ABl. 2003 L 1, 1; Bechthold/Bosch/Brinker VO 1/2003 Art. 2 Rn. 8.

Teil H. Besonderheiten in der Insolvenz

§ 48 Gewerbliche Schutzrechte in der Insolvenz

Übersicht

I. Einleitung

1 Gewerbliche Schutzrechte sind nicht selten ein wesentlicher Bestandteil des Vermögens von Unternehmen. Als dingliche Rechte sind sie in der Insolvenz eines Unternehmens Gegenstand der Insolvenzmasse. Das Gleiche gilt für dingliche Nutzungsrechte an gewerblichen Schutzrechten. Der Insolvenzverwalter ist deshalb grundsätzlich berechtigt, über diese Rechte zugunsten der Masse Verfügungen zu treffen, etwa durch deren Übertragung auf Dritte oder durch die Einräumung von Nutzungsrechten daran. Beschränkungen der Verfügungsbefugnis des Insolvenzverwalters können sich aus spezifischen Vorschriften zu den jeweiligen Immaterialgüterrechten oder aufgrund von Rechten Dritter ergeben. Die Übertragung von Urheberrechten als Ganzes ist gesetzlich ausgeschlossen, die Übertragung ausschließlicher urheberrechtlicher Nutzungsrechte bedarf der Zustimmung des Urhebers. Rechte Dritter können der Verwertungsbefugnis des Insolvenzverwalters entgegen stehen, wenn der Schuldner sein Schutzrecht vor der Insolvenzeröffnung zur Sicherheit auf einen Dritten übertragen, verpfändet oder mit einem Dritten einen Lizenzvertrag geschlossen hat.

2 Besondere Aufmerksamkeit wird seit dem Inkrafttreten der InsO der rechtlichen Behandlung von Lizenzverträgen in der Insolvenz gewidmet. Mangels spezifischer Vorschriften in den Gesetzen zu den jeweiligen gewerblichen Schutzrechten und der InsO richtet sich das Schicksal eines Lizenzvertrages nach Eröffnung des Insolvenzverfahrens über das Vermögen einer Vertragspartei nach den allgemeinen Vorschriften der InsO.[1] Die viel diskutierte Kernfrage ist, ob und ggf. unter welchen Voraussetzungen ein Lizenzvertrag in der Insolvenz von Lizenzgeber oder Lizenznehmer insolvenzfest gestaltet werden kann.[2] Die Rechtsprechung hat sich vor einigen Jahren intensiver mit der „Insolvenzfestigkeit" verschiedener vertraglicher Gestaltungen beschäftigt. Diese Entscheidungen geben den Parteien einige Anhaltspunkte für die Vertragsgestaltung an die Hand. Generelle Rechtssicherheit über das Schicksal der Lizenz in der Insolvenz haben aber auch diese Entscheidungen bislang nicht zu bringen vermocht.[3] Dies mag ein Grund dafür sein, warum Insolvenzverwalter in der Praxis nach wie vor häufig dazu neigen, Konflikte mit Lizenzpartnern zu vermeiden und eine außergerichtliche Einigung zu erzielen, auch wenn diese die Interessen der Insolvenzgläubiger nicht immer ausreichend befriedigt.

II. Die Verwertung gewerblicher Schutzrechte durch den Insolvenzverwalter

1. Gewerbliche Schutzrechte als Gegenstand der Insolvenzmasse

3 Welche Rechtspositionen des Schuldners in die Insolvenzmasse fallen, ergibt sich aus einem Zusammenspiel der Regelungen der §§ 35, 36 InsO sowie den von § 36 InsO in Bezug genommenen Regelungen über die Zwangsvollstreckung. Daraus folgt, dass die Zugehörigkeit von Rechten zur Insolvenzmasse davon abhängt, ob es sich um **Vermögensrechte** handelt, die der Pfändung unterliegen können.

4 a) **Vermögensrechte.** In die Insolvenzmasse fällt das gesamte Vermögen des Schuldners, das ihm zum Zeitpunkt der Eröffnung des Verfahrens gehört. Alle Rechtspositionen, die einen Geldwert haben, stellen Vermögen im Sinne des § 35 InsO dar.[4] Der Zugriff auf höchstpersönliche Rechte des Schuldners bleibt den Gläubigern und dem in ihrem Interesse tätig werdenden Insolvenzverwalter dagegen versagt.

5 **Gewerbliche Schutzrechte,** also das Patent, das Gebrauchsmuster, das Design und die Marke, sind Vermögenswerte im Sinne des § 35 InsO. Nicht nur nationale Rechte, sondern auch die Unionsmarke,[5] das Gemeinschaftsgeschmacksmuster[6] und das europäische Einheitspatent[7] werden von einem Insolvenzverfahren in Deutschland erfasst, sofern der Insolvenzschuldner dort den „Mittelpunkt seiner hauptsächlichen (wirtschaftlichen) Interessen" hat.[8] Wegen seiner persönlichkeitsrechtlichen Prägung ist das **Urheberrecht** als Ganzes kein Vermögenswert im Sinne des § 35 InsO. Die ideelle Seite des Urheberrechts ist den Persönlichkeitsrechten zuzuordnen und fällt deshalb nicht in die Insolvenzmasse.[9] Das Urheberrecht stellt nur insoweit ein Vermögensrecht dar, wie die wirtschaftlichen Verwertungsbefugnisse reichen.[10] Lizenzen[11] an diesen Imma-

[1] Dazu, das Problem der Insolvenzfestigkeit von Lizenzen durch eine Regelung im materiellen Recht zu lösen, vgl. Stellungnahme der Deutschen Vereinigung für Gewerblichen Rechtsschutz und Urheberrecht e. V. zur Frage der Insolvenzfestigkeit von Lizenzen, GRUR 2008, 138 ff. Es bietet sich auch eine Regelung der Problematik in einem „allgemeinen Teil der Rechte des geistigen Eigentums" an (vgl. dazu Ahrens GRUR 2006, 617 (623)).

[2] Vgl. Hombrecher WRP 2006, 219 ff.; Graef ZUM 2006, 104 ff.; Plath/Scherenberg CR 2006, 153 ff.; Plath CR 2006, 217 ff.; Grützmacher CR 2006, 289 ff.; Berger NZI 2006, 380 ff.; Smid/Lieder DZWIR 2005, 7 ff.; Bausch NZI 2005, 289 ff.; Plath CR 2005, 613 ff.; Koehler/Ludwig WRP 2006, 1342 ff.

[3] BGH GRUR 2016, 201 = NZI 2016, 97; LG München ZIP 2014, 2406; OLG München GRUR 2013, 1125 = NZI 2013, 899; LG München GRUR-RR 2012, 142; BGH NJW 2012, 3301; BGH NJW 2006, 915 = NZI 2006, 229; LG Mannheim ZIP 2004, 576 (577).

[4] Uhlenbruck/Hirte InsO § 35 Rn. 1.

[5] Art 24 (1) UMV.

[6] Art 31 (1) GGV.

[7] Art. 7 der VO (EU) Nr. 1257/201.

[8] Der Begriff ist (widerlegbar) definiert in Art. 3 (1) EuInsO.

[9] Vgl. zur Zuordnung der ideellen Seite des Urheberrechts zum Persönlichkeitsrecht: Schricker/Loewenheim/Peukert UrhG vor §§ 12 ff. Rn. 3 ff.

[10] Schwab KTS 1999, 49 (51).

[11] Der Begriff „Lizenz" wird vornehmlich im Bereich der gewerblichen Schutzrechte, wie etwa dem Patentrecht, dem Gebrauchsmusterrecht und dem Markenrecht verwendet, während im Immaterialgüterrecht, also im Urheberrecht und Verlagsrecht der Begriff „Nutzungsrecht" gebraucht wird. In diesem Beitrag soll zwischen diesen Begriffen nicht unterschieden werden; sie werden vielmehr synonym verwendet.

terialgüterrechten sind ebenfalls Gegenstand des Vermögens, soweit sie dinglicher Natur sind. Auch Geschäftsgeheimnisse und andere Daten fallen in die Insolvenzmasse.[12]

6 **b) Pfändbarkeit.** Gewerbliche Schutzrechte und die von ihnen abgeleiteten Lizenzrechte sind grundsätzlich pfändbar nach § 857 Abs. 1 ZPO („**andere Vermögensrechte**"). Eingeschränkt wird die Vollstreckung nur durch die Pfändungsschutzvorschriften der §§ 850 ff. ZPO und 765a ZPO. Von besonderer praktischer Bedeutung ist im Bereich der Immaterialgüterrechte die Einschränkung des § 851 Abs. 1 ZPO, der für die Vollstreckung in „andere Vermögensrechte" nach § 857 Abs. 1 ZPO entsprechend gilt. Danach ist ein „anderes Vermögensrecht" der Pfändung nur insoweit unterworfen, als es übertragbar ist.[13] Das Patent (vgl. § 15 Abs. 1 PatG), das Gebrauchsmuster (vgl. § 22 Abs. 1 GebrMG), das Design (vgl. § 29 DesignG) und die Marke (vgl. § 27 MarkenG) sind frei übertragbar und damit pfändbar. Unionsmarken sind ebenfalls frei übertragbar und pfändbar. Hier gilt allerdings die Besonderheit, dass Lizenzen und Pfandrechte grds. erst nach ihrer Eintragung in das Unionsmarkenregister Wirksamkeit gegenüber Dritten erlangen (Art. 22, 25, 27 Abs. 1 S. 1 UMV). Erwerber der Markenrechte, die zum Zeitpunkt des Erwerbs von der Lizenz oder dem Pfandrecht wussten sowie Erwerber der Markenrechte im Wege der Gesamtrechtsnachfolge können sich jedoch auf eine fehlende Eintragung nicht berufen (Art. 27 Abs. 1 S. 2, Abs. 2 UMV).[14] Das **Urheberrecht** ist dagegen gem. § 29 UrhG nicht übertragbar. Der Urheber kann jedoch gem. § 31 UrhG Dritten Nutzungsrechte an seinem Werk einräumen, die grundsätzlich übertragbar sind. Die Übertragung setzt nach § 34 Abs. 1 UrhG allerdings die Zustimmung des Urhebers voraus. Dieser Zustimmungsvorbehalt ist auch bei der Durchführung der Zwangsvollstreckung zu beachten. Das Urheberrechtsgesetz enthält darüber hinaus in den §§ 112 ff. spezielle Regelungen für die Zwangsvollstreckung in das Urheberrecht.

2. Verwertung gewerblicher Schutzrechte durch den Insolvenzverwalter

7 Verwertung heißt Umsetzen der Vermögensgegenstände in Geld. Der Insolvenzverwalter hat zunächst zu prüfen, welche Gegenstände Bestandteil der Insolvenzmasse sind und inwieweit Rechte Dritter bestehen. Festzustellen ist dabei etwa, ob der Insolvenzschuldner Inhaber eines Immaterialgüterrechts ist und dieses ausschließlich selbst nutzt, ob er an seinem Schutzrecht Nutzungsrechte an Dritte vergeben hat oder ob er lediglich Inhaber eines Nutzungsrechts aufgrund eines Lizenzvertrages mit dem Inhaber eines Immaterialgüterrechts oder eines anderen Nutzungsrechtsinhabers (Hauptlizenznehmer) ist. Im zweiten Schritt ist über die konkrete Art der Verwertung der massezugehörigen Gegenstände zu entscheiden. Dabei kommt grundsätzlich sowohl eine freihändige Veräußerung als auch eine öffentliche Versteigerung in Betracht.[15] Der Insolvenzverwalter ist berechtigt, die gewerblichen Schutzrechte des Schuldners zu veräußern und Dritten Nutzungsbefugnisse gegen Entgeltzahlung an den Schutzrechten einzuräumen. Ist der Schuldner Lizenznehmer kann der Insolvenzverwalter die Lizenz durch Weiterveräußerung und die Einräumung von Unterlizenzen verwerten, sofern dies nicht durch Gesetz oder durch die zugrunde liegende Lizenzvereinbarung mit dem Lizenzgeber ausgeschlossen ist.[16] Ein einfaches Nutzungsrecht kann nach einem Teil der Literatur wegen Verstoßes gegen § 399 BGB nicht wirksam übertragen werden.[17] Der Insolvenzverwalter wird seine Verwertungsentscheidung davon abhängig machen, welche Maßnahme den größtmöglichen wirtschaftlichen Nutzen für die Masse verspricht.

8 In der **Insolvenz des Lizenzgebers** wird die Art der Verwertung des Schutzrechts davon abhängen, ob der Geschäftsbetrieb des insolventen Unternehmens fortgeführt wird und inwieweit das Schutzrecht hierfür von Bedeutung ist. Eine Fortführung durch den Insolvenzschuldner kommt insbesondere im Rahmen eines Insolvenzplans in Betracht. Eine Veräußerung des Schutzrechtes kann einerseits im Rahmen einer übertragenden Sanierung an einen Investor erfolgen, der den Geschäftsbetrieb fortsetzen will. Wenn das Unternehmen nicht fortgeführt werden soll oder wenn das Schutzrecht für die Fortführung des Unternehmens nicht von Interesse ist, kommt andererseits auch eine isolierte Veräußerung des Schutzrechts in Betracht. In die Überlegungen ein-

[12] Vgl. Schuster/Tobuschat GRUR-Prax 2019, 248; Berberich/Kanschik NZI 2017, 1 (2), jeweils mwN.

[13] Stein/Jonas/Brehm ZPO § 857 Rn. 13.

[14] BGH GRUR 2016, 201 Rn. 58 ff.

[15] Vgl. Andres/Leithaus InsO § 159 Rn. 13; Uhlenbruck/Zipperer InsO § 159 Rn. 3 ff.

[16] Zur Zulässigkeit der Übertragung von Nutzungsrechten vgl. für das Urheberrecht Schricker/Loewenheim/Ohly UrhG § 34 Rn. 14 ff.; für das Markenrecht Ströbele/Hacker/Thiering/Hacker MarkenG § 30 Rn. 76, 77; für das Patentrecht Mes PatG § 15 Rn. 33–35.

[17] Zum Streitstand für die einzelnen Schutzrechte vgl. die weiterführende Literatur in Fn. 15.

zustellen ist auch die Höhe der Einnahmen, die sich aus der Einräumung von Lizenzen an dem Schutzrecht erzielen lassen.

9 Ähnliche Erwägungen sind auch vom Insolvenzverwalter in der **Insolvenz des Lizenznehmers** anzustellen. Auch er wird zunächst prüfen, ob eine Fortführung des Geschäftsbetriebes möglich ist und inwieweit zu diesem Zweck die Nutzung der Lizenz erforderlich ist. Bei der wirtschaftlichen Bewertung der Lizenz zu berücksichtigen sind auch Einnahmen, die dem Schuldner durch Zahlungen von Unterlizenznehmern zufließen. Erweist sich die weitere Nutzung der Lizenz mit Rücksicht auf die an den Lizenzgeber zu zahlende Vergütung als unwirtschaftlich, sollte der Insolvenzverwalter die Nichterfüllung des Lizenzvertrages gem. § 103 InsO wählen, sofern die Voraussetzungen dafür vorliegen. Der **Erwerber einer Unterlizenz** an einem zur Insolvenzmasse gehörenden Nutzungsrecht sollte sorgfältig prüfen, ob der Insolvenzverwalter zur Verfügung über die lizenzierten Rechte berechtigt ist. Ein gutgläubiger Erwerb ist ausgeschlossen, wenn der Schuldner nicht (mehr) Rechtsinhaber ist. Der Insolvenzverwalter wird in der Regel versuchen, einen weitgehenden Haftungsausschluss für den Bestand des Rechts zu vereinbaren. Sieht der Hauptlizenzvertrag mit dem Rechteinhaber eine fortlaufende Zahlung von Lizenzgebühren vor, sollte der Erwerber auf die Übernahme einer Garantie durch den Insolvenzverwalter drängen, dass dieser den Zahlungsverpflichtungen nachkommt,[18] um das Risiko einer außerordentlichen Kündigung des Hauptlizenzvertrages durch den Hauptlizenzgeber zu vermeiden. Sollte sich dieses verwirklichen, steht dem Erwerber dann jedenfalls ein Schadensersatzanspruch gegen die Insolvenzmasse zu. Eine persönliche Einstandspflicht wird der Insolvenzverwalter dagegen üblicherweise ausschließen. Schließt der Erwerber einer Unterlizenz einen Lizenzvertrag mit längerer Laufzeit, sollte der Insolvenzverwalter die Möglichkeit der Übertragung des Nutzungsrechts und des Lizenzvertrages auf einen Dritten vereinbaren.[19] Anderenfalls könnte sich das Insolvenzverfahren über die gesamte Laufzeit des Lizenzvertrages hinziehen.

10 Verfügt der Insolvenzverwalter über das Immaterialgüterrecht oder ein Nutzungsrecht des Insolvenzschuldners durch Übertragung an einen Dritten oder Einräumung von Lizenzen, bestehen etwaige vor der Insolvenzeröffnung durch den Schuldner erteilte einfache und ausschließliche Lizenzen fort (**Sukzessionsschutz**).[20] Der Sukzessionsschutz gilt unabhängig von der Kenntnis des Erwerbers von den vorbestehenden Rechten. Der Erwerber des Vollrechts tritt dabei nicht in den schuldrechtlichen Lizenzvertrag ein. Er muss diesen aber gegen sich gelten lassen.

11 Zu beachten ist, dass § 160 InsO dem Insolvenzverwalter aufgibt, zu bestimmten, für das Verfahren besonders bedeutsamen Rechtshandlungen die **Zustimmung des Gläubigerausschusses** oder der Gläubigerversammlung einzuholen. Dies gilt unter Umständen auch für die Übertragung eines Rechtes oder für die Einräumung einer Lizenz.[21] Aus der fehlenden Einholung der Zustimmung ergeben sich aber für den Erwerber des Rechtes oder für den Lizenznehmer keine Risiken, weil § 164 InsO bestimmt, dass der Verstoß die Wirksamkeit der Rechtshandlungen des Insolvenzverwalters nicht berührt.

3. Beschränkungen der Verwertungsbefugnisse

12 Sind die Immaterialgüterrechte und dinglichen Nutzungsrechte des Insolvenzschuldners mit Rechten Dritter belastet, unterliegt die Verwertungsbefugnis des Insolvenzverwalters den allgemeinen Beschränkungen der InsO. Dabei ist zwischen Aus- und Absonderungsansprüchen zu unterscheiden. Fällt der Vermögensgegenstand nicht in die Masse, ist der Dritte aussonderungsberechtigt, § 47 InsO. Ein Verwertungsrecht des Verwalters an diesen Gegenständen besteht nicht. Sind die Vermögensgegenstände mit Absonderungsrechten belastet, ergeben sich die Verwertungsrechte des Verwalters aus den §§ 165 ff. InsO.

13 **a) Sicherungsabtretung.** Der Inhaber von gewerblichen Schutzrechten kann diese zur Sicherheit – etwa als Kreditsicherheit – an Dritte übertragen. Auf zuvor abgeschlossene Lizenzverträge hat dies aufgrund des bestehenden Sukzessionsschutzes keine Auswirkungen. In der Insolvenz des Sicherungsgebers begründet die Sicherungsabtretung gem. § 51 Nr. 1 InsO ein Absonderungsrecht.[22] Der Absonderungsberechtigte kann nach Maßgabe der §§ 166 ff. InsO den

[18] Vgl. Wandtke/Bullinger/Bullinger InsO §§ 103–108 Rn. 20.

[19] Dies setzt freilich voraus, dass die Übertragung des Nutzungsrechts des Schuldners nicht gesetzlich (§ 34 UrhG) oder aufgrund Vereinbarung mit dem Schutzrechtsinhaber ausgeschlossen ist.

[20] Vgl. § 30 Abs. 5 MarkenG; § 15 Abs. 3 PatentG; § 33 UrhG; § 22 Abs. 3 GebrMG; § 31 Abs. 5 DesignG.

[21] Vgl. Wandtke/Bullinger/Bullinger InsO §§ 103–108 Rn. 19.

[22] Hölder/Schmoll GRUR 2004, 830 (831).

Verwertungserlös in Höhe seiner Forderung, für die das Absonderungsrecht besteht, beanspruchen.

Gleichermaßen kann der Lizenznehmer die ihm eingeräumten **dinglichen Nutzungsrechte** aus dem Lizenzvertrag zur Sicherheit an einen Sicherungsnehmer abtreten. In der Insolvenz des Lizenznehmers/Sicherungsgebers wäre der Sicherungsnehmer ebenfalls zur abgesonderten Befriedigung berechtigt. Dies setzt freilich voraus, dass das jeweilige Nutzungsrecht übertragen werden kann, was nicht übereinstimmend befürwortet wird.[23] Für den Sicherungsnehmer sind Nutzungsrechte als Sicherheit nicht ohne Risiko. Macht der Insolvenzverwalter in der Insolvenz des Lizenznehmers von seinem Recht Gebrauch, gem. § 103 InsO die Nichterfüllung des Lizenzvertrages zu wählen, kann dem Absonderungsrecht des Sicherungsnehmers die Rechtsgrundlage entzogen werden, wenn das Nutzungsrecht an den Lizenzgeber zurückfällt.[24] 14

Die Insolvenzordnung enthält keine ausdrückliche Regelung, wem das Verwertungsrecht an zur Sicherheit abgetretenen Schutzrechten zusteht. Es ist daher streitig, ob die Verwertung analog § 166 InsO vom Insolvenzverwalter oder gemäß § 173 InsO vom Sicherungsnehmer selbst vorzunehmen ist.[25] 15

b) Pfandrecht und Nießbrauch. Gewerbliche Schutzrechte und dingliche Nutzungsrechte können durch Pfandrechts- oder Nießbrauchbestellungen belastet werden. Diese stehen der uneingeschränkten Verwertung durch den Insolvenzverwalter entgegen. Der **Nießbrauch** an einem Recht ist ein beschränkt dingliches Recht (§ 1069 BGB), aufgrund dessen der Berechtigte die **Aussonderung** gem. § 47 InsO verlangen kann.[26] Das Nutzungsrecht ist der Insolvenzmasse von vornherein entzogen. Der Inhaber eines **Pfandrechts** hat einen Anspruch auf **abgesonderte Befriedigung** aus dem Pfandgegenstand (§ 50 InsO). Er hat also einen Anspruch auf Erfüllung seiner gesicherten Geldforderung aus dem Erlös, der aus der Verwertung des gepfändeten Schutzrechts erzielt wird. 16

III. Lizenzverträge in der Insolvenz

1. Allgemeines

Die Beantwortung der Frage, wie Lizenzverträge in der Insolvenz zu behandeln sind, ist nicht nur für den Insolvenzverwalter von Bedeutung. Dieser ist verpflichtet, das gesamte Vermögen des Insolvenzschuldners zu Gunsten der Gläubiger zu realisieren. Lizenzgeber und Lizenznehmer sollten die Augen vor der Möglichkeit einer Insolvenz des Vertragspartners bei Abschluss des Lizenzvertrages nicht verschließen. Die wirtschaftliche Existenz des Lizenznehmers hängt nicht selten von dem Fortbestand der Lizenz in der Insolvenz des Lizenzgebers ab. Die Möglichkeit der Gestaltung insolvenzfester Lizenzverträge spielt deshalb auch für die Entscheidung von Unternehmen, in die Forschung und Entwicklung von technischen oder pharmazeutischen Produkten zu investieren, eine nicht zu unterschätzende Rolle. Im Bereich technischer Schutzrechte (Patente und Gebrauchsmuster) wendet ein Lizenznehmer nach dem Erwerb eines Nutzungsrechts für die Entwicklung eines marktreifen Erzeugnisses häufig zunächst erhebliche finanzielle Mittel auf, die erst zu einem späteren Zeitpunkt durch die Vermarktung amortisiert werden können. Diese Investitionen würden sich als nutzlos erweisen, wenn die Lizenz im Falle der Insolvenz des Lizenzgebers frühzeitig an diesen zurückfallen würde. Mit Rücksicht auf die Interessen der verwertenden Industrien am Fortbestand von Lizenzverträgen in der Insolvenz des Lizenzgebers ist der Schwerpunkt der Diskussion in der Literatur auf die Frage gerichtet, wie ein Rückfall der Lizenz in diesen Fällen vermieden werden kann. 17

Seit dem Inkrafttreten der Insolvenzordnung am 1.1.1999 sind Lizenzverträge nach der hM grundsätzlich nicht „insolvenzfest".[27] Unter der Geltung der Konkursordnung herrschte noch die Auffassung vor, dass im Falle des Konkurses des Lizenzgebers nach § 21 KO analog auch der 18

[23] Vgl. oben Fn. 15.

[24] Zu den Rechtsfolgen für die Lizenz im Falle der Wahl der Nichterfüllung durch den Insolvenzverwalter vgl. unter unter → Rn. 39 ff.

[25] Vgl. Andres/Leithaus § 166 Rn. 17; Uhlenbruck/Brinkmann § 166 Rn. 35 ff.; MüKoInsO/Tetzlaff § 166 Rn. 101–104 mit weiteren Nachweisen zum Streitstand.

[26] Uhlenbruck/Brinkmann InsO § 47 Rn. 55.

[27] BGH NJW 2006, 915 = NZI 2006, 229; LG Mannheim ZIP 2004, 576 (577); Hombrecher WRP 2006, 219; Berger GRUR 2004, 20.

Lizenzvertrag fortbestand.[28] Der dem § 21 KO nachfolgende § 108 Abs. 1 InsO soll auf Lizenzverträge nicht mehr analog anwendbar sein.[29] Seither werden in der Literatur verschiedene Möglichkeiten für die „insolvenzfeste" Gestaltung von Lizenzverträgen oder zumindest der auf ihrer Grundlage erteilten Lizenzen zur Diskussion gestellt. Der Bundesgerichtshof hat die Auseinandersetzung mit einer Reihe von Entscheidungen, beginnend mit der Entscheidung vom 17.11.2005 „Softwarenutzungsrecht", seither weiter belebt.[30]

2. Reformansätze zur Behandlung von Lizenzverträgen in der Insolvenz

19 Immer wieder wurde und wird eine gesetzliche Regelung zur Insolvenzfestigkeit von Lizenzverträgen gefordert. Nicht zuletzt infolge intensiver Lobbyarbeit wurden seit 2007 mehrere Anläufe einer Kodifizierung unternommen, bislang jedoch ohne Erfolg. Zunächst wurde im Rahmen des Regierungsentwurfs eines Gesetzes zur Entschuldung mittelloser Personen, zur Stärkung der Gläubigerrechte sowie zur Regelung der Insolvenzfestigkeit von Lizenzen vom 22.8.2007[31] die Einführung eines § 108a InsO vorgeschlagen, mit dem die Insolvenzfestigkeit von Lizenzverträgen in der Insolvenz des Lizenzgebers sichergestellt werden sollte. Der Regierungsentwurf hatte zunächst zu einer kontroversen Diskussion geführt, ob eine Bevorzugung der Gläubigerrechte von Lizenznehmern überhaupt wünschenswert ist.[32] Zu einer Umsetzung des Gesetzgebungsvorschlages ist es jedoch nicht gekommen. Der Gedanke einer gesetzlichen Regelung zur Sicherung der Rechtsposition des Lizenznehmers in der Insolvenz des Lizenzgebers wurde mit dem Entwurf für ein Gesetz zur Verkürzung des Restschuldbefreiungsverfahrens, zur Stärkung der Gläubigerrechte und zur Insolvenzfestigkeit von Lizenzen[33] erneut aufgegriffen. Die wiederum als § 108a InsO vorgesehene Neuregelung ging von einem anderen Regelungsansatz aus als der im Jahr 2007 vorgelegte Vorschlag, da nicht das Wahlrecht des Insolvenzverwalters ausgeschlossen, sondern dem Lizenznehmer ein Anspruch auf Neuabschluss eines Vertrages eingeräumt werden sollte, wenn der Insolvenzverwalter die Erfüllung des bestehenden Lizenzvertrages nach § 103 InsO ablehnt. Maßgeblich waren demnach nicht die ursprünglichen vertraglichen Vereinbarungen, sondern eine objektiv angemessene Beteiligung an den Erträgen des Inhabers des Nutzungsrechts. Können sich Insolvenzverwalter und Vertragspartner hierüber nicht verständigen, sollte dies nach Abs. 3 vor dem Prozessgericht zu klären sein. Gegenüber § 108a RegE-InsO 2007, der vom Insolvenzverwalter den Nachweis der Unangemessenheit als Voraussetzung einer Anpassung der Vergütung verlangte, hätte der Referentenentwurf daher eine deutlich verbesserte Verhandlungsposition gebracht.[34] Auch der § 108a RefE-InsO 2012 wurde jedoch nicht umgesetzt. Seitdem hat es keine neuen Anläufe für eine gesetzliche Regelung gegeben, und eine gesetzgeberische Lösung in naher Zukunft erscheint unwahrscheinlich.

3. Das Wahlrecht des Insolvenzverwalters

20 Die Eröffnung des Insolvenzverfahrens hat zur Folge, dass das Recht des Schuldners, das zur Insolvenzmasse gehörende Vermögen zu verwalten und darüber zu verfügen, auf den Insolvenzverwalter übergeht, § 80 Abs. 1 InsO.

21 Das Schicksal gegenseitiger Verträge beurteilt sich im Falle der Insolvenzverfahrenseröffnung nach den §§ 103 ff. InsO. Dabei regelt § 103 InsO als Grundsatz ein Wahlrecht des Insolvenzverwalters, während die nachfolgenden Paragraphen Sonderregelungen für bestimmte Vertragstypen enthalten. Sofern ein gegenseitiger Vertrag im Zeitpunkt der Eröffnung des Insolvenzverfahrens von beiden Vertragsparteien noch nicht vollständig erfüllt ist, hat der Insolvenzverwalter nach § 103 Abs. 1 InsO ein Wahlrecht, ob er diesen anstelle des Schuldners erfüllt und vom anderen Teil die Erfüllung verlangt oder ob er die Erfüllung verweigert. Die gegenseitigen Erfüllungsan-

[28] BGH NJW-RR 1995, 936 = KTS 1995, 656 (658); Kuhn/Uhlenbruck KO § 21 Rn. 4a; Jaeger/Henckel InsO § 21 Rn. 6; Hess InsO § 21 Rn. 2.

[29] Paulus ZIP 1996, 2 (5 f.); Grützmacher CR 2006, 289; v. Westerholt/Joppich ZUM 2003, 262 (263); Beyerlein EWiR 2004, 767 (768); Smid/Lieder DZWir 2005, 7 (15); Hoffmann ZInsO 2003, 732 (741); Hombrecher WRP 2006, 219; aA Fezer WRP 2004, 793 ff.; Koehler/Ludwig WRP 2006, 1342 (1344).

[30] BGH NJW 2006, 915 = NZI 2006, 229.

[31] BT-Drs. 16/7416.

[32] S. Stellungnahmen der Sachverständigen im Anhörungsverfahren vor dem Rechtsausschuss am 23.4.2008 unter http://www.bundestag.de/ausschuesse/a06/anhoerungen/33_Insolvenz-Teil_II/04_Stellungnahmen/index.html.

[33] Referentenentwurf des Bundesministeriums der Justiz vom 23.1.2012, veröffentlicht unter www.bmj.de; BR-Drs. 495/15; Holfzer, NZI 2014, 337.

[34] Vgl. Wimmer ZIP 2012, 545 (552).

sprüche der Vertragsparteien erlöschen infolge der Verfahrenseröffnung nicht; sie verlieren lediglich ihre Durchsetzbarkeit.[35] Das Wahlrecht des § 103 Abs. 1 InsO erlaubt dem Insolvenzverwalter, die Insolvenzmasse zu Gunsten der Gläubiger zu vermehren, indem er lukrative Verträge erfüllt, oder vor Verlusten zu bewahren, indem er die Erfüllung verlustbringender Verträge ablehnt.[36] Das in § 103 Abs. 1 InsO vorausgesetzte Erfordernis der „nicht vollständigen Erfüllung des Vertrages durch beide Parteien" wird bei Lizenzverträgen häufig vorliegen. Das Wahlrecht des Insolvenzverwalters ist ausgeschlossen bei Verträgen, die von einer der Vertragsparteien oder beiden bereits vollständig erfüllt sind. Diese bleiben von der Insolvenz unberührt, sofern nicht ein Anfechtungstatbestand nach §§ 129 ff. InsO greift. Einseitig noch offene Ansprüche kann der Insolvenzverwalter zu Gunsten der Masse durchsetzen. Bestehen einseitig noch Verbindlichkeiten des Schuldners sind diese als vor Eröffnung des Insolvenzverfahrens begründete Forderungen Insolvenzforderungen (§ 38 InsO), so dass der Vertragspartner auf diese lediglich eine Zahlung in Höhe der Insolvenzquote und damit in der Regel keine vollständige Befriedigung erhalten wird.

22 Sofern der Insolvenzverwalter die Erfüllung des Lizenzvertrages verlangt, wird der Vertrag mit Wirkung für und gegen die Masse fortgesetzt (§ 55 Abs. 1 Nr. 2 InsO). Die zunächst nicht durchsetzbaren Rechte aus dem Vertrag werden zu Masseforderungen und Masseverbindlichkeiten.[37] Durch die Wahl der Nichterfüllung manifestiert der Insolvenzverwalter dauerhaft die Hemmung der Durchsetzbarkeit der noch nicht erfüllten Ansprüche aus dem Vertrag. Auch der Gläubiger ist zur weiteren Erfüllung des Vertrages nicht mehr verpflichtet. Ihm steht ggf. eine Forderung wegen Nichterfüllung zu, die er als Insolvenzforderung zur Tabelle anmelden kann, § 103 Abs. 2 S. 1 InsO.[38] Er erhält insoweit wiederum lediglich die Insolvenzquote und damit in aller Regel keine volle Befriedigung. Meldet der Gläubiger einen etwaigen Schadensersatzanspruch nicht zur Tabelle an, kann sein Erfüllungsanspruch den Abschluss des Insolvenzverfahrens überdauern, mit der Folge, dass er wieder durchsetzbar ist.[39] Dies ist allerdings praktisch lediglich dann von Bedeutung, wenn der Schuldner eine natürliche Person ist oder das Insolvenzverfahren bei einer juristischen Person oder Gesellschaft ohne Rechtspersönlichkeit nicht zu deren vollständiger Abwicklung führt, insbesondere weil es zu einer Fortführung auf der Grundlage eines Insolvenzplans kommt.

4. Keine analoge Anwendung von § 108 InsO auf Lizenzverträge

23 Gemäß § 108 Abs. 1 InsO bestehen Miet- und Pachtverhältnisse des Schuldners über unbewegliche Gegenstände oder Räume sowie Dienstverhältnisse des Schuldners mit Wirkung für die Insolvenzmasse fort. Sie sind mithin insolvenzfest. Lizenzverträge werden vom BGH äquivalent der Rechtspacht als Dauernutzungsverträge im Sinne der §§ 108, 112 InsO angesehen.[40] § 108 InsO ist auf Lizenzverträge nach überwiegender Auffassung dennoch nicht entsprechend anwendbar.[41]

24 Allerdings lassen sich für die von einer Mindermeinung in der Literatur vertretene[42] analoge Anwendung der Vorschrift auf Lizenzverträge auch bei nicht vollständig erfüllten Verträgen durchaus Argumente finden.[43] So lässt sich aus einer Analyse der Entwicklung des Gesetzgebungsverfahrens der InsO nicht entnehmen, dass der Gesetzgeber die Auswirkungen der Neuformulierung von § 108 Abs. 1 InsO gegenüber dem § 21 KO auf die Lizenzrechtspraxis erkannt hat. Ausweislich der Gesetzesbegründung zur InsO waren wesentliche Änderungen gegenüber der früheren Rechtslage nicht beabsichtigt.[44] Insoweit lässt sich das Vorliegen einer planwidrigen Regelungslücke durchaus begründen.[45] Auch besteht eine vergleichbare Interessenlage: Der Lizenznehmer, dessen Existenz von der Nutzungsbefugnis der Lizenz abhängen kann, ist ebenso schutzbedürftig wie der Mieter oder Pächter unbeweglicher Gegenstände oder Räume, der in der Insolvenz des Vermieters oder Verpächters auf den Bestand des zu Grunde liegenden Vertrages vertrauen darf. Angesichts der überwiegenden Auffassung in der Literatur und der Tatsache, dass

35 BGHZ 150, 353 = NJW 2002, 2783; MüKoInsO/Huber § 103 Rn. 4a; Uhlenbruck/Wegener InsO § 103 Rn. 8.
36 Vgl. Andres/Leithaus InsO § 103 Rn. 5; Uhlenbruck/Wegener § 103 Rn. 1 ff.
37 Vgl. MüKoInsO/Huber § 103 Rn. 39; BGHZ 150, 353 = NJW 2002, 2783.
38 Das Bestehen dieser Forderung ist unstreitig. Die Rechtsgrundlage ist dagegen streitig (vgl. dazu weiterführend Uhlenbruck/Wegener InsO § 103 Rn. 167 ff., 174). Die Rechtsprechung stützt den Anspruch auf §§ 325, 326 BGB.
39 Andres/Leithaus InsO § 103 Rn. 34.
40 BGH GRUR 2016, 201, Rn. 43 ECOSOIL.
41 Vgl. zu § 108 InsO die Nachweise in Fn. 32, BGH ECOSOIL, vgl. Fn. 40.
42 Fezer WRP 2004, 793 (800 ff.); Koehler/Ludwig NZI 2007, 79 (81); BeckOK UrhR/Rudolph UrhG Insolvenz Rn. 89–91.
43 Vgl. auch Koehler/Ludwig NZI 2007, 79 (81).
44 Begr. RegE v. 15.4.1992, BT-Drs. 12/2443, S. 114.
45 Vgl. Fezer, WRP 2004, 793.

der BGH die Anwendung von § 108 InsO auf noch nicht voll erfüllte Lizenzverträge in der Entscheidung ECOSOIL ebenfalls abgelehnt hat muss aber für die Praxis davon ausgegangen werden, dass sich im Streitfall ein Insolvenzverwalter darauf berufen würde, dass eine Analogie zu § 108 Abs. 1 InsO nicht in Betracht kommt und dass zumindest ein erhebliches Risiko besteht, dass auch ein Gericht diese Einschätzung teilen würde.

5. Keine vollständige Erfüllung im Sinne von § 103 Abs. 1 S. 1 InsO

25 Das Wahlrecht des Insolvenzverwalters gem. § 103 Abs. 1 InsO setzt voraus, dass der Lizenzvertrag vom Schuldner und dem anderen Teil nicht oder nicht vollständig erfüllt ist. Es stellt sich die Frage, unter welchen Voraussetzungen ein Lizenzvertrag als „noch nicht vollständig erfüllt" im Sinne von § 103 Abs. 1 S. 1 InsO gilt. Grundsätzlich ist ein Vertrag vollständig erfüllt, wenn die geschuldete Leistung so, wie sie nach dem Inhalt des Vertrages zu erbringen ist, bewirkt wird. Die Vornahme der Leistungshandlung genügt nicht. Es kommt vielmehr auf den Eintritt des Leistungserfolges an.[46] Nicht erfüllt ist ein Lizenzvertrag von Seiten des Lizenznehmers jedenfalls dann, wenn dieser die geschuldete Lizenzvergütung nicht (vollständig) erbracht hat. Auf Seiten des Lizenzgebers fehlt es an einer vollständigen Erfüllung, wenn dieser seine Verpflichtung zur Einräumung des lizenzierten Nutzungsrechts nicht erfüllt hat.

26 Ob und in welchen weiteren Fällen darüber hinaus eine nicht vollständige Erfüllung vorliegt, ist streitig. Im Schrifttum wird mit dem Hinweis auf den miet- und pachtähnlichen Charakter von Lizenzverträgen teilweise die Auffassung vertreten, dass diese stets dem Wahlrecht des Insolvenzverwalters unterliegen.[47] Danach erbringe der Lizenzgeber durch die Überlassung eines Nutzungsrechts eine fortwährende Leistung. Die Lizenzgewährung sei eine Dauerhandlung und nicht etwa ein einmaliger abgeschlossener Akt der Rechtseinräumung. Für die grundsätzliche Anwendbarkeit des § 103 Abs. 1 InsO auf Lizenzverträge wird weiter angeführt, dass das Wesen der Lizenz eine während der gesamten Vertragslaufzeit andauernde Duldungspflicht für den Lizenzgeber begründe.[48]

27 Dieser Auffassung kann in der Allgemeinheit nicht gefolgt werden. Richtigerweise ist nach der **Rechtsnatur** und der konkreten **Ausgestaltung des Lizenzvertrages** zu differenzieren.[49] Zu unterscheiden ist danach, ob der Lizenzvertrag mit Rücksicht auf die Nutzungsdauer und die Art der Vergütung als miet- oder pachtähnliches Dauerschuldverhältnis mit andauernden Pflichten oder kaufähnlich ausgestaltet ist. So handelt es sich jedenfalls bei einem Lizenzvertrag, mit dem der Lizenzgeber dem Lizenznehmer eine dauerhafte Lizenz gegen Einmahlzahlung einräumt, der Sache nach um einen Kaufvertrag.[50] Beispielhaft zu nennen ist hier der Softwarekauf, bei dem der Käufer ein einfaches dauerhaftes Nutzungsrecht an einer Standardsoftware erwirbt. Dies gilt unabhängig davon, ob sich der Käufer verpflichtet, den Kaufpreis in Raten zu zahlen, und die vollständige Erfüllung des Kaufpreises im Zeitpunkt der Eröffnung des Insolvenzverfahrens noch nicht eingetreten ist. Entscheidend ist, dass jedenfalls der Lizenzgeber seine Verpflichtung zur Einräumung eines dauerhaften Nutzungsrechts bereits erfüllt hat. Rechtlich gleich behandelt werden sollte der Fall, dass der Lizenzgeber aufgrund eines Werkvertrages im Auftrag des Lizenznehmers eine Software oder ein patentierbares technisches Produkt entwickelt und der Lizenzgeber diesem ein unbefristetes Nutzungsrecht gegen Zahlung einer einmaligen Vergütung einräumt. Miet- oder pachtähnlich sind dagegen solche Lizenzverträge angelegt, aufgrund derer der Lizenznehmer ein befristetes Nutzungsrecht erwirbt und sich zur Entrichtung einer Vergütung pro rata temporis oder nach Maßgabe des Nutzungsumfangs (zB nach Umsatz oder Stückzahl) verpflichtet.

28 Streitig ist, ob dem Insolvenzverwalter ein Wahlrecht gem. § 103 Abs. 1 InsO stets auch dann zusteht, wenn beide Parteien nur noch zur Erfüllung von **Nebenpflichten** verpflichtet sind, die nicht in einem Gegenseitigkeitsverhältnis stehen. Nach einer Auffassung ist das Wahlrecht nur dann ausgeschlossen, wenn sämtliche vertraglichen Nebenpflichten – zumindest einseitig – vollständig erfüllt sind.[51] Nach anderer Auffassung sind im Rahmen von § 103 InsO lediglich

[46] MüKoInsO/Huber § 103 Rn. 122; Uhlenbruck/Wegener InsO § 103 Rn. 59.
[47] Kübler/Prütting/Bork/Tintelnot InsO § 103 Rn. 64, 190; Berger NZI 2006, 880; Brandt NZI 2001, 337 (340); pauschalisierend auch BGH NJW 2006, 915 (916).
[48] So Hombrecher WRP 2006, 219 (224).
[49] Wandtke/Bullinger InsO § 108 Rn. 5; Grützmacher CR 2006, 289 (290).
[50] So auch Grützmacher CR 2006, 289 (290).
[51] Grützmacher CR 2006, 289 (290); Andres/Leithaus InsO § 103 Rn. 13 ff.; Uhlenbruck/Wegener InsO § 103 Rn. 57 ff.; wohl auch LG Mannheim ZIP 2004, 576.

solche Vertragspflichten zu berücksichtigen, die im Synallagma stehen.[52] Nach dem Sinn des Wahlrechts des Insolvenzverwalters kommt dieses nur bei beiderseits noch offenen synallagmatischen Leistungspflichten zur Anwendung. Lediglich in diesem Fall stellt sich für den Insolvenzverwalter die Frage, ob er durch eine Erfüllungswahl die Forderungen des Vertragspartners zu einer Masseverbindlichkeit aufwertet, um damit den vertraglichen Anspruch der Insolvenzmasse, dem zuvor die Einrede des nicht erfüllten Vertrages entgegengehalten werden kann, zu Gunsten der Masse durchsetzbar zu machen. Der Vertragspartner muss dagegen etwaige nicht im Gegenseitigkeitsverhältnis stehende Pflichten unabhängig von einer Erfüllungswahl des Verwalters auch in der Insolvenz erfüllen, während Verpflichtungen des Insolvenzschuldners unabhängig von § 103 InsO wegen ihrer Einordnung als Insolvenzforderungen nach § 38 InsO nur in Geld umgerechnet zur Insolvenztabelle angemeldet werden können. Ob der Vertragspartner sich in diesem Fall gegenüber dem Insolvenzverwalter auf eine vom Insolvenzschuldner als Lizenzgeber eingeräumte Lizenz berufen kann, hängt davon ab, ob diese ein Aussonderungsrecht des Lizenznehmers begründet oder lediglich einen schuldrechtlichen Anspruch gegen den Lizenzgeber darstellt.[53] Der BGH hat für den Lizenzkauf im Markenrecht ausdrücklich auf die Erfüllung der gegenseitigen Hauptleistungspflichten abgestellt.[54] Sobald diese erfüllt sind, ist das Wahlrecht des Insolvenzverwalters ausgeschlossen, und die Lizenzvereinbarung „insolvenzfest".

6. Ausübung des Wahlrechts

Sofern beide Parteien noch zur Erfüllung von im Gegenseitigkeitsverhältnis stehenden Pflichten verpflichtet sind, kann der Insolvenzverwalter nach § 103 Abs. 1 InsO wählen, ob er den Vertrag anstelle des Schuldners erfüllt und die Erfüllung von dem anderen Teil verlangt, oder ob er es bei den mit der Eröffnung des Insolvenzverfahrens verbundenen Folgen der Nichtdurchsetzbarkeit der Erfüllungsansprüche belässt 29

Der Insolvenzverwalter wird seine Entscheidung danach ausrichten, ob die Fortsetzung des Lizenzvertrages auch unter Berücksichtigung der eigenen Verpflichtungen für die Masse günstiger ist als die Wahl der Nichterfüllung.[55] Diese Entscheidung hängt stark von den Umständen des Einzelfalls ab, insbesondere davon, ob der Betrieb des Schuldners weitergeführt oder eingestellt werden soll. Eine sorgfältige Prüfung aller Umstände ist nicht zuletzt zur Vermeidung der eigenen Haftung des Insolvenzverwalters nach § 61 InsO geboten. 30

Praxistipp:

Die Parteien eines Lizenzvertrages haben im Rahmen der Vertragsgestaltung die Möglichkeit, auf eine Entscheidung des Insolvenzverwalters für den Fall der Insolvenz einer Partei Einfluss zu nehmen. Im Falle eines miet- oder pachtähnlichen Lizenzvertrages hat der Lizenznehmer typischerweise ein Interesse daran, die Vergütungspflicht zeitlich so zu staffeln, dass sein wirtschaftlicher Schaden im Fall der **Insolvenz des Lizenzgebers** möglichst gering bleibt. Dabei wird er die anfänglichen Investitionen, die er zur Verwertung der Lizenz aufbringen muss, ebenso berücksichtigen, wie die Erlöse, die er mit der Verwertung des Schutzrechts durch die Vermarktung erzielen kann. Hat der Lizenznehmer die Lizenzvergütung im Zeitpunkt der Insolvenzeröffnung über das Vermögen des Lizenzgebers überwiegend bereits erbracht, wird der Insolvenzverwalter geneigt sein, die Nichterfüllung zu wählen, um das Schutzrecht anderweitig zu günstigeren Bedingungen für die Masse verwerten zu können. Besteht für den Insolvenzverwalter im Gegensatz dazu die Aussicht auf eine angemessene Gegenleistung, wird er sich eher für die Fortsetzung des Lizenzvertrages entscheiden.

Der Lizenzgeber kann seine Rechtsposition für den Fall der **Insolvenz des Lizenznehmers** dadurch stärken, dass er mit dem Lizenznehmer eine Pflicht zur Ausübung des Nutzungsrechts vereinbart. Diese würde auch den Insolvenzverwalter treffen, wenn er den Lizenzvertrag anstelle des Schuldners (Lizenznehmers) fortsetzt. Der Insolvenzverwalter wird bei seiner Entscheidung über die Erfüllungswahl den Umfang der Ausübungspflicht berücksichtigen. Wählt er die Fortsetzung des Vertrages und kommt er der Ausübungspflicht nicht in dem vereinbarten Maß nach, kann der Lizenzgeber den Vertrag kündigen, mit der Folge, dass die Lizenz an ihn zurückfällt.

[52] Kübler/Prütting/Bork/Tintelnot InsO § 103 Rn. 65; wohl auch Plath CR 2005, 613 (614).
[53] Vgl. zur Einordnung von Schutz- und Lizenzrechten als Bestandteil der Insolvenzmasse oben → Rn. 3 bis → Rn. 6.
[54] BGH GRUR 2016, 201.
[55] MüKoInsO/Huber § 103 Rn. 196; Uhlenbruck/Wegener InsO § 103 Rn. 97.

31 Das Erfüllungsverlangen des Insolvenzverwalters wird durch eine einseitige empfangsbedürftige Willenserklärung ausgeübt. Da das Gesetz die Einhaltung einer bestimmten Form nicht vorschreibt, kommt auch ein konkludentes Erfüllungsverlangen in Betracht.[56] Führen der Vertragspartner und der Insolvenzverwalter einen Lizenzvertrag nach der Eröffnung des Insolvenzverfahrens über einen längeren Zeitraum fort, so spricht dies für eine konkludente Erfüllungswahl des Insolvenzverwalters.[57] Bloße Untätigkeit oder Schweigen des Insolvenzverwalters stellen dagegen keine Ausübung des Wahlrechts dar.[58] Die Ablehnung der Erfüllung erfolgt ebenfalls durch einseitige, formfreie und empfangsbedürftige Willenserklärung des Insolvenzverwalters. Sie ist unwiderruflich.[59]

32 § 103 InsO setzt dem Insolvenzverwalter keine zeitliche Grenze für ein Erfüllungsverlangen. Der Vertragspartner kann den Insolvenzverwalter gem. § 103 Abs. 2 S. 2 InsO zur Ausübung seines Wahlrechts auffordern.

Praxistipp:

Dem **vorläufigen Insolvenzverwalter** steht das Wahlrecht nach § 103 InsO nicht zu.[60] Seine Zustimmung zur Fortsetzung des Lizenzvertrages stellt kein rechtlich verbindliches Erfüllungsverlangen im Sinne von § 103 InsO dar. Ist der nach Verfahrenseröffnung bestellte Insolvenzverwalter mit dem vorläufigen Verwalter identisch, ist er berechtigt, die Erfüllung des Vertrages abzulehnen. Sollte bei Personenidentität der vorläufige Insolvenzverwalter zunächst die Zustimmung zur Fortsetzung des Vertrages erklären, dabei aber nicht auf das Wahlrecht nach § 103 Abs. 1 InsO hinweisen, kann ihm im Falle der Erfüllungsablehnung unter Umständen der Einwand treuwidrigen Verhaltens entgegengehalten werden.

33 Der Insolvenzverwalter muss sich nach Aufforderung durch den Vertragspartner unverzüglich erklären. Anderenfalls kann er nicht mehr auf Erfüllung bestehen. Mit dem Begriff „unverzüglich" ist „ohne schuldhaftes Zögern" im Sinne des § 121 Abs. 1 S. 1 BGB gemeint. Als angemessen gilt eine Zeitspanne, die im Einzelfall objektiv erforderlich ist, um Klarheit über die für die Wahlrechtsausübung relevanten Umstände zu erlangen.[61] Ein Schweigen des Insolvenzverwalters auf die Aufforderung, sich zu erklären, wirkt nach § 103 Abs. 2 S. 3 InsO ebenso wie eine ausdrückliche Erfüllungsablehnung.

Praxistipp:

Eine Fristsetzung zu der Erklärung des Insolvenzverwalters ist nicht zu empfehlen. Der Insolvenzverwalter ist bereits von Gesetzes wegen angehalten, „unverzüglich" eine Erklärung abzugeben. Sofern die Erklärungsfrist länger und für den Verwalter günstiger ist, müsste sich der andere Teil an dieser längeren Frist festhalten lassen.[62]

7. Rechtsfolgen der Erfüllungsablehnung

34 Lehnt der Insolvenzverwalter die Erfüllung des Lizenzvertrages ab, bringt er zum Ausdruck, dass es bei den mit der Eröffnung des Insolvenzverfahrens verbundenen Folgen bleibt. Im Gegensatz zur früheren Rechtsprechung des BGH,[63] die aufgrund der Nichterfüllungswahl des Insolvenzverwalters von einem Erlöschen des Vertrages ausging, bleibt ein schuldrechtlicher Vertrag ungeachtet der Erfüllungsablehnung gem. § 103 Abs. 1 InsO in der Lage bestehen, in der er bei Eröffnung des Insolvenzverfahrens bestand. Die Wahl der Nichterfüllung führt lediglich dazu,

[56] Andres/Leithaus InsO § 103 Rn. 22; MüKoInsO/Huber § 103 Rn. 156 f.
[57] Wandtke/Bullinger InsO § 108 Rn. 9; Oeter/Ruttig ZUM 2003, 611 (616).
[58] MüKoInsO/Huber § 103 Rn. 158.
[59] MüKoInsO/Huber § 103 Rn. 167. Nach hM besitzt der Insolvenzverwalter aber die Möglichkeit, seine Erklärung aufgrund eines Irrtums oder eines Willensmangels gem. §§ 119 ff., 142 ff. BGB anzufechten, vgl. Andres/Leithaus InsO § 103 Rn. 23.
[60] Andres/Leithaus InsO § 103 Rn. 19; Uhlenbruck/Wegener InsO § 103 Rn. 98 f.
[61] Uhlenbruck/Wegener InsO § 103 Rn. 129.
[62] Vgl. Fn. 61.
[63] BGHZ 116, 156 (158).

dass die **Durchsetzbarkeit** der noch nicht erfüllten Ansprüche des Gläubigers und des Schuldners endgültig **gehemmt** ist.[64] Zu den Folgen für die im Rahmen eines Lizenzvertrages bereits ausgetauschten Leistungen hat sich der BGH bislang nicht geäußert. Es stellt sich daher die Frage, welche rechtlichen Auswirkungen die Nichterfüllungswahl auf das Schicksal der dem Lizenznehmer eingeräumten Nutzungsrechte hat. Dies hängt zum einen von der Rechtsnatur der Lizenz ab. Zum anderen ist danach zu unterscheiden, welche der Vertragsparteien Insolvenzschuldner ist.

a) **Rechtsnatur der Lizenz.** Im Falle von ausschließlichen Lizenzen an gewerblichen Schutzrechten und Urheberrechten gehen die Rechtsprechung und die Literatur überwiegend davon aus, dass es sich um dingliche Rechte handelt. Diese räumen dem Lizenznehmer unmittelbar die Befugnis ein, Dritte von der Nutzung auszuschließen.[65] Umstritten ist, ob auch einfache Lizenzrechte dinglicher Natur sind. Dies wird nach wie vor für das Urheberrecht und die unterschiedlichen gewerblichen Schutzrechte teilweise abweichend beurteilt.[66] Für das Urheberrecht ist nach der Rechtsprechung des BGH auch bei einfachen Lizenzen von einer dinglichen Wirkung auszugehen.[67] Bei solchen Rechtspositionen, die selbst keinen dinglich-ausschließlichen Charakter haben (zB Know-how), erfolgt die Einräumung von Lizenzen bislang stets nur in Form einer schuldrechtlichen Nutzungserlaubnis, so dass der Lizenznehmer aus der Lizenz in der Regel keine Befugnisse gegenüber Dritten herleiten kann. Dies scheint sich auch nach der Umsetzung der Geschäftsgeheimnis-Richtlinie[68] nicht geändert zu haben, die das Know How zwar näher an die gewerblichen Schutzrechte heranrückt, aber weiterhin keine Einordnung des Know How als gewerbliches Schutzrecht vorgibt.[69] 35

b) **Insolvenz des Lizenzgebers.** Kommt dem lizenzierten Nutzungsrecht dingliche Wirkung zu, lässt die Wahl der Nichterfüllung des Lizenzvertrages durch den Insolvenzverwalter die Verfügung des Lizenzgebers über sein Schutzrecht unberührt. Hintergrund ist das im Zivilrecht geltende Abstraktionsprinzip. Danach erfolgt die Lizenzeinräumung aufgrund eines schuldrechtlichen Verpflichtungsgeschäfts sowie eines dinglichen Verfügungsgeschäfts.[70] So hat beispielsweise bei einem Kaufvertrag über Sachen die Aufhebung des Kaufvertrages (zB durch Anfechtung, Rücktritt oder Vereinbarung) nicht automatisch den Rückfall des Eigentums an der Kaufsache von dem Käufer an den Verkäufer zur Folge. Da die Insolvenzeröffnung und die Nichterfüllungswahl des Insolvenzverwalters keinen Einfluss auf den Bestand des Lizenzvertrages haben, sondern nur zu einer Hemmung der Durchsetzbarkeit der noch nicht erfüllten Ansprüche führen, fällt die Lizenz nicht ohne weiteres in die Masse zurück. Die weiterhin bestehende Lizenz kann dann als Aussonderungsrecht die weitere Nutzungsberechtigung des Lizenznehmers begründen.[71] 36

Nach überwiegender Auffassung findet zumindest im Urheberrecht das **Kausalitätsprinzip** Anwendung.[72] Danach wird eine Verfügung hinfällig, wenn das zu Grunde liegende Verpflichtungsgeschäft unwirksam ist, endet oder aus einem sonstigen Grund keinen Bestand mehr hat. Für den Bereich des Verlagsrechts ist dies in **§ 9 Abs. 1 VerlG** ausdrücklich geregelt. Diese Norm findet nach überwiegender Auffassung[73] auf urheberrechtliche Nutzungsrechte analog Anwendung. 37

---

[64] BGHZ 150, 353 = NJW 2002, 2783.

[65] In Bezug auf die Marke vgl. Ingerl/Rohnke InsO § 30 Rn. 12; BeckOK MarkenR/Taxhet MarkenG § 30 Rn. 10–15; für die Unionsmarks: BeckOK MarkenR/Taxhet UMV 2017 Art. 25 Rn. 5–9; in Bezug auf das Patent: Kraßer S. 956; in Bezug auf das Urheberrecht: Wandtke/Bullinger/Wandtke/Grunert UrhG § 31 Rn. 31 f.

[66] Vgl. hierzu BGH GRUR 1982, 411 (412) – Verankerungsteil (zur einfachen Patentlizenz. Der BGH lässt im Ergebnis allerdings die Frage offen, ob auch eine einfache Lizenz dinglicher Natur sein kann.); BGH GRUR 2007, 877 – Windsor Estate; Fezer, MarkenR, MarkenG § 30 Rn. 6 f.; Ströbele/Hacker/Hacker MarkenG § 30 Rn. 24 ff, 108 (zur einfachen Markenlizenz. Der BGH geht vom Bestehen der Möglichkeit aus, mit dinglicher Wirkung an einer Marke Lizenzen einzuräumen. Fezer stellt auf die konkrete Vereinbarung im Einzelfall ab. Danach können die Vertragsparteien bestimmte dingliche Rechtswirkungen zum Gegenstand der Lizenzvereinbarung machen. Nach Hacker ist die Lizenz ausschließlich schuldrechtlicher Natur.) BGH GRUR 2009, 946 – Reifen Progressiv; Wandtke/Bullinger/Wandtke/Grunert UrhG § 31 Rn. 31; Grützmacher CR 2006, 289 (292) (zur einfachen Lizenz an einem UrheberR. Der BGH geht für das einfache – wie auch das ausschließliche – Nutzungsrecht von einem dinglichen Charakter aus.).

[67] BGH WRP 2009, 1278 Rn. 20 – Reifen Progressiv; BeckOK MarkenR/Taxhet MarkenG § 30 Rn. 10–15, beck-online mwN.

[68] Richtlinie (EU) 2016/943 des Europäischen Parlaments und des Rates vom 8. Juni 2016 über den Schutz vertraulichen Know-hows und vertraulicher Geschäftsinformationen (Geschäftsgeheimnisse) vor rechtswidrigem Erwerb sowie rechtswidriger Nutzung und Offenlegung, OJ L 157, 15.6.2016, p. 1–18.

[69] Vgl. Schuhr GRUR 2020, 1142 (1144 f) mwN.

[70] → § 45 Rn. 4.

[71] Vgl. zur Patentlizenz Ganter NZI 2011, 833 (834).

[72] BGHZ 27, 90 (94 f.) = NJW 1958, 1583; Dreier/Schulze/Schulze InsO § 31 Rn. 18; Schricker/Loewenheim/Ohly UrhG § 31 Rn. 17.

[73] BGHZ 27, 90 (96); LG Mannheim ZIP 2004, 576 (578); LG Hamburg ZUM 1999, 858 ff.; Dreier/Schulze/Schulze InsO § 31 Rn. 18.

Praxistipp:

Mangels höchstrichterlicher Rechtsprechung zu dem Schicksal einer dinglichen Lizenz in der Insolvenz des Lizenzgebers ist der Abschluss eines auf die Einräumung einer dinglichen Lizenz gerichteten Lizenzvertrages mit einer erheblichen Unsicherheit sowohl für den Lizenzgeber als auch für den Lizenznehmer verbunden. Aus Sicht des Lizenzgebers ist es sinnvoll, bei Abschluss des Lizenzvertrages vorsorglich eine **Rückfallklausel** mit dem Lizenznehmer zu vereinbaren, die das Erlöschen der Lizenz für den Fall der Nichterfüllungswahl des Insolvenzverwalters regelt. § 119 InsO steht einer solchen Vereinbarung nicht entgegen, da das Wahlrecht des Insolvenzverwalters nicht beschränkt wird. Sieht der Lizenzvertrag eine Rückfallklausel nicht vor, ergibt sich eine Rechtsunsicherheit, die sowohl eine Verwertung durch den Insolvenzverwalter erschwert, als auch den Lizenznehmer trifft. Setzt dieser die Nutzung des gewerblichen Schutzrechts fort, macht er sich schadensersatzpflichtig, wenn ein Gericht ihm die Nutzungsbefugnis nachträglich abspricht. Er sollte deshalb ebenfalls an einer einvernehmlichen Lösung interessiert sein.

38 Bei Lizenzen mit rein schuldrechtlichem Charakter stellen sich für die Vertragsparteien keine Rechtsunsicherheiten. In diesen Fällen bleibt es mit der Wahl der Nichterfüllung durch den Insolvenzverwalter bei der bereits mit Insolvenzeröffnung eingetretenen Rechtsfolge, dass der Lizenznehmer die Lizenz nicht mehr nutzen darf. Sein Anspruch auf Gestattung der Nutzung durch den Lizenzgeber ist dann mit der Erfüllungsablehnung für die Dauer des Insolvenzverfahrens endgültig nicht mehr durchsetzbar.

39 **c) Insolvenz des Lizenznehmers.** Auch im Fall der Insolvenz des Lizenznehmers lässt die Wahl der Nichterfüllung des Lizenzvertrages durch den Insolvenzverwalter die dingliche Verfügung des Lizenzgebers zur Einräumung eines Nutzungsrechts an den Lizenznehmer unberührt. Der Insolvenzverwalter bleibt deshalb trotz seiner Nichterfüllungswahl zur Nutzung der Lizenz berechtigt, ohne dass er verpflichtet ist, die Ansprüche des Lizenzgebers aus dem zugrunde liegenden Lizenzvertrag zu erfüllen, zB die Zahlung der Vergütung. Die Vereinbarung einer Lösungsklausel zu Gunsten des Lizenzgebers durch Einräumung eines Kündigungs- oder Rücktrittsrechts oder mittels einer auflösenden Bedingung, die dem Lizenzgeber einen Kondiktionsanspruch zur Rückgewährung der dinglichen Lizenz verschaffen würde, wäre nach hM wegen eines Verstoßes gegen § 119 InsO unwirksam.[74] Das Gleiche gilt für die Vereinbarung einer Rückfallklausel zugunsten des Lizenzgebers, die an die Nichterfüllungswahl des Insolvenzverwalters anknüpft. In der Insolvenz des Lizenznehmers dürfte eine solche das Wahlrecht des Insolvenzverwalters im Voraus beschränken, weil dieser vor die Wahl gestellt wird, die Erfüllung zu wählen, oder aber den Verlust der dinglichen Rechtsposition zu riskieren.[75]

Praxistipp:

Zur Vermeidung der Rechtsfolge des Verbleibs der dinglichen Lizenz in der Insolvenzmasse trotz der Nichterfüllungswahl des Insolvenzverwalters sollte der Lizenzgeber mit dem Lizenznehmer ein Recht zur Kündigung des Lizenzvertrages schon für den Fall des Eintritts einer der Stellung eines Insolvenzantrags vorgelagerten Vermögensverschlechterung des Lizenznehmers vereinbaren. Für den Zeitpunkt nach Stellung eines Insolvenzantrags empfiehlt sich, Kündigungsrechte wegen anderer, nicht an die Insolvenz anknüpfender, Umstände wie einer Unzumutbarkeit der Fortsetzung des Vertrags, Verstoß gegen eine Ausübungspflicht oder eines erneuten Zahlungsverzugs des Lizenznehmers zu vereinbaren.

40 Im Falle einer rein schuldrechtlichen Lizenz führt die Wahl der Nichterfüllung durch den Insolvenzverwalter zu einem Wegfall seiner Nutzungsberechtigung. Wählt der Insolvenzverwalter die Erfüllung des Lizenzvertrages, so hat er die vereinbarte Lizenzvergütung für die Zukunft gem. § 55 Abs. 1 InsO als Masseschulden vollständig an den Lizenzgeber zu entrichten.

[74] → Rn. 76 ff.

[75] Die Vereinbarung einer Rückfallklausel für den Fall der Insolvenz des Lizenzgebers ist dagegen nicht unwirksam nach § 119 InsO, vgl. dazu oben Rn. 42.

41 d) **Unterlizenzen in der Insolvenz.** Es stellt sich die Frage, welche Auswirkungen die Wahl der Nichterfüllung des Lizenzvertrages durch den Insolvenzverwalter – gleich ob in der Insolvenz des Hauptlizenzgebers oder in der Insolvenz des Lizenznehmers – auf etwaige von dem Lizenznehmer erteilte Unterlizenzen hat.

42 *aa) Insolvenz des Hauptlizenzgebers.* Für das Urheberrecht gilt nach den Entscheidungen M2Trade[76] und Take Five,[77] dass im Fall der Erfüllungsablehnung durch den Insolvenzverwalter das dem Hauptlizenznehmer eingeräumte Nutzungsrecht automatisch an den Lizenzgeber zurückfällt, soweit die Parteien nichts anderes vereinbart haben. Der Rückfall der Hauptlizenz soll von dieser abgeleitete Unterlizenzen wegen des Sukzessionsschutzes allerdings unberührt lassen. Dies gilt auch für einfache Nutzungsrechte. Der Hauptlizenzgeber erhält gegen den Hauptlizenznehmer einen bereicherungsrechtlichen Anspruch auf Abtretung der gegen Unterlizenznehmer bestehenden Ansprüche auf Lizenzzahlung.[78]

43 Die Übertragbarkeit der urheberrechtlichen Rechtslage auch auf Lizenzen an gewerblichen Schutzrechten wird allerdings kontrovers diskutiert.[79] Der BGH hat sich hierzu bislang noch nicht geäußert.

Praxistipp:
Um die Risiken eines automatischen Rechterückfalls auszuschließen, sollten insbesondere Unterlizenznehmer an anderen Schutzrechten als Urheberrechten bemüht sein, Nutzungsrechte ausschließlich von solchen Hauptlizenznehmern zu erwerben, die einen automatischen Rechterückfall im Verhältnis zu dem jeweiligen Hauptlizenzgeber vertraglich ausgeschlossen, die Geltung des Abstraktionsprinzips also ausdrücklich vereinbart haben.[80]

44 *bb) Insolvenz des Lizenznehmers.* Auch in der Insolvenz des Hauptlizenznehmers hat die Wahl der Nichterfüllung des Lizenzvertrages mit dem Hauptlizenzgeber keine Auswirkungen auf die von dinglichen Nutzungsrechten abgeleiteten Unterlizenzen. Der Insolvenzverwalter hat unter den Voraussetzungen des § 103 Abs. 1 InsO allerdings die Wahl, ob er den Lizenzvertrag mit einem Unterlizenznehmer erfüllt.

45 e) **Schadensersatzanspruch.** Der Vertragspartner muss nach der Nichterfüllungswahl des Insolvenzverwalters darüber entscheiden, ob er sich mit einer Forderung auf Schadensersatz wegen Nichterfüllung gemäß § 103 Abs. 2 S. 1 InsO als Insolvenzgläubiger am Verfahren beteiligt. Zur Bemessung des Anspruchs ist maßgeblich, wie der Vertragspartner gestanden hätte, wenn der Vertrag ordnungsgemäß erfüllt worden wäre. Die Forderung muss beim Insolvenzverwalter zur Tabelle angemeldet werden, §§ 87, 174 InsO. Durch die Anmeldung des Schadensersatzanspruchs zur Insolvenztabelle wird das Schuldverhältnis umgestaltet mit der Folge, dass die Erfüllungsansprüche des Gläubigers endgültig erlöschen.

IV. Vertragliche Gestaltungsmöglichkeiten zur Sicherung von Ansprüchen des Lizenznehmers in der Insolvenz des Lizenzgebers

46 In der Literatur werden verschiedene Ansätze zur Absicherung der Rechtsposition des Lizenznehmers in der Insolvenz des Lizenzgebers diskutiert. Zu einer Belebung der Diskussion haben die Entscheidungen des BGH zu Reifen Progressiv, M2Trade und Take Five und zuletzt ECOS-OIL gesorgt, mit denen einige Wege zu einer insolvenzfesten Gestaltung eines Lizenzvertrages aufgezeigt wurden.[81]

47 Trotz der in diesen Entscheidungen ersichtlichen grundsätzlich lizenznehmerfreundlichen Tendenz des BGH bleiben die Möglichkeiten des Lizenznehmers, den Fortbestand seines Nutzungs-

[76] BGH GRUR 2012, 916.
[77] BGH GRUR 2012, 914.
[78] BGH M2Trade, aaO, Leitsätze 2 und 3.
[79] BeckOK InsO/Berberich InsO § 108 Rn. 86; zustimmend McGuire/Kunzmann GRUR 2014, 28 (34); mit Modifikationen Karl/Melullis GRUR 2016, 77.
[80] Vgl. auch Wandtke/Bullinger InsO § 108 Rn. 12.
[81] BGH NJW 2006, 915.

rechts durch vertragliche Gestaltungen abzusichern, aber nach wie vor begrenzt. Darüberhinausgehend werden Gestaltungslösungen vorgeschlagen, mit denen jedenfalls der Schadensersatzanspruch des Lizenznehmers für den Fall der Nichterfüllungswahl durch den Insolvenzverwalter abgesichert werden kann. Ob und inwieweit der Lizenznehmer seine Interessen im Rahmen der Vertragsverhandlungen mit dem Lizenzgeber tatsächlich durchsetzen kann, ist eine Frage des Einzelfalls. Dabei spielen nicht nur die Marktstärke der Parteien eine Rolle, sondern auch der Gegenstand des Schutzrechts, seine wirtschaftliche Verwertbarkeit und Bedeutung für die wirtschaftliche Existenz der Parteien sowie die Investitionen, die der Lizenznehmer tätigen muss, bevor er aus der Lizenz einen wirtschaftlichen Nutzen ziehen kann.

1. Aufschiebend bedingte Übertragung des lizenzierten Rechts

48 Die aufschiebend bedingte Übertragung eines Rechtes vor Stellung eines Insolvenzantrags ist nach der Entscheidung des BGH „Softwarenutzungsrecht"[82] insolvenzfest, und dem Wahlrecht des Insolvenzverwalters entzogen, wenn die Bedingung für den Rechtsübergang eine Kündigung aus wichtigem Grund wegen Unzumutbarkeit der Fortsetzung des Vertrages ist. Denn der Insolvenzverwalter habe in diesem Fall nach der Insolvenzeröffnung keine Möglichkeit mehr, den Rechtserwerb durch den die Kündigung erklärenden Insolvenznehmer zu verhindern.[83] Der BGH knüpft damit an seine vorhergehende Rechtsprechung an, wonach bedingt begründete Rechte im Insolvenzfall auch dann als bereits bestehende Rechte zu behandeln sind, wenn die Bedingung erst nach Eröffnung des Insolvenzverfahrens eintritt.[84]

49 Die Bedeutung dieses Urteils wird indessen in der Praxis über den entschiedenen Sachverhalt kaum hinausreichen. Eine aufschiebend bedingte Verfügung durch den Lizenzgeber für den Fall der Kündigung durch den Lizenznehmer aus wichtigem Grund wird in der Praxis vornehmlich im Konzernverbund durchsetzbar sein. Der gegenständlichen Vertragsgestaltung wird ein Lizenzgeber im Übrigen regelmäßig nur dann zustimmen können, wenn er sein Schutzrecht lediglich an einen Lizenznehmer lizenziert, etwa in Form einer ausschließlichen Nutzungs- und Vertriebslizenz. Bei einer mehrfachen Vergabe einfacher Vertriebslizenzen kann sich eine aufschiebend bedingte Übertragung des Schutzrechts an nur einen Lizenznehmer als Hindernis bei der umfassenden wirtschaftlichen Verwertung erweisen. Offen ist schließlich, ob dem Lizenznehmer die Fortsetzung des Vertrages im Falle der Insolvenz des Lizenzgebers stets nicht mehr zugemutet werden kann. Der BGH hat sich dazu ebenso wenig geäußert wie zu der Frage, ob die Kündigung ungeachtet der Höhe der Gegenleistung des Lizenznehmers für den Erwerb der Nutzungsrechte wirksam ist. Faktisch käme ein allgemeines Kündigungsrecht wegen Unzumutbarkeit einer unzulässigen Beschränkung des Wahlrechts des Insolvenzverwalters gleich. Nach § 119 InsO sind Vereinbarungen, die im Voraus die Anwendung der §§ 103 bis 118 InsO beschränken, unwirksam. Tatsächlich hat der Insolvenzverwalter bei einer aufschiebend bedingt vereinbarten Übertragung des vertragsgegenständlichen Schutzrechts nur die Wahl zwischen der Erfüllung des Lizenzvertrages oder dem dauerhaften Verlust des Rechts durch Übergang auf den Lizenznehmer.[85] Der BGH hat einen Konflikt mit § 119 InsO indessen ausdrücklich ausgeschlossen. Dem Insolvenzverwalter bleibt damit nur die Möglichkeit, die bedingte Verfügung über die Nutzungsrechte unter den strengen Voraussetzungen der §§ 129 ff. InsO anzufechten.

Praxistipp:

Ist der Lizenzgeber bereit, sein Schutzrecht aufschiebend bedingt für den Fall seiner eigenen Insolvenz an den Lizenznehmer zu übertragen, sollte der Lizenzvertrag die folgenden Mindestvoraussetzungen erfüllen:

- Vereinbarung eines beidseitigen Kündigungsrechts aus wichtigem Grund wegen Unzumutbarkeit der Fortsetzung des Vertrages (nicht an Insolvenzeröffnung anknüpfen!)
- aufschiebend bedingte Übertragung des dinglichen (!) Nutzungsrechts anknüpfend an die außerordentliche Kündigung des Vertrages; schuldrechtlicher Anspruch genügt nicht
- Vereinbarung einer angemessenen Gegenleistung für die Übertragung

[82] BGH NJW 2006, 915.
[83] BGH NJW 2006, 915 (916).
[84] S. BGHZ 155, 87 (92).
[85] Plath/Scherenberg CR 2006, 153 (154); Koehler/Ludwig NZI 2007, 79 (81).

2. Lizenzkauf

Ähnlich wie bei einem Vollrechtserwerb kann der Lizenznehmer die Anwendung des § 103 Abs. 1 InsO durch einen schriftlich vereinbarten Lizenzkauf vermeiden, wenn die beiderseitigen Hauptleistungspflichten vor Stellung des Insolvenzvertrags vollständig erfüllt sind. Von einer vollständigen Erfüllung in diesem Sinne ist nach der Entscheidung des BGH ECOSOIL auszugehen, wenn der Lizenznehmer die vereinbarte Vergütung vollständig gezahlt und der Lizenzgeber die Lizenz eingeräumt, hat.[86] Bei einer unentgeltlichen Lizenzeinräumung im Konzernverbund kann von einem Lizenzkauf als Austauschvertrag eigener Art ausgegangen werden, wenn innerhalb eines Konzernverbunds sich eine Konzerngesellschaft gegenüber den übrigen Konzerngesellschaften verpflichtet, ihnen zur Sicherung eines gemeinsamen Markenauftritts ein unentgeltliches Recht zur Nutzung einer Marke für die Dauer des Bestehens des Konzerns einzuräumen und sich die übrigen Konzerngesellschaften im Gegenzug zur entsprechenden Nutzung der Marke verpflichten. Ein solcher Vertrag ist regelmäßig beiderseits vollständig erfüllt, wenn die eine Konzerngesellschaft die Lizenz eingeräumt hat und die anderen Konzerngesellschaften die Lizenz genutzt haben.[87] 50

Die ECOSOIL-Entscheidung ist allerdings zum Markenrecht ergangen und bislang ist noch nicht geklärt, ob sie auch auf andere gewerbliche Schutzrechte erstreckt werden kann.[88] Zudem bleibt offen, inwieweit über die Hauptleistungspflichten hinausgehende weitere gegenseitige Leistungspflichten den Vertrag möglicherweise doch als „nicht vollständig erfüllt" erscheinen lassen können.[89] Insoweit sollte die Vereinbarung eines Lizenzkaufs sorgfältig ausgearbeitet werden. 51

3. Unwiderrufliche Lizenz

Dieselbe Wirkung wie ein Lizenzkauf soll auch durch die Einräumung einer zeitlich befristeten Lizenz ohne Kündigungsrecht des Lizenzgebers unter gleichzeitigem Verzicht des Lizenznehmers auf die Einreden der §§ 320, 321 BGB im Falle einer Insolvenz des Lizenzgebers erzielt werden können. Das OLG München hatte die Übertragung mehrerer Patente unter Zurückbehaltung eines unwiderruflichen einfachen Nutzungsrechts des Veräußerers als lizenzfest beurteilt, da die Patente nur beschränkt übertragen worden seien. Hierdurch sei der Vertrag seitens des Lizenzgebers bereits vollständig erfüllt, so dass das Wahlrecht des § 103 InsO nicht eingreifen könne.[90] 52

Die Einräumung unwiderruflicher Lizenzen unter gleichzeitigem Verzicht auf die Einreden der §§ 320, 321 BGB soll allerdings gegen § 119 InsO verstoßen, da sie den Charakter des Lizenzvertrages als Dauerschuldverhältnis missachte.[91] Darüber hinaus wird dieser Lösung entgegengehalten, dass gewerbliche Schutzrechte wie Patente oder Marken nicht beschränkt übertragen werden können.[92] 53

4. Erwerb abgeleiteter Nutzungsrechte

Nachdem der BGH in einer Reihe von Entscheidungen[93] einen Fortbestand von Unterlizenzen auch für den Fall angenommen hat, dass die Hauptlizenz an den Lizenzgeber zurückgefallen ist, soll eine Insolvenzfestigkeit der Lizenzen zudem dadurch erreicht werden können, dass der Lizenznehmer lediglich eine Unterlizenz erwirbt. 54

Hierbei ist allerdings zu berücksichtigen, dass der BGH den Bestand von Unterlizenzen in der Insolvenz des Lizenzgebers nicht uneingeschränkt gewähren wollte, sondern sie von einer Interessenabwägung abhängig gemacht hat. Dient der Erwerb einer Unterlizenz allein der Ausschaltung des Wahlrechts des Insolvenzverwalters gemäß § 103 InsO und hätte der Lizenznehmer ebenso gut auch eine Hauptlizenz erwerben können, dürfte die Interessenabwägung regelmäßig zugunsten des Insolvenzverwalters ausfallen.[94] Der Erwerb abgeleiteter Nutzungsrechte wird daher 55

[86] BGH GRUR 2016, 201, Leitsatz 2.
[87] BGH GRUR 2016, 201, Leitsatz 3.
[88] Freier, NZI 2016, 857.
[89] Pahlow, WM 2016, 1717 (1721).
[90] So in einem patentrechtlichen Fall OLG München GRUR 2013, 1125 – Qimonda.
[91] Ströbele/Hacker/Thiering/Hacker MarkenG § 30 Rn. 110 mwN.
[92] Ströbele/Hacker/Thiering/Hacker MarkenG § 30 Rn. 111, 102; Pahlow, WM 2016, 1717 (1721 f.).
[93] BGH GRUR 2009, 946; BGH GRUR 2012, 916 M2Trade und GRUR 2012, 914 Take Five.
[94] Ströbele/Hacker/Thiering/Hacker MarkenG § 30 Rn. 113; Busse/Keukenschrijver/Hacker PatG § 15 Rn. 165.

regelmäßig nur in Konstellationen insolvenzfest sein, in denen der Hauptlizenznehmer „echte" Vertragspartei von Hauptlizenzgeber und Unterlizenznehmer ist und nicht ausschließlich zur Sicherung des Fortbestands der Lizenz auch im Insolvenzfall eingeschaltet wurde.

5. Sicherungsabtretung und Pfandrecht

56 In Betracht kommt ferner die Bestellung eines Pfandrechts an dem lizenzierten gewerblichen Schutzrecht oder die Sicherungsübertragung des gewerblichen Schutzrechts. Diese Verfügungen des Lizenzgebers über sein Schutzrecht dienen vornehmlich der Sicherung eines etwaigen Schadensersatzanspruches aus § 103 Abs. 2 S. 1 InsO für den Fall der Wahl der Nichterfüllung des Lizenzvertrages durch den Insolvenzverwalter in der Insolvenz des Lizenzgebers. Sowohl das Pfandrecht als auch die Sicherungsabtretung sind zwar insolvenzfest; sie berechtigen den gesicherten Lizenznehmer jedoch nur zur Befriedigung aus dem Verwertungserlös und nicht zur Nutzung des Rechts.

57 **a) Sicherungsübertragung des Schutzrechtes.** Eine Sicherungsübertragung kommt nur bei gewerblichen Schutzrechten, nicht dagegen bei Urheberrechten in Betracht.[95] Auch dingliche Lizenzen an gewerblichen Schutzrechten oder Urheberrechten[96] können Gegenstand von Sicherungsübertragungen sein. Die Parteien sollten sich jedenfalls darüber einigen, wer die Inhaberrechte an dem Schutzrecht ausübt (zB Verteidigung gegen Angriffe Dritter, Vorgehen gegen Verletzer, Übernahme von Registrierungs- und Aufrechterhaltungskosten). Die Sicherungsübertragung gewährt ein Absonderungsrecht, so dass der Sicherungsnehmer Befriedigung für den gesichteten Anspruch aus dem Verwertungserlös verlangen kann.[97] Im Rahmen der Verwertung besteht die Möglichkeit, dass der Lizenznehmer das Schutzrecht selbst erwirbt, so dass er die Nutzung nach dem Erwerb aufgrund eines eigenen Rechts fortsetzen kann. Er hat jedoch kein vorrangiges Erwerbsrecht und wird daher nur zum Zuge kommen wenn kein wirtschaftlich günstigeres Angebot vorliegt.

58 Die Voraussetzungen sowie die Art und Weise einer Verwertung durch den Sicherungsnehmer bemessen sich nach der der Sicherungsübertragung zugrunde liegenden Sicherungsabrede. Gegenstand der Sicherungsabrede sollten u. a. Kriterien zur Berechnung des Wertes des Schutz- bzw. Nutzungsrechts sein.

59 In der Praxis dürfte eine Sicherungsübertragung an den Lizenznehmer selten gegenüber dem Lizenzgeber durchsetzbar sein. Für den Lizenzgeber entfällt die Möglichkeit, das Schutzrecht als Kreditsicherheit zu verwerten.[98] Eine Sicherungsübertragung kommt in der Regel nur zwischen Parteien aus einem Konzernverbund und bei der Vergabe ausschließlicher Lizenzen in Betracht. In diesen Konstellationen erscheint die Vereinbarung einer durch die außerordentliche Kündigung des Lizenznehmers aufschiebend bedingten Übertragung weniger komplex.[99]

60 **b) Pfandrecht.** Als Alternative zur Sicherungsübertragung des Schutzrechts kann der Lizenzgeber ein Pfandrecht an seinem Schutzrecht zugunsten des Lizenznehmers bestellen. Die Bestellung eines Pfandrechts ist gegenüber dem Lizenzgeber leichter zu vermitteln, weil er Inhaber des Schutzrechts bleibt.

61 Gem. § 1273 Abs. 1 BGB ist die Bestellung eines Pfandrechts an Rechten ohne weiteres möglich, sofern es sich um übertragbare Rechte handelt (§ 1274 Abs. 2 BGB). Neben den gewerblichen Schutzrechten und den davon abgeleiteten dinglichen Nutzungsrechten können auch Nutzungsrechte an Urheberrechten mit Pfandrechten belastet werden.[100] Bei Urheberrechten ist dies mangels Übertragbarkeit (§ 29 Abs. 1 UrhG) dagegen ausgeschlossen. Geht man von einem Verwertungsrecht des Pfandgläubigers aus, stellt sich die Durchsetzung des Pfandrechts im Fall der Insolvenz des Lizenzgebers als komplex dar. Sofern nichts anderes vereinbart ist, erfolgt die Verwertung nach den Regeln des Zwangsvollstreckungsrechts (§ 1277 S. 1 BGB). Der Lizenznehmer muss zunächst einen Titel auf Duldung der Zwangsvollstreckung erwirken, der als Voll-

---

[95] → Rn. 13 und → 59.

[96] Zu beachten ist hier das Zustimmungserfordernis des Urhebers, vgl. Schricker/Loewenheim/Ohly UrhG § 34 Rn. 9.

[97] Zur Frage, ob der Insolvenzverwalter oder der Sicherungsnehmer zur Verwertung berechtigt sind, vgl. oben → Rn. 15.

[98] Hölder/Schmoll GRUR 2004, 830 (831); Hombrecher WRP 2006, 219 (221); Koehler/Ludwig WRP 2006, 1342 (1346).

[99] S. dazu oben → Rn. 56 ff.

[100] Vgl. Plath CR 2006, 217 (219); für urheberrechtliche Nutzungsrechte ist das Zustimmungserfordernis des Urhebers zu berücksichtigen, vgl. Schricker/Loewenheim/Ohly UrhG § 34 Rn. 9.

streckungsgrundlage für die Pfändung des Schutzrechts dient (§§ 828 ff., 857 Abs. 1 ZPO). Daraufhin ordnet das Gericht gem. § 857 Abs. 5, 844 ZPO die Art der Verwertung an, regelmäßig die öffentliche Versteigerung. Die Vereinbarung einer Selbsteintrittsklausel ist gem. §§ 1277 S. 2, 1229 BGB ausgeschlossen.[101]

Praxistipp:
Der Lizenzgeber als Pfandschuldner und der Lizenznehmer als Pfandgläubiger können die Durchsetzung des Pfandrechts vereinfachen, indem sie das Erfordernis eines Vollstreckungstitels ausschließen, § 1277 S. 1 BGB.

6. Nießbrauch

Zur Sicherung des Nutzungsinteresses des Lizenznehmers kann ihm der Lizenzgeber einen Nießbrauch an dem lizenzierten Schutzrecht bestellen.[102] Gemäß § 1068 Abs. 1 BGB ist die Bestellung eines Nießbrauchs an Rechten grundsätzlich möglich. Dies gilt auch für Immaterialgüterrechte.[103] § 1069 Abs. 2 BGB schließt die Einräumung eines Nießbrauchs an nicht übertragbaren Rechten aus. Davon sind auch Urheberrechte betroffen. Dinglich wirkende Nutzungsrechte an Urheberrechten können dagegen jedenfalls mit Zustimmung des Urhebers (§ 34 Abs. 1 UrhG) mit einem Nießbrauch belastet werden. 62

Der Nießbraucher ist gemäß § 1030 BGB berechtigt, die Nutzungen der belasteten Sache zu ziehen. Der Nießbrauch begründet ein beschränkt dingliches Recht und ist damit insolvenzfest.[104] Im Falle der Nichterfüllungswahl durch den Insolvenzverwalter kann somit der Nießbraucher das belastete Recht ähnlich wie der Inhaber einer Lizenz nutzen. Der Nießbrauch kann auch neben der Lizenz als Sicherungsnießbrauch auflösend bedingt für die Wahl der Nichterfüllung durch den Insolvenzverwalter gemäß § 103 InsO vereinbart werden.[105] Die Bedingungen und der Rahmen für die Ausübung des Nießbrauchs können durch einen Sicherungsvertrag schuldrechtlich geregelt und den Befugnissen des Lizenznehmers aufgrund des Lizenzvertrages angepasst werden. Zwar kann über § 1030 Abs. 2 BGB auch der Nießbrauch selbst durch den Ausschluss einzelner Nutzungen dinglich beschränkt werden. Problematisch ist insofern allerdings, dass der Ausschluss von Nutzungen nicht so weit gehen darf, dass der Charakter des Nießbrauchs als umfassendes Nutzungsrecht verloren geht.[106] 63

Praxistipp:
Die Vertragsparteien sollten in dem Sicherungsvertrag klarstellen, ob eine dingliche oder eine lediglich schuldrechtlich wirkende Beschränkung gewollt ist. Im Falle einer rein schuldrechtlichen Beschränkung sollten die Vertragsparteien nicht bloß auf den Inhalt des Lizenzvertrages verweisen, da wegen des sachenrechtlichen Typenzwangs insoweit Zweifel an der Wirksamkeit der Sicherungsabrede bestehen.[107] Grundsätzlich ist die Vereinbarung dinglicher Beschränkungen vorzuziehen. In dem Sicherungsvertrag sollten auch die Rechtsfolgen für den Fall vereinbart werden, dass sich die vereinbarten Beschränkungen als unwirksam erweisen.

Gegen die Zulässigkeit der Nießbrauchslösung wird eingewendet, sie stelle einen Verstoß gegen § 119 InsO dar.[108] Der hinter dem Wahlrecht des Insolvenzverwalters stehende Zweck, im Interesse der Insolvenzmasse zu handeln, werde faktisch unterlaufen, weil der Vorteil der Nichterfül- 64

[101] Vgl. Hombrecher WRP 2006, 219 (222).
[102] Vgl. Berger GRUR 2004, 20 ff.; Plath CR 2005, 613 (619).
[103] Staudinger/Heinze BGB Anh. zu §§ 1068 ff. Rn. 6.
[104] Vgl. Berger GRUR 2004, 20 ff.; Plath CR 2005, 613 (619).
[105] Rektorschek/Nauta, BB 2016, 264 (268).
[106] Grüneberg/Herrler BGB § 1030 Rn. 6.
[107] Grüneberg/Herrler § 1030 Rn. 7; Plath CR 2005, 613 (618).
[108] Hombrecher WRP 2006, 219 (223); Koehler/Ludwig WRP 2006, 1342 (1347); Dahl/Schmitz NZI 2007, 626 (628); Ströbele/Hacker/Ströbele MarkenG § 30 Rn. 109 aA Berger GRUR 2004, 20 (22).

lungswahl, nämlich der Rückfall der Lizenz in die Masse, ausgeschlossen würde. Rechtsprechung hierzu existiert bislang nicht, so dass die Einräumung eines Nießbrauchs für den Lizenznehmer mit einem gewissen Risiko behaftet ist. In praktischer Hinsicht wird zudem auf die Schwierigkeit hingewiesen, bei internationalen Verhandlungen ausländischen Geschäftspartnern die Rechtsfigur des Lizenzsicherungsnießbrauchs verständlich zu machen, die in ihrer eigenen Rechtsordnung nicht einmal das Institut des Nießbrauchs kennen.[109]

7. Treuhandlösung

65 Als weitere Gestaltungslösung wird das so genannte Modell der Doppeltreuhand diskutiert. In diesem Fall überträgt der Lizenzgeber sein Schutzrecht oder ein Nutzungsrecht auf einen Dritten, der das Recht/die Lizenz treuhänderisch für beide Parteien hält und im Insolvenzfall dem Lizenznehmer zwecks Verwertung nach Maßgabe des Sicherungsvertrages überträgt.[110] Die Treuhandkonstruktion bietet sich dann an, wenn mehrere Lizenznehmer gesichert werden sollen oder wenn der Lizenzgeber Bedenken dagegen hat, das Vollrecht auf den Lizenznehmer zu übertragen.[111] Weitere Vorteile gegenüber der unmittelbaren Sicherungsübertragung auf den Lizenznehmer sind nicht ersichtlich.

V. Lösungsklauseln für den Insolvenzfall

66 In Lizenzverträgen werden häufig so genannte Lösungsklauseln vereinbart. Unter einer Lösungsklausel versteht man eine Vereinbarung der Vertragspartner zur Auflösung des Vertrages, wobei in aller Regel ein einseitiges Gestaltungsrecht (Kündigungs- oder Rücktrittsrecht) eingeräumt oder schon das Rechtsgeschäft selbst auflösend bedingt (§ 158 Abs. 2 BGB) abgeschlossen wird.[112]

67 Eine ausdrückliche Regelung über die Wirksamkeit von Lösungsklauseln für den Fall der Insolvenz einer der Vertragsparteien hat der Gesetzgeber in der InsO nicht getroffen. Dennoch sind Lösungsklauseln, die an die Insolvenzeröffnung anknüpfen, nach hM unwirksam.[113] Wortlaut, Systematik und Zweck der §§ 103 ff. InsO schlössen solche Vereinbarungen gem. § 119 InsO aus, weil anderenfalls das Wahlrecht des Insolvenzverwalters, die Erfüllung zu verlangen oder abzulehnen (§ 103 Abs. 1 InsO), leerlaufen würde.[114] Die Gegenansicht[115] hält die Vereinbarung von Lösungsklauseln dagegen grundsätzlich für zulässig. Zur Begründung wird angeführt, dass der Regierungsentwurf zur Insolvenzordnung die Unwirksamkeit von Lösungsklauseln für den Insolvenzfall zunächst ausdrücklich vorsah,[116] was jedoch später auf Empfehlung des Rechtsausschusses gestrichen wurde. Der BGH hat die Frage der Zulässigkeit von Lösungsklauseln für den Insolvenzfall bislang offengelassen. Die Vereinbarung einer auf die Insolvenz gerichteten Lösungsklausel und deren Ausübung durch den Gläubiger ist deshalb mit einem nicht unerheblichen Risiko behaftet. Gleiches gilt für die Vereinbarung einer auflösenden Bedingung für den Fall der Insolvenz einer der Vertragsparteien.[117]

68 Die Entscheidung des BGH vom 17.11.2005[118] zeigt, dass die Rechtsprechung Vertragsgestaltungen anerkennt, die zwar das Wahlrecht des Insolvenzverwalters faktisch beeinflussen können, aber nicht ausdrücklich an die Eröffnung des Insolvenzverfahrens oder die Nichterfüllungswahl des Insolvenzverwalters anknüpfen. Auch Vereinbarungen, die an den Verzug oder an sonstige Vermögensverschlechterungen des Schuldners anknüpfen, sind grundsätzlich wirksam.[119] Streitig ist hingegen die Wirksamkeit von Lösungsklauseln, die an die Zahlungseinstellung oder an die Stellung des Insolvenzantrages anknüpfen.[120]

---

109 Wimmer ZIP 2012, 545 (549).
110 Vgl. Bork NZI 1999, 337 (340); Hölder/Schmoll GRUR 2004, 830 (832).
111 Hombrecher WRP 2006, 219 (222).
112 MüKoInsO/Huber § 119 Rn. 18; Uhlenbruck/Sinz InsO § 119 Rn. 10 f.
113 Kübler/Prütting/Bork/Tintelnot InsO § 119 Rn. 15 f.; Wandtke/Bullinger InsO § 108 Rn. 23; Abel NZI 2003, 121 (128); vgl. Uhlenbruck/Sinz InsO § 119 Rn. 14 mit weiteren Nachweisen zum Streitstand.
114 Kübler/Prütting/Bork/Tintelnot InsO § 119 Rn. 15 f.
115 MüKoInsO/Huber § 119 Rn. 22 ff. mit weiteren Nennungen und einer ausführlichen Darstellung des Streitstandes.
116 Vgl. § 137 Abs. 2 RegE-InsO, BT-Drs. 12/2443, S. 152 f.
117 Wandtke/Bullinger InsO § 108 Rn. 23.
118 BGH NJW 2006, 915.
119 MüKoInsO/Huber § 119 Rn. 19.
120 Vgl. MüKoInsO/Huber § 119 Rn. 22 ff. mit weiteren Nennungen.

Praxistipp:
Ein außerordentliches Kündigungsrecht der Vertragsparteien sollte nicht an die Eröffnung des Insolvenzverfahrens oder die Nichterfüllungswahl des Insolvenzverwalters geknüpft werden. Um dem Risiko einer Unwirksamkeit des Kündigungsrechts für den Fall der drohenden oder bereits eingetretenen Insolvenz des Vertragspartners zu begegnen, sollten die Vertragsparteien das Kündigungsrecht an eine Vermögensverschlechterung der jeweils anderen Partei, an die Unzumutbarkeit der Fortsetzung des Vertrages oder an einen Verzug des Lizenznehmers anknüpfen.

VI. Beratungschecklisten

1. Checkliste: 69

Verwertung gewerblicher Schutzrechte und Lizenzen durch den Insolvenzverwalter

☐ Ist der Schuldner Inhaber von gewerblichen Schutzrechten (zB Patenten, Gebrauchsmustern, Marken, Design, Urheberrechten)?

☐ Ist der Schuldner Inhaber von Lizenzen an gewerblichen Schutzrechten? Sind diese Lizenzrechte dinglicher Rechtsnatur?
Schuldrechtliche Nutzungsberechtigungen stellen kein verwertbares Vermögen dar. Der Insolvenzverwalter ist jedoch zur Nutzung der Lizenz berechtigt, sofern das Wahlrecht nach § 103 Abs. 1 InsO mangels Vorliegens der Voraussetzungen ausgeschlossen ist oder er die Erfüllung des Vertrages gegenüber dem Lizenzgeber wählt.

☐ Ist der Insolvenzverwalter zur Verwertung dieser Rechte befugt?
Hat der Schuldner ein Recht zur Sicherheit abgetreten oder ein Pfandrecht bestellt, ist der Insolvenzverwalter zur Absonderung verpflichtet. Im Falle der Bestellung eines Nießbrauchs kann der Berechtigte die Aussonderung verlangen.

☐ Welche Verwertungsmöglichkeiten hat der Insolvenzverwalter?
- Veräußerung durch Rechtsübertragung: Urheberrechte sind nicht übertragbar. Andere gewerbliche Schutzrechte sind frei übertragbar. Urheberrechtliche Nutzungsrechte dürfen nur mit Zustimmung des Urhebers übertragen werden. Lizenzen an anderen gewerblichen Schutzrechten sind übertragbar, sofern der Schuldner nicht eine abweichende Vereinbarung mit dem Lizenzgeber getroffen hat.
- Verfügung durch Lizenzeinräumung: Der Insolvenzverwalter ist berechtigt, Lizenzverträge mit (Unter-)Lizenznehmern abzuschließen und auf dieser Grundlage ausschließliche und einfache Lizenzen einzuräumen. Ist der Schuldner selbst Lizenznehmer, kann die Einräumung von Unterlizenzen gesetzlich (§ 35 Abs. 1 UrhG) oder aufgrund einer Vereinbarung mit dem Hauptlizenzgeber ausgeschlossen sein. Der Insolvenzverwalter sollte zur Vermeidung einer eigenen Haftung gegenüber dem Unterlizenznehmer sicherstellen, dass er den Verpflichtungen aus dem Hauptlizenzvertrag nachkommen kann.
- Vorbestehende Lizenzeinräumungen gehen den Verfügungen des Insolvenzverwalters vor (Sukzessionsschutz).

2. Checkliste: 70
Lizenzverträge in der Insolvenz

☐ Hat der Schuldner Lizenzverträge in Bezug auf gewerbliche Schutzrechte oder Lizenzen an gewerblichen Schutzrechten abgeschlossen?

☐ Hat der Insolvenzverwalter ein Wahlrecht nach § 103 Abs. 1 InsO?
Das ist der Fall, wenn keine der Parteien des Lizenzvertrages ihre im Gegenseitigkeitsverhältnis stehenden vertraglichen Pflichten vollständig erfüllt hat. Bei kaufähnlich ausgestalteten Lizenzverträgen ist das Wahlrecht in der Regel ausgeschlossen, wenn der Lizenznehmer die Vergütung bereits vollständig geleistet hat.
- In der Insolvenz des Lizenzgebers führt die Nichterfüllungswahl des Insolvenzverwalters dazu, dass der Lizenznehmer als Inhaber einer dinglichen Lizenz weiterhin zur Nutzung berechtigt

ist, ohne dass er zur Zahlung der vereinbarten Vergütung verpflichtet ist, sofern nicht in dem Lizenzvertrag eine Rückfallklausel vereinbart ist. Ansprüche des Lizenznehmers auf Erfüllung von Nebenpflichten durch den Insolvenzverwalter sind nicht durchsetzbar.

- In der Insolvenz des Lizenznehmers ist der Insolvenzverwalter im Falle der Nichterfüllungswahl ebenfalls weiterhin zur Nutzung der dinglichen Lizenz berechtigt. Der Insolvenzverwalter kann die Erfüllung von Nebenpflichten von dem Lizenzgeber nicht verlangen.
- Der Anspruch auf Nutzung des Lizenznehmers rein schuldrechtlicher Lizenzen ist in der Insolvenz einer Partei des Lizenzvertrages gehemmt, wenn § 103 Abs. 1 InsO anwendbar ist. Die Hemmung des Anspruchs endet nur dann, wenn der Insolvenzverwalter die Erfüllung des Lizenzvertrages wählt.

☐ Die Vereinbarung von Lösungsklauseln, die die Vertragsbeendigung für den Fall der Insolvenz eines Vertragspartners oder der Nichterfüllungswahl des Insolvenzverwalters vorsehen, sind nach hM unwirksam. Sie bewirken deshalb nicht den Wegfall des Lizenzvertrages, so dass ein auf die Rückübertragung des Nutzungsrechts gerichteter Kondiktionsanspruch des Lizenzgebers für den Fall der Insolvenz des Lizenznehmers ausgeschlossen ist.

71

3. Checkliste:
Sicherung von Ansprüchen des Lizenznehmers in der Insolvenz des Lizenzgebers
Hinweise zur Vertragsgestaltung

☐ Die Übertragung des Vollrechts (zB Patent, Marke, etc.) oder einer Lizenz aufgrund eines Kaufvertrages wird durch die Insolvenz in der Regel nicht berührt.

☐ Dies gilt nach BGH NJW 2006, 915 auch für den bedingten Rechtserwerb, wenn die aufschiebende Bedingung für den Übergang des Rechts nicht an die Insolvenz des Lizenzgebers anknüpft. Die bedingte Übertragung wird häufig aber an der Bereitschaft des Lizenzgebers scheitern, insbesondere wenn dieser noch anderen Lizenznehmern Rechte eingeräumt hat.

☐ Die Sicherungsübertragung eines Vollrechts oder einer Lizenz an den Lizenznehmer sichert lediglich einen etwaigen Schadensersatzanspruch für den Fall der Nichterfüllungswahl des Insolvenzverwalters ab. Der Lizenznehmer kann sich aus dem Erlös des zur Sicherung übertragenen Rechts vorab befriedigen (Absonderungsrecht). Im Rahmen des Verwertungsverfahrens hat der Lizenznehmer die Möglichkeit, das Recht selbst zu erwerben.

☐ Die Verpfändung des Schutzrechts an den Lizenznehmer hat den gleichen Zweck wie die Sicherungsübertragung. Auch in diesem Fall kann der Lizenznehmer das Recht im Rahmen des Verwertungsverfahrens selbst erwerben. Der Lizenzgeber wird einer Verpfändung seines Rechts zur Sicherung von Ansprüchen des Lizenznehmers eher zustimmen als der Sicherungsübertragung, mit der er die Verfügungsbefugnis aus der Hand gibt.

☐ Der Nießbrauch dient der Absicherung der Nutzungsbefugnisse des Lizenznehmers. Bei dinglichen Nutzungsrechten ist der Lizenznehmer nach hier vertretener Auffassung ungeachtet der Nichterfüllungswahl des Insolvenzverwalters weiterhin zur Nutzung berechtigt. Der Nießbrauch wird in der Regel nicht weiter reichen als die ohnehin bestehende Nutzungsbefugnis. Dies hängt allerdings von der dem Nießbrauch zugrunde liegenden Sicherungsabrede ab.

☐ Die Vereinbarung des Modells der Doppeltreuhand dient ebenfalls lediglich der Sicherung von Schadensersatzansprüchen und bietet sich in der Regel bei mehreren Lizenznehmern an, die durch die Treuhand gesichert werden.

Sachverzeichnis

Die fettgedruckten Zahlen beziehen sich auf die §§,
die mageren Zahlen auf die Randnummern.